Halm/Kreuter/Schwab
AKB-Kommentar

Halm/Kreuter/Schwab

AKB-Kommentar
Allgemeine Bedingungen für die Kraftfahrtversicherung
– AKB 2015 des GDV –

Herausgegeben von

Wolfgang E. Halm
Rechtsanwalt und Fachanwalt für Verkehrsrecht, Köln

Andrea Kreuter-Lange
Assessorin jur., Gau-Bischofsheim

Hans-Josef Schwab
Assessor jur., Wiesbaden

Luchterhand Verlag 2015

Zitiervorschlag: Halm/Kreuter/Schwab/*Bearbeiter*

Bibliografische Information der Deutschen Nationalbibliothek

Die Deutsche Nationalbibliothek verzeichnet diese Publikation in der Deutschen Nationalbibliografie;
detaillierte bibliografische Daten sind im Internet über http://dnb.d-nb.de abrufbar.

ISBN 978-3472-08408-2

www.wolterskluwer.de
www.luchterhand-fachverlag.de

Alle Rechte vorbehalten.

© 2015 Wolters Kluwer Deutschland GmbH, Luxemburger Straße 449, 50939 Köln.

Luchterhand – eine Marke von Wolters Kluwer Deutschland GmbH.

Das Werk einschließlich aller seiner Teile ist urheberrechtlich geschützt. Jede Verwertung außerhalb der engen Grenzen des Urheberrechtsgesetzes ist ohne Zustimmung des Verlages unzulässig und strafbar. Das gilt insbesondere für Vervielfältigungen, Übersetzungen, Mikroverfilmungen und die Einspeicherung und Verarbeitung in elektronischen Systemen.

Verlag und Autoren übernehmen keine Haftung für inhaltliche oder drucktechnische Fehler.

Umschlagkonzeption: Martina Busch, Grafikdesign, Fürstenfeldbruck

Satz: Satz-Offizin Hümmer GmbH, Waldbüttelbrunn

Druck und Weiterverarbeitung: Williams Lea & Tag GmbH, München

Gedruckt auf säurefreiem, alterungsbeständigem und chlorfreiem Papier.

Vorwort zur 2. Auflage

Mit seinen Musterbedingungen zu den AKB 2008 hatte der GDV einen richtungsweisenden Trend für die Abfassung individueller Bedingungswerke durch die Versicherer auf den Weg gebracht. Die Fortentwicklung des Rechts und das Bedürfnis nach sprachlich noch verständlicher gefassten Formulierungen machte es erforderlich, notwendige Anpassungen vorzunehmen. Dies erfolgte in einem mühevollen, über Jahre anhaltenden kontinuierlichen Prozess. Dieser wurde letztlich wegen vereinzelter Nachkorrekturen bei den AKB 2015 und der Anpassung der Kfz-USV 2015 insgesamt erst Mitte Mai 2015 abgeschlossen.

Die hier vorliegende – stark gewachsene – 2. Auflage der Kommentierung berücksichtigt alle aktuellen Änderungen der unverbindlichen Musterbedingungen des GDV mit Stand 19.05.2015. Hervorzuheben sind bei den AKB 2015 insbesondere
- die tiefgreifenden strukturellen Änderungen in der Kasko-Versicherung
- die grundlegende Neuausrichtung der Kfz-Unfallversicherung
- sowie die erstmalige Vorlage der (überfälligen) Musterbedingungen zur Fahrerschutzversicherung in den neu aufgenommenen A.5.

Des Weiteren beinhaltet die erweiterte Neuauflage die Kommentierung
- der überarbeiteten SB Handel/Handwerk
- der Kfz-USV 2015
- sowie entsprechende Aktualisierungen zu den einschlägigen Rechtsnormen.

Um dem Bedürfnis – insbesondere der Anwaltschaft – nach praxistauglichen Antworten auf versicherungsrechtliche Fragen über den Kernbereich der AKB hinaus gerecht zu werden, wurde die zweite Auflage um weitere Themenbereiche ergänzt. So finden sich kommentiert nunmehr zusätzlich
- das komplette PflVG samt Strafnorm und der Verkehrsopferhilfebestimmungen
- der Auto- und Reiseschutzbrief (AVAR)
- der AVB Camping
- sowie die diversen Versicherungsbedingungen zu Gegenständen, die mit dem Fahrzeug im Zusammenhang stehen, aber außerhalb der Kaskoversicherung versichert sein können.

Schließlich wird zu Deckungserweiterungen durch individuelle Sonderbedingungen exemplarisch Stellung genommen.

Zur Umsetzung der erweiterten Ziele musste der Autorenstamm um weitere engagierte Fachkollegen mit profunden Kenntnissen erweitert werden. Hinzugestoßen sind Axel Hauser, Tobias Hückel, Magnus Janowsky und Carsten Staub. Wir bedanken uns herzlich bei Dr. Ulrich Staab, der leider seine Unterstützung bei Kapitel L. nicht weiter fortsetzen konnte.

Rechtsprechung und Literatur konnten weitgehend bis Mitte Mai 2015 berücksichtigt werden.

Vorwort

Allen Autoren gilt wiederum unser besonderer Dank. Sie haben mit ihrem Wissen und ihrer Erfahrung an der Entstehung des Werkes maßgeblich beigetragen und dabei zugleich auf gemeinsame Stunden mit ihren Angehörigen verzichten müssen.

Köln/Gau-Bischofsheim/Wiesbaden, im Juli 2015

Wolfgang Halm

Andrea Kreuter-Lange

Hans-Josef Schwab

Geleitwort zur ersten Auflage

Im Nachgang zur Schuldrechtsmodernisierung verfolgte der Gesetzgeber mit der Novellierung des VVG und damit seiner zweiten Jahrhundertreform verschiedene Ziele: Zum einen sollte die Judikatur kodifiziert sowie das Versicherungs- wieder mit dem allgemeinen Zivilrecht verzahnt werden. Zum anderen diente die Modernisierung dazu, ein verbraucherfreundlicheres Regelwerk zu schaffen. Auslöser für die Rosskur war nämlich das Europäische Gemeinschaftsrecht, vor allem in der Gestalt der Fernabsatzrichtlinie II. Da sich die Legislative aber wie bereits bei der BGB-Reform im Jahr 2002 dazu entschieden hatte, die Richtlinienvorgaben überschießend umzusetzen, blieb letztlich kein Stein auf dem anderen. So sieht das neue VVG beispielsweise umfangreiche Beratungs- und Informationspflichten sowie Widerrufsrechte zugunsten von Verbrauchern wie Gewerbetreibenden nicht nur beim Vertrieb von Versicherungen über das Internet, sondern auch auf traditionellem Wege vor. Aufgegeben wurde damit auch das althergebrachte Policenmodell.

Weitere zentrale Bausteine der VVG-Novelle bilden die Abkehr von der spontanen Anzeigepflicht sowie vom Alles-oder-Nichts-Prinzip zugunsten einer Quotale im Rahmen der groben Fahrlässigkeit bei Obliegenheitsverletzung, Gefahrerhöhung sowie der Herbeiführung des Versicherungsfalles. Anzuführen sind ferner die weitgehende Abstandnahme vom Grundsatz der Unteilbarkeit der Prämie sowie die Schaffung eines kundenfreundlichen Gerichtsstandes. Hinzu kamen Vorgaben weiterer europäischer Rechtsakte, etwa der KH-Richtlinien. So entschied sich der deutsche Gesetzgeber dazu, den Direktanspruch aus dem PflVG in das VVG zu integrieren.

Es entstand ein vollkommen gewandeltes Versicherungsrecht mit gemeinschaftsrechtlichen Wurzeln. Geblieben ist allerdings der Befund, dass das VVG häufig nur einen Torso darstellt und einer Ausfüllung durch Formular- sowie Individualabreden bedarf. Dies gilt gerade für das Massenphänomen der Autoversicherung. Und so war die VVG-Reform 2008 ebenso Anlass für die Gestaltung neuer AKB. Nun mag man in einer gedachten Pyramide der Rechtsquellen den Richtlinien des Europäischen Gesetzgebers vor dem BGB und VVG, und diesem Bundesrecht wiederum Vorrang vor den AVB einräumen. In der Praxis kehrt sich diese Hierarchie allerdings insofern um, als das Rechtsprodukt der Versicherung erst durch Formularabreden materialisiert wird.

Daher überzeugt es, wenn im vorliegenden Werk eine eingehende Kommentierung der AKB 2008 sowie weiterer Muster- und Sonderbedingungen erfolgt. Auf den ersten Blick scheint zu verwundern, dass über »Kleingedrucktes« mehr als eintausend Seiten verfasst werden können. Doch die Autoversicherung als komplexes Produkt bringt wie für den Hersteller eines Pkws die Gefahren von Konstruktions-, Fabrikations- sowie Informationsfehlern mit sich. Sieht man nämlich die AKB als das Kernstück, im übertragenen Sinne als den Motor, und das VVG als Chassis an, so ist jedem, der mit derartigen Versicherungsprodukten zu tun hat – mithin Maklern, Versicherern, Anwälten, der Richter- bis hin zur Wissenschaft – die Lektüre des vorliegenden Kommentars drin-

Geleitwort

gend empfohlen. Wie bei jedem Motor bedarf es einer profunden Anleitung, um seine Funktionsweise zu verstehen. Entsprechend vermittelt dieses Werk das notwendige Wissen, um den Kunden über das Produkt hinreichend und bedarfsgerecht beraten und informieren zu können. Ebenso erscheint der Kommentar aus der Perspektive des Versicherungsnehmers und seiner Anwälte als unverzichtbar. Denn wie bei einem Pkw und dessen Motor sollte sich der Kunde auch bei seinem Versicherungsprodukt einen Überblick darüber verschaffen, welche Pflichten und Obliegenheiten ihn treffen.

Die Kommentierung erweist sich damit als ein Scheckheft. Ihre Verfasser sind allesamt ausgewiesene Spezialisten mit hohem Sachverstand und dem gebotenen Praxisbezug. Wer einen Kaltstart in die VVG-Reform und vor allem die neuen AKB vermeiden will, sollte dieses umfassende Werk zur Hand nehmen.

Prof. Dr. Ansgar Staudinger, Bielefeld

Bearbeiterverzeichnis

Herausgeber:

Wolfgang Halm

Rechtsanwalt und Fachanwalt für Verkehrsrecht, geb. 1956; Rechtsanwalt in Köln seit 1985; schwerpunktmäßig im Versicherungs-, Haftungs- und Schadensersatzrecht tätig mit den Themen Haftpflicht-, Kfz- und Kasko-, Unfall- und Sachversicherungsrecht. Mitglied der ARGE Versicherungs- und Verkehrsrecht im DAV; Clubsyndikus des ADAC Nordrhein und Vertragsanwalt seit 1995. Herausgeber und Autor u.a. von Handbuch des Fachanwalts Versicherungsrecht von Halm/Engelbrecht/Krahe; Handbuch des Fachanwalts Verkehrsrecht von Himmelreich/Halm; Handbuch der Kfz-Schadensregulierung von Himmelreich/Halm/Staab und Fachanwaltskommentar Versicherungsrecht von Staudinger/Halm/Wendt sowie diverser Fachbeiträge in DAR, NStZ, SVR.
www.anwalthalm.de; w.halm@halmcollegen.de

Andrea Kreuter-Lange

Ass. jur., Referentin für KH-Großschaden der R+V/KRAVAG Logistic und Fachschulungsbeauftragte; Referentin für das Thema Versicherungsrecht in der DAA und Autorin im Handbuch des Fachanwalts Verkehrsrecht von Himmelreich/Halm; Handbuch des Fachanwalts Versicherungsrecht von Halm/Engelbrecht/Krahe; Handbuch Kfz-Schadensregulierung von Himmelreich/Halm, Dozententätigkeit.
andrea.kreuter@gmx.net

Bearbeiterverzeichnis

Hans-Josef Schwab

Ass. jur.; geb. 1961; Frachtführer im Güternahverkehr 1981; bearbeitet seit 1990 bei R+V/KRAVAG Personengroß-, Umwelt- und Spezialschäden, früher insb. als Notfallentscheider; Mitglied im Ausschuss Versicherung, Transportrecht und Geschäftsbedingungen der Bundesfachgruppe Schwertransport und Kranarbeiten (BSK) e. V.; Autor im Handbuch der Kfz-Schadensregulierung von Himmelreich/Halm/Staab; Autor im Handbuch des Fachanwalts Verkehrsrecht von Himmelreich/Halm; Autor im Fachanwaltskommentar Versicherungsrecht von Staudinger/Halm/Wendt; Monographie Fahrerschutzversicherung – FSV; Fachbeiträge in DAR, VersR und SVR; Lehrbeauftragter der Hochschule für Wirtschaft u. Umwelt Nürtingen-Geislingen im Fachbereich verkehrsrechtliche Spezialprobleme.
Hans-Josef-Schwab@irmscher-schwab.de

Bearbeiterverzeichnis

Autoren:

Axel Hauser

Rechtsanwalt, zugleich Fachanwalt für Versicherungs- und Verkehrsrecht, zugelassen seit 2008. Seit 2012 tätig für die Rechtsanwaltssozietät Halm & Collegen mit den Tätigkeitsschwerpunkten Versicherungsrecht, Verkehrsrecht und allg. Haftpflichtrecht. Zudem Autor in Himmelreich/Halm/Staab, Handbuch der Kfz-Schadensregulierung (ab 3. Aufl.) und Halm/Engelbrecht/Krahe, Handbuch des Fachanwalts Versicherungsrecht (ab 5. Aufl.).
a.hauser@halmcollegen.de; www.halmcollegen.de

Christoph Heinrichs

Rechtsanwalt und Notar sowie Fachanwalt für Verkehrsrecht und Fachanwalt für Versicherungsrecht, geb. 1969 in Essen.
Rechtsanwalt seit 1998 (bis 2003 RAe Alpmann Fröhlich, Münster). Seit 2003 Rechtsanwalt in Leer. Partner der Kanzlei Rechtsanwälte Dr. Fenner Bockhöfer Henkys; ADAC Vertragsanwalt; Schwerpunkte Versicherungs-, Verkehrs- und Haftungsrecht; Dozententätigkeit in Fachanwaltslehrgängen Verkehrsrecht (Bereiche Versicherungsrecht, Ordnungswidrigkeitenrecht); Mitglied der ARGE Versicherungs- und Verkehrsrecht sowie Medizinrecht im DAV und der Deutschen Akademie für Verkehrswissenschaft e. V.; Autor in Alpmann Brockhaus, Fachlexikon Recht; Staudinger/Halm/Wendt, Fachanwaltskommentar Versicherungsrecht; Himmelreich/Halm, Handbuch des Fachanwalts Verkehrsrecht; Halm/Engelbrecht/Krahe, Handbuch des Fachanwalts Versicherungsrecht, Beiträge in Fachzeitschriften.
heinrichs@kanzlei-dr-fenner.de; www.kanzlei-dr-fenner.de

Bearbeiterverzeichnis

Tobias Hückel

Bachelor of Arts (B. A.); geb. 1973; 2007 bis 2009 Sprecher des GdV Arbeitskreises Kfz-Kriminalität Rhein Main; Referent für KH-Auslandsschaden und Betrug bei der R+V Allgemeine Versicherung AG.
Tobias.Hueckel@ruv.de

Magnus Janowsky

Rechtsanwalt, geb. 1982; seit 2008 für die Rechtsanwaltssozietät Halm & Collegen in Köln tätig; Schwerpunkte: Verkehrsrecht, Versicherungsrecht (vornehmlich im Rahmen des Schadenersatzes: Personen-, Vermögens-, Bau- und Sachschäden) und Arzthaftungsrecht. Autor im Handbuch des Fachanwalts Verkehrsrecht von Himmelreich/Halm.
m.janowsky@halmcollegen.de; www.halmcollegen.de

Willi Merta

Abteilungsleiter Schadenmanagement ARAG Allgemeine Versicherungs AG und Geschäftsführung ARAG Service Center GmbH, geb. 1958; seit 2005 Leitung der Schutzbriefkommission und der Schutzbrief-Arbeitsgruppen »Bedingungen« und »Statistik« im GdV. Gründungsmitglied von Assistance Partner und seit 2001 im Aufsichtsrat.
Willi.merta@arag.de

Bearbeiterverzeichnis

Carsten Staub

Rechtsanwalt in der Kanzlei Brück Rechtsanwälte in Mettmann
geb. 1966 in Recklinghausen
seit 1995 zur Rechtsanwaltschaft zugelassen
seit 2000 ADAC Vertragsanwalt
seit 2000 Fachanwalt für Strafrecht
seit 2006 Fachanwalt für Verkehrsrecht
Ausbilder für den juristischen Vorbereitungsdienst beim Landgericht Wuppertal für Fortgeschrittenen Arbeitsgemeinschaften
Mitglied der Arbeitsgemeinschaft Strafrecht im DAV
Mitglied der Arbeitsgemeinschaft Verkehrsrecht im DAV
Mitglied Deutscher Verkehrsgerichtstag – Deutsche Akademie für Verkehrswissenschaften –
Referent bei Anwaltsvereinen Aachen, Bonn, Düsseldorf, Köln
Autor im Buch Praxis der Strafverteidigung, Himmelreich/Krumm/Staub Verkehrsunfallflucht, 6. Aufl. 2013
Autor im Formularbuch des Fachanwalts Verkehrsrecht, 3. Aufl. 2014 zum Thema Besonderheiten bei der Verteidigung im Bußgeldverfahren bei Fuhrunternehmen
(Mit-)Autor diverser Aufsätze in der DAR zum Verkehrs-, Straf- und OWi-Recht.
Staub@brueck-rechtsanwaelte.de

Jürgen Stomper

Rechtsanwalt und Fachanwalt für Versicherungsrecht und Verkehrsrecht, geb. 1958; Partner RSW Rechtsanwälte in Siegburg und Vertragsanwalt des ADAC, Mitglied der Arbeitsgemeinschaften Versicherungs- und Verkehrsrecht im DAV sowie der Deutschen Akademie für Verkehrswissenschaft e. V., Hamburg.
stomper@rsw-recht.de

Bearbeiterverzeichnis

Friedhelm Westkämper

bis 2009 Vorstand der ARAG Allgemeine Versicherungs AG; geb. 1944; von 1984–2001 im GdV in den Kommissionen Schutzbrief, Assistance und der Rechtsschutz Tarif + Bedingungskommission tätig.

Inhaltsverzeichnis

Vorwort zur 2. Auflage V
Geleitwort VII
Bearbeiterverzeichnis IX
Abkürzungsverzeichnis XXXI
Literaturverzeichnis XLIII

Gesetz über den Versicherungsvertrag (Versicherungsvertragsgesetz – VVG) 1
   Vorbemerkung 1
   § 6   Beratung des Versicherungsnehmers 1
   § 23   Gefahrerhöhung 11
   § 24   Kündigung wegen Gefahrerhöhung 19
   § 25   Prämienerhöhung wegen Gefahrerhöhung 22
   § 26   Leistungsfreiheit wegen Gefahrerhöhung 24
   § 28   Verletzung einer vertraglichen Obliegenheit 30
   § 37   Zahlungsverzug bei Erstprämie 42
   § 38   Zahlungsverzug bei Folgeprämie 43
   Vorbemerkung vor §§ 113 bis 124 – Pflichtversicherung – 45
   § 113   (Pflichtversicherung – insbesondere Kfz-Haftpflicht-
         versicherung) 49
   § 114   Der Umfang des Versicherungsschutzes 64
   § 115   Direktanspruch gegen den Versicherer 78
   § 116   Verhältnis der Gesamtschuldner 123
   § 117   Leistungspflicht gegenüber Dritten 144
   § 118   Rangfolge mehrerer Ansprüche 164
   § 119   Obliegenheiten des Dritten 175
   § 120   Obliegenheitsverletzung des Dritten 177
   § 121   Aufrechnung gegenüber Dritten 178
   § 122   Veräußerung der von der Versicherung erfassten Sache . 178
   § 123   Rückgriff bei mehreren Versicherten 180
   § 124   Rechtskrafterstreckung 182

**Gesetz über die Pflichtversicherung für Kraftfahrzeughalter (Pflicht-
versicherungsgesetz PflVG)** 191
   § 1   (Pflicht-Haftpflichtversicherung für Kraftfahrzeuge und
         Anhänger) 191
   § 2   (Ausnahmetatbestände zu § 1 PflVG) 221
   § 3   (Beschränkung des Verweisungsprivilegs) 228
   § 3a   (Entschädigungsverfahren) 231
   § 3b   (Veräußerung des versicherten Kfz) 245

§ 4	(Mindest-Versicherungssummen, Ermächtigungsgrundlage)	246
§ 5	(Kontrahierungszwang)	252
§ 6	(Strafvorschrift)	257
§ 7	(Verordnungsermächtigung)	272
§ 8	(Pflichten der Kfz-Haftpflichtversicherer; Vertreter)	274
§ 8a	(Auskunftsstelle)	277
§ 9	(Gemeinschaftsstatistik)	282
§ 10	(Daten für Statistik)	284
§ 11	(Verordnung über Statistik)	288
§ 12	(Entschädigungsfonds)	290
§ 12a	(Entschädigungsstelle)	305
§ 12b	(Anspruchsübergang)	309
§ 12c	(Internationaler Ausgleich und Anspruchsübergang)	310
§ 13	(Träger des Entschädigungsfonds)	311
§ 13a	(Träger der Entschädigungsstelle)	313
§ 14	(Gegenseitigkeitsklausel)	314
§ 15	(Fortgeltung der Prämie und des Tarifs bei Übernahme)	315
§ 16	(Stichtagsregelung)	318

Verordnung über den Versicherungsschutz in der Kraftfahrzeug-Haftpflichtversicherung (Kraftfahrzeug-Pflichtversicherungsverordnung – KfzPflVV) 319

Vorbemerkung		319
§ 1	(Geltungsbereich/Mindestversicherungssummen)	320
§ 2	(sachlicher und persönlicher Deckungsumfang)	324
§ 3	(Mitversicherung durch ziehendes oder schleppendes Kfz)	340
§ 4	Ausschlüsse	345
§ 5	Obliegenheiten vor dem Schadenfall	350
§ 6	Obliegenheitsverletzung im Schadenfall	361
§ 7	Leistungsfreiheit bei vorsätzlicher Obliegenheitsverletzung	363
§ 8	Rentenzahlung, Übersteigen der Versicherungssumme	365
§ 9	Vorläufige Deckung	367
§ 10	(Wirksamwerden von Änderungen)	371
§ 11	(Inkrafttreten)	372

AKB 2015 373

Synopse AKB 2008/AKB 2015		373
Allgemeine Bedingungen für die Kfz-Versicherung AKB 2015		403
A	Welche Leistungen umfasst Ihre Kfz-Versicherung?	406
A.1	Kfz-Haftpflichtversicherung – für Schäden, die Sie mit Ihrem Fahrzeug Anderen zufügen	406
A.1.1	Was ist versichert?	406
A.1.1.1	(Schadensersatzansprüche; Gebrauch, etc.)	410

Inhaltsverzeichnis

A.1.1.2	(Leistung in Geld)	473
A.1.1.3	(Rechtsschutzanspruch)	475
A.1.1.4	(Regulierungsvollmacht)	487
A.1.1.5	(Mitversicherung von Fahrzeugen)	516
A.1.2	Wer ist versichert?	530
A.1.3	Bis zu welcher Höhe leisten wir (Versicherungssummen)?	549
A.1.3.1	(Vereinbarte Versicherungssummen)	551
A.1.3.2	(Schäden von Insassen eines Anhängers)	555
A.1.3.3	(nicht ausreichende Versicherungssumme)	555
A.1.4	In welchen Ländern besteht Versicherungsschutz?	559
A.1.4.1	(geographischer Geltungsbereich)	559
A.1.4.2	(Geltungsbereich Grüne Karte)	560
A.1.5	Was ist nicht versichert?	562
A.1.5.1	(vorsätzliche Herbeiführung)	562
A.1.5.2	(behördlich genehmigte kraftfahrtsportliche Veranstaltungen)	570
A.1.5.3	(Beschädigung des versicherten Fahrzeugs)	573
A.1.5.4	(Abschleppen)	574
A.1.5.5	(Ladungsschäden)	578
A.1.5.6	(Ausgleich Versicherungsnehmer – Fahrer)	582
A.1.5.7	(Vertragsstrafen)	585
A.1.5.8	(vertraglicher Schadenersatz)	585
A.1.5.9	(Kernenergie)	586
A.2	Kaskoversicherung – für Schäden an Ihrem Fahrzeug	587
A.2.1	Was ist versichert?	587
A.2.1.1	Ihr Fahrzeug	587
A.2.1.2	Mitversicherte Teile und nicht versicherbare Gegenstände	612
A.2.2	Welche Ereignisse sind versichert?	636
A.2.2.1	Welche Ereignisse sind in der Teilkasko versichert?	636
A.2.2.2	Welche Ereignisse sind in der Vollkasko versichert?	761
A.2.3	Wer ist versichert?	812
A.2.4	In welchen Ländern besteht Versicherungsschutz?	837
A.2.5	Was zahlen wir im Schadenfall?	840
A.2.5.1	Was zahlen wir bei Totalschaden, Zerstörung oder Verlust?	840
A.2.5.2	Was zahlen wir bei Beschädigung?	881
A.2.5.3	Sachverständigenkosten	915
A.2.5.4	Mehrwertsteuer	920
A.2.5.5	Zusätzliche Regelungen bei Entwendung	932
A.2.5.6	Bis zu welcher Höhe leisten wir (Höchstentschädigung)?	943
A.2.5.7	Was wir nicht ersetzen und Rest- und Altteile	945
A.2.5.8	Selbstbeteiligung	951
A.2.6	Sachverständigenverfahren bei Meinungsverschiedenheit über die Schadenhöhe	968
A.2.6.1	Sachverständigenverfahren	968

Inhaltsverzeichnis

A.2.6.2	Benennung von Sachverständigen	968
A.2.6.3	Wahl des Obmanns durch Dritten	968
A.2.6.4	Kosten des Sachverständigenverfahrens	969
A.2.7	Fälligkeit unserer Zahlung, Abtretung	992
A.2.7.1	Zahlungsfrist	992
A.2.7.2	Anforderung Vorschuss	992
A.2.7.3	Sonderregelung Diebstahl	992
A.2.7.4	Abtretungsverbot	992
A.2.8	Können wir unsere Leistung vom Fahrer zurückfordern, wenn Sie nicht selbst gefahren sind?	1009
A.2.9	Was ist nicht versichert?	1037
A.2.9.1	Vorsatz/Grobe Fahrlässigkeit	1037
A.2.9.2	genehmigte Rennen	1178
A.2.9.3	Reifenschäden	1185
A.2.9.4	Erdbeben, Innere Unruhen, Maßnahmen der Staatsgewalt	1187
A.2.9.5	Schäden durch Kernenergie	1190
A.3	Autoschutzbrief – Hilfe für unterwegs als Service oder Kostenerstattung	1190
A.3.1	Was ist versichert?	1192
A.3.2	Wer ist versichert?	1193
A.3.3	Versicherte Fahrzeuge	1194
A.3.4	In welchen Ländern besteht Versicherungsschutz?	1195
A.3.5	Hilfe bei Panne oder Unfall	1198
A.3.5.1	Wiederherstellen der Fahrbereitschaft	1198
A.3.5.2	Abschleppen des Fahrzeugs	1200
A.3.5.3	Bergen des Fahrzeugs	1202
A.3.5.4	Was versteht man unter Panne und Unfall?	1205
A.3.6	Zusätzliche Hilfe bei Panne, Unfall oder Diebstahl ab 50 km Entfernung	1208
A.3.6.1	Weiter- oder Rückfahrt	1209
A.3.6.2	Übernachtung	1211
A.3.6.3	Mietwagen	1212
A.3.6.4	Fahrzeugunterstellung	1214
A.3.7	Hilfe bei Krankheit, Verletzung oder Tod auf einer Reise	1215
A.3.7.1	Krankenrücktransport	1217
A.3.7.2	Rückholung von Kindern	1222
A.3.7.3	Fahrzeugabholung	1223
A.3.7.4	Was versteht man unter einer Reise?	1225
A.3.8	Zusätzliche Leistungen bei einer Auslandsreise	1226
A.3.8.1	Bei Panne oder Unfall	1227
A.3.8.2	Bei Fahrzeugdiebstahl	1231
A.3.8.3	Im Todesfall	1233
A.3.9	Was ist nicht versichert?	1234
A.3.9.1	Vorsatz und grobe Fahrlässigkeit	1234
A.3.9.2	Genehmigte Rennen	1236

Inhaltsverzeichnis

A.3.9.3	Erdbeben, Krieg, Unruhe, Staatsgewalt	1237
A.3.9.4	Kernenergie	1238
A.3.10	Anrechnung ersparter Aufwendungen, Abtretung	1238
A.3.10.1	(Ersparte Kosten)	1238
A.3.10.2	(Keine Abtretung oder Verpfändung)	1239
A.3.11	Verpflichtung Dritter	1239
A.3.11.1	(Subsidiarität)	1239
A.3.11.2	(Vorleistung/Regress)	1240
A.4	Kfz-Unfallversicherung – wenn Insassen verletzt oder getötet werden	1243
A.4.1	Was ist versichert?	1247
A.4.1.1	Unfallereignis als Versicherungsfall	1247
A.4.1.2	Unfallbegriff	1249
A.4.1.3	Erweiterter Unfallbegriff	1257
A.4.2	Wer ist versichert?	1260
A.4.2.1	Pauschalsystem	1260
A.4.2.2	Kraftfahrtunfall-Plus-Versicherung	1260
A.4.2.3	Platzsystem	1260
A.4.2.4	Was versteht man unter berechtigten Insassen?	1260
A.4.2.5	Berufsfahrerversicherung	1260
A.4.2.6	Namentliche Versicherung	1261
A.4.3	In welchen Ländern besteht Versicherungsschutz?	1267
A.4.4	Welche Leistungen umfasst die Kfz-Unfallversicherung?	1272
A.4.5	Leistung bei Invalidität	1272
A.4.5.1	Voraussetzungen für die Leistung	1272
A.4.5.2	Art und Höhe der Leistung	1273
A.4.6	Tagegeld	1290
A.4.6.1	Die versicherte Person ist unfallbedingt	1290
A.4.6.2	Grundlagen für die Berechnung der Leistung sind	1291
A.4.7	Krankenhaustagegeld	1293
A.4.7.1	Voraussetzungen für die Leistung	1293
A.4.7.2	Höhe und Dauer der Leistung	1294
A.4.8	Todesfallleistung	1301
A.4.8.1	Voraussetzungen für die Leistung	1301
A.4.8.2	Art und Höhe der Leistung	1301
A.4.9	Was passiert, wenn Unfallfolgen mit Krankheiten und Gebrechen zusammentreffen?	1302
A.4.9.1	Krankheiten und Gebrechen	1302
A.4.9.2	Mitwirkung	1303
A.4.10	Fälligkeit	1308
A.4.10.1	Erklärung über die Leistungspflicht	1308
A.4.10.2	Leistung innerhalb von zwei Wochen	1308
A.4.10.3	Vorschüsse	1308
A.4.10.4	Neubemessung des Invaliditätsgrads	1308
A.4.11	Abtretung und Zahlung für eine mitversicherte Person	1319

XIX

Inhaltsverzeichnis

A.4.11.1	Abtretung	1319
A.4.11.2	Zahlung für eine mitversicherte Person	1319
A.4.12	Was ist nicht versichert?	1320
A.4.12.1	Risikoausschluss Straftat	1320
A.4.12.2	Geistes- oder Bewusstseinsstörung/Trunkenheit	1321
A.4.12.3	Genehmigte Rennen	1321
A.4.12.4	Erdbeben, Kriegsereignisse, innere Unruhen, Maßnahmen der Staatsgewalt	1321
A.4.12.5	Kernenergie	1321
A.4.12.6	Bandscheiben, innere Blutungen	1321
A.4.12.7	Infektionen	1321
A.4.12.8	Psychische Reaktionen	1322
A.4.12.9	Bauch- und Unterleibsbrüche	1322
Synopse zu A.4 Kfz-Unfallversicherung		1359
A.5	Fahrerschutzversicherung – wenn der Fahrer verletzt oder getötet wird	1361
A.5.1	Was ist versichert?	1364
A.5.2	Wer ist versichert?	1372
A.5.3	In welchen Ländern besteht Versicherungsschutz?	1385
A.5.4	Was leisten wir in der Fahrerschutzversicherung?	1386
A.5.4.1	Was wir ersetzen	1386
A.5.4.2	Vorrangige Leistungspflicht Dritter	1394
A.5.4.3	Bis zu welcher Höhe leisten wir (Versicherungssumme)?	1409
A.5.5	Fälligkeit, Abtretung, Zahlung für eine mitversicherte Person	1411
A.5.5.1	Fälligkeit der Leistung und Vorschusszahlung	1411
A.5.5.2	Abtretung Ihrer Ansprüche an Dritte	1419
A.5.5.3	Zahlung für eine mitversicherte Person	1420
A.5.6	Was ist nicht versichert?	1420
A.5.6.1	Straftat	1421
A.5.6.2	Psychische Reaktionen	1421
A.5.6.3	Schäden an der Bandscheibe	1421
A.5.6.4	Ansprüche Dritter	1423
A.5.6.5	Genehmigte Rennen	1426
A.5.6.6	Erdbeben, Kriegsereignisse, innere Unruhen, Maßnahmen der Staatsgewalt	1427
A.5.6.7	Schäden durch Kernenergie	1428
B	Beginn des Vertrags und vorläufiger Versicherungsschutz	1428
B.1	Wann beginnt der Versicherungsschutz?	1440
B.2	Vorläufiger Versicherungsschutz	1441
B.2.1	(Ausgabe der Versicherungsbestätigung)	1442
B.2.2	(Versicherungsschutz in Kasko- und Unfallversicherung)	1444
B.2.3	(Beitragszahlung)	1446
B.2.4	(Folgen fehlender Beitragszahlung)	1446
B.2.5	(Kündigung der vorläufigen Deckung)	1450

B.2.6	(Rechtsfolgen des Widerrufs)	1452
B.2.7	(Beitrag entsprechend Laufzeit)	1453
C	Beitragszahlung	1453
C.1	Zahlung des ersten oder einmaligen Beitrags	1454
C.1.1	(Erstbeitrag)	1454
C.1.2	(Erstprämienverzug)	1461
C.1.3	(Rücktritt)	1469
C.2	Zahlung des Folgebeitrags	1470
C.2.1	(Fälligkeit)	1470
C.2.2	(Folgen verspäteter Zahlung)	1471
C.2.3	(Schaden nach Fristablauf)	1473
C.2.4	(Kündigungsmöglichkeit bei Verzug)	1475
C.3	Nicht rechtzeitige Zahlung bei Fahrzeugwechsel	1476
C.4	Zahlungsperiode	1478
C.5	Beitragspflicht bei Nachhaftung in der Kfz-Haftpflichtversicherung	1479
D	Ihre Pflichten bei Gebrauch des Fahrzeugs und Folgen einer Pflichtverletzung	1481
D.1	Welche Pflichten haben Sie bei Gebrauch des Fahrzeugs?	1481
D.1.1	Bei allen Versicherungsarten	1482
D.1.1.1	(Verwendungsklausel)	1482
D.1.1.2	(Berechtigter Fahrer)	1491
D.1.1.3	Fahren nur mit Fahrerlaubnis	1499
D.1.1.4	(behördlich nicht genehmigte Rennen)	1508
D.1.1.5	Fahrzeuge mit Wechselkennzeichen	1512
D.1.2	(Fahruntüchtigkeit wg. Alkohol oder sonstiger berauschender Mittel)	1515
D.1.3	zusätzlich in der Fahrerschutzversicherung	1521
D.1.3.1	(Alkohol und andere berauschende Mittel)	1521
D.1.3.2	(Gurtpflicht)	1523
D.2	Welche Folgen hat eine Verletzung dieser Pflichten?	1525
D.2.1	Folgen der Obliegenheitsverletzung nach D.	1525
D.2.2	(Exkulpationsmöglichkeit)	1548
D.2.3	(Grenzen der Leistungsfreiheit)	1551
D.2.4	(Dieb, strafbare Handlung)	1554
E	Ihre Pflichten im Schadenfall und die Folgen einer Pflichtverletzung	1560
E.1	Welche Pflichten haben Sie im Schadenfall?	1560
E.1.1	Bei allen Versicherungsarten	1560
E.1.1.1	(Schadenmeldepflicht)	1560
E.1.1.2	(amtliche Ermittlungen)	1563
E.1.1.3	(Aufklärungspflicht, Mitwirkungspflichten, Weisungsbefugnis)	1564
E.1.1.4	(Schadenminderung, Weisungsbefugnis)	1579
E.1.2	Zusätzlich in der Kfz-Haftpflichtversicherung	1580

E.1.2.1	(Meldepflicht)	1581
E.1.2.2	(Selbstregulierung)	1581
E.1.2.3	(Klage, Mahnbescheid)	1582
E.1.2.4	(Prozessführungsbefugnis)	1583
E.1.2.5	(Verfahren bei Fristablauf)	1586
E.1.3	Zusätzlich in der Kaskoversicherung	1587
E.1.3.1	(Diebstahl des KFZ oder Teile des KFZ)	1587
E.1.3.2	(Weisungsbefugnis bei Reparatur)	1588
E.1.3.3	(Polizeimeldung)	1588
E.1.4	Zusätzlich beim Autoschutzbrief	1589
E.1.4.1	(Vollständige Weisungsbefugnis)	1589
E.1.4.2	(Informationspflichten)	1590
E.1.5	Zusätzlich in der Kfz-Unfallversicherung	1591
E.1.5.1	(Tod einer versicherten Person)	1592
E.1.5.2	(Medizinische Versorgung)	1593
E.1.5.3	(Medizinische Aufklärung)	1595
E.1.5.4	(Fristen)	1598
E.1.6	Zusätzlich in der Fahrerschutzversicherung	1600
E.1.6.1	(Arztbehandlung)	1600
E.1.6.2	(Gutachtenerstellung und Nachweispflicht)	1602
E.1.6.3	(Ansprüche gegen Dritte und SVT)	1604
E.1.6.4	(Wahrung von Ansprüchen gegen Dritte und SVT)	1605
E.2	Welche Folgen hat eine Verletzung dieser Pflichten?	1605
E.2.1	(Leistungsbeschränkung wegen Pflichtverletzung)	1606
E.2.2	(Exkulpationsmöglichkeiten)	1615
E.2.3	(Grenzen der Leistungsfreiheit)	1619
E.2.4	(Folgen vorsätzlicher Pflichtverletzungen)	1620
E.2.5	(Leistungsfreiheit bei Betrugsabsicht)	1621
E.2.6	(Leistungsfreiheit hinsichtlich der Mehrkosten)	1622
E.2.7	(Beschränkung der Versicherungssummen)	1623
F	Rechte und Pflichten der mitversicherten Personen	1631
F.1	(Geltung für mitversicherte Personen)	1631
F.2	(Ansprüche der mitversicherten Personen)	1631
F.3	(Folgen der Pflichtverletzung für mitversicherte Personen)	1633
G	Laufzeit und Kündigung des Vertrags, Veräußerung des Fahrzeugs, Wagniswegfall	1635
G.1	Wie lange läuft der Versicherungsvertrag?	1635
G.1.1	(Laufzeit)	1635
G.1.2	(Kündigung, automatische Verlängerung)	1635
G.1.3	(Vertragsdauer bei Versicherungskennzeichen)	1636
G.1.4	(Kurzfristige befristete Verträge)	1637
G.2	Wann und aus welchem Anlass können Sie den Versicherungsvertrag kündigen?	1638
G.2.1	Kündigung zum Ablauf des Versicherungsjahres	1638
G.2.2	Kündigung des vorläufigen Versicherungsschutzes	1639

Inhaltsverzeichnis

G.2.3	(Kündigung im Schadenfall)	1640
G.2.4	(sofortige Kündigung oder Ablaufskündigung)	1640
G.2.5	(Veräußerung oder Zwangsversteigerung des Fahrzeuges)	1640
G.2.6	(Veräußerung oder Zwangsversteigerung des Fahrzeuges)	1641
G.2.7	(Sonderkündigungsrecht)	1644
G.2.8	(Sonderkündigung bei geänderter Verwendung)	1645
G.2.9	Kündigung bei Veränderung des SF-Rabattsystems	1647
G.2.9	Kündigung bei Veränderung der Tarifstruktur	1647
G.2.10	Kündigung bei Bedingungsänderung	1647
G.3	Wann und aus welchem Anlass können wir den Versicherungsvertrag kündigen?	1648
G.3.1	(Ablaufskündigung)	1648
G.3.2	Kündigung des vorläufigen Versicherungsschutzes	1651
G.3.3	(Sonderkündigungsrecht im Schadenfall)	1651
G.3.4	(Sonderkündigung wegen Prämienverzugs)	1653
G.3.5	(Kündigung gem. § 28 Abs. 1 VVG)	1654
G.3.6	(Sonderkündigung bei neuer Verwendung)	1656
G.3.7	(Sonderkündigungsrecht gegenüber Erwerber)	1657
G.4	Kündigung einzelner Versicherungsarten	1657
G.4.1	(Selbständigkeit der Sparten)	1658
G.4.2	(Kündigungsrecht für alle Sparten)	1658
G.4.3	(Kündigungserweiterung durch Versicherungsnehmer)	1659
G.4.4	(Sonderregelung Schutzbrief)	1659
G.4.5	(Regelung für mehrere KFZ in einem Vertrag)	1659
G.5	Zugang der Kündigung	1660
G.6	Beitragsabrechnung nach Kündigung	1660
G.7	Was ist bei Veräußerung des Fahrzeugs zu beachten?	1660
G.7.1	(Beschränkter Übergang der Versicherung)	1661
G.7.2	(Neue Beitragsberechnung für Erwerber)	1662
G.7.3	(Gesamtschuld für Prämien)	1663
G.7.4	(Verkaufsmitteilung)	1663
G.7.5	(Folgen der Kündigung durch Versicherer und Erwerber)	1666
G.7.6	(Zwangsversteigerung des KFZ)	1667
G.8	Wagniswegfall (z. B. durch Fahrzeugverschrottung)	1667
H	Außerbetriebsetzung, Saisonkennzeichen, Fahrten mit ungestempelten Kennzeichen	1668
H.1	Was ist bei Außerbetriebsetzung zu beachten?	1668
H.1.1	(Vertragslauf)	1668
H.1.2	(Beitragsfreie Ruheversicherung)	1669
H.1.3	(Einschränkung der Ruheversicherung)	1670
H.1.4	(Leistungsumfang in der Ruheversicherung)	1670
H.1.5	(Obliegenheiten bei Ruheversicherung)	1673
H.1.6	(Aufleben des Versicherungsschutzes)	1676
H.1.7	(Außerbetriebsetzung des KFZ)	1676

H.1.8	(Kein Vertragsende durch neue Versicherungsbestätigung)	1677
H.2	Welche Besonderheiten gelten bei Saisonkennzeichen?	1677
H.2.1	(Versicherungsschutz für Saisonkennzeichen)	1678
H.2.2	(Ruheversicherung nach der Saison)	1678
H.2.3	(Versicherungsschutz innerhalb Ruheversicherung)	1679
H.3	Fahrten mit ungestempelten Kennzeichen	1679
H.3.1	(Zulassungsvorbereitung)	1680
H.3.2	(Definition Zulassungsfahrten)	1680
I	Schadenfreiheitsrabatt-System	1682
I.1	Einstufung in Schadenfreiheitsklassen (SF-Klassen)	1682
I.2	Ersteinstufung	1683
I.2.1	Ersteinstufung in SF-Klasse 0	1683
I.2.2	Sondersteinstufung eines Pkw in SF-Klasse $^1/_2$ oder SF-Klasse 2	1683
I.2.2.1	Sondersteinstufung in SF-Klasse $^1/_2$	1683
I.2.2.2	Sondersteinstufung in SF-Klasse 2	1683
I.2.3	Anrechnung des Schadenverlaufs der Kfz-Haftpflichtversicherung in der Vollkaskoversicherung	1684
I.2.4	Führerscheinsonderregelung	1684
I.2.5	Gleichgestellte Fahrerlaubnisse	1684
I.3	Jährliche Neueinstufung	1684
I.3.1	Wirksamwerden der Neueinstufung	1685
I.3.2	Besserstufung bei schadenfreiem Verlauf	1685
I.3.3	Besserstufung bei Saisonkennzeichen	1685
I.3.4	Besserstufung bei Verträgen mit SF-Klassen [2], $^1/_2$, S, 0 oder M	1685
I.3.5	Rückstufung bei schadenbelastetem Verlauf	1685
I.4	Was bedeutet schadenfreier oder schadenbelasteter Verlauf?	1686
I.4.1	Schadenfreier Verlauf	1686
I.4.1.1	Ein schadenfreier Verlauf des Vertrags liegt unter folgenden Voraussetzungen vor:	1686
I.4.1.2	(gilt als schadenfrei)	1687
I.4.2	Schadenbelasteter Verlauf	1692
I.4.2.1	(Grundsatz)	1692
I.4.2.2	(Nachholung einer Rückstufung)	1692
I.5	Wie Sie eine Rückstufung in der Kfz-Haftpflichtversicherung vermeiden können	1692
I.6	Übernahme eines Schadenverlaufs	1694
I.6.1	In welchen Fällen wird ein Schadenverlauf übernommen?	1694
I.6.1.1	Fahrzeugwechsel	1694
I.6.1.2	Rabatttausch	1694
I.6.1.3	Schadenverlauf einer anderen Person	1694
I.6.1.4	Versichererwechsel	1694

Inhaltsverzeichnis

I.6.2	Welche Voraussetzungen gelten für die Übernahme?	1694
I.6.2.1	Fahrzeuggruppe	1694
I.6.2.2	(Gemeinsame Übernahme des Schadenverlaufs in der Kfz-Haftpflicht- und der Vollkaskoversicherung)	1695
I.6.2.3	(Zusatzregelung)	1695
I.6.3	(Unterbrechung)	1696
I.6.3.1	Im Jahr der Übernahme	1696
I.6.3.2	Im Folgejahr nach der Übernahme	1697
I.6.4	Übernahme des Schadenverlaufs nach Betriebsübergang	1697
I.7	Einstufung nach Abgabe des Schadenverlaufs	1697
I.7.1	(Gemeinsame Abgabe der Schadenverläufe)	1697
I.7.2	(Einstufung)	1697
I.7.3	(Mehrbeitrag)	1697
I.8	Auskünfte über den Schadenverlauf	1697
I.8.1	(Auskunftseinholung)	1697
I.8.2	(Auskunftsgewährung)	1698
I.8.3	(Mitteilung an Gemeinschaftseinrichtung)	1698
I.8.4	(Anfrage bei Gemeinschaftseinrichtung)	1698
Vorbemerkung vor J		1700
J	Beitragsänderung aufgrund tariflicher Maßnahmen	1700
J.1	Typklasse	1700
J.2	Regionalklasse	1703
J.3	Tarifänderung	1705
J.4	Kündigungsrecht	1709
J.5	Gesetzliche Änderung des Leistungsumfangs in der Kfz-Haftpflichtversicherung	1709
J.6	Änderung des SF-Klassen-Systems	1710
J.6	xx Änderung der Tarifstruktur]	1711
K	Beitragsänderung aufgrund eines bei Ihnen eingetretenen Umstands	1712
K.1	Änderung des Schadenfreiheitsrabatts	1712
K.2	Änderung von Merkmalen zur Beitragsberechnung	1713
K.2.1	(Änderung der variablen Merkmale)	1713
K.2.2	(Zeitpunkt der Beitragsänderung)	1716
K.2.3	(Änderung der Jahreslaufleistung)	1716
K.3	Änderung der Regionalklasse wegen Wohnsitzwechsels	1717
K.4	Ihre Mitteilungspflichten zu den Merkmalen zur Beitragsberechnung	1718
K.4.1	(Anzeigepflicht)	1718
K.4.2	(Prüfungsrecht)	1718
K.4.3	(Falsche Angaben)	1719
K.4.4	(Vertragsstrafe bei vorsätzlicher Falschangabe)	1721
K.4.5	(Auskunfts- und Mitwirkungspflichten)	1722
K.5	Änderung der Art und Verwendung des Fahrzeugs	1723
L	Meinungsverschiedenheiten und Gerichtsstände	1723

XXV

Inhaltsverzeichnis

L.1	Wenn Sie mit uns einmal nicht zufrieden sind	1723
L.1.1	Versicherungsombudsmann	1723
L.1.2	Versicherungsaufsicht	1724
L.1.3	Rechtsweg	1724
L.2	Gerichtsstände	1725
L.2.1	Wenn Sie uns verklagen	1725
L.2.2	Wenn wir Sie verklagen	1725
L.2.3	Sie haben Ihren Wohn- oder Geschäftssitz ins Ausland verlagert	1725
M	Zahlungsweise (für die AKB 2008)	1739
N	Bedingungsänderung	1740

Kfz-Umweltschadensversicherung (Kfz-USV) 1745
  Vorbemerkung 1745

A.1	Kfz-Umweltschadensversicherung – für öffentlich-rechtliche Ansprüche nach dem Umweltschadensgesetz	1752
A.1.1	Was ist versichert?	1752
A.1.1.1	Sie haben mit Ihrem Fahrzeug die Umwelt geschädigt	1752
A.1.1.2	(Geldersatz)	1761
A.1.1.3	(Rechtsschutzanspruch)	1762
A.1.1.4	Regulierungsvollmacht	1764
A.1.2	Wer ist versichert?	1769
A.1.3	Versicherungssumme, Höchstzahlung und Selbstbeteiligung	1771
A.1.3.1	Versicherungssumme, Höchstzahlung	1771
A.1.3.2	Selbstbeteiligung	1772
A.1.4	In welchen Ländern besteht Versicherungsschutz?	1776
A.1.5	Was ist nicht versichert?	1779
A.1.5.1	Vorsatz, Schaden durch Kernenergie	1779
A.1.5.2	Unvermeidbare, notwendige oder in Kauf genommene Umweltschäden	1780
A.1.5.3	Ausbringungsschäden	1780
A.1.5.4	Bewusste Verstöße gegen Regelungen, die dem Umweltschutz dienen	1781
A.1.5.5	Vertragliche Ansprüche	1782
B	Beginn des Vertrags und vorläufiger Versicherungsschutz	1782
C	Beitragszahlung	1782
D	Welche Pflichten haben Sie beim Gebrauch des Fahrzeugs?	1783
E	Welche Pflichten haben Sie im Schadensfall?	1783
E.1	Anzeige-, Aufklärungs- und Schadenminderungspflichten	1783
E.1.1	Besondere Anzeigepflicht	1783
E.1.2	(Informationspflichten)	1784
E.1.3	(Schadenabwendung; Weisungen)	1785
E.1.4	(Abstimmung mit Versicherer)	1786
E.1.5	(Wahrung von Rechten)	1786

E.1.6	(Prozessführungsbefugnis)	1786
E.2	Welche Folgen hat eine Verletzung dieser Pflichten?	1787
F	Rechte und Pflichten der mitversicherten Personen	1787
G	Laufzeit und Kündigung des Vertrags, Veräußerung des Fahrzeugs	1787
H	Außerbetriebsetzung, Saisonkennzeichen, Fahrten mit ungestempelten Kennzeichen	1789
I	Schadensfreiheitsrabatt-System	1790
J	Beitragsänderung aufgrund tariflicher Maßnahmen	1790
K	Beitragsänderung aufgrund eines bei Ihnen eingetretenen Umstands	1791
L	Meinungsverschiedenheiten und Gerichtsstände	1791
M	Zahlungsweise	1791
N	Bedingungsänderung	1791

Allgemeine Versicherungsbedingungen für den Auto- und Reise-Schutzbrief (AVAR) ... 1793

Allgemeine Bedingungen für die Camping-Versicherung 1985/2008 ... 1815

Besondere Bedingungen für die Zusatzhaftpflichtversicherung für Kfz-Handel und -Handwerk ... 1835

1	Gegenstand der Versicherung	1836
1.1	Gegenstand der Versicherung	1836
1.2	(Ausschlüsse)	1838
2	Erweiterung des Versicherungsschutzes	1844
2.1	(Auslandsschäden)	1844
2.2	(Abgasuntersuchung)	1844
2.3	Besondere Vereinbarung Wageninhalt	1845
2.4	Besondere Vereinbarung Neufahrzeuge	1846
2.5	Besondere Vereinbarung Abhandenkommen von Teilen	1846
3	Umfang der Versicherung	1847
3.1	Leistungsumfang	1847
3.1.1	(Höchstentschädigung)	1847
3.1.2	(Reparaturkosten/Abzüge)	1848
3.1.3	(weitere Schäden)	1848
3.2	Selbstbehalt	1850
4	Obliegenheiten des Versicherungsnehmers	1851
5	Ausschlüsse	1852
5.1	Nachbesserung mangelhafter Reparaturleistungen	1852
5.2	Schäden am bearbeiteten Teil	1853
	Inhalt	1855
	Vorbemerkungen	1859

Inhaltsverzeichnis

Sonderbedingungen zur Kfz-Haftpflicht- und Kaskoversicherung für Kfz-Handel und -Handwerk (KfzSBHH) 1860
    Präambel 1860
    A   Welche Risiken und Leistungen umfasst Ihre Kfz-Versicherung für Kraftfahrzeug-Handel und -Handwerk? 1862
    A.1   Welche Betriebsarten sind versichert? 1863
    A.1.1   Kfz-Handwerksbetriebe 1863
    A.1.1.1   (Arbeiten an fremden Fahrzeugen) 1863
    A.1.1.2   (Eigene Fahrzeuge) 1864
    A.1.1.3   Versicherungsschutz für fremde Fahrzeuge 1866
    A.1.2   Kfz-Handelsbetriebe 1871
    A.1.2.2   (eigene Fahrzeuge) 1872
    A.1.2.3   (fremde Fahrzeuge) 1873
    A.1.3   Kfz-Handels- und Handwerksbetrieb (gemischter Betrieb) 1875
    A.1.4   [Variante: Weitere Betriebsarten vom jeweiligen Versicherer zu ergänzen] 1875
    A.2   Wo besteht Versicherungsschutz? 1875
    A.3   Welche Fahrzeuge sind versichert? 1876
    A.3.1   (Rote Kennzeichen, Kurzzeitkennzeichen) 1877
    A.3.2   Eigene und fremde zulassungspflichtige und zugelassene Fahrzeuge 1883
    A.3.2.1   Eigene Fahrzeuge, Anhänger und selbstfahrende Arbeitsmaschinen 1884
    A.3.2.2   (Tageszulassung) 1885
    A.3.2.3   (eigene, auf andere zugelassene Fahrzeuge) 1886
    A.3.2.4   (eigene, auf Käufer zugelassene Fahrzeuge) 1886
    A.3.3   (eigene und fremde zulassungspflichtige Kfz) 1886
    A.3.4   (eigene und fremde nicht zulassungspflichtige Kfz) ... 1887
    A.3.5   (Arbeits- und Anbaugeräte, selbstfahrende Arbeitsmaschinen) 1887
    A.3.6   (abgeschleppte und überführte Kfz) 1887
    A.3.7   Nicht zulassungspflichtige aber versicherungspflichtige Fahrzeuge 1888
    A.4   Welchen Leistungsumfang enthält Ihr Versicherungsschutz? 1888
    A.4.1   In der Kfz-Haftpflichtversicherung 1888
    A.4.1.2   Ansprüche gegen den Fahrer 1893
    A.4.2   In der Kaskoversicherung 1894
    A.4.2.1   (Selbstbeteiligung) 1896
    A.4.2.2   (Ausweitung auf Sachfolgeschäden) 1896
    A.4.2.3   (Grenzen der Entschädigung je Kfz) 1897
    A.4.2.4   (Grenzen der Entschädigung je Schadenereignis) 1897
    A.5   Was ist nicht versichert? 1899
    A.5.1   Bei allen Versicherungsarten 1899

Inhaltsverzeichnis

A.5.1.1	(Ausschluss garagenmäßiger Unterstellung)	1899
A.5.1.2	Fahrten mit Fahrzeugen ohne amtliches Kennzeichen.	1901
A.5.1.3	(Finanzierte und geleaste Kfz)	1903
A.5.2	Zusätzlich in der Kaskoversicherung	1904
B	Ihre Pflichten	1905
B.1	Bei allen Versicherungsarten	1909
B.1.1	(Hinweis auf Obliegen vor dem Schadenfall)	1909
B.1.2	(Besonderheiten Verwendungszweck)	1910
B.1.2.1	(Nicht versicherte Fahrzeuge)	1911
B.1.2.2	(Fahrzeuge mit Tageszulassung)	1912
B.1.2.3	(Rotes Kennzeichen, Versicherungskennzeichen, Kurzzeitkennzeichen)	1912
B.2	In der Kfz-Haftpflichtversicherung	1914
B.2.1	(Ausschluss Rennen und Alkohol)	1914
B.2.2	(Ausschluss entgeltliche Personenbeförderung, gewerbsmäßige Vermietung)	1915
C	Wann beginnt der Versicherungsschutz, wann endet er?	1915
C.1	Beginn bei eigenen, nicht zulassungspflichtigen Fahrzeugen	1915
C.2	Ende des Versicherungsschutzes	1916
D	Was Sie uns zur Beitragsberechnung während der Vertragslaufzeit melden müssen	1918
D.1	Beitrags-Abrechnungsverfahren	1918
D.1.1	(Stichtagsverfahren)	1919
D.1.2	(Meldebogen)	1919
D.1.3	(Erweiterung Nachweispflichten)	1920
D.2	Welche Folgen hat eine Verletzung der Anzeigepflicht	1921
D.2.1	(Folgen verzögerter Stichtagsmeldungen)	1921
D.2.2	In der Kfz-Haftpflichtversicherung	1921
D.2.3	In der Kasko-Versicherung	1922
D.3	Sonstige Mitteilungspflichten	1923

Versicherung von sonstigen Gegenständen, die keine Fahrzeug- oder Zubehörteile sind (ausgenommen reine Transportversicherung) 1927
    Kfz-Güterfolgeschadenversicherung 1967

Kfz-Ausland-Schadenschutz 1977

Inhaltsverzeichnis

Anhang 1987
Anhang I   Allgemeine Bedingungen für die Kfz-Versicherung AKB
                    2015 – Stand: 19.05.2015 1988
Anhang II   Kfz-Umweltschadenversicherung (Kfz-USV) 2042
Anhang III   Europäisches Übereinkommen über die obligatorische
                    Haftpflichtversicherung für Kraftfahrzeuge 2047
Anhang IV   Richtlinie 72/166/EWG des Rates vom 24. April 1972 2057
Anhang V   Zweite Richtlinie 84/5/EWG des Rates vom 30. Dezember 1983 2063
Anhang VI   Dritte Richtlinie 90/232/EWG des Rates vom 14. Mai 1990 2070
Anhang VII   Richtlinie 2000/26/EG des Europäischen Parlaments
                    und des Rates vom 16. Mai 2000 2075
Anhang VIII   Richtlinie 2005 114/EG des Europäischen Parlaments
                    und des Rates vom 11. Mai 2005 2090
Anhang IX   Richtlinie 2009/103/EG des Europäischen Parlaments
                    und des Rates vom 16. September 2009 2104

Stichwortverzeichnis 2141

Abkürzungsverzeichnis

A
a. A.	anderer Ansicht
aaO.	am angegebenen Ort
ABE	Allgemeine Bedingungen für die Elektronikversicherung
ABG	Allgemeine Bedingungen für die Kaskoversicherung von Baugeräten
ABGF	Allgemeine Bedingungen für die dynamische Sachversicherung des Gewerbes. und der freien Berufe
Abl. EG	Amtsblatt der EG
Abl. EU	Amtsblatt der EU
ABMG	Allgemeine Bedingungen für die Maschinen- und Kasko-Versicherung von fahrbaren und transportablen Geräten
ABN	Allgemeine Bedingungen für die Bauwesenversicherung von Gebäudeneubauten durch Auftraggeber
ABRK	Allgemeine Bedingungen für die Reparaturkosten von Kraftwagen
ABRV	Allgemeine Bedingungen für die Reiserücktrittskosten-Versicherung
Abs.	Absatz
ABU	Allgemeine Bedingungen für die Bauwesenversicherung von Unternehmensleistungen
ABV	Allgemeine Bedingungen der Vertrauensschadenversicherung
AcP	Archiv für die civilistische Praxis (Zeitschrift)
ADAJUR	Juristische Datenbank des ADAC
ADB	Allgemeine Deutsche Binnentransportversicherungs-Bedingungen
ADS	Allgemeine Deutsche Seeversicherungsbedingungen von 1919
ADS 73/84	ADS Güterversicherung 1973 in der Fassung 1984
a. E.	am Ende
AEB	Allgemeine Einbruchdiebstahlversicherungsbedingungen
AERB	Allgemeine Bedingungen für die Versicherung gegen Schäden durch Einbruchdiebstahl und Raub
a. F.	alte Fassung
AFB	Allgemeine Feuerversicherungsbedingungen
AG	Aktiengesellschaft, Amtsgericht
AGB	Allgemeine Geschäftsbedingungen
AGBG	Gesetz zur Regelung des Rechts der Allgemeinen Geschäftsbedingungen (AGB-Gesetz)
AGG	Allgemeines Gleichbehandlungsgesetz
AGlB	Allgemeine Versicherungsbedingungen für die Glasversicherung
AGS	Anwaltsgebühren Spezial

Abkürzungsverzeichnis

AHagB	Allgemeine Hagelversicherungs-Bedingungen
AHB	Allgemeine Bedingungen für die Haftpflichtversicherung
AkadZ	Zeitschrift der Akademie für Deutsches Recht
AKB	Allgemeine Bedingungen für die Kraftfahrtversicherung
AktG	Aktiengesetz
ALB Risiko	Musterbedingungen für die Großlebensversicherung
Alt.	Alternative
AMB	Allgemeine Maschinen-Versicherungsbedingungen
AMBUB	Allgemeine Maschinenbetriebsunterbrechungs-Bedingungen
AMKB	Allgemeine Mehrkosten-Versicherungsbedingungen
AMoB	Allgemeine Montage-Versicherungsbedingungen
Anh.	Anhang
Anl.	Anlage
Anm.	Anmerkung
AnwBl	Anwaltsblatt (Zeitschrift)
ARB	Allgemeine Bedingungen für die Rechtsschutzversicherung
Art.	Artikel
ASKB	Allgmeine Bedingungen für die Sachversicherung von kerntechnischen Anlagen
AStB	Allgemeine Bedingungen für die Versicherung gegen Sturmschäden
ATB	Allgemeine Bedingungen für die Tierkrankenversicherung von Pferden und anderen Einhufern
AUB	Allgemeine Unfallversicherungsbedingungen
Aufl.	Auflage
AVAD	Auskunftsstelle über Versicherungs/Bausparkassenaußendienst und Versicherungsmakler in Deutschland e. V.
AVB	Allgemeine Versicherungsbedingungen
AVB Vermögen	Allgemeine Versicherungsbedingungen zur Haftpflichtversicherung für Vermögensschäden
AVBR	Allgemeine Bedingungen für die Versicherung von Reisegepäck
AVB-Reise	Allgemeine Bedingungen für Reiseversicherungen
AVB-RG	Besondere Bedingungen für Reisegepäckversicherungen
AVB-RR	Allgemeine Bedingungen der Reiserücktrittskostenversicherung
AVBSP	Allgemeine Bedingungen für die Versicherung von Juwelen, Schmuck und Pelzsachen im Privatbesitz (AVB Schmuck und Pelze)
AVBW	Allgemeine Bedingungen für die Kaskoversicherung von Wassersportfahrzeugen (AVB Wassersportfahrzeuge)
AWB	Allgemeine Bedingungen für die Versicherung gegen Leitungswasserschäden
Az.	Aktenzeichen
B	
BA	Blutalkohol

Abkürzungsverzeichnis

BaFin	Bundesanstalt für Finanzdienstleistungsaufsicht
BAG	Bundesarbeitsgericht
BAGE	Entscheidungen des Bundesarbeitsgerichts, amtl. Sammlung
BAK	Blutalkoholkonzentration
BankArch	Bankarchiv, Zeitschrift für Bank- und Börsenwesen
BAnz	Bundesanzeiger
BAV	Bundesaufsichtsamt für das Versicherungswesen
BB	Betriebsberater (Zeitschrift)
Bd.	Band
Begr.	Begründung
BesBedArch	Besondere Bedingungen und Risikobeschreibungen von Berufshaftpflichtversicherungen von Architekten, Bauingenieuren und Beratenden Ingenieuren
BesBedPriv	Besondere Bedingungen und Risikobeschreibungen für die Privathaftpflichtversicherung
betr.	betreffend
BetrAV	Betriebliche Altersversorgung (Zeitschrift)
BetrAVG	Gesetz zur Verbesseung der betriebliche Altersversorgung (Betriebsrentengesetz)
BGB	Bürgerliches Gesetzbuch
BGBl.	Bundesgesetzblatt
BGH	Bundesgerichtshof
BGHSt	Entscheidungen des BGH in Strafsachen
BGHZ	Entscheidungen des BGH in Zivilsachen
BK	Berliner Kommentar
BLVA	Bayerische Landesbrandversicherungsanstalt
BayObLG	Bayerisches Oberstes Landesgericht
BSG	Bundessozialgericht
BSGE	Entscheidungen des Bundessozialgerichts, amtl. Sammlung
BStBl.	Bundessteuerblatt
BT-Drucks.	Bundestags-Drucksache
Buchst.	Buchstabe
BUZ	Berufsunfähigkeits-Zusatzversicherung
BVerfG	Bundesverfassungsgericht
BVerfGE	Entscheidungen des Bundesverfassungsgerichts, amtl. Sammlung
BVerwG	Bundesverwaltungsgericht
BVerwGE	Entscheidungen des Bundesverwaltungsgerichts, amtl. Sammlung
BWV	Berufsbildungswerk der Deutschen Versicherungswirtschaft e. V.
bzgl.	bezüglich
bzw.	beziehungsweise
C	
cic	culpa in contrahendo

Abkürzungsverzeichnis

CMR	Übereinkommen über den Beförderungsvertrag im internationalen Straßengüterverkehr
D	
DAR	Deutsches Autorecht (Zeitschrift)
DAV	Deutscher Anwaltverein
DB	Der Betrieb (Zeitschrift)
ders.	derselbe
d. h.	das heißt
DJ	Deutsche Justiz (Zeitschrift)
DJZ	Deutsche Juristenzeitung
DNotZ	Deutsche Notarzeitschrift
DöV	Deutsche öffentlich-rechtliche Versicherung (Zeitschrift)
DRiZ	Deutsche Richterzeitung
Drucks.	Drucksache
DRW	Deutsches Recht, Wochenausgabe
DRZ	Deutsche Rechtszeitschrift
DS	Der Sachverständige (Zeitschrift)
DVBl	Deutsches Verwaltungsblatt (Zeitschrift)
DVZ	Deutsche Versicherungszeitschrift
DZWir	Deutsche Zeitschrift für Wirtschaftsrecht
E	
e. V.	eingetragener Verein
ECB 87	Bedingungen für die Versicherung zusätzlicher Gefahren zur Feuerversicherung für Industrie- und Handelsbetriebe
ECBuB	Bedingungen für die Versicherung zusätzlicher Gefahren zur Feuer-Betriebsunterbrechungsversicherung für Industrie- und Handelsbetriebe
EG	Einführungsgesetz
EG	Europäische Gemeinschaft
EU	Europäische Union
EuG	Europäisches Gericht erster Instanz
EuGH	Europäischer Gerichtshof
EuGVÜ	Europäisches Gerichtsstands- und Vollstreckungsübereinkommen von 1968
EuGVVO	Europäische Gerichtsstands- und Vollstreckungsverordnung von 2001
eUZB	erweiterte Unfallzusatzversicherung
EuZW	Europäische Zeitschrift für Wirtschaftsrecht
EVB	Allgemeine Einheitsversicherungsbedingungen
EVÜ	Europäisches Schuldvertragsübereinkommen von 1980
EWG	Europäische Wirtschaftsgemeinschaft
EWiR	Entscheidungen zum Wirtschaftsrecht
EWR	Europäischer Wirtschaftsraum

F
f. nächste folgende Seite
FeV Fahrerlaubnisverordnung
ff. mehrere folgende Seiten
FG Finanzgericht
FHB Feuerhaftungs-Versicherungsbedingungen
FIN Fahrzeugidentifizierungsnummer

FN. Fußnote
FS Festschrift
FSV Fahrerschutzversicherung
FZV Fahrzeugzulassungsverordnung

G
GB Geschäftsbericht des BAV
GBl. Gesetzblatt
GDV Gesamtverband der Deutschen Versicherungswirtschaft e. V.
gem. gemäß
GewO Gewerbeordnung
GG Grundgesetz für die Bundesrepublik Deutschland
GGBefG Gefahrgutbeförderungsgesetz
GmbH Gesellschaft mit beschränkter Haftung
GoA Geschäftsführung ohne Auftrag
GOÄ Gebührenordnung für Ärzte
GOZ Gebührenordnung für Zahnärzte
GPR Zeitschrift für Gemeinschaftsprivatrecht
GS Gedächtnisschrift
GüKG Güterkraftverkehrsgesetz
GWB Gesetz gegen Wettbewerbsbeschränkungen

H
H Heft
h. A. herrschende Ansicht
HGB Handelsgesetzbuch
h. L. herrschende Lehre
h. M. herrschende Meinung
Hrsg. Herausgeber
hrsg. herausgegeben
Hs. Halbsatz

I
i. d. F. in der Fassung
i. d. R. in der Regel
i. d. S. in diesem Sinne
i. e. S. im engeren Sinne
insbes. insbesondere

Abkürzungsverzeichnis

InsO	Insolvenzordnung
IPRax	Praxis des Internationalen Privat- und Verfahrensrechts
i. S.	im Sinne
i. S. d.	im Sinne des
i. S. v.	im Sinne von
IVH	Info-Letter Versicherungs- und Haftungsrecht (Zeitschrift)
i. V. m.	in Verbindung mit
i. w. S.	im weiteren Sinne

J

JA	Juristische Arbeitsblätter
JR	Juristische Rundschau
Jura	Juristische Ausbildung
JuS	Juristische Schulung
JZ	Juristenzeitung

K

Kfz	Kraftfahrzeug
KfzPflVV	Kraftfahrzeugpflichtversicherungsverordnung
KTS	Zeitschrift für Konkurs-, Treuhand- und Schiedsgerichtswesen
KuV	Kraftfahrt und Verkehrsrecht

L

LAG	Landesarbeitsgericht
LG	Landgericht
Lit.	Buchstabe
LS	Leitsatz
LM	Lindenmaier/Möhring
LMK	Kommentierte BGH-Rechtsprechung (Lindenmaier/Möhring)
LNR	LexisNexis Recht
LSK	Leitsatzkartei des deutschen Rechts
LZ	Leipziger Zeitschrift für Deutsches Recht
LZB 87	Zusatzbedingungen für die Feuerversicherung landwirtschaftlicher Betriebe

M

m.	mit
m. Anm.	mit Anmerkung
MB	Musterbedingungen
MBKK	Musterbedingungen für die Krankheitskosten- und Krankenhaustagegeldversicherung
MBKT	Musterbedingungen für die Krankentagegeldversicherung
MBPPV	Musterbedingungen für die private Pflegeversicherung
MdE	Minderung der Erwerbsfähigkeit
MDR	Monatsschrift für Deutsches Recht
m. E.	meines Erachtens

Abkürzungsverzeichnis

MedR	Zeitschrift für Medizinrecht
MittFeuer	Mitteilungen für die öffentlichen Feuerversicherungsanstalten
MittBdL	Mitteilungen der Bank deutscher Länder
m. w. N.	mit weiteren Nachweisen

N

n. F.	neue Fassung
NJ	Neue Justiz
NJOZ	Neue Juristische Online-Zeitschrift
NJW	Neue Juristische Wochenschrift
NJWE-VHR	NJW-Entscheidungsdienst Versicherungs- und Haftungsrecht
NJW-RR	NJW Rechtsprechungsreport Zivilrecht
NJW Spezial	Neue Juristische Wochenschrift – Spezial
Nr.	Nummer
NStZ	Neue Zeitschrift für Strafrecht
NVersZ	Neue Zeitschrift für Versicherung und Recht
NwIG	Sonderbedingungen für die Neuwertversicherung von Industrie und Gewerbe
NwSoBed	Sonderbedingungen für die Neuwertversicherung
NZA	Neue Zeitschrift für Arbeits- und Sozialrecht
NZM	Neue Zeitschrift für Miet- und Wohnungsrecht
NZV	Neue Zeitschrift für Verkehrsrecht

O

o.	oben
o. ä.	oder ähnlich/e
OGH	Österreichischer Oberster Gerichtshof
ÖJZ	Österreichische Juristenzeitung
OLG	Oberlandesgericht
OLGR	Rechtsprechungsreport der Oberlandesgerichte
OLGZ	Entscheidungen der Oberlandesgerichte in Zivilsachen
OVG	Oberverwaltungsgericht

P

PflVG	Gesetz über die Pflichtversicherung für Kraftfahrzeughalter (Pflichtversicherungsgesetz)
PHi	Produkt- und Umwelthaftpflicht international (Zeitschrift)
PSV	Pensions-Sicherungs-Verein
PVR	Praxis Verkehrsrecht
pVV	positive Vertragsverletzung
PWW	Prütting/Wegen/Weinreich BGB-Kommentar

R

RAA	Reichsaufsichtsamt für das Versicherungswesen
RabelsZ	Rabels Zeitschrift für ausländisches und internationales Privatrecht

Abkürzungsverzeichnis

RAnz	Deutscher Reichsanzeiger
RdA	Recht der Arbeit (Zeitschrift)
RDG	Rechtsdienstleistungsgesetz
RdK	Das Recht des Kraftfahrers (Zeitschrift)
Rdn.	Randnummer, Verweis innerhalb des Kommentars
RdW	Recht der Wirtschaft (Österr. Zeitschrift)
RFH	Reichsfinanzhof
RG	Reichsgericht
RGBl.	Reichsgesetzblatt
RGZ	Entscheidungen des Reichsgerichts in Zivilsachen
RiLi	Richtlinie
RIW	Recht der Internationalen Wirtschaft (Zeitschrift)
rk	rechtskräftig
Rn.	Randnummer, Verweis in anderen Veröffentlichungen
RRa	ReiseRecht aktuell (Zeitschrift)
Rs.	Rechtssache
Rspr.	Rechtsprechung
RStBl.	Reichssteuerblatt
r+s	Recht und Schaden (Zeitschrift)
RverkBl.	Reichsverkehrsblatt
RVO	Reichsversicherungsordnung
RzW	Rechtsprechung zum Wiedergutmachungsrecht
S	
S.	Seite
s.	siehe
SchauHV	Verordnung über die Haftpflichtversicherung für Schausteller
Slg	Sammlung
s. o.	siehe oben
sog.	sogenannte
SP	Schaden-Praxis (Zeitschrift)
SPV	Soziale Pflegeversicherung
str.	streitig
stRspr.	ständige Rechtsprechung
StVG	Straßenverkehrsgesetz
StVO	Straßenverkehrsordnung
StVZO	Straßenverkehrs-Zulassungs-Ordnung
s. u.	siehe unten
SV	Sachverständiger
SVR	Straßenverkehrsrecht (Zeitschrift)
SVS/RVS	Speditions- und Rollfahrversicherungsschein
SVT	Sozialversicherungsträger
T	
TA	Teilungsabkommen

teilw.	teilweise
TgV	Transportgenehmigungsverordnung
TK	Teilkasko(versicherung)
TranspR	Transportrecht (Zeitschrift)

U

u.	und/unten
u. a.	unter anderem/und andere
u. ä.	und ähnlich/e/s
UGB	Umweltgesetzbuch (in Planung)
umstr.	umstritten
UmwRG	Umweltrechtsbehelfsgesetz
UPR	Umwelt- und Planungsrecht (Zeitschrift)
Urt.	Urteil
USchadG	Umweltschadensgesetz
USV	Umweltschadensversicherung
usw.	und so weiter
u. U.	unter Umständen
u. v. a.	und viele andere
u. v. m.	und vieles mehr
UWG	Gesetz gegen den unlauteren Wettbewerb
UZV	Unfallzusatzversicherung

V

v.	vom/von
VA	Verkehrsrecht aktuell
VA	Veröffentlichungen des Reichsaufsichtamtes für das Versicherungswesen
VAG	Gesetz über die Beaufsichtigung der Versicherungsunternehmen (Versicherungsaufsichtsgesetz)
VD	Verkehrsdienst
VDEW	Vereinigung Deutscher Elektrizitätswerke
VdS	Verband der Schadenversicherer
VerBaFin	Veröffentlichungen der BaFin
VerBAV	Veröffentlichungen des Bundesaufsichtsamtes für das Versicherungswesen
Verf.	Verfasser
VersAG	Versicherungsaktiengesellschaft
VersArch	Versicherungsarchiv (Zeitschrift)
VersMed	Versicherungsmedizin (Zeitschrift)
VersPrax	Die Versicherungspraxis (Zeitschrift)
VersR	Versicherungsrecht (Zeitschrift)
VersRdsch	Versicherungsrundschau (österr. Zeitschrift)
VersVermVO	Versicherungsvermittlungsverordnung
VerwG	Verwaltungsgericht

Abkürzungsverzeichnis

VGB	Allgemeine Bedingungen für die Neuwertversicherung von Wohngebäuden gegen Feuer-, Leitungswasser- und Sturmschäden
vgl.	vergleiche
v. H.	vom Hundert
VHB	Allgemeine Hausratsversicherungsbedingungen
VK	Versicherung und Recht kompakt
VK	Vollkasko(versicherung)
VN	Versicherungsnehmer
VO	Verordnung
VR	Versicherer
VRR	Verkehrsrechtsreport (Zeitschrift)
VRS	Verkehrsrechtssammlung (Zeitschrift)
VU	Versicherungsunternehmen
VuR	Verbraucher und Recht (Zeitschrift)
VVaG	Versicherungsverein auf Gegenseitigkeit
VVG	Gesetz über den Versicherungsvertrag, Versicherungsvertragsgesetz
VVG-InfoV	VVG-Informationspflichtenverordnung
VVG-RegE	Entwurf eines Gesetzes zur Reform des Versicherungsvertragsrechts (Regierungsentwurf)
VW	Versicherungswirtschaft (Zeitschrift)

W

WettbRiLi	Wettbewerbrichtlinien der Versicherungswirtschaft
Wi	Wussow Informationen
WM	Wertpapiermitteilungen (Zeitschrift)
w. N.	weitere Nachweise
WuR	Wirtschaft und Recht der Versicherung (Zeitschrift)

Z

ZAP	Zeitschrift für die Anwaltspraxis (Zeitschrift)
z. B.	zum Beispiel
ZEV	Zeitschrift für Erbrecht und Vermögensnachfolge
ZFBUB	Zusatzbedingungen zu den FBUB
ZFE	Zeitschrift für Familien- und Erbrecht
ZFgA	Zusatzbedingungen (zu den AFB) für Fabriken und gewerbliche Anlagen
ZfRV	Zeitschrift für Rechtsvergleichung
ZfS	Zeitschrift für Schadensrecht
ZfV	Zeitschrift für Versicherungswesen
ZfW	Zeitschrift für Wasserrecht
ZGS	Zeitschrift für das gesamte Schuldrecht
ZHR	Zeitschrift für das gesamte Handelsrecht und Konkursrecht
Ziff.	Ziffer

Abkürzungsverzeichnis

ZIP	Zeitschrift für Wirtschaftsrecht und Insolvenzpraxis
zit.	zitiert
ZMGR	Zeitschrift für das gesamte Medizin- und Gesundheitsrecht
ZPO	Zivilprozessordnung
ZRP	Zeitschrift für Rechtspolitik
z. T.	zum Teil
ZUR	Zeitschrift für Umweltrecht
zust.	zustimmend
zutr.	zutreffend
ZVersWiss	Zeitschrift für die gesamte Versicherungswissenschaft
z.Zt.	zur Zeit

Literaturverzeichnis

A

Abram	Der Direktanspruch des Geschädigten gegen den Pflicht-Haftpflichtversicherer seines Schädigers außerhalb des PflVG – »Steine statt Brot«?, VP 2008, 77 ff.
Albrecht	Neue Verkehrs- und Bußgeldvorschriften 2006, SVR 2006, 41 ff.
Allgaier	Die kleine Benzinklausel in der Privathaftpflichtversicherung, VersR 1985, 917 ff.
Armbrüster	Zum Schutz von Haftpflichtinteressen in der Sachversicherung, NVersZ 2001, 193 ff.
Armbrüster	Auswirkungen von Versicherungsschutz auf die Haftung, NJW 2009, 187
Armbrüster	»Ewige« Widerrufsrechte und ihre Folgen«, VersR 2012, 513 ff.

B

Bach/Günther	Der Entwendungsnachweis in der Kfz-Kaskoversicherung, 1. Aufl. 1997
Bach/Moser	Private Krankenversicherung MB/KK- und MB/KT-Kommentar 4. Aufl. 2009
Bauer	Die Kraftfahrzeugversicherung, 6. Auflage 2010
Bauer/Friesen	»UberPop – rechtlich top oder eher ein Flop?«, DAR 2015, 61 ff.
Baumann	Haftpflichtversicherung mit Selbstbeteiligung – Hilferuf eines überforderten Strafrechts, DAR 1971, 289 f.
Baumann	Quotenregelung contra Alles-oder-Nichts-Prinzip im Versicherungsfall – Überlegungen zur Reform des § 61 VVG, r+s 2005, 1 ff.
Baumgärtel	Selbstbeteiligung in der Kraftfahrzeughaftpflichtversicherung?, VersR 1972, 424 ff.
Bayer	Benzinklausel und Gesamtkausalität – Zur Reichweite der »kleinen Benzinklausel« und der Privathaftpflichtversicherung, VersR 1985, 305 ff.
Beck/Berr	Owi-Sachen im Straßenverkehrsrecht, 6. Aufl. 2012
Becker	Verdammt, vertankt, ADAC-Motorwelt 11/2011, 116
Becker	Die Fahrerschutzversicherung in der anwaltlichen Unfallschadenregulierung, zfs 2015, 10 ff.
Beckmann/Matusche-Beckmann	Versicherungsrechts-Handbuch, 3. Aufl. 2015
Blum	Abschleppen und Schleppen und die neue Fahrzeugzulassungs-Verordnung, NZV 2008, 547 ff.

Literaturverzeichnis

Blum	Das unvorsätzliche Sich-Entfernen vom Unfallort (§ 142 StGB), NZV 2008, 495 ff.
Blum	Der Missbrauch von Kurzzeitkennzeichen, SVR 2009, 126 f.
Blum	Führen eines (Kraft-)Fahrzeugs, SVR 2015, 130 ff.
Blum/Weber	Wer ist Führer des Fahrschulwagens, NZV 2007, 228 f.
Bockemöhl	Handbuch des Fachanwalts Strafrecht, 6. Aufl. 2014
Bode	Absolutes Alkoholverbot für Fahranfänger und Fahranfängerinnen?, zfs 2007, 488 ff.
Böhme/Biela	Kraftverkehrshaftpflichtschäden, 25. Auflage 2013
Bollweg	Neue Haftungsgrenzen in der Straßenverkehrshaftung, NZV 2007, 599 ff.
Born	47. Deutscher Verkehrsgerichtstag in Goslar vom 28. – 30.01.2009, NZV 2009, 125 ff.
Bouska	Fahrverbot und internationaler Kraftfahrzeugverkehr, DAR 1995, 93
Brand	Beweiserleichterungen im Versicherungsrecht, VersR 2015, 10 ff.
Brock	Rechtsprobleme beim begleiteten Fahren ab 17, DAR 2006, 63
Brockmöller	Die Rechtsprechung des Bundesgerichtshofes zur Unfallversicherung, r+s 2012, 313 ff.
Bruck/Möller	Großkommentar zum VVG, Band 4 Haftpflichtversicherung, 2013
Bruck/Möller/Johannsen	Kommentar zum Versicherungsvertragsgesetz und zu den Allgemeinen Versicherungsbedingungen unter Einschluss des Versicherungsvermittlerrechtes, Band IV, 8. Aufl., 1970
Buchardt/Möller	Europas Bemühungen bei der Bekämpfung des Führerscheintourismus, SVR 2015, 1 ff.
Budde	Der Schadensfreiheitsrabatt bei Trennung und Scheidung, FuR 2004, 339 ff.
Burmann	Die Verletzung von Obliegenheiten in der KH-Versicherung, die vor dem Versicherungsfall zu erfüllen sind, zfs 1996, 442.
Burmann/Heß/Stahl	Versicherungsrecht im Straßenverkehrsrecht, 2. Aufl. 2010
Burmann/Heß/Jahnke/Janker	Straßenverkehrsrecht, 23. Auflage 2014

C

Canaris	Der Bereicherungsausgleich bei Zahlung des Haftpflichtversicherers an einen Scheingläubiger, NJW 1992, 868

Clemens/Hack/Schottmann/ Schwab	Psychische Störungen nach Verkehrsunfällen – Implikationen für das Personenschadenmanagement, DAR 2008, 9

D

Dahlmann	Psychische Unfallfolgen, DAR 1992, 325
Dauer	wenig Bewegung in Sachen Führerscheintourismus, NJW 2008, 2381
Deichl/Küppersbusch/ Schneider	Kürzungs- und Verteilungsverfahren nach den §§ 155, 156 VVG, 1985
Deppe-Hilgenberg	Direktanspruch, Regreß, Regressbeschränkungen und Reflex im Rahmen der Kfz-Haftpflichtversicherung, 1992
Dombert	§ 10 USchadG, – Abschied vom polizeilichen Entschließungsermessen?, ZUR 2008, 406 ff.
Dornbusch/Fischermeier/ Löwisch	AR – Kommentar zum gesamten Arbeitsrecht, 7. Auflage 2015

E

Ebnet	Die Kündigung von Versicherungsverträgen, NJW 2006, 1697 ff.
Ehlers	Krieg, Kriegsereignisse, terroristische und politische Gewalthandlungen, Beschlagnahme, Eingriffe von hoher Hand, r+s 2002, 133
Eichenhofer/Wenner	Kommentar zum Sozialgesetzbuch I, IV, X, 1. Auflage 2012
Eichenhofer/Wenner	Kommentar zum SGB V, 1. Auflage 2012
Engelbrecht	Der Regress des Sozialleistungsträgers nach einem Unfall, DAR 2013, 767 ff.
Erbs/Kohlhaas	Strafrechtliche Nebengesetze, 2012

F

Felsch	Neuregelung von Obliegenheiten und Gefahrerhöhung, r+s 2007, 485 ff.
Felsch	Verhüllte Obliegenheiten – ein Nachruf, r+s 2015, 53 ff.
Feltz/Kögel	Begleitetes Fahren mit 17, DAR 2004, 121 ff.
Ferner/Bachmeier/Müller	Fachanwaltskommentar Verkehrsrecht 2. Aufl. 2014
Feyock/Jacobsen/Lemor	Kraftfahrversicherung – Kommentar, 3. Aufl. 2009
Filthaut	Die Gefährdungshaftung für Schäden durch Oberleitungsbusse (Obusse) NZV 1995, 52 ff.
Fischer	Strafgesetzbuch, Kommentar, 62. Auflage 2015
Fischinger/Seibl	Rechtliche Probleme des Projekts »Begleitetes Fahren ab 17«, NJW 2005, 2886 ff.
Fleischmann/Hillmann	Das verkehrsrechtliche Mandat, Band 2: Verkehrszivilrecht, 6. Aufl. 2012

Literaturverzeichnis

Franck	Richtlinienkonforme Auslegung der Vorschriften über die vorsätzliche Herbeiführung des Versicherungsfalles in der Kfz-Pflichtversicherung, VersR 2014, 13 ff.
Franz	Das Versicherungsvertragsrecht im neuen Gewand. Die Neuregelungen und ausgewählte Probleme, VersR 2008, 298 ff.
Fritsche/Würdinger	Die Entwicklung des Kraftfahrzeugbriefs im Zivilrecht, DAR 2007, 501 ff.
Fromm	Halterpflichten und Delegationsmöglichkeiten im Bußgeldverfahren, TranspR 2014, 105
Fromm	Zur Einstandspflicht der Vollkaskoversicherung bei Sekundenschlaf am Steuer, SVR 2015, 126
Fromm/Schmidtke	Risiken der Einstellung des Strafverfahrens gem. § 153a StPO bei Verkehrsstraftaten –Pyrrhus-Sieg oder besonderer Verdienst des Strafverteidigers, NZV 2007, 552 ff.
Fürstenwerth	Die Einbeziehung neuer Allgemeiner Versicherungsbedingungen in bestehende Versicherungsverträge, r+s 2009, 221 ff.

G

Ganster	Die Prämienzahlung im Versicherungsrecht VVW 2008
Gehrmann	Grenzwerte für Drogeninhaltsstoffe im Blut und die Beurteilung der Eignung im Fahrerlaubnisrecht, NZV 2008, 377 ff.
Geigel/Schlegelmilch	Der Haftpflichtprozess, 25. Aufl. 2008
Geppert	Anmerkung zum Beschluss des BVerfG vom 19.03.2007, DAR 2007, 380 ff.
Gerhäuser	ADAC-Rechtsprechungsübersicht rund um Wohnmobil und Wohnwagen, DAR 2015, 112 ff.
Grabolle	Gebrauch roter Kennzeichen bei Probefahrten, DAR 2008, 173 ff.
Grabolle	Das Ende des Führerscheintourismus?, zfs 2008, 663 ff.
Gramberg-Danielsen/Kern	Die Brillenbewertung nach den AUB 88, VersR 1989, 20
Gramberg-Danielsen/Thomann	Die Bewertung von Augenschäden in der privaten Unfallversicherung nach den AUB 88, VersR 1988, 789
Grams	Motorbetriebene Skateboards als Kfz im Straßenverkehr?, NZV 1994, 172 ff.
Greiner	Gesetzeslücke beim Fahren ohne Fahrerlaubnis eines Mofas, NZV 2014, 72 ff.
Grimm	Unfallversicherung AUB-Kommentar, 5. Aufl. 2013
Grohmann	Abschleppen, Anschleppen, Schleppen, DAR 1998, 342 ff.
Grote/Schneider	VVG 2008: Das neue Versicherungsvertragsrecht, BB 2007, 2689 ff.

Günther/Spielmann	Vollständige und teilweise Leistungsfreiheit nach dem VVG 2008 am Beispiel der Sachversicherung, r+s 2008, 133 ff. und 177 ff.
Günther/Spielmann	Das Urteil des BGH vom 12.10.2011 (IV ZR 199/10) VersR 2011, 1550 – Auswirkungen und Lösungsansätze, VersR 2012, 549 ff.

H

Haase	Verfassungskonforme Anwendung der Fahrerlaubnisverordnung im Falle von Konsum oder Besitz von Cannabis mit oder ohne Bezug zum Straßenverkehr, zfs. 2007, 3 ff.
Haase/Sachs	Drogenfahrt mit Blutspiegeln unterhalb der Grenzwerte der Grenzwertkommission – Straftat (§ 316 StGB), Ordnungswidrigkeit (§ 24a StVG) oder Einstellung (§ 47 OwiG)?, NZV 2008, 221 ff.
Halm	Versicherungsrechtliche Konsequenz der Unfallflucht, DAR 2007, 617
Halm	in Festschrift für Klaus Himmelreich: Versicherungsrechtliche Konsequenzen der Unfallflucht, S. 295 ff.
Halm/Engelbrecht/Krahe	Handbuch des Fachanwalts Versicherungsrecht, 5. Aufl. 2015
Halm/Fitz	Versicherungsschutz bei entgeltlichen Probefahrten, DAR 2006, 433 f.
Halm/Fitz	Versicherungsrecht 2008/2009, DAR 2009, 437 ff.
Halm/Fitz	Versicherungsverkehrsrecht 2012/2013, DAR 2013, 447
Halm/Steinmeister	Arbeitsrecht und Straßenverkehr, DAR 2005, 481 ff.
Haupfleisch/Hirtler	Die 5. Kraftfahrzeug-Haftpflichtversicherungs-Richtlinie DAR 2006, 560 ff.
Haus/Krumm/Quarch	Gesamtes Verkehrsrecht, 1. Aufl. 2014
Heinrich	Motorisierter Tretroller – sog. »Go-Ped« – im öffentlichen Straßenverkehr, PVR 2003, 138.
Heinrichs	Synopse der für das Versicherungsrecht im Verkehrsrecht bedeutsamsten Auswirkungen der VVG Reform zfs 2009, 187
Heinrichs	Die Fahrerschutzversicherung, DAR 2011, 565 ff.
Heinzlmeier	Strafrechtliche Probleme des Pflichtversicherungsrechts, NZV 2006, 225
Heinzlmeier	Strafrechtliche Probleme des Pflichtversicherungsrechts, NZV 2006, 225 ff., 231
Hentschel	Die Entwicklung des Straßenverkehrsrechts im Jahre 2004, NJW 2005, 641 ff.
Hentschel/König/Dauer	Straßenverkehrsrecht, 43. Aufl. 2015
Herberlein/Miller	Abschleppen und Schleppen, DAR 2009, 288 ff.

Literaturverzeichnis

Heß	Die VVG-Reform: Alles oder nichts – das ist (nicht mehr) die Frage, NJW Spezial, 159 f.
Heß/Burmann	Die Quote bei grob fahrlässiger Obliegenheitsverletzung – Vom Alles oder Nichts zum Mehr oder Weniger, NZV 2009, 7 ff.
Heß/Jahnke	Das neue Schadensrecht, 2002
Heuer	Zur außervertraglichen Haftung des Frachtführers (und seines Kfz-Haftpflichtversicherers) für Güterfolgeschäden, TranspR 2002, 334 ff.
Hillmann	Verstöße gegen Verkehrsvorschriften über ordnungsgemäße Ladung im Straßenverkehr, zfs 2003, 387 ff.
Hillmann/Schneider	Das verkehrsrechtliche Mandat, Bd. 2, 6. Aufl. 2013
Himmelreich	Irrtümer bei der Verkehrsunfallflucht (§ 142 StGB), DAR 2007, 44 ff.
Himmelreich/Halm	Handbuch des FA Verkehrsrecht, 5. Aufl. 2014
Himmelreich/Halm/Staab	Handbuch Kfz-Schadensregulierung, 3. Aufl. 2015
Hinsch-Timm	Das neue Versicherungsvertragsgesetz in der anwaltlichen Praxis, 1. Aufl. 2008
Hock	Die Benzinklausel (Kraftfahrzeugklausel) in der Allgemeinen Haftpflichtversicherung, 2. Auflage 2009.
Hoffmann/Schwab/Tolksdorf	Abfindungsregelungen nach Unfällen von Kindern sowie angepasste Lösungen für ältere oder andere besonders schutzbedürftige Menschen – Nachhaltige Sicherung der Geldsummen, DAR 2006, 666
Höfle	Prozessuale Besonderheiten im Haftpflichtprozess, r+s 2002, 397 ff.
Hofmann	Deckungsschutz für den eigenmächtig Fahrerhandlungen vornehmenden Insassen, NZV 1999, 153 f.
Hofmann	Der Schadensersatzprozess, 2. Aufl. 1999
Hofmann	Die neue Kfz-Versicherung
Horst/Katzenstein	Die Bindung der Gerichte nach § 108 SGB VII, VersR 2009, 165 ff.
Huber	Das neue Schadensersatzrecht, 2003
Huppertz	Verkehrsrechtliche Einordnung von Rikschas, NZV 2006, 299.
Huppertz	Rechtsfolgen bei Probefahrten im Lichte der neuen FZV, DAR 2008, 606 ff.
Huppertz	Elektrofahrräder, DAR 2011, 561 ff.
Huppertz	Pedelec, Segway, Bierbike: Lust oder Last?, NZV 2012, 23 ff.

J

Jacob	Irrungen und Wirrungen zum ›richtigen‹ Zeitpunkt der Invaliditätsbemessung in der Unfallversicherung« – Zugleich Besprechung des Urteils des OLG Düsseldorf vom 6.8.2013 (I-4 U 221/11) VersR 2013, 1573«, VersR 2014, 291 ff.
Jaeger	Elektrofahrräder, zfs 2011, 663 ff.
Jahnke	Angehörigenprivileg im Wandel, NZV 2008, 57 ff.
Janker	Das neue Alkoholverbot für Fahranfänger und Fahranfängerinnen, DAR 2007, 497 ff.
Jeßnitzer	Auch bei mittelgroßen Schäden lohnt sich ein Besuch, VW 2009, 951 ff.
Johannsen	Zur Frage der Rechtswirksamkeit des § 5 Abs. 3 S. 1 KfzPflVV – Erwiderung auf den Aufsatz von Wandt VersR 2005, 494, VersR 1995, 888 ff.
Jung	Drogengrenzwerte für absolute Fahruntüchtigkeit – eine Utopie?, DAR 2008, 608 ff.

K

Karbach	Festschrift für Klaus Himmelreich zum 70. Geburtstag, 2007
Karcewski	Berufung in Versicherungssachen – Besonderheiten und typische Probleme, r+s 2010, 495 ff.
Kärger	Kfz-Versicherung nach dem neuen VVG, 2008
Kassing	Neues VVG: Die Quotenbildung bei grober Fahrlässigkeit, VersP 2009, 102 ff.
Katzenmeier	Haftung für HIV-kontaminierte Blutprodukte, NJW 2005, 3391 f.
Kerst	Tipps zum Umgang mit der Quotelung, VW 2010, 501 ff.
Kessal-Wulf	Aus der neueren Rechtsprechung des Bundesgerichtshofes zur privaten Unfallversicherung r+s 2008, 313
Kessal-Wulf	Die aktuelle Rechtsprechung des BGH zur Unfall-, Berufsunfähigkeits- und Krankentagegeldversicherung, r+s 2011, 497 ff.
Klimke	Vertragliche Ausschlussfristen für die Geltendmachung des Versicherungsanspruchs nach der VVG-Reform – Entschuldigungsmöglichkeit, Hinweispflicht und Transparenz, VersR 2010, 290 ff.
Klingenberg/Nugel	Betrugsabwehr bei vorsätzlicher Eigenbrandstiftung in der Kaskoversicherung, DAR 2013, 185 ff.
Kloth	Private Unfallversicherung, 1. Aufl. 2008
Knappmann	Rechtsfragen der neuen Kraftfahrtversicherung, VersR 1996, 401 ff.

Literaturverzeichnis

Knappmann	Anmerkungen zu den neuen Allgemeinen Bedingungen für die Kfz-Versicherung (AKB 2008), VersR 2009, 186 ff.
Knappmann	Die Bedingungen der neuen Kfz-Versicherung – Abweichungen von den Vorbedingungen, VRR 2009, 126 ff.
Knappmann	Zur Quotenbildung nach dem VVG 2008, VRR 2009, 9 ff.
Knappmann	Versicherungsschutz für Sachen im Kfz, VRR 2010, 49 ff.
Knappmann	Der Autoschutzbrief, VRR 2011, 444 ff.
Knappmann	Ansprüche bei Verlust oder Schäden an Sachen in Kraftfahrzeugen, VRR 2014, 324 ff.
Knappmann	Die Fahrerschutzversicherung, VRR 2014, 447 ff.
Knöpper	Rechtzeitigkeit der Leistung bei Geldschulden? – Prämienzahlung, NJW Spezial 2009, 105 f.
Koch	Der Direktanspruch in der Haftpflichtversicherung, r+s 2009, 133 ff.
Koch	Abschied von der Rechtsfigur der verhüllten Obliegenheit, VersR 2014, 283 ff.
Koch/Hierse	Die Prozessführung durch den Versicherer, VersR 2001, 405
Koehl	Neuere Rechtsprechung zum Verkehrsverwaltungsrecht, zfs 2014, 4 ff.
Koehl	Europäischer Führerscheintourismus – eine aktuelle Bestandsaufnahme, NZV 2015, 8 ff.
König	Zur fahrlässigen Drogenfahrt nach »länger« zurückliegendem Drogenkonsum, NStZ 2009, 425 ff.
Konradi	Teilungsabkommen – Anforderungen in »Zweifelsfällen«, SGb 2015, 20 ff.
Kötz/Wagner	Deliktsrecht, 12. Aufl. 2013
Krahe	Der Begriff »Kriegsereignis« in der Sachversicherung, VersR 1991, 634 ff.
Kreuter-Lange/Schwab	Haftungs- und Versicherungsfragen beim Busfernverkehr, DAR 2015, 67 ff.
Kröger	Regulierungsermessen und Belastung des Schadensfreiheitsrabatts – der Versicherer zwischen den Fronten, VersR 2013, 139 ff.
Kröger/Kappen	Mindestdeckungssummen und Regulierungsfristen bei Verkehrsunfällen in Europa, DAR 2007, 557 ff.
Krumm	Das Adhäsionsverfahren in Verkehrsstrafsachen, SVR 2007, 41
Krumm	Arbeitshilfe: Vorwurf der Unfallflucht nach unerlaubtem Entfernen – § 142 II StGB, NZV 2008, 497 f.

Krumm	Die zur Fahruntüchtigkeit führenden »anderen« Rauschmittel, NZV 2014, 441 ff.
Krumm/Himmelreich/Staub	Die »OWI-Unfallflucht« – eine wenig bekannte Vorschrift, DAR 2011, S. 6 ff.
Kuhn, Paul	Haftung bei Fährschiffunfällen – Schadensabdeckungen durch Versicherungen, DAR 1987, 276 ff.
Küppersbusch/Höher	Ersatzansprüche bei Personenschäden, 11. Auflage 2013

L

Lachner	Das Quotenvorrecht in der Kaskoversicherung, das unbekannte Wesen, zfs 1998, 161 ff.
Lang/Stahl/Huber	Das Modell »Begleitetes Fahren mit 17« aus haftungs- und versicherungsrechtlicher Sicht, NZV 2006, 449 ff.
Lange	Das Zusammenwirken von Anerkenntnis und Abtretung in der Haftpflichtversicherung nach der VVG-Reform, r+s 2007, 401
Langer	Novellierung der Lenk- und Ruhezeiten im Straßenverkehr und das neue digitale Kontrollgerät, DAR 2007, 415 ff.
Langer	Anpassung der nationalen Vorschriften über die Lenk- und Ruhezeiten an das geltende EU-Recht, DAR 2008, 421 ff.
Langheid	Auf dem Weg zu einem neuen Versicherungsvertragsrecht, NJW 2006, 3317
Langheid	Die Reform des Versicherungsvertragsgesetzes, NJW 2007, 3665 ff.
Langheid	Rechtsprechungsübersicht zum Versicherungsvertragsrecht 2008, NJW 2009, 337 ff.
Langheid/Wandt	Münchner Kommentar zum VVG, Bd. 1, 2010; Bd. 2, 2011
Larenz	Schuldrecht Allgemeiner Teil
Lehmann	Die Rechtsprechung des Bundesgerichtshofes zum Allgemeinen Versicherungsvertragsrecht nach neuem VVG, r+s 2012, 320 ff.
Lemcke	Probleme des Haftpflichtprozesses bei behaupteter Unfallmanipulation (Teil B), r+s 1993, 161 f.
Liebermann	Wechselkennzeichen können ab 01.07.2012 zugeteilt werden, DAR 2012, 425 f.
Linden	Rechtliche Aspekte weltweiter Krankenrücktransporte (Repatriierung), Diss. 1998
Loacker	Die Gefahrerhöhung nach der VVG-Reform, VersR 2008, 1285 ff.
Löhr-Müller	Der Dienstwagenüberlassungsvertrag, DAR 2007, 133 ff.

Literaturverzeichnis

Looschelders	Schuldhafte Herbeiführung des Versicherungsfalls nach der VVG-Reform, VersR 2008, 1 ff.
Looschelders/Bottek	Die Rechtsstellung des Versicherers bei Verbringung gestohlener Kfz ins Ausland, VersR 2001, 401 ff.
Looschelders/Pohlmann	VVG-Kommentar, 2.Aufl. 2011
Lorenz	Zur entsprechenden Anwendung der Regresssperre des § 67 Abs. 2 VVG auf die gesamtschuldnerischen Ausgleichsansprüche des Kfz-Haftpflichtversicherers gegen den nicht deckungsberechtigten Versicherten (Fahrer), VersR 1991, 505 ff.
Lorenz	Der subjektive Risikoausschluss durch § 61 VVG und die Sonderregelung in § 152 VVG, VersR 2000, 2 ff.
Lucas	Das Quotenvorrecht – wer es nicht kennt, verschenkt Geld!, VRR 2010, 127
Luckey	Personenschaden, 1. Aufl. 2013
Ludovisy/Eggert/Burhoff	Praxis des Straßenverkehrsrechts, 5. Aufl. 2010

M

Maier	Die vorläufige Deckung nach dem Regierungsentwurf der VVG-Reform, r+s 2006, 485 ff.
Maier	Die Leistungsfreiheit bei Obliegenheitsverletzungen nach dem Regierungsentwurf zur VVG-Reform, r+s 2007, 89, 90
Maier	Aller Anfang ist schwer – erste Urteile zur Kaskoversicherung nach der VVG-Reform, r+s 2010, 497 ff.
Maier	Die Fahrerschutzversicherung – Neue Wege beim Versicherungsschutz für den Fahrer (zugleich Anmerkung zu OLG Koblenz r+s 2014, 233), r+s 2014, 219 ff.
Maier/Biela	Die Kraftfahrt-Haftpflichtversicherung
Maier/Stadler	AKB 2008 und VVG-Reform, 1. Aufl., München 2008
Marlow	Die private Unfallversicherung – Aktuelles aus der Rechtsprechung, Praxis und VVG-Reform, r+s 2007, 353
Marlow	Die Verletzung vertraglicher Obliegenheiten nach der VVG-Reform: Alles nichts, oder?, VersR 2007, 43 ff.
Marlow/Spuhl	Das neue VVG kompakt – Ein Handbuch für die Rechtspraxis, 4. Aufl. 2010
Marlow/Tschersich	Die private Unfallversicherung – Aktuelles aus der Rechtsprechung, Praxis und VVG-Reform r+s 2009, 441
Marlow/Tschersich	Die private Unfallversicherung – Aktuelles aus Rechtsprechung und Praxis – Teil II, r+s 2013, 365 ff.
Mayer	Unfallbegriff in der Kaskoversicherung, NZV 1991, 132
Meier	Die Haftung des Athleten im Sport, VersR 2014, 800 ff.
Meixner/Steinbeck	Allgemeines Versicherungsvertragsrecht 2. Aufl. 2011

Literaturverzeichnis

Meschkat/Nauert	Betrug in der Kraftfahrtversicherung, 2008
Meschkat/Nauert	VVG-Quoten, Leistungskürzungen in der Sach- und Kasko-Versicherung sowie KH-Regress, 2008
Meyer	Abschlussbericht für das Projekt Kfz-Haftpflichtversicherungstarife Teil III, S. 74.
Mielchen/Meyer	Anforderungen an die Führerscheinkontrolle durch den Arbeitgeber bei Überlassung von Firmenfahrzeugen an den Arbeitnehmer, DAR 2008, 5 ff.
Mitsch	§ 142 Abs. 2 StGB und Wartezeitirrtum, NZV 2005, 347 ff.
Mitsch	Die verfassungskonforme Anwendung des § 142 II Nr. 2 StGB, NZV 2008, 217 ff.
Morgenstern	Der Abgesang des Führerscheintourismus, NZV 2008, 425 ff.
Müller	Das Quotenvorrecht in der Kaskoversicherung, VersR 1989, 317 ff.
Müller	Überkompensatorische Schmerzensgeldbemessung?, 2007
Müller	Geschäftsführung ohne Auftrag – Schadensersatzanspruch nach AKB § 10 Nr. 1 (AKB 2008 A.1.1.1), r+s 2012, 584 ff.
Müller/Matlach	Rechtskrafterstreckung und Verjährung nach § 3 Nr. 8, Nr. 3 S. 2 Hs. 2 Pflichtversicherungsgesetz (PflVG) – Anmerkungen zum Urteil des BGH vom 09.01.2007 (VI ZR 139/06), zfs 2007, 366 ff.
Münchener Kommentar	Bürgerliches Gesetzbuch, Band 2, 5. Aufl. 2007
Müringer	Kommentar zur Pflichtversicherung, 1999
Murmann	Ungelöste Probleme des § 246 StGB nach dem 6. Gesetz zur Reform des Strafrechts (6. StrRG), NStZ 1999, 14 ff.
Mußhoff/Madea	Chemisch-toxikologische Analysen auf berauschende Mittel im Rahmen der Fahreignungsdiagnostik, NZV 2008, 485 ff.

N

Naumann/Brinkmann	Die private Unfallversicherung – in der anwaltlichen Praxis, 2009
Naumann/Brinkmann	Die private Unfallversicherung in der Beraterpraxis 2. Aufl. 2011
Nehls	Kapital statt Rente (§§ 843 Abs. 3, 779 BGB): Rechnungszinsfuß näher bei 0 Prozent als bei 5 Prozent, DAR 2007, 444 ff.
Neidhart	Verkehrsrechts-Praxis – Adhäsionsverfahren – ein kurzer Ländervergleich – Schadenersatz im Strafprozess nach Verkehrsstraftaten, DAR 2006, 415

Literaturverzeichnis

Neufang/Valder	Laden und Ladungssicherung im Straßengüterverkehr – Wer ist verantwortlich?, TranspR 2002, 325 ff.
Neuhaus	Die vorvertragliche Anzeigepflichtverletzung im neuen VVG, r+s 2009, 45 ff.
Nickel/Schwab	Stundensätze beim Haushaltsführungsschaden, SVR 2007, 17 ff.; dieselben SVR 2009, 286 ff.; dieselben SVR 2010, Heft 1.
Nitsch	Kraftfahrzeug-Leasing – eine unendliche Geschichte?, NZV 2011, 14 ff.
Notthoff	Die Zukunft genereller Schweigepflichtentbindungserklärungen in der Berufsunfähigkeitszusatzversicherung, zfs 2008, 243 ff.
Notthoff	Quotale Kürzung von Versicherungsleistungen im Bereich grober Fahrlässigkeit, VRR 2012, 204 ff.
Notthoff	Der Regress des Kraftfahrzeug-Haftpflichtversicherers – Teil 1, VRR 2013, 84 ff.
	Der Regress des Kraftfahrzeug-Haftpflichtversicherers – Teil 2, VRR 2013, 124 ff.
Nugel	Das neue VVG – Quotenbildung bei der Leistungskürzung wegen grober Fahrlässigkeit, MDR Sonderbeilage 2007, 23 ff.
Nugel	Das Regulierungsermessen des Kraftfahrzeughaftpflichtversicherers, VRR 2008, 244 ff.
Nugel	Alles, nichts oder 5.000 €? Der Regress des Kraftfahrzeug-Haftpflicht-Versicherers gegenüber dem Versicherungsnehmer auf Grund einer Obliegenheitsverletzung nach der VVG-Reform, NZV 2008, 11, 15
Nugel	Die Quotenbildung bei einer Leistungskürzung nach dem »neuen« VVG – eine Übersicht zu den aktuellen Streitständen, MDR 2008, 1320 ff.
Nugel	Haftungsquote und Mehrwertsteuerersatz für den Fahrzeugschaden bei dem Verkehrsunfall mit einem Leasingfahrzeug, zfs 2008, 4 ff.
Nugel	Die Leistungsfreiheit des Kraftfahrtversicherers nach dem neuen VVG wegen einer Obliegenheitsverletzung nach Eintritt des Versicherungsfalls – erste Erfahrungen und Musterfälle, zfs 2009, 307 ff.
Nugel	Die Anzeigepflicht des Versicherungsnehmers im Hinblick auf gefahrerhebliche Umstände nach der VVG-Reform, MDR 2009, 186 ff.
Nugel	Zur Leistungsfreiheit des Kraftfahrtversicherers nach der VVG Reform – Teil I: Leistungsfreiheit bei einer rauschmittelbedingten Fahruntüchtigkeit, DAR 2010, 722 ff.

Nugel	Gemeinsamkeiten und Unterschiede bei der Anspruchsbegründung im Bereich der Unfallversicherung und des Schadensersatzrechts, DAR 2010, 445 ff.
Nugel	Zum Ersatz von Rettungskosten nach dem neuen VVG, DAR 2011, 484 ff.
Nugel	Zur Leistungsfreiheit des Kraftfahrtversicherers nach der VVG Reform – Teil II: Leistungsfreiheit bei einer grob fahrlässig ermöglichten Entwendung des Kfz, DAR 2012, 348 ff.

O

Otting	Gutachterkosten in der Kaskoversicherung, DAR 1996, 200 f.

P

Palandt	Bürgerliches Gesetzbuch, 74. Aufl. 2015
Pamer	Der Kaskoschaden – Teil- und Vollkaskoregulierung, 1. Aufl., Recklinghausen 2008
Petersen	USchadG, Kommentar, 1. Auflage 2013
Plate/Hillmann III	Schluss mit dem Führerscheintourismus – Ein Lösungsvorschlag, DAR 2014, 7 ff.
Plenker/Schaffhausen	Steuerermäßigung für haushaltsnahe Beschäftigungsverhältnisse, haushaltsnahe Dienstleistungen und Handwerkerleistungen ab 2009, DB 2009, 191 ff.
Pohlmann	Beweislast für das Verschulden des Versicherungsnehmers bei Obliegenheitsverletzungen, VersR 2008, 437 ff.
Präve	Das neue VVG und das AGB-Recht, VersW 2009, 98 ff.
Prölss	Kraftfahrt-Haftpflichtschäden im Zeichen der action directe, NJW 1965, 1737 ff.
Prölss/Martin	Versicherungsvertragsgesetz, Kommentar, 29. Aufl. 2015
Prütting/Wegen/Weinreich	BGB Kommentar, 9. Auflage 2014

R

Rebler	Geltungsbereich der Nachhaftung bei gekündigten Versicherungsverträgen von Gabelstaplern, SVR 2003, 330 f.
Rebler	Der Straßenbegriff im Verkehrsrecht, DAR 2005, 65 ff.
Rebler	Moderne Zeiten: Neue Fahrzeugformen und die Schwierigkeit ihrer rechtlichen Behandlung, SVR 2012, 15 ff.
Rebler	Die Kennzeichen nach der Fahrzeugzulassungsverordnung, SVR 2014, 216 ff.
Rebler	»Mi(e)tfahrgelegenheit modern – WunderCar und UberPop rechtliche Grauzone oder Illegalität?«, DAR 2014, 550 ff.

Literaturverzeichnis

Reimer	Zur Rechtsnachfolge im öffentlichen Recht, DVBl. 2011, 201 ff.
Reinking/Eggert	Der Autokauf, 12. Auflage 2014
Remsperger	Die Oldtimerzulassung unter Berücksichtigung des neuen Anforderungskatalogs für die Begutachtung eines Fahrzeuges zur Einstufung als Oldtimer gemäß § 23 StVZO, DAR 2012, 72 ff.
Richter	Überlegungen zur quotierten Leistungsfreiheit in der Fahrzeugversicherung, SVR 2009, 13 ff.
Richter	Risikoausschlüsse in der Kfz-Versicherung, DAR 2012, 243 ff.
Riedmeyer	Grobe Fahrlässigkeit in der Kfz-Versicherung, zfs 2001, 345 ff.
Riedmeyer	Entwicklungen beim Europäischen Fahrerlaubnisrecht, zfs 2009, 422 ff.
Rixecker	Neufassung des Versicherungsvertragsgesetzes- Verursachung eines Versicherungsfalles – Teil 1, zfs 2007, 15
Rixecker	VVG 2008 – Eine Einführung – I. Herbeiführung des Versicherungsfalls, zfs 2007, 15 ff.
Rixecker	VVG- 2008 – Eine Einführung – IX. Vertragsschluss, zfs 2007, 495
Rixecker	Rechtsfragen der Quotenbildung nach dem VVG, zfs 2009, 5 ff.
Rogler	Anpassung von Vertragsgrundlagen an das VVG 2008 – zwei übersehene Problemfelder, r+s 2010, 1 ff.
Rokas	Die schuldhafte Herbeiführung des Versicherungsfalles nach altem und neuem VVG, VersR 2008, 1457 ff.
Römer	Das sogenannte Augenblicksversagen, VersR 1992, 1187 ff.
Römer	Der Kraftfahrzeugdiebstahl als Versicherungsfall, NJW 1996, 2329 ff.
Römer	Änderung des Versicherungsvertragsrechts Teil 1, VersR 2006, 740 f.
Römer	Zu ausgewählten Problemen der VVG-Reform nach dem Referentenentwurf vom 13. März 2006 (Teil I), VersR 2006, 740 ff.
Römer/Langheid	VVG Versicherungsvertragsgesetz mit PflVG und KfzPflVV, Kommentar, 4. Aufl. 2014
Rüffer/Halbach/Schimikowski	Versicherungsvertragsgesetz – Handkommentar, 2. Aufl. 2013
Rüth	Die Rechtsprechung des Bayerischen Obersten Landesgerichts in Verkehrsstrafsachen, DAR 1970, 253

S

Sanden/Völtz	Sachschadenrecht, 9. Aufl. 2011
Sapp	Das Modell »Begleitetes Fahren ab 17« im Haftungsrecht, NJW 2006, 408 ff.
Satzger/Schluckebier/Widmaier	StGB – Strafgesetzbuch, Kommentar, 2. Aufl. 2014
Schäfers	Mindest- und Höchstquote bei grober Fahrlässigkeit, VersR 2011, 842
Schäler	Gesetzeslücke bei Einsitzigkeit von Mofas aufgehoben, NZV 2014, 438 ff.
Schäpe	Auslandsfahrten trotz Fahrverbot? DAR 2001, 565
Schellhorn/Schellhorn/Hohm	Kommentar zum SGB XII, 18. Auflage 2010
Schimikowski	Vorerstreckung des Rettungskostenersatzes in der Reformdiskussion, r+s 2003, 133 ff.
Schimikowski	Die vorvertragliche Anzeigepflicht, r+s 2009, 353 ff.
Schimikowski	Kürzung auf Null bei absoluter Fahruntüchtigkeit, DAR 2011, 700 ff.
Schirmer	Das »kranke« Versicherungsverhältnis zwischen KH Versicherer und Versicherungsnehmer, VersR 1987, 19 ff.
Schirmer	Das Adhäsionsverfahren nach neuem Recht – die Stellung des Unfallbeteiligten und deren Versicherer, DAR 1988, 121
Schirmer	Der »sonstige« oder »reine« Vermögensschaden in der Kraftfahrzeughaftpflichtversicherung, DAR 1992, 11
Schirmer	Nichteheliche Lebensgemeinschaft im Versicherungs- und Verkehrsrecht, DAR 2007, 2 ff.
Schirmer	Neues VVG und die Kraftfahrzeughaftpflicht- und Kaskoversicherung – Teil 1, DAR 2008, 181 ff.
Schirmer	Neues VVG und die Kraftfahrzeughaftpflicht- und Kaskoversicherung – Teil 2, DAR 2008, 319 ff.
Schirmer/Höhne	Die Zulässigkeit von Selbstbehalten in der KH-Versicherung, DAR 1999, 433 ff.
Schmalzl	Fallen durch Muldenkipper auf öffentlichen Straßen verursachte Haftpflichtschäden unter den Versicherungsschutz der Betriebshaftpflichtversicherung für Bauunternehmer?, VersR 1973, 117
Schmalzl/Krause-Allenstein	Berufshaftpflichtversicherung des Architekten und Bauunternehmers, 2. Aufl. 2006
Schönke/Schröder	Strafgesetzbuch, Kommentar, 29. Aufl. München 2014
Schug	Zur Benzinklausel in der Haftpflichtversicherung, VersR 1998, 819 ff.
Schubach	Politische Risiken und Krieg in der Personenversicherung, r+s 2002, 177 ff.

Literaturverzeichnis

Schubach/Jannsen	Private Unfallversicherung, Kommentar 2010
Schubert	Die neue »Winterreifenpflicht« in der StVO, DAR 2006, 112 ff.
Schünemann	Die deutsche Bekämpfung des Führerscheintourismus scheitert am europäischen Recht der gegenseitigen Anerkennung, DAR 2007, 382 f.
Schwab	Schwarzarbeit und Haftungsausschluss bei Arbeitsunfall, SVR 2004, 285 f.
Schwab	Zwischenruf zum Aufsatz von Jürgen Nehls, DAR 2007, 669 f.
Schwab	Ölspurbeseitigung – die rechtliche und wirtschaftliche Seite bei der Schadensabwicklung, DAR 2010, 347 ff.
Schwab	Fahrerschutzversicherung, Monographie 2014
Schwintowski	Vom Alles-oder-Nichts-Prinzip zum Quotensystem, VuR 2008, 1 ff.
Schwintowski	Die Rechtsfolgen der Verletzung vertraglicher Obliegenheiten in der allgemeinen Haftpflichtversicherung nach dem neuen VVG, VersR 2009, 1304 ff.
Schwintowski/Brömmelmeyer	Praxiskommentar zum Versicherungsvertragsrecht (PK-VersR), 2. Aufl., 2010
Seemayer	Entwendungstatbestände in der Fahrzeug-Kaskoversicherung – zugleich Anmerkung zu OLG Köln vom 22.7.2008 –, r+s 2010, 6 ff.
Seemayer	Entwendungstatbestände in der Kaskoversicherung, r+s 2010, 6 ff.
Spatscheck/Fraedrich	Kfz-Steuerhinterziehung – strafbar?, Steueranwaltsmagazin SAM 2007, 162
Staab/Halm	Aktuelle Rechtsprechung zum Betrug in der Kfz-Haftpflichtversicherung, DAR 2014, 66 ff.
Stadler	Die Kfz-Versicherung, 2. Aufl. 2008
Stahl	Quotenbildung nach dem VVG in der Kraftfahrtversicherung, NZV 2009, 265 ff.
Stahl/Jahnke	Deckungs- und Haftungsfragen bei Unfallbeteiligung eines Anhängers, NZV 2010, 57 ff.
Stamm	Die neue Trunkenheitsklausel in der Kfz-Haftpflichtversicherung – Rechtsgrundlagen und Auswirkungen auf die Praxis, VersR 1995, 261, 266
Staub	Die Einlassung des Angeklagten/der Angeklagten bei der Verteidigung von Verkehrsstraftaten und deren revisionsrechtliche Überprüfung, DAR 2013, 422 ff.
Staudinger/Halm/Wendt	Fachanwaltskommentar Versicherungsrecht, 1. Auflage 2013
Staudinger/Kassing	Der Regress des Gebäudeversicherers gegen den Mieter im Lichte der VVG-Reform, VersR 2007, 10 ff.

Steinmetz/Röser	Bandscheibenschäden in der privaten Unfallversicherung: Leitfaden für die Bewertung, VersR 2014, 38 ff.
Stiefel/Hofmann	Kraftfahrtversicherung, AKB-Kommentar, 17. Aufl. 2000
Stiefel/Maier	Kraftfahrtversicherung, AKB-Kommentar, 18. Aufl. 2010
Stöber	Ansprüche des Grundstücksbesitzers gegen den unbefugt Parkenden auf Ersatz der Abschleppkosten, DAR 2009, 539 ff.
Stoeber/Nugel	Rechtsprechungsübersicht zur arglistigen Obliegenheitsverletzung, SP 2014, 347 f.
Stoffers/Möckel	Beteiligte im strafprozessualen Adhäsionsverfahren, NJW 2013, 830 ff.

T

Terbille/Höra	Münchner Anwaltshandbuch Versicherungsrecht, 3. Aufl. 2013
Ternig	0,0 ‰ BAK-Grenze für Fahranfänger und Grenzwerte bei § 24a StVG, NZV 2008, 271 ff.
Ternig	Das fehlende 25 km/h-Schild und Auswirkungen auf das Pflichtversicherungsgesetz, NZV 2011, 525 f.
Terno	BGH-Kraftfahrtversicherungsrecht, DAR 2007, 316 ff.
Terno	Die Rechtsprechung des Bundesgerichtshofs zum Kraftfahrtversicherungsrecht, DAR 2008, 313 ff.
Terno	Aus der Rechtsprechung des Bundesgerichtshofs zum Kraftfahrtversicherungsrecht, zfs 2009, 362 ff.
Tettinger/Wank	Gewerbeordnung, Kommentar, 8. Auflage 2011
Thume	Die Rechte des Empfängers bei Vermischungsschäden in Tanks oder Silos als Folge verunreinigt angelieferter Güter, VersR 2002, 267 ff.
Thume	Versicherungen des Transportrechts, TranspR 2006, 1 ff.
Tschersich	Rechtsfragen der vorvertraglichen Obliegenheiten – Schwerpunkt: Die Hinweispflichten des Versicherers, r+s 2012, 53 ff.

U

Unberath	Die Leistungsfreiheit des Versicherers – Auswirkungen der Neuregelung auf die Kraftfahrtversicherung, NZV 2008, 537 ff.

V

v. Bernstorff	Selbstbehalt in der Autohaftpflicht? Probleme einer Pflichtversicherung im internationalen Vergleich, VW 1987, 214 ff.
van Bühren	Handbuch Versicherungsrecht, 6. Aufl. 2014
van Bühren	Die Fahrerschutzversicherung, VersR 2015, 685 ff.

Literaturverzeichnis

van Bühren/Nies	Reiseversicherung, Kommentar, 3. Aufl. 2010
Veith	Das quotale Leistungskürzungsrecht des Versicherers gem. §§ 26 Abs. 1 S. 2, 28 Abs. 2 S. 2, 81 Abs. 2 VVG 2008, VersR 2008, 1580 ff.
Veith/Gräfe	Der Versicherungsprozess, 2. Aufl. 2010
v. Falkenhausen/Dehghani	Bericht der Europäischen Kommission über die Umwelthaftungsrichtlinie – Haftungsgefahren durch die Umsetzung der Umwelthaftungsrichtlinie, VersR 2011, 853 ff.
Vrzal	Zur Beurteilung vorgerichtlicher Erklärungen des Haftpflichtversicherers im Rahmen der Schadensregulierung, VersR 2012, 694 ff.

W

Wagner	Das neue Umweltschadensgesetz, VersR 2008, 565 ff.
Wandt	Nichtigkeit des § 5 Abs. 3 S. 1 KfzPflVV wegen Überschreitens der Verordnungsermächtigung, VersR 2005, 494 ff.
Wandt	Versicherungsrecht, 5. Auflage 2012
Wandt	Zur dogmatisch gebotenen Enthüllung von »verhüllten« Obliegenheiten, VersR 2015, 265 f.
Wandt/Ganster	Die Rechtsfolgen des Widerrufs eines Versicherungsvertrags gem. § 9 VVG 2008, VersR 2008, 425 ff.
Warzelhan und Krämer	Führerschein und Epilepsie, NJW 1984, 2620 ff.
Watzlawik	Kaskoversicherungsschutz bei Unterschlagung nach A. 2.2.2. Abs. 1 AKB 2008 und Abgrenzung der versicherten Entwendung zum Betrug, DAR 2013, 232 ff.
Wehner	Die quantifizierende Feststellung der Überschreitung des im Rahmen des § 24a II StVG eingeführten Ahndungsgrenzwertes für THC, NZV 2007, 498 ff.
Weidner/Schuster	Quotelung von Entschädigungsleistungen bei grober Fahrlässigkeit des VN in der Sachversicherung nach neuem VVG, r+s 2007, 363 ff.
Wendt/Boetius	Anmerkungen zum Urteil des OLG Köln vom 20.07.2012 – 20 U 149/11, VersR 2013, 1561 ff.
Wies	Die neue Kraftfahrt-Haftpflichtversicherung
Wieske/Kramer	Bußgeldrechtliche Tragweite von Verstößen gegen die Ladungssicherheit, TranspR 2008, 435 ff.
Wilms	Anhänger-Streitfragen, DAR 2008, 671 f.
Wilms	Neue Anhänger-Streitfragen, DAR 2012, 68 ff.
Wilms	Kasko-Regulierung ist stets zumutbar, DAR 2013, 252 f.
Wolter	Systematischer Kommentar zum Strafgesetzbuch, SK-StGB

Wussow	Abgrenzung der Zuständigkeiten des Kfz-Haftpflichtversicherers und des Transportversicherers bei einem Ladungsschaden, WP 1996, 165
Wussow	Unfallhaftpflichtrecht, 16. Aufl. 2014

X

Xanke/Schaefer/Feller	Praxiskommentar zum Straßenverkehrsrecht, 2009

Z

Zöller/Vollkommer	ZPO-Kommentar, 29. Aufl. 2012
Zschieschack	Verbotene Vertretung durch die Haftpflichtversicherung im Verkehrsunfallprozess, NJW 2010, 3275 f.
Zwerger	Europäischer Führerscheintourismus – Rechtsprechung des EuGH und nationale Grundlagen, zfs 2015, 184 ff.

Gesetz über den Versicherungsvertrag (Versicherungsvertragsgesetz – VVG)

vom 23.11.2007 (BGBl. I S. 2631), zuletzt geändert durch G vom 29.07.2009 (BGBl. I S. 2355)
– Auszug –

Vorbemerkung

Die nachfolgenden Vorschriften des allgemeinen Teils des VVG werden ausschließlich mit Blick auf die Kraftfahrzeug-Versicherung kommentiert und in Bezug zu den AKB, dem PflVG, der KfzPflVV und den Normen für die Pflichtversicherung gesetzt.

§ 6 Beratung des Versicherungsnehmers

(1) Der Versicherer hat den Versicherungsnehmer, soweit nach der Schwierigkeit, die angebotene Versicherung zu beurteilen, oder der Person des Versicherungsnehmers und dessen Situation hierfür Anlass besteht, nach seinen Wünschen und Bedürfnissen zu befragen und, auch unter Berücksichtigung eines angemessenen Verhältnisses zwischen Beratungsaufwand und der vom Versicherungsnehmer zu zahlenden Prämien, zu beraten sowie die Gründe für jeden zu einer bestimmten Versicherung erteilten Rat anzugeben. Er hat dies unter Berücksichtigung der Komplexität des angebotenen Versicherungsvertrags zu dokumentieren.

(2) Der Versicherer hat dem Versicherungsnehmer den erteilten Rat und die Gründe hierfür klar und verständlich vor dem Abschluss des Vertrags in Textform zu übermitteln. Die Angaben dürfen mündlich übermittelt werden, wenn der Versicherungsnehmer dies wünscht oder wenn und soweit der Versicherer vorläufige Deckung gewährt. In diesen Fällen sind die Angaben unverzüglich nach Vertragsschluss dem Versicherungsnehmer in Textform zu übermitteln; dies gilt nicht, wenn ein Vertrag nicht zustande kommt und für Verträge über vorläufige Deckung bei Pflichtversicherungen.

(3) Der Versicherungsnehmer kann auf die Beratung und Dokumentation nach den Absätzen 1 und 2 durch eine gesonderte schriftliche Erklärung verzichten, in der er vom Versicherer ausdrücklich darauf hingewiesen wird, dass sich ein Verzicht nachteilig auf seine Möglichkeit auswirken kann, gegen den Versicherer einen Schadensersatzanspruch nach Absatz 5 geltend zu machen.

(4) Die Verpflichtung nach Absatz 1 Satz 1 besteht auch nach Vertragsschluss während der Dauer des Versicherungsverhältnisses, soweit für den Versicherer ein Anlass für eine Nachfrage und Beratung des Versicherungsnehmers erkennbar ist. Der Versicherungsnehmer kann im Einzelfall auf eine Beratung durch schriftliche Erklärung verzichten.

§ 6 VVG Beratung des Versicherungsnehmers

(5) Verletzt der Versicherer eine Verpflichtung nach Absatz 1, 2 oder 4, ist er dem Versicherungsnehmer zum Ersatz des hierdurch entstehenden Schadens verpflichtet. Dies gilt nicht, wenn der Versicherer die Pflichtverletzung nicht zu vertreten hat.

(6) Die Absätze 1 bis 5 sind auf Versicherungsverträge über ein Großrisiko im Sinn des Artikels 10 Abs. 1 Satz 2 des Einführungsgesetzes zum Versicherungsvertragsgesetz nicht anzuwenden, ferner dann nicht, wenn der Vertrag mit dem Versicherungsnehmer von einem Versicherungsmakler vermittelt wird oder wenn es sich um einen Vertrag im Fernabsatz im Sinn des § 312c des Bürgerlichen Gesetzbuchs handelt.

Übersicht Rdn.
A. Allgemeines 1
B. Beratung in der Kraftfahrtversicherung 2
I. Inhalt der Beratung 3
II. Beratung vor Vertragsschluss 4
III. Beratungspflicht bei unterjähriger Vertragsänderung 8
IV. Wechselwirkung mit vorvertraglicher Anzeigepflicht 9
IV. Beratungspflicht im Schadenfall 10
C. Vermittler/Agent 11
D. Ausnahme von der Beratungspflicht 14
E. Dokumentation der Beratung 15
F. Schadenersatzpflicht des Versicherers 17
G. Sonstige Folgen 19

A. Allgemeines

1 Durch die Reform des VVG wird jetzt im Gesetz die Verpflichtung des Versicherers, den Versicherungsnehmer vor dem Vertragsschluss entsprechend zu beraten, aufgenommen. Bisher wurde die Beratungspflicht des Versicherers durch die Rechtsprechung bestimmt. Sie wurde dann bejaht, wenn der Versicherungsnehmer nach allgemeiner Ansicht Aufklärung erwarten durfte. Diese Regelung war einzelfallabhängig. Die Rechtsprechung zu den Beratungspflichten des Versicherers der vergangenen zehn Jahre wird zusammengefasst in § 6 VVG. Der Versicherer ist verpflichtet, den Versicherungsnehmer anlassbezogen[1] über alles ihn interessierende zu beraten und diese Beratung zu dokumentieren. Die vom Bund erlassene VVG-InfoV vom 03.01.2008 hilft für die Kraftfahrzeug-Haftpflicht-Versicherung nicht weiter, da sich die Informationspflichten ausschließlich mit den Personenversicherungen (Leben-, Berufsunfähigkeits-, Krankenversicherung[2] etc. befasst).

---

1 Schwintowski/Brömmelmeyer/Ebers § 6 Rn. 3.
2 Zur Frage der Belehrung in der Krankenversicherung BGH v. 12.03.2014 – IV ZR 306/13, eine Belehrung ist entbehrlich, wenn die Anzeigepflicht arglistig verletzt wird.

B. Beratung in der Kraftfahrtversicherung

Man könnte nun die Auffassung vertreten, dass diese Regelung in der Kraftfahrzeug- 2
Versicherung nicht von Bedeutung ist. Dem ist nur eingeschränkt zuzustimmen. In der Tat ist die VVG-Reform nicht für die Sparte Kraftfahrzeug gemacht worden. Diese trifft es nur am Rande. Es gilt gleichwohl auch hier die Pflicht zur Beratung[3].

I. Inhalt der Beratung

Die Beratung muss den Umständen entsprechend ausgestaltet und anlassbezogen[4] sein. 3
Da die Kraftfahrtversicherung etabliert ist und die möglichen Varianten der Verträge üblicherweise bekannt sind, muss der Vermittler seine Beratung entsprechend dem persönlichen Horizont des Kunden[5] ausgestalten und eine Abwägung zwischen Beratungsanlass und dem Verhältnis zwischen Aufwand und Prämie vornehmen[6]. Die Beratungspflicht des Versicherers wird durch die von ihm angebotenen Leistungen begrenzt, allerdings muss er den Kunden nicht auf Ergänzungsprodukte der Konkurrenz hinweisen[7]. Auch besteht keine Verpflichtung, auf Vor- und Nachteile der eigenen Produkte in Abgrenzung zur Konkurrenz darzustellen[8]. Bei aller Beratungspflicht muss aber das Verhältnis zwischen Vertragslaufzeit, Versicherungsprämie und Aufwand berücksichtigt werden. So ist bei einer längerfristigen vertraglichen Bindung und höherem Prämienvolumen sicher ein Mehr an Beratung zu fordern, als es bei einem zeitlich auf max. ein Jahr begrenzten Vertrag angemessen ist. Dabei ist die Bedeutung der Beratungspflichten in anderen Bereichen um ein vielfaches größer, wie die Rechtsprechung dazu zeigt[9]. Vereinbart ein Vermittler mit seinem Kunden eine ratierlich zu zahlende Vermittlungsprämie, wird diese Vereinbarung nicht von einer evtl. vor vollständiger Begleichung der Prämie erfolgten Kündigung des Versicherungsvertrages berührt[10].

II. Beratung vor Vertragsschluss

Der Versicherer ist gehalten, den Versicherungsnehmer über die unterschiedlichen Ver- 4
sicherungssummen[11] und die möglichen Zusatzangebote zu informieren. Auf die Zu-

---

3 Franz »Das Versicherungsrecht im neuen Gewand«, VersR 2008, 298 ff.
4 OLG Saarbrücken, v. 27.05.2009 – 5 U 481/08–58; Bruck/Möller/Schwintowski § 6 Rn. 9.
5 Looschelders/Pohlmann § 6 Rn. 43; Römer/Langheid/Rixecker § 6 Rn. 6 f.
6 Pohlmann in Looschelders/Pohlmann, § 6 Rn. 64.
7 Schwintowski/Brömmelmeyer/Ebers § 6 Rn. 25.
8 OLG Köln v. 18.06.2002 – 9 U 181/01, VersR 2003, 97; Römer/Langheid/Rixecker § 6 Rn. 8 m. w. H. für andere Versicherungszweige.
9 BGH v. 19.07.2012 – III ZR 252/22; v. 23.05.2007 – IV ZR 93/06; OLG Frankfurt v. 30.11.2011 – 7 U 125/10 Jurion zur Aufklärungspflicht bei Anlagemodellen; OLG Köln v. 25.06.2012 – 20 U 249/11, Jurion.
10 BGH v. 05.06.2014 – III ZR 557/13, VersR 2014, 877 (für die Lebensversicherung).
11 BGH v. 26.03.2014 – VI ZR 422/13, zfs 2014,335 (Betriebshaftpflicht); BGH v. 23.10.2014 – III ZR 82/13, VersR 2015, 187 (Lebensversicherung); BGH v. 26.03.2014 – VI ZR 422/13, zfs 2014,335 (Betriebshaftpflicht); BGH v. 23.10.2014 – III ZR 82/13, VersR

satzangebote hat der Versicherungsnehmer jedoch keinen Anspruch, diese sind nicht vom Kontrahierungszwang des § 5 PflVG umfasst. Der Versicherer kann auch nicht durch das VVG gezwungen werden, über die Regeln des PflVG hinaus einen Vertrag abzuschließen. Ggf. muss auch hierauf hingewiesen werden. Die Beratung ist entsprechend zu dokumentieren, um Unklarheiten hinsichtlich des Umfanges der Beratung zu vermeiden[12].

Der Versicherer kann nach § 5 PflVG ohne Angabe von Gründen einem Versicherungsnehmer den Vertragsschluss mit unbegrenzter Deckung, Vollkasko-, Teilkaskoversicherung oder Unfallversicherung ablehnen. Er muss keine Begründung für seine Ablehnung des Antrags und Ausfertigung eines neuen Angebotes liefern. Er muss auf den neuen Vertrag hinweisen[13]. Diese Freiheit würde ihm mit zu weiter Ausgestaltung der Beratungspflicht genommen, da dann immer die Gefahr bestünde, über die »Hintertür« des Beratungsverschuldens in die jeweils erforderliche Pflicht genommen zu werden!

5 Im Hinblick auf die Möglichkeit des Versicherers, den Vertrag modifiziert anzunehmen, ist der Versicherungsnehmer auch über sein Widerrufsrecht[14] und sein Widerspruchsrecht[15] entsprechend zu informieren[16]

Das **Widerspruchsrecht** nach § 5 Abs. 1 VVG steht dem Versicherungsnehmer nur zu, wenn der Vertrag von seinem Antrag abweicht. Auf die Abweichungen und das Widerspruchsrecht muss ausdrücklich und erkennbar hingewiesen werden[17]. Dabei kommt es auch auf den Wortlaut der Belehrungen an, unterscheiden sich die Belehrungen von Antrag, Anschreiben und Versicherungsschein, kann dies Probleme aufwerfen. U. U. ist

---

2015, 187 (Lebensversicherung); OLG Saarbrücken v. 27.01.2010 – 5 U 337/09, Juris (Krankenversicherung).; OLG Hamm I-18 U 141/06 v. 30.04.2012 zu Beratungspflichten bei Versicherungssummen Gebäudeversicherung.

12 Looschelders/Pohlmann § 6 Rn. 80 ff.
13 Saarl. OLG 27.05.2009 – 5 U 481/08, r+s 2009, 319 ff.
14 BGH v. 14.05.2014 – IV ZA 5/14, VersR 2014, 824 f. zu den Anforderungen an die Belehrung über das Widerrufsrecht bei Rentenversicherungen. Allein die Abrufbarkeit der Widerrufsbelehrung im Internet ohne entsprechende Bestätigung durch den Abrufenden erfüllt die Anforderungen an eine ordnungsgemäße Belehrung nicht, BGH v. 15.05.2014 – III ZR 368/13, VersR 2014, 838 f. BGH v. 07.05.2014 – IV ZR 76/11 zur Rechtmäßigkeit eines Widerrufs bei ordnungsgemäßer Belehrung nach erfolgter Vertragskündigung und Abrechnung unter Anwendung europäischen Rechts zu § 5a VVG a. F., Armbrüster »Ewige« Widerrufsrechte und ihre Folgen, VersR 2012, 513 ff.
15 LG Köln v. 04.03.2013 – 26 O 301/12 Wenn der VN eines dieser Gestaltungsrechte ausgeübt hat, sei es Widerruf oder Widerspruch oder Kündigung, sind die anderen Gestaltungsmöglichkeiten nicht mehr zu verwenden. BGH v. 07.05.2014 – IV ZR 76/11 zur Rechtmäßigkeit eines Widerrufs bei ordnungsgemäßer Belehrung nach erfolgter Vertragskündigung und Abrechnung unter Anwendung europäischen Rechts zu § 5a VVG a. F.
16 Zu den weiteren Details, insbesondere den Fristen, vgl. Kreuter-Lange zu B. AKB.
17 OLG Saarbrücken v. 27.05.2009 – 5 U 481/08-58, r+s 2009, 319 bei Nichtannahme des Antrags auf Kasko-Versicherung.

dann bei nachfolgenden fehlerhaften Belehrungen die ordnungsgemäße Belehrung nicht gegeben. Dies ist jedenfalls dann nicht der Fall, wenn sowohl in Antrag und Anschreiben wie auch im Versicherungsschein der exakt gleiche Wortlaut für die Belehrung verwendet wird.[18] Unterbleibt diese Belehrung oder erfolgt sie nicht ordnungsgemäß, beseht das Widerspruchsrecht auch über die Jahresfrist hinaus[19]. Das drucktechnische Hervorheben durch Kursivdruck kann nach § 5 VVG a. F. ausreichen[20]. Nach erfolgtem Widerspruch sind evtl. gezahlten Prämien zurückzuerstatten[21]. Wenn sich ein Versicherungsvertreter auf sein Widerspruchsrecht beruft, kann dies missbräuchlich sein, wenn er sich nach Jahren darauf beruft, das Policenbegleitschreiben habe keinen gesondert hervorgehobenen Hinweis auf das Widerspruchsrecht enthalten[22].

Das zusätzliche **Widerrufsrecht** kann unabhängig von der Ausgestaltung des Vertrages auch entsprechend dem Antrag des Versicherungsnehmers ausgeübt werden, Ein zusätzliches Widerrufsrecht wegen bei unterjähriger Zahlungsweise nach den Grundsätzen eines »Ratenkreditvertrags« entfällt, da kein entgeltlicher Zahlungsaufschub vorliegt[23]. Dabei reicht es aus, wenn dieser Hinweis mit der Übersendung des vom Antrag abweichenden Versicherungsscheins erfolgt[24], § 8 Abs. 2 VVG. Allerdings muss diese Belehrung über das Widerrufsrecht drucktechnisch hervorgehoben und augenfällig erkennbar sein[25]. Dies ist möglich, wenn sie in einem eigenen Absatz steht, der durch besondere Hervorhebungen dem Leser schon beim flüchtigen Durchlesen ins Auge fällt[26]. Auch der Verweis auf die Belehrung im Versicherungsschein kann reichen, wenn diese mittels Ösung mit dem Versicherungsschein verbunden ist[27]. Bei arglistigem Verhalten des Versicherungsnehmers kann eine Belehrung entbehrlich sein[28]. Eine Belehrung zwei Seiten nach der Unterschriftszeile genügt den Anforderungen nicht[29]. Für den Zugangszeitpunkt kann der Versicherungsnehmer beweisbelastet sein[30]. 6

---

18 OLG Köln v. 06.12.2013 – 20 U 50/13, Jurion.
19 BGH v. 03.09.2014 – IV ZR 145/12; v. 30.07.2014 – IV ZR 85/12.
20 OLG Stuttgart v. 23.10.2014 – 7 U 256/13 Jurion, ders. v. 13.03.2014 – 7 U 216/13, VersR 2014, 1441; OLG München v. 27.06.2014 – 25 U 1044/14, Jurion.
21 LG Heidelberg v. 25.09.2014 – 1 S 15/13 Jurion.
22 OLG Stuttgart v. 11.06.2014 – 7 U 147/10 Jurion.
23 OLG München v. 10.07.2012 – 25 U 1169/12, Jurion. Vgl. auch grundlegend zur unterjährigen Zahlungsweise von Versicherungsprämien BGH v. 06.02.2013 – IV ZR 230/12, Jurion = r+s 2013, 119 = VersR 2013, 341; es endet mit der vollständigen Vertragsbeendigung, OLG Celle v. 02.02.2012 – 8 U 125/11; Beachte: die Entscheidung BGH v. 16.10.2013 – IV ZR 52/12, befasst sich noch mit der alten Rechtslage!.
24 LG Heidelberg v. 25.09.29014 – 1 S 8/14 Jurion.
25 OLG Stuttgart v. 23.10.2014 – 7 U 256/13 Jurion; OLG München v. 27.06.2014 – 25 U 1044/14, Jurion.
26 LG Kassel v. 18.12.2009 – LG Kassel v. 18.12.2009 – 1 S 334/09, r+s 2010, 339.
27 LG Dessau v. 30.01.2014 – 1 S 162/13, Jurion.
28 BGH v. 12.03.2014 – IV ZR 306/13, Jurion.
29 OLG Hamburg v. 06.08.2013, 9 U 31/13, zfs 2014, 450 f.
30 OLG Hamm v. 09.10.2013 – I-20 U 81/13, VersR 2014, 485 f., wenn er sich auf die für ihn günstigere Regelung des VVG n. F. berufen will.

7 Als Sonderfall in der Kraftfahrzeug-Haftpflicht-Versicherung hat der Versicherer den Kunden auch über die Grenzen der Eintrittspflicht (Europa/Asien[31]) ggf. in dessen Muttersprache aufzuklären, wenn dort erkennbar Bedarf besteht[32]. Auch die Aufklärung über den Ausschluss von Eigenschäden[33] oder die Tatsache, dass eine Unterschlagung[34] eines Mietwagens nicht in der Kasko-Versicherung gedeckt ist, kann im Einzelfall erforderlich sein.

Im Zuge der Online Vertragsanbahnung tauchen neue Probleme auf: So muss im Zuge von Internet-Werbungen sichergestellt werden, dass der Versicherungsvermittler tätig wird. Wird lediglich eine Online-Werbung ermöglicht und von dort eine Weiterleitung zu einem Versicherungsvermittler veranlasst, ohne dass dies für den Interessenten erkennbar ist, verstößt dies zum einen gegen das UWG § 4 Nr. 11; die GewO § 34c und d sowie die VersVermV § 11. Werden also konkrete Produkte im Online-Auftritt beworben und der Vertragsschluss ermöglicht, ohne dass der Wechsel zu der Seite eines Versicherungsvermittlers erkennbar wird, wird dieses Handelsunternehmen auch als Versicherungsvermittler behandelt. Dies hat zur Folge, dass ggf. auch eine Haftung für eine Schlecht- oder Falschberatung des Kunden bestehen kann[35]. Auch die Belehrung über die Gestaltungsrechte des Kunden muss so ausgestaltet sein, dass dies über die bloße Möglichkeit des Abrufens der Widerrufsbelehrung auf der Website des Unternehmers hinausgeht und eine Bestätigung der Kenntnisnahme von der Belehrung durch Setzen eines entsprechenden Häkchens erfolgen muss[36].

III. Beratungspflicht bei unterjähriger Vertragsänderung

8 Will der Versicherungsnehmer unterjährig seinen Vertrag ändern, kann dies weitere Beratungspflichten des Versicherers auslösen. So muss er den Versicherungsnehmer z. B. beraten, wenn dieser unterjährig eine Herabsetzung der vereinbarten Versicherungssumme wünscht[37].

IV. Wechselwirkung mit vorvertraglicher Anzeigepflicht

9 Die Beratungsverpflichtung ist im Lichte der vorvertraglichen Anzeigepflicht nach § 19 VVG von erheblicher Bedeutung. So hat der Versicherungsnehmer dem Versicherer alle Umstände, die für die Risikobewertung[38] von Bedeutung sein könnten, mitzuteilen. Der Versicherungsnehmer ist über die Folgen falscher oder unvollständiger

---

31 Zypern gehört zu Europa, OLG Hamburg v. 14.05.2009 – 9 U 108/08 für Yachtversicherung.
32 Wegen der Details vgl. Kommentierung unter A.1.4.2 und A.2.5 AKB.
33 Vgl. ausführlich unter A.1.5.6 zum Stichwort Eigenschaden.
34 BGH IV ZR 277/91, VersR 1993, 472 m. w. H.
35 BGH v. 28.11.2013 – I ZR 7/13.
36 BGH v. 15.05.2014 – III ZR 368/13, DB 2014, 1366.
37 OLG Karlsruhe v. 15.01.2013 – 12 U 121/12, VersR 2013, 885.
38 Vgl. u. a. zur Wertbemessung OLG Hamm v. 18.01.1995 – 20 U 176/94, VersR 1996, 93 ff. m. w. H.; OLG Oldenburg v. 19.08.1992 – 2 U 87/92, VersR 1993, 1226 f.

Angaben zu belehren. Eine Mitteilung über die Folgen der vorvertraglichen Anzeigepflichtverletzung ohne Hinweise darauf bei den entsprechenden Fragen genügt den Anforderungen an eine gesonderte Belehrung nicht[39]. Die Folgen bei Verletzung der vorvertraglichen Anzeigepflicht orientieren sich am Verschulden des Versicherungsnehmers. Dabei ist dann auch auf die Beratungspflichten des Versicherers oder seines Agenten abzustellen. Je mehr die Beratungspflicht durch den Vermittler verletzt wurde, umso geringer dürfte das Verschulden des Versicherungsnehmers bei der Verletzung der vorvertraglichen Anzeigepflicht zu werten sein. Dabei werden die Folgen von Rücktritt vom Vertrag (bei vorsätzlicher Verletzung der vorvertraglichen Anzeigepflicht) über Anpassung des Vertrags an das tatsächliche Risiko bis hin zur Möglichkeit der Kündigung des Vertrages (bei einfacher Fahrlässigkeit) reichen[40]. Dabei gilt das Wissen des Versicherungsmaklers nicht als Wissen des Versicherers, da der Makler rechtlich selbständig ist[41]. Wichtig ist insbesondere die Beachtung der Beratungs- und Hinweispflichten, wenn dem Versicherungsnehmer im Schadenfall die Verletzung von vorvertraglichen Anzeigepflichten vorgeworfen wird[42]. Eine Beratungspflicht des Versicherers entfällt, wenn der Versicherungsnehmer arglistig handelt.[43] Eine fehlerhafte Beratung kann sich nur dann für den Versicherungsnehmer auswirken, wenn sie schadenskausal war[44]. Hat sich die fehlerhafte Beratung im Schadenfall aber gerade nicht ausgewirkt, kann der VN sich nicht auf ein Beratungsverschulden berufen[45].

IV. Beratungspflicht im Schadenfall

Der Versicherer bzw. sein Vermittler müssen den Versicherungsnehmer auch im Schadenfall weiter beraten und ggf. auf die Mitwirkungspflichten und Aufklärungspflichten[46] hinweisen. Hat der Versicherungsnehmer beim Vermittler den wahren Sachverhalt geschildert und dieser die Schilderung falsch weitergeleitet, kann dem Versicherungsnehmer dann kein Verschulden vorgeworfen werden, wenn er diese falsche Schilderung nicht unterzeichnet hat.

10

---

39 OLG Saarbrücken v. 07.05.2014 – 5 U 45/13, VersR 2015, 91 f.
40 Neuhaus, »Die vorvertragliche Anzeigepflichtverletzung im neuen VVG«, r+s 2008, 45, 49.
41 OLG Köln v. 02.03.2012 – 20 U 209/11.
42 OLG Stuttgart vom 26.09.2013, Az.: 7 U 101/13, Jurion = VersR 2014, 691 f.; OLG Hamburg v. 06.08.2013 – 9 U 31/13.
43 BGH vom 12.03.2014 – VI ZR 306/13, Jurion; OLG Hamburg v. 06.08.2013 – 9 U 31/13 zfs 2014, 450.
44 OLG Düsseldorf vom 27.06.2014, 4 U 87/13 Jurion zum Beratungsverschulden eines Versicherungsmaklers.
45 BGH v. 04.12.2013 und v. 12.02.2014 – IV ZR 409/12, VersR 2014, 861 (zur Wohngebäudeversicherung); vgl. hierzu auch Henning, »Die Vermutung beratungsgerechten Verhaltens – mehr als eine Erleichterung zum Kausalitätsnachweis?« VersR 2014, 922 f.; Schulz, »Die primäre und sekundäre Darlegungs- und Beweislast bei vertraglichen Ausschlussklauseln im Versicherungsrecht« m. Hinweis zu BGH v. 11.09.2013 – IV ZR 259/12, VersR 2013, 1395.
46 Vgl. hierzu ausführlich Kommentierung zu E.1 AKB.

C. Vermittler/Agent

11 Bedient sich der Versicherer eines Vermittlers, kommt es darauf an, ob es sich um einen Versicherungsmakler handelt, oder um einen Agenten des Versicherers[47]. Der Versicherungsmakler, der als rechtlich selbständiger freier Vermittler auftritt und dem Lager des Versicherungsnehmers hinzuzurechnen ist, muss für seine fehlerhafte Beratung[48] selbst einstehen. Sie kann dem Versicherer gem. § 6 Abs. 6 2. Hs. VVG nicht zugerechnet werden[49]. Auch ein arglistiges Verhalten des Maklers ist dem Versicherungsnehmer zuzurechnen[50]. Demgegenüber muss der Versicherer sich die fehlerhafte oder falsche Beratung seines Agenten[51] anrechnen lassen und den Versicherungsnehmer ggf. so stellen, als sei die Beratung korrekt erfolgt. Dabei kann sich die Beratungspflicht des Versicherers nur auf die zu vereinbarenden Versicherungssummen und mögliche Zusatzversicherungen beziehen. Die Abgrenzung ist nicht immer einfach. Es reicht nicht aus, wenn der Vermittler mit dem Versicherer ein Betrauungsverhältnis abgeschlossen hat oder der Vermittler ein eigenes wirtschaftliches Interesse an der Provisionserwirtschaftung hat[52]. Es besteht auch kein Anlass, dem Versicherer ein Verhalten eines Vermittlers hinzuzurechnen, der Produkte verschiedener Anbieter vermarktet. Da der Agent aber ausschließlich an einen Versicherer gebunden und deshalb dem Lager des Versicherers zugehörig ist, fallen Fehlleistungen des Agenten dem Versicherer ebenfalls zur Last[53].

12 Aus § 6 Abs. 4 VVG ergibt sich die Pflicht, den Versicherungsnehmer auch während des Vertragslaufs weiter zu beraten, wenn dies erforderlich ist. Dieses Erfordernis wird insbesondere im Schadenfall auftreten, wenn der Versicherer den Versicherungsnehmer über seine Obliegenheiten im Schadenfall beraten muss. Eine Hinweispflicht auf die Obliegenheiten vor dem Schadenfall ist so nicht vorgesehen, dies muss im Zeitpunkt des Vertragsschlusses geschehen. Darüber hinaus muss sich der Versicherungsnehmer durch Kenntnisnahme der AKB über seine vertraglichen Nebenpflichten selbst informieren.

13 Erfolgt im Rahmen dieser Beratung zwar der Hinweis auf die einzelnen Versicherungssparten, unterbleiben aber die Hinweise auf die Risikoausschlüsse oder sind die Hinweise gar falsch und führen zu einer Fehlentscheidung des Versicherungsnehmers, hat der Vermittler hierfür einzustehen. Hätte der Versicherungsnehmer, der sich für eine Kasko-Versicherung interessierte, diese abgeschlossen, wenn er hinsichtlich des Risikoausschlusses Rennklausel vollständig und richtig[54] beraten worden wäre. Auch die

---

47 Vgl. hierzu auch Koch, Geschichte des Rechts der Versicherungsvermittlung, VersR 2014, 916 ff, zu Entwicklung und Rechtsstellung von Agenten und Maklern.
48 LG Köln 21 O 251/11, Jurion RS 2011, 37644; Bruck/Möller/Schwintowski § 6 Rn. 19, Römer/Langheid/Rixecker § 6 Rn. 33. Schwintowski/Brömmelmeyer/Ebers § 6 Rn. 52 f.
49 Langheid »Rechtsprechungsübersicht zum Versicherungsvertragsrecht 2008«, NJW 2009, 337, 338 f.
50 LG Braunschweig v. 24.05.2012 – 7 O 2480/11.
51 OLG Köln v. 14.01.1993 – 5 U 175/91, VersR 1993, 1385 f.
52 Langheid »Rechtsprechungsübersicht zum Versicherungsvertragsrecht 2008«, NJW 2009, 337, 339 m. w. H.
53 BGH v. 23.10.2014 – III ZR 82/13, MDR 2015, 91 f.
54 Vgl. insoweit Kommentierung unter A.1.5.2 AKB; A.2.16.2 und D.2.2 AKB; OLG Karlsruhe v.

geographischen Grenzen der Leistungspflicht des Versicherers sind gesondert mitzuteilen und bei Bedarf auch in der Landessprache dem Kunden zu übermitteln.

D. Ausnahme von der Beratungspflicht

Eine Beratungspflicht besteht nach § 6 Abs. 6 letzter Hs. VVG nicht, wenn der Versicherungsnehmer den Vertrag nach den Regeln des Fernabsatzgeschäftes schließt. Dann verzichtet der Versicherungsnehmer durch seine Entscheidung, den Vertrag beispielsweise im Internet ohne Besuch eines Vermittlers des Versicherers zu schließen, konkludent auch auf die durch den Vermittler geschuldete Beratung nach § 6 VVG. Hat der Versicherungsnehmer also einen Vertrag über das Internet geschlossen, kann er sich nicht darauf berufen, bei entsprechender Beratung hätte er diesen Vertrag anders geschlossen, da der Versicherer im Rahmen der Internetvertragsanbahnung keine Möglichkeit hat, zu prüfen, ob ein Beratungsbedarf besteht. Allerdings bleibt die aus § 242 BGB resultierende Aufklärungspflicht des Versicherers bestehen[55]. 14

E. Dokumentation der Beratung

Der Versicherer bzw. sein Vermittler – aber auch der Makler – sind gehalten, die durchgeführte Beratung zu dokumentieren. Dabei muss festgehalten werden, welchen Inhalt die Beratung hatte und welche Entscheidung nach der Beratung gefällt wurde. Die Dokumentation der Beratung und der Rat des Versicherers müssen dem Versicherungsnehmer in Textform übergeben werden. Damit wird späteren Beweisschwierigkeiten vorgebeugt[56]. Im Falle vorläufiger Deckung kann die Beratung zunächst mündlich erfolgen, eine Dokumentation in Textform ist allerdings nachzureichen. Der Versicherungsnehmer kann schriftlich auf eine Beratung verzichten. Der Verzicht ist schriftlich zu erklären und vom Versicherungsnehmer zu unterzeichnen. Mit einem Beratungsverzicht ist dann vorsichtig umzugehen, wenn erkennbar ist, dass der Kunde eigentlich einen Beratungsbedarf hat und diesen nur nicht erkennt. Der Vermittler ist auch gehalten, den Kunden redlich[57] über den möglichen Beratungsverzicht zu beraten. Eine Nichtbeachtung der Dokumentationspflicht führt zu Beweiserleichterungen[58] zugunsten des Versicherungsnehmers[59] u. U. sogar bis zu einer Beweislastumkehr[60]. 15

01.07.2004 – 12 U 85/04, zfs 2004, 415 für die fälschliche Auskunft, ein Sicherheitstraining auf dem Hockenheimring sei vom Versicherungsschutz wegen der Rennklausel ausgeschlossen.
55 In Bruck/Möller/Schwintowski § 6 Rn. 79.
56 Pohlmann in Looschelders/Pohlmann § 6 Rn. 119.
57 Eine Beratung zum Beratungsverzicht hin, um ein schnelles Geschäft zu machen, kann weder im Interesse des Vermittlers noch des Versicherungsnehmers sein, wie es Bruck/Möller/Schwintowski § 6 Rn. 35 darstellt.
58 Brand, »Beweiserleichterungen im Versicherungsrecht«, VersR 2015, 10, 15 f.
59 BGH v. 13.11.2014 – III ZR 544/13 (für die Lebensversicherung), Jurion; BGH v. 26.03.2014 – VI ZR 422/13, zfs 2014,335 (Betriebshaftpflicht); BGH v. 23.10.2014 – III ZR 82/13, VersR 2015, 187 (Lebensversicherung); OLG Saarbrücken v. 27.01.2010 – 5 U 337/09, Juris (Krankenversicherung).
60 So entschieden für die Dokumentationspflicht des Versicherungsvermittlers nach §§ 42b ff

16 Eine Ausnahme der Dokumentationspflicht wird in zwei Fällen gemacht: zum einen ist die Dokumentation entbehrlich, wenn der Versicherungsnehmer die vorläufige Deckung wünscht und der Vertrag dann nicht zustande kommt, zum anderen ist sie auch entbehrlich, wenn es sich um eine Pflichtversicherung handelt. Allerdings darf auch dann nicht auf die erforderliche Beratung verzichtet werden, so wäre die Europaklausel schon dort aufzunehmen, wenn die Nationalität des Kunden dies erfordert[61]. In diesen beiden vorgenannten Fällen ist eine Dokumentation vor Vertragsschluss nicht erforderlich und muss auch nicht nachgeholt werden. In allen anderen Fällen hingegen muss von Seiten des Versicherers vor dem Vertragsschluss die Beratung dokumentiert und dem Versicherungsnehmer übergeben werden. Mit dieser Dokumentation ist der künftige Versicherungsnehmer dann in der Lage, Angebote zu vergleichen und sich für eine Variante zu entscheiden.

F. Schadenersatzpflicht des Versicherers

17 Der Versicherer ist zum Schadenersatz verpflichtet, wenn er den Versicherungsnehmer während der Vertragslaufzeit schlecht oder unvollständig beraten hat und dem Versicherungsnehmer daraus ein Schaden entstand. Hinsichtlich der Pflichtverletzung ist der Versicherungsnehmer beweispflichtig, wenn er aus ihr Ansprüche herleiten will[62]. Dabei ist ein Verschulden des Versicherers oder eines seiner Agenten, welches er sich zurechnen lassen muss, erforderlich[63]. Dem Versicherungsnehmer kommen dann Beweiserleichterungen zu Gute, wenn das Beratungsprotokoll mangelhaft ist und der Versicherungsnehmer entsprechend substantiiert vorträgt[64], in diesem Fall muss der Versicherer die korrekte Beratung beweisen.

18 Eine Verpflichtung zum Schadenersatz entfällt dann, wenn der Versicherungsnehmer zwar falsch beraten war, aber dieser Fehler vom Versicherer schriftlich richtig gestellt wurde und der Versicherungsnehmer genügend Zeit gehabt hätte, bei einem anderen Versicherer diese Lücke zu schließen[65]. Der entstandene Schaden muss kausal auf das Beratungsverschulden zurückzuführen sein[66].

VVG a. F., jetzt §§ 61f VVG n. F. BGH v. 13.11.2014 – III 440/13 Jurion; Henning, »Vermutung beratungsgerechten Verhaltens – mehr als eine Erleichterung des Kausalitätsgegenbeweises«, VersR 2014, 922 ff.
61 Schirmer »Neues VVG und die Kraftfahrzeug-Haftpflicht und Kaskoversicherung – Teil 1«, DAR 2008, 181, 182.
62 LG Koblenz, Urt . v. 12.10.2011 – 16 O 145/10, NJW-RR 2012, 1310.
63 Vgl. oben Rdn. 11.
64 LG Koblenz, Urt . v. 12.10.2011 – 16 O 145/10, NJW-RR 2012, 1310 zur Beratungspflicht des Versicherers hinsichtlich der Ausschlüsse in der Vollkasko-Versicherung (Betriebsschaden).
65 LG Köln v. 05.12.1984 – 24 O 109/84, VersR 1985, 381 f. für die fälschlicherweise zugesagte vorläufige Deckung.
66 BGH v. 04.12.2013 – IV ZR 409/12, VersR 2014, 8661; LG Düsseldorf 11 O 58/88, VersR 1988, 1121 bezogen auf eine Einbruchsdiebstahlversicherung.

G. Sonstige Folgen

Eine weitere Folge des Verstoßes gegen die Beratungspflichten kann neben dem Schadenersatz auch die Unwirksamkeit des Versicherungsvertrages sein, wenn Intransparenz gem. § 307 Abs. 1 S. 2 BGB gegeben ist, ebenso berechtigen der Verstoß gegen die Beratungspflicht u. U. zur Anfechtung gem. §§ 142, 123 BGB oder zum Widerruf gem. § 8 VVG[67]. 19

§ 23 Gefahrerhöhung

(1) Der Versicherungsnehmer darf nach Abgabe seiner Vertragserklärung ohne Einwilligung des Versicherers keine Gefahrerhöhung vornehmen oder deren Vornahme durch einen Dritten gestatten.

(2) Erkennt der Versicherungsnehmer nachträglich, dass er ohne Einwilligung des Versicherers eine Gefahrerhöhung vorgenommen oder gestattet hat, hat er die Gefahrerhöhung dem Versicherer unverzüglich anzuzeigen.

(3) Tritt nach Abgabe der Vertragserklärung des Versicherungsnehmers eine Gefahrerhöhung unabhängig von seinem Willen ein, hat er die Gefahrerhöhung, nachdem er von ihr Kenntnis erlangt hat, dem Versicherer unverzüglich anzuzeigen.

Übersicht

		Rdn.
A.	Allgemeines	1
B.	Definition Gefahrerhöhung	2
I.	objektive Gefahrerhöhung	5
II.	subjektive Gefahrerhöhung	6
III.	Gewollte/ungewollte Gefahrerhöhung	8
IV.	Vornehmen oder Gestatten der Gefahrerhöhung	9
V.	Vornehmen der Gefahrerhöhung durch Unterlassen	10
VI.	Gefahrerhöhung ohne Willen des Versicherungsnehmers	11
C.	Erkennen und Anzeigen der Gefahrerhöhung	12
D.	Einzelfälle	13

A. Allgemeines

Der Tatbestand der Gefahrerhöhung soll dem Dauerschuldcharakter der Versicherungsverträge Rechnung tragen, da die Prämie auf den Zeitpunkt des Vertragsschlusses[1] zugeschnitten ist und nachträgliche Veränderungen nicht berücksichtigt werden[2]. 1

---

67 Schwintowski/Brömmelmeyer/Ebers, § 6 Rn. 59, will aber einen Rücktritt vom Vertrag wegen Beratungsverschulden nicht zulassen.

1 Unberath »Die Leistungsfreiheit des Versicherers – Auswirkung der Neuregelung auf die Kraftfahrtversicherung«, NZV 2008, 537, 538 ff.

2 Loacker »Die Gefahrerhöhung nach der VVG-Reform«, VersR 2008, 1285 bietet einen Überblick über alle Sparten.

§ 23 VVG Gefahrerhöhung

Der Versicherungsnehmer ist verpflichtet, den Zustand der versicherten Sache zu erhalten und keine das versicherte Risiko erhöhende Veränderungen zuzulassen.

Diese Anzeigepflicht umfasst alle möglichen Auskünfte und Informationen, die der Versicherungsnehmer liefern muss. Sinn dieser Vorschrift ist, dem Versicherer die Neubewertung[3] eines veränderten Risikos zeitnah zu ermöglichen und ggf. durch eine veränderte Prämienforderung dem höheren Risiko Rechnung zu tragen, oder – falls er dieses höhere Risiko nicht versichern möchte, den Vertrag zu kündigen, § 24 VVG[4]. Vorliegend soll nur insoweit auf die Gefahrerhöhung eingegangen werden, als sie für dieses Werk, also für die Kraftfahrtversicherung, von Bedeutung ist.

B. Definition Gefahrerhöhung

2 Gem. § 23 Abs. 1 VVG darf der Versicherungsnehmer nach seiner Vertragserklärung, d. h. seinem Antrag, ohne Einwilligung des Versicherers keine Gefahrerhöhung vornehmen oder einem Dritten gestatten. Diese Formulierung ist zumindest in der Kraftfahrzeug-Haftpflicht-Versicherung missverständlich. Es kommt nicht auf den Zustand des Kfz zum Zeitpunkt des Vertragsschlusses an[5], da eine Risikoprüfung vor Vertragsschluss nicht stattfindet. Würde der Versicherungsnehmer ein verkehrsunsicheres Kfz versichern und dieses sodann in Betrieb nehmen, beginge er auch dann eine Gefahrerhöhung, wenn sich der Zustand des Kfz nicht verändert hat, da durch die Zulassung der Straßenverkehrsbehörde von der Zulassung eines den Straßenverkehrsvorschriften entsprechenden Kfz ausgegangen werden darf[6]. Das Besitzen eines so mangelhaften Kfz stellt noch keine Obliegenheitsverletzung dar, erst die Ingebrauchnahme des verkehrsunsicheren Kfz erfüllt den Tatbestand[7].

3 Eine Gefahrerhöhung ist immer dann gegeben, wenn sich das versicherte Risiko zum Nachteil verändert, also durch eine Veränderung des versicherten Gegenstandes ein höheres Risiko[8] für den Versicherer gegeben ist. Erforderlich ist, dass sich der versicherte Zustand nach dem Vertragsschluss dauerhaft[9] ändert. Eine nur vorübergehende Veränderung des versicherten Risikos stellt keine anzeigepflichtige Gefahrerhöhung dar.

---

3 Meixner/Steinbeck § 1 Rn. 283 ff. Wenn der Versicherer die Vertragsanpassung durchführt und der Versicherungsnehmer eine um über 10 % erhöhte Prämienrechnung erhält, steht ihm ein Sonderkündigungsrecht gem. § 25 Abs. 3 VVG zu.
4 Das Kündigungsrecht im Rahmen des § 24 VVG wegen einer angezeigten Gefahrerhöhung ist bei Kfz immer im Zusammenhang mit § 5 PflVG, Kontrahierungszwang zu sehen. Dies lässt Staudinger/Friesen, »Kündigungsrecht nach erfolgter Gefahrerhöhung – § 24 Abs. 1 und 2 VVG«, DAR 2014, 181 ff, unberücksichtigt. Wegen der Details zu Kündigungsmöglichkeiten bei Kontrahierungszwang vgl. unter G.
5 Matusche-Beckmann in Bruck/Möller § 23 VVG Rn. 59; Looschelders in Looschelders/Pohlmann § 23 Rn. 14.
6 Matusche-Beckmann in Bruck/Möller § 23 VVG Rn. 59.
7 OLG Düsseldorf v. 20.04.2004 – I- 4 U 183/03, NZV 2005, 155; Römer/Langheid § 23 Rn. 71.
8 BGH v. 15.11.1978 – IV ZR 103/77, VersR 1979, 73 f.
9 Unberath »Die Leistungsfreiheit des Versicherers«, NZV 2008, 537, 538.

Das veränderte Risiko muss solange bestehen, dass die Anzeige an den Versicherer nicht schon aus zeitlichen Gründen sinnlos wird[10].

Zwar ist im Gesetz eine Differenzierung zwischen objektiver und subjektiver Gefahrerhöhung nicht mehr fortgeführt worden, allerdings ist für die Kfz-Versicherung nach wie vor zu differenzieren, da die Rechtsfolgen (Verweisungsprivileg) unterschiedlich sind, daher soll nachfolgend eine Unterscheidung – allein bezogen auf die Kfz-Versicherung – beibehalten werden, um die Folgen zu differenzieren. Da im Rahmen der Kraftfahrzeugversicherung verschiedene Verträge gebündelt werden können, ist die Frage der Gefahrerhöhung neben der Prüfung sonstiger Obliegenheiten vor oder im Schadenfall für jede Sparte gesondert vorzunehmen[11]. 4

I. objektive Gefahrerhöhung

Die objektive Gefahrerhöhung befasst sich ausschließlich mit den Veränderungen am Kraftfahrzeug[12], wie sie auch in § 3 PflVG beschrieben werden »Verstoß gegen Bau- und Betriebsvorschriften der StVZO«. Die Gefahrerhöhung muss eine erhebliche sein, dies ist dann gegeben, wenn sie bei Kenntnis dem Versicherer hätte Anlass bieten können, den Vertrag aufzuheben, nicht oder nur zu geänderten Bedingungen abzuschließen[13]. 5

Beispiele für eine objektive Gefahrerhöhung:

- Das Tuning eines Kfz gilt auch dann als Gefahrerhöhung, wenn die Veränderungen als solche nicht unmittelbar unfallsächlich sind, aber nach den Gesamtumständen einen unfallsächlichen Gesamteinfluss auf das Fahrverhalten haben[14].
- Das Anhängen eines selbstfahrenden Baggers an ein verkehrssicheres Zugfahrzeug kann eine Gefahrerhöhung darstellen, wenn die behördlichen Auflagen, die für den Bagger gelten (z. B. Geschwindigkeits- und Höhenbeschränkungen) nicht eingehalten werden[15].
- Mängel der Bremsanlage sind jedenfalls dann gefahrerhöhend, wenn dieser Zustand schon länger bestand[16]. Allerdings verneint das OLG Düsseldorf eine generelle

---

10 BGH v. 22.01.1971 – IV ZR 121/69, VersR 1971, 407.
11 OLG Karlsruhe v. 15.04.2014 – 12 u 149/13, Jurion; OLG Karlsruhe v. 18.01.2013 – 12 U 117/12, Jurion.
12 Matusche-Beckmann in Bruck/Möller § 23 Rn. 41, wobei der Nachweis der Inneren Haltung des Versicherungsnehmers schwerer fällt als die objektiven Veränderungen am Kfz, die in der Kraftfahrzeug-Versicherung völlig ausreichen, um den Tatbestand der Gefahrerhöhung zu verwirklichen.
13 BGH v. 24.11.1982 – IVa ZR 53/81, VersR 1983, 284.
14 OLG Koblenz v. 14.07.2006 – 10 U 56/06, NZV 2007, 317 für die Vollkasko-Versicherung.
15 BGH v. 19.01.1977 – IV ZR 99/75 VersR 1977, 341.
16 LG Düsseldorf v. 17.07.2008 – 11 O 377/04, SP 2009, 118; zu möglichen Ansprüchen gegen die Werkstatt wegen der unzureichenden Aufklärung vgl. OLG Saarbrücken v. 22.07.2008 – 4 U 129/08, SP 2009, 123 f.

§ 23 VVG Gefahrerhöhung

Pflicht des LKW-Fahrers zur Überprüfung der Bremsscheiben vor Fahrtantritt (Sichtkontrolle), wenn nicht ausnahmsweise dafür ein besonderer Anlass besteht[17].
- Die (mehrfache) Benutzung eines frisierten Mofas stellt eine Gefahrerhöhung dar[18], die aber nur dann als objektive (zustandsverändernde) Gefahrerhöhung gelten soll, wenn dieser Zustand nicht im Zeitpunkt des Vertragsschlusses bestanden hat. Vielmehr liegt die Gefährdungshandlung darin, dass der Versicherungsnehmer dieses frisierte Mofa weiter nutzt. Dabei bleibt aber unberücksichtigt, dass der Versicherungsnehmer sich schon der Gefahrerhöhung ausgesetzt hat, weil er vor Vertragsschluss den Versicherer nicht über die besonderen Umstände bei dem Krad aufgeklärt hat.
- Die Gefahrerhöhung (Fahren mit frisiertem Mofa nur mit der sog. Prüfbescheinigung) führt nur dann zur Leistungsfreiheit, wenn diese Obliegenheitsverletzung auch für den Schadenseintritt ursächlich war[19].
- Auch abgefahrene[20] oder platte[21] Reifen stellen eine Gefahrerhöhung i. S. v. § 23 VVG dar. Allerdings muss dem Fahrer eine Verletzung seiner ihm obliegenden Prüfungspflicht vor Fahrtantritt[22] verletzt haben. Beweisbelastet hierfür ist der Versicherer[23].

Keine Gefahrerhöhung liegt vor:

- bei dauerhafter Aufbewahrung des Kfz-Scheins im Fahrzeug[24].
  Die möglicherweise gegebene Kenntnis eines Versicherungsvermittlers muss sich der Versicherer entgegenhalten lassen, nicht aber die Kenntnis des Versicherungsmaklers[25].

II. subjektive Gefahrerhöhung

6 Als subjektive Gefahrerhöhung werden personenbezogene Risikoerhöhungen bezeichnet. Die subjektive Gefahrerhöhung spielt in heutiger Zeit kaum noch eine Rolle. Sie war geschaffen worden, um der dauerhaften Fahrt unter Alkoholeinfluss eine Obliegenheit entgegenzusetzen. Es wurde argumentiert, dass das dauerhafte Fahren unter Alkoholeinfluss eine Veränderung des versicherten Risikos beinhaltete. Seit der Einführung der Alkoholklausel ist die Bedeutung der subjektiven Gefahrerhöhung daher deutlich zurückgegangen.

---

17 OLG Düsseldorf v. 28.01.2014 – IV-3 RBS 11/14, ADAJUR #104538.
18 BGH v. 18.10.1989 – IVa ZR 29/88, r+s 1990, 8.
19 OLG Köln v. 05.09.1988 – 5 U 4/88, r+s 1988, 355.
20 OLG Köln v. 26.04.2005 – 9 U 113/04, VersR 2005, 1528 = NJW-RR 2005, 1549, Ehefrau des Versicherungsnehmer gilt dann als Wissensvertreterin.
21 AG Mainz 83 C 98/08, SP 2009, 154f (zwar nur für die Vollkasko als grob fahrlässig eingestuft, da offenbar ein Fremdschaden nicht entstanden war).
22 OLG Koblenz v. 12.07.1996 – 10 U 1518/95, VersR 1997, 303.
23 OLG Köln v. 25.04.2006 – 9 U 175/05, zfs 2007, 40.
24 OLG Hamm v. 03.07.2013 – 20 U 226/12, r+s 2013, 373; OLG Oldenburg v. 07.07.2010 – 5 U 153/09, MDR 2010, 1110; a. A. OLG Celle v. 09.08.2007 – 8 U 62/07, Jurion; a. A. LG Dortmund v. 11.03.2010 – 2 O 245/09 VK 2010, 115 f.
25 OLG Köln v. 02.03.2012 – 20 U 209/11.

Der Nachweis der subjektiven Gefahrerhöhung begegnet im Übrigen erheblichen Be- 7
weisschwierigkeiten, da sie von einer gewissen Dauer sein muss und der Versicherer hinsichtlich dieser Dauer beweisbelastet ist[26]. Ein solcher Nachweis dürfte nur in Ausnahmefällen gelingen.

Beispiele für eine subjektive Gefahrerhöhung:

– Ständiges Fahren ohne Brille[27];
– ständiges Verletzen der Ruhezeiten durch Fernfahrer[28];
– Epileptiker fährt trotz Fahrverbotes, infolge eines Anfalles kommt es zum Unfall[29];
– Fahrten eines Diabetikers, der schon eine Bewusstseinsstörung durch Unterzuckerung hatte[30];
– dauerhaftes Fahren unter Alkoholeinfluss[31];
– das Überlassen eines Kfz an einen häufig betrunkenen Fahrer[32];
– das ständige Aufbewahren des Kraftfahrzeugscheins im Kfz[33];
– das dauerhafte Abstellen des Motorrades in der unverschlossenen Garage ohne Betätigung des Lenkungsschlosses[34]
– Auch ein Schlafapnoeiker, der ständig übermüdet fährt (weil die Schlafapnoe nicht entsprechend behandelt wird) kann, wenn sich ein Unfall wegen Übermüdung ereignet, gegen die Klausel verstoßen[35].

Eine subjektive Gefahrerhöhung liegt nicht vor:
– bei nur einmaliger Fahrt unter Medikamenteneinfluss[36];
– bei nur einmaliger Fahrt infolge eines psychotischen Schubes[37];
– zwei aufeinander folgenden Fahrten eines Epileptikers mit nur seltenen Anfällen[38];

---

26 So auch Schwintowski/Brömmelmeyer/Loacker § 23 Rn. 21.
27 BGH v. 01.10.1969 – IV ZR 1002/68, VersR 1969, 1011.
28 BGH v. 10.02.1971 – IV ZR 54/69, VersR 1971, 433 f.; Langer »Novellierung der Lenk- und Ruhezeiten im Straßenverkehr und das neue digitale Kontrollgerät«, DAR 2007, 415 ff.; ders. »Anpassung der nationalen Vorschriften über die Lenk- und Ruhezeiten an das geltende EU-Recht«, DAR 2008, 421 ff.
29 Warzelhan und Krämer, »Führerschein und Epilepsie«, NJW 1984, 2620 ff.
30 OLG Oldenburg v. 12.10.1984 – 11 U 19/84 zfs 1985, 55.
31 OLG Frankfurt v. 29.11.1960 – 1 I 84/60, VersR 1962, 222.
32 OLG Düsseldorf v. 21.05.1963 – 4 U 310/62, VersR 1964, 179.
33 OLG Celle v. 21.12.2010 – 8 U 87/10, NJW-RR 2011, 324 ff = r+s 2011, 107 ff keine Gefahrerhöhung, wenn der Fzg-Schein schon vor dem Vertragsschluss dauerhaft im Kfz aufbewahrt wurde, vgl. aber auch OLG Celle v. 09.08.2007 – 8 U 62/07, zfs 2007, 690 ff. = DAR 2007, 207f = SP 2007, 362 f.
34 LG Hagen 7 S 104/08, SP 2009, 336 f.
35 LG Traunstein v. 08.07.2011 – 1 QS 225/11, VD 2011, 264.
36 OLG Düsseldorf v. 06.07.2004 – I-4 U 222/03.
37 OLG Hamm v. 17.10.1984 – 20 U 40/84, VersR 1985, 751.
38 OLG Nürnberg v. 22.04.1999 – 8 U 4173/98, r+s 2001, 52 ff. = VersR 2000, 46.

- Fahrten eines Diabetikers, der noch nie eine Bewusstseinsstörung durch Unterzuckerung hatte[39];
- bei nur einmaliger Verletzung der Ruhezeiten[40];
- der Schaden tritt nach der Fahrt beim Abladen ein[41];
- bei nur einmaliger Fahrt ohne Brille[42];
- bei nur einmaliger Fahrt unter Alkoholeinfluss[43];
- Nur einmaliges Überschreiten der Lenkzeiten[44]

III. Gewollte/ungewollte Gefahrerhöhung

8 Die teilweise in der Literatur vertretene Auffassung, es sei zu differenzieren zwischen der gewollten und der ungewollten Gefahrerhöhung[45] ist für die Kraftfahrzeug-Haftpflicht-Versicherung nicht zu teilen. Grundsätzlich ist der Verschleiß von Bremsen oder Reifen vom Versicherungsnehmer nicht gewollt, aber gleichwohl handelt es sich um objektivierbare Veränderungen des Zustandes des versicherten Fahrzeugs. Die Frage des Wollens einer Gefahrerhöhung ist eine Frage des Verschuldens. Diese Frage wird aber erst nach dem Feststellen des Tatbestandes zu klären sein, nicht schon in der Tatbestandsfeststellung. Diese richtet sich nach den objektiven Kriterien! Handelt es sich um eine kurzfristige – vom Versicherungsnehmer nicht »verschuldete« Zustandsveränderung, so liegt schon begriffsmäßig eine Gefahrerhöhung nicht vor und der Versicherungsnehmer kann sich entlasten. Man denke hier an die sich naturgemäß verschlechternden Profile der Reifen, denen der Versicherungsnehmer aber nicht dadurch Rechnung trägt, dass er dem Versicherer schreibt: »das Profil meiner Reifen wird immer schlechter«, sondern viel mehr dadurch, dass er neue Reifen erwirbt. Eine Anzeige dieser Risikoveränderung wird schon durch die Durchführung der Reparatur sinnlos. Aus diesem Grund erscheint die Differenzierung zwischen gewollter und ungewollter Gefahrerhöhung[46] nicht sachgerecht. Ein Unterfall der Gefahrerhöhung, nämlich die andere Verwendung, ist durch die Verwendungsklausel in den AKB aufgenommen, die insoweit den §§ 23 ff. VVG vorgehen.

IV. Vornehmen oder Gestatten der Gefahrerhöhung

9 Der Versicherungsnehmer darf natürlich weder selbst das versicherte Risiko verändern, noch darf er zulassen, dass es von einer mitversicherten Person verändert wird. Die For-

---

39 OLG Oldenburg v. 12.10.1984 – 11 U 19/84, zfs 1985, 55.
40 OLG Düsseldorf v. 21.05.1963 – 4 U 310/62, VersR 1963, 941.
41 OLG Hamm v. 09.06.1976 – 20 U 284/75, VersR 1978, 221.
42 OLG Koblenz v. 18.05.1972 – 4 U 888/70, VersR 1972, 921.
43 BGH v. 18.10.1952 – II ZR 72/52, BGHZ 7, 311, wobei damals die Alkoholklausel noch nicht in den AKB aufgenommen war.
44 BGH v. 10.02.1971 – IV ZR 54/69, VersR 1971, 433.
45 Meixner/Steinbeck § 1 Rn. 266 ff.; Unberath »Die Leistungsfreiheit des Versicherers – Auswirkung der Neuregelung auf die Kraftfahrtversicherung«, NZV 2008, 537 ff.
46 Auch objektiven und subjektiven Tatbestand vermischend Matusche-Beckmann in Bruck/Möller § 23 VVG Rn. 20 f.

mulierung des § 23 VVG geht von aktivem Tun des Versicherungsnehmer oder eines Dritten aus »Vornehmen der Gefahrerhöhung«[47]. Hat der Versicherungsnehmer Kenntnis von einer durch eine mitversicherte Person vorgenommene Gefahrerhöhung, haftet er mit. Die in § 23 Abs. 2 und 3 VVG aufgeführten Fälle der nachträglichen Gefahrerhöhung haben in der Kraftfahrzeug-Versicherung keine Bedeutung, da eine Gefahrerhöhung wegen einer Veränderung der Verkehrstauglichkeit nicht durch die Anzeige aus der Welt geschafft werden kann. Vielmehr ist der Versicherungsnehmer gehalten, diese Gefahrerhöhung umgehend auf eigene Rechnung zu beseitigen. Der Versicherer kann bei Anzeige einer solchen Gefahrerhöhung nur auf eine Weise reagieren: die Kündigung des Vertrages. Eine Anpassung des Vertrages kommt nicht in Betracht.

V. Vornehmen der Gefahrerhöhung durch Unterlassen

Im Bereich der Sachversicherung kann es durch Zeitablauf zu Veränderungen an der versicherten Sache kommen. Der Versicherungsnehmer ist ebenfalls verpflichtet, den vertragsgemäßen Zustand wiederherzustellen (durch Reparatur eines defekten Rollgitters oder Auswechseln der Schlösser und der Alarmanlage nach Diebstahl des Schlüssels[48]), allerdings wird im Allgemeinen eine Gefahrerhöhung durch Unterlassen von der Rechtsprechung abgelehnt[49]. Auch das Unterlassen der Wiederherstellung und die Verwendung der versicherten Sache in dem veränderten Zustand stellt im Bereich der Kfz-Versicherung die Vornahme einer Gefahrerhöhung dar[50]. 10

VI. Gefahrerhöhung ohne Willen des Versicherungsnehmers

Gem. Abs. 3 ist der Versicherungsnehmer auch verpflichtet, diejenigen Gefahrerhöhungen, die ohne seinen Willen eintreten, unverzüglich anzuzeigen. Dabei können dies sowohl die schleichenden Gefahrerhöhungen durch Zustandsveränderungen (Alterung etc.) wie auch solche sein, die Dritte ohne den Willen des Versicherungsnehmers vornehmen, oder die durch Naturgewalten entstehen[51]. 11

C. Erkennen und Anzeigen der Gefahrerhöhung

Der Versicherungsnehmer muss die Gefahrerhöhung in dem Moment anzeigen, in dem sie beginnt, respektive er diese erkannt hat[52], um dem Versicherer die Möglichkeit der Vertragsanpassung zu geben. Eine Vertragsanpassung an den veränderten Gefahrenzustand der versicherten Sache ist für alle anderen Sparten sinnvoll und erforderlich. 12

---

47 Münchner Kommentar Wrabetz/Reusch § 23 Rn. 49; Rüffer/Halbach/Schmikowski/Karczewski § 23 Rn. 19 weitet diese Haltung fälschlicherweise auch auf die Kfz-Versicherung aus, so dass der fehlende Austausch der Fahrzeugschlösser nach Schlüsseldiebstahl nicht zu einer Gefahrerhöhung führen soll.
48 So z. B. BGH v. 08.07.1987 – IVa ZR 19/86, NJW-RR 1987, 1309 ff.
49 Römer/Langheid, § 23 Rn. 30 m. w. N.
50 Römer/Langheid, § 23 Rn. 31.
51 Römer/Langheid, § 23 Rn. 75, der diese als »objektive« Gefahrerhöhung bezeichnet.
52 BGH vom 20.06.2012 – VI ZR 150/11.

In der Kfz-Versicherung hingegen würde der Versicherer eine Neukalkulation der Prämie wegen defekter Bremsen nicht vornehmen. Insoweit ist diese Regelung für die Kfz-Versicherung von untergeordneter Bedeutung, hier käme es darauf an, den Versicherungsnehmer zur Beseitigung der Gefahrerhöhung aufzufordern. Auch die unverzügliche Anzeige trifft für die Kraftfahrtversicherung nicht den Kern der Sache, vielmehr kommt es dann auf die Pflicht des Versicherungsnehmers an, den StVZO-widrigen Zustand des Fahrzeuges unverzüglich zu beseitigen.

D. Einzelfälle

13 Gefahrerhöhung bejaht:
- Mangelhafte Einbauten in ein Kfz stellen nur dann eine Gefahrerhöhung dar, wenn der Versicherungsnehmer die Mangelhaftigkeit kennt[53].
- Das Fahren mit nicht der Jahreszeit und den Wetterverhältnissen angepassten Reifen, konkret ohne Winterreifen bei winterlichen Verhältnissen, stellt eine Gefahrerhöhung jedenfalls dann dar, wenn zum einen die Wetterlage der Jahreszeit entspricht und sich der Schaden aufgrund der falschen Bereifung ereignete[54].
- Diabetes kann eine Gefahrerhöhung darstellen, wenn der Diabetiker eine ausgeglichene Stoffwechsellage nicht nachweisen kann[55].
- Gefahrerhöhung durch Medikamentenmissbrauch, nur bei dauerhaftem Fahren und Medikamenteneinfluss[56]
- Das dauerhafte Belassen der Fahrzeugbescheinigung Teil 1 (Fahrzeugschein) im Kraftfahrzeug stellt eine grob fahrlässige Gefahrerhöhung dar, wenn dieses Verhalten kausal für den Versicherungsfall wurde[57].
- Der Verlust eines Fahrzeugschlüssels und die anschließende Weiternutzung des Kfz mit dem verbliebenen zweiten Schlüssel stellt eine Gefahrerhöhung dar, wenn der Kfz-Diebstahl mit diesem verlustig gegangenen Schlüssel erfolgte. Der Versicherungsnehmer muss den Kausalitätsgegenbeweis führen[58]. Gleiches gilt für den Verlust einer »keyless-go-Karte«[59]
- Das Benutzen eines verkehrsunsicheren Kfz stellt eine Gefahrerhöhung dar[60].

---

53 OLG Karlsruhe v. 17.09.2013 – 12 U 43/13, FD-VersR 2013, 350861; das versicherte Kfz brannte wegen nicht fachgerecht eingebauter Verstärkeranlage ab.
54 LG Erfurt v. 18.08.2014 – 1 S 131/14 (n. v.).
55 VG Gelsenkirchen v. 16.10.2013 – 7 K 3863/12 – hat wegen einer nicht eingestellten Diabetes die Erteilung einer Fahrerlaubnis für die Klassen D1, D1E und DE verweigert.
56 OLG Düsseldorf v. 06.07.2004 – I-4 U 222/03.
57 OLG Celle, 09.08.2007 – 8 U 62/07; OLG Bremen, 20.09.2010 – 3 U 77/09; LG Dortmund, 11.03.2010 – 2 O 245/09 (Kürzung um 50%); a. A. OLG Oldenburg v. 23.06.2010 – 5 U 153/09.
58 AG Bad Segeberg v. 28.04.2011 – 17 C 99/09, r+s 2013, 65.
59 OLG Celle v. 23.09.2004 – 8 U 128/03, zfs. 2004, 564 f.
60 BGH v. 25.01.1965 – II ZR 154/62, VersR 1965, 279 f.; v. 11.07.1969 – IV ZR 621/68; v. 22.06.1967 – II ZR 154/64, NJW 1967, 1758.

- Abgenutzte Reifen[61]
- Das erhebliche Überschreiten der Lenkzeiten stellt eine Gefahrerhöhung dar[62].
- Epilepsie[63]
- Defekte Bremsen[64]
- Ständiges Fahren ohne Brille trotz Kurzsichtigkeit[65]

Gefahrerhöhung verneint:

- Ein LKW-Fahrer ist nicht verpflichtet, die Bremsscheiben vor Fahrtantritt einer Sichtkontrolle zu unterziehen, wenn nicht ein besonderer Anlass dafür besteht[66].
- Die Überschreitung der vertraglich vereinbarten Jahreskilometerleistung kann nicht als Gefahrerhöhung gelten, wenn der Versicherer gleichzeitig eine Vertragsstrafe gem. seinen AKB geltend macht in Höhe der korrekten Prämie einschließlich einer Vertragsstrafe[67].
- Alleine das Aufbewahren des Fahrzeugscheins im Kraftfahrzeug ist nicht als nachträgliche Gefahrerhöhung zu werten[68].
- Der Versicherungsnehmer ist nicht verpflichtet, die Verkehrssicherheit seines Kfz ständig zu überwachen[69].
- Einmaliges Fahren unter Medikamentenmissbrauch[70]

§ 24 Kündigung wegen Gefahrerhöhung

(1) Verletzt der Versicherungsnehmer seine Verpflichtung nach § 23 Abs. 1, kann der Versicherer den Vertrag ohne Einhaltung einer Frist kündigen, es sei denn, der Versicherungsnehmer hat die Verpflichtung weder vorsätzlich noch grob fahrlässig verletzt. Beruht die Verletzung auf einfacher Fahrlässigkeit, kann der Versicherer unter Einhaltung einer Frist von einem Monat kündigen.

(2) In den Fällen einer Gefahrerhöhung nach § 23 Abs. 2 und 3 kann der Versicherer den Vertrag unter Einhaltung einer Frist von einem Monat kündigen.

---

61 BGH, 17.09.1969 – IV ZR 1041/68; BGH v. 11.07.1969 – ZR 629/68, NJW 1969, 1763 f.; OLG Frankfurt/Main v. 27.10.2004 – 7 U 50/04; LG Stuttgart, 13.01.2006 – 22 O 362/05.
62 BGH v. 10.02.1971 – IV ZR 54/69, VersR 1971, 433.
63 OLG Stuttgart, 25.04.1996 – 7 U 37/96, VersR 1997, 1141 f.
64 BGH v. 22.01.1969 – IV ZR 552/68; LG Düsseldorf, 17.07.2008 – 11 O 377/04, r+s 2009, 188.
65 BGH v. 06.05.1965 – II ZR 133/63.
66 OLG Düsseldorf v. 28.01.2014 – 3 RBs 11/14, zfs 2014, 652.
67 OLG Stuttgart v. 25.07.2013 – 7 U 33/13 auch zur Unklarheit bezüglich der Prämiennachforderung und der verwendeten Klauseln.
68 OLG Celle v. 21.12.2010 – 8 U 87/10, VersR 2011,663 f.; ebenso OLG Hamm v. 03.07.2013 – 20 U 226/12, zfs 2013, 574 f; OLG Oldenburg v. 23.06.2010 – 5 U 153/09.
69 BGH, 12.03.1975 – IV ZR 97/73, VersR 1975, 461.
70 OLG Düsseldorf v. 06.07.2004 – I-4 U 222/03.

§ 24 VVG Kündigung wegen Gefahrerhöhung

(3) Das Kündigungsrecht nach den Absätzen 1 und 2 erlischt, wenn es nicht innerhalb eines Monats ab der Kenntnis des Versicherers von der Erhöhung der Gefahr ausgeübt wird, oder wenn der Zustand wiederhergestellt ist, der vor der Gefahrerhöhung bestanden hat.

Übersicht   Rdn.
A. Allgemeines   1
B. Kündigung   2
C. Fristlose Kündigung   5
D. Kündigung binnen Monatsfrist   6
E. Wegfall des Kündigungsrechts   7
F. Beweislast   8
E. Nichtausübung des Kündigungsrechts 11
F. Erlöschen des Kündigungsrechts 12

A. Allgemeines

1   § 24 VVG berechtigt den Versicherer zur Kündigung des Vertrages, wenn eine Gefahrerhöhung i. S. v. § 23 vorliegt[1], allerdings kommt es bei dem Kündigungsrecht analog der Regelungen in §§ 28 und 26 VVG auf den Verursachungsbeitrag des Versicherungsnehmers an. Die Kündigungsmöglichkeiten sind jetzt in § 24 VVG zusammengefasst.

B. Kündigung

2   Liegt eine Gefahrerhöhung vor, **kann** der Versicherer den Vertrag kündigen, er muss es aber – anders als im VVG a. F. nicht, um die Leistungsfreiheit herbeizuführen. Die Kündigung ist eine empfangsbedürftige Willenserklärung, die dem Versicherungsnehmer in Schriftform mit unmissverständlicher Formulierung und Hinweis auf das Vertragsende zugehen muss[2]. Die Kündigung muss innerhalb eines Monats ab Kenntnis des Versicherers vom Kündigungsgrund erfolgen, § 24 Abs. 3 VVG. Die Kenntnis des Versicherers ist nicht schon dann gegeben, wenn er die Umstände kennt, aus denen sich eine Gefahrerhöhung ergeben könnte[3].

3   Der Versicherer muss den Versicherungsvertrag – bezogen auf die Kraftfahrzeug-Haftpflicht-Versicherung – nicht kündigen[4], um für den vorliegenden Schadenfall leistungsfrei zu sein, wenn er vor diesem Schaden keine Kenntnis von der Gefahrerhöhung hatte.

---

1 Staudinger/Friesen, »Kündigungsrecht nach erfolgter Gefahrerhöhung – § 24 Abs. 1 und 2 VVG«, DAR 2014, 184 ff mit einer kurz gefassten Übersicht; Knappmann, »Gefahrerhöhung in der Kraftfahrtversicherung«, VRR 2014, 44.
2 Matusche-Beckmann in Bruck/Möller § 24 VVG Rn. 6 ff.
3 BGH v. 27.05.1981 – IVa ZR 52/80, VersR 1981, 921 f.; Matusche-Beckmann in Bruck/Möller § 24 VVG Rn. 16.
4 So schon BGH IV ZR 151/85, VersR 1986, 1231 f. m. w. H.; IV ZR 159/85, VersR 1987, 37 f.

Allerdings ist er zur Kündigung verpflichtet, wenn er für zukünftige Schadenfälle, die   4
auf dieser Gefahrerhöhung beruhen, leistungsfrei sein will. Unterbleibt die Kündigung
und es ereignet sich nach Ablauf der Kündigungsfrist ein weiterer Schaden wegen dieser
Gefahrerhöhung, kann sich der Versicherer für diesen Schaden nicht mehr auf die Leistungsfreiheit berufen[5]. Der Versicherer kann dabei gem. § 24 VVG wegen vorsätzlicher oder grob fahrlässiger Obliegenheitsverletzung den Vertrag mit sofortiger Wirkung kündigen, § 24 Abs. 1 VVG.

C. Fristlose Kündigung

Verändert der Versicherungsnehmer den Zustand der versicherten Sache, berechtigt   5
dies den Versicherer zur fristlosen Kündigung im Moment der Kenntnis. Dabei ist
neu, dass der Versicherer auch dann zur Kündigung berechtigt ist, wenn die gefahrerhöhende Veränderung des Gegenstands der Versicherung durch Dritte vorgenommen
wird und der Versicherungsnehmer dies gestattet hat.

Erforderlich ist, dass der Versicherungsnehmer wissentlich[6] und willentlich, d. h. vorsätzlich oder grob fahrlässig, die Gefahrerhöhung herbeigeführt hat. Er muss die Gefahrerhöhung erkannt und billigend in Kauf genommen haben. Im Falle schuldlosen
Verhaltens oder einfacher Fahrlässigkeit hingegen besteht keine Berechtigung, den Versicherungsvertrag fristlos zu kündigen.

D. Kündigung binnen Monatsfrist

Lediglich im Falle einer nur fahrlässigen Obliegenheitsverletzung ist die Kündigungs-   6
möglichkeit mit Monatsfrist gegeben[7].

E. Wegfall des Kündigungsrechts

Das Recht zur Kündigung entfällt, wenn der ursprüngliche Zustand wieder hergestellt   7
(also die Reparatur durchgeführt) wird, wobei eine exakte Wiederherstellung nicht erforderlich ist[8]. Durch die Reform des VVG entfällt die zwingende Kündigungspflicht,
um die Leistungsfreiheit herbeizuführen, die auch dann als formale Voraussetzung gefordert wurde, wenn das Kfz infolge des Schadenfalls untergegangen war oder veräußert
und bei einem anderen Versicherer versichert[9] war.

F. Beweislast

Der Versicherer ist beweisbelastet hinsichtlich des Vorliegens der Gefahrerhöhung[10] so-   8
wie der Dauerhaftigkeit der Gefahrerhöhung, um die Kündigung zu rechtfertigen.

---

5 OLG Koblenz v. 20.11.1981 – 10 U 464/81, VersR 1982, 260 f.
6 BGH IV ZR 90/13 zur Wissentlichkeit einer Pflichtverletzung.
7 Vgl. hierzu § 26 VVG Rn. 6.
8 Looschelders in Looschelders/Pohlmann § 24 Rn. 15 ff.
9 BGH v. 14.03.1984 – IVa ZR 91/82, VersR 1984, 550.
10 Matusche-Beckmann in Bruck/Möller § 23 VVG Rn. 80.

§ 25 VVG Prämienerhöhung wegen Gefahrerhöhung

9 Bezogen auf die subjektive Gefahrerhöhung, d. h. die in der Person des Versicherungsnehmers liegenden Umstände, ergeben sich aber nahezu unüberwindbare Beweisschwierigkeiten hinsichtlich der Dauerhaftigkeit des Verstoßes. So dürfte es nahezu unmöglich sein, nachzuweisen, dass der Versicherungsnehmer beispielsweise dauerhaft ohne Brille fährt, um die subjektive Gefahrerhöhung bejahen zu können. Eine Kündigung wegen subjektiver Gefahrerhöhung dürfte daher die Ausnahme sein.

10 Der Versicherungsnehmer trägt die Beweislast für das Nichtvorliegen der Kündigungsvoraussetzungen.

E. Nichtausübung des Kündigungsrechts

11 Der Versicherer darf sich auch dann nicht auf die Leistungsfreiheit wegen Gefahrerhöhung berufen, wenn er von ihr Kenntnis hatte und in Kenntnis der Gefahrerhöhung das Vertragsverhältnis nicht beendete.

Diese Regelung gilt nur, wenn der Versicherer vor dem Schadenfall Kenntnis von der Gefahrerhöhung hatte. Erlangt der Versicherer erst **durch** den Schadenfall Kenntnis, so muss er nicht kündigen, um für diesen Schadenfall leistungsfrei zu sein[11]. Unterbleibt die Kündigung und es ereignet sich ein weiterer Schaden aufgrund der Gefahrerhöhung, kann sich der Versicherer nicht mehr auf die Leistungsfreiheit berufen, wenn die Kündigungsfrist des § 24 Abs. 3 VVG bereits verstrichen ist.

F. Erlöschen des Kündigungsrechts

12 Das Kündigungsrecht erlischt, wenn der ursprüngliche Zustand wieder hergestellt wird, die Gefahrerhöhung also beseitigt wird[12], bevor das Kündigungsrecht ausgeübt wird[13].

§ 25 Prämienerhöhung wegen Gefahrerhöhung

(1) Der Versicherer kann an Stelle einer Kündigung ab dem Zeitpunkt der Gefahrerhöhung eine seinen Geschäftsgrundsätzen für diese höhere Gefahr entsprechende Prämie verlangen oder die Absicherung der höheren Gefahr ausschließen. Für das Erlöschen dieses Rechtes gilt § 24 Abs. 3 entsprechend.

(2) Erhöht sich die Prämie als Folge der Gefahrerhöhung um mehr als 10 Prozent oder schließt der Versicherer die Absicherung der höheren Gefahr aus, kann der Versicherungsnehmer den Vertrag innerhalb eines Monats nach Zugang der Mitteilung des Versicherers ohne Einhaltung einer Frist kündigen. Der Versicherer hat den Versicherungsnehmer in der Mitteilung auf dieses Recht hinzuweisen.

---

11 OLG Celle v. 26.11.1990 – 8 U 11/90 r+s 1991, 117.
12 Schwintowski/Brömmelmeyer/Loacker § 24 VVG Rn. 14.
13 Schwintowski/Brömmelmeyer/Loacker § 24 VVG Rn. 15.

Übersicht

	Rdn.
A. Allgemeines	1
B. Wahlrecht des Versicherers	2
C. Prämienerhöhung	3
D. Ausschluss der Gefahrerhöhung	4
E. Sonderkündigungsrecht des Versicherungsnehmers	5
F. Hinweispflichten des Versicherers	6

A. Allgemeines

Nach dem VVG a. F. hatte der Versicherer nur die Möglichkeit, den Vertrag zu kündigen. Das wurde nicht immer den Interessen der Parteien (außerhalb des Kfz-Geschäfts) gerecht. § 25 VVG berechtigt den Versicherer nun, dem veränderten Risiko statt durch Kündigung nach § 24 VVG durch eine Anpassung des Versicherungsvertrages Rechnung zu tragen und eine höhere Prämie zu fordern oder aber das veränderte Risiko vertraglich auszuschließen. 1

B. Wahlrecht des Versicherers

Der Versicherer ist berechtigt, selbst zu entscheiden, ob er das erhöhte Risiko gegen höhere Prämienforderung versichern oder aber vom Leistungsumfang des Vertrages ausschließen möchte. Voraussetzung für das Wahlrecht des Versicherers ist zunächst das Vorliegen einer das versicherte Risiko nachhaltig zum schlechteren verändernde Gefahrerhöhung, die auch zur Kündigung gem. § 24 VVG berechtigen würde. Ist dies der Fall, kann der Versicherer sein Wahlrecht ausüben. 2

C. Prämienerhöhung

Will der Versicherer den Kunden behalten, kann er das neue Risiko gegen erhöhte Prämie weiter versichern. Bezogen auf die Kraftfahrzeug-Versicherung handelt es sich um eine Veränderung des versicherten Verwendungszweckes. Will also der Versicherungsnehmer einen PKW, der als PKW-Eigenverwendung versichert ist, als Selbstfahrervermietfahrzeug nutzen und versichern und hat er diese veränderte Verwendung dem Versicherer angezeigt, wird ein anderes – gefahrträchtigeres – Risiko versichert. Diese Veränderung zieht also auch eine höhere Prämie nach sich. Diese Prämienerhöhungen sind – zumindest im Bereich der Personenversicherungen – gerichtlich prüfbar[1]. Folge des Entschlusses des Versicherers ist, dass dieser u. U. für mehrere Jahre rückwirkend die Prämien fordern kann, da dieses Recht »ab dem Zeitpunkt der Gefahrerhöhung« gilt. Es drohen daher Prämienerhöhungen in nicht unerheblichem Umfang für die Vergangenheit, soweit diese Ansprüche noch nicht der Verjährung des § 195, 197 Abs. 2 BGB unterfallen sind. 3

Der Versicherer muss sein Wahlrecht innerhalb der Monats-Frist des § 24 Abs. 3 seit Erkennen der Gefahrerhöhung ausüben, sonst erlischt sein Recht und die Gefahrerhö-

---

[1] OLG Karlsruhe v. 31.03.2011 – 12 U 164/10, Jurion.

hung ist trotz fehlender Anzeige in den Vertrag aufgenommen. Beweisbelastet hinsichtlich des Zeitpunktes ist der Versicherer[2].

D. Ausschluss der Gefahrerhöhung

4   Gemäß § 25 Abs. 1 2. Alt VVG kann der Versicherer auch die Gefahrerhöhung vom Versicherungsschutz ausschließen. Diese Form kommt für die Kraftfahrt-Versicherung nur eingeschränkt in Frage. Der Versicherer kann bei Änderung des Verwendungszweckes z. B. die Deckungssummen verändern, die Zusatzversicherungen wie Fahrzeugvoll- und Fahrzeugteilversicherung ablehnen, eine kompletter Ausschluss der Gefahrerhöhung (wie z. B. in den Personenversicherungen) ist nicht möglich, da der Kontrahierungszwang des § 5 PflVG insoweit entgegensteht. Auch hier hat er die Möglichkeit, diese Gefahrerhöhung »ab dem Zeitpunkt der Gefahrerhöhung«, also ab Eintrittsdatum, auszuschließen.

E. Sonderkündigungsrecht des Versicherungsnehmers

5   Der Versicherungsnehmer kann nach Ausübung des Wahlrechtes durch den Versicherer den Vertrag innerhalb eines Monats nach Erhalt der korrigierten Prämienrechnung oder des Ausschlusses des erhöhten Risikos fristlos kündigen. Bezogen auf die erhöhte Prämienrechnung ist ein Kündigungsrecht erst ab einer Erhöhung der Prämie um mehr als 10 % vorgesehen, unterhalb dieser Grenze kann der Versicherer den Versicherungsnehmer am Vertrag festhalten[3].

F. Hinweispflichten des Versicherers

6   Der Versicherer muss den Versicherungsnehmer auf sein Sonderkündigungsrecht im Falle der veränderten Vertragsgestaltung bzw. der Prämienerhöhung um mehr als 10 % hinweisen. Unterbleibt der Hinweis, gelten die allgemeinen Regeln: Der Versicherer macht sich schadenersatzpflichtig. Auch hier gilt: unverständliche Hinweise erfüllen ihren Zweck nicht[4] und sind damit nicht gegeben! Eine verspätete Belehrung ist ebenfalls nicht ausdrücklich geregelt, jedoch dürfte dann die Frist zur Kündigung erst ab Zugang der Belehrung zu laufen beginnen.

§ 26 Leistungsfreiheit wegen Gefahrerhöhung

(1) Tritt der Versicherungsfall nach einer Gefahrerhöhung ein, ist der Versicherer nicht zur Leistung verpflichtet, wenn der Versicherungsnehmer seine Verpflichtung nach § 23 Abs. 1 vorsätzlich verletzt hat. Im Fall einer grob fahrlässigen Verletzung ist der Versicherer berechtigt, seine Leistung in einem der Schwere des Verschuldens des Versicherungsnehmers entsprechenden Verhältnis zu kürzen; die Beweislast für das Nichtvorliegen einer groben Fahrlässigkeit trägt der Versicherungsnehmer.

---

2   OLG Oldenburg v. 29.03.2012 – 5 U 11/11, MDR 2012, 969 f.
3   Rüffer/Halbach/Schmikowski/Karczewski, § 25 Rn. 5.
4   EUGH v. 23.04.2015 – C 96/14; BGH v. 05.06.1985 – IVa ZR 113/83,r+s 1985, 237.

(2) In den Fällen einer Gefahrerhöhung nach § 23 Abs. 2 und 3 ist der Versicherer nicht zur Leistung verpflichtet, wenn der Versicherungsfall später als einen Monat nach dem Zeitpunkt eintritt, zu dem die Anzeige dem Versicherer hätte zugegangen sein müssen, es sei denn, dem Versicherer war die Gefahrerhöhung zu diesem Zeitpunkt bekannt. Er ist zur Leistung verpflichtet, wenn die Verletzung der Anzeigepflicht nach § 23 Abs. 2 und 3 nicht auf Vorsatz beruht; im Fall einer grob fahrlässigen Verletzung gilt Absatz 1 Satz 2.

(3) Abweichend von den Absätzen 1 und 2 Satz 1 ist der Versicherer zur Leistung verpflichtet,
1. soweit die Gefahrerhöhung nicht ursächlich für den Eintritt des Versicherungsfalles oder den Umfang der Leistungspflicht war oder
2. wenn zur Zeit des Eintrittes des Versicherungsfalles die Frist für die Kündigung des Versicherers abgelaufen und eine Kündigung nicht erfolgt war.

Übersicht

		Rdn.
A.	Allgemeines	1
B.	Pflichten bei Gefahrerhöhung	2
C.	Beweislast	3
D.	Kündigung	6
E.	Rechtsfolgen	8
I.	Vorsätzliche Obliegenheitsverletzung	9
II.	Grob fahrlässige Obliegenheitsverletzung	10
F.	Exkulpationsmöglichkeiten	11
I.	Fehlende Ursächlichkeit	12
II.	Keine Auswirkungen auf die Schadenhöhe	13
III.	Mangelndes Verschulden	15
IV.	Nichtausübung des Kündigungsrechts	16

A. Allgemeines

§ 26 VVG befasst sich mit den Folgen einer Pflichtverletzung nach § 23 VVG. Der Versicherer ist von der Verpflichtung zur Leistung frei, wenn der Versicherungsnehmer seiner vertraglichen Pflicht, dem Versicherer eine Erhöhung der Gefahr **rechtzeitig** anzuzeigen, nicht nachgekommen ist und es zu einem Schadenfall kommt. Nicht von der Gefahrerhöhungsklausel des § 26 VVG erfasst sind diejenigen risikoerhöhenden Tatbestände, die in den Spezialregelungen (AKB und KfzPflVV) aufgenommen wurden. Diese gehen insoweit dem allgemeineren (Auffang-)Tatbestand des § 23 VVG vor[1]. Die Gefahrerhöhungsklausel stellt eine gesetzliche Obliegenheit vor dem Schadenfall dar und ist als solche auch in D.3 AKB aufgenommen. Erforderlich ist daher, dass sich der Versicherungsnehmer der Gefahrerhöhung bewusst ist[2].

1

---

1 BGH v. 14.05.1986 – IVa ZR 191/84, VersR 1986, 693.
2 BGH v. 10.09.2014 – IV ZR 322/13, zfs 2014, 696 ff,.

B. Pflichten bei Gefahrerhöhung

2 Der Versicherungsnehmer muss den ggf. veränderten Zustand der versicherten Sache unverzüglich anzeigen, will er den Versicherungsschutz behalten. Hat er dies nicht getan, besteht Leistungsfreiheit des Versicherers, § 26 Abs. 1. Eine Anzeige einer Gefahrerhöhung ist nur entbehrlich, wenn der Zustand lediglich vorübergehend ist und die Reparatur unmittelbar bevorsteht.

C. Beweislast

3 Der Versicherer ist beweisbelastet hinsichtlich des Vorliegens der Gefahrerhöhung[3] sowie der Dauerhaftigkeit der Gefahrerhöhung. Bei Veränderungen des Zustands des versicherten Kfz ist dies in aller Regel ohne weiteres möglich, da sich auch der Verschleiß nicht über Nacht einstellt und in einem gewissen Grad der Abnutzung auch auf die Dauer der gefahrträchtigen Nutzung zurückgeschlossen werden kann. Will er sich auf eine vorsätzliche Gefahrerhöhung berufen, ist er auch hierfür beweisbelastet. Er muss dann nachweisen, dass der Versicherungsnehmer sich über die gefahrerhöhenden Umstände bewusst war, allein die Kenntnis von gefahrerhöhenden Umständen reicht für eine Vorsatzannahme nicht aus[4].

4 Bezogen auf die subjektive Gefahrerhöhung ergeben sich aber nahezu unüberwindbare Beweisschwierigkeiten hinsichtlich der Dauerhaftigkeit des Verstoßes. So dürfte es nahezu unmöglich sein, nachzuweisen, dass der Versicherungsnehmer beispielsweise dauerhaft ohne Brille fährt, um die subjektive Gefahrerhöhung bejahen zu können. Fälschlicherweise geht das OLG Karlsruhe bei fehlerhaften Einbauten in ein Kfz vom Vorliegen einer subjektiven Gefahrerhöhung aus, hier handelt es sich um eine objektive Veränderung des Kfz-Zustandes[5].

5 Da sich die Obliegenheit im Wesentlichen gegen den Versicherungsnehmer oder seinen Repräsentanten richtet[6], trägt der Versicherungsnehmer die Beweislast für das Nichtvorliegen der grob fahrlässigen Begehung dieser gesetzlichen Obliegenheit, § 26 Abs. 1 letzter S. VVG.

D. Kündigung

6 Liegt eine Gefahrerhöhung vor, kann der Versicherer den Vertrag kündigen. Für den Fall der vorsätzlichen Obliegenheitsverletzung nach § 23 Abs. 1 ist die fristlose Kündigung möglich, im Falle der bloß fahrlässigen Obliegenheitsverletzung ist die Kündigung binnen Monatsfrist möglich, § 24. Die Kenntnis des Versicherers ist nicht schon dann gegeben, wenn er die Umstände kennt, aus denen sich eine Gefahrerhöhung ergeben könnte[7].

---

3 Matusche-Beckmann in Bruck/Möller § 23 VVG Rn. 80.
4 BGH v. 10.09.2014 – IV ZR 322/13 (Abbrennen der Scheune, nachdem der dort abgestellte Schlepper Reste von Heu und Stroh entzündet hatte).
5 OLG Karlsruhe vom 17.09.2013, 12 U 43/13; ADAJUR #102073.
6 OLG Karlsruhe vom 17.09.2013, 12 U 43/13; ADAJUR #102073.
7 BGH v. 27.05.1981 – IVa ZR 52/80, VersR 1981, 921 f.; Matusche-Beckmann in Bruck/Möller § 24 VVG Rn. 16.

Anders als in § 6 VVG a. F. vorgesehen, muss der Versicherer den Versicherungsvertrag   7
– bezogen auf die Kraftfahrzeug-Haftpflicht-Versicherung – nicht kündigen[8], um für
den vorliegenden Schadenfall leistungsfrei zu sein, wenn er vor diesem Schaden keine
Kenntnis von der Gefahrerhöhung hatte. Allerdings ist er zur Kündigung verpflichtet,
wenn er für zukünftige Schadenfälle, die auf dieser Gefahrerhöhung beruhen, leistungsfrei sein will. Unterbleibt die Kündigung und es ereignet sich nach Ablauf der Kündigungsfrist ein weiterer Schaden wegen dieser Gefahrerhöhung, kann sich der Versicherer für diesen Schaden nicht mehr auf die Leistungsfreiheit berufen[9].

E. Rechtsfolgen

Der Versicherer ist von der Verpflichtung zur Leistung frei, wenn der Versicherungs-   8
nehmer die Gefahrerhöhung vorsätzlich oder grob fahrlässig begangen hat oder deren
Vornahme geduldet hat. Die Rechtsfolgen hängen vom Grad des Verschuldens ab:

I. Vorsätzliche Obliegenheitsverletzung

Begeht der Versicherungsnehmer die Gefahrerhöhung vorsätzlich, ist der Versicherer   9
vollständig von der Verpflichtung zur Leistung frei, wenn der Versicherungsnehmer
sich nicht exkulpieren kann[10]. Vorsatz setzt das Bewusstsein des Versicherungsnehmers
von der gefahrerhöhenden Eigenschaft der von ihm vorgenommenen Handlung voraus.
Die Kenntnis gefahrerhöhender Umstände allein reicht zur Annahme des Vorsatzes
nicht aus[11]. In der Kraftfahrzeug-Haftpflicht-Versicherung ist die Leistungsfreiheit
nach § 5 KfzPflVV, D.3 AKB begrenzt auf den Betrag von höchstens € 5.000,00. In
den sonstigen Sparten besteht vollständige Leistungsfreiheit.

II. Grob fahrlässige Obliegenheitsverletzung

Im Falle der grob fahrlässigen Obliegenheitsverletzung ist der Versicherer berechtigt,   10
seine Leistung im Verhältnis zur Schwere des Verschuldens zu kürzen[12]. Besondere Kriterien, an denen die Quoten festgemacht werden könnten, liegen derzeit nicht vor, es
kann allein auf die innere Haltung des Versicherungsnehmers oder Fahrers abgestellt werden. So kann es für die Gefahrerhöhung auf die Frage der Kenntnis vom gefahrerhöhenden Umstand ankommen, oder auf das Kennenmüssen. Hat sich der Versicherungsnehmer oder Fahrer der Kenntnis gar entzogen, käme ein höherer Regress in Betracht[13]. Eine

---

8 So schon BGH v. 16.09.1986 – IV ZR 151/85, VersR 1986, 1231 f. m. w. H.; v. 16.09.1986 –
   IV ZR 159/85, VersR 1987, 37 f.
9 OLG Koblenz v. 20.11.1981 – 10 U 464/81, VersR 1982, 260 f.
10 Unberath »Die Leistungsfreiheit des Versicherers – Auswirkung der Neuregelung auf die
   Kraftfahrtversicherung«, NZV 2008, 537, 540 f.
11 BGH v. 10.09.2014 – IV ZR 322/13 zfs 2014, 696 f.
12 Unberath »Die Leistungsfreiheit des Versicherers – Auswirkung der Neuregelung auf die
   Kraftfahrtversicherung«, NZV 2008, 537, 541 f.; vgl. auch § 28 VVG Rdn. 12 f., Rdn. 9 ff.
13 Richter »Überlegungen zur quotierten Leistungsfreiheit in der Fahrzeugversicherung« SVR
   2009, 13 ff.

§ 26 VVG Leistungsfreiheit wegen Gefahrerhöhung

Orientierung an der Höhe des entstandenen Schadens ist sicher nicht sachgerecht, da dies eher dem Zufall überlassen bleibt[14]. Der als Pressemitteilung[15] veröffentlichte »Goslarer Orientierungsrahmen« hilft in der Praxis nicht wirklich weiter, da er zu allgemein gehalten ist und nur Einzelfälle behandelt. Für die Gefahrerhöhung ist allein der Fall der abgefahrenen Reifen genannt, der generell mit einer Quote von 25 % Leistungsfreiheit geahndet werden soll. Diese Quote ist sicher angemessen, wenn es sich um einen oder zwei abgefahrene Reifen handelt, wenn allerdings alle Reifen völlig abgefahren sind, ist dies nach diesseitiger Auffassung nicht angemessen.

Der Verlust des Kfz-Schlüssels im Fahrzeug ist nicht per als Gefahrerhöhung zu werten, wenn dieser nicht eine Fernbedienung beinhaltet und auch sonst keinen Hinweis auf das Kfz enthält[16].

Das dauerhafte Aufbewahren des Fahrzeugscheins (Fahrzeugbescheinigung Teil I) im Kfz stellt eine Gefahrerhöhung dar[17]. Eine Kürzung von 50% ist zulässig[18]. Zu den Beratungspflichten der Anwaltschaft in diesem Zusammenhang gehört auch die Aufklärung über den Unterschied zwischen dauerhafter Aufbewahrung und nur einmaliger Aufbewahrung der Fahrzeugbescheinigung Teil I im Kfz[19].

F. Exkulpationsmöglichkeiten

11 Durch die Formulierung in § 26 Abs. 3 VVG erhält der Versicherungsnehmer die Möglichkeit, sich trotz des Vorliegens einer vorsätzlich oder grob fahrlässig verursachten Obliegenheit zu entlasten. Dabei hat er zwei Möglichkeiten:

I. Fehlende Ursächlichkeit

12 Die Gefahrerhöhung darf nicht ursächlich für den Schadenseintritt oder den Umfang der Leistungspflicht sein. Jede Form von Mitursächlichkeit für den Schadeneintritt ist schädlich und vernichtet die Entlastungsmöglichkeit[20]. Eine fehlende Ursächlichkeit der Gefahrerhöhung ist zum Beispiel dann gegeben, wenn zwar durch die abgefahrenen Reifen die Gefahrerhöhung als solche belegt ist, aber der Unfall sich auf trockener Fahrbahn ereignete, sich also die Gefahrerhöhung nicht auswirkte[21]. Auch defekte Bremsen sind dann nicht ursächlich, wenn der Versicherungsnehmer die Vorfahrt verletzte, da es dann nicht auf den Bremsweg dieses Fahrzeuges ankommt.

---

14 Veith »Das quotale Leistungskürzungsrecht des Versicherers gem. §§ 26 Abs. 1 S. 2, 28 Abs. 2 S. 2, 81 Abs. 2 VVG 2008«, VersR 2009, 1580 ff.
15 Vom 03.12.2009 durch den »Deutschen Verkehrsgerichtstag«.
16 OLG Hamm v. 03.07.2013 – 20 U 226/12.
17 OLG Celle, 09.08.2007 – 8 U 62/07; OLG Bremen, 20.09.2010 – 3 U 77/09.
18 LG Dortmund, 11.03.2010 – 2 O 245/09 (Kürzung um 50%).
19 OLG Celle, 19.07.2010 – 3 U 96/10.
20 BGH v. 10.01.1951 – II ZR 21/50, NJW 1951, 231; v. 22.03.1965 – II ZR 44/63, VersR 1965, 452; BGH v. 10.04.1968 – IV ZR 512/64, VersR 1968, 590.
21 BGH v. 23.11.1977 – IV ZR 162/76, VersR 1978, 146 f.; OLG Köln v. 08.07.1968 – 10 U 39/68, VersR 1970, 341 f.

II. Keine Auswirkungen auf die Schadenhöhe

Der Nachweis, dass die Gefahrerhöhung keine Auswirkungen auf die Schadenhöhe hatte, dürfte in der Kraftfahrzeug-Haftpflicht-Versicherung schwer fallen, da bei Vorliegen einer Gefahrerhöhung, die ursächlich für den Schaden war, diese nicht hinweg gedacht werden kann, ohne dass der Erfolg (Schadeneintritt) entfiele. Damit hat die für den Schadeneintritt ursächliche Gefahrerhöhung unmittelbar Auswirkungen auf den Leistungsumfang des Versicherers. Soweit eine Relation zwischen der »versicherten Gefahr« und der »gesteigerten Gefahr« dergestalt hergestellt wird, dass der verursachte Schaden und der bei nicht vorliegender Gefahrerhöhung hypothetisch entstandene Schaden miteinander verglichen werden sollen[22], ist diese Ansicht wenig praktikabel und wurde vom BGH auch nicht weiter verfolgt, diese Möglichkeit dürfte nur in absoluten Ausnahmefällen in Betracht kommen. 13

Der Versicherungsnehmer könnte sich entlasten durch die Einwilligung des Versicherers in die Gefahrerhöhung[23]. Dies dürfte insbesondere im Bereich der Kraftfahrzeug-Versicherung nicht in Betracht kommen. 14

III. Mangelndes Verschulden

Der Versicherungsnehmer kann sich, wenn die Gefahrerhöhung durch eine mitversicherte Person begangen wurde, auf mangelndes Verschulden berufen. Der Versicherer bleibt ihm gegenüber insoweit zur Leistung verpflichtet, als der Versicherungsnehmer die Gefahrerhöhung nicht zu vertreten hat und sich der Erkenntnis auch nicht arglistig verschlossen hat. 15

IV. Nichtausübung des Kündigungsrechts

Der Versicherer darf sich auch dann nicht auf die Leistungsfreiheit wegen Gefahrerhöhung berufen, wenn er von ihr Kenntnis hatte und in Kenntnis der Gefahrerhöhung das Vertragsverhältnis nicht beendete, oder modifizierte. 16

Diese Regelung gilt nur, wenn der Versicherer vor dem Schadenfall Kenntnis von der Gefahrerhöhung hatte. Erlangt der Versicherer erst **durch** den Schadenfall Kenntnis, so muss er nicht kündigen, um für diesen Schadenfall leistungsfrei zu sein[24]. Unterbleibt die Kündigung und es ereignet sich ein weiterer Schaden aufgrund der Gefahrerhöhung, kann sich der Versicherer nicht mehr auf die Leistungsfreiheit berufen, wenn die Kündigungsfrist des § 24 Abs. 3 VVG bereits verstrichen ist. Er hätte dann genügend Gelegenheit gehabt, zu prüfen, ob und unter welchen Voraussetzungen er den Vertrag fortführen möchte. Er hätte auch die Möglichkeit gehabt, die Prämie zu verändern. Unterblieb dies alles und es ereignet sich der zweite Schadenfall, bleibt die Leistungspflicht bestehen.

---

22 Matusche-Beckmann in Bruck/Möller § 23 VVG Rn. 81 mit Hinweisen auf die BGH-Rechtsprechung Anfang der 60er Jahre.
23 Matusche-Beckmann in Bruck/Möller § 23 VVG Rn. 81.
24 OLG Celle v. 10.10.1990 – 8 U 11/90 r+s 1991, 117.

17 Das Kündigungsrecht erlischt, wenn der ursprüngliche Zustand wieder hergestellt wird, die Gefahrerhöhung also beseitigt wird.

18 Der Versicherer hat die Möglichkeit, den Vertrag bei vorsätzlicher oder grob fahrlässiger Verletzung der Obliegenheit fristlos zu kündigen, § 24 Abs. 1 VVG. Der Versicherungsnehmer kann sich damit entlasten, dass er die Obliegenheit weder vorsätzlich noch grob fahrlässig verletzte, beweisbelastet hierfür ist der Versicherungsnehmer. Liegt nur einfache Fahrlässigkeit vor, kann der Versicherer mit einer Frist von einem Monat kündigen, § 24 Abs. 2 VVG. Eine Kündigungspflicht besteht nicht.

19 Hat der Versicherer wegen der Gefahrerhöhung den Vertrag gekündigt, und es ereignet sich danach ein weiterer Schaden wegen dieser Gefahrerhöhung, ist der Versicherer auch für diesen Schaden leistungsfrei.

§ 28 Verletzung einer vertraglichen Obliegenheit

(1) Bei Verletzung einer vertraglichen Obliegenheit, die vom Versicherungsnehmer vor Eintritt des Versicherungsfalles gegenüber dem Versicherer zu erfüllen ist, kann der Versicherer den Vertrag innerhalb eines Monats, nachdem er von der Verletzung Kenntnis erlangt hat, ohne Einhaltung einer Frist kündigen, es sei denn, die Verletzung beruht nicht auf Vorsatz oder auf grober Fahrlässigkeit.

(2) Bestimmt der Vertrag, dass der Versicherer bei Verletzung einer vom Versicherungsnehmer zu erfüllenden vertraglichen Obliegenheit nicht zur Leistung verpflichtet ist, ist er leistungsfrei, wenn der Versicherungsnehmer die Obliegenheit vorsätzlich verletzt hat. Im Fall einer grob fahrlässigen Verletzung der Obliegenheit ist der Versicherer berechtigt, seine Leistung in einem der Schwere des Verschuldens des Versicherungsnehmers entsprechenden Verhältnis zu kürzen; die Beweislast für das Nichtvorliegen einer groben Fahrlässigkeit trägt der Versicherungsnehmer.

(3) Abweichend von Absatz 2 ist der Versicherer zur Leistung verpflichtet, soweit die Verletzung der Obliegenheit weder für den Eintritt oder die Feststellung des Versicherungsfalles noch für die Feststellung oder den Umfang der Leistungspflicht des Versicherers ursächlich ist. Satz 1 gilt nicht, wenn der Versicherungsnehmer die Obliegenheit arglistig verletzt hat.

(4) Die vollständige oder teilweise Leistungsfreiheit des Versicherers nach Absatz 2 hat bei Verletzung einer nach Eintritt des Versicherungsfalles bestehenden Auskunfts- oder Aufklärungsobliegenheit zur Voraussetzung, dass der Versicherer den Versicherungsnehmer durch gesonderte Mitteilung in Textform auf diese Rechtsfolge hingewiesen hat.

(5) Eine Vereinbarung, nach welcher der Versicherer bei Verletzung einer vertraglichen Obliegenheit zum Rücktritt berechtigt ist, ist unwirksam.

Übersicht

		Rdn.
A.	Allgemeines	1
B.	Vertragliche Obliegenheiten	3
C.	An wen richten sich die Obliegenheiten	5
I.	Versicherungsnehmer	6
II.	mitversicherte Personen	7
III.	Repräsentanten	8
D.	Vorsätzliche Obliegenheitsverletzung	9
E.	Arglistige Obliegenheitsverletzung	11
F.	grob fahrlässige Obliegenheitsverletzung/Quotierung	12
G.	Kündigung	15
H.	Entlastungsmöglichkeit/Kausalitätsgegenbeweis	19
I.	Sonderregelung Auskunfts- und Aufklärungsobliegenheiten	20
J.	Beweislastverteilung	21
K.	Kein Rücktritt vom Vertrag wegen Obliegenheitsverletzungen	22
L.	Mehrere Obliegenheitsverletzungen	23

A. Allgemeines

§ 28 VVG ersetzt erheblich modifiziert den § 6 VVG a. F. Er gilt für alle vertraglichen Obliegenheiten. Neu ist auch, dass entsprechend des Grades des Verschuldens die Leistungsfreiheit quotiert wird. Die Abkehr vom Alles-oder-Nichts-Prinzip ist in den vergangenen Jahren in der Literatur weidlich diskutiert worden. Praktikable Vorschläge, wie mit dieser Neuregelung in der Praxis umgegangen werden soll, sind derzeit nicht bekannt. Der 47. VGT hat in seinem AK II[1] versucht, eine praktikable Lösung zu finden, ob allerdings die Vorschläge übernommen werden, bleibt abzuwarten[2]. Es wird in den Rechtsfolgen nicht mehr zwischen den Obliegenheiten vor oder im Schadenfall differenziert, § 28 VVG ist auf alle vertraglichen Obliegenheiten anzuwenden. Eine Differenzierung erfolgt nur noch in Abs. 1 (Kündigungsmöglichkeit) und Abs. 4 (Hinweispflicht für Aufklärungsobliegenheiten)[3]. Versicherer der Sachversicherung müssen daher in ihren Bedingungen klarstellen, ob es sich bei den erwarteten Verhaltensregeln um Obliegenheiten handelt, oder ob bestimmte Sachverhalte als Risikoausschlüsse überhaupt nicht versichert sein sollen[4]. 1

Diverse Versicherer haben auf eine Anpassung der Bedingungen verzichtet und lediglich in den Rechtsfolgen § 28 VVG angewendet. Dieses Verhalten führt dazu, dass Obliegenheitsverletzungen weder nach den AKB a. F. noch nach den AKB 2008/2015 2

---

1 Vgl. die Empfehlungen des 47 VGT zu AK II; vgl. auch Goslarer Orientierungsrahmen zfs 2010, 12 ff.
2 Vgl. auch die Pressemitteilung des VGT vom 03.12.2009, die zu allgemein ein paar wenige Vorschläge unterbreitet.
3 Tschersich, »Rechtsfragen der vorvertraglichen Obliegenheiten – Schwerpunkt: Die Hinweispflichten des Versicherers«, r+s 2012, 53, 60; Schirmer »Neues VVG und Kraftfahrzeughaftpflicht – und Kaskoversicherung – Teil II«, DAR 2008, 319 ff.
4 OLG Karlsruhe v. 16.08.2011 – 12 U 84/11, VersR 2012, 854 f.

sanktioniert werden können. Da § 28 VVG und die Folgen nicht wirksam in den Vertrag eingebunden wurden, können die Obliegenheiten nur nach den AKB a. F. sanktioniert werden. Diese verstoßen aber für Schadenfälle ab dem 01.01.2009 gegen das VVG n. F., eine bloße Veränderung der Rechtsfolgen genügt hier nicht, um die Obliegenheitsverletzung sanktionieren zu können[5].

B. Vertragliche Obliegenheiten

3   Als Obliegenheiten werden alle vertraglich vereinbarten Nebenpflichten bezeichnet. Diese sind in den AKB geregelt. Die AKB der einzelnen Anbieter differieren, so dass hier nur auf die AKB des GdV Bezug genommen wird. Die vertraglichen Obliegenheiten in der Assekuranz sind vielfältig[6], daher soll im vorliegenden Werk nur insoweit auf die Obliegenheiten eingegangen werden, als diese in der Kraftfahrtversicherung von Bedeutung sind. Die vertraglichen Obliegenheiten in der Kraftfahrzeug-Haftpflicht-Versicherung werden begrenzt durch die KfzPflVV. Sie ergeben sich aus den §§ 5, 6 KfzPflVV, die in D.1 und D.2 sowie in E.2. AKB aufgenommen wurden. In den anderen Sparten werden weitere Pflichten des Versicherungsnehmer bzw. der versicherten Personen gesondert genannt. Für die Kasko-Versicherung gelten D.1 sowie E.1 und E.3; in der Schutzbriefversicherung gelten D.1 sowie E.1 und E.4; in der Kfz-Unfallversicherung D.1 sowie E.1 und E.5 AKB. Soweit sich aus den einzelnen Obliegenheiten Unterschiede in den Verfahrensweisen ergeben, sei auf die jeweiligen Vorschriften der AKB verwiesen, dort werden die Obliegenheiten ausführlich dargestellt. Die grundsätzliche Auffassung, dass Obliegenheiten klar zu benennen sind und dementsprechend unverständlich[7] formulierte oder unklare Obliegenheiten keine Auswirkungen haben[8], trifft auf die Kraftfahrzeug-Versicherung nur ausnahmsweise zu, da dort die Obliegenheiten über Jahrzehnte beibehalten wurden.

4   Ob und inwieweit die Regelungen des § 28 auch auf die Ausschlüsse in den einzelnen Sparten anzuwenden sind, ist fraglich. Grundsätzlich können – außer in der Kraftfahrzeug-Haftpflicht-Versicherung – Haftungsausschlüsse frei vereinbart werden. Diese Pflichten müssen aber klar verständlich und transparent sein, sonst sind sie wirkungslos[9]. Auch allgemeine Gebote genügen den Anforderungen nicht[10]. Ein Anspruch des Versicherungsnehmers besteht dann insoweit nicht.

---

5   BGH v. 12.10.2011 – IV ZR 199/19, r+s 2012, 9 f; BGH v. 11.10.2011 – VI ZR 46/10; MüKo Wandt, § 28 Rn. 22.
6   Nur für die Kraftfahrzeug-Haftpflicht-Versicherung auf die Obliegenheiten in §§ 5 und 6 KfzPflVV beschränkt!.
7   EUGH v. 23.04.2015 – C 96/14.
8   OLG Celle, Beschl. v. 29.09.2011 – 8 U 144/11, SVR 2012, 265.
9   OLG Frankfurt v. 01.03.2012 – 3 U 119/11, Jurion; 3 U 136/11 und Jurion 3 U 127/11, für die Rechtsschutzversicherung.
10 MüKo-Wandt, § 28 Rn. 31.

Es ist zwischen Risikobegrenzungen[11] und sog. verhüllten Obliegenheiten[12] zu differenzieren. Für die Differenzierung soll es nur noch auf den materiellen Regelungsgehalt ankommen[13]. Für Risikobegrenzungen sprechen individualisierende Beschreibungen eines bestimmten Wagnisses, für das kein Versicherungsschutz gewährt werden soll. Sobald aber bestimmte Verhaltensweisen des Versicherungsnehmers oder mitversicherter Personen erwartet werden, ist von verhüllten Obliegenheiten auszugehen[14]. Soweit allerdings ein Ausschluss einer Pflicht nach Eintritt des Schadenfalls dann in den vertraglichen Obliegenheiten unter E. AKB aufgenommen wird, ist nach diesseitiger Auffassung eine vollständige Leistungsverweigerung nicht mehr zulässig. Insbesondere muss sich dann dieser vermeintliche Ausschluss an E.6 bzw. § 28 Abs. 3 und 4 VVG messen lassen[15].

C. An wen richten sich die Obliegenheiten

Die Obliegenheiten richten sich in erster Linie an den Führer des Kraftfahrzeuges, dies 5 können verschiedene Personen sein, sowie an den Versicherungsnehmer.

I. Versicherungsnehmer

Die vertraglichen Obliegenheiten richten sich zunächst grundsätzlich an den Vertrags- 6 partner, d. h. den Versicherungsnehmer. Dieser ist gehalten, neben der vertraglichen Hauptpflicht der Beitragszahlung, auch die vertraglichen Nebenpflichten, die sog. Verhaltensvorschriften, zu beachten, will er seinen Versicherungsschutz nicht gefährden.

II. mitversicherte Personen

Da Kfz üblicherweise nicht nur von einer Person genutzt werden, sind in der KfzPflVV 7 und in den AKB weitere Personen in und um das Kfz genannt, die beim Gebrauch des Kfz[16] einen Schaden verursachen (Kraftfahrzeug-Haftpflicht-Versicherung) oder während des Gebrauchs einen Schaden erleiden (Kasko-, Schutzbrief-; Kfz-Unfall-Versicherung) können. Aus diesem Grund sind in den jeweiligen Sparten weitere – durchaus voneinander verschiedene – Personen ausdrücklich mitversichert. Diese sind für die Kraftfahrzeug-Haftpflicht-Versicherung in A.1.2 AKB (evtl. mehr Personen als in § 2 Abs. 2 KfzPflVV); in der Fahrzeugversicherung gem. A.2.4 AKB; in der Schutzbriefversicherung A.3.2 AKB und in der Kfz-Unfallversicherung gem. A.4.2 AKB auf-

---

11 LG Dortmund v. 15.01.2015 – 2 O 254/14 (zu Hausrat).
12 Felsch, »Verhüllte Obliegenheiten – ein Nachruf«, r+s 2015, 53, Koch, »Abschied von der Rechtsfigur der verhüllten Obliegenheit«, VersR 2014, 283 ff, für den die Unterscheidungen in der Rechtsprechung tw. willkürlich anmuten.
13 Felsch, »Verhüllte Obliegenheiten – ein Nachruf«, r+s 2015, 55 f.
14 BGH v. 14.05.2014 – IV ZR 288/12; v. 18.05.2011 – IV ZR 165/09 (zu § 132 VVG a. F.); LG Dortmund v. 15.01.2015 – 2 O 254/14 (zu Hausrat).
15 Vgl. insoweit unten Rdn. 19 sowie zu E.6 AKB.
16 Vgl. hierzu die Kommentierung zu § 2 KfzPflVV sowie unter A.1.1 AKB.

Kreuter-Lange

genommen. Handlungen von mitversicherten Personen wirken nicht zu Lasten des Versicherungsnehmers.

III. Repräsentanten

8 Soweit nicht der Versicherungsnehmer, sondern eine mitversicherte Person eine Obliegenheit verletzt, hat dies nur in drei Fällen Auswirkungen auf den Versicherungsnehmer und damit auch auf den Versicherungsvertrag: Der Versicherungsnehmer hatte Kenntnis von der Obliegenheitsverletzung oder hat diese ermöglicht, oder es handelt sich um einen Repräsentanten[17] des Versicherungsnehmers. »Im Versicherungsrecht ist derjenige Repräsentant des Versicherungsnehmers, der in dem Geschäftsbereich, zu dem das versicherte Risiko gehört, aufgrund eines Vertretungs- oder ähnlichen Verhältnisses an die Stelle des Versicherungsnehmer getreten ist.«[18] Die reine Sachherrschaft über die versicherte Sache reicht dazu nicht aus. Zusätzlich ist erforderlich, dass derjenige selbständig in einem nicht ganz unbedeutenden Umfang befugt ist, für den Versicherungsnehmer zu handeln[19]. Es ist nicht erforderlich, dass derjenige, der als Vertreter für den Versicherungsnehmer auftritt, eine entsprechende Vertretungsmacht eigenverantwortlich ausübt. Dies kann aber unabhängig von der Übergabe einer Sache für die Repräsentanteneigenschaft sprechen.

Nicht jeder, der Fahrer des versicherten Kfz ist, wird automatisch zum Repräsentanten[20].

D. Vorsätzliche Obliegenheitsverletzung

9 Hat der Versicherungsnehmer die Obliegenheitsverletzung vorsätzlich[21] begangen, ist der Versicherer von der Verpflichtung zur Leistung frei[22]. Dabei ist zu differenzieren: in der Kraftfahrzeug-Haftpflicht-Versicherung kann die Leistungsfreiheit nur in den Grenzen der KfzPflVV bestehen. In den sonstigen Sparten hingegen besteht dann ein vollständiges Leistungsverweigerungsrecht. § 28 Abs. 2 VVG differenziert nicht mehr, wie § 6 VVG a. F., zwischen den Obliegenheiten vor und im Schadenfall, so dass bei vorsätzlicher Obliegenheitsverletzung auch im Schadenfall der Versicherer von der Verpflichtung zur Leistung frei ist. Um diese harte Folge zu mildern, ist der Versicherer im Schadenfall – wie auch schon nach altem Recht – nur dann von der Leistungspflicht befreit, wenn er den Versicherungsnehmer auf diese Folge ausdrücklich

---

17 Vgl. auch Präve »Das neue VVG und das AGB-Recht«, VersW 2009, 98 ff.
18 BGH v. 21.04.1994 – IV ZR 34/92, VersR 1993, 828; vgl. auch Hering »Die Repräsentantenhaftung in der Kasko-Versicherung« SVR 2012, 201.
19 BGH v. 21.04.1994 – IV ZR 34/92, 1993, 828.
20 BGH v. 20.05.2009 – XII ZR 94/07, zfs 2009, 637 ff.
21 Es gelten die allgemeinen Regeln zur Bewertung des Vorsatzes, vgl. insoweit auch unter A.1.5.1 AKB; Pohlmann in Looschelders/Pohlmann § 28 Rn. 49.
22 Schwintowski »Die Rechtsfolgen der Verletzung vertraglicher Obliegenheiten in der allgemeinen Haftpflichtversicherung nach dem neuen VVG«, VersR 2009, 1304 ff., der Grundgehalt ist auch auf die Kraftfahrtversicherung zu übertragen.

und augenfällig hingewiesen hat[23]. Die Belehrung hat in Textform zu erfolgen. Diesem Erfordernis ist bspw. dann genüge getan, wenn sich der Hinweis auf die Leistungsfreiheit optisch hervorgehoben durch Fettdruck auf der letzten Seite der Schadenanzeige oberhalb der Unterschrift befindet[24]. Auch eine schriftliche Belehrung des Versicherungsnehmers auf einem individuellen Schreiben des Versicherers, in dem weitere Fragen gestellt werden, genügt den Anforderungen an § 28 Abs. 4[25]. Ein Hinweis auf die Belehrung vor der Unterschrift auf Seite 3 des Fragebogens, die sich dann auf S. 5, d. h. zwei Seiten nach der Unterschriftszeile befindet, genügt diesen Anforderungen nicht[26].

Fehlt die Belehrung, kann sich der Versicherer üblicherweise nicht auf Leistungsfreiheit berufen. Etwas anderes kann aber gelten, wenn der Versicherungsnehmer arglistig gehandelt hat[27] und ihm schon bei Begehung der Obliegenheitsverletzung ohne Belehrung klar ist, dass die Aufdeckung der Obliegenheitsverletzung versicherungsrechtliche Folgen haben könnte[28]. Weist der Versicherer darauf hin, er sei bei weiterer (in der Zukunft liegender) Verletzung seiner Aufklärungspflicht von der Verpflichtung zur Leistung frei, kann er sich für die aktuelle Obliegenheitsverletzung nicht auf Leistungsfreiheit berufen[29]. 10

Der Versicherer ist beweisbelastet hinsichtlich der Kenntnis des Versicherungsnehmers von den aufzuklärenden Umständen[30].

E. Arglistige Obliegenheitsverletzung

Arglistig[31] handelt der Versicherungsnehmer dann, wenn er zusätzlich zur vorsätzlichen Begehungsweise in betrügerischer Absicht die Obliegenheit verletzt, diese Unterscheidung ist nur wegen der Rechtsfolgen erforderlich. In jedem Fall ist arglistiges Verhalten gegeben, wenn über Tatsachen getäuscht wird, die für Grund und Höhe der zu leistenden Entschädigung von Bedeutung sind[32]. Für den Fall der Arglist des Versicherungsnehmers kann eine Belehrung entbehrlich sein[33]. Allein die fehlende Korrektur von feh- 11

---

23 BGH v. 28.02.2007 – IV ZR 152/05, zfs 2007, 337 = NZV 2007, 459 f., ggf. muss er diese Belehrung sogar wiederholen; OLG Karlsruhe v. 03.08.2010 – 12 U 86/10.
24 OLG Karlsruhe v. 03.08.2010 – 12 U 86/10.
25 BGH v. 09.01.2012 – IV ZR 197/11 Jurion.
26 OLG Hamburg v. 06.08.2013 – 9 U 31/13, zfs 2014, 450.
27 BGH vom 12.03.2014 –IV ZR 306/13 (zu § 19 Abs. 5 VVG).
28 OLG Köln v. 03.05.2013, 20 U 224/12.
29 OLG Saarbrücken v. 31.05.2006 – 5 U 165/05, zfs 2007, 222 ff.
30 BGH IV ZR 252/04, zfs 2007, 215 f.
31 OLG Hamburg v. 06.08.2013 – 9 U 31/13, zfs 2014, 450 f; OGH v. 02.10.2013 – 7 Ob 150/13d, VersR 2014, 1230; Pohlmann in Looschelders/Pohlmann § 28 Rn. 50; Schirmer, »Arglistiges Verhalten des VN im neuen VVG«, r + s 2014, 533, 534 f.
32 OLG Hamm v. 27.07.2011 – I-20 U 146/10, Jurion RS 2011, 23153; OLG Saarbrücken v. 06.10.2010 – 5 U 88/10–16, r+s 2011, 325 ff (Verschweigen von Vorschäden),.
33 BGH vom 12.03.2014 –IV ZR 306/13 (zu § 19 Abs. 5 VVG).

lerhaften Gesundheitsangaben beim Policenmodell soll nach Auffassung des BGH nicht arglistig sein[34].

F. grob fahrlässige Obliegenheitsverletzung/Quotierung

12 Im Falle der grob fahrlässigen Obliegenheitsverletzung ist nur noch eine Kürzung der Ansprüche des Versicherungsnehmers zulässig[35]. Dabei wurde die Regressbeschränkung, die durch die KfzPflVV in der Kraftfahrzeug-Haftpflicht-Versicherung schon gilt, nicht berücksichtigt. Durch teleologische Reduktion der Vorschrift für die Kraftfahrzeug-Haftpflicht-Versicherung kommt die Literatur übereinstimmend zu dem Ergebnis, dass der Versicherer nicht unbeschränkt nach Quote regressieren kann, sondern im Regress nach wie vor die Obergrenze der KfzPflVV gilt[36]. Im Hinblick auf die geforderte Bewertung der groben Fahrlässigkeit kann es im Einzelfall dazu führen, dass der Versicherungsnehmer jetzt nur einen Teil des Schadens ersetzt verlangen kann, während nach altem Recht die Abwägung häufig bei der Frage »grobe Fahrlässigkeit ja oder nein?« das Verhalten in Relation zu dem den Versicherungsnehmer treffenden Schaden gesetzt wurde und dann im Hinblick auf die Folgen häufig auch die grobe Fahrlässigkeit verneint wurde.

13 Die amtliche Begründung[37] dieser Vorschrift sieht nur eine Bewertung dahingehend vor, dass die grobe Fahrlässigkeit nahe dem bedingten Vorsatz oder eher im Grenzbereich zur einfachen Fahrlässigkeit entscheidend ist. Dies führt aber nur dazu, dass im Normalfall der groben Fahrlässigkeit von einer Quotierung von 50 % nach »mittlerer Art und Güte«[38] auszugehen sein wird[39]. Weicht aber das Verhalten hinsichtlich seiner Vorwerfbarkeit, die sich ggf. auch an dem entstandenen Schaden orientieren muss, nach oben oder nach unten ab, ist die Quote der Leistungsfreiheit entsprechend zu erhöhen oder zu senken[40]. So soll das Augenblicksversagen eher in die Nähe der leichten Fahrlässigkeit rücken, während eine bewusst grobe Fahrlässigkeit, bei der der Ver-

---

34 BGH v. 24.11.2010 – IV ZR 252/08, Jurion.
35 Heß, »Die Quotenbildung nach VVG – erste Erfahrungen seit 2008«, r+s 2013, 1 ff.; Nugel »Die Leistungsfreiheit des Kraftfahrtversicherers nach dem neuen VVG wegen einer Obliegenheit nach Eintritt des Versicherungsfalls – erste Erfahrungen und Musterfälle«, zfs 2009, 307 ff., unternimmt den Versuch, einige Beispiele zu bringen, die in der Praxis von Bedeutung sein könnten.
36 So auch Nugel »Alles, nichts oder 5.000 €? Der Regress des Kraftfahrzeug-Haftpflicht-Versicherers gegenüber dem Versicherungsnehmer auf Grund einer Obliegenheitsverletzung nach der VVG-Reform«, NZV 2008, 11, 15.
37 BT-Drucks. 16/3945 S. 69.
38 Vgl. auch Heß/Burmann »Die Quote bei grob fahrlässiger Obliegenheitsverletzung – vom Alles oder Nichts zum Mehr oder Weniger«, NZV 2009, 7, 8.
39 Stiefel/Maier, § 28 Rn. 6–8 zu den Quotenmodellen; A. A. Kassing »Neues VVG: Die Quotenbildung bei grober Fahrlässigkeit« in VersP 2009, 102 ff.
40 Schirmer »Neues VVG und die Kraftfahrzeughaftpflicht- und Kaskoversicherung – Teil 1«, DAR 2008, 181 ff.; Schimikowski »Die Rechtsfolgen der Verletzung vertraglicher Obliegenheiten in der allgemeinen Haftpflichtversicherung nach dem neuen VVG«, VersR 2009, 1304 ff., zu den Quotenansätzen.

sicherungsnehmer den Schadenseintritt billigend in Kauf nimmt, in die Nähe der vorsätzlichen Obliegenheitsverletzung rückt[41]. Ob allerdings der Grad der Verschuldensfähigkeit[42] als Maßstab für die grobe Fahrlässigkeit herangezogen werden sollte, ist mehr als fraglich. Dieser Einwand wird im Zweifel nur dann überhaupt gebracht werden können, wenn es sich um Fahrten unter Alkohol- oder Drogeneinfluss handelt. Die Rechtsprechung ist in diesen Fällen aber nicht geneigt, Nachsicht walten zu lassen[43]. Der 47 VGT[44] empfiehlt allein die Bewertung des Verschuldens ohne Rücksicht auf Billigkeits- oder gar Strafrechtserwägungen, so dass auch die Frage der Verschuldensfähigkeit eher unberücksichtigt bleiben muss[45]. Eine Orientierung an dem verursachten Schaden ist zur Bemessung der Quote nicht zulässig[46], auch wenn diese in der KfzPflVV für den Fall der Obliegenheitsverletzung im Schadenfall durchaus eine Rolle spielen kann. Eine Quotenbildung in den Schritten 0, 25, 50, 75 und 100 scheint ausreichend, um dem Fehlverhalten des Versicherungsnehmers oder mitversicherten Fahrers Rechnung zu tragen[47]. Allerdings wird insbesondere bei durch Alkoholfahrten verursachten Schadenfällen häufig auch die Leistungskürzung auf 0 bestätigt[48], diese Klauseln sind auch hinreichend transparent und für den Laien nachvollziehbar[49], gerade dann wenn das Verhalten in die Vorsatznähe gerät[50].

Für die Kraftfahrzeug-Haftpflicht-Versicherung wird zusätzlich die Leistungsfreiheit 14 begrenzt durch §§ 5, 6 KfzPflVV. Inzwischen ist die Diskussion in der Literatur entschieden: zunächst wird die Leistungsfreiheit gemäß Quote vom Schaden errechnet, liegt der Regressbetrag unter der Grenze der §§ 5, 6 KfzPflVV, wird dieser Betrag regressiert. Liegt der Regressbetrag über dieser Quote, wird der Regress durch die Obergrenzen von §§ 5 und 6 KfzPflVV begrenzt. Damit ist dem Schutz des sich immerhin grob fahrlässig über die geltenden Regeln hinwegsetzenden Versicherungsnehmers hinreichend Rechnung getragen[51].

---

41 Vgl. auch Heß/Burmann »Die Quote bei grob fahrlässiger Obliegenheitsverletzung – vom Alles oder Nichts zum Mehr oder Weniger«, NZV 2009, 7, 9.
42 So Heß/Burmann »Die Quote bei grob fahrlässiger Obliegenheitsverletzung – vom Alles oder Nichts zum Mehr oder Weniger«, NZV 2009, 7, 9.
43 Vgl. insbesondere D.3.1.8.d m. w. N.
44 Born 47. »Deutscher Verkehrsgerichtstag in Goslar vom 28. – 30. 01.2009«, NZV 2009, 125 ff.
45 Diese Haltung wird auch in der Presseerklärung vom 04.12.2009 des VGT beibehalten.
46 Veith »Das quotale Leistungskürzungsrecht des Versicherers gem. §§ 26 Abs. 1 S. 2, 28 Abs. 2 S. 2, 81 Abs. 2 VVG 2008«, VersR 2009, 1580 ff.
47 LG Münster 15 O 141/09, VersR 2009, 1615 f. zur groben Fahrlässigkeit in der Kasko-Versicherung; Stahl »Quotenbildung nach dem VVG in der Kraftfahrtversicherung« NZV 2009, 265 ff.
48 BGH v. 11.01.2012, Az.: IV ZR 251/10.
49 BGH v. 11.01.2012 – IV ZR 251/10, VersR. 2012, 341; v. 22.06.2011 – IV ZR 255/10, VersR 2011, 1037.
50 OLG Stuttgart v. 18.08.2010 – 7 U 102/10, DAR 2011, 204.
51 Nugel »Die Quotenbildung bei einer Leistungskürzung nach dem »neuen« VVG – eine Übersicht zu den aktuellen Streitständen« MDR 2008, 1320, 1326 f.

G. Kündigung

15 Grundsätzlich ist der Versicherer berechtigt, den Vertrag im Falle einer Obliegenheitsverletzung vor dem Schadenfall durch den Versicherungsnehmer, sei sie fahrlässig, grob fahrlässig oder vorsätzlich erfolgt, zu kündigen, § 28 Abs. 1 VVG. Die Kündigung muss innerhalb eines Monats ab Kenntnis von der Obliegenheitsverletzung ausgesprochen werden. Dabei reicht es zur Benennung des Zeitraums, in dem die Kündigung zulässig ist und erfolgen muss, nicht aus, dass der Versicherer von einer möglicherweise vorliegenden Obliegenheitsverletzung Kenntnis hat, er muss positive Kenntnis haben[52].

16 Die Kündigung muss schriftlich erfolgen und Hinweise für den Versicherungsnehmer auf das Vertragsende enthalten. Außerdem muss die Kündigung vom tatsächlich Berechtigten unterzeichnet sein. So reicht der mit der Vollmacht »im Auftrag« unterzeichnende Sachbearbeiter nicht aus, wenn nicht ein weiterer Bevollmächtigungsnachweis von Seiten des Versicherers erbracht wird, nachdem der Versicherungsnehmer die Berechtigung des Sachbearbeiters zur Kündigung von Verträgen bestreitet[53]. Selbst eine Führungsfunktion innerhalb des Unternehmens ohne entsprechende Bevollmächtigung reicht nicht aus[54]. Die Kündigung muss dabei nicht eigenhändig unterzeichnet sein, es reicht für die Wirksamkeit die Unterschrift der Bevollmächtigten in faksimilierter Form[55]. Die Unterschrift muss auch nicht für den Aussteller lesbar sein, es reicht die Identifizierbarkeit[56].

17 Der Versicherer kann nur im Falle der vorsätzlichen oder grob fahrlässigen Verletzung einer vorvertraglichen Obliegenheit den Vertrag fristlos kündigen, § 28 Abs. 1 VVG. Nach dem Wortlaut des § 28 Abs. 1 VVG ist die Kündigung binnen Monatsfrist erforderlich. Wird diese Frist versäumt, kann sich der Versicherer nicht mehr auf die Obliegenheitsverletzung als Kündigungsgrund berufen.

18 Die Kündigung des Vertrages ist nicht mehr erforderlich, um leistungsfrei zu sein[57].

H. Entlastungsmöglichkeit / Kausalitätsgegenbeweis

19 Auch bei vorsätzlicher Obliegenheitsverletzung hat der Versicherungsnehmer/Fahrer die Möglichkeit, sich dadurch zu entlasten, dass er nachweist, dass die Obliegenheitsverletzung keinen Einfluss auf den Schadenseintritt oder die Schadenhöhe hatte[58]. Al-

---

52 So schon BGH v. 20.09.1989 – IVa ZR 107/88, VersR 1989, 1249 f. zur Kenntnis eines Rücktrittsgrundes; Pohlmann in Looschelders/Pohlmann § 28 Rn. 102 m. w. N.
53 AG Zweibrücken C 54/99, zfs 2000, 298.
54 OLG Saarbrücken v. 30.04.2003 – 5 U 616/02 BeckRS 2009, 19 622.
55 LG Halle v. 16.02.2008 – 2 S 178/08, NZV 2009, 297 f.
56 LG Halle v. 16.02.2008 – 2 S 178/08, NZV 2009, 297 f.
57 Pohlmann in Looschelders/Pohlmann aaO. § 28 Rn. 99; beachte aber die Ausnahme im Rahmen der Gefahrerhöhung, § 24 VVG.
58 OGH v. 02.10.2013 – 7 Ob 150/13d, VersR 2014, 1230; OLG Naumburg v. 14.01.2011 – 10 U 21/10 Jurion.

lerdings kann ihm z. B. bei Verletzung der Aufklärungspflicht (Unfallflucht) die Möglichkeit des Kausalitätsgegenbeweises abgeschnitten sein[59].

I. Sonderregelung Auskunfts- und Aufklärungsobliegenheiten

Hat der Versicherungsnehmer eine ihm im Schadenfall obliegende Pflicht verletzt, berechtigt dieser Verstoß nicht zur Kündigung des Vertrages, § 28 Abs. 1 bezieht sich ausdrücklich auf die Verletzung von Pflichten vor dem Schadenseintritt. Diese Regelung bezieht sich insbesondere auf die Personenversicherungen, da dort häufig der Streit darüber entsteht, welche Informationen hätten erbracht werden müssen und welche nicht, ob das Verschweigen arglistig erfolgte, oder aus Scham[60]. Auch Klauseln von Autovermietern können hinsichtlich der dort vereinbarten Pflichten im Schadenfall durch § 28 VVG ergänzt werden, wenn die Klausel in den AGB unwirksam ist[61]. 20

J. Beweislastverteilung

Nach der Formulierung ist bei Vorliegen der objektiven Kriterien der Obliegenheitsverletzung von einer grob fahrlässigen Begehung als Regelfall auszugehen. Es gelten die allgemeinen Beweislastregeln[62]. Der Versicherungsnehmer muss sich nach dem Gesetzestext von dem Vorwurf der grob fahrlässigen Begehung entlasten, daher soll ihn auch die Beweislast für den Verschuldensgrad innerhalb der groben Fahrlässigkeit über den Umkehrschluss der Nachweispflicht für entlastende Umstände treffen[63]. Es kann aber auch die Auffassung vertreten werden, der Versicherer ist für das Vorliegen des Tatbestandes beweisbelastet und auch für den Grad des Verschuldens, wie auch die Möglichkeit besteht, bei Vorliegen der groben Fahrlässigkeit von geteilter Beweislast auszugehen. Der Versicherungsnehmer hat die entlastenden Umstände zu beweisen, der Versicherer die belastenden, wobei im Regelfall von einer Quote von 50 % auszugehen ist[64]. Da die Obliegenheitsverletzungen nach der VVG-Reform noch nicht im erwarteten Ausmaß Gegenstand gerichtlicher Bewertung waren, kann eine Tendenz der Rechtsprechung nicht dargestellt werden. Einhellig wird aber von der Beweislast des Versicherungsnehmer für leichte oder einfache Fahrlässigkeit ausgegangen und von der Be- 21

---

59 OLG Naumburg v. 21.06.2012 – 4 U 85/11 – (volle Leistungsfreiheit) Jurion = zfs 2012, 696 = SVR 2013, 100 ff.
60 OLG Saarbrücken v. 09.09.2009 – 5 U 510/08, zfs 2009, 631 f.; OLG Saarbrücken v. 09.09.2009 – 5 U 26/09, zfs 2009, 634 f.
61 BGH vom 14.03.2012 – XII ZR 44/10, NJW 2012, 2501 ff = MDR 2012, 626 ff; v. 12.10.2011 – IV ZR 199/10, VersR 2011, 1550 ff.; v. 11.10.2011 – VI ZR 46/10, NJW 2012, 222 ff.
62 Zu den Beweisregeln vgl. auch Staab in Meschkat/Nauert Betrug in der Kraftfahrzeugversicherung Rn. 285, 286.
63 Pohlmann »Beweislast für das Verschulden des Versicherungsnehmers bei Obliegenheitsverletzungen« VersR 2008, 437.
64 Pohlmann »Beweislast für das Verschulden des Versicherungsnehmers bei Obliegenheitsverletzungen« VersR 2008, 437, 438 m. w. H. und Darstellung des Streitstandes.

weislast des Versicherers für die vorsätzliche Obliegenheitsverletzung[65]. Auch für den Vorwurf der Arglist[66] ist der Versicherer beweisbelastet. Ggf. muss das Gericht auf die Beweislastverteilung hinweisen[67].

Für den Zeitpunkt des Versicherungsfalls ist der Versicherer beweisbelastet, von Bedeutung ist dies insbesondere, wenn es um die Frage geht, welches Recht (VVG a. F. oder VVG n. F.) anzuwenden ist[68].

K. Kein Rücktritt vom Vertrag wegen Obliegenheitsverletzungen

22 § 28 Abs. 5 VVG soll sicherstellen, dass nicht durch einen Rücktritt des Versicherers vom Vertrag wegen der Verletzung einer vertraglichen Obliegenheit vor oder im Schadenfall der Vertrag rückabgewickelt werden muss. Diese Rückabwicklung hätte u. U. fatale Folgen: Der Versicherer müsste zwar dann Erhaltenes (die erbrachten Prämien) zurückgeben, aber der Versicherungsnehmer müsste ebenfalls wegen der Leistungsfreiheit des Versicherer ex tunc alle von dort empfangenen Leistungen zurückgewähren[69]. Diese Regelung war schon in § 6 Abs. 4 VVG a. F. enthalten und wurde übernommen. Davon klar zu trennen sind die Fälle der Verletzung einer vorvertraglichen Anzeigepflicht nach § 19 VVG[70]. Diese Obliegenheitsverletzung liegt vor dem Vertragsschluss und ist nicht von der Regelung nach § 28 Abs. 5 VVG erfasst. Der Rücktritt insbesondere in den Personenversicherungen wegen Verletzung der Auskunftspflicht z. B. in Bezug auf Vorerkrankungen oder Verletzung von Aufklärungsobliegenheiten[71] (Antworten auf Fragen des Versicherers) beziehen sich sämtlich nur auf § 19 VVG, der in der Kraftfahrtversicherung nur eine untergeordnete Rolle spielt, da das Risiko »Kraftfahrzeug« feststeht und in den Zusatzversicherungen der Versicherungsnehmer bzw. die mitversicherten Personen insbesondere in der Kfz-Unfall-Versicherung ein namentlich nicht genannter Kreis von Personen sind, deren persönliche Umstände nur durch die Formulierung entsprechender Ausschlussklauseln angemessen berücksichtigt werden können[72].

L. Mehrere Obliegenheitsverletzungen

23 Treffen mehrere Obliegenheitsverletzungen zusammen, ist zu differenzieren. Verletzt der Versicherungsnehmer/Fahrer mehrere Obliegenheitsverletzungen vor dem Scha-

---

65 Wegen der Details bezogen auf die einzelnen Obliegenheiten der AKB vgl. dort.
66 Pohlmann in Looschelders//Pohlmann § 28 VVG Rn. 50 f.
67 OLG Brandenburg v. 14.10.2009 – 3 U 32/09, Jurion.
68 OLG Oldenburg v. 29.03.2012 – 5 U 11/11, MDR 2012, 969 f.
69 Bruck/Möller/Heiss § 28 Rn. 228.
70 Zu dieser Problematik vgl. ausführlich Neuhaus »Die vorvertragliche Anzeigepflichtverletzung im neuen VVG« in r+s 2009, 45 ff.; Looschelders in Looschelders/Pohlmann zu § 19 VVG; Nugel »Die Anzeigepflicht des Versicherungsnehmers im Hinblick auf gefahrerhebliche Umstände nach der VVG-Reform« in MDR 2009, 186 ff.
71 Statt aller BGH v. 05.03.2008 – IV ZR 119/06, zfs 2008, 332 f.
72 So findet die Kraftfahrtversicherung auch in der Kommentierung von Rolfs zu § 19 VVG in Bruck/Möller keinen Eingang.

denfall, fährt also beispielsweise ohne Führerschein und unter Alkoholeinfluss, sollte in Fortführung der bisherigen Regelung nur eine Quote gebildet werden. Für die Kraftfahrzeug-Haftpflicht-Versicherung bedeutet dies, die Vorwerfbarkeit des Verhaltens wird geprüft. Entsprechend der Vorwerfbarkeit wird dann die Quote der Leistungsfreiheit ermittelt, die dann aber höhenmäßig durch § 5 Abs. III KfzPflVV begrenzt wird.

Das Vorgehen bei der Quotierung ist streitig[73], so wird die Auffassung vertreten, es führe die schwerste Obliegenheitsverletzung und es werde nur einmal gekürzt, aber auch die Addition der einzelnen Obliegenheiten entsprechend ihrer Schwere, die aber keinesfalls zu einer Leistungsfreiheit von 100 % führen dürfe, wird vertreten[74]. Dabei wird die Differenzierung zwischen Obliegenheiten vor dem Schadenfall und im Schadenfall nicht vorgenommen. In der Kraftfahrzeug-Haftpflicht-Versicherung ist diese Differenzierung aber notwendig, da die Obliegenheiten vor dem Schadenfall nur einmal mit max. 5.000 € Leistungsfreiheit belegt sind, unabhängig davon, wie viele Tatbestände verwirklicht werden und die Pflichten im Schadenfall – abgesehen von den Betrugstatbeständen und den Fällen, in denen die Leistungsfreiheit auf den Mehraufwand beschränkt ist – die Leistungsfreiheit auf 2.500 € bzw. 5.000 € begrenzt wird. In der Rechtsprechung ist seit langem entschieden, dass bei Zusammentreffen von Obliegenheitsverletzungen vor dem Schadenfall und Obliegenheitsverletzungen im Schadenfall eine Addition der Leistungsfreibeträge zulässig ist. Das Schadenereignis stellt die Zäsur dar, die eine Neubewertung ermöglicht[75]. 24

Für die Kraftfahrzeug-Haftpflicht-Versicherung ist dieser Theorienstreit von untergeordneter Bedeutung, da in jedem Fall die Grenze der Leistungsfreiheit nach den §§ 5 und 6 KfzPflVV bei max. € 10.000 liegen wird.

In den anderen Sparten, insbesondere der Fahrzeugversicherung, ist noch keine Tendenz erkennbar, was u. U. daran liegt, dass die Versicherer gegenüber dem Versicherungsnehmer auf den Einwand der groben Fahrlässigkeit verzichtet haben und ggf. dann auch keine Leistungskürzung wegen Zusammentreffen von grob fahrlässig begangenen Obliegenheitsverletzungen vornehmen. Ein Stufenmodell geht von unterschiedlicher Gewichtung der einzelnen Obliegenheitsverletzungen und Bildung einer Gesamtquote[76] aus.

---

73 Vgl. auch Nugel »Die Quotenbildung bei einer Leistungskürzung nach dem »neuen« VVG – eine Übersicht zu den aktuellen Streitständen« in MDR 2008, 1320 ff.
74 LG Dortmund v. 15.07.2010 – 2 O 8/19, VersR 2010, 1594 zur Leistungsfreiheit im Rahmen der Inventarversicherung;
Unberath »Die Leistungsfreiheit des Versicherers«, NZV 2008, 537, 541;
Heß/Burmann »Die Quote bei grob fahrlässiger Obliegenheitsverletzung – vom Alles oder Nichts zum Mehr oder Weniger«, NZV 2009, 7, ff.
75 Vgl. auch Nugel »Die Quotenbildung bei einer Leistungskürzung nach dem »neuen« VVG – eine Übersicht zu den aktuellen Streitständen« MDR 2008, 1320, 1326 f.
76 LG Dortmund v. 15.07.2010 – 2 O 8/10;
Vgl. auch Nugel »Die Quotenbildung bei einer Leistungskürzung nach dem »neuen« VVG – eine Übersicht zu den aktuellen Streitständen« MDR 2008, 1320 ff., der ein Stufenmodell bevorzugt.

Allerdings darf die Zusammenführung mehrerer grob fahrlässig begangener Obliegenheitsverletzungen nicht zu einer vollständigen Leistungskürzung zu 100 % führen[77].

§ 37 Zahlungsverzug bei Erstprämie

(1) Wird die einmalige oder die erste Prämie nicht rechtzeitig gezahlt, ist der Versicherer, solange die Zahlung nicht bewirkt ist, zum Rücktritt vom Vertrag berechtigt, es sei denn, der Versicherungsnehmer hat die Nichtzahlung nicht zu vertreten.

(2) Ist die einmalige oder die erste Prämie bei Eintritt des Versicherungsfalles nicht gezahlt, ist der Versicherer nicht zur Leistung verpflichtet, es sei denn, der Versicherungsnehmer hat die Nichtzahlung nicht zu vertreten. Der Versicherer ist nur leistungsfrei, wenn er den Versicherungsnehmer durch gesonderte Mitteilung in Textform oder durch einen augenfälligen Hinweis im Versicherungsschein auf diese Rechtsfolge der Nichtzahlung der Prämie aufmerksam gemacht hat.

Übersicht   Rdn.
A. Allgemeines 1
B. Voraussetzungen 2
C. Folge Rücktritt/Leistungsfreiheit 3

A. Allgemeines

1   Gem. § 33 ist die einmalige oder erste Prämie unverzüglich nach Ablauf von zwei Wochen nach Eingang des Versicherungsscheins beim Versicherungsnehmer von diesem zu zahlen. Die Differenzierung zwischen Erstprämie und Einmalprämie soll klarstellen, dass auch eine Einmalprämie wie die Erstprämie zu behandeln ist. Die Erstprämie ist die zeitlich als erste nach dem Vertragsschluss angeforderte Prämie.

B. Voraussetzungen

2   Grundsätzlich muss zunächst der Versicherungsschein dem Versicherungsnehmer zugegangen sein, dort muss eine Prämienanforderung enthalten gewesen sein. Diese Prämienanforderung muss korrekt berechnet worden sein[1]. Erforderlich ist dafür auch, dass der Versicherungsnehmer die zutreffenden Angaben zur Prämienberechnung macht[2]. Darüber hinaus muss der Versicherungsnehmer die Nichtzahlung der Prämie verschuldet haben[3].

---

77 Nugel »Die Quotenbildung bei einer Leistungskürzung nach dem »neuen« VVG – eine Übersicht zu den aktuellen Streitständen«, MDR 2008, 1320, 1326 f.; Unberath »Die Leistungsfreiheit des Versicherers«, NZV 2008, 537, 541; Heß/Burmann »Die Quote bei grob fahrlässiger Obliegenheitsverletzung – vom Alles oder Nichts zum Mehr oder Weniger«, NZV 2009, 7 ff.
1 Vgl. AKB C.1.1 Rdn. 10 m. w. N.
2 LG Dortmund v. 10.07.2014 – 2 C 261/13, SP 2014, 391.
3 Wegen der Details zum Prämienverzug bei Erstprämie vgl. C.1 AKB.

C. Folge Rücktritt/Leistungsfreiheit

Wurde die Prämie schuldhaft vom Versicherungsnehmer nicht gezahlt, kann der Versicherer vom Vertrag zurücktreten. Ist der Leistungsfall allerdings bereits eingetreten, ist der Versicherer von der Verpflichtung zur Leistung frei, wenn er den Versicherungsnehmer auf diese Rechtsfolge des Verzuges augenfällig hingewiesen hat. An diese Hinweispflicht sind erhebliche Anforderungen gestellt. so muss dieser Hinweis auf den Wegfall des Versicherungsschutzes verständlich für den Versicherungsnehmer sein, unverständliche[4] Belehrungen erfüllen ihren Zweck nicht[5]. 3

§ 38 Zahlungsverzug bei Folgeprämie

(1) Wird eine Folgeprämie nicht rechtzeitig gezahlt, kann der Versicherer dem Versicherungsnehmer auf dessen Kosten in Textform eine Zahlungsfrist bestimmen, die mindestens zwei Wochen betragen muss. Die Bestimmung ist nur wirksam, wenn sie die rückständigen Beträge der Prämie, Zinsen und Kosten im Einzelnen beziffert und die Rechtsfolgen angibt, die nach den Absätzen 2 und 3 mit dem Fristablauf verbunden sind; bei zusammengefassten Verträgen sind die Beträge jeweils getrennt anzugeben.

(2) Tritt der Versicherungsfall nach Fristablauf ein und ist der Versicherungsnehmer bei Eintritt mit der Zahlung der Prämie oder der Zinsen oder Kosten in Verzug, ist der Versicherer nicht zur Leistung verpflichtet

(3) Der Versicherer kann nach Fristablauf den Vertrag ohne Einhaltung einer Frist kündigen, sofern der Versicherungsnehmer mit der Zahlung der geschuldeten Beträge in Verzug ist. Die Kündigung kann mit der Bestimmung der Zahlungsfrist so verbunden werden, dass sie mit Fristablauf wirksam wird, wenn der Versicherungsnehmer zu diesem Zeitpunkt mit der Zahlung in Verzug ist; hierauf ist der Versicherungsnehmer bei der Kündigung ausdrücklich hinzuweisen. Die Kündigung wird unwirksam, wenn der Versicherungsnehmer innerhalb eines Monats nach der Kündigung oder, wenn sie mit der Fristbestimmung verbunden worden ist, innerhalb eines Monats nach Fristablauf die Zahlung leistet; Absatz 2 bleibt unberührt.

Übersicht	Rdn.
A. Allgemeines	1
B. Voraussetzungen	2
C. Anforderung an die Belehrung	3
D. Folge des Prämienverzugs	4
E. Kündigung	5
F. Nachberechnung der Prämie	6

---

4 EUGH v. 23.04.2015 – C 96/14.
5 So schon BGH v. 05.06.1985 – IVa ZR 113/83, r+s 1985, 237; wegen der weiteren Details vgl. C.1 AKB m. w. H.

§ 38 VVG   Zahlungsverzug bei Folgeprämie

A. Allgemeines

1   Im Gegensatz zur Erst- oder Einmalprämie, die unmittelbar und ohne neuerliche Fristsetzung durch den Versicherer fällig ist, bestimmt das Gesetz für die Folgeprämie, dass die Rechtsfolgen der Leistungsfreiheit erst nach Ablauf der vom Versicherer zu setzenden Zahlungsfrist fällig wird.

B. Voraussetzungen

2   Der Versicherungsnehmer hat eine Folgeprämienrechnung erhalten und die Folgeprämie nicht rechtzeitig gezahlt.

Der Versicherer hat in Textform eine Zahlungsfrist bestimmt, die mindestens zwei Wochen betragen muss, möglich ist dies per Fax, Brief oder E-Mail[1]. Dabei ist der Versicherer gehalten, die Forderung entsprechend aufzuschlüsseln nach Prämie, Zinsen und Kosten, § 38 Abs. 1 S. 2 VVG.

Sind mehrere Versicherungsnehmer vorhanden, muss die Zahlungserinnerung an jeden gesondert erfolgen[2].

Wirksam ist die Prämienanforderung nur dann, wenn sie neben den o. g. Erfordernissen auch die korrekte Eingruppierung in SFR und Regionalklasse enthält[3]. Sie muss dem Versicherungsnehmer auch zugegangen sein[4].

C. Anforderung an die Belehrung

3   Neben der korrekten Prämienanforderung muss die Mahnung nach § 38 VVG auch eine Belehrung über die Folgen verspäteter Zahlung enthalten.

So muss auf den Wegfall des Versicherungsschutzes hingewiesen werden. Gleichzeitig muss auch auf das Recht zur Kündigung hingewiesen werden. Diese Belehrung muss vollständig und verständlich sein, unverständliche[5] oder missverständliche Belehrungen erfüllen ihren Zweck nicht[6].

Der Versicherungsnehmer muss ebenso darauf hingewiesen werden, dass diese Folgen nicht eintreten, wenn er die Verspätung nicht zu vertreten hat.

Ein Schreiben, das schon vom Fehlen des Versicherungsschutzes ausgeht, erfüllt die Anforderungen nicht[7].

---

1   BGH v. 11.02.2015 – IV ZR 311/13, Jurion.
2   BGH v. 08.01.2014 – IV ZR 206/13.
3   Wegen der Details vgl. insoweit AKB C.2.2.
4   BGH v. 26.04.2006 – IV ZR 248/04, OLG Hamm v. 11.05.2007 – 20 U 272/06, Jurion.
5   EUGH v. 23.04.2015 – C 96/14.
6   KG Berlin v. 13.02.2015 – 6 U 179/13 (Erstprämie), Jurion.
7   OLG Brandenburg v. 24.04.2008 – 12 U 194/07, Jurion.

D. Folge des Prämienverzugs

Hat der Versicherer die Frist zur Prämienzahlung gesetzt, auf die Rechtsfolgen hingewiesen und ist diese Frist verstrichen, ohne dass die Zahlung erfolgt wäre, besteht Leistungsfreiheit des Versicherers hinsichtlich zukünftiger Schadenfälle. Außerdem ist der Versicherer berechtigt, den Vertrag fristlos zu kündigen. Er behält gleichwohl Anspruch auf die anteilige Prämie für den zurückliegenden Verzugszeitraum[8].   4

E. Kündigung

Der Versicherer kann im Falle des Prämienverzugs nach der qualifizierten Mahnung[9] den Vertrag kündigen. Dabei wird die Kündigung aber nur dann wirksam, wenn der Versicherungsnehmer nicht innerhalb eines Monats nach Erhalt der Kündigung die rückständigen Forderungen begleicht, § 38 Abs. 3 S. 3 VVG. Die Kündigung kann auch mit der qualifizierten Mahnung verbunden werden, mit der Folge, dass dann die Zahlung des Versicherungsnehmer spätestens einen Monat nach Ablauf der Zahlungsfrist eingehen muss, will er die Kündigung ungeschehen machen, § 38 Abs. 3 S. 2 letzter HS.   5

F. Nachberechnung der Prämie

Werden aufgrund von Änderungen im Vertrag Prämienanpassungen erforderlich, ist der Versicherer gehalten, seine Prämienneuberechnung klar und transparent darzustellen. Die Neuberechnung muss dabei die neue Jahresprämie, die sich ggf. auf verschiedene Sparten (Kraftfahrzeug-Haftpflicht, Vollkasko, Fahrerschutz etc.) verteilt, entsprechend dieser Sparten enthalten.   6

Wird in den TB eine Vertragsstrafe wegen Nichtanzeige von Mehr-Fahrleistung oder mehreren Fahrern o. ä. vereinbart, muss sich der Versicherer entscheiden: Will er sich auf Gefahrerhöhung berufen, dann kann er nicht gleichzeitig die Prämie den veränderten Gegebenheiten anpassen und die Vertragsstrafe fordern. Dies muss schon in den TB klargestellt sein[10].

Vorbemerkung vor §§ 113 bis 124 – Pflichtversicherung –

Die Pflichtversicherung – genauer: die **Pflicht-Haftpflichtversicherung**[1] – ist das Kernstück zu den Regelungen zur Haftpflichtversicherung. Die §§ 113 ff. VVG dienen ausschließlich[2] dem Schutz des Dritten. Hier ragt nach wie vor die Bedeutung des PflVG,   1

---

8 Wegen der Details zum Verzug mit der Folgeprämie vgl. AKB C.2.
9 OLG Brandenburg v. 24.04.2008 – 12 U 194/07,.
10 OLG Stuttgart, 25.07.2013 – 7 U 33/13.
1 *Wandt*, Versicherungsrecht Rn. 1071; *Brandt* in MüKo VVG, Vorbem. Zu §§ 113–127 VVG, Rn. 1; Bruck/Möller/*Beckmann* VVG-Kommentar, Band IV, vor §§ 113–124 VVG, Rn. 7.
2 *Dallwig*, Deckungsbegrenzungen in der Pflichtversicherung, Diss. 2011, S. 17.

insbesondere wegen des regelmäßig – und nicht nur ausnahmsweise – bestehenden Direktanspruchs gegen den Kfz-Haftpflichtversicherer nach § 115 Abs. 1 Satz 1 Nr. 1 VVG, heraus.

2 Pflichtversicherungen[3] gibt es in erheblicher Anzahl aufgrund bundes- und landesgesetzlicher Regelungen für unterschiedlichste Lebensbereiche. Unter ihnen haben einige zumindest mittelbar auch Bedeutung im Umgang mit Kraftfahrzeugen. Es sind hervorzuheben:
– Verkehrshaftungsversicherung (Güter- und Verspätungsschäden) nach § 7a GüKG
– Abfalltransport nach § 7 Abs. 2 Nr. 1e) TgV (Transportgenehmigungsverordnung)
– Beförderung gefährlicher Güter nach § 3 Abs. 1 Satz 4 GGBefG (Verordnungsermächtigung)
– Schaustellerhaftpflicht (hier insbesondere Personenbeförderung und Schaufahrten mit Kraftfahrzeugen) nach §§ 55f, 55 Abs. 1 Nr. 2 GewO i. V. m. § 1 Abs. 2 Nr. 3 SchauHV[4]
– Kraftfahrzeugwerkstätten[5] zur Abgassonderuntersuchungen und Sicherheitsprüfungen nach Anlage VIIIc Ziffer 2.8 und 2.9 zur StVZO
– Überwachungsorganisationen[6] nach Anlage VIIIb Ziffer 2.6 zur StVZO
– Kraftfahrzeuge und Anhänger mit ausländischem Standort nach § 1 AuslPflVG
– Elektronische Mobilitätshilfen (Segway Personal Transporter) nach § 2 Abs. 1 Nr. 2 MobHV
– Veranstaltungen mit Kraftfahrzeugen außerhalb des öffentlichen Verkehrsraum (Moto-Cross-Rennen, Stock-Car-Rennen, Orientierungsfahrten nebst Trainingsfahrten) nach § 1 Abs. 3 Nds.VO über die Genehmigungspflicht für Veranstaltungen mit Kraftfahrzeugen in der freien Natur und Landschaft

3 Die gesetzliche Pflicht, der Zwang[7] sich in einer bestimmten Form zu versichern, bedeutet immer einen **Eingriff in Grundrechte**. Dabei sind Eingriffe in die verfassungsrechtlich geschützten Bereiche des Versicherungsnehmers, aber auch des Versicherers[8] möglich. Grundrechte gelten auch für Versicherungsunternehmen als juristische Personen des Privatrechts, soweit sie ihrem Wesen nach auf diese anwendbar sind, Art. 19 Abs. 3 GG.

---

3 BT-Drucksache 16/5497 S. 6 ff.
4 Schaustellerhaftpflichtverordnung vom 17. Dezember 1984 (BGBl. I S. 1598), geändert durch Artikel 12 des Gesetzes vom 10. November 2001 (BGBl. I S. 2992); wegen immer risikoreicherer Fahrgeschäfte auch mit Blick auf Art. 12 GG unbedenklich, *Tettinger*/Wank, Gewerbeordnung § 55f Rn. 2.
5 BGBl. I 2006, 493 ff., Anerkennung von Kraftfahrzeugwerkstätten zur Durchführung von Sicherheitsprüfungen und/oder Untersuchungen der Abgase sowie Schulung der verantwortlichen Personen und Fachkräfte.
6 BGBl. I 2002, 3580 ff. Anerkennung von Überwachungsorganisationen.
7 *Brand* in MüKo VVG, Vor §§ 113–124 VVG, Rn. 3.
8 Bruck/Möller/*Beckmann* VVG-Kommentar, Band IV, vor §§ 113–124 VVG, Rn. 25.

Vorbemerkung vor §§ 113–124 VVG

Für den Versicherungsnehmer[9] kommen – je nach Ausgestaltung – in Betracht, die 4
Grundrechte aus:
- Art. 2 Abs. 1 GG (allgemeine Handlungsfreiheit)
- Art. 3 Abs. 1 GG (allgemeiner Gleichheitssatz)
- Art. 9 Abs. 1 GG (negative Vereinigungsfreiheit)[10]
- Art. 12 Abs. 1 GG (Berufsfreiheit)[11]
- Art. 14 Abs. 1 Satz 1 GG (Eigentumsgarantie),
da er sich versichern muss.

Eingriffe in Grundrechte des Versicherers[12] beruhen insbesondere darauf, dass er ge- 5
setzliche Mindestanforderungen an den Vertrag[13] sowie Beratungspflichten zu erfüllen
hat, § 6 VVG. Verschärft betroffen ist der Kfz-Haftpflichtversicherer als spezieller
Pflicht-Haftpflichtversicherer.

Es werden insbesondere[14] die Grundrechte aus: 6
- Art. 9 Abs. 1 GG (negative Vereinigungsfreiheit)[15]
- Art. 12 Abs. 1 (Berufsausübung – Kontrahierungszwang)[16]
- Art. 14 Abs. 1 Satz 1 GG (Eigentum – eingerichteter und ausgeübter Gewerbebetrieb)[17]

angesprochen.

Die Eingriffe durch das VVG, des PflVG und der KfzPflVV sind vielfältig und in der 7
Summe erheblich. Sie bedeuten nicht nur finanzielle Mehrbelastungen für die Pflichtversicherer im Schadensfall, sondern auch einen erheblichen Mehraufwand durch zu-

---

9 *Hedderich*, Pflichtversicherung, Diss. 2010, S. 144 ff.
10 *Hedderich*, Pflichtversicherung, Diss. 2010, S. 145 (zum Versicherungsvertrag); *BGH* Urt. v. 12.07.2006 – XII ZR 39/04, JurionRS 2006, 21208 = NJW 2006, 3056 = MDR 2007, 77 = NZM 2006, 775 (zum Begriff im privaten Vertragsrecht); Stern/Becker/*Rixen* Grundrechte-Kommentar, Art. 9 GG, Rn. 20.
11 *Hedderich*, Pflichtversicherung, Diss. 2010, S. 145 (insb. berufliche und gewerblich-industrielle Pflichtversicherungen).
12 *Hedderich*, Pflichtversicherung, Diss. 2010, S. 207 ff.; *Dallwig*, Deckungsbegrenzungen in der Pflichtversicherung, Diss. 2011, S. 104 ff.; Bruck/Möller/*Beckmann* VVG-Kommentar, Band IV, vor §§ 113–124 VVG, Rn. 4.
13 *BVerfG* Urt. v. 08.04.1997 – 1 BvR 48/94, BVerfGE 95, 267 = DÖV 1997, 545 = NJW 1997, 1975 = WM 1997, 873 (Vertragsfreiheit aus Ausfluss der allgemeinen Handlungsfreiheit in Art. 2 GG); Looschelders/Pohlmann/*Schwartze*, VVG Kommentar, § 113 VVG, Rn. 3.
14 Epping/Hillgruber/*Enders* BeckOK GG, Art. 19 GG, Rn. 42.
15 *BVerfG*, Urt. v. 10.06.2009 – 1 BvR 706/08, BVerfGE 123, 186 = JurionRS 2009, 14825 = VersR 2009, 957 = NJW 2009, 2033 = DVBl. 2009, 904 = NZS 2009, 436 = DÖV 2009, 634 (Basistarif private Krankenversicherung).
16 *BVerfG*, Urt. v. 10.06.2009 – 1 BvR 706/08, BVerfGE 123, 186 = JurionRS 2009, 14825 = VersR 2009, 957 = NJW 2009, 2033 = DVBl. 2009, 904 = NZS 2009, 436 = DÖV 2009, 634 (Basistarif private Krankenversicherung).
17 *BVerfG*, Beschl. v. 31.10.1984 – 1 BvR 35/82, BVerfGE 68, 193 = JurionRS 1984, 11804 = NJW 1985, 1385 = MDR 1985, 818 = NVwZ 1985, 481 = DVBl. 1985, 342 (Innungen).

sätzliche Verwaltungsmaßnahmen. Eingriffe zeigen sich an verschiedenen Stellen, so durch:
- den Kontrahierungszwang[18] mit Annahmefiktion beim Vertragsschluss nach § 5 Abs. 2 bis 4 PflVG
- die vorläufige Deckung nach Ausgabe der Versicherungsbestätigung, § 9 KfzPflVV
- die volle Leistungspflicht trotz Selbstbehalt nach § 114 Abs. 2 Satz 2 VVG
- die Möglichkeit der unmittelbaren Inanspruchnahme durch den Geschädigten im Rahmen des Direktanspruchs nach § 115 Abs. 1 Satz 1 Nr. 1 VVG
- die Besserstellung des Geschädigten bei der Verjährung, § 115 Abs. 2 VVG
- die »Strafandrohung« bei schleppender Regulierung nach § 3a PflVG
- die Pflicht zur anteiligen Mitfinanzierung von Entschädigungsleistungen und Verwaltungskosten des Entschädigungsfonds »Verkehrsopferhilfe« nach § 13 Abs. 1 Satz 3 PflVG
- die fortbestehende Leistungspflicht gegenüber dem Verkehrsopfer trotz verschiedener Obliegenheitsverletzungen bei vertragswidrigem Verhalten des Versicherungsnehmers/Fahrers (Verstoß gegen Nebenleistungspflichten) nach § 117 Abs. 1 VVG
- das eingeschränkte Regressrecht bei Obliegenheitsverletzungen vor dem Schadensfall nach § 5 Abs. 3 KfzPflVV
- das eingeschränkte Regressrecht bei Obliegenheitsverletzungen im Schadensfall nach § 6 KfzPflVV
- die fortbestehende Leistungspflicht trotz Prämienverzug (Verletzung der Hauptleistungspflicht) mit vollem Regressrisiko nach § 117 Abs. 1 VVG
- die Leistungspflicht trotz Vertragsende nach § 117 Abs. 2 VVG
- das Aufrechnungsverbot nach § 121 VVG

8   Eingriffe sind immer nur dann zulässig, wenn **bedeutende Rechtsgüter** zu schützen sind und die **soziale Notwendigkeit** einer Pflichtversicherung die Eingriffe rechtfertigen.[19] So liegt es beim »echten« Verkehrsunfallopfer[20] dessen Rechtsgüter Leib und Leben betroffen sind. Beim Schädiger sind es die Belastungen mit kaum überblickbaren Forderungen,[21] die zur Vernichtung der wirtschaftlichen Existenz führen können.

9   Ein Eingriff allein zum Wohle des Staates, um nicht selbst für die Folgen aufkommen zu müssen, rechtfertigt dagegen eine Pflicht-Haftpflichtversicherung nicht. Allerdings kommen sie mittelbar auch dem Staate zugute.[22]

---

18 Looschelders/Pohlmann/*Schwartze*, VVG Kommentar, § 113 VVG, Rn. 4.
19 *Deiters*, Die Erfüllung öffentlicher Aufgaben durch privatrechtliche Pflichtversicherungen, FS für Reimer Schmidt, S. 379 ff. (393); *Hedderich*, Pflichtversicherung, Diss. 2010, S. 9.; *Micha*, Der Direktanspruch im europäischen Internationalen Privatrecht, Diss. 2010, S. 67; *Reiff*, Sinn und Bedeutung von Pflichthaftpflichtversicherungen, TranspR 2006, 15 (20); Bruck/Möller/*Beckmann* VVG-Kommentar, Band IV, vor §§ 113–124 VVG, Rn. 21.
20 Statt dem »unechten« Verkehrsopfer: Vertragspartner des VN oder dem Staat als Eigentümer von Straßeneinrichtungen, Näheres unter § 115 VVG, Rdn. 75 ff.
21 *Dallwig*, Deckungsbegrenzungen in der Pflichtversicherung, Diss. 2011, S. 13; *Brand* in MüKo zum VVG, Vorb. Zu §§ 113 ff. VVG, Rn. 5.
22 Bruck/Möller/*Beckmann* VVG-Kommentar, Band IV, vor §§ 113–124 VVG, Rn. 17.

Grund für die Einführung der Pflichtversicherung in der Kfz-Versicherung zum 10
01.07.1940[23] war es daher, den »Schutz der Verkehrsopfer wirksamer zu gestalten«.

Allein die besonderen Schutzzwecke in der Person des Verkehrsunfallopfers und in der 11
Person des Schädigers zur Vorsorge für sich und Mitversicherte[24] schaffen die Rechtfertigung für den staatlichen Eingriff in die Grundrechte von Versicherungsnehmer und Versicherer.

Sinn- und Zweck der Eingriffsnormen sind daher die tragenden Kriterien für eine Aus- 12
legung. Sie bilden zugleich die Schranken für die Bestimmung der Verhältnismäßigkeit[25] des Eingriffs. Entsprechend wird eine allein am Wortsinn orientierte Auslegung den verfassungsmäßigen Anforderungen aus Art. 3 Abs. 1 GG (allgemeines Willkürverbot)[26] nicht gerecht. Regelmäßig Ungleiches darf nicht zum Nachteil des Versicherers gleich behandelt werden, z. B. nur um der Verwaltung oder den Gerichten die Arbeit zu erleichtern.

Die Grundlagen der Pflicht-Haftpflichtversicherungen dürfen daher bei der Gesamt- 13
betrachtung nicht ignoriert werden. Sie sind folglich bei der Auslegung der folgenden **Ausnahme-Vorschriften** zwingend zu beachten.

§ 113 (Pflichtversicherung – insbesondere Kfz-Haftpflichtversicherung)

(1) Eine Haftpflichtversicherung, zu deren Abschluss eine Verpflichtung durch Rechtsvorschrift besteht (Pflichtversicherung), ist mit einem im Inland zum Geschäftsbetrieb befugten Versicherungsunternehmen abzuschließen.

(2) Der Versicherer hat dem Versicherungsnehmer unter Angabe der Versicherungssumme zu bescheinigen, dass eine der zu bezeichnenden Rechtsvorschrift entsprechende Pflichtversicherung besteht.

(3) Die Vorschriften dieses Abschnittes sind auch insoweit anzuwenden, als der Versicherungsvertrag eine über die vorgeschriebenen Mindestanforderungen hinausgehende Deckung gewährt.

Übersicht	Rdn.
A. Allgemeines	1
B. Regelungsgehalt	3
I. Pflichtversicherung	3
1. Abgrenzung zu anderen Pflichtversicherungen	4
2. Pflichtversicherung im Sinne der § 113 ff. VVG	5

---

23 RGBl. I, 1939, 2223.
24 Bruck/Möller/*Beckmann* VVG-Kommentar, Band IV, vor §§ 113–124 VVG, Rn. 16.
25 Bruck/Möller/*Beckmann* VVG-Kommentar, Band IV, vor §§ 113–124 VVG, Rn. 27.
26 *BVerfG* Beschl. v. 01.07.1954 – 1 BvR 361/52, BVerfGE 4, 1 = JZ 1954, 548 = MDR 1954, 716 = NJW 1954, 1153 = DVBl. 1955, 21; *BVerfG* Beschl. v. 15.05.1984 – 1 BvR 967/83, BVerfGE 67, 90 = JurionRS 1984, 11749 = NJW 1984, 2147 = JZ 1984, 753.

§ 113 VVG (Pflichtversicherung – insbesondere Kfz-Haftpflichtversicherung)

		Rdn.
	a) Pflicht-Haftpflichtversicherungen	5
	b) freiwillige Haftpflichtversicherungen	6
	c) Deckungsvorsorge	7
	3. Ausblick auf zu erwartende künftige Deckungsvorsorgepflicht im USchadG für die Kraftfahrtversicherung	13
II.	Im Inland zum Geschäftsbetrieb befugtes Unternehmen	19
	1. Aufsichtsbehörde	19
	2. Pflicht zur Vorlage der AKB	20
	3. Sitz des Versicherungsunternehmens	22
III.	Kontrahierungszwang in der Kfz-Haftpflichtversicherung	24
IV.	Versicherungsbestätigung	27
	1. Police/Versicherungsschein	27
	2. Versicherungsbescheinigung in der Pflicht-Haftpflichtversicherung	28
	3. Versicherungsbestätigung in der Kraftfahrthaftpflichtversicherung	31
	4. Autoversicherung – gebündelte Versicherung	34
V.	Folgen von vertraglichen Deckungserweiterungen, Abs. 3	35
	1. Mindeststandard der Pflicht-Haftpflichtversicherungen	35
	2. Mindestversicherungssummen in der Kraftfahrthaftpflichtversicherung	36
	a) Höhe	36
	b) Spannungsverhältnis zu den Höchsthaftungssummen nach StVG	39
	3. Vertragliche Versicherungssummen	41
	4. Rechtsfolgen von Deckungserweiterungen	46
	a) höhere Summen	47
	b) räumliche Erweiterung	48
	c) inhaltliche Erweiterung	49
	d) Folgen für Schädiger außerhalb von § 1 PflVG	51
	e) Folgen für den Geschädigten	52
C.	Weitere praktische Hinweise	56
I.	Mangelfall bei Mindestdeckungssumme	56
II.	Rechtsfolgenausschluss des Abs. 3 durch Vertrag	59
	1. Belastung mit maximal der Mindestversicherungssumme	62
	2. Maximal vom PflVG vorgeschriebener Deckungsumfang	68
III.	Rechtsprechung	71
IV.	Analoge Anwendung	72

A. Allgemeines

1 Es handelt sich um die einleitende und nicht abdingbare[1] Norm zu den speziellen Vorschriften zur Pflichtversicherung. Sie eröffnet nicht zuletzt eine Erleichterung der staatlichen Aufsicht auf diejenigen Unternehmen, die entsprechende Versicherungsverträge anbieten möchten. Der Gesetzgeber kommt damit seiner Aufgabe nach, einen sensi-

---

1 Schwintowski/Brömmelmeyer/*Huber* PK-VersR, § 113 Rn. 14; Looschelders/Pohlmann/*Schwartze* VVG-Kommentar, § 113 VVG, Rn. 19; Bruck/Möller/*Beckmann* VVG-Kommentar Vor §§ 113–124 VVG, Rn. 41.

blen, da oft mit existentiellen Auswirkungen für den Einzelnen verbundenen Bereich, besonders sorgfältig überwachen zu können.

Im Falle eines kapitalen Großschadens gewinnt die Vorschrift durch ihren Abs. 3 an erheblicher Bedeutung für den Geschädigten. 2

B. Regelungsgehalt

I. Pflichtversicherung

Der erste Halbsatz des ersten Absatzes enthält durch den in Klammern gesetzten Begriff »*Pflichtversicherung*« eine gesetzliche Definition,[2] was darunter im Sinne dieses Gesetzes zu verstehen ist. 3

1. Abgrenzung zu anderen Pflichtversicherungen

Dies ist zur Abgrenzung von anderen Pflichtversicherungen, insbesondere aus der Sozialversicherung wie etwa die gesetzliche Kranken-, Pflege-, Unfall-, Renten- und Arbeitslosenversicherung zweckmäßig. Aufgrund der Tendenz zu anderen privaten Pflichtversicherungen[3] (private Pflegeversicherung ab 1995 und private Krankenversicherung ab 2009) ist dies auch notwendig. 4

2. Pflichtversicherung im Sinne der § 113 ff. VVG

a) Pflicht-Haftpflichtversicherungen

Die Pflichtversicherung im Sinne der §§ 113 ff. VVG bezieht sich nur auf obligatorische Haftpflichtversicherungen, also **Pflicht**-Haftpflichtversicherungen. Aufgrund der eher unüberschaubaren Anzahl von Pflichtversicherungen[4] in Bundes- und Landesgesetzen wäre es vorteilhaft, der Gesetzgeber würde den misslungenen[5] bzw. irreführenden[6] Begriff »Pflichtversicherung« in »Pflicht-Haftpflichtversicherung« umbenennen. 5

b) freiwillige Haftpflichtversicherungen

Im Gegensatz dazu behandeln die §§ 100 ff. VVG die freiwilligen Haftpflichtversicherungen. Für diese gelten die §§ 113 ff. VVG nicht.[7] 6

---

2 *OLG Düsseldorf* Urt. v. 18.12.2013 – I-18 U 126/13, JurionRS 2013, 55355 (zu § 7a GüKG); *Brand* in MüKo zum VVG, § 113 VVG, Rn. 1 u. 3; Staudinger/Halm/Wendt FAKomm-VersR/*Dallwig* § 113 VVG, Rn. 1.
3 *Wandt* Versicherungsrecht, Rn. 1277.
4 Eine ausdrücklich unvollständige Zusammenstellung des GDV aus 2011 zu Pflichtversicherungen zieht sich über mehr als 800 Seiten; Überblick insbesondere zu Pflicht-Haftpflichtversicherungen bei Bruck/Möller/*Beckmann* VVG-Kommentar Anh Vor §§ 113–124 VVG, Rn. 1 ff.
5 Bruck/Möller/*Beckmann* VVG-Kommentar § 113 VVG, Rn. 11.
6 *Brand* in MüKo zum VVG, § 113 VVG, Rn. 1 u. 3.
7 *Brand* in MüKo zum VVG, § 113 VVG, Rn. 3.

c) Deckungsvorsorge

7 Eine gewisse Zwischenstellung zwischen der freiwilligen und obligatorischen Pflichtversicherung nehmen die Versicherungen ein, die ein Risiko abdecken, das nicht zwingend durch eine Versicherung, sondern auch anderweitig (Freistellungserklärung durch Kreditinstitut; Zusage des Bundes oder des Landes) vom Versicherungsnehmer abgedeckt werden kann. Es handelt sich um Gesetze, die eine **Deckungsvorsorge**[8] vom Versicherungsnehmer per Gesetz oder Verordnung fordern. Beispiele sind § 94 AMG; § 4a AtG i. V. m. AtDeckV; § 19 UmweltHG; § 12 SigG[9] i. V. m. § 9 SigV und § 36 GenTG.

8 Bei ihnen ist zu beachten, dass – teils ausdrücklich per Gesetz erwähnt – die §§ 113 Abs. 3; 114 ff. VVG zur entsprechenden Anwendung kommen, wenn der Versicherungsnehmer von seinem Wahlrecht Gebrauch gemacht und sich für eine Haftpflichtversicherungslösung entscheidet.

9 Das VVG ordnet dabei selbst keine Pflicht zum Abschluss an. Es regelt nur generell, was zu geschehen hat, wenn andere Rechtsvorschriften eine Versicherungspflicht fordern.[10]

10 Was unter Rechtsvorschriften[11] im VVG zu verstehen ist, ist umstritten[12]. Nach der Gesetzesbegründung[13] fallen hierunter jedenfalls alle Rechtsnorm auf bundes-, landes- und EG-rechtlicher Ebene sowie Satzungen öffentlich-rechtlicher Körperschaften.

11 Vertragliche[14] Pflichten zum Abschluss einer Haftpflichtversicherung sind keine Rechtsvorschriften im Sinne des Gesetzes.

12 Für die hier zu behandelnde **Kraftfahrtversicherung** ist dies jedoch eindeutig. Das PflVG schreibt in § 1 PflVG die Haftpflicht-Versicherungspflicht vor. Sie lässt dabei Ausnahmen für nicht insolvenzgefährdete juristische Personen der öffentlichen Hand nach § 2 Abs. 1 bis 5 PflVG zu.

---

8 *Wandt* Versicherungsrecht, Rn. 219.
9 Signaturgesetz vom 16. Mai 2001 (BGBl. I S. 876), zuletzt geändert durch Artikel 4 des Gesetzes vom 26. Februar 2007 (BGBl. I S. 179).
10 Bloße Empfehlung im Gesetz reicht nicht, *Brand* in MüKo zum VVG, § 113 VVG, Rn. 6.
11 Entsprechend jeder »Rechtsnorm« in Anlehnung an Art. 2 EGBGB, PWW-*Mörsdorf-Schulte/Wegen* Art. 2 EGBGB Rn. 1.
12 Schwintowski/Brömmelmeyer/*Huber* PK-VersR, § 113 Rn. 3; *Dallwig*, Deckungsbegrenzungen in der Pflichtversicherung, Diss. 2011, 42 ff. u. 64; Staudinger/Halm/Wendt FA-Komm-VersR/*Dallwig* § 113 VVG, Rn. 2; Bruck/Möller/*Beckmann* VVG-Kommentar § 113 VVG, Rn. 12.
13 BT-Drucksache 16/3945 S. 87.
14 Prölss/Martin/*Knappmann*, § 113 VVG, Rn. 2.

3. Ausblick auf zu erwartende künftige Deckungsvorsorgepflicht im USchadG für die Kraftfahrtversicherung

Das rückwirkend für Schadensfälle ab dem 30.04.2007 in Kraft getretene USchadG[15] hat auch wesentliche Bedeutung für den Gebrauch des Kraftfahrzeugs[16] durch beruflich Tätige und Unternehmen. In § 12 USchadG-E[17] war eine entsprechende Deckungsvorsorge im Vorgriff[18] auf eine möglicherweise künftig von der EU erst einzustellende Verpflichtung bereits aufgenommen worden. Sie wurde jedoch im letzten Moment aus der endgültigen Fassung wieder herausgenommen. Zu unklar und teils uferlos sind die Anforderungen an den Verantwortlichen im Sinne des USchadG, als dass die Versicherungswirtschaft darauf gerichtete Deckungsangebote verpflichtend hätte anbieten können. 13

Angeboten wird heute die USV bzw. USV-Basisversicherung[19] für den betrieblichen Bereich und eine Kfz-USV[20] für Verantwortlichkeiten durch den Kraftfahrzeuggebrauch. 14

Nach Art. 14 Abs. 2 der EG-Umwelthaftungsrichtlinie[21] hatte die Kommission bis 30.04.2010 einen Bericht zur Effektivität der Richtlinie, die Versicherungsmöglichkeiten und die Möglichkeiten der Deckungsvorsorge, vorzulegen. Nicht zuletzt wegen dramatischer Umweltereignisse in 2010[22] wurde erst am 12.10.2010 der Bericht vorgelegt. Für verbindliche Vorgaben erschien es noch zu früh, so dass sie frühestens für 2014 zu erwarten war. Damit besteht eine gewisse Wahrscheinlichkeit, dass die Mitgliedsstaaten künftig eine Deckungsvorsorge gesetzlich vorzuschreiben haben. 15

Es ist zu vermuten, dass dann eine entsprechende Anwendung der §§ 113 Abs. 3, 114 ff. VVG in Rede stehen wird wie beispielsweise in § 94 Abs. 2 AMG oder § 9 Abs. 2 Nr. 1 SigV. 16

Auch wenn der Versuch nahe liegt, wäre dieser Weg falsch. Alle bislang bekannten Deckungsvorsorgevorschriften haben den Schutz von privaten Rechtsgütern und die Einräumung von Schadensersatz im Sinn. Hierzu sind die Regelungen im VVG zur Pflicht-Haftpflichtversicherung bestens geeignet. 17

---

15 Gesetz zur Umsetzung der Richtlinie des Europäischen Parlaments und des Rates über die Umwelthaftung zur Vermeidung und Sanierung von Umweltschäden vom 10. Mai 2007 BGBl. I S. 666 (Umweltschadensgesetz – USchadG).
16 Himmelreich/Halm/Staab/*Schwab*, Handbuch der Kfz-Schadensregulierung, Kap. 21, Rn. 216 ff.
17 Regierungsentwurf vom 13.12.2006, BT-Drucksache 16/3806.
18 Begründung zu § 12 USchadG-E, BT-Drucksache 16/3806 S. 28.
19 Zu den Eckpunkten der USV siehe Halm/Engelbrecht/Krahe/*Schwab*, Handbuch des Fachanwalts Versicherungsrecht, Kap. 30 Rn. 116 ff.; Staudinger/Halm/Wendt FAKomm-VersR/*Hellberg* USV bzw. USV-Basis.
20 Unverbindliche Musterbedingungen des GDV, Kfz-USV vom 29.10.2007; siehe Kommentierung *Schwab* Kfz-USV Rdn. 1 ff.
21 Richtlinie 2004/35/EG vom 21.04.2004.
22 Sabotageakt in Monza/Italien am 24.02.2010; Explosion der »Deepwater Horizon« am 20.04.2010 im Golf von Mexico; Rotschlammkatastrophe vom 04.10.2010 in Ajka/Ungarn.

18 Das USchadG befasst sich jedoch nicht mit privaten Rechtsgütern oder Schadensersatz, sondern mit besonders schutzwürdigen Bestandteilen unseres Ökosystems. Es geht daher um rein öffentlich-rechtliche Verantwortlichkeiten und Sanierungspflichten jenseits monetärer Wertgrenzen, die inhaltlich und vom Zweckgedanken her keinen Bezug zum Privatrecht oder Recht der Pflichtversicherung haben. Es ist daher zu hoffen, dass für den Fall einer Deckungsvorsorgepflicht begleitende Regelungen getroffen werden, die dem öffentlich-rechtlichen Schutzgut angemessen Rechnung tragen werden.

Haftpflichtversicherungen			anwendbares Recht
allgemeine	freiwillige	z. B. private Haftpflichtversicherung	§§ 100–112 VVG
(Sonderfälle)	obligatorische Deckungsvorsorge	z. B. auch über eine Haftpflichtversicherung	entsprechende Anwendung der §§ 113 Abs. 3–124 VVG
besondere	obligatorische	z. B. Verkehrshaftungsversicherung	§§ 113–124 VVG §§ 100–112VVG
spezielle	obligatorische	Kfz-Haftpflicht	PflVG KfzPflVV §§ 113–124 VVG §§ 100–112 VVG

(Schaubild: anzuwendende Normen in der Kfz-Haftpflichtversicherung)

II. Im Inland zum Geschäftsbetrieb befugtes Unternehmen

1. Aufsichtsbehörde

19 Wer generell in Deutschland ein Unternehmen betreiben will, das den Betrieb von Versicherungsgeschäften zum Gegenstand hat, bedarf der Erlaubnis durch die Aufsichtsbehörde, §§ 1 Nr. 1; 5 Abs. 1 VAG. Aufsichtsbehörde ist die Bundesanstalt für Finanzdienstleistungen, die BaFin[23].

2. Pflicht zur Vorlage der AKB

20 Neben den allgemeinen Unterlagen haben Anbieter von Pflicht-Haftpflichtversicherungen auch die diesbezüglichen allgemeinen Versicherungsbedingungen vorzulegen, § 5 Abs. 5 Nr. 1 VAG. Es besteht hier zwar seit der Deregulierung keine Genehmigungspflicht mehr, wohl aber eine systematische Vorlagepflicht von Unterlagen[24] in so-

---

[23] Finanzdienstleistungsaufsichtsgesetz (FinDAG) vom 22. April 2002 (BGBl. I S. 1310), zuletzt geändert durch Art. 12 G v. 15.07.2014 (BGBl. I S. 934).
[24] Zum Umfang der systematischen Vorlagepflicht am Beispiel der Krankenversicherung siehe

zial besonders bedeutsamen[25] Bereichen. In der Kraftfahrthaftpflichtversicherung sind dies die AKB, ggf. mit ergänzenden[26] Bedingungswerken.

Gegenüber § 113 Abs. 1 VVG gilt § 5 Abs. 1 PflVG für die Kraftfahrthaftpflichtversicherung als die speziellere[27] Norm. Im Ergebnis hat sich jedoch mit dem fast wortgleichen § 113 Abs. 1 VVG die Vorschrift aus dem PflVG überholt. Sie könnte ersatzlos gestrichen werden.   21

3. Sitz des Versicherungsunternehmens

Neben Unternehmen mit Sitz in Deutschland, denen die BaFin für die Sparte eine Erlaubnis erteilt hat, können auch Unternehmen mit Sitz im Ausland tätig werden.   22

Kommen sie aus einem EG-Mitgliedsland oder der EWR[28] reicht die dort[29] erteilte Erlaubnis aus, da eine Einzelerlaubnis zugleich für alle Mitgliedsländer gilt. Die Schweiz genießt durch ein Abkommen[30] eine Sonderstellung.   23

Bei Unternehmen aus sonstigen Drittstaaten ist eine Erlaubnis der BaFin erforderlich, § 105 Abs. 2 VAG.

III. Kontrahierungszwang in der Kfz-Haftpflichtversicherung

Das Gesetz lässt es grundsätzlich[31] offen, ob ein Haftpflichtschutz anbietendes Unternehmen einen Vertrag mit einem potentiellen Kunden schließen möchte.   24

In der Kraftfahrthaftpflichtversicherung besteht jedoch die Besonderheit, dass der Versicherer das Angebot anzunehmen hat, § 5 Abs. 2 PflVG, sofern nicht Ausnahmegründe greifen, § 5 Abs. 4 PflVG. Damit ist ein massiver **Eingriff in die Vertragsfreiheit** gegeben. Nur durch die engen Ausnahmevorschriften wird die Verhältnismäßigkeit[32] gewahrt.   25

BVerwG, Urt. vom 04.05.1999 – 1 A 2/97, BVerwGE 109, 87 ff. = DVBl 1999, 1379 = VersR 1999, 1001 = NVersZ 1999, 463 = DVBl. 1999, 1379.
25 »Single-license-Prinzip«, *Wandt* Versicherungsrecht Rn. 79.
26 Unterschiedliche Begriffe sind denkbar: z. B. Sonderbedingungen, Zusatzbedingungen, Besondere Kraftfahrtbedingungen.
27 *Wandt* Versicherungsrecht Rn. 1107.
28 Island, Liechtenstein und Norwegen sind Vertragsstaaten des Europäischen Wirtschaftsraumes.
29 *Wandt* Versicherungsrecht, Rn. 79.
30 Verordnung zur Durchführung der Richtlinie des Rates vom 20. Juni 1991 über die Anwendung des Abkommens zwischen der Europäischen Wirtschaftsgemeinschaft und der Schweizerischen Eidgenossenschaft betreffend die Direktversicherung mit Ausnahme der Lebensversicherung (91/371/EWG) vom 26. Oktober 1994 (BGBl. I S. 3202).
31 Bruck/Möller/*Beckmann* VVG-Kommentar § 113 VVG, Rn. 22.
32 Looschelders/Pohlmann/*Schwartze*, VVG-Kommentar, § 113 VVG, Rn. 4; *Brand* in MüKo zum VVG, § 113 VVG, Rn. 17.

26 Dem entspricht, dass der Versicherer nur für die Versicherungsart »Kfz-Haftpflicht« und nur zur Höhe der gesetzlichen Mindestversicherungssumme[33] anzunehmen hat. Ein Versicherungsnehmer, der mit seinen Antrag höhere Versicherungssummen begehrt, ist daher nicht schutzwürdig. Der noch zulässige gesetzliche Eingriff in die Grundrechte des Versicherers findet in der Mindestversicherungssumme[34] seine Grenze. Der Wortlaut ist nicht allein entscheidend.[35]

IV. Versicherungsbestätigung

1. Police/Versicherungsschein

27 Der Versicherer hat nach § 3 Abs. 1 VVG für jede Versicherung eine Police[36], einen Versicherungsschein, zu erstellen. Dies erfolgt in Textform nach § 126b BGB oder auf Verlangen des Kunden in Form einer schriftlichen Urkunde, § 126 BGB.

2. Versicherungsbescheinigung in der Pflicht-Haftpflichtversicherung

28 In der Pflicht-Haftpflichtversicherung ist nach § 113 Abs. 2 VVG eine Urkundenerstellung unabdingbar. In der Urkunde ist zu bescheinigen, auf welchen Betrag die Versicherungssumme lautet und dass es sich um einen Vertrag der Pflichtversicherung handelt.

29 Anzugeben ist damit nicht nur die Mindestversicherungssumme[37] nach gesetzlicher Anforderung, sondern die tatsächlich vereinbarte Versicherungssumme[38]. Dies wird den Interessen des Geschädigten gerecht, der bei entsprechend großen Schadenssummen auf die Angabe der konkreten Deckungssumme angewiesen sein kann. Nur so kann er seine Rechte aus § 113 Abs. 3 VVG sinnvoll verfolgen.

30 Der Versicherer haftet für die Folgen der Ausstellung einer unzutreffenden Versicherungsbestätigung.[39]

3. Versicherungsbestätigung in der Kraftfahrthaftpflichtversicherung

31 Nach § 5 Abs. 6 PflVG hat der Kraftfahrthaftpflichtversicherer dem Versicherungsnehmer eine Versicherungsbestätigung zu erteilen. Darin wird nicht vorgeschrieben, welche Versicherungssumme vereinbart ist. Aufgrund des zuvor genannten Schutzzwecks aus § 113 Abs. 3 VVG wird die Norm durch das PflVG nicht verdrängt.

---

33 Prölss/Martin/*Knappmann*, § 5 PflVG, Rn. 2.
34 So aber *Feyock*/Jacobsen/Lemor, § 5 PflVG, Rn. 46.
35 Siehe vor §§ 113–124 VVG Rdn. 12.
36 Zur Police generell siehe *Wandt* Versicherungsrecht, Rn. 425 ff.; *Meixner/Steinbeck*, Das neue Versicherungsvertragsrecht, S. 31.
37 Schwintowski/Brömmelmeyer/*Huber* PK-VersR, § 113 Rn. 10.
38 Römer/*Langheid* § 158b VVG a. F. Rn. 3.
39 Staudinger/Halm/Wendt FAKomm-VersR/*Dallwig* § 113 VVG, Rn. 7; Stiefel/Maier/ *Jahnke* § 113 VVG, Rn. 35.

Wie in der Praxis üblich ist daher nicht nur die gesetzliche, sondern die vertragliche Versicherungssumme in der Bestätigung zu vermerken.

Die Offenlegung der vertraglich vereinbarten Versicherungssumme dient auch dem Schutz der mitversicherten Personen. 32

Der Zugang des Versicherungsscheins löst die Zahlungspflicht aus, § 33 VVG. 33

4. Autoversicherung – gebündelte Versicherung

In der Autoversicherung werden natürlich häufig nicht nur ein Vertrag, sondern gleich mehrere selbständige Verträge rund um die Kraftfahrzeughaftpflichtversicherung mit abgeschlossen. Die Übersichtlichkeit bei einer Zusammenführung mehrerer Verträge in ein Dokument darf dadurch nicht leiden. Allein nach den aktuellen AKB 2015 sind fünf Verträge (Kfz-Haftpflicht-, Fahrzeug-, Autoschutzbrief-, Kfz-Unfall- und der Fahrerschutzversicherungsvertrag) möglich. Hinzu kommt noch die Kfz-USV. Durch die Struktur der Musterbedingungen bleibt trotz – oder gerade wegen – umfänglicher Wiederholungen die Übersichtlichkeit für den jeweiligen Vertrag gewahrt. Zudem bieten viele Versicherer darüber hinaus noch weitere individuelle Autoversicherungs-Verträge als Bausteine an, die sich noch gut in das Gesamtgefüge einpassen lassen, ohne dass die Verständlichkeit und Übersicht leidet. Eine gebündelte Versicherung, die den Anforderungen des § 10a Abs. 1 Satz VAG entspricht, ist daher zulässig und aus Kosten- und Verwaltungsgründen[40] auch üblich. 34

V. Folgen von vertraglichen Deckungserweiterungen, Abs. 3

1. Mindeststandard der Pflicht-Haftpflichtversicherungen

Der gesetzliche Mindeststandard wird in den einzelnen Pflichtversicherungen festgelegt. Die dabei zu berücksichtigenden Mindestversicherungssummen betragen € 250.000, – je Schadensfall bzw. € 1.000.000, – für alle Fälle eines Jahres, sofern keine besondere Vorschrift gilt, § 114 Abs. 1 VVG. 35

2. Mindestversicherungssummen in der Krafthaftpflichtversicherung

a) Höhe

In der Kfz-Haftpflichtversicherung liegen die Mindestversicherungssummen weit darüber. Maßgebend ist hier die Anlage zu § 4 Abs. 2 PflVG. 36

Die Mindestversicherungssummen betragen derzeit[41] € 7,5 Mio. für Personenschäden, € 1,12 Mio. für Sachschäden und € 50.000, – für reine Vermögensschäden. Mit einer moderaten Anpassung aufgrund der schwachen Entwicklung bei den Verbraucherpreisen ist 2015/2016 zu rechnen. 37

---

40 *Wandt* Versicherungsrecht, Rn. 432 f.
41 Stand 06.12.2011.

38 Die Mindestversicherungssummen werden bei Fahrzeugen zur Personenbeförderung, insbesondere Omnibussen ab dem 10. bzw. 81. Platz, leicht erhöht, da wegen der vielen Personen auch mit größeren Schäden gerechnet wird. Im Einzelnen ist die Ermittlung[42] der einschlägigen Mindestversicherungssumme bei Bussen schwierig.

b) Spannungsverhältnis zu den Höchsthaftungssummen nach StVG

39 Weitere Unterscheidungen, z. B. nach PKW-Risiken oder LKW-Risiken oder gar Gefahrgutfahrzeugen, finden bislang nicht statt.

40 Sowohl insgesamt der Höhe nach als auch mit Blick auf die Höchsthaftungssummen nach den §§ 12 und 12 a StVG erscheinen die Summen eher bedenklich. Eine Anpassung durch die Verordnungsgeber erscheint notwendig.

3. Vertragliche Versicherungssummen

41 In der Praxis spielen jedoch weit größere Versicherungssummen eine Rolle, auch wenn extreme Schäden selten oder gar sehr selten sind. Derzeit sind regelmäßig Versicherungssummen von € 100 Mio. im Angebot.

42 Über die Anforderungen des § 2 Abs. 2 Satz 2 PflVG hinaus stellt der Bund[43] mit Rücksicht auf die Versicherungssummen in der privaten Versicherungswirtschaft in Aussicht bei nicht vorsätzlicher Pflichtverletzung seine Beamten und Tarifangestellten[44] nach TVöD nur mit dem € 50 Mio. übersteigenden Teil in Anspruch zu nehmen.

43 Generell auszuschließen ist dabei nicht, dass einmal eine solch hohe Summe auch tatsächlich benötigt wird. Der bislang teuerste bekannt gewordene Schaden in Deutschland[45] ist der Unfall an der Wiehltalbrücke 2004. Man veranschlagte damals eine Schadensumme von rund € 38 Mio. Wesentlich teurer kann es allerdings noch bei Unfällen in einem Straßentunnel[46], auf einem Flughafengelände oder bei einer Kollision mit einem Zug[47] werden, bei dem neben massiven Sachschäden viele schwere Personenschäden hinzukommen.

44 Aber auch ohne diese Extreme sind Großschäden im PKW- und LKW-Bereich nicht nur an einer Hand abzuzählen.

---

42 *Kreuter-Lange/Schwab* Haftungs- und Versicherungsfragen beim Busfernverkehr, DAR 2015, 67 ff.
43 Ziffer 6.1 des – Gems. RdSchr. d. BMI u. d. BMF v. 27.06.2007 – BMI – D I 3 210 178/24 – BMF – Z B 1 – P 1070/06/0001.
44 BMI Rundschreiben v. 29.09.2009, AZ: D 5 – 220 210 – 2/3 I f.
45 Zum Nachdenken siehe *Neeb*, Katastrophenschäden in der Kraftfahrthaftpflichtversicherung und ihre Konsequenzen für die Erst- und Rückversicherung, MunichRe K-Forum 1/2001 Seite 4 ff.
46 Beim Mont-Blanc-Tunnel-Unfall 1999 kosteten neben 39 Toten und vielen Verletzten allein die Wiederherstellung nebst Wertverbesserung des Tunnels mehr als € 300 Mio., Handelsblatt vom 07.03.2002.
47 Selby, England 2001, PKW mit Anhänger lässt Zug entgleisen.

Übersteigen die Schadenersatzforderungen die vereinbarte Versicherungssumme, hat 45
der Haftpflichtversicherer die Rangverhältnisse nach § 118 VVG zu beachten. Die Geschädigten erhalten somit nur einen gekürzten Entschädigungsbetrag.

4. Rechtsfolgen von Deckungserweiterungen

In Absatz 3 wird nun geregelt, dass der Versicherer, wenn er schon mehr als die gesetz- 46
lichen Mindestanforderungen mit dem Versicherungsnehmer vereinbart, auch an den erweiterten Umfang gebunden ist. Ihm ist dabei nicht gestattet, einen einheitlichen Vertrag in einen Teil der Mindestversicherung und einen Teil der Höherversicherung aufzuspalten[48].

a) höhere Summen

Nicht nur der Geschädigte kommt in den Genuss höherer Versicherungssummen, auch 47
der Kreis der mitversicherten Personen kann hiervon profitieren.

b) räumliche Erweiterung

Eine räumliche Ausdehnung kann z. B. darin bestehen, dass über die verbindlichen 48
Grenzen hinaus schon nach den AKB Versicherungsschutz im asiatischen Teil der Türkei oder Russlands gewährt wird.

c) inhaltliche Erweiterung

Besondere Relevanz hat dies in der Kraftfahrtversicherung bei einer Ausweitung des 49
Versicherungsschutzes über den inhaltlichen Bereich PflVG hinaus.

Häufig anzutreffen ist eine inhaltliche Erweiterung, wenn über das Verständnis der 50
Muster-AKB das reine Arbeitsrisiko eines Fahrzeugs mit eingeschlossen wird. Auch der Kreis der mitversicherten Personen kann über § 1 PflVG hinaus erweitert sein.

d) Folgen für Schädiger außerhalb von § 1 PflVG

Ein Schädiger, der nicht Eigentümer, Fahrer oder Halter eines Fahrzeugs ist, kann 51
durch eine Deckungserweiterung mitversichert werden. Bei Verwendung von Bedingungen entsprechend den Muster-AKB ist dies regelmäßig der Fall.

e) Folgen für den Geschädigten

Der Geschädigte partizipiert an der vertraglichen Vereinbarung, die für ihn günstiger 52
ist als die gesetzliche Mindestanforderung. Er kommt in den Genuss der höheren Versicherungssummen. Ist der Schädiger weder Eigentümer, Fahrer oder Halter des Fahrzeugs aber mitversicherte Person nach dem Versicherungsvertrag, gewinnt er mit dem

---

48 *BGH*, Urt. v. 18.12.1973 – VI ZR 25/72, JurionRS 1973, 11199 = DAR 1974, 125 = VersR 1974, 254 = NJW 1974, 495 = MDR 1974, 478 = VRS 46, 244.

Haftpflichtversicherer einen solventen Gesamtschuldner hinzu, § 115 Abs. 1 Satz 4 VVG.

53 ▸ **Beispiel:**

An einem LKW befindet sich ein Ladekran, mit dem auf einer Baustelle Paletten mit Baumaterialien abgeladen wurden. Der Beifahrer des LKW bedient den Ladekran, um die Paletten noch einmal umzusetzen. Hierbei verletzt er den Statiker des Bauamts.

54 Der Statiker ist kein Verkehrsunfallopfer. Er hat den Schaden beim Einsatz des LKW als reine Arbeitsmaschine erlitten, wofür das PflVG keinen Deckungsschutz verlangt[49] und auch nach dem Urteil des *EuGH*[50] nicht verlangen muss. Der Beifahrer ist im PflVG nicht erwähnt. Lediglich in § 2 Abs. 2 Nr. 4 KfzPflVV[51] kommt er zur Sprache.

55 Enthalten die AKB keinen entsprechend zulässigen Ausschluss bzw. Begrenzung auf das Mindestmaß des PflVG, kommt die Norm sowohl dem Geschädigten als auch dem Schädiger zugute.

C. Weitere praktische Hinweise

I. Mangelfall bei Mindestdeckungssumme

56 In denkbaren Mangelfällen (z. B. junge Geschädigte mit hoher Querschnittslähmung; Schwerstbrandverletzte; viele Schwerverletzte) kann das Quotenvorrecht zu Lasten des Sozialversicherungsträgers und privaten Krankenkostenversicherers mit § 116 Abs. 4 SGB X bzw. §§ 86 Abs. 1 Satz 2; 194 VVG dem Geschädigten helfen. Zudem sind die Rangverhältnisse nach § 118 VVG zu beachten, die den geschädigten Personen zugutekommen.

57 Es bietet sich damit nicht nur für den Schadensregulierer an, das Gesamtausmaß eines Schadensfalles zum frühestmöglichen Zeitpunkt zu beachten.

58 Auch der Anwalt nur eines Geschädigten könnte mit der Konstellation konfrontiert werden. Er darf sich gerade nicht darauf verlassen, es werde für seinen Mandanten schon reichen. Das kann zu einem bösen Erwachen führen. Frühe Erstinformationen zur möglichem Mangelsituation erhält man bereits problemlos aus der Verkehrsunfallanzeige.

---

[49] Daher darf der Einsatz als Arbeitsmaschine in den AKB ausgeschlossen werden, Sonderbedingung 11, VerBAV 1971, 320.
[50] *EuGH* Urt. v. 04.09.2014 – Rs C-162/13, JurionRS 2014, 20478 = ADAJUR Dok. Nr. 105915 = JZ 2015, 60 = r+s 2014, 523 (kein Fall einer Arbeitsmaschine).
[51] Sinnvolle, aber problematische Abweichung von § 1 PflVG, da nicht vom Parlamentsvorbehalt gedeckt, § 4 Abs. 1 PflVG.

II. Rechtsfolgenausschluss des Abs. 3 durch Vertrag

Der Rechtsfolge des Abs. 3 kann der Versicherer entgehen, wenn er einen Basisvertrag entsprechend der gesetzlichen Mindestvorgaben wählt und einen ergänzenden Versicherungsschutz in einem zweiten Vertrag anbietet. Mit einer Änderung der derzeitigen Praxis ist zu rechnen[52]. Die Aufspaltung in zwei Verträge ist zulässig[53]. In der Regierungsbegründung zum Gesetzentwurf[54] wird sogar ausdrücklich auf diese Möglichkeit hingewiesen. Den Versicherer, der sich auf zwei getrennte Verträge beruft, trifft hierfür die Beweislast,[55] was letztlich eine Formsache sein dürfte. 59

Die Auswirkungen der Finanzkrise sind nicht vollständig überwunden. Sie haben Einfluss auf die gesamtwirtschaftlichen Rahmenbedingungen. Sie belasten auch den Einzelnen. Prognosen, ob und wie lange die Masse der Versicherungskunden dann noch ihrer Prämienzahlungspflicht nachkommen kann sind schwer zu treffen. Zwangsweise muss mit einem erhöhten Aufkommen an säumigen Beitragsschuldnern gerechnet werden. 60

Mit Rücksicht darauf kommt einer Trennung in zwei Verträge eine besondere Bedeutung zu. Mit der Aufspaltung in zwei getrennte Verträge erreicht der Versicherer zwei Ziele: 61

1. Belastung mit maximal der Mindestversicherungssumme

§ 113 Abs. 3 ist i. V. m. § 117 VVG zu lesen. Danach bleibt der Haftpflichtversicherer dem Geschädigten gegenüber auch bei »krankem« Versicherungsverhältnis in der Leistungspflicht. In der Pflicht-Haftpflichtversicherung gelten dann die Grenzen der Mindestversicherungssummen und der übernommen Gefahr, § 117 Abs. 3 Satz 1 VVG. Zudem besteht die Möglichkeit, den Geschädigten an einen anderen Schadensversicherer (z. B. Kaskoversicherer; Schutzbrief- oder Fahrerschutzversicherer, aber auch einen anderen Haftpflichtversicherer) oder einen Sozialversicherungsträger zu verweisen, § 117 Abs. 3 Satz 2 VVG. 62

In der Kfz-Haftpflichtversicherung gelten jedoch die §§ 5, 6 KfzPflVV als die spezielleren Normen. Sie schränken die Obergrenze der Leistungsfreiheit, wegen Obliegenheitsverletzungen nach § 117 Abs. 3 Satz 2 VVG wieder ein. 63

Diese, durch die KfzPflVV erzwungene[56] nur eingeschränkte Leistungsfreiheit hat zur Folge, dass sich die Kraftfahrthaftpflichtversicherer nicht mehr auf die Mindestver- 64

---

52 Marlow/Spuhl, Das neue VVG kompakt, S. 129.
53 Niederleithinger, Das neue VVG, A Rn. 221; Schwintowski/Brömmelmeyer/Huber PK-Vers, § 113 Rn. 11; HK-VVG/Schimikowski § 113 VVG Rn. 5; Marlow/Spuhl, Das neue VVG kompakt, S. 129; Looschelders/Pohlmann/Schwartze VVG -Kommentar, § 113 VVG Rn. 16; Feyock/Jacobsen/Lemor, § 113 VVG Rn. 4; Prölss/Martin/Knappmann, § 113 VVG, Rn. 10; Stiefel/Maier/Jahnke § 113 VVG, Rn. 39.
54 Regierungsbegründung, Besonderer Teil, zu § 113 Abs. 3 VVG, S. 221.
55 Bruck/Möller/Beckmann VVG-Kommentar § 113 VVG, Rn. 31.
56 Die Verordnungsgeber haben damit ihren durch § 4 Abs. 1 PflVG eingeräumten Kom-

sicherungssummen berufen können. Sie haben die vertraglich vereinbarten höheren Versicherungssummen[57] zur Verfügung zu stellen.

65 Um diesem Ergebnis entgegen zu treten, wählen viele Versicherer den Weg, dass sie in ihre AKB eine Klausel aufnehmen: »*Außerdem gelten anstelle der vereinbarten Versicherungssummen die in Deutschland geltenden Mindestversicherungssummen.*«, siehe D.2.3 Satz 2 AKB 2015.

66 Eine vertragliche Reduzierung durch eine Klausel in den vereinbarten AKB wird zu Recht als zulässig[58] erachtet. Die konkrete Klausel nach den Muster-AKB 2008 und 2015 dürfte jedoch wegen der Einschränkung auf die in Deutschland geltenden Summen **problematisch** sein, da im Falle eines **Auslandsunfalls** die dort geltenden Mindestdeckungssummen zu garantieren sind.

67 Dagegen ist deutlich sicherer, die Verträge bereits bei Vertragsschluss zu trennen. Hier bedarf es einer entsprechend (unsicheren) Klausel in den AKB nicht.

2. Maximal vom PflVG vorgeschriebener Deckungsumfang

68 Die Trennung in zwei Verträge bringt für den Versicherer im Falle eines kranken Versicherungsverhältnisses noch den Vorteil, dass er nicht nur der Höhe nach, sondern auch inhaltlich nur im Rahmen der vom PflVG geforderten Mindestdeckung haften muss.

69 Eine vertragliche Erweiterung des Kreises der Mitversicherten, eine Ausdehnung auf reine Arbeitsrisiken und der räumliche Bereich (ggf. mitversichertes EU-Ausland; Unfälle außerhalb des öffentlichen Verkehrsraumes) würde ansonsten bei einheitlichem Vertrag weiter gelten,[59] sofern auch diese Gefahr im Vertrag – z. B. nach den Muster-AKB -übernommen wurde. Bei einer Trennung ist dies ausgeschlossen und der Versicherer kann auch nicht mehr über den Weg des § 113 Abs. 3 VVG verpflichtet werden, denn die Vorschrift kommt dann erst gar nicht mehr zur Anwendung.

70 Ohne Trennung in zwei Verträge ist dieses Ziel nicht erreichbar. Selbst eine Ergänzung der Klausel in den AKB zu D.3.3 Satz 2 könnte hier nicht weiterhelfen. Eine solche Klausel würde gegen § 117 Abs. 3 Satz 1 VVG verstoßen, da es bei der vom Versicherer vertraglich übernommenen Gefahr zu verbleiben hat.

---

petenzrahmen überschritten. So auch *Wandt* Versicherungsrecht Rn. 1113, *ders.* VersR 1995, 494.
57 *BGH* Urt. v. 15.03.1983 – VI ZR 187/81, BGHZ 87, 121 ff. = JurionRS 1983, 12404 = VersR 1983, 688 = MDR 1983, 835 = NJW 1983, 2197; Schwintowski/Brömmelmeyer/*Huber* PK-Vers, § 117 Rn. 21.
58 *Wandt* Versicherungsrecht Rn. 1113; *Bauer*, Die Kraftfahrtversicherung Rn. 942.
59 Prölss/Martin/*Knappmann* § 113 VVG Rn. 9; einschränkend offenbar Stiefel/Maier/*Jahnke*, § 113 VVG, Rn. 42.

III. Rechtsprechung

§ 158k VVG a. F. ist die Vorläufernorm des Abs. 3. Wegen der fast wortgleichen Fassung kann die hierzu ergangene Rechtsprechung herangezogen werden. 71

IV. Analoge Anwendung

Für einen nach § 2 Abs. 1 Nr. 1 bis 5 PflVG[60] von der Versicherungspflicht **befreiten** 72 **Halter**, der freiwillig eine Kfz-Haftpflichtversicherung abgeschlossen hat, ist per Analogie ein Direktanspruch[61] gegen den Versicherer gegeben.

Umstritten ist die Frage, in welchem Umfang in diesem Falle die Leistungspflicht des 73 Versicherers reicht, wenn der Vertrag über die Mindestversicherung hinausgeht. Die wohl h. M.[62] bejaht zu Recht die Anwendbarkeit des § 113 Abs. 3 VVG auch hinsichtlich des gesamten vertraglichen Teiles. Mitversicherte und Geschädigte sollen nicht schlechter gestellt werden. Der Versicherer muss zudem nicht geschützt werden, da er sich auf die Bedingungen freiwillig eingelassen hat.

Eine Übertragung der Sachverhalte auf befreite Halter nach § 2 Abs. 1 Nr. 6 PflVG[63] 74 erscheint allerdings fraglich. Bei diesen Fahrzeugen geht der Gesetzgeber von einem geringeren[64] Risiko aus. Sie sind – zwar im Ergebnis zu Unrecht[65] – von Gefährdungshaftung nach § 7 Abs. 1 StVG ausgenommen, da sie langsamer sind als 20 km/h, § 8 Nr. 1 StVG. Da jedoch die Gefährdungshaftung eine wesentliche Begründung[66] für die Einführung der Pflichtversicherung darstellt, obliegt es allein dem Gesetzgeber eine Änderung herbeizuführen. Eine Analogie ist unzulässig.

Es ist oftmals zufällig, warum diese gesetzlich von der Pflichtversicherung befreiten 75 langsamen Fahrzeuge statt in der Allgemeinen- oder Betriebshaftpflichtversicherung[67] in der Kfz-Haftpflichtversicherung versichert werden. Dies liegt daran, dass oftmals Fahrzeugflotten in einem Rahmenvertrag versichert werden, in denen z. B. selbstfahrende Arbeitsmaschinen zur einfacheren technischen Abwicklung mit eingeschlossen werden. Dies schließt nicht aus, dass trotz der Bezeichnung Kfz-Haftpflichtversiche-

---

60 Stiefel/Maier/*Jahnke*, § 113 VVG, Rn. 5 bezieht sich nur auf § 2 Abs. 1 Nr. 1 – 4 PflVG.
61 BGH Urt. v. 17.02.1987 – VI ZR 75/86, JurionRS 1987, 15110 = DAR 1987, 223 = VersR 1987, 1034 = NJW 1987, 2375 = MDR 1987, 658 = NJW-RR 1987, 1237 (Ls.) = zfs 1987, 276; *Brand* in MüKo zum VVG, § 113 VVG, Rn. 8; siehe auch *Schwab* § 2 PflVG Rdn. 19.
62 Prölss/Martin/*Knappmann*, § 113 VVG, Rn. 7; Schwintowski/Brömmelmeyer/*Huber* PK-Vers, § 113 Rn. 13; eher offen lassend Looschelders/Pohlmann/*Schwartze* VVG-Kommentar, § 113 VVG Rn. 18; ablehnend BK/*Hübsch*, § 158k VVG a. F., Rn. 1.
63 So mit angesprochen in Looschelders/Pohlmann/*Schwartze* VVG-Kommentar, § 113 VVG Rn. 18.
64 Siehe auch *Kreuter-Lange* § 3 PflVG Rdn. 5.
65 *Schwab*, § 8 Nr. 1 StVG – eine Streichung ist überfällig, DAR 2011, 129 ff.
66 *Hedderich*, Pflichtversicherung, Diss. 2011, S. 348.
67 BGH Urt. v. 20.06.1979 – IV ZR 195/77, JurionRS 1979, 11203 = MDR 1980, 45 (zur Anwendung eines Teilungsabkommens mit der Berufsgenossenschaft bei einem freiwillig versicherten Radlader).

rung statt der §§ 113 ff. VVG nur die §§ 100 ff. VVG zur Anwendung kommen können. Schließlich bedeutet »Kraftfahrzeug oder Fahrzeug« nicht zwangsläufig »Pflichtversicherung«. Zudem lässt der Gesetzgeber abweichende Definitionen von Kraftfahrzeugen zu, wie der zum 21.06.2013 eingeführte § 1 Abs. 3 StVG[68] zeigt.

§ 114 Der Umfang des Versicherungsschutzes

(1) Die Mindestversicherungssumme beträgt bei einer Pflichtversicherung, soweit durch Rechtsvorschriften nichts anderes bestimmt ist, 250.000 Euro je Versicherungsfall und eine Million Euro für alle Versicherungsfälle eines Versicherungsjahres.

(2) Der Versicherungsvertrag kann Inhalt und Umfang der Pflichtversicherung näher bestimmen, soweit dadurch die Erreichung des jeweiligen Zwecks der Pflichtversicherung nicht gefährdet wird und durch Rechtsvorschrift nicht ausdrücklich etwas anderes bestimmt ist. Ein Selbstbehalt des Versicherungsnehmers kann dem Anspruch des Dritten nach § 115 Abs. 1 in Verbindung mit § 117 Abs. 1 nicht entgegengehalten und gegenüber einer mitversicherten Person nicht geltend gemacht werden.

Übersicht	Rdn.
A. Allgemeines	1
B. Regelungsgehalt	2
I. Mindestversicherungssummen allgemein	2
II. Mindestversicherungssummen in der Kfz-Haftpflichtversicherung	7
1. PflVG als Spezialgesetz	7
2. Grenzen der Vertragsfreiheit	10
3. Selbstbehalte	13
a) zulässig auch in der Kraftfahrthaftpflicht	13
b) Höhe von Selbstbehalten in der Kraftfahrthaftpflichtversicherung	22
c) Auswirkung für Geschädigte	35
d) Auswirkung auf Mitversicherte	42
aa) Auswirkung auf Mitversicherte allgemein	42
bb) Auswirkung auf mitversicherte Arbeitnehmer	43
cc) Übertragung arbeitsrechtlicher Prinzipien auf andere Mitversicherte	49
dd) Treu und Glauben	51
e) Auswirkung auf Versicherungsnehmer	54
aa) Aufrechnung gegen Anspruch aus der Kaskoversicherung	55
bb) Aufrechnung gegen Anspruch aus der Kfz-Unfallversicherung	56
cc) Versicherungsnehmer als haftpflichtberechtigter Insasse	57
dd) Versicherungsnehmer als Fahrer mit Fahrerschutzversicherung	60
f) Auswirkung auf den Regress des gesetzlichen Versicherungsträgers	61
aa) Dritter	61
bb) Sonderfall: Versicherungsnehmer ist Dritter	63
g) Auswirkung auf den Regress des privaten Schadensversicherers	71
aa) Dritter	71

---

68 BGBl. I 2013 S. 1560.

	Rdn.
bb) Sonderfall: Versicherungsnehmer ist Dritter	72
C. Weitere praktische Hinweise	74
I. Selbstbehalte	74
1. Vor- und Nachteile von Selbstbehalten	74
2. Berechnung der Forderung aus einer Selbstbehaltsvereinbarung	76
3. Auswirkung von Selbstbehalten bei anteiliger Haftung des VN	80
II. Höchsthaftungssummen nach §§ 12, 12a und 12b StVG	82

A. Allgemeines

Es handelt sich in Abs. 1 um eine Auffangnorm[1] für die Mindesthöhe einer Pflichtversicherung. Sie gilt insoweit nur sekundär[2] und hat wegen deutlich höherer Mindestversicherungssummen in der Kfz-Haftpflichtversicherung nur untergeordnete Bedeutung. Abs. 2 unterstreicht, dass die Mindestsummen zu Gunsten des Geschädigten und der mitversicherten Personen nicht ausgehöhlt werden dürfen. 1

B. Regelungsgehalt

I. Mindestversicherungssummen allgemein

Die nach Bundes- und Landesrecht geltenden Pflicht-Haftpflichtgesetze enthalten zuweilen keine Vorschrift, in welcher konkreten Höhe eine Versicherungssumme vorzuhalten ist. Abs. 1 ist somit eine **Auffangnorm**[3] für die Gesetze, in denen es an einer entsprechenden Regelung mangelt. Als Auffangnorm enthält sie zudem keine Staffelung der Versicherungssummen nach Schadenarten, wie dies in Spezialvorschriften üblich[4] ist. 2

Das PflVG hält für die Kraftfahrthaftpflichtversicherung eine entsprechende Regelung parat. Das PflVG geht als **Spezialgesetz** vor. 3

Spezialgesetze müssen nicht nur höhere, sie können nach der zutreffenden h. M.[5] auch niedrigere Summen vorschreiben. 4

Ein **spezialgesetzlich formuliertes Unterschreiten** der Mindestversicherungssumme gilt z. B. auch in der Kfz-Haftpflichtversicherung und zwar für den **reinen Vermögensschaden**. Nach Anlage 1 Nr. 1c) zu § 4 Abs. 2 PflVG beträgt die dortige Mindestsumme nur € 50.000,–, statt € 250.000,– nach § 114 Abs. 1 VVG. 5

---

1 Stiefel/Maier/*Jahnke* Kraftfahrtversicherung, § 114 VVG, Rn. 3.
2 Bruck/Möller/*Beckmann* VVG-Kommentar, Band IV, § 114 VVG, Rn. 1.
3 Staudinger/Halm/Wendt FAKomm VersR/*Dallwig*, § 114 VVG, Rn. 1.
4 Staudinger/Halm/Wendt FAKomm VersR/*Dallwig*, § 114 VVG, Rn. 1.
5 Looschelders/*Pohlmann/Schwartze* VVG-Kommentar, § 114 VVG Rn. 2; *Brand* in MüKo zum VVG, § 114 VVG, Rn. 9; Bruck/Möller/*Beckmann* VVG-Kommentar, Band IV, § 114 VVG, Rn. 6; unklar: *Feyock*/Jacobsen/Lemor KfzVers, § 114 VVG, Rn. 1.

§ 114 VVG Der Umfang des Versicherungsschutzes

6 Hierin liegt kein Verstoß gegen gemeinschaftsrechtliche Anforderungen. Die 6. KH-Richtlinie[6] fordert lediglich, dass Personen- oder Sachschäden, nicht aber reine Vermögensschäden in den Umfang der Pflichtversicherung einzubeziehen sind.

II. Mindestversicherungssummen in der Kfz-Haftpflichtversicherung

1. PflVG als Spezialgesetz

7 Die Mindestversicherungssummen in der Kfz-Haftpflichtversicherung richten sich nach der Anlage zu § 4 Abs. 2 Satz 1 PflVG. Sie liegen beim Personen- und Sachschaden deutlich über den Summen der meisten Pflicht-Haftpflichtversicherungen.

8 Eine Begrenzung der Anzahl der Versicherungsfälle pro Jahr, wie in der Pflicht-Haftpflichtversicherung, ist der Kfz-Pflicht-Haftpflichtversicherung fremd.

9 In Anlehnung an die Pflicht-Haftpflichtversicherung hält A.1.3.1 Satz 2 Kfz-USV[7] eine solche Regelung vor.

2. Grenzen der Vertragsfreiheit

10 Die Vertragsfreiheit ist durch die Existenz der Normen für die Pflicht-Haftpflichtversicherung bereits eingeschränkt. Abs. 2 Satz 1 der Norm lässt einen gewissen Spielraum zu, in dem Versicherungsbedingungen der Pflicht-Haftpflichtversicherung gestaltet werden können. Die Regelung erwähnt nicht, welche Rechtsfolge sich ergeben soll, falls gegen eine Rechtsvorschrift verstoßen wird oder der Vertragszweck nicht mehr erfüllt werden kann.

11 Diskutiert wird, ob ein Verstoß unter Berücksichtigung der Belange des Versicherungsnehmers als Vertragspartner mit mittelbarer Drittwirkung[8] nach § 307 BGB zur Unwirksamkeit[9] der Klausel oder unter vorrangiger Berücksichtigung der Interessen geschädigter Dritter nach § 134 BGB als nichtig[10] anzusehen ist.

12 Letztlich mag dies dahinstehen, da Abs. 2 Satz 1 durch das Wort »*soweit*« dem Bestreben nachkommt, am grundsätzlichen Bestand[11] des Versicherungsvertrages festzuhalten. An die Stelle einer unwirksamen Vertragsklausel kann nach § 306 Abs. 2 BGB die gesetzliche Regelung[12] treten. Fehlt sie, sollte der Vertrag so auszulegen sein, dass die Bestimmung einer gesetzlichen Regelung noch genügen[13] könnte.

---

6 Art. 3 der 6. KH-Richtlinie (2009/103/EG) vom 16.09.2009. Siehe auch *Schwab* § 1 PflVG Rdn. 128 ff.
7 Die Kfz-USV ist eine Quasi-Haftpflichtversicherung eigener Art.
8 Staudinger/Halm/Wendt FAKomm VersR/*Dallwig*, § 114 VVG, Rn. 5.
9 Looschelders/Pohlmann/*Schwartze* VVG-Kommentar, § 114 VVG, Rn. 8.
10 Bruck/Möller/*Beckmann* VVG-Kommentar, Band IV, § 114 VVG, Rn. 29 ff.
11 Bruck/Möller/*Beckmann* VVG-Kommentar, Band IV, § 114 VVG, Rn. 32.
12 Staudinger/Halm/Wendt FAKomm VersR/*Dallwig*, § 114 VVG, Rn. 15.
13 Staudinger/Halm/Wendt FAKomm VersR/*Dallwig*, § 114 VVG, Rn. 15; Looschelders/

3. Selbstbehalte

a) zulässig auch in der Kraftfahrthaftpflicht

Abs. 2 Satz 2 ermöglicht ausdrücklich und damit klarstellend[14], Selbstbehalte in der Pflicht-Haftpflichtversicherung zu vereinbaren. Dies betrifft auch die Kraftfahrthaftpflichtversicherung.

Die Verwendung von Selbstbehalten ist in vielen Versicherungsbereichen[15] gute und gängige Praxis. Was in der Kaskoversicherung seit Jahrzehnten üblich ist, hat in der Kraftfahrthaftpflichtversicherung in Deutschland auch heute noch erhebliches Neuland zu entdecken. Im Ausland[16] ist die Vereinbarung einer Selbstbeteiligung in der Kraftfahrthaftpflichtversicherung dagegen Normalität, zumal europarechtliche Vorschriften dem nicht entgegenstehen[17].

In Deutschland hat man sich schon vor der Deregulierung sporadisch[18] mit dem Thema befasst.

Mit der Deregulierung hat man den Gedanken weiter verfolgt. Das Schrifttum[19] hielt weiterhin einen Selbstbehalt für zulässig; das BAV[20] und das BMJ lehnten dies jedoch durch eine übermäßig enge Auslegung der KfzPflVV ab.

Die Tatsache, dass jedoch weder das PflVG noch die KfzPflVV bislang eine ausdrückliche Rechtsnorm[21] hierfür anboten, mag letztlich der Grund für die Zurückhaltung in der Breite gewesen sein. Jedenfalls standen und stehen gemeinschaftsrechtliche Anforderungen Selbstbehalten grundsätzlich nicht entgegen[22]. Die ausdrückliche Erwähnung von Selbstbehalten in § 114 Abs. 2 Satz 2 VVG dürfte damit Rechtssicherheit

13

14

15

16

17

Pohlmann/*Schwartze* VVG-Kommentar, § 114 VVG, Rn. 8; a. A. Bruck/Möller/*Beckmann* VVG-Kommentar, Band IV, § 114 VVG, Rn. 32.
14 *Feyock*/Jacobsen/Lemor KfzVers § 114 VVG Rn. 3.
15 Gesetzlich vorgeschriebene Pflicht-Selbstbehalte bei D&O-Versicherungen für Vorstände von mindestens 10 % nach § 93 Abs. 2 Satz 3 AktG.
16 *Feyock*/Jacobsen/Lemor KfzVers § 4 PflVG Rn. 20.
17 *Schirmer*/Höhne Die Zulässigkeit von Selbstbehalten in der KH-Versicherung, DAR 1999, 433 ff.
18 *Baumann* Haftpflichtversicherung mit Selbstbeteiligung – Hilferuf eines überforderten Strafrechts, DAR 1971, 289 f.; *Löwe* Empfiehlt sich die Einführung einer Selbstbeteiligung in der Kraftfahrzeughaftpflichtversicherung?, ZRP 1971, 198 ff.; *Baumgärtel* Selbstbeteiligung in der Kraftfahrzeughaftpflichtversicherung?, VersR 1972, 424; *v. Bernstorff* Selbstbehalt in der Autohaftpflicht? Probleme einer Pflichtversicherung im internationalen Vergleich, VW 1987, 214.
19 *Schirmer*/Höhne Die Zulässigkeit von Selbstbehalten in der KH-Versicherung, DAR 1999, 433 ff.
20 Bundesaufsichtsamt für das Versicherungswesen GB BAV 1995 Teil A, 47 f. (Amt hielt Alternativ-Tarif mit DM 100,–, 500,– oder 800,– SB für unzulässig).
21 *Feyock*/Jacobsen/Lemor KfzVers § 4 PflVG Rn. 22.
22 Art. 17 der 6. KH-Richtlinie (2009/103/EG) vom 16.09.2009 betont nur, dass Selbstbeteiligungen nicht zum Nachteil der Unfallgeschädigten gehen dürfen.

schaffen und die Diskussion beenden[23]. Im Verhältnis zu anderen Spezialvorschriften mit ausdrücklicher Zulassung von Selbstbehalten, wie in § 51 Abs. 5 BRAO und § 19a Abs. 4 BNotO handelt es sich um einen subsidiären Ausnahmetatbestand[24].

18 Schließlich geht nunmehr auch das Bundesministerium der Finanzen[25] von der Zulässigkeit von Selbstbehalten in der Pflichtversicherung für Kraftfahrzeughalter aus. Im Schadensfall verwirklichte Selbstbehalte sollten ab dem 01.01.2013 – da anders noch das *FG Hannover*[26] und der *BFH*[27] – ebenfalls zum Versicherungsentgelt zählen. In der Folge wären diese Selbstbehalte mit der Versicherungssteuer zu belegen. Das Versicherungsentgelt sollte zusammen mit der Versicherungssteuer per Prämienrechnung vom Versicherer erhoben werden. Die Versicherungssteuer führe dann der Versicherer an das Finanzamt ab.

19 Die steuerlichen Auswirkungen von Selbstbehalten sind als erheblich anzusehen, da mitunter bei einem Selbstbehalt von € 5.000,– die Versicherungsprämie nur ein Fünftel[28] der Prämie ohne Selbstbehalt ausmacht.

20 Das Vorgehen des Bundesministeriums für Finanzen warf bereits praktische Umsetzungsprobleme auf, die dazu führen konnten, die Vertragsfreiheit auf kaltem Wege einzuschränken, Selbstbehalte also wegen staatlicher Überreglementierung gleich ganz zu lassen. Es stieß zu Recht nicht nur auf erhebliche verfassungsrechtliche[29] Bedenken. Die Einführung von Versicherungssteuern auf Selbstbehalte in Kfz-Haftpflichtversicherung wurde schließlich[30] aufgegeben.

21 Aufgrund der Tatsache, dass sich der Gesetzgeber mit der Steuerthematik befasst hat, hat er es als Selbstverständlichkeit angesehen, dass Selbstbehalte auch in der Kfz-Haftpflichtversicherung zulässig sind.

---

23 Looschelders/*Pohlmann/Schwartze* VVG-Kommentar, § 114 VVG Rn. 10; *Feyock*/Jacobsen/Lemor KfzVers, § 114 VVG Rn. 3.
24 Staudinger/Halm/Wendt FAKomm VersR/*Dallwig*, § 114 VVG, Rn. 16.
25 Entwurf v. 19.06.2012 zum Verkehrssteueränderungsgesetz – VerkehrStÄndG, BT-Drucksache 17/10039.
26 *FG Hannover*, Urt. v. 26.09.2007 – 3 K 142/06, JurionRS 2007, 43873; zustimmend *Heitmann/Mühlhausen*, Versicherungssteuer auf Selbstbehalte, VersR 2009, 874 ff.
27 *BFH* Urt. v. 19.12.2009 – II R 44/07, BFHE 228, 285 = BStBl. II 2010, 1097 = DAR 2010, 484 (Ls.) = DB 2010, 488; offen lassend Prölss/Martin/*Knappmann*, § 114 VVG, Rn. 4; Looschelders/*Pohlmann/Schwartze* VVG-Kommentar, § 114 VVG Rn. 11.
28 *BAG* Urt. v. 13.12.2012 – 8 AZR 432/11, JurionRS 2012, 35941 = ADAJUR Dok.Nr. 101205 = BB 2013, 820 = JR 2013, 386 = FD-StrVR 2013, 344709 bespr. v. *Kääb* = NJW-Spezial 2013, 266 = NZA 2013, 622 = FA 2013, 147.
29 *Franz/Spielmann* Die Zukunft von Selbstbehalten bei Pflichtversicherungen aus versicherungssteuerlicher Sicht, VersR 2012, 960 ff.
30 Bericht des Finanzausschusses v. 25.10.2012, BT-Drucks. 17/11219.

b) Höhe von Selbstbehalten in der Kraftfahrthaftpflichtversicherung

Der Höhe des Selbstbehaltes sind generell Grenzen zu setzen, da hierdurch der Zweck 22
des jeweiligen Pflichtversicherungsgesetzes gefährdet werden könnte. Nach dem
PflVG gilt daher, den Bedürfnissen des Verkehrsopfers an umfassender Entschädigung
sowie nach § 1 PflVG Halter, Fahrer und Eigentümer vor existenzgefährdenden Schadensersatzforderungen zu schützen.

Nähere gesetzliche Vorgaben oder Anhaltspunkte wie nach § 93 Abs. 2 Satz 3 AktG 23
gibt das PflVG wegen seiner völlig anderen Zielsetzung jedoch nicht. Die KfzPflVV[31]
enthält bislang ebenfalls keine konkreten Angaben. Folglich sind Rechtsprechung und
Literatur aufgerufen, sich dem Thema zu stellen.

Schirmer[32] will die Hälfte des Durchschnittsschadens, sprich derzeit etwa € 2.000,–, als 24
Obergrenze einziehen. Dagegen hält *Feyock*[33] auch noch eine Obergrenze von € 2.500,–
im Privatkundengeschäft für möglich. Die Leistungsfreiheitsgrenzen[34] nach den §§ 5,
6 KfzPflVV können als Anhaltspunkt dienen. *Schimikowski*[35] hält außerhalb von Industrieversicherungen eine Obergrenze von € 5.000,– für angemessen.

Damit werden letztlich ähnlich starre Grenzen von € 2.000,– bzw. € 2.500,– oder sogar 25
auch € 5.000,– bis € 10.000,– (bei Kumulation von Obliegenheitsverletzungen vor und
nach dem Versicherungsfall) diskutiert.

Vergleichend kann man auch andere Rechtsgebiete für die Überlegungen heranziehen: 26
– So werden auch 1%-Regelungen zur Mindestversicherungssumme entsprechend
§ 51 Abs. 4 u. 5 BRAO und § 19a Abs. 3 u. 4 BNotO[36] erwogen, also € 2.500,–
bzw. € 5.000,–. Im Klein- und Kleinstschadenbereich, wie bei der Reiserücktrittskostenversicherung sind dagegen Selbstbehalte von 20% üblich und angemessen.[37]
– Bei einer privaten Krankenversicherung kann ein Selbstbehalt von 20% schnell sehr
hohe Kosten auslösen. Der *BGH*[38] hat jedoch in einem Fall, bei dem die Eigenbeteiligung dann tatsächlich rund € 20.000,– ausmachte, die gewählte Höhe des Selbstbehaltes für zulässig erachtet.

Prozentuale Grenzen werden sich nicht so einfach auf die Situation in der Kfz-Haft- 27
pflichtversicherung übertragen lassen. Bei einer Mindestdeckungssumme nach der An-

---

31 *Feyock*/Jacobsen/Lemor KfzVers, § 114 VVG Rn. 4.
32 *Schirmer* Neues VVG und die Kraftfahrzeughaftpflicht- und Kaskoversicherung – Teil II, DAR 2008, 319 (326).
33 *Feyock*/Jacobsen/Lemor KfzVers, § 4 PflVG Rn. 21.
34 Stiefel/Maier/*Jahnke* Kraftfahrtversicherung, § 114 VVG, Rn. 10; Prölss/Martin/*Knappmann*, § 114 VVG, Rn. 3.
35 Rüffer/Halbach/*Schimikowski*, Versicherungsvertragsgesetz, § 114 VVG, Rn. 8.
36 Schwintowski/Brömmelmeyer/*Huber*, PK-VersR, § 114 VVG Rn. 9; Stiefel/Maier/*Jahnke* Kraftfahrtversicherung, § 114 VVG, Rn. 10.
37 *Dallwig*, Deckungsbegrenzungen in der Pflichtversicherung, Diss. 2010, S. 83.
38 BGH Urt. v. 14.05.2003 – IV ZR 140/02, JurionRS 2003, 23480 = VersR 2003, 897 = NJW-RR 2003, 1105 = MDR 2003, 1049 = JZ 2003, 432.

lage zu § 4 Abs. 2 Satz 1 PflVG sind dies für den Personenschaden € 7.500.000,–. 1% hiervon sind schon € 75.000,–. 20% Selbstbehalt bedeuten sogar € 1.500.000,–. Solche Größenordnungen sind nur für größere Unternehmen tragbar, wie auch das Beispiel des Urteils des *BFH*[39] zu einem Rahmenvertrag mit einem Mietwagenunternehmen (Selbstbehalt: € 100.000,–) zeigt.

28 Bei einem Selbstbehalt in der Kfz-Haftpflichtversicherung handelt es sich bei einer Größenordnung ca. € 2.000,– um einen Betrag, bei dem sich der Privatmann überlegt, ob man den Schaden nicht selbst bezahlt, um nicht bei der nächsten Prämienanpassung höher gestuft zu werden. Tatsächlich wird schwerlich keiner der Beträge in Form eines Selbstbehaltes einen Versicherungsnehmer in die Privatinsolvenz treiben.

29 Dennoch sind grundlegende Unterschiede für die Betrachtung notwendig:

Die Frage des SFR-Verlustes ist eine wirtschaftliche Überlegung für die Zukunft, wie man das Fahrzeug künftig trotzdem noch günstig versichern kann. Hier hat der Versicherte nach Eintritt des Schadensfalles ein Wahlrecht. Er kann berechnen, was für ihn wirtschaftlich sinnvoll und von Vorteil ist. Dabei wird auch eine Rolle spielen, ob man vorübergehend überhaupt noch Auto fahren darf (Fahrverbot/Fahrerlaubnisentzug), kann (eigener Gesundheitsschaden nach Unfall) oder möchte (zu alt, zu ängstlich).

30 Im Gegensatz dazu hat sich der Versicherungsnehmer bei der Vereinbarung eines Selbstbehaltes schon vor dem Unfall festgelegt, bis zu einem bestimmten Betrag notfalls in Regress genommen zu werden. Möglicherweise geschah dies sogar noch zu einer Zeit, als es dem Versicherungsnehmer wirtschaftlich deutlich besser ging.

31 Sind Versicherungsnehmer und Fahrer identisch, drohen oft weitere (auch finanzielle) Belastungen durch ein Strafverfahren[40], Entzug der Fahrerlaubnis- und/oder Arbeitsplatzverlust oder die durch Anschaffung eines eigenen Ersatzfahrzeugs.

32 Nicht zu vernachlässigen ist, dass bei einem entsprechend großen Schaden auch der Regress wegen einer Obliegenheitsverletzung noch zusätzlich belasten wird.

33 Das Spektrum finanzieller Leistungsunterschiede unter den Versicherungsnehmern ist bekanntermaßen[41] sehr groß. So können € 500,– für einen Studenten oder Arbeitslosen erdrückend, aber selbst € 5.000,– oder € 10.000,– für vermögende Versicherte[42] oder Unternehmen durchaus akzeptabel sein. Notwendig erscheint es daher, keine allzu starren Grenzen einzuziehen.

---

39 *BFH* Urt. v. 19.12.2009 – II R 44/07, BFHE 228, 285 = BStBl. II 2010, 1097 = DAR 2010, 484 (Ls.).

40 Eine Zahlungsverbindlichkeit wegen einer hohen KH-Selbstbeteiligung dürfte sich kaum auf die Höhe des festzulegenden Tagessatzes auswirken.

41 *Baumgärtel* Selbstbeteiligung in der Kraftfahrzeughaftpflichtversicherung?, VersR 1972, 424.

42 *Franz/Spielmann* Die Zukunft von Selbstbehalten bei Pflichtversicherungen aus versicherungssteuerlicher Sicht, VersR 2012, 960 ff.

Entscheidend ist immer die individuelle[43] wirtschaftliche Situation des Versicherungs- 34
nehmers, die zu einer Einzelfallentscheidung[44] führen muss. Dabei haben auch die weiteren Folgen durch einen künftigen Schaden nicht außer Betracht zu bleiben. Mit Blick auf eine niedrige Prämie darf der Versicherungsnehmer sich nicht über die Risiken eines hohen Selbstbehaltes blenden lassen. Gerade auch bei dieser Art der Vertragsgestaltung mit einer zu verlockenden Prämienreduzierung ist Information und Beratung durch den Versicherer oder Makler besonders wichtig, § 6 Abs. 1 VVG. Es ist dabei jedoch gerade nicht so, dass wegen der dann niedrigeren Prämie weniger zu beraten ist. Die Beratung müsste schon im Eigeninteresse des Versicherers eher intensiver ausfallen, denn nur ein Versicherungsnehmer, der das Risiko bewusst übernommen hat, wird auch freiwillig den Regressbetrag im Schadensfall zahlen wollen. Ansonsten droht dem Versicherer sogar der Verlust des Regressanspruchs, § 6 Abs. 5 VVG.

c) **Auswirkung für Geschädigte**

Im Außenverhältnis zum Unfallgeschädigten sind Selbstbehalte ausdrücklich unbe- 35
achtlich. Dies gilt zumindest dort, wo § 114 Abs. 2 Satz 2 VVG nicht ausnahmsweise durch ein Spezialgesetz verdrängt[45] wird. Für die Pflicht-Haftpflichtversicherung im Sinne des PflVG bleibt es dabei, dass dem Verkehrsunfallgeschädigten ein Selbstbehalt nicht entgegengehalten werden darf. Dies ergibt sich schon aus Art. 17 der 6. KH-Richtlinie.

Es findet somit kein Abzug beim Direktanspruch statt. Der Versicherer bleibt zu Guns- 36
ten dieser Geschädigten in der ungekürzten Leistungspflicht.

Erwirkt der Dritte einen Titel gegen den Versicherungsnehmer, kann er den Deckungs- 37
anspruch pfänden und an sich überweisen lassen. Auch dann sei der Versicherer nicht[46] berechtigt, den Selbstbehalt entgegen zu halten. Dies entspreche der Intension[47] des Gesetzgebers, dass der Dritte ohne Direktanspruch im Rahmen der Pflichtversicherung nicht schlechter gestellt werden dürfe.

Dem ist nach dem Wortlaut zuzustimmen. Soweit Eingriffe in Grundrechte des Ver- 38
sicherers[48] durch höherrangige Schutzinteressen Dritter zulässig sind, wird dies auch vom Sinn und Zweck der Vorschrift getragen. Bezogen auf den Bereich des PflVG gilt dies für alle Verkehrsunfallopfer.

Soweit jedoch der Staat oder ein Vertragspartner des Versicherungsnehmers lediglich in 39
ihren Vermögensinteressen, aber nicht mit hohen Schutzgütern, wie Leib und Leben

---

43 *Dallwig*, Deckungsbegrenzungen in der Pflichtversicherung, Diss. 2010, S. 84; Staudinger/ Halm/Wendt FAKomm VersR/*Dallwig*, § 114 VVG, Rn. 4.
44 Bruck/Möller/*Beckmann* VVG-Kommentar, Band IV, § 114 VVG, Rn. 44.
45 *Dallwig*, Deckungsbegrenzungen in der Pflichtversicherung, Diss. 2010, S. 77; a. A. Schwintowski/Brömmelmeyer/*Huber*, PK-VersR, § 114 VVG Rn. 9.
46 Looschelders/Pohlmann/*Schwartze*, VVG-Kommentar, § 114 VVG, Rn. 11.
47 BT-Drucks. 16/6627, S. 6 f.
48 Siehe Vor §§ 113 bis 124 VVG Rdn. 5–7.

betroffen ist, muss es allerdings möglich bleiben ihnen den Selbstbehalt entgegen zu halten. »Dritter« ist somit nicht jeder Geschädigte, sondern nur der »schutzwürdige Dritte«.

40 Die ungekürzte Leistungspflicht gilt wegen § 117 Abs. 3 VVG zugunsten des Geschädigten auch dann, wenn der Versicherer im Innenverhältnis aufgrund anderer Umstände leistungsfrei ist.

41 Dies soll sogar dann gelten, wenn der Versicherungsschutz die Mindestanforderungen (erhöhte Deckungssummen; räumliche Ausdehnung) überschreitet. Dem ist zuzustimmen, da § 113 Abs. 3 VVG auch hierauf die Anwendbarkeit erklärt. Der Versicherer kann sich nur dann aus der Situation befreien, wenn er für den Teil, der die gesetzliche Mindestdeckung überschreitet, einen zweiten Vertrag[49] (Anschlussversicherung) abschließt.

d) Auswirkung auf Mitversicherte

aa) Auswirkung auf Mitversicherte allgemein

42 Abs. 2 Satz 1 stellt – mangels einschränkender Spezialvorschrift[50] zumindest für die Kfz-Haftpflichtversicherung – klar, dass Mitversicherte den Schutz aus der vollen Mindestversicherungssumme zu erhalten haben. Sie sind somit kein Regressschuldner des Selbstbeteiligungsbetrages. Schuldner ist allein der Versicherungsnehmer.

bb) Auswirkung auf mitversicherte Arbeitnehmer

43 Die Schutzvorschrift für Mitversicherte nach Abs. 2 Satz 2 wendet sich an den Versicherer. Sie betrifft nicht den Versicherungsnehmer als Arbeitgeber.

44 Dieser könnte seinerseits nach dem Regress des Versicherers wiederum bei ihm den mitversicherten Fahrer als seinen Arbeitnehmer in Anspruch nehmen. Die Durchsetzbarkeit eines Regresses beim Arbeitnehmer ist unter Beachtung arbeitsrechtlicher Besonderheiten[51] tatsächlich leicht umsetzbar, da der Arbeitgeber ja nur unter Beachtung der Pfändungsfreigrenzen den Lohn einzubehalten braucht.

45 Im Regress der Kaskoselbstbeteiligung sind die Grundsätze der gefahrgeneigten Arbeit zu beachten. Schon hier darf der Arbeitnehmer allenfalls mit üblichen Selbstbehalten[52] belastet werden.

46 Im Regress der Haftpflichtselbstbeteiligung versagt die arbeitsgerichtliche Rechtsprechung dem Arbeitgeber einen Rückgriff jedoch vollständig. Dies beruht auf dem Ver-

---

49 Siehe auch *Schwab* § 115 VVG Rdn. 44 ff.
50 Beispiel § 106a LuftVZO.
51 Himmelreich/*Halm/Steinmeister/Janowsky* Handbuch des Fachanwalts Verkehrsrecht, Kap. 36 Rn. 17.
52 *LAG Bremen* Urt. v. 26.07.1999 – 4 Sa 116/99, JurionRS 1999, 10432 = ADAJUR Dok.Nr. 52859 = NZA-RR 2000, 126 (127) (damals DM 2.000,–); *LAG Mainz* Urt. v. 26.03.2012 – 5 Sa 655/11, JurionRS 2012, 16545.

ständnis, dass der Halter eine Pflichtversicherung zu unterhalten hat, die nach § 1 PflVG in vollem Umfang auch dem mitversicherten Fahrer zugutekommen soll. Zu Recht entschied das *LAG Bremen*[53] zur Selbstbeteiligung in der Kraftfahrthaftpflichtversicherung, dass das Unternehmerrisiko nicht auf den Arbeitnehmer abgewälzt werden dürfe. Schließlich spart der Arbeitgeber zudem noch an der Prämie.

Das *BAG*[54] sieht dies genauso[55]. Selbst eine arbeitsvertragliche Vereinbarung dahingehend, dass der Kraftfahrer seinem Unternehmer den Selbstbehalt zu erstatten habe, ist wegen Verstoßes gegen die gesetzliche Verbotsnorm des § 114 Abs. 2 Satz 2 VVG nach § 134 BGB nichtig. 47

Das Ergebnis überzeugt, da der Arbeitnehmer nach der Rechtsprechung des *BAG*[56] einen Freistellungsanspruch gegenüber seinem Arbeitgeber selbst dann besitzt, wenn der Arbeitgeber ihn in Kenntnis seiner fehlenden Fahrerlaubnis zu Fahrten einsetzt. 48

cc) Übertragung arbeitsrechtlicher Prinzipien auf andere Mitversicherte

Die unter bb) dargelegten Wirkungen sind auf das Dienstrecht zu übertragen. Dies ist für von der Versicherungspflicht befreite Halter nach § 2 PflVG selbstverständlich und gilt für sonstige öffentliche Halter gleichermaßen. 49

Schutzbedürftig sind jedoch auch andere Personen, die berechtigterweise – insbesondere fremdnützig – Fahrzeuge führen. 50

dd) Treu und Glauben

Da der Kfz-Haftpflichtversicherer den Mitversicherten freizustellen hat, müsste er den Mitversicherten auch von einem Regress des Versicherten freistellen. Im Ergebnis hätte der Versicherer dann den Regress beim Versicherungsnehmer auch bleiben lassen können. 51

Diese Konsequenz entspricht zwar der Anforderung des § 114 Abs. 2 Satz 2 VVG; allerdings widerspricht sie dem zwischen Versicherungsnehmer und Versicherer vertraglich vereinbarten Zweck eines Selbstbehaltes. 52

---

53 *LAG Bremen* Urt. v. 26.07.1999 – 4 Sa 116/99, JurionRS 1999, 10432 = NZA-RR 2000, 126 (128).
54 *BAG* Urt. v. 13.12.2012 – 8 AZR 432/11, JurionRS 2012, 35941 = BB 2013, 820 = FA 2013, 147 = FD-StrVR 2013, 344709 bespr. v. *Kääb* = NJW-Spezial 2013, 266 = NZA 2013, 622; Näher erläutert in Himmelreich/*Halm*/*Steinmeister*/*Janowsky* Handbuch des Fachanwalts Verkehrsrecht, Kap. 36, Rn. 11. Erstinstanz *ArbG Cottbus* Urt. v. 09.09.2009 – 5 Ca 1952/08, JurionRS 2009, 34666.
55 Zustimmend *Weber* Selbstbehalt des Arbeitgebers bei der Kfz-Haftpflichtversicherung – Heranziehung des Arbeitnehmers im Rahmen des innerbetrieblichen Schadensausgleichs, JR 2013, 386 ff.
56 *BAG* Urt. v. 23.06.1988 – 8 AZR 300/85, BAGE 59, 89 = JurionRS 1988, 10105 = NJW 1989, 854 = MDR 1989, 289 = NZA 1989, 181 = BB 1989, 147 = JR 1989, 264 = DB 1989, 280.

53 Nach **Treu und Glauben** ist es daher geboten, dem Versicherungsnehmer einen Folgeregress gegen Mitversicherte zu versagen[57]. Zur Klarstellung bietet es sich an, dies in die Bedingungen zum Selbstbehalt als Regelung[58] zugunsten Mitversicherter aufzunehmen.

e) **Auswirkung auf Versicherungsnehmer**

54 Der Versicherungsnehmer hat durch niedrigere Prämien einen Vorteil, den er im Schadensfall durch den gegen ihn gerichteten Regress auszugleichen hat.

aa) **Aufrechnung gegen Anspruch aus der Kaskoversicherung**

55 Besteht neben der Haftpflichtversicherung mit Selbstbehalt eine Fahrzeugversicherung, aus der der Versicherungsnehmer persönlich[59] berechtigt ist, kann das Versicherungsunternehmen gegen den Leistungsanspruch aus der Kaskoversicherung mit dem Regressanspruch aus dem Selbstbehalt der Haftpflichtversicherung aufrechnen.

bb) **Aufrechnung gegen Anspruch aus der Kfz-Unfallversicherung**

56 Entsprechend der Situation in der Fahrzeugversicherung kann der Regressanspruch aus der Selbstbeteiligung in der Haftpflichtversicherung auch gegen Leistungsansprüche aus der Kfz-Unfallversicherung aufgerechnet werden. Dies ist jedoch nur dann möglich, wenn der Versicherungsnehmer persönlich berechtigt ist, also selbst unfallbedingt verletzt wurde.

cc) **Versicherungsnehmer als haftpflichtberechtigter Insasse**

57 Wird der Versicherungsnehmer als Insasse des Fahrzeugs bei einem Unfall verletzt, hat er fast immer Ansprüche gegen den Halter, den Fahrer und (durch den gesetzlichen Schuldbeitritt) gegen seinen Haftpflichtversicherer als Gesamtschuldner. Der Versicherungsnehmer ist dann zugleich Dritter.

58 In diesem Fall liegt jedoch keine Aufrechnungslage, sondern bereits eine Konfusion[60] vor. Der Versicherungsnehmer ist aus dem gleichen Rechtszusammenhang heraus leistungsberechtigt, aber zugleich mit der Entstehung des Anspruchs zur Regresszahlung verpflichtet. Erwirbt er beispielsweise einen Schmerzensgeldanspruch, ist dieser um die Höhe des vertraglichen Selbstbehaltes zu reduzieren.

---

57 Ähnlich Staudinger/Halm/Wendt FAKomm VersR/*Dallwig*, § 114 VVG, Rn. 12.
58 Formulierungsvorschlag: »*Ein Selbstbehalt in der Haftpflichtversicherung ist allein vom Versicherungsnehmer und nie von Mitversicherten zu tragen, es sei denn, es handelt sich um einen nichtberechtigten Fahrer.*«
59 Abgrenzung zum Leasingfahrzeug und sicherungsübereigneten Fahrzeug, bei denen die Kaskoversicherung den wirtschaftlichen Interessen Dritter dient.
60 Vereinigung der Forderung mit der Schuld, § 425 Abs. 2 BGB; insbesondere im Falle des § 1922 BGB; aber auch im WEG-Verfahren, *OLG Koblenz* Beschl. v. 16.04.2009 – 5 W 220/09, JurionRS 2009, 27730 = NJW 2009, 1978 = NZM 2009, 441 = OLGR 2009, 577.

Der Versicherungsnehmer ist entgegen dem Wortlaut des § 114 Abs. 2 Satz 2 VVG 59
zwar auch Dritter. Er ist aber vom Sinn und Zweck des Gesetzes nicht schutzwürdig,
da er zugleich auch Erster ist. Dies liegt daran, dass das Außenverhältnis mit dem Innenverhältnis identisch ist. Anders als in Kfz-Haftpflichtfällen ohne Selbstbeteiligung[61] besteht keine Veranlassung, den Selbstbehalt zu ignorieren.

dd) Versicherungsnehmer als Fahrer mit Fahrerschutzversicherung

Besteht beim selben Unternehmen eine Fahrerschutzversicherung nach A.5 AKB 2015, 60
kann auch hier der Kfz-Haftpflichtversicherer gegen den Leistungsanspruch des verletzten versicherten Fahrers mit der Selbstbeteiligung aufrechnen. Die Situation entspricht derjenigen der Kfz-Unfallversicherung in A.4 AKB 2015.

f) Auswirkung auf den Regress des gesetzlichen Versicherungsträgers

aa) Dritter

Grundsätzlich bleibt der Regress des gesetzlichen Versicherungsträgers nach § 116 61
Abs. 1 SGB X vom Selbstbehalt unberührt, denn der Sozialversicherungsträger (SVT)
ist Rechtsnachfolger des Geschädigten.

In der logischen Sekunde des Schadenseintritts geht der Anspruch des geschädigten 62
Versicherungsnehmers hinsichtlich der kongruenten Leistungen über.

bb) Sonderfall: Versicherungsnehmer ist Dritter

Schwieriger wird die Situation im Rahmen eines SVT-Regresses, wenn der Versiche- 63
rungsnehmer Schuldner des Selbstbehaltes ist.

Im Falle der Konfusion aufgrund des Selbstbehaltes kann jedoch erst gar kein Anspruch 64
entstehen, der sodann noch übergehen könnte. Der SVT wäre andernfalls auch nicht
Rechtsnachfolger eines gewöhnlichen Dritten, sondern eines Dritten, der zugleich Erster ist.

Im Ergebnis fehlt es beim geschädigten Versicherungsnehmer an einem Anspruch, der 65
übergehen könnte. Insofern ist der Haftpflichtversicherer berechtigt, die Konfusion als
Erlöschenstatbestand entgegen zu halten.

Die Wirkungen des Selbstbehaltes entsprechen an dieser Stelle denen eines Vertrages zu 66
Lasten Dritter.

Dennoch ist ein solcher Nachteil vom Sozialversicherungsträger hinzunehmen, da der 67
Selbstbehalt ja nicht bewusst zum Nachteil des SVT vereinbart wurde. Die Vertragsparteien handeln zudem innerhalb des vom VVG-Gesetzgeber zugelassenen Rahmens.

Des Weiteren beschränkt selbst § 116 SGB X an verschiedenen Stellen zu Gunsten ih- 68
res Versicherten den Regress. So findet wegen des Familienprivilegs nach § 116 Abs. 6

---

61 Bruck/Möller/*Koch* VVG-Kommentar, Band IV, § 100 VVG, Rn. 120.

SGB X kein Regress gegen Angehörige des Versicherten statt; wieso sollte dieser dann greifen, wenn er persönlich betroffen ist? Immerhin gewähren bereits die Abs. 2 und 3 des § 116 SGB X entsprechende Quotenvorrechte.

69 Schließlich ist im Recht der gesetzlichen Krankenversicherung selbst bei einer vorsätzlichen Selbstbeschädigung nach § 52 SGB V eine Leistungsverweigerung oder Rückforderung des SVT nicht zwingend.

70 Bei Teilungsabkommen zwischen Sozialversicherungsträgern und dem Kfz-Haftpflichtversicherer ist zuvor ebenfalls der Selbstbehalt vom Aufwand des SVT abzuziehen. Da von vornherein in Höhe der Selbstbeteiligung Konfusion besteht, ist ein Haftpflichtanspruch in dieser Höhe nicht übergangsfähig. Denn er ist schon nicht begründet.

g) Auswirkung auf den Regress des privaten Schadensversicherers

aa) Dritter

71 Der private Schadensversicherer erwirbt den Anspruch mit Leistung nach § 86 Abs. 1 VVG. Ihm ist als Rechtsnachfolger des Dritten eine Selbstbeteiligung nicht entgegen zu halten.

bb) Sonderfall: Versicherungsnehmer ist Dritter

72 Parallel zur Situation des gesetzlichen Versicherungsträgers[62] ist auch beim privaten Krankenversicherer die Konfusion zu beachten. Entsprechend ist ein Forderungsübergang nach § 86 Abs. 1 VVG in Höhe der Selbstbeteiligung in KH ausgeschlossen.

73 Der private Krankenversicherer ist seinerseits nicht berechtigt, dem Versicherungsnehmer die eingeschränkte Regressmöglichkeit entgegen zu halten. Er darf seine vertraglichen Leistungen nicht um den Betrag kürzen, wie er durch den Selbstbehalt in der KH in seinem Regress gegen den Haftpflichtversicherer gehindert ist, § 86 Abs. 3 VVG analog.

C. Weitere praktische Hinweise

I. Selbstbehalte

1. Vor- und Nachteile von Selbstbehalten

74 Die Verwendung von Selbstbehalten mag als Verkaufsförderung dienen. Selbstbehalte reduzieren die Prämie. Wie hoch die durchschnittliche Reduktion ist[63] und ob sich dies für alle Beteiligten tatsächlich lohnt, wird die Zukunft zeigen.

---

62 Siehe oben § 114 VVG Rdn. 61 ff.
63 *Schirmer* Neues VVG und die Kraftfahrzeughaftpflicht- und Kaskoversicherung – Teil II, DAR 2008, 319 (326).

Oft werden leider erst im Schadensfall die Nachteile deutlich. Bei vermeintlichen 75
Kleinschäden wird man noch eher versucht sein, sich mit dem Unfallgegner zu einigen.
Gelingt dies nicht, sind verspätete Schadenmeldungen mit entsprechenden Aufklärungsverlusten unvermeidbar. Durch den Zeitverlust dürften sich die Schäden zusätzlich verteuern. Ob die Selbstbeteiligung abzüglich Prämienabschlag den zu erwartenden Schadenmehraufwand aufwiegt, wird sich dann weisen. Schließlich darf auch der damit verbundene Regulierungsaufwand nicht unterschätzt werden. Die Situation ist nicht nur emotional belastender als im Kaskoschaden. Dort ersetzt der Versicherer nur den Schaden abzüglich der Selbstbeteiligung. Im Haftpflichtschaden ist dagegen ein zusätzliches Regressverfahren gegen den Versicherungsnehmer, also den eigenen Kunden, durchzuführen.

2. Berechnung der Forderung aus einer Selbstbehaltsvereinbarung

Bei einem vereinbarten Selbstbehalt von € 1.000,– und einem Schaden von € 4.000,– 76
bestehen keine Probleme. Der Regressanspruch beträgt € 1.000,–.

Beträgt der Schaden nur € 500,–, dann können grundsätzlich auch nur € 500,– regres- 77
siert werden. Offen ist allerdings die Frage, ob nicht nur Schadensersatzleistungen, sondern auch sonstige Aufwendungen des Versicherers zusätzlich zum Regressbetrag berechnet werden dürfen.

Dies richtet sich zunächst nach den individuellen Bestimmungen des Vertrages. Der 78
Einbezug von Kosten für Aktenauszüge, Reisekosten, Kosten für Schadengutachten und Prozesskosten kann vereinbart werden.

Fehlt es an einer ausdrücklichen Vereinbarung, können die Regelungen in den §§ 85 79
Abs. 1; 116 Abs. 1 Satz 3 VVG zur ergänzenden Auslegung herangezogen werden.

3. Auswirkung von Selbstbehalten bei anteiliger Haftung des VN

Besteht die Leistungspflicht des Versicherers, richtet sich die Höhe des zu regressieren- 80
den Selbstbehaltes allein nach der Vereinbarung. Somit trägt der Versicherungsnehmer bis zur Höhe des Selbstbehaltes letztlich das wirtschaftliche Risiko allein. Der Versicherer trägt das Risiko, den Regress gegen seinen Versicherungsnehmer realisieren zu können.

Besteht eine anteilige Haftung, hat der Versicherungsnehmer häufig auch Gegen- 81
ansprüche gegen den Unfallgegner. Der regulierende Haftpflichtversicherer darf den Selbstbehalt dem Dritten nicht entgegenhalten, § 114 Abs. 2 Satz 2 VVG. Er ist jedoch nicht gehindert, sich den Gegenanspruch seines Versicherungsnehmers bis zur Höhe des vereinbarten Selbstbehaltes durch Vertrag abtreten zu lassen. Mit diesem Gegenanspruch kann er gegen die Forderung des Dritten aufrechnen.

II. Höchsthaftungssummen nach §§ 12, 12a und 12b StVG

Zur Klarstellung sei erwähnt, dass Mindestversicherungssummen etwas völlig anderes 82
sind als Höchsthaftungssummen. Höchsthaftungssummen begrenzen bei Gefähr-

§ 115 VVG Direktanspruch gegen den Versicherer

dungstatbeständen den Schadensersatzanspruch. Sie stehen betragsmäßig in keinem Zusammenhang mit den Mindestversicherungssummen.

83 Im Extremfall endet der vertragliche Mindestschutz sogar deutlich unterhalb der Höchsthaftungssumme. So haftet[64] der Halter eines Gefahrgutfahrzeuges für Personen- und Sachschäden nach § 12a Abs. 1 Nr. 1 und 2 StVG bis zu € 10 Mio., wenn sich die Gefährlichkeit des Stoffes auswirkt. Die Mindestversicherungssummen betragen jedoch nur € 7,5 beim Personen- und € 1,12 Mio. beim Sachschaden. Es besteht somit selbst im Rahmen der Gefährdungshaftung die Möglichkeit einer nach oben limitierten Gesamtschuld. Der Halter haftet und schuldet allein weiter als sein Versicherer gesamtschuldnerisch Dritten zur Leistung verpflichtet ist.

§ 115 Direktanspruch gegen den Versicherer

(1) Der Dritte kann seinen Anspruch auf Schadensersatz auch gegen den Versicherer geltend machen,
1. wenn es sich um eine Haftpflichtversicherung zur Erfüllung einer nach dem Pflichtversicherungsgesetz bestehenden Versicherungspflicht handelt oder
2. wenn über das Vermögen des Versicherungsnehmers das Insolvenzverfahren eröffnet oder der Eröffnungsantrag mangels Masse abgewiesen worden ist oder ein vorläufiger Insolvenzverwalter bestellt worden ist oder
3. wenn der Aufenthalt des Versicherungsnehmers unbekannt ist.

Der Anspruch besteht im Rahmen der Leistungspflicht des Versicherers aus dem Versicherungsverhältnis und, soweit eine Leistungspflicht nicht besteht, im Rahmen des § 117 Abs. 1 bis 4. Der Versicherer hat den Schadensersatz in Geld zu leisten. Der Versicherer und der ersatzpflichtige Versicherungsnehmer haften als Gesamtschuldner.

(2) Der Anspruch nach Absatz 1 unterliegt der gleichen Verjährung wie der Schadensersatzanspruch gegen den ersatzpflichtigen Versicherungsnehmer. Die Verjährung beginnt mit dem Zeitpunkt, zu dem die Verjährung des Schadensersatzanspruchs gegen den ersatzpflichtigen Versicherungsnehmer beginnt; sie endet jedoch spätestens nach zehn Jahren von dem Eintritt des Schadens an. Ist der Anspruch des Dritten bei dem Versicherer angemeldet worden, ist die Verjährung bis zu dem Zeitpunkt gehemmt, zu dem die Entscheidung des Versicherers dem Anspruchsteller in Textform zugeht. Die Hemmung, die Ablaufhemmung und der Neubeginn der Verjährung des Anspruchs gegen den Versicherer wirken auch gegenüber dem ersatzpflichtigen Versicherungsnehmer und umgekehrt.

---

64 Die Haftungslimits der §§ 12, 12a StVG gelten bei Ansprüchen nach § 89 WHG nicht, lex specialis; *BGH* Urt. v. 23.12.1966 – V ZR 144/63, BGHZ 47, 1 = JurionRS 1966, 12063 = MDR 1967, 575 = DÖV 1967, 762 = NJW 1967, 1131 = VersR 1967, 374 = DVBl. 1967, 771 = ZfW 1967, 92.

Übersicht

		Rdn.
A.	**Allgemeines**	1
I.	historischer Einstieg	1
II.	rechtliche Einordnungsversuche	9
B.	**Regelungsgehalt**	14
I.	Normzweck	14
II.	Anspruch auf Schadensersatz	26
III.	Haftpflichtversicherung zur Erfüllung einer nach dem Pflichtversicherungsgesetz bestehenden Versicherungspflicht	37
	1. Regelfall nach dem Gesetzeszweck	37
	2. Ausnahme	43
	3. Praxis: Ausnahme ist die Regel	44
	a) Vorteile dieser Praxis	47
	b) Nachteile dieser Praxis für den Versicherer	48
	c) »Outsourcen« von Haftpflicht-Zusatzdeckungen	53
IV.	Dritter	60
V.	Definition des Verkehrsopfers als Dritten	67
	1. Problemstellung	67
	2. primär schutzwürdige Personen	68
	3. sekundär (schutzwürdige) Personen	75
	4. tertiär (schutzwürdige) Personen	88
	5. Fazit: teleologische Reduktion des Begriffs »Dritter«	98
VI.	kein Dritter	105
VII.	Sonderfall: Versicherungsnehmer und mitversicherte Personen als Dritte	114
VIII.	Umfang der Leistungspflicht	119
IX.	Gesamtschuldner	124
X.	Verjährung	130
	1. Gleichlauf der Verjährungsfrist	130
	2. gleichzeitiger Verjährungsbeginn	132
	3. ungleichzeitiges Verjährungsende	133
	4. Anmeldung beim Versicherer	148
	5. Anmeldung beim falschen Versicherer	150
	6. Anmeldung in Textform	157
	7. Umfang der Anmeldung	162
	8. Anmeldung für Dritte	167
	9. Anmeldung beim Schädiger	170
	10. Anmeldung durch den Schädiger	173
	11. Wirkung der Hemmung	175
	12. Aufhebung der Hemmung	179
	a) Entscheidung in Textform	179
	b) Art der Entscheidung	182
	13. Drittwirkung	204
	14. Unabdingbarkeit	207
C.	**weitere praktische Hinweise**	208
I.	Risiko bei drohendem Fristablauf	208
II.	Haftungsfalle: »Solo«-Klage gegen den Schädiger	210
III.	Auskunft über den Versicherungsvertrag	212
IV.	Grenzen des Gleichlaufs der Verjährung	215
V.	Neuverhandlungen	220

§ 115 VVG Direktanspruch gegen den Versicherer

	Rdn.
VI. Pactum den non petendo	223
VII. Befreite Halter	225

A. Allgemeines

I. historischer Einstieg

1 Die Wurzeln des Direktanspruchs gegen den Haftpflichtversicherer gehen auf das Jahr 1930 zurück und liegen im Französischen (action directe[1]) und Schweizer Recht[2] verankert. Den Einzelbeispielen folgend wurden die Mitgliedsstaaten durch das Straßburger Abkommen[3] vom 20.04.1959 verpflichtet, den Direktanspruch gegen den Kfz-Haftpflichtversicherer einzuführen.

2 Der Gesetzgeber der Bundesrepublik[4] hat dies letztlich mit Inkrafttreten[5] des § 3 Nr. 1 PflVG a. F. zum 01.10.1965 vollzogen. Dabei hat er sich inhaltlich keine weiteren Gedanken gemacht, sondern ausschließlich nur das übernommen, was auf europäischer Grundlage vereinbart wurde. Dies zeigt auch der Zustimmungsentwurf[6] zum Straßburger Übereinkommen, der den Text in französischer, englischer und deutscher Sprache wiedergibt.

3 Entsprechend ist die **Auslegung der Reichweite** des Direktanspruchs nur **im Geiste des europäischen Abkommens** vorzunehmen. Dem Wortlaut des deutschen Gesetzestextes kommt demgegenüber nur untergeordnete Bedeutung zu. Bei Zweifeln kann jedes deutsche Gericht unmittelbar den Europäischen Gerichtshof für eine Vorabentscheidung[7] anrufen, Art. 267 AEUV.

4 Mit der Änderung des VVG[8] zum 01.01.2008 wurde auch das PflVG geändert. Der Direktanspruch gegen den Kfz-Haftpflichtversicherer aus dem § 3 Nr. 1 PflVG a. F. wurde in § 115 Abs. 1 Satz 1 Nr. 1 VVG übernommen. Selbst hier hat der aktuelle deutsche Gesetzgeber keine[9] inhaltlichen Erweiterungen an den Zielsetzungen des

---

1 Zur Historie siehe *Eichler* Versicherungsrecht 1966, S. 294 ff.
2 In Bruck-Möller-Sieg/*Johannsen* Kommentar zum VVG, 8. Auflage, Band V, Lieferung 1a Kraftfahrzeughaftpflichtversicherung, B 4 m. w. N.
3 Europäisches Übereinkommen über die obligatorische Haftpflichtversicherung für Kraftfahrzeuge, BGBl. II 1965, 281 ff. (Abdruck im Anhang).
4 BT-Drucks. IV/2252 S. 11 und 15.
5 Gesetz zur Änderung über die Pflichtversicherung für Kraftfahrzeughalter vom 05.04.1965, BGBl. I 1965, 213 ff.
6 BT-Drucks. IV/2253.
7 Instruktiv Schlussantrag des Generalanwalts v. 26.02.2014 zu *EuGH* Rs. C-162/13 (Vnuk), JurionRS 2014, 11448.
8 Gesetz über den Versicherungsvertrag vom 23.11.2007, BGBl. I S. 2631, geändert durch Art. 3 des Gesetzes vom 10.12.2007, BGBl. I S. 2833.
9 Siehe Begründung zum Entwurf BT-Drucks. 16/3945, Seite 89.

Straßburger Übereinkommens vornehmen, sondern nur das danach geltende Recht in ein anderes Gesetz transformieren wollen.

Unter den Voraussetzungen der Nrn. 2 bzw. 3 ist heute auch in Deutschland[10] ein Direktanspruch gegen den obligatorischen[11] Haftpflichtversicherer möglich. Es bleibt dabei festzuhalten, dass trotz der vorausgegangenen rund 50jährigen Erfolgsgeschichte und Bewährung[12] in der Kraftfahrthaftpflichtversicherung letztlich[13] doch nur eine rudimentäre[14] Übernahme des Direktanspruchs für andere Haftpflichtsparten eingeführt wurde. Wie schon früher[15], handelt es sich damit auch heute noch um eine Sonderregelung für die Kraftfahrthaftpflichtversicherung.

Ob diese Sonderregelung noch zeitgemäß[16] ist, muss man zumindest für den Straßenverkehr in Frage stellen. Schließlich bestehen nicht nur Berührungspunkte mit Eisenbahnen an Bahnübergängen, auch Straßenbahnen nehmen am Straßenverkehr teil.

Parallel zur Befreiung des Bundes, der Länder und der großen Gemeinden von der Pflichtversicherung für Kraftfahrzeuge und Anhänger nach § 2 Abs. 1 PflVG, sind diese Körperschaften auch von der Pflichtversicherung als Eisenbahnverkehrs- und Eisenbahnstrukturunternehmen sowie als Halter von Eisenbahnfahrzeugen befreit; § 1 EBHaftPflV. Damit haben insbesondere Unternehmen mit eigenen Bahnen, z. B. im öffentlich zugänglichen Hafengelände und beim Kreuzen von öffentlichen Straßen zur Verbindung von Werksgeländen und Bahnanschlüssen eine Pflichtversicherung abzuschließen. Trotz bestehender Gefährdungshaftung nach § 1 HaftPflG entsprechend § 7 Abs. 1 StVG, ist kein Direktanspruch gegen den Betriebshaftpflichtversicherer vorgesehen.

Der Betreiber einer Schienenbahn, wie zum Beispiel einer am Straßenverkehr teilnehmenden Straßenbahn nach § 4 Abs. 1 PBefG haftet nach § 1 Abs. 1 HaftPflG auch

---

10 Gesamtüberblick bei *Micha*, Der Direktanspruch im europäischen Internationalen Privatrecht, Diss. 2010.
11 Hinweis auf den Standard vieler anderer europäischer Staaten, die sogar für die freiwillige Haftpflichtversicherung einen Direktanspruch vorschreiben, *Koch* Der Direktanspruch in der Haftpflichtversicherung, r+s 2009, 133 ff.
12 RegE BT-Drucksache 16/3945, S. 50 u. 88; *Wandt* Versicherungsrecht, Rn. 1086.
13 Der Regierungsentwurf sah dies noch für alle Pflichtversicherungen vor, RegE BT-Drucks. 16/3945 S. 88 f.; Der Rückzug wurde vielfach bedauert. Als deutliche Fragestellung: *Abram* Der Direktanspruch des Geschädigten gegen den Pflicht-Haftpflichtversicherer seines Schädigers außerhalb des PflVG – »Steine statt Brot«?, VP 2008, 77 ff.
14 *Hinsch-Timm* Das neue Versicherungsvertragsgesetz in der anwaltlichen Praxis, D 4 Rn. 32 meint sogar, das »Kernstück der Reform« sei auf der Zielgeraden »einkassiert« worden; ähnlich *Meixner/Steinbeck* Das neue Versicherungsvertragsrecht, § 3 Rn. 30; HK-VVG/*Schimikowski*, § 115 Rn. 5 spricht von »weitgehend entwertet«.
15 Bruck-Möller-Sieg/*Johannsen* Kommentar zum VVG, 8. Auflage, Band V, Lieferung 1a Kraftfahrzeughaftpflichtversicherung, B4.
16 Bruck/Möller/*Beckmann* VVG-Kommentar, Band IV, § 115 VVG, Rn. 4.

aus Gefährdungshaftung. Trotz der Teilnahme am Straßenverkehr und oft höherer Betriebsgefahr[17] im Vergleich zu einem PKW besteht kein Direktanspruch gegen den Betriebshaftpflichtversicherer der Straßenbahn. Soweit ersichtlich, ist für diesen Bereich nicht einmal eine Versicherungspflicht vorgesehen.

II. rechtliche Einordnungsversuche

9 In der Vergangenheit wurde umfangreich[18] darüber gestritten, wie der Direktanspruch in das Rechtssystem einzuordnen ist (Stichpunkte: gesetzliche Forderungsversicherung, Bürgschaft, Versicherung für fremde Rechnung, Mitgläubiger).

10 Letztlich hat sich die herrschende[19] Meinung, die sogar in der damaligen Gesetzesbegründung[20] Ausdruck fand, auch in der obergerichtlichen Rechtsprechung[21] der 1970er Jahre durchgesetzt.

---

17 *OLG Hamm* Urt. v. 08.02.1973 – 12 U 110/72, VersR 1974, 1111; *OLG Hamm* Urt. v. 22.04.1976 – 12 U 35/74, JurionRS 1975, 11502 = DAR 1975, 330 = VersR 1977, 455; *OLG Hamm* Urt. v. 22.11.2004 – 13 U 131/04, JurionRS 2004, 29352 = NJW-RR 2005, 817 = NJW-Spezial 2005, 307 = NZV 2005, 414 = VRS 108, 193; *KG Berlin* Urt. v. 26.01.2004 – 12 U 182/02, JurionRS 2004, 14462 = DAR 2004, 388 = NZV 2005, 416 = SVR 2004, 426 bespr. v. *Schröder* = VersR 2005, 851 = VRS 106, 356; *OLG Düsseldorf* Urt. v. 18.09.1975 –12 U 57/73, JurionRS 1975, 11499 = DAR 1976, 81 = VersR 1976, 1092; *OLG Celle* Urt. v. 21.02.2006 – 14 U 121/05, JurionRS 2006, 12121 = MDR 2006, 1166 = SVR 2006, 306 = VRR 2006, 122; *OLG Brandenburg* Urt. v. 26.02.2009 – 12 U 145/08, JurionRS 2009, 14442 = MDR 2009, 1038 = OLGR 2009, 528 = SVR 2009, 423 = VRR 2009, 265 bespr. v. *Türpe*; *OLG München* Urt. v. 06.02.2009 – 10 U 4243/08, JurionRS 2009, 12291 = VRR 2009, 162; *LG Dresden* Urt. v. 28.03.2002 –7 S 0654/01, JurionRS 2002, 32969 = DAR 2002, 360; *LG Köln* Urt. v. 20.01.2010 – 20 O 455/07, JurionRS 2010, 23143; *AG Düsseldorf* Urt. v. 02.11.2011 – 52 C 3323/11, JurionRS 2011, 37172.
18 Ausführliche Darstellung und Diskussion bei Bruck-Möller-Sieg/*Johannsen* Kommentar zum VVG, 8. Auflage, Band V, Lieferung 1a Kraftfahrzeughaftpflichtversicherung, B4 m. w. N.
19 *Prölss* Kraftfahrt-Haftpflichtschäden im Zeichen der action directe, NJW 1965, 1737 ff.; *Deppe-Hilgenberg* S. 27; *Bauer*, Die Kraftfahrtversicherung Rn. 824.
20 BT-Drs. IV/2252 S. 15.
21 *BGH* Urt. v. 23.11.1971 – VI ZR 97/70, BGHZ 57, 265 ff. = JurionRS 1971, 11184 = MDR 1972, 315 = NJW 172, 387 = VersR 1972, 255; *BGH* Urt. v. 04.12.1974 – IV ZR 208/72, BGHZ 65, 1 ff. = JurionRS 1974, 11098 = BD 1975, 783 = MDR 1975, 562 = NJW 1975, 874; *BGH* Urt. v. 03.05.1977 – VI ZR 50/76, BGHZ 69, 153 ff. = JurionRS 1977, 11387 = JZ 1977, 800 = MDR 1978, 129 = NJW 1977, 2163 = VersR 1977, 960; *BGH* Urt. v. 07.11.1978 – VI ZR 86/77, JurionRS 1978, 11422 = MDR 1979, 218 = NJW 1979, 271 = VersR 1979, 30 = VRS 56, 106; *BGH* Urt. v. 18.12.1980 – IVa ZR 56/80, BGHZ 79, 170 = JurionRS 1980, 11894 = MDR 1981, 390 = NJW 1981, 925 = VersR 1981, 324.

Der Kfz-Haftpflichtvertrag ist kein Vertrag zugunsten des Geschädigten.[22] Man hat heute[23] allgemein von einem **gesetzlich angeordneten Schuldbeitritt**[24] auszugehen. 11

Sinnvoll ist es allerdings, zwischen einem **pflichtmäßigen** und einem **überobligatorischen**[25] Direktanspruch zu unterscheiden. Denn § 113 Abs. 3 VVG unterstellt den erweiterten vertraglichen Umfang den gleichen Regeln, wie sie für den Pflichtumfang bereits gelten. 12

Zudem bewirkt der freiwillige[26] Abschluss einer Pflichtversicherung eines nach § 2 Abs. 1 PflVG[27] befreiten Halters ebenso einen (freiwilligen) Direktanspruch[28] gegen den Kfz-Haftpflichtversicherer. Jedenfalls ist § 115 Abs. 1 Satz 1 Nr. 1 VVG entsprechend[29] anwendbar. 13

B. Regelungsgehalt

I. Normzweck

Der Geschädigte hat oftmals ein tatsächliches Problem, sich mit dem Schädiger in einem langwierigen Verfahren auseinandersetzen zu müssen. Kommt es zu keiner freiwilligen Abtretung des Freistellungsanspruchs gegen den Haftpflichtversicherer, muss der Geschädigte den Versicherungsnehmer verklagen. Nach einem Obsiegen kann der Geschädigte den versicherungsvertraglichen Freistellungsanspruch des versicherten Schädigers gegen dessen Haftpflichtversicherer pfänden und an sich überweisen lassen. 14

Diese Möglichkeit besteht für den geschädigten Dritten noch heute. Er muss[30] diesen Weg sogar außerhalb des Kfz-Haftpflichtrechts weiterhin[31] noch gehen, sollten nicht 15

---

22 MüKo zum BGB/*Gottwald* § 328 BGB, Rn. 110.
23 Zum früheren Meinungsbild siehe *Micha*, Diss. 2010, 63 f.
24 *BGH* Urt. v. 23.11.1971 – VI ZR 97/70, BGHZ 57, 265 ff. = JurionRS 1971, 11184 = MDR 1972, 315 = NJW 172, 387 = VersR 1972, 255; Looschelders/Pohlmann/*Schwartze* VVG-Kommentar, § 115 VVG Rn. 3; Bruck/Möller/*Beckmann* VVG-Kommentar, Band IV, § 115 VVG, Rn. 8.
25 *Deppe-Hilgenberg* S. 29 f. erwähnt den »vertraglichen und übervertraglichen« Direktanspruch.
26 *BGH* Urt. v. 17.02.1987 – VI ZR 75/86, JurionRS 1987, 15110 = NJW 1987, 2375 = NJW-RR 1987, 1237 = VersR 1987, 1034 = DAR 1987, 223 = zfs 1987, 276 = VRS 73, 97 = MDR 1987, 658.
27 Siehe *Schwab* § 2 PflVG Rdn. 19 u. 20.
28 Zustimmend Prölss/Martin/*Knappmann*, § 113 VVG, Rn. 2; *Brand* in MüKo zum VVG, § 113 VVG, Rn. 8; Schwintowski/Brömmelmeyer/*Huber* PK-Vers, § 113 Rn. 4.
29 Stiefel/Maier/*Jahnke*, § 113 VVG, Rn. 5.
30 Nach einem Scheitern dieses Passus vom Regierungsentwurf in den abschließenden Beratungen ist erst recht eine analoge Anwendung für andere Pflichtversicherungen ausgeschlossen. Frühere Analogieversuche bei Bruck-Möller-Sieg/*Johannsen* Kommentar zum VVG, 8. Auflage, Band V, Lieferung 1a Kraftfahrzeughaftpflichtversicherung, B4 S. 7.
31 § 1 Abs. 2 Nr. 2c) EBHaftPflV enthält zwar den Begriff »Direktanspruch«, bietet aber keinen Anspruch gegen einen Haftpflichtversicherer, sondern nur gegenüber dem gesamtschuld-

die Ausnahmen der Nrn. 2 oder 3 bezüglich sonstiger Pflicht-Haftpflichtversicherungen greifen. Eine Analogie für freiwillige[32] Haftpflichtversicherungen oder gar Rechtsschutzversicherungen[33] ist nach der systematischen Stellung und dem Wortlaut des Gesetzes verwehrt. Der Ausnahmecharakter der Vorschriften auf einen eingegrenzten Verkehrsopferschutz ist gesetzlich vorgegeben. Das Haftpflichtverhältnis zwischen Schädiger und Geschädigtem bleibt selbst im allgemeinen Haftpflichtfall[34] vom Umfang des vertraglichen Deckungsanspruchs des Schädigers unberührt. Insoweit gibt es auch nicht schon nach § 115 Abs. 1 Satz 1 Nr. 1 VVG einen Direktanspruch gegen den Haftpflichtversicherer, der einen zulassungs- und versicherungsfreien Schaufelbagger[35] versichert hat.

16 Im Massengeschäft der Regulierung von Kfz-Haftpflichtschäden kommt dem Direktanspruch eine besondere Bedeutung zu. Dem Ziel, das Verkehrsopfer zu schützen, wird nicht bereits durch den Abschluss einer obligatorischen Pflichtversicherung Rechnung getragen.

17 Nur dann, wenn der Geschädigte zeitnah und kompetent mit einer Regulierung rechnen kann, ist ihm erst richtig geholfen. Der unmittelbare Weg zum Kfz-Haftpflichtversicherer erleichtert ihm – rechtspraktisch und komfortabel – dieses Ziel verfahrensökonomisch[36] zu erreichen. Es vereinfacht[37] die Anspruchsdurchsetzung damit erheblich.

18 Anders als der Schädiger ist der Versicherer sogar gesetzlich verpflichtet, dann aktiv zu werden. Der Versicherer hat nach § 3a PflVG unverzüglich, spätestens innerhalb von drei Monaten, entsprechend zu reagieren. Andernfalls verteuert sich für ihn die Regulierung um erhebliche Zinsansprüche des Geschädigten.

19 Aus anwaltlicher Sicht sollte man schon aus praktischen Gründen vom Wahlrecht[38] (»kann ... auch«) Gebrauch machen und sich an den Versicherer wenden. Im Klageverfahren sollte nicht nur der Schädiger, sondern auch der Versicherer, gegen den ein Di-

---

nerisch haftenden Eisenbahninfrastrukturunternehmen, der Gebietskörperschaft und dem Gemeindeverband.

32 *BGH* Urt. v. 07.11.2001 – IV ZR 297/00, JurionRS 2001, 20145 = VersR 2002, 181 = NJ 2002, 255 (BHV in der DDR); *OLG Bremen* Beschl. v. 02.08.2011 – 3 AR 6/11, JurionRS 2011, 21689 = MDR 2011, 1654 = VersR 2012, 171 = VuR 2011, 396 = NJOZ 2012, 805 (BHV); *LG Marburg* Urt. v. 03.06.2004 – 4 O 2/3, JurionRS 2004, 42692 (Vermögenschadenhaftpflicht); *LG Magdeburg* v. 26.05.2010 – 11 O 109/10; *LG Nürnberg-Fürth* v. 21.08.2010 – 4 O 2987/09; *LG Tübingen* Urt. v. 27.02.1994 – 1 T 133/94, VersR 1996, 892 (BerufsHV eines Rechtsanwaltes); *Römer/Langheid*, § 115 VVG, Rn. 1.
33 *AG Neuss* Urt. v. 22.02.2012 – 75 C 2768/10, JurionRS 2012, 24725 (Prozessbevollmächtigter hat keinen Direktanspruch gegen eine Rechtsschutzversicherung).
34 *OLG Brandenburg*, Urt. v. 17.03.2011 – 12 U 82/09, JurionRS 2011, 13576 (Kletterunfall).
35 Unzutreffend daher *AG Hanau* Urt. v. 30.01.1991 – 36 C 3177/90, zfs 1991, 388 (zu § 3 Nr. PflVG a. F.).
36 *Deppe-Hilgenberg* S. 26.
37 Looschelders/Pohlmann/*Schwartze* VVG-Kommentar, § 115 VVG Rn. 2.
38 Looschelders/Pohlmann/*Schwartze* VVG-Kommentar, § 115 VVG Rn. 2.

rektanspruch bestehen kann, mitverklagt werden. In der ganz großen Masse der Fälle – beim typischen Verkehrsunfall – liegt man hier richtig.

Vorsicht ist jedoch da geboten, wo nicht von vornherein klar ist, ob überhaupt ein Direktanspruch gegen den Kfz-Haftpflichtversicherer besteht. Bei genauer Betrachtung kann man nicht »stets[39]« davon ausgehen, dass dem so ist. Insbesondere, wenn es sich nicht um besonders schutzwürdige Unfallopfer[40] handelt, die durch ein typisches Geschehen des Straßenverkehrs geschädigt wurden. Probleme treten mitunter an folgenden Punkten auf: 20

– Der Risikobereich des Kraftfahrzeugs wird völlig verlassen, weil der Schaden nicht durch den Gebrauch des versicherten Fahrzeugs entstanden ist. 21

▸ Beispiel:

Einkaufswagen[41] auf Supermarktparkplatz – je nach tatsächlicher und später erwiesener Fallgestaltung mag der Kfz- oder allgemeine Haftpflichtversicherer eintrittspflichtig sein. Hier besteht ein unnötiges Kostenrisiko, den Kfz-Haftpflichtversicherer mitzuverklagen, wenn sich später herausstellen sollte, dass der Schaden am Rechtsgut des Klägers nicht beim Be- und Entladen des Fahrzeugs des Beklagten entstanden ist.

– Man hat eine Fallkonstellation, die sich in einem Grenzbereich aufhält, bei dem es auf die spezifischen AKB des Versicherers ankommt. Hierbei ist zu beachten, dass die Muster-AKB des GDV über das hinausgehen, was das PflVG erfordert. 22

▸ Beispiel: 23

Das Fahrzeug kommt als reine Arbeitsmaschine **außerhalb des öffentlichen Verkehrsraumes**[42] zum Einsatz. Dort kann – bei richtigem Verständnis[43] der gesetzlichen Vorgaben zu dieser Ausnahmevorschrift – es keinen Direktanspruch geben. Ohne entsprechenden Hinweis wird dies allzu oft übersehen. Eine versicherungsvertragliche Deckung des Risikos kann entsprechend der Muster-AKB gegeben sein; muss es aber nicht, da dies die Mindestanforderungen nach dem PflVG überschreitet. In solchen Fällen ist es zur Vermeidung anwaltlicher Fehler unabdingbar, entweder die dem Vertrag zugrunde liegenden AKB einzusehen[44] und den Deckungs-

---

39 So aber *Wandt* Versicherungsrecht, Rn. 1111.
40 Definiert in Art. 12 Abs. 1 u. 3 der 6. KH-Richtlinie vom 16.09.2009 (2009/103/EG).
41 Siehe Schwab A.1.1.1 AKB Rdn. 157–162.
42 Himmelreich/Halm/*Schwab* Handbuch des Fachanwalts Verkehrsrecht, Kap. 2.
43 *OLG Koblenz* Beschl. v. 20.02.2003 – 10 U 883/02, JurionRS 2003, 31310 = NJW 2003, 2100 = VersR 2003, 658 = OLGR 2003, 210 = NZV 2004, 80 (84); Looschelders/Pohlmann/ Schwartze VVG-Kommentar, § 115 VVG Rn. 9; Stiefel/Maier/*Jahnke*, § 115 VVG Rn. 81; *Schwab* DAR 2011, 11 (18); *Jahnke* Keine Haftung aus Betriebsgefahr bei Einsatz eines Kfz als Arbeitsmaschine, Anm. zu *OLG Koblenz* Urt. v. 12.05.2014 – 12 U 1019/13, juris-VerkR 1/2015 Anm. 1, bestätigt durch *BGH* Urt. v. 24.03.2015 – VI ZR 265/14, JurionRS 2015, 14026.
44 *Kärger* Kfz-Versicherung nach dem neuen VVG Rn. 8; *Heinrichs* Synopse der für das Ver-

schutz zu erfragen oder vorsichtshalber nur den Schädiger zu verklagen. Dies gebietet sich insbesondere dann, wenn Zweifel bestehen, ob es sich tatsächlich um öffentlichen Verkehrsraum handelt.

24 In diesem AKB-Kommentar interessiert nur der **kraftfahrtbezogene Regelungsgehalt der Vorschrift**, auch wenn er in Absatz 1 Nrn. 2 und 3 darüber hinausgeht.

25 Der Direktanspruch nach § 115 Abs. 1 Satz 1 Nr. 1 VVG ist nur dann anwendbar, wenn deutsches Recht zur Anwendung kommt. Bei Auslandsunfällen ist daher zu prüfen, ob das Recht im Ausland ebenfalls[45] einen Direktanspruch vorsieht.

II. Anspruch auf Schadensersatz

26 Auf Schadensersatz[46] gerichtete Ansprüche gibt es grundsätzlich viele. Überwiegend sind sie deliktsrechtlicher[47] Natur. Die Normen müssen aber in der Rechtsfolge nicht zwangsweise auf »*hat Schadensersatz zu leisten*« lauten. Hinzuzurechnen sind nach h. M.[48] auch Aufwendungsersatzansprüche und Kostenerstattungsansprüche, die den Charakter eines **unfreiwilligen Vermögensopfers** beinhalten. Erfasst werden damit Schäden, die unkalkulierbar und unvorhersehbar im Rahmen einer Geschäftsführung entstehen.

27 Die weite Auslegung des unfreiwilligen Vermögensopfers als Schaden, der einen Aufwendungsersatzanspruch gegen den Geschäftsherrn begründet, ist rechtlich ein vertretbarer erster Schritt. Es ist zudem richtig, dass im zweiten Schritt der Versicherungsnehmer auch diesbezüglich Versicherungsschutz in der Kfz-Haftpflichtversicherung erwarten kann, um nicht schutzlos schadensersatzähnlichen Ansprüchen ausgeliefert zu sein.

28 Bedenklich ist es allerdings, dass derjenige, der eine Geschäftsbesorgung für den Geschäftsherrn betreibt, sei es aufgrund Vertrages oder nicht, zugleich einen Direktanspruch gegen den Kfz-Haftpflichtversicherer erhalten soll. Schließlich fehlt es nicht nur im Wortlaut an den Begrifflichkeiten »Anspruch auf Schadensersatz« und »Haftung«, sondern zugleich an einem berechtigten Schutzbedürfnis des Geschäftsführers für einen gesetzlichen Schuldbeitritt.

29 Der – zur Entscheidung vermutlich[49] unzuständige – 4. Senat des *BGH*[50] geht nunmehr für **Absicherungsmaßnahmen** noch einen Schritt weiter. Maßnahmen zur Sicherung

---

sicherungsrecht im Verkehrsrecht bedeutsamsten Auswirkungen der VVG Reform, zfs 2009, 187 (189); *Richter*, Risikoausschlüsse in der Kfz-Versicherung, DAR 2012, 243 (244).
45 *OLG Stuttgart* Urt. v. 10.02.2014 – 5 U 111/13, JurionRS 2014, 13945.
46 Beispiele zu Normen *Schwab* A.1.1.1 AKB Rn. 4–22.
47 Looschelders/Pohlmann/*Schwartze* VVG-Kommentar, § 115 VVG Rn. 3.
48 *BGH* Urt. v. 05.12.1983 – II ZR 252/82, BGHZ 89, 153 = JurionRS 1983, 13469 = JZ 1984, 619 = MDR 1984, 469 = NJW 1984, 789; PWW/*Fehrenbacher* § 670 BGB Rn. 6 m. w. N.
49 Auf Anfrage lautete zunächst das Aktenzeichen III ZR 212/10; für den Schadensersatz zuständig ist der VI. Senat des *BGH*.
50 *BGH*, Urt. v. 28.09.2011 – IV ZR 294/10, JurionRS 2011, 25980 = DAR 2011, 704 = MDR

des Verkehrs durch die öffentliche Hand, die auch ohne Unfall aufgenommen werden müssten, hätten Schadensersatzcharakter. Soweit die öffentliche Hand gezwungen werde, öffentlich-rechtlich zur Gefahrenabwehr tätig zu werden und sich »aufzuopfern« müsse, bestehe ein Ersatzanspruch.

Der Gesetzgeber hat dem Kostenersatz für Leistungen des Staates zur Gefahrenabwehr 30 enge Grenzen auferlegt. Ansonsten müssten alle Behördenaufwendungen zu Abwehr drohender Gefahren, die durch Massenveranstaltungen (Fußballspiele; Open-Air-Konzerte; Love-Parade; Volksfeste) entstehen können, dem Veranstalter auferlegt werden. Es leuchtet nicht ein, dass sich der *BGH* im Falle von Absicherungsmaßnahmen zur Abwehr drohender Unfälle quasi an die Stelle des Gesetzgebers begibt.

Auch inhaltlich ist die Entscheidung fragwürdig.[51] Der *BGH* begründet seine Auffas- 31 sung im Wesentlichen mit der Erwartungshaltung des Versicherungsnehmers. Dieser dürfe darauf vertrauen, dass unabhängig von einem Schaden solche Ansprüche gedeckt seien. Vor Eintritt eines Versicherungsfalls[52] besteht jedoch keine Rettungspflicht in der Haftpflichtversicherung, §§ 82 Abs. 1; 90 VVG und somit noch kein Deckungsanspruch des Versicherungsnehmers.

Der *BGH* verkennt, dass der Schadensersatzcharakter eines Anspruchs nicht von seiner 32 Versicherbarkeit abhängig ist. Zudem übersieht er, dass der Schadensersatzanspruch nicht durch die Auslegung von Versicherungsbedingungen geprägt wird. Insoweit ist der Hinweis auf § 10 Abs. 1 AKB a. F., A.1.1.1 AKB 2008 nicht nachvollziehbar. Es handelt sich um unverbindliche Musterbedingungen des GDV, die heute nach der Deregulierung gerade keinen gesetzesähnlichen Charakter mehr haben. Erst Recht haben solche Klauseln für litauische Versicherte keinerlei Relevanz.

Die Absicherung eines Pannenfahrzeugs ist zudem Teil einer völlig anderen Versiche- 33 rungsleistung. So hängt diese unmittelbar mit dem Wiederherstellen der Fahrbereitschaft nach A.3.5.1 AKB 2015 in der Auto-Schutzbriefversicherung zusammen. Schließlich haben Pannenhilfsfahrzeuge[53] entsprechende Gerätschaften zur Absicherung der Unfall- oder Arbeitsstelle mitzuführen.

Schließlich übersieht der Senat, dass nicht zwangsläufig aufgrund versicherungsver- 34 traglicher Deckung ein Anspruch auf Freistellung erwächst. In gleicher Weise könnte nämlich ein Rechtschutzanspruch gegeben sein, die unberechtigten Forderungen abzuwehren. Nach Zurückverweisung an das *LG Hof*[54] hat dieses zutreffend Schadensersatzansprüche versagt. Die Entscheidung des *LG Hof* ist rechtskräftig.

2011, 163 = VersR 2011, 1509 = NZV 2012, 34 = r+s 2012, 17 = NJW-RR 2012, 163 = NJW-Spezial 2012, 138 = zfs 2011, 695 = VRR 2012, 24 bespr. v. *Knappmann*.
51 Kritisch *M. Müller*, r+s 2012, 584 ff.; Himmelreich/Halm/*Müller* Handbuch des Fachanwalts Verkehrsrecht, Kap. 6, Rn. 83.
52 *Schwab* A.1.1.1 AKB, Rdn. 11–13.
53 *Merta/Westkämper/aktualisiert von Schwab* A.3.5.1 AKB Rdn. 1–3.
54 *LG* Hof, Endurt. v. 03.02.2012 – 22 S 20/10; siehe auch Urt. v. 17.09.2010 – 22 S 20/10 =

35 In der Rechtsprechung ist darüber hinaus eine weitere Ausdehnung des Schadensersatzbegriffs zu verzeichnen. Bloße Besitzstörungsansprüche werden letztlich zum Schadensersatzanspruch umdefiniert, um die Kosten einer Abschleppmaßnahme[55] zur Beendigung der Besitzstörung nebst den Vorbereitungskosten[56] geltend machen zu können. Die Entwicklung wird zu Recht mit Sorge[57] betrachtet.

36 Auch vertragliche Ansprüche können auf Schadensersatz gerichtet sein. Für den Kfz-Haftpflichtbereich gelten jedoch wesentliche Einschränkungen, § 2 Abs. 1 KfzPflVV. Diese wurden in die Bedingungen übernommen, A.1.5.8 AKB 2015.

III. Haftpflichtversicherung zur Erfüllung einer nach dem Pflichtversicherungsgesetz bestehenden Versicherungspflicht

1. Regelfall nach dem Gesetzeszweck

37 Von welcher Art der Schadensersatzanspruch ist, ergibt sich aus dem Versicherungsverhältnis, § 115 Abs. 1 Satz 2 VVG.

38 Damit ist auf den Kfz-Haftpflichtvertrag zurückzugreifen. Dieser hat die Anforderungen des PflVG und der KfzPflVV zu erfüllen. Zwar enthält das PflVG selbst keine Hinweise, dafür aber § 2 Abs. 1 KfzPflVV. Diese Normen müssen sich wiederum an den Vorgaben von Art. 12 der 6. KH-Richtlinie orientieren.

39 Danach betrifft der Schadensersatzanspruch nach § 115 Abs. 1 Satz 1 Nr. 1 VVG im Sinne des PflVG nur die Sach- und Personenschäden der am **öffentlichen Straßenverkehr** nach § 1 PflVG und § 1 StVG teilnehmenden Unfallopfer. Nichts anderes ergibt sich aus den historischen Grundlagen des Straßburger Übereinkommens vom 20.04.1959. Die Auslegung hat sich hieran[58] zu orientieren.

40 Für Unfälle räumlich **außerhalb des öffentlichen Verkehrsraums** kann es folglich keinen **Direktanspruch**[59] geben. Der Direktanspruch als Ausnahmevorschrift darf nicht

---

DAR 2011, 267 = VersR 2011, 913; *AG Schwabach* v. 08.12.2010 – 5 C 1401/10, VersR 2011, 1315.
55 *BGH* Urt. v. 05.06.2009 – V ZR 144/08, BGHZ 181, 233 = JurionRS 2009, 17376 = DAR 2009, 515 = VersR 2009, 1121 = NJW 2009, 2530 = WM 2009, 1664 = MDR 2009, 1166 = NZM 2009, 595 = NJW-Spezial 2009, 538 = r+s 2010, 342 = zfs 2009, 558 = VRR 2009, 298 – 300 bespr. v. *Deutscher*.
56 *BGH* Urt. v. 02.12.2011 – V ZR 30/11, JurionRS 2011, 31970 = DAR 2012, 78 = NZV 2012, 127 = MDR 2012, 145 = NJW 2012, 528 = zfs 2012, 313 = VVR 2012, 103 bespr. v. *v. Gayl*.
57 *Stöber* Ansprüche des Grundstücksbesitzers gegen den unbefugt Parkenden auf Ersatz der Abschleppkosten, DAR 2009, 539 ff.
58 Siehe oben § 115 VVG Rdn. 2–3.
59 Looschelders/Pohlmann/*Schwarze*, VVG-Kommentar § 115 VVG Rn. 9; Stiefel/Maier/*Jahnke* § 115 VVG Rn. 81; *Jahnke* Keine Haftung aus Betriebsgefahr bei Einsatz eines Kfz als Arbeitsmaschine, Anm. zu *OLG Koblenz* Urt. v. 12.05.2014 – 12 U 1019/13, juris-VerkR 1/2015 Anm. 1; *Lemcke Anm. zu BGH Urt. v. 21.01.2014* – VI ZR 253/13, r+s 2014, 194

erweiternd für Bereiche angewandt werden, für das das Gesetz keine Anwendung bestimmt hat. Dies würde dem Wortlaut des Gesetzes und dem Sinn und Zweck widersprechen. § 2 Abs. 1 KfzPflVV ist im Lichte von § 1 PflVG auszulegen. Er ist also unbeachtlich[60], soweit dessen Grenzen überschritten werden. Der *BGH*[61] scheint sich über den konkreten Anwendungsbereich der Vorschrift allerdings keine Gedanken zu machen – bzw. war nicht zu veranlasst – und spricht sogar einen Direktanspruch zu, wenn ein geparktes Fahrzeug in einer privaten Tiefgarage Feuer fängt.

Das slowenische Revisionsgericht hält die Vorschriften für einen Direktanspruch beim Einsatz eines Fahrzeugs als Arbeitsmaschine beim Rückwärtsfahren zum Entladen von Heuballen nicht für anwendbar. Gleichwohl hat es die Frage zur Vorabentscheidung dem *EuGH* vorgelegt.[62] Die deutsche Regierung[63] und Irland hatten eine Stellungnahme abgegeben, wonach die Versicherungspflicht sich auf die Situationen im Straßenverkehr begrenze. 41

Der *EuGH*[64] sieht jedoch unter »Benutzung eines Fahrzeugs« jede Benutzung eines Fahrzeugs mit umfasst, die dessen gewöhnlicher Funktion entspreche. Ein Fahrmanöver eines Traktors im Hof eines Bauernhofs, um einen Anhänger in eine Scheune zu fahren, könnte somit unter diesen Begriff fallen. Er kommt zu dem Ergebnis, da abweichend von dem unterschiedlichen Wortlaut der Vorschriften in den Mitgliedsländern nach dem Sinn und Zweck Opfer von Unfällen durch Fahrzeuge zu schützen seien, auch wenn vorrangig an eine Liberalisierung des Binnenmarktes und dem damit einhergehenden Verkehrsfluss gedacht wurde. Das Gericht weist allerdings darauf hin, dass der nationale Gesetzgeber Ausnahmen zu Fahrzeugarten schaffen könne, die von der Versicherungspflicht befreit werden könnten. 42

2. Ausnahme

Eine Ausnahme bilden die Fälle, in denen die vertraglichen Bestimmungen über die Mindestanforderungen des PflVG hinausgehen. Durch den nicht abdingbaren[65] § 113 Abs. 3 VVG finden alle Vorschriften über die Pflichtversicherung (§§ 113 bis 124 43

---

(195). Schwab, Betrieb und Gebrauch eines Kraftfahrzeugs, DAR 2011, 11 (16 u. 18); offenbar auch *OLG Koblenz* Beschl. v. 20.02.2003 – 10 U 883/02, JurionRS 2003, 31310 = NJW 2003, 2100 = VersR 2003, 658 = OLGR 2003, 210 = NZV 2004, 80 (84).
60 Stiefel/Maier/*Jahnke* § 115 VVG Rn. 80 ff.
61 *BGH* Urt. v. 21.01.2014 – VI ZR 253/12, DAR 2014, 196 m. Anm. *Schwab* = ADAJUR Dok.Nr. 103939 = JZ 2014, 212 = MDR 2014, 339 = NJW 2014, 1182 = NJW-Spezial 2014, 138 = NZV 2014, 207 m. Anm. Herbers = r+s 2014, 194 m. Anm. *Lemcke* = VersR 2014, 396 = VRR 2014, 143 bespr. v. *Notthoff*.
62 Schlussantrag des Generalanwalts v. 26.02.2014 zu *EuGH* Rs. C-162/13 (Vnuk), JurionRS 2014, 11448.
63 *EuGH* Urt. v. 04.09.2014 – Rs. C-162/13, JurionRS 2014, 20478 = JZ 2015, 60 = r+s 2014, 523 = ADAJUR Dok.Nr. 105915 (Absatz 34) = DAR 2015, 259.
64 *EuGH* Urt. v. 04.09.2014 – Rs. C-162/13, JurionRS 2014, 20478 = JZ 2015, 60 = r+s 2014, 523 = ADAJUR Dok.Nr. 105915 = DAR 2015, 259.
65 Schwintowski/Brömmelmeyer/*Huber* PK-Vers, § 113 Rn. 14.

VVG) auch dann Anwendung, wenn sie über die vorgeschriebenen Mindestanforderungen hinausgehen.

3. Praxis: Ausnahme ist die Regel

44 In der Praxis ist es jedoch die Regel, dass die individuellen AKB entsprechend der Muster-AKB des GDV über die Mindestanforderungen des PflVG hinausgehen. Dies hat zur Folge, dass in ganz vielen Fällen der § 113 Abs. 3 VVG zum Zuge kommt.

45 Solange es sich um ein **gesundes Versicherungsverhältnis** handelt, hat dies für den Geschädigten als auch für den Schädiger **nur Vorteile**, stehen nun doch oft höhere Versicherungssummen zur Verfügung. Der Versicherer hat den etwas höheren Aufwand kalkuliert und dafür (durch einen kleinen Prämienaufschlag) auch mehr verdient.

46 Die Situation ist jedoch dann eine andere, wenn der Versicherungsnehmer die Prämie nicht gezahlt hat.

a) Vorteile dieser Praxis

47 Für den Geschädigten ändert sich nichts.

b) Nachteile dieser Praxis für den Versicherer

48 Der Versicherer trägt sowieso schon das **allgemeine Regressrisiko**, da er bis zur Grenze der gesetzlichen Mindestversicherungssumme vorleistungspflichtig ist, §§ 115 Abs. 1 Satz 2 i. V. m. 117 Abs. 3 VVG. Die Verordnungsgeber haben nach § 4 PflVG i. V. m. der Anlage zu Abs. 2 für angemessene Mindestversicherungssummen zu sorgen. Diese sind deutlich angehoben worden.

49 Entsprechend hoch kann bereits das allgemeine Regressrisiko sein. Ausfälle muss der Versicherer bereits bei der Prämiengestaltung einkalkulieren.

50 Da sich der Dritte auf die vereinbarten Versicherungssummen nicht[66] berufen kann, schützt § 117 Abs. 3 VVG den Versicherer allerdings nur hinsichtlich der Höhe, sofern[67] er dies in seinen AKB festgeschrieben hat. Die Vorschrift geht § 113 Abs. 3 VVG vor.

51 Durch die vertragliche Übernahme weiterer Gefahren[68] über die gesetzlichen Mindestanforderungen hinaus bleibt der Versicherer jedoch auch gegenüber den Geschädigten an diesen Vertragsinhalt gebunden. Für die Folgen einer umfassenderen vertraglichen Deckung in den einzelnen AKB trägt der Versicherer wegen der §§ 113 Abs. 3 i. V. m. 117 Abs. 3 VVG nun zusätzlich noch das **besondere Regressrisiko**. Über entsprechende Klauseln in den Bedingungen kann der Versicherer sich davor nicht schützen.

---

66 Looschelders/Pohlmann/*Schwartze* VVG-Kommentar, § 117 Rn. 15; Schwintowski/Brömmelmeyer/*Huber* PK-Vers, § 117 Rn. 20.
67 *Kreuter-Lange*, § 117 VVG, Rdn. 27.
68 Z. B. Unfälle im privaten Verkehrsraum oder das Arbeitsrisiko.

Sein Schutz besteht allein hinsichtlich der Mindestversicherungssummen, D.2.3 Satz 2 AKB 2015.[69]

Ob die hierdurch bedingten zusätzlichen finanziellen Belastungen tragbar sind, haben die Versicherungsunternehmen zu prüfen. In wirtschaftlich unsicheren Zeiten dürften diese – ohne Not – übernommenen Ausfallrisiken steigen, da vermehrt mit Prämienverzug, schlecht gewarteten Fahrzeugen und Gefahrerhöhungen zu rechnen sein wird. 52

c) »Outsourcen« von Haftpflicht-Zusatzdeckungen

Als Lösung für die Versicherer bietet es sich daher an, nicht nur selbstständige Verträge für Kfz-Haftpflicht, Kasko, Autoschutzbrief, Kfz-Unfallversicherung und Fahrerschutz anzubieten, sondern den **Haftpflichtvertrag in zwei selbstständige Verträge** zu untergliedern. Diese könnten in einem Basisvertrag entsprechend der gesetzlichen Mindestanforderungen nach dem PflVG und in einer gesondert zu vereinbarenden vertraglichen Zusatzdeckung bestehen. 53

Diese Vorgehensweise ist nicht nur vom Gesetzgeber[70] so eingeräumt worden, sie ist auch zukunftsweisend.[71] 54

Haftpflicht-Zusatzdeckungen, die über die gesetzlichen Mindestanforderungen hinausgehen, unterliegen damit anderen rechtlichen Auswirkungen als solche, die in den üblichen Haftpflichtvertrag integriert sind. 55

Die Anwendung des § 113 Abs. 3 VVG scheidet aus, da sie kein Bestandteil des eigentlichen Pflicht-Haftpflichtvertrages sind. Des Weiteren unterliegen sie nicht der Regelung des § 115 Abs. 1 Nr. 1 VVG, da sie nicht Inhalt des PflVG sind. 56

Für Haftpflicht-Zusatzdeckungen gibt es dann auch in den Fällen der Nrn. 2 oder 3 keinen Direktanspruch gegen den Versicherer, da es sich bei Zusatzdeckungen nicht um Bestandteile sonstiger Pflichtversicherungen handelt. Dementsprechend ist eine analoge Anwendung ausgeschlossen. 57

Eine solche Ausgestaltung durch verschiedene Verträge kommt nicht nur den Interessen des Versicherers entgegen, sondern auch den Interessen der redlich zahlenden Versicherten. Ihre Beiträge müssen nicht mit zusätzlichen Ausfallrisikoanteilen kalkuliert werden, die die säumigen Kunden nicht zahlen. 58

Die Gestaltungsmöglichkeit ist rechtlich zulässig[72], da niemand gesetzwidrig benachteiligt wird. Die Grundanforderungen des PflVG bleiben erhalten. 59

---

69 Die Klausel ist jedoch bei Auslandsschäden mit höheren Mindestdeckungssummen problematisch, siehe *Kreuter-Lange* D.2.3 AKB Rdn. 4.
70 Regierungsbegründung, Besonderer Teil, zu § 113 Abs. 3 VVG, S. 221.
71 *Marlow/Spuhl* Das neue VVG kompakt, S. 129.
72 *Niederleithinger* Das neue VVG, A Rn. 221; Schwintowski/Brömmelmeyer/*Huber* PK-Vers, § 113 VVG Rn. 11; HK-VVG/*Schimikowski* § 113 VVG Rn. 5; *Marlow/Spuhl* Das neue VVG kompakt, S. 129; Looschelders/Pohlmann/*Schwartze* VVG-Kommentar, § 113 VVG Rn. 16; *Feyock*/Jacobsen/Lemor § 113 VVG Rn. 4.

IV. Dritter

60 Dritter ist nach dem Wortlaut grundsätzlich jeder, der Inhaber eines unter die Haftpflichtversicherung fallenden Anspruchs sein kann, insbesondere der Insasse[73] eines Fahrzeugs. Abzustellen ist dabei auf den konkreten Versicherungsschutz, der mit dem Vertragszweck erreicht werden soll. Darüber hinausgehende restriktive Kriterien seien nicht ausfindig[74] zu machen. Lediglich dann, wenn die Anwendung der Ausnahmevorschrift dem Sinn und Zweck der Vorschrift zuwider läuft, ist eine teleologische Reduktion[75] des Wortlauts geboten. Für den Bereich der Kfz-Haftpflichtversicherung sind Dritte:
- der Geschädigte, also das **Verkehrsunfallopfer**
- dessen **Rechtsnachfolger**[76], also die Erben.
- Leistungsträger[77], auf die Schadensersatzansprüche im Zeitpunkt des Unfalles **übergehen**.

61 Bereits im Schadenzeitpunkt gehen aufgrund eines gesetzlichen Forderungsübergangs über:
- die Leistungen der Sozialversicherungsträger (gesetzliche Krankenkasse, gesetzliche Pflegekasse, Unfallversicherungsträger, gesetzliche Rentenversicherung, Arbeitslosenversicherung) nach dem § 116 Abs. 1 Satz 1 SGB X.
- Der Beitragsregress des Rentenversicherungsträgers nach § 119 SGB X, den dieser als Treuhänder für das Rentenkonto des Geschädigten geltend macht.

62 Dies betrifft auch die beamtenrechtlichen und deren vergleichbare Vorschriften, §§ 76 BBG[78], 30 Abs. 3 SG[79] und 81a Abs. 1 Satz 1 BVG[80] für Bundesbeamte, Versorgungsberechtigte und deren Angehörige. Parallelen finden sich in den entsprechenden Landesgesetzen.

- Leistungsträger, auf die Schadensersatzansprüche erst **später**, also mit der Erbringung der tatsächlichen Leistung, **übergehen**.

63 Hierzu gehören insbesondere der Arbeitgeber nach § 6 Abs. 1 EntgFG und der Sozialleistungsträger wegen des Nachrangs[81] der Hilfe zum Lebensunterhalt nach § 2 Abs. 1

---

73 *BGH* Urt. v. 20.10.1971 – IV ZR 57/70, JurionRS 1971, 11138 = DAR 1972, 21 = DÖV 1973, 247 = MDR 1972, 310 = VersR 1971, 1161.
74 *Deppe-Hilgenberg* S. 28.
75 Siehe unten § 115 VVG Rdn. 75–104.
76 *Bauer* Die Kraftfahrtversicherung Rn. 814.
77 *BGH* Urt. v. 08.10.1952 – II ZR 309/51, BGHZ 7, 244 = JurionRS 1952, 10088 = DB 1952, 908 = JZ 1952, 695 = MDR 1952, 743 = NJW 1952, 1333.
78 Bundesbeamtengesetz vom 5. Februar 2009 (BGBl. I S. 160), zuletzt geändert durch Artikel 2 des Gesetzes vom 28. August 2013 (BGBl. I S. 3386).
79 Soldatengesetz in der Fassung der Bekanntmachung vom 30. Mai 2005 (BGBl. I S. 1482), zuletzt geändert durch Artikel 8 des Gesetzes vom 28. August 2013 (BGBl. I S. 3386).
80 Bundesversorgungsgesetz in der Fassung der Bekanntmachung vom 22. Januar 1982 (BGBl. I S. 21), zuletzt geändert durch die Verordnung vom 23. September 2014 (BGBl. I S. 1533).
81 Zu den Problemfeldern bei der Schadenregulierung siehe *Küppersbusch/Höher* Ersatzansprüche bei Personenschäden, 11. Auflage 2013 Rn. 714 ff.

SGB XII, wegen erbrachter[82] Erstattungsleistungen nach § 179 Abs. 1a Satz 1 SGB VI, wie auch die privaten **Schadenversicherer** nach § 86 Abs. 1 VVG (wie z. B. der Kasko-, Autoschutzbrief-, private Kranken- und Pflegekosten- oder der Reiserücktrittsversicherer). Zu den Schadensversicherern zählt nach einheitlicher Rechtsprechung[83] und Literaturmeinung[84] auch der Fahrerschutzversicherer als subsidiärer Restschadensversicherer[85], der in Vorlage getreten ist.

Hat allerdings ein Schadenversicherer (z. B. Gebäudeschadenversicherer)[86] einen Schaden reguliert, der von einem Kraftfahrzeug ausging und sind Halter und Gebäudeeigentümer identisch, ist der Halter schon nicht Dritter. Entsprechend kann ein Anspruch auch nicht nach § 86 Abs. 1 VVG übergehen.   64

Für sämtliche Leistungserbringer gilt, dass Ansprüche nur insoweit übergehen, als dem Schaden **kongruente**[87] Leistungen gegenüberstehen.   65

Einen bedenklichen Systembruch verursacht dabei jedoch § 110 Abs. 1 Satz 1 SGB VII im Bereich der gesetzlichen Unfallversicherung. Der Träger kann die Regressforderung in Mithaftungsfällen bis zur Höhe seiner Leistung auch mit inkongruenten zivilrechtlichen Anspruchspositionen auffüllen. Folglich geht auch der Schmerzensgeldanspruch auf ihn über, obwohl er kein Schmerzensgeld an den geschädigten Arbeitnehmer zu zahlen hat.   66

– Dritter im Sinne des Gesetzes ist schließlich derjenige, der durch eine wirksame **Abtretungsvereinbarung** die Schadensersatzforderung erwirbt. In der Praxis sind dies häufig der Sachverständige oder das Mietwagenunternehmen.

---

82 *BGH* Urt. v. 01.07.2014 – VI ZR 546/13, JurionRS 2014, 19073 = ADAJUR Dok.Nr. 105970 = JZ 2014, 525 = MDR 2014, 1025 = NZS 2014, 701 = r+s 2014, 632 = SP 2014, 334 = VersR 2014, 1025 = zfs 2015, 20.
83 *OLG Koblenz* Urt. v. 12.08.2013 – 12 U 1095/12, DAR 2013, 578 m. Anm. Schwab = ADAJUR Dok.Nr. 102670 = NZV 2014, 31 (NZB wurde am 03.06.2014 zurückgenommen, BGH VI ZR 393/13); Vorinstanz *LG Koblenz* Urt. v. 24.08.2012 – 5 O 98/10, DAR 2012, 709.
84 Himmelreich/Halm/*Wilms* Handbuch des Fachanwalts Verkehrsrecht, Kap. 23, Rn. 10; Heinrichs Die Fahrerschutzversicherung, DAR 2011, 565 ff.; *Maier* Die Fahrerschutzversicherung – Neue Wege beim Versicherungsschutz für den Fahrer (zugleich Anmerkung zu OLG Koblenz r+s 2014, 223), r+s 2014, 2013; Schwab A.5.4.2 AKB Rdn. 69.
85 Details *Schwab* Fahrerschutzversicherung Rn. 30 ff.
86 *LG Berlin* Urt. v. 08.03.2012 – 41 O 254/11, r+s 2013, 119 m. Anm. *Kröger*.
87 Generell zu § 86 VVG siehe Schwintowski/Brömmelmeyer/*Kloth/Neuhaus* PK-VersR, § 86 Rn. 24 ff.; speziell zu Kasko siehe Himmelreich/Halm/Staab/*Krahe* Handbuch der Kfz-Schadensregulierung, Kap. 23 Rn. 939 ff.

V. Definition des Verkehrsopfers als Dritten

1. Problemstellung

67 Weder das VVG noch das PflVG nebst KfzPflVV enthalten eine Definition des Verkehrsopfers. Eine Definition ist jedoch unabdingbar, da zweckgerichtet nur bestimmte Personen in den Genuss des Direktanspruchs nach § 115 Abs. 1 Satz 1 Nr. 1 VVG kommen sollen. Eine Verwässerung des Schutzbereichs ist jedoch da zu verzeichnen, wo die Rechtsprechung einen – dem Gesetzeszweck widersprechenden – »Automatismus« zwischen bestehender Kfz-Haftpflichtversicherung und Direktanspruch unterstellt.

2. primär schutzwürdige Personen

68 Auszugehen[88] ist von den Vorgaben der europäischen Gemeinschaft, wie sie im Straßburger Übereinkommen vom 20.04.1959 niedergelegt und später in deutsches Recht ohne Änderungen oder Ergänzungen übernommen wurden. Aktuell finden sich die Vorgaben in der der 6. KH-Richtlinie. In Art. 18 der 6. KH-Richtlinie[89] ist dem Geschädigten eines Unfalls ein Direktanspruch gegen den Haftpflichtversicherer des Unfallverursachers zu gewähren. Die Unfallopfer werden in Art. 12 Abs. 1 und 3 der 6. KH-Richtlinie spezifiziert. Es handelt sich um:
– Insassen des Fahrzeugs (mit Ausnahme des Fahrers im versicherten Fahrzeug)
– Fußgänger
– Radfahrer
– andere nicht motorisierte Verkehrsteilnehmer

69 Die vorgenannten (natürlichen) Personen sind diejenigen, die in besonderem Maße schutzbedürftig sind und deswegen[90] mit einem Direktanspruch auszustatten sind. Sie nehmen **aktiv** am Straßenverkehr[91] teil und sind **primär schutzwürdig**.

70 Diese Personengruppe mit Schäden an hochrangigen Schutzgütern wie Leib und Leben bedürfen des besonderen sozialen Schutzes. Sie erfüllen die Anforderungen, die der Gesetzgeber unter Berufung auf *Deiters*[92] an die Pflichtversicherung stellt.

71 Bereits bei Fahrzeuginsassen kennt das Gesetz **Einschränkungen** und reduziert den Direktanspruch auf das notwendige Maß. *Hedderich*[93] weist zu Recht darauf hin, dass **Insassen des versicherten Fahrzeugs** nicht wegen jeder Schadensposition zugleich einen Direktanspruch gegen den Kfz-Haftpflichtversicherer haben.

---

88 Siehe oben § 115 VVG Rdn. 1–4.
89 Richtlinie 2009/103/EG des Europäischen Parlaments und des Rates vom 16.09.2009, Amtsblatt der Europäischen Union vom 07.10.2009, L 263/11.
90 Siehe Abs. 30 der einleitenden Erwägungen zur Beschlussfassung der 6. KH-Richtlinie.
91 Der *EuGH* weitet dies auf Unfälle mit Personenschaden durch Fahrzeugverkehr auf einem privaten Hofgelände aus, *EuGH* Urt. v. 04.09.2014 – Rs. C-162/13, JurionRS 2014, 20478 = JZ 2015, 60 = r+s 2014, 523 = ADAJUR Dok.Nr. 105915.
92 *Deiters* in Festschrift für Reimer Schmidt, 379 ff. (393 f.).
93 *Hedderich*, Pflichtversicherung, Dissertation 2010, 348.

So hat ein solcher Insasse zwar wegen aller Sachschäden einen Schadensersatzspruch 72
gegen den schuldhaft handelnden Fahrer aus § 823 Abs. 1 BGB, aber nicht gegen
den Kfz-Haftpflichtversicherer. Nur die Schäden an Sachen sind gedeckt, die der Insasse an sich trägt oder Personen üblicherweise mit sich führen, § 4 Nr. 3 KfzPflVV,
A.1.5.5. AKB 2015.

Für Schäden an von einem Insassen mitgeführtem Cello[94], einer Kanone oder Protzen- 73
wagen[95] gibt es keinen Direktanspruch[96] gegen den Versicherer des Fahrzeugs. Der Versicherer schuldet (haftet) daher auch nicht mit dem Fahrer als Gesamtschuldner.

Noch stärker ist der **Direktanspruch des Versicherungsnehmers** im und außerhalb des 74
Fahrzeugs auf den reinen Personenschaden begrenzt, § 4 Nr. 1 KfzPflVV; A.1.5.6
AKB 2015. Für alle anderen Eigenschäden ist der Versicherungsnehmer nicht schutzwürdig, so dass ein Deckungsausschluss zulässig und auch nicht überraschend[97] ist.

3. sekundär (schutzwürdige) Personen

Bei einem Verkehrsunfall erleiden jedoch nicht nur die primär schutzbedürftigen Per- 75
sonen im Sinne der 6. KH-Richtlinie Personen- und Sachschäden.

Auch andere (natürliche und juristische) Personen tragen bei einem Unfall Schäden 76
davon. Diese sind jedoch im Gegensatz zu den primär Schutzwürdigen keine Verkehrsteilnehmer. Nach dem Sinn- und Zweck[98] des Gesetzes sowie unter europarechtlichen
Gesichtspunkten[99] gehören sie somit nicht zum privilegierten Kreis der besonders
Schutzwürdigen. Sie sind daher allenfalls **sekundär schutzwürdig**.

Hierzu zählt insbesondere der Staat, das Land, die Städte und Gemeinden mit ihren 77
beschädigten Straßeneinrichtungen (Fahrbahn, Beschilderung, Leitplanken, Grünstreifen, usw.). In diesem Zusammenhang sei darauf hingewiesen, dass nach § 12
Abs. 1 Satz 5 PflVG auch keine Ansprüche gegen den Entschädigungsfond[100] wegen
Beschädigung von Straßeneinrichtungen erhoben werden können.

---

94 *LG Coburg* Urt. v. 24.07.2008 – 32 S 39/08, SP 2008, 445; bereits kritisch zu *AG Coburg*
Urt. v. 28.03.2008 – 12 C 1005/07, JurionRS 2008, 38162 = zfs 2009, 91 u. *Rixecker* zfs
2009, 93.
95 *OLG Karlsruhe* Urt. v. 12.10.2007 – 10 U 100/06, JurionRS 2007, 59542 = SP 2008, 305 =
NZV 2008, 577.
96 *Kreuter-Lange/Schwab* Haftungs- und Versicherungsfragen beim Busfernverkehr, DAR
2015, 67 (72 f.).
97 *BGH* Urt. v. 25.06.2008 – IV ZR 313/06, JurionRS 2008, 17042 = DAR 2008, 518 = VersR
2008, 1202 = MDR 2008, 1153 = NZV 2008, 509 = r+s 2008, 272 = zfs 2008, 629; *OLG
Jena* Beschl. v. 06.01.2004 – 4 U 936/03, JurionRS 2004, 10620 = VersR 2004, 1168 = NJ
2004, 369.
98 *Schwab* Ölspurbeseitigung – die rechtliche und wirtschaftliche Seite bei der Schadensabwicklung, DAR 2010, 347 ff.
99 *LG Berlin*, Urt. v. 21.03.2011 – 43 O 253/10; wegen Wortlaut a. A., Urteil dennoch bestätigt *KG Berlin* v. 19.12.2011 – 22 U 92/11.
100 Feyock/Jacobsen/Lemor/*Elvers* § 12 PflVG Rn. 84.

78 Sie sind folgerichtig nicht so schutzwürdig wie das echte Verkehrsopfer. Eine Differenzierung ist schon deswegen notwendig, weil der Straßeneigentümer selbst die Infrastruktur schafft[101], die erst den gefährlichen Betrieb von Kraftfahrzeugen ermöglicht. Wollte der Gesetzgeber die Vermögensinteressen des Staates durch einen Direktanspruch ebenfalls schützen, müsste er dies so klar zum Ausdruck bringen, wie er es im Gesetzentwurf zu den Wrackbeseitigungskosten[102] erstmals in der Geschichte der Bundesrepublik umgesetzt[103] hat.

79 Dabei ist zu beachten, dass der Bund, die Länder und die großen Gebietskörperschaften wegen ihrer herausragenden Vermögensstellung selbst von der Verpflichtung befreit sind, als Halter von Fahrzeugen, diese zu versichern, § 2 PflVG. Dies macht ihre fehlende Schutzbedürftigkeit[104] überdeutlich.

80 Der Bund wendet in sehr bedenklicher Weise sogar einen »Trick« an, um die Fahrzeuge in der privatrechtlichen BwFuhrparkService GmbH[105] nicht versichern zu müssen. Der Bund bleibt »Mit-Halter« der vermögensrechtlich ausgegliederten Bundeswehrfahrzeuge.

81 Die Versagung eines Direktanspruchs für bestimmte Bereiche ist auch heute noch zumutbar. Schon der *BGH*[106] hat eine Rückwirkung des Gesetzes auf Fälle vor Einführung des Direktanspruchs selbst für echte Verkehrsunfallopfer mit Personenschäden ausgeschlossen. Er begründete das damit, dass das **alte Recht keinen unhaltbaren Zustand** bot. Offenbar sah der VVG-Reformgesetzgeber von 2008 dies ebenso, sonst hätte er für alle Pflicht-Haftpflichtversicherungen einen unmittelbar geltenden Direktanspruch eingeführt.

82 Entsprechend wurde Geschädigten, die in der Zeit bis zur Einführung des Direktanspruchs in der DDR am 01.08.1990[107] einen Unfall erlitten, ein Direktanspruch gegen die Rechtsnachfolgerin der Staatlichen Versicherung der DDR in Abwicklung – die Deutsche Versicherungs AG – nicht zugestanden[108].

83 Im Fall der **Insolvenz** des pflicht-haftpflichtversicherten Versicherungsnehmers steht dem Staat jedoch ausnahmsweise[109] ein Direktanspruch zu. Dann aber über die §§ 110; 115 Abs. 1 Nr. 2 PflVG, da er wie alle anderen Gläubiger zu behandeln ist.

---

101 Zumindest auf Bundesautobahnen erzielt er damit sogar über Mauteinnahmen Einkünfte.
102 Entwurf eines Gesetzes zu dem Internationalen Übereinkommen von Nairobi von 2007 über die Beseitigung von Wracks, BT-Drucks. 17/12343 v. 14.02.2013.
103 Gesetz vom 29.05.2013, BGBl. v. 04.06.2013, Teil II Nr. 12, S. 530.
104 *Heinrichs* in Alpmann Brockhaus, Fachlexikon Recht zum Begriff »Direktanspruch«.
105 Antwort auf parlamentarische Anfrage, BT-Drucks. 15/1415 S. 32.
106 *BGH* Urt. v. 03.11.1970 – VI ZR 76/69, JurionRS 1970, 10979 = DAR 1971, 48 = MDR 1971, 122 = VersR 1971, 180.
107 GBl. DDR 1990 I, Nr. 52.
108 *OLG Naumburg* Urt. v. 01.06.1995 – 3 U 261/94, JurionRS 1995, 16483 = NZV 1996, 363 = r+s 1996, 484 = VersR 1997, 75; *BGH* Nichtannahmebes. v. 14.05.1996 – VI ZR 208/95; *OLG Dresden* Urt. v. 25.02.2003 – 9 U 2110/02, NZV 2003, 427.
109 Staudinger/Halm/Wendt/*Heinrichs*, Fachanwaltskommentar Versicherungsrecht, § 110 VVG, Rn. 1.

Nicht primär schutzwürdig ist zudem der private Grundstückseigentümer (umgefahrener Zaunpfosten, Blumenkübel, etc.). 84

In der Praxis wird – undifferenziert, ob Verkehrsteilnehmer oder nicht – der Direktanspruch auch für diese Gruppe, der sekundär Schutzwürdigen ausgedehnt. Dies geschieht letztlich nur deshalb, weil ein Kfz-Haftpflichtversicherer vorhanden ist. Ein Bedarf an besonderem Schutz (wie bei Verkehrsunfallopfern) ist hier allerdings nicht erkennbar. Wozu sollten sie ebenfalls mit einem Direktanspruch ausgestattet werden, wenn der Gesetzgeber diesen für alle anderen Pflicht-Haftpflichtversicherungen nur in ganz eingeschränktem Maße gelten lässt, § 115 Abs. 1 Nrn. 2 u. 3 VVG? Der Gesetzgeber hatte schließlich aus dem Gesetzentwurf[110] einen generellen Direktanspruch für die Pflicht-Haftpflichtversicherungen wieder herausgestrichen. 85

Es ist schon kurios, wenn ein Kfz-Haftpflichtversicherer für einen Schaden wegen einer Gehwegbeschädigung direkt schulden soll, der Gebäudehaftpflichtversicherer für denselben Schaden durch einen heruntergefallenen Dachziegel aber nicht. Dieser kann noch nicht einmal direkt in Anspruch genommen werden, wenn der Dachziegel einen Fußgänger trifft! Der Grundstücksbesitzer haftet nach § 836 Abs. 1 Satz 1 BGB nicht bereits aus der Gefährdungshaftung. Er haftet nur aufgrund einer Verschuldensvermutung, so dass er sich nach § 836 Abs. 1 Satz 2 BGB entlasten[111] kann. Mit Blick auf die Situation[112] bei der Straßenbahn, kann die Gefährdungshaftung als solche jedoch kein Beurteilungskriterium darstellen. 86

Ein sachlicher Grund für die Besserstellung der sekundär Schutzwürdigen gegenüber sonstigen Haftpflichtgeschädigten besteht tatsächlich nicht. Die geübte Praxis dürfte gegen den Gleichheitssatz in Art. 3 GG verstoßen. 87

4. tertiär (schutzwürdige) Personen

Schließlich gibt es Personen, die im Rahmen einer vertraglichen Beziehung zum Schädiger stehen und bei der Leistungserbringung durch den Gebrauch des Fahrzeugs Schäden erleiden. 88

Soweit es sich um eine entgeltliche Personenbeförderung im Taxi oder Bus[113] handelt und die Insassen Schäden an hochrangigen Rechtsgütern wie Leib und Leben davontragen bleibt ein Direktanspruch gerechtfertigt. Dort kommt die typische Unterlegenheit des Fahrgastes als Vertragspartner zum Tragen.[114] 89

Betroffen sind aber auch Be- und Entladevorgänge, bei denen das Fahrzeug als reine Arbeitsmaschine eingesetzt wird. Beim Betankungsvorgang liegt beispielsweise ein 90

---

110 RegE BT-Drucks. 16/3945 S. 50, 88.
111 PWW/*Schaub* § 836 BGB Rn. 9.
112 Weder Versicherungspflicht noch Direktanspruch, siehe oben § 115 VVG Rdn. 6–8.
113 *Kreuter-Lange/Schwab* Haftungs- und Versicherungsfragen beim Busfernverkehr, DAR 2015, 67 ff.
114 *Hedderich*, Pflichtversicherung, Dissertation 2010, 348 ff.

§ 115 VVG Direktanspruch gegen den Versicherer

Kaufvertrag für eine Heizölanlieferung zugrunde. Kommt es hierbei zu einem Betankungsschaden beim Heizölbesteller, ist kein x-beliebiger Dritter, sondern ein Vertragspartner geschädigt, der in einer Sonderbeziehung zum Lieferanten steht.

91 Dieser Personenkreis ist aufgrund der vertraglichen Sonderbeziehung nur **tertiär schutzwürdig**, da er sich – anders als die anderen beiden Gruppen – seinen Vertragspartner (Schädiger) selbst ausgesucht hat. Es geht dabei nicht um hohe Rechtsgüter wie Leib oder Leben, sondern nur um den Ausgleich wirtschaftlicher Interessen aufgrund von Sachschäden.[115]

92 Nach der Rechtsprechung des *BGH*[116] wird jedoch selbst hier unterschiedslos nicht auf den Zweckgedanken des Verkehrsopferschutzes, sondern allein darauf abgestellt, ob ein Kfz-Haftpflichtvertrag, aus dem sich eine Leistungspflicht ergibt, besteht.

93 Diese Betrachtung ist zwar mit dem Wortlaut[117] des früheren § 3 Abs. 1 Nr. 1 PflVG a. F. und des § 115 Abs. 1 Satz 2 VVG konform. Leistungspflicht bedeutet aber zunächst erst einmal nur Freistellung von Haftpflichtansprüchen und Abwehr von unberechtigten Ansprüchen, § 100 VVG. Die gedankliche Übertragung, ob sich daraus auch ein Direktanspruch für den Geschädigten begründen lässt, erschließt sich erst aus der besonderen Schutzbedürftigkeit des Geschädigten als Verkehrsunfallopfer.

94 Für einen Personenschaden[118] im Rahmen des sonstigen Fahrzeuggebrauchs außerhalb des Straßenverkehrs[119] mag diese überweite Auslegung noch nachvollziehbar sein (wenn man dieser Person in einer »rechtlichen Grauzone« trotzdem mit einem Direktanspruch »*helfen*« möchte). Für den reinen Sachschaden[120] kann allerdings selbst dieses »Argument« nicht greifen.

---

115 Daher bereits kritisch zur Verkehrshaftungs-Pflicht-Haftpflichtversicherung *Reiff* TranspR 2006, 15 (21); *Hedderich* a. a.O S. 353.
116 *BGH* Nichtannahmebeschl. v. 08.04.2008 – VI ZR 229/07, JurionRS 2008, 12599 = SVR 2011, 17 bespr. v. *Richter* (Regress eines Gewässerschadenhaftpflichtversicherers gegen einen Kfz-Haftpflichtversicherer wegen Sachschäden) zu *OLG Frankfurt/Main* Urt. v. 17.08.2007 – 19 U 268/06, JurionRS 2007, 49762 = NJOZ 2008, 2864 = r+s 2008, 437= zfs 2008, 377 m. Anm. *Diehl*.
117 Nur auf den Wortlaut abstellend *KG Berlin* v. 19.12.2011 – 22 U 92/11; *LG Mainz* Urt. v. 10.01.2012 – 6 S 92/11.
118 *BGH*, Urt. v. 19.09. 1989 – VI ZR 301/88, JurionRS 1989, 13483 = VersR 1989, 1187 = DAR 1989, 418 = TranspR 1990, 37 = MDR 1990, 143 = NJW-RR 1990, 161 = NZV 1990, 116 (Ls.) = JuS 1990, 416 = zfs 1990, 22.
119 Nur diesbezüglich *EuGH* Urt. v. 04.09.2014 – Rs. C-162/13, JurionRS 2014, 20478 = JZ 2015, 60 = r+s 2014, 523 = ADAJUR Dok.Nr. 105915.
120 *BGH* Nichtannahmebeschl. v. 08.04.2008 – VI ZR 229/07, JurionRS 2008, 12599 = SVR 2011, 17 bespr. v. Richter (Regress eines Gewässerschadenhaftpflichtversicherers gegen einen Kfz-Haftpflichtversicherer wegen Sachschäden) zu *OLG Frankfurt/Main* Urt. v. 17.08.2007 – 19 U 268/06, JurionRS 2007, 49762 = NJOZ 2008, 2864 = r+s 2008, 437= zfs 2008, 377 m. Anm. *Diehl*.

Eine Parallele findet sich in § 7a GüKG, der Verkehrshaftungsversicherung. Diese gesetzliche Pflicht-Haftpflichtversicherung schützt den Vertragspartner vor Vermögensnachteilen. Der Gesetzgeber greift damit in Grundrechte von Versicherungsnehmer und Versicherer ein, obwohl kein ausreichendes Schutzbedürfnis mangels hoher Schutzgüter besteht. Zu Recht wird daher die Aufhebung[121] dieser Pflicht-Haftpflichtversicherung gefordert. 95

Konsequenzen ergeben sich aus dieser Rechtsprechung, wenn ein **krankes Versicherungsverhältnis** vorliegt. Der Kfz-Haftpflichtversicherer wäre auch dann nach den §§ 115 Abs. 1 Satz 2 i. V. m. 117 Abs. 1 VVG vorleistungspflichtig. Er müsste wegen einer nebenvertraglichen Schlechtleistung seines Vertragspartners an den Vertragspartner seines säumigen Kunden vorleisten. Das Regressrisiko hätten er und die Versicherungsgemeinschaft allein zu tragen. 96

Damit liegt jedenfalls bei einem kranken Versicherungsverhältnis ein offenkundiger Verstoß gegen Art. 12 und 14 GG vor. 97

5. Fazit: teleologische Reduktion des Begriffs »Dritter«

Die vorgenannten Überlegungen zeigen, dass der Begriff »Dritter« nicht ausschließlich aufgrund des Wortlauts auszulegen ist. Sowohl die Gesetzgebungshistorie, der systematische Zusammenhang innerhalb der Pflicht-Haftpflichtversicherung als auch der Sinn und Zweck der Ausnahmevorschriften im Haftpflichtrecht gebieten eine grundrechtskonforme enge Auslegung. Notwendig ist daher eine **teleologische Reduktion**[122] des Anwendungsbereichs, ähnlich dem eingeschränkten Kinderschutz beim ruhenden[123] Verkehr. 98

Pflichtversicherung bedeutet immer einen Eingriff in Grundrechte des Versicherungsnehmers[124] – je nach Ausgestaltung – aus Art. 2 Abs. 1; 3 Abs. 1; 9; 12 Abs. 1 und 14 Abs. 1 Satz 1 GG, da er sich versichern muss. 99

Zudem liegt ein **Eingriff in Grundrechte des Versicherers**[125] vor, da er entsprechende gesetzliche Vertragsanforderungen[126] zu erfüllen hat. 100

---

121 *Reiff*, Sinn und Bedeutung von Pflichthaftpflichtversicherungen, TranspR 2006, 15 (21); *Hedderich*, Pflichtversicherung, Diss. 2010, S. 359; *Brand* in MüKo zum VVG, Vor §§ 113–124 VVG, Rn. 4.
122 *Schwab*, Direktanspruch bei unmittelbarem Zwang? – Anm. zu *BGH*, Urt. v. 31.01.2012 – VI ZR 43/11, DAR 2012, 490 ff.
123 *BGH*, Urt. v. 30.11.2004 – VI ZR 335/03, BGHZ 161, 180 = JurionRS 2004, 25595 = NJW 2005, 354 = DAR 2005, 146 = MDR 2005, 506 = VersR 2005, 376 = zfs 2005, 174 = NZV 2005, 137 = r+s 2005, 80 = VRR 2005, 31 bespr. v. *Jaeger*.
124 *Hedderich*, Pflichtversicherung, Diss. 2010, S. 144 ff.; siehe insbesondere *Schwab* Vor §§ 113 ff. VVG Rdn. 1–13.
125 *Hedderich*, Pflichtversicherung, Diss. 2010, S. 207 ff.; *Dallwig*, Deckungsbegrenzungen in der Pflichtversicherung, Diss. 2011, S. 104 ff.
126 *BVerfG* Urt. v. 08.04.1997 – 1 BvR 48/94, BVerfGE 95, 267 ff. = DÖV 1997, 545 = MDR

101 Eingriffe sind aber nur dann zulässig, wenn bedeutende Rechtsgüter zu schützen sind und die soziale Notwendigkeit einer Pflichtversicherung den Eingriff rechtfertigt.[127] So liegt es beim Verkehrsunfallopfer und beim Schädiger, der mit kaum überblickbaren Forderungen[128] belastet werden kann. Grund für die Einführung der Pflichtversicherung in der Kfz-Versicherung zum 01.07.1940[129] war es, den »Schutz der Verkehrsopfer wirksamer zu gestalten«; nicht aber die bloßen Eigentumsinteressen des vermögenden Staates oder der Vertragspartner des Versicherungsnehmers zu schützen.

102 Eine weitere **Parallele** zur hier vertretenen Auffassung zeigt sich in Art. 9 Abs. 1b) EuGVVO. Zu Recht wird vertreten, dass die Ausnahmevorschrift nicht für jede Person gilt. Nur der objektiv schwächere Personenkreis soll bei Auslandsberührungen mit einem Klagerecht am eigenen Wohnsitz bedacht werden.

103 Entsprechend kann weder ein Sozialversicherungsträger[130], noch ein weltweit tätiges Großunternehmen[131] am eigenen Sitz klagen. Dagegen fallen der gewöhnliche Arbeitgeber[132] oder kleinere Unternehmen[133] zu Recht noch in den Schutzbereich der Norm.

104 Schließlich fehlt es an der besonderen Schutzwürdigkeit bei einem Land[134] der Bundesrepublik Deutschland bzw. dem Bund selbst. Sie sind gegenüber einem Haftpflichtversicherer als Partei weder wirtschaftlich schwächer noch rechtlich weniger Erfahren. Häufig verfügen Sie über eigens für die Regress- und Anspruchsverfolgung eingerichtete Behörden oder Abteilungen in den Behörden oder Landesbetrieben. Obendrein sind sie von den Gerichtskosten befreit.

1997, 556 = NJW 1997, 1975 = NVwZ 1997, 885 = WM 1997, 873 (Vertragsfreiheit aus Ausfluss der allgemeinen Handlungsfreiheit in Art. 2 GG).

127 *Deiters*, Die Erfüllung öffentlicher Aufgaben durch privatrechtliche Pflichtversicherungen, FS für Reimer Schmidt, S. 379 ff. (393); *Hedderich*, Pflichtversicherung, Diss. 2010, S. 9.; *Micha*, Der Direktanspruch im europäischen Internationalen Privatrecht, Diss. 2010, S. 67.

128 *Dallwig*, Deckungsbegrenzungen in der Pflichtversicherung, Diss. 2011, S. 13; *Brand* in MüKo zum VVG, Vorb. Zu §§ 113 ff. VVG, Rn. 5.

129 RGBl. I, v. 07.11.1939, 2223.

130 *EuGH* Urt. v. 17.09.2009 – C-347/08, JurionRS 2009, 22215 = DAR 2009, 638 = VersR 2009, 1519 = NJW-Spezial 2009, 697 =VRR 2009, 419 bespr. v. *Luckey*; *OLG Celle* Urt. v. 27.11.2008 – 5 U 106/08, JurionRS 2008, 32932 = OLGR Celle 2009, 680 = VersR 2009, 1426 = VRR 2009, 303 bespr. v. *Nugel*.

131 *AG Bückeburg* Urt. v. 02.06.2010 – 31 C 181/09, JurionRS 2010, 30576 = DAR 2010, 476 = SVR 2011, 342 = VersR 2011, 389 = VRR 2011, 150 zust. bespr. v. *Nugel*.

132 *OLG Zweibrücken* Beschl. v. 29.09.2009 – 1 U 119/09, JurionRS 2009, 37172 = DAR 2010, 585 = NZV 2010, 198 = VersR 2011, 741.

133 *OLG Köln* Beschl. v. 09.03.2010 – 13 U 119/09, JurionRS 2010, 26600 = DAR 2010, 528 = VRR 2011, 249 bespr. v. *Nugel*.

134 *OLG Koblenz* Urt. v. 15.10.2012 – 12 U 1528/11, JurionRS 2012, 28196 = DAR 2013, 30 m. zust. Anm. *Schneider* (Revision wurde zurückgenommen, *BGH* VI ZR 470/12).

VI. kein Dritter

Kein Dritter ist der **Summenversicherer**, wie z. B. der Krankenversicherer für Krankenhaustagegeld, Sterbegeld-, Lebens- oder der private Unfallversicherer, da sie Leistungen unabhängig von einem Schadensereignis und der tatsächlichen Schadenhöhe zu erbringen haben. Es geht dort nur um die Zahlung einer vertraglich vereinbarten Summe. 105

Ein Summenversicherer wird dann aber zum Dritten, wenn er sich Schadensersatzansprüche vom Geschädigten abtreten lässt. Der regulierende Haftpflichtversicherer hat die Abtretung zu beachten, auch wenn der Summenversicherer keinen Anspruch auf eine Abtretung von Schadensersatzansprüchen gegen den geschädigten Versicherungsnehmer haben sollte. Im Zweifel wird sich der Rechtsanwalt des Geschädigten mit der Wirksamkeit des Vertrages bzw. der Anfechtbarkeit der Erklärung seines Mandanten gegenüber dem Summenversicherer auseinandersetzen müssen. 106

Richtigerweise[135] ist der **Mitschädiger** kein Dritter im Sinne der Norm. Er hat lediglich Ausgleichsansprüche[136] nach § 426 BGB, aber keine Schadensersatzansprüche. 107

Wer als Geschäftsherr (z. B. als Absender/Verlader oder Arbeitgeber) nach den § 278 Satz 1, 831 Abs. 1 Satz 1 BGB rechtlich für ein Verhalten des Schädigers einzutreten hat, ist entsprechend ebenfalls kein Dritter. Der Arbeitgeber kann jedoch nach § 2 Abs. 2 Nr. 6 KfzPflVV mitversicherte Person sein. 108

Ein durch eine Gemeinde Beauftragter[137] zur Reinigung einer Straße ist ebenfalls kein Dritter. Er kann schon keine Ansprüche gegen den Verursacher aus Geschäftsführung ohne Auftrag geltend machen. 109

Kein Dritter ist der **Fahrer**[138], der sich selbst verletzt. 110

---

135 *BGH*, Beschl. v. 27.07.2010 – VI ZB 49/08, JurionRS 2010, 22037 = ADAJUR Dok.Nr. 89632 = DAR 2010, 698 = VersR 2010, 1360 = VRR 2010, 421 bespr. v. *Knappmann* = MDR 2010, 1322 = NZV 2010, 560 = NJW-RR 2010, 1471 = r+s 2010, 433 = WI 2010, 181 = zfs 2010, 611; *BGH* Urt. v. 17.05.1956 – II ZR 96/55, BGHZ 20, 371 = JurionRS 1956, 13461 = VersR 1956, 364 = JZ 1956, 690 = NJW 1956, 1068; *BGH* Urt. v. 01.07.2008 – VI ZR 188/07, BGHZ 177, 141 = JurionRS 2008, 17615 = DAR 2009, 307 = BGHR 2008, 948 = NJW 2008, 2642 = VersR 2008, 1273 = NZV 2008, 507 = r+s 2008, 435 = zfs 2008, 613 = VRR 2008, 382 bespr. v. *Zorn*; *KG Berlin* Urt. v. 02.03.1978 – 12 U 2934/77, JurionRS 1978, 11666 = VersR 1978, 435 (436); *OLG Hamm* Urt. v. 14.06.1968 – 9 U 217/67, VersR 1969, 508 (509); *OLG Zweibrücken* Urt. v. 13.12.1985 – 1 U 105/83, JurionRS 1985, 14171 = VersR 1987, 656 = zfs 1986, 82 (83); Stiefel/*Hofmann* § 3 PflVG Rn. 26 u. 28; Stiefel/Maier/*Jahnke* § 115 VVG Rn. 31; Prölss/Martin/*Knappmann* § 115 VVG Rn. 4; a. A. noch *OLG Köln*, Urt. v. 06.03.1972 – 13 U 203/84, VersR 1972, 651; Bruck/Möller/*Johannsen* Bd. V, Anm. B 12; wohl auch Schwintowski/Brömmelmeyer/*Huber* PK-VersR, § 115 Rn. 26.

136 Stiefel/Maier/*Jahnke* § 115 VVG Rn. 31; Looschelders/Pohlmann/*Schwarte* VVG-Kommentar, § 115 VVG Rn. 7.

137 *BGH* Urt. v. 21.06.2012 – III ZR 275/11, JurionRS 2012, 18167 = NVwZ-RR 2012, 707 = NZV 2012, 535 NJW-Spezial 2012, 745 = MDR 2012, 1149 = zfs 2012, 614.

138 Bestrebungen Frankreichs, auch den Fahrer zur Entlastung der Sozialkassen aus der Kraft-

111 Der Fahrer kann aber Rechtsnachfolger eines Insassen sein, den er bei einem Unfall tödlich verletzt hat. Soweit der getötete Insasse – wegen kurzer Überlebenszeit – z. B. noch Schmerzensgeldansprüche erwerben und somit vererben[139] konnte, kann der versicherte Fahrer Rechtsnachfolger des Insassen als Dritten sein.

112 Eigene Rechte in Bezug auf Beerdigungskosten nach §§ 844 Abs. 1 BGB, 10 Abs. 1 Satz 2 StVG, Unterhaltsansprüchen nach §§ 844 Abs. 2 BGB, 10 Abs. 2 Satz 1 StVG, wegen entgangener Dienste nach § 845 BGB oder auf Schmerzensgeld wegen Schockschadens aufgrund des Unfalltods bestehen dagegen nicht.[140] Der haftpflichtige Fahrer ist bezüglich dieser Schadenspositionen weder Rechtsnachfolger noch Dritter.

113 Kein Dritter[141] ist schließlich der Geschädigte, der den Freistellungsanspruch des Versicherungsnehmers pfändet und an sich überweisen lässt oder per – nunmehr nach § 108 Abs. 2 VVG zulässigen – Abtretungsvertrag erwirbt. Er kommt dadurch nur in eine ähnliche[142] Rechtsstellung (Quasi-Dritter), wie sie ein Dritter innehat.

VII. Sonderfall: Versicherungsnehmer und mitversicherte Personen als Dritte

114 Dritter kann auch der Versicherungsnehmer selbst[143] sein.

▶ **Beispiel:**

Der Vater ist Halter des Fahrzeugs und/oder zugleich Versicherungsnehmer. Da er Alkohol getrunken hat, lässt er seinen Sohn fahren und sitzt als Insasse auf dem Beifahrersitz. Der Sohn verschuldet bei einem riskanten Überholmanöver einen Unfall. Der Vater wird dabei verletzt. Ihm stehen Schadensersatzansprüche gegen den Sohn zu; gegen seinen Haftpflichtversicherer aber nur wegen seines Personenschadens, § 4 Nr. 1 KfzPflVV; A.1.5.6 AKB 2015.

115 Bei einem Unfall ohne Verschulden des eigenen Fahrers ist der Versicherungsnehmer ebenfalls grundsätzlich Dritter.

116 Ist in diesem Fall (wie üblich) der Versicherungsnehmer zugleich Halter des Fahrzeugs, liegt Konfusion[144] vor. Der Haftpflichtanspruch aus § 7 Abs. 1 StVG fällt mit dem

---

fahrthaftpflichtversicherung zu begünstigen, sind zunächst im Rahmen der 6. KH-Richtlinie gescheitert, GDV, Bericht aus Brüssel, 12/2006, S. 35. Eine entsprechende Regelung würde unserem deutschen Rechtssystem widersprechen, da ein Fall einträte, bei dem der Schuldner Gläubiger des gegen ihn gerichteten Anspruchs wäre (Konfusion). Alternativen bieten die Unfall- oder Fahrerschutzversicherung.

139 Himmelreich/Halm/Staab/*Jaeger/Luckey*, Handbuch der Kfz-Schadensregulierung, Kap. 19, Rn. 401.
140 Stiefel/Maier/*Jahnke* § 115 VVG Rn. 151.
141 Bruck/Möller/*Beckmann* VVG-Kommentar, Band IV, § 115 VVG, Rn. 26.
142 Stiefel/Maier/*Jahnke* § 115 VVG Rn. 108.
143 Looschelders/Pohlmann/*Schwartze* VVG-Kommentar, § 115 VVG Rn. 6; Stiefel/Maier/*Jahnke* § 115 VVG Rn. 26.
144 Zu streitigen Fällen der Konfusion siehe Schwintowski/Brömmelmeyer/*Retter* PK-VersR,

Freistellungsanspruch zusammen. Die Situation ähnelt der, bei der der Fahrer seine unterhaltsverpflichtete Ehefrau[145] als Beifahrerin tötet.

Überlebt die Insassin ihren Ehemann als schädigenden Fahrer, liegt dagegen keine Konfusion[146] vor. Durch die den Haftpflichttatbestand vorausgesetzte Handlung des Fahrers schuldet der Haftpflichtversicherer akzessorisch. 117

Der Versicherungsnehmer als Insasse, der zugleich Halter ist, ist in diesen Fällen auf eine Kfz-Unfallversicherung[147] angewiesen, soweit keine Halterschutzversicherung[148] in Anlehnung an die Fahrerschutzversicherung nach A.5 AKB besteht. 118

VIII. Umfang der Leistungspflicht

Die Leistungspflicht gegenüber dem Dritten richtet sich nach der vertraglichen Vereinbarung zwischen dem Versicherungsnehmer und dem Versicherer, § 115 Abs. 1 Satz 2 VVG. Entsprechend sind die individuellen AKB als Bestandteil des Kfz-Haftpflichtvertrages auch für den Direktanspruch des geschädigten Dritten maßgeblich. 119

Bei fehlender oder nur teilweiser Leistungspflicht richtet sich der Anspruch des Dritten nach § 117 Abs. 1 bis 4 VVG. Dies führt zu einer gestuften Leistungspflicht[149] entsprechend der Schutzwürdigkeit des Dritten[150]. 120

Im Spektrum der Naturalrestitution hat der Versicherer nur in Geld zu leisten, § 115 Abs. 1 Satz 3 VVG. Dies wurde in A.1.1.2 AKB so übernommen. 121

Die rechtliche Möglichkeit, trotzdem auch in anderer Form Naturalrestitution zu leisten, wird dem Versicherer durch die Vorschrift nicht genommen. Es ist **keine Verbotsnorm**, sondern eine Schutzvorschrift, die den Versicherer vor ihm unzumutbaren Aktivitäten bewahren soll. 122

Im Rahmen des Schadenmanagements[151] macht der Versicherer von seinem Recht Gebrauch, sich aktiv um die Schadenbehebung zu kümmern. 123

---

§ 100 VVG Rn. 35; Looschelders/*Pohlmann/Schulze Schwienhorst* VVG -Kommentar, § 100 VVG Rn. 20.
145 Stiefel/Maier/*Jahnke* § 115 VVG Rn. 151 (fehlendes 3-Personen-Verhältnis) u. 167.
146 *OLG Hamm* Urt. v. 16.06.1994 – 6 U 227/93, JurionRS 1994, 16124 = MDR 1995, 695 = NJW 1995, 2930 (Ls.) = NZV 1995, 276 = VersR 1995, 454 = zfs 1995, 220 (*BGH* Nichtannahmebeschl. v. 14.03.95 – VI ZR 230/94, VersR 1995, 454; Stiefel/*Maier* Kraftfahrtversicherung, A.1.1.2 AKB, Rn. 58.
147 Siehe *Heinrichs* A.4 AKB, Rdn. 1503 ff.
148 Siehe *Schwab* Fahrerschutzversicherung, Rn. 329.
149 Siehe *Kreuter-Lange* § 117 VVG Rdn. 29 ff.
150 Siehe oben § 115 VVG Rdn. 67–104.
151 Himmelreich/Halm/Staab/*Richter*, Handbuch der Kfz-Schadensregulierung, Kap. 2.

IX. Gesamtschuldner

124 Bei einem Direktanspruch gegen den Versicherer wird durch § 115 Abs. 1 Satz 4 VVG ein **Gesamtschuldverhältnis** mit den ersatzpflichtigen Versicherten begründet. Nach der hier vertretenen Auffassung jedoch nur dann, wenn es sich um einen schutzwürdigen Dritten[152] im Sinne des Gesetzeszwecks handelt.

125 Die Wortwahl des Gesetzes »ersatzpflichtige Versicherungsnehmer« trifft nicht so recht. Es kommt nicht auf den Versicherungsnehmer, sondern den Versicherten bzw. Mitversicherten an. Der Reformgesetzgeber hat hier die Strukturen aus § 3 Nr. 2 PflVG a. F. übernommen. Es handelt sich nach gefestigter Meinung[153] um einen gesetzlich angeordneten Schuldbeitritt.

126 Aus dem Haftpflichtverhältnis zwischen Geschädigtem und Schädiger folgen Schadensersatzansprüche gegen den Schädiger. Durch den Direktanspruch wird der Versicherer nicht selbst zum Haftenden,[154] sondern schuldet nur neben dem versicherten Schädiger Schadensersatz. Ein Gesamtschuldverhältnis ist **kein Gesamthaftungsverhältnis**.

127 Das Gesamtschuldverhältnis besteht nur im Rahmen der Leistungspflicht des Versicherers. Damit wird ein bestehendes Gesamtschuldverhältnis in mehreren Richtungen begrenzt:
– in der Höhe entsprechend der vereinbarten Versicherungssummen
  (ab Überschreitung der Deckungssumme schuldet der Schädiger allein)
– im Umfang des Schadensersatzes soweit kein vollständiger Ausschlusstatbestand greift:
– auf Personenschäden des geschädigten Versicherungsnehmers[155]
– auf bestimmte Sachschäden von Insassen des versicherten Fahrzeugs[156]
– in Bezug auf Höchsthaftungssummen nach den §§ 12, 12a StVG
  (wird die Höchsthaftungssumme überschritten, haftet der Halter nicht mehr; der Versicherer schuldet dann nur noch zusammen mit dem mitversicherten Fahrer, wenn dieser fahrlässig gehandelt hat)
– in der Art und Weise der zu erbringenden Leistung, da der Versicherer nach § 115 Abs. 1 Satz 3 VVG nur in Geld leisten muss[157]

128 Besteht keine Leistungspflicht gegenüber dem Versicherungsnehmer, bleibt gleichwohl das Gesamtschuldverhältnis erhalten, §§ 115 Abs. 1 Satz 2 i. V. m. 117 Abs. 1 VVG. Statt der vertraglichen gilt die vorgeschriebene Mindestversicherungssumme als Begrenzung des Gesamtschuldverhältnisses, § 117 Abs. 3 Satz 1 VVG.

---

152 Siehe oben § 115 VVG Rdn. 67–104.
153 Looschelders/Pohlmann/*Schwartze* VVG-Kommentar, § 115 VVG Rn. 3.
154 *Littbarski* Betriebshaftpflicht und Anhängerschaden, NVersZ 2001, 397 ff.; Stiefel/Maier/*Jahnke* § 115 VVG Rn. 140.
155 § 4 Nr. 1 KfzPflVV; A.1.5.1 AKB 2015.
156 § 4 Nr. 3 KfzPflVV; A.1.5.5 AKB 2015.
157 Schwintowski/Brömmelmeyer/*Huber* PK-Vers, § 115 Rn. 29.

Gesamtschuld besteht zu einem Mitschädiger eines fremdversicherten Fahrzeugs und 129
zu dessen Versicherer[158]. Der gesetzliche Schuldbeitritt wirkt somit über das Vertragsverhältnis hinaus.

X. Verjährung

1. Gleichlauf der Verjährungsfrist

Die Verjährung des Direktanspruchs richtet sich nach der Verjährung des Schadens- 130
ersatzanspruchs gegen den Versicherten. Damit ist § 115 Abs. 2 Satz 1 VVG eine Spezialvorschrift gegenüber § 425 Abs. 2 BGB. Das Gesetz schreibt hierdurch einen Gleichlauf[159] der Verjährung vor.

Der Deckungsanspruch des Versicherungsnehmers und der Mitversicherten bleibt von 131
der Vorschrift unberührt[160]. Die Verjährung des Deckungsanspruchs gegen den Versicherer beginnt erst mit Ablauf des Jahres, in dem der Anspruch durch den Geschädigten geltend gemacht wurde und der Versicherungsnehmer hiervon erfährt, § 199 Abs. 1 BGB.

2. gleichzeitiger Verjährungsbeginn

Nach Abs. 2 Satz 2 erster Halbsatz der Vorschrift beginnt der Lauf der Verjährung ein- 132
heitlich zum selben Zeitpunkt.

3. ungleichzeitiges Verjährungsende

Im zweiten Halbsatz von Abs. 2 Satz 2 wird ein unterschiedliches Ende angeordnet. 133
Der Direktanspruch gegen den **Versicherer** endet **10 Jahre** nach Eintritt des Schadens. Der Eintritt des Schadens soll nach der Gesetzesbegründung[161] nicht das Unfallereignis selbst, sondern die Offenbarung des Schadens durch das Unfallereignis sein. Der Bedeutungsgehalt für den Beginn des Fristenlaufs bedürfte für den Kfz-Haftpflichtscha-

---

158 *BGH* Urt. v. 13.06.1978 – VI ZR 166/76, JurionRS 1978, 12974 = MDR 1979, 129 = VersR 1978, 843; *OLG Celle* Urt. v. 14.05.1973 – 5 U 129/72, JurionRS 1973, 11325 = VersR 1973, 1031; Prölss/Martin/*Knappmann* § 115 VVG Rn. 19; Feyock/Jacobsen/Lemor § 116 VVG Rn. 6; einschränkend Römer/*Langheid* § 115 VVG Rn. 18.
159 PWW/*Müller* § 425 BGB Rn. 7; Schwintowski/Brömmelmeyer/*Huber* PK-Vers, § 115 Rn. 30.
160 *BGH* Urt. v. 07.04.1987 – VI ZR 55/86, JurionRS 1987, 13136 = DAR 1987, 285 = NJW-RR 1987, 916 = r+s 1987, 270= MDR 1987, 925 = VersR 1987, 937; *BGH* Urt. v. 07.12.1976 – VI ZR 7/75, BGHZ 67, 372 = JurionRS 1976, 11403 = DB 1977, 2093 = MDR 1977, 385 = NJW 1977, 532 = VersR 1977, 282 = VRS 52, 172; *OLG Hamm* 15.12.1999 – 20 U 131/99, JurionRS 1999, 17334 = NVersZ 2000, 234 = r+s 2000, 142 = zfs 2000, 257 = NZV 2000, 414; Prölss/Martin/*Knappmann* § 3 Nr. 3 PflVG a. F. Rn. 14; Schwintowski/Brömmelmeyer/*Huber* PK-Vers, § 115 Rn. 30; Feyock/*Jacobsen*/Lemor § 115 VVG Rn. 19; Looschelders/Pohlmann/*Schwartze* VVG-Kommentar, § 115 VVG Rn. 22.
161 BT-Drs. 16/5862 S. 99.

§ 115 VVG   Direktanspruch gegen den Versicherer

densfall allerdings nicht wesentlich sein.[162] Der Anspruch gegen den versicherten Schädiger verjährt (je nach Schadenart, Sach- oder Personenschaden) in **10 oder 30 Jahren** nach dem Schadenereignis, § 199 Abs. 2 u. 3 BGB.

134 Von Bedeutung ist dies für den **Sozialversicherungsträger**, der häufig erst sehr spät von übergegangenen Ansprüchen Kenntnis erhält, weil er plötzlich selbst in der Leistungspflicht ist bzw. dem Regresssachbearbeiter[163] die Akte vorgelegt wird. Das Problem hat sich für den Sozialversicherungsträger verschärft, da es nach Änderung der Verjährungsvorschriften nicht mehr auf die positive Kenntnis des Regressanspruchs ankommt. Vielmehr hat er schon bei grob fahrlässiger Unkenntnis[164] mit dem Lauf der Verjährung zu rechnen, § 199 Abs. 1 Nr. 2 BGB. Die Fahrlässigkeit muss dabei nicht allein beim Regresssachbearbeiter[165] vorliegen. Ein grobes Organisationsverschulden[166] in der Verwaltung reicht bereits aus.

135 Hinweise dazu ergeben sich zum Beispiel auch aus den veröffentlichten[167] »Unternehmensleitlinien« der Sozialversicherungsträger. Anspruch und Wirklichkeit können in tatsächlicher Hinsicht auseinanderfallen. Eine Organisation, die nach außen kundtut, welch hohe Sorgfaltsmaßstäbe für sie gelten, muss erwarten, dass sie rechtlich daran gemessen wird. (Beispiel: *»Jeder Mitarbeiter gibt die Informationen weiter, die andere für ihre Aufgaben benötigen. Jeder Mitarbeiter bemüht sich aber auch um notwendige Informationen. Der Mitarbeiter erhält über sein Aufgabengebiet hinausgehende Informationen, die Zusammenhänge verständlich machen. Bei der Weitergabe von Informationen sind datenschutzrechtliche Regelungen zu beachten. Der Informationsfluss wird durch ein betriebliches Kommunikationssystem unterstützt.«*)

---

162 Offenbart sich ein Sachschaden 10 Jahre nach dem Schadensereignis, kann allerdings einem noch unverjährten Direktanspruch entgegengehalten werden, dass der Schadensersatzanspruch bereits verjährt ist.
163 *BGH* Urt. v. 28.11.2006 – VI ZR 196/05 (Klage eines gesetzlichen Unfallversicherers), JurionRS 2006, 29955 = r+s 2007, 123 m. Anm. *Lemcke* = VersR 2007, 513 = MDR 2007, 463 = NZV 2007, 131 = SVR 2007, 144 bespr. v. *Lang* = NJW 2007, 834 = DAR 2007, 265 = VRS 112, 249 = FamRZ 2007, 390L.
164 Bei Regressen nach § 110 SGB VII soll sich der Verjährungsbeginn auf den Zeitpunkt der Leistungsfeststellung beziehen, *Möhlenkamp* Zur Verjährung von Regressansprüchen nach § 110 SGB VII – Anwendung und zur Auslegung des § 113 Abs. 1 SGB VII, VersR 2013, 544 ff.
165 So allerdings *Lang* in Anm. zu *BGH* Urt. v. 09.01.2007 – VI ZR 139/06, SVR 2007, 144.
166 *BGH*, Urt. v. 28.02.2012 – VI ZR 9/11, JurionRS 2012, 13441 = VersR 2012, 738 = NJW 2012, 1789 = zfs 2012, 444 = MDR 2012, 769 = r+s 2012, 304 = NZV 2012, 479 (Ls.) = DAR 2012, 388 (Ls.); *BGH*, Urt. v.17.04.2012 – VI ZR 108/11, JurionRS 2012, 15084 = DB 2012, 1327 = MDR 2012, 766 = NJW 2012, 2644 = NZS 2012, 625 (Ls.) = r+s 2012, 308 = VersR 2012, 1005 = zfs 2012, 440; *Lemcke* in Anm. zu *BGH* Urt. v. 09.01.2007 – VI ZR 139/06, r+s 2007, 125 (127); *Diehl* in Anm. zu *BGH* Urt. v. 12.05.2009 – VI ZR 294/08, zfs 2009, 620 (622); Stiefel/Maier/*Jahnke* § 115 VVG Rn. 280 f.
167 http://www.deutsche-rentenversicherung-hessen.de/cae/servlet/contentblob/151750/publicationFile/24695/LeitbildGZ.pdf.

Der Direktanspruch kann dann bereits verjährt sein; der Schadensersatzanspruch gegen 136
den Schädiger aber noch nicht, es sei denn, der Personenschaden liegt mehr als 30 Jahre
zurück.

Ist der Schadensersatzanspruch gegen den Versicherungsnehmer noch nicht verjährt, 137
wird der Deckungsanspruch gegen den Versicherer ebenfalls noch nicht verjährt sein
(da der Versicherungsnehmer erst jetzt Kenntnis[168] von der Anspruchserhebung erhält).

Lemcke[169] und *Huber*[170] weisen darauf hin, dass der Sozialversicherungsträger schnell 138
in eine Grube fallen oder Falle tappen könne, wenn er den falschen Weg gehe:

Verklagt der Sozialversicherungsträger den Schädiger, kann er mit dem Titel den De- 139
ckungsanspruch pfänden und sich überweisen lassen auch wenn der Direktanspruch
gegen den Versicherer bereits verjährt[171] ist. Eine analoge Anwendung von § 124
Abs. 1 VVG scheidet aus, da es sich um eine Sondervorschrift handelt. Dies ist der übliche, aber oft beschwerliche Weg bei allen Haftpflichtversicherungen. Die Probleme
liegen im tatsächlichen Bereich, wenn Firmen längst aufgelöst, Schädiger lange verstorben sind und Akten erst reproduziert werden müssen (sofern dies noch geht).

Werden nur der Versicherer oder Versicherer und Versicherungsnehmer verklagt, kann 140
sich der Versicherer erfolgreich auf die Verjährung berufen. Dies gilt auch dann, wenn
der Sozialversicherungs- oder Sozialhilfeträger den früheren Haftpflichtversicherer,
aber nicht dessen Rechtsnachfolger[172] (z. B. bei Bestandsübertragung durch Rechtsgeschäft oder nach Insolvenz) verklagt. Die Klage gegen den Versicherer ist abzuweisen.
Sie ist dann aber auch gegen den versicherten Schädiger[173] abzuweisen, da sich nach
§ 124 Abs. 1 VVG die Rechtskraft des Urteils gegen den Versicherer auch zugunsten
des Versicherungsnehmers und der mitversicherten Personen auswirkt.

Entgegen *Huber*[174] dürfte für eine teleologische Reduktion der Rechtskrafterstreckung 141
nach § 124 Abs. 1 VVG kein Raum[175] sein. Der Gesetzgeber hat bei der Reform die

---

168 Siehe oben § 115 VVG Rdn. 131.
169 *Lemcke* in Anm. zu *BGH* Urt. v. 09.01.2007 – VI ZR 139/06, r+s 2007, 125 (127).
170 Schwintowski/Brömmelmeyer/*Huber* PK-Vers, § 115 Rn. 32 f.
171 *BGH* Urt. v. 09.01.2007 – VI ZR 139/06 (Klage eines Rentenversicherungsträgers), JurionRS 2007, 10334 = r+s 2007, 125 m. Anm. *Lemcke* = DAR 2007, 205 = NZV 2007, 187 = zfs 2007, 454 = VRS 112, 204 = VersR 2007, 371 = NJW-RR 2007, 467 = MDR 2007, 583 = VRR 2007, 308 bespr. v. *Knappmann;* Bruck/Möller/*Beckmann* VVG-Kommentar, Band IV, § 115 VVG, Rn. 58.
172 *LG Memmingen* Urt. v.16.5.2013 – 34 O 1972/12, (*OLG München*, Verfügung v. 26.09.2013 – 24 U 2200/13) ADAJUR Dok.Nr. 104074 = DAR 2014, 275 m. Anm. *Schwab.*
173 Grundlegend zum alten Recht, den §§ 3 Nr. 3 und 8 PflVG a. F., siehe *BGH* Urt. v. 24.06.2003 – VI ZR 256/02 (Klage eines Sozialhilfeträgers), JurionRS 2003, 23784 = DAR 2003, 511 = NJW-RR 2003, 1327 = VersR 2003, 1121 = MDR 2003, 1231 = VRS 105, 337 = zfs 2004, 12.
174 Schwintowski/Brömmelmeyer/*Huber* PK-Vers, § 115 Rn. 33 m. w. N.
175 Looschelders/Pohlmann/*Schwartze* VVG-Kommentar, § 115 VVG Rn. 25.

schon vor der Gesetzesänderung bestehende Sachlage gekannt und es dabei belassen[176]. Auch wenn das Ergebnis für den Geschädigten nachteilig zu sein scheint, wird sich das tatsächlich kaum beim Geschädigten auswirken.

142 Wirtschaftlich ist es der Sozialversicherungsträger, der einen (eher unsicheren) Regressanspruch verliert. Die Gesetzeslage bringt hingegen Rechtssicherheit und Planbarkeit für den Haftpflichtversicherer. Die schützenswerten Interessen des Schuldners[177] sind zu beachten:
– Wovon soll er plötzlich Rückstellungen für überraschende Altfälle bilden, für die längst die gesetzlichen Aufbewahrungsfristen abgelaufen sind?
– Nach Ablauf der Aufbewahrungsfristen fehlt oft auch die Kenntnis, ob und in welcher Höhe zum Zeitpunkt des Unfalles Versicherungsschutz bestand. Damit stellt sich das tatsächliche Problem, ob der vermutlich leistungsfreie Haftpflichtversicherer mangels Kenntnis trotzdem an den Sozialversicherungsträger leisten muss.

143 Umgekehrt sollte der Haftpflichtversicherer durch eine eigene **negative Feststellungsklage** gegen den Sozialversicherungsträger das Nichtbestehen eines durchsetzbaren[178] Anspruchs rechtskräftig feststellen lassen können. Die Rechtskraft erstreckt sich bei einem Feststellungstitel dann auch zugunsten des Versicherungsnehmers, § 124 Abs. 1 VVG. Bei einem sofortigen Anerkenntnis des Sozialversicherungsträgers ergeht auf Antrag ein Anerkenntnisurteil. Dies steht in der Wirkung einem streitigen Urteil gleich.

144 Der Versicherer hat selbst dann ein Rechtsschutzbedürfnis[179] auf Feststellung, wenn der Sozialversicherungsträger unmittelbar noch keine Ansprüche bei ihm angemeldet hat. Die Intension des Sozialversicherungsträgers zielt aber darauf, über den Schädiger an den Deckungsanspruch heranzukommen. Zumindest wird er versuchen, den Versicherer mittelbar über den Versicherungsnehmer dazu zu bewegen, doch noch zu leisten obwohl der Direktanspruch bereits verjährt ist. Damit besteht für den Haftpflichtversicherer eine für das Feststellungsinteresse ausreichende Wahrscheinlichkeit, tatsächlich in Anspruch genommen werden zu können.

145 Das Rechtsschutzbedürfnis des Haftpflichtversicherers entfällt nur dann, wenn der Sozialversicherungsträger auf einen Regress gegen den Versicherungsnehmer bzw. mitversicherten Schädiger ausdrücklich verzichtet hat.

146 Bei der Regulierung, die neben der Befriedigung von berechtigten Schadensersatzansprüchen die Abwehr unberechtigter und einredebehafteter Ansprüche bedeutet,

---

176 Der Regierungsentwurf BT-Drucks. 16/3945 S. 91 sah eine komplette Übernahme des § 3 Nr. 8 PflVG a. F. vor.
177 *OLG Naumburg*, Urt. v. 08.11.2007 – 1 U 81/07, JurionRS 2007, 46212 = MDR 2008, 480 = VersR 2008, 775 = VRR 2008, 122; Stiefel/Maier/*Jahnke* § 115 VVG Rn. 280.
178 Der Anspruch kann bestehen, ist aber aufgrund der Erhebung der Einrede der Verjährung nicht durchsetzbar.
179 Ablehnend *Müller/Matlach* Rechtskrafterstreckung und Verjährung nach § 3 Nr. 8, Nr. 3 S. 2 Hs. 2 Pflichtversicherungsgesetz (PflVG) – Anmerkungen zum Urteil des BGH vom 09.01.2007 (VI ZR 139/06), zfs 2007, 366 ff.

ist der Versicherer sogar gehalten, im Interesse des VN die negative Feststellungsklage zu erheben. Tut er dies nicht, könnte er sich ihm gegenüber schadensersatzpflichtig machen, da er seinen Regulierungsauftrag nicht ordnungsgemäß erfüllt.

In diesem Zusammenhang muss gerade an die Fälle gedacht werden, wo die Versicherungssummen (im Vergleich zu heute) deutlich niedriger waren. Stehen nun plötzlich erhebliche Regressforderungen der Sozialversicherungsträger im Raum, müsste der Schädiger noch nach Jahrzehnten selbst den vom Versicherer ungedeckten Schadensteil ausgleichen. Die finanziellen Belastungen könnten für den VN erdrückend sein. 147

4. Anmeldung beim Versicherer

Mit der **erstmaligen**[180] Anmeldung der Ansprüche beim Versicherer ist auch[181] die Verjährung des Direktanspruchs gehemmt, Abs. 2 Satz 3. Diese Rechtsfolge ist unabhängig davon, ob der Geschädigte die kurze Frist des § 119 Abs. 1 VVG[182] versäumt. Eine **erneute Anmeldung** führt nicht[183] zu einer erneuten Hemmung der Verjährung. 148

Die Regelung ergänzt und verschärft die allgemeinen Tatbestände der Hemmung in den §§ 203 ff. BGB zugunsten des Geschädigten. Es kommt z. B. nicht auf eine Mitwirkung[184] des Schädigers (Aufnahme von Verhandlungen) an. 149

5. Anmeldung beim falschen Versicherer

Die Anmeldung hat beim richtigen Versicherer zu erfolgen. Eine Anmeldung beim Haftpflichtversicherer A ersetzt keine Anmeldung beim Haftpflichtversicherer B. 150

Die Adressdatenspeicherung bei Anwälten bringt es mit sich, dass irrtümlich der Rechtsschutzversicherer[185] angeschrieben wird, aber der Kfz-Haftpflichtversicherer gemeint ist. Selbst wenn die Unternehmen im gleichen Haus sitzen, handelt es sich um unterschiedliche Rechtspersonen. Die Anspruchsanmeldung ist selbst dann nicht bewirkt, wenn der Rechtsschutzversicherer (ggf. nach Tagen und Wochen) das Schriftstück an den zuständigen Haftpflichtversicherer weiterleitet. 151

---

180 *BGH* Urt. v. 05.11.2002 – VI ZR 416/01, BGHZ 152, 298 = JurionRS 2002, 23421 = PVR 2003, 132 bespr. v. *Kreuter-Lange* = DAR 2003, 161 = NJW 2003, 895 = MDR 2003, 215 = VersR 2003, 99 = VRS 104, 202 = r+s 2003, 36 = zfs 2003, 174; Feyock/*Jacobsen*/Lemor § 115 VVG Rn. 19; Looschelders/Pohlmann/*Schwartze* VVG-Kommentar, § 115 VVG Rn. 26.
181 Sie hemmt bereits den Anspruch aus dem Versicherungsvertrag, § 15 VVG.
182 *BGH* Urt. v. 19.11.1974 – VI ZR 205/73, JurionRS 1974, 11241 = NJW 1975, 260 = VersR 1975, 279 = MDR 1975, 220; *OLG München* Ents. v. 16.09.1974 – 24 U 783/74, VersR 1975, 510; Stiefel/Maier/*Jahnke* § 115 VVG Rn. 306.
183 Looschelders/Pohlmann/*Schwartze* VVG-Kommentar, § 115 VVG Rn. 26; Stiefel/Maier/*Jahnke*, § 115 VVG, Rn. 347; in Frage stellend Schwintowski/Brömmelmeyer/*Huber* PK-Vers, § 115 Rn. 43.
184 Schwintowski/Brömmelmeyer/*Huber* PK-Vers, § 115 Rn. 36.
185 Genauso häufig: Lebens-, Unfall-, Pensions-, Krankenversicherer etc.

§ 115 VVG Direktanspruch gegen den Versicherer

152 Meldet sich der zuständige Haftpflichtversicherer beim Geschädigten oder Anwalt, verzichtet er konkludent auf eine formal ordnungsgemäße Anspruchsanmeldung.

153 Gehören sowohl der unzuständige als auch der zuständige Haftpflichtversicherer zu einem Konzern, wird beim zuständigen Haftpflichtversicherer die Hemmung der Ansprüche erst bewirkt, wenn er die Anspruchsanmeldung erhält. Aus dieser Anmeldung muss sich zweifelsfrei ergeben, dass er und nicht das Schwesterunternehmen gemeint ist.

154 Meint der Versicherer irrtümlich, er sei zuständig und hält den Geschädigten hierdurch davon ab, beim zuständigen Versicherer Ansprüche rechtzeitig anzumelden, kann er sich schadensersatzpflichtig[186] machen. Dem liegt der Gedanke zu Grunde, dass mit der Anmeldung von Ansprüchen und dem Verhandeln des Versicherers eine schuldrechtliche Sonderbeziehung entsteht. Diese lässt Schadensersatzansprüche aus Treu und Glauben nach § 242 BGB entstehen.

155 Reguliert der Versicherer allerdings erkennbar zunächst nur für den, den es angeht, schafft er beim Geschädigten keinen Vertrauenstatbestand, der ihn später zum Schadensersatz verpflichten könnte.

156 Der unzuständige Versicherer muss nicht regieren, wenn er erkennt, dass er nicht zuständig ist. Nur dann, wenn er selbst durch aktives Tun[187] einen Vertrauenstatbestand beim Geschädigten setzt, erwachsen für ihn Pflichten, den Geschädigten aufzuklären.

6. Anmeldung in Textform

157 Die Anmeldung des Anspruchs hat der geschädigte Dritte dem Versicherer in Textform anzuzeigen, § 119 Abs. 1 VVG. Eine **mündliche Anmeldung**[188] per Telefonanruf dürfte nach der Gesetzesänderung nicht mehr ausreichen, die Rechtswirkungen zu erzeugen. Insoweit ist ein Unterlassen entsprechend § 119 Abs. 1 VVG mehr als nur eine sanktionslose Obliegenheitsverletzung[189].

158 Nach *Knappmann*[190] sei der Versicherer bei nur mündlicher Anmeldung gehalten, den Geschädigten auf die fehlende Textform hinzuweisen. Dem ist zuzustimmen, da der Geschädigte dem Versicherer erkennbar ein gewisses Vertrauen entgegen bringt.

---

186 *BGH* Urt. v. 11.06.1996 – VI ZR 256/95, JurionRS 1996, 14292 = VersR 1996, 1113 = MDR 1996, 1245 = NZV 1996, 401 = NJW 1996, 2724 = BB 1996, 1580 = zfs 1996, 366; Looschelders/Pohlmann/*Schwartze* VVG-Kommentar, § 115 VVG Rn. 28; Römer/ *Langheid*, § 115 VVG, Rn. 25.

187 Anders Prölss/Martin/*Knappmann*, § 115 VVG, Rn. 41.

188 So auch *Kreuter-Lange*, § 119 VVG Rdn. 3; Feyock/*Jacobsen*/Lemor § 115 VVG Rn. 20; Langheid/Wandt/*Schneider*, § 115 VVG, Rn. 33; dagegen Bauer Die Kraftfahrversicherung Rn. 898.

189 So offenbar noch Schwintowski/Brömmelmeyer/*Huber* PK-Vers, § 115 Rn. 42; Looschelders/Pohlmann/*Schwartze* VVG-Kommentar, § 115 VVG Rn. 27; Stiefel/Maier/*Jahnke* § 115 VVG Rn. 304.

190 Prölss/Martin/*Knappmann*, § 115 VVG, Rn. 32.

Es ist häufige Praxis der Versicherer, dem Versicherungsnehmer für den Schadensfall 159
Visitenkarten mit Kennzeichen, Versicherungsscheinnummer, weiteren Kontaktdaten
und der Telefonnummer der Service-Hotline zur Verfügung zu stellen. Ruft der Geschädigte an, wird er entsprechend vom Versicherer angeschrieben. Der Geschädigte
erhält somit Gelegenheit, die ordnungsgemäße Anmeldung in rechtssicherer Form zeitnah nachzuholen.

Die Textform richtet sich nach § 126b BGB. Zwar ist grundsätzlich eine Anmeldung 160
per SMS[191] nicht ausgeschlossen, aber für eine Anmeldung von Ansprüchen gegenüber
dem Versicherer kaum praktikabel.

Das Versenden einer SMS geht nur in einem sehr begrenzten Textumfang[192]. Damit 161
werden sich nicht einmal die notwendigsten Kontaktdaten übermitteln lassen. Es ist weder sichergestellt, dass der Versicherer die Nachricht auch als Text erhält (gesprochene
SMS auf normalen Telefonanschluss), noch dass eine dauerhafte Speicherung erfolgen
kann. Schließlich setzt sich der Versender der Nachricht einem doppelten Risiko aus:
Beweis des ordnungsgemäßen Zugangs der Nachricht und der inhaltlich ausreichenden Qualität seiner Anspruchsanmeldung. Bei einer SMS muss daran gezweifelt werden selbst wenn die Anforderungen an eine Anspruchsanmeldung niedrig[193] zu setzen
sind.

7. Umfang der Anmeldung

Sofern sich nichts aus den Umständen ergibt, betrifft die Anmeldung Ansprüche aller 162
Art. Ausreichend ist daher nach h. M.[194] eine Anmeldung dem Grunde nach, ohne sogleich Forderungen spezifizieren zu müssen. Werden nur Sachschäden oder nur
Schmerzensgeld geltend gemacht, muss sich aus dem Zusammenhang ergeben, dass
keine Ansprüche wegen Personenschäden erhoben werden. Im Zweifel gilt die Anmeldung für alle[195] Ansprüche.

---

191 PWW/*Ahrens* § 126b BGB Rn. 4.
192 SMS bedeutet *Short Message Service*. Eine SMS hat maximal 160 Zeichen.
193 *BGH* Urt. v. 07.04.1987 – VI ZR 55/86, JurionRS 1987, 13136 = VersR 1987, 937 = NJW-RR 1987, 916 = MDR 1987, 925 = r+s 1987, 270 = zfs 1987, 324 = DAR 1987, 285; Looschelders/Pohlmann/*Schwartze* VVG-Kommentar, § 115 VVG Rn. 2.
194 *BGH* Urt. v. 02.03.1982 – VI ZR 245/79, BGHZ 83, 162 = JurionRS 1982, 12184 = VersR 1982, 546 = MDR 1982, 659 = NJW 1982, 1761 = zfs 1982, 230; *OLG Frankfurt* Beschl. v. 03.01.2011 – 22 W 68/10, MDR 2011, 538 = NJW-RR 2011, 1178 = NZV 2011, 548; Prölss/Martin/*Knappmann* § 3 Nr. 3 PflVG a. F. Rn. 4; Schwintowski/Brömmelmeyer/ Huber PK-Vers, § 115 Rn. 40; Looschelders/Pohlmann/*Schwartze* VVG-Kommentar, § 115 VVG Rn. 27 m.w.N; a. A. *LG Koblenz* Ents. v. 28.03.1977 – 8 O 281/76, VersR 1978, 474.
195 *BGH* Urt. v. 25.06.1985 – VI ZR 60/84, JurionRS 1985, 14956 = VersR 1985, 1141 = zfs 1985, 356 (Ls.) = VRS 69, 262; *OLG München* Urt. v. 06.10.2000 – 21 U 3623/00, VersR 2001, 230 = NVersZ 2001, 427; Looschelders/Pohlmann/*Klenk* VVG-Kommentar, § 15 VVG Rn. 16.

§ 115 VVG Direktanspruch gegen den Versicherer

163 Die Anmeldung der Ansprüche hat sich nicht auf bestimmte Anspruchsnormen[196] zu beziehen. Sie betrifft einen Sachverhalt, aus dem sich Schadensersatzansprüche aus den verschiedensten Rechtsgründen[197] herleiten lassen. Da heute[198] Schmerzensgeld sogar in der Gefährdungshaftung verlangt werden kann, hat sich die Bedeutung etwas gewandelt. Ein Fristversäumnis nach § 15 StVG bleibt für Ansprüche aus § 7 Abs. 1 StVG beachtlich.

164 Die Anspruchsanmeldung umfasst im Zweifel auch im Zeitpunkt des Unfalles übergegangene Ansprüche des Geschädigten, soweit sie in seiner Person als ursprünglicher Rechtsinhaber künftig erneut aufleben können, z. B. bei Aussteuerung aus der gesetzlichen Krankenversicherung.[199]

165 Keine Anmeldung von Ansprüche ist die bloße Mitteilung eines Schadenfalls an den Versicherer oder die Bitte[200] um Übersendung einen Formulars für eine Schadenanzeige. Es handelt sich dabei noch nicht um eine rechtsgeschäftliche Klärung (Anspruchsanmeldung),[201] gegenüber dem Versicherer den Direktanspruch erheben zu wollen.

166 Genauso liegt im umgekehrten Fall: Wenn der Versicherer den Geschädigten von sich aus anschreibt, liegt noch keine Anmeldung[202] durch den Geschädigten vor.

8. Anmeldung für Dritte

167 Wer[203] die Ansprüche anmeldet, ist unerheblich. Entscheidend ist, für wen angemeldet wird. Grundsätzlich sind Ansprüche für jeden Geschädigten separat anzumelden.

168 Ausnahmsweise wurde vom *BGH*[204] eine Anmeldung zugleich für unterhaltsberechtigte Kinder auch dann angenommen, wenn die Witwe ausdrücklich zunächst nur eigene Unterhaltsansprüche angemeldet hat. Seit der alten Entscheidung des *BGH* haben

---

196 BGH Urt. v. 21.12. 1971 – VI ZR 137/70, JurionRS 1971, 11158 = NJW 1972, 445 = VersR 1975, 271 = MDR 1972, 508; *OLG München* Ents. v. 16.09.1974 – 24 U 783/74, VersR 1975, 510.
197 BGH Urt. v. 07.12.1976 – VI ZR 7/75, BGHZ 67, 372 = JurionRS 1976, 11403 = VersR 1977, 282 = NJW 1977, 532 = MDR 1977, 385 = DB 1977, 2093 = VRS 52, 172; *BGH* Urt. v. 23.03.1982 – VI ZR 144/80, JurionRS 1982, 12651 = DAR 1982, 290 = r+s 1982, 116 = VersR 1982, 651 = VRS 63, 17 = zfs 1982, 261 (Ls).
198 Seit dem 01.08.2002 aufgrund des Schadensersatzrechtsänderungsgesetzes.
199 BGH Urt. v. 20.04.1982 – VI ZR 311/79, JurionRS 1982, 12567 = NJW 1982, 2001 = VersR 1982, 674 = MDR 1982, 920 = r+s 1982, 138 (Ls.) = zfs 1982, 261 (Ls.).
200 *AG Berlin-Charlottenburg*, Urt. v. 20.01.1975 – 19 C 229/74, r+s 1975, 251; Prölss/*Martin*/*Knappmann*, § 115 VVG, Rn. 32.
201 *OLG München*, Ents. v. 16.09.1974 – 24 U 783/74, VersR 1975, 510.
202 *AG Burgwedel*, Urt. v. 08.04.2004 – 75 C 90/03, JurionRS 2004, 30598 = zfs 2004, 366; Stiefel/Maier/*Jahnke* § 115 VVG Rn. 307.
203 Looschelders/Pohlmann/*Schwartze* VVG-Kommentar, § 115 VVG Rn. 27; Prölss/*Martin*/*Knappmann*, § 115 VVG, Rn. 34.
204 BGH Urt. v. 12.06.1979 – VI ZR 192/78, BGHZ 74, 393 = JurionRS 1979, 11125 = MDR 1979, 926 = VersR 1979, 915 = NJW 1979, 2155.

sich die gesellschaftlichen Verhältnisse erheblich verändert. Zu Recht bezweifelt *Huber*[205], ob die Voraussetzungen für die Geschädigten freundliche Rechtsprechung heute noch zutreffend sind.

Die Anspruchsanmeldung durch den Geschädigten bewirkt dagegen keine[206] Anspruchsanmeldung für den gesetzlichen Sozialversicherungsträger, auf den im Zeitpunkt des Unfalles nach § 116 Abs. 1 SGB X Ansprüche übergegangen sind. 169

9. Anmeldung beim Schädiger

Die Anmeldung beim Schädiger hemmt die Verjährung des Direktanspruchs nicht[207]. Will der Geschädigte tatsächlich einen Direktanspruch geltend machen, hat er dies gegenüber dem Versicherer zu tun, § 119 Abs. 1 VVG. 170

Der Schädiger kann als Erklärungsbote[208] des Geschädigten, aber nicht als Empfangsbote des Versicherers fungieren. Der Schädiger hat lediglich eine Obliegenheit, dem Versicherer die Erhebung des Anspruchs anzuzeigen, § 104 Abs. 1 Satz 2 VVG. Der Geschädigte muss im Zweifel nachweisen, dass der Versicherungsnehmer die Meldung tatsächlich an den Versicherer weitergereicht hat. Ein Unterlassen[209] des Schädigers führt nicht zu der Rechtsfolge, die der Geschädigte in direkter Anmeldung beim Versicherer hätte erreichen können. 171

Unterrichtet der Versicherungsnehmer den Versicherer[210] von der Anmeldung, tritt die Hemmung ein. Voraussetzung ist allerdings, dass es sich dabei inhaltlich um die Geltendmachung von Ansprüchen durch den Schädiger direkt beim Versicherer handelt. 172

10. Anmeldung durch den Schädiger

Die Anmeldung durch den Schädiger ersetzt nicht eine Anmeldung für den Geschädigten. Im Zweifel wird angenommen, dass der Versicherte nur seiner Anzeigepflicht[211] nach § 104 Abs. 1 VVG nachkommen will, ohne zugleich auch für den Geschädigten tätig zu werden. In der Praxis bezeichnet der Versicherte häufig die Anmeldung als »vorsorgliche« Schadenmeldung. 173

---

205 Schwintowski/Brömmelmeyer/*Huber* PK-Vers, § 115 Rn. 37; der alten Rechtsprechung dagegen folgend Looschelders/Pohlmann/*Schwartze* VVG-Kommentar, § 115 VVG Rn. 27.
206 Unklar insoweit *Schneider* in MüKo, § 115 VVG, Rn. 34.
207 Feyock/*Jacobsen*/Lemor § 115 VVG Rn. 20; Bruck/Möller/*Beckmann*, VVG-Kommentar, Band IV, § 115 VVG, Rn. 62.
208 Schwintowski/Brömmelmeyer/*Huber* PK-Vers, § 115 Rn. 37.
209 Looschelders/Pohlmann/*Schwartze* VVG-Kommentar, § 115 VVG Rn. 27.
210 *BGH* Urt. v. 19.11.1974 – VI ZR 205/73, JurionRS 1974, 11241 = MDR 1975, 220 = NJW 1975, 260 = VersR 1975, 279; Stiefel/Maier/*Jahnke* § 115 VVG Rn. 310.
211 Looschelders/Pohlmann/*Schwartze* VVG-Kommentar, § 115 VVG Rn. 27.

174 Die Hemmung tritt ein, wenn der Schädiger gleichzeitig ein Anspruchsschreiben[212] des Geschädigten, das (zumindest auch) an den Versicherer gerichtet ist, an den Versicherer sendet.

11. Wirkung der Hemmung

175 Das VVG enthält keine eigene Regelung. Es gilt daher § 209 BGB, wonach der Zeitraum, währenddessen die Verjährung gehemmt ist, in die Verjährungsfrist nicht mitberechnet wird.

176 Die Anmeldung der Ansprüche hemmt die Verjährung aller Einzelansprüche aus dem Ereignis, die absehbar[213] sind.

177 Mit der Anmeldung werden selbst die Ansprüche gehemmt, die über die vertragliche **Deckungssumme**[214] hinausgehen.

178 Keine Hemmung kann allerdings hinsichtlich derjenigen Ansprüche erfolgen, die dem Grunde nach nicht durch den Versicherungsvertrag gedeckt sind (z. B. Gepäck, das kein[215] Reisegepäck ist). Dies gilt auch für Ansprüche, die bereits nach § 15 StVG verwirkt sind.

12. Aufhebung der Hemmung

a) Entscheidung in Textform

179 Der Versicherer kann die Hemmung der Verjährung aufheben, indem er dem Anspruchsteller eine Entscheidung in Textform zugehen lässt, § 126b BGB. Die Einhaltung der Textform wird auch nicht dadurch unentbehrlich, wenn der Geschädigte[216] eine mündliche Ablehnung des Versicherers schriftlich oder in Textform bestätigt.

180 Die Anforderungen für den Geschädigten und den Versicherer sind gleich gestellt worden. Der Versicherer muss nun nicht mehr[217] zwingend in Schriftform antworten. Den

---

212 *BGH* Urt. v. 19.11.1974 – VI ZR 205/73, JurionRS 1974, 11241 = MDR 1975, 220 = NJW 1975, 260 = VersR 1975, 279; Looschelders/Pohlmann/*Schwartze* VVG-Kommentar, § 115 VVG Rn. 27.
213 *BGH* Urt. v. 07.12.1976 – VI ZR 7/75, BGHZ 67, 372 = JurionRS 1976, 11403 = VersR 1977, 282 = MDR 1977, 385 = DB 1977, 2093 = NJW 1977, 532 = VRS 52, 172; Looschelders/Pohlmann/*Schwartze* VVG-Kommentar, § 115 VVG Rn. 27.
214 *BGH* Urt. v. 02.03.1982 – VI ZR 245/79, JurionRS 1982, 12184 = BGHZ 83, 162 = VersR 1982, 546 = NJW 1982, 1761 = MDR 1982, 659 = zfs 1982, 230; Looschelders/Pohlmann/ *Schwartze* VVG-Kommentar, § 115 VVG Rn. 33.
215 *AG Coburg*, Urt. v. 28.03.2008 – 12 C 1005/07, JurionRS 2008, 38762 = zfs 2009, 91 u. *LG Coburg* Hinweisbeschl. v. 24.07.2008 – 32 S 39/08 (Cello).
216 *BGH* Urt. v. 18.02.1997 – VI ZR 356/95, JurionRS 1997, 13945 = NJW 1997, 2521 = VersR 1997, 637 = DAR 1997, 246 = MDR 1997, 546 = NZV 1997, 2521 = SP 1997, 208 = VRS 93, 291; Römer/Langheid, § 115 VVG, Rn. 25.
217 Looschelders/Pohlmann/*Schwartze* VVG-Kommentar, § 115 VVG Rn. 30.

Zugang der Nachricht hat der Versicherer zu beweisen. Die Hemmung wird erst mit dem Zugang der Entscheidung beendet. Von da an läuft die Verjährung weiter.

Anders als im Falle des § 203 BGB ist der Haftpflichtversicherer gezwungen, zu reagie- 181
ren. Nur so kann er die für ihn günstige Rechtsfolge herbeiführen. Ignoriert er die rechtzeitige Anspruchsanmeldung durch Untätigkeit, bleibt die Verjährung (ewig) gehemmt. Die unterlassene Antwort kann nicht als eine konkludent ausgesprochene Ablehnung gedeutet werden, obwohl sie faktisch eine solche ist. Der Versicherer ist an die Textform nach § 126b BGB gebunden.

b) Art der Entscheidung

Es muss sich inhaltlich um eine Entscheidung handeln. Nur dann wird die Hemmung 182
beendet.

Keine Entscheidungen im Sinne des § 115 Abs. 2 Satz 3 VVG sind: 183
– Eingangsbestätigung des Versicherers
– Mitteilung der Schadennummer
– kommentarlose Überweisung[218] eines Schadensersatzbetrages oder Vorschusses
– schriftlicher Hinweis des Schädigers oder dessen Anwalts auf mündliche Ablehnung des Versicherers[219]
– bloßes In-Aussichtstellen[220] einer erneuten Prüfung[221] nach Ablehnungsentscheidung

Eine Entscheidung ist ausnahmsweise[222] entbehrlich, wenn Schadensersatzansprüche 184
abschließend und endgültig erledigt sind. Bei einer kompletten Zahlung auf sämtliche Positionen (ohne Abzüge) kann ein Berufen auf eine fehlende schriftliche Erklärung rechtsmissbräuchlich[223] sein. Dies gilt auch, wenn Ansprüche erkennbar[224] nicht wei-

---

218 *BGH* Urt. v. 28.01.1992 – VI ZR 114/91, JurionRS 1992, 14999 = VersR 1992, 604 = NJW-RR 1992, 606 = r+s 1992, 186 = MDR 1992, 1038 = NZV 1992, 231 = DAR 1992, 175 = zfs 1992, 165.
219 *BGH* Urt. v. 18.02.1997 – VI ZR 356/95, JurionRS 1997, 13945 = NJW 1997, 2521 = VersR 1997, 637 = DAR 1997, 246 = MDR 1997, 546 = SP 1997, 208 = VRS 93, 291.
220 *BGH* Urt. v. 05.11.2002 – VI ZR 416/01, BGHZ 152, 298 = JurionRS 2002, 23421 = PVR 2003, 132 bespr. v. *Kreuter-Lange* = DAR 2003, 161 = NZV 2003, 80 = NJW 2003, 895 = MDR 2003, 215 = VersR 2003, 99 = VRS 104, 202 = r+s 2003, 36 = zfs 2003, 174.
221 Ggf. aber hierdurch schwebende Verhandlungen im Sinne des § 203 BGB, *OLG Düsseldorf* Urt. v. 29.10.01–1 U 39/01, SP 2002, 284; Feyock/*Jacobsen*/Lemor § 115 VVG Rn. 24.
222 *BGH* Urt. v. 30.06.1998 – VI ZR 260/97, JurionRS 1998, 15806 = NZV 1998, 457 = VersR 1998, 1295 = NJW 1998, 2819 = r+s 1998, 412 = zfs 1999, 9 = DAR 1998, 387 = MDR 1998, 1101 = SP 1998, 379 = VRS 95, 354 = BB 1998, 1815 = DB 1998, 2108 (Abbruch von Verhandlungen).
223 *OLG Düsseldorf* Urt. v. 14.07.1989 – 15 U 205/88, NZV 1990, 74; *OLG Frankfurt* Urt. v. 02.10.1990 – 14 U 212/87, DAR 1992, 60 = r+s 1992, 38 (*BGH* Nichtannahmebeschl. v. 24.09.1991 – VI ZR 327/90); Looschelders/Pohlmann/*Schwartze* VVG-Kommentar, § 115 VVG Rn. 30; Stiefel/Maier/*Jahnke* § 115 VVG, Rn. 333; *Bauer* Die Kraftfahrtversicherung Rn. 903.
224 *BGH* Urt. v.15.11.1977 – VI ZR 250/76, JurionRS 1977, 11481,VersR 1978, 93; *BGH* Urt.

§ 115 VVG Direktanspruch gegen den Versicherer

terverfolgt[225] werden. Ein Verstoß gegen § 242 BGB ist zudem darin zu sehen, dass ein Geschädigter auf Abfindungsangebote nicht reagiert und durch Untätigkeit einen längeren Zeitraum[226] verstreichen lässt.

185 Mit einer **negativen Entscheidung,** die die Ablehnung der erhobenen Schadensersatzansprüche eindeutig zum Ausdruck bringt, wird die Hemmung beendet. Dabei ist es nicht notwendig, dass der Versicherer nur zum Ausdruck bringt, dass er sich eingehender, aber nicht abschließend[227] mit dem Vorgang beschäftigt hat.

186 Auch eine **positive Entscheidung** des Versicherers vermag die Hemmung der Verjährung zu beenden. Im Interesse der Rechtssicherheit muss sie klar zum Ausdruck[228] bringen, dass der Versicherer bereit ist weitere berechtigte Forderungen des Geschädigten zu befriedigen.

187 Dies kann insbesondere in der Form geschehen, dass eine Haftungsquote anerkannt wird, zu der künftig zu regulieren ist. Bezieht sich die Entscheidung allein[229] auf die Vergangenheit und abgerechnete Ansprüche, ist dies unzureichend.

188 Der Versicherer muss damit nicht im Vorhinein alles anerkennen, was ihm künftig zur Erstattung vorgelegt wird. Die Entscheidung muss nur erkennen lassen, dass er (gegen entsprechende Nachweise) zur weiteren Zahlung[230] bereit ist.

189 Nicht ausreichend[231] ist ein Anerkenntnis zum Grunde bei gleichzeitigem Vorbehalt zur Höhe.

190 Eine Entscheidung kann auch im **Abschluss eines Abfindungsvergleiches**[232] gesehen werden. Dies gilt unabhängig davon, ob der Vergleich abschließend oder mit einem Vorbehalt[233] versehen ist. Die Verjährung beginnt daher in allen Fällen unmittelbar

---

v. 14.12.1976 – VI ZR 1/76, JurionRS 1976, 11468 = DAR 1977, 102 = JZ 1977, 234 = MDR 1977, 485 = NJW 1977, 674 = VersR 1977, 335.
225 *OLG Hamm* Urt. v. 19.12.1990 – 20 U 190/90, JurionRS 1990, 14643 = r+s 1991, 289 = VersR 1991, 1397.
226 *OLG Hamm* Urt. v. 18.01.2013 – I-9 U 23/12, JurionRS 2013, 31698 = r+s 2013, 360 = VRR 2013, 264 bespr. v. *Klaws* (Klageerhebung nach 28 Jahren).
227 *OLG Düsseldorf* Urt. v. 13.03.2012 – I-1 U 123/11, JurionRS 2012, 26109 = SP 2012, 360.
228 *BGH* Urt. v. 13.07.1982 – VI ZR 281/80, JurionRS 1982, 12405 = VersR 1982, 1006 = zfs 1982, 358; *OLG Celle* Urt. v. 07.09.2011 – 14 U 60/11; Looschelders/Pohlmann/ Schwartze VVG-Kommentar, § 115 VVG Rn. 29.
229 *BGH* Urt. v. 05.12.1995 – VI ZR 50/95, JurionRS 1995, 15672 = VersR 1996, 369 = SP 1996, 96 = VRS 91, 7 = NJW-RR 1996, 474 = NZV 1991, 141 = MDR 1996, 259 = r+s 1996, 90 = zfs 1996, 126.
230 *BGH* Urt. v. 30.04.1991 – VI ZR 229/90, BGHZ 114, 299 = JurionRS 1991, 14680 = NJW 1991, 1954 = VersR 1991, 878 = r+s 1991, 292 = DAR 1991, 448 = MDR 1991, 947 = NZV 1991, 307 = zfs 1991, 347.
231 Looschelders/Pohlmann/*Schwartze* VVG-Kommentar, § 115 VVG Rn. 29.
232 Schwintowski/Brömmelmeyer/*Huber* PK-Vers, § 115 Rn. 50.
233 *BGH* Urt. v. 29.01.2002 – VI ZR 230/01, JurionRS 2002, 19664 = DAR 2002, 209 = VersR 2002, 474 = PVR 2002, 379 bespr. v. *Halm* = NVersZ 2002, 278 = r+s 2002, 198

nach Abschluss des Vergleichs[234] zu laufen und nicht erst, wenn sich weitere Schäden zeigen.

Der Vorbehalt steht regelmäßig keinem rechtkräftigen Feststellungsurteil gleich und geht auch nicht über die Wirkungen eines solchen hinaus. So verjährt nach einem Abfindungsvergleich das Stammrecht, sind auch Ansprüche auf regelmäßig wiederkehrende Leistungen nicht mehr durchsetzbar, selbst wenn diese der vierjährigen Verjährung[235] unterliegen. 191

Schließlich ist auch im **Angebot eines Abfindungsvergleichs**[236] eine Entscheidung des Versicherers zu sehen. Mit einem Abfindungsangebot erklärt der Versicherer, (etwaige) Ansprüche des Geschädigten in Höhe einer bestimmten Summe ausgleichen zu wollen. Zwar steht die Leistungsverpflichtung unter dem Vorbehalt der Annahme durch den Geschädigten, der Versicherer gibt jedoch eine rechtsverbindliche Erklärung nach § 145 BGB ab, einen bestimmten Betrag abschließend zahlen zu wollen. Die Wiederholung eines Angebotes ist keine[237] neue Entscheidung. 192

Der Versicherer kann die Annahme seines **Abfindungsangebotes befristen**. Gewährt er einen angemessenen Reaktionszeitraum[238] von vier bis sechs Wochen, kann er erwarten, dass innerhalb dieser Frist geantwortet wird. Je nach Zeitabläufen aus der Vorkorrespondenz kann auch zwei Monate zuzuwarten sein, spätestens nach sechs Monaten, entsprechend § 204 Abs. 2 Satz 2 BGB.[239] Nach Ablauf der gesetzten Frist ist von einem Abbruch von Verhandlungen durch »Einschlafenlassen« auszugehen. 193

Hat der Versicherer kein unbedingtes Anerkenntnis abgegeben und auch nicht auf den Verzicht der Einrede der Verjährung verzichtet, muss[240] der Geschädigte – wenn er das Angebot nicht annimmt – Klage erheben, um der drohenden Verjährung zu entgehen. 194

= NZV 2002, 312 = NJW 2002, 1878 = VRS 103, 266 = MDR 2002, 514 = zfs 2002, 226; *OLG Karlsruhe* Urt. v. 26.03.1997 – 10 U 246/96, NZV 1997, 480 = VersR 1998, 632 = NJW-RR 1997, 1318 (Teilvergleich); *OLG Rostock* Urt. v. 22.10.2010 – 5 U 225/09, JurionRS 2010, 34674 = r+s 2011, 490 = NJW-Spezial 2011, 169 = VRR 2011, 226 bespr. v. *Knappmann*.

234 *OLG Koblenz* Urt. v. 30.01.2012 – 12 U 1178/10, JurionRS 2012, 10667 = r+s 2012, 148 = NZV 2012, 233 = NJW-Spezial 2012, 23.
235 *OLG Dresden* Beschl. v. 04.02.2013 – 7 U 1325/12.
236 Dagegen Lösung über § 242 BGB: *OLG Hamm* Urt. v. 18.01.2013 – I-9 U 23/12, JurionRS 2013, 31698 = r+s 2013, 360 = VRR 2013, 264 bespr. v. *Klaws* = BeckRS 2013, 02178.
237 *OLG Köln* Urt. v. 17.09.1987 – 5 U 12/87, JurionRS 1987, 20288 = VersR 1987, 1210 (Reisegepäckversicherung); *OLG Hamm* Urt. v. 23.03.2011 – I-20 U 152/10, JurionRS 2011, 17002 = BauR 2011, 1546 (Wohngebäudeversicherung).
238 *LG Köln* Urt. v. 19.10.2012 – 25 O 375/11.
239 *OLG Düsseldorf* Urt. v. 13.03.2012 – I-1 U 123/11, JurionRS 2012, 26109 = SP 2012, 360.
240 *OLG Karlsruhe* Urt. v. 11.02.1977 – 14 U 52/75 (Begründung zur Kostenentscheidung, Veranlassung zur Klage), JurionRS 1977, 11717 = VersR 1977, 936 (Ls.).

195 Das gilt auch für Teil-Abfindungsangebote, die mit einen klar beschriebenen Vorbehalt künftiger Ansprüche versehen sind. Der Geschädigte kann dadurch erkennen, was der Versicherer bereit ist, jetzt auf Ansprüche für Vergangenheit und Gegenwart zu zahlen sowie welche Ansprüche er in welchem Umfang (z. B. nach Quote oder Anspruchsposition) künftig zu regulieren beabsichtigt.

196 Teil-Abfindungsangebote, die lediglich den Schmerzensgeldanspruch betreffen, sind dagegen als Entscheidung unzureichend, da sie nicht den gesamten Anspruch betreffen und den Geschädigten hinsichtlich des materiellen Schadens im Unklaren lassen. Dies gilt in gleicher Weise für sonstige Teilangebote und Teilzeiträume,[241] die keine abschließende Stellungnahme[242] enthalten.

197 Da es sich bei einem Abfindungsangebot um eine positive, für den Empfänger günstige Erklärung handelt, ist das Angebot auch gegenüber beschränkt Geschäftsfähigen[243] wirksam, § 131 Abs. 2 Satz 2 BGB. Mit Rücksicht auf die Belange des beschränkt Geschäftsfähigen endet die Hemmung jedoch erst mit Zugang des Angebots beim gesetzlichen Vertreter.

198 Stellt der Versicherer den Geschädigten **klaglos**,[244] erkennt er Schadenspositionen an und weist weitere Forderungen zurück, liegt auch hierin eine Entscheidung des Versicherers.

199 Hat der Versicherer zur Ersparung eines Rechtsstreits[245] über eine ungewisse zukünftige Schadensersatzposition (z. B. Verdienstschaden eines heutigen Kindes) ein titelersetzendes Anerkenntnis abgegeben, z. B. *»An dieses Anerkenntnis sehen wir uns auch weiterhin gebunden und erklären, dass ihm die Wirkung eines rechtskräftigen Feststellungsurteils zukommen soll«*, so verliert der Geschädigte sein Rechtsschutzbedürfnis[246] für eine Feststellungsklage. Seine Klage ist als unzulässig abzuweisen.

200 Ist die Erklärung des Versicherers jedoch nicht eindeutig, bleibt das Feststellungsinteresse[247] erhalten.

---

241 *OLG München* Urt. v. 18.04.1980 – 10 U 3922/79, JurionRS 1980, 20129 = VersR 1982, 173 (*BGH* Nichtannahmebes. v. 29.09.1981 – VI ZR 19/80).
242 *KG Berlin* Urt. v. 08.12.1977 – 12 U 1188/77, JurionRS 1977, 11609 = VersR 1980, 156 = zfs 1980, 116 (*BGH* Nichtannahmebes. v. 09.10.1979 – VI ZR 36/78).
243 PWW/*Brinkmann* § 145 BGB Rn. 12; PWW/*Ahrens* § 131 BGB Rn. 5.
244 Stiefel/Maier/*Jahnke*, § 115 VVG, Rn. 328.
245 *BGH* Urt. v. 23.10.1984 – VI ZR 30/83, JurionRS 1984, 13005 = DAR 1985, 55 = NJW 1985, 791 = MDR 1985, 479 = VersR 1985, 62.
246 *OLG Karlsruhe* Urt. v. 20.07.1990 – 14 U 172/89, NZV 1990, 428 = VersR 1992, 375; *OLG Oldenburg* Urt. v. 19.01.2011 –5 U 48/10, JurionRS 2011, 10644 = MDR 2011, 1202 = NZV 2011, 446 = VersR 2011, 1027 = VRR 2011, 163.
247 *OLG Karlsruhe* Urt. v. 10.03.2000 – 10 U 271/99, JurionRS 2000, 20698 = DAR 2000, 267 = MDR 2000, 1014 = OLGR 2000, 224 = VersR 2001, 1175.

Mit beachtlichen Argumenten weist *Grunsky*[248] darauf hin, dass ein urteilsvertretendes 201
Anerkenntnis nach altem Verjährungsrecht wegen Verstoß gegen § 225 Satz 1 BGB
a. F. unzulässig und daher nichtig sei, § 134 BGB. Es könne daher – selbst bei einem
praktischen Bedürfnis – keine Wirkungen entfalten.

M. E. ist es für den Versicherer zumindest problematisch, wenn er sich heute auf die 202
Nichtigkeit des Anerkenntnisses und somit auf Verjährung berufen wollte. Tatsächlich
hat er ja durch seine Erklärung verhindert, dass Feststellungsklage erhoben wurde. Die
Ausübung des Rechts nach § 214 Abs. 1 BGB die Leistung zu verweigern, könnte dann
häufig unzulässig sein.

Nach seit 2002 geltendem Recht kann eine wirksame Vereinbarung über die Verjäh- 203
rung bis zu 30 Jahren getroffen werden, sofern der Verjährungsbeginn sich nach
dem gesetzlichen Verjährungsbeginn richtet, § 202 Abs. 2 BGB. Für die volle Ausschöpfung[249] des Zeitraums von 30 Jahren besteht selten Bedarf.

13. Drittwirkung

Die Hemmung der Verjährung des Direktanspruchs durch Anmeldung des Ersatz- 204
anspruchs beim Versicherer entfaltet zugleich[250] eine Hemmung der Verjährung von
Ansprüchen gegen den Versicherungsnehmer und Mitversicherte[251]. Nach Abs. 3
Satz 4 der Vorschrift gilt dies über die Hemmung hinaus für die Ablaufhemmung
nach den §§ 210, 211 BGB sowie den Neubeginn der Verjährung nach § 210 BGB.

Die Drittwirkung ist unabhängig davon, ob ein gesundes Versicherungsverhältnis[252] 205
zwischen Versicherungsnehmer und Versicherer besteht.

Die Drittwirkung reicht jedoch nur so weit, wie sich der Direktanspruch gegen den Ver- 206
sicherer erstreckt. Nicht versicherte und damit vom Direktanspruch **ausgenommene
Bereiche**, wie z. B. bestimmte Sach- und Vermögensschäden, Unfälle außerhalb des
Geltungsbereichs der Europäischen Union oder – entgegen[253] *BGH*[254] – außerhalb

---

248 *Grunsky* Die Auswirkungen des »urteilsvertretenden Anerkenntnisses« auf die Verjährung, NJW 2013, 1336 ff.
249 *Grunsky* Die Auswirkungen des »urteilsvertretenden Anerkenntnisses« auf die Verjährung, NJW 2013, 1336 ff.
250 *BGH* Urt. v. 23.03.1982 – VI ZR 144/80, JurionRS 1982, 12651 = DAR 1982, 290 = VersR 1982, 651 = VRS 63, 17 = zfs 1982, 261.
251 Feyock/*Jacobsen*/Lemor § 115 VVG Rn. 25.
252 *BGH* Urt. v. 06.12.1983 – VI ZR 212/81, JurionRS 1983, 12207 = DAR 1984, 113 = MDR 1984, 568 = VRS 66, 262 = VersR 1984, 226 = zfs 1984, 139.
253 *Schwab*, Betrieb und Gebrauch eines Kraftfahrzeugs, DAR 2011, 18; Looschelders/Pohlmann/*Schwartze*, VVG-Kommentar, § 115 VVG, Rn. 9; Stiefel/Maier/*Jahnke*, § 115 VVG, Rn. 81.
254 *BGH* Urt. v. 25.10.1994 – VI ZR 107/94, JurionRS 1994, 15599 = VersR 1995, 90 = NZV 1995, 19 = NJW-RR 1995, 215 = MDR 1995, 42.

des öffentlichen Verkehrsraumes (streitig),[255] entlasten den Geschädigten nicht von einer unmittelbaren Rechtsverfolgung gegen den haftpflichtigen Schädiger.

14. Unabdingbarkeit

207 Um der Schutzwirkung für den Geschädigten, den Versicherungsnehmer und der Mitversicherten zu genügen, ist jeder Teil der Regelung unabdingbar[256].

C. weitere praktische Hinweise

I. Risiko bei drohendem Fristablauf

208 Eine Anspruchsanmeldung kurz vor Ablauf der Verjährungsfrist birgt besondere Risiken, wenn in der Eile nicht exakt gearbeitet wird. Allein die falsche Ermittlung der Adresse des Versicherers und der falschen Gesellschaft können zum Anspruchsverlust führen. Hier ist besondere Sorgfalt gefragt.

209 Bestehen Unsicherheiten, die sich aufgrund von Zeitnot nicht mehr aufklären lassen, sollten mehrere Anschriften aufgenommen und der Anspruch per Fax angemeldet werden. Zur Verdeutlichung sollte man optisch herausstellen, dass man »Kfz-Haftpflichtansprüche anmeldet«.

II. Haftungsfalle: »Solo«-Klage gegen den Schädiger

210 Beabsichtigt der Geschädigte (nach einem Urteil gegen den Schädiger) den Deckungsanspruch zu pfänden und sich überweisen zu lassen, kann es für ihn zu einem bösen Erwachen kommen. Ist der Versicherer nur eingeschränkt oder gar nicht leistungspflichtig, kann ihm dies der Versicherer entgegenhalten. Der Kläger hat schließlich nur das Recht gepfändet, wie es dem beklagten Versicherungsnehmer gegen seinen Versicherer zustand. Das Gesetz fingiert[257] kein gesundes Versicherungsverhältnis. Um in den Genuss der ihm günstigen Rechtsfolge zu kommen hätte der Geschädigte seine Chance wahrnehmen müssen, den Versicherer stattdessen gleich mitzuverklagen, § 117 Abs. 1 VVG.

211 Ist ein neues Verfahren – jetzt die Direktklage gegen den Versicherer – notwendig, kann der Direktanspruch bereits verjährt sein. Unter keinen Umständen erhält er die Kosten für den (erfolglosen) Vorprozess[258] in diesem Verfahren erstattet.

---

255 *Schwab*, Betrieb und Gebrauch eines Kraftfahrzeugs, DAR 2011, 18; Looschelders/Pohlmann/Schwartze, VVG-Kommentar, § 115 VVG, Rn. 9; Stiefel/Maier/*Jahnke*, § 115 VVG, Rn. 81.
256 Schwintowski/Brömmelmeyer/*Huber* PK-Vers, § 115 Rn. 55.
257 *Höfle* Prozessuale Besonderheiten im Haftpflichtprozess, r+s 2002, 397 ff.
258 BGH Urt. v. 05.05.1977 – VI ZR 50/76, BGHZ 69, 153 = JurionRS 1977, 11387 = NJW 1977, 2163 = MDR 1978, 129 = JZ 1977, 800 = VersR 1977, 960.

III. Auskunft über den Versicherungsvertrag

Liegt der Schadensfall außerhalb des zu versichernden Kernbereichs, den das PflVG vorschreibt, besteht ein vitales Interesse des Geschädigten, den Inhalt des individuellen Vertrages zu erfahren. Nur so kann er seine Rechte entsprechend der Leistungspflicht des Versicherers geltend machen. 212

Der Versicherer hat insoweit eine Auskunftspflicht. Die Auskunftspflicht bezieht sich jedoch nur auf für den Geschädigten relevante Vertragsinhalte aus dem Kfz-Haftpflichtvertrag. Der Versicherungsnehmer hat ein Recht darauf, dass nicht alle Vertragsinhalte an Dritte weitergegeben werden. Damit sind Auskünfte zur Beitragshöhe und zum Schadensfreiheitsrabatt ausgeschlossen. Für Kasko-, Autoschutzbrief-, Unfall-, Fahrerschutz- und weitere Verträge versteht sich dies ohnehin. 213

Verweigert der Versicherer die Informationserteilung, kann der Geschädigte Auskunft im Wege der Stufenklage[259] erheben, § 254 ZPO. 214

IV. Grenzen des Gleichlaufs der Verjährung

§ 115 Abs. 2 Satz 1 VVG schreibt nur den Gleichlauf der Verjährung im Verhältnis vom Versicherer zum ersatzpflichtigen Versicherungsnehmer (Versicherten) vor. 215

Damit wird kein[260] Gleichlauf der Verjährung unter den Mitversicherten erzeugt. Unter gesamtschuldnerisch haftenden Versicherten verbleibt es bei der Regelung des § 426 Abs. 2 BGB. 216

Im Einzelfall kann z. B. der Anspruch gegen den haftpflichtigen Halter früher verjährt sein als gegen den mitversicherten Fahrer. 217

Beispiel: 218

In der Weihnachtszeit 2014 kommt es zu einem Verkehrsunfall. Der berechtigte Fahrer ist flüchtig. Der Halter wird vom Geschädigten schnell über das Kennzeichen und den Zentralruf der Autoversicherer festgestellt. Erst im neuen Jahr (2015) wird dem Geschädigten der Name[261] des Fahrers des Unfallfahrzeugs bekannt.

Die Schadensersatzansprüche gegen den Halter verjähren mit Ablauf des 31.12.2017. Die Ansprüche gegen den Fahrer jedoch erst mit Ablauf des 31.12.2018.

Entsprechend verhält es sich mit dem Anspruch gegen den Versicherer. Im Ergebnis gilt für ihn der Ablauf der letzten Frist.

---

259 Stufenklage auch gegen den VN als Schädiger möglich, um den zuständigen Versicherer zu erfahren, siehe Looschelders/Pohlmann/*Schwartze* VVG-Kommentar, § 115 VVG Rn. 5; allerdings ist der Weg über den Zentralruf der Autoversicherer – jetzt kostenfrei – über Tel. 0800/25 026 00 viel bequemer.
260 Himmelreich/Halm/*Bachmeier* Handbuch der Kfz-Schadensregulierung, Kap. 8, Rn. 22.
261 Himmelreich/Halm/*Bachmeier* Handbuch der Kfz-Schadensregulierung, Kap. 8, Rn. 29.

219 Für die meisten Schadensfälle kommt die regelmäßige Verjährung von drei Jahren nach § 195 BGB in Betracht. Bei besonderen Rechtsbeziehungen unter den Beteiligten können im Einzelfall kürzere Verjährungsfristen zur Anwendung kommen. Denkbar ist dies beispielsweise bei Sachschäden im Zusammenhang mit Lieferung von Waren. Aufgrund von Kaufverträgen mit entsprechend gefassten AGB können kürzere Fristen zur Anwendung kommen. Dies gilt auch beim Güterfolgeschaden, der frachtrechtlichen Verjährungsfristen unterliegt, § 439 HGB bzw. Art. 32 CMR; § 200 Satz 1 BGB.

V. Neuverhandlungen

220 Nach Eintritt der Verjährung[262] bewirkt die Bereitschaft zur erneuten Prüfung keinen neuen Lauf der Verjährung.

221 Steigt nach einer früheren Ablehnung der Versicherer erneut in eine Prüfung, z. B. durch weitere Ermittlungen ein, soll dies auch dann eine neue Verhandlung[263] darstellen, auch wenn der Geschädigte davon versehentlich keine Mitteilung erhält. Dies ist bedenklich, da der Versicherer auch zur Vorbereitung eines Prozesses Ermittlungen anstellen und Beweise sichern kann, um unberechtigte Ansprüche erfolgreich abwehren zu können.

222 Hat der Versicherer Schadensersatzansprüche durch deutliche Erklärung zweifelsfrei abgelehnt, zwei Jahre später dann nochmals Verhandlungen mit einem Vergleichsangebot geführt, hindert ihn dies nicht, sich später auf die Einrede der Verjährung zu berufen. Darin ist kein unzulässig widersprüchliches Verhalten[264] zu sehen.

VI. Pactum den non petendo

223 Der Versicherer kann auf die Erhebung der Einrede der Verjährung verzichten.

224 Ein solcher Verzicht liegt nicht vor, wenn ein Versicherer weitere Haftpflichtansprüche zurückgewiesen hat und lange vor Ablauf der Verjährung erklärt, sich erneut mit der Sache beschäftigen zu wollen, falls fachlich qualifizierte Gutachten vorgelegt würden, die die gegenteilige Meinung stützten und man daraufhin neu ins Gespräch einsteigen müsse. Eine solche Erklärung berührt die Verjährungsfrage nicht und kann selbst dann nicht anders gedeutet werden, wenn sie durch den Versicherer im Rahmen einer Fernsehsendung[265] abgegeben wurde.

---

262 *BGH* Urt. v. 28.01.2003 – VI ZR 263/02, JurionRS 2003, 23925 = DAR 2003, 221 = VersR 2003, 452 = PVR 2003, 291 (bespr. v. *Balke*) = NZV 2003, 225 = JZ 2003, 210 = VRS 104, 405 = NJW 2003, 1524 = zfs 2003, 281; Stiefel/Maier/*Jahnke*, § 115 VVG, Rn. 344.
263 *OLG Hamm* Urt. v. 19.03.1997 – 13 U 190/96, VersR 1997, 1112 = NZV 1998, 24 = NJW-RR 1998, 101.
264 *OLG Düsseldorf* Urt. v. 13.03.2012 – I-1 U 123/11, JurionRS 2012, 26109 = SP 2012, 360; *OLG Düsseldorf* Urt. v. 29.10.2001 – 1 U 39/01, SP 2002, 284.
265 *OLG Frankfurt* Urt. v. 03.07.2012 – 10 U 215/10, JurionRS 2012, 38877 = ADAJUR Dok.Nr. 100016 = DAR 2013, 83 m. Anm. *Halm/Hauser*.

VII. Befreite Halter

Die Hemmung der Verjährung gilt auch für Ansprüche gegen Halter, die nach § 2 Nr. 1 bis 5 PflVG von der Versicherungspflicht befreit[266] sind.

§ 116 Verhältnis der Gesamtschuldner

(1) Im Verhältnis der Gesamtschuldner nach § 115 Abs. 1 Satz 4 zueinander ist der Versicherer allein verpflichtet, soweit er dem Versicherungsnehmer aus dem Versicherungsverhältnis zur Leistung verpflichtet ist. Soweit eine solche Verpflichtung nicht besteht, ist in ihrem Verhältnis zueinander der Versicherungsnehmer allein verpflichtet. Der Versicherer kann Ersatz der Aufwendungen verlangen, die er den Umständen nach für erforderlich halten durfte.

(2) Die Verjährung der sich aus Absatz 1 ergebenden Ansprüche beginnt mit dem Schluss des Jahres, in dem der Anspruch des Dritten erfüllt wird.

Übersicht

	Rdn.
A. Allgemeines	1
B. Regelungsgehalt	4
I. Gesamtschuldverhältnis	4
1. Störungsfreies Innenverhältnis	12
2. Gestörtes Innenverhältnis	14
a) Vollständige Leistungsfreiheit bei Verstoß gegen Hauptpflichten	19
b) Vollständige Leistungsfreiheit bei Obliegenheitsverletzungen	21
c) Teilweise Leistungsfreiheit	22
aa) Allgemeine Tatbestände – gesetzliche Obliegenheitsverletzungen	25
bb) Besondere Tatbestände – vertragliche Obliegenheitsverletzungen in der Kfz-Haftpflichtversicherung	26
d) Sonderfall: Vorsatztat	28
e) Sonderfall: Leistung ohne Rechtsgrund	35
aa) Fallbeispiele	36
bb) Rückforderungsanspruch nach allgemeinen Regeln	38
II. Aufwendungsersatzanspruch des Versicherers	40
1. Anzusetzende Kostenpositionen	40
2. Nicht anzusetzende Kosten	45
3. Umsatzsteuer	52
4. Auskunftsanspruch	53
III. Aufwendungsersatzanspruch des Versicherungsnehmers	56
IV. Verjährungsregelung	61
C. Weitere praktische Hinweise	67
I. Beweisfragen bei Geltendmachung des Regressanspruchs	67
II. Regressabwicklung bei Kapitalabfindung des Geschädigten	79
1. Praxisproblem	79
2. Lösung für den Regressschuldner	84

---

266 *BGH* Urt. v. 16.02.1984 – III ZR 208/82, JurionRS 1984, 12805 = VersR 1984, 441 = zfs 1984, 242 = VRS 66, 418.

			Rdn.
	a) Rate plus Verzinsung des Restkapitals		87
	b) Fiktive Abrechnung		89
	c) Keine Sicherheitsleistung durch Regressschuldner		91
III.	Mehrere Regressschuldner		93
IV.	Einwand häuslicher Gemeinschaft		95
	1. Erleichterung gegenüber altem Recht		95
	2. Analoge Anwendung in der Sachversicherung		96
	3. Identische Interessenlage des Versicherungsnehmers		97
	4. Keine direkte Anwendung der Norm aus der Sachversicherung		98
	5. Rechtsunsicherheit für Analogie im Haftpflichtrecht?		99
V.	Gesamtschuldner bei Mehrfachversicherung		102
	1. Mehrere Versicherer verschiedener Risiken		102
	2. Mehrere Versicherer bezüglich eines Risikos		106

A. Allgemeines

1 Nach § 426 BGB haben die Gesamtschuldner grundsätzlich entsprechend ihrer Anteile die Lasten mit der Folge zu tragen, dass sie bei Inanspruchnahme durch den Gläubiger nur anteilig Ausgleich verlangen können.

2 Die Norm ist eine[1] davon abweichende Spezialvorschrift. Sie regelt das Ausgleichsverhältnis inhaltlich neu. Sie setzt unterschiedliche Rechtsfolgen, je nach gesundem und krankem Versicherungsverhältnis.

3 Die Vorschrift berührt **lediglich das Innenverhältnis** des Versicherers zu seinem Versicherungsnehmer und den mitversicherten Personen. Für das Verhältnis zum geschädigten Dritten ist die Norm ohne Belang.

B. Regelungsgehalt

I. Gesamtschuldverhältnis

4 In der Pflicht-Haftpflichtversicherung kann der Versicherer neben dem Schädiger gesamtschuldnerisch haften; genauer: schulden. In der Kfz-Haftpflichtversicherung »haftet« er nach § 115 Abs. 1 Satz 4 VVG sogar regelmäßig als Gesamtschuldner.

5 Der geschädigte Dritte kann frei wählen, welchen Einzelnen der Gesamtschuldner er in Anspruch nehmen möchte. (Natürlich kann er auch alle gemeinsam als Gesamtschuldner verklagen.)

6 Mit einem **Verzicht gegen den Schädiger** erlischt[2] auch der Anspruch gegen den Versicherer. Der Erlassvertrag nach § 397 Abs. 1 BGB über den Haftpflichtanspruch lässt

---

1 Zu ähnlichen Vorschriften siehe PWW/*Müller* § 426 BGB Rn. 11.
2 *OLG Köln* Urt. v. 30.10.1968 – 2 U 44/68, VersR 1969, 1027; *OLG Hamm* Urt. v. 11.01.1991 – 20 U 164/90, JurionRS 1991, 14877 = VersR 1992, 307 = zfs 1992, 58 = r+s 1991, 408 (AHB); PWW/*H. F. Müller* § 423 BGB, Rn. 2; Feyock/*Jacobsen*/Lemor § 116 VVG Rn. 4; Stiefel/Maier/*Jahnke*, § 116 VVG, Rn. 24; Römer/*Langheid* § 115 VVG Rn. 20.

auch den Deckungsanspruch entfallen. Der Verzicht beendet folglich auch das Gesamtschuldverhältnis.

Ein beschränkter Verzicht auf Schadensersatzansprüche, die nicht zum vertraglichen Deckungsumfang gehören, ist für Ansprüche, die gedeckte Ansprüche und somit das Gesamtschuldverhältnis betreffen, unbeachtlich. 7

Abs. 1 betrifft den Gesamtschuldnerausgleich zwischen Haftpflichtversicherer, Versicherungsnehmer und den mitversicherten Personen nach Inanspruchnahme durch den geschädigten Dritten. 8

Zu beachten ist, dass ein Versicherungsverhältnis zwischen Versicherungsnehmer und Versicherer allein noch kein[3] Gesamtschuldverhältnis entstehen lässt. Erst wenn auch der Versicherungsnehmer, sei es hier als Fahrer, Halter, Eigentümer oder sonstige mitversicherte Person selbst haftet, entsteht (auch) hier ein Gesamtschuldverhältnis. 9

Besteht kein Direktanspruch gegen den Versicherer, z. B. 10

– weil sich der Unfall außerhalb des öffentlichen Verkehrsraums[4] ereignet hat
– der Geschädigte nicht zum Kreis der privilegierten Verkehrsunfallopfer[5] gehört
– oder die konkrete Schadensposition unter einen zulässigen Deckungsausschluss[6] fällt,

besteht ebenfalls kein Gesamtschuldverhältnis.[7]

Zur Klarstellung: Bei störungsfreiem Innenverhältnis besteht auch in der Kfz-Pflichtversicherung (bei fehlendem Direktanspruch des geschädigten Dritten) der versicherungsvertragliche Freistellungsanspruch[8] des Versicherungsnehmers und der mitversicherten Personen. 11

1. Störungsfreies Innenverhältnis

Bei einem ungestörten Innenverhältnis zum Versicherungsnehmer ist der Versicherer zu seiner vertraglich vereinbarten Leistung verpflichtet. Im Regelfall ist er im Innenverhältnis folglich allein[9] verpflichtet. Entsprechend hat er den Versicherungsnehmer **vollständig freizustellen**, Satz 1. Damit geht die Rechtsfolge der Sondervorschrift dem § 426 Abs. 1, erster Halbsatz BGB vor. Dies entspricht dem Sinn und Zweck des Versicherungsvertrages, bei dem der Versicherer eine Prämie vom Versicherungsnehmer 12

---

3 *OLG Schleswig*, Urt. v. 18.12.1996 – 9 U 5/96, NZV 1997, 442; *Johannsen*, Bemerkungen zur Änderung des § 158i VVG, VersR 1991, 500 (504); Stiefel/Maier/*Jahnke*, § 115 VVG, Rn. 39.
4 Siehe *Schwab* § 115 VVG Rdn. 23 u. 40.
5 Str., siehe *Schwab* § 115 VVG Rdn. 75 ff.
6 Siehe *Schwab* § 115 VVG Rdn. 74.
7 Bruck/Möller/*Beckmann* VVG-Kommentar, Band IV, § 116 VVG, Rn. 3.
8 Bruck/Möller/*Beckmann* VVG-Kommentar, Band IV, § 116 VVG, Rn. 3.
9 *OLG Dresden* Urt. v. 24.07.2013 – 7 U 2032/12, JurionRS 2013, 42453 = MDR 2013, 1289 = NJW-RR 2014, 143 = NZV 2014, 125 = r+s 2013, 628.

zur Übernahme des Risikos einer tatsächlichen Inanspruchnahme erhielt. Dieser hat sich seinerseits damit von den finanziellen Risiken[10] freigekauft. Die Freistellung hat der Versicherer bis zur Höhe der vereinbarten Deckungssumme zu bewerkstelligen, § 113 Abs. 3 VVG.

13 Wurde ein **Selbstbehalt** vereinbart, ist dieser für den Geschädigten und Mitversicherte ohne Belang, § 114 Abs. 2 Satz 2 VVG. Reguliert der Versicherer, kann er den verwirklichten Selbstbehalt als vertraglichen Anspruch beim Versicherungsnehmer einfordern. Reguliert der Versicherungsnehmer, hat der Versicherer unter Abzug der Selbstbeteiligung an den Versicherungsnehmer zu leisten.

2. Gestörtes Innenverhältnis

14 Das gestörte Innenverhältnis berührt das Außenverhältnis zum geschädigten Dritten nicht. Der Versicherer bleibt ihm in der Kfz-Haftpflichtversicherung immer gesamtschuldnerisch[11] zur Schadensersatzleistung verpflichtet, § 117 Abs. 1 VVG.

15 Abs. 1 Satz 2 ändert nun die Rechtsfolge für den Gesamtschuldnerausgleich. Statt des Versicherers wird der Versicherungsnehmer im Innenverhältnis allein verpflichtet. Er muss nun umgekehrt den Versicherer freistellen.

16 § 116 Abs. 1 Satz 2 VVG ist lex specialis. Als eine abschließende Regelung[12] für den Regress des Haftpflichtversicherers kommen für einen Rückgriff andere Normen nicht mehr zur Anwendung.

17 Die Höhe des Regressanspruchs des Versicherers richtet sich nach dem Umfang der Leistungsfreiheit.

18 Man unterscheidet vollständige und teilweise Leistungsfreiheit. Zudem ergeben sich Sonderfälle.

a) Vollständige Leistungsfreiheit bei Verstoß gegen Hauptpflichten

19 In einigen Fällen ist der Kfz-Haftpflichtversicherer vollständig von seiner Leistungspflicht im Versicherungsfall befreit:
– Nicht rechtzeitige Zahlung der Einmal- oder Erstprämie unter den Voraussetzungen des § 37 Abs. 2 VVG
– Nicht rechtzeitige Zahlung der Folgeprämie unter den Anforderungen des § 38 Abs. 2 VVG
– Regress aufgrund Nachhaftung des Versicherers, § 117 Abs. 2 Satz 1 VVG

---

10 HK-VVG/*Schimikowski* § 116 Rn. 4.
11 Stiefel/Maier/*Jahnke*, § 116 VVG, Rn. 34.
12 *BGH* Urt. v. 23.11.1973 – IV ZR 35/73, JurionRS 1973, 11250 = MDR 1974, 390 = VersR 1974, 125 = NJW 1974, 236 = DAR 1974, 74; *BGH*, Urt. v. 24.10.2007 – IV ZR 30/06, JurionRS 2007, 43629 = VersR 2008, 343 = zfs 2008, 93 m. Anm. *Rixecker* = r+s 2008, 63 = VK 2008, 83 = SVR 2008, 105 bespr. v. *Schröder* = NZV 2008, 241 = NJW-RR 2008, 344.

Die Folgen begründen sich darauf, dass der Versicherungsnehmer seiner Gegenleis- 20
tungspflicht, der Pflicht zur Zahlung der vereinbarten Prämie, nicht nachgekommen
ist.

b) Vollständige Leistungsfreiheit bei Obliegenheitsverletzungen

– Unterlassene Anzeige der Veräußerung, §§ 97 Abs. 1 Satz 2; 122 VVG, G.7.4 AKB 21
2015

Nach der Rechtsprechung des *BGH*[13] handelt es sich um eine gesetzliche Obliegenheit.
Sie gilt auch für die Kfz-Haftpflichtversicherung.[14] Die vollständige Leistungsfreiheit
ist weiterhin[15] unter Verhältnismäßigkeitsgesichtspunkten[16] nach Treu und Glauben
zu prüfen.

c) Teilweise Leistungsfreiheit

Der Versicherer ist bei einer für den Unfall kausalen Obliegenheitsverletzung nur teil- 22
weise leistungsfrei. Die Anforderungen sind im Einzelnen von ihm nachzuweisen. Die
Regressgrenzen liegen bei maximal € 5.000,–.

Lediglich eine Kumulation[17] von Tatbeständen, die die Verletzung von Obliegenheiten 23
sowohl vor als auch nach dem Unfallereignis betreffen, ist möglich. Der maximale Regressbetrag gegen eine versicherte Person wegen zweier Obliegenheitsverletzungen aus
verschiedenen Gruppen liegt daher bei € 10.000,–.

Ein Regress gegen eine zweite mitversicherte Person, wegen einer von ihr begangenen 24
Obliegenheitsverletzung, ist damit nicht ausgeschlossen.

aa) Allgemeine Tatbestände – gesetzliche Obliegenheitsverletzungen

Zu den gesetzlichen Obliegenheiten zählen: 25

---

13 *BGH* Urt. v. 11.02.1987 – IVa ZR 194/85 (Feuerversicherung), BGHZ 100, 60 = JurionRS
1987, 13257 = MDR 1987, 745 = JZ 1987, 631 = VersR 1987, 477 = zfs 1987, 220 = NJW
1987, 2238 = r+s 1987, 202; *BGH* Beschl. v. 07.02.2007 – IV ZR249/06, JurionRS 2007,
11575 = VersR 2007, 833 = r+s 2007, 198.
14 Halm/Engelbrecht/Krahe/*Wandt*, Handbuch des Fachanwalts Versicherungsrecht, Kap. 1
Rn. 699.
15 Halm/Engelbrecht/Krahe/*Wandt*, Handbuch des Fachanwalts Versicherungsrecht, Kap. 1
Rn. 703.
16 BT-Drucks. 16/3945, S. 85.; Schwintowski/Brömmelmeyer/*Hammel* PK-Vers § 97 VVG
Rn. 4.; Looschelders/Pohlmann/*Heyers* VVG-Kommentar, § 97 VVG, Rn. 9; Römer/
Langheid, § 97 VVG Rn. 3; einschränkend dagegen Prölss/Martin/*Armbrüster* § 97
VVG Rn. 7; *Reusch* in MüKo zum VVG, § 97 VVG, Rn. 42; *Kreuter/Lange* § 122 VVG
Rdn. 2.
17 *BGH* Urt. v. 14.09.2005 – IV ZR 216/04, JurionRS 2005, 24648 = VersR 2005, 1720 =
DAR 2006, 86 = MDR 2006, 444 = NJW 2006, 147 = NZV 2006, 78 = r+s 2006, 144 =
VRS 110, 198 = zfs 2006, 94 = VRR 2006, 24 bespr. v. *Burkhard*.

§ 116 VVG   Verhältnis der Gesamtschuldner

- objektive Gefahrerhöhung nach § 23 VVG
- subjektive Gefahrerhöhung nach § 23 VVG

bb) **Besondere Tatbestände – vertragliche Obliegenheitsverletzungen in der Kfz-Haftpflichtversicherung**

26 Zu den vertraglichen Obliegenheitsverletzungen **vor** Eintritt des Schadensfalles zählen:
- Verstoß gegen die Verwendungsklausel, D.1.1.1 AKB 2015; § 5 Abs. 1 Nr. 1 KfzPflVV
- Schwarzfahrt, D.1.1.2 AKB 2015; § 5 Abs. 1 Nr. 3 KfzPflVV
- Fahrerlaubnismangel, D.1.1.3 AKB 2015; § 5 Abs. 1 Nr. 4 KfzPflVV
- nicht genehmigte Rennen, D.1.1.4 AKB 2015; § 5 Abs. 1 Nr. 2 KfzPflVV
- unvollständiges Wechselkennzeichen, D.1.1.5 AKB 2015; § 5 Abs. 1 Nr. 6 KfzPflVV
- Alkoholklausel, D.1.2 AKB 2015; § 5 Abs. 1 Nr. 5 KfzPflVV

27 Zu den vertraglichen Obliegenheitsverletzungen **nach** Eintritt des Schadensfalles zählen:
- Nichtmeldung des Schadens, E.1.1.1 AKB 2015
- Mitteilung zu behördlichen Ermittlungen, E.1.1.2 AKB 2015
- Verstoß gegen Aufklärungspflicht, E.1.1.3 AKB 2015
- Schadenminderungspflicht, E.1.1.4 AKB 2015
- Information über Anspruchserhebung, E.1.2.1 AKB 2015
- Prozessführungsbefugnis, E.1.2.3 und E.1.2.4 AKB 2015
- Rechtsbehelfseinleitung, E.1.2.5 AKB 2015
- Verstoß gegen Ruheversicherung, H.1.5 AKB 2015

d) **Sonderfall: Vorsatztat**

28 Bei einer Vorsatztat des Versicherungsnehmers schuldet der Versicherer dem geschädigten Dritten nicht, § 103 VVG. Es liegt bei einer Vorsatztat[18] kein Tatbestand vor, bei dem der Versicherer grundsätzlich zur Leistung verpflichtet wäre, aber nun ausnahmsweise leistungsfrei ist. Die Beweislast[19] für ein den Vorsatz ausschließendes Handeln des Täters im Zustand der tiefen Bewusstseinsstörung, liegt beim Geschädigten.

29 Es besteht folglich kein Gesamtschuldverhältnis mit dem Schädiger. Er ist dann auch dem Dritten gegenüber nicht[20] vorleistungspflichtig.

---

18 Nicht nur gestellte Unfälle, auch schon im typischen Provokationsfall, siehe *OLG Nürnberg* Urt. v. 02.12.2004 – 2 U 2712/04, JurionRS 2004, 26824 = NZV 2005, 267 = OLGR 2005, 232 = zfs 2005, 503 = NJW-RR 2005, 466 = DAR 2005, 341 = VRS 108, 199; zur Terminologie siehe *Staab*, Betrug in der Kfz-Haftpflichtversicherung, Diss. 1991, S. 16 ff.
19 *BGH* Urt. v. 20.06.1990 – IV ZR 298/89, BGHZ 111, 372 = JurionRS 1990, 14172 = DAR 1990, 388 = MDR 1991, 134 = NJW 1990, 2387 = NJW-RR 1990, 1308 = NZV 1990, 386 = VersR 1990, 888 = r+s 1990, 291.
20 Stiefel/Maier/*Jahnke* Kraftfahrtversicherung, § 103 VVG, Rn. 9.

Anders verhält es sich, wenn Fahrer und Halter personenverschieden[21] sind. Kommt die 30
Betriebsgefahr des Fahrzeugs zum Tragen, schulden der Versicherer mit dem Halter gesamtschuldnerisch bis zum Höchsthaftungslimit nach den §§ 12, 12a StVG. Im Innenverhältnis trägt er dann das Regressrisiko gegen den Fahrer zum Halter allein, da der Freistellungsanspruch des Halters unberührt bleibt, § 116 Abs. 1 Satz 1 VVG.

Hat der vom Fahrer personenverschiedene Halter die Fahrt nicht wissentlich und willentlich ermöglicht, haftet der Halter für die Schwarzfahrt wegen § 7 Abs. 3 Satz 1 31
StVG nicht.[22] Der Versicherer muss dann auch für den Halter nicht leisten.

Gleichzusetzen ist die Sachlage, wenn dem berechtigten Fahrer ohne sein Verschulden 32
das Fahrzeug durch eine Straftat, z. B. durch Raub, räuberische Erpressung etc. abgenommen wird und der Täter in der Folge vorsätzlich mit dem Fahrzeug Dritte schädigt.

Der Regress gegen den Vorsatztäter richtet sich nicht nach § 116 Abs. 1 Satz 2 VVG, 33
da mit diesem nicht die Voraussetzungen eines Gesamtschuldverhältnisses vorliegen. Es fehlt an der Gleichartigkeit des Rechtsverhältnisses.

Die Ausgleichspflicht richtet sich nach Bereicherungsrecht, den §§ 812 ff. BGB. 34

e) Sonderfall: Leistung ohne Rechtsgrund

Nicht ausdrücklich geregelt ist der Fall, in dem der Versicherer in der irrigen Annahme 35
reguliert, er sei hierzu verpflichtet. Diese Fälle sind in der Praxis nicht selten, da er zunächst den Angaben Dritter vertrauen wird und zudem häufig Übertragungsfehler entstehen.

aa) Fallbeispiele

Beispiele, die zu einer fehlerhaften Regulierung Veranlassung geben können: 36
– falsche Kennzeichenangabe
– noch nicht dokumentierter Halter- und Versichererwechsel

---

21 *BGH* Urt. v. 15.12.1970 – VI ZR 97/69, JurionRS 1970, 11056 = DAR 1971, 71 = NJW 1971, 459 = VersR 1971, 239 = BB 1971, 244 = VRS 40, 161; *OLG Hamm* 28.09.1992 – 6 U 45/92, JurionRS 1992, 15208 = DAR 1993, 28 = NJW-RR 1993, 1180 = NZV 1993, 68 = VersR 1993, 1372; *OLG Köln* Urt. v. 01.07.1981 – 16 U 25/81, VersR 1982, 383 = zfs 1982, 179; *OLG Nürnberg* Urt. v. 14.09.2000 – 8 U 1855/00, JurionRS 2000, 21283 = DAR 2000, 573 = MDR 2001, 31 = NZV 2001, 261 = NJW-RR 2001, 100 = VersR 2001, 634 = zfs 2000, 542; *OLG Schleswig* Urt. v. 15.11.1994 – 9 U 85/93, JurionRS 1994, 16572 = NZV 1995, 114 = VersR 1995, 827 = zfs 1995, 180; *OLG Hamm* Urt. v. 15.06.2005 – 13 U 63/05, JurionRS 2005, 23866 = DAR 2006, 277 = r+s 2006, 33 = NZV 2006, 303 = OLGR 2006, 306 = NJW-RR 2006, 397 = zfs 2006, 75 = VRR 2005, 402; *OLG Brandenburg* PKH-Beschluss v. 01.09.2009 – 12 W 27/09, JurionRS 2009, 24842 = VersR 2010, 274= MDR 2010, 25 = NJW-RR 2010, 245 = VRR 2010, 64 bespr. v. *Birkeneder*; Schwintowski/Brömmelmeyer/*Retter* PK-Vers § 103 VVG Rn. 16.
22 *OLG Nürnberg* Urt. v. 07.06.2011 – 3 U 188/11, NZV 2011, 538 (Halterin des Fahrzeugs geknebelt im Kofferraum).

- Schadensort außerhalb Europas
- kraftfahrthaftpflicht-versicherte Arbeitsmaschine darf vertraglich nur außerhalb des öffentlichen Verkehrsraumes verwendet werden; Unfall ereignete sich jedoch im öffentlichen Verkehrsraum
- Regulierung von Ansprüchen, die keine Haftpflichtansprüche privatrechtlichen Inhalts betreffen (z. B. reiner Aufwendungsersatzanspruch; rein öffentlich-rechtlicher Charakter der Forderung)
- Unfall durch nicht zugelassenes Fahrzeug, für das eine vorläufige Deckungszusage erteilt wurde
- Unfall kurz nach Ablauf des Nachhaftungszeitraums, §§ 25 Abs. Satz 1 FZV; 117 Abs. 2 Satz 1 VVG.

37 Es liegt in diesen Fällen **kein Gesamtschuldverhältnis mit dem Schädiger** vor. § 116 Abs. 1 Satz 2 VVG ist nicht anwendbar.[23]

bb) Rückforderungsanspruch nach allgemeinen Regeln

38 Erfolgt die Leistung an den Geschädigten ohne Rechtsgrund, ist ein Regress nur nach bereicherungsrechtlichen Regelungen möglich, §§ 812 ff. BGB. Hier zeigen sich drei unterschiedliche Wege auf:
- der Regress beim Versicherungsnehmer/Schädiger[24]
- der Rückgriff beim Geschädigten[25]
- der Rückgriff wahlweise beim Schädiger oder Geschädigten[26]

39 Entgegen einzelner Bedenken[27] ist der Rückgriff auch beim Geschädigten nicht unzulässig[28]. Als Verkehrsunfallopfer ist er nicht von vornherein schutzwürdiger als jede an-

---

23 Bruck/Möller/*Beckmann* VVG-Kommentar, Band IV, § 116 VVG, Rn. 26.
24 *OLG Düsseldorf* Urt. v. 13.10.1965 – 3 U 50/65, NJW 1966, 738; *OLG Nürnberg* Urt. v. 05.11.1992 – 8 U 3084/91, JurionRS 1992, 15536 = NZV 1993, 273 = r+s 1993, 2 = zfs 1993, 87; *LG Zweibrücken* Urt. v. 31.01.1995 – 3 S 277/94, JurionRS 1995, 15907 = MDR 1995, 578 = NJW-RR 1995, 917 = r+s 1995, 369; *Schwab* in MüKo zum BGB § 812 BGB Rn. 178; Stiefel/Maier/*Jahnke*, § 116 VVG, Rn. 29; *Schneider* in MüKO zum VVG, § 116 VVG, Rn. 3.
25 *OLG Düsseldorf* Urt. v. 26.03.1993 – 14 U 229/92, NJW-RR 1993, 1375 = zfs 1994, 54; Jauernig/*Stadler* § 812 BGB Rn. 72.
26 *OLG Hamm* Urt. v. 17.06.1993 – 27 U 62/93, JurionRS 1993, 15804 = NJW-RR 1994, 291 = NZV 1993, 470 = VersR 1994, 975; Schwintowski/Brömmelmeyer/*Huber* PK-Vers § 116 VVG Rn. 19; Bruck/Möller/*Beckmann* VVG-Kommentar, Band IV, § 116 VVG, Rn. 3.
27 *LG Zweibrücken* Urt. v. 31.01.1995 – 3 S 277/94, JurionRS 1995, 15907 = MDR 1995, 578 = NJW-RR 1995, 917 = VersR 1996, 179 = r+s 1995, 369; weiter differenzierend *Canaris* Der Bereicherungsausgleich bei Zahlung des Haftpflichtversicherers an einen Scheingläubiger, NJW 1992, 868 (872); Stiefel/Maier/*Jahnke*, § 116 VVG, Rn. 29.
28 *BGH* Urt. v. 28.11.1990 – XII ZR 130/89, BGHZ 113, 62 = JurionRS 1990, 14370 = DB 1991, 858 = NJW 1991, 919 = MDR 1991, 533 = JZ 1991, 410 = VersR 1991, 356 (Haftpflichtversicherer); *BGH* Urt. v. 29.02.2000 – VI ZR 47/99, JurionRS 2000, 19595 = NJW 2000, 1718 = DAR 2000, 304 = VersR 2000, 905 = MDR 2000, 699 = r+s 2000,

dere Person, die ohne Rechtsgrund eine Leistung empfangen hat. Schließlich ist er schon durch § 818 Abs. 3 BGB geschützt.

II. Aufwendungsersatzanspruch des Versicherers

1. Anzusetzende Kostenpositionen

Abs. 1 Satz 3 gibt dem Versicherer bei gestörtem Innenverhältnis über den Ausgleichanspruch hinaus einen Aufwendungsersatzanspruch. Einen unmittelbaren Rückgriff auf die §§ 670, 675 BGB bedarf es hierdurch nicht. 40

Der Anspruch beruht darauf, dass bei der Schadensregulierung nicht nur **Schadensersatzleistungen** an den Geschädigten anfallen (die auszugleichen sind) sondern darüber hinaus weitere **Schadenermittlungs- und Abwicklungskosten**. 41

Zum Regulierungskostenaufwand[29] zählen insbesondere die erforderlichen Kosten für Schadengutachten, Rechnungsprüfungen, Ermittlungsaktenauszüge, Gewerbe- und Handelsregisterauskünfte, Regulierungsreisen[30] sowie etwaige Anwalts-[31] und Prozesskosten[32]. 42

Schließlich zählen hierzu auch alle Teilbereiche des Schadenmanagements[33] der Versicherer, da sie dazu dienen, die finanziellen Folgen eines Schadens in Grenzen zu halten. 43

Im Personenschaden wird dies besonders deutlich. Die Regulierungskosten für die Einschaltung eines Rehabilitationsdienstes sind mitunter beträchtlich. Da sie jedoch dazu dienen, einen in wirtschaftlicher Hinsicht ausufernden Gesamtschaden zu verhindern, wirkt die freiwillige Leistung »Reha-Management«[34] des Versicherers – neben allen Vorteilen auf der sozialen Ebene – aufwandssenkend. 44

---

264 = NVersZ 2000, 299 = BB 2000, 951 = zfs 2000, 285 (Haftpflichtversicherer); *BGH* Urt. v. 17.10.2002 – III ZR 58/02, JurionRS 2002, 23612 = VersR 2002, 1545 = NJW 2002, 3772 = MDR 2003, 77 (Wahlleistungsvereinbarung).

29 *OLG Köln* Urt. v. 29.05.1996 – 27 U 6/96, JurionRS 1996, 15042 = VersR 1997, 225 = r+s 1997, 180.

30 Falls keine telefonische Klärung möglich, Bruck/Möller/*Beckmann* VVG-Kommentar, Band IV, § 116 VVG, Rn. 31.

31 *BGH* Urt. v. 27.05.1957 – II ZR 132/56, BGHZ 24, 308 = JurionRS 1957, 10252 = NJW 1957, 230 = VersR 1957, 442 = DB 1957, 1230 = VRS 13, 183; *BGH* Urt. v. 04.07.1957 – II ZR 142/56, JurionRS 1957, 14505 = DB 1957, 968 = VersR 1957, 502, DAR 1957, 295, VRS 13, 154.

32 Schwintowski/Brömmelmeyer/*Huber* PK-Vers § 116 VVG Rn. 29; HK-VVG/*Schimikowski* § 116 Rn. 6; Feyock/*Jacobsen*/Lemor § 116 VVG Rn. 12.

33 Himmelreich/Halm/Staab/*Richter*, Handbuch der Kfz-Schadensregulierung, Kap. 2, Rn. 5 ff.

34 Himmelreich/Halm/*Nickel*, Handbuch des Fachanwalts Verkehrsrecht, Kap. 27, Rn. 3 u. 7.

2. Nicht anzusetzende Kosten

45 Indirekte Kosten sind die nicht schadenbezogenen Kosten des Versicherers, also die allgemeinen Regie-; Verwaltungs- und Personalkosten.[35] Sie sind auch nicht anteilig als Aufwand zu erstatten.

46 Eine Parallele hierzu findet sich in der Rechtsprechung des *BGH*[36] zur Geltendmachung von Schadensbearbeitungskosten[37] durch Behörden und Großunternehmen.

47 Dies wird von *Knappmann*[38] auch hinsichtlich der Kosten für den eigens zur Schadensregulierung eingestellten Mitarbeiter so gesehen – was in der Praxis tatsächlich nicht vorkommen wird.

48 Ob dies dann aber auch für die Kosten bei Einschaltung von **externen Regulierungsbüros** oder **Anwaltskanzleien**[39] gelten kann, ist allerdings zweifelhaft. Dagegen spricht, dass es für die erbrachte Regulierungsleistung eine konkretisierte Fremdrechnung gibt.

49 Es handelt sich dabei um **äußere** Schadensregulierungskosten, die außerhalb des bilanzierenden Versicherungsunternehmens[40] entstehen. Diese Kosten lassen sich im Sinne des *BGH*[41] rein auf den individuellen Schaden bezogen tatsächlich von sonstigen Gemeinkosten abgrenzen. Es sind folglich direkte Schadensregulierungskosten.

50 Der Ansatz dieser Kosten ist jedenfalls dann nicht ungerechtfertigt, wenn es sich nicht nur um einen bloßen Zahlschaden handelt. Schwere Personen- und Umweltschäden lassen sich schließlich nur mit erheblichem Aufwand ordnungsgemäß abwickeln. Dies kann zwangsläufig nicht nur Jahre, sondern Jahrzehnte dauern.

51 **Kosten zur Regressvorbereitung**[42] sind keine Regulierungskosten, da sie zur eigentlichen Schadensregulierung nicht erforderlich sind.

3. Umsatzsteuer

52 Da der Versicherer nach § 15 UStG Mehrwertsteueranteile in schadenbedingten Regulierungskosten nicht im Wege des Vorsteuerabzuges beim Finanzamt geltend machen

---

35 Feyock/*Jacobsen*/Lemor § 116 VVG, Rn. 12; Stiefel/Maier/*Jahnke*, § 116 VVG, Rn. 81.
36 *BGH* Urt. v. 28.02.1969 – II ZR 154/67, JurionRS 1969, 11360 = MDR 1969, 554 = NJW 1969, 1109 = VersR 1969, 437; *BGH* Urt. v. 09.03.1976 – VI ZR 98/75, BGHZ 66, 112 = JurionRS 1976, 11413 = VersR 1976, 857 = NJW 1976, 1256 = JR 1976, 378 = MDR 1976, 831.
37 Himmelreich/Halm/*Kärger* Handbuch Kfz-Schadensregulierung H 29.
38 Prölss/Martin/*Knappmann* § 116 VVG, Rn. 13; *Schneider* in MüKo zum VVG, § 116 VVG, Rn. 14.
39 So wohl Schwintowski/Brömmelmeyer/*Huber* PK-Vers § 116 VVG Rn. 29.
40 *Jeßnitzer* Auch bei mittelgroßen Schäden lohnt sich ein Besuch, VW 2009, 951 ff.
41 *BGH* Urt. v. 28.02.1969 – II ZR 154/67, JurionRS 1969, 11360 = MDR 1969, 554 = NJW 1969, 1109 = VersR 1969, 437.
42 *AG Berlin-Mitte* Urt. v. 23.10.2003 – 113 C 3242/03, JurionRS 2003, 32200 = VersR 2004, 776 = zfs 2004, 268 = NJOZ 2004, 1670.

kann, schlagen diese immer brutto zu Buche. Sie sind ohne Abzug vom Regressschuldner zu ersetzen.

4. Auskunftsanspruch

Bei der Geltendmachung des Aufwendungsanspruchs hat der Versicherer (auf Nachfrage des auskunftsberechtigten[43] Regressschuldners) sämtliche Schadenbelege in Kopie[44] vorzulegen. Schließlich besorgt der weisungsungebundene Versicherer im Rahmen der Schadensregulierung auch ein Geschäft des Versicherten mit.[45] 53

Bei Personenschäden ist dies in Hinsicht auf medizinische Gutachten, Steuerbescheide und Lohnabrechnungen nicht unkritisch.[46] Mit Blick darauf, dass der Geschädigte ohne den Haftpflichtversicherer diese Unterlagen zur Durchsetzung der Schadensersatzansprüche aber dem Schädiger auch unmittelbar präsentieren muss relativiert sich dies. Im Zivilprozess muss entsprechendes Datenmaterial den Anlagen zur Klageschrift üblicherweise schon beigefügt werden. 54

Daher ist von dem Einverständnis des Geschädigten bzw. dessen Mitwirkungspflicht auszugehen, die Informationen allen Gesamtschuldnern zugänglich zu machen. Spätestens in einem Klageverfahren gegen den Regressschuldner müsste der Geschädigte als Zeuge aussagen oder es könnten Urkunden beigezogen werden. Jedenfalls begründet ein nicht ausdrücklich geäußertes Verbot des Geschädigten keinen Grund für den Versicherer, dem Regressschuldner Unterlagen vorzuenthalten. 55

III. Aufwendungsersatzanspruch des Versicherungsnehmers

Abs. 1 Satz 3 bezieht sich nur auf den vorangehenden Satz 2, nicht aber auf Satz 1.[47] Das hat zur Folge, dass – nach dem Wortlaut – im Falle der unmittelbaren und alleinigen Inanspruchnahme des Versicherungsnehmers die von ihm für erforderlich gehaltenen Aufwendungen nicht zu ersetzen sind. 56

Lediglich bestimmte Aufwendungen sind nach den §§ 82 Abs. 1 u. 2 i. V. m. 83 Abs. 1 VVG und § 101 Abs. 1 VVG zu ersetzen. Kosten für eigene Reisen und eigenen Ermittlungsaufwand fallen jedenfalls nicht hierunter. 57

---

43 *BGH* Urt. v. 20.11.1980 – IVa ZR 25/80, JurionRS 1980, 11920 = MDR 1981, 391 = VersR 1981, 180 = zfs 1981, 118; Schwintowski/Brömmelmeyer/*Huber* PK-Vers § 116 VVG Rn. 29.

44 *OLG Hamm* Beschl. v. 28.11.1986 – 20 W 57/86, JurionRS 1986, 14147 = r+s 1987, 123 (125) = VersR 1987, 352 (Ls).

45 *BGH* Urt. v. 27.05.1957 – II ZR 132/56, BGHZ 24, 308 = DB 1957, 629 = NJW 1957, 1230 = VersR 1957, 442 = VRS 13, 183; Bruck/Möller/*Beckmann* VVG-Kommentar, Band IV, § 116 VVG, Rn. 31.

46 *BGH* Urt. v. 19.06.2013 – XII ZB 357/11, JurionRS 2013, 40895 = JZ 2013, 544 = MDR 2013, 1068 = NJ 2013, 4 = NJW 2013, 2961 = NJW-Spezial 2013, 542 (Abtretung einer Betreuervergütung zulässig). *OLG Oldenburg* Urt. v. 23.12.2014 – 13 U 66/14, JurionRS 2014, 31141 (kein Unterlassungsanspruch mangels Wiederholungsgefahr).

47 So auch Bruck/Möller/*Beckmann* VVG-Kommentar, Band IV, § 116 VVG, Rn. 28.

§ 116 VVG   Verhältnis der Gesamtschuldner

58   In diesem Zusammenhang sei erwähnt, dass § 1 PflVG, § 2 KfzPflVV und A.1.1 AKB 2015 ausdrücklich nur die Freistellung von Schadensersatzansprüchen, nicht aber die Übernahme etwaiger Kosten des Versicherungsnehmers beinhalten.

59   Erwägenswert (zumindest für die Pflicht-Haftpflichtversicherung mit originärem Direktanspruch wie in der Kfz-Haftpflichtversicherung) ist eine **analoge Anwendung** des Abs. 1 Satz 3 VVG zugunsten des Versicherungsnehmers.

60   Schließlich darf nicht der Zufall entscheiden, welchen der Gesamtschuldner der Geschädigte in Anspruch nimmt und der Versicherungsnehmer dann ggf. auf diesen Kosten sitzen zu bleiben hat. Wegen des Wegfalls des Anerkenntnis- und Befriedigungsverbots in den AKB (durch die Anforderungen des § 105 VVG) wird sich mancher Versicherungsnehmer womöglich häufiger[48] in der Pflicht sehen, selbst aktiv zu werden. Dies gilt insbesondere für Kleinschäden, die der Versicherte (zunächst) versucht selbst zu regulieren, E.1.2.2 AKB 2015. Für ihn zweckmäßiger wäre es, den Geschädigten an den Haftpflichtversicherer zu verweisen. Zu beachten ist aber, dass der Geschädigte nicht verpflichtet ist, mit dem Versicherer zu korrespondieren oder den Direktanspruch gegen ihn zu erheben.

IV. Verjährungsregelung

61   Mit Abs. 2 wurde die bisherige Verjährungsfrist in § 3 Nr. 11 PflVG a. F. um ein Jahr auf nun **3 Jahre** verlängert. Die Frist beginnt mit Ablauf des Jahres, in dem der Anspruch entstanden ist. Abzustellen ist dabei nicht auf das Unfalljahr (Schadensersatzanspruch), sondern auf den Zeitpunkt der jeweiligen Leistungsbewirkung an den Geschädigten. Erst mit der Leistung entsteht der Regressanspruch.[49]

62   Es handelt sich um eine **Sondervorschrift zur Verjährung**. Sie gilt nur im Verhältnis der Gesamtschuldner nach § 115 Abs. 1 Satz 4 VVG.

63   Nach h. M.[50] beginnt der Lauf der Verjährung des Ausgleichsanspruchs nach allgemeinen Regeln ansonsten bereits mit der Entstehung der Gesamtschuld. Für das Ausgleichsverhältnis von Gesamtschuldner außerhalb dieses Verhältnisses[51] (z. B. bei zwei verschiedenen Fahrzeugen) gilt die Sondervorschrift nicht.

64   Nach Abs. 2 verjähren somit die Regressforderungen auf die Teilzahlungen eines Jahres mit Ablauf des dritten darauf folgenden Jahres, also nicht erst mit der letzten Teilzahlung.[52]

---

48   Schwintowski/Brömmelmeyer/*Huber* PK-Vers § 116 VVG Rn. 2.
49   Bruck/Möller/*Beckmann* VVG-Kommentar, Band IV, § 116 VVG, Rn. 32.
50   *BGH* Urt. v. 18.06.2009 – VII ZR 167/08 (m. w. N.), BGHZ 181, 310 = JurionRS 2009, 18790 = BGHR 2009, 1025 = MDR 2009, 1276 = ZGS 2009, 439 = WM 2009, 1852 = NJW-Spezial 2009, 569 = VersR 2010, 394 = NJW 2010, 60; *OLG Zweibrücken* Urt. v. 08.05.2014 – 4 U 32/13, JurionRS 2014, 30923 = MDR 2015, 59.
51   *OLG Zweibrücken* Urt. v. 06.06.1975 – 1 U 21/75, JurionRS 1975, 11590 = VersR 1976, 57; Prölss/Martin/*Knappmann* § 116 VVG Rn. 18; Stiefel/Maier/*Jahnke*, § 116 VVG, Rn. 93.
52   *OLG Hamm* Urt. v. 18.04.1980 – 20 U 302/79, JurionRS 1980, 12277 = VersR 1981, 645 =

Der Zahlung als eine Form der Leistungsbewirkung steht der Zeitpunkt einer wirksamen Aufrechnungserklärung[53] gleich; ebenso die Hinterlegung unter Rückforderungsverzicht, §§ 422 Abs. 1 Satz 2 i. V. m. 372 BGB, HintO. 65

Die Verjährungsregelung gilt für alle Gesamtschuldner[54] des Verhältnisses aus § 115 Abs. 1 Satz 4 VVG gleichermaßen. 66

C. Weitere praktische Hinweise

I. Beweisfragen bei Geltendmachung des Regressanspruchs

Vom Grundsatz her hat derjenige, der sich auf eine für ihn günstige Rechtsfolge beruft, das Vorliegen der Tatbestandsvoraussetzungen zu beweisen. 67

Im alten Recht wurden dem Versicherer nach § 3 Nr. 10 Satz 1 PflVG a. F. Erleichterungen geschaffen. Dem Versicherungsnehmer wurde die praktisch kaum zu nehmende Hürde[55] aufgebaut, eine schuldhafte Pflichtverletzung bei der Schadensregulierung zu beweisen (sofern der Versicherer aufgrund Urteil, Anerkenntnis oder Vergleich geleistet hat). 68

Diese Erleichterung, die ja nur den Fall des Abschlusses eines streitigen Verfahrens mit dem Geschädigten betrifft, ist nach dem (bewusst fehlenden)[56] Wortlaut des Abs. 1 nunmehr scheinbar entfallen. Die alte Rechtslage sollte aber nicht verändert[57] werden. 69

Die Anforderungen an den Umfang der Nachweispflicht des Versicherers dürfen jedoch nicht überspannt werden. Schließlich leistet er befriedigend und damit sozialverträglich an das Verkehrsunfallopfer. Er handelt als sachkundiger und erfahrener Versicherer[58] im Rahmen der ihm vertraglich eingeräumten Vollmacht. Nur in engen Grenzen ist ein Verstoß gegen die Regulierungsvollmacht denkbar und nachweisbar. 70

---

zfs 1981, 281 (Ls.); *OLG Bamberg* Urt. v. 04.05.2006 – 1 U 234/05, OLGR 2006, 663 = NJW-RR 2006, 1406 = zfs 2007, 37; *LG Rostock* Beschl. v. 09.04.2009 – 1 S 1/09 = JurionRS 2009, 43301; *Heintzmann*, Zur Verjährung des Rückgriffanspruchs des Versicherers nach § 3 Nr. 9, 11 PflVG, VersR 1980, 594 ff.; Prölss/Martin/*Knappmann* § 116 VVG Rn. 16; Stiefel/Maier/*Jahnke*, § 116 VVG, Rn. 88; Römer/*Langheid*, § 116 VVG, Rn. 10; a. A. *LG Verden* Urt. v. 17.02.1978 – 6 (7) S 106/77, VersR 1978, 657.

53 Looschelders/Pohlmann/*Schwartze*, VVG-Kommentar, § 116 VVG, Rn. 9; Prölss/Martin/ *Knappmann* § 116 VVG Rn. 15; Stiefel/Maier/*Jahnke*, § 116 VVG, Rn. 90; Schwintowski/ Brömmelmeyer/*Huber* PK-Vers § 116 VVG Rn. 30.
54 Feyock/*Jacobsen*/Lemor, § 116 VVG, Rn. 16.
55 *OLG Frankfurt* Urt. v. 20.06.2006 – 3 U 202/05, JurionRS 2006, 32604 = VersR 2007, 203; Schwintowski/Brömmelmeyer/*Huber* PK-Vers § 116 VVG Rn. 21 m. w. N.
56 Zweifelnd Schwintowski/Brömmelmeyer/*Huber* PK-Vers § 116 VVG Rn. 20 ff.
57 Prölss/Martin/*Knappmann* § 116 VVG, Rn. 14; Looschelders/Pohlmann/*Schwartze*, VVG-Kommentar, § 116 VVG, Rn. 8.
58 *BGH* Urt. v. 27.05.1957 – II ZR 132/56, BGHZ 24, 308 = JurionRS 1957, 10252 = VersR 1957, 442 (444) = NJW 1957, 1230 = VRS 13, 183.

§ 116 VVG Verhältnis der Gesamtschuldner

Die zu **Ermessensfehlern**[59] ergangene Rechtsprechung, die zur Belastung des Schadensfreiheitsrabatts führte, kann ergänzend herangezogen werden.

71 Der Regulierungsauftrag des Haftpflichtversicherers dauert auch im Falle der Leistungsfreiheit fort[60]. Er trägt das volle wirtschaftliche Regressrisiko gegenüber dem nicht besonders schutzwürdigen Schädiger, der seinen Teil des Versicherungsvertrages nicht eingehalten hat.

72 Der Versicherer führt beim gestörten Innenverhältnis gerade **auch ein Geschäft** des regresspflichtigen Versicherungsnehmers. Ermessensfehler in der Regulierung, die den Anspruch des Geschädigten betreffen, hat er zu vermeiden. Zudem hat der Versicherer weitere sich ihm aufdrängende Nachteile für den Versicherungsnehmer, die aus der Art der Regulierung entstehen könnten, abzuwenden.

73 So hat er ihm bekannte Möglichkeiten einer **Aufrechnung**[61] mit Gegenforderungen des Versicherungsnehmers, vor einer Auszahlung an den Geschädigten zu berücksichtigen. Zweifelhaft[62] ist allerdings, ob der Versicherer danach aktiv Rückfrage halten muss.

74 Ist der Versicherungsnehmer offenkundig zum **Vorsteuerabzug** berechtigt, ist hierauf bei der Auftragsvergabe Rücksicht zu nehmen, um den unnötigen Mehraufwand durch Steuern zu sparen. Nur wenn z. B. ein Sanierungsauftrag im Namen und für Rechnung des vorsteuerabzugsberechtigten Versicherungsnehmers vergeben wird, ist der Versicherungsnehmer Rechnungsempfänger. Er kann die Rechnung bei der nächsten Vorsteueranmeldung einreichen. Erteilt der Versicherer den Auftrag im eigenen Namen, können weder der Versicherer noch der Versicherungsnehmer die Steuerschuld absetzen.

75 Leider ist in der Praxis zu beobachten, dass staatliche Stellen eigene Interessen verfolgen und zwingend selbst Aufträge vergeben. Sie erreichen dadurch, dass Umsatzsteuer – gedeckt durch die fragwürdige[63] Rechtsprechung des *BGH*[64] – als Schadensposition weiterberechnet werden kann. Ihr Ziel ist es, zu Lasten des Schädigers an dem eigenen Schaden »zu verdienen«, was anerkannter Maßen[65] dem geschädigten Bürger gerade nicht gestatte wird. Zur Rechtfertigung bemüht der *BGH*[66] sogar die Grundsätze von Treu und Glauben und kreiert ein fiktives Bundessondervermögen »Straßenbau-

---

59 Siehe A.1.1.4 AKB Rdn. 92 ff.
60 *BGH* Urt. v. 24.03.1976 – IV ZR 8/75, JurionRS 1976, 11545 = VersR 1976, 480.
61 Schwintowski/Brömmelmeyer/*Huber* PK-Vers § 116 VVG Rn. 8; Prölss/Martin/*Knappmann* § 116 VVG Rn. 9; einschränkend Schneider in MüKo zum VVG, § 116 VVG, Rn. 10; ablehnend *OLG Hamm* Beschl. v. 28.11.1986 – 20 W 57/86, r+s 1987, 123 (125)
62 Bruck/Möller/*Beckmann* VVG-Kommentar, Band IV, § 116 VVG, Rn. 12.
63 *Halm* Beschädigung staatlichen Eigentums – Vorteilsausgleichung bei der Erstattung der Umsatzsteuer, DAR 2004, 298 ff.
64 *BGH* Urt. v. 14.09.2004 – VI ZR 97/04, NJW 2004, 3557 = VersR 2004, 1468 = MDR 2005, 145 = NZV 2005, 39.
65 *Woitkewitsch*, Verkehrsunfall – Das Verbot der Bereicherung im Rahmen der Schadensregulierung, MDR 2015, 61 ff.
66 *BGH* Urt. v. 18.03.2014 – VI ZR 10/13, JurionRS 2014, 14631 = ADAJUR

last«. Letztlich kommt es zu einer unzulässigen Überkompensation[67] und Vermögensmehrung, da der Staat zugleich Gläubiger der abgeführten Steuer ist. Dies widerspricht nicht nur § 8 BHO und der Anweisung in § 19 der zweiten AVVFStr[68], sondern auch dem Grundgesetz, da dies zu einer unzulässigen Finanzbeschaffung an den Art. 105 ff. GG vorbei führt.

Zumindest unkomplizierte Steuervorteile[69] sind im Wege der Vorteilsausgleich beim Schaden zu berücksichtigen. Entsprechend sind zur Vermeidung unnötig hoher Aufwendungen und eines dadurch bedingt höheren Regressbetrages beim Versicherungsnehmer, Steuervorteile, die den Schadensaufwand mindern, ebenfalls zu berücksichtigen. 76

Kommt der Versicherer dem schuldhaft nicht nach, handelt es sich um einen ausführungsbedingt[70] entstandenen Steuerschaden des Versicherungsnehmers als Geschäftsherrn. 77

Um Unsicherheiten entgegenzuwirken weist *Huber*[71] zu Recht auf die Möglichkeit hin, den **Regressschuldner** im Klageverfahren durch Streitverkündung oder auch bei weitreichenden außergerichtlichen Entscheidungen (insbesondere einer Abfindung) **mit einzubeziehen**. Ein verständiger Schuldner wird Einwendungen dann später erst nicht mehr erheben wollen. 78

II. Regressabwicklung bei Kapitalabfindung des Geschädigten

1. Praxisproblem

Bei schweren Personenschäden können über Jahrzehnte wiederkehrende Schadensersatzleistungen wegen vermehrter Bedürfnisse, Verdienstausfall und Schmerzensgeldrente, anfallen. 79

Die h. M.[72] gewährt dem Geschädigten (nach dem Wortlaut und dem Sinn und Zweck des § 843 Abs. 3 BGB[73]) nur in ganz seltenen Ausnahmefällen einen Anspruch auf eine 80

Dok.Nr. 104929 = DAR 2014, 308 = MDR 2014, 773 = NJW 2014, 2874 = NJW-Spezial 2014, 525 = NZV 2014, 510 = VersR 2014, 849 = WM 2014, 1685.
67 *Schwab* Ist eine Überkompensation des Schadens zulässig, wenn die Bundesrepublik Deutschland geschädigt ist?, VersR 2014, 934 ff.
68 Näheres *Schwab* VersR 2012, 1229 ff.
69 *BGH* Urt. v. 18.12.1969 – VII ZR 121/67, BGHZ 53, 132 = JurionRS 1969, 11025 = NJW 1970, 461 = JZ 1970, 579 = DB 1970, 343 = VersR 1970, 223 = MDR 1970, 315; *BGH* Urt. v. 06.06.1972 – VI ZR 49/71, JurionRS 1972, 11056 = DAR 1972, 275 = NJW 1972, 1460 = DB 1972, 1432 = VersR 1972, 973 = MDR 1972, 855 (Mehrwertsteuer); zur Kostenübernahmeerklärung beim Reparaturauftrag siehe Himmelreich/Halm/Staab/*Kuhn*, Handbuch der Kfz-Schadensregulierung, Kap. 15, Rn. 142.
70 PWW/*Fehrenbacher* § 677 BGB, Rn. 20.
71 Schwintowski/Brömmelmeyer/*Huber* PK-Vers § 116 VVG Rn. 27.
72 PWW/*Medicus* § 843 BGB Rn. 5.
73 Nach der Empfehlung Nr. 1 des Arbeitskreises III des 43. VGT 2005 soll es bei der bestehen-

Kapitalabfindung hinsichtlich dieser noch nicht fälligen Ansprüche. Dies dient oftmals nicht nur dem **Schutz des Geschädigten** vor sich selbst, sondern insbesondere dem **Schutz des Schädigers** vor plötzlicher übermäßiger Inanspruchnahme noch nicht fälliger Schadensersatzforderungen.

81 Die Praxis[74] sieht dagegen anders aus. Es ist eine gute, sinnvolle und rechtlich zulässige Übung der Haftpflichtversicherer, die gesetzliche Ausnahme bei Bedarf praktisch zur Regel zu machen. Frühzeitig Kapitalabfindungsvereinbarungen mit dem Geschädigten und den Sozialversicherungsträgern zu treffen verringert den Bearbeitungs- und Kostenaufwand. Für das Verkehrsopfer wirkt es sich positiv aus, einen endgültigen Schlussstrich ziehen zu können.

82 Nach Lebenserwartung und langfristiger Zinsbestimmung (häufig bei 5 %)[75] wird dann, unter Festlegung eines Kapitalisierungsfaktors, ein Jahresbetrag kapitalisiert.

83 Der Regressschuldner ist jedoch kaum in der Lage, den Abfindungsbetrag in einer Summe zu zahlen. Selbst wenn er einen Kredit zur Ablösung der Regressforderung aufnehmen könnte, müsste er regelmäßig höhere Zinssätze akzeptieren. Das wird ihn wirtschaftlich überfordern. Haftet er nur nach §§ 7, 12 Abs. 1 Satz 2 StVG und müsste nur eine Rentenforderung in entsprechender Höhe erfüllen, kann der Kapitalbetrag in einer Summe zu viel sein.

2. Lösung für den Regressschuldner

84 Auch im Regressfall ist der Schutzgedanke des § 843 BGB nicht aus den Augen zu verlieren. Hat der Geschädigte keinen einklagbaren Anspruch auf eine Kapitalabfindung für noch nicht fällige Teilbeträge, kann der Versicherer den hierauf beruhenden Abfindungsbetrag nicht in einer Summe beim Versicherungsnehmer regressieren.

85 Der Versicherungsnehmer muss nach Treu und Glauben lediglich **Raten**[76] zahlen. Er darf durch den Regress nicht stärker belastet werden, als wenn der Geschädigte unmittelbar gegen ihn vorgehen würde.

86 Jedoch ist auch bei der Höhe der Raten der Zinsvorteil, den der Schädiger durch die Kapitalabfindung erfährt, mit zu berücksichtigen. Dies kann auf zwei unterschiedlichen Wegen erfolgen:

---

den Fassung des § 843 Abs. 3 BGB verbleiben; *Schwintowski*, Schutzfunktion und wichtiger Grund in § 843 Abs. 3 BGB, VersR 2010, 149 ff.
74 Himmelreich/Halm/*Jaeger*, Handbuch des Fachanwalts Verkehrsrecht, Kap. 14, Rn. 195 f.
75 Kapitalisierungstabellen bei *Küppersbusch/Höher* Ersatzansprüche bei Personenschaden, 11. Aufl. 2013 im Anhang.
76 *BGH* Urt. v. 27.05.1957 – II ZR 132/56, BGHZ 24, 308 = JurionRS 1957, 10252 = DB 1957, 629 = VersR 1957, 442 = NJW 1957, 1230 = VRS 13, 183; *OLG Hamm* Urt. v. 25.02.1976 – 20 U 180/75, VersR 1978, 379.

a) Rate plus Verzinsung des Restkapitals

Der Abfindungsbetrag ist nicht einfach durch die vorgesehene Laufzeit (z. B. verblei- 87
bende Lebenserwartung) in Monaten zu teilen. Denn die Kapitalisierung bedeutet zugleich eine Abzinsung des effektiven, also kumulierten, Schadensbetrages. Es handelt sich dabei um einen Kapitalabschlag (Zahlung vor Fälligkeit) der dem aufgelaufenen Zinseszins entspricht.

Das jeweilige Restkapital ist vom Regressschuldner zu verzinsen. Als Zinssatz kommt 88
derjenige in Betracht, der bei der tatsächlichen Kapitalabfindung zugrunde gelegt wurde.

b) Fiktive Abrechnung

Da durch die Kapitalzahlung der Anspruch auf wiederkehrende Leistungen abgefun- 89
den wurde, können auch die wiederkehrenden Leistungen als Basis für den Regress genommen werden. So kann der Betrag fiktiv geltend gemacht werden, der monatlich ohne Abfindung fällig werden würde.

Was hier anfangs einfacher erscheint, kann allerdings bei Anpassung an die Lebensver- 90
hältnisse (Inflation, Lohnsteigerungen, Bedarfsänderungen) in Jahren erneut Schwierigkeiten aufwerfen.

c) Keine Sicherheitsleistung durch Regressschuldner

Der Versicherer trägt das Insolvenz- und Verschlechterungsrisiko des Regressschuld- 91
ners. Es versteht sich, dass es einen Bedarf an Sicherung der künftigen Regressteilbeträge gibt. Da jedoch schon der Geschädigte nach § 843 BGB keinen einklagbaren Anspruch auf eine Sicherheitsleistung[77] gegen den Schädiger hat, muss auch der Regressschuldner dem Haftpflichtversicherer keine Sicherheitsleistung stellen. Ansonsten würde er durch den Regress des Versicherers schlechter gestellt werden, als wenn er vom Geschädigten direkt in Anspruch genommen worden wäre.

Um den Regressanspruch dem Grunde nach zu sichern ist dem Versicherer jedoch das 92
Recht einzuräumen, Feststellungsklage[78] zu erheben.

III. Mehrere Regressschuldner

Hat der Versicherer einen Regressanspruch gegen den Versicherungsnehmer und den 93
Mitversicherten, haftet der Einzelne nur bis zur Höhe seiner Verpflichtung. Rückgriffschuldner sind keine Gesamtschuldner. Sie sind nur Schuldner entsprechend ihres Haftungsanteiles[79].

---

77 PWW/*Luckey* § 823 BGB Rn. 13.
78 Prölss/Martin/*Knappmann* § 116 VVG, Rn. 16.
79 PWW/*Müller* § 426 BGB Rn. 19.

§ 116 VVG   Verhältnis der Gesamtschuldner

94 Der nicht mitversicherte, aber nur im Außenverhältnis mithaftende Dritte (Beihilfe zu einer Straftat), ist nicht[80] Regressschuldner aus § 116 Abs. 1 Satz 2. VVG. Wenn der Versicherer tatsächlich mit Rechtsgrund geleistet hat, scheidet eine Leistungskondiktion über die §§ 812 ff. BGB ebenfalls aus.

IV. Einwand häuslicher Gemeinschaft

1. Erleichterung gegenüber altem Recht

95 Das frühere Familienprivileg wurde im neuen § 86 Abs. 3 VVG auf alle Personen, die zum Unfallzeitpunkt mit dem Versicherungsnehmer in häuslicher Gemeinschaft lebten erweitert. Man wollte den veränderten[81] gesellschaftlichen Lebensverhältnissen nachkommen. Der Übergang von Schadensersatzansprüchen kann nur bei Vorsatz geltend gemacht werden. Geschützt werden damit alle Familienangehörigen wie auch Lebensgefährten. Die gemeinsame Haushaltskasse soll geschont werden.

2. Analoge Anwendung in der Sachversicherung

96 Schon im Kaskobereich wird zu recht eine Ausdehnung der Regresshinderung[82] aus § 86 Abs. 3 VVG auf Fälle erwogen, bei denen der Versicherungsnehmer mittelbar (über den Umweg eines gesamtschuldnerisch mithaftenden außenstehenden Dritten) wieder dem Regressrisiko unterworfen sein könnte. Auch der Regressverzicht aus A.2.8 AKB 2015 betrifft ja nicht den außenstehenden Dritten. Würde man gegen ihn voll regressieren, könnte dieser nach § 426 Abs. 2 Satz 1 BGB wieder gegen den häuslichen Mitschädiger (entsprechend dessen Haftungsanteil) vorgehen. Im Ergebnis entspricht die Reduktion des Regressbetrages den Folgen einer gestörten Gesamtschuld.

3. Identische Interessenlage des Versicherungsnehmers

97 Die Interessenlage des Versicherungsnehmers ist in der Fahrzeugversicherung und im Haftpflichtbereich identisch. Er möchte nicht durch einen Regress seines Versicherers gegen eine Person der häuslichen Gemeinschaft belastet werden. Für ihn zählt nicht der Grund (Haftpflicht oder Kasko), sondern die Höhe des Betrages, um die man sich einschränken muss.

---

80 *BGH* Urt. v. 28.11.2006 – VI ZR 136/05, JurionRS 2006, 29132 = DAR 2007, 330 = VersR 2007, 198 = SVR 2007, 182, bespr. v. *Weinhold* = NJW 2007, 1208 = NZV 2007, 129 = MDR 2007, 332 = r+s 2007, 78 = zfs 2007, 195 = VRS 112, 117 = VRR 2007, 145 bespr. v. *Notthoff; BGH* Beschl. v. 27.07.2010 – VI ZB 49/08, JurionRS 2010, 22037 = DAR 2010, 698 = MDR 2010, 1322 = VersR 2010, 433 = VersR 2010, 1360 = NZV 2010, 510 = NJW-RR 2010, 1471 = zfs 2010, 421 = VRR 2010, 421 bespr. v. *Knappmann*; Schwintowski/Brömmelmeyer/*Huber* PK-Vers § 116 VVG Rn. 10.
81 Reg.-Entwurf, BT-Drucks. 16/3945, S. 82.
82 *Wandt* Versicherungsrecht, Rn. 990.

4. Keine direkte Anwendung der Norm aus der Sachversicherung

Eine direkte Anwendung von § 86 Abs. 3 VVG ist nicht möglich, da der Kfz-Haftpflichtversicherer im Rahmen des Direktanspruchs über § 115 Abs. 1 Nr. 1 VVG bereits selbst verpflichtet ist. Für einen Regress bedarf es keines gesetzlichen Anspruchsübergangs nach § 86 Abs. 1 VVG aus der Sachversicherung. Der Haftpflichtversicherer erwirbt bereits durch Leistung an den Geschädigten dessen Schadensersatzanspruch[83], § 426 Abs. 2 Satz 1 BGB. 98

5. Rechtsunsicherheit für Analogie im Haftpflichtrecht?

Vor Jahrzehnten schien der Weg zu einer entsprechenden Anwendung auch für den Haftpflichtbereich (aufgrund gewichtiger Stimmen[84]) nicht mehr weit. Dies wird zuweilen auch heute noch favorisiert[85]. 99

Ob der *BGH*[86] und ein wesentlicher Teil der aktuellen *Literatur*[87] seine Auffassung ändern wird, erscheint jedoch sehr fraglich. 100

Mehrere Oberlandesgerichte[88] haben sich in ihrer jüngeren Rechtsprechung dagegen ausgesprochen. Schließlich hat auch der Gesetzgeber in Kenntnis der Problematik nicht die Notwendigkeit gesehen, hierfür eine eigenständige Regelung in das VVG aufzunehmen. 101

---

83 *BGH* Urt. v. 13.07.1988 – IVa ZR 55/87, BGHZ 105, 140 =JurionRS 1988, 13321 = DAR 1988, 377 = NJW 1988, 2734 = NJW-RR 1988, 1300 = JZ 1989, 145 = VersR 1988, 1062 = r+s 1988, 284 = zfs 1988, 288 = NZV 1989, 66 m. zust. Anm. *Johannsen*; bedauernd *Schirmer* DAR 1989, 14 ff.
84 *OLG Hamm* PKH-Beschl. v. 16.09.1987 – 20 W 36/87, NJW-RR 1988, 93 = DAR 1989, 14 = r+s 1988, 1; *Schirmer* Das »kranke« Versicherungsverhältnis zwischen KH Versicherer und Versicherungsnehmer, VersR 1987, 19 ff.; *Lorenz* Zur entsprechenden Anwendung der Regresssperre des § 67 Abs. 2 VVG auf die gesamtschuldnerischen Ausgleichsansprüche des Kfz-Haftpflichtversicherers gegen den nicht deckungsberechtigten Versicherten (Fahrer), VersR 1991, 505 ff.
85 Schwintowski/Brömmelmeyer/*Huber* PK-Vers § 116 VVG Rn. 18.
86 *BGH* Urt. v. 13.07.1988 – IVa ZR 55/87, BGHZ 105, 140 =JurionRS 1988, 13321 = DAR 1988, 377 = NJW 1988, 2734 = NJW-RR 1988, 1300 = JZ 1989, 145 = VersR 1988, 1062 = r+s 1988, 284 = zfs 1988, 288 = NZV 1989, 66 m. zust. Anm. *Johannsen*..
87 *Kärger* Kfz-Versicherung nach dem neuen VVG Rn. 201; HK-VVG/*Muschner* § 86 VVG, Rn. 55; Feyock/*Jacobsen*/Lemor § 116 VVG Rn. 15; Stiefel/Maier/*Jahnke*, § 116 VVG, Rn. 62; Looschelders/Pohlmann/*Schwartze*, VVG-Kommentar, § 116 VVG, Rn. 3; *Schneider* in MüKo zum VVG, § 116 VVG, Rn. 12; *Bauer*, Die Kraftfahrtversicherung, Rn. 998; so wohl auch Bruck/Möller/*Beckmann* VVG-Kommentar, Band IV, § 116 VVG, Rn. 20.
88 *OLG Celle* Urt. v. 09.09.2004 – 5 U 67/04, NJOZ 2005, 1124 = VersR 2005, 681; *OLG Hamm* Urt. v. 01.02.2006 – 20 U 215/05, VersR 2006, 329 = VRR 2006, 347 bespr. v. *Notthoff* = zfs 2006, 329 = NJOZ 2006, 2402; *OLG Koblenz* Beschl. v. 02.05.2011 – 10 U 1493/10, ADAJUR Dok.Nr. 98983 = VersR 2012, 1026; *KG Berlin* Beschl. v. 20.12.2011 – 6 U 64/11, JurionRS 2011, 41677 = ADAJUR Dok.Nr. 104094 = zfs 2014, 31.

V. Gesamtschuldner bei Mehrfachversicherung

1. Mehrere Versicherer verschiedener Risiken

102 Wird ein Geschädigter von zwei versicherten Fahrzeugen geschädigt, z. B. als Insasse eines Fahrzeugs durch ein anderes Fahrzeugs, haften die jeweiligen Versicherer nur gesamtschuldnerisch zu den Mitversicherten des bei ihnen versicherten Fahrzeugs. Wir erhalten folglich zwei Gesamtschuldverhältnisse nach den §§ 115 Abs. 1 Satz 4; 116 VVG.

103 Darüber hinaus haften die beiden Fahrer und beiden Halter gesamtschuldnerisch als Mittäter nach den §§ 840; 426 BGB.

104 Der Versicherer des Fahrzeugs 1 ist allerdings kein Gesamtschuldner zur Haftungseinheit des Fahrzeugs 2 und umgekehrt. § 116 VVG kommt in diesem Verhältnis nicht zur Anwendung.

105 Der leistende Versicherer hat einen Ausgleichsanspruch[89] nach § 426 BGB.

2. Mehrere Versicherer bezüglich eines Risikos

106 Bei der Mehrfachversicherung nach § 77 VVG (früher Doppelversicherung genannt, § 59 Abs. 2 VVG a. F.) decken zwei oder mehrere Versicherer ein und dasselbe Risiko des Schädigers ab. In Bezug auf Haftpflichtfälle mit Fahrzeugen sind mehrere Situationen denkbar:
- Ziehendes Kraftfahrzeug mit Anhänger (Gespann)[90]
- Zugmaschine mit zwei Anhängern nach § 32a Satz 2 StVZO
- Schwertransportgespanne bestehend aus mehreren Zug- und Schubfahrzeugen sowie Tiefladern
- Zugmaschinen mit Fahrzeugkombinationen SMPT (self-propelled Modular Transporter = Modulfahrzeug mit eigenem Antrieb)
- Pflichtversichertes Fahrzeug und Versicherungsschutz über eine Handel-Handwerk-Police[91]

---

[89] *BGH* Beschl. v. 27.07.2010 – VI ZB 49/08, JurionRS 2010, 22037 = DAR 2010, 698 = MDR 2010, 1322 = r+s 2010, 433 = VersR 2010, 1360 = NZV 2010, 510 = NJW-RR 2010, 1471 = zfs 2010, 421 = VRR 2010, 421 bespr. v. *Knappmann*.

[90] *BGH* Urt. v. 27.10.2010 – IV ZR 279/08, BGHZ 197, 211 = JurionRS 2010, 28509 = DAR 2011, 80 = MDR 2011, 37 = VersR 2011, 105 = NZV 2011, 128 = NJW 2011, 447 = r+s 2011, 60 = SVR 2011, 235 bespr. v. *Hering* = TranspR 2011, 43 = zfs 2011, 90 = VK 2011, 13 = VRR 2011, 22 bespr. v. *Knappmann*; *Wilms*, Anhänger-Streitfragen entschieden, DAR 2011, 71 ff.; *Lemcke*, Innenausgleich bei Drittschäden durch Kfz und Kfz-Anhänger, r+s 2011, 56 ff.

[91] *BGH* Urt. v. 20.03.1974 – IV ZR 94/73, JurionRS 1974, 11245 = NJW 1974, 1139 = VersR 1974, 535 = MDR 1974, 743 = DB 1974, 1061; *BGH* Urt. v. 31.03.1976 – IV ZR 29/75, JurionRS 1976, 11590 = VersR 1976, 847 = MDR 1976, 1006.

- Pflichtversichertes Fahrzeug im Einsatz als Arbeitsmaschine, Betriebshaftpflicht schließt Arbeitsrisiko ein[92]
- Pflichtversichertes Fahrzeug auf Verkehrsübungsplatz[93] mit eingeschlossenem Tages-Haftpflichtschutz
- Nebeneinander von zwei Kfz-Haftpflichtversicherungen[94] für ein und dasselbe Risiko
- »Mallorca-Police« – Führen fremder Fahrzeuge[95] – sofern nicht als subsidiäre[96] Zusatzdeckung ausgestaltet

Die Versicherer sind untereinander Gesamtschuldner, § 78 Abs. 1 VVG. Sie haben sich bei intakten Versicherungsverhältnissen die Aufwendungen nach Kopfteilen zu teilen, § 78 Abs. 2 Satz 1 VVG. 107

Ist ein Pflicht-Haftpflichtversicherer eines Fahrzeugs im Zeitpunkt des Eintritts des Versicherungsfalles leistungsfrei, ist er dagegen kein Gesamtschuldner mit den anderen Versicherern.[97] Der leistungsfreie Versicherer ist somit auch kein Regressschuldner für den Innenausgleich nach § 78 Abs. 2 Satz 1 VVG. 108

Der leistungsfreie Pflicht-Haftpflichtversicherer kann den Geschädigten somit nicht nur wie gewöhnlich an einen anderen Schadenversicherer verweisen, § 117 Abs. 3 Satz 2 VVG; er kann sogar an diejenigen Haftpflichtversicherer verweisen, mit denen er bei intakten Verhältnissen Gesamtschuldner einer Mehrfachversicherung wäre. 109

Der Versicherungsnehmer des gestörten Versicherungsverhältnisses tritt im Verhältnis zu den leistungspflichtigen Versicherern nicht an die Stelle des leistungsfreien Haftpflichtversicherers. Er ist nicht so zu stellen, als würde die Mehrfachversicherung fortbestehen. Folglich hat der Versicherungsnehmer vollen Versicherungsschutz gegen den noch leistungspflichtigen Versicherer, ohne sich den entfallenen Ausgleichsanspruch entgegenhalten lassen zu müssen. 110

---

92 Z. B. *Paritätische Kommission* Fall 166 (Dachdeckeraufzug) und Fall 173 (LKW-Ladekran); Kurzfassungen abgedruckt in Anlage zu *Staab*, Der Gebrauch des Kraftfahrzeugs, 49. DVGT 2011, 131 ff.
93 *LG Köln* Urt. v. 22.12.2004 – 20 O 360/04, JurionRS 2004, 34994 = NJW-Spezial 2005, 259 = NJW-RR 2005, 828; Schwintowski/Brömmelmeyer/*Kloth/Neuhaus* PK-Vers § 78 VVG Rn. 39.
94 *OLG Nürnberg* Urt. v. 10.01.1980 – 8 U 81/79, JurionRS 1980, 12965 = VersR 1981, 745.
95 Typische Deckungserweiterung in individuellen AKB, siehe *Schwab* A.1.1 AKB Rdn. 7–10; Feyock/*Jacobsen*/Lemor, KfzVers, A.1 AKB, Rn. 81.
96 Siehe *Schwab* § 2 PflVG Rdn. 23–25.
97 *BGH* Urt. v. 05.03.1986 – IVa ZR 63/84, JurionRS 1986, 13126 = VersR 1986, 380 = MDR 1986, 738 = NJW-RR 1986, 768; Looschelders/Pohlmann/*von Koppenfels-Spies*, VVG-Kommentar, § 78 VVG, Rn. 10; *Halbach* in MüKo zum VVG, § 78 VVG, Rn. 15; Schwintowski/Brömmelmeyer/*Kloth/Neuhaus* PK-Vers § 78 VVG Rn. 14 u. 15.

§ 117 Leistungspflicht gegenüber Dritten

(1) Ist der Versicherer von der Verpflichtung zur Leistung dem Versicherungsnehmer gegenüber ganz oder teilweise frei, so bleibt gleichwohl seine Verpflichtung in Ansehung des Dritten bestehen.

(2) Ein Umstand, der das Nichtbestehen oder die Beendigung des Versicherungsverhältnisses zur Folge hat, wirkt in Ansehung des Dritten erst mit dem Ablauf eines Monats, nachdem der Versicherer diesen Umstand der hierfür zuständigen Stelle angezeigt hat. Dies gilt auch, wenn das Versicherungsverhältnis durch Zeitablauf endet. Der Lauf der Frist beginnt nicht vor Beendigung des Versicherungsverhältnisses. Ein in den Sätzen 1 und 2 bezeichneter Umstand kann dem Dritten auch dann entgegengehalten werden, wenn vor dem Zeitpunkt des Schadensereignisses der hierfür zuständigen Stelle die Bestätigung einer entsprechend den Rechtsvorschriften abgeschlossenen neuen Versicherung zugegangen ist. Die vorstehenden Vorschriften dieses Absatzes gelten nicht, wenn eine zur Entgegennahme der Anzeige nach Satz 1 zuständige Stelle nicht bestimmt ist.

(3) In den Fällen der Absätze 1 und 2 ist der Versicherer nur im Rahmen der vorgeschriebenen Mindestversicherungssumme und der von ihm übernommenen Gefahr zur Leistung verpflichtet. Er ist leistungsfrei, soweit der Dritte Ersatz seines Schadens von einem anderen Schadensversicherer oder von einem Sozialversicherungsträger erlangen kann.

(4) Trifft die Leistungspflicht des Versicherers nach Absatz 1 oder Absatz 2 mit einer Ersatzpflicht auf Grund fahrlässiger Amtspflichtverletzung zusammen, wird die Ersatzpflicht nach § 839 Abs. 1 des Bürgerlichen Gesetzbuchs im Verhältnis zum Versicherer nicht dadurch ausgeschlossen, dass die Voraussetzungen für die Leistungspflicht des Versicherers vorliegen. Satz 1 gilt nicht, wenn der Beamte nach § 839 des Bürgerlichen Gesetzbuchs persönlich haftet.

(5) Soweit der Versicherer den Dritten nach den Absätzen 1 bis 4 befriedigt und ein Fall des § 116 nicht vorliegt, geht die Forderung des Dritten gegen den Versicherungsnehmer auf ihn über. Der Übergang kann nicht zum Nachteil des Dritten geltend gemacht werden.

(6) Wird über das Vermögen des Versicherers das Insolvenzverfahren eröffnet, endet das Versicherungsverhältnis abweichend von § 16 erst mit dem Ablauf eines Monats, nachdem der Insolvenzverwalter diesen Umstand der hierfür zuständigen Stelle angezeigt hat; bis zu diesem Zeitpunkt bleibt es der Insolvenzmasse gegenüber wirksam. Ist eine zur Entgegennahme der Anzeige nach Satz 1 zuständige Stelle nicht bestimmt, endet das Versicherungsverhältnis einen Monat nach der Benachrichtigung des Versicherungsnehmers von der Eröffnung des Insolvenzverfahrens; die Benachrichtigung bedarf der Textform.

Übersicht

		Rdn.
A.	Einleitung	1
I.	Regelungsgehalt	2

		Rdn.
II.	Innenverhältnis	3
III.	Außenverhältnis	4
IV.	Ausnahme	5
B.	**Vorleistungspflicht, § 117 Abs. 1 VVG**	6
I.	Von der Verpflichtung zur Leistung frei	7
	1. Prämienverzug	8
	2. gesetzliche Obliegenheiten	9
	3. vertragliche Obliegenheitsverletzung vor dem Schadenfall	10
	4. vertragliche Obliegenheitsverletzungen im Schadenfall	11
	5. Bestehen- oder Nichtbestehen des Vertrages	12
II.	Außenverhältnis (Leistungspflicht in Ansehung des Dritten)	13
C.	**Bestehen des Vertrages, Nachhaftung (§ 117 Abs. 2)**	14
I.	Bestehen/Nichtbestehen des Vertrages	15
II.	Ende des Vertrages durch Zeitablauf	18
III.	Mitteilung an die zuständige Stelle	19
IV.	Wirkung für mitversicherte Personen	22
V.	Fristbeginn/Fristablauf	23
VI.	Anderer Versicherer	24
VII.	keine zuständige Stelle bestimmt	25
VIII.	Leistungspflicht Mindestversicherungssumme (§ 117 Abs. 3)	26
IX.	Begrenzung der Eintrittspflicht (§ 117 Abs. 3 S. 1)	27
X.	Verweisungsmöglichkeit (§ 117 Abs. 3 S. 2)	29
	1. Zulässigkeit der Verweisung	30
	2. Beschränkung der Verweisung dem Grunde nach	31
	3. Beschränkung der Verweisung der Höhe nach	32
	4. Wegfall des Verweisungsprivilegs	33
	5. andere Schadenversicherer oder Sozialversicherungsträger	36
	6. Umfang der Verweisung	37
	a) Krankenkasse	38
	b) Öffentlich-rechtlicher Krankenversicherer	39
	c) Rentenversicherer	40
	d) Bundesagentur für Arbeit (Arbeitslosengeld)	41
	e) Bundesagentur für Arbeit (ALG II, Hartz IV)/Sozialhilfeträger	42
	7. Folgen der Verweisung	43
D.	**Zusammentreffen von Leistungsfreiheit und Amtspflichtverletzung (§ 117 Abs. 4)**	45
E.	**Anspruchsübergang bei Befriedigung des Dritten (§ 117 Abs. 5)**	46
I.	kein Fall des § 115 Abs. 1 S. 4 VVG	47
II.	Übergang des Anspruches auf den Versicherer	48
F.	**Insolvenz des Versicherers (§ 117 Abs. 6)**	52

A. Einleitung

Der allseits bekannte § 3 PflVG mit seinen verschiedenen Regeln, die **ausschließlich** 1
auf die **Kraftfahrzeug-Haftpflicht-Versicherung** in ihrer Ausgestaltung als Pflichtversicherung anzuwenden waren, wurde zum einen nahezu vollständig in das neue VVG integriert und auf den Ausschluss der Verweisung (§ 3 PflVG n. F.) reduziert.

§ 117 VVG Leistungspflicht gegenüber Dritten

Die vormaligen Regelungen des § 3 PflVG finden sich in den §§ 115 (§ 3 Nr. 1–3 PflVG a. F.), 116 (§ 3 Nr. 9, 10 S. 2, 11 S. 2 PflVG a. F.), 117 (§ 3 Nr. 4–6 PflVG a. F.), 119 (§ 3 Nr. 7 PflVG a. F.) bzw. 120, § 124 (§ 3 Nr. 8, 10 S. 1 PflVG a. F.) wieder.

I. Regelungsgehalt

2 § 117 n. F. befasst sich ausschließlich mit der Leistungspflicht des Kraftfahrzeug-Haftpflicht-Versicherers gegenüber dem geschädigten Dritten. Dabei kommt es nach der Gesamtschau nicht auf Umstände im Innenverhältnis, die das Bestehen oder Nichtbestehen des Vertrages zur Folge haben, an. Etwas anderes kann nur gelten, wenn die sog. Nachhaftungsfrist abgelaufen ist, oder aber kein Deckungsanspruch der Versicherten Personen nach den Regeln des § 103 VVG, § 4 KfzPflVV, A.1.4. und A.1.5 AKB besteht. Aus der Regelung des § 117 Abs. 2 wird die Trennung zwischen Außen- und Innenverhältnis offensichtlich. Auch wenn im Innenverhältnis der Versicherer gegenüber dem Versicherungsnehmer von der Verpflichtung zur Leistung frei ist, etwa wegen Obliegenheitsverletzung oder Prämienverzug, muss er gegen ihn gerichtete Schadenersatzansprüche von Dritten gleichwohl befriedigen. Etwas anderes gilt nur für den Fall der Risikoausschlüsse nach den AKB, dort unter A.1.5.x und für die Vorsatztat, § 103 VVG, da der Versicherer für diese seine Leistungspflicht vollständig ausschließt durch die Formulierung »Was ist nicht versichert?«[1]. Dabei haftet der Versicherer immer nur im Rahmen der vereinbarten Versicherungssummen und der von ihm »übernommenen Gefahr«, dazu gehören jedenfalls nicht manipulierte Unfälle[2].

II. Innenverhältnis

3 Als Innenverhältnis wird alles das bezeichnet, was sich auf der Ebene Versicherer – Versicherungsnehmer abspielt. D. h. es kommt für die Leistungsverpflichtung nach § 117 VVG nicht darauf an, ob in diesem Verhältnis die Vertragsparteien ihre vertraglichen Pflichten erfüllt haben. Diese Pflichten sind zum einen die Prämienzahlungspflicht, §§ 37, 38 VVG und zum anderen die Obliegenheiten, die vor dem Schadenfall oder im Schadenfall vom Versicherungsnehmer bzw. den mitversicherten Personen zu erfüllen sind. Diese vertraglichen Nebenpflichten finden sich z. T. ebenfalls im VVG, aber auch zusätzlich in den AKB. Unabhängig von ihrer Fundstelle wirken diese Obliegenheiten nur im Innenverhältnis.

III. Außenverhältnis

4 Das Außenverhältnis bezeichnet das Rechtsverhältnis zwischen Versicherer und Geschädigtem. In diesen Bereich dringen nur die Risikoausschlüsse ein, die unter A.1.5 aufgezählt wurden und ihre Rechtsgrundlage im VVG und in der KfzPflVV finden.

---

1 Vgl. Rüffer/Halbach/*Schimikowski* § 117 Rn. 2 und § 115 Rn. 7; § 4 KfzPflVV.
2 OLG Celle v. 15.09.2011 – 14 W 28/11, NJW Spezial 2012, 10.

IV. Ausnahme

Das Wesen der Pflichtversicherung ist beschränkt auf den öffentlichen Verkehrsraum, 5
§ 1 PflVG. Nur in dem Geltungsbereich dieser Pflicht können auch die Vorschriften der §§ 115 ff., also auch § 117 VVG betrachtet werden. Ereignet sich also ein Schadenfall außerhalb des öffentlichen Verkehrsraums, besteht ein Direktanspruch gegen den Versicherer nicht mehr. Soweit das Versicherungsverhältnis »gesund« ist, dem Versicherungsnehmer also kein Fehlverhalten vorgeworfen wird und er die fällige Prämie rechtzeitig gezahlt hat, kommt es im Ergebnis auf die Differenzierung nicht an. Der Versicherungsnehmer hat im Innenverhältnis einen Freistellungsanspruch gegen den Versicherer, der sich auch in den Schadenfällen, die sich im nichtöffentlichen Verkehrsraum ereignet haben, direkt mit dem Geschädigten auseinandersetzen wird. Etwas anderes gilt allerdings, wenn dem Versicherungsnehmer eine Obliegenheitsverletzung vorgeworfen wird oder gar wegen Prämienverzugs vollständige Leistungsfreiheit besteht. Dann ist der Versicherer u. U. auch von der Verpflichtung zur Vorleistung frei, d. h. der Geschädigte muss sich mit seinen Ansprüchen unmittelbar an den Schädiger wenden und von diesem Ersatz verlangen. Es kommt sogar die Eintrittspflicht der VOH in Betracht.

B. Vorleistungspflicht, § 117 Abs. 1 VVG

Der Versicherer ist nach dem Wortlaut des Absatzes 1 verpflichtet, dem geschädigten 6
Dritten seinen Schaden zu ersetzen. Während in den anderen Sparten der Versicherer im Rahmen einer Haftpflichtversicherung, die nicht als Pflichtversicherung ausgestaltet ist, dem Versicherungsnehmer und dem Geschädigten alle Einwände aus dem Vertrag mit der Folge der Leistungsfreiheit entgegenhalten kann, ist ihm dieses Recht im Rahmen der als Pflichtversicherung ausgestalteten Kraftfahrzeug-Haftpflicht-Versicherung abgeschnitten.

I. Von der Verpflichtung zur Leistung frei

Die Leistungsfreiheit des Versicherers gegenüber dem Versicherungsnehmer kann sich 7
aus verschiedenen Gründen ergeben:

1. Prämienverzug

Der Verzug mit der Prämienzahlung, einer vertraglichen Hauptpflicht, führt unter den 8
in §§ 37, 38 VVG genannten Voraussetzungen zur vollständigen Leistungsfreiheit des Versicherers, der dann alle Aufwendungen, die er im Schadenfall für den Dritten tätigen musste, zurückfordern kann[3].

---

3 Zu den Voraussetzungen der Leistungsfreiheit vgl. die Kommentierung unter C. AKB zu Erst- und Folgeprämie.

2. gesetzliche Obliegenheiten

9   Neben den Hauptpflichten hat der Versicherungsnehmer auch Nebenpflichten, die Obliegenheiten, zu erfüllen. Es sind gesetzliche Obliegenheiten vorhanden, z. B. die Mitteilung der Adressänderung, die Verkaufsmitteilung, Gefahrerhöhungen am versicherten Gegenstand etc. Die Folgen der Verletzung solcher Vertragspflichten ergeben sich aus dem Gesetz. Dabei ist zu beachten, dass u. U. in den dem Vertrag zu Grunde liegenden AKB andere, weniger schwere, Vereinbarungen getroffen worden sein können.

3. vertragliche Obliegenheitsverletzung vor dem Schadenfall

10   Zusätzlich zu den gesetzlichen Obliegenheiten sind in den AKB weitere vertragliche Obliegenheiten aufgeführt, die das Risiko eines Schadeneintrittes minimieren sollen, wie z. B. Führerschein-, Alkohol-, Verwendungsklausel, Verbot von nicht genehmigten Rennveranstaltungen, Verletzung der Ruheversicherung, Verletzung von Meldepflichten (Umzug, Verkauf) etc. Diese sind auf Grundlage des § 5 KfzPflVV in den AKB eingebunden[4].

4. vertragliche Obliegenheitsverletzungen im Schadenfall

11   Außerdem werden an die versicherten Personen im Schadenfall besondere Anforderungen gestellt. So darf der Versicherer zu Recht erwarten, dass alle Fragen, die er zur Klärung seiner Eintrittspflicht stellt, beantwortet werden, er über eventuelle Strafverfahren informiert wird und im Falle einer Klage die Prozessführungsbefugnis erhält, um alle geeigneten Schritte zur Abwehr der gegen ihn gerichteten Ansprüche einzuleiten[5].

5. Bestehen- oder Nichtbestehen des Vertrages

12   Im Außenverhältnis kann der Versicherer dem durch den Gebrauch des KFZ im öffentlichen Verkehrsraum Geschädigten das Vertragsende nur ausnahmsweise entgegenhalten (Nachhaftung).

II. Außenverhältnis (Leistungspflicht in Ansehung des Dritten)

13   Im Außenverhältnis stehen Versicherungsnehmer und Versicherer gleichberechtigt als Gesamtschuldner nebeneinander, der Versicherer ist verpflichtet, die gegen ihn bzw. die versicherten Personen gerichteten Ansprüche zu befriedigen. Nach Befriedigung der Ansprüche durch den Versicherer steht diesem ein möglicher Ersatzanspruch nach den Grundsätzen des Gesamtschuldnerausgleichs, §§ 116 VVG, 426 ff. BGB zu. Die Verjährung dieses Ausgleichsanspruchs unterliegt dem BGB, die Verjährungsvorschriften hinsichtlich des Direktanspruches kommen dem anderen Versicherer nicht zu Gute.

---

4   Wegen der Details vgl. die Kommentierung zu § 5 KfzPflVV und die Kommentierung in den AKB.
5   Vgl. insoweit die Kommentierung zu E.x AKB.

C. Bestehen des Vertrages, Nachhaftung (§ 117 Abs. 2)

Dieser Absatz des § 117 VVG ersetzt den § 3 Nr. 5 PflVG a. F., in dem zum Schutz des unbeteiligten Dritten für die Kraftfahrzeug-Haftpflicht-Versicherung die Nachhaftung normiert wurde. Er ist inhaltlich gleich mit der alten Norm, so dass die durch die Rechtsprechung entwickelten Grundsätze zu § 3 Nr. 5 PflVG a. F. fortgelten. Objektives Kriterium ist das Benutzen eines nicht versicherten KFZ im öffentlichen Verkehrsraum. Dabei ist zu beachten, dass die Regelung der Nachhaftung nur für die Kraftfahrzeug-Haftpflicht-Versicherung gilt, nicht aber für die Handel- und Handwerkversicherung[6], ebenso gibt es keine Nachhaftung für Fahrzeuge, die keiner Zulassung bedürfen, für deren Betrieb aber eine Haftpflichtversicherung besteht[7]. 14

I. Bestehen/Nichtbestehen des Vertrages

Voraussetzung für die Anwendung des § 117 Abs. 2 ist, dass ein Versicherungsvertrag zu keinem Zeitpunkt bestand, oder aber der Vertrag beendet wurde. Entscheidend kommt es auf den äußeren Anschein an. Wird der Anschein erweckt, es bestünde ein wirksames Versicherungsverhältnis, kann dahinstehen, ob ein wirksames Verhältnis nie bestand oder dieses beendet wurde[8]. Grundsätzlich kommt bei der Eintrittspflicht für Schäden des Dritten nicht darauf an, ob der Vertrag (noch) besteht oder nicht. Auch die Fälle sollen erfasst sein, in denen der Vertragsschluss wegen Irrtums (§ 119 BGB) oder arglistiger Täuschung oder Drohung (§ 123 BGB) angefochten wurde, oder aber der Vertrag wegen Minderjährigkeit[9] (§ 108 BGB), beschränkter Geschäftsfähigkeit des Versicherungsnehmers (§ 105 BGB) oder wegen versteckten Einigungsmangels (§ 155 BGB) schon gar nicht zustande kam. Als Beendigungsgründe kommen sowohl die Kündigung des Vertrages durch Versicherer oder Versicherungsnehmer, die Anfechtung des Vertrages wegen Täuschung, der Rücktritt vom Vertrag wegen Prämienverzugs, aber auch das Erlöschen des Vertrages in Betracht. 15

Ausreichend ist, dass der Vertrag geschlossen wurde. Auf das Nichtbestehen des Vertrages kann sich der Versicherer nur im Innenverhältnis zum Versicherungsnehmer berufen. Der Versicherer kann sich selbst bei Kündigung durch den Versicherungsnehmer nur dann auf das Vertragsende berufen, wenn er der Zulassungsstelle gem. § 25 FZV das Ende des Vertrages angezeigt hat und die Kündigung dem Versicherungsnehmer zugegangen ist[10]. Auch gegenüber dem Fahrer ist ihm diese Möglichkeit nach § 123 VVG verwehrt. Eine Verpflichtung zur Anzeige der Vertragsbeendigung an die Zulassungsstelle gibt es nicht, sie erfolgt lediglich im eigenen Interesse des Ver- 16

---

6 OLG Hamm v. 11.11.1998 – 32 U 175/98, NJW-RR 1999, 538.
7 Rebler »Geltungsbereich der Nachhaftung bei gekündigten Versicherungsverträgen von Gabelstaplern« in SVR 2003, 330 f.
8 Vgl. Looschelders/Pohlmann/*Schwartze*, § 117 Rn. 9 m. w. N.
9 Vgl. hierzu ausführlich BGH v. 02.10.2002 – IV ZR 309/01 NJW 2003, 514, 515 zum Vertragsschluss mit einem Minderjährigen m. w. H.
10 OLG Köln v. 14.10.1998 – 13 U 98/98, r+s 1999, 228.

sicherers[11]. Ist allerdings die Meldung bei der zuständigen Behörde erfolgt, gehört es zu den Amtspflichten dieser, den Halter des Kfz zu überwachen. Es reicht dann nicht aus, diesen zum Nachweis einer neuen Kfz-Versicherung aufzufordern, und bei fehlender Reaktion des Halters das Kfz lediglich in eine Datei aufzunehmen. Vielmehr müssen dann eigene Nachforschungen über den Verbleib des Halters angestrengt werden, will die Behörde dem Vorwurf der Amtspflichtverletzung entgehen[12].

17 Nicht als Vertragsende ist der Verkauf des Fahrzeuges zu sehen. Der Vertrag geht vielmehr gem. G.7.1 AKB auf den Erwerber über. Selbst wenn eine Anzeige an die Zulassungsstelle ginge, bliebe diese ohne Wirkung, da der Vertrag nicht beendet wurde. Diese Anzeige wird auch als »unechte Anzeige« bezeichnet. Die Haftung des Versicherers besteht im Falle des Verkaufs im Rahmen der vertraglichen Vereinbarungen.

II. Ende des Vertrages durch Zeitablauf

18 Wenn ein Vertrag, wie z. B. die Mofa-Verträge, die Verträge über rote Kennzeichen, Saisonkennzeichen, befristet ist und nur für einen bestimmten Zeitraum gilt, kann dies dem geschädigten Dritten auch dann nicht entgegengehalten werden, wenn – wie bei Versicherungskennzeichen – allein durch die Farbgebung schon die Jahre gekennzeichnet sind. Der Versicherer muss das Ende des Vertrages auch in diesem Fall bei der Zulassungsstelle mitteilen, wenn er die Nachhaftung begrenzen möchte. Bei Mofas reicht die Meldung an das Kraftfahrtbundesamt[13]. § 25 Abs. 1 S. 3 und 4 FZV lassen die Anzeige des Versicherungsschutzes bei kurzfristigen Verträgen auch gleichzeitig als Anzeige der Beendung des Vertrages gelten. Ob man in dieser Regelung allerdings mit dem LG Nürnberg-Fürth gleichzeitig auch das Ende der Nachhaftungsfrist sehen kann und eine Anwendung des § 117 Abs. 2 ablehnen kann, erscheint zweifelhaft[14]. Allein die Tatsache, dass der Rechtsschein auf ein Versicherungsverhältnis bei Kurzzeitkennzeichen nach Ablauf des Gültigkeitsdatums nicht gegeben sein soll, ist nach diesseitiger Auffassung nicht mit dem Opferschutzgedanken in Einklang zu bringen! Die Regelung der Nachhaftung soll gerade dazu dienen, dem unbescholtenen Verkehrsopfer einen Schadenersatzpflichtigen an die Hand zu geben, der auch für eine Übergangsfrist weiterhaftet, bis die Stilllegung des nicht mehr versicherten Fahrzeuges erreicht werden kann. Gem. § 26 Abs. 3 FZV ist auch der Vertrag für ein Versicherungskennzeichen kraft Gesetzes beschränkt, so dass auch hier eine Anzeige entbehrlich ist.[15] Besonderheiten gelten nach Auffassung des Verfassers in der Kraftfahrzeug-Haftpflicht-Versicherung für die Saisonkennzeichen, da dort der Vertrag gerade nicht beendet, sondern le-

---

11 OLG Köln v. 14.10.1998 – 13 U 98/98, r+s 1999, 228; Schwintowski/Brömmelmeyer/*Huber* PK-VersR § 117 Rn. 70 m. w. H.
12 OLG Karlsruhe v. 17.08.2010 – 12 U 45/10; Bruck/Möller/Beckmann, § 117 Rn. 34; 74.
13 Feyock/Jacobsen/Lemor § 117 Rn. 9.
14 LG Nürnberg-Fürth v. 09.09.2011 – 8 O 2539/11, allerdings im Ergebnis unschädlich, da offenbar die Kurzzeitkennzeichen fälschlicherweise verwendet wurden und das Kfz im Unfallzeitpunkt auf einen Halter zugelassen war – also Versicherungsschutz bei einem anderen Kraftfahrzeug-Haftpflicht-Versicherer bestand.
15 Stiefel/Maier/Jahnke § 117 Rn. 75.

diglich in eine Ruheversicherung umgewandelt wird, es kann daher nicht zu einer Nachhaftungsregelung kommen, wenn sich außerhalb der Saison ein Schaden ereignet.

III. Mitteilung an die zuständige Stelle

Das Vertragsende muss an die zuständige Stelle mitgeteilt werden, damit diese die Neuversicherung bzw. Stilllegung des nicht mehr versicherten Fahrzeuges betreiben kann. Die Anzeige nach § 25 FZV darf erst mit dem Ende des Vertrages abgeschickt werden, um sicherzustellen, dass eine Nachhaftungsfrist gegeben ist. Da es sich um eine starre Frist handelt, kommt es nicht zu Fristverlängerungen, wenn das Ende auf ein Wochenende oder einen Feiertag fällt, § 193 BGB ist nicht anwendbar, gem. C.4 AKB hat der Versicherer Anspruch auf die anteilige Prämie. Die Schadensersatzansprüche der Geschädigten sind auf die Mindestversicherungssumme beschränkt, nur soweit reicht die Garantie[16]. Auch die verspätete Mitteilung des Versicherers an die Zulassungsstelle führt nicht dazu, dass der Versicherer über die Mindestversicherungssumme hinaus haftet[17]. 19

Auch die Ansprüche des Versicherungsnehmers, der in seinem »vertragslosen« Fahrzeug als Insasse geschädigt wird, sind dann abzulehnen, da der Versicherungsnehmer zu keinem Zeitpunkt Dritter im Sinne des § 117 Abs. 2 VVG bei dem Versicherungsvertrag ist. Wenn er sich nicht vertragsgemäß verhält, kann er selbst auch keine Leistungen erwarten. 20

Wenn der Versicherungsnehmer das Fahrzeug in Kenntnis der Vertragsbeendigung weiter nutzt, ist dies strafbar, § 6 PflVG[18]. Gem. § 25 Abs. 4 VVG hat die Zulassungsstelle dann den Halter aufzufordern, eine anderweitige Versicherungsbestätigung vorzulegen oder, falls dies nicht erfolgt, das Fahrzeug stillzulegen. 21

Gelingt es der Zulassungsstelle nicht, innerhalb dieser Frist das Fahrzeug stillzulegen, und es ereignet sich ein Schadenfall, kann ein Anspruch gegen die Zulassungsstelle wegen Amtspflichtverletzung in Betracht kommen, wenn dort die Pflichten verletzt wurden[19]. Auch die Ansprüche gegen die Zulassungsstelle wegen Amtspflichtverletzung sind auf die Mindestversicherungssummen begrenzt[20], da nur soweit die Garantiefunktion der Pflichtversicherung reicht.

---

16 117 Abs. 3 VVG es gelten die Versicherungssummen zum Unfallzeitpunkt!.
17 BGH v. 04.04.1978 – VI ZR 238/76, VersR 1978, 609.
18 BGH v. 03.11.1983 – 4 StR 80/83, NJW 1984, 877 (auch wenn der Vertrag nach § 39 Abs. 3 VVG a. F. gekündigt war und der Versicherungsnehmer die Prämie noch gezahlt hatte, lässt dies die Strafbarkeit seines Handelns nicht entfallen!); vgl. auch Ferner/Bachmeier/Müller/*Ferner* § 6 PflVG m. w. H.
19 BGH v. 15.01.1987 – III ZR 17/85, NJW 1987, 2737.
20 BGH v. 17.05.1990 – III ZR 191/88, NJW 1990, 2615 beschränkt die Eintrittspflicht der Zulassungsstelle bei verspäteter Stilllegung des nicht versicherten Kfz auf die Mindestversicherungssumme, weil eine Schadensersatzpflicht der Zulassungsstelle sich nicht allein aus der Verletzung der Pflicht, ausreichend Dienstkräfte zur Bewältigung der gestellten Aufgaben zustellen, herleiten lässt. Er gibt die Auffassung aus nachfolgender Entscheidung ausdrück-

IV. Wirkung für mitversicherte Personen

22 Grundsätzlich wirkt eine Vertragsbeendigung auch gegenüber den mitversicherten Personen. Im Hinblick auf die Entscheidung des BGH[21], der die Leistungsfreiheit auch gegenüber dem mitversicherten Fahrer bejahte, wurden die Regelungen insoweit modifiziert, als die mitversicherte Person solange geschützt ist, als der Versicherer der Zulassungsstelle das Ende des Vertrages nicht angezeigt hat und die Nachhaftungsfrist noch nicht abgelaufen ist.

V. Fristbeginn / Fristablauf

23 Die Nachhaftungsfrist beginnt mit der Anzeige der Vertragsbeendigung bei der zuständigen Stelle. Beginn der Frist ist also das Eingangsdatum der Anzeige nach § 25 FZV.

VI. Anderer Versicherer

24 Die Monatsfrist des § 117 Abs. 2 VVG kann nur durch den Versicherungsnehmer abgekürzt werden, indem er der Zulassungsstelle die Versicherungsbestätigung eines anderen Kraftfahrzeug-Haftpflicht-Versicherer vorlegt.

VII. keine zuständige Stelle bestimmt

25 Die Einhaltung der Forderung nach einer Pflicht-Haftpflichtversicherung prüfen die Zulassungsstellen für die Kraftfahrzeug-Haftpflicht-Versicherung. In anderen Pflicht-Haftpflichtversicherungen sind dies andere Stellen, wie z. B. die Rechtsanwaltskammer nach § 51 BRAO. Soweit für eine sonstige Pflicht-Haftpflichtversicherung eine solche Stelle nicht eingerichtet wurde, gilt auch die Nachhaftungsfrist nicht. Für die Kraftfahrzeug-Haftpflicht-Versicherung hat diese Regelung keine Bedeutung.

VIII. Leistungspflicht Mindestversicherungssumme (§ 117 Abs. 3)

26 Grundsätzlich ist der Umfang der Leistungspflicht des Versicherers der vertraglichen Vereinbarung vorbehalten. Der Versicherer haftet im Rahmen der übernommenen Gefahr[22]. Soweit er einzelne Risiken wirksam ausgeschlossen hat, kann er Schäden, die

---

lich auf: BGH v. 22.03.1965 – III ZR 162/64 in NJW 1965, 1524 beschränkt die Haftung der Zulassungsstelle nicht, sondern erstreckt diese auf die adäquaten Schadenfolgen in ihrem ganzen Ausmaß. Die Haftung richte sich nach der schuldhaften Amtspflichtverletzung nach § 839 BGB i. V. m. Art. 34 GG und fordere dann die vollständige Ersetzung des schuldhaft verursachten Schadens, die Begrenzung nach § 158 VVG a. F. auf die Mindestversicherungssummen sei damit nicht vereinbar, da die Zielrichtung der §§ 158 ff. VVG a. F. den Schutz des Verkehrsopfers, nicht aber den der Zulassungsstelle bezweckten. Die zuständige Stelle hatte die Mitteilung des Außendienstmitarbeiters, der Halter und Versicherungsnehmer sei mit unbekanntem Ziel verzogen, nicht zum Anlass weiterer Nachforschungen genommen.

21 BGH v. 21.01.2004 – IV ZR 127/03, NJW 2004, 1250 = SVR 2004, 235 m. Anm. Schwab.
22 OLG Celle v. 15.09.2011 – 14 W 28/11 NJW Spezial 2012, 10; Bruck/Möller/Beckmann § 117 Rn. 12 f.

aufgrund dieses Ausschlusses entstanden sind, ablehnen[23]. Der wohl bekannteste Risikoausschluss ist die vorsätzliche Herbeiführung des Versicherungsfalles[24]. Für die Fälle der Pflichtversicherung werden besondere Regelungen getroffen[25], soweit die Verträge eine Versicherungssumme nicht vorsehen. Diese Regelung des § 114 VVG wird für die Kraftfahrzeug-Haftpflicht-Versicherung aber durch die Anlage zu § 4 PflVG modifiziert. Dort sind die Mindestversicherungssummen für die Kraftfahrzeug-Haftpflicht-Versicherung festgeschrieben[26]. Diese dürfen – auch durch vertragliche Vereinbarung – für den Gebrauch eines Kfz im öffentlichen Verkehrsraum nicht unterschritten werden. Dabei beschränkt sich die Wirkung der Erklärungen des Versicherers im Rahmen der Schadenregulierung nicht auf die vereinbarte Versicherungssumme, wenn er dies nicht ausdrücklich erklärt[27].

		bis 30.6.1997:		ab 1.7.1997:		ab 1.1.02:		seit 2008:		Seit 1.1.2012
– bei Personenschäden	DM	1.000.000,–	DM	5.000.000,–	€	2.500.000,–	€	7.500.000,–	€	7.500.000,–
– bei Sachschäden	DM	400.000,–	DM	1.000.000,–	€	500.000,–	€	1.000.000,–	€	1.120.000,–
– bei reinen Vermögensschäden	DM	40.000,–	DM	100.000,–	€	50.000,–	€	50.000,–	€	50.000,–
– bei Tötung oder Verletzung mehrerer Personen	DM	1.500.000,–	DM	15.000.000,–	€	7.500.000,–	keine andere. Summe vorgesehen			

IX. Begrenzung der Eintrittspflicht (§ 117 Abs. 3 S. 1)

Der Versicherungsnehmer kann nur insoweit Ansprüche aus dem Vertrag geltend machen, als er sich selbst an die dort getroffenen Vereinbarungen hält. Verhält er sich selbst nicht vertragsgemäß, ist der Versicherer berechtigt, seine Leistungen ebenfalls auf das gesetzliche vorgeschriebene Maß zu kürzen. Voraussetzung ist, dass dem Versicherungsnehmer ein vertragswidriges Verhalten vorgeworfen wird. Dies kann sowohl in einer Obliegenheitsverletzung[28] liegen, als auch in der Nichtzahlung der geschuldeten Erst- oder Folgeprämie bzw. in der Verletzung sonstiger Pflichten, die sich aus dem VVG ergeben[29]. Für diese Fälle sieht das VVG die Begrenzung der Eintrittspflicht

27

---

23 Schwintowski/Brömmelmeyer/*Huber* PK-VersR § 117 Rn. 9 f.
24 Vgl. hierzu auch A.1.5.1 AKB.
25 Vgl. insoweit oben zu § 114 VVG.
26 Vgl. auch Kröger/Kappen »Mindestdeckungssummen und Regulierungsfristen bei Verkehrsunfällen in Europa«, DAR 2007, 557 ff. mit Hinweis auch auf die Internationale Lage und tabellarischer Darstellung der Mindestversicherungssummen in Europa.
27 BGH v. 11.10.2006 – V ZR 329/05, DAR 2007, 141 (L).
28 Vgl. insoweit Kommentierung zu D.3 und E.6 AKB.
29 Aufklärungs- und Hinweispflichten wie z. B. § 97 VVG – Veräußerungsmitteilung, etc.

Kreuter-Lange

auf die Mindestversicherungssumme vor. Die Regelung entspricht dem § 158c IV VVG a. F. Voraussetzung für die Beschränkung auf die Mindestversicherungssumme ist allerdings, dass die Beschränkung der Eintrittspflicht auch in den vertraglichen Regelungen (AKB) festgehalten wurde. Erfolgte eine Beschränkung im Vertrag nicht, wurde in der Vergangenheit trotz der schon damals bestehenden gesetzlichen Regelung eine Reduzierung der Eintrittspflicht auf die Mindestversicherungssumme nicht zugelassen. Daher ist in einem solchen Fall unbedingt Einsicht in die dem Vertrag zu Grunde liegenden AKB zu nehmen. Es gilt immer die Mindestversicherungssumme zum Schadenzeitpunkt, dabei ist es ausreichend, dass § 3 Nr. 1 PflVG a. F. als Anspruchsgrundlage im Urteil aufgenommen wurde, es muss nicht ausdrücklich die Beschränkung auf die Mindestversicherungssumme im Tenor aufgenommen sein[30]. Die Beschränkung der Eintrittspflicht auf die Mindestversicherungssumme bleibt auch dann wirksam bestehen, wenn dem Halter vorgeworfen werden kann, dass er die unbefugte Benutzung durch einen Dritten ermöglicht hat[31], da die Halterhaftung immer auf die Grenzen des § 12 StVG beschränkt ist. Diese liegen unter denen der Mindestversicherungssumme.

Das deutsche Recht muss sich zusätzlich an den europäischen Vorgaben orientieren, die sich in den KH-Richtlinien wiederfinden. Da die Versicherungssummen in den anderen europäischen Ländern erheblich von den deutschen nach oben und auch nach unten abweichen, kann es dazu kommen, dass die in Deutschland geltenden Mindestversicherungssummen unter den Beträgen in dem Gastland liegen, in das das versicherte Fahrzeug gereist ist. Dann gilt als Minimalgrenze die dort geltende Mindestversicherungssumme als vereinbart. Weist das Gastland aber geringere Mindestversicherungssummen auf als in Deutschland, kommt die vertragliche Zusage, mindestens die deutschen Mindestversicherungssummen in der Regulierung eines Schadens zugrunde zu legen, zur Anwendung.

28 Besondere Aufmerksamkeit verdient in diesem Zusammenhang die Haftungsbeschränkung nach StVG für den Halter:

bis zum 31.7.1971	250.000 DM,
bis zum 30.6.1981	500.000 DM (für Sachschäden 100000 DM)
	750.000 DM bei Verletzung mehrerer Personen
bis zum 30.8.1997	1 Mio. DM für Personenschäden
	1,5 Mio. DM bei mehreren Verletzten,
	400.000 DM für Sachschäden

---

30 OLG München v. 20.12.2001 – 24 U 15/01, Jurion.
31 OLG Stuttgart v. 15.11.2000 – 3 U 23/00, MDR 2001, 687 f=NJW-RR 2001, 965.

	ab 1.7.1997	ab 1.1.2002	seit 1.1.2008	§ 12 a StVG seit 01.01.2008	Mindestversicherungssummen ab 1.1.2012
bei Personenschäden	5 Mio. DM	2,5 Mio. €.	5 Mio. € Bei Personenbeförderung von mehr als 8 Personen je weiterer Person 600.000 €	10 Mio. €	7,5 Mio. €
bei Sachschäden	1 Mio. DM	500.000 €	1 Mio. €	10 Mio. €	1,12 Mio. €
bei reinen Vermögensschäden	100.000 DM	50.000 €	50.000 €		50.000,– €
bei Tötung oder Verletzung mehrerer Personen	15 Mio. DM	7,5 Mio. €	7,5 Mio. €		

Die Sonderregelung des § 12 a StVG für gefährliche Güter bestimmt Haftungshöchstbeträge, die erheblich vom Leistungsumfang der Mindestversicherungssummen abweichen. Leider wurde es bisher versäumt, die Mindestversicherungssummen mit einer Ausnahme für die Gefahrguttransporte zu versehen. Realisiert sich im Falle eines Gefahrguttransportes bei einem Schaden das besondere Risiko und ist eine Obliegenheitsverletzung des Versicherungsnehmers gegeben, bleibt dem Geschädigten das Risiko, den ggf. die Grenzen über die Mindestversicherungssummen hinausgehenden Sachschaden bei dem Versicherungsnehmer oder dem Fahrer geltend zu machen. Der Fahrer setzt in einem solchen Fall seine Existenz aufs Spiel, da der Vertrauensschutz des PflVG nur auf die Mindestversicherungssummen abstellt. Auch nach § 123 VVG kann der Fahrer nicht mehr verlangen, als den Versicherungsschutz in den Grenzen der Mindestversicherungssummen. Trifft ihn gar in einem solchen Fall ein auch nur anteiliges Verschulden, haftet er neben dem Versicherungsnehmer für den Sachschaden, der einen Betrag von 1,12 Mio. € übersteigt. Bei den Personenschäden dürfte – zumindest nach derzeitigem Erkenntnisstand – bei nur einer schwer verletzten Person die Mindestversicherungssumme ausreichen, aber auch hier wäre im Falle des Überschreitens ein Loch von 2,5 Mio. € gegeben.

X. Verweisungsmöglichkeit (§ 117 Abs. 3 S. 2)

Ist der Versicherer trotz Leistungsfreiheit zur Leistung verpflichtet, hat er gleichwohl die Möglichkeit, seine Aufwendungen zu minimieren und das Risiko der Uneinbringlichkeit der Forderung auf mehrere Schultern zu verteilen. Oberstes Gebot ist auch hier der Schutz des geschädigten Dritten, dieses Schutzes bedarf er dann nicht, wenn er seine Ansprüche bei einem anderen Schadenversicherer befriedigen kann. Um die Gemeinschaft der Versicherten bei krankem Versicherungsverhältnis nicht über Gebühr

29

zu belasten, wurde das sog. Verweisungsprivileg eingeführt. Der Versicherer, der sich auf die Leistungsfreiheit berufen kann, darf den Geschädigten mit seinen Ansprüchen an einen anderen Schadenversicherer verweisen, der die Leistungen dann zu erbringen hat. Allerdings haftet er neben diesem subsidiär auf Schadenersatz[32]. Der Versicherer ist grundsätzlich beweisbelastet hinsichtlich der Möglichkeit der Verweisung[33], den Geschädigten treffen aber insoweit Mithilfepflichten. Er muss offen legen, welche Versicherungen er abgeschlossen hat und welche Sozialleistungen er aufgrund des Unfalles erhält[34].

1. Zulässigkeit der Verweisung

30 Die Verweisung ist immer zulässig, wenn ein anderer Schadenversicherer vorhanden ist, der für den gleichen Schaden einzutreten hätte, wenn der Geschädigte sich an ihn gewendet hätte, um Schadenersatz zu erlangen. Die Verweisung ist nur in den in § 3 PflVG geregelten Fällen nicht zugelassen. Dies sind der Verstoß gegen die Führerscheinklausel, die Schwarzfahrt und der Verstoß gegen Bau- und Betriebsvorschriften der StVZO. Allerdings ist die Verweisung dann zulässig, wenn dem Versicherungsnehmer neben dem Verstoß gegen die Führerscheinklausel noch eine weitere Obliegenheitsverletzung vorgeworfen wird, die die Verweisung zulässt[35]. Die Verweisung kann auch an einen von der Versicherungspflicht befreiten Fahrzeughalter erfolgen, wobei der verweisende Versicherer mit dem Beweis belastet wird, dass der Geschädigte auch von dem befreiten Halter die Leistung erhalten kann[36]. Soweit die Obliegenheiten grob fahrlässig verletzt wurden und eine Quotierung der Leistungsfreiheit vorgenommen wurde, kann die Verweisung nur in Höhe der Quote (des Betrages), die dem Versicherungsnehmer für den Verweisungstatbestand zugrunde gelegt wurde, erfolgen.

2. Beschränkung der Verweisung dem Grunde nach

31 Die Verweisung kann dem Grund und der Höhe nach beschränkt sein: Der Versicherer kann den Geschädigten nur dann an einen anderen Schaden-Versicherer verweisen, wenn Fahrer und Versicherungsnehmer personenidentisch sind. Bei einer mitversicherten Person ist die Verweisung nur dann zulässig, wenn dieser ebenfalls eine Verletzung einer Obliegenheit oder Kenntnis von der Obliegenheitsverletzung des Versicherungsnehmers vorgeworfen werden kann. Soweit die mitversicherte Person allerdings für sich vollen Versicherungsschutz beanspruchen kann, § 123 VVG, ist eine Verweisung nicht zulässig. Außerdem findet § 3 PflVG Anwendung. Die Verweisung ist ausgeschlossen bei Verstoß gegen die Führerscheinklausel, Schwarzfahrt und bei einem Verstoß gegen die Bau- und Betriebsvorschriften der StVZO.

---

32 Schwintowski/Brömmelmeyer/Huber in PK-VersR § 117 Rn. 45.
33 BGH v. 28.10.1982 – III ZR 206/80, VersR 1983, 84.
34 Jacobsen in Feyock/Jacobsen/Lemor § 3 PflVG Rn. 47 (a. F.).
35 OLG Hamm v. 15.04.1999 – 27 U 236/98, VersR 2000, 1139.
36 BGH v. 28.10.1982 – III ZR 206/80, VersR 1983, 84.

3. Beschränkung der Verweisung der Höhe nach

Die höhenmäßige Beschränkung der Leistungsfreiheit kann sich aus zwei Gesichtspunkten ergeben. Zum einen ergibt sich eine Beschränkung aus D.3 bzw. E.2.6 AKB, wenn der Versicherungsnehmer eine Obliegenheit verletzt hat. Eine Verweisung ist dann maximal bis 10.000 € bei Zusammentreffen von Obliegenheiten vor und im Schadenfall möglich. Ist der Versicherer wegen Prämienverzuges vollständig leistungsfrei, ist eine Beschränkung der Verweisung nur noch durch den Leistungsumfang des Drittversicherers gegeben, so kann z. B. an den Vollkasko-Versicherer nur in Höhe seines Leistungsumfanges (also des Fahrzeugschadens) verwiesen werden[37]; hinsichtlich des übersteigenden Schadens ist der VR uneingeschränkt gem. Haftungsquote bis zum Erreichen der Mindestversicherungssumme zur Leistung verpflichtet.

32

4. Wegfall des Verweisungsprivilegs

Eine Verweisung ist dann ausgeschlossen, wenn der andere Schaden-Versicherer wegen Prämienverzugs oder Obliegenheitsverletzung ganz leistungsfrei ist. Bei teilweiser Leistungsfreiheit wird es auch dort zu einer Quotierung kommen, die dann nur zur teilweisen Erstattung führt. Soweit die Obliegenheitsverletzung des Geschädigten nicht zu einer Haftungsquote bei dem eigentlichen Unfallereignis führt, erhält er von dort die Leistungen, die er von dem »anderen Schadenversicherer« nicht ersetzt erhält, ausgezahlt.

33

▶ Beispiel:

Der A hat seine Prämie nicht gezahlt, die Voraussetzungen für eine Versicherungsschutzversagung sind sämtlich gegeben. Er fährt auf den B auf. Der Kraftfahrzeug-Haftpflicht-Versicherer des A macht von seinem Verweisungsrecht Gebrauch und fordert B auf, seinen Fahrzeugschaden über die abgeschlossene Vollkasko-Versicherung abzurechnen. B verfährt weisungsgemäß und erhält seinen Fahrzeugschaden von seiner Kasko-Versicherung ersetzt abzgl. Selbstbeteiligung. Die Selbstbeteiligung und evtl. vorhandene sonstige Ansprüche (z. B. Sachverständigenkosten und Abschleppkosten etc., die von der Vollkasko-Versicherung nicht übernommen wurden) kann er weiterhin bei der Kraftfahrzeug-Haftpflicht-Versicherung des A geltend machen und erhält diese auch vollständig ersetzt.

Hat aber A die Vorfahrt des B verletzt und B war leicht alkoholisiert, kann der Kasko-Versicherer des B wegen grober Fahrlässigkeit ebenfalls den Versicherungsschutz versagen und den geltend gemachten Schaden dann nur nach Quote regulieren. Hinsichtlich der Differenz kann B seinen Anspruch bei A weiter geltend machen, wenn die Alkoholisierung des B nicht zu einer Mithaftung des B führt.

Außerdem ist die Verweisung dann ausgeschlossen, wenn mindestens einer der Beteiligten (Fahrer oder Halter) Versicherungsschutz verlangen kann. Hat der Versicherungsnehmer beispielsweise wegen Prämienverzuges im Innenverhältnis keinen Versiche-

34

---

37 OLG Saarbrücken v. 04.04.2013 – 4 U 31/12; NJW-RR 2013 934 = SP 2013 300.

rungsschutz, dem Fahrer aber ist eine Obliegenheitsverletzung nicht zur Last zu legen, hat dieser Anspruch auf Haftungsfreistellung im Rahmen der Mindestversicherungssummen. Soweit der Freistellungsanspruch auf die vertragliche vereinbarte Versicherungssumme ausgeweitet wird[38], ist dem zu widersprechen. Der Vertrauensschutz des Fahrers kann nur im Rahmen der Mindestversicherungssummen Bestand haben, auf weiteren Schutz hat er keinen Anspruch. Dies kann auch umgekehrt gelten, ohne dass der Versicherungsnehmer in Schwierigkeiten kommt, da der Versicherungsnehmer und Halter, der nicht selbst Fahrer ist, nur aus der Betriebsgefahr des versicherten Fahrzeuges in den Grenzen des § 12 StVG haftet! Die Haftungshöchstbeträge liegen unterhalb der Mindestversicherungssummen. Die seinerzeitige Entscheidung des BGH hinsichtlich der Versicherungssumme[39] ist insoweit nur eingeschränkt anwendbar, als eine Beschränkung der vertraglichen Einstandspflicht auf die Mindestversicherungssummen bei Obliegenheitsverletzung gerade nicht vereinbart war. Die Beschränkung der Einstandspflicht des Versicherers aus dem Vertrag auf die Mindestversicherungssumme ist zulässig und in den Musterbedingungen des GdV auch für die Fälle der Obliegenheitsverletzungen aufgenommen worden[40].

35 Das Verweisungsprivileg des Kraftfahrzeug-Haftpflicht-Versicherer findet dort seine Grenzen, wo der Geschädigte (evtl. wegen Prämienverzugs) bei seiner eigenen Fahrzeugversicherung keinen Versicherungsschutz geniest, er soll durch die Verweisung nicht schlechter gestellt werden.

5. andere Schadenversicherer oder Sozialversicherungsträger

36 Andere Schadenversicherer sind alle die, die keine summenmäßigen Leistungen vereinbart haben, sondern ihre Leistungen an einen konkreten Schaden beim Versicherungsnehmer anknüpfen. Der häufigste Schadenversicherer ist in diesem Zusammenhang der Vollkasko-Versicherer[41]. Daneben kommen aber auch ein Haftpflichtversicherer eines Zweitschädigers, die Handel-Handwerkversicherung des Kfz-Betriebes, in dem sich das Fahrzeug in Obhut befand, die private Krankenversicherung für die Heilbehandlungskosten, ein Unfallversicherer, der sich in seinen Leistungen an einem konkreten Schaden orientiert und z. B. Kranken- oder Krankenhausbehandlungen ersetzt, oder der Rechtschutzversicherer, soweit es um die Anwaltskosten des Geschädigten geht. Die Gerichtskosten des Kraftfahrzeug-Haftpflicht-Versicherers sind davon allerdings nicht umfasst[42].

Eine Verweisung an die Fahrerschutzversicherung ist nach diesseitiger Auffassung nicht möglich, da diese nur subsidiär eintritt, wenn die Ansprüche des Versicherungs-

---

[38] Schwintowski/Brömmelmeyer/Huber § 117 Rn. 16 f.
[39] BGH v. 29.05.1991 – IV ZR 187/81, VersR 1983, 688.
[40] Schwintowski/Brömmelmeyer/Huber § 117 Rn. 21 f.
[41] BGH 04.041978 – VI ZR 238/76, VersR 1978, 609 f. m. w. H.
[42] Vgl. Prölss/Martin § 158c VVG a.F: Anm. 7 c.

nehmers oder Fahrers auf Ersatz seines Personenschadens nicht bei dem Schädiger realisiert werden können[43].

Summenversicherer sind davon nicht umfasst, da sie sich in ihren Leistungen regelmäßig gerade nicht an konkreten Schäden beim Versicherungsnehmer, sondern an pauschal vereinbarten Summen orientieren. Es kommt nicht darauf an, ob beispielsweise beim Krankenhaustagegeld ein gleichhoher Schaden beim Versicherungsnehmer entstanden ist.

Die Verweisung ist auch zulässig, soweit ein Sozialversicherungsträger eintrittspflichtig ist.

Sozialversicherungsträger im Sinne von § 117 Abs. 3 S. 2 sind die **gesetzlichen Krankenkassen**, die **DRV Bund** oder der einzelnen Länder, die **gesetzlichen Unfallversicherer** und die **Bundesagentur für Arbeit**, soweit diese Versicherungsleistungen in Form von Arbeitslosengeld und Rehabilitationsmaßnahmen erbringen[44]. Von dieser Form der Verweisung merkt der gesetzlich kranken- und rentenversicherte Geschädigte nichts. Der Krankenversicherer wird durch die Vorlage der Versichertenkarte bei Arzt und Krankenhausbehandlung ohnehin in Anspruch genommen. Gleiches gilt für den Rentenversicherer, bei dem eine Kurmaßnahme beantragt wird. Hier erfolgt die Verweisung durch den Kraftfahrzeug-Haftpflicht-Versicherer des Schädigers in der Form der Ablehnung des Regresses. Es werden dann weder die Behandlungskosten noch ein möglicher Beitragsschaden (des Krankenversicherers) an den Sozialversicherungsträger erstattet. Dies darf aber dem Geschädigten nicht zum Nachteil gereichen. Die Kosten, die von dem Sozialversicherungsträger nicht übernommen werden, kann der Geschädigte nach wie vor bei dem Kraftfahrzeug-Haftpflicht-Versicherer des Schädigers geltend machen.

Eine Verweisung an den **Träger der Sozialhilfe** hingegen kommt nicht in Betracht.

6. Umfang der Verweisung

Der Umfang der Verweisungsmöglichkeit ist zum einen begrenzt durch den Leistungsfreibetrag wegen Pflichtverletzung des Versicherungsnehmers und Fahrers. Zum anderen wird der Umfang der Verweisung auch durch die eingeschränkten Leistungen der anderen Schadenversicherer beschränkt: 37

a) Krankenkasse

An die gesetzliche oder private Krankenkasse kann hinsichtlich aller Maßnahmen und Aufwendungen, die aus der Heilbehandlung des Geschädigten resultieren, verwiesen werden. 38

Nicht als Schadenversicherer fungiert die gesetzliche Krankenkasse dann, wenn sie im Rahmen des Umlageverfahrens dem Arbeitgeber seine Aufwendungen für Entgeltfort-

---

43 Vgl. hierzu auch Schwab zur Fahrerschutzversicherung in diesem Buch, Rn. 61 ff.
44 OLG München 25.07.1986 – 10 U 2275/86, VersR 1988, 29.

zahlung erstattet und diese beim Schädiger regressiert[45]. Die private Krankenkasse bietet die Krankengeldzahlung in aller Regel als Summenversicherung an, die nicht von einem konkreten Schaden abhängig ist. Hinsichtlich des Verdienstschadens kann daher eine Verweisung an die private Krankenversicherung des Geschädigten nicht erfolgen[46]. Will aber die private Krankenversicherung den Erwerbsschaden absichern, kann an sie zulässigerweise als Schaden-Versicherer verwiesen werden[47].

b) Öffentlich-rechtlicher Krankenversicherer

39 An den öffentlich-rechtlichen Krankenversicherer kann dann nicht verwiesen werden, wenn er Unfallschäden durch Satzung rechtswirksam aus seinem Leistungsangebot ausgeschlossen hat. Dieser Leistungsausschluss bei Ersatzpflicht eines Dritten greift ohne Rücksicht darauf ein, ob noch ein Haftpflichtversicherer dem Dritten leistungspflichtig ist[48].

c) Rentenversicherer

40 Eine Verweisung an den Rentenversicherer kommt nur insoweit in Betracht, als dieser für einen unfallbedingten Schaden einzutreten hat. Wegen der Kosten einer Rehabilitationsmaßnahme kann an den Rentenversicherer verwiesen werden. Eine Verweisung an den Rentenversicherer hinsichtlich der entgangenen Rentenversicherungsbeiträge[49] (bzw. die Ablehnung des Beitragsregresses nach § 119 SGB X) kommt nicht in Betracht, da es sich insoweit um eigene Ansprüche des Geschädigten handelt.

d) Bundesagentur für Arbeit (Arbeitslosengeld)

41 Eine Verweisung an die Bundesagentur für Arbeit ist zulässig, da sich die Leistungen an dem fehlenden Verdienst orientieren und der Erstattungsanspruch übergeht[50].

e) Bundesagentur für Arbeit (ALG II, Hartz IV)/Sozialhilfeträger

42 Eine Verweisung an den Träger der Sozialhilfe ist hingegen nicht zulässig, da sich dessen Eintrittspflicht ausschließlich an der Bedürftigkeit des Anspruchsberechtigten orientiert[51] und nur eine subsidiäre Eintrittspflicht gegeben ist. Der Geschädigte zahlt dort keine Prämien ein, um gegen Schäden versichert zu sein.

---

45 AG Nürnberg 3 C 392/71, VersR 1973, 516.
46 BGH v. 12.12.1975 – IV ZR 211/74, VersR 1976, 235.
47 BGH v. 07.05.1979 – IV ZR 209/73 in BGHZ 64, 260.
48 BGH v. 12.12.1975 – IV ZR 211/74, VersR 1977, 367 (Anm. Prölss); die Entscheidung ist abgedruckt VersR 1976, 235 (für die Postbeamten KK).
49 Schwintowski/Brömmelmeyer/Huber § 117 Rn. 33.
50 OLG Frankfurt v. 30.11.1989 – 1 U 175/88, VersR 1991, 686; OLG München 10 U 2275/86 bei Rehabilitationsmaßnahmen.
51 Schwintowski/Brömmelmeyer/Huber § 117 Rn. 32; OLG München v. 25.07.1986 – 10 U 2275/86, VersR 1988, 29 f.

7. Folgen der Verweisung

Der Geschädigte muss die Verweisung gegen sich gelten lassen. Er hat keine Wahl, ob er ihr Folge leisten will oder nicht[52]. Für den Geschädigten hat die Verweisung an den anderen Schadenversicherer keine Folgen. Im Falle der Kasko-Versicherung ist unter I.4.1.2.e AKB geregelt, dass der Schaden in diesem Fall den Vertrag nicht belastet. Der Anspruch des Geschädigten gegen den Schädiger geht insoweit auf den anderen Schadenversicherer oder Sozialversicherungsträger über, nicht aber der Direktanspruch gegen den Kraftfahrzeug-Haftpflicht-Versicherer des Schädigers. Ein Regress kann daher nur noch gegen den Schädiger unmittelbar erfolgen.

43

Da der Versicherer nur beschränkt von seinem Verweisungsrecht Gebrauch machen kann, ist auch der Regress des sonstigen Schadenversicherers nur insoweit möglich, als der Kraftfahrzeug-Haftpflicht-Versicherer leistungsfrei ist. Ein weiterer Regress durch den Kraftfahrzeug-Haftpflicht-Versicherer ist nicht mehr möglich, es sei denn, die Leistungen des Drittversicherers liegen betragsmäßig unter dem Leistungsfreibetrag.

44

Für den Versicherungsnehmer ist es gleichgültig, ob der Regress durch den Versicherer oder durch einen anderen durchgeführt wird. Die Höhe der Leistungsfreiheit ändert sich dadurch nicht.

D. Zusammentreffen von Leistungsfreiheit und Amtspflichtverletzung (§ 117 Abs. 4)

»§ 839 Haftung bei Amtspflichtverletzung

45

(1) Verletzt ein Beamter vorsätzlich oder fahrlässig die ihm einem Dritten gegenüber obliegende Amtspflicht, so hat er dem Dritten den daraus entstehenden Schaden zu ersetzen. Fällt dem Beamten nur Fahrlässigkeit zur Last, so kann er nur dann in Anspruch genommen werden, wenn der Verletzte nicht auf andere Weise Ersatz zu erlangen vermag.«

§ 839 BGB normiert die Ersatzpflicht des Beamten, der seine Amtspflichten verletzt hat. Dabei ist eine Schadenersatzpflicht nur für vorsätzliche oder grob fahrlässige Amtspflichtverletzung vorgesehen. In Fällen der nur fahrlässigen Amtspflichtverletzung haftet der Beamte nur subsidiär. D. h. in den Fällen einfacher Fahrlässigkeit kann der Geschädigte nicht an den Beamten verwiesen werden. Hat der Beamte allerdings grob fahrlässig oder gar vorsätzlich seine Amtspflicht verletzt, greift der Schutz des § 839 BGB nicht mehr. § 117 Abs. 4 will den Beamten gerade nicht von seiner Haftung freistellen, vielmehr haften der grob fahrlässig handelnde Beamte (seine Körperschaft) und der eigentlich leistungsfreie Versicherer gesamtschuldnerisch.

Ist der Beamte nicht mehr hoheitlich tätig, haftet er wie jeder andere auch[53]. Unterschieden werden muss auch hinsichtlich des Tätigkeitsbereichs. Wird der Beamte für

---

52 BGH v. 18.01.1966 – VI ZR 147/64 in BGHZ 44, 382.
53 Schwintowski/Brömmelmeyer/Huber § 117 Rn. 54; Jacobsen in Feyock/Jacobsen/Lemor aaO., § 117 Rn. 24.

die Körperschaft tätig, die als Eigenversicherer im Sinne von § 2 PflVG als von der Versicherungspflicht befreiter Fahrzeughalter für einen Schadenfall einzustehen hat, gilt die Privilegierung nicht. Dann ist der Rechtsträger zu behandeln wie ein anderer Kraftfahrzeug-Haftpflicht-Versicherer, die Sonderstellung des § 839 BGB kommt ihm in diesem Fall nicht zu[54].

E. Anspruchsübergang bei Befriedigung des Dritten (§ 117 Abs. 5)

46   Der Anspruchsübergang war in § 158f VVG a. F. geregelt. Das VVG in seiner ursprünglichen alten Fassung kannte keinen Direktanspruch des Geschädigten gegen den Versicherer. Es wurde der Übergang daher fingiert. Die Regulierung eines Fremdschadens wurde immer nur dann vom Versicherer übernommen (ggf. auch direkt mit dem geschädigten Dritten), wenn der Versicherungsnehmer im Vorfeld alle vertraglichen Pflichten erfüllt hatte und keine Obliegenheiten verletzt hatte. Das Wesen der Pflichtversicherung mit dem Direktanspruch in der Kraftfahrzeug-Haftpflicht macht diesen Absatz des § 117 erforderlich. Es handelt sich hier um einen Fall der Legalzession. Eine Abtretung der Ansprüche ist nicht erforderlich.

I. kein Fall des § 115 Abs. 1 S. 4 VVG

47   Grundsätzlich haften der Versicherer und der Versicherungsnehmer als Gesamtschuldner, § 115 Abs. 1 S. 4 VVG. Dabei sind die möglichen Gesamtschuldner auf Schadenersatz abschließend aufgezählt. In Verbindung mit § 116 Abs. 1 VVG wird davon ausgegangen, dass diese Gesamtschuld ausschließlich zu Lasten des Versicherers geht, wenn der Versicherungsnehmer seine Pflichten erfüllt hat. Ein Anspruch des Versicherers auf Ersatz seiner Aufwendungen scheidet in diesen Fällen aus, ein Anspruchsübergang ist daher nicht erforderlich. Der mitversicherte Fahrer kommt erst über § 123 VVG und die AKB in den Kreis der Gesamtschuldner hinein.

II. Übergang des Anspruches auf den Versicherer

48   Soweit aber der Versicherungsnehmer seine vertraglichen Haupt- oder Nebenpflichten nicht erfüllt hat und sich der Versicherer auf Leistungsfreiheit nach §§ 117 Abs. 1–4 berufen kann, geht der Anspruch des Geschädigten auf Ausgleich seiner Schadenersatzansprüche auf den leistenden Versicherer über. Dabei ist zu beachten, dass nur das von dem Versicherer regressiert werden kann, was der Versicherungsnehmer/Fahrer geschuldet hätte. Wird der Versicherer wegen Verzugs, den er alleine zu vertreten hat, verpflichtet, dem Geschädigten gem. § 3 a PflVG Zinsen zu erstatten, geht ein Anspruch auf Erstattung dieser Zinsen von der versicherten Person gerade nicht über. Etwas anderes gilt nur, wenn der Versicherer wegen des Verzugs der versicherten Person im Regresswege Verzugszinsen verlangen kann. Ebenso können Prozesszinsen in den Ausgleich einbezogen werden, hier ist eine Trennung vorgenommen.[55]

---

54 Schwintowski/Brömmelmeyer/Huber § 117 Rn. 61.
55 OLG Köln vom 11.02.2013, 19 U 113/12 für die Auflösung einer Mehrfachversicherung für ein Gespann.

Voraussetzung ist einerseits, dass der Versicherer gegenüber dem Versicherungsnehmer 49
leistungsfrei ist und andererseits die Ansprüche des Geschädigten, sei es aufgrund Vergleich oder Urteil, ganz oder teilweise befriedigt hat. Erforderlich ist auch, dass der Versicherer berechtigterweise die Ansprüche des Geschädigten befriedigt hat. War der Versicherer leistungsfrei wegen vorsätzlicher Schadensherbeiführung, § 103 VVG, und hat gleichwohl Leistungen erbracht, so kann er sich auch gegenüber dem Versicherungsnehmer nicht mehr auf seine Leistungsfreiheit berufen[56]. Der Anspruch geht nur in der Höhe über, wie die Ansprüche des Geschädigten befriedigt wurden. Ein Anspruch auf Ersatz der Kosten des Kraftfahrzeug-Haftpflicht-Versicherers besteht nicht, dies gilt auch, wenn der Versicherer nur Kosten zur Anspruchsabwehr aufwenden musste.

Dem Anspruch des Versicherers kann der Versicherungsnehmer alle Einwände ent- 50
gegenhalten, soweit dem Versicherer bei der Regulierung der gegen ihn gerichteten Schadenersatzansprüche ein Ermessensfehlgebrauch vorgeworfen werden kann. Auch der Einwand der Leistungsfreiheit gegenüber dem Dritten wegen einer Vorsatztat ist ein zulässiges Argument. Nicht gehört werden kann der Versicherungsnehmer allerdings mit dem Argument, der Versicherer habe in Kenntnis seiner Leistungsfreiheit gegenüber ihm für eine mitversicherte Person Schadenersatz geleistet und dürfe deshalb keine Ansprüche gegen den Versicherungsnehmer stellen[57].

In dieser Regelung ist ausschließlich der Anspruchsübergang der Ansprüche des Drit- 51
ten gegen den Versicherungsnehmer vorgesehen. Die sonstigen mitversicherten Personen nach § 2 KfzPflVV bzw. A.1.2 AKB sind von dieser Formulierung nicht erfasst. Ein Ausgleich unter Gesamtschuldnern wegen Obliegenheitsverletzungen von mitversicherten Personen ist in § 116 ebenfalls nicht vorgesehen. Auch § 116 bezieht sich in seinem Wortlaut nur auf den Versicherungsnehmer. Ansprüche gegen mitversicherte Personen oder gar Drittschädiger sind nicht erfasst. Im VVG a. F. wurde dies über den Anspruchsübergang nach § 67 VVG a. F. gelöst[58], so dass der Versicherer Ansprüche gegen mitversicherte Personen, die nicht Versicherungsnehmer sind, gem. § 86 VVG analog erhält, wenn er die Leistungen befriedigt. Will der Versicherer Schadenersatzansprüche des Geschädigten gegen sonstige Schädiger (Mietwagenunternehmen wegen schlechter Beratung oder Arzt wegen Behandlungsfehler), so muss er sich diese abtreten lassen[59].

F. Insolvenz des Versicherers (§ 117 Abs. 6)

Auch für den Fall der Insolvenz des Versicherers ist eine Nachhaftung – in diesem Fall 52
auch zum Schutz des Versicherungsnehmers – vorgesehen. Der Versicherungsvertrag endet erst einen Monat nach der Anzeige der Insolvenz bei der Zulassungsstelle bzw. der Kündigung durch den Insolvenzverwalter gegenüber dem Versicherungsnehmer.

---

56 Langheid in Römer/Langheid, § 158f VVG Rn. 3 m. w. H.
57 Wie es Langheid in Römer/Langheid in der Kommentierung zu § 158f VVG a. F. Rn. 3 anklingen lässt, dies aber gleich in § 158i VVG a. F. Rn. 10 widerruft.
58 Vgl. insoweit Römer/Langheid VVG § 158f VVG Rn. 5, 6.
59 So z. B. OLG Düsseldorf v. 06.11.2001 – I-15 W 98/01 in SP 2002, 20.

§ 118 VVG Rangfolge mehrerer Ansprüche

Ein evtl. in dieser Zeit eingetretener Schaden fällt der Insolvenzmasse zur Last. Der Versicherungsnehmer und die mitversicherten Personen sind also vor Schadenersatzansprüchen Dritter geschützt. Der Dritte hat Anspruch auf Befriedigung seiner Schadenersatzansprüche. Entgegen der Regelung des § 16 VVG, der das Vertragsverhältnis einen Monat nach Eröffnung des Insolvenzverfahrens enden lässt, wird hier eine Sonderregelung für den Bereich der Kraftfahrzeug-Haftpflicht-Pflichtversicherung getroffen[60]. Nur hier existiert eine »zuständige Stelle«, nämlich die Zulassungsstelle, die dann eine andere Versicherungsbestätigung vom Versicherungsnehmer anfordern muss. Für die sonstigen Pflichtversicherungen genügt die schriftliche Information des Insolvenzverwalters über die Insolvenz an den Versicherungsnehmer.

§ 118 Rangfolge mehrerer Ansprüche

(1) Übersteigen die Ansprüche auf Entschädigung, die auf Grund desselben Schadensereignisses zu leisten ist, die Versicherungssumme, wird die Versicherungssumme nach folgender Rangfolge, bei gleichem Rang nach dem Verhältnis ihrer Beträge, an die Ersatzberechtigten ausgezahlt:
1. für Ansprüche wegen Personenschäden, soweit die Geschädigten nicht vom Schädiger, von einem anderen Versicherer als dessen Haftpflichtversicherer, einem Sozialversicherungsträger oder einem sonstigen Dritten Ersatz ihrer Schäden erlangen können;
2. für Ansprüche wegen sonstiger Schäden natürlicher und juristischer Personen des Privatrechts, soweit die Geschädigten nicht vom Schädiger, einem anderen Versicherer als dessen Haftpflichtversicherer oder einem Dritten Ersatz ihrer Schäden erlangen können;
3. für Ansprüche, die nach Privatrecht auf Versicherer oder sonstige Dritte wegen Personen- und sonstiger Schäden übergegangen sind;
4. für Ansprüche, die auf Sozialversicherungsträger übergegangen sind;
5. für alle sonstigen Ansprüche.

(2) Ist die Versicherungssumme unter Berücksichtigung nachrangiger Ansprüche erschöpft, kann sich ein vorrangig zu befriedigender Anspruchsberechtigter, der bei der Verteilung nicht berücksichtigt worden ist, nachträglich auf Absatz 1 nicht berufen, wenn der Versicherer mit der Geltendmachung dieses Anspruchs nicht gerechnet hat und auch nicht rechnen musste.

Übersicht	Rdn.
A. Allgemeines	1
I. Versicherungssummen oder Beschränkung der Höhe nach gem. § 12 StVG	2
II. Alte gegen neue Regelung	3
B. Versicherungssummen	5
C. Vorgehensweise	7
I. Ansprüche auf Entschädigung	8

---

60 Vgl. Schimikowski in Rüffer/Halbach/Schimikowski § 117 Rn. 12.

	Rdn.
II. nicht ausreichende Versicherungssumme	9
III. Rangfolge der Ersatzberechtigten	10
1. Personenschäden	11
2. Ansprüche wegen sonstiger Schäden	16
3. Ansprüche aufgrund privatrechtlichen Übergangs	17
4. Ansprüche der Sozialversicherungsträger	18
5. alle sonstigen Ansprüche	19
6. Verweisung wegen krankem Versicherungsverhältnis nach § 117 Abs. 2 VVG	20
IV. Verfahren bei mehreren Ersatzberechtigten im gleichen Rang	21
D. Berechnungsbeispiele	22
I. Personenschaden	22
E. Verfahren bei erschöpfter Versicherungssumme	24
F. Erschöpfen der Versicherungssumme und Mithaftung des Verletzten	25
G. Exkurs Sonderfall: Haftungshöchstgrenzen, § 12 StVG	26
H. Verspätete Anspruchsanmeldung	27
I. Änderung der berechneten Ansprüche	28

A. Allgemeines

§ 118 VVG führt eine Rangfolge[1] ein, die sich schon in anderen Bereichen findet. So hat der Geschädigte gegenüber dem Regressgläubiger ohnehin ein Befriedigungsvorrecht soweit es um kongruente Leistungen geht. Diese Vorbefriedigungsrechte ergeben sich u. a. aus § 86 VVG für die Sachversicherung, §§ 268 Abs. 3 S. 2, 426 Abs. 2 S. 2, 774 Abs. 1 S. 4 BGB im bürgerlichen Recht[2]. 1

Die Anwendung des § 118 ist beschränkt auf den Pflichthaftpflichtbereich und wirkt nur bezüglich des Anspruchs gegen den Versicherer[3]. Ein Anspruch gegen den Schädiger ist immer unbegrenzt und unabhängig von der Höhe der vertraglich vereinbarten Versicherungssummen. Bei Ansprüchen gegen den Versicherer sind daher die Beschränkungen schon im Erkenntnisverfahren zu berücksichtigen[4].

Zu beachten ist auch, dass sich die Regulierungsvollmacht des Versicherers nicht auf die Versicherungssumme beschränkt, sondern ggf. auch über diese hinaus zu Lasten des persönlich haftenden Schädigers wirkt[5].

---

1 So auch Schirmer »Neues VVG und Kraftfahrzeughaftpflicht – und Kaskoversicherung – Teil II«, DAR 2008, 319, 326.
2 Vgl. hierzu BGH v. 07.11.1978 – VI ZR 86/77, NJW 1979, 271 f. zu den Anforderungen an das Quotenvorrecht des Sozialversicherungsträgers.
3 Looschelders/Pohlmann/Schwartze, § 118 VVG Rn. 3.
4 BGH v. 25.05.1982 – VI ZR 203/80, VersR 1982, 791; OLG München v. 27.03.2003 – 1 U 4449/02, VersR 2005, 90 f.
5 BGH v. 17.03.1970, Az.: VI ZR 148/68, VersR 1970, 549 f.

§ 118 VVG Rangfolge mehrerer Ansprüche

I. Versicherungssummen oder Beschränkung der Höhe nach gem. § 12 StVG

2 Zunächst ist zu klären, warum die Leistungen der Versicherung beschränkt sind. Sind die Leistungen der Versicherung beschränkt, weil eine Mithaftung des Geschädigten besteht, hat dies keine Auswirkungen auf die Regulierung der Ansprüche, da sich ein mögliches Befriedigungsvorrecht unmittelbar aus anderen Vorschriften, z. B. § 86 VVG oder dem beamtenrechtlichen Quotenvorrecht ergibt. § 116 SGB X gibt dem Geschädigten gem. Abs. 2 nur dann ein Befriedigungsvorrecht, wenn die Leistung der Höhe nach beschränkt ist, ohne dass der Geschädigte daran ein Mitverschulden trägt, § 116 Abs. 3 SGB X. Lediglich für den Fall, dass der Anspruch durch Gesetz der Höhe nach begrenzt ist, erhält der Verletzte ein Befriedigungsvorrecht vor dem Sozialversicherungsträger. Dies bedeutet konkret, dass der Geschädigte solange ein Vorrecht erhält, als er die betragsmäßige Beschränkung der Versicherungs- oder Haftungshöchstsumme nicht zu vertreten hat. Haftet der Anspruchsgegner nur aus Betriebsgefahr und kommt die Haftungshöchstgrenze des § 12 StVG zur Anwendung, steht dem Geschädigten ein Befriedigungsvorrecht vor dem Sozialversicherungsträger nicht zu[6].

II. Alte gegen neue Regelung

3 Im VVG a. F. gab es zwei Vorgehensweisen, wenn sich herausstellte, dass die Versicherungssumme nicht ausreichen würde, um die Schadenersatzansprüche zu befriedigen. Dabei kam es zu einem Kürzungsverfahren, welches bei nur einem Geschädigten angewendet wurde bzw. zu einem Verteilungsverfahren[7], welches bei mehreren Anspruchsberechtigten, auch den Rechtsnachfolgern, zur Anwendung kam. Hierbei wurden häufig die Ansprüche nur unzureichend befriedigt und der Geschädigte blieb – zugunsten der Sozialversicherungsträger – häufig mit einem Teil des Schadens allein. Auch das in § 116 SGB X normierte Quotenvorrecht des Geschädigten gilt nur eingeschränkt für den Fall, dass der Geschädigte nicht für die Anspruchskürzung selbst verantwortlich ist, § 116 Abs. 2 SGB X[8].

4 Da die unzureichende Versicherungssumme für den Geschädigten häufig weder erkennbar noch beeinflussbar ist, wurde das Risiko minimiert. Dies wurde durch eine deutliche Anhebung der Mindestversicherungssummen und der Haftungshöchstgrenzen, und die Neuschaffung des § 118 VVG erreicht, der eine Rangfolge der Anspruchsberechtigten bei nicht ausreichender Versicherungssumme vorsieht. Das Verteilungsverfahren existiert nach wie vor in § 109 VVG für die sonstigen Sparten, § 118 VVG geht dieser Regelung jedoch als lex specialis für die Pflichtversicherung vor[9]. Daher kommt es nur dann zu einem Verteilungsverfahren, wenn die Versicherungssumme für alle Anspruchsberechtigten eines Ranges nicht ausreicht. Kommt dies bereits im ers-

---

6 Schwintowski/Brömmelmeyer/Huber § 118 Rn. 7.
7 Wegen der Details zu Kürzungs- und Verteilungsverfahren vgl. Kreuter-Lange in Halm/Engelbrecht/Krahe Kapitel 25 Rn. 72 ff.
8 BGH v. 25.11.2003 – VI ZR 184/03; BGH v. 21.11.2000 – VI ZR 120/99 in BGHZ 146, 84 ff.; BGH v. 08.04.1997 – VI ZR 112/96 in BGHZ 135, 170.
9 Schwintowski/Brömmelmeyer/Huber § 118 Rn. 2.

ten Rang vor, weil mehrere schwerverletzte Personen Ansprüche auf Erstattung ihres Personenschadens erheben, ist schon innerhalb des ersten Ranges ein Verteilungsverfahren vorzunehmen.

B. Versicherungssummen

Die Kraftfahrzeug-Haftpflicht-Versicherungsverträge können zu verschiedenen Konditionen angeboten werden. So kann die unbegrenzte Deckung mit derzeit 100 Mio. pauschal vereinbart werden, aber auch nur eine Deckung zu den Mindestversicherungssummen des § 4 PflVG, sei es weil der Kunde keinen höheren Versicherungsschutz will, sei es, weil aus dem Kontrahierungszwang der Versicherer verpflichtet ist, den Versicherungsschutz mindestens im Rahmen der vorläufigen Deckung zu gewähren. 5

Die Höhe der Versicherungssummen ergibt sich aus der **Anlage zu § 4 PflVG**:
1. Die Mindesthöhe der Versicherungssumme beträgt bei Kraftfahrzeugen einschließlich der Anhänger je Schadensfall
   a) für Personenschäden siebeneinhalb Millionen Euro,
   b) für Sachschäden 1.120.000 Euro,
   c) für die weder mittelbar noch unmittelbar mit einem Personen- oder Sachschaden zusammenhängenden Vermögensschäden (reine Vermögensschäden) 50.000 Euro.
2. Bei Kraftfahrzeugen, die der Beförderung von Personen dienen und mehr als neun Plätze (ohne den Fahrersitz) aufweisen, erhöhen sich diese Beträge für das Kraftfahrzeug unter Ausschluss der Anhänger
   a) für den 10. und jeden weiteren Platz um
      aa) 50.000 Euro für Personenschäden,
      bb) 500 Euro für reine Vermögensschäden,
   b) vom 81. Platz ab für jeden weiteren Platz um
      aa) 25.000 Euro für Personenschäden,
      bb) 250 Euro für reine Vermögensschäden.
   Dies gilt nicht für Kraftomnibusse, die ausschließlich zu Lehr- und Prüfungszwecken verwendet werden.
3. Bei Anhängern entspricht die Mindesthöhe der Versicherungssumme für Schäden, die nicht mit dem Betrieb des Kraftfahrzeugs im Sinne des § 7 des Straßenverkehrsgesetzes im Zusammenhang stehen, und für die den Insassen des Anhängers zugefügten Schäden den in Nummer 1, bei Personenanhängern mit mehr als neun Plätzen den in Nummern 1 und 2 genannten Beträgen.
4. Zu welcher dieser Gruppen das Fahrzeug gehört, richtet sich nach der Eintragung im Kraftfahrzeug- oder Anhängerbrief.

Diese Versicherungssummen sind in jedem Fall garantiert, unabhängig davon, ob es sich um ein »krankes« oder um ein »gesundes« Versicherungsverhältnis handelt. Auch im Rahmen der Nachhaftung sind diese Summen zu garantieren. Die Höhe hängt zunächst von der Anzahl der Insassen ab, die in dem Kfz zulässigerweise befördert werden können und beträgt daher für den normalen PKW 7,5 Mio. € für Personenschäden, 1,12 Mio. € für Sachschäden und 50.000 € für reine Vermögensschäden, die weder mit 6 einem Personen- oder Sachschaden zusammenhängen. Für einen Kraftomnibus liegt die Mindestversicherungssumme deutlich höher und ist von der Anzahl der Sitzplätze abhängig. So muss für einen Kraftomnibus mit 40 Sitzplätzen die Mindestversicherungssumme 7,5 Mio. € + 1.550.000 € (31 × 50.000), also insgesamt 9.050.000 € betragen!

C. Vorgehensweise

7 Im Falle eines Schadens werden in jedem Fall die vereinbarten Versicherungssummen als Maximalentschädigung zugrunde gelegt. Eine Beschränkung auf die Mindestversicherungssummen ist nur ausnahmsweise vereinbart und ergibt sich ggf. wegen Vertragsverletzungen durch Versicherungsnehmer und mitversicherte Personen[10].

I. Ansprüche auf Entschädigung

8 Anspruchsberechtigt sind die unmittelbar Geschädigten hinsichtlich ihres Sach- und Personenschadens, soweit er nicht auf Sozialversicherungsträger oder sonstige Dritte übergegangen ist. Diese sind grundsätzlich neben den unmittelbar geschädigten Personen aus übergegangenem Recht anspruchsberechtigt. Es ist dabei noch zu differenzieren, wann der Anspruchsübergang erfolgt, um die Berechtigung der Geltendmachung zu prüfen.

II. nicht ausreichende Versicherungssumme

9 In ihrer Gesamtheit müssen die Ansprüche die Versicherungssumme überschreiten, um zu einem Verfahren gem. § 118 Abs. 1 VVG zu gelangen. Dies bedeutet, dass insoweit alle Ansprüche aller Geschädigten aufaddiert eine größere Summe als die vertraglich vereinbarte oder gesetzlich geschuldete Versicherungssumme ergeben. Dabei sind zunächst die Forderungen der Anspruchsberechtigten aufzustellen. Diese Aufstellung ist zu differenzieren nach Personenschäden und Sachschäden. Die Ansprüche aus dem Personenschaden sind zu teilen in die Kapitalforderungen (Beträge, die nur einmal anfallen) und die Rentenforderungen (d. h. wiederkehrende Leistungen wie Verdienstschaden, Pflegerente, Schmerzensgeldrente). Für die Rentenforderungen ist das Rentendeckungskapital entsprechend § 8 KfzPflVV zu ermitteln und einzubeziehen. Überschreiten die so ermittelten Beträge die zur Verfügung stehende Versicherungssumme, ist die Versicherungssumme im Verhältnis der Forderungen der Anspruchsteller zu einander zu verteilen[11]. Ist durch diese Verteilung der Ansprüche schon im ersten Rang die Versicherungssumme erschöpft, gehen alle nachfolgenden Ränge leer aus. Können noch alle Ansprüche auf Personenschaden erstattet werden, geht die verbleibende Versicherungssumme in den nächsten Rang.

---

10 Wegen der Details vgl. hierzu oben § 117 Rdn. 26 ff. und AKB zu C.3, D.3, E.6.
11 BGH v. 10.10.2006 – VI ZR 44/05, r+s 2007, 83 ff.

III. Rangfolge der Ersatzberechtigten

Der Gesetzgeber hat in § 118 eine Rangfolge[12] erstellt, die zunächst deutlich macht, dass der Geschädigte (entsprechend § 117 VVG) seine Ansprüche gegenüber anderen Schadenversicherern geltend machen muss, die für den gleichen Schaden eintrittspflichtig sind. Seine eigenen Ansprüche sind nur insoweit auf dem 1. Rang angesiedelt, als sie mit dem Personenschaden zusammenhängen und er von keinem anderen Schadenversicherer Ersatz erhalten konnte[13].

Für den Fall der Kraftfahrzeug-Haftpflicht-Versicherung, die als Pflichtversicherung mit einem Direktanspruch zugunsten der Geschädigten eines Versicherungsfalles ausgestaltet ist, ist zumindest die Einbeziehung des Schädigers oder eines sonstigen Haftpflichtversicherers des Schädigers in Abs. 1 Ziffer 1 VVG mehr als fragwürdig. Eine private Haftpflichtversicherung wird wegen der Benzinklauseln keinesfalls für einen Schaden, der durch den Gebrauch eines Kfz verursacht wurde, eintreten. Auch der Hinweis auf die Inanspruchnahme des Schädigers würde der Regelung der Kraftfahrzeug-Haftpflicht-Versicherer entgegenstehen und den Direktanspruch obsolet machen. In Betracht kommt insoweit nur ein möglicher Zweitschädiger[14] sowie dessen Kraftfahrzeug-Haftpflicht-Versicherung. Für den Fall der nicht ausreichenden Versicherungssumme kommt die Rangfolge wie folgt zur Anwendung:

1. Personenschäden

Der Verletzte aus einem Verkehrsunfall kann vor allen anderen Ersatz seines Schadens insoweit verlangen, als er nicht von dem Schädiger, einem dritten Kraftfahrzeug-Haftpflicht-Versicherer, einem Sozialversicherungsträger oder einem sonstigen Dritten Ersatz verlangen kann.

Inanspruchnahme des Schädigers

– Wegen des Direktanspruchs des Geschädigten gegen den Kraftfahrzeug-Haftpflicht-Versicherer und die Vorleistungspflicht desselben, kann eine Inanspruchnahme des Schädigers grundsätzlich nur dann in Betracht kommen, wenn die Versicherungssumme erschöpft ist. Der Anspruch gegen den Schädiger ist bei gesundem Versicherungsverhältnis erst nach Erschöpfen der Versicherungssumme zulässig, bis dahin hat der Versicherungsnehmer einen Freistellungsanspruch gegen den Versicherer. Auch bei nicht ausreichender Versicherungssumme die erste Wahl: der Geschädigte hat das Recht und die Pflicht, den Schädiger unmittelbar in Anspruch zu nehmen, bevor er zu Lasten anderer Beteiligter im Schadenfall den Vorrang erhält. Dabei wird aber häufig davon auszugehen sein, dass der Schädiger den erforderlichen Ersatz nicht oder nur unzureichend leisten kann. Es dürfte auch mehr als zweifelhaft sein,

---

12 Staudinger/Halm/Wendt/Dallwig § 118, Rn. 4 ff.
13 Im Zweifel handelt es sich ausschließlich um den Beitragsregress des Rentenversicherers, der diesem zur Einziehung überlassen ist, aber einen eigenen Anspruch des Geschädigten darstellt (So schon BGH VI ZR 73/89, VersR 1990, 220).
14 Stiefel/Maier-Stiefel § 118 Rn. 18.

einen Schwerverletzten mit dem Aufwand zu belasten, den eine zwangsweise Beitreibung der Forderung (so sie überhaupt möglich wäre), mit sich bringt.

Inanspruchnahme eines sonstigen Versicherers als dessen Kraftfahrzeug-Haftpflicht-Versicherers

13 – Soweit mehrere Schädiger da sind, ist es natürlich ein Leichtes, einen anderen Kraftfahrzeug-Haftpflicht-Versicherer in Anspruch zu nehmen, der mit einer höheren Versicherungssumme einzutreten hat. Im Kraftfahrzeug-Haftpflicht-Schadensersatzrecht sind sonstige Versicherer diejenigen, an die der Geschädigte schon gem. § 117 Abs. 3 VVG verwiesen werden kann.

Inanspruchnahme des Sozialversicherungsträgers

14 – Grundsätzlich »merkt« der gesetzlich Pflichtversicherte überhaupt nichts von dieser Inanspruchnahme, da er schon auf dem Weg ins Krankenhaus von dem gesetzlichen Sozialversicherungsträger kostenmäßig begleitet wird. Der Anspruch auf Erstattung der Heilbehandlungskosten und sonstigen Leistungen, die der Sozialversicherungsträger erbringt, geht im Unfallzeitpunkt gem. § 116 SGB X auf diesen über. Zu beachten ist, dass der Anspruch des Rentenversicherers auf Ersatz der Beiträge gem. § 119 SGB X ein eigener Anspruch des Geschädigten ist, für den der Rentenversicherer nur zum Einzug berechtigt ist[15]. Dieser Anspruch muss daher in Stufe 1 der Rangfolge mit aufgenommen werden[16].

Inanspruchnahme eines sonstigen Dritten

15 – Dies sind in aller Regel der Arbeitgeber, der Lohnfortzahlung gewährt, die private Krankenkasse, ggf. auch das Arbeitsamt, welches Arbeitslosengeld gewährt. Nicht in diesen Kreis gehören die Träger der Sozialhilfe, da diese nur subsidiär eintrittspflichtig sind.

2. Ansprüche wegen sonstiger Schäden

16 Als sonstige Schäden sind die Sachschäden bezeichnet, die sich an Bauwerken, Fahrzeugen etc. ereignen können. Diese sollen nachrangig befriedigt werden, soweit diese Geschädigten nicht etwa durch einen Kasko-Versicherer oder einen Gebäude-Versicherer oder sonstigen Dritten Schadenersatz erhalten können. Allerdings ist zu beachten, dass auch bei pauschal vereinbarter Versicherungssumme für diese Schäden mindestens 1,12 Mio. € (die Mindestversicherungssumme) zur Verfügung stehen muss, die isoliert für die Sachschäden verwendet werden muss. Liegt eine Versicherung zu den Mindestversicherungssummen vor, ist dieser Betrag für Rang 2 in jedem Fall zur Verfügung zu stellen. Reicht dieser Betrag für die Sachschäden aus einem Unfallereignis nicht aus, ist auch hier ein Verteilungsverfahren erforderlich. Dabei werden je Anspruchsteller die Ansprüche aufgestellt, dann der Gesamtschaden ermittelt und ins Verhältnis zur (ver-

---

15 BGH v. 18.12.2007 – VI ZR 278/06. NJW 2008, 1961=VersR 2008, 513; v. 02.12.2003 – VI ZR 243/02, NZV 2004, 249.
16 Stiefel/Maier-Stiefel § 118 Rn. 20.

bleibenden) Versicherungssumme gestellt. Die Ansprüche der Einzelnen werden dann in entsprechend dem Verhältnis des Gesamtschadens zur vereinbarten Versicherungssumme entschädigt.

3. Ansprüche aufgrund privatrechtlichen Übergangs

Anspruchsberechtigt an dritter Stelle sind neben dem Arbeitgeber, auf den der Anspruch entweder im Rahmen des § 6 EfzG oder durch Abtretung übergegangen ist, diejenigen Versicherer, auf die der Ersatzanspruch entweder durch Abtretung oder aber durch Gesetz, vgl. insoweit § 86 VVG, übergegangen sind. Als Versicherer kommen neben den oben bereits erwähnten Sachversicherern insbesondere die private Krankenkasse, die Vollkasko- und die Teilkasko-Versicherung sowie die Schutzbriefversicherung, der Rechtsschutzversicherer etc. in Betracht, soweit diese für den vorliegenden Schaden Ersatz gewähren. Dabei wird nicht mehr differenziert zwischen den Sach- und Personenschäden.   17

4. Ansprüche der Sozialversicherungsträger

Erst an vierter Stelle steht der Sozialversicherungsträger, der bei unzureichender Versicherungssumme als erster Gefahr läuft, nur noch teilweise befriedigt zu werden. Hier sind insbesondere die Krankenversicherer, die gesetzlichen Unfallversicherer (Unfallkassen und Berufsgenossenschaften), die Knappschaftsversicherer und die Deutsche Rentenversicherung (DRV) zu nennen. Auf alle diese Sozialversicherungsträger gehen die Ansprüche im Unfallzeitpunkt über, so dass sie gleichrangig nebeneinander die Ansprüche erworben haben. Hier wird auch die Verteilung vorzunehmen sein, wenn die Versicherungssumme nicht ausreicht. Zu beachten ist, dass die Ansprüche des Geschädigten auf Ersatz seines möglichen Rentenschadens durch Beitragszahlung an die DRV dem Schaden unter Rang 1 zuzurechnen sind!   18

5. alle sonstigen Ansprüche

Erst an letzter Stelle kommen die sonstigen Ansprüche, die sich aus einem Verkehrsunfall ergeben könnten.   19

6. Verweisung wegen krankem Versicherungsverhältnis nach § 117 Abs. 2 VVG

Macht der Versicherer von seinem Verweisungsrecht wegen des kranken Versicherungsverhältnisses Gebrauch und muss wegen unzureichender Versicherungssumme ein Verteilungsverfahren eingeleitet werden, so ist die Rechtslage anzuwenden, die bei intaktem Versicherungsverhältnis vorläge.   20

IV. Verfahren bei mehreren Ersatzberechtigten im gleichen Rang

Soweit mehrere Ersatzberechtigte sich im gleichen Rang befinden, sind deren Ansprüche im Verhältnis zu der (ggf. noch bleibenden) Versicherungssumme zu kürzen.   21

D. Berechnungsbeispiele

I. Personenschaden

22 Der Verletzte kann Ersatz eines Teils seines Personenschadens von Sozialversicherungsträgern erlangen. Die Ansprüche auf Heilbehandlungskosten, die Ansprüche auf Erwerbsunfähigkeitsrenten etc. sind im Unfallzeitpunkt übergegangen. Sachschäden sind nicht gegeben.

23 Erleidet der Verletzte einen erheblichen Verdienstschaden, ist bei lang anhaltender oder ggf. dauerhafter Erwerbsunfähigkeit auch ein Verlust in den Rentenbeiträgen gegeben. Diese werden durch die Legalzession des § 119 SGB X vom Träger der Rentenversicherung für den Verletzten eingezogen. Es handelt sich hier um eine Legalzession, die dem Geschädigten das Recht nimmt, die Ansprüche auf Erstattung der fehlenden Rentenbeiträge selbst gerichtlich durchzusetzen[17]. Der Rentenversicherungsträger agiert als Treuhänder und zieht den entgangenen Beitrag selbst ein[18]. Dieser ist nach einhelliger Rechtsprechung als eigener Anspruch des Geschädigten seinen eigenen Ansprüchen zuzurechnen und dementsprechend in dem ersten Rang einzurechnen[19]!

▶ **Beispiel:**

Versicherungssumme 200

Schmerzensgeld und sonstige, nicht übergegangene Ansprüche des Verletzten unmittelbar von 50, Beitragsregress der DRV für den Verletzten 50, Heilbehandlungskosten 100, EU-Rente DRV 50. Gesamtschaden des Verletzten inkl. Übergänge 250.

Der AS erhält 50 + Beitragsregress DRV 50, es verbleibt eine Restversicherungssumme von 100, die an DRV und KK zu verteilen sind, jeder erhält 2/3 seiner Forderung.

E. Verfahren bei erschöpfter Versicherungssumme

24 Ist die Versicherungssumme trotz aller Bemühungen erschöpft und es meldet sich ein weiterer Anspruchsberechtigter, kommt es darauf an, ob schon im Zeitpunkt der Verteilung der Ansprüche bekannt war, dass ein weiterer Anspruchsberechtigter existiert. Musste der Versicherer (zum Beispiel aus der Ermittlungsakte erkennbar) mit weiteren Anspruchsberechtigten rechnen, kann er sich nicht darauf berufen, dass die Versicherungssumme erschöpft ist. Es ist eine Neuberechnung und ggf. eine Neuverteilung vorzunehmen. Etwaige Überzahlungen gehen in diesem Fall zu Lasten des Versicherers. Etwas anderes gilt nur dann, wenn er bis zur Anmeldung dieser weiteren Ansprüche

---

17 BGH v. 02.03.2003 – VI ZR 243/02, NZV 2004, 249 = VersR 2004, 492 = r+s 2004, 492.
18 BGH v. 02.03.2003 – VI ZR 243/02, NZV 2004, 249 = VersR 2004, 492 = r+s 2004, 492.
19 So auch BGH v. 05.01.2000 – VI ZR 64/99, der dem Rentenversicherungsträger auch gegen die Verkehrsopferhilfe einen Ersatzanspruch hinsichtlich der Rentenbeiträge zuspricht.

nicht damit rechnen konnte und auch nicht musste. Der verspätet sich meldende Geschädigte geht dann leer aus.

F. Erschöpfen der Versicherungssumme und Mithaftung des Verletzten

Soweit der Geschädigte den Unfall mitverschuldet hat, verstößt die in § 118 VVG vorgenommene Rangfolge zu Lasten der Sozialversicherungsträger gegen § 116 SGB X. Denn dort ist das Quotenvorrecht des Verletzten nur für den Fall vorgesehen, dass ihn ein Verschulden an dem gegenständlichen Unfall nicht trifft. Hat hingegen der SGB-Versicherte den Schadenfall mitverursacht, entfällt das Quotenvorrecht und die Ansprüche des Sozialversicherungsträgers werden gleichberechtigt neben die Ansprüche des Geschädigten gestellt! Diese Regelung wurde vom Gesetzgeber offensichtlich übersehen! 25

G. Exkurs Sonderfall: Haftungshöchstgrenzen, § 12 StVG

§ 12 Höchstbeträge 26

(1) Der Ersatzpflichtige haftet
1. im Fall der Tötung oder Verletzung eines oder mehrerer Menschen durch dasselbe Ereignis nur bis zu einem Betrag von insgesamt fünf Millionen Euro; im Fall einer entgeltlichen, geschäftsmäßigen Personenbeförderung erhöht sich für den ersatzpflichtigen Halter des befördernden Kraftfahrzeugs oder Anhängers bei der Tötung oder Verletzung von mehr als acht beförderten Personen dieser Betrag um 600.000 Euro für jede weitere getötete oder verletzte beförderte Person;
2. im Fall der Sachbeschädigung, auch wenn durch dasselbe Ereignis mehrere Sachen beschädigt werden, nur bis zu einem Betrag von insgesamt einer Million Euro.

Die Höchstbeträge nach Satz 1 Nr. 1 gelten auch für den Kapitalwert einer als Schadensersatz zu leistenden Rente.

(2) Übersteigen die Entschädigungen, die mehreren auf Grund desselben Ereignisses zu leisten sind, insgesamt die in Absatz 1 bezeichneten Höchstbeträge, so verringern sich die einzelnen Entschädigungen in dem Verhältnis, in welchem ihr Gesamtbetrag zu dem Höchstbetrag steht.

§ 12a Höchstbeträge bei Beförderung gefährlicher Güter

(1) Werden gefährliche Güter befördert, haftet der Ersatzpflichtige
1. im Fall der Tötung oder Verletzung eines oder mehrerer Menschen durch dasselbe Ereignis nur bis zu einem Betrag von insgesamt zehn Millionen Euro,
2. im Fall der Sachbeschädigung an unbeweglichen Sachen, auch wenn durch dasselbe Ereignis mehrere Sachen beschädigt werden, nur bis zu einem Betrag von insgesamt zehn Millionen Euro,

sofern der Schaden durch die die Gefährlichkeit der beförderten Güter begründenden Eigenschaften verursacht wird. Im Übrigen bleibt § 12 Abs. 1 unberührt.

(2) Gefährliche Güter im Sinne dieses Gesetzes sind Stoffe und Gegenstände, deren Beförderung auf der Straße nach den Anlagen A und B zu dem Europäischen Übereinkommen vom 30. September 1957 über die internationale Beförderung gefährlicher Güter auf der Straße (ADR) (BGBl. 1969 II S. 1489) in der jeweils geltenden Fassung verboten oder nur unter bestimmten Bedingungen gestattet ist.

(3) Absatz 1 ist nicht anzuwenden, wenn es sich um freigestellte Beförderungen gefährlicher Güter oder um Beförderungen in begrenzten Mengen unterhalb der im Unterabschnitt 1.1.3.6. zu dem in Absatz 2 genannten Übereinkommen festgelegten Grenzen handelt.

(4) Absatz 1 ist nicht anzuwenden, wenn der Schaden bei der Beförderung innerhalb eines Betriebs entstanden ist, in dem gefährliche Güter hergestellt, bearbeitet, verarbeitet, gelagert, verwendet oder vernichtet werden, soweit die Beförderung auf einem abgeschlossenen Gelände stattfindet.

(5) § 12 Abs. 2 gilt entsprechend.

Durch die §§ 12 Abs. 2 und 12a Abs. 5 StVG wird das Verteilungsverfahren für den Fall der nicht ausreichenden Höchstbeträge vorgesehen. D. h. in diesen Fällen ist immer ein Verteilungsverfahren durchzuführen, wie es in der Regelung des § 118 VVG nur im Ausnahmefall anzuwenden sein wird, wenn innerhalb eines Ranges noch ein Restbetrag vorhanden ist, der aber nicht zur Bedienung aller Anspruchsberechtigten ausreicht[20].

H. Verspätete Anspruchsanmeldung

27 Hat ein Geschädigter es versäumt, seine Ansprüche rechtzeitig beim Versicherer anzumelden und ist das Verteilungsverfahren durchgeführt, kann der Geschädigte sich nicht mehr auf seinen Anspruch berufen, wenn der Versicherer nicht mit weiteren Ansprüchen rechnen musste[21]. Hätte der Versicherer allerdings noch mit weiteren Ansprüchen rechnen müssen, sind diese zu behandeln, als wären sie rechtzeitig gestellt worden. Sie sind dann in das Verteilungsverfahren entsprechend ihrem Rang einzustellen und zu befriedigen. Dabei wird es nicht ausreichen, wenn der Geschädigte die Frist zur Schadenanmeldung nach § 115 Abs. 1 Ziffer 1 i. V. m. § 119 VVG versäumt hat, der Versicherungsnehmer den weiteren Geschädigten aber benannt hat oder dieser in der Ermittlungsakte namentlich erwähnt ist. Sind hingegen überhaupt keine Anhaltspunkte für einen weiteren Anspruchsteller gegeben und dieser meldet seine Ansprüche verspätet an, geht er leer aus. Es bleibt ihm aber immer noch die Möglichkeit, seine Ansprüche gegen den Schädiger unmittelbar geltend zu machen.

---

20 Vgl. hierzu auch Kreuter-Lange, § 118 VVG, Rdn. 23 ff.
21 Vgl. hierzu auch die Obliegenheiten des Dritten, §§ 119 und 120 VVG.

I. Änderung der berechneten Ansprüche

Nachträgliche Veränderungen der Berechnungsgrundlagen führen dazu, dass eine Neuberechnung des Verteilungsverfahrens erforderlich wird und ggf. eine Neuverteilung der Versicherungssumme erfolgen muss. Dabei kommt es nicht darauf an, ob sich die Ansprüche der Geschädigten erhöhen oder (wegen des Todes eines Geschädigten) verringern. Die Neuberechnung führt dann ggf. zu einer Verringerung bzw. Erhöhung der Anteile der anderen Beteiligten[22]. 28

§ 119 Obliegenheiten des Dritten

(1) Der Dritte hat ein Schadensereignis, aus dem er einen Anspruch gegen den Versicherungsnehmer oder nach § 115 Abs. 1 gegen den Versicherer herleiten will, dem Versicherer innerhalb von zwei Wochen, nachdem er von dem Schadensereignis Kenntnis erlangt hat, in Textform anzuzeigen; zur Fristwahrung genügt die rechtzeitige Absendung.

(2) Macht der Dritte den Anspruch gegen den Versicherungsnehmer gerichtlich geltend, hat er dies dem Versicherer unverzüglich in Textform anzuzeigen.

(3) Der Versicherer kann von dem Dritten Auskunft verlangen, soweit sie zur Feststellung des Schadensereignisses und der Höhe des Schadens erforderlich ist. Belege kann der Versicherer insoweit verlangen, als deren Beschaffung dem Dritten billigerweise zugemutet werden kann.

§ 119 Abs. 1 VVG entspricht inhaltlich der Regelung des § 3 Nr. 7 PflVG a. F. Dritter 1 im Sinne dieser Norm kann immer nur der unmittelbar Geschädigte des Unfallereignisses bzw. sein Rechtsnachfolger sein[1]. Diesen trifft gem. Abs. 1 eine allgemeine Anzeigeobliegenheit, die nach einer Mindermeinung nur dann gelten soll, wenn ein »krankes« Versicherungsverhältnis vorliegt[2].

Der geschädigte Dritte, der einen Schadenersatzanspruch gegen den Versicherungsnehmer geltend machen will, muss diesen innerhalb von zwei Wochen ab Kenntnis anzeigen. Gleiches gilt, wenn er diesen Anspruch gegenüber dem Versicherer als Direktanspruch geltend machen will. Die Versäumung dieser Zweiwochenfrist hat allerdings nicht zur Folge, dass der Geschädigte seine Ansprüche verliert[3]. Insoweit handelt es sich nicht um eine Ausschlussfrist, sondern vielmehr um eine Obliegenheit des Geschädigten[4]. Ein Verstoß ist daher mit Blick auf § 254 BGB als Verletzung seiner Schadenminderungspflicht zu werten. Eine Versäumnis der Frist dürfte bei einem Rechtsnachfolger 2

---

22 Looschelders/Pohlmann/Schwartze, § 118 VVG Rn. 13; Römer/Langheid § 109 Rn. 8; Schwintowski/Brömmelmeyer/Huber § 118 Rn. 6.
1 Vgl. oben Schwab zu § 115 VVG Rdn. 60 ff.
2 Staudinger/Halm/Wendt/Dallwig, § 119 Rn. 2.
3 Vgl. hierzu grundlegend BGH v. 19.11.1974 – VI ZR 205/73, VersR 1975, 279 zu § 3 Nr. 7 PflVG a. F.
4 Vgl. auch Schwintowski/Brömmelmeyer/Huber §§ 119, 120 Rn. 2 und 8.

ggf. zur Folge haben, dass er bei nicht ausreichender Versicherungssumme im Rahmen der Verteilung nicht mehr berücksichtigt wird. Sanktionen sind im VVG nicht vorgesehen[5].

3   Die Anzeige hat in Textform zu erfolgen, d. h. eine mündliche oder telefonische Anmeldung der Ansprüche reicht nach dem Wortlaut des § 119 Abs. 1 VVG nicht aus[6]. Allerdings wird jedwede Art der Kenntnis des Versicherers von der Schädigung eines Dritten ihm das Recht verwehren, sich auf die Nichteinhaltung der Form zu berufen. Die Textform hat alleine den Vorteil, dass der Geschädigte den Nachweis der Rechtzeitigkeit erbringen kann.

4   Der Versicherer kann sich in der Schadenregulierung auf die Obliegenheitsverletzung berufen. Er muss sich darauf berufen[7], wenn er die Ansprüche des Geschädigten wegen des Versäumnisses[8] kürzen will. Diese Regelung bezieht sich damit ausschließlich auf die Schadenregulierung. Auch § 3 Nr. 7 PflVG a. F. kam in der Vergangenheit nur selten zur Anwendung, da in aller Regel der Geschädigte sich unmittelbar bei der gegnerischen Versicherung mit seinen Ansprüchen meldet. Nur in Ausnahmefällen entsteht durch eine verspätete Meldung durch den Geschädigten ein weitergehender Schaden, der entsprechend zu kürzen wäre[9].

5   Macht der Geschädigte seinen Anspruch nicht gegen den Versicherer, sondern gegen den Versicherungsnehmer geltend, muss er den Versicherer ebenfalls hiervon unterrichten. § 119 Abs. 1 VVG entspricht hinsichtlich der Anzeige der Geltendmachung von Ansprüchen gegen den Versicherungsnehmer § 158d VVG a. F. und bezieht sich auf das kranke Versicherungsverhältnis[10]. Es soll sichergestellt werden, dass der Versicherer auch bei krankem Versicherungsverhältnis zeitnah über die Geltendmachung von Ansprüchen informiert wird, um ggf. seinerseits aktiv zu werden.

6   Der Geschädigte ist ebenfalls verpflichtet, den Versicherer über die gerichtliche Geltendmachung seines Anspruches gegenüber dem Versicherungsnehmer zu informieren. Er hat dies unverzüglich nach Einreichung der Klage, d. h. ohne schuldhaftes Zögern, zu tun.

Durch § 119 Abs. 3 VVG wird dem Geschädigten auch die Pflicht auferlegt, seine Ansprüche zu belegen. Der Versicherer hat das Recht, diese Unterlagen zu prüfen[11]. Die Vorlage von Belegen ist nur dann entbehrlich, wenn diese für den Geschädigten unzu-

---

5   Bruck/Möller/Beckmann § 119 Rn. 34 f.
6   Vgl. hierzu oben ausführlich Schwab § 115 Rn. 157 f.
7   BGH v. 24.04.1974 – IV ZR 202/72, VersR 1974, 689.
8   Der Geschädigte kann beispielsweise dann keine Verzugsschäden beanspruchen, wenn er seinerseits diese gesetzlichen Obliegenheiten nicht beachtet hat.
9   OLG Oldenburg v. 18.04.1979 – 2 U 219/78, VersR 1980, 98, vgl. auch Langheid in Römer/Langheid § 3 PflVG a. F. Rn. 27.
10 Langheid in Römer/Langheid § 158d a. F. Rn. 1.
11 So schon OLG Köln v. 09.04.1973 – 10 W 11/73, VersR 1974, 268.

mutbar ist[12]. Dabei sind an die Unzumutbarkeit besondere Anforderungen zu richten. Die Anschaffungsbelege beispielsweise für Kleidungsstücke werden üblicherweise nach 2 Jahren nicht mehr vorliegen, der Wert ist dann ggf. zu schätzen, da insoweit die Beibringung der Belege schwierig sein dürfte. Sicher ist dem Geschädigten zuzumuten, z. B. die Arztbriefe über die erlittenen Verletzungen vorzulegen, um den Anspruch auf Schmerzensgeld etc. zu belegen.

§ 120 Obliegenheitsverletzung des Dritten

Verletzt der Dritte schuldhaft die Obliegenheit nach § 119 Abs. 2 oder 3, beschränkt sich die Haftung des Versicherers nach den §§ 115 und 117 auf den Betrag, den er auch bei gehöriger Erfüllung der Obliegenheit zu leisten gehabt hätte, sofern der Dritte vorher ausdrücklich und in Textform auf die Folgen der Verletzung hingewiesen worden ist.

In § 120 wird die Schadenminderungspflicht des Dritten aufgenommen. Der pauschale Hinweis auf die Obliegenheiten nach § 119 oder §§ 115 und 117 VVG führt dazu, dass der Dritte, der nicht entsprechend der Verweisung seine Ansprüche innerhalb der dort geltenden Fristen bei dem anderen Schadenversicherer angemeldet hat und dieser Ansprüche verlustig ging, auch keinen weiteren Anspruch gegen den Kraftfahrzeug-Haftpflicht-Versicherer des Schädigers hat. Dabei reicht einfache Fahrlässigkeit aus. 1

Erforderlich ist allerdings, dass der Versicherer in seinem Hinweisschreiben augenfällig in Textform auf diese Folgen der Obliegenheitsverletzung hingewiesen hat. Der Versicherer muss sich auf die Obliegenheitsverletzung berufen und beweisen, dass diese Obliegenheitsverletzung zur Schadenausweitung geführt hat. Ein Anspruch des Geschädigten besteht nur insoweit, wie er bei korrektem Verhalten bestanden hätte. Mithin kann er nicht wegen der selbst verursachten Verzögerung durch Vorenthalten von Belegen einen höheren Schadenersatzanspruch geltend machen.

Nicht erfasst werden hiervon gefälschte oder verfälschte Belege oder der Versuch des Dritten, im Rahmen der Schadenabwicklung sonstige Schäden mit abzurechnen[1]. Ein Ersatzanspruch des Versicherers für so fälschlicherweise veranlasste Zahlungen besteht nach den Regeln der ungerechtfertigten Bereicherung, §§ 812 ff, bzw. §§ 823 ff in Form eines Schadenersatzanspruchs.

Wurde ein Haftungsprozess ohne Beteiligung des Versicherers geführt, ohne dass der Anspruchsteller seine Ansprüche bei dem Versicherer angemeldet hatte, kann dieses Versäumnis der Bindungswirkung rechtskräftiger Entscheidungen entgegenstehen. Der Versicherer ist dann so zu stellen, wie er bei ordnungsgemäßer Information gestanden hätte[2].

---

12 Stiefel/Hofmann § 3 Nr. 7 m. w. N.
1 Bruck/Möller/Beckmann, § 120 Rn. 21.
2 KG v. 30.01.2007 – 6 U 132/06, VersR 2008, 69; OLG Saarbrücken v. 31.10.2007 – 5 U 510/06, zfs 2008, 219.

§ 121 Aufrechnung gegenüber Dritten

§ 35 ist gegenüber Dritten nicht anzuwenden.

1 § 35 VVG berechtigt den Versicherer, hinsichtlich seiner Prämienforderungen gegenüber dem Versicherungsnehmer – soweit erforderlich – Aufrechnung zu erklären mit Forderungen, die dem Versicherungsnehmer aus dem Vertrag zustehen. Diese Möglichkeit wird in § 35 VVG auch für Forderungen, die einem Dritten zustehen, zugelassen. Da im überwiegenden Bereich des VVG von Forderungen des Versicherungsnehmers gegen den Versicherer ausgegangen werden muss, die er ggf. einem Dritten abgetreten hat (man denke an die Fahrzeugversicherungen und die Abtretung der Anspruchs an den Reparateur oder die private Krankenversicherung und die Abtretung des Anspruchs an das Krankenhaus), begegnet diese Regelung insoweit auch keinen Bedenken.

2 Soweit diese Regelung aber auf den Bereich der mit einem Direktanspruch des Geschädigten belegten Pflichtversicherung der Kraftfahrzeug-Haftpflicht ausgedehnt würde, wären alle Regelungen, die dem Geschädigten ein vollständiges Vorrecht gäben, obsolet. Der Kraftfahrzeug-Haftpflicht-Versicherer ist daher folgerichtig nicht berechtigt, seine Forderungen aus dem Vertrag (unabhängig davon, ob es sich um die Prämienforderung oder eine zulässigerweise vereinbarte Selbstbeteiligung in der Kraftfahrzeug-Haftpflicht-Versicherung handelt) den Forderungen des Geschädigten gegenüber zu stellen. Diese Regelung entspricht dem § 158g VVG a. F. Eine Pfändung des Deckungsanspruchs ist dabei für den Bereich der Kraftfahrzeug-Haftpflicht-Versicherung nicht erforderlich, da § 115 VVG dem Geschädigten in Nr. 1 schon einen Direktanspruch gegen den Versicherer gewährt[1].

Der Versicherer ist aber berechtigt, wenn der Geschädigte ebenfalls bei ihm versichert ist, mit Forderungen gegen den Dritten aus dessen Vertragsverhältnissen aufzurechnen[2]!

§ 122 Veräußerung der von der Versicherung erfassten Sache

Die §§ 95 bis 98 über die Veräußerung der versicherten Sache sind entsprechend anzuwenden.

1 Da in der Kraftfahrzeug-Haftpflicht-Versicherung, wie auch in anderen Haftpflichtversicherungen, nicht die veräußerte Sache das Schutzobjekt der Versicherung ist, sondern vielmehr die gesetzlich vorgeschriebene Haftpflicht, sind die Regeln der Sachversicherung nur analog anzuwenden[1]. Folgerichtig zum Zweck der Pflichtversicherung und dem PflVG »wandert« der Versicherungsvertrag mit dem Kfz zu dem Erwerber des Fahrzeuges. Der Erwerber tritt in das Vertragsverhältnis mit all seinen Nebenvereinbarungen (ausgenommen der Unfallversicherung[2]) ein. D. h. er erhält ggf. auch Voll-

---

1 Insoweit undifferenziert Schwintowski/Brömmelmeyer/Huber § 121 VVG Rn. 1.
2 Jacobsen in Feyock/Jacobsen/Lemor § 3 PflVG Rn. 12.
1 Schwintowski/Brömmelmeyer/Huber § 122 VVG Rn. 1 m. w. N.
2 Vgl. insoweit G.7.1 AKB.

kasko-Versicherungsschutz aus dem ursprünglichen Vertrag. Es gelten auch die im ursprünglichen Vertrag vereinbarten Versicherungssummen.

Der Versicherungsschutz kann also durchaus über den Mindestversicherungssummen liegen. Gem. § 97 Abs. 1 ist die Veräußerung der Versicherer umgehend anzuzeigen. Wenn die Anzeige innerhalb des ersten Monats nach der Veräußerung unterbleibt und sich ein Schadenfall ereignet, ist der Versicherer leistungsfrei, soweit er nachweisen kann, dass er den Vertrag mit dem Erwerber nicht geschlossen hätte. Etwas anderes gilt nur, wenn dem Versicherer zu diesem Zeitpunkt die Veräußerung bekannt war, § 97 Abs. 2 VVG. Da die Leistungsfreiheit im Gesetz normiert ist, kommt es auf § 28 VVG nicht an. Auch die Relevanzrechtsprechung ist nicht anzuwenden[3]. Entgegen der Regelungen des VVG a. F. bestimmt § 97 Abs. 2 VVG, dass der Versicherer zur Leistung verpflichtet bleibt, wenn ihm die Veräußerung zu dem Zeitpunkt bekannt war, als die Information hätte erfolgen müssen, er den Vertrag nicht gekündigt hat und die Kündigungsfrist zum Zeitpunkt des Eintritts des Versicherungsfalles schon verstrichen ist. Das Verstreichenlassen der Kündigungsfrist ist ein starkes Indiz dafür, dass der Versicherer kein besonderes Interesse an der Kündigung hat und sein Interesse an der Leistungsfreiheit folglich nicht sonderlich hoch ist[4].

Zu beachten ist, dass der Erwerber den Vertrag so übernimmt, wie er besteht[5]. Ist der Verkäufer des Kfz mit der Prämienzahlung in Verzug, so hat auch der Erwerber im Innenverhältnis keinen Versicherungsschutz. Versäumt es der Erwerber, bei der Zulassungsstelle das erworbene Fahrzeug unter Vorlage einer neuen Versicherungsbestätigung auf sich zuzulassen und verursacht innerhalb der Nachhaftungsfrist des Versicherers einen Unfall, ist er dafür im Innenverhältnis einstandspflichtig[6].

Eine Kündigung wegen einer vom Veräußerer begangenen Obliegenheitsverletzung muss, um wirksam zu sein, dem Veräußerer gegenüber erklärt werden[7].

Veräußerer und Erwerber haften gesamtschuldnerisch für die Prämie nach der Veräußerung, § 96 Abs. 1 VVG; der Erwerber und der Versicherer sind berechtigt, den Vertrag zu kündigen. Der Versicherer kann dies schriftlich binnen Monatsfrist tun, ohne dass er eine Begründung abgeben muss, der Erwerber eines Kfz kann die Kündigung auch konkludent aussprechen durch Vorlage einer Versicherungsbestätigung eines anderen Versicherers. Allerdings ist das Kündigungsrecht dann eingeschränkt, wenn der Versicherer dem Erwerber wegen § 5 PflVG (Kontrahierungszwang) einen Vertrag mindestens zu dem Mindestversicherungssummen anbieten müsste. Auch wenn der Erwerber keine Kenntnis von dem Prämienverzug hatte, fällt er nicht als gutgläubiger Fahrer unter

---

3 BGH v. 20.05.1987 – IVa ZR 227/85, VersR 1987, 705 = r+s 1987, 234.
4 BGH v. 11.02.1987 – IVa ZR 194/85, BGHZ 100, 60 = NJW 1987, 2238 = r+s 1987, 202; OLG Hamm v. 25.08.1989 – 20 U 69/89 r+s 1990, 8 (L) = r+s 1990, 22.
5 BGH v. 07.03.1984 – IVa ZR 18/82, VersR 1984, 455 f.; Schwintowski/Brömmelmeyer/Huber § 122 VVG Rn. 6.
6 BGH v. 07.03.1984 – IVa ZR 18/82, VersR 1984, 455 f.
7 BGH v. v. 14.03.1984 – VI ZR 91/82, VersR 1984, 550; BK/Hübsch, § 158h a. F. Rn. 10.

den Schutz des § 123 VVG, da er als Erwerber in den Vertrag des ehemaligen Versicherungsnehmers eintritt und damit Versicherungsnehmer wird.

6 Die vorstehende Regelung gilt nicht für Fahrzeuge mit Versicherungskennzeichen, da diese Verträge ohnehin nur für ein Jahr abgeschlossen werden und automatisch durch Zeitablauf enden.

§ 123 Rückgriff bei mehreren Versicherten

(1) Ist bei einer Versicherung für fremde Rechnung der Versicherer dem Versicherungsnehmer gegenüber nicht zur Leistung verpflichtet, kann er dies einem Versicherten, der zur selbständigen Geltendmachung seiner Rechte aus dem Versicherungsvertrag befugt ist, nur entgegenhalten, wenn die der Leistungsfreiheit zu Grunde liegenden Umstände in der Person dieses Versicherten vorliegen oder wenn diese Umstände dem Versicherten bekannt oder infolge grober Fahrlässigkeit nicht bekannt waren.

(2) Der Umfang der Leistungspflicht nach Absatz 1 bestimmt sich nach § 117 Abs. 3 Satz 1; § 117 Abs. 3 Satz 2 ist nicht anzuwenden. § 117 Abs. 4 ist entsprechend anzuwenden.

(3) Soweit der Versicherer nach Absatz 1 leistet, kann er beim Versicherungsnehmer Rückgriff nehmen.

(4) Die Absätze 1 bis 3 sind entsprechend anzuwenden, wenn die Frist nach § 117 Abs. 2 Satz 1 und 2 noch nicht abgelaufen ist oder der Versicherer die Beendigung des Versicherungsverhältnisses der hierfür zuständigen Stelle nicht angezeigt hat.

Übersicht	Rdn.
A. Versicherung für fremde Rechnung	1
B. Leistungsfreiheit des Versicherers bei bestehendem Vertrag	2
C. Leistungsfreiheit des Versicherers nach Vertragsbeendigung	3
D. »Gutgläubige« mitversicherte Person	5

A. Versicherung für fremde Rechnung

1 Als Versicherung für fremde Rechnung werden alle diejenigen Versicherungen bezeichnet, in denen der Anspruchsberechtigte aus dem Vertrag nicht der Versicherungsnehmer selbst ist. Es handelt sich also um Schadenversicherungen, die sich mit dem Ersatz von Schäden durch den Versicherungsnehmer oder durch mitversicherte Personen befassen. Die Regelung des § 123 VVG gilt allerdings nur, wenn die mitversicherte Person selbständig berechtigt ist, aus dem Vertrag den Anspruch auf Regulierung von Schadenersatzansprüchen Dritter geltend zu machen. Auch die Kraftfahrzeug-Haftpflicht-Versicherung ist eine solche Versicherung für fremde Rechnung[1].

---

[1] LG Gera 10 S 582/99 in SP 2000, 142 (für den Risikoausschluss auch für den mitversicherten Fahrer).

B. Leistungsfreiheit des Versicherers bei bestehendem Vertrag

Beruft sich der Versicherer auf Leistungsfreiheit wegen einer Obliegenheitsverletzung, kann er dies der mitversicherten Person nur entgegenhalten, wenn die Obliegenheitsverletzung von ihr begangen wurde. Hat sich die mitversicherte Person vertragsgerecht verhalten, hat sie Anspruch auf Gewährung von Versicherungsschutz mindestens im Umfang der Mindestversicherungssummen[2]. Einen Anspruch auf Versicherungsschutz zur ggf. vereinbarten höheren Versicherungssumme besteht nicht, da der Vertrauensgrundsatz des PflVG nur auf die Mindestversicherungssummen beschränkt ist[3]. Gleiches gilt auch für den evtl. mitversicherten Arbeitgeber, der in aller Regel von den Obliegenheitsverletzungen des Fahrers/Versicherungsnehmers keine Kenntnis hat[4]. 2

Ein Verweisungsrecht nach den Regeln des § 117 Abs. 3 S. 2 ist gegeben, wenn auch die mitversicherte Person keinen oder nur teilweisen Anspruch auf Gewährung von Versicherungsschutz hat. Das Verweisungsrecht beschränkt sich auf die Höhe des Leistungsverweigerungsrechts des Versicherers[5].

C. Leistungsfreiheit des Versicherers nach Vertragsbeendigung

Wurde der Vertrag beendet – egal ob durch Kündigung des Versicherers oder des Versicherungsnehmers – ist der Versicherer nach den Grundsätzen des § 117 VVG im Innenverhältnis gegenüber dem Versicherungsnehmer von der Verpflichtung zur Leistung frei. Seine Leistungsfreiheit kann aber nur noch dann den mitversicherten Personen des Vertrages entgegen gehalten werden, wenn der Versicherer die Mitteilung nach § 25 FZV an die Zulassungsstelle gesandt hat und das Ende des Vertrages angezeigt hat. Ist die Mitteilung an die Zulassungsstelle unterblieben, bleibt der Versicherer den unwissenden und »gutgläubigen« Mitversicherten zur Leistung im Rahmen der Regeln des PflVG verpflichtet. 3

Diese Regelung bedeutet eine Neuerung zu § 158i VVG a. F., da dort mit dem Ende des Vertrages auch der Schutz der mitversicherten Personen entfiel. Zwar galt die Frist der Nachhaftung unbeschränkt, wenn eine Anzeige nach § 29c StVZO a. F. bzw. 25 FZV n. F. an die Zulassungsstelle nicht erfolgte. Da aber auch § 158i VVG nur für bestehende Verträge galt[6], war der Fahrer nach der Kündigung des Vertrages vor Regressansprüchen durch den Versicherer nicht geschützt[7]. Durch die Neufassung wird erforderlich, dass der Versicherer die Zulassungsstelle über das Vertragsende informiert hat. 4

---

2 Dies gilt allerdings nur, soweit in den jeweiligen AKB die Beschränkung auf die Mindestversicherungssummen aufgenommen wurde! Vgl. insoweit auch A.1.3 Versicherungssummen, D.3.3 S. 2; E.6.7 AKB.
3 Voraussetzung ist, dass in den AKB die Versicherungssummen im Falle der Obliegenheitsverletzung auf die Mindestversicherungssumme gekürzt werden.
4 Vgl. hierzu auch Schwab in diesem Buch Rn. 304 ff.
5 Himmelreich/Halm/Staab/Kreuter-Lange, Kfz-Schadensregulierung, Kap. 22 Rn. 495.
6 OLG Celle 8 U 154/02 in r+s 2003, 275 = VersR 2003, 1390 (Verweisung nach Vertragsende, VVG a. F.).
7 So zuletzt vielbeachtet BGH IV ZR 127/03 in r+s 2004, 226 f.

Erst nach Ablauf der Nachhaftungsfrist von einem Monat kann er sich auch gegenüber dem Fahrer auf die Leistungsfreiheit berufen. Auch in diesem Fall ist die Haftung auf die Mindestversicherungssummen beschränkt[8].

D. »Gutgläubige« mitversicherte Person

5 Der Schutz des § 123 VVG gilt nur für denjenigen, dem die Leistungsfreiheit des Versicherers nicht bekannt war oder ihm nicht grob fahrlässig unbekannt war. Dies gilt für alle Varianten des § 123 VVG. Dabei kommen hinsichtlich der Verletzung von Obliegenheiten die dort angeführten Regeln zur Anwendung. In diesem Fall steht dem Versicherer ein Verweisungsrecht nach § 117 Abs. 2 S. 2 VVG nicht zu, da der gutgläubige Mitversicherte sonst ebenfalls Regressansprüchen ausgesetzt wäre[9].

Treffen den Fahrer also besondere Prüfungspflichten, wie bei der Gefahrerhöhung, muss er sich die Verletzung dieser Pflichten auch entgegenhalten lassen. Den Verzug mit der Prämienzahlung hingegen muss sich der Fahrer nur dann entgegenhalten lassen, wenn er davon Kenntnis hatte bzw. sich dieser Kenntnis arglistig oder grob fahrlässig entzogen hatte. War der Fahrer Repräsentant des Versicherungsnehmers, ist er zu stellen wie der Versicherungsnehmer. Die Repräsentanteneigenschaft wurde bejaht, wenn derjenige in dem Geschäftsbereich des Versicherungsnehmers aufgrund eines Versicherungsvertrages oder ähnlichen Verhältnisses an die Stelle des Versicherungsnehmers tritt, er ggf. also die gleichen Befugnisse hat[10]. Eine Vielzahl der Entscheidungen zur Repräsentanteneigenschaft sind im Rahmen der Rechtsprechung zur Fahrzeugversicherung ergangen[11].

Dabei kann auch der Ehegatte Repräsentant des Versicherungsnehmers sein und muss sich die Leistungsfreiheit des Versicherers entgegenhalten lassen[12]. Der Untermieter eines Kfz wird nicht zum Repräsentanten des eigentlichen Mieters des Kfz mit der Folge, dass dieser sich das Fehlverhalten des Untermieters zurechnen lassen müsste[13].

§ 124 Rechtskrafterstreckung

(1) **Soweit durch rechtskräftiges Urteil festgestellt wird, dass dem Dritten ein Anspruch auf Ersatz des Schadens nicht zusteht, wirkt das Urteil, wenn es zwischen dem Dritten und dem Versicherer ergeht, auch zugunsten des Versicherungsnehmers, wenn es zwischen dem Dritten und dem Versicherungsnehmer ergeht, auch zugunsten des Versicherers.**

---

8 Knappmann in Prölss/Martin VVG § 158c VVG a. F. Rn. 4, OLG Düsseldorf 4 U 307/94 VersR 1996, 1269; OLG Celle 8 U 154/02 r+s 2003, 275 = VersR 2003, 1390.
9 Bruck/Möller/Beckmann § 123 R. 37.
10 BGH IV ZR 242/87, BGHZ 107, 230; BGH IV ZR 34/92, BGHZ 122, 250.
11 Vgl. hierzu unten A.2.3 AKB Rdn. 25 ff.
12 LG Paderborn 4 O 651/06, zfs 2007, 636 = r+s 2008, 65.
13 BGH XII ZR 94/07, zfs 2009, 637 ff.

(2) Ist der Anspruch des Dritten gegenüber dem Versicherer durch rechtskräftiges Urteil, Anerkenntnis oder Vergleich festgestellt worden, muss der Versicherungsnehmer, gegen den von dem Versicherer Ansprüche auf Grund des § 116 Abs. 1 Satz 2 geltend gemacht werden, diese Feststellung gegen sich gelten lassen, es sei denn, der Versicherer hat die Pflicht zur Abwehr unbegründeter Entschädigungsansprüche sowie zur Minderung oder zur sachgemäßen Feststellung des Schadens schuldhaft verletzt.

(3) Die Absätze 1 und 2 sind nicht anzuwenden, soweit der Dritte seinen Anspruch auf Schadensersatz nicht nach § 115 Abs. 1 gegen den Versicherer geltend machen kann.

Übersicht Rdn.
A. Allgemeines 1
B. Geltung für mitversicherte Personen 2
C. Regulierungsermessen des Versicherers 3
D. Klageabweisendes Urteil 4
E. Rechtskrafterstreckung und Direktanspruch 6
F. Rechtskrafterstreckung und Klage nur gegen den Versicherungsnehmer 7
G. Rechtskrafterstreckung und verjährter Direktanspruch 8
I. Anspruchsübergang 9
II. Kenntnis 10
III. Klage Sozialversicherungsträger gegen Versicherungsnehmer/Fahrer 12

A. Allgemeines

§ 124 VVG ist auf § 3 Nr. 8 PflVG a. F. zurückzuführen. Die Regelung bezieht sich auf den Schadensersatzanspruch des geschädigten Dritten. Steht diesem ein Anspruch auf Ersatz seines Schadens gegen den Versicherungsnehmer oder mitversicherte Personen zu, kann er diesen aufgrund des Direktanspruchs unmittelbar in Anspruch nehmen. Da aber der Versicherer und der Schädiger als Gesamtschuldner haften, ist es zwingend erforderlich, dass eine Entscheidung in dem Verhältnis Geschädigter – Versicherer auch gegenüber den anderen Gesamtschuldnern wirkt, um zu verhindern, dass nach einem klageabweisenden Urteil gegen den einen ein neuer Prozess gegen den anderen Beteiligten geführt wird, der u. U. zu einem anderen Ergebnis kommt[1]. Dabei kommt es auf die inhaltliche Richtigkeit des entsprechenden Urteils nicht an[2]. Gleiches gilt, wenn Versicherungsnehmer und Versicherer im gleichen Prozess in Anspruch genommen werden[3]. Zu beachten ist in diesem Zusammenhang, dass auch ggf. vorab durchzuführende Schlichtungsverfahren mit jedem in der Klage Beteiligten durchgeführt werden müssen[4]. 1

---

1 Bruck/Möller/Beckmann § 124 Rn. 12.
2 BGH IV ZR 131/07.
3 So u. a. BGH IV ZR 366/03, r+s 2005, 397, vgl. Hierzu auch Lemcke, Der Direktanspruch gegen den KH-Versicherer, alter Probleme im neuen Gewand, in FS für Wälder, 2009, S. 179, 188.
4 BGH v. 13.07.2010 – VI ZR 111/09, VersR 2010, 1444f = r+s 2011, 86 f.

§ 124 VVG Rechtskrafterstreckung

Eine mögliche Entscheidung über einen Schadenersatzanspruch im Rahmen des Adhäsionsverfahrens gem. §§ 403 ff StPO im Strafverfahren entfaltet keine Wirkung gegenüber dem Versicherer[5], allerdings wird im Rahmen des Adhäsionsverfahren ein Anspruch auf Schadenersatz nicht verworfen, bei unbegründet erscheinenden Ansprüchen sieht das Gericht von einer Entscheidung ab, § 406 Abs. 1 S. 3 StPO.

▶ **Überlegungen für die Praxis:**

Die Entscheidung muss gegen den **zuständigen** Versicherer ergehen, eine Klage gegen den unzuständigen Versicherer entfaltet keine Wirkung gegenüber dem zuständigen Versicherer.

Man denke an einen Versichererwechsel, es wird der alte Versicherer verklagt. Hier kann ggf. durch eine Streitverkündung an den Rechtsnachfolger als zuständigen Versicherer und den Fahrer des Versicherungsnehmers Abhilfe geschaffen werden. Als Anträge kommen in Betracht die Klageabweisung oder aber auch die Einrede der Verjährung hinsichtlich des Direktanspruchs. Häufig kommt dies vor bei Regressen der Sozialversicherungsträger, die erst nach mehreren Jahren erfolgen können. Hier kann wegen der Verjährung des Direktanspruchs eine Klageabweisung erreicht werden, allerdings sollte einer möglicherweise ergehenden Erledigungserklärung des Sozialversicherungsträgers widersprochen werden. Einer möglichen Klagerücknahme kann durch negative Feststellungsklage begegnet werden, das Rechtsschutzinteresse ergibt sich aus dem Risiko der weiterhin drohenden Inanspruchnahme. Dieses Recht bleibt auch dem streitverkündeten – eigentlich zuständigen – Versicherer, das Rechtschutzinteresse ergibt sich schon aus der Streitverkündung.

B. Geltung für mitversicherte Personen

2 Abs. 2 verpflichtet den Versicherungsnehmer, die Entscheidung des Gerichtes gegen den Versicherer oder einen gerichtlichen Vergleich gegen sich gelten zu lassen, auch wenn er nach § 116 Abs. 1 Satz 2 VVG im Innenverhältnis alleine verpflichtet ist. Dieser Passus bezieht sich auf alle Fälle des kranken Versicherungsverhältnisses[6], es kommt dabei nicht darauf an, ob der Versicherer ganz oder nur teilweise von der Verpflichtung zur Leistung frei ist. Allerdings ist auch diese Regelung nur auf das Gerichtsverfahren bezogen, der Versicherer kann den Versicherungsnehmer auch durch Anerkenntnis im Prozess wirksam mitverpflichten. Soweit Huber dies auch auf die außergerichtlichen Erklärungen des Versicherers ausweitet[7], ist dem zu widersprechen, da insoweit die vertragliche Vereinbarung anzuwenden ist. § 124 VVG kann nur auf die gerichtlichen Verfahren bezogen werden. Dabei bezieht sich die Rechtskrafterstreckung nur auf das Verhältnis Geschädigter vs. Schädiger, ggf. einschließlich Versicherungsnehmer, und Versicherer[8], nicht aber auf den Deckungsanspruch des Versicherungsnehmers

---

5 BGH v 18.12.2012 – VI ZR 55/12, NJW 2013, 1163 f.
6 Vgl. Schwintowski/Brömmelmeyer/Huber, § 124 Rn. 58 ff. m. w. H.
7 Schwintowski/Brömmelmeyer/Huber, § 124 Rn. 58.
8 OLG Saarbrücken v. 17.11.2009 – 4 U 244/09, NJW 2010, 8 (manipulierter Unfall).

oder Fahrers gegen den Versicherer. Hier kann ein neues Verfahren stattfinden[9]. Auch ein rechtskräftiges Urteil, das die Eintrittspflicht des Kraftfahrzeug-Haftpflicht-Versicherers verneint, weil der Versicherungsnehmer vorsätzlich gehandelt hat, führt nicht zum Ausschluss der Eintrittspflicht des vorsätzlich handelnden Versicherungsnehmers[10].

Zu beachten ist dabei, dass für die versicherten Personen unterschiedliche Haftungsgrenzen gelten, die auch im Rahmen der Rechtskrafterstreckung Berücksichtigung finden müssen. So haftet der Versicherer für den versicherten Fahrer, der nicht gleichzeitig Halter des Kfz ist, sowohl in den Grenzen des § 12 StVG für den Betrieb des versicherten Fahrzeuges wie auch für das Verschulden des Fahrers aus § 823 BGB im Rahmen der vereinbarten Versicherungssummen, mindestens aber im, Rahmen der Mindestversicherungssumme. Für den personenverschiedenen Halter, der nicht Fahrer des Kfz war, beschränkt sich die Eintrittspflicht und damit auch die Rechtskrafterstreckung auf die Grenzen des § 12 StVG in der jeweils zum Unfallzeitpunkt geltenden Summen.

Der Urteilstenor sollte diese unterschiedlichen Grenzen schon berücksichtigen, um Unklarheiten zu vermeiden. Korrekter Tenor: VN, FA und VR als Gesamtschuldner in den Grenzen des § 12 StVG, FA und VR als Gesamtschuldner in den Grenzen der Versicherungssumme, FA allein unbegrenzt

Beispiel für die Auswirkungen des Tenors:

Eine Verurteilung in den Grenzen der Versicherungssumme, beschränkt auch die Haftung des FA auf die Versicherungssumme.

Werden Fahrer und Versicherer verurteilt, in den Grenzen der vertraglich vereinbarten Versicherungssummen sämtliche Schäden aus dem Verkehrsunfall zu ersetzen, schützt dies auch den Fahrer vor weiteren Forderungen wegen Rechtskrafterstreckung!

Korrekter Tenor: Versicherungsnehmer, Fahrer und Versicherer werden als Gesamtschuldner in den Grenzen des § 12 StVG, Fahrer und Versicherer werden als Gesamtschuldner in den Grenzen der Versicherungssumme, Fahrer allein unbegrenzt zum Schadenersatz verurteilt.

C. Regulierungsermessen des Versicherers

Abs. 2 Satz 2 bezieht sich auf das Regulierungsermessen des Versicherers. Die Regulierung des Schadens kann nur eingeschränkt dahingehend überprüft werden, dass der Versicherer seine Pflicht zur Abwehr unbegründeter Ansprüche schuldhaft verletzt hat[11]. Damit wird klargestellt, dass das Regulierungsermessen[12] des Versicherers nur

3

---

9 Vgl. Schwintowski/Brömmelmeyer/Huber § 124 Rn. 8 ff.
10 So schon BGH VI ZR 304/79, VersR 1981, 1158 f.
11 Kröger, »Regulierungsermessen und Belastung des Schadenfreiheitsrabatts – der Versicherer zwischen den Fronten«, VersR 2013, 139 ff.
12 Kreuter-Lange in Handbuch Kfz-Schadensregulierung, Kap. S. Rn. 68 m.w.N.; OLG Hamm 20 W 28/05, NJW-Spezial 2005, 450 f.

eingeschränkt überprüfbar ist. Dem Versicherer muss ein Verschulden nachgewiesen werden, dabei sind dem Versicherer lediglich willkürliche Regulierungsmaßnahmen verwehrt[13]. Der Versicherungsnehmer muss nachweisen, dass der Versicherer seine berechtigten Interessen im Rahmen der Schadenregulierung schuldhaft verletzt hat[14]. Eine schuldhafte Verletzung seiner Pflicht zur Prüfung der gegen den Versicherungsnehmer gerichteten Schadenersatzansprüche ist nicht schon gegeben, wenn der Versicherer bei einer Vorfahrtsverletzung die Ansprüche des Geschädigten mit einer Quote reguliert[15]. Allerdings führt eine fehlerhafte[16] oder gar willkürliche und wissentlich falsche[17] Regulierung durch den Versicherer nicht zu einem Rückforderungsrecht gegenüber dem Versicherungsnehmer. Auch der Abschluss eines Vergleiches unter wirtschaftlichen Gesichtspunkten ist nicht pflichtwidrig, wenn sich auch durch Einholung eines unfallanalytischen Gutachtens der Hergang nicht vollständig aufklären lässt[18].

D. Klageabweisendes Urteil

4   Grundsätzlich ist die Rechtskrafterstreckung natürlich sowohl für bestätigende Urteile wie für klageabweisende Urteile geschaffen. Allerdings sind die die Eintrittpflicht des Schädigers bestätigenden Urteile nur insoweit von Bedeutung, als der Versicherungsnehmer im Falle der isolierten Inanspruchnahme einen Freistellungsanspruch gegen den Versicherer geltend machen kann. Von besonderem Interesse ist aber die Klageabweisung gegen einen der Gesamtschuldner, die dann auch für die anderen Beteiligten in diesem Verbund gelten. Es ist nicht erforderlich, dass die Verfahren zeitlich hintereinander abgewickelt werden, vielmehr gilt die Rechtskrafterstreckung auch dann, wenn im gleichen Verfahren gegen einen Gesamtschuldner die Klage abgewiesen wird[19]. Wird also gegen den einen Streitgenossen die Klage rechtskräftig abgewiesen, gilt dies durch die Rechtskrafterstreckung auch für die anderen Streitgenossen. Eine erneute Überprüfung der Haftungsfrage ist damit unzulässig, es bleibt nur noch die Klageabweisung[20]. Einem Prozessvergleich kommt diese Wirkung allerdings nicht zu, auch wenn damit ein Verzicht auf einen Teil der geltend gemachten Forderungen erklärt wird[21]. Dies kann nur durch Vereinbarung einer Ausweitung auch auf die mitversicherten Personen umgangen werden.

5   Dabei soll es allerdings darauf ankommen, aus welchem Grund die Klage abgewiesen wurde. Erfolgte die Klageabweisung z. B. wegen formellen Gründen, so soll diese nicht

---

13 LG Duisburg 5 S 133/86, VersR 1987, 1004.
14 OLG Hamm 20 U 10/84, VersR 1984, 855.
15 So schon LG Köln 19 S 217/80, VersR 1981, 1124; AG Frankfurt 301 C 281/02 in SP 2003, 74.
16 LG Gießen 1 S 330/06 in SVR 2008, 349 f. m. Anm. Richter.
17 AG Köln 269 C 293/08 in SP 2009, 225; AG Essen 20 C 89/07, NJOZ 2007, 2242.
18 AG Völklingen 50 C 15/09, zfs 2009, 623.
19 So u. a. BGH VI ZR 137/07, VersR 2008, 485 f.; OLG Saarbrücken 2 U 244/09 in Jurion 3K 44 954.
20 BGH VI ZR 137/07, VersR 2008, 485 f.
21 BGH VI ZR 110/83, VersR 1985, 849.

in Rechtskraft gegenüber allen Beteiligten erwachsen. Aus der Formulierung »soweit durch rechtskräftiges Urteil festgestellt wird ...«, liest Huber die Beschränkung der Rechtskrafterstreckung nur auf diejenigen Entscheidungen, die sich inhaltlich mit dem Haftpflichtanspruch auseinandersetzen, während die Urteile, die den Anspruch aus formellen Gründen abweisen, nicht diese Wirkungen haben sollen. Allerdings wirkt eine Klageabweisung wegen Verjährung auch für den Schädiger[22]. Es besteht kein Anlass, einen Geschädigten, der die Verjährungsfristen versäumt, besser zu stellen[23]. Dieser dezente Hinweis könnte in Richtung Organisation der Sozialversicherungsträger gedeutet werden und lässt hoffen, dass in nächster Zukunft auch die Frage der inneren Organisation einer Behörde auf dem Prüfstand stehen wird.

E. Rechtskrafterstreckung und Direktanspruch

Eine Rechtskrafterstreckung scheidet dann aus, wenn dem Geschädigten ein Direktanspruch gegen den Versicherer nicht zusteht,[24] diese Regelung ist in der Kraftfahrzeug-Haftpflicht-Versicherung gegeben, wenn der Direktanspruch gem. § 115 Abs. 2 VVG verjährt ist. Die sonstigen Fälle des fehlenden Direktanspruchs sind eher selten und begrenzen sich auf den Bereich, in dem das PflVG nicht zur Anwendung kommt. Dies sind vor allem Schadenfälle im nicht-öffentlichen Bereich[25]. In den Fällen des fehlenden Direktanspruchs ist der Geschädigte gehalten, seinen Anspruch gegen den Schädiger unmittelbar geltend zu machen. Dieser wiederum kann bei gesundem Versicherungsverhältnis aus dem Versicherungsvertrag, der in seinen Wirkungen weiter geht als der Direktanspruch des PflVG, Freistellung von den gegen ihn gerichteten Schadenersatzansprüchen fordern. Aufgrund dieser Konstellation wirkt sich der fehlende Direktanspruch nur bei den Schäden im nicht-öffentlichen Bereich aus, in denen das Versicherungsverhältnis gestört ist.

6

F. Rechtskrafterstreckung und Klage nur gegen den Versicherungsnehmer

Soweit nur der Versicherungsnehmer verklagt wird und dieser wegen betrügerischer Absichten nichts gegen die Klage unternimmt, würde die Rechtskrafterstreckung dazu führen, dass der Versicherer durch dieses Unterlassen in die Gefahr unberechtigter Inanspruchnahme kommt. Der Versicherer kann sich dem unberechtigten Anspruch dann nur noch im Deckungsprozess dadurch entziehen, dass er nachweist, dass der Unfall verabredet war oder gar überhaupt nicht stattgefunden hat[26]. Dies ist ungleich schwerer. Im Kraftfahrzeug-Haftpflicht-Prozess wäre der Geschädigte mit den anspruchsbegründenden Tatsachen beweisbelastet.

7

---

22 BGH VI ZR 256/02, VersR 2003, 1121 f.
23 BGH VI ZR 256/02, VersR 2003, 1121 f.
24 Stiefel/Maier/Jahnke, § 124 Rn. 25 f.
25 Vgl. insoweit ausführlich Schwab in FA Verkehrsrecht Kap. 2 zur Problematik.
26 Schwintowski/Brömmelmeyer/Huber § 124 Rn. 43.

G. Rechtskrafterstreckung und verjährter Direktanspruch

8   Von besonderer Bedeutung ist die Rechtskrafterstreckung im Bereich der gesetzlichen Anspruchsübergänge. Hat der Geschädigte gegen den Versicherungsnehmer, den Fahrer oder Halter oder den Versicherer ein abweisendes Urteil erstritten, wirkt dies nicht nur für alle Beteiligten auf Seiten des Versicherungsnehmers, sondern auch für alle Rechtsnachfolger auf Seiten des Geschädigten. Diese Wirkung entfaltet eine Klageabweisung des unzuständigen Gerichtes oder eine Abweisung wegen fehlender Aktivlegitimation des Klägers (wegen fehlender Rückzession) nicht[27]. Wurde der Anspruch des Dritten aber nicht abgelehnt, sondern befriedigt, liegt ein Urteil, welches rechtskrafterstreckend auch für die Gemeinschaft um Versicherungsnehmer und Versicherer wirken könnte, nicht vor.

I. Anspruchsübergang

9   Im Personenschaden wird der Anspruchsübergang nach § 116 SGB X auf die Sozialversicherungsträger im Unfallzeitpunkt fingiert. Die Krankenkassen und Berufsgenossenschaften erhalten relativ zeitnah Kenntnis von Unfall und Schädiger, so dass diese innerhalb der gesetzlichen Verjährungsfristen in der Lage sind, ihre Ansprüche anzumelden. Problematisch wird dies immer im Bereich der DRV sein, die häufig erst Jahre nach dem schädigenden Ereignis Kenntnis davon erhält. Gem. § 115 Abs. 3 verjährt der Direktanspruch wie der eigentliche Schadenersatzanspruch innerhalb von drei Jahren ab Vollendung des Schadenseintrittsjahres, §§ 195, 199 BGB. Ohne Kenntnis von Schaden und Schädiger verjährt der Direktanspruch innerhalb von 10 Jahren nach Schadeneintritt.

II. Kenntnis

10   Hat der Sozialversicherungsträger erst nach 15 Jahren von dem Schadenfall Kenntnis erhalten, ist sein Direktanspruch verjährt. Wenn der Versicherer sich auf die Verjährung beruft, kann der Sozialversicherungsträger keinen Anspruch mehr gegen ihn geltend machen. Es bleibt ihm allerdings die regelmäßige Verjährungsfrist ab dem Zeitpunkt der Kenntnis vom Schaden gegen den Schädiger, §§ 195, 199 BGB sowie die 30 jährige Verjährungsfrist für Schadenersatzansprüche nach § 199 Abs. 2 BGB, dabei ist zu beachten, dass die 30 jährige Verjährungsfrist bei regelmäßig wiederkehrenden Leistungen gem. § 197 Abs. 2 BGB durch die regelmäßige Verjährungsfrist des § 195 BGB ersetzt wird. Damit kann der Sozialversicherungsträger bei wiederkehrenden Leistungen nur die letzten Jahre, die noch nicht verjährt sind, geltend machen.

11   Zugunsten des Sozialversicherungsträgers wird dabei auf die Kenntnis des Regresssachbearbeiters mit der Begründung abgestellt[28], dass erst der zuständige Sachbearbeiter dem Träger die Kenntnis vermittelt. Dabei wurde seinerzeit auch davon ausgegangen, dass der Schädiger keinen Anspruch auf Schaffung einer Organisationsstruktur habe,

---

27   Schwintowski/Brömmelmeyer/Huber § 124 Rn. 11.
28   So schon BGH VI ZR 183/85, VersR 1986, 917 f.

die eine schnellere Kenntnis von Regresstatbeständen sicherstelle. Mit dieser Judikatur wird der Sozialversicherungsträger im Verhältnis zu allen anderen natürlichen und juristischen Personen ohne Not besser gestellt. In jeder Firma genügt es, wenn das Schreiben die »Schwelle überschritten« hat[29], aber die Kenntnis der Leistungsabteilung, die es versäumt, die Regressabteilung von der Ursache der Leistungspflicht hinreichend zu informieren, wird nicht angerechnet. Dabei ist es im Zeitalter der Elektronik ein Leichtes, die Ursache der Leistungspflicht zu hinterfragen und ggf. die Ansprüche unmittelbar anzumelden, um einer Verjährung des Direktanspruchs zu entgehen. Mit der derzeitigen Rechtsprechung des BGH wird der Sozialversicherungsträger über Gebühr geschützt, es besteht für ihn überhaupt keine Notwendigkeit seine Arbeitsstrukturen zu modernisieren. Das Organisationsverschulden von Behörden wird dadurch weiter unterstützt, während – ohne, dass hier ein sachlicher Rechtfertigungsgrund zu erkennen wäre – einer privatwirtschaftlichen Firma dieser Schutz versagt wird. Sicher wird man zustimmen können, dass die Kenntnis eines Polizisten beispielsweise, der auch Mitglied einer staatlichen Organisation ist, nicht der DRV zugerechnet werden kann, allerdings bestehen keine Bedenken, die Kenntnis der Leistungsabteilung der DRV der Regressabteilung der DRV zuzurechnen. Immerhin erhält die Leistungsabteilung schon nach der Überschreitung des Entgeltfortzahlungszeitraums (also i. d. R. nach 6 Wochen) Kenntnis von Unregelmäßigkeiten, weil eine Mindereinnahme auf dem Beitragskonto verbucht wird. Dieser Differenz ist nachzugehen, um alle Regressmöglichkeiten zugunsten des Beitragskontos auszuschöpfen.

III. Klage Sozialversicherungsträger gegen Versicherungsnehmer/Fahrer

Ist der Direktanspruch verjährt, bleibt dem Sozialversicherungsträger nur noch die Möglichkeit, sich unmittelbar an den Schädiger (Fahrer oder Versicherungsnehmer) zu wenden. Dabei sind zunächst grundsätzlich die Versicherungssummen zu beachten. War der Schädiger der vom Versicherungsnehmer personenverschiedene Fahrer, kann der Sozialversicherungsträger seinen Anspruch gegen den Versicherungsnehmer, der gleichzeitig Halter des Schädigerfahrzeuges war, nur im Rahmen der Haftungshöchstgrenzen des StVG in der zum Unfallzeitpunkt geltenden Fassung richten. Die Forderung ist daher gegenüber dem Halter auf die Haftungshöchstgrenzen des StVG zu begrenzen, um nicht in eine Haftungsfalle zu tappen. Wendet sich der Sozialversicherungsträger an den Fahrer, hat er das Recht seine Ansprüche in unbegrenzter Höhe geltend zu machen, § 823 BGB. 12

Macht der Sozialversicherungsträger seine Ansprüche gegen den Versicherer geltend, kann dieser die negative Feststellungsklage bemühen, mit dem Antrag, »Festzustellen, dass dem Sozialversicherungsträger keine Ansprüche gegen den Versicherer aus diesem Schadenereignis zustehen.«, ein solches feststellendes Urteil würde im Wege der Rechts- 13

---

29 Vgl. nur BGH VI ZR 271/91, VersR 1993, 871 m. Anm. Lorenz, der die Kenntnis des Agenten dem Krankenversicherer zurechnet; OLG Oldenburg 20 U 203/93, VersR 1996, 157 für die Zurechenbarkeit der Kenntnis eines Mitarbeiters der Krankenversicherung für die demselben Konzern angehörende Lebensversicherung.

krafterstreckung auch die weitere Durchsetzung der Ansprüche gegen den Fahrer oder Versicherungsnehmer verhindern[30].

14 Die mitversicherten Personen haben – obwohl die regelmäßige Verjährungsfrist[31] von 3 Jahren gem. § 199 BGB zur Geltendmachung von Freistellungsansprüchen abgelaufen ist – trotzdem das Recht, die Freistellung vom Versicherer zu fordern.

---

30 Pohlmann/Schwartzke in Looschelders/Pohlmann § 124 Rn. 8 m. w. N.
31 Eine umfassende Darstellung der alten und der neuen Rechtslage bieten Muschner/Wendt »Die Verjährung im Versicherungsvertragsrecht« in MDR 2009, 609 ff.

Gesetz über die Pflichtversicherung für Kraftfahrzeughalter (Pflichtversicherungsgesetz PflVG)

vom 05.04.1965 (BGBl. I S. 213), zuletzt geändert durch G vom 24.04.2013 (BGBl. I S. 932)

§ 1 (Pflicht-Haftpflichtversicherung für Kraftfahrzeuge und Anhänger)
Der Halter eines Kraftfahrzeugs oder Anhängers mit regelmäßigem Standort im Inland ist verpflichtet, für sich, den Eigentümer und den Fahrer eine Haftpflichtversicherung zur Deckung der durch den Gebrauch des Fahrzeugs verursachten Personenschäden, Sachschäden und sonstigen Vermögensschäden nach den folgenden Vorschriften abzuschließen und aufrechtzuerhalten, wenn das Fahrzeug auf öffentlichen Wegen oder Plätzen (§ 1 des Straßenverkehrsgesetzes) verwendet wird.

Übersicht	Rdn.
A. Allgemeines	1
B. Regelungsgehalt	3
I. Schutzzweck	3
1. Hauptschutzzweck: Verkehrsopfer	3
2. Nebenschutzzweck: Versicherte Personen	7
II. Anwendungsbereich	9
1. Auf öffentlichen Wegen und Plätzen	9
2. Kraftfahrzeug	12
a) ungebunden an Gleise	12
b) Antriebsarten	15
c) Beispiele	16
d) Negativbeispiele	18
e) Grenzfälle	20
3. Anhänger (und Auflieger)	34
4. Regelmäßiger Standort im Inland	40
5. Versicherter Personenkreis	46
a) Halter	48
b) Eigentümer	59
c) Fahrer	62
aa) Fahrer ist mehr als nur Fahrzeugführer	63
bb) Fahrschüler und Fahrlehrer	65
cc) Begleitfahrzeug	71
dd) Zug- und Schubkombinationen	73
ee) begleitetes Fahren	76
ff) Fahrertrainer	78
gg) Insasse	81
III. Durch den Gebrauch des Fahrzeugs	82
1. Der enge Gebrauchsbegriff des PflVG	82
a) Vorbemerkung	82
aa) Falscher Ansatz: AKB	85

§ 1 PflVG (Pflicht-Haftpflichtversicherung für Kraftfahrzeuge und Anhänger)

Rdn.
bb) Richtiger Ansatz: Schutzzweck des PflVG 91
b) Gebrauch, mehr als nur Betrieb 99
c) Unzweifelhafter Gebrauch 101
d) Einzelfälle – noch Gebrauch i. S. d. PflVG 103
e) Einzelfälle – kein Gebrauch i. S. d. PflVG 106
2. Kausalität 109
IV. Schadenarten 114
1. Personenschaden 116
2. Sachschaden 122
3. Vermögensschaden 128
4. Nicht: reiner Ökoschaden 132
C. Weitere praktische Hinweise 136

A. Allgemeines

1 Das Gesetz über die Pflichtversicherung für Kraftfahrzeughalter[1] (PflVG) gehört, wie der Name schon sagt, zum Kanon der Pflicht-Haftpflichtversicherungen nach den §§ 113 ff. VVG. Vorläufer war das Reichs-PflVG[2], das zum 01.07.1940 in Kraft trat.

2 Es handelt sich dabei um die grundlegende Norm, die mit dem Verweis »*nach den folgenden Vorschriften*« auch eine Vielzahl von Ausnahmen von der Versicherungspflicht zulässt. Die Ausnahmen beruhen auf:
– der Annahme nur eingeschränkter Gefährlichkeit[3] dieser Fahrzeuge, z. B. wegen geringer Höchstgeschwindigkeiten oder
– aufgrund der Annahme, wegen der Größe einer Gebietskörperschaft sei jederzeit ein zahlungskräftiger Schuldner[4] vorhanden, § 2 PflVG.

B. Regelungsgehalt

I. Schutzzweck

1. Hauptschutzzweck: Verkehrsopfer

3 Die Pflicht-Haftpflichtversicherung nach dem PflVG dient nach wie vor ganz vorwiegend[5] dem Schutz der Verkehrsopfer.

---

1 Gesetz vom 05.04.1965 BGBl. I S. 213, zuletzt geändert durch Artikel 3 des Gesetzes vom 24. April 2013 (BGBl. I S. 932).
2 Gesetz über die Einführung der Pflichtversicherung für Kraftfahrzeughalter und zur Änderung des Gesetzes über den Verkehr mit Kraftfahrzeugen sowie des Gesetzes über den Versicherungsvertrag vom 07.11.1939, RGBl. I S. 2223.
3 *Feyock*/Jacobsen/Lemor § 2 PflVG, Rn. 5.
4 Prölss/Martin/*Knappmann*, § 2 PflVG, Rn. 1.
5 *Hedderich*, Pflichtversicherung, Diss. 2010, S. 348.

Auch nach heutigem Verständnis wird man unter Verkehrsopfer das Unfallopfer zu verstehen haben, wie es in Art. 12 Abs. 1 und 3 der 6. KH-Richtlinie[6] beschrieben ist. Besonders schutzwürdig als Unfallopfer sind danach:
- Fahrzeuginsassen mit Ausnahme des Fahrers
- Fußgänger
- Radfahrer
- andere nicht motorisierte Verkehrsteilnehmer

Bereits in der Präambel des Vorläufergesetzes wurde der Zweck des Gesetzes herausgestellt: *»Um den Schutz des Verkehrsopfers wirksamer zu gestalten, ...«*. Damit wurde ein erster[7] Schritt unternommen, den wirtschaftlichen Interessen des Geschädigten gerecht zu werden. Aufgrund der Risiken des immer stärker aufkommenden Kraftfahrzeugverkehrs war es notwendig, eine materielle Absicherung bereit zu halten.

Dagegen ist die Norm für sich allein keine selbstständige Anspruchsgrundlage auf Schadensersatz[8].

2. Nebenschutzzweck: Versicherte Personen

Nach heutigem einhelligem Verständnis[9] dient die Pflichtversicherung jedoch auch dem Schutz des Versicherungsnehmers, dessen bürgerliche Existenz durch einen entsprechenden Schadensfall bedroht ist, und – mit Lücken[10] – der mitversicherten Personen. Dabei ist darauf hinzuweisen, dass Mitversicherte häufig keinerlei Kenntnis oder Einfluss darauf haben, ob eine Prämienzahlung erfolgt ist, in welcher Höhe die vertragliche Deckungssumme vereinbart wurde oder gar der Kfz-Haftpflichtvertrag durch seinen Arbeitgeber gekündigt[11] wurde. Der ungerechte[12] und völlig unbefriedigende Zustand des § 158i VVG[13] a. F. wurde durch den § 123 Abs. 4 VVG entschärft[14] und damit der frühere Fehlgriff[15] des Gesetzgebers beseitigt.

---

6 2009/103/EG vom 16.09.2009.
7 Wesentliche Verbesserung erst 1965 durch die Einführung des Direktanspruchs in § 3 Nr. 1 PflVG a. F., heute geregelt in § 115 Abs. 1 Satz 1 Nr. 1 VVG.
8 *OLG München* Urt. v. 08.12.1995 – 10 U 4713/95, ADAJUR Dok.Nr. 6266 = NZV 1996, 199.
9 *Feyock*/Jacobsen/Lemor vor § 1 Rn. 16; *Dallwig*, Deckungsbegrenzungen in der Pflichtversicherung, Diss. 2011, S. 19.
10 Siehe *Schwab* § 2 KfzPflVV Rdn. 70 sowie *Schwab* A.1.2 AKB Rdn. 83–102.
11 Der Fahrer war damit dem Regress des Sozialversicherungsträgers ausgesetzt.
12 *Hinsch-Timm* Das neue Versicherungsvertragsgesetz in der anwaltlichen Praxis, Kap. D, Rn. 44.
13 *BGH* Urt. v. 14.01.2004 – IV ZR 127/03, BGHZ 157, 269 = JurionRS 2004, 10971 = NZV 2004, 185 = SVR 2004, 235, bespr. von *Schwab* = SP 2004, 135 = zfs 2004, 169 = NJW 2004, 1250 = VersR 2004, 369 mit Anm. *Lorenz* = DAR 2004, 218 u. DAR 2004, 375 mit Anm. *Schirmer*.
14 Looschelders/*Pohlmann*/Schwartze VVG-Kommentar § 123 VVG, Rn. 6.
15 Schwintowski/Brömmelmeyer/*Huber* PK-VersR, § 123 Rn. 11.

§ 1 PflVG (Pflicht-Haftpflichtversicherung für Kraftfahrzeuge und Anhänger)

8 Die Vorschriften zur Mitversicherung haben somit eine wesentliche soziale[16] Komponente.

II. Anwendungsbereich
1. Auf öffentlichen Wegen und Plätzen[17]

9 Die Vorschrift gilt ausschließlich[18] für die Verwendung von Fahrzeugen auf öffentlichen Wegen und Plätzen und normiert eine Haftpflicht[19]-Versicherungspflicht. Die Norm nimmt dabei auf das Verkehrsverwaltungsrecht Bezug, § 1 StVG. In der 1998 geänderten Fassung spricht das StVG allerdings nicht mehr von »öffentlichen Wegen und Plätzen«, sondern nur noch von »öffentlichen Straßen«. Inhaltlich hat sich hierdurch nichts geändert. Die Änderung diente lediglich der Harmonisierung[20] mit der StVO[21] und der StVZO[22] bzw. heute auch der FeV[23] und der FZV[24].

10 Öffentlich ist der Verkehrsraum, wenn er unabhängig von Eigentumsrechten an der Straße tatsächlich für den Gemeingebrauch gewidmet ist oder zur allgemeinen Benutzung vom Berechtigten geduldet wird. Allerdings wird eine Privatstraße auch dann nicht zum öffentlichen Verkehrsraum, wenn der Eigentümer nach § 917 BGB verpflichtet ist, seinen Grundstücksnachbarn die Benutzung des Weges auch mit Kraftfahrzeugen[25] zu ermöglichen. Im Detail stellen sich diverse Abgrenzungsfragen[26]. Eine scharfe Trennung[27] zwischen öffentlichem Verkehrsraum und angrenzendem Bereich ist für die Rechtsanwendung unabdingbar. Diese erlangen insbesondere im Straf-

---

16 Looschelders/*Pohlmann*/Schwartze VVG-Kommentar § 123 VVG, Rn. 1.
17 Siehe hierzu *Schwab* § 2 KfzPflVV Rdn. 49–54.
18 Böhme/*Biela* Kraftverkehrshaftpflichtschäden, Kap. 16, Rn. 156; *Schwab*, Betrieb und Gebrauch eines Kraftfahrzeugs, DAR 2011, 11 ff.
19 Andere in den AKB mit auf genommene Versicherungen (Fahrzeugversicherung, Schutzbriefversicherung, Unfallversicherung, etc.) unterliegen keiner Versicherungspflicht.
20 Auszug der Begründung zum Änderungsgesetz vom 24.04.1998 abgedruckt in Hentschel/König/*Dauer* § 1 StVG.
21 Z. B. § 34 StVO. Verkehrsunfall nur im öffentlichen Straßenverkehr möglich, FAKomm/VerkehrsR/*Müller* § 34 StVO, Rn. 9 u. 10.
22 Z. B. § 16 Abs. 1 StVZO.
23 Z. B. § 1 FeV.
24 Z. B. § 48 Nrn. 2 und 9 FZV.
25 *BGH* Urt. v. 12.12.2008 – V ZR 106/07, JurionRS 2008, 27946 = DAR 2009, 138 = DNotZ 2009, 448 = NZM 2009, 253 = MDR 2009, 374 = NJW-RR 2009, 515 = NJ 2009, 200; *OLG Hamm* Urt. v. 16.02.2012 – I-5 U 143/11, JurionRS 2012, 1211 = MDR 2012, 460.
26 Übersichten bei Hentschel/*König*/Dauer § 2 StVO, Rn. 13 ff.; Himmelreich/Halm/*Schwab*, Handbuch des Fachanwalts Verkehrsrecht, Kap. 2, Besonderheiten bei Unfällen mit Fahrzeugen außerhalb des öffentlichen Verkehrsraumes; *Rebler* Der Straßenbegriff im Verkehrsrecht, DAR 2005, 65 ff.
27 *OLG Saarbrücken* Urt. v. 03.11.2009 – 4 U 238/09, JurionRS 2009, 27979 = NZV 2010, 207 = NJW 2010, 945 = NJW-Spezial 2010, 945 (Verkaufsanhänger auf zugewiesener Stellfläche).

recht[28] besondere Bedeutung. Das Be- und Entladen gehört unabhängig von der Örtlichkeit zum Gebrauch des Fahrzeugs.

In diesem Zusammenhang wirft die Traktor-Entscheidung des *EuGH*[29] erhebliche Fragen auf. Das Gericht geht davon aus, dass eine Versicherungspflicht zumindest für Fahrzeuge bestehe, gleich ob sie auf öffentlichem oder nichtöffentlichem Grund bewegt werden. Die so weitreichende Auslegung müsste dazu führen, dass der deutsche Gesetzgeber »nachbessern« – also die Einschränkung aufzuheben – habe. Dabei besteht keinerlei Notwendigkeit Personen durch eine Pflicht-Haftpflichtversicherung zu schützen, die sich freiwillig in einen nichtöffentlichen Raum begeben. Dem *EuGH* waren die wirtschaftlichen und strafrechtlichen Konsequenzen möglicherweise nicht bewusst, da es folglich keinen (Frei-) Raum mehr für einen Fahrzeughalter gibt, sein Fahrzeug ohne Haftpflichtversicherung abstellen oder fahren zu können. 11

2. Kraftfahrzeug

a) ungebunden an Gleise

Kraftfahrzeuge sind Landfahrzeuge[30], die durch Maschinenkraft[31] bewegt werden, ohne an Bahngleise gebunden zu sein, § 1 Abs. 2 StVG. Davon abweichend spricht § 2 Nr. 1 FZV von »nicht dauerhaft spurgeführten Landfahrzeugen, die durch Maschinenkraft bewegt werden«. 12

Mit geeigneten Aufsatzvorrichtungen[32] kann ein Kraftfahrzeug auch als Schienenfahrzeug verwendet werden. Die Abweichung eröffnet technische Neuerungen[33]. Zu denken ist aber auch an Fahrzeuge, die aufgrund von technischen Ausstattungen sowohl 13

---

28 *BGH* Beschl. v. 08.06.2004 – 4 StR 160/04, JurionRS 2004, 14115 = DAR 2004, 529 = VersR 2005, 997 = NZV 2005, 50 = VRS 107, 179 (Fahrt auf Rasenfläche); *BGH* Urt. v. 04.03.2004 – 4 StR 377/03, BGHSt 49, 128 = JurionRS 2004, 26202 = DAR 2004, 399 = NJW 2004, 1965 = VersR 2005, 92 = VRS 107, 35 (Werksgelände); Schäden an Fremdfahrzeugen durch Ladegut beim Beladen des eigenen Fahrzeugs auf öffentlichen Privatparkplatz muss kein Verkehrsunfall im Sinne des § 142 Abs. 1 StGB sein, *AG Tiergarten* Urt. v. 16.07.2008 – 290 Cs 145/08, ADAJUR Dok.Nr. 81720 = NZV 2009, 94; Anders *OLG Köln* Urt. 19.07.2011 – 1 RVS 138/11, JurionRS 2011, 20299 = DAR 2011, 541 = JuS 2011, 1038 = NJW-Spezial 2011, 554 = NStZ 2011, 354 = ADAJUR Dok.Nr. 96269 = NZV 2011, 619 = StRR 2011, 398 = VRR 2011, 350 bespr. v. Deutscher = TranspR 2011, 451 = zfs 2011, 588. Der »Fehlwurf als Unfall« kann aber zu einem Verbotsirrtum führen, *LG Aachen* Urt. v. 09.12.2011 – 71 Ns 607 Js 784/08–146/11, JurionRS 2011, 41312.
29 *EuGH* Urt. v. 04.09.2014 – Rs. C-162/13, JurionRS 2014, 20478 = ADAJUR Dok.Nr. 105915 = JZ 2015, 60 = NJW 2014, 3631 = r+s 2014, 523 = DAR 2015, 259.
30 Amphibienfahrzeuge (Schwimmautos) gelten beim Einsatz an Land als Landfahrzeuge.
31 Enger als »mechanische Antriebsvorrichtung« in Art. 2 KfzVAbk (Internationales Abkommen über den Kraftfahrzeugverkehr v. 24.04.1926, BGBl. 1930 II S. 1234).
32 FAKomm/VerkehrsR/*Heinrich* § 2 FZV, Rn. 1.
33 Hentschel/König/*Dauer* § 2 FZV Rn. 3.

auf Straßenbahn- oder anderen Bahnstrecken zusätzlich zum Einsatz kommen können, z. B. im Gleisbaubereich.[34]

14 Durch den Einsatz von Kraftfahrzeugen als Arbeitsmaschinen wird der gesetzliche geforderte Anwendungsbereich regelmäßig verlassen. Dies betrifft nicht nur landwirtschaftliche Maschinen zur Ackerbearbeitung[35]. Vielschichtige neue Rechtsprobleme entstehen, wenn die Landfahrzeuge als Arbeitsmaschinen mit Pontons oder Schiffen verbunden werden, wie z. B. bei Autokränen, die auf der Nord- und Ostsee Windkraftanlagen aufbauen oder auf Binnengewässern Arbeiten verrichten.

b) **Antriebsarten**

15 Die Art der Antriebsenergie ist dabei unerheblich, so dass neben Verbrennungsmotoren jeglicher Art (Vergaserkraftstoff, Diesel, Gase, Holz, etc.) auch Elektro-, Hybrid- und sonstige Antriebe in Betracht kommen. Zudem muss das Kraftfahrzeug das Betriebsmittel bzw. den Energievorrat nicht bereits mit sich führen. Es reicht aus, wenn ein Oberleitungsbus[36] die elektrische Energie erst abnimmt, um sie zu verbrauchen.

c) **Beispiele**

16 Zu den Kraftfahrzeugen gehören:
 – alle einspurigen Fahrzeuge, also Kräder aller Art wie
 – Motorräder (Krafträder), Leichtkrafträder, Mopeds[37]
   – Fahrräder mit Hilfsmotoren, Mofas, zum Teil E-Bikes[38] und Pocket-Bikes[39]
   – Go-Peds[40]
   – Citytramp[41] (elektro-unterstützter Tretroller, der heute unter § 1 Abs. 3 StVG verkehrsrechtlich kein Kraftfahrzeug mehr sein dürfte)
 – zweispurige Fahrzeuge. Neben PKW, LKW und Bussen zählen auch andere hierzu, so auch:

---

34 *AG Bremen* Urt. v. 23.04.2015 – 9 C 275/14 (in der irrigen Annahme, der Betriebshaftpflichtversicherer sei ausnahmsweise direkt in Anspruch zu nehmen, wenn das Schienenfahrzeug wie ein Kfz im öffentlichen Verkehrsraum bewegt werde).
35 *BGH* Urt. v. 24.03.2015 – VI ZR VI ZR 265/14, JurionRS 2015, 14026 = r+s 2015, 253.
36 *OLG Karlsruhe* Urt. v. 23.09.1955 – 2 U 203/54, VRS 10, 81; gilt auch bei DUO-Bussen (Diesel und Oberleitung) und auch beim Spurbus, solange er nicht spurgesteuert ist, sondern vom Fahrer tatsächlich gelenkt wird, *Filthaut* Die Gefährdungshaftung für Schäden durch Oberleitungsbusse (Obusse) NZV 1995, 52 ff.
37 *BGH* Urt. v. 13.07.1971 – VI ZR 245/69, JurionRS 1971, 11077 = NJW 1971, 1983 = DAR 1971, 298 = VersR 1971, 1043 = MDR 1971, 922 = VRS 41, 430.
38 Abbildungen mit Beschreibungen in ADAC-Motorwelt 9/2009, S. 15; *Ternig* Segway und Elektrofahrrad, zfs 2010, 2 ff.
39 Ludovisy/*Eggert*/Burhoff Praxis des Straßenverkehrsrechts, Teil 4, Rn. 19.
40 *Heinrich* Motorisierter Tretroller – sog. »Go-Ped« – im öffentlichen Straßenverkehr, PVR 2003, 138.
41 *VG Stuttgart* Urt. v. 11.11.2005 – 10 K 3452/03.

- Quads[42]
- Elektrorollstühle
- Gabelstapler[43]
- selbstfahrende Arbeitsmaschinen wie beispielsweise
  - Aufsitzrasenmäher[44] oder Fahrbahnmarkierungsmaschinen,
  - Straßenwalzen, Radlader, Muldenkipper[45] und Bagger
  - Hubstapler[46]
- dreispurige Fahrzeuge wie:
  - Trikes[47] (egal, ob Achse vorn oder hinten)
  - Twikes (mit reinem Elektro- und auch mit zusätzlichem Pedalantrieb)[48]
- Motorrikschas[49]
  - Kleinst-LKWs
- bekannte Sonderformen, deren Räder nicht zwangsweise den Boden berühren, wie:
  - Gleiskettenfahrzeuge[50], wie Raupen und Panzer[51]
  - Motorschlitten
- neuartige Sonderformen wie:
  - der nur unter Einschränkungen ungefährliche[52] **Segway**, als selbst balancierender einachsiger batteriebetriebener[53] Personentransporter gehört zu den Kraftfahrzeugen[54] und untersteht der MobHV[55]

---

42 Ludovisy/*Eggert*/Burhoff Praxis des Straßenverkehrsrechts, Teil 4, Rn. 19.
43 *OLG Köln* Urt. v. 09.03.1999 – 9 U 82/98, VersR 2000, 352 = zfs 1999, 430.
44 *OLG Düsseldorf* Urt. v. 24.10.2005 – I-1 U 53/05 *Ternig* Sitzrasenmäher/Aufsitzmäher; rechtliche Einordnung in den Straßenverkehr, DAR 2014, 487 ff.
45 *Schmalzl* Fallen durch Muldenkipper auf öffentlichen Straßen verursachte Haftpflichtschäden unter den Versicherungsschutz der Betriebshaftpflichtversicherung für Bauunternehmer?, VersR 1973, 117.
46 *BAG* Urt. v. 30.11.1988, Az.: 4 AZR 415/88, JurionRS 1988, 14796 = NZA 1989, 859 = BB 1989, 635.
47 *OLG Frankfurt* Urt. v. 17.06.1998 – 21 U 216/97, VersR 2000, 197.
48 Höchstgeschwindigkeit ca. 85 km/h.
49 *Huppertz* Verkehrsrechtliche Einordnung von Rikschas, NZV 2006, 299.
50 Definiert in § 34b Abs. Satz 1 StVZO.
51 § 12b StVG.
52 Schreiben der GDV-Unfallforschung vom 28.08.2008 an den Hersteller; max. 6 km/h auf Gehwegen, sonst max. 9 km/h für alle übrigen Verkehrswege; *Brockmann*, Segways und Pedelecs – Umweltfreundlich, aber gefährlich?, 50. DVGT 2012, 205 ff.
53 Hentschel/König/*Dauer* § 16 StVZO Rn. 4; *Scheidler*, Die Mobilitätshilfeverordnung – Rechtsgrundlagen für neue Form der Fortbewegung im Straßenverkehr, DAR 2009, 536 ff.
54 BR-Drucksache 844/07 vom 20.12.2007; Einzelzulassung in 13 Bundesländern heute möglich; *Kettler* Segway, NZV 2008, 71 ff.; *Ternig* Segway und Elektrofahrrad, zfs 2010, 2 ff.; *Rebler*, Moderne Zeiten: Neue Fahrzeugformen und die Schwierigkeit ihrer rechtlichen Behandlung, SVR 2012, 15 ff.; *Huppertz*, Pedelec, Segway, Bierbike: Lust oder Last?, NZV 2012, 23 ff. Burmann/Heß/Jahnke/*Janker* Straßenverkehrsrecht, § 1 StVG, Rn. 8.
55 MobHV = Mobilitätshilfe-Verordnung v. 16.07. 2009, BGBl. I S. 2097.

– Motoboards[56] (Skateboards mit Motorantrieb, ggf. mehr als 1,5 PS)

17 Zu beachten sind jeweils die Ausnahmetatbestände nach dem § 2 Abs. 1 Nr. 6 PflVG. Hierzu zählen:
– Kraftfahrzeuge, die bauartbedingt nicht schneller als 6 km/h fahren können[57]
– zulassungsfreie Anhänger und
– zulassungsfreie selbstfahrende Arbeitsmaschinen im Sinne des § 2 Nr. 17 FZV, die nicht schneller als 20 km/h fahren können.

d) Negativbeispiele

18 Nicht mehr zu den Kraftfahrzeugen zählen:
– ferngesteuerte Spielfahrzeuge
– Autoscooter[58]
– Luftkissenfahrzeuge (Hovercrafts) zählen eher zu den Booten, auch wenn sie sich an Land fortbewegen können
– ein Mensch mit auf den Rücken geschnalltem Gleitschirmpropellermotor[59]
– Seifenkisten sind nicht motorisierte Kleinfahrzeuge, nutzen über die Schwerkraft nur das Gefälle einer Straße
– ein Strandsegler (Sail Buggy) fährt mit Windkraft, nicht mit Maschinenkraft
– ein Bierbike, mit Muskelkraft bewegtes Thekenfahrrad[60]
– eine Fahrradriksha[61]
– ein Bettbike, kuriose Fahrradriksha zur Beförderung von Touristen in Betten[62]
– ein Partybike[63]

---

56 *Grams*, Motorbetriebene Skateboards als Kfz im Straßenverkehr?, NZV 1994, 172.
57 Sie sind damit von der Zulassungspflicht nach § 1 FZV ausgenommen. Ob motorbetriebene Kinderfahrzeuge hinzuzurechnen sind, kann dahinstehen, da sie nicht schneller als 6 km/h fahren können; zum Streitstand siehe Hentschel/König/*Dauer* § 1 StVG Rn. 2.
58 *OLG Nürnberg* Urt. v. 07.05.1986 – 9 U 230/86, JurionRS 1986, 19603 = NJW-RR 1986, 1224 (keine Landfahrzeuge); *AG Menden* Urt. v. 07.09.2005 – 4 C 33/05, JurionRS 2005, 34615 = SVR 2006, 150 bespr. v. *Otting*.
59 Dafür jedoch *OLG Oldenburg* Urt. vom 03.05.1999 – Ss 105/99, JurionRS 1999, 14849 = DAR 2000, 373 = NStZ-RR 1999, 377 = zfs 1999, 357 = NZV 2000, 384 mit abl. Anm. *Grunewald*; Geigel/*Kaufmann*, Der Haftpflichtprozess, Kap. 25, Rn. 21.
60 *BVerwG* Beschl. v. 28.08.2012 – 3 B 8.12, JurionRS 2012, 23209 = DAR 2012, 654 = DVBl. 2012, 1434 = NVwZ 2012, 1623 = VRR 2012, 363; Vorinstanz *OVG Münster* Urt. v. 23.11.2011 – 11 A 2325/10, JurionRS 2011, 29735 = DÖV 2012, 287 = DVBl. 2012, 312 = VRR 2012, 154 bespr. v. *Deutscher*.
61 *OLG Dresden* Beschluss v. 11.10.2004 – Ss (OWi) 460/04, JurionRS 2004, 24259 = DAR 2005, 99 = NJW 2005, 452 = NStZ-RR 2005, 24 = NJ 2005, 225 m. Anm. *D. Müller* = VRS 108, 53.
62 http://www.ksta.de/rund-um-die-welt/liegend-unterwegs-mit-dem–bettbike–durch-berlin,16126870,22757242.html; recherchiert am 02.03.2015.
63 *OVG Münster* Urt. v. 23.11.2011 – 11 A 2511/10, JurionRS 2011, 29736 = DAR 2012, 276 = DÖV 2012, 287 = NVwZ-RR 2012, 422 = SVR 2012, 155 = zfs 2012, 177.

- ein Fahrrad[64]

Wechselaufbauten (-brücken, -container, -koffer etc., aber auch Campingwohnkabinen) sind keine Fahrzeuge. Sie sind also weder Kraftfahrzeuge noch Anhänger, selbst wenn sie mit eigenständigen Aggregaten zum Kühlen oder Warmhalten ausgestattet sind. Es handelt sich hierbei um Transportbehältnisse, die auf Stützen abgestellt werden können. Sie werden von besonderen Chassisfahrzeugen unterfahren und sodann als Ladung transportiert.[65] Wechselaufbauten können durch Zusatzprämien[66] in der Kaskoversicherung mitversichert werden.

19

e) **Grenzfälle**

Zu den streitigen Grenzfällen zählen insbesondere **Go-Karts**[67]. Es handelt sich um Fahrzeuge, die nicht am öffentlichen Straßenverkehr teilnehmen dürfen. Sie haben Ähnlichkeit mit einem Aufsitzrasenmäher, haben aber keine Funktion als Arbeitsmaschine. Derartige Fahrgeräte werden mit unterschiedlicher Leistungsstärke auf Jahrmärkten und speziellen Kart-Bahnen eingesetzt.

20

Die Einstufung von den nicht ungefährlichen[68] **Elektrofahrrädern** bzw. **Pedelecs** als Kraftfahrzeuge[69] nach dem StVG und die daraus folgenden rechtlichen Konsequenzen war umstritten. Schwierig war insbesondere, wie Pedelecs mit Anfahrhilfe bis 6 km/h einzustufen sind. Man hat zu berücksichtigen, dass **Pedelecs mit Anfahrhilfe** mehr sind als nur ein Fahrrad. Durch die Anfahrhilfe ist es möglich, das Fahrzeug allein mit Motorkraft selbstständig zu bewegen. Somit kann es aus eigener Kraft fahren und ist grundsätzlich als Kraftfahrzeug zu qualifizieren. Dies entsprach dem Erfordernis des § 1 Abs. 2 StVG.

21

Die Absatzzahlen für E-Bikes[70] beliefen sich allein Deutschland auf:

22

2009	2010	2011	2012	2013	2014[71]
150.000	200.000	330.000	380.000	410.000	450.000

---

64 *AG Mülheim an der Ruhr* Urt. v. 13.11.2012 – 27 C 2052/11, JurionRS 2012, 33026 = VRR 2013, 122.
65 Siehe auch die Definition in den Muster-AKB, Anhang 6 Nr. 15.
66 *OLG Köln* Urt. v. 22.06.2004 – 9 U 209/03, r+s 2004, 371; Vorinstanz *LG Köln* Urt. v.13.11.2003 – 24 O 196/02, JurionRS 2003, 36438.
67 *OLG Hamm* Urt. v. 04.02.2002 – 6 U 130/01, JurionRS 2002, 32433 = NJW-RR 2002, 1389 = NZV 2003, 32 (eine 10jährige durchbrach mit dem GO-Kart einen durch Strohballen abgesperrten Parcours auf einem Kasernengelände. Es bejahte unverständlich sogar hier die Halterhaftung); *OLG Koblenz* Urt. v. 26.04.2004 – 12 U 62/02, JurionRS 2004, 30410 = VersR 2005, 705 = NJW 2004, 2248 = NJW-RR 2004, 822.
68 Erhöhte Unfallgefahr durch Elektro-Fahrräder, Notiz in Versicherungsmedizin 2012, 177; erst 2014 verbesserte Produkte, Stiftung Warentest, test 8/2014, 78 ff.
69 *Jaeger* Elektrofahrräder, zfs 2011, 663 ff.
70 Zweirad-Industrie-Verband e. V., Jahresbericht 2014 S. 67.
71 Prognose im Halbjahresbericht v. 26.08.2014, Zweirad-Industrie-Verband e. V.

§ 1 PflVG (Pflicht-Haftpflichtversicherung für Kraftfahrzeuge und Anhänger)

Es ist davon auszugehen, dass zum Jahreswechsel 2014/2015 bereits mehr als 2,0 Mio. E-Bikes in Deutschland verkehrten. Allseits[72] sah man daher Handlungsbedarf dieses Kraftfahrzeug anderen Rechtsfolgen zu unterwerfen. Dies konnte man nur durch eine klarstellende Regelung tun, die sich nunmehr im neu[73] eingeführten § 1 Abs. 3 StVG findet.

23 Der Schwebezustand in der Rechtssicherheit war unbefriedigend. Wie die Vielzahl unterschiedlichster Fahrzeugkonzepte und Qualitäten[74] im Detail verkehrsrechtlich einzustufen[75] sind, hat neben Fragen der Zulassung, der Helm-, Fahrerlaubnis-, Kennzeichen- und Steuerpflicht, auch strafrechtlich[76] andere Folgen.

24 Die versicherungsrechtlichen Folgen durch die Einführung des § 1 Abs. 3 StVG wurden allerdings in keiner Weise mitbedacht. So zeigen die wortgleichen Begründungen des Gesetzentwurfs des Bundesrates[77] und der Bundesregierung[78], dass ausschließlich an die **verkehrsrechtliche** Einstufung nach dem StVG gedacht wurde und man nur hierfür Rechtsklarheit schaffen wollte, obwohl dem Gesetzgeber die versicherungsrechtliche Problematik bekannt gewesen sein müsste.

25 Auch der Wortlaut des § 1 Abs. 3 StVG »Keine Kraftfahrzeuge im Sinne **dieses** Gesetzes ...« lässt nicht sicher darauf schließen, dass eine Regelung im StVG zugleich für das PflVG gelten solle.[79] Dies wäre allenfalls im PflVG zu regeln.

26 Der Wortlaut des § 1 PflVG blieb allerdings unangetastet. Ebenso wurden die Ausnahmetatbestände in § 2 PflVG nicht erweitert. Die Bezugnahme auf § 1 StVG beschränkt sich nur auf öffentliche Wege und Plätze. Somit kann nach dem Wortlaut von § 1 PflVG für die Beurteilung als Kraftfahrzeug, die Ausnahmevorschrift des § 1 Abs. 3 StVG nicht herangezogen werden.

27 Die – möglicherweise nur unbewusste – Unterlassung des Gesetzgebers zu § 1 Abs. 3 StVG könnte auch so interpretiert werden, dass im PflVG, in dem die Ausnahmevorschrift nicht eingeführt wurde, keinerlei Ausnahmen gemacht werden dürfen, die über die abschließende[80] Aufzählung in § 2 PflVG hinausgehen.

---

72 Siehe Empfehlungen 1 bis 5 des Arbeitskreises VI beim 50. DVGT 2012; *Huppertz* Elektrofahrräder, DAR 2011, 561 ff u. *ders.*, Pedelec, Segway, Bierbike: Lust oder Last?, NZV 2012, 23 ff.; *Rebler*, Moderne Zeiten: Neue Fahrzeugformen und die Schwierigkeit ihrer rechtlichen Behandlung, SVR 2012, 15 ff.
73 Art. 5 des Gesetzes zur Änderung des Güterkraftverkehrsgesetzes und anderer Gesetze vom 17. Juni 2013, BGBl. I 2013 S. 1558 (1560).
74 Speed-Pedelec, Stiftung-Warentest, test 7/2012, 83; ADAC-Motorwelt 6/2012, 18.
75 Überblick bei *Huppertz* Elektrofahrräder, DAR 2013, 488 ff.
76 OLG Hamm Beschl. v. 28.02.2013 – 4 RBs 47/13, JurionRS 2013, 46453 = DAR 2013, 712 m. Anm. *Schäpe* = StRR 2014, 116 = VRR 2014, 78 *bespr. v. Gregor*.
77 BR-Drs. 31/13 S. 18.
78 BT-Drs. 17/12856 S. 11.
79 *Ternig* Elektrofahrräder – E-Bikes, zfs 2014, 244 ff. (245).
80 *OLG Dresden* Beschl. v. 11.09.2013 – 2 OLG 21 Ss 652/13, JurionRS 2013, 44036 = NJW 2014, 484 (Ls.) = NStZ-RR 2013, 356 (Pocketbike).

Die einseitige – allein verkehrsrechtliche[81] – Klarstellung in § 1 Abs. 3 StVG verhin- 28
dert allenfalls eine Haftung[82] aus der Betriebsgefahr. Sie hat die **versicherungsrechtliche** Problematik in Bezug auf die § 1, 2 PflVG nicht wirklich verbessert. Dies gilt auch, wenn der Arbeitskreis VI des 50. Deutschen Verkehrsgerichtstages[83] sich dafür ausgesprochen hat, dass Pedelec-Fahrer bis 25 km/h einen Fahrradhelm tragen und dringend eine private Haftpflichtversicherung abschließen sollten. Es mag sein, dass man in der freiwilligen Privat-Haftpflichtversicherung es für ausreichend[84] erachtet, dass § 1 Abs. 3 StVG keine Kraftfahrzeuge im verkehrstechnischen Sinne sind und daher Deckungsschutz über die Privathaftpflichtversicherung zu gewähren sei. Die Bewertung und Einstufung muss nicht von jedem geteilt werden. Spätestens bei einem schweren Verkehrsunfall – verursacht durch einen nicht freiwillig versicherten Pedelec-Fahrer – wird sich die Frage stellen, ob wegen des fehlenden Versicherungsschutzes die Verkehrsopferhilfe einzutreten habe. Immerhin ist das Risiko bei einer Versicherungsdichte[85] in der privaten Haftpflichtversicherung von nur zu 70% auf einen nicht versicherten Pedelec-Fahrer zu treffen relativ groß. Zudem wurde schon vor der Änderung des StVG darauf hingewiesen, dass nicht nur § 1 PflVG, sondern auch nach den §§ 2 und 3 FZV[86] ein Pedelec unter ein Kraftfahrzeug zu subsumieren sei.

Eine Harmonisierung der Vorschriften ist nun umso mehr geboten, als die Verwendung 29
eines nicht versicherten Kraftfahrzeugs nach wortgetreuer Auslegung des § 1 PflVG den Straftatbestand des § 6 Abs. 1 PflVG erfüllen kann.[87] Die Heranziehung des § 1 Abs. 3 PflVG mag dann dazu dienen, einen Verbotsirrtum nach § 17 StGB zu begründen.

Nach der Deregulierung kann zudem nicht mehr[88] erwartet werden, dass zwangsläu- 30
fig[89] Versicherungsschutz in der privaten Haftpflichtversicherung bestehen müsse, weil in der Kfz-Haftpflichtversicherung kein Deckungsschutz zu erhalten sei. Ein Anschluss der Deckungsbereiche wäre zwar wünschenswert, wird aber gesetzlich nicht gefordert.

Gängige Praxis ist es, dass Kraftfahrzeuge im Sinne der Ausnahmevorschrift des § 1 31
Abs. 3 StVG gar nicht oder nur unter weiteren Voraussetzungen in der privaten Haft-

---

81 *Albrecht* Die VZR-Reform und andere Neuregelungen des Straßenverkehrsgesetzes 2013, SVR 2013, 441 ff. (444).
82 *LG Saarbrücken* Urt. v. 15.11.2013 – 13 S 107/13, ADAJUR Dok.Nr. 104553 = r+s 2014, 148 = NZV 2014, 218 = zfs 2014, 18 m. Anm. *Diehl*.
83 50. DVGT 2012, Arbeitskreis VI, Empfehlung Nr. 1 Satz 2.
84 *Stockmeier* Die kleine Benzinklausel, VersR 2013, 823 ff. (827) (eine – ausreichende? – gesetzliche Regelung erwartend); Bruck/Möller/*Koch* VVG-Kommentar Band IV, Ziff. 3 AHB 2012, Rn. 85.
85 *Stockmeier* Die kleine Benzinklausel, VersR 2013, 823 ff. (825).
86 Staudinger/Halm/Wendt FAKomm-Vers/*Meckling-Geis* Ziff. 1.4 BBR-PHV, Rn. 38.
87 *Staub* § 6 PflVG Rdn. 5.
88 So noch *BGH* Urt. v. 14.12.1988 – IVa ZR 161/87, JurionRS 1988, 15079 = DAR 1989, 143 = VersR 1989, 243 = NZV 1989, 146 = NJW-RR 1989, 412 = MDR 1989, 525.
89 So wohl *Jaeger*, Elektrofahrräder, zfs 2011, 663 (67).

pflichtversicherung mitversichert sind. Dabei ist zu beachten, dass der Versicherungsschutz nach den AHB in den weit überwiegenden Fällen nicht annähernd so umfassend ist, wie nach den AKB. Die Versicherungssummen in der Privathaftpflichtversicherung erfüllen regelmäßig nicht die Anforderungen der Anlage 1 zu § 4 Abs. 2 PflVG.

32 Zudem bestehen im Internet bereits **Tuning**-Foren, wie man Pedelecs »frisieren« kann. Unter versicherungsrechtlichen Aspekten, ist dabei nicht nur an Gefahrerhöhung nach § 23 VVG zu denken. Fahrzeuge, die – sollte eine Klarstellung im PflVG erfolgen – normalerweise in der privaten Haftpflichtversicherung mitversichert sein könnten, werden plötzlich zu Kraftfahrzeugen, für die eine Pflicht-Haftpflichtversicherung nach dem PflVG abzuschließen ist. Damit ist mehr als nur eine bloße Gefahrerhöhung[90] eines ansonsten bekannten Risikos verbunden; das Fahrzeug, das zum Kraftfahrzeug »frisiert« wird, erlangt auch haftungsrechtlich eine andere Rechtsqualität.

33 Seit Mitte 2012 kommen in Frankreich und der Schweiz sogar **E-Kutschen** zum Einsatz. Mit Hilfe eines Elektromotors in der Kutsche wird die Arbeitsleistung eines Pferdes unterstützt. Damit zeichnen sich weitere Besonderheiten ab, da die Kutsche – quasi als Anhänger – nicht mehr nur von einem Tier gezogen wird, sondern zugleich als Kraftfahrzeug mitwirkt.

3. Anhänger (und Auflieger)

34 Ein Anhänger ist ein Fahrzeug, § 2 Nr. 3 FZV. Er hat keinen[91] eigenen Antrieb. Er kann an ein Kraftfahrzeug angehängt werden, § 2 Nr. 2 FZV.

35 Entgegen *Eggert*[92] sollte es dabei nicht darauf ankommen, ob der Anhänger nur hinter ein Kraftfahrzeug angehängt wird. Ein Anhänger kann im landwirtschaftlichen Bereich oder im Schaustellergewerbe schon dazu bestimmt sein, als Anhänger eines anderen Anhängers durch ein Kfz gezogen zu werden. Zudem verfügen LKW›s und manche PKW›s für Wohnwagengespanne auch vorne über Anhängevorrichtungen, um den Anhänger besser rangieren zu können. Damit kann der Anhänger sowohl **gezogen** als **auch geschoben** werden.

36 Selbst Sitzkarren sind Anhänger, § 2 Nr. 21 FZV.

37 Bei der gemischten Nutzung eines Anhängers stellen sich lediglich Fragen der Haftung aus der Betriebsgefahr, nicht aber hinsichtlich der versicherungsvertraglichen Deckung. So können (eher theoretisch) leichte Motorradanhänger auch von Fahrrädern oder (entsprechend umgebaute) landwirtschaftliche Anhänger auch von Pferden[93] gezogen werden. Solange sich diese Fahrzeuge im öffentlichen Verkehrsraum aufhalten,

---

90 Hentschel/König/*Dauer* § 26 FZV, Rn. 4.
91 Rangierhilfen per Elektroantrieb (z. B. für Wohnwagen) oder über Druckluft (LKW-Anhänger) fallen nicht hierunter.
92 Ludovisy/*Eggert*//Burhoff Praxis des Straßenverkehrsrechts, Teil 4, Rn. 25.
93 *Heß/Jahnke* Das neue Schadenrecht, S. 38; verneinend Xanke/Schaefer/Feller PK-StrVR-*Schaefer*, § 7 StVG, Rn. 7.

unterliegen sie uneingeschränkt der Versicherungspflicht. Haftungsrechtlich wird bei einer Bewegung des Anhängers durch Tier oder Mensch zudem regelmäßig die Tiergefahr und § 8 Nr. 1 StVG[94] zu berücksichtigen sein.

Nicht aufgeführt sind Auflieger, die demgegenüber in § 3 KfzPflVV[95] ausdrücklich erwähnt werden. Als 1939 der Text des Reichs-PflVG[96] abgefasst wurde, gab es noch keine Sattelzugmaschinen und Auflieger. Es bestand daher noch keine Notwendigkeit, diesen Fahrzeugtyp in den Gesetzestext mit aufzunehmen. Erst in den 1960er Jahren kam vereinzelt der entsprechende Fahrzeugtyp auf. Bei der Abfassung des PflVG 1965[97] und der Änderung 2007[98] fand dies keine Berücksichtigung. Hierzu bestand auch keine Notwendigkeit, da es sich bei Aufliegern um besondere Anhänger handelt. Sie werden im Zulassungsrecht als Sattelanhänger bezeichnet, § 2 Nr. 19 FZV. 38

Zulassungsfreie Anhänger nach § 3 Abs. 2 Nr. 2 FZV sind von der Versicherungspflicht befreit, § 2 Abs. 1 Nr. 6c) PflVG. 39

4. Regelmäßiger Standort im Inland

Fahrzeuge unterliegen nur dann der (deutschen) Versicherungspflicht, wenn sie ihren regelmäßigen Standort im Inland haben. Auch Art. 3 Abs. 1 Satz 1 der 1. KH-Richtlinie[99] forderte schon eine entsprechende Regelung von den Mitgliedsstaaten wie sie bereits im Reichs-PflVG[100] verankert war. 40

In Art. 1 Nr. 4 der 1. KH-Richtlinie, geändert durch Art. 4 der 2. KH-Richtlinie, ist jedoch nicht von dem **regelmäßigen**, sondern von dem **gewöhnlichen** Standort die Rede. Dies ist jedoch unschädlich[101]. Auch aktuell wurde in Art. 3 Abs. 1 der 6. KH-Richtlinie[102] die Formulierung beibehalten. 41

Der regelmäßige Standort richtet sich allein nach objektiven[103] Kriterien. Der Wille des Fahrzeughalters ist dabei unbeachtlich. Entscheidend ist, wo der Schwerpunkt der Ver- 42

---

94 *Huber* Das neue Schadensersatzrecht, § 4 Rn. 111.
95 Zur unproblematischen Regelungskompetenz des Verordnungsgebers siehe *Schwab* § 3 KfzPflVV Rdn. 4.
96 Gesetz über die Einführung der Pflichtversicherung für Kraftfahrzeughalter und zur Änderung des Gesetzes über den Verkehr mit Kraftfahrzeugen sowie des Gesetzes über den Versicherungsvertrag vom 07.11.1939, RGBl. I S. 2223.
97 Gesetz vom 05.04.1965 BGBl. I S. 213.
98 Änderung durch Art. 1 und Art. 9 Satz 2 des Gesetzes vom 10.12.2007, BGBl. I S. 2833.
99 1. KH-Richtlinie 72/166/EWG vom 24.04.1972.
100 Gesetz über die Einführung der Pflichtversicherung für Kraftfahrzeughalter und zur Änderung des Gesetzes über den Verkehr mit Kraftfahrzeugen sowie des Gesetzes über den Versicherungsvertrag vom 07.11.1939, RGBl. I S. 2223.
101 *Feyock*/Jacobsen/Lemor § 1 PflVG Rn. 8.
102 6. KH-Richtlinie vom 16.09.2009 – Richtlinie 2009/103/EG, Amtsblatt der Europäischen Union v. 07.10.2009, L 263/11.
103 *BVerwG* Beschl. v. 18.06.1981 – 7 B 137/81, JurionRS 1981, 11668 = NJW 1982, 251 (Ls.) = VRS 62, 235; Hentschel/König/*Dauer* § 6 FZV Rn. 6 u. § 20 FZV Rn. 9.

wendung zu sehen ist. Liegt dieser im Inland, besteht Versicherungs- und Zulassungspflicht[104] im Inland.

43 Dabei kann für die Beurteilung auf Indizien zurückgegriffen werden. Als widerlegbares Indiz[105] ist der Wohnsitz des Halters (insbesondere bei Privatpersonen) anzusehen.

44 Vornehmlich bei gewerblicher Nutzung richtet sich die Indizienlage nach dem Schwerpunkt der Ruhevorgänge[106]. Das ist der Punkt, von dem aus[107] das Fahrzeug unmittelbar zum Straßenverkehr eingesetzt wird. Der Einsatzmittelpunkt[108] kommt dagegen beim überregionalen Verkehr zum Tragen. Bei Fahrzeugen – insbesondere LKW – die zur Ausfuhr bestimmt sind liegt spätestens mit Beginn der Ausfuhr[109] der Schwerpunkt der Ruhevorgänge im Ausland.

45 Bei einem auf mehr als nur vorübergehend angelegten Aufenthalt im Inland[110] ist von einem regelmäßigen Standort im Inland auszugehen. Ansonsten hat eine Zulassung im Ausland zu erfolgen.

5. Versicherter Personenkreis

46 Zum Versicherten Personenkreis des § 1 PflVG gehören nur der Halter, der Eigentümer und der Fahrer. Es handelt sich um die Personen, gegen[111] die Haftpflichtansprüche geltend gemacht werden könnten. Die Aufzählung ist abschließend. Die männliche Anrede steht dabei stellvertretend auch für die Halterin, Eigentümerin und Fahrerin.

---

104 Zum Zulassungsrecht Hentschel/König/*Dauer* § 3 FZV Rn. 4 u. 7.
105 Prölss/Martin/*Knappmann*, § 1 PflVG, Rn. 4.
106 *Bouska* VD 78, 123.
107 *BVerwG* Urt. v. 09.12.1983 – 7 C 70/81, JurionRS 1983, 11655 = VRS 66, 309 (312) = DVBl 1984, 527; *OLG Nürnberg* Beschl. v. 21.03.2012 – 2 St OLG Ss 272/11 (Kennzeichenmissbrauch).
108 *BVerwG* Urt. v. 09.12.1983 – 7 C 70/81, JurionRS 1983, 11655 = VRS 66, 309 (312) = DVBl 1984, 527.
109 *OLG Bamberg* Beschl. v. 24.05.2012 – 2 Ss OWi 219/12, JurionRS 2012, 21409 = DAR 2012, 530 = NZV 2013, 358 (Ls.) = NStZ-RR 2013, 25 (Ls.) = VRR 2012, 348 bespr. v. *Deutscher.*.
110 § 20 Abs. 6 FZV ermöglicht einen vorübergehenden Aufenthalt von maximal einem Jahr.
111 Bestrebungen Frankreichs, auch den Fahrer zur Entlastung der Sozialkassen aus der Kraftfahrthaftpflichtversicherung zu begünstigen, sind zunächst im Rahmen der 6. KH-Richtlinie gescheitert, GDV, Bericht aus Brüssel, 12/2006, S. 35. In Art. 12 Abs. 1 der 6. KH-Richtlinie wurde der Fahrer als Fahrzeuginsasse begrifflich ausgenommen. Eine entsprechend anders lautende Regelung würde unserem deutschen Rechtssystem widersprechen, da ein Fall einträte, bei dem der Schuldner Gläubiger des gegen ihn gerichteten Anspruchs wäre (Konfusion). Gute Alternativen bieten die Unfall- oder Fahrerschutzversicherung.

Es sei darauf hingewiesen, dass § 2 KfzPflVV diesen Kernbereich in Überschreitung[112] 47
der Regelungskompetenz nach § 4 Abs. 1 KfzPflVV um weitere Personen[113] ausdehnt.
Feyock[114] hält dies mit Blick auf höherrangiges europäisches Recht[115] für zulässig.

a) Halter

Zwar wird im PflVG, in der KfzPflVV – und auch im StVG, der StVZO und der FZV 48
der zentrale Begriff des Halters erwähnt jedoch an keiner Stelle definiert und somit
nicht[116] eindeutig. Noch nicht einmal dort, wo es um den Umfang der aufzunehmenden personenbezogenen Daten des Halters geht, findet sich eine Definition, §§ 32, 33
StVG und 6 FZV. Es ist notwendig, auf die jeweilige Rechtsprechung zurückzugreifen.

Halter[117] ist, wer das Fahrzeug[118] auf eigene Rechnung in Gebrauch hat und die Ver- 49
fügungsgewalt besitzt, die ein solcher Gebrauch voraussetzt. Wer ein Fahrzeug least[119],
kann so ebenfalls zum Halter werden wie derjenige, der ein Fahrzeug auf Dauer[120] mietet. Wer nur kurzzeitig oder auch nur für die Zeit einer unfallbedingten Reparatur einen
Ersatzwagen mietet, wird entgegen *OLG Hamm*[121] nicht schon Halter. Nicht zwingend
ist somit, dass das Fahrzeug auf den Eigentümer zugelassen wird.

Die Zulassung hat auf den Halter zu erfolgen, dessen personenbezogene Daten in die 50
Zulassungspapiere eingetragen werden, § 6 FZV. Doch umgekehrt muss die Person des
eingetragenen Halters nicht zwangsläufig derjenigen entsprechen, die die tatsächliche
Verfügungsgewalt[122] besitzt.

---

112 *Müringer*, Kommentar zur Pflichtversicherung, S. 22. meint, es hätte sich angeboten, § 1
 PflVG würde auf § 2 Abs. 2 KfzPflVV verweisen.
113 Siehe hierzu § 2 KfzPflVV Rdn. 57 ff.
114 *Feyock*/Jacobsen/Lemor § 1 PflVG Rn. 16.
115 Europäisches Übereinkommen über die obligatorische Haftpflichtversicherung für Kraftfahrzeuge vom 20.04.1959, BGBl. II S. 281.
116 *OLG Hamm* Urt. v. 07.12.2012 – I-9 U 117/12, JurionRS 2012, 30633 = r+s 2013, 325 =
 NJW 2013, 1248.
117 *RG* Urt. v. 27.01.1930 – VI ZR 186/29, RGZ 127, 174 (175); *BGH* Urt. v. 29.05.1954 – VI
 ZR 111/53, BGHZ 13, 351 = JurionRS 1954, 10454 = NJW 1954, 1198 = VersR 1954, 365;
 BGH Urt. v. 08.07.1969 – VI ZR 260/67, BGHZ 32, 331 = JurionRS 1969, 13018 = VersR
 1969, 907 (908); *BGH* Urt. v. 03.12.1991 – IV ZR 378/90, BGHZ 116, 200 = NJW 1992,
 900 = MDR 1992, 453 = NZV 1992, 145 = VersR 1992, 437; Detailfragen zum Halterbegriff mit Rechtsprechungsnachweisen bei Hentschel/*König*/Dauer § 7 StVG Rn. 14 ff.
118 Abgeleitet von Tierhalter in § 833 BGB, Hentschel/*König*/Dauer § 7 StVG, Rn. 14.
119 *BGH* Urt. v. 22.03.1983 – VI ZR 108/81, BGHZ 87, 133 = JurionRS 1983, 12571 = DAR
 1983, 224 = NJW 1983, 1492 = VersR 1983, 656; *BayObLG* Beschl. v. 29.01.1985 – 1 Ob
 OWi 363/84, DAR 1985, 227; *Reinking/Eggert* Der Autokauf, 12. Auflage 2014, Rn. L192.
120 Meist im Falle gewerblicher Fuhrparkmieten.
121 *OLG Hamm* Urt. v. 07.07.1955 – 2 Ss 576/55, DAR 1956, 111 (PKW-Miete für drei Tage).
122 *OVG Lüneburg* Beschl. v. 30.01.2014 – 12 ME 243/13, JurionRS 2014, 10622.

§ 1 PflVG (Pflicht-Haftpflichtversicherung für Kraftfahrzeuge und Anhänger)

51 Bei Überlassung eines Fahrzeugs zur **Reparatur**[123] in eine Werkstatt bleibt der Haltereigenschaft auch dann bestehen, wenn die Reparatur mehrere Monate dauert.

52 Der Halter muss dabei keine natürliche, sondern kann auch eine juristische Person des privaten oder öffentlichen Rechts sein. Bestimmte Halterpflichten werden dort regelmäßig für das Bußgeldverfahren[124] delegiert. Halter kann zudem auch eine Rechtsanwaltssozietät sein, die als GbR[125] auftritt. Eigentum und Zulassung haben lediglich Indizwirkung[126], wer Halter ist.

Mehrere[127] Personen können zugleich nebeneinander Halter sein.

53 Praktisch relevant sind **Veräußerungsgeschäfte** mit zugelassenen Gebrauchtwagen, wenn es noch vor der Ummeldung zu einem Unfall kommt. Halter im Sinne der Vorschrift ist dann nicht mehr der veräußernde »Alt«-Halter, sondern der erwerbende »Neu«-Halter. Er ist es, der nun die tatsächliche Verfügungsgewalt[128] besitzt.

54 Während einer **Überführungsfahrt** ist Halter[129] derjenige, der die Fahrt tatsächlich durchführt bzw. auf wessen kaufvertragliches Risiko die Überführungsfahrt durchgeführt wird.

55 Zu beachten ist, dass sich öffentlich-rechtliche Bescheide oftmals an den Halter wenden (insbesondere bei Feuerwehrkosten wegen der Ölspurbeseitigung). Die landesrechtlichen Ermächtigungsgrundlagen zielen dabei auf den Halter als Störer ab und belasten ihn mit Kostenbescheiden. Der formal noch eingetragene »Alt«-Halter ist aber tatsächlich kein Störer. Er ist nur (Fahrzeug-) Schein-Störer. Folglich ist er nicht der richtige Adressat des Verwaltungsaktes. Solange ein Widerspruch möglich ist und dies entsprechend begründet wird, entstehen keine Kosten. Da mehrere Bundesländer[130] jedoch das Vorverfahren abgeschafft haben, ist sofort Klage zum Verwaltungsgericht zu erheben. Wird in dem Verfahren dann deutlich, dass sich der Bescheid gegen

---

123 *VG Berlin* Urt. v. 11.01.2012 – 1 K 149/11 (fünf Monate).
124 *Fromm* Halterpflichten und Delegationsmöglichkeiten im Bußgeldverfahren, TranspR 2014, 105.
125 *BVerwG* Urt. v. 20.02.1987 – 7 C 14/84, JurionRS 1987, 12629 = DAR 1987, 299 = NJW 1987, 3020 = VRS 73, 235 = NVwZ 1987, 1081; *OVG Koblenz* Urt. v. 18.04.2012 – 7 A 10058/12, JurionRS 2012, 14373 = DVBl. 2012, 792 = NJW 2012, 2986 = NZV 2012, 558.
126 *Maier/Biela* Die Kraftfahrt-Haftpflichtversicherung, Rn. 107; Prölss/Martin/*Knappmann* § 1 PflVG Rn. 2.
127 *BGH* Urt. v. 29.05.1954 – VI ZR 111/53, BGHZ 13, 351 = JurionRS 1954, 10454 = NJW 1954, 1198 = DB 1954, 555; *BVerwG* Urt. v. 20.02.1987 – 7 C 14/84, JurionRS 1987, 12629 = DAR 1987, 299 = NJW 1987, 3020 = VRS 73, 235 = NVwZ 1987, 1081; *OVG Berlin-Brandenburg* Urt. v. 30.06.2010 – 1 N 42/10, NJW 2010, 2743 = NZV 2010, 591.
128 *OLG Köln* Urt. v. 23.06.1995 – 19 U 48/95, JurionRS 1995, 16427 = DAR 1995, 485 = VersR 1996, 248 (Ls.).
129 *Reinking/Eggert* Der Autokauf, 12. Auflage 2014, Rn. 1965.
130 Bayern, Niedersachsen, Nordrhein-Westfalen; Himmelreich/Halm/*Schwab*, Handbuch des Fachanwalts Verkehrsrecht, Kap. 7, Rn. 307.

den früheren Halter richtete, wird dieser den Prozess in der Sache gewinnen. Jedoch besteht für ihn das Risiko, mit den Verfahrenskosten belastet zu werden, §§ 155 Abs. 4, 156 VwGO.

Als »Alt«-Halter gehört er nicht mehr zum versicherten Personenkreis und hat daher hierfür **keinen Deckungsschutz** aus der Kfz-Haftpflichtversicherung. Wegen des Kostenrisikos sollte daher dringend vor einer Klageerhebung alsbald eine sogenannte »Gegenvorstellung« bei der Behörde eingereicht werden, damit diese ihren Bescheid aufheben kann. 56

Der **unberechtigte Benutzer** im Sinne des § 7 Abs. 3 Satz 1 StVG ist kein Halter. Er haftet nur anstelle des Halters. Er gehört nicht zum Kreis der mitversicherten Personen, da nur ein berechtigter Halter vom Versicherungsvertrag erfasst werden kann. Es besteht schließlich keine Pflicht des berechtigten Fahrzeughalters, für einen unberechtigten Benutzer/Dieb Versicherungsschutz vorzuhalten.[131] 57

Halter und Versicherungsnehmer müssen nicht identisch[132] sein, auch wenn dies § 1 PflVG nach dem Wortlaut vorgibt. Schon § 2 Abs. 2 Nr. 1 KfzPflVV weicht hiervon ab, da der Halter nur als mitversicherte Person, nicht aber als Versicherungsnehmer erwähnt wird. Wesentlich ist nach dem Zweck des § 1 PflVG, dass der Halter versicherte Person ist. 58

b) Eigentümer

Fahrzeugeigentümer ist, wem das Fahrzeug – als »Mobilie« im wahrsten Sinne des Wortes – dinglich nach den §§ 929 ff. BGB gehört. Eigentümer ist damit auch der Vorbehaltseigentümer, der Sicherungseigentümer und der Leasinggeber[133]. Der Leasinggeber kann seinerseits den Fahrzeugkaufpreis über eine Bank refinanziert haben, wobei die Bank Sicherungseigentümerin[134] wird. 59

Der Eigentümer muss nicht im Fahrzeugbrief eingetragen sein, sondern nur derjenige, auf den das Fahrzeug zugelassen ist, § 6 Abs. 1 FZV. Die (fehlende) Zulassungsbescheinigung Teil II[135] hat nur Einfluss auf den gutgläubigen[136] Erwerb nach § 932 Abs. 1 BGB. 60

---

131 Näheres *Schwab* A.1.2 AKB Rdn. 19–31.
132 Bei abweichendem Halter wird gewöhnlich ein Prämienaufschlag erhoben.
133 Himmelreich/Halm/*Schattenkirchner* Handbuch des Fachanwalts Verkehrsrecht, Kap. 17, Rn. 137; Reinking/*Eggert* Der Autokauf, 12. Auflage 2012, Rn. L8.
134 Reinking/*Eggert* Der Autokauf, 12. Auflage 2012, Rn. L299.
135 Früher war es der Fahrzeugbrief nach § 25 Abs. 1 StVZO a. F.
136 Näheres bei Hentschel/König/*Dauer* § 12 FZV, Rn. 15; *BGH* Urt. v. 13.05.1996 – II ZR 222/95, JurionRS 1996, 14345 = NJW 1996, 2226 = MDR 1996, 906 = BB 1996, 1577 = DB 1996, 1971 = BB 1996, 1577 = WM 1996, 1318 = NZV 1997, 37 (Gebrauchtwagen); *BGH* Urt. v. 30.10.1995 – II ZR 254/94, JurionRS 1995, 15790 = DAR 1996, 52 = NJW 1996, 314 = WM 1996, 172 = MDR 1996, 148 = BB 1996, 182 = DB 1996, 86 = NZV 1996, 106 (Neuwagen); *Fritsche/Würdinger* Die Entwicklung des Kraftfahrzeugbriefs im Zivilrecht, DAR 2007, 501 ff.; siehe auch PWW/*Prütting* § 932 BGB Rn. 10.

§ 1 PflVG (Pflicht-Haftpflichtversicherung für Kraftfahrzeuge und Anhänger)

61 Entgegen *Bauer*[137] kann auch der Eigentümer, ohne gleichzeitig Fahrer oder Halter des Fahrzeugs zu sein, nach deutschem Recht mit Schadensersatzansprüchen konfrontiert werden. So kann ein Berechtigter verlangen, dass der Eigentümer (auch) das verunfallte Fahrzeug von seinem Grundstück entfernt oder aus seinem Gewässer geborgen wird. Ein untätig bleibender Fahrzeugeigentümer wird zum Zustandsstörer, der auch ohne eigenes Verschulden den rechtswidrigen Zustand zu beseitigen hat. Jedenfalls ist er für das körperliche Entfernen des Fahrzeugs, nicht aber auch für das Entfernen ausgelaufenen Motoröls[138] aus dem Grundstück verantwortlich. Die Besonderheit liegt darin, dass der Beseitigungsanspruch aus § 1004 Abs. 1 Satz 1 BGB nach heutigem Verständnis[139] einem Schadensersatzanspruch stark angenähert ist.

c) Fahrer

62 Auch der Fahrer ist in Gesetzen[140] nicht definiert. Der Fahrer ist dem Fahrzeugführer[141] – insbesondere nach § 2 StVG – zwar begrifflich ähnlich, geht aber darüber hinaus.

aa) Fahrer ist mehr als nur Fahrzeugführer

63 **Fahrzeugführer** ist derjenige, der das Fahrzeug verantwortlich in Bewegung setzt, lenkt, anhält, parkt und nach Fahrtunterbrechung weiterfährt. Dabei ist es unerheblich, ob er dies berechtigt[142] oder unberechtigt[143] tut.

64 Weitere Vorgänge im Rahmen der Fahrzeugverwendung, die nichts mehr mit dem eigentlichen Führen des Fahrzeugs zu tun haben (wie schon das Abstellen des Motors, das Ein- und Aussteigen) können dagegen Tätigkeiten sein, die zum Aufgabenbereich des **Fahrers** gehören. Das bloße Starten des Motors[144] im Rahmen einer Reparatur des Fahrzeugs durch ein geöffnetes Fenster fällt jedoch noch nicht hierunter, da ein Fahren

---

137 *Bauer* Die Kraftfahrzeugversicherung, 6. Auflage 2010, Rn. 861.
138 So *LG Bielefeld* Urt. v. 27.10.1994 – 22 S 110/94, r+s 1994, 180 (181) = SP 1995, 7.
139 Zu den Tendenzen siehe *BGH* Urt. v. 30.05.2003 – V ZR 37/02, BGHZ 155, 99 = JurionRS 2003, 26472 = DVBl. 2003, 1453 = NJW 2003, 2377 = MDR 2003, 1225 = VersR 2003, 1581 = zfs 2003, 445; *BGH* Urt. v. 22.07.1999 – III ZR 198/98, NJW 1999, 3633; *PWW-Englert* § 1004 BGB, Rn. 4; *Jauernig* § 1004 BGB, Rn. 8.
140 Der Fahrer wird in Art. 4 Nr. 1 der 5. KH-Richtlinie lediglich erwähnt.
141 Zum Fahrzeugführer siehe Hentschel/König/*Dauer* § 2 StVG, Rn. 2. (Erwähnung, aber keine Definition im Straßburger Übereinkommen, Anhang I, Art. 3 Nr. 1 und Art. 4 Nr. 1a.).
142 *BGH* Urt. v. 15.10.1962 – II ZR 25/60, JurionRS 1962, 11849 = VersR 1962, 1147 = DAR 1963, 167 = MDR 1963, 29 = NJW 1963, 43 (Berechtigter Fahrer eines LKW überließ LKW einem Bekannten zum Fahren, wobei der berechtigte Fahrer auf dem Beifahrersitz Platz nahm).
143 Die Berechtigung richtet sich dabei nicht nach den Vorschriften des Fahrerlaubnisrechts (schon gar nicht nach religiös motivierten Fahrverboten für Frauen, z. B. in Saudi Arabien), sondern nach dem Willen des materiell Verfügungsberechtigten.
144 *LG Hildesheim* Urt. v. 21.12.1999 – 3 O 202/98, VersR 2002, 750 = zfs 2002, 219.

erst gar nicht beabsichtigt ist; so auch das bloße Drehen des Zündschlüssels, um das Autoradio[145] mit Strom zu versorgen.

bb) Fahrschüler und Fahrlehrer

Ein **Fahrschüler**, der das Fahrzeug lenkt, ist während der Übungs- und Prüfungsfahrten 65 grundsätzlich[146] nicht selbst verantwortlich und somit auch nicht haftbar, sondern der **Fahrlehrer**[147]. Dieser gilt als der verantwortliche Führer[148] des Kraftfahrzeugs, § 2 Abs. 15 Satz 2 StVG.

Somit ist auch der Fahrlehrer nicht nur haftungs-, sondern auch deckungsrechtlich[149] 66 regelmäßig als Fahrer anzusehen. Ein Fahrerlaubnisinhaber, der zur Eignungsbegutachtung ein Fahrzeug führt ist allerdings alleiniger Fahrer. Der Fahrlehrer ist dann als Halter oder Eigentümer nach § 1 PflVG oder notfalls als Beifahrer nach § 2 Abs. 2 Nr. 4 KfzPflVV mitversichert. Nicht mitversichert ist dagegen der Fahrprüfer.

Gewöhnlich sitzt der Fahrlehrer dabei im speziellen Fahrschulfahrzeug (PKW oder 67 LKW mit Doppelbedienelementen) neben dem Fahrschüler. Fehlen die Bedienelemente, ändert dies nichts an der Eigenschaft des Fahrlehrers als Fahrer. Er hat lediglich weniger Eingriffsmöglichkeiten.

Noch weniger kann der Fahrlehrer bei einer **Zweiradausbildung** eingreifen. Dennoch 68 ist auch er dann als Fahrer zu betrachten, wenn er nur am Straßenrand steht und den Fahrschüler eine »Acht« fahren oder eine Vollbremsung durchführen lässt. Der Fahrlehrer ist dann zugleich Fußgänger und Fahrer.

---

145 *OLG Celle* Beschl. v. 03.03.2005 – 8 W 9/05, JurionRS 2005, 11694 = NJW-RR 2005, 623 = NZV 2005, 321 = SVR 2005, 350 bespr. von *Schwab* = zfs 2005, 403 = VersR 2006, 256 = VRR 2005, 123; *OLG Koblenz* Urt. v. 01.12.2003 – 12 U 772/02, JurionRS 2003, 29874 = NJW-RR 2004, 891 = NJW 2004, 2761 = NZV 2004, 401 = VersR 2004, 1283.
146 *OLG Bamberg* Urt. v. 24.03.2009 – 2 Ss OWi 127/2009, JurionRS 2009, 15931 = NZV 2009, 517 = NJW 2009, 2393 = DAR 2009, 402 m. z. Anm. *Heinrich* u. abl. Anm. *Scheidler*; Einzelheiten und Ausnahmen zur Haftung von Fahrschüler und Fahrlehrer siehe Himmelreich/Halm/Staab/*Halm/Hörle* Handbuch Kfz-Schadensregulierung, Kap. 4, Rn. 91 ff.
147 *LG Bonn* Urt. v. 20.11.2007 – 2 O 367/06, JurionRS 2007, 55770 = NZV 2009, 347 = NJW-RR 2008, 1344.
148 Dagegen sei ein alkoholisierter Fahrlehrer strafrechtlich nicht als Fahrzeugführer anzusehen, da er (trotz eingerichteter Doppelbedienung im Fahrschulwagen) nicht selbst lenke, *OLG Dresden* Beschl. v. 19.12.2005 – 3 Ss 588/05, JurionRS 2005, 28086 = DAR 2006, 159 m. Anm. *König* = NZV 2006, 440 = NJW 2006, 1013 = SVR 2006, 351 = zfs 2006, 171 = VRR 2006, 42; anders dagegen *AG Cottbus* Urt. v. 27.10.2001 – 73 DS 1621 Js 16 426/01 765/01, DAR 2003, 476; eine ähnliche Problematik mit divergierenden *OLG Entscheidungen* stellt sich beim Telefonieren des Fahrlehrers, siehe *OLG Düsseldorf*, Beschl. v. 04.07.2013 – 1 RBs 80/13, JurionRS 2013, 47380 = VRR 2014, 77 bespr. v. *Burhoff* = DAR 2014, 40 m. Anm. *Weigel*.
149 Anders ggfs. strafrechtlich BGH 23.09.2014 – 4 StR 92/14, JurionRS 2014, 28571 = DAR 2015, 97 = NJW 2015, 1124 = NZV 2015, 145 = zfs 2015, 111.

69 Fährt der Fahrlehrer einem Motorradschüler mit dem PKW voraus, ist er nicht nur Fahrer des Fahrschulwagens, sondern zugleich[150] Fahrer des ihm nachfolgenden Zweirades. Haftungs- und somit in diesem Spezialfall auch deckungsrechtlich fährt er gleichzeitig zwei Fahrzeuge. Die Situation ist rechtlich nicht anders zu beurteilen, wenn heutzutage die Motorradausbildung umgekehrt verläuft, also der Krad-Fahrschüler vorausfährt und der Fahrlehrer per Funkverbindung die Fahranweisungen gibt.

70 Da die Pflichtversicherung heute nicht nur dem Verkehrsopfer, sondern auch den mitversicherten Personen zugutekommt, darf bei der Beurteilung der Deckungsfrage (konkret, die Mitversicherung des Fahrschülers) die Haftungsfrage keine Rolle spielen, zumal der Fahrschüler ausnahmsweise[151] sogar haften kann. Schließlich dient die Kfz-Haftpflichtversicherung auch der Abwehr unbegründeter Haftpflichtansprüche.

cc) **Begleitfahrzeug**

71 Bei Großraum- und Schwertransporten kommen häufig Begleitfahrzeuge zum Einsatz. Die Fahrzeugführer von Begleitfahrzeugen haben u. a. die Aufgabe, andere Verkehrsteilnehmer zu warnen und den behördlich vorgeschriebenen Fahrweg für das Sonderfahrzeug zu bahnen.

72 Zwar bewirkt auch der Fahrer des Begleitfahrzeugs (ähnlich dem Fahrlehrer) eine Fahrtrichtungsangabe für das Transportfahrzeug, dennoch bleibt dieser nur Fahrer seines Begleitfahrzeugs. Als Begleiter lenkt er nicht körperlich den Straßentransport, sondern sichert[152] ihn nur ab.

dd) **Zug- und Schubkombinationen**

73 Bei extremen **Schwertransporten** bestehen Besonderheiten. Mitunter kommen mehrere Zugmaschinen hintereinander vor einem Tieflader und ein Schubfahrzeug hinter der Einheit zum Einsatz. Zusätzlich kann auch der Tieflader über mehrere lenkbare Achsen verfügen, die von Begleitern außerhalb des Fahrzeugs gelenkt werden.

74 Somit sind mehrere in Kooperation handelnde Fahrzeugführer beschäftigt, das zusammengesetzte Transportfahrzeug zu lenken. Aufgrund des Gewichtes und der Größe des Schwertransportes ist nur ein gemeinsames Fahren überhaupt möglich.

75 Bei den extremen Umständen ist die Straße regelmäßig für den öffentlichen Verkehr gesperrt, so dass § 1 PflVG nicht zur Anwendung kommt.

---

150 *OLG Köln* Urt. v. 06.07.1989 – 5 U 260/88, ADAJUR Dok.Nr. 25103 = r+s 1989, 313 = NZV 1990, 313 = zfs 1989, 417.
151 Hentschel/König/*Dauer* § 2 StVG Rn. 2, 43 u. 44 mit Rechtsprechungsnachweisen.
152 Zum Themenkomplex siehe *Saller*, Neue Geschäftsbedingungen des Großraum- und Schwertransportgewerbes (AGB-BSK Kran +Transport 2013), TranspR 2013, 408 ff.

ee) begleitetes Fahren

Beim **begleitenden Fahren** nach § 48a FeV ist der Fahrzeugführer der alleinige[153] Fahrer. 76

Der Begleiter ist immer nur Mitfahrer mit besonderen Aufgaben. Er ist damit etwas mehr als nur ein Insasse (ohne Aufgaben), aber weniger als ein Beifahrer im Sinne des § 2 Abs. 2 Nr. 4 KfzPflVV. Er wird kaum im Rahmen eines Arbeitsverhältnisses den ungeübten Fahrer begleiten – es sei denn, es handelt sich um einen Berufskraftfahrer in Ausbildung. 77

ff) Fahrertrainer

Auf Verkehrsübungsplätzen, also außerhalb des öffentlichen Verkehrsraumes, können Fahrübungen oder Fahrsicherheitstrainings durchgeführt werden. Der Trainer des Fahrzeugführers fährt hierbei nicht selbst. Er übernimmt nur sekundäre Tätigkeiten, die nicht erfasst werden. 78

Zudem gibt es **Fahrertrainer**, die gerade im öffentlichen Verkehrsraum tätig werden. Diese vermitteln nicht nur praktisches Wissen für die Ladungssicherung und den sicheren Umgang mit Gefahrgut, sondern auch für das Rangieren mit Anhängern und Wohnwagenanhängern. 79

Diese Personen sind nur beim Fahren behilflich, ohne selbst eigenverantwortlich Tätigkeiten des Fahrers auszuüben. Folglich sind sie nicht selbst Fahrer. 80

gg) Insasse

In den Fällen, in denen der Insasse ins Lenkrad greift, wird der Insasse noch nicht[154] zum Fahrer. Für eigenmächtige Handlungen genießt er keinen Versicherungsschutz in der Kfz-Haftpflichtversicherung. Dies gilt ebenso für einen Begleiter, der sich zwar strafbar[155] machen kann, aber keinen Versicherungsschutz genießt. 81

III. Durch den Gebrauch des Fahrzeugs

1. Der enge Gebrauchsbegriff des PflVG

a) Vorbemerkung

Was unter »Gebrauch des Fahrzeugs« zu verstehen ist, wird weder in der Norm selbst noch an anderer Stelle im Gesetz oder gar in anderen Gesetzen und Verordnungen de- 82

---

153 *Lang/Stahl/Huber* Das Modell »Begleitetes Fahren mit 17« aus haftungs- und versicherungsrechtlicher Sicht, NZV 2006, 449 ff.
154 Zur Rechtslage nach deutschem und österreichischem Recht siehe *Hofmann* Deckungsschutz für den eigenmächtig Fahrerhandlungen vornehmenden Insassen, NZV 1999, 153 f.
155 *Deutscher* Fahrlässige Körperverletzung und Tötung im Straßenverkehr als Straftat?, VRR 2012, 11 ff.

§ 1 PflVG (Pflicht-Haftpflichtversicherung für Kraftfahrzeuge und Anhänger)

finiert, obwohl der Begriff an vielen Stellen Verwendung[156] findet. Es muss bei näherem Hinsehen bezweifelt werden, dass die Rechtsprechung den Begriff tatsächlich ausreichend[157] konkretisiert habe. Zu vielfältig sind die Anwendungsbereiche, als dass »eine« Lösung ausreichen könnte.

83 Tatsächlich spricht auch die Strafnorm § 6 Abs. 1 PflVG von Gebrauch. Jedoch ist schon dort richtigerweise davon auszugehen, dass der Begriff mit Blick auf den Anwendungsbereich anders, nämlich nochmals enger[158] auszulegen ist. Er konzentriert sich rein auf die Fortbewegung[159], das Führen[160] entsprechend § 21 StVG[161] im öffentlichen Verkehrsraum.

84 Schon bei der rein zivilrechtlichen Betrachtung darf der Zusammenhang, in dem der Begriff auftaucht, nicht vernachlässigt werden.

aa) Falscher Ansatz: AKB

85 Ein bloßer Verweis auf die AKB[162] geht fehl, da der Begriff je nach Zweckrichtung eine engere oder weitere Bedeutung haben kann.

86 Die AKB haben unter Beachtung gesetzlicher Vorgaben nur den Kunden im Visier. Entsprechend kann der vertraglich vereinbarte Deckungsumfang nach den individuellen AKB selbstverständlich nicht nur in Bezug auf die Höhe der Deckungssummen, sondern auch inhaltlich deutlich erweitert sein. Umso mehr greifen hier die **Erwartungshaltung des Versicherungsnehmers** und die **Vertragsauslegung** Platz.

87 Die Folgen sind:
– ein erweitertes Verständnis des Begriffs »Gebrauch« zugunsten des Versicherungsnehmers
– (und als Rechtsreflex daraus) Vorteile für die Geschädigten gegenüber dem Versicherer durch die Anwendung des § 113 Abs. 3 VVG

88 Zudem ist die Gestaltung der AKB weitgehend so frei und so veränderlich, dass sie weder Rechtsklarheit noch Rechtssicherheit schaffen.

---

156 Übersicht bei *Schwab* Betrieb und Gebrauch eines Kraftfahrzeugs, DAR 2011, 11 ff.
157 So die Empfehlung des Arbeitskreises IV des 49. DVGT 2011.
158 *Feyock*/Jacobsen/Lemor Kraftfahrtversicherung, § 6 PflVG, Rn. 4; Staudinger/Halm/ Wendt/*Schwab* Fachanwaltskommentar Versicherungsrecht, § 6 PflVG, Rn. 7; *Staub* § 6 PflVG Rdn. 21.
159 *Müringer* Pflichtversicherung, S. 97.
160 *BGH* Beschl. v. 03.11.1983 – 4 StR 80/83, BGHSt 32, 152 = JurionRS 1983, 11004 = NJW 1984, 877 = MDR 1984, 247; *KG Berlin* 31.01.1984 – 5 Ss 315/83–1/84, VRS 67, 154; Hentschel/König/*Dauer* vor § 23 FZV, Rn. 16; *Heinzlmeier* Strafrechtliche Probleme des Pflichtversicherungsrechts, NZV 2006, 225 ff., 231; *Hansen* Gebrauch und Gestatten des Gebrauchs eines Fahrzeugs im Sinne des § 6 PflVersG, DAR 1984, 75 ff.
161 FAKomm/VerkehrsR/*Ferner* § 6 PflVG, Rn. 4.
162 So Römer/*Langheid* (2.A.) § 1 PflVG, Rn. 9.

Das gilt auch für Musterbedingungen. Verbandsempfehlungen sind keine Verbandsvor- 89
schriften, an die sich jeder Versicherer zu halten hat. Sie finden jedoch zu Recht große
Beachtung bei den individuellen Überlegungen zur Ausgestaltung der hauseigenen Bedingungen. Aber selbst innerhalb eines Konzerns können nochmals auf spezielle Kundengruppen ausgerichtete Abweichungen[163] angetroffen werden.

Zudem werden noch nicht einmal alle Verbandsempfehlungen des GDV öffentlich pu- 90
bliziert, weswegen auch noch der Rechts- bzw. der Empfehlungsstand zu hinterfragen
wären. Allein schon aus diesem Blickwinkel können die unverbindlichen Musterbedingungen des Verbandes als Auslegungskriterium für den Begriff des »Gebrauchs« im
Sinne des PflVG keine geeignete Grundlage bieten.

bb) Richtiger Ansatz: Schutzzweck des PflVG

Pflichtversicherung ist gesetzlich vorgeschriebener Mindestschutz. Entsprechend sollte 91
sich hier die Auslegung des Begriffs »Gebrauch« allein an den gesetzlich vorgegebenen
Mindestanforderungen orientieren.

Die Auslegung des Begriffs »Gebrauch« hat sich daher streng am Zweck des PflVG zu 92
orientieren. Hauptzweck ist der **Schutz des Verkehrsopfers** und Nebenzweck der **Existenzschutz der versicherten Personen**, die durch den Gebrauch des Fahrzeugs ein solches Verkehrsopfer schädigen.

Damit sei klargestellt, dass entsprechend dem Zweck des PflVG **nicht jeglicher Ge-** 93
brauch des Fahrzeugs zu zählen ist. Es ist nicht gleichgültig, ob ein Verkehrsopfer
oder eine außerhalb eines Verkehrsgeschehens betroffene Person einen Schaden erleidet. Nach dem Zweckgedanken und dem Wortlaut des PflVG ist zudem immanent,
dass es sich um ein Opfer aus einem Verkehrsgeschehen im öffentlichen Verkehrsraum[164] handeln muss.

Die Orientierung an diesen engen Anwendungsbereich wird durch die Vorgaben des 94
Gemeinschaftsrechts bestätigt. Sie verlangen lediglich eine Regelungsnotwendigkeit
für Verkehrsgeschehen im öffentlich zugänglichen Bereich[165] bzw. durch einen Unfall
bei der Nutzung eines Fahrzeugs[166]. Zu schützende Verkehrsteilnehmer sind[167] nach
Art. 12 Abs. 1 und 3 der 6. KH-Richtlinie:
- Fahrzeuginsassen mit Ausnahme des Fahrers
- Fußgänger
- Radfahrer

---

163 Nach Empfehlung Nr. 4 des Arbeitskreises VI des 34. VGT 1996 sollten Versicherer etwaige Abweichungen von Musterbedingungen deutlich kennzeichnen, siehe Tagungsbericht von *Berz* NZV 1996, 100.
164 *Schwab* Betrieb und Gebrauch eines Kraftfahrzeugs, DAR 2011, 11 ff.
165 Art. 1 und 3 i. V. m. Anhang I, Art. 2 Nr. 1 und Anhang II Nr. 10 Straßburger Übereinkommen.
166 Art. 12 Abs. 1 u. 3 der 6. KH-Richtlinie (2009/103/EG).
167 Auch nach Lesart der Bundesregierung, Stellungnahme vom 15.07.2013 zu C-162/13.

§ 1 PflVG (Pflicht-Haftpflichtversicherung für Kraftfahrzeuge und Anhänger)

– andere nicht motorisierte Verkehrsteilnehmer

95 Dabei bleibt es dem nationalen Gesetzgeber überlassen, die konkreten Anforderungen an die Versicherungspflicht zu formulieren.

96 Das oberste slowenischen Gericht hat die Frage der Anwendung des Direktanspruchs außerhalb des öffentlichen Verkehrsraum dem *EuGH* vorgelegt. Der Schlussantrag des Generalanwalts[168] differenziert unterschiedliche Umsetzungsvarianten in den Mitgliedsländern. Die jetzt vorliegende Entscheidung[169] des *EuGH*, die eine Pflichtversicherung bei einer Verwendung durch ein Fahren auch außerhalb des öffentlichen Verkehrsraumes vorsieht, kann dazu führen, dass § 1 PflVG anzupassen ist.

97 An dieser Stelle bleibt mit Blick auf das PflVG festzuhalten, dass ein versicherungsvertragliches Bedingungswerk einen Begriff aus einem Gesetz nicht zu definieren vermag; die AKB haben dagegen umgekehrt wenigstens den Mindestanforderungen des Gesetzes zu entsprechen.

98 Im Ergebnis ist daher immer nur von »Gebrauch im Sinne des PflVG« oder von »Gebrauch im Sinne der AKB«[170] zu sprechen[171].

b) Gebrauch, mehr als nur Betrieb

99 Der Gebrauchsbegriff geht auch bei enger Auslegung über den Betriebsbegriff im Sinne des § 7 StVG hinaus. § 7 StVG ist nur eine von vielen gesetzlichen Haftpflichtnormen, die einen Schadensersatzanspruch zum Gegenstand haben. Die Beschränkung auf diesen alleinigen Anwendungsbereich für die versicherungsvertragliche Mindestdeckung greift erheblich zu kurz. So sind beispielsweise nach § 2 Abs. 1 Nr. 6a) PflVG Kraftfahrzeuge mit einer Höchstgeschwindigkeit von mehr als 6 bis maximal 20 km/h zwar ebenso versicherungspflichtig wie schnellere Fahrzeuge, dennoch sind sie – in verfassungsrechtlich bedenklicher Weise[172] – von der Gefährdungshaftung durch den Fahrzeugbetrieb ausgenommen, § 8 Nr. 1 StVG.

100 Um einen umfassenden Schutz des Verkehrsopfers sicherzustellen ging man bereits in der amtlichen Begründung des PflVG-1939[173] bewusst über den zu engen Betriebsbegriff hinaus.

---

168 *EuGH* Schlussantrag v.26.02.2014 – Rs. C-162/13, JurionRS 2014, 11448.
169 *EuGH* Urt. v. 04.09.2014 – C-162/13, JurionRS 2014, 20478 = DAR 2015, 259 = NJW 2014, 3631 = VersR 2015, 311 = JZ 2015, 60 = r+s 2014, 523.
170 Siehe hierzu die Kommentierung unter A.1.1.1 AKB; ebenfalls differenzierend Ludovisy/*Eggert*/ Burhoff Praxis des Straßenverkehrsrechts, Teil 4, Rn. 45.
171 **Schaubild** zum unterschiedlichen Gebrauchsbegriff *Schwab* A.1.1.1 AKB Rdn. 89.
172 *Schwab* § 8 Nr. 1 StVG – eine Streichung ist überfällig, DAR 2011, 129 ff.
173 DJ 1939, 1771.

c) Unzweifelhafter Gebrauch

Zum Gebrauch des Fahrzeugs gehört zunächst das Führen des Fahrzeugs, also dessen verantwortliches in Bewegung setzen, Lenken, Anhalten, Parken und Weiterfahren. 101

Über das Führen hinaus gehören aber auch andere Tätigkeiten begriffsnotwendig hinzu. So das Ein- und Aussteigen wie auch das Be- und Entladen. 102

d) Einzelfälle – noch Gebrauch i. S. d. PflVG

Eingeschlossen sind Arbeitseinsätze von Fahrzeugen, die weiterhin **in Bewegung** bleiben (müssen). Das gilt zunächst für alle Polizeifahrzeuge, Feuerwehr- und Rettungswagen – auch wenn sie nicht unter Sonderrechten nach § 35 Abs. 1 StVO fahren. Mit Hilfe dieser Fahrzeuge wird eine Arbeitstätigkeit verrichtet, wobei man sich des Straßenverkehrs zur Distanzüberbrückung zum Einsatzort oder zur Raumüberwachung bedient. 103

Intensiv straßenbezogen sind beispielsweise Arbeitseinsätze mit dem Abschleppwagen, Gasspürfahrzeugen, sonstigen Messfahrzeugen, dem ÖWSF[174] zur Ölspurbeseitigung, der Straßenkehrmaschine, dem Winterdienst, einem Mähfahrzeug[175] oder der Müllabfuhr. 104

Ihnen ist gemein, dass sie als Fahrzeuge am Verkehr teilnehmend, zu Arbeitseinsätzen gebraucht werden. Dabei steht nicht das Fortkommen oder die Beförderung, sondern allein die Arbeitsleistung im Vordergrund. 105

e) Einzelfälle – kein Gebrauch i. S. d. PflVG

Nicht mehr zum Gebrauch des Fahrzeugs im Sinne des PflVG gehört der Einsatz als **reine Arbeitsmaschine**, wo also die Beförderungs- und Bewegungsfunktion des Fahrzeugs völlig zurücktritt. Dies erschließt sich daraus, dass der Gesetzgeber in § 2 Abs. 1 Nr. 6b) PflVG für selbstfahrende Arbeitsmaschinen bis zu einer Höchstgeschwindigkeit von 20 km/h die Versicherungspflicht ausgenommen hat. Entsprechend war es auch dem Bundesaufsichtsamt für das Versicherungswesen rechtlich möglich, Sonderbedingungen[176] in der Kfz-Haftpflichtversicherung zu genehmigen, die das Arbeitsrisiko vom Versicherungsumfang bedingungsgemäß ausklammern. 106

Beispiele für entsprechende Nutzfahrzeuge, die als reine Arbeitsmaschinen zum Einsatz kommen, können sein: auf Stützen stehende Autokräne, Betonpumpenfahrzeuge, Schaustellerfahrzeuge auf Jahrmärkten, Tanklastwagen bei der Lieferung von Heizöl, Saugwagen für die Kanalreinigung oder das Ausblasen eines Silofahrzeugs. 107

---

174 ÖWSF = Ölspur-Waschsaugfahrzeug als Fahrzeug der Feuerwehren.
175 *BGH* Urt. v. 18.01.2005 – VI ZR 115/04, JurionRS 2005, 11184 = DAR 2005, 263 = VersR 2005, 566 = r+s 2005, 303 = NZV 2005, 305 = SVR 2005, 263 bespr. v. *Otting* = MDR 2005, 684 = VRS 108, 350 = VRR 2005, 183 bespr. v. *Zorn*.
176 Sonderbedingung 11, VerBAV 1971, 320; VerBAV 1975, 299, 300.

108 Zur Klarstellung: Sofern sich die den Verkehr beeinflussende Wirkung des Fahrzeugs beim Parken oder Halten im Verkehrsraum fortwirkt und sich durch diesen Gebrauch – unabhängig vom reinen Arbeitsrisiko – ein Schaden einstellt, handelt es ich sich dagegen um einen unzweifelhaften Gebrauch[177].

2. Kausalität

109 Die Norm erfordert schließlich, dass der Schaden **durch den Gebrauch** des Fahrzeugs verursacht wurde.

110 Damit wird klargestellt, dass der Schaden auf dem Gebrauch des Fahrzeugs zu beruhen hat. Eine nur gelegentliche Beteiligung des Fahrzeugs scheidet daher aus. Dies ist überall da gegeben, wo das Fahrzeug nicht einmal mehr als mitursächlich in Betracht kommt.

111 Vom Wortlaut her muss sich der Gebrauch auf das **Fahrzeug** beziehen. Eine Handlung des Fahrers, losgelöst vom Fahrzeug, fällt begrifflich nicht hierunter. Dies betrifft ebenso Handlungen von Insassen.

112 Schäden, die nicht auf einem Mangel des Fahrzeugs, sondern allein auf einem Fehler der Ladung[178] beruhen sind nicht durch den Gebrauch des Fahrzeugs entstanden.

113 **Schaden** im Sinne des PflVG ist der tatsächlich eingetretene und dem Schädiger zurechenbare Schaden.

IV. Schadenarten

114 Personenschäden und Sachschäden waren bereits in der Urfassung, in § 1 des Reichs-PflVG, erfasst. Dies entspricht noch heute den Anforderungen durch Art. 1 Abs. 1 der 2. KH-Richtlinie[179]. Selbst die 6. KH-Richtlinie[180] geht über diese beiden Schadenarten nicht hinaus.

115 Das PflVG kennt heute darüber hinaus die Haftpflicht für sonstige Vermögensschäden.

1. Personenschaden

116 Das PflVG selbst enthält keine nähere Bestimmung, was mit Personenschaden gemeint ist und in welchem Umfang Anspruchspositionen gedeckt sein müssen.

117 Als Kurzumschreibung des Begriffs »Personenschaden«, mit Blick auf materiell rechtliche Anspruchsgrundlagen, verweisen *Küppersbusch/Höher*[181] unter Bezugnahme auf

---

177 Siehe oben § 1 PflVG Rdn. 101–102.
178 Insoweit falsch *OLG Dresden* Urt. v. 29.01.2014 – 7 U 792/13, JurionRS 2014, 11446 = ADAJUR Dok.Nr. 104460 = NJW-RR 2014, 1176 = MDR 2014, 402 = VRR 2014, 124 (Ls.).
179 (84/5/EWG).
180 Art. 3 der 6. KH-Richtlinie (2009/103/EG).
181 *Küppersbusch* Ersatzansprüche bei Personenschäden, 11. A. 2013, Rn. 1.

Larenz[182] auf die durch eine Körperverletzung entstandene Einbuße an Lebensgütern mit den daraus resultierenden Vermögensschäden.

Auch für das Verständnis des Begriffs nach dem PflVG ist auf die zivilrechtlichen Haftungsnormen zurückzugreifen. Insbesondere sind dies die §§ 249 Abs. 2 Satz 1, 823 und 842 ff. BGB, die neben der Todesfolge auch den Körper- und Gesundheitsschaden behandeln. Zu Letzterem gehören auch medizinisch fassbare[183] psychische Störungen. Da neben dem unmittelbar eingetretenen Schaden der Schädiger auch für weitere Schadensfolgen ersatzpflichtig gemacht werden kann (wie beispielhaft für den Erwerbs- und Fortkommensschaden nach § 842 BGB[184]) werden zwangsläufig auch Folgeschäden erfasst. Ein wirksamer Opferschutz würde sonst ins Leere laufen. 118

Zudem fallen hierunter vorgeburtliche Schäden, durch Verletzung[185] der Mutter während der Schwangerschaft und – nach ständiger Rechtsprechung des *BGH*[186] – sogar präkonzeptionelle Schädigungen durch Infektionen. In diesem Zusammenhang ist an die Auswirkungen von Bluttransfusionen mit infiziertem Blut nach einem Verkehrsunfall zu denken. Dies betrifft nicht nur die unfallverletzte Person, sondern auch zunächst unbeteiligte Dritte[187]. Es mag hier im Einzelfall bezweifelt werden, ob und in welchem Umfang noch eine haftungsrechtliche Zurechnung[188] zu erfolgen hat. Entscheidend ist jedoch von Seiten der versicherungsvertraglichen Deckung, dass schon mit Blick auf die Abwehr unbegründeter Ansprüche kein Bereich des Personenschadens auszunehmen ist. 119

Stiefel/Hofmann[189] verstehen unter Personenschaden mit Blick auf § 10 AKB a. F. zu Recht ohne jede Einschränkung, den Umfang der festgestellten Ansprüche des Verletzten. Treffender ist es jedoch, auch die Gesundheitsbeschädigung[190] und nicht nur die Verletzung zu benennen[191]. Nur damit werden alle Facetten des Personenschadens von 120

---

182 *Larenz* Schuldrecht Allgemeiner Teil, § 29 II e.
183 PWW/*Schaub* § 823 BGB, Rn. 27.
184 Eher schon als eine Selbstverständlichkeit nach § 249 BGB zu betrachten, PWW/*Schaub* § 842 BGB, Rn. 1.
185 Sogar bei ärztlicher Falschberatung, die eine rechtlich zulässige Abtreibung verhindert, *OLG Düsseldorf* Urt. v. 06.01.1997 – 8 U 107/95, VersR 1998, 194; *BGH* Nichtannahmebeschl. v. 07.10.1997 – VI ZR 33/97.
186 *BGH* Urt. v. 06.12.1988 – VI ZR 132/88, BGHZ 106, 153 ff. = JurionRS 1988, 13169 = VersR 1989, 253 = NJW 1989, 1533 = NJW-RR 1989, 726 = MDR 1989, 437.
187 *BGH* Urt. v. 14.06.2005 – VI ZR 179/04 (HIV-verseuchte Blutkonserven nach Motorradunfall schädigen spätere Ehefrau des Unfallopfers mangels Aufklärung), BGHZ 163, 209 = JurionRS 2005, 17905 = NJW 2005, 2614 = VersR 2005, 1238 = MDR 2005, 1347 = r+s 2005, 527 = JZ 1992, 95 = NZV 1991, 387 = zfs 2006, 141; zudem Anm. von *Katzenmeier* Haftung für HIV-kontaminierte Blutprodukte, NJW 2005, 3391 ff.
188 Anm. *Diehl* zum Urteil des *BGH* zfs 2006, 141 (145).
189 Stiefel/*Hofmann* 17. Aufl. § 10 AKB, Rn. 85.
190 Gefahren schon durch Lärm und Abgase, siehe § 30 Abs. 1 Satz StVO.
191 Zutreffend daher Schwintowski/Brömmelmeyer/*Retter* PK-VersR, § 100, Rn. 6; ähnlich jetzt auch Stiefel/*Maier* Kraftfahrtversicherung, A.1.1 AKB, Rn. 12.

§ 1 PflVG (Pflicht-Haftpflichtversicherung für Kraftfahrzeuge und Anhänger)

der versicherungsvertraglichen Deckung erfasst. So entstehen Gefahren bereits durch Lärm[192] und Abgase[193], siehe § 30 Abs. 1 Satz StVO.

121 § 2 Abs. 1 Nr. 1 KfzPfVV erwähnt demgegenüber nur die Tötung oder die Verletzung von Personen. Mit Blick auf den Gesundheitsschaden und das Rechtsgut Freiheit[194], als Entzug der körperlichen Bewegungsfreiheit[195], bedeutet dies gegenüber § 1 PflVG eine unzulässige Einschränkung.

2. Sachschaden

122 Beschädigte Sachen sind reparaturfähig. »Zerstörte Sache« bedeutet einen tatsächlichen oder wirtschaftlichen Totalschaden.

123 Dabei sind unter »Sachen« nur diejenigen Sachen zu verstehen, die jemandem tatsächlich gehören. Tiere sind wie Sachen zu behandeln, § 90a BGB. Beispielsweise sind wilde Tiere, die nicht unter einem Jagdaneignungsrecht stehen, hiervon ausgenommen.

124 Der Versicherungsschutz hat sich auch auf abhanden gekommene Sachen zu erstrecken. Das sind insbesondere Gegenstände, die sich im Fahrzeug oder im Besitz von verletzten Personen befanden und nach dem Unfall nicht mehr aufzufinden sind. Dazu gehört auch Bargeld[196].

125 Wörtlich nicht angesprochen ist der Sachfolgeschaden. Als Unterfall des Sachschadens gehört er jedoch in die mit zu versichernde Schadengruppe des Sachschadens.

126 Umweltschäden[197] begründen keine eigene Schadenart im Sinne des Gesetzes.

127 Sie verwirklichen sich meist in Sachschäden und gelegentlich auch in Personenschäden. Soweit die privatrechtliche Seite berührt ist (also beispielsweise die Kontamination von

---

192 *BGH* Urt. v. 02.07.1991 – VI ZR 6/91, BGHZ 115, 84 = JurionRS 1991, 14026 = NJW 1991, 2568 = NZV 1991, 387 = VersR 1991, 1068 = MDR 1991, 1040 = DAR 1991, 380 (Unfallgeräusch lässt Schweine in Panik geraten); *OLG Hamm* Urt. v.11.12.1996 – 13 U 121/96, JurionRS 1996, 24344 = DAR 1997, 181 = MDR 1997, 350 = zfs 1997, 202 (PKW-Tür erschreckt Hühner); *AG München* Urt. v. 07.01.2005 – 123 C 3000/03, JurionRS 2005, 17830 = NJW 2005, 760 = NZV 2005, 159 = NVwZ 2006, 368 (Lärm einer LKW-Standheizung).
193 Zur Luftreinhaltung siehe Himmelreich/Halm/*Schwab* Handbuch des Fachanwalts Verkehrsrecht, Kap. 7, Rn. 4.
194 Nach einem Verkehrsunfall ist ein (möglicherweise sogar unverletzter) Insasse gehindert, das Fahrzeug zu verlassen, da die Türen klemmen.
195 Nach h. M. mehr als nur ein bloßer Verkehrsstau erforderlich, Näheres PWW/*Schaub* § 823 BGB, Rn. 29.
196 Verlust nicht bewiesen im Fall *OLG Köln* Urt. v. 25.02.2005 – 6 U 139/04, JurionRS 2005, 14425 = DAR 2005, 404 = NZV 2005, 523 = VersR 2006, 1258 = MDR 2005, 1346 = SVR 2006, 31 bespr. v. *Schwab* = VRS 109, 263 = VRR 2005, 231 bespr. v. *Jaeger*.
197 Überblick bei *Schwab* Umweltschäden durch Kraftfahrzeugunfälle, DAR 2009, 186 ff.; umfassend Himmelreich/Halm/Staab/*Schwab* Handbuch des Kfz-Schadensregulierung, Kap. 21.

Straßenbestandteilen und Entwässerungsgräben oder bei Vergiftungen von Personen durch Rauchentwicklung beim Fahrzeugbrand) sind diese Schäden allesamt mit zu decken.

3. Vermögensschaden

Abs. 1 Nr. 3 behandelt den reinen Vermögensschaden, der weder mittelbar noch unmittelbar mit einem Personen- oder Sachschaden im Zusammenhang steht. Diese lassen sich ansonsten als Vermögensfolgeschäden aufgrund von Personen- oder Sachschäden beschreiben. Sie fallen damit bereits unter den Personen- bzw. den Sachschaden. Zu den Folgeschäden zählen die Schadenfeststellungskosten, die Ermittlungskosten sowie die angemessenen Kosten für die Auslobung einer Fangprämie[198] des zunächst unbekannten Unfallverursachers. 128

Der reine Vermögensschaden[199] ist ohne große praktische Relevanz[200] und wird wohl daher noch nicht einmal in den KH-Richtlinien[201] erwähnt. Er beschränkt sich meist auf die Abwehrfunktion unbegründeter Ansprüche und/oder Schäden mittelbar Geschädigter, wie beispielsweise bei Umsatzeinbußen einer Autobahnraststätte[202] durch eine unfallbedingte Autobahnsperrung. 129

Ein reiner Vermögensschaden in der Kfz-Haftpflichtversicherung ist beispielsweise der finanzielle Verlust aufgrund von Aufwendungen für eine sogenannte »Fehlfahrt«. Das ist eine nicht durchgeführte Rettungsfahrt[203], die jedoch vom Unfallopfer als Aufwand für eine berechtigte Geschäftsführung zu bezahlen ist. 130

▶ **Weitere Beispiele:** 131
  – Ein Firmengrundstück wird wegen einer unfallbedingten Explosionsgefahr polizeilich[204] geräumt. Das Gebäude kann nicht betreten und benutzt werden. Es kommt zu Produktionsausfällen

---

198 *AG Lemgo* Urt. v. 20.10.2010 – 20 C 192/10, JurionRS 2010, 37239 (25% der Schadenssumme), m. E. ist der Betrag deutlich zu hoch.
199 Rechtsprechung tendiert nicht zu einer Ausweitung von Ansprüchen, *G. Müller* Grundprinzipien und Gestaltungsspielräume beim Schadensersatz, Teil 1, zfs 2009, 62 (64).
200 *Schirmer* Der »sonstige« oder »reine« Vermögensschaden in der Kraftfahrzeughaftpflichtversicherung, DAR 1992, 11 ff. (20).
201 Art. 3 der 6. KH-Richtlinie (2009/103/EG) bezieht sich nur auf den Personen- und Sachschaden.
202 BGH Urt. v. 09.12.2014 – VI ZR 155/14, JurionRS 2014, 28814 = DAR 2015, 137 = r+s 2015, 156 = MDR 2015, 83 = VersR 2015, 250.
203 *AG Coesfeld* Urt. v. 21.05.2008 – 4 C 35/08, DAR 2009, 38 mit Anm. *Schwab.*
204 BGH Urt. v. 21.06.1977 – VI ZR 58/76, JurionRS 1977, 11527 = MDR 1978, 128 = NJW 1977, 2264 = VersR 1977, 965; *OLG Koblenz* Urt. v. 23.09.2009 – 1 U 428/09, JurionRS 2009, 24601 = MDR 2010, 153 = OLGR 2009, 944 = LKRZ 2009, 469 (Evakuierung wegen Fliegerbombe, Umsatzausfall einer Gaststätte).

- Ein Wasserwerk muss nach einem Unfall mit Risiken für die Wassergewinnung engmaschig Proben fahren, wodurch zusätzlich Kosten für die Entnahme und Analyse von Wasserproben anfallen
- Das Jagd- oder Fischereianeignungsrecht wird durch einen Verkehrsunfall mit oder ohne Umweltschaden verletzt, so dass die Vermögenseinbuße dem Berechtigten zu erstatten ist

4. Nicht: reiner Ökoschaden

132 Die Aufzählung des Pflichtversicherungsgesetzes ist abschließend. Entsprechend sind reine Ökoschäden im Sinne des USchadG[205] bzw. in deren Umsetzung in den EU-Mitgliedsstaaten wegen der EG-Umwelthaftungsrichtlinie[206] nicht erfasst. Reine Ökoschäden sind z. B. Schäden an Naturgütern, an denen kein Privatrechtseigentum oder ein vergleichbares Privatrecht besteht. Hierunter fällt insbesondere der Artenschutz für besonders geschützte Arten.

133 Es handelt sich um Schäden, die **rein öffentlich-rechtliche**[207] Verantwortlichkeiten für beruflich Tätige auslösen. Bei den eingetretenen Schäden ist die Allgemeinheit, aber nicht[208] der Einzelne in seinen privaten Rechten betroffen.

134 Eine **analoge Anwendung** ist **ausgeschlossen**. Der Bundesgesetzgeber hat entgegen dem ursprünglichen Entwurf[209] bislang ausdrücklich von einer Deckungsvorsorge durch die Versicherungswirtschaft abgesehen. Dies war möglich, da der EU-Umwelthaftungsrichtlinie es den Mitgliedsländern freigestellte, eine verpflichtende Regelung zu treffen. In 2014 sollte eigentlich darüber erneut entschieden werden.[210]

135 Im Umkehrschluss besteht somit eine planmäßige Lücke, die nicht durch eine Analogie geschlossen werden darf.

---

205 Gesetz zur Umsetzung der Richtlinie der Europäischen Parlaments und des Rates über die Umwelthaftung zur Vermeidung und Sanierung von Umweltschäden vom 10.05.2007, BGBl. I Nr. 19 S. 666; nach dem Entwurf des Umweltgesetzbuches 2009 (Stand 20.05.2008) sollte es in das UGB I in Abschnitt 4, §§ 26 ff. eingearbeitet werden. Die Umsetzung des UGB ist jedoch gescheitert, siehe Pressemitteilung Nr. 033/09 vom 01.02.2009 des BMU.
206 Richtlinie 2004/35/EG vom 21.04.2004.
207 Hiervon zu differenzieren sind Ansprüche, die sowohl eine öffentlich-rechtliche als auch eine privatrechtliche Grundlage haben und nur der Verfahrensweg über einen Kostenbescheid gegangen wird, wie bei den Feuerwehrkosten zur Beseitigung einer Ölspur, *BGH* Urt. v. 20.12.2006 – IV ZR 325/05, JurionRS 2006, 29131 = VersR 2007, 200 = MDR 2007, 652 = NJW 2007, 1205 = r+s 2007, 94 = zfs 2007, 273 = DAR 2007, 142 mit Anm. *Weinsdörfer*, DAR 2007, 269 Anm. *Schwab* = VRR 2007, 108 bespr. v. *Knappmann*.
208 *Petersen* USchadG, Einleitung, Rn. 14.
209 § 12 USchadG-E; BR-Drucksache 678/06.
210 Bericht der Kommission an den Rat, KOM/2010/0581 endg.

C. Weitere praktische Hinweise

Die weitere Umsetzung der Vorschrift erfolgt hauptsächlich in § 2 KfzPflVV. 136

Die Norm hat wesentliche Auswirkung auf den Inhalt der AKB. Die A.1.1 und A.1.2 137
AKB 2015 gehen jedoch über den vom Gesetzgeber vorgeschriebenen Mindestumfang hinaus.

§ 2 (Ausnahmetatbestände zu § 1 PflVG)

(1) § 1 gilt nicht für
1. die Bundesrepublik Deutschland,
2. die Länder,
3. die Gemeinden mit mehr als einhunderttausend Einwohnern,
4. die Gemeindeverbände sowie Zweckverbände, denen ausschließlich Körperschaften des öffentlichen Rechts angehören,
5. juristische Personen, die von einem nach § 1 Abs. 3 Nr. 3 des Versicherungsaufsichtsgesetzes von der Versicherungsaufsicht freigestellten Haftpflichtschadenausgleich Deckung erhalten,
6. Halter von
   a) Kraftfahrzeugen, deren durch die Bauart bestimmte Höchstgeschwindigkeit sechs Kilometer je Stunde nicht übersteigt,
   b) selbstfahrende Arbeitsmaschinen und Staplern im Sinne des § 3 Abs. 2 Satz 1 Nr. 1 Buchstabe a der Fahrzeug-Zulassungsverordnung, deren Höchstgeschwindigkeit 20 Kilometer je Stunde nicht übersteigt, wenn sie den Vorschriften über das Zulassungsverfahren nicht unterliegen,
   c) Anhängern, die den Vorschriften über das Zulassungsverfahren nicht unterliegen.

(2) ¹Die nach Absatz 1 Nrn. 1 bis 5 von der Versicherungspflicht befreiten Fahrzeughalter haben, sofern nicht aufgrund einer von ihnen abgeschlossenen und den Vorschriften dieses Gesetzes entsprechenden Versicherung Haftpflichtversicherungsschutz gewährt wird, bei Schäden der in § 1 bezeichneten Art für den Fahrer und die übrigen Personen, die durch eine auf Grund dieses Gesetzes abgeschlossene Haftpflichtversicherung Deckung erhalten würden, in gleicher Weise und in gleichem Umfange einzutreten wie ein Versicherer bei Bestehen einer solchen Haftpflichtversicherung. ²Die Verpflichtung beschränkt sich auf den Betrag der festgesetzten Mindestversicherungssummen. ³Wird ein Personen- oder Sachschaden verursacht, haftet der Fahrzeughalter im Verhältnis zu einem Dritten auch, wenn der Fahrer den Eintritt der Tatsache, für die er dem Dritten verantwortlich ist, vorsätzlich und widerrechtlich herbeigeführt hat. ⁴§ 12 Abs. 1 Satz 2 bis 5 gilt entsprechend. ⁵Die Vorschriften der §§ 100 bis 124 des Versicherungsvertragsgesetzes sowie der §§ 3 und 3b sowie die Kraftfahrzeug-Pflichtversicherungsverordnung sind sinngemäß anzuwenden. ⁶Erfüllt der Fahrzeughalter Verpflichtungen nach Satz 1, so kann er in sinngemäßer Anwendung der §§ 116 und 124 des Versicherungsvertragsgesetzes Ersatz der aufgewendeten Beträge verlangen, wenn bei Bestehen einer Versicherung der Versicherer

§ 2 PflVG (Ausnahmetatbestände zu § 1 PflVG)

gegenüber dem Fahrer oder der sonstigen mitversicherten Person leistungsfrei gewesen wäre; im übrigen ist der Rückgriff des Halters gegenüber diesen Personen ausgeschlossen.

Übersicht   Rdn.
A. Allgemeines 1
B. Regelungsgehalt 2
  I. Von der Versicherungspflicht befreite Halter 2
  II. Regulierung des befreiten Halters 8
  III. Grenzen der Leistungspflicht des befreiten Halters 10
  IV. Direktanspruch 15
  V. Regress gegen Bedienstete 21
  VI. Zusatzdeckung durch Fahrer 23
  VII. Wegen der Fahrzeugart befreite Fahrzeughalter 26
C. Weitere praktische Hinweise 31

A. Allgemeines

1 Auch die 6. KH-Richtlinie[1] lässt Ausnahmen von der Versicherungspflicht zu. Seit jeher wird davon in § 2 PflVG Gebrauch gemacht. Ausnahmen bestanden bereits in der Vorgängervorschrift.[2]

B. Regelungsgehalt

I. Von der Versicherungspflicht befreite Halter

2 Die Versicherungspflicht bezieht sich nach § 1 PflVG zunächst auf den Halter, dann erst auf den mitzuversichernden Fahrer und Eigentümer.

3 Bestimmte Fahrzeughalter, von denen das Gesetz davon ausgeht, dass sie wegen praktisch unbeschränktem Vermögen[3] dauerhaft wirtschaftlich[4] dazu in der Lage sind zahlungsfähig[5] zu sein, werden von der Versicherungspflicht entbunden. Zudem erwartet der Gesetzgeber, dass Schadensersatzansprüche von Verkehrsopfern von ihnen ange-

---

1 Art. 5 der 6. KH-Richtlinie. Richtlinie 2009/103/EG des Europäischen Parlaments und des Rates vom 16.09.2009 über die Kraftfahrt-Haftpflichtversicherung und die Kontrolle der entsprechenden Versicherungspflicht, Amtsblatt der Europäischen Union vom 07.10.2009, L 263/11.
2 Gesetz zur Einführung der Pflichtversicherung für Kraftfahrzeughalter und zur Änderung des Gesetzes über den Verkehr mit Kraftfahrzeugen sowie des Gesetzes über den Versicherungsvertrag v. 07.11.1939, RGBl. 1939 I, 2223.
3 Römer/*Langheid* (2. A.) § 2 PflVG, Rn. 1.
4 An die heutige vielerorts fortgesetzt angespannte Lage der öffentlichen Haushalte glaubte man bei der Gesetzgebung wohl noch nicht.
5 Prölss/Martin/*Knappmann* VVG, § 2 PflVG, Rn. 1; Schwintowski/Brömmelmeyer/*Huber* PK-VersR, § 113 VVG, Rn. 4.

messen und vollständig befriedigt werden können. Sie agieren somit als eine Art »Selbst-[6] oder Quasi- Versicherer[7]«.

Die befreiten Halter werden in § 2 Abs. 1 Nr. 1 bis 5 abschließend aufgezählt. Es sind 4 dies neben dem Bund und den Ländern Großgemeinden mit mehr als 100.000 Einwohnern, Gemeinde- und Zweckverbände sowie ausgewählte juristische Personen.

Wegen der Organisation der Schadensabwicklung und der Tragung der finanziellen 5 Lasten können sich diese Halter eines **kommunalen Schadenausgleichs** bedienen, § 1 Abs. 3 Nr. 3 VAG. Es handelt sich um besondere Versicherer, die nicht der Aufsicht durch die BaFin unterliegen. Sie bieten Kfz-Haftpflichtschutz[8] nur ihren Mitgliedern an. Als nichtrechtsfähige Zusammenschlüsse von Gemeinden und Gemeindeverbänden sind sie nicht parteifähig.[9] Die zu zahlenden Ausgleichsbeiträge nebst Rückversicherungsprämien sind ebenso zu versteuerndes Versicherungsentgelt; nicht dagegen der Selbstbehalt.[10]

Der Gesetzgeber räumt dem Staat und staatsähnlichen Einrichtungen Sonderrechte ein 6 und verschont sie vor der Teilnahme am Entschädigungsfond, da sie in § 13 Abs. 1 Satz 4 PflVG nicht erwähnt werden. Sie müssen sich nicht[11] beteiligen. Ob dies noch zeitgemäß ist, wird zu Recht von *Feyock*[12] bezweifelt. Lediglich die Kommunalen Schaden- und Haftpflichtausgleiche sind mit einer geringen Pauschale[13] beteiligt.

Dem befreiten Halter ist es unbenommen, selbst als Halter eine Kfz-Haftpflichtver- 7 sicherung abzuschließen und damit Versicherungsnehmer zu werden. Für ihn ist es dann eine freiwillige[14] Haftpflichtversicherung. Sie ist nach h. M. dann jedoch nach den Maßstäben der Pflicht-Haftpflichtversicherung analog[15] zu behandeln, § 2 Abs. 2 Satz 1 PflVG.

---

6 *Feyock*/Jacobsen/Lemor KfzVers, § 2 PflVG, Rn. 1.
7 KG Berlin Urt. v. 12.09.2002 – 12 U 9590/00, JurionRS 2002, 23849 = zfs 2002, 513 = VRS 104, 9 = NZV 2003, 30 = PVR 2003, 260, bespr. v. *Schröder*.
8 Mitarbeiter ihrer Mitglieder können bisweilen allerdings Kasko- und Unfalldeckungsschutz erhalten. Dieser rechtliche Zusammenschluss von Gemeinden steht damit auch in einem gewissen Konkurrenzverhältnis zur privaten Versicherungswirtschaft.
9 *OLG Naumburg* Beschl. v. 09.08.2010 – 10 W 4/10, JurionRS 2010, 29482 = NVwZ-RR 2011, 183 = NZV 2011, 189.
10 BFH Urt. v. 08.12.2010 – II R 12/08, BFHE 232, 223 = BB 2011, 597 = DB 2011, 516 = JurionRS 2010, 34408.
11 Prölss/Martin/*Knappmann* VVG, § 2 PflVG, Rn. 7.
12 *Feyock*/Jacobsen/Lemor KfzVers, § 2 PflVG, Rn. 4. Möglicherweise tragen auch steuerliche Aspekte zur Beibehaltung der bestehenden Regelung bei, auch wenn sie wegen Art. 3 und 12 GG nicht unproblematisch sind.
13 Himmelreich/Halm/*Schwarz* Handbuch des Fachanwalts Verkehrsrecht, Kap. 29., Rn. 43.
14 Schwintowski/Brömmelmeyer/*Huber* PK-VersR, § 113 VVG, Rn. 4.
15 BGH Urt. v. 17.02.1987 – VI ZR 75/86, JurionRS 1987, 15110 = DAR 1987, 223 = NJW 1987, 2375 = VersR 1987, 1034 = MDR 1987, 658; Schwintowski/Brömmelmeyer/*Huber* PK-VersR, § 113 VVG, Rn. 4; Looschelders/Pohlmann/*Schwartze* VVG-Kommentar, § 113 VVG, Rn. 18.

II. Regulierung des befreiten Halters

8 Der befreite Halter hat wie ein Pflicht-Haftpflichtversicherer zu regulieren. Haftet der Fahrer aus Verschulden, gelten folglich für ihn die Höchsthaftungsgrenzen der §§ 12, 12a StVG nicht. Wegen der weiteren Haftungsgründe liegt ein gesetzlicher Schuldbeitritt vor.

9 Bei einer Vorsatztat seines Fahrers nach § 103 VVG[16] ist nach dem Wortlaut des § 2 Abs. 2 Satz 3 PflVG dem befreiten Halter ein Berufen auf Leistungsfreiheit versagt. Die gesetzliche Regelung entspricht der Tatsache, dass die Halterhaftung unabhängig vom Fahrerverschulden zu beurteilen ist.

III. Grenzen der Leistungspflicht des befreiten Halters

10 Die Leistungspflicht des befreiten Halters orientiert sich nach § 2 Abs. 2 Satz 2 PflVG an den Mindestversicherungssummen nach Anlage 1 zu § 4 Abs. 2 PflVG.

11 Darüber hinaus kommt im Einzelfall eine unbegrenzte Haftung des Dienstherrn in Betracht.

12 Der Dienstherr hat zudem grundsätzlich seinen Beamten/Bediensteten über die Mindestdeckungssummen hinaus im Innenverhältnis freizustellen. Landesrechtliche Regelungen[17] beschränken im Einzelfall die Freistellung, insbesondere für Vorsatz und grobe Fahrlässigkeit.

13 Der Bund hatte zunächst per gemeinsamen Rundschreiben des Bundesministerium des Innern und des Bundesministerium für Finanzen eine Regelung für Bundesbeamte[18] getroffen und den Freistellungsanspruch bei nicht vorsätzlicher Schädigung auf 50 Mio. € begrenzt. Zudem hat er sich Rückgriffmöglichkeiten bei Obliegenheitsverletzungen vorbehalten, aber zugleich bei besonderen Härten für den Beamten, Erleichterungen nach § 59 Abs. 1 Nr. 3 BHO vorgesehen.

14 Das Bundesministerium des Innern[19] hat sodann die Regelung auf beim Bund angestellte Arbeitnehmer mit tarifvertraglichen Sonderregelungen zur Verjährungsfrage in § 37 TVöD übernommen.

---

16 *Feyock*/Jacobsen/Lemor § 2 PflVG, Rn. 8 hält eine Berufung des befreiten Halters auf § 103 VVG für ausgeschlossen.

17 Beispiel Rheinland-Pfalz, Justizblatt v. 19.12.2005 – ZKZ 63 004, Rundschreiben des Ministeriums für Finanzen vom 08.12.2005 (H4221 A-418) »Verhalten bei Schadensfällen im behördlichen Kraftfahrzeugbetrieb und Schadenshaftung der Fahrerinnen und Fahrer«.

18 Schadenshaftung der bei den Bundesbehörden beschäftigten Kraftfahrerinnen und Kraftfahrer im Beamtenverhältnis sowie der Beamtinnen und Beamten, die zumindest zeitweilig mit der Führung eines Kraftwagens beauftragt sind, im Verhältnis zu ihrem Dienstherrn, Gems. RdSchr. d. BMI u. d. BMF v. 27.06.2007 – BMI – D I 3 210 178/24 – BMF – Z B 1 – P 1070/06/0001 –.

19 Schadenshaftung der bei den Bundesbehörden beschäftigten Kraftfahrerinnen und Kraftfahrer im Arbeitsverhältnis und der Beschäftigten, die zumindest zeitweilig mit der Führung

IV. Direktanspruch

Gegen den befreiten Halter besteht unabhängig von der Betriebsgefahr des Fahrzeugs ein unmittelbarer Anspruch gegen den Halter. Dies gilt auch dann, wenn das Fahrzeug eines Landes[20] einem Verein zur Nutzung überlassen wurde. Dies gilt ferner für den kommunalen Schadenausgleich, da über § 2 Abs. 2 Satz 5 PflVG der § 115 Abs. 1 Satz 1 Nr. 1 VVG[21] zur Anwendung kommt. 15

Bei Unfällen im Ausland kann der Kfz-Haftpflichtversicherer im Inland am Wohnsitz des Geschädigten verklagt werden, Art. 9 EuGVVO. Für ein ausländisches Verkehrsunternehmen, das von der Versicherungspflicht befreit[22] ist und Schäden selbst reguliert, soll ein Geschädigter dagegen im Ausland klagen müssen. Dies entspricht zwar dem Wortlaut, aber nicht der Intension der Verordnung, der schwächeren Partei durch besondere Zuständigkeitsvorschriften zu schützen. 16

Es gelten die §§ 100 bis 124 VVG und die KfzPflVV sinngemäß, aber nicht[23] die AKB als unverbindlichen Musterbedingungen des GDV. Sie haben seit der Deregulierung ihre gesetzesähnliche Rechtsqualität durch die nicht mehr erforderliche behördliche Genehmigung eingebüßt.[24] Das wird mitunter selbst vom *BGH*[25] übersehen. 17

Soweit[26] gefordert wird, dass auch ohne ausdrückliche Vereinbarung der Kernbereich der Haftpflichtversicherung, insbesondere die Regulierungsvollmacht, gelte, kann dem nicht zugestimmt werden. Anders als der Pflicht-Haftpflichtversicherer, der nur neben dem Haftpflichtigen schuldet, aber nicht selbst haftet[27], haftet und schuldet der befreite Halter originär selbst. Folglich kann er immer im eigenen Namen regulieren und dabei die gesamtschuldnerischen Interessen mitvertreten. 18

---

eines Kraftwagens beauftragt sind, im Verhältnis zu ihrem Arbeitgeber, Rundschreiben des BMI v. 29.09.2009, D 5 – 220 210 – 2/3 I f.

20 *KG Berlin* Beschl. v. 26.05.2011 – 12 U 146/10, JurionRS 2011, 26629; Vorinstanz *LG Berlin* Urt. v. 08.09.2010 – 24 O 523/05, JurionRS 2010, 37350.
21 Siehe auch *Schwab* § 115 VVG Rdn. 13.
22 *LG Mönchengladbach* Urt. v. 17.08.2012 – 3 O 346/11, JurionRS 2012, 39108 = ADAJUR Dok.Nr. 101541 = r+s 2013, 197 = SVR 2013, 28 bespr. v. *Semrau*.
23 So zu Recht Prölss/Martin/*Knappmann* VVG, § 2 PflVG, Rn. 5; a. A. Römer/*Langheid* VVG (2. A.), § 2 PflVG, Rn. 4.
24 *Feyock*/Jacobsen/Lemor KfzVers, 2. Auflage 1997, AKB/TB Einführung, Rn. 11; *Schwab* Betrieb und Gebrauch eine Kraftfahrzeugs, DAR 2011, 11 (16).
25 *BGH* Urt. v. 28.09.2011 – IV ZR 294/10, JurionRS 2011, 25980 = DAR 2011, 704 = VersR 2011, 1509 = zfs 2011, 695 = r+s 2012, 17 = MDR 2011, 1347 = NZV 2012, 34 = NJW-RR 2012, 163 = VRR 2012, 24 bespr. v. *Knappmann*; mit guten Gründen ablehnend *M. Müller*, r+s 2012, 584; siehe auch *Schwab* A.1.1.1 AKB Rdn. 8–14 und § 115 VVG Rdn. 26–36.
26 *Feyock*/Jacobsen/Lemor KfzVers, § 2 PflVG, Rn. 13; Prölss/Martin/*Knappmann* VVG, Rn. 5.
27 Stiefel/Maier/*Jahnke* Kraftfahrtversicherung, § 115 VVG, Rn. 140.

§ 2 PflVG (Ausnahmetatbestände zu § 1 PflVG)

19 Bei einem freiwilligen Abschluss einer Pflicht-Haftpflichtversicherung ist entgegen *OLG Frankfurt*[28] wegen des besonderen Charakters ein Direktanspruch[29] gegen den Haftpflichtversicherer in gleicher Weise gegeben, als wenn es sich um einen versicherten Halter nach § 1 PflVG handelte.

20 Der freiwillige Abschluss einer Haftpflichtversicherung begründet jedoch entgegen *AG Hanau*[30] keinen Direktanspruch, wenn das Fahrzeug weder zulassungs- noch versicherungspflichtig ist.

V. Regress gegen Bedienstete

21 § 2 Abs. 2 Satz 6 PflVG eröffnet die Anwendung der §§ 116 ff. VVG. Damit wird der befreite Halter nicht nur Gesamtschuldner, es werden ihm auch die Regressmöglichkeiten eingeräumt, die einem leistungsfreien Pflicht-Haftpflichtversicherer zustünden.

22 Beim kommunalen Schadensausgleich können von der KfzPflVV abweichende Regelungen bestehen, die für den Mitversicherten günstiger[31] sind.

VI. Zusatzdeckung durch Fahrer

23 Die Leistungsgrenzen des Halters sind auf die Mindestversicherungssummen begrenzt. Es wird hierzu eine Mehrfachversicherung[32] diskutiert, falls der Fahrer – ähnlich der sogenannten Mallorca-Police – ergänzenden Versicherungsschutz über eine eigene Kfz-Haftpflichtversicherung bekommt. Auf diese Möglichkeit zu besonders günstigen Bedingungen wird im gemeinsamen Rundschreiben[33] ausdrücklich hingewiesen. Im Zweifel wird die Versicherung auch hier als subsidiäre Deckung ausgestaltet sein, so dass sich die Frage der Mehrfachversicherung nach den §§ 77 ff. VVG nicht stellen wird.

24 In der Praxis dürfte es sich zudem so darstellen, dass der Fahrer als Bediensteter einen Freistellungsanspruch gegenüber seinem Dienstherrn hat. Ist Fahrzeughalter der Bund

---

28 *OLG Frankfurt* Urt. v. 17.04.1986 – 1 U 85/85, ADAJUR Dok.Nr. 10654 = zfs 1986, 242; *OLG Karlsruhe* Beschl. v. 22.01.1980 – 1 W 69/79, ADAJUR Dok.Nr. 46006 = VersR 1980, 937; *LG Aachen* Urt. v. 30.01.2009 – 7 O 258/07, JurionRS 2009, 38127 =ADAJUR Dok.Nr. 86207 = SP 2009, 428.

29 *BGH* Urt. v. 17.02.1987 – VI ZR 75/86, JurionRS 1987, 15110 = NJW 1987, 2375 = NJW-RR 1987, 1237 = VersR 1987, 1034 = DAR 1987, 223 = zfs 1987, 276 = VRS 873, 97 = MDR 1987, 658; *KG* Berlin Urt. v. 12.09.2002 – 12 U 9590/00, JurionRS 2002, 23849 = zfs 2002, 513 = VRS 104, 9 = NZV 2003, 30 = PVR 2003, 260 bespr. v. *Schröder; Bauer*, Die Kraftfahrversicherung, Rn. 880; Stiefel/Maier/*Jahnke* Kraftfahrversicherung, § 115 VVG, Rn. 88.

30 *AG Hanau* Urt. V. 30.01.1991 – 36 C 3177/90, zfs 1991, 388.

31 *Feyock*/Jacobsen/Lemor KfzVers, § 2 PflVG, Rn. 18.

32 *Feyock*/Jacobsen/Lemor KfzVers, § 2 PflVG, Rn. 9; Römer/*Langheid* (2.A.) § 2 PflVG, Rn. 8.

33 Gems. RdSchr. d. BMI u. d. BMF v. 27.06.2007 – BMI – D I 3 210 178/24 – BMF – Z B 1- P 1070/06/0001 -.

oder das Land, hat ihn dieser über die eigene Halterhaftung hinaus von der Inanspruchnahme zu entlasten.

Ist Halter ein Zweckverband, hat dieser den Fahrer freizustellen, wenn die Leistungspflicht des kommunalen Schadensausgleichs endet. 25

VII. Wegen der Fahrzeugart befreite Fahrzeughalter

In Abs. 1 Nr. 6 werden als weniger gefährlich[34] angesehene Fahrzeuge von der Versicherungspflicht ausgenommen. Dabei ist es unerheblich, wer Halter eines solchen Fahrzeuges ist. Folglich ist die Vorschrift insbesondere für den nichtstaatlichen Bereich von Relevanz. 26

Nicht unter die Versicherungspflicht fallen: 27
– nach a) Kraftfahrzeuge, die bauartbedingt mit maximal 6 km/h nur Schrittgeschwindigkeit erreichen
– nach b) zulassungsfreie, d. h. maximal 20 km/h erreichende Arbeitsmaschinen und Stapler

Bei einer Erhöhung der jeweiligen bauartbestimmten Höchstgeschwindigkeit durch Manipulation wird das Fahrzeug zulassungs- und versicherungspflichtig[35]. 28

– nach c) zulassungsfreie Anhänger

Hierbei handelt es sich um Anhänger nach § 3 Abs. 2 Nr. 2 FZV. Ist die Geschwindigkeit bei ihnen auf 25 km/h begrenzt, ist dies durch ein Schild zu kennzeichnen. Fehlt[36] die Kennzeichnung, werden die Anhänger zulassungs- und damit auch versicherungspflichtig, wenn sie im öffentlichen Verkehrsraum verwendet werden. 29

Wird ein zulassungsfreier Spezialanhänger[37] dennoch zugelassen, untersteht er der Pflicht-Haftpflichtversicherung. Die Haftpflichtversicherung ist zu unterhalten, da der Rechtsverkehr davon ausgeht, dass ein zugelassenes Fahrzeug versichert ist. 30

C. Weitere praktische Hinweise

Das Anhängerrisiko ist über die Mitversicherung durch Kraftfahrzeuge gedeckt, solange der Anhänger mit dem Kraftfahrzeug verbunden ist oder er sich noch nach dem unfreiwilligen Lösen vom Kraftfahrzeug in Bewegung befindet. 31

---

34 Römer/*Langheid* (2.A.) § 2 PflVG, Rn. 3; *Feyock*/Jacobsen/Lemor KfzVers, § 2 PflVG, Rn. 5.
35 Ob es auch zulassungs- und versicherungsfähig ist, richtet sich nach der Qualität der Veränderung und den Vorgaben des Verordnungsgebers.
36 Zur Frage der Gefahrerhöhung wegen fehlender Kennzeichnung *LG Koblenz* Urt. v. 22.09.1997 – 5 O 217/96, r+s 1998, 7 m. krit. Anm. *Münstermann*.
37 *VG Düsseldorf* Beschl. v. 01.02.2011 – 6 L 1924/10, JurionRS 2011, 10907.

32 Der Vermieter eines nicht zulassungs- und versicherungspflichtigen Radladers kann aus Treu und Glauben gehalten sein, einem unerfahrenen Mieter darauf hinzuweisen, dass der Radlader lediglich kasko-, aber nicht haftpflichtversichert[38] ist.

33 Der Gesetzgeber des StVG hat durch die Einführung[39] des § 1 Abs. 3 StVG weitere Kraftfahrzeuge – Pedelecs mit motorgetriebener Tretunterstützung bis 25 km/h und Pedelecs mit Anfahrfahrhilfe bis 6 km/h – ausdrücklich nur für den Geltungsbereich des StVG – einer Ausnahme zugeführt. Da nicht gleichzeitig eine Ausnahme in § 1 PflVG noch in § 2 Abs. 1 Nr. 6 PflVG erfolgte, entstand eine Unsicherheit in Bezug auf die Versicherungspflicht von Pedelecs mit motorgetriebener Unterstützung bis 25 km/h. Der Gesetzgeber sollte für eine Klarstellung[40] sorgen.

34 Im Regressfalle des Bundes, des Landes oder einer sonstigen von der Pflichtversicherung befreiten Körperschaft gegen einen Beamten oder Tarifangestellten ist zu prüfen, ob durch Sonderregelungen zu § 2 Abs. 2 Satz 2 PflVG nicht nur die gesetzlichen, sondern an die private Versicherungswirtschaft angepasste Summen zugesagt wurden, ab denen erst der Regress durchgeführt werden kann. Für Bundesbeamte[41] wurde 2007 und für Bundesangestellte[42] 2009 eine entsprechende Vergünstigung geschaffen. Unabhängig davon ist im Regressfall die Zumutbarkeit einer Regresszahlung nach § 59 BHO oder nach den entsprechenden Landesgesetzen zu beachten. Dies erfordert einen entsprechenden Antrag des Regressschuldners.[43]

§ 3 (Beschränkung des Verweisungsprivilegs)

Ist der Versicherer gegenüber dem Versicherungsnehmer nicht zur Leistung verpflichtet, weil das Fahrzeug den Bau- und Betriebsvorschriften der Straßenverkehrs-Zulassungs-Ordnung nicht entsprach oder von einem unberechtigten Fahrer oder von einem Fahrer ohne die vorgeschriebene Fahrerlaubnis geführt wurde, kann der Versicherer den Dritten abweichend von § 117 Abs. 3 Satz 2 des Versicherungsvertragsgesetzes nicht auf die Möglichkeit verweisen, Ersatz seines Schadens von einem anderen Schadensversicherer oder von einem Sozialversicherungsträger zu erlangen. Soweit der Dritte jedoch von einem nach § 2 Abs. 1 Nr. 1 bis 5 von der Versicherungspflicht befreiten Fahrzeughalter Ersatz seines Schadens erlangen kann, entfällt die Leistungspflicht des Versicherers.

---

38 *BGH* Urt. v. 15.11.2006 – XII ZR 63/04, JurionRS 2006, 28239 = VRS 112, 88 = MDR 2007, 262 = NJW-RR 2007, 298 = NZV 2007, 196 = VersR 2007, 364 = zfs 2007, 212 = VRR 2007, 106 bespr. v. *Schulz-Doll*.
39 Art. 5 des Gesetzes zur Änderung des Güterkraftverkehrsgesetzes und anderer Gesetze vom 17. Juni 2013, BGBl. I 2013 S. 1558 (1560).
40 Siehe auch *Schwab* § 1 PflVG, Rdn. 21–32.
41 Ziffer 6.1 des – Gems. RdSchr. d. BMI u. d. BMF v. 27.06.2007 – BMI – D I 3 210 178/24 – BMF – Z B 1 – P 1070/06/0001.
42 BMI Rundschreiben v. 29.09.2009, AZ: D 5 – 220 210 – 2/3 I f.
43 Engels/Eibelshäuser/Preißmann Kommentar zum Haushaltsrecht des Bundes und der Länder sowie der Vorschriften zur Finanzkontrolle, § 59 BHO, Rn. 15.

Übersicht

		Rdn.
A.	Verweisung	1
I.	Allgemeines	2
II.	Anderer Schadenversicherer	3
III.	Sozialversicherungsträger	4
IV.	Von der Versicherungspflicht befreiter Fahrzeughalter	5
B.	**Beschränkung der Verweisung dem Grunde nach**	6
I.	Bau- und Betriebsvorschriften der StVZO	7
II.	Unberechtigter Fahrer	8
III.	Fahrer ohne vorgeschriebene Fahrerlaubnis	9
C.	**Zusammentreffen von mehreren Obliegenheitsverletzungen**	10

A. Verweisung

Dem Versicherer wird in § 117 Abs. 3 S. 2 VVG im Falle eines kranken Versicherungs- 1
verhältnisses die Möglichkeit eingeräumt, in der Kraftfahrzeug-Haftpflicht-Versicherung einen Geschädigten an einen anderen Schadenversicherer zu verweisen. Dieses Recht wird durch § 3 PflVG eingeschränkt.

I. Allgemeines

Diese Regelung entspricht dem § 3 Nr. 6 PflVG a. F. Leider steht diese Vorschrift hier 2
ein wenig isoliert, so dass die Bedeutung im Gesamtgefüge nicht mehr erkennbar ist. Grundsätzlich ist der Kraftfahrzeug-Haftpflicht-Versicherer bei einem Schadenfall im öffentlichen Verkehrsraum verpflichtet, dem Dritten unmittelbar – auf dessen Verlangen – den entstandenen Schaden zu ersetzen. Dabei kann er sich nicht auf irgendwelche Umstände berufen, die das Versicherungsverhältnis zum Schädiger betreffen, §§ 117 Abs. 1 und 2 VVG. Der nicht versicherte Geschädigte soll geschützt werden. Eines Schutzes bedarf er insoweit nicht, als sein Schaden durch andere Schadenversicherer gedeckt ist[1]. In diesen Fällen lässt § 117 Abs. 3 S. 2 VVG ausdrücklich zu, den Verletzten hinsichtlich der ihm zustehenden Schadenersatzansprüche an diesen anderen Schadenversicherer, der diese Positionen ebenfalls abdeckt, zu verweisen. Hat der Geschädigte aber seinerseits wegen einer Obliegenheitsverletzung oder wegen Nichtzahlung der Erst- oder Folgeprämie keinen Versicherungsschutz, so bleibt es bei der Leistungspflicht des Kraftfahrzeug-Haftpflicht-Versicherers des Schädigers. Gleiches gilt auch, wenn beispielsweise mehrere Obliegenheitsverletzungen bzw. Leistungsfrei-Tatbestände zusammentreffen, von denen nur der eine die Verweisungsmöglichkeit ausschlösse. Die Verweisung wegen der zweiten Obliegenheitsverletzung bleibt dann immer noch zulässig. Eine Ausweitung des § 3 Nr. 6 PflVG a. F. = § 3 PflVG n. F. ist nicht vorgesehen[2].

---

[1] Staudinger/Halm/Wendt/Kreuter-Lange § 3 PflVG, Rn. 2.
[2] So BGH v. 02.10.2002 – IV ZR 309/01, r+s 2003, 5 = VersR 2002, 1501 = NJW 2003, 514.

§ 3 PflVG (Beschränkung des Verweisungsprivilegs)

II. Anderer Schadenversicherer

3 Als anderer Schadenversicherer kommen alle die Versicherer in Betracht, die dem Geschädigten Ersatz seines Schadens zu leisten haben, ohne Summenversicherer zu sein[3]. Dies bedeutet zum einen, dass auch an den Kraftfahrzeug-Haftpflicht-Versicherer eines anderen Schädigers verwiesen werden kann, soweit dieser Versicherungsschutz zu leisten hat. Auch an die Versicherungen des Geschädigten, die für kongruente Positionen des Schadens ihres Versicherungsnehmers eintreten müssen, kann verwiesen werden. Diese sind die Fahrzeug-Versicherung, die private Krankenversicherung, aber auch eine Transportversicherung, die Reisegepäckversicherung, soweit sie nicht in Form von Summenversicherungen reguliert.

III. Sozialversicherungsträger

4 Als Sozialversicherungsträger sind zu nennen die gesetzlichen Krankenkassen, die Träger der gesetzlichen Unfallversicherung und die Rentenversicherungsträger. An die nur subsidiär haftenden Träger der Sozialhilfe kann nicht verwiesen werden, wie auch nicht auf die Hartz IV Regelungen (Arbeitslosenhilfe), da insoweit ein Versicherungsverhältnis nicht besteht und es nur um die Sicherung des Lebensunterhaltes geht.

IV. Von der Versicherungspflicht befreiter Fahrzeughalter

5 Auch an den Fahrzeughalter nach § 2 PflVG, der von der Versicherungspflicht befreit ist, kann zulässigerweise verwiesen werden, wenn er als Selbstversicherer agiert. Hat dieser hingegen freiwillig seine Fahrzeuge bei einem Kraftfahrzeug-Haftpflicht-Versicherer versichert, kann nur an diesen verwiesen werden, nicht aber an den befreiten Halter.

B. Beschränkung der Verweisung dem Grunde nach

6 Dieses Recht zur Verweisung wird durch § 3 PflVG in drei Fällen eingeschränkt.

Eine Verweisung ist ausgeschlossen, wenn das Fahrzeug durch einen führerscheinlosen oder einen unberechtigten Fahrer geführt wird, ebenso wenn ein Fahrzeug nicht den Bau- und Betriebsvorschriften der StVZO entspricht. Diese Vorschrift ist wegen der ausdrücklichen Beschränkung auf die drei nachgenannten Tatbestände einer erweiternden Auslegung nicht zugänglich[4]. Sie beziehen sich allein auf die Fälle der Leistungsfreiheit nach § 3 Ziffer 4 PflVG a. F., der jetzt in die Regelungen des § 117 Abs. 1 und 2 aufgenommen wurde. Eine Änderung der Geltung des § 3 PflVG n. F. hat diese Verschiebung nicht zur Folge.

---

3 Langheid in Römer/Langheid VVG, § 158 Rn. 18 (a. F.).
4 So BGH IV ZR309/01 in r+s 2003, 5 = VersR 2002, 1501 = NJW 2003, 514.

I. Bau- und Betriebsvorschriften der StVZO

Das versicherte Fahrzeug entspricht nicht den Bau- und Betriebsvorschriften der StVZO, d. h. es entspricht nicht den gesetzlichen Regelungen. Gemeint sind mit dieser Formulierung im Wesentlichen die Fälle, in denen sich der Versicherer dem Versicherungsnehmer oder Fahrer gegenüber auf Leistungsfreiheit wegen einer objektiven Gefahrerhöhung gem. § 23 ff. VVG beruft. Es geht hier ausschließlich um die Zustandsveränderungen am versicherten Fahrzeug, die das versicherte Risiko nachteilig beeinflussen. Da sich die Formulierung auf die Bau- und Betriebsvorschriften der StVZO beschränkt, ist nur die Verweisung wegen der objektiven Gefahrerhöhung ausgeschlossen[5].

7

II. Unberechtigter Fahrer

Unberechtigter Fahrer ist derjenige, der gegen oder ohne den Willen des tatsächlichen Berechtigten das versicherte Fahrzeug führt. Dabei kommt es nicht darauf an, ob sich der Fahrer das Fahrzeug in Zueignungsabsicht beschafft hat, oder er lediglich den an sich genehmigten Gebrauch des Fahrzeuges überschreitet[6].

8

III. Fahrer ohne vorgeschriebene Fahrerlaubnis

Auch im Falle des Fahrens ohne die für das geführte Fahrzeug vorgeschriebene Fahrerlaubnis ist der Versicherer nicht berechtigt, den Geschädigten an einen anderen Schadenversicherer zu verweisen[7].

9

C. Zusammentreffen von mehreren Obliegenheitsverletzungen

Begeht der Versicherungsnehmer mehrere Obliegenheitsverletzungen, von denen auch nur eine die Verweisung zulässt, ist der Ausschluss des § 3 PflVG hinfällig und der Geschädigte kann an einen anderen Schadenversicherer verwiesen werden[8].

10

§ 3a (Entschädigungsverfahren)

(1) Macht der Dritte den Anspruch nach § 115 Abs. 1 des Versicherungsvertragsgesetzes geltend, gelten darüber hinaus die folgenden Vorschriften:
1. Der Versicherer oder der Schadenregulierungsbeauftragte haben dem Dritten unverzüglich, spätestens innerhalb von drei Monaten, ein mit Gründen versehenes Schadenersatzangebot vorzulegen, wenn die Eintrittspflicht unstreitig ist und der Schaden beziffert wurde, oder eine mit Gründen versehene Antwort auf die

---

5 Wegen der Details vgl. Kommentierung zu D.2.3 AKB, vgl. auch Kommentierung zu § 23 VVG.
6 Wegen der Details vgl. Kommentierung zu D.1.1.2 AKB.
7 Wegen der Details vgl. Kommentierung zu D.1.1.3 AKB.
8 BGH v. 02.10.2002 – IV ZR 309/0, r+s 2003, 5 = VersR 2002, 1501= NJW 2003, 541= DAR 2003, 164; OLG Hamm v. 15.04.1999 – 27 U 236/98, VersR 2000, 1139 = NJW RR 1999, 1189.

§ 3a PflVG (Entschädigungsverfahren)

in dem Antrag enthaltenen Darlegungen zu erteilen, sofern die Eintrittspflicht bestritten wird oder nicht eindeutig feststeht oder der Schaden nicht vollständig beziffert worden ist. Die Frist beginnt mit Zugang des Antrags bei dem Versicherer oder dem Schadenregulierungsbeauftragten.

2. Wird das Angebot nicht binnen drei Monaten vorgelegt, ist der Anspruch des Dritten mit dem sich nach § 288 Abs. 1 Satz 2 des Bürgerlichen Gesetzbuchs ergebenden Zinssatz zu verzinsen. Weitergehende Ansprüche des Dritten bleiben unberührt.

(2) Soweit die Schadenregulierung über das deutsche Büro des Systems der Grünen Internationalen Versicherungskarte oder den Entschädigungsfonds nach § 12 erfolgt, ist Absatz 1 entsprechend anzuwenden.

Übersicht

		Rdn.
A.	Allgemeines	1
B.	**Regelungsgehalt**	3
I.	Geltendmachung des Direktanspruchs	3
II.	Versicherer	7
III.	Schadenregulierungsbeauftragter	8
IV.	Fristen	10
V.	Entschädigungsverfahren	17
	1. mit Gründen versehenes Schadenersatzangebot	18
	2. mit Gründen versehenes Ablehnungsschreiben	22
	3. Teilregulierung	25
	4. Vorschussleistungen	26
VI.	Rechtsfolgen	28
	1. Verzinsung	28
	a) begründete Ansprüche	29
	b) fällige Ansprüche	30
	c) Zinszeitraum	31
	d) Zusammentreffen mit Prozesszinsen	33
	2. weitergehende Ansprüche	36
	3. Beweislast	53
VII.	Entsprechende Anwendung	55
C.	**weitere praktische Hinweise**	56
I.	keine Analogie bei Anspruchserhebung gegenüber Schädiger	56
II.	keine Analogie für andere Pflicht-Haftpflichtversicherungen	57
III.	kein klagbarer Anspruch auf mit Gründen versehene Antwort	60
IV.	erneute Anspruchserhebung	61
V.	Sozialversicherungsträger	65
VI.	Private Krankenversicherer	67
VII.	Kaskoversicherer	68
VIII.	Arbeitgeber und Dienstherren	69
IX.	Gesamtschuldner	70
	1. Versicherer und Mitversicherte	70
	2. Gesamtschuldnerausgleich unter mehreren Schädigern	72

(Entschädigungsverfahren) § 3a PflVG

A. Allgemeines

Die zum 01.01.2003 eingefügte Vorschrift[1] ergänzt den Direktanspruch gegen den Kfz-Pflicht-Haftpflichtversicherer nach § 115 Abs. 1 Satz 1 Nr. 1 VVG. Es handelt sich um ein »Druckmittel«, um die Bearbeitung von Kfz-Haftpflichtschäden zu beschleunigen. Nach dem Sinn und Zweck des Gesetzes sollen die Opfer von Verkehrsunfällen hinreichenden Schutz erfahren. Dies ist nur bei einer zeitnahen Abwicklung des Schadens gewährleistet. Die Vorschrift beinhaltet aber keine[2] gesetzliche Regulierungsfrist. § 2 Abs. 2 Satz 5 PflVG verweist nicht auf § 3a PflVG. So entzieht sich der Staat dem Druck, selbst schnell und angemessen regulieren zu müssen.

1

Die Regelung geht auf die Anforderungen früherer KH-Richtlinien[3] zurück, die heute in Art. 22 der 6. KH-Richtlinie[4] zusammengefasst sind. Die Vorschrift berührt zivilrechtliche Ansprüche, die vor dem Zivilgericht verfolgt werden können. Sie ermöglicht keinen Rechtsanspruch auf Einschreiten der Versicherungsaufsicht[5] gegen den Kfz-Haftpflichtversicherer.

2

B. Regelungsgehalt

I. Geltendmachung des Direktanspruchs

Der Geschädigte muss den Direktanspruch gegenüber dem Kfz-Haftpflichtversicherer geltend machen. Allein einen Anspruch zu besitzen reicht nicht aus.

3

Nicht jeder Geschädigte, sondern nach hiesigem Verständnis nur das Verkehrsunfallopfer[6], ist primär schutzwürdig. Das sind die Insassen des Fahrzeugs (mit Ausnahme des Fahrers des versicherten Fahrzeugs), Fußgänger, Radfahrer und nicht motorisierte Verkehrsteilnehmer. Wegen ihrer hohen Rechtsgüter »Leib und Leben« ist ein Eingriff in die Grundrechte[7] des Versicherers gerechtfertigt. Entsprechend ist es auch angemessen, neben der Pflicht-Haftpflichtversicherung und dem Direktanspruch gegen den Kfz-Haftpflichtversicherer, diesen unter Zeitdruck zu setzen.

4

Alle anderen (z. B. Eigentümer der Straße, Anwohner, Vertragspartner des Schädigers) können ebenfalls durch den Gebrauch des Fahrzeugs geschädigt sein. Sie sind jedoch keine Verkehrsteilnehmer und nehmen nach dem Sinn und Zweck des Direktanspruchs keine Sonderstellung ein. Sie sind nicht schutzwürdiger als im Haftpflichtfall außer-

5

---

1 Gesetz vom 10.07.2002, BGBl. I 2586, in der seit 01.01.2008 geltenden Fassung. (Änderungen durch Aufnahme von Abs. 2 zum 18.12.2007 und Änderung der Bezugsnorm § 3 Nr. 1 PflVG a. F. in § 115 Abs. 1 VVG zum 01.01.2008).
2 *Kääb* FD-StrVR 2012, 335266.
3 4. und 5. KH-Richtlinie.
4 Richtlinie 2009/103/EG vom 16.09.2009, Amtsblatt der Europäischen Union v. 07.10.2009, L 263/11.
5 *VG Frankfurt am Main* Urt. v. 28.03.2011 – 9 K 566/10.F, JurionRS 2011, 13445 = ADAJUR Dok.Nr. 92909 = NJW 2011, 2747.
6 Siehe hierzu ausführlicher *Schwab* § 115 VVG Rdn. 67–104.
7 *Schwab* Vor §§ 113–124 VVG, Rdn. 3–13.

halb des Kfz-Gebrauchs. Der *BGH*[8] macht allerdings ohne stichhaltige Begründung zu Unrecht für diesen Personenkreis keinen Unterschied.

6 Zu beachten ist, dass nicht einmal alle Ansprüche eines geschädigten Insassen[9] gegen den schuldhaft[10] handelnden Fahrer eines Fahrzeugs, in dem er mitgefahren ist, mit einem Direktanspruch gegen den Versicherer versehen sind. Schäden an transportierten Sachen des Insassen sind nicht versichert; § 4 Nr. 3 KfzPflVV; A.1.5.5 AKB 2015.

II. Versicherer

7 Versicherer ist der Kfz-Haftpflichtversicherer des versicherten Fahrzeugs gegenüber dem ein Direktanspruch nach § 115 Abs. 1 Satz 1 Nr. 1 VVG bestehen kann. Der Zinsanspruch richtet sich dagegen nicht gegen mitversicherte Schädiger, auch wenn sie nach § 115 Abs. 1 Satz 4 VVG Gesamtschuldner der Schadensersatzforderung als Hauptleistung sind. Hinsichtlich der durch § 3a PflVG begründeten zusätzlichen Nebenforderung besteht somit kein Gesamtschuldverhältnis. Das Gericht hat dies in einem zivilrechtlichen Urteil bei der Abfassung des Tenors zu beachten.

III. Schadenregulierungsbeauftragter

8 Nach § 7b VAG sind von den Versicherern Schadenregulierungsbeauftragte[11] in allen Mitgliedsstaaten zu benennen. Sie haben die Schäden für den Versicherer in der Amtssprache des Landes zu regulieren. Ausländische Versicherer haben folglich in Deutschland Beauftragte mit Sitz oder Niederlassung in Deutschland, die diese Schäden hier im Inland abwickeln.

9 Schadenregulierungsbeauftragte sind nicht passivlegitimiert. Der Direktanspruch richtet sich somit auch nicht gegen sie, sondern den ausländischen Kfz-Haftpflichtversicherer, für den sie tätig sind. Der ausländische Versicherer kann am inländischen[12] Wohnort des Geschädigten verklagt werden, auch wenn sich der Unfall im Ausland ereignet hat.

IV. Fristen

10 Das Gesetz sieht eine relative und eine absolute Frist vor, zu der eine begründete Stellungnahme des Versicherers bzw. des Schadenregulierungsbeauftragten erwartet wird.

---

8 *BGH* Nichtannahmebeschl. v. 08.04.2008 – VI ZR 227/07, (Regress eines Gewässerschadenhaftpflichtversicherers gegen einen Kfz-Haftpflichtversicherer wegen Sachschäden) zu *OLG Frankfurt/Main* Urt. v. 17.08.2007 – 19 U 268/06, JurionRS 2007, 49762 = NJOZ 2008, 2864 = r+s 2008, 437 = zfs 2008, 377 m. Anm. *Diehl*; dem folgend die h. M. Himmelreich/Halm/*Luckey* Handbuch des Fachanwalts Verkehrsrecht Kap. 1, Rn. 105.

9 *Hedderich* Pflichtversicherung, Diss. 2010, S. 350.

10 Halterhaftung wegen § 8 Nr. 3 StVG gesetzlich ausgeschlossen.

11 Art. 21 der 6. KH-Richtlinie schreibt die Übernahme in das Recht Mitgliedsstaaten vor.

12 *EuGH* Urt. v. 13.12.2007 – Rs. C-463/06, JurionRS 2007, 45222 = DAR 2008, 17 = NJW 2008, 819 = VersR 2008, 111 = NZV 2008, 133 = SVR 2008, 108 bespr. v. *Müller*.

Relative Frist bedeutet – unverzüglich – also ohne schuldhaftes Zögern, § 121 Abs. 1 11
Satz 1 BGB[13]. Die Nichteinhaltung dieser Frist ist allerdings an keine Rechtsfolge nach
diesem Gesetz gebunden. Es handelt sich somit nur um einen Appell an den Versicherer, schnell zu regulieren.

Als absolute – Rechtsfolgen auslösende – Frist sind **drei Monate** vorgesehen. 12

Die Frist **beginnt** mit Eingang der Anspruchserhebung beim Versicherer zu laufen. 13

Anspruchserhebung ist mehr als nur eine Schadenanzeige in Textform nach den §§ 119 14
Abs. 1 VVG; 126b BGB. Der Anspruch ist zum Grunde und zur Höhe rechtlich darzulegen und nachzuweisen[14].

Die Erhebung des Anspruchs nur zum Grunde ist für eine Rechtsfolge nach Abs. 1 15
Nr. 2 unvollständig. Ein lediglich festzustellender Anspruch kann nicht verzinst werden. Dies geht nur bei Kapitalbeträgen, die der Höhe nach feststehen.

Die Frist **endet** mit Eingang des mit Gründen versehenen Schadenregulierungsangebo- 16
tes oder Ablehnungsschreibens beim Geschädigten. Der Versicherer hat den Zugang
des Schreibens zu beweisen.

V. Entschädigungsverfahren

In das deutsche Recht wurden die Anforderungen an ein Entschädigungsverfahren 17
übernommen. Dies unterscheidet begründete sowie teilbegründete und bestrittene Ansprüche.

1. mit Gründen versehenes Schadenersatzangebot

In unstreitigen Fällen zu Grund und Höhe hat der Versicherer bzw. der Schadenregu- 18
lierungsbeauftragte ein mit Gründen versehenes Schadensersatzangebot vorzulegen.

Was genau darunter zu verstehen ist und wie die begründete Antwort auszusehen hat, 19
wurde weder in der Richtlinie noch in der Begründung zur deutschen Umsetzungsnorm niedergelegt[15].

Dies bedeutet, dass der Versicherer (zwangsweise) nach dem Wortlaut abrechnen muss, 20
wobei er auf die einzelnen[16] Positionen zurückzukommen hat, die der Geschädigte
selbst geltend gemacht hat.

Auf die Praxis wirkt sich dies unpassend und erschwerend aus, wenn der Versicherer 21
doch genau das in Summe zu zahlen bereit ist, was der Geschädigte haben möchte.
Dem Interesse des Geschädigten sollte Genüge getan sein, wenn er das bekommt,

---

13 Legaldefinition gilt in vielen Rechtsgebieten über das bürgerliche Recht hinaus, siehe PWW/ *Ahrens* § 121 BGB, Rn. 3.
14 Feyock/*Jacobsen*/Lemor § 3a PflVG, Rn. 11.
15 Himmelreich/Halm/*Lemor* Handbuch des Fachanwalts Verkehrsrecht, Kap. 3, Rn. 58.
16 Feyock/*Jacobsen*/Lemor § 3a PflVG, Rn. 12.

was er beansprucht hat. Er kommt bei der vollständigen Regulierung nicht in der Situation überlegen zu müssen, was er als nächstes unternehmen soll. Eine Pflicht zur genauen Abrechnung läuft in diesen Fällen letztlich ins Leere, da eine erloschene Schuld nicht zu verzinsen ist.

2. mit Gründen versehenes Ablehnungsschreiben

22 Anders sieht es allerdings dann aus, wenn z. B.:
– die Haftung streitig ist
– Ansprüche nicht ausreichend belegt sind
– Ansprüche nicht fällig sind
– Abzüge Neu für Alt zu berücksichtigen sind
– Abzüge wegen Vorteilsausgleichung den Schadensersatzanspruch mindern
– Ansprüche aufgrund einer Abtretung, einem gesetzlichem Forderungsübergang oder einer Pfändung nicht mehr dem Geschädigten zustehen
– die Einrede der Verjährung erhoben wird
– mit einer Gegenforderung aufzurechnen ist

23 In diesen Fällen ist es erforderlich, dass der Versicherer nähere Angaben dazu macht, warum z. B.:
– er noch nicht regulieren kann
– welche Nachweise fehlen, um eine objektive Bewertung durchführen zu können
– Schadenspositionen gekürzt werden
– es an der Aktivlegitimation fehlt

24 Der Zwischenbescheid, das Abrechnungsschreiben oder das Ablehnungsschreiben muss hier inhaltlich umfangreicher sein. Es reicht aber aus, wenn es die Gründe knapp gehalten darlegt oder erläutert. Auch an eine solche Antwort sind keine übertriebenen Anforderungen zu stellen. Der notwendige Begründungsumfang ist immer einzelfallabhängig[17].

3. Teilregulierung

25 Der Versicherer kann dem Risiko (der Pflicht zur Zahlung von Zinsen) entgehen, indem er zunächst auf die unstreitigen Positionen[18] reguliert. Der offene Forderungsteil ist dann genauer mit Gründen zu versehen.

4. Vorschussleistungen

26 Auf unklare Positionen kann der Versicherer Vorschussleistungen erbringen. Dies ist allerdings oft mit einem erheblichen Risiko für ihn verbunden, wenn sich herausstellt, dass die Ansprüche nicht berechtigt sind. Auf begründete Ansprüche, die der Höhe nach nicht abschließend zu bestimmen sind, hat er angemessene Vorschussleistungen zu erbringen. Dies betrifft insbesondere:

---

17 Himmelreich/Halm/*Lemor* Handbuch des Fachanwalts Verkehrsrecht, Kap. 3, Rn. 58.
18 Stiefel/Maier/*Jahnke* Kraftfahrtversicherung, § 3a PflVG, Rn. 20.

– das Schmerzensgeld, das häufig im Streit[19] steht. Bei schweren und langwierigen Verletzungen, deren Ausmaß und etwaig verbleibende Dauer-MdE noch nicht absehbar ist, bleibt der letztlich geschuldete Schmerzensgeldbetrag lange Zeit unsicher
– den Verdienstschaden wegen Lohnersatzleistungen und ausstehenden Steuerbescheiden (Rückerstattungen)

Zu beachten ist, dass auch die Anwaltsvollmacht vorliegt, die die Berechtigung zur Empfangnahme des Geldes mit abdeckt. Sinnvollerweise ist auf ein Anderkonto oder an den Geschädigten direkt zu zahlen.

VI. Rechtsfolgen

1. Verzinsung

Angemeldete Ansprüche hat der Haftpflichtversicherer nach § 288 Abs. 1 Satz 2 BGB zu verzinsen, sofern der Versicherer binnen drei Monaten kein Angebot vorlegt. Der Zinssatz beträgt 5 Prozentpunkte über dem Basiszinssatz. Es handelt sich um den objektiven Mindestschaden[20]. Es ist unerheblich, ob dem Geschädigten tatsächlich ein solcher Schaden entstanden ist. Dieser Zinssatz gilt für alle Geschädigten – unabhängig davon, ob es sich um Privatleute, Unternehmen oder Behörden handelt. Eine Differenzierung wie in § 288 Abs. 2 BGB findet nicht statt.

a) begründete Ansprüche

Nur wenn das Stammrecht besteht, können auch Zinsen erwachsen. Folglich muss ein materiell berechtigter Anspruch bestehen[21] und darf nicht nur erhoben worden sein. Es gibt keinen Grund – nur um der Sanktion willen – unberechtigte Ansprüche zu verzinsen.

b) fällige Ansprüche

Der erhobene Anspruch muss materiellrechtlich auch fällig sein. Ein erst künftig eintretender Folgeschaden kann nicht von Anfang an verzinst werden. Eine Verzinsung kann allerdings ab dem Zeitpunkt erfolgen, zu dem der Folgeschaden eintritt und damit der Ersatzanspruch selbst fällig wird.

c) Zinszeitraum

Die Verzinsung beginnt ab dem Zeitpunkt, zu dem spätestens mit dem Eingang einer begründeten Antwort auf das ordnungsgemäße Aufforderungsschreiben zu rechnen ist, also **nach**[22] Ablauf von drei Monaten. Mit Eintritt der Bedingung entsteht somit **kein**

---

19 S. *Müller* Überkompensatorische Schmerzensgeldbemessung?, S. 494.
20 PWW/*Schmidt-Kessel* § 288 BGB, Rn. 1.
21 Feyock/*Jacobsen*/Lemor § 3a PflVG, Rn. 15; so offenbar auch Römer/*Langheid* § 3a PflVG, Rn. 12.
22 Himmelreich/Halm/Staab/*Nissen* Handbuch der Kfz-Schadensregulierung, Kap. 25, Rn. 29; Prölss/Martin/*Knappmann* § 3a PflVG, Rn. 4; Feyock/*Jacobsen*/Lemor § 3a PflVG, Rn. 15.

rückwirkender Zinsanspruch[23] zum Zeitpunkt der Anspruchserhebung. Die Vorschrift kann nach dem unklaren Wortlaut, aber auch anders verstanden werden. Art. 22 Abs. 2 der 6. KH-Richtlinie lässt die Frage ebenfalls offen[24]. Mit dem deutschen Rechtssystem ist eine solche Auslegung nicht zu vereinbaren, da dies einem Bußgeld für einen zivilrechtlichen Verfahrensverstoß gleich käme.

32 Die Frist beginnt für jede Anspruchsposition neu zu laufen. Werden beispielsweise erst vier Wochen nach den Reparaturkosten die Mietwagenkosten geltend gemacht und ist die Drei-Monats-Frist wegen der Reparaturkosten bereits überschritten, sind nur hierauf Zinsen nach § 3a Abs. 1 Nr. 2 Satz 1 PflVG zu zahlen. Wegen der Mietwagenkosten kann jedoch eine Zahlungspflicht als Verzugsschaden in Betracht kommen.

d) Zusammentreffen mit Prozesszinsen

33 Mit Eintritt der Rechtshängigkeit fallen Prozesszinsen an, § 291 Satz 1 BGB. Die Verzinsung, die auf mehrere Rechtsgründe gestützt werden kann, etwa Prozesszinsen neben Zinsen nach § 3a PflVG führt nicht zu einer Addition der Zinssätze. Zu beachten ist allerdings, dass schon vor Rechtshängigkeit ein Zinsanspruch aus § 3a PflVG entstanden sein kann.

34 Bei gesamtschuldnerisch verklagtem Kfz-Haftpflichtversicherer neben dem Fahrer und/oder Halter wirkt sich dies auf die Zinsentscheidung aus. Nur der Versicherer, nicht aber mitverklagte Fahrer und Halter sind mit dem Zinsanspruch aus § 3a PflVG zu belasten.[25]

35 Im Innenausgleich eines leistungsfreien Versicherers nach § 117 Abs. 5 Satz 1 VVG kann der Versicherer keine Zinsen nach § 3a PflVG beanspruchen. Der Übergang ist auf dasjenige begrenzt, was der Versicherte dem Dritten schuldete.

2. weitergehende Ansprüche

36 Nr. 2 Satz 2 lässt weitergehende Ansprüche unberührt. Damit wird klargestellt, dass die Sondervorschrift nur zugunsten des Geschädigten wirken soll. Die Regelung entspricht der allgemeinen Vorschrift des § 288 Abs. 4 BGB. Damit können als Verzögerungsschaden[26] der Verlust höherer Anlagezinsen, die Entrichtung höherer Kreditzinsen, aber auch höhere Prozesszinsen im Falle des § 291 Satz 2 BGB beansprucht werden.

37 Vor Ablauf der Drei-Monats-Frist bleibt es daneben[27] bei den allgemeinen Regeln, insbesondere bei der Verzinsungspflicht nach Eintritt des Verzuges. Die angemessene Regulierungsfrist ist gesetzlich nicht geregelt.

---

23 Unklar *Wandt* Versicherungsrecht, Rn. 1111.
24 Die der 6. KH-Richtlinie vorangestellten Erwägungen enthalten keine näheren Hinweise, siehe Abs. 41.
25 Beispiel *OLG Köln* Urt. v. 11.01.2013 – 19 U 113/12, JurionRS 2013, 44457.
26 PWW/*Schmidt-Kessel* § 288 BGB, Rn. 6.
27 Römer/*Langheid* (2.A.) § 3a PflVG, Rn. 13.

Zu Recht weißt *Richter*[28] darauf hin, dass mit Blick auf § 106 VVG zwei Wochen als 38
absolute Untergrenze gelten müssten. Wenn man berücksichtigt, dass der Versicherer
aber nicht nur zahlen muss, um seinen Versicherten freizustellen, muss die ihm ein-
zuräumende Frist länger sein.

Nach § 14 Abs. 1 und 2 VVG wird dem Versicherer für die Erhebung zur Leistungs- 39
pflicht für Geldleistungen ein Mindestzeitraum von einem Monat gewährt. Dauert es
länger, hat er den Mindestschaden zu bevorschussen. Diese Grundsätze aus dem Verhältnis des Versicherers zum Versicherungsnehmer lassen sich auf den Direktanspruch
nach heute h. M.[29] übertragen. Der VI. Senat des *BGH*[30] hat die Frage noch nicht entschieden. Der IV. Senat des *BGH*[31] hält § 14 VVG zu Recht nicht für anwendbar, da
Kostenbefreiungsansprüche keine Zahlungsansprüche sind. Dies ist für den Freistellungsanspruch der Versicherten Personen genauso zu sehen.

Im Ergebnis wird dem Geschädigten über den Direktanspruch nur die Möglichkeit ge- 40
geben, direkt auf den Freistellungsanspruch zuzugreifen. Folglich müssen andere Regeln gelten.

Im Haftpflichtschadensfall hat der Versicherer nicht nur die Deckungsfrage an sich, 41
sondern auch die Haftung der versicherten Personen und deren Versicherungsschutz
zu prüfen. Dabei lassen sich manche Sachverhalte erst eindeutig erschließen, wenn
alle Details ermittelt geworden sind.

So ist es richtig, wenn der Gesetzgeber keine festen Zeitvorgaben[32] macht. Schließlich 42
lassen sich **simple Sachverhalte** aus einem Straßenverkehrsunfall mit **zwei Beteiligten**

---

28 Himmelreich/Halm/*Richter* Handbuch des Fachanwalts Verkehrsrecht, Kap. 4, Rn. 199.
29 KG Berlin Urt. v. 30.03.2009 – 22 W 12/09, JurionRS 2009, 41526 = VersR 2009, 1262. Looschelders/Pohlmann/*C.Schneider* VVG-Kommentar, § 14 VVG, Rn. 8; Staudinger/Halm/Wendt FAKomm-Vers/*Wendt* § 14 VVG, Rn. 6. MüKoVVG/*Fausten*, § 14 VVG, Rn. 12; *Hasse* Gesetz zur Beschleunigung des Zahlungsverkehrs – Auswirkungen auf den Versicherungsvertrag, NVersZ 2000, 497 (500); Römer/Langheid/*Rixecker*, § 14 VVG, Rn. 4; a. A. noch *Römer*/Langheid (2. Auflage 2003) § 11 VVG, Rn. 2; *Huber* Die Fälligkeit der Ersatzleistung beim Kfz-Sachschaden, DAR 2009, 252 ff.; *Gebhardt*, Bearbeitungs- und Prüfungszeitraum des Haftpflichtversicherers, DAR 1999, 140; Ludovisy/*Eggert*/Burhoff Praxis des Straßenverkehrsrechts, Teil 4, Rn. 174; offen BGH Beschl. v. 18.11.2008 – VI ZB 22/08, BGHZ 178, 338 = JurionRS 2008, 26824 = DAR 2009, 79 = MDR 2009, 198 = NJ 2009, 165 = NJW 2009, 910 = NJW-Spezial 2009, 43 = NZV 2009, 73 = r+s 2009, 81 = SVR 2009, 99 bespr. v. *Richter* = VersR 2009, 128 = VRR 2009, 61 bespr. v. *v. Gayl* = zfs 2009, 79 m. Anm. *Schneider* zfs 2009, 70; Prölss/Martin VVG, § 14 VVG, Rn. 3; so wohl auch Schwintowski/Brömmelmeyer/*Ebers* PK/VersR, § 14 VVG, Rn. 7.
30 BGH Beschl. v. 18.11.2008 – VI ZB 22/08, BGHZ 178, 338 = JurionRS 2008, 26824 = DAR 2009, 79 = MDR 2009, 198 = NJ 2009, 165 = NJW 2009, 910 = NZV 2009, 73 = r+s 2009, 81 = SVR 2009, 99 bespr. v. *Richter* = VRR 2009, 61 bespr. v. *v. Gayl* = zfs 2009, 79 mit Anm. *Schneider* (70 ff).
31 BGH Urt. v. 25.01.2006 – IV ZR 207/07, JurionRS 2006, 10479 = MDR 2006, 871 = NJW 2006, 1281 = VersR 2006, 404 = SVR 2006, 182 bespr. v. *Hering*.
32 Wussow/*Zoll* Unfallhaftpflicht, Kap. 38, Rn. 4.

nicht mit komplizierten Schadensereignissen vergleichen. Da mag es zutreffen dass eine Regulierung in kurzer Frist von zwei[33] bis drei Wochen[34] erfolgen kann, insbesondere dann, wenn der Fahrer gleichzeitig Versicherungsnehmer ist und bei einem reinen Sachschaden selbst den Unfall umgehend meldet und Auskünfte erteilt. Weist der Versicherer selbst in grundsätzlich einfach gelagerten Fällen allerdings darauf hin, dass er die Ermittlungsakten noch nicht einsehen konnte und Zeugenberichte ausstehen und fordert er weitere Nachweise vom Geschädigten an, kann eine Frist von acht Wochen[35] noch angemessen sein.

43 Schon etwas mehr Zeit – fünf Wochen – kann erforderlich sein, wenn es sich bei dem Fahrzeug des Schädigers um einen **Mietwagen**[36] handelt, da die Kommunikationswege oft erheblich erschwert sind.

44 Bei einem einfach gelagerten Sachschaden mit **Auslandsbeteiligung** kann sich die Frist auf vier Wochen[37] erhöhen. Liegen bei Auslandsbeteiligung zudem noch die Weihnachtsfeiertage in dieser Zeit, erhöht sich die angemessene Bearbeitungszeit auch für einen einfach gelagerten Fall auf sechs[38] Wochen. Bei Beteiligung des **Büro Grüne Karte e. V.** kann die angemessene Prüffrist zwei Monate[39] betragen.

45 Insbesondere bei Unfällen mit mehreren Beteiligten, Verletzten, sprachlichen Verständigungsschwierigkeiten, Unfällen von Arbeitskollegen im und außerhalb des öffentlichen Verkehrsraumes sowie bei komplizierten Vorgängen, bei denen ein Fahrzeug als Arbeitsmaschine oder »Waffe« zum Einsatz kommt, gibt es erheblichen Aufklärungsbedarf.

46 Aufklärungsbedarf kostet Zeit, gerade in Personenschäden. Hier ist der Versicherer dringend auf die Ermittlungsakte angewiesen. In der Praxis bekommt jedoch der, von dem alle erwarten dass er zahlen soll, sie vielleicht erst an Schluss, da die Polizei zunächst die Akte an die Staatsanwaltschaft abgibt und diese anderen – vielfach auch Regressgläubigern – vorrangig Akteneinsicht gewährt.

47 Zutreffend[40] sind aber auch die Belange des Geschädigten zu berücksichtigen, insbesondere wenn sie von **existentieller Bedeutung** für den Verletzten sind. Diese können einen Anspruch auf beschleunigte Bearbeitung begründen. Das richtet sich nach der

---

33 *AG Erlangen* Urt. v. 30.03.2005 – 1 C 1787/04, JurionRS 2005, 33035 = DAR 2005, 690.
34 Himmelreich/Halm/Staab/*Kuhn* Handbuch der Kfz-Schadensregulierung, Kap. 1, Rn. 257a.
35 *AG Hamm* Urt. v.16.04.2014 – 24 C 128/13, JurionRS 2014, 20568 = SP 2014, 239.
36 *OLG Köln* Beschl. v. 31.01.2012 – 24 W 69/11, JurionRS 2012, 17549 = ADAJUR Dok.Nr. 99268 = SVR 2012, 459 bespr. v. *Balke* = NJW-RR 2012, 861 = NZV 2013, 42 = bei *Halm/Fitz* Versicherungsrecht 2012/2013, DAR 2013, 447.
37 *LG Aachen* Urt. v. 29.09.2011 – 1 O 218/11.
38 *AG Heinsberg* Beschl. v. 08.03.2012 – 19 C 38/12, JurionRS 2012, 35745 = ADAJUR Dok.Nr. 99987 = SVR 2012, 465 bespr. v. *Balke* = FD-StrVR 2012, 335266 bespr. v. *Kääb*; Himmelreich/Halm/Staab/*Engelbrecht* Handbuch der Kfz-Schadensregulierung, Kap. 14. Rn. 22.
39 *AG Neuwied* Urt. v. 21.11.2001 – 4 C 982/01, SP 2002, 106.
40 Wussow/*Zoll* Unfallhaftpflicht, Kap. 38, Rn. 4.

individuellen Situation des Geschädigten. Grundsätzlich ist bei Arbeits- und Wegeunfällen durch den umfassenden Leistungskatalog der gesetzlichen Unfallversicherung nach den §§ 26 ff. SGB VII, bei Entgeltfortzahlung durch den Arbeitgeber, bei Leistungen durch die gesetzliche Krankenversicherung oder Beihilfe sowie beim Bestehen einer Fahrerschutzversicherung keine Notlage erkennbar. Auf abweichende Besonderheiten hat der Geschädigte bzw. sein anwaltlicher Vertreter hinzuweisen.

Entgegen *Eggert*[41] kann sogar in ganz einfach gelagerten Fällen eine Regulierung binnen sechs Wochen immer noch angemessen sein. Üblicherweise werden dabei jedoch vier bis sechs Wochen[42] unterstellt. Das Kostenrisiko einer verfrühten[43] Klage trägt der Kläger. 48

Es ist zwar richtig, dass ein Haftpflichtanspruch gegen den Schädiger im Zweifel sofort fällig ist, § 271 Abs. 1 BGB; das besagt aber noch nicht, dass damit auch der Direktanspruch sofort fällig[44] wäre. Dem steht bereits die Regelung des § 119 VVG entgegen. Schließlich ist der Versicherer kein Beteiligter am Schadensfall. Nach richtiger Auffassung[45] haftet auch der Versicherer nicht, sondern tritt nur dem Schuldverhältnis als Gesamtschuldner bei. Er tritt allerdings nur dann bei, wenn die Voraussetzungen dazu vorliegen. 49

Darüber hinaus bleibt die Geltendmachung eines erhöhten Schmerzensgeldes davon unberührt, wenn dies auf einem kleinlichen und zögerlichen[46] oder treuwidrigen[47] Regulierungsverhalten[48] beruht. 50

---

41 Ludovisy/*Eggert*/Burhoff Praxis des Straßenverkehrsrechts, Teil 4, Rn. 174.
42 *OLG Köln* Beschl. v. 31.01.2012 – I-24 W 69/11, JurionRS 2012, 17549 = NJW-RR 2012, 861 = SP 2012, 373 = NZV 2013, 42; *OLG Rostock* 09.01.2001 – 1 W 338/98, JurionRS 2001, 32707 = MDR 2001, 935; *KG Berlin* Beschl. v. 30.03.2009 – 22 W 12/09, JurionRS 2009, 41526 = VersR 2009, 1262; *OLG Stuttgart* Beschl. v. 26.4.2010 – 3 W 15/10, JurionRS 2010, 15284 = DAR 2010, 387 = VersR 2010, 1306 = SVR 2010, 302 = VRR 2010, 305 bespr. v. *Knappmann*; *OLG Stuttgart OLG Koblenz* Beschl. v. 20.04.2011 – 12 W 195/11; *LG Würzburg* Urt. v. 23.07.2014 – 62 O 2323/13, SVR 2015, 30 bespr. v. *Blüthgen*. *AG Hamm* Urt. v. 16.04.2014 – 24 C 128/13, SP 2014, 239; *AG Hannover* Urt. v. 28.03.2014 – 464 C 14215/13, SP 2014, 239; Übersicht bei *Balke* Prüf- und Bearbeitungsfrist des Versicherers, PVR 2003, 247 f.
43 *OLG Düsseldorf* Beschl. v. 27.06.2007 – I-1 W 23/07 (hält drei Wochen für ausreichend), JurionRS 2007, 40945 = DAR 2007, 611 m. Anm. *Fitz* = NJW-RR 2008, 114 = NZV 2007, 151; *LG Mönchengladbach* Beschl. v. 15.01.2008 – 5 T 5/08, JurionRS 2008, 44006 = ADAJUR Dok.Nr. 79411.
44 So aber Ludovisy/*Eggert*/Burhoff Praxis des Straßenverkehrsrechts, Teil 4, Rn. 174; *Huber* Die Fälligkeit der Ersatzleistung beim Kfz-Schaden, DAR 2009, 252 (255).
45 Stiefel/Maier/*Jahnke* Kraftfahrversicherung, § 115 VVG, Rn. 140.
46 *OLG Frankfurt* Urt. v. 02.09.2003 – 14 U 178/02 (im Fall verneint), JurionRS 2003, 31207 = DAR 2003, 557 = NZV 2004, 39.
47 *OLG Nürnberg* Urt. v. 22.12.2006 – 5 U 1921/06, JurionRS 2006, 30324 = SP 2007, 102 = MDR 2007, 718 = OLGR 2007, 112 = VersR 2007, 1537 = VRR 2007, 69 bespr. v. *Schulz-Doll*; *LG Berlin* Urt. v. 06.12.2005 – 10 O 415/05, JurionRS 2005, 37861 = NZV 2006, 206 = VersR 2006, 499 = NJW 2006, 702.
48 Umfassende Darstellung Himmelreich/Halm/Staab/*Jaeger*/*Luckey* Handbuch der Kfz-Schadensregulierung, Kap. 19, Rn. 119 ff.

§ 3a PflVG (Entschädigungsverfahren)

51 Eine zögerliche Schadenregulierung kann zudem zu einer Schadensvertiefung führen, wenn z. B. bei voller Haftung keine Reparaturkostenübernahmeerklärung abgegeben, die Reparatur vom Geschädigten nicht vorfinanziert werden kann und auch keine Vorschüsse gezahlt werden. Bei einem nicht fahrbereiten Fahrzeug, das unfallbedingt wochenlang ausfällt, erhöht sich die Nutzungsausfallzeit[49] beträchtlich.

52 § 288 Abs. 3 BGB ist nicht anzuwenden, da diese Zinssätze einer Individualabrede[50] bedürfen.

3. Beweislast

53 Die Darlegungs- und Beweislast für die dem Geschädigten günstige Rechtsfolge trägt der Anspruchsteller. Folglich hat er den Zugang[51] des Aufforderungsschreibens mit notwendigem Inhalt und Belegen, den Zeitablauf und die unzureichende Reaktion des Versicherers zu beweisen[52].

54 Für den darüber hinausgehenden Schaden nach § 3a Abs. 1 Nr. 2 Satz 2 PflVG trägt er die Darlegungs- und Beweislast nach allgemeinen Regeln.

VII. Entsprechende Anwendung

55 Das deutsche Büro des Systems der Grünen Internationalen Versicherungskarte (IVK) hat Schäden mit im Ausland zugelassenen Fahrzeugen im Inland ebenso nach diesen Maßstäben zu regulieren wie der Entschädigungsfond (»Verkehrsopferhilfe e. V.«).

C. weitere praktische Hinweise

I. keine Analogie bei Anspruchserhebung gegenüber Schädiger

56 Es reicht nicht aus, wenn der Geschädigte sich nur[53] an den Schädiger wendet. Derjenige, der sich dem besonderen Schutzzweck nicht für bedürftig hält und daher auf die Vorteile des Direktanspruchs verzichtet, wird – wie an anderer Stelle[54] – von den Vorzügen der Regelung ausgeschlossen.

---

49 *OLG Brandenburg* Urt. v. 30.08.2007 – 12 U 60/05, JurionRS 2007, 38999 = VRR 2008, 27 bespr. v. *Zorn*; *AG Magdeburg* Urt. v. 21.01.2009 – 140 C 2459/08, JurionRS 2009, 44823.
50 PWW/*Schmidt-Kessel* § 288 BGB, Rn. 5.
51 Prölss/Martin/*Knappmann* § 3a PflVG, Rn. 7.
52 Stiefel/Maier/*Jahnke* Kraftfahrtversicherung, § 3a PflVG, Rn. 38.
53 Prölss/Martin/*Knappmann* § 3a PflVG, Rn. 4; Stiefel/Maier/*Jahnke* Kraftfahrtversicherung, § 3a PflVG, Rn. 11.
54 Gegen einen gepfändeten Deckungsanspruch kann immer noch eine bestehende Leistungsfreiheit eingewandt werden. Anders, wenn der Versicherer mitverklagt wurde, § 117 Abs. 1 VVG. Siehe auch *Schwab* § 115 VVG, Rdn. 210.

II. keine Analogie für andere Pflicht-Haftpflichtversicherungen

Die Regelung bezieht sich nach dem Wortlaut auf sämtliche Direktansprüche, die nach § 115 Abs. 1 Satz Nr. 1 bis 3 VVG geltend gemacht werden. Für den Fall der Kfz-Haftpflichtversicherung nach § 115 Abs. 1 Satz 1 Nr. 1 VVG ist das selbstverständlich. 57

Eine Anwendung über alle[55] Pflicht-Haftpflichtversicherungen hinaus wird zwar durch den Wortlaut eröffnet, geht aber letztlich ins Leere. Insoweit ist es eher nur eine Nachlässigkeit des Gesetzgebers, dass er im Abs. 1 nur auf § 115 Abs. 1 VVG, statt § 115 Abs. 1 Satz 1 Nr. 1 VVG verweist. § 3a PflVG ist eine Norm, die § 1 PflVG folgt. Damit ist der Anwendungsbereich ausdrücklich auf das PflVG begrenzt. 58

Für eine analoge Anwendung auf andere Haftpflichtbestimmungen ist kein[56] Raum, da der Gesetzgeber die Vorschrift ansonsten in § 115 VVG hätte integrieren müssen. Das VVG enthält nicht einmal einen Verweis auf § 3a PflVG. 59

III. kein klagbarer Anspruch auf mit Gründen versehene Antwort

Der Geschädigte kann nicht gerichtlich erzwingen[57], dass der Versicherer ihm binnen der Drei-Monats-Frist ein Schadenregulierungsangebot zukommen lässt. Es handelt sich lediglich um eine Obliegenheit des Versicherers bzw. Schadenregulierungsbeauftragten, zeitnah angemessen zu reagieren. Unterlässt er dies, wird er mit dem Zinsanspruch belastet. Der Gesetzgeber wollte kein Sonderrecht für bestimmte Gruppen von Geschädigten schaffen, deren Anspruch besser als die der anderen durchsetzen zu können. Zudem wäre dies verfassungsrechtlich bedenklich, Art. 3 GG. 60

IV. erneute Anspruchserhebung

Die Vorschrift ist nicht auf die erstmalige und einmalige Anspruchserhebung beschränkt. 61

Wird derselbe Anspruch ohne neue Argumente und Nachweise wiederholt geltend gemacht, obwohl bereits eine abschließende und ausreichende Begründung gegeben wurde, setzt dies keine neue Frist in Gang. 62

Werden im Rahmen der noch nicht abgeschlossenen Regulierung weitere Ansprüche geltend gemacht, beginnt für diese Ansprüche die Frist von neuem. 63

---

55 Becker/Böhme/*Biela* Kraftverkehrs-Haftpflicht-Schäden, Kap. 16, Rn. 205 geht offenbar von allen Ansprüchen, aber nur nach dem Pflichtversicherungsgesetz aus.
56 Stiefel/Maier/*Jahnke* Kraftfahrtversicherung, § 3a PflVG, Rn. 1.
57 *OLG Frankfurt am Main* Beschl. v. 14.08.2009 – 19 W 47/09, JurionRS 2009, 21394 = NJW-Spezial 2009, 634 = DAR 2009, 698 a. 2010, 89 = ADAJUR Dok.Nr. 84731 = SP 2009, 445 = NZV 2010, 34 = NJW-RR 2010, 98 = NJW 2010, 543 (Ls.) = VRR 2009, 463 bespr. v. *Knappmann*; a. A. *AG Berlin-Mitte*, Urt. v. 25.02.2008 – 113 C 3195/07, JurionRS 2008, 46161.

64 Sind Ansprüche abgefunden, kann mit einer Anspruchserhebung wegen Wegfalls der Geschäftsgrundlage (unvorhersehbarer Eintritt von Erschwernissen) erneut die Frist in Gang gesetzt werden.

V. Sozialversicherungsträger

65 Auf Sozialversicherungsträger können Ansprüche im Zeitpunkt des Unfalles nach § 116 SGB X übergegangen sein. Auch sie sind dann Dritte[58], die den Direktanspruch gegen den Kfz-Haftpflichtversicherer geltend machen können. Dies gilt unabhängig davon, ob sie selbst besonders schutzwürdig sind.

66 Ein vorrangiges Interesse an einer beschleunigten Regulierung haben sie allerdings nicht, da sie in einer ungleich anderen wirtschaftlichen (und emotionalen) Situation zu der des Geschädigten stehen. Der Zweck des unmittelbaren Verkehrsunfallopferschutzes[59] würde verfehlt werden, die Regelungen des § 3a PflVG auch auf diese übergegangenen Ansprüche anzuwenden. Es hat im Rahmen einer **teleologischen Reduktion** bei den allgemeinen Verzugsregeln zu verbleiben.

VI. Private Krankenversicherer

67 Auf leistende private Krankenversicherer geht der Anspruch nach § 86 Abs. 1 VVG über. Nicht jegliche Ansprüche[60] sind jedoch übergangsfähig. Sie müssen unmittelbar mit der Kompensation des Schadens durch die Versicherungsleistung in Bezug stehen. § 3a PflVG ist ein Druckmittel für den unmittelbar Geschädigten, zeitnah seinen Schadensersatzanspruch zu verwirklichen.

VII. Kaskoversicherer

68 Für Kaskoversicherer gilt dasselbe, wie für andere Schadensversicherer.[61]

VIII. Arbeitgeber und Dienstherren

69 Arbeitgeber und Dienstherren sind aufgrund ihrer Leistungserbringung gegenüber dem Geschädigten selbst mittelbar geschädigt. Durch die Sonderregelungen zum gesetzlichen Forderungsübergang nach den §§ 6 Abs. 1 EntgFG bzw. 79 BBG, 30 Abs. 3 SoldG, 80 SVG und 81a Abs. 1 Satz 1 BVG geht der Ersatzanspruch über. Die besondere Rechtsstellung als Geschädigter gegenüber dem Versicherer zur Ausübung eines »Druckmittels« nehmen sie dadurch nicht ein.

---

58 Siehe *Schwab* zu § 115 VVG Rdn. 60 ff.
59 Siehe Abs. 31 der Erwägungen zur Richtlinie 2009/103/EG; BT-Drucks. 14/8770 S. 13 f.
60 *Prölss*/Martin Versicherungsvertragsgesetz, § 86 VVG, Rn. 3 ff.; Staudinger/Halm/Wendt/ *K.Schneider* FAK Versicherungsrecht, § 86 VVG, Rn. 10.
61 Siehe § 3a PflVG Rdn. 67.

IX. Gesamtschuldner

1. Versicherer und Mitversicherte

Versicherer und Mitversicherte sind Gesamtschuldner nach § 115 Abs. 1 Satz 4 VVG. Die Gesamtschuldnerschaft beschränkt sich jedoch nur auf die unmittelbare Schuld der Mitversicherten, der der Versicherer beitritt. 70

§ 3a PflVG begründet lediglich eine zusätzlich Verpflichtung des Versicherers, nicht aber der Mitversicherten. Folglich treten Mitversicherte nicht der zusätzlichen Verpflichtung des Versicherers bei. 71

2. Gesamtschuldnerausgleich unter mehreren Schädigern

Beim Ausgleich unter Gesamtschuldnern findet schon der Direktanspruch keine Anwendung.[62] Der Ausgleichsanspruch ist kein Schadensersatzanspruch. Folglich kommt dem Ausgleichsberechtigten erst Recht kein zusätzlicher Anspruch nach § 3a PflVG zu Gute. Dies gilt unabhängig davon, ob es sich bei dem Ausgleichsberechtigten um einen Haftpflichtversicherer oder dessen mitversicherte Person handelt. 72

§ 3b (Veräußerung des versicherten Kfz)

Schließt der Erwerber eines veräußerten Fahrzeugs eine neue Kraftfahrzeug-Haftpflichtversicherung, ohne das auf ihn übergegangene Versicherungsverhältnis zu kündigen, gilt dieses mit Beginn des neuen Versicherungsverhältnisses als gekündigt.

§ 3b: Eingef. durch Art. 8 Nr. 4 G v. 23.11.2007 I 2631 mWv 1.1.2008.

Übersicht

		Rdn.
A.	Allgemeines	1
B.	Regelungsgehalt	2
C.	Zeitpunkt der Beendigung	3
D.	Nachhaftung	4
E.	Sonderfall Versicherungskennzeichen	5

A. Allgemeines

§ 3b PflVG wurde mit Wirkung zum 01.01.2008 neu in das PflVG eingeführt. 1

B. Regelungsgehalt

Durch § 3b PflVG wird eine Kündigung fingiert, wenn der Erwerber eines Kfz einen neuen Kraftfahrzeug-Haftpflicht-Versicherungsvertrag bei einem anderen Versicherer abschließt. Damit wird eine in den AKB schon lange geübte Praxis als Gesetz festgehal- 2

---

62 BGH Beschl. v. 27.07.2010 – VI ZB 49/08, Jurion = DAR 2010, 639 = MDR 2010, 1322 = NJW-RR 2010, 1471 = NZV 2010, 560 = r+s 2010, 433 = VersR 2010, 1360 = VRR 2010, 421 bespr. v. *Knappmann* = zfs 2010, 61.

§ 4 PflVG (Mindest-Versicherungssummen, Ermächtigungsgrundlage)

ten. Der Kraftfahrzeug-Haftpflicht-Versicherer wird durch die Vorlage einer Versicherungsbestätigung eines anderen Versicherers aus der Haftung entlassen[1]. Durch die Vorlage der Versicherungsbescheinigung wird der Zulassungsstelle auch das Ende es Vorvertrages angezeigt[2]. Erforderlich ist diese Regelung, da der Vertrag ungekündigt auf den Erwerber übergeht und der Verkäufer seinerseits keine Möglichkeit hat, den Versicherungsvertrag wirksam zu kündigen, wenn er das Kfz zugelassen an den Erwerber übergibt.

C. Zeitpunkt der Beendigung

3   Der Vertrag endet unmittelbar mit der Übergabe der Versicherungsbestätigung an die Zulassungsstelle zum Ende des Vortages, 24.00 Uhr. Diese Regelung wurde geschaffen, um Unklarheiten im Versicherungsschutz zu beseitigen. Der Vertragsbeginn wird auf 0.00 Uhr des Zulassungstages vordatiert. Korrespondierend dazu hat der Versicherungsnehmer auch für Fahrten zur Zulassungsstelle Versicherungsschutz[3].

Ist die Versicherungsbestätigung noch nicht bei der Zulassungsstelle eingegangen besteht gegenüber der vorherigen Versicherung ein Direktanspruch, da das Ende des Vertrages bei der Zulassungsstelle noch nicht angezeigt wurde.

D. Nachhaftung

4   Die Nachhaftung endet in diesem Fall unmittelbar mit der Übergabe der Versicherungsbestätigung an die Zulassungsstelle. Auch im Außenverhältnis gilt dann der neue Versicherer als eintrittspflichtig.

E. Sonderfall Versicherungskennzeichen

5   Bei Versicherungskennzeichen ist diese Regelung ebenfalls anzuwenden, Es wird aber üblicherweise wegen der ohnehin kurzen Vertragsdauer von 1 Jahr, das automatisch am 28./29. Februar eines Kalenderjahres endet, in der Praxis nur in Ausnahmefällen erfolgen, da der Versicherungsvertrag immer nur bis zum Ablauf abgeschlossen werden kann und dann auch für den Erwerber gilt[4].

§ 4 (Mindest-Versicherungssummen, Ermächtigungsgrundlage)

(1) Um einen dem Zweck dieses Gesetzes gerecht werdenden Schutz sicherzustellen, bestimmt das Bundesministerium der Justiz unter Beachtung gemeinschaftsrechtlicher Verpflichtungen sowie des Europäischen Übereinkommens vom 20. April 1959 über die obligatorische Haftpflichtversicherung für Kraftfahrzeuge (BGBl. 1965 II S. 281) im Einvernehmen mit dem Bundesministerium der Finanzen und

---

1   Staudinger/Halm/Wendt/Schwab/Kreuter-Lange, § 3b PflVG Rn. 1 f.
2   P/M/*Knappmann*, § 3b PflVG Rn. 1.
3   Vgl. hierzu AKB H.1.3.
4   Vgl. insoweit Kommentierung unter G.1 AKB; unten AKB G.1.3 und VVG § 122 m. w. N.

dem Bundesministerium für Verkehr, Bau und Stadtentwicklung durch Rechtsverordnung ohne Zustimmung des Bundesrates den Umfang des notwendigen Versicherungsschutzes, den der Versicherungsvertrag zu gewähren hat. Das gilt auch für den Fall, daß durch Gesetz oder gemeinschaftsrechtliche Verpflichtung eine Versicherungspflicht zur Deckung der beim Transport gefährlicher Güter durch Kraftfahrzeuge verursachten Schäden begründet wird.

(2) Die Mindesthöhen der Versicherungssummen ergeben sich aus der Anlage. Das Bundesministerium der Justiz wird ermächtigt, im Einvernehmen mit dem Bundesministerium für Verkehr, Bau und Stadtentwicklung und dem Bundesministerium für Wirtschaft und Technologie durch Rechtsverordnung ohne Zustimmung des Bundesrates die in der Anlage getroffenen Regelungen zu ändern, wenn dies erforderlich ist, um
1. bei einer Änderung der wirtschaftlichen Verhältnisse oder der verkehrstechnischen Umstände einen hinreichenden Schutz der Geschädigten sicherzustellen oder
2. die Mindesthöhen der Versicherungssummen an die nach Artikel 9 Absatz 2 der Richtlinie 2009/103/EG des Europäischen Parlaments und des Rates vom 16. September 2009 über die Kraftfahrzeug-Haftpflichtversicherung und die Kontrolle der entsprechenden Versicherungspflicht (ABl. L 263 vom 7.10.2009, S. 11) erhöhten Beträge anzupassen.

Ergeben sich auf Grund der Platzzahl des Personenfahrzeugs, auf das sich die Versicherung bezieht, erhöhte Mindestversicherungssummen, so haftet der Versicherer in den Fällen des § 117 Abs. 1 und 2 des Versicherungsvertragsgesetzes für den einer einzelnen Person zugefügten Schaden nur im Rahmen der nicht erhöhten Mindestversicherungssummen.

Übersicht	Rdn.
A. Allgemeines	1
B. Versicherungsumfang	2
C. Versicherungssummen	3
D. Versicherungssummen für Gefahrtransporte	8
E. Übersicht über die Versicherungssummen	9
F. Gegenüberstellung Mindestversicherungssumme/Haftungshöchstgrenzen	10

A. Allgemeines

Durch § 4 wird das Bundesministerium der Justiz ermächtigt, neben der Regelung des 1 zu gewährenden Versicherungsumfangs auch die Höhe der mindestens zu garantierenden Versicherungssummen zu bestimmen und den jeweiligen Gegebenheiten anzupassen.

B. Versicherungsumfang

In der Form der KfzPflVV hat das Justizministerium die Ermächtigung genutzt und 2 Mindestanforderung an die Allgemeinen Bedingungen für die Kraftfahrtversicherung vorgelegt, von denen nur zum Vorteil des Versicherungsnehmer, nicht aber zu seinem

§ 4 PflVG (Mindest-Versicherungssummen, Ermächtigungsgrundlage)

Nachteil abgewichen werden kann. Die Regelungen hinsichtlich versicherten Personen, Leistungsverweigerungsrechten, Obliegenheiten vor und im Schadenfall werden in der KfzPflVV aufgenommen[1]. Vor der KfzPflVV waren die AKB der Versicherer vom Bundesaufsichtsamt für das Versicherungswesen zu genehmigen. Diese Genehmigung entfällt jetzt, die AKB müssen sich in der Kraftfahrzeug-Haftpflicht-Versicherung lediglich an der KfzPflVV orientieren.

C. Versicherungssummen

3 Die Ermächtigung zur Schaffung von Mindestversicherungssummen wird in der Anlage zu § 4 PflVG entsprechend angewendet und regelmäßig angepasst.

In den vergangenen Jahren haben sich die Versicherungssummen immer wieder verändert, um den steigenden Lebenshaltungskosten angemessen Rechnung zu tragen. Diese Anpassungen dienen nicht nur dem Schutz des Opfers eines Verkehrsunfalles, sondern auch dem Schutz von Versicherungsnehmer und Fahrer, die sonst u. U. in ihrer Existenz bedroht sein könnten[2].

4 Die Versicherungssummen orientieren sich in ihrem Aufbau zunächst an den PKW, die max. 5 Personen aufnehmen können. Da jedoch auch KOM, Großraumtaxis und Klein-Busse versichert werden müssen, muss auch insoweit dem erhöhten Risiko Rechnung getragen werden. Die Versicherungssummen werden daher für Fahrzeuge mit mehr als 10 Sitzplätzen mit pauschalen Summen angepasst. Dabei sind die Versicherungssummen für Kfz höher als die Maximal-Entschädigungsleistungen nach § 12 StVG[3] für die Haftung aus der Betriebsgefahr.

5 Die Mindestversicherungen kommen in zwei Fallvarianten zur Anwendung: zum einen bei einer Versicherung gem. § 5 PflVG, (der Vertragsschluss konnte wegen des Kontrahierungszwanges nicht abgelehnt werden) und zum anderen bei Prämienverzug des

---

1 Wegen der Details vgl. zu den jew. §§ der KfzPflVV sowie AKB D und E.
2 Feyock/Jacobsen/Lemor, § 4 Rn. 1.
3 **§ 12 Höchstbeträge**
   (1) Der Ersatzpflichtige haftet
   1. im Fall der Tötung oder Verletzung eines oder mehrerer Menschen durch dasselbe Ereignis nur bis zu einem Betrag von insgesamt fünf Millionen Euro; im Fall einer entgeltlichen, geschäftsmäßigen Personenbeförderung erhöht sich für den ersatzpflichtigen Halter des befördernden Kraftfahrzeugs oder Anhängers bei der Tötung oder Verletzung von mehr als acht beförderten Personen dieser Betrag um 600.000 Euro für jede weitere getötete oder verletzte beförderte Person;
   2. im Fall der Sachbeschädigung, auch wenn durch dasselbe Ereignis mehrere Sachen beschädigt werden, nur bis zu einem Betrag von insgesamt einer Million Euro. Die Höchstbeträge nach Satz 1 Nr. 1 gelten auch für den Kapitalwert einer als Schadensersatz zu leistenden Rente.
   (2) Übersteigen die Entschädigungen, die mehreren auf Grund desselben Ereignisses zu leisten sind, insgesamt die in Absatz 1 bezeichneten Höchstbeträge, so verringern sich die einzelnen Entschädigungen in dem Verhältnis, in welchem ihr Gesamtbetrag zu dem Höchstbetrag steht.

Versicherungsnehmers, Obliegenheitsverletzungen des Fahrers und während der Nachhaftung.

Nach derzeitigem Kenntnisstand sind die Mindestversicherungssummen gem. der Anlage zu § 4 PflVG auskömmlich[4], solange nur eine Person schwerverletzt wird. Kommt es aber zur schweren Verletzungen bei mehreren Personen, ist auch die Mindestversicherungssumme keine Garantie, dass diese Summen ausreichen werden. Durch die Rangfolge in § 118 VVG ist zwar der Direktgeschädigte mit seinen Ansprüchen voll abgesichert, dies reicht angesichts unseres Sozialsystems auch für zwei oder drei schwergeschädigte Fahrzeuginsassen. Allerdings werden die Sozialversicherungsträger, die in der Rangfolge erst an letzter Stelle stehen, dann häufig leer ausgehen. Bei unzureichender Versicherungssumme ist zu befürchten, dass dann der Sozialversicherungsträger seinen Regress unmittelbar beim Schädiger anmelden und ggf. durchführen wird. Als Sozialversicherungsträger sind zu nennen die gesetzlichen Krankenkassen, die Träger der gesetzlichen Unfallversicherung und die Rentenversicherungsträger. An die nur subsidiär haftenden Träger der Sozialhilfe kann nicht verwiesen werden, wie auch nicht auf die Hartz IV Regelungen (Arbeitslosenhilfe), da insoweit ein Versicherungsverhältnis nicht besteht und es nur um die Sicherung des Lebensunterhaltes geht. Das früher durchzuführende Verteilungsverfahren wird daher nur noch dann erforderlich, wenn schon für die unmittelbar Geschädigten eines Verkehrsunfalls die vorhandenen Versicherungssummen nicht ausreichen[5].

Werden in einem Kfz mit mehr als 10 Sitzplätzen Personen verletzt, gilt auch für diese nur die nicht erhöhte Mindestversicherungssumme als Obergrenze, § 4 Abs. 2 letzter Satz. Eine solche Beschränkung der Regulierung ist zulässig, da der Vertrauensschutz auch nur für diese Mindestsummen gilt.

D. Versicherungssummen für Gefahrtransporte

Probleme bereiten immer noch die wegen der Anzahl der Sitzplätze erhöhten Haftungshöchstbeträge nach § 12 Abs. 1 Ziffer 1 letzter HS (600.000 € ab dem 11. Sitzplatz) sowie die erhöhten Haftungshöchstgrenzen für Gefahrguttransporte nach § 12a StVG. Für diese werden in § 12a StVG deutlich höhere Entschädigungsleistungen festgelegt, die sich aber leider noch immer nicht in der Anlage zu § 4 PflVG wiederfinden.

Es sind folgende Fallvarianten denkbar:
1. Der Versicherungsnehmer hat die Prämie nicht gezahlt. Versicherungsschutz besteht nur in den Grenzen der Mindestversicherungssummen, der Fahrer verursacht einen Schaden, bei dem sich das Gefahrgutrisiko realisiert und die Haftungshöchstgrenzen des § 12a StVG zur Anwendung kommen: Auch sein Anspruch auf

---

4 BGH v. 10.10.2006 – VI ZR 44/05, zur ausreichenden Versicherungssumme und dem Verfahren nach VVG a. F. bei nicht ausreichender Versicherungssumme; OLG München v. 27.3.2003 – 1 U 4449/02; OLG München v. 20.12.2001 – 24 U 15/01.
5 Vgl. insoweit H/K/S/*Kreuter-Lange* § 117 VVG; Hi/Ha/*Kreuter-Lange* Kfz-Schadensregulierung Rn. 503 ff. zusätzlich mit Darstellung der Rechtslagen nach VVG a. F.

§ 4 PflVG (Mindest-Versicherungssummen, Ermächtigungsgrundlage)

Versicherungsschutz ist beschränkt auf die Mindestversicherungssummen. Hat er einen Sachschaden über 1,12 Mio. € verursacht, haftet er mit seinem Privatvermögen, da er nur insoweit Anspruch auf Versicherungsschutz hat, § 117 VVG.
2. Der Fahrer begeht eine Obliegenheitsverletzung, der Versicherungsnehmer trifft kein Verschulden daran. Es geschieht ein Unfall, den der Fahrer verschuldet hat und bei dem sich das Gefahrgutrisiko realisiert, der Sachschaden beträgt 5 Mio. €. Der Fahrer als Verursacher haftet in vollem Umfang, der Versicherungsnehmer ist aus der Haftung aus der Betriebsgefahr gem. § 12a StVG bis zur Obergrenze eintrittspflichtig.

Hier ist dringend eine Anpassung der Formulierungen der Anlage zu § 4 PflVG geboten, so dass in jedem Fall die in §§ 12 und 12a StVG geltenden Höchstbeträge abgesichert sind.

E. Übersicht über die Versicherungssummen

9

bis zum 31.7.1971	250.000 DM,
bis zum 30.6.1981	500.000 DM (für Sachschäden 100000 DM)
	750.000 DM bei Verletzung mehrerer Personen
bis zum 30.8.1997	1.000.000 DM für Personenschäden
	1.500.000 DM bei mehreren Verletzten,
	400.000 DM für Sachschäden

	ab 1.7.1997	ab 1.1.2002	seit 1.1.2008	Seit 01.01.2012
bei Personenschäden	DM 5 Mio.	2,5 Mio. €.	7,5 Mio. €	7,5 Mio. €
bei Sachschäden	DM 1 Mio.	500.000 €	1 Mio. €	1,12 Mio. €
bei reinen Vermögensschäden	DM 100000	50000 €	50.000 €	50.000 €
bei Tötung oder Verletzung mehrerer Personen	DM 15 Mio.	7,5 Mio. €	7,5 Mio. €	7,5 Mio. €

(Mindest-Versicherungssummen, Ermächtigungsgrundlage) **§ 4 PflVG**

F. Gegenüberstellung Mindestversicherungssumme/Haftungshöchstgrenzen

Stand 01.01.2012	Mindestversicherungssumme	Höchstgrenze § 12 StVG	Höchstgrenze § 12a StVG (Gefahrgut)	KOM mit 50 Plätzen	10
Eine Person		5 Mio. €	10 Mio. €		
Personenschäden (mehrere Personen in StVG-Haftung)	7,5 Mio. €	5 Mio. €	10 Mio. €	9,5 Mio. Mindestv. aber bis zu 29 Mio. € StVG-Haftung	
Sachschaden	1,12 Mio. €	1 Mio. €	10 Mio. €	1,12 Mio. €	
Reine Vermögensschäden	50.000 €	–/–	–/–	50.000	
Kfz mit mehr als 10 Sitzplätzen	Zzgl. 50.000 €/Platz	Ab 8 Personen für jede verletzte Person 600,000 €			
KOM mit 50 Sitzplätzen	9,5 Mio. €	Bei 50 Verl. Personen bis zu 29 Mio. €			

Anlage zu § 4 Abs. 2

(Fundstelle: BGBl. I 1965, 221)

Mindestversicherungssummen

1. Die Mindesthöhe der Versicherungssumme beträgt bei Kraftfahrzeugen einschließlich der Anhänger je Schadensfall
   a) für Personenschäden siebeneinhalb Millionen Euro,
   b) für Sachschäden 1 120 000 Euro,
   c) für die weder mittelbar noch unmittelbar mit einem Personen- oder Sachschaden zusammenhängenden Vermögensschäden (reine Vermögensschäden) 50 000 Euro.
2. Bei Kraftfahrzeugen, die der Beförderung von Personen dienen und mehr als neun Plätze (ohne den Fahrersitz) aufweisen, erhöhen sich diese Beträge für das Kraftfahrzeug unter Ausschluss der Anhänger
   a) für den 10. und jeden weiteren Platz um
      aa) 50 000 Euro für Personenschäden,
      bb) 500 Euro für reine Vermögensschäden,
   b) vom 81. Platz ab für jeden weiteren Platz um
      aa) 25 000 Euro für Personenschäden,
      bb) 250 Euro für reine Vermögensschäden.

Dies gilt nicht für Kraftomnibusse, die ausschließlich zu Lehr- und Prüfungszwecken verwendet werden.

§ 5 PflVG (Kontrahierungszwang)

3. Bei Anhängern entspricht die Mindesthöhe der Versicherungssumme für Schäden, die nicht mit dem Betrieb des Kraftfahrzeugs im Sinne des § 7 des Straßenverkehrsgesetzes im Zusammenhang stehen, und für die den Insassen des Anhängers zugefügten Schäden den in Nummer 1, bei Personenanhängern mit mehr als neun Plätzen den in Nummern 1 und 2 genannten Beträgen.
4. Zu welcher dieser Gruppen das Fahrzeug gehört, richtet sich nach der Eintragung im Kraftfahrzeug- oder Anhängerbrief.

§ 5 (Kontrahierungszwang)

(1) Die Versicherung kann nur bei einem im Inland zum Betrieb der Kraftfahrzeug-Haftpflichtversicherung befugten Versicherungsunternehmen genommen werden.

(2) Die im Inland zum Betrieb der Kraftfahrzeug-Haftpflichtversicherung befugten Versicherungsunternehmen sind verpflichtet, den in § 1 genannten Personen nach den gesetzlichen Vorschriften Versicherung gegen Haftpflicht zu gewähren. Diese Verpflichtung besteht auch, wenn das zu versichernde Risiko nach § 13a Abs. 2 Satz 2 Nr. 2 Halbsatz 2 des Versicherungsaufsichtsgesetzes im Inland belegen ist.

(3) Der Antrag auf Abschluß eines Haftpflichtversicherungsvertrages für Zweiräder, Personen- und Kombinationskraftwagen bis zu 1 t Nutzlast gilt zu den für den Geschäftsbetrieb des Versicherungsunternehmens maßgebenden Grundsätzen und zum allgemeinen Unternehmenstarif als angenommen, wenn der Versicherer ihn nicht innerhalb einer Frist von zwei Wochen vom Eingang des Antrags an schriftlich ablehnt oder wegen einer nachweisbaren höheren Gefahr ein vom allgemeinen Unternehmenstarif abweichendes schriftliches Angebot unterbreitet. Durch die Absendung der Ablehnungserklärung oder des Angebots wird die Frist gewahrt. Satz 1 gilt nicht für die Versicherung von Taxen, Personenmietwagen und Selbstfahrervermietfahrzeugen.

(4) Der Antrag darf nur abgelehnt werden, wenn sachliche oder örtliche Beschränkungen im Geschäftsplan des Versicherungsunternehmens dem Abschluß des Vertrags entgegenstehen oder wenn der Antragsteller bereits bei dem Versicherungsunternehmen versichert war und das Versicherungsunternehmen
1. den Versicherungsvertrag wegen Drohung oder arglistiger Täuschung angefochten hat,
2. vom Versicherungsvertrag wegen Verletzung der vorvertraglichen Anzeigepflicht oder wegen Nichtzahlung der ersten Prämie zurückgetreten ist oder
3. den Versicherungsvertrag wegen Prämienverzugs oder nach Eintritt eines Versicherungsfalls gekündigt hat.

(5) Das Versicherungsverhältnis endet spätestens,
1. wenn es am ersten Tag eines Monats begonnen hat, ein Jahr nach diesem Zeitpunkt,
2. wenn es zu einem anderen Zeitpunkt begonnen hat, an dem nach Ablauf eines Jahres folgenden Monatsersten.

(Kontrahierungszwang) § 5 PflVG

Es verlängert sich um jeweils ein Jahr, wenn es nicht spätestens einen Monat vor Ablauf schriftlich gekündigt wird. Gleiches gilt, wenn die Vertragslaufzeit nur deshalb weniger als ein Jahr beträgt, weil als Beginn der nächsten Versicherungsperiode ein vor Ablauf eines Jahres nach Versicherungsbeginn liegender Zeitpunkt vereinbart worden ist. Ist in anderen Fällen eine kürzere Vertragslaufzeit als ein Jahr vereinbart, so bedarf es zur Beendigung des Versicherungsverhältnisses keiner Kündigung.

(6) Das Versicherungsunternehmen hat dem Versicherungsnehmer bei Beginn des Versicherungsschutzes eine Versicherungsbestätigung auszuhändigen. Die Aushändigung kann von der Zahlung der ersten Prämie abhängig gemacht werden.

(7) Das Versicherungsunternehmen hat dem Versicherungsnehmer bei Beendigung des Versicherungsverhältnisses eine Bescheinigung über dessen Dauer, die Anzahl und Daten während der Vertragslaufzeit gemeldeter Schäden, die zu einer Schadenzahlung oder noch wirksamen Schadenrückstellung geführt haben, auszustellen; ist die Rückstellung innerhalb einer Frist von drei Jahren nach ihrer Bildung aufgelöst worden, ohne daß daraus Leistungen erbracht wurden, so hat der Versicherer auch hierüber eine Bescheinigung zu erteilen. Während des Versicherungsverhältnisses hat das Versicherungsunternehmen dem Versicherungsnehmer jederzeit eine Bescheinigung nach Satz 1 innerhalb von 15 Tagen ab Zugang des entsprechenden Verlangens bei dem Versicherungsunternehmen zu erteilen.

(8) Ist die Versicherung mit einem Versicherungsunternehmen ohne Sitz im Inland im Dienstleistungsverkehr abgeschlossen, so haben der Versicherungsschein und die Versicherungsbestätigung auch Angaben über den Namen und die Anschrift des gemäß § 8 Abs. 2 Satz 1 bestellten Vertreters zu enthalten.

Übersicht Rdn.
- A. Allgemeines 1
- I. zugelassener Versicherer 2
- II. Annahmefristen 3
- B. Kontrahierungszwang 4
- I. Beschränkungen im Geschäftsplan 5
- II. Anfechtung des Vertrages wegen Drohung oder arglistiger Täuschung 6
- III. Rücktritt wegen Verletzung der vorvertraglichen Anzeigepflicht oder Nichtzahlung der ersten Prämie 7
- IV. Kündigung wegen Prämienverzugs oder Schadens 8
- V. Kontrahierungszwang nur für die Kraftfahrzeug-Haftpflicht-Versicherung 9
- C. Ende des Vertrages 10
- D. Aushändigung der Versicherungsbestätigung 11
- E. Bescheinigung über die Vertragsdauer 12
- F. Versicherung im Dienstleistungsverkehr 13

§ 5 PflVG (Kontrahierungszwang)

A. Allgemeines

1 Es wird geregelt, wer berechtigt ist, im Inland eine Kraftfahrzeug-Haftpflicht-Versicherung anzubieten und verpflichtet diese gleichzeitig, den in § 1 PflVG genannten Personen Versicherungsschutz zu gewähren.

I. zugelassener Versicherer

2 Als Versicherer zugelassen sind nur solche Versicherer, die eine Genehmigung nach § 5 Abs. 1 VAG erhalten haben. Ausländische Versicherer müssen die Voraussetzungen nach § 110 VAG erfüllen.

II. Annahmefristen

3 Um dem Opferschutzgedanken Rechnung zu tragen, wird dem Versicherer auch eine Frist zur Annahme oder Modifizierung des Antrags gesetzt, innerhalb derer er eine Modifizierung des Antrages vornehmen kann. Ob man diese Fristen auch analog auf Vertragsänderungen anwenden kann, ist nach diesseitiger Auffassung fraglich[1].

B. Kontrahierungszwang

4 Gem. § 5 Abs. 3 PflVG muss der Versicherer jeden Antrag auf Versicherung eines Zweirades, Personenkraft- oder Kombinationswagens bis 1 t. Nutzlast innerhalb von 14 Tagen bescheiden[2]. Er muss den Antrag innerhalb dieser Zeit schriftlich ablehnen oder ein neues Angebot unterbreiten[3]. Versäumt der Versicherer diese Frist, gilt der Versicherungsvertrag wie beantragt als abgeschlossen. Die Annahmefiktion gilt für alle anderen Fahrzeuge wie Selbstfahrervermietfahrzeuge, Droschken, LKW über 1 t Nutzlast etc. nicht[4], es besteht jedoch die Pflicht, einen Vertrag mindestens zu den Mindestversicherungsbedingungen anzubieten[5].

Auch ein Sedgeway-Zweirad gehört zu den Fahrzeugen, die dem Kontrahierungszwang unterliegen[6].

Der Versicherer darf allerdings nicht jeden Vertrag einfach ablehnen, er muss sich hier an den Voraussetzungen des § 5 Abs. 4 PflVG orientieren. Der Kontrahierungszwang gilt nicht für die vorläufige Deckung[7].

---

1 AG BAD Iburg v. 13.05.2005 – 4C C 176/05, ist der Auffassung, dass eine Annahme eines Antrags auf Aufhebung der Vollkaskoversicherung nach 5 Wochen verspätet ist und spricht daher die Vollkasko-Entschädigung wg. Bestehendem Vertrag zu.
2 Präve, »Schweigen als Zustimmung?«, r + s 1998, 441,.
3 BGH, Urteil vom 31.01.2001 – IV ZR 185/99 zum Kontrahierungszwang.
4 VERBAV 1996, 19.
5 VERBAV 1996 19.
6 LG Lübeck v. 11.12.2008 – 14 S 250/07; AG Lübeck v 27.09.2007 – 28 C 1036/07.
7 Rüffer/Halbach/Schmikowski, § 5 Rn. 4.

I. Beschränkungen im Geschäftsplan

Der Antrag auf Versicherung eines Kfz darf abgelehnt werden, wenn nach dem Geschäftsplan nur bestimmte Berufsgruppen oder Fahrzeuge versichert werden sollen, wie z. B. nur Fahrlehrer, nur Beamte[8], nur LKW etc.

In diesem Fall darf der Versicherer den Antrag einer nicht zu dieser Gruppe gehörenden Person ablehnen. Er muss dies innerhalb der Frist nach § 5 Abs. 3 PflVG tun, sonst gilt der Vertrag trotz des entgegenstehenden Geschäftsplans als abgeschlossen und kann vom Versicherer nur noch zum Ablauf/Jahresende gekündigt werden. Eine Kündigung wäre wegen des entgegenstehenden Geschäftsplans zulässig.

II. Anfechtung des Vertrages wegen Drohung oder arglistiger Täuschung

War der Versicherungsnehmer bereits Kunde bei dem Versicherer und hat der Versicherer diesen Vertrag wegen Täuschung oder Drohung angefochten, kann der Versicherer den Vertragsschluss ablehnen.

III. Rücktritt wegen Verletzung der vorvertraglichen Anzeigepflicht oder Nichtzahlung der ersten Prämie

Hat der Versicherungsnehmer im Vorvertrag seine vorvertraglichen Anzeigepflichten (z. B. richtigen KM-Stand des versicherten Kfz, Art der geplanten Verwendung o. ä.) verletzt, kann der Versicherer den Vertragsschluss ablehnen. Gleiches gilt, wenn er vom Vorvertrag wegen Nichtzahlung der Erstprämie[9] berechtigt zurückgetreten ist.

IV. Kündigung wegen Prämienverzugs oder Schadens

Auch wenn das Vertragsverhältnis wegen Verzugs mit einer Folgeprämie oder wegen eines Schadenfalles berechtigt gekündigt wurde, kann der neuerliche Vertragsschluss abgelehnt werden.

V. Kontrahierungszwang nur für die Kraftfahrzeug-Haftpflicht-Versicherung

Der Kontrahierungszwang des § 5 PflVG gilt nur für die Kraftfahrzeug-Haftpflicht-Versicherung[10], da nur insoweit ein Interesse an der Versicherungspflicht besteht, um dem Opferschutzgedanken Rechnung zu tragen. Die Sparten Teil- oder Vollkasko-Versicherung[11], Fahrerschutz- und Insassenunfallversicherung sind zwar an den Kraftfahrzeug-Haftpflicht-Vertrag gekoppelt, es besteht aber keine Verpflichtung des Versicherers, eine solche Kombination anzubieten[12]. Ein Rücktritt von der vorläufigen De-

---

8 OLG Koblenz v. 28.3.8010 U 43/79, VersR 1981, 247.
9 BGH v. 09.07.1986 – IV A ZR 5/85.
10 OLG Hamm v. 23.1.1987 – 20 U 240/86.
11 OLG Karlsruhe v. 28.08.2009 – 12 U 90/09.
12 AG Köln v. 13.11.1981 – 111 C 201/81, wobei die Begründung heute gegen das AGG verstößt.

§ 5 PflVG (Kontrahierungszwang)

ckung wegen der Nationalität des Versicherungsnehmers ist nichtig[13]. D. h. der Versicherer kann auf den Antrag des Versicherungsnehmers ein modifiziertes Angebot nur für die Kraftfahrzeug-Haftpflicht-Versicherung zu den Mindestversicherungssummen anbieten, ohne gegen seine Pflichten aus § 5 PflVG zu verstoßen. In diesem Fall endet auch die bis dahin ggf. gewährte vorläufige Deckung in der Fahrzeugversicherung, wenn der Vertrag nur noch über die Kraftfahrzeug-Haftpflicht-Versicherung zustande kommt[14].

Wird ein Vertragsschluss zu Unrecht abgelehnt[15], gilt der Vertrag als zustande gekommen, eine Feststellungsklage, dass der Vertrag zustande gekommen ist, ist wegen fehlendem Rechtsschutzbedürfnis nicht zulässig. Eine Bestätigung über vorläufigen Versicherungsschutz ist auch ohne Vorlage bei der Zulassungsstelle wirksam[16].

C. Ende des Vertrages

10 Der Versicherungsvertrag endet gem. Abs. 5 automatisch nach Ablauf eines Jahres seit Vertragsbeginn, wenn der Vertrag an einem Monatsersten begonnen hat. Wurde der Vertrag zu einem anderen Zeitpunkt geschlossen, endet der Vertrag nach einem Jahr an dem Monatsersten des Folgemonates. Eine automatische Verlängerung des Vertrags ist vorgesehen.

In den Muster-AKB des GdV ist eine Kalenderjahres-Vertragslaufzeit vorgesehen, so dass ein unterjährig beginnender Vertrag nur bis zum 31.12. dieses Jahres läuft und sich sodann automatisch verlängert.

Es können auch andere Vertragslaufzeiten vereinbart werden. Als Kündigungszeitpunkt ist nach § 5 nur die Kündigung zum Ablauf des Kalenderjahres vorgesehen.

D. Aushändigung der Versicherungsbestätigung

11 Der Versicherungsnehmer erhält eine Versicherungsbestätigung mit dem Abschluss des Vertrages. Die Aushändigung kann von der Prämienzahlung abhängig gemacht werden. Eine solche Verknüpfung ist in aller Regel nur bei den Versicherungskennzeichen gegeben, dort wird das Kennzeichen nur gegen die Prämienzahlung ausgegeben, so dass ein Prämienverzug per se nicht möglich ist.

E. Bescheinigung über die Vertragsdauer

12 Bei Beendigung des Vertrags muss der Versicherer gem. § 5 Abs. 7 dem Versicherungsnehmer eine Bescheinigung über den Vertragsverlauf, Anzahl der Jahre, SFR und Anzahl der Schäden erteilen. Es sind nur diejenigen Schäden anzuführen, für die eine Rückstellung gebildet und Schadenzahlungen erbracht wurden. Wurde die Rückstel-

---

13 LG Berlin, Beschluss v. 31.05.1989 – 17 T 2/89.
14 OLG Saarbrücken v. 22.03.2000 – 5 U 818/99–53.
15 LG Berlin, Beschluss v. 31.05.1989 – 17 T 2/89.
16 OLG Hamm v. 10.11.1982 20 U 87/82.

lung ohne Schadenzahlung aufgelöst, ist dieses innerhalb eines Zeitraumes von drei Jahren ebenfalls zu bescheinigen. Ein schadenfreier Verlauf kann nur dann bestätigt werden, wenn keinerlei Rückstellungen für Schäden und keinerlei Schadenzahlungen während der Vertragsdauer erfolgten[17]. Werden allerdings Rückstellungen gebildet und Schadenersatzleistungen aufgrund pflichtgemäß ausgeübtem Ermessen erbracht, besteht kein Anspruch auf Rücknahme der Rückstufung im Schadenfreiheitsrabatt[18].

Bietet ein Versicherer Sondervereinbarungen für die Einstufung des Schadensfreiheitsrabatts an, müssen diese nicht vom Nachversicherer übernommen werden[19].

F. Versicherung im Dienstleistungsverkehr

Bei Abschluss einer Versicherung ohne Sitz im Inland muss vom Versicherungsunternehmen ein Dienstleister im Inland benannt werden und dessen ladungsfähige Anschrift mitgeteilt werden. 13

§ 6 (Strafvorschrift)

(1) Wer ein Fahrzeug auf öffentlichen Wegen oder Plätzen gebraucht oder den Gebrauch gestattet, obwohl für das Fahrzeug der nach § 1 erforderliche Haftpflichtversicherungsvertrag nicht oder nicht mehr besteht, wird mit Freiheitsstrafe bis zu einem Jahr oder mit Geldstrafe bestraft.

(2) Handelt der Täter fahrlässig, so ist die Strafe Freiheitsstrafe bis zu sechs Monaten oder Geldstrafe bis zu einhundertachtzig Tagessätzen.

(3) Ist die Tat vorsätzlich begangen worden, so kann das Fahrzeug eingezogen werden, wenn es dem Täter oder Teilnehmer zur Zeit der Entscheidung gehört.

Übersicht	Rdn.
A. Allgemeines	1
B. Regelungsgehalt	2
I. Objektiver Tatbestand	2
1. § 6 PflVG ist ein eigenhändiges Delikt	2
2. Fahrzeug	3
a) Definition	3
b) Taugliches Tatwerkzeug	4
c) Pedelecs und Elektroräder als Sonderfall	5
d) Abschleppen und Anschleppen als Sonderfall	6
3. Öffentliche Wege und Plätze	7
4. Der nach § 1 erforderliche Haftpflichtversicherungsvertrag besteht nicht oder nicht mehr	9

---

17 OLG Karlsruhe v. 28.08.2009 – 12 U 90/09; LG Köln v. 26.03.2008 – 20 S 64/07; AG Köln v. 06.07.2007 – 261 C 555/05; AG Köln v. 07.11.2006 – 261 C 554/05.
18 OMBUDSMANN, Urteil v. 21.08.2003 – 6740/2003.
19 AG Lippstadt v. 03.12.1999 – 26 C 429/99.

§ 6 PflVG (Strafvorschrift)

	Rdn.
a) Definition	9
b) Zwei Grundsatzentscheidungen des BGH	10
c) Kündigung, Rücktritt, Anfechtung oder sonstige Beendigungsgründe für den Versicherungsvertrages, insbesondere Nichtzahlung der Erst- bzw. Folgeprämie	11
d) Revision gegen Urteile der Instanzgerichte bei Beendigung des Versicherungsvertrages	13
e) Das »Frisieren« von Zweirädern	14
f) Die Vorläufige Deckungszusage	15
g) Rote Kennzeichen	16
h) Unberechtigte Weitergabe des Kurzkennzeichens	17
i) Mitsichführen eines nichtversicherten Anhängers	18
5. Tathandlungen	19
a) Gebrauchen	21
b) Gestatten des Gebrauchs	23
II. Subjektiver Tatbestand	25
1. Vorsatz	25
2. Irrtümer	26
3. Fahrlässigkeit	28
III. Sonstiges	30
1. Versuch	30
2. Täterschaft und Teilnahme	31
3. Konkurrenzen	32
4. Straferwartung	35
5. Führerscheinentzug/Fahrverbot	36
C. Einziehung des Fahrzeugs	37
D. Weitere praktische Hinweise	38
I. Schwerwiegende Zuwiderhandlung	38
II. Einstellung aus Opportunitätsgründen	39
III. Verteidigung von Jugendlichen und Heranwachsenden	40
IV. Fahreignungsregister	41

A. Allgemeines

1 Das Pflichtversicherungsgesetz stellt Verstöße gegen die Kraftfahrzeugversicherungspflicht unter Strafe, zunächst in § 5 PflVG, später mit dem noch jetzt gültigen § 6 PflVG. »Schutzzweck der Vorschrift ist (dabei) die Garantie des vollständigen wirtschaftlichen Schutzes der Teilnehmer am öffentlichen Verkehr, damit nicht nach einem Verkehrsunfall ein Unfallopfer aufgrund wirtschaftlicher Leistungsunfähigkeit des Halters oder Fahrers eines Kfz ohne Versicherungsschutz bleibt.«[1] Einerseits ist damit bei der Prüfung der Strafbarkeit des Täters/der Täterin die Klärung einer Vielzahl von zivilrechtlichen bzw. versicherungsrechtlichen Fragen verbunden.[2]

---

1 Ludovisy/Eggert/*Burhoff* Praxis des Straßenverkehrsrechts, Teil 6 Rn. 545.
2 *Heinzlmeier* NZV 2006, 225.

(Strafvorschrift) § 6 PflVG

Andererseits ist nicht jede Störungen des Kraftfahrzeughaftpflichtvertragsverhältnisses strafbar, denn es ist auf das Bestehen des Versicherungsvertrages und nicht auf das Bestehen von Versicherungsschutz abzustellen; z. B. gilt, dass Obliegenheitsverletzungen des Versicherungsnehmers, die bei bestehendem Kraftfahrzeughaftpflichtversicherungsvertrag ihm gegenüber, aber nicht gegenüber dem Geschädigten zur Leistungsfreiheit führen, nicht bestraft werden.[3]

B. Regelungsgehalt

I. Objektiver Tatbestand

1. § 6 PflVG ist ein eigenhändiges Delikt

»Wer« ein Kraftfahrzeug gebraucht bzw. den Gebrauch gestattet, soll bestraft werden. Damit gilt, dass bzgl. des Fahrers § 6 PflVG ein eigenhändiges Delikt[4] ist, der Beifahrer kann nur Teilnehmer, also nur Anstifter oder Gehilfe sein.[5] Allerdings kann durch »Gestatten des Gebrauchs« ein Dritter, der nicht Fahrer ist, wiederum Täter sein.[6] 2

2. Fahrzeug

a) Definition

Fahrzeuge im Sinne der Vorschrift sind Kraftfahrzeuge und Anhänger, die nicht an Schienen gebunden sind und durch Maschinenkraft bewegt werden, so dass von § 6 PflVG grundsätzlich alle klassischen und auch neuartigen oder auch skurrilen Motorfahrzeuge erfasst sind.[7] So hat z. B. das *OLG Dresden*[8] entschieden, dass ein Pocketbike kein versicherungsfreies motorbetriebenes Spielzeug darstelle, da es nach seiner bauartbedingten Bestimmung zur Personenbeförderung diene und damit ist es Kraftfahrzeug im Sinne des Pflichtversicherungsgesetz. Auch wird auf den etwas skurrilen, aber zu Recht als tatbestandsmäßig anerkannten Fall verwiesen, in dem ein Fahrradfahrer 3

---

3 Hentschel/König/*Dauer*, vor § 23 FZV Rn. 16; *Schwab* in Staudinger/Halm/Wendt Fachanwaltskommentar Versicherungsrecht, § 6 PflVG Rn. 2; Ludovisy/Eggert/*Burhoff* Praxis des Straßenverkehrsrechts, Teil 6 Rn. 555; *Ferner*/Bachmeier/Müller Fachanwaltskommentar Verkehrsrecht, § 6 PflVG Rn. 5, *Lampe* in Erbs/Kohlhaas Strafrechtliche Nebengesetze, § 6 PflVG Rn. 7; *Sandherr* in Haus/Krumm/Quarch Gesamtes Verkehrsrecht, § 6 PflVG Rn. 9.
4 Vgl. zum eigenhändigen bzw. arbeitsteiligen Führen Hentschel/*König*/Dauer, § 316 StGB Rn. 3, 5.
5 Vgl. unten Rdn. 22.
6 Vgl. unten Rdn. 23.
7 Wegen weiterer Details vgl. Kommentierung zu § 1 PflVG, Rdn. 12 ff. mit einer Vielzahl von Einzelfallbeispielen.
8 *OLG Dresden*, Beschl. v. 11.09.2013 – 2 OLG 21 Ss 652/13, JurionRS 2013, 44036 = NJW 2014, 484 = NStZ-RR 2013, 356.

§ 6 PflVG (Strafvorschrift)

sich nicht allein mittels Muskelkraft, sondern mittels eines auf den Rücken geschnallten Gleitschirmpropellermotors selbstständig fortbewegte.[9]

b) Taugliches Tatwerkzeug

4 Nicht jedes mit Maschinenkraft betriebene Fahrzeug kann taugliches Tatwerkzeug des § 6 PflVG sein, nur für Fahrzeuge, für die eine Versicherungspflicht normiert ist, besteht auch eine Strafandrohung.[10] Mithin sind die Ausnahmen nach § 2 PflVG zu beachten, insbesondere die Nr. 6 für max. 6 km/h langsam fahrende Fahrzeuge. Allerdings kann sich jemand, der ein Fahrzeug führt, welches eigentlich versicherungsfrei ist, doch nach § 6 PflVG strafbar machen, z. B. wenn er bauliche oder technische Veränderungen an dem versicherungsfreien Fahrzeug vornimmt.[11] Davon zu unterscheiden ist jedoch unbedingt der (straffreie) Fall des »Frisierens« eines dem Grunde nach versicherten Fahrzeugs.[12]

c) Pedelecs und Elektroräder als Sonderfall[13]

5 Bei der Frage einer möglichen Strafbarkeit ist zunächst sorgfältig zu ermitteln, welche Art von Zweirad geführt wurde, denn es gibt eine Vielzahl von Zweirädern mit verschiedensten Formen des unterstützten Fahrens.[14] Elektroräder mit eigenem tretunabhängigem Antrieb mit über 6 km/h sind immer Kraftfahrzeuge[15], denn diese bewegen sich selbstständig mit Motorkraft. Davon zu unterscheiden sind Pedelecs, bei denen der Elektroantrieb nur als Anfahr- oder/und Trethilfe dient. Pedelecs mit Hilfsantrieb bis zu einer Geschwindigkeit von 25 km/h, unabhängig von einer Anfahrhilfe sind keine Fahrzeuge im Sinne des Gesetzes,[16] da der Elektromotor nur eine unterstützende Wirkung als Trethilfe hat. Die schnelleren Pedelecs mit bis zu 45 km/h sind immer Kraftfahrzeuge[17], so Rechtsprechung und Literatur bisher.

Mit § 1 Abs. 3 StVG hat der Gesetzgeber seit 2013 eine neue Regelung für *Landfahrzeuge, die durch Muskelkraft fortbewegt werden und mit elektromotorischem Hilfsantrieb ausgestattet sind*, eingeführt. Eine ausdrückliche gesetzgeberische Regelung für das Pflichtversicherungsgesetz unterblieb allerdings,[18] damit muss der Betrieb eines Fahrzeugs nach § 1 Abs. 3 StVG nicht zwingend die Strafbarkeit nach § 6 PflVG ausschließen.[19]

---

9 *OLG Oldenburg*, Urt. v. 03.05.1999 – 1 Ss 105/99, DAR 2000, 373 ff. = NZV 2000, 384 mit Anmerkung = NStZ-RR 1999, 377 = zfs 1999, 357.
10 Vgl. *Burhoff* VA 2005, 53 ff. Nr. 3.
11 *Heinzlmann* NZV 2006, 225; vgl. *Grams* NZV 1994, 172 ff. für motorisierte Skateboards.
12 Siehe unten Rn. 14.
13 Vgl. Kommentierung zu § 1 PflVG Rdn. 21 ff.
14 Vgl. Aufzählung bei *Jaeger* zfs 2011, 663; Überblick bei *Huppertz* DAR 2013, 488 ff.
15 *Jaeger* zfs 2011, 663, (664).
16 Vgl. allerdings zu § 24a StVG *OLG Hamm*, Beschl. v. 28.02.2013 – 4 RBs 47/13, JurionRS 2013, 46453 = DAR 2013, 712 mit Anm. *Schäpe*; *Jaeger* zfs 2011, 663, (665).
17 Vgl. *Jaeger* zfs 2011, 663, (665).
18 Vgl. Kommentierung zu § 1 PflVG Rdn. 24.
19 Vgl. Kommentierung zu § 1 PflVG Rdn. 25 ff.

Wenn bisher ein motorbetriebenes Skateboard[20], ein Herrenfahrrad mit Propellerantrieb[21] oder ein Poketbike[22], die bei selbstständigem Motorantrieb mehr als 6 km/h schnell fahren, die Strafbarkeit nach § 6 PflVG auslösen, dann muss dieses konsequenterweise auch auf Pedelecs und Elekroräder übertragen werden. Auch die Rechtsprechung zum Tatbestandsmerkmal »Gebrauchen« stellt regelmäßig, wenn auch im Einzelfall nicht immer konsequent und schlüssig, auf den bestimmungsgemäßen Gebrauch der Antriebskräfte ab.[23] Ein Moped/Mofa ist von seiner Konstruktion her ein selbstständig fahrendes motorbetriebene Fahrzeug, was ein Pendelec mit einer bloßen Tretunterstützung gerade nicht ist, ein Elektrofahrrad mit selbstständiger Bewegung durch Motorkraft wiederum doch.

Nach diesseitiger Auffassung kommt es bei der Prüfung der Strafbarkeit des Gebrauchs bzw. des Gestatten des Gebrauchs eines Zweirades mit unterstütztem Fahren auf die Selbstständigkeit des motorbetriebenen Fahrens in Abgrenzung zur bloßen Tretunterstützung an.

Bei diesen neuen Formen des unterstützten Fahrens ist von der Verteidigung, so wie bei ungewöhnlichen Fahrzeugen immer, insbesondere auf mögliche Irrtümer nach §§ 16, 17 StGB zu achten.[24]

d) Abschleppen und Anschleppen als Sonderfall

Abschleppen ist das Ziehen von betriebsunfähigen Fahrzeugen, Anschleppen ist das Ziehen von Fahrzeugen zum Zweck der Inbetriebnahme.[25] Solche ab- bzw. angeschleppten Fahrzeuge sind von der Versicherungspflicht nicht erfasst.[26] Bezüglich einer Straffreiheit von § 6 PflVG beim Abschleppen und Anschleppen gilt jedoch, dass das Ziehen der Fahrzeuge auch nur zu diesen Zwecken erfolgen darf, also Notbehelfsmaßnahmen wie z. B. Schleppen in die Werkstatt usw.[27] Dabei ist auf den konkreten Zweck und das Ziel der Abschleppmaßnahme und nicht auf die Entfernung oder auf den Ort, von wo abgeschleppt wird, abzustellen.[28] Alle zweckwidrigen Ab- und Anschleppmaßnahmen sind damit strafbar.

6

---

20 Grams NZV 1994, 172 (175).
21 *OLG Oldenburg*, Urt. v. 03.05.1999 – 1 Ss 105/99, DAR 2000, 373 ff. = NZV 2000, 384 mit Anmerkung = NStZ-RR 1999, 377 = zfs 1999, 357.
22 *OLG Dresden*, Beschl. v. 11.09.2013 – 2 OLG 21 Ss 652/13, JurionRS 2013, 44036 = NJW 2014, 484 = NStZ-RR 2013, 356.
23 Vgl. unten Rn. 21.
24 Vgl unten Rn. 26, 27.
25 Ludovisy/Eggert/*Burhoff* Praxis des Straßenverkehrsrechts, Teil 6 Rn. 550.
26 *Heinzlmann* NZV 2006, 225, (226).
27 *Lampe* in Erbs/Kohlhaas, Strafrechtliche Nebengesetze, § 1 PflVG Rn. 9, 10 mit vielen Einzelfallbeispielen aus der Rspr.; *Burhoff* VA 2005, 53 ff. Nr. 5; Ludovisy/Eggert/*Burhoff* Praxis des Straßenverkehrsrechts, Teil 6 Rn. 550.
28 Vgl. dazu ausführlich *Lampe* in Erbs/Kohlhaas Strafrechtliche Nebengesetze, § 1 PflVG Rn. 9 m.w.N.

3. Öffentliche Wege und Plätze

7 Dabei gilt die allgemeine Definition von öffentlichem Verkehrsraum und nicht ein von den Eigentumsverhältnissen bzw. der öffentlich-rechtlichen Widmung geprägter Begriff, sondern es kommt auf die konkrete Ausgestaltung der Nutzung an.[29]

8 Der BGH[30] definiert wie folgt: »Vom öffentlichen Verkehrsraum erfasst werden zum einen alle Verkehrsflächen, die nach dem Wegerecht des Bundes und der Länder oder der Kommunen dem allgemeinen Verkehr gewidmet sind (z. B. Straßen, Plätze, Brücken, Fußwege). Ein Verkehrsraum ist darüber hinaus auch dann öffentlich, wenn er ohne Rücksicht auf seine Widmung und ungeachtet der Eigentumsverhältnisse entweder ausdrücklich oder mit stillschweigender Duldung des Verfügungsberechtigten für jedermann oder aber zumindest für eine allgemein bestimmte größere Personengruppe zu Benutzung zugelassen ist und auch tatsächlich genutzt wird. Für die Frage, ob eine Duldung des Verfügungsberechtigten vorliegt, ist nicht auf dessen inneren Willen, sondern auf die für etwaige Besucher erkennbaren äußeren Umstände (Zufahrtssperren, Schranken, Ketten, Verbotsschilder etc.) abzustellen. Die Zugehörigkeit einer Fläche zum öffentlichen Verkehrsraum endet mit einer eindeutigen, äußerlich manifestierten Handlung des Verfügungsberechtigten, die unmissverständlich erkennbar macht, dass ein öffentlicher Verkehr nicht (mehr) geduldet wird.«

4. Der nach § 1 erforderliche Haftpflichtversicherungsvertrag besteht nicht oder nicht mehr

a) Definition

9 Dieses Tatbestandsmerkmal ist erfüllt, bei Gebrauch bzw. Gestattung ohne zivilrechtlichen wirksamen Haftpflichtversicherungsvertrag,[31] was bedeutet, dass in der Rechtsprechung allein darauf abgestellt wird, ob formell ein Versicherungsvertrag besteht.[32] Diesem Grundsatz konsequent folgend gilt, dass bloße Obliegenheitsverletzung im Rahmen eines bestehenden Vertragsverhältnisses, die den Bestand des Versicherungsvertrages nicht beeinträchtigen, gerade nicht die Strafbarkeit von § 6 Pflichtversicherungsgesetz begründen.[33]

---

29 Vgl. *Burhoff* VA 2005, 53 ff. Nr. 6.
30 *BGH*, Beschl. v. 30.01.2013 – 4 StR 527/12, Blutalkohol 2013, 184 = NZV 2013, 508 = NStZ 2013, 530,531 = VA 2013, 82 = VRR 2013, 148, Bespr. v. *Deutscher*, zfs 2013, 528.
31 *BGH*, Urt. v. 03.11.1983 – 4 StR 80/83, BGHSt 32, 152,156 f. = DAR 1984, 291 = MDR 1984, 247 = NJW 1984, 877; *BGH*, Urt. v. 16.04.1985 – 4 StR 755/84, BGHSt 33, 172 (174 f.) = DAR 1985, 259 = JR 1985, 690 = JZ 1985, 690 = MDR 1985, 690 = NJW 1985, 439 = NStZ 1985, 415 = StV 1985, 193.
32 *BayObLG*, Urt. v. 21.05.1993 – 1 St RR 19/93, NZV 1993, 449 = VersR 1994, 85.
33 *Lampe* in Erbs/Kohlhaas Strafrechtliche Nebengesetze, § 6 PflVG Rn. 7; *Burhoff* VA 2005, 53 ff. Nr. 10; Ludovisy/Eggert/*Burhoff* Praxis des Straßenverkehrsrechts, Teil 6, Rn. 555.

b) Zwei Grundsatzentscheidungen des BGH

Zwei Grundsatzentscheidungen des BGH bilden den Rahmen für die Prüfung der Tatbestandsmäßigkeit. So fehlt es »am äußeren Tatbestand der Strafvorschrift, sofern im Zeitpunkt der Verwendung des Fahrzeugs im Verkehr ein gültiger, den Erfordernissen des § 1 Pflichtversicherungsgesetz genügender Haftpflichtversicherungsvertrag besteht, eine vorläufige Deckung reicht, auch wenn diese später (Anmerkung: z. B. Infolge Nichteinlösen des Versicherungsscheins) entfällt, denn es besteht keine strafrechtliche Wirkung in die Vergangenheit, wenn nach Ende der Tathandlung die Bedingung eintritt«.[34] Etwas anderes gilt, wenn »ein Fahrzeugführer sein Kfz nach Zugang der Kündigungserklärung (seiner Kfz-Haftpflichtversicherung) im öffentlichen Straßenverkehr (Anmerkung: gebraucht, so führt er es somit, obwohl der erforderliche Haftpflichtversicherungsschutz nicht mehr besteht (auch), wenn der Versicherungsnehmer innerhalb eines Monats nach Zugang der Kündigung die Zahlung nachgeholt und der Versicherungsfall nicht eingetreten ist«.[35]

10

c) Kündigung, Rücktritt, Anfechtung oder sonstige Beendigungsgründe für den Versicherungsvertrages, insbesondere Nichtzahlung der Erst- bzw. Folgeprämie

Für die Praxis hoch relevant sind die Fälle, in denen Kraftfahrzeuge gebraucht bzw. deren Gebrauch gestattet wird, wenn die Versicherung vom Versicherungsvertrag wegen Nichtzahlung der Erstprämie zurückgetreten ist bzw. die Kündigung des Versicherungsvertrages durch den Versicherer bei Nichtzahlung der Folgeprämie erfolgt. Dieses richtet sich nach § 37 VVG für die Erstprämie und nach § 38 VVG für die Folgeprämie.

11

Die Wirksamkeit der Vertragsbeendigung und der Zugang der Kündigungserklärung ist von der Verteidigung vorab unbedingt zu prüfen.[36] Denn sofern der Versicherungsvertrag zum Tatzeitpunkt nicht mehr wegen Kündigung bestand, so muss das Instanzgericht positiv feststellen, dass die Kündigung dem Versicherungsnehmer auch tatsächlich zugegangen ist,[37] eine bloße, selbst behördliche Auskunft reicht nicht aus.[38]

12

---

34 *BGH*, Urt. v. 16.04.1985 – 4 StR 755/84, BGHSt 33, 172 (174, 176) = DAR 1985, 259 = JR 1985, 690 = JZ 1985, 690 = MDR 1985, 690 = NJW 1985, 439 = NStZ 1985, 415 = StV 1985, 193.

35 *BGH*, Urt. v. 03.11.1983 – 4 StR 80/83, BGHSt 32, 152 (155) = DAR 1984, 291 = MDR 1984, 247 = NJW 1984, 877.

36 *Ferner*/Bachmeier/Müller Fachanwaltskommentar Verkehrsrecht, § 6 PflVG Rn. 5.

37 *KG Berlin*, Beschl. v. 26.11.2001 – (3) 1 Ss 185/01, JurionRS 2001, 34059 = ADAJUR Dok.Nr. 47479 = NZV 2002, 200; *KG Berlin*, Beschl. v. 30.05.2007 – (3) 1 Ss 170/07 (72/07), ADAJUR Dok.Nr. 77385 = openJur 2012, 6018 = VRS 113, 364.

38 *KG Berlin*, Beschl. v. 05.06.2000 – (3) 1 Ss 5/00 (31/00), www.iww.de Abrufnummer: 050344.

§ 6 PflVG (Strafvorschrift)

d) Revision gegen Urteile der Instanzgerichte bei Beendigung des Versicherungsvertrages

13 Lücken in den Entscheidungsgründen der Instanzgerichte zu diesem Punkt, führen regelmäßig zum Erfolg einer (Sprung-)Revision mit Aufhebung und Zurückverweisung des Urteils, allein schon mit Erhebung der Sachrüge[39] bzw. der Rüge der Verletzung materiellen Rechts. Denn das Gericht muss sich mit sämtlichen Tatsachen, ob der Versicherungsvertrag aufgelöst wurde, auseinandersetzen.[40]

e) Das »Frisieren« von Zweirädern

14 Da in der Rechtsprechung allein darauf abgestellt wird, ob formell ein Versicherungsvertrag besteht, ist das insbesondere bei jungen Leute, so beliebte »Frisieren« von Zweirädern, um eine höhere Geschwindigkeit zu erzielen, im Regelfall nicht tatbestandsmäßig. Denn aufgrund der vorgenommenen baulichen Veränderungen entfällt der Haftpflichtversicherungsvertrag im Regelfall nicht, sondern es tritt allenfalls eine Gefahrenerhöhung ein, was nur im Innenverhältnis wirkt.[41] Selbst eine vorübergehende Stilllegung aufgrund von baulichen Veränderungen schadet nicht und führt nicht zur Strafbarkeit nach § 6 PflVG.[42]

f) Die Vorläufige Deckungszusage

15 Besteht eine vorläufige Deckungszusage auch für Zulassungsfahrten, so erfüllt eine Fahrt vor Zulassung des Fahrzeugs zu anderen als zu Zulassungszwecken nicht den objektiven Tatbestand, weil hierin lediglich die Obliegenheitsverletzung im Rahmen eines bestehenden Versicherungsverhältnisses zu sehen ist, welches nicht dem Stand des Versicherungsvertrages an sich beeinträchtigt.[43]

g) Rote Kennzeichen

16 Auch der Missbrauch von sog. roten Kennzeichen[44], z. B. um statt einer Probefahrt oder der Überführungsfahrt eine Einkaufsfahrt durchzuführen, führt versicherungsvertraglich gesehen nur zu einer Obliegenheitsverletzung und nicht zur Strafbarkeit nach § 6

---

39 Ausführlich zur Sachrüge in Verkehrsstrafsachen vgl. *Staub* DAR 2013, 422 ff.
40 *Ferner*/Bachmeier/Müller Fachanwaltskommentar Verkehrsrecht, § 6 PflVG Rn. 4.
41 *OLG Bremen*, Beschl. v. 24.05.1982 – Ss 45/82 JurionRS 1982, 15924 = VRS 63, 395; *OLG Köln*, Beschl. v. 16.12.2003 – Ss 508/03, DAR 2004, 283, (284); vgl. auch Hentschel/König/*Dauer* § 26 FZV Rn. 4.
42 *BayObLG*, Urt. v. 21.05.1993 – 1 St RR 19/93, NZV 1993, 449 = VersR 1994, 85.
43 *OLG Celle*, Beschl. v. 08.08.2013 – 31 Ss 20/13, NJW 2013, 3319 (3320) = VRS 125, 51 (54) = NStZ-RR 2013, 357 = NZV 2013, 562 (563) = VerkMitt 2013, Nr. 72 = VRR 2013, 427, bespr. v. *Deutscher*.
44 Bei roten Kennzeichen meint man in der Regel Händlerkennzeichen, weil diese Kennzeichen zur Mehrfachverwendung nur noch an Kraftfahrzeugbetriebe u. ä. ausgegeben werden. Zu unterscheiden davon ist das Kurzkennzeichen, auch Überführungskennzeichen genannt, welches regelmäßig von Privatleuten genutzt wird.

PflVG.[45] Es reicht aus, wenn das Fahrzeug mit dem roten Kennzeichen versehen ist.[46]

h) Unberechtigte Weitergabe des Kurzkennzeichens[47]

Für die Strafbarkeit der Weitergabe eines Kurzkennzeichens ist Voraussetzung, ob bei 17
der unberechtigten Weitergabe eines Kurzkennzeichens Versicherungsschutz für das
unter diesem Kennzeichen geführte Fahrzeug besteht oder der Versicherungsschutz
mit Weitergabe erlischt. Dieses wird von den Zivilgerichten unterschiedlich beurteilt.[48]
Solange keine Entscheidung des BGH zu dieser Rechtsfrage vorliegt, wird diesseitig die
Auffassung vertreten, dass eine Parallele zum Missbrauch des roten Kennzeichens gezogen werden sollte. Damit gilt, dass ein Verstoß gegen den Verwendungszweck nur eine
straflose Obliegenheitsverletzung darstellt.[49] Außerdem kann die Verteidigung bei dieser ungeklärten versicherungsrechtlichen Frage sehr gut mit mangelnder Schuld bzw.
mit dem Bestehen eines Irrtums argumentieren und damit auf eine Einstellung des
Strafverfahrens aus Opportunitätsgründen hinwirken.

i) Mitsichführen eines nichtversicherten Anhängers

Umstritten ist, ob das Mitsichführen eines unversicherten, aber grundsätzlich versiche- 18
rungspflichtigen Anhängers strafbar ist. Einerseits wird vertreten, dass das Mitsichführen eines unversicherten versicherungspflichtigen Anhängers strafbar sei, auch wenn
sich auf ihm keine Personen befinden und das Zugfahrzeug versichert sei; Straffreiheit
bestehe nur, wenn der Anhänger, auf dem sich keine Personen befinden, grundsätzlich
versicherungsfrei sei.[50] Andererseits wird vertreten, dass das Mitsichführen eines unversicherten Anhängers nie strafbar sei, denn dieser sei über das Zugfahrzeug mitversichert.[51]

Diesseitig wird dieser zweiten Auffassung gefolgt, denn dem Schutzzweck der Strafvorschrift zum Schutz von Verkehrsopfern ist durch die Mitversicherung genüge getan.

---

45 *OLG Hamm*, Beschl. v. 18.12.2006 – 2 Ss 533/06, NStZ-RR 2007, 185 = StraFO 2007, 172 f. = NZV 2007, 375 f. = NJW 2007, 2133 = VRS 112, 294 = zfs 2007, 352; Hentschel/König/*Dauer*, vor § 23 FZV Rn. 16.
46 *BayObLG* Beschl. v. 07.11.2002 – 1St RR 109/02, DAR 2003, 81 = NStZ-RR 2003, 93 = NZV 2003, 147 = VersR 2003, 479 = VRS 104, 377 = zfs 2003, 258.
47 Das Kurzkennzeichen, auch Überführungskennzeichen genannt, wird regelmäßig von Privatleuten genutzt, z. B. um neu erworbene Fahrzeuge zu überführen. Davon zu unterscheiden ist das roten Kennzeichen bzw. Händlerkennzeichen.
48 Das *OLG Stuttgart*, Urt. v. 22.10.2014 – 3 U 36/14, JurionRS 2014, 25756 = ADAJUR Dok.Nr. 106219 sieht darin ein Erlöschen des Versicherungsschutzes, *OLG Hamm*, Urt. v. 7.12.2012 – I 9 U 117/12, NJW 2013, 1248 f. = ADAJUR Dok.Nr. 101488 und *LG Nürnberg-Fürth*, Urt. v. 14.03.2012 – 8 S 6486/11, r+s 2013, 372 bejahen das Bestehen von Versicherungsschutz.
49 Vgl. *Sandherr* in Haus/Krumm/Quarch Gesamtes Verkehrsrecht, § 6 PflVG Rn. 7.
50 Hentschel/König/*Dauer*, vor § 23 FZV Rn. 16 mit Hinweis auf BayObLG.
51 *Schwab* in Staudinger/Halm/Wendt Fachanwaltskommentar Versicherungsrecht, § 6 PflVG Rn. 9.

§ 6 PflVG (Strafvorschrift)

Das Regressinteresse des Versicherers des Zugfahrzeugs ist nicht vom Schutzzweck der Norm umfasst.

5. Tathandlungen

19 Mit den Tathandlungen des Gebrauchens bzw. Gestatten des Gebrauchs werden von der Rspr. nicht nur die klassischen Fälle des Führens eines Fahrzeugs bzw. der Betrieb des Fahrzeugs umfasst, sondern sämtliches bestimmungsgemäßes Benutzen eines Fahrzeugs zum Zwecke der Fortbewegung. Begründet wird dieses mit dem Schutzzweck des § 6 PflVG, der typische Schadenrisiken eines Fahrzeugs erfassen will.[52]

20 Wahlfeststellung zwischen den beiden Tathandlungen Gebrauchen bzw. Gestatten des Gebrauchs ist möglich.[53]

a) Gebrauchen

21 Gebrauchen ist sämtliches bestimmungsgemäßes Benutzen eines Fahrzeugs zum Zwecke der Fortbewegung.[54] Von der Rechtsprechung als tatbestandsmäßig anerkannt worden sind, das Bewegen eines Motorrades im Leerlauf,[55] die Fortbewegen eines Kfz durch Betätigen des Anlassers,[56] das Fortbewegen durch Treten eines Mopeds,[57] Rollenlassen eines Mopeds auf einer Gefällestrecke durch Ausnutzen der Schwerkraft[58] und das Ziehenlassen auf einem defekten Motorrad durch ein nebenherfahrendes Motorrad.[59]

Aber nicht als Gebrauchen anerkannt ist, das Abstoßen eines Mofas mit den Füßen vom Boden[60] und nicht das Ziehen des Fahrzeugs durch Menschen oder Tiere,[61] da nicht die bestimmungsgemäßen Antriebskräfte des Fahrzeugs eingesetzt werden.[62]

---

52 Ludovisy/Eggert/*Burhoff* Praxis des Straßenverkehrsrechts, Teil 6 Rn. 556; *Heinzlmeier* NZV 2006, 225, 231; *Burhoff* VA 2005, 53 ff. Nr. 13; *Lampe* in Erbs/Kohlhaas Strafrechtliche Nebengesetze, § 6 PflVG Rn. 9.
53 *Sandherr* in Haus/Krumm/Quarch Gesamtes Verkehrsrecht, § 6 PflVG Rn. 26 m. w. N.
54 *BGH*, Urt. v. 17.10.1957 – 4 StR 523/57, BGHSt 11, 47 (50) = DAR 1958, 75 = NJW 1958, 151.
55 BGH, Urt. v. 27.11.1957 – 2 StR 426/57, BGHSt 11, 44 ff. = DAR 1958, 74 = NJW 1958, 152.
56 *BayObLG*, Beschl. v. 25.02.1980 – 1 Ob OWi 592/79, DAR 1981, 241 bei *Rüth*.
57 *KG Berlin*, Urt. v. 06.09.1973, VRS 45, 475.
58 *OLG Düsseldorf*, Beschl. v. 18.04.1983 – 5 Ss 87/83 – 73/83 I, DAR 1983, 301; *BayObLG*, Urt. v. 09.08.1984 – RReg. 2 St 154/84, V RS 67, 373.
59 *OLG Düsseldorf*, Urt. v. 26.11.1979 – 2 Ss 541/79 – 45/79 V, VRS 59, 58 (59); denn dieses stellt keinen Fall des Abschleppens dar, da es an der dafür notwendigen festen Verbindung zwischen den Fahrzeugen fehlt.
60 *OLG Düsseldorf*, Urt. v. 29.09.1981 – 2 Ss 426/81 – 219/81 II, VRS 62, 193 (194); denn von dieser Art der Fortbewegung geht keine größere Verkehrsgefahr aus, als von einem Fahrrad.
61 *KG Berlin*, Beschl. v. 31.01.1984 – 5 Ss 315/83 – 1/84, VRS 67, 154 f.
62 *Lampe* in Erbs/Kohlhaas Strafrechtliche Nebengesetze, § 6 PflVG Rn. 10.

(Strafvorschrift) § 6 PflVG

Da die Rechtsprechung auf die Benutzung zur Fortbewegung abstellt, führen Tätigkeiten, wie z. B. das Ladegeschäft oder das Auslaufen von Betriebsstoffen, die aus haftungsrechtlichen Gründen zum Betrieb des Fahrzeugs gerechnet werden,[63] nicht zur Strafbarkeit nach § 6 PflVG.[64]

Täter beim Gebrauch kann nur der Fahrer sein, nicht der Mitfahrer; der kann aber Gehilfe gemäß § 27 StGB oder Anstifter gemäß § 26 StGB sein.[65] 22

b) Gestatten des Gebrauchs

Gestatten des Gebrauchs bedeutet zunächst, vorsätzliches Anordnen bzw. Zulassen im Sinne des § 21 StVG. Die Abgrenzung des Tatbestandsmerkmals zum straflosen Verhalten erfolgt dabei negativ. Das heißt, ein bloßes Ermöglichen des Gebrauchs – anders als bei dem »Anordnen« oder »Zulassen« in § 21 StVG und § 31 Abs. 2 StVZO[66] – ohne weiteres Zutun ist nicht als Gestatten tatbestandsmäßig, denn zusätzliche Voraussetzung ist zumindest eine konkludente Willenserklärung oder ein schlüssiges Verhalten des Gestattenden im Sinne eines stillschweigenden Einverständnisses.[67] Auch bloßes Dulden des Gebrauchens bzw. Ermöglichen des Gebrauchens durch jedweden Dritten ist nicht tatbestandsmäßig, denn Voraussetzung ist, dass der Gestattende gegenüber dem Gebrauchenden eine übergeordnete Sachherrschaft an dem Fahrzeug hat.[68] Damit ist auch nicht tatbestandsmäßig, wenn der Gebrauch auf nicht öffentlichem Grund gestattet war, aber der Fahrzeugführer sich darüber hinwegsetzt.[69] 23

Gestatten, ist allerdings auch fahrlässig möglich,[70] indem der Halter die Nichtversicherung fahrlässig übersieht, aber das Gestatten vorsätzlich erlaubt oder der Halter sich der Nichtversicherung bewusst ist, aber sich fahrlässig so verhält, dass Dritte auf sein Einverständnis zur Nutzung rückschließen. 24

---

63 Statt vieler Hentschel/*König*/Dauer, § 7 StVG Rn. 6.
64 *Schwab* in Staudinger/Halm/Wendt Fachanwaltskommentar Versicherungsrecht, § 6 PflVG Rn. 8.
65 BayObLG, Urt. v. 23.04.1963 – 2 St 649/62, VRS 25, 287 f.; Ludovisy/Eggert/*Burhoff* Praxis des Straßenverkehrsrechts, Teil 6 Rn. 557; *Burhoff* VA 2005, 53 ff. Nr. 14; *Lampe* in Erbs/Kohlhaas Strafrechtliche Nebengesetze, § 6 PflVG Rn. 11.
66 Vgl. *Detter* in Bockemühl, Handbuch des FA Strafrecht 6. Aufl. 2015, 6. Teil 4. Kap. A. Rn. 146.
67 OLG Köln, Beschl. v. 17.10.1986 – Ss 566/86, NJW 1987, 914 = NStZ 1987, 117 = VRS 72, 137.
68 OLG Köln, Beschl. v. 18.06.2013 – III-1 RVs 111/13, JurionRS 2013, 43999 = DAR 2013, 481 = zfs 2013, 712 = NZV 2013, 454; OLG Düsseldorf, Beschl. v. 27.01.2014 – III-3 RVs 4/14, JurionRS 2014, 13643.
69 Hentschel/König/*Dauer*, vor § 23 FZV Rd. 16.
70 OLG Stuttgart, Urt. v. 29.01.1960 – 2Ss 765/59, VRS 19, 213 f.

II. Subjektiver Tatbestand

1. Vorsatz

25 Vorsatz bedeutet, dass der Täter/die Täterin Kenntnis aller Tatumstände hat (Wissenselement) und den Willen zur Tatbestandsverwirklichung hat (Wollenselement).[71] Der Täter/die Täterin muss demnach wissen, dass es sich um ein versicherungspflichtiges Fahrzeug handelt und, dass dieses nicht versichert ist, dabei ist dolus eventualis ausreichend, z. B. bei Diebstahl[72] oder bei Nichtzahlung einer Folgeprämie und Antritt einer längeren Reise.[73]

2. Irrtümer

26 Der Tatbestandsirrtum gemäß § 16 StGB z. B. über die Eigenschaft des Transportmittels als Fahrzeug (hier: propellerbetriebenes Herrenrad) lässt den Tatbestand entfallen,[74] ebenso wie der Irrtum über das Nicht- bzw. Nichtmehrbestehen des Haftpflichtversicherungsvertrages.[75] Nach § 16 Abs. 1 Satz 2 bleibt jedoch die fahrlässige Begehungsweise nach § 6 Abs. 2 PflVG bestehen.

27 Zu unterscheiden davon ist der Verbotsirrtum nach § 17 StGB, der nach Satz 1 zunächst nach der Vermeidbarkeit des Irrtums fragt und im Fall des Verneinens, nach Satz 2 allenfalls zur Strafmilderung führt. Der Täter/die Täterin irren dann nicht über ein Tatbestandsmerkmal, sondern nur über die tatsächlichen Umstände der Tat, z. B. ob ein Weg im rechtlichen Sinne öffentlich ist.[76] Ein Verbotsirrtum über die Versicherungspflicht soll regelmäßig vermeidbar sein,[77] was im Hinblick auf skurrile Fahrzeuge, wie z. B. motorisierte Skateboards[78] oder die unterschiedlichsten Formen von Pedelecs[79] sicherlich Raum für Diskussion und Verteidigung bietet.[80] Insbesondere ist die Einordnung bzw. Abgrenzung der jeweiligen Irrtümer in der Rechtsprechung und der Literatur manchmal unscharf und dogmatisch nicht immer eindeutig.[81]

---

71 *BGH*, Urt. v. 04.11.1988 – 1 StR 262/88, BGHSt 36, 1 (9 f.) = JZ 1989, 496 = MDR 1989, 273 = NJW 1989, 781 = StV 1989, 61.
72 Ludovisy/Eggert/*Burhoff* Praxis des Straßenverkehrsrechts, Teil 6 Rn. 559.
73 *OLG Frankfurt*, Urt. v. 30.04.1968 – 2 Ss 93/68, VRS 35, 396 (397 f.).
74 *OLG Oldenburg*, Urt. v. 03.05.1999 – 1 Ss 105/99, DAR 2000, 373 ff. = NZV 2000, 384 mit Anmerkung = NStZ-RR 1999, 377 = zfs 1999, 357 (propellergetriebenes Herrenrad).
75 *Lampe* in Erbs/Kohlhaas Strafrechtliche Nebengesetze, § 6 PflVG Rn. 15.
76 *BayObLG*, Urt. v. 21.12.1955 – 1 St 870/55, VRS 10, 277 (278).
77 *Lampe* in Erbs/Kohlhaas Strafrechtliche Nebengesetze, § 6 PflVG Rn. 15 mit Hinweis auf *BayObLG*, Urt. v. 22.08.1980 – RReg. 1 St 91/80 bei *Rüth* DAR 1981, 247 = DAR 1980, 375.
78 Vgl. dazu *Grams* NZV 1994, 172 (175).
79 Vgl. *Jaeger* zfs 2011, 663 ff.
80 Vgl. *LG Aachen*, Urt. v. 09.12.2011 – 71 Ns 607Js 784/08–146/11, NZV 2013, 305 f. zur Bejahung der Unvermeidbarkeit eines Verbotsirrtums über das Tatbestandsmerkmal Unfall im Straßenverkehr.
81 Vgl. z. B. zum Streit über das Tatbestandsmerkmal Unfall im Straßenverkehr *Himmelreich/Krumm/Staub* DAR Extra 2014, 744 (746).

3. Fahrlässigkeit

Fahrlässigkeit bedeutet, dass der Täter/die Täterin einen objektiven Sorgfaltspflichtver- 28
stoß begeht und dieser subjektiv vorhersehbar und vermeidbar war.[82] Damit müssen
der Täter/die Täterin sich Gewissheit bezüglich der Versicherung des Fahrzeugs verschaffen, bloßes Vertrauen darauf reicht nicht aus, insbesondere, wenn der Täter/die
Täterin den Versicherungsvertrag für wirksam bestehend halten oder überhaupt nicht
an die Notwendigkeit von Versicherungsschutz denken oder diese in Erwägung ziehen,
aber verneinen[83] oder den Versicherungsschutz für bestehend halten, obwohl Anlass zur
Prüfung besteht.[84]

Allerdings gilt, dass Erwerber eines zugelassenen Kfz, welches mit gültigem amtlichen 29
Kennzeichen versehen ist, darauf vertrauen können, dass das Fahrzeug versichert ist
und handeln nicht fahrlässig,[85] denn das Bestehen von Versicherungsschutz muss
nur aus besonderem Anlass geprüft werden.[86]

III. Sonstiges

1. Versuch

Der Versuch ist nicht strafbar, da § 6 PflVG dieses nicht bestimmt, was gemäß § 23 30
Abs. 1 StGB jedoch erforderlich wäre.

2. Täterschaft und Teilnahme

Der Täter/die Täterin müssen das Fahrzeug selbst führen, das bloße Mitfahren erfüllt 31
nicht den Tatbestand. Allerdings kann eine dritte Person, die den Fahrer unterstützt
oder veranlasst, Gehilfe oder Anstifter sein.[87]

3. Konkurrenzen

Jedes Gebrauchen bzw. Gestatten des Gebrauchs stellt eine neue Straftat dar, die ge- 32
mäß § 53 StGB in Tatmehrheit zueinander stehen. Die Annahme einer Dauerstraftat
oder eines Fortsetzungszusammenhangs oder eine natürliche Handlungseinheit scheidet aus.[88] Bei der Gesamtstrafenbildung gemäß § 54 StGB ist zu beachten, dass bei
wiederholter gleichartiger Begehungsweise dieses Ausdruck einer niedriger werden-

---

82 *Fischer* § 15 Rn. 12a.
83 Ludovisy/Eggert/*Burhoff* Praxis des Straßenverkehrsrechts, Teil 6 Rn. 561.
84 *Lampe* in Erbs/Kohlhaas Strafrechtliche Nebengesetze, § 6 PflVG Rn. 16.
85 *Lampe* in Erbs/Kohlhaas Strafrechtliche Nebengesetze, § 6 PflVG Rn. 17 m. w. N.
86 Hentschel/König/*Dauer*, vor § 23 FZV Rn. 16.
87 *BayObLG*, Urt. v. 23.04.1963 – 2 Ss 649/62, VRS 25, 287 f.; Ludovisy/Eggert/*Burhoff* Praxis des Straßenverkehrsrechts, Teil 6, Rn. 557; *Burhoff* VA 2005, 53 ff. Nr. 14; *Lampe* in Erbs/Kohlhaas Strafrechtliche Nebengesetze, § 6 PflVG Rn. 11.
88 Vgl. *OLG Jena*, Beschl. v. 29.04.2004 – 1 Ss 19/04, VRS 107, 220.

den Hemmschwelle sein kann, was zu einer maßvolle Gesamtstrafenhöhe führen kann.[89]

33 Das Gebrauchen steht mit den sonstigen typischen Verkehrsstraftaten nach §§ 142, 248b, 315 bis 315c, 316 StGB, 21 Abs. 1 Nr. 1 StVG gemäß § 52 StGB in Tateinheit zueinander, da das Führen des Fahrzeugs eine Ausführungshandlung darstellt.[90] Diese Einheit der Ausführungshandlung geht so weit, dass, wenn durch das Führen des Fahrzeuges weitere Gesetzesverstöße begangen werden, diese bei Verurteilung nur wegen der Verkehrsstraftaten wegen Strafklageverbrauch nicht weiterverfolgt werden können.[91] Ein Zurücktreten der Strafbarkeit nach § 6 PflVG hinter andere Straftatbestände dürfte sich wegen der unterschiedlichen Schutzzwecke der jeweiligen Strafnormen verbieten.

34 Zusätzlich könnte auch ein tateinheitlicher Verstoß gegen § 370 Abgabenordnung in Betracht kommen.[92] Allerdings ist der Versicherungsnehmer eines Kraftfahrzeugs nicht verpflichtet, die Finanzbehörde über die Beendigung des Haftpflichtversicherungsvertrages zu unterrichten, denn der Wegfall der Pflichtversicherung ist kein steuerlich bedeutsamer Sachverhalt im Sinne des § 370 AO.[93] Insoweit soll es auch noch zu keiner Verurteilung wegen Kfz-Steuerhinterziehung gekommen sein.[94]

4. Straferwartung

35 Vorsätzliche Tatbegehung nach § 6 Abs. 1 PflVG wird nach § 38 Abs. 2 StGB mit einem Mindestmaß von einem Monat Freiheitsstrafe, die gemäß § 47 Abs. 1 StGB im Regelfall als Geldstrafe nach § 40 StGB verhängt wird, betraft. Fahrlässige Tatbegehung gemäß § 6 Abs. 2 PflVG wird milder bestraft.

5. Führerscheinentzug/Fahrverbot

36 § 6 PflVG ist keine Katalogtat nach § 69a StGB, ist aber eine verkehrsspezifische Anlasstat, so dass ein Entzug der Fahrerlaubnis nach § 69 StGB bei gesonderter Feststellung eines Eignungsmangels durch das Instanzgericht in Betracht kommen kann.[95] Ein Fahrverbot nach § 44 StGB von ein bis drei Monaten als Nebenstrafe kommt ebenfalls in Betracht.[96]

---

89 *BGH*, Beschl. v. 26.09.2002 – 3 StR 278/02, DAR 2003, 292 = NStZ-RR 2003, 9 (10) = StV 2003, 555.
90 *BGH*, Beschl. v. 02.07.2013 – 4 StR 187/13, NStZ-RR 2013, 320 (321).
91 *BGH*, Beschl. v. 02.07.2013 – 4 StR 187/13, NStZ-RR 2013, 320 f.
92 *Sandherr* in Haus/Krumm/Quarch Gesamtes Verkehrsrecht, § 6 PflVG Rn. 37.
93 *OLG Düsseldorf*, Beschl. v. 27.01.2014 – III-3RVs 4/14, JurionRS 2014, 13643.
94 Spatscheck/Friedrich Steuerawaltsmagazin 2007, 162 (167) = http://www.wagner-joos.de/assets/files/Steueranwaltsmagazin/steueranwaltsmagazin05–2007.pdf.
95 *Fischer*, StGB, § 69 Rn. 38; dementgegen verneinend *Jehle/Harrendorf* in Satzger/Schluckebier/Widmaier, § 69 StGB Rn. 23, da keine verkehrs*spezifische* Gefährlichkeit bestehe.
96 *Mosbacher* in Satzger/Schluckebier/Widmaier, § 44 StGB Rn. 12, 14; aber nur ausnahmsweise *Winkler* in Himmelreich/Halm, Handbuch des Fachanwalt Verkehrsrecht, Teil 2 Kap. 33 Rn. 334h.

C. Einziehung des Fahrzeugs

Nach § 6 Abs. 3 PflVG kann das bei der Tat benutzte Fahrzeug eingezogen werden. Voraussetzungen sind jedoch, dass der Täter bzw. der Teilnehmer sich wegen vorsätzlicher Begehungsweise schuldig gemacht haben und, dass das Fahrzeug dem Täter oder Teilnehmer zur Zeit der Entscheidung gehörte. Mit dieser Vorschrift wird auf § 74 StGB und die dazu ergangene Rechtsprechung verwiesen. Ein Großteil aller Fahrzeuge in Deutschland ist mittlerweile finanziert, steht also unter dem Eigentumsvorbehalt des Kreditgebers, oder ist geleast und steht im Eigentum des Leasinggebers. Solche nicht im Eigentum des Täters/Teilnehmers stehenden Fahrzeuge können nach der Rechtsprechung nicht eingezogen werden, da Voraussetzung dafür ist, dass der Täter oder Teilnehmer zum Zeitpunkt der letzten tatrichterlichen Entscheidung Eigentümer des Fahrzeugs war.[97] Allerdings kann die Anwartschaft des Täters/Teilnehmers auf den Erwerb des Fahrzeugs eingezogen werden.[98]

37

Bei der geringen Straferwartung der Abs. 1 und 2 des § 6 PflVG hat die Verteidigung insbesondere auf den in § 74b StGB für den Fall der Einziehung ausdrücklich normierten Grundsatz der Verhältnismäßigkeit hinzuweisen. Allerdings kann eine Einziehung bei konkreter Wiederholungsgefahr geboten sein.[99]

D. Weitere praktische Hinweise

I. Schwerwiegende Zuwiderhandlung

Anlage 12 zu § 34 Fahrerlaubnisverordnung bewertet unter A 1 Straftaten nach § 6 Pflichtversicherungsgesetz als schwerwiegende Zuwiderhandlung mit der Folge, dass gegenüber Inhabern einer Fahrerlaubnis auf Probe nach § 2 Abs. 2 StVG Maßnahmen verhängt werden können.

38

II. Einstellung aus Opportunitätsgründen

Bei der Verteidigung sollte frühzeitig auf einer Einstellung des Strafverfahrens aus Opportunitätsgründen gemäß §§ 153 ff. StPO hingewirkt werden, insbesondere wenn die Straftat nicht im Zusammenhang mit sonstigen schwerwiegenden allgemeinen Straftaten steht.[100]
Sollte jedoch ein Zusammenhang mit sonstigen schwerwiegenden allgemeinen Straftaten bestehen, bietet sich wiederum die Anregung zur Einstellung gemäß §§ 154, 154a StPO an.

39

---

97 *BGH*, Beschl. v. 28.09.1971 – 1 StR 261/71, BGHSt 24, 222 (226f) = DB 1971, 2110 = JZ 1972, 171 = MDR 1972, 63.
98 *BGH*, Urt. v. 27.08.1998 – 4 StR 307/98, NStZ-RR 1999, 11.
99 *Schwab* in Staudinger/Halm/Wendt Fachanwaltskommentar Versicherungsrecht, § 6 PflVG Rn. 12.
100 Eine Einstellung »dränge sich auf«, so das *OLG Oldenburg*, Urt. v. 03.05.1999 – 1 Ss 105/99, DAR 2000, 373 ff. = NZV 2000, 384 mit Anmerkung = NStZ-RR 1999, 377 = zfs 1999, 357 zum propellergetriebenen Herrenrad.

III. Verteidigung von Jugendlichen und Heranwachsenden

40 Bei der Verteidigung von Jugendlichen und Heranwachsenden sollte frühzeitig auf die Möglichkeit der Diversion, z. B. durch Teilnahme an einem Verkehrsentziehungskurs hingewiesen werden. Argumentationshilfe bieten dabei Richtlinien zur Förderung der Diversion im Jugendstrafverfahren,[101] die beinhalten, dass Diversion insbesondere bei Verstößen gegen § 6 PflVG in Betracht komme.

IV. Fahreignungsregister

41 Nach Anlage 13 Nr. 2.3 a. F. zu § 40 Fahrerlaubnisverordnung wurden bis zum 30.04.2014 Verurteilungen nach § 6 PflVG mit 6 Punkten bewertet. Ab dem 01.05. 2014 taucht § 6 PflVG im Bewertungssystem nicht mehr auf.

§ 7 (Verordnungsermächtigung)

Das Bundesministerium für Verkehr, Bau und Stadtentwicklung wird ermächtigt, zur Durchführung des Ersten Abschnitts dieses Gesetzes im Einvernehmen mit dem Bundesministerium der Justiz und dem Bundesministerium für Wirtschaft und Technologie durch Rechtsverordnung mit Zustimmung des Bundesrates Vorschriften zu erlassen über
1. die Form des Versicherungsnachweises;
2. die Prüfung der Versicherungsnachweise durch die Zulassungsstellen;
3. die Erstattung der Anzeige des Versicherungsunternehmens gegenüber der zuständigen Zulassungsbehörde zur Beendigung seiner Haftung nach § 117 Abs. 2 des Versicherungsvertragsgesetzes
4. Maßnahmen der Verkehrsbehörden, durch welche der Gebrauch nicht oder nicht ausreichend versicherter Fahrzeuge im Straßenverkehr verhindert werden soll.

Übersicht Rdn.
A. Allgemeines 1
B. Regelungsgehalt 3
C. Weitere praktische Hinweise 8

A. Allgemeines

1 Es handelt sich um die Ermächtigungsnorm zur Schaffung von verschiedenen Rechtsverordnungen, die der Abwicklung von Schadensfällen dienen. Dies ist notwendig aufgrund der Vorgaben in Art. 3 der 6. KH-Richtlinie[1]. Sie stellen sicher, dass das Verkehrsunfallopfer an die notwendigen Informationen[2] kommt, um einen Schadensersatzanspruch erheben zu können.

---

101 Vgl. z. B. für Nordrhein-Westfalen DiversionsRL Abschnitt 1 1.4 oder für Niedersachsen DivRL-RdErl,Nl Anlage 1 Nr. 21.
1 2009/103/EG.
2 *Feyock*/Jacobsen/Lemor Kraftfahrtversicherung, § 7 PflVG, Rn. 1.

Die Vorschrift gibt den Stand vor dem 22.10.2013 wieder. In der 18. Legislaturperiode 2 wurde das zuständige Ministerium in »Bundesministerium für Verkehr und digitale Infrastruktur« umbenannt. Das gilt ebenso für das heutige »Bundesministerium für Justiz und Verbraucherschutz« sowie das »Bundesministerium für Wirtschaft und Energie«. Eine inhaltliche Änderung in Bezug auf den hiesigen Anwendungsbereich ist damit nicht verbunden.

B. Regelungsgehalt

Die Vorschrift bietet insbesondere die Rechtsgrundlage für die Fahrzeugzulassungsverordnung[3] (FZV). 3

Die Form des Versicherungsnachweises ist in den §§ 23, 24 und 35 FZV geregelt. Nur 4 mit dem Nachweis, dass eine Kfz-Haftpflichtversicherung besteht, ist die Zulassung eines Fahrzeugs möglich, § 3 Abs. 1 Satz 2 FZV.

Bestimmte zulassungsfreie Fahrzeuge erhalten ein Versicherungskennzeichen zum 5 Nachweis der bestehenden Versicherung, §§ 4 Abs. 3; 26 FZV.

Die unter der Nr. 3 aufgeführte Ermächtigung betrifft das Anzeigeverfahren zur Been- 6 digung der Nachhaftung des Versicherers nach § 117 Abs. 2 VVG[4] (§ 3 Nr. 5 PflVG a. F.). Dies wurde in § 25 FZV umgesetzt.

Die Ermächtigung unter der Nr. 4 der Vorschrift wurde durch § 25 Abs. 3 und 4 FZV 7 umgesetzt.

C. Weitere praktische Hinweise

Rechtsprechung unmittelbar zu § 7 PflVG ist – soweit ersichtlich – nicht ergangen. 8 Hinweise auf die Vorschrift beruhen größtenteils auf unsauberem Zitieren durch die Gerichte[5], da es sehr leicht zu einer Verwechslung mit § 7 StVG kommt.

---

3 Verordnung über die Zulassung von Fahrzeugen zum Straßenverkehr (Fahrzeug-Zulassungsverordnung – FZV), vom 03.02.2011 (BGBl. I S. 139), zuletzt geändert durch Artikel 1 der Verordnung vom 30. Oktober 2014 (BGBl. I S. 1666).
4 *Kreuter-Lange* § 117 VVG Rdn. 14 ff.
5 Beispiele: *OLG Hamm* Urt. v. 09.09.2008 – 9 U 73/08, JurionRS 2008, 33333 = NJW-RR 2009, 1031 = OLGR 2009, 425 (Abschleppvorgang); *AG Aachen* Urt. v. 25.01.2007 – 10 C 554/06 (Mietwagen); *AG Essen* Urt. v. 07.02.1997 – 16 C 529/94, JurionRS 1997, 24118 = VersR 1997, 1417 (HWS-Zerrung); *AG Düsseldorf* Urt. v. 21.10.2008 – 40 C 3978/08, JurionRS 2008, 34665 (Mietwagenkosten); *AG Frankfurt/Main* Urt. v. 23.01.2008 – 3B C 525/11 (84) (Gutachterkosten); *AG Lebach* Urt. v. 23.01.2008 – 3B C 489/07 (Sachverständigenkosten); *LG Arnsberg* Urt. v. 30.05.1988 – 5 S 47/88, JurionRS 1988, 20362 (Nutzungsausfall); *LG Bonn* Urt. v. 01.08.2002 – 6 S 408/00, NZV 2002, 504 (Schmerzensgeld); *LG Göttingen* Urt. v. 13.01.2003 – 9 S 69/02 (Fahrstreifenwechsel).

§ 8 (Pflichten der Kfz-Haftpflichtversicherer; Vertreter)

(1) Versicherungsunternehmen, die zum Betrieb der Kraftfahrzeug-Haftpflichtversicherung für Kraftfahrzeuge und Anhänger mit regelmäßigem Standort im Inland befugt sind, sind verpflichtet, die satzungsmäßigen Leistungen und Beiträge an das mit der Durchführung des Abkommens über die internationale Versicherungskarte beauftragte deutsche Versicherungsbüro sowie an den nach § 13 dieses Gesetzes errichteten Entschädigungsfonds oder an eine andere mit der Erfüllung dieser Aufgaben betraute juristische Person und an die nach § 13a errichtete oder anerkannte Entschädigungsstelle zu erbringen. Sie teilen hierzu dem deutschen Versicherungsbüro, dem Entschädigungsfonds und der Entschädigungsstelle bezüglich der von ihnen in der Bundesrepublik Deutschland nach diesem Gesetz getätigten Kraftfahrzeug-Haftpflichtversicherungen die gebuchten Prämienbeträge oder die Anzahl der versicherten Risiken mit.

(2) Versicherungsunternehmen, die im Dienstleistungsverkehr die Kraftfahrzeug-Haftpflichtversicherung für Kraftfahrzeuge und Anhänger mit regelmäßigem Standort im Inland betreiben, sind verpflichtet, einen im Inland ansässigen oder niedergelassenen Vertreter zu bestellen, der den Anforderungen nach § 13c des Versicherungsaufsichtsgesetzes zu genügen hat. Ansprüche aus Kraftfahrzeug-Haftpflichtfällen gegen das Versicherungsunternehmen können auch gegen den nach Satz 1 bestellten Vertreter gerichtlich und außergerichtlich mit Wirkung für und gegen das Versicherungsunternehmen geltend gemacht werden. Der nach Satz 1 bestellte Vertreter ist auch verpflichtet, Auskunft über das Bestehen oder die Gültigkeit von diesem Gesetz unterliegenden Haftpflichtversicherungsverträgen bei dem Versicherungsunternehmen zu erteilen.

Übersicht	Rdn.
A. Allgemeines	1
B. Regelungsgehalt	2
I. Beitragspflicht	2
II. Mitteilungspflicht	3
III. Schadenregulierungsvertreter (Abs. 2)	4
1. Bestellung und Befugnisse	4
2. Direktanspruch	5
3. Auskunftspflicht	6

A. Allgemeines

1 Der bis zum 28.7.1994 geltende zweite Abschnitt des PflVG »Tarife in der Kraftfahrzeug-Haftpflichtversicherung« war wegen des Wegfalls der Tarifgenehmigung aufzuheben[1]. Die Neuregelung erfolgte zum 29.07.1994 durch das dritte Gesetz zur Durchführung versicherungsrechtlicher Richtlinien des Rates der Europäischen Gemeinschaften (Drit-

---

[1] S. BT-Drucksache 12/6959, 110.

tes Durchführungsgesetz/EWG zum VAG)[2]. Die §§ 8 bis 11 PflVG regeln seither die Beteiligung (auch) ausländischer Versicherer an den gemeinschaftsrechtlich vorgeschriebenen Gemeinschaftseinrichtungen[3], die Bestellung eines Schadenregulierungsvertreters und die Grundlage für eine Jahresgemeinschaftsstatistik[4]. § 8a PflVG, der die Einrichtung einer Auskunftsstelle regelt und der Umsetzung des Art. 4 der 4. KH-Richtlinie 2000/26/EG[5] vom 16.05.2000 dient[6], wurde eingefügt zum 01.01.2003 durch das Gesetz zur Änderung des Pflichtversicherungsgesetzes und anderer versicherungsrechtlicher Vorschriften[7].

B. Regelungsgehalt

I. Beitragspflicht

Gemäß § 8 Abs. 1 S. 1 PflVG sind alle Versicherungsunternehmen, die zum Betrieb der Kfz-Haftpflichtversicherung befugt sind, verpflichtet, Beiträge an das mit der Durchführung des Abkommens über die internationale Versicherungskarte beauftragte deutsche Versicherungsbüro sowie an den nach § 13 PflVG errichteten Entschädigungsfonds bzw. eine andere mit der Erfüllung dieser Aufgaben betraute juristische Person und an die nach § 13a errichtete Entschädigungsstelle zu erbringen. Dies sind der Deutsche Büro Grüne Karte e. V. und der Verkehrsopferhilfe e. V., der seit dem 01.01.1966 die Stellung des gesetzlichen Entschädigungsfonds (§ 13 PflVG) und seit dem 01.01.2003 auch die Aufgaben der Entschädigungsstelle (§ 13a PflVG) wahrnimmt[8]. 2

Hintergrund der Neuregelung in 1994 war das durch die 3. Schadenversicherungs-Richtlinie[9] einzuführende Prinzip der Aufsicht auch von Niederlassungen europäischer Versicherer durch das Herkunftsland, welches dazu führte, dass ausländische Versicherer mit Sitz in der Europäischen Gemeinschaft für ihre inländischen Niederlassungen keiner inländischen Zulassung mehr bedürfen. Es war unklar, ob sich diese Versicherer an den Gemeinschaftseinrichtungen des HUK-Verbandes, des Deutschen Büros Grüne Karte e. V. und des Verkehrsopferhilfe e. V. beteiligen. § 8 Abs. 1 S. 1 PflVG stellt dies sicher und setzt Art. 12a Abs. 2 der 2. Schadenversicherungs-Richtlinie in der Fassung vom 08.11.1990[10] und Art. 45 der 3. Schadenversicherungs-Richtlinie[11] um, die eine finanzielle Beteiligung fordern[12].

---

2 Gesetz vom 21.07.1994, BGBl. I 1630, 3134.
3 Deutsche Büro Grüne Karte e. V. und Verkehrsopferhilfe e. V. – s. sogl. unter B. I.
4 Vgl. BT-Drucksache 12/6959, 110.
5 Die 1. bis 5. KH-Richtlinie, sowie die Richtlinie 2009/I03 EG (Kodifizierung der 1.-5.-KH-Richtlinie) ist z.B. abgedruckt in Himmelreich/Halm/Staab, Handbuch der Kfz-Schadensregulierung 3. Aufl 2015, S. 1733.
6 Vgl. Feyock/Jacobsen/*Lemor* § 8a PflVG, Rn. 1.
7 Gesetz vom 10.07.2002, BGBl. 2586 f.
8 Vgl. *Schwab* in: Staudinger/Halm/Wendt § 8 PflVG, Rn. 2 ff.
9 Richtlinie 92/49/EWG vom 18.06.1992.
10 Richtlinie 90/618/EWG.
11 A. a. O.
12 Vgl. BT-Drucksache 12/6959, 110. Eine finanzielle Beteiligung ist ausreichend. Eine Mit-

II. Mitteilungspflicht

3 In § 8 Abs. 1 S. 2 PflVG ist die Mitteilungspflicht der Versicherungsunternehmen über die gebuchten Prämienbeträge oder die Anzahl der versicherten Risiken normiert, damit die satzungsmäßigen Leistungen und Beiträge von den Gemeinschaftseinrichtungen berechnet werden können.

III. Schadenregulierungsvertreter (Abs. 2)

1. Bestellung und Befugnisse

4 Seit der Neuregelung des § 8 PflVG zum 29.07.1994 blieb der Absatz 2 inhaltlich unverändert. Mit ihm wurde 1994 Art. 12a Abs. 4 der 2. Schadenversicherungs-Richtlinie[13] umgesetzt. Hiernach haben Kfz-Haftpflichtversicherer, die ohne Sitz oder Niederlassung in einem Mitgliedstaat der Europäischen Gemeinschaft die Kfz-Haftpflichtversicherung im Dienstleistungsverkehr betreiben, im jeweiligen Dienstleistungsland einen inländischen Vertreter zu bestellen[14]. Dieser Schadenregulierungsvertreter ist nicht mit dem Schadenregulierungs**beauftragten** zu vergleichen und insbesondere auch nicht zu verwechseln.[15]

Der Vertreter muss gemäß Satz 1 den Anforderungen des § 13c VAG genügen. Er muss mithin die gleichen Voraussetzungen erfüllen, die für die Bestellung von Vertretern deutscher Kfz-Haftpflichtversicherer im übrigen Geltungsbereich der EG-Richtlinien gelten[16]. Er hat die erforderliche fachliche und personelle Ausstattung zu gewährleisten[17]. Insbesondere auf die Voraussetzungen in § 13c Abs. 1 Ziff. 2 VAG ist hinzuweisen.

Zu den Befugnissen des Schadenregulierungsvertreters gehören u.a. der Ausgleich von Schadenersatzforderungen, die Durchführung von Regressen, der Abschluss von Regressverzichtsabkommen und die Zwangsvollstreckung. Vertragsbegründungen, Verlängerungen oder Beendigungen sind ihm hingegen untersagt.[18]

2. Direktanspruch

5 Direktansprüche können nach dem Wortlaut des Absatzes 2 S. 2 auch gerichtlich gegen den Schadenregulierungsvertreter geltend gemacht werden; er ist passivlegitimiert[19].

---

gliedschaft der ausländischen Versicherer in den Gemeinschaftseinrichtungen ist nicht erforderlich, de faco jedoch erfolgt (s. Feyock/Jacobsen/*Lemor* § 8 PflVG, Rn. 7 f.).
13 A. a. O.
14 BT-Drucksache 12/6959, 110.
15 Vgl. u.a. Feyock/Jaobsen/Lemor § 8 PflVG, Rn. 24; Hillmann/Schneider, Das verkehrsrechtliche Mandat Bd. 2, 6. Aufl. 2013, § 5 Rn. 10 ff. mit näheren Ausführungen insbesondere zum Schadensregulierungsbeauftragten.
16 BT-Drucksache 12/6959, 110.
17 *Schwab* in: Staudinger/Halm/Wendt § 8 PflVG, Rn. 5.
18 Vgl. Müringer PflVG-Kommentar S. 108; Feyock/Jacobsen/Lemor § 8 PflVG, Rn. 53.
19 Vgl. LG Saarbrücken, Beschl. v. 20.01.2011 – 13 T11/10 = NJW-RR 2011, 969; Sanden/

Die Formulierung »auch« ist nach zutreffender Auffassung alternativ und nicht kumulativ zu verstehen, so dass der Geschädigte entweder gegen das Versicherungsunternehmen oder gegen den Schadenregulierungsvertreter gerichtlich vorgehen kann[20].

3. Auskunftspflicht

Der bestellte Schadenregulierungsvertreter ist gemäß Absatz 2 S. 3 »verpflichtet, Auskunft über das Bestehen oder die Gültigkeit von diesem Gesetz unterliegenden Haftpflichtversicherungsverträgen bei dem Versicherungsunternehmen zu erteilen«. Von ihm kann zudem gemäß Art. 152 Abs. 1 S. 1 der Richtlinie 2009/138/EG vom 25.11.2009 verlangt werden, das Nichtlebensversicherungsunternehmen bei den Aufsichtsbehörden des Aufnahmemitgliedsstaats hinsichtlich der Kontrolle des Bestehens und der Gültigkeit einer Versicherungspolice über die Kraftfahrzeug-Haftpflichtversicherung zu vertreten.[21]

6

§ 8a (Auskunftsstelle)

(1) Es wird eine Auskunftsstelle eingerichtet, die Geschädigten, deren Versicherern, dem deutschen Büro des Systems der Grünen Internationalen Versicherungskarte und dem Entschädigungsfonds nach § 12 unter den Voraussetzungen des Satzes 2 auf Anforderung folgende Angaben übermittelt, soweit dies zur Geltendmachung von Schadenersatzansprüchen im Zusammenhang mit der Teilnahme am Straßenverkehr erforderlich ist:
1. Namen und Anschrift des Versicherers des schädigenden Fahrzeugs sowie dessen in der Bundesrepublik Deutschland benannten Schadenregulierungsbeauftragten,
2. die Nummer der Versicherungspolice und das Datum der Beendigung des Versicherungsschutzes, sofern dieser abgelaufen ist,
3. bei Fahrzeugen, die nach Artikel 5 Absatz 1 der Richtlinie 2009/103/EG von der Versicherungspflicht befreit sind, den Namen der Stelle oder Einrichtung, die dem Geschädigten nach geltendem Recht ersatzpflichtig ist,
4. Namen und Anschrift des eingetragenen Fahrzeughalters oder, soweit die Auskunftsstelle diese Informationen nach Absatz 2 erlangen kann, des Fahrzeugeigentümers oder des gewöhnlichen Fahrers; § 39 Abs. 1 des Straßenverkehrsgesetzes gilt entsprechend.

Geschädigte sind berechtigt, sich an die Auskunftsstelle zu wenden, wenn sie ihren Wohnsitz in der Bundesrepublik Deutschland haben, wenn das Fahrzeug, das den Unfall verursacht haben soll, seinen gewöhnlichen Standort in der Bundesrepublik

---

Völtz Sachschadenrecht, Rn. 545; *Feyock*/Jacobsen/Lemor § 8 PflVG, Rn. 34; *Müringer* PflVG-Kommentar, S. 108 f.; Hillmann/Schneider, a.a.O. § 5 Rn. 11; Fucks, IPRax 2012, 144, Fn. 8.
20 Vgl. LG Saarbrücken, a.a.O.; Sanden/*Völtz* Sachschadenrecht, Rn. 546; *Feyock*/Jacobsen/Lemor § 8 PflVG, Rn. 34; Geigel-Haag Kap. 43 Rn. 71.
21 Zuvor: Art. 12a Abs. 4 S. 3 der 2. Schadenversicherungs-Richtlinie (a.a.O.).

§ 8a PflVG (Auskunftsstelle)

Deutschland hat oder wenn sich der Unfall in der Bundesrepublik Deutschland ereignet hat.

(2) Die Auskunftsstelle ersucht die Zulassungsbehörden oder das Kraftfahrt-Bundesamt sowie die in den anderen Mitgliedstaaten der Europäischen Union und in den anderen Vertragsstaaten des Abkommens über den Europäischen Wirtschaftsraum nach Artikel 23 Absatz 1 der Richtlinie 2009/103/EG errichteten oder anerkannten Auskunftsstellen im Einzelfall um Übermittlung der Informationen nach Absatz 1 Satz 1. Sie übermittelt den in diesen Staaten nach Artikel 23 Absatz 1 der Richtlinie 2009/103/EG errichteten oder anerkannten Auskunftsstellen auf Ersuchen die Informationen nach Absatz 1 Satz 1, soweit dies zur Erteilung von Auskünften an Geschädigte erforderlich ist.

(3) Die Aufgaben und Befugnisse der Auskunftsstelle nach den Absätzen 1 und 2 werden von der GDV Dienstleistungs-GmbH & Co. KG – »Zentralruf der Autoversicherer« – in Hamburg wahrgenommen, sobald und soweit diese schriftlich gegenüber dem Bundesministerium der Justiz ihre Bereitschaft dazu erklärt hat. Das Bundesministerium der Justiz gibt die Erklärung und den Zeitpunkt, ab dem die betroffenen Aufgaben von dem Zentralruf der Autoversicherer wahrgenommen werden, im Bundesanzeiger bekannt. Der Zentralruf der Autoversicherer untersteht, soweit er die übertragenen Aufgaben wahrnimmt, der Aufsicht des Bundesministeriums der Justiz. Das Bundesministerium der Justiz wird ermächtigt, durch Rechtsverordnung ohne Zustimmung des Bundesrates die Aufgaben und Befugnisse der Auskunftsstelle nach den Absätzen 1 und 2 der in § 13 genannten Anstalt zu übertragen, soweit die Wahrnehmung der Aufgaben durch den Zentralruf der Autoversicherer nicht gewährleistet ist oder dieser nicht mehr zur Wahrnehmung der Aufgaben bereit ist.

(4) Versicherungsunternehmen, denen im Inland die Erlaubnis zum Betrieb der Kraftfahrzeug-Haftpflichtversicherung für Kraftfahrzeuge und Anhänger erteilt ist, haben der Auskunftsstelle nach Absatz 3 sowie den in den anderen Mitgliedstaaten der Europäischen Union und den Vertragsstaaten des Abkommens über den Europäischen Wirtschaftsraum nach Artikel 23 Absatz 1 der Richtlinie 2009/103/EG errichteten oder anerkannten Auskunftsstellen die Namen und Anschriften der nach § 7b des Versicherungsaufsichtsgesetzes bestellten Schadenregulierungsbeauftragten sowie jede Änderung dieser Angaben mitzuteilen.

Übersicht

		Rdn.
A.	Allgemeines	1
B.	Regelungsinhalt	4
I.	Wahrnehmung der Aufgaben der Auskunftsstelle	4
II.	Umfang der Informationspflichten	5
III.	Aufbewahrungsfristen	7
IV.	Berechtigter Personenkreis	8
V.	Datenbeschaffung	9
VI.	Datenschutz	10
VII.	Einschaltung der Entschädigungsstelle	11
C.	Praktische Hinweise	12

(Auskunftsstelle) § 8a PflVG

A. Allgemeines

Der § 8a stellt die Umsetzung der EG-KH-Richtlinien zur Vereinfachung der Informationsbeschaffung für Geschädigte eines Unfalles unter Beteiligung eines Kraftfahrzeuges sicher. Die Regelungen der früheren EG-KH-Richtlinien wurden mittlerweile in Art. 23 der Richtlinie 2009/103/EG zusammengefasst. 1

Durch die Regelungen soll es dem Geschädigten ermöglicht werden in seinem Wohnsitzland die für die Schadensregulierung erforderlichen Angaben über den Versicherer, beziehungsweise dessen Schadenregulierungsbeauftragten, anhand des Kfz-Kennzeichens des Schädigers zu ermitteln. Obwohl diese Regelung bereits seit Jahren europaweit gilt, kann es in Ländern in denen der Versicherungsnachweis über eine Plakette in der Windschutzscheibe erfolgt (u. a. Frankreich, Spanien) immer noch problematisch sein, die entsprechenden Informationen zu beschaffen. Es ist daher sinnvoll sich bereits an der Unfallstelle um die entsprechenden Informationen zu bemühen. 2

Sofern das Versicherungsunternehmen eines ausländischen Fahrzeuges ermittelt werden soll, welches einen Unfall in Deutschland verursacht hat, so muss sich der Geschädigte an das Deutsche Büro Grüne Karte wenden um die benötigten Angaben zu erhalten. 3

B. Regelungsinhalt

I. Wahrnehmung der Aufgaben der Auskunftsstelle

Die Aufgaben der Auskunftsstelle wurden in Deutschland an die GDV Dienstleistungs-GmbH & Co. KG, Glockengießerwall 1, 20095 Hamburg, Telefon: 0800–2502600 4

oder 040–33449–0, Telefax: 040–33449–7050, E-Mail: info@gdv-dl.de, übertragen.

II. Umfang der Informationspflichten

Unter Angabe des Kennzeichens des Schädigerfahrzeuges, des Zulassungslandes, des Schadentages und des Unfalllandes ermittelt der Zentralruf nach § 8a PflVG folgende Informationen: 5
- Name und Anschrift des Versicherers und ggf. des Schadenregulierungsbeauftragen in Deutschland,
- die Nummer der Versicherungspolice sowie deren Ablaufdatum, falls diese abgelaufen ist,
- bei von der Versicherungspflicht befreiten Fahrzeugen, den Namen der Stelle oder Einrichtung, die dem Geschädigten nach geltendem Recht ersatzpflichtig ist,
- den Namen und die Anschrift des Fahrzeughalters oder soweit bekannt, den Namen und die Anschrift des Eigentümers oder gewöhnlichen Fahrers, wenn ein berechtigtes Interesse besteht.

Wann ein berechtigtes Interesse an den Angaben über den Halter, den Eigentümer oder den Fahrer besteht ist nicht geregelt, allerdings wird in den Erwägungsgründen der Richtlinie 2009/103/EG unter Punkt 43 darauf verwiesen, dass dies der Fall sein kann, 6

Hückel

wenn der Geschädigte beispielsweise nur von diesen Personen Schadensersatz erhalten kann, weil das Fahrzeug nicht ordnungsgemäß versichert ist oder der Schaden die Deckungssumme überschreitet.

III. Aufbewahrungsfristen

7 Die Auskunftsstelle hat sicher zu stellen, dass die entsprechenden Informationen bis zu 7 Jahre nach dem Unfall verfügbar sind.[1]

IV. Berechtigter Personenkreis

8 Auskunftsberechtigt sind alle Personen die an einem Verkehrsunfall mit einem Kraftfahrzeug i. S. des Art. 1 Abs. 1 der Richtlinie 2009/103/EG beteiligt sind.[2] Kraftfahrzeug in diesem Sinne ist jedes maschinell angetriebene Kraftfahrzeug, welches zum Verkehr zu Lande bestimmt und nicht an Gleise gebunden ist, sowie die Anhänger, auch wenn sie nicht angekoppelt sind. Ferner muss entweder der Geschädigte seinen Wohnsitz in der Bundesrepublik Deutschland haben, das unfallverursachende Fahrzeug seinen gewöhnlichen Standort in der Bundesrepublik Deutschland haben oder der Unfall sich in der Bundesrepublik Deutschland ereignet haben.

V. Datenbeschaffung

9 Der Zentralruf speichert die erforderlichen Daten nicht selbst, sondern beschafft sich diese Daten über die Versicherer, die Zulassungsstellen, das Kraftfahrtbundesamt sowie die jeweiligen nationalen Auskunftsstellen der entsprechenden EU-Mitgliedsstaaten. Dies steht im Einklang mit Art. 23 Abs. 1b der Richtlinie 2009/103/EG. Die nationalen Auskunftsstellen sind zur gegenseitigen Kooperation verpflichtet.[3]

VI. Datenschutz

10 Die Verarbeitung der personenbezogenen Daten muss im Einklang mit den einzelstaatlichen Maßnahmen gemäß der Richtlinie 95/46/EG (Datenschutzrichtlinie) erfolgen.[4]

VII. Einschaltung der Entschädigungsstelle

11 Kann der zuständige Versicherer nicht innerhalb von einer Frist von zwei Monaten ermittelt werden, so kann gemäß § 12a Abs. 1 Nr. 3 PflVG die Entschädigungsstelle für Schäden aus Auslandsunfällen (Verkehrsopferhilfe e. V.) eingeschaltet werden.[5] Dies gilt auch für die Fälle, in denen zwar ein Versicherungsunternehmen benannt worden

---

1 Art. 23 Abs. 3 der Richtlinie 2009/103/EG.
2 Art. 23 Abs. 5 der Richtlinie 2009/103/EG.
3 Art. 23 Abs. 3 S. 2 Richtlinie 2009/103/EG.
4 Art. 23 Abs. 6 Richtlinie 2009/103/EG.
5 Erwägungsgrund 47 der Richtlinie 2009/103/EG.

ist, dieses aber eine Regulierung ablehnt, weil das Fahrzeug dort nicht oder nicht mehr versichert ist.[6]

C. Praktische Hinweise

Die Einrichtung der Auskunftsstelle soll es dem Geschädigten erleichtern seine Ansprü- 12
che geltend zu machen und die Regulierung beschleunigen. Entsprechend sollen die Schadenregulierungsbeauftragen über ausreichende Befugnisse verfügen, um das Versicherungsunternehmen gegenüber den Geschädigten, den Behörden und gegebenenfalls, soweit dies mit den Regelungen des internationalen Privat- und Zivilrechts über die Feststellung der gerichtlichen Zuständigkeiten vereinbar ist, gegenüber den Gerichten zu vertreten.[7]

Sofern sich der Unfall in der Bundesrepublik Deutschland ereignet hat, ist das Deut- 13
sche Büro Grüne Karte passivlegitimiert und zustellungsbevollmächtigt.

Nach Art. 13 Abs. 2 EuGVVO[8] in Verbindung mit Art. 11 Abs. 1b EuGVVO kann 14
der Geschädigte in dem Mitgliedsstaat, in dem er seinen Wohnsitz hat, den zuständigen Haftpflichtversicherer verklagen.[9] Es ist zu beachten, dass nur das ausländische Versicherungsunternehmen verklagt werden kann. Der Schadensregulierungsbeauftragte ist nicht passivlegitimiert. Die Klage kann aber dem Schadensregulierungsbeauftragten zugestellt werden. Laut der Entscheidung des EUGH vom 10.10.2013 ist Art. 21 Abs. 5 der Richtlinie 2009/103/EG dahingehend auszulegen, dass zu den ausreichenden Befugnissen des Schadensregulierungsbeauftragten auch die Zustellungsbevollmächtigung für gerichtliche Schriftstücke gehört.[10] Voraussetzung ist allerdings, dass Art. 21 Abs. 5 der Richtlinie 2009/103/EG in das nationale Recht übernommen wurde, welches in Deutschland der Fall ist.[11] Ferner ist zu beachten, dass ein entsprechendes Klagerecht nur besteht, sofern die beteiligten Parteien aus einem Mitgliedsstaat der EU oder des Luganer Abkommens (Schweiz, Norwegen, Island)[12] stammen und sich der Unfall in einem Land des Grüne Karte Systems ereignet hat. Voraussetzung ist das Bestehen eines Direktanspruches nach § 115 VVG[13] und eine schwächere Stellung des Geschädigten gegenüber dem Haftpflichtversicherer (Schutzzweck)[14]. Dieser Schutzzweck ist nach Auffassung des EUGH nicht auf Personen auszudehnen, die die-

---

6 Feyock/Jacobsen/*Lemor*, § 8a, Rn. 13.
7 Art. 21, Abs. 5, Richtlinie 2009/103/EH; Erwägungsgrund 37, Richtlinie 2009/103/EG.
8 In Kraft getreten am 01.03.2002, EU-Verordnung 44/2001, Zuletzt geändert durch Verordnung (EU) Nr. 1215/2012 vom 12.12.2012.
9 *EUGH*, Urt. v. 13.12.2007 – C-463/06 – *Odenbreit*, DAR 2008, 17.
10 *EUGH, Urt. v.* 10.10.2013 – C-306/12, JurionRS 2013, 46367 = DAR 2013, 699 = EuZW 2013, 913 = zfs 2013, 602.
11 Vgl. § 7b VAG.
12 Klagerecht nach Lüganer Abkommen bejaht: *BGH* Urt. v. 23.10.2012 – VI ZR 260/11; *Schweizerisches Bundesgericht*, Urt. v. 02.05.2012 – 4A_531/2011.
13 In den Mitgliedstaaten der EU besteht nach Art. 18 der Richtlinie 2009/103/EG ein Direktanspruch des Geschädigten gegenüber dem Haftpflichtversicherer.
14 Erwägungsgrund 18 EuGVVO.

§ 9 PflVG (Gemeinschaftsstatistik)

ses Schutzes nicht bedürfen. So hat der EUGH bei Ansprüchen zwischen Unternehmen, die beide im Bereich Versicherung, Sozialversicherung oder Rückversicherung tätig sind, ein entsprechendes Ungleichgewicht zwischen den Parteien regelmäßig verneint.[15] Bei international agierenden Großunternehmen ist ebenfalls nicht davon auszugehen, dass diese eines besonderen Schutzes bedürfen, da eine schwächere Stellung gegenüber dem Haftpflichtversicherer nicht erkennbar ist.[16] Abweichend hiervon hat das OLG Frankfurt (16 U 224/13 vom 23.06.2014) den Schutzzweck bei einer europaweit agierenden Leasinggesellschaft bejaht.

15 Zu beachten ist, dass bei Unfällen im Ausland in der Regel das Recht des Unfalllandes Anwendung findet (Tatortprinzip). Abweichungen kann es dann geben, wenn die Beteiligten Parteien einen gemeinsamen gewöhnlichen Aufenthaltsort haben und das anwendbare materielle Recht nach der Rom II Verordnung[17] ermittelt wird. Hier findet dann in der Regel das Schadensersatzrecht des Landes Anwendung, in dem die Parteien ihren gemeinsamen Aufenthaltsort haben.

§ 9 (Gemeinschaftsstatistik)

(1) Es wird eine jährliche Gemeinschaftsstatistik über den Schadenverlauf in der Kraftfahrzeug-Haftpflichtversicherung geführt. Sie muß Angaben enthalten über die Art und Anzahl der versicherten Risiken, die Anzahl der gemeldeten Schäden, die Erstattungsleistungen und Rückstellungen (Schadenaufwand), die Schadenhäufigkeit, den Schadendurchschnitt und den Schadenbedarf.

(2) Sofern die Träger der Kraftfahrzeug-Haftpflichtversicherung und ihre Verbände keine den Anforderungen des Absatzes 1 genügende Gemeinschaftsstatistik zur Verfügung stellen, wird die Statistik von der Bundesanstalt für Finanzdienstleistungsaufsicht geführt.

(3) Die Ergebnisse der Statistik sind von der Bundesanstalt für Finanzdienstleistungsaufsicht jährlich zu veröffentlichen.

Übersicht Rdn.
A. Allgemeines 1
B. Regelungsgehalt 2
I. Sinn und Zweck 2
II. Inhalt der Gemeinschaftsstatistik 3
III. Gewährleistung der Gemeinschaftsstatistik 4
IV. Veröffentlichung 5

---

15 Zuletzt *EUGH*, Urt. v. 17.09.2009 – C-347/08; *OLG Koblenz*, Urt. v. 15.10.2012 – 12 U 1528/11, JurionRS 2012, 28196 = IPRax 2013, 11 = ADAJUR Dok.Nr. 99825 = DAR 2013, 30 m. Anm. *Schneider*; Nichtzulassungsbeschwerde, *BGH* VI ZR 470/12 wurde zurückgenommen.
16 *AG Bückeburg*, Urt. v. 02.06.2010 – 31 C 181/09, JurionRS 2010, 30576 = DAR 2010, 476 = ADAJUR Dok.Nr. 88593 = SVR 2011, 342 = VersR 2011, 389 = VRR 2011, 150, bespr. v. *Nugel*.
17 Art. 4 Rom II VO.

A. Allgemeines

Die Norm erfuhr zum 29.07.1994 durch das dritte Gesetz zur Durchführung versiche- 1
rungsrechtlicher Richtlinien des Rates der Europäischen Gemeinschaften (Drittes
Durchführungsgesetz/EWG zum VAG) eine Neuregelung[1] und ihren jetzigen Regelungsgehalt. Die hierauf folgende Änderung zum 01.05.2013[2] trug der Zusammenlegung der Bundesaufsichtsämter für das Kreditwesen, das Versicherungswesen und
den Wertpapierhandel zur »BaFin« Rechnung und hatte damit lediglich redaktionellen
Charakter.

§ 9 PflVG normiert die Führung und Veröffentlichung einer jährlichen Gemeinschaftsstatistik über den Schadenverlauf in der Kraftfahrzeug-Haftpflichtversicherung.
Ergänzende Vorschriften hierzu finden sich in den folgenden §§ 10 und 11 PflVG.

B. Regelungsgehalt

I. Sinn und Zweck

Durch die Änderung zum 29.07.1994 entfielen im PflVG u. a. die Regelungen über die 2
Tarifbedingungen, die nunmehr nicht mehr der Genehmigung der zuständigen Aufsichtsbehörde bedürfen[3]. Durch die Gemeinschaftsstatistik soll nach dem Willen des
Gesetzgebers aufgrund des Wegfalls der Bedingungs- und Tarifkontrolle weiterhin
ein gewisses Maß an Transparenz gewährleistet werden. Es soll ein zutreffendes Bild
über den Schadenverlauf in der Kfz-Haftpflichtversicherung vermittelt werden[4].

Zudem soll der Gefahr der Diskriminierung bestimmter Antragsteller und Personengruppen entgegen gewirkt werden und gewährleistet sein, dass jedem Antragsteller
der Zugang zu einer risikogerechte Prämie möglich ist[5].

Die vorgenannten Motive des Gesetzgebers überzeugen auch nach Ansicht von
Schwab[6] nicht[7]. Zutreffend weist *Schwab*[8] allerdings darauf hin, dass Einzel- und Gesamtstatistiken den Versicherungsunternehmen wesentliche Daten an die Hand geben,
um Risiken einzuschätzen und diese daher bereits im eigenen Interesse geführt werden.

---

1 Gesetz vom 21.07.1994, BGBl. I 1630, 3134.
2 Gesetz vom 24.04.2013, BGBl. I 932, 2584.
3 Vgl. Looschelders/Pohlmann/*Kammerer-Galahn* VVG-Kommentar, Anhang A Rn. 11.
4 BT-Drucksache 12/6959, 110.
5 BT-Drucksache 12/6959, 110.
6 *Schwab* in: Staudinger/Halm/Wendt § 9 PflVG.
7 S. im Einzelnen zur Kritik ausführlich Feyock/Jacobsen/*Lemor* Vor § 9 PflVG, Rn. 1 ff.
8 A. a. O.

II. Inhalt der Gemeinschaftsstatistik

3 Die inhaltlichen Anforderungen der Gemeinschaftsstatistik sind in § 9 Abs. 1 S. 2 PflVG geregelt. Darüber hinaus findet sich in § 11 PflVG eine Verordnungsermächtigung für das Bundesministerium der Finanzen, um weitere Einzelheiten für die Erstellung der Statistik zu regeln. Hiervon wurde bisher aber noch kein Gebrauch gemacht, da die von der Versicherungswirtschaft geführte Statistik aussagekräftig ist und inhaltlich sogar über die Anforderungen des Gesetzes hinaus geht[9].

Werden die inhaltlichen Anforderungen nicht oder nicht in vollem Umfang eingehalten, ist die Statistik von der BaFin zu führen. Dies ergibt sich aus § 9 Abs. 2 PflVG.

III. Gewährleistung der Gemeinschaftsstatistik

4 Der Gesetzgeber geht grundsätzlich davon aus, dass die Versicherungswirtschaft auch weiterhin eine jährliche Gemeinschaftsstatistik erstellt. Die Regelung in § 9 Abs. 2 PflVG soll allerdings sicherstellen, dass die Statistik auch dann geführt wird, wenn sie nicht von der Versicherungswirtschaft erstellt werden sollte[10] oder wie vorstehend ausgeführt nicht den Anforderungen des § 9 Abs. 1 S. 2 PflVG genügt.

Aktuell wird die Statistik vom Gesamtverband der Deutschen Versicherungswirtschaft e. V. (GDV) geführt.

IV. Veröffentlichung

5 Die Statistik ist von der BaFin gemäß § 9 Abs. 3 PflVG jährlich zu veröffentlichen. Seit dem 19.11.2014 liegt die zwanzigste Gemeinschaftsstatistik für das Jahr 2013 vor. In ihr sind 99,77 % des Marktvolumens, gemessen an der gebuchten Gesamtbeitragseinnahme, enthalten[11].

§ 10 (Daten für Statistik)

(1) Versicherungsunternehmen mit Sitz im Inland, die die Kraftfahrzeug-Haftpflichtversicherung nach diesem Gesetz betreiben, übermitteln der Aufsichtsbehörde die für die Führung der Statistik nach § 9 erforderlichen Daten.

(2) Soweit Versicherungsunternehmen mit Sitz im Inland außerhalb des Geltungsbereiches dieses Gesetzes in einem Mitgliedstaat der Europäischen Gemeinschaft oder in einem anderen Vertragsstaat des Abkommens über den Europäischen Wirtschaftsraum die Kraftfahrzeug-Haftpflichtversicherung betreiben, sind der Aufsichtsbehörde die in § 9 Abs. 1 Satz 2 genannten Angaben für jeden Mitgliedstaat gesondert mitzuteilen.

---

9 Vgl. Feyock/Jacobsen/*Lemor* Vor § 9 PflVG, Rn. 13 und § 9 Rn. 10.
10 BT-Drucksache 12/6959, 110 f.
11 Jahresgemeinschaftsstatistik über den Schadenverlauf in der Kraftfahrzeug-Haftpflichtversicherung 2013 (abrufbar auf der Internetseite der BaFin).

(Daten für Statistik) § 10 PflVG

Übersicht   Rdn.
A. Allgemeines   1
B. Regelungsgehalt   3
  I. Meldepflicht (Inlandsgeschäft)   3
  II. Auskunft über Auslandsgeschäft   4
C. weitere praktische Hinweise   5
  I. Jahresgemeinschaftsstatistik 2013   5
  II. Sanktionen und Rechtsweg   6

A. Allgemeines

Die zum 29.07.1994 in erheblichem Umfange geänderte[1] und seitdem gleichlautend 1
fortbestehende Vorschrift schafft in Absatz 1 eine Meldepflicht[2] der inländischen Versicherungsunternehmen bezüglich der für die Statistik erforderlichen Daten. Der Gesetzgeber verspricht sich von einer Jahresgemeinschaftsstatistik unter anderem die Schaffung geeigneter Strukturen zur Sammlung aller notwendigen Informationen über Schadenfälle im Interesse von Verkehrsunfallopfern und Versicherten, die Gewährleistung eines gewissen Maßes an öffentlicher Transparenz sowie eine Wettbewerbsförderung und legt deshalb gesteigerten Wert darauf, dass sichergestellt ist, dass diese Statistik tatsächlich auch geführt wird.[3]

Bewusst[4] von dieser Norm ausgenommen wurden jedoch diejenigen Daten, die von ausländischen Versicherern, die in Deutschland die Kraftfahrzeug-Haftpflichtversicherung betreiben, ohne Mitglied im HUK-Verband[5] zu sein, beizutragen sind. Die Meldepflicht richtet sich also nicht an solche Versicherungsunternehmen, die – mit Sitz in einem anderen Mitgliedstaat oder des EWR – Versicherungsgeschäft in Deutschland durch eine Niederlassung oder im Dienstleistungsverkehr durch Mittelspersonen betreiben.[6] Diese Daten werden jedoch aufgrund des Artikels 44 der 3. Schadenversiche-

---

1 Vgl. Drittes Durchführungsgesetz/EWG zum VAG vom 21. Juli 1994 (BGBl. I S. 1630, 3134).
2 Vgl. die Begründung zum Regierungsentwurf zum Dritten Durchführungsgesetz/EWG zum VAG vom 04.03.1994, BT-Drucks. 12/6959, S. 110f und *Schwab* in: Staudinger/Halm/Wendt Fachanwaltskommentar Versicherungsrecht, 1. Auflage 2013, § 10 PflVG.
3 Vgl. hierzu die Begründung zum Regierungsentwurf zum Dritten Durchführungsgesetz/EWG zum VAG vom 04.03.1994, BT-Drucks. 12/6959, S. 110f; Vgl. zu den Motiven des Gesetzgebers auch die ausführliche Erörterung von *Feyock* in: Feyock/Jacobsen/Lemor Kraftfahrtversicherung, 3. Auflage 2009, Vor § 9 PflVG, Rn. 1–12; Vgl. zum Zweck einer Schadenbedarfsstatistik *Langheid* in: Römer/Langheid Versicherungsvertragsgesetz, 2. Auflage 2003, § 11 PflVG Rn. 1.
4 Vgl. die Begründung zum Regierungsentwurf zum Dritten Durchführungsgesetz/EWG zum VAG vom 04.03.1994, BT-Drucks. 12/6959, S. 111.
5 Bzw. Gesamtverband der Deutschen Versicherungswirtschaft e. V. (GDV).
6 Vgl. *Langheid* in: Römer/Langheid Versicherungsvertragsgesetz, 2. Auflage 2003, § 11 PflVG Rn. 4.

§ 10 PflVG (Daten für Statistik)

rungs-Richtlinie[7] von der zuständigen ausländischen Aufsichtsbehörde zur Verfügung gestellt.[8]

2 Absatz 2 der Vorschrift soll die sich aus Artikel 44 der 3. Schadenversicherungs-Richtlinie[9] ergebende Verpflichtung beim Betrieb der Kraftfahrzeug-Haftpflichtversicherung durch deutsche Versicherer im Dienstleistungsverkehr in anderen Mitgliedstaaten der Europäischen Gemeinschaft erfüllen.[10]

B. Regelungsgehalt

I. Meldepflicht (Inlandsgeschäft)

3 Die in Absatz 1 enthaltene Datenübermittlungspflicht gegenüber der Aufsichtsbehörde erlangt nur dann Bedeutung, wenn die Aufsichtsbehörde die jährliche Gemeinschaftsstatistik über den Schadenverlauf in der Kraftfahrzeug-Haftpflichtversicherung selbst »führt«, § 9 Abs. 2 PflVG.[11]

Derzeit wird die Statistik allerdings vom Gesamtverband der Deutschen Versicherungswirtschaft e. V. (GDV) geführt, welcher der BaFin regelmäßig die für die Veröffentlichung notwendigen Daten zur Verfügung stellt. Da sich über den GDV somit – wie vom Gesetzgeber gefordert[12] – »ein für die Aussagefähigkeit der Statistik genügender Teil der die KH-Versicherung betreibender Versicher« an der Gesamtstatistik beteiligt, besteht für das Bundesaufsichtsamt derzeit kein Handlungsbedarf.

---

7 Artikel 44 Abs. 2 der Richtlinie 92/49/EWG des Rates vom 18. Juni 1992 zur Koordinierung der Rechts- und Verwaltungsvorschriften für die Direktversicherung (mit Ausnahme der Lebensversicherung) sowie zur Änderung der Richtlinien 73/239/EWG und 88/357/EWG lautet auszugsweise:
(2) Jedes Versicherungsunternehmen muss der zuständigen Behörde des Herkunftsmitgliedstaats für im Rahmen der Niederlassungsfreiheit getätigte Geschäfte und getrennt davon für im Rahmen der Dienstleistungsfreiheit getätigte Geschäfte die gebuchten Prämienbeträge, die Höhe der Erstattungsleistungen und der Rückstellungen – ohne Abzug der Rückversicherung – pro Mitgliedstaat und pro Versicherungszweig sowie in Bezug auf den Zweig 10 von Buchstabe A des Anhangs der Richtlinie 73/239/EWG – ausschließlich der Haftung des Frachtführers –, die Häufigkeit und die durchschnittlichen Kosten der Erstattungsleistungen mitteilen ...
... Die zuständige Behörde des Herkunftsmitgliedstaats teilt den zuständigen Behörden jedes betroffenen Mitgliedstaats auf Antrag innerhalb einer vertretbaren Frist die Angaben zusammengefasst mit..
8 Kritisch hierzu: *Feyock* in: Feyock/Jacobsen/Lemor Kraftfahrtversicherung, 3. Auflage 2009, § 10 PflVG Rn. 3.
9 Vgl. Fn 7.
10 Vgl. die Begründung zum Regierungsentwurf zum Dritten Durchführungsgesetz/EWG zum VAG vom 04.03.1994, BT-Drucks. 12/6959, S. 111.
11 Vgl. zum »Vorrang der Verbandsstatistik« auch *Feyock* in: Feyock/Jacobsen/Lemor Kraftfahrtversicherung, 3. Auflage 2009, Vor § 9 PflVG, Rn. 13 und § 10 PflVG Rn. 1.
12 Vgl. die Begründung zum Regierungsentwurf zum Dritten Durchführungsgesetz/EWG zum VAG vom 04.03.1994, BT-Drucks. 12/6959, S. 110.

Dies insbesondere auch deshalb nicht, da die vom Gesamtverband der Deutschen Versicherungswirtschaft e. V. (GDV) geführte Statistik mehr Daten enthält, als die Aufsichtsbehörde gesetzlich erlangen könnte. Denn, wenn es soweit kommen sollte, dass der GDV auf eine Datenübermittlung verzichtet, dürfte sich die Meldepflicht der inländischen Versicherungsunternehmen auf tariflich-relevante Daten beschränken, eine Verpflichtung, Daten festzustellen und der Aufsichtsbehörde zu übermitteln, die für die Prämienberechnung nach Unternehmenstarif nicht erforderlich sind, aus den gesetzlichen Bestimmungen nicht ableiten.[13] Darüber hinaus können die Beschränkung der Verpflichtung der Statistikvorschriften auf Versicherungsunternehmen mit Sitz im Inland durch den Gesetzgeber und die bestehenden Erfassungsunterschiede zu Art. 44 der 3. Schadenversicherungs-Richtlinie dazu führen, dass die Ergebnisse der ausländischen Versicherer auf dem deutschen Markt für die Gemeinschaftsstatistik verloren gehen. Derzeit nehmen diese Versicherungsunternehmen als Verbandsmitglieder zumindest noch faktisch an der Gemeinschaftsstatistik teil.[14]

II. Auskunft über Auslandsgeschäft

Absatz 2 der Vorschrift statuiert eine Pflicht des deutschen Versicherungsunternehmens, welches über die Niederlassungs- oder Dienstleistungsfreiheit im Ausland eine Kraftfahrt-Haftpflicht-Versicherung betreibt, (ausschließlich)[15] gegenüber der BaFin Auskunft über das Auslandsgeschäft zu erteilen. 4

In diesem Zusammenhang ist der Verweis auf § 9 Abs. 1 Satz 2 PflVG[16] allerdings insofern problematisch, als dass das Geschäft in anderen Mitgliedsstaaten länderspezifischen Besonderheiten bei den Tarifstrukturen und Risikomerkmalen unterliegt, eine Vergleichbarkeit insoweit nicht gegeben ist.[17]

---

13 Ebenso: *Feyock* in: Feyock/Jacobsen/Lemor Kraftfahrtversicherung, 3. Auflage 2009, § 10 PflVG Rn. 6.
14 Vgl. *Feyock* in: Feyock/Jacobsen/Lemor Kraftfahrtversicherung, 3. Auflage 2009, § 10 PflVG Rn. 5.
15 Vgl. Müringer Kommentar zur Pflichtversicherung in der Kfz-Haftpflichtversicherung, 1. Auflage 1999, S. 114.
16 § 9 Abs. 1 Satz 2 PflVG lautet:
   Sie muss Angaben enthalten über die Art und Anzahl der versicherten Risiken, die Anzahl der gemeldeten Schäden, die Erstattungsleistungen und Rückstellungen (Schadenaufwand), die Schadenhäufigkeit, den Schadendurchschnitt und den Schadenbedarf.
17 Vgl. Müringer Kommentar zur Pflichtversicherung in der Kfz-Haftpflichtversicherung, 1. Auflage 1999, S. 114 und *Feyock* in: Feyock/Jacobsen/Lemor Kraftfahrtversicherung, 3. Auflage 2009, § 10 PflVG Rn. 8 f., der eine richtlinienkonforme Auslegung des Verweisung auf § 9 Abs. 1 Satz 2 PflVG für geboten hält.

§ 11 PflVG (Verordnung über Statistik)

C. weitere praktische Hinweise

I. Jahresgemeinschaftsstatistik 2013

5 Die vom GDV übermittelte, 1094 Seiten umfassende Jahresgemeinschaftsstatistik über den Schadenverlauf in der Kraftfahrzeug-Haftpflichtversicherung für das Jahr 2013 ist seit dem 19.11.2014 auf der Homepage der Bundesanstalt für Finanzdienstleistungsaufsicht abrufbar.[18]

II. Sanktionen und Rechtsweg

6 Sofern die Statistik vom Gesamtverband der Deutschen Versicherungswirtschaft e. V. (GDV) nicht mehr geführt werden und ein Versicherungsunternehmen seiner gesetzlichen Verpflichtung zur Datenübermittlung nicht nachkommen sollte, könnte die Aufsichtsbehörde nach § 81 Abs. 2 VAG die geeigneten und erforderlichen Anordnungen treffen, um diesen Missstand zu beseitigen. Hiergegen stünde dem Versicherungsunternehmen dann der Rechtsweg durch Anfechtungsklage zum Verwaltungsgericht offen.[19]

§ 11 (Verordnung über Statistik)

Das Bundesministerium der Finanzen wird ermächtigt, im Einvernehmen mit dem Bundesministerium der Justiz und dem Bundesministerium für Wirtschaft und Technologie durch Rechtsverordnung Vorschriften zu erlassen über den Inhalt, die Form und die Gliederung der nach § 9 zu führenden Kraftfahrzeug-Haftpflichtversicherungsstatistik sowie über die Fristen, den Inhalt, die Form und die Stückzahl der von den Versicherungsunternehmen einzureichenden Mitteilungen.

Übersicht

	Rdn.
A. Allgemeines	1
B. Regelungsgehalt	3
I. derzeit fehlende Praxisrelevanz	3
II. Auslegung der Ermächtigungsnorm	4
C. weitere praktische Hinweise	5

---

18 Vgl. *http://www.bafin.de/SharedDocs/Downloads/DE/Statistik/2013/dl_st_va_2013_schaden_va.html*.

19 Vgl. *Feyock* in: Feyock/Jacobsen/Lemor Kraftfahrtversicherung, 3. Auflage 2009, § 10 PflVG Rn. 10.

(Verordnung über Statistik) § 11 PflVG

A. Allgemeines

Die zum 29.07.1994 in erheblichem Umfange geänderte[1] und seitdem nahezu[2] unveränderte Vorschrift soll die technische Durchführung der in § 9 PflVG erwähnten Statistik ermöglichen, ohne das Gesetz mit Einzelheiten zu belasten.[3]   1

Der Gesetzgeber geht jedoch davon aus, dass solange, wie der HUK-Verband[4] bereit ist, die nach § 9 PflVG vorgesehene Statistik auf freiwilliger Grundlage zu führen und dadurch ein für die Aussagefähigkeit der Statistik genügender Teil der in Deutschland tätigen Kraftfahrzeug-Haftpflichtversicherer daran beteiligt ist, kein Anlass besteht, von der Verordnungsermächtigung Gebrauch zu machen.[5]   2

B. Regelungsgehalt

I. derzeit fehlende Praxisrelevanz

Da die momentan vom Gesamtverband der Deutschen Versicherungswirtschaft e. V. (GDV) geführte Statistik den Anforderungen des Gesetzgebers genügt und der BaFin regelmäßig die für die Veröffentlichung notwendigen Daten zur Verfügung gestellt werden[6], wurde bislang von der Ermächtigung kein Gebrauch gemacht.[7] Zutreffend hebt *Müringer*[8] in diesem Zusammenhang hervor, dass grundsätzlich auch in Zukunft davon auszugehen ist, dass der Gesamtverband der Deutschen Versicherungswirtschaft e. V. (GDV) auch weiterhin auf freiwilliger Basis bereit sein wird, die betreffende Statistik zu führen.   3

II. Auslegung der Ermächtigungsnorm

Sollte sich das Bundesministerium der Finanzen jedoch dazu veranlasst sehen, als Verordnungsgeber tätig zu werden, wäre die »recht unbestimmte Formulierung über die   4

---

1 Vgl. Drittes Durchführungsgesetz/EWG zum VAG vom 21. Juli 1994 (BGBl. I S. 1630, 3134).
2 Die letzte klarstellende Änderung erfolgte durch die Neunte Zuständigkeitsanpassungsverordnung vom 31. Oktober 2006 (BGBl. I S. 2407; 2007 I S. 2149). Die Zuständigkeit des »Bundesministerium für Wirtschaft und Arbeit« wurde durch diejenige des »Bundesministerium für Wirtschaft und Technologie« ersetzt.
3 Vgl. die Begründung zum Regierungsentwurf zum Dritten Durchführungsgesetz/EWG zum VAG vom 04.03.1994, BT-Drucks. 12/6959, S. 111.
4 Bzw. Gesamtverband der Deutschen Versicherungswirtschaft e. V. (GDV).
5 Vgl. die Begründung zum Regierungsentwurf zum Dritten Durchführungsgesetz/EWG zum VAG vom 04.03.1994, BT-Drucks. 12/6959, S. 111.
6 Vgl. hierzu auch die hiesige Kommentierung zu § 10 PflVG Rn. 3.
7 Vgl. *Schwab* in: Staudinger/Halm/Wendt Fachanwaltskommentar Versicherungsrecht, 1. Auflage 2013, § 11 PflVG; *Langheid* in: Römer/Langheid Versicherungsvertragsgesetz, 2. Auflage 2003, § 11 PflVG Rn. 3.
8 In: Kommentar zur Pflichtversicherung in der Kfz-Haftpflichtversicherung, 1. Auflage 1999, S. 115.

§ 12 PflVG (Entschädigungsfonds)

Gegenstände, über die im Einzelnen Statistiken zu führen sind«[9], zunächst zu konkretisieren. In diesem Zusammenhang wäre die Ermächtigungsnorm richtigerweise eng auszulegen. *Feyock*[10] weist zutreffend darauf hin, dass das Bundesministerium der Finanzen dann insbesondere keine festen Tarifstrukturen vorgeben, keine Verbindlichkeit der Ergebnisse der Gemeinschaftsstatistik für die Preisgestaltung der Versicherungsunternehmen vorschreiben und es kein Versicherungsunternehmen zwingen darf, Daten zu übermitteln, die es nach seiner eigenen Tarifgestaltung zur Risikoerfassung nicht benötigt.

C. weitere praktische Hinweise

5 **Sanktionen und Rechtsweg**

Sofern der Gesamtverband der Deutschen Versicherungswirtschaft e. V. (GDV) nicht mehr bereit wäre, die Gemeinschaftsstatistik zu führen, und das Bundesministerium der Finanzen dennoch auf den Erlass einer Verordnung verzichten würde, müsste die BaFin gemäß § 81 Abs. 2 VAG die Anforderungen zur Übermittlung statistischer Informationen eigenverantwortlich in Form eines Sammelverwaltungsaktes konkretisieren.[11] Hiergegen stünde dem Versicherungsunternehmen dann der Rechtsweg durch Anfechtungsklage zum Verwaltungsgericht offen.[12]

§ 12 (Entschädigungsfonds)

(1) Wird durch den Gebrauch eines Kraftfahrzeugs oder eines Anhängers im Geltungsbereich dieses Gesetzes ein Personen- oder Sachschaden verursacht, so kann derjenige, dem wegen dieser Schäden Ersatzansprüche gegen den Halter, den Eigentümer oder den Fahrer des Fahrzeugs zustehen, diese Ersatzansprüche auch gegen den »Entschädigungsfonds für Schäden aus Kraftfahrzeugunfällen« (Entschädigungsfonds) geltend machen,
1. wenn das Fahrzeug, durch dessen Gebrauch der Schaden verursacht worden ist, nicht ermittelt werden kann,
2. wenn die auf Grund eines Gesetzes erforderliche Haftpflichtversicherung zugunsten des Halters, des Eigentümers und des Fahrers des Fahrzeugs nicht besteht,
2a. wenn der Halter des Fahrzeugs nach § 2 Abs. 1 Nr. 6 oder nach einer in Umsetzung des Artikels 5 Absatz 2 der Richtlinie 2009/103/EG erlassenen Bestimmung eines anderen Mitgliedstaats der Europäischen Union von der Versicherungspflicht befreit ist,

---

9 Vgl. *Langheid* in: Römer/Langheid Versicherungsvertragsgesetz, 2. Auflage 2003, § 11 PflVG Rn. 3.
10 In: Feyock/Jacobsen/Lemor Kraftfahrtversicherung, 3. Auflage 2009, § 11 PflVG Rn. 2.
11 Vgl. *Feyock* in: Feyock/Jacobsen/Lemor Kraftfahrtversicherung, 3. Auflage 2009, § 11 PflVG Rn. 4 m. w. N.
12 Ebenda.

3. wenn für den Schaden, der durch den Gebrauch des ermittelten oder nicht ermittelten Fahrzeugs verursacht worden ist, eine Haftpflichtversicherung deswegen keine Deckung gewährt oder gewähren würde, weil der Ersatzpflichtige den Eintritt der Tatsache, für die er dem Ersatzberechtigten verantwortlich ist, vorsätzlich und widerrechtlich herbeigeführt hat,
4. wenn die Versicherungsaufsichtsbehörde den Antrag auf Eröffnung eines Insolvenzverfahrens über das Vermögen des leistungspflichtigen Versicherers stellt oder, sofern der Versicherer seinen Sitz in einem anderen Mitgliedstaat der Europäischen Union oder einem Vertragsstaat des Abkommens über den Europäischen Wirtschaftsraum hat, von der zuständigen Aufsichtsbehörde eine vergleichbare Maßnahme ergriffen wird.

Das gilt nur, soweit der Ersatzberechtigte in den Fällen der Nummern 1 bis 3 glaubhaft macht, dass er weder von dem Halter, dem Eigentümer oder dem Fahrer des Fahrzeugs noch in allen Fällen nach Satz 1 von einem Schadensversicherer oder einem Verband von im Inland zum Geschäftsbetrieb befugten Haftpflichtversicherern Ersatz seines Schadens zu erlangen vermag. Die Leistungspflicht des Entschädigungsfonds entfällt, soweit der Ersatzberechtigte in der Lage ist, Ersatz seines Schadens nach den Vorschriften über die Amtspflichtverletzung zu erlangen, oder soweit der Schaden durch Leistungen eines Sozialversicherungsträgers, durch Fortzahlung von Dienst- oder Amtsbezügen, Vergütung oder Lohn oder durch Gewährung von Versorgungsbezügen ausgeglichen wird. Im Falle einer fahrlässigen Amtspflichtverletzung geht abweichend von § 839 Abs. 1 Satz 2 des Bürgerlichen Gesetzbuches die Ersatzpflicht auf Grund der Vorschriften über die Amtspflichtverletzung der Leistungspflicht des Entschädigungsfonds vor. Die Leistungspflicht des Entschädigungsfonds entfällt ferner bei Ansprüchen wegen der Beschädigung von Einrichtungen des Bahn-, Luft- und Straßenverkehrs sowie des Verkehrs auf Binnenwasserstraßen einschließlich der mit diesen Einrichtungen verbundenen Sachen, sowie wegen der Beschädigung von Einrichtungen der Energieversorgung oder der Telekommunikation.

(2) In den Fällen des Absatzes 1 Nr. 1 können gegen den Entschädigungsfonds Ansprüche nach § 253 Abs. 2 BGB nur geltend gemacht werden, wenn und soweit die Leistung einer Entschädigung wegen der besonderen Schwere der Verletzung zur Vermeidung einer groben Unbilligkeit erforderlich ist. Für Sachschäden beschränkt sich in den Fällen des Absatzes 1 Satz 1 Nr. 1 die Leistungspflicht des Entschädigungsfonds auf den Betrag, der 500 Euro übersteigt. Ansprüche auf Ersatz von Sachschäden am Fahrzeug des Ersatzberechtigten können darüber hinaus in den Fällen des Absatzes 1 Satz 1 Nr. 1 nur geltend gemacht werden, wenn der Entschädigungsfonds auf Grund desselben Ereignisses zur Leistung einer Entschädigung wegen der Tötung einer Person oder der erheblichen Verletzung des Körpers oder der Gesundheit des Ersatzberechtigten oder eines Fahrzeuginsassen des Fahrzeugs verpflichtet ist.

(3) Der Anspruch des Ersatzberechtigten gegen den Entschädigungsfonds verjährt in drei Jahren. Die Verjährung beginnt mit dem Zeitpunkt, in dem der Ersatzberechtigte von dem Schaden und von den Umständen Kenntnis erlangt, aus denen sich ergibt, dass er seinen Ersatzanspruch gegen den Entschädigungsfonds geltend machen kann.

§ 12 PflVG (Entschädigungsfonds)

Ist der Anspruch des Ersatzberechtigten bei dem Entschädigungsfonds angemeldet worden, so ist die Verjährung bis zum Eingang der schriftlichen Entscheidung des Entschädigungsfonds und, wenn die Schiedsstelle (§ 14 Nr. 3) angerufen worden ist, des Einigungsvorschlags der Schiedsstelle gehemmt. Im Fall des Absatzes 1 Satz 1 Nr. 4 wird die gegenüber dem leistungspflichtigen Versicherer verstrichene Verjährungsfrist eingerechnet.

(4) Im Übrigen bestimmen sich Voraussetzungen und Umfang der Leistungspflicht des Entschädigungsfonds sowie die Pflichten des Ersatzberechtigten gegenüber dem Entschädigungsfonds nach den Vorschriften, die bei Bestehen einer auf Grund dieses Gesetzes abgeschlossenen Haftpflichtversicherung für das Verhältnis zwischen dem Versicherer und dem Dritten in dem Falle gelten, dass der Versicherer dem Versicherungsnehmer gegenüber von der Verpflichtung zur Leistung frei ist. In den Fällen des Absatzes 1 Satz 1 Nummer 4 bestimmt sich die Leistungspflicht des Entschädigungsfonds nach der vereinbarten Versicherungssumme; sie beträgt maximal das Dreifache der gesetzlichen Mindestversicherungssumme. In den Fällen des Absatzes 1 Nr. 2 und 3 haben der Halter, der Eigentümer und der Fahrer des Fahrzeugs gegenüber dem Entschädigungsfonds die einen Versicherungsnehmer nach Eintritt des Versicherungsfalls gegenüber dem Versicherer treffenden Verpflichtungen zu erfüllen.

(5) Der Entschädigungsfonds kann von den Personen, für deren Schadensersatzverpflichtungen er nach Absatz 1 einzutreten hat, wie ein Beauftragter Ersatz seiner Aufwendungen verlangen.

(6) Der Ersatzanspruch des Ersatzberechtigten gegen den Halter, den Eigentümer und den Fahrer des Fahrzeugs sowie ein Ersatzanspruch, der dem Ersatzberechtigten oder dem Halter, dem Eigentümer oder dem Fahrer des Fahrzeugs gegen einen sonstigen Ersatzpflichtigen zusteht, gehen auf den Entschädigungsfonds über, soweit dieser dem Ersatzberechtigten den Schaden ersetzt. Der Übergang kann nicht zum Nachteil des Ersatzberechtigten geltend gemacht werden. Gibt der Ersatzberechtigte seinen Ersatzanspruch oder ein zur Sicherung des Anspruchs dienendes Recht auf, so entfällt die Leistungspflicht des Entschädigungsfonds insoweit, als er aus dem Anspruch oder dem Recht hätte Ersatz erlangen können. Soweit der Entschädigungsfonds Ersatzansprüche nach Absatz 1 Nr. 4 befriedigt, sind dessen Ersatzansprüche gegenüber dem Versicherungsnehmer und mitversicherten Personen auf je 2.500 Euro beschränkt. Die Beschränkung der Ersatzansprüche gilt in den Fällen des Absatzes 1 Satz 1 Nummer 4 auch für diejenigen Ansprüche gegen den Versicherungsnehmer und die mitversicherte Person, soweit eine Leistungspflicht des Entschädigungsfonds nach Absatz 1 Satz 2 und 3 entfällt. Machen mehrere Berechtigte Ersatzansprüche geltend, sind diese Ersatzansprüche gegenüber dem Versicherungsnehmer auf insgesamt 2.500 Euro und gegenüber mitversicherten Personen ebenfalls auf insgesamt 2.500 Euro beschränkt; die Auszahlung erfolgt nach dem Verhältnis der Beträge.

(7) Im Fall des Absatzes 1 Satz 1 Nr. 4 sind der Versicherer und sein nach § 8 Abs. 2 Satz 1 bestellter Vertreter, der vorläufige Insolvenzverwalter ebenso wie der Insolvenzverwalter (§ 22 Abs. 1 Satz 1, § 56 der Insolvenzordnung), der von der Aufsichtsbehörde bestellte Sonderbeauftragte sowie alle Personen, die mit der Verwal-

tung der Kraftfahrzeug-Haftpflichtversicherungsverträge einschließlich der Regulierung der diesen Verträgen zuzurechnenden Schadensfälle betraut sind, verpflichtet, dem Entschädigungsfonds die für die Erfüllung seiner Aufgaben erforderlichen Auskünfte zu erteilen, die benötigten Unterlagen zu überlassen und ihn bei der Abwicklung zu unterstützen.

Übersicht

		Rdn.
A.	Allgemeines	1
B.	Regelungsinhalt	2
I.	Allgemeine Anspruchsvoraussetzungen	2
	1. Gebrauch	2
	2. Geltungsbereich	3
	3. Deckungsumfang	6
	4. Ersatzberechtigter	7
II.	Besondere Voraussetzungen nach § 12 Abs. 1 S. 1 Nr. 1–3 PflVG	9
	1. Nicht ermittelbares Schädigerfahrzeug	9
	2. Nicht versicherte Fahrzeuge	15
	3. Von der Versicherungspflicht befreite Fahrzeuge	20
	4. Vorsätzliche Schädigung	22
	5. Insolvenz des Versicherers	29
	6. Streitfälle	30
III.	Einschränkung der Leistungspflicht und vorrangige Eintrittspflichtige	31
IV.	Einschränkung der Leitungspflicht bei nicht ermittelbarem Schädigerfahrzeug (§ 12 Abs. 1 S. 1 Nr. 1 PflVG)	38
V.	Verjährung	42
VI.	Ersatzansprüche	43
VII.	Regulierungsverfahren	47

A. Allgemeines

Durch die Einrichtung des Entschädigungsfonds sollen Opfer von Verkehrsunfällen geschützt werden, welche andernfalls ihre Ansprüche gegen den Schädiger nicht durchsetzen können, weil dieser nicht zu ermitteln ist (z. B. Fahrerflucht), das Fahrzeug pflichtwidrig nicht versichert ist oder der eintrittspflichtige Versicherer Insolvenz angemeldet hat.

B. Regelungsinhalt

I. Allgemeine Anspruchsvoraussetzungen

1. Gebrauch

Die erste Vorrausetzung für die Inanspruchnahme des Fonds ist, dass der Personen- und/oder Sachschaden beim Gebrauch eines Kraftfahrzeuges entstanden ist.[1] Der EUGH hat den Begriff Gebrauch des Fahrzeuges sehr weit ausgelegt. Dieser umfasst

---

[1] Siehe hierzu *Schwab* § 1 PflVG, Rdn. 37 ff.

§ 12 PflVG (Entschädigungsfonds)

jede Benutzung eines Fahrzeuges, die dessen gewöhnlicher Funktion entspricht, unabhängig davon, ob sich das Fahrzeug in Bewegung befindet oder nicht.[2] Kraftfahrzeug in diesem Sinne ist jedes maschinell angetriebene Kraftfahrzeug, welches zum Verkehr zu Lande bestimmt und nicht an Gleise gebunden ist, sowie die Anhänger, auch wenn sie nicht angekoppelt sind.[3]

2. Geltungsbereich

3   Die Regelungen des § 12 PflVG gelten für Schadenfälle die sich im Gebiet der Bundesrepublik Deutschland ereignet haben. Darüber hinaus werden auch Schadenfälle im Ausland erfasst, wenn das schadenverursachende Fahrzeug nicht ermittelt werden kann und in dem Staat in dem sich der Schadenfall ereignet hat eine Stelle besteht, die in diesen Fällen Ersatz leistet, Deutsche aber von den Ersatzleistungen ausschließt.[4]

4   Eintrittspflicht besteht auch für Schadenfälle die durch pflichtwidrig nicht versicherte Fahrzeuge verursacht wurden und sich auf privaten Wegen und Grundstücken ereignet haben. Zwar besteht nach § 1 PflVG eine Versicherungspflicht nur, wenn das Fahrzeug auf öffentlichen Wegen oder Plätzen verwendet wird, jedoch ist eine solche Einschränkung des Versicherungsschutzes für Unfälle auf nicht öffentlichen Wegen oder Plätzen nach § 2 Abs. 1 KfzPflVV nicht vorgesehen und entsprechende Schäden sind im Rahmen einer bestehenden Kfz-Haftpflichtversicherung gedeckt. In den europarechtlichen Regelungen ist eine solche Einschränkung ebenfalls nicht vorgesehen.[5] Zu beachten ist jedoch, dass eine Haftung nach § 7 StVG u. U. auf privaten Wegen und Grundstücken entfällt.

5   Die Richtlinie 2009/103/EG bezieht sich auf alle Fahrzeuge[6], also auch solche, die nach § 2 Abs. 6 von der Versicherungspflicht befreit sind. Entsprechende Ausnahmen von der Versicherungspflicht sind zulässig.[7] Opfer von Unfällen mit solchen Fahrzeugen sollen ebenso behandelt werden, wie Opfer von Unfällen durch pflichtwidrig nicht versicherte Fahrzeuge.[8] Entsprechend besteht eine Eintrittspflicht des Entschädigungsfonds auch für diese Fälle.[9]

3. Deckungsumfang

6   Der Entschädigungsfonds haftet nur im Rahmen der Mindestdeckungssummen wie ein leistungsfreier Versicherer.[10] Die Höhe der Mindestdeckungssummen ist in der Anlage zu § 4 PflVG Abs. 2 festgelegt. Europarechtlich ist die Höhe der Mindest-

---

2   *EUGH*, Urt. v. 04.09.2014 – C162/13.
3   Art. 1, S. 1 Richtlinie 2009/103/EG; § 1, Abs. 2 StVG.
4   § 10 VO Entschädigungsfonds, § 14 PflVG.
5   Art. 3, Art. 5 Richtlinie 2009/103/EG; *EUGH*, Urt. v. 04.09.2014 – C162/13.
6   Art. 1 Abs. 1 Richtlinie 2009/103/EG.
7   Art. 5 Abs. 2 S. 1 Richtlinie 2009/103/EG.
8   Art. 5 Abs. 2 S. 2 Richtlinie 2009/103/EG; Erwägungsgrund 11 Richtlinie 2009/103/EG.
9   Art. 3 Abs. 2 S. 3 Richtlinie 2009/103/EG.
10 § 12 Abs. 4 S. 1 PflVG.

deckungssummen in Art. 9 der Richtlinie 2009/103/EG geregelt. In einem Fall nach § 12 Abs. 1 S. 1 Nr. 4 PflVG (Insolvenz des Versicherers) haftet der Entschädigungsfonds nach der vereinbarten Versicherungssumme, maximal bis zum Dreifachen der gesetzlichen Mindestversicherungssumme.[11] Vermögensschäden werden nicht ersetzt.

4. Ersatzberechtigter

Ersatzberechtigt ist, wem Ersatzansprüche aus einem Schadenfall im Geltungsbereich des PflVG wegen Personen- oder Sachschäden gegen den Halter, den Eigentümer oder den Fahrer des Fahrzeuges zustehen. Voraussetzung ist daher das Bestehen eines Anspruchs gemäß § 823 Abs. 1 BGB und/oder § 7 Abs. 1 StVG. Der Geschädigte ist beweispflichtig für Grund und Höhe seines Anspruches. Eine Beweiserleichterung sieht das Gesetz hier nicht vor.[12]

7

Nach § 14 PflVG und § 11 der Verordnung über den Entschädigungsfonds für Schäden aus Kraftfahrzeugunfällen besteht eine Leistungspflicht des Entschädigungsfonds gegenüber ausländischen Staatsangehörigen ohne festen Wohnsitz im Inland nur bei Vorliegen der Gegenseitigkeit. Ein fester Wohnsitz liegt dann vor, wenn der ausländische Geschädigte nicht nur kurzfristig an einem bestimmten Wohnort im Inland ansässig ist und sich auch der räumliche Schwerpunkt seiner Lebensverhältnisse dort abspielt. Ausländer aus Drittländern mir einem festen Wohnsitz in einem anderen EU-Mitgliedsland sind wie Ausländer ohne festen Wohnsitz zu behandeln.[13] Flüchtlinge ohne deutsche Volkszugehörigkeit (Art. 116 GG) sind ebenfalls wie Ausländer ohne festen Wohnsitz in Deutschland zu behandeln und haben trotz des Art. 23 der Genfer Flüchtlingskonvention keinen Anspruch gegen den Entschädigungsfonds, wenn keine Gegenseitigkeit mit deren Heimatstaat vereinbart ist.[14] Unter Gegenseitigkeit wird verstanden, dass ein deutscher Geschädigter bei einem Unfall im Heimatstaat des geschädigten Ausländers, bei Vorliegen der Voraussetzungen, ebenfalls entschädigt werden würde. Eine unterschiedliche Höhe der Leistungen spielt keine Rolle. Gegenseitigkeit besteht mit den Mitgliedsstaaten der EU, des EWR, der Schweiz, Iran, Israel, Serbien, Türkei, Weißrussland und einzelner Bundesstaaten der USA.[15] Bei ausländischen Truppenangehörigen, die dem NATO-Truppenstatut unterliegen, gilt der Stationierungsort als fester Wohnsitz.

8

---

11 § 12 Abs. 4 S. 2 PflVG.
12 BT-Drucks. IV/2252, S. 24 f.
13 Himmelreich/Halm/*Schwarz*, Handbuch des Fachanwalts Verkehrsrecht, Kapitel 29, Rn. 65–67.
14 Himmelreich/Halm/*Schwarz*, Handbuch des Fachanwalts Verkehrsrecht, Kapitel 29, Rn. 68.
15 *Elvers* in Feyock/Jacobsen/Lemor, § 12, Rn. 29.

§ 12 PflVG (Entschädigungsfonds)

II. Besondere Voraussetzungen nach § 12 Abs. 1 S. 1 Nr. 1–3 PflVG

1. Nicht ermittelbares Schädigerfahrzeug

9   Neben den Fällen in denen das schadenstiftende Fahrzeug nicht ermittelt werden kann (z. B. wegen Unfallflucht), fallen hierunter auch die Schadenfälle in denen das Kennzeichen falsch abgelesen oder ein falsches Kennzeichen verwendet wurde. Im Fall der Verwendung eines falschen Kennzeichens kann jedoch im Einzelfall von einem nicht versicherten Fahrzeug ausgegangen werden, wenn dies aufgrund der besonderen Umstände als nahezu gesichert angesehen werden kann.[16] Bei der Verwendung von falschen oder falsch abgelesenen ausländischen Kennzeichen ist der Entschädigungsfonds ebenfalls zuständig, wenn das scheinbar zuständige ausländische Grüne Karte Büro die Garantie nach Art. 11.2 Internal Regulations verweigert.[17]

10 Keine Eintrittspflicht besteht bei Massenunfällen, bei denen alle beteiligten Fahrzeuge feststehen und lediglich das schuldhafte Verhalten eines bestimmten Fahrers nicht nachgewiesen werden kann.[18]

11 Mit der Einführung des § 12 Abs. 1 S. 1 Nr. 2a PflVG ist auch bei nicht ermittelbaren und von der Versicherungspflicht befreiten Schädigerfahrzeugen von einer Eintrittspflicht des Entschädigungsfonds auszugehen.[19] Zu beachten ist jedoch, dass eine Haftung nach § 7 StVG u. U. bei von der Versicherungspflicht befreiten Fahrzeugen entfällt.[20]

12 Beweiserleichterungen für den Geschädigten sind nicht vorgesehen.[21] Wie bei anderen Schadenfällen trägt der Geschädigte die volle Beweislast für Beteiligung eines anderen Fahrzeuges, das Bestehen einer Anspruchsvoraussetzung (§§ 823 Abs. 1 BGB, 7 Abs. 1 StVG) sowie den Kausalzusammenhang zwischen Unfallablauf und dem eingetretenen Schaden.[22]

13 Die Anwesenheit eines unerkannt gebliebenen Fahrzeuges an der Unfallstelle ist kein Beweis dafür, dass sich der Unfall beim Betrieb dieses Fahrzeuges ereignet hat.[23] Das Verhalten des Fahrers oder der Betrieb des Fahrzeuges muss an der Entstehung des Schadens mitgewirkt haben.[24] Die bloße Möglichkeit, dass ein entsprechender Um-

---

16 *Elvers* in Feyock/Jacobsen/Lemor, § 12, Rn. 47.
17 Art. 1 Nr. 4d Richtlinie 2009/103/EG; Art. 11.2 Internal Regulations; Explanatory Memorandum to Internal Regulations zu Art. 11.1 und 11.2.
18 *Elvers* in Feyock/Jacobsen/Lemor, § 12, Rn. 39.
19 Art. 5 Abs. 1 S. 2 Richtlinie 2009/103/EG.
20 Vgl. § 8 StVG.
21 BT-Drucksache IV/2252, S. 24 f.; Bruck/Möller/*Johannsen*, Kraftfahrtversicherung, Anm. B 106, S. 205 ff.
22 *OLG Dresden*, Urt. v. 14.05.2010 – 7 U 283/10, DAR 2012, 461; *LG Kleve*, Urt. v. 25.05.2010 – 3 O 278/09, ADAJUR Dok.Nr. 88317; *LG Bremen*, Urt. v. 27.01.2010 – 8 O 1853/08, DAR 2010, 587 = ADAJUR Dok.Nr. 86605.
23 *BGH*, Urt. v. 11.07.1972 – VI ZR 86/71, JurionRS 1972, 11088 = DAR 1972, 332 = MDR 1972, 1023 = NJW 1972, 1808 = VersR 1972, 1074.
24 *BGH*, Urt. v. 22.10.1968 – VI ZR 178/67, VersR 1969, 58.

stand unfallursächlich gewesen sein könnte, ist nicht ausreichend.[25] Der Nachweis ist dann als erbracht anzusehen, wenn vernünftige Zweifel an der Unfallverursachung durch ein anderes Fahrzeug ausscheiden.[26]

Sofern der Schaden durch den Fahrer eines nicht ermittelbaren Fahrzeuges vorsätzlich verursacht wurde, findet § 12 Abs. 1 S. 1 Nr. 3 PflVG Anwendung. 14

2. Nicht versicherte Fahrzeuge

Hierunter fallen alle versicherungspflichtigen Fahrzeuge[27] für die kein ordnungsgemäßer Versicherungsschutz mehr besteht. 15

Eine Einschränkung auf inländische Fahrzeuge erfolgt nicht, so dass § 12 Abs. 1 S. 1 Nr. 2 PflVG auch auf ausländische Fahrzeuge anzuwenden ist.[28] Zu beachten ist jedoch, dass bei im Ausland zugelassenen Fahrzeugen das Deutsche Büro Grüne Karte eintrittspflichtig ist, wenn das zuständige ausländische Grüne Karte Büro die Garantie nicht nach Art. 11.2 Internal Regulations verweigert. Sofern das ausländische Fahrzeug nicht mehr mit einem gesetzlich gültigen amtlichen Kennzeichen versehen ist, bzw. Kennzeichen trägt, welche dem Fahrzeug nicht (gefälschte Kennzeichen, Kennzeichenmissbrauch) oder nicht mehr zugeordnet (abgelaufene bzw. nicht mehr gültige Kennzeichen) sind, gilt das Land in dem sich der Unfall ereignet hat als gewöhnlicher Standort des Fahrzeuges.[29] In diesem Fall ist der Entschädigungsfonds des Unfalllandes eintrittspflichtig. 16

Maßgeblich ist nicht die Leistungsfreiheit des Versicherers gegenüber dem Versicherungsnehmer, sondern das tatsächliche Nichtbestehen oder die wirksame Beendigung des Versicherungsverhältnisses auch im Außenverhältnis.[30] Eine wirksame Beendigung des Versicherungsverhältnisses ist nur gegeben, wenn der Vertrag gegenüber dem Versicherungsnehmer gekündigt wurde und eine Anzeige des Versicherers über das Nichtbestehen der Versicherung gemäß § 25 Abs. 1 FZV an die Zulassungsbehörde erfolgt ist. Sofern der Zulassungsstelle eine Versicherungsbestätigung über den Abschluss einer neuen KFZ-Haftpflichtversicherung zugegangen ist, ist eine Anzeige nach § 25 Abs. 1 FZV nicht erforderlich.[31] Kann der Versicherer die wirksame Beendigung (z. B. wegen eines fehlenden Zustellungsnachweises der Kündigung) nicht nachweisen, bleibt dieser dem Dritten gegenüber eintrittspflichtig, auch wenn eine Anzeige nach § 25 Abs. 1 FZV erfolgt ist, da eine entsprechende Anzeige erst dann wirksam erfolgen 17

---

25 *OLG Düsseldorf*, Urt. v. 15.03.2011 – I-1 U 126/10, JurionRS 2011, 34011 = ADAJUR Dok.Nr. 95017 (Ölspur als Unfallursache).
26 *OLG Dresden*, Urt. v. 14.05.2010 – 7 U 283/10, DAR 2012, 461; *OLG Düsseldorf*, Urt. v. 15.03.2011 – I-1 U 126/10, JurionRS 2011, 34011 = ADAJUR Dok.Nr. 95017.
27 § 2 PflVG; Art. 5 Richtlinie 2009/103/EG.
28 § 1 AuslPflVG; Art. 10 Richtlinie 2009/103/EG.
29 Art. 1 Nr. 4d Richtlinie 2009/103/EG; Art. 11.2 Internal Regulations; Explanatory Memorandum to Internal Regulations zu Art. 11.1 und 11.2.
30 Vgl. § 117 VVG.
31 *Kreuter-Lange* § 117 VVG, Rdn. 15–19.

§ 12 PflVG (Entschädigungsfonds)

kann, wenn die Kraftfahrzeug-Haftpflichtversicherung nicht oder nicht mehr besteht.[32] Die Zuteilung eines Kurzzeitkennzeichens gilt gleichzeitig auch als Anzeige zur Beendigung der Haftung nach § 25 Abs. 1 FZV. Ausfuhrkennzeichen (Zollkennzeichen) nach § 19 FZV fallen nicht unter die Regelungen für Kurzzeitkennzeichen nach § 25 Abs. 1 Satz 4 FZV. Insoweit muss auch hier eine Anzeige nach § 25 Abs. 1 FZV erfolgen um die Nachhaftungsfrist in Gang zu setzen. Das Nichtbestehen oder die Beendigung des Versicherungsverhältnisses kann einem Dritten erst nach Ablauf eines Monats nach erfolgter Anzeige gemäß § 25 Abs. 1 FZV (bei Kurzzeitkennzeichen einen Monat nach Ablauf der Gültigkeit) entgegen gehalten werden (Nachhaftung).[33]

18 Werden Fahrzeuge von einem Mitgliedstaat in einen anderen versandt, so ist während eines Zeitraumes von dreißig Tagen unmittelbar nach der Annahme der Lieferung durch den Käufer der Bestimmungsmitgliedstaat, als der Mitgliedstaat anzusehen, der mit dem Risiko zu belegen ist, selbst wenn das Fahrzeug im Bestimmungsland nicht offiziell zugelassen wurde.[34] Ist das Fahrzeug innerhalb dieses Zeitraumes in einen Unfall verwickelt und nicht versichert, so ist die Entschädigungsstelle des Bestimmungsmitgliedstaates schadenersatzpflichtig.[35]

19 Sofern das Schädigerfahrzeug keine Kennzeichen getragen hat oder mit falschen Kennzeichen versehen war, das Fahrzeug aber selbst bekannt ist, kann über die Fahrgestellnummer beim Kraftfahrtbundesamt der letzte Haftpflichtversicherer ermittelt werden. Hier ist dann zu prüfen, ob das Versicherungsverhältnis ordnungsgemäß beendet wurde und auch keine Nachhaftung mehr besteht. Andernfalls ist der letzte Haftpflichtversicherer eintrittspflichtig.

3. Von der Versicherungspflicht befreite Fahrzeuge

20 Mit der Einführung der Richtlinie 2009/103/EG wurde festgelegt, dass Geschädigte auch bei Unfällen mit von der Versicherungspflicht befreiten Fahrzeugen[36] einen Anspruch gegen den Entschädigungsfonds haben. Sofern es sich um ein Fahrzeug aus einem anderen Mitgliedstaat der Europäischen Union handelt, hat der Entschädigungsfonds einen Erstattungsanspruch gegenüber dem Entschädigungsfonds des Herkunftslandes.[37] Zu beachten ist, dass die Vorschriften nach § 7 PflVG für bestimmte, von der Versicherungspflicht befreite, Fahrzeuge nicht gelten.[38] Ein Anspruch gegen das Deutsche Büro Grüne Karte besteht hier nicht, da die dortige Verpflichtung nur greift, sofern das Fahrzeug in dem Land, in dem es benutzt wird (sich der Schadenfall ereignet) der Pflichtversicherung unterliegt.[39]

---

32 § 25 Abs. 1 S. 1 FZV.
33 § 117 Abs. 2 VVG.
34 Art. 15 Abs. 1 Richtlinie 2009/103/EG.
35 Art. 15 Abs. 2 Richtlinie 2009/103/EG.
36 § 2 PflVG; Art. 5 Richtlinie 2009/103/EG.
37 Art. 5 Abs. 2 S. 3 Richtlinie 2009/103/EG.
38 § 8 PflVG.
39 Art. 2.5 Internal Regulations.

(Entschädigungsfonds) § 12 PflVG

Bei einem Fahrzeug, welches in seinem Herkunftsland von der Versicherungspflicht befreit ist, in Deutschland aber versicherungspflichtig ist, ist eine Eintrittspflicht des Deutschen Büros Grüne Karte gegeben, sofern es sich bei dem Herkunftsland um ein Mitglied des Grüne Karte Systems handelt.[40]   21

4. Vorsätzliche Schädigung

Gemäß § 103 VVG i. V. m. § 117 Abs. 3 S. 1 VVG ist der Versicherer bei vorsätzlicher Herbeiführung des Schadens leistungsfrei.[41] Zu beachten ist, dass der Vorsatz immer nur gegenüber dem vorsätzlich Handelnden eingewandt werden kann. Weicht der Halter vom Fahrer ab, so bleiben ev. Ansprüche des Geschädigten nach § 7 Abs. 1 StVG gegen den Halter hiervon unberührt. Wenn das Fahrzeug ohne Wissen und Willen des Halters geführt wurde, besteht ein Anspruch nach § 7 Abs. 1 StVG gegen den Halter nur, wenn der Halter die Benutzung des Fahrzeuges durch sein Verschulden ermöglicht hat.[42] Gemäß § 7 Abs. 3 StVG tritt in diesen Fällen der unberechtigte Fahrer in die Haftung gemäß § 7 Abs. 1 StVG ein. Die Beweispflicht für eine vorsätzliche Handlung obliegt dem Kraftfahrzeughaftpflichtversicherer, welcher sich auf Vorsatz beruft.   22

Ein bedingter Vorsatz ist hier ausreichend. Nach ständiger Rechtsprechung des BGH ist bedingter Vorsatz dann gegeben, wenn der Täter den Eintritt des Erfolges als möglich erkennt und diesen billigend in Kauf nimmt. Die Billigung ist anzunehmen, wenn der Täter trotz starker Gefährdung des betroffenen Rechtsgutes sein Vorhaben durchführt, ohne darauf zu vertrauen, dass der vorgestellte Schaden nicht eintritt und es dem Zufall überlässt, ob sich die von Ihm erkannte Gefahr verwirklicht oder nicht.[43] Gegen eine Vorsatztat spricht eine versuchte Gefahrenabwehr (z. B. Notbremsung) oder die Selbstgefährdung (Ausnahme: Suizidabsichten).   23

Nicht abschließend geklärt ist, ob der Vorsatz auch die Schadenfolgen umfassen muss (Auffassung des Entschädigungsfonds). Im Hinblick auf die Anforderung an eine Vorsatztat nach der Rechtsprechung des BGH ist anzunehmen, dass sich der Täter über die   24

---

40 Art. 2.5 Internal Regulations.
41 *BGH*, Urt. v. 30.09.1980 – VI ZR 36/79, JurionRS 1980, 12106 = DAR 1981, 50 = MDR 1981, 218 = NJW 1981, 113 = VersR 1981, 40 = VRS 60, 85; *OLG Düsseldorf*, Urt. v. 28.02.2003 – 14 U 167/02, JurionRS 2003, 25229 = NZV 2003, 424 = r+s 2003, 258 VersR 2003, 1248 = ADAJUR Dok.Nr. 54628; *OLG Oldenburg*, Beschl. v. 05.08.2009 – 6 U 143/09, JurionRS 2009, 47319 = VK 2010, 12.
42 Vgl. § 7 Abs. 3 StVG; Zu den Anforderungen an die Sorgfaltsanforderungen gegen eine unberechtigte Nutzung: *OLG Hamm*, Urt. v. 02.10.1989 – 32 U 45/88, JurionRS 1989, 13895 = NZV 1990, 470 = NJW-RR 1990, 289 = zfs 1990, 150; *OLG Oldenburg*, Urt. v. 29.04.1998 – 2 U 264/97, JurionRS 1998, 39204 = DAR 1999, 265 = NZV 1999, 294 = VersR 1999, 482; *OLG Hamm*, Urt. v. 15.06.2005 – 13 U 63/05, JurionRS 2005, 23866 = DAR 2006, 277 = NJW-RR 2006, 397 = NZV 2006, 303 = r+s 2006, 33 = zfs 2006, 75 = VRR 2005, 402.
43 *BGH*, Urt. v. 16.07.1980 – 2 StR 127/80, JurionRS 1980, 11047 = JZ 1981, 35 m. Anm. *Köhler* = NStZ 1981, 22; *BGH*, Urt. v. 13.12.2001 – VII ZR 305/99, JurionRS 2001, 20439 = BauR 2002, 620 = DB 2002, 788 = MDR 2002, 513 = NJW-RR 2002, 740.

§ 12 PflVG (Entschädigungsfonds)

Möglichkeit der Rechtgutverletzung im Klaren sein muss, ohne darauf zu vertrauen, dass diese nicht eintritt. Demnach ist darauf abzustellen, ob der Täter in Kenntnis der Möglichkeit der Schädigung von seinem Vorhaben abgesehen hätte.[44] Bei einem Suizid oder Suizidversuch des Fahrers ist von Vorsatz auszugehen.[45]

25 Problematisch sind vor allem die Fälle in denen der Fahrer vorsätzlich ein Fahrmanöver durchführt um andere Verkehrsteilnehmer zu »disziplinieren« (Vorsatz bejaht bei plötzlichem scharfem Abbremsen[46]). Bei einem bloßen Abbremsen um einen anderen Verkehrsteilnehmer zum Anhalten zu bewegen ist ein Vorsatz in der Regel zu verneinen, da hier nicht davon auszugehen ist, dass der Fahrer damit rechnet, dass es deswegen zu einem Schaden kommt.

26 Provoziert der Fahrer und Halter eines Fahrzeuges einen Unfall ist von einem Risikoausschluss nach § 103 VVG auszugehen. Der Geschädigte kann sich in diesen Fällen an den Entschädigungsfonds wenden.

27 Bei manipulierten Unfällen liegt zwar auch eine Vorsatztat vor, allerdings ist der Entschädigungsfonds hier nicht eintrittspflichtig, da durch die Einwilligung des Geschädigten in die Beschädigung des Fahrzeuges keine widerrechtliche Schädigung vorliegt und somit kein Schadenersatzanspruch besteht.[47]

28 In den Fällen von Verfolgungsfahrten liegt ein Ausschluss nach § 103 VVG in der Regel nur vor, wenn der Täter ein Fahrzeug vorsätzlich beschädigt (z. B. der Täter rammt einen, seinen Fluchtweg versperrenden Streifenwagen, um seine Flucht fortsetzen zu können).[48] Rammt hingegen ein Polizeifahrzeug das Fahrzeug des Täters, haftet die Versicherung des Fluchtfahrzeuges im Rahmen der Herausforderung.[49] Hierbei ist grundsätzlich die Verhältnismäßigkeit der polizeilichen Maßnahmen zu beachten. Allerdings scheint die Argumentation des BGH in diesem Fall nicht ganz schlüssig, da u. a. das Verhalten des Schädigers nach der bisherigen Rechtsprechung des BGH als Vorsatz einzustufen ist.[50]

---

44 *OLG Hamm*, Urt. v. 15.06.2005 – 13 U 63/05, JurionRS 2005, 23866 = DAR 2006, 277 = NJW-RR 2006, 397 = NZV 2006, 303 = r+s 2006, 33 = zfs 2006, 75 = VRR 2005, 402.
45 *OLG Oldenburg*, Beschl. v. 05.08.2009 – 6 U 143/09, JurionRS 2009, 47257 = VK 2010, 12.
46 *OLG Düsseldorf*, Urt. v. 12.12.2005, I-1 U 91/05, JurionRS 2005, 33417.
47 *OLG Celle*, Urt. v. 21.02.2006 – 14 U 149/05, JurionRS 2006, 12125 = SVR 2006, 305 = VRR 2006, 305, bespr. v. *Notthoff*.
48 *LG Wuppertal*, Urt.v. 17.12.2004 – 1 O 262/04; siehe auch *LG Dortmund*, Urt. v. 01.06.2006 – 2 O 268/05, JurionRS 2006, 43030 = NJW-RR 2007, 26 = NZV 2007, 87.
49 *BGH*, Urt. v. 31.01.2012 – VI ZR 43/11, BGHZ 192, 261 = JurionRS 2012, 14346 = DAR 2012, 384 = MDR 2012, 707 = NJW 2012, 1951 = NZV 2012, 325 = r+s 2012, 511 = VersR 2012, 734 = VRR 2012, 262, bespr. v. *Knappmann* = zfs 2012, 436.
50 *BGH*, Urt. v. 16.07.1980 – 2 StR 127/80, JurionRS 1980, 11047 = JZ 1981, 35 m. Anm. *Köhler* = NStZ 1981, 22; *BGH*, Urt. v. Urt. v. 13.12.2001 – VII ZR 305/99, JurionRS 2001, 20439 = BauR 2002, 620 = DB 2002, 788 = MDR 2002, 513 = NJW-RR 2002, 740; *Schwab* DAR 2012, 490.

5. Insolvenz des Versicherers

Bereits bei Antrag auf Eröffnung eines Insolvenzverfahrens über das Vermögen des leistungspflichtigen Versicherers kann der Geschädigte seine Ansprüche gegenüber dem Entschädigungsfonds geltend machen. 29

6. Streitfälle

Nach Art. 11 der Richtlinie 2009/103/EG sollen Streitigkeiten über die Eintrittspflicht zwischen Versicherer und Entschädigungsfonds nicht zu Lasten des Geschädigten gehen. Es ist eine Partei zu bestimmen, die dem Geschädigten unverzüglich vorläufigen Schadensersatz leistet. Die andere Partei hat diese Aufwendungen zu erstatten, soweit später eine entsprechende Eintrittspflicht festgestellt wird. 30

III. Einschränkung der Leistungspflicht und vorrangige Eintrittspflichtige

Eine Leistungspflicht des Entschädigungsfonds besteht nur, wenn der Geschädigte nicht von einem Schadenversicherer oder einem Verband von im Inland zum Geschäftsbetrieb befugten Haftpflichtversicherern (Deutsches Büro Grüne Karte e. V. und Gemeinschaft der Grenzversicherer) Ersatz erlangen kann. Verbleibt bei dem Geschädigten ein Restschaden (z. B. Selbstbeteiligungen, Höherstufungsschaden), so wird dieser vom Entschädigungsfonds übernommen.[51] 31

Die Leistungspflicht entfällt auch bei Amtspflichtverletzung (§ 839 BGB). In der Regel betrifft dies Fälle, bei denen das Fahrzeug nach einer Anzeige gem. § 25 Abs. 1 FZV über das Nichtbestehen des Versicherungsschutzes durch die Zulassungsstelle nicht unverzüglich außer Betrieb gesetzt wird. Gelingt es der Zulassungsstelle nicht, dass Fahrzeug bis zum Ablauf der Nachhaftungsfrist aus dem Verkehr zu ziehen, so gilt dies als Anscheinsbeweis für eine Amtspflichtverletzung.[52] Die Zulassungsstelle kann diesen Anscheinsbeweis aber entkräften indem sie darlegt, dass umfangreiche Maßnahmen zur Außerbetriebsetzung des Fahrzeuges ergriffen wurden[53], oder beweist, dass der Schaden auch ohne die Amtspflichtverletzung eingetreten wäre[54]. 32

Ferner entfällt die Leistungspflicht des Entschädigungsfonds, wenn der Schaden des Geschädigten durch Leistungen eines Sozialversicherungsträgers ausgeglichen wird. 33

---

51 *Himmelreich/Halm/Schwarz*, Handbuch des Fachanwalts Verkehrsrecht, Kapitel 29, Rn. 156.
52 *LG Köln*, Urt,. v. 08.06.1979 – 5 O 45/78, VersR 1980, 954; *OLG Karlsruhe*, Urt. v. 07.03.1979 – 13 U 205/77, JurionRS 1979, 11437 = MDR 1979, 845 = r+s 1979, 256 = VersR 1980, 74.
53 *BGH*, Urt. v. 06.05.1957 – III ZR 35/56, JurionRS 1957, 14139 = VersR 57, 367; *BGH*, Urt. v. 28.09.1959 – III ZR 99/58, JurionRS 1959,14293 = MDR 1960,116 = NJW 1960, 240 = VersR 60, 75; *OLG Düsseldorf*, Urt. v. 11.03.1993 – 18 U 176/92, JurionRS 1993, 15539 = VersR 94, 859 = zfs 1994, 44.
54 *OLG Düsseldorf*, Urt. v. 11.03.1993 – 18 U 176/92, JurionRS 1993, 15539 = ADAJUR Dok.Nr. 20709 = OLGR 1993, 337 = VersR 94, 859 = zfs 1994, 44.

§ 12 PflVG (Entschädigungsfonds)

Eine Regressmöglichkeit des Sozialversicherungsträgers gegen den Entschädigungsfonds besteht nicht, es sei denn, dass die Ansprüche gemäß § 119 Abs. 1 SGB X übergegangen sind, da es hier um Ansprüche des Geschädigten selbst geht, welche nur treuhänderisch durch den Sozialversicherungsträger abgeführt werden.[55]

34 Leistungen der Sozialhilfe sind dagegen nachrangig[56], auch gegenüber Leitungen des Entschädigungsfonds.

35 Weiterhin entfällt die Leistungspflicht soweit der Schaden durch Fortzahlung von Dienst- und Amtsbezügen, Vergütung oder Lohn oder durch Gewährung von Versorgungsbezügen ausgeglichen wird. Hierunter fallen auch Leistungen der Bundesagentur für Arbeit und Beihilfeleistungen.[57]

36 In den Fällen nach § 12 Abs. 1 S. 1 Nr. 1–3 PflVG besteht eine Leistungspflicht darüber hinaus nur, wenn der Geschädigte glaubhaft macht, dass er weder vom Halter, Fahrer oder Eigentümer des schädigenden Fahrzeuges Ersatz erlangen kann. Es ist nicht erforderlich, dass der Geschädigte diesen Umstand beweist.[58]

37 Generell entfällt eine Leistungspflicht bei Schäden von Einrichtungen des Bahn- Luft- oder Straßenverkehrs sowie bei Beschädigung von Einrichtungen der Energieversorgung (auch Tankstellen) und der Telekommunikation. Hiermit wird dem Umstand Rechnung getragen, dass der Entschädigungsfonds in erster Linie dem wirtschaftlich schwachen Geschädigten dienen soll.[59] Diese Regelung ist auch europarechtlich unbedenklich, da laut Art. 10 Abs. 3 der Richtlinie 2009/103/EG die Mitgliedsstaaten den Ersatz von Sachschäden einschränken oder ausschließen können.

IV. Einschränkung der Leitungspflicht bei nicht ermittelbarem Schädigerfahrzeug (§ 12 Abs. 1 S. 1 Nr. 1 PflVG)

38 Die Einschränkung der Leistungspflicht in diesen Fällen wird damit begründet, eine Inanspruchnahme des Entschädigungsfonds über den eigentlichen Zweck hinaus zu vermeiden und diesen finanziell nicht zu überlasten.[60]

39 Eine Zahlung von Schmerzensgeld erfolgt nur in den Fällen einer besonders schweren Verletzung. Nach ständiger Rechtsprechung muss in diesen Fällen ein erheblicher Dauerschaden verbleiben (z. B. Amputationen, Querschnittslähmungen, Verlust von Sin-

---

55 *BGH*, Urt. v. 25.01.2000 – VI ZR 64/99, BGHZ 143, 344 = JurionRS 2000, 19461 = DAR 2000, 216 = MDR 2000, 449 = NJW 2000, 1338 = NZV 2000, 252 = r+s 2000, 201 = SP 2000, 156 = VersR 2000, 471 = VRS 98, 333 = zfs 2000, 201.
56 Vgl. § 2 Abs. 2 SGB XII.
57 *OLG München*, Urt. v. 25.07.1986 – 10 U 2275/86, JurionRS 1986, 14339 = NJW-RR 1986, 1474 = zfs 1986, 307 = VersR 1988, 29.
58 Art. 10 Abs. 1 S. 2, Richtlinie 2009/103/EG.
59 BT Drucksache 14/8770, S. 16.
60 BT Drucksache IV/2252, S. 16.

nesorgangen, etc.).[61] Ferner muss die Nichtzahlung eines Schmerzensgeldes eine grobe Unbilligkeit darstellen, d. h. wenn dies dem Gerechtigkeitsempfinden in unerträglicher Weise widersprechen würde.[62] Das Erfordernis der groben Unbilligkeit und der Wegfall der Genugtuungsfunktion führen weiterhin zu einer deutlichen Reduzierung des Schmerzensgeldbetrages. Hier können 30 bis 50 Prozent des sonst üblichen Betrages ausreichen.[63]

Offen bleibt ob nach der Änderung der gesetzlichen Regelungen (§ 253 Abs. 2 BGB und § 11 StVG, Wegfall der Verschuldensvoraussetzung) die Einschränkungen gemäß § 12 PflVG Abs. 2 S. 1 noch mit Art. 10 der Richtlinie 2009/103/EG vereinbar sind. Demnach ist für Sach- und Personenschäden durch nicht ermittelbare oder nicht versicherte Fahrzeug zumindest in den Grenzen der Versicherungspflicht Ersatz zu leisten. Eine Einschränkung der Haftung ist nur bei Sachschäden die durch ein nicht ermittelbares Fahrzeug verursacht wurden vorgesehen.[64] 40

Sachschäden werden nur ersetzt, soweit gleichzeitig eine erhebliche Verletzung des Ersatzberechtigten oder eines Insassen vorliegt. Die Verletzung eines Dritten reicht nicht aus.[65] In der Regel wird eine Verletzung als erheblich anzusehen sein, wenn eine stationäre Krankenhausbehandlung erforderlich ist.[66] In der amtlichen Begründung wird darauf verwiesen, dass die Verletzung eine solche Schwere aufweisen muss, dass unter gewöhnlichen Umständen kein Betrugsfall angenommen werden kann.[67] Generell ist bei Sachschäden ein Selbstbehalt von 500 Euro zu berücksichtigen. 41

V. Verjährung

Der Anspruch des Ersatzberechtigten gegen den Entschädigungsfonds verjährt innerhalb von 3 Jahren. Die Frist beginnt mit der Kenntnis des Schadens und den Umständen, aus denen sich ein Anspruch gegen den Entschädigungsfonds ergibt. Maßgeblich ist daher, dass der Geschädigte Kenntnis davon hat, dass er bei den in § 12 Abs. 1 PflVG genannten Stellen keinen Ersatz seines Schadens erlangen kann.[68] In den Fällen des § 12 Abs. 1 S. 1 Nr. 4 PflVG wird die gegenüber dem leistungspflichtigen Ver- 42

---

61 *LG Darmstadt*, Urt. v. 02.05.1979 – 2 O 48/79, VersR 1980, 365; *OLG Hamm*, Urt. v. 30.06.1986 – 6 U 109/86, VersR 1987, 456.
62 *LG Darmstadt*, Urt. v. 02.05.1979 – 2 O 48/79, VersR 1980, 365; *OLG Hamm*, Urt. v. 26.03.2007 – 13 W 11/07.
63 *LG Lüneburg*, Urt. v. 10.11.2000 – 3 S 38/00, JurionRS 2000, 31809 = VersR 2001, 1152; *LG Regensburg*, Urt. v. 09.05.1969 – 4 O 26/69; LG Itzehoe, Urt. v. 28.06.1979 – 6 O 273/78.
64 Art. 10 Abs. 3 Richtlinie 2009/103/EG; Erwägungsgrund 14, 16 u. 17 Richtlinie 2009/103/EG.
65 BT Drucksache 16/5551, S. 31.
66 Art. 10 Abs. 3 S. 5 Richtlinie 2009/103/EG.
67 BT Drucksache 16/5551, S. 31.
68 BT Drucksache IV/2252, S. 26.

§ 12 PflVG (Entschädigungsfonds)

sicherer verstrichene Verjährungsfirst berücksichtigt, da es in diesem Fall keinen sachlichen Grund für eine Begünstigung gibt.[69]

VI. Ersatzansprüche

43 Der Entschädigungsfonds kann nach § 12 Abs. 5 PflVG vom Halter, Eigentümer und Fahrer des Schädigerfahrzeuges in den Fällen des § 12 Abs. 1 S. 1 Nr. 1–3 PflVG den Ersatz seiner Aufwendungen verlangen, unabhängig von einem gesetzlichen Forderungsübergang.

44 Die Ersatzansprüche des Ersatzberechtigten gegenüber einem Ersatzpflichtigen gehen auf den Entschädigungsfonds über, soweit dieser den Schaden ersetzt. Sofern der Geschädigte seinen Ersatzanspruch oder ein zur Sicherung des Anspruchs dienendes Recht aufgibt, entfällt insoweit auch die Ersatzpflicht des Entschädigungsfonds, wenn er aus diesem Anspruch oder Recht einen Ersatz seiner Aufwendungen hätte erlangen können.

45 Im Falle der Leistung nach § 12 Abs. 1 S. 1 Nr. 4 PflVG (Insolvenzfall) ist der Regress gegenüber dem Versicherungsnehmer und den anderen versicherten Personen auf jeweils 2.500,– EURO beschränkt. Nach der Einführung des § 12 Abs. 6 S. 5–6 PflVG greift diese Einschränkung auch für Ansprüche Dritter, die infolge der Insolvenz den Ersatzberechtigten wegen Leistungsfreiheit des Entschädigungsfonds nach § 12 Abs. 1 S. 2 bis 5 PflVG entschädigt haben.

46 Leistet der Entschädigungsfonds vorab bei streitiger Eintrittspflicht besteht ein Erstattungsanspruch gegenüber dem eigentlich zur Leistung Verpflichteten.[70]

VII. Regulierungsverfahren

47 Die Bearbeitung von Schadenfällen durch den Entschädigungsfonds ist in den §§ 11 ff der Satzung des Vereins Verkehrsopferhilfe e. V. (Stand 17.02.2011) geregelt. Gemäß § 13a PflVG wurden die Aufgaben der Entschädigungsstelle auf den Verein »Verkehrsopferhilfe e.V.« übertragen.

48 Die Schadenfälle nach § 12 Abs. 1 S. 1 Nr. 1–3 PflVG werden im Auftrag des Vereins durch einen Versicherer, der die Kfz-Haftpflichtversicherung als Erstversicherer betreibt, bearbeitet.[71] Handelt es sich um Schadenfälle mit geringem Umfang, kann der Verein die Ansprüche sofort befriedigen oder Schadenfälle mit offenbarer Unbegründetheit sofort zurückweisen. Im Rahmen eines vom Vorstand des Vereins festgesetzten Rahmens kann das Versicherungsunternehmen den Schaden im Namen und auf Rechnung des Vereins regulieren. Übersteigt die zu erwartende Gesamtentschädigung diesen Betrag, entscheidet eine vom Vorstand eingesetzte Regulierungskommission. Wird der Entschädigungsbetrag ganz oder teilweise abgelehnt oder der

---

69 BT Drucksache 14/8770, S. 16.
70 Art. 11 Richtlinie 2009/103/EG.
71 § 11 Abs. 1 Satzung des Vereins Verkehrsopferhilfe vom 17.02.2011.

Schaden nicht in angemessener Frist bearbeitet, kann der Geschädigte eine begründete Entscheidung der Regulierungskommission verlangen. Das Versicherungsunternehmen hat den Geschädigten auf diese Möglichkeit hinzuweisen. In einem abschließenden Bescheid des Vereins ist der Geschädigte darauf hinzuweisen, dass eine Klage gegen den Verein erst nach einer Entscheidung des Schiedsstelle möglich ist, bzw. wenn seit der Anrufung der Schiedsstelle mehr als drei Monate vergangen sind. Klagen sind gegen den Verein Verkehrsopferhilfe zu richten und nicht gegen das beauftragte Versicherungsunternehmen.

Im Fall der Zuständigkeit nach § 12 Abs. 1 S. 1 Nr. 4 PflVG kann der Verein ein oder 49 mehrere Versicherungsunternehmen mit der Bearbeitung der Schadenfälle beauftragen.[72] Der Vorstand legt die Art und Weise der Organisation sowie der Abwicklung fest. Das Schiedsverfahren findet in diesen Fällen keine Anwendung.

§ 12a (Entschädigungsstelle)

(1) Wird durch den Gebrauch eines Kraftfahrzeugs oder eines Anhängers im Ausland nach dem 31. Dezember 2002 ein Personen- oder Sachschaden verursacht, so kann derjenige, der seinen Wohnsitz in der Bundesrepublik Deutschland hat und dem wegen dieser Schäden Ersatzansprüche gegen den Haftpflichtversicherer des schädigenden Fahrzeugs zustehen, diese vorbehaltlich des Absatzes 4 gegen die »Entschädigungsstelle für Schäden aus Auslandsunfällen« (Entschädigungsstelle) geltend machen,
1. wenn das Versicherungsunternehmen oder sein Schadenregulierungsbeauftragter binnen drei Monaten nach der Geltendmachung des Entschädigungsanspruchs beim Versicherungsunternehmen des Fahrzeugs, durch dessen Nutzung der Unfall verursacht wurde, oder beim Schadenregulierungsbeauftragten keine mit Gründen versehene Antwort auf die im Schadenersatzantrag enthaltenen Darlegungen erteilt hat oder
2. wenn das Versicherungsunternehmen entgegen Artikel 21 Absatz 1 der Richtlinie 2009/103/EG in der Bundesrepublik Deutschland keinen Schadenregulierungsbeauftragten bestellt hat, es sei denn, dass der Geschädigte einen Antrag auf Erstattung direkt beim Versicherungsunternehmen eingereicht hat und von diesem innerhalb von drei Monaten eine mit Gründen versehene Antwort auf das Schadenersatzbegehren erteilt oder ein begründetes Angebot vorgelegt worden ist oder
3. wenn das Fahrzeug nicht oder das Versicherungsunternehmen nicht innerhalb von zwei Monaten nach dem Unfall ermittelt werden kann.

Ein Antrag auf Erstattung ist nicht zulässig, wenn der Geschädigte unmittelbar gegen das Versicherungsunternehmen gerichtliche Schritte eingeleitet hat.

(2) Die Entschädigungsstelle unterrichtet unverzüglich

---

72 § 13 Abs. 1 Satzung des Vereins Verkehrsopferhilfe vom 17.02.2011.

§ 12a PflVG (Entschädigungsstelle)

1. das Versicherungsunternehmen des Fahrzeugs, das den Unfall verursacht haben soll, oder dessen in der Bundesrepublik Deutschland bestellten Schadenregulierungsbeauftragten,
2. die Entschädigungsstelle in dem Mitgliedstaat der Europäischen Union oder dem Vertragsstaat des Abkommens über den Europäischen Wirtschaftsraum, in dem die Niederlassung des Versicherungsunternehmens ihren Sitz hat, die die Versicherungspolice ausgestellt hat,
3. die Person, die den Unfall verursacht haben soll, sofern sie bekannt ist,
4. das deutsche Büro des Systems der Grünen Internationalen Versicherungskarte und das Grüne-Karte-Büro des Landes, in dem sich der Unfall ereignet hat, wenn das schadenstiftende Fahrzeug seinen gewöhnlichen Aufenthaltsort nicht in diesem Land hat,
5. in den Fällen des Absatzes 1 Nr. 3 den Garantiefonds im Sinne von Artikel 10 Absatz 1 der Richtlinie 2009/103/EG des Staates, in dem das Fahrzeug seinen gewöhnlichen Standort hat, sofern das Versicherungsunternehmen nicht ermittelt werden kann, oder, wenn das Fahrzeug nicht ermittelt werden kann, den Garantiefonds des Staates, in dem sich der Unfall ereignet hat, darüber, dass ein Antrag auf Entschädigung bei ihr eingegangen ist und dass sie binnen zwei Monaten auf diesen Antrag eingehen wird.

(3) Die Entschädigungsstelle wird binnen zwei Monaten nach Eingang eines Schadenersatzantrages des Geschädigten tätig, schließt den Vorgang jedoch ab, wenn das Versicherungsunternehmen oder dessen Schadenregulierungsbeauftragter in dieser Zeit eine mit Gründen versehene Antwort auf das Schadenersatzbegehren erteilt oder ein begründetes Angebot vorlegt. Geschieht dies nicht, reguliert sie den geltend gemachten Anspruch unter Berücksichtigung des Sachverhalts nach Maßgabe des anzuwendenden Rechts. Sie kann sich hierzu anderer Personen oder Einrichtungen, insbesondere eines zur Übernahme der Regulierung bereiten Versicherungsunternehmens oder Schadenabwicklungsunternehmens, bedienen. Im Übrigen bestimmt sich das Verfahren nach dem Abkommen der Entschädigungsstellen nach Artikel 24 Absatz 3 der Richtlinie 2009/103/EG.

(4) Hat sich der Unfall in einem Staat ereignet, der nicht Mitgliedstaat der Europäischen Union oder Vertragsstaat des Abkommens über den Europäischen Wirtschaftsraum ist, so kann der Geschädigte unter den Voraussetzungen des Absatzes 1 einen Antrag auf Erstattung an die Entschädigungsstelle richten, wenn der Unfall durch die Nutzung eines Fahrzeugs verursacht wurde, das in einem Mitgliedstaat der Europäischen Union oder Vertragsstaat des Abkommens über den Europäischen Wirtschaftsraum versichert ist und dort seinen gewöhnlichen Standort hat und wenn das nationale Versicherungsbüro (Artikel 1 Nummer 3 der Richtlinie 2009/103/EG) des Staates, in dem sich der Unfall ereignet hat, dem System der Grünen Karte beigetreten ist.

(Entschädigungsstelle) § 12a PflVG

Übersicht
	Rdn.
A. Allgemeines	1
B. Regelungsinhalt	2
I. Anspruchsvoraussetzung	3
II. Entschädigungsverfahren	7

A. Allgemeines

In der Vergangenheit gestaltete es sich für Geschädigte die einen Unfall im Ausland erlitten hatten oft schwierig, ihre Schadensersatzansprüche im Ausland durchzusetzen (u. a. wegen fehlender Sprach- und Rechtskenntnisse). Mit der Einführung der Richtlinie 2000/26/EG vom 15.05.2000 (mittlerweile aufgegangen in der Richtlinie 2009/103/EG) wurde es dem Geschädigten ermöglicht seine Ansprüche in seinem Wohnsitzland in vertrauter Art und Weise geltend zu machen. Durch die Regelungen in Art. 24 der Richtlinie 2009/103/EG (umgesetzt in nationales Recht durch § 12a PflVG) soll ein reibungsloser Ablauf auch für Fälle gewährleistet werden in denen der Versicherer nicht ermittelt werden kann sowie die Bearbeitung des Schadensersatzantrages in angemessener Frist. 1

B. Regelungsinhalt

§ 12a regelt das Entschädigungsverfahren bei Schadensfällen, die sich durch den Gebrauch eines Kraftfahrzeuges oder Anhängers im Ausland ereignet haben und das zuständige Versicherungsunternehmen oder dessen Schadenregulierungsbeauftragter innerhalb einer angemessenen Frist nicht ermittelt werden kann oder keine begründete Antwort auf den Schadensersatzantrag erteilt hat. Damit wurden die Regelungen von Art. 6 der Richtlinie 2000/26/EG (4. EU-KH-Richtlinie, mittlerweile Art. 24 der Richtlinie 2009/103/EG) umgesetzt. Hierdurch soll eine wesentliche Verbesserung des Schutzes der Verkehrsopfer erreicht werden. Gemäß § 13a PflVG wurden die Aufgaben der Entschädigungsstelle auf den Verein Verkehrsopferhilfe übertragen. 2

I. Anspruchsvoraussetzung

Der Geschädigte muss durch ein Kraftfahrzeug oder Anhänger bei einem Unfall im europäischen Ausland (EU/EWR Staaten) oder in einem Mitgliedsland des Grüne Karten Systems durch ein Fahrzeug, welches in einem EU/EWR-Staat zugelassen ist, geschädigt worden sein. Ferner muss sich der Unfall nach dem 31.12.2002 ereignet haben.[1] 3

Die Entschädigungsstelle ist nur eintrittspflichtig, wenn: 4
– ein ausländisches Versicherungsunternehmen keinen Regulierungsbeauftragten ernannt und sich der Geschädigte nicht direkt an das Versicherungsunternehmen gewandt hat (§ 12a Abs. 1 S. 1 Nr. 2 PflVG);[2]

---

[1] § 12a Abs. 1 S. 1 PflVG; § 12a Abs. 4 PflVG.
[2] Art. 24 Abs. 1 S. 2a Richtlinie 2009/103/EG.

§ 12a PflVG (Entschädigungsstelle)

- das ausländische Versicherungsunternehmen oder sein Schadenregulierungsbeauftragter binnen drei Monaten ab Anspruchsanmeldung weder ein mit Gründen versehenes Schadensersatzangebot noch eine mit Gründen versehene Antwort, für den Fall das die Eintrittspflicht bestritten wird, bzw. nicht fest steht oder der Schaden nicht vollständig beziffert wurde, vorlegt (§ 12a Abs. 1 S. 1 Nr. 1 PflVG);[3]
- das Schädigerfahrzeug oder das Versicherungsunternehmen nicht binnen zweier Monate ermittelt werden kann (§ 12a Abs. 1 S. 1 Nr. 3 PflVG);[4]
- der Geschädigte keine gerichtliche Schritte gegen das Versicherungsunternehmen eingeleitet hat (§ 12a Abs. 1 S. 2 PflVG).[5]

5 Die Begriffe begründete Stellungnahme und begründetes Schadensersatzangebot sind nicht näher definiert. Ob dies der Fall ist, entscheidet die Entschädigungsstelle im Einzelfall. Eine Überprüfung der Richtigkeit der Entscheidung des Versicherungsunternehmens oder des Regulierungsbeauftragten findet nicht statt. Dies ist vom Gesetzgeber auch nicht gewünscht. Die Entschädigungsstelle soll nur in seltenen Einzelfällen eingeschaltet werden, wenn das Versicherungsunternehmen die Regulierung verzögert oder nicht ermittelt werden kann.[6] Gegen die Entscheidung steht dem Geschädigten der ordentliche Rechtsweg offen.

6 Ansprüche von juristischen Personen aus übergegangenem Recht (beispielsweise Regresse von Sozialversicherungsträgern oder Kaskoversicherern) können nicht gegenüber der Entschädigungsstelle geltend gemacht werden.[7]

II. Entschädigungsverfahren

7 Sobald der Geschädigte bei der Entschädigungsstelle einen Antrag auf Schadensersatz gestellt hat, unterrichtet diese unverzüglich das Versicherungsunternehmen des unfallverursachenden Fahrzeuges bzw. dessen Schadensregulierungsbeauftragten, die Entschädigungsstelle im Mitgliedsstaat der Niederlassung des Versicherungsunternehmens, die Person, die den Unfall verursacht hat (soweit bekannt) sowie, falls sich der Unfall nicht in dem Land ereignet hat, in dem das Schädigerfahrzeug seinen gewöhnlichen Aufenthaltsort hat, das Deutsche Büro Grüne Karte und das Grüne Karte Büro des Landes in dem sich der Unfall ereignet hat (§ 12a Abs. 2 S. 1–4 PflVG).[8] Kann das Versicherungsunternehmen nicht ermittelt werden, unterrichtet die Entschädigungsstelle ferner den Garantiefonds des Staates, in dem das Schädigerfahrzeug seinen gewöhnlichen Standort hat, bzw. falls das Fahrzeug nicht ermittelt werden kann, den Garantiefonds des Staates, in dem sich der Unfall ereignet hat (§ 12a Abs. 2 S. 5 PflVG).

---

3 Art. 24 Abs. 1 S. 2b Richtlinie 2009/103/EG.
4 Art. 25 Abs. 1 S. 1 Richtlinie 2009/103/EG.
5 Art. 24 Abs. 1 S. 3 Richtlinie 2009/103/EG.
6 Erwägungsgrund 47, Richtlinie 2009/103/EG.
7 Erwägungsgrund 49, Richtlinie 2009/103/EG.
8 Art. 24 Abs. 1 S. 5 Richtlinie 2009/103/EG.

Die Entschädigungsstelle wird binnen 2 Monaten nach Eingang des Antrages auf Schadenersatz tätig. Erteilt das Versicherungsunternehmen oder dessen Regulierungsbeauftragter in dieser Zeit eine begründete Antwort auf den Schadenersatzantrag oder legt ein begründetes Angebot vor, schließt die Entschädigungsstelle den Vorgang ab (§ 12a Abs. 3 S. 1 PflVG).[9] Andernfalls reguliert die Entschädigungsstelle den geltend gemacht Anspruch nach Sach- und Rechtslage unter Berücksichtigung des anwendbaren Rechts auf Kosten des Versicherungsunternehmens. Vermögensschäden werden nicht ersetzt.[10]

8

Umstritten ist, ob die zweimonatige Frist eine Ausschlussfrist darstellt, nach deren Ablauf das Versicherungsunternehmen die Schadensregulierung nicht wieder an sich ziehen kann. Nach dem Willen des Gesetzgebers[11] und der in der Literatur vorherrschenden Meinung[12] ist davon auszugehen, dass nach Ablauf der Frist ausschließlich die Entschädigungsstelle für die weitere Schadensregulierung zuständig ist.

9

Die Passivlegitimation der Entschädigungsstelle ist nicht ausdrücklich gesetzlich geregelt. Da die Entschädigungsstelle allein entscheidungsberechtigt ist, ob die Voraussetzungen für das Tätig werden vorliegen, muss es dem Geschädigten möglich sein, eine Entscheidung der Entschädigungsstelle gerichtlich zu überprüfen. Gleiches gilt für den Fall, dass die Entschädigungsstelle nach Ablauf der zweimonatigen Frist eine Regulierung vornimmt (in die das Versicherungsunternehmen nicht mehr eingreifen kann), mit der der Geschädigte nicht einverstanden ist.[13]

10

§ 12b (Anspruchsübergang)

Soweit die Entschädigungsstelle nach § 12a dem Ersatzberechtigten den Schaden ersetzt, geht der Anspruch des Ersatzberechtigten gegen den Halter, den Eigentümer, den Fahrer und einen sonstigen Ersatzpflichtigen auf die Entschädigungsstelle über. Der Übergang kann nicht zum Nachteil des Ersatzberechtigten geltend gemacht werden. Soweit eine Entschädigungsstelle im Sinne des Artikels 24 der Richtlinie 2009/103/EG einer anderen Entschädigungsstelle einen als Entschädigung gezahlten Betrag erstattet, gehen die auf die zuletzt genannte Entschädigungsstelle übergegangenen Ansprüche des Geschädigten gegen den Halter, den Eigentümer, den Fahrer und einen sonstigen Ersatzpflichtigen auf die zuerst genannte Entschädigungsstelle über.

Regelungsinhalt

---

9 Art. 24 Abs. 1 S. 4 Richtlinie 2009/103/EG.
10 § 12a Abs. 1 S. 1 PflVG.
11 BT Drucksache 14/8770, S. 17.
12 *Riedmeyer*, Regulierung von Auslandsunfällen, zfs 2006, 132 ff.; *Backu*, Der grenzüberschreitende Schadensfall, DAR 2003, 145 (149).
13 Feyock/Jacobsen/*Lemor*, § 12a, Rn. 20.

§ 12c PflVG (Internationaler Ausgleich und Anspruchsübergang)

1 Ersetzt die Entschädigungsstelle nach § 12a PflVG dem Ersatzberechtigten den entstandenen Schaden, so geht der Anspruch des Ersatzberechtigten gegen den Halter, den Eigentümer, den Fahrer und einen sonstigen Ersatzpflichtigen auf die Entschädigungsstelle über.[1] Dieser Übergang kann nicht zum Nachteil des Ersatzberechtigten geltend gemacht werden.

2 Die Entschädigungsstelle, welche den Ersatzberechtigten im Wohnsitzland entschädigt hat, hat gegenüber der Entschädigungsstelle im Mitgliedsstaat des ersatzpflichtigen Versicherungsunternehmens einen Anspruch auf Erstattung der geleisteten Entschädigungszahlungen.[2] Entsprechend gehen nach § 12b S. 3 PflVG die Ansprüche des Ersatzberechtigten nach Erstattung auf diese Entschädigungsstelle über. Damit soll die Durchsetzung des Regressanspruches gegen das haftende Versicherungsunternehmen erleichtert werden.[3]

§ 12c (Internationaler Ausgleich und Anspruchsübergang)

(1) Der Entschädigungsfonds nach § 12 ist verpflichtet, einem Entschädigungsfonds im Sinne des Artikels 10 Absatz 1 der Richtlinie 2009/103/EG eines anderen Mitgliedstaats der Europäischen Union den Betrag zu erstatten, den dieser als Entschädigung wegen eines Personen- oder Sachschadens zahlt, der auf dem Gebiet dieses Mitgliedstaats durch ein Fahrzeug verursacht wurde, dessen Halter nach § 2 Abs. 1 Nr. 6 von der Versicherungspflicht befreit ist.

(2) Soweit der Entschädigungsfonds nach § 12 einen Betrag nach Absatz 1 erstattet, gehen die auf den Entschädigungsfonds des anderen Mitgliedstaats der Europäischen Union übergegangenen Ansprüche des Geschädigten gegen den Halter, den Eigentümer, den Fahrer und einen sonstigen Ersatzpflichtigen auf den Entschädigungsfonds nach § 12 über.

Regelungsinhalt

1 § 12c PflVG regelt den Ersatzanspruch von Entschädigungsstellen der Mitgliedsstaaten gegen die deutsche Entschädigungsstelle, soweit diese Ersatz für Schäden geleistet haben, die durch ein nicht versichertes deutsches Fahrzeug im Mitgliedstaat verursacht wurden.[1] Erstattet der Entschädigungsfonds die Aufwendungen der Entschädigungsstelle des Mitgliedstaates, so geht der Ersatzanspruch des Geschädigten gegen den Halter, den Eigentümer, den Fahrer und einen sonstigen Ersatzpflichtigen auf die Entschädigungsstelle über.[2]

---

1 Art. 24 Abs. 2 S. 2 Richtlinie 2009/103/EG.
2 Art. 24 Abs. 2 S. 1 Richtlinie 2009/103/EG.
3 Erwägungsgrund 50, Richtlinie 2009/103/EG.
1 Art. 5 Abs. 1 Richtlinie 2009/103/EG i. V. m. Art. 10 Abs. 1 S. 1 Richtlinie 2009/103/EG und Art. 24 Abs. 2 S. 1 Richtlinie 2009/103/EG.
2 Art. 24 Abs. 2 S. 2 Richtlinie 2009/103/EG.

§ 13 (Träger des Entschädigungsfonds)

(1) Zur Wahrnehmung der Aufgaben des Entschädigungsfonds wird eine rechtsfähige Anstalt des öffentlichen Rechts errichtet, die mit dem Inkrafttreten dieses Gesetzes als entstanden gilt. Organe der Anstalt sind der Vorstand und der Verwaltungsrat. Die Anstalt untersteht der Aufsicht des Bundesministeriums der Justiz. Das Nähere über die Anstalt bestimmt die Satzung, die von der Bundesregierung durch Rechtsverordnung ohne Zustimmung des Bundesrates aufgestellt wird. Die im Geltungsbereich dieses Gesetzes zum Betrieb der Kraftfahrzeug-Haftpflichtversicherung befugten Versicherungsunternehmen und die Haftpflichtschadenausgleiche im Sinne von § 1 Abs. 3 Nr. 3 des Versicherungsaufsichtsgesetzes sowie die nach § 2 Nrn. 1 bis 4 von der Versicherungspflicht befreiten Halter nichtversicherter Fahrzeuge sind verpflichtet, unter Berücksichtigung ihres Anteils am Gesamtbestand der Fahrzeuge und der Art dieser Fahrzeuge an die Anstalt Beiträge zur Deckung der Entschädigungsleistungen und der Verwaltungskosten zu leisten. Das Nähere über die Beitragspflicht bestimmt das Bundesministerium der Justiz im Einvernehmen mit dem Bundesministerium für Verkehr, Bau und Stadtentwicklung, dem Bundesministerium für Wirtschaft und Technologie und dem Bundesministerium der Finanzen durch Rechtsverordnung mit Zustimmung des Bundesrates.

(2) Das Bundesministerium der Justiz wird ermächtigt, im Einvernehmen mit dem Bundesministerium für Verkehr, Bau und Stadtentwicklung, dem Bundesministerium für Wirtschaft und Technologie und dem Bundesministerium der Finanzen durch Rechtsverordnung ohne Zustimmung des Bundesrates die Stellung des Entschädigungsfonds einer anderen bestehenden juristischen Person zuzuweisen, wenn diese bereit ist, die Aufgaben des Entschädigungsfonds zu übernehmen, und wenn sie hinreichende Gewähr für die Erfüllung der Ansprüche der Ersatzberechtigten bietet. Durch die Rechtsverordnung kann sich das Bundesministerium der Justiz die Genehmigung der Satzung dieser juristischen Person vorbehalten und die Aufsicht über die juristische Person regeln.

(3) Das Bundesministerium der Justiz wird ferner ermächtigt, im Einvernehmen mit den in Absatz 2 genannten Bundesministerien durch Rechtsverordnung ohne Zustimmung des Bundesrates zu bestimmen, von welchem Zeitpunkt ab die Anstalt (Absatz 1) oder die durch Rechtsverordnung (Absatz 2) bezeichnete juristische Person von Ersatzberechtigten in Anspruch genommen werden kann, und zu bestimmen, daß eine Leistungspflicht nur besteht, wenn das schädigende Ereignis nach einem in der Verordnung festzusetzenden Zeitpunkt eingetreten ist. Die Anstalt kann jedoch spätestens zwei Jahre nach dem Inkrafttreten dieses Gesetzes wegen der Schäden, die sich nach diesem Zeitpunkt ereignen, in Anspruch genommen werden, sofern nicht bis zu diesem Zeitpunkt den Ersatzberechtigten durch Rechtsverordnung die Möglichkeit gegeben worden ist, eine andere juristische Person in Anspruch zu nehmen.

(4) Der Entschädigungsfonds ist von der Körperschaftsteuer, der Gewerbesteuer und der Vermögensteuer befreit.

§ 13 PflVG (Träger des Entschädigungsfonds)

(5) Die vom Entschädigungsfonds zur Befriedigung von Ansprüchen nach § 12 Abs. 1 Nr. 4 in einem Kalenderjahr zu erbringenden Aufwendungen sind auf 0,5 vom Hundert des Gesamtprämienaufkommens der Kraftfahrzeug-Haftpflichtversicherung des vorangegangenen Kalenderjahres begrenzt.

Übersicht	Rdn.
A. Allgemeines	1
B. Regelungsinhalt	2

A. Allgemeines

1 § 13 PflVG stellt sicher, dass die Aufgaben des Entschädigungsfonds durch einen geeigneten Träger wahrgenommen werden und regelt dessen Finanzierung,

B. Regelungsinhalt

2 § 13 Abs. 1 PflVG regelt die Möglichkeit der Wahrnehmung der Aufgaben des Entschädigungsfonds durch eine Anstalt des öffentlichen Rechts. Diese untersteht der Aufsicht des Bundesministeriums für Justiz. Details über die Anstalt sollen über eine Satzung bestimmt werden, welche durch die Bundesregierung im Rahmen einer Rechtsverordnung ohne Zustimmung des Bundestages aufgestellt wird. Die Anstalt dient als Auffanglösung für den Fall, dass die Aufgaben des Entschädigungsfonds nicht mehr durch den Verein Verkehrsopferhilfe e. V. oder eine andere bestehende juristische Person wahrgenommen werden. Durch die Errichtung der Anstalt nach § 13 Abs. 1 PflVG und die Ausgestaltung durch Rechtsverordnungen soll sichergestellt werden, dass diese zügig errichtet und schnell an sich ändernde Verhältnisse angepasst werden kann.[1]

3 Auf Basis des § 13 Abs. 2 PflVG kann die Stellung des Entschädigungsfonds auf eine andere bestehende juristische Person mittels einer Rechtsverordnung übertragen werden. Durch die Verordnung über den Entschädigungsfonds für Schäden aus Kraftfahrzeugunfällen (KfzUnfEntschV) ist dem Verein »Verkehrsopferhilfe e.V.« die Stellung des Entschädigungsfonds zugewiesen worden. Die Satzung des Vereines sowie jede Änderung bedarf der Genehmigung des Bundesministeriums für Justiz. Die erforderlichen Mittel für die Erfüllung der Aufgaben des Entschädigungsfonds werden dem Verein durch seine Mitglieder und den nach § 8 Abs. 1 PflVG zur Beitragsleistung verpflichteten Versicherungsunternehmen zur Verfügung gestellt.[2]

4 Das Bundesministerium kann durch Rechtsverordnung bestimmen ab welchem Zeitpunkt die Anstalt oder die durch Rechtsverordnung bezeichnete juristische Person (Verein »Verkehrsopferhilfe e.V«) von Ersatzberechtigten in Anspruch genommen werden kann. Nach § 4 KfzUnfEntschV besteht die Eintrittspflicht des Vereins »Verkehrsopferhilfe e.V« für Schadenfälle die sich nach dem 31.12.1965 ereignet haben.

---

1 BT-Drucks. IV/2252, S. 26.
2 § 4 Abs. 1 Satzung des Vereins »Verkehrsopferhilfe e. V.«.

Da der Entschädigungsfonds ausschließlich im Interesse der Allgemeinheit liegende 5
Aufgaben erfüllt, ist dieser von der Körperschaftssteuer, der Gewerbesteuer und der Vermögenssteuer befreit.[3]

Für den Fall der Insolvenz eines Versicherers wird die Leistungspflicht des Entschädi- 6
gungsfonds auf jährlich 0,5% des Gesamtprämienaufkommens der Kraftfahrzeug-Haftpflichtversicherung begrenzt. Damit soll eine unbegrenzte Haftung der Beitragspflichtigen (§ 13 Abs. 1, S. 4) für fremde Verbindlichkeiten verhindert werden.[4] Durch diese Regelung werden die Ansprüche der Ersatzberechtigten nicht gekürzt, sondern allenfalls die Leistungen aus dem Entschädigungsfonds zeitlich gestreckt.[5]

§ 13a (Träger der Entschädigungsstelle)

(1) Die Aufgaben und Befugnisse der Entschädigungsstelle nach § 12a werden von dem rechtsfähigen Verein »Verkehrsopferhilfe eingetragener Verein« in Hamburg (Verkehrsopferhilfe) wahrgenommen, sobald und soweit dieser schriftlich gegenüber dem Bundesministerium der Justiz seine Bereitschaft dazu erklärt hat. Das Bundesministerium der Justiz gibt die Erklärung und den Zeitpunkt, ab dem die betroffenen Aufgaben von der Verkehrsopferhilfe wahrgenommen werden, im Bundesanzeiger bekannt. Die Verkehrsopferhilfe untersteht, soweit sie die übertragenen Aufgaben wahrnimmt, der Aufsicht des Bundesministeriums der Justiz. Das Bundesministerium der Justiz wird ermächtigt, durch Rechtsverordnung ohne Zustimmung des Bundesrates die Aufgaben und Befugnisse der Entschädigungsstelle nach § 12a der in § 13 genannten Anstalt zu übertragen, soweit die Wahrnehmung der Aufgaben durch die Verkehrsopferhilfe nicht gewährleistet ist oder diese nicht mehr zur Wahrnehmung der Aufgaben bereit ist.

(2) Die Entschädigungsstelle ist von der Körperschaftsteuer, der Gewerbesteuer und der Vermögensteuer befreit.

Durch § 13a PflVG werden die Aufgaben und Befugnisse der Entschädigungsstelle 1
nach § 12a PflVG auf den Verein »Verkehrsopferhilfe e. V.« übertragen. Die Regelungen entsprechen weitestgehend denen des § 13 Abs. 2 u. 3 PflVG.

Da die Entschädigungsstelle wie der Entschädigungsfonds ausschließlich im Interesse 2
der Allgemeinheit liegende Aufgaben erfüllt, ist auch dieser von der Körperschaftssteuer, der Gewerbesteuer und der Vermögensteuer befreit.[1]

---

3 BT-Drucks. IV/2252, S. 28.
4 BT-Drucks. 12/6959, S. 111.
5 BT-Drucks. 12/6959, S. 112.
1 BT-Drucks. 14/8770. S. 17.

§ 14 PflVG (Gegenseitigkeitsklausel)

§ 14 (Gegenseitigkeitsklausel)

Das Bundesministerium der Justiz wird ermächtigt, im Einvernehmen mit dem Bundesministerium für Verkehr, Bau und Stadtentwicklung, dem Bundesministerium für Wirtschaft und Technologie und dem Bundesministerium der Finanzen durch Rechtsverordnung ohne Zustimmung des Bundesrates

1. zu bestimmen, daß der Entschädigungsfonds in den Fällen des § 12 Abs. 1 Nr. 1 auch für Schäden einzutreten hat, die einem Deutschen außerhalb des Geltungsbereichs dieses Gesetzes entstehen und nicht von einer Stelle in dem Staat ersetzt werden, in dem sich der Unfall zugetragen hat, wenn dies erforderlich ist, um eine Schlechterstellung des Deutschen gegenüber den Angehörigen dieses Staates auszugleichen;
2. zu bestimmen, daß der Entschädigungsfonds Leistungen an ausländische Staatsangehörige ohne festen Wohnsitz im Inland nur bei Vorliegen der Gegenseitigkeit erbringt, soweit nicht völkerrechtliche Verträge der Bundesrepublik Deutschland dem entgegenstehen;
3. zu bestimmen,
   a) daß beim Entschädigungsfonds eine Schiedsstelle gebildet wird, die in Streitfällen zwischen dem Ersatzberechtigten und dem Entschädigungsfonds auf eine gütliche Einigung hinzuwirken und den Beteiligten erforderlichenfalls einen begründeten Einigungsvorschlag zu machen hat,
   b) wie die Mitglieder der Schiedsstelle, die aus einem die Befähigung zum Richteramt besitzenden, sachkundigen und unabhängigen Vorsitzenden sowie einem von der Versicherungswirtschaft benannten und einem dem Bereich der Ersatzberechtigten zuzurechnenden Beisitzer besteht, zu bestellen sind und wie das Verfahren der Schiedsstelle einschließlich der Kosten zu regeln ist,
   c) daß Ansprüche gegen den Entschädigungsfonds im Wege der Klage erst geltend gemacht werden können, nachdem ein Verfahren vor der Schiedsstelle vorausgegangen ist, sofern nicht seit der Anrufung der Schiedsstelle mehr als drei Monate verstrichen sind.

1 § 14 PflVG bietet die Rechtsgrundlage für die §§ 5–11 der Verordnung über den Entschädigungsfonds für Schäden aus Kraftfahrzeugunfällen (KfzUnfEntschV).

2 Entgegen der Bestimmungen im § 12 PflVG kann nach § 10 KfzUnfEntschV ein deutscher Geschädigter Ansprüche nach § 12 Abs. 1 Nr. 1 PflVG (»Unfallflucht«) geltend machen, wenn sich der Unfall außerhalb des Geltungsbereiches des PflVG ereignet hat. Voraussetzung ist, dass in dem Staat in dem sich der Unfall ereignet hat, eine Stelle besteht, die dem Geschädigten in derartig gelagerten Fällen Ersatz leistet, Deutsche allerdings von dieser Leistung ausschließt.

3 Nach § 11 KfzUnfEntschV besteht eine Leistungspflicht des Entschädigungsfonds gegenüber ausländischen Staatsangehörigen ohne festen Wohnsitz im Inland nur bei Vorliegen der Gegenseitigkeit.[1] Ein fester Wohnsitz liegt dann vor, wenn der ausländische

---

1 § 11 KfzUnfEntschV.

Geschädigte nicht nur kurzfristig an einem bestimmten Wohnort im Inland ansässig ist und sich auch der räumliche Schwerpunkt seiner Lebensverhältnisse dort abspielt.

Die §§ 5–9a KfzUnfEntschV regeln das Schiedsverfahren, welches einem Prozessverfahren vorausgehen muss. Demnach kann ein Geschädigter die Schiedsstelle anrufen nachdem ihm ein anschließender schriftlicher Bescheid zugegangen ist oder der Schadensfall von dem Verein »Verkehrsopferhilfe e. V.« nicht in einer angemessenen Frist bearbeitet worden ist. Eine Klage gegen den Verein »Verkehrsopferhilfe e. V.« ist erst nach Abschluss des Schiedsverfahrens möglich oder falls seit der Anrufung der Schiedsstelle mehr als drei Monate vergangen sind. 4

§ 15 (Fortgeltung der Prämie und des Tarifs bei Übernahme)

Wird zur Vermeidung einer Insolvenz ein Bestand an Kraftfahrzeug-Haftpflichtversicherungs-verträgen mit Genehmigung der Aufsichtsbehörden auf einen anderen Versicherer übertragen, so kann der übernehmende Versicherer die Anwendung des für sein Unternehmen geltenden Tarifs (Prämie und Tarifbestimmungen) und seiner Versicherungsbedingungen vom Beginn der nächsten Versicherungsperiode an erklären, wenn er dem Versicherungsnehmer die Tarifänderung unter Kenntlichmachung der Unterschiede des alten und neuen Tarifs spätestens einen Monat vor Inkrafttreten der Änderung mitteilt und ihn schriftlich über sein Kündigungsrecht belehrt.

Übersicht	Rdn.
A. Allgemeines	1
B. Regelungsgehalt	2
I. Anwendungsbereich	2
II. Tarifangleichung und AVB-Anpassung	4
III. Sonderkündigungsrecht und Belehrungspflicht	6
C. weitere praktische Hinweise	8

A. Allgemeines

Der Gesetzgeber sieht in der Vorschrift nach ihrer (letztmaligen) Änderung zum 29.07.1994[1] »eine flankierende Maßnahme zur Konkursvorbeugung in der Kraftfahrzeug-Haftpflichtversicherung«[2]. Dem Versicherer, dem bei drohender Insolvenz eines Kraftfahrzeug-Haftpflichtversicherers der Bestand an Kraftfahrzeug-Haftpflichtversicherungsverträgen übertragen wird, um dadurch die dauernde Erfüllbarkeit der Versicherungsleistung zu gewährleisten, soll es durch die Norm ermöglicht werden, den 1

---

[1] Vgl. Drittes Durchführungsgesetz/EWG zum VAG vom 21. Juli 1994 (BGBl. I S. 1630, 3134).

[2] Vgl. die Begründung zum Regierungsentwurf zum Dritten Durchführungsgesetz/EWG zum VAG vom 04.03.1994, BT-Drucks. 12/6959, S. 112.

§ 15 PflVG (Fortgeltung der Prämie und des Tarifs bei Übernahme)

etwa wegen Untertarifierung gefährdeten Vertragsbestand durch Eingliederung in seinen eigenen Unternehmenstarif zu sanieren.[3]

Einen vergleichbaren deutschen Fall, wie denjenigen der niederländischen International Insurance Corporation (IIC), welche in Deutschland Kraftfahrthaftpflichtversicherungen unter den Namen Ineas und Lady-CarOnline vertieb und über dessen Vermögen im Jahre 2010 das Insolvenzverfahren nach niederländischem Recht eröffnet worden war[4], hat es hierzulande zwar noch nicht[5] gegeben. Da Insolvenzen jedoch, insbesondere, um das Vertrauen in die Versicherungswirtschaft zu erhalten[6], zu vermeiden sind, ist die vom deutschen Gesetzgeber präventiv initiierte Maßnahme dennoch zu begrüßen.

B. Regelungsgehalt

I. Anwendungsbereich

2 Die Vorschrift ist auch dann anwendbar, wenn die Bestandsübernahme nicht bloß »zur Vermeidung einer Insolvenz« erfolgt. Bei dieser Formulierung dürfte es sich lediglich um eine »programmatische Aussage«[7] des Gesetzgebers und nicht um eine zwingende Voraussetzung handeln, so dass auch andere unternehmerische Ziele in Betracht kommen. Gleichwohl erfordert eine Bestandsübertragung die Genehmigung der zuständigen Aufsichtsbehörde nach § 14 VAG[8].

3 Ebenso steht es der Anwendbarkeit der Bestimmung nicht entgegen, wenn einem Kraftfahrzeug-Haftpflichtversicherer nur ein Teil des Bestandes an Kraftfahrzeug-Haftpflichtversicherungsverträgen übertragen wird (argumentum a maiore ad minus). Teilbestandsübertragungen sind demnach von der Norm erfasst.[9]

II. Tarifangleichung und AVB-Anpassung

4 Dem übernehmenden Versicherer steht es im Grunde frei, den übernommenen Bestand zu den bisherigen Tarifen und Bedingungen der abgebenden Gesellschaft fort-

---

3 Ebenda.
4 Einzelheiten zum Stand des Insolvenzverfahrens und dessen Rechtsfolgen finden sich unter: http://www.verkehrsopferhilfe.de/autohaftpflichtschaeden-ineas-ladycaronline.html und http://www.ladycaronline.de/de/home/.
5 Vgl. *Schwab* in: Staudinger/Halm/Wendt Fachanwaltskommentar Versicherungsrecht, 1. Auflage 2013, § 15 PflVG.
6 Ebenda.
7 Vgl. *Feyock* in: Feyock/Jacobsen/Lemor Kraftfahrtversicherung, 3. Auflage 2009, § 15 PflVG Rn. 1.
8 § 14 Abs. 1 Satz 1 VAG lautet: *Jeder Vertrag, durch den der Versicherungsbestand eines Versicherungsunternehmens ganz oder teilweise auf ein anderes Versicherungsunternehmen übertragen werden soll, bedarf der Genehmigung der Aufsichtsbehörden, die für die beteiligten Unternehmen zuständig sind.*.
9 Ebenso: *Feyock* in: Feyock/Jacobsen/Lemor Kraftfahrtversicherung, Auflage 2009, § 15 PflVG Rn. 2.

zuführen oder die Übernahme seiner Tarife und Bedingungen erst zu einem späteren Zeitpunkt zu erklären. Die Anwendung des für sein Unternehmen geltenden Tarifs (Prämie und Tarifbestimmungen) und seiner Versicherungs-bedingungen vom Beginn der nächsten Versicherungsperiode an ist für den übernehmenden Versicherer weder zwingend[10] gesetzlich vorgeschrieben, noch besteht eine Frist, bis zu welchem Zeitpunkt bestehende Tarife und Bedingungen auf den übernommenen Bestand angewendet werden müssen.[11]

Allerdings ist eine Vereinheitlichung zunächst unterschiedlicher Tarife im Bestand dann zwingend vorzunehmen, wenn der übernehmende Versicherer zu einem späteren Zeitpunkt einen neuen Tarif kalkuliert. Es hat dann eine Anpassung (des übernommenen Bestandes) an den Neutarif des übernehmenden Versicherers zu erfolgen.[12]

Kommt es zu einer Tarifänderung, hat der übernehmende Versicherer zur Wahrung des Gleichheitsgebotes gleichzeitig auch seine AVB auf den Bestand der abgebenden Gesellschaft anzuwenden.[13]

III. Sonderkündigungsrecht und Belehrungspflicht

Durch das gesetzlich eingeräumte (Sonder-) Kündigungsrecht sollen die Rechte der Versicherungsnehmer, die auf die Übertragung des Bestandes keinen Einfluss haben, gewahrt werden.[14]

Feyock[15] erachtet es in diesem Zusammenhang als problematisch, dass nach dem Wortlaut der Norm eine Bedingungsänderung ohne gleichzeitige Tarifänderung keine Belehrungspflicht und auch kein Kündigungsrecht nach sich zieht und hält es zum Schutze des Versicherungsnehmers für geboten, analog zur Tarifangleichung ein Sonderkündigungsrecht nebst Belehrungspflicht zu gewähren. Dies erscheint allerdings nicht als ganz unbedenklich, hat es der Gesetzgeber ausweislich der Gesetzesbegründung[16] doch erkannt, dass durch eine Bestandsübertragung Rechte der Versicherungsnehmer beeinträchtigt werden können und nichtsdestotrotz ausdrücklich lediglich ein Sonderkündigungsrecht und eine Belehrungspflicht für den Fall einer Tarifänderung normiert. Es ist daher durchaus denkbar, dass der Gesetzgeber eine etwaige Verschlechterung des Preis-/Leistungsverhältnisses zu Lasten des Versicherungsnehmers durch zu

---

10 Es handelt sich lediglich um eine »Kann-Bestimmung«.
11 Ebenso: *Feyock* in: Feyock/Jacobsen/Lemor Kraftfahrtversicherung, 3. Auflage 2009, § 15 PflVG Rn. 3, 4.
12 Vgl. *Feyock* in: Feyock/Jacobsen/Lemor Kraftfahrtversicherung, 3. Auflage 2009, § 15 PflVG Rn. 5 mit näherer Begründung.
13 Vgl. *Feyock* in: Feyock/Jacobsen/Lemor Kraftfahrtversicherung, 3. Auflage 2009, § 15 PflVG Rn. 11.
14 Vgl. die Begründung zum Regierungsentwurf zum Dritten Durchführungsgesetz/EWG zum VAG vom 04.03.1994, BT-Drucks. 12/6959, S. 112.
15 In: Feyock/Jacobsen/Lemor Kraftfahrtversicherung, 3. Auflage 2009, § 15 PflVG Rn. 13.
16 Vgl. Begründung zum Regierungsentwurf zum Dritten Durchführungsgesetz/EWG zum VAG vom 04.03.1994, BT-Drucks. 12/6959, S. 112.

§ 16 PflVG (Stichtagsregelung)

übernehmende Bedingungen bei unveränderter Prämie bewusst in Kauf genommen hat, sie dem Allgemeininteresse an einer praktikablen Insolvenzprävention unterordnete. Dann würden jedoch die Voraussetzungen einer Analogie nicht vorliegen. Es würde an der Planwidrigkeit der Regelungslücke fehlen.

7 Über sein Kündigungsrecht muss der Versicherungsnehmer schriftlich und spätestens einen Monat vor Inkrafttreten der Änderung belehrt werden. Die Tarifänderung wird daher nur dann rechtswirksam, wenn richtig und fristgemäß belehrt wurde.[17]

C. weitere praktische Hinweise

8 Nicht von dieser Vorschrift erfasst ist die Konstellation, in der der übernehmende Versicherer Bedingungen und Tarif des übernommenen Geschäfts auf seinen bisherigen Bestand anwenden will. Diesbezüglich könnte im Fall der Fälle aber durchaus über eine analoge Anwendbarkeit des § 15 PflVG auf diesen »Umkehrfall« nachgedacht werden.[18]

§ 16 (Stichtagsregelung)

§ 12 Absatz 4 Satz 2 und Absatz 6 Satz 5 und 6 gilt nicht für Ansprüche, die vor dem 1. Mai 2013 entstanden sind.

1 § 16 stellt die Rechtssicherheit für Altfälle (Insolvenz der Ineas und LadyCarOnline im Jahr 2010) nach der Änderung des § 12 PflVG im Hinblick auf die Regressbeschränkungen bei der Insolvenz des Versicherers sicher.

---

17 Vgl. *Feyock* in: Feyock/Jacobsen/Lemor Kraftfahrtversicherung, 3. Auflage 2009, § 15 PflVG Rn. 14.
18 Vgl. hierzu *Feyock* in: Feyock/Jacobsen/Lemor Kraftfahrtversicherung, 3. Auflage 2009, § 15 PflVG Rn. 6, der eine solche Analogie als »vertretbar« erachtet.

Verordnung über den Versicherungsschutz in der Kraftfahrzeug-Haftpflichtversicherung (Kraftfahrzeug-Pflichtversicherungsverordnung – KfzPflVV)

vom 29.07.1994 (BGBl. I S. 1837), zuletzt geändert durch G vom 13.01.2012 (BGBl. I S. 103)

Vorbemerkung

Die zuletzt am 13.01.2012[1] insbesondere wegen der Einführung des Wechselkennzeichens geänderte KfzPflVV vom 29.07.1994[2] bezieht sich im Gegensatz zu den AKB ausschließlich[3] auf den Bereich der gesetzlichen Pflicht-Haftpflichtversicherung. 1

Die am 03.08.1994 in Kraft getretene Verordnung beruht auf der Verordnungsermächtigung des § 4 Abs. 1 Satz 1 PflVG. Danach hat das Bundesministerium für Justiz im Einvernehmen mit dem Bundesministerium für Finanzen und dem Bundesministerium für Verkehr unter Beachtung gemeinschaftsrechtlicher Verpflichtungen den Umfang des notwendigen Versicherungsschutzes zu bestimmen. Es handelt sich damit um Anforderungen an vertragliche Mindestbedingungen zu Kraftfahrzeug-Haftpflichtverträgen, wie sie der Versicherer bei Verwendung gegenüber seinem Versicherungskunden zugrunde zu legen hat. 2

Die KfzPflVV ergänzt das PflVG und die Regelungen über die Pflicht-Haftpflichtversicherung nach den §§ 113 ff. VVG in Bezug auf die versicherungsvertraglichen Mindestanforderungen der Kfz-Haftpflichtversicherung. Damit wird durch den deutschen Verordnungsgeber geregelt, was aufgrund der Vorgaben der europäischen Gesetzgebung als Mindestanforderungen in nationales Recht umzusetzen war. Entsprechend hat eine Auslegung der in diesem Zusammenhang stehenden nationalen Normen, den Vorgaben der hierzu ergangenen sechs[4] gemeinschaftsrechtlichen KH-Richtlinien zu folgen. 3

---

1 BGBl. I S. 103.
2 BGBl. I S. 1837, geändert durch Gesetz vom 10.07.2002, BGBl. I S. 2586.
3 Prölss/Martin/*Knappmann* Vor § 1 KfzPflVV, Rn. 2; Stiefel/Maier/*Jahnke* Kraftfahrtversicherung, Vor § 1 KfzPflVV, Rn. 7.
4 1. KH-Richtlinie 72/166/EWG v. 24.04.1972; 2. KH-Richtlinie 84/5/EWG v. 30.12.1983; 3. KH-Richtlinie 90/232/EWG v. 14.05.1990; 4. KH-Richtlinie 2000/26/EG v. 16.05.2000; 5. KH-Richtlinie 2005/714/EG v. 11.05.2005. Die inhaltliche Zusammenfassung und Klarstellung in einer Richtlinie wurde in der 6. KH-Richtlinie 2009/103/EG v. 16.09.2009 umgesetzt. Das Ergebnis wird sehr befürwortend, Halm/Engelbrecht/Krahe/*Lemor* Handbuch des Fachanwalts Versicherungsrecht, Kap. 6, Rn. 16.

§ 1 KfzPflVV (Geltungsbereich/Mindestversicherungssummen)

4 Die Muster-AKB des GDV orientieren sich an dem in der KfzPflVV geregelten Mindestumfang und Mindestinhalt. Sie geht jedoch auch darüber hinaus.

5 Die individuellen Regelungswerke der einzelnen Kfz-Haftpflichtversicherer gehen dabei – in zulässiger Weise[5] – teilweise noch erheblich weiter.

6 Die KfzPflVV hat unmittelbare[6] Auswirkungen auch auf Verträge nach dem AuslPflVG, § 4 AuslPflVG. Für von der Versicherungspflicht befreite Halter nach § 2 PflVG ist die Verordnung sinngemäß[7] anzuwenden, § 2 Abs. 2 Satz 3 PflVG.

7 Offen[8] ist die Frage, ob die KfzPflVV auch für diejenigen Verträge gilt, die vor dem In-Krafttreten der Verordnung zum 04.08.1994 aufgrund vom Aufsichtsamt genehmigter AKB geschlossen wurden. Aufgrund weiterer notwendiger Veränderungen durch die Anforderungen nach der VVG-Reform verliert die Frage weiter an Relevanz in der Praxis. Weder mit den Zielsetzungen des Verkehrsopferschutzes noch mit den Anforderungen der KH-Richtlinien ist es heute unvereinbar, am Inhalt von Altverträgen festzuhalten, die hinter der Rechtsentwicklung zurückbleiben.

§ 1 (Geltungsbereich/Mindestversicherungssummen)

(1) Die Kraftfahrzeug-Haftpflichtversicherung hat Versicherungsschutz in Europa sowie in den außereuropäischen Gebieten, die zum Geltungsbereich des Vertrages über die Europäische Wirtschaftsgemeinschaft gehören, in der Höhe zu gewähren, die in dem jeweiligen Land gesetzlich vorgeschrieben ist, mindestens jedoch in der in Deutschland vorgeschriebenen Höhe. Wird eine Erweiterung des räumlichen Geltungsbereichs des Versicherungsschutzes vereinbart, gilt Satz 1 entsprechend.

(2) Beginn und Ende des Versicherungsschutzes bestimmen sich nach den §§ 187 und 188 des Bürgerlichen Gesetzbuches.

Übersicht   Rdn.
A. **Allgemeines** 1
B. **Regelungsgehalt** 3
I. Örtlicher Geltungsbereich 3
II. Zeitlicher Geltungsbereich 8
III. Mindestversicherungssummen 11
C. **Weitere praktische Hinweise** 16

---

5 Prölss/Martin/*Knappmann* Vor § 1 KfzPflVV, Rn. 2.
6 Feyock/*Jacobsen*/Lemor KfzVers, Einführung KfzPflVV, Rn. 3.
7 Feyock/*Jacobsen*/Lemor KfzVers, Einführung KfzPflVV, Rn. 4; Stiefel/Maier/*Jahnke* Kraftfahrtversicherung, Vor § 1 KfzPflVV, Rn. 10.
8 Römer/*Langheid* 2. Aufl. § 1 KfzPflVV, Rn. 5; Feyock/*Jacobsen*/Lemor KfzVers, Einführung KfzPflVV, Rn. 7; *Feyock*/Jacobsen/Lemor KfzVers, § 4 PflVG, Rn. 31 ff.

A. Allgemeines

Entsprechend der Ausrichtung der Verordnung beschreibt die Norm einen Teil des Mindestinhalts zum Geltungsbereich in örtlicher und zeitlicher Hinsicht. Der inhaltliche Geltungsbereich wird erst in § 2 dargestellt. 1

Aus dem Inhalt des § 2 wird dann auch deutlich, dass die in § 1 formulierte »Kraftfahrt-Haftpflichtversicherung« richtigerweise »Fahrzeug-Haftpflichtversicherung (für Landfahrzeuge)« heißen müsste. Die fehlerhafte Begrifflichkeit muss zwangsweise so auch in die AKB übernommen werden, obwohl auch versicherungspflichtige Anhänger darunter fallen. 2

B. Regelungsgehalt

I. Örtlicher Geltungsbereich

Der räumliche Geltungsbereich bezieht sich zunächst auf das kontinentale Europa[1]. Hierbei sind die natürlichen Grenzen (im Osten der Ural und im Süden die durch den Bosporus geteilte Türkei) zu beachten. 3

Darüber hinaus werden jedoch außereuropäische Teile von Mitgliedsstaaten einbezogen. Dies betrifft insbesondere Frankreich (Saint-Martin[2], Französisch-Guayana[3], Neu-Kaledonien[4], Réunion[5], Guadeloupe[6], Martinique[7]), Portugal (mit seinen Azoreninseln und Madeira) sowie Spanien (mit den Kanarischen Inseln vor der Westküste Afrikas und Enklaven in Nordafrika). 4

Die Grenzen Europas enden nicht mit der Landmasse, sondern erst mit der 12-Seemeilen-Zone. Auch die Bundesrepublik Deutschland[8] beansprucht seit dem 01.01.1995 diese Gebiete außerhalb der Landmasse. Bedeutung kann dies gewinnen, wenn Fahrzeuge auf Fährschiffen oder Pontons gefahren werden. 5

Eine Ausweitung[9] des räumlichen Versicherungsschutzes durch die verwendeten AKB oder per Einzelvertrag ist möglich. Gerade bei Reisen oder Transporten ins außereuro- 6

---

1 »Europadeckung« als Vorgabe aus Art. 3 Abs. 2 und Art. 6 der 1. KH-Richtlinie 72-/166/EWG.
2 Nördlicher Teil einer Karibikinsel; Südteil gehört zu den Niederlanden.
3 Departement im Norden Südamerikas.
4 Inselgruppe im Pazifischen Ozean vor Australien.
5 Insel im Indischen Ozean, westlich von Madagaskar.
6 Inselgruppe im Karibischen Meer.
7 Insel im Karibischen Meer.
8 Bekanntmachung der Proklamation der Bundesregierung über die Ausweitung des deutschen Küstenmeeres vom11. November 1994 (BGBl. I S. 3428).
9 Eine Einengung des räumlichen Anwendungsbereichs mit Ausschlusscharakter war auch früher nicht möglich, als es bis zum 30.06.1998 den Güternahverkehr (zuletzt 75 km Radius um Standort) nach den §§ 80ff. GüKG a. F. noch gab. In diesen Fällen kam beim Überschreiten der Grenzen lediglich ein Verstoß gegen die Verwendungsklausel nach § 5 Abs. 1 Nr. KfzPflVV in Betracht.

päische Ausland, wie beispielsweise in Teile Russlands oder der Türkei, besteht ansonsten kein Versicherungsschutz. Den Versicherer treffen nach § 6 VVG im Einzelfall gerade hierzu besondere Erkundigungs-, Hinweis- und Beratungspflichten[10].

7 Wird eine Grüne Karte vom Versicherer herausgegeben, soll sich der Versicherungsschutz auch auf den nichteuropäischen Teil der Türkei[11] beziehen.

II. Zeitlicher Geltungsbereich

8 Der Beginn[12] des Versicherungsschutzes bezieht sich nach dem Verweis auf § 187 BGB auf den Beginn des Tages, also 0:00 Uhr. Entsprechend endet der Versicherungsschutz um 24:00 Uhr, § 188 BGB. Die Norm war zur Vereinheitlichung wegen der Mittagsregel des § 7 VVG a. F. notwendig. Sie hat sich jedoch auch heute noch nicht durch § 10 VVG überholt, da außerhalb des PflVG hiervon abgewichen werden kann[13].

9 Auch in Europa gibt es unterschiedliche **Zeitzonen**. Ein Unfall, der sich beispielsweise in Irland noch vor 24:00 Uhr Ortszeit ereignet, kann schon im gleichen Moment in Deutschland nach 0:00 Uhr Ortszeit liegen. Damit hat bereits der nächste Tag begonnen. Es ist auf die in Deutschland geltende Ortszeit abzustellen, da sich nur so ein einheitlicher Schutzumfang feststellen lässt. Ansonsten hätte der Versicherungsnehmer Richtung Osten einen Nachteil und Richtung Westen einen Vorteil.

10 Wird das Fahrzeug veräußert, geht ohne Kündigung der Vertrag auf den Erwerber über, § 95 VVG. Mit Vorlage der neuen Versicherungsbestätigung gilt der alte Vertrag als gekündigt, § 3b PflVG. Der neue Versicherer wird ab 0:00 Uhr des Tages des Versichererwechsels[14] (rückwirkend zum Tagesbeginn) zuständig.

III. Mindestversicherungssummen

11 Die Versicherungssummen weichen teils erheblich voneinander ab. Unabhängig davon, wo sich der Unfall nun im Geltungsbereich der Verordnung ereignet, gelten zunächst die Mindestversicherungssummen, wie sie in der Anlage zu § 4 Abs. 2 PflVG[15] vorgese-

---

10 Schon zur alten Rechtslage bei Fahrt in die Türkei: *BGH* Urt. v. 13.04.2005 – IV ZR 86/04, JurionRS 2005, 13266 = DAR 2005, 396 = MDR 2005, 1108 = NJW 2005, 2011 = VersR 2005, 824 = r+s 2005, 455 = SVR 2006, 109 bespr. v. *M. Müller* = NZV 2005, 361 = zfs 2005, 348 = VRR 2005, 266 bespr. v. *Knappmann*; Schwintowski/Brömmelmeyer/*Kärger* PK-VersR, AKB, Rn. 9, zur neuen Rechtslage: *AG Coburg* Urt. v. 06.08.2009 – 11 C 1326/08, ADAJUR Dok.Nr. 85981 = zfs 2009, 693 = r+s 2009, 503.
11 *OLG Köln* Urt. v. 31.07.1991 – 13 U 38/91, ADAJUR Dok.Nr. 358 = VersR 1991, 1202 = IPRspr 1991, 55 = r+s 1991, 327 = zfs 1992, 14 (Ls.); *Kreuter-Lange* A.1.4.2 AKB Rdn. 2.
12 Abweichungen hiervon sind durch die vorläufige Deckung nach § 9 KfzPflVV möglich.
13 HK-VVG/*Muschner* § 10 VVG, Rn. 9.
14 Stiefel/Maier/*Jahnke* Kraftfahrtversicherung, § 1 KfzPflVV, Rn. 16.
15 Zuletzt angepasst durch Art. 1 Verordnung zur Anpassung der Mindestversicherungssummen und zur Änderung der Kraftfahrzeug-Pflichtversicherungsverordnung v. 06.12.2011, BGBl. I S. 2628.

hen sind. Liegen die Mindestversicherungssummen im Ausland jedoch darüber, gelten die höheren Mindestversicherungssummen des ausländischen Unfallortes.

Schaubild:

Es gelten	Je geschädigte Person max.	Je Schadensfall mit Personenschäden max.	Je Schadensfall mit Sachschäden insgesamt max.	Reine Vermögensschäden
In Deutschland Sockelbetrag nach Anlage 1 Nr. 1 zu § 4 Abs. 2 PflVG	EUR 7,5 Mio.	EUR 7,5 Mio.	EUR 1,12 Mio.	EUR 50.000,–
In Deutschland (Busse) nach Anlage 1 zu § 4 Abs. 2 Nr. 2 PflVG		Ab dem 10. Platz weitere 50.000 Ab dem 81. Platz weitere 25.000		Ab dem 10. Platz weitere 500 Ab dem 81. Platz weitere 250
Beim **Auslandsunfall** Mindestsummen nach der Übergangsregelung vom 11.12.2009 bis 11.06.2012 nach der 6. KH-Richtlinie[16]	EUR 0,5 Mio.	EUR 2,5 Mio.	EUR 0,5 Mio.	nicht vorgesehen
Beim **Auslandsunfall** für alle ab dem 12.06.2012 verbindliche Mindestsummen nach 6. KH-Richtlinie[17]	EUR 1 Mio.	EUR 5 Mio.	EUR 1 Mio.	nicht vorgesehen
Auslandsunfall	Die im jeweiligen Mitgliedstaat geltende nationale Mindestdeckungssumme, soweit sie die Anforderungen der 6. KH-Richtlinie überschreiten.			

Besonderheiten ergeben sich für Busse. Bei mehr als neun beförderten Personen (ohne Fahrer) sind nicht nur höhere Höchsthaftungssummen nach § 12 Abs. 1 Nr. 1 StVG, sondern auf den Sockelbetrag von Anlage 1 Nr. 1 aufgestockte weitere Summen nach der Anlage 1 Nr. 2 hinzurechnen. Die Mindestversicherungssumme ist individuell auszurechnen, was nicht ganz einfach ist.[18]   12

Der Fahrer wird ausdrücklich nicht mitgerechnet. Der echte Beifahrer wird nicht erwähnt, obwohl er zur Ablösung des Fahrers bereitstehen kann. Der echte Beifahrer   13

---

16 Art. 9 der 6. KH-Richtlinie 2009/103/EG v. 16.09.2009.
17 6. KH-Richtlinie 2009/103/EG v. 16.09.2009 hat in Art. 9 Abs. 1 die Summen aus der 5. KH-Richtlinie 2005/714/EG vom 11.05.2005 übernommen.
18 *Kreuter-Lange/Schwab* Haftungs- und Versicherungsfragen beim Busfernverkehr, DAR 2015, 67 ff.

§ 2 KfzPflVV (sachlicher und persönlicher Deckungsumfang)

ist zwar mitversicherte Person nach § 2 Abs. 2 Nr. 4 KfzPflVV, er kann aber im Schadensfalle selbst Haftpflichtansprüche gegen andere Mitversicherte haben. Ansprüche bezüglich des Personenschadens können nach den §§ 104 ff. SGB VII ausgeschlossen sein.

14 Anhänger werden bei der Platzzahl nicht mitgerechnet. Für sie gilt eine entsprechende Regelung zur Platzzahl in Anlage 1 Nr. 3 zu § 4 Abs. 2 PflVG.

15 Abs. 1 Satz 2 schreibt zudem vor, dass bei einer (freiwilligen) Vereinbarung, die den räumlichen Geltungsbereich erweitert, dann (zwangsweise) auch die deutschen oder noch höheren ausländischen Mindestversicherungssummen gelten. Dieser Teil der Regelung ist rechtlich nicht unproblematisch[19], geht er doch über den begrenzten[20] Ermächtigungsumfang nach § 4 Abs. 1 PflVG hinaus.

C. Weitere praktische Hinweise

16 Die Anforderungen von § 1 KfzPflVV sind in A.1.4 und B.1 AKB 2015 umgesetzt.

17 Die Überprüfung und Anpassung der Mindestversicherungssummen erfolgt seit dem 11. Juni 2005 grundsätzlich in einem Fünfjahres-Rhythmus, Art. 9 Abs. 2 der 6. KH-Richtlinie. Spätestens in 2016 dürfte es somit einer Anpassung bedürfen.

§ 2 (sachlicher und persönlicher Deckungsumfang)

(1) Die Versicherung hat die Befriedigung begründeter und die Abwehr unbegründeter Schadensersatzansprüche zu umfassen, die auf Grund gesetzlicher Haftpflichtbestimmungen privatrechtlichen Inhalts gegen den Versicherungsnehmer oder mitversicherte Personen erhoben werden, wenn durch den Gebrauch des versicherten Fahrzeugs
1. Personen verletzt oder getötet worden sind,
2. Sachen beschädigt oder zerstört worden oder abhanden gekommen sind oder
3. Vermögensschäden herbeigeführt worden sind, die weder mit einem Personen- noch mit einem Sachschaden mittelbar oder unmittelbar zusammenhängen.

(2) Mitversicherte Personen sind
1. der Halter,
2. der Eigentümer,
3. der Fahrer,
4. Beifahrer, das heißt Personen, die im Rahmen ihres Arbeitsverhältnisses zum Versicherungsnehmer oder Halter den berechtigten Fahrer zu seiner Ablösung oder zur Vornahme von Lade- und Hilfsarbeiten nicht nur gelegentlich begleiten,
5. Omnibusschaffner, soweit sie im Rahmen ihres Arbeitsverhältnisses zum Versicherungsnehmer oder Halter tätig werden,

---

19 Auch wirtschaftlich nicht unproblematisch: *Wies*, Die neue Kraftfahrt-Haftpflichtversicherung, S. 44, strebt diesbezüglich eine Änderung von § 1 KfzPflVV an.
20 Römer/*Langheid*, VVG 2. Auflage; Rn. 3 zu § 1 KfzPflVV.

6. Arbeitgeber oder öffentlicher Dienstherr des Versicherungsnehmers, wenn das versicherte Fahrzeug mit Zustimmung des Versicherungsnehmers für dienstliche Zwecke gebraucht wird.

(3) Mitversicherten Personen ist das Recht auf selbständige Geltendmachung ihrer Ansprüche einzuräumen.

Übersicht

	Rdn.
A. Allgemeines	1
B. Regelungsgehalt	3
I. Sachlicher Deckungsumfang	3
1. Schadensersatzansprüche	4
2. Haftpflichtbestimmungen	7
3. Privatrechtlichen Inhalts	8
4. Anspruchsbefriedigung	12
5. Anspruchsabwehr	15
a) Bedeutung	15
b) Ermächtigungsnorm	16
c) Interessenlage	21
d) voller Zivilrechtsschutz	22
e) begrenzter Verwaltungsrechtsschutz	23
f) begrenzter Sozialrechtsschutz	24
g) kein Strafrechtsschutz	29
h) kein Rechtsschutz in USchadG-Verfahren	32
6. Schadenarten	33
a) Personenschaden	34
b) Sachschaden	35
c) Vermögensschaden	40
d) nicht: reiner Ökoschaden	44
7. Durch den Gebrauch des versicherten Fahrzeugs	45
8. Auf öffentlichen Wegen und Plätzen	49
II. Persönlicher Deckungsumfang	55
1. Versicherter Personenkreis	57
a) Kernbereich	57
b) erweiterter Personenkreis	60
aa) überflüssig: Versicherungsnehmer	61
bb) sinnvoll: Arbeitswelt	62
c) nicht versicherter Personenkreis	71
2. Versicherung (auch) für fremde Rechnung	72
III. Folgen von Abweichungen	74
1. Abweichung zu Gunsten des VN	74
2. Abweichung zum Nachteil des VN	75
a) Folgen: KfzPflVV-Anforderungen unterschritten	76
b) Folgen: PflVG-Anforderungen unterschritten	79
IV. Geltendmachung von Rechten durch Mitversicherte	81
C. Weitere praktische Hinweise	83

§ 2 KfzPflVV (sachlicher und persönlicher Deckungsumfang)

A. Allgemeines

1 Die Vorschrift der Rechtsverordnung greift die Anforderungen des § 1 PflVG auf, geht jedoch über den dort angesprochenen Regelungsgehalt hinaus[1]. Dies ist bedenklich, da der Regelungsspielraum der Verordnungsgeber nicht weiter geht als der Bereich, der ihnen aufgrund des Gesetzesvorbehaltes eingeräumt wurde. Trotzdem ist die KfzPflVV zwingendes[2] Recht.

2 Nachvollziehbar ist der Systembruch allein deswegen, da sich die Verordnungsgeber bei der Abfassung der Verordnung keine eigenen Gedanken[3] gemacht haben. Sie haben lediglich Formulierungen der letzten genehmigten AKB a. F. in den Verordnungstext übernommen.

B. Regelungsgehalt

I. Sachlicher Deckungsumfang

3 Abs. 1 greift die Formulierungen auf, wie sie in den alten Fassungen der AKB verwendet wurden.

1. Schadensersatzansprüche

4 Die Verordnung stellt auf Schadensersatzansprüche ab. Damit sind die Ansprüche gemeint, die sich wörtlich auf Schadensersatz beziehen oder im weiteren Sinne einem Schadensersatzanspruch nachgebildet sind.

5 Ein Aufwendungsersatzanspruch ist daher grundsätzlich kein Schadensersatzanspruch. Eine umstrittene[4] Ausnahme ist jedoch da zu machen, wo es sich um unfreiwillige Vermögensopfer handelt, etwa bei zufälligen Schäden anlässlich der Erfüllung eines Auftrages. Der unfreiwillige Aufwand ist dann einem Schaden gleichzustellen.

6 Entgegen dem *BGH*[5] ist es sehr fragwürdig[6], Aufwendungen für behördliche Absicherungsmaßnahmen zur Abwendung eines potentiellen Schadens bereits mit einem Schadensersatzanspruch gleichzustellen.

---

1 Prölss/Martin/*Knappmann* § 2 KfzPflVV, Rn. 1; Feyock/*Jacobsen*/Lemor KfzVers, § 2 KfzPflVV, Rn. 2; Stiefel/Maier/*Jahnke* Kraftfahrtversicherung, § 2 KfzPflVV, Rn. 9.
2 Looschelders/Pohlmann/*Kammerer-Galahn* VVG-Kommentar, Anhang A, Rn. 17.
3 Stiefel/*Hofmann* Kraftfahrtversicherung 17. Aufl. 2000, § 2 KfzPflVV, Rn. 1.
4 PWW/*Fehrenbacher* § 670 Rn. 6 m. w. N.
5 BGH, Urt. v. 28.09.2011 – IV ZR 294/10, JurionRS 2011, 25980 = DAR 2011, 704 = VersR 2011, 1509 = MDR 2011, 1347 = NZV 2012, 34 = r+s 2012, 17 = NJW-RR 2012, 163 = NJW-Spezial 2012, 138 = VRR 2012, 24 bespr. v. *Knappmann* = zfs 2011, 695.
6 Näheres *Schwab* § 115 VVG Rdn. 28–34.

2. Haftpflichtbestimmungen

Die AKB seit 2008[7] verweisen heute hierzu exemplarisch auf das StVG und das BGB. 7
Hinzuzurechnen sind insbesondere das HaftPflG, das UmweltHG und das WHG.

3. Privatrechtlichen Inhalts

Die Haftpflichtbestimmungen müssen lediglich einen privatrechtlichen Charakter ha- 8
ben. Unerheblich ist es, wenn privatrechtlich gestaltete Anspruchsnormen in Gesetzen
enthalten sind, die ansonsten dem öffentlichen Recht zuzuordnen sind. Maßgebend ist
die inhaltliche Qualität. Der Schutz individueller Rechte ist ausschlaggebend.

Reine öffentlich-rechtliche Verantwortlichkeiten bleiben dagegen ausgeklammert. 9
Dies hat jetzt wesentliche Auswirkungen für den Fahrzeugbereich, da bedingt durch
die Umsetzung der EG-Umwelthaftungsrichtlinie[8] in das nationale USchadG[9] erstmals
auch Ökoschäden zu verantworten sind.

Es ist zu betonen, dass Versicherer, die nicht nur eine Zusatzversicherung[10] oder Son- 10
derbedingung für Schadensfälle[11] nach dem USchadG anbieten, sondern diese in ihre
individuellen AKB integrieren[12], damit keinen zusätzlichen Deckungsanspruch einer
Pflichtversicherung begründen. Der entscheidende Unterschied liegt darin, dass sich
hieraus weder ein Direktanspruch[13] gegen den Haftpflichtversicherer noch eine Vorleistungspflicht bei einem kranken Versicherungsverhältnis ableiten lässt.

Daran ändert auch die Tatsache nichts, dass der *4. Senat des BGH*[14] in einer viel beach- 11
teten Entscheidung mit Recht[15] einen Deckungsanspruch bejahte, wenn der Versicherungsnehmer öffentlich-rechtlich in Anspruch genommen wird, aber parallel auch
privatrechtlich zum Schadensersatz verpflichtet ist. Abzustellen ist hinsichtlich der versicherungsvertraglichen Deckung auf den tatsächlich parallel existierenden privatrechtlichen Haftpflichtanspruch.

---

7 A.1.1.1 AKB 2015.
8 Richtlinie 2004/35/EG vom 21.04.2004.
9 Gesetz zur Umsetzung der Richtlinie des Europäischen Parlaments und des Rates über die Umwelthaftung zur Vermeidung und Sanierung von Umweltschäden vom 10.05.2007, BGBl. I 2007, 666 ff.; kurz: USchadG.
10 Unverbindliche Musterbedingungen für eine Kfz-Umweltschadensversicherung (Kfz-USV) des GDV vom 29.10.2007.
11 Einzelheiten Himmelreich/Halm/Staab/*Schwab* Handbuch Kfz-Schadensregulierung, Kap. 21, Rn. 216 ff.
12 Feyock/*Jacobsen*/Lemor KfzVers, A.1, Rn. 86.
13 Feyock/*Jacobsen*/Lemor KfzVers, A.1, Rn. 85.
14 *BGH* Urt. v. 20.12.2006 – IV ZR 325/05, JurionRS 2006, 29131 = DAR 2007, 142 mit Anm. *Weinsdörfer* = VersR 2007, 200 = NJW 2007, 1205 = NZV 2007, 233 = r+s 2007, 94 = zfs 2007, 273 = NJW-RR 2007, 635 = WI 2007, 37 = VRR 2007, 108 bespr. v. *Knappmann*.
15 Zustimmend *Schwab* DAR 2007, 269.

4. Anspruchsbefriedigung

12 Die Befriedigung begründeter Schadensersatzansprüche bedeutet zunächst, dass das geschädigte Verkehrsopfer durch den Versicherer Leistungen erhalten soll. Damit wird zwar kein Direktanspruch bestimmt, wie er heute[16] in § 115 Abs. 1 Satz 1 Nr. 1 VVG niedergeschrieben ist; dennoch wird deutlich, dass zumindest vorrangig die unmittelbare Schadensregulierung an den Geschädigten, nicht aber über den Umweg des versicherten Schädigers erfolgen soll.

13 Gleichzeitig bedeutet die Vorschrift, dass damit der Schädiger durch den Versicherer von seiner Verbindlichkeit gegenüber dem Geschädigten freigestellt werden soll. Hierin kann man zudem einen Regulierungsauftrag für den Versicherer ablesen. Er soll also auch das Schadenabwicklungsmanagement betreiben.

14 Schließlich schlagen bei einem Schaden nicht nur der Aufwand in Form von Schadensersatzleistungen plus Nebenkosten, sondern auch erhebliche weitere Kosten zu Buche, da ein Schaden ordnungsgemäß verwaltet und abgewickelt werden muss. Ein solcher Abwicklungsprozess kann sich im schlimmsten Fall, z. B. bei schweren Personenschäden von unfallverletzten Kindern[17], sogar über viele Jahrzehnte hinziehen. Der Schädiger allein wäre hierzu objektiv nicht in der Lage.

5. Anspruchsabwehr

a) Bedeutung

15 Die Abwehr unbegründeter Schadensersatzansprüche bedeutet, dass der Versicherer im Interesse seines Versicherungsnehmers und der mitversicherten Personen zum Grund und zur Höhe unberechtigte Forderungen zurückzuweisen hat. Es handelt sich um den Teil der Regulierungsaufgabe des Versicherers, wo er nicht nur prüfend, sondern ähnlich[18] einem Rechtsschutzversicherer, tätig wird. Die Kosten des Rechtsschutzes gehen dabei auch zu Lasten des Versicherers.

b) Ermächtigungsnorm

16 Diese in der Verordnung gestellte Anforderung an den Versicherungsvertrag geht damit inhaltlich über das hinaus, was wörtlich im PflVG geregelt ist. Von einer Abwehr unberechtigter Ansprüche ist in § 1 PflVG nicht die Rede. Die Zielsetzung im PflVG ist ja

---

16 Inhaltlicher Vorläufer ist § 3 Nr. 1 PflVG a. F.
17 Es sei denn, es gelingt doch eine interessengerechte Abfindung, *Hoffmann/Schwab/Tolksdorf* Abfindungsregulierungen nach Unfällen von Kindern sowie angepasste Lösungen für ältere oder andere besonders schutzbedürftige Menschen – Nachhaltige Sicherung der Geldsummen, DAR 2006, 666.
18 Für den reinen Rechtsschutzversicherer gelten z. B. strengere Regeln bei der Wahl des Anwalts, *EuGH* Urt. v. 10.09.2009 – C-199/08 (Fall Esching), JurionRS 2009, 22198 = DAR 2009, 641 = DVBl. 2009, 1376 = NJW 2010, 355 = NJW-Spezial 2009, 687 = EuZW 2009, 732, DVBl. 2009, 1376 = NJW 2010, 355.

auch zunächst nur der Verkehrsopferschutz; nicht aber primär die Interessen des Schädigers zu schützen.

Lediglich die für alle Haftpflichtversicherungen geltenden §§ 100, 101 Abs. 1 VVG 17 beschreiben den Abwehranspruch. Es handelt sich um eines der Grundprinzipien[19] der Haftpflichtversicherung. Das Recht ist grundsätzlich dispositiv[20].

Dennoch wird man aber auch die Abwehr von unberechtigten Schadensersatzansprü- 18 chen zum notwendigen Umfang des Versicherungsschutzes rechnen müssen, die ein Versicherungsvertrag zu gewähren hat, § 4 Abs. 1 Satz 1 PflVG.

Ein Versicherer, der die Aufgabe der Schadenregulierung übernimmt, benötigt einen 19 gewissen Handlungsfreiraum. Er prüft nicht nur die Deckungsfrage zum Versicherungsnehmer, sondern auch die Ansprüche des Geschädigten zu Grund und Höhe. Diese Prüfungskosten, die auch mit Prozesskosten im Unterliegensfalle einhergehen können, hat der Versicherer im Innenverhältnis als Gesamtschuldner allein zu tragen, §§ 115 Abs. 1 Satz 4, 116 Abs. 1 Satz 1 VVG.

Folgerichtig müssen zugunsten des Geschädigten und des Versicherungsnehmers – 20 über den Kernbereich der Pflichtversicherung[21] nach den §§ 113 ff. VVG hinaus – auch die §§ 100, 101 Abs. 1 VVG als unabdingbar verstanden werden.

c) Interessenlage

Die Abwehr unberechtigter Ansprüche liegt, anders als bei den mitversicherten Per- 21 sonen, wesentlich auch im Interesse des Versicherungsnehmers. Er ist der derjenige, dessen Vertrag belastet wird und der mit einem Verlust seines Schadensfreiheitsrabatts nach I.3.5 AKB 2015, der Verwirklichung eines grundsätzlich zulässigen vertraglichen Selbstbehaltes[22] oder einer Prämienanpassung nach einem Bonus-/Malus-System zu rechnen hat.

d) voller Zivilrechtsschutz

Der Wortlaut der Vorschrift grenzt auch bei der Abwehr der unberechtigten Ansprüche 22 auf rein zivilrechtliche Schadensersatzansprüche ein. Dies ist aufgrund der Entwicklungen der letzten Jahre nicht nur in Bezug auf öffentlich-rechtliche Ansprüche nicht haltbar. Auch zivilrechtliche Aufwendungsersatz- und Ausgleichsansprüche sind einzubeziehen, soweit sie den Charakter von Schadensersatzansprüchen haben.

---

19 Looschelders/Pohlmann/*Schulze Schwienhorst* § 101 VVG, Rn. 1.
20 Schwintowski/Brömmelmeyer/*Retter* PK-VersR § 100, Rn. 79 und § 101, Rn. 27; Looschelders/Pohlmann/*Schulze Schwienhorst* § 101 VVG, Rn. 27.
21 Unabdingbar, siehe Schwintowski/Brömmelmeyer/*Huber* PK-VersR § 116, Rn. 34.
22 Siehe *Schwab* § 114 VVG Rdn. 13 ff.

e) begrenzter Verwaltungsrechtsschutz

23 Muss sich der Versicherungsnehmer gegen einen förmlichen Kostenbescheid, der gleichfalls einen privatrechtlichen Schadensersatzanspruch betrifft im Verwaltungsverfahren oder vor dem Verwaltungsgericht[23] zur Wehr setzen, hat in Ansehung der Entscheidung des *BGH*[24] auch hier der Versicherer Rechtsschutz zu gewähren.

f) begrenzter Sozialrechtsschutz

24 Das Gleiche gilt für das sozialgerichtliche Verfahren auf Anerkennung eines Arbeitsunfalls unter Arbeitskollegen, dessen Urteil für die zivilrechtlichen Ansprüche von ausschlaggebender Bedeutung ist. Sowohl der Arbeitgeber als auch der Kollege könnten nach den §§ 104 ff. SGB VII von der Haftung für Personenschäden befreit sein, was sich insbesondere auf die häufigen Unfälle beim Be- und Entladen[25] auswirkt.

25 Dies kommt unmittelbar auch dem gesamtschuldnerisch haftenden **Kfz-Haftpflichtversicherer** zugute, der seinerseits nach der zutreffenden Rechtsprechung des *BSG*[26] selbst antragsbefugt ist. Die Antragsbefugnis ergibt sich wegen der planwidrigen Regelungslücke aus § 109 Satz 1 SGB VII analog. Die Klage hat er – völlig ungewohnt – an seinem Firmensitz also am Sitz des Kfz-Haftpflichtversicherers einzureichen, da er Antragsteller ist, § 57 Abs. 1 Satz 1 SGG.

26 Arbeitgeber und sonstige betroffene Personen sind sogar mit ausdrücklichem Hinweis auf Schadensersatzansprüche nach § 109 SGB VII im Verfahren vor dem Unfallversicherer antragsbefugt. Eine sozialgerichtliche Entscheidung über die Rechtsfolgen der §§ 104 ff. SGB VII bindet die Zivilgerichte, § 108 Abs. 1 SGB VII. Zivilgerichtliche Verfahren sind auszusetzen[27], § 108 Abs. 2 SGB VII.

27 Damit wird deutlich, dass der Versicherungsnehmer und die mitversicherten Personen mit dem Versicherer »in einem Boot sitzen«, da sie die gleiche Interessenlage verfolgen, die unmittelbare zivilrechtliche Auswirkungen zeigen.

---

23 Nach Abschaffung der Widerspruchverfahren in Bayern in 2007, Niedersachsen in 2005, Nordrhein-Westfalen in 2007 (geregelt in der jeweiligen AGVWGO) ist sogar unmittelbar binnen Monatsfrist die Klageerhebung erforderlich.

24 *BGH* Urt. v. 20.12.2006 – IV ZR 325/05, JurionRS 2006, 29131 = DAR 2007, 142 = MDR 2007, 652 = NJW 2007, 1205 = VersR 2007, 200 = NZV 2007, 233 = r+s 2007, 94 = zfs 2007, 273; siehe hierzu bereits die Forderung von *Schwab* DAR 2007, 269 (270).

25 *BGH* Urt. v. 17.06.2008 – VI ZR 257/06, BGHZ 177, 97 = JurionRS 2008, 17685 = DAR 2009, 302 = VersR 2008, 1260 = NJW 2008, 2916 = NZV 2008, 504 = MDR 2008, 1032 = DB 2008, 2432 = r+s 2008, 488 = zfs 2008, 618; kritisch *Lang* SVR 2009, 183.

26 *BSG* Urt. v. 27.03.2012 – 2 B U 5/11 R, DAR 2012, 535 = ADAJUR Dok.Nr. 98663.

27 *BGH* Nichtannahmebeschl. v. 22.04.2008 – VI ZR 202/06, DAR 2008, 519 = MDR 2008, 797 = NZV 2008, 396 = VersR 2008, 820 = MDR 2008, 1032 = NJW-RR 2008, 1239; *Horst/Katzenstein* Die Bindung der Gerichte nach § 108 SGB VII, VersR 2009, 165 ff.

Die Kosten der Rechtsverteidigung hat daher nach dem Sinn und Zweck der Vorschrift auch hier der Versicherer im Innenverhältnis allein[28] zu tragen. 28

g) kein Strafrechtsschutz

Zur Klarstellung sei angemerkt, dass strafrechtliche Entscheidungen[29] die zivilrechtliche Haftungsbeurteilung wegen der freien Beweiswürdigung nicht präjudizieren. Entsprechend kann es hierüber nie – auch nicht ausnahmsweise – zu einem Deckungsanspruch kommen. 29

Der Verteidiger darf (sollte) jedoch im Interesse seines Mandanten an den Kfz-Haftpflichtversicherer herantreten, wenn z. B. ein mit Zweifeln behaftetes verkehrsanalytisches Gutachten zu überprüfen sein sollte, dem betroffenen Fahrer aber eigene Mittel hierzu nicht zur Verfügung stehen. Um schneller Klarheit über die objektiven Umstände zu erhalten und um eine sachgerechte zivilrechtliche Haftungsbewertung vornehmen zu können, darf es dem Versicherer erlaubt sein, diese Kosten nach strenger Abwägung freiwillig zu übernehmen. 30

Werden zivilrechtliche Ansprüche im **Adhäsionsverfahren**[30] nach den §§ 403 ff. StPO geltend gemacht, hat der Kfz-Haftpflichtversicherer nur wegen diesbezüglicher Verfahrenskosten den Beschuldigten freizustellen. 31

Die dem Fahrer auferlegten Kosten einer zugelassenen Nebenklage sind keine Kosten, die der Abwehr von zivilrechtlichen Ansprüchen dienen.

h) kein Rechtschutz in USchadG-Verfahren

Ebenso haben rein verwaltungsrechtliche Verantwortlichkeiten, wie etwa nach dem USchadG[31], keinen Bezug zu privatrechtlichen Haftpflichtansprüchen. Versicherungsschutz ist nur über entsprechende Zusatzdeckungen durch die Kfz-USV zu erlangen. 32

6. Schadenarten

Aufgezählt werden drei Schadenarten: der Personen-, Sach- und Vermögensschaden. 33

---

28 Im Gegenzug ist ihm auch in diesen Verfahren das Recht der Prozessführung zuzugestehen.
29 Zu § 153a StPO siehe *BVerfG* Beschl. v. 06.12.1995 – 2 BvR 1732/95, JurionRS 1995, 13186 = NStZ-RR 1996, 168 = StV 1996, 163; *BGH* Urt. v. 16.03.2005 – IV ZR 140/04, JurionRS 2005, 13287 = NJW-RR 2005, 1024 = MDR 2005, 1114 = FamRZ 2005, 1070 = Jus 2005, 1045 = WM 2005, 1530; *Fromm/Schmidtke* Risiken der Einstellung des Strafverfahrens gem. § 153a StPO bei Verkehrsstraftaten –Pyrrhus-Sieg oder besonderer Verdienst des Strafverteidigers, NZV 2007, 552 ff.
30 *Schirmer* Das Adhäsionsverfahren nach neuem Recht – die Stellung des Unfallbeteiligten und deren Versicherer, DAR 1988, 121 (126).
31 Gesetz zur Umsetzung der Richtlinie des Europäischen Parlaments und des Rates über die Umwelthaftung zur Vermeidung und Sanierung von Umweltschäden vom 10.05.2007, BGBl. I 2007, 666 ff.

a) Personenschaden

34 Die Versicherung hat beim Personenschaden Todesfolgen und Verletzungsfolgen zu umfassen. Keine Schwierigkeiten bestehen begrifflich bei körperlichen Verletzungsfolgen. Psychisch vermittelte Folgen sind jedoch ebenso unter den Begriff »Verletzung« zu fassen.

b) Sachschaden

35 Beschädigte Sachen sind reparaturfähig. Eine zerstörte Sache bedeutet einen tatsächlichen oder wirtschaftlichen Totalschaden.

36 Sachen sind körperliche Gegenstände nach § 90 BGB, aber nicht Tiere. Das sind seit 1990 Mitgeschöpfe nach § 90a Satz 1 BGB. Der Gesetz- und die Verordnungsgeber haben weder 1994 noch in der jüngsten Vergangenheit eine Korrektur bedacht. Durch die Orientierung an der Verordnung findet sich auch in A.1.1.1 AKB 2015[32] leider keine Nennung des Tieres. Helfen kann man sich nur über § 90a Satz 3 BGB, wonach die Vorschriften für Sachen für anwendbar erklärt werden.

37 Dabei sind unter »Sachen« nur diejenigen Sachen zu verstehen, die jemandem tatsächlich gehören. Beispielsweise sind wilde Tiere, die nicht unter einem Jagdaneignungsrecht stehen, hiervon ausgenommen.

38 Der Versicherungsschutz hat sich auch auf abhanden gekommene Sachen zu erstrecken. Das sind insbesondere Gegenstände, die sich im Fahrzeug oder im Besitz von verletzten Personen befanden und nach dem Unfall nicht mehr aufzufinden sind. Dazu gehört auch Bargeld[33].

39 Wörtlich nicht angesprochen ist der Sachfolgeschaden. Als Unterfall des Sachschadens gehört er jedoch in die mit zu versichernde Schadengruppe.

c) Vermögensschaden

40 Abs. 1 Nr. 3 behandelt den reinen Vermögensschaden, der weder mittelbar noch unmittelbar mit einem Personen- oder Sachschaden im Zusammenhang steht. Diese lassen sich ansonsten als Vermögensfolgeschäden aufgrund von Personen- oder Sachschäden beschreiben. Sie fallen damit bereits unter den Personen- bzw. den Sachschaden.

41 Der reine Vermögensschaden ist ohne große praktische Relevanz[34] und beschränkt sich meist auf die Abwehrfunktion unbegründeter Ansprüche und/oder Schäden mittelbar Geschädigter.

---

32 Siehe *Schwab* A.1.1.1 AKB Rdn. 43.
33 Verlust nicht bewiesen im Fall *OLG Köln* Urt. v. 25.02.2005 – 6 U 139/04, JurionRS 2005, 14425 = DAR 2005, 404 = ADAJUR Dok.Nr. 63583 = NZV 2005, 523 = VersR 2006, 1258 = MDR 2005, 1346 = SVR 2006, 31 bespr. v. Schwab = VRS 109, 263 = VersR 2006, 1258 = VRR 2005, 231, bespr. v. *Jaeger*.
34 *Schirmer* Der »sonstige« oder »reine« Vermögensschaden in der Kraftfahrzeughaftpflichtversicherung, DAR 1992, 11 ff. (20).

Ein reiner Vermögensschaden in der Kfz-Haftpflichtversicherung ist beispielsweise der 42
finanzielle Verlust aufgrund von Aufwendungen für eine so genannte »Fehlfahrt«, also
eine nicht durchgeführte Rettungsfahrt[35], die jedoch vom Unfallopfer zu ersetzen ist.

Weitere Beispiele: 43
- Ein Firmengrundstück wird wegen einer unfallbedingten Explosionsgefahr polizeilich[36] geräumt. Das Gebäude kann nicht betreten und benutzt werden. Es kommt zu Produktionsausfällen.
- Ein Wasserwerk muss nach einem Unfall mit Risiken für die Wassergewinnung engmaschig Proben fahren, wodurch zusätzliche Kosten für die Entnahme und Analyse von Wasserproben anfallen.

d) nicht: reiner Ökoschaden

Der reine Ökoschaden ist ein Schaden an der Natur, der der Allgemeinheit bzw. dem 44
Staat in seiner Gesamtheit zusteht. Es geht nicht um individualisierte Rechte. Folglich
sind Verantwortlichkeiten nach dem USchadG nicht von der Deckung erfasst.

7. Durch den Gebrauch des versicherten Fahrzeugs

Da der Verordnungsgeber die wörtliche Formulierung der vom Bundesaufsichtsamt ge- 45
nehmigten AKB übernommen hatte, liegt es nah, den Begriff des »Gebrauchs« im Sinne
der KfzPflVV an den Bestimmungen der AKB auszurichten. Dies ist jedoch ein Trugschluss, da die Verordnungsgeber durch den Gesetzesvorbehalt nicht dazu ermächtigt
sind, den vom PflVG gesetzten Rahmen zu verlassen.

Schließlich waren die damals noch genehmigungsbedürftigen AKB nicht die einzige 46
Richtschnur zur gesetzeskonformen Verwendung von Versicherungsbedingungen.
Die Behörde ließ unter Beachtung der Schutzzwecke nach dem PflVG auch Sonderbedingungen zu, die den Anwendungsbereich der AKB einschränkten.

Folglich verbietet sich schon deshalb eine Übernahme bloßer AKB-Auslegungen zur al- 47
leinigen Interpretation der KfzPflVV. Entscheidend ist, dass die früheren und heutigen
Muster-AKB auch auf der (dem PflVG fremden) Zielsetzung beruhen, der berechtigten
Erwartungshaltung des Versicherungskunden zu entsprechen.

Somit hat sich die Auslegung allein an den Vorgaben des PflVG zu orientieren. Auf die 48
Kommentierung zu § 1 PflVG[37] darf verwiesen werden.

---

35 *AG Coesfeld* Urt. v. 21.05.2008 – 4 C 35/08, JurionRS 2008, 46261 = DAR 2009, 38 mit Anm. *Schwab*.
36 *BGH* Urt. v. 21.06.1977 – VI ZR 58/76, JurionRS 1977, 11527 = DÖV 1977, 868 (Ls.) = DVBl. 1979, 240 (Ls.) = NJW 1977, 2264 = VersR 1977, 965.
37 Siehe *Schwab* § 1 PflVG Rdn. 82–113.

8. Auf öffentlichen Wegen und Plätzen[38]

49 *Knappmann*[39] und *Jahnke* gehen von einer Deckungserweiterung auf nicht-öffentliche Wege und Plätze aus. *Jahnke*[40] und *Schwartze*[41] bestreiten dabei zu Recht einen Direktanspruch in diesem Bereich. Die Frage, ob der nicht-öffentliche Bereich unter die Pflichtversicherung fällt, ist vom *EuGH*[42] zu entscheiden. Dieser[43] hat sich in einer Vorabentscheidung dafür ausgesprochen, den Pflichtversicherungsschutz – zumindest für gewöhnliche Fahrzeugbewegungen – auf den nichtöffentlichen Bereich auszudehnen und die Sache an das nationale Gericht zur weiteren Aufklärung zurückgegeben.

50 Das Ergebnis einer Deckungserweiterung[44] nach § 2 KfzPflVV ist allerdings nicht schlüssig. Bei »auf öffentlichen Wegen und Plätzen[45]« handelt es sich um ein ungeschriebenes Tatbestandsmerkmal. Es ist aus den §§ 1, 4 Abs. 1 Satz 1 PflVG i. V. m. § 1 StVG in § 2 KfzPflVV hineinzuinterpretieren. Die maßgebliche Ermächtigungsnorm für die Verordnung hat einen eingeschränkten örtlichen Anwendungsbereich. Dies entspricht dem Sinn und Zweck des Pflichtversicherungsgesetzes, da sich jedermann im öffentlichen Verkehrsraum bewegen darf. Zwar setzt man sich damit Risiken aus, wird aber auch zum Risiko für andere – oft völlig unbekannte – Verkehrsteilnehmer.

51 Das wörtliche Fehlen des Tatbestandsmerkmals ist nur so zu verstehen, dass der Verordnungsgeber die Formulierungen aus § 10 AKB a. F. unreflektiert übernommen hat. In anderem Zusammenhang schreibt *Hofmann*[46]: »*In Abs. 1 hat der Verordnungsgeber eigene Gedankenarbeit nicht geleistet.*«

52 Das Fehlen des einschränkenden Merkmales wurde zwar teilweise bemerkt, aber dennoch kommentarlos[47] hingenommen. Lediglich im Zusammenhang mit der Mindestversicherungssumme bei krankem Versicherungsverhältnis und den Folgen einer Oblie-

---

38 Siehe hierzu ergänzend *Schwab* § 1 PflVG Rdn. 9–11.
39 Prölss/Martin/*Knappmann* § 2 KfzPflVV, Rn. 1.
40 Stiefel/Maier/*Jahnke* Kraftfahrtversicherung, § 2 KfzPflVV, Rn. 9 und § 115 VVG, Rn. 80 ff.
41 Looschelders/Pohlmann/*Schwartze* VVG-Kommentar, § 115 VVG, Rn. 9.
42 Schlussantrag zum Vorabentscheidungsersuchen *EuGH*, SA v. 26.02.2014 – C-162/13 (Vnuk), JurionRS 2014, 11448.
43 *EuGH* Urt. v. 04.09.2014 – Rs. C-162/13 (Vnuk), JurionRS 2014, 20478 = ADAJUR Dok.Nr. 105915 = JZ 2015, 60 = NJW 2014, 3631 = r+s 2014, 523.
44 So wohl auch die Ausführungen in der Stellungnahme der deutschen Regierung, siehe Schlussantrag zum Vorabentscheidungsersuchen *EuGH*, SA v. 26.02.2014 – C-162/13 (Vnuk), JurionRS 2014, 11448.
45 Zu den Besonderheiten bei Unfällen mit Fahrzeugen außerhalb des öffentlichen Verkehrsraumes siehe Himmelreich/Halm/*Schwab* Handbuch des Fachanwalts Verkehrsrecht, Kap. 2.
46 Stiefel/*Hofmann* Kraftfahrtversicherung, 17. Auflage 2000, § 2 KfzPflVV, Rn. 1.
47 Stiefel/*Hofmann* Kraftfahrtversicherung, 17. Auflage 2000, § 2 KfzPflVV, Rn. 2; Prölss/Martin/*Knappmann* § 2 KfzPflVV, Rn. 1; Feyock/*Jacobsen*/Lemor KfzVers § 2 KfzPflVV, Rn. 2.

genheitsverletzung wurde der Umfang der Ermächtigung durch § 4 Abs. 1 PflVG bislang problematisiert[48].

Vorsicht ist geboten, da § 117 Abs. 3 Satz 1 VVG nur Beschränkungen auf die Mindestversicherungssumme und die vom Versicherer übernommene Gefahr enthält, nicht aber generell auf den gesetzlich vorgeschriebenen (örtlichen) Mindestumfang. Hier bleibt der Versicherer nach § 113 Abs. 3 VVG[49] in der Pflicht. 53

Da die meisten Versicherer die Musterbedingungen des GDV als Basis für ihre individuellen Bedingungen verwenden, diese aber keine dahingehenden Einschränkungen enthalten, bleibt es jedenfalls bei einem gesunden Versicherungsverhältnis[50] bei einem theoretischen Problem. Schließlich boten die Haftpflichtversicherer schon vor in Kraft treten der KfzPflVV inhaltlich freiwillig mehr. Damit kann man aber nicht unterstellen, der Verordnungsgeber dürfe dies daher heute von den Versicherern so verlangen. 54

II. Persönlicher Deckungsumfang

Auch Abs. 2 greift die Elemente auf, die bereits in der früheren Fassung der AKB aufgelistet wurden. Er entspricht dem § 10 Abs. 2 AKB a. F., jedoch mit der Ausnahme, dass dort verbindlich nicht auch die Vollmacht[51] des Versicherers gleich mitgeregelt wird. 55

Es bleibt dem Versicherer freigestellt, ob[52] und in welchem Umfang[53] er sich durch Verwendung seiner individuellen AKB eine Regulierungsvollmacht einräumen lässt. § 2 KfzPflVV steht dem nicht entgegen[54]. 56

---

48 *Wandt* Nichtigkeit des § 5 Abs. 3 S. 1 KfzPflVV wegen Überschreitens der Verordnungsermächtigung, VersR 2005, 494 ff.; *Johannsen* Zur Frage der Rechtswirksamkeit des § 5 Abs. 3 S. 1 KfzPflVV – Erwiderung auf den Aufsatz von Wandt VersR 2005, 494, VersR 1995, 888 ff.; *Knappmann* Rechtsfragen der neuen Kraftfahrtversicherung, VersR 1996, 401 ff.; *Burmann* Die Verletzung von Obliegenheiten in der KH-Versicherung, die vor dem Versicherungsfall zu erfüllen sind, zfs 1996, 442.
49 Näheres *Schwab* § 113 VVG Rdn. 35–70.
50 Soll der Kfz-Haftpflichtversicherer auch außerhalb des öffentlichen Verkehrsraumes als Gesamtschuldner haften und vorleisten müssen, wenn der Versicherungsnehmer die Prämie nicht gezahlt hat? Außerhalb des Geltungsbereichs des PflVG muss beispielsweise auch der Entschädigungsfond nicht leisten, § 12 Abs. 1 Satz 1 PflVG. Haftpflichtversicherer sind Wirtschaftsunternehmen. Mutet man ihnen das volle Regressrisiko zu, liegt hierin ein Verstoß gegen Art. 14 GG.
51 Zur Regulierungsvollmacht *Schwab* A.1.1.4 AKB Rdn. 1 ff.
52 *Hofmann* Die neue Kfz-Versicherung, S. 33; Stiefel/Maier/*Jahnke* Kraftfahrtversicherung, § 2 KfzPflVV, Rn. 13 f.
53 Sinnvollerweise auch in Bezug auf Erklärungen nach öffentlichem Recht, Himmelreich/Halm/*Schwab* Handbuch des Fachanwalts Verkehrsrecht, Kap. 7, Rd. 108 ff.
54 Stiefel/*Hofmann* § 2 KfzPflVV, Rn. 5.

§ 2 KfzPflVV (sachlicher und persönlicher Deckungsumfang)

1. Versicherter Personenkreis

a) Kernbereich

57 Der Gesetzgeber beschränkt seine Anforderungen des notwendigen Versicherungsschutzes allein auf Personen aus dem Kernbereich des Kfz-Risikos. Dies sind nach § 1 PflVG der Halter, der Eigentümer und der Fahrer des Fahrzeugs.

58 Zu den einzelnen Begriffen »Halter, Eigentümer, Fahrer«, darf auf die entsprechenden Kommentierungen zu § 1 PflVG[55] verwiesen werden.

59 Die Hauptrisiken liegen nun einmal bei diesen drei Personen, also denen, die sich mit dem ordnungsgemäßen Bewegen verkehrssicherer Fahrzeuge im öffentlichen Verkehrsraum hauptsächlich zu verantworten haben.

b) erweiterter Personenkreis

60 Die Verordnungsgeber erweitern den mit zu versichernden Personenkreis in zwei Richtungen. Sie überschreiten[56] damit erneut den ihnen von § 4 Abs. 1 Satz 1 PflVG eingeräumten Kompetenzbereich, da sie über das Inhaltliche was der Gesetzgeber in § 1 PflVG vorgegeben hat hinausgehen.

aa) überflüssig: Versicherungsnehmer

61 Zunächst soll nach Abs. 1 Satz 1 die Versicherung auch dem **Versicherungsnehmer** zugutekommen. Dies ist weitgehend[57] überflüssig, da niemand Haftpflichtansprüche gegen jemand haben kann, der ausschließlich als Versicherungsnehmer in Erscheinung tritt. Die Aufnahme des Versicherungsnehmers in die Verordnung beruht auf der Fassung der genehmigten AKB vor der Deregulierung. Es schadet dem Versicherer nichts, da es ihm nichts kostet.

bb) sinnvoll: Arbeitswelt

62 Die zweite Richtung betrifft die ebenfalls mit zu versichernden Personen.

63 Die Varianten nach Absatz 2 Nr. 4 bis 6 betreffen jeweils die Besonderheiten aus Arbeitsverhältnissen. Zielrichtung ist es, den Arbeitgeber, der zugleich Versicherungsnehmer und/oder Halter des Fahrzeugs ist, Deckung wegen Ansprüchen aus § 831 BGB zu geben.

64 So soll nach Nr. 4 auch der Beifahrer mitversichert werden. Damit ist nicht der Beifahrer im landläufigen Sprachgebrauch gemeint; dieser ist lediglich Insasse. Gemeint ist eine Person, die entweder dazu bestimmt ist, den Fahrer abzulösen oder fahrertypische

---

55 *Schwab* § 1 PflVG Rdn. 46 ff.
56 *Hofmann* Die neue Kfz-Versicherung, S. 33; *Müringer* Kommentar zur Pflichtversicherung, S. 22. meint, es hätte sich angeboten, § 1 PflVG würde auf § 2 Abs. 2 KfzPfVV verweisen.
57 Ausnahme für Rechtsschutzanspruch und als schädigender Insasse, siehe *Schwab* A.1.2 AKB Rdn. 7.

und fahrzeugbezogene Arbeiten durchzuführen. Die Person muss diese Tätigkeit im Rahmen eines **Arbeitsverhältnisses** zum Halter oder Versicherungsnehmer ausüben und darf den berechtigten Fahrer hierzu nicht nur gelegentlich begleiten.

Der Anwendungsbereich ist damit bereits stark eingeengt. Der mögliche Sinn wird in der Praxis oft verfehlt, wenn man hier auch den Schutz des Schädigers einbeziehen wollte. Der – oft schlecht bezahlte – Gelegenheitshelfer ist genauso ausgenommen wie der, der nur aus Gefälligkeit oder als selbstständiger Subunternehmer[58] den Fahrer begleitet. 65

Sind Fahrer und Beifahrer mit einem vorübergehend **gemieteten LKW** unterwegs, stehen sie in keinem Verhältnis zum Halter oder Versicherungsnehmer. 66

Die Nr. 5 betrifft eine andere im Fahrzeug tätig werdende Person, nämlich den Omnibusschaffner. Im Omnibus-Verkehr gibt es jedoch kaum noch Schaffner, die Fahrkarten verkaufen und kontrollieren. Fahrkartenkontrolleure sind Schaffner, die lediglich Fahrkarten kontrollieren. Sind sie outgesourct, stehen sie nicht in einem Arbeitsverhältnis zum Versicherungsnehmer oder Halter. 67

Nach der Nr. 6 soll der Arbeitgeber oder Dienstherr des Versicherungsnehmers, sofern das versicherte Fahrzeug mit Zustimmung des Versicherungsnehmers für dienstliche Zwecke gebraucht wird, in den Versicherungsschutz einbezogen werden. Denkbar sind Fälle aber nur dann, wenn der Versicherungsnehmer selbst haftpflichtig ist, also als Halter, Eigentümer oder Fahrer zugleich mitversichert ist. 68

Leiht der versicherte Vater sein auf sich zugelassenes Fahrzeug seinem Sohn, der es mit seiner Zustimmung zum Ausfahren für einen Pizza-Heimdienst einsetzt, ist der Arbeitgeber des Sohnes nicht mitversichert. 69

Zu beachten ist jedoch, dass erst mit der Erweiterung des persönlichen Deckungsumfangs dem Schutzzweck des PflVG von »Verkehrsopfer[59] und Schädiger« weitgehend Rechnung getragen wird. 70

c) nicht versicherter Personenkreis

Dabei bleiben in der Praxis teils erhebliche Lücken. Es sei an dieser Stelle auf die Ausführungen zu A.1.2 AKB 2015[60] verwiesen. 71

2. Versicherung (auch[61]) für fremde Rechnung

In der KfzPflVV nicht ausdrücklich geregelt, aber dem Sinn des § 43 Abs. 1 VVG entsprechend, hat der Versicherungsnehmer eigene Rechte aus dem Versicherungsvertrag. 72

---

58 Gefahr des Scheinselbstständigen?.
59 Der Kunde bei der Heizöllieferung ist nicht schutzwürdig; schon gar nicht bei einer Schwarzfahrt des Angestellten, der auf eigene Rechnung Ware »vertickert«; bedenklich daher *OLG Köln* Urt. v. 10.02.1992 – 11 U 172/92, JurionRS 1992, 15364 = VersR 1994, 108 = zfs 1993, 232.
60 *Schwab* A.1.2 AKB Rdn. 83–102.
61 *Müringer* Kommentar zur Pflichtversicherung, S. 22.

§ 2 KfzPflVV (sachlicher und persönlicher Deckungsumfang)

Darüber hinaus ist nach § 2 Abs. 3 KfzPflVV auch den mitversicherten Personen ein Recht auf selbstständige Geltendmachung ihrer Ansprüche einzuräumen. Den Versicherungsschein[62] benötigt er, anders als nach § 44 Abs. 2 VVG, hierzu nicht. In Bezug auf die mitversicherten Personen liegt somit ein echter **Vertrag zugunsten Dritter** vor, § 328 BGB.

73 In der Zusammenschau handelt es sich begrifflich um eine kombinierte Eigen- und Fremdversicherung[63].

III. Folgen von Abweichungen

1. Abweichung zu Gunsten des VN

74 Abweichungen von der KfzPflVV in den jeweiligen AKB **zu Gunsten** des Versicherungsnehmers, der mitversicherten Personen und der Geschädigten sind bedenkenlos **zulässig**[64]. Ein vertraglich erweiterter Deckungsbereich bindet zugleich den Versicherer, § 113 Abs. 3 VVG, sofern er diese Regelungen nicht zweckmäßigerweise[65] in einen gesonderten Vertrag aufnimmt[66]. Bleibt es bei einem Vertrag, so beschränkt sich die gesetzliche Geltungserweiterung nicht nur auf die Versicherungssummen und den räumlichen[67] Geltungsbereich, sondern auch auf den Kreis der mitversicherten Personen[68].

2. Abweichung zum Nachteil des VN

75 Bei Abweichungen **zum Nachteil** ergeben sich zwei Problemkreise und zwingen zu einer Differenzierung.

a) Folgen: KfzPflVV-Anforderungen unterschritten

76 Wie an verschiedenen Stellen[69] dargelegt, überschreiten einzelne Regelungen der KfzPflVV dasjenige, was nach § 4 Abs. 1 PflVG Regelungsauftrag an den Verordnungsgeber war. Der Ermächtigungsrahmen darf jedoch durch die Verordnungsgeber nicht[70] überschritten werden.

---

62 Rüffer/Halbach/Schimikowski/*Muschner* VVG-Kommentar, § 43 VVG, Rn. 5.
63 Schwintowski/Brömmelmeyer/*Hübsch* PK-VersR, Vorb. Zu §§ 43 bis 48 VVG, Rn. 32.
64 Stiefel/*Hofmann* § 2 KfzPflVV, Rn. 6; Prölss/Martin/*Knappmann* Vorb. zur KfzPflVV, Rn. 1 u. 2.
65 *Marlow/Spuhl* Das neue VVG, S. 129.
66 Feyock/*Jacobsen*/Lemor Einführung KfzPflVV, Rn. 5.
67 Zumindest der sachliche Geltungsbereich, der sich von einer Privathaftpflichtdeckung inhaltlich und tatsächlich abhebt, wie im Fall einer Deckung für öffentlich-rechtliche Verantwortlichkeiten nach dem USchadG, fällt nicht hierunter.
68 Schwintowski/Brömmelmeyer/*Huber* PK-VersR, § 113, Rn. 11.
69 Oben § 2 KfzPflVV Rdn. 1, 49–54 u. 60–70.
70 Prölss/Martin/*Knappmann* vor § 1 KfzPflVV, Rn. 1.

Soweit sich die Bedingungen der individuellen AKB der Versicherer noch im Kernbereich dessen halten, was die Verordnungsgeber zwingend regeln durften und mussten, ist eine Abweichung zum Nachteil unschädlich. Denn dies ist immer noch vom Regelungsgehalt des PflVG gedeckt.

Jahnke[71] geht dagegen davon aus, eine Unterschreitung der Vorgaben der KfzPflVV zur Nichtigkeit führe. Dem kann nicht zugestimmt werden, da eine Verordnung, die die Ermächtigung des Gesetzgebers überschreitet, selbst gegen höherrangiges Recht verstößt. Der noch zulässige Eingriff durch das PflVG in Grundrechte[72] kann nicht durch die Verordnungsgeber nach Belieben ausgeweitet werden.

b) Folgen: PflVG-Anforderungen unterschritten

Werden auch die Mindestanforderungen des PflVG in den AKB nicht erfüllt[73], stellt sich spätestens dann die Frage, ob die Unterschreitung nach § 134 BGB zur Nichtigkeit[74] führt. Dann könnte die KfzPflVV an die Stelle der AKB treten. Dabei kann fraglich werden, ob die zulässigen Grenzen bei den Ausschlüssen und bei den Obliegenheiten nach den §§ 4 ff. KfzPflVV anzuwenden sind.

Dagegen[75] wird zu Recht unter Hinweis auf den *BGH*[76] vertreten, dass eine Geltung erhaltende Reduktion nicht zulässig sei. Im Einzelfall müsse geprüft werden, welche gesetzliche Regelung an deren Stelle trete. Damit ist die Regelung lediglich unwirksam. Sie ist nicht nur mit Blick auf den Vertragspartner, sondern mit Rücksicht auf den Geschädigten[77] auszulegen, §§ 307 Abs. 2 Nr. BGB und 114 Abs. 2 VVG[78].

IV. Geltendmachung von Rechten durch Mitversicherte

Nach Abs. 3 wird durch Verordnung vorgeschrieben, dass den mitversicherten Personen die Geltendmachung von eigenen Rechten[79] aus dem Versicherungsvertrag gegen den Versicherer eingeräumt werden müsse. Insoweit hat der Vertrag zwingend die sinnvolle Komponente eines **Versicherungsvertrages zugunsten Dritter** zu enthalten.

---

71 Stiefel/Maier/*Jahnke* Kraftfahrtversicherung, § 2 KfzPflVV, Rn. 4 u. 5.
72 Näheres *Schwab* Vor §§ 113–124 VVG Rdn. 3–13.
73 (rein theoretisches Beispiel: zu geringe Versicherungssummen, Halter nicht mitversichert).
74 Stiefel/*Hofmann* Kraftfahrtversicherung 17. Aufl. 2000, § 2 KfzPflVV, Rn. 6.
75 Prölss/Martin/*Knappmann* Vorb. zur KfzPflVV, Rn. 2; Schwintowski/Brömmelmeyer/*Huber* PK-VersR, § 114, Rn. 3.
76 BGH Urt. v. 22.01.1992 – IV ZR 59/01, BGHZ 117, 92 = JurionRS 1992, 14738 = VersR 1992, 477 = MDR 1992, 454 = BB 1992, 571 = NJW 1992, 1164.
77 Auch mitversicherte Personen sind schutzwürdig, siehe Schwintowski/Brömmelmeyer/*Huber* PK-VersR, § 114, Rn. 5.
78 Marlow/Spuhl Das neue VVG, S. 130 f.
79 Feyock/*Jacobsen*/Lemor KfzVers, § 2 KfzPflVV, Rn. 6 hält dies trotz Abweichung von §§ 44 Abs. 2 und 45 VVG für zulässig, da hier das VVG abdingbar sei. So auch Stiefel/Maier/*Jahnke* Kraftfahrtversicherung, § 2 KfzPflVV, Rn. 15.

§ 3 KfzPflVV (Mitversicherung durch ziehendes oder schleppendes Kfz)

82 Eine derart weitgehende Regelungsmöglichkeit durch den Verordnungsgeber wird durch die eng auszulegende[80] Ermächtigungsnorm des § 4 Abs. 1 PflVG allerdings nicht eröffnet[81].

C. Weitere praktische Hinweise

83 Es sind immer die individuellen[82] AKB heranzuziehen. Sie sind der KfzPflVV gegenüber zu stellen. Bei erheblichen Abweichungen zum Nachteil des Geschädigten oder des VN ist in einem zweiten Schritt zu prüfen, ob der Anwendungsbereich der Zielsetzung und dem Regelungsauftrag des PflVG noch entspricht.

§ 3 (Mitversicherung durch ziehendes oder schleppendes Kfz)

(1) Die Versicherung eines Kraftfahrzeugs hat auch die Haftung für Schäden zu umfassen, die durch einen Anhänger oder Auflieger verursacht werden, der mit dem Kraftfahrzeug verbunden ist oder sich während des Gebrauchs von diesem löst und sich noch in Bewegung befindet. Das Gleiche gilt für die Haftung für Schäden, die verursacht werden durch geschleppte und abgeschleppte Fahrzeuge, für die kein Haftpflichtversicherungsschutz besteht.

(2) (weggefallen)

Übersicht Rdn.
A. Allgemeines 1
B. Regelungsgehalt 4
I. Anhänger/Auflieger 4
II. Versicherung für Anhänger/Auflieger 6
III. Mitversicherung von Anhängern/Aufliegern 10
IV. Geschleppte und abgeschleppte Fahrzeuge 15
V. Geschobene Fahrzeuge 19
C. Weitere praktische Hinweise 22

A. Allgemeines

1 Für zulassungspflichtige Anhänger nach § 6 FZV ist bereits eine Fahrzeughaftpflichtversicherung abzuschließen und aufrecht zu erhalten, §§ 1 und 2 Abs. 1 Nr. 6c PflVG. Hierauf bezieht sich § 3 KfzPflVV nicht. Die Vorschrift wendet sich allein an den Versicherer des ziehenden Fahrzeugs.

---

80 Ein Rückgriff auf die sechs KH-Richtlinien führt nicht weiter, da dort das Schwergewicht dem Opferschutz gilt, nicht aber der mitversicherten Person.
81 *Hofmann* Die neue Kfz-Versicherung, S. 33.
82 *Kärger* Kfz-Versicherung nach dem neuen VVG, Rn. 8; *Heinrichs* Synopse für das Versicherungsrecht im Verkehrsrecht bedeutsamsten Auswirkungen der VVG Reform, zfs 2009, 187; *Heinrichs* Die neuen AKB Teil II, DAR 2015, 256 (258).

Die Verordnung schreibt damit eine Erweiterung des Versicherungsumfangs für Kraftfahrzeuge vor. Sie hat sich auch auf Anhänger und andere bestimmte Fahrzeuge zu beziehen, auf die sich die motorgetriebene Kraft des ziehenden oder schiebenden Fahrzeugs auswirkt. 2

Abs. 2 ist im Nachgang zum zweiten Schadensersatzrechtsänderungsgesetz zum 01.01.2003 weggefallen. Die reine Anhängerversicherung kann heute nicht mehr sachlich eingeschränkt werden. 3

B. Regelungsgehalt

I. Anhänger/Auflieger

Nach § 2 Nr. 3 FZV ist ein Anhänger ein Fahrzeug ohne[1] eigenen Antrieb, das an ein Kraftfahrzeug angehängt werden kann, § 2 Nr. 2 FZV. Ein Auflieger (Sattelanhänger) besitzt ebenfalls keinen eigenen Antrieb und wird auf einer Sattelzugmaschine aufgesattelt, wobei ein wesentlicher Teil des Fahrzeuggewichtes von der Zugmaschine getragen wird, § 2 Nr. 19 FZV. 4

Rechtlich und technisch handelt es sich somit um selbstständige Fahrzeuge in Abgrenzung zu Wechselladerbrücken, Wechselsilobehältern oder Aufsetztanks, die bei Bedarf auf Fahrzeugfahrgestelle oder Ladeflächen montiert werden. Selbst Arbeitsmaschinen (wie auf LKW montierte Hubbühnen[2]) sind lediglich Ladung, solange sie im Straßenverkehr zum nächsten Einsatzort in abgebauter, nicht einsatzfähiger Form, bewegt werden. 5

II. Versicherung für Anhänger/Auflieger

Nach § 1 PflVG hat auch der Halter eines Anhängers eine entsprechende Haftpflichtversicherung abzuschließen. Der Wortlaut des § 1 PflVG lässt jedoch, wohl aus historischen[3] Gründen, den Begriff »Auflieger« vermissen. Dies ist unschädlich, da der Auflieger technisch ein Sattelanhänger ist und damit nur eine besondere Form des Anhängers darstellt. Dem Verordnungsgeber stand es daher frei, den Auflieger gesondert mit aufzuführen. 6

Damit ist bei einem zusammengesetzten Zug (PKW mit Wohnwagenanhänger, LKW mit Anhänger, Sattelzugmaschine mit Auflieger) regelmäßig auch das Anhängerrisiko bereits mit abgedeckt, sofern es sich um einen zulassungspflichtigen Anhänger handelt. Dies gilt sowohl für den mit einem Kraftfahrzeug verbundenen Anhänger/Auflieger als auch für den nicht verbundenen Anhänger/Auflieger. Eine Einschränkung auf nicht 7

---

1 Rangierhilfen per Elektroantrieb (z. B. für Wohnwagen) oder über Druckluft (LKW-Anhänger) fallen nicht hierunter.
2 *OLG Zweibrücken* Urt. v. 18.12.2008 – 4 U 43/07, JurionRS 2008, 52172 = VersR 2009, 541 = NJOZ 2009, 585 = r+s 2009, 338 = OLGR 2009, 267.
3 Siehe *Schwab* § 1 PflVG Rdn. 38.

verbundene Anhänger/Auflieger ist nach Aufhebung[4] des § 3 Abs. 2 KfzPflVV a. F. nicht mehr zulässig.

8 Zu beachten bleibt, dass zulassungsfreie Anhänger nach § 3 Abs. 2 Nr. 2 FZV auch von der Versicherungspflicht befreit sind, § 2 Abs. 1 Nr. 6c) PflVG.

9 Wird ein zulassungspflichtiger Anhänger nicht von Maschinenkraft durch ein Kraftfahrzeug, sondern durch menschliche oder tierische Muskelkraft bewegt, mag dies für die Haftungsbeurteilung[5] von Interesse sein; die Versicherungspflicht bei Verwendung im öffentlichen Straßenverkehr wird hierdurch nicht aufgehoben.

III. Mitversicherung von Anhängern/Aufliegern

10 Die Vorschrift erläutert in Satz 1, dass sich die Versicherung des Kraftfahrzeugs (also des motorisierten Zugfahrzeugs bei bestehender Verbindung mit dem Anhänger/Auflieger) auch auf dieses Risiko zu beziehen hat. Der Versicherungsumfang durch das Kraftfahrzeug endet nach Trennung mit dem Zugfahrzeug erst mit Ende der Bewegung des Anhängers/Aufliegers.

11 Der Geschädigte kann nach der Änderung[6] der §§ 7, 17 StVG, die eine skandalöse[7] Rechtslage beendete, sich somit bei einem zusammengesetzten Zug an einen von zwei Haltern und zwei Versicherern wenden. Er braucht sich also im Zweifelsfall nicht mehr an den Versicherer der Zugmaschine verweisen lassen, wenn die Schadenursache eindeutig beim Anhänger[8] liegt.

12 Probleme bestanden wegen der Frage des Innenausgleichs zwischen den beteiligten Versicherern[9] bzw. Fahrzeughaltern. Hierzu war nicht der VI., sondern der IV. Senat des BGH[10] aufgerufen. Dieser geht von einer grundsätzlichen Teilung nach Kopfteilen aus. Er begründet dies damit, dass beide Fahrzeuge eine Haftungseinheit bilden und beide Haftpflichtversicherungen sich nicht auf die Halterhaftung beschränken, son-

---

4 Aufhebung zum 01.01.2003, Art. 4 u. 7 des Gesetzes zur Änderung des Pflichtversicherungsgesetzes und anderer versicherungsrechtlicher Vorschriften vom 10.07.2002, BGBl. I S. 2586; Zweifel an einer ausreichenden Regelung durch einfache Streichung haben Römer/Langheid (2. Auflage) § 3 KfzPflVV.

5 Heß/Jahnke Das neue Schadenrecht, S. 38; Huber Das neue Schadensersatzrecht, § 4 Rn. 111.; verneinend Xanke/Schaefer/Feller PK-StrVR-Schaefer, § 7 StVG, Rn. 7.

6 Zweites Schadensersatzrechtsänderungsgesetz vom 19.07.2002; seit 01.08.2002 in Kraft.

7 Wilms Anhänger-Streitfragen, DAR 2008, 671 f.

8 So noch zur alten Rechtslage OLG Köln Urt. v. 07.06.1994 – 9 U 81/94, JurionRS 1994, 16321 = r+s 1994, 283 = SP 1994, 329 = VersR 1995, 163 = zfs 1995, 179 (Verlust des Reserverades am Anhänger).

9 Hierzu Wilms aaO.; Problemlösung im Sonderrundschreiben K 01/2006 des GDV vom 18.01.2006 (maßgebend ist das Schwergewicht der Schadenverursachung).

10 BGH Urt. v. 27.10.2010 – IV ZR 279/08, BGHZ 187, 211 = JurionRS 2010, 28509 = DAR 2011, 80 m. Anm. Wilms DAR 2011, 71 = NJW 2011, 447 = MDR 2011, 37 = NZV 2011, 128 = VersR 2011, 128 = r+s 2011, 60 = SVR 2011, 235 = TranspR 2011, 43 = VRR 2011, 22, bespr. v. Knappmann = zfs 2011, 90.

dern auch der Anhängerversicherer für ein Verschulden des Fahrers Versicherungsschutz zu bieten habe.

Das Urteil steht im Gegensatz zur Rechtsmeinung des GDV[11] und sorgte für Unruhe in der Versicherungswirtschaft, da Anhänger gewöhnlich wegen des höheren Risikos der Zugmaschine mit vergleichsweise extrem niedrigen Versicherungsprämien versichert sind. Eine inhaltliche Änderung der Vorschrift wird daher angestrebt. 13

Besteht eine Anhängerversicherung, tritt die Mitversicherung über das Kraftfahrzeug hinzu. Es handelt sich um eine gewollte Mehrfachversicherung, § 77 VVG. 14

IV. Geschleppte und abgeschleppte Fahrzeuge

Zudem werden geschleppte und abgeschleppte Fahrzeuge[12] in Satz 2 mit erfasst. 15

Geschleppte Fahrzeuge sind betriebsfähige Fahrzeuge. Der Lenker des geschleppten Fahrzeugs benötigt eine Fahrerlaubnis[13] (Führerscheinklausel, § 5 Abs. 1 Nr. 4 KfzPflVV) für dieses Fahrzeug, § 33 Abs. 2 Nr. 1 StVZO. 16

Abgeschleppte Fahrzeuge sind betriebsunfähig[14]. Das Abschleppen betriebsunfähiger Fahrzeuge ist gewohnheitsrechtlich zulässig[15] und häufig auch geboten, um derartige Fahrzeuge, die zu Verkehrshindernissen werden, wegziehen zu können. Betriebsunfähige Fahrzeuge, die nur angeschleppt werden, damit der Motor wieder anspringt, sind abgeschleppten Fahrzeugen gleichzustellen. Da für abgeschleppte Fahrzeuge keine Fahrerlaubnis gefordert wird, sondern nur für den Führer des abschleppenden Fahrzeugs nach § 6 Abs. 1 Satz 2 FeV, kommt die Führerscheinklausel aus § 5 Abs. 1 Nr. 4 KfzPflVV beim Lenker des abgeschleppten Fahrzeugs nicht zum Tragen. 17

Die Mitversicherung wird nur dann vorgeschrieben, wenn für diese Fahrzeuge keine[16] Haftpflichtversicherung besteht. Die individuellen AKB können darüber hinaus freiwillig auch für bereits haftpflichtversicherte Fahrzeuge eine Mitversicherung vorsehen. 18

V. Geschobene Fahrzeuge

Beim Anhänger, der gewöhnlich gezogen, aber zum Rangieren auch geschoben werden kann, fallen alle Bewegungsrichtungen unter den Versicherungsschutz. Der Wortlaut von Satz 1 enthält hierzu keine Einschränkungen. 19

---

11 Sonderrundschreiben K 01/2006 des *GDV* vom 18.01.2006. (Möglicherweise waren die Parteien des Rechtsstreits keine Verbandsmitglieder).
12 Zu den schwierigen Abgrenzungsfragen siehe *Grohmann* Abschleppen, Anschleppen, Schleppen, DAR 1998, 342 ff.; *Blum* Abschleppen und Schleppen und die neue Fahrzeugzulassungs-Verordnung, NZV 2008, 547 ff.; *Herberlein/Miller* Abschleppen und Schleppen, DAR 2009, 288 ff.
13 Hentschel/König/*Dauer* § 6 FeV Rn. 25.
14 § 18 Abs. 1 StVZO a. F.
15 Hentschel/König/*Dauer* § 33 StVZO, Rn. 6 und § 1 FZV Rn. 6.
16 Somit subsidiäre Versicherung, Feyock/*Jacobsen*/Lemor § 3 KfzPflVV, Rn. 2.

§ 3 KfzPflVV (Mitversicherung durch ziehendes oder schleppendes Kfz)

20 Betriebsunfähige Fahrzeuge können technisch auch geschoben statt gezogen werden. Der Wortlaut des Verordnungstextes beschränkt sich in Satz 2 jedoch auf den reinen Schleppvorgang. Dieser hat ziehenden Charakter und wird auch so bei der Erteilung von Ausnahmegenehmigungen zum gewerbsmäßigen Schleppen[17] so bezeichnet.

21 Eine ergänzende Auslegung ist hier versperrt. Die KfzPflVV wendet sich an den Haftpflichtversicherer. Auf den Empfängerhorizont eines potentiellen Versicherungsnehmers kommt es nicht an. Dieser ist allein bei den AKB und deren Auslegung (positiv) zu berücksichtigen.

C. Weitere praktische Hinweise

22 Die Mitversicherung des Anhängers über das ziehende Kraftfahrzeug wird nicht dadurch ausgeschlossen, dass der Versicherer des Kraftfahrzeugs keine eigene Anhängerversicherung anbietet. So etwas ist nach dem Geschäftsplan des Unternehmens als Spezial- oder Segmentversicherer theoretisch möglich, § 5 Abs. 4 PflVG. Die diskutierte[18] Frage dürfte in der Praxis eher theoretischer Natur sein. Ein Versicherer wird kaum erfolgreich Kraftfahrzeugversicherungen verkaufen können, ohne zugleich auch eine Haftpflicht- und Kaskoversicherung für den risikoärmeren Anhänger im Angebot zu haben.

23 Im Ergebnis kommt es nicht auf den Anhänger, sondern auf das Kraftfahrzeug an. Die Mitversicherung des Anhängers ist Teil des Kfz-Risikos. Die Mitversicherung ist auch nicht daran gebunden, dass der Anhänger versichert ist. Auch zulassungs- und damit versicherungsfreie Anhänger sind in der Kraftfahrtversicherung mitversichert. Schließlich hat der vom Kraftfahrzeug bewegte Zug gewöhnlich eine höhere Betriebsgefahr als das Solofahrzeug.

24 Entsprechend besteht bei der Geltendmachung von Forderungen gegen den Versicherer des Kraftfahrzeugs kein Grund, an den Anhängerversicherer oder Halter zu verweisen.

25 Die Anforderungen des Verordnungsgebers sind durch A.1.1.5 AKB 2015 und A.1.2 g AKB 205 mehr als erfüllt.

26 Der Verordnungstext behandelt nicht die Frage, ob sich die Versicherung auch auf einen **zweiten Anhänger** zu beziehen hat. Ein zweiter Anhänger kann hinter dem ersten Anhänger angehängt sein, ohne unmittelbar mit dem Zugfahrzeug verbunden zu sein. Es würde jedoch dem Regelungszweck wiedersprechen, wenn der nur mittelbar über

---

17 *BVerwG* Urt. v. 14.04.2005 – 3 C 3.04, JurionRS 2005, 16443 = DAR 2005, 585 = DÖV 2005, 1007 = NVwZ-RR 2005, 711 = NZV 2005, 605; siehe auch FAKomm/VerkehrsR/ *Rebler* § 33 StVZO, Rn. 3.

18 Für einen Ausschluss Römer/*Langheid* (2. Auflage) § 3 KfzPflVV; zu Recht dagegen Feyock/ *Jacobsen*/Lemor KfzVers § 3 KfzPflVV, Rn. 1a; Stiefel/Maier/*Jahnke* Kraftfahrtversicherung, § 3 KfzPflVV, Rn. 12; Prölss/Martin/*Knappmann* § 3 KfzPflVV, Rn. 2.

den ersten Anhänger verbundene Anhänger nicht mitversichert ist. Schließlich wirken die Kräfte des Zugfahrzeugs auch auf ihn.

Nicht geregelt ist der Sonderfall, bei dem zwei Kraftquellen zusammenwirken. Dies ist 27 insbesondere beim **Schwertransport** möglich, wo z. B. die Leistung zweier in Reihe geschalteter Zugmaschinen benötigt wird. Die Versicherung eines jeden Zugfahrzeugs wirkt sich zwar auf den Anhänger aus, jedoch nicht auf das mitziehende Fahrzeug.

§ 4 Ausschlüsse

Von der Versicherung kann die Haftung nur ausgeschlossen werden
1. für Ersatzansprüche des Versicherungsnehmers, Halters oder Eigentümers gegen mitversicherte Personen wegen Sach- oder Vermögensschäden;
2. für Ersatzansprüche wegen Beschädigung, Zerstörung oder Abhandenkommens des versicherten Fahrzeugs mit Ausnahme der Beschädigung betriebsunfähiger Fahrzeuge beim nicht gewerbsmäßigen Abschleppen im Rahmen üblicher Hilfeleistung;
3. für Ersatzansprüche wegen Beschädigung, Zerstörung oder Abhandenkommens von mit dem versicherten Fahrzeug beförderten Sachen mit Ausnahme jener, die mit Willen des Halters beförderte Personen üblicherweise mit sich führen oder, sofern die Fahrt überwiegend der Personenbeförderung dient, als Gegenstände des persönlichen Bedarfs mit sich führen;
4. für Ersatzansprüche aus der Verwendung des Fahrzeugs bei behördlich genehmigten kraftfahrt-sportlichen Veranstaltungen, bei denen es auf die Erzielung einer Höchstgeschwindigkeit ankommt oder den dazugehörigen Übungsfahrten;
5. für Ersatzansprüche wegen Vermögensschäden durch die Nichteinhaltung von Liefer- und Beförderungsfristen;
5. für Ersatzansprüche wegen Schäden durch Kernenergie.

Übersicht Rdn.
A. Allgemeines 1
B. Ansprüche wegen Sach- oder Vermögensschäden 3
C. Ansprüche wegen Beschädigung des Kfz gegen mitversicherte Personen 4
I. Ausschluss von Schäden am versicherten Kfz 5
II. Einschluss von Schäden am abgeschleppten Kfz 6
D. Ansprüche wegen Beschädigung von Ladung 12
I. Ausschluss von Schäden an der Ladung 13
II. Einschluss persönlicher Gegenstände 14
E. Ausschluss behördlich genehmigter Rennen 15
F. Nichteinhaltung von Lieferungs- und Beförderungsfristen 16
G. Ausschluss Kernenergie 17

A. Allgemeines

In § 4 KfzPflVV sind die Risikoausschlüsse aufgeführt, nach denen sich der Kraftfahr- 1 zeug-Haftpflicht-Versicherer auf seine Leistungsfreiheit auch im Außenverhältnis berufen kann. Damit sind die vertraglich vereinbarten Haftungsausschlüsse enumerativ aufgezählt, zusätzliche vertraglich vereinbarte Risikoausschlüsse in der Kraftfahrzeug-Haftpflicht-Versicherung sind unwirksam. Es besteht keine Verpflichtung, die obigen Ausschlüsse auch in den Verträgen aufzunehmen, diese Regelung stellt lediglich die Maximalgrenze dar, so dass es sich bei Berufen des Versicherers auf einen Risikoausschluss in der Kraftfahrzeug-Haftpflicht-Versicherung durchaus lohnt, die dem Vertrag zugrunde liegenden AKB zu prüfen[1]. Nicht von dieser Vorschrift erfasst sind gesetzlich normierte Risikoausschlüsse wie z. B. § 103 VVG (Vorsatz). In diesem Fall steht dem Geschädigten ein Anspruch gem. § 12 Abs. 1 PflVG gegen die Verkehrsopferhilfe zu.[2]

2 Als Risikoausschlüsse sind nur diejenigen schadenstiftenden Ereignisse aufgeführt, für die sich der Versicherungsnehmer selbst anderweitig versichern kann bzw. für die es Schadenersatzansprüche nach anderen Gesetzen gibt. Ausgenommen von dem gesetzlichen Ausschluss hat der Geschädigte die Möglichkeit, sich anderweitig gegen dieses Risiko entweder über die Vollkasko- oder die Transportversicherung zu versichern.

B. Ansprüche wegen Sach- oder Vermögensschäden

3 Der Versicherungsnehmer, Halter oder Eigentümer des versicherten Kfz kann gegen mitversicherte Personen keine Ansprüche auf Ersatz des ihm durch einen Schadenfall entstehenden Sach- oder reinen Vermögensschaden geltend machen. Diese Ausschlussregelung umfasst den sog. Eigenschaden. Der Versicherungsnehmer kann nicht über den Umweg der Geltendmachung seiner Ansprüche auf Schadenersatz gegen den Fahrer von der Kraftfahrzeug-Haftpflicht-Versicherung Ersatz seines sonstigen Sachschadens verlangen. Selbstverständlich bleibt ihm der deliktische oder vertragliche Anspruch auf Schadenersatz gegen den Fahrer. Insoweit hat der Fahrer wegen des Ausschlusses auch keinen Anspruch auf Freistellung[3].

C. Ansprüche wegen Beschädigung des Kfz gegen mitversicherte Personen

4 In Ziffer 3 findet sich der Ausschluss, wie er in den AKB a. F. unter § 11 zu finden war. Die Formulierung wurde durch die Reform der AKB aufgelockert und ist nun leichter nachvollziehbar, da sie in zwei Punkte geteilt wurde.

I. Ausschluss von Schäden am versicherten Kfz

5 Zum einen sind die Ansprüche von Versicherungsnehmer, Eigentümer oder Halter des versicherten Kfz wegen dessen Beschädigung durch eine mitversicherte Person ausgeschlossen, da dieser Schaden in der Fahrzeugversicherung versichert werden kann.

---

1 Richter, DAR 2012, 243 ff.
2 Hückel, § 12 PflVG Rdn. 22 ff.
3 Vgl. insoweit auch A.1.5.3 AKB m. w. N.

II. Einschluss von Schäden am abgeschleppten Kfz

Zum anderen beinhaltet dieser Ausschluss einen Einschluss: Versichert ist der Schaden, der beim Abschleppen als Hilfeleistung an dem betriebsunfähigen Fahrzeug entsteht. Dieser Einschluss hebt die Einheit des Gespanns schleppendes Kfz – geschlepptes Kfz auf, soweit durch das schleppende Kfz an dem geschleppten Kfz ein Schaden entsteht.

betriebsunfähig

– Voraussetzung ist, dass das geschleppte Kfz betriebsunfähig war. Betriebsfähig sind die Kfz, die noch selbständig gelenkt und gebremst werden können, da der Fahrer des geschleppten Kfz den Fahrvorgang noch durch eigene Handlungen beeinflussen kann. Es kommt daher entscheidend darauf an, ob der Lenker durch seine Einflussmöglichkeiten noch eine eigene Gefahrenquelle bildet[4]. Als betriebsunfähig im Sinne dieser Vorschrift gelten Fahrzeuge nicht, die sich infolge eines technischen Defekts[5] nicht mehr fortbewegen, aber noch selbständig gelenkt oder gebremst werden können. Ziel dieser Regelung ist der Schutz gerade derjenigen abgeschleppten Fahrzeuge, die keinen Einfluss mehr auf das Fahrgeschehen nehmen können und dem Zugfahrzeug vollständig – wie ein Anhänger – nachfolgen. Grund für die Einschränkung ist, dass bei einem betriebsunfähigen Kfz die diesem Kfz innewohnende Betriebsgefahr entfällt[6]!

aus Gefälligkeit

– Das Abschleppen eines betriebsunfähigen Kfz darf nur aus Gefälligkeit erfolgen. Dies ist jedenfalls dann nicht gegeben, wenn der Abschleppende eine Fachwerkstatt betreibt und das Kfz dorthin verbracht werden soll, sich der Besitzer des betriebsunfähigen Kfz gerade an die Werkstatt auch wegen der Reparatur gewandt hatte[7]. Eine Gefälligkeitshandlung wird auch dann verneint, wenn das Abschleppen auch dem Gewerbebetrieb dienlich ist[8].

im Rahmen der Ersten Hilfe

– Das Abschleppen muss im Rahmen der ersten Hilfe erfolgen und ist damit nur eingeschlossen, soweit es um das Abschleppen zur nächstgelegenen Werkstatt geht. Dann darf auch die zulässige Anhängelast kurzfristig überschritten werden[9]. Ein längerfris-

---

4 LG Hannover v. 09.11.1977 – 11 S 238/77, VersR 1978, 430 (L.) = NJW 1978, 430.
5 OLG Koblenz v. 06.01.1986 – 12 U 447/85, VersR 1987, 707 (Motorschaden).
6 OLG Koblenz v. 06.01.1986 – 12 U 447/85, VersR 1987, 707.
7 OLG Koblenz v. 06.01.1986 – 12 U 447/85, VersR 1987, 707; für diesen Schadenfall ist die Kfz-Handel- und Handwerk-Versicherung zuständig, da sich das Kfz mit dem Anhängen in Werkstattobhut befindet.
8 OLG Koblenz v. 06.01.1986 – 12 U 447/85, VersR 1987, 707.
9 BayObLG v. 05.11.1993 – 2 ObOWi 469/93, NZV 1994, 163 f. zur Überschreitung der Anhängelast mit betriebsunfähigem Fahrzeug.

tiges Abschleppen hingegen muss sich auch an der Führerscheinklausel messen lassen[10].

Dauer des Abschleppvorgangs

10 – Dabei gilt – anders als bei der Regelung der Haftung für einen sonstigen Anhänger – der Abschleppvorgang solange nicht als beendet, als das geschleppte Fahrzeug den Zielort nicht erreicht hat. Löst sich vorher die Abschleppvorrichtung, kommt das geschleppte Fahrzeug zum Stehen und wird dann ein Dritter durch dieses Fahrzeug geschädigt, haftet die Kraftfahrzeug-Haftpflicht-Versicherung des Abschleppers weiter[11].

11 Liegen diese Voraussetzungen nicht vor, ist ein Schaden an dem geschleppten Fahrzeug nicht zu erstatten, da dann die Einheit des Gespanns gilt und ein möglicher Schaden nur durch die Fahrzeugversicherung des jeweiligen Kfz gedeckt ist.

D. Ansprüche wegen Beschädigung von Ladung

12 § 4 Abs. 4 KfzPflVV enthält eigentlich zwei Regelungen, einen Ausschluss und einen Einschluss. Diese Regelung wurde im Zuge der AKB-Reform in geänderter Formulierung umgesetzt.

I. Ausschluss von Schäden an der Ladung

13 Ansprüche wegen der Beschädigung der Ladung sind ausgeschlossen. Als Ladung wird alles bezeichnet, das mit dem Kfz transportiert wird und bei dem die Beförderung im Vordergrund steht[12]. Auch ein abgeschlepptes Kfz, das auf der Ladefläche eines LKW transportiert wird, ist Ladung, eine Gefährdungshaftung besteht nicht[13]. Will der Versicherungsnehmer die mit dem Kfz transportierte Ladung absichern, kann er eine Transportversicherung abschließen. Insbesondere Vermischungsschäden im Gewerblichen Gütertransport fallen unter diesen Ausschluss, wenn die Schädigung der Ladung im Fahrzeug erfolgt[14]. Von diesem Ausschluss nicht umfasst sind aber die Kosten, die durch die Entsorgung der beschädigten Ladung entstehen[15], da Ziel des Ausschlusses nur ist, den Versicherungsnehmer mit der Versicherung seiner Ladung in den Bereich der Sachversicherung zu verweisen[16].

---

10 Jedenfalls dann, wenn kein LKW-Führerschein vorhanden ist und ein Fahrzeug mit vier Achsen über die reine Nothilfe hinaus geschleppt wird; vgl. Kreuter-Lange in Himmelreich/ Halm FA Verkehrsrecht, Kap. 19 Rn. 35.
11 So schon BGH v. 03.03.1971 – IV ZR 134/69, VersR 1971, 611.
12 Wegen der Details vgl. unter A.1.5.5 AKB.
13 OLG Karlsruhe, 28.08.2014 – 13 U 15/14, leider wird die Ladungseigenschaft nicht herausgestellt, sondern unzutreffend auf die Betriebseinheit zwischen Abschlepper und Abgeschlepptem abgestellt.
14 Für einen Sonderfall OLG Nürnberg v. 14.01.1982 – 8 U 170/81, VersR 1982, 1092.
15 BGH v. 23.11.1994 – IV ZR 48/94, VersR 1995, 162.
16 BGH v. 23.11.1994 – IV ZR 48/94, VersR 1995, 162.

II. Einschluss persönlicher Gegenstände

In den Versicherungsschutz eingeschlossen sind die Gegenstände, die eine Person üblicherweise mit sich führt, also Kleidung, Brille, Handtasche. Nicht eingeschlossen ist z. B. ein sonstiger Gegenstand, der nicht üblicherweise, sondern nur gelegentlich mitgeführt wird, wie z. B. ein Musikinstrument[17]. Etwas weiter gefasst ist die Regelung, wenn es sich um gewerbliche Personenbeförderung handelt. Dann sind auch die Gegenstände mitversichert, die dem persönlichen Bedarf dienen. Damit ist dann u. U. auch das Reisegepäck gemeint, aber auch ein Musikinstrument[18], das am Zielort Verwendung finden soll. Gleiches müsste nach diesseitiger Auffassung dann auch für ein Laptop gelten, das z. B. aus beruflichen Gründen mit sich geführt wird.

14

E. Ausschluss behördlich genehmigter Rennen

Rennen sind alle die motorsportlichen Veranstaltungen, die auf die Erzielung einer Höchstgeschwindigkeit ausgerichtet sind. Wird ein Rennen behördlich genehmigt, so ist eine spezielle Veranstalterhaftpflicht nachzuweisen, um die behördliche Genehmigung zu erhalten. Ggf. wird auch ein Haftungsausschluss der Teilnehmer untereinander verlangt[19]. Die Teilnahme an einem behördlich nicht genehmigten Rennen unterfällt daher den Obliegenheitsverletzungen vor dem Schadenfall nach D. AKB[20].

15

F. Nichteinhaltung von Lieferungs- und Beförderungsfristen

Bei den Ansprüchen gegen den Versicherungsnehmer wegen Nichteinhaltung von Lieferungs- oder Beförderungsfristen handelt es sich um vertraglich durch den Versicherungsnehmer vereinbarte Bedingungen, die nicht dem Wesen der Kfz-Versicherung entsprechen. Da es dem Versicherungsnehmer frei steht, sich vertraglich zu binden, die Schadenersatzpflicht des Versicherers sich aber an den gesetzlichen Vorschriften des Schadenersatzes zu orientieren hat, können die möglicherweise aus der Nichteinhaltung entsprechender frei vereinbarter Fristen resultierenden Schäden ausgeschlossen werden.

16

---

17 OLG Saarbrücken, v. 13.03.2013 – 5 U 342/12 in DAR 2013, 578 m. Anm. Kreuter-Lange; Kreuter-Lange/Schwab, »Haftungs- und Versicherungsfragen beim Busfernverkehr«, DAR 2015, 67; LG Coburg v. 24.07.2008 – 32 S 39/08 für ein Cello, der Regress des Musikinstrumentenversicherers wurde abgewiesen.
18 OLG Saarbrücken, v. 13.03.2013 – 5 U 342/12 in DAR 2013, 578 m. Anm. Kreuter-Lange; Kreuter-Lange/Schwab, »Haftungs- und Versicherungsfragen beim Busfernverkehr«, DAR 2015, 67.
19 Wegen der Details und den Abgrenzungen vgl. unter A.1.5.2 und D.2.2 AKB m. w. H. zur Rspr.
20 OLG Karlsruhe v. 15.04.2014 – 12 U 149/13, Jurion; OLG Karlsruhe v. 23.02.2012, 9 U 97/11, DAR 2012, 519 f. noch zur alten Rechtslage; zur Unfallversicherung vgl. OLG Bamberg v. 23.02.2010 – 1 U 161/09.

G. Ausschluss Kernenergie

17 Schadenersatzansprüche wegen Schäden durch Kernenergie richten sich nach §§ 25 ff. AtomG.

§ 5 Obliegenheiten vor dem Schadenfall

(1) Als Obliegenheiten vor Eintritt des Versicherungsfalls können nur vereinbart werden die Verpflichtung,
1. das Fahrzeug zu keinem anderen als dem im Versicherungsvertrag angegebenen Zweck zu verwenden;
2. das Fahrzeug nicht zu behördlich nicht genehmigten Fahrveranstaltungen zu verwenden, bei denen es auf die Erzielung einer Höchstgeschwindigkeit ankommt;
3. das Fahrzeug nicht unberechtigt zu gebrauchen oder wissentlich gebrauchen zu lassen;
4. das Fahrzeug nicht auf öffentlichen Wegen und Plätzen zu benutzen oder benutzen zu lassen, wenn der Fahrer nicht die vorgeschriebene Fahrerlaubnis hat;
5. das Fahrzeug nicht zu führen oder führen zu lassen, wenn der Fahrer infolge des Genusses alkoholischer Getränke oder anderer berauschender Mittel dazu nicht sicher in der Lage ist.

Seit 01.07.2012:
6. ein mit einem Wechselkennzeichen zugelassenes Fahrzeug nicht auf öffentlichen Wegen oder Plätzen zu benutzen oder benutzen zu lassen, wenn es das nach § 8 Abs. 1a der Fahrzeug-Zulassungsverordnung vorgeschriebene Kennzeichen nicht vollständig trägt.[1]

(2) Gegenüber dem Versicherungsnehmer, dem Halter oder Eigentümer befreit eine Obliegenheitsverletzung nach Absatz 1 Nr. 3 bis 5 den Versicherer nur dann von der Leistungspflicht, wenn der Versicherungsnehmer, der Halter oder der Eigentümer die Obliegenheitsverletzung selbst begangen oder schuldhaft ermöglicht hat. Eine Obliegenheitsverletzung nach Absatz 1 Nr. 5 befreit den Versicherer nicht von der Leistungspflicht, soweit der Versicherungsnehmer, Halter oder Eigentümer durch den Versicherungsfall als Fahrzeuginsasse, der das Fahrzeug nicht geführt hat, geschädigt wurde.

(3) Bei Verletzung einer nach Absatz 1 vereinbarten Obliegenheit oder wegen Gefahrerhöhung ist die Leistungsfreiheit des Versicherers gegenüber dem Versicherungsnehmer und den mitversicherten Personen auf den Betrag von höchstens je 5.000 Euro beschränkt. Satz 1 gilt nicht gegenüber einem Fahrer, der das Fahrzeug durch eine strafbare Handlung erlangt hat.

Übersicht Rdn.
A. Allgemeines 1
B. Obliegenheiten des Versicherungsnehmers und des Fahrers 3

---

[1] BGBL 2012/I Nr. 5 v. 30.01.2012 lfd. Nr. 13 Art. 5.

		Rdn.
I.	Versicherungsnehmer als Fahrer	4
II.	mitversicherter Fahrer	5
III.	Versicherungsnehmer hat Fahrt schuldhaft ermöglicht	6
C.	Einzelne Obliegenheiten	8
I.	Verwendungsklausel	9
II.	behördlich nicht genehmigte Fahrtveranstaltungen	13
III.	unberechtigter Gebrauch des Kfz	15
IV.	erforderliche Fahrerlaubnis	16
V.	Alkoholklausel	17
VI.	Wechselkennzeichen	18
VII.	Gefahrerhöhung	19
D.	Eintrittspflicht für den verletzten Versicherungsnehmer, Halter oder Eigentümer	20
E.	Regressbeschränkung	21

A. Allgemeines

Die Obliegenheiten als vertragliche Nebenpflichten im Schadenfall dienen sämtlich 1
zur Verringerung des Schadensrisikos. Sie sind in § 5 KfzPflVV abschließend aufgeführt[2]. Werden weitere Obliegenheiten vor dem Schadenfall vereinbart, sind diese, soweit sie sich nicht aus dem VVG ergeben (Anzeigepflichten, Gefahrerhöhung), nicht zulässig und damit ungültig! Es müssen nicht alle aufgeführten Obliegenheiten in den Vertrag einfließen. Sie können vereinbart werden.

Soweit als eine Variante in Abs. 1 Nr. 3–5 die Formulierung gewählt wurde »nicht gebrauchen zu lassen« richten sich diese Obliegenheiten ausschließlich an Versicherungsnehmer, Halter und Eigentümer. Der Versicherer ist diesen gegenüber nur dann von der Leistungspflicht befreit, wenn Versicherungsnehmer, Halter oder Eigentümer die Obliegenheitsverletzung selbst begangen haben oder diese schuldhaft ermöglicht haben. Es wird von ihnen erwartet, dass sie weder einem führerscheinlosen noch einem alkoholisierten Fahrer das versicherte Fahrzeug anvertrauen. Ebenso wird von ihnen erwartet, dass sie das Fahrzeug nicht zu einem behördlich nicht genehmigten Rennen verwenden oder die unberechtigte Fahrt gestatteten. Außerdem darf das versicherte Fahrzeug nur zu dem vereinbarten Zweck verwendet werden. Im gleichen Atemzug wird im Rahmen der Regressbeträge auch die Gefahrerhöhung als – gesetzliche – Obliegenheit in den Bereich der vorvertraglichen Obliegenheiten mit beschränkter Leistungsfreiheit aufgenommen. 2

B. Obliegenheiten des Versicherungsnehmers und des Fahrers

Alle Obliegenheiten richten sich an diejenigen, die das Fahrzeug gebrauchen, also nicht 3
nur den Versicherungsnehmer, Halter und Eigentümer, sondern auch den mitversicherten Fahrer, der nicht Vertragspartner der Versicherung ist. Die Formulierungen sind insoweit eindeutig.

---

2 Staudinger/Halm/Wendt/Kreuter-Lange, § 5 KfzPflVV, Rn. 1.

§ 5 KfzPflVV Obliegenheiten vor dem Schadenfall

I. Versicherungsnehmer als Fahrer

4 Hat der Versicherungsnehmer als Fahrer die Obliegenheitsverletzung selbst begangen besteht Leistungsfreiheit nach Abs. 3. Hat der personenverschiedene Fahrer die Obliegenheitsverletzung begangen, besteht **nur ihm** gegenüber Leistungsfreiheit gem. Abs. 3. Hat der Versicherungsnehmer die Obliegenheitsverletzung durch den Fahrer gestattet oder schuldhaft ermöglicht, besteht zusätzlich gegenüber dem Versicherungsnehmer Leistungsfreiheit in den Grenzen des Abs. 3.

II. mitversicherter Fahrer

5 Auch der Fahrer als mitversicherte Person i. S. d. § 2 KfzPflVV ist an die Obliegenheiten gebunden. Sofern er eine oder mehrere der in § 5 KfzPflVV normierten Obliegenheiten verletzt, kann er ebenfalls in Regress genommen werden.

III. Versicherungsnehmer hat Fahrt schuldhaft ermöglicht

6 Den Versicherungsnehmer trifft zusätzlich zu den Obliegenheiten als Fahrer auch die Pflicht, dafür Sorge zu tragen, dass die Obliegenheiten auch von den mitversicherten Personen eingehalten werden. Die Formulierung »schuldhaft ermöglicht«, nimmt den Versicherungsnehmer in die Pflicht, den Führerschein des Fahrers zu kontrollieren und ihm das Fahrzeug beispielsweise nicht zu überlassen, wenn der Fahrer alkoholisiert ist, die Nutzung des versicherten Fahrzeuges auch nur zu dem versicherten Zweck zu gestatten und das Fahrzeug vor unbefugtem Gebrauch zu schützen.

7 Es muss dem Versicherungsnehmer ein Verschuldensvorwurf gemacht werden können, wenn der Fahrer eine Obliegenheit verletzt hat, um ihn gem. § 5 in Regress zu nehmen. Die Formulierung wirkt zugunsten des Versicherungsnehmers, beinhaltet aber keine Beweislastumkehr[3], dass der Versicherungsnehmer sich entlasten müsste. Durch § 5 Abs. 2 S. 2 wird klargestellt, dass der Versicherer kein Leistungsverweigerungsrecht gegenüber dem verletzten Versicherungsnehmer hat, wenn dieser als Insasse in dem Kfz geschädigt wird[4]. Allerdings bleibt es bei dem Regress nach Abs. 1, wenn der Versicherungsnehmer die Benutzung der Kfz durch einen alkoholisierten Fahrer gestattet hat[5].

C. Einzelne Obliegenheiten

8 Die in § 5 KfzPflVV aufgeführten Obliegenheiten entsprechen denen, die in den ursprünglich vom Aufsichtsamt genehmigten AKB enthalten waren. Um dem Markt gerecht zu werden, wurde die Genehmigungspflicht für AKB aufgehoben und stattdes-

---

3 Jacobsen in Feyock/Jacobsen/Lemor § 5 KfzPflVV Rn. 7.
4 Schirmer, »Neues VVG und die Kraftfahrzeug-Haftpflicht- und Kasko-Versicherung«, DAR 2008, 319, 320.
5 Schirmer, »Neues VVG und die Kraftfahrzeug-Haftpflicht- und Kasko-Versicherung«, DAR 2008, 319, 320.

sen der Rahmen, an dem sich die AKB für die Kraftfahrzeug-Haftpflicht-Versicherung orientieren müssen, vorgegeben. Die dort enthaltenen Obliegenheiten sind enumerativ aufgezählt. Weitere Obliegenheiten sind nur zulässig, wenn sie ihre Grundlage im VVG finden. Dies ist z.B. die Nichtanzeige der Veräußerung, die die Leistungsfreiheit des Versicherers nach sich ziehen kann. Diese Obliegenheit der Verkaufsanzeige könnte auch in die vorvertraglichen Obliegenheiten der AKB aufgenommen werden, wenn ein Versicherer dies wollte. Auch die Obliegenheit, ein Fahrzeug während der Ruheversicherung nicht im öffentlichen Verkehrsraum zu nutzen, kann in die Obliegenheiten vor dem Schadenfall aufgenommen werden, diese Pflicht war auch in den zu genehmigenden AKB enthalten, dort war die vollständige Leistungsfreiheit für einen Kraftfahrzeug-Haftpflicht-Schaden aufgenommen, allerdings gibt es auch AKB, in denen diese Pflicht in den Obliegenheiten nach D. aufgenommen ist und die Leistungsfreiheit auf € 5.000 beschränkt wird. Findet sich der Hinweis auf D.2 AKB hinsichtlich des Umfangs der Leistungsfreiheit, richtet sich diese auch nach D.2 AKB.

I. Verwendungsklausel

Der Versicherungsnehmer gibt bei Vertragsschluss die geplante Verwendung des zu versichernden Kfz an, nach dieser Verwendung wird der zu zahlende Versicherungsbeitrag ermittelt. Wird nun das Fahrzeug zu einem anderen als dem versicherten Zweck verwendet, stellt dies u. U. eine Risikoveränderung in Form der Gefahrerhöhung dar. Eine Gefahrerhöhung muss der Versicherungsnehmer gem. § 23 VVG dem Versicherer rechtzeitig anzeigen, damit der Beitrag entsprechend angepasst werden kann bzw. der Versicherer den Vertrag beenden kann, wenn es sich um ein Risiko handelt, welches nicht § 5 PflVG (Kontrahierungszwang) unterfällt. In den Obliegenheiten ist die Verwendungsklausel die Spezialregelung gegenüber der Gefahrerhöhung. Es gibt eine Vielzahl von Verwendungen eines Kraftfahrzeuges, diese reichen von PKW – Eigenverwendung bis hin zu dem LKW im Europaverkehr[6]. 9

Grundsätzlich stellt jede Abweichung der Verwendung des versicherten Kfz von der vertraglichen Vereinbarung einen Verstoß gegen die Verwendungsklausel dar. Eine Obliegenheitsverletzung liegt aber nur dann vor, wenn sich durch die geänderte Verwendung für den Versicherer ein erhöhtes Risiko ergibt. Dabei reicht nach Auffassung der Rechtsprechung die einmalige geänderte Verwendung als Verstoß gegen die Verwendungsklausel aus[7].

Besonders problematisch ist derzeit der Vorstoß amerikanischer Unternehmen, die über eine App sog. Privattaxis vermitteln. Häufig ist davon auszugehen, dass derjenige, der mit Hilfe dieser App gerufen werden kann, weder sein Fahrzeug als Taxi versichert hat,

---

6 Vgl. hierzu Anhang 6 der AKB mit den einzelnen Verwendungsmöglichkeiten.
7 OLG Karlsruhe v. 30.04.1986 – 4 U 9/85, VersR 1986, 1180.

noch dass derjenige über eine entsprechende Fahrerlaubnis zur Fahrgastbeförderung verfügt[8]. Auch der Busfernverkehr wirft insoweit Fragen auf[9].

10 **Beispiele für einen Verstoß gegen die Verwendungsklausel:**
- LKW Güternahverkehr wird im Güterfernverkehr eingesetzt[10];
- Landwirtschaftliche Zugmaschine wird bei Fastnachtsumzug eingesetzt[11];
- Rote Kennzeichen oder Kurzzeitkennzeichen werden zu anderem Zweck als Prüf-, Probe- und Überführungsfahrten eingesetzt[12];
- Rote Kennzeichen werden durch unbefugten Dritten verwendet[13];
- Geschäftswagen einer Reparaturwerkstatt wird an Kunden vermietet[14];
- Ein geleastes Fahrzeug wird weiter verleast[15];
- Überlassung eines Kfz gegen Lieferung von Sonderzubehör[16];

11 Kein Verstoß gegen die Verwendungsklausel ist gegeben:
- wenn sich der Unfall nicht anlässlich der geänderten – nicht versicherten – Verwendung ereignete[17];
- wenn die geänderte Verwendung keine Gefahrerhöhung darstellt, weil der Mieter das Mietfahrzeug selbst versichert[18];

---

8 Bauer/Friesen, »UberPop – rechtlich top oder eher ein Flop?«, DAR 2015, 61, 65 f; Rebler, »Mi(e)tfahrgelegenheit modern – WunderCar und UberPop rechtliche Grauzone oder Illegalität?«, DAR 2014 550 f.; vgl. auch die jüngsten Entscheidungen: Das OVG Hamburg Beschl. v. 24.09.2014 – 3 Bs 175/14, NZV 2014, 600 (Anm. Nebel/Kramer zu dieser Entscheidung NVwZ 2014, 1532), hat die Vermittlung privater Fahrten von UperPop untersagt; ebenso LG Frankfurt v. 18.03.2015 – 3–08 O 136/14 (n. rskr.); VG Berlin v. 26.09.2014 – VG 11L 353/14.
9 Kreuter-Lange/Schwab, »Haftungs- und Versicherungsfragen beim Busfernverkehr«, DAR 2015, 67.
10 BGH v. 01.03.1972 – IV ZR 107/70, VersR 1972, 530; BGH v. 14.07.1976 – IV ZR 235/74, VersR 1976, 870; OLG Saarbrücken v. 24.02.1978 – 3 U 247/76, VersR 1979, 99.
11 OLG Karlsruhe v. 30.04.1986 – 4 U 9/85, VersR 1986, 1180.
12 BGH v. 28.06.2006 – IV ZR 316/04; vgl. auch D.1.1.1 AKB m. w.N, sowie KfzSBHH A.3.1; Schon BGH v. 29.05.1974 – IV ZR 56/73, VersR 1974, 793; BGH v. 18.12.1974 – IV ZR 123/73, VersR 1975, 29 (Handel-Handwerk-Versicherung); OLG Hamm v. 31.05.1978 – 20 U 327/77, VersR 1978, 1110; OLG Köln v. 20.02.1986 – 5 U 172/85, VersR 1987, 1004; LG Kassel v. 16.11.1990 – 2 S 423/90, VersR 1991, 656; Halm/Fitz, Versicherungsschutz bei entgeltlichen Probefahrten, DAR 2006,433.
13 BGH v. 28.06.2006 – IV ZR 316/04, DAR 2007, 26.
14 Schon OLG Köln v. 14.01.1969 – 9 U 12/67, VersR 1970; 513; OLG Düsseldorf v. 22.06.1993 – 4 U 72/92, VersR 1994, 1176 auch wenn Nutzungsentschädigung verlangt wird.
15 OLG Hamm v. 14.06.1991 – 20 U 196/90, VersR 1992, 350.
16 OLG Hamburg v. 09.05.1990 – 5 U 146/89, VersR 1991, 655, stellt eine »Vermietung« dar.
17 OLG Hamm 16.06.1999 – 20 U 32/74, VersR 1975, 223 (Unfall nicht anlässlich einer Mietwagenfahrt, sondern um Ersatzteile für einen weiteren Mietwagen zu besorgen).
18 OLG Karlsruhe v. 07.07.1994 – 12 U 12/94, VersR 1995, 568 m. w. N.

Dabei ist der Versicherer beweisbelastet hinsichtlich der andersartigen Verwendung[19]. 12
Der Versicherungsnehmer kann sich entlasten, indem er nachweist, dass der Schaden
sich nicht anlässlich der anderen (nicht versicherten) Verwendung ereignete.

II. behördlich nicht genehmigte Fahrtveranstaltungen

Die behördlich nicht genehmigten Fahrtveranstaltungen sind alle diejenigen Fahrten, 13
bei denen es auf die Erzielung einer Höchstgeschwindigkeit ankommt. Die Erzielung
der Höchstgeschwindigkeit muss das das Ziel der Veranstaltung sein, es kommt nicht
darauf an, dass sich der Schadenfall ereignete, während die Höchstgeschwindigkeit
nicht erreicht wurde. Davon abzugrenzen sind die Veranstaltungen, in denen es gerade
nicht um die Erzielung von Höchstgeschwindigkeiten geht. Diese sind z. B. Fahrsicherheitstrainings[20], Jedermann-Fahrlehrgang[21]; Orientierungsfahrten und Gleichmäßigkeitsfahrten, bei denen mehrere Runden immer in der gleichen Zeit zurückgelegt werden müssen[22].

Soweit es sich um sportliche Wettbewerbe handelt, die eine Erzielung einer Höchst- 14
geschwindigkeit nicht zum Inhalt haben, kann der Geschädigte seinen Anspruch gegen
den Schädiger geltend machen, sofern dieser eine Haftpflichtversicherung abgeschlossen hat, die Versicherungsschutz gewährt[23]. Dabei soll es darauf ankommen, ob es sich
um eine besonders risikoträchtige Sportart handelt und wie der Ausschluss formuliert
war. War der Ausschluss für mögliche Schadenersatzansprüche auf »Rennen« begrenzt,
ist in den Fällen, in denen ein Rennen gerade nicht vom Veranstalter beabsichtigt war,
ein Schadenersatzanspruch gegeben. Ob diese Haltung den besonderen Umständen,
die auf einer Rennstrecke gegeben sind, gerecht wird, ist mehr als fraglich, da gerade
dort die Gefahr groß ist, dass die Fahrer sich auch untereinander in der Geschwindigkeit messen. Dem hat auch das LG Stuttgart bei der Bewertung einer Veranstaltung des
Porscheclubs Rechnung getragen[24]. Dort waren hochmotorige Sportwagen angetreten,
um den eigenen Grenzbereich des Fahrers und den des Fahrzeuges zu erarbeiten. Zwar
war die Veranstaltung als Gleichmäßigkeitsfahrt angegeben, aber die dort bekannt gewordenen Gesamtumstände ließen das LG den Renncharakter bejahen. Dies hat der
BGH bei einer ähnlichen Veranstaltung des Porscheclub auf dem Hockenheimring bestätigt, da auch dort die Höchstgeschwindigkeit in die Wertung bei Gleichstand miteinbezogen wurde, so dass die Teilnehmer auch von einer Rennveranstaltung ausgingen
und einen Haftungsausschluss vereinbarten.[25] Allerdings hat der BGH seine Haltung

---

19 So schon BGH v. 09.06.1986 – IVa ZR 182/84, VersR 1986, 541 (für die Frage, ob Werk-Nahverkehr oder Werk-Fernverkehr im Rahmen der Deckungszusage versichert war).
20 OLG Stuttgart v. 21.07.2008 – 5 U 44/08, Jurion.
21 OLG Karlsruhe v. 21.10.2008 – 10 U 36/08, Jurion.
22 Vgl. auch D.1.1.4 AKB m. w. N.
23 BGH v. 29.01.2008 – VI ZR 98/07, Jurion.
24 LG Stuttgart v. 26.01.2005 – 18 O 536/04, Jurion zum Anneau du Rhin 2004 – Speed &
Emotions.
25 BGH v. 01.04.2003 – VI ZR 321/02, NJW 2003, 2018 = NZV 2003, 321 = r+s 2004, 518;
vgl. auch Armbrüster »Auswirkungen von Versicherungsschutz auf die Haftung«, NJW 2009,

zum Haftungsausschluss bei kraftsportlichen Veranstaltungen insoweit verändert, als er jetzt eine Eintrittspflicht des Schädigers auch für alle Schäden anlässlich dieser Veranstaltung bejaht, wenn eine Haftpflichtversicherung Versicherungsschutz gewährt[26]. Diese Rechtsprechung ist kritisch zu betrachten, da entscheidendes Kriterium für die Ersatzpflicht von Schäden, die ein Teilnehmer anlässlich einer Sportveranstaltung erleidet, unabhängig vom Verschulden nicht das Bestehen oder Nichtbestehen einer Haftpflichtversicherung sein kann. Man stelle sich nur vor, dass die bestehende Haftpflichtversicherung aus anderen Gründen nicht eintritt, dann wird derjenige, der sich auf den Haftungsausschluss des Veranstalters verlässt, dann doch auch für leicht fahrlässiges Verhalten in die Pflicht genommen.

Auch spontane Beschleunigungsrennen fallen unter die »behördlich nicht genehmigten Rennen«[27].

III. unberechtigter Gebrauch des Kfz

15 Die Formulierung in Abs. 1 Ziffer 3 ist missverständlich: »Der Versicherungsnehmer darf das Fahrzeug nicht »unberechtigt gebrauchen« bzw. »wissentlich[28] gebrauchen zu lassen«.

Als unberechtigter Gebrauch wird die Verwendung des Kfz ohne oder gegen den Willen des Verfügungsberechtigten bezeichnet. Dies ist in aller Regel der Versicherungsnehmer, kann aber auch eine andere Person (z. B. abweichender Halter oder Eigentümer) sein. Dann dürfte der Versicherungsnehmer das versicherte Fahrzeug nicht ohne die Einwilligung dieser Person benutzen. Ein wissentliches Gebrauchen im Sinne dieser Vorschrift ist kaum vorstellbar. Wenn der Versicherungsnehmer den unbefugten Gebrauch seines Kfz wissentlich zulässt, ist von einer entsprechenden Genehmigung auszugehen. Dann liegt aber der Tatbestand des unbefugten Gebrauchs nicht mehr vor[29]. Eine Ausnahme wäre nur dann denkbar, wenn der Versicherungsnehmer gegen den tatsächlichen Willen des personenverschiedenen Halters oder Eigentümers das versicherte Kfz gebraucht. Dieser Fall dürfte aber eher die Ausnahme sein.

Die Fälle des unbefugten Gebrauchs reichen von der Überschreitung des genehmigten Gebrauchs bis hin zum unbefugten Gebrauch durch den Schwarzfahrer oder Dieb[30].

187, 189 zum stillschweigenden Haftungsausschluss im Rahmen von Gefälligkeitsfahrten und Sportveranstaltungen.
26 BGH v. 29.01.2008 – VI ZR 98/0, r+s 2008, 256 = NJW 2008, 1591 = NZV 2008, 288.
27 OLG Karlsruhe v. 23.02.2012 – 9 U 97/11, DAR 2012, 519 ff.
28 BGH IV ZR 90/13 zur Wissentlichkeit einer Pflichtverletzung.
29 Vgl. hierzu unter AKB. D.1.1.2 Rdn. 8.
30 Zu den Details bzgl. unberechtigtem Fahrer vgl. D.1.1.2 AKB m. w. N.

IV. erforderliche Fahrerlaubnis

Wird ein Kfz geführt, ist darauf zu achten, dass der Fahrer über die erforderliche Fahr- 16
erlaubnis verfügt. Erforderlich ist die Fahrerlaubnis, die zum Führen des konkreten
Fahrzeugs berechtigt.
- Kraftfahrzeug
- Als Kraftfahrzeug werden alle diejenigen zulassungspflichtigen Fahrzeuge iSd. § 1
  StVZO bezeichnet, die sich, ohne an Schienen gebunden zu sein, mit Motorkraft
  fortbewegen können.
- öffentlichen Wegen und Plätzen
- Die Führerscheinpflicht besteht für das Führen von Kraftfahrzeugen auf öffentlichen
  Wegen und Plätzen. Als öffentlich werden alle Wege und Plätze bezeichnet, die einer
  Vielzahl von Personen zugänglich sind, ohne dass die Nutzung durch irgendwelche
  Maßnahmen beschränkt wird[31].
- erforderliche Fahrerlaubnis
- es muss auch die für das geführte Kfz erforderliche Fahrerlaubnis vorliegen[32].

Führt nicht der Versicherungsnehmer das versicherte Fahrzeug, sondern eine mitversicherte Person, obliegt dem Versicherungsnehmer auch die Pflicht, das Vorliegen der Fahrerlaubnis zu prüfen. Nur in ganz engen Ausnahmetatbeständen darf der Versicherungsnehmer auf dem Vorliegen der entsprechenden Fahrerlaubnis vertrauen. Auch mit Blick auf die Fahrerlaubnis ist derzeit der Vorstoß amerikanischer Unternehmer, die über eine App sog. Privattaxis vermitteln, problematisch. Es ist davon auszugehen, dass derjenige, der mit Hilfe dieser App gerufen werden kann, weder sein Fahrzeug als Taxi versichert hat, noch dass derjenige über eine entsprechende Fahrerlaubnis zur Fahrgastbeförderung verfügt[33].

V. Alkoholklausel

Auch das Führen eines Kfz unter Alkoholeinfluss stellt eine Obliegenheitsverletzung im 17
Sinne des § 5 KfzPflVV dar. Ursprünglich war die Alkoholfahrt nicht in den AKB aufgenommen. Die regelmäßigen Alkoholfahrten wurden über die sog. subjektive Gefahrerhöhung gelöst[34].

Schon 1994 wurde die Alkoholklausel in die AKB eingeführt und folgerichtig in die KfzPflVV aufgenommen. Grundsätzlich sind Grenzen in der KfzPflVV nicht vorgesehen. Erforderlich ist für die Tatbestandsverwirklichung die alkoholbedingte Fahr-

---

31 So BGH v. 19.12.1991 – VI ZR 155/91, VRS 22, 185; BGH v. 10.06.1969 – VI ZR 35/68, VersR 1969, 832.
32 Zu den Details bezgl. der Fahrerlaubnis vgl. unter D.1.1.3 AKB m. w. N.
33 Bauer/Friesen, »UberPop – rechtlich top oder eher ein Flop?«, DAR 2015, 61, 65 f, aus diesem Grund wurde das Weiterbetreiben von einzelnen Gerichten untersagt: OVG Hamburg Beschl. v. 24.09.2014 – 3 Bs 175/14, NZV 2014, 600 (Anm. Nebel/Kramer zu dieser Entscheidung NVwZ 2014, 1532); LG Frankfurt v. 18.03.2015 – 3-08 O 136/14 (n. rskr.).
34 Wegen der Details vgl. Kommentierung zu § 26 VVG.

untüchtigkeit. Diese Formulierung hat zur Folge, dass jeder Fahrfehler, der infolge Alkoholgenusses geschieht, zur Leistungsfreiheit des Versicherers führt[35]. Der Versicherungsnehmer darf das Kfz nicht einem erkennbar alkoholisierten Fahrer zur Verfügung stellen, will er seinen Versicherungsschutz nicht gefährden. Auch wenn der Versicherungsnehmer als Insasse im Fahrzeug verletzt wird, verhindert dies den Regress wegen des Überlassens des Kfz an einen erkennbar alkoholisierten Fahrer nicht[36].

VI. Wechselkennzeichen

18   Seit dem 01.07.2012 können zwei gleichartige Fahrzeuge auf einen Versicherungsvertrag zugelassen werden. Sie erhalten Wechselkennzeichen[37] nach § 8 Abs. 1a FZV, davon verbleibt ein Teil immer fest an dem jeweiligen Fahrzeug, während der zweite Teil des Kennzeichens »gewechselt« werden kann. Voraussetzung ist, dass es sich um zwei gleichartige Fahrzeuge der gleichen EU-Fahrzeugklasse handelt. Hauptsächlich wird das Wechselkennzeichen für Oldtimer von Interesse sein[38]. Es kann also kein Wechselkennzeichen für ein Motorrad und einen PKW beantragt werden. Außerdem ist diese Möglichkeit nur der privaten Nutzung eröffnet, da der Gewerbetreibende regelmäßig Interesse an einer vollständigen Ausnutzung seines Fuhrparks hat.

Ein Muster[39] für Kfz:

zweizeilige Kennzeichen:

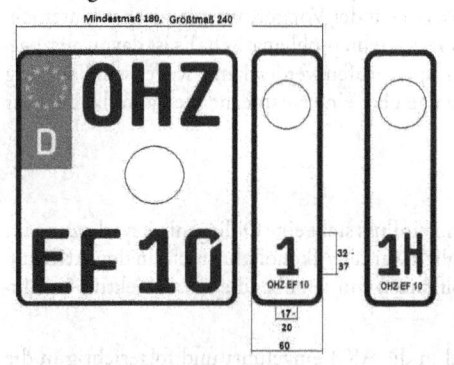

---

35 OLG Saarbrücken, 04.04.2013 – 4 U 31/12–9; Wegen der Details vgl. ausführlich unter D1.2 AKB.
36 Schirmer, »Neues VVG und die Kraftfahrzeug-Haftpflicht- und Kasko-Versicherung«, DAR 2008, 319, 320.
37 Liebermann, »Wechselkennzeichen können ab 01.070.2012 zugeteilt werden«, DAR 2012, 425 f.
38 Remsperger, »Die Oldtimerzulassung unter Berücksichtigung des neuen Anforderungskatalogs für die Begutachtung eines Fahrzeuges zur Einstufung als Oldtimer gemäß § 23 StVZO«, DAR 2012, 72 f.
39 Quelle: Verordnung zur Änderung der Fahrzeug-Zulassungsverordnung, anderer straßenver-

und für Krad:

VII. Gefahrerhöhung

Als Gefahrerhöhung wird jede Veränderung am Kfz bezeichnet, die eine Risikoerhöhung zur Folge hat und dem Versicherer bekannt gemacht werden muss. Aber auch risikoerhöhende Umstände in der Person des Kfz-Führers können eine Gefahrerhöhung darstellen[40].   19

D. Eintrittspflicht für den verletzten Versicherungsnehmer, Halter oder Eigentümer

Soweit das versicherte Fahrzeug von einem alkoholisierten Fahrer geführt wird und der Versicherungsnehmer, Halter oder Eigentümer als Insasse verletzt wird, befreit auch die Obliegenheitsverletzung des Verletzten den Versicherer nicht von seiner Eintrittspflicht gegenüber dem Verletzten. Der Versicherer kann nicht unter Hinweis, dass der Versicherungsnehmer – auch wenn er seine Obliegenheit nach D.2.1 AKB verletzt hat und das Fahren unter Alkoholeinfluss ermöglicht hat – die Regulierung des Personenschadens des Versicherungsnehmers ablehnen. Allerdings wird diese Frage dann über die Mithaftung des Versicherungsnehmers gelöst[41].   20

E. Regressbeschränkung

Für den Fall der Obliegenheitsverletzung vor dem Schadenfall ist der Regress auf einen Maximalbetrag von 5.000 € gegen die versicherte Person beschränkt, die die Obliegenheit verletzt hat. Hat der Versicherungsnehmer gar die Obliegenheitsverletzung durch den Fahrer gestattet oder von ihr Kenntnis gehabt, besteht auch diesem gegenüber ein Leistungsverweigerungsrecht.   21

Die Formulierung des § 5 KfzPflVV berücksichtigt die jetzt nach § 28 VVG[42] erforderliche Bewertung des Verschuldens und die Quotierung der Leistungsfreiheit bei grob   22

---

kehrsrechtlicher Vorschriften und der Kraftfahrzeug-Pflichtversicherungsverordnung zum 01.02.2012.
40 Wegen der Details vgl. ausführlich Kommentierung zu §§ 23–26 VVG.
41 Vgl. hierzu Kreuter-Lange in Handbuch Kfz-Schadensregulierung Kap. O Rn. 11.
42 § 28 Abs. (2) VVG: Bestimmt der Vertrag, dass der Versicherer bei Verletzung einer vom Versicherungsnehmer zu erfüllenden vertraglichen Obliegenheit nicht zur Leistung verpflichtet

fahrlässiger Obliegenheitsverletzung nicht. Da es sich aber bei der KfzPflVV nur um eine Verordnung handelt, gilt das höherrangige Recht, die Gesetzesnorm, auch für die Verordnung, so dass § 28 VVG auf die Obliegenheiten vor dem Schadenfall anzuwenden ist. Begehen Versicherungsnehmer oder Fahrer die Verletzung der ihm obliegenden Pflichten vorsätzlich, bleibt es bei der vollständigen Leistungsfreiheit des Versicherers in den Grenzen des § 5 Abs. 3 KfzPflVV. Die Quotierung nach der Schwere des Verschuldens ist gem. § 28 VVG bei grob fahrlässiger Begehung der Obliegenheitsverletzung vorzunehmen. Dabei wird nach dem Wortlaut grundsätzlich von einer grob fahrlässigen Begehung der Obliegenheit auszugehen sein. Für das Nichtvorliegen der groben Fahrlässigkeit ist der Versicherungsnehmer oder Fahrer beweisbelastet. Eine Beweislast des Versicherers auch hinsichtlich der groben Fahrlässigkeit als solchen trifft nicht den Kern der Sache. Der Versicherer ist zunächst mit dem Nachweis des objektiven Tatbestandes belastet. Ist der Tatbestand einer der nachfolgend beschriebenen Obliegenheitsverletzungen gegeben, ist von einer grob fahrlässigen Begehung auszugehen. Es ist dann an dem Versicherungsnehmer oder Fahrer, entsprechende, ihn entlastende, Umstände vorzutragen und zu beweisen, die die Schwere der Vorwerfbarkeit mindern[43]. Solange der Versicherer von einer groben Fahrlässigkeit mittlerer Stufe ausgeht, dürfte sich diese aus der Tatbestandsverwirklichung ergeben, will der Versicherer allerdings wegen besonderer Vorwerfbarkeit eine höhere Stufe der groben Fahrlässigkeit seiner Leistungsfreiheit zugrunde legen, ist er für dieses höhere Verschulden beweisbelastet.

Für die vorsätzliche Begehung der Obliegenheit ist der Versicherer beweisbelastet, allerdings kommen ihm bei manchen Obliegenheiten durchaus die Fakten zur Hilfe[44]!

23 Die Formulierung in § 5 Abs. 2 KfzPflVV gibt vor, wie die Vorgehensweise bei Ermittlung des Regressbetrages ist: »... befreit den Versicherer von der Leistungspflicht ...«. Zunächst wird festgestellt, dass der Versicherer von der Verpflichtung zur Leistung frei ist, erst im zweiten Schritt erfolgt durch Abs. 3 die Begrenzung der Leistungsfreiheit in einem Betrag.

Auch § 28 VVG, der zunächst von einer Leistungsfreiheit und dann von der Schwere des Verschuldens spricht, bestätigt diese Reihenfolge der Quotierung. Es ist daher erst zu klären, ob die Obliegenheitsverletzung vorsätzlich oder grob fahrlässig begangen wurde, sodann ist ggf. die Schwere des Verschuldens festzulegen. Danach erst wird vom ermittelten Schaden die Quote der Leistungsfreiheit gebildet. Liegt dieser Betrag unterhalb der Grenze des Abs. 3 (€ 5.000), so gilt der ermittelte Betrag als Regressfor-

---

ist, ist er leistungsfrei, wenn der Versicherungsnehmer die Obliegenheit vorsätzlich verletzt hat. Im Fall einer grob fahrlässigen Verletzung der Obliegenheit ist der Versicherer berechtigt, seine Leistung in einem Schwere des Verschuldens des Versicherungsnehmers entsprechenden Verhältnis zu kürzen; die Beweislast für das Nichtvorliegen einer groben Fahrlässigkeit trägt der Versicherungsnehmer.

43 Vgl. insoweit auch § 28 VVG.
44 Wegen der Details vgl. dort und zur Kommentierung der jew. Obliegenheiten unter D. AKB.

derung gegen den Versicherungsnehmer, liegt der Betrag der Leistungsfreiheit über der Regressgrenze, wird der Regress beschränkt auf € 5.000.

§ 6 Obliegenheitsverletzung im Schadenfall

(1) Wegen einer nach Eintritt des Versicherungsfalls vorsätzlich oder grob fahrlässig begangenen Obliegenheitsverletzung ist die Leistungsfreiheit des Versicherers dem Versicherungsnehmer gegenüber vorbehaltlich der Absätze 2 und 3 auf einen Betrag von höchstens 2.500 Euro beschränkt.

(2) Soweit eine grob fahrlässig begangene Obliegenheitsverletzung weder Einfluss auf die Feststellung des Versicherungsfalles noch auf die Feststellung oder den Umfang der dem Versicherer obliegenden Leistung gehabt hat, bleibt der Versicherer zur Leistung verpflichtet.

(3) Bei besonders schwerwiegender vorsätzlich begangener Verletzung der Aufklärungs- oder Schadensminderungspflichten ist die Leistungsfreiheit des Versicherers auf höchstens 5.000 Euro beschränkt.

Übersicht	Rdn.
A. Obliegenheit nach Eintritt des Versicherungsfalls	1
B. Grenzen der Leistungsfreiheit	3
C. Besonders schwerwiegende Obliegenheitsverletzung	4
D. Zusammentreffen von Obliegenheitsverletzungen vor und im Schadenfall	5

A. Obliegenheit nach Eintritt des Versicherungsfalls

Die Obliegenheiten nach Eintritt des Schadenfalls sind nicht separat aufgeführt, da 1 diese Pflichten in aller Regel nicht geeignet sind, das Schadeneintrittsrisiko als solches zu reduzieren. Diese Obliegenheiten haben alleine die Aufgabe, die Höhe des zu leistenden Schadenersatzes möglichst gering zu halten[1].

Es wird in den Rechtsfolgen differenziert zwischen der vorsätzlich und der grob fahr- 2 lässig begangenen Obliegenheitsverletzung. Eine lediglich fahrlässige Obliegenheitsverletzung hat keine Auswirkungen auf den Versicherungsschutz. Eine vorsätzliche Begehung der Obliegenheitsverletzung setzt ein besonders vorwerfbares Verhalten voraus. Die grob fahrlässige Begehung der Obliegenheitsverletzung, die sich weder hinsichtlich der Feststellung des Schadenfalls noch des Umfangs der zu erbringenden Schadenersatzleistungen ausgewirkt hat, bleibt für den Versicherungsnehmer folgenlos, § 6 Abs. 2. Auch wenn damit der »Strafcharakter«[2] der Regelung teilweise verloren geht, ist diese Regelung angemessen, da ein Schaden bei dem Versicherer über das, was er ohnehin geschuldet hätte, nämlich die Haftungsfreistellung im Schadenfall, hi-

---

[1] Notthoff, »Der Regress des Kraftfahrzeug-Haftpflichtversicherers – Teil 1«, VRR 2013, 84, 88.
[2] So bedauernd Langheid in Römer/Langheid VVG, § 7 KfzPflVV Rn. 3.

naus dann gerade nicht entstanden ist. Der Versicherer leistet dann genau das, was er auch bei gehöriger Pflichterfüllung des Versicherungsnehmers hätte leisten müssen.

B. Grenzen der Leistungsfreiheit

3 Die Leistungsfreiheit ist zum einen von der Form der Begehung der Obliegenheitsverletzung, nämlich der Frage der vorsätzlichen oder grob fahrlässigen Begehung und zum anderen auch von der Frage der Folgen (»besonders schwerwiegende«) abhängig. Für das Verschulden ist der Versicherer beweisbelastet[3], also auch für die grob fahrlässige Begehung. Diese Regelung scheint angesichts der VVG-Reform, die nach dem Wortlaut des § 28 VVG von der grob fahrlässigen Begehung der Obliegenheitsverletzung als Regelform ausgeht, nicht mehr sachgerecht. Ausgehend von den Regeln der VVG-Reform ist der Versicherungsnehmer beweisbelastet hinsichtlich des Vorliegens leichter Fahrlässigkeit und ggf. hinsichtlich der fehlenden Auswirkungen auf die Schadenersatzleistungen, die die Leistungspflicht des Versicherers nach § 6 Abs. 2 zur Folge haben. Hinsichtlich der vorsätzlichen Begehung der Obliegenheitsverletzung bleibt der Versicherer beweisbelastet[4].

C. Besonders schwerwiegende Obliegenheitsverletzung

4 In § 6 Abs. 3 wird für den Fall einer besonders schwerwiegenden Verletzung der Aufklärungspflicht oder der Schadenminderungspflicht der Regress erhöht. Dabei muss sich der Verschuldensvorwurf deutlich von den üblicherweise begangenen Obliegenheitsverletzungen abheben[5]. Diese Regelung wird in E.6.4 AKB dahingehend modifiziert, dass die Tatbestände »unerlaubtes Entfernen von der »Unfallstelle«, »bewusst wahrheitswidrigen Angaben dem Versicherer gegenüber« und unterlassene Hilfeleistung« die Regressforderung erhöhen. Auch ein besonders hoher Schaden ist geeignet, eine schwerwiegende Obliegenheitsverletzung anzunehmen, insbesondere, wenn ein Personenschaden vorliegt[6].

D. Zusammentreffen von Obliegenheitsverletzungen vor und im Schadenfall

5 Die ehedem streitige Frage, wie im Zusammentreffen von Obliegenheitsverletzungen vor und im Schadenfall zu verfahren ist, ist von der Rechtsprechung hinlänglich entschieden worden: Durch den Unfall tritt eine Zäsur ein, die ein neuerliches Fehlverhalten als rechtlich selbständige Tat darstellt[7]. Es besteht kein Anlass, hier dem Versiche-

---

3 Vgl. Jacobsen in Feyock/Jacobsen/Lemor aaO. § 6 KfzPflVV Rn. 7.
4 Wegen der Details zu einzelnen Obliegenheiten im Schadenfall sei auf die Kommentierung unter E. AKB verwiesen.
5 BGH v. 21.04.1982 – IVa ZR 267/80, VersR 1982, 742.
6 OLG Schleswig v. 30.11.2002 – 9 U 150/01, VersR 2003, 140; wenn bei Trunkenheitsfahrt ein Personenschaden entsteht und der Fahrer Fahrerflucht begeht.
7 BGH v. 14.09.2005 – IV ZR 216/04; OLG Frankfurt v. 24.07.2014 – 3 U 66/13, SP 2014, 384 f.; OLG Celle Beschl. v. 26.07.2012 – 8 W 39/12, r+s 2014,59; Staudinger/Halm/Wendt/Nugel, § 28 VVG, Rn. 88 ff.; ders. »Die Quotenbildung bei einer Leistungskürzung

rungsnehmer oder der mitversicherten Person, die sich schon vor dem Unfallereignis regelwidrig verhalten hat, insoweit entgegenzukommen, als man ein weiteres regelwidriges Verhalten einfach folgenlos hinnimmt[8].

§ 7 Leistungsfreiheit bei vorsätzlicher Obliegenheitsverletzung

Wird eine Obliegenheitsverletzung in der Absicht begangen, sich oder einem Dritten dadurch einen rechtswidrigen Vermögensvorteil zu verschaffen, ist die Leistungsfreiheit hinsichtlich des erlangten rechtswidrigen Vermögensvorteils unbeschränkt. Gleiches gilt hinsichtlich des Mehrbetrages, wenn der Versicherungsnehmer vorsätzlich oder grob fahrlässig einen Anspruch ganz oder teilweise unberechtigt anerkennt oder befriedigt, eine Anzeigepflicht verletzt oder bei einem Rechtsstreit dem Versicherer nicht dessen Führung überlässt.

Übersicht Rdn.
A. Allgemeines 1
B. vollständige Leistungsfreiheit 2
C. Leistungsfreiheit hinsichtlich Mehrbetrags 3

A. Allgemeines

Grundsätzlich ist die Leistungsfreiheit des Versicherers wegen einer Obliegenheitsverletzung – sei es vor oder im Schadenfall – nach den §§ 5 und 6 KfzPflVV der Höhe nach begrenzt. Durch § 7 wird diese Grenze aufgehoben: sie gilt dann nicht, wenn die versicherte Person die Obliegenheitsverletzung in betrügerischer Absicht begangen hat, um sich oder anderen einen Vermögensvorteil zu verschaffen. Eine Differenzierung zwischen den Obliegenheiten vor oder im Schadenfall ist insoweit in der Formulierung zwar nicht erfolgt, aber allein die dargestellten Sachverhalte lassen den Rückschluss zu, dass § 7 als Ergänzung zu § 6 KfzPflVV[1] zu sehen ist und die Leistungsfreiheit nur für die vorsätzlichen Obliegenheitsverletzungen im Schadenfall erweitern will. Die Obliegenheiten nach § 5 KfzPflVV sind nicht aufgeführt, da mit diesen Obliegenheitsverletzungen vor dem Schadensfall in aller Regel die Schaffung eines Vermögensvorteils für den Geschädigten nicht möglich ist. 1

B. vollständige Leistungsfreiheit

Die vollständige Leistungsfreiheit ist hinsichtlich des Mehrbetrages gegeben, der erlangt wurde durch die betrügerische Obliegenheitsverletzung, die begangen wurde, um einen rechtswidrigen Vermögensvorteil zu erlangen. Voraussetzung ist dabei, 2

---

nach dem »neuen« VVG – eine Übersicht zu den aktuellen Streitständen« MDR 2008, 1320, 1326 f.
8 Statt aller OLG Schleswig 30.11.2002. – 9 U 150/01, VersR 2003, 140 m. w. H. zur Rechtsprechung.
1 Vgl. Jacobsen in Feyock/Jacobsen/Lemor aaO. § 7 KfzPflVV Rn. 1.

dass der Betrug vollendet wurde, der bloße Versuch führt nicht zu einem Vermögensvorteil. Dann bleibt es bei den Grenzen des § 6 KfzPflVV. Mit dieser Regelung werden auch die manipulierten und gestellten Verkehrsunfälle erfasst[2].

C. Leistungsfreiheit hinsichtlich Mehrbetrags

3 Soweit durch ein **unberechtigtes Anerkenntnis** eine höhere Leistung erbracht wird als geschuldet, besteht Leistungsfreiheit hinsichtlich des Mehraufwandes. Diese Regelung ist im Kraftfahrzeug-Haftpflicht-Schadenfall entbehrlich, da der Kraftfahrzeug-Haftpflicht-Versicherer ohnehin nur im Rahmen der gesetzlichen Haftpflichtbestimmungen reguliert und die Höhe der Ansprüche selbstständig prüft. Ein Anerkenntnis des Versicherungsnehmers kann ihn nur insoweit belasten, als er aufgrund § 823 BGB oder 7 StVG ohnehin eintrittspflichtig wäre[3]. Etwas anderes kann nur gelten, wenn der Versicherungsnehmer die Schadenersatzansprüche des Geschädigten bereits beglichen hat. Aber auch dabei ist zu beachten, dass der Versicherer im Rahmen seiner Verpflichtung zum Schadenersatz gem. §§ 823, 249 BGB nur den Zustand wieder herzustellen hat, der vor dem schädigenden Ereignis bestand. Hat der Versicherungsnehmer also mehr an Schadenersatz erbracht, als gesetzlich geschuldet war, unterliegt er insoweit im Deckungsprozess. Dass nach § 105 VVG nun die Vorschriften unwirksam sind, die eine Leistungsfreiheit des Versicherers wegen eines Anerkenntnisses vorsehen, steht dieser Regelung nicht entgegen, da es hier nur um die Frage eines Mehrbetrages gegenüber dem gesetzlich Geschuldeten geht.

4 Auch bei einer Verletzung der Aufklärungspflicht und der Nichtbeachtung der Prozessführungsbefugnis des Versicherers ist hinsichtlich der Mehraufwendungen Leistungsfreiheit in vollem Umfang gegeben[4]. Erforderlich ist aber, dass es durch die Obliegenheitsverletzung überhaupt zu einem Mehraufwand gekommen ist. Dies entfällt bei der Anzeigepflichtverletzung schon dann, wenn sich der Geschädigte wegen seiner Schadenersatzansprüche an den Versicherer wendet. Bezogen auf die Verletzung der Prozessführungsbefugnis kommt ein Mehraufwand nur dann in Frage, wenn der Versicherer den Prozess bei rechtzeitiger Information nicht oder nicht in vollem Umfange geführt hätte. Leistungsfreiheit besteht dann ggf. in voller Höhe der Anwalts- und Gerichtskosten. Dabei kommt es nicht darauf an, ob der Versicherungsnehmer diese Obliegenheit vorsätzlich oder grob fahrlässig verletzt[5].

5 Nach dem Willen der Literatur sollen die Beträge nach S. 1 des § 7 zu den Leistungsfreibeträgen des § 6 hinzuaddiert werden, um zu verhindern, dass der kriminell agierende Versicherungsnehmer auch noch begünstigt wird, weil der Vermögensvorteil oder Mehraufwand unter den Grenzen des § 6 Abs. 1 KfzPflVV liegt[6].

---

2 Vgl. hierzu Kommentierung unter A.1.5.1.
3 So schon LG Saarbrücken v. 12.05.1972 – 4 O 232/71, VersR 1973, 513 f.; OLG Hamm v. 21.04.1989 – 20 U 227/88, VersR 1990, 81 f. 1vm.
4 Vgl. hierzu ausführlich E.2.3 und E.2.4 AKB.
5 Diese Regelungen wurden in E. AKB aufgenommen. Wegen der Details vgl. dort.
6 Vgl. insoweit Jacobsen in Feyock/Jacobsen/Lemor aaO. § 7 KfzPflVV Rn. 3 m. w. H.

§ 8 Rentenzahlung, Übersteigen der Versicherungssumme

(1) Hat der Versicherungsnehmer an den Geschädigten Rentenzahlungen zu leisten und übersteigt der Kapitalwert der Rente die Versicherungssumme oder den nach Abzug etwaiger sonstiger Leistungen aus dem Versicherungsfall noch verbleibenden Restbetrag der Versicherungssumme, so muß die zu leistende Rente nur im Verhältnis der Versicherungssumme oder ihres Restbetrages zum Kapitalwert der Rente erstattet werden. Der Rentenwert ist auf Grund einer von der Versicherungsaufsichtsbehörde entwickelten oder anerkannten Sterbetafel und unter Zugrundelegung des Rechnungszinses, der die tatsächlichen Kapitalmarktzinsen in der Bundesrepublik Deutschland berücksichtigt, zu berechnen. Hierbei ist der arithmetische Mittelwert über die jeweils letzten zehn Jahre der Umlaufrenditen der öffentlichen Hand, wie sie von der Deutschen Bundesbank veröffentlicht werden, zugrunde zu legen. Nachträgliche Erhöhungen oder Ermäßigungen der Rente sind zum Zeitpunkt des ursprünglichen Rentenbeginns mit dem Barwert einer aufgeschobenen Rente nach der genannten Rechnungsgrundlage zu berechnen.

(2) Für die Berechnung von Waisenrenten kann das 18. Lebensjahr als frühestes Endalter vereinbart werden.

(3) Für die Berechnung von Geschädigtenrenten kann bei unselbständig Tätigen das vollendete 65. Lebensjahr als Endalter vereinbart werden, sofern nicht durch Urteil, Vergleich oder eine andere Festlegung etwas anderes bestimmt ist oder sich die der Festlegung zugrunde gelegten Umstände ändern.

(4) Bei der Berechnung des Betrages, mit dem sich der Versicherungsnehmer an laufenden Rentenzahlungen beteiligen muß, wenn der Kapitalwert der Rente die Versicherungssumme oder die nach Abzug sonstiger Leistungen verbleibende Restversicherungssumme übersteigt, können die sonstigen Leistungen mit ihrem vollen Betrag von der Versicherungssumme abgesetzt werden.

Übersicht

		Rdn.
A.	Allgemeines	1
B.	Berechnung des Rentenkapitals	2
C.	Berechnungsgrundlage	5
D.	Vorgehensweise bei erschöpfter Versicherungssumme	7

A. Allgemeines

Grundsätzlich richtet sich das Verfahren bei Überschreitung der Versicherungssumme nach § 118 VVG. Die dort eingeführte Rangfolge führt im Zusammenwirken mit der Erhöhung der Mindestversicherungssummen dazu, dass nach derzeitigem Erkenntnisstand eine Kürzung der Versicherungssumme zur Befriedigung der Ansprüche des Personengeschädigten nur in Ausnahmefällen erforderlich werden wird. Aus der Formulierung des Absatzes 1 wird deutlich, dass die sonstigen Forderungen des/der Geschädigten von der Versicherungssumme in Abzug zu bringen sind. Dies bezieht sich sowohl auf die bereits bekannten wie auch auf die noch zu erwartenden Forderungen, 1 die durch Einmalzahlungen zu begleichen sind. Davon zu trennen sind diejenigen Zahlungen, die als regelmäßig wiederkehrende Leistungen in Rentenform zu erstatten sind. Werden wiederkehrende Leistungen wie Verdienstschaden, Haushaltsführungsschaden, Verletztenrenten oder Schmerzensgeldrenten in einer Einmalzahlung kapitalisiert abgefunden, ist der so ermittelte Betrag ebenfalls von der Versicherungssumme in Abzug zu bringen[1].

B. Berechnung des Rentenkapitals

2 § 8 regelt ausschließlich die Rentenberechnung bezogen auf die Ansprüche des unmittelbar Geschädigten im Verteilungsverfahren mit dem Versicherungsnehmer sowie die Festlegung des Mindestumfangs gegenüber dem Versicherungsnehmer und den mitversicherten Personen bei nicht ausreichender Versicherungssumme. Zwar wurde das Kürzungsverfahren nach § 155 VVG a. F. vollständig durch § 118 VVG abgeschafft, aber bei mehreren Geschädigten ist eine Kürzung der Ansprüche des Einzelnen im Verhältnis zur Versicherungssumme gem. §§ 118, 109 VVG immer noch erforderlich, wenn sich diese im gleichen Rang befinden. Das Rentendeckungskapital wird dabei anhand einer anerkannten Sterbetafel und unter Zugrundelegung des durchschnittlichen aktuellen Kapitalmarktzinses gem. Abs. 1 S. 2 und 3 errechnet. Sollten sich nachträglich Veränderungen ergeben, sind diese mit dem Wert einer aufgeschobenen Rente ab dem ursprünglichen Rentenbeginn in die Berechnung einzustellen.

3 Angesichts der deutlichen Erhöhung der Mindestversicherungssummen und der Reform des Verfahrens bei Überschreitung der Versicherungssummen ist durch die Einführung einer Rangfolge in § 118 VVG für die Ersatzansprüche eine Kürzung der Ansprüche des alleinigen Verletzten nicht mehr gegeben. Es ist nur noch ein Verteilungsverfahren vorgesehen, welches sich unter mehreren Anspruchsberechtigten, die sich innerhalb einer Rangstufe befinden, vorgesehen.

4 Hierzu ist zunächst die o. g. Entschädigungsleistung, die als Einmalzahlung erbracht wurde, in Abzug zu bringen. Unter Berücksichtigung der so gekürzten Versicherungssumme ist das Rentendeckungskapital zu ermitteln und der Versicherungssumme gegenüberzustellen. Reicht das Kapital hierfür aus, ist die Rente ungekürzt zu erbringen. Das Risiko einer späteren Überschreitung der Versicherungssumme trägt der Versicherer, während es im Rahmen des Verteilungsverfahrens auch ohne Belang ist, wenn die Renten nicht bis zur erwarteten Summe ausgezahlt werden. Dieser »verteilte« Betrag wird dann nicht mehr den anderen Positionen zugeschlagen. Im Hinblick darauf, dass der Versicherer das Risiko der Überschreitung der veranschlagten Summe für die Rentenzahlungen auch allein trägt, ist diese Lösung sachgerecht.

C. Berechnungsgrundlage

5 Grundlage für die Berechnung des erforderlichen Rentendeckungskapitals ist die Grenze der Laufzeit. So kann der Verdienstschaden bis zum Ende der wahrscheinlichen

---

1 Deichl/Küppersbusch S. 11 Rn. 73.

Erwerbstätigkeit errechnet werden. Liegen keine besonderen Anhaltspunkte für eine Verkürzung oder Verlängerung vor, ist das 65. Lebensjahr als Endzeitpunkt anzusetzen. Da diese Grenze abhängig von einzelnen Berufsgruppen deutlich unterschritten wird und einzelne Berufsgruppen schon mit 50 verrentet werden, ist das Alter 65 nur als Vorschlag zu werten, von dem in begründeten Fällen abgewichen werden kann. Durch die Reform des Renteneintrittsalters kann bzw. muss im Einzelfall sogar nach oben davon abgewichen werden.

Der Unterhaltsschaden eines Waisen muss mindestens bis zum 18. Lebensjahr in die Berechnung eingestellt werden, wenn keine anderen Anhaltspunkte vorliegen. Die Formulierung »kann als frühestes Endalter« bedeutet nicht, dass ein anderes Endalter nicht vereinbart werden könnte, wenn beispielsweise die Einkünfte des Auszubildenden den Unterhaltsschaden vollständig ausgleichen[2].

D. Vorgehensweise bei erschöpfter Versicherungssumme.

Ist die Versicherungssumme erschöpft, gehen nachrangige Anspruchsberechtigte leer aus. Die hier angesprochenen Regeln zur Errechnung des Kürzungsverfahrens sind damit für die Neuregelung des VVG und den Schadenersatz im Kraftfahrzeug-Haftpflicht-Schaden obsolet. Sie können nur noch für die Schäden angewendet werden, die sich bei alten Verträgen bis zum 31.12.2008 ereignet haben. Eine Beteiligung des Versicherungsnehmers an der Rente des Einzelnen dürfte angesichts der Höhe der Mindestversicherungssumme für den Personenschaden nur in Ausnahmefällen in Betracht kommen. Nach der Einführung des § 118 VVG ist davon auszugehen, dass die Ansprüche des unmittelbar Geschädigten auf Ersatz seines Personenschadens von der Versicherungssumme gedeckt sind und ggf. der Regress des Rechtsnachfolgers dann unmittelbar beim Versicherungsnehmer geltend gemacht wird, weil die Versicherungssumme erschöpft ist.

§ 9 Vorläufige Deckung

Sagt der Versicherer durch Aushändigung der zur behördlichen Zulassung notwendigen Versicherungsbestätigung vorläufigen Deckungsschutz zu, so ist vorläufiger Deckungsschutz vom Zeitpunkt der behördlichen Zulassung des Fahrzeuges oder bei einem zugelassenen Fahrzeug vom Zeitpunkt der Einreichung der Versicherungsbestätigung bei der Zulassungsstelle an bis zur Einlösung des Versicherungsscheins zu gewähren.

Sofern er den Versicherungsnehmer schriftlich darüber belehrt, kann sich der Versicherer vorbehalten, dass die vorläufige Deckung rückwirkend außer Kraft tritt, wenn bei einem unverändert angenommenen Versicherungsantrag der Versicherungsschein nicht binnen einer im Versicherungsvertrag bestimmten, mindestens

---

[2] A. A. Jacobsen in Feyock/Jacobsen/Lemor aaO. § 8 KfzPflVV Rn. 7, der das vollendete 18. Lebensjahr als Minimalanforderung sieht.

§ 9 KfzPflVV Vorläufige Deckung

zweiwöchigen Frist eingelöst wird und der Versicherungsnehmer die Verspätung zu vertreten hat.

Übersicht   Rdn.
A. Vorläufige Deckung 1
B. Aushändigung der Versicherungsbestätigung 2
C. Dauer der Vorläufigen Deckung 3
D. Umfang der Vorläufigen Deckung 4
E. Belehrung 5
F. Rückwirkendes Außerkrafttreten 6
G. Ende der vorläufigen Deckung 7

A. Vorläufige Deckung

1 Die vorläufige Deckung ist ein Sonderfall in der Kraftfahrzeug-Haftpflicht-Versicherung, nur dort kommt sie so regelmäßig vor, dass sie per Gesetz gesondert geregelt werden muss. Diese Regelung stammt – wie die gesamte KfzPflVV – aus einer Zeit, in der die vorläufige Deckung im VVG nicht normiert war. Sie wurde durch richterliche Rechtsfortbildung als Vertrag sui generis gewertet[1]. Es war daher erforderlich, eine Regelung über die Rahmenbedingungen zu treffen. Zwar wurden im Zuge der VVG-Reform Regelungen über die versicherungsvertragliche Behandlung der vorläufigen Deckung getroffen, aber das Zustandekommen der vorläufigen Deckung als solches wurde nicht geregelt. Die Formulierung »bei einem Versicherungsvertrag, dessen wesentlicher Inhalt...« reicht sicher nicht aus. Es kommen daher hinsichtlich des Zustandekommens des Vertrages über die vorläufige Deckung die allgemeinen Vorschriften des BGB zur Anwendung. Auch in den AKB wird diese Frage unter B »Zustandekommen des Vertrages« nicht differenziert betrachtet. Der Vertrag über die vorläufige Deckung kann nur mit demjenigen zustande kommen, der einen Vertrag mit dem Kraftfahrzeug-Haftpflicht-Versicherer vereinbart hat und in der Police als Versicherungsnehmer erwähnt wurde, auch dann, wenn das Fahrzeug auf den Namen eines anderen zugelassen wird[2].

B. Aushändigung der Versicherungsbestätigung

2 § 9 regelt den Beginn der vorläufigen Deckung für den Zeitpunkt der Einreichung der Versicherungsbestätigung, die für die behördliche Zulassung erforderlich ist, bei der Zulassungsstelle. Die Frage der Aushändigung wird dabei nach neuerer Vorgehensweise und Einführung der elektronischen Versicherungsbestätigung nicht mehr wörtlich genommen werden dürfen. Nach dem Wortlaut der Vorschrift gilt der Versicherungsschutz erst ab dem körperlichen Vorliegen der Versicherungsbestätigung bei

---

1 BGH v. 02.10.2002 – IV ZR 209/01 r+s 2003, 5 = VersR 2002, 1501 = NJW 2003, 514 Zustandekommen durch Angebot und Annahme (Unwirksamer Versicherungsvertrag mit Minderjährigem). Vgl. hierzu auch unter AKB B. m. w. H.
2 LG Heidelberg v. 27.07.2012, 5 S 62/11, Jurion.

der Zulassungsstelle. Dies ist die Minimalanforderung an Versicherungsschutz, die von Seiten des Gesetzgebers vom Versicherer erwartet wird. Die Musterbedingungen des GdV sehen einen weiteren Schutzraum vor: Gem. B.1.2 AKB wird vorläufige Deckung mit Aushändigung der Versicherungsbestätigung[3] oder der elektronischen Versicherungsbestätigungs-Nummer für den vereinbarten Zeitpunkt, spätestens aber ab dem Tag der Zulassung gewährt, wenn das Fahrzeug noch nicht zugelassen war. Bei bereits zugelassenem Fahrzeug beginnt die vorläufige Deckung ab dem vereinbarten Zeitpunkt. In diesem Fall gilt Versicherungsschutz nach den AKB für diesen Tag ab 0.00 Uhr. Die Regelung der AKB ist weiter gefasst und hat damit zur Folge, dass mit der Aushändigung der Versicherungsbestätigung Versicherungsschutz im Rahmen der vorläufigen Deckung zu gewähren ist, wenn kein besonderes Datum vereinbart wurde. Vom Gesetzgeber war nur der Zeitraum nach Vorlage der Versicherungsbestätigung bei der Zulassungsstelle als Minimalanforderung vorgesehen, diese Regelung steht weitergehenden Zusagen nicht entgegen. Die Musterbedingungen des GdV gehen in der vorliegenden Fassung ebenfalls vom Beginn des Versicherungsschutzes mit Zulassung oder sonst vereinbartem Zeitpunkt aus. Dabei dürfte die bloße Aushändigung der Versicherungsbestätigung nicht als konkludente Erklärung dahingehend zu werten sein, dass der Versicherer bereits mit Übergabe der Versicherungsbestätigung im Risiko sein will, sonst hätten die Musterbedingungen auch die Formulierung in § 1 Abs. 3 AKB a. F. übernehmen können, die die Aushändigung der Versicherungsbestätigung als Zusage der vorläufigen Deckung dann bezeichnete, wenn nichts anderes vereinbart war.

C. Dauer der Vorläufigen Deckung

Die vorläufige Deckung beginnt nach dem Wortlaut des § 9 mit der Vorlage bei der Zulassungsstelle und endet im Regelfall mit der Einlösung des Versicherungsscheins, also der Zahlung der Erstprämie in der gesetzten Frist. Die weiteren Beendigungsgründe des § 52 VVG sind hier nicht angeführt. Eine Aufnahme ist aber nicht erforderlich, da das VVG der KfzPflVV vorgeht. Die vorläufige Deckung endet auch, wenn das versicherte Risiko bei einem anderen Versicherer endgültig versichert wurde[4]. Es kommt für die Leistungspflicht aus der vorläufigen Deckung auch nicht darauf an, ob der Hauptvertrag überhaupt zustande gekommen ist[5].

3

D. Umfang der Vorläufigen Deckung

Grundsätzlich ist die vorläufige Deckung gem. § 9 KfzPflVV nur für die Kraftfahrzeug-Haftpflicht-Versicherung vorgesehen. Ob ein Fahrzeug vollkaskoversichert ist oder nicht, ist für den Gesetzgeber und den mit dem PflVG bezweckten Schutz des Dritten ohne Belang. Gleichwohl hat die Rechtsprechung für den Umfang der vorläu-

4

---

3 Vgl. auch BGH v. 14.07.1999 – IV ZR 112/98, NJW 1999, 3560 = r+s 2000, 491 = VersR 1999, 1274; OLG Frankfurt v. 09.08.2000 – 7 U 50/00, r+s 2001, 103.
4 BGH v. 14.07.1999 – IV ZR 112/98, NZV 1999, 465 = r+s 2000, 491.
5 BGH IV ZR 328/93, VersR 1995, 409 = NZV 1995, 187.

figen Deckung eine Ausweitung auch auf die Fahrzeugversicherung dann angenommen, wenn der Versicherungsnehmer glaubhaft machen konnte, dass er in jedem Fall eine Fahrzeugversicherung abgeschlossen hätte (und nicht nur, weil just dieses Kfz jetzt verunfallt ist). Davon ist in aller Regel jedenfalls dann auszugehen, wenn der Versicherungsnehmer ein neues bzw. neuwertiges Fahrzeug zugelassen hat und in der Vergangenheit immer eine Fahrzeugversicherung mit vereinbart hatte. Zugunsten des Versicherungsnehmers ist auch von der Vereinbarung einer Vollkasko-Versicherung auszugehen, wenn er diese beantragt hat und der Versicherer die ihm überlassene Versicherungsbestätigung nicht ausdrücklich auf das Kraftfahrzeug-Haftpflicht-Risiko beschränkte[6]. Wurde aber eine Beschränkung ausdrücklich auf die Kraftfahrzeug-Haftpflicht-Versicherung in der Versicherungsbestätigung aufgenommen, muss der Versicherer auf diese Einschränkung der Annahme des Antrages deutlich hinweisen[7].

E. Belehrung

5 Der Versicherer kann bei Prämienverzug vereinbaren, dass auch die vorläufige Deckung rückwirkend entfällt. Darauf muss er hinweisen und den Versicherungsnehmer darüber belehren. An diese Belehrung werden hohe Anforderungen gestellt, da die Folgen erheblich sind. So muss diese Belehrung auffällig gestaltet sein und so im Versicherungsschein platziert werden, dass der Versicherungsnehmer nicht umhin kann, sie zur Kenntnis zu nehmen. Eine Platzierung inmitten einer Vielzahl von Hinweisen und lediglich mit einer fettgedruckten Überschrift reicht nicht aus. Auch der Hinweis erst auf Seite drei des Versicherungsscheines reicht nicht aus[8].

F. Rückwirkendes Außerkrafttreten

6 Die vorläufige Deckung kann im Falle des Erstprämienverzuges[9] rückwirkend außer Kraft treten, wenn der Versicherer den Versicherungsnehmer darauf hingewiesen hat und ihn über die Rechtsfolgen aufgeklärt hat[10]. Der Versicherungsnehmer ist augenfällig auf dieses Risiko hinzuweisen[11]. Erfolgt die Belehrung[12] nicht oder nicht ausreichend, fällt der Versicherungsschutz nicht rückwirkend weg[13]. Ein solcher Hinweis

---

6 So ständige Rechtsprechung des BGH v. 19.03.1986 – IVa ZR 182/84, VersR 1986, 541.
7 BGH v. 14.07.1999 – IV ZR 112/98, NZV 1999, 465 = r+s 2000, 491.
8 OLG München v. 10.07.2012 – 25 U 1169/12, Jurion. Vgl. auch grundlegend zur unterjährigen Zahlungsweise von Versicherungsprämien BGH v. 06.02.2013 – IV ZR 230/12, Jurion = r+s 2013, 119 = VersR 2013, 341; es endet mit der vollständigen Vertragsbeendigung, OLG Celle v. 02.02.2012 – 8 U 125/11; Beachte: die Entscheidung BGH v. 16.10.2013 – IV ZR 52/12, befasst sich noch mit der alten Rechtslage! LG Dortmund, Urteil vom 19.01.2011 – 2 O 192/10, Adajur #93898; vgl. auch VVG § 6 Rdn. 7 m. w. N.
9 Stiefel/Maier/Jahnke, § 9 KfzPflVV Rn. 6 ff.
10 LG Dortmund v. 19.01.2011, 2 O 192/10, Jurion.
11 OLG Hamm v. 29.01.1999 – 20 U 159/98, VersR 1999, 1229.
12 OLG Naumburg v. 26.06.2011 – 4 U 94/10, Adajur; LG Dortmund v. 19.09.2011 – 2 O 192/10, Adajur.
13 Wegen der Details zum rückwirkenden Wegfall und sonstigen Beendigungsgründen der vor-

muss augenfällig[14] schon auf der ersten Seite des Versicherungsscheins erfolgen. Der Hinweis muss sich deutlich von anderen Hinweisen abheben[15].

Ein Sonderfall ist gegeben, wenn im Zeitraum der vorläufigen Deckung, noch vor Erhalt des Versicherungsscheins, ein Schaden eintritt. Dann richtet sich der Vertragsinhalt des vorläufigen Deckungsvertrages nach dem Inhalt der §§ 52 VVG, 9 KfzPflVV. Enthielt die Belehrung bei Vergabe der EVB-Nummer keinen Hinweis auf die Möglichkeit des rückwirkenden Wegfalls der vorläufigen Deckung, und hat sich der Versicherer diese Möglichkeit auch nicht schriftlich vorbehalten, entfällt die Möglichkeit des Versicherers sich darauf zu berufen[16], wenn der Vertrag nicht unverändert entsprechend dem Antrag angenommen wurde. Schon die Zugrundelegung anderer AKB beim Vertrag führen dazu, dass der Antrag nicht gem. § 9 KfzPflVV unverändert angenommen wurde[17].

G. Ende der vorläufigen Deckung

Die vorläufige Deckung endet durch Einlösung des Versicherungsscheins und geht in den Versicherungsvertrag ein. Außerdem kann die vorläufige Deckung gem. § 52 VVG gekündigt werden. Auch der Abschluss eines Versicherungsvertrages bei einem anderen Versicherer ist die Beendigung der vorläufigen Deckungsvereinbarung, § 52 Abs. 2 VVG. 7

§ 10 (Wirksamwerden von Änderungen)

Änderungen dieser Verordnung und Änderungen der Mindesthöhe der Versicherungssumme finden auf bestehende Versicherungsverhältnisse von dem Zeitpunkt an Anwendung, zu dem die Änderungen in Kraft treten.

Die Änderung sowohl des Rahmens dieser Verordnung wie auch die Änderungen der Mindestversicherungssummen gelten nicht nur für neue Verträge, sondern für alle bestehenden Verträge unmittelbar ab Zeitpunkt des Inkrafttretens der Veränderung. Die Aufnahme dieser Vorschrift in die KfzPflVV soll es dem Gesetzgeber ermöglichen, auf die Anforderungen an den Versicherungsschutz, die auch durch die Rechtsprechung erhöht werden, angemessen und für alle verbindlich zu reagieren. § 10 kann auch in den AKB nicht abbedungen werden[1]. Zu beachten ist, dass die Änderung der »Muss-Regelungen« der §§ 1, 2, 3 Abs. 1, 8 Abs. 1 und 9 Abs. 1 KfzPflVV sich auf die Verträge auswirken muss. Demgegenüber soll nach Jacobsen[2] eine differenzierte Betrach- 1

---

läufigen Deckung sei auf die Ausführungen zu C.1 AKB (dem Erstprämienverzug) und B.2 AKB (vorläufige Deckung) hingewiesen.
14 LG Kassel v. 18.12.2009 – LG Kassel v. 18.12.2009 – 1 S 334/09, r+s 2010, 339.
15 OLG Naumburg v. 26.06.2011 – 4 U 94/10, Adajur.
16 AG Essen v. 14.06.2011 – 12 C 5/11, BeckRS 2011, 22472.
17 AG Essen v. 14.06.2011 – 12 C 5/11, BeckRS 2011, 22472.
1 Stiefel/Maier/Jahnke § 10 KfzPflVV Rn. 3.
2 Jacobsen in Feyock/Jacobsen/Lemor § 10 KfzPflVV Rn. 2.

§ 11 KfzPflVV (Inkrafttreten)

tung der »Kann-Regelungen« und Einschränkungen im Versicherungsschutz erforderlich sein. Eine Übernahme von Änderungen dieser Vorschriften ist in jedem Fall erforderlich, wenn diese »Kann-Regelungen« durch die Aufnahme in die AKB des Versicherers Gegenstand des Vertrages wurden. Sind diese Regelungen aber nicht aufgenommen, wirken sich Änderungen in den Kann-Regelungen auch auf den bestehenden Vertrag nicht auf.

Dies hat dreierlei zur Folge:
1. die Assekuranz muss ggf. ihre Bedingungen an die geänderten Gesetze anpassen, ohne dass insoweit eine Übergangsregelung zur Verfügung stünde.
2. die Erhöhung der Mindestversicherungssummen, die sich aus der Anlage zu § 4 PflVG ergeben, wirkt unmittelbar für alle ab diesem Zeitpunkt sich ereignenden Schadenfälle aus und kommt unmittelbar allen Versicherungsnehmern zu Gute.
3. Die Versicherer müssen – wenn sie die Bedingungen des GdV verwenden – die auch alle Kann-Regelungen der KfzPflVV beinhalten, besonderes Augenmerk auf die Veränderungen der KfzPflVV haben und die Änderungen in die eigenen Bedingungen entsprechend einarbeiten und die Verträge ggf. anpassen.

Die Veränderung der Mindestversicherungssummen führt automatisch zu einer Anpassung auch des Versicherungsschutzes, ohne dass es Aktivitäten des Versicherers erfordert. Ggf. kann aber die Erhöhung der Versicherungssumme eine Beitragsanpassung erforderlich machen.

§ 11 (Inkrafttreten)
Diese Verordnung tritt am Tage nach der Verkündung in Kraft.

1 Die Verkündung erfolgte am 03.08.1994, die aktuelle Fassung wurde zuletzt geändert durch Art. 5 V v. 13.01.2012/103.

AKB 2015

Synopse AKB 2008 / AKB 2015

(Textliche Abweichungen sind zusätzlich grau hinterlegt.)

AKB 2008	AKB 2015
Präambel	
A. Welche Leistungen umfasst Ihre Kfz-Versicherung?	
A.1 Kfz-Haftpflichtversicherung – für Schäden, die Sie mit Ihrem Fahrzeug Anderen zufügen	
A.1.1 Was ist versichert?	
A.1.1.1 (Schadensersatzansprüche; Gebrauch, etc.)	
A.1.1.2 (Leistung in Geld)	
A.1.1.3 (Rechtsschutzanspruch)	
A.1.1.4 (Regulierungsvollmacht)	
A.1.1.5 (Mitversicherung von Fahrzeugen)	
A.1.2 Wer ist versichert?	
A.1.3 Bis zu welcher Höhe leisten wir?	
A.1.3.1 (vereinbarte Versicherungssummen)	
A.1.3.2 (Schäden von Insassen eines Anhängers)	
A.1.3.3 (nicht ausreichende Versicherungssumme)	
A.1.4 In welchen Ländern besteht Versicherungsschutz?	
A.1.4.1	

AKB 2008	AKB 2015
(geographischer Geltungsbereich)	
A.1.4.2 (Geltungsbereich Grüne Karte)	
A.1.5 Was ist nicht versichert?	
A.1.5.1 (vorsätzliche Herbeiführung)	
A.1.5.2 (behördlich genehmigte kraftfahrtsportliche Veranstaltungen)	
A.1.5.3 (Beschädigung der versicherten Fahrzeugs)	
A.1.5.4 (Abschleppen)	
A.1.5.5 Beschädigung von beförderten Sachen	
A.1.5.6 (Ausgleich Versicherungsnehmer – Fahrer)	
A.1.5.7 (Vertragsstrafen)	
A.1.5.8 (vertraglicher Schadensersatz)	
A.1.5.9 (Kernenergie)	
A.2 Kaskoversicherung – für Schäden an Ihrem Fahrzeug	
A.2.1 Was ist versichert?	
A.2.1.1 Ihr Fahrzeug	
A.2.1.2 Beitragsfrei mitversicherte Teile	A.2.1.2.1
A.2.1.3 (Mitversicherte Teile)	A.2.1.2.2
A.2.1.4 Nicht mitversicherte Gegenstände	A.2.1.2.3
A.2.2	A.2.2.1

Synopse AKB 2008/AKB 2015 — AKB 2015

AKB 2008	AKB 2015
Welche Ereignisse sind in der Teilkasko versichert?	
A.2.2.1 Brand und Explosion	A.2.2.1.1
A.2.2.2 Entwendung	A.2.2.1.2
A.2.2.3 Sturm, Hagel, Blitzschlag, Überschwemmung	A.2.2.1.3
A.2.2.4 Haarwild	A.2.2.1.4
A.2.2.5 Glasbruch	A.2.2.1.5
A.2.2.6 Kurzschlussschäden	A.2.2.1.6
A.2.3 Welche Ereignisse sind in der Vollkasko versichert?	A.2.2.2
A.2.3.1 Ereignisse der Teilkasko	A.2.2.2.1
A.2.3.2 Unfall	A.2.2.2.2
A.2.3.3 Mut- und böswillige Handlungen	A.2.2.2.3
A.2.4 Wer ist versichert?	A.2.3
A.2.5 In welchen Ländern besteht Versicherungsschutz?	A.2.4
	A.2.5 Was zahlen wir im Schadensfall?
A.2.6 Was zahlen wir bei Totalschaden, Zerstörung oder Verlust?	A.2.5.1
A.2.6.1 Wiederbeschaffungswert abzüglich Restwert	A.2.5.1.1
A.2.6.2 Neupreisentschädigung	A.2.5.1.2 Neupreisentschädigung (Variante 1)

Schwab 375

AKB 2008	AKB 2015
A.2.6.2 XX Neupreisentschädigung	A.2.5.1.2 Neupreisentschädigung (Variante 2)
A.2.6.3 XX Neupreisentschädigung/2-Jahresfrist	A.2.5.1.3
A.2.6.4 Abzug bei fehlender Wegfahrsperre	A.2.5.1.4
A.2.6.5 Totalschaden	A.2.5.1.5
A.2.6.6 Wiederbeschaffungswert	A.2.5.1.6
A.2.6.7 Restwert	A.2.5.1.7
	A.2.5.1.8 (Neupreis)
A.2.7 Was zahlen wir bei Beschädigung?	A.2.5.2
A.2.7.1 Reparatur	A.2.5.2.1
A.2.7.2 Abschleppen	A.2.5.2.2
A.2.7.3 Abzug neu für alt	A.2.5.2.3
A.2.8 Sachverständigenkosten	A.2.5.3
A.2.9 Mehrwertsteuer	A.2.5.4
A.2.10 Zusätzliche Regelungen bei Entwendung	A.2.5.5
A.2.10.1 Wiederauffinden des Fahrzeugs	A.2.5.5.1
A.2.10.2 Kosten der Abholung	A.2.5.5.2
A.2.10.3 Eigentumsübergang nach Entwendung	A.2.5.5.3
A.2.10.4 (bei Pflichtverletzung)	A.2.5.5.4

AKB 2008	AKB 2015
A.2.11 Bis zu welcher Höhe leisten wir?	A.2.5.6
A.2.12 Selbstbeteiligung	A.2.5.8
A.2.13 Was wir nicht ersetzen und Rest- und Altteile	A.2.5.7
A.2.13.1 Was wir nicht ersetzen	A.2.5.7.1
A.2.13.2 Rest- und Altteile	A.2.5.7.2
A.2.14 Fälligkeit unserer Zahlung, Abtretung	A.2.7
A.2.14.1 Fälligkeit	A.2.7.1
A.2.14.2 (Vorschuss)	A.2.7.2
A.2.14.3 (Fälligkeit bei Entwendung)	A.2.7.3
A.2.14.4 Abtretung	A.2.7.4
A.2.15 Können wir unsere Leistung zurückfordern, wenn Sie nicht selbst gefahren sind?	A.2.8 Können wir unsere Leistung vom Fahrer zurückfordern, wenn Sie nicht selbst gefahren sind?
A.2.16 Was ist nicht versichert?	A.2.9
A.2.16.1 Vorsatz und grobe Fahrlässigkeit	A.2.9.1
A.2.16.2 Rennen	A.2.9.2 Genehmigte Rennen
A.2.16.3 Reifenschäden	A.2.9.3
A.2.16.4 Erdbeben, Kriegsereignisse, innere Unruhen, Maßnahmen der Staatsgewalt	A.2.9.4
A.2.16.5 Schäden durch Kernenergie	A.2.9.5

AKB 2008	AKB 2015
A.2.17 Sachverständigenverfahren	A.2.6
A.2.17.1 Sachverständigenausschuss	A.2.6.1
A.2.17.2 Ausschussbesetzung	A.2.6.2
A.2.17.3 Obmann	A.2.6.3
A.2.17.4 Verfahrenskosten	A.2.6.4
A.2.18 Fahrzeugteile und Fahrzeugzubehör	A.2.1.2
A.3 Autoschutzbrief – Hilfe für unterwegs als Service oder Kostenerstattung	
A.3.1 Was ist versichert?	
A.3.2 Wer ist versichert?	
A.3.3 Versicherte Fahrzeuge	
A.3.4 In welchen Ländern besteht Versicherungsschutz?	
A.3.5 Hilfe bei Panne oder Unfall	
A.3.5.1 Wiederherstellung der Fahrbereitschaft	
A.3.5.2 Abschleppen	
A.3.5.3 Bergen	
A.3.5.4 Was versteht man unter Panne und Unfall?	
A.3.6 Zusätzliche Hilfe bei Panne, Unfall oder Diebstahl ab 50 km Entfernung	
A.3.6.1 Weiter- oder Rückfahrt	

AKB 2008	AKB 2015
A.3.6.2 Übernachtung	
A.3.6.3 Mietwagen	
A.3.6.4 Fahrzeugunterstellung	
A.3.7 Hilfe bei Krankheit, Verletzung oder Tod auf einer Reise	
A.3.7.1 Krankenrücktransport	
A.3.7.2 Rückholung von Kindern	
A.3.7.3 Fahrzeugabholung	
A.3.7.4 Was versteht man unter einer Reise?	
A.3.8 Zusätzliche Leistungen bei einer Auslandreise	
A.3.8.1 Bei Panne oder Unfall	
A.3.8.2 Bei Fahrzeugdiebstahl	
A.3.8.3 Im Todesfall	
A.3.9 Was ist nicht versichert?	
A.3.9.1 Vorsatz und grobe Fahrlässigkeit	
A.3.9.2 Rennen	A.3.9.2 Genehmigte Rennen
A.3.9.3 Erdbeben, Krieg, Unruhe, Staatsgewalt	
A.3.9.4 Kernenergie	
A.3.10 Anrechnung ersparter Aufwendungen	

AKB 2008	AKB 2015
A.3.10.1 Anrechnung	
A.3.10.2 Abtretung	
A.3.11 Verpflichtung Dritter	
A.3.11.1 Vorleistung Dritter	
A.3.11.2 Abweichung	
A.4 Kfz-Unfallversicherung – wenn Insassen verletzt oder getötet werden	
A.4.1 Was ist versichert?	
A.4.1.1 Unfallereignis als Versicherungsfall	
A.4.1.2 Unfallbegriff	
A.4.1.3 Fiktion eines Unfalls	A.4.1.3 Erweiterter Unfallbegriff
A.4.2 Wer ist versichert?	
A.4.2.1 Pauschalsystem	
A.4.2.2 Kfz-Unfall-Plus-Versicherung	
A.4.2.3 Platzsystem	
A.4.2.4 Was versteht man unter berechtigten Insassen?	
A.4.2.5 Berufsfahrerversicherung	
A.4.2.6 Namentliche Versicherung	
A.4.3 In welchen Ländern besteht Versicherungsschutz?	

AKB 2008	AKB 2015
A.4.4 Welche Leistungen umfasst die Kfz-Unfallversicherung?	
A.4.5 Leistung bei Invalidität	
A.4.5.1 Voraussetzung der Invalidität	A.4.5.1 Voraussetzung der Invalidität
	A.4.5.1.1 Invalidität
	A.4.5.1.2 Eintritt und ärztliche Feststellung der Invalidität
	A.4.5.1.3 Geltendmachung der Invalidität
	A.4.5.1.4 Keine Invaliditätsleistung bei Unfalltod im ersten Jahr
	A.4.5.2 Art und Höhe der Leistung
A.4.5.2 Art der Leistung	
A.4.5.3 Berechnung der Leistung	A.4.5.2.1 Berechnung der Invaliditätsleistung
	A.4.5.2.2 Bemessung des Invaliditätsgrads, Zeitraum für die Bemessung
	A.4.5.2.3 Gliedertaxe
	A.4.5.2.4 Bemessung außerhalb der Gliedertaxe
	A.4.5.2.5 Minderung bei Vorinvalidität
	A.4.2.5.6 Invaliditätsgrad bei Beeinträchtigung mehrerer Körperteile oder Sinnesorgane
	A.4.2.5.7 Invaliditätsleistung bei Tod der versicherten Person

AKB 2008	AKB 2015
A.4.6 Leistung bei Tod	A.4.8
A.4.6.1 Voraussetzungen der Todesfallleistungen	A.4.8.1
A.4.6.2 Höhe der Leistung	A.4.8.2 Art und Höhe der Leistung
A.4.7 Krankenhaustagegeld, Genesungsgeld, Tagegeld	*(Überschrift entfällt)*
A.4.7.1 Krankenhaustagegeld	A.4.7 Krankenhaustagegeld
	A.4.7.1 Voraussetzungen für die Leistung
A.4.7.2 Dauer und Höhe des Krankenhaustagegeldes	A.4.7.2 Höhe und Dauer der Leistung
A.4.7.3 Genesungsgeld	*(entfällt)*
A.4.7.4 Höhe des Genesungsgeldes	
A.4.7.5 Tagegeld	A.4.6 Tagegeld
	A.4.6.1 Voraussetzung für die Leistung
A.4.7.6 Bemessung der Tagegeldhöhe	A.4.6.2 Höhe und Dauer der Leistung
A.4.7.7 Dauer der Tagesgeldzahlung	
A.4.8 Welche Auswirkungen haben vor dem Unfall bestehende Krankheiten oder Gebrechen?	A.4.9 Was passiert, wenn Unfallfolgen mit Krankheiten oder Gebrechen zusammentreffen?
A.4.8.1 Mitwirkung von Krankheiten oder Gebrechen	A.4.9.1 Krankheiten und Gebrechen
A.4.8.2 Mindestanteil der Mitwirkung	A.4.9.2 Mitwirkung
	A.4.9.2.1 (Mitwirkungsanteil)
	A.4.9.2.2

AKB 2008	AKB 2015
	(Prozentsatz)
A.4.9 Fälligkeit unserer Zahlung, Abtretung	A.4.10 Fälligkeit
A.4.9.1 Erklärungsfrist des Versicherers	A.4.10.1 Erklärungsfrist, ärztliche Gebühren
A.4.9.2 Ärztliche Gebühren der Feststellung	
A.4.9.3 Fälligkeit der Leistung	A.4.10.2 Leistung innerhalb von 2 Wochen
A.4.9.4 Vorschüsse	A.4.10.3
A.4.9.5 Leistung vor Abschluss des Heilverfahrens	
A.4.9.6 Neubemessung des Grades der Invalidität	A.4.10.4
	A.4.11 Abtretung und Zahlung für eine mitversicherte Person
A.4.9.7 Leistung für eine mitversicherte Person	A.4.11.2 Zahlung für eine mitversicherte Person
A.4.9.8 Verpfändung/Abtretungsverbot	A.4.11.1 Abtretung
A.4.10 Was ist nicht versichert?	A.4.12
A.4.10.1 Straftat	A.4.12.1
A.4.10.2 Geistes- oder Bewusstseinsstörungen/Trunkenheit	A.4.12.2
A.4.10.3 Rennen	A.4.12.3 Genehmigte Rennen
A.4.10.4 Erdbeben, Kriegsereignisse, innere Unruhen, Maßnahmen der Staatsgewalt	A.4.12.4
A.4.10.5 Kernenergie	A.4.12.5
A.4.10.6	A.4.12.6

AKB 2008	AKB 2015
Bandscheiben, innere Blutungen	
A.4.10.7 Infektionen	A.4.12.7
A.4.10.8 Psychische Reaktionen	A.4.12.8
A.4.10.9 Bauch- und Unterleibsbrüche	A.4.12.9
(entfällt)	A.5 **Fahrerschutzversicherung – wenn der Fahrer verletzt oder getötet wird**
	A.5.1 Was ist versichert?
	A.5.2 Wer ist versichert?
	A.5.3 In welchen Ländern besteht Versicherungsschutz?
	A.5.4 Was leisten wir in der Fahrerschutzversicherung?
	A.5.4.1 Was wir ersetzen
	A.5.4.1 Was wir ersetzen (Alternative)
	A.5.4.2 Vorrangige Leistungspflicht Dritter
	A.5.4.3 Bis zu welcher Höhe leisten wir (Versicherungssumme)?
	A.5.5 Fälligkeit, Abtretung, Zahlung für eine mitversicherte Person
	A.5.5.1 Fälligkeit der Leistung und Vorschussleistung
	A.5.5.2 Abtretung Ihrer Ansprüche an Dritte
	A.5.5.3

AKB 2008	AKB 2015
	Zahlung für eine mitversicherte Person
	A.5.6 Was ist nicht versichert?
	A.5.6.1 Straftat
	A.5.6.2 Psychische Reaktionen
	A.5.6.3 Schäden an der Bandscheibe
	A.5.6.4 Ansprüche Dritter
	A.5.6.5 Genehmigte Rennen
	A.5.6.6 Erdbeben, Kriegsereignisse, innere Unruhen, Maßnahmen der Staatsgewalt
	A.5.6.7 Schäden durch Kernenergie
B **Beginn des Vertrages und vorläufiger Versicherungsschutz**	
B.1 Wann beginnt der Versicherungsschutz?	
B.2 Vorläufiger Versicherungsschutz	
B.2.1 Kfz-Haftpflichtversicherung und Autoschutzbrief	
B.2.2 Kasko- und Kfz-Unfallversicherung	B.2.2 Kasko-, Kfz-Unfall- und Fahrerschutzversicherung
B.2.3 Übergang des vorläufigen in den endgültigen Versicherungsschutz	
B.2.4 Rückwirkender Wegfall des vorläufigen Versicherungsschutzes	
B.2.5 Kündigung des vorläufigen Versicherungsschutzes	
B.2.6 Beendigung des vorläufigen Versicherungsschutzes durch Widerruf	

AKB 2008	AKB 2015
B.2.7 Beitrag für vorläufigen Versicherungsschutz	
C **Beitragszahlung**	
C.1 Zahlung des ersten oder einmaligen Beitrags	
C.1.1 Rechtzeitige Zahlung	
C.1.2 Nicht rechtzeitige Zahlung	
C.1.3 (Rücktritt)	
C.2 Zahlung des Folgebeitrags	
C.2.1 Rechtzeitige Zahlung	
C.2.2 Nicht rechtzeitige Zahlung	
C.2.3 (Schaden nach Fristablauf)	
C.2.4 (Kündigungsmöglichkeit bei Verzug)	
C.3 Nicht rechtzeitige Zahlung bei Fahrzeugwechsel	
C.4 Zahlungsperiode	
C.5 Beitragspflicht bei Nachhaftung in der Kfz-Haftpflichtversicherung	
	D. **Ihre Pflichten bei Gebrauch des Fahrzeugs und Folgen einer Pflichtverletzung**
D. Welche Pflichten haben Sie beim Gebrauch des Fahrzeugs?	D.1
D.1. Bei allen Versicherungsarten	D.1.1
D.1.1 Vereinbarter Verwendungszweck	D.1.1.1 Nutzung nur zum vereinbarten Zweck

AKB 2008	AKB 2015
D.1.2 Berechtigter Fahrer	D.1.1.2 Nutzung nur durch den berechtigten Fahrer
D.1.3 Fahren mit Fahrerlaubnis	D.1.1.3 Fahren nur mit Fahrerlaubnis
(entfällt)	D.1.1.5 Fahrzeuge mit Wechselkennzeichen
D.2 Zusätzlich in der Kfz-Haftpflichtversicherung	D.1.2
D.2.1 Alkohol und andere berauschende Mittel	
D.2.2 Kraftfahrtsportliche Veranstaltungen und Rennen	D.1.1.4 Nicht genehmigte Rennen
(entfällt)	D.1.3 Zusätzlich in der Fahrerschutzversicherung
	D.1.3.1 Alkohol und andere berauschende Mittel
	D.1.3.2 Gurtpflicht
D.3 Welche Folgen hat eine Verletzung dieser Pflichten?	D.2
D.3.1 Leistungsfreiheit bzw. Leistungskürzung	D.2.1
D.3.2 (Exkulpationsmöglichkeit)	D.2.2
D.3.3 Beschränkung der Leistungsfreiheit in der Kfz-Haftpflichtversicherung	D.2.3
D.3.4 (Dieb, strafbare Handlung)	D.2.4
	E Ihre Pflichten im Schadensfall und Folgen einer Pflichtverletzung
E Welche Pflichten haben Sie im Schadenfall?	E.1 Welche Pflichten haben Sie im Schadenfall?
E.1	E.1.1

AKB 2008	AKB 2015
Bei allen Versicherungsarten	
E.1.1 Anzeigepflicht	E.1.1.1
E.1.2 (Ermittlungen der Polizei, Staatsanwaltschaft)	E.1.1.2
E.1.3 Aufklärungspflicht	E.1.1.3
E.1.4 Schadenminderungspflicht	E.1.1.4
E.2 Zusätzlich in der Kfz-Haftpflichtversicherung	E.1.2
E.2.1 Bei außergerichtlich geltend gemachten Ansprüchen	E.1.2.1
E.2.2 Anzeige von Kleinschäden	E.1.2.2
E.2.3 Bei gerichtlich geltend gemachten Ansprüchen	E.1.2.3
E.2.4 (Prozessführungsbefugnis)	E.1.2.4
E.2.5 Bei drohendem Fristablauf	E.1.2.5
E.3 Zusätzlich in der Kaskoversicherung	E.1.3
E.3.1 Anzeige des Versicherungsfalls bei Entwendung des Fahrzeugs	E.1.3.1
E.3.2 Einholen unserer Weisung	E.1.3.2
E.3.3 Anzeige bei der Polizei	E.1.3.3
E.4 Zusätzlich beim Autoschutzbrief	E.1.4
E.4.1 Einholen unserer Weisung	E.1.4.1
E.4.2	E.1.4.2

AKB 2008	AKB 2015
Untersuchung, Belege, ärztliche Schweigepflicht	
E.5 Zusätzlich in der Kfz-Unfallversicherung	E.1.5
E.5.1 Anzeige des Todesfalls innerhalb 48 Stunden	E.1.5.1
E.5.2a)–c) Ärztliche Untersuchung, Gutachten, Entbindung von der Schweigepflicht	E.1.5.2 Medizinische Versorgung
E.5.2d)–f)	E.1.5.3 Medizinische Aufklärung
E.5.3 Frist zur Feststellung und Geltendmachung der Invalidität	E.1.5.4
(entfällt)	E.1.6 Zusätzlich in der Fahrerschutzversicherung
	E.1.6.1 Medizinische Versorgung
	E.1.6.2 Medizinische Aufklärung
	E.1.6.3 Aufklärung Ihrer Ansprüche gegen Dritte
	E.1.6.4 Wahrung Ihrer Ansprüche gegen Dritte
E.6 Welche Folgen hat eine Verletzung dieser Pflichten?	E.2
E.6.1 Leistungsfreiheit bzw. Leistungskürzung	E.2.1
E.6.2 (Pflichtverletzung nicht ursächlich)	E.2.2
E.6.3 Beschränkung der Leistungsfreiheit in der KH-Versicherung	E.2.3
E.6.4 (erweiterte Leistungsfreiheit)	E.2.4
E.6.5	E.2.5

AKB 2008	AKB 2015
Vollständige Leistungsfreiheit in der Kfz-Haftpflichtversicherung	
E.6.6 Besonderheiten in der Kfz-Haftpflichtversicherung bei Rechtsstreitigkeiten	E.2.6
E.6.7 Mindestversicherungssummen	E.2.7
F **Rechte und Pflichten der mitversicherten Personen**	
F.1 Pflichten mitversicherter Personen	
F.2 Ausübung der Rechte	
F.3 Auswirkungen einer Pflichtverletzung auf mitversicherte Personen	
G **Laufzeit und Kündigung des Vertrags, Veräußerung des Fahrzeugs Wagniswegfall**	
G.1 Wie lange läuft der Versicherungsvertrag?	
G.1.1 Vertragsdauer	
G.1.2 Automatische Verlängerung	
G.1.3 Versicherungskennzeichen	
G.1.4 Verträge mit einer Laufzeit unter einem Jahr	
G.2 Wann und aus welchem Anlass können Sie den Versicherungsvertrag kündigen?	
G.2.1 Kündigung zum Ablauf des Versicherungsjahres	
G.2.2 Kündigung des vorläufigen Versicherungsschutzes	
G.2.3 Kündigung nach einem Schadenereignis	
G.2.4 (sofortige oder Ablaufkündigung)	

AKB 2008	AKB 2015
	G.2.5 Kündigung bei Veräußerung oder Zwangsversteigerung des Fahrzeugs
G 2.6 (Kündigungsfiktion)	
	G.2.7 Kündigung bei Beitragserhöhung
G.2.8 Kündigung bei geänderter Verwendung des Fahrzeugs	
G.2.9 (Kündigung bei Veränderung des SFR-Systems)	
G.2.9 (Variante) XX Kündigung bei Veränderung der Tarifstruktur	
G.2.10 Kündigung bei Bedingungsänderung	
G.3 Wann und aus welchem Anlass können wir den Versicherungsvertrag kündigen?	
G.3.1 Kündigung zum Ablauf	
G.3.2 Kündigung des vorläufigen Versicherungsschutzes	
G.3.3 Kündigung nach einem Schadenereignis	
G.3.4 Kündigung bei Nichtzahlung des Folgebeitrags	
	G.3.5 Kündigung bei Verletzung Ihrer Pflichten bei Gebrauch des Fahrzeugs
G.3.6 Kündigung bei geänderter Verwendung des Fahrzeugs	
G.3.7 Kündigung bei Veräußerung oder Zwangsversteigerung des Fahrzeugs	
G.4 Kündigung einzelner Versicherungsarten	
G.4.1 (Selbstständigkeit der Sparten)	
G.4.2 (Kündigungsrecht für alle Sparten)	

AKB 2008	AKB 2015
G.4.3 (Kündigungserweiterung durch Versicherungsnehmer)	
G.4.4 (Sonderregelung Schutzbrief)	
G.4.5 (Regelung für mehrere Kfz in einem Vertrag)	
G.5 Form und Zugang der Kündigung	G.5 Zugang der Kündigung
G.6 Beitragsabrechnung nach Kündigung	
G.7 Was ist bei Veräußerung des Fahrzeugs zu beachten?	
G.7.1 Übergang der Versicherung auf den Erwerber	
G.7.2 (Neue Beitragsrechnung für Erwerber)	
G.7.3 (Gesamtschuld für Prämien)	
G.7.4 Anzeige der Veräußerung	
G.7.5 (Folgen der Kündigung des Vertrags)	
G.7.6 (Zwangsversteigerung des Fahrzeugs)	
G.8 Wagniswegfall	
H Außerbetriebsetzung, Saisonkennzeichen, Fahrten mit ungestempelten Kennzeichen	
H.1 Was ist bei Außerbetriebsetzung zu beachten?	
H.1.1 Ruheversicherung	
H.1.2 (Beitragsfreie Ruheversicherung)	
H.1.3 (Einschränkung der Ruheversicherung)	

AKB 2008	AKB 2015
H.1.4 (Leistungsumfang in der Ruheversicherung)	
H.1.5 Ihre Pflichten bei der Ruheversicherung	
H.1.6 Wiederanmeldung	
H.1.7 Ende des Vertrags und der Ruheversicherung	
H.1.8 (Kein Vertragsende durch neue Versicherungsbestätigung)	
H.2 Welche Besonderheiten gelten bei Saisonkennzeichen?	
H.2.1 (Versicherungsschutz bei Saisonkennzeichen)	
H.2.2 (Ruheversicherung nach der Saison)	
H.2.3 (Versicherungsschutz innerhalb Ruheversicherung)	
H.3 Fahrten mit ungestempelten Kennzeichen	
H.3.1 Versicherungsschutz in der Kfz-Haftpflichtversicherung und beim Autoschutzbrief	
H.3.2 Was sind Zulassungsfahrten?	
I Schadenfreiheitsrabatt-System	
I.1 Einstufung in Schadenfreiheitsklassen	
I.2 Ersteinstufung	
I.2.1 Ersteinstufung in SF-Klasse 0	
I.2.2 Sonderersteinstufung eines Pkw in SF-Klasse 1/2 oder SF-Klasse 2	
I.2.2.1 Sonderersteinstufung in SF-Klasse 1/2	

AKB 2008	AKB 2015
I.2.2.2 Sonderersteinstufung in SF-Klasse 2	
I.2.3 Anrechnung des Schadenverlaufs der Kfz-Haftpflichtversicherung in der Vollkaskoversicherung	
I.2.4 Führerscheinsonderregelung	
I.2.5 Gleichgestellte Fahrerlaubnisse	
I.3 Jährliche Neueinstufung	
I.3.1 Wirksamwerden der Neueinstufung	
I.3.2 Besserstufung bei schadenfreiem Verlauf	
I.3.3 Besserstufung bei Saisonkennzeichen	
I.3.4 Besserstufung bei Verträgen mit SF-Klassen [2], 1/2, S, 0 oder M	
I.3.5 Rückstufung bei schadenbelastetem Verlauf	
I.4 Was bedeutet schadenfreier oder schadenbelasteter Verlauf?	
I.4.1 Schadenfreier Verlauf	
I.4.1.1 (Kalenderjahr ohne Entschädigungspflicht)	
I.4.1.2 (Ausnahmen)	
I.4.2 Schadenbelastender Verlauf	
I.4.2.1 (bei Leistungs- oder Rückstellungspflicht)	
I.4.2.2 (Rückstufung im Folgejahr)	
I.5 Wie Sie eine Rückstufung in der Kfz-Haftpflichtversicherung vermeiden können	

AKB 2008	AKB 2015
I.6 Übernahme eines Schadenverlaufs	
I.6.1 In welchen Fällen wird ein Schadenverlauf übernommen?	
I.6.1.1 Fahrzeugwechsel	
I.6.1.2 Rabatt-Tausch	
I.6.1.3 Schadenverlauf einer anderen Person	
I.6.1.4 Versichererwechsel	
I.6.2 Welche Voraussetzungen gelten für die Übernahme?	
I.6.2.1 Fahrzeuggruppe	
I.6.2.2 Gemeinsame Übernahme des Schadenverlaufs in der Kfz-Haftpflicht- und der Vollkaskoversicherung	
I.6.2.3 Zusätzliche Regelung für die Übernahme des Schadenverlaufs von einer anderen Person nach I.6.1.3	
I.6.3 Wie wirkt sich eine Unterbrechung des Versicherungsschutzes auf den Schadenverlauf aus?	
I.6.3.1 Im Jahr der Übernahme	
I.6.3.2 Im Folgejahr nach der Übernahme	
I.6.4 Übernahme des Schadenverlaufs nach Betriebsübergang	
I.7 Einstufung nach Abgabe des Schadenverlaufs	
I.7.1 (Gemeinsame Abgabe der Schadenverläufe)	
I.7.2 (Einstufung nach Abgabe des Schadenverlaufs)	
I.7.3	

AKB 2008	AKB 2015
(Nacherhebung eines Mehrbetrages)	
I.8 Auskünfte über den Schadenverlauf	
I.8.1 (Auskünfte vom Vorversicherer)	
I.8.2 (Auskünfte vom Nachversicherer)	
	I.8.3 (Meldung an Gemeinschaftseinrichtung)
	I.8.4 (Nachfrage bei Gemeinschaftseinrichtung)
J **Beitragsänderung aufgrund tariflicher Maßnahmen**	
J.1 Typklasse	
J.2 Regionalklasse	
J.3 Tarifänderung	
J.4 Kündigungsrecht	
J.5 Gesetzliche Änderung des Leistungsumfangs in der Kfz-Haftpflichtversicherung	
J.6 Änderung des SF-Klassen-Systems	
J.6 (Variante) Änderung des SF-Klassen-Systems	
K **Beitragsänderung aufgrund eines bei Ihnen eingetretenen Umstands**	
K.1 Änderung des Schadenfreiheitsrabatts	
K.2 Änderung von Merkmalen zur Beitragsberechnung	
K.2.1 Welche Änderungen werden berücksichtigt?	

AKB 2008	AKB 2015
K.2.2 (Auswirkung auf den Beitrag)	
K.2.3 (Änderung der Jahreslaufleistung)	
K.3 Änderung der Regionalklasse wegen Wohnsitzwechsels	
K.4 Ihre Mitteilungspflichten zu den Merkmalen zur Beitragsberechnung	
K.4.1 Anzeige von Änderungen	
K.4.2 Überprüfung der Merkmale zur Beitragsberechnung	
K.4.3 Folgen von unzutreffenden Angaben	
K.4.4 (Vertragsstrafe)	
K.4.5 Folgen von Nichtangaben	
K.5 Änderung der Art und Verwendung des Fahrzeugs	
L Meinungsverschiedenheiten und Gerichtsstände	
L.1 Wenn Sie mit uns einmal nicht zufrieden sind	
L.1.1 Versicherungsombudsmann	
L.1.2 Versicherungsaufsicht	
L.1.3 Rechtsweg	
L.2 Gerichtsstände	
L.2.1 Wenn Sie uns verklagen	
L.2.2	

AKB 2008	AKB 2015
Wenn wir Sie verklagen	
L.2.3 Sie haben Ihren Wohnsitz oder Geschäftssitz ins Ausland verlegt	
M Zahlungsweise	*(gestrichen)*
N Bedingungsänderung	
Anhang 1: Tabellen zum Sachenfreiheitsrabatt-System	
1 PKW	
1.1 Einstufung von PKW in Schadenfreiheitsklassen (SF-Klassen) und Beitragssätze	
1.2 Rückstufung im Schadensfall bei PKW	
1.2.1 Kfz-Haftpflichtversicherung	
1.2.2 Vollkaskoversicherung	
2 Krafträder	
2.1 Einstufung von Krafträdern in Schadenfreiheitsklassen (SF-Klassen) und Beitragssätze	
2.2 Rückstufung im Schadensfall bei Krafträdern	
2.2.1 Kfz-Haftpflichtversicherung	
2.2.2 Vollkaskoversicherung	
3 Leichtkrafträder	
3.1 Einstufung von Leichtkrafträdern in Schadenfreiheitsklassen (SF-Klassen) und Beitragssätze	
3.2 Rückstufung im Schadensfall bei Leichtkrafträdern	
3.2.1 Kfz-Haftpflichtversicherung	

AKB 2008	AKB 2015
3.2.2 Vollkaskoversicherung	
4 Taxen und Mietwagen	
4.1 Einstufung von Taxen und Mietwagen in Schadenfreiheitsklassen (SF-Klassen) und Beitragssätze	
4.2 Rückstufung im Schadensfall bei Taxen und Mietwagen	
4.2.1 Kfz-Haftpflichtversicherung	
4.2.2 Vollkaskoversicherung	
5 Campingfahrzeuge (Wohnmobile)	
5.1 Einstufung von Campingfahrzeugen (Wohnmobile) in Schadenfreiheitsklassen (SF-Klassen) und Beitragssätze	
5.2 Rückstufung im Schadensfall bei Campingfahrzeugen (Wohnmobile)	
5.2.1 Kfz-Haftpflichtversicherung	
5.2.2 Vollkaskoversicherung	
6 Lieferwagen, LKW, Zugmaschinen (ausgenommen landwirtschaftliche), Krankenwagen, Leichenwagen, Busse (nur Kfz-Haftpflicht), Abschleppwagen (nur Kfz-Haftpflicht und Stapler (nur Kfz-Haftpflicht)	6 Lieferwagen, LKW, Zugmaschinen, Krankenwagen, Leichenwagen, Busse (nur Kfz-Haftpflicht), Abschleppwagen (nur Kfz-Haftpflicht und Stapler (nur Kfz-Haftpflicht)
6.1 Einstufung	
6.2 Rückstufung	
Anhang 2: Merkmale zur Beitragsberechnung	
1	

AKB 2008	AKB 2015
Individuelle Merkmale zur Beitragsberechnung bei PKW	
1.1 Abstellort	
1.2 Jährliche Fahrleistung	
1.2.1 Kfz-Haftpflichtversicherung	
1.2.2 Vollkaskoversicherung	
1.2.3 Teilkaskoversicherung	
1.3 Weitere Merkmale zur Beitragsberechnung	
2 Merkmale zur Beitragsberechnung bei Krafträdern	2 Merkmale zur Beitragsberechnung bei Krafträdern (und Leichtkrafträdern)
3 Merkmale zur Beitragsberechnung bei LKW, Zugmaschinen, Bussen, Anhängern	
Anhang 3: **Tabellen zu den Typenklassen**	
1 Kfz-Haftpflichtversicherung	
2 Vollkaskoversicherung	
3 Teilkaskoversicherung	
Anhang 4: **Tabellen zu den Regionalklassen**	
1 Für PKW	
1.1 In der Kfz-Haftpflichtversicherung	
1.2 In der Vollkaskoversicherung	
1.3 In der Teilkaskoversicherung	

AKB 2008	AKB 2015
2 Für Krafträder	
2.1 In der Kfz-Haftpflichtversicherung	
2.2 In der Teilkaskoversicherung	
3 Für Lieferwagen	
3.1 In der Kfz-Haftpflichtversicherung	
3.2 In der Vollkaskoversicherung	
3.3 In der Teilkaskoversicherung	
4 Für landwirtschaftliche Zugmaschinen	
4.1 In der Kfz-Haftpflichtversicherung	
4.2 In der Teilkaskoversicherung	
Anhang 5: **Berufsgruppen (Tarifgruppen)**	
1 Berufsgruppe A	
2 Berufsgruppe B	
3 Berufsgruppe D	
Anhang 6: **Art und Verwendung von Fahrzeugen**	
1 Fahrzeuge mit Versicherungskennzeichen	
1.1 (Fahrräder mit Hilfsmotor)	
1.2 (Kleinkrafträder)	

AKB 2008	AKB 2015
1.3 (vierrädrige Leichtkraftfahrzeuge)	
1.4 motorisierte Krankenfahrstühle	
2 Leichtkrafträder	
3 *(entfällt)*	
4 Krafträder	
5 PKW	
6 Mietwagen	
7 Taxen	
8 Selbstfahrermietfahrzeuge	
9 Leasingfahrzeuge	
10 Kraftomnibusse	
11 Campingfahrzeuge	
12 Werkverkehr	
13 Gewerblicher Güterverkehr	
14 Umzugsverkehr	
15 Wechselaufbauten	
16 Landwirtschaftliche Zugmaschinen	
17 Melkwagen und Milchsammel-Tankwagen	

AKB 2008	AKB 2015
18 Sonstige landwirtschaftliche Sonderfahrzeuge	
19 Milchtankwagen	
20 Selbstfahrende Arbeitsmaschinen	
21 Lieferwagen	
22 LKW	
23 Zugmaschinen	

Allgemeine Bedingungen für die Kfz-Versicherung
AKB 2015

Die Kfz-Versicherung umfasst je nach dem Inhalt des Versicherungsvertrags folgende Versicherungsarten:
- Kfz-Haftpflichtversicherung (A.1)
- Kaskoversicherung (A.2)
- Autoschutzbrief (A.3)
- Kfz-Unfallversicherung (A.4)
- Fahrerschutzversicherung (A.5)

Diese Versicherungen werden als jeweils rechtlich selbstständige Verträge abgeschlossen. Ihrem Versicherungsschein können Sie entnehmen, welche Versicherungen Sie für Ihr Fahrzeug abgeschlossen haben.

Es gilt deutsches Recht. Die Vertragssprache ist deutsch.

Übersicht   Rdn.
A. Allgemeines   1
B. Regelungsgehalt   3
I. Versicherungsarten   4
II. Anzuwendendes Recht   8
III. Vertragssprache 10
C. Weitere praktische Hinweise 11

AKB 2015

A. Allgemeines

1 Die hier dargestellten Muster-Bedingungen des GDV sind unverbindlich. Die Versicherer können hiervon abweichen und den Bedürfnissen des Unternehmens und deren Zielgruppen entsprechend ihre eigenen AKB anpassen. Die heutigen AKB beinhalten die allgemeinen Kraftfahrtbedingungen und die Tarifbestimmungen in einem Bedingungswerk für die Versicherung von Kraftfahrzeugen und Fahrzeuganhängern. Die Bezeichnung »Kfz-Versicherung« erfasst nicht den gesamten Geltungsbereich, ist aber gängig. Über die Bezeichnung hinaus gelten sie auch für die Anhängerversicherung.

2 Bereits aus der Einleitung zum Bedingungswerk werden der Aufbau und die Unterteilung in vier verschieden Versicherungsarten aufgeschlüsselt. Ein Gesamtüberblick erschließt sich hieraus jedoch nicht. Dazu ist auf das Inhaltsverzeichnis zurückzugreifen.

B. Regelungsgehalt

3 Die in Form einer Einleitung zum Bedingungswerk gefassten Worte sind mehr als nur eine Präambel. Sie enthalten bereits selbst entscheidende Regelungen.

I. Versicherungsarten

4 In den Muster-AKB werden fünf verschiedene Versicherungsarten angesprochen: Kfz-Haftpflichtversicherung, Kaskoversicherung, Autoschutzbrief, Kfz-Unfallversicherung und neu seit den AKB 2015 auch die Fahrerschutzversicherung.

5 Es handelt sich um das Grundgerüst von Versicherungsarten um das Fahrzeug. Beliebige Erweiterungen über dieses Grundgerüst hinaus sind in individuellen AKB der Versicherer möglich. Beispiele hierfür sind:
– Trennung der Kfz-Haftpflicht in die gesetzlich vorgeschriebene Pflicht-Haftpflichtversicherung und vertragliche Deckungserweiterungen zur Höhe sowie zum Anwendungsbereich nach der Örtlichkeit und Art des Fahrzeuggebrauchs
– Kfz-USV (integriert oder als Sonderbedingung)
– Kasko-Ergänzungen
– Güterfolgeschadenversicherung

6 Die Regelung bringt zum Ausdruck, dass nicht nur ein, sondern gleich mehrere **rechtlich selbstständige** Versicherungsverträge vorliegen. Dies gilt auch dann, wenn die rechtlich eigenständigen Verträge tatsächlich in einer Police (gebündelte Versicherung)[1] zusammengefasst werden. Es werden somit mehrere vertragliche Schuldverhältnisse, aber **keine Einheitsversicherung**[2] begründet. Die unterschiedlichen Schuldver-

---

1 *Wandt* Versicherungsrecht, Rn. 432.
2 *OLG Karlsruhe* Urt. v.18.01.2013 – 12 U 117/12, JurionRS 2013, 10218 = MDR 2013, 650 = NJW-RR 2013, 544 = r+s 2013, 121 = VersR 2013, 1123 = VK 2013, 37 = VRR 2013, 122 = ZAP 2013, 505 = FD-VersR 2013, 342372 bespr. v. *Günther* = zfs 2013, 505; *OLG Karlsruhe* Urt. v. 15.04.2014 – 12 U 149/13, JurionRS 2014, 14473 = DAR 2014, 464 = MDR 2014, 722 = NJW-RR 2014, 1311 = r+s 2014, 275 = zfs 2014, 453.

hältnisse führen letztlich auch dazu, dass sich Obliegenheitsverletzungen in der Haftpflichtversicherung nicht ohne weiteres auf die Kaskoversicherung übertragen lassen.

Dem in der Einleitung genannten Versicherungsschein kommt eine besondere Bedeutung zu. Aus ihm ergibt sich nicht nur die Versicherungsart bzw. die Versicherungsarten und der Umfang der Versicherung, sondern auch das versicherte Risiko[3], gekennzeichnet durch die Fahrzeugidentifikationsnummer (FIN) und das amtliche Kennzeichen.

II. Anzuwendendes Recht

Grundsätzlich bestehen hinsichtlich der Wahl[4] des anzuwendenden Rechts in den Grenzen des Art. 7 Rom I Gestaltungsmöglichkeiten; nicht aber für die Pflicht-Haftpflichtversicherung, für die nur deutsches Recht zulässig ist, Art. 46c Abs. 2 EGBGB; Art. 7 Abs. 4 Rom I VO. Durch die Vertragsklausel wird ausdrücklich die Anwendung von deutschem Recht für alle Versicherungsarten vereinbart. Die Klausel erfüllt die Vorgaben von § 1 Nr. 17 VVG-InfoV i. V. m. § 7 Abs. 1 Satz 1 VVG.

Darüber hinaus ist die Festlegung auf ein Recht bereits aus Gründen der Praktikabilität notwendig. Vertragsschlüsse könnten auch im Ausland getätigt werden. Zudem werden bestimmte Fahrzeuge sehr häufig im Ausland verwendet. Dies hätte zur Folge, dass ansonsten möglicherweise das am Ort des Vertragsschlusses geltende Recht zur Anwendung käme, Art. 28 EGBGB[5] i. V. m. Art. 15 EGVVG. Durch die Festlegung von deutschem Recht entfällt zugleich die Frage, ob jeder Versicherungsvertrag einer gebündelten Police dem gleichen Recht zu unterstellen ist.

III. Vertragssprache

Als Vertragssprache wird deutsch zu Grunde gelegt. Sowohl die Bedingungen als auch die Police sind in deutscher Sprache abgefasst, § 1 Nr. 18 VVG-InfoV i. V. m. § 7 Abs. 1 Satz 1 VVG.

Dies dient der Praktikabilität und Vertragssicherheit und entspricht auch der Gerichtssprache, § 184 S. 1 GVG.

C. Weitere praktische Hinweise

Bei der rechtlichen Bearbeitung eines versicherungsvertraglich geprägten Falles dienen die vorliegende Muster-AKB des GDV und die hierzu erfolgte Kommentierung als Basis für den Einstieg in eine Prüfung. Es ist jedoch unabdingbar, die einschlägigen individuellen AKB des Versicherers[6] hinzuzuziehen. Im Ergebnis kommt es nämlich nicht

---

3 Früher: »des im Vertrag bezeichneten Fahrzeugs«, § 10 Abs. 1 AKB a. F.
4 *Micha*, Der Direktanspruch im europäischen Internationalen Privatrecht, Diss. 2010, S. 178.
5 Siehe PWW/*Brödermann/Wegen/Remien* Art. 28 EGBEB, Rn. 74.
6 *Kärger* Kfz-Versicherung nach dem neuen VVG, Rn. 8; *Heinrichs* Synopse für das Versicherungsrecht im Verkehrsrecht bedeutsamsten Auswirkungen der VVG Reform, zfs 2009, 187; *Heinrichs* Die neuen AKB 2015 – Teil II, DAR 2015, 256 (258).

darauf an, was man vereinbart haben könnte, sondern auf das, was tatsächlich vereinbart worden ist.

12 Hier gilt es, Abweichungen zu erkennen und eigenständig rechtlich neu aus dem Zusammenhang heraus zu bewerten. Dabei dürfen die insbesondere durch das PflVG, die KfzPflVV, das VVG und der §§ 305 ff. BGB gesetzten Rahmenbedingungen nicht aus dem Auge verloren gehen.

A Welche Leistungen umfasst Ihre Kfz-Versicherung?

A.1 Kfz-Haftpflichtversicherung – für Schäden, die Sie mit Ihrem Fahrzeug Anderen zufügen

A.1.1 Was ist versichert?

Sie haben mit Ihrem Fahrzeug einen Anderen geschädigt

Übersicht	Rdn.
A. Allgemeines	1
B. Regelungsgehalt	3
I. »mit Ihrem Fahrzeug«	4
1. Normalfall	4
2. Sonderfall: Mallorca-Police	7
3. Sonderfall: Erweiterung in der Kfz-USV	11
II. »einen Anderen«	13
1. kein Ersatz von Schäden am Fahrzeug	14
2. kein Ersatz von Schäden an anderen eigenen Sachen	15
C. Weitere praktische Hinweise	16

A. Allgemeines

1 Unter A.1 erläutert sich die Bedeutung der Kfz-Haftpflichtversicherung von selbst. Es handelt sich um eine sogenannte Passivenversicherung[1] die keinem speziellen Schutzobjekt, sondern dazu dient, nicht mit gesetzlichen Verpflichtungen gegenüber Dritten belastet zu werden. Sie grenzt sich dabei von anderen Versicherungsarten ab, die Schäden betreffen, die man selbst erlitten hat.

2 Die Kfz-Haftpflichtversicherung ist eine Pflicht-Haftpflichtversicherung im Sinne der §§ 113 ff. VVG.

B. Regelungsgehalt

3 Der einleitende Satz schränkt den nachfolgend genannten Umfang des Versicherungsschutzes ein. Er begrenzt ihn auf ein bestimmtes Fahrzeug und auf bestimmte Personen.

---

[1] Prölss/Martin/*Armbrüster* Vorb. § 74 VVG, Rn. 35.

I. »mit Ihrem Fahrzeug«

1. Normalfall

Die Versicherungsbedingungen wenden sich zunächst an den Versicherungsnehmer, den Vertragspartner des Versicherers. Da der Versicherungsnehmer häufig zugleich Halter und Eigentümer des Fahrzeugs ist, wird er verständlicherweise auch von »seinem« Fahrzeug sprechen. Dem wollte man zwar sprachlich entgegenkommen, trifft damit aber rechtlich nicht alle Besonderheiten. 4

Tatsächlich gemeint ist mit »Ihrem« nicht die sachenrechtliche Zugehörigkeit des Fahrzeugs (Eigentum am Fahrzeug), sondern die Haftpflichtversicherung bezogen auf das im Versicherungsschein bezeichnete Risiko. 5

Es wird zudem deutlich, dass die Kfz-Haftpflichtversicherung eine auf das individualisierte Fahrzeug[2] bezogene Versicherung ist. Unabhängig von der strafrechtlichen Relevanz darf der Eigentümer zweier Fahrzeuge nicht beliebig Kennzeichen umschrauben. Dies ist nur in engen Grenzen bei Wechselkennzeichen zulässig. 6

2. Sonderfall: Mallorca-Police

Für das Führen fremder Fahrzeuge im In- und Ausland sieht die eigene Kfz-Haftpflichtversicherung keinen Deckungsschutz vor. Dies ist gesetzlich nicht vorgeschrieben. Jedes zulassungspflichtige Fahrzeug hat den im jeweiligen Land vorgeschriebenen Mindestversicherungsschutz zu haben. 7

Problematisch wird dies, wenn im Ausland Fahrzeuge nur zu deutlich niedrigeren Mindestsummen versichert sind. Entstehen teure Schäden, können diese die dort üblichen Mindestsummen übersteigen. 8

Über die sogenannte »**Mallorca-Police**«[3] ist es möglich, den Versicherungsschutz auch für fremde Fahrzeuge über die eigene Kfz-Haftpflichtversicherung auszudehnen. Das ist insbesondere bei der Anmietung von Mietwagen im Ausland ratsam[4]. Erforderlich ist hierzu der Abschluss einer Zusatzdeckung, die entweder im Rahmen der Kfz-Haftpflichtversicherung oder beim Autoschutzbrief in den Vertrag aufgenommen wird. 9

Die Zusatzdeckung ist keine Pflicht-Haftpflichtversicherung. 10

---

2 Gegensatz: Personen bezogene private Haftpflichtversicherung. Dort ist es z. B. egal, welches Fahrrad die Person gerade fährt.
3 Anders als der Name sagt, nicht nur begrenzt auf Mallorca. Laut Handelsblatt vom 07.06.2009 enthalten 78 % der Verträge bereits eine Mallorca-Klausel.
4 Mögliches Beratungsverschulden, falls beim Vertragsabschluss bekannt ist oder deutlich wird, dass bei Urlaubs- oder Geschäftsreisen ins Ausland dort häufig Fahrzeuge gemietet werden.

A.1.1 AKB Was ist versichert?

3. Sonderfall: Erweiterung in der Kfz-USV

11 Eine weitere Ausnahme beim Führen fremder Fahrzeuge wird teilweise im Rahmen von **Zusatzdeckungen zur Kfz-USV**[5] angeboten. Dies ist dort wichtig, wo der beruflich tätige Versicherungsnehmer bzw. seine Angestellten auf Mietwagen oder Fahrzeuge der eigenen Mitarbeiter zurückgreifen müssen. Fehlt der gesetzlich nicht vorgeschriebene Versicherungsschutz für die Inanspruchnahme wegen öffentlich-rechtlicher Verantwortlichkeiten beim Mietwagen/Mitarbeiterfahrzeug, steht der Versicherungsnehmer unerwartet ohne entsprechenden Versicherungsschutz da. Dies ist fatal, wenn der Arbeitgeber[6] seinen Mitarbeiter wegen öffentlich-rechtlicher Verantwortlichkeiten auf arbeitsrechtlicher Basis freizustellen hat.

12 Je nach Vertragsklausel kann die Zusatzdeckung zum Kraftfahrthaftpflichtvertrag für das eigene Fahrzeug diese Lücke beim Deckungsumfang des Fremdfahrzeugs füllen.

II. »einen Anderen«

13 »Einen Anderen« hat klarstellende Bedeutung. Haftpflichtansprüche setzen immer voraus, dass andere geschädigt werden, die dann Schadensersatzansprüche gegen den Schädiger haben. Wer sich selbst schädigt, indem er sein eigenes Fahrzeug beschädigt, ist nicht Inhaber von Haftpflichtansprüchen gegen sich selbst. Es liegt Konfusion vor.

1. kein Ersatz von Schäden am Fahrzeug

14 Der vom Eigentümer abweichende Fahrer könnte sich zwar ihm gegenüber haftpflichtig machen, jedoch werden durch die A.1.5.3 ff. AKB diese Schäden vom Versicherungsschutz sowohl für den Fahrzeugschaden als auch daraus bedingte Folgeschäden ausgenommen. Für den Fahrzeugschaden ist allein die Kaskoversicherung vorgesehen.

2. kein Ersatz von Schäden an anderen eigenen Sachen

15 Dies gilt auch dann (aus dem Blickwinkel des A.1.5.6 AKB), wenn ein Mitversicherter[7] mit dessen eigenem Fahrzeug das versicherte Fahrzeug beschädigt.

C. Weitere praktische Hinweise

16 Es ist immer auf die Eigentumsverhältnisse abzustellen. Dabei ergeben sich insbesondere aus den Regelungen nach dem **WEG** besondere Beziehungen. Es ist zu prüfen, ob es sich um Gemeinschaftseigentum nach § 1 Abs. 5 WEG oder Sondernutzungsrechte handelt. Dies ist zum Beispiel bei Sondernutzungsrechten an Kfz-Stellplätzen

---

5 Siehe *Schwab* Kfz-USV Rdn. 1 ff.
6 Himmelreich/Halm/Staab/*Schwab* Handbuch Kfz-Schadensregulierung, Teil 5, Kap. 21, Rn. 233 ff.
7 *BGH* Urt. v. 25.06.2008 – IV ZR 313/06 zu § 11 Nr. 2 AKB a. F., JurionRS 2008, 17042 = DAR 2008, 518 = r+s 2008, 372 = MDR 2008, 1153 = NJW-RR 2008, 1350 = VersR 2008, 1202 = NZV 2008, 509 = zfs 2008, 629.

relevant. Garagenstellplätze können im Sondereigentum stehen, § 3 Abs. 2 Satz 2 WEG.

Auch der Vermieter von Wohnraum nebst PKW-Stellfläche[8] ist ein »Anderer«. Vermieter von Sondereigentum[9] an Kfz-Stellplätzen kann eine Mithaftung bei Schäden durch die Betätigung einer Hubeinrichtung treffen. 17

Ist das **Gemeinschaftseigentum** betroffen, z. B. durch eine Beschädigung des Garagentores einer Wohnungseigentumsanlage durch das Fahrzeug eines Miteigentümers, so hat die Gemeinschaft auch gegen den Miteigentümer einen Anspruch. Dies gilt umgekehrt[10] entsprechend bei der Beschädigung eines Fahrzeugs eines Miteigentümers durch eine Verkehrssicherungspflichtverletzung der Gemeinschaft. Bei der Gemeinschaft handelt es sich um eine Bruchteilsgemeinschaft nach den §§ 741 ff. BGB. 18

Dem gesamtschuldnerischen Anspruch der Gemeinschaft gegen den Kfz-Haftpflichtversicherer kann der anteilige Eigenschaden aus der Bruchteilsgemeinschaft entgegengehalten werden. Insoweit handelt es sich um ein gestörtes Gesamtschuldverhältnis. 20

Entsprechende Konsequenzen können sich aus dem Miteigentum nach § 1011 BGB ergeben. 21

Im gewerblichen Bereich wird die Unterscheidung schwierig. Aus steuerlichen Gründen werden durch **Firmenaufspaltung**[11] in Grundstücksbesitz-Gesellschaften und sonstigem Betriebsunternehmen, das dann wieder das Gelände für den eigenen Fuhrpark pachtet, plötzlich »Andere« geschädigt. Dennoch verfolgt die Unternehmensgruppe ein gemeinsames wirtschaftliches Ziel. 22

Die ansonsten vorliegende Konfusion wird durch die Aufspaltung in zwei rechtlich selbstständige Gesellschaften ausgehebelt. Es kann nicht die Aufgabe des Kfz-Haftpflichtversicherers sein, zu Lasten der Versichertengemeinschaft betriebliche Eigenschäden an Grundstücken (sei es durch Rangierschäden oder Ölverluste von Fahrzeugen) auszugleichen. 23

Es empfiehlt sich für den Versicherer, diese »Quasi-Eigenschäden« durch besondere textliche Klarstellungen von der Deckung auszunehmen. 24

Probleme ergeben sich zudem bei Eheleuten und eingetragenen Lebenspartnerschaften, wenn diese vertraglich die **Gütergemeinschaft** nach §§ 1415 ff. BGB; § 7 LPartG vereinbart haben. Im Zweifel gehören alle Gegenstände, aber selbst Schadensersatzansprü- 25

---

8 *AG Köln* Urt. v. 11.12.2001 – 205 C 345/01 (Ölflecken auf gemieteter PKW-Stellplatz).
9 *AG Düsseldorf* Urt. v. 05.10.2007 – 20 C 14522/06, JurionRS 2007, 54714 = ADAJUR Dok.Nr. 72404.
10 *OLG München* Beschl. v. 24.10.2005 – 34 Wx 82/05, JurionRS 2005, 24531 = JuS 2006, 748 = MDR 2006, 807 = NJW 2006, 1293 = NZM 2006, 110.
11 Beispiele schon bei der Bahn in Eisenbahninfrastrukturunternehmen und Eisenbahnverkehrsunternehmen, *BGH* Urt. v. 17.02.2004 – VI ZR 69/03, BGHZ 158, 130 = JurionRS 2004, 11188 = NJW-RR 2004, 959 = MDR 2004, 746 (Ls.) = NZV 2004, 245 = VersR 2004, 612 = TranspR 2004, 256 = zfs 2004, 308.

A.1.1.1 AKB (Schadensersatzansprüche; Gebrauch, etc.)

che wegen Personenschäden[12] aus einem Verkehrsunfall zum Gesamtgut nach § 1416 BGB. Gütergemeinschaft ist Gemeinschaft zur gesamten Hand[13]. Eine Aufspaltung ist nicht möglich. Da diese Gemeinschaft zugleich berechtigt, aber auch verpflichtet ist, fällt der Schadensersatzanspruch in sich zusammen.

25 Die Häufigkeit von Gütergemeinschaften ist unbekannt. Sie soll heute ein Schattendasein führen und sei eher in ländlichen Gebieten[14] anzutreffen.

A.1.1.1 (Schadensersatzansprüche; Gebrauch, etc.)

Wir stellen Sie von Schadensersatzansprüchen frei, wenn durch den Gebrauch des Fahrzeugs
a Personen verletzt oder getötet werden,
b Sachen beschädigt oder zerstört werden oder abhanden kommen,
c Vermögensschäden verursacht werden, die weder mit einem Personen- noch mit einem Sachschaden mittelbar oder unmittelbar zusammenhängen (reine Vermögensschäden),

und deswegen gegen Sie oder uns Schadensersatzansprüche aufgrund von Haftpflichtbestimmungen des Bürgerlichen Gesetzbuchs oder des Straßenverkehrsgesetzes oder aufgrund anderer gesetzlicher Haftpflichtbestimmungen des Privatrechts geltend gemacht werden. Zum Gebrauch des Fahrzeugs gehört neben dem Fahren z. B. das Ein- und Aussteigen sowie das Be- und Entladen.

Übersicht Rdn.
- **A. Allgemeines** 1
- **B. Regelungsgehalt** 4
  - I. Schadensersatzansprüche 4
    - 1. Positivbeispiele 5
    - 2. Negativbeispiele 20
  - II. Schadenarten 23
    - 1. Vom Regelungsgehalt erfasste Schadenarten ... 23
      - a) Personenschaden 24
        - aa) Personen getötet werden 24
        - bb) Personen verletzt werden 27
        - cc) Freiheits-»beraubung« 32
        - dd) Ehrverletzungen gegenüber Personen 36
      - b) Sachschaden 39
        - aa) beschädigt 46
        - bb) zerstört 49

---

12 *BGH* Urt. v. 07.12.1993 – VI ZR 152/92, JurionRS 1993, 14914 = DAR 1994, 113 = DB 1994, 524 = NJW 1994, 652 = VersR 1994, 694 = MDR 1994, 253 = NJW-RR 1994, 770 = FamRZ 1994, 295 = zfs 1994, 323.
13 *RG* Urt. v. 21.05.1930 RGZ 129, 120; PWW/*Weinreich* § 1416 BGB, Rn. 4.
14 *Möller*, Die Gütergemeinschaft im Wandel der Gesellschaft, Diss. 2010, 30.

			Rdn.
	cc) abhanden kommen		51
	dd) Sachfolgeschäden		52
	ee) Güterfolgeschäden		54
	c) Reine Vermögensschäden		59
	2. Nicht erfasste Schadenarten		65
III.	Freistellungsanspruch		70
IV.	Gebrauch des Fahrzeugs		79
	1. Welches Fahrzeug?		79
	2. Auslegung des Gebrauchsbegriffs im Sinne der AKB		85
V.	Durch den Gebrauch		90
	1. Allgemeines		90
	2. Sonderbedingungen		93
	3. Rechtsprechung zu einzelnen Fallgruppen		98
	a) Anhänger		103
	aa) Gebrauch bejaht		110
	bb) Gebrauch verneint		111
	cc) eigene Ansicht		112
	b) Arbeitsmaschinen		115
	aa) Fahrzeug dient der Transport- und Arbeitsleistung		118
	aaa) Gebrauch bejaht		118
	bbb) Gebrauch verneint		119
	ccc) eigene Ansicht		120
	bb) Fahrzeug mit Anbaugerät für Arbeitsleistung		129
	aaa) Gebrauch bejaht		129
	bbb) Gebrauch verneint		130
	ccc) eigene Ansicht		131
	cc) Fahrzeug dient ausschließlich der Arbeitsleistung		136
	aaa) Gebrauch bejaht		136
	bbb) Gebrauch verneint		137
	ccc) eigene Ansicht		138
	c) Beladen		144
	aa) Gebrauch bejaht		144
	bb) Gebrauch verneint		145
	cc) eigene Ansicht		146
	d) Brände		151
	aa) Gebrauch bejaht		151
	bb) Gebrauch verneint		152
	cc) eigene Ansicht		153
	e) Einkaufswagen		157
	aa) Gebrauch bejaht		157
	bb) Gebrauch verneint		158
	cc) eigene Ansicht		159
	f) Entladen		163
	aa) Gebrauch bejaht		163
	bb) Gebrauch verneint		164
	cc) eigene Ansicht		165
	g) Garagentor		168
	aa) Gebrauch bejaht		168

A.1.1.1 AKB (Schadensersatzansprüche; Gebrauch, etc.)

	Rdn.
bb) Gebrauch verneint	169
cc) eigene Ansicht	170
h) Waschen und Reparaturarbeiten am Fahrzeug	181
aa) Gebrauch bejaht	181
bb) Gebrauch verneint	182
cc) eigene Ansicht	183
i) Straftaten, etc.	191
aa) Gebrauch bejaht	191
bb) Gebrauch verneint	192
cc) Eigene Ansicht	193
j) Tiere	198
aa) Gebrauch bejaht	198
bb) Gebrauch verneint	199
cc) eigene Ansicht	200
k) Wegräumen von Hindernissen	206
aa) Gebrauch bejaht	206
bb) Gebrauch verneint	207
cc) eigene Ansicht	208
l) Zweifelhafte Sonderfälle	214
aa) Gebrauch bejaht	214
bb) Gebrauch verneint	215
cc) eigene Ansicht	216
4. Paritätische Kommission – »Benzinklauseln«	222
C. Weitere praktische Hinweise	**234**
I. Abweichungen vom Mindeststandard	234
II. Auswirkungen von Entscheidungen der Paritätischen Kommission	241
1. Auswirkungen auf den Versicherungsnehmer	241
2. Auswirkungen auf den Geschädigten	246
III. Begriffsbestimmung als Maßstab für öffentlich-rechtliche Kostenbescheide	249
IV. Teilungsabkommen mit Sozialversicherungsträgern	254
V. Stillschweigende Haftungsbeschränkung bei fehlendem Versicherungsschutz	260

A. Allgemeines

1 Als Gegenleistung für die Prämieneinnahme hat der Versicherer seinerseits Leistungen zu erbringen. Ein Teil des Umfangs seiner vertraglichen Leistungspflicht, und zwar der wirtschaftlich wesentliche, wird in der Vorschrift näher dargestellt. Der vertragliche Freistellungsanspruch entspricht der gesetzlichen Anforderung des § 110 VVG.

2 In der Vertragsklausel werden Teile der Anforderungen durch § 1 PflVG und § 2 KfzPflVV umgesetzt. Anders als nach den vorgenannten gesetzlichen bzw. verordnungsrechtlichen Anforderungen hat sich die Auslegung auch und gerade an den Interessen des Versicherungsnehmers als Vertragspartner zu orientieren.

3 Zu beachten ist, dass der Anwendungsbereich der AKB sich nicht auf den gesetzlich vorgeschriebenen öffentlichen Verkehrsraum beschränkt. Die AKB gelten nach ihrem

(Schadensersatzansprüche; Gebrauch, etc.) **A.1.1.1 AKB**

Wortlaut **auch im nicht-öffentlichen**[1] **Verkehrsraum**. Dies stellt eine deutliche Erweiterung und Verbesserung für die Versicherten dar.

B. Regelungsgehalt

I. Schadensersatzansprüche

Gemeint sind nicht alle Schadensersatzansprüche, sondern nur bestimmte. Sie müssen 4
auf Haftpflichtnormen zurückzuführen sein, die Schadensersatzcharakter haben. Exemplarisch zählt die Vertragsvorschrift das BGB und das StVG auf. Die Aufzählung ist somit nicht abschließend.

1. Positivbeispiele

Im StVG ist an die §§ 7, 18 StVG zu denken und im BGB vorrangig an § 823 Abs. 1 5
BGB.

Als Anspruchsnormen kommen insbesondere zudem in Betracht:
- § 823 Abs. 2 BGB i. V. m. einem Schutzgesetz, z. B. GGVSEB[2], TA-Lärm[3], GaragenVO[4]
- Billigkeitshaftung nach § 829 BGB
- Haftung für Verrichtungsgehilfen nach § 831 Abs. 1 Satz BGB
- die Anlagenhaftung nach § 89 Abs. 2 WHG
- die Anlagenhaftung nach § 2 Abs. 1 HaftPflG
- die Anlagenhaftung nach § 1 UmweltHG i. V. m. § 3 Abs. 3a) UmweltHG (Fahrzeuge – auch fremde – als Zubehör einer stationären Anlage)

Neben diesen Normen, in denen das Wort Schadensersatz ausdrücklich vorkommt, 6
werden vereinzelt auch Vorschriften hinzugezählt, die Schadensersatzcharakter haben und damit dem Schadensersatzanspruch angenähert sind.

Eine umstrittene[5] Ausnahme wird da gemacht, wo es sich um **unfreiwillige Vermögens-** 7
opfer handelt, etwa bei zufälligen Schäden anlässlich der Erfüllung eines Auftrages. Der Versicherungsnehmer wird berechtigterweise erwarten können, dass er zusätzlich für schadensersatzähnliche Ansprüche, die aus dem Bereich des Aufwendungsersatzrechts stammen, Versicherungsschutz genießt, wenn der Schadensfall eingetreten ist.

---

1 *BGH* Urt. v. 16.02.1977 – IV ZR 42/76, JurionRS 1977, 11486 = DAR 1977, 243 = DB 1977, 1789 = MDR 1977, 737 = r+s 1977, 136 = VersR 1977, 468 = VRS 53, 90; *BGH* Urt. v. 25.10.1994 – VI ZR 107/94, JurionRS 1994, 15599 = NZV 1995, 19 = NJW-RR 1995, 215 = MDR 1995, 42 = VersR 1995, 90 = r+s 1995, 55 m. Anm. *Lemcke*..
2 *OLG Hamm* Urt. v. 17.03.1992 – 7 U 103/91, NJW-RR 1993, 914.
3 *AG München* Urt. v. 07.01.2005 – 123 C 3000/03, NJW 2005, 760.
4 *BGH* Urt. v. 05.05.1987 – VI ZR 181/86, JurionRS 1987, 13115 = NJW-RR 1987, 1311 = VersR 1987, 1014 = MDR 1988, 41.
5 PWW/*Fehrenbacher* § 670 BGB, Rn. 6 m. w. N.

A.1.1.1 AKB (Schadensersatzansprüche; Gebrauch, etc.)

8   Anders als nach der umstrittenen[6] Meinung des *BGH*[7] können hierzu aber keine »gesetzlich aufgezwungenen Vermögensopfer«, Aufwendungsersatzansprüche für das zusätzliche Absichern von Fahrzeugen gehören.

9   Einerseits ist bereits zweifelhaft, ob tatsächlich gegen den Halter eines ordnungsgemäß abgesicherten Pannenfahrzeugs, der somit seinen gesetzlichen Verpflichtungen in vollem Umfang genügt, ein Anspruch wegen zusätzlicher und von ihm nicht beauftragter und nicht gewollter Absicherung, besteht.

10 Die konkrete Gefahr für einen Verkehrsunfall in Folge einer Panne mag noch für eine notwendige Absicherung durch Dritte entsprechen. Sobald ein Pannenfahrzeug ordnungsgemäß abgesichert ist, reduziert sich die konkrete Gefahr auf eine abstrakte Unfallgefahr. Die Verhinderung abstrakter Unfallgefahren ist jedoch nicht Aufgabe des Bürgers. Der *BGH* bürdet leider dem rechtstreuen Bürger ein unzulässiges Sonderopfer auf. Die wirtschaftliche Entlastung des Staates in seinen Kernaufgaben ist rechtlich mehr als fragwürdig.

11 Versicherungsschutz in der Kfz-Haftpflichtversicherung gibt es nur im Falle eines Unfalles, nicht aber schon bei einer Panne. Die **Panne** ist noch **kein Versicherungsfall** der Haftpflichtversicherung. Entsprechend besteht nach vorzugswürdiger[8] Ansicht[9] in der Haftpflichtversicherung für den Versicherungsnehmer nach § 82 Abs. 1 VVG noch keine[10] Rettungspflicht.

12 Für die **Anwendung der Vorerstreckungstheorie** aus der Sachversicherung nach den §§ 82, 90 VVG auf die Haftpflichtversicherung besteht keine Veranlassung. Der VVG-Reformgesetzgeber hätte das bekannte Problem ansonsten[11] schon 2008 anders regeln können. Es verwundert, dass sich der *BGH* in seiner Entscheidung über den Willen des Gesetzgebers hinweg setzt.

13 Offenbar hat der Senat übersehen, dass die AKB seit Mitte 1994 nicht mehr genehmigt werden müssen und unverbindlich sind. Wieso im konkreten Fall des *BGH* ein ausländischer Versicherungsnehmer – mit einem Versicherungsvertrag im Ausland – erwar-

---

6   Zu Recht ablehnend *M. Müller*, r+s 2012, 584 ff.
7   *BGH*, Urt. v. 28.09.2011 – IV ZR 294/10, JurionRS 2011, 25980 = DAR 2011, 704 = MDR 2011, 163 = VersR 2011, 1509 = NZV 2012, 34 = r+s 2012, 17 = NJW-RR 2012, 163 = NJW-Spezial 2012, 138 = zfs 2011, 695 = VRR 2012, 24 bespr. v. *Knappmann*.
8   *OLG Köln* Urt. v. 30.04.2002 – 9 U 110/01, JurionRS 2002, 32329 = NVersZ 2002, 519 = VersR 2002, 1231 = r+s 2003, 12 m. Anm. *Schimikowski*; Schwintowski/Brömmelmeyer/ *Kloth/Neuhaus*, PK-Vers, § 82 VVG, Rn. 4; Stiefel/*Maier* § 82 VVG, Rn. 2; Prölss/Martin/ *Voit* § 82 VVG, Rn. 6.
9   *BGH* Beschl. v. 29.09.2004 –IV ZR 162/02, JurionRS 2004, 19667 = r+s 2004, 499 = NJW-RR 2004, 1675 = VersR 2005, 110 = zfs 2005, 250 (noch offen gelassen).
10 Zudem aus mehreren Gründen kein Direktanspruch, *Schwab* § 115 VVG Rdn. 28–34.
11 Schwintowski/Brömmelmeyer/*Kloth/Neuhaus* PK-Vers, § 82 VVG, Rn. 6; Prölss/Martin/ *Armbrüster* § 90 VVG, Rn. 2; Schwintowski/Brömmelmeyer/*Hammel* PK-Vers, § 90 VVG, Rn. 4; Looschelders/Pohlmann/*Schmidt-Kessel* VVG-Kommentar, § 90 VVG, Rn. 2.

ten dürfe, dass derartige Ansprüche nach den deutschen (unverbindlichen) AKB mitversichert sein müssten, erschließt sich erst recht nicht.

Tatsächlich handelt es sich bei der Panne um einen Versicherungsfall in der Autoschutz- 14
brief-Versicherung nach A.3.5.1 AKB 2015[12] oder nach den AVAR[13]. Das normiert ausgerüstete Pannenhilfsfahrzeug[14] ist zudem in der Lage, nicht nur die Stelle abzusichern, sondern Pannenhilfe zu leisten. Selbst für LKWs sind spezielle Schutzbriefe am Markt erhältlich.

Ausgleichsansprüche nach § 24 Abs. 2 BBodSchG können Schadensersatzcharakter 15
haben, da sie Personen gewährt werden, die eher zufällig primär zur Schadenbehebung herangezogen wurden.

Problematisch ist die **Besitzstörung durch Falschparken** auf Privatgrundstücken. Der 16
BGH[15] gibt bei einer Besitzstörung durch verbotene Eigenmacht bereits einen Schadensersatzanspruch gegen den Falschparker. Wenn der Berechtigte gehalten ist, das unrechtmäßig geparkte Fahrzeug abschleppen zu lassen, um sein Besitzrecht wieder uneingeschränkt nutzen zu können, soll er gegen den Falschparker vorgehen können, §§ 823 Abs. 2, 858 Abs. 1 BGB.

Nunmehr sieht der fünfte Senat des *BGH* nicht nur den Falschparker, sondern auch den 17
Halter[16] zum Schadensersatz verpflichtet, da er Zustandsstörer der Besitzbeeinträchtigung sei. Zudem seien nicht nur die reinen Abschleppkosten, sondern Vorbereitungshandlungen[17] mit Ausnahme der Parkraumüberwachung zu erstatten. Gegen den überhöht abrechnenden Abschleppunternehmer, dem der Grundstückseigentümer die Forderung abgetreten hat, dürfen Fahrer und Halter allerdings nicht vorgehen. Sie müssen sich ihrerseits an den Grundstückseigentümer[18] wenden.

---

12 *Merta/Westkämper/aktualisiert von Schwab* A.3 AKB Rdn. 1 ff.
13 *Schwab* AVAR Rdn. 1 ff.
14 *Merta/Westkämper/aktualisiert von Schwab* A.3.5.1 AKB Rdn. 2–4.
15 *BGH* Urt. v. 05.06.2009 – V ZR 144/08, BGHZ 181, 233 = JurionRS 2009, 17376 = DAR 2009, 515 = NJW 2009, 2530 = WM 2009, 1664 = NZM 2009, 595 = NJW-Spezial 2009, 538 = VersR 2009, 1121 = MDR 2009, 1166 = zfs 2009, 558 m. Anm. *Diehl* = r+s 2010, 342 = VRR 2009, 298 bespr. v. *Deutscher*, *LG München I* Urt. v. 24.09.2009 – 31 S 3 648/09.
16 *BGH* Urt. v. 21.09.2012 – V ZR 230/11, JurionRS 2012, 26099 = DAR 2013, 141 = MDR 2012, 1407 = NJW 2012, 3759 = NZV 2013, 75 = NZM 2013, 44.
17 *BGH* Urt. v. 02.12.2011 – V ZR 30/11, JurionRS 2011, 31970 = MDR 2012, 145 = NZV 2012, 127 = MDR 2012, 145 = NJW 2012, 528 = DAR 2012, 139 mit krit. Anm. *Heimgärtner* DAR 2012, 330 = zfs 2012, 313 m. Anm. *Diehl* = VRR 2012, 103 bespr. v. v. *Gayl*.
18 *BGH* Urt. v. 06.07.2012 – V ZR 268/11, JurionRS 2012, 21439 = MDR 2012, 1225 = NJW 2012, 3373 = NZM 2012, 773 = NZV 2012, 537 = DAR 2012, 457 m. krit. Anm. *Heimgärtner*.

A.1.1.1 AKB (Schadensersatzansprüche; Gebrauch, etc.)

18 Folgt man der umstrittenen[19] Ansicht des fünften Senats des *BGH*, so hat der in seinem Besitzrecht Beeinträchtigte eventuell[20] dann auch einen Direktanspruch[21] in Höhe der Abschleppkosten[22] gegen den Haftpflichtversicherer des Falschparkers. Die »produzierten« Gesamtschadenkosten[23] mögen sich noch in einer Größenordnung bewegen, in der der Versicherungsnehmer seinen Schadenfreiheitsrabatt durch Selbstzahlung retten will. Der mit dem »Schaden« zusammenhängende Arbeits- und Kostenaufwand ist dabei aber nicht unerheblich und müsste letztlich bei der Prämie berücksichtigt werden, sollten Besitzstörungsfälle nun vermehrt abgerechnet werden. Wegen der überhöhten Abschleppkosten kann sich sogar der Rechtsschutzanspruch verwirklichen.

19 Sogar Vermieter von Mietfahrzeugen müssen die Rechtsentwicklung mit Sorge betrachten. Als Fahrzeughalter können sie vom Grundstückseigentümer in Anspruch genommen werden, wenn der Mieter das Fahrzeug – letztlich auf Kosten des Vermieters – zu sorglos widerrechtlich parkt.

2. Negativbeispiele

20 Die Problematik Besitzstörung durch Falschparken lässt sich nicht auf den öffentlichen Verkehrsraum übertragen. Dort geht es immer um die Störung der öffentlichen Sicherheit oder Ordnung durch Falschparken, nicht aber vorrangig um eine Besitzstörung; auch nicht an einer abgelaufenen Parkuhr.

21 Rein vertragliche Haftungsvereinbarungen haben keine Grundlage in gesetzlichen Haftpflichtbestimmungen. Sie sind ausdrücklich und damit klarstellend durch A.1.5.9 AKB ausgenommen.

22 Der Versicherer ist auch dann nicht zur Leistung verpflichtet, wenn grundsätzlich eine gesetzliche Haftungsnorm in Betracht kommt, diese jedoch wegen anderer Tatbestände nicht zum Zuge kommen kann oder die Haftung begrenzt ist. Beispiele:
– Haftungsausschluss für den Personenschaden beim Unfall unter Arbeitskollegen nach den §§ 104 ff. SGB VII

---

19 Mit beachtlichen Gründen dagegen *Stöber*, Ansprüche des Grundstücksbesitzers gegen den unbefugt Parkenden auf Ersatz der Abschleppkosten, DAR 2009, 539 ff.
20 Nur wenn der Fahrer das Hinweisschild »Parken nur für Kunden« fahrlässig übersieht. Ansonsten Vorsatztat, § 103 VVG. Keine verbotene Eigenmacht durch den Halter oder Fahrzeugeigentümer, da diese nicht handeln im Sinne des § 858 Abs. 1 BGB.
21 Sofern individualvertraglich keine zwei getrennten Haftpflichtdeckungen vereinbart und keine Falschparkerklausel in die AKB aufgenommen wurde.
22 Der *BGH* verneinte dort einen Anspruch wegen der Folgekosten durch die Beauftragung eines Inkassounternehmens. Gleiches müsste entsprechend auch für etwaige Anwaltskosten gelten. Ob dies für die Unkostenpauschale zu gelten habe, war nicht Gegenstand des Rechtsstreits.
23 Ggf. mit Kosten der Überwachung der Abschleppmaßnahme, *AG München* Urt. v. 29.06.2009 – 461 C 4134/09, JurionRS 2009, 44854.

- Haftungsausschluss auch bei Schwarzarbeit, wenn der VN als Arbeitgeber verbotswidrig Beiträge nicht abführt[24] und der Unfallversicherungsträger bei ihm regressiert, § 110 Abs. 1a SGB VII
- Möglicher Haftungsausschluss bei Gefälligkeitsfahrt[25]
- Haftungsbegrenzung auf Rennstrecken[26]
- Haftungsausschluss für Güterfolgeschäden[27] nach § 432 Abs. 2 HGB.

II. Schadenarten

1. Vom Regelungsgehalt erfasste Schadenarten

§ 1 PflVG spricht von Personen-, Sach- und sonstigen Vermögensschäden, ohne diese näher inhaltlich zu definieren. § 2 KfzPflVV präzisiert die Anforderungen, die durch die Vertragsklausel in den AKB umgesetzt wurden. 23

a) Personenschaden

aa) Personen getötet werden

Dem Tod geht regelmäßig die unfallbedingte Körperverletzung voraus. Unter Tod ist das medizinisch-biologisch feststellbare Ableben zu verstehen. Dies ist auch dann gegeben, wenn der **Hirntod**[28] eingetreten ist, aber die körperlichen Funktionen noch maschinell aufrechterhalten werden. Die Todesfeststellung ist nunmehr nach den §§ 3 Abs. 1 Satz 1 Nr. 2; 5 Abs. 1 TPG vorzunehmen. 24

Gerade bei tödlichen Verkehrsunfällen junger Opfer kann es bei entsprechender Einwilligung zur Organspende noch Stunden und Tage dauern, bis die Geräte nach Eintritt des Hirntods abgeschaltet werden. Der Deckungsschutz richtet sich nach dem Schadensersatzanspruch. Die Kosten der Apparatemedizin zur Vorbereitung der Organspende sind nicht mehr Teil des Schadensersatzes und somit auch nicht Teil des Deckungsschutzes. 25

Gedeckt sind dagegen alle gesetzlichen Schadensersatzansprüche, die sich aus der Folge des Ablebens einer Person ergeben können. Dies sind mittelbare Vermögensschäden, 26

---

24 Es ist nicht Aufgabe des Kfz-Haftpflichtversicherers, die finanziellen Nachteile aus einem gesetzwidrigen Verhalten des VN als Arbeitgeber aufzufangen, *Schwab* Schwarzarbeit und Haftungsausschluss bei Arbeitsunfall, SVR 2004, 285 f.
25 *OLG Hamm* Urt. v. 14.05.2007 – 13 U 34/07, JurionRS 2007, 42394 = NJW-RR 2007, 1517 = NZV 2008, 204 = VersR 2008, 1219.
26 *OLG Karlsruhe* Urt. v. 27.01.2014 – 1 U 158/12, JurionRS 2014, 10234 = NJW-RR 2014, 692 = NJW-Spezial 2014, 298 = VRR 2014, 82 = ZAP 2014, 305.
27 Ausnahme bei Leichtfertigkeit, *BGH* Urt. v. 05.10.2006 – I ZR 240/03, BGHZ 169, 187 = JurionRS 2006, 24617 = TranspR 2006, 454 m. Anm. *Heuer* = SVR 2006, 466, bespr. von *Schwab* = LMK 2006, 204 386 m. Anm. *Koller* = VersR 2007, 86 m. Anm. *Boettge* = NJW 2007, 58 = JA 2007, 304 bespr. v. *Oechsler* = WI 2007, 40 = DB 2006, 2570 = BB 2006, 2550 = NZV 2007, 135 = MDR 2007, 413 = VRS 112, 31.
28 PWW/*Prütting* § 1 BGB, Rn. 15.

A.1.1.1 AKB (Schadensersatzansprüche; Gebrauch, etc.)

insbesondere Beerdigungskosten (§§ 844 Abs. 1 BGB; § 10 Abs. 1 Satz 2 StVG), Unterhaltsschäden (§§ 844 Abs. 2 BGB; 10 Abs. 2 StVG) und entgangene Dienste (§ 845 BGB).

bb) Personen verletzt werden

27 Vom Wortlaut erfasst werden sämtliche Körper- und Gesundheitsverletzungen von Personen. Dazu gehört zunächst die unmittelbare Verletzung mit deren Folgen.

28 Für das nähere Verständnis ist wiederum auf die schadensersatzrechtlichen Anspruchsgrundlagen zurückzugreifen, die neben dem immateriellen Schaden (§§ 253 BGB; 11 Satz 2 StVG), materielle Positionen für Folgeschäden wie Heilbehandlungskosten, Verdienstausfall, Fortkommensschaden, Haushaltsführung etc. (§§ 842 ff. BGB; 11 Satz 1 StVG) vorsehen.

29 Auch unmittelbare psychische Verletzungen sind gedeckt. Medizinisch fassbare[29] psychische Verletzungen von Personen sind bereits länger bekannt[30]. Sie treten nun aber verstärkt bei der Schadenregulierung[31] ins Bewusstsein.

30 Ebenso gedeckt sind mittelbar durch einen Unfall verursachte unmittelbare Gesundheitsschäden bei Dritten, also Schockschäden[32] naher Angehöriger. Diese Ansprüche beruhen nicht auf einer gesetzlichen Anspruchsgrundlage, sondern sind vom Reichsgericht[33] entwickeltes, damals als Fernwirkungsschaden bezeichnetes, Richterrecht.

31 Soweit es um Schockschäden von Helfern und Betreuern von Unfallopfern geht, die ihrerseits Ansprüche erheben, hat der Versicherer mangels adäquat kausalem[34] Schaden Ansprüche abzuwehren, A.1.1.3 Satz 1 AKB.

---

29 PWW/*Schaub* § 823 BGB, Rn. 29.
30 *Dahlmann* Psychische Unfallfolgen, DAR 1992, 325.
31 Der 46. VGT. 2008 befasste sich im Arbeitskreis II mit den Psychischen Schäden als Unfallfolgen«; *Clemens/Hack/Schottmann/Schwab* Psychische Störungen nach Verkehrsunfällen – Implikationen für das Personenschadenmanagement, DAR 2008, 9.
32 *BGH* Urt. v. 11.05.1971 – VI ZR 78/70, BGHZ 56, 163 = JurionRS 1971, 11063 = NJW 1971, 1183 = JZ 1971, 122 = JuS 1971, 657 = MDR 1971, 919 = VersR 1971, 905; Himmelreich/Halm/*Jaeger/Luckey*, Handbuch des Fachanwalts Verkehrsrecht, Kap. 7. Rn. 131 ff.
33 *RG* Urt. v. 15.01.1938 – VI 168/37, RGZ 157, 11; zuletzt BGH Urt. v. 27.01.2015 – VI ZR 548/12, JurionRS 2015, 10795 = DAR 2015, 200 = JZ 2015, 187 = MDR 2015, 39 = NJW-Spezial 2015, 169 = r+s 2015, 151 = VersR 2015, 501; BGH Urt. v. 10.02.2015 – VI ZR 8/14, JurionRS 2015, 12297 = DAR 2015, 261 = ADAJUR-Archiv Dok.-Nr. 10717 = NJW-Spezial 2015, 202 = VersR 2015, 590.
34 *BGH* Urt. v. 22.05.2007 – VI ZR 17/06, BGHZ 172, 263 = JurionRS 2007, 33110= DAR 2007, 515 = VersR 2007, 1093 = MDR 2007, 1015= SP 2007, 248 = r+s 2007, 388 = JR 2007, 205 = NZV 2007, 510 = NJW 2007, 2764 = VRS 113, 191= VRR 2007, 341 bespr. v. *Luckey* = JZ 2007, 1154 m. abl. Anm. *Teichmann* JZ 2007, 1156.

cc) Freiheits-»beraubung«

Personen können durch Folgen eines Verkehrsunfalls oder beim Einsatz des Fahrzeugs 32
als Arbeitsmaschine in ihrer Freiheit eingeschränkt werden. Gemeint sind damit nicht
im Fahrzeug eingeklemmte Personen oder der nur mittelbare Schaden durch das Stehen
im Verkehrsstau nach einem Unfall, sondern Einflüsse auf die Bewegungsfreiheit durch
unmittelbare äußere Umstände.

Verluste giftiger Ladung, Austreten explosiver Stoffe und Fahrzeugbrände können dazu 33
zwingen, Fenster und Türen geschlossen zu halten oder aufgrund eines Platzverweises[35]
ein Gebäude zu Räumen, etwa nach einer massiven Beschädigung der Hausfassade.
Umgekehrt können Personen durch beschädigte Gebäude in Räumen gefangen sein.

Im Vordergrund bei der Schadenregulierung steht zwar der materielle Schaden in Form 34
des Sachschadens mit seinem Sachfolgeschaden. Unter Umständen ergeben sich bei
entsprechender Dauer aber auch immaterielle Ansprüche.

Der **Wortlaut der AKB** ist bezüglich dieser Sonderfälle **zu eng**. Zwar orientiert er sich 35
an den Vorgaben des § 2 KfzPflVV; dieser ist aber im Lichte des § 1 PflVG zu sehen,
der einen umfassenderen Opferschutz vorsieht. Der Versicherungsnehmer darf daher
erwarten, dass er auch wegen solcher Schadenspositionen freigestellt wird.

dd) Ehrverletzungen gegenüber Personen

Im Straßenverkehr geübtes rücksichtsloses Verhalten ist leider häufig anzutreffen. Es 36
geht meist mit Ehrverletzungen und Personengefährdungen einher (»Stinkefinger, Vogelzeigen, aggressives Hupen, dichtes Auffahren, bewusstes Schneiden oder Ausbremsen[36]«).

Verständige Versicherungsnehmer wie auch der Geschädigte können nicht erwarten, 37
dass der Versicherer für Ehrverletzungen Genugtuung in Geld leistet. Schon der Anspruch an sich unterliegt sehr engen[37] Grenzen. Regelmäßig handelt es sich um Vorsatztaten, § 103 VVG.

Dies gilt gerade auch im Zusammenhang mit einer tätlichen Auseinandersetzung[38] an- 38
lässlich eines Unfalles.

---

35 *BGH* Urt. v. 21.06.1977 – VI ZR 58/76, JurionRS 1977, 11527 = NJW 1977, 2264 = VersR
1977, 965 = MDR 1979, 128; *OLG Koblenz* Urt. v. 23.09.2009 – 1 U 428/09, JurionRS
2009, 24601 = OLGR 2009, 944 = LKRZ 2009, 469 = MDR 2010, 153 (Evakuierung wegen
Fliegerbombe, Umsatzausfall einer Gaststätte).
36 *OLG Nürnberg* Urt. v. 02.12.2004 – 2 U 2712/04, JurionRS 2004, 26824 = DAR 2005, 341
= zfs 2005, 503 = NJW-RR 2005, 466 = NZV 2005, 267 = VRS 108, 199.
37 *Jaeger/Luckey*, Schmerzensgeld, Rn. 472 ff.
38 *BGH* Urt. v. 27.06.1984 – IVa ZR 7/83, JurionRS 1984, 13074 = DAR 1984, 317 = VersR
1984, 854 = MDR 1984, 128 = r+s 1994, 181= zfs 1984, 342; *OLG Saarbrücken* Beschl. v.
24.07.2001 – 5 W 223/01–66, NVersZ 2002, 188 = VersR 2002, 1417 = r+s 2002, 405 = zfs
2001, 501; *LG Stuttgart* Urt. v. 23.08.1979 – 16 S 115/79, VersR 1980, 473.

b) Sachschaden

39 Sachen sind körperliche Gegenstände, § 90 BGB. Dies sind Mobilien und Immobilien. Virtuelle Sachen[39] (z. B. Computerspiele) sind keine körperlichen Gegenstände, sondern Immaterialgüter, weshalb eine direkte oder analoge Anwendung ausscheidet.

40 Software ist keine[40] Sache. Sacheigenschaft von Standardsoftware besteht jedoch nach der Rechtsprechung des *BGH*[41] dann, wenn sie auf einem Datenträger (CD-ROM, DVD, Festplatte, USB-Stick usw.) verkörpert ist.

41 **Tiere** sind Mitgeschöpfe – aber keine Sachen – § 90a Satz 1 BGB. Dieser Rechtszustand[42] gilt seit 1990. Zuvor galten auch im BGB Tiere als Sachen. Bei Verkündung des PflVG wurden Tiere unter den Sachbegriff subsumiert. Trotz der Aufnahme des Tierschutzes als Staatsziel in Art. 20a GG hatte es einer Klarstellung in § 1 PflVG als auch in § 2 KfzPflVV nicht zwingend bedurft, da Tiere im Wesentlichen nach den für Sachen geltenden Vorschriften zu behandeln sind, § 90a Satz 3 BGB.

42 Nicht nur durch die gesetzliche Vorgabe, sondern auch vom Erwartungshorizont des Versicherungsnehmers sind Tiere in den Schutz mit einzubeziehen.

43 In den AKB sollte eine Formulierung aufgenommen werden (z. B.: »*Tiere verletzt oder getötet werden oder entlaufen*«), die letzte Klarheit schafft. Ansonsten könnte der Versicherungsnehmer beim Lesen der AKB davon abgehalten werden, den Tier-Schaden zu melden.

44 Der lebende Mensch ist keine Sache, sondern Rechtssubjekt. In den Körper eingebrachte Prothesen sind Bestandteile des Körpers (Herzschrittmacher, Zahnplombe, Implantate, Hüftprothese etc.). Nicht dauerhaft verbundene Körperersatzstücke oder Hilfsmittel (künstliches Bein, Zahnprothese, Hörgerät, Brille, Perücke etc.) sind dagegen Sachen.

45 Abgetrennte Körperteile werden als Sachen verstanden, wenn sie nicht dazu bestimmt sind, der Person zurückgeführt zu werden (z. B. Eigenblutspende). Entnommene Spenderorgane oder Blutkonserven sind Sachen, die erst mit der Verbindung in den Körper des Empfängers ihre Sacheigenschaft verlieren. Unfälle mit Blut- oder Organtransporten führen insoweit lediglich zu Sachschäden, wenn das Spenderorgan untergeht. Der leer ausgehende Organempfänger erleidet einen nicht ersatzfähigen mittelbaren Schaden.

---

39 PWW/*Völzmann-Stickelbrock* § 90 BGB Rn. 3.
40 H. L. PWW/*Völzmann-Stickelbrock* § 90 BGB Rn. 5 mwN.
41 *BGH* Urt. v. 14.07.1993 – VIII ZR 147/92, BGHZ 102, 135 = JurionRS 1993, 15083 = NJW 1993, 2436 = BB 1993, 1755 = WM 1993, 1639 = MDR 1993, 950.
42 Gesetz zur Verbesserung der Rechtsstellung des Tieres vom 20.08.1990, BGBl. I S. 1762.

aa) beschädigt

Beschädigt ist eine Sache, wenn durch körperliche Einwirkung eine Veränderung[43] eingetreten ist. Dabei muss sich die Sache selbst nicht zwangsläufig im Kern verändert haben (verschmutzte Fahrbahn). 46

Es ist nicht[44] notwendig, dass dadurch die Gebrauchsfähigkeit aufgehoben oder gemindert wird. Eine Beeinträchtigung der Brauchbarkeit einer Sache zu ihrer bestimmungsgemäßen Verwendung liegt jedoch nicht schon dann vor, wenn nur der tatsächliche Bedarf für die entsprechende Verwendung eingeschränkt[45] wird. 47

Auch optische Beeinträchtigungen[46] (»Schönheitsschäden«) können einen Schaden darstellen, wobei es eine andere Frage ist, ob und in welchem Umfang ein Ersatzanspruch besteht. Hier hat der Versicherer ggf. Ansprüche abzuwehren. 48

bb) zerstört

Bei zerstörten Sachen liegt ein **technischer Totalschaden** vor, der eine Reparatur unmöglich macht. 49

Der wirtschaftliche Totalschaden lässt technisch eine Reparatur zu, die aber tatsächlich unwirtschaftlich ist. Insoweit genießt der Versicherungsnehmer den Anspruch auf Abwehr unbegründeter Ansprüche nach A.1.1.3 Satz 2 AKB. 50

cc) abhanden kommen

Abhanden kommen können Gegenstände, die sich im Fahrzeug oder im Besitz von verletzten Personen befinden. Da häufig nur die Fahrzeuge aber nicht sämtliche Gegenstände sichergestellt werden, sind sie teilweise nach dem Unfall nicht mehr aufzufinden. Neben Ladungsverlusten ist bei Verletzten auch mit abgelegter Kleidung und Schmuck zu rechnen. Zu den Gegenständen gehört auch Bargeld[47]. 51

---

43 Kurios »Fettecke« von Joseph Beuys, *LG Düsseldorf* Urt. v. 16.12.1987 – 2 O 222/87, NJW 1988, 345 = NJW-RR 1988, 281 (Vergleich vor dem *OLG Düsseldorf* – DM 40.000,–, NJW 1990, 2024).
44 Anders dagegen Feyock/*Jacobsen*/Lemor § 10 AKB Rn. 16.
45 *BGH* Urt. v. 09.12.2014 – VI ZR 155/14, JurionRS 2014, 28814 = DAR 2015, 137 = NJW 2015, 1174 = NJW-Spezial 2015, 105 = r+s 2015, 156 = MDR 2015, 83 = VersR 2015, 250 (Autobahnraststätte wegen Unfall nicht erreichbar).
46 *AG Stuttgart-Bad Cannstatt* Urt. v. 24.03.2009 – 5 C 2962/08, JurionRS 2009, 44901 = r+s 2009, 418 = WI 2010, 14 = zfs 2009, 455 (Versicherungsschaden an Alu-Raffstores nach Hagelschlag).
47 Verlust nicht bewiesen im Fall *OLG Köln* Urt. v. 25.02.2005 – 6 U 139/04, JurionRS 2005, 14425 = DAR 2005, 404 = NZV 2005, 523 = VersR 2006, 1258 = MDR 2005, 1346 = OLGR 2005, 334 = SVR 2006, 31 bespr. v. *Schwab* = VRS 109, 263 = VRR 2005, 231 bespr. v. *Jaeger*; zum Geldtransporter siehe Valoren-Transport-Versicherung *BGH* Beschl. v. 09.11.2011 – IV ZR 239/09, JurionRS 2011, 28581 = VersR 2012, 720.

A.1.1.1 AKB (Schadensersatzansprüche; Gebrauch, etc.)

dd) Sachfolgeschäden

52 Wörtlich erfasst wird nur der reine Sachschaden. Dies greift zu kurz, da sich regelmäßig aus dem Sachschaden auch ein Sachfolgeschaden entwickeln kann, insbesondere wegen Nutzungsausfall und Mietwagenkosten. Diese Sachfolgeschäden sind Vermögensschäden, die aus dem Sachschaden erwachsen.

53 Beschädigt der Versicherungsnehmer sein eigenes Fahrzeug, das er an einen Dritten vermietet hat, so hat der Mieter wegen des Sachentzuges Ansprüche gegen den Vermieter. Hierbei handelt es sich um einen nicht versicherten Eigen-Sachschaden des Versicherungsnehmers, aus dem ein Eigen-Sachfolgeschaden erwächst. Für diesen Folgeschaden hat der Kfz-Haftpflichtversicherer weder Schadensersatz zu leisten noch dem Versicherungsnehmer passiven Rechtsschutz zu gewähren, da kein originärer Drittschaden entstanden ist.[48]

ee) Güterfolgeschäden

54 Güterfolgeschäden sind Schäden, die in Folge eines Güterschadens, der während des Obhutzeitraumes des Frachtführers am transportierten Gut eingetreten ist, entstehen.

55 Der Schaden am transportierten Gut selbst ist von der Deckung ausgenommen, A.1.5.5 AKB. Der Ausschluss betrifft jedoch nicht den Folgeschaden an Rechten Dritter. Der Zeitraum, in dem der Frachtführer das Fahrzeug gebraucht, ist regelmäßig ein Zeitabschnitt des Obhutzeitraumes.

56 Bedeutsam ist dies bei Vermischungsschäden, die im Transportbehälter (Silo, Tankwagen) entstehen und in der Folge zu weiteren Kontaminationen im Lager des Empfängers (Güterfolgeschaden) führen. Diese Folgeschäden sind in der Kfz-Haftpflichtversicherung gedeckt.

57 Der Frachtführer haftet[49] allerdings selbst bei grober Fahrlässigkeit nicht. Der Kfz-Haftpflichtversicherer hat daher entsprechend Ansprüche abzuwehren[50].

58 Bei qualifiziertem Verschulden nach § 435 HGB, also bei Vorsatz und Leichtfertigkeit[51], haftet dagegen der Frachtführer. Für Vorsatz besteht keine Leistungspflicht,

---

48 A.A. Stiefel/*Maier* A.1.1 AKB, Rn. 15, wonach der Kfz-Haftpflichtversicherer auch dafür einzutreten habe.
49 *BGH* Urt. v. 05.10.2006 – I ZR 240/03, BGHZ 169, 187 = JurionRS 2006, 24617 = TranspR 2006, 454 m. Anm. *Heuer* = SVR 2006, 466, bespr. von *Schwab* = LMK 2006, 204 386 m. Anm. *Koller* = VersR 2007, 86 m. Anm. *Boettge* = NJW 2007, 58 = WI 2007, 40 = DB 2006, 2570 = NZV 2007, 135 = MDR 2007, 413.
50 Lösung der Versicherungswirtschaft: Güterfolgeschadenversicherung, siehe *Schwab* Güterfolgeschadenversicherung Rdn. 1 ff.
51 Objektiv besonders schwerer Pflichtenverstoß, bei dem sich der Frachtführer in krasser Weise über die Sicherheitsinteressen des Vertragspartners hinwegsetzt. Subjektiv muss sich aus dem Handeln heraus die Erkenntnis aufdrängen, dass wahrscheinlich ein Schaden entstehen werde. Der Hinweis für die innere Erkenntnis erschließt sich dann, wenn das leichtfertige Verhalten nach seinem Inhalt und den Umständen, unter denen es aufgetreten ist, diese

§ 103 VVG. Bei Leichtfertigkeit hat der Versicherer den Versicherungsnehmer dagegen freizustellen.

c) Reine Vermögensschäden

Folgeschäden von Sach- und Personenschäden sind Vermögensschäden, die bereits aufgrund eines anderweitig gedeckten Schadens eintreten. 59

Der reine Vermögensschaden beruht nicht auf einer entsprechend vorgelagerten Rechtsgutverletzung. Er hat kaum praktische Relevanz[52], zumal ein wesentlicher Bereich, das Nichteinhalten von Liefer- und Beförderungsfristen nach A.1.5.7 AKB, § 4 Nr. 5 KfzPflVV ausgeschlossen ist. Das Vermögen als Solches ist zudem in den für den Kfz-Haftpflichtbereich wichtigsten Vorschriften, den §§ 7 StVG; 823 Abs. 1 BGB, nicht[53] geschützt. Das Vermögen ist auch kein[54] »sonstiges Recht«. Als Ausnahme bleibt der notwendige Aufwand zur Abwehr von Angriffen auf Rechtsgüter nach § 823 Abs. 1 BGB. Beispiele: 60
– unfallbedingt erst veranlasster frustrierter Aufwand für sog. »Fehlfahrt« eines Rettungswagens[55], da nur ein vermuteter aber tatsächlich nicht eingetretener Personenschaden vorliegt
– Kosten für gerufenen aber nicht benötigten Abschleppwagen, da Fahrzeugmotor später wieder anspringt
– der Unfallgegner eines Verkehrsunfalles bedient sich im Strafverfahren eines Verteidigers und erhebt die ihm dadurch angefallenen Rechtsanwaltskosten[56] als reinen Vermögensschaden beim Versicherten
– der unverletzte Unfallgegner macht den vergeblichen Feststellungsaufwand für seinen nicht nachweisbaren Körperschaden geltend[57]
– bei Geltendmachung von Eingriffen in den eingerichteten und ausgeübten Gewerbebetrieb, die gewöhnlich an der Zielgerichtetheit des Eingriffs scheitern (ansonsten Vorsatz nach § 103 VVG)

Folgerung rechtfertigt, *BGH* Urt. v. 29.07.2009 – I ZR 212/06, JurionRS 2009, 19624 = TranspR 2009, 331 = MDR 2009, 1285 = DB 2009, 2433.
52 *Schirmer* Der »sonstige« oder »reine« Vermögensschaden in der Kraftfahrzeughaftpflichtversicherung, DAR 1992, 11 ff. (20).
53 PWW/*Schaub* § 823 BGB, Rn. 59.
54 *BGH* Urt. v. 05.02.1992 – IV ZR 94/91, JurionRS 1992, 16096 = MDR 1992, 753 = NJW 1992, 1511 = VersR 1992, 487.
55 *AG Coesfeld* Urt. v. 21.05.2008 – 4 C 35/08, DAR 2009, 38 mit Anm. *Schwab*.
56 *BGH* Urt. v. 22.04.1958 – VI ZR 65/57, BGHZ 27, 137 = JurionRS 1958, 13932 = DAR 1958, 189 = DB 1958, 1128 = DRiZ 1958, 201 = JZ 1958, 742 = MDR 1958, 596 = NJW 1958, 1041; *LG Erfurt* Urt. v. 11.01.2005 – 3 O 242/04, NZV 2006, 44; *LG Saarbrücken* Urt. v. 17.12.2010 – 13 S 129/10; *LG Nürnberg-Fürth* Urt. v.09.09.2010 – Az. 8 O 1617/10, NZV 2012, 140.
57 *OLG Hamm* Urt. v. 23.06.2003 – 6 U 99/02; *KG Berlin* Urt. v. 16.11.2006 – 22 U 267/04, VersR 2008, 837; a. A. *KG Berlin* Urt. v. 27.02. 2003 – 12 U 8408/00, NZV 2003, 281.

A.1.1.1 AKB (Schadensersatzansprüche; Gebrauch, etc.)

- Vermögenschäden mittelbar geschädigter Dritter aufgrund unfallbedingter Autobahnsperrung[58]
- der umstrittene[59] Aufwand für Absperr- und Sicherungsmaßnahmen[60] durch die Straßenmeisterei

61 Diskutiert[61] wird dagegen auch in der Kfz-Haftpflichtversicherung der Vermögensschaden eines Fahrzeugeigentümers, dessen Garagenausfahrt durch einen Parkverstoß nach § 12 Abs. 3 Nr. 3 StVO blockiert wird. Die Norm wird allgemein bejahend[62] als Schutzgesetz im Sinne des § 823 Abs. 2 BGB zu Gunsten des Grundstückseigentümers, Mieters und sonstiger einfahrtberechtigter Personen angesehen.

62 Das unzulässige Parken nach § 12 Abs. 1 Nr. 6a StVO, das die Durchfahrt von Fahrzeugen zu einer Baustelle[63] verhindert oder die Lademöglichkeit für einen Umzugswagen einschränkt, ist dagegen entschädigungslos[64] hinzunehmen, da die Norm nicht die Vermögensinteressen des Unternehmers schützt.

63 Vermögensschäden aufgrund bewussten Falschparkens dürften regelmäßig den bedingten Schädigungsvorsatz einschließen. In der Praxis wird in allen anderen Fällen wird wegen der geringen Schadenhöhe der Schädiger selbst regulieren, um die SFR-Belastung des Vertrages zu vermeiden.

64 Der Hauptanwendungsbereich bezieht sich daher auf die Abwehr unbegründeter Ansprüche, A.1.1.3 Satz 1 AKB.

---

58 *BGH* Urt. v. 09.12.2014 – VI ZR 155/14, JurionRS 2014, 28814 = MDR 2015, 83 = VersR 2015, 250 (Autobahnraststätte wegen Unfall nicht erreichbar); *AG Bad Segeberg* Urt. v. 09.02.2012 – 17 C 96/11, JurionRS 2012, 11803 (Tankstellenbetreiber – Urteil fehlerhaft, soweit Anspruch wegen nicht verkauftem und entsorgtem Fastfood zugesprochen wurde, *BGH* Urt. v. 04.02.1964 -VI ZR 25/63, BGHZ 41, 123 = JurionRS 1964, 10253 ist nicht einschlägig).
59 *M. Müller* r+s 2012, 584 ff.
60 *BGH* Urt. v. 28.09.2011 – IV ZR 294/10, JurionRS 2011, 25980 = DAR 2011, 704 = VersR 2011, 1509 = zfs 2011, 695 = r+s 2011, 17 = NZV 2012, 34 = NJW-RR 2012, 163 = VRR 2012, 24 bespr. v. *Knappmann*.
61 Stiefel/*Maier* A.1.1 AKB, Rn. 16.
62 *BGH* Urt. v. 01.07.2011 – V ZR 154/10, JurionRS 2011, 20543 = NJW-RR 2011, 1476 = NZM 2011, 632 = NZV 2011, 604; *OLG Nürnberg* Urt. v. 18.01.1974 – 1 U 136/73, VersR 1974, 1090 = NJW 1974, 1145 (Ls.); FAKomm/Verkehrs/*Balke* § 12 StVO, Rn. 74; Hentschel/*König*/Dauer § 12 StVO, Rn. 47.
63 *BGH* Urt. v. 18.11.2003 – VI ZR 385/02, JurionRS 2003, 23633 0 DAR 2004, 77 = NJW 2004, 356 = VersR 2004, 255 = r+s 2004, 83 = VRS 106, 33 = JuS 2004, 545 = JZ 2003, 569 = MDR 2004, 274 = NJ 2004, 129 = NZV 2004, 136 = zfs 2004, 111 (Autokran gelangt nicht an Baustelle).
64 Kritsch *Weber* Der Schadensersatzanspruch des Bauunternehmers beim Versperren einer Baustellenzufahrt durch verkehrsbehindernd abgestellte Kraftfahrzeuge, DAR 1994, 251 f.

2. Nicht erfasste Schadenarten

Von der vertraglichen Regelung werden keine weiteren Schadenarten erfasst. Damit wird zugleich der Anwendungsbereich limitiert. Als weitere Schadenarten sind z. B. denkbar:
- Aufwendungen im Rahmen polizeilicher Ermittlungen
- frustrierte Aufwendungen von Geschädigten, für die keine Anspruchsgrundlage gegeben ist
- mittelbare Schäden Dritter, für die der deutsche Gesetzgeber ebenfalls keine Anspruchsgrundlage vorsieht
- Zeitaufwand[65]
- der reine Ökoschaden an Gütern im Sinne des USchadG[66]

Die berechtigte Ablehnung von Schadensersatzleistungen stößt bei Geschädigten oft auf Unverständnis. Sind Nachbarn, Bekannte oder Verwandte geschädigt, besteht häufig ein großes Interesse des Versicherungsnehmers, dass diese Schadenspositionen auch von seinem Versicherer übernommen werden. Er möchte das **Konfliktpotential** durch das Unfallereignis nicht noch zusätzlich durch nicht ausgeglichene Positionen belastet wissen.

Im Bereich der Privathaftpflichtversicherung[67] wurde der Bedarf bei manchen Gesellschaften erkannt. Es sind deswegen in engen Grenzen – stark abweichende[68] – Deckungskonzepte erstellt worden, wonach auf ausdrücklichen Wunsch des Versicherungsnehmers Schäden reguliert werden, für die tatsächlich kein Ersatzanspruch besteht.

Der vertraglichen Bestimmung in den AKB kommt daher eine limitierende Wirkung zu. Der Versicherungsnehmer kann bei Vertragsabschluss klar erkennen, dass sein Versicherer nicht zu mehr verpflichtet ist. Alles andere bedeutete Kulanz.

Freilich eröffnet dies Wege, in Anlehnung an Konzepte in der Privathaftpflichtversicherung, die individuellen AKB›s der Kfz-Haftpflichtversicherer durch Aufnehme entsprechender Klauseln »nachzubessern«.

III. Freistellungsanspruch

Die Vertragsvorschrift nimmt das Wort »freizustellen« auf, wie sie nunmehr in § 100 VVG enthalten ist. Das alte VVG enthielt noch keine derartige Vorschrift, weswegen auch die AKB a. F. den Begriff noch nicht[69] beinhaltet haben.

---

65 *BGH* Urt. v. 09.03.1976 – VI ZR 98/75, BGHZ 66, 112 = JurionRS 1976, 11413 = VersR 1976, 857 = NJW 1976, 1256 =DB 1976, 1284 = MDR 1976, 831; *AG Mainz* Urt. v. 12.03.2009 – 83 C 324/08, SP 2010, 82.
66 Eine Lösung über die Kfz-USV ist möglich; siehe *Schwab* Kfz-USV Rdn. 1 ff.
67 *Kuhn* ADAC-RechtsForum vom 12.05.2004, »Kinderunfälle im Straßenverkehr – Haftung und Versicherung«, S. 291.
68 Halm/Engelbrecht/Krahe/*Wendt* Handbuch des Fachanwalts Versicherungsrecht, Kap. 24, Rn. 1 u. 41.
69 Stiefel/*Maier* Kraftfahrtversicherung, A.1.1.2 AKB, Rn. 56.

A.1.1.1 AKB (Schadensersatzansprüche; Gebrauch, etc.)

71 Der Versicherungsnehmer kann danach die Befreiung von seiner Verbindlichkeit gegenüber einem Geschädigten durch seinen Versicherer verlangen. Gleichzeitig wird damit dem Wesen der Haftpflichtversicherung[70] entsprechend klargestellt, dass der Versicherungsnehmer nicht[71] regelmäßig[72] Zahlung an sich verlangen kann.

72 Hat ein unbeteiligter Dritter bereits für den Versicherungsnehmer in dessen Auftrag geleistet, besteht dessen[73] Verbindlichkeit nunmehr gegenüber dem Dritten. Der Versicherungsnehmer kann dann von seinem Versicherer statt Leistung an den Geschädigten Leistung an den nicht geschädigten Dritten[74] verlangen.

73 Handelt der unbeteiligte Dritte ohne Auftrag des Versicherungsnehmers, wie häufig durch Selbstbeauftragung bei der Ölspurbeseitigung, so besteht mangels Anspruch gegenüber dem Versicherungsnehmer erst recht kein Direktanspruch[75] gegenüber dem Versicherer. Der Versicherungsnehmer hat dann mangels Schadensersatzanspruch gegen ihn durch den unbeteiligten Dritten auch keinen Freistellungsanspruch gegen seinen Versicherer.

74 Reguliert der Versicherungsnehmer den Schaden des Dritten selbst, wandelt sich sein Freistellungsanspruch in einen Zahlungsanspruch[76] gegen seinen Haftpflichtversicherer um.

75 »Reguliert« der geschädigte Dritte durch Aufrechnung mit anderen Forderungen gegen den Versicherungsnehmer an sich selbst[77], wandelt sich der Freistellungsanspruch ebenfalls in einen Zahlungsanspruch um. Der Versicherungsnehmer kann Zahlung an sich verlangen. Dies gilt auch den Fällen, in denen der Dritte in anderer Weise (z. B. durch Vollstreckung) ohne Zutun[78] des Versicherungsnehmers die Leistung an sich bewirkt hat.

76 Ist ein vermögensloser Gegner nicht versichert und besitzt er keinen aufrechenbaren Gegenanspruch, so wandelt sich für den Versicherungsnehmer ausnahmsweise der Frei-

---

70 *BGH* Urt. v. 08.10.1952 – II ZR 309/51, BGHZ 7, 244 = JurionRS 1952, 10088 = DB 1952, 908 = JZ 1952, 695 = MDR 1952, 743 = NJW 1952, 1333.
71 *BGH* Urt. v. 30.10.1954 – II ZR 131/53, BGHZ 15, 154 = JurionRS 1954, 13004 = DB 1954, 1019 = JZ 1955, 209 = NJW 1955, 101 = VersR 1954, 592; Stiefel/*Maier* Kraftfahrtversicherung, A.1.1.2 AKB, Rn. 57.
72 Ausnahmen unter A.1.1.1 AKB Rdn. 74–75.
73 Nicht die des Versicherers. Kein Direktanspruch des Dritten gegen den Versicherer, *OLG Frankfurt* Urt. v. 09.01.1980 – 13 U 191/78, zfs 1980, 117.
74 *BGH* Urt. v. 26.11.1959 – II ZR 60/58, JurionRS 1959, 14619 = VersR 1960, 73 = MDR 1960, 207; Schwintowski/Brömmelmeyer/*Retter* PK-VersR § 100 VVG, Rn. 37.
75 *BGH* Urt. v. 04.07.1978 – VI ZR 95/77, BGHZ 72, 151 = JurionRS 1978, 11397 = NJW 1978, 2030 = VersR 1978, 870 = DB 1978, 212 = JZ 1978, 719 = MDR 1979, 130; *BGH* Urt. v. 04.07.1978 – VI ZR 96/77, JurionRS 1978, 11398 = VersR 1978, 952 (Ölschadendienst).
76 *BGH* Urt. v. 01.02.1968 – II ZR 79/65, JurionRS 1978, 11398 = VersR 1968, 289.
77 *OLG Hamm* Urt. v. 14.11.1975 – 20 U 126/75, JurionRS 1975, 11519 = VersR 1978, 80.
78 Staudinger/Halm/Wendt/*Heinrichs* FAKomm/VersR § 100 VVG, Rn. 27.

stellungsanspruch nicht[79] in einen Zahlungsanspruch um. Der Versicherungsnehmer kann in diesem Falle nicht erwarten so gestellt zu werden, als habe er einen realisierbaren Anspruch durch Aufrechnung verloren.

In den Fällen, in denen der geschädigte Dritte ausnahmsweise keinen Direktanspruch gegen den Kfz-Haftpflichtversicherer nach § 115 Abs. 1 Satz 1 Nr. 1 VVG hat, kann dieser vom Versicherungsnehmer den Freistellungsanspruch wie im sonstigen Haftpflichtrecht[80] erwerben – und zwar: 77
- durch Abtretungsvertrag mit dem Versicherungsnehmer
- durch Pfändung und Überweisung
- im Falle der Insolvenz des Versicherungsnehmer nach § 115 Abs. 1 Satz 1 Nr. 2 VVG
- des unbekannten Aufenthaltes des Versicherungsnehmer nach § 115 Abs. 1 Satz 1 Nr. 3 VVG

Der Freistellungsanspruch wandelt sich dann auch in diesem Fall in einen Zahlungsanspruch um. 78

IV. Gebrauch des Fahrzeugs

1. Welches Fahrzeug?

Gemeint ist das versicherte Risiko, also das Fahrzeug, das im Versicherungsschein anhand der **Fahrzeug-Identifikationsnummer** (FIN) feststellbar ist, § 59 StVZO. Sie hat ausschlaggebende aber nicht alleinige[81] Bedeutung. Eine solche Nummer ist an jedem Fahrzeug angebracht (im Rahmen eingeschlagen). Sie individualisiert jedes Fahrzeug unterscheidbar von anderen. 79

Weicht die im Versicherungsschein eingetragene Nummer von der FIN lediglich durch einen Übertragungsfehler oder fehlerhafte Angaben des Versicherungsnehmers ab, ist dies für den Versicherungsschutz unerheblich, da es auf den wahren Willen[82] des Versicherungsnehmers ankommt. 80

Das amtliche Kennzeichen bei zulassungspflichtigen Fahrzeugen reicht für eine Individualisierung allein nicht aus, da Kennzeichen leicht entfernt werden können. 81

Auch zulassungsfreie Fahrzeuge, die mit Versicherungskennzeichen im öffentlichen Verkehrsraum gefahren werden dürfen, verfügen über eine individualisierte FIN, § 26 Abs. 1 Satz 4 FZV. 82

---

79 Stiefel/*Maier* Kraftfahrtversicherung, A.1.1.3 AKB, Rn. 61.
80 *BGH* Urt. v. 21.09.1983 – IVa ZR 165/81, BGHZ 88, 228 = JurionRS 1983, 12555 = MDR 1984, 210 = NJW 1984, 370; *OLG Saarbrücken* Urt. v. 01.06.2005 – 5 U 328/04–41, JurionRS 2005, 19575 = OLGR 2005, 704 = VersR 2006, 400 = r+s 2005, 416; Schwintowski/Brömmelmeyer/*Retter* PK-VersR § 100 VVG, Rn. 39.
81 *OLG Karlsruhe* Urt. v. 19.02.1981 – 12 U 94/80.
82 *BGH* Urt. v. 22.02.1995 – IV ZR 58/94, JurionRS 1995, 15596 = DB 1995, 1603 = MDR 1995, 1207 = NJW-RR 1995, 859 = BB 1995, 1155 = VersR 1995, 648 = zfs 1995, 219.

A.1.1.1 AKB (Schadensersatzansprüche; Gebrauch, etc.)

83   Gravierende[83] nachträgliche Veränderungen können die Individualisierbarkeit des versicherten Fahrzeugs aufheben. Als massive Veränderung wird man ansehen können, wenn der Motor auf Flüssiggasbetrieb[84] umgestellt wurde. Es handelt sich dann nicht mehr um das im Versicherungsschein bezeichnete Fahrzeug. Dies gilt insbesondere dann, wenn sich die FIN auf den Bauteilen des verunfallten Fahrzeugs nicht mit dem im Vertrag bezeichneten Fahrzeug[85] deckt.

84   Aber nicht nur die Fahrzeugidentifikationsnummer als solche, sondern auch weitere fahrzeug- und nutzungsbezogene Merkmale dienen der Individualisierung und Einordnung in Risikokategorien[86], wobei diese durchaus individuell von den Versicherern unterschiedlich gewichtet werden können. So sind fahrzeugbezogen neben
– Fahrzeugart
– Hersteller
– Modell
– Baujahr
– Motorleistung
– Höchstgeschwindigkeit[87]
– Sitzplatzzahl
– Nutzlast
– zulässiges Gesamtgewicht
– Fahrzeugaufbau
– Anhängerzugvorrichtung

auch nutzungsbezogene Angaben entscheidend wie
– Standort
– voraussichtliche Jahreskilometerleistung
– Alter der Fahrer
– private Nutzung/Mietwagen/Selbstfahrer-Mietfahrzeug
– Werkverkehr-/Güterverkehr-/Baustellenverkehr
– Nahverkehr/Fernverkehr
– Gefahrgutbeförderung

---

83   *BGH* Urt. v. 15.03.1978 – IV ZR 115/76, JurionRS 1978, 11501 = VersR 1978, 457 (BMW statt Opel); *AG Weiden i. d. OPf.* Urt. v. 25.09.1987 – 2 C 779/87, zfs 1988, 82 (Doppelkarte wird für einen Opel ausgegeben, aber ein BMW gefahren).
84   In Anlehnung an *OLG Koblenz* Beschl. v. 26.09.2012 – 2 U 1127/11, NJOZ 2013, 204 (Erlöschen der Werksgarantie).
85   *OLG Saarbrücken* Urt. v. 17.03.1989 – 3 U 164/84, JurionRS 1989, 14261 = r+s 1990, 292 = VersR 1990, 779 = zfs 1990, 60 (»frisiertes« Mofa); *BGH* Nichtannahmebeschl. v. 13.12.1989 – IVa ZR 103/89; *LG Hanau* Urt. v. 21.02.1980 – 70 O 356/79, VersR 1981, 545 (Rahmen ausgewechselt).
86   Zur Tarifierung siehe *Stadler* Die Kfz-Versicherung, Rn. 84 ff.
87   *BGH* Urt. v. 25.02.1970 – IV ZR 639/68, JurionRS 1970, 11136 = VersR 1970, 412.

2. Auslegung des Gebrauchsbegriffs im Sinne der AKB

Die Musterbedingungen des GDV enthalten leider[88] ebenso wenig wie das PflVG oder die KfzPflVV eine Definition[89] des Begriffs »*Gebrauch*«. Nach Empfehlung Nr. 2 des Arbeitskreises IV des 49. Deutschen Verkehrsgerichtstages 2011 wird eine Definition für überflüssig gehalten, da eine umfangreiche Rechtsprechung[90] existiere. Sieht man allerdings, wo und wie unterschiedlich das Wort Verwendung findet, sollten Zweifel aufkommen. Das Wort »*Gebrauch*« – allein im Zusammenhang mit der Kraftfahrtversicherung – kommt an folgenden Stellen vor: 85

Straf- und Ordnungswidrigkeitenrecht	§ 6 Abs. 1 PflVG § 9 Abs. 1 AuslPflVG § 22 Abs. 2 StVG § 248b Abs. 1 StVG
zivilrechtlichen Haftungsrecht	§ 12 Abs. 1 PflVG § 12a Abs. 1 PflVG
Versicherungsrecht	§ 1 PflVG § 7 Nr. 4 PflVG § 2 Abs. 1 KfzPflVV § 3 Satz 1 KfzPflVV
Versicherungsvertragsrecht	A.1.1.1 AKB A.1.1.5 AKB A.1.2 e AKB A.1.5.6 AKB A.2.1.2.1 b AKB A.2.1.2.1 d AKB A.2.2.1.2 b AKB A.2.2.1.2 c AKB A.2.2.3 AKB A.4.1.1 AKB A.4.2.1 AKB A.4.2.3 AKB A.4.2.4 AKB D.1.1.2 AKB G.3.5 AKB H.1.5 AKB

Die Zielsetzungen des PflVG, in Anlehnung an die europäischen Vorgaben durch die KH-Richtlinien, sehen das Verkehrsopfer, das am öffentlichen Straßenverkehr teilnimmt, im Vordergrund. Entsprechend ist auch bei der Auslegung der AKB dieser Mindestumfang zu beachten (Unterschreitungsverbot). 86

---

88 *Stadler* Die Kfz-Versicherung, Rn. 144.
89 *Richter* »Gebrauch« und »Betrieb« eines Kfz, SVR 2011, 13 ff.
90 *Staab* Der Gebrauch des Kraftfahrzeugs, 49. DVGT 2011, 131 ff. (146); *ders.* DAR 2011, 181 ff. (186).

A.1.1.1 AKB (Schadensersatzansprüche; Gebrauch, etc.)

87 Gegenüber dem Versicherungsnehmer kommt es aber nicht nur auf diesen Mindeststandard an. Allgemeine Versicherungsbedingungen haben sich zudem bei der Auslegung an der berechtigten Erwartungshaltung eines verständigen Versicherungsnehmers zu orientieren. Es kommt also darauf an, was er noch von seiner Kfz-Haftpflichtversicherung erwarten kann (Gebot).

88 Dabei sollten einerseits Deckungslücken genauso vermieden werden wie Mehrfachversicherungen, die das gleiche Risiko abdecken. Zwingend ist diese Betrachtung allerdings nicht.

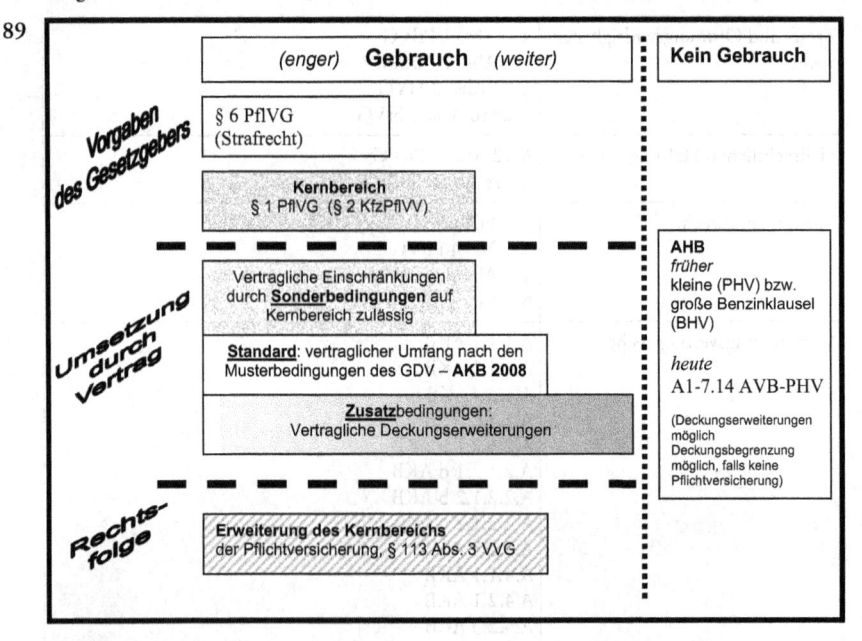

89

Vorgaben des Gesetzgebers	(enger) **Gebrauch** (weiter)	**Kein Gebrauch**
	§ 6 PflVG (Strafrecht)	
	Kernbereich § 1 PflVG (§ 2 KfzPflVV)	
Umsetzung durch Vertrag	Vertragliche Einschränkungen durch **Sonderbedingungen** auf Kernbereich zulässig	**AHB** *früher* kleine (PHV) bzw. große Benzinklausel (BHV)
	Standard: vertraglicher Umfang nach den Musterbedingungen des GDV – **AKB 2008**	*heute* A1-7.14 AVB-PHV
	Zusatzbedingungen: Vertragliche Deckungserweiterungen	(Deckungserweiterungen möglich Deckungsbegrenzung möglich, falls keine Pflichtversicherung)
Rechts- folge	Erweiterung des Kernbereichs der Pflichtversicherung, § 113 Abs. 3 VVG	

V. Durch den Gebrauch

1. Allgemeines

90 Die AKB 2015 gehen – wie schon die AKB 2008 – inhaltlich über die Mindestanforderungen des PflVG hinaus. Insbesondere gibt es keine örtliche Begrenzung auf den öffentlichen Verkehrsraum oder Einschränkungen auf reine Fahrzeugbewegungen.

91 Der gegenüber dem PflVG erweiterte Anwendungsbereich verlangt daher nach einer anderen Ausrichtung. Nach dem *BGH*[91] ist ein Schaden erst dann nicht mehr *durch* den Gebrauch des Fahrzeugs verursacht, wenn das Fahrzeug nicht mehr körperlich be-

---

91 *BGH* Urt. v. 10.07.1980 – IVa ZR 17/80, BGHZ 78, 52 = JurionRS 1980, 11759 = DAR 1980, 365 = NJW 1980, 2525 = MDR 1980, 1007 = VersR 1980, 1039 (Ausschluss KH)

teiligt ist und auch keine typische Fahrerhandlung vorliegt, die im Zusammenhang mit einer bestimmten Fahrt steht.

Durch den vertraglichen Einbezug von Mitversicherten nach den AKB, die selbst eigenständige Handlungen als Beifahrer oder Omnibusschaffner vornehmen können oder vorzunehmen haben (Unterlassen), sind auch deren Handlungen gedeckt. Voraussetzung ist, dass es sich um typische Handlungen von Mitversicherten handelt, die mit einer bestimmten Fahrt im Zusammenhang stehen. 92

2. Sonderbedingungen

Das Aufsichtsamt[92] kannte allgemeine und besondere Kraftfahrt-Bedingungen sowie Sonderbedingungen. Besondere Kraftfahrt-Bedingungen betrafen den allgemeinen Risikobereich und wurden einzelnen Unternehmen genehmigt. Dies geschah häufig mit der Zielsetzung, diese später in die AKB zu integrieren. 93

Sonderbedingungen sind vom Bundesaufsichtsamt für das Versicherungswesen genehmigte Kraftfahrt-Bedingungen, die sich auf spezielle Teilbereiche und letztlich auf spezielle Risiken beziehen. In Sonderbedingungen[93] können die allgemeinen Bedingungen näher beschrieben werden. Sie können sowohl Einschränkungen des Versicherungsschutzes als auch Erweiterungen enthalten. Sie sind bei der Auslegung dann heranzuziehen, wenn sie als speziellere Vorschriften ebenfalls Bestandteil des Kfz-Haftpflichtvertrages geworden sind. Wichtige Sonderbedingungen für die Kfz-Haftpflichtversicherung sind die Sonderbedingung Handel/Handwerk[94] und die Sonderbedingung 11 versicherungspflichtige Arbeitsmaschinen (außer Abschleppwagen). Nachstehend ist die Sonderbedingung 11 mit der Zusatzbedingung zur Sonderbedingung 11 und der Risikobeschreibung abgedruckt. 94

*Die **Sonderbedingung 11** für versicherungspflichtige Arbeitsmaschinen (außer Abschleppwagen)*[95] 95
1. *Der Versicherungsschutz erstreckt sich nach Maßgabe der AKB und der folgenden Bestimmungen auch auf die gesetzliche Haftpflicht aus der Verwendung des Fahrzeugs zur Leistung von Arbeit.*
2. *Mitversichert ist im Sinne von § 10 Abs. 2 AKB sind auch Personen,*
   a) *Die das Fahrzeug zum Zwecke der Arbeitsleistung unmittelbar bedienen,*
   b) *Die eine einweisende Tätigkeit ausüben, wenn sie dem Betrieb des Versicherungsnehmers angehören.*
3. *Falls im Versicherungsschein oder seinen Nachträgen nicht ausdrücklich etwas anderes bestimmt ist, bezieht sich der Versicherungsschutz nicht auf*
   a) *Haftpflichtansprüche aus Sachschäden durch Senkungen von Grundstücken, durch*

---

92 Bundesaufsichtsamt für das Versicherungswesen (BAV) VerBAV 1975, 299 (300).
93 Hinweise zu Sonderbedingungen VerBAV 1971, 320; VerBAV 1975, 299; VerBAV 1990, 176.
94 *Kreuter-Lange* SB Handel/Handwerk Rdn. 1 ff.
95 BAV Az: V –A 72 – 6 17/71, VerBAV 1975, 320 ff.

A.1.1.1 AKB (Schadensersatzansprüche; Gebrauch, etc.)

Erdrutschungen und durch Erschütterungen infolge von Rammarbeiten, soweit der Sachsachaden an dem Baugrundstück selbst oder an den darauf befindlichen Gebäuden oder Anlagen entsteht.
b) *Haftpflichtansprüche wegen Beschädigung fremder Sachen, die der Versicherungsnehmer gemietet, gepachtet, geliehen hat oder die Gegenstand eines Verfahrungsvertrages sind,*
c) *Haftpflichtansprüche wegen Beschädigung fremder Sachen, die durch eine gewerbliche oder berufliche Tätigkeit des Versicherungsnehmers an oder mit diesen Sachen(z. B. Bearbeitung, Be- und Entladen, Prüfung und dergl.) entstanden sind; bei Schäden an fremden unbeweglichen Sachen gilt dieser Ausschluss nur insoweit, als diese Sachen oder Teile von ihnen unmittelbar Gegenstand der Tätigkeit sind,*
d) *Haftpflichtansprüche aus Sach- und Vermögensschäden an Erdleitungen (Kabeln, unterirdischen Kanälen, Wasserleitungen, Gasrohren und anderen Leitungen) sowie an elektrischen Frei- und Oberleitungen einschließlich der sich daraus ergebenden Folgeschäden bei Verwendung des Fahrzeugs zur Leistung von Arbeiten irgendwelcher Art. (Dieses Risiko kann durch eine besondere Versicherung abgedeckt werden.)*

Sind die Voraussetzungen der obigen Ausschlüsse in der Person von Angestellten, Arbeitern, Bediensteten, Bevollmächtigten oder Beauftragten des Versicherungsnehmers gegeben, so entfällt gleichfalls der Versicherungsschutz, und zwar sowohl für den Versicherungsnehmer als auch für die durch den Versicherungsvertrag mitversicherten Personen.

Die Erfüllung von Verträgen und die an die Stelle der Erfüllungsleistung tretende Ersatzleistung ist nicht Gegenstand der Haftpflichtversicherung, auch dann nicht, wenn es sich um gesetzliche Ansprüche handelt, desgleichen nicht der Anspruch aus der gesetzlichen Gefahrtragung (für zufälligen Untergang und zufällige Verschlechterung).

4. *Ausgeschlossen von der Versicherung bleiben*
a) *Haftpflichtansprüche, die darauf zurückzuführen sind, dass der Versicherungsnehmer besonders gefahrdrohende Umstände, deren Beseitigung der Versicherer billigerweise verlangen konnte und verlangt hatte, nicht innerhalb einer angemessenen Fristbeseitigte. Ein Umstand, welcher zu einem Schaden geführt hat, gilt ohne weiteres als besonders gefahrdrohend,*
b) *Haftpflichtansprüche wegen Schäden, die an den vom Versicherungsnehmer (oder in seinem Auftrag oder für seine Rechnung von Dritten) hergestellten oder gelieferten Arbeiten oder Sachen infolge einer in der Herstellung oder Lieferung liegenden Ursache entstehen.*

96 *Zusatzbedingung zur Sonderbedingung 11 für den Einschluss von Schäden an Erdleitungen und elektrischen Frei- und Oberleitungen*

Abweichend von Ziffer 3d der »Sonderbedingung 11 für versicherungspflichtige Arbeitsmaschinen (außer Abschleppwagen)« sind eingeschlossen Haftpflichtansprüche aus Schäden an Erdleitungen (Kabel, unterirdische Kanäle, Wasserleitungen, Gasrohre und andere Leitungen) sowie an elektrischen Frei- und Oberleitungen einschließlich der sich daraus ergebenden Folgeschäden.

(Schadensersatzansprüche; Gebrauch, etc.) **A.1.1.1 AKB**

Abweichend von Ziffer 3c der »Sonderbedingung 11 für versicherungspflichtige Arbeitsmaschinen (außer Abschleppwagen)« schließt der Versicherungsschutz auch die gesetzliche Haftpflicht wegen Bearbeitungsschäden an solchen Leitungen ein.

Risikobeschreibung *(nicht genehmigungspflichtig)* 97

Von jedem Schaden hat der Versicherungsnehmer 20%, mindestens 100,– DM, höchstens 5.000,– DM selbst zu tragen.

Die Selbstbeteiligung erhöht sich auf 25%, mindestens 500,– DM, höchstens 15.000,– DM, wenn der Versicherungsnehmer oder sein Bevollmächtigter vor Beginn der Arbeiten sich nicht bei den zuständigen Stellen nach der Lage und dem Verlauf der Erdleitungen erkundigt oder den für die Baustelle Verantwortlichen nicht über das Ergebnis seiner Erkundigungen informiert hatte.

Die Höchstersatzleistung des Versicherers beträgt für Sach- und Vermögensschäden zusammen ... DM je Schadensereignis, das Zweifache dieser Summe für alle Schäden eines Versicherungsjahres.

3. Rechtsprechung zu einzelnen Fallgruppen[96]

Für die Auslegung der AKB sind **nur**[97] die AKB heranzuziehen. Für die Auslegung der AHB gilt dies nach neuerer Rechtsprechung[98] entsprechend.[99]   98

Die AHB mit ihren auf den Kraftfahrtbereich bezogenen Ausschlussklauseln können allenfalls ergänzend zur Abgrenzung des »Gebrauchs«[100] herangezogen werden. Die überwiegende Anzahl der Entscheidungen[101] betreffen auch gerade Fälle, bei denen um Deckungsschutz aus der Privat- oder der Betriebshaftpflichtversicherung gestritten wurde. Es ging dabei oftmals um die Anwendung der früheren »kleinen Benzinklausel«   99

---

96 Bei den unten folgenden Orientierungssätzen bei den einzelnen Fallgruppen handelt es sich nicht um Leitsätze des Gerichts.
97 *OLG Frankfurt* Urt. v. 07.05.2009 – 1 U 264/08, JurionRS 2009, 31972 = OLGR 2009, 680 = r+s 2009, 426 = MDR 2009, 1337 = NZV 2010, 77 = NJOZ 2011, 358 = SP 2009, 300 = SVR 2011, 17 bespr. v. *Richter*.
98 *BGH* Urt. v. 13.12.2006 – IV ZR 120/05, BGHZ 170, 182 = JurionRS 2006, 29989 = DAR 2007, 207 = VersR 2007, 388 = MDR 2007, 584 = NJW-RR 2007, 464 = NZV 2007, 189 = SVR 2007, 264 = VK 2007, 39 = zfs 2007, 221 = VRS 112, 207 = r+s 2007, 107 = VRR 2007, 185 bespr. v. *Knappmann*; bespr. v. *Felsch* Die neuere Rechtsprechung des IV Zivilsenats des Bundesgerichtshofs zur Haftpflichtversicherung, r+s 2008, 265 ff.; bespr. v. *Terno* Die Rechtsprechung des Bundesgerichtshofs zum Kraftfahrversicherungsrecht, DAR 2007, 316 ff.
99 Zustimmend Prölss/Martin/*Lücke* BesBed PHV Nr. 3, Rn. 7.
100 Früher war wohl die Klausel *»Ausgeschlossen bleiben in jedem Fall Schäden, die im Zusammenhang stehen mit dem Besitz oder der Führung von Luftfahrzeugen, von Kraftfahrzeugen, von Motorbooten, von mit Hilfsmotor versehenen Fahrzeugen jeder Art sowie von eigenen Wasserfahrzeugen und eigenen Fuhrwerken.«* üblich, *BGH* Urt. v. 26.03.1956 – II ZR 209/54, JurionRS 1956, 13650 = DB 1956, 522.
101 Sammlung in Prölss/Martin/*Lücke* BesBed PHV Nr. 3, Rn. 10 ff.

A.1.1.1 AKB (Schadensersatzansprüche; Gebrauch, etc.)

im Bereich der Privathaftpflichtversicherung und der »großen Benzinklausel« in den Bedingungen der Betriebshaftpflichtversicherung.

100 Eine Auslegung einzelner Klauseln kann heute – im Zeitalter nach der Deregulierung 1994 – weder das Ziel haben, alle Haftpflichtfälle abzudecken, noch Überscheidungen der Haftpflichtbereiche zu vermeiden. Dabei bleibt es selbstverständlich wünschenswert, wenn der Versicherungsnehmer nicht mehrfach Prämie für ein und denselben Risikobereich bezahlen muss. Misslich ist, dass er sich gleichzeitig nicht sicher sein kann, dass auch wirklich alle Fälle gedeckt sind, wenn er gerade nach einem für ihn geeigneten Deckungsanschluss[102] sucht.

101 Tatsächlich sind – wie auch schon vor der Deregulierung[103] – einerseits Deckungslücken möglich; andererseits aber auch Mehrfachversicherungen[104] denkbar. Schon vor der Deregulierung war bekannt, dass es keinen[105] lückenlosen Versicherungsschutz geben kann. Der Deckungsschutz in der Haftpflichtversicherung[106] kann sich auch nicht an den Ausschlüssen in der Kraftfahrthaftpflichtversicherung orientieren.

102 Die sich daraus ergebenden Fragen betreffen aber nicht in erster Linie die Auslegung der jeweiligen Vertragsklausel, sondern, ob der Versicherungsnehmer **ausreichend beraten** wurde. Im Falle eines vom Versicherungsnehmer[107] darzulegenden und nachzuweisenden Beratungsverschuldens[108] ist dieser dann so zu stellen, wie er bei angemessener Beratung den Vertrag geschlossen hätte.

a) Anhänger

103 Bei einem Anhänger stellen sich zwei Fragenkomplexe:

104 Ein Anhänger ist ein Fahrzeug aber mangels Motor kein Kraftfahrzeug, § 1 Abs. 2 StVG.

105 Die Benzinklauseln aus der allgemeinen Haftpflichtversicherung betreffen, selbst wenn sie »*Benzin- oder Kraftfahrzeugklauseln*« genannt werden, auch Fahrzeuge, die mit einem Kraftfahrzeug verbunden werden können. Insoweit mag dort die Bezeichnung

---

102 *BGH* Urt. v. 26.03.1986 – IVa ZR 86/84, JurionRS 1986, 13728 = MDR 1986, 831 = VersR 1986, 537 = NJW-RR 1986, 900.
103 *BGH* Urt. v. 16.10.1991 – IV ZR 257/90, JurionRS 1991, 14354 = VersR 1992, 47 = DAR 1992, 101 = MDR 1992, 235 = NJW 1992, 315 = r+s 1992, 46 = zfs 1992, 90 = NZV 1992, 74 = SP 1992, 93 = VRS 82, 179.
104 Prölss/Martin/*Lücke* BesBed PHV Nr. 3, Rn. 7.
105 *Hofmann* in krit. Anm. zu *OLG Hamm* Urt. v. 02.10.1992 – 20 U 81/92, zfs 1993, 312.
106 *Hofmann* Die Abgrenzung der Haftpflichtversicherung von der Kraftfahrtversicherung durch die Kraftfahrzeugklauseln, NVersZ 1998, 54 ff.
107 *BGH* Urt. v. 23.10.2014 – III ZR 82/13, JurionRS 2014, 25026 = DB 2014, 2888 = NJW-RR 2015, 158 = WM 2014, 2212 (fehlerhafte Beratung durch Versicherungsmakler).
108 *Kreuter-Lange* § 6 VVG Rdn. 17.

(Schadensersatzansprüche; Gebrauch, etc.) **A.1.1.1 AKB**

etwas ungenau[109] sein. Auf den ersten Blick könnte man annehmen, ein von einem Zugfahrzeug abgekoppelter Anhänger sei aufgrund der dortigen Ausschlussklausel zwanglos in der allgemeinen Haftpflichtversicherung eingeschlossen. Dem ist jedoch nicht so.

Das Beispiel zeigt wie wichtig es ist, die Auslegung der AKB **nicht** an den AHB zu orientieren. 106

Neben der möglichen Abgrenzungsproblematik zur allgemeinen Haftpflichtversicherung war es früher sehr wichtig, zu unterscheiden, ob die Verwendung des Anhängers noch dem Gebrauch der Zugmaschine zuzurechnen ist. 107

Diese Fragestellung hat sich aufgrund der eigenständigen Halterhaftung nach § 7 Abs. 1 StVG für den Anhänger mit Inkrafttreten des zweiten Schadensersatzrechtsänderungsgesetzes[110] zum 01.08.2002 weitgehend entschärft. 108

Neu hinzugekommen ist dafür die Problematik, wie bei zusammengesetzten Zügen eine Klärung im Innenverhältnis zu erfolgen hat. 109

aa) Gebrauch bejaht

- Der Betrieb nach § 7 StVG a. F. (und damit auch der Gebrauch) der Zugmaschine 110
  ist zu bejahen, wenn ein beim Betriebsvorgang mit einem Zug verunglückter Anhänger zur Abholung an der Fahrbahnseite abgestellt wird und es nachfolgend mit dem betriebsunfähigen Anhänger zu einem Unfall kommt[111]
- Ein zum Entladen abgekoppelter Anhänger bildet noch eine Betriebseinheit mit dem wartenden Zugfahrzeug, so dass sich bei einem Schaden durch den Anhänger zugleich ein Schaden durch den Gebrauch der Zugmaschine verwirklicht[112]
- Wird ein umgebauter, nicht zugelassener und auch nicht zulassungsfähiger Bauwagen von Menschenkraft bewegt, fällt ein hierbei eintretender Schaden nicht unter den Schutz der allgemeinen Haftpflichtversicherung[113]
- Unfall im Rahmen der Ladungssicherungsarbeiten an einem Anhänger, der mit einem Mofa verbunden ist[114]
- Ein in der Kfz-Haftpflichtversicherung versicherbarer Anhängergebrauch ist kein von der Betriebshaftpflicht zu deckender Anhängergebrauch[115]

---

109 Die alten sog. »*Großen Benzinklauseln*« der Betriebshaftpflicht enthielten ausdrücklich eine entsprechende Unterscheidung zwischen Kfz und Kfz-Anhänger.
110 Gesetz vom 19.07.2002, BT-Drucks. 14/7752.
111 *BGH* Urt. v. 21.03.1961 – VI ZR 88/60, JurionRS 1961, 10281 = DAR 1991, 199 = VersR 1961, 473 = DB 1961, 672 = MDR 1961, 589 = NJW 1961, 1163.
112 *OLG München* Urt. v. 19.12.1997 – 10 U 2963/97, OLGR 1998, 167 = NZV 1999, 124.
113 *OLG Hamm* Urt. v. 15.12.1987 – 20 W 88/87, r+s 1988, 163 (*Ausschluss AH*).
114 *OLG Frankfurt* Urt. v. 07.05.2009 – 1 U 264/08, JurionRS 2009, 31972 = OLGR 2009, 680 = r+s 2009, 426 = MDR 2009, 1337 = NZV 2010, 77 = NJOZ 2011, 358.
115 *OLG Hamm* Urt. v. 30.01.1991 – 20 U 225/90, NJW-RR 1991, 992 = VersR 1991, 1399 (erster Ls. unzutreffend) = r+s 1991, 218 (*Ausschluss AH*).

Schwab

A.1.1.1 AKB (Schadensersatzansprüche; Gebrauch, etc.)

bb) Gebrauch verneint

111 – Wird ein Anhänger von einer Weide von Hand gezogen, liegt als Vorbereitungshandlung für das spätere Anhängen an die Zugmaschine noch Gebrauch der Zugmaschine vor[116]

cc) eigene Ansicht

112 Mit Blick auf die gebesserte Haftungssituation durch Änderung des § 7 StVG zu Gunsten der Verkehrsopfer bedarf es keiner allzu weiten Ausdehnung des Gebrauchs- und Betriebsbegriffs mehr, um diese Personen in den Genuss von Ansprüchen aus der Gefährdungshaftung kommen zu lassen. Sind Zugmaschine und Anhänger getrennt, wird im Regelfall eine Zäsur eintreten.

113 Anhängergebrauch und Gebrauch der Zugmaschine sind immer getrennt voneinander zu betrachten. Nicht jeder Halter der Zugmaschine ist gleichzeitig Halter des Anhängers. Entsprechend will er nicht mit Schäden belastet werden, die außerhalb seines Verantwortungsbereichs liegen.

114 Die beteiligten Haftpflichtversicherer eines Zuges haben zudem zu klären, wer vorrangig betroffen ist. Der GDV[117] schlägt dabei zu Recht vor, dies nach dem Ursachenschwerpunkt für den eingetretenen Schaden zu entscheiden.

b) Arbeitsmaschinen

115 Neben dem Fahrbetriebsrisiko ist das Arbeitsrisiko, das im Zusammenhang mit dem Fahrzeugeinsatz steht, von besonderer Bedeutung. Häufig sind damit tatsächliche Gefahren des Gewerbebetriebes[118] verbunden, die dennoch häufig dem Kfz-Haftpflichtrisiko zugerechnet werden.

116 Allerdings lassen sich Arbeitsrisiken in rechtlich zulässiger und in der Praxis häufig angewandter Form ausschließen. Dies erfolgt durch Sonderbedingungen.[119] Versicherer, die keine Sonderbedingungen verwenden, sollten das Zusatzrisiko in die normale Haftpflichtprämie durch auskömmliche Aufschläge einkalkulieren.

117 Beim Arbeitsrisiko ist nach Einsatzbereichen zu differenzieren.

---

116 *OLG Hamm* Urt. v. 17.01.1990 – 20 U 184/89, JurionRS 1990, 14630 = r+s 1990, 231 = VersR 1991, 219 = zfs 1990, 170 (Dort dann aber zwar Gebrauch des Anhängers, aber Zaun wurde nur gelegentlich des Gebrauchs nicht verschlossen; kein Ausschluss PHV).
117 Sonderrundschreiben des GDV vom 18.01.2006, K 01/2006.
118 Stiefel/*Maier* A.1.1 AKB, Rn. 41.
119 Sonderbedingung 11, VerBAV 1971, 320; siehe A.1.1.1 AKB Rdn. 93–97.

aa) **Fahrzeug dient der Transport- und Arbeitsleistung**

aaa) **Gebrauch bejaht**

- Arbeitsmaschine – Entladen eines Tanklastzuges mit dessen Betriebseinrichtung über (fremde) **Druckluft**[120]
- Arbeitsmaschine – Entladen von Chemikalien aus Tankwagen durch den Motor des Fahrzeugs angetriebenen **Kompressor**. Der Begriff des Gebrauchs i. S. von § 10 AKB (a. F.) bestimmt sich nach dem Interesse, das der Versicherte daran hat, durch den Einsatz des Kraftfahrzeugs und der an und auf ihm befindlichen Vorrichtungen nicht mit Haftpflichtansprüchen belastet zu werden. Dabei ist es unerheblich, ob diese auf den §§ 7 StVG, 823 BGB oder anderen Haftungsnormen beruhen[121]
- Arbeitsmaschine – Entladen von Heizöl aus einem Tankwagen mittels **Motorkraft**[122], da Versicherter Schutz aus der Kfz-Haftpflichtversicherung hier erwartet
- Missbräuchliche Verwendung von nur einem Hydraulikhebel der Ladeeinrichtung an einem Kübeldienst-LKW[123]
- Gabelstapler sind keine selbstfahrenden Arbeitsmaschinen. Wird ein Gabelstapler bis 19 km/h im öffentlichen Verkehrsraum benutzt, besteht Versicherungspflicht in der Kfz-Haftpflichtversicherung, so dass kein Deckungsschutz aus der bestehenden BHV verlangt werden kann[124]
- Gabelstapler sind Kraftfahrzeuge. Ein Gabelstapler, der auf der Ladefläche eines LKW fährt, fällt unter die Ausschlussklausel in der BHV[125]

118

120 *VG Hannover* Urt. v. 24.11.1992 – 10 A 4946/91, VersR 1994, 552.
121 *BGH* Urt. v. 19.09.1989 – VI ZR 301/88, JurionRS 1989, 13483 = DAR 1989, 418 = NJW 1990, 257 = MDR 1990, 143 = VRS 78, 33 = VersR 1989, 1187 = JuS 1990, 416 = NZV 1990, 116.
122 *BGH*, Urt. v. 26.06.1979 – VI ZR 122/78, BGHZ 75, 45 = JurionRS 1979, 11241 = NJW 1979, 2408 = MDR 1979, 1010; *BGH* Urt. v. 19.09.1989 – VI ZR 301/88, BGHZ 75, 45 = JurionRS 1989, 13483 = NJW 1990, 257 = NJW-RR 1990, 161 = VersR 1989, 1187 = NZV 1990, 116 = r+s 1990, 8; *BGH* Beschl. v. 08.04.2008 – VI ZR 229/07, NJW-Spezial 2008, 298 = SP 2008, 338 zum Berufungsurteil *OLG Frankfurt* Urt. v. 17.08.2007 – 19 U 268/06, JurionRS 2007, 49762 = zfs 2008, 377 = r+s 2008, 437 = NJOZ 2008, 2864; *OLG Köln* Urt. v. 10.02.1992 – 11 U 172/92, JurionRS 1992, 15364 = zfs 1993, 232 = r+s 1994, 43 = SP 1994, 130 = VersR 1994, 108; *OLG Köln* Urt. v. 02.03.1989 – 5 U 133/88, JurionRS 1989, 14122 = NZV 1989, 276 = VersR 1989, 402 = OLGZ 1989, 456 = ZfW 1990, 356; *LG Hamburg* Urt. v. 06.10.1994 – 323 O 225/93, SP 1994, 431.
123 *OLG Karlsruhe* Urt. v. 28.12.1995 – 19 U 70/95, JurionRS 1995, 16306 = VersR 1996, 1228 (Ausschluss BHV); Vorinstanz *LG Freiburg* Urt. v. 16.02.1995 – 8 O 574/94, JurionRS 1995, 15861 = VersR 1996, 51.
124 *OLG Köln* Urt. v. 09.03.1999 – 9 U 82/98, r+s 1999, 272 m. Anm. *Schimikowski* = VersR 2000, 352 = zfs 1999, 430; *OLG Koblenz* Beschl. v. 21.02.2011 – 10 U 1049/10, VersR 2011, 1434.
125 *OLG Düsseldorf* Urt. v. 25.06.1985 – 4 U 408/83, r+s 1986, 31.

A.1.1.1 AKB (Schadensersatzansprüche; Gebrauch, etc.)

bbb) Gebrauch verneint

119 – Auswahl des falschen Stutzens am Silo des Empfängers durch den Fahrer[126]
– Vermischung von Vergaserkraftstoff mit Diesel wegen Verwechslung der Einfüllstutzen an der Tankstelle durch den Tankwagenfahrer[127]

ccc) eigene Ansicht

120 Fahrzeuge mit Silo- oder Tankaufbauten verfügen über besondere Einrichtungen, um das Be- und Entladen bewerkstelligen zu können. Die Transportfunktion steht im Vordergrund.

121 Saugfahrzeuge ziehen über Motorleistung oder Zusatzaggregate Produkte in den Transportbehälter. Das Entladen kann mittels eigener Motorleistung mit Nebenantrieb aber auch mit fremder Kraft, fremder Pressluft, im freien Fall oder durch eine fremde stationäre Pumpenleistung erfolgen. Es ist daher zu differenzieren:

122 *Gebrauch:* Die Arbeitsleistung beim Be- und Entladen gehört zum Gebrauch des Fahrzeugs, soweit das Fahrzeug in seiner Transportfunktion durch die dem Be- und Entladen dienenden **fahrzeugeigenen Zubehöreinrichtungen** unterstützt wird.

123 *Kein Gebrauch:* Arbeitsleistungen, vermittelt durch Fremdluft, fremdem Pumpendruck etc., liegen dagegen im Wirk- und Verantwortungsbereich **fahrzeugfremder Einrichtungen** und Personen.

124 Handlungen des Fahrers oder Beifahrers stehen soweit im Zusammenhang mit dem Gebrauch des Fahrzeugs, als sie noch mit ihrem **Aufgabenbereich am Fahrzeug** oder dessen Sicherung im Zusammenhang stehen. Hierzu gehören beispielhaft:
– das Anschließen von Schläuchen am Fahrzeug
– das Öffnen von Ventilen am Fahrzeug
– das Regeln der Pumpen am Fahrzeug
– das Aufstellen von »Lübecker Hütchen« zur Absicherung des Fahrzeugs oder eines zum Fahrzeug gehörenden Schlauchs

125 Dagegen sind **fahrzeugferne Handlungen**, auch wenn sie vom Fahrer tatsächlich ausgeführt werden, nur Arbeiten, die **gelegentlich mit erledigt** werden.

126 Dies geschieht in Ermangelung einer weiteren Person beim Verlader oder Empfänger, weil man dort Personal einspart. Hierzu zählen insbesondere:
– das Öffnen von Domdeckeln am Empfängertank
– das Auswählen von Anschlüssen beim Empfänger

---

126 *LG Koblenz* Urt. v. 14.05.2009 – 14 S 118/08, JurionRS 2009, 43027 = DAR 2009, 468; *AG Dortmund* Urt. v. 22.07.2008 – 423 C 1629/08.

127 *OLG Hamburg* Beschl. v. 26.06.2008 – 15 W 4/08, JurionRS 2008, 42577 = OLGR 2008, 895 = DAR 2010, 699, bestätigt mit anderer Begründung *BGH* Beschl. V. 27.07.2010 – VI ZB 49/08, JurionRS 2010, 22037 = DAR 2010, 639 u. 698 = VersR 2010, 1360 = r+s 2010, 433 = MDR 2010, 1322 = NZV 2010, 560 = NJW-RR 2010, 1471 = zfs 2010, 611 = VRR 2010, 421 bespr. v. *Knappmann*; *OLG München* Urt. v. 24.04.2015 – 25 U 4874/14.

– das Öffnen von Ventilen am Silo- oder Tankbehälter des Empfängers

Übernimmt der Fahrer Aufgaben Dritter, ist er nur als dessen Erfüllungsgehilfe[128] tätig oder er tut dies im Rahmen eines zusätzlichen Auftrages. Es handelt sich dann um eine gesondert zu versichernden Logistikleistung. Die Tätigkeiten des Fahrers sind nur Handlungen **gelegentlich des Gebrauchs** des Fahrzeugs. Solche Arbeiten kann auch ein »Nicht-Fahrer« bzw. »Nicht-Beifahrer« ausführen. 127

Gegenprobe: Schließt ein Mitarbeiter des Empfängers an dessen Tank falsch an, produziert er einen Eigenschaden. Niemand käme jetzt ernsthaft auf die Idee, diese Tätigkeit dem Fahrer zurechnen zu wollen. Diese (fahrzeugfremde) Person ist zudem auch keine mitversicherte Person nach A.1.2 d) bis g) AKB. 128

bb) Fahrzeug mit Anbaugerät für Arbeitsleistung

aaa) Gebrauch bejaht

– Arbeitsmaschine – Einsatz einer hydraulischen Containerhubvorrichtung eines LKW[129] 129
– Arbeitsmaschine – Seilwinde eines Forstschleppers[130]

bbb) Gebrauch verneint

– Arbeitsmaschine – fehlerhafte Anbauspritze. Bei ordnungsgemäßem Gebrauch eines fehlerfreien Fahrzeugs kommt dieser Mitwirkung an der Schadensentstehung keine selbstständige Bedeutung zu[131] 130
– Arbeitsmaschine – Schäden sind nicht dem Gebrauch zuzurechnen, wenn sich die Gefahren aus der betrieblichen Verwendung eines Unkrautvernichtungsmittels ergeben[132]
– Arbeitsmaschine – Schäden durch Windabdrift sind nicht Schäden durch den Gebrauch des Fahrzeugs[133]
– Arbeitsmaschine – Planierraupe: Eine bloße zusätzliche Ursache, die durch den Gebrauch eines Kraftfahrzeugs gesetzt wird, ist kein Umstand, dem gegenüber der Ver-

---

128 *OLG Frankfurt* Urt. v. 30.05.2006 – 18 U 64/05, JurionRS 2006, 26582 = SVR 2006, 340, bespr. v. *Schwab* = OLGR 2007, 403; *LG Köln* Urt. v. 24.09.1993 – 90 O 42/93, TranspR 1994, 114.
129 *LG Freiburg* Urt. v. 16.02.1995 – 8 O 574/94, JurionRS 1995, 15861 = VersR 1996, 51, bestätigt durch *OLG Karlsruhe*, Urt. v. 28.11.1995 – 19 U 70/95, VersR 1996, 1228.
130 *LG Stuttgart* Urt. v. 08.12.1995 – 17 O 215/95, NZV 1997, 45.
131 *BGH* Urt. v. 27.10.1993 – IV ZR 243/92, JurionRS 1993, 15349 = NJW-RR 1994, 218 = NZV 1994, 66 = r+s 1994, 2 = SP 1994, 96 = zfs 1994, 91 = VersR 1994, 83 = VerBAV 1994, 184 = MDR 1995, 44; Vorinstanz *OLG Frankfurt* Urt. v. 22.10.1992 – 3 U 179/91, OLGR 92, 214.
132 *OLG Schleswig* Urt. v. 01.11.2001 – 16 U 32/01, SP 2002, 253; *BGH* Nichtannahmebeschl. v. 25.09.2002 – IV ZR 286/01, SP 2003, 28.
133 *LG Frankenthal* Urt. v. 01.04.2004 – 3 O 400/03, SVR 2004, 275 bespr. v. *Schwab.*.

wirklichung der allgemeinen betrieblichen Haftpflichtgefahr eine selbstständige Bedeutung zukommt[134]

ccc) eigene Ansicht

131 Anders als bei speziellen Fahrzeugaufbauten, die regelmäßig im Rahmen der Mehrwertversicherung in der Fahrzeugversicherung aufgenommen werden, ist dem Versicherer bei Vertragsschluss gar nicht bekannt, was der Versicherungsnehmer über das eigentliche Fahrbetriebsrisiko hinaus mit dem Fahrzeug unternehmen will.

132 Die möglichen Anbauteile im landwirtschaftlichen und gewerblichen Bereich sind so vielfältig, dass eine Konkretisierung gar nicht möglich ist.

133 Der Versicherer hat jedoch die Möglichkeit, das Arbeitsrisiko durch Sonderbedingungen auszuschließen. Damit wird er aber den Interessen des Versicherungsnehmers hinsichtlich der Arbeitsmaschine nicht gerecht. Denkbar wäre eine Begrenzung auf bestimmte Anbaugeräte, die im Vertrag eingeschlossen oder ausgeklammert werden können.

134 Dennoch bleibt immer zu prüfen, worin tatsächlich das Schwergewicht der Schadenverursachung liegt. Beispiel:

135 Anbaugeräte, die nur vorübergehend mit dem Fahrzeug verbunden werden, bergen allein für sich betrachtet erhebliche Risiken. So können z. B. Anbauholzspalter, die im Wald eingesetzt werden, schwere Personenschäden verursachen. Die Kraftquelle für den Antrieb des Holzspalters kommt dabei, ähnlich bei den Spritzschäden, eher zufällig von einem Traktor. Ist das Anbaugerät defekt oder manipuliert worden und kommt es bei deren Verwendung zu einem Schaden, ist das Fahrzeug als Kraftquelle nur gelegentlich an dem Vorgang beteiligt.

cc) **Fahrzeug dient ausschließlich der Arbeitsleistung**

aaa) **Gebrauch bejaht**

136 – Arbeitsmaschine – Ausfahren eines auf einem Anhänger fest montierten Hubgestänges[135]
– Rohrreinigung (Kanal auf Rädern): Das häusliche Kanalnetz wird[136] per Schlauchleitung mittels Motorleistung aufgebautem Druck gereinigt
– Rohrreinigung (Kanal auf Rädern) beim Absaugen: Untergrund bricht aufgrund des mit der Beladung anwachsenden Fahrzeuggewichtes ein[137]

---

134 *BGH* Urt. v. 17.02.1966 – II ZR 103/63, BGHZ 45, 168 = JurionRS 1966, 11549 = NJW 1966, 929 = MDR 1966, 482 = DB 1966, 536.
135 *OLG Hamm* Urt. v. 30.01.1991 – 20 U 225/90, VersR 1991, 1399 (erster Ls. unzutreffend) = r+s 1991, 218 = NJW-RR 1991, 992.
136 *OLG Hamm* Urt. v. 12.12.2003 – 20 U 140/03, NJW-RR 2004, 603 = r+s 2004, 98 = NZV 2004, 204 = SP 2004, 204 = VersR 2004, 773 = zfs 2004, 171 = ZfW 2005, 67.
137 *OLG Düsseldorf* Urt. v. 04.02.1993 – 10 U 38/92, JurionRS 1993, 15513 = VersR 1993, 602 = OLGR 1993, 226.

(Schadensersatzansprüche; Gebrauch, etc.) **A.1.1.1 AKB**

- Nicht zugelassene, auf 29 km/h »*getunte*« selbstfahrende Pflanzenschutzspritze ist nicht in der Betriebshaftpflichtversicherung versicherbar[138]
- Autokran als Arbeitsmaschine. Der Begriff des Gebrauchs des Fahrzeugs i. S. v. § 10 Abs. 1 AKB a. F. umschließt zwar den Begriff des Betriebes i. S. v. § 7 Abs. 1 StVG, geht aber auch über ihn hinaus. Er betrifft jeden Vorgang und jede Handlung, die mit dem Verwendungszweck des Fahrzeugs zeitlich und örtlich in unmittelbarem Zusammenhang steht. Darüber hinaus wird bei einem Kfz auch seine Verwendung als Arbeitsmaschine als Gebrauch des Kfz angesehen[139]

bbb) Gebrauch verneint

- Eine sog. »Ameise« (motorbetriebener Hubwagen bis 6 km/h) ist schon kein Kraftfahrzeug, das unter die Pflicht-Versicherungsschutz der Kfz-Haftpflichtversicherung fällt[140] 137

ccc) eigene Ansicht

Sprachlich enthält der Wortlaut der AKB keinen Ausschluss des Arbeitsrisikos. Daher ist das Arbeitsrisiko grundsätzlich in der Kfz-Haftpflichtversicherung mit gedeckt. 138

Der Versicherer muss aber wissen, welches Risiko er tatsächlich decken soll. Die konkrete Art der Verwendung kommt hierbei zum Tragen, da dies ein essenzieller Faktor für die Bewertung des Risikos und der Festlegung der Prämie ist. Zudem besteht kein Zwang für den Versicherer, das Arbeitsrisiko eindecken zu müssen. 139

Das Arbeitsrisiko lässt sich durch die Vereinbarung von Sonderbedingungen[141] in zulässiger Weise ausschließen, da es nicht zum Kernbereich des PflVG gehört. 140

Ist das Arbeitsrisiko im Verwendungszweck des Kfz-Haftpflichtvertrages niedergelegt, gehört das dort beschriebene Arbeitsrisiko mit in den Deckungsumfang. 141

Ist es ausgeklammert worden oder werden vertragsuntypische Arbeiten mit dem Fahrzeug verrichtet, besteht kein Deckungsschutz wegen Verstoßes gegen die Verwendungsklausel, D.1.1.1 AKB i. V. m. D.2.1 Satz 1 AKB. 142

---

138 *OLG Koblenz* Urt. v. 14.03.2008 – 10 U 526/07, JurionRS 2008, 24122 = VersR 2009, 209 = OLGR 2009, 27 (So wohl aber auch nicht in der Kfz-Haftpflichtversicherung versicherbar!).
139 *OLG Frankfurt* Urt. v. 05.07.1995 – 19 U 63/93, JurionRS 1995, 16077 = r+s 1997, 141 = BB 1996, 13 = zfs 1997, 59 = VersR 1996, 1403 m. Anm. *Hammacher*, Urteilsbespr. von *Saller/Winter* in VersR 1997, 1191.
140 *BGH* Urt. v. 26.03.1986 – IVa ZR 86/84, JurionRS 1986, 13728 = VersR 1986, 537 = NJW-RR 1986, 900 = MDR 1986, 831.
141 Siehe A.1.1.1 AKB Rdn. 93–97.

A.1.1.1 AKB (Schadensersatzansprüche; Gebrauch, etc.)

143 Entscheidend ist daher, vor Vertragsschluss die exakte Beschreibung des Arbeitsrisikos sicherzustellen. Es obliegt dem Versicherer, die Situation des VN[142] zu ermitteln und aufklärend nachzufragen.

c) Beladen

aa) Gebrauch bejaht

144 – Hantieren mit Ladegut beim Beladen setzt Fahrzeug in Bewegung[143]
– Beim Hantieren mit Ladegut beim Beladen wird Ladegut beschädigt. Es kommen jedoch die die Ladung betreffenden Ausschlussklauseln der AHB und AKB (heute A.1.5.5 Abs. 1 AKB) zur Anwendung[144]
– Beim Anfahren während des noch nicht abgeschlossenen Beladevorgangs durch einen Gabelstapler werden dieser und das Ladegut beschädigt (Ausschlussklausel bezüglich Ladung, heute A.1.5.5 Abs. 1 AKB)[145]
– Kommt es beim Beladen eines LKW mit dessen Ladekran zu einem Ausreißen eines mit Metallstaub gefüllten Fasses (Folge: Rostflug auch Nachbargelände), so besteht eine Haftung aus § 7 StVG, da das Be- und Entladen hierzu gerechnet werden müsse[146]
– Kollidiert ein nicht zugelassenes Fahrzeug, das auf einen in 150 Meter Entfernung stehenden Autotransporter aufgeladen werden soll mit einem Dritten, hat der Kfz-Haftpflichtversicherer des Autotransporters[147] den Schaden zu ersetzen

bb) Gebrauch verneint

145 – Bei einer Vorbereitung zum Verladen liegt noch keine unmittelbare Funktionsbeziehung zum Fahrzeug vor. Wird das Fahrzeug bei der Schaden stiftenden Verrichtung nicht eingesetzt, wird es nicht gebraucht[148]
– Beladen eines Silos durch einen LKW ist grundsätzlich dem Gebrauch des Fahrzeugs zuzuordnen. Der Einsturz eines baufälligen Silos ist allerdings nicht durch den Ge-

---

142 Looschelders/*Pohlmann* VVG-Kommentar, § 6 VVG, Rn. 46.
143 *LG Köln* Urt. v. 30.11.1994 – 23 S 13/94, JurionRS 1994, 15788 = VersR 1996, 50 = zfs 1996, 61.
144 *OLG München* Urt. v. 02.10.1990 – 18 2407/90, VersR 1991, 456.
145 *OLG Hamm* Urt. v. 27.10.1995 – 20 U 75/95, JurionRS 1995, 16260 = NJW-RR 1996, 1432 = NZV 1996, 241 = VersR 1996, 967 = zfs 1996, 59.
146 *OLG Hamm* Urt. v. 22.09.1999 – 13 U 134/98, JurionRS 1999, 32831 = DAR 2001, 221 = NZV 2001, 84 = r+s 2000, 498 = PVR 2002, 259 bespr. v. *Schwab* (lediglich der Gebrauch ist zu bejahen; § 7 StVG unzureichend geprüft; § 12 StVG ist von Amts wegen zu beachten, wurde aber übersehen; unverständlich daher *BGH* Nichtannahmebeschl. v. 04.07.2000 – VI ZR 374/99).
147 *LG Bremen* Urt. v.18.06.2013 – 6 S 48/13, ADAJUR Dok.Nr. 104102 = NJW-RR 2013,1447 = NZV 2014,130 = r+s 2013, 454 = VersR 2014, 259; zu Recht schon die Haftung ablehnend Hentschel/*König*/Dauer, § 7 StVG Rn. 10.
148 *BGH* Urt. v. 23.02.1977 – IV ZR 59/76, JurionRS 1977, 11548 = MDR 1977, 652 = VersR 1977, 418 = DAR 1977, 218.

brauch des Fahrzeugs bedingt, sondern beruht auf einem allenfalls äußerlichen Zusammenhang[149]

cc) eigene Ansicht

Bereits in A.1.1.1 Satz 2 AKB wird das Be- und Entladen des Fahrzeugs wie auch das Ein- und Aussteigen klarstellend erwähnt. Der eigentliche Vorgang des Beladens ist damit ist damit unproblematisch ausdrücklich gedeckt. 146

Offen sind jedoch die Punkte, die über die körperliche Verschiebung der Ladung – von der und auf die Ladefläche – hinausgehen. Diese sind regelmäßig nicht mehr dem Fahrzeugrisiko zuzuordnen, da das Fahrzeug nicht mehr unmittelbar am Vorgang beteiligt ist, sondern sich allenfalls nur in der Nähe des Schadensortes befindet. 147

Soweit der Beladevorgang mit Hilfe einer technischen Ladehilfe[150] (Ladekran, Greifer) am Fahrzeug vorgenommen wird, geschieht dies im bestimmungsgemäßen Wirkkreis des Fahrzeugs. 148

Anders ist es jedoch wiederum, wenn mit Hilfe eines solchen Ladekrans nicht Beladen wird, sondern z. B. Paletten außerhalb der Ladefläche nur umgesetzt werden. In diesem Falle ist die Verwendung nicht bezogen auf das Fahrzeug. Die reine Arbeitsleistung, die hierdurch erbracht wird, ist nicht Bestandteil der Vorgaben der Pflichtversicherung und kann in individuellen AKB ausgeschlossen werden. 149

Fließende Übergänge sind denkbar, wenn z. B. ein LKW (passiv) durch einen Radlader (aktiv) beladen wird. So können beide Fahrzeuge gleichzeitig[151] in Gebrauch sein. 150

d) Brände

aa) Gebrauch bejaht

– Brand bei Startversuch des Fahrzeugmotors durch Restaurator an einem seit Jahren[152] nicht zugelassenen Fahrzeug mit externer Energiequelle. 151
– Der Versuch, einen Motor zum Laufen zu bringen, ist ein Hauptanwendungsfall des Gebrauchs[153]

---

149 *OLG Hamm* Urt. v. 17.09.1991 – 27 U 76/91, JurionRS 1991, 14900 = SP 1993, 94 = OLGR 1991, 18 = VersR 1993, 90 = zfs 1993, 86.
150 Ein Bordladegerät ist ein typischer Mehrwert eines Fahrzeugs, das entsprechend in der Kaskoversicherung berücksichtigt wird.
151 Siehe auch A.1.1.1 AKB Rdn. 167.
152 Anders *BGH* Urt. v. 14.12.1988 – IVa ZR 161/87, JurionRS 1988, 15079 = MDR 1989, 525 = r+s 1989, 44 = VersR 1989, 243 = NJW-RR 1989, 412 (Schweißarbeiten an einem über ein Jahr stillgelegten Fahrzeug).
153 *OLG Düsseldorf* Urt. v. 27.06.2008 – I-4 U 191/07, JurionRS 2008, 23713 = VersR 2008, 1387 = zfs 2008, 697 = VRR 2008, 465 bespr. v. *Knappmann* = WI 2009, 44 = VK 2008, 211 bespr. v. *Lücke (Ausschluss AH)*..

A.1.1.1 AKB (Schadensersatzansprüche; Gebrauch, etc.)

bb) Gebrauch verneint

152 – Fahrzeugbrand durch Einsatz eines fahrzeugfremden Heizlüfters[154]. Selbst dann liegt kein Gebrauch des Fahrzeugs vor, wenn die Schaden stiftende Verrichtung der Vorbereitung des Fahrzeugeinsatzes zu seinem typischen Verwendungszweck durch den Fahrzeugführer diente[155]
– Brand eines PKW, der von außen verursacht wurde[156]
– Fahrzeugbrand durch vorsätzliches Inbrandsetzen[157] nach Diebstahlversuch[158]
– Fahrzeugbrand bei fehlerhafter Beheizung einer Garage für Reparatur durch einen Monteur[159]
– Garagenbrand nach einschalten eines Heizlüfters, um die Garage für die spätere Reparatur eines Fahrzeugs angenehm warm zu machen[160]
– Fahrzeugbrand bei Schweißarbeiten aus Gefälligkeit[161]
– Späterer Brand nach Abstellen eines Transporters in Carport[162]
– Ein Brand eines in eine Werkstatt für eine Reparatur eingebrachten LKW auf einer Hebebühne erfolgt außerhalb des Gebrauchs[163]

---

154 *BGH* Urt. v. 13.12.2006 – IV ZR 120/05, BGHZ 170, 182 = JurionRS 2006, 29989 = DAR 2007, 207 = MDR 2007, 584 = NJW-RR 2007, 464 = NZV 2007,189 = SP 2007, 268 = zfs 2007, 221 = VRS 112, 207 = r+s 2007, 102 = zfs 2007, 221 = VK 2007, 39 = SVR 2007, 264 = VersR 2007, 388 = VRR 2007, 185 bespr. v. *Knappmann*; zuvor *OLG Karlsruhe* Urt. v. 28.04.2005 – 19 U 33/05, JurionRS 2005, 13716 = DAR 2005, 401 = NJW-RR 2005, 1344 = NZV 2005, 585 = VRR 2005, 230 bespr. v. *Knappmann* = SP 2005, 426 (Ls.) = SVR 2005, 350, bespr. v. *Schwab* (*kein Ausschluss AH*); offenbar grds. bejahend *AG Bonn* Urt. v. 18.12.1990 – 2 C 404/90, SP 1993, 28 (Heizlüfter im Wohnanhänger).
155 (dann KH für Schäden Dritter?).
156 *OLG Frankfurt* Urt. v. 27.04.1995 – 3 U 81/94, JurionRS 1995, 16124 = WI 1996, 206 = VersR 1996, 1269 = SP 1995, 315.
157 Halter ist auch öffentlich-rechtlich mangels Zurechnungszusammenhang nicht für Löschkosten heranzuziehen, *OVG Münster* Urt. v. 09.06.1994 – 9 A 2908/92, JurionRS 1994, 14149 = NZV 1995, 125 = NVwZ-RR 1995, 85 = NWVBl 1995, 67 = zfs 1995, 160; *OLG Karlsruhe*, Urt. v. 24.07.1991 – 1 U 60/91, VRS 83, 36.
158 *OLG Brandenburg* Urt. v. 28.01.2004 – 7 U 157/03, JurionRS 2004, 42084 = MDR 2004, 745 = VersR 2005, 1278.
159 *LG Koblenz* Urt. v. 18.11.2003 – 1 O 284/02, r+s 2004,97.
160 *LG Augsburg* Urt. v. 08.03.1985 – 6 O 4030/84, zfs 1985, 281.
161 *AG Kerpen* Urt. v. 02.07.2003 – 23 C 59/03, SP 2004, 133.
162 *OLG Rostock* Urt. v. 22.12.2004 – 6 U 124/03, JurionRS 2004, 33662 = NJOZ 2005, 4021 = zfs 2005, 605 = OLGR 2005, 776 = VersR 2006, 257.
163 *OLG Düsseldorf* Urt. v. 14.09.2010 –I-1 U 6/10, JurionRS 2010, 37247 = DAR = MDR 2011, 157 = NZV 2011, 190 = NJW-RR 2011, 318 = VRR 2010, 442; ähnlich *OLG Saarbrücken* Urt. v. 17.01.2013 – 4 U 201/11-104, JurionRS 2013, 10302 (zum fehlenden Betrieb); (ähnlich zum fehlenden Betrieb *LG Saarbrücken* Urt. v. 23.04.2010 – 13 S 197/09 – r+s 2010, 438).

cc) eigene Ansicht

Entsteht der Brand – gleich auch welche Weise – beim Versuch, den Fahrzeugmotor zu 153
starten, liegt ein Gebrauch des Fahrzeugs vor, wenn der Startversuch mit der beabsichtigten Verwendung des Fahrzeugs im Zusammenhang steht.

Wird jedoch nur versucht, einen ausgebauten Motor zu starten, ist gar kein Fahrzeug 154
vorhanden, das gebraucht werden könnte. Mit der (wenn auch nur vorübergehenden)
Trennung einzelner Teile[164] aus dem Fahrzeug heraus endet der Gebrauch.

Brände durch eingebautes **Zubehör**, das der Fortsetzung der Fahrt dient (z. B. eine fahr- 155
zeuginterne Standheizung) oder durch Zubehör das dem weiteren Verwendungszweck
dient (z. B. Klimagerät auf Kühlkofferaufbau), sind in den Gebrauch des Fahrzeugs einzubeziehen. Die Aufgabe des Versicherers wird sich dabei im Wesentlichen auf die
Abwehr von Ansprüchen zu beschränken haben. Es wird sich darin weder die Betriebsgefahr des Fahrzeugs verwirklichen, da Zubehör keine fahrbetriebsnotwendige Betriebseinrichtung ist noch eine Verschuldenshaftung des Fahrers nachweisen lassen.

Fahrzeugbrände aufgrund von Straftaten, übergreifenden Feuern oder im Rahmen von 156
sonstigen Arbeiten an einem Fahrzeug stehen in keinem adäquat kausalen Zusammenhang mit dem Fahrzeuggebrauch. Das Fahrzeug ist nur das geschädigte **Objekt fahrzeugferner Handlungen**. Die Risiken, die über das Fahrzeug Folgeschäden an weiteren
Rechtsgütern auslösen, sind nicht dem Fahrzeug zuzurechnen.

e) Einkaufswagen

aa) Gebrauch bejaht

– Wegrollender Einkaufswagen, aus dem das Fahrzeug beladen werden sollte: Es ge- 157
 hört schon zum Gebrauch des Kfz, wenn der Kofferraum bereits aufgeschlossen wurde, da es sich dabei um eine Vorbereitungshandlung für das Beladen handelt[165]
– Wegrollender Einkaufswagen, aus dem das Fahrzeug beladen werden sollte: Unabhängig davon, ob das Fahrzeug bereits aufgeschlossen wurde oder nicht, sind dem
 unmittelbaren Entladen des Einkaufswagens zeitlich vorgelagerte Vorbereitungshandlungen bereits dem Gebrauch des Kfz hinzurechnen[166]
– Wegrollender Einkaufswagen, da der PKW-Halter den Wagen loslässt, um mit der
 Fernbedienung das Fahrzeug zu öffnen, um es später Beladen zu können[167]

---

164 So auch Stiefel/*Hofmann* § 10 AKB a. F. Rn. 73; Feyock/*Jacobsen*/Lemor § 10 AKB
 Rn. 10.
165 *AG Bamberg* Urt. v. 25.10.1990 – 1 C 1400/90, JurionRS 1990, 13622 = VersR 1992, 1460
 = Beck RS 2008 08 656.
166 *AG Unna* Urt. v. 30.12.1994 – 16 C 803/94, ADAJUR Dok.Nr. 15757 = r+s 1995, 251.
167 *AG Frankfurt am Main* Urt. v. 05.09.2003 – 301 C 769/03 (70), JurionRS 2003, 31769 =
 SP 2003, 433 = NJW-RR 2004, 116 = VersR 2004, 997 (Ls.).

A.1.1.1 AKB (Schadensersatzansprüche; Gebrauch, etc.)

- Plattenwagen mit Zementsäcken rollt nach Aufnahme eines Sacks zum Beladen in das Fahrzeug weg. Person setzt Ladevorgang fort, ohne sich um den Plattenwagen zu kümmern[168]
- Schadensfälle im Zusammenhang mit dem Be- und Entladen gehören regelmäßig zum Gebrauch des Kfz[169]
- Rollt ein Einkaufswagen während des Umladens im Fahrzeug für die Aufnahme neu einzuladender Güter weg, zählt dies bereits zum Gebrauch des Fahrzeugs[170]

bb) Gebrauch verneint

158
- Ein wegrollender Einkaufswagen fällt auch dann unter die Privathaftpflicht, wenn der Kofferraum zwar geöffnet wurde, aber die Sicherung des Einkaufswagens entfernt wird[171]
- Hebt jemand einen Kasten Mineralwasser aus dem Einkaufswagen, um sie in den Kofferraum zu stellen und rollt der Einkaufswagen gegen einen vorbeifahrenden PKW ist dieses Haftungsrisiko der Privathaftpflichtversicherung zuzurechnen[172]
- Ein wegrollender Einkaufswagen fällt unabhängig davon, ob mit dem Beladen begonnen wurde unter die Privathaftpflicht. Die Gefahr geht nicht selbst vom Fahrzeug aus. Außer dem Fahrzeugführer können typischerweise auch andere Personen einen Schaden mit dem Einkaufswagen verursachen[173]
- Ein wegrollender Einkaufswagen fällt unter die Privathaftpflicht, wenn mit dem Beladen noch nicht begonnen wurde. Das Suchen eines Fahrzeugschlüssels ist lediglich eine Vorbereitungshandlung gelegentlich des Fahrzeuggebrauchs[174]
- Ein wegrollender Einkaufswagen fällt unter den Schutz der Privathaftpflichtversicherung, wenn nach dem Beladen wegrollt[175]
- Ein wegrollender Einkaufswagen fällt unter der Privathaftpflicht, wenn das Kfz noch nicht zum Beladen geöffnet wurde und es sich nur um eine Vorbereitungshandlung zum Beladen handelt[176]

---

168 *LG Köln* Urt. v. 30.11.1994 – 23 S 13/94, JurionRS 1994, 15788 VersR 1996, 50 = zfs 1996, 61.
169 *AG München* Urt. v. 05.07.1989 – 143 C 1320, zfs 1990, 136.
170 *LG Aachen* Urt. v. 30.03.1990 – 5 S 477/89, zfs 1990, 274 = r+s 1990, 188 = BB 1990, 1229 = VersR 1990, 1384 = NZV 1991, 76.
171 *LG Karlsruhe* Urt. v. 24.05.1991 – 9 S 578/90, zfs 1991, 246.
172 *AG Bad Homburg* Urt. v. 21.01.1992 – 2 C 2605/91, NJW-RR 1992, 538 = SP 1992, 224 = zfs 1992, 233 = ZAP EN-Nr. 768/92.
173 *LG Marburg* Urt. v. 06.10.1993 – 5 S 51/93, JurionRS 1993, 23216 = ADAJUR Dok.Nr. 3386 = NJW-RR 1994, 221 = zfs 1994, 169.
174 *LG Limburg* Urt. v. 21.07.1993 – 3 S 263/92, ADAJUR Dok.Nr. 19165 = zfs 1993, 377 = NJW-RR 1994, 486 = VersR 1994, 464.
175 *AG Lünen* Urt. v. 28.06.1993 – 8 C 132/83, JurionRS 1993, 14678 = NJW-RR 1994, 26 = zfs 1994, 91 (Es erwies sich als günstig, dass sowohl die Kfz-Haftpflicht als auch die PHV bei einem Unternehmen eingedeckt waren; der SFR war zu entlasten).
176 *AG Stuttgart* Urt. v. 20.06.1997 – 2 C 698/97, r+s 1998, 105.

– Lässt jemand einen Einkaufswagen los, um einen Kofferraum zu öffnen, ist der Schaden durch den Einkaufswagen an einem anderen PKW dem Deckungsbereich der PHV zuzurechnen. Es gibt keine gesetzliche Pflicht für Fahrzeugführer, Einkaufswagen gegen Wegrollen zu sichern. Zudem kann der Vorgang in gleicher Weise durch einen führerscheinlosen und in der Kfz-Haftpflichtversicherung nicht mitversicherten Begleiter verursacht werden[177]
– Kommt ein Einkaufswagen, der vom Fahrer eines PKW neben seinem Kofferraum abgestellt wird, beim Beladen ins Rollen und beschädigt das daneben stehende Fahrzeug, haftet nicht die KFZ-Haftpflichtversicherung, sondern derjenige, der den Einkaufswagen ungesichert abgestellt hat.[178]

cc) eigene Ansicht

Es liegt objektiv immer ein Fehlgebrauch des Einkaufswagens vor, da er entweder nicht festgehalten oder – falls vorhanden – seine Feststellbremse nicht betätigt wurde. Diesen Fehler machen sowohl Fahrer, Insassen oder außenstehende Dritte, die beim Einladen behilflich sein wollen. Insoweit liegt unabhängig davon, ob bereits der Kofferraum geöffnet oder per Fernbedienung das Fahrzeugschloss entriegelt wurde, noch keine fahrzeugbezogene Tätigkeit vor. 159

Eine völlig andere Frage ist, ob sich daraus ein verkehrsstrafrechtlich beachtlicher[179] Zusammenhang herleiten lässt. Dabei ist es für die Auslegung des § 142 StGB richtig, erst gar nicht auf die Thematik des Fahrzeuggebrauchs[180] einzugehen.[181] 160

Verneint[182] man den Fahrzeuggebrauch, kommt man nicht zu dem Problem, ob Unfallflucht mit den Folgen des § 28 Abs. 2 VVG i. V. m. E.1.1.3 AKB vorliegen könnte. Die weitere Frage, ob und wie bei einem vereinbarten »Rabattretter« die Sache zu entscheiden wäre, müsste dann erst gar nicht gestellt werden. 161

Ausnahmsweise anders ist es jedoch dann, wenn die auf der Ladefläche abgesetzte Ladung umkippt und gegen den Einkaufswagen stößt und diesen fortrollen lässt. Erst hierdurch wird eine fahrzeugbezogene Kausalkette in Gang gesetzt, bei dem das Fahrzeug tatsächlich auch körperlich beteiligt ist. 162

---

177 *LG Kassel* Urt. v. 16.01.2003 – 1 S 402/02, zfs 2003, 301 m. zust. Anm. *Rixecker*.
178 *AG München* Urt. v. 05.02.2014 – 343 C 28512/12, Jurion 2015, 310785.
179 Verneinend: *LG Düsseldorf* Urt. v. 06.05.2011 – 29 Ns 3/11, JurionRS 2011, 22489 = NStZ-RR 2011, 355 = NZV 2012, 194 = StRR 2011, 399 = VRR 2011, 431 bespr. v. *Deutscher;* Siehe auch *Ternig* Der Kratzer durch den Einkaufswagen – Ein Verkehrsunfall?, zfs 2012, 304 ff.
180 Bejahend: *OLG Düsseldorf* Urt. v. 07.11.2011 – III-1 RVs 62/11, JurionRS 2011, 35732 = NZV 2012, 350 = NStZ 2012, 326 = VRR 2012, 228 bespr. v. *Deutscher* = StRR 2012, 234 bespr. v. *Deutscher*.
181 So auch *Burhoff* Die Rechtsprechung im Verkehrsstrafrecht in den Jahren 2010 – 2012 – Teil 1, VRR 2013, 246 (247).
182 Nicht so das *AG Dortmund*, Hinweisbeschl. v. 16.8.2013 – 417 C 11581/12, VRR 2014, 70 bespr. v. *Nugel*.

A.1.1.1 AKB (Schadensersatzansprüche; Gebrauch, etc.)

f) Entladen

aa) Gebrauch bejaht

163 – Fällt ein aus einem PKW bereits ausgeladenes Gepäckstück beim weiteren Hantieren mit anderen Gepäckstücken ins Wasser, ist der Schaden beim Umgang mit der übrigen Ladung entstanden. Das Fahrzeug ist als noch am Schaden stiftenden Vorgang beteiligt anzusehen (kein Ausschluss für Reisegepäck nach A.1.5.5 Abs. 2 Satz 2 AKB)[183]
 – Milch wird aus einem Tankwagen abgelassen. Es kommt zu einer Überfüllung, weil der Fahrer eine Klappe am Empfängertank nicht umlegt. Das Entladen gehört zum Gebrauch, da befördertes Gut seine Eigenschaft erst mit dem Ende des Abladens verliert[184]
 – Das Abrollen eines Aufsatzcontainers mit einem darauf befestigten Streusatzautomaten gehört zum Gebrauch des Fahrzeugs. Ist der am Container als Ladegut eingetretene Schaden durch A.1.5.5 Abs. 1 AKB ausgeschlossen, kann wegen unstimmiger Klauseln in den verwendeten AHB der Schaden als in der Betriebshaftpflichtversicherung eingeschlossen angesehen werden[185]
 – Das Entladen eines Tankwagens gehört zum Gebrauch des Fahrzeugs und endet erst mit Abschalten der Pumpe[186]
 – Verliert ein LKW Ladung (Autowrack) und kommt es mehr als 36 Stunden später zu einem Unfall mit der verlorenen Ladung, ist dies dem Gebrauch des LKW zuzurechnen[187]

bb) Gebrauch verneint

164 – Nach dem Herunterheben eines transportierten Gegenstandes von der Ladefläche und Gehen von zwei bis drei Schritten[188]
 – Kein Gebrauch, wenn Entladender sich bereits 5 bis 6 m vom Fahrzeug entfernt hat[189]
 – Nach dem Absetzen der Ladung auf dem LKW mittels Gabelstapler endet das Beladen und somit der Gebrauch des LKW[190]

---

183 *OLG Saarbrücken* Urt. v. 28.06.1988 – 2 U 76/86, JurionRS 1988, 14190 = zfs 1988, 366.
184 *OLG Hamm* Urt. v. 08.01.1992 – 20 U 285/91, NJW-RR 1992, 862 = NZV 1992, 410 = zfs 1992, 268 = SP 1992, 157 = r+s 1992, 219 = VersR 1993, 44.
185 *OLG Saarbrücken* Urt. v. 01.06.2005 – 5 U 328/04–41, JurionRS 2005, 19575 = r+s 2005, 416 = OLGR 2005, 704 = VersR 2006, 400.
186 *OLG Nürnberg* Urt. v. 14.01.1982 – 8 U 1707/81, VersR 1982, 1092 = zfs 1983, 20.
187 *LG Berlin* Urt. v. 16.06.1972 – 2 S 112/72, VersR 1974, 274.
188 *OLG Köln* Urt. v. 13.09.1994 – 9 U 97/94, JurionRS 1994, 16344 = r+s 1995, 250 = zfs 1995, 339 = VersR 1996, 49 = OLGR 1995, 88.
189 *OLG Hamm* Urt. v. 02.11.1990 – 20 U 78/90, JurionRS 1990, 21028 = r+s 1991, 83 = VersR 1991, 652.
190 *LG Bochum* Urt. v. 25.10.1995 – 6 O 371/95, SP 1996, 29.

- Beschädigt ein Dritter beim Entladen, den zu entladenden Anhänger, ist die PHV eintrittspflichtig[191]
- Handlungen nach dem Abladen eines Transportgegenstandes auf Gitterwagen[192]
- Das Wegrollen einer Person auf einem Rollstuhl nach dem beendeten Herausheben aus dem Fahrzeug[193]

cc) eigene Ansicht

Das Entladen wie auch das Aussteigen gehören nach A.1.1.1 Satz 2 AKB ausdrücklich zum Gebrauch des Fahrzeugs. Soweit sich der funktionale Zusammenhang mit dem Fahrzeug verändert, besteht kein unmittelbarer Fahrzeuggebrauch mehr. Die weiteren Handlungen stehen dann nur noch lose mit dem Geschehen im Zusammenhang. Dies sind Handlungen die gelegentlich der vorangegangenen Fahrzeugnutzung vorgenommen werden. Gedeckt sind dagegen nur Schäden, die sich während des Aussteigens oder während des Entladens ereignen. 165

Dabei sind auch Umstände denkbar, die sowohl dem Gebrauch des Anhängerfahrzeugs als auch dem des damit transportierten Fahrzeugs (noch Ladung) zugerechnet werden können. Es kann ein fließender Übergang vorliegen falls dieses Fahrzeug im unmittelbaren Anschluss mit Motorkraft weiterbewegt werden soll und im Zeitpunkt des Unfallgeschehens nicht mehr bloße Ladung ist (z. B. Jet-Ski an Slipanlage[194]). 166

Schließlich sind auch Vorgänge möglich, bei denen sowohl ein im Entladungszustand befindliches Kraftfahrzeug gebraucht wird, als auch das Fahrzeug bzw. die Arbeitsmaschine, das mit eigener Kraft am Ladevorgang teilnimmt. Beispiele sind das Befahren der Ladefläche eines Autotransporters mit einem PKW, das Rangieren eines Gabelstaplers im Laderaum eines LKW sowie das Befahren eines Tiefladers durch einen Bagger[195] („der ein mitgeführtes Fass aus der Schaufel verliert). 167

g) Garagentor

aa) Gebrauch bejaht

- Bedienung des Druckknopfes für einen Mechanismus in einer Garage, um danach mit dem PKW ausfahren zu können[196] 168

---

191 *AG Neumünster* Urt. v. 04.09.1987 – 8 C 101/87, MDR 1988, 147 = NJW-RR 1988, 217 = zfs 1988, 121.
192 *OLG Hamm* Urt. v. 07.07.1997 – 6 U 86/97, zfs 1998, 297 = r+s 1998, 52 = OLGR 1998, 63.
193 *AG Sangerhausen* Urt. v. 29.09.1999 – 1 C 828/98, SP 2000, 177 (übertragbar auf Kinderwagen).
194 *LG Köln* Urt. v. 31.03.1993 – 24 O 349/92, VersR 1994, 1056 = zfs 1994, 418 bejaht Gebrauch des Jet-Skis als Wasserkraftfahrzeug.
195 *OGH Wien* Urt. v. 21.12.2011 – Ob 223/11, VersR 2013, 81 (Doppelversicherung, Gesamtschuldnerausgleich).
196 *LG Wiesbaden* Urt. v. 29.10.1990 – 1 S 314/90, VersR 1991, 872.

A.1.1.1 AKB (Schadensersatzansprüche; Gebrauch, etc.)

- Öffnen des elektronisch gesteuerten Garagentores per Funkbedienung, um in die Garage Fahren zu können[197]
- Zufällige Bedienung des Funktasters durch ein Kind im Fahrzeug nach dem Aussteigen des Fahrers gehöre nicht zur privaten Haftpflichtversicherung[198]

bb) Gebrauch verneint

169 – Auf dem Weg zum eigenen Fahrzeug öffnet ein PKW-Fahrer ein Garagentor und beschädigt ein Fremdfahrzeug[199]
– Das Bewegen einer Parkhubbox geschieht nur gelegentlich des »Fahrzeugbetriebes«[200]
– Das Schließen eines automatischen Garagentores per Funkbedienung aus dem Fahrzeug heraus ist kein unmittelbarer und typischer Fahrzeuggebrauch[201]

cc) eigene Ansicht

170 Im Vordergrund steht die Nutzung eines fahrzeugfremden elektrischen Antriebes per Fernbedienung, um ein Garagentor (Kipptor) zu bewegen. Elektrische Torantriebe stellen zusätzliche Gefahrenherde dar, weswegen sie mit Notabschaltungen[202] ausgerüstet werden müssen, um ein Einklemmen zu verhindern.

171 Eine unmittelbare Beteiligung des Fahrers ist dabei nicht erforderlich; auch ein Insasse könnte den Mechanismus in Gang setzen. Es kann auch nicht auf die Intension der Person ankommen, ob nun das Fahrzeug, das Fahrrad oder ein anderer dort gelagerter Gegenstand aus der Garage geholt werden soll, um den Schaden einem bestimmten Haftpflichtbereich zuzuordnen. Für die Bejahung des Fahrzeuggebrauchs kann es nicht ausschlaggebend darauf ankommen, ob jemand beabsichtigt, mit dem Fahrzeug in die Garage zu fahren.

172 Ein elektrischer Torantrieb eines Garagentores ist nicht Zubehör des Fahrzeugs, sondern Bestandteil des Grundstücks, § 94 Abs. 2 BGB. Auch wenn die Fernbedienung im Fahrzeug mitgeführte wird, bleibt sie Zubehör des Grundstücks, § 97 BGB.

---

197 *LG Saarbrücken* Urt. v. 30.06.2005 – 12 S 6/05, JurionRS 2005, 33600 = r+s 2005, 415 = VK 2006, 136 m. abl. Anm. *Lücke*, ders. in Prölss/Martin/*Lücke* BesBed PHV Nr. 3, Rn. 11 = zfs 2005, 553 m. abl. Anm. *Rixecker*; für zweifelhaft haltend Beckmann/Matuschke-Beckmann/*Schneider*, Versicherungsrechts-Handbuch, Kap. 24, Rn. 102; zust. dagegen Stiefel/*Maier* A.1.1 AKB, Rn. 47.
198 *AG Düsseldorf* Urt. v. 12.12.2003 – 31 C 14060/03, JurionRS 2003, 35709 = DAR 2004, 157.
199 *AG Hannover* Urt. v. 07.08.1997 – 564 C 8544/97, zfs 1997, 463 m. Anm. *Hofmann*; *AG Frankenberg (Eder)* Urt. vom 03.09.2008 – 6 C 204/08, JurionRS 2008, 38206 = zfs 2009, 30.
200 *AG Bad Homburg* Urt. v. 14.08.1997 – 2 C 1233/97–10, VersR 1998, 92.
201 *LG Düsseldorf* Beschl. v. 22.03.2012 – 12 S 19/12.
202 BGR232:2003 – Richtlinien für kraftbetätigte Fenster, Türen und Tore (gilt auch für Sektionaltore).

Höherwertige Fahrzeuge werden heute mit Funksendern als Sonderausstattung geliefert, die im Fahrzeug fest eingebaut sind. Der Funksender ist dann Bestandteil des Fahrzeugs. Seine Funktion wird im Frequenzbereich auf die stationäre Empfangsanlage des elektrischen Torantriebes abgestimmt. Folglich dient er nur der bestimmungsgemäßen Funktion des Garagentorantriebes, nicht aber der des Fahrzeuges. 173

Der Gefahrenbereich wird damit nicht durch das Fahrzeug, sondern vom Haus- und Grundbesitzer geschaffen. Das Fahrzeug ist nur gelegentlich an dem Bewegungsvorgang des Tores beteiligt. 174

Selbst der willentliche Akt des Fahrers (oder auch des Insassen), das Garagentor per Funkbedienung zu öffnen, um in die Garage einfahren zu können, ändert hieran nichts. Die Person führt lediglich beim Führen des Fahrzeugs eine weitere Funktion aus, die dem Risikobereich des Haus- und Grundbesitzes zuzurechnen ist. 175

Es handelt sich um schlichtes »*Multitasking*«: Der Prozess »Fahrzeugführen« und der Prozess »Garagentoröffnen« laufen parallel nebeneinander ab. Die handelnde Person wechselt dabei im Bewusstsein schnell zwischen dem einen und dem anderen Ablauf. Hierbei entsteht der Eindruck[203] der Gleichzeitigkeit. 176

Verunfallt das Fahrzeug, weil sich der Fahrer zu lange auf das Öffnen des Garagentores konzentriert und ähnlich dem Mobiltelefonieren[204] abgelenkt ist, beruht dieser Unfall auf einem Fehler als Fahrer. 177

Kommt es dagegen zu einem Schaden an einem vor der Garage geparkten Fahrzeug weil der Fahrer ohne genaue Wahrnehmung seines Garagentores zu frühzeitig den Öffner drückt, wirkt sich der Gefahrenbereich des funkgesteuerten elektrischen Torantriebes aus. Dabei spielt es keine Rolle, dass der Fahrer in seiner Konzentration auf das Garagentor vom Geschehen im Straßenverkehr möglicherweise abgelenkt war. 178

Allein darauf abzustellen, der Fahrer wolle doch nur in seine Garage fahren, trifft die Zusammenhänge nicht. Man stelle sich vor, der Nachbar habe ebenfalls einen funkbetriebenen elektrischen Torantrieb und habe zufällig die gleiche Frequenz. Unser Fahrer will in seine Garage, nicht aber in die des Nachbarn fahren. 179

Im Rahmen des Multitasking wird lediglich parallel eine weitere Handlung gelegentlich des Fahrzeuggebrauchs vorgenommen. 180

---

203 Zum Multitasking insbesondere Telefonieren und Autofahren siehe *Kiefer/Urbas* Multitasking-Heuristiken in dynamischer Mensch-Technik-Interaktion, http://www.zmms.tu-berlin.de/prometei/download/publikationen/jki/anthropotechnik2006_jki_lur.pdf.
204 Zum Mobiltelefon siehe FAKomm/VerkehrsR/*Bachmeier* § 23 StVO, Rn. 17 ff.

h) Waschen und Reparaturarbeiten am Fahrzeug

aa) Gebrauch bejaht

181
- Schweißen an einer Spritzwand am eigenen PKW unabhängig von einer beabsichtigten bestimmten Fahrt[205]
- Reparaturarbeiten nebst Schweißen einer Auspuffanlage[206]
- Reparaturen gehören zum Gebrauch des Kfz, so auch Schweißarbeiten an einem betriebsfähigen Fahrzeug[207]
- Schweißarbeiten durch einen Fremdbesitzer, der nur zu diesem Zwecke das Fahrzeug besitzt[208]
- Schweißarbeiten an einem Fahrzeug, das noch über die Ruheversicherung versicherbar ist[209]
- Reparaturarbeiten an den Bremsen eines aufgebockten, radlosen und abgemeldeten PKW führen zu Schäden an anderem Fahrzeug[210]
- Reparaturarbeiten durch Fahrzeugeigentümer am Fahrzeugtank in einer unentgeltlich überlassenen Werkstatthalle. Es unterliegt dem sachlichen Anwendungsbereich des PflVG, typische, dem Kfz inne wohnende Gefahr durch entzünden des Hauptbetriebsstoffs dem Gebrauch des Fahrzeugs zuzuordnen. Es können Parallelen zum Auswechseln der Glühbirnen oder zum Radwechsel[211] gezogen werden
- Zum Gebrauch gehören nicht gewerbsmäßige Reparaturarbeiten und das Rangieren in der Garage. Starten des Motors durch das geöffnete Fenster gehört zum Gebrauch, auch ohne dass die Person Fahrer sein muss[212]
- Sprühen mit einer Farbspraydose, um Lackarbeiten am eigenen Fahrzeug auszuführen, wenn dadurch nach Windabdrift ein anderes Fahrzeug beschädigt wird[213]
- Schäden bei der Demontage von Reifen am Fahrzeug A, um sie am Fahrzeug B montieren zu können, sind dem Gebrauch des Fahrzeugs B und somit nicht der Privathaftpflichtversicherung zuzurechnen[214]

---

205 *OLG München* Urt. v. 05.07.1985 – 18 U 2012/85, zfs 1985, 344 = VersR 1987, 196.
206 *OLG Hamm* Urt. v. 12.11.1992 – 6 U 120/92, JurionRS 1992, 15147 = r+s 1993, 127 = zfs 1993, 126 = SP 1993, 164 = VersR 1993, 1475 (Ls); *LG Bochum* Urt. v. 10.05.1991 – S 438/90, VersR 1991, 1401 (Ls.).
207 *BGH* Urt. v. 26.10.1988 – IVa ZR 73/87, JurionRS 1988, 13621 = NZV 1989, 110 = NJW-RR 1989, 218 = MDR 1989, 238 = r+s 89,8 = VRS 76, 120 = VersR 1988, 1283 = DAR 1989, 142.
208 *OLG Celle* Urt. v. 15.03.1989 – 8 U 63/88, VersR 1991, 216 = r+s 1990, 224 (*BGH* Nichtannahmebeschl. v. 28.02.1990 – IV ZR 120/89, JurionRS 1990, 15753).
209 *OLG Schleswig* Urt. v. 19.11.1992 – 16 U 118/91, JurionRS 1992, 15590 = r+s 1994, 90 = zfs 1994, 174, (*BGH* Nichtannahmebes. v. 15.12.1993 – IV ZR 65/93 – Ausschluss AH).
210 *AG Prüm* Urt. v. 01.10.1986 – 6 C 170/86, zfs 1987, 58 (Ausschluss PHV).
211 *OLG Koblenz* Urt. v. 11.01.2008 – 10 U 1705/06, JurionRS 2008, 16711 = NJW-RR 2008, 1613 = OLGR 2008, 878.
212 *LG Hildesheim* Urt. v. 21.12.1999 – 3 O 202/98, VersR 2002, 750 = zfs 2002, 219.
213 *AG Dinslaken* Urt. v. 16.01.1985 – 8 C 735/84, VersR 1985, 983.
214 *AG Koblenz* Urt. v. 10.03.1989 – 41 C 3053/88, VersR 1991, 653.

(Schadensersatzansprüche; Gebrauch, etc.) **A.1.1.1 AKB**

– Werkzeugholen mit Fahrzeug durch Freund des mittelbaren Fahrzeugbesitzers[215]
– Wird die Wagenwäsche in einer Waschanlage bei eingeschalteter Zündung und eingelegtem Gang vorgenommen, ist das Fahrzeug auch in Gebrauch[216]
– Wird die Waschanlage ohne eingezogene Antenne befahren, hat der Kfz-Haftpflichtversicherer den Schaden an der Waschanlage zu decken[217]

bb) Gebrauch verneint

– Schweißarbeiten durch einen Dritten sind jedenfalls keine Arbeiten durch einen Mitversicherten nach den AKB[218]
– Schweißarbeiten durch einen Fremdbesitzer sind keine Arbeiten durch einen Mitversicherten nach den AKB, so dass aus der privaten Haftpflichtversicherung Deckungsschutz zu gewähren ist[219]
– Schweißarbeiten durch einen Fremdbesitzer, der nur gelegentlich Mitbesitzer ist, fallen unter die private Haftpflichtdeckung[220]
– Schweißarbeiten durch einen Fahrer, der nur zum Zwecke des Schweißens das Fahrzeug in die Werkhalle gefahren hat, sind nicht durch den Gebrauch im Sinne der »kleinen Benzinklausel« in der Privathaftpflicht ausgeschlossen[221]
– Schweißarbeiten an einem Kfz, das über ein Jahr stillgelegt und damit nach den AKB nicht versicherbar ist, sind in der Allgemeinen Haftpflichtversicherung gedeckt[222]
– Zur Feststellung, ob die Ausschlussklausel (kleine Benzinklausel) in der Privathaftpflichtversicherung zur Anwendung kommt, ist aufzuklären, ob das Fahrzeug länger als ein Jahr stillgelegt war[223]
– Umfangreiche Reparaturarbeiten gehören nicht mehr zu den Pflichten eines Fahrers, sondern in die eines Reparaturbetriebes[224]

182

---

215 *OLG Schleswig*, Beschl. v. 13.09.1988 – 7 W 71/87, r+s 1989, 114 (*Ausschluss AH*); ablehnend zum Begriff »Besitzer« Prölss/Martin/*Lücke* BesBed PHV Nr. 3, Rn. 9.
216 *OLG Celle* Urt. v. 18.09.1975 – 5 U 145/74, DAR 1973, 72.
217 *LG Kiel* Urt. v. 07.06.1984 – 10 S 25/84, zfs 1984, 259.
218 *OLG Braunschweig* Urt. v. 13.11.1987 – 2 U 245/86, *BGH* Nichtannahmebeschl. v. 12.07.1988 – VI ZR 330/87, r+s 1988, 354.
219 *OLG Hamm* Urt. v. 09.12.1988 – 20 W 76/88, NJW-RR 1989, 413 = r+s 1989, 79 = VersR 1989, 696; *OLG Hamm* Urt. v. 02.10.1992 – 20 U 81/92, JurionRS 1992, 15104 = r+s 1993, 210 = NJW-RR 1993, 537 = VersR 1993,601 = zfs 1993, 312 m. ablehnender Anm. *Hofmann*; *OLG Celle* Urt. v. 15.03.1989 – 8 U 63/88, VersR 1991, 216; *OLG Oldenburg* Urt. v. 01.11.1993 – 2 U 114/93, OLGR 1994, 261; *LG Bochum* Urt. v. 10.05.1991 – 5 S 438/90, VersR 1991, 1401 (Ls.).
220 *OLG Nürnberg* Urt. v. 02.06.1989 – 8 U 2161/88, JurionRS 1989, 14221 = r+s 1989, 354 = VersR 1990, 79.
221 *OLG Köln* Urt. v. 23.12.1993 – 5 U 237/92, JurionRS 1993, 16144 = VersR 1994, 1056 = zfs 1994, 418.
222 *BGH* Urt. v. 14.12.1988 – IVa ZR 161/87, JurionRS 1988, 15079 = r+s 1989, 44 = NZV 1989, 146 = NJW-RR 1989, 412 = VRS 76, 182 = VersR 1989, 243 = DAR 1989, 143.
223 *BGH* Urt. v. 21.02.1990 – IV ZR 271/88, JurionRS 1990, 15638 = VersR 1990, 482.
224 *LG Koblenz* Urt. v. 18.11.2003 – 1 O 284/02, r+s 2004, 97.

A.1.1.1 AKB (Schadensersatzansprüche; Gebrauch, etc.)

- Weitreichende Arbeiten sind keine typischen Fahrerhandlungen[225]
- Einstellarbeiten an der Einspritzanlage durch einen pensionierten Kfz-Meister an einem Fremdfahrzeug, die nicht unmittelbar mit einer beabsichtigten Fahrt zu tun haben, fallen in die Deckung der privaten Haftpflichtversicherung[226]
- Sprühen mit einer Farbspraydose, um Lackarbeiten am eigenen Fahrzeug auszuführen, wenn dadurch nach Windabdrift ein anderes Fahrzeug beschädigt wird[227]
- Fällt bei Reparaturarbeiten an einem Fahrzeug eine Standlampe gegen ein anderes Fahrzeug besteht Deckungsschutz nach den AHB[228]
- Wird für eine Wagenwäsche per elektrischem Hochdruckreiniger der Stromanschluss einer Kühltruhe verwendet, so fällt es nicht unter den Kfz-Gebrauch, wenn Abschluss der Arbeiten am Fahrzeug vergessen wird, die Kühltruhe wieder anzuschließen[229]
- Liegt eine Wagenwäsche bereits drei Stunden zurück, ist ein Schaden durch gefrorenes Wasser nicht mehr dem Fahrzeuggebrauch zuzurechnen[230]
- Reinigen eines Fahrzeugmotors (Außenbordmotor) im Keller[231]
- Sohn vergisst beim Ölfilterwechsel am Fahrzeug der Mutter Öl nachzufüllen[232]
- Wird beim Reifenwechsel eine dabei benutzte Hebebühne beschädigt, geht die Gefahr nicht vom Fahrzeug selbst aus, da es bei der schadensstiftenden Verrichtung weder aktuell, unmittelbar, zeitlich und örtlich nahe eingesetzt wird noch sich dabei ein spezifisches Risiko des Kfz-Gebrauchs verwirklicht[233]

cc) **eigene Ansicht**

183 Reparaturarbeiten am eigenen Fahrzeug bergen eigenständige Risiken, die über das Fahren und die fahrzeugbezogene Verwendung hinausgehen.

184 Es sollte danach abgegrenzt werden, was unmittelbar durch die Tätigkeit am Fahrzeug bewirkt werden soll.

185 Bei umfassenden Arbeiten, die dem Werterhalt und der Herstellung der Verkehrstauglichkeit, der Nutzbarmachung des Fahrzeugs dienen, ist das Fahrzeug **reines Objekt**

---

225 *LG Itzehoe* Urt. v. 29.04.1988 – 7 O 140/86, zfs 1988, 180.
226 *OLG Saarbrücken* Urt. v. 08.02.2012 – 5 U 370/11 – 50, r+s 2012, 591.
227 *LG Köln* Urt. v. 01.02.1983 – 11 S 347/82, zfs 1983, 119.
228 *LG Karlsruhe* Urt. v. 09.02.1990 – 9 S 450/89, r+s 1990, 334.
229 *AG Hamburg* Urt. v. 07.11.1986 – 4 C 37/86, VersR 1988, 260 (das *LG Hamburg* sah es genau anders herum).
230 *OLG Hamm* Beschl. v. 29.05.1987 – 20 W 73/86, NJW-RR 1987, 1246 = r+s 1987, 213 = zfs 1987, 308 = VersR 1988, 732; ablehnend Stiefel/*Maier* A.1.1 AKB, Rn. 46.
231 *AG Husum* Urt. v. 29.05.1987 – 2 C 63/87, zfs 1988, 119 (kein Ausschluss AH).
232 *LG Augsburg* Urt. v. 27.04.1990 – 9 O 3465/89, zfs 1990, 241 (kein Ausschluss AH), aufgehoben wegen subjektivem Risikoausschluss (grobe Fahrlässigkeit) durch *OLG München* Urt. v. 12.12.1990 – 30 U 505/90, zfs 1991, 101.
233 *LG Karlsruhe* Urt. v. 23.05.2014 – 9 S 460/13, ADAJUR Dok.Nr. 105694 = NJW-RR 2014, 1126 = NZV 2014, 587 = VersR 2015, 100 = SP 2015, 31 = zfs 2015, 101 (kein Ausschluss AH).

einer Reparatur. Solche Arbeiten werden gewöhnlich in der Autoreparaturwerkstatt, einem Karosseriebetrieb oder Lackierbetrieb durchgeführt. Für das mitunter extrem gefährliche Schweißen wird eine qualifizierte Zusatzausbildung in der Fügetechnik verlangt. Es wird dann nicht das Fahrzeug verwendet, sondern man benötigt besonderes Werkzeug, um das Fahrzeug reparieren zu können. Die Arbeiten dieser Betriebe sind über eine eigene Handel-/Handwerk-Versicherung versicherbar.

Entsprechend sind Reparaturarbeiten, die ausnahmsweise eine Privatperson in größerem Ausmaß selbst durchführt, nicht mehr vom eigentlichen Fahrzeugrisiko zu erfassen. Zudem muss nicht jeder Kfz-Mechaniker oder Schweißer auch gleichzeitig eine Fahrerlaubnis besitzen. Es kann nicht darauf ankommen, ob und wie lange[234] ein Fahrzeug stillgelegt war und ob gewerbsmäßig[235] oder privat an Fahrzeugen gearbeitet wird, um unter der einen oder anderen Haftpflichtversicherung[236] Deckungsschutz zu erhalten. Schließlich ist kaum verständlich zu machen was gelten soll, wenn der Halter zusammen mit einem Dritten repariert und beide in Ausführung der Reparatur gemeinsam einen Drittschaden verursachen. 186

Die Fahrzeugkomplettwäsche (nicht nur Scheibenreinigen) und das Polieren des Lacks dienen ebenfalls nur dem Werterhalt des Fahrzeugs. 187

Tätigkeiten am Fahrzeug, die der **unmittelbaren Weiterfahrt** dienen, sind hingegen dem Fahrzeuggebrauch zuzurechnen. Es handelt sich um Arbeiten, die sich mit dem Bordwerkzeug des Fahrzeugs durchführen lassen. Hier steht die verkehrssichere Weiterfahrt, aber nicht der Werterhalt oder die generelle »TÜV-Fähigkeit« für die nächsten zwei Jahre im Vordergrund. 188

Eine Abgrenzung kann man mit Hilfe der **Bedienungsanleitung für das Fahrzeug** leicht vornehmen, da die Hersteller angeben, welche Arbeiten der Fahrer ohne besondere technische Vorkenntnisse und spezielles Werkzeug selbst durchführen kann und für welche Arbeiten er eine Fachwerkstatt aufsuchen sollte. 189

Folgende Arbeiten können beispielsweise vom Fahrer zur Fortsetzung der Fahrt durchgeführt werden: 190

---

234 Je nach Dauer unterschiedliche Ergebnisse findend: *BGH* Urt. v. 14.12.1988 – IVa ZR 161/87, JurionRS 1988, 15079 = VersR 1989, 243 = NJW-RR 1989, 412 = MDR 1989, 525 = r+s 1989, 44 (kein Gebrauch, wenn 1 Jahr stillgelegt); *LG Kiel* Urt. v. 28.01.1985 – 2 O 210/84, zfs 1986,249 = VersR 1986, 538 = zfs 1986, 249 (kein Gebrauch, wenn 1 Jahr stillgelegt); *BGH* Urt. v. 21.02.1990 – IV ZR 271/88, JurionRS 1990, 15738 = VersR 1990, 482 = r+s 1990, 196 = zfs 1990, 242 (Zurückverweisung zur Aufklärung, ob bereits ein Jahr stillgelegt); *LG Bielefeld* Urt. v. 18.05.1988 – 1 S 54/88, VersR 1989, 246 = zfs 1989, 173 (beim beabsichtigten Ausschlachten Gebrauch verneint).

235 Auch bei gewerbsmäßigem Reparieren dagegen *OLG Hamm* Urt. v. 12.11.1992 – 6 U 120/92, JurionRS 1992, 15147 = r+s 1993, 126.

236 Anders *Hofmann* NVersZ 1998, 54 (56), der befürchtet, die Privathaftpflichtversicherung würde in die Rolle einer subsidiären Versicherung des Kfz-Risikos gedrängt werden, statt endlich einen klaren Trennstrich zu ziehen.

A.1.1.1 AKB   (Schadensersatzansprüche; Gebrauch, etc.)

- Prüfen des Motorölstands und Nachfüllen[237] von Öl
- Prüfen des Frostschutzmittels
- Nachfüllen der Flüssigkeit für die Scheibenwaschanlage
- Reinigen von Scheiben, Scheinwerfern und Rücklichtern
- Eiskratzen von Scheiben
- Austausch der Wischerblätter
- Aufstecken einer abnehmbaren Anhängerkupplung
- Auswechseln defekter Glühlampen
- Anbringung eines Dachgepäckträgers[238]
- Einbau eines Kindersitzes/Abschalten des Airbags wegen Kindersitz
- Ausbau einer herausnehmbaren Sitzbank
- Radwechsel nach einer Panne[239]

i) **Straftaten, etc.**

aa) **Gebrauch bejaht**

191 – Unbefugtes Fahren – Gebrauch ist unabhängig vom Versicherungsschutz[240]
– Fahren eines noch nicht versicherten Fahrzeugs ist ein in der Kfz-Haftpflicht versicherbarer Fahrzeuggebrauch[241]

bb) **Gebrauch verneint**

192 – PKW wird im Kanalbett versenkt – drei Wochen später fährt Schiff dagegen[242]
– Suizid eines Fahrers, der sich nach einem Alleinunfall vom Fahrzeug 250 m entfernt und sich dann vor einen herannahenden PKW wirft (eigenes Fahrzeug ist nicht unmittelbar beteiligt – keine typische Fahrerhandlung)[243]

---

237 Ölwechsel erfordert dagegen weitere Kenntnisse und Werkzeug und Entsorgungsmöglichkeiten. Zur falsch angezogenen Ölablassschraube siehe *Bayer* Benzinklausel und Gesamtkausalität – Zur Reichweite der »kleinen Benzinklausel« und der Privathaftpflichtversicherung, VersR 1985, 305 ff; *Allgaier* Die kleine Benzinklausel in der Privathaftpflichtversicherung, VersR 1985, 917 ff.
238 *AG Hamburg-Altona* Urt. v. 18.10.1989 – 315c C 467/89, zfs 1989, 424.
239 *BGH* Urt. v. 10.07.1980 – IVa ZR 17/80, BGHZ 78, 52 = JurionRS 1980, 11759 = VersR 1980, 1039 = NJW 1980, 2525 = zfs 1981, 18 = DAR 1980, 365 = VRS 59, 333.
240 *OLG Brandenburg* Urt.v. 03.09.2014 – 11 U 28/14, JurionRS 2014, 21434 = FD-VersR 2014, 362259 m. Anm. *Günther* = r+s 2014, 599 = VuR 2014, 483 (zulassungspflichtiges Quad – Ausschluss AH) *OLG Karlsruhe* Urt. v. 06.06.1991 – 12 U 33/91, JurionRS 1991, 14951 = VersR 1994, 564 = NZV 1993, 33 = r+s 1992, 227 = zfs 1991, 389 u. 1993, 130; *LG Freiburg* Urt. v. 09.11.1995 – 3 S 309/94, JurionRS 1995, 15860 = VersR 1996, 1227.
241 *BGH* Urt. v. 16.10.1991 – IV ZR 257/90, JurionRS 1991, 14354 = VersR 1992, 47 = DAR 1992, 101 = MDR 1992, 235 = NJW 1992, 315 = r+s 1992, 46 = zfs 1992, 90 = NZV 1992, 74 = SP 1992, 93 = VRS 82, 179.
242 *AG Dortmund* Urt. v. 30.11.1990 – 137 C 2/90, SP 1992, 28.
243 *OLG Frankfurt* Urt. v. 03.07.1990 – 14 U 43/89, NZV 1990, 395 = VersR 1991, 458.

- Suizid eines Kraftfahrers, der aus seinem Fahrzeug aussteigt und sich vor einen herannahenden LKW wirft[244]
- Flucht eines Fahrzeugführers zu Fuß vor einem nacheilenden Polizeibeamten stellt nur ein verdachtstypisches Risiko, nicht aber ein gebrauchstypisches Risiko dar[245]
- Körperliche Gewalt nach einem Verkehrsunfall ist keine typische oder vom Gesetz vorgeschriebene Tätigkeit des Fahrers[246]
- Ein bloßer örtlicher und zeitlicher Zusammenhang mit dem Gebrauch des Fahrzeugs i. S. des § 10 AKB reicht nicht aus. Bei einer tätlichen Auseinandersetzung mit einem Taxifahrer fehlt es an einem inneren Zusammenhang mit dem Fahrzeuggebrauch[247]

cc) **Eigene Ansicht**

Fahrzeuggebrauch liegt auch beim Gebrauch durch einen nicht berechtigten Fahrer vor, der selbst keinen Versicherungsschutz genießt, D.1.2 Satz 1, D.3.1 AKB. 193

Straftaten mit einem Fahrzeug stellen eher einen **Missbrauch** des Fahrzeugs dar, um vorsätzlich Schäden zu verursachen. 194

Soweit eine Halterhaftung aus Betriebsgefahr[248] neben der des vorsätzlich handelnden Straftäters als Fahrer in Betracht kommt, ist dieser Gebrauch allein in Bezug auf das Halterrisiko[249] selbst bei einem »verabredeten Unfall«[250] gedeckt. 195

---

244 *LG Münster* Urt. v. 27.04.1995 – 2 O 100/95, NZV 1996, 154.
245 *OLG Saarbrücken* Urt. v. 15.09.1999 – 5 U 389/99–28, JurionRS 1999, 32788 = NVersZ 2000, 46= VersR 2002, 351 = SP 2002, 216.
246 *OLG Saarbrücken* Beschl. v. 24.07.2001 – 5 W 223/01–66, r+s 2002, 405 = NVersZ 2002, 188 = VersR 2002, 1417 = zfs 2001, 501; *LG Stuttgart* Urt. v. 23.08.1979 – 16 S 115/79, VersR 1980, 473.
247 *BGH* Urt. v. 27.06.1984 – IVa ZR 7/83, JurionRS 1984, 13857 = DAR 1984, 317 = VersR 1984, 854 = MDR 1984, 126 = r+s 1984, 181 = zfs 1984, 342.
248 *BGH* Urt. v. 15.12.1970 – VI ZR 97/69, JurionRS 1970, 11056 = VersR 1971, 239 = MDR 1971, 288 = NJW 1971, 459 = DAR 1971, 71 = DB 1971, 233 = VRS 40, 161 (Ausnahmefall wegen Verschulden des VN, der Fahrzeug für späteres Vorsatzdelikt nicht verschlossen hatte).
249 *OLG Hamm* Urt. v. 15.06.2005 – 13 U 63/05, JurionRS 2005, 23866 = VRR 2005, 402 (Ls.) = r+s 2006, 33 = NZV 2006, 253 = NJW-RR 2006, 397 = zfs 2006, 75 = OLGR 2006, 306 = DAR 2006, 277 (Ehemann der Fahrzeughalterin fährt absichtlich in Menschengruppe); *OLG Köln* Urt. v. 01.07.1981 – 16 U 25/81, VersR 1982, 383; *OLG Brandenburg*, Beschl. v. 01.09.2009 – 12 W 27/09, JurionRS 2009, 24842 = VersR 2010, 274 = MDR 2010, 25 = NJW-RR 2010, 245 = VRR 2010, 64 bespr. v. *Birkeneder* (kein PKH für Täter, wenn KH-Versicherer als Streithelfer beitritt).
250 *OLG Köln* Urt. v. 30.05.2000 – 9 U 130/99, JurionRS 2000, 21127= r+s 2000, 316 = MDR 2000, 1492 = NJW-RR 2000, 1476 = NVersZ 2001, 44 = VersR 2000, 1140; *OLG Schleswig* Urt. v. 15.11.1994 – 9 U 85/93, JurionRS 1994, 16572 = NJW 1995, 2499 (Ls.) = r+s 1995, 84 = NZV 1995, 114 = VersR 1995, 827 = zfs 1995, 180 (verabredeter Unfall ohne Kenntnis des Halters).

A.1.1.1 AKB (Schadensersatzansprüche; Gebrauch, etc.)

196 Sind vorsätzlich[251] handelnder Fahrer und Halter identisch[252], liegt kein versicherter Gebrauch vor, § 103 VVG, A.1.5.1 AKB.

197 Vorsätzlich und fahrlässig begangene Straftaten von Dritten an dem Tatobjekt Fahrzeug, mit der Folge weiterer Schäden, sind nicht[253] dem Gebrauch des Fahrzeugs zurechenbar.

j) Tiere

aa) Gebrauch bejaht

198 – Ein Schaf entweicht beim Abladen aus einem Anhänger und stößt mit einem Radfahrer zusammen; Entladevorgang ist noch nicht ordnungsgemäß beendet[254]
– Ist der Fahrer eines fremden PKW zugleich Halter von Tieren und beruht der Schaden am PKW im Verhalten der eigenen Tiere, liegt dennoch allein ein Gebrauch des Fahrzeugs vor. § 10 AKB a. F. gilt auch außerhalb des öffentlichen Verkehrsraumes[255]
– Herausspringen eines Hundes nach Verkehrsunfall führt zu weiterem Unfall – Betriebsgefahren des Kraftfahrzeugverkehrs schließen auch solche Einwirkungen auf das tierische Verhalten mit ein[256]
– Ein gegen die Verkehrssicherungspflichten abgestelltes Fahrzeug auf dem Gelände einer Trabrennbahn wird zum Hindernis für ein in Panik geratenes Pferd (bereits Betrieb bejaht; öffentlich zugängliches Gelände?)[257]

---

251 Beispiel: scharfes Abbremsen bis zum Stillstand im Stadtverkehr *OLG Nürnberg* Urt. v. 02.12.2004 – 2 U 2712/04, JurionRS 2004, 26824 = DAR 2005, 341 = zfs 2005, 503 = NJW-RR 2005, 466 = NZV 2005, 267 = VRS 108, 199 = zfs 2005, 503.
252 *OLG Celle* Urt. v. 15.05.2003 – 14 U 240/02, zfs 2004, 122 (Ehemann als Fahrer und Halter verletzt mitfahrende Ehefrau vorsätzlich).
253 Unverständlich daher *OLG Dresden* Urt. v. 18.10.2000 – 12 U 1457/00, da es das *LG Chemnitz* Urt. v. 25.04.2000 – 1 O 4629/99 aufhob, (Umweltschaden durch Dieseldiebstahl).
254 *OLG Stuttgart* Urt. v. 20.09.1994 – 10 U 332/93, JurionRS 1994, 16601 = SP 1994, 395 = VersR 1995, 1042 = zfs 1995, 100 = r+s 1995, 3.
255 *OLG Köln* Urt. v. 07.03.1991 – 5 U 177/90, JurionRS 1991, 15055 = NZV 1992, 410 = zfs 1993, 381; anders noch *LG Aachen* Urt. v. 23.05.1990 – 4 O 475/89, r+s 1991, 335.
256 *BGH* Urt. v. 09.02.1988 – VI ZR 168/87, JurionRS 1988, 13230 = DAR 1988, 159 = r+s 1988, 164 = NZV 1988, 17 = NJW-RR 1988, 731 = MDR 1988, 664 = VersR 1988, 640 = JZ 1988, 570.
257 *BGH* Urt. v. 25.10.1994 – VI ZR 107/94, JurionRS 1994, 15599 = NZV 1995, 19 = NJW-RR 1995, 215 = MDR 1995, 42 = VersR 1995, 90 = r+s 1995, 44 = r+s 1995, 55 m. Anm. *Lemcke*..

bb) Gebrauch verneint

- Das Gatter eines Wildgeheges wird nach dem Durchfahren mit dem Fahrzeug geöff- 199
  net gelassen. Das Schließen hat für die Weiterfahrt des Fahrzeugs keinen Zweck, weswegen das unterlassene Schließen dem Privathaftpflichtbereich zuzurechnen ist[258]
- Hund springt aus geparktem PKW, dessen Fenster leicht geöffnet war und erschreckt ein Turnierpferd[259]

cc) eigene Ansicht

Tiere stellen eine eigene Gefahrenquelle dar. 200

Beispiel: Ein Hund sitzt in einem geparkten Fahrzeug und schlägt an, als Personen vor- 201
beigehen. Die Passanten erschrecken und verletzten sich.

Es verwirklicht sich allein eine Gefahr durch das Tier. 202

Erschreckt sich aber während der Fahrt ein Taxifahrer, der den Hund eines Fahrgastes 203
mitnimmt, verwirklicht sich bei einem Unfall neben dem Fahrzeugrisiko auch das Tierrisiko.

Solange sich durch einen Verkehrsunfall noch verstörte Tiere frei bewegen oder nicht 204
beherrscht werden können, ist die vom Fahrzeuggebrauch herrührende Kausalkette nicht unterbrochen. Für Folgeunfälle ist die durch den Fahrzeuggebrauch ausgehende erhöhte Tiergefahr zu berücksichtigen.

Fehler durch Personen, die nur durch den gelegentlichen Gebrauch des Fahrzeugs be- 205
gangen werden (Weidetor nicht richtig verschlossen), können von jedermann gemacht werden und bestehen nicht in einer typischen Fahrerhandlung.

k) Wegräumen von Hindernissen

aa) Gebrauch bejaht

- Wegschieben eines behindernden Krades oder Anhängers von Hand, um PKW das 206
  Wegfahren oder Einparken zu ermöglichen ist Gebrauch des PKW[260]

---

258 *LG Kaiserslautern* Urt. v. 14.10.2008 – 1 S 16/08, JurionRS 2008, 28519 = NJW-Spezial 2009, 139 = NJW-RR 2009, 249 = NZV 2009, 346.
259 *OLG Karlsruhe* Urt. v. 07.12.2006 – 12 U 133/06, JurionRS 2006, 31725 = VersR 2007, 788 = zfs 2007, 160 = VK 2007, 24 = VRR 2007, 67 m. Anm. *Böhm (kein Ausschluss AH)*, *BGH* Nichtannahmebeschl. v. 25.06.2008 – IV ZR 7/07, JurionRS 2008, 16412; Vorinstanz *LG Mannheim* Urt. v. 21.04.2006 – 8 O 32/06, JurionRS 2008, 38236 = SP 2006, 327.
260 *OLG Frankfurt* Urt. v. 25.05.1991 – 1 U 20/89, WI 1991, 162; *LG Frankfurt* Urt. v. 22.05.1990 – 2/26 O 514/89, NZV 1991, 236 = zfs 1991, 280. *LG Hamburg* Urt. v. 09.12.1997 – 309 S 185/97, VersR 1998, 1148 (Ls.); *LG Hannover* Urt. v. 05.09.1996 – 16 S 17/96, zfs 1996, 422; *LG Köln* Urt. v. 29.03.2007 – 24 S 42/06, JurionRS 2007, 51846= NJW-RR 2007, 1404 = SVR 2011, 19 = SP 2008, 124; *AG Laufen* Urt. v. 09.02.1995 – 1 C 12/95, zfs 1995, 299; *AG Braunschweig* Urt. v. 12.01.1993 – 116 C

A.1.1.1 AKB (Schadensersatzansprüche; Gebrauch, etc.)

- Beim Wegschieben eines auf einem Betriebsgelände behindernd stehenden – noch nicht zugelassenen – Anhängers von Hand greift die große Benzinklausel[261]
- Das Beiseiteschieben eines anderen Fahrzeugs, um mit dem versicherten Fahrzeug ausparken zu können, ist eine typische Fahrerhandlung. Das Beseitigen von Hindernissen gehört zum Aufgabenkreis des Fahrzeugführers[262]
- Das Beseitigen von Hindernissen (hier Lösen der Handbremse von außen) ist eine typische Fahrerhandlung, wenn es nicht umfahren werden kann. Die extensive Auslegung des Gebrauchs führt zu einem angemessenen Ergebnis, da die im Gegensatz zur PHV, die Kfz-Haftpflichtversicherung obligatorisch ist[263]
- Wegschieben eines behindernden Krades, um PKW das Weiterfahren zu ermöglichen, ist Gebrauch des PKW, da eine vom Kfz ausgehende typische Gefahr und eine typische Tätigkeit des Fahrers vorliegen[264]

bb) Gebrauch verneint

207
- Wegschieben eines behindernden Krades, um PKW das Wegfahren zu ermöglichen, ist kein Gebrauch des PKW, da keine vom Kfz ausgehende typische Gefahr und keine typische Tätigkeit des Fahrers vorliegen[265]
- Das bloße Wegschieben eines fremden PKWs ist kein Inbetriebsetzen und damit kein Gebrauch des Fahrzeugs, der in die Kfz-Haftpflicht fiele, sondern eine Tätigkeit an einem fremden Auto, die in den Bereich der Privathaftpflicht[266] fällt
- Das bloße Beiseiteschieben eines fremden PKWs, um den eigenen PKW aus einer Halle schieben zu können, ist nur eine Vorbereitungshandlung für den späteren Gebrauch[267]
- Ein Unfall beim Wegfahren eines behinderndes Krankenwagens ist dem Gebrauch dieses Fahrzeugs und nicht dem des behinderten Fahrzeugs zuzurechnen[268]

5035/92 (3), VersR 1994, 208. *AG Dortmund* Urt. v. 12.01.1996 – 121 C 15563/95, JurionRS 1996, 14070 = VersR 1997, 101.
261 *LG Paderborn* Urt. v. 07.02.2001 – 1 S 201/00, NVersZ 2001, 430 m. zust. Anm. *Littbarski* NVersZ 2001, 397 ff.
262 *OLG Hamm* Urt. v. 12.02.1993 – 20 U 262/92, NJW-RR 1993, 994 = r+s 1993, 203 = NZV 1993, 352 = zfs 1993, 196 = SP 1993, 192 = VersR 1993, 1475 (Ls.).
263 *LG Düsseldorf* Urt. v. 15.12.1999 – 23 S 162/99, VersR 2001, 1018 (Ausschluss PHV).
264 *AG Frankfurt* a. M. Urt. v. 26.07.1983 – 30 C 12 146/83, VersR 1985, 983.
265 *AG Bersenbrück* Urt. v. 28.02.1991 – 1634-9-4 C 69/91, VersR 1992, 308 (Ls.) = NJW-RR 1992, 29.
266 *AG Köln* Urt. v. 09.10.1992 – 266 C 398/91, JurionRS 1992, 14223 = DAR 1993, 356 = VersR 1993, 1006 = zfs 1993, 378.
267 *LG Paderborn* Urt. v. 29.10.1987 – 3 O 346/87, zfs 1988, 87 (kein Ausschluss AH).
268 *LG Aachen* Beschl. v. 12.01.2011 – 5 S 220/10, r+s 2011, 309.

cc) eigene Ansicht

Das eigene Fahrzeug selbst ist unmittelbar nicht körperlich beteiligt. Es ist eine Handlung des Fahrers an einem anderen Gegenstand oder Fahrzeug, um eine spätere Handlung mit dem eigenen Fahrzeug erst ausüben zu können. 208

Ich sehe hierin nur ein Handeln gelegentlich des eigenen Fahrzeuggebrauchs, aber kein Handeln durch den Gebrauch des versicherten Fahrzeugs. 209

Werden andere Fahrzeuge fortgeschoben, die eine Person stören, werden diese bewegt. Die Person kann damit zum **unberechtigten Fahrer** des fremden Fahrzeugs werden. Die Nähe zu einer Straftat nach § 248b StGB ist bereits gegeben, wenn es über ein bloßes Rangieren[269] hinausgehen sollte. 210

Es ist daher keine typische Tätigkeit eines Fahrers, als Nichtberechtigter eigenmächtig Handlungen in der Sphäre einer anderen Person vorzunehmen, die leicht die Grenze des Strafbaren überschreiten. Entsprechend ist ein Schaden nicht dem eigenen Fahrzeugrisiko zuzuordnen – auch wenn es dem erst späteren Fahrzeuggebrauch dienlich ist. 211

Handlungen von **Insassen**, die fremde Fahrzeuge wegschieben, um dem Fahrer zu helfen, fallen bereits deswegen vom Deckungsschutz heraus, weil sie als Insasse nicht zum Kreis der mitversicherten Personen zählen. Würde der Fahrer zusammen mit dem Insassen ein störendes Fahrzeug wegschaffen, wären beide als Mittäter nach § 830 BGB verantwortlich. Aber nur der Fahrer hätte bei anderer Auffassung Versicherungsschutz zu erwarten. 212

Der Versicherungsnehmer wird nicht ernsthaft erwarten können, für Schäden, die er nicht unmittelbar mit seinem Fahrzeug verursacht, von seinem Kfz-Haftpflichtversicherer freigestellt zu werden. 213

l) Zweifelhafte Sonderfälle

aa) Gebrauch bejaht

– Versehentliches Lösen der Handbremse beim Aussteigen durch 13jährigen Insassen[270] 214
– Schäden durch nicht ordnungsgemäß geparktes Fahrzeug (fehlende Handbremse)[271]
– Zurückschieben des Fahrersitzes beschädigt dahinter stehenden Laptop, wegen Vorbereitungshandlung für das Fahren kein Fall der Privathaftpflicht[272]

---

269 Hentschel/*König*/Dauer § 248b StGB, Rn. 4 u. 5.
270 *OLG Düsseldorf* Urt. v. 07.04.1992 – 4 U 123/91, JurionRS 1992, 14982 = r+s 1992, 408 = NJW-RR 1993, 294 = VersR 1993, 302 = SP 1993,128 = WI 1993, 302 = zfs 1993, 57 *(Ausschluss AH)*..
271 *LG Nürnberg-Fürth* Urt. v. 17.04.2003 – 11 S 10091/02, SP 2004, 386 = SVR 2004, 149, bespr. von *Fitz.*.
272 *AG München* Urt. v. 28.10.2010 – 222 C 16217/10, WI 2012, 195 = r+s 2012, 437, zu Recht zustimmend *Maier* r+s 2012, 429.

A.1.1.1 AKB (Schadensersatzansprüche; Gebrauch, etc.)

- Nutzung eines Wohnmobils zum Wohnen und Spielen ist eine typische Gebrauchshandlung des Fahrzeugs[273]
- Besteigung eines Wohnmobils während Verkaufsverhandlungen, wobei die angebaute Trittleiter sich aus der Verankerung löst[274]
- Schieben eines fahruntüchtigen Fahrzeugs[275]
- Fahren eines Wohnmobils mit Unfall wegen einer Höhenbegrenzung. Ein Ausschluss in der Kfz-Haftpflichtversicherung führt nicht automatisch zum Einschluss in der PHV[276]
- Das Einsammeln während der Fahrt verloren gegangener Unterlagen ist typische Fahrerhandlung[277]
- Der Versuch, ein Fahrzeug nach einem Unfall zum Anhalten zu bewegen, um der eigenen Feststellungspflicht nachkommen zu können[278]
- Prüft der Fahrer (mit laufendem Motor) außerhalb seines Fahrzeugs, ob ein geeigneter Parkplatz vorhanden ist, liegt Gebrauch des Kfz vor[279]
- Fahrer steigt aus, um nach dem richtigen Weg zu fragen und verursacht hierdurch einen Unfall[280]
- Rasenmähen mit zulassungs- und versicherungsfreiem Rasentraktor unter 6 km/h ist auch dann Gebrauch des Kfz, wenn in der Kfz-Haftpflichtversicherung kein Versicherungsschutz zu erlangen ist[281]
- (Falsch-)Betanken des Fahrzeugs durch Fahrer[282]

---

273 *LG Bückeburg* Urt. v. 04.06.1992 – 1 S 68/92, VRS 83, 333 = zfs 1993, 17.
274 *OLG Hamm* Urt. v. 21.09.1998 – 6 U 125/98, JurionRS 1998, 32261 = VersR 1999, 882 = r+s 1999, 55.
275 *OLG Köln* Urt. v. 04.05.1999 – Ss 163/99, DAR 1999, 373 = NZV 1999, 341 = NStZ-RR 1999, 343 = zfs 1999, 358.
276 *OLG Karlsruhe* Urt. v. 06.06.1991 – 12 U 33/91, JurionRS 1991, 14951 = VersR 1992, 564 = NZV 1993, 33 = zfs 1993, 130.
277 *OLG Hamm* Urt. v. 24.11.2008 – 6 U 105/08, JurionRS 2008, 32616 = DAR 2009, 201 = NJW-RR 2009, 901 = r+s 2009, 124 = VersR 2009, 652 = zfs 2009, 182 = OLGR 2009, 195 = NZV 2009, 187.
278 *OLG Hamm* Urt. v. 16.08.1999 – 6 U 227/98, JurionRS 1999, 31926 = DAR 1999, 546 = NJW-RR 2000, 32 = NVersZ 2000, 42 = NZV 1999, 469 = r+s 1999, 494 = VersR 2000, 1270.
279 *LG Itzehoe* Urt. v. 10.11.1981 – 4 S 134/81, zfs 1982, 210.
280 *AG Lingen* Urt. v. 24.04.1990 – 4 C 25/90, zfs 1990, 419.
281 *OLG Köln*, Urt. v. 17.09.1992 – 5 U 65/92, JurionRS 1992, 15406 = r+s 1993, 250 = zfs 1993, 89 = OLGR 1993, 25 = SP 1993, 129 = VersR 1993, 304.
282 *BGH* Urt. v. 25.06.2003 – IV ZR 322/02, JurionRS 2003, 23828 = DAR 2003, 45 = VersR 2003, 1031 = r+s 2003, 355 = NZV 2003, 469 = NJW-RR 2003, 1248 = VRS 105, 339 = zfs 2003, 503 (Betriebsschaden in Kasko); *KG Berlin* Urt. v. 02.12.2011 – 6 U 13/11, JurionRS 2011, 37026 = r+s 2012, 384 = zfs 2012, 639 (Ausschluss Privathaftpflicht); *OLG Düsseldorf* Urt. v. 28.10.2008 – I-4 U 12/08, NZV 2009, 291 = NJW-RR 2009, 610 = r+s 2009, 273 = zfs 2009, 451 = OLGR 2009, 464 (Brandschaden infolge Falschbetankung über Teilkasko gedeckt); *OLG Rostock* Urt. v. 09.02.2004 – 3 U 85/03, JurionRS 2004, 14547 = OLGR 2004, 247; *LG Köln* Urt. v. 19.04.2007 – 24 O 349/06, JurionRS 2007, 51847 =

- 15-jähriger dreht Schlüssel im Zündschloss, um Musikkassette zu prüfen, wobei versehentlich der Motor anspringt[283]
- 16-jähriger fährt mit noch nicht zugelassenen Neuwagen auf Betriebsgelände[284]
- abgemeldetes Bastlerfahrzeug wird von Jugendlichen auf privatem Gelände gefahren[285]
- Gefahren eines zur Vernichtung bestimmten, abgemeldeten Schrottfahrzeugs auf einer nicht zugelassenen Sammelstelle[286]
- Das Absicherung eines Fahrzeugs gegen Wegrollen beim Parken ist eine typische Fahrerhandlung[287]
- Das bewusste Anlassen des Motors nebst Bedienung des Schaltwählhebels ohne den Willen Fahren zu wollen[288]

bb) **Gebrauch verneint**

- Aufsichtspflichtverletzung weil ein kleines Kind im Fahrzeug zurückgelassen wird, das die Handbremse löst[289]
- Die bloße Nutzung einer Batterie, um Radio im Fahrzeug hören zu können, stellt keinen Gebrauch dar, selbst wenn die Minderjährige hierzu den Zündschlüssel zu weit dreht und das Fahrzeug sich durch den Anlassermotor bewegt[290]

215

SP 2008, 160 = NJOZ 2007, 3201; *LG Duisburg* Urt. v. 05.07.2006 – 11 O 105/05, JurionRS 2006, 36956 = NJW-RR 2007, 831 = VersR 2007, 56 (Ausschluss PHV, Betanken durch Nichtfahrer).

283 *LG Koblenz* Urt. v. 07.05.1991 – 6 S 398/90, r+s 1994, 256 (Ls.).
284 *BGH* Urt. v. 16.10.1991 – IV ZR 257/90, JurionRS 1991, 14354 = DAR 1992, 101 = MDR 1992, 235 = NJW 1992, 315 = NZV 1992, 74 = VersR 1992, 47 (Ausschluss AH) .
285 *OLG Brandenburg* Urt. v. 20.11.2012 – 6 U 36/12, JurionRS 2012, 28986 (mangels KH-Versicherungsschutz keine Deckung; AH-Versicherer lehnte aus vertraglichen Gründen ab – nach Nr. 3.2 (1) Musterbedingungsstruktur IX Versicherungsschutz in der PHV, sofern ein berechtigter Fahrer das abgemeldete Kfz außerhalb des öffentlichen Verkehrsraumes führt.
286 *BGH* Urt. v. 16.02.1977 – IV ZR 42/76, JurionRS 1977, 11486 = DAR 1977, 243 = DB 1977, 1789 = MDR 1977, 737 = r+s 1977, 136 = VersR 1977, 468 = VRS 53, 90 (Ausschluss PHV, Ruheversicherung in den AKB bis ein Jahr nach Abmeldung).
287 *LG Bremen* Urt. v. 12.07.2012 – 6 S 324/11, NJW-RR 2012, 1427 = NZV 2013, 44 (Ausschluss PHV).
288 *LG Dortmund* Urt. v. 18.03.2010 – 2 S 51/09, JurionRS 2010, 19733 = NJW-RR 2010, 1472 = NZV 2010, 619 = r+s 2010, 466 = VK 2010, 170 (Ausschluss PHV).
289 *AG Mannheim* Urt. v. 04.07.1995, 2 C 1650/95, JurionRS 1995, 32029 = VersR 1995, 1084 (bejaht PHV; daneben sollte m. E. das Unterlassen der Fahrerin für einen Gebrauch sprechen).
290 *OLG Hamm* Urt. v. 27.11.1987 – 20 U 234/87, NJW-RR 1988, 859 = r+s 1988, 71 = MDR 1988, 323 = NZV 1988, 106 (Ls.) = VersR 1988, 457; *OLG Celle* Beschl. v. 03.03.2005 – 8 W 9/05, JurionRS 2005, 11694 = NJW-RR 2005, 623 = SP 2006, 149 = VK 2005, 89 = SVR 2005, 350, bespr. v. *Schwab* = NZV 2005, 321 = OLGR 2005, 231 = VersR 2006, 256 (kein Ausschluss AH); die Haftung aus § 7 StVG bejahend, *AG Berlin Mitte* Urt . v. 07.10.2010 – 106 C 3150/09, SP 2011, 139.

A.1.1.1 AKB (Schadensersatzansprüche; Gebrauch, etc.)

- Potentieller Käufer besteigt Motorradsitz und betätigt Handbremse ohne Fahrzeug anzulassen und Fahren zu wollen, Krad fällt dabei um und wird beschädigt[291]
- Versehentliches Entriegeln einer Handbremse durch Hilfsperson aufgrund falsch verstandener Anweisung; Versicherungsschutz in der Privathaftpflichtversicherung[292]
- 10-jähriges Kind will spielen und setzt Fahrzeug auf Betriebsgelände in Gang[293]
- Das bloße Nutzen einer Fahrzeugbatterie als Stromquelle, um Starthilfe für ein anderes Fahrzeug zu geben[294]
- Rasenmähen mit Aufsitztraktor auf nicht öffentlichen Wegen und Plätzen[295]
- Stehenlassen eines LKW auf Standstreifen durch Fahrer, der als Fußgänger im Anschluss die Straße quert[296]
- Fußgängerin läuft zum wartenden Taxi[297]
- Keine Eintrittspflicht der Insassen-Unfallversicherung, wenn kein innerer Zusammenhang mit dem Kfz-Gebrauch vorliegt – Insasse stieg zum Gehweg aus und überquerte anschließend die Straße[298]
- Mit Abstellen eines Kraftfahrzeugs in einer Halle oder Garage endet jede typische Fahrzeuggefahr. Es liegt außerhalb aller vorhersehbaren Wahrscheinlichkeit, dass der Motor eines dort abgestellten Kfz durch einen Marderbiss angelassen wird[299]

cc) eigene Ansicht

216 In der Praxis gibt es immer neue Abgrenzungsfälle, die sich oft nur schwierig in einzelne Gruppen einteilen lassen.

217 Entscheidend für die Auslegung der AKB ist immer, was von der Kfz-Haftpflichtversicherung an Deckungsschutz erwartet werden kann.

218 Das ist nach der Vorgabe des PflVG zunächst immer das Betriebsrisiko des Fahrzeugs entsprechend § 7 StVG.

---

291 *OLG Saarbrücken* Urt. v. 20.03.1991 – 5 U 46/90, r+s 1991, 369 = NZV 1991, 409 = VersR 1991, 1400 (kein Ausschluss AH).
292 *LG Dortmund* Urt. v. 30.01.1991 – 4 O 277/90, VersR 1991, 1401 = NJW-RR 1992, 28 = zfs 1992, 58.
293 *LG Freiburg* Urt. v. 22.2.90, 6 O 629/89, zfs 90, 137 (kein Ausschluss in PHV).
294 *AG Fürstenfeldbruck* Urt. v. 17.03.2011 – 5 C 1779/10, SP 2011, 303.
295 *AG Hamburg* Urt. v. 02.02.1999 – 9 C 357/98, NVersZ 1999, 583; *AG St. Wendel* Urt. v. 29.02.2000 – 4 C 1145/99, NVersZ 2000, 440.
296 *LG Kassel* Urt. v. 15.09.1976 – 7 O 133/76, VersR 1977, 856 (Kausalität verneint).
297 *BGH* Urt. v. 09.12.1981 – IVa ZR 222/80, JurionRS 1981, 12147 = MDR 1982, 468 = NJW 1982, 827 = VersR 1982, 281 (Entscheidung zum Rahmenteilungsabkommen mit gesetzlicher Krankenversicherung).
298 *OLG Bamberg* Urt. v. 07.03.1996 – 1 U 115/95, JurionRS 1996, 14799 = NZV 1996, 412 = zfs 1996, 464 = r+s 1997, 213 = VersR 1997, 611.
299 *OLG München* Urt. v. 20.04.2000 – 24 U 45/99, NZV 2001, 510 = r+s 2002, 110 (*BGH* Nichtannahmebeschl. v. 24.07.2001 – VI ZR 224/00).

Das obige Beispiel des *OLG Celle*[300] zeigt deutlich, dass eine Beurteilung je nach Bedin- 219
gungswerk unterschiedlich ausfallen kann. Da das Fahrzeug mittels Motorkraft in Bewegung gesetzt wurde, war es nach den AKB in Gebrauch.

Der Kfz-Haftpflichtversicherer regulierte für den Halter[301] den Schaden am Fahrzeug 220
des geschädigten Dritten. Er nahm die minderjährige Insassin in Regress. Diese war als
bloße Insassin nicht mitversicherte Person der Kfz-Haftpflichtversicherung.

Obwohl sie das Fahrzeug durch (Über-) Drehen des Zündschlüssels fahrlässig in Bewe- 221
gung setzte, wollte sie das Fahrzeug nicht gebrauchen, sondern nur die Batterie zum
Radiohören nutzen. Dieser Gebrauch ist aber kein Gebrauch des Kraftfahrzeugs im
Sinne der Ausschlussklausel der privaten Haftpflichtversicherung.

4. Paritätische Kommission – »Benzinklauseln«

Die Paritätische Kommission ist eine Einrichtung beim GDV zur Klärung von Abgren- 222
zungsfragen der Allgemeinen Haftpflichtversicherung zur Kfz-Haftpflichtversicherung.

Der Hauptausschuss Schaden-/Unfallversicherung hat mehrere Fachausschüsse, da- 223
runter den Kraftfahrt-Fachausschuss und den Haftpflicht-Fachausschuss. Das Gremium besteht aus fünf Mitgliedern und zwei Stellvertretern, wobei je zwei Vertreter
aus Kraftfahrt und Haftpflicht benannt werden. Der Kommissionsvorsitzende wird
einvernehmlich bestimmt.

Die Mitgliedsunternehmen[302] des GDV können in Streitfragen untereinander, ob sich 224
nun der Kfz-Haftpflicht oder der Haftpflichtversicherer mit dem Schadensfall zu befassen hat, die Kommission anrufen.

Weder das Verfahren noch die Entscheidungen sind mit gerichtlichen Verfahren und 225
Urteilen vergleichbar. Die vom Gremium getroffenen Entscheidungen[303] sind nicht
bindend. Sie binden auch ausdrücklich nicht[304] die Parteien, die die Kommission angerufen haben.

Den Parteien, die die Kommission anrufen, ist es jedoch unbenommen, sich im Vorfeld 226
der Kommissionsentscheidung zu unterwerfen also auf ein gerichtliches Verfahren zu
verzichten.

---

300 *OLG Celle* Beschl. v. 03.03.2005 – 8 W 9/05, JurionRS 2005, 11694 = NJW-RR 2005, 639
= SVR 2005, 350, bespr. v. *Schwab* = NZV 2005, 321 = OLGR 2005, 231 = VersR 2006,
256 (*kein Ausschluss AH*).
301 Und den nicht anwesenden Fahrer, der den Schlüssel fahrlässig stecken ließ.
302 Freiwillige Mitgliedschaft nach § 3 Abs. 1 Satz 1 der Satzung des GDV.
303 Bislang 189 Verfahren, die jedoch auch zum Teil durch Vergleich erledigt wurden.
(Entscheidungszugriff ab dem 50. Verfahren über das Intranet des GDV; ansonsten siehe
Hock Die Benzinklausel (Kraftfahrzeugklausel), 2. Aufl. 2009 zudem mit auch älteren Entscheidungen der Kommission sowie Rechtsprechung.
304 Bereits Verfahrensordnung vom 01.10.2004, aktuell ist die Verfahrensordnung vom Januar
2008; insoweit überholt Feyock/*Jacobsen*/Lemor § 10 AKB Rn. 30.

A.1.1.1 AKB (Schadensersatzansprüche; Gebrauch, etc.)

227 Auch ohne rechtlich verbindliche Wirkungen kommt den Entscheidungen[305] eine wichtige Orientierungsfunktion zu. Sie helfen den Versicherern, wie sie untereinander die Frage des »Gebrauchs des Fahrzeugs« verstehen könnten. Denn notwendig ist eine Abgrenzung, um eine Mehrfachversicherung festzustellen bzw. auszuräumen.

228 Mehrfachversicherungen lassen sich aber nicht immer[306] verhindern.

229 Dabei ist jedoch zu beachten, dass vor der Deregulierung die Versicherer an die vom Bundesaufsichtsamt für das Versicherungswesen[307] genehmigten Bedingungen gebunden waren. Diese waren einheitlich, was eine inhaltliche Abgrenzung erleichterte und förderte.

230 Dem ist heute nicht mehr so. Die individuellen Bedingungen können im Einzelfall sogar erheblich von denen des Mitbewerbers abweichen.

231 Nach den Musterbedingungen zur PHV und BHV ist der Ausschluss des Fahrzeuggebrauchs (durch Benzinklauseln[308]) unterschiedlich[309] geregelt. Die seit mehr als 30 Jahren praktizierte »kleine Benzinklausel« eines Versicherers darf zu Recht weiterhin[310] verwendet werden. In der **Privathaftpflichtversicherung**[311] findet sich der entsprechende aktuelle **Ausschluss vom Versicherungsschutz** (früher sogenannte kleine Benzinklausel) dann unter A1-7.14 AVB-PHV:

A1-6.10 Nicht versicherungspflichtige Kraftfahrzeuge, Kraftfahrzeug-Anhänger

A1-6.10.1

Versichert ist – abweichend von A1-7.14 – die gesetzliche Haftpflicht des Versicherungsnehmers wegen Schäden, die verursacht werden durch den Gebrauch ausschließlich von folgenden nicht versicherungspflichtigen Kraftfahrzeugen und Kraftfahrzeug-Anhängern:

(1) nur auf nicht öffentlichen Wegen und Plätzen verkehrenden Kraftfahrzeuge ohne Rücksicht auf eine bauartbedingte Höchstgeschwindigkeit;

(2) Kraftfahrzeuge mit nicht mehr als 6 km/h bauartbedingter Höchstgeschwindigkeit;

---

305 Umfangreiche Fallsammlung hierzu nebst gerichtlichen Entscheidungen bei *Hock*, Die Benzinklausel (Kraftfahrzeugklausel) in der Allgemeinen Haftpflichtversicherung, 2. Auflage 2009; Komplettübersicht der entschiedenen Fälle 50 bis 183 nebst Schlagworten aus dem Zeitraum 1959 bis 2007 im Anhang zum Vortrag bei *Staab* Der Gebrauch des Kraftfahrzeugs 49. DVGT 2011, 146 ff.
306 *Schug* Zur Benzinklausel in der Haftpflichtversicherung, VersR 1998, 819 ff.
307 Heute integriert in die BaFin, Bundesaufsichtsamt für Finanzdienstleistungen in Berlin.
308 Irreführend, da es auch andere Antriebe gibt, Staudinger/Halm/Wendt/*Meckling-Geis* Fachanwaltskommentar Versicherungsrecht, BBR-PHV, Rn. 90.
309 Prölss/Martin/*Lücke* BetriebsHaftPfl, Nr. 7.4.3, Rn. 7.
310 *LG München I* Schlussurt. v. 20.12.2012 – 12 O 12009/12, FD-VersR 2013, 343474 m. Anm. *Günther* = r+s 2013, 225; bestätigt durch *OLG München* v. 04.07.2013 – 29 U 430/13, JurionRS 2013, 40839 = MDR 2013, 1278 = r+s 2013, 492 = VersR 2013, 1168 = WI 2013, 191 = zfs 2014, 95.
311 GDV, Allgemeine Versicherungsbedingungen für die Privathaftpflichtversicherung (AVB PHV), Stand 25.08.2014.

(3) Stapler mit nicht mehr als 20 km/h bauartbedingter Höchstgeschwindigkeit;

(4) selbstfahrende Arbeitsmaschinen mit nicht mehr als 20 km/h bauartbedingter Höchstgeschwindigkeit;

(5) Kraftfahrzeug-Anhänger, die nicht zulassungspflichtig sind oder nur auf nicht öffentlichen Wegen und Plätzen verkehren.

A1-6.10.2

Für die vorgenannten Fahrzeuge gilt:

Diese Fahrzeuge dürfen nur von einem berechtigten Fahrer gebraucht werden. Berechtigter Fahrer ist, wer das Fahrzeug mit Wissen und Willen des Verfügungsberechtigten gebrauchen darf. Der Versicherungsnehmer ist verpflichtet, dafür zu sorgen, dass die Fahrzeuge nicht von unberechtigten Fahrern gebraucht werden.

Der Fahrer des Fahrzeugs darf das Fahrzeug auf öffentlichen Wegen oder Plätzen nur mit der erforderlichen Fahrerlaubnis benutzen. Der Versicherungsnehmer ist verpflichtet, dafür zu sorgen, dass das Fahrzeug nur von einem Fahrer benutzt wird, der die erforderliche Fahrerlaubnis hat.

Wenn der Versicherungsnehmer eine dieser Obliegenheiten verletzt, gilt B3-3.3 (Rechtsfolgen bei Verletzung von Obliegenheiten).

A1-7.14 Kraftfahrzeuge, Kraftfahrzeug-Anhänger

Ausgeschlossen sind Ansprüche wegen Schäden, die der Eigentümer, Besitzer, Halter oder Führer eines Kraftfahrzeugs oder Kraftfahrzeug-Anhängers durch den Gebrauch des Fahrzeugs verursacht.

In der **Betriebshaftpflichtversicherung**[312] findet sich die entsprechende aktuelle **Ausschlussklausel** (früher sogenannte große Benzinklausel):

A1-7.14 Kraftfahrzeuge, Kraftfahrzeug-Anhänger

Ausgeschlossen sind Ansprüche wegen Schäden, die der Versicherungsnehmer, eine mitversicherte Person oder eine von ihnen bestellte oder beauftragte Person durch den Gebrauch eines Kraftfahrzeugs oder Kraftfahrzeug-Anhängers verursachen.

Eine Tätigkeit der vorstehend genannten Personen an einem Kraftfahrzeug oder Kraftfahrzeug-Anhänger ist kein Gebrauch im Sinne dieser Bestimmung, wenn keine dieser Personen Halter oder Besitzer des Fahrzeugs ist und wenn das Fahrzeug hierbei nicht in Betrieb gesetzt wird.

Es muss heute allerdings bezweifelt[313] werden, dass die große Benzinklausel noch den Anforderungen der Wirtschaft und des sich ändernden Rechts gerecht wird.

---

312 GDV, Allgemeine Versicherungsbedingungen für die Betriebs- und Berufshaftpflichtversicherung (AVB BHV), Stand 25.08.2014.
313 *Kreuter-Lange/Schwab* Haftungs- und Versicherungsfragen beim Busfernverkehr, DAR 2015, 67 ff.

A.1.1.1 AKB (Schadensersatzansprüche; Gebrauch, etc.)

C. Weitere praktische Hinweise

I. Abweichungen vom Mindeststandard

234 Die individuellen AKB der Versicherer können deutlich von den Muster-AKB 2015 abweichen. Zudem können Sonderbedingungen[314] vereinbart sein. Der Mindeststandard entsprechend der Anforderungen durch das PflVG ist allerdings zu wahren.

235 Möglich ist es daher, dass im Rahmen eines »*Basis-, Grund- oder PflVG-Tarifs*« auf die Mindestanforderungen zurückgegangen wird. Im Rahmen einer ergänzenden Deckung kann dann durch einen gesonderten Vertrag der Versicherungsumfang wieder erweitert sein.

236 Was das Haftpflichtrecht angeht, so sind die AKB für den Normalfall geschaffen. Dabei kann als Normalfall der simple Verkehrsunfall – nebst Unfall beim Ein- und Aussteigen – gelten. Die Fülle von Entscheidungen zum Fahrzeuggebrauch zeigt jedoch, dass die Strukturen an Übersichtlichkeit verlieren, wenn es darum geht, den speziellen Anforderungen der Arbeitswelt und des modernen Wirtschaftslebens gerecht zu werden.

237 Aus Sicht des Versicherungskunden und des Geschädigten ist es geboten, für mehr Klarheit zu sorgen. Transparenz in den Bedingungswerken erleichtert nicht zu Letzt den Beratern und Maklern sowie den Gerichten die Arbeit. M. E. kann die Lösung nur in einem **Bausteinsystem für die Kfz-Haftpflichtversicherung** liegen. In anderen Versicherungsbereichen ist das Modell bekannt und hat sich bewährt. Selbst in der Kraftfahrtsparte findet das System seit Jahren bereits erfolgreich außerhalb der Haftpflichtversicherung Verwendung, so z. B. durch Ergänzungen zur Kaskoversicherung.

238 Ein Bausteinsystem ist auch in der Kfz-Haftpflichtversicherung zulässig, da es bereits möglich ist, durch zwei getrennte Kfz-Haftpflichtverträge eine Unterscheidung zwischen Pflichtversicherung und freiwilliger Höherversicherung zu erreichen.

239 Wie kann ein Bausteinsystem in der Kfz-Haftpflichtversicherung aussehen? Über den gesetzlichen Mindestrahmen (Pflichtversicherung) hinaus sollte der Kunde seinen Bedürfnissen entsprechend Module hinzukaufen können. Dabei kann eine Staffelung nach erforderlichem Anwendungsbereich in Kombination mit Zusatzverträgen vorgenommen werden. Die Zusatzverträge sollten zweckmäßigerweise auch dann der Kfz-Haftpflichtversicherung beigeordnet werden, wenn sie nach ihrer Grundaussage keine eigentliche Haftpflichtversicherung darstellen. Letzteres ist beispielsweise denkbar für die Güterfolgeschadenversicherung, eine Zusatzversicherung für Befüllschäden, Vermischungsschäden und sogar für echte Eigenschäden[315]. Sie dienen dem Risiko, dass bestimmte Tätigkeiten gelegentlich des Gebrauchs weder dem Kfz-Haftpflicht- noch einem sonstigen Haftpflichtbereich zugeordnet werden können. Zudem sind Ausfallrisiken aufzufangen, wenn die Geschäftsbeziehung des gewerblichen Kunden zu seinem Kunden trotz eindeutiger Rechtslage nicht leiden darf. Regelungen mit ähnlicher Zielsetzung zur Erhaltung des sozialen Friedens finden sich häufig in der Privathaft-

---

314 Siehe Sonderbedingung 11, A.1.1.1 AKB Rdn. 93–97.
315 Looschelders/Pohlmann/*Schulze Schwienhorst* VVG-Kommentar, § 100 VVG, Rn. 18.

pflichtversicherung. So bei Ersatzleistungen für von deliktsunfähigen Kindern[316] verursachte Schäden oder Schäden aus Anlass einer Gefälligkeitshandlung[317] (kein Berufen auf stillschweigendem Haftungsausschluss).

240

Bereich	Baustein	Inhalt	Zielgruppen							
			Privat-kunde	Land-wirte	Gewerbe-kunde	Werk-verkehr	Güter-verkehr	Auto-kran	Schwer-transport	Begleit-fahrzeug
Pflicht-Haft-Pflicht-ver-sicherung	KH-Basis-Deckung	Öffentl. Verkehrsraum Mindest-versicherungs-summe	Pflichtdeckung für Fahrzeugzulassung						
	KH-Zusatz Gefahrgut	Öffentl. und nicht öff. Verkehrs-raum; bes. Mindest-summen	entfällt	Pflicht, soweit behördlich gefordert					entfällt
	§ 29 Abs. 3 StVO	Öffentlicher Verkehrs-raum	entfällt					Pflicht wegen Haftungserklärung VwV Ziff. 126	entfällt
Frei-willige Haft-pflicht-ver-sicherung	Nicht öffentl. Verkehrs-raum	Ausweitung auf Bereiche außerhalb des PflVG	sinnvolle Erweiterung						
	Unbegr. Deckungs-summe	Deckungs-summe, z.B. € 100 Mio.	sinnvolle Erweiterung						
	Mallorca-klausel	Deckungserw. für Fremd-Kfz	sinnvoll	ent-fällt	sinnvoll	entfällt			
	Mitver-sicherung	z.B. Einweiser, Begleiter	bedarfsgerechte Erweiterung						
	Einsatz als Arbeits-maschine	Leistung z.B. durch Ladekran	entfällt		eigene Deckungssummen			entfällt	eigene Deckungs-summen
	Sonder-einsätze	(statt Individual-vertrag)	entfällt		Karneval	entfällt		Jahr-markt	entfällt	Multitas-king neben Fz-gebrauch
	Länder außerhalb Grenzen Europas	Räumliche Ausweitung, z.B. Ural, asiatischer Teil der Türkei	bei Bedarf	ent-fällt	bedarfsgerechte Erweiterung				
	Kfz-USV	Schutz wegen USchadG	vor-sorglich	notwendiger Zusatz						
Sub-sidiäre Haft-pflicht-ver-sicherung	Befüll-vorgänge	Handlungen an Einricht-ungen Dritter	entfällt	falls keine Deckung über BHV					entfällt
	Reparatur am Fahrzeug; Funkbed.	Handlungen gelegentl. des Fahrzeug-gebrauchs	Sinnvolle Abrundung, falls keine Deckung über PHV oder BHV						
Schaden-ver-sicherung	Ver-mischung	Güterfolge-schadenvers.	entfällt				sinnvoll	entfällt	
	Eigen-schäden	Anprall- u. Rangier-schäden auf Firmengel.	entfällt (?)	sinnvolle Erweiterung für Firmen					entfällt

---

316 Halm/Engelbrecht/Krahe/*Hunger* Handbuch des Fachanwalts Versicherungsrecht, Kap. 24, Rn. 41.
317 Halm/Engelbrecht/Krahe/*Hunger* Handbuch des Fachanwalts Versicherungsrecht, Kap. 24, Rn. 42.

II. Auswirkungen von Entscheidungen der Paritätischen Kommission

1. Auswirkungen auf den Versicherungsnehmer

241 Die Entscheidungen bilden keinen Maßstab oder rechtlichen Beurteilungsrahmen für den betroffenen Versicherungsnehmer. Ihm bleibt die Möglichkeit erhalten, seinen Versicherer auf Deckungsschutz aus dem entsprechenden Kraftfahrt- oder Haftpflichtversicherungsvertrag zu verklagen.

242 Dabei ist nicht auszuschließen, dass der gleiche Lebenssachverhalt dazu führt, dass weder in der einen noch bei der anderen Sparte eine für den Versicherungsnehmer positive Entscheidung ergeht. Das kann an einer bestehenden Deckungslücke liegen.

243 Der Anwalt des Versicherungsnehmers ist hier gehalten, den jeweiligen Versicherungsumfang genau zu prüfen und zu ermitteln, ob ein »gesundes« Vertragsverhältnis vorliegt. Dabei ist nicht auszuschließen, dass der Mandant in Sonderfällen sogar mehrfach gegen das gleiche Risiko versichert ist.

244 Ebenfalls nicht auszuschließen ist dabei aber auch, dass Deckungslücken im Versicherungsschutz objektiv verbleiben. Der einzige rechtliche Weg führt dann über ein etwaiges Beratungsverschulden des Maklers oder Vermittlers.

245 Wenn dies nicht zum Erfolg führen kann, bleibt nur die vage Hoffnung auf eine positive Kulanzentscheidung des Versicherers. Im Einzelfall kann sich dann zeigen, ob es für den Versicherungsnehmer tatsächlich günstig war, Haftpflichtrisiken aus unterschiedlichen Bereichen bei unterschiedlichen Versicherern einzudecken.

2. Auswirkungen auf den Geschädigten

246 Erst recht können Ansprüche des Geschädigten durch Entscheidungen der Paritätischen Kommission nicht abgeschnitten werden. Dieser hat insbesondere dann ein Interesse, wenn es um die Frage des Direktanspruchs geht, den er mit in der Praxis eher selten vorkommenden Ausnahmen nur gegen den Kfz-Haftpflichtversicherer nach § 115 Abs. 1 Satz 1 Nr. 1 VVG haben kann.

247 Zudem ist die Anwendung der richtigen Haftpflichtsparte für ihn von Bedeutung, wenn es in Extremfällen (z. B. hohe Querschnittslähmung, schwere Brandverletzung) um die Höhe der Deckungssummen geht. Der Abstand zu den (Mindest-)[318] Deckungssummen der allgemeinen Haftpflichtversicherungen differiert gewaltig. Nicht zuletzt wird den Geschädigten interessieren, ob individualvertragliche Erweiterungen gegenüber dem Mindeststandard der Pflicht-Haftpflichtversicherungen für ihn wegen des § 113 Abs. 3 VVG günstiger erscheinen.

---

318 Pflicht-Haftpflichtversicherungen haben eine Untergrenze von derzeit EUR 250.000, – je Versicherungsfall, falls das jeweilige Gesetz keine spezialgesetzliche Regelung enthält, § 114 Abs. 1 VVG.

Bestehen Zweifel, welcher Versicherer zuständig ist, ist von dem sonst üblichen Mitver- 248
klagen des Kfz-Haftpflichtversicherers dringend abzuraten. Der Prozessvertreter geht
ansonsten (schuldhaft) zum Nachteil seines Mandanten ein unnötiges Kostenrisiko ein.

III. Begriffsbestimmung als Maßstab für öffentlich-rechtliche Kostenbescheide

In den Feuerwehrgesetzen der Länder spielen Kostenerstattungsansprüche eine große 249
Rolle. Im Bereich der Ölspurbeseitigung[319] und der sonstigen technischen Hilfeleistung wirkt sich dies auch auf den Halter von Kraftfahrzeugen aus, wenn er mit Kostenbescheiden durch die ausführende Gemeindefeuerwehr belastet wird.

In den 16 Bundesländern gibt es entsprechend 16 unterschiedliche Feuerwehrgesetze. Die 250
jeweiligen Normen greifen alle, wenn auch mit unterschiedlichen Begriffen, auf die Verwendung des Kraftfahrzeugs und größtenteils des Anhängers zurück. Kurioserweise differenzieren drei Ermächtigungsnormen zum Teil erheblich von denen der anderen Bundesländer, die für den Kostenersatzanspruch von »beim Betrieb eine Kraftfahrzeugs« ausgehen.

Davon abweichend verwenden Bayern[320] und Schleswig-Holstein[321] eine Mischform, 251
in dem Sie den Begriff »Betrieb« aus den StVG und den Begriff »durch« aus den
AKB zusammenführen in »durch den Betrieb eines Kraftfahrzeugs«. Sie schränken damit den Anwendungsbereich der eng auszulegenden Ermächtigungsnorm ein.

Baden-Württemberg[322] hatte in seiner Fahrzeugaufzählung dagegen Kraftfahrzeuge als 252
einziges Bundesland gar nicht enthalten. Zum 01.01.2010 wurde der Unterschied zu
den anderen Bundesländern aufgehoben, indem nun Kraftfahrzeuge im Gesetz mit aufgezählt werden. Allerdings folgt Baden-Württemberg auch der Mischlösung »durch den
Betrieb« nach § 36 Abs. 1 Nr. 2 FwG BW. Zielsetzung des Gesetzgebers ist es, gerade
bei Verkehrsunfällen vermehrt den Haftpflichtversicherer mit Kosten[323] der Daseinsvorsorge zu belasten. Zudem will man den für die Gemeinden negativen Auswirkungen
der bürger- und versicherungsfreundlichen Rechtsprechung[324] zur Berechnung der
Kostensätze begegnen[325].

---

319 Hierzu Himmelreich/Halm/*Borchardt*, Handbuch des Fachanwalts Verkehrsrecht, Kap. 7, Rn. 285 ff.
320 Art. 28 BayFG.
321 § 29 BrSG-SH.
322 § 36 FwG-BW.
323 Bereits 2005 schätzte der Landesrechnungshof die Mehreinnahmen zu Lasten der Versicherer auf EUR 3,6 Mio. pro Jahr, LT-BW Drucksache 14/5103 vom 15.09.2009, S. 2.
324 *OVG Münster* Urt. v. 13.10.1994 – 9 A 780/93, JurionRS 1994, 14206 = NWVBl 1995, 66; *OVG Koblenz* Urt. v. 18.11.2004 – 12 A 11382/04.OVG, KStZ 2006, 152 = DAR 2005, 111 f. m. Anm. *Schwab*; *VGH Kassel* Urt. v. 22.08.2007 – 5 UE 1734/06, JurionRS 2007, 44030 = DÖV 2007, 1061 = GemHH 2008, 91 = KStZ 2008, 36 = ESVGH 58, 77 = LKRZ 2007, 426 = Städtetag 2008, 37 = ZKF 2008, 119; bespr. v. *Grundmann* DVBl. 2008, 1572 ff.; *VG Göttingen*, Urt. v. 09.04.2008 – 1 A 140/07, JurionRS 2008, 45331; *VG Göttingen*, Urt. v. 09.04.2008 – 1 A 301/06, JurionRS 2008, 13600 = KommJur 2009, 116.
325 LT-BW Drucksache 14/5103 vom 15.09.2009, S. 53.

A.1.1.1 AKB (Schadensersatzansprüche; Gebrauch, etc.)

253 Ob diese Tendenzen noch mit dem verfassungsrechtlichen Gleichheitssatz im Einklang stehen, ist zu bezweifeln. Jedenfalls sollte sich die Auslegung des Gebrauchsbegriffs in den jeweiligen Landesfeuerwehrgesetzen nicht an dem weiten Begriff der AKB, sondern an dem engen des PflVG orientieren.

IV. Teilungsabkommen mit Sozialversicherungsträgern

254 Teilungsabkommen (TA) sind privatrechtliche Vereinbarungen, die die Haftungsfrage durch Festlegung einer einheitlichen Quote ersetzen. Sie dienen der schnelleren Abwicklung von massenhaft auftretenden Regressfällen nach dem »Gesetz der großen Zahl«.

255 Auch in Teilungsabkommen zwischen Haftpflichtversicherern und Sozialversicherungsträgern[326] findet sich oftmals eine Formulierung, die sich auf den »Gebrauch des Fahrzeugs« bezieht. Vielfach sind dort aber Klauseln enthalten, die trotz bestehenden Fahrzeuggebrauchs, die Anwendbarkeit ausschließen. In einem sogenannten **Groteskfall**[327] käme haftungsrechtlich niemand auf die Idee, trotz »Gebrauch« Haftpflichtansprüche zu erheben. Fälle des offensichtlich fehlenden Kausalzusammenhangs[328] scheiden daher aus.

256 Da es sich um privatrechtliche Vereinbarungen handelt, unterliegen Teilungsabkommen nach ständiger Rechtsprechung[329] der freien Vertragsauslegung. Es gelten die allgemeinen Grundsätze. Ein TA ist danach gemäß der §§ 133, 157 BGB unter Berücksichtigung der Interessen der Vertragspartner, der Verkehrssitte und dem Sinn und Zweck[330] auszulegen.

257 Dabei wird häufig der Gebrauch im Sinne der AKB[331] ausgelegt. Nach der Deregulierung und der Verwendung unterschiedlicher AKB durch die einzelnen Versicherer kann dies zu Problemen führen. Im Zweifel wird man für die Auslegung auf die zum Zeitpunkt des Abschlusses des Teilungsabkommens verwendeten Musterbedingungen zurückgreifen müssen.

---

326 Umfassende Darstellungen in *Wussow*, Unfallhaftpflichtrecht, Rn. 1501 ff.; Himmelreich/Halm/*Engelbrecht* Handbuch des Fachanwalts Verkehrsrecht, Kap. 31, Rn. 74 ff.; *LG Leipzig* Urt. v. 20.02.2009 – 5 O 3378/07, SP 2009, 425.
327 *OLG Koblenz* Beschl. v. 30.04.2012 – 12 U 406/11, JurionRS 2012, 14677; *Marburger* Anwendung von Teilungsabkommen bei Verkehrsunfällen, NZV 2012, 521 ff.
328 *OLG Celle* Urt. v. 29.10.2000 – 9 U 169/00, JurionRS 2000, 19928 = NVersZ 2001, 234 = VersR 2002, 114.
329 *BGH* Urt. v. 06.07.1977 – IV ZR 147/76, JurionRS 1977, 11409 = MDR 1978, 38 = VersR 1977, 854 (Groteskfall, TA mit Krankenkasse); *BGH* Urt. v. 23.03.1993 – VI ZR 164/92, JurionRS 1993, 15271 = VersR 1993, 841 = NZV 1993, 309 = MDR 1993, 623 = zfs 1993, 224 = NJW-RR 1993, 911.
330 *BGH* Urt. v. 23.03.1993 – VI ZR 164/92, VersR 1993, 841 = MDR 1993, 623 = NZV 1993, 309 = NJW-RR 1993, 911.
331 *BGH* Urt. v. 12.06.2007 – VI ZR 110/06, JurionRS 2007, 36837 = r+s 2007, 407 = NZV 2007, 507 = SVR 2007, 423 = DAR 2007, 586 = r+s 2007, 407 = VersR 2007, 1247 = VRS 113, 164.

(Leistung in Geld) **A.1.1.2 AKB**

Ein Automatismus, wonach ein Fahrzeug in einem Kraftfahrthaftpflichtvertrag versichert ist, müsse auch das entsprechende Teilungsabkommen mit dem Sozialversicherungsträger zur Anwendung kommen, existiert nicht. Dies ist im Regelfall allerdings zutreffend. Dennoch werden auch zulassungsfreie Arbeitsmaschinen und langsame Kraftfahrzeuge und Anhänger, für die nach § 2 Abs. 1 Nr. 6a) bis c) PflVG keine Versicherungspflicht besteht, mitunter aus Praktikabilitätsgründen einem Kfz-Haftpflichtvertrag zugeordnet. 258

Die richtige Einordnung wird dann bedeutsam, wenn unterschiedliche Quoten nach dem Teilungsabkommen für die allgemeine Haftpflicht und Kraftfahrthaftpflicht bestehen. Dies führt dann dazu, dass zunächst die richtige Sparte[332] zu ermitteln ist, um dann überhaupt das TA korrekt anwenden[333] zu können. 259

V. Stillschweigende Haftungsbeschränkung bei fehlendem Versicherungsschutz

Das Bestehen einer Haftpflichtversicherung wirkt (grundsätzlich) nicht[334] anspruchsbegründend. Allerdings ist darauf hinzuweisen, dass zumindest im Rahmen nachbarschaftlicher Hilfe[335] oder anderer besonderer Fallkonstellationen fehlender Versicherungsschutz bzw. die fehlende Erreichbarkeit von Versicherungsschutz die Auslegung begünstigt, einen stillschweigenden Haftungsausschluss anzunehmen. Haftungsbeschränkungen werden selbst bei bestehendem, insbesondere nur eingeschränktem Versicherungsschutz in der Kfz-Haftpflichtversicherung für zulässig[336] erachtet. 260

Begründete und unbegründete Schadensersatzansprüche

A.1.1.2 (Leistung in Geld)

Sind Schadensersatzansprüche begründet, leisten wir in Geld.

Übersicht   Rdn.
A. Allgemeines 1
B. Regelungsgehalt 2
C. Weitere praktische Hinweise 7

---

[332] *OLG München* Urt. v. 27.10.1989 – 21 U 2589/89, JurionRS 1989, 14216 = VersR 1990, 1221 (Ls.) = zfs 1991, 21 (Ls.) = r+s 1990, 40 (Werkstattunfall); *LG Karlsruhe* Urt. v. 24.10.1974 – 5 O 124/74, VersR 1976, 235 (Motorkraft treibt Anbaugerät an).
[333] *OLG Köln* Urt. v. 19.09.1991 – 5 U 59/91, VersR 1992, 564 = zfs 1992, 275 (Go-Cart).
[334] *BGH* Urt. v. 27.10.2009 – VI ZR 296/08, JurionRS 2009, 26158 = VersR 2009, 1677 = MDR 2010, 83 = NJ 2010, 119 = NJW 2010, 537 = NZV 2010, 74 = r+s 2010, 33 = zfs 2010, 133.
[335] *OLG Stuttgart* Urt. v. 08.05.2008 – 13 U 223/07, JurionRS 2008, 14930 = NJW-RR 2009, 384 = r+s 2008, 304 (Minibagger – Versicherungsschutz weder über die Kfz- noch allgemeine Haftpflicht erreichbar).
[336] Empfehlungen des Arbeitskreises III, 49. DVGT 2011.

A.1.1.2 AKB (Leistung in Geld)

A. Allgemeines

1 Die Regelung konkretisiert die Leistung, zu deren Erbringung sich der Versicherer verpflichtet.

B. Regelungsgehalt

2 Der Geschädigte hat gegenüber dem Schädiger ein Wahlrecht, wie Schadensersatz geleistet werden soll:
- Naturalrestitution durch Herstellung, § 249 Abs. 1 BGB
- Naturalrestitution durch Zahlung des hierfür erforderlichen Geldbetrages (Wertersatz), § 249 Abs. 2 Satz 1 BGB
- Kompensation durch Geldzahlung, § 251 Abs. 1 BGB

3 Nach § 115 Abs. 1 Satz 3 VVG ist der Versicherer demgegenüber lediglich verpflichtet, dem Geschädigten Schadensersatz in Geld zu leisten. Die Herstellungspflicht trifft ihn folglich nicht[1].

4 Eine unmittelbare Rechtsfolge für das Vertragsverhältnis zwischen Versicherungsnehmer und Versicherer enthält § 115 VVG nicht. Das neue[2] VVG enthält auch an anderer Stelle keine diesbezügliche Regelung.

5 Es obliegt daher der freien Vertragsgestaltung, den Umfang der Leistungspflicht im Verhältnis zum Versicherungsnehmer zu regeln.

6 Durch die Klausel wird auch im Verhältnis zum Versicherungsnehmer die Leistungspflicht gegenüber dem Geschädigten eingeschränkt. Der vertragliche Freistellungsanspruch aus § 100 VVG wird somit in zulässiger Weise auf das »*wie ist freizustellen?*« im Sinne der gesetzlichen Mindestanforderung begrenzt.

C. Weitere praktische Hinweise

7 Weder § 115 Abs. 1 Satz 3 VVG noch A.1.1.2 AKB stellen dagegen gesetzliche bzw. vertragliche Verbote dar. Der Versicherer kann freiwillig mehr tun. Unbenommen ist es daher dem Versicherer gegenüber dem Versicherungsnehmer und dem Geschädigten mehr als nur Schadensersatz in Geld zu leisten.

8 Viele Haftpflichtversicherer[3] tun dies im Rahmen eines sogenannten »**Schadenmanagements**«[4]. Es wird dabei versucht, in Absprache mit dem Geschädigten[5] und auch

---

[1] Feyock/*Jacobsen*/Lemor § 115 VVG, Rn. 12.
[2] Anders als § 49 VVG a. F.
[3] Auch Rechtsschutzversicherer, siehe *BGH* Urt. v. 04.12.2013 – IV ZR 215/12, JurionRS 2013, 50143 = DAR 2014, 25 = MDR 2014, 157 = NJW 2014, 630 = NZV 2014, 75 = r+s 2014, 68 = VersR 2014, 98 = VRR 2014, 63 bespr. v. *Knappmann* = WM 2014, 1185 = zfs 2014, 96.
[4] Himmelreich/Halm/Staab/*Richter* Handbuch der Kfz-Schadensregulierung, Kap. 2.
[5] Z. B. beim Mietwagen, siehe Himmelreich/Halm/*Grabenhorst* Handbuch des Fachanwalts Verkehrsrecht, Kap. 5, Rn. 40.

mit seinem Anwalt steuernd einzugreifen. Dies wird bisweilen kritisch[6] gesehen, auch wenn sich insbesondere im Person-[7] und Umweltschadenmanagement[8] die Erfolge und der praktische Nutzen[9] für alle Beteiligten nicht mehr leugnen lassen. Sie sind nach heutigem Verständnis zum festen Bestandteil der Regulierungspraxis geworden. Sie spiegeln auch einen positiven Wandel im Berufsbild des Schadensregulierer wider.

A.1.1.3 (Rechtsschutzanspruch)

Sind Schadensersatzansprüche unbegründet, wehren wir diese auf unsere Kosten ab. Dies gilt auch, soweit Schadensersatzansprüche der Höhe nach unbegründet sind.

Übersicht   Rdn.
A. Allgemeines   1
B. Regelungsgehalt   6
I. Schadensersatzansprüche   6
II. Abwehr zum Grunde   14
III. Abwehr zur Höhe   16
IV. Kombination   18
V. Umfang der versicherten Kosten beim Rechtsschutz   22
    1. zu tragende Abwehrkosten   23
    2. nicht zu tragende Kosten   24
    3. Kostenerstattungsansprüche   26
C. Weitere praktische Hinweise   28

A. Allgemeines

Die Abwehr von unberechtigten Schadensersatzansprüchen ist neben der Leistung von Schadensersatz eine wesentliche, vollwertige[1] und zudem gleichrangige[2] Aufgabe des Versicherers. Die Rechtsschutzverpflichtung ist Bestandteil der Hauptleistungspflichten[3] des   1

---

6 Schwintowski/Brömmelmeyer/*Huber* PK-VersR, § 115 Rn. 29.
7 Himmelreich/Halm/*Nickel* Handbuch des Fachanwalts Verkehrsrecht, Kap. 27, Personenschadenmanagement.
8 Himmelreich/Halm/*Schwab* Handbuch des Fachanwalts Verkehrsrecht, Kap. 28, Umweltschadenmanagement.
9 Siehe Aufforderung in den Empfehlungen des Arbeitskreises I, »Personenschadenmanagement«, 46. VGT 2008, 7.
1 Stiefel/*Maier* Kraftfahrtversicherung, A.1.1.3 AKB, Rn. 59.
2 Staudinger/Halm/Wendt/*Heinrichs* Fachanwaltskommentar Versicherungsrecht, § 100 VVG, Rn. 22.
3 *BGH* Urt. v. 30.09.1992 – IV ZR 314/91, BGHZ 119, 276 = JurionRS 1992, 14895 = DAR 1993, 219 = NJW 1993, 68 = VersR 1992, 1504 = r+s 1992, 406 = zfs 1993, 60; *OLG Koblenz* Beschl. v. 20.03.2012 – 5 U 76/12, JurionRS 2012, 13838 = ADAJUR Dok.Nr. 99028 = MDR 2012, 970 = r+s 2013, 68 = VersR 2012, 1008. Bruck/Möller/*Koch* Band IV, § 101 VVG, Rn. 2.

A.1.1.3 AKB (Rechtsschutzanspruch)

Versicherers. Sie wird als Geschäftsbesorgungsverpflichtung[4] des Versicherers bezeichnet. Der Versicherer übt sie aber bereits im eigenen Interesse aus, da hiervon der Umfang seiner Freistellungspflicht abhängt. Zu dieser oft sehr mühevollen und kostenträchtigen Tätigkeit verpflichtet sich der Versicherer durch die Vertragsklausel auch zu Gunsten des Versicherungsnehmers. Anders als ein Rechtsschutzversicherer, der lediglich die Kostenlast trägt, kommt dem abwehrenden Haftpflichtversicherer eine **aktive Rolle** zu. Er trägt die Arbeitslast der Verteidigung und die Verantwortung[5] bei einem Misserfolg.

2   Hierzu ist der Versicherer zwar nach den §§ 100, 101 Abs. 1 VVG angehalten; das Recht ist aber dispositiv[6]. Entsprechend ist der bedingungsgemäße Rechtsschutzanspruch enger gestaltet als die gesetzliche Grundregelung. Nach der zutreffenden herrschenden Meinung[7] muss der Versicherer nicht zwangsweise[8] abwehren. Er darf auch freistellen – den Haftpflichtanspruch befriedigen/erfüllen[9] –, da ihm sonst der notwendige Ermessensspielraum entzogen wird.

3   Der Kfz-Haftpflichtversicherer ist **kein** Rechtsschutzversicherer. Er gewährt jedoch einen Rechtsschutzanspruch[10]. Damit wird er zugleich (unter Einschränkungen[11]) ähnlich einem Rechtsschutzversicherer tätig. Die Abweichungen zum reinen Rechtsschutzversicherer bestehen insbesondere in der Einschränkung der freien Anwaltswahl[12] und des Weisungsrechts des Versicherers hinsichtlich der Prozessführung, E.1.2.4 AKB 2015.

4   Es ist zwar richtig, dass § 2 Abs. 1 KfzPflVV[13] diese Aufgabe dem Versicherer vorschreibt. Dennoch überschreiten die Verordnungsgeber damit vom Wortlaut her den ihnen eröffneten Handlungsspielraum. Das PflVG, mit seinem Blick auf den Verkehrs-

---

4   *Littbarski* in MüKo zum VVG, Bd. II, 101 VVG, Rn. 5.
5   *BGH* Urt. v. 20.02.1956 – II ZR 53/55, JurionRS 1956, 14100 = NJW 1956, 826 = VersR 1956, 186; *BGH* Urt. v. 30.09.1992 – IV ZR 314/91, BGHZ 119, 276 = JurionRS 1992, 14895 = DAR 1993, 219 = NJW 1993, 68 = VersR 1992, 1504 = r+s 1992, 406 = zfs 1993, 60. Looschelders/Pohlmann/*Schulze Schwienhorst* VVG-Kommentar, § 100, Rn. 29; Schwintowski/Brömmelmeyer/*Retter* PK-VersR, § 100 VVG Rn. 46.
6   Schwintowski/Brömmelmeyer/*Retter* PK-VersR, § 100 VVG Rn. 79 und § 101 VVG, Rn. 27; *Littbarski* in MüKo zum VVG, Bd. II, 101 VVG, Rn. 115.
7   Looschelders/Pohlmann/*Schulze Schwienhorst* VVG-Kommentar, § 100, Rn. 27; Staudinger/Halm/Wendt/*Heinrichs* Fachanwaltskommentar Versicherungsrecht, § 100 VVG, Rn. 23.
8   So aber Prölss/Martin/*Lücke* VVG Kommentar, § 100 VVG, Rn. 2.
9   Bruck/Möller/*Koch* Band IV, § 100 VVG, Rn. 3.
10 Schwintowski/Brömmelmeyer/*Retter* PK-VersR, § 100 VVG Rn. 40 ff.
11 *EuGH* Urt. v. 10.09.2009 – C-199/08 (Fall Esching), JurionRS 2009, 22198 = DAR 2009, 641 = NJW-Spezial 2009, 687 = EuZW 2009, 732 = NJW 2010, 355 = DVBl. 2009, 1376 = RVGreport 2010, 318.
12 § 127 Abs. 1 VVG gilt nur für die Rechtsschutzversicherung.
13 Näheres *Schwab* § 2 KfzPflVV Rdn. 16–32.

(Rechtsschutzanspruch) **A.1.1.3 AKB**

opferschutz, stellt jedenfalls selbst keine ausdrücklichen Anforderungen[14]. Diese ergeben sich eher aus teils dispositivem Recht der §§ 100, 101 VVG.

Anders als § 2 Abs. 1 KfzPflVV differenziert die AKB-Klausel nach Grund und Höhe. 5
Dies hat klarstellende Funktion und trägt zum besseren Verständnis für den Versicherungsnehmer bei.

B. Regelungsgehalt

I. Schadensersatzansprüche

Die Abwehr unbegründeter Schadensersatzansprüche ist im Kontext mit A.1.1.1 AKB 6
2015 zu lesen. Der verständige Versicherungsnehmer kann danach nur erwarten, dass lediglich diejenigen Ansprüche abzuwehren sind, für die der Versicherer ihn bei bestehendem Anspruch grundsätzlich inhaltlich auch zu befreien hätte.

Damit besteht der Rechtsschutzanspruch nur dann, wenn eine Situation vorliegt, wo- 7
nach ein anderer einen Schadensersatzanspruch geltend macht. Dieser hat auf gesetzlichen Haftpflichtbestimmungen des Privatrechts zu beruhen, der durch den Gebrauch des Fahrzeugs entstanden sein könnte.

Regelmäßig kompliziert erweisen sich Fälle des Treibstoffdiebstahls, bei denen Diesel 8
oder Benzin aus den Tanks geparkter Fahrzeuge gestohlen wird. Der Diebstahl des Treibstoffs und die Sachbeschädigung am Fahrzeugtank ist dabei eine Sache. Der Versicherte ist Opfer einer vorsätzlichen[15] Straftat. Wesentlich schwieriger und ungleich teuer gestaltet sich der Umweltschaden, der nebenbei durch das Aufbohren und Absaugen des Tankinhalts entsteht. Häufig fangen die Täter nicht alles auf und lassen den Überschuss in den Untergrund oder die Kanalisation laufen.

Die an den Grundstücken entstehenden Schäden sind nicht durch den Gebrauch des 9
Fahrzeugs bewirkt. Der Fahrzeugtank war nur Objekt der Straftat, in dessen Folge ein Umweltschaden entstanden ist.

Der Versicherungsnehmer sieht sich häufig öffentlich-rechtlichen Forderungen wegen 10
Ersatzvornahmen oder zivilrechtlichen Forderungen[16] der Grundstückseigentümer ausgesetzt. Mangels Fahrzeuggebrauch haben die Versicherer keinen Rechtsschutzanspruch zu gewähren. Sie können jedoch auch aus Kulanz die Versicherten bei der Abwehr unterstützen.

Haben Ansprüche z. B. keinen Schadensersatzcharakter, beruhen sie allein auf öffent- 11
lich-rechtlichen Verantwortlichkeiten; geht es um Aufwendungen im Bußgeld- oder Strafverfahren, hat der Versicherer keine vertragliche Pflicht zur Abwehr. Der Versicherungsnehmer ist in diesen Fällen darauf angewiesen, bei seinem Rechtsschutzversicherer um eine Deckungsschutzzusage nachzusuchen.

---

14 Ebenso wenig die sechs KH-Richtlinien.
15 Siehe auch A.1.1.1 AKB Rdn. 197.
16 Unverständlich *OLG Dresden* Urt. v. 18.10.2000 – 12 U 1457/00, da es das *LG Chemnitz* Urt. v. 25.04.2000 – 1 O 4629/99 aufhob, (Umweltschaden durch Dieseldiebstahl).

A.1.1.3 AKB (Rechtsschutzanspruch)

12 Der Versicherungsnehmer kann im Zweifel jedoch dann die Rechtsschutzleistung durch seinen Haftpflichtversicherer erwarten, wenn durch den Dritten Ansprüche erhoben werden, die dieser als Schadensersatzansprüche bezeichnet, rechtlich aber keine sind. Bedeutung gewinnt dies, da schon in der Rechtsprechung[17] nicht immer klare Grenzen gezogen werden. Das Bestehen von Ähnlichkeiten zum Schadensersatz sollte ausreichen, ohne dass die Anspruchsgrundlage echten Schadensersatzcharakter haben muss. Dafür spricht, dass in § 100 VVG selbst nur undifferenziert und daher fast uferlos von »Ansprüchen«[18] die Rede ist, wobei allerdings die Haftpflichtversicherung als Schadenversicherung zu klassifizieren[19] ist.

13 Selbst wenn Ansprüche Schadensersatzcharakter haben ist sein Haftpflichtversicherer dann nicht zur Abwehr verpflichtet, wenn diese im Zusammenhang mit Ausschlusstatbeständen stehen. Beispiele:
– Schadensort außerhalb des Geltungsbereiches der EU nach A.1.4.1 AKB
– Beschädigung von beförderten Sachen nach A.1.5.5 AKB
– Nichteinhaltung von Liefer- und Beförderungsfristen nach A.1.5.7 AKB

II. Abwehr zum Grunde

14 In Satz 1 werden ausdrücklich unbegründete Schadensersatzansprüche herausgestellt.

15 Unbegründet bedeutet, dass ein Haftungsgrund fehlt oder aufgrund von Rechtshindernissen nicht zum Zuge kommen kann. Beispiele sind:
– Haftungsausschluss nach § 104 ff. SGB VII
– Haftungsausschluss nach § 434 HGB
– Einwendung von Haftungsgrenzen nach § 12 StVG
– Einrede der Verjährung, § 214 Abs. 1 BGB

III. Abwehr zur Höhe

16 Satz 2 enthält eine weitere Klarstellung. Sie gibt dem Versicherungsnehmer Gewissheit, dass auch bei grundsätzlich bestehendem Haftungsgrund die Abwehr überzogener Forderungen vom Versicherer betrieben wird.

---

17 *BGH*, Urt. v. 28.09.2011 – IV ZR 294/10, JurionRS 2011, 25980 = DAR 2011, 704 = MDR 2011, 163 = VersR 2011, 1509 = NZV 2012, 34 = r+s 2012, 17 = NJW-RR 2012, 163 = NJW-Spezial 2012, 138 = zfs 2011, 695 = VRR 2012, 24 bespr. v. *Knappmann; BGH* Urt. v. 05.06.2009 – V ZR 144/08, BGHZ 181, 233 = JurionRS 2009, 17376 = DAR 2009, 515 = NJW 2009, 2530 = WM 2009, 1664 = NZM 2009, 595 = NJW-Spezial 2009, 538 = VersR 2009, 1121 = MDR 2009, 1166 = zfs 2009, 558 m. Anm. *Diehl* = r+s 2010, 342 = VRR 2009, 298 bespr. v. *Deutscher; BGH* Urt. v. 21.09.2012 – V ZR 230/11, JurionRS 2012, 26099 = MDR 2012, 1407 = NJW 2012, 3759 = NZV 2013, 75 = NZM 2013, 44; siehe auch A.1.1.1 AKB Rdn. 7–19.
18 Die gesetzliche Definition der Haftpflichtversicherung reicht für die Verwaltungspraxis nicht aus, *Bauer* Die Kraftfahrtversicherung, Rn. 745.
19 *BGH* Urt. v. 30.10.1954 – II ZR 131/53, BGHZ 15, 154 = JurionRS 1954, 13004 = DB 1954, 1019 = JZ 1955, 209 = NJW 1955, 101.

(Rechtsschutzanspruch) **A.1.1.3 AKB**

Beispiele sind: 17
– Einwand der Mithaftung, §§ 254 Abs. 1 BGB, 9 StVG
– Einwendungen zum Schadensumfang, § 249 BGB
– Einwendungen beim Verstoß gegen die Schadenminderungspflicht, § 254 Abs. 2 Satz 1 BGB
– Einwendungen zur Vorteilsausgleichung[20]

IV. Kombination

In der Praxis ist es der Regelfall, dass sowohl zum Grund als auch zur Höhe unberechtigte Ansprüche abgewehrt werden. Darüber hinaus kann der Haftpflichtversicherer neben der Abwehr gleichzeitig zur Freistellung von berechtigten Schadensersatzansprüchen verpflichtet sein, so bei einer anteiligen Haftung des Versicherten. 18

Die verschiedenen von der Haftungs- und Beweislage abhängigen Aufgaben verdeutlichen, dass der versicherungsvertragliche Deckungsanspruch weder ein reiner Anspruch auf Freistellung noch ein reiner auf Rechtschutz gerichteter Anspruch ist. Der Aufgabenschwerpunkt des Versicherers kann sich zudem im Laufe der sich dynamisch verändernden[21] Umstände verschieben. 19

Entsprechend ist bei einer Deckungsklage des Versicherungsnehmers bzw. der Mitversicherten, grundsätzlich auf den einheitlichen Versicherungsanspruch – Feststellung[22] auf Freistellung und Rechtschutz (und nicht generell auf Leistung) abzustellen. 20

Je nach dem, in welchem Stadium sich die Anspruchsdurchsetzung des Geschädigten gegen den Versicherten befindet, kann dies ausnahmsweise variieren: 21
– Vor[23] einer Verurteilung des Versicherten lautet der Feststellungsantrag auf Gewährung von Deckungsschutz.
– Nach[24] der Verurteilung des Versicherten, aber noch vor Zahlung oder Vollstreckung gegen ihn, lautet der Feststellungsantrag auf Freistellung.
– Erst wenn der Versicherungsnehmer – wie höchst selten – bereits den Dritten, sei es vor- oder nachprozessual, befriedigt, kann er Leistung[25] an sich fordern.

V. Umfang der versicherten Kosten beim Rechtsschutz

Der Umfang des Rechtsschutzes ist in § 101 VVG als dispositives[26] Recht normiert. Das Gesetz kann unterstützend zur Auslegung der Vertragsklausel herangezogen werden. Insbesondere kommt dem Gesetzeswortlaut Bedeutung zu, da es zwischen gericht- 22

---

20 PWW/*Luckey* § 249 BGB, Rn. 78 ff.
21 *Felsch* Die neuere Rechtsprechung des IV. Zivilsenats des Bundesgerichtshofs zu Haftpflichtversicherung, r+s 2008, 265 (278).
22 *Bauer* Die Kraftfahrtversicherung, Rn. 757 ff.
23 Himmelreich/*Halm/Hörle* Handbuch des Fachanwalts Verkehrsrecht, Kap. 26, Rn. 63.
24 Himmelreich/*Halm/Hörle* Handbuch des Fachanwalts Verkehrsrecht, Kap. 26, Rn. 63.
25 Himmelreich/*Halm/Hörle* Handbuch des Fachanwalts Verkehrsrecht, Kap. 26, Rn. 62.
26 Schwintowski/Brömmelmeyer/*Retter* PK-VersR, § 101 VVG Rn. 27.

A.1.1.3 AKB (Rechtsschutzanspruch)

lichen und außergerichtlichen Abwehrkosten unterscheidet. Der Versicherungsnehmer erwartet, dass er nicht nur außerhalb eines gerichtlichen Verfahrens, sondern gerade im kostspieligen Gerichtsverfahren nicht mit Kosten belastet wird. Die Kosten sind nicht auf eine Instanz beschränkt.

1. zu tragende Abwehrkosten

23 Die Abwehr unberechtigter Schadensersatzansprüche umfasst:
   – Ermittlungskosten zur Feststellung von Tatsachen, die der Widerlegung von behaupteten Ansprüchen dienen (Sachverständigengutachten aller Art, Ortsbesichtigungen, Zeugenbefragungen, medizinische und juristische Beratung, etc.)
   – Kosten eines Verwaltungsvorverfahrens, sofern Gesetzeskonkurrenz zu privatrechtlichen Ansprüchen besteht
   – Kosten für die Verteidigung im Strafverfahrens, sofern diese auf Weisung des Versicherers, z. B. bei Umweltstraftaten[27] mit Kraftfahrzeugen, aufgewendet wurden, um die Ausgangslage zur Abwehr unberechtigter Ansprüche zu verbessern, § 101 Abs. 1 Satz 2 VVG. Dabei darf der Versicherer allerdings nicht bestimmen, welcher Verteidiger die Vertretung zu übernehmen hat und darf keine Weisungen[28] erteilen. Denkbar sind hier zusätzliche Kosten wegen eines Einspruchs gegen einen Strafbefehl, eines Rechtsmittels[29] oder aufgrund zusätzlicher Beweisanträge, beispielsweise für unfallanalytische Gutachten. Die Erteilung einer Weisung durch den Versicherer kann unter besonderen Umständen des Einzelfalles dann sinnvoll sein, wenn zu befürchten ist, dass ein Strafurteil als Urkunde – in Kenntnis der fehlender Bindungswirkung für den Zivilrechtsstreit – in zulässiger Weise[30] in einem späteren zivilrechtlichen[31] Verkehrsunfallprozess[32] (nachteilig) verwertet wird
   – Kosten im selbständigen Beweisverfahren, §§ 485 ff. ZPO

---

27 Staudinger/Halm/Wendt/*Heinrichs* Fachanwaltskommentar Versicherungsrecht, § 101 VVG, Rn. 10.
28 *Littbarkski* in MüKo zum VVG, Bd. II, 101 VVG, Rn. 60; einschränkend auf Nachteile Looschelders/Pohlmann/*Schulze Schwienhorst* VVG-Kommentar, § 101, Rn. 6.
29 Schwintowski/Brömmelmeyer/*Retter* PK-VersR, § 101 VVG Rn. 10; *Littbarkski* in MüKo zum VVG, Bd. II, 101 VVG, Rn. 62. Stiefel/*Maier* Kraftfahrtversicherung, A.1.1.3 AKB, Rn. 63.
30 *BGH* Beschl. v. 24.01.2012 – VI ZR 132/10, JurionRS 2012, 11058 (Schadensersatzprozess nach versuchtem Mord, schwerer Körperverletzung und Brandstiftung); *OLG Zweibrücken* Urt. v. 01.07.2010 – 4 U 7/10, JurionRS 2010, 23391 = VRR 2010, 403 = NJW-RR 2011, 496 (Schmerzensgeldklage nach Vergewaltigung und Menschenhandel); *OLG Hamm* Beschl. v. 07.09.2012 – I-9 W 4/12, JurionRS 2012, 23750 (Schmerzensgeld- und Schadensersatzklage nach Totschlagsverurteilung); *OLG Hamm* 03.05.2012 – 9 U 182/11, JurionRS 2012, 30427 (Schmerzensgeldklage nach sexuellem Missbrauch); *OLG Saarbrücken* Urt. v. 13.07.2011 – 1 U 32/08 – 9, JurionRS 2011, 34713 (Schmerzensgeldklage nach Kindesmissbrauch).
31 *Littbarkski* in MüKo zum VVG, Bd. II, 101 VVG, Rn. 54.
32 *KG Berlin* Beschl. v. 02.07.2009 – 12 U 113/09, JurionRS 2009, 32160 = DAR 2010, 88 = MDR 2010, 265 = NZV 2010, 153 (PKW – Fußgängerunfall).

(Rechtsschutzanspruch) A.1.1.3 AKB

- Abwehrkosten im Prozesskostenhilfeverfahren, §§ 114 ff. ZPO
- Kosten im Rahmen der Streitverkündung, §§ 72 ff. ZPO
- Kosten der Rechtsverteidigung in Passivprozessen inkl. der Anwalts- und Gerichtsgebühren nebst Auslagen für Sachverständige und Zeugen
- Rechtsanwaltskosten für den mitverklagten Fahrer zur eigenen Rechtsverteidigung im Haftpflichtprozess, auch wenn der Versicherer bereits als Streithelfer beigetreten ist, ihm aber eine (unbewiesene) Unfallmanipulation vorgeworfen hat[33]. (Entsprechend kann der so geschützte Versicherungsnehmer keine Prozesskostenhilfe[34] beanspruchen)
- Kosten notwendiger Aktivprozesse (negative Feststellungsklage)[35]
- Kosten eines Aktivprozesses bei unberechtigter Aufrechnung[36], wobei ein Prozess gegen einen zahlungsunfähigen Gegner nicht notwendigerweise geführt werden muss[37]
- Kosten eines Aktivprozesses auf Herausgabe[38] einer Sache bei unberechtigter Geltendmachung von Zurückbehaltungsrechten, ohne dass der Versicherer stattdessen Geldersatz leisten dürfe. Handelt es sich dabei um eine vertretbare Sache, zu der der Versicherungsnehmer keinen besonderen persönlichen Bezug hat, sollte allerdings die Zumutbarkeitsgrenze für den Versicherer überschritten werden
- Kosten einer (Teil-)Drittwiderklage, um aus prozesstaktischen Gründen[39] den gegnerischen Fahrer als Zeugen auszuschließen
- sogar ausnahmsweise die Kosten einer (Teil-)Widerklage, wenn aus prozesstaktischen Gründen[40] der Halter als Insasse im gegnerischen Fahrzeug als Zeugen ausgeschlossen werden soll
- Zwangsvollstreckungskosten nebst Regressrisiko, §§ 704 ff. ZPO
- Arrest, §§ 916 ff. ZPO
- Einstweilige Verfügung, §§ 935 ff. ZPO

---

33 *BGH* Urt. v. 15.09.2010 – IV ZR 107/09, JurionRS 2010, 25468 = DAR 2010, 700 = VersR 2010, 1590 = NJW 2011, 377 = NZV 2011, 21 = MDR 2010, 1380 = r+s 2010, 504 = SVR 2011, 233 bespr. v. *Hering* = VRR 2010, 463 bespr. v. *Knappmann* = zfs 2010, 628; vgl. Parallele zur PKH *BGH* Beschl. v. 06.07.2010 – VI ZB 31/08, JurionRS 2010, 20670 = DAR 2011, 313 = MDR 2010, 519 = VersR 2010, 1472 = NJW 2010, 3522 = NZV 2010, 561 = r+s 2010, 411 = NJ 2010, 519 = zfs 2010, 569.
34 *OLG Karlsruhe* Beschl. v. 24.03.2011 – 1 U 19/11, JurionRS 2011, 13132 = DAR 2011, 257 = NJW-Spezial 2011, 234 = NZV 2011, 260 = VersR 2011, 1201 = VRR 2011, 162.
35 *Littbarski* in MüKo zum VVG, Bd. II, 101 VVG, Rn. 46.
36 *OLG Hamm* Urt. v. 14.11.1975 – 20 U 126/75, JurionRS 1975, 11519 = VersR 1978, 80; *LG Dortmund* Urt. v. 27.01.2011 – 2 O 275/10, JurionRS 2011, 11027 = VK 2011, 102.
37 *Stiefel/Maier* Kraftfahrtversicherung, A.1.1.3 AKB, Rn. 61.
38 *Stiefel/Maier* Kraftfahrtversicherung, A.1.1.3 AKB, Rn. 61.
39 *Himmelreich/Halm/Hörle* Handbuch des Fachanwalts Verkehrsrecht, Kap. 26, Rn. 55b; *Dronkovic/Engel* Formularbuch des Fachanwalts Verkehrsrecht, Kap. 6, Rn. 28.
40 *Himmelreich/Halm/Hörle* Handbuch des Fachanwalts Verkehrsrecht, Kap. 26, Rn. 55b.

A.1.1.3 AKB (Rechtsschutzanspruch)

2. nicht zu tragende Kosten

24 Die Kosten, die nicht mehr allein der Abwehr von Schadensersatzansprüchen dienen oder den Umständen nach nicht geboten[41] sind, werden hiervon ausgenommen. Als solche kommen insbesondere in Betracht:
- Kosten für die Geltendmachung eigener Ansprüche
- Kosten der Widerklage[42] des Versicherungsnehmers wegen eigener Schadensersatzansprüche
- Kosten eines zusätzlich beauftragten Anwalts zur Rechtsverteidigung ohne Rücksprache mit dem Versicherer[43]
- Kosten der Nebenklage im Strafverfahren[44]
- Generelle Kosten für einen Strafverteidiger[45]

25 Für diese Seite des Rechtsschutzes ist es notwendig, anfallende Kosten über eine Rechtsschutzversicherung[46] (Verkehrsrechtsschutz bzw. Fahrerrechtsschutz) abzuschließen. Die Ausschlussklauseln in 3.2.3 ARB 2012[47] betreffen die Passivseite. Das ist spiegelbildlich der Teil, der bei den AKB als Rechtsschutzanspruch gedeckt ist. Mit der Abgrenzung durch Ausschlusstatbestände wird eine Mehrfachversicherung nach § 77 VVG über die AKB und ARB vermieden.

3. Kostenerstattungsansprüche

26 Im Falle des Unterliegens des Gegners entstehen Kostenerstattungsansprüche. Waren der Versicherungsnehmer und die Mitversicherten verklagt oder mit dem Versicherer mitverklagt worden, so stehen sämtliche Erstattungsansprüche im Innenverhältnis dem Versicherer[48] zu, selbst wenn die Ansprüche zu Recht zugunsten der Mitversicherten tituliert wurden. Die Mitversicherten werden als Einzugsberechtigte angesehen oder dürfen im Rahmen der Drittschadensliquidation[49] die Kosten im eigenen Namen geltend machen.

---

41 Entsprechend § 101 Abs. 1 Satz 1 VVG.
42 Schwintowski/Brömmelmeyer/*Retter* PK-VersR, § 101 VVG Rn. 5.
43 *OLG Hamburg* Urt. v. 27.03.2009 – 14 U 40/09, JurionRS 2009, 41766 = SP 2009, 341.
44 *BGH* Urt. v. 23.01.1958 – II ZR 28/57, BGHZ 26, 261 = JurionRS 1958, 10276 = DAR 1958, 70 = DB 1958, 223 = MDR 1958, 218 = NJW 158, 420 = VersR 1958, 106; a. A. *OLG Stuttgart* Urt. v. 31.03.1955 – 5 U 167/54, DAR 1956, 159 = JZ 1955, 676.
45 *Littbarski* in MüKo zum VVG, Bd. II, 101 VVG, Rn. 58.
46 Speziell zur Rechtsschutzversicherung im Verkehrsrecht siehe hierzu Himmelreich/Halm/ *Eichner*, Handbuch des Fachanwalts Verkehrsrecht, Kap. 24.
47 Musterbedingungen des GDV, Stand Oktober 2014.
48 Römer/Langheid VVG-Kommentar, § 101 VVG, Rn. 2.
49 *OLG Karlsruhe* Beschl. v. 12.03.2002 – 3 A W 40/02, JurionRS 2002, 20755 = OLGR 2002, 230; Schwintowski/Brömmelmeyer/*Retter* PK-VersR, § 101 VVG Rn. 6.

(Rechtsschutzanspruch) **A.1.1.3 AKB**

Rechtsschutz**anspruch** nach den AKB 2008		Rechtsschutz**versicherung** nach den ARB 2009	
⬇ ⇨✗		⬇ ⇨✗	
Passiv-rechtsschutz wegen Ansprüche Dritter nur mit Schadens-ersatzcharakter nur wenn „durch den Gebrauch" nur wenn keine Ausschlüsse	**Aktiv-**rechtsschutz wegen Ansprüche gegen Dritte usw.	**Aktiv-**rechtsschutz z.B. **Verkehrs-rechtsschutz** (§ 21 ARB) und **Fahrer-rechtsschutz** (§ 22 ARB) - Verfolgung eigener zivilrechtlicher Ansprüche - Vertragsrecht (Kfz) - Verkehrsstrafrecht - Fahrerlaubnisrecht	**Passiv-**rechtsschutz aufgrund Schadens-ersatz-ansprüche Dritter
Grund und Höhe			
außergerichtlich und gerichtlich			
Versicherer - wählt Anwalt aus - hat Prozessführungsbefugnis		VN hat - freie Anwaltswahl - Prozessführungsbefugnis	

C. Weitere praktische Hinweise

Die Abwehr von Schadensersatzansprüchen, die inhaltlich unter den Deckungsumfang der Kfz-Haftpflichtversicherung fallen, muss nicht zwangsläufig auf den Zivilrechtsweg begrenzt sein.

Verschiedentlich sind zivilrechtliche Fragen im Vorfeld vor anderen Gerichten zu verhandeln, werden mitverhandelt oder haben Auswirkungen auf den Umfang der Ersatzleistung. Dies betrifft beispielhaft:
– die Arbeitsgerichtsbarkeit[50] beim Bestehen von arbeitsrechtlichen Bezügen unter den Beteiligten eines Unfallereignisses

---

50 Nach § 12a Abs. 1 Satz 1 ArbGG trägt im Urteilsverfahren auch die obsiegende Partei die eigenen Kosten.

A.1.1.3 AKB (Rechtsschutzanspruch)

- die Sozialgerichtsbarkeit wegen Haftungsausschluss aufgrund Unfall unter Arbeitskollegen nach den §§ 104 ff. SGB VII
- die deutsche[51] Strafgerichtsbarkeit wegen eines vom Verletzten beantragten Adhäsionsverfahren[52] nach den §§ 403 ff. StPO gegen den volljährigen[53] mitversicherten Fahrer/Beifahrer auf Schadensersatz, insbesondere wegen Schmerzensgeld. Die dabei entstehenden zusätzlichen[54] Kosten für den zivilrechtlich handelnden Verteidiger nebst Gerichtskosten nach § 472a Abs. 1 StPO berühren den Rechtsschutzanspruch. Selbst wenn dem Versicherten ein Pflichtverteidiger[55] zur Seite gestellt wurde, umfasst dies nicht schon die Abwehr von zivilrechtlichen Ansprüchen im Adhäsionsverfahren. Dies gilt unabhängig davon, dass ein strafgerichtliches Urteil im Adhäsionsverfahren keine Bindungswirkung[56] gegenüber dem Haftpflichtversicherer entfaltet
- ungeklärt ist, ob die Mitwirkung eines Verteidigers beim Aushandeln eines Schmerzensgeldbetrages[57] im Rahmen der Einstellung nach § 153a StPO[58] bereits den Versicherungsanspruch auslöst. Zumindest dann, wenn das Schmerzensgeld auf den Freistellungsanspruch anrechenbar sei, soll dies auch für die Anwaltskosten gelten. Dem ist zuzustimmen. Auch in Verkehrsstrafsachen kommt der Täter-Opfer-Ausgleich nach § 46a StGB grundsätzlich zur Anwendung. In den Genuss der Strafvergünstigung[59] kommt der Täter/Fahrer jedoch nur, wenn sein Beitrag zum Ausgleich in mehr besteht als nur der Zahlung der obligatorischen Versicherungsprämie.
- die ausländische[60] Strafgerichtsbarkeit bei Unfällen im Ausland mit entsprechenden zivilrechtlichen Adhäsionsverfahren

---

51 Dort eher selten, siehe Himmelreich/Halm/Staab/*Kuhn* Handbuch Kfz-Schadensregulierung, Kap. 3, Rn. 131; *Krumm* Das Adhäsionsverfahren in Verkehrsstrafsachen, SVR 2007, 41.
52 *Schirmer* Das Adhäsionsverfahren nach neuem Recht – die Stellung des Unfallbeteiligten und deren Versicherer, DAR 1988, 121 (126).
53 § 81 JGG.
54 Schwintowski/Brömmelmeyer/*Retter* PK-VersR, § 101 VVG Rn. 12; *Littbarkski* in MüKo zum VVG, Bd. II, 101 VVG, Rn. 61.
55 *Stoffers/Möckel* Beteiligte im strafprozessualen Adhäsionsverfahren, NJW 2013, 830 ff.
56 BGH Urt. v. 18.12.2012 – VI ZR 55/12, JurionRS 2012, 31675 DAR 2013, 258 = NJW 2013, 1163 = FD-StrVR 2013, 343121 bespr. v. *Kääb* = NJW-Spezial 2013, 138 = VRR 2013, 261 bespr. v. *Knappmann*; Himmelreich/Halm/*Winkler* Handbuch des Fachanwalts Verkehrsrecht, Kap. 33, Rn. 433.
57 Staudinger/Halm/Wendt/*Heinrichs* Fachanwaltskommentar Versicherungsrecht, § 101 VVG, Rn. 12.
58 *LG Tübingen* 31.12.1987 –2 O 158/87, VersR 1988, 1172; Schwintowski/Brömmelmeyer/ *Retter* PK-VersR, § 101 VVG Rn. 13; *Littbarkski* in MüKo zum VVG, Bd. II, 101 VVG, Rn. 63; *Bruck/Möller/Koch* Band IV, § 101 VVG, Rn. 36.
59 *BayObLG* Beschl. v. 17.12.1997 – 2St RR 273/97, NZV 1998, 122 = NJW 1998, 1654 = NStZ 1998, 356 = VersR 1998, 1430 = JR 1999, 40.
60 Häufiger anzutreffen, siehe *Neidhart* Verkehrsrechts-Praxis – Adhäsionsverfahren – ein kurzer Ländervergleich – Schadenersatz im Strafprozess nach Verkehrsstraftaten, DAR 2006, 415.

- die Verwaltungsgerichtsbarkeit wegen Forderungen aus Kostenbescheiden, z. B. für die Beseitigung einer Ölspur, die in Gesetzeskonkurrenz[61] zu zivilrechtlichen Schadensersatzansprüchen stehen
- die Finanzgerichtsbarkeit bei klärungsbedürftigen Fragen zur Besteuerung von Schadensersatzleistungen (Einkommensteuer; Umsatzsteuer, Energiesteuererlass)

Nicht erst im gerichtlichen Verfahren, auch im behördlichen Verwaltungsverfahren wie beim Antrags- und Widerspruchsverfahren sowie bei Verfahren vor dem Hauptzollamt (Erlassantrag) findet die Rechtsschutzfunktion Bedeutung. 30

Der Versicherer selbst ist – anders als ein Schadenregulierungsbeauftragter[62] – nicht[63] umsatzsteuerpflichtig, § 4 Nr. 11 UStG. Daher ist er auch nicht nach § 15 Abs. 2 Nr. 1 UStG zum Vorsteuerabzug berechtigt. 31

Ist der Versicherte zum Vorsteuerabzug berechtigt, bestehen die Kosten allein im Nettobetrag ohne die zusätzlich anfallende Umsatzsteuer. Der Versicherte bleibt wegen dieser Durchlaufposition nicht effektiv mit Kosten belastet. Soweit angenommen wird, der Versicherer beauftrage einen Rechtsanwalt zugunsten des Versicherten und sei daher selbst[64] dessen Vertragspartner, widerspricht dies den wirtschaftlichen Interessen des Versicherers, als auch mittelbar denen des Versicherten. 32

Richtig dürfte eher sein, dass der Versicherer den Auftrag im Namen und in Vollmacht des Versicherten[65] vergibt. Es ist unzutreffend, die Vollmacht als Indiz dafür heranzuziehen, dass der Versicherer sich letztlich selbst verpflichten wolle, weil er die Kosten im Innenverhältnis zu tragen hat. Der Versicherer bedient sich nur des Rechtsanwalts zur Erfüllung seiner Vertragspflichten gegenüber den Versicherten, wobei er ähnlich einem selbstschuldnerisch haftenden Bürgen, für die Anwaltskosten aufkommt. 33

Umsatzsteuerrechtlich ist der Versicherte der (Haupt-)Auftraggeber, denn er ist derjenige, der haftet. Der Versicherer ist dagegen nur derjenige, der aufgrund der Haftung der Versicherten bei bestehendem Direktanspruch mitschuldet. 34

---

61 *BGH* Urt. v. 20.12.2006 – IV ZR 325/05, JurionRS 2006, 29131 = DAR 2007, 142 m. Anm. *Weinsdörfer* = MDR 2007, 652 = NJW 2007, 1205 = VersR 2007, 200 = NZV 2007, 233 = r+s 2007, 94 = zfs 2007, 273 = VRR 2007, 108 bespr. v. *Knappmann*; siehe hierzu bereits die Forderung von *Schwab* DAR 2007, 269 (270).
62 *BFH* Beschl. v. 20.07.2012 – V B 82/11, JurionRS 2012, 20687 = DB 2012, 2081.
63 *BGH* Beschl. v. 25.10.2005 – VI ZB 58/04, JurionRS 2005, 25599 = DAR 2006, 237 = NJW 2006, 774 = MDR 2006, 476 = NZV 2006, 74 = VersR 2006, 241 = VRS 110, 183 = SP 2006, 115 = r+s 2006, 265 = VRR 2006, 156 abl. bespr. v. *Schneider* = Rpfleger 2006, 100 = SVR 2006, 178 abl. bespr. v. *Schwab*; abl. Himmelreich/Halm/*Müller* Handbuch des Fachanwalts Verkehrsrecht Kap. 6, Rn. 77.
64 *Littbarski* in MüKo zum VVG, Bd. II, 101 VVG, Rn. 36.
65 *Schmalzl/Krause-Allenstein* Berufshaftpflichtversicherung des Architekten und Bauunternehmers, Rn. 387.

A.1.1.3 AKB (Rechtsschutzanspruch)

35 Die Entscheidung des *BGH*[66] zum Kfz-Haftpflichtversicherer und Mitversicherten als obsiegende Streitgenossen verkennt[67] die steuerliche Seite der rechtsgeschäftlichen Erklärung des Versicherers bei der Beauftragung eines Rechtsanwalts. Danach sei, da der nicht zum Vorsteuerabzug berechtigte Versicherer die Kosten im Innenverhältnis der Streitgenossen allein zu tragen habe, bei der Kostenfestsetzung die Umsatzsteuer mit festzusetzen.

36 Tatsächlich hat der Versicherer im Verhältnis zu den Mitversicherten nur die erforderlichen Kosten der Rechtsverteidigung zu tragen. Die Umsatzsteuer bei vorsteuerabzugsberechtigten Versicherungsnehmern gehört nicht hierzu. Versicherungsunternehmen sind Wirtschaftsunternehmen. Sie werden daher auch selbst keine Kosten produzieren wollen, die im Falle des Unterliegens weder vom Gegner noch vom Versicherten zurückerstattet werden.

37 Die Meinung des *BGH* führt zum Nachteil des Kostenschuldners dazu, dass dem Staat letztlich trotz Vorsteuerabzugsberechtigung des redlich Obsiegenden, die Mehrwertsteuer verbleibt. Ist der Obsiegende unredlich, streicht er die Mehrwertsteuer ein und macht sie dann trotzdem[68] beim Vorsteuerabzug geltend. Dann macht er einen finanziellen Gewinn.

38 M. E. dürfen Gerichte unter Beachtung von Art. 105 GG weder mit Rücksicht auf den Finanzbeschaffungsbedarf des Staats entscheiden, noch durch sachfremde Kostenentscheidungen, Möglichkeiten für betrügerischen Missbrauch eröffnen.

39 Der Versicherer trägt die Kosten der Rechtsverteidigung auch dann allein, wenn ein Selbstbehalt[69] vereinbart sein sollte.

40 Die Kosten der Abwehr unbegründeter Ansprüche sind nicht Teil der Versicherungssumme, sondern sind nach § 101 Abs. 2 Satz 1 VVG vom Versicherer zusätzlich aufzubringen. Dies gilt auch für angefallene Prozesszinsen, § 101 Abs. 2 Satz 2 VVG. Von der nach § 112 VVG grundsätzlich bestehenden Möglichkeit einer abweichenden Bestimmung – in den Schranken des § 83 VVG – wurde in den AKB kein Gebrauch gemacht.

41 Ein Haftpflichtversicherer, der seiner Aufgabe nicht nachkommt, macht sich seinem Versicherungsnehmer gegenüber nach den §§ 280, 281 BGB schadensersatzpflichtig. Der Versicherte kann in diesem Falle zur Abwehr drohender Nachteile selbst einen ei-

---

66 *BGH* Beschl. v. 25.10.2005 – VI ZB 58/04, JurionRS 2005, 25599 = DAR 2006, 237 = NJW 2006, 774 = MDR 2006, 476 = NZV 2006, 74 = VersR 2006, 241 = VRS 110, 183 = SP 2006, 115 = r+s 2006, 265; dargestellt in Himmelreich/Halm/Staab/*Engelbrecht* Handbuch der Kfz-Schadensregulierung, Kap. 14, Rn. 177; zustimmend P/G/*K.Schmidt* § 104 ZPO, Rn. 6.
67 *Schwab* SVR 2006, 178; Himmelreich/Halm/*Müller* Handbuch des Fachanwalts Verkehrsrecht Kap. 6, Rn. 77.
68 *Schneider* VRR 2006, 156.
69 Prölss/Martin/*Lücke* Versicherungsvertragsgesetz, § 101 VVG, Rn. 19.

genen Anwalt beauftragen[70] ohne an Weisungen des Versicherers gebunden zu sein. Der Versicherer hat die Rechtsanwaltskosten zu erstatten.

Regulierungsvollmacht

A.1.1.4 (Regulierungsvollmacht)

Wir sind bevollmächtigt, gegen Sie geltend gemachte Schadensersatzansprüche in Ihrem Namen zu erfüllen oder abzuwehren und alle dafür zweckmäßig erscheinenden Erklärungen im Rahmen pflichtgemäßen Ermessens abzugeben.

Übersicht

	Rdn.
A. Allgemeines	1
B. Regelungsgehalt	5
I. Grundsätzliches	5
1. keine Vorgabe durch Gesetz oder Verordnung	5
2. Gesetzliche Ermächtigung zur Vertretung von Halter, Eigentümer und Fahrer	7
3. rechtsgeschäftlich erteilte Vollmacht durch den Versicherungsnehmer	16
4. mitversicherte Personen	22
II. Wir sind bevollmächtigt	28
1. Unwiderruflichkeit	30
2. umfassend	32
3. diskutierte Ausnahme: Leistungsfreiheit	41
a) vollständige Leistungsfreiheit	42
b) Schaden nach Vertragsende	45
c) teilweise Leistungsfreiheit	48
d) mitversicherte Personen	49
4. Regulierungsverbot	50
5. Regulierungsvollmacht und Anerkenntnisverbot	52
6. Regulierungsvollmacht und Prozessbevollmächtigung	53
7. Regulierungsvollmacht von Versicherungsmaklern und -Vermittlern	57
8. Sonderbedingungen zur Selbstregulierung von Bagatellschäden	59
III. Vertretungsmacht, § 164 Abs. 1 Satz 1 BGB	61
1. Vertretung des Versicherungsnehmers	61
2. Vertretung mitversicherter Personen	66
IV. Innenverhältnis	70
1. Grundsätzliches	70
2. Zweckmäßigkeit	72
3. Ermessen	81
4. pflichtgemäßes Ermessen	86
5. Ermessensfehler	92
a) Beispiele für Ermessensfehler	95
b) Beispiele für verneinte Ermessensfehler	96
6. Darlegungs- und Beweislast	97

---

[70] *OLG Düsseldorf* Urt. v. 13.12.1988 – 4 U 181/88, r+s 1989, 325; *AG Mannheim* Urt. v. 04.11.2011 – 10 C 156/11, JurionRS 2011, 31692 = r+s 2012, 73.

A.1.1.4 AKB (Regulierungsvollmacht)

	Rdn.
7. Rechtsfolgen	99
C. Weitere praktische Hinweise	100
I. Prozessrisiko	100
II. Prozess um Höherstufung – neue Prämienanforderung	108
III. Problem bei öffentlich-rechtlicher Verantwortlichkeit	114
1. Grenzen der »gewöhnlichen« Regulierungsvollmacht	114
2. konkludente Vollmachterteilung	118
3. ausdrückliche Vollmachterweiterung	120

A. Allgemeines

1 Die Regulierungsvollmacht war früher in § 10 Abs. 5 AKB a. F. geregelt. Sie gehört von Anfang an zum wesentlichen Handwerkszeug des Haftpflichtversicherers, im Schadensfall tatsächlich angemessen agieren zu können. Sie beinhaltet die Vertretungsmacht, den Versicherungsnehmer[1] rechtlich binden zu können, § 164 Abs. 1 Satz 1 BGB. Sie räumt dem Versicherer eine Geschäftsführungsbefugnis ein.

2 Da der Versicherer durch den gesetzlichen Schuldbeitritt zugleich als Gesamtschuldner nach § 115 Abs. 1 Satz 4 VVG »haftet«[2], schadet es nicht, wenn der Versicherer gleichzeitig auch im eigenen Interesse (gesamt-) verbindliche Erklärungen abgibt.

3 In der Kfz-Haftpflichtversicherung führt der Versicherer somit regelmäßig ein »auch-fremdes-Geschäft« für alle Gesamtschuldner. Richtet der Geschädigte Haftpflichtansprüche nur gegen den Schädiger, bleibt der Versicherer – wie im allgemeinen Haftpflichtrecht[3] – selbstverständlich auch dann bevollmächtigt.

4 Systematisch fehlplatziert[4] steht die Vollmacht unter »Umfang des Versicherungsschutzes«, da die Vollmacht begrifflich nicht zum Versicherungsumfang gehört. Letztlich ist dies aber dann doch nicht so falsch. Der Versicherer übernimmt schließlich damit auch den Regulierungsservice für seinen Versicherungsnehmer.

B. Regelungsgehalt

I. Grundsätzliches

1. keine Vorgabe durch Gesetz oder Verordnung

5 Die Erteilung einer Vollmacht wird weder vom Gesetz- noch von den Verordnungsgebern verlangt.

---

1 Der Versicherungsnehmer wird persönlich haftpflichtig erst mit seiner Doppelfunktion, z. B. als Halter, Fahrer oder Eigentümer des Fahrzeugs.
2 Der Versicherer haftet nicht; er schuldet nur mit, weil er vertraglich dazu verpflichtet ist.
3 *Littbarkski* in MüKo zum VVG, Bd. II, 101 VVG, Rn. 33.
4 *Stadler* Verständliche Gestaltung Allgemeiner Versicherungsbedingungen am Beispiel der AKB, S. 190.

(Regulierungsvollmacht) **A.1.1.4 AKB**

Insbesondere § 2 KfzPflVV enthält keine entsprechende Regelung. Sie darf auch keine 6
enthalten, denn eine Vollmacht ist, wenn auch in den Bedingungen vorformuliert, nur
eine einseitige empfangsbedürftige Willenserklärung, die der Versicherungsnehmer gegenüber dem Versicherer abgibt, § 167 Abs. 1 BGB. Die KfzPflVV wendet sich jedoch
nicht an den Versicherungsnehmer, um ihn zu verpflichten, dem Versicherer Vollmacht
zu erteilen.

2. Gesetzliche Ermächtigung zur Vertretung von Halter, Eigentümer und Fahrer

Es handelt sich somit auch nicht begrifflich um eine gesetzliche[5] Vollmacht. 7

Zu Zeiten, als die AKB noch vom Aufsichtsamt genehmigt werden mussten, mögen die 8
AKB als amtlich genehmigte Bedingungen eine andere Rechtsqualität gehabt haben.
Der *BGH*[6] hatte dies jedoch offen gelassen und nur für Mitversicherte aus dem Gesetzesverständnis heraus, insbesondere zur praktikablen Abwicklung der Ansprüche von
Unfallopfern, eine *gesetzliche Ermächtigung* des Versicherers bejaht. Hieran hält der
BGH[7] auch nach Einführung des Direktanspruchs zu Recht fest, auch wenn sich der
Geschädigte ja allein schon aufgrund des Direktanspruchs nach § 115 Abs. 1 Satz 1
Nr. 1 VVG unmittelbar an den Versicherer halten kann.

Einer unbedingten Vorgabe durch den Gesetz- bzw. die Verordnungsgeber, eine Voll- 9
macht zu verlangen, bedarf es nach der Zielrichtung »Verkehrsopferschutz« heute insoweit nicht mehr. Richtig und wesentlich ist aber, dass bei einer Aufgabe der »gesetzlichen Ermächtigung« in der Praxis kaum zu lösende Probleme auftreten würden.
Der Kfz-Haftpflichtversicherer muss in seiner Funktion als zentraler Ansprechpartner
für alle Belange des Verkehrsopfers, seines Anwalts und auch des Gerichts erhalten bleiben.

Die gesetzliche Ermächtigung bezieht sich vom Sinn und Zweck her nie auf den Ver- 10
sicherungsnehmer selbst. Er wird zu Recht im PflVG nicht genannt, da gegen ihn keine
Haftpflichtansprüche Dritter denkbar sind, nur weil er Vertragspartner eines Versicherers ist.

Die Anforderung nach § 2 Abs. 1 Satz 1 KfzPflVV, den Schutz auf den Versicherungs- 11
nehmer auszudehnen, macht aufgrund der fehlenden rechtlichen Möglichkeit der In-

---

5 Den Begriff verwendend Himmelreich/Halm/Staab/*Kuhn*, Handbuch der Kfz-Schadensregulierung, Kap. 3, Rn. 29; Beispiel für gesetzliche Vollmacht in § 69 VVG (Versicherungsvertreter).
6 *BGH* Urt. v. 23.10.1958 – II ZR 54/57 m. w. N. zum Streitstand, BGHZ 28, 244 = JurionRS 1958, 14483 = NJW 1959, 39 = DAR 1959, 17 = MDR 1959, 23.
7 *BGH* Urt. v. 03.06.1987 – IVa ZR 292/85, BGHZ 101, 276 = JurionRS 1987, 13060 = VersR 1987, 924 (925) = BB 1987, 1628 = zfs 1987, 338 (Ls.) = DAR 1987, 326 = MDR 1987, 917 = NJW 1987, 2586 = NJW-RR 1987, 1239 (Ls.); *BGH* Urt. v. 22.07.2004 – IX ZR 482/00, JurionRS 2004, 16102 = NJW-RR 2004, 1475 = DAR 2004, 697 = MDR 2005, 90 = NJW-RR 2004, 1475 = NZV 2004, 623 = r+s 2005, 262 = VersR 2004, 1278 VRS 107, 323 = VRR 2005, 109, bespr. v. *Jaeger* = zfs 2005, 10.

A.1.1.4 AKB (Regulierungsvollmacht)

anspruchnahme objektiv keinen Sinn. Wegen der **Überschreitung der Normsetzungskompetenz** durch die Verordnungsgeber ist diese Anforderung zudem unbeachtlich.

12 Folgerichtig wird man hierin das Bestehen einer vom Vertragswillen unabhängigen[8] gesetzlichen Grundlage erkennen können.

13 Das Gesetz ermächtigt den Versicherer damit zwar nicht wörtlich, es ergibt sich aber aus dem Sinnzusammenhang zur Vertretung der versicherten Haftpflichtschuldner[9].

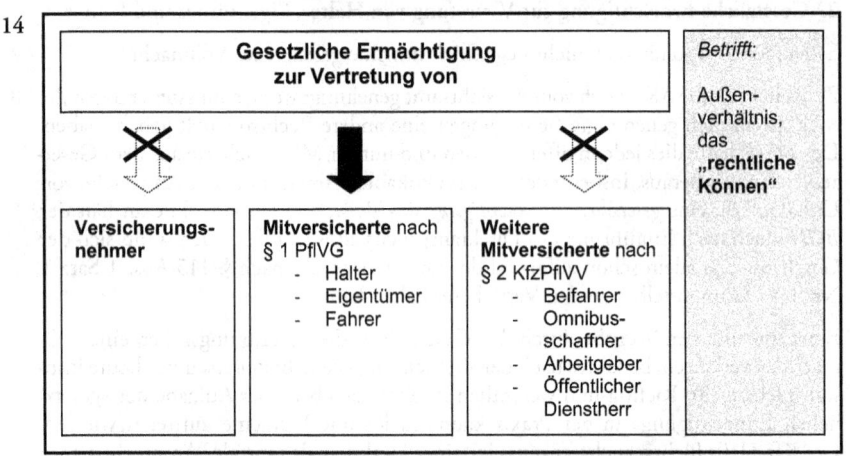

14

Gesetzliche Ermächtigung zur Vertretung von			Betrifft: Außenverhältnis, das „rechtliche Können"
Versicherungsnehmer	Mitversicherte nach § 1 PflVG - Halter - Eigentümer - Fahrer	Weitere Mitversicherte nach § 2 KfzPflVV - Beifahrer - Omnibusschaffner - Arbeitgeber - Öffentlicher Dienstherr	

15 Diese Ermächtigung bewirkt jedoch keine rechtsgeschäftliche Bevollmächtigung oder ersetzt sie. Es bleibt bei einer gesetzlichen Ermächtigung zur Vertretung.

3. rechtsgeschäftlich erteilte Vollmacht durch den Versicherungsnehmer

16 Die Regulierungsvollmacht in den AKB wird dadurch nicht überflüssig.

17 Erst durch die Ausgestaltung der Regulierungsvollmacht wird der Rahmen festgelegt. Innerhalb dessen hat sich der Versicherer zu bewegen.

18 Sie genügt damit einerseits der Erwartungshaltung der Geschädigten an verbindlichen Erklärungen und verhindert andererseits eine zu weitgehende Regelung zum Nachteil des Versicherungsnehmers. Die Bedingung schafft **Rechtsklarheit und Rechtssicherheit**, wie sie sonst nur durch einen per Gesetz zu beschreibenden Umfang[10] zu erreichen wäre.

---

8 Stiefel/*Hofmann* § 10 AKB, Rn. 95.
9 *BGH* Urt. v. 23.10.1958 – II ZR 54/57 m. w. N. zum Streitstand, BGHZ 28, 244 = JurionRS 1958, 14483 = NJW 1959, 39 = DAR 1959, 17 = MDR 1959, 23.
10 Beispiele: Prozessvollmacht nach § 81 ff. ZPO; Prokura § 49 ff. HGB; Versicherungsvertreter § 69 VVG.

Die Regulierungsvollmacht ist damit nicht nur eine rechtsgeschäftlich erteilte Vertre- 19
tungsmacht (§ 166 Abs. 2 BGB) für das Außenverhältnis[11], sondern beschreibt viel
wichtiger die konkrete Ausgestaltung der Vertretungsmacht.

Ohne eine durch Vertrag erteilte Vollmacht könnte der Versicherer seiner Regulie- 20
rungsaufgabe nicht in vollem Umfang gerecht werden, da Unsicherheiten über die
Reichweite des rechtlichen Dürfens im Innen- wie im Außenverhältnis verbleiben würden. Daher ist sie ein wesentlicher und unverzichtbarer Bestandteil aller Haftpflicht-
bedingungen, so auch in der Kfz-Haftpflichtversicherung.

Durch Abschluss des Haftpflichtversicherungsvertrages unter Einbeziehung der AKB 21
wird rechtsgeschäftlich dem Versicherer die Regulierungsvollmacht erteilt.

4. mitversicherte Personen

Mitversicherte Personen sind keine Vertragspartner[12] des Versicherers. Sie sind ledig- 22
lich Begünstigte aus dem Versicherungsvertrag. Folglich kann hier auch keine ausdrücklich durch Rechtsgeschäft (Vertrag) erteilte Vollmacht angenommen werden.

Dennoch wird zu Recht eine **Vertretungsmacht aufgrund gesetzlicher Ermächtigung**[13] 23
für Mitversicherte[14] unterstellt.

Dies hilft jedoch nicht in allen Fällen. Einerseits werden nicht alle in den AKB auf- 24
gezählten Mitversicherten von § 1 PflVG erfasst; andererseits ist weder dort noch in
§ 2 KfzPflVV geregelt, wie der Haftpflichtversicherer die Regulierung für den Versicherungsnehmer und Mitversicherte bewerkstelligen sollte.

Schließlich verfängt der Rückgriff auf die rechtliche Konstruktion »gesetzliche Ermäch- 25
tigung« dann nicht, wenn es um Bereiche geht, die über die gesetzlichen Mindestanforderungen des Pflichtversicherungsgesetzes hinausgehen. Zu nennen sind hier insbesondere der nicht öffentliche Verkehrsraum und der Einsatz des Fahrzeugs als reine
Arbeitsmaschine.

Tatsächlich wird man daher regelmäßig davon auszugehen haben, dass der Mitver- 26
sicherte bei Verwendung eines Fahrzeugs unterstellt, dass das Fahrzeug mindestens

---

11 Stiefel/*Maier* Kraftfahrtversicherung, A.1.1.4 AKB, Rn. 67.
12 Es sei denn, sie sind zugleich in der Doppelfunktion als Versicherungsnehmer.
13 *BGH* Urt. v. 23.10.1958 – II ZR 54/57 m. w. N. zum Streitstand, BGHZ 28, 244 = JurionRS
 1958, 14483 = NJW 1959, 39 = DAR 1959, 17 = MDR 1959, 23; *BGH* Urt. v. 03.06.1987 –
 IVa ZR 292/85, BGHZ 101, 276 = JurionRS 1987, 13060 = VersR 1987, 924 (925) = BB
 1987, 1628 = zfs 1987, 338 (Ls.) = DAR 1987, 326 = MDR 1987, 917 = NJW 1987,
 2586 = NJW-RR 1987, 1239 (Ls.); *BGH* Urt. v. 22.07.2004 – IX ZR 482/00, JurionRS
 2004, 16102 = NJW-RR 2004, 1475 = DAR 2004, 697 = MDR 2005, 90 = NJW-RR 2004,
 1475 = NZV 2004, 623 = r+s 2005, 262 = VersR 2004, 1278 VRS 107, 323 = VRR 2005,
 109, bespr. v. *Jaeger* = zfs 2005, 10; Stiefel/*Maier* Kraftfahrtversicherung, A.1.1.4 AKB,
 Rn. 68.
14 Mitversicherte nach § 1 PflVG nur Halter, Fahrer und Eigentümer. Die veröffentlichten Entscheidungen befassten sich bislang lediglich mit diesem Personenkreis.

A.1.1.4 AKB (Regulierungsvollmacht)

nach den gesetzlichen Vorgaben haftpflichtversichert ist. Für den etwaigen Schadensfall vertraut er darauf, dass sich der Versicherer um alles kümmert. Folglich sollte in der willentlichen Ingebrauchnahme[15] des Fahrzeugs durch Mitversicherte gleichzeitig eine **konkludente Vollmachterteilung** an den Versicherer für die Regulierung etwaiger Schadensfälle gesehen werden. Mit der Schadenmeldung geht dem Versicherer diese Erklärung zu.

27

Regulierungsvollmacht wird erteilt durch			Betrifft:
↓	↓	↓	Außenverhältnis, das *„rechtliche Können"*
Versicherungsnehmer	**Mitversicherte** nach § 1 PflVG - Halter - Eigentümer - Fahrer	**Weitere Mitversicherte** nach § 2 KfzPflVV - Beifahrer - Omnibusschaffner - Arbeitgeber - Öffentlicher Dienstherr	
↓	↓	↓	**+**
ausdrücklich	konkludent	konkludent	Innen-Verhältnis, das *„rechtliche Dürfen"*
↓	↓	↓	
mit Inhalt nach **A.1.1.4 AKB**	mit Inhalt entsprechend Vertrag des VN	mit Inhalt entsprechend Vertrag des VN	

---

15 Ähnlich Feyock/*Jacobsen*/Lemor A.1. AKB 2008, Rn. 20.

(Regulierungsvollmacht) A.1.1.4 AKB

II. Wir sind bevollmächtigt

»Wir«, das ist das Versicherungsunternehmen[16], der Vertragspartner des Versicherungsnehmers.   28

Im Gegensatz zur früheren Fassung in § 10 Abs. 5 AKB a. F., wo es hieß, »*der Versiche-*   29
rer gilt als bevollmächtigt«, ist die Neufassung sprachlich verbessert[17], denn sie ist eindeutig und direkt. Verständnisprobleme[18] früherer Zeiten dürften mit der neuen Formulierung in der heutigen Praxis nicht mehr vorkommen.

1. Unwiderruflichkeit

Die Vollmacht kann nicht widerrufen[19] werden. Sie ist jedenfalls in der Kfz-Haft-   30
pflichtversicherung nicht[20] an die Laufzeit[21] des Haftpflichtversicherungsvertrages gebunden, sondern an den Schadensfall. Nur so lässt sich der Regulierungsauftrag des Versicherers praktisch und zweckentsprechend umsetzen. Demgemäß ist eine **Unwiderruflichkeitsabrede**[22] anzunehmen. Die Vollmacht endet daher erst mit der endgültigen Abwicklung[23] des Schadensfalles, der im Zeitraum der Gültigkeitsdauer des Vertrages entstanden ist.

Die Vollmacht entfällt auch dann nicht, wenn der Versicherungsnehmer selbst im   31
Laufe eines Rechtsstreits prozessunfähig[24] wird. Entsprechendes gilt für den Regulierungsauftrag des Versicherers.

---

16 Bzw. die organschaftlichen Vertreter des Versicherungsunternehmens, *Stiefel/Hofmann* § 10 AKB, Rn. 103.
17 Ebenso heute die Vollmacht in 5.2 Abs. 1 AHB 2012, *Littbarkski* in MüKo zum VVG, Bd. II, 101 VVG, Rn. 33.
18 *Feyock/Jacobsen/*Lemor § 10 AKB, Rn. 76 erwähnt hierzu noch ausdrücklich, dass es sich nicht nur um eine unterstellte Bevollmächtigung handele.
19 BGH Urt. v. 03.06.1987 – IVa ZR 292/85, BGHZ 101, 276 = JurionRS 1987, 13060 = VersR 1987, 924 (925) = BB 1987, 1628 = zfs 1987, 338 (Ls.) = DAR 1987, 326 = MDR 1987, 917 = NJW 1987, 2586 = NJW-RR 1987, 1239 (Ls.); *Feyock/Jacobsen/*Lemor § 10 AKB, Rn. 78 will offenbar Ausnahmen zulassen (*»grundsätzlich«*).
20 Im Einzelfall anders in der allgemeinen Haftpflichtversicherung, *Vrzal* Zur Beurteilung vorgerichtlicher Erklärungen des Haftpflichtversicherers im Rahmen der Schadensregulierung, VersR 2012, 694 ff.
21 Der Versicherungsvertrag ist zudem im Schadensfalle von jedem Vertragspartner kündbar, siehe G.2.3 Satz 1 bzw. G.3.3 Satz 1 AKB, § 111 Abs. 1 Satz 1 VVG.
22 Generell zur Unwiderruflichkeitsabrede siehe PWW-*Frensch* § 168 BGB Rn. 13.
23 BGH Urt. v. 03.06.1987 – IVa ZR 292/85, BGHZ 101, 276 = JurionRS 1987, 13060 = VersR 1987, 924 (925) = BB 1987, 1628 = zfs 1987, 338 (Ls.) = DAR 1987, 326 = MDR 1987, 917 = NJW 1987, 2586 = NJW-RR 1987, 1239 (Ls.); *Feyock/Jacobsen/*Lemor § 10 AKB, Rn. 85; Stiefel/*Maier* Kraftfahrtversicherung, A.1.1.4 AKB, Rn. 77.
24 *OLG Brandenburg* Urt. v. 28.09.2006 – 12 U 61/06, JurionRS 2006, 24546.

A.1.1.4 AKB (Regulierungsvollmacht)

2. umfassend

32 Die Vollmacht ist umfassend auf **alle** Schadensersatzansprüche ausgerichtet. Begrenzungen zur Höhe bestehen nicht. Einem durchschnittlichen Versicherungsnehmer ist dies bei verständiger Würdigung von Bedeutung und Reichweite der Vollmacht durch diese Wortwahl klar erkennbar.

33 Der *BGH*[25] hat in einer Entscheidung zu § 5 Abs. 7 AHB a. F. darauf abgestellt, dass der Versicherer »alle« zur Beilegung oder Abwehr »ihm« zweckmäßig erscheinenden Erklärungen abgeben darf.

34 Dies muss uneingeschränkt auch für den Kfz-Haftpflichtbereich gelten. Der früheren Einschränkung[26] auf den eigentlichen Umfang der Regulierungspflicht ist über die AHB[27] hinaus auch in den AKB nicht mehr zu folgen, da sich die Interessenlage vergleichen lässt.

35 Das Wort »ihm« taucht zwar weder in den heutigen AKB noch in § 10 Abs. 5 AKB a. F. auf. In der aktuellen Vertragsklausel ist auch kein hierzu passendes »uns« enthalten[28]. Dennoch ist deutlich, dass es zwangsläufig immer nur auf die Sichtweise des Bevollmächtigten ankommen kann.

36 Der Versicherungsnehmer wird hierdurch nicht benachteiligt[29].

37 Folglich umfasst die Vollmacht auch den Teil, den der Versicherer nicht mehr zu decken[30] hat, weil die vertragliche Versicherungssumme bereits überschritten ist.

---

25 *BGH* Urt. v. 11.10.2006 – IV ZR 329/05, BGHZ 169, 232 = JurionRS 2006, 25651 = DB 2006, 2741 = MDR 2007, 464 = NZV 2007, 196 = NJW 2007, 69 = VersR 2006, 1676 = DAR 2007, 141 (Ls.) = r+s 2007, 16 = VRS 112, 108 = zfs 2007, 96.

26 *BGH* Urt. v. 03.06.1987 – IVa ZR 292/85, BGHZ 101, 276 = JurionRS 1987, 13060 = VersR 1987, 924 (925) = BB 1987, 1628 = zfs 1987, 338 (Ls.) = DAR 1987, 326 = MDR 1987, 917 = NJW-RR 1987, 2586 = NJW 1987, 1239 (Ls).

27 *BGH* Urt. v. 11.10.2006 – IV ZR 329/05, BGHZ 169, 232 = JurionRS 2006, 25651 = DB 2006, 2741 = MDR 2007, 464 = NZV 2007, 196 = NJW 2007, 69 = VersR 2006, 1676 = DAR 2007, 141 (Ls.) = r+s 2007, 16 = VRS 112, 108 = zfs 2007, 96; *BGH* Urt. v. 19.11.2008 – IV ZR 293/05, JurionRS 2008, 27639 = DAR 2009, 85 Ls. = VersR 2009, 106 = VRS 116, 58 = zfs 2009, 162 = MDR 2009, 382 = NJW-RR 2009, 382 = r+s 2009, 504 zfs 2009, 162 = VRR 2009, 140 bespr. v. *Knappmann*.

28 Klarer: »... alle dafür uns zweckmäßig erscheinenden...«.

29 *OLG Düsseldorf* Urt. v. 29.06.1978 – 18 U 27/78, VersR 1979, 151 (Fall zur Selbstbeteiligung eines Notars).

30 *BGH* Urt. v. 11.04.1978 – VI ZR 29/76, JurionRS 1978, 11460 = MDR 1978, 741 = VersR 1978, 533 (534); offen gelassen *BGH* Urt. v. 07.10.2003 – VI ZR 392/02, JurionRS 2003, 23285 = NJW-RR 2004, 109 = VersR 2003, 1547 = NZV 2003, 565 = DAR 2004, 83 = VRS 106, 82 = zfs 2004, 62; *BGH* Urt. v. 19.11.2008 – IV ZR 293/05, JurionRS 2008, 27639 = DAR 2009, 85 Ls. = VersR 2009, 106 = VRS 116, 58 = zfs 2009, 162 = MDR 2009, 382 = NJW-RR 2009, 382 = r+s 2009, 504 zfs 2009, 162 = VRR 2009, 140 bespr. v. *Knappmann*; *OLG Frankfurt* Urt. v. 17.09.1980 – 13 U 128/78, JurionRS 1980, 12245 = VersR 1982, 58.

Zutreffend[31] gilt dies auch für den vereinbarten Selbstbehalt. Ist der Haftpflichtversicherer dem Direktanspruch ausgesetzt, muss er sich den gegen ihn gerichteten Schadensersatzansprüchen in gleicher Weise stellen, als wenn kein Selbstbehalt vereinbart ist. Schließlich darf der Versicherer weder gegenüber dem Geschädigten noch einem Mitversicherten den Selbstbehalt einwenden, § 114 Abs. 2 Satz 2 VVG. Das *LG Berlin*[32] übersieht, dass der Versicherer das Regressrisiko gegenüber dem Versicherungsnehmer hinsichtlich des verwirklichten Selbstbehaltes trägt und zudem sogar über die Versicherungssumme hinaus bevollmächtigt ist. Raum für eine Differenzierung des Vollmachtumfangs, wegen des eher niedrigen Selbstbehaltsbetrages, besteht nicht. 38

Die Vollmacht hat nicht nur Bedeutung für ein aktives Handeln des Versicherers, sondern auch für die passive Seite, etwa die Entgegennahme von Erklärungen. Entsprechend kann auch der Schädiger durch ein Mahnschreiben[33] selbst in Verzug gesetzt werden. 39

Der Versicherer kann jedoch mangels hierauf ausgerichteter (General-) Vollmacht den Versicherungsnehmer nicht durch Abschluss eines Teilungsabkommens[34] mit einem Sozialversicherungsträger binden. 40

3. diskutierte Ausnahme: Leistungsfreiheit

Ausnahmsweise ist dann die Vollmacht zweifelhaft, wenn Leistungsfreiheit besteht. Dabei sind die nachfolgenden Fallgruppen zu unterscheiden: 41

a) vollständige Leistungsfreiheit

In den Fällen des Prämienverzuges nach den §§ 37, 38 VVG[35] und der Nichtanzeige der Veräußerung nach §§ 97 VVG[36] ist der Versicherer vollständig leistungsfrei. Eine vertragliche Leistungsverpflichtung zum Versicherungsnehmer entfällt. 42

Entsprechend sah der *BGH*[37] eine Vollmacht als nicht gegeben an. Dies ist zweifelhaft, da der Versicherungsvertrag und die Bedingungen nach den AKB samt Regulierungsvollmacht nicht deshalb rückwirkend hinfällig[38] werden, nur weil der Versicherungsnehmer einer seiner vertraglichen Hauptpflichten nicht nachkommt. 43

---

31 *Nugel* Das Regulierungsermessen des Kraftfahrzeughaftpflichtversicherers, VRR 2008, 244 ff.
32 *LG Berlin* Urt. v. 11.08.2005 – 17 S 62/04, JurionRS 2005, 41884 = r+s 2007, 10.
33 *OLG Hamm* Urt. v. 31.01.2000 – 13 U 90/99, JurionRS 2000, 32467 = DAR 2000, 263 = OLGR 2000, 232.
34 Wussow/*Schneider* Unfallhaftpflichtrecht, Kap, 76, Rn. 3.
35 C.1 und C.2 AKB.
36 G.7.4 AKB.
37 *BGH* Urt. v. 03.06.1987 – IVa ZR 292/85, BGHZ 101, 276 = JurionRS 1987, 13060 = VersR 1987, 924 (925) = BB 1987, 1628 = zfs 1987, 338 (Ls.) = DAR 1987, 326 = MDR 1987, 917 = NJW 1987, 2586 = NJW-RR 1987, 1239 (Ls).
38 In diesem Falle müsste – entgegen allen Bestrebungen zum Opferschutz – zwangsläufig auch der Direktanspruch des Geschädigten entfallen, da dieser einen wirksamen Versicherungsvertrag voraussetzt.

A.1.1.4 AKB (Regulierungsvollmacht)

44 In der Praxis wird der Versicherer häufig trotz Säumnis des Versicherungsnehmers von diesem vom Schaden informiert. Hieraus ließe sich notfalls eine konkludent erteilte Vollmacht ableiten.

b) Schaden nach Vertragsende

45 Ein Schaden kann nach Ablauf des Vertrages eintreten. Wurde der Vertrag z. B. durch Kündigung[39] beendet, ist ein später eintretendes Schadensereignis außerhalb des Wirkungszeitraums der Vollmacht.

46 Im Falle der Nachhaftung kann dann der Versicherer nach § 117 Abs. 2 Satz 1 VVG i. V.m § 25 Abs. 1 FZV als Gesamtschuldner mit verpflichtet sein. Im Innenverhältnis der Gesamtschuldner hat der Versicherungsnehmer den Versicherer freizustellen.

47 Mangels bestehendem Vertragsverhältnis, auf das zurückgegriffen werden könnte, ist jedoch eine **konkludente Vollmacht** dann zu unterstellen, wenn der (frühere) Versicherungsnehmer den Versicherer bei der Abwehr unberechtigter Ansprüche unterstützt. Dies ist ihm im eigenen Interesse dringend zu raten[40].

c) teilweise Leistungsfreiheit

48 Bei teilweiser Leistungsfreiheit kommt es auf die Höhe der geltend gemachten Schadensersatzforderungen an. Übersteigen diese die Grenzen der Leistungsfreiheit, wird also der Versicherer nach seinem Regress selbst mit einem Teilbetrag endgültig belastet, bleibt die Vollmacht nach allgemeiner Auffassung bestehen.

d) mitversicherte Personen

49 Hat der Versicherer in Ansehung des Mitversicherten dem Geschädigten Schadensersatz zu leisten und kann lediglich vom Versicherungsnehmer regressieren, wird die (konkludente) Vollmacht durch den Mitversicherten hierdurch nicht berührt.

4. Regulierungsverbot

50 Der Versicherungsnehmer kann wegen der Unwiderruflichkeit der Vollmacht seinem Kfz-Haftpflichtversicherer kein[41] wirksames Regulierungsverbot erteilen. Er kann dem Versicherer auch keine Weisungen[42] erteilen.

---

39 Stiefel/*Maier* Kraftfahrtversicherung, A.1.1.4 AKB, Rn. 77.
40 Schwintowski/Brömmelmeyer/*Huber* PK-VersR, § 117 VVG Rn. 7.
41 Himmelreich/Halm/Staab/*Kuhn* Handbuch der Kfz-Schadensregulierung, Kap. 3, Rn. 29; *LG Coburg* Urt. v. 25.05.2009 – 32 S 15/09, DAR 2010, 94; *LG Düsseldorf* Urt. v. 25.06.1999 – 20 S 230/98, SP 2000, 30; *LG Düsseldorf* Urt. v. 07.04.2006 – 22 S 422/05, JurionRS 2006, 39986 = SP 2007, 191; *LG Düsseldorf* Urt. v. 06.11.2009 – 22 S 160/09, JurionRS 2009, 34024 =VRR 2010, 189 bespr. v. *Nugel*.
42 *OLG Bamberg* Urt. v. 21.03.1975 – 3 U 14/75, VersR 1976, 651.

(Regulierungsvollmacht) **A.1.1.4 AKB**

Der Versicherer hat jedoch begründete Einwendungen zu berücksichtigen; insbesondere dann, wenn sie erkennbaren Interessen des Versicherungsnehmers (Verlust eines SFR; Nachteile bei der gerichtlichen Durchsetzung von Gegenansprüchen) zuwider laufen. 51

5. Regulierungsvollmacht und Anerkenntnisverbot

Die Erteilung einer Regulierungsvollmacht bedeutet nicht, dass der Versicherungsnehmer oder die mitversicherten Personen sich ihrer eigenen rechtsgeschäftlichen Handlungsmacht begeben würden. Eine auferlegte Enthaltung von eigener Regulierungstätigkeit ist damit nicht verbunden. Ein solches Verständnis würde der Aufhebung des Anerkenntnisverbots[43] in § 105 VVG widersprechen. 52

6. Regulierungsvollmacht und Prozessbevollmächtigung

Bei den Pflichten im Schadenfall, den Obliegenheiten, ist unter E.1.2.4 AKB die alleinige Prozessführungsbefugnis des Versicherers geregelt. Dieser bestimmt auch, welcher Anwalt den Versicherungsnehmer vertreten soll und kann somit rechtswirksam das Mandat[44] erteilen. Hierbei wird dem Versicherungsnehmer zudem auferlegt, diesem Rechtsanwalt Vollmacht zu erteilen. Das mag eine Einschränkung der freien Anwaltswahl[45] bedeuten, führt aber im Ergebnis nicht zu einem Nachteil für den Versicherungsnehmer, da der Versicherer allein das wirtschaftliche Risiko[46] trägt und seinen Regulierungsauftrag[47] zu erfüllen hat. Die Prozessvollmacht ist, anders als nach § 167 Abs. 2 BGB, in schriftlicher Form zu erteilen, um den Anforderungen des § 80 Satz 1 ZPO zu genügen. Der Umfang der Prozessvollmacht ist gesetzlich bestimmt, § 81 ZPO. 53

Der Versicherungsnehmer ist jedoch in der Lage, die Vollmachterteilung an einen bestimmten Rechtsanwalt zu verweigern. Der Versicherer kann den Versicherungsnehmer hierzu nicht durch Klage zwingen[48]. 54

Eine solche Obliegenheitsverletzung ist entschuldbar, wenn gute Gründe dafür sprechen, dem vom Versicherer ausgewählten Anwalt keine Vollmacht zu erteilen. Sie könn- 55

---

43 Noch in § 7 II Abs. 1 Satz 1 AKB a. F.; in E.1 und E.2 AKB 2008 nicht mehr vorhanden.
44 *OLG Koblenz* Beschl. v. 20.03.2012 – 5 U 76/12, JurionRS 2012, 13838 = ADAJUR Dok.Nr. 99028 = MDR 2012, 970 = r+s 2013, 68 = VersR 2012, 1008 (AHB).
45 *Koch/Hierse* Die Prozessführung durch den Versicherer, VersR 2001, 405.
46 Situation in der Rechtsschutzversicherung (87/344/EWG) ist auf die Kfz-Haftpflichtversicherung nicht übertragbar. Zur Rechtsschutzversicherung siehe *EuGH* Urt. v. 10.09.2009 – C-199/08 (Fall Esching), JurionRS 2009, 22198 = DAR 2009, 641 = NJW-Spezial 2009, 687 = EuZW 2009, 732 = NJW 2010, 355 = DVBl. 2009, 1376.
47 *BGH* Urt. v. 23.10.1990 – VI ZR 105/90, BGHZ 112, 345 = JurionRS 1990, 14754 = DAR 1991, 142 = NZV 1991, 350 = VersR 1991, 236 = NJW 1991, 1176 = AnwBl 1992, 271 = MDR 1991, 234 = zfs 1991, 134 (Ls.) = r+s 1992, 110.
48 *BGH* Urt. v. 04.12.1967 – II ZR 151/65, JurionRS 1967, 10686 = VersR 1968, 162 = AnwBl. 1968, 181.

ten etwa darin bestehen, dass der Rechtsanwalt früher Prozesse gegen ihn geführt hat[49].

56 Im Ergebnis bedarf es keiner ausdrücklichen Vollmachterteilung durch den Versicherungsnehmer an den Rechtsanwalt. Der Versicherer ist bereits durch die Regulierungsvollmacht dazu befugt[50], eine Prozessvollmacht an einen Rechtsanwalt im Namen des Versicherungsnehmers zu erteilen. Nach § 80 Satz 1 ZPO ist die Schriftform einzuhalten.

7. Regulierungsvollmacht von Versicherungsmaklern und -Vermittlern

57 Versicherungsmakler und -vermittler vertreten die Interessen des Kunden beim Abschluss eines Versicherungsvertrages gegenüber dem Versicherungsunternehmen, §§ 59 ff. VVG. Sie sind damit aber nicht zur Regulierung von Schäden durch den Versicherungsnehmer bevollmächtigt.

58 Eine Regulierungsvollmacht erhalten Makler und Vermittler erst, wenn der durch die AKB bevollmächtigte Kfz-Haftpflichtversicherer ihnen eine **Untervollmacht** zur Regulierung von Schäden erteilt. Davon wird in der Regel für einzelne Sparten und limitierte Schadenhöhen Gebrauch gemacht.

8. Sonderbedingungen zur Selbstregulierung von Bagatellschäden

59 Es ist rechtlich zulässig, dass in Sonderbedingungen vereinbart werden kann, dass der Versicherungsnehmer eine Selbstregulierung vornehmen darf. Der Versicherer entledigt sich damit der Regulierungslast bei Bagatellschäden, begibt sich allerdings damit in Gefahr, bei einem sich auswachsenden Schaden präjudiziert zu werden.

60 Bei entsprechend vereinbarten Sonderbedingungen müsse nach Auffassung des *LG Flensburg*[51] der Versicherer, bei Geltendmachung des Direktanspruchs, der Geschädigten an den Schädiger verwiesen werden. Diese Verfahrensweise widerspricht dem Sinn- und Zweck des Direktanspruchs, der gerade vermeiden will, dass sich der Geschädigte mit Schädiger auseinandersetzen muss. Der Haftpflichtversicherer bleibt daher auch zur Regulierung bevollmächtigt und verpflichtet.

III. Vertretungsmacht, § 164 Abs. 1 Satz 1 BGB

1. Vertretung des Versicherungsnehmers

61 Vollmacht ist die rechtsgeschäftlich erteilte Vertretungsmacht. Die Vertretungsmacht berechtigt, den Versicherungsnehmer rechtsgeschäftlich zu binden. Eine Bindung erfolgt, soweit Vertretungsmacht tatsächlich besteht.

---

49 *BGH* Urt. v. 30.04.1981 – IVa ZR 129/80, JurionRS 1981, 12581 = MDR 1981, 919 = NJW 1981, 1952 = VersR 1981, 948.
50 *Hofmann* Der Schadensersatzprozess, 2. Auflage 1999, § 3 Rn. 49; *Zschieschack* Verbotene Vertretung durch die Haftpflichtversicherung im Verkehrsunfallprozess, NJW 2010, 3275.
51 *LG Flensburg* Urt. v. 14.12.1974 – 1 S 179/74, DAR 1975, 245 = VersR 1975, 1116 (Ls.).

(Regulierungsvollmacht) **A.1.1.4 AKB**

Der Umfang der Vertretungsmacht richtet sich nicht nach einem Spezialgesetz[52], son- 62
dern nach allgemeinen Vorschriften. Hierbei ist wiederum auf die Formulierungen in
der Vollmacht »Schadensersatzansprüche« und »alle dafür« abzustellen. Damit sind
Einschränkungen zu Umfang und Höhe von Schadensersatzansprüchen ausgenommen;
wohl aber Ansprüche, die tatsächlich keinen Schadensersatzcharakter haben.

Für die Auslegung des Umfangs der Vertretungsmacht ist dabei auf den **Empfängerho-** 63
rizont[53] (des Geschädigten) abzustellen, da der Versicherer sich ihm gegenüber auf den
Wortlaut der Regulierungsvollmacht[54] als Außenvollmacht berufen kann. Der Geschädigte
genießt daher nach allgemeinen Vorschriften Vertrauensschutz.

Will der Versicherer seine Erklärungen einschränken, etwa begrenzt auf die vertragliche 64
Deckungssumme, hat er dies dem Erklärungsempfänger mitzuteilen[55].

Ansonsten wird der Versicherungsnehmer in vollem Umfang gebunden. 65

2. Vertretung mitversicherter Personen

Mangels ausdrücklich erteilter Vollmacht besteht hierüber auch keine gewillkürte Ver- 66
tretungsmacht. Eine gesetzliche Vertretungsmacht besteht nicht. Dennoch wird allgemein
eine Vertretungsbefugnis angenommen bzw. unterstellt.

Herzuleiten ist diese mittelbar aus § 1 PflVG[56] und § 2 KfzPflVV. Doch Vorsicht ist 67
angebracht, da § 2 Abs. 2 KfzPflVV den Kreis der mitversicherten Personen über
den Halter, Fahrer und Eigentümer des Fahrzeugs hinaus erweitert[57].

Die Mitvertretung des Mitversicherten liegt im mutmaßlichen Interesse des Mitver- 68
sicherten. Dieser duldet nicht nur regelmäßig, dass der Haftpflichtversicherer auch
für ihn reguliert, er arbeitet ihm häufig zu. Er gibt damit konkludent zum Ausdruck,
dass der Versicherer doch bitte auch für ihn tätig werden möge. Entsprechend ist

---

52 Zum Schutz des Rechtsverkehrs gesetzlich eindeutig geregelter Umfang: bei der handelsrechtlichen Prokura (§ 49 HGB), der Prozessvollmacht (§ 81 ZPO) und der Vertretungsmacht des Versicherungsvertreters (§ 69 VVG).
53 BGH Beschl. v. 23.02.2000 – XII ZR 77/98, JurionRS 2000, 19408 = NJW-RR 2000, 745 = NZM 2000, 382..
54 Zusammen mit dem Versicherungsvertrag besteht sogar eine Vollmachtsurkunde nach § 172 Abs. 1 BGB.
55 BGH Urt. v. 11.10.2006 – IV ZR 329/05, BGHZ 169, 232 =JurionRS 2006, 25651 = DB 2006, 2741 = MDR 2007, 464 = NZV 2007, 196 = NJW 2007, 69 = VersR 2006, 1676 = DAR 2007, 141 (Ls.) = r+s 2007, 16 = VRS 112, 108 = zfs 2007, 96; *Felsch* Die neuere Rechtsprechung des IV. Zivilsenats des Bundesgerichtshofs zur Haftpflichtversicherung, r+s 2008, 265 (269); Stiefel/*Maier* Kraftfahrtversicherung, A.1.1.4 AKB, Rn. 70.
56 BGH Urt. v. 03.06.1987 – IVa ZR 292/85, BGHZ 101, 276 = JurionRS 1987, 13060 = VersR 1987, 924 (925) = BB 1987, 1628 = zfs 1987, 338 (Ls.) = DAR 1987, 326 = MDR 1987, 917 = NJW 1987, 2586 = NJW-RR 1987, 1239 (Ls).
57 Damit Überschreitung des den Verordnungsgebern vorgegebenen Rahmens, § 4 Abs. 1 PflVG.

A.1.1.4 AKB (Regulierungsvollmacht)

über die Grundsätze der Duldungs- und Anscheinsvollmacht[58] der Rechtsschein für das Bestehen einer Vertretungsmacht gesetzt. Mit Blick auf die seit Jahrzehnten geübte Praxis und dem Empfängerhorizont eines schutzwürdigen Geschädigten schafft dies die Grundlage des rechtlichen Könnens.

69 Wollte der Mitversicherte nicht mit vertreten werden, müsste er sich seinerseits hierzu ausdrücklich erklären.

IV. Innenverhältnis

1. Grundsätzliches

70 Das rechtliche Können (Vertretungsmacht) ist die eine Seite; das rechtliche Dürfen aufgrund der erteilten Vollmacht eine andere. Der Bevollmächtigte hat sich dabei am Umfang der ihm eingeräumten Vollmacht zu orientieren.

71 Bei der Regulierungsvollmacht des Haftpflichtversicherers gelten jedoch Besonderheiten. Das Innenverhältnis ist zu Gunsten des Versicherers ausgestaltet, um seinem Regulierungsauftrag gerecht zu werden.

2. Zweckmäßigkeit

72 Dem Versicherer wird durch die Formulierung der Vollmacht gestattet, alle zur Regulierung des Schadens zweckmäßig erscheinenden Erklärungen abzugeben.

73 Als solche kommen insbesondere in Betracht:
- Ablehnungsschreiben
- Erhebung der Einrede der Verjährung
- Abgabe von Haftungs- und Schuldanerkenntnissen
- Zahlung von Vorschussbeträgen
- Zahlung von Entschädigungsbeträgen
- Pauschalierung von Entschädigungsleistungen statt konkreter Abrechnung
- Abgabe einer Reparaturkostenübernahmeerklärung
- Erteilung von Reparaturaufträgen im Namen und auf Rechnung des Versicherungsnehmers[59]
- Verzicht auf den Einwand der Verjährung
- Vergleichsabschlüsse (gerichtlich und außergerichtlich)
- Kapitalisierungsvereinbarungen zu noch nicht fälligen Forderungen
- Beauftragung von Rechtsanwälten[60]
- Aufnahme von Passivprozessen

---

58 Hierzu PWW/*Frensch* § 167 BGB Rn. 37 ff.
59 Der Schaden des vorsteuerabzugsberechtigten Versicherungsnehmers belastet damit letztlich nur mit Nettoschadenshöhe seinen Vertrag. Dies verbessert seine Renta-Daten bzw. erleichtert ihm den Rückkauf des SFR-belasteten Schadens.
60 Der Versicherungsnehmer hat dem Versicherer auch aus E.2.4 AKB die Führung des Rechtsstreits zu überlassen.

– Nichtaufnahme von Passivprozessen und Verhandlung mit der Gegenseite zur Klagerücknahme bei Angebot, selbst keinen Kostenantrag zu stellen[61]
– Erhebung der negativen Feststellungsklage (Aktivprozess)[62]
– Führung von Antrags-, Widerspruchs- und Klageverfahren zur Feststellung eines Arbeitsunfalls im Sozialgerichtsweg
– Einlegung von Rechtsmitteln

Problematisiert wird, ob mit einer Forderung des Versicherungsnehmers die **Aufrechnung** gegen Schadensersatzansprüche erklärt werden kann. Dem ist mit der h. M.[63] ausnahmslos[64] zuzustimmen, sofern der Haftpflichtversicherer seinem Versicherungsnehmer den aufgerechneten Betrag alsbald erstattet, da dies im Interesse des Versicherungsnehmers liegt. Für ein solches Vorgehen besteht ein praktischer Handlungsbedarf, da sich Schäden häufig im Rahmen von Geschäftsbeziehungen ereignen, z. B. im Rahmen der Anlieferung von Waren. 74

Schließt der Versicherer mit dem Geschädigten einen Abfindungsvergleich, kann der geschädigte Gläubiger bestimmen, an wen die Zahlung erfolgen soll. Die Tilgungsbestimmung kann dazu führen, dass der Versicherer an seinen eigenen Versicherungsnehmer zu zahlen hat, der seinerseits im Rechtsstreit mit dem Geschädigten steht. Insoweit wird der Versicherungsnehmer den Rechtsstreit für erledigt erklären müssen, wobei die Kostenentscheidung zu Ungunsten des Geschädigten ausgehen dürfte. 75

Verlangt der geschädigte Gläubiger jedoch nicht die Tilgung der Schuld durch den Versicherer, sondern durch den klagenden Versicherungsnehmer, kann der geschädigte Gläubiger der Klage mit einer Aufrechnung/Hilfsaufrechnung begegnen. Dies ist dann der Fall, wenn die Forderungen im Verhältnis der Gegenseitigkeit stehen, wie im Fall des *OLG Frankfurt*[65]. Auch wenn der klagende Versicherungsnehmer letztlich sein Geld von seinem eigenen Versicherer erhält, wird er im Urteil in der Kostenentscheidung belastet werden. Vermutlich wegen dieses außergewöhnlichen Ergebnisses ist die Entscheidung des *OLG Frankfurt* auf Kritik[66] gestoßen. 76

---

61 Stellt der Versicherungsnehmer dennoch einen Kostenantrag, verletzt er eine Obliegenheit aus E.2.4, *LG Dortmund* Urt. v. 29.01.2009 – 2 S 33/08, JurionRS 2009, 20521 = DAR 2009, 591 = NJW-RR 2009, 969 = NJW-Spezial 2009, 404 = NZV 2009, 461 = VuR 2009, 319 = zfs 2009, 453 (noch zu § 7 II (5) AKB a. F.). Entgegen *OLG Schleswig* Beschl. v. 23.01.2003 – 7 W 38/02, SP 2003, 146 = r+s 2004, 54 ist der Versicherungsnehmer nicht gehindert, im Außenverhältnis Erklärungen abzugeben, die im Innenverhältnis zu seinem Versicherer eine Obliegenheitsverletzung darstellen.
62 Jedoch keine aktive Geltendmachung von Gegenansprüchen des Versicherungsnehmers.
63 Prölss/Martin/*Knappmann* A.1.1.4 AKB, Rn. 24; *Wussow*, Umfang und Grenzen der Regulierungsvollmacht des Versicherers in der Haftpflichtversicherung, VersR 1994, 1014; a. A. Bruck/Möller/*Johannsen* VVG-Kommentar, Band III, Anm. G 15 (S. 677).
64 Einschränkend auf Ansprüche aus demselben Schadenereignis *Prölss* Grundsätzliches zur Schadenregulierung in der Kraftfahrversicherung, VersR 1954, 1; einschränkend auf Zustimmung des Versicherungsnehmers Feyock/*Jacobsen*/Lemor § 10 AKB Rn. 82.
65 *OLG Frankfurt* Urt. v. 07.04.1972 – 3 U 172/71, VersR 1973, 968.
66 Stiefel/*Maier* Kraftfahrtversicherung, A.1.1.4 AKB, Rn. 72.

A.1.1.4 AKB (Regulierungsvollmacht)

77 Typischerweise schließt ein Versicherer einen Abfindungsvergleich mit dem Geschädigten, in dem er sich allein verpflichtet, den Schaden des Dritten zu befriedigen und im Gegenzug die Ansprüche des Dritten gegen alle Gesamtschuldner und sonstige Personen erlöschen. Der Geschädigte erlangt durch den Vergleichsabschluss nur einen Zahlungsanspruch gegen den Versicherer, so dass es an einer Aufrechnungslage im Verhältnis Geschädigter zum Versicherungsnehmer fehlt.

78 Formuliert der Haftpflichtversicherer allerdings den Vergleich in der Form, dass er seinen Versicherungsnehmer (trotz gesundem Versicherungsverhältnis) zur Zahlung des Vergleichsbetrages mitverpflichtet, so dürfte er sich seinem Versicherungsnehmer gegenüber schadensersatzpflichtig machen, wenn die Hilfsaufrechnung im Verfahren des Unfallgegners den Versicherungsnehmer mit unnötigen Kosten belastet.

79 Unzweckmäßig sind dagegen Erklärungen, die mit der unmittelbaren Schadenregulierung nicht im Zusammenhang stehen können. Das sind etwa Erklärungen mit fehlendem Wahrheitsgehalt oder haltlose Schuldzuweisungen.

80 Selbst grundsätzlich positiv gemeinte Formulierungen wie »*unser Versicherungsnehmer bedauert den Unfall zutiefst*« oder »*im Namen des mitversicherten Fahrers erklären wir die aufrichtige Anteilnahme*« sind ausschließlich Sache des Versicherungsnehmers bzw. seines Verteidigers. Die Persönlichkeitssphäre ist nicht anzutasten.

3. Ermessen

81 Mit der Regulierungsvollmacht wird gleichzeitig dem Versicherer das Ermessen eingeräumt zu beurteilen, was noch als zweckmäßig anzusehen ist. Der Beurteilungsspielraum ist dabei weit[67].

82 Über den Einzelfall des eigentlichen Schadens hinaus ist es dem Versicherer gestattet, Maßnahmen zum dauerhaften und zügigen[68] Abschluss des Schadensfalles zu ergreifen. Die Anforderung an eine zügige Bearbeitung ergibt sich bereits aus der drohenden Zinsbelastung nach § 3a Abs. 1 Nr. 1 PflVG. Diese Vorschrift dient ebenfalls als Argument[69] für den Ermessensspielraum.

83 Mithin haben wirtschaftliche Überlegungen, etwa hinsichtlich eines pauschalen Risikovergleichs statt langwieriger und kostenintensiver Ermittlungen[70] nebst eben solchen gerichtlichen Verfahren, einen ähnlichen Stellenwert wie die ansonsten exakte Feststellung von Haftungsgrund und Höhe des Schadens. Dabei kommt der Erfahrungsschatz[71] zum Tragen, dass Schäden mit fortschreitender Regulierungsdauer und beste-

---

67 *AG München* Urt. v. 09.04.1987 – 27 C 5247/86, zfs 1987, 214 (sehr weit).
68 *AG Köln* Urt. v. 15.06.1984 – 266 C 404/83, VersR 1984, 835 = zfs 1984, 241.
69 *Kröger* Regulierungsermessen und Belastung des Schadensfreiheitsrabatts – der Versicherer zwischen den Fronten, VersR 2013, 139 ff.
70 *AG Dortmund* Urt. v. 23.09.1982 – 114 C 111/82, zfs 1983, 53; *AG Dortmund* Urt. v. 08.01.2002 – 123 C 10526/01, ADAJUR Dok.Nr. 52378 = SP 2002, 399; *AG Köln*, Urt. v. 15.06.1984 – 266 C 404/83, VersR 1984, 835 = zfs 1984, 241.
71 *AG Münster* Urt. v. 29.09.1981 – 28 C 327/81, JurionRS 1981, 11948 = VersR 1982, 1045.

hender Ungewissheit regelmäßig deutlich teurer werden. Es fallen nicht nur vermehrt Kosten an, sondern auch der »Erfindungsreichtum« bei den Schadenpositionen wächst.

Auch Aufwand und Kosten sind im Verhältnis zum geltend gemachten Schaden[72] zu sehen. Kleine Schäden sind gemessen an der Entschädigungsleistung überproportional kostenintensiv. Gerade hier zwingen wirtschaftliche Gründe zum baldigen Befriedigungsprozess mit dem Geschädigten[73], selbst wenn dies dem Gerechtigkeitssinn des Versicherungsnehmers widersprechen mag. 84

Bestehen Zweifel an der Berechtigung von Forderungen, sind sie also nicht leicht nachweisbar[74] unbegründet, nutzt der Versicherer seinen Ermessensspielraum und darf regulieren. Dabei darf der Versicherer auch die Tauglichkeit der Beweisangebote[75] seines Versicherungsnehmers in die Risikoabwägung mit einbeziehen. 85

4. pflichtgemäßes Ermessen

Der Haftpflichtversicherer hat in Ansehung der Gesamtumstände die Erklärungen im pflichtgemäßen Ermessen abzugeben. Was pflichtgemäß ist, hat sich am Versicherungsvertrag zu orientieren. Jedoch steht eine abschließende Klärung[76] der Frage noch aus. Jedenfalls darf der Versicherer die wohlverstandenen Interessen seines Vertragspartners nicht ignorieren. Diese beziehen sich jedoch nur auf den reinen Vertragszweck und der damit unmittelbar verbundenen Ansprüche. 86

Das Interesse des Versicherungsnehmers als **Privatkunden** begrenzt sich regelmäßig auf den Höherstufungsschaden durch Verlust des Schadensfreiheitsrabatts, des SFR. Es handelt sich dabei um keine Existenz gefährdende Größe. Einer besonderen Pflicht zur Rücksichtnahme in Zweifelsfällen[77], etwa durch Regulierungsablehnung oder Einholung einer Regulierungsgenehmigung[78] beim Versicherungsnehmer, ist entgegenzutreten. Der Versicherer ist auch nicht gehalten, einen geringen Schadenbetrag noch »herunterzufeilschen«[79], um dem Versicherungsnehmer den Rückkauf des Schadensfreiheitsrabatts zu erleichtern. 87

Ist ein Anhänger, eine landwirtschaftliche Zugmaschine oder ein sonstiges Fahrzeug versichert, für das kein Schadensfreiheitsrabattsystem eingerichtet ist, muss der Versicherer bei der Regulierung noch weniger Rücksicht nehmen. Nur wenn er seinen Ver- 88

---

72 *LG Düsseldorf* Urt. v. 25.06.1999 – 20 S 230/98, SP 2000, 30.
73 *AG Köln* Urt. v. 15.06.1984 – 266 C 404/83, VersR 1984, 835 = zfs 1984, 241 .
74 *AG Augsburg* Urt. v. 07.10.1982 – 3 C 2280/82, zfs 1983, 54.
75 *LG Frankfurt* Urt. v. 25.01.1989 – 2/1 S 150/88, r+s 1989, 174 (Ehefrau als Zeugin für fehlende Delle hinter nachgewiesen beschädigter Zierleiste).
76 Bruck/Möller/*Koch* VVG-Kommentar, Band IV, § 100 VVG, Rn. 91.
77 So jedoch *AG Stuttgart-Bad-Cannstatt* Urt. v. 17.03.1987 – 5 C 3719/86, zfs 1987, 213.
78 *LG Düsseldorf* Urt. v. 25.06.1999 – 20 S 230/98, SP 2000, 30.
79 *AG Coburg* Urt. v. 26.02.2009 – 15 C 1469/08, JurionRS 2009, 36016, *LG Coburg* Urt. v. 05.06.2009 – 32 S 15/09, DAR 2010, 94.

A.1.1.4 AKB (Regulierungsvollmacht)

sicherungsnehmer wegen einer Obliegenheitsverletzung[80] in Regress nehmen will, muss er umsichtiger agieren.

89 Beim **gewerblichen Kunden** geht es zudem oft um Rückvergütungen und konkrete Prämiennachzahlungen nach einem Bonus-Malus-System. Auf diese wirken sich, wie auch beim SFR, nicht erst die Schadenersatzleistungen, sondern bereits die Schadenrückstellungen[81] aus. Im Ergebnis führt auch dies nicht zu einer wirtschaftlichen Bedrohung des Unternehmens.

90 **Gegenansprüche** des Versicherungsnehmers gegen den Unfallgegner berühren den Vertragszweck dagegen allenfalls mittelbar. Der Versicherer soll bei bestehender Aufrechnungslage mit Gegenforderungen des Versicherungsnehmers Rücksicht[82] nehmen müssen; was jedoch nur bei eindeutigen Forderungen und klaren Hinweisen an den Versicherer zumutbar erscheint. Die Vereinbarung einer Haftungsquote im Verhältnis zum Geschädigten mag Indizwirkung auch für die Gegenansprüche haben und dabei deren Umsetzung tatsächlich erschweren. Auf diese Erschwernis muss der Versicherer jedoch nicht einmal wegen etwaiger nebenvertraglicher Umstände Rücksicht nehmen. Er darf es auch nicht, wenn sich dadurch z. B. der Abschluss eines günstigen Abfindungsvergleichs mit dem Gegner nicht mehr erzielen lässt.

91 Der Versicherer kann objektiv mangels Vertretungsmacht den Versicherungsnehmer wegen Aktivansprüchen (Gegenansprüchen) nicht binden[83]. Abweichende Haftungsquoten im Verhältnis von Anspruch und Gegenanspruch sind daher nichts Ungewöhnliches.

5. Ermessensfehler

92 Ermessensfehler liegen dann vor, wenn im Zeitpunkt[84] der Beurteilung der Sach- und Rechtslage[85] eine Entscheidung herbeigeführt wird, die der Beurteilungslage in grober Weise nicht gerecht wird. Die Regulierung darf nicht »auf gut Glück«[86] erfolgen.

---

80 *LG Saarbrücken* Urt. v. 30.03.2012 – 13 S 49/11, ADAJUR Dok.Nr. 99865 = NJOZ 2013, 309 = r+s 2013, 275 = zfs 2012, 628.
81 *OLG Bamberg* Urt. v. 21.03.1975 – 3 U 14/75, VersR 1976, 651 (mit Hinweis auf früheren Streit).
82 Bruck/Möller/*Koch* VVG-Kommentar, Band IV, Rn. 100, Rn. 95.
83 *BGH* Urt. v. 27.05.1957 – II ZR 132/56, BGHZ 24, 308 = JurionRS 1957, 10252 = DB 1957, 629 = VersR 1957, 442 = NJW 1957, 1230 = VRS 13, 183; *BGH* Urt. v. 23.10.1990 – VI ZR 105/90, BGHZ 112, 345 = JurionRS 1990, 14254 = DAR 1991, 142 = NZV 1991, 350 = VersR 1991, 236 = NJW 1991, 1176 = MDR 1991, 234 = zfs 1991, 134 (Ls.) = r+s 1992, 110 = AnwBl 1992, 271; Stiefel/*Hofmann* § 10 AKB Rn. 98.
84 *LG Weiden* Urt. v. 19.01.1982 – 2 S 698/81, zfs 1983, 53.
85 Späterer Freispruch ändert nichts für die Beurteilung zum Zeitpunkt der Entscheidungsfindung, *AG Charlottenburg* Urt. v. 10.07.1981 – 205 C 163/81, zfs 1981, 280.
86 *BGH* Urt. v. 20.11.1980 – IVa ZR 25/80, JurionRS 1980, 11920 = MDR 1981, 391 = VersR 1981, 180 = zfs 1981, 118; *OLG Köln* Urt. v. 26.01.1989 – 5 U 103/88, JurionRS 1989, 14178 = r+s 1989, 38.

Der Versicherer hat sich daher ein hinreichend genaues Bild[87] als Grundlage für eine 93
Entscheidung zum Grunde und zur Höhe zu schaffen, um überhaupt sein Regulierungsermessen ausüben zu können. Er hat die Einwendungen[88] des Versicherungsnehmers zur Kenntnis[89] zu nehmen. Er darf sie folglich nicht ignorieren, sondern hat sie zu werten, auch wenn er hierbei zu einer völlig anderen Sichtweise kommt, als sie beim Versicherungsnehmer vorliegt.

Basis für eine Entscheidungsfindung kann zudem neben der Ermittlungsakte[90] auch 94
der Inhalt einer Bußgeldakte[91] sein. Ermittelt der Versicherer sogar noch weiter, etwa durch Kurzanalysen[92] eines Unfallsachverständigen, darf der Versicherer auf die Ergebnisse vertrauen und seine Entscheidung hierauf aufbauen. Ist die Sachlage entscheidungsfähig und entscheidet der Versicherer, sind nachträgliche Erkenntnisse unbeachtlich, da es auf den Tag der Entscheidung[93] ankommt.

a) Beispiele für Ermessensfehler

– In der Summe: fragwürdige Schadenschilderung des Anspruchstellers; Bestreiten jeg- 95
licher Verursachung durch Versicherungsnehmer; mögliche anderweitige Schadenverursachung; keine Zeugen für Schadenhergang; keine Beschädigung am Fahrzeug des Versicherungsnehmers[94]
– Versicherer missachtet die Behauptung des Versicherungsnehmers, dass kein Schaden an dem Motorrad des Unfallgegners entstanden sei; SV-Gutachten bestätigte die geringfügige Krafteinwirkung auf den Vorderradreifen, die objektiv nicht zu einem Gabelbruch führen konnte[95]
– Versicherer lässt Aussagen zweier unbeteiligter Zeugen außer Acht, dass der Unfallgegner bei Rotlicht gefahren ist[96]

---

87 *AG Berlin-Mitte* Urt. v. 21.01.2013 – 108 C 3425/11, ADAJUR Dok.Nr. 103951 = SP 2013, 445.
88 Der bloße Einwand des Versicherungsnehmers, »er wisse nichts von einem Unfall«, wird kaum ausreichen, siehe Fall des *LG Ravensburg* Urt. v. 14.02.1985 – 2 S 336/84, DAR 1985, 258 = zfs 1985, 306 = VersR 1985, 1057 (Ls.).
89 *AG Köln* Urt. v. 28.01.2009 – 269 C 293/08, JurionRS 2009, 26328 = SP 2009, 225 = NJW-RR 2010, 98.
90 *OLG Köln* Urt. v. 26.01.1989 – 5 U 103/88, JurionRS 1989, 14178 = r+s 1989, 38.
91 *LG Köln* Urt. v. 11.02.1981 – 19 S 217/80, VersR 1981, 1124 = zfs 1982, 52; *LG Osnabrück* Urt. v. 29.04.1988 – 11 S 42/88, zfs 1989, 242.
92 *AG Essen* Urt. v. 02.05.2007 – 20 C 89/07, JurionRS 2007, 51958 = NJW-Spezial 2007, 259 = NJOZ 2007, 2242 (offenbar wollte der Versicherer in dem Fall ganz sicher gehen, da er selbst bei bestehenden Zweifeln hätte regulieren dürfen).
93 *AG Köln* Urt. v. 10.06.2003 – 264 C 376/02, ADAJUR Dok.Nr. 60210 = SP 2004, 350.
94 *OLG Köln* Urt. v. 19.03.1992 – 5 U 100/91, JurionRS 1992, 15413 = r+s 1992, 261 = zfs 1992, 342 (Urteil zu einem Rückgriff nach § 3 Nr. 9 S. 2 PflVG a. F., heute § 116 Abs. 1 S. 2 VVG).
95 *LG Gießen* Urt. v. 19.02.2008 – 1 S 330/06, JurionRS 2008, 37415 = SVR 2008, 349 bespr. v. *Richter*.
96 *AG Köln* Urt. v. 08.08.1986 – 266 C 144/86, zfs 1987, 19.

A.1.1.4 AKB (Regulierungsvollmacht)

- Abgabe eines unbegrenzten Haftungsanerkenntnisses für den Halter, der nicht selbst Fahrer ist und daher selbst nur aus Betriebsgefahr nach den §§ 7, 12, 12a StVG haftet[97]
- Versicherer reguliert teilweise den Schaden des Unfallgegners, der nach Zeugenaussagen rechts anhielt und dann ohne zu blinken versuchte nach links in ein Firmengelände einzubiegen[98]
- Versicherer missachtet den Hinweis, dass die Schäden der Höhe nach nicht kompatibel[99] sind und lässt die Unterlagen auch nicht durch einen hauseigenen Gutachter überprüfen
- Der Versicherer dürfe nicht[100] schon regulieren, wenn nur bewiesen sei, dass die Versicherungsnehmerin einen Bus zum starken Abbremsen gezwungen habe und objektivierbare Befunde in einem Arztbericht zu einem HWS-Schleudertrauma fehlen. (Das Urteil widerspricht der einhelligen Rechtsprechung der Instanzgerichte[101]. Es handelt sich um ein grobes Fehlurteil! Die Geschädigte litt bereits unfallunabhängig unter psychischen Störungen und hatte die Versicherungsgesellschaft verklagte. Der Schadensersatzprozess wurde durch Zahlung eines Vergleichsbetrages erledigt.)
- Der Versicherungsnehmer schildert, dass es zum Unfall kam, weil der Gegner nach rechts blinkte, dann aber nach links auf einen Parkplatz fahren wollte. Dabei kam es zum Zusammenstoß mit dem überholenden Versicherungsnehmer, der seine Ehefrau und seinen Sohn als Zeugen benannte. Gebührenpflichtig verwarnt wurde niemand. Der Versicherer regulierte ohne weitere Nachforschungen anzustellen mit dem Ansinnen, der Versicherungsnehmer –statt der Gegner- habe gegen die zweite Rückschaupflicht verstoßen[102]

b) **Beispiele für verneinte Ermessensfehler**

96
- begründete SFR-Belastung, da Kollision mit Kreuzungsräumer nicht unabwendbar ist[103]
- begründete SFR-Belastung, wenn Nachweis der Unabwendbarkeit voraussichtlich nicht zu führen sein wird[104]

---

97 Bei Großschäden werden Haftungslimits gelegentlich übersehen. Haftungslimits sollten von Gerichten bei der Rechtsanwendung beachtet werden; Fall *OLG Hamm*, Urteil vom 22.09.1999 – 13 U 134/98, JurionRS 1999, 32831 = DAR 2001, 221 = NZV 2001, 84 = PVR 2002, 259 bespr. v. *Schwab*.
98 *AG Nürnberg* Urt. v. 17.08.1988 – 23 C 1907/88, r+s 1989, 74.
99 *LG Köln* Urt. v. 22.10.2003 – 20 S 8/03, JurionRS 2003, 35309; Vorinstanz AG Kerpen Urt. v. 13.03.2003 – AZ: 25 C 40/02, JurionRS 2003, 34950; zust. *Adolpffs/Burkhard* Das pflichtgemäße Ermessen des Versicherers gem. § 10 Abs. 5 AKB, VersR 2008, 322 ff.
100 *AG Frankfurt a.M.* Urt. v. 14.06.2002 – 301 C 281/02, SP 2002,3, 74.
101 Anm. *Piendl* SP 2003, 74.
102 *LG Arnsberg* Urt. v. 16.06.1986 – 5 S 45/86, NJW-RR 1986, 1353.
103 *LG Oldenburg* Urt. v. 05.01.1982 – 1 S 112/81, zfs 1983, 52.
104 *LG Weiden* Urt. v. 19.01.1982 – 2 S 698/81 zfs 1983, 53; *AG Münster* Urt. v. 29.09.1981 – 28 C 327/81, JurionRS 1981, 11948 = VersR 1982, 1045; *AG Bremen* Urt. v. 15.12.1982 – 4 C 461/82, VersR 1983, 972.

- bei einem Unfall im Begegnungsverkehr in einer Kurve, bei dem feststeht, dass keines der Fahrzeuge im Kollisionszeitpunkt gestanden hat und nach Sachverständigengutachten im Bußgeldverfahren nicht ausgeschlossen werden kann, dass der Versicherungsnehmer sich optimal verhalten hat, kann der Versicherer zur Meidung des Prozessrisikos einen Vergleich schließen[105]
- bei einem Auffahrunfall hat der Versicherungsnehmer zur Erschütterung des Anscheinsbeweises zumindest einen Beweis dafür anzubieten, der Gegner sei rückwärts gefahren[106]
- bei einem unstreitigen Auffahrunfall in einer Parkgarage spricht der Anschein für ein Verschulden des dicht Auffahrenden. Der Versicherer muss nicht der Meinung des Versicherungsnehmers folgen, der sich nur auf die besonders kritisch zu würdigende Aussage seines Bekannten und Beifahrers stützen kann, der Vorrausfahrende habe grundlos gebremst[107]
- ist der Versicherungsnehmer unstreitig aufgefahren, muss der Versicherer wegen einer niedrigen Schadenshöhe (€ 634,17) keine weiteren Ermittlungen anstellen[108]
- lassen sich nach polizeilicher Feststellung bei einem Auffahrunfall Kratzer in gleicher Höhe am Fahrzeugheck des einen als auch an der Front des auffahrenden Fahrzeugs feststellen, muss der Versicherte einräumen, er habe so stark bremsen müssen, dass das ABS angesprungen sei, darf der Versicherer regulieren ohne ein Sachverständigengutachten einholen zu müssen[109]
- bei einer Kollision mit einem anderen Fahrzeug, bei dem keine weiteren Zeugen[110] vorhanden sind, ist der Unfall wahrscheinlich unaufklärbar. Die Regulierung auf Basis von 50% wegen vergleichbaren Betriebsgefahren ist nicht pflichtwidrig
- kein Ermessensfehler liegt vor, wenn bei einem Linksabbiegevorgang des Versicherungsnehmers der Versicherer nach Aktenlage von einer hohen Wahrscheinlichkeit ausgehen muss, dass der Versicherungsnehmer zumindest aus der Betriebsgefahr des Fahrzeugs haftet[111]
- fährt der Versicherungsnehmer rückwärts, spricht gegen ihn der Anscheinsbeweis, den Unfall aus Unachtsamkeit verursacht und verschuldet zu haben[112]
- bei einem Unfall auf einem Parkplatz darf der Versicherer davon ausgehen, dass ein Schaden mit dem versicherten Fahrzeug verursacht wurde, wenn zwei unabhängige Zeugen dies bestätigen und die Polizei frische Spuren an der Stoßstange feststellen konnten. Auf Details kommt es dabei nicht an[113]

---

105 *AG Mayen* Urt. v. 29.05.1991 – 2 C 75/91, JurionRS 1991, 13951 = r+s 1991, 363 = zfs 1992, 15 (Ls.).
106 *AG Köln* Urt. v. 01.03.1982 – 264 C 152/81.
107 *AG München* Urt. v. 27.01.2010 – 343 C 27107/09, JurionRS 2010, 34452 = ADAJUR Dok.Nr. 86910.
108 *AG Dresden* Urt. v. 27.01.2008 – 111 C 6861/08, SP 2009, 225.
109 *AG München* Urt. v. 04.09.2012 – 333 C 4271/12, Jurion 2013, 266066.
110 *AG Düsseldorf* Urt. v. 17.10.2011 – 47 C 6137/11, NZV 2012, 293 = r+s 2012, 167.
111 *AG Chemnitz* Urt. v. 16.10.2000 – 15 C 2804/00, SP 2001, 213.
112 *AG Charlottenburg* Urt. v. 26.03.1987 – 207 C 663/86, zfs 1987, 214.
113 *AG Essen* Urt. v. 13.08.1999 – 12 C 112/99, r+s 2000, 5.

A.1.1.4 AKB (Regulierungsvollmacht)

– es ist unerheblich, wenn der Sohn des Versicherungsnehmers beim Ausparken das neben ihm stehende Fahrzeug nicht berührt haben will, wenn ein Zeuge beobachtet hat, dass dieses Fahrzeug zur Seite geruckt ist und sich bei Nachschau durch die Polizei an beiden Fahrzeugen Kratzspuren in derselben Höhe zeigen[114]
– kommt es beim rückwärtigen Ausparken zu einem Knall, den die fahrzeugführende Ehefrau des Versicherungsnehmers einräumt und sind in der polizeilichen Ermittlungsakte Schäden an beiden Fahrzeugen dokumentiert, ist eine Regulierung nicht pflichtwidrig[115]
– ein Unfall nach beiderseits überraschendem Fahrstreifenwechsel ist nicht unabwendbar[116]
– hat der Versicherungsnehmer einem Fahrstreifenwechsel auf der Autobahn vorgenommen und bestätigt er einen Kontakt mit einem anderen Fahrzeug, so war der Versicherer berechtigt zu regulieren. Stellt sich später heraus, dass die Berührungspunkte der Karosserien Höhenunterschiede von mehreren Zentimetern aufweisen ist dies für die Rechtmäßigkeit der Entscheidung im Zeitpunkt der Regulierung nicht maßgebend[117]
– kommt es im Rahmen eines Fahrstreifenwechsels eines Wohnmobils zu einem geringfügigen Auffahrunfall, bei dem die jeweiligen Ehefrauen der Fahrer zur Verfügung stehen und einigt sich der Versicherungsnehmer im Klageverfahren mit dem Gegner auf einen etwa hälftigen Teilbetrag, handelt der eigene Haftpflichtversicherer nicht pflichtwidrig, wenn er ohne unfallanalytisches Gutachten die Hälfte des Bagatellschadens des Unfallgegners reguliert[118]
– wenn der Umfang des Schadens in Streit steht, der Versicherungsnehmer sich aber nur auf eine Aussage der Ehefrau stützen kann, darf der Versicherer den Beweiswert der Aussage in die Risikobeurteilung einbeziehen[119]
– wenn der Versicherungsnehmer selbst einsehen muss, dass der Sachverhalt der Bußgeldakte die Möglichkeit seines Mitverschuldens zulässt[120]
– findet eine Rechtserwartung des Versicherungsnehmers in der StVO keine Stütze, kann der Versicherer Ansprüche des Unfallgegners regulieren[121]

---

114 *LG Essen* Urt. v. 23.11.2000 – 10 S 401/00, SP 2001, 173.
115 *AG Frankfurt* Urt. v. 10.08.2011 – 30 C 478/11 (47), ADAJUR Dok.Nr. 96441 = NJW-Spezial 2011, 747 = NZV 2011, 549.
116 *AG Köln* Urt. v. 08.11.1982 – 264 C 144/82, zfs 1983, 54; *AG Karlsruhe* Urt. v. 25.07.1985 – 5 C 369/85, zfs 1987, 19.
117 *LG Düsseldorf* Urt. v. 25.06.1999 – 20 S 230/98, SP 2000, 30.
118 *AG Düsseldorf* Urt. v. 10.11.2010 – 38 C 7609/10, JurionRS 2010, 37635 = NJW-Spezial 2011, 555 = FD-VersR 2011, 321797.
119 *LG Frankfurt* Urt. v. 25.01.1989 – 2/1 S 150/88, r+s 1989, 174.
120 *LG Frankenthal* Urt. v. 17.04.1991 – 2 S 547/90, zfs 191, 347.
121 *AG Düsseldorf* Urt. v. 09.01.2008 – 27 C 488/06, SP 2008, 62.

(Regulierungsvollmacht) **A.1.1.4 AKB**

- es ist ausreichend, wenn das äußere Bild auf einen Unfall schließen lässt. Es muss tatsächlich kein Unfall mit dem Fahrzeug des Versicherungsnehmers stattgefunden haben[122]
- ist im Zeitpunkt der Regulierungsentscheidung eine massive Geschwindigkeitsüberschreitung des Unfallgegners nicht sicher, kann der Versicherer ohne Einholung eines unfallanalytischen Gutachtens ermessenfehlerfrei regulieren. Auf Feststellungen im Nachhinein, dass die Geschwindigkeitsüberschreitung bei 100% lag und die Ansprüche des Versicherten zu 100% reguliert wurden, kommt es nicht mehr an[123]
- kam es unstreitig zu einem Unfall und bezieht sich das Gutachten auf Schäden im Anstoßbereich, muss der Versicherer keine weiteren Nachforschungen anstellen[124]
- nicht ersichtlich unbegründete und ersichtlich widerlegbare Ansprüche darf der Versicherer regulieren. Eingescannte Originalfotos darf er nach der Regulierung vernichten ohne dass ihm eine Beweisvereitelung vorzuwerfen wäre[125]
- der Versicherer muss den Versicherungsnehmer nicht erneut anhören, wenn nach einem Sachverständigengutachten fest steht, dass neben dem Altschaden am Fahrzeug des Versicherungsnehmers ein diesen überlagernder Neuschaden festgestellt wurde[126]
- gegen einen Ermessensfehlgebrauch spricht die Würdigung von Aussagen unabhängiger Zeugen und kompatibler Kontaktspuren an den Fahrzeugen[127]
- wenn beim Einparken eine unklare Verkehrssituation vorliegt und der Versicherungsnehmer von der Polizei mit »ON 01« geführt wird[128]
- hat sich der Versicherungsnehmer gegenüber der Polizei eingelassen, er habe das Fahrzeug geführt und den Unfall verursacht, muss der Versicherer nicht vom Gegenteil ausgehen, wenn das Strafverfahren wegen Verkehrsunfallflucht gegen Zahlung einer Geldbuße eingestellt wurde[129]
- wenn der Versicherungsnehmer zwar trotz frischer Spuren am Fahrzeug einen Anstoß bestreitet, aber zugeben muss, dass er sich in einer »schwierigen« Ausparksituation befunden habe[130]
- bei einem Bagatellschaden[131] bzw. bei relativ geringen Schaden[132] darf sich der Versicherer mit dem polizeilichen Unfallbericht begnügen, um eine Entscheidung zu treffen

---

122 *AG Köln* Urt. v. 28.01.2009 – 269 C 293/08, JurionRS 2009, 26328 = SP 2009, 225 = NJW-RR 2010, 98.
123 *AG Dortmund* Urt. v. 18.05.1995 – 123 C 7950/94, SP 1995, 350.
124 *LG Marburg* Urt. v. 10.01.2001 – 5 S 98/00, SP 2001, 247.
125 *AG Düsseldorf* Urt. v. 07.04.2009 – 48 C 7891/08, JurionRS 2009, 33188 = SP 2009, 374.
126 *AG Köln* Urt. v. 03.03.2009 – 267 C 213/08, JurionRS 2009, 38632 = SP 2009, 302.
127 *AG Berlin-Mitte* Urt. v. 21.06.2004 – 110 C 3432/03, SP 2004, 422.
128 *AG Düsseldorf* Urt. v. 30.08.2001 – 56 C 7535/01, SP 2002, 254.
129 *AG Düsseldorf* Urt. v. 22.02.2001 – 47 C 16310/00, SP 2001, 249 u. 279.
130 *LG Düsseldorf* Urt. v. 07.04.2006 – 22 S 422/05, JurionRS 2006, 39986 = SP 2007, 191.
131 *AG Hannover* Urt. v. 31.07.1986 – 508 C 3078/86, VersR 1987, 277.
132 *AG Lüneburg* Urt. v. 28.04.2010 – 50 C 441/09 (€ 2.000,–).

A.1.1.4 AKB (Regulierungsvollmacht)

- wirtschaftliche Erwägungen können ausschlaggebend sein[133]
- den Ausgang eines OWi-Verfahrens muss der Versicherer nicht abwarten, da er die Haftung auch aus dem Gesichtspunkt der Gefährdungshaftung beurteilen kann[134]
- bei einem Unfall unter Beteiligung von Kindern ist, wenn die Würdigung der Zeugenaussagen eine Haftung aus Betriebsgefahr nicht gänzlich zurücktreten lassen, eine Regulierung nicht völlig unsachgemäß und willkürlich[135]
- bei einem Unfall mit einem erkennbar alten Mann, der die Fahrbahn überquert, ist damit zu rechnen, dass dieser nicht auf der Mitte der Fahrbahn stehen bleiben wird, zumal aus der Gegenrichtung ein LKW naht[136]
- bei einem Unfall mit einem Fußgänger, da selten die Betriebsgefahr des Fahrzeugs zurücktritt[137]
- die Regulierung bei einem Unfall im Begegnungsverkehr ohne Zeugen bei einer Quote von 30 % (PKW) zu 70 % (LKW) ist nicht unangemessen[138]. Sofern zwar nicht gänzlich, aber doch zumindest teilweise, eine Mitschuld nicht auszuschließen ist, liegt kein Ermessensmissbrauch vor[139]
- später geänderte Unfalldarstellung stimmt mit polizeilichen Ermittlungen nicht überein[140]
- die Höhe der Regulierungssumme ist für den SFR solange unbeachtlich, wie der Versicherungsnehmer nicht bereit ist selbst zu regulieren; entsprechend ist auch eine etwaig überhöht angenommene Haftungsquote unbeachtlich[141]
- bei einem unstreitigen Auffahrunfall spricht der Anscheinsbeweis für ein Verschulden des Auffahrenden, weswegen ein ausdrückliches Regulierungsverbot nicht zu beachten ist[142]
- bleibt bei einem Kettenauffahrunfall unaufklärbar und streitig, ob das mittlere Fahrzeug aufgefahren ist oder aufgeschoben wurde, so darf der Versicherer den Schaden des vorderen Fahrzeughalters regulieren[143]
- Werden kompatible Spuren von einem Sachverständigen am Tag des Unfalles festgestellt und steht außer Streit, dass es zu einer Berührung der Fahrzeuge kam,

---

133 *LG Duisburg* Urt. v. 04.11.1986 – 5 S 133/86, JurionRS 1986, 19750 = NJW-RR 1987, 610 = VersR 1987, 1004.
134 *LG Aachen* Urt. v. 15.10.1986 – 7 S 155/86, zfs 1987, 19.
135 *AG Münster* Urt. v. 23.10.1991 – 29 C 491/91, JurionRS 1991, 13961 = zfs 1992, 375.
136 *AG Hamburg-Altona* Urt. v. 31.01.1980 – 317 C 449/79, VersR 1980, 738.
137 *LG Mönchengladbach* Urt. v. 17.04.1998 – 2 S 29/98, r+s 1998, 271.
138 *AG Berlin-Mitte* Urt. v. 25.03.2009 – 112 C 3123/08, SP 2009, 341.
139 *LG München I* Urt. v. 20.03.2003 – 31 S 11519/02, JurionRS 2003, 33954 = NZV 2003, 333.
140 *AG Köln* Urt. v. 06.05.1996 – 264 C 310/05, SP 1996, 399.
141 *AG Saarbrücken* Urt. v. 08.07.1975 – 5 C 128/75, JurionRS 1975, 11220 = VersR 1976, 360, hierzu kritisch *Kaulbach* VersR 1976, 676; *AG Münster* Urt. v. 23.10.1991 – 29 C 491/91, JurionRS 1991, 13961 = zfs 1992, 375.
142 *AG Coburg* Urt. v. 26.02.2009 – 15 C 1469/08, JurionRS 2009, 36016, *LG Coburg* Urt. v. 05.06.2009 – 32 S 15/09, DAR 2010, 94.
143 *LG Aachen* Urt. v. 12.02.1988 – 5 S 394/87, r+s 1988, 323 = MDR 1989, 63.

muss der Versicherer nicht noch einen Polizeibeamten zum Umfang der Schäden befragen[144]
- bei einem unstreitigen Zurücksetzen des Fahrzeugs durch den Versicherungsnehmer spricht bereits der Anschein für eine Haftung, ohne dass sich eine Mitverursachung des Unfallgegners aufdrängen muss[145]
- werden hinreichend kompatible Schäden an den Fahrzeugtüren dokumentiert und lassen das Vorbringen von Zeugen die Schadensentstehung beim Öffnen der Tür möglich erscheinen, ist die Erklärung des Versicherungsnehmers, Zeugen für den Vorfall existierten nicht und der Hergang sei unglaubwürdig, unzureichend[146]
- wenn der Versicherer auf ein in seinem Auftrag gefertigten Kurzbericht eines Sachverständigen reguliert[147]
- wenn der Versicherer den Schaden eines im Kreuzungsbereich gestürzten Rollerfahrers zu 100% reguliert, weil der Sohn mit dem Fahrzeug des Versicherungsnehmers entgegenkommend angeblich 100 m vor ihm nach links abgebogen ist[148]
- wenn der Versicherer nach unstreitigem Aufprall und Beratung durch einen Schadenverständigen eine Anhängerkupplung austauschen lässt[149]
- wenn der Haftpflichtversicherer die Feststellungen im Strafverfahren für seine Regulierungsentscheidung auswertet[150]
- wenn der Beweiskraft eines unfallunabhängigen Zeugen höhere Beweiskraft zukommt und der Entschädigungsbetrag jedenfalls vertretbar ist[151]
- wenn der Versicherer von einem schuldhaften Auffahrunfall ausgeht, nachdem der Versicherungsnehmer einräumt, dass beim Bremsen das ABS seines Fahrzeugs angesprochen habe und Polizeibeamte Kratzer an beiden Fahrzeugen auf gleicher Höhe feststellten[152]
- der Versicherer kann bei der Beurteilung der Schadenshöhe vernachlässigen, wenn ein Nachfolgemodell des geschädigten Kleinkraftrads als Aktionsware ab und zu und gegebenenfalls auch örtlich begrenzt günstig auf dem Markt zur Verfügung

---

144 *LG Düsseldorf* Urt. v. 06.11.2009 – 22 S 160/09, JurionRS 2009, 34024 =VRR 2010, 189 bespr. v. *Nugel.*
145 *AG Köln* Urt. v. 18.03.2002 – 264 C 559/01, JurionRS 2002, 31339 = SP 2002, 212.
146 *LG Köln* Urt. v. 19.04.2011 – 11 S 289/09, JurionRS 2011, 26237 = SP 2011, 338.
147 *AG Gummersbach* Urt. v. 30.10.2010 – 18 C 17/10, SP 2011, 196 = VRR 2011, 69 bespr. v. *Nugel.*
148 *AG Gelsenkirchen-Buer* Urt. v. 11.03.2010 – 27 C 273/09.
149 *LG Erfurt* Urt. v. 26.08.2004 – 1 S 132/04, JurionRS 2004, 33876.
150 *LG Hagen* Beschl. v. 11.06.2013 – 7 S 15/13, JurionRS 2013, 40208 = ADAJUR Dok.Nr. 102906 = NJW-Spezial 2013, 682 = VRR 2013, 465 bespr. v. *Nugel* = SP 2013, 338; siehe zuvor *AG Hagen* Urt. v. 24.04.2013 – 140 C 206/12, JurionRS 2013, 43437 =zfs 2013, 637.
151 *OLG Hamm* Beschl. v. 31.08.2005 – 20 W 28/05, JurionRS 2005, 24874 = ADAJUR Dok.Nr. 65438 = NJW 2005, 3077 = NJW-Spezial 2005, 405 = NZV 2005, 641.
152 *AG München* Urt. v. 04.09.2012 – 333 C 4271/12, ADAJUR Dok.Nr. 104840 = Pressemitteilung 14/13 AG München v. 25.03.2013, Jurion 2013, 266066.

steht. Dies führt noch nicht dazu, dass der Wiederbeschaffungswert sich diesem anpassen müsste[153]

6. Darlegungs- und Beweislast

97 Die Darlegungs- und Beweislast für den Ermessensfehlgebrauch liegt beim Versicherungsnehmer[154].

98 Es reicht im Prozessfalle nicht aus lediglich zu behaupten und durch Sachverständigengutachten unter Beweis zu stellen, die Regulierung sei zu hoch vorgenommen worden, weil der Anstoß sehr gering gewesen sei und unfallbedingte Verletzungen seien daher auszuschließen, wenn eine konkrete Pflichtverletzung nicht dargetan wird.[155]

7. Rechtsfolgen

99 Dem Versicherungsnehmer stehen vertragliche Schadensersatzansprüche aus positiver Forderungsverletzung[156] bzw. Vertragsverletzung[157] zu.

C. Weitere praktische Hinweise

I. Prozessrisiko

100 Die Fülle der von Versicherungsnehmern erfolglos[158] geführten Verfahren zeigt nicht nur die von den Gerichten anerkannte starke Rechtsposition des Versicherers aufgrund der erteilten Vollmacht. Sie machen auch das ganz erhebliche Prozessrisiko deutlich, wenn es um die Höherstufung geht. Selbst bei einem nachgewiesenen Ermessenfehler muss dies nicht zwangsläufig zu einem Schaden führen, wenn der Fehler nicht kausal[159] geworden ist. Dieselben Maßstäbe gelten allerdings auch im Regressprozess[160], z. B.

---

153 *AG Berlin-Mitte* Urt. v. 21.01.2013 – 108 C 3425/11, ADAJUR Dok.Nr. 103951 = SP 2013, 445.
154 *BGH* Urt. v. 20.11.1980 – IVa ZR 25/80, JurionRS 1980, 11920 = MDR 1981, 391 = VersR 1981, 180 = zfs 1981, 118; *OLG Bamberg* Urt. v. 21.03.1975 – 3 U 14/75, VersR 1976, 651; *OLG Hamm* Urt. v. 01.02.1984 – 20 U 10/84, VersR 1984, 855; *AG Lüdenscheid* Urt. v. 21.03.2013 – 94 C 353/12, ADAJUR Dok.Nr. 103744 = zfs 2013, 638 m. Anm. *Rixecker*.
155 *LG Saarbrücken* Urt. v. 30.03.2012 – 13 S 49/11, ADAJUR Dok.Nr. 99865 = NJOZ 2013, 309 = r+s 2013, 275 = zfs 2012, 628.
156 *AG Itzehoe* Urt. v. 20.11.1981 – 4 C 223/81.
157 *AG Frankfurt a.M.*, Urt. v. 25.02.1999 -31 C 2858/98-44, DAR 1999, 554.
158 *Kröger* Regulierungsermessen und Belastung des Schadensfreiheitsrabatts – der Versicherer zwischen den Fronten, VersR 2013, 139 ff.
159 *Kröger* Regulierungsermessen und Belastung des Schadensfreiheitsrabatts – der Versicherer zwischen den Fronten, VersR 2013, 139 ff.
160 *Nugel* Das Regulierungsermessen des Kraftfahrzeughaftpflichtversicherers, VRR 2008, 244 ff.

nach Obliegenheitsverletzungen[161] oder wegen Prämienverzuges[162]. Schon zum eigenen Schutz sollten die Beratung des Mandanten und die Dokumentation der Beratung umfassend sein.

Da es sich bei der SFR-Belastung um eine vermögensrechtliche Streitigkeit mit oftmals niedrigem Streitwert handelt, ist in mehreren Ländern zu prüfen, ob als **Zulässigkeitsvoraussetzung** für eine Klage, das erfolglose Anrufen einer Schlichtungsstelle erforderlich ist, § 15a Abs. 1 Nr. 1 EGZPO. Ansonsten kann die Klage als unzulässig[163] zugewiesen werden. 101

Der **Gegenstandswert** richtet sich nach dem Interesse des Versicherungsnehmers an der Fortführung des Versicherungsvertrages in der Schadensfreiheitsklasse vor dem Unfall. Der Wert errechnet sich aus der zu zahlenden Mehrprämie, bis die günstigste Schadensfreiheitsklasse[164] erreicht wird. Somit ist die Differenz mehrerer Jahre zu addieren. Die Versicherer erstellen unter Vorbehalten entsprechende Vergleichsberechnungen. 102

Häufig spielt beim Versicherten der Gedanke eine Rolle, dass es doch nur eine kleine Kollision gab und der Schaden beim Unfallgegner könne gar nicht so groß sein. Dabei ist auch den Gerichten[165] bekannt, dass der Umfang des tatsächlichen Schadens sich erst nach einer sachverständigen Untersuchung erweist. Selbst der Einschätzung es Polizeibeamten[166] kommt kein höherer Beweiswert zu. 103

Im Rahmen der Beratung sind die individuellen AKB auch dahingehend zu prüfen, ob dem Versicherungsnehmer ggf. ein »Freischuss« oder »Rabattretter« eingeräumt wurde. In diesem Falle kommt es effektiv bei einem vertragsbelastenden Unfall noch nicht zu einer Höherstufung. 104

Letztlich gibt es bei Gerichtsverfahren[167] wegen der Höherstufung/SFR-Belastung nur Verlierer. Der niedrige Streitwert[168] zum vergleichsweise hohen Arbeitsaufwand steht außer jedem wirtschaftlichen Verhältnis, es sei denn, der Rechtsanwalt benötigt noch entsprechende Fälle für seinen Fachanwaltstitel. 105

---

161 *AG Berlin-Mitte* Urt. v. 15.02.2002 – 101 C 3258/01, SP 2002, 211 (Alkohol); *AG Strausberg* Urt. v. 02.12.2010 – 9 C 199/10 (Alkohol); *AG Cottbus* Urt. v. 16.03.2011 – 45 C 57/09 (Meldepflicht).
162 *LG Stuttgart* Urt. v. 06.04.1979 – 6 S 227/78, DAR 1980, 56 = MDR 1979, 756 (zur Verjährung des Schadensersatzanspruch).
163 *AG Köln* Urt. v. 18.03.2002 – 264 C 559/01, JurionRS 2002, 31339 = SP 2002, 212.
164 *BGH* Beschl. v. 19.01.2011 – IV ZB 29/10, JurionRS 2011, 10243 = VersR 2011, 814.
165 *LG Düsseldorf* Urt. v. 25.06.1999 – 20 S 230/98, SP 2000, 30; *LG Marburg* Urt. v. 10.01.2001 – 5 S 98/00, SP 2001, 247.
166 *LG Düsseldorf* Urt. v. 06.11.2009 – 22 S 160/09, JurionRS 2009, 34024 =VRR 2010, 189 bespr. v. *Nugel*.
167 Zum Prozessantrag siehe Himmelreich/*Halm*/*Hörle*, Handbuch des Fachanwalts Verkehrsrecht, § 26 Rn. 63a.
168 *AG Gummersbach* Urt. v. 30.10.2010 – 18 C 17/10, JurionRS 2010, 31937 = ADAJUR Dok.Nr. 92197 = SP 2011, 196 = VRR 2011, 69 bespr. v. *Nugel* (mit € 592,- knapp unter der Berufungssumme).

106 Zudem wird häufig die bereits belastete Beziehung der Parteien einer weiteren Prüfung unterworfen. Der Vorwurf, der Versicherer wolle aus der Regulierung einen Gewinn erzielen, ist haltlos, da der Versicherungsnehmer wie auch der Versicherer im Schadensfall kündigen kann. Die höhere Prämie steht dann dem neuen Versicherer[169] zu.

107 Statt um jeden Preis[170] Recht zu bekommen, empfiehlt es sich, erst einmal das Gespräch zu suchen. Wirtschaftlich kann es auch für einen Versicherer günstiger sein, einen Kunden mit sonst gutem Schadenverlauf dauerhaft zu behalten.

II. Prozess um Höherstufung – neue Prämienanforderung

108 Bietet der Versicherer dem Versicherungsnehmer die Rückerstattung des aufgewendeten Betrages an, verzichtet dieser aber hierauf, wird der SFR zwangsläufig belastet. Um den Versicherungsschutz zu erhalten ist in jedem Falle die neue, erhöhte Prämie zu zahlen.

109 Tut der Versicherungsnehmer dies im Streit um die Höherstufung nicht, geht er ein viel höheres wirtschaftliches Risiko[171] ein, wenn es dann zu einem weiteren Schadensfall kommen sollte.

110 Dem Versicherungsnehmer ist daher selbst bei einer anhängigen Klage wegen der von ihm behaupteten willkürlichen Schadenregulierung dringend zu raten, die erhöhte Prämie (zunächst) vollständig zu zahlen.

111 In der vollständigen Zahlung der erhöhten Prämie ist kein Anerkenntnis zu sehen, solange das Gerichtsverfahren nicht abgeschlossen ist.

112 Alternativ kann der Versicherungsnehmer auch den vom Versicherer aufgewendeten Betrag unter Vorbehalt zurückerstatten, um bis zur Klärung im gerichtlichen Verfahren keine erhöhte Prämie zahlen zu müssen.

113 Stellt der Versicherer im Haftpflichtprozess einen Rechtsanwalt, hat der Versicherungsnehmer im Falle des Obsiegens grundsätzlich keinen Kostenerstattungsanspruch für einen zusätzlich beauftragten eigenen Anwalt. Die Beauftragung ist auch nicht deswegen erforderlich, um einen drohenden Rückstufungsschaden[172] abzuwenden.

III. Problem bei öffentlich-rechtlicher Verantwortlichkeit

1. Grenzen der »gewöhnlichen« Regulierungsvollmacht

114 Die Regulierungsvollmacht nach A.1.1.4 AKB befasst sich nach dem Wortlaut der Klausel auf Schadensersatzansprüche.

---

169 *LG Köln* Urt. v. 19.04.2011 – 11 S 289/09, JurionRS 2011, 26237 = SP 2011, 338.
170 Prozesse um den Schadensfreiheitsrabatt werden nicht selten erst in der Berufungsinstanz abgeschlossen.
171 *OLG Bamberg* Urt. v. 21.03.1975 – 3 U 14/75, VersR 1976, 651.
172 *OLG Saarbrücken* Beschl. v. 23.11.2011 – 9 W 269/11 – 35, JurionRS 2011, 35343 = NJW-Spezial 2012, 171.

Dies bereitet dann Schwierigkeiten, wenn es um öffentlich-rechtliche Verantwortlichkeiten des Fahrzeughalters als Zustandsstörer[173] oder des Fahrers als Verhaltensstörer nach öffentlich-rechtlichen Vorschriften geht.

In den Fällen, in denen zivilrechtliche Ansprüche bestehen, aber gleichzeitig auch öffentlich-rechtliche Kostenbescheide in gleicher Sache erwirkt werden können, sieht der *BGH*[174] zu recht den Haftpflichtversicherer in der Pflicht, auch diese Ansprüche zu decken. Letztlich ist es dann nur eine Formalie, auf welchem Weg der Anspruch geltend gemacht wird. 115

Bei der Anerkennung des Anspruchs und der Zahlung auf einen Kostenbescheid ist dies in der Praxis unproblematisch. 116

Nur dann, wenn der Kostenbescheid übersetzt ist, kommt das Thema zum Tragen. Der Versicherer muss im Namen des Versicherungsnehmers Widerspruch oder gar eine Klage zum Verwaltungsgericht erheben. Hier reicht der bloße Hinweis auf den Wortlaut der AKB oft[175] nicht aus. Der Versicherer muss sich auf Anforderung der Behörde noch eine gesonderte schriftliche Vollmachtsurkunde besorgen, in der die textliche Erweiterung bezüglich öffentlich-rechtlicher Verantwortlichkeiten aufgenommen wurde. Da es regelmäßig um Fristsachen und präzise Formulierungen durch die Vollmachtgeber geht, sind tatsächliche Schwierigkeiten vorprogrammiert. 117

2. konkludente Vollmachterteilung

Im Ergebnis lässt sich durch entsprechende Umstände aufzeigen, was der Versicherungsnehmer tatsächlich möchte. Er will, dass sein Versicherer für ihn auch die »Behördensache« regelt. Dies wird deutlich, wenn er seinem Haftpflichtversicherer die Unterlagen übersendet oder über den Makler zukommen lässt. Hierin ist eine Vollmachterteilung durch konkludentes Verhalten des Versicherungsnehmers zu sehen. 118

Dies der Behörde verständlich zu machen ist häufig schwierig. Leider wird doch zur eigenen Absicherung des dortigen Sachbearbeiters auf Vorlage einer Urkunde nach § 172 Abs. 1 BGB bestanden. 119

---

173 Teils auch als Verhaltensstörer bei angestelltem Fahrer.
174 *BGH* Urt. v. 20.12.2006 – IV ZR 325/05, JurionRS 2006, 29131 = DAR 2007, 142 m. Anm. *Weinsdörfer* = MDR 2007, 652 = NJW 2007, 1205 = NVwZ-RR 2007, 635 = NZV 2007, 233 = r+s 2007, 94 = VersR 2007, 200 = VRR 2007, 108, bespr. v. *Knappmann* = zfs 2007, 273.
175 Dank sehr weiter Auslegung zu Recht für ausreichend gehalten *VGH Kassel* Beschl. v. 22.07.2008 – 5 B 6/08, JurionRS 2008, 22064 = NVwZ-RR 2008, 785 = DAR 2009, 159 = LKRZ 2009, 21 = NZV 2009, 256 = KStZ 2009, 170 = DÖV 2009, 254 (Ls.) = GemHH 2008, 284 = FamRZ 2009, 159.

3. ausdrückliche Vollmachterweiterung

120 Man kann nicht sicher sein, dass alle Gerichte der vorzugswürdigen Auffassung des *VGH Kassel*[176] folgen. Es ist daher für den Versicherer im eigenen und auch im Interesse des Versicherungsnehmers sinnvoll, die Vollmacht entsprechend zu erweitern.

121 Beispielsweise hat der R+V-Konzern eine entsprechende textliche Erweiterung in den AKB auf öffentlich-rechtliche Bereiche eingeführt. Diese lautet:

> *»Gleiches gilt für die Abwehr von öffentlich-rechtlichen Ansprüchen, insbesondere Feuerwehrkostenbescheiden, sowie zur Abgabe notwendiger Erklärungen nach öffentlichem Recht, die zur Regulierung des Schadenfalls erforderlich sind.«*

122 Es handelt sich um ein praktikables Hilfsmittel, den Missständen durch überhöhte Feuerwehrkostenbescheide, insbesondere bei der Ölspurbeseitigung, besser begegnen zu können.

123 Kommt es bei der Verwendung des Fahrzeugs auch zu Umweltschäden, ist häufig Erdreich unter behördlicher Aufsicht zu entsorgen. Unnötige Zwischenlagerungskosten lassen sich vermeiden, wenn der Versicherer die dazu erforderlichen Erklärungen für den versicherten Schädiger abgeben kann.

Mitversicherung von Anhängern, Aufliegern und abgeschleppten Fahrzeugen

A.1.1.5 (Mitversicherung von Fahrzeugen)

> Ist mit dem versicherten Kraftfahrzeug ein Anhänger oder Auflieger verbunden, erstreckt sich der Versicherungsschutz auch hierauf. Der Versicherungsschutz umfasst auch Fahrzeuge, die mit dem versicherten Kraftfahrzeug abgeschleppt oder geschleppt werden, wenn für diese kein eigener Haftpflichtversicherungsschutz besteht.
>
> Dies gilt auch, wenn sich der Anhänger oder Auflieger oder das abgeschleppte oder geschleppte Fahrzeug während des Gebrauchs von dem versicherten Kraftfahrzeug löst und sich noch in Bewegung befindet.

Übersicht	Rdn.
A. Allgemeines	1
B. Regelungsgehalt	7
I. mitversicherte Fahrzeuge	12
1. Anhänger	12
2. Auflieger	15
3. subsidiäre Mitversicherung	16
a) abgeschleppte Fahrzeuge	19
b) geschleppte Fahrzeuge	24

---

[176] Siehe A.1.1.4 AKB Rdn. 119.

(Mitversicherung von Fahrzeugen) **A.1.1.5 AKB**

		Rdn.
II.	verbunden	27
	1. unmittelbar verbunden	27
	2. mittelbar verbunden	33
	3. gelöst und noch in Bewegung	42
	4. zweiter Anhänger gelöst vom ersten Anhänger	47
	5. Anhänger gelöst von abgeschleppter betriebsunfähiger Zugmaschine	50
III.	Mitversicherte Personen	55
C.	**Weitere praktische Hinweise**	**63**
I.	Insassen des gezogenen Anhängers	63
II.	Vorgänge im Zusammenhang mit Gefahrgutfahrzeugen	66
III.	Kupplungsträger	70
IV.	Schäden innerhalb des Gespanns	73
V.	Schäden an der Ladung des Anhängers	76
VI.	Keine Mitversicherung des Zugfahrzeugs durch die Anhängerversicherung	77

A. Allgemeines

Die Versicherung von Anhängern und Aufliegern ist bereits in A.1.1.1 AKB erfasst, da 1
sie unter den Oberbegriff Fahrzeuge fallen.

Anhänger können somit je nach Verwendungsart bereits versichert sein: 2
- aufgrund eines Kfz-Haftpflichtvertrag (Anhängerversicherung in KH)
- einem Privathaftpflichtvertrag nach A1-6.10 AVB PHV[1]
- einem besonderen[2] Haftpflichtvertrag, beispielsweise nach A1-6.3 AVB Pferdehalter HV[3]
- oder einem Betriebshaftpflichtvertrag nach A1-6.5 AVB BHV[4].

Auch wenn Anhänger/Auflieger bereits eigenständig versichert sein können, greift im Zusammenhang mit Kraftfahrzeugen eine hinzutretende **Mitversicherung**.

Für die Anhängergefahr besteht dann eine **Mehrfachversicherung**[5], § 77 VVG. Dies 3
wird von § 3 Abs. 1 KfzPflVV gefordert.

---

1 Unverbindliche GDV Musterbedingungen, Allgemeine Versicherungsbedingungen für die Privathaftpflichtversicherung (AVB PHV), Stand 25.08.2014.
2 Entsprechende Klauseln finden sich in weiteren Bedingungswerken der Allgemeinen Haftpflichtversicherung.
3 Unverbindliche GDV Musterbedingungen, Allgemeine Versicherungsbedingungen für die Pferdehalterhaftpflichtversicherung (AVB PferdehalterHV), Stand September 2014.
4 Unverbindliche GDV Musterbedingungen, Allgemeine Versicherungsbedingungen für die Betriebs- und Berufshaftpflichtversicherung (AVB BHV), Stand 25.08.2014.
5 Die Probleme bei der Lösung des Innenausgleichs war auch früher schon Aufgabe der beteiligten Versicherer, *LG Potsdam* Urt. v. 19.05.1999 – 9 S 294/98, ADAJUR Dok.Nr. 35947 = SP 1999, 286; zum Ausgleich unter den Versicherern siehe auch *Stahl/Jahnke*, Deckungs- und Haftungsfragen bei Unfallbeteiligung eines Anhängers, NZV 2010, 57 ff.

Schwab 517

A.1.1.5 AKB (Mitversicherung von Fahrzeugen)

4 Von Bedeutung ist die Vorschrift insbesondere für nicht zulassungspflichtige Anhänger nach § 2 Abs. 1 Nr. 6c PflVG, da diese von der Versicherungspflicht ausgenommen sind. Darunter fallen Anhänger, deren zulässige Höchstgeschwindigkeit nach § 3 Abs. 2 Nr. 2 FZV auf 25 km/h begrenzt[6] ist. Wenn zulassungsfreien Anhängern ein Begrenzungsschild mit 25 km/h fehlt, bleiben diese jedenfalls mitversichert, selbst wenn man[7] annimmt, sie müssten eine eigene Versicherung vorweisen können.

5 Für den Bereich Kfz-Haftpflichtversicherung für das Zugfahrzeug und Kfz-Haftpflichtversicherung für den Anhänger ist der **Ausgleich** aufgrund der Mehrfachversicherung nach § 77 ff. VVG vom *BGH*[8] entschieden worden.[9]

6 Eine Übertragung der dortigen Grundsätze auf die Anhängerversicherung im Bereich der Privat- und Betriebshaftpflichtversicherung wird von *Meckling-Geis*[10] bezweifelt. Dies geschieht m. E. zu Unrecht. Die Einstandspflicht in der Privathaftpflichtversicherung[11] ist grundsätzlich nicht ausgeschlossen. Solange keine Subsidiaritätsklauseln in der allgemeinen Haftpflichtversicherung bestehen, kann die Lösung nur über § 78 VVG erfolgen.

6 Abs. 1 Satz 2 der Klausel dehnt den Anwendungsbereich auf nicht versicherte abgeschleppte und geschleppte Fahrzeuge aus. Auch wenn sie an ein Zugfahrzeug angehängt sind, handelt es sich nicht um Anhänger und werden nicht vollständig als solche behandelt.

B. Regelungsgehalt

7 Eine Mitversicherung von anderen Fahrzeugen über die Versicherung des Kraftfahrzeuges besteht so lange die Krafteinwirkung des Kraftfahrzeuges anhält oder noch fortwirkt. Dabei ist es unerheblich, ob das beteiligte Kraftfahrzeug das mitversicherte Fahrzeug **zieht** oder **schiebt**.

8 Die Vertragsvorschrift beschränkt sich nach ihrem Sinn und Zweck auf Kräfte der Fortbewegung der verbundenen Fahrzeuge. Nicht angesprochen ist der sonstige Gebrauch des Fahrzeugs. Kommt der Anhänger oder Auflieger als **reine Arbeitsmaschine** zum Einsatz, tritt die Fortbewegungsfunktion vollständig zurück. Dies steht scheinbar im

---

6 *Schwab* § 2 PflVG Rdn. 29.
7 *Ternig* Das fehlende 25 km/h-Schild und Auswirkungen auf das Pflichtversicherungsgesetz, NZV 2011, 525.
8 *BGH* Urt. v. 27.10.2010 – IV ZR 279/08, BGHZ 187, 211 = JurionRS 2010, 28509 = DAR 2011, 80 = MDR 2011, 37 = NJW 2011, 447 = NJW-Spezial 2011, 10 = NZV 2011, 128 = r+s 2011, 60 = SVR 2011, 235 = TranspR 2011, 43 = VersR 2011, 105 = VK 2011, 13= VRR 2011, 22 bespr. v. *Knappmann* = zfs 2011, 90.
9 Zur Verjährung des Ausgleichsanspruchs siehe *AG Essen* Urt. v. 16.02.2012 – 11 C 457/11, JurionRS 2012, 22604 = ADAJUR Dok.Nr. 99072.
10 Staudinger/Halm/Wendt/*Meckling-Geis* Fachanwaltskommentar Versicherungsrecht, BBR-PHV, Rn. 99.
11 Prölss/Martin/*Knappmann* Versicherungsvertragsgesetz, A.1.1.5 AKB, Rn. 28.

Widerspruch zu den Anforderungen des § 3 KfzPflVV, der in Satz 1 ausdrücklich »während des Gebrauchs« anspricht.

Da sich der Gebrauchsbegriff in § 3 KfzPflVV jedoch an dem eng auszulegenden § 1 PflVG zu orientieren hat, ist die Formulierung des A.1.1.5 AKB nicht zu beanstanden. Zudem ist erkennbar beabsichtigt, dass es nur wegen des generellen Sicherheitsrisikos[12] durch das Mitführen nach § 32a StVZO zu einem Mitversichern kommen soll. Bestätigt wird dies durch die Gesetzesbegründung, die sich ausschließlich mit dem erhöhten Betriebsrisiko[13] und Schäden im öffentlichen Straßenverkehr auseinandersetzt. Nur über die verbundenen Betriebsgefahren lässt sich eine Haftungseinheit des Gespanns begründen, die letztlich eine Mitversicherung des Anhängers rechtfertigt. 9

Zum gleichen Ergebnis gelangt man, wenn man die Entscheidung des *BGH*[14] zur mitgeführten Arbeitsmaschine (landwirtschaftliches Spritzgerät) zu Rate zieht. Beruht der Schaden auf einem auswechselbaren Anbaugerät oder (so ausdrücklich) einem Dungstreuanhänger, verwirklicht sich nicht das Gebrauchsrisiko des Traktors. Nur bei festem (aufgeschweißten) Fahrzeugaufbau[15] ist das Arbeitsrisiko – sofern nicht ausgeschlossen – notfalls über die Kfz-Haftpflichtversicherung zu decken. 10

Die Vorschrift erweitert den Versicherungsumfang statt ihn einzugrenzen[16]. 11

I. mitversicherte Fahrzeuge

1. Anhänger

Ein Anhänger ist ein Fahrzeug ohne[17] eigenen Antrieb, § 2 Nr. 3 FZV. Es ist dazu bestimmt, an ein Kraftfahrzeug[18] angehängt zu werden, § 2 Nr. 2 FZV. 12

Durch technische Neuerungen im Rahmen der Elektromobilität dürfte künftig eine rechtliche Anpassung erforderlich sein. So gibt es bereits Pferdefuhrwerke, E-Kutsche genannt[19], die das Pferd bei der Arbeit mit einem Elektroantrieb – ähnlich einem Pedelec – unterstützen. 13

---

12 FAKomm/VerkehrsR/*Rebler* § 32a StVZO, Rn 1; Hentschel/König/*Dauer* Straßenverkehrsrecht, § 32a StVZO, Rn. 1.
13 BT-Drucks. 14/7752 S. 29.
14 *BGH* Urt. v. 27.10.1993 – IV ZR 243/92, JurionRS 1993, 15349 = MDR 1995, 44 = NJW-RR 1994, 218 = NZV 1994, 66 = VersR 1994, 83.
15 *LG Kiel* Urt. v. 17.11.2000 – 13 O 243/00, JurionRS 2000, 40725 (festmontierte Spritze auf Unimog).
16 *BGH* Urt. v. 03.03.1971 – IV ZR 134/69, JurionRS 1971, 10989 = DAR 1971, 158 = DB 1971, 959 = MDR 1971, 565 = NJW 1971, 940 = VersR 1971, 611 = VRS 40, 405.
17 Rangierhilfen per Elektroantrieb (z. B. für Wohnwagen) oder über Druckluft (LKW-Anhänger) fallen nicht hierunter.
18 Nicht der Fahrradanhänger.
19 www.ee-news.ch/de/erneuerbare/rticle/24993/e-kutsche-das-elektrovelo-fuer-pferde; Recherche am 21.05.2015.

A.1.1.5 AKB (Mitversicherung von Fahrzeugen)

14 Der Anhänger kann – aber muss nicht zwangsläufig[20] – der Zulassung für Fahrzeuge unterliegen. Der Anhänger kann – aber muss nicht zwangsläufig[21] – selbst versichert sein.

2. Auflieger

15 Ein Auflieger ist ein spezieller Anhänger, § 2 Nr. 19 FZV. Ein wesentlicher Teil des Fahrzeuggewichtes wird von der Sattelzugmaschine getragen, § 2 Nr. 15 FZV.

3. subsidiäre Mitversicherung

16 Nach Abs. 1 Satz 2 wird die Mitversicherung auf abgeschleppte und geschleppte Fahrzeuge erweitert. *Knappmann*[22] hält die Erweiterung auf Fahrzeuge für missverständlich, da nur Kraftfahrzeuge gemeint sein könnten. Das ist zu bezweifeln, da zumindest selbstfahrende Arbeitsmaschinen und Stapler, wenn auch tunlichst nicht im öffentlichen Verkehrsraum, so doch auf anderem Gelände geschleppt werden könnten.

17 Richtig ist es allerdings anzunehmen, dass nicht jegliche Fahrzeuge ohne straßenverkehrsrechtlichen Bezug mitversichert sind, da dies kein verständiger Versicherungsnehmer erwartet. Beispiele sind:
– Segelflugzeuge, beim sogenannten Autoschleppstart[23]
– Schlitten, die im Winter von einem Traktor
– oder Badewannen, die von einem Unimog[24] gezogenen werden

18 Bei diesen Abschlepp- bzw. Schleppvorgängen berührt zumindest eine Achse[25] der Räder des geschleppten Fahrzeugs noch die Fahrbahn. Wird ein Fahrzeug dagegen von einem anderen Fahrzeug auf der Ladefläche transportiert, ist das aufgeladene Fahrzeug wie bei einem Autotransporter nur noch Ladung[26]. Ist ein Fahrzeug nur noch Ladung, ist es selbst nicht in Gebrauch. Dies gilt selbst beim Verladen[27] auf ein Schiff.

a) abgeschleppte Fahrzeuge

19 Abgeschleppte Fahrzeuge sind betriebsunfähig[28], weil sie einen technischen Mangel haben. Als technische Mängel kommen bereits eine leere Batterie[29] oder allein schon Ben-

---

20 Zulassungsfreie Anhänger, § 3 Abs. 2 Nr. 2 FZV.
21 Soweit vom Zulassungsverfahren ausgenommen, besteht keine Versicherungspflicht, §§ 3 Abs. 2 Nr. 2 FZV; 1, 2 Abs. 1 Nr. 6c PflVG.
22 Prölss/Martin/*Knappmann*, VVG-Kommentar, A.1.1.5 AKB, Rn. 26.
23 *Klußmann/Malik* Lexikon der Luftfahrt.
24 *LG Itzehoe* Urt. v. 14.07.2010 –6 O 145/09, JurionRS 2010, 37333.
25 *OLG Schleswig* Beschl. v. 17.05.1982 – 2 Ss OWi 131/82, JurionRS 1982, 11506 = VRS 64, 234 (Abschleppen bei hochgenommener Vorderachse).
26 *OLG Köln* Urt. v. 12.03.1992 – 5 U 145/91, r+s 1992, 220 = SP 1992, 289 (Ls.).
27 *OLG Köln* Urt. v. 29.03.1983 – 5 C 69/82 BSch, VersR 1984, 273.
28 § 18 Abs. 1 StVZO a. F.; *BGH* Urt. v. 17.11.1955 – II ZR 340/53, BGHZ 19, 31 (38).
29 *BayObLG* Beschl. v. 09.07.1969 – 2b St 124/69, bespr. v. *Rüth* Die Rechtsprechung des Bayerischen Obersten Landesgerichts in Verkehrsstrafsachen, DAR 1970, 253 (259).

zinmangel[30] in Betracht. Betriebsunfähig sind zudem Fahrzeuge, die nur angeschleppt werden, damit der Motor wieder anspringt. Ein auf einem Anhänger transportiertes betriebsunfähiges Kraftfahrzeug[31] wird nicht abgeschleppt; es ist Ladung.

Für abgeschleppte Fahrzeuge wird keine Fahrerlaubnis gefordert. Die Fahrerlaubnisklausel aus § 5 Abs. 1 Nr. 4 KfzPflVV, D.1.1.3 AKB kommt beim Lenker des abgeschleppten Fahrzeugs nicht zum Tragen. 20

Der Übergang vom Anschleppen zum Schleppen ist insbesondere dann fließend[32], wenn der Motor wieder anspringt. Wird dann nicht sofort angehalten, kann im Schadensfall ein Verstoß gegen die Fahrerlaubnisklausel drohen. 21

Betriebsunfähige Krafträder dürfen nicht abgeschleppt werden, § 15a Abs. 4 StVO. An der grundsätzlichen Mitversicherung ändert dies nichts, wenn sie trotzdem abgeschleppt werden sollten. 22

Besteht für das abgeschleppte Fahrzeug bereits eine Haftpflichtversicherung, ist eine Mitversicherung über das ziehende Kraftfahrzeug ausgeschlossen, Abs. 1 Satz 2. 23

b) geschleppte Fahrzeuge

Geschleppte Fahrzeuge sind betriebsfähige und betriebsunfähige[33] Fahrzeuge. Sie werden von einem Kraftfahrzeug auf eigenen Rädern[34] mitgeführt. Der Lenker des geschleppten Fahrzeugs benötigt eine Fahrerlaubnis[35] (Fahrerlaubnisklausel § 5 Abs. 1 Nr. 4 KfzPflVV, D.1.1.3 AKB) für dieses Fahrzeug, § 33 Abs. 2 Nr. 1 StVZO. 24

Auch betriebsfähige Krafträder dürfen nicht abgeschleppt werden, § 15a Abs. 4 StVO. An der grundsätzlichen Mitversicherung ändert das Verbot nichts. 25

Ist das geschleppte Fahrzeug bereits haftpflichtversichert, scheidet eine Mitversicherung über das ziehende Fahrzeug aus, Abs. 1 Satz 2. 26

II. verbunden

1. unmittelbar verbunden

Anhänger werden über eine Anhängerzugvorrichtung am Kraftfahrzeug angehängt, die die Zug- und Schubkräfte aus dem Gespannbetrieb auffängt. 27

Abgeschleppte und geschleppte Fahrzeuge werden über Abschleppstangen oder Abschleppseile[36] miteinander verbunden. 28

---

30 *OLG Hamm* Beschl. v. 07.01.1999 – 4 Ss 1081/98, JurionRS 1999, 32246 = DAR 1999, 178.
31 *LG Hildesheim* Urt. v. 07.05.1996 – 3 O 541/95, SP 1998, 26.
32 FAKomm/VerkehrsR/*Rebler* § 33 StVZO, Rn. 7.
33 *BVerwG* Urt. v. 14.04.2005 – 3 C 3/04, JurionRS 2005, 16443 = DAR 2005, 582 = DÖV 2005, 1007 = NVwZ-RR 2005, 711 = NZV 2005, 605 (Ls.).
34 *OVG Münster* Urt. v. 03.12.2003 – 8 A 1793/03, DÖV 2004, = VRS 106, 230.
35 Hentschel/König/*Dauer* § 6 FeV Rn. 25.
36 FAKomm/VerkehrsR/*Balke* § 15a StVO, Rn. 2.

A.1.1.5 AKB (Mitversicherung von Fahrzeugen)

29 Eine lose Verbindung durch Kabel reicht nicht aus, wenn keine **Kraftentfaltung** des Zugfahrzeugs zum Anhänger besteht. Dies ist dann der Fall, wenn das Kraftfahrzeug nur noch als Fixpunkt zur Sicherung dient.

Beispiel: Sicherungskabel für Bootsanhänger[37] beim Ablassen an einer Slipanlage.

30 Sind Tankwagen und Tankanhänger für das Umpumpen nur über den Schlauch verbunden, besteht keine zweckgerichtete Verbindung im Sinne der Vorschrift. Die Motorkraft dient hierbei nicht der Fortbewegung. Sie dient ausschließlich dem Einsatz als Arbeitsmaschine.

Beispiele: Umpumpen von Milchsammeltankwagen in Anhänger; Ansaugen vom Tankanhänger in Heizöltankwagen.

31 Es handelt sich dann nicht um eine verbundene (angehängte) Zugeinheit, sondern um miteinander verbundene Tankanlagen. Die Situation entspricht dem Umpumpen von einem Tankwagen zu einem anderen Tankwagen oder vom Tankwagen zu einem stationären Tank.

32 Keine Verbindung besteht, wenn Fahrzeuge nur scheinbar miteinander verbunden sind. Den trügerischen Eindruck gewinnt man beim sehr nahen Parken der Zugmaschine vor dem Anhänger/Auflieger.

2. mittelbar verbunden

33 Nach § 32a Satz 2 StVZO ist es zulässig, nicht nur einen, sondern gleich **zwei Anhänger**[38] hinter einem ziehenden Kraftfahrzeug anzuhängen. Die Gesamtlänge von 18 Metern darf dabei nicht überschritten werden, § 32 Abs. 4 Nr. 3 StVZO.

34 Durch Ausnahmevorschriften[39] wird derzeit unter Erweiterung der Teststrecken[40] der Einsatz von LKW mit Überlängen erprobt. Es handelt sich um sogenannte Lang-LKW bis 25,25 m Länge und einem zulässigen Gesamtgewicht von 44 Tonnen. Neben den geänderten Abmessungen und Gewichten werden in § 3 LKWÜberlStVAusnV weitere technische Besonderheiten ermöglicht. So können z. B. nach der Nr. 4 Sattelkraftfahrzeuge (bestehend aus einer Sattelzugmaschine und einem Sattelauflieger) mit einem zusätzlichen Sattelanhänger zusammengesetzt werden. Damit besteht der **Zug aus drei Fahrzeugkomponenten.**

---

37 Anhänger wird über Drahtseil gehalten, um nicht die schiefe Ebene herunterzurollen. Zugfahrzeug wird dann nur wie ein Baum als Fixpunkt verwendet.

38 *OLG Braunschweig* Urt. v. 28.02.1997 – 5 U 36/96, NZV 1998, 204 = r+s 1998, 286 = VRS 94, 409 (unzulässige, aber nicht grob fahrlässige Personenbeförderung); *LG Koblenz* Urt. v. 22.09.1997 – 5 O 217/96, r+s 1998, 7 m. krit. Anm. *Münstermann* (Gefahrerhöhung).

39 Verordnung über Ausnahmen von straßenverkehrsrechtlichen Vorschriften für Fahrzeuge und Fahrzeugkombinationen mit Überlänge vom 19. Dezember 2011 (LKWÜberlStVAusnV).

40 Zweite Verordnung zur Änderung der Verordnung über Ausnahmen von straßenverkehrsrechtlichen Vorschriften für Fahrzeuge und Fahrzeugkombinationen mit Überlänge v. 08.02.2013, BAnz AT 14.02.2013 V1.

Haftungsrechtlich führen drei Fahrzeugkomponenten grundsätzlich zu einer Drittelung[41] beim Gesamtschuldnerausgleich. 35

Der zweite Anhänger kann dabei nicht unmittelbar an das Kraftfahrzeug angehängt werden. Er muss mit dem ersten Anhänger verbunden werden. Der zweite Anhänger ist damit nur mittelbar mit dem Kraftfahrzeug verbunden. 36

Weder § 3 KfzPflVV noch die AKB-Klausel sprechen diesen Sonderfall an. In der Praxis ist er jedoch keinesfalls selten. Neben dem Schaustellergewerbe ist gerade im landwirtschaftlichen Bereich das Mitführen eines zweiten Anhängers häufig notwendig[42]. 37

Der Versicherungsnehmer kann erwarten, dass er genauso Versicherungsschutz für den zweiten Anhänger über die Fahrzeughaftpflichtversicherung des verbundenen Kraftfahrzeuges erhält wie für den ersten unmittelbar verbundenen Anhänger. Schließlich ist der zweite Anhänger tatsächlich mit dem Kraftfahrzeug verbunden, nur eben über den ersten Anhänger. 38

Dem steht nicht entgegen, dass im Wortlaut der AKB-Klausel nur »ein« Anhänger erwähnt ist. Es handelt sich offenbar um eine unbeabsichtigte sprachliche Einschränkung des Anwendungsbereichs. Jedenfalls hatte man damit bezweckt, die Anforderungen des § 3 KfzPflVV zu erfüllen. Aus dem Verordnungstext kann jedenfalls auch »einer von zwei« herausgelesen werden. 39

Eine erweiternde Auslegung der AKB-Vorschrift ist deshalb unverzichtbar, weil sich die Kraft des ziehenden Fahrzeugs auf den ersten Anhänger nicht anders auswirkt als die auf den zweiten. 40

Vorschlag für eine Änderung: »*Sind mit dem versicherten Kraftfahrzeug ein oder zwei Anhänger bzw. ein Auflieger verbunden, erstreckt sich der Versicherungsschutz auch hierauf.*« 41

3. gelöst und noch in Bewegung

Die Mitversicherung über das ziehende Kraftfahrzeug endet mit dem Lösen. Wird dabei der Anhänger von Hand aus dem Kupplungsmaul gedrückt und dadurch bewegt, ist die Mitversicherung über das ziehende Kraftfahrzeug bereits ausgeschlossen[43]. 42

Geschieht das Lösen ohne Willen[44] von Fahrer[45] oder Beifahrer, greift dagegen die Mitversicherung. Diese bleibt bis zum Erschöpfen der zugbedingten Kräfte bestehen (Ausrollen – Abbau der kinetischen Energie). 43

---

41 *Wilms* Neue Anhänger-Streitfragen, DAR 2012, 68 ff.
42 FAKomm/VerkehrsR/*Rebler* § 32a StVZO, Rn. 2.
43 Stiefel/*Maier* Kraftfahrtversicherung, A.1.1.5 AKB, Rn. 88.
44 Stiefel/*Maier* Kraftfahrtversicherung, A.1.1.5 AKB, Rn. 88; Feyock/*Jacobsen*/Lemor § 10a AKB, Rn. 10.
45 Anscheinsbeweis für nicht richtiges Einhängen, *LG Dresden* Urt. v. 11.12.2001 – 15 S 590/00, DAR 2002, 222.

44 Auch wenn sich ungewollt Teile[46] des Anhängers lösen, sind die dadurch bedingten Gefahren über das ziehende Fahrzeug mitversichert.

45 Dabei ist es nicht erforderlich, dass die Fahrzeuge tatsächlich vorher miteinander mechanisch verbunden waren. Ein Anschieben »Stoßstange an Stoßstange« reicht aus, denn hierin besteht eine Verbindung durch Anpressdruck. Die Krafteinwirkung setzt sich nach der Beschleunigung durch das schiebende Kraftfahrzeug ebenso noch fort, als wenn sich ein Abschleppseil vom ziehenden Kraftfahrzeug gelöst hätte.

46 Nach der Trennung der Fahrzeuge kann sich die Betriebsgefahr des ziehenden Fahrzeugs noch auf den Anhänger auswirken. In diesem Fall kommt die Anwendung von A.1.1.1 AKB unmittelbar[47] in Betracht.

4. zweiter Anhänger gelöst vom ersten Anhänger

47 Löst sich der zweite Anhänger vom ersten Anhänger, hat sich die Versicherung des Kraftfahrzeugs über den Wortlaut hinaus[48] auch auf den zweiten Anhänger zu beziehen.

48 Lag die Gefahrenquelle für das Lösen des zweiten Anhängers beim ersten Anhänger (Versagen der Kupplung), führt dies nicht zu einer Mitversicherung des zweiten Anhängers über den ersten. Die Mitversicherung ist nur über die Haftpflichtversicherung des Kraftfahrzeuges konzipiert, nicht aber über sonstige Fahrzeuge.

49 Schließlich ist nach Wegfall der Klausel in § 10a Abs. 2 Satz 1 AKB a. F. ein Kraftfahrzeug umgekehrt auch nicht mehr[49] über den Anhänger mitversichert.

5. Anhänger gelöst von abgeschleppter betriebsunfähiger Zugmaschine

50 Das Schleppen von mehreren[50] betriebsfähigen Fahrzeugen ist nicht gestattet, § 33 Abs. 2 Nr. 1 StVZO.

51 Das Abschleppen eines betriebsunfähigen Fahrzeugs ist im Gesetz nicht geregelt und beruht auf Gewohnheitsrecht[51]. Das Abschleppen eines betriebsunfähigen Fahrzeugs mit Anhänger ist daher ebenfalls gesetzlich nicht geregelt. Mangels Verbotsnorm (entsprechend § 33 Abs. 2 Nr. 1 StVZO) dürften sich Grenzen allein aus der zulässigen Anhängelast und der Länge des Gespanns ergeben, § 32a Satz 2 StVZO.

---

46 *OLG Köln* Urt. v. 07.06.1994 – 9 U 81/94, JurionRS 1994, 16321 = SP 1994, 329 = VersR 1995, 163 = r+s 1994, 283 = zfs 1994, 369 u. 1995, 179.
47 *OLG Bremen* Urt. v. 18.10.1984 – 3 U 21/84, JurionRS 1984, 13238 = VersR 1984, 1084; *OLG München* Urt. v. 19.12.1997 – 10 U 2963/97, OLGR 1998, 166; Feyock/*Jacobsen*/Lemor § 10a AKB, Rn. 11.
48 Siehe A.1.1.5 AKB Rdn. 39.
49 Feyock/*Jacobsen*/Lemor A.1., Rn. 30.
50 FAKomm/VerkehrsR/*Rebler* § 33 StVZO, Rn. 13.
51 Hentschel/König/*Dauer* § 33 StVZO Rn. 6.

Löst sich der Anhänger des abgeschleppten Zugfahrzeugs, stellt sich die Frage, ob dieser nun über die defekte Zugmaschine oder die abschleppende Zugmaschine mitversichert ist. 52

Beispiel: PKW mit kleinem Anhänger bleibt nach Motorschaden liegen. Ein hilfsbereiter zweiter PKW-Fahrer schleppt das Gespann ab; der Anhänger löst sich.

Der Fall ist nicht anders zu behandeln, als wenn zwei Anhänger mitgeführt werden. Schließlich wirkt sich nur die Kraft des tatsächlich ziehenden Kraftfahrzeugs aus. 53

Zudem ist derjenige, der das Gespann mitführt, der alleinige Fahrzeugführer der Einheit. 54

III. Mitversicherte Personen

Mitversicherten Personen werden heute[52] durch diese Vertragsklausel nicht erwähnt. Sie beschränkt sich auf das mitversicherte Risiko. Personen sind dagegen über A.1.2.g AKB mitversichert. 55

A.1.1.5 AKB entspricht den Anforderungen des § 3 KfzPflVV, der ebenfalls keine Aufzählung von Mitversicherten enthält. 56

Dies ist logisch, da es lediglich einer Mitversicherung zu Gunsten des Halters und Eigentümers bedarf. Der Fahrzeugführer ist immer schon über das ziehende Kraftfahrzeug abgesichert. 57

Derjenige, der ein abgeschlepptes oder geschlepptes Fahrzeug lenkt, ist nie selbst Fahrzeugführer. Dies gilt auch dann, wenn er im geschleppten Fahrzeug eine Fahrerlaubnis benötigt, § 33 Abs. 2 Nr. 1 StVZO. Die Klausel des alten § 10a Abs. 1 Satz 2 AKB a. F. gibt insbesondere dem Lenker des gezogenen Fahrzeugs eine trügerische Sicherheit, denn nicht jeder bereitwillige Lenker erfüllt die rechtlichen Anforderungen eines Beifahrers. 58

Tatsächlich sieht § 1 PflVG keine Erweiterung des Versicherungsschutzes auf andere Personen als den Fahrer und Eigentümer vor. 59

Der Umfang des Versicherungsschutzes für mitversicherte Personen richtet sich nach dem der Mitversicherung des Fahrzeugs. Soweit der Anhänger demnach nicht mehr als Fortbewegungsmittel, sondern als reine Arbeitsmaschine zum Einsatz kommt, besteht auch keine Mitversicherung von Personen bezüglich des Arbeitsrisikos. 60

Das Arbeitsrisiko kann für diese Personen über den in der (Kfz-) Anhängerversicherung versicherten Fahrzeuggebrauch oder als Tätigkeitsschaden über die Betriebshaftpflichtversicherung nach A1-6.7.1 AVB BHV[53] versichert sein. 61

62

---

52 Zum alten Rechtsstand Feyock/*Jacobsen*/Lemor § 10a AKB a. F., Rn. 12.
53 Unverbindliche GDV Musterbedingungen, Allgemeine Versicherungsbedingungen für die Betriebs- und Berufshaftpflichtversicherung (AVB BHV), Stand 25.08.2014.

A.1.1.5 AKB (Mitversicherung von Fahrzeugen)

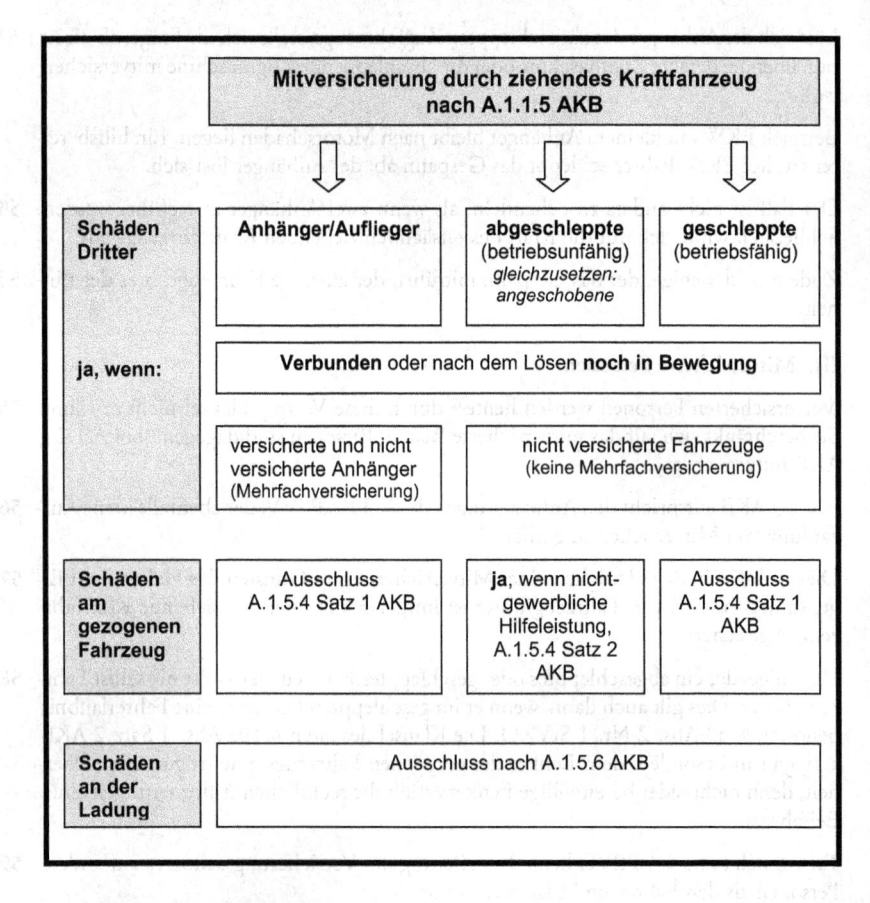

	Mitversicherung durch ziehendes Kraftfahrzeug nach A.1.1.5 AKB		
	⇩	⇩	⇩
Schäden Dritter	Anhänger/Auflieger	abgeschleppte (betriebsunfähig) *gleichzusetzen: angeschobene*	geschleppte (betriebsfähig)
ja, wenn:	Verbunden oder nach dem Lösen **noch in Bewegung**		
	versicherte und nicht versicherte Anhänger (Mehrfachversicherung)	nicht versicherte Fahrzeuge (keine Mehrfachversicherung)	
Schäden am gezogenen Fahrzeug	Ausschluss A.1.5.4 Satz 1 AKB	**ja**, wenn nichtgewerbliche Hilfeleistung, A.1.5.4 Satz 2 AKB	Ausschluss A.1.5.4 Satz 1 AKB
Schäden an der Ladung	Ausschluss nach A.1.5.6 AKB		

C. Weitere praktische Hinweise

I. Insassen des gezogenen Anhängers

63 Auch in oder auf einem Anhänger können[54] Insassen befördert werden. Ab dem 10. Platz ist eine Aufstockung der Mindestversicherungssumme auch für Personenanhänger vorgeschrieben, Anlage 2 Nr. 2 und 3 zu § 4 Abs. 2 PflVG.

64 § 3 KfzPflVV verlangt keine Anpassung der Mindestsummen auf die Mitversicherung über das ziehende Kraftfahrzeug. Die Versicherungssummen des ziehenden Fahrzeugs sind somit auf die dortigen vertraglichen Deckungssummen limitiert.

---

54 Oft verbotswidrig, siehe *OLG Braunschweig* Urt. v. 28.02.1997 – 5 U 36/96, NZV 1998, 204 = r+s 1998, 286 = VRS 94, 409.

Im Ergebnis werden Insassen nach den aktuellen AKB besser gestellt, da § 10a Abs. 1   65
Satz 2 AKB a. F.[55] noch eine Limitierung auf die Grundversicherungssumme (Mindestdeckungssumme) vorsah.

II. Vorgänge im Zusammenhang mit Gefahrgutfahrzeugen

Rechtliche Grauzonen bestehen insbesondere im Rahmen von Hilfe- und Bergungs-   66
maßnahmen. Ungeklärt ist dabei die Sachlage in Bezug auf die Führerscheinklausel, wenn beladene Gefahrgutfahrzeuge abgeschleppt werden müssen. Der Fahrzeugführer des schleppenden Fahrzeugs hat gewöhnlich keine ADR-Bescheinigung (Gefahrgutführerschein). Soweit der Gefahrgutfahrer das abgeschleppte Fahrzeug lenkt, ist dies eher unkritisch.

In der Praxis wird das betriebsunfähige Kraftfahrzeug zudem versichert sein. Die Mit-   67
versicherung ist dann nicht betroffen, Abs. 1 Satz 2.

Wird der Gefahrgutanhänger im Rahmen der Bergung eines liegengebliebenen Gefahr-   68
gutzuges von einer anderen Zugmaschine übernommen, hat sowohl die Zugmaschine als auch der Fahrzeugführer den Gefahrgutanforderungen zu entsprechen. Die Zugmaschine hat den besonderen Anforderungen an die Zulassung zu entsprechen. Der Fahrzeugführer benötigt eine ADR-Bescheinigung.[56]

Die Mitversicherung für den Gefahrgutanhänger besteht selbst hier. Der Umfang des   69
Versicherungsschutzes richtet sich nach dem Vertrag des ziehenden Fahrzeugs. Werden durch gefahrgutrechtliche Vorgaben von der Behörde bedeutend höhere[57] Mindestversicherungssummen gefordert, kommt es zu keiner Aufstockung der Versicherungssummen für das ziehende Fahrzeug.

III. Kupplungsträger

Auf Anhängerzugvorrichtungen lassen sich heute Kupplungsträger aufbauen. Sie die-   70
nen dem bequemen Transport von Fahrrädern oder zusätzlichen Lastboxen. Kupplungsträger sind keine Fahrzeuge und damit keine Anhänger.

Werden sie unterwegs verloren, handelt es sich um verlorene Ladung des Kraftfahr-   71
zeugs. Die Folgen sind dem Gebrauch des verlierenden Fahrzeugs zuzurechnen.

Dasselbe gilt für Fahrzeuge mit sogenannten Flexsystemen, bei denen z. B. Fahrradträ-   72
ger an der hinteren Stoßstange herausgezogen werden können.

---

55 Feyock/*Jacobsen*/Lemor § 10a AKB, Rn. 13.
56 Himmelreich/Halm/Staab/*Schwab* Handbuch der Kfz-Schadensregulierung, Kap. 21, Rn. 242–242c.
57 Man beachte bereits die Unterschiede in der Gefährdungshaftung nach § 12 StVG zu § 12a StVG.

A.1.1.5 AKB (Mitversicherung von Fahrzeugen)

IV. Schäden innerhalb des Gespanns

73 Insbesondere beim Abschleppen mit Abschleppseil kommt es häufig zu Fahrzeugschäden, wenn sich ziehendes und gezogenes Fahrzeug berühren. Diese Schäden sind nicht mitversichert, so dass Schäden insbesondere am Anhänger[58] ausscheiden[59]. Sie sind nach A.1.5.3 und A.1.5.4 AKB ausgeschlossen[60].

74 Im Rahmen der nichtgewerblichen Hilfeleistung[61] für betriebsunfähige Fahrzeuge besteht ausnahmsweise Versicherungsschutz auch für Schäden an diesen Fahrzeugen, A.1.5.4 Satz 2 AKB. Nach zweifelhafter Entscheidung des *OLG Celle*[62] haften beim Abschleppvorgang beide Fahrzeughalter sich gegenseitig aus der Betriebsgefahr, selbst wenn sich der Unfall außerhalb des öffentlichen Verkehrsraums ereignet.

75 Regelmäßig sind zudem Betriebsschäden[63] in der Kaskoversicherung nach A.2.2.2.2 AKB ausgeschlossen – gleich ob sie als Anhänger oder Auflieger[64] oder Fahrzeuge bezeichnet sind, da sie nicht den Unfallbegriff[65] erfüllen. Die Auswirkungen von Spurrillen können jedoch nach der Rechtsprechung des *BGH*[66] beim Gespannfahren ausnahmsweise eine Einwirkung von außen darstellen.

---

58 *BGH* Urt. v. 18.12.1980 – IVa ZR 49/80, JurionRS 1980, 11893 = DAR 1981, 223 = MDR 1981, 476 = VersR 1981, 322.
59 Zum Rangierschaden in der Kaskoversicherung siehe *LG Essen* Urt. v. 25.08.2005 – 10 S 184/05, JurionRS 2005, 42076 = r+s 2006, 65 = SVR 2006, 227 bespr. v. *Steding* = NJW-RR 2006, 1688 = NZV 2007, 88.
60 *OLG Stuttgart* Urt. v. 10.08.2006 – 7 U 73/06, JurionRS 2006, 27288 = MDR 2007, 658 = r+s 2007, 238 = NZV 2007, 304 = zfs 2007, 93 = NJW-RR 2007, 304 = VK 2007, 32 = SP 2007, 259 (Ausschluss Betriebsschäden); *Kreuter-Lange* A.1.5.4 AKB Rdn. 1. Stiefel/*Maier* Kraftfahrversicherung, A.1.1.5 AKB, Rn. 95.
61 *LG Hildesheim* Urt. v. 07.05.1995 – 3 O 541/95, SP 1998, 26 (nur bis zur nächsten Werkstatt); *Stadler* Die Kraftfahrversicherung, Rn. 155.
62 *OLG Celle* Urt. v. 14.11.2012 –14 U 70/12, JurionRS 2012, 28024 = ADAJUR Dok.Nr. 99779 = NZV 2013, 292 = r+s 2013, 145 = SVR 2013, 143 bespr. v. *Walter* = SP 2013, 135 = VRR 2013, 181 bespr. v. *Notthoff.*
63 *OLG Hamm* Beschl. v. 21.05.2014 – 20 U 13/14, JurionRS 2014, 28233; *LG Essen* Urt. v. 13.02.2012 – 18 O 342/11, JurionRS 2012, 36152 (Aufrollen mangels kraftschlüssigen Ankuppelns); *AG Mönchengladbach* Urt. v. 25.06.2014 – 36 C 71/14, JurionRS 2014, 21867 = VRR 2014, 430 bespr. v. *Stoeber* = zfs 2014, 578.
64 *OLG Hamm* Beschl. v. 09.07.2014 – 20 U 13/14, JurionRS 2014, 27972 = VersR 2015, 61; BGH Urt. v. 04.03.2015 – IV ZR 128/14, JurionRS 2015, 12835 = ADAJUR Dok.Nr. 107171 = NJW-Spezial 2015, 266.
65 *Stomper* A.2.2.2 AKB Rdn. 8 ff.
66 *BGH* Urt. v. 19.12.2012 – IV ZR 21/11, JurionRS 2012, 31498 = ADAJUR Dok.Nr. 100593 = DAR 2013, 146 = NJW-RR 2013, 406 = NJW-Spezial 2013, 105 = NZV 2013, 238 = VersR 2013, 354 = r+s 2013, 166 = SVR 2013, 144 bespr. v. *Philipp* = VRR 2013, 143 bespr. v. *Knappmann* = zfs 2013, 213.

V. Schäden an der Ladung des Anhängers

Die Mitversicherung des Anhängers über das Zugfahrzeug führt nicht zu einer Haftung 76
für Schäden an Sachen, die nicht mit dem versicherten Fahrzeug, sondern mit dem Anhänger transportiert wurden. Der Ausschluss nach A.1.5.6 Abs. 1 AKB bezieht sich dann auf die mit der zusammengesetzten Einheit[67] beförderten Sachen.

VI. Keine Mitversicherung des Zugfahrzeugs durch die Anhängerversicherung

Die Regelung beschränkt sich rein auf die Mitversicherung des Anhängers über die Versicherung des Kraftfahrzeuges. Umgekehrt wirkt die Versicherung nicht. Die Vertragsvorschrift kann nicht analog angewandt werden. 77

Besteht für die Zugmaschine kein Versicherungsschutz, verbleibt es allein beim bestehenden Versicherungsschutz für den Anhänger. Diese bilden dennoch nach wie vor eine Haftungseinheit. Die Konsequenz hieraus ist, dass der leistungsfreie Haftpflichtversicherer des Zugfahrzeugs auch an den Anhängerhaftpflichtversicherer verweisen kann, denn auch dieser ist ein Schadensversicherer, § 117 Abs. 3 Satz 2 VVG. Erst wenn alle Versicherer eines Fahrzeuggespanns[68] leistungsfrei sind, ist an andere Schadensversicherer außerhalb des Gespanns zu verweisen. 78

Der leistende Anhängerversicherer kann den Gesamtschuldnerausgleich[69] normalerweise beim Versicherer des Zugfahrzeugs gelten machen, da die Subsidiarität der Anhängerversicherung nicht mehr[70] besteht. Ist der Haftpflichtversicherer des Zugfahrzeugs leistungsfrei, kann der Anhängerversicherer beim Halter des Zugfahrzeugs regressieren, denn dieser ist nicht mitversicherte Person der Anhängerversicherung. Dies gilt selbst dann, wenn Halter von Zugfahrzeug und Anhänger identisch sind. Ein Regress beim Entschädigungsfond (Verein Verkehrsopferhilfe e. V.) nach § 12 PflVG findet nicht statt. 79

---

67 *OLG Köln* Urt. v. 12.03.1992 – 5 U 145/91, ADAJUR Dok.Nr. 9562 = r+s 1992, 220 = SP 1992, 289 (Ls.) noch zu § 11 Abs. 3 Satz 1 AKB a. F.; Prölss/Martin/*Knappmann* § 11 AKB a. F., Rn. 10.
68 *Wilms* Neue Anhänger-Streitfragen, DAR 2012, 68 ff.
69 *BGH* Urt. v. 27.10.2010 – IV ZR 279/08, BGHZ 187, 211 = JurionRS 2010, 28509 = DAR 2011, 80 = MDR 2011, 37 = NJW 2011, 447 = NJW-Spezial 2011, 10 = NZV 2011, 128 = r+s 2011, 60 = SVR 2011, 235 = TranspR 2011, 43 = VersR 2011, 105 = VK 2011, 13= VRR 2011, 22 bespr. v. *Knappmann* = zfs 2011, 90.
70 Staudinger/Halm/Wendt/*K.Schneider* Fachanwaltskommentar Versicherungsrecht, § 77 VVG, Rn. 13, Fn. 45.

A.1.2 Wer ist versichert?

Der Schutz der Kfz-Haftpflichtversicherung gilt für Sie und für folgende Personen (mitversicherte Personen):
a den Halter des Fahrzeugs,
b den Eigentümer des Fahrzeugs,
c den Fahrer des Fahrzeugs,
d den Beifahrer, der im Rahmen seines Arbeitsverhältnisses mit Ihnen oder mit dem Halter den berechtigten Fahrer zu seiner Ablösung oder zur Vornahme von Lade- und Hilfsarbeiten nicht nur gelegentlich begleitet,
e Ihren Arbeitgeber oder öffentlichen Dienstherrn, wenn das Fahrzeug mit Ihrer Zustimmung für dienstliche Zwecke gebraucht wird,
f den Omnibusschaffner, der im Rahmen seines Arbeitsverhältnisses mit Ihnen oder mit dem Halter des versicherten Fahrzeugs tätig ist,
g den Halter, Eigentümer, Fahrer, Beifahrer und Omnibusschaffner eines nach A.1.1.5 mitversicherten Fahrzeugs.

Diese Personen können Ansprüche aus dem Versicherungsvertrag selbstständig gegen uns erheben.

Übersicht Rdn.
A. Allgemeines 1
B. **Regelungsgehalt** 3
I. Versicherte Personenkreise 3
  1. Versicherungsnehmer 5
  2. Pflicht-Mitversicherte 8
     a) Halter 9
     b) Eigentümer 36
     c) Fahrer 39
  3. Mitversicherte auf Anforderung des § 2 Abs. 2 KfzPflVV 41
     a) echter Beifahrer 48
     b) Arbeitgeber/Dienstherr 53
     c) Omnibusschaffner 74
     d) Mitversicherte Personen von angehängten/gezogenen Fahrzeugen 79
  4. Lückenfälle 83
     a) Insasse 84
     b) Einweiser 87
     c) Begleiter im Fahrzeug (begleitetes Fahren) 91
     d) Begleiter außerhalb des Fahrzeugs (Schwertransporte) ... 97
     e) betriebsfremde Personen 99
     f) Fahrprüfer 101
     g) Monteur/Reparaturhelfer 102
II. Selbstständige Geltendmachung vertraglicher Ansprüche 103
C. **Weitere praktische Hinweise** 105

A. Allgemeines

Die vertragliche Vorschrift erfüllt die gesetzlichen Anforderungen nach § 1 PflVG zum   1
Kreis der zu versichernden Personen, geht jedoch weit darüber hinaus.

Einerseits bleiben trotzdem Lücken bestehen (z. B. Insassen), andererseits wird selbst da   2
Schutz gewährt, wo objektiv gar kein Bedarf besteht (Versicherungsnehmer).

B. Regelungsgehalt

I. Versicherte Personenkreise

Die aufgelisteten Personen lassen sich in mehrere Personenkreise einordnen.   3

Aufgrund der gesetzlichen Anforderungen stehen sie unter mehr oder weniger aus-   4
geprägtem Schutz. Bei einem intakten Versicherungsverhältnis ergeben sich hieraus keinerlei Auswirkungen.

1. Versicherungsnehmer

Der Versicherungsnehmer wird im Eingangssatz der Vertragsklausel mit »Sie« erwähnt.   5
Der Versicherungsschutz für den Versicherungsnehmer ist gesetzlich nicht vorgeschrieben. Er wird in § 1 PflVG nicht erwähnt. Es bedarf auch keiner Nennung, da er nur allein deshalb, weil er Vertragspartner eines Haftpflichtversicherers ist, nicht mit Haftpflichtansprüchen Dritter belastet werden kann.

Dies wäre er erst dann, wenn er zugleich als Halter, Fahrer oder Eigentümer verantwort-   6
lich gemacht werden könnte. Dann genießt er aber bereits Schutz als Pflicht-Mitversicherter.

Es verbleiben zwei kleine Anwendungsbereiche: 7
– Wird der Versicherte irrtümlich mitverklagt obwohl er weder Halter, Fahrer noch Eigentümer des Fahrzeugs ist, muss er sich gegen die Klage verteidigen. In diesem Fall kommt der Rechtsschutzanspruch nach A.1.1.3 AKB zum Tragen.
– Bedeutsamer ist der Fall, wenn der Versicherungsnehmer als Insasse des Fahrzeugs einen Schaden verursacht. Der Insasse selbst ist regelmäßig über den Fahrzeuggebrauch nicht mitversichert, wenn er z. B. unachtsam eine Tür öffnet und dadurch jemand zu Schaden kommt.

2. Pflicht-Mitversicherte

Pflicht-Mitversicherte sind Personen, die in § 1 PflVG abschließend aufgelistet sind.   8

a) Halter

Zum Halter darf zunächst auf die weiterführenden Darlegungen zu § 1 PflVG verwie-   9
sen[1] werden.

---

[1] Siehe *Schwab* § 1 PflVG, Rdn. 48–58.

A.1.2 AKB Wer ist versichert?

10 Auch die AKB enthalten **keine Definition** des Halterbegriffs, weswegen man sich an der zu § 1 PflVG ergangenen Rechtsprechung zu orientieren hat. Schließlich darf die vertragliche Regelung nicht hinter den gesetzlichen Anforderungen zurückbleiben.

11 Im Kern ist festzuhalten, dass Halter[2] ist, wer das Fahrzeug[3] auf eigene Rechnung in Gebrauch hat und die Verfügungsgewalt besitzt, die ein solcher Gebrauch voraussetzt.

12 Die Gewalt über ein Fahrzeug hat auch eine Person, die sich auf Dauer[4] des Fahrzeugs bemächtigt hat, so dass die Halterhaftung des früheren Halters[5] ausscheidet. Anders als beim unberechtigten Fahrer, dem gegenüber der Versicherer wegen Obliegenheitsverletzung nach D.1.1.2 AKB leistungsfrei ist, soll[6] der **unberechtigte Halter** (besser: **unberechtigter Benutzer**) uneingeschränkt Versicherungsschutz[7] genießen. Offenbar zielen die Ansichten darauf, dem Opferschutz zu dienen. Dabei ist dem Opferschutz durch den Entschädigungsfond bereits ausreichend Genüge getan. Zwar geht der Begriff des unberechtigten Benutzers von dem des Halters aus, ist mit diesem aber nicht[8] identisch.

13 Falls unberechtigter Fahrer und der sogenannte unberechtigter Halter identisch sind, ergebe sich nach *Johannsen*[9] die vertrackte Konsequenz, dass dem unberechtigten Halter grundsätzlich Versicherungsschutz zu gewähren sei. Das Problem sei zu lösen, indem man dem dominierenden Sinngehalt des § 2 Abs. 2b) AKB a. F. folge, wonach der Versicherer leistungsfrei werde.

---

2 *BGH* Urt. v. 29.05.1954 – VI ZR 111/53, BGHZ 13, 351 = JurionRS 1954, 10454 = DB 1954, 555 = NJW 1954, 1198 = VersR 1954, 365 = VRS 7, 30 = Das Recht des Kraftfahrers 1955, 22; *BGH* Urt. v. 08.07.1969 – VI ZR 260/67, BGHZ 32, 331 = JurionRS 1969, 13018 = VersR 1969, 907 (908); *BGH* Urt. v. 03.12.1991 – IV ZR 378/90, BGHZ 116, 200 = JurionRS 1991, 14046 = DAR 1992, 208 = BB 1992, 457 = NJW 1992, 900 = MDR 1992, 453 = NZV 1992, 145 = VersR 1992, 437 = WM 1992, 961; Detailfragen zum Halterbegriff mit Rechtsprechungsnachweisen bei Hentschel/*König*/Dauer § 7 StVG Rn. 14 ff.
3 Abgeleitet von Tierhalter in § 833 BGB, Hentschel/*König*/Dauer § 7 StVG, Rn. 14.
4 *KG Berlin* Urt. v. 09.03.1989 – 12 U 2502/88, DAR 1989, 347 = NZV 1989, 273 = VersR 1989, 905 = zfs 1989, 386 (Ls.).
5 *BGH* Urt. v. 26.11.1996 – VI ZR 97/96, JurionRS 1996, 14650 = DAR 1997, 108 = MDR 1997, 241 = NJW 1997, 660 = NZV 1997, 116 = VersR 1997, 204 = zfs 1997, 89.
6 *Hofmann* Unfälle mit nicht versicherten Kraftfahrzeugen, NZV 1991, 409 ff. Stiefel/*Maier* Kraftfahrtversicherung A.1.2 AKB, Rn. 4; Prölss/Martin/*Knappmann* VVG-Kommentar, A.1.2 AKB, Rn. 2; *Knappmann* Versicherte Risiken in der Kfz-Haftpflichtversicherung, VRR 2006, 126 ff. *Notthoff* Der Regress des Kraftfahrzeug-Haftpflichtversicherers – Teil 2, VRR 2013, 124 ff.; Himmelreich/Halm/Staab/*Kreuter-Lange* Handbuch der Kfz-Schadensregulierung, Kap. 22, Rn. 122b.
7 Unberechtigter Fahrer als Quasi-VN *AG Lemgo*, 26.08.2013 – 19 C 481/12, JurionRS 2013, 45065 (Regress wegen Obliegenheitsverletzungen stattgegeben).
8 *BGH* Urt. v. 04.12.1956 – VI ZR 161/55, BGHZ 22, 293 = JurionRS 1956, 13008 = DB 1957, 114 = NJW 1957, 500.
9 Bruck/Möller/*Johannsen* Kommentar zum VVG, Band V, Teil 1, S. 823; so auch Hofmann Unfälle mit nicht versicherten Kraftfahrzeugen, NZV 1991, 409 ff.

Das *KG Berlin*[10] hat in seiner Entscheidung erfolgreich das Problem umschifft, indem 14
es die Haltereigenschaft verneinte und den Dieb auch für die Unfallfahrt eines unbekannten Dritten verantwortlich machte. Dies sei eine Folge der früheren Zerstörung der Sicherheitseinrichtungen am Fahrzeug. Dieser Weg ist allerdings in den Fällen versperrt, wenn der Täter den gesicherten Fahrzeugschlüssel bei einem Wohnungseinbruch stiehlt oder den berechtigten Schlüsselinhaber beraubt.

Hofmann[11] ging offenbar davon aus, dass der unberechtigte Halter nur in Ansehung des 15
geschädigten Dritten in die Pflichtversicherung aufgenommen wurde, der Versicherer ihm gegenüber aber leistungsfrei sei.

Bei einer Vorsatztat des unberechtigten Fahrers/Halters mit dem gestohlenen Fahrzeug 16
ergeben sich grundsätzlich keine Probleme, sofern der berechtigte Halter den Diebstahl nicht ermöglicht hat, § 7 Abs. 3 Satz 1 StVG. Der berechtigte Halter haftet dann[12] nicht. Sein Haftpflichtversicherer hat dann entsprechend auch niemand freizustellen.[13]

M. E. ist zu bezweifeln, dass es in versicherungsrechtlicher Hinsicht überhaupt einen 17
unberechtigten Halter[14] gibt. Tatsächlich stammt die Formulierung auch nicht aus dem Versicherungs-, sondern abgeleitet aus dem Haftungsrecht. Da gehört der Begriff auch hin. Er dient dazu, die Halterhaftung des berechtigten Halters nach § 7 Abs. 3 Satz 1 StVG entfallen und für den unberechtigten Benutzer nach § 7 Abs. 1 StVG aufleben zu lassen. Schließlich haftet der berechtigte frühere Halter nach dem Halterwechsel auch nicht[15] analog aus § 7 StVG. Er haftet allenfalls gebührenrechtlich,[16] solange er pflichtwidrig seiner Mitteilungspflicht nach § 13 Abs. 4 Satz 1 FZV nicht nachgekommen ist.

Der Begriff des Halters ist weder in § 1 PflVG noch in § 7 StVG definiert. § 1 Abs. 1 18
Nr. 1 KraftStG verwendet ebenso den Halterbegriff, ohne jedoch in § 2 KraftStG den Halter zu definieren, wo doch die Vorschrift eigentlich der Begriffsdefinition dient.

---

10 *KG Berlin* Urt. v. 09.03.1989 – 12 U 2502/88, DAR 1989, 347 = NZV 1989, 273 = VersR 1989, 905 = zfs 1989, 386 (Ls.).
11 Stiefel/*Hofmann* Kraftfahrtversicherung, § 2b AKB, Rn. 53.
12 Strenge Anforderungen an die Beweisführung des berechtigten Halters, *OLG Hamm* Urt. v. 15.06.2005 – 13 U 63/05, JurionRS 2005, 23866 = DAR 2006, 277 = NJW-RR 2006, 397 = NZV 2006, 253 = OLGR 2006, 33 = r+s 2006, 33 = zfs 2006, 75; *OLG Nürnberg* Urt. v. 17.05.2011 – 3 U 188/11, JurionRS 2011, 42253 = ADAJUR Dok.Nr. 97177 = NZV 2011, 538 = r+s 2012, 65 = zfs 2011, 554.
13 *OLG Frankfurt* Urt. v. 20.10.1982 – 17 U 223/81, VersR 1983, 494; *LG Osnabrück* Urt. v. 22.02.2007 – 5 O 1452/06, JurionRS 2007, 12791 = ADAJUR Dok.Nr. 74354.
14 Offengelassen wegen einvernehmlicher Besitzüberlassung *BGH* Urt. v. 22.09.1958 – II ZR 87/57, BGHZ 28, 137 = JurionRS 1958, 14360 = DAR 1958, 305 = DB 1958, 1183 = JZ 1959, 213 = MDR 1958, 908 = NJW 1958, 1872.
15 *BGH* Urt. V. 26.11.1996 – VI ZR 97/96, JurionRS 1996, 1465 = DAR 1997, 108 = MDR 1997, 241 = NJW 1997, 660 = NZV 1997, 116 = r+s 1997, 58 = SP 1997, 93 = VersR 1997, 204 = zfs 1997, 89 m. Anm. *Diehl*.
16 *VGH Baden-Württemberg* Beschl. v. 22.12.2014 – 10 S 299/14, JurionRS 2014, 30776.

A.1.2 AKB Wer ist versichert?

19 Bei genauerer Betrachtung ist unter versicherungsvertraglichen Gesichtspunkten **nur der berechtigte Halter versichert**.[17] Dies ergibt sich aus der Zulassung des Fahrzeugs auf einen bestimmten Halter und aus dem Versicherungsvertrag. In der amtlichen Urkunde und im Versicherungsschein sind die Personen namentlich benannt, auf die sich individuell der Versicherungsschutz bezieht. Versicherungsschutz besteht damit nicht für jeden beliebigen[18] Halter. Das *OLG Stuttgart*[19] stellt entsprechend auch bei Kurzzeitkennzeichen auf die Eigenschaft des Halters als Vertragspartner des Versicherers ab, so dass die bloße Weitergabe des Kennzeichens den Versicherungsschutz nicht mit übergehen lasse. Dies entspricht der zutreffenden Sichtweise des *BGH*[20] zu Kfz-Handel-/Handwerksverträgen.

20 Diese Sichtweise entspricht den Anforderungen des § 1 PflVG. Danach ist der Halter insbesondere verpflichtet, für sich eine Haftpflichtversicherung abzuschließen und aufrechtzuerhalten. Dabei kann zwanglos angenommen werden, dass der berechtigte Mithalter[21] und der berechtigte Rechtsnachfolger in der Halterstellung ebenfalls versichert bzw. mitversichert[22] ist.

21 Der berechtigte Halter ist jedoch nach dem eindeutigen Wortlaut des § 1 PflVG nur verpflichtet, **für sich** eine Versicherung abzuschließen, aber nicht für den unberechtigten Halter/unberechtigten Benutzer,[23] der ihm das Fahrzeug entwendet. Niemand kann gesetzlich gezwungen werden, für den Fall, dass man Opfer einer Straftat wird, den Straftäter mitzuversichern. Zudem lässt sich weder aus § 1 PflVG noch aus § 2 KfzPflVV herleiten, dass der Kfz-Haftpflichtversicherer auch den nichtberechtigten Benutzer nach § 7 Abs. 3 Satz 1 StVG als Quasi-Halter mitversichern müsste.

22 Dem Haftpflichtversicherer erwächst dadurch tatsächlich zunächst kein Vorteil. Schließlich hat er dem berechtigten Halter nach wie vor Versicherungsschutz zu gewäh-

---

17 So zumindest bei Drittschäden beim Fahrzeugaufbruch *AG Köln* Urt. v. 21.06.2005 – 263 C 618/04, JurionRS 2005, 34594 = ADAJUR Dok.Nr. 66542 = SP 2005, 367.
18 So aber Stiefel/*Maier* Kraftfahrtversicherung A.1.2 AKB, Rn. 4; Prölss/Martin/*Knappmann* VVG-Kommentar, A.1.2 AKB, Rn. 2.
19 *OLG Stuttgart*, Urt. v. 22.10.2014 – 3 U 36/14, JurionRS 2014, 25756 = ADAJUR Dok.Nr. 106219 = NJW-Spezial 2014, 715 (Revision zugelassen); zustimmend *Wenker* jurisPR-VerkR 2/2015 Anm. 2 a. A. *OLG Hamm* Urt. v. 07.12.2012 – I-9 U 117/12, JurionRS 2012, 30633 = ADAJUR Dok.Nr. 103948 = NJW 2013, 1248 = NZV 2013, 301 = SP 2013, 155 = r+s 2013, 325 = SVR 2013, 431 bespr. v. *Hering* = VRR 2013, 382 bespr. v. *Küppers*.
20 *BGH* Urt. v. 28.06.2006 – IV ZR 316/04, JurionRS 2006, 20450 = DAR 2007, 26 = MDR 2007, 216 = NJW-RR 2006, 1462 = NJW-Spezial 2006, 498 = NZV 2006, 645 = r+s 2006, 646 = VersR 2006, 1352 = VRR 2006, 462 bespr. v. *Knappmann* = VRS 111, 249 = zfs 2006, 630.
21 *BGH* Urt. v. 29.05.1954 – VI ZR 111/53, BGHZ 13, 351 = Das Recht des Kraftfahrers 1955, 22 = NJW 1954, 1198 = DB 1954, 555 = JZ 1954, 514.
22 *BGH* Urt. v. 22.09.1958 – II ZR 87/57, BGHZ 28, 137 = JurionRS 1958, 14360 = DAR 1958, 305 = DB 1958, 1183 = JZ 1959, 213 = MDR 1958, 908 = NJW 1958, 1872.
23 *BayObLG* Urt. v. 18.06.1958 – RevReg. 1 St 1/56, BayObLGSt 1958, 137.

ren. Seine Leistungspflicht besteht in der Abwehr unberechtigter Ansprüche gegen den nach § 7 Abs. 3 Satz 1 StVG nicht haftenden (früheren) Halter.

Der Haftpflichtversicherer darf jedoch nicht mit zusätzlichen Nachteilen belastet werden, für die es keine Rechtsgrundlage gibt. Der Versicherungsschutz darf nicht zum Täterschutz ausgeweitet werden. Entsprechend gibt es keinen kostenlosen Pflichtversicherungsschutz für Straftäter, der auf dem Rücken der Versichertengemeinschaft eines einzelnen Versicherers durch höhere Prämien zu finanzieren wäre. 23

Der unberechtigte Halter/unberechtigte Benutzer muss sich schon selbst versichern. Unterhält der unberechtigte Halter[24] keine Haftpflichtversicherung, kann er sich bei entsprechend innerer Tatbestandsseite nach § 6 PflVG strafbar machen. Folgte man der Auffassung, dass der unberechtigte Halter/unberechtigte Benutzer mitversichert sei, liefe die Strafnorm ins Leere, solange der ursprüngliche Haftpflichtvertrag nicht beendet ist. 24

Tatsächlich führte die unzutreffende Annahme einer Mitversicherung des unberechtigten Halters/unberechtigten Benutzers bislang nur in seltenen Ausnahmefällen[25] zu Problemen. Bei Unfällen stand regelmäßig die Verschuldenshaftung des nicht berechtigten Fahrers im Vordergrund. Gegen ihn wurde (mehr oder weniger erfolgreich) der Regress nach D.1.1.2 AKB[26] durchgeführt. 25

Die versicherungsrechtliche Relevanz hat sich durch die geänderte haftungsrechtliche Situation im Wege des zweiten Schadensersatzrechtsänderungsgesetzes[27] verändert. 26

Beispiel: Der Eigentümer und Halter eines Fahrzeugs parkt seinen ordnungsgemäß verschossenen PKW am Flughafen und unternimmt eine mehrwöchige Urlaubsreise. Ein Dieb stiehlt das Fahrzeug und benutzt es als eigenes. Dem Dieb läuft seitlich ein neunjähriges Kind in das Fahrzeug, das sich schwer verletzt. Es ergeben sich folgende Haftungslagen: 27
– Der Eigentümer haftet nicht, da ihn kein Verschulden trifft.
– Der frühere Halter des Fahrzeugs haftet nicht, da er den Diebstahl nicht ermöglicht hat, § 7 Abs. 3 Satz 1 StVG.
– Der Dieb haftet als Fahrer nicht, wenn er sich entlasten[28] kann, § 18 Abs. 1 Satz 2 StVG. Dazu muss er weder höhere Gewalt noch die Unabwendbarkeit beweisen, sondern muss nur die gesetzliche Verschuldensvermutung entkräften.[29] Die Vorschrift

---

24 *BGH* Urt. v. 06.12.1960 – 1 StR 520/60, JurionRS 1960, 11291; *BayObLG* Urt. v. 18.06.1958 – RevReg. 1 St 1/56, BayObLGSt 1958, 137.
25 *KG Berlin* Urt. v. 09.03.1989 – 12 U 2502/88, DAR 1989, 347 = NZV 1989, 273 = VersR 1989, 905 = zfs 1989, 386 (Ls.).
26 Siehe *Kreuter-Lange* D.1.1.2 AKB Rdn. 1–2.
27 In Kraft getreten am 01.08.2002.
28 *BGH* Urt. v. 14.05.1957 – VI ZR 132/56, JurionRS 1957, 14723 = VersR 1957, 519. Burmann/*Heß*/Jahnke/Janker StVR, § 18 StVG, Rn. 9.
29 *Himmelreich*/Halm/Staab/*Halm*/Hörle Handbuch der Kfz-Schadensregulierung, Kap. 4, Rn. 87–89.

A.1.2 AKB   Wer ist versichert?

unterscheidet nicht danach, ob der Fahrer das Fahrzeug berechtigt führte, so dass auch vom »Schwarzfahrer« der Entlastungsbeweis geführt werden kann. Entsprechend wird in der Kommentarliteratur zu § 18 StVG[30] auch nicht differenziert.
- Der Dieb haftet jedoch (als unberechtigter Halter, genauer:) als unberechtigter Benutzer des gestohlenen Fahrzeugs nach §§ 7 Abs. 1 und 3 Satz 1 StVG, 828 Abs. 2 Satz 1 BGB.

28 Der Regress gegen den Dieb als Fahrer nach D.1.1.2 AKB ist ausgeschlossen, da der Fahrer nicht haftet.

29 Wollte man den Kfz-Haftpflichtversicherer durch Analogie oder Richterrecht »verpflichten«, auch für den unberechtigten Halter – besser: **unberechtigten Benutzer** im Sinne des § 7 Abs. 3 Satz 1 StVG – Versicherungsschutz gewähren zu müssen, so gibt es für den Regress gegen den unberechtigten Halter keine Regelung. § 116 Abs. 1 Satz 2 und 3 VVG gewährt nur einen Aufwendungsersatzanspruch gegen den Versicherungsnehmer und (echte) Mitversicherte. Durch eine Leistung des Versicherers an den Geschädigten erwirbt der Versicherer nach § 267 BGB keine[31] Rechte. Er wäre allein auf bereicherungsrechtliche Ansprüche[32] angewiesen mit dem unzumutbaren Risiko, dem Vorwurf der Kenntnis der Nichtschuld nach § 814 BGB ausgesetzt zu sein. Der Versicherer wird sich kaum darauf berufen können, trotz Kenntnis wegen »unklarer Rechtslage« auf Druck[33] geleistet zu haben. Der richtige Weg der Rückforderung ist zudem bereits außerhalb der Fallgestaltung »unberechtigter Benutzer« umstritten.[34]

30 Nur der Versicherungsnehmer hätte gegenüber dem Dieb einen Anspruch auf Freistellung von sämtlichen Nachteilen, die im Zusammenhang mit dem Diebstahl und dem folgenden Unfall entstanden sind. Sein wirtschaftliches Interesse ist aber begrenzt. Es endet bereits in der Höherstufung seiner Schadensfreiheitsklasse nach I.3.5 AKB, da die Inanspruchnahme aufgrund der Betriebsgefahr des Fahrzeugs nicht als ein Fall schadenfreien Verlaufs nach I.4.1.2 AKB behandelt wird.

31 Richtigerweise wird man daher annehmen müssen, dass der unberechtigte Halter/unberechtigter Benutzer nicht mitversichert[35] ist. Das Fahrzeug ist tatsächlich **so nicht versichert**. Es muss auch so nicht versichert[36] sein. Der unberechtigte Benutzer ist

---

30 Hentschel/*König*/Dauer Straßenverkehrsrecht, § 18 StVG, Rn. 2 (erwähnt Schwarzfahrt); Wussow/*Fad* Unfallhaftpflichtrecht, Kap. 17, Rn. 168; Xanke/*Schaefer* Praxiskommentar Straßenverkehrsrecht, § 18 StVG, Rn. 4.
31 PWW/*Zöchling-Jud* § 267 BGB, Rn. 9.
32 *OLG Nürnberg* Urt. v. 05.11.1992 – 8 U 3084/91, ADAJUR Dok.Nr. 12627 = NZV 1993, 273 = r+s 1993, 2 = SP 1994, 226 = zfs 1994, 132; Bruck/Möller/*Beckmann* Band IV, § 116 VVG, Rn. 26.
33 PWW/*Prütting* § 814 BGB, Rn. 6.
34 *Schwab* § 116 VVG Rdn. 35–39.
35 *BayObLG* Urt. v. 18.06.1958 – RevReg. 1 St 1/56, BayObLGSt 1958, 137.
36 Europäisches Übereinkommen über die obligatorische Haftpflichtversicherung für Kraftfahrzeuge v. 20.04.1959, Anhang I Art. 3 Nr. 1.

keine mitversicherte Person. Dies hat zur Folge, dass das Verkehrsopfer seinen Schaden nicht nur bei dem nicht versicherten unberechtigten Halter/unberechtigten Benutzer, sondern auch beim **Entschädigungsfond** nach § 12 Abs. 1 Nr. 2 PflVG geltend machen kann. Zwar ist auch dort der unberechtigte Benutzer nicht wörtlich erwähnt, es handelt sich aber um den Ersatzpflichtigen, der wie ein Halter an dessen Stelle haftet. Aufgrund der gesetzlicher Regelung in § 12 Abs. 6 Satz 1 PflVG geht der Ersatzanspruch des Ersatzberechtigten auf den Entschädigungsfond über. Der Anspruchsübergang bezieht sich nach dieser Vorschrift ausdrücklich auf den »sonstigen Ersatzpflichtigen«, folglich auch auf unversicherte Fahrzeughalter[37] und unberechtigte Benutzer im Sinne des § 7 Abs. 3 Satz 1 StVG. Die Verkehrsopferhilfe kann folglich beim unberechtigten Halter/unberechtigten Benutzer regressieren.

Halter und Versicherungsnehmer müssen nicht identisch[38] sein, auch wenn dies § 1 PflVG nach dem Wortlaut scheinbar vorgibt. Schon § 2 Abs. 2 Nr. 1 KfzPflVV weicht hiervon ab, da der Halter nur als mitversicherte Person, nicht aber als Versicherungsnehmer erwähnt wird. 32

In der Praxis werden Verträge mit Versicherungsnehmern, die nicht selbst Halter sind, besonders dokumentiert. Für Verträge mit »**abweichendem Halter**« ist eine Mehrprämie wegen des erhöhten Verwaltungsaufwandes beim Versicherer gerechtfertigt. 33

Der Halter geht ein erhebliches Risiko ein, wenn er nicht selbst Versicherungsnehmer ist. Zur Prämienzahlung wird nur der Versicherungsnehmer aufgefordert. Denn nur der Versicherungsnehmer ist Vertragspartner des Versicherers. 34

Wie der Fahrer muss in diesen Fällen auch der Halter darauf vertrauen, dass der Versicherungsnehmer durch die Prämienzahlung für ausreichenden Versicherungsschutz gesorgt hat. 35

b) Eigentümer

Auch für den Eigentümerbegriff ist zunächst auf die weitergehenden Ausführungen zu § 1 PflVG zu verweisen[39]. 36

An das Eigentum sind nach deutschem Recht Pflichten gebunden. Die Bedeutung, als Eigentümer für Schäden Dritter in Anspruch genommen zu werden, mag noch gering sein. Gleichwohl besteht[40] eine solche Möglichkeit, sei es beispielsweise bei auslaufendem Motoröl[41] oder bei einer Besitzstörung[42] durch unzulässiges Parken. 37

---

37 Feyock/Jacobsen/Lemor/*Elvers* § 12 PflVG Rn. 119.
38 Feyock/*Jacobsen*/Lemor § 10 AKB a. F. Rn. 8; Stiefel/*Maier* Kraftfahrtversicherung A.1.2 AKB, Rn. 1.
39 Siehe *Schwab* § 1 PflVG Rdn. 59–61.
40 Ausschließend *Bauer* Die Kraftfahrzeugversicherung, 6. Auflage 2010, Rn. 861.
41 *LG Bielefeld* Urt. v. 27.10.1994 – 22 S 110/94, r+s 1994, 180 (181).
42 *BGH* Urt. v. 05.06.2009 – V ZR 144/08, BGHZ 181, 233 = JurionRS 2009, 17376 = DAR 2009, 515 = MDR 2009, 2530 = NJW 2009, 2530 = WM 2009, 1664 = NZM 2009, 595 = NJW-Spezial 2009, 538 = r+s 2010, 342 = VersR 2009, 1121 = zfs 2009, 558 = VRR 2009,

38 Die Inanspruchnahme des Fahrzeugeigentümers nach ausländischem Recht kann zudem von deutschem Recht abweichen. Folglich ist nicht nur wegen § 1 PflVG, sondern auch wegen Haftungsregelungen im Ausland der Eigentümer mitversichert.

c) **Fahrer**

39 Der Begriff des Fahrers wird schon nicht im Gesetz und so auch nicht in den AKB definiert. Bei einer eigenen Definition durch die AKB bestünde die Gefahr, Einschränkungen aufzunehmen, die von der Rechtsprechung nicht akzeptiert werden. Es ist erneut auf die Ausführungen zu § 1 PflVG zu verweisen[43].

40 Alle Fahrer zählen zu den mitversicherten Personen. Dies entspricht den Anforderungen[44] nach der Änderung von § 1 PflVG. Der unberechtigte Fahrer begeht jedoch eine Obliegenheitsverletzung nach D.1.1.2 AKB, so dass er in Regress[45] genommen werden kann.

3. Mitversicherte auf Anforderung des § 2 Abs. 2 KfzPflVV

41 Bei der Abfassung der KfzPflVV im Rahmen der Deregulierung wurde ein wesentlicher Teil der damals genehmigten AKB übernommen. Die Verordnungsgeber haben dabei ihren gesetzlich eingeräumten **Kompetenzrahmen überschritten**[46]. Gleichwohl hat es sich trotz der zweifelhaften rechtlichen Grundlage eingebürgert, dem Bedürfnis weiterer Personen an einem Einbezug in die Mitversicherung nachzukommen.

42 Die Muster-AKB sehen daher in Anlehnung an die Anforderungen der Verordnungsgeber in § 2 Abs. 2 Nrn. 4 bis 6 KfzPflVV eine entsprechende Erweiterung des Kreises der Mitversicherten vor.

43 Es kann nicht ausgeschlossen werden, dass Versicherungsunternehmen in ihren individuellen AKB auf die gesetzliche Basis des PflVG, das zugleich den Anforderungen sämtlicher KH-Richtlinien entspricht, zurückgehen.

44 Denkbar wäre hier sogar eine Aufteilung in:
– eine Basisdeckung mit Mindestversicherungssummen und Pflicht-Mitversicherten sowie
– einem Zusatzvertrag mit erweiterten Deckungssummen und weiteren Mitversicherten

---

298 bespr. v. *Zorn*; LG *München I* Urt. v. 24.09.2009 – 31 S 3648/09, ADAJUR Dok.Nr. 86214.
43 Siehe *Schwab* § 1 PflVG Rdn. 62–81.
44 BT-Drucks. IV/2252 S. 13.
45 Näheres bei *Kreuter-Lange* D.1.1.2 AKB Rdn. 1.
46 *Hofmann* Die neue Kfz-Versicherung, S. 33; *Müringer* Kommentar zur Pflichtversicherung, S. 22. meint, es hätte sich angeboten, § 1 PflVG würde auf § 2 Abs. 2 KfzPfVV verweisen.

In Bezug auf Versicherungssummen wird zumindest die Aufspaltung in zwei Kfz-Haft- 45
pflichtverträge[47] für zulässig und zu Recht als zukunftsweisend[48] erachtet.

Eine grundsätzliche Erweiterung[49] des Deckungsschutzes für weitere Personen über 46
den Pflichtversicherungsvertrag hinaus ist generell denkbar.

Im Zweifel sollten hier[50] bei der Fallbearbeitung die tatsächlich vereinbarten AKB des 47
Versicherers hinzugezogen werden.

a) echter Beifahrer

Mitversichert ist der echte **Beifahrer**. 48

Gemeint ist also nicht der im landläufigen Sprachgebrauch vorkommende Insasse auf dem Beifahrersitz vorne. Diese Person ist »nur« Insasse[51]. Öffnet sie die Beifahrertür und verursacht einen Schaden, besteht kein Schutz aus der Kfz-Haftpflichtversicherung, sofern sie nicht zugleich als Eigentümer oder Halter[52] mitversichert ist.

Die Anforderungen sind streng, absichtlich eng[53] gefasst und müssen kumuliert vorlie- 49
gen:
- Der Beifahrer ist ein regelmäßiger Begleiter des berechtigten[54] Fahrers
- Er hat in einem Arbeitsverhältnis zum Halter oder Versicherungsnehmer zu stehen
- Er verrichtet fahrertypische Arbeiten wie das Ablösen beim Fahren und/oder er verrichtet fahrzeugbezogene Arbeiten wie Lade- oder Hilfsarbeiten
- Die auszuführenden Tätigkeiten sind Inhalt des Arbeitsvertrages

Positivbeispiele: 50
- Rettungswagenfahrer mit zweitem Rettungsassistenten, die gemeinsam Personen auf einer Trage ins Fahrzeug heben (ebenso beim Leichenwagen)
- Pizza-Lieferdienst mit einem Fahrer und einem Austräger (Be- und Entladen)
- Reisebus mit Fahrer und ablösebereitem zweiten Fahrer[55]

---

47 *Niederleithinger* Das neue VVG, A Rn. 221; Schwintowski/Brömmelmeyer/*Huber* PK-Vers, § 113 Rn. 11; HK-VVG/*Schimikowski* § 113 VVG Rn. 5; *Marlow/Spuhl* Das neue VVG kompakt, S. 129; *Feyock*/Jacobsen/Lemor § 113 VVG, Rn. 4; Looschelders/*Pohlmann/Schwartze* VVG-Kommentar, § 113 VVG, Rn. 16.
48 *Marlow/Spuhl* Das neue VVG kompakt, S. 129.
49 Looschelders/*Pohlmann/Schwartze* VVG-Kommentar, § 113 VVG, Rn. 16; Römer/*Langheid* § 158k VVG a. F., Rn. 1; Prölss/Martin/*Knappmann* § 158k VVG a. F., Rn. 3.
50 Besser immer: *Heinrichs* Synopse der für das Versicherungsrecht im Verkehrsrecht bedeutsamsten Auswirkungen der VVG Reform, zfs 2009, 187 (189); *Bauer* Die Kraftfahrtversicherung, Vorwort.
51 Stiefel/*Maier* Kraftfahrtversicherung A.1.2 AKB, Rn. 16.
52 Die Mitversicherung des Halters ist nicht auf Ansprüche aus § 7 StVG begrenzt.
53 Stiefel/*Hofmann* § 10 AKB a. F., Rn. 56.
54 Stiefel/*Maier* Kraftfahrtversicherung A.1.2 AKB, Rn. 19.
55 *Kreuter-Lange/Schwab* Haftungs- und Versicherungsfragen beim Busfernverkehr, DAR 2015, 67 ff.

A.1.2 AKB Wer ist versichert?

- Azubi eines Gewerbebetriebes, der zusammen mit dem Fahrer regelmäßig schweres Arbeitsmaterial ein- und ausladen muss
- Beifahrer eines Geldtransporters, der nicht nur das Geld, sondern auch das Fahrzeug wegen seines spezifischen Verwendungszwecks überwacht und sichert[56]
- Bergungshelfer eines Abschleppdienstes

51 Negativbeispiele:
- Reisebus mit Fahrer und Reiseleiter, der sich um die Unterhaltung und Information der Fahrgäste aber nicht das Fahrzeug kümmert (nicht vergleichbar mit Omnibusschaffner)
- Fahrertrainer, der ständig wechselnd bei anderen Fahrern mitfährt, um deren Fahrverhalten zu optimieren
- Ein angestellter Fahrlehrer ist selbst Fahrzeugführer aber kein Beifahrer
- Ein Fahrer, der ausnahmsweise aber nicht regelmäßig als Beifahrer fungiert[57]

52 Der Versicherungsschutz für den echten Beifahrer ist mit vielen Fragezeichen versehen; hierzu stellen sich folgende Problemfelder:
- Der Versicherungsschutz des Beifahrers hängt davon ab, ob der Fahrer[58] noch berechtigter Fahrer ist. Unterschlägt dieser ohne Kenntnis des Beifahrers das Fahrzeug oder liegt eine »Schwarzfahrt« des Fahrers vor, hilft dies dem Beifahrer nichts. Schon beim Verlassen der vorgegebenen Fahrtroute[59] durch den Fahrer aus eigennützigen Zwecken kann zum Verlust des Versicherungsschutzes auch für den Beifahrer führen
- Der (schlecht bezahlte) Gelegenheitshelfer ist schutzlos, da er nicht regelmäßig mitarbeitet. Dies trifft auf Praktikanten, Probearbeiter und Jobber zu
- Der selbstständige Subunternehmer ist kein Arbeitnehmer, sofern er nicht nur Scheinselbstständiger ist
- Der freie Mitarbeiter hat ebenfalls keinen Arbeitsvertrag
- Fahrer und Beifahrer mit einem kurzeitig gemieteten LKW stehen in keinem Arbeitsverhältnis zum Halter oder Versicherungsnehmer des Mietfahrzeugs

b) **Arbeitgeber/Dienstherr**

53 § 2 Abs. 2 Nr. 6 KfzPflVV fordert den gesetzlich nicht vorgeschriebenen Einbezug des Arbeitgebers und des Dienstherrn in den Schutzkreis der Mitversicherten. Dem kommt die Vertragsklausel nach.

---

56 *BGH* Urt. v. 10.12.1996 – VI ZR 14/96, JurionRS 1996, 14283 = DAR 1997, 157 = MDR 1997, 240 = NJW 1997, 868 = NJW-RR 1997, 600 = NZV 1997, 117 = r+s 1997, 113 = SP 1997, 94 = VersR 1997, 458 = zfs 1997, 85 (abhandengekommene Geldkoffer nach Unfall).
57 *OVG Münster* Urt. v. 17.02.1970 – I A 572/69, JurionRS 1970, 10943 = VersR 1970, 652.
58 Feyock/*Jacobsen*/Lemor § 10 AKB a. F., Rn. 66; Stiefel/*Maier* Kraftfahrtversicherung A.1.2 AKB, Rn. 19.
59 *OVG Münster* Urt. v. 17.02.1970 – I A 572/69, JurionRS 1970, 10943 = VersR 1970, 652 (Soldaten auf Abwegen).

Viele Versicherungsnehmer setzen ihr versichertes Fahrzeug mit Willen oder unter Zu- 54
stimmung ihres Arbeitgeber oder Dienstherrn zu betrieblichen oder dienstlichen Fahrten ein. Für die Unfallfolgen können dann mitunter auch der Arbeitgeber nach den
§§ 278, 831 BGB und der Dienstherr nach § 839 BGB, Art. 34 GG von den Geschädigten in Anspruch genommen werden.

Beim Verkehrsunfall sind dann nicht nur der mitversicherte Fahrer und sein Versiche- 55
rer Gesamtschuldner, sondern auch der Unternehmer und sein Verrichtungsgehilfe,
§ 840 Abs. 1 BGB.

Nur wenn der Unternehmer sich entlasten kann, haftet er persönlich nicht. 56

Der allgemeine Gesamtschuldnerausgleich (nach Kopfteilen) in § 426 Abs. 1 Satz 1 57
BGB wird durch die Sondervorschrift des § 840 Abs. 2 BGB ersetzt.

Der Versicherungsnehmer als Verrichtungsgehilfe, der hier sein Fahrzeug für die 58
Dienstfahrt einsetzt, haftet grundsätzlich im Innenverhältnis nach § 840 Abs. 2
BGB gegenüber dem Geschäftsherrn allein. Dieser Grundsatz wird jedoch durch die
arbeitsrechtlichen Sonderregelungen[60] über die Beschränkung der Haftung des Arbeitnehmers bei betrieblicher Tätigkeit (Grundsätze der schadengeneigten Arbeit) wieder
überlagert, da der Arbeitnehmer zu Recht als schutzbedürftig angesehen wird.

In der Folge verschieben sich die Ausgleichsanteile, insbesondere bei leichter Fahrlässig- 59
keit (einfachen und leicht entschuldbaren Pflichtverletzungen), zum Nachteil des Arbeitgebers.

Gehörte der Arbeitgeber nicht zum Kreis der mitversicherten Personen, könnte der 60
Kfz-Haftpflichtversicherer den Arbeitgeber seines Versicherungsnehmers nach § 86
Abs. 1 VVG[61] in der Höhe in Regress nehmen, wie er sich unter arbeitsrechtlichen Gesichtspunkten[62] darstellt.

Der *BGH*[63] hat dennoch einen Rückgriff des Versicherers wegen unzulässiger Rechts- 61
ausübung versagt. Er kommt zu dem Schluss, dass der Arbeitnehmer als berechtigter
Fahrer aufgrund einer bestehenden Pflichtversicherung tatsächlich nicht schutzbedürftig ist. Unter diesen Wertungsgesichtspunkten schränkt er die Anwendung der Grundsätze der schadengeneigten Arbeit ein.

Die Aufnahme[64] des Arbeitgebers und des Dienstherrn in den Kreis der Mitversicherten 62
verhindert nun ausdrücklich, dass der Versicherer dort Regress nehmen kann.

---

60 PWW/*Schaub* § 840 BGB, Rn. 9.
61 Looschelders/Pohlmann/*von Koppenfels-Spies* § 86 VVG, Rn. 6; Feyock/*Jacobsen*/Lemor
  § 10 AKB a. F., Rn. 68; Prölss/Martin/*Knappmann* § 10 AKB a. F., Rn. 23.
62 PWW/*Lingemann* § 611 BGB, Rn. 92 ff.
63 *BGH* Urt. v. 08.12.1971 – IV ZR 102/70, JurionRS 1971, 11031 = DAR 1972, 128 = MDR
  1972, 499 = NJW 1972, 440 = VersR 1972, 166 = VRS 42, 169.
64 Zunächst als Sonderbedingung VerBAV 1975, 300; ab 1977 unmittelbar in die AKB aufgenommen, Stiefel/*Hofmann* § 10 AKB a. F., Rn. 32.

A.1.2 AKB Wer ist versichert?

63 Die Vertragsklausel hat damit klarstellende Wirkung. Für den Versicherungsnehmer ist dies zudem wichtig, da sein Arbeitsverhältnis nicht durch einen Regress seines Versicherers gegen seinen Arbeitgeber belastet werden kann.

64 Fatal ist die Situation, wenn der Versicherungsnehmer als Arbeitnehmer die Versicherungsprämie nicht bezahlt hat und mit seinem Fahrzeug dienstlich unterwegs war. Der Versicherer kann dann bei ihm regressieren, aber nach dem klaren Wortlaut des § 123 VVG nicht beim gutgläubigen mitversicherten Arbeitgeber.

65 Der Gedanke, der unzulässigen Rechtsausübung nach der Rechtsprechung des *BGH*[65], die bei bestehendem Versicherungsschutz zutreffen mag, greift dann nicht. Sinn und Zweck der Regelung sind dann verfehlt, wenn der arbeitnehmerrechtliche Freistellungsanspruch selbst bei Leistungsfreiheit des Versicherers nicht zum Zuge kommen darf.

66 Besonders deutlich wird dies, wenn der Versicherungsnehmer in einen Dienstunfall verwickelt wird, an dem er nicht einmal Schuld hat, aber wegen der §§ 7 Abs. 1 StVG; 828 Abs. 2 BGB nach § 12 Abs. 1 Nr. 1 StVG mit bis zu € 5 Mio. haftet.

67 Die Fahrt erfolgte schließlich auf Veranlassung des Arbeitgebers. Dieser musste weder selbst ein eigenes versichertes Fahrzeug noch einen Mietwagen für die Unfallfahrt zur Verfügung stellen. Der Arbeitgeber sollte allerdings den Fall der Leistungsfreiheit des Kfz-Haftpflichtversicherers seines Mitarbeiters – entgegen der Ausschlussklausel in A1-7.14 AVB BHV[66] – ggfs. gegen Zahlung einer Mehrprämie versichern können.

68 Drei Lösungen zu Gunsten des versicherten Arbeitnehmers stehen zur Wahl:
– Der vorleistungspflichtige, aber leistungsfreie Versicherer regressiert beim Versicherungsnehmer. Dieser erhebt dann seinen Freistellungsanspruch gegen seinen Arbeitgeber. Dem Arbeitgeber ist darauf der Einwand zu versagen, dass sein Arbeitnehmer sich durch vertragswidriges Verhalten gegenüber seinem Haftpflichtversicherer grob fahrlässig verhalten und somit zugleich gegen arbeitsvertragliche Schutzpflichten gegenüber seinem Arbeitgeber verstoßen habe.
– § 123 Abs. 1 VVG müsste um einen Satz 2 erweitert werden der lautet: »*Ausgenommen von dieser Regelung ist der mitversicherte Arbeitgeber oder Dienstherr.*«
– Am einfachsten ist es, § 2 Abs. 2 Nr. 6 KfzPflVV und A.1.2e) AKB zu ändern, indem ihm die Worte: »*soweit die Leistungspflicht des Versicherers besteht,*« vorangestellt werden.

69 Der letzten Variante ist der Vorzug zu geben, da die Ausweitung des Versicherungsschutzes auf den Arbeitgeber nicht auf gesetzlicher Grundlage beruht. Die diesbezügliche Regelung in der KfzPflVV ist sowieso nicht zwingend, da sie von der Ermächtigungsnorm nicht gedeckt ist.

---

65 *BGH* Urt. v. 08.12.1971 – IV ZR 102/70, JurionRS 1971, 11031 = DAR 1972, 128 = MDR 1972, 499 = NJW 1972, 440 = VersR 1972, 166 = VRS 42, 169.
66 Unverbindliche Musterbedingungen des GDV, Allgemeine Bedingungen für die Betriebs- und Berufshaftpflichtversicherung (AVB BHV), Stand 25.08.2014.

Die Klausel wirkt nur im unmittelbaren Verhältnis zum Arbeitgeber oder Dienstherrn des Versicherten als Mitversicherten. Keine Anwendung[67] findet die Klausel, wenn ein mitversicherter Fahrer, ohne selbst Versicherungsnehmer zu sein, das Fahrzeug für eine Dienstfahrt benutzt. 70

Der Auftraggeber des Arbeitgebers oder Dienstherrn ist keine[68] mitversicherte Person. Das *OLG Köln*[69] ließ dagegen später in ergänzender Auslegung der AKB einen Regress des Haftpflichtversicherers gegen den Dienstherrn der Beschäftigungsstelle nicht zu. Dies erscheint bedenklich, war doch der Bund Zweckveranlasser der Unfallfahrt. Es ist nicht Aufgabe der Versichertengemeinschaft, die Lasten der Staatshaftung zu tragen. 71

Soweit der Versicherungsnehmer durch Verlust seines SFR in der Kfz-Haftpflichtversicherung höher gestuft wird, hat er grundsätzlich einen Anspruch gegen seinen Arbeitgeber[70] bzw. Dienstherrn[71] aus der allgemeinen Fürsorgepflicht. Das *BAG*[72] geht allerdings davon aus, dass mit dem Kilometergeld ein etwaiger Höherstufungsschaden in der Haftpflichtversicherung als abgegolten gilt. 72

Dies gilt auch für den Höherstufungsschaden wegen seines eigenen kaskoversicherten Schadens bzw. seines nicht versicherten Fahrzeugschadens, sofern der Arbeitnehmer hierfür keine besondere Vergütung[73] vom Arbeitgeber erhält. Der Anspruch ist im Rahmen des innerbetrieblichen Schadensausgleichs nach § 670 BGB analog geltend zu machen.[74] 73

c) Omnibusschaffner

Auf Anforderung von § 2 Abs. 2 Nr. 5 KfzPflVV sind in die Bedingungen auch die Omnibusschaffner aufgenommen worden. 74

Tatsächlich hat die Vorschrift kaum noch eine Bedeutung, da im Omnibus-Verkehr seit den 1990er Jahren wohl kaum noch echte Schaffner eingesetzt werden.[75] Schaffner sind Personen, die Fahrkarten verkaufen und kontrollieren. 75

---

67 Prölss/Martin/*Knappmann* VVG Kommentar A.1.2 AKB, Rn. 7.
68 *OLG Köln* Urt. v. 21.06.1994 – 20 U 26/94, JurionRS 1994, 16385 = VersR 1995, 526 = zfs 1995, 339 (Zivildienstleistender fährt für den ASB; Bund als Dienstherr des ASB ist nicht mitversicherte Person); Prölss/Martin/*Knappmann* VVG Kommentar A.1.2 AKB, Rn. 8.
69 *OLG Köln* Urt. v. 06.04.2000 – 7 U 195/99, JurionRS 2000, 20910 = VersR 2000, 1409 = NVwZ 2000, 1210 = OLGR 2000, 308 = VRS 99, 186.
70 Dornbusch/Fischermeier/Löwisch/*Kamanabrou* Kommentar zum gesamten Arbeitsrecht § 611 BGB, Rn. 455.
71 *VG Oldenburg* Urt. v. 26.04.1990 – 3 A 189/89.OS, zfs 1991, 311; Feyock/*Jacobsen*/Lemor § 10 AKB a. F., Rn. 69.
72 *BAG* Urt. v. 30.04.1992 – 8 AZR 409/91, BAGE 70, 197 = JurionRS 1992, 10230 = BB 1992, 2363 = DAR 1993, 27 = MDR 1993, 550 = NJW 1993, 1028 = NZV 1993, 148 = VersR 1993, 374 = zfs 1993, 78.
73 *LAG Düsseldorf* Urt. v.22.10.2014 – 12 Sa 617/14, JurionRS 2014, 26551 = ZTR 2015, 26.
74 *BAG* Urt. v. 22.06.2011 – 8 AZR 102/10, JurionRS 2011, 24535 = DB 2011, 2382 = NJW-Spezial 2011, 658 = NZA 2012, 91.
75 *Kreuter-Lange/Schwab* Haftungs- und Versicherungsfragen beim Busfernverkehr, DAR 2015, 67 ff.

76 Fahrkartenkontrolleure sind Schaffner, die lediglich Fahrkarten kontrollieren. Auch wenn sie nicht mehr im vollen Umfang den Tätigkeitsbereich eines Omnibusschaffners ausfüllen, sollte man sie trotzdem noch unter den Schutzbereich fallen lassen[76].

77 Der Omnibusschaffner ist nur mitversichert, wenn er in einem Arbeitsverhältnis zum Versicherungsnehmer oder Halter steht.

78 Dies ist dann nicht der Fall, wenn er outgesourct wurde und nun für ein Drittunternehmen in dem Omnibus eingesetzt wird. Dem folgend ist auch der Arbeitgeber des outgesourcten Schaffners nicht geschützt, wenn sich der Arbeitnehmer mit arbeitsrechtlichen Freistellungsansprüchen an ihn wendet.

d) Mitversicherte Personen von angehängten/gezogenen Fahrzeugen

79 A.1.1.5 AKB bezieht sich allein auf das Fahrzeug. Durch A.1.2 g AKB werden Halter, Eigentümer, Fahrer, Beifahrer und Omnibusschaffner zu Mitversicherten des ziehenden Fahrzeugs.

80 Die Vertragsklausel geht damit über die Anforderungen durch § 2 Abs. 2 KfzPflVV hinaus, der dies selbst nicht[77] vorsieht. Abweichungen in individuellen AKB der Versicherer widersprechen somit nicht den Anforderungen der Verordnungsgeber.

81 Tatsächlich besteht nicht die Notwendigkeit einer Ausdehnung auf diesen Personenkreis, der bereits über die eigene[78] Fahrzeughaftpflichtversicherung verfügt. Anders liegt es dagegen, wenn es sich um einen nicht zulassungspflichtigen und nicht freiwillig versicherten Anhänger handelt.

82 Bedenklich ist es, wenn der Halter eines schadenursächlichen, weil mit Mängeln behafteten, Anhängers über das ziehende Kraftfahrzeug geschützt werden soll. Der Regress gegen ihn steht im Rahmen des Gesamtschuldnerausgleichs offen.

4. Lückenfälle

83 Mag der durch § 2 Abs. 2 KfzPflVV und der durch A.1.2 AKB nochmals erweiterte Kreis der Mitversicherten zunächst als umfassend erscheinen, verbleiben doch erhebliche Lücken. Diese Lücken sind nicht durch eine erweiternde Auslegung zu schließen, da es sich um eine abschließende[79] Aufzählung handelt. Somit verbleiben Lücken im Versicherungsschutz für die folgenden Personengruppen.

---

76 Ebenso Prölss/Martin/*Knappmann* VVG Kommentar A.1.2 AKB, Rn. 8; unklare Position Feyock/*Jacobsen*/Lemor § 10 AKB a. F., Rn. 66a.
77 Feyock/*Jacobsen*/Lemor § 2 KfzPflVV, Rn. 4.
78 Prölss/Martin/*Knappmann* 27. Auflage, § 10a AKB a. F., Rn. 8 sprach zu Recht von einer Doppelversicherung, heute Mehrfachversicherung nach § 77 VVG.
79 Prölss/Martin/*Knappmann* VVG Kommentar A.1.2 AKB, Rn. 10.

a) Insasse

Insassen sind regelmäßig ohne[80] Schutz. Ihr fehlerhaftes Verhalten kann zum Beispiel beim Öffnen der Fahrzeugtür[81] zu erheblichen Schäden führen. Haftet der Halter, kann der Kfz-Haftpflichtversicherer bei ihm Regress nehmen. Dies ist auch in Fällen möglich, in denen eine Aufsichtspflichtverletzung[82] der Eltern gegenüber Ihren Kindern vorliegt, die beispielsweise beim Aussteigen aus einem Taxi Dritte schädigen.

In individuellen AKB kann über die Musterbedingungen des GDV hinaus der Insasse als mitversicherte Person aufgenommen sein. Dabei ist es üblich, diese als **subsidiäre Mitversicherung** auszugestalten, falls also nicht anderweitig über die private Haftpflichtversicherung Versicherungsschutz zu erlangen ist. Insassen werden in der privaten Haftpflichtversicherung durch die dortige Ausschlussklausel A1-7.14 AVB PHV[83] nicht erfasst. Es handelt sich allerdings nicht um eine Pflicht-Haftpflichtversicherung, so dass trotz großem Verbreitungsgrad nicht jeder versichert ist. Im Einzelfall wird im Rahmen die Subsidiaritätsklausel zusätzlich zu prüfen sein, ob der Insasse über seinen Arbeitgeber bzw. dessen Haftpflichtversicherer freigestellt werden kann.

In Anlehnung an den berechtigten Fahrer wird der Schutz immer nur dem berechtigten Insassen gewährt.

b) Einweiser

Einweiser sind Personen, die Aufgaben zur Sicherung im öffentlichen Straßenverkehr wahrnehmen. Bei unübersichtlichen Grundstücksausfahrten ist ein Einweiser unabdingbar. Er übernimmt eine hohe Verantwortung[84], ist aber in der Kfz-Haftpflichtversicherung nur mitversichert, wenn er zugleich echter Beifahrer des berechtigten Fahrers ist.

Wer nur kurzzeitig behilflich ist, ist dann allenfalls über seine private Haftpflichtversicherung geschützt.

Wer im Rahmen von beruflichen Be- Und Entladetätigkeiten den Fahrzeugführer einweist, kann nach A1-6.7.1 AVB BHV versichert sein.

Arbeitseinweiser und Anschläger im Rahmen eines Arbeitseinsatzes eines Fahrzeugs als Arbeitsmaschine müssen gesondert aufgeführt werden, sollen sie subsidiär mitversichert sein. Begrifflich erschließt sich ansonsten nicht, dass mehr gemeint sein soll, als das bloße Einweisen im Straßenverkehr nach den §§ 9 Abs. 5; 10 Satz 1 StVO.

---

80 Es sei denn, sie sind freiwillig privat haftpflichtversichert und die Schaden verursachende Tätigkeit wurde nicht in den Bedingungen ausgeschlossen.
81 Nur Schutz des Verkehrsopfers bei einer Haftung des Halters nach § 7 StVG.
82 *LG Würzburg* Urt. v. 04.12.2012 – 11 O 1744/12, ADAJUR Dok.Nr. 102665 = SVR 2013, 185 bespr. v. *Günther*.
83 Unverbindliche Musterbedingungen des GDV, Allgemeine Versicherungsbedingungen für die Privathaftpflichtversicherung (AVB PHV), Stand 25.08.2014.
84 FAKomm/VerkehrsR/*Bachmeier* A Rn. 241 ff.

A.1.2 AKB Wer ist versichert?

c) **Begleiter im Fahrzeug (begleitetes Fahren)**

91 Beim begleitenden Fahren nach § 48a FeV ist der Fahrzeugführer der alleinige Fahrer.

92 Der Begleiter ist immer nur Mitfahrer mit besonderen Aufgaben. Er ist damit etwas mehr als nur ein Insasse (ohne Aufgaben), aber weniger als ein Beifahrer im Sinne des § 2 Abs. 2 Nr. 4 KfzPflVV, da er wohl kaum im Rahmen eines Arbeitsverhältnisses den ungeübten Fahrer begleiten wird.

93 Nur dann, wenn der Begleiter bereits aus anderen – häufig tatsächlich – vorliegenden Gründen bereits mitversichert ist, so als Halter, Eigentümer oder Versicherungsnehmer, drohen ihm keine Gefahren. Anders sieht es bei dem sonstigen Begleiter aus, der sich nicht schon auf eine andere Mitversicherung berufen kann. In der Praxis ist das Fahrzeug häufig auf den Familienvater zugelassen, der auch Versicherungsnehmer ist. Der Sohn oder die Tochter wird aber in der Mehrzahl der Fälle von der Mutter[85] begleitet.

94 Jeder Begleiter kann Dritten gegenüber haftpflichtig[86] sein, sich zumindest Forderungen ausgesetzt sehen, so dass er sich dagegen wehren muss.

95 Es reicht nicht, auf die private Haftpflichtversicherung[87] zu verweisen, da der Fahrzeuggebrauch nach den AHB[88] regelmäßig ausgeschlossen[89] ist.

96 Zumindest hier besteht tatsächlich eine Haftungsfalle[90], die ohne zusätzliche Absicherung über die Kfz-Haftpflichtversicherung[91] nicht sinnvoll zu lösen ist. Es besteht nach wie vor Klärungsbedarf[92].

d) **Begleiter außerhalb des Fahrzeugs (Schwertransporte)**

97 Im LKW-Bereich verschärft sich die Problematik gerade bei Schwertransporten. Das Begleitpersonal außerhalb des Fahrzeugs ist nicht geschützt. Es sind keine regelmäßigen Beifahrer. Es sind Personen, die »nur« den Fahrweg sichern und beim Nebenher-

---

85 ADAC-Motorwelt 11/2009, S. 16.
86 *Feltz/Kögel* Begleitetes Fahren mit 17, DAR 2004, 121 ff.; *Fischinger/Seibl* Rechtliche Probleme des Projekts »Begleitetes Fahren ab 17«, NJW 2005, 2886 ff.; *Sapp* Das Modell »Begleitetes Fahren ab 17« im Haftungsrecht, NJW 2006, 408 ff; *Lang/Stahl/Huber* Das Modell »Begleitetes Fahren mit 17« aus haftungs- und versicherungsrechtlicher Sicht, NZV 2006, 449 ff.; *Brock* Rechtsprobleme beim begleiteten Fahren ab 17, DAR 2006, 63.
87 So aber: *Lang/Stahl/Huber* Das Modell »Begleitetes Fahren mit 17« aus haftungs- und versicherungsrechtlicher Sicht, NZV 2006, 449 ff.
88 Siehe 3.1.2. Satz 2 AHB 2012 bzw. A1-7.1 AVB PHV.
89 *Brock* Rechtsprobleme beim begleiteten Fahren ab 17, DAR 2006, 63.
90 *Feltz* 41.VGT 2003, 39 (43); *Feltz/Kögel* Begleitetes Fahren mit 17, DAR 2004, 121 ff.
91 *Brock* Rechtsprobleme beim begleiteten Fahren ab 17, DAR 2006, 63.
92 Die Empfehlung Nr. 9 des AK I des 41.VGT 2003, 7 lautet: »*Außerdem sieht der Arbeitskreis Klärungsbedarf hinsichtlich der Rechtsposition des Begleiters und des Geschädigten sowie hinsichtlich des Haftpflichtversicherungsschutz im Schadensfall.*«..

laufen Schaulustige davon abhalten, sich in den Wirkbereich des Fahrzeugs hinein zu bewegen.

In individuellen AKB ist die subsidiäre Mitversicherung von Begleitpersonal möglich. 98

e) betriebsfremde Personen

Aber auch der sonstige LKW-Bereich wartet mit massiven Lücken auf. So sind heute 99 neben dem Fahrer nach § 23 Abs. 1 S. 2 StVO und dem Halter nach § 31 Abs. 2 StVZO auch andere Personen zur Ladungssicherung[93] verpflichtet oder haben selbst gefahrgutrechtliche Prüfpflichten[94] am Fahrzeug zu erfüllen. Sie werden sogar schon hinsichtlich der Überladung[95] des Fahrzeugs angesprochen. Der Gesetz- und Verordnungsgeber erweiterte zwar deren Verantwortungsbereich – ohne jedoch über ergänzende Erfordernisse des Versicherungsschutzes nachzudenken. Dies ist umso brisanter, als regelmäßig in den Bedingungswerken zur Haftpflicht- und Betriebshaftpflichtversicherung fahrzeugbezogene Tätigkeiten[96] ausgeschlossen werden.

Brisant sind zudem Fälle aus dem Frachtrecht, bei denen das transportierte Gut Scha- 100 den nimmt und dadurch Folgeschäden entstehen. Der Frachtführer haftet dann für den Schaden am Gut, der über die Verkehrshaftungsversicherung pflicht-haftpflichtversichert ist. Wegen des Folgeschadens haftet der Frachtführer nur unter den engen Voraussetzungen des § 435 HGB. Der in der Kfz-Haftpflichtversicherung nicht mitversicherte Auftraggeber des Frachtführers haftet häufig dem Empfänger. Ist der Schaden

---

93 § 22 StVO i. V. m. § 412 HGB; *OLG Koblenz*, Urt. v. 22.02.1988 – 1 Ss 72/88, NZV 1988, 113 (Gasflaschen); *OLG Koblenz*, Urt. vom 24.04.1988 – 1 Ss 182/88, NZV 1988, 157; *AG Montabaur*, Urt. v. 16.01.1989 – 109 Js 44 934/88 2 OWi, NZV 1989, 286 (Gefahrgutbeauftragter); *OLG Stuttgart*, Beschl. v. 27.10.1982 – 1 Ss 858/82, JurionRS 1982, 11514 = VRS 64, 308; *OLG Celle*, Beschl. v. 28.02.2007 – 322 Ss 39/07, JurionRS 2007, 12044 = NStZ-RR 2007, 215 = SVR 2008, 191, bespr. v. *Schmuck/Fromm/Zacharias* = VRS 112, 289; Hentschel/*König*/Dauer § 22 StVO Rn. 12; PK-Straßenverkehrsrecht/*Xanke*, § 22 StVO, Rn. 26; *Neufang/Valder* Laden und Ladungssicherung im Straßengüterverkehr – Wer ist verantwortlich?, TranspR 2002, 325 ff.; *Albrecht*, 40. VGT 2002, 169 ff., 177; *Schindler* 40. VGT 2002, 189 ff, 192 ff.; einschränkend *Hillmann* Verstöße gegen Verkehrsvorschriften über ordnungsgemäße Ladung im Straßenverkehr, zfs 2003, 387 ff.; *Wieske/Kramer*, Bußgeldrechtliche Tragweite von Verstößen gegen die Ladungssicherheit, TranspR 2008, 435 ff.; Himmelreich/Halm/*Karbach*, Kap. 34, Rn. 43.
94 § 9 Abs. 13 GGVSEB i. V. m. 7.5.1.1 und 7.5.1.3 ADR; *Schindler* 40. VGT 2002, 189 ff, 194.
95 Die Empfehlung Nr. 2 des AK V des 40. VGT 2002 lautet: *»Den für die Ladungssicherung Verantwortlichen (Fahrer, Halter und Verlader) und den Überwachungsbehörden müssen praktikable Regeln an die Hand gegeben werden. Der Kenntnisstand aller Beteiligten muss nachhaltig verbessert werden. Die Mitverantwortung des Verladers sollte auch für die Überladung gesetzlich verankert werden, wie es hinsichtlich der Ladungssicherheit bereits aus § 22 Abs. 1 StVO folgt.«.*
96 Z. B. bei Fehlbetankung, *Kärger* Kfz-Versicherung nach dem neuen VVG Rn. 528 u. 610 ff.; *LG Duisburg* Urt. v. 05.05.2006 – 11 O 105/05, JurionRS 2006, 36950 = VersR 2007, 56 = NJW-RR 2007, 831.

jedoch beim Gebrauch des Fahrzeugs entstanden, greift der Ausschluss in der Betriebshaftpflichtversicherung. Die dortigen Bedingungen sollten der geänderten Rechtslage angepasst werden.

f) Fahrprüfer

101 Von den Folgen her unkritisch sind fehlerhafte Fahr- und Verhaltensanweisungen des Fahrprüfers[97], die sich unfallsursächlich auswirken. Da die Prüfungen nach § 15 Satz 3 FeV von einem amtlich anerkannten Sachverständigen oder Prüfer abgenommen werden, besteht hier Schutz der Verkehrsopfer nach Amtshaftungsgesichtspunkten.

g) Monteur/Reparaturhelfer

102 Nicht zu den mitversicherten Personen zählen zudem Personen, die an einem Fahrzeug bloß Reparaturarbeiten[98] durchführen. Sie sind ggf. über ihren Arbeitgeber, die Betriebshaftpflicht- oder die Privathaftpflicht geschützt. Es besteht für diesen Personenkreis keinen Bedarf[99] für eine Mitversicherung in der Kraftfahrthaftpflichtversicherung, da sie über ihren Arbeitgeber mitversichert werden können, um so die Lücke zu schließen.

II. Selbstständige Geltendmachung vertraglicher Ansprüche

103 Bei der Mitversicherung handelt es sich um eine Versicherung auf fremde Rechnung nach den §§ 43 und 44 VVG. Der etwas beschwerliche Weg über die Vorlage des Versicherungsscheins und die Einschränkung, dass die Geltendmachung der Versicherungsleistung an die Zustimmung des VN geknüpft ist, sind für die Pflicht-Haftpflichtversicherung nicht passend. § 2 Abs. 3 KfzPflVV modifiziert daher die Anforderungen zu Gunsten der Mitversicherten. Sie sollen unmittelbar und auch ohne Vorlage des Versicherungsscheins ihren Deckungsanspruch beim Kfz-Haftpflichtversicherer geltend machen.

104 Die Klausel räumt den Mitversicherten dieses Sonderrecht vertraglich ein.

C. Weitere praktische Hinweise

105 Beifahrer, die aus dem Schutzbereich herausfallen, haben ggf. arbeitsrechtliche Freistellungsansprüche gegen ihre Arbeitgeber. Da diese selbst mitversichert sind, genießen sie mittelbar Versicherungsschutz. Ihnen bleibt jedoch versagt, vertragliche Ansprüche selbst geltend machen zu können.

---

97 Hentschel/König/*Dauer* § 2 StVG Rn. 44.
98 *OLG Braunschweig* Urt. v. 13.11.1987 – 2 U 245/86, r+s 1988, 354 (Schweißarbeiten); *BGH* Nichtannahmebeschl. vom 12.07.1988 – VI ZR 330/87; *OLG Celle* Urt. v. 15.03.1989 – 8 U 63/88, r+s 1990, 224 = VersR 1991, 216; *BGH* Nichtannahmebeschl. v. 28.02.1990 – IV ZR 120/89.
99 Prölss/Martin/*Knappmann* VVG Kommentar A.1.2 AKB, Rn. 10.

Sollte der Versicherungsschutz fraglich sein, sind individuellen Bedingungen[100] genau zu studieren, da über die Regelungen der Muster-AKB hinaus die Versicherer den Kreis der mitversicherten Personen erweitert haben könnten.

A.1.3 Bis zu welcher Höhe leisten wir (Versicherungssummen)?
Höchstzahlung

Dieser Abschnitt befasst sich mit den vertraglich vereinbarten Versicherungssummen und den Folgen einer möglichen Überschreitung der Versicherungssummen.

Obwohl sich die AKB und der Versicherungsvertrag grundsätzlich nur mit dem sog. Innenverhältnis zwischen Versicherungsnehmer und Versicherer befassen, hat diese vertragliche Vereinbarung doch auch Außenwirkungen gegenüber dem Geschädigten. Der Direktanspruch, den der Geschädigte durch § 115 VVG im Falle eines Schadens hat, ist der Höhe nach auf die zwischen den Vertragsparteien vereinbarten Versicherungssummen beschränkt[1]. Auch nur in diesen Grenzen kann der Fahrer oder eine sonstige mitversicherte Person Ansprüche auf Freistellung von Schadenersatzansprüchen geltend machen. Der Vertrauensschutz der mitversicherten Personen reicht allerdings nicht soweit, dass er immer die vertraglich vereinbarten Versicherungssummen als die Grenze des Leistungsumfangs des KH-Versicherers »in Anspruch nehmen kann«. Vielmehr reicht sein Vertrauensschutz nur soweit, als die gesetzlich vorgeschriebenen Mindestversicherungssummen gelten, § 123 VVG.

Grundsätzlich sollten dabei die Beträge der Mindestversicherungssummen so hoch sein, dass auch die Haftung nach StVG aus der Betriebsgefahr betragsmäßig abgedeckt ist[2]. Dies ist jedoch leider nur eingeschränkt der Fall: die Grenzen des § 12 StVG liegen unter den Grenzen der Anlage zu § 4 Abs. 2 PflVG, allerdings sind die Haftungshöchstsummen des § 12a StVG für den Bereich Gefahrguttransport deutlich über den Grenzen des PflVG, da dort bei Sachschäden, bei denen sich das besondere Risiko des Gefahrguttransportes verwirklicht hat, statt der üblichen 1 Mio. € 10 (!) Mio. € vorgesehen sind. Dies stellt ein nicht zu unterschätzendes Risiko insbesondere für die mitversicherten Personen dar, die u. U. überhaupt keinen Einfluss auf das Versicherungsverhältnis haben und im Falle des kranken Versicherungsverhältnisses nur durch § 123 VVG in den Grenzen der Mindestversicherungssummen geschützt sind.

---

100 Stiefel/*Maier* Kraftfahrtversicherung A.1.2 AKB, Rn. 16.
1 BGH v. 23.11.1971 – VI ZR 97/70, Jurion = BGHZ 57, 265, 269 f. = NJW 1972, 387; 84, BGH v- 25.05.1982 – VI ZR 203/80, Jurion = BGHZ 151, 153 = NJW 1982, 2321f; BGH v. 07.11.1978 – VI ZR 86/77, Jurion = VersR 1979, 30 ff.; BGH v. 21.01.1986 – VI ZR 63/85, NJW 1986, 2703 f.; BGH v. 28.06.2006 – IV ZR 316/04 m. w. H. Jurion = VersR 2006, 1352 = NJW-RR 2006, 1462=MDR 2007, 216 (für die Handel- und Handwerk-Versicherung).
2 Auch Bollweg, »Neue Haftungsgrenzen in der Straßenverkehrshaftung«, NZV 2007, 599, 601 hat dieses Problem in seiner Diskussion über das Europäische Recht und die Anforderungen des EuGH an die Haftungshöchstgrenzen und Mindestversicherungssummen nicht bedacht.

A.1.3 AKB Bis zu welcher Höhe leisten wir (Versicherungssummen)?

▶ **Beispiel:**

Der VN hat wegen Prämienverzugs keinen Versicherungsschutz, die Haftung wurde wirksam auf die Mindestversicherungssummen begrenzt. Der angestellte Fahrer wird in einen schweren Unfall verwickelt, bei dem durch das transportierte Gut ein erheblicher Sach-Schaden in Höhe von 3 Mio. € verursacht wird. Da die Haftung des Versicherers auf die Mindestversicherungssummen begrenzt ist, die für den Sachschaden 1 Mio. € vorsehen, haftet der Fahrer aus dem Betrieb des KFZ nach §§ 17, 18, 7 StVG neben dem Halter mit seinem eigenen Vermögen für weitere 2 Mio. €, da § 123 VVG ihn nur eingeschränkt schützt. Es gilt, diesen Missstand umgehend zu beheben.

		bis 30.6.1997:		ab 1.7.1997:		ab 1.1.02:		seit 2008:		Seit 1.1.2012
–	bei Personenschäden	DM	1 Mio.	DM	5 Mio.,–	€	2,5 Mio.	€	7,5 Mio.	€ 7,5 Mio.
–	bei Sachschäden	DM	400.000,–	DM	1 Mio.	€	500.000,–	€	1 Mio.	€ 1,12 Mio. –
–	bei reinen Vermögensschäden	DM	40.000,–	DM	100.000,–	€	50.000,–	€	50.000,–	€ 50.000,–
–	bei Tötung oder Verletzung mehrerer Personen	DM	1.500.000,–	DM	15 Mio.	€	7,5 Mio.	keine andere. Summe vorgesehen		

Achtung bei Gefahrguttransporten:

Transport gefährlicher Güter	alt: § 12 StVG ab 2002	neu: § 12a StVG	§ 12a StVG 2008	Mindestversicherungssumme 2002	2008
ein Geschädigter	600.000 €	600.000 €	10 Mio. €	2,5 Mio. €	7,5 Mio. €
Ein Geschädigter Jahresrente	36.000 €	Entfällt	Entfällt	Entfällt	entfällt
mehrere Geschädigte	3 Mio. €	6 Mio. €	10 Mio. €	7,5 Mio. €	7,5 Mio. €
Sachschäden	300.000 €	6 Mio. €	10 Mio. €	500.000 €	1 Mio. €

A.1.3.1 (Vereinbarte Versicherungssummen[1])

Unsere Zahlungen für ein Schadenereignis sind jeweils beschränkt auf die Höhe der für Personen-, Sach- und Vermögensschäden vereinbarten Versicherungssummen. Mehrere zeitlich zusammenhängende Schäden, die dieselbe Ursache haben, gelten als ein einziges Schadenereignis. Die Höhe Ihrer Versicherungssummen können Sie dem Versicherungsschein entnehmen.

Waren die Versicherungssummen in den AKB a. F. in § 10 Abs. 6 AKB a. F. versteckt, so wird jetzt schon zu Beginn der AKB deutlich auf diese Obergrenze hingewiesen. Die Höchstgrenze der vertraglichen Leistung bildet immer die vereinbarte Versicherungssumme[2]. Nicht enthalten sind Kosten des Versicherers zur Ermittlung des Schadens sowie Zinsen. 1

Allerdings müssen als Mindestanforderung die Grenzen des § 4 Abs. 2 PflVG in Verbindung mit der Anlage zu § 4 Abs. 2 PflVG als unterste Grenze in der Kraftfahrzeug-Haftpflichtversicherung beachtet werden. Die Versicherungssumme kann pauschal vereinbart, aber auch dem einzelnen Risiko betragsmäßig zugeordnet werden. In diesem Fall sind mindestens die Beträge für Personen-, Sach- und Vermögensschaden bereitzustellen, die die Anlage zu § 4 Abs. 3 PflVG vorsieht. Die Mindestversicherungssummen variieren abhängig von der Art des versicherten Risikos. So sind bei einem Kraftfahrzeug, welches nicht zur Personenbeförderung dient, derzeit mindestens 7,5 Mio. € für Personenschäden und 1 Mio. € für Sachschäden bereitzustellen. In diese Grenzen sind auch die Anhänger eingeschlossen. Soweit das versicherte Fahrzeug der Personenbeförderung dient (also als Taxi, Kraftomnibus o. ä. mit mehr als 9 Plätzen eingesetzt wird), sind die Mindestbeträge angepasst und erhöht worden. Für die Anhänger sind nur insoweit eigene Mindestversicherungssummen vorgesehen, als diese Schäden verursachen, die nicht beim Betrieb des Kraftfahrzeuges verursacht wurden. Diese Mindestgrenzen liegen in Europa im oberen Drittel, werden aber von einzelnen Ländern übertroffen[3]. Wird einem Versicherungsnehmer eine internationale Versicherungskarte ausgehändigt, beinhaltet diese auch die Zusage, Versicherungsschutz mindestens im Umfang der in dem Besuchsland geltenden Mindestversicherungssummen zu gewähren. Dabei ist in der Übersicht ein West-Ost-Gefälle in Europa zu beobachten, wie auch ein Süd-Nord-Gefälle.

Werden höhere Versicherungssummen als die gesetzlich vorgeschriebenen Mindestversicherungssummen vereinbart, kann der Versicherer im Falle der Obliegenheitsverletzungen, des sog. »kranken Versicherungsverhältnisses«, den Umfang seiner Eintritts- 2

---

1 Überschrift des Verfassers!.
2 BGH v. 10.10.2006 – VI ZR 44/05, Jurion = NZV 2007, 127 ff. = VersR 2006, 1679 = r+s 2007, 83 m. w. H. zur Deckungssummenüberschreitung nach VVG a. F.; Richter, Risikoausschlüsse in der Kfz-Versicherung, DAR 2012, 243 f.
3 Vgl. insoweit Übersicht von Kröger/Kappen »Mindestdeckungssumme und Regulierungsfristen in Europa« in DAR 2007, 557, 563.

A.1.3.1 AKB (Vereinbarte Versicherungssummen)

pflicht auf die Grenzen der Mindestversicherungssummen senken. Dies ist im Gesetz ausdrücklich zugelassen, § 117 Abs. 3 VVG[4]. Dabei kommt es nach dem Wortlaut des Gesetzes nicht darauf an, ob der Versicherer ganz oder nur teilweise von der Verpflichtung zur Leistung frei ist. Es kommt für die Leistungsbegrenzung nach §§ 117 Abs. 3, 123 Abs. 2 VVG auch nicht darauf an, wer die Obliegenheit verletzt hat. Auch eine mitversicherte Person kann durch Verletzung einer Obliegenheit die Begrenzung der Eintrittspflicht auf die Mindestversicherungssummen verschulden[5]. Gem. § 123 Abs. 1 VVG kann der Mitversicherte nur auf den Schutz der Mindestversicherungssummen vertrauen. Er kann für sich selbst keinesfalls verlangen, die vertraglich vereinbarten (über den Mindestversicherungssummen liegenden) Versicherungssummen gewährt zu erhalten, wenn dem Versicherungsnehmer eine Obliegenheitsverletzung vorzuwerfen ist. Dies ist auch für den personenverschiedenen Halter unschädlich, da er als (nicht selbst fahrende Person) ohnehin nur in den Grenzen des § 12 StVG haftet, die betragsmäßig deutlich unter der Mindestversicherungssumme liegen, zumindest bei Pkws.

3   Soweit Gerichtsverfahren über Haftung und Schadenumfang anhängig sind, ist eine eventuelle Begrenzung der Eintrittspflicht des Versicherers bereits im Erkenntnisverfahren in die Entscheidung mit aufzunehmen[6], jedoch reicht es aus, wenn als Anspruchsgrundlage § 3 Nr. 1 PflVG a. F. aufgenommen wurde[7]. Der Versicherer ist beweisbelastet hinsichtlich der Tatsachen, aus denen er eine Begrenzung des Versicherungsumfangs herleitet, also sowohl hinsichtlich der Obliegenheitsverletzung, der entsprechenden Belehrung und ggf. auch hinsichtlich des ihm entstandenen Schadens (bei Verletzung einer Obliegenheit nach E. AKB)[8]. Sollte eine Begrenzung der Eintrittspflicht auf die vertraglich vereinbarte Versicherungssumme im (Feststellungs-)Urteil unterbleiben – und sei es auch nur versehentlich – und dieses Urteil wird rechtskräftig, kann sich der Versicherer nicht mehr auf diese Grenzen berufen, da die Rechtskraft des Urteils, in dem die Haftungsquote ausgesprochen wurde, dem entgegensteht[9]. Allerdings begründet das Fehlen der Beschränkung der Eintrittspflicht im Tenor eines Feststellungsurteils noch keine Beschwer, wenn sich aus den Gründen des Urteils zweifelsfrei der Bezug zu § 3 Nr. 1 PflVG a. F. ergibt[10]. Es ist zu berücksichtigen, dass diesem Ausspruch früher angesichts der häufig zu niedrigen Versicherungssummen größere Bedeutung zukam als heute. Angesichts der nunmehr vorliegenden Summen ist – zumin-

---

4   Wegen der weiteren Details vgl. Kreuter-Lange § 117 VVG Rn. 27 f. zu Versicherungssummen.
5   OLG Stuttgart v. 15.11.2000 – 3 U 23/00, Jurion = MDR 2001, 687 f=NJW-RR 2001, 965.
6   BGH v. 25.02.1982 – VI ZR 203/80, Jurion= BGHZ 84, 151; BGH v. 06.10.1982 – IVa ZR 54/81, Jurion = VersR 1983, 26;
    BGH v. 10.10.2006 – VI ZR 44/05, Jurion = NZV 2007, 127 ff. = VersR 2006, 1679 = r+s 2007, 83.
7   OLG München v. 20.12.2001 – 24 U 15/01, Jurion RS 2001, 24106.
8   BGH v. 10.10.2007 – IV ZR 95/07, Jurion = NJW-RR 2008, 273 = VersR 2008, 241=r+s 2008, 163 zur Nichtangabe einer weiteren Unfallversicherung, i. Ü. vgl. die Kommentierung zu den einzelnen Obliegenheiten.
9   BGH 03.11.1978 – IV ZR 199/77, Jurion = VersR 1979, 272.
10 BGH v. 21.01.1986 – VI ZR 63/85, Jurion = NJW 1986, 2703.

dest im Personenschadenbereich – davon auszugehen, dass diese Beträge auch bei krankem Versicherungsverhältnis ausreichen. Nach älterer Auffassung des BGH soll es nur bei dem kranken Versicherungsverhältnis erforderlich sein, die Begrenzung auf die Mindestversicherungssummen im Urteilstenor aufzunehmen. Bei allen anderen Fällen sei es ausreichend, wenn sich dies aus den Urteilsgründen ergebe[11]. Etwas anderes gilt nur, wenn sich die Beschränkung der Eintrittspflicht aus dem StVG ergibt, dann reicht es aus, wenn sich die Beschränkung auf die Gefährdungshaftung aus dem Grundurteil ergibt, weil dort als Anspruchsgrundlage nur § 7 StVG genannt ist[12].

Grundsätzlich muss der Haftpflichtversicherer die vereinbarte Versicherungssumme je Schadenfall zur Verfügung stellen. Dabei ist als ein Schadenfall jedes Ereignis zu werten, bei dem durch ein zeitlich zusammenhängendes Ereignis mehrere geschädigt werden[13] (z. B. ein Auffahrunfall, durch den mehrere Personen verletzt werden). Ein Ereignis, das den ursprünglichen Geschehensablauf verändert (der Verletzte wird durch einen zweiten Unfall, den der Krankenwagenfahrer verursacht, getötet) gilt als Zäsur[14]. Dann gilt die dort vereinbarte Versicherungssumme zusätzlich in vollem Umfang als Basis der Schadenregulierung. 4

Im Rahmen der Bewertung, welche Positionen bei der Berechnung des Schadens einzubeziehen sind, müssen alle Kosten des Versicherers sowie die Zinsen außer Betracht bleiben[15]. Es sind alle geltend gemachten und ernstlich zu erwartenden Ansprüche[16] des Geschädigten und seiner Rechtsnachfolger in die Berechnung einzuziehen. Die wiederkehrenden Leistungen[17] sind mit ihrem Kapitalwert[18] in die Berechnung einzustellen. Ergibt sich aus dieser Berechnung, dass die Versicherungssumme ausreicht, wird reguliert. Ergibt sich aber, dass die Versicherungssumme nicht ausreicht[19], ist nach § 118 VVG zu verfahren und ggf. die Ansprüche zu verteilen. 5

Anlage zu § 4 Abs. 2 PflVG Mindestversicherungssummen

1. Die Mindesthöhe der Versicherungssumme beträgt bei Kraftfahrzeugen einschließlich der Anhänger je Schadensfall
a) für Personenschäden siebeneinhalb Millionen Euro,
b) für Sachschäden 1,12 Millionen Euro,

---

11 BGH v. 21.01.1986 – IV ZR 63/85, Jurion = NJW 1986, 2703.
12 OLG München v. 20.12.2001 – 24 U 15/01, Jurion = r+s 2003, 388 = zfs 2003, 176.
13 BGH v. 20.05.1969 – IV ZR 619/68, Jurion = VersR 1969, 699; BGH v. 06.06.1966 – II ZR 22/64, Jurion = VersR 1966, 745 für ein schleuderndes Fahrzeug, welches neben Personen- auch Sachschaden verursachte.
14 BGH . 06.06.1966 II ZR 22/64, Jurion = VersR 1966, 745.
15 Halm in FA Versicherungsrecht, Kap. 23, Rn. 29.
16 Schulze Schwienhorst in Looschelders/Pohlmann aaO. § 109 Rn. 4.
17 Wie Verdienstschaden, Erwerbsunfähigkeits- oder Verletztenrente, Haushaltsführungsschaden, Schmerzensgeldrente und regelmäßig wiederkehrende sonstige vermehrte Bedürfnisse, die als Renten ausgezahlt werden.
18 Vgl. hierzu § 8 KfzPflVV.
19 Zum Verfahren nach altem Recht BGH v. 0.10.2006 – VI ZR 44/05, DAR 2007, 203.

A.1.3.1 AKB (Vereinbarte Versicherungssummen)

c) für die weder mittelbar noch unmittelbar mit einem Personen- oder Sachschaden zusammenhängenden Vermögensschäden (reine Vermögensschäden) 50.000 Euro.

2. Bei Kraftfahrzeugen, die der Beförderung von Personen dienen und mehr als neun Plätze (ohne den Fahrersitz) aufweisen, erhöhen sich diese Beträge für das Kraftfahrzeug unter Ausschluss der Anhänger
a) für den 10. und jeden weiteren Platz um
aa) 25.000 Euro für Personenschäden,
bb) 500 Euro für reine Vermögensschäden,
b) vom 81. Platz ab für jeden weiteren Platz um
aa) 50.000 Euro für Personenschäden,
bb) 250 Euro für reine Vermögensschäden.

Dies gilt nicht für Kraftomnibusse, die ausschließlich zu Lehr- und Prüfungszwecken verwendet werden.

3. Bei Anhängern entspricht die Mindesthöhe der Versicherungssumme für Schäden, die nicht mit dem Betrieb des Kraftfahrzeugs im Sinne des § 7 des Straßenverkehrsgesetzes im Zusammenhang stehen, und für die den Insassen des Anhängers zugefügten Schäden den in Nummer 1, bei Personenanhängern mit mehr als neun Plätzen den in Nummern 1 und 2 genannten Beträgen.

4. Zu welcher dieser Gruppen das Fahrzeug gehört, richtet sich nach der Eintragung im Kraftfahrzeug- oder Anhängerbrief.

Übersicht über die Versicherungssummen der Vergangenheit

		bis 30.6.1997:		ab 1.7.1997:		ab 1.1.02:		seit 2008:		Seit 1.1.2012
–	bei Personenschäden	DM	1 Mio.	DM	5 Mio.	€	2,5 Mio.	€	7,5 Mio.	€	7,5 Mio.
–	bei Sachschäden	DM	400.000,–	DM	1 Mio.	€	500.000,–	€	1 Mio.	€	1,12 Mio.
–	bei reinen Vermögensschäden	DM	40.000,–	DM	100.000,–	€	50.000,–	€	50.000,–	€	50.000,–
–	bei Tötung oder Verletzung mehrerer Personen	DM	1,5 Mio.	DM	15 Mio.	€	7,5 Mio.	keine andere. Summe vorgesehen			

(nicht ausreichende Versicherungssumme) **A.1.3.3 AKB**

A.1.3.2 (Schäden von Insassen eines Anhängers[1])

Bei Schäden von Insassen in einem mitversicherten Anhänger gelten xx < die gesetzlichen Mindestversicherungssummen oder höhere individuell vereinbarte Versicherungssummen; ist keine Begrenzung gewünscht, entfällt Klausel A.1.3.2 >.

Zusätzlich können besondere Versicherungssummen für Insassen in einem Anhänger vereinbart werden. Werden hier keine gesonderten Beträge in den jeweiligen AKB vereinbart, gelten die vertraglich vereinbarten Versicherungssummen des Zugfahrzeuges auch für den Hänger und die Insassen, soweit sich der Schaden ereignete, als sich der Betrieb des KFZ verwirklichte. Nur für den Fall, dass sich **ausschließlich** die Betriebsgefahr des Hängers verwirklichte, gelten die für den Hänger vereinbarten Versicherungssummen!   1

Übersteigen der Versicherungssummen

A.1.3.3 (nicht ausreichende Versicherungssumme[1])

Übersteigen die Ansprüche die Versicherungssummen, richten sich unsere Zahlungen nach den Bestimmungen des Versicherungsvertragsgesetzes und der Kfz-Pflichtversicherungsverordnung. In diesem Fall müssen Sie für einen nicht oder nicht vollständig befriedigten Schadenersatzanspruch selbst einstehen.

Übersicht   Rdn.
A. Allgemeines 1
B. welche Versicherungssumme wurde vereinbart 2
I. Pauschale 3
II. Mindestversicherungssumme 4
C. Verfahren bei unzureichender Versicherungssumme 5
I. Rangordnung nach § 118 VVG 6
II. Verteilungsverfahren 7
D. Anspruch gegen den Schädiger 8

A. Allgemeines

Die Grenze der vertraglichen Leistungen ist die vereinbarte Versicherungssumme. Für den Fall, dass diese Summe nicht ausreichen sollte, kommen die Regeln des VVG, §§ 118, 123, und der KfzPflVV, § 8, zur Anwendung. Durch die stete Anhebung der Mindestversicherungssummen ist eine Überschreitung der Versicherungssummen im normalen Tagesgeschäft nicht zu befürchten. Allein die Variante des § 12a StVG für   1

---

1 Überschrift des Verfassers!.
1 Überschrift des Verfassers!.

A.1.3.3 AKB (nicht ausreichende Versicherungssumme)

die Gefahrguttransporte birgt ein Risiko in sich, das der Gesetzgeber aber hoffentlich bald beseitigen wird.

B. welche Versicherungssumme wurde vereinbart

2 Es ist abzustellen – bei gesundem Versicherungsverhältnis – auf die vereinbarten Versicherungssummen, bei krankem Versicherungsverhältnis ist zu prüfen, ob im Vertrag dann die in den Musterbedingungen vorgesehene Beschränkung auf die Mindestversicherungssummen vereinbart wurde.

I. Pauschale

3 Bei der Prüfung, ob die Versicherungssummen überschritten werden, ist zunächst festzustellen, ob eine Pauschale (10 Millionen pauschal o. ä.) oder bestimmte Summen je Schadenereignis vereinbart wurden[2].

II. Mindestversicherungssumme

4 Soweit ein Vertrag wegen Kontrahierungszwang zu den Mindestbedingungen vereinbart wurde, ist davon auszugehen, dass die Grenzen des PflVG für jede Schadenart gesondert vereinbart wurden. Dies bedeutet, dass für Personenschäden maximal 7,5 Mio. € vereinbart wurden, für Sachschäden maximal 1 Mio. € und für reine Vermögensschäden 50.000 € als Obergrenzen gelten. Durch diese Regelung beispielsweise kann auch bei reinen Sachschäden, die die Maximalleistung des Versicherungsvertrages nicht erreichen, gleichwohl eine Überschreitung der Versicherungssumme im Bereich der Sachschäden erfolgen[3].

	bis 30.06.1997	ab 01.07.1997	ab 01.01.2002	ab 01.01.2008
Personenschaden	DM 1 Mio.	DM 5 Mio.	€ 2,5 Mio.	€ 7,5 Mio.
Sachschäden	DM 400.000	DM 1 Mio.	€ 500.000	01.01.2008 – 31.12.2011 eine Mio. €, seit 1.1.2012 1,12 Mio. €
reine Vermögensschäden	DM 40.000	DM 100.000	€ 50.000	€ 50.000
Tötung/Verletzung mehrerer Personen	DM 1,5 Mio.	DM 15 Mio.	€ 7,5 Mio.	€ 7,5 Mio.

---

2 Auch hier treffen den Versicherer bzw. seine Agenten Beratungspflichten hinsichtlich der Versicherungssumme, vgl. insoweit OLG Stuttgart v. 30.03.2011 – 3 U 192/10, Jurion; für die Pflichten des Versicherungsmaklers vgl. OLG Hamm v. 30.04.2012 – I-18 U 141/06 = Jurion.

3 Vgl. auch Kröger/Kappen Mindestdeckungssumme und Regulierungsfristen in Europa« in DAR 2007, 557 ff, 563 (Tabelle zu den Mindestdeckungssummen in Europa).

C. Verfahren bei unzureichender Versicherungssumme

Das Verfahren bei Überschreitung der Versicherungssummen weicht nach der VVG-Reform erheblich von dem Verfahren gem. §§ 155, 156 VVG a. F. ab[4]. Die VVG-Reform bringt mit der Einführung einer Rangfolge in § 118 VVG eine entscheidende Erleichterung für den unverschuldet Geschädigten.

I. Rangordnung nach § 118 VVG

Durch die Einführung einer Rangordnung der Anspruchsberechtigten in § 118 VVG werden die Fälle des Verteilungsverfahrens minimiert. Danach sind zunächst die Ansprüche aus den Personenschäden (§ 118 Abs. 1 Ziff. 1 VVG) zu ersetzen, soweit die Geschädigten nicht von dem Schädiger, anderen Versicherern als des KH-Versicherers des Schädigers, Sozialversicherungsträgern oder sonstigen Dritten Schadenersatz verlangen können. Mit dieser Platzierung an erster Stelle ist mit Sicherheit der alleinige Schwerverletzte eines Schadenfalls vollständig abgesichert. Folgerichtig wurde in der VVG-Reform auch das Kürzungsverfahren abgeschafft[5]. Dieses ist nicht mehr erforderlich. Soweit dann noch eine restliche Versicherungssumme zur Verfügung steht, wird diese nach Ziff. 2 wegen sonstiger Schäden natürlicher und juristischer Personen des Privatrechts, die gleichfalls nicht von anderen Ersatz verlangen können, ausgekehrt. Die Sachschäden stehen damit hinter den Ansprüchen aus dem Personenschaden bei nicht ausreichender Versicherungssumme zurück mit der Folge, dass bei mehreren Geschädigten zunächst die Personenschäden gegenüber gestellt und befriedigt werden müssen. Erst nachdem dies erfolgt ist, können die Sachschäden auch dieser Personen ausgeglichen werden!

Erst unter Ziff. 3 werden dann die Versicherer oder sonstige Personen genannt, auf die die Ansprüche nach § 86 VVG, § 6 EFzG etc. übergegangen sind (z. B. Kasko-Versicherer, Arbeitgeber, private Krankenkasse). Unter Ziff. 4 erst werden die Sozialversicherungsträger bedacht, so dass diese bei Schäden, die nur im Rahmen der Mindestversicherungssumme ersetzt werden müssen, ggf. leer ausgehen.

II. Verteilungsverfahren

Es bleibt jedoch auch nach der neuen Regelung dabei, dass ein Verteilungsverfahren[6] bei mehreren Schwerverletzten und unzureichender Versicherungssumme schon unter den Direktgeschädigten erfolgen muss.

Soweit auch nach der Neuregelung des VVG ein Verteilungsverfahren erforderlich sein sollte, gelten die alten Regelungen fort. Die Kosten sind beim Überschreiten der Versicherungssumme auch dann allein vom Versicherer zu tragen, wenn Kosten und Scha-

---

4 Hinsichtlich der früher geltenden Verfahrensweise vgl. ausführlich Kfz-Schadensregulierung, RN 9173 ff.
5 Dort wurden die Ansprüche des einen Geschädigten im Verhältnis zueinander und zu der Versicherungssumme gekürzt ausgezahlt.
6 Bezgl. des Verteilungsverfahrens vgl. Kommentierung zu § 118 VVG in diesem Buch.

A.1.3.3 AKB (nicht ausreichende Versicherungssumme)

denersatzforderung die Versicherungssumme übersteigen. § 118 VVG spricht von den Ansprüchen auf Entschädigung. Dies bedeutet, dass alle Aufwendungen, die der Geschädigte hatte, um seinen Schadenersatzanspruch zu belegen[7], der Entschädigung zuzuschlagen sind, während alle Aufwendungen, die der Versicherer hatte, um seine Eintrittspflicht dem Grunde und der Höhe nach zu klären, als Kosten nicht eingerechnet werden können.

7a Bei mehreren Verletzten kann auch schon hinsichtlich der Ansprüche aus Personenschaden eine Verteilung der Versicherungssumme erforderlich werden:

▶ **Beispiel:**

Versicherungssumme 100, Ansprüche des A 65 und Ansprüche des B 85, Gesamtforderung damit 150, die Versicherungssumme ist damit im Verhältnis der Gesamtforderung zu den Einzelforderungen (2:3) auf die beiden Geschädigten zu verteilen, so dass A 2/3 seiner Forderungen erhält und B ebenfalls 2/3 seiner Forderungen ausgezahlt erhält. Nach diesen Auszahlungen ist die Versicherungssumme erschöpft. Die an Position 2, 3 und 4 stehenden Anspruchsinhaber gehen leer aus.

Hinsichtlich der Sozialversicherungsträger mag diese Regelung ja noch nachvollziehbar sein, nicht erkennbar ist aber, warum auch derjenige, der nur einen Sachschaden erleidet, jetzt leer ausgehen soll, obwohl auch er keine Schuld an dem schadenstiftenden Ereignis hat. Im Übrigen richtet sich die Verteilung nach § 8 KfzPflVV[8].

D. Anspruch gegen den Schädiger

8 Neben der Versicherung haftet der Schädiger für den Fall der nicht ausreichenden Versicherungssumme. Voraussetzung ist, dass der Schädiger gem. § 823 BGB für sein Verschulden einzustehen hat. Besteht lediglich eine Haftung des Schädigers gem. § 7 StVG, beschränkt sich seine Haftung auf die Grenzen des § 12 StVG[9], so dass eine Überschreitung der vertraglich vereinbarten Versicherungssummen nicht gegeben ist.

In aller Regel wird aber die Forderung gegen den Schädiger nicht einbringlich sein, so dass der Geschädigte auf seinen Anspruch gegen den Versicherer im Rahmen der oben dargestellten Verfahrensweise beschränkt bleiben wird. Im Falle der Leistungsfähigkeit ist der Schädiger gehalten, die die Versicherungssumme übersteigenden Beträge selbst zu finanzieren und dafür mit seinem Vermögen einzustehen.

---

7 Sachverständigengutachten für den Fahrzeugschaden, für den Verdienstschaden, für den Körperschaden etc.
8 Wegen der Details vgl. dort.
9 So u. a. OLG Brandenburg v. 21.07.2011 – 12 U 19/11, Jurion = NJW Spezial 2011, 554.

A.1.4 In welchen Ländern besteht Versicherungsschutz?
Versicherungsschutz in Europa und in der EU

A.1.4.1 (geographischer Geltungsbereich[1])

Sie haben in der Kfz-Haftpflichtversicherung Versicherungsschutz in den geographischen Grenzen Europas sowie den außereuropäischen Gebieten, die zum Geltungsbereich der Europäischen Union gehören. Ihr Versicherungsschutz richtet sich nach dem im Besuchsland gesetzlich vorgeschriebenen Versicherungsumfang, mindestens jedoch nach dem Umfang Ihres Versicherungsvertrags.

Übersicht   Rdn.
A. Allgemeines   1
I. räumlicher Geltungsbereich   2
    1. Europa   2
    2. Ausweitung des Geltungsbereichs auf Europäische Union ..   3

A. Allgemeines

A.1.4.1 AKB gilt ausschließlich für die Kraftfahrzeug-Haftpflicht-Versicherung. In der 1 Fahrzeugversicherung gilt A.2.5 AKB, in der Schutzbriefversicherung gilt A.3.4 AKB, in der Insassenunfall-Versicherung gilt A.4.3 AKB.

I. räumlicher Geltungsbereich

1. Europa

Der räumliche Geltungsbereich der Kraftfahrzeug**haftpflicht**versicherung ist begrenzt 2 auf das geographische Europa[2]; auch der europäische Teil der Türkei und Russlands gehören dazu, jedoch nicht der asiatische Teil dieser Länder[3]. Darüber hinaus sind auch die außereuropäischen Länder, die Mitglied der EU sind, einbezogen. Dabei gelten die AKB sowohl im öffentlichen wie auch im nichtöffentlichen Verkehrsraum[4].

2. Ausweitung des Geltungsbereichs auf Europäische Union

Wird dieser Geltungsbereich auf das Gebiet der europäischen Union ausgedehnt, ist 3 Art. 227 des Vertrages über die Europäische Union anzuwenden mit der Folge, dass

---

1 Überschrift des Verfassers!.
2 BGH v. 20.06.1963 – II ZR 199/61 Jurion = VersR 1963, 768; BGH v. 04.07.1989 – VI ZR 217/88, Jurion = NJW 1989, 3095 ff= VersR 1989, 948.
3 OLG Frankfurt v. 17.11.2005 – 7 U 142/05, Jurion, in der übersandten Grünen Karte war auf die Einschränkung ausdrücklich hingewiesen worden.
4 Stiefel/Maier/Maier, A. AKB, Rn. 25.

A.1.4.2 AKB (Geltungsbereich Grüne Karte)

auch die Enklaven in Nordafrika Ceuta und Melilla, die Kanaren[5] (spanisches Hoheitsgebiet), Madeira, Azoren (portugiesisches Hoheitsgebiet) Niederländische Antillen (niederländisches Hoheitsgebiet), Französisch Guyana, Guadeloupe, Martinique und Réunion (französisches Hoheitsgebiet) zum europäischen Bereich zählen.

Soweit einzelne Länder nicht der EU angehören, gilt das landkartenmäßige Europa.

Fragt der Versicherungsnehmer wegen einer Urlaubsreise in die Türkei hinsichtlich seines Versicherungsschutzes nach, muss er vom Versicherer besonders darauf hingewiesen werden, dass der asiatische Teil der Türkei nicht eingeschlossen ist[6]. Gibt der Versicherungsnehmer einen konkreten Anlass, ist er weiter zu beraten[7]. Der pauschale Hinweis auf der internationalen Versicherungskarte reicht hierfür nicht aus[8]. Erfolgt allerdings der Hinweis, muss der Versicherungsnehmer sich selbst über die geographischen Gegebenheiten Europas informieren[9]. Der Einschluss der Türkei auf der internationalen Versicherungskarte bestätigt aber nur den Haftpflichtversicherungsschutz[10]. Die mündliche Zusage eines Versicherungsagenten ist aufgrund des eindeutigen Wortlautes in § 2 AKB a. F. irrelevant und löst eine Vertrauenshaftung nicht aus[11]. Zu beachten ist auch, dass der griechische Teil von Zypern[12] der EU angehört. Da Zypern geographisch zu Asien gezählt wird, ist der türkische Teil von Zypern ohne separate Zusage des Versicherers nicht mit versichert.

Internationale Versicherungskarte (Grüne Karte)

A.1.4.2 (Geltungsbereich Grüne Karte[1])

Haben wir Ihnen die Grüne Karte ausgehändigt, gilt: Ihr Versicherungsschutz in der Kfz-Haftpflichtversicherung erstreckt sich auch auf die dort genannten nichteuropäischen Länder, soweit Länderbezeichnungen

---

5 LG Berlin v. 09.01.2007 – 7 S 31/06, VersR 2007, 941.
6 OLG Hamm v. 30.11.1990 – 20 U 179/90, Jurion = NZV 1991, 314 ff.; OLG Karlsruhe v. 18.03.1987 – 13 U 43/85, NJW-RR 1987, 922 f.
7 OLG Frankfurt v. 14.03.1985 – 1 U 196/84, NJW-RR 1986, 1410;
OLG Koblenz v. 28.03.1980, Az.: 10 U 450/79, Jurion, für Algerien (dem Berater war bekannt, dass der Versicherungsnehmer mit dem Kfz nach Algerien reisen wollte).
8 St. Rechtsprechung, u. a. OLG Karlsruhe v. 18.03.1987 – 13 U 43/85, VersR 1988, 486; OLG Saarbrücken v. 08.10.2004 – 5 U 87/04-13, Jurion = r+s 2005, 14 für die Vollkasko-Versicherung. Der BGH hat jetzt in einer anderen Sache allerdings entschieden, dass die AKB hinsichtlich ihrer Transparenz den Anforderungen des § 307 Abs. 1 S. 2 BGB standhalten: BGH v. 13.04.2005 – IV ZR 86/04, Jurion = r+s 2005, 455 = VersR 2005, 824.
9 OLG Bamberg 1 U 20/06 (n. v.) zu LG Coburg v. 11.01.2006 – 12 O 751/05, SP 2007. 74 f.
10 LG Aachen v. 11.05.2007- 9 O 621/06, SP 2007, 438f (der Versicherer hatte ausdrücklich nur für die Kraftfahrzeug-Haftpflicht-Versicherung Versicherungsschutz zugesagt.).
11 LG Frankenthal v. 01.04.1987 – 5 O 39/87, VersR 1988, 261.
12 BGH v. 04.07.1989 – VI ZR 217/88; OLG Hamburg v. 14.05.2009 – 9 U 108/08 für Yachtversicherung.
1 Überschrift des Verfassers!.

nicht durchgestrichen sind. Hinsichtlich des Versicherungsumfangs gilt A.1.4.1 Satz 2.

Im Zuge der Neubearbeitung der AKB wurde auch die Sprache überprüft und die Internationale Versicherungskarte, die schon im Sprachgebrauch wegen ihrer grünen Farbe als Grüne Karte bezeichnet wurde, auch in den Bedingungen so bezeichnet. Die Grüne Karte bescheinigt nur den Versicherungsschutz in der Kraftfahrzeug-Haftpflicht-Versicherung. Sie soll für alle durch die Länderkennzeichen deutlich machen, in welchen Ländern Versicherungsschutz gewährt werden soll. Dabei können auch außereuropäische Länder eingeschlossen werden, wenn dies vom Versicherungsnehmer gewünscht wird. Einen Rechtsanspruch hierauf hat der Versicherungsnehmer allerdings nicht, die Aufnahme außereuropäischer Länder in den Versicherungsschutz ist eine freiwillige Leistung! Unklarheiten bei den Ländern mit europäischem und asiatischem Teil hat die Rechtsprechung durch Anforderungen an die Aufklärung des Kunden beseitigt[2]. Ein Aufklärungsbedürfnis muss für den Versicherer erkennbar sein[3]. Wird dem Kunden pauschal für das Land Versicherungsschutz zugesagt, so gilt auch der asiatische Teil als eingeschlossen[4,5]. Ein Risikoausschluss und ein (vollständiges) Leistungsverweigerungsrecht des Versicherers sind dann nicht gegeben.

Der Geltungsbereich der KH-Versicherung kann in jedem Fall der internationalen Versicherungskarte entnommen werden, dieser sind die Länder angefügt, für die Versicherungsschutz gewährt wird. Wenn in einzelnen Ländern kein Versicherungsschutz gewährt wird, sind sie auf der Liste durchgestrichen. Ist also auf der Liste das Länderkennzeichen TR durchgestrichen, muss der Versicherungsnehmer dieses so verstehen, dass eine Gewährung von Versicherungsschutz für Fahrten in die gesamte Türkei nicht gewollt ist[6]. Auch wenn die Türkei im Rahmen der internationalen Versicherungskarte eingeschlossen ist, bedeutet dies noch keinen Einschluss von Nord-Zypern[7]. Weitere Erweiterungen können im Einzelfall mit dem jeweiligen Versicherer vereinbart werden. Erstreckt sich der Geltungsbereich der Grünen Karte auch auf die Türkei, so haftet der Versicherer für Unfälle im asiatischen Teil nur im Rahmen der dort geltenden Mindestversicherungssummen[8].

---

2 Schon BGH v. 20.06.1963 – II ZR 199/61, VersR 1963, 1192.
3 OLG Koblenz, 28.03.1980 – 10 U 450/79, Jurion.
4 Richter, »Risikoausschlüsse in der Kfz-Versicherung«, DAR 2012, 241 f.
5 BGH v. 07.07.1992 – VI ZR 1/92, Jurion, m. Anm. Wandt, VersR 1992, 1237; BGH v. 29.10.1992 – IV ZR 326/91 = Jurion = NJW 1993, 1007 ff =VersR 1993, 88; OLG Köln v. 19.09.1991 – 5 U 137/90, Jurion =VersR 1992, 487; OLG Koblenz v. 16.06.1995 – 10 U 31/95, Jurion = VersR 1996, 1270; OLG Köln v. 19.08.1997 – 9 U 222/96 Jurion = VersR 1998, 1104; OLG Frankfurt 7 U 138/97, JurionRS 1997, 31741 = NJW 1998, 3359; OLG Saarbrücken v. 08.10.2004 – 5 U 87/04-13, Jurion = r+s 2005, 14; BGH v. 13.04.2005 – IV ZR 86/04, Jurion = r+s 2005, 455.
6 BGH v. 13.04.2005 – IV ZR 86/04, Jurion = r+s 2005, 455.
7 BGH v. 04.07.1989 – VI ZR 217/88, Jurion = NJW 1989, 3095 = BGHZ 108, 200.
8 OLG Köln v. 17:03:1993 – 13 U 38/91, Jurion = VersR 1991, 1202 auch zur Anwendung des Rechts des Tatortes.

A.1.5 AKB Was ist nicht versichert?

Daneben lassen auch die neuen AKB grundsätzlich für die anderen Sparten (Kasko, Insassen-Unfall etc.) andere Regelungen zu. Der räumliche Geltungsbereich des A.1.4.1 bezieht sich der Formulierung nach nur auf die Kraftfahrzeug-Haftpflicht-Versicherung. Die vertraglich vereinbarten Versicherungssummen gelten auch bei Unfällen dort.

Hier kann besonderer Beratungsbedarf bei dem Kunden bestehen, der ggf. gesondert zu berücksichtigen ist und bei Nichtbeachtung Schadenersatzansprüche des Kunden auslöst[9].

A.1.5 Was ist nicht versichert?

1 In der neuen AKB-Version sind unter A.1.5 AKB alle Ausschlüsse (ausgenommen der räumliche Geltungsbereich), d. h. alle diejenigen Schadenverläufe und Schadenhergänge aufgeführt, für die keine Deckung gewährt wird. Diese sogenannten Risikoausschlüsse geben dem Versicherer auch im Außenverhältnis gegenüber dem Geschädigten ein Leistungsverweigerungsrecht. Der Versicherer muss also auch im Rahmen der Pflichtversicherung hier keine Vorleistungen erbringen. Zulässig sind nur die Risikoausschlüsse, die in § 4 KfzPflVV und in § 103 VVG normiert sind[1]. Sie sind so auszulegen, wie sie ein verständiger Versicherungsnehmer auslegen würde, ohne dass spezielle versicherungsrechtliche Kenntnisse vorhanden sind[2]. Eine enge Auslegung dieser Ausschlüsse[3] ist geboten, da sonst der Zweck der Pflichtversicherung unterlaufen würde. Beweisbelastet für das Vorliegen des Risikoausschlusses ist der Versicherer[4].

Vorsatz

A.1.5.1 (vorsätzliche Herbeiführung[1])

Kein Versicherungsschutz besteht für Schäden, die Sie vorsätzlich und widerrechtlich herbeiführen.

Übersicht   Rdn.
A.   Allgemeines 1
B.   Vorsatz 2
I.   Definition 2
II. Umfang des Vorsatzes 3
III. Haftungsfalle Strafrecht 4

---

9 Vgl hierzu insbesondere die Ausführungen zu § 6 VVG.
1 Halbach in Rüffer/Halbach/Schimikowski AKB 2008 A.1 Rn. 1.
2 BGH v. 29.09.2004 – IV ZR 170/03, NJW-RR 2005, 257 = VersR 2004, 1596 (allerdings für das Baurecht).
3 So auch Stiefel/Maier, AKB A.1.5 Rn. 5.
4 Zu den besonderen Anforderungen an die Beweislast vgl. jeweils zu den einzelnen Risikoausschlüssen.
1 Überschrift des Verfassers!.

(vorsätzliche Herbeiführung) **A.1.5.1 AKB**

	Rdn.
C. Einzelfälle	5
I. gestellter Unfall	5
II. manipulierter Unfall	6
III. provozierter Unfall	7
IV. Suizid	8
V. Herausforderer-Fälle	9
VI. Vorsatztat von mitversicherten Personen	10
VII. Beweislast	13

A. Allgemeines

Der KH-Versicherer haftet nicht, wenn der Versicherungsnehmer den Schaden vorsätz- 1
lich herbeigeführt hat, § 103 VVG gilt auch im Rahmen des Pflichtversicherungsgesetzes[2]. Es entfällt auch der Direktanspruch gegen die Versicherung[3]. Auch wenn die Formulierung des § 103 VVG (»der Versicherer ist nicht zur Leistung verpflichtet«) von der Formulierung des § 152 VVG a.F[4] (der Versicherer haftet nicht«) abweicht, ändert sich am Ergebnis nichts, da auch die Aufhebung der Leistungspflicht bei vorsätzlicher Schadensherbeiführung die Vorleistungspflicht des Versicherers einschließt. Es handelt sich dabei um einen subjektiven Risikoausschluss[5]. Das Verhalten des (Mit-)Versicherten kann dem Versicherungsnehmer gem. § 47 VVG nicht zugerechnet werden[6].

Auch wenn in jüngster Zeit Stimmen[7] laut werden, die die Vereinbarkeit dieser auf § 103 VVG fußenden Regelung mit der 6. KH-Richtlinie bezweifeln, ist der Schutz des Opfers einer Vorsatztat durch die Verkehrsopferhilfe hinreichend sichergestellt.

---

2 Vgl. OLG Düsseldorf v. 28.02.2003 – 14 U 167/02, Jurion = NZV 2003, 424 zur Anwendbarkeit des § 152 VVG a. F., BGH v. 16.03.2006 – 4 StR 594/05, Jurion = NZV 2006, 553 Vorsätzliche Geisterfahrt als Mord;
OLG Nürnberg v. 02.12.2004 – 2 U 2712/04, Jurion = zfs 2005, 503 = DAR 2005, 341 Abbremsen im Stadtverkehr von 40 km/h auf Stillstand.
3 Vgl. AG *Berlin-Mitte* SP 2004, 243, AG Berlin-Wedding, r+s 1997, 319, wobei diese Entscheidung die Leistungsfreiheit auch auf den berechtigten Fahrer, der vorsätzlich handelt, unter Hinweis auf BGH v. 15.12.1970 – VI ZR 97/69, VersR 1971, 239, 240 fälschlicherweise ausweitet, dort bestand nach altem Recht kein Anspruch auf Schmerzensgeld gegen den Halter, so dass insoweit zu differenzieren war; LG Koblenz v. 01.10.1987 – 3 S 269/86, r+s 1989, 5: Fahrer = Versicherungsnehmer, daher keine Eintrittspflicht; BGH v. 15.12.1970 – VI ZR 97/69, VersR 1971, 239; BGH v. 20.06.199 – IV ZR 298/89, VersR 1989, 888. Franck, »Richtlinienkonforme Auslegung der Vorschriften über die vorsätzliche Herbeiführung des Versicherungsfalls in der Kfz-Pflichtversicherung«, VersR 2014, 13 ff.
4 Zur Anwendbarkeit des § 152 VVG a. F. auf die Pflichthaftpflichtversicherung vgl. OLG Oldenburg v. 31.03.1999 – 2 U 264/98, r+s 1999, 310 (LS) und r+s 1999, 236 = VersR 1999, 482.
5 So schon BGH v. 15.12.1970 – VI ZR 97/69, VersR 1971, 239 ff.
6 So Römer in Römer/Langheid, § 79 VVG a. F. Rn. 4 (der inhaltlich § 47 VVG n. F. entspricht).
7 Franck, »Richtlinienkonforme Auslegung der Vorschriften über die vorsätzliche Herbeiführung des Versicherungsfalles in der Kfz-Pflichtversicherung«, VersR 2014, 13 ff, 16.

A.1.5.1 AKB (vorsätzliche Herbeiführung)

Diese Sichtweise würde dazu führen, dass auch derjenige, der in betrügerischer Absicht einen Schadenfall herbeiführt, über den Direktanspruch von der Versicherung vorab den Schaden reguliert erhält, obwohl er diesen vorsätzlich dem Dritten zugefügt hat, z. B. um den eigenen Schaden in der Fahrzeug-Versicherung geltend zu machen.

B. Vorsatz

I. Definition

2   Vorsätzlich handelt, wer im Wissen und Wollen des tatbestandlichen Erfolges handelt[8], also auch den eingetretenen Erfolg mindestens billigend in Kauf nimmt (bedingter Vorsatz). Erforderlich ist, dass der Versicherungsnehmer die Möglichkeit der Schädigung erkannt hat und dies billigend in Kauf nimmt (bedingter Vorsatz). Dabei ist zu beachten, dass sich der Vorsatz auch auf den eingetretenen Erfolg beziehen muss, um Leistungsfreiheit nach sich zu ziehen[9]. Nach Auffassung des BVerfG ist ein PKW nicht unter den Begriff Waffe zu subsumieren, auch wenn der Fahrer vorsätzlich unter Einsatz des Kfz handelt[10]. Die weit verbreitete Unsitte der Geschädigten, anzugeben, der Schädiger habe dies absichtlich getan, birgt das nicht zu unterschätzende Risiko in sich, dass sich der in Anspruch genommene Versicherer darauf beruft und die Leistung verweigert. An der Leistungsfreiheit des Versicherers hat auch die VVG-Reform nichts geändert[11].

II. Umfang des Vorsatzes

3   Der Vorsatz des Versicherungsnehmers muss sich darauf erstrecken, dem Beteiligten einen konkreten Schaden zuzufügen. Hat sich der Vorsatz des Versicherungsnehmers generell auf die Schädigung des Unfallgegners bezogen, so gilt § 103 VVG auch bezüglich der Schäden, die vom Versicherungsnehmer nicht gewollt waren[12]. Die Grenzen sind hier fließend[13]. Allerdings bedeutet das Abbremsen[14] nach dem Überholen eines

---

8   Palandt-Heinrichs § 276 Rn. 10.
9   BGH v. 26.05.1971 – IV ZR 28/70, VersR 1971, 806; OLG *Hamm v.* 02.10.1995 – 20 U 78/85, VersR 1987, 88.
10 BVerfG v. 01.09.2008 – 2BvR 2238/07, NZV 2009, 148, da ein PKW nicht unter den Begriff »Waffe« passe, welcher im Strafgesetzbuch geregelt sei; OLG Jena v. 18.09.2007 – 1 Ss 191/07, NZV 2008, 366 f. A. A. OLG Hamm v. 15.06.2005 – 13 U 63/05, DAR 2005, 277 f.
11 Unberath »Die Leistungsfreiheit des Versicherers – Auswirkung der Neuregelung auf die Kraftfahrtversicherung« in NZV 2008, 537 ff.
12 OLG *Hamm* v. 12.12.2006 – 27 U 98/02 SP 2004, 30 f., zur Frage des Tötungsvorsatzes beim Fahrzeugverkehr; BGH v. 28.07.2005 – 4 Str. 109/05, NZV 2005, 538 in schadenersatzrechtlicher Hinsicht müsste hier ein Leistungsverweigerungsrecht des Versicherers angenommen werden. OLG Koblenz v. 24.06.2013 – 10 U 235/13, VersR 2014, 1450 (Schlag gegen den Kopf und anschließendes Schädel-Hirn-Trauma mit bedingtem Vorsatz).
13 OLG Karlsruhe v. 13.12.2013 – 9 U 27/13 (für das Anzünden von Pappbechern und anschließendem Abbrennen einer Gartenhütte).
14 OLG Nürnberg, 02.12.2004 – 2 U 2712/04, Abbremsen alleine ist nicht zwingend vorsätzliches Herbeiführen des Schadenfalles.

Verkehrsteilnehmers aus »erzieherischen Gründen«, oder um den anderen zur Rede zu stellen, nicht gleichzeitig die vorsätzliche Herbeiführung eines Schadenfalles, wenn es zum Unfallereignis kommt[15]. Abzugrenzen sind davon die provozierten Unfälle, in denen Ziel gerade der Auffahrunfall ist.

Der Versicherer darf sich auch bei der Direktklage auf den Risikoausschluss berufen[16]. Sofern der Versicherungsnehmer vorsätzlich handelt, haben die mitversicherten Personen gleichwohl Versicherungsschutz, § 123 VVG[17]. Dabei gilt der Pkw allerdings nicht als gemeingefährliches Tötungsmittel im Sinne des Strafrechts[18]. Im Hinblick auf die subjektive Komponente der Vorsatztat kann sich der Versicherungsnehmer entlasten, wenn der Nachweis der Schuldunfähigkeit gelingt[19]; es kommt nicht darauf an, dass die Klage im Haftpflichtprozess gegen den Versicherer abgewiesen wurde und der Versicherungsnehmer alleine im Wege des Versäumnisurteils zur Zahlung verpflichtet wurde. Im nachfolgenden Deckungsprozess kann der Versicherungsnehmer noch immer sein fehlendes Verschulden belegen[20].

III. Haftungsfalle Strafrecht

Gelingt es gar dem Prozessvertreter des Geschädigten, im Strafverfahren eine Verurteilung wegen Vorsatztat zu erlangen, führt dies zur Leistungsfreiheit des Versicherers. Dieses – an sich im Strafrecht korrekte Verhalten – löst im Zivilrecht jedenfalls dann die Leistungsfreiheit des Versicherers aus, wenn Fahrer und Halter personenidentisch sind. Eine klassische Haftungsfalle! Auch wenn im Rahmen des Strafverfahrens eine Verurteilung des Schädigers sowie im Rahmen des Adhäsionsverfahrens die Zahlung eines Schmerzensgeldes erreicht werden kann, führt dies nicht zu einer Bindungswirkung gegenüber dem Kraftfahrzeug-Haftpflicht-Versicherer[21].

4

---

15 Bloßes Abbremsen nach Überholvorgang, um and. zur Rede zu stellen, reicht nicht aus, *Böhme/Biela*, Kraftfahrthaftpflichtversicherung, Kap. 16 Rn. 35 f.; a. A. AG Bremen v. 13.06.2013 – 9 C 16/13, ADAJUR #105295 = r+s 2014, 165. a. A. OLG Düsseldorf I-1U91/05 SVR 2006, 467 zur »erzieherischen Maßnahmen, um den Hintermann zu verkehrsgerechtem Verhalten zu zwingen, welches als vorsätzliche Herbeiführung des Schadenfalls gilt; vgl. aber OLG *Celle*, v. 21.02.2006, 14 U 149/05 in SVR 2008, 305 zum Vorliegen des sog. »Berliner Modells«; LG Duisburg v. 07.10.2001 – 10 O 401/01.
16 BGH v. 20.06.1990 – IV ZR 298/89 r+s 1990, 291.
17 Feyock/Jacobsen/Lemor aaO. AKB 2007 § 11 RN 44 wobei ein solcher Fall nicht wirklich denkbar ist.
18 BGH v. 16.041.2007- 4 StR 598/06, NZV 2007, 371 f. = DAR 2007, 526 f.
19 OLG Nürnberg v. 12.07.2013 – 5 U 562/13, beweisbelastet ist der Versicherungsnehmer.
20 LG Dortmund v. 01.06.2006 – 2 O 268/05, SP 2007, 82 ff; vgl. aber OLG Köln v. 16.03.1999 – 9 U 99/09 zur Bindungswirkung von im Vorprozess festgestelltem Vorsatz, VersR 1999, 1270 f.
21 BGH v. 18.12.2012 – VI ZR 55/12, DAR 2013, 258–261.

A.1.5.1 AKB (vorsätzliche Herbeiführung)

C. Einzelfälle

I. gestellter Unfall

5 § 103 VVG gilt auch für einen **gestellten Unfall**[22]; es besteht dann ebenfalls Leistungsfreiheit. Auch wenn der Versicherungsnehmer und der Fahrer personenverschieden sind, da der Unfallbeteiligte in die Schädigung eingewilligt hat[23]. Wenn bei einem gestellten Auffahrunfall der Beteiligte durch das Auffahren eine HWS-Verletzung erleidet, fehlt es an der Eintrittspflicht, da es nicht außerhalb jeder Wahrscheinlichkeit liegt, dass bei einem Auffahrunfall ein leichter Personenschaden eintreten kann[24]. Gleiches gilt auch für sonstige fingierte Unfälle[25]. Eine Eintrittspflicht besteht auch dann nicht, wenn bei diesem Schadenfall auch unbeteiligte Dritte geschädigt werden, um die Inszenierung glaubwürdiger zu machen[26]. Dabei müssen, um die Leistungsfreiheit des Versicherers nach sich zu ziehen, die entsprechenden Umstände nachgewiesen werden, die in ihrer Gesamtheit auf den gestellten Unfall deuten[27]. Ob die Entscheidung allerdings korrekt ist, dass nach einem gestellten Unfall einer der beiden – nicht beteiligten – Halter 50 % seines Schadens vom Unfallgegner (respektive dessen Kraftfahrzeug-Haftpflicht-Versicherer) erhalten[28] soll, wenn davon ausgegangen wird, dass der Unfall als solches von den beiden Fahrzeugführern verabredet war, ist fraglich. Sicher wird diese Entscheidung eine Einzelfallentscheidung bleiben. Hat der Versicherer den Verdacht, dass ein gestellter oder manipulierter Unfall vorliegt, darf er im Haftpflichtprozess seine eigenen Interessen wahren und dem Verfahren ggf. als Streithelfer beitreten[29]. Dabei kann der Beweis durch die Gesamtschau und einer ungewöhnlichen Häufung von Beweisanzeichen für einen gestellten Unfall sprechen[30].

II. manipulierter Unfall

6 Der **manipulierte Unfall**[31] fällt nicht unter die Regelungen des § 103 VVG, da die Manipulation in aller Regel von dem Geschädigten ausgeht und der Schädiger nach dem

---

22 Zur Beweisführung und Indizien OLG Köln v. 18.10.2013 – 19 U 79/13, SP 2014, 113. Vgl. hierzu auch Meschkat/Nauert/Staab, Betrug in der Kraftfahrzeughaftpflichtversicherung, Rn. 258, 263 f.; KG v. 05.06.1989 – 12 U 4073/88, r+s 1989, 277 m. w. N.; Halm/Fitz »Versicherungsrecht 2007/2008«, DAR 2008, 507 f.
23 Böhme/Biela, Kraftfahrthaftpflichtversicherung, 24. A. Kap. 16 Rn. 36.; OLG *Celle* v. 09.09.2004 – 14 U 240/03, NZV 2006, 267.
24 KG v. 05.06.1989 – 12 U 4073/88, VersR 1989, 1188.
25 BGH v. 28.03.1989 – VI ZR 232/88, r+s 1989, 181; u. a. OLG Hamm v. 9.03.2001 – 6 U 79/00, r+s 2001, 456 f., OLG Karlsruhe v. 08.03.2007 – 19 U 54/06, r+s 2007. 189.
26 Meschkat/Nauert/Staab, Betrug in der Kraftfahrzeug-Haftpflicht-Versicherung, B.1 Rn. 263 f. m. w. N.
27 OLG Frankfurt v. 21.04.2009 – 16 U 175/08; LG Münster v. 28.10.2013 – 15 O 96/11, SP 2014, 64 f. (für die Kasko-Versicherung).
28 LG Hagen v. 23.09.2009 – 10 S 228/08, r+s 2009, 478 f.
29 BGH vom 29.11.2011, VI ZR 201/10.
30 LG Hannover v. 18.06.2013 – 9 O 261/12, SP 2014, 49 f.
31 OLG Düsseldorf v. 24.06.2014 – I-1 U 122/13, SP 2014, 327f; OLG Saarbrücken v.

Zufallsprinzip vom zukünftigen Geschädigten ausgewählt wird. Der Vorsatz hinsichtlich der Schädigung muss bei dem Versicherungsnehmer liegen, gegen den Ansprüche gerichtet werden[32].

III. provozierter Unfall

Ein provozierter Unfall erfordert, dass der Geschädigte vorsätzlich einen Unfall herbeiführt, um den ohne Schuld handelnden Unfallbeteiligten bzw. dessen Kraftfahrzeug-Haftpflicht-Versicherer in Anspruch zu nehmen[33]. Auch der **provozierte Unfall** unterfällt nicht dem Risikoausschluss des § 103 VVG, da bei dem provozierten Unfall kein vorsätzliches Handeln des Versicherungsnehmers, der »Opfer« dieses schädigenden Ereignisses wird, sondern vielmehr Vorsatz des vermeintlichen Geschädigten[34] gegeben ist. Dieser provoziert den Unfall, um Leistungen zu erschleichen. Diese Unfälle sind daher über das Schadensrecht zu lösen. Eine bereits bewillige Prozesskostenhilfe kann in einem solchen Fall widerrufen werden[35]. Kein provozierter Unfall liegt vor, wenn es sich um ein unabwendbares Ereignis handelt[36]. Diese Entscheidung ist jedoch fraglich, da gerade bei provozierten Unfällen das Augenmerk der Täter naturgemäß auf die »lebensechte« Darstellung des Herganges als für das vermeintliche Opfer unabwendbar gerichtet ist.

IV. Suizid

Wenn der Versicherungsnehmer mit seinem Fahrzeug Selbstmord[37] begeht, indem er beispielsweise gegen einen Brückenpfosten fährt, ist von einer Vorsatztat auch hinsichtlich der eingetretenen Schäden am Brückenpfosten auszugehen. Der Vorsatz bejaht wurde auch bei: Zusammenstoß mit einem Zug in Selbsttötungsabsicht[38]; Verfolgungsjagd mit der Polizei und verkehrswidrigem Überholen, welches sein Ende in der Frontalkollision mit dem Gegenverkehr nimmt[39], sowie der Selbsttötung durch Kollision

---

03.04.2014 – 4 U 60/13 zu den Anforderungen an eine Unfallmanipulation (nicht jeder Auffahrunfall trägt den Verdacht der Manipulation in sich). Vgl. hierzu auch Meschkat/Nauert/Staab, Betrug in der Kraftfahrzeug-Haftpflicht-Versicherung, 2008 aaO. Rn. 256, zur Haftungsseite bei Unfallmanipulation s. auch Halm/Fitz »Versicherungsrecht«, DAR 2009, 1481, 1482, BGH v. 29.11.2011 – VI ZR 201/10 zu den Rechten des Kraftfahrzeug-Haftpflicht-Versicherers.

32 Zum Vorliegen von für eine Unfallmanipulation sprechenden Umstände OLG Naumburg v. 03.04.2014 – 4 U 59/13, ADAJUR #106170.
33 LG Münster v. 08.08.2014 – 011 O 279/11, ADAJUR # 106444.
34 OLG München v. 19.01.1990 – 10 U 5353/89 in SP 1992, 354.
35 OLG Hamm v. 14.11.2014 – 9 U 165/13, MDR 2015, S. R 16.
36 LG Münster v. 23.04.2014 – 02 O 462/11.
37 BGH v. 13.02.1985 – IV a ZR 71/83, r+s 1985, 79 f (Vorsatztat und Anwendung des Teilungsabkommens mit SVT).
38 OLG Oldenburg v. 19.06.1995 – 13 U 31/95, SP 1995, 361.
39 OLG Nürnberg, 07.06.2011 – 3 U 188/11.

A.1.5.1 AKB (vorsätzliche Herbeiführung)

mit dem Begegnungsverkehr[40]. Der Nachweis der vorsätzlichen Schädigung des Unfallbeteiligten obliegt dem Versicherer, die Fälle, in denen der Nachweis einer Vorsatztat gelingt, sind eher selten.

V. Herausforderer-Fälle

9   Auch in den Fällen, in denen im Rahmen einer Verfolgung durch die Polizei Schäden verursacht werden, d. h. eine sog. Herausforderung der Polizei vorliegt, kann von einer Vorsatztat ausgegangen werden[41]. Wird man den Vorsatz des Fahrers des flüchtenden Fahrzeuges bejahen können, führt dies zum Risikoausschluss in der Kraftfahrzeug-Haftpflicht-Versicherung jedenfalls dann, wenn der Fahrer und der Versicherungsnehmer identisch sind[42]. Der Vorsatz der Polizeibeamten, die die Beschädigung der Polizeifahrzeuge billigend in Kauf nehmen, um den Verfolgten zu stellen, entbindet den Versicherer nicht von der Eintrittspflicht[43]. In diesen Fällen wird man nach diesseitiger Auffassung immer davon ausgehen können, dass der Fahrer des flüchtenden PKW die Schädigung Dritter mindestens billigend in Kauf nahm.

VI. Vorsatztat von mitversicherten Personen

10 Fallen Fahrer und Versicherungsnehmer auseinander und der eigentliche Halter des Fahrzeuges ermöglicht eine Schwarzfahrt, besteht zwar keine Eintrittspflicht des Versicherers wegen der Vorsatztat des Fahrers, jedoch bleibt es wegen des Ermöglichens der Schwarzfahrt bei einer Halterhaftung aus der Betriebsgefahr[44]. Wenn aber der Fahrer vom Versicherungsnehmer personenverschieden ist und der Versicherungsnehmer vom Plan nichts weiß, besteht gleichwohl Eintrittspflicht der KH-Versicherung aus § 7 StVG, da der Halter bzw. Versicherungsnehmer für sich Versicherungsschutz beanspruchen kann[45]. Es besteht dann lediglich Leistungsfreiheit gegenüber dem »Vorsatztäter«[46]. Die Halter-Haftung aus der Betriebsgefahr ist durch § 12 StVG der Höhe nach

---

40 OLG Oldenburg v. 29.04.1998 – 2 U 264/97, NZV 1999, 294 ff.
41 OLG Frankfurt v. 13.12.2001 – 3 U 141/99, Jurion.
42 AG Landshut v. 23.02.2011 – 3 C 604/10, Jurion,.
43 BGH v. 31.01.2012 – VI ZR 43/11 m. Anm. Jahnke (Juris). Hier wurde der Vorsatz des Versicherten offenbar nicht eingewendet, sondern sich auf die Haftungseinwände beschränkt (Vorinstanz OLG Frankfurt v. 19.01.2011 – 13 U 50/10).
44 BGH v. 29.04.1970 – IV ZR 97/69 VersR 1971, 239; OLG Schleswig v. 15.11.1994 – 9 U 85/93, VersR 1995, 827; OLG Oldenburg v. 29.04.1998 – 2 U 264/97 r+s 1999, 236 = NJW 1999, 3454 = VersR 1999, 482, OLG Hamm v. 23.01.1996 – 9 U 145/95, r+s 1996, 435 = DAR 1997, 53; LG Essen v. 0.10.2006 – 13 S 104/06, ADAJUR Dok.-Nr. 73 686.
45 OLG *Köln* v. 30.05.2000 – 9 U 130/99, r+s. 2000, 316 = VersR 2000, 1140, OLG *Hamm* v. 15.06.2005 – 13 U 63/05, r+s 2006, 33 = NZV 2006, 253, a. A. AG Berlin-Wedding v. 11.03.1997 – 6 a C 337/96, r+s 1997, 319 Leistungsfreiheit auch gegenüber dem vorsätzlich handelnden Fahrer, LG Gera v. 21.12.1999 – 10 S 582/99, SP 2000, 142.
46 LG Bonn v. 19.12.1997 – 2 S 18/96, r+s 1998, 461.

begrenzt[47]. Soweit hier die Mindestversicherungssummen[48] unterhalb der Grenze des § 12 StVG liegen, sind diese anzuwenden (dies wäre z. B. bei einem Gefahrgutunfall möglich!). Der Fahrer, der unberechtigt das Fahrzeug führt und vorsätzlich Dritte schädigt, ist diesen vollumfänglich zum Schadenersatz verpflichtet[49].

Die Rechtsprechung hat die Eintrittspflicht des Versicherers auch für den Fall aus § 7 StVG bejaht, dass ein Repräsentant[50] des Versicherungsnehmers die Vorsatztat beging[51]. Repräsentant ist, wer vom Versicherungsnehmer die eigenverantwortliche Wahrnehmung von Rechten und Pflichten des Versicherungsnehmers übertragen erhalten hat[52]. Allerdings begründen die gemeinsame Kostentragung für ein Kfz und die Nutzung zu 60 % noch keine Repräsentantenstellung eines Ehepartners[53].

11

Ist der Versicherer für den Halter aus der Betriebsgefahr eintrittspflichtig, führte dies bei Vorsatztaten bis zur Schadenrechtsreform in 2002 dazu, dass der Halter für den Sachschaden und den Personenschaden – ausgenommen das Schmerzensgeld – einzustehen hatte, der Fahrer aber allein und unmittelbar zur Zahlung des Schmerzensgeldes an den Geschädigten verurteilt wurde. Seit der Schadenrechtsreform hat der Geschädigte aus der Betriebsgefahr das Recht alle seine Ansprüche gegen den Halter zu richten, der in aller Regel Versicherungsschutz für sich beanspruchen kann, wenn der personenverschiedene Fahrer die Vorsatztat beging. Es bleibt dem Versicherer dann nur die Möglichkeit, gegenüber dem Fahrer Regress in unbegrenzter Höhe zu nehmen. Dabei geht der Anspruch auf den Versicherer nach den §§ 115, 123, VVG, 426 BGB über, da Fahrer, Versicherungsnehmer und Versicherer nebeneinander als Gesamtschuldner für den entstandenen Schaden haften und der Ausgleich über die Regeln des Ausgleichs der Gesamtschuld erfolgt[54].

12

---

47 OLG *Oldenburg* v. 29.04.1998 – 2 U 264/97, VersR 1999, 482; BGH v. 20.03.1967 – III ZR 100/66, NJW 1967, 1273; OLG *Schleswig* v. 15.11.1994 – 9 U 85/93 r+s 1995, 84. OLG Stuttgart v. 15.11.2000 – 3 U 23/00, r+s 2001, 312: für den Fall des Verstoßes gegen Führerscheinklausel, Alkoholklausel und Schwarzfahrt ist die Haftung auf die Mindestversicherungssumme beschränkt, unabhängig von der Frage des Ermöglichens der Schwarzfahrt durch den Halter, da die Haftungshöchstgrenzen des StVG für diesen anzuwenden wären und unter der Mindestversicherungssumme lagen.
48 Vgl. Hierzu oben A.1.3.
49 So OLG Düsseldorf, v. 15.03.2004 – I-1U 44/03, BeckRS 2004, 30 340 516, da dort ein Ermöglichen der Schwarzfahrt nicht gegeben war und damit auch die Halterhaftung ausschied, der Fahrer wurde in diesem Fall wegen versuchten Mordes (also einer Vorsatztat) verurteilt. A. A. AG Berlin-Wedding, r+s 1997, 319, wobei diese Entscheidung die Leistungsfreiheit auch auf den berechtigten Fahrer der vorsätzlich handelt, unter Hinweis auf BGH v. 15.12.1970 – VI ZR 97/69, VersR 1971, 239, 240 fälschlicherweise ausweitet.
50 Vgl. auch Präve »Das neue VVG und das AGB-Recht«, VersW 2009, 98f, 100.
51 OLG Köln v. 30.05.2000 – 9 U 130/99, r+s 2000, 316 = VersR 2000, 1140; OLG Nürnberg v. 14.09.2000 – 8 U 1855/00, VersR 2001, 634 = NJW-RR 2001, 100 f.
52 BGH v. 14.03.2007 – IV ZR 102/03, zfs 2007, 335 ff.
53 LG Paderborn v. 09.05.2007 – 4 O 651/06, zfs 2007, 636 f. AKB. A.2.3. Rdn. 25.
54 Der Hinweis auf § 86 VVG geht fehl, da gerade kein Anspruch des Versicherungsnehmers auf den Versicherer übergeht, der Versicherer hat einen eigenen Anspruch aus § 116 VVG,

A.1.5.2 AKB (behördlich genehmigte kraftfahrtsportliche Veranstaltungen)

VII. Beweislast

13 Es gelten auch hier die allgemeinen Beweisregeln[55]. Der Versicherer trägt die Beweislast, dass der Versicherungsnehmer den Schadenfall vorsätzlich herbeigeführt hat, erst danach stellt sich die Frage der Schuldfähigkeit[56]. Soweit der Schadenverursacher alkoholisiert war, als es zu dem Schaden kam, trägt der Geschädigte die Beweislast dafür, dass der Verursacher zurechnungsunfähig/schuldunfähig war[57] und damit der Vorsatz entfällt. Auch für eine Bewusstseinsstörung trägt der Versicherungsnehmer die Beweislast[58]. Die Herbeiführung eines Unfalles unter Störung des Geistes lässt einen Vorsatz entfallen[59]. Für die vorsätzliche Herbeiführung des Versicherungsfalles ist der Versicherer beweisbelastet[60], dabei muss der Vorsatz auch die Schadensfolgen umfassen[61]. Der Versicherer, der am Haftpflichtprozess zwischen Versicherungsnehmer und Unfallbeteiligtem nicht beteiligt wurde, kann auch nach rechtskräftigem Abschluss des Haftpflichtprozesses im Deckungsprozess den Einwand der arglistigen Täuschung durch Zusammenwirken der Beteiligten führen[62]. Für das äußere Unfallgeschehen ist grds. der Anspruchsteller beweisbelastet, vor allem, wenn Indizien für ein manipuliertes Unfallgeschehen sprechen[63].

Genehmigte Rennen

A.1.5.2 (behördlich genehmigte kraftfahrtsportliche Veranstaltungen[1])

Kein Versicherungsschutz besteht für Schäden, die bei Beteiligung an behördlich genehmigten kraftfahrt-sportlichen Veranstaltungen, bei denen es auf die Erzielung einer Höchstgeschwindigkeit ankommt, entstehen. Dies gilt auch für dazugehörige Übungsfahrten.

Hinweis: Die Teilnahme an behördlich nicht genehmigten Rennen stellt eine Verletzung ihrer Pflichten nach D.1.1.4 dar.

---

falsch insoweit Schimikowski, aaO. § 103 VVG Rn. 9; s. hierzu auch BGH VI ZR 136/05 in zfs 2007, 195 ff. = SP 2007, 224 ff.
55 Zu den Beweisregeln vgl. auch Staab in Meschkat/Nauert, Betrug in der Kraftfahrzeugversicherung, Rn. 285, 286.
56 OLG Nürnberg v. 12.07.2013 – 5 U 562/13, Jurion.
57 BGH v. 20.06.1990 – IV ZR 298/89, r+s 1990, 291 = NJW 1990, 2387; vgl. auch AG Düsseldorf v. 26.02.2007 – 58 C 8469/06, SP 2008, 125.
58 OLG Düsseldorf v. 23.08.2005 – I-4 U 172/04, VersR 2006, 402 = r+s 2007, 102 (bei Depression).
59 LG Düsseldorf v. 01.06.2011 – 9 O 26/08 in SP 2012, 24.
60 BGH v. 13.04.2005 – IV ZR 62/04 in NVZ 2005, 515 = NJW-RR 2005, 1051.
61 BGH v. 15.07.2008 – VI ZR 212/07, billigendes Inkaufnehmen reicht aus.
62 OLG Frankfurt/M. v. 27.03.2014 – 7 U 242/13, NZV 2015. 78 f.
63 OLG Saarbrücken v. 30.10.2012 – 4 U 259/11, NZV 2013, 288 ff.
1 Überschrift des Verfassers!.

(behördlich genehmigte kraftfahrtsportliche Veranstaltungen) **A.1.5.2 AKB**

Übersicht
Rdn.
A. Allgemeines 1
B. kraftfahrtsportliche Veranstaltung 2
C. Abgrenzung Zuverlässigkeitsfahrt 3
D. Eintritt für Schäden 4

A. Allgemeines

Die Teilnahme an behördlich genehmigten Rennen ist nicht versichert. Dazu gehören 1
nach dem Text der AKB auch die dazugehörigen Übungsfahrten. Grundsätzlich sind
Rennen gem. § 29 StVO im öffentlichen Straßenverkehr verboten, Ausnahmegenehmigungen können von den zuständigen Stellen gem. § 46 StVO erteilt werden[2]. Diese
Klausel ist auch hinreichend transparent[3].

B. kraftfahrtsportliche Veranstaltung

Kraftfahrtsportliche Veranstaltungen sind alle die Veranstaltungen, die unter Einsatz 2
von Kraftfahrzeugen zu einem Vergleichswettbewerb führen. Diese Formulierung
meint die Rennveranstaltungen. Als Rennveranstaltung sind die Fahrten zu bezeichnen, bei denen es auf die Erzielung einer Höchstgeschwindigkeit ankommt[4].

C. Abgrenzung Zuverlässigkeitsfahrt

Soweit es bei den Veranstaltungen gerade nicht auf die gefahrene Höchstgeschwindig- 3
keit ankommt, ist der Ausschluss zu verneinen. Es kommen Gleichmäßigkeitsfahrten,
Zuverlässigkeitsfahrten und Touristenfahrten auf Rennstrecken in Betracht. Selbst
wenn man unterstellt, dass im Rahmen von Touristenfahrten – auch wenn eine Höchstgeschwindigkeit gewertet wird – die private Fahrt auf der Rennstrecke doch zu »Rennverhalten« verführt, gilt dies nicht als Rennen im Sinne dieses Ausschlusses. Allerdings
kann hier eine Obliegenheitsverletzung nach D.1.1.4 AKB vorliegen. Auch eine Touristenfahrt auf dem Hockenheimring ist mangels Platzierung und Zeitmessung kein Rennen (für die Kasko-Versicherung)[5]. So hat der BGH für den Umfang der Haftung bei
kraftsportlichen Veranstaltungen entschieden, hier war Haftung für den Fall ausgeschlossen, dass eine KH-Versicherung nicht eintrittspflichtig sei[6]. Ein Risikoaus-

---

2 OVG Münster v. 12.06.1996 – 25 A 199/96, Jurion = NVwZ-RR 1997, 4 ff.; VG Köln v.
  13.09.2007 – 11 L 1308/07 zu Cannonball 2008 (ein verbotenes Rennen ist nicht genehmigungsfähig) Jurion.
3 OLG Karlsruhe, Urteil vom 15.4.2014 – 12 U 149/13 (zur Kasko-Versicherung), DAR 2014,
  464 f.
4 Vgl. Hentschel, Straßenverkehrsrecht, § 29 Rn. 2.
5 BGH v. 01.04.2003 – VI ZR 321/02, Jurion = VersR 2003, 775 = DAR 2003, 410,
  OLG Karlsruhe v. 06.09.2007 – 12 U 107/07, Jurion = zfs 2007, 635f = r+s 2007, 502f = SP
  2008, 156 f.
6 BGH v. 19.02.2008 – VI ZR 98/07, Jurion = r+s 2008, 256 f. = DAR 2008, 265f 5. = VersR
  2008, 540 = NZV 2008, 288 f.

A.1.5.2 AKB (behördlich genehmigte kraftfahrtsportliche Veranstaltungen)

schluss wurde hingegen verneint, wenn es im Rahmen eines Sicherheitstrainings zum Schadenfall kam, in dem die Erzielung einer Höchstgeschwindigkeit gerade nicht das Ziel der Veranstaltung war[7]. Auch die Teilnahme an einer Zuverlässigkeitsfahrt, die eine vorgeschriebene Durchschnittsgeschwindigkeit von 40 km/h vorsieht, führt nicht zu einem Risikoausschluss[8]. Eine Geschicklichkeitsfahrt fällt ebenfalls nicht unter die Rennklausel[9]. Beweisbelastet ist der Versicherer, der sich auf den Risikoausschluss berufen will[10]. Bei Gleichmäßigkeitsfahrten gehen die Meinungen in der Rechtsprechung auseinander. OLG Nürnberg verneint den Renncharakter einer Gleichmäßigkeitsfahrt, weil auch derjenige, der langsamer fährt, aber gleiche Rundenzeiten erreicht, gewinnen kann, ohne die Höchstgeschwindigkeit zu erzielen[11]. Auch ein Fahrsicherheitstraining gefährdet den Versicherungsschutz nicht, solange es dort nicht auf die Erzielung einer Höchstgeschwindigkeit ankommt.[12]

D. Eintritt für Schäden

4   Ein Ausschluss ist gegeben, da bei behördlich genehmigten Fahrveranstaltungen eine Versicherung durch den Veranstalter abgeschlossen wird und diese in der Teilnahmegebühr enthalten ist. Ohne eine solche Versicherung wird die Genehmigung nicht erteilt. Der Schutz des unbeteiligten Dritten ist damit gewährleistet. Zur Anwendung kommen dann die AHB des Haftpflichtversicherers[13] des Veranstalters, die nur bei Verschulden[14] des Beteiligten und bei schuldhafter Verletzung der Verkehrssicherungspflicht[15] eintreten. Zutreffend wird die Eintrittspflicht des beteiligten Motorradfahrers während eines Crosstrainings abgelehnt[16]. Nicht unter den Ausschluss fallen »verabre-

---

7   OLG Karlsruhe v. 06.09.2007 – 12 U 107/07, Jurion = SP 2009, 281 f.
8   So auch OLG Celle v. 09.10.2003 – 8 U 256/02, Jurion = r+s 2004, 164 = zfs 2003, 604 = SVR 2004, 195 m. Anm. Halm.
9   OLG Saarbrücken v. 21.06.2006 – 5 U 51/06, Jurion = zfs 2007, 645 f.
10 OLG Köln v. 21.11.2006 – 9 U 76/06, Jurion = r+s 2007, 12 = SP 2007, 185 = VersR 2007, 683.
11 OLG Nürnberg v. 29.06.2007 – 8 U 158/07, Jurion = zfs 2008, 31f = NZV 2008, 300 = SP 2008, 56f;
    a. A. LG Stuttgart v. 26.01.205 – 18 O 536/04, Jurion = SP 2005, 312.
12 OLG Koblenz vom 14.03.2011 – 12 U 1529/09, Jurion.
13 BGH v. 04.12.1990 – VI ZR 300/89, Jurion = VersR 1991, 1033 = NJW-RR 1991, 472 = DAR 1991, 172;
    OLG Köln v. 10.01.1992 – 19 U 198/91, Jurion = VersR 1992, 470 Verletzung des Rennbegleiters, wobei dort aber auch die Frage des Haftungsausschlusses nach §§ 104 ff. SGB VII zu prüfen sein wird;
    vgl. hierzu SG Gießen v- 28.05.2009 – 3 U 202/06, Jurion, das Unfallversicherungsschutz für einen Streckenposten annimmt!.
14 *Böhme/Biela*, Kraftfahrthaftpflichtversicherung, Kap. 16 Rn. 39 m. w. H.;
    BGH v. 10.04.1990 – VI ZR 174/89, Jurion = VersR 1991, 1032;
    BGH v. 12.03.1976 – VI ZR 79/73, Jurion = VersR 1976, 381.
15 BGH v. 29.04.1986 – VI ZR 227/85, Jurion = VersR 1986, 705 zur Streckensicherung; OLG Köln 19 U 198/91 in VersR 1992, 470.
16 BGH v. 17.02.2009 – VI ZR 86/08, Jurion = DAR 2009, 326f = NJW-RR 2009, 812 = r+s

dete« Rennen, auch wenn sich die Teilnehmer bewusst auf das Risiko einer Selbstschädigung eingelassen haben[17]. Dieses kann nur im Rahmen der Mithaftung berücksichtigt werden. Ein Haftungsausschluss könnte nur dann in Betracht kommen, wenn die Teilnehmer sich zumindest konkludent auf für alle Teilnehmer verbindliche Regeln geeinigt haben[18]. Auch bei einer Demonstrationsfahrt von Rennmotorrädern wird ein Haftungsausschluss angenommen, wenn eine nur geringfügige Regelverletzung vorgelegen hat und eine Versicherung nicht bestand[19]. Auch ein Fahrsicherheitstraining außerhalb des öffentlichen Verkehrsraums fällt nicht unter diesen Ausschluss[20].

Zwischen den Teilnehmern kann entweder direkt oder durch die AGB des Veranstalters ein Ausschluss der straßenverkehrsrechtlichen Gefährdungshaftung vereinbart werden, der sowohl zu Gunsten der Teilnehmer wie auch des Veranstalters wirkt.[21]

Beschädigung des versicherten Fahrzeugs

A.1.5.3   (Beschädigung des versicherten Fahrzeugs)

Kein Versicherungsschutz besteht für die Beschädigung, die Zerstörung oder das Abhandenkommen des versicherten Fahrzeugs.

Schäden an dem versicherten Fahrzeug sind nicht von der Haftpflichtversicherung 1 umfasst. Dies ergibt sich schon aus der Formulierung A.1. »Wenn Sie einen Dritten schädigen«, die allgemein den Eigenschaden aus der Kraftfahrzeug-Haftpflicht-Versicherung ausschließt. Eine Einheit zwischen Schädiger und Geschädigtem schließt die Leistungspflicht in der Kraftfahrzeug-Haftpflicht-Versicherung aus[1]. Es kann aber auch ein Quotaler Anspruch bestehen, wenn eine Eigentümergemeinschaft besteht, ohne dass eine Repräsentantenschaft gegeben ist[2].

Hierfür gibt es die besondere Fahrzeugversicherung. Will der Versicherungsnehmer 2 auch für den Fall, dass sein Fahrzeug beschädigt wird, abgesichert sein, muss er eine Fahrzeugvollversicherung abschließen (Vollkasko). Die Ausschlussklausel bezieht sich auch auf eventuelle an diesem Fahrzeug befindliche Anhänger[3] oder nicht ver-

---

2009, 211. Vgl. auch Armbrüster »Auswirkungen von Versicherungsschutz auf die Haftung« in NJW 2009, 187, 189 zum stillschweigenden Haftungsausschluss im Rahmen von Gefälligkeitsfahrten und Sportveranstaltungen; Meier, »Die Haftung des Athleten im Sport«, VersR 2014, 800, 803.
17 OLG Karlsruhe v. 23.02.2012 – 9 U 97/11, Jurion = NZV 2012, 4.
18 OLG Hamm vom 12.05.1997 – 13 U 198/96, NZV 1997, 515.
19 OLG Naumburg v. 15.02.2013 – 10 U 33/12, SP 2014, 8 ff. m. w. H. = NJW 2013, 699.
20 OLG Brandenburg v. 17.10.2013 – 12 U 55/13, Jurion.
21 OLG Karlsruhe v. 27.01.2014 – 1 U 158/12, Jurion.
1   OLG Nürnberg v. 09.02.2004 – 8 U 2772/03, Jurion = VersR 2004, 905.
2   OLG Karlsruhe, 18.01.2013, 12 U 117/12, Jurion.
3   BGH v. 18.12.1980 – IVa ZR 49/80, Jurion = VersR 1981, 322 für einen Wohnwagen; ebenso OLG Hamm v. 02.06.1993 – 20 U 373/93, Jurion = NZV 1993, 481.

A.1.5.4 AKB (Abschleppen)

sicherte Kfz[4]. Sie ist auch nicht völlig überraschend und hält damit auch einer rechtlichen Prüfung stand[5]. Auch bei der Handel-Handwerkversicherung finden die AKB Anwendung, soweit in den Sonderbedingungen keine abweichenden Regelungen getroffen wurden. Daher gilt dieser Ausschluss auch im Rahmen der Händlerversicherung, wenn ein KFZ des Händlers ein anderes, ebenfalls dem Händler gehörendes Fahrzeug schädigt[6]. Auch diese Schäden können über eine ggf. vorhandene Vollkasko-Versicherung abgewickelt werden. Dazu gehört auch der ggf. am versicherten Fahrzeug angehängten Hänger, der mit diesem verbunden ist und durch das Zugfahrzeug einen Schaden erleidet. Durch die Einheit des Gespanns handelt es sich um einen nicht versicherten Betriebsschaden[7].

Beschädigung von Anhängern oder abgeschleppten Fahrzeugen

A.1.5.4 (Abschleppen[1])

Kein Versicherungsschutz besteht für die Beschädigung, die Zerstörung oder das Abhandenkommen eines mit dem versicherten Fahrzeug
- verbundenen Anhängers oder Aufliegers
- eines mit dem versicherten Fahrzeug geschleppten oder abgeschleppten Fahrzeugs.

Versicherungsschutz besteht jedoch, wenn mit dem versicherten Kraftfahrzeug ein betriebsunfähiges Fahrzeug im Rahmen der üblichen Hilfeleistung ohne gewerbliche Absicht abgeschleppt wird und dabei am abgeschleppten Fahrzeug Schäden verursacht werden.

Übersicht	Rdn.
A. Allgemeines	1
B. Abschleppen	2
I. Betriebsunfähig	3
II. aus Gefälligkeit	4
III. im Rahmen der Nothilfe	5
IV. Dauer des Abschleppens	6
V. Besonderheit Haftungsrecht	7
VI. versichertes Kfz	8

---

4 So § 10a. A.bs. 3 AKB a. F.; BGH v. 19.01.1977 – IV ZR 99/75, Jurion = VersR 1977, 341 zum Schleppen eines nicht zugelassenen selbstfahrenden Baggers.
5 OLG Jena v. 06.01.2004 – 4 U 936/03, Jurion = SP 2004, 136 = VersR 2004, 1168.
6 BGH v. 13.03.1974 – IV ZR 30/73, Jurion = VersR 1974, 637.
7 LG Nürnberg-Fürth vom 04.04.2011, 8 O 7327/10, r+s 2011, 204.
1 Überschrift des Verfassers!.

A. Allgemeines

Von der KH-Versicherung nicht umfasst sind Schäden am Anhänger oder eines geschleppten oder abgeschleppten Fahrzeugs. Diese bilden mit dem Zugfahrzeug eine Einheit[2], so dass es sich bei einem möglichen Schaden um einen sog. Betriebsschaden[3] handelt. Dieser kann daher folgerichtig nur über die jeweilige Kasko-Versicherung des geschleppten Fahrzeugs oder Hängers erstattet werden, wenn ein Betriebsschaden dort eingeschlossen[4] wurde, oder aber das schadenstiftende Ereignis von außen als Unfallereignis im Sinne der Bedingungen zu werten ist[5]. Die nunmehr mit Satz 2 neu gewählte Formulierung hat keine inhaltlichen Auswirkungen sondern dient lediglich der besseren Verständlichkeit. 1

Einzelfälle:
- Wenn sich die Anhängerkupplung komplett löst und der Wohnwagen daher während der Fahrt auf das ziehende Fahrzeug auffährt, besteht kein Versicherungsschutz für die Schäden am Zugfahrzeug[6].
- der Schutzbriefversicherer ist nicht verantwortlich für das Fehlverhalten des Abschleppunternehmers[7].

B. Abschleppen

Als Abschleppen wird das Anhängen eines Kraftfahrzeuges oder Hängers an das versicherte Fahrzeug bezeichnet, das dazu dient, das angehängte Fahrzeug vom ursprünglichen Standort zu einem anderen Ort zu verbringen[8]. Ein Haftungsausschluss kann nur insoweit vereinbart werden, als das Risiko eines Schadens durch eine andere Versicherung abgesichert werden kann. Im Rahmen des gewerbsmäßigen Abschleppens kann eine Versicherung für Kfz-Handel und Handwerk abgeschlossen werden, die die angehängten Fahrzeuge absichert. 2

Diese Bestimmung findet keine Anwendung auf das nicht gewerbsmäßige Abschleppen[9] betriebsunfähiger Fahrzeuge im Rahmen der ersten Hilfe aus Gefälligkeit.

---

2 So schon RGZ 159, 147, 150; u. a. OLG Stuttgart 7 U 47/03 NZV 2004, 87 ff; OLG Düsseldorf 4 U 233/05, Jurion = NZV 2007, 303 = SP 2007, 154.
3 LG Paderborn 2 O 296/02, NJOZ 2003, 309; OLG Stuttgart 7 U 73/06, Jurion = zfs 2007, 93.
4 Vgl. zum Beratungsverschulden bei Vertragsschluss, wenn der Einschluss zwar gewünscht war, aber nicht ausgeführt wurde OLG Koblenz 10 U 1615/05, Jurion = SP 2007, 331 f.
5 OLG Düsseldorf 4 U 233/05, Jurion = NZV 2007, 303 = SP 2007, 154.
6 LG Karlsruhe v. 07.12.2011 – 1 S 88/11, r+s 2012, 68.
7 OLG Hamm v. 11.10.2013 – 20 U 152/13, zfs 2014, 280.
8 Zur Differenzierung zwischen Abschleppen und Schleppen vgl. Schwab unter § 3 KfzPflVV Rn 10 und A.1.1.5., Rn. 10; Blum »Abschleppen und Schleppen und die neue Fahrzeug-Zulassungsverordnung«, NZV 2008, 547 f., diese ist für den Ausschluss allerdings nicht von Bedeutung.
9 BGH v. 19.11.1955 – VI ZR 134/54, NJW 1956, 220 Abschleppen ist das Fortbewegen eines betriebsunfähigen KFZ durch ein anderes Fahrzeug im Straßenverkehr.

A.1.5.4 AKB (Abschleppen)

I. Betriebsunfähig

3 Als betriebsunfähig im Sinne dieser Vorschrift gelten Fahrzeuge nicht, die sich infolge eines technischen Defekts[10] nicht mehr fortbewegen können, aber noch selbständig gelenkt oder gebremst werden können. Ziel dieser Regelung ist gerade der Schutz derjenigen abgeschleppten Fahrzeuge, die keinen Einfluss mehr auf das Fahrgeschehen nehmen können und dem Zugfahrzeug vollständig – wie ein Anhänger – nachfolgen. Grund für diese Einschränkung ist, dass bei einem betriebsunfähigen Kfz die diesem Kfz innewohnende Betriebsgefahr entfällt[11]!

II. aus Gefälligkeit

4 Weiterhin darf das Abschleppen nicht gewerblich erfolgen. Eine Gefälligkeitshandlung setzt voraus, dass ohne Gewinnerzielungsabsicht gehandelt wird. Dies ist jedenfalls dann nicht gegeben, wenn der Abschleppende eine Fachwerkstatt betreibt und das Kfz dorthin verbracht werden soll, sich der Besitzer des betriebsunfähigen Kfz gerade an die Werkstatt auch wegen der Reparatur gewandt hatte[12].

III. im Rahmen der Nothilfe

5 Erfolgt das Abschleppen, um einem anderen zu helfen, sollen Schäden, die dabei an dem geschleppten Fahrzeug entstehen, versichert sein. Im Rahmen der Nothilfe wird auch über die sonstigen Anforderungen wie Fahrerlaubnis[13] für ein Gespann mit 4 Achsen, zulässige Anhängelast[14] etc. kurzfristig hinweggesehen. Keinesfalls ist ein Abschleppen über mehrere hundert Kilometer mehr im Rahmen der Nothilfe zu werten, oder das abzuschleppende Fahrzeug schon mehrere Stunden an der Pannenstelle stand, da dann auch die Möglichkeit des Anforderns eines regulären Abschleppdienstes bestanden hätte[15].

IV. Dauer des Abschleppens

6 Wird ein betriebsunfähiges Kfz abgeschleppt und reißt diese Verbindung zum Zugfahrzeug, dauert der »Vorgang Abschleppen« gleichwohl fort, auch wenn das geschleppte Fahrzeug endgültig zum Stehen gekommen ist[16].

---

10 OLG Koblenz v. 06.11.1986 – 12 U 447/85, Jurion = VersR 1987, 707 (Motorschaden).
11 OLG Koblenz v. 06.11.1986 – 2 U 447/85, Jurion = VersR 1987, 707.
12 OLG Koblenz 12 U 447/85, JurionRS 1986, 23318 = VersR 1987, 707; für diesen Schadenfall ist die Kfz-Handel- und Handwerk-Versicherung zuständig, da sich das Kfz mit dem Anhängen in Werkstattobhut befindet.
13 Jedenfalls dann, wenn kein LKW-Führerschein vorhanden ist und ein Fahrzeug mit 4 Achsen über die reine Nothilfe hinaus geschleppt wird; vgl. Kreuter-Lange in Himmelreich/Halm FA Verkehrsrecht, Kap. 19 Rn. 35.
14 BayObLG 2 ObOWi 469/93 zur Überschreitung der Anhängelast mit betriebsunfähigem Fahrzeug.
15 So Maier in Stiefel/Maier, AKB A.1.5 Rn. 31.
16 So schon BGH v. 03.03.1971 – IV ZR 134/69, Jurion = VersR 1971, 611.

(Abschleppen)   A.1.5.4 AKB

Auch das Anschleppen als Starthilfe gilt als Abschleppen[17]. Abgeschleppte Fahrzeuge sind solche, die gem. § 15 StVO wegen eingeschränkter Betriebsfähigkeit oder Betriebsunfähigkeit von der Pannenstelle verbracht werden. Als betriebsunfähig gelten Fahrzeuge, die nicht mehr aus »eigener Kraft« sich fortbewegen können. Auf den Grund der Betriebsunfähigkeit kommt es dabei nicht an, auch wenn der Motor wegen zu schwacher Batterie nicht anspringt gilt dies als betriebsunfähig[18].

V. Besonderheit Haftungsrecht

In den Fällen, in denen der Versicherungsnehmer ein betriebsunfähiges Fahrzeug im Rahmen der üblichen Hilfestellung abschleppt und durch dessen Verschulden das gezogene Fahrzeug beim Abschleppen beschädigt wird, kann der Halter des abgeschleppten Fahrzeuges sehr wohl Ansprüche gegen die Haftpflichtversicherung des Zugfahrzeuges geltend machen[19]. In diesem besonderen Fall wird dann nicht von einer Einheit zwischen gezogenem und ziehendem Fahrzeug ausgegangen. Die ansonsten auch für das abgeschleppte Fahrzeug geltende »Anhängerregelung« würde einen Schaden an dem geschleppten Fahrzeug zum nicht erstattungsfähigen Betriebsschaden machen[20]. Auch von dem abgeschleppten Fahrzeug geht eine Haftung aus der Betriebsgefahr aus, ist das Fahrzeug aber auf dem Abschleppwagen aufgeladen, gilt es als Ladung. Eine Haftung aus der Betriebsgefahr ist selbst dann nicht gegeben, wenn das abzuschleppende Fahrzeug auf der Ladefläche in Brand gerät[21].

7

VI. versichertes Kfz

Erforderlich ist aber auch, dass das Fahrzeug versichert war, um einen Schadenersatz gegen das schleppende Fahrzeug zu ermöglichen. Handelte es sich bei dem geschleppten Fahrzeug um ein nicht zugelassenes und/oder nicht versichertes Fahrzeug (dabei ist unerheblich, ob eine Versicherung überhaupt nicht bestand oder ob diese keinen Versicherungsschutz gewährt), so wird dieses Fahrzeug wie ein normaler Anhänger behandelt. Ein Schadenersatz wegen Schäden an dem angehängten Fahrzeug scheidet dann wegen der Einheit zwischen Zugfahrzeug und angehängtem Fahrzeug aus. Ein Ersatz kann dann nur aus der Fahrzeugversicherung des beschädigten Fahrzeuges erfolgen.

8

---

17 OLG Frankfurt v 08.10.1979 – 3 Ss 408/79, VRS 58, 145; Reisch, Rechtliche Aspekte des Schleppens/Abschleppens von Fahrzeugen DAR 1996, 421.
18 OLG Celle v. 14.11.2012 – 14 U 70/12, r+s 2013, 145f; OLG Düsseldorf v. 08.03.1977 – 2 Ss 30/77, VRS 54, 369.
19 OLG Hamm v. 09.09.2008 – 9 U 73/08, NJW-RR 2009, 1031 f.
20 OLG Stuttgart v. 10.08.2006 – 7 U 73/06 in NZV 2007, 304 f.; OLG *Düsseldorf* SP 2007, 145 Hänger und Zugfahrzeug bilden eine Einheit, es handelt sich dann um einen Betriebsschaden, ob allerdings eine Böschung den Unfallbegriff in der Tat rechtfertigen kann, ist mehr als fraglich; LG Essen 10 S 184/05 in NZV 2007, 88 für Eintrittspflicht der Kasko bei Rangierschaden zwischen PKW und Anhänger.
21 OLG Karlsruhe v. 28.08.2014 – 13 U 15/14, NZV 2015, 76 ff.

Kreuter-Lange

A.1.5.5 AKB (Ladungsschäden)

Werden durch das Schleppgespann Dritte geschädigt, so kann sich der Geschädigte aussuchen, wen er in Anspruch nimmt, im Innenverhältnis zwischen schleppendem Kfz und Pannenfahrzeug wird dann zu prüfen sein, durch wessen Fehlverhalten der Schaden verursacht wurde und ggf. ein Ausgleich vorzunehmen sein.

Beschädigung von beförderten Sachen
A.1.5.5 (Ladungsschäden[1])

Kein Versicherungsschutz besteht bei Schadenersatzansprüchen wegen Beschädigung, Zerstörung oder Abhandenkommens von Sachen, die mit dem versicherten Fahrzeug befördert werden.

Versicherungsschutz besteht jedoch für Sachen, die Insassen eines Kraftfahrzeugs üblicherweise mit sich führen (z. B. Kleidung, Brille, Brieftasche). Bei Fahrten, die überwiegend der Personenbeförderung dienen, besteht außerdem Versicherungsschutz für Sachen, die Insassen eines Kraftfahrzeugs zum Zwecke des persönlichen Gebrauchs üblicherweise mit sich führen (z. B. Reisegepäck, Reiseproviant). Kein Versicherungsschutz besteht für Sachen unberechtigter Insassen.

Übersicht Rdn.
A. Allgemeines 1
B. Sachen 2
C. Beförderung 3
D. Folgeschäden 5
E. Eingeschlossene Gegenstände 6
F. Gewerbliche Personenbeförderung 7

A. Allgemeines

1 Ansprüche wegen Beschädigung, Abhandenkommen oder Zerstörung von mit dem versicherten Fahrzeug beförderten Sachen sind ausgeschlossen, damit wird die Abgrenzung zur Leistung der Transportversicherung geschaffen. Die Haftung für Beschädigung von beförderten Gegenständen ist in der Kraftfahrzeug-Haftpflicht-Versicherung grundsätzlich ausgeschlossen[2]. Es gibt allerdings vielfältige Möglichkeiten, sich gegen den Verlust oder Schäden an Sachen anderweitig zu schützen. So ist das Reisegepäck auch über die Hausratversicherung mit abgesichert, ohne dass hier eine Zeitwertabrechnung erfolgt[3]. Auch eine Camping-Versicherung kann Schutz bieten[4]. Schäden an gewerbsmäßig transportierter Ladung können über eine Transportversicherung abge-

---

1 Überschrift des Verfassers!.
2 OLG *Hamm* v. 06.12.1991 – 20 U 216/91, r+s 1992, 259 ff.
3 Einen Überblick über die verschiedenen Anspruchsmöglichkeiten bietet Knappmann, »Ansprüche bei Verlust oder Schäden an Sachen in Kraftfahrzeugen«, VRR 2014, 324 ff.
4 AVB Camping 1985/2008.

sichert werden[5]. Der Versicherungsnehmer kann sein Risiko (als Frachtführer für die beförderten Gegenstände) wegen Schlechterfüllung des Transportes nicht auf die Kraftfahrzeug-Haftpflicht-Versicherung abwälzen.

B. Sachen

Der Begriff Sache richtet sich nach der Definition des § 90 BGB, danach sind Sachen körperliche Gegenstände. Für Tiere gilt § 90a BGB, der Tiere zwar nicht als Sachen bezeichnet, aber die analoge Anwendung von für Sachen geltenden Gesetzen zulässt, soweit keine speziellen Regeln für Tiere getroffen wurden. Das Schadenersatzrecht, §§ 823 ff. BGB, kennt keine Sonderregelung für Tiere, so dass das Sachenrecht insoweit zu Rate zu ziehen ist[6]. Allein § 251 Abs. 2 BGB regelt die Erstattungsfähigkeit von Heilbehandlungskosten für Tiere gesondert. Das VVG hingegen trifft keine gesonderte Regelung für Tiere. Auch in der KfzPflVV und in den AKB sucht man solche Sonderregelungen vergebens.

C. Beförderung

Wesentliches Kriterium ist die Beförderung der Gegenstände. Der Begriff ergibt sich aus § 8 Abs. 3 StVG. Die Beförderung ist allein auf einen Ortswechsel gerichtet[7] und muss mindestens von einem der Beteiligten (Fahrer, Versicherungsnehmer, Eigentümer der Sache) gewollt sein[8]. Zu dem Begriff der Beförderung gehören auch die Vor- und Nachbereitungshandlungen wie z. B. das Be- und Entladen des Kfz[9]. Wird also der Gegenstand beim Beladen beschädigt, fällt dies schon unter den Risikoausschluss der Kraftfahrzeug-Haftpflichtversicherung[10]. Wenn die Beförderung allein Ziel der Fahrt ist, greift der Ausschluss. Der Entladevorgang endet, wenn der beförderte Gegenstand den Einwirkungen des ihn befördernden Fahrzeuges entzogen ist und erstmals auf der Erde abgestellt wurde[11].

Ebenfalls nicht gedeckt sind die Schäden an Gegenständen, die der Versicherungsnehmer oder der Fahrer im Fahrzeug mit sich führen (Bsp. der LKW-Fahrer, der in der

---

5 Wussow, »Abgrenzung der Zuständigkeiten des Kfz-Haftpflichtversicherers und des Transportversicherers bei einem Ladungsschaden«, WP 1996, 165; OLG Hamm v. 27.10.1995 – 20 U 75/95, r+s 1996, 123.
6 OLG Nürnberg v. 31.08.2000 – 2 U 553/00, r+s 2002, 101 = VersR 2002, 757.
7 BGH v. 29.06.1994 – IV ZR 229/93, r+s 1994, 324=NJW-RR 1994, 1302 zur Schädigung einer Elektroameise, die auf der Laderampe des LKW verblieb und beim Abfahren herunterfiel.
8 BGH v. 03.07.1962 – VI ZR 184/61, BGHZ 37, 311 = NJW 1962, 1676 für die Personenbeförderung.
9 OLG Hamm v. 06.12.1991 – 20 U 216/91, r+s 1992, 259 = SP 1992, 158 = zfs 1992, 268 (Anspannen der Kranseile eines mobilen Krans).
10 BGH v. 24.11.1967 – III ZR 111/69, VersR 70, 179 für das Aus- und Einsteigen von Personen, das aber inhaltlich auf das Be- und Entladen von Gegenständen übertragen werden kann.
11 OLG Frankfurt v. 30.10.1991 – 17 U 111/90, NJW-RR 1992, 356 = zfs 1992, 163.

A.1.5.5 AKB (Ladungsschäden)

Schlafkabine neben Kleidung auch einen Fernseher und sonstige Unterhaltungselektronik mit sich führt), da hier nicht das Merkmal der Beförderung im Vordergrund steht, aber es handelt sich bei dem Eigentum des Fahrers auch nicht um Gegenstände, die üblicherweise mitgeführt werden.

4 Der Schaden an einer Elektroameise, die sich auf der Ladefläche des versicherten LKW befindet, kann aber gleichwohl gedeckt sein, wenn der LKW-Fahrer lediglich an der Laderampe rangiert und dabei die Elektroameise zu Schaden kommt, da das Merkmal der Beförderung nicht im Vordergrund stand[12]. Dieses Merkmal ist regelmäßig bei den eigenen Bedarfsgegenständen nicht gegeben. Folgerichtig wird die Beschädigung von Kanone und Protzenwagen von diesem Ausschluss erfasst[13].

D. Folgeschäden

5 Nicht erfasst von dem Ausschluss sind die durch die Beschädigung entstehenden Folgekosten, die Entsorgungskosten der beschädigten Ladung (mittelbaren Kosten) sollen nach Auffassung des BGH wieder eingeschlossen sein[14]. Auch die Schäden, die durch die Ladung Dritter entstehen, sind in der Kraftfahrzeug-Haftpflicht-Versicherung eingeschlossen[15], sogar, wenn es sich dabei um ein nicht zugelassenes Exportfahrzeug handelt, welches beim Rangieren zum Aufladen ein anders Kfz schädigt[16]. Der OGH Wien lehnt die Erstattungsfähigkeit auch dieser Kosten mit der Begründung ab, dass der verständige Versicherungsnehmer alles als ausgeschlossen verstehe, was mit der transportierten Ladung zusammenhänge, also auch die Entsorgungskosten[17].

E. Eingeschlossene Gegenstände

6 Ausgenommen von dem Haftungsausschluss sind folgerichtig diejenigen Gegenstände, die beförderte Personen üblicherweise an sich tragen, da dort nicht die Beförderung der Gegenstände, sondern des Insassen des Kfz im Vordergrund steht. Diese Regelung führt dazu, dass auch Schäden an Kleidungsstücken, die diese beim Herausnehmen aus dem Kofferraum davontragen, bei der KH-Versicherung (mit der Folge der Höherstufung des Vertrages) geltend gemacht werden können. Werden im Rahmen der Fahrt Gegenstände im versicherten Fahrzeug beschädigt, die die Insassen des versicherten Kfz nicht üblicherweise mit sich führen, entfällt die Erstattungspflicht[18]. Gleiches

---

12 Hentschel, Straßenverkehrsrecht § 8 StVG Rn. 9.
13 OLG Karlsruhe v. 12.10.2007 – 10 U 100/06, SP 2008, 305 = NZV 2008, 577 f.=JurionRS 20074, 59542.
14 BGH v. 23.11.1994 – IV ZR 48/94, NJW-RR 1995, 276= r+s 1995, 45.
15 OLG Bremen v. 21.11.2006 – 3 U 55/06, Jurion.
16 LG Bremen Hinweisbeschluss v. 18.06.2013 – 6 S 48/13.
17 OGH Wien 70b 197/08h vom 24.09.2009.
18 LG Coburg v. 24.07.2008 – 32 S 39/08 für ein Cello, der Regress des Musikinstrumentenversicherers wurde abgewiesen; SP 2008, 445, auch ein Laptop gehört nicht zu den Gegenständen, die üblicherweise mitgeführt werden, LG Erfurt, Urteil vom 29.11.2012 – 1 S 101/12, NZV 2013, 400 m. Anm. Huber.

gilt für Gegenstände, die auf einem Anhänger mitgeführt werden[19]. Auch die Gegenstände, die ein LKW-Fahrer für seinen persönlichen Bedarf mit sich führt, erfüllen das Kriterium der Beförderung nicht und sind daher mitversichert[20].

Eine Beschädigung dieser Gegenstände ist auch nicht über die PHV des Fahrers zu regeln, da der Schadenfall beim Betrieb des Kfz sich ereignete (auch wenn der Fahrer nur den Fahrersitz zurückstellte und dadurch das Laptop des Insassen beschädigte)[21]. Es stellt sich allerdings die Frage, ob nicht ggf. auf einzelne Berufsgruppen abzustellen ist, so z. B. »Businesswoman« oder »Businessman«, für die durchaus das Laptop zu den »Arbeitsmitteln« gehört, die sie immer mit sich führen[22]. Etwas anderes kann gelten, wenn es sich um eine Gefälligkeitsfahrt handelt. Dann soll nach dem Willen des OLG Frankfurt ein Haftungsausschluss stillschweigend vereinbart sein[23]. Ein Musikinstrument gehört nicht zwingend zu den üblicherweise mit sich geführten Gegenständen und ist daher im Regelfall von der Erstattungsfähigkeit ausgenommen[24].

F. Gewerbliche Personenbeförderung

Als gewerbliche Personenbeförderung ist die Beförderung von Personen in der Absicht, mit der Beförderung Gewinn zu erzielen, zu verstehen, dazu gehören Fahrgemeinschaften in ihrem Wesen gerade nicht, da es mit Blick auf die Verwendungsklausel dort gerade nicht auf die Erzielung von Gewinns sondern um Kostenbeteiligungen geht[25]. Im Rahmen der Personenbeförderung wurden auch die Gegenstände mit aufgenommen, die Personen üblicherweise mit sich führen[26]. Dabei kommt es nicht darauf an, ob die Personenbeförderung gewerblich erfolgt oder privat. Als Gegenstände des persönlichen Gebrauchs sind alle Gegenstände zu bezeichnen, die der Insasse (nicht der Fahrer oder sonstige mitversicherte Personen) in ihrem Eigentum als Endverbraucher besitzen und diese während der Fahrt oder am Zielort gebrauchen wollen. Dabei ist zu beachten, dass auch ungewöhnliche Gepäckstücke nach diesseitiger Auffassung zu den beförderten und mitversicherten Gegenständen gehören, wenn der Fahrgast diese am Zielort verwenden will[27].

7

---

19 Halm/Fitz »Versicherungsrecht 2008/2009« in DAR 2009, 437, 442.
20 LG Dessau-Roßlau v. 07.08.2014 – 5 S 201/13, zfs 2015, 34.
21 Amtsgericht München, Urteil vom 28.10.10 – 222 C 16217/10.
22 Vgl. hierzu auch Huber in Anm. zu LG Erfurt, v.29.11.2012 – 1 S 101/12, NZV 2013, 400.
23 OLG Frankfurt v. 24.06.1986 – 8 U 174/85, NJW-RR 1986, 1350 ff, allerdings war hier der Geschädigte Insasse gleichzeitig Halter des schädigenden Kfz, es bestand nur ein Anspruch gegen den Fahrer, der nach den AKB aber über A.1.6 AKB und vorher über § 11 AKB ausgeschlossen waren.
24 OLG Saarbrücken, v. 13.03.2013 – 5 U 342/12 in DAR 2013, 578 m. Anm. Kreuter-Lange; Kreuter-Lange/Schwab, Haftungs- und Versicherungsfragen beim Busfernverkehr, DAR 2015, 67; LG Coburg v. 24.7.2008 – 32 S 39/08.
25 Vgl. dazu AKB D.1.1.1, Rdn. 9.
26 Vgl. Insoweit auch OLG Karlsruhe v. 12.10.2007 10 U 100/06, SP 2008, 305.
27 OLG Saarbrücken v. 13.03.2013 – 5 U 342/12, DAR 2014, 328 ff m. Anm. Kreuter-Lange zum Kontrabass; vgl. hierzu auch Kreuter-Lange/Schwab, »Haftungs- und Versicherungsfragen im Busfernverkehr«, DAR 2015, 61 ff; Baumann, »Der Kontrabass auf Reisen«, VersR

A.1.5.6 AKB (Ausgleich Versicherungsnehmer – Fahrer)

Ihr Schadenersatzanspruch gegen eine mitversicherte Person

A.1.5.6 (Ausgleich Versicherungsnehmer – Fahrer[1])

Kein Versicherungsschutz besteht für Sach- oder Vermögensschäden, die eine mitversicherte Person Ihnen, dem Halter oder dem Eigentümer durch den Gebrauch des Fahrzeugs zufügt. Versicherungsschutz besteht jedoch für Personenschäden, wenn Sie z. B. als Beifahrer Ihres Fahrzeugs verletzt werden.

Übersicht
		Rdn.
A.	Allgemeines	1
B.	Eigenschaden des Versicherungsnehmers	3
C.	Eigenschaden des Fahrers	5
D.	Umfang des Ausschlusses	6

A. Allgemeines

1 Aus A.1.5.6 AKB 2008 ergibt sich, dass Haftpflichtansprüche des Versicherungsnehmers, Halters oder Eigentümers aus diesem Vertrag gegen mitversicherte Personen wegen eigener Sach- oder Vermögensschäden von der KH-Versicherung ausgeschlossen sind.

2 Der Versicherungsnehmer kann gegen mitversicherte Personen keinen Anspruch auf Ersatz seines Sach- oder Vermögensschadens aus dem Kraftfahrzeug-Haftpflicht-Versicherungsvertrag richten. Diese Konstellation ist immer dann gegeben, wenn der Fahrer des versicherten Fahrzeuges ein anderes dem gleichen Halter, Versicherungsnehmer oder Eigentümer gehörendes Fahrzeug oder einen sonstigen Gegenstand beschädigt[2]. Dieser Ausschluss wird gemeinhin als der Ausschluss des Eigenschadens bezeichnet. Dies ist aber nur teilweise richtig. Ausgeschlossen sind in der vorliegenden Vorschrift nur die Ansprüche des Versicherungsnehmers gegen mitversicherte Personen wegen eines Sach- oder Vermögensschadens.

B. Eigenschaden des Versicherungsnehmers

3 Wenn der Versicherungsnehmer sich aber selbst als Fahrer schädigt, ist dieser Ausschluss aus der Formulierung des A.1.1 AKB zu entnehmen: »Wenn Sie einen Dritten[3] schädigen«. Nach ständiger Rechtsprechung entfällt die Leistungspflicht des Kraftfahr-

---

2014, S. 808, ist leider auf dem völlig falschen Weg, da die Frachtführereigenschaft des Busfahrers überhaupt nicht in Betracht kommt, bei diesen Verträgen kommt es vordergründig auf die Beförderung der Ladung an, das ist hier aber nur vertraglicher Nebenzweck gewesen!.

1 Überschrift des Verfassers!.
2 OLG Hamm v. 15.03.1989 – 20 U 291/88, r+s 1989, 173.
3 Der Versicherungsnehmer ist kein Dritter vgl. Halm/Fitz »Versicherungsrecht 2008/2009« in DAR 2009, 437, 442, vgl. hierzu Schwab VVG § 114 Rdn. 61 ff.

zeug-Haftpflicht-Versicherers, wenn eine Einheit von Schädiger und Geschädigtem vorliegt[4].

Dabei können als Eigenschaden verschiedene Konstellationen vorliegen:
- der Versicherungsnehmer oder sein Fahrer schädigt mit dem versicherten Fahrzeug sein eigenes Zweitfahrzeug[5];
- der Versicherungsnehmer beschädigt sein Garagentor, Haus, Grundstück, Fahrrad etc.
- aber auch der Alleingesellschafter einer GmbH beschädigt seinen Privatwagen oder einen anderen Gegenstand[6];
- der Versicherungsnehmer hat seinen LKW veräußert, diese Veräußerung aber nicht angezeigt und der Erwerber beschädigt mit dem gegenständlichen LKW einen PKW des Versicherungsnehmers[7].

Auch wenn der Fahrer des Versicherungsnehmers sonstige Sachen, die im Eigentum des Versicherungsnehmers, Halters oder Eigentümers stehen, beschädigt, ist die Eintrittspflicht der Kraftfahrzeug-Haftpflicht-Versicherung ausgeschlossen[8]. Der Versicherungsnehmer hat gegenüber dem Fahrer einen Anspruch auf Schadenersatz sowohl wegen Beschädigung des von diesem gesteuerten Fahrzeuges als auch wegen Beschädigung des geparkten Fahrzeuges gem. § 823 BGB. Der Fahrer ist außerdem mitversicherte Person i. S. d. A.1.2 AKB. Gleichwohl hat der KH-Versicherer keinen Ersatz zu leisten: Bezüglich des von dem Fahrer gesteuerten Fahrzeuges ergibt sich dies aus A.1.5.3 AKB, da es sich um eine Beschädigung des im Vertrag bezeichneten Fahrzeuges handelt. Zuständig hierfür wäre die Kaskoversicherung. Bezüglich des geparkten Fahrzeuges ergibt sich obiges Ergebnis aus A.1.5.6 AKB i. V. m. A.1.1 AKB (Sie schädigen einen Dritten). Es handelt sich bei diesem Sachschaden um einen Eigenschaden des Versicherungsnehmers, der von der KH-Versicherung ausgeschlossen ist. 4

Problematisch wird es dann, wenn der Versicherungsnehmer gemeinsam mit weiteren Personen Eigentümer der beschädigten Sache ist. Dies ist häufig bei Hausanwesen der Fall, die Eheleuten gemeinsam gehören. Dann kann der Versicherungsnehmer als Vertreter der Eigentümergemeinschaft Schadenersatz nur für den Teil der Reparaturkosten verlangen, die auf den Eigentümer, der nicht Versicherungsnehmer ist, entfallen. Gleiches gilt bei Wohnanlagen, auch dort kann nur der Anteil der sonstigen Eigentümer von der Gemeinschaft ersetzt verlangt werden. 4a

---

4 OLG Nürnberg 8 U 2772/03 in VersR 2004, 905.
5 BGH IV ZR 313/06 in zfs 2008, 629 f. = NZV 2008, 509f = DAR 2008, 518 f. = SP 2008, 338; vgl. auch Anm. Terno in »Aus der Rechtsprechung des BGH zum Kraftfahrtversicherungsrecht« in zfs 2009, 362, 364.
6 OLG Nürnberg v. 09.02.2004 – 8 U 2772/03, VersR 2004, 905.
7 LG Dortmund v. 28.09.2006 – 4 S 23/06, Jurion; LG Erfurt v. 08.02.2007 – 2 S 343/05, zfs 2007, 393 f.
8 BGH v. 25.06.2008 – IV ZR 313/06, zfs 2008, 629 f. = NZV 2008, 509 f.= SP 2008, 338; vgl. auch Anm. Terno in »Aus der Rechtsprechung des BGH zum Kraftfahrtversicherungsrecht«, zfs 2009, 362, 364.

A.1.5.6 AKB (Ausgleich Versicherungsnehmer – Fahrer)

C. Eigenschaden des Fahrers

5 Schwierig wird es, wenn der Fahrer, der nicht gleichzeitig Versicherungsnehmer für das von ihm geführte Kfz ist, durch den Gebrauch dieses Kfz sein sonstiges Eigentum schädigt[9].

▶ Beispiel:

Versicherungsnehmer, Eigentümer mehrerer Fahrzeuge, verleiht eines seinem Freund F. Dieser beschädigt beim Rangieren fahrlässig ein anderes, dem F. gehörendes, geparktes Fahrzeug.

Grundsätzlich gilt auch hier die Regel, dass Schädiger und Geschädigter keine Einheit bilden dürfen. Allerdings ereignete sich der Schaden in jedem Fall beim Gebrauch des Kfz und damit ist auch die Halterhaftung des § 7 StVG dem Grunde nach gegeben. Es ist dem Fahrer des versicherten Fahrzeuges jedoch gem. § 8 Halbsatz 2 StVG verwehrt, die Ansprüche gegen den Halter gem. § 7 Abs. 1 StVG zu richten[10], da der Fahrer als bei dem Betrieb des Kfz tätiger Verletzter mit seinen Ansprüchen ausgeschlossen ist[11].

D. Umfang des Ausschlusses

6 Gemäß A.1.5.6 AKB bezieht sich der Ausschluss lediglich auf Sach- oder Vermögensschäden. Nicht ausgeschlossen sind Personenschäden (Heilbehandlungskosten, Verdienstausfall, Schmerzensgeld etc.). Der Versicherungsnehmer ist insoweit Dritter im Sinne des § 115 VVG[12].

▶ Beispiel:

In dem von F. gesteuerten Fahrzeug befindet sich der Versicherungsnehmer als Beifahrer. Bei der Kollision mit dem geparkten Fahrzeug erleidet er eine Platzwunde, die behandelt werden muss. Durch das Blut der Wunde wird der Anzug unbrauchbar.

Wegen dieser Verletzung hat der Versicherungsnehmer gegenüber F. Ansprüche aus § 823 ff. BGB. F. ist mitversicherte Person in der KH-Versicherung. Die Kosten, die im Zusammenhang mit der Körperverletzung des Versicherungsnehmers anfallen, müssen von der KH-Versicherung erstattet werden, ein Ausschluss liegt insoweit nicht vor. Allerdings greift der Ausschluss hinsichtlich sämtlicher Gegenstände,

---

9 BGH v. 25.06.2008 – IV ZR 313/06, DAR 2008, 518f = r+s 2008, 372 f.
10 OLG Hamm v. 25.06.1996 – 27 U 68/96, r+s 1997, 59 ff. (zu §§ 10 Abs. 1, 11 Ziffer 2 AKB a. F.) m. Anmerkung Lemcke, der fälschlicherweise von einer Lücke im Haftpflichtversicherungsschutz ausgeht. Bei Kollisionen zweier Fahrzeuge kann der Halter sich immer noch einer Vollkasko-Versicherung bedienen und damit dieses Risiko abdecken.
11 BGH v. 30.05.1972 – VI ZR 38/71, VersR 1972, 959f; BGH v. 18.10.1988 – VI ZR 223/87 NZV 1989, 105 f. bezogen auf Armeeangehörige engl. Streitkräfte als »beim Betrieb tätige Personen« im Sinne des § 8 StVG.
12 LG Paderborn v. 24.11.2011 – 3 = 230/11, Jurion.

die der Versicherungsnehmer im Fahrzeug mit sich führt. Lediglich die Gegenstände, die er am Körper trägt und infolge der Körperverletzung beschädigt werden, sind zu erstatten.

Nichteinhaltung von Liefer- und Beförderungsfristen

A.1.5.7 (Vertragsstrafen[1])

Kein Versicherungsschutz besteht für reine Vermögensschäden, die durch die Nichteinhaltung von Liefer- und Beförderungsfristen entstehen.

Haftpflichtansprüche aus reinen Vermögensschäden, die auf der Nichteinhaltung von Liefer- und Beförderungsfristen basieren, sind ausgeschlossen. Als reine Vermögensschäden werden solche Vermögenseinbußen bezeichnet, die nicht auf einem Sach- oder Personenschaden basieren.

Damit wird nochmals klargestellt, dass Schadenersatzansprüche wegen vertraglich vereinbarter Strafen z. B. wegen Nichteinhaltung von Liefer- oder Beförderungsfristen durch den Versicherten nicht von der Deckung umfasst sind. Es ist dabei unerheblich, warum die Fristen nicht eingehalten werden konnten. Diese Klausel bezieht sich vorrangig auf den gewerblichen Güterverkehr, da in diesem Bereich häufig Vertragsstrafen für verspätete Lieferung vereinbart werden, wenn die Lieferung zu einem bestimmten Termin erfolgen sollte. Diese sind auch über den weiteren Ausschluss von Leistungen aufgrund vertraglicher Vereinbarungen ausgeschlossen.

Vertragliche Ansprüche

A.1.5.8 (vertraglicher Schadenersatz[1])

Kein Versicherungsschutz besteht für Haftpflichtansprüche, soweit sie aufgrund Vertrags oder besonderer Zusage über den Umfang der gesetzlichen Haftpflicht hinausgehen.

Nicht Gegenstand eines KH-Vertrages sind alle die Haftpflichtansprüche, die aufgrund Vertrags oder besonderer Zusage über den Umfang der gesetzlichen Haftpflicht hinausgehen. Es sind nur diejenigen Schäden zu ersetzen, die in A.1.1 AKB geregelt sind. Soweit der Versicherungsnehmer oder eine mitversicherte Person dem Geschädigten auch dann Regulierung des Schadens zusagt, wenn dieser von der KH-Versicherung überhaupt nicht umfasst ist, sind diese Ansprüche ausgeschlossen. Gleiches gilt, wenn der Verursacher Schadenersatz über den Umfang des nach § 249 BGB Geschuldeten verspricht. Besteht der Geschädigte auf der Erfüllung dieser Vereinbarung, muss er

---

1 Überschrift des Verfassers!.
1 Überschrift des Verfassers!.

A.1.5.9 AKB (Kernenergie)

seine Ansprüche gegen den VN direkt geltend machen. Eine Eintrittspflicht der KH-Versicherung ist insoweit nicht gegeben, auch keine Vorleistungspflicht.

Schäden durch Kernenergie
A.1.5.9 (Kernenergie[1])

Kein Versicherungsschutz besteht für Schäden durch Kernenergie.

1 Schäden durch Kernenergie sind ausgeschlossen, da sich Schadenersatzansprüche ausschließlich nach §§ 25 ff. AtomG richten. § 4 KfzPflVV sieht diesen Ausschluss ausdrücklich vor.

Die Formulierung ist allumfassend und schließt nach derzeitiger h. M. jedweden Anspruch auf Ersatz von Schäden aufgrund Kernenergie aus.

Folgende Fallkonstellationen sind denkbar:

Das Transportgut verursacht – ohne dass ein eintrittspflichtiger Schadenfall vorliegt – durch die Strahlungen Schäden. Dieser Fall unterliegt dem Ausschluss, da ein Schaden gerade nicht durch den Gebrauch des Kfz im öffentlichen Verkehrsraum verursacht wurde. Es fehlt an dem Unfallereignis.

Ein Transporter von radioaktiven Medizinmaterialien kommt von der Straße ab, ohne dass Dritte geschädigt werden. Die Mehrkosten, die durch das radioaktive Material verursacht werden (Schutzanzüge, Strahlenduschen etc.) sind nicht von der Kraftfahrzeug-Haftpflicht-Versicherung zu tragen.

Problematisch aber wird es, wenn der Versicherungsnehmer auf ein solches Fahrzeug auffährt und dann diese Mehrkosten nicht übernommen werden und ihm als Schädiger unmittelbar in Rechnung gestellt werden. Da es dem Zufall überlassen bleibt, ob bei dem Schadenfall ein Dritter geschädigt wird, der radioaktives Material transportiert, das zu nicht erstattungsfähigen Kosten führt, wird der Versicherungsnehmer im Zweifel davon ausgehen, dass diese Schäden von der Kraftfahrzeug-Haftpflicht-Versicherung übernommen werden.

Ebenso denkbar: Stürzt bei dem Rückbau des AKW ein Teil vom Kran und fällt auf das AKW und setzt dabei z. B. Radioaktivität frei, stellt sich die Frage, ob das noch ausgeschlossen sein kann. Der verständige Versicherungsnehmer würde – wie oben – davon ausgehen, dass Drittschäden versichert sind. Vor allem Schwertransport- und Kranunternehmen warten derzeit auf Aufträge zum Rückbau von Atomkraftwerken. Dafür ist zu klären, inwieweit von Seiten der Kraftfahrzeug-Haftpflicht-Versicherung Eintrittspflicht für Schäden besteht. Insbesondere stellt sich die Frage, wie die Schäden zu bewerten sind, die durch den Transport von radioaktiven Materialien im Falle eines Schadens verursacht werden.

---

1 Überschrift des Verfassers!.

Im Streitfall wäre dies ggf. anders zu werten sein, da der Schaden nicht unmittelbar durch die Kernenergie verursacht wurde, sondern durch eine fehlerhafte Befestigung des Bauteiles am Kran. Der Versicherungsnehmer würde erwarten, dass der Drittschaden – wie jeder andere Drittschaden auch – von der Kraftfahrzeug-Haftpflicht-Versicherung ersetzt wird. Dies vor allem vor dem Hintergrund der Regelungen im AtomG, dort bleibt der Versicherungsnehmer gem. §§ 25, 33 AtG als ein Gesamtschuldner in der Haftung. Er hat daher ein besonderes Interesse an der Übernahme solcherart entstandener Schäden durch seine Kraftfahrzeug-Haftpflicht-Versicherung. Aus dieser Gesamtschuldnerschaft kann sich der Versicherungsnehmer nur befreien, wenn er von vorneherein Haftungsausschlüsse bzw. die Freistellung von der Haftung für solche Risiken in dem Vertrag mit dem Inhaber der Anlage vereinbart.

Sofern also das Arbeitsrisiko in der Kraftfahrzeug-Haftpflicht-Versicherung mitversichert ist, sollte ein Ausschluss aufgenommen werden, der auch Folgeschäden ausnimmt.

Eine Pflicht, dieses Risiko zu übernehmen, gibt es nicht, da sich der Abbau der AKW regelmäßig außerhalb des öffentlichen Verkehrsraums ereignet und damit das PflVG und die KfzPflVV nicht zur Anwendung kommen.

Das PflVG hat hierzu keine Einschränkungen vorgenommen. Auch wird der Transporteur von radioaktiven Medizinprodukten z. B. nicht als »Betreiber einer Anlage« iSd AtG zu bezeichnen sein.

Konsequenterweise müssten daher alle Ansprüche, die aus Schäden durch radioaktive Materialien herrühren, gegen die Eigentümer des Materials gerichtet werden.

Bislang war ein solcher Schadenfall mit radioaktiven Materialien noch nicht Gegenstand der deutschen Rechtsprechung.

A.2 Kaskoversicherung – für Schäden an Ihrem Fahrzeug

A.2.1 Was ist versichert?

A.2.1.1 Ihr Fahrzeug

Versichert ist Ihr Fahrzeug gegen Beschädigung, Zerstörung, Totalschaden oder Verlust infolge eines Ereignisses nach A.2.2.1 (Teilkasko) oder A.2.2.2 (Vollkasko).

Übersicht   Rdn.
A. Allgemeines – Rechtsnatur der Kaskoversicherung   1
B. Regelungsgehalt – Was ist versichert? – A.2.1 AKB (§ 12 Abs. 1 AKB 2007 a. F.; A.2.1 AKB 2008 a. F.)   4
I. Ihr Fahrzeug – A.2.1.1 AKB   4
  1. Umfang des Versicherungsschutzes   4
  2. Versicherte Gefahren   6
C. Weitere praktische Hinweise   9
I. Auslegung der AKB   9

A.2.1.1 AKB   Ihr Fahrzeug

		Rdn.
	1. AKB als Allgemeine Geschäftsbedingungen	9
	2. Inhaltskontrolle von Vertragsklauseln – § 307 BGB	15
II.	Probleme bei der Umstellung von Altverträgen vor 2008 auf neue AKB (ab 2008)	27
III.	Beweislastverteilung in der Kaskoversicherung	36
	1. Grundsätzliches	36
	2. Beweiserleichterungen	40
	3. Substanziierungslast	41
	4. Vollbeweis des § 286 Abs. 1 ZPO	43
IV.	Vorläufige Deckung und Beratungsverschulden	44
	1. Rechtliche Bedeutung der vorläufigen Deckung	44
	2. Beendigung der vorläufigen Deckung	46
	3. Versicherungsschutz und Beratungsverschulden nach alten AKB (vor 2008)	48
	4. Versicherungsschutz und Beratungsverschulden nach neuen AKB (ab 2008)	52
	a) Erfüllungshaftung des VR	54
	b) Schadenersatzhaftung des VR	58
	c) Schadenersatzhaftung des Versicherungsvermittlers	66
	d) Darlegungs- und Beweislast	71
	e) Konkurrenzen	79

A. Allgemeines – Rechtsnatur der Kaskoversicherung

1 Die Kaskoversicherung ist ihrer Rechtsnatur nach eine **Schadenversicherung**, auf die die **§§ 74–87 VVG** sowie die besonderen Vorschriften über die **Sachversicherung**, **§§ 88–99 ff. VVG** mit Ausnahme von § 94 VVG, Anwendung finden. Sie leistet in der **Teilkasko** bei Schäden am versicherten Fahrzeug durch Brand und Explosion (A.2.2.1.1 AKB), Entwendung (A.2.2.1.2 AKB), Naturgewalten (A.2.2.1.3 AKB), Zusammenstößen mit Haarwild (A.2.2.1.4 AKB), Glasbruch (A.2.2.1.5 AKB) sowie Kurzschlussschäden an der Verkabelung (A.2.2.1.6 AKB) und in der **Vollkasko** bei Schäden durch Unfall (A.2.2.2.2 AKB) und mut- oder böswillige Handlungen nicht berechtigter Personen (A.2.2.2.3 AKB). Entschädigt wird generell der **Zeitwert**. Die Kaskoversicherung ist anders als die Kfz-Haftpflichtversicherung **keine Pflichtversicherung**. Es gilt deshalb auch kein gesetzlicher Mindestversicherungsumfang. Im Unterschied zu anderen Sachversicherungen wird mit dem VN in der Regel **keine Versicherungssumme** vereinbart, so dass die Vorschriften zur Über- und Unterversicherung (§§ 74, 75 VVG) keine Anwendung finden.[1] **Sinn und Zweck** der Kaskoversicherung ist die **wirtschaftliche Absicherung** des eigenen Kraftfahrzeuges für den Fall der Verwirklichung bestimmter, von den AKB genau definierter versicherter Gefahren, somit der **Eigenschaden**. Fremdschäden deckt die entsprechende Kfz-Haftpflichtversicherung. Die Kaskoversicherung dient somit dem **Eigentümerinteresse** an der Erhaltung seines Fahrzeuges.

---

1 OLG Hamm Urt. v. 18.06.1998 – 6 U 187/98 – r+s 1998, 454; Stiefel/Maier/*Stadler* Vorb. A.2.1 AKB Rn. 5.

Ihr Fahrzeug **A.2.1.1 AKB**

Der **Umfang des Versicherungsschutzes** ergibt sich aus dem Vertrag (AKB). Die auf dem Markt konkurrierenden Versicherer sind grundsätzlich frei in der Gestaltung ihrer AKB. Dennoch orientieren sich die meisten Versicherer an den Musterbedingungen des Gesamtverbandes der Deutschen Versicherungswirtschaft (GDV), die auch Gegenstand der vorliegenden Kommentierung sind. Detailunterschiede können beim Versicherungsumfang (z. B. Teilkaskoschutz bei Zusammenstößen mit Tieren aller Art, Marderbissschäden, Mitversicherung auch grob fahrlässig herbeigeführter Schäden) oder beim Leistungsumfang (z. B. Mietwagenkosten oder Neupreisentschädigung) bestehen. Die AKB unterscheiden zwischen Teilkasko- und Vollkaskoversicherung, wobei die Vollkasko auch Teilkaskoschäden mit einschließt (A.2.2.1 AKB). Zudem besteht in der Vollkasko eine erweiterte Deckung auch für Unfallschäden und Schäden durch mut- oder böswillige Handlungen betriebsfremder Personen. Die Vereinbarung einer individuellen **Selbstbeteiligung** ist möglich. 2

Der Entschädigungsanspruch des VN wegen einer Beschädigung, Zerstörung oder des Verlustes seines Kfz setzt eine vom Kaskoversicherungsvertrag **gedeckte Schadenursache** voraus. Die AKB enthalten daher einen **Leistungskatalog**, der die Voraussetzungen für den **Eintritt** eines bestimmten **versicherten Risikos** nach Art der einzelnen Schäden und seiner Ursachen beschreibt (A.2.2.1 und A.2.2.2 AKB). Durch die jeweils gedeckte Ursache unterscheiden sich Teil- und Vollkaskoversicherung. Darüber hinaus legen die AKB den **Umfang der Entschädigungsleistungen** im Einzelnen fest (A.2.5.1 bis A.2.5.8 AKB). Aus diesem Grunde können unbestimmte Rechtsbegriffe aus dem allgemeinen Schadenersatzrecht wie z. B. die Erforderlichkeit von Reparaturkosten gemäß § 249 BGB und die hierzu ergangene Rechtsprechung bei der Abwicklung eines Kaskoschadenfalles nicht herangezogen werden.[2] 3

B. Regelungsgehalt – Was ist versichert? – A.2.1 AKB
(§ 12 Abs. 1 AKB 2007 a. F.; A.2.1 AKB 2008 a. F.)

I. Ihr Fahrzeug – A.2.1.1 AKB

1. Umfang des Versicherungsschutzes

Die Kaskoversicherung umfasst als reine Sachversicherung den durch Beschädigung, Zerstörung, Totalschaden und Verlust unmittelbar am versicherten **Fahrzeug als Ganzes** entstandenen Schaden (A.2.1.1 AKB) als Folge bestimmter Schadenursachen, die gesondert in A.2.2.1 AKB für die Teilkasko und in A.2.2.2 AKB für die Vollkasko beschrieben werden. Die Leistungspflicht des VR besteht daher nur, soweit ein Schaden auf ein bestimmtes, von den AKB beschriebenes Schadenereignis zurückgeführt werden kann (sogenannte **gedeckte Schäden**). Alle Fälle der Teilkasko sind auch in der Vollkasko mit eingeschlossen (vgl. A.2.2.2.1 AKB). 4

Versichert ist das Interesse des rechtlichen Eigentümers an der Erhaltung des versicherten Fahrzeuges, nicht dagegen das Interesse eines Dritten, im Falle einer Beschädigung 5

---

2 BGH Urt. v. 24.05.2006 – **IV ZR 263/03** – VersR 2006, 1066 = NJW 2006, 2545.

A.2.1.1 AKB   Ihr Fahrzeug

des Fahrzeuges vor Ansprüchen des Eigentümers geschützt zu sein.[3] Betroffen sein muss das »eigene Fahrzeug« des VN. Daran fehlt es bei einem Pkw, der aus entwendeten Fahrzeugteilen zusammengebaut worden ist.[4] Handelt es sich um eine Kaskoversicherung für Kraftfahrzeug-Handel und -Handwerk, erstreckt sich der Versicherungsschutz nicht auf Fahrzeuge, die ein unberechtigter Dritter ohne Wissen und Wollen des VN mit roten Kennzeichen versieht, die die Zulassungsstelle dem VN zuvor für andere Fahrzeuge zugeteilt hat.[5] Ein Kaskoversicherungsschutz für ein Kfz mit rotem Kennzeichen setzt im Übrigen voraus, dass das Fahrzeug nicht zu anderen als in § 16 Abs. 1 FZV aufgeführten Zwecken verwendet wird.[6]

2. Versicherte Gefahren

6 Eine **Beschädigung** im Sinne von A.2.1.1 AKB ist jede Veränderung des technischen Zustandes im Fahrgestell oder Karosserieaufbau, die vom Normalzustand des Kfz abweicht.[7] Es muss eine Minderung des bisher vorhandenen Maßes an Unversehrtheit durch einen Eingriff vorliegen. Dabei reicht eine vorübergehende Aufhebung in der Gebrauchsfähigkeit aus. Eine Substanzverletzung ist nicht erforderlich, weshalb auch das Besprühen der Wagenlackierung mit Farbe eine Beschädigung darstellt, sofern sich diese nicht ohne Beschädigung des Lacks rückstandsfrei wieder entfernen lässt.[8]

7 Eine **Zerstörung** liegt vor, wenn aufgrund des Ausmaßes der Beschädigung eine Wiederherstellung oder Wiederbenutzung des Fahrzeuges endgültig ausgeschlossen erscheint, wobei der Begriff der Zerstörung technisch und nicht wirtschaftlich zu verstehen ist,[9] (vgl. auch A.2.5.1 AKB Rdn. 10). Die in wirtschaftlicher Hinsicht eingetretene Zerstörung des Fahrzeuges ist durch die Aufzählung des **Totalschadens**, der in A.2.5.1.5 AKB definiert wird, als versicherte Gefahr mit eingeschlossen, (vgl. auch A.2.5.1 AKB Rdn. 57 ff.).

8 Der **Verlust** umschreibt jede Art des Abhandenkommens eines Fahrzeuges, sei es durch eigenes oder fremdes Verschulden, wobei das »Verlieren« im Sinne des allgemeinen Sprachgebrauchs dem »Verlust« nicht gleichzusetzen ist, (vgl. auch A.2.5.1 AKB Rdn. 11).

---

3 Vgl. BGH Urt. v. 27.10.1993 – **IV ZR 33/93** – VersR 1994, 85 = NJW 1994, 585.
4 OLG Köln Urt. v. 24.04.2007 – 9 U 181/05 – VersR 2007, 1510 = zfs 2008, 212.
5 BGH Urt. v. 28.06.2006 – **IV ZR 316/04** – VersR 2006, 1352 = r+s 2006, 410.
6 LG München I Urt. v. 20.12.2011 – 26 O 2833/11 – SP 2012, 186.
7 LG Düsseldorf Urt. v. 09.07.1969 – 14 S 29/69 – VersR 1971, 431.
8 Stiefel/Maier/*Stadler* A.2.2 AKB Rn. 3 m. w. N.
9 LG Düsseldorf Urt. v. 09.07.1969 – 14 S 29/69 – VersR 1971, 431.

Ihr Fahrzeug **A.2.1.1 AKB**

C. Weitere praktische Hinweise
I. Auslegung der AKB
1. AKB als Allgemeine Geschäftsbedingungen

Die AKB sind kein Gesetzestext, sondern **vertragliche Vereinbarungen**, die zwischen 9
VN und VR geschlossen werden. Sie unterliegen als allgemeine Geschäftsbedingungen
der Wirksamkeitskontrolle der §§ 305 ff. **BGB**. Dies gilt auch für die Tarifbestimmungen, die die AKB ergänzen. Die Regelungen dürfen nicht gegen zwingende Vorschriften des VVG verstoßen. Dies hätte die Unwirksamkeit der entsprechenden Bestimmung zur Folge.[10] Insbesondere am **Transparenzgebot des § 307 Abs. 1 S. 2 BGB**
müssen sich die AKB messen lassen. Die Auslegung zur Klärung des Inhalts einer Klausel in den AKB hat stets Vorrang vor der Inhaltskontrolle gemäß den §§ 305c Abs. 1,
307 BGB. Bei der Prüfung, ob dem VN Ansprüche aus der Kaskoversicherung gegen
den VR zustehen, sind die Regelungen in den AKB grundsätzlich so auszulegen, wie sie
ein **durchschnittlicher VN** ohne versicherungsrechtliche Spezialkenntnisse bei verständiger Würdigung und aufmerksamer Durchsicht unter Berücksichtigung des mit der
jeweiligen Klausel verfolgten Zwecks und des erkennbaren Sinnzusammenhanges verstehen muss.[11] Nicht maßgebend ist, was sich der Verfasser der Bedingungen bei ihrer
Abfassung vorstellte. Insbesondere kommt es nicht auf die **Entstehungsgeschichte der
Klausel** an, selbst wenn die Auslegung der Klausel unter Berücksichtigung der Entstehungsgeschichte für den VN im Ergebnis günstiger wäre.[12] Der VN muss **weder das
Wesen anderer Versicherungsarten** kennen, noch **eine vergleichende Exegese an
Hand anderer AVB** vornehmen. Vielmehr muss sich der Sinn und Zweck einer Klausel
für den VN aus sich heraus erschließen. Dies gilt vor allem für solche Klauseln, mit denen der VR bestimmte Gefahren und Risiken vom Versicherungsschutz ausschließen
will. Hier geht das Interesse des VN in der Regel dahin, dass der Versicherungsschutz
nicht weiter verkürzt wird als der erkennbare Zweck der Klausel dies gebietet. Soll ein
bereits auch schon gesetzlich bestehender Risikoausschluss zum Nachteil des VN erweitert werden, muss der VN darauf deutlich hingewiesen werden.[13]

Eine **Ausnahme vom Grundsatz**, dass es auf die **Verständnismöglichkeiten des durch-** 10
schnittlichen VN ankommt, besteht nur dann, wenn es sich um einen auch in der **allgemeinen Rechtssprache** verwendeten Begriff mit fest umrissenen Konturen handelt[14]
wie z. B. »Fälligkeit«. Dieser Begriff beschreibt den Zeitpunkt, zu dem der Gläubiger
die Leistung verlangen und der Schuldner säumig werden kann. In solchen Fällen ist

---

10 Himmelreich/Halm/Staab/*Krahe* Kap. 23 Rn. 5.
11 BGH Urt. v. 13.07.2005 – **IV ZR 83/04** – VersR 2005, 1417 = NJW-RR 2005, 1479; BGH Urt. v. 25.9.2002 – **IV ZR 248/01** – VersR 2002, 1503 = NJW 2003, 139; BGH Urt. v. 23.06.1993 – **IV ZR 135/92** – VersR 1993, 957 = NJW 1993, 2369.
12 BGH Urt. v. 17.05.2000 – **IV ZR 113/99** – VersR 2000, 1090 = r+s 2000, 478.
13 BGH Urt. v. 17.12.2008 – **IV ZR 9/08** – VersR 2009, 341 = NJW 2009, 1147 zur Erweiterung des § 61 VVG a. F. auf Leistungsfreiheit bei schon leicht fahrlässiger Herbeiführung des Versicherungsfalles.
14 BGH Urt. v. 22.03.2000 – **IV ZR 233/99** – VersR 2000, 752 = NJW 2000, 2021.

Stomper

A.2.1.1 AKB Ihr Fahrzeug

davon auszugehen, dass auch die AKB darunter nichts anderes verstehen wollen. Klauseln, die lediglich den Gesetzeswortlaut wiedergeben und in jeder Hinsicht mit ihnen übereinstimmen, sind der Inhaltskontrolle grundsätzlich entzogen.[15] **Anderes gilt** nur für **Fachbegriffe, die keine fest umrissenen Begriffe der Rechtssprache** sind; sie scheiden als objektive Verständnisvorgabe für die Auslegung von Versicherungsbedingungen aus.[16]

11 In der täglichen Praxis ist es wichtig, sich zunächst einmal Klarheit darüber zu verschaffen, **welche AKB zum Zeitpunkt des Versicherungsfalles** gelten. Dies müssen nicht unbedingt diejenigen sein, die der VN in Besitz hat oder die ihm bei Vertragsbeginn zusammen mit dem Versicherungsschein übermittelt wurden. Denn die Bedingungen können sich nachträglich wirksam geändert haben. Neue oder aktualisierte Versicherungsbedingungen werden nicht automatisch Bestandteil eines bestehenden Versicherungsvertrages, sondern bedürfen ihrer Einbeziehung in das Vertragsverhältnis.[17]

12 **Übersendet der VR dem VN eine Broschüre** mit der Überschrift »Alles, was Sie zu Ihrer Kfz-Versicherung wissen müssen«, kann der VN dies nur so verstehen, dass der ihm damit übermittelte Bedingungsinhalt zum Gegenstand seines Vertrages gemacht werden soll (§ 157 BGB), wobei es ausreicht, dass der VN dieses Angebot stillschweigend annimmt, ohne dass dem VR eine Annahmeerklärung zugehen muss (§ 151 S. 1 BGB).[18] Umgekehrt müssen auch nicht die derzeit aktuellen AKB des VR zwingend auch die maßgeblichen Bedingungen sein, die für die Beurteilung des Schadenfalles heranzuziehen sind. Zur Schlüssigkeit des Klagevorbringens im Prozess gehört der **Vortrag des VN, welche Versicherungsbedingungen im Einzelnen konkret vereinbart** wurden, insbesondere wenn es sich um Sonderbedingungen handelt, durch die die AKB abgeändert worden sein könnten.[19] Steht allerdings bei einem älteren Kaskoversicherungsvertrag fest, dass der VN irgendwann einmal in den Besitz der neuerer (für ihn günstigerer) AKB gekommen ist und hat der VR außergerichtlich auf diese auch bereits Bezug genommen, so kann er sich im Prozess nicht darauf beschränken, ohne Mitteilung von Einzelheiten des diesbezüglichen Schriftverkehrs eine wirksame Vertragsänderung pauschal zu bestreiten, wenn der VN seinen Klageanspruch auf diese neuen AKB stützt. Der VR muss vielmehr konkret und substanziiert darlegen, auf welche Weise und zu welchem Zeitpunkt der VN in den Besitz der aktuellen AKB gelangt sein kann, andernfalls ein wirksames Bestreiten des VR nicht vorliegt und davon auszugehen ist, dass die neuen AKB Vertragsbestandteil geworden sind.[20]

13 Nicht alle nach dem VVG erforderlichen Belehrungspflichten des VR sind in die AKB übernommen worden. Es empfiehlt sich daher, immer auch an Hand des VVG zu prüfen, **ob den VR im konkreten Fall bestimmte Belehrungspflichten treffen**. Sind die Be-

---

15 BGH Urt. v. 09.05.2001 – **IV ZR 121/00** – VersR 2001, 842 = NJW 2001, 2014.
16 BGH Urt. v. 08.05.2013 – **IV ZR 84/12** – VersR 2013, 995 = WM 2013, 1214.
17 LG Dortmund Urt. v. 30.06.2011 – 2 S 36/10 – r+s 2011, 425.
18 OLG Saarbrücken Urt. v. 01.12.2010 – 5 U 395/09 – zfs 2011, 151, 152.
19 LG Potsdam Urt. v. 15.12.2008 – 7 S 57/08 – NZV 2009, 401.
20 OLG Saarbrücken Urt. v. 01.12.2010 – 5 U 395/09 – zfs 2011, 151, 152.

lehrungen nicht in Textform erfolgt, kann sich der VR auf eine (anteilige) Leistungsfreiheit nicht berufen. Im Übrigen ist es notwendig, die im konkreten Fall einschlägigen AKB des jeweiligen VR, die in der Regel durch eigene abändernde oder ergänzende Klauseln von den hier kommentierten Musterbedingungen des GDV abweichen, auf ihre Vereinbarkeit mit den §§ 305 ff. BGB zu überprüfen. Dies gilt vor allem für solche Klauseln, durch die der Versicherungsschutz zum Nachteil des VN eingeschränkt wird.

Vgl. zur Prüfung der **konkret einschlägigen AKB** und zu den **Konsequenzen fehlender** 14 **Anpassung** von alten AKB an das neue VVG 2008 auch A.2.2.1.1 AKB Rdn. 27 ff.

2. Inhaltskontrolle von Vertragsklauseln – § 307 BGB

Eine vertragliche Klausel ist wegen **unangemessener Benachteiligung** des Vertragspart- 15 ners gemäß § **307 Abs. 1 S. 1 BGB** unwirksam, wenn – bezogen auf den **Zeitpunkt des Vertragsschlusses** – feststeht, dass der Verwender die Vertragsgestaltung einseitig für sich in Anspruch genommen und eigene Interessen missbräuchlich auf Kosten des Vertragspartners durchzusetzen versucht hat, ohne von vornherein die Interessen seines Partners hinreichend zu berücksichtigen und ihm einen angemessenen Ausgleich zuzugestehen.[21] AKB- und sonstige Vertragsregelungen müssen sich vorrangig am **Transparenzgebot** gemäß § 307 Abs. 1 S. 2 BGB messen lassen. Danach ist der VR entsprechend den Grundsätzen von Treu und Glauben gehalten, die Rechte und Pflichten des VN **klar, verständlich und durchschaubar** darzustellen.[22] Die Klausel muss nicht nur in ihrer Formulierung für den durchschnittlichen VN verständlich sein; es ist zusätzlich erforderlich, dass dem VN die **mit der Klausel verbundenen wirtschaftlichen Nachteile, Belastungen und Risiken** so deutlich und unmissverständlich vor Augen geführt werden, wie dies nach den Umständen gefordert werden kann.[23] Fehlt es hieran, kann schon dies eine **unangemessene Benachteiligung** des VN i. S. v. § 307 Abs. 1 S. 1 BGB darstellen. Jedenfalls dann, wenn die Klausel so unscharf formuliert ist, dass der VN sie erst interpretieren muss, um seine Risiken zu erkennen, fehlt es an der notwendigen Transparenz, was zur Unwirksamkeit der Klausel führt. Dies gilt vor allem und gerade auch dann, wenn sich aus dem **Zusammenspiel mehrerer Klauseln** für den VN eine überraschende Rechtsfolge ergibt.[24]

Die Klausel muss den **Inhalt des Leistungsversprechens** des VR **eindeutig definieren.** 16 Andernfalls ist die Klausel nicht kontrollfähig, was sie ebenfalls unwirksam macht.

---

[21] BGH Urt. v. 14.01.2015 – **XII ZR 176/13** – NJW 2015, 928 = DAR 2015, 141; BGH Urt. v. 24.10.2012 – **XII ZR 40/11** – r+s 2013, 12 = zfs 2013, 147; BGH Urt. v. 14.03.2012 – **XII ZR 44/10** – VersR 2012, 1573 = NJW 2012, 2501; BGH Urt. v. 19.12.2007 – **XII ZR 61/05** – NJW-RR 2008, 818 = MDR 2008, 441.
[22] BGH Urt. v. 19.01.2005 – **XII ZR 107/01** – NZV 2005, 247 = DAR 2005, 279.
[23] Vgl. BGH Urt. v. 15.05.2013 – **IV ZR 33/11** – VersR 2013, 888 = MDR 2013, 786; BGH Urt. v. 23.02.2011 – **XII ZR 101/09** – NZV 2011, 389 = MDR 2011, 480; BGH Urt. v. 16.05.2007 – **XII ZR 13/05** – NJW 2007, 2176 = MDR 2007, 1124; BGH Urt. v. 09.05.2001 – **IV ZR 121/00** – VersR 2001, 842 = NJW 2001, 2014.
[24] Vgl. BGH Urt. v. 24.05.2006 – **IV ZR 263/03** – VersR 2006, 1066 = NJW 2006, 2545.

A.2.1.1 AKB Ihr Fahrzeug

17 Der VR muss die tatbestandlichen Voraussetzungen und Rechtsfolgen in seinen jeweiligen AKB so genau beschreiben, dass für ihn **kein ungerechtfertigter Beurteilungsspielraum** verbleibt.[25] Die Beschreibung muss für den VN **nachprüfbar** und darf **nicht irreführend sein**.[26] Bei der Bewertung der Transparenz einer Klausel ist abzustellen auf die Erwartungen und Erkenntnismöglichkeiten eines **durchschnittlichen VN** im Zeitpunkt des Vertragsschlusses.[27]

18 Die Klausel muss mit den **wesentlichen Grundgedanken der gesetzlichen Regelung**, von der sie abweicht, vereinbar sein, § **307 Abs. 2 Nr. 1 BGB**. Als »gesetzliche Regelung« sind auch die Grundgedanken des Versicherungsrechts und die von der Rechtsprechung und Literatur durch Auslegung, Analogie oder Rechtsfortbildung aus den einzelnen gesetzlichen Bestimmungen hergeleiteten Regelungssätze heranzuziehen.[28] Beschränkt die Klausel wesentliche Rechte des VN, die sich aus der Natur des Kaskoversicherungsvertrages ergeben, in einem Ausmaß, dass die **Erreichung des Vertragszwecks gefährdet** ist, fehlt es an der inhaltlichen Angemessenheit der Klausel, was nach § **307 Abs. 1 und Abs. 2 Nr. 2 BGB** gleichfalls zur Unwirksamkeit der gesamten Klausel führt.

19 Im Rahmen der Wirksamkeitsprüfung ist eine **zweifelhaft erscheinende Klausel** zunächst **auszulegen**. Verbleiben danach immer noch **Unklarheiten** an der Tragweite und Bedeutung einer Klausel, die mindestens zwei Auslegungsergebnisse rechtlich vertretbar erscheinen lassen, ist **die für den VN günstigste Auslegung** zugrunde zu legen. An die Stelle einer unwirksamen vertraglichen Klausel ist gemäß § **306 Abs. 2 BGB** vorrangig auf die gesetzlichen Vorschriften zurückzugreifen, sofern diesbezüglich eine **konkrete Ersatzregelung** in Betracht kommt. Lässt sich die infolge der Unwirksamkeit einer Vertragsklausel entstehende Lücke durch eine **geeignete Vorschrift des dispositiven Rechts** schließen, tritt an die Stelle der unwirksamen Vertragsbestimmung die gesetzliche Regelung,[29] bei einer unwirksamen Versicherungsbedingung also eine entsprechende Vorschrift des VVG.[30] Nur wenn solche nicht zur Verfügung steht, stellt sich die Frage, ob ein **ersatzloser Wegfall der unwirksamen Klausel** eine sachgerechte Lösung darstellt. Scheiden beide Möglichkeiten aus, weist das Vertragsgefüge eine planwidrige Regelungslücke auf,[31] so dass weiter zu prüfen ist, ob durch eine ergänzende Vertragsauslegung eine interessengerechte Lösung gefunden werden kann.[32]

---

25 Vgl. BGH Urt. v. 20.07.2005 – **VIII ZR 121/04** – VersR 2006, 261 = NJW-RR 2005, 1496; BGH Urt. v. 26.10.2005 – **VIII ZR 48/05** – NJW 2006, 996 = DB 2006, 666.
26 BGH Urt. v. 19.01.2005 – **XII ZR 107/01** – NZV 2005, 247 = DAR 2005, 279.
27 Vgl. BGH Urt. v. 09.12.2009 – **XII ZR 109/08** – NJW 2010, 671 = MDR 2010, 313; BGH Urt. v. 16.05.2007 – **XII ZR 13/05** – NJW 2007, 2176 = MDR 2007, 1124; BGH Urt. v. 07.05.2008 – **XII ZR 5/06** – GuT 2008, 339.
28 BGH Urt. v. 22.03.2000 – **IV ZR 233/99** – VersR 2000, 752 = NJW 2000, 2021; BGH Urt. v. 21.04.1993 – **IV ZR 33/92** – VersR 1993, 830 = NJW-RR 1993.
29 BGH Urt. v. 24.09.1985 – **VI ZR 4/84** – VersR 1986, 153 = NJW 1986, 1610.
30 Vgl. BGH Urt. v. 21.12.1981 – **II ZR 76/81** – VersR 1982, 382 = NJW 1982, 824.
31 Vgl. BGH Urt. v. 22.01.1992 – **IV ZR 59/91** – VersR 1992, 477 = NJW 1992, 1164.
32 BGH Urt. v. 11.10.2011 – **VI ZR 46/10** – VersR 2011, 1524 = r+s 2012, 14; BGH Urt. v. 12.10.2005 – **IV ZR 162/03** – VersR 2005, 1565 = NJW 2005, 3559.

Eine **ergänzende Vertragsauslegung** hat sich am hypothetischen Parteiwillen zu orientieren und soll diejenige Regelung herbeiführen, die die Parteien bei sachgerechter Abwägung der beiderseitigen Interessen nach Treu und Glauben redlicherweise vereinbart hätten, wenn ihnen die Unwirksamkeit der Klausel bekannt gewesen wäre.[33] 20

Voraussetzung für eine ergänzende Vertragsauslegung ist, dass
- diese nicht zu einer Erweiterung des Vertragsgegenstandes führt,
- es dem Verwender der Klausel ohne ergänzende Vertragsauslegung nicht zumutbar ist, an dem lückenhaften Vertrag festgehalten zu werden (§ 306 Abs. 3 BGB), und
- der ergänzte Vertrag für den Vertragspartner des Verwenders typischerweise von Interesse ist.[34]

Eine ergänzende Vertragsauslegung **scheidet aus**, wenn der Verwender die Klausel in Kenntnis ihrer Unwirksamkeit weiter verwendet,[35] oder wenn er eine ihm gesetzlich eingeräumte Möglichkeit, die unwirksame Klausel einseitig durch eine gültige Regelung zu ersetzen, nicht wahrnimmt.[36] In diesem Fall entfällt die Klausel insgesamt.[37] Eine geltungserhaltende Reduktion auf den gerade noch zulässigen Kerngehalt der Klausel findet grundsätzlich nicht statt. Das **Verbot der geltungserhaltenden Reduktion**[38] soll bei einer unwirksamen Vertragsbestimmung eine Auslegung verhindern, die die Klausel auf ihren gerade noch zulässigen Kerngehalt reduziert und ihr damit letztlich doch noch zur Wirksamkeit verhilft. Andernfalls könnte der Klauselverwender seine Allgemeinen Geschäftsbedingungen ohne jegliches Risiko völlig einseitig zu seinen Gunsten in dem Bewusstsein ausgestalten, dass selbst eine den §§ 307 ff. BGB nicht standhaltende, unwirksame Klausel zumindest teilweise erhalten bleibt.[39]

Eine **Ausnahme** vom Verbot der geltungserhaltenden Reduktion besteht nur für den 21
Fall, dass die Bestimmung **mehrere, materiell-rechtlich selbstständige und abtrennbare Regelungen** enthält und sich lediglich ein Teil als unwirksam erweist. In einem solchen Fall bleibt der übrige Teil der Bestimmung wirksam.[40]

Ist im **Mietvertrag eines gewerblichen Kfz-Vermieters** eine **Haftungsbefreiung** oder 22
-reduzierung nach dem **Leitbild einer Vollkaskoversicherung**[41] vereinbart, ist eine Vertragsklausel, die bei grob fahrlässiger Schadenverursachung durch den berechtigten Fahrer eine volle Haftung vorsieht, nach § 307 Abs. 1 S. 1, Abs. 2 Nr. 1 BGB wegen

---

33 BGH Urt. v. 22.01.1992 – **IV ZR 59/91** – VersR 1992, 477 = NJW 1992, 1164.
34 BGH Urt. v. 12.10.2011 – **IV ZR 199/10** – VersR 2011, 1550 = r+s 2012, 9.
35 BGH Urt. v. 04.07.2002 – **VII ZR 502/99** – NJW 2002, 3098 = MDR 2002, 1365.
36 BGH Urt. v. 12.10.2011 – **IV ZR 199/10** – VersR 2011, 1550 = r+s 2012, 9.
37 Vgl. BGH Urt. v. 28.06.2006 – **VIII ZR 124/05** – NJW 2006, 2915 = MDR 2007, 205.
38 Vgl. Palandt-Grüneberg § 306 Rn. 6.
39 BGH Urt. v. 14.03.2012 – **XII ZR 44/10** – VersR 2012, 1573 = NJW 2012, 2501.
40 BGH Urt. v. 14.01.2015 – **XII ZR 176/13** – NJW 2015, 928 = DAR 2015, 141; OLG Köln Urt. v. 01.10.1999 – 3 U 4/99 – r+s 2000, 305; *Römer*/Langheid Vorb. § 1 VVG Rn. 86.
41 Vgl. BGH Urt. v. 24.10.2012 – **XII ZR 40/11** – r+s 2013, 12 = zfs 2013, 147; weitere BGH Urteile vgl. unter A.2.8 AKB Rdn. 56.

Verstoßes gegen § 81 Abs. 2 VVG unwirksam.[42] Dies führt jedoch nicht dazu, dass die Regelung insgesamt entfällt und der Mieter im Schadenfall überhaupt nicht haftet oder ggf. nur eine vereinbarte Selbstbeteiligung zu zahlen hat. Vielmehr lässt sich die **Lücke im Vertrag** durch einen gemäß § **306 Abs. 2 BGB** zulässigen **Rückgriff auf eine geeignete gesetzliche Regelung** im VVG schließen. Entsprechend dem Grundgedanken des § 81 Abs. 2 VVG bemisst sich der Umfang der Schadenersatzverpflichtung eines grob fahrlässig handelnden Kfz-Mieters im Falle eines unwirksamen Haftungsvorbehalts daher nach der Schwere seines Verschuldens.[43] Dies gilt für die Beurteilung **aller Pflichtverstöße** des Mieters und ist nicht beschränkt auf Fälle von Alkohol- und Drogenfahrten oder die Ermöglichung der Entwendung des Mietfahrzeuges.[44] Dabei ist es unerheblich, ob sich zum Zeitpunkt der Anmietung des Fahrzeuges auf dem Markt der Vollkaskoversicherung bereits eine Vertragsgestaltung durchgesetzt hatte, wonach der VR auf den Einwand der groben Fahrlässigkeit mit Ausnahme von Alkoholfahrten und Diebstahl verzichtet; die Schließung einer infolge der Unwirksamkeit einer Klausel entstandenen Vertragslücke hat nicht zur Folge, dass Vertragsgestaltungen zu berücksichtigen sind, die am Versicherungsmarkt üblich sind.[45]

23 Privilegiert ist gleichermaßen auch der grob fahrlässig handelnde **berechtigte Fahrer**, der nicht Mieter ist, jedenfalls dann, wenn dessen Haftungsfreistellung in den Allgemeinen Vermietungsbedingungen ausdrücklich vorgesehen ist.[46]

24 Eine **Klausel** in einem **gewerblichen Kfz-Mietvertrag**, die bei grundsätzlich vereinbarter Haftungsbegrenzung nach Art einer Vollkaskoversicherung **sowohl** (**unwirksame**) Regelungen zur Herbeiführung des Versicherungsfalles **als auch** (für sich genommen

---

42 BGH Urt. v. 15.07.2014 – **VI ZR 452/13** – VersR 2014, 1135 = r+s 2014, 491; BGH Urt. v. 11.10.2011 – **VI ZR 46/10** – VersR 2011, 1524 = r+s 2012, 14 m. w. N.; OLG Rostock Urt. v. 24.11.2011 – 3 U 151/10 – r+s 2012, 533; KG Urt. v. 15.08.2011 – 22 U 57/11 – BeckRS 2011, 23647 **unter Bestätigung von** LG Berlin Urt. v. 26.01.2011 – 4 O 184/10 – DAR 2011, 264; LG Nürnberg-Fürth Urt. v. 27.01.2010 – 8 O 10700/08 – r+s *2010*, 145; LG Göttingen Urt. v. 18.11.2009 – 5 O 118/09 – VersR 2010, 1490 = r+s 2010, 194; **a. A. noch** Günther/Spielmann r+s 2008, 133, 143; Hövelmann VersR 2008, 616; Funck VersR 2008, 168.
43 BGH Urt. v. 15.07.2014 – **VI ZR 452/13** – VersR 2014, 1135 = r+s 2014, 491 **unter Bestätigung von** OLG Koblenz Urt. v. 09.09.2013 – 12 U 1198/12 – r+s 2013, 545 (aufgehoben aus anderem Grund); BGH Urt. v. 11.10.2011 – **VI ZR 46/10** – VersR 2011, 1524 = r+s 2012, 14 **unter Aufhebung von** OLG Köln Urt. v. 13.01.2010 – 11 U 159/09 – VersR 2010, 1193; **wie BGH:** OLG Rostock Urt. v. 24.11.2011 – 3 U 151/10 – r+s 2012, 533; LG Köln Urt. v. 11.04.2012 – 26 O 174/10 – BeckRS 2012, 22056; LG Göttingen Urt. v. 18.11.2009 – 5 O 118/09 – VersR 2010, 1490 = r+s 2010, 194; **a. A. noch die ältere Rspr.** KG Urt. v. 15.08.2011 – 22 U 57/11 – BeckRS 2011, 23647 **unter Bestätigung von** LG Berlin Urt. v. 26.01.2011 – 4 O 184/10 – DAR 2011, 264.
44 BGH Urt. v. 15.07.2014 – **VI ZR 452/13** – VersR 2014, 1135 = r+s 2014, 491 (**Rotlichtverstoß**).
45 BGH Urt. v. 15.07.2014 – **VI ZR 452/13** – VersR 2014, 1135 = r+s 2014, 491; **a. A.** LG München Urt. v. 13.07.2012 – 12 O 21256/11 – DAR 2012, 583.
46 BGH Urt. v. 11.10.2011 – **VI ZR 46/10** – VersR 2011, 1524 = r+s 2012, 14.

wirksame) **Regelungen** über die versicherungsähnlich erfassten Schadenereignisse enthält, ist nur dann gänzlich unwirksam, wenn der verbleibende Rest im Gesamtgefüge des Vertrages keinen Sinn mehr ergibt.[47] Dies hat zur Folge, dass mietvertraglich nach dem Leitbild einer Vollkaskoversicherung vereinbarte Ausschlüsse für die Haftungsfreistellung des Mieters selbst dann wirksam bleiben, wenn der Vertrag gleichzeitig unwirksame Bestimmungen enthält, wonach der Mieter trotz Vereinbarung einer Haftungsfreistellung oder -reduzierung bei grob fahrlässiger Herbeiführung bestimmter Schadenereignisse in vollem Umfange haftbar sein soll.

Auch eine **in einem gewerblichen Kfz-Mietvertrag enthaltene Vertragsklausel, die** 25 ohne Rücksicht auf das Verschulden des Mieters und die Relevanz seiner Vertragsverletzung einen **gänzlichen Wegfall der vereinbarten Haftungsfreistellung** für den Fall **vorsieht**, dass der Mieter gegen die ebenfalls vertraglich vereinbarte Obliegenheit verstößt, bei einem Unfall die Polizei hinzuzuziehen, ist wegen Verstoßes gegen § 28 Abs. 2 S. 2 VVG gemäß § 307 Abs. 1 S. 1 BGB **unwirksam**; die durch die Unwirksamkeit der Klausel entstandene Vertragslücke kann nach Auffassung des **12. Zivilsenates des BGH** gemäß § 306 Abs. 2 BGB durch einen Rückgriff auf § 28 Abs. 2 und 3 VVG geschlossen werden.[48] Danach könnte sich der Mieter trotz der unwirksamen Klausel nicht in jedem Falle uneingeschränkt auf die vertragliche Haftungsfreistellung berufen. Vielmehr käme es für die Frage, ob und in welchem Umfange die Haftungsfreistellung des Mieters zum Tragen kommt, auf den Verschuldensgrad des Mieters und bei Feststellung von grober Fahrlässigkeit auf die Schwere seines Verschuldens an, ferner darauf, ob er den Kausalitätsgegenbeweis nach § 28 Abs. 3 VVG führen kann, sich also der Pflichtenverstoß überhaupt konkret auf die Interessen des Kfz-Vermieters ursächlich ausgewirkt hat. **Dies erscheint** schon deshalb **zweifelhaft**, weil § 28 Abs. 2 BGB keine gesetzliche Vorschrift i. S. d. § 306 Abs. 2 BGB ist, sondern die in § 28 Abs. 2 VVG geregelten Rechtsfolgen eine (wirksame) vertragliche Vereinbarung zwischen Kfz-Mieter und –Vermieter voraussetzen.[49] Nur wenn der zugrundeliegende Vertrag für den Fall der Verletzung vertraglicher Verpflichtungen Sanktionen enthält,[50] die in ihren Rechtsfolgen mit § 28 Abs. 2 und 3 VVG übereinstimmen, ist die Obliegenheit wirksam vereinbart. Fehlt es hieran, ist kein Raum für die Anwendbarkeit von **§ 28 Abs. 2 VVG**, da diese Bestimmung **ein vertragliches, aber kein gesetzliches Leistungskürzungsrecht – wie in § 81 Abs. 2 VVG –** normiert. Anders als bei einer Vertragsklausel, die entgegen § 81 Abs. 2 VVG bei grob fahrlässiger Herbeiführung des Versicherungsfalles eine vollständige Leistungsfreiheit vorsieht und bei der nach der Rechtsprechung des **6. Zivilsenates des BGH** auf die Grundgedanken des § 81 Abs. 2 VVG als gesetzlicher Ersatzregelung zurückgegriffen werden kann,[51] geht es in § 28 Abs. 2 VVG allein um die Rechtsfolgen von Pflichtverletzungen, die an ein bestimmtes

---

47 BGH Urt. v. 14.01.2015 – **XII ZR 176/13** – NJW 2015, 928 = DAR 2015, 141.
48 BGH Urt. v. 24.10.2012 – **XII ZR 40/11** – r+s 2013, 12 = zfs 2013, 147; BGH Urt. v. 14.03.2012 – **XII ZR 44/10** – VersR 2012, 1573 = NJW 2012, 2501.
49 BGH Urt. v. 18.12.1989 – **II ZR 34/89** – VersR 1990, 384 = r+s 1991, 5.
50 Vgl. § 28 Abs. 2 VVG: »Bestimmt der Vertrag, dass ...«.
51 BGH Urt. v. 11.10.2011 – **VI ZR 46/10** – VersR 2011, 1524 = r+s 2012, 14.

A.2.1.1 AKB Ihr Fahrzeug

Verhalten des Mieters (oder auch des VN) anknüpfen. Folglich können diese Rechtsfolgen auch nicht als eigenständige gesetzliche Regelungen im Wege einer geltungserhaltenden Reduktion herangezogen werden und eine unwirksame vertragliche Klausel ersetzen. Vielmehr ist der Rückgriff auf § 28 Abs. 2 und 3 VVG gerade deshalb versperrt, weil eine diese Vorschrift voraussetzende und damit ihre Rechtsfolgen erst eröffnende wirksame Vertragsklausel über die Sanktion einer Obliegenheitsverletzung fehlt. Der 4. Zivilsenat des BGH hat bereits in einem früheren Urteil festgestellt, dass § 28 Abs. 2 VVG kein gesetzliches Leistungskürzungsrecht beinhaltet,[52] (vgl. A.2.2.1.1 AKB Rdn. 27 ff.). Es erstaunt daher, dass sich der 12. Senat mit der insoweit abweichenden Auffassung des 4. Senates nicht auseinandersetzt und in seiner Entscheidung ausschließlich auf das Mietwagenurteil des 6. Senates verweist.[53]

26 Zum **Umfang des Regresses des VR** gegen den Kfz-Mieter und den berechtigten Fahrer nach erfolgtem Anspruchsübergang gemäß § 86 Abs. 1 S. 1 VVG vgl. im Übrigen A.2.8 AKB Rdn. 52 ff. Zur **Einstandspflicht des Kfz-Mieters** für von einem Dritten verursachte Fahrzeugschäden vgl. A.2.3 AKB Rdn. 36 ff. Zur **Wirksamkeitsprüfung einer Vertragsklausel** vgl. auch A.2.5.4 AKB Rdn. 32 ff.

II. Probleme bei der Umstellung von Altverträgen vor 2008 auf neue AKB (ab 2008)

27 Bei der Prüfung insbesondere der Höhe eines versicherungsrechtlichen Anspruches sind die jeweils im konkreten Einzelfall einschlägigen AKB der VR besonders sorgfältig zu überprüfen, (vgl. auch A.2.1.1 AKB Rdn. 9 ff.). Die meisten VR haben von den Musterbedingungen abweichende oder ergänzende Regelungen getroffen. Zudem haben nicht alle VR ihre noch auf dem alten VVG fußenden Versicherungsbedingungen **auf die neuen AKB 2008 umgestellt**. Hierzu hatte der Gesetzgeber den VR in Art. 1 Abs. 3 EGVVG eine Frist eingeräumt, wonach bei Altverträgen, die bis zum 31.12.2007 abgeschlossen wurden, dem VN notwendige Bedingungsänderungen bis spätestens einen Monat **vor dem 01.01.2009** in Textform mitgeteilt werden mussten unter gleichzeitiger Kenntlichmachung der Unterschiede.

28 Ein **bloßes Informationsschreiben**, welches den VN ohne inhaltliche Änderung der vereinbarten AKB lediglich über die neue Gesetzeslage unterrichtete, stellte **keine Vertragsanpassung** dar.[54] Hierzu hätte es vielmehr einer **Synopse** bedurft. Viele VR dürften aus Kostengründen auf die Umstellung des alten Vertragsbestandes verzichtet haben. Im Streitfall ist daher nicht nur zu prüfen, welche konkreten AKB bei Abschluss des Versicherungsvertrages vereinbart wurden, sondern auch, ob diese AKB durch Nachträge ergänzt, abgeändert und gemäß **Art. 1 Abs. 3 EGVVG** an die Vorschriften des neuen VVG angepasst wurden.

29 Für eine wirksame Umstellung obliegt dem **VR** der **Nachweis**, den er in der Regel nur dann wird erbringen können, wenn er dem VN die notwendigen Bedingungsänderun-

---

52 BGH Urt. v. 12.10.2011 – **IV ZR 199/10** – VersR 2011, 1550 = r+s 2012, 9.
53 Ebenso kritisch Maier r+s 2013, 13.
54 OLG Hamm Urt. v. 11.01.2012 – 20 U 64/11 – r+s 2012, 288 = zfs 2012, 328.

gen per Einschreiben/Rückschein übersandt hat.⁵⁵ Ist dem VN nicht bekannt, welche AKB-Fassung seinem Vertrag zugrunde liegt, kann er vom VR die Übersendung der einschlägigen Versicherungsbedingungen sowie des Versicherungsscheines verlangen, § 3 Abs. 4 VVG. Ergibt sich danach, dass für den Kaskoversicherungsvertrag noch auf das VVG a. F. bezogene AKB maßgeblich sind, ist im Einzelfall zu prüfen, ob und inwieweit die dann einschlägigen alten AKB den Regelungen des neuen VVG widersprechen und ggf. unwirksam sind.⁵⁶

Für die Verletzung einer vertraglichen Obliegenheit durch den VN, die nach § 28 Abs. 2 VVG zu beurteilen ist, hat der **BGH**⁵⁷ entschieden, dass sich der VR auf die Obliegenheitsverletzung nicht berufen kann, sofern er den Versicherungsvertrag nicht rechtzeitig wirksam auf die neuen AKB 2008 umgestellt und von der Möglichkeit der Vertragsanpassung nach Art. 1 Abs. 3 EGVVG keinen Gebrauch gemacht hat. Denn die **AKB a. F.** sehen auch **bei grober Fahrlässigkeit** des VN eine **vollständige Leistungsfreiheit** des VR vor, weil sie sich an der gesetzlichen Regelung des alten Rechts in § 6 VVG a. F. orientieren. Diese Vorschrift ist mit der neuen Bestimmung in § 28 Abs. 2 Satz 2 VVG durch eine für den VN günstigere Regelung ersetzt worden. Dies hat zur Folge, dass die an der alten Rechtslage ausgerichteten Bedingungen dem neuen Recht widersprechen, weil sie eine vertraglich vereinbarte Rechtsfolge zum Inhalt haben, die zum Nachteil des VN von der neuen gesetzlichen Regelung in § 28 Abs. 2 VVG abweicht. Denn danach kann sich der VR für den Fall einer grob fahrlässigen Obliegenheitsverletzung durch den VN nur auf ein **Leistungskürzungsrecht** berufen. Damit gilt die in den AKB a. F. vertragliche Obliegenheit gemäß § 32 VVG als nicht (mehr) wirksam vereinbart, weil sie eine von § 28 Abs. 2 S. 2 VVG abweichende Rechtsfolgenregelung zum Inhalt hat. Dies führt zur gänzlichen Unwirksamkeit der Vertragsklausel gemäß § 307 Abs. 1 S. 1, Abs. 2 Nr. 1 BGB. Eine auf den Kerngehalt der Klausel geltungserhaltene Reduktion findet nicht statt.⁵⁸ 30

Die **gegenteilige Auffassung**,⁵⁹ wonach es lediglich erforderlich sei, dass die Obliegenheit, nicht aber die Rechtsfolge wirksam vereinbart sei, so dass im Falle einer unterbliebenen Vertragsanpassung die gesetzlichen Rechtsfolgen des § 28 Abs. 2 VVG zum Tragen kämen, ist vor dem Hintergrund der genannten BGH-Entscheidung als **überholt** anzusehen. Die fehlende Anpassung der AKB a. F. an das neue VVG 2008 hat zur Kon- 31

---

55 Vgl. LG Berlin Urt. v. 09.08.2011 – 43 O 302/10 – r+s 2011, 384.
56 Zum Streitstand in der Literatur vgl. Maier r+s 2010, 497.
57 BGH Urt. v. 12.10.2011 – **IV ZR 199/10** – VersR 2011, 1550 = r+s 2012, 9 **unter Bestätigung** von OLG Köln Urt. v. 18.08.2010 – 9 U 41/10 – VersR 2011, 1592 = r+s 2010, 406 **(aus anderen Gründen aufgehoben) und** LG Köln Urt. v. 21.01.2010 – 24 O 458/09 – zfs 2010, 209 = r+s 2010, 104; **ebenso** LG Berlin Urt. v. 09.08.2011 – 43 O 302/10 – r+s 2011, 384; LG Nürnberg-Fürth Urt. v. 27.01.2010 – 8 O 10700/08 – r+s 2010, 145; vgl. auch Günther, zfs 2010, 362.
58 BGH Urt. v. 12.10.2011 – **IV ZR 199/10** – VersR 2011, 1550 = r+s 2012, 9 **(mit ausführlicher Darstellung des Meinungsstandes)**; vgl. Günther/Spielmann VersR 2012, 549 ff.
59 LG Ellwangen Urt. v. 20.08.2010 – 4 O 69/10 – VersR 2011, 62 = zfs 2011, 30; LG Erfurt Urt. v. 08.06.2010 – 8 O 1204/09 – VersR 2011, 335.

A.2.1.1 AKB   Ihr Fahrzeug

sequenz, dass **Verstöße des VN gegen vertraglich vereinbarte Obliegenheiten** – abgesehen von der verbleibenden Möglichkeit des VR, sich auf die Verletzung gesetzlicher Obliegenheiten (z. B. § 81 Abs. 2 VVG oder §§ 23 ff. VVG) zu berufen – **folgenlos bleiben.** Denn entgegen § 28 Abs. 2 S. 1 VVG »bestimmt« der Vertrag (d. h. die AKB) dann gerade eben nicht mehr, dass der VR bei der Verletzung einer vom VN zu erfüllenden »vertraglichen Obliegenheit« leistungsfrei wird.

32   Da § **28 Abs. 2 S. 2 VVG kein gesetzliches Leistungskürzungsrecht** enthält, sondern eine vertragliche Vereinbarung über die Sanktion einer Obliegenheitsverletzung voraussetzt,[60] hat die ursprünglich (wirksam) vereinbarte Vertragsklausel wegen Verstoßes gegen § 28 Abs. 2 VVG keinen Bestand mehr. Dem VR bleibt nur die **Möglichkeit**, unter den Voraussetzungen des § 28 Abs. 1 VVG den Versicherungsvertrag **fristlos zu kündigen.**

33   In gleicher Weise kann sich der VR zur Begründung eines **Regressanspruches** bei fehlendem Nachweis des Zuganges einer Vertragsänderung mit Anpassung an das VVG n. F. nicht auf seine AKB a. F. berufen; insoweit sind Regressforderungen gegen den VN selbst bei vorsätzlichen Obliegenheitsverstößen nicht durchsetzbar.[61]

34   **Außerhalb des Bereiches der vertraglich vereinbarten Obliegenheiten** hat der VR jedoch weiterhin die Möglichkeit, sich auf die grob fahrlässige Herbeiführung eines Versicherungsfalles nach § 81 Abs. 2 VVG oder eine Gefahrerhöhung nach § 23 ff. VVG zu berufen, da sich bei diesen Regelungen die **Rechtsfolgen unmittelbar aus dem Gesetz** ergeben.[62] **Verstößt** eine in den AKB a. F. verankerte **Vertragsklausel gegen** gesetzliche Bestimmungen, indem sie z. B. entgegen § **81 Abs. 2 VVG** noch eine generelle Leistungsfreiheit bei einer grob fahrlässigen Herbeiführung des Versicherungsfalles vorsieht, so stellt zwar auch eine solche Regelung eine unangemessene Benachteiligung des VN gemäß § 307 Abs. 2 Nr. 1 BGB dar, was zur Unwirksamkeit der Klausel gemäß § 307 Abs. 1 S. 1 BGB führt; die dadurch entstehende Vertragslücke kann jedoch geschlossen werden, indem anstelle der unwirksamen Klausel der Grundgedanke der gesetzlichen Regelung des § 81 Abs. 2 VVG zum Tragen kommt.[63]

35   Sofern der VN aus der unterbliebenen Anpassung der AKB an die Rechtslage des neuen VVG Nachteile erleidet, kann sich eine **Schadenersatzverpflichtung des VR** nach § 6 Abs. 5 VVG **wegen Beratungsverschuldens** ergeben. Das gleiche gilt für den Fall, dass der VR es unterlässt, den VN auf inzwischen vorteilhaftere AKB mit umfassenderem Versicherungsschutz hinzuweisen, da dem VR auch während der Dauer eines laufenden Vertragsverhältnis gegenüber dem VN eine Beratungspflicht obliegt, § 6 Abs. 4 VVG. Voraussetzung ist allerdings stets ein für den VR erkennbarer diesbezüglicher Beratungsbedarf des VN. Dieser ist zu bejahen, wenn der VR entweder aufgrund von Ver-

---

60   Vgl. BGH Urt. v. 18.12.1989 – **II ZR 34/89** – VersR 1990, 384 = r+s 1991, 5.
61   OLG Celle Urt. v. 29.09.2011 – 8 U 58/11 – VersR 2012, 753 = zfs 2012, 513.
62   BGH Urt. v. 12.10.2011 – **IV ZR 199/10** – VersR 2011, 1550 = r+s 2012, 9.
63   BGH Urt. v. 11.10.2011 – **VI ZR 46/10** – r+s 2012, 14 = NJW 2012, 222; **a. A.** noch LG Nürnberg-Fürth Urt. v. 27.01.2010 – 8 O 10700/08 – r+s 2010, 145.

handlungen anlässlich von Vertragsänderungen oder aufgrund der Informationen, die er besitzt, bereits entstandene oder zu erwartende Deckungslücken erkennen kann.[64] Bei entsprechend unterbliebener Aufklärung des Versicherungsvermittlers ist an eine Haftung nach § 280 BGB zu denken. Vgl. **zu Fragen des Beratungsverschuldens** ausführlich auch A.2.1.1 AKB Rdn. 52 ff. und A.2.4 AKB Rdn. 3 ff.

III. Beweislastverteilung in der Kaskoversicherung

1. Grundsätzliches

Auch im Versicherungsrecht gilt vorrangig der zivilprozessuale Grundsatz, dass jede Partei die tatsächlichen Voraussetzungen der für sie günstigen Normen beweisen muss. 36

Die **primäre Risikobegrenzung** einer versicherungsvertraglichen Klausel beschreibt das **versicherte Risiko** und damit die Gesamtheit aller Voraussetzungen, bei deren Vorliegen eine Eintrittspflicht des VR begründet ist. Die Beweislast hierfür obliegt dem VN. Er muss Tatsachen für das Vorliegen aller Voraussetzungen des von ihm geltend gemachten Anspruches dartun und beweisen. Nur dann ist der Nachweis für den Eintritt des Versicherungsfalles geführt. Erforderlich ist grundsätzlich der Vollbeweis (§ 286 Abs. 1 ZPO). 37

Die **sekundäre Risikobegrenzung** umschreibt diejenigen Konstellationen, bei denen der VR trotz Eintritts des Versicherungsfalles nicht leistet. Der VR will bestimmte Risiken von vornherein nicht übernehmen, weshalb er mit dem VN **Risikoausschlüsse** vereinbart. Dadurch legt er fest, unter welchen Voraussetzungen keine Leistungspflicht besteht. Das Vorliegen eines Risikoausschlusses hat der VR voll zu beweisen. Weder für den Nachweis eines subjektiven Risikoausschlusses (z. B. in A.2.9.1 AKB, § 81 VVG bei der vorsätzlichen oder grob fahrlässigen Herbeiführung des Versicherungsfalles), noch für den eines objektiven Risikoausschlusses (z. B. in A.2.2.1.2b AKB bei der Unterschlagung eines Kfz durch denjenigen, dem es zum Gebrauch im eigenen Interesse überlassen wird) gibt es einen Anscheinsbeweis zugunsten des VR. 38

Die **tertiäre Risikobegrenzung** stellt eine Gegenausnahme zum Risikoausschluss dar. Obwohl ein Risikoausschluss eingreift, besteht trotzdem Versicherungsschutz. Diese Voraussetzungen muss wiederum der VN voll beweisen. 39

2. Beweiserleichterungen

Abweichend von den obigen Grundsätzen bestehen in der Teilkaskoversicherung **für den Bereich des Fahrzeugdiebstahls** Beweiserleichterungen für den VN und den VR durch eine Beweismaßabsenkung, (vgl. hierzu A.2.2.1 AKB Rdn. 138 ff. und A.2.2.1 AKB Rdn. 165 ff.). 40

---

[64] OLG Karlsruhe Urt. v. 15.01.2013 – 12 U 121/12 – VK 2013, 55.

A.2.1.1 AKB Ihr Fahrzeug

3. Substanziierungslast

41 Von der Beweislast ist die Substanziierungslast zu unterscheiden. Ist einer beweisbelasteten Prozesspartei sachgerechter Vortrag nur deshalb nicht möglich, weil sich die betreffenden Vorgänge in der **Sphäre der anderen Partei** abgespielt haben, so besteht für diese Partei im Rahmen des Grundsatzes von Treu und Glauben eine **sekundäre Darlegungslast** und damit die Verpflichtung, zu den nur ihr bekannten Vorgängen so substanziiert vorzutragen, wie ihr dies möglich und zumutbar ist. Die andere (beweisbelastete) Prozesspartei hat diesen Vortrag sodann zu widerlegen. An der Beweislast ändert dies nichts. Hat z. B. der VR einen Vertrag aufgrund behaupteter Falschangaben des VN wegen arglistiger Täuschung angefochten, so hat der VN darzulegen, wieso es zu den Falschangaben gekommen ist. Diese muss der VR sodann widerlegen. Für die Arglist des VN bleibt der VR weiterhin beweispflichtig.[65]

42 Entsprechendes gilt z. B. auch bei der **Führung des Kausalitätsgegenbeweises durch den VN** im Rahmen des E.2.2 AKB, § 28 Abs. 3 S. 1 VVG. Der VR muss im Rahmen seiner sekundären Darlegungslast die konkrete Möglichkeit eines für ihn günstigeren Ergebnisses aufzeigen. Dazu muss er vortragen, welche Maßnahmen er bei rechtzeitiger Erfüllung der vertraglichen Obliegenheit getroffen hätte und zu welchem Erfolg diese Maßnahmen geführt hätten bzw. welchen Erfolg er sich hiervon versprochen hätte. Um den Kausalitätsgegenbeweis erfolgreich führen zu können, muss der VN diese Behauptungen sodann widerlegen.[66]

4. Vollbeweis des § 286 Abs. 1 ZPO

43 Obliegt einer Prozesspartei für den von ihr behaupteten Prozessvortrag der Vollbeweis, so ist es nicht erforderlich, dass die zu beweisenden Tatsachenbehauptungen in ihrer Gesamtschau eine unumstößliche Gewissheit ergeben. Vielmehr **genügt ein für das praktische Leben brauchbarer Grad an Gewissheit, der Zweifeln Schweigen gebietet, ohne sie völlig auszuschließen.**[67] Die tatrichterliche Beweiswürdigung muss auf einer tragfähigen Tatsachengrundlage beruhen und die vom Gericht gezogenen Schlussfolgerungen dürfen sich nicht nur als bloße Vermutungen erweisen. Eine mathematische, jede Möglichkeit eines abweichenden Geschehensablaufes ausschließende, von niemandem mehr anzweifelbare Gewissheit ist jedoch nicht erforderlich.[68]

---

65 A. A. mit Fehlzitaten: OLG Frankfurt/M. Urt. v. 02.05.2001 – 7 U 58/00 – r+s 2001, 401 = zfs 2001, 117.
66 Vgl. BGH Urt. v. 04.04.2001 – **IV ZR 63/00** – VersR 2001, 756, 757 = r+s 2001, 361.
67 Vgl. OLG München Urt. v. 06.07.2012 – 10 U 3111/11 – BeckRS 2012, 19007.
68 St.Rspr., z. B. BGH Urt. v. 22.11.2006 – **IV ZR 21/05** – VersR 2007, 1429 = r+s 2007, 59 m. w. N.; OLG Köln Urt. v. 28.10.2005 – 9 U 156/04 – r+s 2006, 21 = zfs 2006, 161.

Ihr Fahrzeug A.2.1.1 AKB

IV. Vorläufige Deckung und Beratungsverschulden

1. Rechtliche Bedeutung der vorläufigen Deckung

Die vorläufige Deckung ist gesetzlich in den §§ 49–52 VVG verankert. Dabei geht es vornehmlich um den Schutz in der Kfz-Haftpflichtversicherung ab Zulassung des Kfz bzw. bei Ummeldung ab Einreichung der Versicherungsbestätigung bei der Zulassungsstelle (vgl. § 9 S. 1 KfzPflVV). Grundsätzlich sichert der VR dem VN mit der **Aushändigung der Versicherungsbestätigung** nicht gleichzeitig auch einen vorläufigen Versicherungsschutz in der Kaskoversicherung zu. Dazu bedarf es nach dem Wortlaut in B.2.2 S. 1 AKB vielmehr einer »ausdrücklichen« Vereinbarung (vgl. aber A.2.1.1 AKB Rdn. 52 ff.). Mit der Erteilung einer vorläufigen Deckungszusage durch den VR wird ein von dem eigentlichen (Haupt-)Versicherungsvertrag losgelöster, gesonderter, **rechtlich selbstständiger Versicherungsvertrag** begründet, der dem Abschluss des eigentlichen Hauptvertrages vorgeschaltet ist. Er lässt somit bereits vor Beginn eines materiellen Versicherungsschutzes aus dem Hauptvertrag und völlig unabhängig von diesem für den VN einen Anspruch auf Versicherungsschutz entstehen. 44

Die vorläufige Deckung bietet dem VN somit den optimalen **Schutz vor Schadenrisiken** in der Zeit **zwischen Antragstellung und Abschluss des Hauptvertrages**. Der **Inhalt des Vertrages** richtet sich nach den Bestimmungen des VVG und derjenigen AKB, die vom VR für die vorläufige Deckung zum Zeitpunkt des Vertragsschlusses üblicherweise verwendet werden bzw. nach den Bedingungen, die gelten würden, wenn das Versicherungsverhältnis bereits ein endgültiges wäre,[69] (vgl. § 49 Abs. 2 S. 1 VVG). **Im Zweifel werden** die vom VR verwendeten **Bedingungen Vertragsbestandteil, die für den VN am günstigsten sind**, § 49 Abs. 2 S. 2 VVG. 45

2. Beendigung der vorläufigen Deckung

Ob der endgültige Versicherungsvertrag später zustande kommt oder nicht, ist für den Versicherungsschutz aus der vorläufigen Deckung unbeachtlich.[70] Daher **endet die vorläufige Deckung** auch grundsätzlich **nicht rückwirkend**, wenn der Abschluss des Hauptvertrages aufgrund einer Weigerung des VR nicht zustande kommt oder der VN keinen Antrag stellt,[71] **sondern erst** 46

- mit Beginn des Versicherungsschutzes aus dem Hauptvertrag oder einem weiteren Vertrag über eine vorläufige Deckung mit gleichartigem Versicherungsschutz, § 52 Abs. 1 S. 1 VVG i. V. m. B.2.3 AKB,
- wenn der VN die Prämie nicht oder verspätet zahlt, § 52 Abs. 1 S. 2 VVG, und zwar zulässigerweise auch rückwirkend bei Vereinbarung der Klausel in **B.2.4 AKB**,[72]

---

69 OLG Saarbrücken Urt. v. 12.03.2003 – 5 U 460/01–33 – NJW-RR 2003, 814.
70 BGH Urt. v. 14.07.1999 – **IV ZR 112/98** – VersR 1999, 1274 = zfs 1999, 522.
71 Vgl. BGH Urt. v. 25.01.1995 – **IV ZR 328/93** – VersR 1995, 409 = r+s 1995, 124; OLG Hamm Urt. v. 28.05.1997 – 20 U 5/97 – NJW-RR 1998, 27.
72 Vgl. Rixecker zfs 2007, 314, 315.

A.2.1.1 AKB Ihr Fahrzeug

- wenn der VN einen Hauptvertrag oder einen weiteren Vertrag über eine vorläufige Deckung bei einem anderen VR abschließt, § 52 Abs. 2 VVG,
- wenn der VR die vorläufige Deckung kündigt, § 52 Abs. 4 S. 1 VVG i. V. m. B.2.5 AKB, oder
- wenn der VN den Hauptvertrag nach § 8 VVG widerruft oder nach § 5 Abs. 1 und 2 VVG einen Widerspruch erklärt, § 53 Abs. 3 VVG i. V. m. B.2.6 AKB.

47 Soweit nach vorläufiger Deckungszusage in der Kaskoversicherung der **Hauptvertrag mit geringerem Leistungsumfang** zustande kommt, z. B. nur in der Haftpflichtversicherung, soll die vorläufige Deckung ebenfalls enden, weil für eine Fortgeltung des vorläufigen Versicherungsschutzes kein Grund mehr bestehe.[73] Das dürfte zweifelhaft sein. Der VR sollte in einem solchen Fall zur Vermeidung von Unklarheiten die vorläufige Deckung kündigen.

3. Versicherungsschutz und Beratungsverschulden nach alten AKB (vor 2008)

48 Bei Beantragung einer Versicherungsbestätigung durch den VN im Zusammenhang mit der Zulassung seines Kfz wird zwar, anders als in der Kfz-Haftpflichtversicherung, ein vorläufiger Deckungsschutz in der Kaskoversicherung grundsätzlich nicht ohne weiteres begründet. Die Rechtsprechung hat diesen Grundsatz aber in der Vergangenheit aufgeweicht. Stellt der (künftige) VN einen **einheitlichen Antrag auf Abschluss einer Kfz-Haftpflicht- und Kaskoversicherung** und wird ihm daraufhin eine Versicherungsbestätigung nach § 23 FZV (früher: Doppelkarte) übergeben oder erhält er eine elektronische Versicherungsbestätigung, ist der VR auch zur Gewährung von vorläufigem Deckungsschutz in der Kaskoversicherung verpflichtet, wenn er bzw. der für ihn handelnde Versicherungsvertreter oder auch der Versicherungsmakler[74] den VN nicht unmissverständlich darauf hinweist, dass die vorläufige Deckung nur auf die Kfz-Haftpflichtversicherung beschränkt ist.[75] Dies gilt auch dann, wenn später kein Hauptvertrag zustande kommt, der VN aber in den Verhandlungen erwähnt hat, eine Kaskoversicherung abschließen zu wollen.[76] Dem VN obliegt die Beweislast dafür, dass er den Wunsch zum Abschluss einer Vollkaskoversicherung geäußert hat.[77]

---

73 OLG Saarbrücken Urt. v. 22.03.2000 – 5 U 818/99-53 – VersR 2001, 323 = r+s 2000, 405.
74 KG Urt. v. 09.12.2014 – 6 U 22/14 – BeckRS 2015, 05209.
75 BGH Urt. v. 14.07.1999 – **IV ZR 112/98** – VersR 1999, 1274 = NJW 1999, 3560; BGH Urt. v. 19.03.1986 – **IVa ZR 182/84** – VersR 1986, 541 = r+s 1986, 144; OLG Schleswig Urt. v. 24.05.2007 – 7 U 64/06 – MDR 2007, 1422; OLG Saarbrücken Urt. v. 20.04.2006 – 5 U 575/05 – VersR 2006, 1353 = zfs 2006, 514; OLG Köln Urt. v. 24.10.2000 – 9 U 34/00 – VersR 2002, 970 = zfs 2001, 120; OLG Frankfurt/M. Urt. v. 09.08.2000 – 7 U 50/00 – r+s 2001, 103 = zfs 2000, 21; OLG Hamm Urt. v. 06.03.1998 – 20 U 221/97 – r+s 1998, 404; OLG Koblenz Urt. v. 25.07.1997 – 10 U 737/96 – VersR 1998, 311; OLG Hamm Urt. v. 26.04.1989 – 20 U 252/88 – VersR 1990, 82 = NZV 1990, 74.
76 BGH Urt. v. 14.07.1999 – **IV ZR 112/98** – VersR 1999, 1274 = NJW 1999, 3560.
77 BGH Urt. v. 14.07.1999 – **IV ZR 112/98** – VersR 1999, 1274 = NJW 1999, 3560; OLG Saarbrücken Urt. v. 20.04.2006 – 5 U 575/05 – VersR 2006, 1353 = zfs 2006, 514.

Allein die Tatsache, dass das **Vorgängerfahrzeug kaskoversichert** war, reicht nicht aus, 49
um den vom VN gewünschten Versicherungsumfang hinreichend deutlich zu bestimmen.[78] Behauptet der VR demgegenüber, auf die beschränkte vorläufige Deckung nur in der Kfz-Haftpflichtversicherung **ausdrücklich hingewiesen** zu haben, trifft ihn hierfür die Beweislast. Will der VR den Nachweis mit Hilfe der dem VN übergebenen Versicherungsbestätigung führen, bedarf es einer ausdrücklichen, drucktechnisch hervorgehobenen Beschränkung des Versicherungsschutzes nur auf den Haftpflichtbereich.[79]

Ein bloß **formularmäßiger Hinweis auf der Versicherungsbestätigung** reicht für die 50
Haftungsbeschränkung nicht aus,[80] da der VN nicht damit rechnen muss, dass die Versicherungsbestätigung neben Erklärungen für die Zulassungsstelle auch solche enthält, die an ihn gerichtet sind und durch die der Versicherungsschutz eingeschränkt werden könnte.[81] Ist die Frage der **Selbstbeteiligung** offen geblieben, kann das Gericht diese Einigungslücke nach § 315 Abs. 3 S. 2 BGB schließen und eine Selbstbeteiligung nach billigem Ermessen festsetzen.[82]

Eine **stillschweigende Einbeziehung der Kaskoversicherung in die vorläufige De-** 51
ckung gilt sogar, wenn der VN den Wunsch nach einem (vorläufigen) Kaskoversicherungsschutz dem VR **(fern)mündlich** mitteilt. Sie gilt unabhängig davon, ob der VN gleichzeitig einen Antrag für den Hauptvertrag stellt und auch unabhängig von einem Antrag auf Abschluss einer Kfz-Haftpflichtversicherung, also z. B. auch dann, wenn der VN für einen kurz bevorstehenden Urlaub Kaskoschutz begehrt und schon einen Scheck in Höhe der zu erwartenden Prämien überreicht[83] oder auch dann, wenn der VN bei der mündlichen oder telefonischen Bitte an den Versicherungsvertreter, ihm eine Versicherungsbestätigung nach § 23 FZV zu überlassen, seine Absicht äußert, das vom Voreigentümer bisher vollkaskoversicherte Fahrzeug »**zu den bisherigen Be-**
dingungen« weiter versichern zu wollen.[84] In diesem Fall ist offenkundig, dass es dem VN darauf ankommt, schon vor Erteilung der Police und damit vor Abschluss des Hauptvertrages vorläufigen Deckungsschutz zu erhalten.

4. Versicherungsschutz und Beratungsverschulden nach neuen AKB (ab 2008)

Diese Rechtsprechung hat auch unter der Geltung von **B.2.2 AKB**, wonach eine vorläu- 52
fige Deckung in der Kaskoversicherung grundsätzlich nur besteht, wenn sie vom VR

---

78 AG Pirmasens Urt. v. 27.06.2007 – 3 C 98/07 – zfs 2008, 33.
79 OLG Karlsruhe Urt. v. 20.07.2006 – 12 U 86/06 – zfs 2006, 632 = NZV 2007, 85 = r+s 2006, 414.
80 BGH Urt. v. 14.07.1999 – **IV ZR 112/98** – VersR 1999, 1274 = NJW 1999, 3560; OLG Saarbrücken Urt. v. 20.04.2006 – 5 U 575/05 – VersR 2006, 1353 = zfs 2006, 514; OLG Köln Urt. v. 24.10.2000 – 9 U 34/00 – VersR 2002, 970; OLG Frankfurt/M. Urt. v. 09.08.2000 – 7 U 50/00 – r+s 2001, 103 = zfs 2000, 21.
81 BGH Urt. v. 14.07.1999 – **IV ZR 112/98** – VersR 1999, 1274 = NJW 1999, 3560.
82 OLG Saarbrücken Urt. v. 20.04.2006 – 5 U 575/05 – VersR 2006, 1353 = zfs 2006, 514.
83 Vgl. OLG Hamm Urt. v. 06.05.1992 – 20 U 344/91 – VersR 1992, 1462.
84 OLG Köln Urt. v. 24.10.2000 – 9 U 34/00 – VersR 2002, 970 = zfs 2001, 120; OLG Saarbrücken Urt. v. 22.03.2000 – 5 U 818/99 – VersR 2001, 323.

A.2.1.1 AKB Ihr Fahrzeug

»ausdrücklich« zugesagt wurde, weiter Bestand. Denn sie beruht auf dem aus § 242 BGB entwickelten Gedanken, dass bei dem VN die Vorstellung erweckt wird, der VR behandele die kombinierten Versicherungen (Haftpflicht und Kasko) im Stadium des vorläufigen Deckungsschutzes einheitlich, solange ihm nichts Gegenteiliges mitgeteilt wird.[85] Für die Bewusstseinslage des durchschnittlichen VN, dem die **rechtliche Selbstständigkeit von Haftpflicht- und Kaskoversicherung** häufig nicht bekannt ist und der seine Kfz-Versicherung als einen einheitlichen Vertrag begreift, besteht im Vergleich zur alten Rechtslage daher kein Unterschied.

53 Im Übrigen treffen sowohl den **VR**, als auch die **Versicherungsvermittler** (§ 59 Abs. 1 VVG), zu denen Versicherungsvertreter (§ 59 Abs. 2 VVG, früher: Versicherungsagenten), aber auch Versicherungsmakler (§ 59 Abs. 3 VVG) gehören, umfassende **Beratungs-, Dokumentations- und Aufklärungspflichten**. Diese sind für den VR in § 6 VVG und für die Versicherungsvermittler in den §§ 60, 61 VVG normiert. Die Pflichten bestehen nur dann, wenn und soweit nach der Schwierigkeit der angebotenen Versicherung oder nach der Person oder Situation des Kunden ein **Beratungsanlass** oder **konkreter Beratungsbedarf** besteht. Bei Verletzung dieser Pflichten durch den VR ergibt sich eine **Schadenersatzverpflichtung** des VR nach § 6 Abs. 5 VVG, bei Verletzung durch einen Versicherungsvermittler nach § 63 VVG. In beiden Fällen wird ein schuldhaftes Verhalten des VR bzw. Versicherungsvermittlers vermutet. Es handelt sich um spezialgesetzliche Regelungen, die bei einem infrage stehenden Beratungsverschulden die allgemeinen Schadenersatzvorschriften verdrängen, (vgl. im Übrigen zu den **Beratungspflichten** vor Abschluss und während der Dauer des Vertrages auch A.2.4 AKB Rdn. 3 ff. und A.2.1.1 AKB Rdn. 35).

a) **Erfüllungshaftung des VR**

54 Auch die Rechtsprechung zur Erfüllungshaftung des VR gilt unter den AKB 2008 weiter fort. Der **Versicherungsvertreter ist »Auge und Ohr« des VR**, was sich ausdrücklich aus § 70 VVG ergibt. Bei falschen Auskünften des Versicherungsvertreters über vertragswesentliche Punkte, insbesondere über den Versicherungsumfang, haftet der VR. Der VN darf auf die Richtigkeit der diesbezüglichen Erklärungen des Vertreters vertrauen. Er ist aus Sicht des VN der Fachmann. Der VR muss die Erklärungen gegen sich gelten lassen und hat den Vertrag entsprechend den erfolgten Zusagen des Vertreters zu erfüllen.[86]

55 Diese Vertrauens- oder Erfüllungshaftung des VR greift auch ein bei **unterlassener Aufklärung** durch den Versicherungsvertreter, wenn dieser aus dem Antragsgespräch mit dem VN erkennen muss, dass sich der VN über einen vertragswesentlichen Punkt unzutreffende Vorstellungen macht. Der Vertreter darf dann nicht schweigen, sondern

---

85 Himmelreich/Halm/Staab/*Krahe* Kap. 23 Rn. 125.
86 BGH Urt. v. 19.09.2001 – **IV ZR 235/00** – VersR 2001, 1498 = NJW-RR 2002, 169; OLG Hamm Urt. v. 20.12.1996 – 20 U 139/96 – zfs 1997, 462.

muss den VN aufklären und belehren.[87] Dies kann auch erforderlich werden bei einer erkennbar falschen Vorstellung des VN, mit der vorläufigen Deckung in der Kfz-Haftpflichtversicherung sei automatisch auch eine solche in der Kaskoversicherung verbunden. Der VN ist dann so zu stellen, wie er stünde, wenn ihm ausdrücklich auch eine vorläufige Deckung in der Kaskoversicherung zugesagt worden wäre.

Für die Erfüllungshaftung ist es **unerheblich, ob der zugesagte Versicherungsschutz** bei diesem VR oder überhaupt bei einem anderen VR **versicherbar gewesen** wäre. Auch trifft die Erfüllungshaftung den VR **unabhängig von** einem eigenen **Verschulden** oder einem schuldhaften Verhaltens seines Versicherungsvertreters. § 254 BGB ist zulasten des VN **nicht anwendbar**, da es nicht um einen Schadenersatz-, sondern um einen Erfüllungsanspruch geht. Trotzdem kann der Anspruch des VN bei erheblichem Eigenverschulden entfallen, weil er dann nicht schutzwürdig ist,[88] z. B. wenn die Angaben des Versicherungsvertreters in offensichtlichem Widerspruch zu den klaren und eindeutigen Regelungen in den AKB stehen. Das gleiche gilt, wenn er mit dem Versicherungsvertreter zum Nachteil des VR **kollusiv zusammenwirkt**.[89] 56

Dem **VR** obliegen darüber hinausgehend grundsätzlich auch **Hinweispflichten nach § 5 VVG**, die aber **ausnahmsweise entfallen** können. Hat der VN einen einheitlichen Antrag auf Abschluss einer Kfz-Haftpflicht- und Kaskoversicherung gestellt, wird jedoch schon in dem vom VR vorbereiteten Antragsformular auf das Fehlen einer Kaskoversicherung hingewiesen, so ist der VR mangels Schutzbedürftigkeit des VN nicht verpflichtet, diesen bei der Übermittlung des Versicherungsscheines, aus dem sich nur der Haftpflichtschutz ergibt, gemäß § 5 Abs. 2 VVG auf eine Abweichung des Versicherungsscheines von seinem Antrag hinzuweisen.[90] 57

b) **Schadenersatzhaftung des VR**

Neben der **Erfüllungshaftung** steht zusätzlich eine Schadenersatzhaftung des VR, wenn er bzw. sein Versicherungsvertreter (§ 59 Abs. 2 VVG), dessen Verschulden sich der VR über § 278 BGB zurechnen lassen muss, die ihm in § 6 Abs. 1, 2 und 4 VVG gegenüber dem VN obliegenden Beratungspflichten schuldhaft verletzt, wobei das Verschulden kraft Gesetzes vermutet wird (§ 6 Abs. 5 S. 1 und 2 VVG). Dass beide Haftungsmöglichkeiten selbstständig nebeneinander stehen, war schon unter der Geltung des VVG a. F. anerkannt.[91] Allerdings ist der VR nicht verpflichtet, den VN bei Vertragsabschluss über alles aufzuklären, was durch den Vertrag nicht versichert ist. 58

Ein **Beratungsfehler kann nur angenommen werden**, wenn der VR aufgrund einer besonderen Interessen- oder Gefährdungslage ein gesteigertes Interesse beim VN hätte 59

---

87 OLG Köln Urt. v. 12.03.1992 – 5 U 145/91 – r+s 1992, 220; OLG Köln Urt. v. 30.08.1990 – 5 U 181/89 – r+s 1990, 325.
88 OLG Köln Beschl. v. 26.11.1990 – 5 W 55/90 – r+s 1991, 6.
89 Vgl. BGH Urt. v. 27.07.2008 – **IV ZR 270/06** – DAR 2008, 520 = VersR 2008, 765 = zfs 2008, 392.
90 OLG Saarbrücken Urt. v. 27.05.2009 – 5 U 481/08-58 – r+s 2009, 319.
91 BGH Urt. v. 20.06.1963 – **II ZR 199/61** – VersR 1963, 768.

erkennen können, bestimmte Versicherungslücken zu schließen oder Risiken abzudecken, den VN aber trotzdem nicht über geeignete Absicherungsmöglichkeiten beraten hat.[92] Ein Beratungsverschulden liegt vor, wenn der Versicherungsvertreter erkennen kann, dass es dem VN gerade darauf ankommt, schon vor Abschluss des Hauptvertrages vorläufigen Deckungsschutz auch in der Kaskoversicherung zu erhalten. Diese **Haftung kann der VR** in seinen AKB auch **nicht abbedingen**, da eine abweichende Vereinbarung mit dem VN nach § 18 VVG unzulässig wäre.

60   Der **Beratungsfehler** muss **kausal für den Schaden** des VN geworden sein, wofür ein Anscheinsbeweis besteht.[93] An der Kausalität fehlt es nur dann, wenn der VN den vorläufigen Deckungsschutz in der Kaskoversicherung auch bei einem anderen VR nicht erhalten hätte. Ansonsten kann der VN verlangen, so gestellt zu werden, wie er bei ordnungsgemäßer Beratung (z. B. Hinweis durch den VR, dass die vorläufige Deckung nicht automatisch auch den Kaskobereich umfasst) gestanden hätte. Dabei kann bis zum Beweis des Gegenteils unterstellt werden, dass sich der **VN bei zutreffender Beratung beratungskonform verhalten**,[94] demnach auf der ausdrücklichen Zusage einer vorläufigen Deckung auch im Kaskobereich bestanden und diese Zusage auch erhalten hätte. Der VN kann verlangen, so gestellt zu werden, als wenn die vermeidbare Deckungslücke nicht bestanden und er den erforderlichen Versicherungsschutz erhalten hätte, sog. »**Quasideckung**«.[95]

61   Wenn der VN bei dem in Anspruch genommenen oder einem anderen VR in vollem Umfange den gewünschten Versicherungsschutz erhalten hätte, kann der Schadenersatzanspruch nach § 6 Abs. 5 S. 1 VVG bis zur Höhe des vertraglichen Erfüllungsanspruches reichen. **Subsidiär** kommt auch ein Anspruch aus §§ 241 Abs. 2, 311 Abs. 2 Nr. 1, 280 Abs. 1 BGB, ggf. i. V. m. § 278 BGB, in Betracht.[96]

62   Erklärt der VN gegenüber dem Versicherungsvertreter, er wünsche für sein Fahrzeug eine Haftpflicht- nebst Teilkaskoversicherung und **unterzeichnet** daraufhin – wie schon beim Abschluss früherer Versicherungen – das **unausgefüllte Antragsformular blanko**, so kommt der Versicherungsvertrag einschließlich Teilkaskoversicherung auch dann zustande, wenn der Vertreter bei der Vervollständigung des Antragsformulars nur den Antrag auf Haftpflichtversicherung aufnimmt und der VR daraufhin den Versicherungsschein nur für die Haftpflichtversicherung erteilt, ohne auf die Abweichung von dem mündlichen Antrag hinzuweisen.[97]

63   **Will der VN** eine Kaskoversicherung bei einem anderen VR nur abschließen, wenn er **Versicherungsschutz »wie bisher«** bei seinem alten VR erhält und ermittelt der Versicherungsvertreter diesen Umfang nicht hinreichend mit der Folge, dass der neue Ver-

---

92   KG Beschl. v. 08.06.2010 – 6 U 64/09 – zfs 2011, 329, 331.
93   LG Wuppertal Urt. v. 04.08.2011 – 9 S 99/10 – JurionRS 2011, 25168.
94   Vgl. BGH Beschl. v. 03.02.2011 – **IV ZR 171/09** – VersR 2011, 622 = r+s 2011, 250.
95   Vgl. BGH Urt. v. 26.03.2014 – **IV ZR 422/12** – VersR 2014, 625 = r+s 2014, 228 (zu den AHB 2008).
96   Vgl. auch LG Aachen Urt. v. 25.06.2010 – 9 O 75/07 – r+s 2011, 253.
97   OLG Düsseldorf Urt. v. 03.08.1999 – 4 U 120/98 – VersR 2000, 1265.

sicherungsschutz hinter dem bisherigen zurückbleibt, so haftet der VR auf Schadenersatz, wenn ein Ereignis eintritt, das nach dem alten Vertrag bei dem bisherigen VR versichert gewesen wäre, nach dem neuen Vertrag hingegen nicht versichert ist. Es ist dann grundsätzlich Deckung zu gewähren.[98]

Die Pflicht des Versicherungsvertreters, den VN nach seinen Wünschen und Bedürfnissen zu befragen, findet jedoch dort ihre Grenze, wo der **VN einen klar artikulierten, fest abgegrenzten Wunsch** äußert. Ist allen Beteiligten bekannt, dass das bisherige Fahrzeug nur haftpflicht- und teilkaskoversichert war, kann die Bitte des VN, sein neues Kfz »wie bisher« zu versichern, nur als eindeutiger, nicht zu hinterfragender Wunsch gewertet werden, auch für das Ersatz-Kfz nur eine Haftpflicht- und Teilkasko-, nicht aber eine Vollkaskoversicherung abschließen zu wollen.[99] 64

Anders als bei der Erfüllungshaftung **muss** der **VN** bei der Schadenersatzhaftung **vortragen und beweisen, dass er** bei richtiger Information und Aufklärung bei dem in Anspruch genommenen VR oder jedenfalls bei einem anderen Versicherungsunternehmen **den gewünschten Kaskoversicherungsschutz erhalten hätte**. Ein mögliches Mitverschulden des VN ist gemäß § 254 BGB zu berücksichtigen. 65

c) Schadenersatzhaftung des Versicherungsvermittlers

Auch die Versicherungsvermittler (§ 59 Abs. 1 VVG), gleichgültig, ob als **Versicherungsvertreter** (**§ 59 Abs. 2 VVG**) für einen bestimmten VR oder als **Versicherungsmakler** (**§ 59 Abs. 3 VVG**) beratend für den VN tätig, treffen nach den §§ 60, 61 Abs. 1 VVG Beratungs- und Dokumentationspflichten, bei deren Verletzung sie sich gegenüber dem VN nach § 63 VVG schadensersatzpflichtig machen können. Auch hier ist im Prozess der Vortrag und Nachweis des VN erforderlich, dass das gewünschte Risiko (vorläufige Deckung in der Kaskoversicherung) bei dem in Anspruch genommenen oder jedenfalls bei einem anderen VR versicherbar gewesen wäre. Wie schon im Falle der Haftung des VR (vgl. A.2.1.1 AKB Rdn. 60) muss die behauptete **Beratungspflichtverletzung kausal für den** konkret eingetretenen **Schaden** geworden sein. Daran fehlt es, wenn der vom VN geltend gemachte Schaden auch dann eingetreten wäre, wenn es zu der von ihm behaupteten Pflichtverletzung des Vermittlers nicht gekommen wäre, sondern für das Kfz zum Schadenszeitpunkt auch ein Kaskoversicherungsvertrag bestanden hätte.[100] 66

Die **persönliche Haftung** eines Versicherungsvertreters lässt sich mangels Vorliegen einer rechtlich verbindlichen Garantieerklärung allerdings nicht allein an dessen **mündlicher Zusage** gegenüber dem VN festmachen, er werde – nach bereits erfolgter Ablehnung des Vollkaskoversicherungsschutzes durch den VR – gleichwohl für den Abschluss einer Vollkasko sorgen. Solange der VN den Versicherungsschein nicht in Händen hat, darf er bei dieser Sachlage nicht darauf vertrauen, dass allein aufgrund 67

---

98 OLG Koblenz Urt. v. 27.10.06 – 10 U 1615/05 – VersR 2007, 482 = NJW-RR 2007, 318.
99 OLG Hamm Urt. v. 04.12.2009 – 20 U 131/09 – VersR 2010, 1215 = r+s 2011, 88.
100 OLG Koblenz Beschl. v. 04.04.2011 – 10 U 1258/10 – r+s 2011, 464.

der Zusage des Vertreters der gewünschte Versicherungsschutz im Schadenfall auch tatsächlich greift.[101]

68 Ein Beratungsverschulden kann sich auch aus einem **Beratungsversäumnis** im Zusammenhang mit dem **Wechsel zu einem anderen Versicherer** ergeben, wenn der Vermittler nur dessen Vorzüge anpreist, nicht aber über die Folgen und Risiken des Wechsels (z. B. minderwertigerer Versicherungsschutz) aufklärt.[102] Bei der Beratung über die **Umstellung eines laufenden Versicherungsvertrages** auf neue Versicherungsbedingungen oder einen neuen Tarif handelt es sich um eine Beratung nach Vertragsschluss gemäß § 6 Abs. 4 VVG, so dass die Beratungspflichten nur den VR, nicht aber den Versicherungsvermittler treffen können.[103] Denn es geht nicht mehr um die Bedarfsermittlung im Zusammenhang mit dem erstmaligen Abschluss eines Versicherungsvertrages und damit um die Pflichten, deren Verletzung eine Schadenersatzpflicht des Vermittlers nach §§ 61, 63 VVG begründen kann. Soweit es um Beratungsfehler während der Vertragslaufzeit geht, ist eine persönliche Haftung des Vermittlers daher ausgeschlossen.[104]

69 **Bei Verletzung anderer Pflichten** verbleibt es bei der allgemeinen Schadenersatzpflicht nach § 280 BGB. Besteht keine vertragliche Beziehung, kommt ein Anspruch aus §§ 241 Abs. 2, 311 Abs. 3 i. V. m. § 280 Abs. 1 BGB in Betracht. Die insoweit eingreifende Eigenhaftung des Vermittlers setzt voraus, dass der VN dem Vermittler ein besonderes Vertrauen entgegengebracht hat. Dies ist nicht schon dann der Fall, wenn der Vermittler dem VN mehrere Versicherungsverträge vermittelt hat.[105] Vielmehr haftet er nur dann, wenn er durch sein Verhalten Einfluss auf die Entscheidung des VN genommen hat, indem er eine zusätzliche, von ihm persönlich ausgehende Gewähr für die Seriösität und die Erfüllung des Geschäfts geboten hat.[106]

70 Zu den Beratungspflichten des VR und Versicherungsvertreters im Zusammenhang mit beabsichtigten **Fahrten des VN in die Türkei und außereuropäische Regionen** vgl. A.2.4 AKB Rdn. 3 ff.

d) Darlegungs- und Beweislast

71 Die Beweislast für eine objektive Verletzung von Beratungspflichten durch den VR bzw. Versicherungsvermittler trägt grundsätzlich der VN.[107] Hierzu hat der **VN** zunächst Anlass und Bedarf für die behauptete **unterlassene Beratung** bzw. Tatsachen für eine **fehlerhafte oder unvollständige Beratung** darzulegen und zu beweisen. Ferner muss er den Nachweis erbringen, dass die nicht oder nicht ordnungsgemäß durchgeführte Beratung ursächlich für den entstandenen Schaden geworden ist.

---

101 OLG Koblenz Beschl. v. 23.07.2009 – 5 U 692/09 – r+s 2010, 60.
102 Vgl. OLG Karlsruhe Urt. v. 15.09.2011 – 12 U 56/11 – VersR 2012, 856 = zfs 2012, 271.
103 LG Ingolstadt Urt. v. 29.12.2010 – 33 O 136/10 – VersR 2012, 1301.
104 Vgl. *Prölss/*Martin § 6 VVG Rn. 44.
105 OLG Celle Urt. v. 05.02.2009 – 8 U 186/09 – VersR 2009, 1205, 1206.
106 BGH Urt. v. 17.06.1991 – **II ZR 171/90** – VersR 1991, 1052 = NJW-RR 1991, 1241; OLG Celle Urt. v. 05.02.2009 – 8 U 186/09 – VersR 2009, 1205, 1206.
107 LG Koblenz Urt. v. 12.10.2011 – 16 O 145/10 – NJW-RR 2012, 1310.

Der **VR** hat sodann im Rahmen seiner sekundären Darlegungslast substanziiert – ggf. 72
durch Vorlage der Beratungsdokumentation – im Einzelnen **vorzutragen, dass und wie**
er den VN umfassend aufgeklärt **und worüber** er ihn im Einzelnen **beraten hat**.[108] Er
darf sich nicht darauf beschränken, den Vortrag des VN mit Nichtwissen zu bestreiten.[109]

Gelingt dem VR der Nachweis, dass er den VN nach Maßgabe des § 6 Abs. 1 VVG 73
zutreffend und umfassend beraten hat, fehlt es an der für den Schadenersatzanspruch
nach § 6 Abs. 5 VVG erforderlichen Pflichtverletzung des VR.[110]

Gelingt dem VR der Nachweis nicht, obliegt dem VN der weitere Nachweis, dass die 74
Beratung pflichtwidrig unterlassen wurde oder aber fehlerhaft war.[111] Hierfür stehen
dem VN **Beweiserleichterungen** zur Seite, weil der VR den wesentlichen Inhalt jedes
Beratungsgespräches und das Beratungsergebnis gemäß § 6 Abs. 1 S. 2 VVG zu dokumentieren, d. h. schriftlich niederzulegen und dem VN zuzuleiten hat.

Vermag der VR über die behauptete Beratung **keine** schriftliche **oder** nur eine **unzu-** 75
längliche Dokumentation vorzulegen, streitet zugunsten des VN die Vermutung,
dass die Beratung nicht oder jedenfalls nur in unzulänglicher Weise stattgefunden
hat. Für das Gegenteil ist daher nun der VR beweispflichtig.[112] Der Schadenersatzanspruch des VN ist dem Grunde nach gegeben, wenn dem VR nicht der Nachweis
gelingt, dass trotz der unterbliebenen oder unzulänglichen Dokumentation die behauptete vollständige und zutreffende Beratung gleichwohl erfolgt ist.

Die **Nichtvorlage einer Beratungsdokumentation ist unschädlich**, wenn weder eine 76
Befragungs-, noch eine Beratungspflicht des VR bzw. Versicherungsvermittlers bestand,[113] (vgl. A.2.1.1 AKB Rdn. 53).

Zur Beweislast bei der **Schadenersatzhaftung** vgl. auch A.2.1.1 AKB Rdn. 65. 77

Der **haftungsausfüllende Kausalzusammenhang** zwischen dem Haftungsgrund und 78
dem Eintritt des geltend gemachten Schadens ist nach dem Beweismaß des § 287
Abs. 1 ZPO zu beurteilen; dabei ist zu prüfen, welchen Verlauf die Dinge ohne die
Pflichtverletzung genommen hätten und wie sich die Vermögenslage des VN ohne
die Pflichtverletzung darstellen würde; darlegungs- und beweisbelastet ist insoweit
grundsätzlich der VN.[114] Demgegenüber trifft den VR bzw. Versicherungsvermittler
die Darlegungs- und Beweislast dafür, dass der VN sich über die aus der Aufklärung
und Beratung folgenden Verhaltensempfehlungen hinweggesetzt hätte und deshalb

---

108 OLG Frankfurt/M. Urt. v. 30.01.2014 – 12 U 146/12 – BeckRS 2014, 09479; LG Wuppertal Urt. v. 04.08.2011 – 9 S 99/10 – JurionRS 2011, 25168.
109 BGH Beschl. v. 03.02.2011 – **IV ZR 171/09** – VersR 2011, 622 = r+s 2011, 250.
110 LG Koblenz Urt. v. 12.10.2011 – 16 O 145/10 – BeckRS 2012, 12896.
111 Vgl. BGH Beschl. v. 03.02.2011 – **IV ZR 171/09** – VersR 2011, 622 = r+s 2011, 250.
112 OLG Saarbrücken Urt. v. 27.01.2010 – 5 U 337/09 – VersR 2010, 1181 = zfs 2010, 207.
113 OLG Hamm Urt. v. 04.12.2009 – 20 U 131/09 – VersR 2010, 1215 = r+s 2011, 88; zur vorvertraglichen Beratungspflicht vgl. auch Küster VersR 2010, 730.
114 Vgl. BGH Urt. v. 23.10.2014 – **III ZR 82/13** – BeckRS 2014, 20768 m. w. N.

A.2.1.2 AKB Mitversicherte Teile und nicht versicherbare Gegenstände

der Schaden auch bei vertragsgerechter und pflichtgemäßer Aufklärung und Beratung eingetreten wäre.[115]

e) Konkurrenzen

79 **Prozessual** ist von Bedeutung, dass VR und Versicherungsvertreter als Gesamtschuldner haften. Wird der Vertreter mitverklagt, scheidet er für den VR als Zeuge aus.

80 Bei **fehlerhafter Beratung allein durch einen Versicherungsmakler** steht dem VN kein (zusätzlicher) Schadenersatzanspruch gegen den VR zu, da der Makler in der Regel aufgrund eines Geschäftsbesorgungsvertrages (§§ 652, 675 BGB) für den VN die Vermittlung oder den Abschluss von Versicherungsverträgen übernimmt, ohne hierzu von einem VR betraut zu sein. Steht also der Makler ausschließlich »im Lager« des VN, **wird dem VR die Pflichtverletzung** des Maklers nach § 278 BGB **nicht zugerechnet.**[116] Allerdings kann dies **im Einzelfall** dann **anders** sein, wenn der VR auf ein eigenes System zum Vertrieb seiner Versicherungsprodukte verzichtet und sich stattdessen ausschließlich externer Vermittler bedient, zu denen nicht nur Versicherungsvertreter, sondern auch – normalerweise im »Lager« des VN stehende – Versicherungsmakler gehören; der VR muss sich in diesen Fällen die Erklärungen rechtlich selbstständiger Vermittler einschließlich ihrer Untervermittler zurechnen lassen.[117]

A.2.1.2 Mitversicherte Teile und nicht versicherbare Gegenstände

Versichert sind auch die unter A.2.1.2.1 und A.2.1.2.2 als mitversichert aufgeführten Fahrzeugteile und als mitversichert aufgeführtes Fahrzeugzubehör, sofern sie straßenverkehrsrechtlich zulässig sind (mitversicherte Teile).

Beitragsfrei mitversicherte Teile

A.2.1.2.1 Soweit in A.2.1.2.2 nicht anders geregelt, sind folgende Fahrzeugteile und folgendes Fahrzeugzubehör des versicherten Fahrzeugs ohne Mehrbeitrag mitversichert:
a Fest im Fahrzeug eingebaute oder fest am Fahrzeug angebaute Fahrzeugteile.
b Fest im Fahrzeug eingebautes oder am Fahrzeug angebautes oder im Fahrzeug unter Verschluss verwahrtes Fahrzeugzubehör. Voraussetzung ist, dass es ausschließlich dem Gebrauch des Fahrzeugs dient (z. B. Schonbezüge, Pannenwerkzeug) und nach allgemeiner Verkehrsanschauung nicht als Luxus angesehen wird.

---

115 Vgl. BGH Urt. v. 23.10.2014 – **III ZR 82/13** – BeckRS 2014, 20768 m. w. N.
116 Vgl. LG Köln Urt. v. 06.12.2011 – 21 O 251/11 – VersR 2012, 701.
117 Vgl. BGH Beschl. v. 26.09.2012 – **IV ZR 71/11** – r+s 2013, 117 = VuR 2013, 231.

c Im Fahrzeug unter Verschluss verwahrte Fahrzeugteile, die zur Behebung von Betriebsstörungen des Fahrzeugs üblicherweise mitgeführt werden (z. B. Sicherungen und Leuchtmittel),
d Schutzhelme (auch mit Wechselsprechanlage), solange sie bestimmungsgemäß gebraucht werden oder mit dem abgestellten Fahrzeug so fest verbunden sind, dass ein unbefugtes Entfernen ohne Beschädigung nicht möglich ist.
e Planen, Gestelle für Planen (Spriegel).
f Folgende außerhalb des Fahrzeugs unter Verschluss gehaltene Teile:
- ein zusätzlicher Satz Räder mit Winter- oder Sommerbereifung,
- Dach-/Heckständer, Hardtop, Schneeketten und Kindersitze,
- nach a bis f mitversicherte Fahrzeugteile und Fahrzeugzubehör während einer Reparatur.

Abhängig vom Gesamtneuwert mitversicherte Teile

A.2.1.2.2 Die nachfolgend unter a bis e aufgeführten Teile sind ohne Beitragszuschlag mitversichert, wenn sie im Fahrzeug fest eingebaut oder am Fahrzeug fest angebaut sind:
- bei Pkw, Krafträdern, xx < Alle gewünschten WKZ aufführen > bis zu einem Gesamtneuwert der Teile von xx EUR (brutto) und
- bei sonstigen Fahrzeugarten (z. B. Lkw, xx < Als Beispiele gewünschte WKZ aufführen >) bis zu einem Gesamtneuwert der Teile von xx EUR (brutto)
  a Radio- und sonstige Audiosysteme, Video-, technische Kommunikations- und Leitsysteme (z. B. fest eingebaute Navigationssysteme),
  b zugelassene Veränderungen an Fahrwerk, Triebwerk, Auspuff, Innenraum oder Karosserie (Tuning), die der Steigerung der Motorleistung, des Motordrehmoments, der Veränderung des Fahrverhaltens dienen oder zu einer Wertsteigerung des Fahrzeugs führen,
  c individuell für das Fahrzeug angefertigte Sonderlackierungen und -beschriftungen sowie besondere Oberflächenbehandlungen,
  d Beiwagen und Verkleidungen bei Krafträdern, Leichtkrafträdern, Kleinkrafträdern, Trikes, Quads und Fahrzeugen mit Versicherungskennzeichen,
  e Spezialaufbauten (z. B. Kran-, Tank-, Silo-, Kühl- und Thermoaufbauten) und Spezialeinrichtungen (z. B. für Werkstattwagen, Messfahrzeuge, Krankenwagen).

Ist der Gesamtneuwert der unter a bis e aufgeführten Teile höher als die genannte Wertgrenze, ist der übersteigende Wert nur mitversichert, wenn dies ausdrücklich vereinbart ist.

Bis zur genannten Wertgrenze verzichten wir auf eine Kürzung der Entschädigung wegen Unterversicherung.

A.2.1.2.3 AKB   Nicht versicherbare Gegenstände

Nicht versicherbare Gegenstände

A.2.1.2.3 Nicht versicherbar sind alle sonstigen Gegenstände, z. B. Mobiltelefone und mobile Navigationsgeräte, auch bei Verbindung mit dem Fahrzeug durch eine Halterung, Reisegepäck, persönliche Gegenstände der Insassen.

Übersicht	Rdn.
A. Allgemeines	1
B. Regelungsgehalt – Was ist versichert? – A.2.1 AKB (§ 12 Abs. 1 AKB 2007 a. F. i. V. m. der Liste der Fahrzeug- und Zubehörteile; A.2.1 AKB 2008 a. F.)	3
I. Mitversicherte Teile und nicht versicherbare Gegenstände – A.2.1.2 AKB	3
1. Umfang des Versicherungsschutzes	3
2. Fahrzeug- und Zubehörteile	5
3. Straßenverkehrsrechtliche Zulässigkeit	6
II. Beitragsfrei mitversicherte Fahrzeugteile – A.2.1.2.1 AKB	11
1. Allgemeines	11
2. Fahrzeugteile – A.2.1.2.1a AKB	14
3. Fahrzeugzubehör – A.2.1.2.1b AKB	17
a) Generalklausel für die Mitversicherung von Zubehör	17
b) fest eingebaut oder angebaut	20
c) unter Verschluss verwahrt	24
d) ausschließlich dem Gebrauch des Fahrzeuges dienend	30
e) kein Luxus	35
4. Sonstige mitversicherte Fahrzeug- und Zubehörteile – A.2.1.2.1c bis f AKB	36
a) Fahrzeugteile zur Behebung von Betriebsstörungen	38
b) Schutzhelme	39
c) Planen und Gestelle für Planen (Spriegel)	40
d) Außerhalb des Fahrzeuges unter Verschluss gehaltene Teile	41
III. Abhängig vom Gesamtneuwert mitversicherte Teile – A.2.1.2.2 AKB	44
IV. Nicht versicherbare Gegenstände – A.2.1.2.3 AKB	55
C. **Weitere praktische Hinweise**	58
I. Prüfungsreihenfolge im Rahmen des A.2.1.2 AKB	58
II. Entschädigungsumfang bei mitversicherten Teilen	60
III. Fest eingebaute Multimedia- und Navigationssysteme	68
1. Entschädigung nach Wiederbeschaffungswert oder Neuwert?	68
a) Voraussetzungen für eine Verweisung des VN auf den Gebrauchtgerätemarkt	68
b) Online-Handel, Internet- und Restpostenmärkte	77
aa) Seriöser Gebrauchtgerätemarkt?	77
bb) Differenzierung zwischen Internet-Auktionen/Restpostenmärkte und Online-Shops	80
cc) Kriterien für eine gleichwertige und mühelos zugängliche Beschaffungsmöglichkeit via Internet	83
c) Abzüge »neu für alt«? – Rechtslage nach den neuen AKB (ab 2008)	86
d) Abzüge »neu für alt«? – Rechtslage nach den alten AKB (vor 2008)	89
e) Ersatz von Multimedia-Software	94
2. Erstattung sonstiger Kosten	95
IV. Glasbruchschäden	96
V. Erstattungsumfang bei Fahrzeug- und Zubehörteilen	97
VI. Vorgehensweise des VN bei Regulierungsverweigerung	98

Nicht versicherbare Gegenstände **A.2.1.2.3 AKB**

A. Allgemeines

Durch die im Gegensatz zu A.2.18 AKB 2008 neue Positionierung der Regelung zur 1
Anwendung aller Kaskobestimmungen auch auf die mitversicherten Teile bringen
die **AKB 2015** noch deutlicher als bisher zum Ausdruck, dass sich der Schutz der Kaskoversicherung nicht nur auf das Fahrzeug des VN als solches beschränkt (A.2.1.1
AKB), sondern auch auf bestimmte Fahrzeug- und Zubehörteile (A.2.1.2 AKB). Der
Übersichtlichkeit halber wird in einer Untergliederung zwischen beitragsfrei mitversicherten Teilen (A.2.1.2.1 AKB), abhängig vom Gesamtneuwert mitversicherten
Teilen (A.2.1.2.2 AKB) und nicht versicherbaren Gegenständen (A.2.1.2.3 AKB) unterschieden. Durch die neue Positionierung der Klausel als Grundregel und als **übergeordnete Bestimmung** gleich zu Anfang des Abschnitts über die Kaskoversicherung
(A.2) wird deutlich, dass alle nachfolgenden Bestimmungen, insbesondere die Regelungen in A.2.5 AKB zu Höhe und Umfang des Entschädigungsanspruchs auch für die
Entschädigung aller nach A.2.1.2 AKB mitversicherten Fahrzeug- und Zubehörteile
anzuwenden sind.

Insbesondere die **Begrenzung der Ersatzleistung** auf den Wiederbeschaffungswert in 2
A.2.5.1.1 und A.2.5.2.1 AKB und auf den Neupreis in A.2.5.6 AKB gilt damit auch
für alle mitversicherten Fahrzeugteile und mitversichertes Fahrzeugzubehör, d. h.
selbstständige Baugruppen wie den **Motor**, das **Autoradio**, einen **CD-Wechsler**[1] oder
ein fest eingebautes **Navigationssystem**. Im Einzelfall kann aber auch eine Entschädigung auf **Basis des Neupreises** in Betracht kommen, entweder nach Maßgabe von
A.2.5.6 AKB oder auch dann, wenn ein **Gebrauchtteilemarkt nicht existiert** oder
auf einen solchen nur in für den VN **nicht zumutbarer Weise** zurückgegriffen werden
kann, (vgl. A.2.1.2 AKB Rdn. 60 ff.).

B. Regelungsgehalt – Was ist versichert? – A.2.1 AKB (§ 12 Abs. 1 AKB 2007 a. F. i. V. m. der Liste der Fahrzeug- und Zubehörteile; A.2.1 AKB 2008 a. F.)

I. Mitversicherte Teile und nicht versicherbare Gegenstände – A.2.1.2 AKB

1. Umfang des Versicherungsschutzes

Durch A.2.1.2 AKB wird klargestellt, dass nicht nur das versicherte Fahrzeug als Ganzes, sondern auch bestimmte Fahrzeug- und Zubehörteile gegen die in A.2.1.1 AKB 3
beschriebenen Gefahren versichert sind. Ohne besondere Voraussetzungen mitversichert sind **Fahrzeugteile**, die fest im Fahrzeug ein- oder am Fahrzeug angebaut sind,
A.2.1.2.1a AKB. **Zubehörteile** sind mitversichert, sofern sie entweder ausdrücklich in
A.2.1.2.1 oder A.2.1.2.2 AKB aufgeführt sind oder jedenfalls unter die Generalklausel
in A.2.1.2.1b AKB fallen. Für alle Teile steht eine Mitversicherung gemäß A.2.1.2 AKB
unter der weiteren Voraussetzung, dass es sich um straßenverkehrsrechtlich zulässige
Fahrzeug- oder Zubehörteile handelt.

---

1 Versicherungsombudsmann Urt. v. 05.06.2008 – 9125/2007 – SP 2009, 22 = r+s 2013, 328.

A.2.1.2.3 AKB Nicht versicherbare Gegenstände

4 Die umfangreiche, oftmals den technischen und aktuellen Entwicklungen nicht mithaltende Teileliste, wie sie noch in den vor 2008 verwendeten Bedingungen enthalten war, wurde schon in den AKB 2008 völlig neu gestaltet. Die Aufteilung wurde auch in den neuen AKB weitgehend beibehalten. Die **AKB 2015** unterscheiden **drei verschiedene Kategorien:**
- Beitragsfrei mitversicherte Teile, **A.2.1.2.1 AKB**,
- Bis zu einem Höchstbetrag (abhängig vom Gesamtneuwert) beitragsfrei mitversicherte Teile, **A.2.1.2.2 AKB**,
- Nicht versicherbare Teile, **A.2.1.2.3 AKB**.

2. Fahrzeug- und Zubehörteile

5 Vgl. die Ausführungen unter A.2.1.2 AKB Rdn. 11 ff.

3. Straßenverkehrsrechtliche Zulässigkeit

6 Fahrzeug- und Zubehörteile fallen nur dann unter den Kaskoversicherungsschutz, wenn sie straßenverkehrsrechtlich zulässig sind. Gehören die Teile zum **serienmäßigen, herstellerseitigen Ausstattungsumfang**, kann ohne weiteres unterstellt werden, dass das Fahrzeug über die nach § **20 StVZO** erforderliche Allgemeine Betriebserlaubnis bzw. die EG-Typgenehmigung verfügt, wie sie sich aus der Zulassungsbescheinigung Teil II (früher: Kfz-Brief) ergibt.

7 Gehört das Fahrzeug **nicht** zu einem **genehmigten Typ**, muss eine Betriebserlaubnis für Einzelfahrzeuge nach § **21 StVZO** erteilt worden sein. Grundsätzlich kann von der straßenverkehrsrechtlichen Zulässigkeit eines Fahrzeuges ausgegangen werden, da es ohne Typgenehmigung gar nicht zugelassen werden kann, § 3 Abs. 1 S. 1 FZV.[2]

8 Für serienmäßig produzierte **Fahrzeugteile**, die als selbstständige technische Einheit angesehen werden können (z. B. Motoren, Alufelgen, Tuning-Chips zur Leistungssteigerung der Motorelektronik) muss eine gesonderte Betriebserlaubnis nach § **22 StVZO** erteilt worden sein, was durch eine auf dem Teil angebrachte Plakette kenntlich gemacht wird.

9 Darüber hinaus können bestimmte, in § **22a StVZO** aufgeführte Fahrzeug- und Zubehörteile nur dann in straßenverkehrsrechtlich zulässiger Art und Weise benutzt werden, wenn sie in einer amtlich genehmigten Bauart ausgeführt und mit einem amtlich vorgeschriebenen und zugeteilten Prüfzeichen gekennzeichnet sind, § 22a Abs. 2 StVZO.

10 **Nicht straßenverkehrsrechtlich zulässig** ist Fahrzeugzubehör, deren Betrieb ausdrücklich untersagt ist (z. B. Radarwarn- oder Laserstörgeräte, § 23 Abs. 1b StVO).

---

[2] Feyock/*Jacobsen*/Lemor A.2 AKB Rn. 10.

II. Beitragsfrei mitversicherte Fahrzeugteile – A.2.1.2.1 AKB

1. Allgemeines

Bei den ohne Beitragszuschlag mitversicherten Teilen wird unterschieden zwischen Fahrzeugteilen und Fahrzeugzubehör. Teile werden definiert als Stücke eines Ganzen, **Fahrzeugteile** also als Stücke des ganzen Fahrzeuges, ohne die das Fahrzeug unvollständig wäre (z. B. Hardtop-Dach,[3] Rad, Auspuff, Lenkrad). 11

Ein **Zubehörteil** stellt demgegenüber ein zusätzliches Stück des Fahrzeuges dar (z. B. Autoradio, Dachgepäckträger). Fehlt ein Zubehörstück, so bleibt das Fahrzeug trotzdem vollständig. Für die rechtlich bedeutsame **Abgrenzung** (vgl. A.2.1.2 AKB Rdn. 11 ff.) ist bei der Auslegung der Begriffe auf das **Verständnis des durchschnittlichen VN** sowie darauf abzustellen, ob Fahrzeuge bei einem Wiederverkauf typischerweise auch ohne das betreffende Teil angeboten werden,[4] (dann Zubehör). 12

Maschinen oder Arbeitsgeräte, die für bestimmte arbeitstechnische Zwecke bei Bedarf vorübergehend an ein Zugfahrzeug angehängt werden können, sind weder als Fahrzeugteil, noch als Zubehör des kaskoversicherten Zugfahrzeuges beitragsfrei mitversichert (z. B. eine an einen Traktor angehängte **Rundballenpresse**).[5] 13

2. Fahrzeugteile – A.2.1.2.1a AKB

Beitragsfrei mitversichert ohne Rücksicht auf ihren Wert sind alle Fahrzeugteile, die **fest im Fahrzeug eingebaut oder** sonst fest mit dem Fahrzeug **verbunden** sind. Dazu zählen alle Teile, die nach der Verkehrsanschauung begriffsnotwendig zum Fahrzeug gehören.[6] Dies sind die üblicherweise bei einem Neufahrzeug **zur serienmäßigen Ausstattung** gehörenden Teile, mit denen das Fahrzeug werksmäßig ausgeliefert wird, wie z. B. Kotflügel, Reifen, Auspuff, Lenkrad, Sitze, Alufelgen. 14

Gleichgültig ist es, ob diese Teile bereits im Rahmen der **Basisversion** im Fahrzeuggrundpreis enthalten sind, auf besondere Bestellung gegen Aufpreis als **Sonderausstattung** vom Fahrzeughersteller mitgeliefert[7] oder erst **nachträglich** vom VN **angeschafft** werden. 15

Für den Fall einer nach A.2.5.1.2 AKB vereinbarten Neupreisentschädigung ist zu beachten, dass die **Höchstentschädigung** auch dann auf den **Neupreis des ursprünglich angeschafften Fahrzeuges** beschränkt ist, wenn der VN das Fahrzeug nachträglich mit hochwertigeren – nach A.2.1.2.1 AKB grundsätzlich beitragsfrei mitversicherten – Fahrzeugteilen (z. B. teureren Alufelgen) oder sonstiger Sonderausstattung versieht, die er im Kfz-Handel erwirbt. 16

---

3 LG Essen Urt. v. 02.07.2012 – 18 O 125/12 – BeckRS 2012, 20216.
4 Stiefel/Maier/*Stadler* A.2.1 AKB Rn. 7.
5 OLG Saarbrücken Urt. v. 11.01.2012 – 5 U 321/11 – zfs 2012, 392.
6 AG Düsseldorf Urt. v. 04.02.2009 – 43 C 7882/08 – SP 2009, 262.
7 Ebenso Stiefel/Maier/*Stadler* A.2.1 AKB Rn. 9; A. A. OLG Hamm Urt. v. 02.11.1994 – 20 U 165/94 – r+s 1995, 87.

A.2.1.2.3 AKB Nicht versicherbare Gegenstände

3. Fahrzeugzubehör – A.2.1.2.1b AKB

a) Generalklausel für die Mitversicherung von Zubehör

17 A.2.1.2.1b AKB stellt eine allgemeine **Generalklausel** für die **beitragsfreie Mitversicherung** von Fahrzeugzubehör **unabhängig von seinem Wert** dar. Die in den alten AKB enthaltene Regelung, nach der Zubehörteile nur mitversichert galten, wenn sie ausdrücklich in einer Teileliste aufgeführt waren, ist durch eine abstrakt generelle Regelung ersetzt worden.

18 Fahrzeugzubehör ist nur mitversichert, wenn es
 – im Fahrzeug **fest eingebaut oder** am Fahrzeug **angebaut** ist (vgl. A.2.1.2 AKB Rdn. 20 ff.) oder **unter Verschluss verwahrt** wird (vgl. A.2.1.2 AKB Rdn. 24 ff.),
 – ausschließlich **dem Gebrauch des Fahrzeuges dient** (vgl. A.2.1.2 AKB Rdn. 30 ff.),
 – nach A.2.1.2 AKB **straßenverkehrsrechtlich zulässig** ist (vgl. A.2.1.2 AKB Rdn. 6 ff.),
 – nach der Verkehrsanschauung **kein Luxus** ist (vgl. A.2.1.2 AKB Rdn. 35) und
 – es **in A.2.1.2.3 AKB** nicht ausdrücklich **ausgeschlossen** ist (vgl. A.2.1.2 AKB Rdn. 55 ff.).

19 Die Voraussetzungen müssen **kumulativ** vorliegen. Wie schon bei den Fahrzeugteilen gelten auch beim Fahrzeugzubehör die Teile, die **serienmäßig ab Werk** bereits bei der Auslieferung des Fahrzeuges fest eingebaut oder angebaut sind, als mitversichert. Aber auch Zubehörteile, die **gesondert nachträglich angeschafft** werden, sind mitversichert, sofern sie dem Zweck des Fahrzeuges als Verkehrsmittel oder der Verkehrssicherheit dienen wie z. B. Sitz-Schonbezüge, Batterieladegerät, Pannenwerkzeug, Verbandskasten, Warndreieck oder Abschleppseil und unter Verschluss verwahrt werden.

b) fest eingebaut oder angebaut

20 Versicherungsschutz besteht für alle sowohl innen, als auch außen fest eingebauten oder unmittelbar am versicherten Fahrzeug angebauten **Fahrzeugteile (A.2.1.2.1a AKB)** und die meisten **Zubehörteile (A.2.1.2.1b AKB)**. Dabei muss es sich nicht unbedingt um eine besonders haltbare oder schwer zu lösende Verbindung handeln. Vielmehr genügt Befestigungen mit **normalen Schrauben**, wie sie üblicherweise bei **Scheibenwischern** oder **Reserverädern** an der Außenseite des Fahrzeuges verwendet werden oder auch **Schraubverschlüsse** für einen Dachgepäckträger.[8]

21 Auch eine Verbindung, die lediglich verhindert, dass das Teil sich durch eigene Schwerkraft oder den Fahrtwind vom Fahrzeug löst, reicht aus. Daher fallen auch **Radkappen**, die durch eingerastete Klemmen gehalten werden oder eine durch **Riemen** festgebundene **LKW-Plane** unter den Versicherungsschutz.

22 Gleiches gilt für ein »**Quick-out**«-**Radiogerät**, d. h. ein mittels einer »Quick-out«-Halterung befestigtes Autoradio, wobei die Gerichte allerdings im Entwendungsfall zum Teil grobe Fahrlässigkeit zulasten des VN angenommen haben.[9]

---

8 Stiefel/Maier/*Stadler* A.2.1 AKB Rn. 47.
9 Vgl. A.2.9.1 AKB Rdn. 262.

Dagegen reicht eine Befestigung von Zubehör (z. B. Lautsprecher und Verstärker) mit 23
Klett- oder Klebeband für eine feste Verbindung mit dem Kfz nicht aus.[10] Ebenso wenig
genügt eine **Saug- oder Schwanenhalshalterung**, weil diese gerade eine leichte Beweglichkeit des Gegenstandes (z. B. eines mobilen Navigations- oder Mehrfunktionsgerätes) und
damit die Mitnahme und Verwendung auch in anderen Fahrzeugen ermöglicht.[11]

c) unter Verschluss verwahrt

Fahrzeugzubehör ist unter Verschluss verwahrt, wenn es durch **besondere Sicherheits-** 24
vorkehrungen vor äußeren Einflüssen, insbesondere vor Beschädigung, Verlust oder
Entwendung geschützt ist. Dazu muss es sich in einem **Behältnis** oder **umschlossenen**
Raum befinden, dessen Verschluss gesichert wurde, allerdings nicht notwendigerweise
mit einem Schlüssel. Vielmehr reicht jede Sicherheitsvorkehrung aus, deren Beseitigung das Tatbestandsmerkmal des »Einbrechens« i. S. d. § 243 Abs. 1 Nr. 1 StGB erfüllen würde.

Für ein »**Einbrechen**« bedarf es einer nicht unerheblichen körperlichen Kraftanstren- 25
gung, so dass sich hieran die Anforderungen an einen ausreichenden Verschluss messen
lassen müssen. Ist das Zubehörteil so verwahrt, ist es auch dann versichert, wenn der
Täter ohne Beseitigung des Verschlusses auf anderem Wege in den Ort der Verwahrung
eindringt und das Teil entwendet, z. B. indem der Dieb
- ein unverschlossenes Seitenfenster des Kfz aufdrückt, ins Fahrzeuginnere hineingreift und die verschlossene Seitentür von innen öffnet, oder
- durch den Kofferraum in einen Wagen hineinkriecht, dessen Türen verschlossen
  sind, oder
- mit Hilfe von Nachschlüsseln einen verschlossenen Wagen öffnet und daraus Teile
  entwendet.[12]

Der **umschlossene Raum** kann das **Fahrzeug selbst** sein, wenn dessen Türen – beim 26
Cabriolet auch dessen Kunststoff- oder Stoffdach – mit der üblichen Schließvorrichtung des Herstellers verschlossen wurde und sich das Zubehörteil im Inneren des Fahrzeuges oder im verschlossenen Motor- oder Kofferraum befindet.

Es reicht aber auch ein **verschlossenes Behältnis** aus, wenn sich dieses **im Kfz** befindet, 27
z. B. ein verschlossener Koffer mit Pannenwerkzeug. Wird er vom Täter aufgebrochen
oder mit einem Nachschlüssel geöffnet und Werkzeug gestohlen, besteht Versicherungsschutz, nicht aber, wenn der Täter den ganzen Koffer, der im unverschlossenen
Fahrzeug liegt, entwendet. Unter Verschluss verwahrt sind Gegenstände auch im verschlossenen Handschuhfach, ferner auch dann, wenn das verschlossene Behältnis **außen am Kfz** befestigt ist, z. B. auf der Ladefläche.[13]

---

10 AG Hamburg-St. Georg Urt. v. 20.01.2011 – 910 C 467/10 – SP 2011, 302.
11 Vgl. LG Hannover Urt. v. 30.06. 2006 – 8 S 17/06 – DAR 2008, 215 = VersR 2007, 100; AG
   Hannover Urt. v. 06.02.2008 – 549 C 14676/07 – r+s 2009, 148.
12 Stiefel/Maier/*Stadler* A.2.1 AKB Rn. 54.
13 Stiefel/Maier/*Stadler* A.2.1 AKB Rn. 55.

A.2.1.2.3 AKB Nicht versicherbare Gegenstände

28 Fahrzeugzubehör muss nicht zwingend im oder am Fahrzeug unter Verschluss gehalten werden. Dies ergibt sich ausdrücklich aus der Regelung in A.2.1.2.1f AKB, wonach auch während einer Reparatur außerhalb des Fahrzeuges unter Verschluss gehaltenes Fahrzeugzubehör nach b bis f, aber auch unter Verschluss gehaltene Fahrzeugteile nach a mitversichert gelten.

29 Der in Reparatur gegebene **ausgebaute Motor** ist daher versichert, sofern er von der Reparaturwerkstatt unter Verschluss verwahrt wird und in das Fahrzeug noch kein Austauschmotor eingebaut wurde. Ansonsten würde sich der Versicherungsschutz ausschließlich auf diesen Austauschmotor erstrecken. Versichert ist auch der von einer Werkstatt für den VN eingelagerte und unter Verschluss verwahrte **Reifensatz**.[14] Reifen, die in einer **Großraumtiefgarage** gelagert werden, sind nicht »unter Verschluss verwahrt«, wenn die Garage nur durch ein Tor gesichert ist, auch wenn dieses nur durch befugte Benutzer der Garage geöffnet werden kann.[15]

d) ausschließlich dem Gebrauch des Fahrzeuges dienend

30 Fahrzeugzubehör ist nur dann mitversichert, wenn es ausschließlich dem Gebrauch des Fahrzeuges dient. A.2.1.2.1b S. 2 AKB normiert dies nunmehr als **Voraussetzung** dafür, dass ein Zubehörteil überhaupt unter den **Kaskoversicherungsschutz** fallen kann. en muss. Der bisherige, in A.2.1.4 AKB 2008 noch enthaltene Ausschluss für solche Gegenstände, deren Nutzung nicht ausschließlich dem Gebrauch des Fahrzeuges dienen, konnte damit entfallen.

31 Unter »**Gebrauch**« ist jeder Umgang mit dem Fahrzeug zu verstehen, der mit der Nutzung typischerweise einhergeht, so dass hierunter auch Be- und Entladevorgänge, Reparatur-, Pflege- und Wartungsarbeiten fallen.[16] Der Begriff ist gleichzusetzen mit dem »Gebrauch des Fahrzeuges« in § 1 PflVG. Ein Zubehörteil dient nur dann ausschließlich dem Gebrauch des versicherten Fahrzeuges, wenn sich seine **generelle Verwendungsmöglichkeit** unter Berücksichtigung auch der **Produktbezeichnung und -beschreibung** des Herstellers ausschließlich auf eine Verwendung im Zusammenhang mit dem Gebrauch eines Kraftfahrzeuges beschränkt. Dies ist bei mobilen oder flexibel handhabbaren, auch außerhalb eines Fahrzeuges einsetzbaren Produkten nicht der Fall.

32 Entscheidend ist, dass ein **enger Zusammenhang** zwischen den Nutzungsmöglichkeiten des Zubehörteils und dem Gebrauch des versicherten Fahrzeuges besteht und eine Verwendung des Teils außerhalb des Fahrzeuges entweder technisch ausgeschlossen oder jedenfalls aus der Sicht eines verständigen VN nicht sinnvoll möglich erscheint.[17]

33 Tragbare **Kühlboxen** oder mobile **Handstaubsauger**, die zur Stromversorgung am Zigarettenanzünder des Fahrzeuges angeschlossen werden können, angeschlossen werden

---

14 AG Mülheim/Ruhr Urt. v. 27.03.2008 – 10 C 2124/07 – SP 2003, 303.
15 AG Bad Homburg Urt. v. 05.09.2006 – 2 C 1111/06-19 – VersR 2007, 1217 = ADAJUR Dok.Nr. 75986.
16 Feyock/*Jacobsen*/Lemor § 1 PflVG Rn. 9.
17 Stiefel/Maier/*Stadler* A.2.1 AKB Rn. 18.

können, fallen daher nicht unter den Versicherungsschutz. Gleiches gilt für **Autostraßen-Atlas, Autodecke, Autokompass, Musik-CDs** oder **–Kassetten** und **Navigations-CDs** oder **DVDs** eines werksmäßig eingebauten Navigationssystems.[18]

Für die **Gebrauchstauglichkeit** eines Gegenstandes ist nicht auf die subjektive Sicht des VN, sondern allein darauf abzustellen, ob der Gegenstand rein **objektiv betrachtet** auch außerhalb des versicherten Kfz Verwendung finden kann.[19] Daher wird eine vom VN im Fahrzeug verwahrte **Fotokamera** nicht dadurch zum mitversicherten Zubehörteil, dass der VN sie für etwaige Unfallaufnahmen verwenden will.[20] 34

e) kein Luxus

Fahrzeugzubehör ist nur versichert, wenn es nach allgemeiner Verkehrsanschauung[21] nicht als Luxus angesehen wird. Luxusaufwendungen sind solche, die in ihrem Wert weit über das übliche Maß und den üblichen Standard hinausgehen, den sich ein wirtschaftlich vernünftig denkender VN für sein Fahrzeug leisten würde. Hierzu zählen z. B. **Echtpelz-Sitzbezüge**[22] oder auch exotische Zusatzausstattungen wie z. B. **Panzerverglasungen** oder ein **Safe**.[23] 35

4. Sonstige mitversicherte Fahrzeug- und Zubehörteile – A.2.1.2.1c bis f AKB

Die in A.2.1.2.1b AKB enthaltene allgemeine Generalklausel für die beitragsfreie Mitversicherung von Fahrzeugzubehör wird unter c bis f ergänzt um darüber hinausgehende **Spezialregelungen für weiteres Zubehör**, welches zur Behebung von Betriebsstörungen des Fahrzeuges üblicherweise mitgeführt wird sowie für Schutzhelme und Planen einschließlich deren Gestelle. 36

Außerhalb des Fahrzeuges unter Verschluss gehaltene Teile sind nur dann ohne Mehrbeitrag mitversichert, wenn es sich um zusätzliche Räder mit Winter- oder Sommerbereifung, Dach- oder Heckständer, Hardtops (Dachkoffer), Schneeketten oder Kindersitze handelt. Eine **Ausnahme gilt während einer Reparatur** des Fahrzeuges. In diesem Fall sind außerhalb des Fahrzeuges unter Verschluss gehaltene Teile generell beitragsfrei mitversichert, wenn sie unter A.2.1.2.1a bis f AKB fallen. 37

---

18 AG Mainz Urt. v. 05.04.2011 – 80 C 240/10 – r+s 2011, 283; Versicherungsombudsmann Urt. v. 05.06.2008 – 9125/2007 – SP 2009, 22 = r+s 2013, 328, 329; a. A. AG Düsseldorf Urt. v. 01.12.2008 – 231 C 14006/08 – DAR 2009, 211.
19 Vgl. auch LG Hannover Urt. v. 30.06.2006 – 8 S 17/06 – VersR 2007, 100.
20 AG Hannover Urt. v. 18.08.1988 – 544 C 17655/87 – zfs 1989, 421; Stiefel/Maier/*Stadler* A.2.1 AKB Rn. 39.
21 Vgl. hierzu Palandt § 97 Rn. 9.
22 Vgl. Stadler Rn. 166.
23 Vgl. Stiefel/Maier/*Stadler* A.2.1 AKB Rn. 9.

A.2.1.2.3 AKB Nicht versicherbare Gegenstände

a) Fahrzeugteile zur Behebung von Betriebsstörungen

38 Von dem Grundsatz, dass Fahrzeugteile nur dann mitversichert sind, wenn sie fest im Fahrzeug eingebaut oder am Fahrzeug angebaut sind, besteht nach **A.2.1.2.1c AKB** eine Ausnahme für solche Teile, die der Behebung von Betriebsstörungen dienen und üblicherweise mitgeführt werden (z. B. Sicherungen und Leuchtmittel aller Art, insbesondere Glühlampen). Der Wert der Teile spielt für den Versicherungsschutz keine Rolle.

b) Schutzhelme

39 Als mitversichert gelten nach **A.2.1.2.1d AKB** Schutzhelme (auch mit Wechselsprechanlage), solange sie sich entweder auf dem Kopf des Motorradfahrers befinden und damit »bestimmungsgemäß gebraucht« werden, oder sie so diebstahlsicher mit dem Motorrad verbunden sind, dass ein unbefugtes Entfernen ohne eine Substanzbeeinträchtigung des Helmes oder des Fahrzeuges nicht möglich wäre.

c) Planen und Gestelle für Planen (Spriegel)

40 Nach **A.2.1.2.1e AKB** sind auch Planen und deren Unterkonstruktionen (Spriegel), die vor allem bei Lkw und Lieferwagen zur Abdeckung der Ladung Verwendung finden, vom Versicherungsschutz umfasst. Anders als in A.2.1.2.1a bis d AKB gilt es für die Befestigungsart keine Anforderungen zu beachten, weshalb es ausreicht, wenn eine Plane mittels Riemen oder Stricken mit dem Kfz verbunden ist.[24]

d) Außerhalb des Fahrzeuges unter Verschluss gehaltene Teile

41 **A.2.1.2.1f AKB** enthält eine weitere Ausnahme von dem Grundsatz, wonach mitversicherte Teile fest im Fahrzeug eingebaut oder am Fahrzeug angebaut sein müssen. Zubehörteile, die abhängig von der jeweiligen Jahreszeit oder, weil sie regelmäßig keiner Dauernutzung unterliegen, **außerhalb des versicherten Kfz** in abgeschlossenen Garagen oder abgesperrten Räumen **gelagert** werden, sind vom Versicherungsschutz umfasst.

42 **Hierzu gehören** Schneeketten ebenso wie ein zusätzlicher Satz Winter- oder Sommerreifen, aber auch Hardtops, Kindersitze, Dachgepäckträger oder Heckständer für Fahrräder. Befindet sich das **Fahrzeug in Reparatur**, sind darüber hinaus auch diejenigen **Zubehörteile**, die unter **A.2.1.2.1a bis f AKB** fallen, beitragsfrei mitversichert, sofern sie sich in der Werkstatt **unter Verschluss** (vgl. A.2.1.2 AKB Rdn. 24) befinden.

43 Klarstellend ist anzumerken, dass ein unter A.2.1.2f AKB fallendes, **im versicherten Kfz** montiertes oder unter Verschluss verwahrtes Zubehörteil Versicherungsschutz bereits nach Maßgabe der Generalklausel des A.2.1.2b AKB besteht.

---

24 Stiefel/Maier/*Stadler* A.2.1 AKB Rn. 24.

III. Abhängig vom Gesamtneuwert mitversicherte Teile – A.2.1.2.2 AKB

Im Gegensatz zu den generell ohne Wertbegrenzung beitragsfrei mitversicherten Teilen in A.2.1.2.1 AKB führt A.2.1.2.2 AKB diejenigen Teile auf, die nur **bis zu einer bestimmten Wertobergrenze** beitragsfrei mitversichert sind. Dies ist der von der Klausel als »Gesamtneuwert der Teile von xx EUR (brutto)« festgelegte Betrag. Er differiert, je nachdem, ob das zu versichernde Fahrzeug der ersten Gruppe der beschriebenen Fahrzeugarten (z. B. **Pkw, Kraftrad, Leichtkraftrad mit Versicherungskennzeichen**) oder der zweiten Gruppe (z. B. **Lkw, Omnibusse, Anhänger, Auflieger**) zuzuordnen ist. 44

Die Praxis der meisten Versicherer geht dahin, die in A.2.1.3 AKB aufgeführten Teile bei den Fahrzeugarten der ersten Gruppe bis zu einem Gesamtneuwert von **5.000,00 €** und bei den Fahrzeugarten der zweiten Gruppe bis zu einem Gesamtneuwert von **10.000,00 €** ohne gesonderten Zuschlag mitzuversichern. Voraussetzung ist jedoch stets, dass die Teile im Fahrzeug eingebaut oder mit dem Fahrzeug durch entsprechende Halterungen fest verbunden sind. 45

Gesamtneuwert ist der Betrag, den der VN **bei der Neuanschaffung aller Teile** aufwenden musste.[25] Übersteigt der Neuwert aller in A.2.1.2.2a bis e AKB aufgeführten Teile, die sich in einem zu versichernden Fahrzeug befinden, die vereinbarte betragsmäßige Grenze von z. B. 5.000,00 €, so liegt – bezogen auf den Gesamtwert aller Neuteile – eine Unterversicherung vor. Um diese zu vermeiden, muss der VN alle in A.2.1.2.2 AKB aufgeführten Teile mit den Neupreisen deklarieren und eine entsprechende Mitversicherung des Mehrwertes – ggf. gegen einen Prämienzuschlag – ausdrücklich mit dem VR vereinbaren, andernfalls er im Schadenfall unterversichert wäre und mit einer Kürzung der Entschädigung rechnen müsste (vgl. A.2.1.2.2 Abs. 2 und 3 AKB). Im Schadenfall würde er nur den maximal vereinbarten Höchstbetrag (also z. B. 5.000,00 €) erhalten. 46

Der VN wird hierdurch nicht unangemessen benachteiligt. Da auf den Neuwert der zuschlagspflichtigen Mehrausstattung abgestellt wird, kann der VN bereits bei überschlägiger Schätzung schnell übersehen, ob die genannte Betragsgrenze überschritten wird oder nicht. Dann ist es ihm aber für einen umfassenden, von ihm gewünschten Versicherungsschutz auch zuzumuten, den VR bei Antragstellung entsprechend aufzuklären und einen **Prämienzuschlag** in Kauf zu nehmen. Umgekehrt muss der VR den VN ohne erkennbaren Anlass bei Abschluss des Versicherungsvertrages nicht über die Höchstbeträge, bis zu denen Fahrzeug- und Zubehörteile mitversichert sind, aufklären.[26] 47

Vereinbart der VN keinen Beitragszuschlag, liegt trotzdem **keine klassische Unterversicherung i. S. v. § 75 VVG** vor. § 75 VVG wird durch A.2.1.2.2 AKB vertraglich abbedungen. Da nach der Klausel die unter A.2.1.2.2a bis e AKB aufgeführten Teile unabhängig von ihrem Einzelneuwert jedenfalls in ihrer Gesamtheit bis zu dem vereinbarten Höchstbetrag versichert sind, muss der VN nicht mit einer Kürzung seiner Entschädigung rechnen, sofern ein Schaden nur an einem oder mehreren Fahrzeugteilen eintritt, 48

---

25 Feyock/*Jacobsen*/Lemor A.2 AKB Rn. 26.
26 Vgl. Stiefel/Maier/*Stadler* A.2.1 AKB Rn. 35.

A.2.1.2.3 AKB Nicht versicherbare Gegenstände

deren Neuwert in der Summe den maximal vereinbarten Höchstentschädigungsbetrag nicht übersteigt. Liegt der Neuwert aller beschädigten Teile über der vereinbarten Wertgrenze, erhält der VN nur den maximal vereinbarten Höchstbetrag ersetzt. Insoweit sieht A.2.1.2.2 Abs. 3 AKB bei Teilschäden unterhalb der vereinbarten Höchstgrenze ausdrücklich einen **Unterversicherungsverzicht des VR** vor.

49 ▶ **Beispiel:**
Das vom VN mit einem Navigationssystem im Wert von 4.000,00 € und Tuning-Aufbauten im Wert von 6.000,00 € ausgestattete Fahrzeug wird gestohlen. Ist die Höchstentschädigung im Kaskoversicherungsvertrag mit 5.000,00 € vereinbart worden und hat der VN den Ausstattungsmehrwert dem VR gegenüber weder angegeben, noch einen Beitragszuschlag hierfür bezahlt, so erhält er maximal die vereinbarte Entschädigung von 5.000,00 €, da für die beitragsfreie Mitversicherung der Gesamtneuwert der in A.2.1.3 AKB aufgeführten Teile auf 5.000,00 € begrenzt ist. Wird dem VN dagegen nur das Navigationssystem entwendet, so erhält er, sofern die Unterversicherungsverzichtsklausel vereinbart wurde, trotzdem den Wert von 4.000,00 € erstattet. Bei einem Vertrag ohne Unterversicherungsverzicht könnte der VN nur mit 2.000,00 € rechnen, da eine Unterversicherung in Höhe von 50 % vorliegt. Die Entschädigung berechnet sich in diesem Fall nach der Formel: Schaden × vereinbarte Versicherungssumme: Gesamtneuwert der Teile.[27]

50 Zu den mitversicherten Teilen gehören z. B. fest installierte Telefone mit Antenne, komplette Radioanlagen, Lautsprecher, Navigations- und ähnliche Verkehrsleitsysteme (**A.2.1.2.2a AKB**) – soweit nicht ohnehin als serienmäßiges Fahrzeugteil mitversichert – einschließlich der dazugehörigen CDs,[28] zugelassene Veränderungen am Fahr- oder Triebwerk, Auspuff, Innenraum oder Karosserie (Tuning) zur Leistungssteigerung und Verbesserung der Fahreigenschaften oder zur Wertsteigerung des Fahrzeuges (**A.2.1.2.2b AKB**), individuell fahrzeugbezogene Sonderlackierungen und –beschriftungen sowie besondere Oberflächenbehandlungen (**A.2.1.2.2c AKB**), Beiwagen und Verkleidungen bei Zweirädern, Trikes und Quads (**A.2.1.2.2d AKB**) sowie Spezialaufbauten (z. B. Kran-, Tank-, Silo-, Kühl- und Thermoaufbauten) und Spezialeinrichtungen (z. B. Werkstattwagen, Messfahrzeuge, Krankenwagen), (**A.2.1.2.2e AKB**).

51 Die zum Auf- und Abladen von Containern auf einem **Containerfahrzeug** angebrachten **Umlenkarme** stellen keinen »Ladekran« und damit einen Spezialaufbau i. S. v. A.2.1.3e AKB dar, sondern zählen zu den beitragsfrei mitversicherten Fahrzeugteilen.[29] Der durchschnittliche VN wird nicht erwarten können, dass **LKW-Wechselkofferaufbauten**,[30] **Thermokocheraufbauten** oder sonstige betriebliche Gerätschaften ohne gesonderten Prämienzuschlag beitragsfrei mitversichert sind.[31]

---

27 Stadler Rn. 167.
28 Vgl. AG Düsseldorf Urt. v. 01.12.2008 – 231 C 14006/08 – DAR 2009, 211.
29 OLG Frankfurt/M. Urt. v. 29.10.2003 – 7 U 171/02 – zfs 2005, 135 = NJOZ 2005, 195.
30 OLG Köln Urt. v. 22.06.2004 – 9 U 209/03 – r+s 2004, 371.
31 Vgl. OLG Karlsruhe Urt. v. 01.10.2003 – 12 U 52/03 – r+s 2004, 13 = zfs 2003, 598.

Nicht versicherbare Gegenstände A.2.1.2.3 AKB

Ein **mobiles Navigationsgerät** gehört nicht hierzu. Ohne besondere Vereinbarung ist es 52 kein mitversichertes Zubehörteil.[32] Es ist weder im Fahrzeug eingebaut, noch mit dem Fahrzeug fest verbunden, woran auch das Einstecken in eine entsprechende (ggf. mit dem Fahrzeug verschraubte oder verklebte) Halterung[33] bzw. die Anbringung mit einer Saugnapfhalterung im Fahrzeuginneren nichts ändert. Im Übrigen ist es auch in A.2.1.2.3 AKB ausdrücklich als nicht versicherbar aufgeführt (vgl. A.2.1.2 AKB Rdn. 56).

Gleiches gilt für ein im Fahrzeug nicht fest eingebautes, handelsübliches **Mobilfunk-** 53 **telefon** (Handy), auch wenn es zur Fahrzeugausstattung gehört und in die Mittelarmlehne eingepasst ist, es sei denn, es handelt sich lediglich um einen unselbstständigen Bestandteil eines fest installierten **Autotelefons**.[34] Dieses ist nach A.2.1.3a AKB mitversichert. Demgegenüber ist eine **Freisprechanlage** für ein Handy kein mitversichertes Fahrzeug- oder Zubehörteil.[35]

A.2.1.2.1 und A.2.1.2.2 AKB finden **keine Anwendung**, sofern es sich um Fahrzeugar- 54 ten handelt, bei denen bereits bei Abschluss des Versicherungsvertrages der Gesamtneuwert des Fahrzeuges einschließlich aller Fahrzeug- und Zubehörteile in die Kalkulation der Versicherungsprämie einfließt, wie dies regelmäßig bei **Omnibussen** oder **Wohnmobilen** der Fall sein wird.[36]

IV. Nicht versicherbare Gegenstände – A.2.1.2.3 AKB

A.2.1.2.3 AKB enthält eine Bestimmung zu nicht – auch nicht gegen Beitragszuschlag – 55 versicherbaren Fahrzeugteilen. Der Abschnitt stellt im System der versicherten und versicherbaren Fahrzeug- und Zubehörteile lediglich eine **klarstellende** – und damit eigentlich verzichtbare – **Regelung** ohne rechtsgestaltenden Charakter[37] dar. Denn die Voraussetzungen, unter denen bestimmte Teile beitragsfrei mitversichert sind oder gegen Beitragszuschlag mitversichert werden können, werden schon durch A.2.1.2 AKB sowie durch die Unterpunkte A.2.1.2.1 und A.2.1.2.2 AKB abschließend beschrieben. Liegen diese Voraussetzungen nicht vor, besteht kein Versicherungsschutz, ohne dass es eines Rückgriffs auf A.2.1.2.3 AKB bedarf. Dies gilt insbesondere für Fahrzeug- oder Zubehörteile, die in A.2.1.2.2 AKB nicht aufgeführt sind oder i. S. v. A.2.1.2.1b AKB nicht ausschließlich dem Gebrauch des Fahrzeuges dienen. Im Umkehrschluss ist daraus zu folgern, dass A.2.1.2.3 AKB die nicht versicherbaren Gegenstände nur beispielhaft, aber keinesfalls erschöpfend,[38] aufzählt.

---

32 Vgl. LG Hannover Urt. v. 30.06.2006 – 8 S 17/06 – VersR 2007, 100; AG Hannover Urt. v. 06.02.2008 – 549 C 14676/07 – VersR 2009, 628.
33 AG Hannover Urt. v. 01.02.2007 – 553 C 15340/06 – SP 2007, 187.
34 AG Düsseldorf Urt. v. 04.02.2009 – 43 C 7882/08 – SP 2009, 262.
35 AG Köln Urt. v. 05.12.2003 – 261 C 176/03.
36 Feyock/*Jacobsen*/Lemor A.2 AKB Rn. 9.
37 Feyock/*Jacobsen*/Lemor A.2 AKB Rn. 34.
38 Stiefel/Maier/*Stadler* A.2.1 AKB Rn. 38.

A.2.1.2.3 AKB Nicht versicherbare Gegenstände

56 Vom Versicherungsschutz ausdrücklich ausgeschlossen sind **Handys** sowie **mobile Navigationsgeräte** in Abgrenzung zu den fest eingebauten Navigationssystemen, die in A.2.1.2.2a AKB ausdrücklich als mitversichert erwähnt werden (vgl. A.2.1.2 AKB Rdn. 52). Als »mobil« gilt ein Gerät immer dann, wenn es mit nur wenigen Handgriffen demontiert und auch außerhalb des versicherten Fahrzeuges eingesetzt werden kann (z. B. als »**Pocket-PC**[39] oder für die Radfahr- oder Fußgängernavigation). A.2.1.2.2 AKB stellt ausdrücklich klar, dass die mobile Eigenschaft eines Gerätes nicht dadurch infrage steht, dass es mit dem Fahrzeug durch eine Halterung verbunden ist.

57 Zu den nicht versicherbaren Gegenständen gehören z. B. auch Schirme, Brillen, Garagentoröffner, Fahrerkleidung, Notebooks, Magnetschilder, Ton- und Datenträger jeder Art mit Ausnahme von Navigations-CDs. **Reisegepäck** und **persönliche Gegenstände** der Insassen sind ebenfalls ausdrücklich vom Versicherungsschutz ausgeschlossen.

C. Weitere praktische Hinweise

I. Prüfungsreihenfolge im Rahmen des A.2.1.2 AKB

58 Bei der Frage, ob für einen bestimmten Gegenstand Versicherungsschutz aus der Teilkaskoversicherung besteht, ist zunächst zu prüfen, ob es sich um ein **Fahrzeugteil oder um Fahrzeugzubehör** handelt. Um ein Fahrzeugteil handelt es sich nur unter den in A.2.1.2.1a AKB genannten Voraussetzungen. Für eine Mitversicherung als Fahrzeugzubehör muss der Gegenstand entweder unter A.2.1.2.1c bis f AKB zu fassen sein oder, sofern dies nicht der Fall ist, unter die **Generalklausel in A.2.1.2.1b AKB**. In diesem Fall muss geprüft werden, ob sämtliche hier normierten Voraussetzungen vorliegen. Fehlt eine Voraussetzung, z. B. weil der Gegenstand nicht ausschließlich dem Gebrauch des Fahrzeuges dient, sondern auch außerhalb des Fahrzeuges verwendet werden kann, liegt kein mitversichertes Fahrzeugzubehör vor.

59 Sofern Zubehör im Fahrzeug eingebaut oder unter Verschluss verwahrt ist und auch ausschließlich dem Gebrauch des Fahrzeuges dient, dürfte es in **Streitfällen** oftmals **nur noch darauf ankommen**, ob es sich um **überflüssigen Luxus** handelt, ob das Zubehör zu den nur bis zu einem bestimmten Höchstbetrag versicherten Teilen gemäß **A.2.1.2.2 AKB** gehört, oder ob es bereits als von vornherein nicht versicherbarer Gegenstand in **A.2.1.2.3 AKB** aufgeführt ist.

II. Entschädigungsumfang bei mitversicherten Teilen

60 Ob sich der VN bei Zerstörung oder Verlust von versicherten Fahrzeug- oder Zubehörteilen auf einen gebrauchten Ersatz verweisen lassen muss oder eine **Entschädigung auf Basis des Neupreises** verlangen kann (zu fest eingebauten Multimedia- und Navigationssystemen vgl. A.2.1.2 AKB Rdn. 68 ff.), hängt maßgeblich davon ab, ob das zerstörte bzw. entwendete Teil auch als gebrauchtes, **gleichwertiges Ersatzteil im seriösen Fachhandel erhältlich** ist.

---

39 LG Hannover Urt. v. 30.06. 2006 – 8 S 17/06 – DAR 2008, 215 = VersR 2007, 100.

Nicht versicherbare Gegenstände **A.2.1.2.3 AKB**

Nach A.2.5.1.1, A.2.5.1.6 AKB ist als Entschädigung der Betrag geschuldet, der für 61
den Kauf eines gleichwertigen Ersatz- oder Zubehörteiles aufgewendet werden muss.
Dies ist regelmäßig der Wiederbeschaffungswert. Die Höhe dieses Betrages lässt sich
nicht durch fiktive Schätzung feststellen, sondern nur aufgrund konkreter, vergleichbarer Angebote auf einem entsprechenden Markt. Dazu zählen grundsätzlich auch
die **Bezugsquellen im Internet**, da sich über den virtuellen Gebrauchtteilemarkt immer
öfter Ersatzteile beziehen lassen.

Der VR darf den Wiederbeschaffungswert für ein Fahrzeug- oder Zubehörteil nur 62
dann anhand des Kaufpreises ermitteln darf, der für vergleichbare gebrauchte Teile
im Versand- oder Online-Handel gezahlt wird, wenn sich dort ein **seriöser Gebrauchtteilemarkt etabliert hat**. Von seriösen Anbietern wird man unter Umständen nicht sprechen können, wenn die versicherten Fahrzeugteile ausschließlich im Rahmen von
Internetauktionen erhältlich sind. Abgesehen davon, dass die Herkunft der dort angebotenen Teile mitunter zweifelhaft sein kann, stellen die Angebote oftmals schon deshalb keine realistische Grundlage für die Ermittlung des Wiederbeschaffungswertes
dar, weil eine **Gewährleistung** oder ein **Umtausch** regelmäßig **ausgeschlossen** ist.
Dies gilt vor allem für Angebote von Privatpersonen. Insbesondere für **ältere Fahrzeug-
oder Zubehörteile** existiert häufig kein seriöser Internetmarkt, der dem VN die realistische Möglichkeit eröffnet, problemlos ein adäquates, gleichwertiges Ersatzteil zu erwerben.

Der seriöse **Gebrauchtteilemarkt muss dem VN problemlos zugänglich** sein. Daran 63
fehlt es, wenn es sich um Angebote von Gewerbetreibenden handelt, die ausschließlich
gewerbliche Abnehmer beliefern, oder wenn der VN über keinen Internetanschluss
verfügt und auch keine Kenntnisse besitzt, wie Kaufverträge über das Internet abgeschlossen werden können. In diesem Fall muss sich der VN nur dann auf den Wiederbeschaffungswert verweisen lassen, wenn anderweitige seriöse Gebrauchtteile-Anbieter
existieren. Dies ist der Fall bei markengebundenen Geräten, wenn gleichwertige Gerätetypen des Herstellers als Gebrauchtgeräte angeboten werden.[40]

Sind solche Bezugsquellen nicht vorhanden, ist ein seriöser Gebrauchtteilemarkt fak- 64
tisch nicht existent bzw. dem VN nicht problemlos zugänglich. Die Entschädigung
richtet sich dann nach dem Betrag, den der VN für die Anschaffung eines **neuen
oder neuwertigen Ersatzteiles** aufwenden muss.[41] Der zu ersetzende Wiederbeschaffungswert entspricht in diesen Fällen dem **Neupreis**, der vom VR ungeachtet der in
A.2.5.1.2 und A.2.5.1.3 AKB niedergelegten Voraussetzungen zu entschädigen ist.

Der **Neupreis** ist auch dann zu erstatten, wenn das auf dem Gebrauchtmarkt verfügbare 65
Teil mit dem konkret zu ersetzenden Fahrzeugteil **nicht vergleichbar** ist. Der VN hat

---

40 AG Düsseldorf Urt. v. 05.01.1988 – 54 C 173/87 – zfs 1990, 63 (**für ein gestohlenes Autoradio**).
41 Versicherungsombudsmann Urt. v. 05.06.2008 – 9125/2007 – SP 2009, 22 = r+s 2013, 328; Versicherungsombudsmann Urt. v. 15.12.2006 – 8141/2006 – r+s 2007, 415.

A.2.1.2.3 AKB Nicht versicherbare Gegenstände

Anspruch auf Ersatz nicht irgendeines gleichwertigen Fahrzeug- oder Zubehörteiles, sondern auf ein solches des fraglichen Kfz-Herstellers.[42]

66 Werden **einzelne Teile des versicherten Fahrzeuges** (z. B. Kotflügel, Stoßstange) **beschädigt**, gilt die Begrenzung der Entschädigung auf den Wiederbeschaffungswert nicht, auch wenn in der Regel alle Teile bei Autoverwertungs-Firmen gebraucht erworben werden können. Der VN kann den **Neupreis** verlangen. Er kann für die Reparatur seines Fahrzeuges nicht auf die Verwendung von Gebrauchtteilen verwiesen werden. **Abzüge »neu für alt«** sind grundsätzlich **nicht** vorzunehmen (vgl. A.2.1.2 AKB Rdn. 86 ff.). Zu beachten ist, dass isolierte **Reifenschäden** nach A.2.9.3 S. 1 AKB immer vom Versicherungsschutz ausgenommen sind.

67 Übersteigen die Reparaturkosten für ein Fahrzeugteil den Wiederbeschaffungswert, liegt ein **Totalschaden** vor. Ist z. B. bei einem unfallbeschädigten Motor die Reparatur teurer als ein gleichwertiger, generalüberholter Austauschmotor, so kann der VN nicht die Reparaturkosten verlangen. Sein Anspruch ist auf die Höhe des Kaufpreises für einen gleichwertigen Ersatzmotor beschränkt. Sofern das beschädigte Teil noch einen verbleibenden Wert hat, wie dies bei einem beschädigten Motor regelmäßig der Fall sein dürfte, kann dieser als »Restwert« von der Entschädigungsleistung abgezogen werden, A.2.5.1.1, A.2.5.1.5 AKB.

III. Fest eingebaute Multimedia- und Navigationssysteme

1. Entschädigung nach Wiederbeschaffungswert oder Neuwert?

a) **Voraussetzungen für eine Verweisung des VN auf den Gebrauchtgerätemarkt**

68 Viele VR erstatten im Falle der Entwendung eines fest eingebauten Video-, Audio- und/oder Navigationssystems nicht die volle Entschädigung für die Anschaffung eines neuen Gerätes, sondern verweisen den VN auf einen für ihn angeblich zugänglichen Gebrauchtgerätemarkt, auf dem vergleichbare Systeme billiger zu beschaffen sein sollen.

69 Ein **Gebrauchtgerätemarkt** besteht dann, wenn ein mit dem entwendeten Navigationssystem identisches oder zumindest vergleichbares, **vom Hersteller produziertes Originalteil** als Gebrauchtnavigationsgerät zur Verfügung steht. Es muss sich um ein **Austauschgerät** handeln, das im Zusammenhang mit Garantie- oder Gewährleistungsarbeiten aus einem anderen Fahrzeug ausgebaut wurde und nun **in repariertem oder generalüberholtem Zustand**[43] von einer Kfz-Fachwerkstatt als Gebrauchtteil wieder angeboten wird. Das gebrauchte Navigationsgerät muss vom Fahrzeughersteller als kompatibles System für den Wiedereinbau speziell in den Fahrzeugtyp des VN vorgesehen und geeignet sein.

70 Das Gebrauchtgerät muss es **konkret verfügbar** sein. Um dies festzustellen, reicht es aus, dass sich der VN an eine – dem Fabrikat seines Fahrzeuges entsprechende – herstel-

---

42 Vgl. AG Karlsruhe Urt. v. 21.06.2013 – 1 C 18/13 – zfs 2013, 579.
43 Vgl. AG Essen Urt. v. 15.04.2011 – 20 C 617/10 – SP 2011, 376.

lergebundene **Vertragswerkstatt** an seinem Wohnsitz oder seiner Region wendet.[44] Für die Verfügbarkeit ist primär entscheidend, ob die markengebundene Fachwerkstatt des VN ein solches Gerät überhaupt zum Einbau anbietet und ob – was der VR zu beweisen hat – der **Einbau** eines gebrauchten Navigationsgerätes in das Fahrzeug des VN **technisch überhaupt möglich** ist.[45] Ist letzteres zwar der Fall, kann das Gerät aber über die Fachwerkstatt des VN nicht beschafft werden, setzt eine Verfügbarkeit voraus, dass der VR dem VN geeignete andere seriöse Bezugsquellen konkret benennt und die Beschaffungsmöglichkeit eines Ersatzgerätes durch das Angebot eines Lieferanten belegt.[46] Kann er dies nicht, hat er den Neupreis für ein vergleichbares Gerät zu entschädigen. Auch dann, wenn nicht feststeht, ob die Kfz-Werkstatt des VN überhaupt bereit und in der Lage ist, das Gebrauchtgerät in das Fahrzeug des VN einzubauen, fehlt es an einer zumutbaren Beschaffungsalternative.

Das auf dem Markt beschaffbare **Ersatzgerät** muss **baugleich und technisch gleichwertig** zu dem entwendeten Gerät sein.[47] Für der Beurteilung der Gleichwertigkeit ist zu berücksichtigen, dass ein werksmäßig fest eingebautes Navigationssystem in der Regel integrierter Bestandteil der Armaturentafel ist, das Design sowie die Größe und Form des Displays speziell für den entsprechenden Fahrzeugtyp konzipiert und entwickelt wird und auch die elektrischen Anschlüsse auf den speziellen Fahrzeugtyp abgestimmt sind.[48] Außerdem sind Sprachsteuerung, Touch-Screen-Bedienfunktion, eingebaute Steuerungstasten im Multifunktionslenkrad sowie die Ausstattung des Gerätes als Multimedia-, Unterhaltungs- oder Kommunikationssystem zu berücksichtigen und, sofern bei dem entwendeten Gerät als Ausstattungsmerkmale vorhanden, auch für ein gebrauchtes Ersatzgerät zu fordern. Erfüllt das Ersatzgerät alle Anforderungen, die im konkreten Fall an ein gleichwertiges Navigationssystem zu stellen sind, schuldet der VR nicht den Neupreis, sondern nur den **Wiederbeschaffungswert**, der sich in dem Preis des Ersatzgerätes wiederspiegelt. Für die Wertermittlung ist dann allein auf die Preise des vom VR nachgewiesenen seriösen Gebrauchtgerätemarktes abzustellen ist.[49] Sofern der VN nach dem Schadenfall durch seine Werkstatt das Austauschgerät in sein Fahrzeug hat einbauen lassen, was auch in einer Rechnung entsprechend dokumentiert ist, hat der VR diese **Einbaukosten** ohne weitere Abzüge ersetzen, (vgl. A.2.1.2 AKB Rdn. 95). 71

Streitigkeiten entstehen häufig, wenn **ein Austauschgerät auf diese Weise nicht erhältlich** ist. Der VN steht dann regelmäßig vor dem Problem, dass ihm ein Gebrauchtgerätemarkt nicht zugänglich ist. In diesem Fall wird der VR den VN auf **alternative Be-** 72

---

44 AG Berlin-Hohenschönhausen Urt. v. 05.09.2006 – 2 C 381/05 – zfs 2007, 154.
45 Vgl. AG Mainz Urt. v. 05.04.2011 – 80 C 240/10 – r+s 2011, 283.
46 AG Mainz Urt. v. 05.04.2011 – 80 C 240/10 – r+s 2011, 283.
47 AG Mainz Urt. v. 05.04.2011 – 80 C 240/10 – r+s 2011, 283.
48 AG Hamburg-St. Georg Urt. v. 08.01.2008 – 919 C 48/07 – BeckRS 2008, 09127.
49 Vgl. LG Essen Urt. v. 09.09.2010 – 10 S 159/10 – VersR 2011, 914 = SP 2011, 27 unter Bestätigung von AG Essen Urt. v. 09.04.2010 – 20 C 417/09 – VersR 2011, 914; AG Essen Urt. v. 15.04.2011 – 20 C 617/10 – SP 2011, 376; AG Essen Urt. v. 01.04.2010 – 20 C 554/09 – SP 2010, 335.

A.2.1.2.3 AKB   Nicht versicherbare Gegenstände

schaffungsmöglichkeiten für gebrauchte Navigationssysteme außerhalb des herstellergebundenen Werkstattnetzes verweisen. Diese Weisungen sind für den VN nur dann verbindlich, wenn **der VR nachweist**, dass ein **baugleiches und gleichwertiges Gebrauchtgerät** auf einem entsprechenden alternativen Markt erhältlich ist und dieser Markt als **seriöser Gebrauchtgerätemarkt** angesehen werden kann.

73 Kommt ein Gericht – ggf. nach sachverständiger Beratung – zu dem Ergebnis, dass das entwendete **Gerät in vergleichbarer Qualität** wie ein vom Hersteller bezogenes Gerät auf dem Gebrauchtmarkt **nicht verfügbar** ist oder gelingt es dem VR nicht, die **Vergleichbarkeit der Qualität** nachzuweisen, fehlt es an einer zumutbaren Wiederbeschaffungsmöglichkeit für den VN. Da sich in diesen Fällen der nach Maßgabe von A.2.5.1.1 AKB zu entschädigende Wiederbeschaffungswert nicht ermitteln lässt, bemisst sich die Entschädigungshöhe für das entwendete Navigationssystem nach dem **Neupreis eines vergleichbaren Gerätes des betreffenden Kfz-Herstellers.**[50]

74 Gleiches gilt, wenn nach den Feststellungen des Gerichts **kein seriöser Gebrauchtgerätemarkt** für Navigationssysteme existiert und es dem VN deshalb nicht zumutbar ist, ein gebrauchtes Gerät aus unseriös erscheinenden, zweifelhaften Quellen zu erwerben.[51] **Anders** nur dann, wenn das Gericht unter Bezugnahme auf ein Sachverständigengutachten von der **Existenz eines seriösen Gebrauchtgerätemarkt** ausgeht.[52]

75 Für die Frage, ob der VN einen Anspruch auf eine Neupreisentschädigung hat, ist das **Alter** des entwendeten Navigationsgerätes nicht entscheidend.[53]

76 Hat der VN seinem VR Marke und Typ des entwendeten Navigationssystems bekannt gegeben und ihm mitgeteilt, dass er sich von seiner Fachwerkstatt ein neues Ersatzgerät einbauen lassen werde, muss der VR – ungeachtet eines seriösen Gebrauchtgerätemarktes – gleichwohl **den Neupreis** erstatten, wenn er es verabsäumt hat, den VN darauf hinzuweisen (vgl. E.1.3.2 AKB), dass nur die Kosten für ein gebrauchtes Gerät erstattungsfähig sind und auch ein ihm vorliegendes Angebot für den Erwerb eines gebrauchten Navigationssystems dem VN nicht zugeleitet hat; denn dadurch hat er **dem VN die Möglichkeit genommen, mit der** von ihm beauftragten **Werkstatt abzuklären, ob diese** zum Einbau eines gebrauchten Gerätes überhaupt bereit wäre.[54]

---

50 OLG Frankfurt/M. Beschl. v. 10.11.2009 – 7 U 91/09 – r+s 2010, 281 = zfs 2010, 154; AG Karlsruhe Urt. v. 21.06.2013 – 1 C 18/13 – zfs 2013, 579; AG Köln Urt. v. 02.11.2010 – 264 C 311/09 – r+s 2011, 332 = NZV 2011, 496; AG Hamburg-St. Georg Urt. v. 08.01.2008 – 919 C 48/07 – BeckRS 2008, 09127; AG Berlin-Hohenschönhausen Urt. v. 05.09.2006 – 2 C 381/05 – zfs 2007, 154; AG Düsseldorf Urt. v. 25.06.2009 – 42 C 9779/08 – NJW-RR 2010, 102 = NZV 2010, 258.
51 Vgl. AG Köln Urt. v. 02.11.2010 – 264 C 311/09 – r+s 2011, 332 = NZV 2011, 496.
52 Vgl. AG Essen Urt. v. 31.08.2007 – 20 C 1/07 – r+s 2008, 13 = SP 2007, 403.
53 A. A. AG Essen Urt. v. 01.04.2010 – 20 C 554/09 – SP 2010, 335.
54 OLG Frankfurt/M. Beschl. v. 10.11.2009 – 7 U 91/09 – r+s 2010, 281 = zfs 2010, 154.

b) Online-Handel, Internet- und Restpostenmärkte

aa) Seriöser Gebrauchtgerätemarkt?

Umstritten ist, ob auch der **Internet-Markt** als seriöser Gebrauchtgerätemarkt angesehen werden kann und ob demnach die Weisung des VR an seinen VN, eine Ersatzbeschaffung für das aus seinem Pkw entwendete Navigationsgerät im Internet vorzunehmen, **für den VN zumutbar und verbindlich ist.** 77

Nach teilweiser **Auffassung** sollen Internetangebote gewerblicher Händler als Grundlage für die Schätzung des Wiederbeschaffungswertes eines gestohlenen Navigationsgerätes generell herangezogen werden können; der VN sei im Rahmen seiner **Schadenminderungspflicht** gehalten, auf den in Internetplattformen (z. B. **Ebay, Amazon**) allgemein zugänglichen Markt für gebrauchte Navigationssysteme zurückzugreifen.[55] Insoweit habe sich ein seriöser Marktplatz für neue, gebrauchte oder auch generalüberholte Geräte etabliert, so dass sich der Wiederbeschaffungswert an der mittleren Preisspanne für diese Geräte zu orientieren habe, ggf. zuzüglich der Kosten für neue Navigationssoftware.[56] 78

Nach **gegenteiliger Auffassung** fehlt es hingegen an einer zumutbaren Wiederbeschaffungsmöglichkeit für den VN. Der VN kann das Gerät – wie bei Internetangeboten üblich – vor dem Kauf **nicht in Augenschein nehmen**, sich **kein persönliches Bild von der Seriösität des Anbieters** machen und erhält auch **keine Garantie** wie beim Originalhersteller.[57] Keinesfalls muss sich der VN auf ein Internetangebot verweisen zu lassen, wenn es nicht hinreichend nachprüfbar seriös ist, weil der Verkäufer jegliche **Angaben über die Herkunft des Gerätes** verweigert.[58] Selbst wenn man von einem seriösen Gebrauchtteilemarkt ausgehen wollte, kann die Ersatzbeschaffung für den VN gleichwohl unzumutbar sein, wenn sich nicht eine Fachwerkstatt zum Einbau des gebrauchten Systems bereiterklärt haben sollte.[59] 79

bb) Differenzierung zwischen Internet-Auktionen/Restpostenmärkte und Online-Shops

Richtigerweise ist in diesem Zusammenhang zwischen Internet-Auktionen und gewerblichen Online-Shops zu unterscheiden: 80

Soweit der VR auf die Verfügbarkeit von gebrauchten Navigationssystemen in **Internetauktionen** verweist, handelt es sich dabei oftmals um alles andere als einen seriösen Gebrauchtgerätemarkt. Gerade gestohlene Navigationssysteme werden von den Tätern häufig über solche Vertriebskanäle zu Tiefstpreisen vermarktet. Die Beschaffung eines 81

---

55 AG Wuppertal Urt. v. 17.03.2009 – 39 C 489/08 – SP 2009, 339; AG Hannover Urt. v. 03.05.2007 – 427 C 11356/06 – SP 2007, 333.
56 AG Bremen Urt. v. 26.11.2013 – 18 C 290/12 – r+s 2014, 228.
57 AG Hannover Urt. v. 08.02.2010 – 547 C 4343/09 – zfs 2010, 333.
58 AG Köln Urt. v. 02.11.2010 – 264 C 311/09 – r+s 2011, 332 = NZV 2011, 496.
59 OLG Frankfurt/M. Beschl. v. 10.11.2009 – 7 U 91/09 – r+s 2010, 281 = zfs 2010, 154.

A.2.1.2.3 AKB Nicht versicherbare Gegenstände

Ersatzgerätes auf diesem zweifelhaften Markt ist für den VN nicht zumutbar, zumal durchaus die Möglichkeit besteht, dass er sein gestohlenes Gerät als Hehlerware wiedererkennt. Die Verweisung des VN auf diesen Markt würde einen künstlichen Bedarf nach solchen Gebrauchtgeräten schaffen, der kriminelle Kreise auch in Zukunft dazu ermuntern würde, derartige Systeme zu entwenden. Um diesen Kreislauf zu durchbrechen, ist es allein konsequent, jedenfalls für Multimedia- und Navigationssysteme den Internetmarkt, soweit er Auktionscharakter hat, **als seriösen Gebrauchtgerätemarkt auszuschließen.** Auf spezielle Restpostenmärkte als Bezugsquellen braucht sich der VN ebenso wenig verweisen zu lassen.

82 Was demgegenüber die Verfügbarkeit von Gebrauchtgeräten im **Versandhandel** oder **Online-Shops** anbelangt, so kann es sich im Einzelfall durchaus um seriöse Wiederbeschaffungsquellen handeln, insbesondere dann, wenn sich dies durch einen gerichtlichen Sachverständigen untermauern lässt. Voraussetzung ist, dass das Gebrauchtgerät gleichwertig ist und das Angebot dem VN mühelos zugänglich ist.

cc) Kriterien für eine gleichwertige und mühelos zugängliche Beschaffungsmöglichkeit via Internet

83 Häufig wird es an der **Gleichwertigkeit** des als gebraucht angebotenen Navigationssystems fehlen, wenn dieses nicht mit denselben, evtl. noch laufenden **Herstellergarantie- und kaufrechtlichen Gewährleistungsfristen** wie bei dem entwendeten Gerät wiederbeschafft werden kann. Auch dann, wenn ein **modellgleiches Gerät nicht zu beschaffen** ist, kann der VN nicht auf ein beliebiges anderes, »schlicht vergleichbares« Navigationsgerät verwiesen werden. Wurde das gestohlene Navigationsgerät speziell für das vom VN gefahrene Fahrzeugmodell entwickelt und behauptet der VR lediglich, die auf dem Gebrauchtmarkt erhältlichen Geräte seien vergleichbar, ohne anzugeben, wie alt die Geräte sind, noch inwieweit sie mit dem entwendeten Gerät vergleichbar sein sollen, so ist der Neupreis als Entschädigung zugrunde zu legen.[60]

84 Im Übrigen ist eine **Verweisung des VN** auf gebrauchte Geräte im Internet von vornherein **ausgeschlossen**, wenn dem VN eine Ersatzbeschaffung auf diesem Markt **nicht zumutbar** oder die Bezugsquelle dem VN **nicht ohne weiteres problemlos zugänglich** ist. Daher reicht auch der Hinweis des VR auf einen »seriösen« Gebrauchtgerätemarkt im Internet allein nicht aus, um den VN verbindlich auf diesen Markt verweisen zu können. Es gehört nicht zum Allgemeinwissen eines VN, Gewerbebetriebe zu kennen, wo gebrauchte Navigationsgeräte angeboten werden.[61]

85 **Angebote von Privatpersonen,** die für den Verkauf von Gebrauchtgeräten keine Gewährleistung anbieten oder **Angebote von Händlern,** die sich ausschließlich an gewerbliche Kunden richten, können keine Grundlage für die Ermittlung einer Entschädigungszahlung sein. Problemlos ohne weiteres zugänglich sind Angebote von Online-Shops dann nicht, wenn der VN weder über einen **Internetanschluss,** noch über die

---

60 AG Hamburg-Barmbeck Urt. v. 23.05.2008 – 820 C 14/08 – r+s 2009, 11.
61 AG Düsseldorf Urt. v. 28.11.2008 – 27 C 5601/08 – DAR 2009, 209, 210 = NZV 2009, 510.

notwendigen Kenntnisse verfügt, Kaufverträge via Internet abschließen zu können.⁶² In allen Fällen beschränkt sich der Entschädigungsanspruch nicht lediglich nur auf den Wiederbeschaffungswert und damit auf die Kosten eines gleichwertigen gebrauchten Navigationsgerätes; vielmehr ist der **Neupreis** zu ersetzen, den der VN bei einem Kfz-Vertragshändler für ein modellgleiches neues Gerät aufwenden muss.⁶³ Kürzungen sind unzulässig.

c) Abzüge »neu für alt«? – Rechtslage nach den neuen AKB (ab 2008)

Hat der VN Anspruch auf den Neupreis eines Gerätes, ist dieser grundsätzlich uneingeschränkt zu erstatten. Dies gilt selbst dann, wenn das neue Gerät technische Verbesserungen oder Ausstattungserweiterungen aufweist. Die noch nach den früheren AKB a. F. möglichen **Abzüge »neu für alt« entfallen**, da sich die entsprechende Klausel in A.2.5.2.3 AKB nur auf den Reparaturschadenfall bezieht und eine Verweisung auf A.2.5.1.1 AKB, der die Entschädigung bei Verlust regelt, nicht vorgesehen ist. 86

Ausnahmsweise ist ein Abzug »neu für alt« dann vorzunehmen, wenn nach den **konkret vereinbarten AKB** bei »Beschädigung, Zerstörung oder Verlust von Informations- oder Unterhaltungssystemen« ausnahmsweise ein »dem Alter und der Abnutzung entsprechender Abzug« vereinbart worden ist. Bei einem »**dem Alter entsprechenden Abzug«** kann bei Zerstörung oder Verlust eines werkseitig eingebauten Navigationssystems ein Abzug in Höhe von **1 % des Geräte-Anschaffungspreises pro Monat** seit Erstzulassung des Fahrzeuges gerechtfertigt sein. Durch eine Klausel, die den Abzug ab dem Zeitpunkt des Erwerbs durch den VN, aber nicht vor Ablauf von zwölf Monaten vorsieht, wird der VN nicht unangemessen benachteiligt.⁶⁴ 87

Darf der VR nach den konkret vereinbarten AKB lediglich einen »**der Abnutzung entsprechenden Abzug«** vornehmen, ist beim Einbau von Neuteilen ein solcher Abzug trotzdem nur dann gerechtfertigt, wenn der VN durch den Neueinbau ihm auch sonst entstehende Aufwendungen erspart, d. h. das ausgewechselte Teil in der Regel die Lebensdauer des gesamten Fahrzeuges nicht erreicht hätte.⁶⁵ Üblicherweise muss ein im Fahrzeug fest integriertes Navigationssystem während der Lebensdauer des Fahrzeuges nicht ersetzt werden,⁶⁶ so dass sich ein Abzug allenfalls wegen des bei einem Neugerät aktualisierten Kartenmaterials begründen lässt. 88

---

62 AG Düsseldorf Urt. v. 28.11.2008 – 27 C 5601/08 – DAR 2009, 209, 210 = NZV 2009, 510; a. A. AG Essen Urt. v. 01.04.2010 – 20 C 554/09 – SP 2010, 335.
63 AG Berlin-Hohenschönhausen Urt. v. 05.09.2006 – 2 C 381/05 – zfs 2007, 154 mit Anm. Rixecker; vgl. auch Pamer Rn. 666 ff.; Versicherungsombudsmann Urt. v. 05.06.2008 – 9125/2007 – SP 2009, 22 = r+s 2013, 328; Versicherungsombudsmann Urt. v. 15.12.2006 – 8141/2006 – r+s 2007, 415.
64 AG Hannover Urt. v. 14.08.2012 – 530 C 4959/12 – VersR 2013, 994 = r+s 2013, 328.
65 Vgl. OLG Koblenz Urt. v. 26.11.1999 – 10 U 246/99 – r+s 2000, 97.
66 AG Düsseldorf Urt. v. 25.06.2009 – 42 C 9779/08 – NJW-RR 2010, 102 = NZV 2010, 258.

A.2.1.2.3 AKB Nicht versicherbare Gegenstände

d) Abzüge »neu für alt«? – Rechtslage nach den alten AKB (vor 2008)

89 In manchen älteren AKB-Fassungen ist in § 13 Abs. 5 AKB a. F. auch für den Fall des Verlustes von den Kosten der Ersatzteile ein dem Alter und der Abnutzung entsprechender Abzug »neu für alt« vorzunehmen. Allerdings sind die Abzüge nach dem Wortlaut der Vertragsbedingungen oftmals bis zu einem bestimmten Jahr ausschließlich auf Bereifung, Batterie und Lackierung beschränkt (z. B. bei Krafträdern, Pkw und Omnibussen bis zum Schluss des vierten, bei allen übrigen Fahrzeugen bis zum Schluss des dritten auf die Erstzulassung des Fahrzeuges folgenden Kalenderjahres).

90 Der **durchschnittliche VN** darf diese Regelung als abschließend ansehen und so verstehen, dass er sich hinsichtlich anderer Ersatzteile, also auch des Navigationssystems, keinen Abzug gefallen lassen muss, **sofern** dieses **innerhalb des genannten Zeitraumes nach Erstzulassung entwendet** wird.[67] Der VN ist nach dieser Klausel auch nicht verpflichtet, sich ein gebrauchtes Navigationssystem zu beschaffen. Die erforderlichen Wiederherstellungskosten bemessen sich an den **Kosten für ein Neugerät**, das sich der VN über die örtliche Werkstatt seines Vertrauens beschaffen und einbauen lassen darf. Die in § 13 Abs. 5 AKB a. F. genannten Kosten der Wiederherstellung beziehen sich nicht auf gebrauchte, sondern auf neue Teile, weil sonst die Regelung eines Abzuges »neu für alt« unter bestimmten Voraussetzungen überflüssig wäre.

91 Bei älteren Pkw, bei denen das **Navigationssystem nach Ablauf des** vierten auf die Erstzulassung folgenden **Kalenderjahres** entwendet wird, ist als Entschädigung der **Preis maßgeblich, der vom Hersteller für ein** entsprechendes vergleichbares **Austauschteil verlangt** wird, sofern ein solches verfügbar ist und angeboten wird. Da es sich nicht um ein Neuteil handelt, beinhaltet der Preis für dieses Austauschteil bereits einen konkreten Abzug »neu für alt«, dessen Umfang der VR auch nicht gestützt auf eine anders lautende gutachterliche Bewertung in Frage stellen kann. Die Entschädigung bemisst sich daher an dem für das Austauschteil tatsächlich aufgewendeten Kaufpreis.

92 **Sofern** bei älteren Fahrzeugen **vergleichbare Austauschgeräte nicht zur Verfügung stehen**, steht der VN wiederum vor dem Problem, dass zumindest auf einem seriösen Markt gebrauchte Navigationssysteme oftmals nicht erhältlich sind, (vgl. A.2.1.2 AKB Rdn. 72 ff.) Daher bemisst sich die Höhe der Entschädigung auch in diesem Fall nach dem **Neupreis**.[68]

93 Abzüge »neu für alt« sind in der Regel nicht gerechtfertigt, da ein neues Navigationssystem keine Wertverbesserung des Fahrzeuges darstellt.[69] Ein herstellerseitig eingebautes **Navigationssystem** weist technisch gesehen die **gleiche Lebensdauer** auf **wie das Fahrzeug selbst**. Gleichwohl wird man bei älteren Fahrzeugen einen **Abzug von bis zu 20 %** als vertretbar ansehen können, wenn man einen gewissen Verschleiß der Bedienele-

---

67 AG Hannover Urt. v. 08.02.2010 – 547 C 4343/09 – zfs 2010, 333.
68 Ebenso AG Hamburg-Barmbeck Urt. v. 23.05.2008 – 820 C 14/08 – r+s 2009, 11.
69 OLG Frankfurt/M. Beschl. v. 10.11.2009 – 7 U 91/09 – r+s 2010, 281 = zfs 2010, 154; **a. A.** AG Hamburg-Barmbeck Urt. v. 23.05.2008 – 820 C 14/08 – r+s 2009, 11, das die Abzüge unter proportionaler Berücksichtigung einer Abschreibungsdauer von 8 Jahren vornimmt.

mente unterstellt und das neue Gerät sowohl mit neuerem Kartenmaterial ausgestattet ist, als auch über eine höhere Leistungsfähigkeit verfügt.[70]

e) **Ersatz von Multimedia-Software**

Der VR schuldet keinen Ersatz für die Beschädigung, die Zerstörung oder den Verlust von **Navigations-CDs** oder **-DVDs**.[71] 94

2. Erstattung sonstiger Kosten

Unabhängig davon, ob nur der Wiederbeschaffungswert oder der Neuwert – ggf. mit einem Abzug »neu für alt« – zu erstatten ist, hat der VR auch die **Einbaukosten** zu ersetzen,[72] da die Funktionsfähigkeit von fest in das Fahrzeug integrierten Navigationssystemen deren ordnungsgemäßen Einbau zwingend voraussetzt. Sofern **zusätzliche Reparaturkosten** anfallen, z. B. weil das gestohlene Navigationssystem von dem Täter mit Gewalt aus der Verkleidung gerissen wurde, sind diese in voller Höhe – bei fiktiver Abrechnung regelmäßig mit dem Netto-Betrag, (vgl. A.2.5.4 AKB) – ohne einen Abzug »neu für alt« zu erstatten. 95

IV. Glasbruchschäden

Zum Entschädigungsumfang einschließlich Preisnachlässen vgl. unter A.2.2.1 AKB Rdn. 96 ff.; zur Höhe der Entschädigung beim Totalschaden vgl. unter A.2.5.1 AKB Rdn. 824 ff. und beim Reparaturschaden unter A.2.5.2 AKB Rdn. 88 ff. 96

V. Erstattungsumfang bei Fahrzeug- und Zubehörteilen

Auch die **Einbaukosten** eines reparierten oder ersatzweise neu angeschafften **Fahrzeugteiles** sind zu ersetzen, wenn die Montage für die ordnungsgemäße Funktion des Teiles unentbehrlich ist oder es sich um ein wesentliches Fahrzeugbestandteil handelt (z. B. Anbringung einer mitversicherten Reklamebeschriftung, Einbaukosten eines Autoradios).[73] Dagegen ist **reines Fahrzeugzubehör** nur zum Teilewert **ohne Einbaukosten** versichert. Im Falle einer Entwendung von **Nummernschildern** gehören die Gebühren beim Straßenverkehrsamt für die Zuteilung neuer Kennzeichen nicht zum Entschädigungsumfang. 97

VI. Vorgehensweise des VN bei Regulierungsverweigerung

Kann der VN mit seinem VR **keine Übereinstimmung in Bezug auf die Entschädigungshöhe** erzielen, sollte er dem VR eine Frist setzen zur Abgabe einer Erklärung, wonach auf die Durchführung des Sachverständigenverfahrens nach A.2.6 AKB verzichtet 98

---

70 AG Düsseldorf Urt. v. 04.02.2009 – 43 C 7882/08 – SP 2009, 262.
71 AG Mainz Urt. v. 05.04.2011 – 80 C 240/10 – r+s 2011, 283; a. A. AG Düsseldorf Urt. v. 01.12.2008 – 231 C 14006/08 – DAR 2009, 211.
72 Ebenso AG Hamburg-Barmbeck Urt. v. 23.05.2008 – 820 C 14/08 – r+s 2009, 11.
73 Stiefel/Maier/*Meinecke* A.2.18 AKB Rn. 8.

A.2.2.1 AKB Welche Ereignisse sind in der Teilkasko versichert?

wird. Für den Fall, dass der VR nicht reagiert oder die erbetene Erklärung nicht abgibt, sollte der VN gleichzeitig die Einleitung des Sachverständigenverfahrens androhen und auch einen Kfz-Sachverständigen namentlich benennen. Sofern streitig ist, ob dem VN ein Anspruch auf ein neues oder nur ein gebrauchtes Navigationsgerät zusteht, ist ein Sachverständigenverfahren allerdings entbehrlich, da es sich allein um eine den Gerichten vorbehaltene Rechtsfrage handelt, (vgl. A.2.6 AKB Rdn. 11).

A.2.2   Welche Ereignisse sind versichert?

A.2.2.1   Welche Ereignisse sind in der Teilkasko versichert?

Versicherungsschutz besteht bei Beschädigung, Zerstörung, Totalschaden oder Verlust des Fahrzeugs einschließlich seiner mitversicherten Teile durch die nachfolgenden Ereignisse:

Brand und Explosion

A.2.2.1.1   Versichert sind Brand und Explosion. Als Brand gilt ein Feuer mit Flammenbildung, das ohne einen bestimmungsgemäßen Herd entstanden ist oder ihn verlassen hat und sich aus eigener Kraft auszubreiten vermag. Nicht als Brand gelten Schmor- und Sengschäden. Explosion ist eine auf dem Ausdehnungsbestreben von Gasen oder Dämpfen beruhende, plötzlich verlaufende Kraftäußerung.

Entwendung

A.2.2.1.2   Versichert ist die Entwendung in nachfolgenden Fällen:

a   Versichert sind Diebstahl und Raub sowie die Herausgabe des Fahrzeuges aufgrund räuberischer Erpressung.

b   Unterschlagung ist nur versichert, wenn dem Täter das Fahrzeug weder zum Gebrauch in seinem eigenen Interesse, noch zur Veräußerung noch unter Eigentumsvorbehalt überlassen wird.

c   Unbefugter Gebrauch ist nur versichert, wenn der Täter in keiner Weise berechtigt ist, das Fahrzeug zu gebrauchen. Nicht als unbefugter Gebrauch gilt insbesondere, wenn der Täter vom Verfügungsberechtigten mit der Betreuung des Fahrzeugs beauftragt wird (z. B. Werkstatt- oder Hotelmitarbeiter). Außerdem besteht kein Versicherungsschutz, wenn der Täter in einem Näheverhältnis zu dem Verfügungsberechtigten steht, z. B. dessen Arbeitnehmer, Familien- oder Haushaltsangehöriger ist.

Sturm, Hagel, Blitzschlag, Überschwemmung

A.2.2.1.3   Versichert ist die unmittelbare Einwirkung von Sturm, Hagel, Blitzschlag oder Überschwemmung auf das Fahrzeug. Als Sturm gilt eine wetterbedingte Luftbewegung von mindestens Windstärke 8. Eingeschlossen sind Schäden, die dadurch verursacht werden, dass durch diese Naturgewalten Gegenstände auf oder gegen das Fahrzeug geworfen werden. Ausgeschlossen sind Schäden, die auf ein durch diese Naturgewalten veranlasstes Verhalten des Fahrers zurückzuführen sind.

Zusammenstoß mit Haarwild

A.2.2.1.4 Versichert ist der Zusammenstoß des in Fahrt befindlichen Fahrzeugs mit Haarwild im Sinne von § 2 Abs. 1 Nr. 1 des Bundesjagdgesetzes (z. B. Reh, Wildschwein).

Glasbruch

A.2.2.1.5 Versichert sind Bruchschäden an der Verglasung des Fahrzeugs. Als Verglasung gelten Glas- und Kunststoffscheiben (z. B. Front-, Heck-, Dach-, Seiten- und Trennscheiben), Spiegelglas und Abdeckungen von Leuchten. Nicht zur Verglasung gehören Glas- und Kunststoffteile von Mess-, Assistenz-, Kamera- und Informationssystemen, Solarmodulen, Displays, Monitoren sowie Leuchtmittel. Nicht versichert sind Folgeschäden.

Kurzschlussschäden an der Verkabelung

A.2.2.1.6 Versichert sind Schäden an der Verkabelung des Fahrzeugs durch Kurzschluss. Folgeschäden sind nicht versichert.

Übersicht

		Rdn.
A.	Allgemeines	1
B.	Regelungsgehalt – Welche Ereignisse sind versichert? – A.2.2 AKB/Welche Ereignisse sind in der Teilkasko versichert? – A.2.2.1 AKB (§ 12 Abs. 1 Nr. I und Abs. 2 AKB 2007 a. F.; A.2.2 AKB 2008 a. F.)	4
I.	Beschädigung, Zerstörung, Totalschaden, Verlust – A.2.2.1 AKB	4
II.	Brand und Explosion – A.2.2.1.1 AKB	5
	1. Brand – A.2.2.1.1 Alt. 1 AKB	6
	a) Definition	6
	b) Kausalität – Unmittelbare und mittelbare Brandschäden	7
	c) Bestimmungsgemäßer Brandherd	11
	d) Risikoausschlüsse	13
	aa) Schmorschäden	13
	bb) Sengschäden	15
	cc) Schmor- oder Sengschäden und Brand	16
	2. Explosion – A.2.2.1.1 Alt. 2 AKB	17
III.	Entwendung – A.2.2.1.2 AKB	21
	1. Begriff der Entwendung	21
	2. Diebstahl, Raub, räuberische Erpressung – A.2.2.1.2a AKB	25
	3. Unterschlagung – A.2.2.1.2b AKB	31
	a) Definition	31
	b) Nicht gedeckte Unterschlagungen	34

A.2.2.1 AKB   Welche Ereignisse sind in der Teilkasko versichert?

	Rdn.
aa) Überlassung des Kfz zum Gebrauch im eigenen Interesse	35
(1) Grundsätzliches	35
(2) Abgrenzung zwischen nicht gedeckter Unterschlagung und Diebstahl	38
(3) Gebrauchsüberlassung durch Dritte an weitere Personen	41
bb) Überlassung des Kfz zur Veräußerung	43
cc) Überlassung des Kfz unter Eigentumsvorbehalt	44
4. Unbefugter Gebrauch – A.2.2.1.2c AKB	45
a) Definition	45
b) Keine Nutzungsberechtigung des Täters	48
c) Folgeschäden am Fahrzeug durch unbefugten Gebrauch	52
IV. Sturm, Hagel, Blitzschlag, Überschwemmung – A.2.2.1.3 AKB	55
1. Allgemeines	55
2. Unmittelbarkeit der Einwirkung durch Naturgewalten – A.2.2.1.3 Satz 1 und 3 AKB	56
3. Keine Unmittelbarkeit bei durch Naturgewalten veranlasstem Verhalten des Fahrers – A.2.2.1.3 Satz 4 AKB	61
4. Sturm – A.2.2.1.3 Satz 1 und 2 AKB	64
5. Hagel – A.2.2.1.3 Satz 1 AKB	65
6. Blitzschlag – A.2.2.1.3 Satz 1 AKB	66
7. Überschwemmung – A.2.2.1.3 Satz 1 AKB	67
8. Lawinen und Muren	74
V. Zusammenstoß mit Haarwild – A.2.2.1.4 AKB	75
1. Allgemeines	75
2. Haarwild	78
3. Zusammenstoß des in Fahrt befindlichen Fahrzeuges mit Haarwild	81
4. Kausalität zwischen Zusammenstoß und Schaden	83
VI. Glasbruch – A.2.2.1.5 AKB	90
1. Allgemeines	90
2. Bruchschäden an der Verglasung	91
3. Entschädigungsumfang/Preisnachlässe des Autoglasers	96
VII. Kurzschlussschäden an der Verkabelung – A.2.2.1.6 AKB	104
C. **Weitere praktische Hinweise**	107
I. Brand und Explosion	107
1. Beweislastverteilung und Einzelfälle	107
a) Grundsatz	107
b) Brand nach vorausgegangenem/nachfolgendem Unfall	109
c) Brand nach vorausgegangener strittiger Entwendung	113
aa) Indizien für eine vorsätzliche Brandstiftung des VN	115
bb) Keine Indizien für eine vorsätzliche Brandstiftung des VN	120
2. Grobe Fahrlässigkeit	122
3. Unzurechnungsfähigkeit	123
4. Gefahrerhöhung	124
II. Diebstahl/Raub/räuberische Erpressung	125
1. Beweislastverteilung	125
a) Das »Drei-Stufen-Modell« des BGH – Überblick	125
b) Wahrscheinlichkeitsstufen	136
aa) Grundsätzliches	136

	Rdn.

bb) Erste Stufe – Beweiserleichterungen des VN beim Nachweis des Kfz-Diebstahls 138
   (1) »Äußeres Bild« 138
   (2) Anhörung des glaubwürdigen VN nach § 141 ZPO 140
   (3) Schlüsselverhältnisse bei der Prüfung des »äußeren Bildes« 150
   (4) Zeugenbeweis 154
   (5) Unglaubwürdiger VN und Zeugenbeweis 160
   (6) Einzelfälle aus der Rechtsprechung 163
cc) Zweite Stufe – Beweiserleichterungen des VR beim Nachweis der vorgetäuschten Entwendung 165
   (1) Umstände der Vortäuschung 165
   (2) Schlüsselverhältnisse und Kopierspuren 169
   (3) Einzelfälle aus der Rechtsprechung 179
dd) Dritte Stufe – Vollbeweis des VN 181
2. Abgrenzung der versicherten Entwendung zum nicht versicherten Betrug . . . 182
   a) Trickdiebstahl 182
   b) Probefahrten 186
3. Diebstahl mitversicherter Teile – Antennen, Embleme, Scheibenwischer und Außenspiegel 192
4. Beschädigung des Kfz durch (versuchte) Entwendung 193
   a) Überblick 193
   b) Abgrenzung zu Vandalismusschäden 198
   c) Schäden vor, beim und nach Gebrauch des entwendeten Fahrzeuges 202
   d) Beschädigung des Kfz durch (versuchte) Entwendung (nicht) mitversicherter Teile 204
   e) Beweislast 210
5. Obliegenheitsverletzungen des VN im Entwendungsfall 213
   a) Grundsätzliches 213
   b) Kurzübersicht über die Obliegenheitsverletzungen nach § 28 VVG 220
      aa) Einfache Fahrlässigkeit 220
      bb) Grobe Fahrlässigkeit 221
      cc) Vorsatz 226
      dd) Arglist 229
6. Verlust von Fahrzeugschlüsseln 232
7. Nachweis der Schadenhöhe 238
8. Entwendung und nachfolgender Unfall/Brand 239
9. Wiederauffinden des Fahrzeuges und Höhe der Entschädigung 243
10. Rückforderungsrechtsstreit des VR gegen VN 244
III. Unterschlagung 247
  1. Beweislastverteilung 247
  2. Einzelfälle 252
IV. Unbefugter Gebrauch – Beweislastverteilung 254
V. Sturm, Hagel, Blitzschlag, Überschwemmung – Beweislastverteilung 256
VI. Unfälle durch Haarwild 263
  1. Zusammenstoß mit Haarwild – Beweislastverteilung 263
  2. Aufwendungsersatz beim berührungslosen Wildschaden 273
    a) Allgemeines 273
    b) Beweisführung 276

A.2.2.1 AKB   Welche Ereignisse sind in der Teilkasko versichert?

	Rdn.
c) Anspruchsvoraussetzungen	284
aa) Aufwendungen bei unmittelbar bevorstehendem Versicherungsfall	285
bb) Vermeidung eines Zusammenstoßes mit Haarwild	287
cc) Objektiv auf den Schutz des Kfz abzielende (Reflex-) Rettungshandlung	288
dd) Subjektiv den Umständen nach erforderliche Rettungshandlung	292
d) Vollständige Leistungsfreiheit des VR bei grob fahrlässiger Fehleinschätzung über die Gebotenheit der Rettungshandlung?	302
e) Leistungskürzung in der Vollkaskoversicherung	309
f) Rettungshandlung durch vom VN personenverschiedene Fahrer	310
VII. Kurzschlussschäden an der Verkabelung durch Marderbiss	314
VIII. Besondere Anzeigepflichten des VN in der Teilkasko und Vorschäden	318
IX. Teil-/Vollkaskoschutz trotz Risikoausschluss in der Voll-/Teilkasko	322
X. Gerichtliche Zuständigkeit bei im Ausland zugelassenen Kfz	323

A. Allgemeines

1   Die Bestimmung definiert inhaltlich unverändert zu den bisherigen AKB die in der Teilkasko versicherten Ereignisse. Neu ist allerdings ist die Darstellung der einzelnen Gefahren. **Die bis 2008 gültigen AKB** unterschieden noch sehr systematisch zwischen drei Gruppen von Kasko-Tatbeständen, nämlich den Teilkasko-Tatbeständen (§ 12 Abs. 1 Nr. I AKB a. F.), den Vollkasko-Tatbeständen (§ 12 Abs. 1 Nr. II AKB a. F.) und den Glasbruch- und Kurzschlussschäden (§ 12 Abs. 2 AKB a. F.). Die Trennung der Glasbruch- und Kurzschlussschäden von den Teilkasko- und Vollkasko-Tatbeständen war systematisch gerechtfertigt. Denn während es sich bei Glasbruch und Kurzschlüssen um versicherte Schäden handelt, beschreiben die Kasko-Tatbestände bestimmte Schadenursachen (z. B. Diebstahl, Brand, Hagel, Unfall), die Voraussetzung für den Anspruch des VN aus der Kaskoversicherung sind. So wird ein Glasbruchschaden unabhängig von seiner Entstehung ersetzt, während die Beschädigung einer Stoßstange nur dann versichert ist, wenn ein versichertes Ereignis (z. B. Wildschaden, Unfall) die Ursache des Schadens war.[1]

2   In den **AKB 2008** wurde diese schematische Trennung bereits aufgegeben. Die Teilkasko-Tatbestände wurden vollständig in Abschnitt A.2.2 AKB und die Vollkasko-Tatbestände in A.2.3 AKB dargestellt. Die **AKB 2015** verfeinern diese Systematik, indem zur besseren Struktur und Darstellung eine zusätzliche Gliederungsebene (A.2.2 AKB) eingeführt wird, die dem VN zum einen aufzeigt, welche Ereignisse in der Teilkasko (A.2.2.1 AKB) und welche Ereignisse in der Vollkasko (A.2.2.2 AKB) versichert sind, wobei durch weitere Untergliederungen die in beiden Sparten jeweils versicherten Gefahren dargestellt werden, und zwar für die Teilkasko in A.2.2.1.1 bis A.2.2.1.6 AKB und für die Vollkasko in A.2.2.2.1 bis A.2.2.2.3 AKB.

3   Die wichtigen **Teilkasko-Tatbestände »Brand« und »Explosion«** wurden bereits in den **AKB 2008 neu gefasst**, um die bisherigen Auslegungsprobleme zu beseitigen. Ebenso

---

[1] Maier/Stadler Rn. 98.

wurden die Voraussetzungen, unter denen eine **Unterschlagung** versichert ist, präzisiert im Anschluss an die frühere Auslegung, wonach Versicherungsschutz nur besteht, wenn dem Täter das Fahrzeug nicht zum Gebrauch im eigenen Interesse, zur Veräußerung oder unter Eigentumsvorbehalt überlassen worden war. Schließlich findet auch der frühere **Begriff der »betriebsfremden Person«** seit den AKB 2008 keine Verwendung mehr. Stattdessen wird der Tatbestand des »unbefugten Gebrauchs« umschrieben, wobei A.2.2.1.2c AKB in Form eines negativen Tatbestandsmerkmals denjenigen Personenkreis konkretisiert, der als Täter eines »unbefugten Gebrauchs« und damit eines versichertes Ereignisses unter keinen Umständen in Betracht kommt. In den **AKB 2015** werden anders als bisher die versicherten Entwendungstatbestände mit ihren Voraussetzungen und Einschränkungen aufgeführt. Die Aufzählung ist abschlie0end. Der Straftatbestand der **räuberischen Erpressung** wird erstmals namentlich mit aufgelistet.

B. Regelungsgehalt – Welche Ereignisse sind versichert? – A.2.2 AKB/Welche Ereignisse sind in der Teilkasko versichert? – A.2.2.1 AKB (§ 12 Abs. 1 Nr. I und Abs. 2 AKB 2007 a. F.; A.2.2 AKB 2008 a. F.)

I. Beschädigung, Zerstörung, Totalschaden, Verlust – A.2.2.1 AKB

Vgl. hierzu A.2.1.1 AKB Rdn. 6 ff. 4

II. Brand und Explosion – A.2.2.1.1 AKB

Erstmals seit den AKB 2008 werden die Begriffe »Brand« und »Explosion« in Anlehnung an die Definition in der allgemeinen Feuerversicherung konkret umschrieben. 5

1. Brand – A.2.2.1.1 Alt. 1 AKB

a) Definition

Entsprechend der Definition in § 1 Nr. 2 AFB 2008 ist unter »Brand« ein **Feuer mit** 6 **offener Glut- oder Flammenbildung** zu verstehen, das entweder ohne einen bestimmungsgemäßen Herd entstanden ist oder diesen verlassen hat und sich aus eigener Kraft auszubreiten vermag.

b) Kausalität – Unmittelbare und mittelbare Brandschäden

Die Eintrittspflicht des VR erfordert, dass der Fahrzeugschaden adäquat kausal »durch 7 Brand« verursacht wurde. Voraussetzung hierfür ist, dass das **Fahrzeug** entweder selbst **vom Feuer erfasst** oder **unmittelbar durch seine Einwirkung beschädigt** wird. Als technische Brandursache innerhalb des Fahrzeuges kommt in erster Linie Selbsterhitzung mit anschließender Selbstentzündung, bedingt durch Vergaserbrände, Heißlaufen des Motors oder Kurzschlüsse in Betracht, aber auch ein Brand durch undichte Kraftstoffleitungen in Zusammenhang mit einer Überhitzung des Auspuffs. Die **Brandursache** kann auch **außerhalb des Fahrzeuges** liegen. Ausreichend ist, dass das Kfz durch bloße **Hitze- oder Raucheinwirkung** einen Schaden erleidet, und zwar unabhängig davon, ob es selbst in Brand gerät oder nicht. Voraussetzung ist lediglich, dass das **Feuer** in engem örtlichen und zeitlichen Zusammenhang **unmittelbar auf das versicherte Fahrzeug ein-**

A.2.2.1.1 AKB Brand und Explosion

wirkt. Entstehen dabei **Riss-, Sprung- oder Sengschäden**, sind auch diese mitversichert.[2]

8 Schäden am versicherten Fahrzeug, **die mittelbar** durch einen an anderer Stelle ausgebrochenen Brand **entstehen (Brandfolgeschäden)**, sind ebenso versichert, solange sie in einem engen räumlichen und zeitlichen Zusammenhang zum Brandherd stehen. Auch hier muss das versicherte Fahrzeug nicht selbst gebrannt haben. Es genügt ein adäquater Ursachenzusammenhang zwischen dem Brand und dem Schaden am Fahrzeug.[3] Einer »unmittelbaren« Einwirkung wie bei den Schäden durch Naturgewalten bedarf es nicht. Ein gedeckter Brandschaden liegt daher auch dann vor, wenn die **einstürzende Mauer eines brennenden Gebäudes** auf die Garage fällt und das darin stehende versicherte Fahrzeug beschädigt, oder das geparkte Fahrzeug durch **Gebäudeteile, die sich beim Brand eines Hauses gelöst** haben (z. B. Dachziegel), beschädigt wird.[4] Selbst Schäden, die durch das **Eindringen von Löschwasser** aus einem brennenden Haus **in eine Tiefgarage** entstehen, in der das versicherte Fahrzeug abgestellt ist, sind zu ersetzen.[5]

9 **Nach früher vertretener Ansicht** in der Literatur sollte ein nur mittelbar durch Brand verursachter Schaden nicht gedeckt sein.[6] Jedoch dürfte diese Einschränkung dem Versicherungsumfang, wie er in § 1 Nr. 1 AFB für die Feuerversicherung festgelegt ist, nicht gerecht werden. Nach der dortigen Beschreibung leistet der VR eine Entschädigung für versicherte Sachen, die »durch Brand« zerstört oder beschädigt werden. Eine Differenzierung dahingehend, dass nur unmittelbar adäquat kausal verursachte Schäden zu ersetzen sind, ist der Regelung nicht zu entnehmen. Da die AKB die Definition des »Brandes« ebenfalls den AFB entnommen haben, erscheint es sachgerecht, den Versicherungsschutz nicht zu Ungunsten des VN einzuschränken. Die **gegenteilige Literaturmeinung** hätte zur Konsequenz, dass bei brennenden Gebäudeteilen (z. B. Holzbalken), die auf das versicherte Fahrzeug herabstürzen, zu unterscheiden wäre zwischen brandbedingten Schäden (dann wohl versichert) und solchen, die sturzbedingt entstanden sind (dann wohl nicht versichert). Diese Unterscheidung dürfte dem durchschnittlichen VN, auf dessen Empfängerhorizont es bei der Auslegung allgemeiner Versicherungsbedingungen ankommt, kaum zu vermitteln sein. Er wird vielmehr davon ausgehen, in einem solchen Fall den gesamten Schaden an seinem Fahrzeug ersetzt zu bekommen. In gleicher Weise wird für den VN kein nachvollziehbarer Grund für eine Differenzierung zu erkennen sein, wenn man mit der Gegenmeinung annimmt, Schäden durch herabfallende Dachziegel, die sich beim Brand eines Gebäudes gelöst haben, seien nicht versichert, denn beim Herabstürzen brennender Balken müsste

---

2 Stiefel/Maier/*Stadler* A.2.2 AKB Rn. 16.
3 Stiefel/Maier/*Stadler* A.2.2 AKB Rn. 15 unter Aufgabe der früheren Rechtsansicht.
4 OLG Düsseldorf Urt. v. 06.08.1991 – 4 U 251/90 – VersR 1992, 567; AG Hamburg Urt. v. 26.10.1994 – 11 C 525/94 – VersR 1995, 1305; AG Berlin-Charlottenburg Urt. v. 13.09.1989 – 13 C 457/89 – VersR 1990, 44; Prölss/Martin/*Knappmann* § 12 AKB Anm. 2.
5 LG Hamburg Urt. v. 14.04.1977 – 21 O 229/76 – VersR 1978, 857.
6 Stiefel/Hofmann, Kraftfahrtversicherung, 17. Auflage, § 12 AKB Rn. 24.

Brand und Explosion **A.2.2.1.1 AKB**

auch nach der gegenteiligen Auffassung zumindest der brandbedingte Schaden am Fahrzeug ersetzt werden.

Kein Versicherungsschutz besteht, wenn der räumliche und zeitliche Zusammenhang zwischen Brandherd und Schadenereignis fehlt. Dies ist z. B. der Fall, wenn der **Brandhelfer auf dem Weg zur Brandstätte** mit seinem Fahrzeug einen **Unfall erleidet** oder das bei **Löscharbeiten** im Wege stehende Kfz beiseite gestoßen und dabei beschädigt wird.[7] Gleiches gilt, wenn das versicherte Fahrzeug durch das **Gedränge der Schaulustigen** am Brandort einen Schaden erleidet. 10

c) **Bestimmungsgemäßer Brandherd**

Das den Brandschaden auslösende **Feuer muss außerhalb eines bestimmungsgemäßen Brandherdes entstanden** sein. Schäden an solchen Fahrzeugteilen, die ihrer bestimmungsgemäßen Verwendung nach Hitze, Feuer oder Funkenbildung ausgesetzt sind (z. B. **Zündkerzen, Sicherungen, Katalysator**), sind nicht versichert. Bei einem »Durchbrennen« solcher Teile wird es in aller Regel auch an der erforderlichen Flammenbildung fehlen. 11

Ein versicherter Brandschaden liegt auch dann vor, wenn ein **Feuer** zwar **zunächst gewollt** an einem bestimmungsgemäßen Ort **entstanden** ist, es sich von diesem gewollten Herd **aber ungewollt und unkontrolliert aus eigener Kraft ausgebreitet** und einen Schaden am versicherten Fahrzeug verursacht hat. Ein **Vergaserbrand** gilt nicht als versicherter Brand, denn das Feuer kann nur so lange brennen, wie ihm weiteres Kraftstoffgemisch zugeführt wird. Es fehlt daher an der Ausbreitungsfähigkeit des Feuers aus eigener Kraft.[8] 12

d) **Risikoausschlüsse**

aa) **Schmorschäden**

Ein nicht versicherter Schmorschaden liegt vor, wenn sich die Substanz einer Sache unter Hitzeeinwirkung zersetzt, ohne dass es zu einer Glut- oder Flammenbildung kommt.[9] Dies ist z. B. der Fall beim **Verschmelzen von Kabeln**, bedingt durch Verschleiß der Isolierung, Schäden an der Elektrik oder Wackelkontakte, beim **Heißlaufen eines Radlagers**[10] oder beim **Durchbrennen des Katalysators** infolge zu hoher Betriebstemperatur, weil hier ein Schmelzvorgang des Keramikkörpers vorliegt.[11] 13

Auch »**Kabelbrände**« zählen grundsätzlich zu den nicht versicherten Schmorschäden. Sie entstehen infolge der Einwirkung von Wärmequellen durch Zersetzungsprozesse, 14

---

7 Stiefel/Maier/*Stadler* A.2.2 AKB Rn. 17.
8 LG Koblenz Urt. v. 26.03.1990 – 3 U 257/89 – r+s 1990, 367; LG Hamburg Urt. v. 26.06.1985 – 18 S 37/84 – r+s 1985, 262.
9 AG Geldern Urt. v. 24.01.2006 – 14 C 158/05 – SP 2007, 75.
10 OLG Oldenburg Urt. v. 06.05.1988 – 2 U 275/87 – zfs 1989, 315; LG Stuttgart Urt. v. 07.04.1988 – 25 O 596/87 – r+s 1989, 352.
11 Stiefel/Maier/*Stadler* A.2.2 AKB Rn. 10.

Stomper

ohne dass es zu einer Flammenbildung kommt.¹² Soweit sie **durch** einen **Kurzschluss ausgelöst** werden, sind Schäden an der Verkabelung jedoch – mit Ausnahme der Folgeschäden an den angrenzenden Aggregaten (Lichtmaschine, Anlasser, Batterie) – nach **A.2.2.1.6 AKB** im Rahmen der Teilkasko versichert (vgl. A.2.2.1 AKB Rdn. 104).

bb) Sengschäden

15   An einer Flammenbildung fehlt es auch bei einem Sengschaden, der gleichfalls nicht versichert ist. Er liegt z. B. vor bei der Beschädigung eines **Cabrioverdecks durch einen glimmenden Feuerwerkskörper**,¹³ ohne dass das Fahrzeug hierdurch in Brand gerät (dann versicherter Schaden!), beim **Ansengen des Sitzpolsters** durch eine glühende Zigarette oder den Zigarettenanzünder, aber auch dann, wenn sich eine Sache durch **Selbsterhitzung** in ihrer Form verändert und dadurch unbrauchbar wird.¹⁴

cc) Schmor- oder Sengschäden und Brand

16   Entsteht ein Schmor- oder Sengschaden erst als **Folge eines Brandes**, ist er ohne weiteres mitversichert. Ist ein Schmor- oder Sengvorgang allerdings – bedingt durch die starke Hitzeentwicklung – die **Ursache eines Brandes** an angrenzenden Fahrzeugbereichen, ist der entstehende Schmor- oder Sengschaden nur dann gedeckt, wenn er kausal allein auf das offene Feuer zurückgeführt werden kann. Ist dies nicht der Fall, weil der Schaden auch ohne Flammenbildung bereits infolge des Schmor- oder Sengvorganges entstanden wäre, liegt ein entschädigungspflichtiger Brandschaden nicht vor. Eine **Deckungspflicht des VR besteht demnach nur in den Fällen**, in denen sich aus dem Schmor- oder Sengvorgang ein offenes Feuer mit Flammenbildung entwickelt, welches zu Schäden führt, die jedenfalls durch den Schmor- oder Sengvorgang allein nicht hätten entstehen können.¹⁵ Die **gegenteilige Auffassung**¹⁶, wonach der durch Brand entstehende Fahrzeugschaden stets zu ersetzen sei, widerspricht dem eindeutigen Wortlaut in A.2.2.1.1 S. 2 AKB, der Schäden durch Schmor- oder Sengvorgänge ausdrücklich vom Versicherungsschutz ausschließt. Kommt es zu einer offenen Flammenbildung und treten Beschädigungen am Fahrzeug auf, muss zur Klärung eines möglichen Risikoausschlusses die Ursache dieser Fahrzeugschäden festgestellt werden, da ansonsten die Ausschlussklausel zumindest bei solchen Fallkonstellationen leer laufen würde. Zur **Beweislastverteilung** und zu weiteren **Einzelfällen** vgl. A.2.2.1 AKB Rdn. 107 ff.

2. Explosion – A.2.2.1.1 Alt. 2 AKB

17   Die **Definition** für eine Explosion ist § 1 Nr. 4 AFB 2008 entnommen. Voraussetzung ist eine auf dem Ausdehnungsbestreben von Gasen oder Dämpfen beruhende, plötzlich

---

12   Stiefel/Maier/*Stadler* A.2.2 AKB Rn. 11.
13   AG Pforzheim Urt. v. 17.12.1993 – C 384/93 – VersR 1994, 1336 = zfs 1995, 22.
14   Stiefel/Maier/*Stadler* A.2.2 AKB Rn. 12.
15   Vgl. auch AG Saarlouis Urt. v. 11.12.1997 – 28 C 1942/97 – SP 1998, 331; AG Mannheim Urt. v. 10.09.1990 – 14 C 343/89 – zfs 1991, 383.
16   Bruck/Möller/*Johannsen* Anm. J 30.

Brand und Explosion **A.2.2.1.1 AKB**

verlaufende Kraftäußerung. Unerheblich ist, ob die Gase oder Dämpfe schon vor der Explosion vorhanden waren oder sich erst anlässlich dieser gebildet haben.[17] **Versicherungsschutz besteht** sowohl für Explosionen ohne Hinzutreten eines Brandes, als auch für solche mit Brand und zwar unabhängig davon, ob sich erst der Brand ereignet und danach die Explosion oder umgekehrt. Die Explosion braucht weder vom Fahrzeug auszugehen, noch muss das Fahrzeug Mittelpunkt der Explosion sein. Es genügt, dass **die Druckwelle das Fahrzeug deformiert** oder nach einer Explosion herumfliegende **Gegenstände gegen das Fahrzeug geschleudert** werden (z. B. durch Feuerwerkskörper oder einen bei Schweißarbeiten explodierenden Tank). Auch Schäden durch **Feuerwerkskörper**, die von einem Autodach aus abgefeuert werden und dort Dellen hinterlassen, sind über die Teilkasko abzuwickeln. Anders nur dann, wenn der Feuerwerkskörper nicht explodiert und am Fahrzeuglack nur Seng- oder Schmorschäden entstehen (Ausschluss nach A.2.2.1.1 S. 3 AKB) oder die Schäden durch zu schwungvolles Aufstellen auf dem Dach entstehen (allenfalls Eintrittspflicht des VR aus der Vollkasko).

Bei der **Explosion eines Behälters** (Kessel, Rohrleitung usw.) ist Voraussetzung, dass er 18
in einem solchen Umfang zerrissen wird, dass durch das Ausströmen von Gas oder Dämpfen ein plötzlicher Ausgleich des Druckunterschieds innerhalb und außerhalb des Behälters stattfindet. Keine Explosionen sind daher Ereignisse, bei denen das Ausdehnungsbestreben großer Energiemengen nach außen keine Rolle spielt (z. B. **Schwungradexplosionen**). Auch **Implosionen**, bei denen ein Hohlkörper nach innen zusammenbricht, sind nicht versichert.[18] Sie stellen auch keinen in der Vollkasko versicherten »Unfall« dar, da sie regelmäßig auf einen Bedienungsfehler des Fahrers zurückzuführen sind.[19]

Schäden durch eine sog. **Motorexplosion** sind nicht gedeckt, da diese darauf beruht, 19
dass ein Pleuellager heißläuft und sich festfrisst, anschließend die Pleuelstange bricht und das Kurbelgehäuse durchschlägt. Damit liegt eine mechanische Einwirkung von innen vor, die nicht auf dem Ausdehnungsbestreben von Gasen oder Dämpfen beruht.[20]

Der eingetretene Schaden muss **adäquat kausal** auf der Explosion beruhen, was der VN 20
zu beweisen hat. Es gelten die gleichen Grundsätze wie beim Brand (vgl. A.2.2.1 AKB Rdn. 7 ff.), wobei allerdings der räumliche Zusammenhang weiter zu fassen ist, weil ein Kfz durch die Detonationswelle bei einer Explosion auch noch in mehreren Kilometern Entfernung beschädigt werden kann. Zur **Beweislastverteilung** und zu weiteren **Einzelfällen** vgl. A.2.2.1 AKB Rdn. 107 ff.

---

17 Prölss/Martin/*Kollhosser* § 82 VVG Rn. 8.
18 OLG Köln Urt. v. 13.04. 1966 – 2 U 118/65 – VersR 1966, 725.
19 OLG Hamm Urt. v. 25.11.1994 – 20 U 120/94 – VersR 1995, 1345 = zfs 1995, 182.
20 Vgl. Halm/Engelbrecht/Krahe/*Oberpriller* Kap. 15 Rn. 42.

A.2.2.1.2 AKB Entwendung

III. Entwendung – A.2.2.1.2 AKB

1. Begriff der Entwendung

21 Nach der **Definition des BGH** setzt eine Entwendung eine objektiv widerrechtliche Sachentziehung im Sinne einer unfreiwilligen Wegnahme voraus, die zu einer – in der Regel dauerhaften – **wirtschaftlichen Entrechtung des Eigentümers** führt,[21] ihn also insoweit seiner Befugnisse beraubt. Versicherungsschutz besteht also nur dann, wenn das Fahrzeug durch eine objektiv unerlaubte, widerrechtliche Handlung eines Dritten gegen den Willen des VN bzw. Eigentümers abhandenkommt.[22] Für die Eigentümerstellung des VN bzw. des Versicherten streitet die sich aus § **1006 Abs. 1 S. 1 BGB** ergebende Vermutung, die der VR im Streitfall widerlegen muss.[23]

22 In den **AKB 2008** war die Aufzählung der aufgeführten Entwendungstatbestände nicht abschließend.[24] Vielmehr diente der **Oberbegriff der** »**Entwendung**« **als Auffangtatbestand**, der immer dann zum Zuge kam, wenn »insbesondere« (vgl. den Wortlaut in A.2.2.2.2 AKB 2008) die **beispielhaft** für eine Entwendung aufgeführten Straftatbestände Diebstahl (§ **242 StGB**) und Raub (§ **249 StGB**) nicht erfüllt waren und darüber hinaus auch die Unterfälle der Unterschlagung (§ **246 StGB**) und des unbefugten Gebrauchs eines Kraftfahrzeuges (§ **248b StGB**) nicht vorlagen. Da somit die objektive Erfüllung der Straftatbestände ausreiche und nicht darauf abgestellt wurde, ob der Täter schuldhaft gehandelt hatte, griff der Auffangtatbestand der »Entwendung« immer dann ein, wenn der »Täter« ein Fahrzeug oder Teile hiervon einem anderen versehentlich oder in der irrtümlichen Annahme wegnahm, hierzu berechtigt zu sein. Als **Beispiele** kamen die versehentliche Mitnahme eines Reifens in einer Werkstatt[25] oder die Wegnahme eines Fahrzeuges wegen irrtümlicher Annahme der Zugehörigkeit zum Nachlass[26] in Betracht. Der Versicherungsfall der »Entwendung« nach Maßgabe der bisherigen AKB betraf daher gerade auch die Fälle, in denen der »Täter« mangels Vorsatzes bzw. Fehlens rechtswidriger Zueignungsabsicht den Straftatbestand des Diebstahls gerade nicht erfüllte.

23 In den **AKB 2015** wird die bisherige Regelung nicht nur zum besseren Verständnis sprachlich neu gefasst; es wird nun auch deutlich gemacht, dass **ausschließlich** die konkret **genannten strafrechtlichen Tatbestände** unter Berücksichtigung der beschriebenen Risikobegrenzungen als »Entwendung« zu verstehen sein sollen (»*versichert ist die Entwendung in nachfolgenden Fällen*«). Die bisher in den AKB 2008 enthaltene Formulierung (»*insbesondere durch*«) erweckte den Eindruck, als gäbe es außer den strafrechtlichen Tatbeständen auch noch weitere versicherte Tatbestände. Dies führte zu einer Ausweitung des Anwendungsbereiches der versicherten »Entwendung«, die nicht

---

21 BGH Urt. v. 27.11.1980 – **IVa ZR 36/80** – VersR 1981, 345 = NJW 1981, 684.
22 LG Koblenz Urt. v. 06.06.1988 – 4 O 39/88 – r+s 1989, 111.
23 OLG Hamm Urt. v. 23.10.1997 – 20 U 189/96 – r+s 1998, 101.
24 Vgl. OLG Karlsruhe Urt. v. 15.01.1998 – 12 U 268/97 – NVersZ 1998, 129 = zfs 1999, 251;
   a. A. OLG Jena Urt. v. 01.07.1998 – 4 U 1448/97 – VersR 1999, 305 = zfs 1999, 24.
25 BGH VersR Urt. v. 27.11.1980 – **IVa ZR 36/80** – 1981, 345 = NJW 1981, 684.
26 BGH BGH Urt. v. 25.01.1995 – **IV ZR 328/93** – VersR 1995, 409 = r+s 1995, 125.

gewollt war. A.2.2.1.2 AKB korrigiert dies dadurch, dass einer der dort abschließend aufgezählten und konkret beschriebenen Tatbestände erfüllt sein muss, um den Versicherungsfall »Entwendung« auslösen zu können. Dazu gehört im Gegensatz zu den AKB 2008 auch die Herausgabe des Fahrzeuges durch räuberische Erpressung (§ 255 StGB), die in A.2.2.1.2 AKB ausdrücklich unter den Schutz der Teilkasko gestellt wird.

Keine versicherte Entwendung liegt im Umkehrschluss in allen anderen, nicht ausdrücklich in A.2.2.1.2 AKB beschriebenen – auch strafrechtlichen – Konstellationen vor, z. B. wenn der Täter den VN durch Betrug (§ 263 StGB) oder Erpressung (§ 253 StGB) dazu veranlasst, ihm das Fahrzeug zu überlassen. In diesen Fällen verschafft sich der Täter den Besitz am Fahrzeug gerade nicht durch rechtswidrige Zueignung ohne Einwilligung des VN; vielmehr erreicht er aufgrund einer Täuschung bzw. Drohung gegenüber dem VN eine willentliche Herausgabe des Fahrzeuges und damit eine bewusste Vermögensverfügung, die keine gedeckte Schadenursache darstellt. Ebenso scheidet eine »Entwendung« begrifflich aus, wenn die **Entziehung des Fahrzeuges aufgrund öffentlichen Rechts oder Privatrechts gerechtfertigt** oder gestattet ist, so z. B. die Pfändung durch den Gerichtsvollzieher oder das Umparken des Kfz durch den Parkhausbetreiber gemäß § 692 BGB zwecks Sicherung des Fahrzeuges wegen eines bevorstehenden Abbruchs des Parkhauses.[27] Folglich sind dabei verursachte Beschädigungen am Fahrzeug nicht über die Teilkasko zu ersetzen.[28] 24

2. Diebstahl, Raub, räuberische Erpressung – A.2.2.1.2a AKB

Ein **Diebstahl** liegt nach der strafrechtlichen Definition in § 242 StGB vor, wenn der Täter einem anderen eine fremde bewegliche Sache wegnimmt, um sie sich selbst zuzueignen. Versichert ist sowohl der Diebstahl von Fahrzeugteilen und –zubehör (Reifen, Autoradio), wie auch des kompletten Fahrzeugs. Notwendig ist der **Bruch fremden und die Begründung neuen Gewahrsams**. Der Bruch von Mitgewahrsam reicht aus.[29] Unter Gewahrsam ist nach h. M. ein **tatsächliches Herrschaftsverhältnis** zwischen einer Person und einer Sache (objektiv-physisches Element) zu verstehen, das von einem Herrschaftswillen (subjektiv-psychisches Element) getragen ist.[30] Der Gewahrsam entfällt nicht schon durch eine in angemessenen Grenzen auch nach der Anschauung des täglichen Lebens durchaus übliche, vorübergehende Aufhebung der tatsächlichen Sachherrschaft. Eine solche Gewahrsamslockerung schadet nicht. 25

Ein **Gewahrsamsbruch setzt voraus**, dass die tatsächliche Sachherrschaft des bisherigen Gewahrsamsinhabers, also z. B. des VN, gegen oder ohne seinen Willen aufgehoben oder beeinträchtigt wird. **Dagegen** schließt ein Einverständnis mit dem vom Täter erstrebten oder erlangten Gewahrsam eine Wegnahme aus.[31] Dies gilt selbst für den Fall, 26

---

27 LG Koblenz Urt. v. 06.06.1988 – 4 O 39/88 – r+s 1989, 111.
28 Stiefel/Maier/*Stadler* A.2.2 AKB Rn. 29.
29 OLG Naumburg Urt. v. 11.07.2013 – 4 U 5/13 – VersR 2014, 828 = r+s 2013, 595.
30 Z. B. Schönke/Schröder/*Eser* § 242 Rn. 23.
31 BGH Urt. v. 30.04.1953 – **5 StR 941/52** – BGHSt 4, 199.

A.2.2.1.2 AKB Entwendung

dass dieses **Einverständnis durch Täuschung** erlangt worden ist.[32] Dem VN soll Schutz geboten werden vor einem von ihm nicht voll beherrschbaren Risiko; freiwillig eingegangene Risiken soll der VN selbst, nicht die Gemeinschaft der Versicherten, tragen.[33] Erfolgt die **Übertragung des Gewahrsams** an den Täter **durch eine Täuschung des VN**, liegt keine Entwendung, sondern ein **nicht versicherter Betrug** vor. Hierfür ist aber Voraussetzung, dass mit der Täuschung die Vermögensverfügung vollendet ist und der VN sich seiner Herrschaft an der versicherten Sache vollständig und endgültig begibt. Behält der VN dagegen noch einen Gewahrsamsrest an der versicherten Sache zurück, so besteht lediglich eine Gewahrsamslockerung. Wird dieser Rest an Gewahrsam vom Täter gebrochen, liegt ein vom Teilkaskoversicherungsschutz umfasster **Trickdiebstahl** vor,[34] (vgl. A.2.2.1 AKB Rdn. 182). Diesen nimmt die Rechtsprechung überwiegend auch in den Fällen an, in denen der VN dem Täter das Fahrzeug freiwillig für eine **Probefahrt** überlässt, (vgl. A.2.2.1 AKB Rdn. 186 ff.).

27 An einem Gewahrsamsbruch fehlt es, wenn ein Ehegatte den Pkw des anderen Ehegatten (VN), den er während der Ehe berechtigt genutzt hat und für den er einen eigenen Wagenschlüssel besaß, nach dem Scheitern der Ehe nicht zurückgibt.[35]

28 Beim **Raub** muss nach § 249 StGB hinzukommen, dass die Wegnahme mit Gewalt gegen eine Person oder unter Anwendung von Drohungen mit gegenwärtiger Gefahr für Leib und Leben erfolgt, z. B. wenn der Fahrer mit vorgehaltener Pistole zum Aussteigen gezwungen oder niedergeschlagen wird. Der Raub muss immer auf das versicherte Fahrzeug gerichtet sein.

29 Die Herausgabe des Fahrzeuges aufgrund **räuberischer Erpressung** nach § 255 StGB wird als betrugsverwandtes Selbstschädigungsdelikt, das eine »freiwillige« Vermögensverfügung voraussetzt,[36] als versicherter Entwendungstatbestand ausdrücklich aufgeführt. Er setzt voraus, dass der VN rechtswidrig durch gegen ihn oder eine andere Person gerichtete Gewalt oder unter Anwendung von Drohungen mit gegenwärtiger Gefahr für Leib und Leben zur Herausgabe des versicherten Fahrzeuges an den Täter genötigt wird, wobei es gleichgültig ist, ob diese auf einer Handlung, Duldung oder Unterlassung des VN beruht.

30 Zur **Beweislastverteilung** mit **Einzelfällen** aus der Rechtsprechung vgl. A.2.2.1 AKB Rdn. 163 ff. und A.2.2.1 AKB Rdn. 179 ff.; zum **Diebstahl mitversicherter Teile** vgl. A.2.2.1 AKB Rdn. 192; zur **Beschädigung des Kfz** durch (versuchte) Entwendung vgl. A.2.2.1 AKB Rdn. 193 ff. und A.2.2.1 AKB Rdn. 210 ff.; zu den **Obliegenheitsverletzungen des VN im Entwendungsfall** vgl. A.2.2.1 AKB Rdn. 213 ff.; zum **Verlust von Fahrzeugschlüsseln** vgl. A.2.2.1 AKB Rdn. 232 ff.; zu den **Nachweisanforderun-**

---

32 OLG Saarbrücken Urt. v. 12.07.2006 – 5 U 650/05 – VersR 2007, 830 = r+s 2007, 314; LG Dortmund Urt. v. 21.11.2007 – 22 O 96/07 – SP 2008, 266.
33 OLG Saarbrücken Urt. v. 11.11.2009 – 5 U 197/09 – zfs 2010, 154.
34 BGH Urt. v. 27.11.1974 – **IV ZR 117/73** – VersR 1975, 225 = MDR 1975, 214.
35 LG Coburg Urt. v. 07.09.2001 – 32 S 131/01 – ZFE 2002, 30 = ADAJUR Dok.Nr. 47327.
36 Sinn in: SK-StGB § 255 StGB Rn. 4.

gen an die Schadenhöhe vgl. A.2.2.1 AKB Rdn. 238; zur **Entwendung mit nachfolgendem Unfall oder Brand** vgl. A.2.2.1 AKB Rdn. 239 ff., zum **Rückforderungsrechtsstreit des VR gegen den VN** vgl. A.2.2.1 AKB Rdn. 244 ff.

3. Unterschlagung – A.2.2.1.2b AKB

a) Definition

Auch eine Unterschlagung stellt nach A.2.2.1.2b AKB einen in der Teilkasko versicherten Fall des Verlustes eines Fahrzeuges (bzw. mitversicherten Fahrzeug- oder Zubehörteiles) durch Entwendung dar. Der **objektive Tatbestand des § 246 StGB** in der bis zum 31.03.1998 geltenden Fassung setzte noch voraus, dass sich der Täter eine fremde bewegliche Sache, die sich zuvor bereits in seinem Alleingewahrsam befunden haben musste, zueignete. Der Zueignungswille des Täters musste sich nach außen hin erkennbar durch eine Zueignungshandlung manifestiert haben. Außerdem durfte sich der Täter die Sache nicht schon durch eine andere strafbare Handlung zugeeignet haben. Aufgrund der Änderung des § 246 StGB durch das 6. Strafrechtsreformgesetz kommt es auf einen Gewahrsam des Täters nun nicht mehr an. **Ausreichend** ist, dass sich die **Sache bereits im Besitz des Täters** befindet. Das so in seinem Besitz befindliche Fahrzeug muss der Täter sich oder einem Dritten **rechtswidrig zueignen**. Einer Wegnahme wie beim Diebstahl bedarf es nicht. Der Eigentümer des Fahrzeuges muss durch die Zueignungshandlung des Täters dauerhaft »entrechtet« werden. Im Unterschied zum unbefugten Gebrauch muss der Täter einer Unterschlagung die Absicht haben, sich das Fahrzeug endgültig und nicht nur vorübergehend zuzueignen. Der hierauf gerichtete Wille des Täters muss sich in einer nach außen erkennbaren Handlung manifestieren. Diese Handlung muss den Rückschluss auf den inneren Willen des Täters zulassen, den Eigentümer dauernd auszuschließen und das Fahrzeug dem eigenen Vermögen bzw. dem eines Dritten einzuverleiben.[37]

31

Mit der Neufassung des § 246 StGB ist die Vorschrift als **Auffangtatbestand** für alle Formen rechtswidriger Zueignung fremder beweglicher Sachen ausgestaltet worden, der in strafrechtlicher Hinsicht immer dann eingreift, wenn die Tathandlung nicht unter einen mit schwererer Strafe bedrohten anderen Straftatbestand fällt (Subsidiaritätsklausel).[38] Dies hat in der Kaskoversicherung zur Folge, dass selbst dann, wenn der Täter zumindest den Besitz an dem Fahrzeug des VN durch Betrug erlangt, eine versicherte Unterschlagung in Betracht kommt, z. B. wenn der Täter eine **Probefahrt** mit dem Fahrzeug des VN unternimmt, es jedoch anschließend absprachewidrig nicht wieder zurückbringt,[39] (vgl. A.2.2.1 AKB Rdn. 40 und A.2.2.1 AKB Rdn. 190). Noch nach alter Rechtslage **unter Geltung des § 246 StGB a. F.** wäre hier kein Raum gewesen für eine Unterschlagung. Denn Voraussetzung für die Erfüllung des Straftatbestands

32

---

37 Seemayer r+s 2010, 6, 9.
38 Seemayer r+s 2010, 6, 9.
39 OLG Köln Urt. v. 22.07.2008 – 9 U 188/07 – zfs 2009, 94 = VersR 2008, 1640 = r+s 2008, 373; **a. A.** OLG Saarbrücken Urt. v. 11.11.2009 – 5 U 197/09 – zfs 2010, 154, das sich offenbar noch am § 246 StGB a. F. orientiert.

A.2.2.1.2 AKB Entwendung

der Unterschlagung war schon nach damaliger Ansicht des BGH,[40] dass der Täter sich die fremde Sache nicht schon durch eine andere strafbare Handlung zugeeignet haben dürfe. Erlange er Gewahrsam an der fremden Sache durch Betrug, könne der Täter im Falle einer späteren (weiteren) Zueignungshandlung nicht auch noch wegen Unterschlagung bestraft werden, weil dies zu unbilligen Ergebnissen führe. Da es nach alter Rechtslage somit am objektiven Tatbestand des § 246 StGB a. F. fehlte, andererseits aber auch der Besitzbetrug nach den AKB nicht versichert war (und auch heute noch nicht versichert ist), ging der VN leer aus. **Nach § 246 StGB n. F.** sind indes Fallgestaltungen denkbar, bei denen der Täter sowohl den Straftatbestand des Betruges, als auch den einer Unterschlagung verwirklicht, der Täter aber in strafrechtlicher Hinsicht allein wegen der Subsidiarität des § 246 StGB nicht wegen Unterschlagung verurteilt wird. Für eine **versicherungsrechtlich relevante Unterschlagung** kommt es aber allein auf die Vollendung des **objektiven Tatbestandes des § 246 StGB** an und **nicht darauf, ob der Täter bestraft** werden kann. Ebenso ist es unerheblich, ob sich der Täter im Rahmen seiner strafrechtlichen Verantwortung auf **persönliche Schuldausschließungsgründe** berufen kann. Steht die Unterschlagung danach fest, besteht eine Eintrittspflicht des VR, sofern die Unterschlagung gedeckt ist, d. h. die in A.2.2.1.2b AKB normierten Voraussetzungen vorliegen.

33   Der **Versicherungsfall »Unterschlagung« ist nur gedeckt**, solange er nicht durch denjenigen begangen wird, dem der VN das Fahrzeug zu bestimmten Zwecken, die in **A.2.2.1.2b AKB** beschrieben werden, überlassen hat. **Gehört der Täter zum Kreis einer dieser Personen, besteht kein Versicherungsschutz.** Damit ist allerdings ein Großteil der strafrechtlich relevanten Unterschlagungen nicht versichert. Gerade diese Fälle kommen jedoch typischerweise in der Praxis vor, wenn der Täter das ihm überlassene Fahrzeug nicht mehr an den VN zurückgibt. Grund für den restriktiven Wortlaut des A.2.2.1.2b AKB ist die Überlegung, dass der VR nicht dafür haften soll, dass das Vertrauen des VN von einer Person, der er sein Fahrzeug freiwillig zur eigenen Nutzung, zur Veräußerung oder unter Eigentumsvorbehalt überlässt, missbraucht wird.[41] Es handelt sich um nicht gedeckte Unterschlagungen.

b) Nicht gedeckte Unterschlagungen

34   Grundsätzlich ist ein erhöhtes Risiko für eine Unterschlagung gegeben, wenn der Dritte das Fahrzeug im eigenen Interesse gebrauchen kann und ihm vom VN eine selbstständige Verfügungsmacht über das Fahrzeug eingeräumt worden ist. Dem tragen die in A.2.2.1.2b AKB geregelten **Ausschlusstatbestände** Rechnung.

---

40   BGH Urt. v. 07.12.1959 – **GSSt 1/59** – NJW 1960, 684 = BGHSt 14, 38.
41   OLG Brandenburg Urt. v. 20.11.1996 – 1 U 5/96 – zfs 1998, 21 = VersR 1997, 1349; Stadler Rn. 177.

aa) Überlassung des Kfz zum Gebrauch im eigenen Interesse

(1) Grundsätzliches

Während in den AKB vor 2008 eine **nicht versicherte Unterschlagung** lediglich die 35
Überlassung des Fahrzeuges an den Täter »zum Gebrauch« erforderte (§ 12 Abs. 1 I
b AKB a. F.), wird in A.2.2.1.2b AKB die Überlassung »**zum Gebrauch im eigenen Interesse**« des späteren Täters vorausgesetzt. Eine materiell-rechtliche Änderung ergibt
sich hieraus jedoch nicht, da die Rechtsprechung für eine Versagung des Versicherungsschutzes auch schon bisher verlangte, dass dem Täter das Fahrzeug zum Gebrauch im
eigenen Interesse überlassen worden sein musste.[42] Nach überwiegender Auffassung
bedeutet die Überlassung des Fahrzeuges »zum Gebrauch im eigenen Interesse«, dass
der Täter, dem das Fahrzeug zur Verfügung gestellt wird, es mit **selbstständiger Verfügungsmöglichkeit im eigenen Interesse** nutzen,[43] also selbst entscheiden kann,
wann und wohin er das Fahrzeug bewegt.[44] Dafür muss ihm das **Fahrzeug als Fortbewegungsmittel** oder jedenfalls für **Transportzwecke** zur Verfügung gestellt werden.
Eine Überlassung zur Durchführung von Instandsetzungs- und Reparaturarbeiten
reicht nicht aus.[45] Der Fahrer muss selbst entscheiden können, wann und wohin er
mit dem Fahrzeug fährt. Dies ist z. B. bei einem **Mieter**[46] oder **Leasingnehmer** eines
Pkw der Fall, ebenso bei einem **Angestellten**, der einen **Firmenwagen für private Zwecke** zur freien Verfügung hat, der ihm für ein Wochenende oder eine Urlaubsreise zur
Verfügung gestellt wurde. In diesen Fällen greift der Ausschluss, (vgl. speziell zur
Beweislastverteilung bei der Unterschlagung eines Mietfahrzeuges A.2.2.1 AKB
Rdn. 252).

Keine selbstständige Verfügungsmacht des Fahrers liegt demgegenüber vor, wenn er als 36
Angestellter ausschließlich im Auftrag seines Arbeitgebers dessen Firmenwagen zur
Durchführung **konkreter Aufträge** nutzen darf, sei es für eine **vorgegebene Fahrt** zu
einem **bestimmten Ziel** oder zu einem **bestimmten Zweck**.[47] Ihm ist dann das Fahrzeug nicht zum Gebrauch im eigenen Interesse überlassen. Für eine Unterschlagung bestünde somit Versicherungsschutz. Ebenso wenig liegt ein Gebrauch im eigenen Inte-

---

42 OLG Hamm Urt. v. 31.08.1994 – 20 U 40/94 – VersR 1995, 1477 = r+s 1995, 127 =
NJW-RR 1995, 347; LG Berlin Urt. v. 28.03.2011 – 43 O 313/10 – SP 2011, 443; Stiefel/
Maier/*Stadler* A.2.2 AKB Rn. 44.
43 OLG Hamm Urt. v. 22.06.2005 – 20 U 242/04 – zfs 2005, 555; OLG Hamm Urt. v.
31.08.1994 – 20 U 40/94 – VersR 1995, 1477 = r+s 1995, 127 = NJW-RR 1995, 347.
44 Himmelreich/Halm/Staab/*Krahe* Kap. 23 Rn. 192.
45 OLG Hamm Urt. v. 18.01.2006 – 20 U 145/05 – zfs 2006, 275 = SP 2007, 78.
46 Vgl. BGH Urt. v. 20.01.1993 – IV ZR 277/91 – VersR 1993, 472 = r+s 1993, 169; OLG
Brandenburg Urt. v. 20.11.1996 – 1 U 5/96 – VersR 1997, 1349 = zfs 1998, 21; OLG Celle
Urt. v. 06.01.1994 – 8 U 4/92 – zfs 1995, 20; OLG Köln Urt. v. 13.05.1993 – 5 U 199/92 –
r+s 1995, 449.
47 OLG Hamm Urt. v. 31.08.1994 – 20 U 40/94 – VersR 1995, 1477 = r+s 1995, 127 =
NJW-RR 1995, 347; Stiefel/Maier/*Stadler* A.2.2 AKB Rn. 47, 49.

A.2.2.1.2 AKB Entwendung

resse vor bei der kurzfristigen Überlassung des Fahrzeuges an einen Kaufinteressenten zum Zwecke einer **Probefahrt**,[48] (vgl. A.2.2.1 AKB Rdn. 190).

37 Nach einer **modifizierten, neueren Auffassung** kann dem Täter das Fahrzeug richtigerweise auch dann »zum Gebrauch im eigenen Interesse« überlassen werden, wenn es ihm nicht als Fortbewegungsmittel oder für Transportzwecke zur Verfügung gestellt wird. Für die Frage, ob ein »Gebrauch im eigenen Interesse« des Täters vorliegt, ist nach dem Sinn und Zweck der Klausel stattdessen maßgeblich auf den **Grad der selbstständigen Verfügungsmacht** des Täters abzustellen,[49] weil der Ausschluss »Gebrauch im eigenen Interesse« gerade dem erhöhten Unterschlagungs-Risiko Rechnung tragen will, welches durch die Einräumung einer selbstständigen und eigenständigen Verfügungsmöglichkeit durch einen Dritten entsteht. Je größer diese ausgestaltet ist und je geringer die verbleibenden Einwirkungsmöglichkeiten des VN auf das Fahrzeug sind, desto größer ist auch die Gefahr, dass das Fahrzeug unterschlagen werden kann. Überlässt die VN daher in einem fremden Land ohne jegliche Ortskenntnisse ihrem früheren Lebensgefährten ihren Pkw mit allen Fahrzeugschlüsseln und beauftragt ihn, den Pkw in ihrem Interesse in einer sicheren Garage zu parken, deren Adresse ihr nicht bekannt ist, so liegt hierin eine Überlassung zum »Gebrauch im eigenen Interesse«, weil dem Lebensgefährten eine selbstständige Verfügungsmacht über den Pkw eingeräumt wurde.[50] Eine Unterschlagung des Pkw durch den Lebensgefährten ist nicht gedeckt.

(2) Abgrenzung zwischen nicht gedeckter Unterschlagung und Diebstahl

38 Der Ausschlusstatbestand »Überlassung nicht zum Gebrauch im eigenen Interesse« kann nur eingreifen, wenn der Versicherungsfall »Unterschlagung« vorliegt, nicht aber, wenn es sich um einen »Diebstahl« handelt.

39 Für den praxisrelevanten Fall der **rechtswidrigen Aneignung eines Kfz durch einen angestellten Fahrer** wurde früher diese Abgrenzung maßgeblich danach vorgenommen, ob der angestellte Fahrer, dem ein Firmenfahrzeug zum Gebrauch im eigenen Interesse überlassen worden war, als Besitzdiener (§ 855 BGB) anzusehen war (in diesem Fall konnte zwar keine Unterschlagung, wohl aber ein Diebstahl in Betracht kommen), oder ob er Alleingewahrsam an dem Fahrzeug inne hatte (was nach der früheren Fassung des § 246 StGB a. F. Voraussetzung für eine Unterschlagung war, während ein Diebstahl von vornherein ausschied). Nach der zum 01.04.1998 in Kraft getretenen Neufassung des § 246 StGB ist ein **(Allein-) Gewahrsam des Täters** für eine Unterschlagung **nicht mehr erforderlich**. Demnach **reicht es bei einem angestellten Fahrer aus**, dass er das Kfz in Besitz hat bzw. es ihm »anvertraut« ist (§ 246 Abs. 2 StGB). Wenn ein solcher angestellter Fahrer bestimmte Waren mit dem ihm anvertrauten Kfz seines Arbeitgebers (VN) auf dessen Weisung innerhalb eines bestimmten zeitlichen und räumlichen Rahmens, ggf. sogar unter Verwendung einer bestimmten

---

48 OLG Köln Urt. v. 22.07.2008 – 9 U 188/07 – zfs 2009, 94 = VersR 2008, 1640 = r+s 2008, 373; OLG Düsseldorf Urt. v. 23.02.1999 – 4 U 77/98 – r+s 1999, 230.
49 OLG Saarbrücken Urt. v. 11.11.2009 – 5 U 197/09 – zfs 2010, 154.
50 OLG Saarbrücken Urt. v. 11.11.2009 – 5 U 197/09 – zfs 2010, 154.

Fahrtroute auszuliefern hat, wird man davon ausgehen können, dass beim Arbeitgeber zumindest noch Mitgewahrsam, wenn nicht sogar – im Falle einer Besitzdienerschaft beim angestellten Fahrer – Alleingewahrsam am Kfz verbleibt. Verfügt der Fahrer dann eigenmächtig über das Fahrzeug, liegt darin ein Gewahrsamsbruch mit der Folge, dass der Verlust des Fahrzeuges dem VN aus dem **Versicherungsfall »Diebstahl«** zu entschädigen ist.[51] Lässt sich ein **Mitgewahrsam des Arbeitgebers (VN) nicht feststellen**, kommt gleichwohl jedenfalls eine **versicherte Unterschlagung** in Betracht. Da die Verwirklichung des Tatbestandes der Unterschlagung nicht mehr voraussetzt, dass zuvor (Allein-) Gewahrsam am Fahrzeug bestand, hat dies zur Folge, dass in den Fällen, in denen ein Betrug (nur) zur Erlangung des Besitzes führt (sog. Besitzbetrug), bei gleichzeitiger Zueignung auch der Tatbestand der Unterschlagung verwirklicht wird.[52] Da das Fahrzeug dem angestellten Fahrer – schon aufgrund seiner Weisungsgebundenheit – nicht zum Gebrauch im eigenen Interesse überlassen wurde, liegt auch kein Ausschlusstatbestand vor.

Handelt es sich demgegenüber nicht um einen angestellten Fahrer, sondern z. B. um einen **selbstständigen Transportunternehmer**, der als **gleichberechtigter Geschäftspartner** des VN für diesen aufgrund einer vertraglichen Beförderungspflicht Waren in dessen Fahrzeug transportiert, so ist für einen Restgewahrsam des VN kein Raum mehr. Im Falle einer Zueignung des Fahrzeuges durch den Fahrer liegt daher kein Diebstahl, sondern eine Unterschlagung vor, wobei es für die Frage, ob es sich um eine versicherte oder nicht versicherte Unterschlagung handelt, wiederum darauf ankommt, ob der VN dem Transportunternehmer konkrete Weisungen in Bezug auf seine Fahrtroute und die Auslieferung der zu transportierenden Güter erteilt hat (**dann versicherte Unterschlagung**), oder ob er ihm das Fahrzeug zum Gebrauch im eigenen Interesse mit selbstständiger Verfügungsmöglichkeit überlassen hat (**dann nicht gedeckte Unterschlagung**). Vergleichbares gilt, wenn der angestellte Fahrer das Kfz im Einverständnis mit dem VN zur **privaten freien Nutzung** über das Wochenende nach Hause nimmt. Der VN verliert dadurch jegliche reale Einwirkungsmöglichkeiten auf das Fahrzeug, so dass der Fahrer Alleingewahrsam erlangt. Eignet sich der Fahrer das Kfz zu, fehlt es an einem Gewahrsamsbruch und damit an einem Diebstahl, im Übrigen aber auch an einem unerlaubten Gebrauch des Fahrzeuges.[53] Selbst eine gedeckte Unterschlagung liegt aus den o. a. Gründen nicht vor.

40

(3) Gebrauchsüberlassung durch Dritte an weitere Personen

Der **Versicherungsschutz ist auch dann ausgeschlossen**, wenn die Unterschlagung durch eine andere Person als den Dritten erfolgt, dem der VN sein Fahrzeug zum Gebrauch in dessen eigenem Interesse überlassen hat, sofern eine **ununterbrochene Gebrauchsüberlassungskette** – bezogen auf das versicherte Fahrzeug – vom VN über den Dritten bis hin zu dem Täter vorliegt. Entscheidend dafür, ob der Ausschluss An-

41

---

51 Vgl. OLG Hamm Urt. v. 22.06.2005 – 20 U 242/04 – zfs 2005, 555 = VRR 2006, 103.
52 Vgl. Münchener Kommentar-StGB/*Hohmann* § 246 Rn. 61; Murmann NStZ 1999, 14, 16.
53 OLG Köln Urt. v. 19.09.1995 – 9 U 59/95 – VersR 1996, 1271 = r+s 1996, 13.

A.2.2.1.2 AKB Entwendung

wendung findet, ist daher, ob der **VN der Überlassung seines Kfz durch den Dritten an weitere Personen ausdrücklich oder stillschweigend zugestimmt** hat.[54] Wie schon § 12 Abs. 1 Ib) AKB a. F., wonach die »*Unterschlagung durch denjenigen, dem es* (das Fahrzeug) *zum Gebrauch ... überlassen wurde*«, vom Versicherungsschutz ausgeschlossen war, bringt auch A.2.2.1.2b AKB zum Ausdruck, dass kein Versicherungsschutz bestehen soll, wenn dem Täter das Fahrzeug zum Gebrauch im eigenen Interesse überlassen wurde. Beide Regelungen knüpfen an eine Verhaltensweise des VN an. Dieser soll das Risiko tragen, dass sich der Dritte, dem er sein Fahrzeug anvertraut, als unzuverlässig erweist.

42   Der Versicherungsschutz würde allerdings in einer vom VN letztlich nicht mehr zu beherrschenden oder gar zu beeinflussenden Weise eingeschränkt, wenn sich der **VN** ein **Auswahlverschulden des Dritten** bei der Weitergabe des Fahrzeuges an eine andere (weitere) Person **zurechnen** lassen müsste.[55] Auch der Wortlaut in A.2.2.1.2b AKB, der die Voraussetzungen einer gedeckten Unterschlagung positiv formuliert, während § 12 Abs. 1 Ib) AKB a. F. noch festlegte, unter welchen Voraussetzungen eine Unterschlagung nicht gedeckt sein soll, rechtfertigt keine andere Beurteilung, zumal die gegenteilige postulierte Auslegung zu einer Aushöhlung des Versicherungsschutzes in vielen Bereichen, insbesondere im gewerblichen Mietwagengeschäft führen würde. Zur **Beweislastverteilung** vgl. A.2.2.1 AKB Rdn. 247 ff.

bb) Überlassung des Kfz zur Veräußerung

43   Dieser Ausschluss trägt dem Umstand Rechnung, dass der VR nicht in den Fällen haften soll, in denen der VN freiwillig seinen Gewahrsam an seinem Fahrzeug vollständig aufgibt und der Dritte, dem das Kfz zur Veräußerung übergeben wurde, das Vertrauen des VN missbraucht. Versicherungsschutz besteht nur dann, wenn das Kfz dem Dritten, dem der VN es überlassen hat, gestohlen und durch einen unbeteiligten Dritten veruntreut worden ist.[56] Auch einem **Vermittler**, der das Kfz einem Kaufinteressenten vorführen soll, ist dieses zur Veräußerung überlassen,[57] (vgl. zu **Probefahrten** auch A.2.2.1 AKB Rdn. 186 ff.).

cc) Überlassung des Kfz unter Eigentumsvorbehalt

44   Vor allem im Bereich des finanzierten Fahrzeugkaufs ist es üblich, einen Eigentumsvorbehalt zu vereinbaren. Die Übereignung des Fahrzeuges steht unter der aufschiebenden Bedingung der vollständigen Kaufpreiszahlung, **§§ 449 Abs. 1, 929, 158 Abs. 1 BGB**. Der Käufer kann das Fahrzeug zwar frei nutzen; das Eigentum geht aber erst über, wenn die letzte Kaufpreisrate gezahlt ist. Taucht ein solcher Käufer mit dem Fahrzeug unter, ohne die vereinbarten Raten zu zahlen, liegt eine nicht gedeckte Unterschlagung vor.

---

54 Vgl. OLG Köln Urt. v. 10.07.2001 – 9 U 3/99 – r+s 2001, 359; OLG Hamm Urt. v. 31.08.1994 – 20 U 40/94 – VersR 1995, 1477 = r+s 1995, 127 = NJW-RR 1995, 347.
55 So aber Stiefel/Maier/*Stadler* A.2.2 AKB Rn. 51.
56 OLG Köln Urt. v. 13.07.2004 – 9 U 181/03 – SP 2004, 345.
57 OLG Hamm Urt. v. 14.08.1996 – 20 U 41/94 – zfs 1997, 20.

Zur **Beweislastverteilung** bei der Unterschlagung und zu weiteren **Einzelfällen** vgl. A.2.2.1 AKB Rdn. 247 ff.

4. Unbefugter Gebrauch – A.2.2.1.2c AKB

a) Definition

Der Tatbestand des »unbefugten Gebrauchs« verlangt eine vorübergehende Ingebrauchnahme des versicherten Kfz gegen den Willen des Verfügungsberechtigten, jedoch ohne dauerhafte Zueignungsabsicht des Täters. Der Begriff ist nicht nur rein strafrechtlich i. S. d. § 248b StGB zu verstehen. Es genügt jede Form einer »**Schwarzfahrt**«, bei der sich der Täter im Unterschied zum Diebstahl und der Unterschlagung das Fahrzeug **nicht dauerhaft zueignen** will. Der Regelfall liegt vor, wenn **Jugendliche** sich ein Fahrzeug ausleihen in der Absicht, es lediglich für eine **Spritztour** zu nutzen und am nächsten Tag zurückzubringen. 45

Voraussetzung für einen unbefugten Gebrauch ist, dass das versicherte Fahrzeug **als Fortbewegungsmittel benutzt** wird. Kein Versicherungsschutz besteht daher für Schäden, die ein Täter bei der unbefugten Nutzung eines Wohnwagens zu Wohnzwecken verursacht.[58] Das Fahrzeug muss zudem **ohne Wissen** und **gegen den** ausdrücklichen oder stillschweigenden **Willen des Halters oder Verfügungsberechtigten** von einem Täter **in Gebrauch genommen** werden, der mit dem Betrieb und der Betreuung des Fahrzeuges nichts zu tun hat, zu dem Verfügungsberechtigten in keinerlei Näheverhältnis steht und auch sonst in keiner Weise berechtigt ist, das Fahrzeug zu gebrauchen. 46

Die bisherigen AKB umschrieben den versicherten Personenkreis als »**betriebsfremde Personen**«, ohne hierfür eine Definition zu geben. Das Merkmal »betriebsfremd« wurde nach allgemeiner Meinung im Zusammenhang mit § 7 Abs. 3 StVG gesehen.[59] In **A.2.2.1.2c S. 2 und 3 AKB** werden nun diejenigen **Personen** konkretisiert, **die zu dem vom Versicherungsschutz ausgeschlossenen Täterkreis gehören**, also als Täter eines (teilkaskoversicherten) unbefugten Gebrauchs keinesfalls in Frage kommen. Dies sind einerseits diejenigen Personen, die der VN mit der **Betreuung des Fahrzeuges beauftragt** hat (z. B. der Mitarbeiter oder Angestellte einer Werkstatt oder eines Hotels), andererseits diejenigen, zu denen er in einem **persönlichen Näheverhältnis** steht (z. B. dessen Arbeitnehmer, Familien- oder Haushaltsangehörige). Dahinter steht der Gedanke, den VR davor zu schützen, dass unfallbedingte Schäden am Fahrzeug über die Teilkaskoversicherung abgerechnet werden mit der Behauptung, der Arbeitnehmer oder Familienangehörige des VN sei nicht berechtigt gewesen, das Kfz zu nutzen. Umgekehrt soll der VN selbst den Schaden tragen, wenn sein investiertes Vertrauen gegenüber dem Fahrzeugbesitzer von diesem missbraucht wird. 47

---

58 LG Frankfurt Urt. v. 15.06.2000 – 2/15 S 2/00 – VersR 2002, 751.
59 Vgl. OLG Köln Urt. v. 22.04.1993 – 5 U 222/92 – VersR 1994, 593 = zfs 1993, 307.

A.2.2.1.2 AKB Entwendung

b) Keine Nutzungsberechtigung des Täters

48 Versichert ist der unbefugte Gebrauch nur dann, wenn der Täter **in keiner Weise zur Nutzung des Fahrzeuges berechtigt** ist. Berechtigte Beziehungen lassen sich nur vom verfügungsberechtigten VN, Halter oder Eigentümer ableiten.[60] Als nicht berechtigt, d. h. »betriebsfremd«, sind demzufolge all diejenigen Personen anzusehen, die von dem Verfügungsberechtigten **weder ausdrücklich ermächtigt** sind, den Wagen zu benutzen oder irgendwelche Handlungen mit ihm vorzunehmen, **noch** als berechtigt gelten müssen, **weil sie**, z. B. als Verwandte oder leitende Angestellte des VN, kraft ihrer Stellung **eine solche Ermächtigung stillschweigend annehmen** müssen.[61]

49 Allein der **Besitz eines Zweitschlüssels** zu dem versicherten Kfz führt noch nicht zur Annahme einer berechtigten Beziehung und damit zum Ausschluss des Versicherungsschutzes.[62]

50 Sofern der Fahrer seine **Gebrauchsberechtigung** nicht vom Halter, sondern **von einem Dritten ableitet**, kommt es darauf an, ob der Dritte zumindest konkludent als bevollmächtigt gilt, dem anderen Fahrer das Steuer zu überlassen. Das bloße Bestehen einer Gebrauchsüberlassungskette reicht nicht aus, wenn der VN einem anderen das Kfz zwar zur Verfügung gestellt, ihm aber untersagt hat, es Dritten zur Nutzung zu überlassen. **Keine Nutzungsberechtigung eines Fahrers liegt daher vor**, wenn der Vater sein Kfz seinem Sohn für einen Abend zur Verfügung stellt und dieser es ohne Wissen des Vaters anderen jungen Leuten überlässt. Auch der angestellte Fahrer, dem das Kfz seines Arbeitgebers für eine bestimmte Fahrt übergeben wird, ist nicht befugt, einer anderen Person die Erlaubnis zur Nutzung des Fahrzeuges zu erteilen.[63] **Dagegen ist derjenige**, der das Fahrzeug mit Wissen und Willen des Halters in Besitz hat, auch dann nicht »betriebsfremd« (und gehört damit zu dem vom Versicherungsschutz ausgenommenen Personenkreis), wenn ihm untersagt wurde, mit dem Fahrzeug zu fahren[64] oder wenn er das Fahrzeug absprachewidrig für andere Zwecke einsetzt als die, für die es ihm überlassen wurde.[65]

51 Der **Arbeitnehmer**, der mit Wissen seines Arbeitgebers beabsichtigt, **Wochenendfahrten mit dem Firmenwagen** durchzuführen, ist auch dann zur Nutzung des Kfz berechtigt, wenn er es entgegen der Anweisung seines Arbeitgebers versäumt, diesen im Einzelfall zuvor über die beabsichtigte Fahrt zu informieren.[66] Ebenso wenig entfällt die grundsätzliche Berechtigung zur Nutzung des Kfz bei einem Arbeitnehmer, dem die **Benutzung nur an einem bestimmten Tag** untersagt ist. Kein Versicherungsschutz besteht auch bei unbefugtem Gebrauch des Kfz durch einen **Mechaniker**[67] oder durch

---

60 Stiefel/Maier/*Stadler* A.2.2 AKB Rn. 61.
61 OLG Schleswig Urt. v. 31.10.1984 – 9 U 208/83 – VersR 1986, 30.
62 OLG Schleswig Urt. v. 31.10.1984 – 9 U 208/83 – VersR 1986, 30.
63 BGH Urt. v. 13.07.1993 – **VI ZR 278/92** – DAR 1993, 430 = zfs 1993, 342.
64 OLG Köln Urt. v. 22.04.1993 – 5 U 222/92 – VersR 1994, 593 = zfs 1993, 307.
65 OLG Köln Urt. v. 19.09.1995 – 9 U 59/95 – VersR 1996, 1271 = r+s 1996, 13.
66 OLG Celle Urt. v. 04.02.1977 – 8 U 102/76 – VersR 1977, 561.
67 LG München Urt. v. 18.05.1980 – 6 O 762/80 – VersR 1981, 247.

einen **Fahrer, der**, nachdem ihm der VN die Fahrzeugschlüssel gegeben hat, um die neue im Fahrzeug eingebaute Stereoanlage zu testen, **absprachewidrig losfährt** und einen Unfall verursacht.[68] Denn dieser war jedenfalls berechtigt, das Fahrzeug zum Radiohören zu gebrauchen.

c) Folgeschäden am Fahrzeug durch unbefugten Gebrauch

Versicherungsschutz besteht, wenn infolge einer (versuchten) unbefugten Ingebrauchnahme oder Schwarzfahrt ein dauerhafter **Verlust** des Fahrzeuges eintritt oder dieses **beschädigt** oder **zerstört** wird. Insoweit gelten dieselben Grundsätze wie für Schäden im Zusammenhang mit dem Diebstahl oder Diebstahlversuch eines Fahrzeuges (vgl. A.2.2.1 AKB Rdn. 202 ff.). Der VN wird erwarten können, dass grundsätzlich auch in Fällen, in denen sein Kfz nach einer »Spritztour« in beschädigtem Zustand wieder aufgefunden wird, für diese Schäden Versicherungsschutz gewährt wird unabhängig davon, ob der Täter eine Diebstahlshandlung begehen wollte und daher mit Zueignungsabsicht handelte, oder ob er als Unbefugter das Kfz von vornherein nur vorübergehend in Gebrauch nehmen wollte.[69] 52

Voraussetzung für eine Deckung ist stets, dass der Täter in keiner Weise zum Gebrauch des Fahrzeuges berechtigt ist. Steht der unbefugte Fahrer dagegen in einem persönlichen Näheverhältnis zum VN oder ist er mit der Betreuung des Kfz beauftragt, so gilt er als zum Gebrauch autorisiert. Kommt es beim Gebrauch des Fahrzeuges durch diesen Personenkreis zu einem Unfall, fehlt es zwar an einem aus der Teilkasko zu entschädigenden Versicherungsfall; jedoch ist der Schaden aus einer etwaig bestehenden Vollkaskoversicherung zu ersetzen. Denn in der **Vollkasko** kommt es nicht darauf an, ob der Täter berechtigte Beziehungen zu dem Kfz hatte oder nicht. 53

Die **schuldhafte Ermöglichung des unbefugten Gebrauchs** durch den VN schließt den Versicherungsschutz zwar nicht aus; jedoch riskiert der VN eine Leistungskürzung im Rahmen des A.2.9.1 AKB, § 81 Abs. 2 VVG, wenn er die Schwarzfahrt grob fahrlässig ermöglicht. Dabei reicht ein adäquater Kausalzusammenhang zwischen der grob fahrlässigen Handlungsweise des VN und dem vom nicht berechtigten Täter verursachten Schaden aus. Zur **Beweislastverteilung** beim unbefugten Gebrauch vgl. A.2.2.1 AKB Rdn. 254 ff. 54

IV. Sturm, Hagel, Blitzschlag, Überschwemmung – A.2.2.1.3 AKB

1. Allgemeines

Die AKB bieten in der Regel ausschließlich bei den genannten Elementarereignissen Sturm, Hagel, Blitzschlag und Überschwemmung Versicherungsschutz in der Teilkasko. Dabei handelt es sich um eine abschließende Aufstellung der versicherten Naturereignisse.[70] Einige VR haben **Zusatztarife** auf den Markt gebracht, in denen zusätzlich 55

---

68 OLG Köln Urt. v. 22.04.1993 – 5 U 222/92 – VersR 1994, 593 = zfs 1993, 307.
69 Ebenso Stiefel/Maier/Stadler A.2.2 AKB Rn. 77.
70 OLG Köln Beschl. v. 28.02.2012 – 9 U 250/11 – r+s 2012, 383.

A.2.2.1.3 AKB Sturm, Hagel, Blitzschlag, Überschwemmung

auch Schäden durch **Lawinenabgänge und Muren** mitversichert sind. Elementarschäden durch Erdbeben, Erdrutsch, Vulkanausbruch und Steinschlag sind jedoch regelmäßig vom Versicherungsschutz ausgeschlossen. Zur **Beweislastverteilung** bei Schäden durch Naturgewalten vgl. A.2.2.1 AKB Rdn. 256 ff.

2. Unmittelbarkeit der Einwirkung durch Naturgewalten – A.2.2.1.3 Satz 1 und 3 AKB

56 Versichert sind nur Schäden, die durch unmittelbare Einwirkung der beschriebenen Naturgewalten auf das versicherte Fahrzeug entstehen, oder bei denen durch die Naturgewalten andere Gegenstände auf oder gegen das Fahrzeug geworfen werden.[71] Von einer Hauswand abspritzendes Regenwasser, welches einen Nässeschaden am Fahrzeug verursacht, ist nicht als Gegenstand i.S.d. Klausel anzusehen.[72] Die **Unmittelbarkeit** als Voraussetzung für einen Entschädigungsanspruch in **A.2.2.1.3 S. 1 AKB** erfordert einen adäquat kausalen und direkten zeitlichen Zusammenhang zwischen der Naturgewalt und dem eingetretenen Schaden und damit eine tatsächliche Zwangsläufigkeit, der sich der Geschädigte nicht mehr durch geeignete Gegenmaßnahmen entziehen kann, weil er ihr ausgeliefert ist.[73] Die **Naturgewalt** muss immer die **einzige oder zeitlich letzte Ursache für den Schaden** darstellen.[74] Eine Unmittelbarkeit im Sinne einer adäquaten Kausalität bedeutet, dass zwischen der durch das Naturereignis bedingten Einwirkung und deren »Erfolg«, also die Beschädigung oder Zerstörung des Kraftfahrzeuges, **keine** weitere Ursache mehr treten darf.[75] Eine solche »**Zwischenursache**« kann auch das fehlerhafte Fahrverhalten oder eine für den Schadeneintritt zumindest **mitursächliche Fehlreaktion des Fahrers** sein. Dann greift der Ausschluss in A.2.2.1.3 S. 4 AKB (vgl. A.2.2.1 AKB Rdn. 61 ff.). Durch das Erfordernis der Unmittelbarkeit sollen solche Schäden vom Versicherungsschutz ausgenommen werden, bei denen die Naturgewalt die Reaktion und damit das Fahrverhalten des Fahrers im Sinne eines mitursächlichen Abweichens vom Normalverhalten beeinflusst, weil die Versicherung von Fahrfehlern gerade nicht typischer Gegenstand der Teilkaskoversicherung ist.[76]

57 Es ist unerheblich, ob der konkret am Fahrzeug des VN eingetretene Schaden auch durch andere Ursachen hätte entstehen können. War der beim Sturm entwurzelte und umgestürzte Baum bereits so morsch, dass er auch durch eine leichte Windböe hätte umstürzen und auf das versicherte Fahrzeug fallen können, so liegt gleichwohl ein entschädigungspflichtiger Sturmschaden vor. Auf **hypothetische Ursachen** ist nicht

---

71 Vgl. BGH Urt. v. 26.04.2006 – **IV ZR 154/05** – VersR 2006, 966 = zfs 2006, 511.
72 OLG Hamm Beschl. v. 21.01.2015 – 20 U 233/14 – r+s 2015, 228.
73 AG Bremen Urt. v. 16.01.2015 – 7 C 323/14 – zfs 2015, 215.
74 Vgl. OLG Hamm Urt. v. 20.11.2013 – 20 U 26/13 – r+s 2014, 224; OLG Köln Urt. v. 01.12.1998 – 9 U 103/98 – zfs 1999, 338 = r+s 1999, 451; OLG Düsseldorf Urt. v. 12.07.1983 – 4 U 247/82 – VersR 1985, 1035.
75 BGH Urt. v. 19.10.1983 – **IVa ZR 51/82** – VersR 1984, 28 = NJW 1984, 369.
76 BGH Urt. v. 26.04.2006 – **IV ZR 154/05** – VersR 2006, 966 = zfs 2006, 511; Stiefel/Maier/*Stadler* A.2.2 AKB Rn. 154.

abzustellen, sondern nur darauf, ob der konkret eingetretene Schaden adäquat kausal unmittelbar auf das versicherte Elementarereignis zurückzuführen ist.[77]

A.2.2.1.3 S. 3 AKB erweitert den Versicherungsschutz auf alle Fälle, bei denen Gegenstände (z. B. Felsbrocken, Baumstamm) durch eines der beschriebenen Naturereignisse bewegt und auf oder gegen das Fahrzeug katapultiert werden.[78] Die Bestimmung erfordert, dass die **Naturgewalt** selbst weiterhin **die unmittelbar treibende Kraft** für einen schädigenden Gegenstand gewesen sein muss.[79] Der Gegenstand muss durch den Sturm nicht schlechthin nur in Bewegung gesetzt, sondern nach dem Wortlaut der Klausel »*auf oder gegen das Fahrzeug geworfen werden.*« Die Bewegung muss zwar keine Flugbahn wie bei einem Wurf beschreiben; die Zerstörungskraft des Gegenstandes muss aber wesentlich bestimmt sein durch die **Bewegungsenergie der Naturgewalt**, gegen deren Einwirkung Versicherungsschutz besteht.[80] **Keine Deckung** besteht daher in Fällen, in denen eine versicherte Naturgewalt eine andere, nicht versicherte Naturgewalt lediglich auslöst, ohne die Zerstörung direkt zu bewirken; ein Lawinenschaden am versicherten Kfz ist daher kein in der Teilkasko zu entschädigender Sturmschaden.[81]

58

Eine **unmittelbare Einwirkung** einer Naturgewalt auf das Fahrzeug liegt vor, wenn
– es durch einen Sturm **umgeworfen** wird;
– **Gegenstände** (z. B. Äste) infolge der Einwirkung von Naturgewalten **gegen ein Fahrzeug** oder so plötzlich und unmittelbar **vor ein in Fahrt befindliches Kfz geschleudert** werden und zum Liegen kommen, dass der Fahrer aus technischer Sicht weder rechtzeitig ausweichen, noch bremsen und vor dem Hindernis anhalten kann,[82] weil das normale verkehrsgerechte Verhalten eines Fahrers und der technisch vergeblich gebliebene Versuch, anzuhalten, die Unmittelbarkeit der Einwirkung durch die Naturgewalt nicht beseitigen kann;
– eine **Autofähre** mit dem versicherten Fahrzeug **im Sturm sinkt**;
– ein windempfindlicher **Kastenwagen** trotz verkehrsgerechtem Gegenlenken sturmbedingt **von der Fahrbahn geweht** wird;[83]
– durch große **Niederschlagsmengen** das auf den **Berghang** auftreffende und über diesen abfließende Wasser Steine mit sich führt, von denen einer gegen das versicherte Fahrzeug schlägt und es beschädigt;[84]

59

---

77 Ebenso Stiefel/Maier/*Stadler* A.2.2 AKB Rn. 134.
78 Vgl. Wussow VersR 2000, 679.
79 AG Bremen Urt. v. 16.01.2015 – 7 C 323/14 – zfs 2015, 215.
80 BGH Urt. v. 19.10.1983 – **IVa ZR 51/82** – VersR 1984, 28 = NJW 1984, 369.
81 BGH Urt. v. 19.10.1983 – **IVa ZR 51/82** – VersR 1984, 28 = NJW 1984, 369.
82 LG Düsseldorf Urt. v. 25.01.2001 – 20 S 287/00 – SP 2002, 208; OLG Celle Urt. v. 14.07.1978 – 8 U 3/78 – VersR 1979, 178; OLG München Urt. v. 25.01.1968 – 1 U 973/67 – DAR 1969, 103.
83 OLG Köln Urt. v. 13.06.1985 – 5 U 241/84 – zfs 1986, 119 = r+s 1986, 27.
84 BGH Urt. v. 21.05.1964 – **II ZR 9/63** – VersR 1964, 712 = BeckRS 2008, 24504; OLG Celle Urt. v. 14.07.1978 – 8 U 3/78 – VersR 1979, 178.

A.2.2.1.3 AKB   Sturm, Hagel, Blitzschlag, Überschwemmung

- infolge heftigen Sturms dem Fahrer die **Fahrzeugtür beim Öffnen aus der Hand gerissen** und gegen das Fahrzeug geschleudert wird,[85]
- auf einem Campingplatz eine Stange der an einem Caravan befestigten **Vorzeltkonstruktion** sturmbedingt gegen den Caravan schlägt;[86]
- das versicherte Kfz infolge eines durch den Sturm **umgestürzten Anhängers** beschädigt wird,[87] oder der Sturm ein nicht versichertes Fahrzeugteil (z. B. Auflieger eines Sattelzuges) bewegt und dadurch ein Schaden am kaskoversicherten Zugfahrzeug eintritt;[88]
- infolge einer Überschwemmung **Erdreich über einer Garage** abrutscht und das in der Garage befindliche Fahrzeug zerstört;[89]
- der Fahrer bei nachgewiesenem normalem verkehrsgerechten Verhalten sturmbedingt mit seinem **Kfz von der Straße gefegt** wird.[90]

60   Eine **nur mittelbare** und damit nicht versicherte **Einwirkung** einer Naturgewalt auf das Fahrzeug liegt vor, wenn
- das Fahrzeug gegen oder über **Felsbrocken** fährt, die nicht gerade zeitlich unmittelbar zuvor durch einen Sturm auf die Fahrbahn gerollt sind;[91]
- durch einen Sturm eine **Lawine** ausgelöst wird, die das Fahrzeug zerstört;[92]
- ein **Blitzschlag** im Stromnetz eines Gebäudes eine Überspannung verursacht, die sich über ein an diesen Stromkreis angeschlossenes Batterieladegerät auf elektronische Bauteile eines Fahrzeuges überträgt und diese beschädigt;[93]
- nach einem Sturmschaden aufgrund von Niederschlag Wasser in das Fahrzeug eintritt und dadurch **Feuchtigkeitsschäden** entstehen;[94]
- sturmbedingt ein großer **Ast abbricht**, der sich zunächst im Baum verfängt und erst 20 Stunden später **auf das Fahrzeug des VN stürzt** und dieses beschädigt;[95]
- bei einem sturmbedingten hohen Wellengang, der zu einer Schräglage einer **Autofähre** führt, Fahrzeuge aneinander prallen und hierdurch beschädigt werden.[96]

---

[85] AG Dortmund Urt. v. 25.03.2003 – C 5790/02 – r+s 2003, 499; LG Itzehoe Urt. v. 13.06.1968 – 1 S 78/68 – VersR 1969, 606.
[86] LG Oldenburg Urt. v. 16.01.2003 – 13 S 647/03 – VersR 2004, 858.
[87] LG Karlsruhe Urt. v. 14.07.1995 – 9 S 21/95 – DAR 1995, 489.
[88] LG Neubrandenburg Urt. v. 12.09.1996 – 1 S 76/96 – SP 1997, 113.
[89] BGH Urt. v. 21.05.1964 – **II ZR 9/63** – VersR 1964, 712 = BeckRS 2008, 24504.
[90] LG Chemnitz Urt. v. 19.03.2004 – 6 S 98/02 – zfs 2004, 325; LG Rostock Urt. v. 25.07.2003 – 3 O 421/02 – SP 2004, 22.
[91] Vgl. AG Iserlohn Urt. v. 05.07.1995 – 42 C 302/95 – VersR 1996, 1272.
[92] Vgl. BGH Urt. v. 19.10.1983 – **IVa ZR 51/82** – VersR 1984, 29 = NJW 1984, 369; LG Rostock Urt. v. 25.07.2003 – 3 O 421/02 – SP 2004, 22.
[93] ÖGH Urt. v. 23.05.2013 – 7 Ob 76/13 – r+s 2013, 429.
[94] OLG Hamm Urt. v. 20.11.2013 – 20 U 26/13 – r+s 2014, 224.
[95] AG Bremen Urt. v. 16.01.2015 – 7 C 323/14 – zfs 2015, 215.
[96] Vgl. Kuhn DAR 1987, 276, 277.

3. Keine Unmittelbarkeit bei durch Naturgewalten veranlasstem Verhalten des Fahrers – A.2.2.1.3 Satz 4 AKB

Ausgeschlossen ist der Versicherungsschutz gemäß A.2.2.1.3 S. 4 AKB für diejenigen 61 Schäden, die auf ein durch die betreffende Naturgewalt veranlasstes Verhalten des Fahrers zurückzuführen sind. Dabei kommt es nicht darauf an, ob der Fahrer einen Fahrfehler begangen hat.[97] Ausreichend ist, dass das Fahrzeug erst **durch eine Reaktion des Fahrers auf die Naturgewalt** (z. B. bremsen oder lenken) außer Kontrolle gerät und verunfallt. Insoweit fehlt es an der Unmittelbarkeit der Einwirkung durch die Naturgewalt. Dies betrifft z. B. Fälle, in denen
– das Kfz durch eine durch starke Windböe über den Fahrbahnrand gedrückt wird und infolge eines **instinktiven Ausweichmanövers** des Fahrers außer Kontrolle gerät;[98]
– das Kfz im Sturm nach Auftreffen eines Astes auf der Motorhaube durch eine **Fehlreaktion des VN** in Form eines **reflexartigen Ausweichens** von der Fahrbahn abkommt und in den Straßengraben gelenkt wird;[99]
– der Fahrer gegen einen sturmbedingt **umgestürzten, auf der Straße liegenden Baum** fährt,[100] und zwar auch dann, wenn ungeklärt bleibt, ob dem Fahrer ein rechtzeitiges Anhalten technisch oder nur möglicherweise wegen überhöhter bzw. unangepasster Geschwindigkeit nicht mehr möglich war;[101]
– der Fahrer **auf ein anderes Kfz auffährt**, welches mit einem sturmbedingt umgestürzten Baum zusammengeprallt war;[102]
– der Fahrer bei einem Blitzschlag **vor Schreck das Lenkrad verreißt** und dadurch verunfallt;
– der Fahrer den Unfall **durch überhöhte Geschwindigkeit** mitverursacht hat.[103]

Auch dann, wenn die Naturgewalt auf das Verhalten eines anderen Kfz-Insassen, Fuß- 62 gängers oder auch eines Tieres Einfluss nimmt und dadurch **beim Kraftfahrer eine Reaktion ausgelöst** wird, die erst Ursache des letztlich eintretenden Schadens am versicherten Fahrzeug ist, fehlt es an einem versicherten Ereignis. Das Tatbestandsmerkmal der »unmittelbaren Einwirkung« ist in diesem Fall nicht bewiesen, was bereits zum Ausschluss des Anspruchs beim VN führt und nicht etwa nur zu einer Leistungskürzung im Rahmen des § 81 Abs. 2 VVG, (vgl. A.2.2.1 AKB Rdn. 258).

---

97 So aber OLG Köln Urt. v. 13.06.1985 – 5 U 241/84 – zfs 1986, 119 = r+s 1986, 27.
98 OLG Hamm Urt. v. 15.06.1988 – 20 U 261/87 – VersR 1989, 37 = NJW-RR 1989, 26; a. A. OLG Köln Urt. v. 13.06.1985 – 5 U 241/84 – zfs 1986, 119 = r+s 1986, 27, das in einem **Gegenlenken eines Kfz bei Sturm** keinen Fahrfehler sieht, sondern ein notwendiges Manöver, um den Wagen auf der Fahrbahn zu halten.
99 AG Hamburg Urt. v. 24.03.1992 – 55b C 3/91 – VersR 1992, 1509 = SP 1993, 59.
100 LG Ellwangen Urt. v. 16.12.1994 – 2 O 338/94 – SP 1995, 280.
101 LG Deggendorf Urt. v. 19.05.1987 – O 551/86 – r+s 1988, 34.
102 OLG Hamburg Urt. v. 29.06.1971 – 7 U 142/70 – VersR 1972, 241.
103 Vgl. LG Görlitz Urt. v. 09.02.1998 – 2 O 224/97 – SP 1998, 396.

A.2.2.1.3 AKB   Sturm, Hagel, Blitzschlag, Überschwemmung

63 Fließen z. B. erhebliche **Niederschlagsmengen sturzbachartig** über einen Steilhang in Richtung Fahrbahn ab und werden dabei auch **auf dem Hang liegende Gesteinsbrocken vom Wasser mitgerissen**, ist die Beschädigung eines Fahrzeuges durch einen auf die Straße gestürzten Stein von A.2.2.1.3 AKB in der Teilkasko umfasst, nicht aber die **Schäden**, die dadurch entstehen, dass der Fahrer **infolge eines Ausweichmanövers** gegen die am rechten Fahrbahnrand verlaufende Begrenzungsmauer der Bergstraße stößt.[104] Allerdings kommt insoweit ein Aufwendungsersatzanspruch gegen den VR wegen **Rettungskosten (§ 83 VVG)** in Betracht.

4. Sturm – A.2.2.1.3 Satz 1 und 2 AKB

64 Als versicherter Sturmschaden gilt eine wetterbedingte **Luftbewegung von mindestens 8 Beaufort**, was einer Windgeschwindigkeit von 62 bis 74 km/h entspricht (17,2 bis 20,7 Meter pro Sekunde).[105] Nach der Beaufortskala ist Windstärke 8 umschrieben als »stürmischer Wind, der Zweige von Bäumen bricht und das Gehen im Freien erheblich erschwert«.[106] Die Windbewegung muss wetterbedingt sein, also **durch Luftdruckunterschiede in der Atmosphäre** zustande kommen. Hieran fehlt es bei Druck- oder Sogwellen, die durch Lawinen, Explosionen oder den Fahrtwind (z. B. beim Hochreißen der nicht ordnungsgemäß verriegelten Motorhaube[107]) entstehen.

5. Hagel – A.2.2.1.3 Satz 1 AKB

65 Unter Hagel ist ein **Niederschlag in Form von Eisstücken** zu verstehen, die sich aus unterkühlten Wassertropfen bilden und durch Anlagerung an Schneekristalle unterschiedliche Größen aufweisen können. Entsprechend unterschiedlich groß und tief können auch die Dellen im Karosserieblech ausfallen. Dabei wird der Lack in der Regel nicht beschädigt. Typische Hagelschäden lassen sich mit Hilfe eines Kfz-Sachverständigen zumeist eindeutig von anderen Schadenursachen abgrenzen.

6. Blitzschlag – A.2.2.1.3 Satz 1 AKB

66 Ein versicherter Schaden durch Blitzschlag liegt vor, wenn ein in der Atmosphäre entstandener Blitz durch **plötzliche elektrische Entladung** unmittelbar auf das Fahrzeug einwirkt, wobei der Blitz nicht notwendig zur Erde niedergehen muss.[108] Der Blitzschlag ist eine selbstständige Schadenursache; ein nachfolgender Brand ist nicht erforderlich.[109] Alle aus dem Blitzschlag resultierenden Schäden einschließlich **Schmor- und Sengschäden** sind gedeckt. Versicherungsschutz besteht auch, wenn ein vom Blitz ge-

---

104 BGH Urt. v. 26.04.2006 – **IV ZR 154/05** – VersR 2006, 966 = zfs 2006, 511.
105 Vgl. OLG Celle Urt. v. 14.07.1978 – 8 U 3/78 – VersR 1978, 178; OLG Koblenz Urt. v. 20.12.1973 – 4 U 573/73 – VersR 1975, 32.
106 Himmelreich/Halm/Staab/*Krahe* Kap. 23 Rn. 251.
107 Stiefel/Maier/*Stadler* A.2.2 AKB Rn. 133.
108 Feyock/*Jacobsen*/Lemor § 12 AKB Rn. 89.
109 Himmelreich/Halm/Staab/*Krahe* Kap. 23 Rn. 254.

Sturm, Hagel, Blitzschlag, Überschwemmung   **A.2.2.1.3 AKB**

spaltener Baum, Teile hiervon oder auch Teile eines vom Blitz getroffenen Gebäudes auf das versicherte Fahrzeug herabfallen.

7. Überschwemmung – A.2.2.1.3 Satz 1 AKB

Eine Überschwemmung im Sinne der Klausel liegt vor, wenn **Wasser** in erheblichen 67
Mengen, meist mit schädlichen Auswirkungen, **sein natürliches Gelände verlässt** und nicht auf normalem Wege abfließt, sondern auf einem sonst nicht in Anspruch genommenen Gelände in Erscheinung tritt und dieses überflutet.[110] Für eine Überschwemmung im Sinne der AKB ist es nicht erforderlich, dass ein Gewässer über die Ufer tritt. Sie liegt auch vor bei der **Überflutung eines Parkplatzes, einer Straße oder Unterführung**, gleichgültig, ob diese durch übermäßige Regenfälle, Hochwasser eines nahe gelegenen Flusses oder einen Rohrbruch bedingt ist.[111] Die Überspülung **eines Strandabschnittes** durch Meerwasser stellt schon begrifflich keine Überschwemmung dar, weil es sich gerade um ein natürlicherweise überflutetes Gelände handelt.[112] Für **Nässeschäden** am und im Fahrzeug durch Niederschlags- und Spritzwasser besteht ebenfalls kein Versicherungsschutz.[113]

Von einer »Überschwemmung« ist auch dann auszugehen, wenn so **starker Regen auf** 68
einem Berghang niedergeht, dass das Wasser weder vollständig versickern, noch sonst geordnet über natürliche Wege (z. B. Rinnen oder Furchen) abfließen kann, sondern **sturzbachartig** den Hang hinunterfließt.[114] Die »Überschwemmung« wirkt unmittelbar auf das Fahrzeug ein, wenn das an einem Berghang herabfließende Wasser Steine ausschwemmt und durch das von den Wassermassen **mitgeführte Geröll, dem Schlamm oder Sand** Schäden am versicherten Fahrzeug entstehen.[115]

Bei **Fährunfällen** liegt ein Versicherungsfall nur vor, wenn infolge einer durch die Natur 69
hervorgerufenen Überflutung das Fahrzeug beschädigt wird. Sinkt die Fähre hingegen durch ein Leck nach einer Kollision, liegt eine Überschwemmung im Sinne der Definition nicht vor, da das Wasser sein natürliches Gelände nicht verlassen hat. Es besteht dann allenfalls Deckung über einen »Unfall«, sofern gleichzeitig auch Vollkaskoversicherungsschutz besteht und das Fährunglück sich nicht außerhalb des in A.2.5 AKB vereinbarten Geltungsbereiches des Versicherungsvertrages ereignet hat.

Die **Unmittelbarkeit der Einwirkung** und damit ein gedeckter Schaden liegt **bei der** 70
Überflutung einer Straße nach umfangreichen Regenfällen nur dann vor, wenn das Fahrzeug von herannahendem Wasser überschwemmt wird,[116] oder wenn das Fahr-

---

110 BGH Urt. v. 21.05.1964 – **II ZR 9/63** – VersR 1964, 712 = BeckRS 2008, 24504.
111 BGH Urt. v. 21.05.1964 – **II ZR 9/63** – VersR 1964, 712 = BeckRS 2008, 24504; LG Kassel Urt. v. 21.03.1963 – 1 S 292/62 – VersR 1963, 670; Prölss/Martin/*Knappmann* § 12 AKB Rn. 37.
112 OLG Hamm Urt. v. 26.06.1992 – 20 U 383/91 – VersR 1992, 1506 = zfs 1992, 343.
113 OLG Hamm Beschl. v. 21.01.2015 – 20 U 233/14 – r+s 2015, 288.
114 BGH Urt. v. 26.04.2006 – **IV ZR 154/05** – VersR 2006, 966 = zfs 2006, 511.
115 BGH Urt. v. 26.04.2006 – **IV ZR 154/05** – VersR 2006, 966 = zfs 2006, 511.
116 AG Krefeld Urt. v. 25.06.2010 – 6 C 456/09 – SP 2010, 373.

A.2.2.1.3 AKB Sturm, Hagel, Blitzschlag, Überschwemmung

zeug durch die Intensität der Flutmassen oder von der Gewalt des Wassers zur Seite gedrückt und beschädigt wird. Voraussetzung ist stets, dass das **Wasser zum Fahrzeug kommt**.[117] Dies ist z. B. der Fall, wenn der VN in seinem stehenden Kfz in einer Unterführung von dem stetig ansteigenden Wasser eingeschlossen wird, denn dann ist die Überflutung die letzte Ursache für den Schaden.[118]

71 **Fährt der VN dagegen in einen überfluteten Straßenbereich hinein**, den er **irrtümlich für ungefährlich** hält, und entsteht dabei am versicherten Fahrzeug ein Motorschaden, weil Wasser über den Ansaugtrakt in die Kompressionsräume gelangt (sogenannter »Wasserschlag«), **so ist zu differenzieren**: Eine unmittelbare Einwirkung auf das Fahrzeug (und damit ein gedeckter Schaden) liegt nur dann vor, wenn die Überschwemmung den VN **so unvorhergesehen** und plötzlich trifft, dass er den **Motor nicht mehr rechtzeitig abstellen** konnte,[119] oder wenn der Motor beim Einfahren in die Unterführung, deren Überflutung der VN wegen schlechter Sicht- und Witterungsverhältnisse nicht erkennen konnte (daher auch keine grobe Fahrlässigkeit nach § 81 VVG), ausgeht und bei einem **erneuten Startversuch** einen Wasserschlag erleidet.[120] Durchfährt der VN jedoch **eine tiefe Pfütze** bei extrem starkem Regen,[121] oder fährt der VN in einen überschwemmten Straßenbereich hinein, weil er sich lediglich **dem Verhalten anderer Fahrer**, die ebenfalls weitergefahren sind, **anpasst** oder die maximale Gewässertiefe (**Wattiefe**), durch die sein (Gelände-) wagen fahren (»waten«) kann, **falsch einschätzt**, fehlt es an der Unmittelbarkeit des Schadeneintrittes durch die Überschwemmung.[122] Dies gilt erst recht, wenn der VN in einer überfluteten Straßenunterführung eine Strecke von 26 m durch aufgestautes Wasser zurücklegt.[123]

72 Auf ein **Verschulden des Fahrers** kommt es dabei nicht an,[124] sondern allein darauf, dass er durch sein Verhalten eine **entscheidende Mitursache für den Eintritt des Schadens** setzt. Dieser ist vorrangig auf das – leichtfertige oder jedenfalls unbekümmerte – Fahrverhalten des Fahrers zurückzuführen und nur mittelbar auf die Überschwemmung. Eine etwaig bestehende **Vollkaskoversicherung** ist in diesen Fällen zwar grundsätzlich

---

117 Stiefel/Maier/*Stadler* A.2.2 AKB Rn. 148.
118 LG Kiel Urt. v. 20.08.1999 – 6 O 112/99 – DAR 2000, 220.
119 AG Frankfurt/M. Urt. v. 13.06.2003 – 301 C 485/03 – SP 2003, 389; OLG Hamm Urt. v. 31.05.1989 – 20 U 328/88 – VersR 1990, 85 = r+s 1990, 11; OLG Stuttgart Urt. v. 18.10.1973 – 10 U 83/73 – VersR 1974, 234.
120 LG Trier Urt. v. 18.01.1996 – 6 O 185/95 – r+s 1996, 221.
121 LG Lübeck Urt. v. 21.11.2003 – 4 O 80/03 – r+s 2005, 103.
122 OLG Karlsruhe Urt. v. 06.12.1995 – 13 U 88/95 – SP 1996, 93; OLG Hamm Urt. v. 29.10.1986 – 20 U 128/86 – VersR 1988, 239 = NJW-RR 1987, 279; LG Mönchengladbach Beschl. v. 06.10.2005 – 2 S 102/05 – unter Bestätigung von AG Mönchengladbach Urt. v. 12.04.2005 – 5 C 153/04 – r+s 2006, 490; LG Mühlhausen Urt. v. 23.09.2002 – 4 O 750/02 – zfs 2002, 590; AG Krefeld Urt. v. 25.06.2010 – 6 C 456/09 – SP 2010, 373; AG Neustadt a. d. Weinstraße Urt. v. 26.07.1985 – 2 C 509/85 – VersR 1987, 301.
123 OLG Frankfurt/M. Urt. v. 15.03.2000 – 7 U 53/99 – VersR 2001, 187.
124 LG Lübeck Urt. v. 21.11.2003 – 4 O 80/03 – r+s 2005, 103; OLG Karlsruhe Urt. v. 06.12.1995 – 13 U 88/95 – SP 1996, 93.

eintrittspflichtig, weil ein Unfall i. S. d. A.2.2.2.2 AKB durch Einwirkung mechanischer Gewalt vorliegt (vgl. A.2.2.2 AKB Rdn. 28); jedoch dürfte in vielen Fällen der Versicherungsschutz wegen grober Fahrlässigkeit nach A.2.9.1 AKB, § 81 VVG infrage zu stellen sein, (vgl. A.2.9.1 AKB Rdn. 350).

Keine unmittelbare Einwirkung einer Überschwemmung auf das Fahrzeug liegt auch dann vor, wenn das **Fahrzeug** auf einer überschwemmten Straße **aufgrund** verstärkten **Aquaplanings**, möglicherweise in Verbindung mit unangepasster Geschwindigkeit des VN **ins Schleudern gerät** und verunfallt.[125] 73

8. Lawinen und Muren

Abweichend von den Musterbedingungen des GDV haben manche VR Lawinen und Muren als versicherte Gefahren zusätzlich in ihre AKB aufgenommen. Bei **Lawinen** handelt es sich begrifflich um **Schnee- oder Eismassen**, die von Berghängen niedergehen. Lawinenschäden fallen – sofern nichts Abweichendes vereinbart ist – nach den Muster-AKB nicht unter die entschädigungspflichtigen Naturgewalten. Insbesondere lassen sie sich nicht als »Sturmschäden« i. S. v. A.2.2.1.3 AKB qualifizieren, und zwar selbst dann nicht, wenn starke Luftbewegungen zur Entstehung der Lawine beigetragen haben.[126] Soweit VR in ihren AKB Versicherungsschutz bei Schneelawinen gewähren, sind darunter nicht nur Berglawinen, sondern auch **Dachlawinen** zu verstehen.[127] **Muren** sind an Berghängen abgehende **Geröll-, Schlamm- und Gesteinsmassen**, auch in Verbindung mit Baumgruppen. 74

V. Zusammenstoß mit Haarwild – A.2.2.1.4 AKB

1. Allgemeines

Die Klausel gewährt Versicherungsschutz für die Beschädigung oder Zerstörung des Kfz, die adäquat kausal auf einen Zusammenstoß oder jedenfalls eine Berührung des in Bewegung befindlichen Fahrzeuges mit Haarwild zurückzuführen ist. Nach dem **Sinn und Zweck der Klausel** soll der VN durch die Erwähnung von »Haarwild« explizit abgesichert werden gegen die spezifischen Gefahren solcher Tiere, für die ein **haftender Tierhalter** im Schadenfall nicht in Anspruch genommen werden könnte.[128] Auf die Vollkaskoversicherung muss der VN nicht zurückgreifen. Er vermeidet damit eine Prämienanpassung. Kommt es nicht zu einer Kollision mit dem Wild, jedoch aufgrund eines **Ausweichmanövers des VN** gleichwohl zu einem Schaden am versicherten Kfz, kann dem VN ein Anspruch auf **Aufwendungsersatz** (»Rettungskosten«) nach den §§ 90, 83 VVG zustehen, (vgl. A.2.2.1 AKB Rdn. 273 ff.). 75

Der »Zusammenstoß mit Haarwild« wird in den AKB verschiedener VR – manchmal abhängig vom jeweils vereinbarten Tarif – häufig erweitert auf Haus- oder Nutztiere 76

---

125 LG Göttingen Urt. v. 07.06.1967 – 4 O 79/67 – VersR 1967, 1040.
126 BGH Urt. v. 19.10.1983 – **IVa ZR 51/82** – VersR 1984, 28 = NJW 1984, 369.
127 OLG Köln Beschl. v. 28.02.2012 – 9 U 250/11 – r+s 2012, 383.
128 Vgl. Stiefel/Maier/*Stadler* A.2.2 AKB Rn. 165.

A.2.2.1.4 AKB   Zusammenstoß mit Haarwild

(z. B. **Hunde, Katzen, Rinder, Schafe**) oder sogar auf **Tiere aller Art** ausgedehnt. Bei einer solchen **Erweiterung des Versicherungsschutzes zugunsten des VN** kommt es für den Eintritt des Versicherungsfalles nur noch darauf an, ob der Zusammenstoß des versicherten Fahrzeuges mit dem Tier die Ursache der eingetretenen Beschädigung ist. Die **Besonderheit einer solchen Klausel** besteht darin, dass sie dem VN einen zusätzlichen Schutz für ein Risiko bietet, für welches der VN im Schadenfall auch den Tierhalter gemäß § 833 BGB in Anspruch nehmen könnte.[129] Freilich bestehen für diesen Exkulpationsmöglichkeiten nach § 833 S. 2 BGB, sofern es sich um ein Nutztier handelt. Dies hat aber auch zur Folge, dass eine auf den Zusammenstoß mit Nutztieren oder Tieren aller Art erweiterte »Wildschadensklausel« einen echten **Versicherungs-Mehrwert** für den VN darstellt.

77 Sofern die hier zu kommentierende Klausel in den jeweiligen AKB vereinbart ist, muss der VN für einen versicherten Wildschaden nachweisen, dass sein in Fahrt befindliches Fahrzeug mit **Haarwild** i. S. v. § 2 Abs. 1 Nr. 1 BJagdG kollidiert ist. Beispielhaft verweist die Klausel auf das Reh und das Wildschwein. Ferner muss der Zusammenstoß mit dem Tier **adäquat kausal zu einem Schaden** an dem versicherten Fahrzeug geführt haben.

2. Haarwild

78 Die Beschädigung am versicherten Fahrzeug muss durch Haarwild entstanden sein. Die Wildschadensklausel nimmt auf die in **§ 2 Abs. 1 Nr. 1 BJagdG** stehende Aufzählung verschiedener Tiere Bezug, die als »Haarwild« bezeichnet werden: Wisent, Elchwild, Rotwild, Damwild, Sikawild, Rehwild, Gamswild, Steinwild, Muffelwild, Schwarzwild, Feldhase, Schneehase, Wildkaninchen, Murmeltier, Wildkatze, Luchs, Fuchs, Steinmarder, Baummarder, Iltis, Hermelin, Mauswiesel, Dachs, Fischotter und Seehund. **Eichhörnchen**,[130] **Rentiere**,[131] **Elche, Waschbären, Braunbären oder Wölfe** fallen nach dem Wortlaut des § 2 Abs. 1 Nr. 1 BJagdG nicht unter die Klausel.

79 Es dürfte zweifelhaft sein, ob der bloße Verweis in der Klausel auf die vorgenannte, noch nicht einmal alphabetisch geordnete, in einem anderen Gesetz stehende Aufzählung verschiedener Tiere dem **Transparenzgebot** des **§ 307 Abs. 1 S. 2 BGB** genügt, (vgl. auch A.2.1.1 AKB Rdn. 9 ff. und A.2.1.1.1 AKB Rdn. 15 ff.). Eine Klausel in allgemeinen Geschäftsbedingungen muss aus sich heraus verständlich sein. Für das Verständnis ist auf den **durchschnittlichen VN** ohne versicherungsrechtliche Spezialkenntnisse abzustellen. Dieser wird regelmäßig zur Feststellung des Umfanges seines Versicherungsschutzes nicht auf den Gesetzestext des Bundesjagdgesetzes zurückgreifen können. Er wird auch nicht davon ausgehen, dass ein Schaden durch solche Tiere, die zwar nach dem **allgemeinen Sprachgebrauch** durchaus als »Haarwild« bezeichnet werden können, jedoch nicht explizit in § 2 Abs. 1 Nr. 1 BJagdG aufgeführt sind, nicht vom Versicherungsschutz umfasst sein könnten. Vielmehr wird er den Wortlaut der Klausel *»im*

---

[129] Ausführlich hierzu vgl. Stiefel/Maier/Stadler A.2.2 AKB Rn. 168.
[130] LG Coburg Urt. v. 29.06.2010 – 23 O 256/09 – ADAJUR Dok.Nr. 90766.
[131] OLG Frankfurt/M. Urt. v. 25.06.2003 – 7 U 190/02 – r+s 2005, 102 = zfs 2005, 193.

Sinne von § 2 Abs. 1 Nr. 1 des Bundesjagdgesetzes« in Verbindung mit den beispielhaft aufgeführten Tieren »*Reh, Wildschwein*« so verstehen, dass die **Aufzählung in § 2 Abs. 1 Nr. 1 BJagdG nicht abschließend** ist, sondern auch der Zusammenstoß mit solchem Haarwild versichert ist, welches mit den konkret aufgeführten Tieren und Tiergattungen vergleichbar ist. Hierfür spricht, dass das beispielhaft erwähnte Wildschwein in § 2 Abs. 1 Nr. 1 BJagdG nur mit dem Oberbegriff »Schwarzwild« aufgeführt ist.

Welche **Unsicherheiten für den VN** in diesem Zusammenhang bestehen, belegt eine Entscheidung des OLG Frankfurt/Main, das einem VN bei einem Zusammenstoß seines Fahrzeuges mit einem **Rentier** in Norwegen nur eine Entschädigung wegen des eingetretenen Glasschadens zugesprochen hat mit der Begründung, das Rentier, das keine Erwähnung in § 2 Abs. 1 Nr. 1 BJagdG finde, gelte nicht als versichertes Haarwild; das Rentier könne auch nicht als Hirsch angesehen werden abgesehen davon, dass Hirsche nicht schlechthin zum Haarwild zählten, sondern nur die einzeln aufgeführten Arten wie Rotwild, Damwild oder Sikawild.[132] An Hand dieser Entscheidung wird deutlich, dass es für den VN häufig **nicht transparent** sein wird, ob ein **Zusammenstoß mit** »**behaartem Wild**« unter den Versicherungsschutz fällt oder nicht. Dabei geht es nicht nur um Schwierigkeiten bei der Einordnung eines bestimmten Tieres unter einen im BJagdG aufgeführten Oberbegriff (Wildschwein als Schwarzwild), sondern auch darum, dass letztlich häufig für einen VN nicht klar ist, warum ein durch eine bestimmte Tiergattung (Hirsch) verursachter Schaden nur deshalb nicht entschädigt wird, weil es sich bei dem Hirsch nicht um Rotwild, Damwild oder Sikawild handelt. In dem konkreten Fall des OLG Frankfurt hätte sicherlich auch Veranlassung bestanden, sich mit der Frage auseinanderzusetzen, wieso das Rentier aus der Sicht eines durchschnittlichen VN nicht unter den Begriff »Elchwild« i. S. d. § 2 Abs. 1 Nr. 1 BJagdG subsumiert werden kann. Letztlich bleibt damit der **Umfang des Versicherungsschutzes für den VN intransparent**, so dass die Klausel durch eine transparente Fassung zu ersetzen ist. Danach ist von der für den VN günstigsten Auslegung der Klausel auszugehen, wonach der Schaden durch Haarwild im Sinne von »behaartem Wild« verursacht worden sein muss. Daher wäre im Falle des OLG Frankfurt dem VN eine Entschädigung zuzusprechen gewesen. Es ist begrüßenswert, dass viele VR, die inzwischen den Versicherungsschutz auf Zusammenstöße mit Tieren aller Art ausgeweitet haben, diese Problematik offenbar ebenfalls erkannt haben.

3. Zusammenstoß des in Fahrt befindlichen Fahrzeuges mit Haarwild

Die Beschädigung des Fahrzeuges muss auf einem Zusammenstoß mit dem Haarwild beruhen. Ausreichend für den nach der Klausel erforderlichen »Zusammenstoß« ist eine **Berührung** zwischen dem versicherten Fahrzeug und dem Wild.[133] Eine solche

---

132 OLG Frankfurt/M. Urt. v. 25.06.2003 – 7 U 190/02 – r+s 2005, 102 = zfs 2005, 193.
133 BGH Urt. v. 18.12.1991 – **IV ZR 204/90** – VersR 1992, 349 = r+s 1992, 82; OLG Saarbrücken Urt. v. 26.01.2011 – 5 U 356/10-57 – r+s 2011, 380 = zfs 2011, 331; LG Duisburg Urt. v. 16.12.1980 – 1 O 419/80 – zfs 1981, 53; **a. A.** OLG Frankfurt/M. Urt. v. 23.01.2002 – 7 U 100/01 – NVersZ 2002, 316.

A.2.2.1.4 AKB Zusammenstoß mit Haarwild

ist allerdings Mindestvoraussetzung dafür, dass die Wildschadensklausel überhaupt eingreifen kann. Daran fehlt es, wenn der Fahrzeugführer dem Wild ausweicht, ohne es zu berühren und es anschließend zu einem Unfall kommt.[134] Ein versicherter Wildschaden setzt darüber hinaus ein **in Fahrt befindliches Kfz** voraus. Das **Tier selbst braucht nicht auch in Bewegung** gewesen sein. Es reicht aus, dass es steht oder liegt. Selbst beim **Überfahren eines** auf der Straße liegenden **toten Tieres** ist nach h. M. die Wildschadensklausel in aller Regel erfüllt.[135] Der häufig vom VR vorgebrachte Einwand, in diesen Fällen verwirkliche sich nicht die typische Wildgefahr, gegen die sich der VN in der Teilkasko absichern will, überzeugt nicht. Denn die Klausel verlangt seinem Wortlaut nach gerade nicht, dass sich das Tier – ebenso wie das versicherte Fahrzeug – in Bewegung befunden haben muss. Jedenfalls dann, wenn im Rahmen eines einheitlichen Unfallgeschehens das Haarwild von mehreren Fahrzeugen überrollt wird und es nur vom Zufall abhängt, durch welches Fahrzeug es getötet wird, wird man einen versicherten Wildschaden annehmen müssen.[136]

82 Der **Gegenmeinung**,[137] wonach eine typische Wildgefahr bei getötetem oder bewegungslos auf der Fahrbahn liegendem Haarwild nicht mehr bestehe, kann zumindest für diese Fallkonstellationen nicht gefolgt werden. Denn es verwirklicht sich immer noch das typische, von Haarwild ausgehende und damit versicherte Risiko und nicht etwa nur eine solche Gefahr, wie sie auch bei einem beliebigen anderen Hindernis besteht, mit dem ein Verkehrsteilnehmer jederzeit rechnen muss. **Anderes gilt nur dann**, wenn das bereits seit geraumer Zeit auf der Straße liegende Wild schon mehrfach von anderen Fahrzeugen überrollt wurde, so dass sich der **Tierkadaver** für den VN **wie ein beliebiges anderes Hindernis** auf der Straße darstellt.[138]

4. Kausalität zwischen Zusammenstoß und Schaden

83 Zwischen der Wildberührung und dem eingetretenen Schaden muss ein **adäquater Kausalzusammenhang** bestehen. Dieser ist nicht nur dann zu bejahen, wenn der Zusammenstoß mit dem Haarwild unmittelbar zu dem Schaden an dem versicherten Fahrzeug geführt hat, sondern auch dann, wenn er die adäquate Ursache für ein späteres zum Unfall führendes Verhalten des Fahrzeugführers war.[139] Zu ersetzen sind dem-

---

134 BGH Urt. v. 18.12.1991 – **IV ZR 204/90** – VersR 1992, 349 = r+s 1992, 82; LG Mönchengladbach Urt. v. 11.06.1992 – 1 O 403/91 – SP 1992, 344.
135 OLG Saarbrücken Urt. v. 30.04.2003 – 5 U 389/02-50 – VersR 2004, 1306 = r+s 2003, 357; OLG Nürnberg Urt. v. 27.01.1994 – 8 U 2961/93 – VersR 1994, 929 = DAR 1994, 279; LG Stuttgart Urt. v. 07.02.2007 – 5 S 244/06 – DAR 2009, 151 = r+s 2008, 150; Stiefel/Maier/*Stadler* A.2.2 AKB Rn. 170.
136 OLG Saarbrücken Urt. v. 30.04.2003 – 5 U 389/02-50 – VersR 2004, 1306 = r+s 2003, 357; LG Stuttgart Urt. v. 07.02.2007 – 5 S 244/06 – DAR 2009, 151 = r+s 2008, 150.
137 OLG München Urt. v. 31.01.1986 – 10 U 4630/85 – VersR 1986, 863 = DAR 1986, 293; LG München Urt. v. 14.05.1992 – 27 O 2987/92 – VersR 1992, 1509; Bauer Rn. 1002.
138 OLG Bremen Urt. v. 17.09.2002 – 3 U 33/02 – r+s 2003, 276 (**toter Dachs**).
139 BGH Urt. v. 18.12.1991 – **IV ZR 204/90** – VersR 1992, 349 = r+s 1992, 82; OLG Saarbrücken Urt. v. 26.01.2011 – 5 U 356/10-57 – r+s 2011, 380 = zfs 2011, 331.

nach nicht nur die **unmittelbaren Schäden**, die beim Zusammenstoß mit dem Wild eintreten, sondern auch die **mittelbaren Schäden**, die nach erfolgtem Zusammenstoß mit dem Wild erst durch eine **(Fehl- oder Schreck-) Reaktion des Fahrers** (z. B. Gegenlenken, Bremsen oder Ausweichen) und dem dadurch bedingten Abkommen des Fahrzeuges von der Fahrbahn entstehen.[140] Insofern besteht ein Unterschied zu den Schäden durch Naturgewalten, für die in A.2.2.1.3 AKB ausdrücklich eine »unmittelbare Einwirkung« auf das versicherte Fahrzeug gefordert wird. Ein vergleichbares Unmittelbarkeitserfordernis wie bei den Versicherungsfällen »Sturm, Hagel, Blitzschlag und Überschwemmung« fehlt in der Wildschadensklausel.

Verunfallt der Fahrer daher, weil er **nach einem Zusammenstoß mit dem Wild** in einer Schrecksekunde **falsch reagiert**[141] oder infolge der Wildberührung die **Kontrolle über seinen Wagen verliert** und dadurch ein weiterer Fahrzeugschaden entsteht,[142] stellt der Zusammenstoß mit dem Wild eine adäquate Ursache für ein erst später zum Unfall führendes Verhalten des Fahrers dar, so dass die Unfallschäden aus der Teilkasko zu ersetzen sind. Gleiches gilt, wenn der VN erst nach der Kollision mit dem Tier mit seinem Fahrzeug ins Schleudern gerät und es im Rahmen einer **nachfolgenden Kollision mit einem anderen Kfz** zu einem Unfallschaden an seinem Fahrzeug kommt.

Ein **Motorschaden** kann als adäquate Folge eines Wildunfalles aus der Teilkaskoversicherung zu entschädigen sein. Versicherungsschutz besteht, wenn beim Zusammenstoß mit einem Hasen das Kühlsystem beschädigt wird und wenige Tage danach ein Motorschaden auftritt,[143] oder wenn der VN nach einem nächtlichen Zusammenstoß mit einem Fuchs auf einer Autobahn bis zum nächsten Parkplatz weiterfährt und dadurch ein Motorschaden eintritt.[144] In diesem Fall führt er den Motorschaden auch nicht durch grob fahrlässige Verletzung seiner Schadenminderungsobliegenheit gemäß § 82 Abs. 1 VVG herbei.[145]

Der **Zusammenstoß mit dem Haarwild** muss sich als **auslösendes Moment für den weiteren Schaden** darstellen; er darf nicht nur ein Begleitumstand sein.[146] Zu verneinen ist der Kausalzusammenhang, wenn Wild zwar beteiligt war, es aber **entweder**

---

140 Vgl. BGH Urt. v. 18.12.1991 – **IV ZR 204/90** – VersR 1992, 349 = r+s 1992, 82; OLG Hamm Urt. v. 12.12.1997 – 20 U 121/97 – r+s 1998, 54 = zfs 1998, 181; OLG Karlsruhe Urt. v. 05.12.1991 – 12 U 195/91 – r+s 1993, 448; OLG München Urt. v. 10.06.1988 – 10 U 6342/87 – zfs 1989, 206; OLG Karlsruhe Urt. v. 20.11.1986 – 12 U 131/86 – r+s 1987, 156; LG Mönchengladbach Urt. v. 11.06.1992 – 1 O 403/91 – SP 1992, 344; **a. A.** OLG Celle Urt. v. 23.01.1987 – 8 U 87/86 – VersR 1988, 1173; OLG Celle Urt. v. 29.11.1985 – 8 U 56/85 – zfs 1986, 119; LG Aachen Urt. v. 13.04.1989 – 2 O 80/89 – zfs 1990, 25; **differenzierend** OLG Frankfurt/M. Urt. v. 07.03.1984 – 13 U 90/83 – VersR 1985, 851.
141 OLG Jena Urt. v. 04.02.1998 – 4 U 1152/97 – VersR 1998, 623.
142 OLG Koblenz Urt. v. 12.12.1988 – 12 U 1840/87 – r+s 1989, 246; LG Düsseldorf Urt. v. 26.10.1989 – 11 O 636/87 – VersR 1990, 300.
143 LG Bielefeld Urt. v. 31.08.1990 – 4 O 390/89 – zfs 1990, 382.
144 OLG Saarbrücken Urt. v. 08.02.2012 – 5 U 313/11 – zfs 2012, 273.
145 OLG Saarbrücken Urt. v. 08.02.2012 – 5 U 313/11 – zfs 2012, 273, 275.
146 BGH Urt. v. 18.12.1996 – **IV ZR 321/95** – VersR 1997, 351 = r+s 1997, 98; OLG Bran-

A.2.2.1.5 AKB Glasbruch

nicht zu einer Berührung gekommen ist und die Schäden bei einem geglückten Brems- oder Ausweichmanöver entstanden sind,[147] (dann besteht ggf. ein Aufwendungsersatzanspruch nach §§ 90, 83 VVG, vgl. A.2.2.1 AKB Rdn. 273 ff.) **oder** eine Berührung zwar erfolgt ist, aber keinen Einfluss auf den Unfallverlauf genommen hat.[148]

87 **Keine Deckung besteht daher**, wenn die Wildberührung nur zufällige Folge eines vor dem Zusammenstoß eingeleiteten Ausweichmanövers oder eines auf überhöhte Geschwindigkeit zurückzuführenden unkontrollierten Schleudervorganges des Fahrzeuges ist,[149] oder wenn die Kollision auf einer eingeschränkten Fahrtüchtigkeit des Fahrers beruht, z. B. durch alkohol- oder drogenbedingte Ausfallerscheinungen.[150]

88 Bei einer infolge des Zusammenstoßes mit dem Wild **völlig überzogenen Reaktion des Fahrers** muss der VN mit einer **Leistungskürzung** wegen grober Fahrlässigkeit rechnen (vgl. A.2.2.1 AKB Rdn. 270 und A.2.9.1 AKB Rdn. 304 ff.).

89 Zu **Obliegenheitsverletzungen** beim Wildunfall und zur **Beweislastverteilung** vgl. A.2.2.1 AKB Rdn. 263 ff.; zum **Aufwendungsersatz beim berührungslosen Wildschaden** (»Rettungskostenersatz«) vgl. A.2.2.1 AKB Rdn. 273 ff.

VI. Glasbruch – A.2.2.1.5 AKB

1. Allgemeines

90 Glasbruchschäden werden **unabhängig von ihrer Ursache und Entstehung** ersetzt. Darin unterscheiden sie sich von den übrigen Schadenereignissen in der Teilkaskoversicherung. Während es bei »Diebstahl«, »Brand« oder »Hagel« um versicherte Schadenursachen geht, knüpft die Entschädigungspflicht bei Glasbruch allein an die Folge einer beliebigen Schadensursache an. Es ist daher unerheblich, ob der Schaden auf einen selbstverschuldeten, in der Teilkasko nicht gedeckten Unfall, auf Steinschlag, einen Betriebs- oder Bremsschaden, der auch in der Vollkasko nicht gedeckt ist oder einen Vandalismusschaden anlässlich einer (versuchten) Fahrzeugentwendung zurückzuführen ist.

---

denburg Urt. v. 20.02.2002 – 14 U 56/01 – VersR 2002, 1274 = zfs 2003, 191; OLG Düsseldorf Urt. v. 18.12.2001 – 4 U 106/01 – r+s 2002, 230 = zfs 2002, 346.

147 OLG Saarbrücken Urt. v. 26.01.2011 – 5 U 356/10-57 – r+s 2011, 380 = zfs 2011, 331; LG Halle Urt. v. 02.10.1996 – 5 O 216/96 – r+s 1998, 57 = SP 1997, 171 (**Marder**).

148 OLG Köln Urt. v. 14.03.2000 – 9 U 125/99 – r+s 2000, 190 (**Hase**); OLG Köln Urt. v. 13.01.1998 – 9 U 13/98 – r+s 2000, 96 (**Fuchs**); LG Köln Urt. v. 28.02.1983 – 24 O 114/82 – zfs 1983, 246 (**Hase**).

149 OLG München Urt. v. 10.06.1988 – 10 U 6342/87 – zfs 1989, 206; OLG Düsseldorf Urt. v. 18.12.1984 – 4 U 110/84 – VersR 1985, 851; OLG Nürnberg Urt. v. 13.03.1980 – 8 U 116/79 – VersR 1981, 1069 = zfs 1980, 315; LG Hannover Urt. v. 28.01.1993 – 5 O 330/92 zfs 1993, 309; LG Münster Urt. v. 24.02.1988 – 9 S 204/87 – VersR 1988, 1174 = r+s 1988, 159.

150 Vgl. OLG Schleswig Urt. v. 29.11.1989 – 9 U 12/88 – r+s 1993, 205; LG Limburg Urt. v. 21.11.1986 – 1 O 18/86 – zfs 1987, 375; LG Augsburg Urt. v. 29.10.1986 – 7 S 449/86 – zfs 1987, 150.

2. Bruchschäden an der Verglasung

Obwohl sich der Versicherungsschutz in A.2.2.1.5 S. 1 AKB seinem Wortlaut nach 91 ausschließlich auf Bruchschäden an der Fahrzeugverglasung erstreckt, ist es nicht notwendig, dass die Scheibe zerbrochen sein muss. **Beschädigungen in der Glasschicht** durch Steinschlag oder Risse reichen aus, nicht aber bloße Kratzer oder Trübungen.[151]

Der Begriff »**Verglasung**« ist funktionell zu verstehen und nicht auf Materialien aus 92 kristallinem, mineralischen Glas beschränkt. Auch **Kunststoff- oder Plexigläser** fallen unter den Versicherungsschutz, wenn sie wie eine Verglasung verarbeitet sind und der Bruch nicht auf Verschleiß zurückzuführen ist. Dies war unter der Geltung der bisherigen AKB 2008 noch streitig.[152] In A.2.2.1.5 S. 2 AKB 2015 gelten nun auch alle am Fahrzeug befindlichen **Kunststoffscheiben** ausdrücklich als **mitversichert**, es sei denn, es handelt sich um Materialermüdungsschäden (wie z. B. Schäden an Kunststoffscheiben in Cabriodächern durch wiederholtes Auf- und Zufallen), die nach A.2.5.7.1 AKB als Verschleißschäden ausdrücklich vom Versicherungsschutz ausgenommen sind. Mit der beispielhaften Aufzählung von Front-, Heck-, Dach-, Seiten- und Trennscheiben wird deutlich gemacht, dass **alle nur denkbaren Fahrzeugscheiben** – auch soweit sie nicht besonders erwähnt werden – gegen Bruchschäden versichert sein sollen, vorausgesetzt, es handelt sich nicht um solche Scheiben, die in A.2.2.1.5 S. 3 AKB ausnahmsweise als nicht zur Verglasung gehörend aufgeführt werden.

Zur Verglasung gehören auch alle Teile, deren Funktion durch die Lichtdurchlässigkeit 93 des Glases oder die Funktion eines Spiegels bestimmt wird. Nach A.2.2.1.5 S. 2 AKB werden »Spiegelglas« und »Abdeckungen von Leuchten« ausdrücklich als versichert genannt. Damit fallen insbesondere die Gläser von **Außenspiegeln, Scheinwerfern** und **Rückleuchten** unter den Versicherungsschutz. Nicht versichert sind allerdings die dazugehörigen Leuchtmittel (z. B. **Glühbirnen**[153]), die in A.2.2.1.5 S. 3 AKB vom Versicherungsschutz ausgenommen werden.

In Abgrenzung zu den versicherten Verglasungen enthält A.2.2.1.5 S. 3 AKB einen Ne- 94 gativkatalog der **nicht versicherten Glas- und Kunststoffteile**. Soweit diese an Mess-, Assistenz-, Kamera- und sonstigen Informationssystemen angebracht oder mit diesen verbunden sind (z. B. Parksensoren, Rückfahrkamera), werden Bruchschäden nicht ersetzt. Gleiches gilt z. B. für die Linsenabdeckung eines **ACC-Systems** (»Adaptive Cruise Control« = Abstandsregelautomat), wenn dieses steinschlagbedingt ausfällt und die Erneuerung der Abdeckung ohne den Komplettaustausch des ganzen ACC-Systems nicht

---

151 Prölss/Martin/*Knappmann* A.2.2 AKB Rn. 53.
152 **Bejahend:** AG München Urt. v. 21.05.2014 – 271 C 4878/14 – FD-VersR 2015, 365111; Feyock/*Jacobsen*/Lemor § 12 AKB Rn. 107; **a. A. und verneinend:** LG Köln Urt. v. 22.04.1999 – 24 S 114/98 – SP 1999, 322; AG Düsseldorf Urt. v. 02.08.2001 – 50 C 6608/01 – SP 2002, 69; AG Köln Urt. v. 02.11.1998 – 142 C 109/98 – VersR 2000, 1412; Himmelreich/Halm/Staab/*Krahe* Kap. 23 Rn. 295, wonach es sich um reines Glas handeln muss und Fenster aus Kunststoff somit nicht versichert sind.
153 Vgl. schon AG Stuttgart Urt. v. 10.12.1987 – 15 C 9783/87 – VersR 1988, 1019.

A.2.2.1.5 AKB Glasbruch

möglich ist.[154] Ebenso wenig sind **Solarmodule** auf einem Solarschiebedach versichert.[155] Schließlich ist auch der Ersatz von **Displays, Monitoren** sowie **Leuchtmitteln** aller Art ausgeschlossen.

95 Zur Risikobegrenzung stellt **A.2.2.1.5 S. 4 AKB** klar, dass **Folgeschäden**, die durch einen versicherten Glasbruchschaden eintreten, nicht versichert sind.

3. Entschädigungsumfang/Preisnachlässe des Autoglasers

96 Neben dem **Glasteil** mit den **Dichtungsgummis**[156] sind auch Mehrkosten einer Sonderausstattung für **Wärmeschutzverglasungen, beheizbare Heckscheiben, Regensensoren** in Front- oder Heckscheiben und **Scheibenantennen** zu entschädigen, wenn das Fahrzeug mit dieser Mehrausstattung versichert worden ist, außerdem die **Lohnkosten** für die Demontage der beschädigten und die Montage der neuen Verglasung.[157]

97 **Nicht zu erstatten** sind die Kosten für die **Reinigung** des Fahrgastinnenraumes, insbesondere der Polsterung oder der Heizung des Fahrzeuges von Glassplittern,[158] für die Erneuerung von auf der Scheibe aufgebrachten **Umweltplaketten, Werbeaufklebern** oder vergleichbaren Beschriftungen[159] oder der Gebührenwert von an der Scheibe befestigten **Autobahnvignetten**, da es sich bei den Aufklebern weder um ein mitversichertes Fahrzeugteil, noch um ein Bestandteil der Fahrzeugverglasung handelt.[160] Ebenso wenig erstattungsfähig sind die Kosten der **Entsorgung** der beschädigten Glasteile.

98 Können **beschädigte Gläser bei Spiegeln oder Scheinwerfern** nicht einzeln ausgetauscht werden, besteht Anspruch auf vollständigen **Neuersatz**.

99 Bei kleineren **punktförmigen Steinschlagschäden**, die sich nicht direkt im Sichtbereich des Fahrers befinden und bei denen ausschließlich die obere Glasschicht der Windschutzscheibe betroffen ist, kann statt eines Austauschs der gesamten Scheibe auch eine **Reparatur** durch spezielle Fachbetriebe in Betracht kommen. Da diese kostenmäßig deutlich günstiger ist als ein Austausch, verzichten fast alle VR bei Scheibenreparaturen auf den Abzug einer ggf. vertraglich vereinbarten Selbstbeteiligung.

---

154 LG Verden Urt. v. 18.08.2010 – 2 S 247/09 – SVR 2010, 428 mit zustimmender Anmerkung von Richter SVR 2010, 429.
155 Vgl. auch Stiefel/Maier/*Stadler* A.2.2 AKB 2008 Rn. 184.
156 A. A. AG Köln Urt. v. 19.04.1998 – 262 C 119/98 – SP 1999, 322.
157 OLG München Urt. v. 25.06.1987 – 24 U 556/86 – ADAJUR Dok.Nr. 10724; AG Dresden Urt. v. 20.03.2001 – 114 C 9832/00 – DAR 2002, 172; **A.A.** AG Köln Urt. v. 19.04.1998 – 262 C 119/98 – SP 1999, 322; AG München Urt. v. 21.02.1996 – 344 C 5361/95 – SP 1996, 394.
158 AG Saarbrücken Urt. v. 24.09.1995 – 5 C 441/84 – r+s 1987, 187.
159 AG Saarbrücken Urt. v. 01.08.1994 – 42 C 302/94 – VersR 1995, 778.
160 Feyock/*Jacobsen*/Lemor § 12 AKB Rn. 110; Stiefel/Maier/*Stadler* A.2.2 AKB Rn. 187; Rüffer/*Halbach*/Schimikowski A.2.2 AKB Rn. 42; a. A. Prölss/Martin/*Knappmann* A.2.2 AKB Rn. 53.

Glasbruch A.2.2.1.5 AKB

Der **Verzicht auf die Selbstbeteiligung** ist regelmäßig davon abhängig, dass eine **vor-** 100
herige Zustimmung des VR zur Durchführung der Reparatur in einer vom VR empfohlenen Werkstatt eingeholt wird. Wirbt ein Unternehmer mit der Aussage »kostenlose Steinschlagreparatur«, so muss er entweder mit dem Kunden, oder mit dessen VR alle Eventualitäten vor Reparaturbeginn geklärt haben, andernfalls kein Werklohnanspruch gegen den Kunden besteht.[161]

Lockt eine Werkstatt ihren Kunden mit dem Versprechen, einen Preisnachlass in Form 101
einer (teilweisen) **Rückerstattung des Selbstbehaltes** in der Teilkaskoversicherung zu gewähren, stellt dies einen **Wettbewerbsverstoß** dar, weil der VN dadurch veranlasst werden kann, auf das Angebot einzugehen, ohne den Vorteil an den VR weiterzugeben.[162] Gleiches gilt für einen »**Bonus**« von 150,00 €, der dem VN zugesagt wird, wenn er im Rahmen eines »Werbepartnervertrages« einen **Werbeaufkleber** der Werkstatt für einen bestimmten Zeitraum auf der Autoscheibe belässt,[163] beim Versprechen von **Tankgutscheinen**[164] oder Gutscheinen für **Folgeaufträge**.[165] Der VN ist zur Offenlegung des Nachlasses gegenüber dem VR verpflichtet, denn durch einen solchen Rabatt vermindert sich der ersatzpflichtige Schaden des VN. Rechnet die Werkstatt ihre Reparaturleistungen aufgrund Abtretungsvereinbarung mit dem Kunden direkt mit dem VR ab, muss der Nachlass in der Abrechnung ausdrücklich erwähnt werden, andernfalls ein (**versuchter**) **Betrug** zulasten des VR vorliegt.[166] Dies gilt für Nachlässe, Rabatte, Auslagenerstattungen oder sonstige **geldwerte Vorteile jeglicher Art** (z. B. einer Servicecard[167] oder Wertgutscheinen[168]), die dem VN auf Reparaturleistungen gewährt werden.[169]

Dem **VR** kann gegen die Autoglaserei ein **vorbeugender Unterlassungsanspruch** we- 102
gen betrügerischen Abrechnungsverhaltens zustehen.[170] Bei Zuwiderhandlung gegen ein vom VR gegen den Autoglaser erwirktes Unterlassungsurteil, wonach es diesem untersagt wird, Kunden des VR einen Nachlass ganz oder teilweise in Höhe der Selbst-

---

161 LG Frankfurt/M. Urt. v. 26.02.2010 – 2-01 S 206/09 – NZV 2011, 43; AG Marienberg Urt. v. 07.12.2010 – 1 C 286/10 – ADAJUR Dok.Nr. 92680; AG Meiningen Urt. v. 18.02.2010 – 11 C 651/09 – NZV 2011, 44.
162 BGH Urt. v. 08.11.2007 – **I ZR 60/05** – NJW 2008, 1888 (**Autoglas**); BGH Urt. v. 08.11.2007 – **I ZR 192/06** – SP 2008, 29 = SVR 2008, 417 (**Hagelschaden**); OLG Hamm Urt. v. 01.03.2005 – 4 U 174/04 – SP 2006, 439.
163 OLG Celle Urt. v. 15.09.2005 – 13 U 113/05 – NZV 2006, 96; OLG Köln Urt. v. 12.10.2012 – 6 U 93/12 – BeckRS 2012, 21762; LG Köln Urt. v. 22.12.2011 – 81 O 72/11 – r+s 2012, 334.
164 LG Bonn Urt. v. 22.12.2005 – 14 O 146/05 – NZV 2006, 649.
165 OLG Hamm Urt. v. 12.11.2013 – 4 U 31/13 – r+s 2014, 63 = DAR 2014, 531.
166 OLG Brandenburg Urt. v. 15.09.2009 – 6 U 80/08 – BeckRS 2010, 04720; OLG Frankfurt/M. Urt. v. 11.05.2006 – 6 U 7/06 – VersR 2006, 1068; AG Köln Urt. v. 03.04.2013 – 523 Ds 77/13 – DAR 2014, 711.
167 OLG Naumburg Urt. v. 03.03.2011 – 1 U 92/10 – BeckRS 2011, 17142.
168 OLG Schleswig Urt. v. 22.01.2009 – 6 U 19/06 – BeckRS 2009, 12560.
169 LG Köln Urt. v. 22.12.2011 – 81 O 72/11 – r+s 2012, 334.
170 OLG Köln Urt. v. 12.10.2012 – 6 U 93/12 – BeckRS 2012, 21762.

A.2.2.1.6 AKB Kurzschlussschäden an der Verkabelung

beteiligung einzuräumen, ohne dies gegenüber dem VR offen zu legen, kann die Festsetzung eines Ordnungsgeldes von 8.000,00 €, ersatzweise für je 400,00 € ein Tag Ordnungshaft, gegen den Geschäftsführer der Autoglaswerkstatt angemessen sein.[171]

103 Zur Höhe der Entschädigung beim Glasbruchschaden vgl. A.2.5.1 AKB Rdn. 112 ff. und A.2.5.2 AKB Rdn. 88 ff.

VII. Kurzschlussschäden an der Verkabelung – A.2.2.1.6 AKB

104 Wie schon in § 12 Abs. 2 AKB a. F. fallen Schäden an der Verkabelung (Kabelbaum) und damit speziell »**Kabelbrände**«, die durch einen Kurzschluss ausgelöst werden, unter die in der Teilkasko versicherten Ereignisse. Es handelt sich in der Regel um **Schmorschäden**, die durch Hitzeeinwirkung entstehen. Dazu bedarf es nicht zwingend eines Brandes mit offener Flammenbildung. **Nur die Schäden an den elektrischen Kabeln sind zu ersetzen**, nicht hingegen Folgeschäden an weiteren Fahrzeugteilen, auch wenn diese ebenfalls durch den Schmorvorgang entstanden sind.[172] Durch A.2.2.1.6 S. 2 AKB werden sie ausdrücklich vom Versicherungsschutz ausgeschlossen. Dazu zählen insbesondere durch Kurzschluss bedingte Schäden an angrenzenden stromerzeugenden oder –verbrauchenden Aggregaten wie z. B. Radio, Lichtmaschine, Anlasser, Batterie oder Microcomputer.[173] Soweit es jedoch an diesen Teilen zu einer offenen Flammenbildung kommt und die Teile dadurch beschädigt oder zerstört werden, liegt ein nach A.2.2.1.1 AKB versicherter Brandschaden vor.

105 Der Versicherungsschutz erstreckt sich nicht auf **Halbleitertechnologie (Mikro-Elektronik)**, da diese im technischen Sinne nicht zur Verkabelung des Kraftfahrzeuges gehört.[174] Entstehen durch einen Kurzschluss Schäden an Mikrocomputern, die Bestandteil der Zündung, Kraftstoffeinspritzung (Motorsteuergerät[175]), des Antiblockiersystems oder der Geschwindigkeitsüberwachung (Tempomat) sind, handelt es sich um nicht gedeckte Schäden.[176]

106 Zu **Schäden durch Marderbiss** vgl. A.2.2.1 AKB Rdn. 314 ff.

---

171 Vgl. LG Köln Urt. v. 27.02.2013 – 84 O 99/12 SH I – SP 2013, 228.
172 Stiefel/Maier/*Stadler* A.2.2 AKB Rn. 192.
173 AG Düsseldorf Urt. v. 04.03.2005 – 30 C 11294/04 – SP 2006, 73.
174 Stiefel/Maier/*Stadler* A.2.2 AKB Rn. 190.
175 Vgl. AG Berlin-Mitte Urt. v. 08.01.2009 – 10 C 271/08 – SP 2009, 262.
176 Himmelreich/Halm/Staab/*Krahe* Kap. 23 Rn. 306.

C. Weitere praktische Hinweise

I. Brand und Explosion

1. Beweislastverteilung und Einzelfälle

a) Grundsatz

Da jede Brandursache versichert ist, es sei denn, der VR kann beweisen, dass der VN 107
den Brand **vorsätzlich** (vgl. A.2.2.1 AKB Rdn. 113 ff.) oder **grob fahrlässig** (vgl.
A.2.9.1 AKB Rdn. 347 ff.) herbeigeführt hat (A.2.9.1 AKB, § 81 VVG), kommen
dem VN im Falle der Zerstörung oder Beschädigung eines Kraftfahrzeuges durch
Brand oder Explosion grundsätzlich keine Beweiserleichterungen zugute. Vielmehr **obliegt dem VN der Vollbeweis** (§ 286 Abs. 1 ZPO) für den **Eintritt des Versicherungsfalles** und auch für die **Höhe der beanspruchten Entschädigungsleistung**. Dieser Nachweis wird von ihm in aller Regel ohne weiteres zu führen sein, da das versicherte Objekt zur Feststellung, ob der Versicherungsfall eingetreten ist und zur Ermittlung der Schadenshöhe ohne weiteres besichtigt werden kann. Steht fest, dass der Pkw des VN in Brand gesetzt wurde, liegen die Voraussetzungen für den Versicherungsfall vor, ohne dass der VN zusätzlich noch den Nachweis erbringen müsste, dass der Brand durch nicht berechtigte, »betriebsfremde« Personen verursacht worden ist.[177] Einer Beweislastabsenkung zugunsten des VN dahingehend, dass er – wie etwa beim Diebstahl des Fahrzeuges – nur das »äußere Bild« eines Brandes oder einer Explosion darlegen und beweisen müsste, bedarf es daher nicht. Umgekehrt **obliegt dem VR die volle Beweislast**, wenn er sich auf **Leistungsfreiheit wegen** vorsätzlicher oder grob fahrlässig herbeigeführter Inbrandsetzung des versicherten Kfz berufen will. Kann er den Nachweis einer **Eigenbrandstiftung** nur durch Indizien führen, bedarf es dazu keiner unumstößlichen Gewissheit. Es genügt ein für das praktische Leben brauchbarer Grad von Gewissheit, der Zweifeln Schweigen gebietet, ohne sie jedoch auszuschließen.[178]

Um dem VR diese Beweisführung zu ermöglichen, muss der VN bereits in der **Schadenanzeige** – und auch nach späterer Aufforderung – zu detaillierten Fragen des VR, 108
deren Beantwortung die Aufklärung der Brandursache bezweckt, vollständige und
wahrheitsgemäße Angaben machen, weil sich aus ihnen Hintergründe und Motive
des VN für eine eventuelle Brandstiftung ergeben können. Dies betrifft bei **Leasingfahrzeugen** vor allem auch die vertragliche Situation des in Brand geratenen Kfz. Erteilt
der VN vorsätzlich oder grob fahrlässig unvollständige bzw. unwahre Auskünfte oder
beantwortet er Nachfragen des VR nicht, kann sich der VR auf Leistungsfreiheit wegen
Verletzung einer Aufklärungsobliegenheit (vgl. E.1.3 AKB i. V. m. E.6.1 und E.6.2
AKB) berufen,[179] ohne dass der VR verpflichtet wäre, sich weitere Aufklärung durch
persönliche Rücksprache mit dem VN zu holen.[180]

---

177 OLG Koblenz Beschl. v. 24.11.2003 – 10 W 553/03 – VersR 2005, 783 und 935.
178 OLG Köln Urt. v. 15.05.2007 – 9 U 117/06 – r+s 2007, 274 = SP 2007, 22.
179 Vgl. OLG Köln Urt. v. 25.10.2005 – 9 U 177/04 – zfs 2006, 276.
180 OLG Hamburg Urt. v. 24.10.1995 – 7 U 231/94 – zfs 1998, 18.

A.2.2.1 AKB   Einzelfälle Brand/Explosion Brand nach Unfall

b) Brand nach vorausgegangenem/nachfolgendem Unfall

109 Der Versicherungsfall »Brand« liegt auch vor, wenn das **Fahrzeug infolge eines in der Teilkasko nicht gedeckten Unfalles ausbrennt,** (vgl. auch A.2.2.1 AKB Rdn. 239 ff.). In diesem Fall ist das Schadenereignis zwar auf mehrere adäquate Ursachen zurückzuführen (z. B. Anstoß an die Leitplanke und Brand); der Schaden beruht aber jedenfalls auch auf der versicherten Ursache »Brand«.[181] **Lässt sich der Schaden in einzelne Teilkomplexe zerlegen,** die kausal den unterschiedlichen Schadenursachen »Unfall« und »Brand« zugeordnet werden können, ist nur der Teilschaden zu ersetzen, der auf die versicherte Ursache »Brand« zurückgeht. Bei der **Ermittlung der Schadenshöhe** ist somit zu differenzieren, **welcher Teil des Gesamtschadens auf das Brandereignis und welcher auf das Unfallereignis** zurückzuführen ist. Maßgeblich ist der Wert des Fahrzeuges nach dem Unfall, aber vor Ausbruch des Brandes.[182] Die Schäden, die bereits vor dem Eintritt des Versicherungsfalles »Brand« durch den Unfall entstanden sind, sind also abzuziehen. Hat das Fahrzeug durch den Unfall einen Reparatur- und durch den anschließenden Brand einen Totalschaden erlitten, bemisst sich die Entschädigung nach dem durch den Unfallschaden geminderten Wiederbeschaffungswert. Hat das Fahrzeug aufgrund des Unfalles bereits einen wirtschaftlichen Totalschaden erlitten, besteht die Leistung aus der Teilkasko nur noch in Höhe des Restwerts.

110 **Lässt sich der Schaden nicht in mehrere Teilkomplexe zerlegen, weil** der Gesamtschaden zwar mehrere konkurrierende Ursachen (Unfall und Brand) hat, das **Fahrzeug** jedoch **sofort beim Unfall Feuer gefangen hatte** und somit – ex post betrachtet – von vornherein auch der Brandgefahr ausgesetzt war, kommt der Mitverursachung durch die nicht versicherte Unfallgefahr eine nur untergeordnete, letztlich unerhebliche Bedeutung zu. Nach dem **Grundsatz der »Gesamtkausalität«** ist in solchen Konstellationen bei einem Unfall, bei dem ein den Wiederbeschaffungswert übersteigender Reparaturschaden entsteht, dieser Wiederbeschaffungswert vom VR im Rahmen der Teilkasko zu ersetzen, wenn feststeht, dass das Fahrzeug auch in Brand geraten ist und dadurch jedenfalls ein Teilschaden verursacht wurde, der den maßgeblichen Wiederbeschaffungswert ebenfalls übersteigt.[183]

111 Anders gestaltet sich die Schadensberechnung nur dann, wenn das **Fahrzeug während der Fahrt in Brand gerät** und dadurch von der Straße abkommt und verunfallt. In diesem Fall ist der gesamte entstandene Fahrzeugschaden als Brandfolgeschaden aus der Teilkasko zu entschädigen.[184]

112 Bei einer vom VR behaupteten **Alkoholisierung des VN mit anschließendem Unfall,** in dessen Folge das Kfz durch Brand zerstört wird, obliegt dem VR für eine Leistungsfrei-

---

181   Vgl. OLG Nürnberg Urt. v. 31.03.1994 – 8 U 3630/93 – VersR 1995, 206 = r+s 1995, 9.
182   OLG Celle Urt. v. 16.03.2006 – 8 U 155/05 – r+s 2007, 53 = VersR 2007, 1510.
183   OLG Nürnberg Urt. v. 31.03.1994 – 8 U 3630/93 – VersR 1995, 206 = r+s 1995, 9.
184   Vgl. Halm/Engelbrecht/Krahe/*Oberpriller* Kap. 15 Rn. 37.

heit der Vollbeweis für den ursächlichen Zusammenhang zwischen dem alkoholbedingten Fahrfehler und der Zerstörung des Fahrzeuges durch Brand.[185]

c) Brand nach vorausgegangener strittiger Entwendung

Wird ein gestohlenes Fahrzeug ausgebrannt aufgefunden, kann der VN seinen Kaskoentschädigungsanspruch sowohl aus dem Leistungstatbestand der »Entwendung«, als auch aus dem des »Brandes« verlangen. Schwierigkeiten können entstehen, wenn zwar **feststeht**, dass das versicherte **Fahrzeug durch** einen **Brand zerstört** wurde, jedoch **streitig ist, ob** ein **Diebstahl des Fahrzeuges vorausgegangen** ist, sei es, dass der VN mit der von ihm behaupteten Fahrzeugentwendung beweisfällig geblieben ist oder sei es, dass der VR sich darauf beruft, der Diebstahl sei durch den VN vorgetäuscht worden, (vgl. A.2.2.1 AKB Rdn. 239 ff.). Wenn – wie üblich – nach den AKB die **Versicherungsfälle** »**Brand**« und »**Entwendung**« als teilkaskoversicherte Gefahren **selbstständig und gleichwertig nebeneinander** stehen, ist es dem VN nicht verwehrt, sich darauf zu berufen, dass jedenfalls ein aus der Teilkasko zu entschädigender Brandschaden vorliegt.[186] Dies gilt auch dann, wenn der VR die erhebliche Wahrscheinlichkeit eines vorgetäuschten Diebstahls durch den VN nachweisen kann. 113

Eine **Entschädigungspflicht für den Brandschaden** als zweiten Versicherungsfall **entfällt** nur dann, wenn der VR den Vollbeweis dafür führen kann, dass der VN den Brand vorsätzlich herbeigeführt oder veranlasst hat, **A.2.9.1 AKB, § 81 VVG**. Beweiserleichterungen kommen ihm dabei nicht zugute. Weder findet eine **Beweislastumkehr** zu seinen Gunsten statt,[187] noch lassen sich die **Beweiserleichterungen**, die dem VR für den Versicherungsfall »Diebstahl« als Ausgleich für die dort zunächst dem VN zugestandenen Beweiserleichterungen zugebilligt werden, auf die Beweisanforderungen für das Herbeiführen des Versicherungsfalles »Brand« übertragen.[188] 114

aa) Indizien für eine vorsätzliche Brandstiftung des VN

Zweifel an der Behauptung des VN, sein Kfz sei ihm gestohlen worden, begründen nicht automatisch auch den Verdacht, der VN müsse das Kfz selbst vorsätzlich in Brand gesetzt haben. Sofern allerdings der VR eine **erhebliche Wahrscheinlichkeit für einen vorgetäuschten Diebstahl** durch den VN nachweist, stellt dieser Umstand gleichzeitig auch ein **gewichtiges Indiz für eine Eigeninbrandsetzung** des Kfz durch den VN dar.[189] Der Tatrichter darf jedoch nicht aus einer überwiegenden Wahrscheinlichkeit für einen vorgetäuschten Diebstahl automatisch auch auf eine überwiegende Wahrscheinlichkeit 115

---

185 OLG Saarbrücken Urt. v. 03.03.2004 – 5 U 663/03 – zfs 2005, 349, 350.
186 BGH Urt. v. 11.02.2009 – **IV ZR 156/08** – VersR 2009, 540 = zfs 2009, 272; BGH Urt. v. 31.10.1984 – **IVa ZR 33/83** – VersR 1985, 78 = NJW 1985, 917; BGH Urt. v. 19.12.1984 – **IVa ZR 159/82** – NJW 1985, 919 = MDR 1985, 917; BGH Urt. v. 16.05.1979 – **IV ZR 20/78** – VersR 1979, 805 = MDR 1979, 918.
187 BGH Urt. v. 08.11.1995 – **IV ZR 221/94** – VersR 1996, 186 = r+s 1996, 410.
188 Vgl. BGH Urt. v. 17.05.1989 – **IVa ZR 130/88** – VersR 1989, 841 = MDR 1989, 976.
189 OLG Nürnberg Urt. v. 01.04.1993 – 8 U 3326/92 – zfs 1994, 173.

A.2.2.1 AKB Einzelfälle vorsätzliche Brandstiftung

für einen vom VN selbst initiierten Brandschaden schließen. Vielmehr muss ihm bewusst sein, dass es sich nur um ein **Beweisanzeichen für die Unredlichkeit des VN** handelt, das er im Rahmen einer Gesamtschau aller Umstände bei seiner Überzeugungsbildung beachten muss.[190] **Bleibt offen**, ob der VN an der Inbrandsetzung seines Kfz beteiligt war, ist er aus der Teilkaskoversicherung zu entschädigen. Denn es geht dann nicht mehr um den Nachweis des Versicherungsfalles »Brand« (weil dieser aufgrund der **unstreitigen Tatsache, dass das Fahrzeug durch Feuer vernichtet** wurde, feststeht), sondern nur noch um die Leistungsfreiheit des VR, die selbst dann nicht eintritt, wenn sich der vom VN vorgetragene Geschehensablauf zur Entstehung des Brandes zwar als sehr unwahrscheinlich erweist, er gleichwohl aber weder ausgeschlossen, noch auch nur lebensfremd, unvernünftig oder fern liegend erscheint.[191]

116 Für die Unredlichkeit des VN können **gleich gelagerte frühere Versicherungsfälle** oder auch **angespannte finanzielle Verhältnisse des VN** sprechen, vor allem im Zusammenhang mit einer zu erwartenden Neuwertentschädigung. Aber auch der Umstand, dass sich die vom VN behauptete Inbrandsetzung des Kfz durch den Dieb **nicht plausibel begründen** lässt, wenn z. B. das Fahrzeug zuvor mit einem nachgemachten (Zweit-) Schlüssel entwendet wurde, kann in die Überzeugungsbildung des Tatrichters einfließen. Denn der Dieb, der die Mühe auf sich nimmt, sich einen passenden Schlüssel zu besorgen, wird das Fahrzeug wohl kaum anzünden. Gleiches gilt, wenn eine Entwendung durch einen Dritten einen erheblichen technischen Aufwand vorausgesetzt hätte, der Pkw aber unmittelbar nach dem angeblichen Diebstahl in Brand gesetzt wurde, keine Aufbruchsspuren festgestellt wurden und der Fahrzeugeigentümer in finanziellen Schwierigkeiten war.[192]

117 Für den **vom VR zu führenden Nachweis**[193] einer Inbrandsetzung des Fahrzeuges durch den VN genügt eine **Häufung von Indizien**,[194] wenn diese in ihrer Gesamtheit und ihrem Zusammenwirken nach **Überzeugung des Gerichts** für eine Eigen- oder Auftragsbrandstiftung des VN sprechen.[195] Dabei sind insbesondere die Umstände des Tatherganges, die Verschlusssituation des Pkw, vorhandene Motive des VN, dessen schwierige wirtschaftliche Lage sowie verdächtige Begleitumstände zu berücksichtigen.[196]

---

190 Vgl. BGH Urt. v. 11.02.2009 – **IV ZR 156/08** – VersR 2009, 540 = zfs 2009, 272; BGH Urt. v. 31.10.1984 – **IVa ZR 33/83** – VersR 1985, 78 = NJW 1985, 917.
191 OLG Frankfurt/M. Urt. v. 20.08.2009 – 3 U 20/07 – JurionRS 2009, 21400 (nach vorheriger Zurückverweisung durch BGH Urt. v. 11.02.2009 – **IV ZR 156/08** – VersR 2009, 540 = zfs 2009, 272).
192 KG Urt. v. 03.06.2003 – 6 U 7/02 – zfs 2004, 74.
193 BGH Beschl. v. 13.04.2005 – **IV ZR 62/04** – VersR 2005, 1387 = r+s 2005, 292.
194 Vgl. OLG Köln Urt. v. 28.08.2012 – 9 U 88/11 – r+s 2013, 289 zu möglichen Indizien.
195 BGH Urt. v. 22.11.2006 – **IV ZR 21/05** – r+s 2007, 59 = NJW-RR 2007, 312; vgl. OLG Karlsruhe Urt. v. 22.02.2007 – 19 U 33/06 – MDR 2007, 656.
196 OLG Köln Urt. v. 26.08.2009 – 9 U 208/07 – r+s 2009, 414; zur **Checkliste der verdächtigen Umstände** vgl. Klingenberg/Nugel DAR 2013, 185, 187.

Der Vollbeweis einer **Beteiligung des VN an der Inbrandsetzung** des versicherten Kfz 118
wurde angenommen **bei folgenden Indizien:**
- Auffinden des ausgebrannten Kfz kurze Zeit nach dem behaupteten Diebstahl mit **unversehrter Lenkradsperre** und fehlenden sonstigen Einbruchsspuren;[197]
- der mit einer Wegfahrsperre der zweiten Generation ausgestattete ausgebrannte Lkw des VN wurde mit einem **passenden Schlüssel** weggefahren, wobei zugleich mit der angeblichen Entwendung des Lkw auch Topf- und Messersets gestohlen worden sein sollen, für die es aber keinen realen Absatzmarkt mehr gab;[198]
- **unrichtige Angaben des VN** in der Schadenanzeige, **Brand 3–4 Stunden nach der behaupteten Entwendung**, spurenloses Überwinden der Lenkradsperre und **keine Spuren eines Kurzschließens**; außerdem erlaubte die wirtschaftliche Lage des VN die Haltung des versicherten Kfz nicht;[199]
- widersprüchliche Angaben des VN zum Geschehen und unglaubwürdige Erklärungsversuche zu einem im Fahrzeug befindlichen **Benzinkanister**; zögerliche Beantwortung des Fragebogens des VR;[200]
- der VN will sich nach dem Abstellen des Motors noch im Fahrzeug aufgehalten haben, als plötzlich Rauch bzw. Feuer aus den Lüftungsschlitzen des Armaturenbretts ausgetreten sei; denn vor dem Einsetzen der Rauchentwicklung entsteht durch freigesetzte Salpetersäure ein so starker Geruch, dass der VN diesen hätte bemerken müssen;[201]
- Anfertigung eines **Nachschlüssels** kurz vor der behaupteten Entwendung und anschließender **Brand** nur drei Wochen vor Beendigung des Leasingvertrages und Ablauf der Zweijahresgrenze für eine Neuwertentschädigung.[202]

Eine vorsätzliche **Inbrandsetzung eines Pkw** durch den VN **in einer Garage** kann auch 119
dann als nachgewiesen erachtet werden, wenn die Brandstiftung aus technischer Sicht nicht feststeht,[203] vor allem, wenn auch noch sonstige Tatortspuren gegen den VN sprechen.[204]

bb) Keine Indizien für eine vorsätzliche Brandstiftung des VN

Weder die Anfertigung von **Nachschlüsseln** durch den Ehemann der VN, noch die **De-** 120
montage wertvoller Fahrzeugteile vor der Inbrandsetzung, noch **Vorentwendungen des versicherten Fahrzeuges** begründen die erhebliche Wahrscheinlichkeit einer Brandstiftung durch die VN, solange nicht feststeht, dass sie mit diesen Umständen in Ver-

---

197 LG Essen Urt. v. 23.11.1994 – 10 S 401/94 – VersR 1995, 955 = r+s 1998, 11; a. A. LG Kiel Urt. v. 25.02.1999 – 8 S 226/98 – VersR 1999, 1361 = DAR 2000, 269.
198 OLG Düsseldorf Urt. v. 28.09.2000 – 4 U 183/99 – r+s 2001, 142.
199 OLG Hamm Urt. v. 21.10.1998 – 20 U 87/98 – zfs 1999, 157 = r+s 1999, 144.
200 LG Dortmund Urt. v. 20.01.2000 – 2 O 1/99 – SP 2000, 239.
201 OLG Köln Urt. v. 05.12.2000 – 9 U 147/99 – r+s 2001, 142.
202 OLG Hamm Urt. v. 11.10.1995 – 20 U 102/95 – VersR 1996, 1362 = zfs 1996, 100.
203 OLG Hamm Urt. v. 23.06.1993 – 20 U 374/92 – zfs 1995, 460.
204 OLG Hamm Urt. v. 16.10.1993 – 20 U 84/92 – zfs 1994, 171.

bindung steht.[205] Auch fehlende **Aufbruchspuren an Tür- und Lenkradschloss**[206] sind noch kein ausreichendes beweiskräftiges Indiz für eine Vortäuschung des Versicherungsfalles »Diebstahl« durch den VN und können daher auch **nicht als alleiniges Indiz** für eine vorsätzliche Eigeninbrandsetzung herangezogen werden. Selbst eine Vielzahl verdächtiger Umstände führen nicht zwingend zum Nachweis einer Brandstiftung durch den VN oder einen in seinem Auftrag handelnden Dritten.[207] Der Beweis ist auch nicht erbracht, wenn sich nach einer Explosion von im Fahrzeug befindlichen Feuerwerkskörpern der Verschlusszustand des Kfz nicht mehr sicher feststellen lässt und damit auch ein Eindringen eines unbekannten Täters in das Kfz nicht ausgeschlossen werden kann.[208]

121 Eine **Auftragsbrandstiftung** ist nicht nachgewiesen, wenn der VR keine hinreichende Indizienkette vortragen kann und das strafrechtliche Ermittlungsverfahren gegen den VN eingestellt wurde.[209]

2. Grobe Fahrlässigkeit

122 Zu Fällen, in denen die Rechtsprechung in der Vergangenheit grobe Fahrlässigkeit bejaht hat, vgl. A.2.9.1 AKB Rdn. 347 ff.

3. Unzurechnungsfähigkeit

123 Ist das versicherte Fahrzeug vom VN **zum Zwecke der Selbsttötung in Brand** gesetzt worden und steht damit die vorsätzliche Herbeiführung des Versicherungsfalles durch den zwischenzeitlich verstorbenen VN fest, müssen die Erben, wollen sie einer Leistungsfreiheit des VR nach § 81 Abs. 1 VVG entgehen, in entsprechender Anwendung des § 827 S. 1 BGB[210] beweisen, dass die Willensbildung des VN durch eine Bewusstseinsstörung beeinträchtigt war und die Eigenbrandstiftung des VN somit auf seiner Unzurechnungsfähigkeit beruhte.[211] Entsprechendes gilt, wenn sich der VN auf eine alkoholbedingte Bewusstseinsstörung beruft, (vgl. A.2.9.1 AKB Rdn. 375 ff.).

4. Gefahrerhöhung

124 Eine gewollte Gefahrerhöhung gemäß § 23 Abs. 1 VVG, z. B. durch **mangelhafte Einbauten** in das versicherte Kfz, setzt beim VN das Bewusstsein voraus, dass sich durch die vorgenommenen oder gestatteten Einbauten die Gefahrenlage geändert hat. Erforderlich ist das Bewusstsein des VN von der gefahrerhöhenden Eigenschaft der von ihm vorgenommenen Handlung; seine Kenntnis allein von den gefahrerhöhenden Umstän-

---

205 OLG Köln Urt. v. 25.11. 2003 – 9 U 73/03 – zfs 2004, 367 = r+s 2004, 142.
206 OLG Köln Urt. v. 11.03.1993 – 5 U 215/92 – zfs 1994, 172; OLG Hamm Urt. v. 03.02.1989 – 20 U 260/88 – juris.
207 OLG Köln Urt. v. 09.07.2002 – 9 U 239/96 – r+s 2002, 360.
208 OLG München Urt. v. 21.02.2014 – 25 U 2798/13 – BeckRS 2014, 04201.
209 OLG Jena Urt. v. 13.03.2012 – 4 U 151/11 – r+s 2012, 331.
210 BGH Urt. v. 29.10.2003 – **IV ZR 16/03** – VersR 2003, 1561 = DAR 2004, 24.
211 OLG Düsseldorf Urt. v. 23.08.05 – I-4 U 172/04 – VersR 2006, 402 = zfs 2006, 100.

den reicht nicht aus.[212] Der Handlungswille des VN muss sich über die bloße Weiterbenutzung des Fahrzeuges hinaus auch auf den nicht verkehrs- oder gebrauchssicheren Zustand erstrecken, in dem dieses für weitere Fahrten benutzt wird; erforderlich ist die positive Kenntnis des VN vom mangelhaften Zustand seines Kfz, wohingegen es nicht erforderlich ist, dass der VN gleichzeitig auch den im Verhältnis zum VR gefahrerhöhenden Charakter zur Annahme einer subjektiven Gefahrerhöhung seiner Einbauten erkennen muss.[213] Den VR trifft die **Darlegungs- und Beweislast** sowohl für das Vorliegen der objektiven Umstände einer Gefahrerhöhung, als auch für die Kenntnis des VN von diesen Umständen.[214]

II. Diebstahl/Raub/räuberische Erpressung

1. Beweislastverteilung

a) Das »Drei-Stufen-Modell« des BGH – Überblick

Beim **Diebstahl** (oder **Raub**, vgl. auch A.2.2.1 AKB Rdn. 135) des versicherten Kfz wird der VN den ihm nach den allgemeinen Beweislastregeln obliegenden Vollbeweis (§ 286 ZPO) für den Eintritt des Versicherungsfalles nur in den wenigsten Fällen führen können. Wenn niemand den Diebstahl beobachtet hat, stehen dem VN **keine Zeugen für das unmittelbare Diebstahlgeschehen** zur Verfügung. Regelmäßig wird auch der Täter nicht ermittelt, so dass sich die Tatumstände im Detail nicht aufklären lassen. Der VN befindet sich in einer meist unüberwindbaren Beweisnot. Würde man in einem solchen Fall vom VN den Vollbeweis verlangen, wäre der Versicherungsschutz für ihn stark entwertet. Die Kaskoversicherung könnte ihn letztlich nicht wirksam vor dem Diebstahl seines Fahrzeuges schützen, obwohl sie ihm gerade für diesen Fall eine Entschädigungsleistung verspricht. Der **BGH** hat daher in Auslegung dieses im Versicherungsvertrag enthaltenen Leistungsversprechens ein »**Drei-Stufen-Modell**« von Beweisregeln entwickelt (oftmals auch nur »Zwei-Stufen-Theorie« genannt[215]), welches **Beweiserleichterungen** sowohl dem VN, als auch dem VR gewährt.[216] Es handelt sich um eine rein **materiell-rechtlich begründete Verteilung des Beweisrisikos** und nicht um eine gesetzliche Beweisregel i. S. d. § 286 Abs. 2 ZPO. 125

Auf der ersten Stufe werden dem **VN Beweiserleichterungen** zugestanden. Er genügt seiner Darlegungslast, wenn er ein **Mindestmaß an Tatsachen** vorträgt, die nach der Lebenserfahrung mit hinreichender Wahrscheinlichkeit den Schluss auf eine Wegnahme des versicherten Fahrzeugs gegen den Willen des Berechtigten zulassen. Verlangt wird also nicht der Vollbeweis des Diebstahls, sondern nur der **Nachweis des »äußeren Bildes«** einer bedingungsgemäßen Fahrzeugentwendung, eines Einbruch- 126

---

212 BGH Urt. v. 10.09.2014 – **IV ZR 322/13** – VersR 2014, 1313 = r+s 2014, 543.
213 OLG Karlsruhe Urt. v. 17.09.2013 – 12 U 43/13 – r+s 2013, 542 = DAR 2013, 643.
214 OLG Karlsruhe Urt. v. 17.09.2013 – 12 U 43/13 – r+s 2013, 542 = DAR 2013, 643.
215 KG Beschl. v. 03.09.2010 – 6 U 20/10 – r+s 2012, 68 = zfs 2011, 390.
216 BGH Urt. v. 17.05.1995 – **IV ZR 279/94** – VersR 1995, 909 = r+s 1995, 288.

A.2.2.1 AKB   Einzelfälle Verschulden/Diebstahl/Raub/räub. Erpressung

diebstahls oder Raubes.[217] Hierzu reicht es aus, dass der VN substanziiert darlegt, sein Fahrzeug zu einer bestimmten Zeit an einem bestimmten Ort abgestellt und dort später gegen seinen Willen nicht mehr aufgefunden zu haben.[218]

127 Für diesen Mindestsachverhalt muss der VN im Bestreitensfall den **Vollbeweis** erbringen, § 286 Abs. 1 ZPO.[219] Er muss für den Tatrichter mit an Sicherheit grenzender Wahrscheinlichkeit feststehen. Dass das Fahrzeug »gegen den Willen« des VN nicht wieder aufgefunden wurde, ist eine innere Tatsache, auf deren Vorhandensein aus den äußeren Tatsachen geschlossen werden kann.[220]

128 Oftmals bezieht sich der VN bei seinem Vortrag, sein Pkw sei gestohlen worden, **zum Beweis auf die amtliche Ermittlungsakte der Staatsanwaltschaft**. Das reicht nicht aus. Da der VN in der Regel keine Zeugen benennen kann, die den Diebstahl beobachtet haben, muss er **substanziiert zum Abstellen und Nichtwiederauffinden seines Fahrzeuges vortragen**. Dazu gehört auch, dass er, wenn sein Fahrzeug nicht gerade vor seiner Haustüre entwendet wurde, den **Zweck der Fahrt** angibt sowie nach Möglichkeit **Zeugen benennt**, die Angaben dazu machen können, wo er sich in der Zeit zwischen dem Abstellen seines Fahrzeuges und dem Nichtwiederauffinden aufgehalten hat.

129 Vereinzelt wird vertreten, diese Beweiserleichterungen kämen nur einem redlichen VN zugute. Sei der **VN persönlich unglaubwürdig**, müsse er den Vollbeweis der von ihm behaupteten Entwendung erbringen. Diese Ansicht verkennt, dass auch ein persönlich unglaubwürdiger VN sich auf die von der Rechtsprechung entwickelte Beweismaßabsenkung berufen kann. Es steht ihm offen, den Nachweis des »äußeren Bildes« einer Fahrzeugentwendung durch einen oder mehrere glaubwürdige **Zeugen** zu führen. Kann der VN auf diese Weise den Vollbeweis für das Abstellen und Nichtwiederauffinden seines Fahrzeuges führen, kommt es auf seine eigene Glaubwürdigkeit überhaupt nicht an.

130 Gelingt es dem VN nicht, den Nachweis des »äußeren Bildes« einer versicherten Entwendung durch Zeugen zu erbringen, weil ihm solche entweder nicht zur Verfügung stehen oder deren Aussagen unglaubhaft und/oder unergiebig sind, kann er den **Beweis auch durch seine eigenen Angaben** führen, wenn das Gericht diesen Angaben Glauben schenkt. Dafür bietet sich die Parteianhörung nach § 141 ZPO an und – sofern das Gericht danach einen Anfangsbeweis bejahen sollte – auch eine Parteivernehmung nach § 448 ZPO. Alternativ kommt auch eine Vernehmung des VN auf seinen ausdrücklichen Antrag gemäß § 447 ZPO in Betracht. Diese erleichterte Beweisführung **setzt** allerdings im Gegensatz zur Beweisführung durch Zeugen einen **uneingeschränkt glaubwürdigen VN voraus. Hieran fehlt es,** wenn konkrete Tatsachen feststehen oder –

---

217 OLG Köln Urt. v. 16.07.2013 – 9 U 30/13 – VersR 2013, 1576 = r+s 2013, 488; OLG Köln Urt. v. 27.04.2004 – 9 U 161/03 – SP 2004, 241.
218 BGH Urt. v. 17.05.1995 – **IV ZR 279/94** – VersR 1995, 909 = r+s 1995, 288.
219 Vgl. BGH Urt. v. 17.03.1993 – **IV ZR 11/92** – VersR 1993, 571 = NJW-RR 1993, 719; BGH Urt. v. 08.11.1995 – **IV ZR 221/94** – VersR 1996, 186 = r+s 1996, 410.
220 Römer NJW 1996, 2329, 2331.

falls sie streitig sind – vom VR bewiesen werden, die **schwerwiegende Zweifel an der Glaubwürdigkeit des VN** und seiner Sachverhaltsschilderung rechtfertigen. Insoweit ist auf dasjenige abzustellen, was der VN im Zusammenhang mit dem »äußeren Bild« bereits außergerichtlich gegenüber dem VR, aber auch schriftsätzlich bei Gericht vorgetragen hat. Welche Tatsachen ausreichen, um den VN als unglaubwürdig ansehen zu können, ist immer eine Frage des Einzelfalles.

Nicht ausreichend ist es, wenn der VN nicht alle Fahrzeugschlüssel vorlegen kann oder sich an Originalschlüsseln Kopierspuren befinden. Wenn er sich aber in Widersprüche zum Entwendungsvorgang verstrickt oder Falschangaben gegenüber dem VR z. B. in der Schadenanzeige gemacht hat, kann dem VN nicht uneingeschränkt geglaubt werden. Eine Anhörung des VN nach § 141 ZPO scheidet damit aus. Das »äußere Bild« eines Diebstahls könnte er nicht beweisen. Seine Klage müsste abgewiesen werden. 131

Stehen dem VN für das »äußere Bild« **Zeugen** zur Verfügung, muss er diese **benennen**. Er kann dann nicht verlangen, nach § 141 ZPO angehört zu werden, da er sich gerade nicht in Beweisnot befindet. Die Anhörung ist nur subsidiär für den Fall zulässig, dass dem VN entweder keine Zeugen zur Verfügung stehen oder das Gericht auch nach Vernehmung der Zeugen das »äußere Bild« (noch) nicht als bewiesen erachtet. 132

Auf der zweiten Stufe kann der **VR den Beweis für das** »äußere Bild« eines Fahrzeugdiebstahls **erschüttern**. Dafür wird von ihm nicht der Vollbeweis verlangt, dass der VN den Versicherungsfall inszeniert hat. Denn wenn einerseits dem redlichen VN Beweiserleichterungen zugutekommen, ohne die er den Nachweis einer Fahrzeugentwendung überhaupt nicht führen könnte, muss andererseits auch für den VR eine Beweismaßabsenkung gelten, um sich wirksam vor einem Missbrauch dieser Beweiserleichterungen durch einen unredlichen VN zu schützen. Der VR kann daher den **Nachweis einer vorgetäuschten Fahrzeugentwendung** ebenfalls **in erleichterter Form** führen. Für diesen Gegenbeweis reichen nicht erst solche Tatsachen aus, die eine erhebliche Wahrscheinlichkeit für die Vortäuschung des Versicherungsfalles begründen, sondern schon solche, die lediglich eine erhebliche Wahrscheinlichkeit hierfür nahelegen.[221] Um das »äußere Bild« eines versicherten Fahrzeugdiebstahls zu Fall zu bringen, genügt es demnach, dass der VR ausreichende Tatsachen vorträgt und beweist, die es **mit erheblicher Wahrscheinlichkeit nahelegen**, dass der VN die **behauptete Entwendung nur vorgetäuscht** haben könnte.[222] Diese Tatsachen können sich sowohl aus den Tatumständen des Diebstahlgeschehens als solchem, als auch aus erheblichen Zweifeln an der Glaubwürdigkeit des VN und seinem – auch früheren – Verhalten ergeben.[223] Insoweit steht dem VR eine breite Palette von Möglichkeiten zur Verfügung, indem er auf rechtskräftige **Strafverurteilungen** des VN, frühere **Täuschungsversuche**, **ungeklärte Alibis und Schlüsselverhältnisse**, **Widersprüche** des VN, schwierige **Vermögensverhältnisse** 133

---

221 OLG Köln Urt. v. 18.07.2000 – 9 U 36/98 – VersR 2002, 225 = SP 2001, 135.
222 BGH Urt. v. 12.04.1989 – **IVa ZR 83/88** – VersR 1989, 587 = r+s 1990, 130.
223 Prölss/Martin/Knappmann § 12 AKB Rn. 24; BGH Urt. v. 21.01.1996 – **IV ZR 300/94** – VersR 1996, 575 = zfs 1996, 220; LG Düsseldorf Urt. v. 23.06.2005 – 11 O 559/03 – r+s 2006, 187.

A.2.2.1 AKB Einzelfälle Verschulden/Diebstahl/Raub/räub. Erpressung

und sonstige Umstände abhebt, die geeignet sind, den VN in einem unredlichen Licht erscheinen zu lassen. **Auffälligkeiten bei den Schlüsselverhältnissen** sind nur relevant in Verbindung mit weiteren gegen den VN sprechenden Umständen, die für eine erhebliche Wahrscheinlichkeit einer Vortäuschung der behaupteten Fahrzeugentwendung sprechen.[224] Alle vorgebrachten **Umstände müssen entweder unstreitig** sein **oder** bei einem Bestreiten durch den VN vom **VR bewiesen werden**. Notwendig ist hier ebenfalls der **Vollbeweis**.

134 **Gelingt dem VR dieser Gegenbeweis**, steht damit zwar noch nicht fest, dass die Entwendung durch den VN vorgetäuscht wurde; dies ist aber auch nicht erforderlich. Es genügt, dass die nachgewiesenen Umstände die erhebliche Wahrscheinlichkeit einer vorgetäuschten Entwendung nahelegen. Damit ist das vom VN bewiesene »äußere Bild« der Entwendung zu Fall gebracht. Konsequenz: **Der VN muss auf der dritten Stufe** entsprechend den allgemeinen Beweislastgrundsätzen nun doch den Vollbeweis für den von ihm behaupteten Eintritt des Versicherungsfalles erbringen, eine Beweisanforderung, die er im Fall eines Kfz-Diebstahls in der Regel aber gerade nicht wird erfüllen können,[225] befindet er sich doch gerade in den Beweisschwierigkeiten, die die Rechtsprechung veranlasst haben, das »Drei-Stufen-Modell« zu entwickeln. Im Ergebnis wird der VR in einem solchen Fall regelmäßig leistungsfrei, ohne dass er die Vortäuschung des Versicherungsfalles durch den VN beweisen muss.

135 Beim **Raub** oder der **räuberischen Erpressung** gelten die Beweiserleichterungen für den VN nur dann, wenn er selbst Opfer des Raubes ist. Steht dem VN dagegen **der Beraubte als Zeuge** zur Verfügung, befindet er sich nicht in Beweisnot. Dies gilt auch dann, wenn der Zeuge von seinem Aussageverweigerungsrecht Gebrauch macht, da die Beweisnot des VN für diesen Fall nicht aus den typischen Gegebenheiten des Versicherungsfalles entsteht.[226]

b) Wahrscheinlichkeitsstufen

aa) Grundsätzliches

136 Bei dem **Beweismodell des BGH** handelt es sich **nicht um Regeln, die für den Anscheinsbeweis gelten**. Dieser kann bei typischen Geschehensabläufen herangezogen werden. Dazu gehört die Entwendung eines Kraftfahrzeuges nicht. Vielmehr ist beim Beweismaß zwischen den unterschiedlichen Stufen und Graden von Wahrscheinlichkeiten zu differenzieren: Während der **VN die hinreichende Wahrscheinlichkeit für das »äußere Bild«** einer Fahrzeugentwendung beweisen muss, obliegt es dem **VR, eine erhebliche Wahrscheinlichkeit für ihre Vortäuschung** zu beweisen. Dabei ist

---

224 Vgl. BGH Urt. v. 23.10.1996 – **IV ZR 93/95** – VersR 1997, 102 = r+s 1997, 5; BGH Urt. v. 26.06.1996 – **IV ZR 164/95** – VersR 1996, 1135 = r+s 1996, 341; BGH Urt. v. 13.12.1995 – **IV ZR 54/95** – VersR 1996, 319 = r+s 1996, 92; BGH Urt. v. 17.05.1995 – **IV ZR 279/94** – VersR 1995, 909 = r+s 1995, 288; BGH Urt. v. 03.07.1991 – **IV ZR 220/90** – VersR 1991, 1047 = r+s 1991, 294.
225 Vgl. BGH Urt. v. 13.12.1995 – **IV ZR 54/95** – VersR 1996, 319 = r+s 1996, 92.
226 LG Köln Urt. v. 04.11.1999 – 24 O 406/98 – SP 2000, 136.

eine erhebliche Wahrscheinlichkeit höher anzusetzen als eine hinreichende Wahrscheinlichkeit. Keinesfalls ist sie mit überwiegender Wahrscheinlichkeit gleichzusetzen.[227]

Wahrscheinlichkeitsgrade:
- geringe Wahrscheinlichkeit
- hinreichende Wahrscheinlichkeit → Beweismaß VN für das »äußere Bild«.
- erhebliche Wahrscheinlichkeit → Beweismaß VR für den fingierten Diebstahl.
- überwiegende Wahrscheinlichkeit
- hohe Wahrscheinlichkeit → Beweismaß VN bei Scheitern des »äußeren Bildes«.

Die unterschiedlichen Wahrscheinlichkeitsgrade lassen sich nicht durch feste Prozentzahlen festlegen. Vielmehr ist eine wertende Betrachtungsweise vorzunehmen, die sich einer genauen prozentualen Zuordnung entzieht.[228]

bb) Erste Stufe – Beweiserleichterungen des VN beim Nachweis des Kfz-Diebstahls

(1) »Äußeres Bild«

Das »äußere Bild« eines versicherten Diebstahls ist gegeben, wenn der VN oder ein sonstiger Berechtigter das versicherte Fahrzeug an einer bestimmten Stelle zu einem bestimmten Zeitpunkt abgestellt und es dort gegen seinen Willen nicht wieder aufgefunden hat.[229] Dies gilt auch für die Entwendung von Fahrzeugteilen eines abgestellten Kfz.[230] Der VN muss für diesen **Minimalsachverhalt** den **Vollbeweis** erbringen.[231] Gelingt ihm dies, kann das Gericht aus den bewiesenen äußeren Tatsachen die Überzeugung gewinnen, dass das Fahrzeug gegen den Willen des VN abhandengekommen ist. Dies gilt vor allem in Verbindung mit einer unmittelbar anschließenden **Strafanzeige** und einer **mit dieser übereinstimmenden Schadenanzeige** gegenüber dem VR.[232] **Nicht ausreichend** für die Beweisführung ist ein **bloßer »Rahmensachverhalt«**.[233] Daher genügt es nicht, den behaupteten Diebstahl bei der Polizei zur Anzeige zu bringen[234]

---

227 Vgl. BGH Urt. v. 02.05.1990 – IV ZR 48/89 – VersR 1990, 735, 736 = r+s 1990, 242.
228 Römer/Langheid § 49 VVG Rn. 19.
229 OLG Hamburg Urt. v. 23.03.2011 – 14 U 160/10 – SP 2011, 374; OLG Köln Urt. v. 19.04.2005 – 9 U 86/04 – r+s 2005, 241; LG Dortmund Urt. v. 16.12.2009 – 22 O 50/08 – VK 2010, 118.
230 OLG Hamm Urt. v. 08.02.2012 – 20 U 172/11 – r+s 2012, 381 = zfs 2012, 331.
231 OLG Köln Urt. v. 18.11.2003 – 9 U 186/02 – VersR 2005, 349; OLG Köln Urt. v. 10.05.2005 – 9 U 65/04 – r+s 2006, 103, 104.
232 OLG Hamm Urt. v. 03.02.1988 – 20 U 220/87 – juris.
233 Vgl. BGH Urt. v. 19.02.1997 – IV ZR 12/96 – VersR 1997, 691 = DAR 1997, 248; BGH Urt. v. 30.01.2002 – IV ZR 263/00 – VersR 2002, 431 = r+s 2002, 143.
234 OLG Hamburg Urt. v. 19.11.1993 – 14U 59/90 – VersR 1995, 38; OLG Hamm Urt. v. 14.02.1992 – 20 U 162/91 – NJW-RR 1992, 862; OLG Karlsruhe Urt. v. 19.08.1993 – 12 U 49/93 – VersR 1995, 40; OLG Köln Urt. v. 16.11.1989 – 5 U 203/88 – VersR 1990, 263.

A.2.2.1 AKB   Einzelfälle Verschulden/Diebstahl/Raub/räub. Erpressung

oder sich auf Erzählungen gegenüber Dritten zu berufen,[235] z. B. indem der VN Nachbarn als Zeugen dafür benennt, dass er nach Entdeckung des Diebstahls »aufgelöst« gewesen sei.[236] Auch reicht es nicht aus, dass das Fahrzeug mit **Aufbruchspuren** (z. B. einer eingeschlagenen Seitenscheibe[237]) aufgefunden wurde, weil solche Spuren auch bei einem vorgetäuschten Diebstahl vorhanden sein können,[238] oder wenn der VN lediglich vorträgt, die Fahrzeugschlüssel seien aus dem Haus gestohlen worden, für einen Einbruchsdiebstahl aber keinerlei Hinweise vorliegen.[239]

139 Umgekehrt entfällt das »äußere Bild« nicht schon deshalb, wenn beim Auffinden des Fahrzeuges keine Einbruchspuren an den Türschlössern oder am Lenkradschloss festgestellt werden.[240] Denn technisch besteht die Möglichkeit, ein Fahrzeug auch ohne äußerliche Spuren zu öffnen und wegzufahren oder anderweitig abtransportieren zu lassen. Auch die genaue oder namentliche **Bezeichnung des Abstellortes** ist nicht zwingend erforderlich, wenn der VN jedenfalls darlegen und beweisen kann, dass das Kfz auf einem umfriedeten und verschlossenen Gelände geparkt wurde.[241]

(2) Anhörung des glaubwürdigen VN nach § 141 ZPO

140 Stehen dem VN für das Abstellen und Verschwinden seines Fahrzeuges keine Zeugen oder sonstigen Beweismittel zur Verfügung, befindet er sich in Beweisnot, so dass er den **Nachweis des »äußeren Bildes«** auch **durch seine eigenen Angaben** führen kann. Dies setzt allerdings einen uneingeschränkt glaubwürdigen VN voraus.[242] Solange das Gericht keine Zweifel an der persönlichen Glaubwürdigkeit des VN oder der Richtigkeit seines Sachvortrages hat, kann es den VN nach § 141 ZPO zu dem Mindestsachverhalt des »äußeren Bildes« anhören und diesen auch als bewiesen erachten.[243] Reicht eine Anhörung des VN für die Überzeugungsbildung des Gerichts noch nicht aus, spricht aber für die Richtigkeit seiner Sachdarstellung eine gewisse Wahrscheinlichkeit (sog. **Anfangsbeweis**), so kann zusätzlich eine **Parteivernehmung des VN** nach §§ 447, 448

---

235 BGH Urt. v. 30.01.2002 – **IV ZR 263/00** – VersR 2002, 431 = r+s 2002, 143; OLG Karlsruhe Urt. v. 04.12.1997 – 12 U 224/97 – zfs 1998, 302.
236 OLG Köln Urt. v. 04.09.2001 – 9 U 18/01 – VersR 2002, 478 = zfs 2002, 186.
237 OLG Hamm Urt. v. 08.02.2012 – 20 U 172/11 – r+s 2012, 381 = zfs 2012, 331.
238 OLG Hamm Urt. v. 17.06.1998 – 20 U 248/97 – zfs 1998, 467.
239 OLG Brandenburg Urt. v. 06.01.2010 – 4 U 66/06 – zfs 2010, 391.
240 Vgl. OLG Köln Urt. v. 11.03.1993 – 5 U 215/92 – zfs 1994, 172.
241 OLG Naumburg Urt. v. 06.09.2012 – 4 U 69/11 – VersR 2014, 578.
242 BGH Urt. v. 19.02.1997 – **IV ZR 12/96** – VersR 1997, 691 = DAR 1997, 248; LG Wuppertal Urt. v. 06.09.2012 – 7 O 303/10 – BeckRS 2013, 01973.
243 BGH Urt. v. 24.04.1991 – **IV ZR 172/90** – VersR 1991, 917 = r+s 1991, 221; BGH Urt. v. 25.03.1992 – **IV ZR 54/91** – VersR 1992, 867 = NJW-RR 1992, 920; OLG Hamburg Urt. v. 23.03.2011 – 14 U 160/10 – SP 2011, 374; OLG Köln Urt. v. 18.11.2003 – 9 U 186/02 – VersR 2005, 349; OLG Düsseldorf Urt. v. 29.12.2005 – I-4 U 155/04 – NJW-RR 2006, 1263.

ZPO erfolgen.[244] Lehnt das Gericht einen entsprechenden Beweisantrag ab, muss es dies in revisionsrechtlich nachprüfbarer Weise im Urteil begründen.[245]

Grundsätzlich ist von der **Redlichkeit des VN** und seiner Glaubwürdigkeit auszugehen. Es gilt die **Unschuldsvermutung**. Bloße Verdachtsmomente, die gegen die Glaubwürdigkeit des VN sprechen könnten, reichen nicht aus, um die Redlichkeitsvermutung zu erschüttern.[246] Mit Rücksicht hierauf können dem VN die Beweiserleichterungen nur dann vorenthalten bzw. auf Grund des Sachvortrages des VR auf die Unredlichkeit des VN erkannt werden, wenn konkrete Tatsachen feststehen, die den VN entweder als unglaubwürdig erscheinen lassen oder jedenfalls geeignet sind, schwerwiegende **Zweifel an** seiner persönlichen **Glaubwürdigkeit** oder der Richtigkeit seiner Sachverhaltsdarstellung aufkommen zu lassen.[247] Dafür **genügt** aber **nicht schon jede Ungereimtheit im Sachvortrag** des VN. Es muss sich schon um Umstände handeln, die seine Darstellung zum Kern des behaupteten Diebstahlgeschehens in Frage stellen.[248] Dem VN ist dann die Möglichkeit genommen, den Minimalsachverhalt des »äußeren Bildes« einer Entwendung durch eigene Angaben im Rahmen einer Parteianhörung gemäß § 141 ZPO nachzuweisen. Dies stellt keinen Verstoß gegen die Unschuldsvermutung des Art. 6 Abs. 2 EMRK dar.[249] Die Beweismöglichkeit der persönlichen Anhörung darf nur dem redlichen VN eröffnet sein, weil ein Gericht den VR allein aufgrund der eigenen Angaben und Behauptungen des VN zur Entschädigungsleistung verurteilen kann, sofern es im Rahmen der freien Beweiswürdigung keinerlei Anlass hat, an der wahrheitsgemäßen Darstellung des VN zu zweifeln. 141

Ein VN ist glaubwürdig, wenn seine bisherige Darstellung zum »äußeren Bild« glaubhaft und frei von Widersprüchen ist und sich wesentliche Einzelheiten seines Sachvortrages nicht als unrichtig erweisen. Für die Glaubhaftigkeit des vom VN darzulegenden und zu beweisenden Minimalsachverhaltes ist es auch von Bedeutung, ob das geschilderte **Randgeschehen**, welches mit der **Fahrt zum Diebstahlort und dem Abstellen des Pkw** in Zusammenhang steht (z. B. Anlass der Fahrt, genaue Fahrtstrecke auf dem Hinweg, geplante Fahrtstrecke auf dem Rückweg, sonstige Aktivitäten des VN vor dem Abstellen des Kfz), **plausibel und nachvollziehbar** ist.[250] 142

---

244 BGH Urt. v. 24.04.1991 – **IV ZR 172/90** – VersR 1991, 917 = r+s 1991, 221.
245 BGH Urt. v. 01.02.1983 – **IV ZR 152/81** – VersR 1983, 445 = NJW 1983, 2033.
246 Vgl. BGH Urt. v. 05.10.1983 – **IVa ZR 19/82** – VersR 1984, 29 = MDR 1984, 209; BGH Urt. v. 11.12.1996 – **IV ZR 268/95** – VersR 1997, 896 = r+s 1997, 100; BGH Urt. v. 22.01.1997 – **IV ZR 320/95** – r+s 1997, 184 = NJW-RR 1997, 598; OLG Koblenz Urt. v. 27.06.1997 – 10 U 936/96 – zfs 1998, 19; Stiefel/Maier/*Stadler* A.2.2 AKB Rn. § 12 AKB Rn. 35.
247 Vgl. OLG Celle Urt. v. 30.05.2013 – 8 U 275/12 – NZV 2013, 440.
248 OLG Hamm Urt. v. 16.06.1993 – 20 U 378/92 – VersR 1994, 168.
249 BGH Urt. v. 30.01.2002 – **IV ZR 263/00** – VersR 2002, 431 = r+s 2002, 143; OLG Düsseldorf Urt. v. 24.03.1998 – 4 U 16/97 – r+s 1998, 453 = zfs 1998, 383.
250 KG Beschl. v. 15.04.2014 – 6 U 163/13 – BeckRS 2015, 05205; KG Urt. v. 10.09.2010 – 6 U 18/10 – VersR 2011, 743 = r+s 2013, 168; vgl. OLG Karlsruhe Urt. v. 21.06.1990 – 12 U 312/89 – zfs 1991, 166; Bach/Günther S. 19.

Stomper

A.2.2.1 AKB   Einzelfälle Verschulden/Diebstahl/Raub/räub. Erpressung

143 Um eine persönliche Anhörung des VN abzulehnen, braucht das Gericht nicht davon überzeugt zu sein, dass die Angaben des VN unglaubhaft sind.[251] **Ausreichend** ist, dass die **Glaubwürdigkeit des VN erschüttert** ist. Bei der Prüfung der Glaubwürdigkeit des VN sind auch diejenigen **Tatsachen zu berücksichtigen**, die der VR im Zusammenhang mit einer erheblichen Wahrscheinlichkeit für einen vorgetäuschten Versicherungsfall vorträgt und unter Beweis stellt. Zwar handelt es sich dabei um Vorbringen, das eigentlich erst in der zweiten Wahrscheinlichkeitsstufe (vgl. A.2.2.1 AKB Rdn. 165 ff.) relevant wird. Dennoch strahlt es auch aus auf die in der ersten Stufe vorzunehmende Prüfung, ob überhaupt eine Verpflichtung des Gerichts besteht, den VN zum Nachweis des »äußeren Bildes« persönlich anzuhören. Es genügt, wenn die vom VR vorgebrachten (bewiesenen oder unstreitigen) **Tatsachen** geeignet sind, bei Gericht **schwerwiegende Zweifel an der Redlichkeit des VN** zu wecken. Dabei muss der VR nicht die Unredlichkeit des VN beweisen, sondern nur Tatsachen, aus denen sich **Rückschlüsse auf eine mangelnde Glaubwürdigkeit des VN** ergeben. Anders als in der zweiten Stufe, wo der VR den Nachweis einer **erheblichen** Vortäuschungswahrscheinlichkeit des behaupteten Diebstahls führen muss, reicht dafür auf der ersten Stufe schon eine **hinreichende** Wahrscheinlichkeit aus.[252]

144 Das **Gericht ist erst recht nicht verpflichtet, den VN persönlich anzuhören**, wenn es aufgrund der vom VR bewiesenen Tatsachen bereits davon überzeugt ist, dass die Entwendung vom VN mit erheblicher Wahrscheinlichkeit **vorgetäuscht** ist. Diese Bewertung unterliegt der freien richterlichen **Beweiswürdigung** und ist grundsätzlich auch in der Berufungsinstanz nicht angreifbar.[253] Sie ist insbesondere **weder fehlerhaft, noch** stellt sie eine **Verletzung des rechtlichen Gehörs** dar.[254]

145 **Im Ergebnis** kann der VN daher bei bloßen – wenn auch erheblichen – Zweifeln an seiner Redlichkeit die Möglichkeit verlieren, den Beweis des »äußeren Bildes« durch seine eigenen Angaben zu führen, sei es, dass das Gericht eine Anhörung gemäß § 141 ZPO von vornherein nicht zulässt, oder sei es, dass sich bei oder nach der Anhörung des VN Umstände herausstellen, die Zweifel an der Glaubwürdigkeit des VN aufkommen lassen oder die geeignet sind, einen vorgetäuschten Diebstahl mit hinreichender Wahrscheinlichkeit zu begründen. Denn damit fehlt es letztlich an den Voraussetzungen für die Beweiserleichterungen, die nur dem uneingeschränkt redlichen und glaubwürdigen VN zugutekommen sollen. Der VN muss dann den Vollbeweis für den behaupteten Diebstahl führen.[255]

---

251 OLG Hamm Urt. v. 02.06.1993 – 20 U 380/92 – VersR 1994, 48; OLG Hamm Urt. v. 16.06.1993 – 20 U 378/92 – VersR 1994, 168.
252 OLG Koblenz Beschl. v. 27.12.2012 – 10 U 503/12 – r+s 2013, 543; OLG Rostock Urt. v. 18.02.2004 – 6 U 76/03 – VersR 2005, 495 = SVR 2004, 388.
253 OLG Bamberg Urt. v. 15.10.2010 – 1 U 89/10 – SpV 2011, 20 und 61 = BeckRS2010, 28935.
254 KG Beschl. v. 03.09.2010 – 6 U 20/10 – r+s 2012, 68 = zfs 2011, 390.
255 Vgl. LG Hannover Urt. v. 28.11.2003 – 4 O 8/03 – SP 2004, 168.

Das **Gericht ist berechtigt**, eine Anhörung nach § 141 ZPO abzulehnen, wenn der 146
VN schon schriftsätzlich oder im Vorfeld des Prozesses gegenüber dem VR widersprüchlich zum Diebstahlgeschehen oder zu wertbeeinflussenden Faktoren betreffend sein Fahrzeug vorgetragen hat, so z. B. bei
– unterschiedlichen Angaben zu **Ort, Zeitpunkt** oder sonstigen Umständen der behaupteten Entwendung;[256]
– falschen oder wechselnden Angaben zur **Laufleistung** des angeblich gestohlenen Kfz;[257]
– einem Verschweigen von nicht reparierten **Vorschäden**;[258]
– abweichenden Angaben gegenüber **Polizei und VR**;[259]
– unrichtigen Angaben gegenüber dem VR in der **Schadenanzeige**;[260]
– Falschangaben zum **Kaufpreis** des gebraucht erworbenen Kfz;[261]
– **wechselndem Prozessvortrag**, der an das Vorbringen des Gegners angepasst wird;
– einer Häufung von nicht ausräumbaren Widersprüchen und Ungereimtheiten.[262]

Eine **auffällige Häufung** früherer Versicherungsfälle, bei denen Unredlichkeiten des 147
VN nicht nachgewiesen werden konnten, kann nicht als Indiz für die Unglaubwürdigkeit des VN herangezogen werden. Ein VN ist auch nicht deshalb unglaubwürdig, weil gegen ihn in der Vergangenheit **Strafverfahren** anhängig waren. Diese Tatsache kann sich bei zivilrechtlichen Beweisüberlegungen nur dann zum Nachteil des VN auswirken, wenn die Strafverfahren zu **rechtskräftigen** Verurteilungen geführt haben und diese dem VN noch vorgehalten und zu seinen Lasten verwertet werden dürfen (§ 51 BZRG).[263] Dies ist der Fall, wenn die Tilgungsfristen gemäß § 46 BZRG zum Zeitpunkt des behaupteten Diebstahls noch nicht abgelaufen sind. Im Strafregister getilgte oder tilgungsreife Eintragungen haben außer Betracht zu bleiben.[264] Stützt sich der VR auf unstreitige oder bewiesene **Vorfälle aus dem Verwandten- oder Bekanntenkreis des VN**, ist dies jedenfalls so lange unbeachtlich, wie nicht feststeht, dass der VN in relevanter Weise an diesen Vorfällen beteiligt war oder sie ihm nach den Regeln der **Repräsen-**

---

256 So z. B. OLG Köln Urt. v. 16.05.2000 – 9 U 47/99 – SP 2000, 423; OLG Hamm Urt. v. 07.04.2000 – 20 U 237/99 – r+s 2000, 446; OLG Hamburg Urt. v. 07.05.1999 – 14 U 288/98 – VersR 2000, 1272; OLG Düsseldorf Urt. v. 26.09.2000 – 4 U 227/99 – SP 2001, 25.
257 OLG Köln Urt. v. 10.02.1998 – 9 U 174/97 – r+s 1998, 320.
258 OLG Hamm Urt. v. 24.04.1998 – 20 U 2/98 – zfs 1999, 161.
259 OLG Hamm Urt. v. 29.05.1985 – 20 U 381/84 – VersR 1987,149.
260 OLG Hamm Urt. v. 15.11.1991 – 20 U 218/91 – VersR 1992, 819; OLG Stuttgart Urt. v. 07.02.1991 – 7 U 176/90 – r+s 1992, 331.
261 OLG Karlsruhe Urt. v. 19.08.1993 – 12 U 49/93 – VersR 1995, 40.
262 OLG Köln Urt. v. 28.03.2000 – 9 U 116/99 – r+s 2000, 277, 279; OLG Hamm Urt. v. 24.04.1998 – 20 U 2/98 – zfs 1999, 161.
263 Vgl. BGH Urt. v. 16.10.1996 – **IV ZR 154/95** – VersR 1997, 53 = zfs 1997, 60; BGH Urt. v. 21.02.1996 – **IV ZR 300/94** – VersR 1996, 575 = zfs 1996, 220.
264 BGH Urt. v. 11.02.1998 – **IV ZR 306/96** – VersR 1998, 488 = zfs 1998, 218; LG Dortmund Urt. v. 26.06.2013 – 22 O 189/08 – r+s 2013, 489 = JurionRS 2013, 42859; a. A. OLG Düsseldorf Urt. v. 24.03.1998 – 4 U 16/97 – r+s 1998, 453 = zfs 1998, 383.

A.2.2.1 AKB   Einzelfälle Verschulden/Diebstahl/Raub/räub. Erpressung

tantenhaftung (vgl. A.2.3 AKB Rdn. 25 ff.) bzw. unter den Voraussetzungen der Versicherung für fremde Rechnung (§ 47 VVG) zugerechnet werden können. Sofern Strafverfahren nach § 153a StPO eingestellt wurden, können allerdings feststehende bzw. bewiesene Tatsachen hieraus zulasten des VN bei der Beurteilung seiner Glaubwürdigkeit berücksichtigt werden, es sei denn, dass diese Tatsachen wiederum zu rechtskräftigen Verurteilungen des VN geführt haben und diese zwischenzeitlich dem Verwertungsverbot des § 51 BZRG unterliegen.[265] Die **Redlichkeitsvermutung des VN ist auch widerlegt**, wenn er im Rahmen seiner Anhörung unzutreffende Angaben zum Geschehensablauf vor der angeblichen Entwendung des Kfz macht. Er kann sich nicht darauf berufen, **falsche Angaben** zu Vorschäden in einer Schadenanzeige nur **auf Anraten seines Versicherungsagenten** gemacht zu haben.[266]

148   Die Beweiserleichterungen sind dem VN jedoch nicht schon deshalb zu versagen, weil ein von ihm in der Vergangenheit gemeldeter Diebstahl eines anderen Fahrzeuges mit erheblicher Wahrscheinlichkeit vorgetäuscht war. Denn damit war dessen Vortäuschung gerade nicht voll bewiesen worden. Unredlichkeiten im Zusammenhang mit einem früher gemeldeten Diebstahl kommen jedoch nur in Betracht, wenn sie als Tatsachen feststehen. Im Übrigen ist immer auch zu prüfen, ob feststehende frühere Unredlichkeiten des VN ausreichen, die Redlichkeitsvermutung zugunsten des VN auch im streitigen Versicherungsfall als widerlegt anzusehen.[267] Der VR ist nicht nach § 242 BGB gehindert, sich auf eine fehlende Glaubwürdigkeit des VN zu berufen, nur weil er den bekanntermaßen bereits in der Vergangenheit in Versicherungsbetrügereien verstrickten VN erneut versichert hat.[268]

149   **Welche Indizien ausreichen**, um ernsthafte Zweifel an der Glaubwürdigkeit des VN begründen zu können, ist immer eine **Frage des Einzelfalles**. Auch mehrere Tatsachen können im Rahmen einer **Gesamtwürdigung** dazu führen, dass dem VN seine Darstellung von der Entwendung nicht geglaubt werden kann. Allerdings **reicht nicht jede Unregelmäßigkeit für schwerwiegende Zweifel aus**. Das gilt z. B. auch für falsche Angaben im Prozess zur Schadenhöhe. Ernsthafte Zweifel können aber berechtigt sein, wenn der VN im Rechtsverkehr, insbesondere in Versicherungsangelegenheiten, zur Durchsetzung seiner Vermögensinteressen wiederholt oder sogar beharrlich bewusst unrichtige Angaben gemacht hat.[269]

(3) **Schlüsselverhältnisse bei der Prüfung des »äußeren Bildes«**

150   Der Nachweis des »äußeren Bildes« eines Kfz-Diebstahls scheitert nicht daran, dass der VN bei einem von ihm als fabrikneu erworbenem Kfz nicht den **kompletten Schlüsselsatz für sein Fahrzeug** vorlegen oder das **Fehlen einzelner Schlüssel** nicht plausibel er-

---

265 BGH Urt. v. 11.02.1998 – **IV ZR 306/96** – VersR 1998, 488 = zfs 1998, 218.
266 LG Hannover Urt. v. 05.02.2003 – 6 O 120/98 – zfs 2003, 357.
267 BGH Urt. v. 21.02.1996 – **IV ZR 300/94** – VersR 1996, 575 = zfs 1996, 220.
268 OLG Hamm Urt. v. 22.10.2004 – 20 U 103/04 – VersR 2005, 1071 = zfs 2005, 296; OLG Koblenz Urt. v. 31.03.1995 – 10 U 1552/94 – VersR 1995, 1184 = r+s 1995, 205.
269 BGH Urt. v. 18.11.1986 – **IVa ZR 100/85** – VersR 1987, 61 = MDR 1987, 389.

klären kann.²⁷⁰ Dies gilt erst recht, wenn der VN sein Kfz als Gebrauchtfahrzeug erworben hat und somit noch nicht einmal feststeht oder bewiesen ist, dass er jemals im Besitz des fehlenden Originalschlüssels gewesen ist.²⁷¹ Bei einem **13 Jahre alten Kfz** mit mehreren Vorbesitzern ist es auch nicht ungewöhnlich, dass sich im Fahrzeug nicht mehr der ursprünglich eingebaute Original-Schließzylinder des Kfz-Herstellers befindet, sondern lediglich ein nachträglich eingebauter Schließzylinder, der mit **Ersatzschlüsseln** bedient werden kann.²⁷²

Falsche Angaben des VN zur Anzahl der Fahrzeugschlüssel erschüttern nicht bereits 151 die Unschuldsvermutung, wenn der VN plausibel erklären kann, warum er die Existenz eines **Werkstattschlüssels** vergessen hat.²⁷³ Aber auch für den Fall, dass von einem der Originalschlüssel **Duplikate** angefertigt wurden²⁷⁴ oder festgestellt wird, dass das später aufgefundene **Kfz mit einem passenden Schlüssel gefahren** worden sein muss, ist das »äußere Bild« nicht von vornherein in Frage gestellt.²⁷⁵ Auch ein redlicher VN kann vor allem nach längerer Besitzdauer Schlüssel verlegt haben, so dass er ihren Verbleib nicht plausibel erklären kann. Der Schlüssel kann ihm entwendet worden sein, ohne dass er dies bemerken musste. Selbst wenn nach den Angaben des VN **einer von zwei Kfz-Schlüsseln, der einen kürzeren Zeitraum im Gebrauch war, deutlich mehr Gebrauchsspuren aufweist** als der andere ebenfalls zu dem Fahrzeug gehörende Schlüssel, so folgt daraus nicht schon von vornherein die Unglaubwürdigkeit des VN, da nicht der Gebrauchszeitraum, sondern die Gebrauchsintensität die Abnutzung bestimmt.²⁷⁶

In der Regel berühren **Auffälligkeiten bei den Schlüsselverhältnissen** nicht das »äußere 152 Bild« einer Fahrzeugentwendung und stellen diese auch nicht in Frage, sondern werden **erst auf der »zweiten Stufe«** bei der Prüfung der erheblichen Wahrscheinlichkeit der Vortäuschung des Versicherungsfalles relevant, und dies in der Regel auch nur in Verbindung mit weiteren gegen den VN sprechenden Umständen,²⁷⁷ (vgl. A.2.2.1 AKB Rdn. 169 ff.). **Bestreitet der VN allerdings die Fertigung eines Nachschlüssels, obwohl** der nach seinen Angaben ständig gebrauchte Schlüssel **Kopierspuren** aufweist, die nicht von Gebrauchsspuren überlagert sind, so genügt dies, um die Redlichkeitsver-

---

270 BGH Urt. v. 17.05.1995 – **IV ZR 279/94** – VersR 1995, 909 = r+s 1995, 288; OLG Saarbrücken Urt. v. 20.02.2002 – 5 U 427/01 – zfs 2002, 587; a. A. Bach/Günther S. 19 ff.
271 BGH Urt. v. 16.10.1996 – **IV ZR 154/95** – VersR 1997, 53 = zfs 1997, 60.
272 OLG Hamm Urt. v. 03.02.1988 – 20 U 220/87 – juris.
273 OLG Köln Urt. v. 28.06.2005 – 9 U 59/05 – zfs 2006, 31.
274 Vgl. LG Bochum Urt. v. 25.06.2003 – 4 O 73/03 – zfs 2003, 553.
275 BGH Urt. v. 13.11.1996 – **IV ZR 220/95** – VersR 1997, 181 = r+s 1997, 6; BGH Urt. v. 23.10.1996 – **IV ZR 93/95** – VersR 1997, 102 = r+s 1997, 5; BGH Urt. v. 16.10.1996 – **IV ZR 154/95** – VersR 1997, 53 = zfs 1997, 60; BGH Urt. v. 26.06.1996 – **IV ZR 164/95** – VersR 1996, 1135 = r+s 1996, 341; BGH Urt. v. 17.05.1995 – **IV ZR 279/94** – VersR 1995, 909 = r+s 1995, 288.
276 BGH Urt. v. 22.01.1997 – **IV ZR 320/95** – r+s 1997, 184 = NJW-RR 1997, 598.
277 BGH Urt. v. 13.12.1995 – **IV ZR 54/95** – VersR 1996, 319 = r+s 1996, 92; BGH Urt. v. 23.10.1996 – **IV ZR 93/95** – VersR 1997, 102 = r+s 1997, 5.

mutung zu erschüttern.[278] Auch dann, wenn nach dem Kopieren des Fahrzeugschlüssels höchstens nur noch 20 Schließungen vorgenommen wurden, so dass die Duplizierung innerhalb eines eingrenzbaren Zeitraumes und damit nicht ohne Wissen des VN durchgeführt worden sein muss, kann der Beweis der Mindesttatsachen für die Entwendung des Fahrzeugs nicht allein durch die eigenen Angaben des VN geführt werden.[279]

153 Bei Fahrzeugen mit **eingebauter elektronischer Wegfahrsperre** gehört es nicht zur schlüssigen Darstellung des »äußeren Bildes« einer Entwendung, dass der VN darlegt und hinreichend wahrscheinlich macht, wie der Täter in den Besitz eines passenden Schlüssels kommen konnte.[280] Allerdings kann der Umstand, dass der VN von insgesamt zwei ihm übergebenen Sendern für die Wegfahrsperre seines Fahrzeuges nach dem Diebstahl nur noch einen vorlegen kann, die erhebliche Wahrscheinlichkeit für einen vorgetäuschten Versicherungsfall nahelegen,[281] was sich wiederum auch negativ auf die Glaubwürdigkeit des VN im Hinblick auf das von ihm nachzuweisende »äußere Bild« eines Diebstahls auswirken kann,[282] (vgl. A.2.2.1 AKB Rdn. 143 ff.).

(4) **Zeugenbeweis**

154 Der VN kann den **Beweis für das »äußere Bild« eines Diebstahls durch Zeugen** führen, wenn diese das Abstellen des Fahrzeuges und sein späteres Nichtwiederauffinden beobachtet haben. Handelt es sich um **unterschiedliche Zeugen**, so ist mit ihnen der Beweis des »äußeren Bildes« nur dann zu führen, wenn ihre Aussagen zuverlässig ergeben, dass sich ihre Beobachtungen auf dieselbe Örtlichkeit beziehen.[283] Die **Minimaltatsachen sind** dann **nicht bewiesen, wenn** der für das Abstellen benannte Zeuge das Fahrzeug zwar zu einem bestimmten Zeitpunkt abgestellt gesehen hat, das Fahrzeug jedoch von diesem Abstellort zu einem späteren Zeitpunkt und vor seinem Verschwinden nochmals wegbewegt worden ist.[284] Gleiches gilt, wenn der einzige Zeuge zwar das Abstellen und Nichtwiederauffinden des Kfz, gleichzeitig aber auch das Einverständnis des VN bekundet, wonach die Entfernung vom Abstellort einem zuvor gefassten Plan entsprochen habe.[285] Da Angaben eines Zeugen zum »äußeren Bild« eines Kfz-Diebstahls grundsätzlich nur die Wiedergabe eines einfach strukturierten, überschaubaren Sachverhaltes erfordern, können widersprüchliche Angaben, nicht ausräumbare Ungereimtheiten und zeitliche Ungenauigkeiten in der Zeugenaussage, die sich nicht durch Erinnerungsschwächen erklären lassen, bei der Beweiswürdigung besonders zu gewichten sein und auch dazu führen, dass das Gericht die behauptete Fahrzeugentwendung als nicht bewiesen erachtet.[286]

---

278 OLG Celle Urt. v. 23.12.2004 – 8 U 78/04 – zfs 2005, 294, 295.
279 OLG Karlsruhe Urt. v. 17.08.1995 – 12 U 320/94 – zfs 1996, 102.
280 A. A. Stiefel/Maier/*Stadler* A.2.2 Rn. 125 für den Fall des unbefugten Gebrauchs.
281 OLG Köln Urt. v. 18.07.2000 – 9 U 36/98 – VersR 2002, 225 = SP 2001, 135.
282 Vgl. Veith/Gräfe/*Halbach* § 5 Rn. 43 ff.
283 BGH Urt. v. 27.05.1998 – **IV ZR 81/97** – VersR 1998, 1012 = zfs 1998, 382.
284 OLG Köln Urt. v. 10.05.05 – 9 U 159/04 – r+s 2005, 499 = VK 2006, 33.
285 OLG Hamm Urt. v. 22.06.2005 – 20 U 242/04 – zfs 2005, 555.
286 OLG Köln Urt. v. 16.07.2013 – 9 U 30/13 – r+s 2013, 488.

Widersprüchliche Angaben von Zeugen zum Rahmengeschehen sind irrelevant, wenn 155
sich aus den **Aufbruchspuren am Pkw** (z. B. Schlossstechen) und dem Fehlen einzelner
Fahrzeugteile (z. B. Vordersitze) ohne weiteres des »äußere Bild« eines Diebstahls von
Gegenständen aus dem Fahrzeug bestätigt.[287] Kann der VN **nur für das Abstellen seines Kfz einen Zeugen benennen**, dem er später telefonisch mitgeteilt hat, der Wagen sei
gestohlen worden, ist damit lediglich ein Rahmensachverhalt nachgewiesen, nicht aber
das »äußere Bild« als Mindestsachverhalt eines Diebstahls. Für die Frage des Nichtwiederauffindens des Fahrzeuges kommt es daher zusätzlich auf die Glaubwürdigkeit des
VN im Rahmen seiner persönlichen Anhörung sowie darauf an, ob sich das Gericht davon überzeugen kann, dass die telefonische Mitteilung des VN an den Zeugen den Tatsachen entspricht.[288]

Der Beweis für einen Diebstahl ist auch bei Vorliegen des »äußeren Bildes« nicht erbracht, wenn eine **erhebliche Wahrscheinlichkeit** für eine **nicht versicherte Unterschlagung** besteht.[289] 156

Probleme können entstehen, wenn **zwischen dem Abstellen des Fahrzeuges und dem 157
Nichtwiederauffinden ein längerer Zeitraum** liegt, in dem der VN theoretisch die
Möglichkeit gehabt hätte, sein Kfz selbst zu entfernen. Hier wird im Einzelfall immer
zu prüfen sein, ob nicht schon dadurch das »äußere Bild« eines Diebstahls infrage
gestellt ist. Wenn der VN Zeugen dafür anbieten kann, dass und wann er sein Kfz abgestellt hat und es auch bewiesenermaßen einen Monat später dort nicht mehr vorgefunden hat, wird man den Vortrag des VN unter Plausibilitätsgesichtspunkten daran messen müssen, **ob der VN** in dieser Zeit nicht vielleicht **auf sein Fahrzeug angewiesen war**,
oder ob er den Monat über eine **Fernreise unternommen** hat. Trotz einzelner Widersprüche bei der Schilderung des Tagesablaufes vor der behaupteten Entwendung können die eigenen Angaben des VN zum Nachweis des »äußeren Bildes« ausreichen, wenn
dieser sein Kfz **nach einmonatigem Urlaub** nicht wieder aufgefunden hat.[290]

Die **Anhörung des VN nach § 141 ZPO ist nur subsidiär zulässig** und setzt voraus, 158
dass sich der VN in Beweisnot befindet. Hat er Zeugen zum Beweis des »äußeren Bildes«, so muss er sie benennen. Das Gericht muss die Zeugen vorrangig vernehmen und
darf sich nicht lediglich auf die Anhörung oder Vernehmung des VN beschränken.[291]

---

287 OLG Hamm Urt. v. 11.06.2010 – I-20 U 212/09 – VersR 2011, 745 = zfs 2011, 271.
288 BGH Urt. v. 30.01.2002 – **IV ZR 263/00** – VersR 2002, 431 = r+s 2002, 143; BGH Urt. v. 21.02.1996 – **IV ZR 351/94** – VersR 1996, 703 = r+s 1996, 476.
289 OLG Hamm Urt. v. 14.08.1996 – 20 U 41/94 – zfs 1997, 20.
290 KG Urt. v. 10.09.2010 – 6 U 18/10 – VersR 2011, 743 = r+s 2013, 168.
291 St. Rspr. BGH Beschl. v. 10.11.2010 – **IV ZR 122/09** – VersR 2011, 369 = NJW 2011, 1364; BGH Urt. v. 30.01.2002 – **IV ZR 263/00** – VersR 2002, 431 = r+s 2002, 143; BGH Urt. v. 22.09.1999 – **IV ZR 172/98** – VersR 1999, 1535 = r+s 1999, 495; BGH Urt. v. 26.03.1997 – **IV ZR 91/96** – VersR 1997, 733 = r+s 1997, 277; BGH Urt. v. 19.02.1997 – **IV ZR 12/96** – VersR 1997, 691 = DAR 1997, 248; BGH Urt. v. 21.02.1996 – **IV ZR 300/94** – VersR 1996, 575 = zfs 1996, 220; BGH Urt. v. 24.04.1991 – **IV ZR 172/90** – VersR 1991, 917 = r+s 1991, 221; OLG Karlsruhe Urt. v. 15.01.2009 – 12 U 218/08 – VK 2009, 81; Himmelreich/Halm/Staab/*Krahe* Kap. 23 Rn. 208 ff. m. w. N.

A.2.2.1 AKB Einzelfälle Verschulden/Diebstahl/Raub/räub. Erpressung

Das gleiche gilt, wenn der VN zwar einen **Zeugen** hat, ihn aber **nicht benennen will**, weil er befürchtet, der Zeuge könne die Unwahrheit sagen oder das Gericht werde ihm keinen Glauben schenken. Der VN ist für diesen Fall mit der Möglichkeit einer Anhörung ausgeschlossen.[292] Benennt er die Zeugen nicht, so bleibt er beweisfällig.[293] Um seine persönliche Anhörung nach § 141 ZPO zu erreichen, muss er glaubhaft darlegen, dass ihm Zeugen nicht zur Verfügung stehen.[294] Fehlt es an der hinreichenden Individualisierbarkeit eines **Zeugen** »N. N.«, so ist ein solches Beweisangebot zum Nachweis des »äußeren Bildes« einer bedingungsgemäßen Entwendung unbeachtlich.[295]

159 Eine **Ausnahme von der** strengen **Subsidiarität der Anhörung** gilt für den Fall, dass die Vernehmung des Zeugen für den Beweis des »äußeren Bildes« nicht ausreiche, sei es, dass seine **Erinnerungen lückenhaft** oder seine **Beobachtungen unzulänglich** waren oder er selbst für das Gericht unglaubwürdig erschien. Solange sich aus der Zeugenaussage keine Hinweise für eine Unredlichkeit des VN ergeben, ist das Gericht nicht gehindert, den VN in diesem Fall trotzdem nach § 141 ZPO anzuhören und damit für die Beweisführung des »äußeren Bildes« wieder auf die eigenen Angaben des VN zurückzugreifen. Andernfalls wäre der VN in einer solchen Situation schlechter gestellt als ein VN, der von vornherein keine Beweismittel für das »äußere Bild« benennen kann.[296]

(5) Unglaubwürdiger VN und Zeugenbeweis

160 Auf die Redlichkeit des VN kommt es dann nicht an, wenn er Zeugen aufbieten kann, die glaubwürdig das »äußere Bild« des Diebstahls bestätigen können.[297] Daher kann auch ein **persönlich unglaubwürdiger**, unredlicher **VN den Vollbeweis für das** »äußere Bild« einer Fahrzeugentwendung **durch Zeugen** führen. Gelingt ihm dies, kommt es auf seine eigene Glaubwürdigkeit nicht an.[298] Diese ist grundsätzlich nur – dann allerdings entscheidend – von Bedeutung, wenn der VN für das Abstellen und/oder Wiederauffinden seines Fahrzeuges keinen Zeugen benennen kann und es für den Nachweis des »äußeren Bildes« somit allein auf seine eigenen persönlichen Angaben ankommt. Steht allerdings fest, dass die von den Zeugen bekundeten Indiztatsachen nicht auf ei-

---

292 BGH Urt. v. 26.03.1997 – **IV ZR 91/96** – VersR 1997, 733 = r+s 1997, 277; OLG Hamm Urt. v. 28.08.1997 – 6 U 202/96 – r+s 1997, 491; OLG Hamm Urt. v. 29.06.1994 – 20 U 36/94 – r+s 1995, 126.
293 BGH Urt. v. 26.03.1997 – **IV ZR 91/96** – VersR 1997, 733 = r+s 1997, 277; Römer NJW 1996, 2329.
294 OLG Köln Urt. v. 25.08.1998 – 9 U 130/96 – zfs 1999, 197.
295 OLG Celle Urt. v. 23.12.2004 – 8 U 78/04 – zfs 2005, 294, 295.
296 OLG Hamm Urt. v. 28.08.1997 – 6 U 202/96 – r+s 1997, 491; OLG Hamm Urt. v. 02.03.1994 – 20 U 316/93 – SP 1994, 356; a. A. OLG Hamburg Urt. v. 29.01.1999 – 14 U 235/98 – NVersZ 1999, 576, das meint, es handele sich insoweit um das normale Prozessrisiko des VN.
297 OLG Köln Urt. v. 10.05.2005 – 9 U 142/04 – r+s 2006, 15.
298 BGH Urt. v. 22.09.1999 – **IV ZR 172/98** – VersR 1999, 1535 = r+s 1999, 495; BGH Urt. v. 11.02.1998 – **IV ZR 306/96** – VersR 1998, 488, 489 = zfs 1998, 218.

genem Wissen der Zeugen, sondern auf einer Mitteilung des VN beruhen, gegen dessen Redlichkeit Bedenken bestehen, so muss das Gericht dies im Rahmen der Würdigung der vom VN beigebrachten Zeugenaussagen berücksichtigen und auch die Glaubwürdigkeit des VN selbst beurteilen.[299] **Weichen die Angaben des VN über die Uhrzeit des Abstellens des Kfz erheblich von denen des angeblich anwesenden Zeugen ab**, ist das »äußere« Bild eines Kfz-Diebstahls nicht bewiesen.[300] Das gleiche gilt, wenn ein Zeuge zwar uneingeschränkt die Angaben des VN zum Abstellen und Nichtwiederauffinden des Fahrzeuges bestätigt, sich aber aus anderen, die Entwendung mittelbar betreffenden feststehenden Umständen Zweifel an der Glaubwürdigkeit sowohl des Zeugen als auch des VN ergeben.[301]

Hat der VN bei seiner Parteianhörung **Widersprüche** zum Ablauf des behaupteten Diebstahlgeschehens **nicht glaubhaft aufgeklärt**, befand sich der **Kfz-Schein hinter der Sonnenblende** im Fahrzeug und hatte der VN auch ein **Motiv für eine vorgetäuschte Entwendung** (Überschreiten der mit der Leasinggesellschaft vereinbarten Kilometerzahl und zu hohe Kosten bei der Rückgabe des Kfz), so ist der Beweis des »äußeren Bildes« einer Entwendung des versicherten Kfz nicht geführt.[302] 161

Auch ohne Zeugen kann der Diebstahlnachweis bei einem ansonsten unglaubwürdigen VN als geführt angesehen werden, wenn das Fahrzeug mit in sich stimmigen Spuren einer professionellen Entwendung in unfallbeschädigtem Zustand aufgefunden wird.[303] Allerdings beweist das Wiederauffinden des Kfz im Ausland in beschädigtem Zustand und gefälschter FIN etwa ein Jahr nach der Diebstahlsmeldung und weiteren 20.000 Fahrtkilometern noch nicht, dass das Kfz dem VN unfreiwillig abhandengekommen ist.[304] 162

(6) Einzelfälle aus der Rechtsprechung

Die Anhörung nach § 141 ZPO unterblieb mangels Glaubwürdigkeit des VN bzw. der Nachweis des »äußeren Bildes« eines Kfz-Diebstahls wurde trotz persönlicher Anhörung des VN als **nicht geführt** angesehen in folgenden Fällen: 163
– **Widersprüchliche Angaben im Polizeiprotokoll und dem Klagevorbringen;**[305]
– **Widersprüchliche Aussagen zum Unfallgeschehen**; VN stellt **unwahre Behauptungen** bezüglich der Fahrleistung, Vorschäden und etwaiger Zeugen auf und war darüber hinaus innerhalb kurzer Zeit in fünf Unfälle mit dem **Verdacht der Unfallmanipulation** verwickelt;[306]

---

299 BGH Urt. v. 21.02.1996 – **IV ZR 351/94** – VersR 1996, 703 = r+s 1996, 476.
300 OLG Köln Urt. v. 10.05.2005 – 9 U 142/04 – r+s 2006, 15.
301 OLG Saarbrücken Urt. v. 14.07.2004 – 5 U 58/04-7 – zfs 2004, 463, 464.
302 OLG Koblenz Urt. v. 30.08.2002 – 10 U 1415/01 – VersR 2003, 589 = r+s 2002, 448.
303 Vgl. OLG Hamm Urt. v. 22.06.2005 – 20 U 15/05 – VersR 2006, 211.
304 KG Beschl. v. 31.10.2014 – 6 U 200/13 – BeckRS 2015, 05205.
305 Vgl. OLG Hamburg Urt. v. 07.05.1999 – 14 U 288/98 – VersR 2000, 1272.
306 OLG Düsseldorf Urt. v. 10.04.2008 – I-4 U 123/07 – SP 2008, 443.

A.2.2.1 AKB Einzelfälle Verschulden/Diebstahl/Raub/räub. Erpressung

- **Widersprüchliche Angaben zum Erwerb des Fahrzeuges;** VN will Kaufvertrag und Fahrzeugschein verloren haben und macht nicht nachvollziehbare Angaben zur Finanzierung des Kfz;[307]
- Angabe eines deutlich **zu hohen Kilometerstandes** bei Abschluss der Versicherung und **Weigerung**, den **Kaufpreis** anzugeben und die **Anschaffungsrechnung** für das Kfz vorzulegen;[308]
- **Widersprüchliche Angaben zur Stelle und den Zweck des Parkens** des Fahrzeuges, zu den Zeitangaben und den Ort eines Zusammentreffens mit einem Freund vor dem angeblichen Diebstahl, zu den näheren Begleitumständen des Abschieds des Freundes nach dem Treffen in einem Café sowie zum Kaufpreis des Fahrzeuges, wobei der VN ist nicht in der Lage ist, die Widersprüchlichkeit seiner Angaben nachvollziehbar zu erläutern;[309]
- **Unglaubwürdiges Verhalten und unplausibler Vortrag** des VN zum angeblichen Diebstahl seines Motorrades;[310]
- **Unterschiedliche Angaben** des VN zum Abstellzeitpunkt und zum angeblichen Tatzeitraum[311] bzw. zum Abstellort und Entwendungszeitpunkt des Kfz;[312]
- Unglaubhafte Angaben zur behaupteten **Entwendung von Fahrzeugteilen** (Tacho, Airbag, Beifahrersitz und hintere Sitzbank);[313]
- **Unwahre Angaben** über die Hintergründe des Erwerbs des versicherten Kfz und nur vage Angaben zum Abstellen und Wiederauffinden des Fahrzeuges;[314]
- **Unwahre Angaben** über die Anzahl der Fahrer, den Tachostand und die Umstände einer Fahrt nach Polen i. V. m. Widersprüchen und unglaubhaften Zeugenaussagen;[315]
- **Falschangaben zum Verbleib des Kfz** nach dem 10.5., wobei ihm dieses in der Zeit vom 17.5.-20.5. gestohlen worden sein soll, er aber nicht wisse, dass sein Kumpel am 10.05. – unstreitig – mit dem Kfz nach Polen gefahren sei;[316]
- **Falschangaben zur Laufleistung** und zur Anfertigung eines Nachschlüssels, Falschangaben bei Beantragung einer Unfallversicherung; VN wurde als generell nicht glaubwürdig angesehen;[317]
- **Falschangaben zur Laufleistung** und Verschweigen eines früheren Kfz-Diebstahls oder Diebstahlversuchs, Unglaubwürdigkeit des vom VN benannten Zeugen;[318]

---

307 LG Essen Urt. v. 08.07.2008 – 3 O 95/08 – SP 2009, 120.
308 OLG Naumburg Urt. v. 07.03.2013 – 4 U 51/12 – r+s 2014, 118.
309 OLG Köln Urt. v. 19.04.2005 – 9 U 86/04 – r+s 2005, 241.
310 OLG Celle Urt. v. 11.12.2008 – 8 U 110/08 – SP 2009, 153.
311 OLG Düsseldorf Urt. v. 26.09.2000 – 4 U 227/99 – SP 2001, 25.
312 LG Dortmund Urt. v. 16.12.2009 – 22 O 50/08 – VK 2010, 118.
313 AG Berlin-Spandau Urt. v. 06.03.2013 – 4 C 249/12 – r+s 2014, 10.
314 KG Urt. v. 22.03.2011 – 6 U 169/09 – r+s 2012, 170.
315 LG Hamburg Urt. v. 15.01.2010 – 306 O 107/09 – SP 2010, 371.
316 OLG Hamm Urt. v. 07.04.2000 – 20 U 237/99 – r+s 2000, 446 = SP 2000, 348.
317 OLG Hamm Urt. v. 02.02.2001 – 20 U 142/00 – r+s 2001, 273 = SP 2001, 353.
318 OLG Celle Urt. v. 30.05.2013 – 8 U 275/12 – NZV 2013, 440.

- **Verurteilung** des VN wegen **Banküberfalls** ca. sechs Wochen nach dem behaupteten Diebstahl; VN steckt in finanziellen Schwierigkeiten und verstrickt sich bei seinem Vorbringen in Widersprüche;[319]
- **Vorstrafe** des VN wegen **Raubes**; VN macht in der Berufungsinstanz zu wesentlichen Umständen des behaupteten Kfz-Diebstahls andere Angaben als noch in der Klageschrift;[320]
- **Vorstrafe** des VN wegen **Steuerhinterziehung** i. V. m. unterschiedlichen Angaben zum Tatzeitpunkt und zur Laufleistung des Kfz;[321]
- **Vorstrafen** des VN wegen **Betruges** und **Urkundenfälschung**;[322]
- Kfz sollte am Tage nach dem behaupteten Diebstahl wegen **Zahlungsrückständen** an die Leasingfirma zurückgegeben werden i. V. m. widersprüchlichen Angaben des VN zum Abstellort;[323]
- VN hat **in zeitnahem Abstand mehrere Kfz-Entwendungsfälle** angezeigt, einen Kfz-Vorschaden im Schadensformular absichtlich nicht bekannt gegeben, die Kilometerlaufleistung des Fahrzeuges falsch angegeben und eine bestehende Vorsteuerabzugsberechtigung verschwiegen;[324]
- VN **verschweigt** einen von unstreitig fünf vorhandenen **Originalschlüsseln** sowohl in der polizeilichen Diebstahlanzeige, als auch in der Schadenanzeige gegenüber dem VR;[325]
- VN legt einen **Schlüssel mit ausgetauschtem Transponder** und Kopierspuren sowie ein **manipuliertes Wartungsheft** zum angeblich entwendeten Kfz vor;[326]
- Der Schlüssel, den der VN angeblich immer benutzt haben will, weist **Abtastspuren eines Kopiervorganges** auf, die jedoch von keinerlei Gebrauchsspuren überlagert sind;[327]
- VN **verschweigt** der VN die Existenz von **zwei Kfz-Schlüsseln** bei der Anzeige des Diebstahls;[328]
- **Widersprüchliche Angaben** zu den Schlüsselverhältnissen sowie zum Kaufvertrag; VN legt dem VR einen nicht zum entwendeten Fahrzeug passenden Schlüssel vor, ohne eine auch nur im Ansatz plausible Erklärung hierfür angeben zu können;[329]
- Der **VN**, der seinen Pkw ausschließlich selbst nutzt, gibt in der Schadenanzeige an, dass während seiner Besitzzeit **kein Nachschlüssel angefertigt** worden sei. Obwohl

---

319 OLG Düsseldorf Urt. v. 17.06.1997 – 4 U 40/96 – r+s 1997, 447 = zfs 1998, 56.
320 OLG Köln Urt. v. 04.09.2001 – 9 U 190/00 – r+s 2001, 496 = SP 2002, 104.
321 OLG Düsseldorf Urt. v. 27.11.1997 – 4 U 168/96 – VersR 1999, 303 = NVersZ 1999, 140; **anders aber** OLG Hamm Urt. v. 17.09.1998 – 6 U 51/98 – NVersZ 1999, 138.
322 OLG Hamm Urt. v. 15.09.2000 – 20 U 36/00 – VersR 2001, 226 = zfs 2001, 416; LG Dortmund Urt. v. 26.06.2013 – 22 O 189/08 – r+s 2013, 489 = JurionRS 2013, 42859.
323 OLG Köln Urt. v. 16.05.2000 – 9 U 47/99 – SP 2000, 423.
324 LG Düsseldorf Urt. v. 18.12.2002 – 11 O 136/02 – SP 2004, 57.
325 OLG Hamburg Urt. v. 29.11.2000 – 14 U 85/00 – zfs 2001, 267 = r+s 2001, 233.
326 LG Dortmund Urt. v. 19.3.2008 – 22 O 126/07 – r+s 2008, 327.
327 OLG Celle Urt. v. 23.12.2004 – 8 U 78/04 – zfs 2005, 294, 295.
328 OLG Hamburg Urt. v. 29.11.2000 – 14 U 85/00 – zfs 2001, 267 = r+s 2001, 233.
329 LG Dortmund Urt. v. 22.12.2008 – 22 O 196/07 – SP 2009, 299.

A.2.2.1 AKB   Einzelfälle Verschulden/Diebstahl/Raub/räub. Erpressung

diese **Aussage durch ein Sachverständigengutachten widerlegt** wird, legt der VN nicht dar, wann er den Wagen mit dem Originalschlüssel einem Dritten überlassen haben könnte;[330]
- **Diebstahl von Inventar aus** einem versicherten **Wohnwagen,** wenn im Umfeld des VN eine unerklärliche **Häufung von Einbruchdiebstählen** auch in andere Wohnwagen festzustellen ist, wobei in allen Fällen der Sachverhalt, die Art der Tatausführung und das entwendete Diebesgut mit dem gemeldeten Diebstahl nahezu identisch ist;[331]
- Der VN **zeigt den Diebstahl** trotz ausdrücklichen Hinweises durch den VR **nicht bei der deutschen Polizei an** und informiert den VR hierüber falsch, er verschweigt gegenüber dem VR eine in den Pkw eingebaute Zusatzsicherung (**Zündungssperre sim 4.2**) und offenbart auch nicht ein mit dem wahren oder vermeintlichen Dieb geführtes Telefonat, in welchem dem VN der »**Rückerwerb**« des gestohlenen Pkw **gegen Zahlung eines Lösegeldes** angeboten wird;[332]
- Bewusste **Falschangaben zu Vorschäden und zur Entwendung des Kfz** gegenüber Polizei und VR, widersprechende und unglaubhafte Angaben über den Verlauf des Vorabends der behaupteten Entwendung;[333]
- Manipulationen durch **Fälschung** des Kfz-Kaufvertrages und der FIN.[334]

164 Die Anhörung nach § 141 ZPO wurde in nachfolgenden Fällen für **zulässig** bzw. das »**äußere Bild**« eines versicherten Diebstahls als **bewiesen** erachtet, wobei der VN insbesondere **nicht** schon deshalb als **unglaubwürdig** angesehen worden ist,
- weil ihm im Rahmen seiner osteuropäischen Auslandstätigkeit **bereits sechs Kfz gestohlen** wurden, er die Frage nach früheren Schadenfällen in der Schadenanzeige mit einem bloßen »ja« beantwortete und ein früheres Strafverfahren wegen Ladendiebstahls nicht erwähnte;[335]
- weil er dem VR die **Überschreitung** der vereinbarten jährlichen **Kilometerleistung** vertragswidrig nicht angezeigt hat;[336]
- weil das **13 Jahre alte Kfz** des VN, das mehrere Vorbesitzer hatte, nicht mehr mit den vom Kfz-Hersteller ausgelieferten Originalschlüssel bedient werden kann, sondern nur noch mit Ersatzschlüsseln, die zwar nicht zu dem ursprünglich eingebauten Originalzylinder passen, wohl aber zu dem im Kfz tatsächlich vorhandenen Schließzylinder;[337]

---

330 OLG Naumburg Urt. v. 31.05.2007 – 4 U 93/05 – VersR 2008, 1060.
331 OLG Hamm Urt. v. 12.07.1989 – 20 U 75/89 – r+s 1989, 393 = zfs 1990, 63.
332 OLG Hamm Urt. v. 24.04.2009 – 20 U 195/08 – VersR 2010, 105 = zfs 2009, 692 = NZV 2009, 606.
333 OLG Koblenz Beschl. v. 27.12.2012 – 10 U 503/12 – r+s 2013, 543.
334 LG Aachen Urt. v. 04.04.2014 – 9 O 593/10 – SP 2014, 311.
335 LG Potsdam Urt. v. 21.05.2009 – 2 O 199/06 – r+s 2008, 102.
336 KG Beschl. v. 22.07.2011 – 6 U 24/11 – r+s 2015, 63.
337 OLG Hamm Urt. v. 03.02.1988 – 20 U 220/87 – juris.

- weil der VN sein **hochwertiges Kfz seinem Angestellten für eine Fahrt nach Kroatien ausgeliehen** hat und er nicht in der Lage ist, sämtliche Originalschlüssel vorzulegen, hierfür aber eine plausible Erklärung hat;[338]
- weil vom Kfz-Werkstattschlüssel ein **Nachschlüssel angefertigt** wurde und das Kfz mit aktivierter Wegfahrsperre nicht ohne weiteres in Gang gesetzt werden kann, in Verbindung mit Geldsorgen des VN aufgrund der Trennung von seiner Ehefrau;[339]
- weil der VN durch **falsche Angaben über Vorschäden** seine Aufklärungsobliegenheit gegenüber dem VR verletzt hat;[340]
- weil der VN einen **Kfz-Werkstattschlüssel und teure Gegenstände** (Sonnenbrillen und Kameras) in zum Teil mehrfacher Ausfertigung **im Kfz zurückgelassen** hatte, wenn er dafür plausible Gründe angeben kann;[341]
- weil der Pkw nach seiner Behauptung am helllichten Tag aus einer Parktasche der Königsallee in Düsseldorf gestohlen worden sein soll, der VN etwa 3 Monate nach dem Diebstahl die **eidesstattliche Versicherung abgeben** musste und er bei der etwa 8 Monate späteren Rückgabe des **geleasten Fahrzeugs** wegen Überschreitung der vereinbartem Kilometerleistung erhebliche Nachzahlungen hätte leisten müssen;[342]
- weil sich **auffällige Merkwürdigkeiten** in seinen Lebensverhältnissen und seiner Darstellung zu den Begleitumständen der Entwendung seines Kfz ergeben;[343]
- weil der VN **vor der behaupteten Entwendung** eines Motorrades einen **Nachschlüssel bestellt** hatte, der ihm aber nie ausgehändigt worden ist, der Verbleib des zweiten Garagenschlüssels nicht geklärt ist, der VN dies aber plausibel und nicht widerlegbar erklären kann, der Abstellort für einen Diebstahl grundsätzlich in Betracht kommt, Widersprüche in der Schadenmeldung und der polizeilichen Befragung sich nicht erhärten, unterschiedliche Angaben des VN zum Abschließen seines Fahrzeugs eine Erklärung finden, der VN aus freien Stücken den Tag des Abstellens des Kfz um einen Tag berichtigt, er seine Alarmanlage eingeschaltet hatte, keine Indizien für eine angespannte finanzielle Situation des VN vorliegen, der VN bei der Anhörung des Sachverständigen zugesteht, zum Teil Gebrauchtteile eingebaut zu haben, vorher aber nie das Gegenteil behauptet hat, Spuren des Diebstahls fehlen und niemand das Auslösen der Alarmanlage gehört hat;[344]
- weil er **entgegen dem gängigen Verhalten sein Kfz (Jaguar)** auf dem **Parkplatz eines Supermarktes abgestellt** hat, selbst dann nicht, wenn später als Zufallsfund bei polizeilichen Ermittlungen Teile des Fahrzeuges in einer Werkstatt aufgefunden werden, gegen deren Inhaber ermittelt wird, wenn keine Verbindung zu dem VN oder dessen Repräsentanten vom VR aufgezeigt werden kann;[345]

---

338 OLG Karlsruhe Urt. v. 05.11.1997 – 13 U 214/95 – VersR 1998, 1229.
339 OLG Karlsruhe Urt. v. 15.01.2009 – 12 U 218/08 – VK 2009, 81.
340 LG Hamburg Urt. v. 11.12.2003 – 323 O 99/03 – SP 2004, 346.
341 LG Köln Urt. v. 12.08.2009 – 24 O 365/08 – r+s 2010, 14.
342 LG Köln Urt. v. 27.07.2006 – 24 O 93/04 – NJOZ 2007, 2840.
343 OLG Düsseldorf Urt. v. 04.06.1996 – 4 U 79/95 – zfs 1997, 303 = r+s 1997, 355.
344 LG Stuttgart Urt. v. 09.02.2010 – 16 O 237/09 – r+s 2010, 463.
345 KG Urt. v. 14.09.2010 – 6 U 42/09 – r+s 2012, 168.

- weil am Fahrzeug **keine Aufbruchsspuren vorhanden** waren, da es technische Möglichkeiten gibt, ein mit einer funkgesteuerten Zentralverriegelung ausgestattetes Kfz auch ohne Aufbruchsspuren zu öffnen.[346]
- weil es zu Falschangaben in der Schadenanzeige gekommen ist, wenn sich diese mit **ungenügenden Deutschkenntnissen** des VN erklären lassen und daraus entstandenen Missverständnissen eines Dritten, der ihm beim Ausfüllen des Formulars geholfen hat.[347]

cc) **Zweite Stufe – Beweiserleichterungen des VR beim Nachweis der vorgetäuschten Entwendung**

(1) Umstände der Vortäuschung

165 Sofern der VR den Verdacht haben sollte, dass die Entwendung des versicherten Fahrzeuges nur initiiert wurde, wird er versuchen, die persönliche Glaubwürdigkeit des VN zu erschüttern, um damit auch bei Gericht Zweifel an dessen wahrheitsgemäßem Prozessvorbringen aufkommen zu lassen. Dazu muss er **konkrete Umstände** aufzeigen und beweisen, **aus denen sich der Schluss ziehen lässt, dass der VN** die behauptete **Entwendung mit erheblicher Wahrscheinlichkeit nur vorgetäuscht** hat.[348] Für diese indiziellen Umstände muss der VR den **Vollbeweis** erbringen.[349] Sie müssen für das Gericht feststehen, also unstreitig oder bewiesen sein. Bloße Verdachtsmomente, nicht ausgeräumte Ungereimtheiten im Vortrag des VN[350] oder auch erhebliche **Zweifel** an der vom VN behaupteten Entwendung **reichen nicht** aus. Gleiches gilt für eine **auffällige Häufung früherer Versicherungsfälle**, bei denen Unredlichkeiten des VN nicht nachgewiesen werden konnten,[351] weil es hier gerade an feststehenden oder bewiesenen Tatsachen fehlt, die geeignet sind, die Glaubwürdigkeit des VN zu erschüttern. Selbst **falsche Angaben des VN zur Schadenhöhe** führen **für sich allein** nicht zur Annahme der erheblichen Wahrscheinlichkeit einer Vortäuschung.[352] Vielmehr muss der Tatrichter die Zweifel auslösenden Umstände im Zusammenhang mit Blick darauf würdigen, ob sie überhaupt und mit welcher Wahrscheinlichkeit sie die Annahme einer Vortäuschung des Versicherungsfalles nahelegen. Das gilt auch für die Würdigung solcher Tatsachen, die eine Vortäuschung nicht unmittelbar ergeben, sondern sie nur indizieren.[353]

---

346 AG Karlsruhe Urt. v. 21.06.2013 – 1 C 18/13 – zfs 2013, 579.
347 OLG Naumburg Urt. v. 10.10.2013 – 4 U 11/13 – VersR 2015, 232.
348 OLG Koblenz Urt. v. 14.03.2008 – 10 U 878/07 – VersR 2009, 214 = r+s 2009, 147.
349 BGH Urt. v. 05.10.1983 – **IVa ZR 19/82** – VersR 1984, 29 = MDR 1984, 209; BGH Urt. v. 11.12.1996 – **IV ZR 268/95** – VersR 1997, 896 = r+s 1997, 100; OLG Bamberg Urt. v. 15.10.2010 – 1 U 89/10 – SpV 2011, 20 und 61 = BeckRS2010, 28935.
350 Vgl. BGH Urt. v. 18.10.1989 – **IVa ZR 341/88** – VersR 1990, 45 = r+s 1990, 129, 130.
351 BGH Urt. v. 21.02.1996 – **IV ZR 300/94** – VersR 1996, 575 = zfs 1996, 220; **a. A.** OLG Düsseldorf Urt. v. 24.03.1998 – 4 U 16/97 – r+s 1998, 453 = zfs 1998, 383.
352 Vgl. BGH Urt. v. 18.11.1986 – **IVa ZR 100/85** – VersR 1987, 61 = MDR 1987, 389.
353 BGH Urt. v. 12.04.1989 – **IVa ZR 83/88** – VersR 1989, 587 = r+s 1990, 130; BGH Urt. v. 14.02.1996 – **IV ZR 334/94** – NJW-RR 1996, 981 = BeckRS 1996, 01730; BGH Urt. v. 30.01.2008 – **IV ZR 18/07** – VersR 2008, 776 = r+s 2008, 324.

Insgesamt gelten dieselben Maßstäbe, wie sie für den Ausschluss des VN von der Anhörung nach § 141 ZPO gelten, wenn er allein aufgrund seiner eigenen Angaben den Nachweis des Versicherungsfalles führen will.[354] Das Gericht muss das Tatsachenvorbringen zu einer Diebstahlsvortäuschung umfassend sowohl in seinen Einzelheiten, als auch in seiner Gesamtheit würdigen. Es darf sich nicht nur ausschnittsweise mit dem vorgebrachten Tatsachenmaterial befassen und nur dieses seiner Entscheidung zugrunde legen.[355]

Indizien für eine vorgetäuschte Entwendung können sich auch aus Umständen oder Verhaltensweisen des VN ergeben, die zwar mit dem strittigen Versicherungsfall in keinerlei Zusammenhang stehen, den VN aber als unglaubwürdig erscheinen lassen.[356] In Betracht kommen z. B.: 166
- **Frühere Täuschungsversuche** des VN bei der Schadenabwicklung in einem Versicherungsfall;[357]
- **Verschweigen früherer Entwendungen** von Fahrzeugen, die nicht im Eigentum des VN standen;[358]
- **Vorstrafen**, sofern kein Verwertungsverbot nach § 51 BZRG eingreift;
- Bevorstehender **Fristablauf für die Neuwert**entschädigung;[359]
- Häufung von Versicherungsfällen in der Vergangenheit;
- Vorausgegangene vergebliche Versuche, das **Fahrzeug zu veräußern**;
- **Angespannte Vermögenslage** des VN mit laufendem Verbraucherinsolvenzverfahren und Abgabe der eidesstattlichen Versicherung mehrere Monate nach der behaupteten Entwendung des Kfz;[360]
- Nicht versicherte **Vorschäden** in der Vergangenheit;
- **Häufung mehrerer Versicherungsfälle**, vor allem in zeitnahem Abstand;
- Unrichtige, wechselhafte, **widersprüchliche, unplausible oder mit Zeugenaussagen nicht in Einklang zu bringende Angaben** des VN in der Schadenanzeige, zum Geschehensablauf,[361] zur Laufleistung und Verwertung des Kfz i. V. m. früherer erfolgloser Inanspruchnahme von VR auf Regulierung von Kfz-Schäden[362] oder zu den Schlüsselverhältnissen,[363] (vgl. zu letzterem A.2.2.1 AKB Rdn. 169 ff.).

---

354 BGH Urt. v. 21.02.1996 – **IV ZR 300/94** – VersR 1996, 575 = zfs 1996, 220; Urt. v. 11.02.1998 – **IV ZR 306/96** – VersR 1998, 488 = zfs 1998, 218.
355 BGH Beschl. v. 10.12.2008 – **IV ZR 107/08** – VersR 2009, 496 = r+s 2009, 234.
356 Vgl. BGH Urt. v. 26.03.1997 – **IV ZR 91/96** – VersR 1997, 733 = r+s 1997, 277; OLG Köln Urt. v. 11.01.2000 – 9 U 154/98 – r+s 2000, 320 = SP 2000, 241; OLG Köln Urt. v. 28.03.2000 – 9 U 116/99 – r+s 2000, 277 = SP 2000, 281; OLG Hamburg Urt. v. 07.05.1999 – 14 U 288/98 – VersR 2000, 1272.
357 BGH Urt. v. 30.01.2002 – **IV ZR 263/00** – VersR 2002, 431 = r+s 2002, 143.
358 LG Dortmund Urt. v. 10.10.2007 – 22 O 209/06 – zfs 2008, 457.
359 Vgl. Römer NJW 1996, 2329, 2332.
360 LG Coburg Urt. v. 20.04.2011 – 12 O 648/10 – r+s 2011, 283.
361 LG Coburg Urt. v. 20.04.2011 – 12 O 648/10 – r+s 2011, 283.
362 OLG Hamm Urt. v. 11.06.2010 – I-20 U 212/09 – VersR 2011, 745 = zfs 2011, 271.
363 BGH Urt. v. 17.05.1995 – **IV ZR 279/94** – VersR 1995, 909 = r+s 1995, 288; KG Beschl. v.

A.2.2.1 AKB Einzelfälle Verschulden/Diebstahl/Raub/räub. Erpressung

167 **Einzelne Verfehlungen** reichen für sich allein in der Regel **nicht** aus, um eine erhebliche Wahrscheinlichkeit für einen vorgetäuschten Fahrzeugdiebstahl zu begründen. Ein hoher Kaufpreis des Fahrzeuges, schlechte wirtschaftliche Verhältnisse eines Familienangehörigen und die Tatsache, dass das versicherte Fahrzeug bereits vor der behaupteten Entwendung zum Verkauf im Internet angeboten wurde, rechtfertigen aber auch in ihrer Gesamtheit regelmäßig keine erhebliche Vortäuschungswahrscheinlichkeit.[364] Dies gilt erst recht, wenn der VN seine unmittelbar vor der behaupteten Entwendung entfalteten **Verkaufsabsichten** plausibel erklären kann.[365] Das Gericht muss stets im Rahmen einer **Gesamtschau** auf alle bewiesenen Tatsachen abstellen, die den Verdacht erhärten, die Entwendung könnte vorgetäuscht sein, wobei auch Gewicht und Zeitnähe früherer Verfehlungen des VN von Bedeutung sind.

168 Typische **Jugendsünden**, die Jahre oder gar Jahrzehnte zurückliegen, scheiden aus. Die Verfehlungen des VN verlieren jedenfalls in dem Maße ihre Indizwirkung, je länger sie zurückliegen. Art und Schwere früherer Verurteilungen müssen den Rückschluss zulassen, dass der VN auch im aktuellen Versicherungsfall die Unwahrheit gesagt hat. Die gegen den VN sprechenden Tatsachen müssen feststehen. Sind die früheren Vorgänge streitig, darf das Gericht sie nur dann zum Nachteil des VN in seine Gesamtwürdigung einbeziehen, wenn es aufgrund eigener Prüfung davon überzeugt ist, dass der VR das behauptete unredliche Verhalten des VN bewiesen hat.

(2) Schlüsselverhältnisse und Kopierspuren

169 Da im Falle eines vorgetäuschten Diebstahls der Abnehmer des Fahrzeuges auf der Aushändigung eines passenden Schlüssels bestehen wird, sei es ein Original- oder ein nachträglich angefertigter Ersatzschlüssel, verlangt der VR im Hinblick auf die Aufklärungsobliegenheit des VN regelmäßig die **Vorlage aller Originalschlüssel**, um diese durch einen Gutachter auf Kopierspuren untersuchen zu lassen,[366] (vgl. A.2.2.1 AKB Rdn. 213 ff.). Dieser kann durch mikroskopische Untersuchungen herausfinden, ob Abtastspuren vorhanden sind, die auf einen **Duplziervorgang** hindeuten und ob diese von mehr oder weniger umfangreichen Gebrauchsspuren überlagert sind. Bei neueren Fahrzeugen kann die Benutzungshistorie eines Kfz-Schlüssels elektronisch ausgelesen werden. Aus den Auslesedaten lassen sich Hinweise auf Vortäuschungsindizien ableiten, wenn das aufgezeichnete Datum der letzten Benutzung oder die vom Schlüssel für diesen Zeitpunkt gemessene Temperatur nicht in Übereinstimmung zu bringen ist mit den Angaben des VN oder seiner Zeugen.[367]

27.07.2010 – 6 W 20/10 – VersR 2011, 914 = r+s 2011, 64; LG München I Urt. v. 09.07.2010 – 37 O 5394/08 – VersR 2010, 1209.
364 BGH Urt. v. 30.01.2008 – **IV ZR 18/07** – VersR 2008, 776 = r+s 2008, 324.
365 OLG Saarbrücken Urt. v. 20.02.2002 – 5 U 427/01-30 – zfs 2002, 587.
366 Vgl. BGH Urt. v. 07.07.2004 – **IV ZR 265/03** – VersR 2004, 1117 = NJW-RR 2004, 1395; Hagedorn NJW-Spezial 2014, 137.
367 OLG Köln Urt. v. 24.11.2009 – 9 U 77/09 – VK 2010, 9.

Kann der VN das Fehlen eines Originalschlüssels nicht plausibel erklären oder behauptet er, nicht zu wissen, dass von einem seiner Originalschlüssel eine Kopie angefertigt wurde, obwohl ein Sachverständiger Kopierspuren festgestellt hat, so spricht dies ohne das Hinzutreten weiterer, gegen den VN sprechender Indizien weder für seine Unredlichkeit (vgl. A.2.2.1 AKB Rdn. 150 ff.), noch lässt sich hierauf die Annahme stützen, dass der Diebstahl nur vorgetäuscht sein könnte.[368] Dies gilt insbesondere bei einem in gebrauchtem Zustand erworbenem, mehrfach baulich veränderten Fahrzeug, zu dem der VN **nicht mehr alle Originalschlüssel** vorlegen kann,[369] oder bei einem nur **fünf Monate** alten Kfz, bei dem bereits eine **Schlüsselkopie** gezogen wurde, und zwar selbst dann, wenn ausgeschlossen werden kann, dass vor Auslieferung des Fahrzeuges eine Kopie hergestellt wurde.[370] Gleiches gilt, wenn Kopierspuren an einem Originalschlüssel festgestellt werden und das angeblich entwendete Fahrzeug später **mit unversehrten Tür-, Zünd- und Lenkradschlössern wieder aufgefunden** wird.[371] Es liegt dann zwar nahe, dass das Fahrzeug mit einem passenden Schlüssel gefahren sein muss; jedoch kann der Nachschlüssel auch ohne Wissen des VN, etwa anlässlich eines Werkstattaufenthaltes, angefertigt worden sein. Der vom VR zu führende Gegenbeweis ist daher nicht schon dann erbracht, wenn aufgrund von Kopierspuren lediglich feststeht, dass von einem Kfz-Schlüssel ein Duplikat angefertigt worden ist, wobei unbekannt ist, wann, von wem und mit wessen Billigung dies geschah und wenn nach dem unwiderlegten Vortrag des VN die Möglichkeit besteht, dass die **Duplizierung ohne sein Wissen durch Dritte** erfolgt ist.[372] In diesem Fall müssen schon weitere konkret feststehende oder bewiesene, **gegen den VN sprechende Indiztatsachen** von einigem Gewicht **hinzukommen**.

170

Solche Umstände können darin bestehen, dass der VR nachweist, dass ein nur wenige Tage vor der behaupteten Entwendung nachträglich angefertigter Ersatzschlüssel tatsächlich in den Besitz des VN gelangt ist, der VN ihn gleichwohl aber beim VR nicht eingereicht hat.[373] Kann der VR dagegen nicht die Möglichkeit ausräumen, dass auch ein Dritter (z. B. der Ehemann der VN) Zugriff auf den von der VN benutzten Kfz-Schlüssel hatte und insoweit ohne ihre Kenntnis gehandelt haben könnte, so fehlt es

171

---

368 Vgl. BGH Urt. v. 27.05.1998 – **IV ZR 81/97** – VersR 1998, 1012 = zfs 1998, 382; OLG Hamm Urt. v. 26.01.1994 – 20 U 248/93 – NJW-RR 1995, 348.
369 LG Köln Urt. v. 30.01.2013 – 20 O 176/11 – r+s 2014, 169 (Harley-Davidson).
370 BGH Urt. v. 04.11.1998 – **IV ZR 302/97** – VersR 1999, 181 = NZV 1999, 163.
371 BGH Urt. v. 13.12.1995 – **IV ZR 54/95** – VersR 1996, 319 = r+s 1996, 92.
372 BGH Urt. v. 16.10.1996 – **IV ZR 154/95** – VersR 1997, 53 = zfs 1997, 60; BGH Urt. v. 13.12.1995 – **IV ZR 54/95** – VersR 1996, 319 = r+s 1996, 92; BGH Urt. v. 24.05.1995 – **IV ZR 167/94** – VersR 1995, 1043 = zfs 1995, 460; BGH Urt. v. 17.05.1995 – **IV ZR 279/94** – VersR 1995, 909 = r+s 1995, 288; OLG Düsseldorf Urt. v. 29.12.2005 – 4 U 155/04 – NJW-RR 2006, 1263 = VK 2006, 194; OLG Köln Urt. v. 25.11.2003 – 9 U 73/03 – zfs 2004, 367 = r+s 2004, 142; OLG Koblenz Urt. v. 31.01.1997 – 10 U 405/96 – zfs 1998, 139; OLG Köln Urt. v. 05.12.1995 – 9 U 334/94 – r+s 1997, 148; OLG Bamberg Urt. v. 15.12.1994 – 1 U 198/93 – zfs 1995, 422; OLG Frankfurt/M. Urt. v. 24.10.1994 – 1 U 153/93 – zfs 1995, 378.
373 LG Halle Urt. v. 29.04.2008 – 5 O 44/07 – BeckRS 2008, 13400.

A.2.2.1 AKB Einzelfälle Verschulden/Diebstahl/Raub/räub. Erpressung

an solchen Umständen, es sei denn, der VR weist eine Repräsentantenstellung des Dritten nach, über die sich die VN das Verhalten ihres Ehemannes zurechnen lassen müsste.[374]

172 Zusätzliche Indiztatsachen für die Annahme eines fingierten Diebstahls können auch darin liegen, dass das Kfz von einem **unüblichen Abstellplatz** entwendet worden sein soll und der **VN zuvor vergeblich versucht hat, das Fahrzeug zu veräußern**.[375] Demgegenüber lassen sich belastende Indizien bei einem **Kfz-Diebstahl im Ausland** nicht daraus herleiten, dass es wenig wahrscheinlich sei, dass der Täter dem VN mit einem Nachschlüssel ins Ausland gefolgt sei, um dort das Kfz zu entwenden, wenn noch nicht einmal feststeht, dass das Fahrzeug überhaupt mit einem Nachschlüssel wegbewegt wurde.[376]

173 Keinesfalls ist der VN gehalten, das Fehlen eines Schlüssels oder die Möglichkeit einer **Fertigung von Schlüsselkopien durch unbekannte Dritte** im Einzelnen plausibel zu erklären.[377]

174 Sind festgestellte Kopierspuren durch keine oder nur wenige Gebrauchsspuren **überlagert**, spricht einiges dafür, dass der Kopiervorgang zeitlich noch nicht sehr lange zurückliegt und demnach nicht ohne Wissen seines Besitzers erfolgt sein kann. Dies ist aber nicht zwingend. Aus der Intensität der die Kopierspuren eines ständig benutzten Kfz-Schlüssels überlagernden Gebrauchsspuren lässt sich eine genaue zeitliche Einordnung des Kopiervorganges im Hinblick darauf, dass die Gebrauchsspuren im Einzelfall nicht nur durch die Anzahl der Schließvorgänge, sondern auch durch die Art und Weise des Gebrauchs beim jeweiligen Schließvorgang entstehen, nicht vornehmen.[378] Selbst wenn Duplizierungsspuren auf einem Fahrzeugschlüssel durch keinerlei Gebrauchsspuren überlagert werden, lässt sich hieraus nicht ohne weiteres folgern, dass der Schlüssel nach dem Kopiervorgang nicht mehr benutzt wurde.[379]

175 Der **Zustand des Schlüssels kann** daher **allenfalls ein Indiz für eine vorgetäuschte Entwendung** sein. Es ist immer zu berücksichtigen, dass es zahlreiche Konstellationen geben kann, in denen diesem Umstand wenig Bedeutung beizumessen sein wird, z. B. bei ohnehin nicht oder kaum erkennbaren Gebrauchsspuren eines nur wenig benutzten Schlüssels. Dabei stehen diese Gebrauchsspuren auch keineswegs in direktem Zusammenhang mit der Laufleistung des Fahrzeuges. Bei einer Nutzung des Fahrzeuges im Langstreckenverkehr wird der Schlüssel weniger gebraucht werden als bei vielen Kurzstreckenfahrten im Stadtverkehr. Auch durch den individuellen Umgang mit dem

---

374 OLG Köln Urt. v. 25.11.2003 – 9 U 73/03 – zfs 2004, 367 = r+s 2004, 142.
375 OLG Bremen Urt. v. 04.03.1997 – 3 U 75/96 – NJWE-VHR 1998, 101.
376 BGH Urt. v. 23.10.1996 – **IV ZR 159/95** – VersR 1997, 55 = r+s 1997, 5.
377 BGH Urt. v. 17.05.1995 – **IV ZR 279/94** – VersR 1995, 909 = r+s 1995, 288; Urt. v. 16.10.1996 – **IV ZR 154/95** – VersR 1997, 53 = zfs 1997, 60; OLG Koblenz Urt. v. 31.01.1997 – 10 U 405/96 – zfs 1998, 139.
378 OLG Köln Urt. v. 05.12.1995 – 9 U 334/94 – r+s 1997, 148.
379 OLG Düsseldorf Urt. v. 27.02.1996 – 4 U 293/94 – zfs 1996, 221; OLG Hamm Urt. v. 25.09.1995 – 6 U 2/95 – zfs 1996, 98.

Schlüssel sind unterschiedlich starke und tief greifende Gebrauchsspuren denkbar, die den Kopiervorgang schon nach kürzester Zeit massiv überlagern. Je mehr Gebrauchsspuren festgestellt werden, desto länger wird ein Sachverständiger den Zeitpunkt des Kopierens zurückdatieren und desto eher wird man einem VN abnehmen, sich an die Anfertigung eines Ersatzschlüssels nicht mehr erinnern zu können, weil dieser schon so lange zurückliegt.

Behauptet der VN, von der Anfertigung eines Nachschlüssels nichts zu wissen, weil dieser auch in der Werkstatt oder anlässlich eines Ölwechsels an der Tankstelle vorgenommen worden sein kann, wird dies nur dann für einen mit erheblicher Wahrscheinlichkeit vorgetäuschten Diebstahl sprechen, wenn der Abstellort des versicherten Fahrzeuges dem unbekannten Duplizierer nicht bekannt gewesen sein kann. Anders ist der Sachverhalt jedoch zu beurteilen, wenn der VN das Fahrzeug vor seinem Haus oder jedenfalls in der Nähe abgestellt hatte und der unbekannte Täter aus der Werkstatt oder der Tankstelle die Anschrift des VN aus dem Fahrzeugschein kannte.[380] 176

Der Umstand, dass der **VN das Fehlen eines Senders zur Betätigung der Wegfahrsperre nicht plausibel erklären** kann, entfaltet für eine erhebliche Vortäuschungswahrscheinlichkeit des Diebstahls zwar eine besondere Indizwirkung, da eine Ingebrauchnahme des Fahrzeuges ohne Sender – anders als ohne Schlüssel – praktisch unmöglich ist. Gleichwohl müssen auch in einem solchen Fall – ebenso wie im Rahmen von Auffälligkeiten bei den Schlüsselverhältnissen[381] – noch weitere Verdachtsmomente hinzukommen,[382] die sich aus der Person des VN und seines Verhaltens ergeben und in einer vorzunehmenden Gesamtschau die erhebliche Wahrscheinlichkeit der Vortäuschung eines Diebstahls nahelegen.[383] Behauptet der VN einen **Diebstahl des Kfz mit anschließendem Unfall unter Verwendung eines passenden Schlüssels**, reicht es zur Annahme einer erheblichen Vortäuschungswahrscheinlichkeit aus, wenn sämtliche Originalschlüssel keine Kopierspuren aufweisen und wegen des eingebauten Transponders auch kein Nachschlüssel über einen Schlüsseldienst oder eine Werkstatt, sondern nur über den Kfz- Hersteller hätte beschafft werden können und sich nach dem Unfall alle Originalschlüssel im Besitz der Klägerin befinden, da ein Dieb wird nicht zuerst den Schlüssel entwenden und ihn nach gescheitertem Vorhaben wieder zurückbringen wird.[384] 177

Bei einer behaupteten Entwendung versicherter **Fahrzeug- und Zubehörteile** (z. B. eines Navigationsgerätes) ist von einer erheblichen Vortäuschungswahrscheinlichkeit auszugehen, wenn der Versicherungsfall die **klassischen Merkmale einer nur vorgetäuschten Teileentwendung** aufweist: Fragliche Werthaltigkeit und unklare Herkunft des angeblich entwendeten Gerätes, fragliches Eigentum des VN an dem Gerät 178

---

380 BGH Urt. v. 13.12.1995 – **IV ZR 54/95** – VersR 1996, 319 = r+s 1996, 92.
381 BGH Urt. v. 17.05.1995 – **IV ZR 279/94** – VersR 1995, 909 = r+s 1995, 288.
382 A.A. Himmelreich/Halm/Staab/*Krahe* Kap. 23 Rn. 235.
383 OLG Köln Urt. v. 18.07.2000 – 9 U 36/98 – VersR 2002, 225 = SP 2001, 135.
384 AG Marl Urt. v. 24.08.2001 – 16 C 301/01 – SP 2002, 137.

A.2.2.1 AKB Einzelfälle Verschulden/Diebstahl/Raub/räub. Erpressung

(Hehlerware?), unklare und nicht nachprüfbare Umstände des angeblichen Einbaus des Gerätes in das Fahrzeug.[385]

(3) Einzelfälle aus der Rechtsprechung

179 Die erhebliche Wahrscheinlichkeit eines **vorgetäuschten Kfz-Diebstahls** wurde in folgenden Fällen angenommen:
- VN stellt Kfz mit elektronischer Wegfahrsperre und Alarmanlage auf **Flughafenparkplatz für Kurzzeitparker** mit Schranke ab gegen eine Gebühr von 1,00 DM je 15 Minuten für die Dauer einer **mehrwöchigen Flugreise**;[386]
- Bei dem an der Grenze beschlagnahmten versicherten Kfz wird ein **Nachschlüssel** vorgefunden, der **starke Gebrauchsspuren** aufweist, während die im Besitz des VN befindlichen Schlüssel nur in geringem Umfang verwendet worden sind;[387]
- VN macht **unklare Angaben** hinsichtlich der gefahrenen Kilometer, zum Verbleib der Fahrzeugpapiere und des Zweitschlüssels;[388]
- **Falschangaben** des VN zum Kfz-Kaufpreis und zur vertraglich gemeldeten Laufleistung des Fahrzeuges, unterschiedliche Angaben der Zeugen und des VN zum Randgeschehen, **Häufung von** gleichartigen **Schadenfällen** innerhalb eines kurzen Zeitraumes (5 Schäden in 2 Jahren);[389]
- Kfz des VN wird nur wenige Stunden nach dem angeblichen Diebstahl **ausgebrannt** an einem abgelegenen Ort **mit demontierten Kennzeichen** aufgefunden;[390]
- VN kann nur einen **Zündschlüssel** vorweisen, der **frische Kopierspuren** aufweist und laut Sachverständigengutachten anschließend nur noch für einen Sperrvorgang benutzt wurde, d. h. für die letzte Fahrt vor dem Diebstahl;[391]
- VN hat keine plausible Erklärung für seinen Aufenthalt zur Tatzeit und **behauptet, mit Freunden unterwegs gewesen zu sein**, ohne auch nur einen benennen zu können;[392]
- VN verweigert die Benennung der TÜV-Prüfstelle der letzten HU;[393]
- Dieb soll den **Schlüssel** laut VN-Angaben **aus** dessen **Jacke an der bewachten Garderobe einer Diskothek entwendet**, kopiert, das Fahrzeug entwendet, den Originalschlüssel aber anschließend wieder in die Jackentasche an der Garderobe zurückgebracht haben;[394]

---

385 LG Dortmund Urt. v. 31.05.2012 – 2 O 30/12 – r+s 2013, 64.
386 OLG Düsseldorf Urt. v. 23.11.1999 – 4 U 202/98 – r+s 2000, 143 = NVersZ 2000, 277.
387 OLG Karlsruhe Urt. v. 07.08.1997 – 12 U 95/97 – zfs 1998, 299.
388 OLG Frankfurt/M. Urt. v. 22.06.1977 – 17 U 193/76 – VersR 1977, 1022; OLG Frankfurt/M. Urt. v. 24.03.1994 – 1 U 85/92 – VersR 1994, 976.
389 LG Düsseldorf Urt. v. 22.01.2007 – 11 O 55/06 – SP 2008, 59.
390 OLG Celle Urt. v. 11.12.1997 – 8 U 143/96 – zfs 1999, 158.
391 OLG Celle Urt. v. 21.09.2000 – 8 U 127/99 – SP 2001, 207.
392 OLG Celle Urt. v. 07.06.1989 – 8 U 197/88 – VersR 1990, 518.
393 OLG Düsseldorf Urt. v. 23.10.2001 – 4 U 41/01 – r+s 2002, 102 = NVersZ 2002, 320.
394 OLG Hamm Urt. v. 12.01.2000 – 20 U 63/99 – r+s 2000, 275 = VersR 2000, 1492 = SP 2000, 242.

- **VN legt** 4. Kfz-Schlüssel, einen sog. **Werkstattschlüssel**, den er angeblich in einer Kommode aufbewahrt und vergessen hatte, **erst drei Monate nach dem behaupteten Diebstahl** vor. Der Schlüssel sei nur zwei Mal benutzt worden, das Kfz habe sich nicht in der Werkstatt befunden. Der Sachverständige stellt an dem nachgereichten Schlüssel ebenso viele Gebrauchsspuren fest wie an den übrigen Schlüsseln;[395]
- VN hat vor Zeugen erklärt, er wolle das Fahrzeug verschwinden lassen, verbunden mit weiteren Umständen;[396]
- Kläger **legt** nach behauptetem Diebstahl eines Porsche 911 Carrera den **Sender für die Wegfahrsperre** zum zweiten Schlüsselsatz **nicht vor**. Zunächst bestreitet er, überhaupt jemals zwei Schlüsselsätze besessen zu haben, gibt dann an, er habe den Sender im Handschuhfach aufbewahrt, während er noch gegenüber dem Sachverständigen angegeben hatte, ihn im Schließfach bei der Sparkasse deponiert zu haben. Bei Beantragung der Versicherung hatte der Kläger eine **Phantomfirma** als VN angegeben, um in eine günstigere Beitragsklasse eingestuft zu werden. Den Porsche hatte er privat einen Tag nach dem **Konkursantrag** der von ihm geleiteten Firma gekauft und dabei einen zum Betriebsvermögen gehörenden Pkw Jaguar in Zahlung gegeben;[397]
- Der VN und seine Ehefrau, die in beengten finanziellen Verhältnissen leben, haben bei mehreren in ihrem Eigentum stehenden Altfahrzeugen **in 2 1/2 Jahren mehr als zehn** »privat« **behobene Verkehrsunfallschäden fiktiv** auf Gutachtenbasis **abgerechnet.** Den behaupteten Diebstahl eines 12 Jahre alten, mit Wegfahrsperre nachgerüsteten Pkw im Wert von angeblich 10.000,00 DM von einem nicht vorhersehbaren Abstellort hat das Gericht als mit erheblicher Wahrscheinlichkeit vorgetäuscht angesehen;[398]
- Repräsentant des VN macht **falsche Angaben zum Abstellort des Kfz**. Nach behauptetem Diebstahl wird das Kfz unfallbeschädigt aufgefunden. Es wurde mit einem Originalschlüssel gefahren. Das Alibi des Repräsentanten, bis über den Zeitpunkt des Wiederauffindens des Kfz ununterbrochen in einer Gaststätte gewesen zu sein, ist nicht bewiesen;[399]
- **Widerlegte Behauptung des VN**, dem Versicherungsvertreter bei Anzeige des Diebstahls alle Fahrzeugschlüssel übergeben zu haben;[400]
- Die **Art und Weise, wie das Kfz** bzw. der Wohnwagen **aufgebrochen** und leer geräumt **wurde**, spricht gegen eine unfreiwillige Entwendung;[401]

---

395 OLG München Urt. v. 04.08.2000 – 25 U 2803/00 – SP 2001, 240.
396 OLG Hamm Urt. v. 30.10.2000 – 6 U 198/99 – r+s 2002, 55; OLG Celle Urt. v. 18.04.1996 – 8 U 248/94 – zfs 1996, 383.
397 OLG Köln Urt. v. 18.07.2000 – 9 U 36/98 – VersR 2002, 225 = SP 2001, 135.
398 OLG Düsseldorf Urt. v. 23.10.2001 – 4 U 41/01 – r+s 2002, 102 = NVersZ 2002, 320.
399 OLG Köln Urt. v. 20.11.2001 – 9 U 39/00 – r+s 2002, 104 = NVersZ 2002, 270.
400 OLG Hamm Urt. v. 14.07.1995 – 20 U 58/95 – r+s 1996, 129 = zfs 1995, 419.
401 OLG Stuttgart Urt. v. 24.01.1989 – 10 U 295/87 – VersR 1989, 622; OLG Zweibrücken Urt. v. 06.10.1989 – 1 U 36/88 – r+s 1990, 332; OLG Hamm Urt. v. 08.06.1988 – 20 U 317/87 – VersR 1989, 617; OLG Hamm Urt. v. 13.04.1988 – 20 U 192/87 – r+s 1988, 356; OLG Karlsruhe Urt. v. 01.09.1988 – 12 U 64/88 – VersR 1989, 619; **a. A.** OLG Köln Urt. v. 09.02.1989 – 5 U 46/88 – r+s 1989, 141; OLG Karlsruhe Urt. v. 05.03.1998 – 12 U 288/97 – VersR 1999, 249.

A.2.2.1 AKB   Einzelfälle Verschulden/Diebstahl/Raub/räub. Erpressung

- Auffinden des Kraftfahrzeugs kurz nach der Entwendung in beschädigtem Zustand bei Belassen wertvollen Zubehörs im Wagen und Integrität der Schließanlage und Wegfahrsperre;[402]
- Die behauptete **Entwendung hätte erheblichen technischen Aufwand vorausgesetzt**, der PKW wurde aber unmittelbar nach dem angeblichen Diebstahl bereits in Brand gesetzt;[403]
- VN kann keinen plausiblen Grund dafür angeben, warum er 5 Jahre nach Erwerb des Kfz **kurz vor** dessen angeblicher **Entwendung** ein **Wertgutachten** hat anfertigen lassen;[404]
- Der **Ersatz-Fahrzeugschlüssel**, den der VN in seiner Wohnung verwahrt haben will, weist **Duplizierspuren** auf, für die der VN keine plausible Erklärung hat. Der Pkw Camaro Cabrio, der nur durch einen passenden Schlüssel gestartet werden kann, so dass ein Kurzschließen ausscheidet, war im Innenhof einer Gaststätte abgestellt und damit an einem nicht allgemein bekannten und zugänglichen **Abstellort**, was ebenfalls gegen eine Entwendung ohne Beteiligung des VN spricht;[405]
- Diebstahl des Kfz zu einem Zeitpunkt, in dem das Auto nicht am gewohnten Ort steht, Schwierigkeiten des VN, den **Ratenkredit zur Finanzierung des Kfz** abzuzahlen, Herstellung von **zwei Nachschlüsseln** an unterschiedlichen Maschinen kurz hintereinander, keine Hinweise auf die Anfertigung weiterer Schlüssel durch Dritte, **geringe Nutzung** sowie das Öffnen des Verschlusses der **Originalschlüssel**;[406]
- **Entfernung des Originaltransponders** aus dem Kfz-Schlüssel, da hiermit ein voll funktionstüchtiger Nachschlüssel angefertigt werden kann, mit dem sich das Fahrzeug vor allem auf dem Schwarzmarkt verkaufen lässt. Auch eröffnet der Einsatz eines fremden Transponderchips im funktionslos gewordenen Originalschlüssel immerhin die Chance, dass bei bloß oberflächlicher Untersuchung des Schlüssels die Manipulation unentdeckt bleibt;[407]
- VN legt Kfz-Funkschlüssel mit **ausgetauschter Originalsteuereinheit** und **eindeutigen Kopierspuren** vor, i. V. m. unglaubhaften Erklärungsversuchen des VN;[408]
- Zu dem mit Wegfahrsperre und Alarmanlage ausgestatteten Kfz **legt der VN von drei Schlüsseln nur den Hauptschlüssel vor,** und dies auch erst **drei Monate nach dem behaupteten Diebstahl**, wobei seine **Angaben** zu dem übergebenen Schlüssel teils **falsch oder widersprüchlich** sind; ferner nicht mit den Aussagen des VN bzw. seiner Zeugen in Übereinstimmung zu bringende Auslesedaten des Kfz-Schlüssels sowie weitere nachweislich falsche Angaben des VN zu den Begleitumständen der angeblichen Entwendung;[409]

---

402 OLG Celle Urt. v. 05.01.2004 – 8 U 179/03 – zfs 2004, 321.
403 KG Urt. v. 03.06.2003 – 6 U 7/02 – zfs 2004, 74.
404 OLG Frankfurt/M. Urt. v. 25.09.2002 – 7 U 206/01 – VersR 2003, 1169 = zfs 2003, 297.
405 OLG Nürnberg Urt. v. 17.11.1994 – 8 U 2177/94 – VersR 1995, 1089.
406 LG Düsseldorf Urt. v. 23.06.2005 – 11 O 559/03 – r+s 2006, 187.
407 OLG Stuttgart Beschl. v. 15.09.2006 – 7 U 139/06 – r+s 2007, 316 = VersR 2007, 686 = NZV 2007, 83.
408 LG München I Urt. v. 09.07.2010 – 37 O 5394/08 – VersR 2010, 1209.
409 OLG Köln Urt. v. 24.11.2009 – 9 U 77/09 – VK 2010, 9.

- Der **einschlägig vorbestrafte VN** macht widersprüchliche Aussagen zu den Umständen der Fahrzeugentwendung und hat versucht, das Kfz in der kurzen Zeit, in der er es im Besitz hatte, mehrmals im Internet zu verkaufen;[410]
- Behaupteter Diebstahl von zwei sorgfältig, **fachgerecht** und ohne jegliche Begleitschäden **ausgebauten Vordersitzen** und eines **Navigationsgerätes** einschließlich des Abklemmens der Verkabelung aus einem in **enger Einzelgarage** abgestellten Pkw (trotz eingeschlagener Seitenscheibe);[411]
- Behaupteter Einbruchdiebstahl aus einem in geringer Stückzahl hergestellten Typ eines Wohnwagens, wobei nahezu **alle Holztüren der Inneneinrichtung** einschließlich Kühlschranktür nebst Holzblende und Waschraumtür, Schubladen, Polster, Gardinen und Vorhänge **ohne Beschädigungen ausgebaut und gestohlen** worden sein sollen;[412]
- VN fährt nach **nächtlichem Unfall durch Auffahren** auf ein geparktes Kfz bei gleichzeitigem Verlust des Nummernschildes zunächst zum angeblichen Tatort zurück, entfernt sodann das Fahrzeug, um es einige Straßen weiter zu parken und benachrichtigt in **alkoholisiertem Zustand** die Polizei; **Aufbruchspuren fehlen**; VN ist im Besitz der Kfz-Schlüssel;[413]
- VN bewegt das Kfz einen Tag nach dem Abstellen 5 km mit dem **Originalzweitschlüssel**, den sie wenige Tage später dem VR übergibt, beschuldigt den **flüchtigen Ehemann**, der Zugriff auf den Zweitschlüssel gehabt habe und behauptet hartnäckig **eine um 20.000 km geringere** als die tatsächliche **Laufleistung**;[414]
- Widersprüchliche Angaben des VN zum **Aufbewahrungsort von Kfz-Schlüssel und -papieren** bei Kfz-Diebstahl aus der Garage nach vorangegangenem **Schlüsseldiebstahl** aus der Wohnung, den der VN schon um 6.00 Uhr bemerkt hat, obwohl er erst um 4.15 Uhr zu Bett gegangen sein will;[415]
- **Wiederauffinden** des angeblich entwendeten **Motorrades** an einer nur 20 km vom Wohnort des VN entfernten **öffentlichen Bushaltestelle**, wobei nur Fahrzeugteile im Wert von 4.900,00 € ausgebaut, aber Teile im Wert von 10.000,00 € am Fahrzeug belassen wurden, i. V. m. weiteren ähnlich gelagerten Vorfällen beim VN bzw. dessen Familie in der Vergangenheit;[416]
- Wiederaufgefundenes Kfz mit noch vollständig funktionsfähiger Schließanlage weist eine **Vielzahl von Schäden** auf, die sich mit geringem Aufwand beseitigen lassen, deren fachmännische Beseitigung jedoch erhebliche Entschädigungsleistungen auslösen würde.[417]

---

410 LG Dortmund Urt. v. 11.03.2004 – 2 O 363/03 – SP 2005, 19.
411 OLG Hamm Urt. v. 08.02.2012 – 20 U 172/11 – r+s 2012, 381 = zfs 2012, 331.
412 OLG Düsseldorf Urt. v. 21.09.1999 – 4 U 154/98 – r+s 2000, 144 m. w. N.
413 KG Beschl. v. 03.09.2010 – 6 U 20/10 – r+s 2012, 68 = zfs 2011, 390.
414 KG Beschl. v. 27.07.2010 – 6 W 20/10 – VersR 2011, 914 = r+s 2011, 64.
415 LG Düsseldorf Urt. v. 26.05.2011 – 11 O 259/09 – r+s 2012, 384.
416 LG Düsseldorf Urt. v. 03.02.2012 – 22 S 125/11 – r+s 2013, 125.
417 KG Beschl. v. 10.04.2014 – 6 U 107/09 – BeckRS 2015, 04972.

A.2.2.1 AKB   Einzelfälle Verschulden/Diebstahl/Raub/räub. Erpressung

180 Die erhebliche Wahrscheinlichkeit eines **vorgetäuschten Kfz-Diebstahls** konnte der VR in folgenden Fällen **nicht nachweisen:**
– Von dem Haupt-Fahrzeugschlüssel wurde zwar ein **Nachschlüssel** im Kopierfräsverfahren hergestellt, wobei die **Kopierspuren nicht von** schlossspezifischen Gebrauchsspuren überlagert sind. Der gerichtliche Sachverständige konnte, nachdem der VN die Richtigkeit des vom VR außergerichtlich eingeholten **Schlüsselgutachtens** bestritten hatte, keine verbindliche Aussage treffen, weil er die Schlüssel wegen zwischenzeitlichem Verlust auf dem Postweg selbst nicht begutachten konnte. Weitere relevante Verdachtsmomente konnte der VR nicht aufzeigen;[418]
– Diebstahl eines **Kfz**, das nicht nur mit einer elektronischen Wegfahrsperre, sondern auch **mit einer Alarmanlage** ausgestattet ist. VN hatte **vor dem Diebstahl bereits ein neues Fahrzeug bestellt** und ursprünglich die Absicht, das später entwendete Fahrzeug zu veräußern; vom VR behauptete objektive Falschangaben des VN in der Schadenanzeige, u. a. Angabe eines überhöhten Kaufpreis bei gleichzeitiger Beifügung der Pkw-Bestellung mit »richtigem« Kaufpreis; einer der dem VR übersandten Schlüssel gehörte nicht zu dem entwendeten Kfz;[419]
– Vom Kfz-Werkstattschlüssel wurde ein **Nachschlüssel** angefertigt; das Kfz kann mit **aktivierter Wegfahrsperre** nicht ohne weiteres in Gang gesetzt werden, in Verbindung mit vom VR behaupteten Geldsorgen des VN aufgrund der Trennung von seiner Ehefrau,[420]
– Entwendung eines Pkw aus **abgeschlossener Garage während des Urlaubs des VN**, wobei ein Bekannter sowohl die Schlüssel zur Wohnung, als auch zum Pkw des VN in Besitz hatte,[421]
– Der VN legt **einen Original- und drei kopierte Fahrzeugschlüssel** vor und behauptet, dass ihm beim Erwerb des Gebrauchtwagens lediglich drei Schlüssel übergeben worden seien und sein Bruder einen weiteren Schlüssel im Wege des mechanischen Abtastverfahrens habe nachmachen lassen, wobei diese Ausführungen in einem Sachverständigengutachten als nachvollziehbar angesehen werden;[422]
– **VN behauptet Kfz-Erwerb mit einem Navigationsgerät**, das aber erst später eingebaut worden ist, i. V. m. Falschangabe des Kaufpreises, Aufbewahrung des Kfz-Kaufvertrages im gestohlenen Kfz und Nichtbenennung des Voreigentümers.[423]

dd) Dritte Stufe – Vollbeweis des VN

181 Gelingt es dem VR, die erhebliche Wahrscheinlichkeit für eine vorgetäuschte Entwendung durch den VN darzutun und zu beweisen, verbleibt dem VN nur noch die Möglichkeit, den Vollbeweis für den Eintritt des von ihm behaupteten Versicherungsfalles

---

418   LG Düsseldorf Urt. v. 21.02.2008 – 11 O 191/06 – JurionRS 2008, 32743.
419   LG Düsseldorf Urt. v. 22.08.2007 – 11 O 31/06 – JurionRS 2007, 51439.
420   OLG Karlsruhe Urt. v. 15.01.2009 – 12 U 218/08 – VK 2009, 81.
421   OLG Düsseldorf Urt. v. 30.09.1997 – 4 U 272/95 – zfs 1998, 298.
422   OLG Frankfurt/M. Urt. v. 12.02.2003 – 7 U 179/99 – r+s 2005, 191.
423   OLG Hamm Urt. v. 11.01.2012 – 20 U 64/11 – r+s 2012, 288 = zfs 2012, 328.

(also nicht nur für das »äußere Bild«) zu führen.⁴²⁴ Dies wird ihm in der Regel nicht gelingen, wenn Zeugen für die unmittelbare Entwendung gerade nicht vorhanden sind bzw. der Täter auch nicht gefasst wurde.

2. Abgrenzung der versicherten Entwendung zum nicht versicherten Betrug

a) Trickdiebstahl

Straftaten, die sich nicht unter den Begriff der »Entwendung« fassen lassen, sind vom 182 Teilkaskoversicherungsschutz nicht umfasst. Dazu gehört insbesondere der Betrug.⁴²⁵ Bei diesem erlangt der Täter das Einverständnis des VN zur Übertragung des Gewahrsams an der versicherten Sache durch eine Täuschung des VN. Nicht immer stellt jedoch die durch einen »Trick« eingeleitete Gewahrsamserlangung des Täters einen nicht versicherten Betrug dar. Für die **Abgrenzung** zwischen einem **versicherten Trickdiebstahl** und einem **nicht versicherten Betrug** kommt es darauf an, ob lediglich eine Gewahrsamslockerung im Einverständnis mit dem Verfügungsberechtigten erzielt und durch eine weitere Handlung der verbliebene »Gewahrsamsrest« gebrochen wird (**dann versicherte Entwendung**), oder ob der Verfügungsberechtigte den vollständigen Gewahrsam bereits unmittelbar infolge einer Täuschungshandlung aufgibt (**dann nicht versicherter Betrug**).⁴²⁶ Dem VN obliegt die **Beweislast für die Entwendung**. Besteht neben der versicherten Entwendung eine andere, nicht versicherte Möglichkeit des Fahrzeugverlustes, wie z. B. der nicht versicherte Betrug, so hat der beweisbelastete VN diesen auszuschließen.⁴²⁷ Lässt sich nicht klären, ob das versicherte Fahrzeug durch eine widerrechtliche Sachentziehung – einen Diebstahl oder eine versicherte Unterschlagung – oder durch einen – nicht versicherten – Betrug abhandengekommen ist, so entfällt die Leistungspflicht des VR. Dementsprechend ist der Nachweis einer versicherten **Entwendung eines vermieteten Lkw** nicht geführt, wenn dieser durch einen in Begleitung des Mieters aufgetretenen Dritten vom Firmengelände des Vermieters mittels eines von diesem ausgehändigten Schlüssel weggefahren wird (**kein Diebstahl**) und auch nicht auszuschließen ist, dass der Mieter an einer Unterschlagung durch den Dritten beteiligt gewesen sein könnte (**keine gedeckte Unterschlagung**).⁴²⁸

Übergibt der VN in der Tiefgarage eines Kaufhauses **einem Dritten**, der ihn in eine 183 Parklücke einweist, sich mit dem Parkwächter unterhält und dabei auf eine Werbeak-

---

424 OLG Bamberg Urt. v. 15.10.2010 – 1 U 89/10 – SpV 2011, 20 und 61 = BeckRS2010, 28935.
425 Vgl. BGH Urt. v. 27.11.1974 – **IV ZR 117/73** – VersR 1975, 225 = MDR 1975, 214; OLG Düsseldorf Urt. v. 26.09.2000 – 4 U 208/99 – VersR 2001, 1551 = r+s 2001, 448; OLG Karlsruhe Urt. v. 15.01.1998 – 12 U 268/97 – NVersZ 1998, 129; Prölss/Martin/Knappmann § 12 AKB Rn. 16 m. w. N.
426 OLG München Urt. v. 04.10.1993 – 31 U 3462/93 – VersR 1995, 954; OLG Frankfurt/M. Urt. v. 03.11.1999 – 7 U 244/98 – PVR 2001, 115 = NJW-RR 2000, 1050; vgl. Watzlawik DAR 2013, 232 f.
427 OLG Hamm Urt. v. 18.01.2006 – 20 U 145/05 – zfs 2006, 275; vgl. OLG Jena Urt. v. 01.07.1998 – 4 U 1448/97 – zfs 1999, 24 = VersR 1999, 305.
428 OLG Düsseldorf Urt. v. 26.09.2000 – 4 U 208/99 – VersR 2001, 1551 = r+s 2001, 448.

tion des Kaufhauses hinweist, wonach die Fahrzeuge aller Kunden kostenlos gewaschen werden, bedenkenlos **die Fahrzeugschlüssel** und **flüchtet der Dritte** danach mit dem Fahrzeug, so handelt es sich um eine Wegnahme im Sinne eines **Trickdiebstahls**. Der VN hatte in der Tiefgarage noch einen Mitgewahrsam an seinem Fahrzeug, der zwar gelockert war, aber dennoch gebrochen werden konnte. Diesen Mitgewahrsam verlor er unfreiwillig erst in dem Moment, in dem das Fahrzeug die Parkgarage mit Passieren der Ausfahrtkontrolle verließ.[429]

184 Hingegen stellt die **freiwillige Aushändigung des Fahrzeuges an einen Dritten**, der beabsichtigt, es nicht zurückzubringen und unter Vorlage eines falschen Personalausweises das Kfz anmietet, einen nicht versicherten **Betrug** dar.[430] Gleiches gilt, wenn die VN einem Dritten **eine eigenständige Verfügungsgewalt** über ihr Fahrzeug einräumt, indem sie ihm den Pkw mit allen Fahrzeugschlüsseln in einem fremden Land ohne eigene Ortskenntnis überlässt mit dem Auftrag, es in einer sicheren Garage zu parken und den Dritten, der mit dem Fahrzeug später untertaucht, mit unbekanntem Ziel davonfahren lässt.[431] Die VN verliert er bereits durch einen freiwilligen Verlust (und damit durch einen nicht versicherten Betrug) jegliche Einwirkungsmöglichkeiten auf ihr Fahrzeug und damit auch den vollständigen Gewahrsam.

185 Eine Gewahrsamserlangung durch Betrug liegt auch dann vor, wenn der Täter in Abwesenheit des VN gegenüber dessen Prokuristen behauptet, der **VN habe ihm gestattet, das Fahrzeug auszuleihen**, oder wenn sich ein Dritter gegenüber dem VN, der eine Autopanne hat, **als Werkstattinhaber ausgibt**, seine Hilfe anbietet und mit dem Wagen verschwindet, oder wenn ein Anhalter, der von einem Lkw-Fahrer mitgenommen wird, anlässlich eines späteren Werkstattaufenthaltes den Anschein erweckt, er sei der Besitzer des Lkw, woraufhin ihm das Fahrzeug herausgegeben wird.[432]

b) **Probefahrten**

186 Eine häufige Fallkonstellation ist auch die behauptete Probefahrt des vermeintlichen Kaufinteressenten, der dem VN – überhaupt – falsche Angaben zu seinen Personalien macht oder falsche Ausweispapiere vorlegt. Spiegelt der **Täter als vermeintlicher Kaufinteressent** dem VN vor, mit dem versicherten Fahrzeug eine Probefahrt machen zu wollen, kehrt aber nicht mehr zurück, so trifft den VN für den Nachweis des Versicherungsfalles »Diebstahl« die Beweislast dafür, dass der Täter mit Überlassung des Fahrzeuges noch keinen Alleingewahrsam an diesem erlangt hat. Für die Frage, ob ein versicherter (Trick-) Diebstahl oder ein nicht versicherter (Sach-) Betrug vorliegt, ist daher **entscheidend**, ob dem VN auch nach Aushändigung seines Fahrzeuges an den Täter noch ein Rest von – zumindest – **gelockertem Mitgewahrsam** an seinem Fahrzeug verbleibt, der vom Täter zwar leichter gebrochen werden kann, aber immer noch gebrochen werden muss.

---

429 BGH Urt. v. 27.11.1974 – **IV ZR 117/73** – VersR 1975, 225 = MDR 1975, 214.
430 OLG Köln Urt. v. 13.05.1993 – 5 U 199/92 – r+s 1995, 449.
431 OLG Saarbrücken Urt. v. 11.11.2009 – 5 U 197/09 – zfs 2010, 154.
432 Vgl. Stiefel/Maier/*Stadler* A.2.2 AKB Rn. 69.

Die **Rechtsprechung** kommt in diesen Fällen zu sehr **unterschiedlichen Ergebnissen**, je 187
nachdem, ob der VN nur den Kfz-Brief (Zulassungsbescheinigung Teil II) oder auch
den Kfz-Schein (Zulassungsbescheinigung Teil I) einbehält und ob sich der Täter
bei der Probefahrt aus dem Sichtbereich des VN entfernt oder nicht. **Zum Teil wird
vertreten**, dass der VN den Gewahrsam bereits freiwillig und vollumfänglich in dem
Moment aufgibt, in dem er dem Täter für eine Probefahrt die **Fahrzeugschlüssel aushändigt** und ihn alleine wegfahren lässt,[433] insbesondere dann, wenn auch alle **Fahrzeugpapiere im Fahrzeug** verblieben sind.[434] Der VN hat dann jeglichen Gewahrsamsrest freiwillig eingebüßt, was eine Wegnahme und damit einen Diebstahl ausschließt.
Aber auch bei **Einbehalt** jedenfalls **des Kfz-Briefes** soll lediglich ein nicht versicherter
Betrug vorliegen, wenn der VN dem angeblichen Käufer sein Fahrzeug gegen Übergabe
eines **ungedeckten Schecks** aushändigt.[435] Mit der Übergabe bestehe für den VN keinerlei Zugriffsmöglichkeit mehr auf das Fahrzeug. Er verliere daher mit der Aushändigung des Kfz an den Kaufinteressenten seinen vollständigen Gewahrsam. Ein Gewahrsamsrest verbleibe nicht. Daran ändere auch die Zurückbehaltung des Fahrzeugbriefes
nichts. Denn dieser weise den VN lediglich als Eigentümer aus, habe aber keinerlei Indizwirkung für die Möglichkeit des VN, die tatsächliche Sachherrschaft über das Fahrzeug auszuüben.[436] **Nach anderer Auffassung, der zuzustimmen ist**, liegt allenfalls eine
Gewahrsamslockerung vor, wenn der VN dem angeblichen Kaufinteressenten, mit
dem eine zeitlich und örtlich begrenzte Probefahrt abgesprochen ist, das Fahrzeug überlässt, jedoch die Kfz-Zulassungsbescheinigung einbehält.[437] Hierdurch dokumentiert
der VN seinen verbliebenen Gewahrsam an dem Kfz. Daher ist er ungeachtet der Probefahrt noch als Gewahrsamsinhaber des Kfz selbst für den Fall anzusehen, dass sich
der angebliche Kaufinteressent aus dem **Sichtbereich des VN** entfernt.[438] Denn in subjektiver Hinsicht will der VN durch die Gestattung einer Probefahrt seinen Herrschaftswillen an seinem Kfz nicht aufgeben. Er geht davon aus, dass er sein Fahrzeug
zurückerhält.

Als **taugliches Abgrenzungskriterium** bietet sich auch an, darauf abzustellen, ob die 188
Probefahrt im Rahmen von Verkaufsverhandlungen gestattet und durchgeführt wurde
(dann keine vollständige Gewahrsamsaufgabe mit der Konsequenz, dass ein gedeckter
Trickdiebstahl vorliegt, falls der vermeintliche Kaufinteressent mit dem Fahrzeug nicht
mehr zurückkehrt), **oder ob zum Zeitpunkt der Gestattung der Probefahrt bereits ein**

---

433 OLG Hamm Urt. v. 02.03.1984 – 20 U 239/83 – VersR 1985, 490; LG Bonn Urt. v.
31.07.1995 – 9 O 203/95 – VersR 1996, 1139.
434 LG Coburg Urt. v. 29.05.2007 – 11 O 70/07 – VK 2007, 193.
435 LG Dortmund Urt. v. 21.11.2007 – 22 O 96/07 – SP 2008, 266.
436 OLG Saarbrücken Urt. v. 12.07.2006 – 5 U 650/05 – VersR 2007, 830 = zfs 2006, 634 = r+s
2007, 314.
437 Vgl. BGH Urt. v. 27.11.1974 – IV ZR 117/73 – VersR 1975, 225 = MDR 1975, 214; OLG
Frankfurt/M. Urt. v. 03.11.1999 – 7 U 244/98 – PVR 2001, 115 = NJW-RR 2000, 1050.
438 OLG Köln Urt. v. 22.07.2008 – 9 U 188/07 – zfs 2009, 94 = VersR 2008, 1640 = r+s 2008,
373; **a. A.** OLG München Urt. v. 04.10.1993 – 31 U 3462/93 – VersR 1995, 954, wonach
Sichtkontakt des VN während der Probefahrt erforderlich sein soll.

A.2.2.1 AKB Einzelfälle Verschulden/Diebstahl/Raub/räub. Erpressung

Vertragsschluss über das Fahrzeug vorlag (dann gänzlicher Gewahrsamsverlust beim VN durch einen nicht versicherten Betrug).[439] Letzteres wird nur in Ausnahmefällen anzunehmen sein, da eine Probefahrt regelmäßig erst Voraussetzung für den späteren Vertragsschluss ist.

189 Verfehlt wäre es, in diesen Fällen mit dem Risikoausschluss des A.2.9.1 S. 2 AKB i. V. m. § 81 Abs. 2 VVG zu operieren.[440] Denn dies setzt die zumindest mitursächliche Herbeiführung eines Versicherungsfalles voraus. Wenn aufgrund der Gewahrsamsübertragung des VN auf den Kaufinteressenten der Versicherungsfall »Diebstahl« ausscheidet, stellt sich die Frage, welchen Versicherungsfall der VN grob fahrlässig herbeigeführt haben könnte, (vgl. zur **grob fahrlässigen Ermöglichung einer Entwendung im Zusammenhang mit Probefahrten** A.2.9.1 AKB Rdn. 202 f. und A.2.9.1 AKB Rdn. 210).

190 Letztlich kann der Streit zumindest bei den **erschlichenen Probefahrten** dahinstehen. Wenn dem Täter das Fahrzeug zur Probefahrt überlassen und ihm dabei schon der Gewahrsam übertragen worden ist, ist **jedenfalls auch eine versicherte Unterschlagung** gegeben, (vgl. A.2.2.1 AKB Rdn. 31 ff.). Denn der VN nimmt nicht schon aufgrund der Täuschung des Täters über dessen wahre Absichten, das Kfz nach der Probefahrt nicht mehr zurückzugeben, eine Vermögensverfügung zu seinen Lasten vor. Er wird lediglich veranlasst, das Kfz vorübergehend und zweckgebunden aus der Hand zu geben. Dadurch geht zwar der Besitz beim VN verloren, nicht aber der Gewahrsam. Dieser wird erst mit Beginn der Probefahrt gebrochen. Da der angebliche Kaufinteressent von vornherein eine Möglichkeit gesucht hat, das Kfz des VN zu entwenden, hat sich die Zueignungsabsicht des Täters durch den Beginn der vermeintlichen Probefahrt auch objektiv nach außen manifestiert.[441] **Der anfängliche Verlust des Fahrzeuges durch einen nicht versicherten Betrug schließt also eine spätere versicherte Unterschlagung durch denselben Täter nicht aus.**[442] Auch der Risikoausschluss nach A.2.2.2 Abs. 1 S. 2 AKB greift nicht ein, da der VN dem Täter das Fahrzeug nicht »zur Veräußerung«, sondern zum Zwecke einer Probefahrt und damit nur in Vorbereitung einer Veräußerung ausgehändigt hat[443] und zudem die Überlassung auch nicht »zum Gebrauch im eigenen Interesse« mit gleichzeitiger Begründung eigenständiger Verfügungsgewalt erfolgt ist.

191 Ebenso wenig ist die Streitfrage in den Fällen von Belang, in denen der **VN nach Abschluss der Probefahrt wieder Gewahrsam an dem Fahrzeug erlangt**. Stellt ein Kaufinteressent den Pkw nach Beendigung der Probefahrt vereinbarungsgemäß wieder

---

439 Vgl. auch Seemayer r+s 2010, 6, 7 ff.
440 So aber LG Coburg Urt. v. 29.05.2007 – 11 O 70/07 – VK 2007, 193.
441 Vgl. OLG Düsseldorf Urt. v. 23.02.1999 – 4 U 77/98 – r+s 1999, 230; OLG Köln Urt. v. 22.07.2008 – 9 U 188/07 – zfs 2009, 94 = VersR 2008, 1640 = r+s 2008, 373.
442 OLG Köln Urt. v. 22.07.2008 – 9 U 188/07 – zfs 2009, 94 = VersR 2008, 1640 = r+s 2008, 373; **a. A.** OLG Saarbrücken Urt. v. 11.11.2009 – 5 U 197/09 – zfs 2010, 154.
443 Vgl. OLG Frankfurt/M. Urt. v. 03.11.1999 – 7 U 244/98 – PVR 2001, 115 = NJW-RR 2000, 1050.

auf dem Betriebsgelände des Autohauses ab, so erlangt dieses – trotz Verbleib von Kfz-Schlüssel und -Papieren bei dem Kaufinteressenten – jedenfalls zumindest wieder Mitgewahrsam an dem Fahrzeug mit der Folge, dass sich ein anschließendes Abhandenkommen des Fahrzeuges nicht als eine ungedeckte Unterschlagung darstellt, sondern als ein bedingungsgemäßer Diebstahl.[444]

3. Diebstahl mitversicherter Teile – Antennen, Embleme, Scheibenwischer und Außenspiegel

Bei entwendeten Antennen, Scheibenwischern oder ähnlichem liegt ein versicherter Diebstahlschaden nur dann vor, wenn der Täter die Teile vom Fahrzeug in voller Länge so abgeschraubt oder demontiert hat, dass sie auch an einem anderen Fahrzeug wieder Verwendung finden könnten.[445] Werden die Teile dagegen vom Täter in einer Weise abgebrochen, dass eine Wiederverwendung ausgeschlossen ist, so liegt keine Entwendung vor, sondern eine nicht versicherte Zerstörung und damit ein **Vandalismusschaden** (vgl. A.2.2.1 AKB Rdn. 198 ff.), der nur über die Vollkaskoversicherung gedeckt wäre. Dies gilt erst recht in den Fällen, in denen die abgebrochenen Teile vom Täter an Ort und Stelle zurückgelassen werden, weil es dann erkennbar auch an der Zueignungsabsicht des Täters fehlt. 192

4. Beschädigung des Kfz durch (versuchte) Entwendung

a) Überblick

Versichert sind Schäden, die »durch« Entwendung des Kfz oder den Versuch seiner Entwendung[446] entstehen. Erforderlich ist ein besonderer, **adäquat ursächlicher Zusammenhang zwischen der (versuchten) Entwendungshandlung und dem eingetretenen Schaden.** Die Handlung des Täters ist dann kausal für den späteren Schaden, wenn sie nicht hinweggedacht werden kann, ohne dass der verursachte Schaden entfiele. Zur Begrenzung eines ansonsten nicht überschaubaren Leistungsrisikos des VR muss sich der Schaden adäquat im Rahmen dessen halten, mit dem bei einer (versuchten) Entwendung eines Kfz erfahrungsgemäß gerechnet werden muss. Er darf nicht außerhalb jeder Wahrscheinlichkeit liegen, so dass mit ihm schlechterdings nicht gerechnet werden kann. Für die kausale Verknüpfung genügt es, dass der Schaden am Kfz nur mittelbar auf die Entwendungshandlung des Täters zurückgeht (**Entwendung → Fahrt → Unfall → Schaden = versichertes Ereignis**). 193

Ersatzpflichtig sind somit alle **Schäden**, die **bei der Entwendung** entstanden sind und durch die die Entwendung erst ermöglicht wurde sowie alle Schäden, die unmittelbar 194

---

[444] Vgl. OLG Naumburg Urt. v. 11.07.2013 – 4 U 5/13 – VersR 2014, 828 = r+s 2013, 595, welches sogar die Wiedererlangung von Alleingewahrsam annimmt.
[445] Stiefel/Maier/*Stadler* A.2.2 AKB Rn. § 12 AKB Rn. 30.
[446] OLG Köln Urt. v. 25.10.1994 – 9 U 188/94 – VersR 1995, 1350; vgl. zur Historie Stiefel/Maier/*Stadler* A.2.2 AKB Rn. 72.

A.2.2.1 AKB   Einzelfälle Verschulden/Diebstahl/Raub/räub. Erpressung

auf den Versuch einer Fahrzeugentwendung zurückzuführen sind und der Realisierung dieses Versuchs dienten.

195 Ersatzpflichtig sind ferner alle **Schäden, die nach der Entwendung** bei der Benutzung des Fahrzeuges durch den Täter entstehen, sei es durch Unfall oder im Zusammenhang mit der Spurenbeseitigung durch den Täter, weil der Eintritt dieser Schäden durch die Entwendung erst ermöglicht wird.

196 Sowohl die Schäden bei, als auch die nach Entwendung dürfen **nicht lediglich nur bei Gelegenheit der (versuchten) Entwendungshandlung** entstanden sein (z. B. bös- und mutwillige Schäden). Denn dann fehlt es an dem erforderlichen adäquaten Ursachenzusammenhang zwischen der Tatverwirklichung und dem eingetretenen Schaden,[447] (Entwendung → Frust/Verärgerung/Wut/Enttäuschung über den gescheiterten Entwendungsversuch → Vandalismus → Schaden = nicht versichertes Ereignis).

197 **Schäden durch versuchte Entwendung**, so z. B. die Beschädigung an der aufgebrochenen Fahrzeugtür, sind auch dann im Rahmen der Teilkasko versichert, wenn es dem Täter nicht gelingt, das Fahrzeug zu starten oder der Diebstahlversuch aus anderen Gründen scheitert. Gleiches gilt, wenn der Täter das Lenkradschloss beschädigt[448] oder er zur Entwendung eines Autoradios die Scheibe einschlägt. Für den Nachweis von Schäden durch einen Diebstahlversuch gewährt die Rechtsprechung dem **VN** die gleichen **Beweiserleichterungen** wie für einen vollendeten Diebstahl, vgl. A.2.2.1 AKB Rdn. 126 ff. Eine eingeschlagene Scheibe und ein verkratztes Armaturenbrett reichen für einen Nachweis allerdings nicht aus, wenn gleichzeitig feststeht, dass der Täter noch nicht einmal versucht hat, die Lenkradsperre zu überwinden oder das Fahrzeug kurzzuschließen.[449]

b) Abgrenzung zu Vandalismusschäden

198 Im Gegensatz zur Vollkasko (A.2.2.2 AKB) fehlt in der Teilkasko ein Versicherungsschutz für solche Schäden am Fahrzeug, die durch mut- oder böswillige Handlungen betriebsfremder Personen entstehen (Vandalismusschäden). Daraus folgt, dass in der Teilkasko bei einem Einbruchdiebstahl in ein Kraftfahrzeug **nur diejenigen Schäden am Fahrzeug ersatzpflichtig sind, die** nachweislich entweder **durch die Verwirklichung der Tat** (»durch Entwendung«) entstanden sind **oder mit dieser in adäquatem Zusammenhang stehen**. Dabei ist ein besonderer kausaler Zusammenhang zwischen dem (versuchten) Diebstahl und dem Schaden erforderlich, der den Grad äquivalenter Kausalität überschreiten muss.[450]

---

447 BGH Urt. v. 24.11.2010 – **IV ZR 248/08** – VersR 2011, 107 = r+s 2011, 63; BGH Urt. v. 17.05.2006 – **IV ZR 212/05** – VersR 2006, 968 = r+s 2006, 325.
448 LG Mainz Urt. v. 26.10.1990 – 7 O 222/90 – zfs 1992, 18; Prölss/Martin/*Knappmann* § 12 AKB Rn. 13; a. A. Bauer Rn. 964; LG Karlsruhe Urt. v. 26.01.1984 – 5 S 263/83 – VersR 1984, 979.
449 OLG Köln Urt. v. 15.07.2014 – 9 U 57/13 – BeckRS 2014, 14571.
450 BGH Urt. v. 24.11.2010 – **IV ZR 248/08** – VersR 2011, 107 = r+s 2011, 63; BGH Urt. v.

Einzelfälle Verschulden/Diebstahl/Raub/räub. Erpressung **A.2.2.1 AKB**

Wird daher aus einem Mercedes Benz 300 SL Cabrio nach eingeschlagener Fensterscheibe ein **CD-Player entwendet** und das **Fahrzeug mit mehreren Beulen und Kratzern sowie aufgeschlitztem Verdeck** von dem Täter zurückgelassen, so ist gleichwohl nur der CD-Player und der Glasschaden aus der Teilkasko zu ersetzen.[451] Im Übrigen handelt es sich um mut- oder böswillige Schäden, die »**bei Gelegenheit**« **der Entwendungshandlung**, nicht aber als deren Folge (»durch« die Entwendung) entstanden sind. Insoweit verwirklicht sich gerade kein typisches, der Entwendungshandlung innewohnendes Risiko. **Mutwillige Schäden nach einem missglückten Entwendungsversuch** sind daher **nicht adäquat-kausal** dem Vorgang der Entwendungshandlung zuzurechnen, sondern beruhen auf anderen Motiven, da sie auf einen von der Entwendungshandlung unabhängigen, regelmäßig spontanen Entschluss des Täters zurückzuführen sind.[452] Unerheblich ist, ob es sich um Schäden aus reiner Zerstörungswut des Täters oder um solche handelt, die der Täter aus Verärgerung oder Enttäuschung über eine misslungene Entwendung des Fahrzeuges verursacht oder weil er mit der Beute bzw. deren Umfang unzufrieden ist. Alle diese Schäden fallen nicht unter den Versicherungsschutz in der Teilkasko.[453] 199

Die **gegenteilige Auffassung**,[454] **wonach sämtliche – auch mut- und böswillige – Beschädigungen als mitversichert gelten**, wenn die Tat im Zuge eines Diebstahls oder Diebstahlversuches begangen wird, muss jedenfalls vor dem Hintergrund der neueren BGH-Rechtsprechung[455] **als überholt** angesehen werden. Sie steht nicht in Einklang mit der Systematik der Regelungen in A.2.2.1 und A.2.2.2 AKB. Denn Schäden durch mut- oder böswillige Handlungen nicht berechtigter Personen (Vandalismusschäden) werden als versichertes Risiko ausschließlich unter den Ereignissen beschrieben, die dem Vollkaskoschutz unterliegen. Für den durchschnittlichen VN erschließt sich bei aufmerksamer Lektüre der Anspruchsvoraussetzungen **in der Vollkaskoversicherung**, dass diese **einen gegenüber der Teilkasko erweiterten Versicherungsschutz bietet**, da sie zum einen in A.2.2.2.1 AKB die versicherten Gefahren in der Teilkasko mit umfasst, 200

17.05.2006 – **IV ZR 212/05** – VersR 2006, 968 = r+s 2006, 325; AG Bad Homburg Urt. v. 12.12.1997 – 2 C 1624/97 – r+s 1998, 495.
451 BGH Urt. v. 17.05.2006 – **IV ZR 212/05** – VersR 2006, 968 = r+s 2006, 325; OLG Bamberg Urt. v. 14.07.2005 – 1 U 35/05 – VersR 2006, 210 = zfs 2005, 606.
452 So schon BGH Urt. v. 27.11.1974 – **IV ZR 117/73** – VersR 1975, 225 = MDR 1975, 214; OLG Frankfurt/M. Urt. v. 18.12.2001 – 7 U 156/01 – VersR 2002, 1232; vgl. Prölss/Martin/*Knappmann* § 12 AKB Rn. 15, § 13 Rn. 27, dort m. w. N. zur Rspr.
453 BGH Urt. v. 24.11.2010 – **IV ZR 248/08** – VersR 2011, 107 = r+s 2011, 63; BGH Urt. v. 17.05.2006 – **IV ZR 212/05** – VersR 2006, 968 = r+s 2006, 325; OLG Bamberg Urt. v. 14.07.2005 – 1 U 35/05 – VersR 2006, 210 = zfs 2005, 606; vgl. auch OLG Frankfurt/M. Urt. v. 18.12.2001 – 7 U 156/01 – VersR 2002, 1232; LG Aachen Urt. v. 27.08.1997 – 7 S 132/97 – r+s 1998, 12; AG Düsseldorf Urt. v. 17.04.2008 – 54 C 11697/07 – SP 2008, 406.
454 LG Essen Urt. v. 23.11.1994 – 10 S 401/94 – VersR 1995, 955; LG Mainz Urt. v. 26.10.1990 – 7 O 222/90 – VersR 1991, 806; Himmelreich/Halm/*Oberpriller* Kap. 20 Rn. 55; Pauly VersR 2011, 377.
455 BGH Urt. v. 24.11.2010 – **IV ZR 248/08** – VersR 2011, 107 = r+s 2011, 63; BGH Urt. v. 17.05.2006 – **IV ZR 212/05** – VersR 2006, 968 = r+s 2006, 325.

A.2.2.1 AKB Einzelfälle Verschulden/Diebstahl/Raub/räub. Erpressung

zum anderen in A.2.2.2.2 und A.2.2.2.3. AKB zusätzlich weitere versicherte Risiken – u. a. gegen mut- oder böswillige Handlungen nichtberechtigter Personen – aufgeführt werden, die in der Teilkasko gerade fehlen. Da **mut- oder böswillige Beschädigungen im Teilkaskobereich nicht erwähnt** sind, wird der VN nicht erwarten können, dass sie in jedem Fall ersetzt werden, wenn sie nur in irgendeinem Zusammenhang mit einer (versuchten) Entwendung des versicherten Fahrzeuges stehen.[456] Vandalismusschäden durch einen Dieb – gleichgültig, ob vor oder nach der Entwendung – sind daher generell **vom Versicherungsschutz in der Teilkasko ausgeschlossen**.

201 Zu eng ausgelegt wird der Teilkaskoschutz allerdings, wenn in einem Fall, bei dem am geparkten **Cabrio des VN das Dach** lediglich zum Teil und nicht durch die Isolierung hindurch **aufgeschnitten** wurde und – obwohl die Tür entriegelt war – an der Seitenscheibe Zeichen von Hebeleinwirkungen festgestellt werden konnten, dem VN eine Entschädigung für das Verdeck unter Hinweis auf einen Vandalismusschaden versagt und ihm aus der Teilkasko nur der Glasschaden erstattet wird.[457] Denn hier ist es naheliegend, dass der Täter zunächst versuchte, durch **Aufschlitzen des Verdecks** ins Fahrzeuginnere zu gelangen und erst, nachdem ihm dies misslang, das Seitenfenster aufhebelte. Dass die Türe im konkreten Fall nicht verriegelt war, muss ein Täter, der nicht mit einer unverriegelten Türe rechnet und für den es darauf ankommt, ein Fahrzeug möglichst schnell zu öffnen, nicht unbedingt sofort erkannt haben. Hieraus lässt sich kein überzeugendes Indiz für eine mutwillige Beschädigung des Verdecks ableiten. Auch wenn nichts entwendet wurde, weil der Täter vielleicht gestört wurde, so ergibt sich doch **aus dem gesamten Beschädigungsbild** am Fahrzeug, dass der Täter zumindest **in Diebstahlsabsicht versucht hat, in das Fahrzeug einzudringen**, so dass das Verdeck infolge der versuchten Entwendung aus der Teilkasko zu entschädigen gewesen wäre. Andererseits können durchaus **Lage und Ausführungen der Schnitte** in einem Cabriodach (z. B. Längsschnitte von 10–20 cm Länge) den Schluss zulassen, dass es sich um einen Vandalismusschaden handelt.[458]

c) Schäden vor, beim und nach Gebrauch des entwendeten Fahrzeuges

202 Versichert sind grundsätzlich alle Schäden, die der Täter **im unmittelbaren Zusammenhang mit dem Aufbrechen** (Einschlagen oder Aufhebeln der Seitenscheibe, Aufschlitzen des Cabriodaches) **oder Starten des Motors** (Schäden am Lenkradschloss oder durch Kurzschließen) verursacht in der Absicht, das Fahrzeug zu entwenden. Erleidet der **Dieb nach erfolgreicher Tat** beim Gebrauch des entwendeten Fahrzeuges einen **Unfall**, bei dem der Pkw beschädigt wird (vgl. auch A.2.2.1 AKB Rdn. 239 ff.) oder entstehen **Beschädigungen bei der Spurenbeseitigung** durch den Täter, verwirklicht sich ebenfalls ein der Entwendung innewohnendes Risiko.

---

456 BGH Urt. v. 24.11.2010 – **IV ZR 248/08** – VersR 2011, 107 = r+s 2011, 63.
457 AG Mainz Urt. v. 05.09.2007 – 81 C 347/07 und LG Mainz Beschl. v. 27.05.2008 – 3 S 210/07 – r+s 2009, 10.
458 Vgl. AG Ingolstadt Urt. v. 07.11.1985 – C 1461/85-10 – zfs 1987, 183.

Die Entwendungshandlung und die Schäden müssen in einem adäquaten Ursachenzusammenhang stehen. Ist dies der Fall, sind alle Schäden, auch **Betriebs-, Brems-Bruch- und Unfallschäden** im Rahmen der Teilkaskoversicherung zu ersetzen. Dies führt zu dem überraschenden Ergebnis, dass der Versicherungsschutz in diesen Fällen weiter geht als wenn der VN selbst mit seinem versicherten Fahrzeug verunfallt wäre. Denn hier kann der VN nur bei Bestehen einer Vollkaskoversicherung Ersatz seines Fahrzeugschadens verlangen. Grund für diese versicherungsnehmerfreundliche Betrachtungsweise der Rechtsprechung ist der Wortlaut der AKB. Nach A.2.2.1 S. 1 i. V. m. A.2.2.1.2a AKB besteht Versicherungsschutz auch bei Beschädigung oder Zerstörung des Fahrzeuges »durch« Entwendung, namentlich »durch« Diebstahl, Raub oder räuberische Erpressung. Eine besondere kausale Verknüpfung ist daher Voraussetzung für die Entschädigungspflicht des VR. Unmittelbare adäquate Folge der Entwendungshandlung ist die Benutzung des entwendeten Fahrzeuges durch den Dieb. Darauf wiederum beruht unmittelbar die unfallbedingte Beschädigung oder Zerstörung des entwendeten Fahrzeuges. **Dagegen stehen mut- oder böswillig verursachte Beschädigungen** durch den Täter, auch wenn sie nach oder bei Gebrauch des Fahrzeuges eintreten, mit der Entwendungshandlung gerade **nicht in dem geforderten besonderen Ursachenzusammenhang,**[459] (vgl. A.2.2.1 AKB Rdn. 198 ff.). Die gleichen Grundsätze gelten auch für Schäden im Zusammenhang mit einem **unbefugten Gebrauch** des Fahrzeuges, (vgl. A.2.2.1 AKB Rdn. 52 ff.).

203

d) **Beschädigung des Kfz durch (versuchte) Entwendung (nicht) mitversicherter Teile**

Wird das teilkaskoversicherte Fahrzeug bei einem (versuchten) Diebstahl beschädigt, ist nach h. M. Voraussetzung für eine Ersatzpflicht des VR, dass der **Täter den Willen hatte, das Fahrzeug oder** nach A.2.1 AKB mitversicherte Fahrzeug- oder Zubehörteile zu entwenden.[460] Zielt der (versuchte) Diebstahl auf die Ladung oder das Gepäck ab, besteht kein Versicherungsschutz.[461] Auch reicht es für eine Eintrittspflicht des VR nicht aus, dass das Fahrzeug im Zusammenhang mit einem (versuchten) Diebstahl von sonstigen Gegenständen oder nicht mitversichertem Fahrzeugzubehör, z. B. von **Ausweispapieren,**[462] einer **Sonnenbrille,**[463] einer **Brieftasche,**[464] einem **Mobiltelefon,**[465] einer

204

---

459 Vgl. BGH Urt. v. 24.11.2010 – **IV ZR 248/08** – VersR 2011, 107 = zfs 2011, 213 = r+s 2011, 63; BGH Urt. v. 17.05.2006 – **IV ZR 212/05** – VersR 2006, 968 = r+s 2006, 325.
460 BGH Urt. v. 17.05.2006 – **IV ZR 212/05** – VersR 2006, 968 = r+s 2006, 325; OLG Bamberg Urt. v. 14.07.2005 – 1 U 35/05 – VersR 2006, 210 = zfs 2005, 606; AG Düsseldorf Urt. v. 14.12.2004 – 230 C 14275/04 – r+s 2006, 148; AG Frankfurt/M. Urt. v. 04.07.1995 – 3 C 1086/95 – zfs 1995, 344; AG Nürnberg Urt. v. 28.11.2005 – 12 C 6409/05 – SP 2006, 216.
461 OLG Köln Urt. v. 25.10.1994 – 9 U 188/94 – VersR 1995, 1350.
462 AG Lingen Urt. v. 12.08.1983 – 12 C 460/83 II – zfs 1989, 421.
463 LG Aachen Urt. v. 23.10.1981 – 5 S 195/81 – zfs 1989, 420.
464 AG Bielefeld Urt. v. 08.11.1987 – 12 C 708/87 – zfs 1989, 421.
465 AG Duisburg-Hamborn Urt. v. 12.04.2000 – 9 C 59/00 – SP 2000, 242.

A.2.2.1 AKB Einzelfälle Verschulden/Diebstahl/Raub/räub. Erpressung

Lederjacke[466] oder einer **Pocketkamera**[467] beschädigt worden ist. Liegen dagegen objektive Anhaltspunkte dafür vor, dass die (beabsichtigte) Entwendung auch dem Fahrzeug oder mitversicherten Fahrzeug- oder Zubehörteilen gelten sollte, sind Aufbruchschäden am Fahrzeug im Rahmen der Teilkasko mitversichert.[468]

205 Nach gegenteiliger Auffassung ergibt sich aus den AKB nicht, dass der (versuchte) Diebstahl zwingend dem Fahrzeug oder seinen mitversicherten Teilen gelten muss. Die Teilkasko müsse auch dann eintreten, wenn z. B. beim Diebstahl eines Regenschirmes oder einer Sonnenbrille aus dem Fahrzeug dieses beschädigt werde.[469] Gleiches gelte beim Diebstahl von unversicherten und nicht von außen sichtbaren Gegenständen aus dem Fahrzeug (z. B. einem mobilen Navigationsgerät aus dem Handschuhfach), da eine Vermutung dafür bestehe, dass der Täter, wenn er ein Fahrzeug aufbricht, generell alle als Diebesgut tauglichen Gegenstände an sich bringen wolle.[470]

206 Diese Auffassung ist unvereinbar mit dem Wortlaut in A.2.2.1 AKB, der die in der Teilkasko versicherten Ereignisse eindeutig aufführt, nicht vereinbaren. Es geht um den Schutz »des Fahrzeuges einschließlich seiner mitversicherten Teile« unter anderem »durch« und nicht »anlässlich«[471] einer Entwendung (A.2.2.2 AKB). Ein Regenschirm und eine Sonnenbrille sind »persönliche Gegenstände der Insassen« und damit nach A.2.1.4 AKB gerade nicht versichert. Gleiches gilt für ein mobiles Navigationsgerät. Damit sind auch die durch die Entwendung derartiger Gegenstände verursachten Fahrzeugschäden – mit Ausnahme des **Glasbruchschadens** (vgl. A.2.2.1 AKB Rdn. 90 ff.) – grundsätzlich nicht erstattungsfähig. Allerdings ist das Gericht nicht gehindert, **aus den Fahrzeugbeschädigungen** (z. B. am Tür- oder Lenkradschloss) **den Rückschluss auf die anfängliche Absicht des Täters zu ziehen**, das Fahrzeug selbst oder eines seiner mitversicherten Fahrzeugteile entwenden zu wollen, und zwar selbst dann, wenn letztlich nur unversicherte Gegenstände (z. B. Lederjacken) aus dem Fahrzeug gestohlen werden.[472]

207 Für die Feststellung, ob sich der (versuchte) Diebstahl auf mitversicherte Fahrzeug- oder Zubehörteile bezogen hat, (vgl. zur Abgrenzung zum Vandalismusschaden auch A.2.2.1 AKB Rdn. 198 ff.) ist entscheidend, ob das **Beschädigungsbild am Fahrzeug mit dem (versuchten) Diebstahl des Fahrzeugteils korrespondiert.** Fehlt die Kompatibilität, weil z. B. beim Diebstahl eines **Markenemblems** nicht nur der entsprechende Bereich auf der Motorhaube, sondern auch die Karosserie seitlich beschädigt wurde,

---

466 AG Hannover Urt. v. 27.05.1988 – 539 C 3532/88 – zfs 1989, 421.
467 AG Hannover Urt. v. 18.08.1988 – 544 C 17655/87 – zfs 1989, 421.
468 LG Köln Urt. v. 28.03.1991 – 19 S 413/90 – NZV 1991, 315.
469 AG München Urt. v. 13.08.2009 – 223 C 6889/09 – DAR 2010, 95 = NZV 2010, 259 (aufgeschnittenes Cabrioverdeck und Diebstahl einer im PKW befindlichen Jacke); AG Essen Urt. v. 03.09.1999 – 12 C 141/99 – SP 2000, 98; Blumberg NZV 1997, 105; Prölss/Martin/*Knappmann* § 12 AKB Rn. 14.
470 LG Aurich Urt. v. 11.12.2009 – 1 S 251/09 – VersR 2010, 1178.
471 So aber LG Aurich Urt. v. 11.12.2009 – 1 S 251/09 – VersR 2010, 1178.
472 LG Köln Urt. v. 28.03.1991 – 19 S 413/90 – NZV 1991, 315.

Einzelfälle Verschulden/Diebstahl/Raub/räub. Erpressung A.2.2.1 AKB

fehlt es insoweit (weil nicht durch – versuchte – Entwendung entstanden) an einem entschädigungspflichtigen Teilkaskoschaden, während die Schäden auf der Motorhaube in dem Bereich, wo sich das Emblem befand, zu ersetzen sind. Keine Kompatibilität liegt auch vor auch bei **Beschädigungen des Lacks** und dem **Aufschlitzen** von Vorder- und Rücksitzen im Zusammenhang mit dem Diebstahl eines Autoradios,[473] oder beim Ausgießen von **Buttersäure** anlässlich des Diebstahlversuchs eines Autoradios.[474]

Wesentlich ist auch, **ob das Teil zerstörungsfrei demontiert** sowie **vom Täter** zwecks 208
Wiederverwendung **mitgenommen** wurde. Dabei ist zu berücksichtigen, dass es bei einem Diebstahl dem Täter regelmäßig darauf ankommt, das gestohlene Fahrzeugteil in einem Zustand zu erhalten, in dem es für ihn noch in irgendeiner Weise zu verwenden ist, sei es, dass er es selbst gebraucht oder aber weiterveräußert. Sind daher **keine Einzelteile oder Bruchstücke** eines Markenemblems **am Tatort zurückgeblieben**, ist eine mit dem Diebstahl korrespondierende Beschädigung des Kfz vom Teilkasko-VR zu ersetzen.[475] Dies gilt auch dann, wenn zwar Bruchstücke neben dem Kfz aufgefunden werden, der VN aber nachweisen kann, dass das Emblem zerbrochen ist bei dem Versuch des Täters, es zwecks Mitnahme zu demontieren.

Umgekehrt ist von **Vandalismus** auszugehen, wenn **Scheibenwischer und Antenne** 209
abgebrochen werden, weil die Teile damit zerstört und für den Täter unbrauchbar werden. Sie können auch nicht an einem anderen Fahrzeug wiederverwendet werden. Gleiches gilt, wenn der Außenspiegel durch den Täter **gewaltsam abgetreten** wird.[476] Versicherungsschutz für Fahrzeugschäden besteht nur, wenn die Teile zerstörungsfrei abgelöst oder abgeschraubt werden.

e) Beweislast

Die Beweislast dafür, dass die **Fahrzeugschäden adäquat kausal unmittelbar auf dem** 210
Diebstahl oder Diebstahlversuch beruhen, also »durch« die (versuchte) Entwendung entstanden sind und nicht auf zerstörerischer Vandalismusabsicht des Täters beruhen, trägt der VN.[477] Hierzu gehört auch der Nachweis, dass der (versuchte) **Diebstahl dem Fahrzeug oder mitversicherten Fahrzeugteilen gegolten** haben muss.[478] Vielfach wird sich dieser Nachweis schon aufgrund der **Art der Schäden am Fahrzeug** führen lassen,[479] (z. B. Schäden am Lenkradschloss oder durch Kurzschließen; nicht ausreichend:

---

473 AG Dortmund Urt. v. 30.01.1996 – 28 C 275/95 – SP 1996, 395.
474 OLG Frankfurt/M. Urt. v. 18.12.2001 – 7 U 156/01 – VersR 2002, 1232.
475 AG München Urt. v. 09.02.2007 – 271 C 33125/06 – r+s 2008, 151 (Markenemblem eines BMW).
476 AG Essen Urt. v. 16.06.2000 – 12 C 132/00 – SP 2001, 103.
477 A. A. LG Mainz Urt. v. 26.10.1990 – 7 O 222/90 – VersR 1991, 806.
478 BGH Urt. v. 17.05.2006 – **IV ZR 212/05** – VersR 2006, 968 = r+s 2006, 325; OLG Bamberg Urt. v. 14.07.2005 – 1 U 35/05 – VersR 2006, 210 = zfs 2005, 606; AG Frankfurt/M. Urt. v. 04.07.1995 – 3 C 1086/95 – zfs 1995, 344.
479 Himmelreich/Halm/Staab/*Krahe* Kap. 23 Rn. 188.

A.2.2.1 AKB   Einzelfälle Verschulden/Diebstahl/Raub/räub. Erpressung

Aufschlitzen eines Cabrioverdecks[480]). Lassen diese objektiv den Schluss zu, dass der Täter das Fahrzeug aufgebrochen hat, um es selbst oder eines seiner mitversicherten Teile zu entwenden, ist der Nachweis, dass die Schäden in ursächlichem Zusammenhang mit einer versuchten Entwendungshandlung stehen, selbst dann geführt, wenn der Täter letztlich nur persönliche und damit nicht versicherte Gegenstände aus dem Fahrzeug stiehlt.[481]

211   Dies gilt auch in **Zweifelsfällen**, weil der VN ansonsten alle anderen nach dem Sachverhalt denkbaren Alternativen, die als Ursache für die Fahrzeugschäden in Betracht kommen, ausschließen müsste.[482] Für den Nachweis, dass der Täter, der die Schäden verursacht hat, auch die Absicht hatte, das Fahrzeug selbst oder Teile davon zu entwenden, muss es daher genügen, dass sich aus den Schäden bzw. sonstigen vom VN nachzuweisenden Tatsachen mit hinreichender Sicherheit das »äußere Bild« einer auf die Entwendung des Fahrzeuges oder seiner mitversicherten Teile gerichteten Handlung ableiten lässt.[483] An diesem »äußeren Bild« fehlt es, wenn der Täter das Dach eines Cabrios genau an der Stelle aufgeschlitzt hat, an der er problemlos eine auf dem Sitz liegende dünne Regenjacke, nicht aber weitere Gegenstände, entwenden konnte.[484]

212   Bei den Anspruchsvoraussetzungen in A.2.2.1.2 AKB handelt es sich um eine **primäre Leistungsbeschreibung**, deren Voraussetzungen einschließlich des besonderen adäquaten Zusammenhanges zwischen (versuchter) Entwendungshandlung und dem eingetretenen Schaden der VN darzulegen und zu beweisen hat.

5. Obliegenheitsverletzungen des VN im Entwendungsfall

a) Grundsätzliches

213   Sofern es dem VR nicht gelingt, das vom VN bewiesene »äußere Bild« einer Entwendung zu Fall zu bringen und die erhebliche Wahrscheinlichkeit einer Vortäuschung der Entwendung zu beweisen, wird er versuchen, dem Leistungsanspruch des VN dadurch entgegenzutreten, dass er sich wegen möglicher Falschangaben in der Schadenanzeige oder eines sonstigen Fehlverhaltens des VN **auf eine Obliegenheitsverletzung beruft**. Dies muss durch eine **ausdrückliche Erklärung gegenüber dem VN** geschehen. Die Rechtsfolgen einer Obliegenheitsverletzung treten nicht bereits kraft Gesetzes und ohne weiteres Zutun des VR ein.[485]

214   Da vor allem den Kfz-Schlüsseln eine erhebliche Bedeutung für die Aufklärung eines Fahrzeugdiebstahls zukommt, können **unrichtige Angaben des VN zu den Schlüssel-**

---

480   AG Nürnberg Urt. v. 28.11.2005 – 12 C 6409/05 – SP 2006, 216.
481   LG Köln Urt. v. 28.03.1991 – 19 S 413/90 – NZV 1991, 315.
482   LG Köln Urt. v. 28.03.1991 – 19 S 413/90 – NZV 1991, 315; AG Hanau Urt. v. 21.07.1998 – 32 C 3546/97; Stiefel/Maier/*Stadler* A.2.2 AKB Rn. 75.
483   OLG Köln Urt. v. 25.10.1994 – 9 U 188/94 – VersR 1995, 1350; AG Düsseldorf Urt. v. 14.12.2004 – 230 C 14275/04 – r+s 2006, 148.
484   AG Düsseldorf Urt. v. 14.12.2004 – 230 C 14275/04 – r+s 2006, 148.
485   BGH Urt. v. 26.01.2005 – **IV ZR 239/03** – VersR 2005, 493 = DAR 2005, 208.

verhältnissen nicht nur als Indiz für eine Vortäuschung des Versicherungsfalles relevant werden, sondern auch einen Verstoß gegen die Aufklärungsobliegenheit nach E.1.1.3 AKB darstellen und in diesem Zusammenhang zur (anteiligen) Leistungsfreiheit des VR nach E.2.1 und E.2.2 AKB führen.[486] Entsprechend E.2.1 AKB, § 28 Abs. 2 VVG bestimmt sich die **Leistungsfreiheit in Abhängigkeit von der Schwere des Verschuldens des VN**. Durch E.2.2 AKB, § 28 Abs. 3 VVG wird darüber hinaus gefordert, dass sich die **Falschangaben** (z. B. zu den Schlüsselverhältnissen) auch ursächlich auf die Feststellung oder den Umfang der Leistungspflicht des VR ausgewirkt haben müssen. Daran fehlt es, wenn der VN zwar unrichtige Angaben gegenüber den Strafverfolgungsbehörden gemacht hat, diese dem VR aber erst zu einem so späten Zeitpunkt zugänglich werden, dass sie sein Aufklärungsinteresse unmittelbar nicht mehr berühren oder beeinträchtigen können.[487] In diesem Fall kann der VN den Kausalitätsgegenbeweis führen, so dass es bei der Leistungspflicht des VR verbleibt.

Unrichtige Angaben über die Anzahl der erhaltenen Schlüssel stellen eine Obliegenheitsverletzung dar, die eine Leistungsfreiheit nach sich ziehen kann.[488] Dies gilt jedoch nur in den Fällen, in denen der VN dem VR eine zu niedrige Anzahl von Schlüsseln angibt. Eine **zu hohe Angabe vorhandener Fahrzeugschlüssel** in der Schadenanzeige, die nicht übereinstimmt mit der Anzahl der dem VR später tatsächlich überlassenen Schlüssel, ist generell nicht geeignet, die Interessen des VR zu gefährden, weil der VR wegen des aus seiner Sicht fehlenden Schlüssels allenfalls dazu veranlasst wird, die Regulierung zurückzustellen, bis der Verbleib des vermeintlich fehlenden Schlüssels geklärt ist.[489] Auch insoweit fehlt es an der Kausalität des Obliegenheitsverstoßes i. S. v. E.2.2 AKB, § 28 Abs. 3 VVG.

215

Leistungsfreiheit des VR wegen vorsätzlicher Obliegenheitsverletzung ist anzunehmen, wenn der VN dem VR nach der Entwendung einen Satz angeblicher **Originalschlüssel** aushändigt, die in Wirklichkeit **zu einem anderen Fahrzeug gehören**[490] oder nach dem Verlust eines der beiden Kfz-Schlüssel einen Ersatzschlüssel nach Vorlage des bei ihm verbliebenen hat anfertigen lassen und ein gerichtlicher Sachverständiger dies ausschließt.[491] Der VN wird in einem solchen Fall den Kausalitätsgegenbeweis gemäß E.2.2 S. 1 AKB, § 28 Abs. 1 S. 1 VVG nicht führen können. Außerdem dürfte arglistiges Verhalten naheliegen (vgl. E.2.2 S. 2 AKB, § 28 Abs. 1 S. 2 VVG). Gleiches gilt, wenn der VN in der Schadenanzeige die Fertigung eines **Nachschlüssels verschweigt**, selbst wenn er sie später nach Vorlage eines **Schlüsselgutachtens** einräumt[492] oder dem VR vorenthält, dass ihm kurz vor dem Abhandenkommen des

216

---

486 Vgl. OLG Hamm Urt. v. 13.07.1994 – 20 U 33/94 – r+s 1995, 245; OLG Saarbrücken Urt. v. 15.06.1994 – 5 U 236/94 – VersR 1995, 1089.
487 BGH Urt. v. 24.05.1995 – **IV ZR 167/94** – VersR 1995, 1043 = zfs 1995, 460.
488 Vgl. OLG Köln Urt. v. 18.03.2003 – 9 U 128/02 – zfs 2004, 125.
489 BGH Urt. v. 06.07.2011 – **IV ZR 108/07** – VersR 2011, 1136 = r+s 2011, 422.
490 So OLG Koblenz Urt. v. 17.07.1998 – 10 U 15/97 – zfs 1999, 20.
491 OLG Celle Urt. v. 25.03.2004 – 8 U 225/02 – zfs 2005, 504 = r+s 2006, 446.
492 LG Köln Urt. v. 22.06.2006 – 24 O 519/05 – zfs 2006, 636.

A.2.2.1 AKB Einzelfälle Verschulden/Diebstahl/Raub/räub. Erpressung

Kfz ein Schlüsselbund mit einem Fahrzeugschlüssel gestohlen wurde und die hierzu gestellte Frage des VR in der Schadenanzeige unrichtig beantwortet.[493]

217 Der VR muss die Obliegenheitsverletzung des VN beweisen. Behauptet der VN, dass einer Postsendung **nicht nur seine Schadenanzeige mit unrichtigen Angaben** zu den Schlüsseln, sondern auch die **richtige Anzahl der Schlüssel** sowie ein weiteres **berichtigtes Schreiben** beigelegen habe, so hat der VR dies zu widerlegen. Eine Unaufklärbarkeit geht zu seinen Lasten.[494] **Aber:** Macht der VN **nach Leistungsablehnung durch den VR** vorprozessual oder auch im Prozess falsche – selbst arglistig falsche – Angaben z. B. zur Höhe seines Anspruchs, so kann dies zwar für die Einschätzung seiner Glaubwürdigkeit bei der Frage, ob die Entwendung mit erheblicher Wahrscheinlichkeit vorgetäuscht ist, von maßgeblicher Bedeutung sein; die **Falschangaben** stellen aber **keine Obliegenheitsverletzung des VN** dar und führen demnach auch nicht zu einer Leistungsfreiheit des VR, solange dieser an seiner Ablehnung festhält.[495] Die Sanktion der Leistungsfreiheit hat ihre Berechtigung im Schutzbedürfnis des prüfungs- und verhandlungsbereiten VR. Diese Schutzbedürftigkeit fehlt, solange der VR nicht oder nicht mehr prüfungs- und leistungsbereit ist. Obliegenheiten gegenüber dem VR sind dann nicht mehr zu erfüllen, so dass der VR seine Leistungsfreiheit demnach auch nicht auf eine Obliegenheitsverletzung des VN stützen kann.

218 Auch ein **Verstoß gegen** die in E.1.3.1 AKB vereinbarte **Obliegenheit** des VN, einen **Entwendungsfall unverzüglich in Schriftform anzuzeigen**, kann eine Leistungsfreiheit des VR nach E.2.1 AKB zur Folge haben. Zwar hat die Rechtsprechung in der Vergangenheit überwiegend angenommen, dass eine tatsächliche Vermutung dafür spreche, dass der VN die Anzeigepflicht nicht vorsätzlich verletzt habe, da es auf der Hand liege, dass ein VN nicht durch eine verspätete Schadenanzeige seinen Versicherungsschutz gefährden wolle.[496] Im Entwendungsfall gibt es jedoch keine Erfahrungstatsache, dass VN in der Regel keinen Grund haben, die Schadenanzeige an den VR bewusst hinauszuzögern, insbesondere, wenn der VN bei einem vorgetäuschten Diebstahl und einer Verschiebung des Kfz ins Ausland noch Zeit benötigt, um Kopien des Originalschlüssels anfertigen lassen zu können.[497]

219 Vom VR aufgewendete **Kosten für ein Schlüsselgutachten** können als »Kosten des Rechtsstreits« i. S. v. § 91 ZPO gegen den VN nicht festgesetzt werden, wenn das Gutachten nur wegen des Verdachts eines Versicherungsbetruges vorprozessual in Auftrag gegeben und nicht in den Rechtsstreit eingebracht wurde.[498]

---

493 OLG Köln Urt. v. 04.09.2001 – 9 U 97/00 – r+s 2002, 5 = SP 2002, 137.
494 OLG Hamm Urt. v. 23.06.2004 – 20 U 8/04 – zfs 2004, 522 = r+s 2004, 369.
495 Vgl. BGH Urt. v. 22.09.1999 – **IV ZR 172/98** – VersR 1999, 1535 = r+s 1999, 495.
496 Vgl. BGH Urt. v. 08.01.1981 – **IVa ZR 60/80** – VersR 1981, 321 = NJW 1981, 1098; OLG Düsseldorf Urt. v. 27.09.1988 – 4 U 245/87 – VersR 1990, 411; OLG Hamm Urt. v. 19.02.1997 – 20 U 150/96 – VersR 1997, 1341.
497 OLG Hamm Urt. v. 24.11.2004 – 20 U 157/04 – zfs 2005, 193.
498 OLG Naumburg Beschl. v. 23.07.2010 – 6 W 69/10 – VRR 2011, 109.

b) Kurzübersicht über die Obliegenheitsverletzungen nach § 28 VVG

aa) Einfache Fahrlässigkeit

Mit einfacher Fahrlässigkeit begangene Obliegenheitsverletzungen bleiben **folgenlos**, 220 so dass der VR in vollem Umfang zur Erbringung der Versicherungsleistung verpflichtet bleibt. Da grob fahrlässiges Verhalten des VN kraft Gesetzes vermutet wird, trägt der **VN die Beweislast** dafür, nur **leicht fahrlässig** gehandelt zu haben, § 28 Abs. 2 S. 2 Hs. 2 VVG. Gelingt ihm dieser Beweis, kann sich der VR nicht auf (teilweise) Leistungsfreiheit berufen.

bb) Grobe Fahrlässigkeit

Bei grob fahrlässig begangenen Obliegenheitsverletzungen erfolgt eine **quotale Leis-** 221 **tungskürzung** im Verhältnis zur Schwere des Verschuldens des VN, (§ 28 Abs. 2 S. 2 Hs. 1 VVG). Ist die Obliegenheit objektiv verletzt, wird **grobe Fahrlässigkeit des VN vermutet**. Die Beweislast für fehlende grobe Fahrlässigkeit liegt beim VN (§ 28 Abs. 2 S. 2 Hs. 2 VVG).

Steht grob fahrlässiges Verhalten des VN fest, kann der **VN** den **Kausalitätsgegen-** 222 **beweis** führen, dass die Obliegenheitsverletzung weder für den Eintritt oder die Feststellung des Versicherungsfalles, noch für die Feststellung oder den Umfang der Leistungspflicht des VR ursächlich war (§ 28 Abs. 3 S. 1 VVG). An der **Kausalität für den Eintritt des Versicherungsfalles** fehlt es, wenn dieser bei Erfüllung der Obliegenheit durch den VN ebenfalls eingetreten wäre. Standen dem VN mehrere Alternativen zur Erfüllung einer gefahrmindernden Obliegenheit zur Verfügung, so entfällt die Kausalität, wenn die Wahl irgendeiner der Alternativen den Eintritt des Versicherungsfalles nicht vermieden hätte.[499] Zudem fehlt es an der Ursächlichkeit für den Eintritt des Versicherungsfalles ebenso wie an der **Kausalität für die Feststellung oder den Umfang der Leistungspflicht**, wenn der VR auch bei rechtzeitiger Erfüllung der Obliegenheit durch den VN, z. B. wahrheitsgemäße Angaben in der Schadenanzeige zu machen, keine anderen Beweise erhoben und keine anderen Feststellungen getroffen hätte und auch nicht hätte treffen können als diejenigen, die ihm nach Aufdeckung des Obliegenheitsverstoßes auch jetzt noch möglich sind. Entscheidend ist daher, ob der VR noch Feststellungen zum Versicherungsfall oder zum Grund und Umfang seiner Leistungspflicht hätte treffen können, die er aufgrund der Obliegenheitsverletzung des VN nun nicht mehr treffen kann. Der **Obliegenheitsverstoß** darf also **noch keine nachteiligen Folgen** für den VR verursacht haben. Kann die nachgeholte Obliegenheit ihren Zweck nicht mehr erreichen, weil bereits ein Beweismittel verloren gegangen ist, scheitert der Kausalitätsgegenbeweis, weil dann die Obliegenheitsverletzung gerade nicht folgenlos geblieben ist.[500]

Da der VN nicht wissen kann, ob und inwieweit die Feststellungsmöglichkeiten des VR 223 durch die Obliegenheitsverletzung tatsächlich tangiert worden sind, ist es zunächst aus-

---

499 OLG Karlsruhe Urt. v. 01.03.2012 – 12 U 196/11 – r+s 2012, 237.
500 BGH Urt. v. 07.07.2004 – **IV ZR 265/03** – VersR 2004, 1117 = NJW-RR 2004, 1395.

A.2.2.1 AKB Einzelfälle Verschulden/Diebstahl/Raub/räub. Erpressung

reichend, wenn der **VN** die sich aus dem konkreten Sachverhalt ergebenden **Kausalitätsmöglichkeiten**, wonach sich die Obliegenheitsverletzung ursächlich nachteilig zulasten des VR ausgewirkt haben könnte, **ausräumt**. Dem **VR** obliegt es sodann im Rahmen seiner **sekundären Beweislast**, die konkrete Möglichkeit eines für ihn günstigeren Ermittlungsergebnisses aufzuzeigen. Gelingt ihm dies, muss der **VN** den **vollen Beweis** dafür führen, dass sich sein Obliegenheitsverstoß in keiner Weise ursächlich nachteilig für den VR ausgewirkt hat. Der Kausalitätsgegenbeweis ist bei **Falschangaben des VN zur Laufleistung** des gestohlenen Fahrzeuges geführt, wenn der VR zum Zeitpunkt seiner Regulierungsentscheidung eine höhere Kilometerlaufleistung kannte und dies durch Herabsetzung des Wiederbeschaffungswertes bei seiner Entschädigungsleistung ohne weiteres hätte berücksichtigen können.[501] Gleiches gilt, wenn der VR bereits vor seiner Regulierungsentscheidung erkennt, dass der VN falsche Angaben gemacht hat.[502] Auch die **Korrektur** von Falschangaben **vor der Leistungsentscheidung des VR** führt regelmäßig zu fehlender Kausalität.[503]

224   Bei **Obliegenheitsverletzungen vor Eintritt des Versicherungsfalles** kann der VR innerhalb eines Monats nach Kenntnis von der Obliegenheitsverletzung den Versicherungsvertrag **fristlos kündigen** (§ 28 Abs. 1 VVG). Er erhält dann nach § 39 VVG für die zurückliegende Zeit die anteilige Versicherungsprämie. Anders als noch in § 6 Abs. 1 S. 2 VVG a. F. geregelt muss der VR nicht mehr kündigen, um sich auf Leistungsfreiheit berufen zu können.

225   Bei **Obliegenheitsverletzungen nach Eintritt des Versicherungsfalles** hat die teilweise oder vollständige Leistungsfreiheit des VR nach § 28 Abs. 2 VVG zur Voraussetzung, dass der VR den VN durch **gesonderte Mitteilung in Textform** auf diese Rechtsfolge hingewiesen hat (§ 28 Abs. 4 VVG). Bei dieser **Belehrung** handelt es sich um ein besonderes Hinweiserfordernis. Eine Belehrung ist nicht erforderlich bei **spontan zu erfüllenden Obliegenheiten** (z. B. Verbleiben am Unfallort nach einem Unfall).

cc) Vorsatz

226   Eine vorsätzlich begangene Obliegenheitsverletzung führt zur **vollständigen Leistungsfreiheit** des VR, sofern der **VR den Vorsatz beweist** (§ 28 Abs. 2 S. 1 VVG).

227   Wie bei der groben Fahrlässigkeit kann der VN den **Kausalitätsgegenbeweis** führen. Gelingt ihm dieser, verbleibt es bei der Leistungspflicht des VR.

228   Im Übrigen gelten bei Obliegenheitsverletzungen vor und nach Eintritt des Versicherungsfalles die gleichen Regelungen wie bei grober Fahrlässigkeit des VN.

---

501   KG Urt. v. 09.11.2010 – 6 U 103/10 – r+s 2011, 15 = zfs 2011, 93.
502   Vgl. Meixner/Steinbeck Rn. 332.
503   LG Dortmund Urt. v. 11.03.2010 – 2 O 245/09 – BeckRS 2010, 12704.

dd) Arglist

Eine arglistig begangene Obliegenheitsverletzung führt zur **vollständigen Leistungsfreiheit** des VR, sofern der **VR die Arglist**, die gleichzeitig auch ein vorsätzliches Verhalten beinhaltet, **beweist** (§ 28 Abs. 2 S. 1 VVG). 229

Die Möglichkeit des **Kausalitätsgegenbeweises** besteht nicht bei feststehender oder vom VR nachgewiesener Arglist des VN, (§ 28 Abs. 3 S. 2 VVG). Der VR ist daher immer leistungsfrei, gleichgültig, ob der Verstoß des VN kausal für den Eintritt oder die Feststellung des Versicherungsfalles oder für die Feststellung oder den Umfang der Leistungspflicht des VR war. Eine fehlende **Belehrung** nach § 28 Abs. 4 VVG ist bei einem arglistigen Verhalten des VN unschädlich.[504] Im Übrigen gelten bei Obliegenheitsverletzungen vor und nach Eintritt des Versicherungsfalles die gleichen Regelungen wie bei grober Fahrlässigkeit des VN. 230

Zur Frage der **Unwirksamkeit von vertraglichen Obliegenheiten** bei unterbliebener Umstellung der Versicherungsbedingungen auf die AKB 2008/2015 und damit fehlender Anpassung der AKB a. F. an das neue VVG 2008 vgl. A.2.1.1 AKB Rdn. 27 ff. 231

6. Verlust von Fahrzeugschlüsseln

Stellt der VN den Verlust oder Diebstahl von Fahrzeugschlüsseln fest, muss er grundsätzlich nur dann **Vorkehrungen gegen eine Entwendung des Fahrzeuges** treffen, wenn die Gefahr besteht, dass der Finder oder Dieb die Schlüssel mit dem versicherten Fahrzeug in Verbindung bringt, z. B. aufgrund von Informationen auf dem Schlüsselbund oder –anhänger, oder wenn Anzeichen für einen gezielten Schlüsseldiebstahl naheliegen. Notfalls muss der VN den **Austausch der Schließanlage**[505] in Auftrag geben. Die Kosten hierfür sind vom VR nicht zu erstatten, da die Schließanlage durch den reinen Diebstahl der Schlüssel nicht beschädigt wird und der Austausch nur dem Schutz vor einem nun möglicherweise mit höherem Risiko zu erwartenden Diebstahl des Kfz dient.[506] Eine Kostenerstattung kann der VN regelmäßig auch nicht nach den §§ 90, 83 Abs. 1 VVG verlangen, da es sich ausschließlich um **Aufwendungen zur allgemeinen Schadensverhütung** handelt.[507] Anderes kann allenfalls dann gelten, wenn die vorsorgliche Auswechselung der Schlösser zur Abwendung eines dem VN drohenden, unmittelbar bevorstehenden Fahrzeugdiebstahls geboten ist,[508] was der VN zu beweisen hat. Unterlässt der VN den Austausch, läuft er Gefahr, dass sich der VR bei einer kurz darauf eintretenden Entwendung des versicherten Fahrzeuges auf eine **grob fahrlässige Herbeiführung des Versicherungsfalles** nach A.2.9.1 AKB, § 81 Abs. 2 VVG beruft, (vgl. auch A.2.9.1 AKB Rdn. 236 ff.). 232

---

504 Vgl. BGH Beschl. v. 04.05.2009 – **IV ZR 62/07** – VersR 2009, 968 = r+s 2009, 295.
505 Vgl. hierzu OLG Düsseldorf Urt. v. 27.03.1990 – 4 U 178/89 – r+s 1991, 78.
506 AG Köln Urt. v. 03.07.2007 – 133 C 210/07 – r+s 2008, 66 = SP 2007, 365.
507 AG Hannover Urt. v. 03.12.1998 – 546 C 13772/98 – r+s 1999, 100.
508 AG Karlsruhe Urt. v. 23.08.1995 – 5 C 214/95 – zfs 1996, 19.

A.2.2.1 AKB   Einzelfälle Verschulden/Diebstahl/Raub/räub. Erpressung

233 Nicht jeder **Verlust von Fahrzeugschlüsseln** stellt eine **Gefahrerhöhung** dar.[509] Erforderlich ist, dass sich aus den Umständen des Schlüsselverlustes das objektive Risiko eines Zugriffs Dritter auf das versicherte Fahrzeug ergibt.[510] Daran fehlt es, wenn der VN nicht ernsthaft mit der Möglichkeit rechnen muss, dass ein unbekannter Finder das versicherte Kfz auffindet und unbefugt nutzt, so z. B. wenn der Schlüssel an einem Ort abhandengekommen ist, der sich räumlich nicht unerheblich von dem Bereich entfernt befindet, in welchem das versicherte Kfz regelmäßig abgestellt wird.[511] Gleiches gilt, wenn der Schlüssel nur innerhalb der Wohnung des VN verlegt worden ist oder wenn der Schlüssel keinen Funksensor oder sonstige Merkmale aufweist, mit deren Hilfe das Fahrzeug ausfindig gemacht werden kann. Grundsätzlich ist das **Risiko einer Entwendung immer dann als erhöht anzusehen**, wenn sich nicht ausschließen lässt, dass Dritte – ob in der Wohnung oder außerhalb – den Schlüssel an sich genommen haben,[512] z. B. während eines Werkstattaufenthaltes des Fahrzeuges,[513] oder beim Verlust eines Portemonnaie-Schlüssels.[514]

234 Umstritten ist, ob die **Weiterbenutzung des versicherten Kfz** nach dem Verlust bzw. Diebstahl eines Fahrzeugschlüssels oder einer so genannten »Keyless-Go-Karte« ohne Vornahme jeglicher Schutzvorkehrungen gegen Diebstahl als **subjektive (gewillkürte) Gefahrerhöhung nach § 23 Abs. 1 VVG** mit der Konsequenz einer Leistungsfreiheit des VR nach § 26 Abs. 1 VVG angesehen werden kann,[515] oder ob es sich um eine **objektive Gefahrerhöhung nach § 23 Abs. 3 VVG** handelt, die lediglich eine Anzeigeobliegenheit gegenüber dem VR auslöst, deren Verletzung in § 26 Abs. 2 VVG sanktioniert ist.

235 Voraussetzung für eine **subjektive Gefahrerhöhung** ist, dass der VN entweder selbst einen Zustand schafft, der den Eintritt des Versicherungsfalles wahrscheinlicher macht oder die Vornahme eines gefahrerhöhenden Zustandes durch einen Dritten gestattet. Erforderlich ist das Bewusstsein des VN von der gefahrerhöhenden Eigenschaft der von ihm vorgenommenen Handlung; seine Kenntnis allein von den gefahrerhöhenden Umständen reicht nicht aus.[516] Ein solcher Zustand kann gemäß § 23 Abs. 1 VVG aber **nur durch ein aktives Tun**, nicht dagegen durch ein Unterlassen verwirklicht wer-

---

[509] Vgl. den **Überblick** über Gefahrerhöhungen bei Knappmann VRR 2014, 44.
[510] OLG Hamm Urt. v. 03.07.2013 – 20 U 226/12 – r+s 2013, 373.
[511] OLG Düsseldorf Urt. v. 27.03.1990 – 4 U 178/89 – r+s 1991, 78.
[512] OLG Hamm Urt. v. 03.07.2013 – 20 U 226/12 – r+s 2013, 373.
[513] OLG Hamm Urt. v. 06.12.1991 – 20 U 231/91 – VersR 1992, 1217 = r+s 1992, 261.
[514] OLG Nürnberg Urt. v. 28.03.2003 – 8 U 4326/01 – VRS 105, 185.
[515] So OLG Düsseldorf Urt. v. 27.03.1990 – 4 U 178/89 – r+s 1991, 78; OLG Karlsruhe Urt. v. 18.01.1990 – 12 U 216/89 – VersR 1990, 1386; OLG München Urt. v. 12.08.1987 – 3 U 3304/87 – r+s 1988, 256, 258; OLG Stuttgart Urt. v. 30.07.1986 – 4 U 49/86 – r+s 1987, 62; LG Wiesbaden Urt. v. 21.10.1993 – 2 O 326/93 – VersR 1994, 855 = zfs 1994, 135; Prölss/Martin/*Knappmann* § 23 VVG Rn. 29.
[516] BGH Urt. v. 10.09.2014 – **IV ZR 322/13** – VersR 2014, 1313 = r+s 2014, 543.

den.⁵¹⁷ Dies ist zwar nicht unbestritten,⁵¹⁸ entspricht aber inzwischen der h. M. in der Rechtsprechung.⁵¹⁹ Ein VN, der es unterlässt, eine für ihn ungewollt oder von einem Dritten gegen seinen Willen herbeigeführte Gefahrerhöhung zu beseitigen oder jedenfalls durch ihm zumutbare und mögliche Maßnahmen auszugleichen, nimmt daher gerade keine gewollte, subjektive Gefahrerhöhung vor.⁵²⁰ Es handelt sich lediglich um eine **ungewollte, objektive Gefahrerhöhung**,⁵²¹ die unabhängig vom Willen des VN eintritt. Für den **VN** erwächst hieraus nur eine **Anzeigeobliegenheit** gegenüber seinem VR, nicht aber eine Obliegenheit, die Gefahrerhöhung wieder zu beseitigen.⁵²² Der VN muss den gefahrerhöhenden Umstand dem VR unverzüglich anzeigen, sobald er von ihm Kenntnis erlangt. Kenntniserlangung ist die sichere Feststellung und das positive Wissen von Umständen, die das Entwendungsrisiko zulasten des VR erhöhen; bloße Verdächtigungen und ungesicherte Vermutungen unterliegen allerdings nicht der Anzeigepflicht.⁵²³

Bleibt der VN untätig, obwohl ihn eine Anzeigeobliegenheit trifft, kann sich der VR gemäß § **26 Abs. 2 S. 1 VVG** auf Leistungsfreiheit trotzdem nur dann berufen, wenn der Versicherungsfall später als einen Monat nach dem Zeitpunkt eingetreten ist, in welchem die Anzeige dem VR hätte zugegangen sein müssen, es sei denn, dem VR war der Schlüsselverlust zu diesem Zeitpunkt bereits bekannt. Die vollständige Leistungsfreiheit des VR setzt eine **vorsätzliche Anzeigepflichtverletzung** des VN voraus, § 26 Abs. 2 S. 2 Halbsatz 1 VVG. Mit einer quotalen Leistungskürzung muss der VN im Falle einer **grob fahrlässigen Anzeigepflichtverletzung** rechnen, § 26 Abs. 2 S. 2 Halbsatz 2 VVG i. V. m. § 26 Abs. 1 S. 2 VVG. Ein grob fahrlässiges Verhalten des VN wird vermutet, § 26 Abs. 1 S. 2 Halbsatz 2 VVG. Um sich zu entlasten, muss der VN beweisen, dass er nicht grob fahrlässig gehandelt hat. Vorsatz muss der VR beweisen. Trifft den VN überhaupt **kein Verschulden**, bleibt die Leistungspflicht

236

---

517 BGH Urt. v. 21.01.1987 – **IVa ZR 112/85** – VersR 1987, 653 = r+s 1987, 110; LG Dortmund Urt. v. 11.03.2010 – 2 O 245/09 – SP 2010, 332 = VK 2010, 115.
518 Vgl. zum Meinungsstand Prölss/Martin/*Knappmann* § 23 VVG Rn. 38, 38a; Römer/Langheid §§ 23–25 VVG Rn. 24 ff., jeweils m. w. N. aus der Rechtsprechung.
519 Vgl. OLG Hamm Urt. v. 06.12.1991 – 20 U 231/91 – VersR 1992, 1217 = r+s 1992, 261 unter Aufgabe seiner bis dahin abweichenden Rechtsauffassung: OLG Hamm Urt. v. 24.02.1982 – 20 U 323/81 – VersR 1982, 969.
520 St.Rspr. BGH Urt. v. 08.07.1987 – **IVa ZR 19/86** – VersR 1987, 921; BGH Urt. v. 21.01.1987 – **IVa ZR 112/85** – VersR 1987, 653 = r+s 1987, 110; BGH Urt. v. 23.09.1981 – **IVa ZR 216/80** – VersR 1982, 33; BGH Urt. v. 11.12.1980 – **IVa ZR 18/80** – VersR 1981, 1094; OLG Hamm Urt. v. 26.01.1994 – 20 U 248/93 – NJW-RR 1995, 348.
521 Vgl. BGH Urt. v. 21.02.1996 – **IV ZR 351/94** – VersR 1996, 703 = r+s 1996, 476; OLG Celle Urt. v. 23.09.2004 – 8 U 128/03 – VersR 2005, 640; OLG Nürnberg Urt. v. 28.03.2003 – 8 U 4326/01 – VRS 105, 185.
522 OLG Hamm Urt. v. 06.12.1991 – 20 U 231/94 – VersR 1992, 1217; OLG Stuttgart Urt. v. 18.11.1993 – 7 U 223/93 – r+s 1995, 90; OLG Nürnberg Urt. v. 28.03.2002 – 8 U 4326/01 – r+s 2003, 233; OLG Celle Urt. v. 23.09.2004 – 8 U 128/03 – VersR 2005, 640 = zfs 2004, 564.
523 OLG Hamm Urt. v. 03.07.2013 – 20 U 226/12 – r+s 2013, 373.

A.2.2.1 AKB Einzelfälle Verschulden/Diebstahl/Raub/räub. Erpressung

des VR bestehen, § 26 Abs. 2 S. 2 Halbsatz 1 VVG. Dies gilt nach § 26 Abs. 3 VVG – ungeachtet einer vom VN nicht ausräumbaren groben Fahrlässigkeit – auch dann, wenn sich die Gefahrerhöhung nicht kausal auf den Eintritt des Versicherungsfalles oder den Umfang der Leistungspflicht ausgewirkt hat oder zum Zeitpunkt des Eintritts des Versicherungsfalles die einmonatige Frist für die Kündigung des VR nach § 24 Abs. 2 VVG bereits abgelaufen und die Kündigung nicht erfolgt war.

237 Liegt daher ein **gezielter Schlüsseldiebstahl** nahe und wird der **Pkw** des VN, der **ohne Sicherungsmaßnahmen weiter benutzt** und vor der Wohnung abgestellt wurde, am zweiten Tag nach dem Schlüsseldiebstahl ohne Aufbruchspuren entwendet, kann eine (partielle) Leistungsfreiheit des VR zwar nach Maßgabe des A.2.9.1 AKB i. V. m. § 81 Abs. 2 VVG wegen grob fahrlässiger Herbeiführung des Versicherungsfalles in Betracht kommen, nicht aber wegen einer Gefahrerhöhung gemäß § 26 Abs. 2 S. 1 VVG.[524] **Leistungsfreiheit** wegen der ungewollten Gefahrerhöhung kann **nach § 26 Abs. 2 S. 1 VVG** vielmehr **erst dann** eintreten, wenn der VN vorsätzlich oder grob fahrlässig gegen seine Anzeigeobliegenheit verstößt und der Versicherungsfall später als einen Monat nach dem Zeitpunkt eintritt, in welchem dem VR die Anzeige hätte zugehen müssen.[525] Der in § 26 Abs. 2 S. 1 VVG genannten Monatsfrist ist also immer der Zeitraum vorzuschalten, der dem VN zur Erstattung der unverzüglichen Anzeige bis zu ihrem – fiktiven – Zugang beim VR zuzubilligen ist. Die Monatsfrist beginnt erst mit dem Tag, an dem die Anzeige dem VR hätte zugehen müssen. Solange diese Frist nicht abgelaufen ist, kann sich der VR zur Begründung seiner Leistungsfreiheit nicht auf das Anzeigeversäumnis des VN berufen. Trotz der nicht angezeigten Gefahrerhöhung besteht in diesem Zeitraum daher volle Leistungspflicht des VR.

7. Nachweis der Schadenhöhe

238 Der auch für die Höhe seines Schadens beweispflichtige VN ist keineswegs schutzlos, wenn er keine Original-Rechnungen oder sonstigen Anschaffungsbelege mehr vorlegen kann. Ihm stehen auch insoweit Beweiserleichterungen zur Verfügung. Ohne dass es – wie bei § 448 ZPO – eines Anfangsbeweises bedarf, kann das Gericht zur Ermittlung der Schadenhöhe den VN als Prozesspartei nach § **287 Abs. 1 S. 3 ZPO** vernehmen (**Schätzungsvernehmung**), und zwar selbst dann, wenn ernsthafte Bedenken an seiner Glaubwürdigkeit im Übrigen bestehen. Zwar muss das Gericht diesen Bedenken im Rahmen der Beweiswürdigung (§ 286 ZPO) Rechnung tragen; der VN ist aber in solchen Fällen nicht von vornherein auf den Vollbeweis beschränkt.

8. Entwendung und nachfolgender Unfall/Brand

239 Unfall- bzw. Brandschäden als **adäquate Folge einer Entwendungshandlung** sind auch bei Bestehen einer Vollkaskoversicherung aus der Teilkaskoversicherung zu entschädigen, (vgl. A.2.2.1 AKB Rdn. 109 ff., A.2.2.1 AKB Rdn. 113 ff. und A.2.2.1 AKB Rdn. 202 ff.). Bei einem **vollkaskoversicherten VN**, der seinen Entschädigungs-

---

524 So aber LG Wiesbaden Urt. v. 21.10.1993 – 2 O 326/93 – zfs 1994, 135.
525 Vgl. auch BGH Urt. v. 21.02.1996 – **IV ZR 351/94** – VersR 1996, 703 = r+s 1996, 476.

anspruch auf eine **teilkaskoversicherte Fahrzeugentwendung** stützt, diese aber nicht beweisen kann, kann der feststehende **Versicherungsfall »Unfall«** selbst dann zu einer Entschädigungspflicht des VR führen, wenn sich der VN nur auf den Versicherungsfall »Diebstahl« berufen hat. Erst recht ist ein »Unfall« zu berücksichtigen, wenn er sich aus dem vom VN von Anfang an vorgetragenen unstreitigen Sachverhalt ergibt. Die **Versicherungsfälle Unfall und Entwendung stehen selbstständig und gleichwertig nebeneinander.** Beide Tatbestände umschreiben jeweils eigenständige versicherte Gefahren und ihre Voraussetzungen für den Eintritt des Versicherungsfalles.[526] Der VN kann sich selbst dann auf einen Unfall berufen, wenn er zunächst eine Entwendung vorgetragen hat, deren Beweis aber misslingt.[527] Kann z. B. der VN den Nachweis einer Entwendung des versicherten Fahrzeuges nicht führen, weil das als gestohlen gemeldete Fahrzeug mit dem Originalschlüssel in beschädigtem Zustand an der Unfallstelle aufgefunden wurde, kann er zwar die Fahrzeugschäden nicht aus der Teilkaskoversicherung als Folgeschäden des behaupteten Kfz-Diebstahls erstattet verlangen; trotzdem ist er aber nicht daran gehindert, seine Vollkaskoversicherung wegen des jedenfalls unstreitigen Versicherungsfalles »Unfall« in Anspruch zu nehmen.[528] Gleiches gilt für den der Entwendung nachfolgenden **Versicherungsfall »Brand«.**

Besteht Anlass zu der **Vermutung, dass der VN** nach einem Unfall oder Brand mit seinem lediglich teilkaskoversicherten Fahrzeug eine **vorangegangene Entwendung seines Fahrzeuges vorgetäuscht** haben könnte, um den Unfall- bzw. Brandschaden als Versicherungsschaden in der Teilkasko abrechnen zu können, ist der VR im Rahmen des A.2.9.1 AKB, § 81 Abs. 1 VVG leistungsfrei, wenn er nachweisen kann, dass der VN den der behaupteten Entwendung **nachfolgenden Versicherungsfall (entwendungsbedingter Unfall oder Brand) vorsätzlich herbeigeführt hat.** Dabei kommen dem VR keine Beweiserleichterungen zugute.[529] Für die Leistungsfreiheit des VR reicht es nicht aus, dass nur Indizien bewiesen werden können, die lediglich für eine vom VN vorgetäuschte Entwendung des Kfz sprechen könnten. **Manipulationen** durch den VN stehen nicht schon deshalb fest, weil seine Glaubwürdigkeit aufgrund einer **Vorstrafe wegen Versicherungsbetruges**, wegen weiterer **ungeklärter Versicherungsfälle in der Vergangenheit** und wegen seiner **unklaren wirtschaftlichen Verhältnisse** nach Abgabe der eidesstattlichen Versicherung mehr als erschüttert ist.[530] Vielmehr obliegt dem VR der Vollbeweis für den fingierten Diebstahl (im Falle des vom VN behaupteten

240

---

526 Vgl. BGH Urt. v. 31.10.1984 – **IVa ZR 33/83** – VersR 1985, 78 = NJW 1985, 917; BGH Urt. v. 15.12.1982 – **IVa ZR 55/81** – VersR 1983, 289 = NJW 1983, 943; OLG Hamm Urt. v. 29.11.1985 – 20 U 67/85 – VersR 1987, 605; LG Essen Urt. v. 30.10.1995 – 2 O 413/95 – NJW-RR 1996, 1433.
527 OLG Saarbrücken Urt. v. 24.10.2007 – 5 U 238/07 – zfs 2008, 96 m. w. N.; OLG Hamburg Urt. v. 18.08.2006 – 14 U 224/05 – SP 2007, 262.
528 OLG Karlsruhe Urt. v. 01.08.1991 – 12 U 60/91 – VersR 1992, 733 m. w. N.
529 Vgl. BGH Beschl. v. 13.04.2005 – **IV ZR 62/04** – VersR 2005, 1387 = r+s 2005, 292; ebenso Stiefel/Maier/*Stadler* A.2.2 AKB Rn. 131.
530 Vgl. OLG Hamm Urt. v. 22.06.2005 – 20 U 15/05 – VersR 2006, 211.

A.2.2.1 AKB   Einzelfälle Verschulden/Diebstahl/Raub/räub. Erpressung

nachträglichen diebstahlbedingten Unfalles) bzw. die vorsätzliche Inbrandsetzung (im Falle des vom VN behaupteten nachträglichen diebstahlbedingten Brandes).

241 **Für den Fall eines der behaupteten Entwendung nachfolgenden Unfallschadens** müsste der VR beweisen, dass das in beschädigtem Zustand aufgefundene versicherte Fahrzeug von dem VN selbst oder in seinem Auftrag durch Dritte an den Auffindungsort verbracht worden ist, wobei dem Fahrzeug dann nachträglich zu dem Unfallschaden die festgestellten und auf eine professionelle Entwendung hindeutenden Spuren hinzugefügt worden sein müssten.

242 **Für den Fall eines der behaupteten Entwendung nachfolgenden Brandschadens** müsste der VR beweisen, dass das Fahrzeug relativ zeitnah nach der angeblichen Entwendung in Brand geraten ist und ohne jegliche Beschädigungsspuren am Lenkradschloss und Spuren eines Kurzschließens aufgefunden wurde.[531] Zwar könnte der unbekannte Täter das Fahrzeug auch mit einem zuvor entwendeten Originalschlüssel gestohlen haben; der damit verbundene Aufwand dürfte es aber als wenig glaubhaft erscheinen lassen, dass der Täter das Fahrzeug unmittelbar nach seiner Entwendung selbst in Brand setzt, (vgl. auch A.2.2.1 AKB Rdn. 113 ff.).

9. Wiederauffinden des Fahrzeuges und Höhe der Entschädigung

243 Die Fälle, in denen das Fahrzeug nach seiner Entwendung wieder aufgefunden wird, werden durch **A.2.5.5 AKB** geregelt. Für die Höhe der Entschädigung ist **A.2.7.3 AKB** zusätzlich zu beachten.

10. Rückforderungsrechtsstreit des VR gegen VN

244 Das Beweismodell der Rechtsprechung gilt nur dort, wo der VN vom VR Entschädigungsleistungen aus der Teilkasko verlangt. Werden **bereits erbrachte Zahlungen vom VR nach § 812 BGB** mit der Begründung **zurückgefordert**, das Kfz sei nicht entwendet worden, so dass ein Rechtsgrund für die gewährte Diebstahlsentschädigung in Wirklichkeit nicht vorgelegen habe, muss der VR hierfür den **Vollbeweis** führen. Im Gegensatz zu der älteren Rechtsprechung, die noch davon ausging, dass der VR nur nachweisen müsse, dass es am »äußeren Bild« einer bedingungsgemäßen Entwendung fehle,[532] hat der **BGH** und mit ihm die neuere Rechtsprechung klargestellt, dass **dem VR Beweiserleichterungen nicht zugutekommen**.[533] Bei Leasingfahrzeugen richtet sich der Rückforderungsanspruch nicht gegen den Leasinggeber, der die Entschädigung erhalten hat, sondern gegen den VN.[534] Der Beweis, dass der VN die angebliche Entwendung nur vorgetäuscht hat, ist erbracht, wenn das angeblich vom Dieb ohne pas-

---

531 OLG Hamm Urt. v. 21.10.1998 – 20 U 87/98 – r+s 1999, 144; vgl. OLG Düsseldorf Urt. v. 28.03.1996 – 4 U 69/95 – VersR 1996, 1097; OLG Celle Urt. v. 08.01.1998 – 6 U 96/97 – zfs 1999, 158; Prölss/Martin/*Knappmann* § 12 AKB Rn. 12).
532 Rspr.-Nachweise bei Stiefel/Maier/*Stadler* A.2.2 AKB Rn. 124.
533 BGH Urt. v. 14.07.1993 – **IV ZR 179/92** – VersR 1993, 1007 = NJW 1993, 2678; OLG Köln Urt. v. 23.01.2007 – 9 U 11/06 – r+s 2007, 101 = VK 2007, 85.
534 BGH Urt. v. 04.05.1994 – **IV ZR 298/93** – r+s 1994, 284 = NJW 1994, 2895.

senden Schlüssel gestohlene Kfz bei seinem Wiederauffinden weder an der Lenksperrvorrichtung, noch am Schließzylinder Spuren des Gebrauchs von Sperrwerkzeugen oder einem nicht passenden Schlüssel aufweist, weil dann davon auszugehen ist, dass es nur mit einem zum Fahrzeug gehörigen Schlüssel in Gang gesetzt worden sein kann.[535]

Stützt der VR seinen Rückforderungsanspruch auf die Verletzung einer vertraglichen Obliegenheit (z. B. wegen falscher Angaben in der Schadenanzeige), so hat der VR nicht nur wie im Deckungsprozess den objektiven Tatbestand der Obliegenheitsverletzung zu beweisen, sondern auch das relevante Verschulden des VN,[536] also mindestens grobe Fahrlässigkeit, die nicht von vornherein schon zulasten des VN vermutet wird. Gelingt dem VR der Nachweis einer **grob fahrlässigen Obliegenheitsverletzung**, erhält er die erbrachte Versicherungsleistung nicht vollständig zurück, sondern nur anteilig entsprechend der Schwere des Verschuldens des VN analog § 28 Abs. 2 S. 2 VVG. Der VR wird daher bestrebt sein, den Nachweis einer **vorsätzlichen Obliegenheitsverletzung** durch den VN zu führen. Darüber hinaus muss er aber auch nachweisen, dass die Falschangaben des VN entweder für den Eintritt oder die Feststellung des Versicherungsfalles oder für die Feststellung bzw. den Umfang seiner Leistungspflicht ursächlich waren. Die Kausalitätsvermutung des § 28 Abs. 3 VVG gilt im Rückforderungsprozess nicht. Die Unterscheidung ist gerechtfertigt, weil der VR in der Regulierungsphase in besonderer Weise auf wahrheitsgemäße Angaben des VN angewiesen ist. Dieses Argument greift indes dann nicht mehr, wenn der VR nach Prüfung des Versicherungsfalles die Leistungen bereits erbracht hat. 245

Die **Verjährungsfrist für den Rückforderungsanspruch** des VR aus § 812 BGB beträgt drei Jahre (§ 195 BGB). 246

III. Unterschlagung

1. Beweislastverteilung

Anders als in der Diebstahlversicherung kommen dem **VN keine Beweiserleichterungen** zugute. Das »äußere Bild« einer versicherten Unterschlagung wird weder in der Literatur, noch in der Rechtsprechung beschrieben. Es besteht auch kein Bedürfnis, dem VN in Fällen, in denen er sich auf eine versicherte Unterschlagung durch einen ihm bekannten Dritten beruft, Beweiserleichterungen zu gewähren.[537] Denn der VN befindet sich nicht in einer vergleichbaren Beweisnot wie im Falle eines behaupteten Diebstahls. Er weiß regelmäßig, wem er das Fahrzeug anvertraut hat. 247

Der **VN hat die volle Beweislast** dafür, dass die **Voraussetzungen einer versicherten Unterschlagung** vorliegen. Dazu gehört, dass er die Beschädigung, Zerstörung oder den Verlust des Fahrzeuges durch die Unterschlagung eines Dritten beweist, dem 248

---

535 OLG Düsseldorf Urt. v. 28.03.1996 – 4 U 69/95 – VersR 1996, 1097.
536 BGH Urt. v. 14.12.1994 – **IV ZR 304/93** – r+s 1995, 81 = VersR 1995, 281; OLG Stuttgart Urt. v. 28.02.2008 – 7 U 179/07 – VK 2008, 85.
537 OLG Hamm Urt. v. 18.01.2006 – 20 U 145/05 – zfs 2006, 275 = SP 2007, 78.

A.2.2.1 AKB Einzelfälle Unterschlagung

das Fahrzeug nicht zum Gebrauch im eigenen Interesse, zur Veräußerung oder aufgrund einer Veräußerung unter Eigentumsvorbehalt überlassen worden sein darf.[538] Anders als noch in § 12 AKB a. F., wo der VR für diese Ausschlüsse beweisbelastet war, beschreibt der **Wortlaut in A.2.2.1.2b AKB keine echten Risikoausschlüsse**, die der VR zu beweisen hätte, **sondern einschränkende Anspruchsvoraussetzungen**, die den objektiven Tatbestand einer versicherten Unterschlagung definieren (»*Unterschlagung ist nur versichert, wenn ...*«).

249 Beruft sich der VN darauf, dass das Fahrzeug von einem anderen Dritten als demjenigen unterschlagen wurde, dem es zum Gebrauch im eigenen Interesse überlassen wurde, muss er dies gleichfalls beweisen.[539] Hierfür darf **keine ununterbrochene Gebrauchsüberlassungskette** in Bezug auf das versicherte Fahrzeug vom VN über einen Dritten bis hin zu einer weiteren Person vorliegen. Überlässt der Dritte den Gebrauch des Fahrzeuges einer anderen Person, die das Fahrzeug unterschlägt, so ist der Versicherungsschutz folglich nur dann ausgeschlossen, wenn der VN dieser Weitergabe ausdrücklich oder stillschweigend zugestimmt hat.[540] Anders ausgedrückt: **Steht fest, dass das Fahrzeug von dem Dritten, der es zunächst in Besitz hatte, mit Wissen und Wollen des VN an eine weitere Person übergeben wurde**, besteht bei einer Unterschlagung durch diese weitere Person kein Versicherungsschutz.

250 **Sofern dieser Punkt streitig ist, hat der VR zu beweisen**, dass der VN der Überlassung des Fahrzeuges an eine weitere Person zugestimmt hat und damit die Unterschlagung nicht versichert ist. Hierfür trifft den **VR die volle Beweislast**. Beweiserleichterungen wie in der Diebstahlversicherung, wo er lediglich die erhebliche Wahrscheinlichkeit der Vortäuschung eines Diebstahls durch den VN beweisen muss, kommen ihm nicht zugute,[541] weil umgekehrt auch der VN für sich keine Beweiserleichterungen in Anspruch nehmen kann.[542]

251 Steht eine Entwendung nicht fest und **kommt entweder ein Diebstahl oder eine Unterschlagung in Betracht**, muss der VN den Diebstahl beweisen, wenn auch eine nicht gedeckte Unterschlagung durch eine Person in Betracht kommt, die zum Gebrauch des Fahrzeuges berechtigt war.[543] **Steht die Gebrauchsüberlassung des Fahrzeuges an einen Dritten fest**, muss der **VN nachweisen**, dass das Fahrzeug entweder diesem Dritten entwendet worden ist – insoweit läge dann ein **versicherter Diebstahl** vor – oder durch eine andere Person als diesen Dritten unterschlagen worden ist – was den Versicherungsfall einer **gedeckten Unterschlagung** begründen würde.[544] Den Nachweis

---

538 Feyock/*Jacobsen*/Lemor A.2.2 AKB Rn. 56; a.A. Stiefel/Maier/*Stadler* A.2.2 AKB Rn. 128.
539 BGH Urt. v. 20.01.1993 – **IV ZR 277/91** – VersR 1993, 472 = r+s 1993, 169.
540 OLG Köln Urt. v. 10.07.2001 – 9 U 3/99 – r+s 2001, 359; OLG Hamm Urt. v. 31.08.1994 – 20 U 40/94 – VersR 1995, 1477 = r+s 1995, 127 = NJW-RR 1995, 347.
541 A. A. OLG Celle Urt. v. 01.02.1996 – 22 U 66/95 – VersR 1996, 843.
542 So auch OLG Hamm Urt. v. 18.01.2006 – 20 U 145/05 – zfs 2006, 275.
543 BGH Urt. v. 20.01.1993 – **IV ZR 277/91** – VersR 1993, 472 = r+s 1993, 169.
544 OLG Köln Urt. v. 17.07.2001 – 9 U 70/00 – r+s 2003, 57 (Unterschlagung nach Ge-

wird der VN regelmäßig nur durch das Zeugnis des Dritten führen können. Bestätigt der Dritte den Diebstahl, so führt allein die theoretische Möglichkeit, dass entgegen seiner Aussage das Fahrzeug diesem Dritten nicht entwendet, sondern von ihm selbst unterschlagen worden sein könnte – wofür der VN dann keinen Versicherungsschutz hätte – nicht dazu, dem VN den Versicherungsschutz zu versagen und ihn als beweisfällig anzusehen.[545] Hat der VN aber sein Fahrzeug einem Dritten überlassen und behauptet er eine Entwendung durch unbekannte Täter, die er jedoch nicht beweisen kann, so besteht keine Leistungspflicht des VR.[546] **Zur Gebrauchsüberlassung durch Dritte an weitere Personen** vgl. auch A.2.2.1 AKB Rdn. 41 ff.

2. Einzelfälle

Auf die Beweislastverteilung kam es entscheidend in einem vom OLG Hamm[547] entschiedenen Fall an. Der VN hatte das versicherte **Kfz an einen Dritten** vermietet, der es wiederum **ohne Wissen des VN an einen anderen Dritten weitergegeben** hatte. Unstreitig wurde das Fahrzeug entwendet, da der VN es nicht zurückhielt. Streitig blieb, ob die Entwendung durch Diebstahl oder Unterschlagung erfolgte, wobei insoweit wiederum ungeklärt blieb, ob die Unterschlagung durch den Mieter oder den anderen Dritten begangen wurde. Zwar ist der VN grundsätzlich für den von ihm behaupteten Diebstahl beweispflichtig, wenn als denkbare Alternative sowohl ein versicherter Diebstahl als auch eine nicht versicherte Unterschlagung in Betracht kommt;[548] wenn allerdings neben diesen Alternativen auch eine versicherte Unterschlagung – nämlich durch den anderen Dritten – möglich ist, muss der **VR den Ausschlusstatbestand der nicht versicherten Unterschlagung beweisen**. Insbesondere muss er beweisen, dass die Überlassung des Fahrzeuges durch den Dritten an die weitere Person mit Kenntnis oder Willen des VN erfolgt ist. Gelingt ihm dies nicht, geht dieses »non liquet« zu seinen Lasten mit der Folge, dass der Versicherungsfall »Unterschlagung« zugunsten des VN als bewiesen gilt.[549] Hat der VN hingegen sein **Kfz einem gewerbsmäßigen Autovermieter überlassen**, der es **im Einverständnis mit dem VN an einen Dritten weitergegeben** hat, wo das Fahrzeug verschwunden ist, kommt – anders als im Fall des OLG Hamm – neben einem Diebstahl durch den Dritten nur eine nicht versicherte Unterschlagung in Betracht. Es bleibt dann bei den oben genannten Beweisgrundsätzen, wonach eine Entwendung nur als bewiesen erachtet werden kann, wenn der VN den Nachweis eines Diebstahls geführt hat.[550]

---

brauchsüberlassung); OLG Düsseldorf Urt. v. 26.09.2000 – 4 U 208/99 – VersR 2001, 1551 = r+s 2001, 448 (Nachweis der versicherten Unterschlagung eines gemieteten Lkw).
545 OLG Hamm Urt. v. 01.12.2000 – 20 U 248/99 – zfs 2001, 171.
546 OLG Celle Urt. v. 06.01.1994 – 8 U 4/92 – zfs 1995, 20.
547 OLG Hamm Urt. v. 25.02.2000 – 20 U 151/99 – r+s 2000, 228, 229 = zfs 2000, 300.
548 BGH Urt. v. 20.01.1993 – **IV ZR 277/91** – VersR 1993, 472 = r+s 1993, 169.
549 OLG Hamm Urt. v. 25.02.2000 – 20 U 151/99 – r+s 2000, 228, 229 = zfs 2000, 300.
550 OLG Köln Urt. v. 10.07.2001 – 9 U 3/99 – r+s 2001, 359; LG Düsseldorf Urt. v. 09.04.2004 – 11 O 619/02 – zfs 2005, 86.

253 Zu einer gedeckten Unterschlagung im Rahmen einer **Probefahrt** vgl. auch A.2.2.1 AKB Rdn. 186 ff.

IV. Unbefugter Gebrauch – Beweislastverteilung

254 Der **VN hat den Vollbeweis (§ 286 ZPO) zu erbringen**, dass sein Fahrzeug durch unbefugten Gebrauch beschädigt oder zerstört wurde. Beweiserleichterungen wie beim Diebstahl des Fahrzeuges kommen ihm nicht zugute.[551] Allerdings **gehört zur Beweisführung nicht der Nachweis, dass der Täter in keiner Weise berechtigt war, das Fahrzeug zu gebrauchen.** Es handelt sich vielmehr um einen **Risikoausschluss, für den der VR nachweispflichtig** ist. Er muss daher beweisen, dass der Täter vom VN oder dem Versicherten mit der Betreuung des Fahrzeuges beauftragt war oder zum Zeitpunkt der Tat zum VN in einem Näheverhältnis stand. Auch schon unter der Geltung des § 12 AKB a. F. musste der VR den unbefugten Gebrauch durch »betriebsfremde Personen« beweisen, um sich auf den Risikoausschluss berufen zu können.[552]

255 **Der Unterschied in der Beweislastverteilung im Vergleich zum Versicherungsfall »Unterschlagung« ist gerechtfertigt.** Während der VN beim Tatbestand der Unterschlagung i. d. R. die Person kennt, der er sein Fahrzeug überlässt, so dass es auch gerechtfertigt ist, ihm die Beweislast dafür aufzubürden, dass dieser Person das Fahrzeug nicht zum Gebrauch im eigenen Interesse, zur Veräußerung oder unter Eigentumsvorbehalt überlassen wurde, ist der Versicherungsfall des unbefugten Gebrauchs dadurch geprägt, dass das Fahrzeug dem VN – ähnlich wie beim Diebstahl, wenn auch nur vorübergehend und ohne dauerhafte Zueignungsabsicht des Täters – abhandenkommt und bei dem sich daran anschließenden unbefugten Gebrauch durch den – dem VN unbekannten – Täter beschädigt oder zerstört wird. Müsste der VN trotz der vergleichbaren Formulierung beim Tatbestand der Unterschlagung (». . . ist nur versichert, wenn . . .«) beim unbefugten Gebrauch auch einen zusätzlichen Beweis in der Form führen, dass der Täter in keiner Weise berechtigt war, das Fahrzeug zu gebrauchen, müsste er als Anspruchsvoraussetzung alle denkbaren Möglichkeiten eines berechtigten Fahrzeuggebrauches nachweislich ausschließen. Dieser Beweis dürfte für den VN nicht zu führen sein, so dass **ein vergleichbares Beweislasterfordernis wie bei der Unterschlagung** für den VN bei Schäden durch unbefugten Gebrauch des Fahrzeuges eine nicht hinnehmbare **Aushöhlung des Versicherungsschutzes** zur Folge hätte (**vgl.** zu den gleichlautenden Voraussetzungen des Versicherungsschutzes in der Vollkasko bei **mut- oder böswilligen Handlungen** von Personen, die in keiner Weise berechtigt sind, das Fahrzeug zu gebrauchen, auch A.2.2.2 AKB Rdn. 138 ff.).

---

551 BGH Urt. v. 25.06.1997 – **IV ZR 245/96** – VersR 1997, 1095 = NJW 1997, 3027; **differenzierend** Stiefel/Maier/*Stadler* A.2.2 AKB Rn. 125; **a. A.** Feyock/*Jacobsen*/Lemor A.2.2 AKB Rn. 62.
552 BGH Urt. v. 25.06.1997 – **IV ZR 245/96** – VersR 1997, 1095 = NJW 1997, 3027.

V. Sturm, Hagel, Blitzschlag, Überschwemmung – Beweislastverteilung

Dem VN obliegt der **Vollbeweis** dafür, dass die Elementargewalt nicht nur mittelbar, sondern **unmittelbar** auf sein Fahrzeug **eingewirkt** hat und dadurch die geltend gemachten **konkreten Schäden** am versicherten Fahrzeug eingetreten sind. Für die **Beweisführung** ist es **nicht ausreichend**, dass die Schadenverursachung durch die Naturgewalt die größere Wahrscheinlichkeit für sich hat.[553] Spricht für die streitige Tatsachenbehauptung des VN lediglich eine überwiegende Wahrscheinlichkeit, ist der Beweis nicht erbracht.[554] Der VN muss die Möglichkeit anderer Unfallursachen sicher ausschließen.[555] Kann er dies nicht und kommt statt einer Naturgewalt auch eine andere Unfallursache (z. B. durch Aquaplaning) in Betracht, so ist lediglich eine »**Zwischenursache**« nachgewiesen, so dass für den hinsichtlich der Unmittelbarkeit der Einwirkung beweisbelasteten VN kein Versicherungsschutz besteht. Unerheblich ist, ob die Naturgewalt die entstandenen Fahrzeugschäden theoretisch verursachen kann, (vgl. A.2.2.1 AKB Rd. 57). 256

Ist es streitig, ob der Schaden auf die Naturgewalt oder auf ein **vom Fahrer veranlasstes Verhalten** zurückzuführen ist, trifft den VN die Beweislast für die unmittelbare Verursachung des Schadens durch die Naturgewalt, d. h. auch dafür, dass kein vom Fahrer ausgehendes Verhalten den Schaden am Fahrzeug mitursächlich herbeigeführt hat. Dazu muss er die **Möglichkeit ausräumen, dass** sein Fahrverhalten bzw. eine **Reaktion des Fahrers** auf die Naturgewalt den **Schaden** am Fahrzeug **mitverursacht haben könnte**.[556] Er muss mithin die **Vermutung widerlegen**, dass der Fahrzeugschaden auch auf ein durch die Naturgewalten veranlasstes Verhalten des Fahrers zurückzuführen sein könnte. Grund dafür ist, dass der VN für das Unmittelbarkeitserfordernis beweispflichtig ist. An der Unmittelbarkeit fehlt es aber, wenn die Naturgewalt Einfluss auf das (Fahr-) Verhalten des VN genommen hat und es erst dadurch zum Eintritt des Schadenfalles gekommen ist. 257

Gelingt es dem VN nicht, die Tatbestandsvoraussetzung der »unmittelbaren Einwirkung« zu beweisen, weil auch die Möglichkeit besteht, dass der Schadeneintritt letztlich auf eine Fehlreaktion des Fahrers zurückzuführen ist, hat der VN keinen Anspruch aus der Teilkaskoversicherung. **Nicht gefolgt werden kann der Auffassung**, wonach die bloße Mitverursachung des Schadens durch den Fahrer nicht zum Anspruchsverlust (wegen nicht nachgewiesener Unmittelbarkeit der Einwirkung durch die Naturgewalt), sondern nur zu einer Leistungskürzung im Rahmen des § 81 Abs. 2 VVG führen soll.[557] Dies wäre nur dann zutreffend, wenn es sich bei der Regelung in A.2.2.1.3 S. 4 AKB um einen echten, vom VR zu beweisenden Risikoausschluss handeln würde, auf den A.2.9.1 S. 2 AKB angewendet werden könnte. Richtigerweise formuliert die Klausel aber eine vom VN zu beweisende negative Tatbestandsvoraussetzung, (vgl. A.2.2.1 AKB Rdn. 259). 258

---

553 OLG Karlsruhe Urt. v. 06.07.2000 – 12 U 311/99 – SP 2001, 59.
554 Vgl. OLG Naumburg Urt. v. 25.07.2013 – 4 U 79/12 – BeckRS 2013, 18249.
555 OLG Köln Urt. v. 01.12.1998 – 9 U 103/98 – zfs 1999, 338 = r+s 1999, 451.
556 OLG Hamm Urt. v. 15.06.1988 – 20 U 261/87 – VersR 1989, 37 = NJW-RR 1989, 26.
557 LG Neubrandenburg Urt. v. 12.09.1996 – 1 S 76/96 – SP 1997, 113.

A.2.2.1 AKB   Einzelfälle Sturm, Hagel, Blitzschlag, Überschwemmung

259 Bei der Regelung in **A.2.2.1.3 S. 4 AKB** (»*Ausgeschlossen sind Schäden* ...«) handelt es sich **nicht** um einen vom VR zu beweisenden **Risikoausschluss**, sondern um eine Erläuterung des Tatbestandsmerkmals »unmittelbar«, da sich die Beschränkung des Versicherungsschutzes schon aus dem Erfordernis der Unmittelbarkeit der Verursachung ergibt.[558] Die Klausel trägt dem Umstand Rechnung, dass die Teilkasko im Unterschied zur Vollkasko nach A.2.2.2 AKB nur Schäden deckt, die durch ganz bestimmte Ursachen ausgelöst werden. Es sollen **die Fälle vom Versicherungsschutz ausgenommen** werden, in denen das Naturereignis die Reaktion des Fahrers im Sinne eines mitursächlichen Abweichens vom Normalverhalten beeinflusst, weil in diesen Fällen die Grenze zwischen dem (vollkaskoversicherten) Risiko des Fahrerverhaltens und dem (teilkaskoversicherten) Risiko der Naturgewalten nur schwer zu ziehen ist.[559]

260 **Beweiserleichterungen** kommen dem **VN nicht zugute**. Steht nicht zumindest eine gewisse Wahrscheinlichkeit für den Versicherungsfall fest, ist eine **Parteivernehmung des VN** von Amts wegen nach § 448 ZPO unzulässig.[560] Lässt sich schon nach dem **eigenen Vortrag des VN** eine andere Ursache als die unmittelbare Einwirkung einer Naturgewalt für die Verursachung oder Herbeiführung des Unfalls nicht ausschließen, so besteht kein Anspruch auf die Versicherungsleistung aus der Teilkasko.[561]

261 Bei einem **Hagelschaden** kann es für den VN zu Beweisproblemen kommen, wenn es sich nach Meinung des Sachverständigen um ein für einen Hagelschaden untypisches Schadenbild handelt. Oftmals wird dem VN auch ein Zeuge nicht helfen, denn die Beschädigungen können auch bereits vor dem Hagelschauer vorhanden gewesen sein, ohne dass sie der Zeuge zwangsläufig bemerken musste.[562] Trotzdem kann der Versicherungsfall als bewiesen erachtet werden, wenn jedenfalls feststeht, dass in zeitlicher Nähe zum Schadeneintritt ein Hagelschauer niedergegangen ist, der Sachverständige ein **für Hagelkörner typisches Schadenbild** feststellt und zudem die steinschlagbedingten Lackschäden am Fahrzeug von den Lackschäden durch den behaupteten Hagel abgrenzen kann.[563] Dabei ist ein **Hagelschadenbild** geprägt von unterschiedlich tiefen runden Dellen, die in die gleiche Richtung verlaufen.[564]

---

558 LG Mönchengladbach Beschl. v. 06.10.2005 – 2 S 102/05 – unter Bestätigung von AG Mönchengladbach Urt. v. 12.04.2005 – 5 C 153/04 – r+s 2006, 490; OLG Hamm Urt. v. 15.06.1988 – 20 U 261/87 – VersR 1989, 37 = NJW-RR 1989, 26, 27; Prölss/Martin/*Knappmann* § 12 AKB Rn. 40; Stiefel/Maier/*Stadler* A.2.2 AKB Rn. 143.

559 BGH Urt. v. 26.04.2006 – **IV ZR 154/05** – VersR 2006, 966 = zfs 2006, 511; OLG Köln Urt. v. 13.06.1985 – 5 U 241/84 – zfs 1986, 119 = r+s 1986, 27, 28; OLG Hamburg Urt. v. 29.06.1971 – 7 U 142/70 – VersR 1972, 241, 242; OLG Karlsruhe Urt. v. 17.04.1968 – 8 U 2/68 – VersR 1968, 889.

560 LG Deggendorf Urt. v. 19.05.1987 – O 551/86 – r+s 1988, 34.

561 OLG Köln Urt. v. 01.12.1998 – 9 U 103/98 – zfs 1999, 338 = r+s 1999, 451.

562 Vgl. LG Trier Urt. v. 24.04.2007 – 1 S 40/07 – SP 2008, 61 (Loch im Cabriodach).

563 AG Landstuhl Urt. v. 21.09.2007 – 2 C 828/06 – zfs 2008, 32; vgl. OLG Karlsruhe Urt. v. 06.07.2000 – 12 U 311/99 – SP 2001, 59.

564 LG Verden Urt. v. 29.06.1990 – 8 O 609/88 – zfs 1991, 24.

Im Falle eines **Sturmschadens** hat der VN auch den Nachweis zu führen, dass zum Zeit- 262
punkt des Schadeneintrittes am Schadenort eine wetterbedingte Luftbewegung von
mindestens **Windstärke 8** geherrscht hat. Dafür reicht die bloße Möglichkeit oder
Wahrscheinlichkeit einer solchen Windstärke nicht aus.[565] Mit Hilfe eines **Gutachtens
des Deutschen Wetterdienstes** mit Sitz in Essen und Offenbach lässt sich in aller Regel
gutachterlich der Beweis führen, dass zum Schadenzeitpunkt am Schadenort die vorgeschriebene Mindest-Windstärke geherrscht hat. Dies gilt in der Regel auch für lokal
sehr beschränkt auftretende extreme Wetterphänomene. Unschädlich ist, wenn der VN
zwar den genauen Zeitpunkt des schadenverursachenden Sturms nicht darlegen und
nachweisen kann, das versicherte Fahrzeug (Wohnwagen) aber in einem Winterlager
abgestellt war, in diesem Zeitraum unstreitig mehrere bedingungsgemäße Stürme auftraten und der Schaden am Fahrzeug durch Sturmeinwirkung erfolgt ist.[566] Wird das
versicherte **Fahrzeug durch einen Gegenstand** (z. B. einen Felsbrocken) **beschädigt**,
ist der VN beweisbelastet dafür, dass dieser Gegenstand durch die Elementargewalten
in Bewegung gesetzt und infolgedessen auf oder gegen das Fahrzeug geworfen wurde.

VI. Unfälle durch Haarwild

1. Zusammenstoß mit Haarwild – Beweislastverteilung

Dem VN obliegt der **Vollbeweis** (§ 286 ZPO) dafür, dass es zu einem Zusammenstoß 263
zwischen Haarwild und dem versicherten Fahrzeug gekommen ist und der an seinem
Fahrzeug eingetretene Schaden auf diesem Zusammenstoß beruht.[567] Für einen aus der
Wildberührung resultierenden Unfallschaden trägt der VN die Beweislast für einen
adäquaten Ursachenzusammenhang. Ausreichend ist, dass die Wildberührung auslösendes Moment für den Unfall gewesen ist, selbst wenn der Unfall auch auf einer
(Fehl- oder Schreck-) Reaktion des Fahrers beruhte,[568] (vgl. A.2.2.1 AKB Rdn. 83 ff.).
Beweiserleichterungen wie in der Diebstahlsversicherung stehen dem VN nicht zur
Verfügung.[569] **Für den Nachweis genügt es nicht**, dass der VN auf die Richtigkeit seiner eigenen Unfalldarstellung verweist[570] oder darauf, dass sich der Schaden in einer
wildreichen Gegend ereignet hat.[571] Ebenso wenig sind **Wildhaarspuren** im Stoßfänger- oder Scheinwerferbereich des Pkw ausreichend, wenn sonstige Anprallspuren

---

565 LG Görlitz Urt. v. 09.02.1998 – 2 O 224/97 – SP 1998, 396.
566 OLG Hamm Urt. v. 20.11.2013 – 20 U 26/13 – r+s 2014, 224.
567 BGH Urt. v. 18.12.1991 – **IV ZR 204/90** – VersR 1992, 349 = r+s 1992, 82; OLG Hamm
    Urt. v. 20.02.2008 – 20 U 134/07 – VersR 2008, 1059 = r+s 2009, 59; LG Hannover Urt. v.
    28.01.1993 – 5 O 330/92 – zfs 1993, 309.
568 BGH Urt. v. 18.12.1991 – **IV ZR 204/90** – VersR 1992, 349 = r+s 1992, 82; OLG Köln Urt.
    v. 14.03.2000 – 9 U 125/99 – r+s 2000, 190.
569 OLG Hamm Urt. v. 05.05.2004 – 20 U 29/04 – VersR 2004, 1309 = r+s 2004, 318.
570 LG Berlin Urt. v. 09.09.2008 – 17 O 114/07 – ADAJUR Dok.Nr. 82176.
571 LG Nürnberg-Fürth Urt. v. 21.12.1983 – 8 O 6298/83 – zfs 1984, 213; OLG Hamm Urt. v.
    28.10.1981 – 20 U 206/81 – VersR 1982, 868.

A.2.2.1 AKB Einzelfälle Haarwild

des Wilds fehlen.[572] Dies gilt insbesondere für größeres Wild wie z. B. ein Reh.[573] Nicht ausreichend auch, wenn ein Jahr nach dem Unfallgeschehen an dem Unfallwrack Wildhaare aufgefunden werden, der behauptete Unfall nahe einer Kleinstadt in der Mittagszeit für einen Wildunfall ungewöhnlich ist und die Polizei am Unfallort keine Wildberührungsspuren festgestellt haben.[574]

264 Fährt der VN nach dem **Überfahren eines Wildkadavers** auf ein stehendes Fahrzeug auf, welches zuvor zusammen mit anderen Pkw in eine Wildschweinrotte geraten war, spricht kein Anscheinsbeweis dafür, dass der Zusammenstoß mit dem toten Wild ursächlich für den von ihm erlittenen Auffahrunfall gewesen ist.[575] Indiziell spricht es für einen Wildunfall, wenn der Förster am Unfalltag nahe der Unfallstelle ein verendetes Reh aufgefunden hat.[576] Der **Beweis ist erbracht**, wenn **Tierhaare oder Blut** an einem beschädigten Fahrzeugteil gefunden werden[577] oder sich durch eine **mikroskopische oder chemische Untersuchung** ein Zusammenstoß mit Haarwild feststellen lässt.[578] Ausreichend kann auch ein **frischer Streifschaden** am Fahrzeug sein, wenn dieser laut Aussage eines Sachverständigen höchstwahrscheinlich durch eine Berührung mit einem Reh verursacht wurde.[579] Kollidiert ein **Motorrad** mit einem Fuchs, ist der Beweis auch bei einem VN als geführt anzusehen, der innerhalb von zwei Jahren bereits vier Wildunfälle gemeldet hat, wenn er zu Beweiszwecken dem verendeten, aufgeplatzten Fuchs den Schwanz abschneidet, diesen mit Motorradteilen in Tüten packt und dem Förster nachts vor die Haustüre legt.[580]

265 Der VN kann den Beweis auch durch **Zeugen** führen.[581] Dabei kommt den **Aussagen von Verwandten oder Freunden des VN**, die zum Unfallzeitpunkt mit im Fahrzeug gesessen haben, nicht schon von vornherein ein geringerer Beweiswert zu als der Aussage völlig unbeteiligter Zeugen.[582]

266 Steht eine Kollision mit Haarwild fest, kann der VN für die **Fälle eines ausweichbedingten Unfallschadens** den Beweis des Kausalzusammenhanges auch im Wege des **Anscheinsbeweises** führen, wenn der Zusammenstoß mit dem Tier nach der Lebenserfahrung typischerweise geeignet ist, ein Abkommen des Fahrzeuges von der Fahr-

---

572 OLG Saarbrücken Urt. v. 19.12.1986 – 3 U 74/85 – zfs 1987, 56; LG Essen Urt. v. 20.11.1987 – 12 O 466/87 – zfs 1988, 395.
573 OLG Hamburg Urt. v. 14.03.1986 – 14 U 225/85 – r+s 1986, 115.
574 OLG Köln Urt. v. 13.01.1998 – 9 U 13/98 – r+s 2000, 96.
575 OLG Saarbrücken Urt. v. 30.04.2003 – 5 U 389/02-50 – VersR 2004, 1306 = r+s 2003, 357.
576 LG Berlin Urt. v. 09.09.2008 – 17 O 114/07 – ADAJUR Dok.Nr. 82176.
577 Vgl. OLG Karlsruhe Urt. v. 06.05.1993 – 12 U 38/92 – r+s 1995, 4; OLG Hamm Urt. v. 11.11.1981 – 20 U 188/81 – VersR 1982, 868 = zfs 1982, 343.
578 Vgl. OLG Jena Urt. v. 04.02.1998 – 4 U 1152/97 – VersR 1998, 623 mit ausführlicher Darstellung unterschiedlicher Fallgruppen.
579 LG Konstanz Urt. v. 23.09.2011 – 11 S 92/11 – DV 2012, 34.
580 OLG Koblenz Urt. v. 17.05.2002 – 10 U 1825/01 – r+s 2002, 363 = NVersZ 2002, 407.
581 OLG Karlsruhe Urt. v. 20.01.1994 – 12 U 292/93 – r+s 1995, 5.
582 BGH Urt. v. 03.11.1987 – **VI ZR 95/87** – NJW 1988, 566.

bahn zu erklären.⁵⁸³ Dies ist bei einem vorangegangenen **Zusammenstoß mit einem größeren Tier** wie z. B. einem Hirsch, Reh oder Wildschwein in der Regel zu bejahen, nicht aber bei einem Zusammenstoß mit einem Wildhasen.⁵⁸⁴ Schließt ein Sachverständiger aufgrund der **Masseverhältnisse** zwischen dem Wildhasen und dem Fahrzeug eine Einwirkung des Zusammenstoßes mit dem Wild auf den Unfallhergang aus, ist der Beweis nicht geführt.⁵⁸⁵

In den Fällen, in denen der VN nicht nur eine Teilkasko-, sondern auch eine Vollkaskoversicherung abgeschlossen hat, ihm jedoch nicht der Nachweis gelingt, dass sich ein – vom VR bestrittener – Zusammenstoß mit Haarwild ereignet hat, ist er nicht gehindert, seinen **Schaden über** die bestehende **Vollkaskoversicherung abzurechnen**, wenn unstreitig ist, dass jedenfalls ein von der Vollkasko gedeckter Unfall vorliegt oder die Beschädigungen am Fahrzeug zumindest auf ein in der Vollkasko versichertes Unfallereignis hindeuten. **Argwöhnt der VR**, der VN habe in Bezug auf den behaupteten Zusammenstoß mit Haarwild **wahrheitswidrige Angaben** gemacht, muss er – ebenfalls mit dem Beweismaßstab des § 286 ZPO – nachweisen, dass es einen Wildunfall nicht gegeben hat, wenn er sich wegen Verletzung der Aufklärungsobliegenheit nach E.1.1.3 i. V. m. E.2.1 AKB auf Leistungsfreiheit in der Vollkaskoversicherung berufen will.⁵⁸⁶ Ein **non liquet** geht daher in der Teilkasko zulasten des VN, in der Vollkasko jedoch zulasten des VR. 267

Macht der VN **Falschangaben zum Unfallhergang oder Unfallort**, weil er den Unfallschaden zunächst als Wildschaden im Rahmen der Teilkasko abrechnen will, riskiert er auch seinen Versicherungsanspruch aus der Vollkasko, wenn das Fahrzeug zwar Unfallspuren aufweist, sich aber herausstellt, dass sich der Unfall nicht wie vom VN behauptet ereignet haben kann. Dass sich der Unfall zu anderer Zeit und an anderer Stelle ereignet haben mag, ändert daran nichts, weil **Streitgegenstand** immer nur das vom VN vorgetragene Unfallereignis ist.⁵⁸⁷ Zu den **Anzeigepflichten des VN** gemäß E.1.3.3 AKB vgl. A.2.2.1 AKB Rdn. 318 ff. 268

Dass Beschädigungen am Kfz bei einer Kollision mit größerem Wild selbst bei geringen Geschwindigkeiten entstehen können, ist eine offenkundige Tatsache (§ **291 ZPO**), über die das Gericht keinen Beweis erheben muss.⁵⁸⁸ Steht fest, dass es zu einer Wild- 269

---

583 OLG Köln Urt. v. 16.06.1998 – 9 U 204/97 – r+s 1998, 365 = zfs 1999, 66; OLG Saarbrücken Urt. v. 19.12.1986 – 3 U 74/85 – zfs 1987, 56; OLG Nürnberg Urt. v. 13.03.1980 – 8 U 116/79 – VersR 1981, 1069 = zfs 1980, 315.
584 BGH Urt. v. 18.12.1991 – **IV ZR 204/90** – VersR 1992, 349 = r+s 1992, 82 (**Pkw Porsche**); OLG Köln Urt. v. 14.03.2000 – 9 U 125/99 – r+s 2000, 190 (**Pkw Mercedes C 200 Diesel**).
585 OLG Hamm Urt. v. 22.10.1993 – 20 U 147/93 – r+s 1995, 6 (**Geländewagen Nissan Terrano**); LG Köln Urt. v. 28.02.1983 – 24 O 114/82 – zfs 1983, 246.
586 OLG Hamm Urt. v. 20.02.2008 – 20 U 134/07 – VersR 2008, 1059 = r+s 2009, 59; vgl. Nugel VRR 2012, 248 (**zu Indizien für manipulierte Wildunfälle**).
587 OLG Karlsruhe Urt. v. 16.3.2006 – 12 U 292/05 – DAR 2006, 507 = zfs 2006, 330 mit missverständlichem Leitsatz; OLG Hamm Urt. v. 21.01.2005 – 20 U 228/03 – zfs 2005, 396 = r+s 2005, 396.
588 AG Bad Segeberg Urt. v. 30.10.2014 – 17 C 65/14 – r+s 2015, 10.

berührung gekommen und das Fahrzeug des VN aufgrund dessen zu Schaden gekommen ist, ist der VR grundsätzlich leistungspflichtig.

270 Hat der VN oder dessen berechtigter Fahrer **nach dem Kontakt mit dem Haarwild** aufgrund einer **grob fahrlässigen Überreaktion** eine (Mit-) Ursache für einen nachfolgenden Unfall gesetzt, ist der Zusammenstoß mit dem Wild nicht mehr adäquat ursächlich für das spätere zum Unfall führende Verhalten des Fahrzeugführers anzusehen.[589] Dies ist insbesondere dann der Fall, wenn der Fahrer zur Vermeidung eines Zusammenstoßes das Steuer verreißt, der Kontakt mit dem Haarwild eher zufällig erfolgt und das Fahrzeug anschließend von der Fahrbahn abkommt und verunfallt.[590] Bei einem solchen Fahrmanöver führt der Fahrer nicht nur den in der Teilkasko gedeckten **Versicherungsfall »Wildschaden«**, sondern auch den in der Vollkasko gedeckten **Versicherungsfall »Unfall«** gemäß A.2.9.1 AKB, § 81 Abs. 2 VVG grob fahrlässig herbei, was regelmäßig zu einer quotalen Leistungsfreiheit des VR führt.[591] Die Beweislast für grobe Fahrlässigkeit obliegt dem VR.

271 Gleiches gilt, wenn das **Ausweichmanöver zeitlich vor dem Zusammenstoß** mit dem Haarwild vorgenommen wurde und es infolge eines als grob fahrlässig zu qualifizierenden Brems- oder Lenkmanövers des Fahrers erst zu dem schadenstiftenden Zusammenstoß mit dem Haarwild gekommen ist.

272 Hat nicht der VN selbst, sondern ein Dritter das Fahrzeug geführt, schadet dem VN die Fehlreaktion des Dritten nur dann, wenn dieser Repräsentant des VN war.[592] Für Zurechnungsfragen vgl. auch A.2.2.1 AKB Rdn. 310 ff.; zum **Begriff des Repräsentanten** vgl. A.2.3 AKB Rdn. 25 ff.

2. Aufwendungsersatz beim berührungslosen Wildschaden

a) Allgemeines

273 Fehlt es an einem Zusammenstoß mit Haarwild, liegt kein nach der Wildschadensklausel ersatzpflichtiger Schaden vor. Entstehen jedoch Fahrzeugschäden, weil der VN in letzter Sekunde dem plötzlich auf der Straße auftauchenden Haarwild ausweicht, kann ihm ein Anspruch auf »erweiterten Aufwendungsersatz« (früher: »**Rettungskostenersatz**«) nach den §§ 90, 83 Abs. 1 S. 1 VVG zustehen. Bereits unter der Geltung der bisherigen AKB und des VVG a. F. ging der BGH davon aus, dass die Schadenabwendungs- und -minderungspflicht des VN vorverlagert sei und bereits dann einsetze, wenn der Versicherungsfall unmittelbar bevorstehe. Dementsprechend könne der VN auch Aufwendungen, die er zur Vermeidung eines unmittelbar bevorstehenden Versicherungsfalles getätigt habe, vom VR als Rettungskosten ersetzt verlangen, sofern er die Aufwendungen – das können auch Schäden sein – für geboten halten durfte (**sog.**

---

589 BGH Urt. v. 18.12.1991 – **IV ZR 204/90** – VersR 1992, 349 = r+s 1992, 82.
590 Vgl. OLG Hamm Urt. v. 12.12.1997 – 20 U 121/97 – r+s 1998, 54 = zfs 1998, 181.
591 Vgl. BGH Urt. v. 18.12.1991 – **IV ZR 204/90** – VersR 1992, 349 = r+s 1992, 82.
592 OLG Hamm Urt. v. 12.12.1997 – 20 U 121/97 – r+s 1998, 54 = zfs 1998, 181.

Vorerstreckungstheorie).[593] Durch die §§ 90, 83 Abs. 1 S. 1 VVG ist dieser durch die Rechtsprechung entwickelte Anspruch des VN für die gesamte Schadenversicherung nun gesetzlich verankert und der Zeitpunkt, ab dem der VN Rettungskostenersatz verlangen kann, nach vorne verschoben worden.

Gemäß § 82 VVG ist der VN verpflichtet, bei Eintritt des Versicherungsfalles nach Möglichkeit für die Abwendung und Minderung des Schadens zu sorgen. Dabei hat er den Weisungen des VR Folge zu leisten. Es handelt sich um eine Obliegenheit, die der VN nach § 90 VVG schon dann zu beachten hat, wenn der Versicherungsfall unmittelbar bevorsteht. Dieser **Rettungsobliegenheit** korrespondiert in § 83 VVG die Verpflichtung des VR, dem VN die daraus resultierenden Kosten zu erstatten, die er für die Abwendung bzw. Minderung des Schadens den Umständen nach für geboten halten durfte. Diese **Aufwendungen** hat der VR auch dann zu erstatten, wenn sie letztlich **erfolglos geblieben** sind, wenn es also dem VN nicht gelungen ist, den Eintritt des Schadens abzuwenden oder zu mindern.[594] Versucht der VN daher, durch ein **Ausweichmanöver** einen drohenden Zusammenstoß seines teilkaskoversicherten Fahrzeuges mit Haarwild zu vermeiden, kommt er seiner durch § 90 VVG vorverlagerten Schadenabwendungspflicht nach, weil ein in der Teilkaskoversicherung gedeckter Wildschaden unmittelbar bevorsteht. Verunglückt der VN aufgrund dessen mit seinem Fahrzeug, so steht ihm wegen seiner Fahrzeugschäden ein Aufwendungsersatzanspruch gegen den VR zu, sofern das Ausweichmanöver **objektiv geboten** war **oder** der VN die mit dem Ausweichmanöver verbundenen Schadenrisiken ohne grobe Fahrlässigkeit **subjektiv für geboten halten** durfte, was wiederum von der Größe und Schwere des Wilds abhängt. Schließlich darf der VN auch die konkrete Gefahrensituation, die Anlass für sein Ausweichen war, nicht grob fahrlässig herbeigeführt haben. 274

Der Umfang der **erstattungsfähigen Aufwendungen** (»Rettungskosten«) bemisst sich nach A.2.5.1.1 bzw. A.2.5.2.1 AKB, weil der Anspruch des VN der Höhe nicht weiter reichen kann, als wenn der Versicherungsfall eingetreten wäre. Eine **Selbstbeteiligung** nach A.2.5.8 AKB ist nicht abzuziehen, da eine solche nur für den Anspruch des VN auf die vertragliche, nach den AKB zu beurteilende Ersatzleistung im Versicherungsfall vorgesehen ist, nicht aber für den gesetzlichen, aus §§ 90, 83 VVG herzuleitenden Anspruch.[595] 275

b) Beweisführung

Für den Anspruch auf erweiterten Aufwendungsersatz muss der VN die objektiven Voraussetzungen der §§ 90, 83 Abs. 1 S. 1 VVG darlegen und beweisen. Der VN ist beweisbelastet dafür, dass ein **drohender Zusammenstoß mit Haarwild** unmittelbar be- 276

---

593 BGH Urt. v. 20.02.1991 – **IV ZR 202/90** – VersR 1991, 459 = r+s 1991, 116.
594 Rüffer/Halbach/Schimikowski § 83 Rn. 8.
595 Vgl. OLG Hamm Urt. v. 07.05.2004 – 20 U 48/04 – VersR 2004, 1409 = r+s 2004, 319; AG Bad Segeberg Urt. v. 30.10.2014 – 17 C 65/14 – r+s 2015, 10; a. A. ohne nähere Begründung: OLG Nürnberg Urt. v. 11.07.1991 – 8 U 1290/91 – r+s 1991, 297; LG Itzehoe Urt. v. 28.06.2007 – 3 O 32/07 – ADAJUR Dok.Nr. 78582.

A.2.2.1 AKB   Einzelfälle Haarwild

vorstand **und** dass die getroffene Rettungsmaßnahme **entweder objektiv geboten** war, um das Fahrzeug vor dem drohenden Schadeneintritt zu bewahren, **oder** er die Rettungsmaßnahme jedenfalls **subjektiv für erforderlich halten** durfte, **ohne** dass ihm hinsichtlich einer etwaigen Fehleinschätzung **Vorsatz** oder **grobe Fahrlässigkeit** vorgeworfen werden kann,[596] (vgl. A.2.2.1 AKB Rdn. 292 ff.). Beruht sein Irrtum über die Gebotenheit der Rettungsmaßnahme auf Vorsatz, ist der VR leistungsfrei, beruht er auf grober Fahrlässigkeit, kann der **VR** seine **Leistung kürzen**, (vgl. A.2.2.1 AKB Rdn. 302 ff.; zu den **Kürzungsquoten** vgl. A.2.2.1 AKB Rdn. 306). Der VN muss ferner nachweisen, dass die Beschädigung seines Fahrzeuges **ursächlich** auf das Ausweichmanöver zurückzuführen ist, das der Fahrer vornahm, um eine Kollision mit dem Wild zu verhindern. Der **VN** hat insoweit den **Vollbeweis** zu führen. Anders als bei der Entwendung seines Fahrzeuges stehen dem VN nach h. M. keine Beweiserleichterungen zu.[597] Der VN befindet sich in keiner größeren Beweisnot als ein Kläger in jeder anderen prozessualen Situation auch, selbst wenn er keine Zeugen hat.

277   **Grundsätzlich** hat der **VN keine Möglichkeit**, den Beweis durch seine bloße Anhörung gemäß § **141 ZPO** oder das Angebot seiner Vernehmung als Partei gemäß § **447 ZPO** zu führen, es sei denn, dass bereits andere hinreichende Indizien für einen haarwildbedingten Ausweichschaden sprechen.[598] Verbleiben nach dem Ergebnis der Beweisaufnahme und unter Würdigung aller Umstände Zweifel an dem Unfallhergang, so geht dies zulasten des VN. Der VN muss damit rechnen, dass seine eigene Unfallschilderung selbst in Verbindung mit den Feststellungen eines Sachverständigen, wonach er erst kurz vor dem Unfall nach links ausgewichen ist, für eine Überzeugungsbildung des Gerichts nach § 286 Abs. 1 ZPO und damit den Nachweis des Versicherungsfalles nicht ausreicht.[599] **Andererseits** ist ein Gericht nicht gehindert, den VN zum Unfallhergang gemäß § **448 ZPO** von Amts wegen zu vernehmen, wenn die bislang erhobenen Beweise zwar unergiebig geblieben sind, der VN aber im Rahmen seiner Anhörung nach § 141 ZPO glaubhafte Angaben zum Schadenhergang gemacht hat und daher eine gewisse Anfangswahrscheinlichkeit für die Richtigkeit seines Vorbringens

---

596   Vgl. Rüffer/Halbach/Schimikowski § 83 Rn. 16; Prölss/Martin/Voit/*Knappmann* § 63 VVG a. F. Rn. 20; Römer/Langheid § 63 VVG a. F. Rn. 11.
597   OLG Saarbrücken Urt. v. 26.01.2011 – 5 U 356/10-57 – r+s 2011, 380 = zfs 2011, 331; OLG Köln Urt. v. 20.04.2004 – 9 U 9/03 – r+s 2004, 228; OLG Saarbrücken Urt. v. 10.10.2001 – 5 U 217/01 – zfs 2002, 143; OLG Jena Urt. v. 07.03.2001 – 4 U 893/00 – VersR 2001, 855 = NJW-RR 2001, 1319; OLG Düsseldorf Urt. v. 02.05.2000 – 4 U 99/99 – VersR 2001, 322 = SP 2000, 390; OLG Jena Urt. v. 12.05.1999 – 4 U 1639/98 – VersR 2000, 578 = zfs 1999, 340; OLG Köln Urt. v. 16.08.1994 – 9 U 133/94 – VersR 1995, 1231 = r+s 1994, 369; OLG Hamburg Urt. v. 15.07.1992 – 14 U 66/92 – VersR 1992, 1508 = zfs 1992, 377; LG Köln Urt. v. 01.06.2006 – 24 O 371/05 – SP 2007, 189; LG Köln Urt. v. 06.02.2003 – 24 O 185/02 – juris.
598   OLG Saarbrücken Urt. v. 10.10.2001 – 5 U 217/01 – zfs 2002, 143; LG Köln Urt. v. 01.06.2006 – 24 O 371/05 – SP 2007, 189; AG Coburg Urt. v. 23.11.2005 – 12 C 706/05 – SP 2006, 432.
599   OLG Jena Urt. v. 12.05.1999 – 4 U 1639/98 – VersR 2000, 578 = zfs 1999, 340.

spricht.⁶⁰⁰ Selbst ohne förmliche Anhörung des VN kann das Gericht zu der **Überzeugung** (§ 286 ZPO) gelangen, dass der Vortrag des VN der Wahrheit entspricht und daher als bewiesen anzusehen ist.⁶⁰¹

Kann der VN **Zeugen** benennen (Beifahrer, nachfolgender Kraftfahrer), ist es wesentlich, dass die **Angaben** des VN und der Zeugen **im Kerngeschehen übereinstimmen** und plausibel sind. Zu geringe Entfernungsangaben zu dem auf der Straße aufgetauchten Wild, die nicht stimmig sein können, weil der VN ansonsten mit dem Wild kollidiert wäre, sprechen allerdings für sich allein noch nicht gegen die Behauptung des VN, er sei dem Wild ausgewichen, weil solche Angaben häufig von einer erheblichen Fehleinschätzung geprägt sind.⁶⁰² Insbesondere wegen des Schreckmomentes beim plötzlichen Auftauchen des Wilds können **exakte Zeit- und Entfernungsangaben** in der Regel nicht erwartet werden.⁶⁰³ Gibt der VN dagegen an, zwei Rehe hätten die Straße von links nach rechts überquert, woraufhin er sein Fahrzeug nach links gesteuert habe, kann das Gericht zu dem Ergebnis kommen, dass der bevorstehende Versicherungsfall als nicht bewiesen erachtet wird, weil normalerweise der Abwehrreflex eines Kraftfahrers in einer Gefahrensituation ein Lenkmanöver von der Gefahr weg, hier also nach rechts zur Folge hat.⁶⁰⁴ 278

Ist im Bereich der Unfallstelle schon häufiger Wildwechsel beobachtet worden oder hat es dort bereits in der Vergangenheit Wildunfälle gegeben, können diese **Indizien die Beweisführung des VN erleichtern**, wenn sie sich durch Zeugen oder Auskünfte der zuständigen Polizei- bzw. Forstdienststellen verifizieren lassen. Auch wird häufig durch Hinzuziehung eines Sachverständigen festzustellen sein, ob der konkrete Unfallablauf typischerweise Folge eines Ausweichens vor einem Wildwechsel ist. 279

Entscheidende Bedeutung kommt den **Angaben des Fahrzeugführers bei der polizeilichen Unfallaufnahme vor Ort** zu. Gibt er bereits an der Unfallstelle gegenüber der Polizei an, zur Vermeidung eines Zusammenstoßes mit einem Haarwild abgebremst und ausgewichen zu sein und stimmt diese Schilderung sowohl mit den festgestellten Brems- und Schleuderspuren überein, als auch mit der widerspruchsfreien Darstellung des Herganges in der Schadenanzeige an den VR, so kann dies in Verbindung mit weiteren Indizien für eine beweiskräftige Überzeugung des Gerichts ausreichend sein.⁶⁰⁵ Hat der Fahrzeugführer demgegenüber das Haarwild als Unfallursache überhaupt 280

---

600 AG Bad Segeberg Urt. v. 30.10.2014 – 17 C 65/14 – r+s 2015, 10; Himmelreich/Halm/Staab/*Krahe* Kap. 23 Rn. 291; a. A. OLG Jena Urt. v. 07.03.2001 – 4 U 893/00 – VersR 2001, 855 = NJW-RR 2001, 1319; LG Kassel Urt. v. 03.06.1992 – 10 S 128/92 – SP 1992, 283.
601 OLG Saarbrücken Urt. v. 10.10.2001 – 5 U 217/01 – zfs 2002, 143.
602 OLG Köln Urt. v. 11.10.2005 – 9 U 34/05 – r+s 2006, 147 = zfs 2006, 459.
603 LG München I Urt. v. 14.04.2010 – 25 O 13700/09 – ADAJUR Dok.Nr. 97635; OLG Köln Urt. v. 19.09.2000 – 9 U 48/99 – r+s 2000, 495.
604 Vgl. OLG Düsseldorf Urt. v. 02.05.2000 – 4 U 99/99 – VersR 2001, 322 = SP 2000, 390.
605 OLG Schleswig Urt. v. 27.06.1994 – 9 U 117/93 – r+s 1994, 450.

A.2.2.1 AKB Einzelfälle Haarwild

nicht erwähnt,[606] oder hat er sich bei den Polizeibeamten nur danach erkundigt, ob er wegen des Unfalles mit Punkten im Verkehrszentralregister rechnen müsse,[607] wird sich der VN später nicht glaubhaft darauf berufen können, das zum Unfall führende Ausweichen sei erfolgt, um einen Wildschaden zu vermeiden. Gleiches gilt, wenn der VN zeitnah zum Unfall der Polizei gegenüber erklärt hat, dass »ein Tier (Fuchs, Hund o. ä.)« vor ihr über die Fahrbahn gelaufen sei und ihre Aussage Monate später nach Weckung des Problembewusstseins, aber ohne Zugang zu besseren Erkenntnisquellen dahin präzisiert, dass es ein Fuchs gewesen sei,[608] oder wenn der VN angibt, nicht richtig wahrgenommen zu haben, um welches Tier es sich gehandelt habe, später aber von einem Hasen oder Kaninchen spricht.[609] Der Beweis ist ebenfalls nicht geführt, wenn offen bleibt, ob der VN wegen Steinen oder mehreren Hasen auf der Fahrbahn ausgewichen ist.[610]

281 Steht zwar fest, dass das Ausweichen zur Vermeidung eines Wildunfalles erfolgte, kann der VN aber die **Größe des Tieres nicht beweisen**, so ist zu seinen Lasten davon auszugehen, dass er vor einem kleinen Tier ausgewichen ist, wodurch er regelmäßig einem grob fahrlässigen Irrtum über das Gebotensein der Rettungshandlung unterliegt.[611] Für die **Schwere des Verschuldens** in diesem Fall ist allerdings der VR beweisbelastet, (vgl. A.2.2.1 AKB Rdn. 305).

282 Es existiert **kein Anscheinsbeweis** dafür, dass das Abkommen von der Fahrbahn auf gerader Strecke stets ursächlich auf ein **Ausweichen vor Haarwild** zurückzuführen ist,[612] da die verschiedensten denkbaren **Alternativursachen** (z. B. alkoholbedingte Fahruntüchtigkeit, Geschwindigkeitsüberschreitung, Sekundenschlaf) in Betracht kommen können. Diese hat der VN auszuschließen.[613] Es reicht auch nicht aus, dass **verschiedene Unfallversionen** gleichermaßen wahrscheinlich sind. Behauptet der VN, der in einer langgezogenen Rechtskurve nach einem Bremsmanöver unter im Übrigen ungeklärten Umständen von der Fahrbahn abgekommen zu sein, wegen eines auf die Straße laufenden Rehs ausgewichen zu sein, muss er die Existenz des Rehs als atypische Unfallursache beweisen.[614]

283 Durch die Beweisanforderungen soll der **Missbrauchsgefahr entgegengewirkt** werden, dass der VN bei einem selbst verschuldeten Unfall einen angeblich drohenden Zusammenstoß mit Haarwild vorgibt, um auf diese Weise in den Genuss einer Entschädigungsleistung zu kommen, die er ansonsten nur bei Bestehen einer Vollkaskoversiche-

---

606 OLG Hamm Urt. v. 05.05.2004 – 20 U 29/04 – VersR 2004, 1309 = r+s 2004, 318.
607 OLG Köln Urt. v. 20.04.2004 – 9 U 9/03 – r+s 2004, 228.
608 OLG Köln Urt. v. 16.08.1994 – 9 U 133/94 – VersR 1995, 1231 = r+s 1994, 369.
609 OLG Köln Urt. v. 17.12.1996 – 9 U 112/95 – r+s 1997, 52.
610 LG Lübeck Urt. v. 01.02.1996 – 12 O 198/95 – r+s 1996, 220.
611 OLG Saarbrücken Urt. v. 26.01.2011 – 5 U 356/10-57 – r+s 2011, 380 = zfs 2011, 331.
612 OLG Jena Urt. v. 12.05.1999 – 4 U 1639/98 – VersR 2000, 578 = zfs 1999, 340; AG Nordhorn Urt. v. 02.02.1999 – 3 C 473/99 – SP 2000, 65.
613 Stiefel/*Maier* § 83 VVG Rn. 17.
614 OLG Naumburg Urt. v. 17.12.2002 – 9 U 187/02 – NJW-RR 2003, 677.

rung – mit der Konsequenz einer Belastung seines Schadenfreiheitsrabattes – erlangen könnte.

c) Anspruchsvoraussetzungen

Verunglückt der VN mit seinem Fahrzeug nach einem misslungenen Ausweichmanö- 284
ver, so steht ihm nach den §§ 90, 83 Abs. 1 S. 1 VVG i. V. m. § 82 Abs. 1 und 2
VVG unter folgenden Voraussetzungen ein Anspruch auf Rettungskostenersatz zu:

aa) Aufwendungen bei unmittelbar bevorstehendem Versicherungsfall

Gemäß § 90 VVG muss der Versicherungsfall unmittelbar bevorgestanden haben. Da- 285
mit ist generell gemeint, dass der Versicherungsfall in kurzer Zeit und mit hoher Wahrscheinlichkeit ohne die Rettungsmaßnahme eingetreten wäre.[615] Ersatzfähig sind nach
§ 83 Abs. 1 VVG nur solche Aufwendungen, die auf die Abwendung oder Minderung
eines vom Kaskoversicherungsschutz umfassten, unmittelbar bevorstehenden Versicherungsfalles abzielen. Allgemeine Schadenverhütungskosten, die der VN vor diesem
Zeitpunkt aufwendet, um im Schadenfall nicht mit dem Vorwurf der grob fahrlässigen
Herbeiführung des Versicherungsfalles konfrontiert zu werden, fallen nicht hierunter.
Nach teilweiser Auffassung fehlt es bei einem **drohenden Zusammenstoß mit einem
kleinen Tier** schon an einem unmittelbar bevorstehenden Versicherungsfall, weil ein
Kleintier von vornherein nicht geeignet sei, bei einer Kollision mit dem versicherten
Fahrzeug überhaupt einen Schaden zu erzeugen.[616] Dies erscheint fragwürdig. Abgesehen davon, dass unklar bleibt, bis zu welcher Tiergröße kein drohender Versicherungsfall anzunehmen sein soll, besteht auch kein allgemeiner Erfahrungssatz, wonach
Wildunfälle mit kleinen Tieren nie zu Fahrzeugschäden führen können.[617]

Unter »**Aufwendung**« i. S. v. § 83 Abs. 1 VVG ist jede auch unfreiwillige Vermögens- 286
minderung verstehen, die als adäquate Folge einer Maßnahme des VN zur Schadenabwehr oder –minderung entsteht, wozu auch ein ausweichbedingter Unfallschaden
an dem versicherten Fahrzeug gehört.[618]

bb) Vermeidung eines Zusammenstoßes mit Haarwild

Voraussetzung ist weiter, dass es **ohne das Ausweichmanöver zu einem Zusammenstoß** 287
mit »Haarwild« im Sinne der Wildschadensklausel in A.2.2.1.4 AKB gekommen wäre.
Sind in den betreffenden AKB des jeweiligen VR Zusammenstöße mit Tieren aller Art
versichert, kann die Einordnung des Tieres dahingestellt bleiben. Ansonsten muss feststehen, dass es sich um Haarwild gehandelt hat, denn nur ein solcher Schaden wäre

---

615 Vgl. Prölss/Martin/*Voit* § 62 VVG a. F. Rn. 3.
616 Römer/Langheid § 63 VVG a. F. rn. 13 m. w. N.
617 OLG Saarbrücken Urt. v. 10.10.2001 – 5 U 217/01 – zfs 2002, 143; OLG Köln Urt. v. 10.12.2002 – 9 U 75/02 – SP 2003, 251.
618 OLG Saarbrücken Urt. v. 26.01.2011 – 5 U 356/10-57 – r+s 2011, 380 = zfs 2011, 331, 332; AG Bad Segeberg Urt. v. 30.10.2014 – 17 C 65/14 – r+s 2015, 10.

A.2.2.1 AKB Einzelfälle Haarwild

auch im Falle eines Zusammenstoßes versichert gewesen.[619] Dem VN steht insbesondere dann kein Anspruch zu, wenn das Ausweichmanöver zur Vermeidung einer Kollision mit einem anderen Fahrzeug vorgenommen wurde.[620] Dies gilt selbst dann, wenn ein plötzlicher Spurwechsel des anderen Fahrzeuges durch ein die Fahrbahn kreuzendes Haarwild ausgelöst wurde.[621]

cc) Objektiv auf den Schutz des Kfz abzielende (Reflex-) Rettungshandlung

288 Gemäß § 83 Abs. 1 S. 1 i. V. m. § 82 Abs. 1 VVG werden dem VN Kosten erstattet, wenn er diese aufgewendet hat, um den Eintritt des Versicherungsfalles abzuwenden oder zumindest in seinen Auswirkungen abzumildern. Dies gilt auch bei **erfolglos** gebliebenen Rettungsmaßnahmen, wenn der Fahrzeugführer diese jedenfalls den Umständen nach für geboten halten durfte. Die zu ersetzenden Aufwendungen (Reparaturkosten) müssen zu dem **Zweck** aufgewandt worden sein, das versicherte Risiko nicht eintreten zu lassen. Dazu muss der Fahrzeugführer mit seiner Rettungshandlung den Zweck verfolgen, das versicherte Kfz vor Schaden zu bewahren. Ein **Brems- oder Ausweichmanöver** muss daher auch **darauf abzielen,** den von der Teilkaskoversicherung **gedeckten Schaden am versicherten Fahrzeug** (und damit den Eintritt des Versicherungsfalles = Zusammenstoß mit dem Haarwild) **abzuwenden oder** jedenfalls die Auswirkungen eines ansonsten drohenden Schadens am Fahrzeug **zu vermindern.**

289 Dafür bedarf es grundsätzlich eines **bewussten und gezielten Ausweichens** vor der Gefahr. Ein Schreckmoment des VN beim Erblicken eines Rehs schließt eine gewollte Rettungshandlung nicht aus.[622] Dagegen **genügt es nicht,** wenn die beabsichtigte Abwendung des Versicherungsschadens lediglich eine **Reflexwirkung der Rettungshandlung** war.[623] Weicht der teilkaskoversicherte VN einem entgegenkommenden Kfz zur Abwendung eines in der Teilkasko nicht gedeckten Unfalls aus, wodurch sein Fahrzeug von der Straße abkommt und beschädigt wird und macht er anschließend geltend, jedenfalls auch zur Vermeidung eines ansonsten in der Teilkaskoversicherung zu regulierenden Glasschadens ausgewichen zu sein, stellt sich die Rettung des Fahrzeuges und damit die Abwehr des versicherten Risikos »Glasbruchschaden« nur noch als vollkommen untergeordnetes, geringfügiges Nebeninteresse und damit ausschließlich als Reflexwirkung einer Rettungshandlung des VN dar.[624] In einem solchen Fall ist es nicht ausreichend, wenn der VN durch das Ausweichmanöver vorrangig Gefahr für Leib und Leben von sich selbst abwenden will.[625] Andererseits muss das Ausweichmanöver nicht

---

619 OLG Karlsruhe Urt. v. 17.02.1994 12 U 147/93 – VersR 1995, 1088; Bauer Rn. 1009.
620 Himmelreich/Halm/Staab/*Krahe* Kap. 23 Rn. 287.
621 OLG Düsseldorf Urt. v. 18.12.2001 – 4 U 106/01 – r+s 2002, 230 = zfs 2002, 346.
622 OLG Koblenz Urt. v. 26.11.1999 – 10 U 246/99 – VersR 2000, 1359 = r+s 2000, 97; AG Bad Segeberg Urt. v. 30.10.2014 – 17 C 65/14 – r+s 2015, 10.
623 Vgl. BGH Urt. v. 13.07.1994 – **IV ZR 250/93** – VersR 1994, 1181 = r+s 1994, 326; OLG Koblenz Urt. v. 31.10.2003 – 10 U 1442/02 – VersR 2004, 464 = r+s 2004, 11.
624 BGH Urt. v. 13.07.1994 – **IV ZR 250/93** – VersR 1994, 1181 = r+s 1994, 326; vgl. OLG Koblenz Urt. v. 31.10.2003 – 10 U 1442/02 – VersR 2004, 464 = r+s 2004, 11.
625 BGH Urt. v. 13.07.1994 – **IV ZR 250/93** – VersR 1994, 1181 = r+s 1994, 326.

in jedem Fall zwingend auch von einem **Rettungswillen des VN** getragen sein, das versicherte Fahrzeug vor Schaden zu bewahren.[626]

Ausnahmsweise ist auch eine **Reflexhandlung ausreichend**, wenn sie sich **objektiv als** 290 **eine Rettungshandlung** darstellt, die jedenfalls auch auf die Abwendung des vom Versicherungsschutz umfassten Schadens abzielte. Es kommt dann nicht darauf an, ob der VN diesen Erfolg auch subjektiv primär bezweckte.[627] Dies ist z. B. der Fall bei einem reflexmäßigen **Ausweichen vor größerem Haarwild** (z. B. einem Reh), um einen Schaden vom Fahrzeug abzuwenden.[628] Einem Fahrmanöver des VN kann daher nicht schon deshalb die Qualifikation als Rettungshandlung abgesprochen werden, weil es dem VN möglicherweise **in erster Linie um die Rettung seines eigenen Leib und Lebens** und erst **in zweiter Linie** – reflexartig – auch um den Schutz des versicherten **Fahrzeuges** ging.[629] Denn es entspricht durchaus der Lebenserfahrung, dass ein Kraftfahrer, der zur Vermeidung eines Frontalzusammenstoßes mit einem Tier eine Vollbremsung oder ein Ausweichmanöver vornimmt, jedenfalls auch die Beschädigung seines Fahrzeuges vermeiden will. Dabei handelt es sich auch keineswegs um ein nur geringfügiges Rettungsinteresse, welches bei lebensnaher Betrachtungsweise gänzlich zurücktreten würde.[630] Insofern sind **auch spontane,** durch das Unterbewusstsein gesteuerte, **aber letztlich zielgerichtete Reaktionen** eines Fahrzeugführers als objektiv geeignete Rettungsmaßnahmen einzustufen.[631]

Demgegenüber genügt es nicht, wenn der VN durch das Ausweichmanöver lediglich 291 das Leben des Tieres retten will. **Motive des Tierschutzes** spielen versicherungsrechtlich keine Rolle.[632]

dd) Subjektiv den Umständen nach erforderliche Rettungshandlung

Der Anspruch des VN auf Aufwendungsersatz bedingt, dass die Rettungshandlung zur 292 Abwendung des drohenden Schadens entweder **objektiv geboten und erforderlich** war oder der VN (bzw. ein **berechtigter Fahrer**, vgl. A.2.2.1 AKB Rdn. 310 ff.) das Ausweichmanöver zur Rettung des Fahrzeuges (nicht des Wilds!) **subjektiv den Umständen nach für geboten halten** durfte, (§ 83 Abs. 1 S. 1 BGB). Ist der zu erwartende Schaden durch ein Ausweichmanöver größer als der Schaden bei der Kollision mit dem Wild, stellt sich die Frage, ob dem VN bei einer Fehleinschätzung jeder Irrtum zum Nachteil gereicht. Nach teilweiser Auffassung soll der Anspruch schon bei jeg-

---

626 Vgl. BGH Urt. v. 18.12.1996 – **IV ZR 321/95** – VersR 1997, 351 = r+s 1997, 98.
627 BGH Urt. v. 13.07.1994 – **IV ZR 250/93** – VersR 1994, 1181 = r+s 1994, 326; OLG Saarbrücken Urt. v. 26.01.2011 – 5 U 356/10-57 – r+s 2011, 380 = zfs 2011, 331.
628 OLG Köln Urt. v. 11.10.2005 – 9 U 34/05 – r+s 2006, 147 = zfs 2006, 459; OLG Oldenburg Urt. v. 22.09.2004 – 3 U 80/04 – zfs 2005, 24 = MDR 2004, 34.
629 OLG Koblenz Urt. v. 19.05.2006 – 10 U 1415/05 – VersR 2007, 831 = r+s 2006, 412.
630 Vgl. OLG Hamm Urt. v. 07.05.2004 – 20 U 48/04 – VersR 2004, 1409 = r+s 2004, 319.
631 OLG Jena Urt. v. 07.03.2001 – 4 U 893/00 – VersR 2001, 855 = NJW-RR 2001, 1319; LG Limburg Urt. v. 17.02.2010 – 2 O 137/09 – SP 2010, 190.
632 A. A. LG Marburg Urt. v. 03.03.1994 – 1 O 8/94 – NJW-RR 1994, 805 = r+s 1995, 49.

lichem Verkennen der Gebotenheit einer Rettungsmaßnahme vollständig entfallen, weil es für diesen Fall an den tatbestandlichen Voraussetzungen des § 83 Abs. 1 S. 1 VVG fehle.[633] Hiergegen spricht allerdings der Wortlaut der Vorschrift, die gerade eine Erstattungspflicht »insoweit« normiert, als der VN die Aufwendungen für geboten halten durfte.[634] Die Gegenmeinung will dem VN den Aufwendungsersatzanspruch schon bei nur leichter Fahrlässigkeit, eine andere Ansicht hingegen nur bei Vorsatz versagen.[635]

293 Richtigerweise ist mit der h. M. davon auszugehen, dass dem VN ein **Irrtum über die objektive Gebotenheit und Tauglichkeit der Rettungsmaßnahme so lange nicht schadet, wie der Irrtum nicht auf Vorsatz oder grober Fahrlässigkeit beruht.**[636] Hierfür spricht der enge Zusammenhang mit § 81 VVG und der Umstand, dass das in § 83 Abs. 1 VVG normierte »Rettungsrecht« das notwendige Gegenstück der dem VN in § 82 Abs. 1 VVG auferlegten Rettungsobliegenheit darstellt.[637] Es wäre ein **Wertungswiderspruch**, wenn ein VN, der über die Gebotenheit einer Rettungsmaßnahme irrt, einem strengeren Haftungsmaßstab unterworfen wäre als ein VN, dem bei der Herbeiführung eines Versicherungsfalles oder der Verletzung von Rettungsobliegenheiten nur grobe Fahrlässigkeit schadet.[638]

294 Ob die **Rettungshandlung erforderlich und geboten war**, hängt maßgeblich von der **Größe des Wilds** ab.[639] Droht ein Fahrzeugschaden durch den Zusammenstoß mit einem Tier, ist der versicherte Sachschaden stets gegen die durch ein Brems- und Ausweichmanöver drohenden Fahrzeugschäden **abzuwägen**, die der VR im Fall eines gebotenen Ausweichens erstatten muss. Nur solche Handlungen sind zur Rettung geboten, bei denen die sicher oder möglicherweise entstehenden **Aufwendungen**, d. h. die durch das Risiko eines Ausweichmanövers entstehenden Schäden, in einem **vernünftigen, angemessenen Verhältnis zum angestrebten Erfolg**, d. h. dem bei einer Kollision mit dem Wild ansonsten zu erwartenden Schaden stehen. Die Rettungshandlung darf also **keine unverhältnismäßigen Kosten** verursachen. Zumindest muss der VN ein vernünftiges Verhältnis ohne grobe Fahrlässigkeit für geboten halten dürfen. Dabei ist eine **ex-ante**

---

633 Marlow/Spuhl S. 168 ff.
634 OLG Koblenz Urt. v. 14.01.2011 – 10 U 239/10 – VersR 2012, 54 = r+s 2012, 67.
635 Vgl. Prölls/Martin/ Voit § 83 VVG Rn. 7 ff. m. w. N. zum Meinungsstand.
636 Vgl. BGH Urt. v. 25.06.2003 – **IV ZR 276/02** – VersR 2003, 1250 = r+s 2003, 406 (im Ergebnis offen gelassen); BGH Urt. v. 18.12.1996 – **IV ZR 321/95** – VersR 1997, 351 = r+s 1997, 98; OLG Koblenz Urt. v. 14.01.2011 – 10 U 239/10 – VersR 2012, 54 = r+s 2012, 67, jeweils m. w. N. zum Meinungsstand; OLG Saarbrücken Urt. v. 26.01.2011 – 5 U 356/10-57 – r+s 2011, 380 = zfs 2011, 331; OLG Koblenz Urt. v. 31.10.2003 – 10 U 1442/02 – VersR 2004, 464 = r+s 2004, 11; Looschelders/Pohlmann/Schmidt-Kessel § 83 Rn. 9; a. A. Schulz VersR 1994, 1275, 1277.
637 OLG Koblenz Urt. v. 31.10.2003 – 10 U 1442/02 – VersR 2004, 464 = r+s 2004, 11.
638 OLG Saarbrücken Urt. v. 26.01.2011 – 5 U 356/10-57 – r+s 2011, 380 = zfs 2011, 331, 333; Stiefel/*Maier* § 83 VVG Rn. 15; Prölss/Martin/*Voit* § 63 VVG a. F. Anm. 2a; Bruck/Möller/Koch § 83 VVG Rn. 57, 58; Nugel DAR 2011, 484, 486.
639 BGH Urt. v. 25.06.2003 – **IV ZR 276/02** – VersR 2003, 1250 = r+s 2003, 406.

Betrachtung anzustellen. Hat der VN die Gebotenheit, Tauglichkeit oder Angemessenheit der Rettungsmaßnahme mindestens grob fahrlässig falsch eingeschätzt, besteht kein Anspruch auf Aufwendungsersatz.[640] Grobe Fahrlässigkeit liegt vor, wenn der VN die im Verkehr erforderliche Sorgfalt nach den gesamten Umständen in ungewöhnlich hohem Maß verletzt und dasjenige unbeachtet lässt, was in dem gegebenen Fall jedem hätte einleuchten müssen. Abzustellen ist darauf, wie ein durchschnittlicher, verständiger VN in der konkreten Situation entschieden hätte.[641] Geht es um die freiwillige Inkaufnahme eines Schadensrisikos, darf dieses jedenfalls nicht größer sein, als der ohne die Rettungshandlung drohende Schaden.[642] In besonderem Maße kann es sich bei der Abwägung zulasten des VN auswirken, wenn er mit einem **schweren Pkw** nicht nur abrupt abbremst, sondern gleichzeitig auch zur Seite lenkt, um einem Hasen auszuweichen.[643]

Bei **größerem Haarwild** (z. B. Hirsch, Reh, Wildschwein) ist ein Ausweichen schon **objektiv geboten**, um eine Beschädigung des eigenen Kfz zu vermeiden.[644] Auf die objektive Geeignetheit eines Bremsmanövers, die Kollision mit dem Tier zu vermeiden, kommt es nicht an.[645] Zudem darf der VN aufgrund der Körpermasse des Tieres regelmäßig ein Ausweichmanöver **subjektiv für erforderlich halten**, um eine drohende Kollision für das versicherte Fahrzeug abzuwenden.[646]

Droht ein Zusammenstoß mit **kleineren Tieren** (z. B. Kaninchen, Hase, Marder, Wiesel), geht die Rechtsprechung überwiegend davon aus, dass der VN das mit einem (oftmals abrupten) Ausweichmanöver oder einer riskanten Vollbremsung verbundene erhebliche Risiko eines noch größeren Schadens am Fahrzeug jedenfalls **subjektiv nicht für geboten** halten durfte.[647] Dies gilt auch dann, wenn letztlich offen bleibt, ob es sich

---

640 Prölss/Martin/*Voit*/*Knappmann* § 63 VVG a. F. Rn. 9; Römer/Langheid § 63 VVG a. F. Rn. 7.
641 Rüffer/Halbach/Schimikowski § 83 Rn. 13.
642 BGH Urt. v. 25.06.2003 – IV ZR 276/02 – VersR 2003, 1250 = r+s 2003, 406.
643 OLG Düsseldorf Urt. v. 05.10.1993 – 4 U 15/93 – r+s 1993, 450.
644 OLG Köln Urt. v. 11.10.2005 – 9 U 34/05 – r+s 2006, 147 = zfs 2006, 459 (**Reh**); OLG Oldenburg Urt. v. 22.09.2004 – 3 U 80/04 – zfs 2005, 24 = MDR 2004, 34 (**Reh**); LG Koblenz Urt. v. 24.11.2003 – 5 O 448/01 – ADAJUR Dok.Nr. 57742 (**Wildschwein**); OLG Köln Urt. v. 19.09.2000 – 9 U 48/99 – r+s 2000, 495 (**Reh und Kleinwagen**); OLG Schleswig Urt. v. 27.06.1994 – 9 U 117/93 – r+s 1994, 450 (**Reh**); AG Bad Segeberg Urt. v. 30.10.2014 – 17 C 65/14 – r+s 2015, 10 (**2 Rehe**).
645 Vgl. AG Bad Segeberg Urt. v. 30.10.2014 – 17 C 65/14 – r+s 2015, 10 (**2 Rehe**).
646 OLG Koblenz Urt. v. 26.11.1999 – 10 U 246/99 – VersR 2000, 1359 = r+s 2000, 97 (**Reh**); OLG Jena Urt. v. 07.03.2001 – 4 U 893/00 – VersR 2001, 855 = NJW-RR 2001, 1319 (**Wildschweine**); OLG Koblenz Urt. v. 19.05.2006 – 10 U 1415/05 – VersR 2007, 831 = r+s 2006, 412 (**Rehe**).
647 OLG Bremen Urt. v. 17.09.2002 – 3 U 33/02 – r+s 2003, 276 (**Dachs**); OLG Nürnberg Urt. v. 27.02.1997 – 8 U 3572/96 – r+s 1997, 359 = NZV 1997, 313 (**Marder**); OLG Köln Urt. v. 17.12.1996 – 9 U 112/95 – r+s 1997, 52 (**Hase**); OLG Frankfurt/M. Urt. v. 05.05.1994 – 15 U 256/92 – r+s 1995, 49 = SP 1994, 323 (**Dachs**); OLG Düsseldorf Urt. v. 05.10.1993 – 4 U 15/93 – r+s 1993, 450 (**Hase und Pkw Mercedes 230 E**);

A.2.2.1 AKB Einzelfälle Haarwild

bei dem auf die Fahrbahn gelaufenen Haarwild um ein kleineres oder größeres Tier gehandelt hat.[648] Im Falle eines unmittelbar bevorstehenden Zusammenstoßes eines Mittelklassewagens mit einem **Hasen** bei 90 km/h auf gerader Strecke ist der zu erwartende Schaden am Fahrzeug zu gering, um eine gefährliche, letztlich zum Unfall führende plötzliche Fahrtrichtungsänderung des VN zu rechtfertigen.[649] Der VN unterliegt in einem solchen Fall einem grob fahrlässigen Irrtum über das Gebotensein seiner Rettungshandlung und der damit verbundenen Aufwendungen, also letztlich des entstandenen Fahrzeugschadens.

297   Ob ein Pkw-Fahrer auch das **Ausweichen vor einem Fuchs** regelmäßig für geboten halten darf, kann nur unter Berücksichtigung aller Umstände des Einzelfalles entschieden werden. In der Regel rechtfertigt das Gewicht eines rund 10 kg schweren Fuchses, auch wenn er beim Aufprall erhebliche Zerstörungen am Fahrzeug verursachen mag, ein risikoreiches, absehbar folgenträchtiges Ausweichmanöver des VN nicht.[650] Dies gilt selbst bei einer mit der Tieferlegung des Fahrzeuges verbundenen Gefahr, dass der Fuchs in die Luft geschleudert wird und gegen die Windschutzscheibe prallt.[651] Bei normalen Straßenverhältnissen und einer Geschwindigkeit von 80 bis 100 km/h wird ein Ausweichen vor einem Fuchs – selbst auch unter Berücksichtigung der schutzwürdigen Lebensinteressen des Fuchses – daher in keinem angemessen Verhältnis stehen zu dem durch einen Zusammenstoß mit einem Fuchs aller Wahrscheinlichkeit nach drohenden geringeren Schaden und somit **grob fahrlässig** sein.[652]

OLG Hamburg Urt. v. 15.07.1992 – 14 U 66/92 – VersR 1992, 1508 = zfs 1992, 377 (**Hase**); OLG Köln Urt. v. 13.07.1992 – 5 U 48/92 – r+s 1992, 295 = NZV 1993, 155 (**Kaninchen/Hase und Pkw BMW**); LG Düsseldorf Urt. v. 16.06.1994 – 11 O 316/93 – r+s 1995, 7 (**Hase**); a. A. OLG Nürnberg Urt. v. 17.12.1992 – 8 U 2451/92 – r+s 1993, 206 (**Hase**); AG Nördlingen Urt. v. 30.11.2005 – 5 C 29/05 – zfs 2006, 396 = NZV 2006, 427 (**Biber**).

648   OLG Saarbrücken Urt. v. 26.01.2011 – 5 U 356/10-57 – r+s 2011, 380 = zfs 2011, 331 (unklar blieb, ob der VN einem Kaninchen oder Reh ausgewichen war).

649   BGH Urt. v. 18.12.1996 – **IV ZR 321/95** – VersR 1997, 351 = r+s 1997, 98.

650   OLG Frankfurt/M. Urt. v. 23.01.2002 – 7 U 100/01 – NVersZ 2002, 316; OLG Koblenz Urt. v. 14.01.2011 – 10 U 239/10 – VersR 2012, 54 = r+s 2012, 67 (rk. nach Revisionsrücknahme BGH IV ZR 36/11); LG Trier Urt. v. 03.04.2010 – 4 O 241/09 – r+s 2010, 509 = zfs 2010, 510; LG Marburg Urt. v. 17.01.2006 – 2 O 80/05 – NZV 2006, 425 = r+s 2006, 188 (**Pkw Mercedes S 500**); LG Bonn Urt. v. 05.04.1994 – 13 O 43/94 – r+s 1995, 7.

651   BGH Urt. v. 25.06.2003 – **IV ZR 276/02** – VersR 2003, 1250 = r+s 2003, 406.

652   Ganz **h. M.**: OLG Koblenz Urt. v. 31.10.2003 – 10 U 1442/02 – VersR 2004, 464 = r+s 2004, 11; OLG Frankfurt/M. Urt. v. 29.08.2001 – 7 U 187/00 – PVR 2002, 178; OLG Karlsruhe Urt. v. 04.03.1999 – 12 U 264/98 – r+s 1999, 404; OLG Köln Urt. v. 16.06.1998 – 9 U 204/97 – r+s 1998, 365 = zfs 1999, 66; OLG Köln Urt. v. 13.01.1998 – 9 U 13/98 – r+s 2000, 96; OLG Jena Urt. v. 17.07.1996 – 4 U 230/96 – VersR 1997, 609 = r+s 1997, 279; OLG Köln Urt. v. 16.08.1994 – 9 U 133/94 – VersR 1995, 1231 = r+s 1994, 369; OLG Frankfurt/M. Urt. v. 31.03.1993 – 7 U 148/92 – SP 1994, 194; LG Marburg Urt. v. 17.01.2006 – 2 O 80/05 – NZV 2006, 425 = r+s 2006, 188; LG Ellwangen Urt. v. 28.11.1997 – 5 O 369/97 – SP 1998, 223; r+s 2000, 96; LG Kempten Urt. v. 09.10.1997 – 2 O 1802/97 – SP 1998, 222; LG Stralsund Urt. v. 15.12.1994 – 5 O 42/94 – zfs 1995, 380; LG Kleve Urt. v. 09.01.1992 – 4 O 300/91 – SP 1992, 86; a. A. OLG Nürnberg Urt. v.

Einzelfälle Haarwild A.2.2.1 AKB

Der **BGH**[653] hat zwar bei einem reflexartig leichten Ausweichen eines Kraftfahrers vor einem **Fuchs** auf einer Autobahn die Einschätzung des Berufungsgerichts, es läge keine grobe Fahrlässigkeit i. S. d. § 61 VVG a. F. vor, gebilligt. Hieraus kann aber nicht abgeleitet werden, dass der BGH im Rahmen des § 83 Abs. 1 S. 1 VVG das Ausweichmanöver eines VN vor einem Fuchs generell für geboten halten könnte, zumal die Entscheidung im Rahmen des § 61 VVG a. F. erging und nicht zur Frage eines möglichen Rettungskostenersatzes nach § 63 VVG a. F. Im Übrigen kann davon ausgegangen werden, dass der BGH ein reflexartiges, abruptes und unkontrolliertes Ausweichmanöver eines VN, verbunden mit einem scharfen Abbremsen und dem Verlust der Fahrzeugkontrolle auch subjektiv als grob fahrlässig und damit als nicht geboten eingestuft hätte. Das im konkreten Fall vom VN lediglich vorgetragene und vom VR nicht widerlegbare »reflexartige leichte Ausweichen« genügte ihm dagegen nicht, um ein grob fahrlässiges Verhalten zu begründen. 298

Bei einem **Motorrad** ist im Rahmen der Abwägung, ob die Rettungshandlung objektiv geboten war oder der VN das vollzogene Ausweichmanöver ohne grobe Fahrlässigkeit für erforderlich halten durfte, die gegenüber einem Pkw **geringere Bodenhaftung und Fahrstabilität** zu berücksichtigen.[654] Jedenfalls dann, wenn ein Motorradfahrer in einer **Kurvenschräglage** versucht, durch Abbremsen und Ausweichen einen Zusammenstoß mit einem die Straße überquerenden Fuchs oder Kleinwild (Kaninchen, Hase, Marder, Wiesel o. ä.) zu vermeiden, wird man im Regelfall wegen der akuten Gefahr des seitlichen Wegrutschens und der damit einhergehenden beträchtlichen Beschädigung des Motorrades **kein grob fahrlässiges Fahrverhalten** vorwerfen können.[655] Dies gilt erst recht bei einem Ausweichen vor größeren Tieren.[656] 299

Bei der Abwägung sind stets alle Umstände des Einzelfalles zu berücksichtigen. Sowohl **Größe, Gewicht** und **Fahrzeugart** (Motorrad, Pkw, Lkw), als auch die technische **Sicherheitsausstattung** (Antiblockiersystem, automatische Abstandsregelung, Antriebs-Schlupf-Regelung, Spurhalte-Assistent), die **Fahrgeschwindigkeit** sowie die **Straßen-, Sicht- und Witterungsverhältnisse** (gerade Strecke oder Kurvenfahrt, trockene oder nasse, laubbedeckte Fahrbahn) sind von Bedeutung für die Beurteilung der Frage, ob das Ausweichmanöver objektiv geboten war oder der VN seine plötzliche Fahrtrich- 300

29.07.1999 – 8 U 1477/99 – DAR 2001, 224; LG Köln Urt. v. 11.11.1998 – 19 S 502/97 – SP 1999, 102; LG Verden Urt. v. 19.12.1997 – 6 S 208/97 – NVersZ 1998, 90 = zfs 1998, 263.
[653] BGH Urt. v. 11.07.2007 – **XII ZR 197/05** – VersR 2007, 1531 = NJW 2007, 2988.
[654] Vgl. OLG Hamm Urt. v. 16.12.1992 – 20 U 171/92 – r+s 1994, 167 = NZV 1993, 401.
[655] OLG Hamm Urt. v. 03.05.2001 – 6 U 209/00 – r+s 2001, 495 = zfs 2001, 461 (**Fuchs**); OLG Köln Urt. v. 10.10.1998 – 9 U 176/97 – NVersZ 1999, 137 = SP 1999, 25 (**Hase**); LG München I Urt. v. 14.04.2010 – 25 O 13700/09 – ADAJUR Dok.Nr. 97665 (**Hase**); LG Hamburg Urt. v. 03.08.2006 – 323 O 106/06 – juris (**Hase bzw. Kaninchen**); a. A. LG Halle Urt. v. 02.10.1996 – 5 O 216/96 – r+s 1998, 57 (**Marder**).
[656] OLG Koblenz Urt. v. 19.05.2006 – 10 U 1415/05 – VersR 2007, 831 = r+s 2006, 412 (**Rehe**).

A.2.2.1 AKB Einzelfälle Haarwild

tungsänderung jedenfalls subjektiv für geboten halten durfte.[657] Bei **Schneeglätte** ist eine Vollbremsung zur Vermeidung einer Kollision mit zwei Rehen objektiv jedenfalls dann geboten, wenn die Ausgangsgeschwindigkeit des VN-Kfz nur gering war.[658] Entscheidend ist auch, ob der Fahrzeugführer **völlig unerwartet** und **überraschend** mit dem drohenden Wildunfall konfrontiert wurde (Autobahn oder Waldstück mit Warnschildern vor Wildwechsel) und welche **Reaktionszeit** ihm verblieb, um den drohenden Schaden eines Zusammenstoßes mit dem Wild gegen die Risiken eines Brems- und/ oder Ausweichmanövers abzuwägen.[659] Daneben spielen auch die **Größe**, **Entfernung** und das **Verhalten des Tieres** eine entscheidende Rolle für die Frage, ob der VN ein Ausweichmanöver für geboten halten durfte.[660] Je kleiner das Tier und je größer und schwerer das Fahrzeug ist, desto weniger wird der VN ein Ausweichmanöver für geboten halten dürfen.

301 Erleidet der VN einen Unfall, weil er z. B. nachts bei eingeschränkten Sichtverhältnissen **unter erheblicher Überschreitung der zulässigen Höchstgeschwindigkeit einem größeren Haarwild** (z. B. einem Wildschwein) **ausweicht**, ist zwar das Ausweichmanöver zwar als solches objektiv geboten, so dass den VN insoweit nicht der Vorwurf grober Fahrlässigkeit trifft. Wäre es jedoch zu einem Zusammenstoß mit dem Haarwild gekommen, hätte der VR seine nach A.2.2.1.4 AKB zu erbringende Entschädigungsleistung wegen grob fahrlässiger Herbeiführung des Versicherungsfalles »Wildschaden« nach A.2.9.1 AKB, § 81 Abs. 2 VVG kürzen können. Ist der VR aber berechtigt, seine Leistung zu kürzen, kann er gemäß **§ 83 Abs. 2 VVG** auch den Aufwendungsersatz beim berührungslosen Wildschaden kürzen.[661]

d) **Vollständige Leistungsfreiheit des VR bei grob fahrlässiger Fehleinschätzung über die Gebotenheit der Rettungshandlung?**

302 Bei riskanten Fahr- und Ausweichmanövern wegen eines Kleintieres, die zu einem erheblichen Schaden am versicherten Fahrzeug führen, unterliegt der VN einem grob fahrlässigen Irrtum über die Gebotenheit seiner Rettungshandlung. Umstritten ist, ob der **Anspruch des VN** nach § 83 Abs. 1 S. 1 VVG bei dieser Fallgestaltung **gänzlich entfällt**, oder ob der VR lediglich berechtigt ist, die »Rettungskosten« in einem der Schwere des Verschuldens entsprechenden Verhältnis zu kürzen.[662]

303 Zum Teil wird vertreten, dass **nach dem Wortlaut des § 83 VVG** für eine Quotierung bei grober Fahrlässigkeit entsprechend § 81 Abs. 2 VVG, abgestuft nach der Schwere des Verschuldens beim VN, **kein Raum** ist, weil eine mit § 81 VVG vergleichbare Regelung in § 83 VVG fehlt. § 82 VVG normiert zwar eine Rettungsobliegenheit des VN

---

657 Vgl. BGH Urt. v. 25.06.2003 – **IV ZR 276/02** – VersR 2003, 1250 = r+s 2003, 406.
658 AG Bad Segeberg Urt. v. 30.10.2014 – 17 C 65/14 – r+s 2015, 10.
659 Vgl. LG Limburg Urt. v. 17.02.2010 – 2 O 137/09 – SP 2010, 190.
660 LG Stralsund Urt. v. 07.08.1997 – 1 S 352/96 – ADAJUR Dok.Nr. 30912.
661 Vgl. OLG Karlsruhe Urt. v. 17.02.1994 – 12 U 147/93 – VersR 1995, 1088 = NZV 1994, 443.
662 Vgl. zum Meinungsstand Bruck/Möller/Koch § 83 VVG Rn. 55.

zugunsten des versicherten Fahrzeuges, bei deren grob fahrlässiger Verletzung der VR nach § 82 Abs. 3 S. 2 VVG die Versicherungsleistung kürzen kann, wobei dies gemäß § 83 Abs. 2 VVG auch für den Aufwendungsersatz gilt; bei einem Ausweichmanöver ist der VN aber seiner (vermeintlichen) Rettungsobliegenheit nachgekommen, so dass die in § 82 Abs. 3 sowie § 83 Abs. 2 VVG erwähnten Pflichtverletzungen gerade nicht vorliegen. Es handelt sich daher gerade nicht um eine Konstellation, bei der eine grundsätzlich zunächst bestehende Leistungsverpflichtung des VR wegen der Verletzung einer in § 82 Abs. 1 und 2 VVG beschriebenen Obliegenheit (teilweise) in Wegfall gerät. Vielmehr **fehlt es von vornherein an einer vom VN zu beweisenden primären Anspruchsvoraussetzung** für einen Anspruch auf Aufwendungsersatz, weil dieser in § 83 Abs. 1 VVG daran geknüpft ist, dass der VN die Rettungshandlung »den Umständen nach für geboten halten durfte«. Da diese Voraussetzungen bei einem Ausweichmanöver wegen eines Kleintieres nicht erfüllt sind und auch eine Quotierung der Versicherungsleistung für den Fall, dass der VN grob fahrlässig über die Tauglichkeit seiner Rettungsmaßnahme irrt, vom Gesetz nicht vorgesehen ist, entfällt nach dieser Meinung die Leistungsverpflichtung des VR in Gänze.[663]

Nach anderer Auffassung, der zuzustimmen ist, ist dem VN auch im Falle einer grob fahrlässigen Fehleinschätzung der Gebotenheit einer Rettungshandlung zumindest ein **gekürzter Anspruch zuzubilligen** entsprechend einer sich an der Schwere seines Verschuldens zu orientierenden Quote. Wenn dem VN bei einem Irrtum über die Erforderlichkeit der Rettungskosten nur ein grob fahrlässiges Fehlverhalten schadet (vgl. A.2.2.1 AKB Rdn. 292 ff.), weil der VN auch im Falle der Herbeiführung des Versicherungsfalles gemäß § 81 VVG oder im Falle einer Verletzung seiner Rettungs- und Schadenminderungsobliegenheit in § 82 Abs. 1 VVG nur bei grober Fahrlässigkeit mit einer Leistungskürzung rechnen müsste, muss konsequenterweise dem VN, der zur Vermeidung eines Wildunfalles ein Ausweichmanöver einleitet, welches nicht objektiv geboten war und auch subjektiv vom VN nicht für erforderlich gehalten werden durfte, ein zumindest anteiliger Rettungskostenersatzanspruch zugesprochen werden. Es wäre ein **Wertungswiderspruch**, würde man gemäß § 81 Abs. 2 VVG bzw. § 83 Abs. 2 VVG demjenigen VN, der den Versicherungsfall grob fahrlässig herbeiführt bzw. grob fahrlässig seine Rettungsobliegenheiten verletzt, den Entschädigungs- bzw. Aufwendungsersatzanspruch zumindest teilweise zubilligen, jedoch andere Maßstäbe anlegen, wenn er grob fahrlässig die Gebotenheit einer Rettungsmaßnahme (Brems- und/oder Ausweichmanöver) falsch einschätzt.[664] Es kommt hinzu, dass der VR bei gleicher

304

---

663 Maier/Stadler Rn. 219; Stiefel/*Maier* § 83 VVG Rn. 19; Rüffer/Halbach/Schimikowski § 83 Rn. 13; Marlow/Spuhl S. 169.
664 OLG Saarbrücken Urt. v. 26.01.2011 – 5 U 356/10-57 – r+s 2011, 380 = zfs 2011, 331, 334; diskutiert von OLG Koblenz Urt. v. 14.01.2011 – 10 U 239/10 – VersR 2012, 54 = r+s 2012, 67 (im Ergebnis offen gelassen); LG Trier Urt. v. 03.04.2010 – 4 O 241/09 – r+s 2010, 509 = zfs 2010, 510; AG Bad Segeberg Urt. v. 30.10.2014 – 17 C 65/14 – r+s 2015, 10; Bruck/Möller/Koch § 83 VVG Rn. 55; Nugel DAR 2011, 484, 487; Münchener Kommentar-VVG/*Wandt* § 83 VVG Rn. 35; Burmann/Heß/Stahl Rn. 427 ff., 619; Rixecker zfs 2007, 255, 256; Schirmer DAR 2008, 319, 324.

A.2.2.1 AKB   Einzelfälle Haarwild

Fallgestaltung in der **Vollkaskoversicherung** eine Entschädigungsleistung nach § 81 Abs. 2 VVG regelmäßig auch nicht gänzlich versagen, sondern nur anteilig kürzen könnte.

305 Soweit eine **quotale Kürzung des Aufwendungsersatzanspruchs** nach § 83 Abs. 1 S. 1 VVG wegen grob fahrlässiger Verkennung der Gebotenheit des Brems- oder Ausweichmanövers infrage kommt, trifft den **VR** die **Beweislast** für den Umfang der Kürzung. Es bedarf der Abwägung aller objektiven und subjektiven **Umstände des Einzelfalles**, (vgl. A.2.9.1 AKB Rdn. 9 ff.). Zu berücksichtigen ist, dass der VN völlig unerwartet mit einer für ihn regelmäßig ungewohnten Gefahrensituation konfrontiert wird, in **Sekundenbruchteilen die Entscheidung treffen** muss, ob er ausweicht oder nicht und oftmals schon deshalb oder auch aus **Aufregung, Verwirrung** oder **Schrecken** nicht die objektiv notwendigen Maßnahmen ergreifen wird.[665] Grundsätzlich muss allerdings von einem Fahrzeugführer verlangt werden, dass er in der Lage ist, auch auf unerwartete Ereignisse sachgerecht zu reagieren.[666] Entscheidend ist auch, ob der Fahrer durch eine **Beschilderung** vor Wildwechsel gewarnt war oder aufgrund seiner **Ortskunde** sich der besonderen Gefahrenlage hätte bewusst sein müssen. Maßgebliche Bedeutung haben im Rahmen der Abwägung auch die **Witterungsbedingungen**, eine ggf. unangepasste **Geschwindigkeit**, die **Entfernung** zum auftauchenden Wild und die Frage, ob es sich um ein gut erkennbares **kleines Tier** handelte.[667]

306 Für den typischen Fall eines Ausweichens vor einem kleinen Tier werden **Kürzungsquoten** von 33,3 %,[668] 50 %[669] oder auch 40–60 %[670] empfohlen.

307 Dies entspricht auch der Auffassung der Rechtsprechung:
– **Ausweichen vor einem Fuchs**, der auf halber Strecke umkehrt, mit Mittelklassewagen bei 70–80 km/h nachts in einer Rechtskurve auf einer Landstraße ohne Warnschilder vor Wildwechsel (Kürzung um 60 %);[671]
– **Ausweichmanöver mit übermäßiger Lenkbewegung** ohne Bremsen auf einer BAB bei 120 km/h, wobei der VN die Hände vom Lenkrad nimmt und sich vor die Augen hält und hinsichtlich der Größe des Tieres nur feststeht, dass es nicht größer als ein Hase war (Kürzung um 50 %).[672]

308 Eine quotale Kürzung des Anspruchs auf Ersatz von »Rettungskosten« ist dem VR verwehrt, sofern er in seinem Bedingungswerk (AKB) einen **Verzicht auf den Einwand der grob fahrlässigen Herbeiführung des »Schadenfalles«** erklärt hat. Ein solcher Verzicht

---

665 Vgl. Münchener Kommentar-VVG/*Looschelders* § 82 VVG Rn. 15.
666 BGH Urt. v. 18.12.1996 – IV ZR 321/95 – VersR 1997, 351 = r+s 1997, 98.
667 Vgl. Nugel DAR 2011, 484, 487.
668 Meschkat/Nauert/*Stehl* Rn. 131.
669 Schwintowski/Brömmelmeyer/*Kloth/Neuhaus* § 81 VVG Rn. 62.
670 Nugel, Kürzungsquoten nach dem VVG, § 2 Rn. 149; vgl. die Übersicht bei Nugel DAR 2011, 484, 487.
671 LG Trier Urt. v. 03.04.2010 – 4 O 241/09 – r+s 2010, 509 = zfs 2010, 510.
672 OLG Saarbrücken Urt. v. 26.01.2011 – 5 U 356/10-57 – r+s 2011, 380 = zfs 2011, 331, 334.

beschränkt sich nicht nur auf »Versicherungsfälle«, sondern gilt ganz allgemein auch dann, wenn der VN einen Versicherungsfall (Zusammenstoß mit Haarwild) verhindern will und dabei grob fahrlässig einen Schaden an seinem Fahrzeug verursacht.[673]

e) **Leistungskürzung in der Vollkaskoversicherung**

Letztlich riskiert der VN nicht nur seinen Teilkaskoversicherungsschutz, sondern auch eine Leistungskürzung im Rahmen einer ggf. zusätzlich noch bestehenden Vollkaskoversicherung, da gefährliche Ausweichmanöver vor kleinen Tieren teilweise als **grob fahrlässige Herbeiführung des** in A.2.3.2 AKB beschriebenen **Versicherungsfalles** »Unfall« gemäß A.2.9.1 AKB, § 81 Abs. 2 VVG eingestuft werden,[674] (vgl. auch A.2.9.1 AKB Rdn. 304 ff.). Dabei sind die für die Ansprüche **aus der Teilkaskoversicherung entwickelten Grundsätze** in Bezug auf die Prüfung eines grob fahrlässigen Verhaltens des VN auch **auf die Vollkaskoversicherung übertragbar**.[675] So wird ein reflexartiges abruptes und unkontrolliertes Ausweichmanöver, verbunden mit einer scharfen Abbremsung, aufgrund dessen der Fahrer die Herrschaft über sein Fahrzeug verliert, in der Regel subjektiv als grob fahrlässig begangener Fahrfehler zu bewerten sein, was es aber nicht ausschließt, dass ein Tatrichter bei einem Fahrer, der mit seinem Fahrzeug einem die Fahrbahn überquerenden Fuchs reflexartig ausweicht, zu einer revisionsrechtlich nicht zu beanstandenden anderen Bewertung kommt.[676]

309

f) **Rettungshandlung durch vom VN personenverschiedene Fahrer**

Rettungshandlungen können auch von Dritten vorgenommen werden, wenn der vom VN personenverschiedene berechtigte Fahrer ein Ausweichmanöver durchführt und damit eine Rettungshandlung auf Kosten des VN vornimmt. Bei der Beurteilung, **ob die Aufwendungen für geboten gehalten werden durften, ist auf die Person des handelnden Dritten abzustellen**.[677] Es schadet dem VN daher, wenn das von dem Dritten vollzogene Fahrmanöver, welches zum Schaden an dem versicherten Fahrzeug geführt hat, objektiv nicht geboten war oder der Dritte es den Umständen nach für nicht geboten halten durfte und diesbezüglich grob fahrlässig gehandelt hat. Dies gilt **auch dann, wenn der Dritte nicht Repräsentant des VN ist**.[678] Insofern besteht ein Unterschied zur Leistungsfreiheit des VR nach A.2.9.1 AKB, § 81 VVG, wo dem VN nur das Fehlverhalten eines Repräsentanten zugerechnet werden kann.

310

Hintergrund hierfür ist der Umstand, dass § 83 Abs. 1 S. 1 VVG zwar seinem Wortlaut nach nur »Aufwendungen des Versicherungsnehmers« als erstattungsfähig ansieht,

311

---

673 OLG Koblenz Urt. v. 14.01.2011 – 10 U 239/10 – VersR 2012, 54 = r+s 2012, 67.
674 OLG Köln Urt. v. 16.06.1998 – 9 U 204/97 – r+s 1998, 365 = zfs 1999, 66.
675 OLG Koblenz Urt. v. 31.10.2003 – 10 U 1442/00 – VersR 2004, 464 = r+s 2004, 11.
676 BGH Urt. v. 11.07.2007 – **XII ZR 197/05** – VersR 2007, 1531 = NJW 2007, 2988.
677 BGH Urt. v. 20.02.1991 – **IV ZR 202/90** – VersR 1991, 459 = r+s 1991, 116.
678 BGH Urt. v. 25.06.2003 – **IV ZR 276/02** – VersR 2003, 1250 = r+s 2003, 406; OLG Hamm Urt. v. 12.12.1997 – 20 U 121/97 – r+s 1998, 54 = zfs 1998, 181; **noch zweifelnd** OLG Köln Urt. v. 13.01.1998 – 9 U 13/98 – r+s 2000, 96.

A.2.2.1 AKB Einzelfälle Haarwild

jedoch kein einleuchtender Grund erkennbar ist, warum der VR von berechtigterweise aufgewendeten Schadenverhütungskosten nur deshalb entlastet sein sollte, weil nicht der VN selbst, sondern ein Dritter die Aufwendungen (= Schaden am Fahrzeug des VN) getätigt hat.[679] Konsequenterweise muss dann umgekehrt aber auch für die Frage, ob in einem solchen Fall dem VN ein Rettungskostenersatzanspruch zusteht, bei der Beurteilung der »Gebotenheit« der Rettungshandlung auf die subjektive Einschätzung **jedes berechtigten Fahrers**, also auch eines solchen, der den VN nicht »repräsentiert«, abgestellt werden.

312 Daraus können bei einem Unfall im Zusammenhang mit Haarwild unterschiedliche **Zurechnungsprobleme** entstehen, (vgl. auch A.2.2.1 AKB Rdn. 270 ff.). **Ist es zu einem Zusammenstoß mit Wild gekommen** und verreißt der Fahrer infolgedessen das Steuer, woraufhin das Fahrzeug verunfallt, muss sich der VN die grob fahrlässige Überreaktion des Fahrers nur zurechnen lassen, wenn dieser sein Repräsentant war (vgl. zur Repräsentantenstellung vgl. A.2.3 AKB Rdn. 25 ff.). **Ist es nicht zu einem Kontakt mit Wild** gekommen, weil der Fahrer beim Auftauchen des Wilds zur Vermeidung eines Anstoßes bereits ausgewichen war und dabei das Lenkrad verrissen hatte, woraufhin das Fahrzeug verunfallte, muss sich der VN das grob fahrlässige Ausweichen eines jeden Fahrers zurechnen lassen mit der Folge, dass es an der Gebotenheit der Rettungsaufwendungen im Rahmen des § 83 Abs. 1 S. 1 VVG fehlt, was wiederum entweder den Anspruch gänzlich entfallen lässt (vgl. A.2.2.1 AKB Rdn. 302) oder jedenfalls zu einer quotalen Kürzung des Rettungskostenersatzanspruchs führt (vgl. A.2.2.1 AKB Rdn. 304). **Lässt sich der Sachverhalt nicht aufklären**, weil der VN weder die eine, noch die andere Fallalternative beweisen kann, verbleibt dem VN nur ein Anspruch auf Erstattung des Glasschadens nach Maßgabe des A.2.2.1.5 AKB.[680]

313 **Im Ergebnis** kann ein **Anspruch auf Rettungskostenersatz** mithin **erst dann entstehen**, wenn der VN oder sein berechtigter Fahrer eine objektiv erforderliche Rettungshandlung vorgenommen hat oder diese zumindest subjektiv für geboten halten durfte. Bei der Prüfung, ob der Fahrer die Rettungshandlung für geboten halten durfte oder nicht, führt nach h. M. erst ein grob fahrlässiger Irrtum über das Gebotensein der Rettungshandlung zum Anspruchsverlust nach §§ 90, 83 Abs. 1 VVG,[681] gleichgültig, ob der VN selbst oder ein Dritter diesem Irrtum unterliegt und gleichgültig, ob der Dritte Repräsentant des VN ist oder nicht. Diese Konstellation ist **zu unterscheiden von der grob fahrlässigen Herbeiführung des Versicherungsfalles** nach A.2.9.1 AKB, § 81 Abs. 2 VVG, bedingt durch eine Fehlreaktion, die dem VN nur dann schadet, wenn er entweder selbst oder ein Dritter, der Repräsentant des VN gewesen sein muss, am Steuer gesessen hat.

---

679 BGH Urt. v. 20.02.1991 – **IV ZR 202/90** – VersR 1991, 459 = r+s 1991, 116.
680 Vgl. OLG Hamm Urt. v. 12.12.1997 – 20 U 121/97 – r+s 1998, 54 = zfs 1998, 181.
681 BGH Urt. v. 18.12.1996 – **IV ZR 321/95** – VersR 1997, 351 = r+s 1997, 98 m. w. N.

VII. Kurzschlussschäden an der Verkabelung durch Marderbiss

Manche VR versichern in **Erweiterung der** in den Musterbedingungen des GDV aufgeführten **Risiken** in der Teilkaskoversicherung auch die unmittelbar **durch Marderbiss verursachten Schäden an Kabeln, Schläuchen und Leitungen**, wohingegen weitergehende Folgeschäden am Fahrzeug teilweise ausgeschlossen werden, teilweise aber auch bis zu einem bestimmten Höchstbetrag je Schadenfall als mitversichert gelten. Eine Mitversicherung über die Wildschadenklausel scheidet aus, da der Marder sich – angezogen vom warmen Motor des oftmals gerade erst abgestellten Fahrzeuges – am nicht in Bewegung befindlichen Fahrzeug zu schaffen macht. Für die Abdeckung des Risikos besteht daher durchaus ein Bedürfnis. 314

Gedeckt sind regelmäßig nur die **unmittelbar durch Zerbeißen** an den genannten Fahrzeugteilen **entstehenden Substanzschäden**.[682] Unmittelbarkeit bedeutet, dass zwischen dem Biss und dem Schaden keine weitere Ursache hinzutreten darf.[683] Unmittelbarkeit liegt auch vor bei Schäden an Aggregaten oder Baugruppen, die **als technische Einheit konstruktiv untrennbar mit dem Kabel verbunden** sind, wenn die Kabel durch Marderfraß nicht reparierbar zerstört werden (z. B. **Lambdasonden**).[684] **Folgeschäden** an Platinen,[685] der Bordelektronik, Aggregaten oder dem Fahrzeug selbst, z. B. durch Verkratzen des Lacks, sind ausgeschlossen. Auch sonstige mittelbare Schäden wie die Kosten für eine Motorwäsche oder zur Beschaffung von Marder abschreckenden Mitteln oder Vorrichtungen sind nicht ersatzpflichtig.[686] **Kabel** sind ummantelte Leitungen zum Transport elektrischer Energie; **Schläuche und Leitungen** dienen der Versorgung des Fahrzeuges mit Kraftstoff, Öl, Kühlflüssigkeit, Bremsflüssigkeit und sonstigen Betriebsmitteln.[687] Eine **Achsmanschette** ist nur versichert, wenn sie in den AKB als versichertes Fahrzeugteil ausdrücklich aufgeführt ist.[688] 315

Der Umfang des unmittelbar durch Marderbiss entstehenden Schadens ist häufig nicht leicht von dem nicht zu erstattenden mittelbaren Folgeschaden abzugrenzen. Wenn aus technischen Gründen ein von einem Marder zerbissenes Zündkabel nicht isoliert ausgetauscht werden kann, sondern der Hersteller nur den **Ersatz der kompletten Baugruppe** als Modul anbietet, umfasst die Entschädigung des VR auch diejenigen Kosten, die über den Ersatz des zerstörten Kabels hinausgehen.[689] Die vom VR nach A.2.5.2.1a 316

---

682 LG Heidelberg Urt. v. 14.04.2000 – 5 S 18/00 – ADAJUR Dok.Nr. 41856.
683 Stiefel/Maier/*Stadler* A.2.2 AKB Rn. 195.
684 AG Betzdorf Urt. v. 13.08.2008 – 3 C 110/08 – SP 2009, 155; AG Mannheim Urt. v. 11.04.2008 – 3 C 74/08 – BeckRS 2008, 06475; AG Zittau Urt. v. 28.02.2006 – 5 C 545/05 – r+s 2007, 318 = zfs 2008, 691; a. A. Stiefel/Maier/*Stadler* A.2.2 AKB Rn. 196.
685 AG Hannover Urt. v. 25.05.2009 – 514 C 14439/08 – NZV 2010, 409.
686 Himmelreich/Halm/*Oberpriller* Kap. 20 Rn. 72.
687 Stiefel/Maier/*Stadler* A.2.2 AKB Rn. 194.
688 LG Lüneburg Urt. v. 11.05.2004 – 5 S 22/04 – SP 2004, 272.
689 AG Betzdorf Urt. v. 13.08.2008 – 3 C 110/08 – SP 2009, 155; AG Zittau Urt. v. 28.02.2006 – 5 C 545/05 – r+s 2007, 318 = zfs 2008, 691 mit zustimmender Anmerkung von Rixecker zfs 2008, 292; a. A. AG Berlin-Mitte Urt. v. 13.08.2008 – 9 C 229/08 – SP 2009, 79; AG Hannover Urt. v. 14.07.2008 – 525 C 6333/08 – zfs 2008, 690; Versiche-

A.2.2.1 AKB Einzelfälle Haarwild

AKB für eine vollständige und fachgerechte Reparatur zu übernehmenden erforderlichen Kosten können sich **nicht nur an den anteiligen Kosten orientieren, die hypothetisch auf den Austausch des bloßen Kabels entfallen.** Denn die Instandsetzung ist objektiv nur möglich, wenn auch die mit dem zerstörten Kabel verbundene Baugruppe ausgewechselt wird. Dies bedeutet keineswegs eine unzulässige Erweiterung des Versicherungsumfanges entgegen dem Wortlaut der Klausel, der die Entschädigung ausdrücklich auf unmittelbare Schäden an Kabeln beschränkt. Es geht vielmehr um die Frage, mit welchem Aufwand der dem VN bei Eintritt eines Versicherungsfalles entstandene Schaden zu ersetzen ist. Wenn sich die Restitution aus technisch bedingten Gründen nur bewerkstelligen lässt, indem **komplette Fertigmodule** ersetzt werden, so sind die hierfür anfallenden Aufwendungen vom VR insgesamt zu übernehmen. In diesem Fall ist auch die »Unmittelbarkeit« der Schadenentstehung durch Marderbiss entsprechend der Klausel zu bejahen (vgl. A.2.2.1 AKB Rdn. 315). Anderes gilt nur dann, wenn auch der separate Einzelaustausch des zerbissenen Kabels technisch möglich und wirtschaftlich sinnvoll wäre.

317 Zum unmittelbaren Schadenumfang gehören zusätzlich alle **Diagnosearbeiten** und **Funktionsprüfungen**, soweit diese nach dem schadenbedingten Austausch eines Kabelbaumes notwendig werden.[690] Sind nach den AKB **Folgeschäden bis zu einem bestimmten Betrag mitversichert**, kann der VR in seinen Versicherungsbedingungen die Auszahlung der Entschädigungsleistung in Gestalt eines Risikoausschlusses davon abhängig machen, dass ein Sachverständiger zuvor die Verursachung des Schadens durch Marderbiss bestätigt.[691]

VIII. Besondere Anzeigepflichten des VN in der Teilkasko und Vorschäden

318 Zu beachten ist, dass die AKB 2015 in Abschnitt **E.1.3 AKB besondere Anzeigepflichten des VN** normieren, die über die allgemeinen Pflichten in E.1.1 AKB hinausgehen. So muss der VN **bei einer Entwendung** den Schadenfall nicht nur dem VR innerhalb einer Woche melden, sondern auch unverzüglich **durch ein unterschriebenes Schadenformular anzeigen.** Zeigt er den Diebstahl seines Pkw telefonisch an, entlastet es den VN nicht, wenn er eine schriftliche Schadenmeldung deshalb unterlässt, weil das Schadenanzeigeformular, dessen Übermittlung der VR zugesagt hat, nach Behauptung des VN bei ihm nicht eingegangen ist.[692]

319 Zusätzlich besteht – ebenso wie auch bei einem Brand- oder Wildschaden – die Verpflichtung des VN, den **Schaden ab einem bestimmten,** in E.1.3.3 AKB festgelegten **Betrag** – in der Regel 500,00 bis 1.000,00 € – unverzüglich **bei der Polizei anzuzeigen.** Ein durchschnittlicher VN ist in der Lage, diese Klausel so zu verstehen, dass sich die Verpflichtung auf die **Höhe des Schadens am kaskoversicherten Fahrzeug** und nicht

---

rungsombudsmann zfs 2008, 690; Pamer Rn. 233; Stiefel/Maier/*Stadler* A.2.2 AKB Rn. 195.
690 Himmelreich/Halm/*Oberpriller* Kap. 20 Rn. 72.
691 Vgl. AG Pforzheim Urt. v. 02.09.2010 – 2 C 149/10 – SP 2011, 121.
692 AG Coburg Urt. v. 18.06.2009 – 15 C 378/09 – zfs 2009, 576.

auf etwaige Fremdschäden (Wild, Straßenbäume, Leitplanken) bezieht.[693] Bei einem **Wildschaden** kann diese Anzeigepflicht tatbestandsmäßig nur verletzt werden, wenn es zu einer Berührung mit Haarwild gekommen ist, nicht hingegen in Fällen, bei denen der VN dem Wild ausgewichen ist und **Rettungskostenersatz** nach den §§ 90, 83 VVG verlangt.[694]

Schließlich muss der VN gemäß E.1.3.2 AKB die **Weisungsbefugnis des VR** vor einer Reparatur oder Verwertung des versicherten Fahrzeuges beachten. 320

Zur generellen Problematik bei **Vorschäden** vgl. A.2.2.2 AKB Rdn. 117 ff. 321

IX. Teil-/Vollkaskoschutz trotz Risikoausschluss in der Voll-/Teilkasko

Ungeachtet eines Risikoausschlusses in der Teilkasko kann jedenfalls ein Entschädigungsanspruch aus der Vollkaskoversicherung in Betracht kommen, sofern eine entsprechende Risikoabdeckung besteht (vgl. A.2.2.2 AKB Rdn. 3 ff.). Umgekehrt ist es auch im Falle eines Risikoausschlusses in der Vollkaskoversicherung denkbar, dass der Versicherungsfall aus der Teilkasko entschädigt werden muss, (vgl. A.2.2.2 AKB Rdn. 6). 322

X. Gerichtliche Zuständigkeit bei im Ausland zugelassenen Kfz

Bei Entwendung eines im Ausland zugelassenen und bei einem ausländischen VR kaskoversicherten Kfz in Deutschland kann der VN, wenn das Fahrzeug an seinem deutschen Wohnsitz gestohlen wurde, den VR auch dann an dem für seinen Wohnsitz örtlich zuständigen deutschen Gericht verklagen, wenn er noch einen weiteren Zweitwohnsitz im Ausland unterhält.[695] 323

A.2.2.2 **Welche Ereignisse sind in der Vollkasko versichert?**

Versicherungsschutz besteht bei Beschädigung, Zerstörung, Totalschaden oder Verlust des Fahrzeugs einschließlich seiner mitversicherten Teile durch die nachfolgenden Ereignisse:

Ereignisse der Teilkasko

A.2.2.2.1 Versichert sind die Schadenereignisse der Teilkasko nach A.2.2.1

Unfall

A.2.2.2.2 Versichert sind Schäden am Fahrzeug durch Unfall. Ein Unfall ist ein unmittelbar von außen plötzlich mit mechanischer Gewalt auf das Fahrzeug einwirkendes Ereignis.

---

693 KG Beschl. v. 13.06.2006 – 6 U 62/06 – zfs 2006, 513.
694 LG Frankfurt Urt. v. 21.12.2005 – 2-23 O 301/05 – zfs 2006, 277.
695 OLG Saarbrücken Urt. v. 27.03.2013 – 5 U 463/11-63 – r+s 2014, 548.

A.2.2.2 AKB   Welche Ereignisse sind in der Vollkasko versichert?

Keine Unfallschäden sind deshalb insbesondere:
- Schäden am Fahrzeug, die ihre alleinige Ursache in einem Bremsvorgang haben, z. B. Schäden an der Bremsanlage oder an den Reifen.
- Schäden am Fahrzeug, die ausschließlich aufgrund eines Betriebsvorgangs eintreten, z. B. durch falsches Bedienen, falsches Betanken oder verrutschende Ladung.
- Schäden am Fahrzeug, die ihre alleinige Ursache in einer Materialermüdung, Überbeanspruchung oder Abnutzung haben.
- Schäden zwischen ziehendem und gezogenen Fahrzeug oder Anhänger ohne Einwirkung von außen, z. B. Rangierschäden am Zugfahrzeug durch den Anhänger.
- Verwindungsschäden.

Vorhersehbare Beschädigungen des Fahrzeugs, die üblicherweise im Rahmen der bestimmungsgemäßen Verwendung des Fahrzeugs entstehen, gelten nicht als Unfallschaden. Beispiel: Schäden an der Ladeoberfläche eines Lkw durch Beladen mit Kies.

Mut- oder böswillige Handlungen

A.2.2.2.3   Versichert sind mut- oder böswillige Handlungen von Personen, die in keiner Weise berechtigt sind, das Fahrzeug zu gebrauchen. Als berechtigt sind insbesondere Personen anzusehen, die vom Verfügungsberechtigten mit der Betreuung des Fahrzeugs beauftragt wurden (z. B. Werkstatt- oder Hotelmitarbeiter) oder in einem Näheverhältnis zu dem Verfügungsberechtigten stehen (z. B. dessen Arbeitnehmer, Familien- oder Haushaltsangehörige).

Übersicht	Rdn.
A. Allgemeines	1
B. Regelungsgehalt – Welche Ereignisse sind versichert? – A.2.2 AKB/Welche Ereignisse sind in der Vollkasko versichert? – A.2.2.2 AKB (§ 12 Abs. 1 Nr. II und Abs. 2 AKB 2007 a. F.; A.2.3 AKB 2008 a. F.)	3
I. Ereignisse der Teilkasko – A.2.2.2.1 AKB	3
1. Vollkaskoschutz trotz Risikoausschluss in der Teilkasko	3
2. Teilkaskoschutz trotz Risikoausschluss in der Vollkasko	6
II. Unfall – A.2.2.2.2 AKB	8
1. Unfallbegriff	8
2. Voraussetzungen eines Unfalls – A.2.2.2.2 Satz 1 und 2 AKB	12
a) Unmittelbar einwirkendes Ereignis	12
b) Einwirkung von außen	19
c) Plötzliches Ereignis	23
d) Mechanische Gewalt	25
3. Ausschlüsse, die der Annahme eines Unfalls entgegenstehen – A.2.2.2.2 Abs. 2 und 3 AKB – Allgemeines	33
4. Ausschlüsse in A.2.2.2.2 Abs. 2 AKB	37
a) Bremsvorgänge	37

		Rdn.
a)	Betriebsvorgänge	39
	aa) Bedienungsfehler	40
	bb) Falschbetankung	51
	cc) Verrutschende Ladung	52
c)	Materialermüdung und Überbeanspruchung	56
d)	Abnutzung	61
e)	Gespannschäden – Schäden zwischen ziehendem und gezogenem Fahrzeug	63
	aa) Überblick	63
	bb) Reichweite des Ausschlusses	67
	cc) Schaden ohne Einwirkung von außen	69
f)	Verwindungsschäden	74

5. Ausschlüsse in A.2.2.2.2 Abs. 3 AKB 77
   a) Vorhersehbare Beschädigung bei bestimmungsgemäßer Verwendung des Kfz   77
      aa) Voraussehbarkeit des Schadeneintritts 80
      bb) Zweckbestimmung des versicherten Kfz 83
      cc) Kein Betriebsschaden bei Aufprallschäden nach Umkippen oder Absturz   89
      dd) Kein Betriebsschaden bei Folgeschäden durch Umkippen oder Absturz   92
   b) Einzelfälle aus der Rechtsprechung 97
6. Kausalzusammenhang zwischen Unfall und Schaden 99
III. Mut- oder böswillige Handlungen – A.2.2.2.3 AKB 101
C. **Weitere praktische Hinweise** 107
I. Unfall 107
  1. Beweislastverteilung 107
    a) Grundsätzliches 107
    b) Vorschäden 117
    c) Unfreiwilligkeit des Unfalls 123
    d) Unfallmanipulation 125
  2. Ansprüche des VR gegen den VN 133
    a) Kostenerstattung von Privatgutachten 133
    b) Anspruch des VR aus § 812 BGB 137
II. Mut- oder böswillige Handlungen – Beweislastverteilung 138
III. Brand nach vorausgegangenem/nachfolgendem Unfall 146
IV. Entwendung und nachfolgender Unfall 147

A. Allgemeines

Die Vollkaskoversicherung bietet dem VN **gegenüber der Teilkaskoversicherung einen**   1
erweiterten Schutz, indem sie nicht nur alle in der Teilkasko aufgeführten Risiken abdeckt, sondern darüber hinaus Schutz bietet **bei selbstverschuldeten Unfällen** des VN und Schäden, die **durch mut- oder böswillige Handlungen** nicht berechtigter Personen (Vandalismusschäden) verursacht werden. Im Vergleich zu den bisherigen AKB wurde die Regelung mehr sprachlich als inhaltlich verändert. In gleicher Weise wie in der Teilkasko wird Versicherungsschutz für die Beschädigung, Zerstörung, den Totalschaden oder den Verlust des Fahrzeuges sowie seiner mitversicherten Teile durch bestimmte fest umrissene Schadenereignisse gewährt. Zu den **versicherten Gefahren** vgl. auch A.2.1.1 AKB Rdn. 6 ff.; zur **Beweislastverteilung** beim Unfall vgl. A.2.2.2 AKB Rdn. 107 ff., bei mut- oder böswilligen Handlungen A.2.2.2 AKB Rdn. 138 ff.

A.2.2.2.1 AKB Ereignisse der Teilkasko

2   Wie auch in der Teilkasko können **unterschiedliche Selbstbehalte** im Schadenfall vereinbart werden. Anders als bei einem Schaden in der Teilkasko wirkt sich ein Vollkaskoschaden durch die Belastung des Schadenfreiheitsrabattes auf die künftige Versicherungsprämie aus und führt nach I.3.5 AKB zu einer **Rückstufung des Vertrages**. Diese entfällt nur ausnahmsweise dann, wenn in einem Kfz-Haftpflichtschadenfall der Haftpflichtversicherer des Schädigers den Geschädigten nach § 117 Abs. 3 S. 2 VVG auf die eigene Vollkaskoversicherung als »anderen Schadensversicherer« verweist.

B. **Regelungsgehalt – Welche Ereignisse sind versichert? – A.2.2 AKB/Welche Ereignisse sind in der Vollkasko versichert? – A.2.2.2 AKB (§ 12 Abs. 1 Nr. II und Abs. 2 AKB 2007 a. F.; A.2.3 AKB 2008 a. F.)**

I. **Ereignisse der Teilkasko – A.2.2.2.1 AKB**

1. **Vollkaskoschutz trotz Risikoausschluss in der Teilkasko**

3   Deutlicher als in den bisherigen AKB wird klargestellt, dass die Vollkaskoversicherung auch alle versicherten Gefahren in der Teilkaskoversicherung mit umfasst, somit gegenüber der Teilkaskoversicherung **ein »Mehr« an Versicherungsschutz** darstellt. Wesentlich dabei ist, dass Einschränkungen des Versicherungsschutzes durch Risikoausschlüsse, wie sie für bestimmte teilkaskoversicherte Gefahren in A.2.2.1 AKB gelten, für die Vollkasko keine Bedeutung haben, da die Risikoausschlussklauseln in der Vollkaskoversicherung nicht wiederholt werden. A.2.2.2.1 AKB verweist nur auf die »*Schadenereignisse der Teilkasko nach A.2.2.1*« und somit auf die Teilkasko-Tatbestände, die in der primären Leistungsbeschreibung aufgeführt sind. Ein Verweis auch auf die sekundäre Risikobegrenzung, bei der der VR seine Leistungspflicht unter bestimmten Voraussetzungen wieder einschränken will, ist der Regelung nicht zu entnehmen.

4   So sind unfallbedingte **Schäden am Fahrzeug durch unbefugten Gebrauch** nach A.2.2.1.2c AKB in der Teilkasko nur versichert, wenn der Täter in keiner Weise zum Gebrauch des Kfz berechtigt ist. Führt der unbefugte Gebrauch des Kfz indes bei Bestehen einer Vollkaskoversicherung zu einem Schaden, so ist dieser zu ersetzen ohne Rücksicht darauf, wer den Unfall verursacht hat. Selbst wenn der Unfallschaden z. B. durch den nicht zur Nutzung des Fahrzeuges berechtigten Sohn des VN verursacht wurde, besteht Deckungsschutz, da jedenfalls ein in der Vollkasko versicherter »Unfall« vorliegt.

5   Gleiches gilt auch bei **Schäden am Fahrzeug infolge einer Unterschlagung**. Diese sind in der Teilkasko nur versichert, wenn dem Täter das Fahrzeug nicht zu bestimmten Zwecken überlassen worden ist. Wird demgegenüber ein vollkaskoversichertes Fahrzeug bei einem der Unterschlagung nachfolgenden Unfall beschädigt, ist der Schaden aus der Vollkasko auch dann zu ersetzen, wenn es sich um eine nicht gedeckte Unterschlagung gehandelt hat. Anderes gilt nur dann, wenn der Schaden unmittelbar durch die Unterschlagungshandlung eintritt. In einem solchen Fall wird er nur ersetzt, wenn er nicht unter den Risikoausschluss in A.2.2.1.2b AKB fällt.

2. Teilkaskoschutz trotz Risikoausschluss in der Vollkasko

Umgekehrt kann trotz eines Risikoausschlusses in der Vollkaskoversicherung gleichwohl eine Leistungspflicht des VR aus der Teilkasko gegeben sein, wenn der Schadenseintritt jedenfalls auch auf ein teilkaskoversichertes Ereignis zurückgeführt werden kann, für welches der in der Vollkasko bestehende Risikoausschluss nicht gilt. So stellt z. B. die **Versorgung eines Fahrzeuges mit falschem Kraftstoff** in der Vollkaskoversicherung zwar einen nicht versicherten Betriebsschaden dar; **erhitzt sich** jedoch **nach einer Falschbetankung der Katalysator und gerät** unstreitig infolgedessen **das Fahrzeug in Brand**, so liegt jedenfalls ein entschädigungspflichtiger Teilkaskoschaden vor.[1] Die Entscheidung erging zwar noch zu § 12 Abs. 1 AKB a. F., der in einer einzigen Vorschrift neben dem Leistungsumfang der Teilkasko und Vollkasko unter II e auch die für die Vollkasko maßgeblichen Leistungsausschlüsse umfasste, wonach u. a. ein Betriebsschaden keinen im Rahmen der Vollkasko entschädigungspflichtigen »Unfall« darstellte. Indes findet sich in der Regelung kein Hinweis dafür, dass diese Ausschlüsse auch auf einen in der Teilkaskoversicherung versicherten Brandschaden Anwendung finden könnten. Der durchschnittliche VN ohne versicherungsrechtliche Spezialkenntnisse, auf dessen Verständnishorizont abzustellen ist, muss daher davon ausgehen, dass die in § 12 Abs. 1 II e AKB a. F. enthaltenen Ausschlüsse im Rahmen der Teilkasko nicht gelten, wenn das Fahrzeug durch Brand beschädigt oder zerstört wird.

6

Daran dürfte sich auch **durch** die **Neufassung der AKB** und die damit verbundene strikte Trennung zwischen Teilkaskoschäden in A.2.2.1 und Vollkaskoschäden in A.2.2.2 AKB **nichts geändert** haben, im Gegenteil: Die Tatbestände »Unfall« in der Vollkasko und »Brand« in der Teilkasko stehen selbstständig nebeneinander. Der Brand eines Fahrzeuges wird in A.2.2.1.1 AKB klar und unmissverständlich als versichertes Ereignis definiert. Ausschlüsse werden hier nicht geregelt. Worauf der Brand eines Fahrzeuges zurückzuführen ist und ob er seine Ursache in einem Bedienungsfehler seines Fahrers hat, ist also völlig unerheblich.

7

II. Unfall – A.2.2.2.2 AKB

1. Unfallbegriff

Während noch in A.2.3.2 AKB 2008 a. F. schlicht *»Unfälle des Fahrzeuges«* als versicherte Schadenereignisse aufgeführt waren, stellt **A.2.2.2 Abs. 1 S. 1 AKB** klar, dass *»Schäden am Fahrzeug«* des VN versichert sein sollen, sofern sie *»durch«* einen Unfall entstanden sind. Dieses Erfordernis ergibt sich zwar schon aus der Eingangsklausel für die Vollkasko in A.2.2.2 AKB, die – wie auch die sprachlich identische Eingangsklausel für die Teilkasko in A.2.2.2.1 AKB – darauf abstellt, dass der Schaden am versicherten Fahrzeug *»durch die nachfolgenden Ereignisse«* eingetreten sein muss. Dem VN wird aber durch die Wiederholung der Formulierung in Abs. 1 S. 1 der Klausel noch einmal transparent vor Augen geführt, dass ein Unfall nur dann ein entschädigungspflichtiges Ereignis in der Vollkasko darstellt, wenn zwischen dem Unfall und

8

---

[1] OLG Düsseldorf Urt. v. 28.10.2008 – I-4 U 12/08 – zfs 2009, 451 = VK 2009, 51.

A.2.2.2.2 AKB Unfall

dem am Fahrzeug eingetretenen Schaden ein adäquat kausaler Zusammenhang besteht, der Schaden also »*durch*« den Unfall entstanden ist, (vgl. A.2.2.2 AKB Rdn. 99 ff.). Ein Unfall wird in **A.2.2.2 Abs. 1 S. 2 AKB 2015** noch klarer als in den AKB 2008 definiert als ein unmittelbar von außen plötzlich mit mechanischer Gewalt auf das Fahrzeug einwirkendes Ereignis.[2] Stoßen zwei Fahrzeuge zusammen, ist unzweifelhaft von einem Unfall auszugehen. Nicht immer ist dies jedoch so eindeutig. Für die Frage, ob ein Ereignis als »Unfall« zu qualifizieren ist, ist auf das Verständnis eines **durchschnittlichen VN ohne versicherungsrechtliche Spezialkenntnisse** abzustellen.[3] Ergänzend zu den Voraussetzungen in A.2.2.2.2 Abs. 1 AKB kann für die Auslegung des Unfallbegriffs auch die **Verkehrsanschauung** und der **allgemeine Sprachgebrauch** herangezogen werden.

9 Ein Schadenereignis, das sich nicht unter die in Abs. 1 S. 2 der Klausel festgelegte Definition subsumieren lässt, stellt von vornherein kein versichertes Unfallereignis dar. Eines Rückgriffs auf **A.2.2.2.2 Abs. 2 AKB** bedarf es nicht mehr. Diese Klausel bietet eine Auslegungshilfe zur **Abgrenzung eines** versicherten **Unfallschadens zu einem** nicht versicherten »**Betriebsschaden**«, indem sie in Form eines Negativkatalogs solche Schadenvorgänge aufzählt und teilweise zusätzlich durch Beispiele erläutert, die den Unfallbegriff nicht erfüllen. Die Formulierung »*insbesondere*« in Abs. 1 S. 1 der Klausel stellt klar, dass die Aufzählung nicht abschließend ist, so dass auch Schadenereignisse, die sich zwar in dem Negativkatalog des A.2.2.2.2 Abs. 2 AKB nicht wiederfinden, die aber gleichwohl die Voraussetzungen in A.2.2.2.1 Abs. 1 AKB nicht erfüllen, keine entschädigungspflichtigen Unfallereignisse darstellen.

10 Zur Verdeutlichung des in A.2.2.2.2 Abs. 1 AKB beschriebenen Unfallbegriffs werden in **A.2.2.2.2 Abs. 2 AKB** insbesondere solche Schäden vom Versicherungsschutz ausgenommen, die auf **inneren Betriebsvorgängen** beruhen, also nicht von außen kommen. Der **BGH** hat schon unter der Geltung der vergleichbaren bisherigen Klausel in § 12 Abs. 1 II e AKB a. F. mehrfach darauf hingewiesen, dass Schäden, die im Zusammenhang mit Betriebsvorgängen durch normale Abnutzung, Material- oder Bedienungsfehler an dem Fahrzeug oder seinen Teilen entstehen, nicht versichert sind.[4] Dementsprechend sieht auch A.2.2.2.2 Abs. 2 AKB vor, dass Schäden, die durch Brems- oder Betriebsvorgänge, durch Materialermüdung, Überbeanspruchung oder Abnutzung entstehen, nicht versichert sind. Hierunter fallen insbesondere die typischen Verschleiß- und Getriebeschäden, aber auch Schäden durch Materialbrüche, die noch in A.2.3.2 Abs. 2 AKB 2008 ausdrücklich als »*reine Bruchschäden*« in der Auflistung der nicht versicherten Schäden enthalten waren. Die abstrakten Begriffe werden in der Klausel durch eine beispielhafte Aufzählung von verschiedenen, im Alltag häufig vorkommenden »Normalfällen« konkretisiert. Dies sind Schäden am Fahrzeug durch

---

2 Zum Unfallbegriff in der Kaskoversicherung vgl. Mayer NZV 1991, 132.
3 BGH Urt. v. 25.06.2003 – **IV ZR 322/02** – VersR 2003, 1031 = r+s 2003, 355.
4 Vgl. BGH Urt. v. 06.03.1996 – **IV ZR 275/95** – VersR 1996, 622 = r+s 1996, 169; BGH Urt. v. 23.10.1968 – **IV ZR 515/68** – VersR 1969, 32 = DAR 1969, 22; BGH Urt. v. 06.02.1954 – **II ZR 65/53** – VersR 1954, 113 = NJW 1954, 596.

Bedienungsfehler, falsches Betanken, verrutschende Ladung sowie Gespann-, Rangier- und Verwindungsschäden.

Anders als noch in A.2.3.2 AKB 2008 wird der Anwendungsbereich des Unfallbegriffs in **A.2.2.2.2 Abs. 3 AKB** seinem Wortlaut nach zusätzlich begrenzt. Dennoch stellt dies keine materiell-rechtliche Einschränkung oder gar Verkürzung des bislang schon geltenden Versicherungsschutzes bei »Unfällen« dar. Vielmehr werden in der Klausel lediglich die schon in der Vergangenheit von der Rechtsprechung entwickelten Grundsätze herangezogen, wonach es für die Frage, ob der Versicherungsfall »Unfall« eingetreten ist, entscheidend auf die **Zweckbestimmung des versicherten Fahrzeuges** ankommt. Vom VN voraussehbare Schäden, die üblicherweise im Rahmen des bestimmungsgemäßen Gebrauchs des Fahrzeuges eintreten, scheiden von vornherein als versicherte Unfallschäden aus. Dies wird nun auch in der Klausel selbst und damit für den VN in lesbarer Form zum Ausdruck gebracht, wobei die Klausel zum besseren Verständnis für den VN noch zusätzlich ein typisches Beispiel enthält, wann eine vorhersehbare Beschädigung des Kfz durch bestimmungsgemäßen Gebrauch vorliegen kann.

2. Voraussetzungen eines Unfalls – A.2.2.2.2 Satz 1 und 2 AKB

a) Unmittelbar einwirkendes Ereignis

Das Unfallereignis muss mit dem eingetretenen Schaden in einem unmittelbar ursächlichen Zusammenhang stehen, d. h. den Schaden **unter unmittelbarer Einwirkung auf das Fahrzeug** selbst herbeigeführt haben. Dabei darf es nicht nur eine entfernt denkbare Ursache unter mehreren anderen möglichen, näher liegenden Ursachen für den Schaden sein. Unmittelbar wirkt ein Ereignis ein, wenn es **ohne Dazwischentreten einer anderen Ursache**, mindestens aber gleichzeitig mit ihr, **den Eintritt des Schadens bewirkt**.[5] Zumeist wird das Unmittelbarkeitserfordernis erfüllt sein, da die Einwirkung auf das Kfz mit dem Unfallereignis in seiner letzten Phase regelmäßig identisch ist.[6] Die **Schadenfolgen** müssen nicht zwingend auch unmittelbar durch das Unfallereignis entstehen.[7] Für eine ersatzpflichtige Deckung reicht es aus, wenn ein adäquat ursächlicher Zusammenhang zwischen Unfall und Schadenfolgen festgestellt werden kann, (vgl. A.2.2.2 AKB Rdn. 99 ff.).

Unmittelbarkeit liegt auch dann vor, wenn die Einwirkung nicht schon an sich, sondern erst durch den **Neustart des Motors oder beim weiteren Betrieb des Fahrzeuges** einen Schaden verursacht, z. B. bei im Motor liegengebliebenen Schrauben.[8] Gleiches gilt bei einem **Wasserschlagschaden** beim Einfahren in einen überfluteten Straßenbereich, da es unmittelbar durch die Hubbewegung des Kolbens zu dem Wasserschlag im Kompressionsraum kommt.[9]

---

5 OLG Koblenz Urt. v. 18.06.1999 – 10 U 1091/98 – VersR 2000, 485 = r+s 1999, 359.
6 AG Münster Urt. v. 12.01.2000 – 5 C 5508/99 – VersR 2002, 227.
7 Prölss/Martin/*Knappmann* § 12 AKB Rn. 47.
8 Vgl. BGH Urt. v. 06.02.1954 – **II ZR 65/53** – VersR 1954, 113 = NJW 1954, 596.
9 OLG Hamm Urt. v. 31.05.1989 – 20 U 328/88 – VersR 1990, 85 = r+s 1990, 11.

A.2.2.2.2 AKB Unfall

14 Schnellt ein **Stein von der Straße hoch** und durchschlägt die Ölwanne, so dass das Fahrzeug innerhalb kürzester Zeit Öl verliert und hierdurch ein **Motorschaden** eintritt, liegt zweifellos eine unmittelbare Einwirkung auf das Fahrzeug vor. Das gleiche gilt aber auch dann, wenn der Schaden an der Ölwanne minimal ist und es erst durch **langsamen Ölverlust** ganz **allmählich** nach mehreren Kilometern Fahrtstrecke zu einem Folgeschaden am Motor kommt.[10]

15 Ebenso liegt ein unmittelbar auf das Fahrzeug einwirkendes Schadenereignis (und kein nicht gedeckter Betriebsschaden) vor, wenn bei einem vorangegangenen Unfall ein **Leck am Ölfilter** oder ein **Riss an der Ölwanne** entsteht, den der VN nicht bemerkt, so dass es bei der Weiterfahrt durch Ölverlust zu einem Motorschaden kommt,[11] oder bei einer **Kollision mit** einem auf der Fahrbahn liegenden **Fremdkörper** (z. B. Stein), die zwar unstreitig zu einer Beschädigung (Leck) des Kühlers führt, die dem Fahrer aber nicht bewusst wird, weshalb er seine Fahrt fortsetzt, dabei nicht den Verlust von Kühlflüssigkeit bemerkt, was zur Folge hat, dass erst später durch mangelnde Kühlung ein Schaden am Motor eintritt.[12]

16 Gleiches gilt, wenn es nach einem allmählichen Eindringen eines Fremdkörpers in einen Reifen zum **Platzen des Reifens** und dadurch zu einem Fahrzeugschaden kommt,[13] oder wenn **nach der Reparatur eines Kühlerschadens** und dem Fortsetzen der Fahrt **ein Lagerschaden** im Motor infolge Ölmangels **auftritt**, den die Reparaturwerkstatt nicht erkannt hatte, wenn dieser ebenfalls auf die Kollision mit dem Fremdkörper zurückzuführen ist.[14] Denn wesentlich ist, dass das Unfallereignis und der Schaden am Kühler in einem unmittelbaren ursächlichen Zusammenhang stehen. Hinsichtlich des weiteren (mittelbaren) Folgeschadens am Motor ist eine Ersatzpflicht des VR jedenfalls dann anzunehmen, wenn dieser Folgeschaden adäquat kausal auf den Erstschaden und damit auch auf das Unfallereignis zurückgeführt werden[15] und dem Fahrer auch nicht vorgeworfen werden kann, er habe in Kenntnis oder schuldhafter Nichtkenntnis des Erstschadens das Fahrzeug gleichwohl weiterbenutzt. In diesem Falle läge ein Bedienungsfehler des Fahrers vor (somit kein »Unfall«) mit der Folge, dass der Versicherungsschutz entfiele. Der VN ist zur Erlangung seines Versicherungsschutzes auch für den Folgeschaden beweisbelastet dafür, dass ein solcher Bedienungsfehler des Fahrers auszuschließen ist.

17 **Hiervon zu unterscheiden** ist der Fall, bei dem ein unfallbedingter Schaden am Kühler bei der Reparatur nicht erkannt wird und der VN nach Behebung der sonstigen Unfall-

---

10 Ebenso Prölss/Martin/*Knappmann* § 12 AKB Rn. 47; a. A. LG Mannheim Urt. v. 17.07.1987 – 5 O 68/87 – r+s 1988, 288.
11 LG Zweibrücken Urt. v. 05.12.2011 – 1 O 166/11 – zfs 2013, 38; AG Köln Urt. v. 12.10.1998 – 268 C 558/96 – SP 1999, 103.
12 OLG Frankfurt/M. Urt. v. 14.11.1989 – 8 U 283/88 – r+s 1990, 262 = zfs 1990, 95; a. A. AG Karlsruhe Urt. v. 14.07.1987 – 1 C 275/87 – zfs 1988, 322.
13 LG Karlsruhe Urt. v. 20.08.2013 – 9 O 95/12 – r+s 2013, 490 = zfs 2013, 577.
14 OLG Frankfurt/M. Urt. v. 23.11.1994 – 19 U 17/94 – OLGR 1995, 7 = juris.
15 Prölss/Martin/*Knappmann* § 12 AKB Rn. 47.

schäden das Fahrzeug weiter nutzt, wodurch es erst zum Motorschaden kommt. Denn dann beruht die unmittelbare Ursache des Motorschadens allein auf der Weiterbenutzung des nicht ordnungsgemäß reparierten Fahrzeuges, nicht aber auf einer Einwirkung des Unfallereignisses auf den Motor.[16]

An der Unmittelbarkeit der Einwirkung fehlt es auch bei sogenannten »**Allmählichkeitsschäden**«. Diese sind nicht zu verwechseln mit den unter A.2.2.2 AKB Rdn. 14 genannten Fallgestaltungen. Kommt es aufgrund einer Durchbohrung des Abschlussdeckels des Trockenansaugluftfilters bei einem Muldenkipper zu einer **allmählichen Verunreinigung des Motors**, so kann der später eintretende Motorschaden nicht mehr als unmittelbare Folge der Beschädigung des Abschlussdeckels angesehen werden.[17] Keine Unmittelbarkeit liegt auch vor, wenn nach unfallbedingter **Beschädigung der Dachhaut eines Wohnmobils** der VN die Reparatur hinauszögert, wodurch ein **Durchfeuchtungsschaden** eintritt, weil die Ursache des Schadens in der vom VN zwar als notwendig erkannten, aber zunächst unterlassenen Reparatur des Daches besteht.[18] In diesen Fällen fehlt es zudem auch am Merkmal der Plötzlichkeit, (vgl. A.2.2.2 AKB Rdn. 23 ff.). 18

b) **Einwirkung von außen**

Zum Zwecke der Abgrenzung zu den nicht versicherten inneren Betriebsvorgängen (Brems-, Betriebs- und Gespannschäden), die in den A.2.2.2.2 Abs. 2 AKB ausdrücklich vom Versicherungsschutz ausgenommen werden, setzt ein versicherter Unfallschaden voraus, dass das Schadenereignis von außen auf das versicherte Fahrzeug eingewirkt haben muss. Der Gegenstand, von dem die auf das versicherte Fahrzeug wirkende mechanische Gewalt ausgehen muss, darf **nicht Teil des Fahrzeuges selbst** sein.[19] Wird das versicherte Fahrzeug durch ein eigenes Fahrzeugteil beschädigt, schließt dies eine Einwirkung von außen und damit einen versicherten Unfall aus; dies gilt auch für den Fall, dass das Fahrzeugteil unmittelbar nach seiner Ablösung zum Hindernis für das versicherte Fahrzeug wurde, (z. B. Überfahren eines Frontballastgewichtes, das sich während der Fahrt von einem kaskoversicherten Traktor gelöst hatte).[20] 19

Äußere Umstände liegen insbesondere dann vor, wenn das versicherte Kfz mit einem anderen Fahrzeug oder Gegenstand (z. B. einem Baum) kollidiert, oder wenn es durch das Aufschlagen auf den Boden Schäden erleidet. In diesem Fall besteht die von außen einwirkende Gewalt in der Abbremskraft, die beim Aufprall auf den festen Boden von diesem ausgeht.[21] Auch wenn durch nicht zum Motor gehörende, im Motorraum liegengebliebene **Schrauben** ein Motorschaden herbeigeführt wird, handelt es sich um 20

---

16 OLG München Urt. v. 28.03.1958 – 8 U 1650/56 – VersR 1959, 103.
17 OLG Frankfurt/M. Urt. v. 24.06.1992 – 23 U 172/91 – r+s 1994, 165.
18 Ebenso Stiefel/Maier/*Stadler* A.2.3 AKB Rn. 24; a. A. OLG Hamm Urt. v. 14.04.1989 – 20 U 271/88 – VersR 1990, 82 = NZV 1989, 395.
19 BGH Beschl. v. 15.05.2013 – **IV ZR 62/12** – VersR 2013, 993 = r+s 2013, 326.
20 BGH Beschl. v. 15.05.2013 – **IV ZR 62/12** – VersR 2013, 993 = r+s 2013, 326.
21 BGH Urt. v. 02.07.1969 – **IV ZR 625/68** – VersR 1969, 940 = DAR 1969, 272.

eine Einwirkung von außen; ein innerer, nicht versicherter Betriebsvorgang läge nur dann vor, wenn die Schrauben zum Motor gehört und sich von ihm gelöst hätten.[22]

21 Ein **Reifenplatzer**, der durch einen von außen in die Lauffläche des Reifens eingedrungenen größeren Fremdkörper (Schraube, Bolzen o. ä. mit Kopf) verursacht wird und zu weiteren Schäden an angrenzenden Karosserieteilen führt, stellt einen »**Unfallschaden**« dar, wenn das im Fahrzeug vorhandene Reifendruckkontrollsystem einen Druckverlust nicht gemeldet hat, weil dieser zu plötzlich erfolgte;[23] **anders** aber bei kleineren, gewöhnlich auf der Fahrbahn liegenden Gegenständen, die einen Reifen so schädigen können, dass er platzt,[24] oder wenn durch das normale Platzen eines Reifens ein Karosserieblech weggerissen wird und dadurch die darüber liegenden Kabel und Leitungen zerstört werden.[25] Zu beachten ist, dass die **isolierte Beschädigung oder Zerstörung eines Reifens** stets unter den Ausschluss in **A.2.9.2 AKB** fällt, so dass der VR insoweit selbst bei Vorliegen eines versicherten Unfallereignisses i. S. v. A.2.2.2.2 Abs. 1 AKB nicht leistungspflichtig ist, (vgl. A.2.9.3 AKB Rdn. 5)

22 **Keine Einwirkung von außen** liegt auch vor bei solchen Schäden, die auf inneren Betriebsvorgängen des Fahrzeuges beruhen. **Lösen sich Teile** eines Reifens oder andere integrale Bestandteile des Fahrzeuges und beschädigen die Karosserie, handelt es sich um einen nicht gedeckten Schaden.[26] Gleiches gilt, wenn das versicherte Kfz einen Schaden dadurch erleidet, dass während der Fahrt **Radmuttern** verloren gehen und ein Rad abreißt,[27] oder wenn nicht auszuschließen ist, dass es infolge des **Überfahrens einer Bordsteinkante** zu einer Schädigung des Reifens gekommen ist, die sich im Laufe der Zeit ausgeweitet und schließlich dazu geführt hat, dass der Reifen während einer Autobahnfahrt platzte,[28] (vgl. hierzu auch A.2.2.2 AKB Rdn. 61 ff.).

c) **Plötzliches Ereignis**

23 Voraussetzung für einen versicherten Unfall ist ein plötzlich eintretendes Schadenereignis. Damit wird die **Abgrenzung** zu den nicht versicherten **Verschleißschäden** und den sonstigen, **über einen längeren Zeitraum allmählich** auf das Fahrzeug andauernden Einwirkungen sowie den nicht versicherten Verschleiß- und Abnutzungsschäden geschaffen. Das Schadenereignis muss innerhalb einer **relativ kurzen Zeitdauer** auf das versicherte Fahrzeug einwirken. Der Begriff des Plötzlichen erschöpft sich nicht ausschließlich in einer rein zeitlichen Komponente, sondern umfasst auch Ereignisse, die sich für den VN als **unerwartet, unvorhersehbar oder unentrinnbar** darstellen.[29] Diese

---

22 BGH Urt. v. 06.02.1954 – **II ZR 65/53** – VersR 1954, 113 = NJW 1954, 596.
23 LG Karlsruhe Urt. v. 20.08.2013 – 9 O 95/12 – r+s 2013, 490 = zfs 2013, 577.
24 OLG Hamm Urt. v. 21.04.1989 – 20 U 255/88 – BeckRS 1989, 07823.
25 AG Düren Urt. v. 16.05.2007 – 45 C 113/07 – r+s 2008, 12.
26 OLG Düsseldorf Urt. v. 30.09.1997 – 4 U 112/96 – r+s 1998, 318 = zfs 1998, 180.
27 AG Nürnberg Urt. v. 30.01.2007 – 17 C 7859/06 – r+s 2008, 13 = SP 2007, 401.
28 OLG Hamm Urt. v. 15.11.2013 – I-20 U 83/13 – VersR 2014, 698 = DAR 2014, 459; **vgl. aber** OLG Koblenz Urt. v. 11.02.2011 – 10 U 742/10 – VersR 2012, 175 = r+s 2011, 423.
29 OLG Koblenz Urt. v. 01.12.2008 – 10 U 622/08 – VersR 2009, 1613 = r+s 2010, 235; AG

Begriffe sind **rein objektiv** zu verstehen und werden auch nicht durch das Hinzutreten des Merkmals der »Unvorhersehbarkeit« subjektiv gefärbt.[30] Für die Frage der Plötzlichkeit spielt ein mögliches Verschulden des VN demnach keine Rolle. Ausreichend ist, dass das **Schadenereignis als solches »plötzlich« auf das Fahrzeug einwirkt** (z. B. Aufsetzen des Fahrzeuges beim Durchfahren eines unerwartet tiefen, mit Wasser gefüllten Schlagloches und dadurch verursachte Beschädigung des Kühlers oder der Ölwanne).

Die **Folgen der Einwirkung** des Schadenereignisses auf das versicherte Fahrzeug müssen nicht zwingend auch plötzlich eingetreten sein.[31] Auch wenn sich die Wirkungen (Kühlwasser- bzw. Ölverlust und daraus resultierender Motorschaden) erst allmählich und damit zeitlich unter Umständen **erst wesentlich später zeigen**, stehen sie der Annahme eines »plötzlichen« Ereignisses nicht entgegen, wenn die Folgen für den Fahrer nicht vorhersehbar waren[32] (sonst nicht versicherter Bedienungsfehler). Plötzlich ist das Ereignis auch dann, wenn ein anderer Verkehrsteilnehmer den Zusammenstoß zwar bewusst herbeiführt, die Situation sich für den VN aber völlig unerwartet und überraschend darstellt.[33] Beschädigt der VN beim **Waschen mit einem sandbeschmutzten Schwamm** den Lack seines Fahrzeuges, fehlt es neben der erforderlichen Einwirkung von außen auch am Merkmal der Plötzlichkeit.[34]

24

d) Mechanische Gewalt

Das Schadenereignis muss mit mechanischer Gewalt auf das Fahrzeug einwirken. Dazu bedarf es einer spürbaren, aber nicht zwingend besonders intensiven[35] direkten **Krafteinwirkung auf das Fahrzeug durch Zug- oder Druckkräfte** oder eine **vom Pkw selbst ausgehende Krafteinwirkung** auf andere, sich passiv verhaltende Objekte.[36] In Abgrenzung zu den nicht versicherten **Abnutzungsschäden** (vgl. A.2.2.2 AKB Rdn. 61 ff.) muss sich die mechanische Gewalt in einer vom VN nicht gewollten, gewaltsamen Weise auswirken.[37] Es genügt ein kleiner Stein, der gegen das Fahrzeug geschleudert wird. Auch das Anstoßen des Fahrzeuges gegen einen starren Gegenstand im Fahrbahnbereich (Stein, Bordsteinkante) stellt einen Unfall und keinen Betriebsschaden dar, auch wenn es Folge eines Fahrfehlers ist.[38]

25

Göppingen Urt. v. 14.07.1995 – 12 C 632/95 – SP 1996, 27; Stiefel/Maier/*Stadler* A.2.3 AKB Rn. 19.
30 OLG Nürnberg Urt. v. 27.02.1975 – 8 U 17/74 – VersR 1975, 897; ebenso Stiefel/Maier/ *Stadler* A.2.3 AKB Rn. 19.
31 OLG Nürnberg Urt. v. 27.02.1975 – 8 U 17/74 – VersR 1975, 897.
32 Vgl. BGH Urt. v. 05.02.1981 – **IVa ZR 58/80** – VersR 1981, 450 = NJW 1981, 1315; OLG Hamm Urt. v. 14.04.1989 – 20 U 271/88 – VersR 1990, 82 = NZV 1989, 395; Prölss/Martin/*Knappmann* § 12 AKB Rn. 48.
33 BGH Urt. v. 02.10.1985 – **IVa ZR 184/83** – VersR 1986, 177 = NJW 1986, 431.
34 AG Göppingen Urt. v. 14.07.1995 – 12 C 632/95 – SP 1996, 27.
35 OLG Hamm Urt. v. 01.12.1952 – 7 U 183/50 – VersR 1956, 537.
36 OLG Koblenz Urt. v. 16.10.1998 – 10 U 1213/97 – r+s 1999, 405 = NVersZ 1999, 329.
37 Stiefel/Maier/*Stadler* A.2.3 AKB Rn. 6.
38 OLG Koblenz Urt. v. 11.02.2011 – 10 U 742/10 – VersR 2012, 175 = r+s 2011, 423.

A.2.2.2.2 AKB Unfall

26 **Nicht ausreichend** sind Einwirkungen durch **elektrische Energie**[39] (z. B. Blitze, Kontakt mit Starkstrom- oder Hochspannungsleitungen), durch **Witterungs- oder Temperatureinflüsse**[40] (z. B. Rostbildung, Frost) oder durch **sonstige chemische Veränderungen**[41] (z. B. Lackschäden durch Säure oder verunreinigten Sprühlack, Verschmutzungen des Fahrzeuginnenraumes durch Austritt von Blut[42] oder anderen Körperflüssigkeiten infolge einer Verwesung des Fahrers nach einem Suizid[43]).

27 Ebenso fehlt es an einer mechanischen Gewalteinwirkung bei **Substanzveränderungen in der Fahrzeugbatterie**, bei unerwünschtem **Stromverbrauch** sowie bei Schäden an der Fahrzeuglackierung durch **sauren Regen, Vogelkot, Schmutzablagerungen** oder durch ein Hochschlagen von **ausgelaufenem Treibstoff**.[44] Anderes gilt nur dann, wenn diese Einwirkungen ihrerseits Folge eines Unfalls sind, weil beispielsweise das versicherte Fahrzeug gegen einen Baum prallt und infolgedessen Batteriesäure ausläuft, die Folgeschäden verursacht oder das Fahrzeug in einen Fluss stürzt, wo Wasser in das Fahrzeug eindringt.[45]

28 Auch **Naturgewalten** können mit mechanischer Gewalt auf das Fahrzeug einwirken. Sofern ein Sturm Windstärke 8 nicht erreicht, besteht zwar keine Deckung in der Teilkasko; wohl aber kann Versicherungsschutz in der Vollkasko gegeben sein.

29 Bei einem **Zusammenstoß mit Tieren** wirkt die mechanische Gewalt durch den Druck des Tieres auf das Fahrzeug ein. Dies gilt selbst dann, wenn eine im Motorraum befindliche Katze vom Zahnriemen erfasst wird und dadurch ein Motorschaden entsteht.[46]

30 Auch fehlt es an einer direkten Krafteinwirkung auf das Fahrzeug, wenn der Fahrzeugführer **infolge äußerer Umstände** (z. B. einen ihm ins Auge fliegenden Fremdkörper) oder **psychischer Einwirkungen** (z. B. Erschrecken beim Herannahen eines im Einsatz befindlichen Polizei- oder Rettungsfahrzeuges) zu einer **Fehlreaktion bei der Bedienung des Kfz** (z. B. Verschalten, Überdrehen des Motors) veranlasst wird und dadurch ein Motor- oder Getriebeschaden entsteht; kommt er stattdessen aber von der Straße ab und kollidiert mit einem Baum, liegt darin ein entschädigungspflichtiges Unfallereignis.[47]

31 **Mechanische Gewalt** wirkt auf das Fahrzeug ein, wenn

---

39 A. A. OLG Hamm Urt. v. 19.02.1992 – 20 U 312/91 – VersR 1993, 91 = r+s 1992, 190.
40 AG Köln Urt. v. 06.06.1969 – 111 C 185/69 – VersR 1970, 344.
41 OLG Oldenburg Urt. v. 22.12.1993 – 2 U 210/93 – VersR 1994, 1335; LG Düsseldorf Urt. v. 28.01.1999 – 21 S 344/98 – SP 1999, 211; AG Gladbeck Urt. v. 07.11.2000 – 11 C 437/00 – SP 2001, 138; AG München Urt. v. 19.10.1984 – 8 C 13667/84 – VersR 1986, 543.
42 AG Münster Urt. v. 12.01.2000 – 5 C 5508/99 – VersR 2002, 227.
43 OLG Saarbrücken Urt. v. 06.10.2004 – 5 U 161/04 – VersR 2005, 1071 = zfs 2005, 25.
44 Himmelreich/Halm/Staab/*Krahe* Kap. 23 Rn. 322.
45 Vgl. Stiefel/Maier/*Stadler* A.2.3 AKB Rn. 16.
46 AG Saarbrücken Urt. v. 12.02.2008 – 5 C 1112/07 – juris.
47 Vgl. Stiefel/Maier/*Stadler* A.2.3 AKB Rn. 8; 10.

- beim Überfahren eines aus der Straße herausragenden Steins[48] oder eines harten Gegenstandes[49] die **Ölwanne oder der Kühler** beschädigt werden und durch den Verlust von Öl oder Kühlflüssigkeit ein **Motorschaden** eintritt, (wobei ein versicherter Unfallschaden selbst für den Fall vorliegt, dass der Fahrer den Schlag gegen die Ölwanne zwar akustisch wahrnimmt, das Geräusch aber als solches nicht zuordnen kann oder auch das allmähliche Auslaufen des Öls zunächst nicht bemerkt, weiterfährt und der Motorschaden erst zu einem späteren Zeitpunkt eintritt; demgegenüber liegt ein nicht versicherter Bedienungsfehler vor, wenn der Fahrer in dem Bewusstsein, dass Öl ausläuft, seine Fahrt fortsetzt und erst dadurch der Schaden entsteht, vgl. A.2.2.2.2 AKB Rdn. 14);
- beim **Befahren einer überschwemmten Straße** Wasser in den Zylinderraum des Motors gelangt, das im Zusammenhang mit der Hubbewegung des Kolbens einen Motorschaden durch »**Wasserschlag**« auslöst;[50]
- der Fahrer in Verkennung der Wassertiefe in einen **überfluteten Bereich** einfährt, woraufhin der Motor stehenbleibt;[51]
- bei aufkommender Flut **Meerwasser** in ein **im Sandboden des Strandes festgefahrenes** und in den nachgebenden Untergrund einsinkendes **Kfz eindringt**, wobei unbeachtlich ist, dass die durch den Salzwassereintritt entstandenen Schäden auch auf chemischen Reaktionen beruhen können;[52]
- das Kfz **bei Hochwasser** durch die Gewalt der Wassermassen **gegen eine Mauer geschleudert** wird;[53]
- das Kfz mangels hinreichend betätigter Feststellbremse auf einem abschüssigen Weg in einen Weiher rollt, da es sich bei dem **Eintauchen in ein Gewässer** um eine plötzliche, unmittelbare mechanische Einwirkung auf das versicherte Kfz von außen handelt.[54] Gleiches gilt erst recht, wenn das Kfz nach dem Versinken durch Bodenberührung beschädigt wird.[55]

Keine mechanische Gewalt wirkt auf das Fahrzeug ein, wenn
- infolge starker **Regenfälle** Wasser in das Fahrzeug eindringt;
- beim Befahren einer frisch asphaltierten Straße **Teerpartikel** auf den Lack des Fahrzeuges gelangen und diesen angreifen;
- **Salzwasserspritzer** den Fahrzeuglack eines Kfz auf einer Autofähre beschädigen;
- **säurehaltiges Wasser** von einer Brücke auf ein Fahrzeug herabtropft;[56]

32

---

48 OLG Frankfurt/M. Urt. v. 23.11.1994 – 19 U 17/94 – OLGR 1995, 7 = juris.
49 AG Hamburg Urt. v. 27.02.2009 – 54a C 124/08 – SP 2009, 372.
50 OLG Hamm Urt. v. 31.05.1989 – 20 U 328/88 – VersR 1990, 85 = r+s 1990, 11; OLG Frankfurt/M. Urt. v. 14.12.1965 – 14 U 39/65 – VersR 1966, 437; AG Neustadt Urt. v. 26.07.1985 – 2 C 509/85 – VersR 1987, 301.
51 OLG Hamm Urt. v. 29.10.1986 – 20 U 128/86 – VersR 1988, 239 = NJW-RR 1987, 279.
52 OLG Hamm Urt. v. 26.06.1992 – 20 U 383/91 – VersR 1992, 1506 = r+s 1992, 365.
53 Stiefel/Maier/*Stadler* A.2.3 AKB Rn. 14.
54 OLG Koblenz Urt. v. 01.12.2008 – 10 U 622/08 – VersR 2009, 1613 = r+s 2010, 235.
55 OLG Oldenburg Urt. v. 15.05.1991 – 2 U 37/91 – VersR 1992, 567 = r+s 1993, 7.
56 LG Düsseldorf Urt. v. 28.01.1999 – 21 S 344/98 – SP 1999, 211; AG Köln Urt. v. 06.06.1969 – 111 C 185/69 – VersR 1970, 344.

A.2.2.2.2 AKB Unfall

- in einer Werkstatt **säurehaltige Substanzen** die Fahrzeuglackierung beschädigen;
- durch das **Platzen eines Säurerohres** die Lackierung von in der Nähe geparkten Fahrzeugen angegriffen wird;[57]
- der Fahrzeuglack beim Durchfahren einer Baustelle, an der mit Farbe gearbeitet wird, durch das **Hochspritzen von Farbpartikeln** beschädigt wird;[58]
- durch Berührung des Kfz mit einer **Starkstromleitung** eine Dichtung zerstört wird mit der Folge eines Ölverlustes, der zu einem Motorschaden führt.[59]

3. Ausschlüsse, die der Annahme eines Unfalls entgegenstehen – A.2.2.2.2 Abs. 2 und 3 AKB – Allgemeines

33 Die in A.2.2.2.2 Abs. 2 und 3 AKB aufgeführten Ausschlüsse sind nicht als echte Risikoausschlüsse zu verstehen, sondern haben nur **deklaratorische Bedeutung**. Im Falle eines Schadens durch einen Brems- oder Betriebsvorgang oder bei reinen Bruchschäden fehlt es bereits begrifflich an einem »Unfall«, weil keine unmittelbare mechanische Einwirkung von außen auf das Fahrzeug vorliegt.[60] Nach der Definition des **BGH**[61] sind **Betriebsschäden** solche Schäden, die durch normale Abnutzung, durch Material- oder Bedienungsfehler an dem Fahrzeug oder seinen Teilen entstehen, ferner Schäden, die zwar auf einer Einwirkung mechanischer Gewalt beruhen, aber zum normalen Betrieb des Kraftfahrzeuges gehören sowie Schäden zwischen ziehendem und gezogenen Fahrzeug ohne Einwirkung von außen. In Anlehnung an diesen Betriebsschadenbegriff sollen durch die Klausel **alle Schäden ausgeschlossen** werden, die entweder ihre **Ursache in einem innerbetrieblichen Vorgang** haben (Verschleiß, Materialermüdung, Bedienungsfehler), oder zwar auf einer Einwirkung mechanischer Gewalt auf das Fahrzeug beruhen, jedoch in Ansehung der konkreten Verwendungsart des Fahrzeuges **dem normalen, gewöhnlichen Betriebsrisiko des Fahrzeuges** zuzuordnen sind.[62] Die in Abs. 2 abstrakt beschriebenen Ausschlusstatbestände werden durch Fallgruppen beispielhaft konkretisiert. Ob ein Schadenfall als versichertes Unfallereignis oder als nicht versicherter Betriebsschaden einzustufen ist, entscheidet sich bei der **Auslegung der Klausel** nach dem Verständnishorizont eines durchschnittlichen Versicherungsnehmers ohne versicherungsrechtliche Spezialkenntnisse.

34 Nach Auffassung des **LG Stuttgart**[63] ist der bislang in den **AKB 2008 a. F.** verwendete Ausschlusstatbestand »*Schaden aufgrund eines Betriebsvorgangs*«, wie er noch in A.2.3.2 S. 3 AKB a. F. enthalten war, **unwirksam**, da sich letztlich jeder Unfall als Folge

---

57 A. A. Bruck/Möller/Johannsen Anm. J 66, die von einer mechanischen Einwirkung auf das Kfz ausgehen.
58 OLG Oldenburg Urt. v. 22.12.1993 – 2 U 210/93 – VersR 1994, 1335 = zfs 1995, 21.
59 Stiefel/Maier/*Stadler* A.2.3 AKB Rn. 7; a. A. OLG Hamm Urt. v. 19.02.1992 – 20 U 312/91 – VersR 1993, 91 = r+s 1992, 190.
60 Himmelreich/Halm/Staab/*Krahe* Kap. 23 Rn. 325; vgl. Maier r+s Beilage 2011, 85.
61 BGH Urt. v. 19.12.2012 – **IV ZR 21/11** – zfs 2013, 213 = DAR 2013, 146; BGH Urt. v. 23.10.1968 – **IV ZR 515/68** – VersR 1969, 32, 33 = DAR 1969, 62.
62 Vgl. auch OLG Stuttgart Urt. v. 22.02.07 – 7 U 163/06 – r+s 2007, 276 = VersR 2007, 1121.
63 LG Stuttgart Urt. v. 17.02.2012 – 22 O 503/11 – NJW-RR 2012, 1500 = r+s 2013, 425;

eines »Betriebsvorgangs« (der jeweiligen Fahrt oder der konkreten Verrichtung) darstellt. Damit handelt es sich entweder um einen umfassenden Ausschluss, der dann jedoch den Versicherungsschutz gänzlich entwerten würde, oder er bleibt unklar. Für den durchschnittlichen VN ist nicht erkennbar, dass unter »Betrieb« etwas anderes zu verstehen ist als das allgemeine Gebrauchmachen von Funktionen des Fahrzeuges. Was er sich konkret unter einem ausgeschlossenen Betriebsvorgang vorzustellen hat, wird auch durch die Beispiele in A.2.3.2 S. 4 AKB a. F. nicht deutlich, da unklar bleibt, welches der Beispiele welchem Oberbegriff des A.2.3.2. S. 3 AKB a. F. zuzuordnen ist. Daher sind nur solche Betriebsschäden vom Versicherungsschutz in der Vollkasko ausgeschlossen, die sich konkret einem der in A.2.3.2 S. 4 AKB a. F. aufgeführten Beispiele zuordnen lassen.[64]

Dieser Auffassung ist zuzustimmen. Eine Vertragsklausel muss aus sich heraus verständlich sein. Der VN muss unzweifelhaft erkennen, welche Risiken vom Versicherungsschutz umfasst und welche ausgeschlossen sein sollen. Dies wird ihm bei dem pauschalen Begriff des »Betriebsvorgangs« nicht klar genug vor Augen geführt, zumal die Klausel auch nicht auf die konkrete Verwendungsart des Fahrzeuges abstellt. Zudem wäre auch eine Auslegung des Begriffs denkbar, wonach – ähnlich wie in § 7 Abs. 1 StVG – alle Vorgänge »beim Betrieb« des Fahrzeuges erfasst sein könnten, was dann jedoch dazu führen würde, dass jegliche Unfallereignisse von dem Ausschluss erfasst wären, was ersichtlich aber auch nicht gewollt sein kann. Dies führt nach § 307 Abs. 1 S. 2 BGB zur Unwirksamkeit dieser – bislang in den AKB 2008 a. F. verwendeten Klausel, sofern der Schaden nicht umgekehrt durch einen der in A.2.3.2 S. 4 AKB a. F. konkret beschriebenen Betriebsvorgänge entstanden sein sollte. 35

In den **AKB 2015** wird auf diese Kritik reagiert. A.2.2.2.2 AKB wurde im Vergleich zu A.2.3.2 AKB a. F. vollkommen neu gefasst und umformuliert, (vgl. auch A.2.2.2 AKB Rdn. 8 ff.). Auf eine Zuordnung der in A.2.2.2.2 Abs. 2 AKB aufgeführten Beispiele zu einzelnen Oberbegriffen wurde bewusst verzichtet, da gerade die Zuordnung einzelner Schäden zu den Oberbegriffen in der Praxis zu Auslegungsproblemen führte und von der Rechtsprechung kritisiert wurde. Die neu gefasste Klausel dürfte unter AGB-rechtlichen Gesichtspunkten nicht mehr zu beanstanden sein. 36

4. Ausschlüsse in A.2.2.2.2 Abs. 2 AKB

a) Bremsvorgänge

Schäden, die allein **durch Bremsvorgänge unmittelbar am Fahrzeug** entstehen, ohne dass es zu einer Kollision mit einem anderen Fahrzeug oder sonstigen Gegenständen kommt, sind vom Versicherungsschutz ausgeschlossen.[65] Dies können Schäden sein 37

---

ebenso Prölss/Martin/*Knappmann* A.2.3 AKB Rn. 13 f.; Maier r+s Beilage 2011, 85; a. A. LG Karlsruhe Urt. v. 20.08.2013 – 9 O 95/12 – r+s 2013, 490 = zfs 2013, 577.
64 LG Stuttgart Urt. v. 17.02.2012 – 22 O 503/11 – NJW-RR 2012, 1500.
65 Vgl. OLG Hamm Beschl. v. 26.11.1975 – 20 W 15/75 – VersR 1976, 626.

A.2.2.2.2 AKB Unfall

durch **Überdehnung der Sicherheitsgurte**, Schäden an den **Reifen**[66] (die im Übrigen aber schon durch A.2.9.3 S. 1 AKB ausgeschlossen sind), am **Motor** oder sonstigen technischen Teilen. Auch **Schäden durch Fahrzeuginsassen**, die aufgrund einer Notbremsung des Fahrers gegen die Windschutzscheibe schlagen und diese beschädigen, sind durch einen nicht versicherten Bremsvorgang entstanden. Die Klarstellung hat nur deklaratorische Bedeutung, weil es bei Schäden durch Bremsvorgänge bereits an einer nach der Definition eines Unfalles notwendigen »Einwirkung von außen« fehlt.[67]

38 Kommt es allerdings **durch den Bremsvorgang zu einer nachfolgenden Kollision** mit einem anderen Fahrzeug oder schleudert das Fahrzeug infolge des Bremsmanövers gegen einen Baum, überschlägt sich oder stürzt um, so ist diese Folge des Bremsens als **versicherter Unfall** anzusehen.[68] Reifenschäden, die durch ein dem Unfall vorausgehendes Bremsmanöver entstehen, kann der VN nicht als Aufwendungen (»Rettungskosten«) nach §§ 83, 90 VVG ersetzt verlangen.[69]

a) Betriebsvorgänge

39 Der Begriff der »Betriebsschäden« in den bisherigen AKB wurde in den neuen AKB 2008 durch die Bezeichnung »**Betriebsvorgänge**« ersetzt, um eine bessere Unterscheidung zu den in der Kfz-Haftpflichtversicherung versicherten Schäden »beim Betrieb« des Fahrzeuges zu ermöglichen. Eine inhaltliche Änderung ist damit nicht verbunden.

aa) Bedienungsfehler

40 Schon unter der Geltung der bisherigen AKB gehörten alle durch eine falsche Bedienung des Fahrzeuges entstehenden Schäden zu den nicht versicherten Betriebsschäden.[70] Ein Schaden aufgrund eines Bedienungsfehlers liegt vor, wenn er **Folge eines Bedienungsvorganges** ist, **der unmittelbar den Schaden** am oder im Fahrzeug herbeiführt, **ohne** dass eine **weitere Einwirkung von außen** stattfindet, d. h. wenn entweder der Schaden allein durch den Bedienungsvorgang des Fahrers ohne sonstige zusätzliche Einwirkung von außen entsteht oder aufgrund des Bedienungsvorganges der Schaden am Fahrzeug durch ein anderes Fahrzeugteil verursacht wird, (z. B. Getriebeschaden nach Schaltfehlern oder Schäden nach Einfüllen falschen Kraftstoffes).[71] Ein Bedienungsfehler liegt daher nicht schon dann vor, wenn beim mechanischen Absetzen

---

[66] AG Simmern Urt. v. 26.05.1992 – 3 C 27/92 – SP 1992, 256; AG Nürnberg Urt. v. 19.09.1986 – 14 C 6082/85 – r+s 1987, 37.
[67] Stiefel/Maier/*Stadler* A.2.3 AKB Rn. 60.
[68] Vgl. BGH Urt. v. 02.07.1969 – **IV ZR 625/68** – VersR 1969, 940 = DAR 1969, 272; OLG Hamm Beschl. v. 26.11.1975 – 20 W 15/75 – VersR 1976, 626; Prölss/Martin/*Knappmann* § 12 AKB Rn. 54.
[69] AG Simmern Urt. v. 26.05.1992 – 3 C 27/92 – SP 1992, 256; AG Frankfurt/M. Urt. v. 01.08.1986 – 30 C 2048/86-81 – zfs 1987, 55.
[70] Z. B. OLG Hamm Urt. v. 25.11.1994 – 20 U 120/94 – VersR 1995, 1345 = NJW-RR 1995, 988 für einen Implosionsschaden an einem Milchsammeltankwagen.
[71] LG Stuttgart Urt. v. 17.02.2012 – 22 O 503/11 – NJW-RR 2012, 1500.

des **Streubehälters eines Streufahrzeuges** der Streuteller auf den Boden aufschlägt und dadurch der immer noch mit dem Fahrzeug verbundene Streubehälter verbogen wird.[72] Führt der Bedienungsfehler allerdings dazu, dass das Fahrzeug verunglückt, so ist der Schaden vom VR zu ersetzen, soweit dieser auf dem anschließenden Unfallereignis beruht. Es kommt daher nicht darauf an, ob eine Unfallursache, sondern ob das Schadenereignis die Voraussetzungen des Unfallbegriffes erfüllt.[73]

Ein **bloßer Fahrfehler** ist nicht in jedem Fall als Bedienungsfehler zu qualifizieren. Eine andere Betrachtungsweise wäre unvereinbar mit dem wesentlichen Zweck einer Vollkaskoversicherung, den VN gerade vor den wirtschaftlichen Folgen des eigenen Fehlverhaltens zu schützen und würde zu einer Aushöhlung des Versicherungsschutzes führen, da dann jeder zu einem Fahrzeugschaden führende Fahrfehler als nicht versicherter Betriebsschaden einzustufen wäre.[74] 41

Das **Anstoßen des Kfz gegen einen starren Gegenstand** im Fahrbahnbereich (Stein, Bordsteinkante, geparktes Kfz) stellt daher auch dann ein versichertes Unfallereignis dar, wenn es auf einem Fahrfehler beruht.[75] Verhakt sich jedoch infolge einer Unaufmerksamkeit des VN beim Rückwärtsfahren die **Anhängerkupplung** seines Kfz so mit dem Anhänger, dass dieser an seinem Kfz eine Delle verursacht, liegt ein Bedienungsfehler vor.[76] Gleiches gilt, wenn der VN mit dem Frontlader seines Traktors die Baumkrone eines umgestürzten Baumstammes zur Seite schiebt und sich hierdurch eine Spannung im Baum aufbaut, die dazu führt, dass der **Baumstamm zurückschnellt** und das Führerhaus des Schleppers beschädigt.[77] 42

Ein **Bedienungsfehler** liegt auch vor, wenn sich die **Motorhaube während der Fahrt öffnet** und, bedingt durch den Fahrtwind, gegen das Fahrzeugdach oder die Windschutzscheibe schlägt, weil die Verriegelung nicht eingerastet war,[78] oder wenn die Motorhaube nicht ordnungsgemäß verschlossen war, weil der VN beim Nachfüllen von Motoröl die **Verschlusskappe der Ölflasche im Motorraum vergessen** hatte.[79] Der VN kann lediglich den Bruchschaden an der Verglasung aus der Teilkasko erstattet verlangen.[80] 43

Ebenso liegt ein Betriebs- und kein Unfallschaden vor, wenn das Aufspringen der Motorhaube darauf zurückzuführen ist, dass sich **Befestigungsschrauben gelöst** haben und keine Kräfte auf das Fahrzeug eingewirkt haben, die über diejenigen physikalischen Einwirkungen hinausgehen, denen das Kfz im normalen Fahrbetrieb üblicherweise aus- 44

---

72 LG Stuttgart Urt. v. 17.02.2012 – 22 O 503/11 – NJW-RR 2012, 1500.
73 OLG Braunschweig Urt. v. 28.06.2000 – 3 U 201/99 – VersR 2001, 579.
74 LG Stuttgart Urt. v. 17.02.2012 – 22 O 503/11 – NJW-RR 2012, 1500.
75 OLG Koblenz Urt. v. 11.02.2011 – 10 U 742/10 – VersR 2012, 175 = r+s 2011, 423.
76 AG München Urt. v. 07.09.2011 – 343 C 11207/11 – BeckRS 2012, 09983.
77 AG Norden Urt. v. 02.08.2013 – 5 C 582/12 – n. v.
78 OLG Hamburg Urt. v. 18.04.1986 – 14 U 237/85 – zfs 1986, 374; AG Herne Urt. v. 04.02.2000 – 20 C 483/99 – SP 2000, 423.
79 LG Ravensburg Urt. v. 01.07.2010 – 1 S 92/10 – zfs 2010, 510.
80 AG Herne Urt. v. 04.02.2000 – 20 C 483/99 – SP 2000, 423.

A.2.2.2.2 AKB Unfall

gesetzt ist,[81] oder wenn die Motorhaubenverriegelung infolge einer das Normalmaß nicht überschreitenden **Erschütterung des Fahrzeuges** durch Bodenunebenheiten aufspringt, selbst wenn ein schlechter Fahrbahnzustand hieran zusätzlich mitgewirkt hat.[82]

45 **Kein Bedienungsfehler** liegt demgegenüber vor, wenn das Hochschlagen der Fronthaube darauf zurückzuführen ist, dass die Motorhaubenverriegelung bereits bei einem **vorangegangenen Unfall** beschädigt wurde, was der Fahrer aber nicht erkennen konnte; in diesem Fall besteht eine Deckung als Unfallfolgeschaden.[83] Führt die aufspringende Motorhaube für den Fahrer zu einer Sichtbehinderung und zu einem **nachfolgenden Unfall**, weil er von der Fahrbahn abkommt, so sind auch die auf diesem Unfall beruhenden Schäden vom VR zu übernehmen.[84]

46 In gleicher Weise besteht eine Erstattungspflicht des VR bei einem **Fahrzeug, das nach einem Bedienungsfehler »instabil« wird**, in einen Graben stürzt und dabei Beschädigungen davonträgt.[85] Auch eine **unterlassene Absicherung** des Fahrzeuges mittels Feststellbremse **an einer Gefällstrecke** stellt keinen Bedienungsfehler des VN dar, wenn sich das Fahrzeug anschließend ungewollt in Bewegung setzt und beschädigt wird,[86] kann aber als grob fahrlässige Herbeiführung des Versicherungsfalles bewertet werden, (vgl. A.2.9.1 AKB Rdn. 321 ff.).

47 Die beim **Abrutschen des Wagenhebers** während eines Radwechsels entstehende Beschädigung des Fahrzeuges stellt ebenfalls einen versicherten Unfallschaden dar.[87]

48 Ein **versicherter Unfallfolgeschaden** liegt auch vor bei einem **Motorschaden**, der dadurch entsteht, dass ein Stein die Ölwanne des Pkw durchschlägt und der Motor aufgrund von **allmählichem Ölverlust** heißläuft, wenn der Fahrer dies nicht bemerken konnte und musste.[88] Erkennt er hingegen den Ölverlust oder hat er ihn schuldhaft nicht erkannt und setzt seine Fahrt trotzdem fort, beruht der Eintritt des Motorschadens auf einem Bedienungsfehler des Fahrers und damit auf einem nicht versicherten Betriebsschaden, (vgl. A.2.2.2 AKB Rdn. 14). Entsteht ein **Getriebeschaden durch mangelnde Ölversorgung**, weil vor dem Abschleppen eines Lkw die Gelenkwelle ent-

---

81 OLG Karlsruhe Urt. v. 20.02.1997 – 12 U 269/96 – zfs 1998, 59 = r+s 1997, 407; OLG Hamm Urt. v. 20.01.1989 – 20 U 138/88 – VersR 1989, 836; AG Bonn Urt. v. 12.12.2002 – 4 C 497/02 – SP 2003, 247.
82 AG Essen Urt. v. 23.02.2001 – 20 C 416/00 – SP 2001, 278.
83 OLG Koblenz Urt. v. 26.07.2013 – 10 U 1452/12 – VersR 2014, 1371 = r+s 2015, 289; LG Landau Urt. v. 25.01.2000 – 1 S 370/99 – VersR 2000, 1536 = NJW-RR 2000, 838; AG Alzey Urt. v. 24.09.2001 – 20 C 179/01 – SP 2002, 250.
84 AG Essen Urt. v. 23.02.2001 – 20 C 416/00 – SP 2001, 278.
85 OLG Hamm Urt. v. 31.07.2002 – 20 U 10/01 – VersR 2003, 189 = r+s 2002, 449.
86 OLG Koblenz Urt. v. 01.12.2008 – 10 U 622/08 – VersR 2009, 1613 = r+s 2010, 235.
87 OLG München Beschl. v. 30.07.2014 – 14 U 1328/14 – www.iww.de, Abruf-Nr. 143300 **unter Bestätigung** von LG Augsburg Urt. v. 28.02.2014 – 12 O 3509/13 – www.iww.de, Abruf-Nr. 143299; AG Bad Homburg v. d. H. Urt. v. 12.06.2012 – 2 C 751/12 – n. v.
88 Vgl. LG Zweibrücken Urt. v. 05.12.2011 – 1 O 166/11 – zfs 2013, 38.

gegen der Herstelleranweisung nicht demontiert wurde, stellt auch dies einen Bedienungsfehler dar.[89]

Auch ein **Schaltfehler** durch Falschbedienung des Schalthebels eines Automatikgetriebes von Stufe 4 auf 1 bei 80 km/h mit daraus entstehendem Motor- und Getriebeschaden ist als Bedienungsfehler nicht versichert.[90] Anderes kann gelten, wenn der **Schaden an einem Mietfahrzeug** eingetreten ist und der Mieter gegen zusätzliches Entgelt eine Haftungsbefreiung nach den Grundsätzen einer Vollkaskoversicherung abgeschlossen hat,[91] (vgl. A.2.8 AKB Rdn. 52 ff.). 49

Ein Bedienungsfehler liegt auch vor bei **Verkratzungen des Lacks** durch Waschen des Kfz mit einem sandbeschmutzten Schwamm.[92] Gleiches gilt, wenn ein zur Kippvorrichtung eines Lkw gehörender **Sicherheitsbolzen fehlt** oder nicht ordnungsgemäß arretiert ist, der VN dies mangels Überprüfung vor Beginn des Kippvorganges nicht bemerkt, woraufhin sich der Kipper während des Kippvorganges verdreht und gegen das Führerhaus schlägt.[93] 50

bb) Falschbetankung

Die **Versorgung eines Pkw mit** den für die Fortsetzung der Fahrt notwendigen **Betriebsmitteln** gehört zu den Bedienvorgängen des Fahrzeuges. Ein Bedienungsfehler und damit ein nicht versicherter Betriebsschaden liegt daher vor bei der **Betankung mit falschem Kraftstoff** (z. B. Benzin statt Diesel) und einem daraus resultierenden Motorschadens beim Neustart des Fahrzeuges.[94] Gerät das Fahrzeug jedoch nach dem Falschbetanken im Rahmen der weiteren Benutzung aufgrund einer **Überhitzung des Katalysators** in **Brand**, ist der daraus entstehende Schaden aus der in der Teilkasko versicherten Gefahr »Brand« zu entschädigen, (vgl. A.2.2.2 AKB Rdn. 6). Der Ausschluss von Betriebsschäden bezieht sich nur auf Unfallereignisse, nicht auf Brandschäden; ein partieller Leistungsausschluss nach A.2.9.1 AKB i. V. m. § 81 Abs. 2 VVG aufgrund grober Fahrlässigkeit liegt ebenfalls nicht vor.[95] 51

cc) Verrutschende Ladung

Ein **innerer Betriebsvorgang** liegt auch vor, wenn – ohne vorausgehende Einwirkung von außen – die Ladung des Fahrzeuges aufgrund **ungenügender Befestigung**, durch **Erschütterung**, infolge eines **Fahrfehlers** oder **fehlerhafter Bedienung** des Fahrzeuges ins Rutschen gerät und dadurch an den Aufbauten oder im Inneren des Fahrzeuges 52

---

89 OLG Koblenz Urt. v. 18.06.1999 – 10 U 1091/98 – VersR 2000, 485 = r+s 1999, 359.
90 OLG Stuttgart Urt. v. 24.03.1994 – 7 U 287/93 – VersR 1995, 1044 = r+s 1994, 450.
91 BGH Urt. v. 19.01.2005 – **XII ZR 107/01** – NZV 2005, 247 = SVR 2005, 269.
92 AG Göppingen Urt. v. 14.07.1995 – 12 C 632/95 – SP 1996, 27.
93 OLG Koblenz Beschl. v. 04.03.2010 – 10 U 412/09 – NZV 2010, 621 unter Bestätigung von LG Koblenz Urt. v. 19.03.2009 – 16 O 321/09 – VersR 2010, 1076.
94 BGH Urt. v. 25.06.2003 – **IV ZR 322/02** – VersR 2003, 1031 = r+s 2003, 355; OLG Rostock Urt. v. 09.02.2004 – 3 U 85/03 – OLGR 2004, 247 = JurionRS 2004, 14547.
95 OLG Düsseldorf Urt. v. 28.10.2008 – I-4 U 12/08 – r+s 2009, 273 = zfs 2009, 451.

A.2.2.2.2 AKB Unfall

einen Schaden verursacht[96] oder während der Fahrt vom Fahrzeug herabstürzt.[97] Es verwirklicht sich lediglich das **normale Betriebsrisiko**, das der VN kalkulierbar in Kauf genommen hat und dem er durch eine bessere Ladungssicherung hätte vorbeugen können.[98]

53 Wenn infolge eines Brems- oder sonstigen Betriebsmanövers des Fahrers der beladene **Anhänger instabil** wird, die Ladung im Anhänger umherrutscht und bedingt hierdurch das gesamte Fahrzeug umstürzt, handelt es sich um einen nicht gedeckten Betriebsschaden.[99] Verrutscht die Ladung dagegen als **Folge einer vorausgehenden äußeren Einwirkung** auf das Fahrzeug oder eines Unfalles, so ist auch der Schaden am Fahrzeug durch die verrutschte oder herabgestürzte Ladung als adäquater Unfallfolgeschaden zu ersetzen.

54 Als »**Ladung**« gilt dasjenige, was bestimmungsgemäß nicht dauerhaft mit dem Fahrzeug verbunden ist, sondern lediglich mit ihm transportiert werden soll. Ein nicht versicherter Ladungsschaden liegt z. B. vor bei verrutschtem **Sand**, der die Bordwand eindrückt, bei **Vieh**, das gegen die Rückwand des Führerhauses auskeilt, bei einer erschütterungs- oder bremsbedingt umstürzenden **Kiste**, die die Ladefläche beschädigt,[100] oder bei einem vom Kfz-Dach herabfallenden **Fahrrad**.[101]

55 Trotz eines in der Vollkasko nicht versicherten Bremsschadens können Schäden am Fahrzeug durch verrutschende Ladung infolge verkehrsbedingter Brems- oder Ausweichmanöver als »**Rettungskosten**« nach §§ 83 Abs. 1, 90 VVG zu ersetzen sein, wenn der Fahrer die Vollbremsung oder die Ausweichbewegung zur Abwendung einer ansonsten drohenden, unmittelbar bevorstehenden Kollision mit einem anderen Kfz für erforderlich halten durfte.[102] Eine in der Vollkaskoversicherung ggf. vereinbarte **Selbstbeteiligung** ist nicht abzuziehen, (vgl. A.2.2.1 AKB Rdn. 275). Auch eine **Quotelung** der »Rettungskosten« entfällt, wenn der Fahrer nicht durch grob fahrlässiges Eigenverschulden (zu geringer Abstand, Ablenkung, Fehler beim Fahrstreifenwechsel) die Notwendigkeit des Brems- oder Ausweichmanövers selbst herbeigeführt hat.

c) **Materialermüdung und Überbeanspruchung**

56 Ein auf Materialermüdung oder Überbeanspruchung zurückzuführender Schaden äußert sich häufig in einem **Bruchschaden**, der unterschiedliche Entstehungsursachen haben kann. Es kann sich um einen **Gewaltbruch** (z. B. **durch** einen **Unfall** herbeigeführt) oder um einen **Dauerbruch** (z. B. **durch** abnutzungs- bzw. verschleißbedingte **Materialermüdung**) handeln. Nur Dauerbrüche sind nach Sinn und Zweck der Regelung vom

---

96 OLG München Urt. v. 30.07.1997 – 3 U 1978/97 – zfs 1998, 99; OLG Hamm Urt. v. 28.10.1988 – 20 U 369/87 – r+s 1989, 7.
97 LG Köln Urt. v. 17.03.1982 – 24 O 633/80 – VersR 1983, 1175.
98 OLG München Urt. v. 04.12.1998 – 10 U 3049/98 – VersR 2000, 96 = MDR 1999, 480.
99 LG Duisburg Urt. v. 05.01.2010 – 1 O 160/09 – NZV 2010, 576 = SVR 2011, 261.
100 Vgl. Stiefel/Maier/*Stadler* A.2.3 AKB Rn. 47.
101 AG Köln Urt. v. 25.06.2003 – 265 C 34/03 – SP 2004, 238.
102 OLG München Urt. v. 29.05.2013 – 7 U 4096/12 – VersR 2014, 1077 = zfs 2015, 39.

Versicherungsschutz ausgeschlossen.[103] Der VR will weder für Ermüdungsbrüche eintreten, die auf Materialfehlern oder dem natürlichen Verschleiß des Fahrzeuges beruhen, noch für Schäden, die durch Überbeanspruchung des Fahrzeuges entstehen. Ansonsten könnte der VN jeden Bruchschaden auf den jeweiligen Straßenzustand zurückführen. Indes gehören auch schwierige Straßenverhältnisse in der Regel zu den normalen, alltäglichen Gefahren, denen das versicherte Kfz bei seiner üblichen Verwendung im Fahrbetrieb ausgesetzt ist, so dass es konsequent ist, Schäden durch Dauerbrüche auszuschließen.

Kommt es allerdings **aufgrund eines Dauerbruchs** (z. B. aufgrund Materialverschleiß) **zu einem Unfall**, so ist dieser als Folgeschaden in der Vollkasko gedeckt.[104] Nach dem Wortlaut der Klausel greift der Ausschluss nur ein, wenn der Schaden seine »*alleinige Ursache*« in einer Materialermüdung oder Überbeanspruchung hat. 57

Wird durch einen Abschleppversuch die **Abschleppvorrichtung von der Fahrzeugkarosserie abgerissen**, stellt dies einen nicht versicherten Bruchschaden dar, wenn feststeht, dass die abgebrochene Abschleppvorrichtung nicht ordnungsgemäß mit der Karosserie verschweißt war.[105] Ein Schaden am versicherten Pkw durch Verlust eines Rades durch **verloren gegangene Radmuttern** während des Fahrvorganges kann seine Ursache in einem Materialfehler oder einem Verschleiß von Fahrzeugteilen haben, so dass für diesen Fall eine Einwirkung von außen und damit ein versicherter Unfallschaden ausscheidet.[106] 58

Verschleißbedingte **Dauerbrüche aufgrund Materialermüdung** sind insbesondere anzunehmen bei Kurbelwellenbrüchen, beim Durchschlagen oder Rissen der Zylinderköpfe und Auspuffdichtungen, beim Brechen von Kolbenringen, Ventilen und Stirnrädern, beim Verbiegen von Ventilschäften, Abreißen von Kupplungsbelägen, aber auch bei ausgebrochenen Zahnrädern, gerissenen Bremstrommeln und Bremszylindern sowie bei ausgeschlagenen Teilen der Lenkung, während **Schäden aufgrund Überbeanspruchung** vor allem bei Brüchen am Fahrgestellrahmen anzunehmen sein werden.[107] Eine Differenzierung zwischen den beiden Schadenursachen kann letztlich dahinstehen, da beide zu einem Ausschluss der Deckung führen. 59

Gewaltbrüche und **Verbiegungen** stets versichert, sofern sie Folge einer äußeren Einwirkung auf das Fahrzeug sind und die weiteren Voraussetzungen des Unfallbegriffes vorliegen. 60

d) Abnutzung

Abnutzungsschäden sind als Beispielsfälle der nicht gedeckten Betriebsschäden aufgeführt. Erforderlich für den Ausschluss ist auch hier, dass die Schäden »*ihre alleinige* 61

---

103 Vgl. Stiefel/Maier/*Stadler* A.2.3 AKB Rn. 64.
104 BGH Urt. v. 02.07.1969 – **IV ZR 625/68** – VersR 1969, 940 = DAR 1969, 272.
105 AG Düsseldorf Urt. v. 25.11.2005 – 20 C 5035/05 – SP 2007, 81.
106 AG Nürnberg Urt. v. 30.01.2007 – 17 C 7859/06 – r+s 2008, 13 = SP 2007, 401.
107 Vgl. Stiefel/Maier/*Stadler* A.2.3 AKB Rn. 34.

A.2.2.2.2 AKB   Unfall

Ursache« in einer Abnutzung haben. Die Vollkaskoversicherung ist keine Maschinenversicherung, weshalb ausschließlich **verschleißbedingte Schäden** im Rahmen der Vollkasko nie übernommen werden.[108] Dies gilt für den Motor und die elektrische Anlage ebenso wie für Bereifung und Lackierung. Weder sind Schäden durch das **Auslaufen von Öl und Kraftstoffen**, noch durch **Verstopfungen in den Zuleitungen** gedeckt. Das **Verrußen der Zündkerzen** sowie Schäden durch **Bremsversagen** sind ebenso nicht versichert. Das **Ablösen von Reifenteilen**[109] oder **Verlorengehen von Radmuttern**,[110] wodurch der Reifen abreißt und das Fahrzeug beschädigt wird, fällt ebenso unter den Ausschluss.

62   Gleiches gilt bei einem **Reifenplatzer**, wenn dadurch das darüber liegende Abdeckblech mit Kabeln und Leitungen weggerissen wird.[111] **Platzen** allerdings auf der Autobahn **beide Hinterreifen gleichzeitig**, spricht dies nicht für einen alters- oder verschleißbedingten Schaden, sondern dafür, dass das Fahrzeug einen größeren Gegenstand überfahren hat und damit der Schaden durch ein versichertes Unfallereignis herbeigeführt worden ist,[112] (vgl. auch A.2.2.2 AKB Rdn. 19 ff.).

e) **Gespannschäden** – Schäden zwischen ziehendem und gezogenem Fahrzeug

aa) Überblick

63   Durch Aufzählung der Gespannschäden in A.2.2.2.2 Abs. 2 AKB wird klargestellt, dass **jegliche Schäden** aus Verkehrssituationen, bei denen es zwischen einem Zugfahrzeug und einem anderen gezogenen Fahrzeug zu einer Berührung oder Kollision kommt, **ohne** dass als Ursache für diese Schäden eine **Einwirkung von außen** vorgelegen hat, **vom Versicherungsschutz** in der Vollkasko **ausgeschlossen** sind. Dies gilt auch dann, wenn ein Anhänger oder Auflieger mit dem Zugfahrzeug kollidiert. Diese Regelung entspricht der früheren, noch unter der Geltung der alten AKB vor 1994 herrschenden gängigen Rechtsmeinung, wonach stets ein nicht deckungspflichtiger Betriebsschaden angenommen wurde, wenn sich die Betriebsvorgänge der Zugmaschine bei der Schadenentstehung in vollem Umfange – ohne jegliche Einwirkung von außen – auf den Anhänger ausgewirkt hatten.

64   Dies war insbesondere der Fall bei Schäden am Zugfahrzeug durch einen **umkippenden**[113] oder infolge Windeinwirkung **schleudernden Anhänger**,[114] bei einer Kollision des Anhängers mit der Zugmaschine durch eine **Vollbremsung**[115] oder ein **Ausweich-**

---

108   Vgl. die umfassende Übersicht bei Stiefel/Maier/*Stadler* A.2.3 AKB Rn. 34.
109   Vgl. OLG Düsseldorf Urt. v. 30.09.1997 – 4 U 112/96 – r+s 1998, 318 = zfs 1998, 180.
110   AG Nürnberg Urt. v. 30.01.2007 – 17 C 7859/06 – r+s 2008, 13 = SP 2007, 401.
111   AG Düren Urt. v. 16.05.2007 – 45 C 113/07 – r+s 2008, 12.
112   AG Coburg 11 C 587/00 und LG Coburg 32 S 5/01 – n. v.
113   OLG Schleswig Urt. v. 26.03.1974 – 9 U 53/73 – VersR 1974, 1093.
114   OLG Hamm Urt. v. 14.01.1983 – 20 U 176/82 – VersR 1983, 1124; LG Essen Urt. v. 17.12.1986 – 15 S 156/86 – zfs 1988, 115.
115   OLG Hamm Urt. v. 29.11.1989 – 20 U 224/89 – VersR 1990, 413 = NJW 1990, 1187.

manöver des Zugfahrzeuges,[116] aber auch bei Schäden, die durch die Zuggabel des Anhängers verursacht werden, weil die Zugmaschine mit einem Rad von der Straße abkommt und der Lastzug beim Versuch des **Gegenlenkens** außer Kontrolle gerät.[117] Als Betriebsschäden eingestuft wurden auch Schäden an der Anhängerkupplung nach **übermäßigen Lenkbewegungen** durch den Fahrer der Zugmaschine,[118] oder auch Schäden am Anhänger, die beim **Rückwärtsfahren** des Zugfahrzeuges entstehen.[119]

Nachdem zunächst das **OLG Hamm**[120] und anschließend auch der **BGH**[121] seine bisherige Rechtsprechung geändert hatten, wurden unter Hinweis auf das Verständnis des durchschnittlichen VN von der Rechtsprechung fortan solche Fälle, bei denen ein Anhänger mit einem Zugfahrzeug fest verbunden war und das Zugfahrzeug durch eine Schleuderbewegung des Anhängers beschädigt wurde, als versicherte Unfallschäden eingestuft. Trotz der Verbindung von Pkw und Anhänger sehe der durchschnittliche VN hierin zwei Fahrzeuge, von denen jedes durch einen einzelnen Versicherungsvertrag versichert sei. Komme es zu einem Schaden, wirke das eine Fahrzeug auf das andere mit mechanischer Gewalt von außen ein, so dass ein **Unfall** gegeben sei. Auch **andere Gerichte**[122] schlossen sich dieser geänderten Auffassung an. 65

Diese **Rechtsprechung ist** seit der neuen Klausel in den AKB 2008 und auch in den AKB 2015 für Gespannschäden **hinfällig**. Insoweit gilt also wieder der Zustand, wie er vor Änderung der Rechtsprechung bestand. Die neue **Klausel** stellt mithin eine **materiell-rechtliche Änderung zu den bisherigen AKB vor 2008** dar. Sie ist AGB-rechtlich (§§ 305 ff. BGB) nicht zu beanstanden, da sie **weder unklar, noch überraschend** ist.[123] 66

bb) Reichweite des Ausschlusses

Der **Ausschluss** für gegenseitige Schäden zwischen »ziehendem und gezogenem Fahrzeug« gilt **für alle Schäden**, die bei einem Abschlepp- oder Rangiervorgang **zwischen zwei »Fahrzeugen«** entstehen können. Dabei muss es sich nicht notwendigerweise um »Kraftfahrzeuge« handeln. 67

---

116 OLG Nürnberg Urt. v. 11.07.1991 – 8 U 1290/91 – r+s 1991, 297.
117 LG Frankfurt/M. Urt. v. 09.11.1994 – 2/16 S 143/94 – zfs 1995, 222.
118 LG Detmold Urt. v. 26.10.1983 – 2 S 198/83 – DAR 1984, 152.
119 LG Ansbach Urt. v. 16.09.1994 – 1 S 155/94 – VersR 1995, 1044.
120 OLG Hamm Urt. v. 16.12.1994 – 20 U 193/94 – VersR 1996, 447 = NZV 1995, 323.
121 BGH Urt. v. 06.03.1996 – **IV ZR 275/95** – VersR 1996, 622 = r+s 1996, 169.
122 OLG Oldenburg Urt. v. 13.11.1996 – 2 U 207/96 – NJW-RR 1997, 283; AG Frankfurt/M. Urt. v. 04.12.2009 – 29 C 2002/09-21 und LG Frankfurt/M. Beschl. v. 31.05.2010 – 2-08 S 46/09 – r+s 2010, 370.
123 OLG Hamm Beschl. v. 21.05.2014 – 20 U 13/14 – zfs 2015, 156 und 09.07.2014 – r+s 2015, 131 **unter Bestätigung** von LG Arnsberg Urt. v. 26.11.2013 – I-4 O 280/13 – VersR 2015, 61; LG Nürnberg-Fürth Urt. v. 04.04.2011 – 8 O 7327/10 – r+s 2011, 204 = zfs 2011, 516; Stiefel/Maier/*Stadler* A.2.3 AKB Rn. 58; vgl. zur vergleichbaren Klausel in den AKB a. F. OLG Stuttgart Urt. v. 10.08.2006 – 7 U 73/06 – r+s 2007, 238.

A.2.2.2.2 AKB Unfall

68 Unter dem **Oberbegriff** »Fahrzeug« ist in diesem Zusammenhang nicht nur ein mit Maschinenkraft ausgestattetes Fortbewegungsmittel, sondern auch jeder **Auflieger, Anhänger**[124] oder **Wohnwagen**[125] zu verstehen. Mit der Regelung will der VR seine Einstandspflicht für jegliche Schäden ausschließen, die auf ein spezifisches Risiko, nämlich die **Instabilität** eines Zuggespanns, zurückzuführen sind. Dieses Risiko ist erkennbar nicht auf Abschleppvorgänge motorisierter Fahrzeuge beschränkt. In Zusammenschau etwa mit A.1.1.5 AKB, in der der Versicherungsschutz eines versicherten Kraftfahrzeuges auf von diesem gezogene Anhänger und damit nicht nur auf abgeschleppte, sondern auch auf geschleppte und damit aus eigener Kraft nicht fahrfähige Fahrzeuge erstreckt wird, vermag der durchschnittliche VN zu erkennen, dass auch Anhänger und Auflieger als »Fahrzeuge« i. S. d. Klausel anzusehen sind.[126] Daher ist der Ausschlusstatbestand auch dann erfüllt, wenn sich ein nicht motorisiertes gezogenes Fahrzeug vom Zugfahrzeug löst und anschließend ohne Einwirkung von außen auf das abbremsende Zugfahrzeug aufprallt. Entscheidend ist, dass nach der Klausel ganz allgemein die besonderen Gefahren und Risiken eines Schleppvorganges vom Versicherungsschutz ausgeschlossen sein sollen. Die **Gegenansicht**[127] verkennt, dass nach dem Wortlaut in A.2.1 AKB eine Kaskoversicherung ganz allgemein für »Fahrzeuge« und nicht nur für »Kraftfahrzeuge« abgeschlossen werden kann. Würde man einen Anhänger nicht auch als »Fahrzeug« verstehen, könnte er vom Schutz einer Kaskoversicherung gar nicht umfasst sein. Der **BGH**[128] hat sich für die AKB 2008 der erstgenannten Auffassung angeschlossen. Schon in früheren Entscheidungen hatte der BGH bei vergleichbaren Klauseln (Wohn-)Anhänger als »Fahrzeuge« angesehen[129] und eine Zugmaschine und einen Anhänger als ein »aus beiden Fahrzeugen gebildetes Gespann« bezeichnet.[130] Die neuen **AKB 2015** nennen nun in A.2.2.2.2 Abs. 2 AKB als gezogenes Fahrzeug ausdrücklich auch den Anhänger, so dass mit dieser Klarstellung frühere Streitigkeiten über die Frage der Einbeziehung des Anhängers in die Gespannschäden der Vergangenheit angehören dürften.

---

124 OLG Hamm Beschl. v. 21.05.2014 – 20 U 13/14 – zfs 2015, 156 und 09.07.2014 – r+s 2015, 131 **unter Bestätigung** von LG Arnsberg Urt. v. 26.11.2013 – I-4 O 280/13 – VersR 2015, 61; OLG Stuttgart Urt. v. 10.08.2006 – 7 U 73/06 – r+s 2007, 238; OLG Stuttgart Urt. v. 24.07.2003 – 7 U 47/03 – VersR 2005, 643; LG Essen Urt. v. 13.02.2012 – 18 O 342/11 – BeckRS 2013, 03046; LG Wuppertal Urt. v. 27.08.2009 – 7 O 14/09 – VersR 2010, 662.
125 LG Karlsruhe Urt. v. 07.12.2011 – 1 S 88/11 – r+s 2012, 68.
126 OLG Hamm Beschl. v. 21.05.2014 – 20 U 13/14 – zfs 2015, 156 und 09.07.2014 – r+s 2015, 131 **unter Bestätigung** von LG Arnsberg Urt. v. 26.11.2013 – I-4 O 280/13 – VersR 2015, 61.
127 LG Essen Urt. v. 25.08.2005 – 10 S 184/05 – r+s 2006, 65 (zu § 12 Abs. 6 AKB a. F.).
128 BGH Urt. v. 04.03.2015 – **IV ZR 128/14** – VersR 2015, 571 = JurionRS 2015, 12835.
129 BGH Urt. v. 19.12.2012 – **IV ZR 21/11** – zfs 2013, 213 = DAR 2013, 146; BGH Urt. v. 06.03.1996 – **IV ZR 275/95** – VersR 1996, 622 = r+s 1996, 169.
130 BGH Urt. v. 27.10.2010 – **IV ZR 279/08** – NJW 2011, 447 = r+s 2011, 60.

cc) Schaden ohne Einwirkung von außen

Nach dem ausdrücklichen Wortlaut in A.2.2.2.2 Abs. 2 AKB liegt **kein versichertes** 69
Unfallereignis vor, wenn der Schaden »*ohne Einwirkung von außen*« eingetreten ist
und in unmittelbarem Zusammenhang mit dem Schleppvorgang steht. Dies erfordert
eine Schadenentstehung durch Material- oder Bedienungsfehler, die sich auf eines der
zu dem Gespann gehörenden Fahrzeuge beziehen.[131]

Danach werden ausschließlich solche Einwirkungen den Betriebsschäden zugeordnet, 70
die ihre Ursache in **gespannnternen Umständen** finden. Dies ist der Fall, wenn Zugfahrzeug und Anhänger infolge **zu heftigen Lenkens** des Fahrers ins Schlingern geraten
und miteinander kollidieren,[132] wenn sich der Anhänger in Folge von **Eisglätte** querstellt
und das Heck des versicherten Zugfahrzeuges eindrückt,[133] oder bei Schäden an einem
Anhänger durch ein **Rangiermanöver** des ziehenden Pkw.[134] **Rangierschäden** werden
als ausgeschlossene Schäden in A.2.2.2.2 Abs. 2 AKB erstmals ausdrücklich genannt.

Eine »**Einwirkung von außen**« ist eine **Kraft**, die weder von dem ziehenden, noch von 71
dem gezogenen Fahrzeug ausgeht.[135] Kommt es zu einer Beschädigung des Zugfahrzeuges durch den Anhänger, weil das Gespann – aus welchem Grund auch immer – von der
Fahrbahn abkommt und auf eine **Böschung** oder gegen eine **Leitplanke** gerät, wobei
entweder durch den Aufprall selbst oder durch Unebenheiten der Anhänger sodann
vor oder gegen das Zugfahrzeug schleudert, so liegt ein Unfallschaden und kein Betriebsschaden vor.[136] Denn der Schaden ist dann durch eine außerhalb des versicherten
Zugfahrzeuges liegende Ursache, wenngleich auch möglicherweise durch einen Fahrfehler des VN, bewirkt worden, nämlich durch das Hindernis »Böschung« bzw. »Leitplanke«. Dabei kommt es nicht darauf an, ob Zugfahrzeug und Anhänger zur Zeit der
Kollision noch miteinander verbunden waren.[137]

Auch ein durch **Witterungsverhältnisse** oder die **Fahrbahnbeschaffenheit** hervorgerufenes Schleudern, z. B. durch Unebenheiten oder unerwartet starke **Spurrillen**, die die 72
Richtungsstabilität des Anhängers nachteilig beeinflussen und einen Schleudervorgang
auslösen, stellen eine Einwirkung von außen dar.[138] Gleiches gilt, wenn ein Gespann
wegen falscher Beladung des Anhängers auf gerader Strecke ins »Trudeln« gerät, der
ausscherende Anhänger **mit einem entgegenkommenden Fahrzeug zusammenstößt**,

---

131 BGH Urt. v. 19.12.2012 – **IV ZR 21/11** – zfs 2013, 213 = DAR 2013, 146.
132 LG Wuppertal Urt. v. 27.08.2009 – 7 O 14/09 – VersR 2010, 662, wobei die Entscheidung
    zu § 12 AKB a. F. erging und sich nicht mit BGH Urt. v. 06.03.1996 – IV ZR 275/95 –
    VersR 1996, 622 = r+s 1996, 169 auseinandersetzt (vgl. A.2.2.2 AKB Rdn. 65), wonach
    richtigerweise ein versicherter »Unfall« hätte angenommen werden müssen.
133 OLG Stuttgart Urt. v. 24.07.2003 – 7 U 47/03 – VersR 2005, 643.
134 AG Herne-Wanne Urt. v. 10.06.2011 – 13 C 141/10 – SP 2011, 444.
135 BGH Urt. v. 19.12.2012 – **IV ZR 21/11** – zfs 2013, 213 = DAR 2013, 146.
136 OLG Nürnberg Urt. v. 21.02.1991 – 8 U 2803/90 – VersR 1992, 482.
137 OLG Düsseldorf Urt. v. 05.09.2006 – I-4 U 233/05 – NZV 2007, 303 = NJW-RR 2007,
    829; AG Mönchengladbach Urt. v. 25.06.2014 – 36 C 71/14 – zfs 2014, 578.
138 BGH Urt. v. 19.12.2012 – **IV ZR 21/11** – zfs 2013, 213 = DAR 2013, 146.

A.2.2.2.2 AKB Unfall

das Zugfahrzeug ebenfalls ins Schleudern gerät und durch den Anprall an die rechte Leitplanke sowie durch die Abschleppwinde des Anhängers beschädigt wird.[139]

73 Ein **fahrerisches Fehlverhalten**, das an der Entstehung des Schadens mitwirkt, stellt nicht die für einen deckungspflichtigen Unfall erforderliche Einwirkung »von außen« dar.[140] Kommt es zu einer Beschädigung des Zugfahrzeuges durch den Anhänger, weil der Fahrzeugführer zur Vermeidung einer Kollision mit einem plötzlich vor ihm anfahrenden Fahrzeug (und damit zur Abwendung eines vollkaskoversicherten Unfallschadens im Frontbereich) eine Vollbremsung vornehmen muss, sind die Schäden dem VN allerdings als Aufwendungen (»**Rettungskosten**«) nach §§ 83, 90 VVG zu ersetzen, wobei dann unbeachtlich ist, dass die Rettungsmaßnahme nur zu einem unversicherten Betriebsschaden geführt hat.[141]

f) Verwindungsschäden

74 Seit den AKB 2008 findet sich in den Bedingungen ein klarstellender ausdrücklicher Ausschluss für Verwindungsschäden, die regelmäßig auf internen Betriebsvorgängen beruhen und daher nicht versicherte Betriebsschäden darstellen. Sie entstehen besonders häufig bei Nutzfahrzeugen am Fahrzeugrahmen, wenn sich ein auf einer Baustelle eingesetzter **Lkw** aufgrund des unebenen Untergrundes **während eines Kippvorganges zur Seite neigt** und einsinkt[142] oder wenn ein **Auflieger** mit ausgefahrener Kippvorrichtung **umkippt** und dabei das Zugfahrzeug beschädigt.[143]

75 Es handelt sich im Übrigen auch um – schon durch A.2.2.2.2 Abs. 3 AKB ausgeschlossene – **Schäden, die mit der konkreten Geländebeschaffenheit voraussehbar zusammenhängen**. Auch in den Fällen, in denen die Zugmaschine eines Sattelzuges nach Abkommen von der Fahrbahn einseitig in weiches Erdreich und anschließend auf eine Böschung gerät, während der Auflieger eine entgegengesetzte Kippbewegung vollzieht, treten an der Zugmaschine für den normalen Betrieb typische, von dem Auflieger ausgehende nicht versicherte Verwindungsschäden auf.[144] Das gleiche gilt, wenn ein Sattelzug infolge **Rangierens umstürzt**.[145] Letztlich ist es aber nach dem **Wortlaut der Klausel** im Gegensatz noch zu den AKB 2007 a. F. für die Annahme eines Verwindungsschadens nicht mehr entscheidend, dass kein ungewöhnliches, von außen auf das Fahrzeug einwirkendes und nicht im Voraus einzukalkulierendes Ereignis vorgelegen hat;[146] vielmehr stellt A.2.2.2.2 Abs. 2 AKB klar, dass **Verwindungsschäden als sol-**

---

139 OLG Saarbrücken Urt. v. 01.12.2010 – 5 U 395/09 – zfs 2011, 151.
140 Vgl. BGH Urt. v. 05.02.1981 – **IVa ZR 58/80** – VersR 1981, 450 = NJW 1981, 1315; OLG Schleswig Urt. v. 26.03.1974 – 9 U 53/73 – VersR 1974, 1093.
141 LG Nürnberg-Fürth Urt. v. 04.04.2011 – 8 O 7327/10 – r+s 2011, 204 = zfs 2011, 516.
142 OLG Köln Urt. v. 25.02.2003 – 9 U 118/02 – VersR 2003, 1248 = r+s 2003, 356.
143 Vgl. OLG Bamberg Urt. v. 11.11.1970 – 1 U 75/70 – VersR 1971, 334.
144 ÖsterrOGH Urt. v. 28.02.1996 – 7 Ob 37/95 – zfs 1996, 301.
145 LG Arnsberg Urt. v. 31.03.1988 – 4 O 603/87 – zfs 1988, 219.
146 So noch BGH Urt. v. 02.07.1969 – **IV ZR 625/68** – VersR 1969, 940 = DAR 1969, 272; OLG Köln Urt. v. 25.02.2003 – 9 U 118/02 – VersR 2003, 1248 = r+s 2003, 356.

che generell nicht als **Unfallschäden gelten** und daher vom Versicherungsschutz ausgeschlossen sein sollen.

Bei **Gespannen** fallen Verwindungsschäden zwischen Zugfahrzeug und Anhänger zudem unter den zusätzlichen Ausschluss in A.2.3.2 S. 4 AKB (vgl. A.2.2.2 AKB Rdn. 63 ff.). Erleidet das Fahrzeug aber **infolge der Verwindung** durch Umkippen oder Umstürzen einen **Aufprallschaden**, so ist dieser als Unfallschaden versichert, (vgl. A.2.2.2 AKB Rdn. 89 ff.). Gleiches kann für einen **Folgeschaden** (z. B. Motorschaden) gelten, wenn der bloße Umsturzvorgang noch nicht zu einem Schaden geführt hat, (vgl. A.2.2.2 AKB Rdn. 92 ff.). 76

5. Ausschlüsse in A.2.2.2.2 Abs. 3 AKB

a) Vorhersehbare Beschädigung bei bestimmungsgemäßer Verwendung des Kfz

Für die **Abgrenzung** eines versicherten Unfallereignisses zu einem nicht versicherten Betriebsvorgang kommt es darauf an, ob sich bei der Einwirkung auf das Fahrzeug von außen das **normale Betriebsrisiko des Fahrzeuges** im Rahmen seiner Zweckbestimmung im gewöhnlichen Fahrbetrieb realisiert hat und der Fahrer damit rechnen konnte.[147] Schäden, die nur Ausfluss des normalen Betriebsrisikos sind, also durch Ereignisse und Umstände hervorgerufen werden, denen das Fahrzeug im Rahmen seiner **konkreten Verwendungsart im gewöhnlichen Fahrbetrieb** typischerweise ausgesetzt ist, beruhen auf nicht versicherten Betriebsvorgängen. Hierzu zählen auch **Bearbeitungsschäden**, die durch den Kfz-Monteur beim Beschmutzen des Fahrzeuginnenraumes[148] oder beim Waschen des Fahrzeuges mit einem sandbeschmutzten Schwamm auf dem Lack entstehen.[149] 77

Anders liegt es, wenn sich beim gewöhnlichen Betrieb ein Risiko verwirklicht, welches als **außergewöhnliches Unfallereignis** angesehen werden muss. Dies ist insbesondere dann anzunehmen, wenn ein durchschnittlicher VN nicht auf die Idee kommen würde, ein solches Risiko in seine **Betriebskostenkalkulation** einzustellen.[150] 78

Wird daher ein Wohnmobil durch Teile beschädigt, die sich von einem seiner **Reifen** während der Fahrt auf der Autobahn ohne erkennbare Einwirkung von außen lösen, so liegt ein nicht versicherter Betriebsschaden vor.[151] Dies gilt ebenso bei **Aggregatschäden**, die auf den Fahrbetrieb zurückzuführen sind, bei **Motorschäden durch Überhit-** 79

---

147 OLG Koblenz Urt. v. 18.06.1999 – 10 U 1091/98 – VersR 2000, 485 = r+s 1999, 359; OLG Hamm Urt. v. 27.10.1993 – 20 U 111/93 – VersR 1994, 1290 = r+s 1994, 86.
148 Stiefel/Maier/*Stadler* A.2.3 AKB Rn. 53.
149 AG Göppingen Urt. v. 14.07.1995 – 12 C 632/95 – SP 1996, 27.
150 BGH Urt. v. 23.10.1968 – **IV ZR 515/68** – VersR 1969, 32 = DAR 1969, 22; OLG Hamm Urt. v. 18.06.2003 – 20 U 229/02 – SP 2004, 21; OLG Köln Urt. v. 19.09.1995 – 9 U 395/94 – SP 1995, 413 = r+s 1995, 405; OLG Hamm Urt. v. 02.06.1993 – 20 U 373/93 – r+s 1993, 405 m. w. N.
151 OLG Düsseldorf Urt. v. 30.09.1997 – 4 U 112/96 – r+s 1998, 318 = zfs 1998, 180; vgl. auch AG Düren Urt. v. 16.05.2007 – 45 C 113/07 – r+s 2008, 12.

A.2.2.2.2 AKB Unfall

zung, wenn versäumt wurde, Kühlwasser oder Motoröl nachzufüllen, oder bei einem »Festfressen« des Motors, bedingt durch austretendes Öl an der Ölwanne aufgrund eines Haarrisses.[152]

aa) Voraussehbarkeit des Schadeneintritts

80 Kommt ein Fahrzeug wegen des schlechten Straßenzustandes zu Schaden, richtet sich die Abgrenzung zwischen Unfall- und Betriebsschäden auch danach, inwieweit der Fahrer die Unebenheiten oder Schäden auf der Fahrbahn nach dem allgemeinen Zustand der befahrenen Straße erwarten konnte und musste (dann **nicht versicherter Betriebsvorgang**) oder ob die Schäden aus Sicht des Fahrers eher ungewöhnlich waren und überraschend auftraten (dann **versicherter Unfallschaden**).

81 Beim **Durchfahren eines nicht asphaltierten Baustellenbereiches** muss sich ein aufmerksamer Fahrer auf **Straßenunebenheiten** und geringfügig **herausragende Kanaldeckel** einstellen. Bleibt das Fahrzeug an einem der Kanaldeckel hängen und wird dadurch beschädigt, ist dies dem normalen Betriebsrisiko des Fahrzeuges zuzurechnen und demnach nicht als »Unfall« zu entschädigen.[153]

82 Wenn **Straßenschäden** (z. B. Frostaufbrüche oder Schlaglöcher) nach der sonstigen Beschaffenheit der benutzten Straße **eher ungewöhnlich** sind, so dass der Fahrer im Rahmen des gewöhnlichen Betriebes seines Fahrzeuges mit ihnen nicht zu rechnen braucht (z. B. auf Autobahnen oder Schnellstraßen) und demnach seine Geschwindigkeit auch nicht darauf einstellt, stellen sich solche Schäden als plötzlich mit mechanischer Gewalt auf das Fahrzeug einwirkende Ereignisse dar, die die Voraussetzungen eines versicherten Unfalles erfüllen. Die **Schlaglöcher** müssen objektiv unvorhersehbar sein.[154] Dies ist der Fall, wenn der VN auf einer **Autobahn in einem Baustellenbereich**, ohne dass Warnschilder aufgestellt gewesen wären, in ein 10 cm tiefes und ca. 60 x 40 cm großes Schlagloch gerät.[155] Wird der Fahrer jedoch durch Schilder **vor Straßenschäden gewarnt** oder über **erkennbar schlecht ausgebaute Straßen** umgeleitet, muss er mit normal großen Schlaglöchern rechnen.[156] Im Befahren einer solchen Straße verwirklicht sich dann lediglich das normale Betriebsrisiko mit der Folge, dass etwaige durch Schlaglöcher verursachte Schäden (z. B. Achs- oder Federbruch) als nicht versicherte Betriebsschäden zu qualifizieren sind.[157] Erst recht gilt dies in noch viel stärkerem Maße bei Nutzfahrzeugen, die auf Baustellen eingesetzt werden.

---

152 Vgl. OLG Celle Urt. v. 05.06.1991 – 8 U 168/90 – r+s 1991, 330.
153 OLG Köln Urt. v. 19.09.1995 – 9 U 395/94 – SP 1995, 413 = r+s 1995, 405.
154 LG Stuttgart Urt. v. 28.09.1992 – 7 O 172/92 – zfs 1993, 198 = SP 1993, 298.
155 Vgl. OLG Nürnberg Urt. v. 08.02.1995 – 4 U 3697/94 – DAR 1996, 59 = NJW 1996, 1481 zur Frage der Verletzung der Verkehrssicherungspflicht eines Bundeslandes für Straßenschäden.
156 Vgl. OLG Koblenz Urt. v. 22.06.1970 – 6 U 231/68 – DAR 1971, 78.
157 Vgl. BGH Urt. v. 05.11.1997 – **IV ZR 1/97** – VersR 1998, 179 = r+s 1998, 9.

bb) Zweckbestimmung des versicherten Kfz

Für Unfälle, die Auswirkungen des allgemeinen Betriebsrisikos sind, in denen sich also 83
die Gefahren verwirklichen, denen das Fahrzeug im Rahmen seiner vorgesehenen konkreten Verwendungsart üblicherweise ausgesetzt ist, besteht kein Versicherungsschutz.[158] Der aus der Konstruktion des Fahrzeuges folgende **übliche Gebrauch**[159] bzw. die **Widmung des Fahrzeuges für einen bestimmten Verwendungszweck**[160] ist daher ganz entscheidend für die Frage, ob bestimmte Schäden in das Betriebsrisiko eingeschlossen und damit als nicht versicherte Betriebsschäden gelten.

Bei einem VN, der seinen **Pkw** normalerweise ausschließlich auf asphaltierten Straßen 84
benutzt und der nur ausnahmsweise versehentlich oder in Verkennung der Straßenverhältnisse mit seinem Pkw auf einem schlammigen Weg stecken bleibt oder auf weichem Untergrund absackt, wird eher eine unerwartete, außergewöhnliche Einwirkung auf das Fahrzeug und damit ein »Unfall« anzunehmen sein als bei einem **Geländewagen mit Allradantrieb**, dessen Zweckbestimmung gerade darauf ausgerichtet ist, unbefestigte Wegstrecken zu befahren.[161] Dabei ist es unerheblich, ob dem Pkw-Fahrer ein Verschulden deshalb angelastet werden kann, weil er überhaupt diesen Bereich befahren hat. Dieser Umstand spielt allenfalls im Rahmen des A.2.9.1 AKB i. V. m. § 81 VVG eine Rolle. Entscheidend ist, dass die normale Verwendung eines standardmäßigen Pkw typischerweise nicht die Benutzung unwegsamer, unbefestigter, aufgeweichter und schlammiger Wegstrecken umfasst, so dass diese Straßenverhältnisse als außergewöhnliche und nicht vom normalen Betriebsrisiko des Pkw umfasste Umstände auf das versicherte Fahrzeug einwirken mit der Folge, dass entsprechende Schäden einen versicherten Unfallschaden und keinen Betriebsschaden darstellen.

Der **Anprall gegen** einen starren Gegenstand wie z. B. einen **Stein** oder eine **Bordsteinkante**, 85
mag er auch auf einem Fahrfehler beruhen, zählt nicht zu den Gefahren, denen ein Pkw üblicherweise ausgesetzt ist und stellt daher keinen Betriebsschaden, sondern ein versichertes Unfallereignis dar.[162] Anders nur dann, wenn es beim Überfahren einer Bordsteinkante in einem ungünstigen Winkel zu einem Schaden an einem Reifen kommt, der später platzt, weil sich insoweit ein Risiko realisiert, dem selbst ein Sportwagen im gewöhnlichen Fahrbetrieb typischerweise ausgesetzt ist.[163]

Die Klärung der **konkreten, üblichen Verwendung des versicherten Fahrzeuges** ist für 86
die Abgrenzung zwischen solchen Schäden, die durch die Einwirkung eines außergewöhnlichen Ereignisses entstanden sind und solchen, die dem gewöhnlichen Betriebsrisiko zuzurechnen sind, vor allem bei **Traktoren, Baustellenfahrzeugen, Müllwagen oder Lkw**, die im normalen Fahrbetrieb gerade auch auf unwegsamem Gelände einge-

---

158 BGH Urt. v. 23.10.1968 – IV ZR 515/68 – VersR 1969, 32 = DAR 1969, 22; OLG Koblenz Urt. v. 11.02.2011 – 10 U 742/10 – VersR 2012, 175 = r+s 2011, 423.
159 OLG Hamm Urt. v. 18.06.2003 – 20 U 229/02 – SP 2004, 21.
160 LG Paderborn Urt. v. 29.10.2002 – 2 O 296/02 – SP 2003, 105.
161 Vgl. OLG Hamm Urt. v. 13.06.1990 – 20 U 43/90 – NZV 1990, 436 = zfs 1990, 381.
162 OLG Koblenz Urt. v. 11.02.2011 – 10 U 742/10 – VersR 2012, 175 = r+s 2011, 423.
163 OLG Hamm Urt. v. 15.11.2013 – I-20 U 83/13 – VersR 2014, 698 = DAR 2014, 459.

setzt werden, von Bedeutung. Schäden durch Ereignisse und Umstände, denen das Fahrzeug im Rahmen seiner üblichen Verwendung ausgesetzt ist, sind nicht versicherte Betriebsschäden. Wenn das **Befahren von unbefestigten Wegen**, Plätzen, Abhängen und Böschungen zum üblichen Betrieb des Fahrzeuges gehört, unterfällt diese Nutzung dem gewöhnlichen Verwendungs- und Betriebsrisiko.

87 Der **Einsatz eines Nutzfahrzeuges** bei schlechten Straßenverhältnissen oder auf Baustellen birgt immer das Risiko in sich, dass das Fahrzeug aufgrund zu erwartender Hindernisse oder Unebenheiten beschädigt wird.[164] Sinkt ein solches Fahrzeug z. B. beim Abladen von Schutt auf schlammigem Untergrund ein, so handelt es sich nicht um einen Unfall, sondern um einen nicht versicherten Betriebsvorgang. Gleiches gilt für **Ladungsschäden**, wenn es beim Verladen eines Fahrzeuges zu einem versehentlichen Überfahren des »Bremsschuhs« auf der Ladepritsche des versicherten Lkw mit anschließendem Anprall gegen das Führerhaus kommt, weil das **Be- und Entladen als Teil des Speditionsvorganges** zum normalen Betrieb des Fahrzeuges gehört und sich mit dem Schaden lediglich das normale Betriebsrisiko verwirklicht.[165] Dies ist z. B. auch dann der Fall, wenn der VN in einem Waldstück mit dem Frontlader seines Traktors einen **umgestürzten Baumstamm** anhebt, um ihn zur Seite zu räumen, wodurch dieser aufgrund der Bewegungsenergie so unter Spannung gesetzt wird, dass er unerwartet zurückschnellt, über den Frontlader gegen das Führerhaus rutscht und dieses beschädigt.[166]

88 Demgegenüber liegt **kein** lediglich **betriebsinterner Geschehensablauf** vor, wenn das Zugfahrzeug eines Gespanns wegen **falscher Beladung des Anhängers** auf gerader Strecke ins »Trudeln« gerät und deshalb zunächst mit einem entgegenkommenden Fahrzeug, sodann mit der Leitplanke und schließlich mit einem Teil des Anhängers kollidiert.[167]

cc) Kein Betriebsschaden bei Aufprallschäden nach Umkippen oder Absturz

89 Wenn auf einer Baustelle das **Erdreich unter dem Lkw wegbricht**, ohne dass dies für den Fahrer vorauszusehen war, liegt ein versichertes Unfallereignis vor, weil das Fahrzeug durch eine außergewöhnliche, aus Sicht des Fahrers völlig **unerwartete Einwirkung von außen** beschädigt wird.[168]

90 Erleidet ein Fahrzeug durch **Umkippen oder Abstürzen in einen Abgrund Aufprallschäden**, so sind auch diese als versicherte Unfallschäden zu qualifizieren. Kein Betriebsschaden liegt daher vor, wenn ein Traktor dadurch beschädigt wird, dass er seine

---

164 BGH Urt. v. 01.07.1963 – **II ZR 55/62** – VersR 1963, 772; OLG Frankfurt/M. Urt. v. 24.06.1992 – 23 U 172/91 – zfs 1993, 198 = NJW-RR 1993, 216; LG Köln Urt. v. 03.05.1978 – 74 O 17/78 – VersR 1978, 914.
165 LG Ravensburg Urt. v. 06.08.2002 – 1 O 159/02 – r+s 2003, 360.
166 AG Norden Urt. v. 02.08.2013 – 5 C 582/12 – n. v.
167 OLG Saarbrücken Urt. v. 01.12.2010 – 5 U 395/09 – zfs 2011, 151.
168 BGH Urt. v. 02.07.1969 – **IV ZR 625/68** – VersR 1969, 940 = DAR 1969, 272; BGH Urt. v. 23.10.1968 – **IV ZR 515/68** – VersR 1969, 32 = DAR 1969, 22.

durch unzureichende Befestigung herabgefallene Schaufel überrollt und deshalb im Grabenbereich eines Wirtschaftsweges aufschlägt.[169] Sackt ein mit Eisenteilen beladener Lkw auf dem Gelände einer Mülldeponie unerwartet auf einem sandigen Weg ein, gerät in eine Schieflage und kippt schließlich um, sind zwar die dabei entstehenden **Verwindungsschäden** nicht versichert, wie sich dies nun auch ausdrücklich aus A.2.2.2.2 Abs. 2 AKB ergibt (vgl. A.2.2.2 AKB Rdn. 74 ff.); demgegenüber sind aber die Schäden, die am Lkw durch das Umstürzen und Aufschlagen auf den Boden entstehen, als »Unfallschäden« gedeckt, weil aus Sicht eines durchschnittlichen VN derartige **Aufprallschäden** nicht als Schäden beim Betrieb des Fahrzeuges angesehen werden können.[170]

Auch der **BGH**[171] hat in Fällen, in denen ein Lkw beim Abladen von Schüttgut infolge des **nachgebenden Untergrundes** umstürzte, in dem **Aufschlagen auf den Boden** ein versichertes Unfallereignis gesehen. Gleiches gilt, wenn ein Kipperfahrzeug **von einem Erddamm abrutscht**,[172] ein Betonmischfahrzeug auf einem Baustellengelände auf dem Weg zur Betonpumpe durch **Nachgeben der Böschung** umkippt und in eine Baugrube stürzt[173] oder ein Lkw, der eine frische Aufschüttung befährt, um dort weiteres Aushubmaterial abzuladen, umstürzt, weil die Aufschüttung nachgibt.[174] Dementsprechend gehört es zwar zum Betriebsrisiko, wenn eine **landwirtschaftliche Zugmaschine**, die in **Steillagen eines Weinbergs** eingesetzt wird, bei Trockenheit des Bodens und damit schlechtem Halt der Reifen ins Rutschen gerät und von der Spur abkommt. Nicht zum einkalkulierten Risiko gehört es aber, wenn die Zugmaschine nach Überqueren mehrerer Weinberge einen Abhang hinunterstürzt, sich währenddessen überschlägt und auf ein mehrere Meter tiefer gelegenes Gartengrundstück prallt. Hier liegt zwar die **Schadenursache** in einem Betriebsvorgang; die **Schadenentstehung** (und damit der versicherte Unfallschaden) erfolgt aber erst durch das Aufschlagen auf den Boden.[175]

dd) Kein Betriebsschaden bei Folgeschäden durch Umkippen oder Absturz

Umstritten ist, ob der **Folgeschaden** bei dem bloßen Umstürzvorgang eines Lkw auf unwegsamem Gelände, z. B. an einer angeschütteten Böschung, als »Unfall« zu qualifizieren ist.

---

169 OLG Hamm Urt. v. 31.07.2002 – 20 U 10/01 – VersR 2003, 189 = NJW-RR 2002, 1545.
170 OLG Köln Urt. v. 25.02.2003 – 9 U 118/02 – VersR 2003, 1248 = r+s 2003, 356; **anders noch** OLG Köln Urt. v. 16.11.1989 – 5 U 66/89 – VersR 1990, 414 = r+s 1990, 114.
171 BGH Urt. v. 05.11.1997 – **IV ZR 1/97** – VersR 1998, 179 = r+s 1998, 9 **unter Bestätigung von** OLG Nürnberg Urt. v. 28.11.1996 – 8 U 2337/96 – r+s 1997, 53; BGH Urt. v. 02.07.1969 – **IV ZR 625/68** – VersR 1969, 940 = DAR 1969, 272; vgl. auch OLG Koblenz Urt. v. 16.10.1998 – 10 U 1213/97 – r+s 1999, 405 = NVersZ 1999, 329.
172 OLG Frankfurt/M. Urt. v. 17.02.1967 – 3 U 206/66 – VersR 1967, 850.
173 OLG Celle Urt. v. 05.03.1998 – 22 U 141/96 – r+s 1999, 360; **anders noch** OLG Celle Urt. v. 19.01.1973 – 8 U 77/72 – VersR 1973, 535.
174 OLG Bamberg Urt. v. 11.11.1970 – 1 U 75/70 – VersR 1971, 334.
175 OLG Koblenz Urt. v. 16.10.1998 – 10 U 1213/97 – zfs 1999, 476.

A.2.2.2.2 AKB Unfall

93 Das **OLG Köln**[176] verneinte dies bei einem im Tagebergbau eingesetzten Lkw, der auf einer Rampe des Tagebaugeländes umkippte, wodurch der **Motor infolge der Schräglage des Lkw einen Ölmangelschaden** erlitt. Es stellte darauf ab, dass der Fahrer auf sandigem Gelände unterwegs gewesen sei und der Boden – für den Fahrer voraussehbar – nachgegeben habe, wodurch der Lkw umgestürzt und letztlich der Motorschaden eingetreten sei. Es liege in der Natur der Sache, dass in einem Tagebaugelände das Erdreich mitunter wegbreche und auch einen schweren Lkw zum Kippen bringen könne.[177] Dies könne weder als unerwartet, noch als außergewöhnlich angesehen werden. Indes erscheint es nicht gerechtfertigt, das Abgrenzungskriterium allein an der subjektiven Sichtweise und Einschätzung des betreffenden Fahrers festzumachen. Ob ein Nachgeben des Bodens für den Fahrer vorhersehbar und unerwartet war oder nicht, wird sich häufig einer richterlichen Überprüfungsmöglichkeit entziehen.

94 Das **OLG Jena**[178] hat daher in einem vergleichbaren Fall, bei dem ein Lkw auf einer Müllkippe umstürzte und der **Motor infolge der Schräglage des Fahrzeuges einen Ölschlag** erlitt, zu Recht bereits in dem bloßen Umkippen des Lkw ein versichertes Unfallereignis gesehen und den daraus resultierenden **Motorschaden als versicherten Unfallfolgeschaden** eingestuft. Für diese rechtliche Einordnung spricht, dass das Umstürzen einen Vorgang darstellt, bei dem ebenso wie bei einem Auffahren auf ein Hindernis ein unmittelbar von außen plötzlich auftretendes Ereignis auf das versicherte Fahrzeug einwirkt. Auch wird man sagen müssen, dass das Umkippen eines Lkw über das mit dem normalen Befahren eines unebenen Baustellen- oder Deponiegeländes verbundene Betriebsrisiko hinausgeht. Das spezielle Risiko des Umkippens ist von anderer Qualität als die Betriebsschäden, die nach der Verkehrsanschauung und vom Verständnis des durchschnittlichen VN vom Schutz der Kfz-Kaskoversicherung ausgeschlossen sein sollen, wie etwa das Einsinken eines Lkw auf einer Baustelle.[179]

95 Auch wenn das OLG Jena seine Auffassung ausdrücklich mit der Entscheidung des **BGH**[180] vom 05.11.1997 begründet, was nicht ganz treffend ist, da hier lediglich entschieden wurde, dass die beim Umkippen eines Lkw entstehenden Aufprallschäden als versicherte Unfallschäden zu ersetzen sind, **ist im Ergebnis dennoch der Auffassung des OLG Jena zu folgen**. Denn dem normalen Betriebsrisiko können nur solche Vorgänge zugewiesen werden, mit denen der durchschnittliche VN in Anbetracht der konkreten Zweckbestimmung des versicherten Fahrzeuges rechnen muss. Dazu mag das Einsinken oder Absacken eines Lkw auf sandigem oder nicht verdichtetem Untergrund gehö-

---

176 OLG Köln Urt. v. 24.09.1996 – 9 U 15/96 – zfs 1997, 305.
177 Ähnlich auch OLG Köln Urt. v. 16.11.1989 – 5 U 66/89 – VersR 1990, 414 = r+s 1990, 114 (Umkippen des Aufliegers eines Kipperfahrzeuges infolge nachgebenden Schotterbodens auf dem Gelände eines Asphaltmischwerks mit anschließendem Aufprall auf den Boden); vgl. aber OLG Köln Urt. v. 25.02.2003 – 9 U 118/02 – VersR 2003, 1248 = r+s 2003, 356, das den Aufprallschaden als versicherten Unfallschaden ansieht.
178 OLG Jena Urt. v. 24.03.2004 – 4 U 812/03 – VersR 2004, 1261 = zfs 2004, 268.
179 Vgl. BGH Urt. v. 23.10.1968 – **IV ZR 515/68** – VersR 1969, 32 = DAR 1969, 22; OLG Karlsruhe Urt. v. 18.02.1993 – 12 U 207/92 – VersR 1994, 1222 = zfs 1995, 101.
180 BGH Urt. v. 05.11.1997 – **IV ZR 1/97** – VersR 1998, 179 = r+s 1998, 9.

ren, nicht aber das **Umkippen des gesamten Fahrzeuges** infolge eines Nachgebens oder gar Wegbrechens des Untergrundes. Dies stellt kein vorhersehbares, normales Ereignis im Rahmen des gewöhnlichen Fahrbetriebes eines Lkw dar. Ist dieser Vorgang somit als »Unfall« zu qualifizieren, ist auch ein adäquat kausal **darauf beruhender Motorschaden zu ersetzen,** der wiederum daraus resultiert, dass nach dem seitlichen Umfallen des Lkw der Motor aufgrund von ausgelaufenem Öl heiß gelaufen ist. Es handelt sich um einen **Unfallfolgeschaden,** der – zusätzlich zu etwaig entstandenen Aufprallschäden – zu ersetzen ist, weil der Schaden nicht beim (bestimmungsgemäßen) Betrieb des Lkw, sondern als unmittelbare Folge des Umkippens und damit eines Unfalls entstanden ist.

Für die Einordnung des **Motorschadens als Unfallfolgeschaden** spricht auch, dass es letztlich keinen Unterschied machen kann, ob das Festfressen des Motors auf eine durch einen Unfall beschädigte Ölwanne zurückzuführen ist[181] oder darauf, dass der Motor infolge der durch das Umkippen verursachten Seitenlage nicht mehr ausreichend mit Schmieröl versorgt wurde.[182] In beiden Fällen besteht eine Entschädigungspflicht des VR für die Motorschäden aus der Vollkaskoversicherung. 96

b) Einzelfälle aus der Rechtsprechung

Ein nicht versicherter **Betriebsvorgang** liegt insbesondere vor, wenn 97
– beim Abschleppen einer Lkw-Sattelzugmaschine nach vorangegangenem Unfall deshalb ein **Getriebeschaden** entsteht, weil die Gelenkwelle entgegen der Herstelleranweisung nicht demontiert wurde und **während des Abschleppvorganges** ohne ausreichende Ölversorgung blieb;[183]
– ein Kipper eine nicht oder wenig befestigte Rampe befährt, um Material von seiner Ladefläche abzukippen und die Rampe nachgibt, wodurch **infolge der Schräglage des Fahrzeuges** an dessen Motor ein **Ölschlag** eintritt,[184] (wobei die Schräglage des Lkw in dem vom OLG Köln entschiedenen Fall nicht nur durch ein Nachgeben des Untergrundes, sondern durch ein Umkippen des Lkw bedingt war, was entgegen dem OLG Köln als versicherter Unfallschaden einzuordnen gewesen wäre, (vgl. A.2.2.2 AKB Rdn. 92 ff.);
– ein in der Forstwirtschaft eingesetzter Traktor auf einen **im Waldboden versteckten Stein auffährt;**[185]
– ein Sattelzug, der **zum Transport von Erdaushub** eingesetzt ist und dabei auch über kurz zuvor angelieferten, noch nicht verdichteten Aushub fahren muss, **mit den Rädern einsackt,** wodurch ein Schaden entsteht;[186]

---

181 Vgl. OLG Hamm Urt. v. 27.10.1993 – 20 U 111/93 – VersR 1994, 1290 = r+s 1994, 86, wonach der Motorschaden als Unfallfolgeschaden zu ersetzen ist.
182 So OLG Jena Urt. v. 24.03.2004 – 4 U 812/03 – VersR 2004, 1261 = zfs 2004, 268.
183 OLG Koblenz Urt. v. 18.06.1999 – 10 U 1091/98 – VersR 2000, 485 = r+s 1999, 359.
184 Vgl. OLG Köln Urt. v. 24.09.1996 – 9 U 15/96 – zfs 1997, 305.
185 OLG Karlsruhe Urt. v. 04.12.1986 – 12 U 202/86 – VersR 1988, 371 = zfs 1987, 281.
186 OLG Karlsruhe Urt. v. 18.02.1993 – 12 U 207/92 – zfs 1995, 101.

A.2.2.2.2 AKB Unfall

- ein **Gespann** aus einem Lkw und einem anhängenden Wohnanhänger beim Ausfahren aus einem unebenen Tankstellengelände auf eine öffentliche Straße mit den Zugrohren und dem Chassis des Anhängers **aufsetzt**;[187]
- der VN es entgegen den Sicherheitsanweisungen der Deutschen Bahn unterlässt, die auf dem Dach seines Wohnmobils befestigte **Parabolantenne** abzumontieren und diese während eines Bahntransports durch den Fahrtwind abgerissen wird.[188]

98 Dagegen liegt ein **Unfallschaden** vor, wenn
- ein **Lkw auf Bahngleisen aufsetzt**, weil wider Erwarten der Bahnübergang nicht mit Stahlplatten zum Ausgleich des Gleiskörpers versehen ist;[189]
- auf einem Betriebshof durch eine im Schotter zunächst verborgene, **plötzlich auftauchende hochstehende Ablaufrinne die Ölwanne** des Fahrzeuges **beschädigt** wird, wobei auch die Folgeschäden durch »Festfressen« des Motors zu ersetzen sind;[190]
- der Fahrer eines beim Straßenbau eingesetzten Lkw beim Wenden von der bereits befestigten Fahrbahn abkommt und die **Hinterräder auf dem Bankett einsinken**, wodurch ein Schaden entsteht;[191]
- eine selbstfahrende Holzbearbeitungsmaschine **bei der Anfahrt zu Holzrückarbeiten** auf einem Waldweg mit einem am Wegrand befindlichen **Baumstumpf kollidiert**, weil der VN zu diesem Zeitpunkt noch nicht mit Holzrückarbeiten begonnen hatte, sondern erst auf dem Weg dorthin war und auf dem unbefestigten Waldweg auch nicht mit Hindernissen in Form von Baumstümpfen rechnen musste;[192]
- eine Zugmaschine bei **Holzrückarbeiten** durch einen **unkontrolliert einen Steilhang hinunterschießenden Baumstamm** beschädigt wird, wobei es unerheblich ist, dass der Stamm durch ein Drahtseil mit der auf dem Lkw montierten Seilwinde verbunden ist, wenn das **Zugseil** jedenfalls zu dem Zeitpunkt, zu dem sich der Baumstamm aus seiner instabilen Lage löst, **nicht unter Spannung steht**;[193]
- wenn bei einem **Fahrzeug der Straßenmeisterei** nach Beendigung des Streueinsatzes der Streubehälter abgesetzt werden soll, was nur vom Führerhaus aus bei laufendem Motor möglich ist und dabei der **Streuteller auf den Boden aufschlägt**.[194]

6. Kausalzusammenhang zwischen Unfall und Schaden

99 Liegen alle Voraussetzungen eines Unfallereignisses vor, sind sämtliche, **adäquat kausal** darauf beruhenden Schäden durch den VR zu ersetzen. Dies beinhaltet auch alle **Folgeschäden**, sofern sich mit dem Beurteilungsmaßstab des § 287 ZPO feststellen lässt, dass diese mit großer Wahrscheinlichkeit ursächlich auf den versicherten Unfall zurück-

---

187 OLG Hamm Urt. v. 02.06.1993 – 20 U 373/93 – NZV 1993, 481 = VersR 1994, 342.
188 AG Köln Urt. v. 18.12.2013 – 118 C 282/13 – SP 2014, 168.
189 OLG Hamm Urt. v. 19.10.1990 – 20 U 166/90 – NZV 1991, 235 = zfs 1991, 58.
190 OLG Hamm Urt. v. 27.10.1993 – 20 U 111/93 – VersR 1994, 1290 = r+s 1994, 86.
191 OLG Schleswig Urt. v. 27.10.1970 – 1 U 65/70 – VersR 1971, 406.
192 OLG Stuttgart Urt. v. 22.02.07 – 7 U 163/06 – r+s 2007, 276 = VersR 2007, 1121.
193 OLG Braunschweig Urt. v. 28.06.2000 – 3 U 201/99 – VersR 2001, 579.
194 LG Stuttgart Urt. v. 17.02.2012 – 22 O 503/11 – NJW-RR 2012, 1500.

zuführen sind.[195] Praxisrelevante Fälle sind Motorschäden durch **Schmierölmangel** infolge einer unfallbedingten Schräglage des Fahrzeuges (vgl. A.2.2.2 AKB Rdn. 92 ff.), Motorschäden aufgrund **mangelnder Kühlung** infolge einer unfallbedingten Beschädigung des Kühlers durch einen Fremdkörper (Stein o. ä.) oder aufgrund eines unfallbedingten Lecks am Ölfilter (vgl. A.2.2.2 AKB Rdn. 14), Schäden durch eine **aufspringende Motorhaube**, deren Verriegelung bei einem vorausgegangenen Unfall beschädigt wurde, die Beschädigung aber unentdeckt blieb und deshalb nicht repariert worden war (vgl. A.2.2.2 AKB Rdn. 43 ff.) oder Schäden am Fahrzeug durch **Bergungsarbeiten** bzw. Aufbrechen der Fahrgastzelle zur Befreiung der Insassen nach einem Unfall.[196]

Ist der konkret eingetretene Schaden nicht nur auf ein versichertes Unfallereignis, sondern gleichzeitig auch auf einen nicht versicherten Betriebsschaden zurückzuführen (Ermüdungsbrüche, Verschleiß, technische Mängel des Fahrzeuges), so besteht Deckung aus der Vollkaskoversicherung nur dann, wenn sich der **Unfall als wesentliche (Haupt-) Ursache für den Schaden** darstellt.[197] Nicht zu ersetzen sind dabei die Schäden, die auf den in A.2.3.2 S. 4 AKB als nicht versicherte Betriebsschäden aufgeführten Ursachen beruhen (z. B. der Bruchschaden an gebrochenen Fahrwerksfedern). Umgekehrt sind Bruch- oder Verwindungsschäden aber zu ersetzen, wenn sie **Folge eines gedeckten Unfallereignisses** sind. 100

III. Mut- oder böswillige Handlungen – A.2.2.2.3 AKB

Während die vorsätzliche Herbeiführung eines Schadens durch den VN oder seinen Repräsentanten nach A.2.9.1 AKB i. V. m. § 81 VVG zur Leistungsfreiheit des VR führt, sind vorsätzlich begangenen Beschädigungen (Vandalismusschäden) des versicherten Fahrzeuges in der Vollkasko gedeckt, wenn sie durch Personen verursacht werden, die in keiner Weise berechtigt sind, das Fahrzeug zu gebrauchen (**betriebsfremde Personen**). Es handelt sich um eine **Anspruchsvoraussetzung**. Der Täter darf nicht dem vom Versicherungsschutz ausgeschlossenen Personenkreis angehören. 101

Betriebsfremd ist eine Person, die keinerlei berechtigte Beziehungen zu dem Fahrzeug hat, es ohne Wissen und Wollen des Halters benutzt und auch nicht mit der Betreuung des Fahrzeuges beauftragt ist. **Nicht betriebsfremd ist eine Person**, die das Fahrzeug zwar nicht so, wie geschehen, nutzen darf, die es aber mit Willen des Halters in Besitz hat.[198] Wie schon in A.2.2.1.2c AKB für die Versicherung des unbefugten Gebrauchs (vgl. A.2.2.2 AKB Rdn. 45 ff.) wird auch hier beispielhaft ein Personenkreis aufgezählt, der typischerweise als berechtigt angesehen wird, das Fahrzeug zu gebrauchen. Dazu zählen vor allem Personen, die mit der Reparatur, Wartung, Betreuung und Verwaltung betraut sind oder zu dem VN in einem Näheverhältnis stehen wie z. B. als Kraftfahrer 102

---

195 Vgl. OLG Hamm Urt. v. 27.10.1993 – 20 U 111/93 – VersR 1994, 1290 = r+s 1994, 86, wonach der Motorschaden als Unfallfolgeschaden zu ersetzen ist.
196 Stiefel/Maier/*Stadler* A.2.3 AKB Rn. 69.
197 Stiefel/Maier/*Stadler* A.2.3 AKB Rn. 71.
198 OLG Köln Urt. v. 19.09.1995 – 9 U 59/95 – SP 1996, 57.

A.2.2.2.3 AKB Mut- und böswillige Handlungen

angestellte Arbeitnehmer, Familien- oder Haushaltsangehörige. Mut- oder böswillige Handlungen dieser Personen sind von der Vollkasko nicht gedeckt. Der VN soll selbst das Risiko dafür tragen, dass Personen, denen er das Fahrzeug vertrauensvoll überlässt, dieses Vertrauen missbrauchen und vorsätzliche Schäden verursachen.

103 Der **Vorsatz des Täters** muss auf die Beschädigung des Fahrzeuges gerichtet sein und damit das Motiv seines Handelns bestimmen. Eine »**mutwillige**« Beschädigung wird eher bei solchen Tätern vorliegen, die nur einen dummen Streich verüben wollen, während eine »**böswillige**« Handlung die Freude des Täters an der Beschädigung des Fahrzeuges, unter Umständen verbunden mit einer feindseligen Haltung oder schlechten Gesinnung gegenüber dem betroffenen Fahrzeugeigentümer, zum Ausdruck bringt.[199]

104 **Schäden durch mut- oder böswillige Handlungen betriebsfremder Personen sind auch dann gedeckt**, wenn sie sich als »**Betriebsschäden**« darstellen. Die Ausschlüsse in A.2.2.2.2 Abs. 2 und 3 AKB gelten nur für den Versicherungsfall »Unfall«. Die mut- oder böswillige Handlung muss nicht wie beim Unfall »mit mechanischer Gewalt« auf das Fahrzeug einwirken. Auch chemische Einwirkungen sind versichert, selbst wenn sie einen Betriebsschaden auslösen,[200] z. B. wenn ein Fuhrunternehmer beim Fahrzeug seines Konkurrenten heimlich schädigende Zusätze in den Tank schüttet, wodurch ein Motorschaden entsteht.

105 **Kein versicherter Vandalismusschaden liegt jedoch vor**, wenn der Täter nur aus eigenem Interesse Schäden an dem Fahrzeug hervorruft, weil er es entweder stehlen oder als Schwarzfahrer benutzen will. In diesem Fall besteht aber Deckung gemäß A.2.2.1 i. V. m. A.2.2.1.2 AKB im Rahmen der Teilkasko, weil es sich um Schäden »durch« eine (versuchte) Entwendung bzw. einen unbefugten Gebrauch des Fahrzeuges handelt,[201] (vgl. A.2.2.2 AKB Rdn. 193 ff.).

106 **Mehrere Schäden**, die in engem räumlichen und zeitlichen Zusammenhang vom Täter an dem versicherten Fahrzeug verursacht werden, sind nur als ein Versicherungsfall mit **einmaligem Abzug des Selbstbehaltes** anzusehen, wenn sich das Schadenereignis als einheitlicher Lebensvorgang darstellt, so z. B. bei Schäden durch auf dem Fahrzeug herumkletternde, mit Sand und Steinen spielende Kinder,[202] (vgl. A.2.5.8 AKB Rdn. 9 ff.).

---

199 OLG Köln Urt. v. 13.12.2011 – 9 U 83/11 – VersR 2012, 1297 = r+s 2012, 109; OLG Hamm Urt. v. 23.11.1995 – 6 U 50/95 – VersR 1996, 881; Stiefel/Maier/*Stadler* A.2.3 AKB Rn. 78.
200 Vgl. Feyock/Jacobsen/Lemor § 12 AKB Rn. 130.
201 Vgl. OLG Frankfurt/M. Urt. v. 28.01.1988 – VersR 1988, 1122; KG Urt. v. 01.03.1996 – 6 U 7232/95 – VersR 1997, 871 = DAR 1996, 498.
202 LG Düsseldorf Urt. v. 20.04.2000 – 21 S 110/99 – r+s 2002, 7.

C. Weitere praktische Hinweise

I. Unfall

1. Beweislastverteilung

a) Grundsätzliches

Der VN ist für den Eintritt des bedingungsgemäßen Versicherungsfalles »Unfall« in vollem Umfange **darlegungs- und beweispflichtig**.[203] Die im Rahmen der Entwendung des Kfz von der Rechtsprechung entwickelten **Beweiserleichterungen** kann er nicht in Anspruch nehmen.[204] Er befindet sich nicht in der bei Diebstahlfällen üblichen Beweisnot. 107

Der VN muss grundsätzlich nachweisen, dass sich der Unfall zu einer **bestimmten Zeit** an einem **bestimmten Ort** ereignet und zu **bestimmten Schäden** am versicherten Fahrzeug geführt hat, die mit dem behaupteten Unfallhergang kompatibel sein müssen.[205] Vor allem die **Lage der Unfallstelle** ist eine für die Individualisierung des geltend gemachten Versicherungsfalles unabdingbare Angabe; stellt der VR diese infrage, muss der VN konkret beweisen, wo genau sich der Unfall zugetragen haben soll, andernfalls der Versicherungsfall »Unfall« als nicht nachgewiesen angesehen werden kann.[206] 108

Oftmals kann die **Schadenursache nicht festgestellt** und der Sachverhalt nicht mehr in allen Einzelheiten aufgeklärt werden. Dies gilt insbesondere dann, wenn – wie so häufig – der ursächliche Zusammenhang zwischen dem behaupteten versicherten Unfallereignis und den festgestellten Schäden am versicherten Fahrzeug strittig ist. 109

Nicht erforderlich ist es, dass der VN **alle Einzelheiten des Unfallherganges** sowie die **Kompatibilität aller Schäden** auch am gegnerischen Fahrzeug **beweist**.[207] Kann der schadenbegründende Sachverhalt nicht aufgeklärt werden, **genügt es** für eine Einstandspflicht des VR, dass der VN nachweist, dass die **Fahrzeugschäden nach Art und Beschaffenheit zwingend nur durch** ein unmittelbar von außen plötzlich mit mechanischer Gewalt auf das Fahrzeug einwirkendes Ereignis, also durch **einen »Unfall«** im Sinne der AKB, **herbeigeführt** worden sein können.[208] Dieser Nachweis reicht selbst dann aus, wenn sich die Angaben des VN zum Unfallverlauf und zur Unfallursache zwar als falsch herausstellen, immerhin aber feststeht, dass die **Schäden** am versicherten 110

---

203 OLG Köln Urt. v. 15.06.2004 – 9 U 164/03 – r+s 2004, 321.
204 OLG Köln Urt. v. 02.03.2010 – 9 U 122/09 – VersR 2010, 1361 = r+s 2010, 192; OLG Köln Urt. v. 03.03.1998 – 9 U 199/95 – r+s 1998, 406; OLG Celle Urt. v. 05.06.1991 – 8 U 168/90 – r+s 1991, 330.
205 OLG Hamm Urt. v. 21.01.2005 – 20 U 228/03 – r+s 2005, 194 = zfs 2005, 396.
206 OLG Brandenburg Urt. v. 14.05.2009 – 12 U 215/08 – VersR 2009, 1653 = zfs 2009, 450; LG Dortmund Urt. v. 02.07.2009 – 2 O 31/09 – VRR 2010, 68.
207 OLG Köln Urt. v. 15.06.2004 – 9 U 164/03 – r+s 2004, 321.
208 OLG Koblenz Urt. v. 06.12.2003 – 10 U 255/13 – DV 2014, 60; OLG Hamm Urt. v. 21.01.2005 – 20 U 228/03 – NZV 2006, 89; OLG Köln Urt. v. 15.06.2004 – 9 U 164/03 – r+s 2004, 321; OLG Hamm Urt. v. 25.04.1998 – 20 U 251/97 – r+s 1998, 455 = zfs 1998, 466; OLG Hamm Urt. v. 31.03.1993 – 20 U 343/92 – VersR 1994, 341 = r+s 1994, 125.

A.2.2.2.3 AKB Einzelfälle Beweislast

Fahrzeug mit den Schäden am Unfallort **kompatibel** sind und auch an dem **vom VN angegebenen Unfallort entstanden** sind.[209] Darin liegt auch keine Obliegenheitsverletzung des VN. Die oftmals in diesem Zusammenhang vom VR aufgestellte Behauptung, der VN habe den Unfall vorsätzlich oder grob fahrlässig herbeigeführt oder gar vorgetäuscht (vgl. A.2.9.1 AKB, § 81 VVG), ändert nichts daran, dass von einem versicherten »Unfall« ausgegangen werden muss. Dies gilt insbesondere dann, wenn jegliche Anhaltspunkte dafür fehlen, dass der VN sein nicht mehr fahrbereites Fahrzeug an den Unfallort verbracht hat, um dort ein Unfallgeschehen zu inszenieren, das der Fahrer verursacht haben soll.[210]

111 Steht allerdings **fest, dass sich der** vom VN **geschilderte Unfall** zu der behaupteten Zeit, an dem behaupteten Ort und unter den angegebenen Bedingungen **nicht zugetragen haben kann**, sondern allenfalls zu einer anderen Zeit an einem anderen Ort unter anderen Bedingungen, so besteht **keine Deckungspflicht des VR**. Ob der VN möglicherweise im versicherten Zeitraum, aber an anderer Stelle und unter anderen Bedingungen mit dem Fahrzeug verunfallt ist, ist unerheblich.[211] **Streitgegenständlich ist nur das vom VN gegenüber dem VR in der Schadenanzeige gemeldete bzw. prozessual mit der Klage vorgetragene Unfallereignis**. Steht fest, dass dieses gar nicht stattgefunden hat, weil sich der Unfall an der vom VN angegebenen Unfallstelle nicht so, wie von ihm geschildert, ereignet haben kann (**fehlende Plausibilität**)[212] oder die vorgefundenen Fahrzeugschäden bei der vom VN behaupteten Kollision an der von ihm angegebenen Unfallstelle gar nicht entstanden sein können (**fehlende Kompatibilität**), kann der behauptete Unfall auch nicht Gegenstand des geltend gemachten Versicherungsanspruches sein. Dass sich der Unfall zu einem anderen Zeitpunkt und an anderer Stelle ereignet haben mag, ändert daran nichts, denn der an einem anderen Ort geschehene Unfall ist nicht Streitgegenstand des mit der Klage geltend gemachten Anspruchs. In einem solchen Fall fehlt es am Eintritt eines Versicherungsfalles, so dass die Klage des VN abzuweisen ist.[213]

112 Der VR kann den Unfall im Prozess auch dann noch bestreiten, wenn er vorgerichtlich bereits einen Teil des Schadens reguliert hat; ein **Anerkenntnis** dem Grunde nach, an das der VR im Prozess gebunden wäre, ist einer **außergerichtlichen Zahlung** nicht zu entnehmen.[214]

113 Bei einem Schaden am versicherten Fahrzeug durch den **Auf- oder Anprall eines Gegenstandes während der Fahrt** (z. B. Kühlerschaden durch hochgeschleuderten Stein oder Anstoßen gegen die Bordsteinkante), den der Fahrer nicht sofort bemerkt, genügt

---

209 OLG Karlsruhe Urt. v. 16.3.2006 – 12 U 292/05 – DAR 2006, 507 = zfs 2006, 330 mit missverständlichem Leitsatz; Prölss/Martin/*Knappmann* § 12 AKB Rn. 49.
210 Vgl. OLG Köln Urt. v. 31.03.1998 – 9 U 96/96 – zfs 1998, 230; OLG Köln Urt. v. 10.07.2001 – 9 U 87/00 – r+s 2002, 321.
211 OLG Hamm Urt. v. 21.01.2005 – 20 U 228/03 – r+s 2005, 194 = zfs 2005, 396.
212 OLG Hamm Urt. v. 25.04.1998 – 20 U 251/97 – r+s 1998, 455.
213 OLG Hamm Urt. v. 21.01.2005 – 20 U 228/03 – r+s 2005, 194 = zfs 2005, 396.
214 LG Frankfurt/O. Urt. v. 15.10.2012 – 16 S 122/12 – BeckRS 2012, 23297.

der VN seiner Substanziierungspflicht auch dann, wenn er **keine Angaben zu Ort und Zeit des Aufpralls und zur Art des Gegenstandes** machen kann; ausreichend ist, dass er lediglich zur Schadenursache (Überhitzung des Motors aufgrund einer Beschädigung des Kühlers durch den Aufprall eines Gegenstandes) vorträgt und dies nachweist.[215]

Im Rahmen seiner Darlegungs- und Beweislast **muss der VN ausschließen**, dass der **Schaden aufgrund eines Brems- oder Betriebsvorganges entstanden** ist **oder** es sich um einen **reinen Ermüdungs- oder Verschleißschaden** handelt. A.2.2.2.2 Abs. 2 AKB enthält dogmatisch keine vom VR zu beweisenden echten Risikoausschlüsse.[216] Da die dort beschriebenen Schäden ausdrücklich nicht als Unfall gelten, umfasst die Beweislast des VN auch diese Voraussetzungen als negative Tatbestandsmerkmale. Bleibt offen, ob ein Unfall oder ein nicht versicherter Betriebsschaden vorliegt, geht dies zulasten des VN.[217] 114

Platzt bei einem Sportwagen während einer Autobahnfahrt ein **Reifen**, wodurch der Wagen aufsetzt und massive Schäden eintreten, hat der VN den Beweis eines bedingungsgemäßen Unfalles nicht geführt, wenn für das Platzen des Reifens mehrere Ursachen denkbar sind, darunter auch eine länger zurückliegende Quetschung des Reifens durch das Überfahren einer Bordsteinkante, die auch bei einem Sportwagen zum normalen Betrieb eines Fahrzeuges gehört.[218] 115

Ist streitig, ob die **Fahrzeugschäden auf ein oder mehrere Unfälle** i. S. v. A.2.2.2.2 **Abs. 1 AKB zurückzuführen** sind, so trifft den VN zur Vermeidung eines zusätzlichen Selbstbehaltes gemäß A.2.5.8 AKB und einer doppelten Rückstufung gemäß I.3.5 AKB die Nachweispflicht, dass die Schäden auf ein und demselben Schadenereignis beruhen, (vgl. A.2.5.8 AKB Rdn. 9 ff.).[219] 116

b) Vorschäden

Vorschäden, die zwar im versicherten Zeitraum, aber an einer anderen Unfallstelle zu einem anderen Zeitpunkt am Fahrzeug des VN entstanden sind, können nicht Gegenstand einer Entschädigungsleistung des VR für einen aktuell vom VN gemeldeten Unfallschaden sein. Dem VN obliegt der Nachweis, dass sämtliche geltend gemachten Schäden auf das neue Unfallereignis zurückzuführen sind. Dazu muss er im Einzelnen darlegen und beweisen, dass Schäden gleicher Art und gleichen Umfanges bei Eintritt des Versicherungsfalles nicht bzw. nicht mehr vorhanden waren.[220] Sind **Vorschäden durch einen versicherten Kaskoschaden überlagert**, trifft den VN die volle Beweislast 117

---

215 OLG Koblenz Urt. v. 11.02.2011 – 10 U 742/10 – VersR 2012, 175 = r+s 2011, 423.
216 Vgl. Prölss/Martin/*Knappmann* § 12 AKB Rn. 6b.
217 OLG Köln Urt. v. 19.09.1995 – 9 U 395/94 – r+s 1995, 405 = SP 1995, 413.
218 OLG Hamm Urt. v. 15.11.2013 – I-20 U 83/13 – VersR 2014, 698 = DAR 2014, 459; **vgl. aber** OLG Koblenz Urt. v. 11.02.2011 – 10 U 742/10 – VersR 2012, 175 = r+s 2011, 423.
219 LG Köln Urt. v. 16.11.2006 – 24 O 288/06 – VersR 2008, 1061.
220 OLG Düsseldorf Urt. v. 27.10.2009 – I-4 U 63/08 – r+s 2010, 107; LG Saarbrücken Urt. v. 06.09.2011 – 14 S 2/11 – VersR 2012, 98.

A.2.2.2.3 AKB   Einzelfälle Vorschäden

für die **Abgrenzung zum Neuschaden**.[221] Hierfür muss er nicht nur substanziiert zu Hergang und Verlauf der zu den Vorschäden führenden Unfälle vortragen, sondern die hierdurch eingetretenen Schäden im Einzelnen benennen und spezifiziert den **Reparaturweg** und **Reparaturumfang** der in der Vergangenheit erfolgten Schadenbeseitigungsmaßnahmen aufzeigen.[222]

118 Der **VN muss darlegen und beweisen**, welche Vorschäden vorhanden waren und durch welche Reparaturmaßnahmen diese im Einzelnen fachgerecht beseitigt wurden.[223] Dafür muss er die jeweils eingetretenen Schäden so konkret benennen, dass plausibel wird, wie durch welchen Schadenfall welcher Schaden eingetreten ist.[224] Nur dann ist eine hinreichende Abgrenzung möglich, ob und ggf. in welchem Umfang ein im Bereich der streitgegenständlichen Schadenstelle vorhandener Schaden auf das frühere oder auf das neue Schadenereignis zurückzuführen ist; dies ist auch Voraussetzung für die Schätzung eines Mindestschadens nach **§ 287 ZPO**.[225]

119 **Nicht ausreichend** hierfür ist die alleinige Bezugnahme auf die Schadenkalkulation eines Privatgutachters des VN,[226] die bloße Einreichung eines Sachverständigengutachtens und Reparaturbescheinigungen ohne Schilderung des Schadenbildes und des Reparaturweges,[227] die Bescheinigung eines Sachverständigen, dass das Fahrzeug »sachgerecht repariert« worden sei[228] oder die pauschale, unter Zeugenbeweis gestellte Behauptung, sämtliche Vorschäden an der Anstoßstelle seien fachgerecht und ord-

---

221 OLG Koblenz Urt. v. 26.03.2009 – 10 U 1163/08 – VersR 2010, 246 = r+s 2010, 234; LG Duisburg Urt. v. 05.02.2014 – 3 O 265/12 – BeckRS 2014, 09466.
222 Vgl. OLG Hamburg Urt. v. 29.08.2013 – 14 U 57/13 – VA 2013, 184; KG Beschl. v. 29.05.2012 – 22 U 191/11 – DAR 2013, 464; OLG Köln Urt. v. 08.02.2011 – 15 U 151/10 – SP 2011, 331; OLG Düsseldorf Urt. v. 02.03.2010 – I-1 U 111/09 – SP 2011, 114; KG Beschl. v. 12.11.2009 – 12 U 9/09 – NZV 2010, 348; KG Urt. v. 06.06.2007 – 12 U 57/06 – NZV 2008, 297; OLG Hamburg Urt. v. 28.03.2001 – 14 U 87/00 – r+s 2001, 455; LG Köln Urt. v. 05.09.2014 – 7 O 311/12 – BeckRS 2014, 19384; LG Essen Urt. v. 24.04.2012 – 8 O 357/10 – SP 2013, 19; LG Essen Urt. v. 23.12.2011 – 8 O 133/11 – SP 2012, 261; LG Köln Beschl. v. 23.12.2005 – 28 O 528/05 – n. v.
223 OLG Hamm Beschl. v. 01.02.2013 – I-9 U 238/12 – JurionRS 2013, 34061; LG Münster Urt. v. 12.12.2012 – 2 O 207/12 – BeckRS 2013, 04429; LG Düsseldorf Urt. v. 20.11.2012 – 9 O 468/11 – BeckRS 2013, 07672; LG Hagen Urt. v. 27.08.2012 – 2 O 93/12 – BeckRS 2012, 22391; LG Dortmund Urt. v. 15.02.2012 – 2 O 214/11 – r+s 2013, 65; LG Berlin Urt. v. 09.02.2010 – 42 O 220/09 – SP 2010, 404; AG Essen Urt. v. 26.06.2014 – 25 C 233/13 – juris; AG Velbert Urt. v. 04.04.2013 – 10 C 173/12 – BeckRS 2013, 09381; AG Düsseldorf Urt. v. 08.02.2012 – 53 C 13465/11 – SP 2012, 334; AG Marburg Urt. v. 09.12.2011 – 9 C 1370/10-82 – SP 2012, 299.
224 LG Essen Urt. v. 18.03.2013 – 20 O 140/12 – BeckRS 2013, 19322.
225 KG Urt. v. 12.12.2011 – 22 U 151/11 – juris.
226 LG Berlin Urt. v. 21.04.2004 – 24 O 596/03 – VersR 2005, 995 = SP 2004, 302.
227 LG Essen Urt. v. 26.05.2014 – 19 O 20/14 – SP 2014, 377; AG Essen Urt. v. 16.03.2012 – 29 C 356/10 – SP 2012, 329.
228 LG Düsseldorf Urt. v. 20.11.2012 – 9 O 468/11 – BeckRS 2013, 07672.

nungsgemäß repariert worden[229] oder seien jedenfalls im Zeitpunkt des Unfalles bereits beseitigt gewesen.[230] Denn der Zeuge kann nur zu Tatsachen benannt werden, wohingegen die Frage der fachgerechten Reparatur eines Vorschadens nur aufgrund einer sachverständigen Bewertung beantwortet werden kann. Der Sachvortrag ist auch unzureichend, wenn der VN lediglich eine Reparaturkostenrechnung vorlegt, aus der sich die tatsächlich vollzogenen Reparaturschritte nicht oder nur unzureichend nachvollziehen lassen[231] oder aus der sich nicht ergibt, welche Reparaturmaßnahmen an dem Kfz konkret vorgenommen wurden und der VN diese auch nicht näher erläutert.[232]

Bei **unstreitigen Vorschäden und bestrittener unfallbedingter Kausalität** muss der VN ausschließen, dass Schäden gleicher Art und gleichen Umfanges vor dem Schadenfall bereits vorhanden waren.[233] **Ist eine Abgrenzung** zu Schäden aus vorangegangenen Ereignissen **nicht möglich**, weil offen bleibt, ob die angeblich bei der Kollision beschädigten Fahrzeugteile nicht schon aufgrund eines früheren Unfalles vorgeschädigt waren und ohnehin hätten repariert oder ausgetauscht werden müssen, und ist auch eine zuverlässige Ermittlung nur eines unfallbedingten Teilschadens aufgrund der Wahrscheinlichkeit erheblicher Vorschäden nicht möglich, **bleibt der VN beweisfällig**.[234] 120

Auch dann, **wenn nicht auszuschließen ist,** dass **kompatible Schäden** zumindest teilweise **bereits durch** einen **Vorunfall entstanden** sind und entweder unrepariert blieben oder »billiger« instandgesetzt wurden, ist die Klage des VN gänzlich abzuweisen.[235] In beiden Fällen ist **für** eine Schadenschätzung nach **§ 287 ZPO ist kein Raum.**[236] Dies gilt selbst dann, wenn der VN zu den Einzelheiten einer fachgerechten Reparatur der Vorschäden nur deshalb nichts vortragen kann, weil er das Kfz als Gebrauchtfahrzeug erworben hat und die **Schäden vor seiner Besitzzeit** eingetreten waren.[237] Kann der VN mangels Kontakt zum Verkäufer von diesem keine Informationen zu den Vorschäden und deren Beseitigung einholen, geht dies grundsätzlich zu seinen Lasten.[238] Jedenfalls aber wird man verlangen müssen, dass der VN in einem solchen Fall nicht nur belegt, 121

---

229 OLG Hamburg Urt. v. 21.05.2003 – 14 U 222/02 – SP 2003, 382.
230 AG Werl Urt. v. 17.06.2013 – 4 C 663/12 – BeckRS 2013, 21522.
231 KG Beschl. v. 29.05.2012 – 22 U 191/11 – DAR 2013, 464 = SP 2012, 439.
232 Vgl. OLG Düsseldorf Beschl. v. 10.07.2011 – I-1 W 19/12 – r+s 2013, 46 = SP 2013, 113.
233 Vgl. OLG Köln Beschl. v. 08.04.2012 – 11 U 214/12 – r+s 2013, 305; LG Dortmund Urt. v. 11.03.2013 – 21 O 22/11 – BeckRS 2013, 16777; LG Essen Urt. v. 25.07.2012 – 20 O 8/12 – BeckRS 2012, 20276.
234 OLG Koblenz Urt. v. 26.03.2009 – 10 U 1163/08 – VersR 2010, 246 = r+s 2010, 234; vgl. auch OLG Düsseldorf Beschl. v. 10.07.2011 – I-1 W 19/12 – r+s 2013, 46 = SP 2013, 113; LG Dortmund Urt. v. 08.01.2014 – 21 O 321/12 – BeckRS 2014, 02291; LG Düsseldorf Urt. v. 01.10.2013 – 2b O 183/12 U – BeckRS 2013, 20059.
235 LG Köln Urt. v. 05.09.2014 – 7 O 311/12 – BeckRS 2014, 19384.
236 KG Beschl. v. 12.11.2009 – 12 U 9/09 – NZV 2010, 348; OLG Düsseldorf Urt. v. 27.10.2009 – I-4 U 63/08 – r+s 2010, 109.
237 KG Urt. v. 12.12.2011 – 22 U 151/11 – juris; OLG Hamburg Beschl. v. 06.05.2003 – 14 U 12/03 – BeckRS 2003, 17980; LG Münster Urt. v. 12.12.2012 – 2 O 207/12 – BeckRS 2013, 04429; LG Aachen Urt. v. 14.11.2012 – 10 O 487/11 – BeckRS 2013, 09004.
238 LG Essen Urt. v. 27.05.2013 – 3 O 288/11 – BeckRS 2013, 19384.

A.2.2.2.3 AKB   Einzelfälle Unfreiwilligkeit

dass ihm keine beschaffbaren Informationen vom Vorbesitzer betreffend die Reparatur der Vorschäden zur Verfügung stehen, sondern dass er auch zum konkreten **Zustand der vorgeschädigten Stellen zum Zeitpunkt des Erwerbs seines Fahrzeuges** substanziiert unter Beweisantritt vorträgt.[239]

122 Selbst **kompatible Schäden kann der VN nicht ersetzt verlangen**, wenn nicht mit überwiegender Wahrscheinlichkeit (§ 287 ZPO) auszuschließen ist, dass sie bereits im Rahmen eines Vorschadens entstanden sind.[240] Bestreitet der VN die Existenz von Vorschäden oder äußert er sich nicht zu Schäden, die nach den gutachterlichen Feststellungen nicht auf dem versicherten Schadenereignis beruhen können, so steht ihm auch kein Anspruch hinsichtlich der kompatiblen Schäden zu, da auch insoweit eine Verursachung durch ein früheres (nicht versichertes) Ereignis nicht ausgeschlossen werden kann.[241] Dies gilt auch dann, wenn sich der vom VN gänzlich als unfallbedingt behauptete Schaden zumindest in einem Teilbereich sowohl technisch, als auch rechnerisch **von dem Vorschaden abgrenzen** lassen sollte.[242]

c) Unfreiwilligkeit des Unfalls

123 Häufig trägt der VR im Prozess vor, der Schadenfall weise so viele Ungereimtheiten auf, dass davon ausgegangen werden müsse, dass es sich nicht um ein unfreiwilliges Ereignis gehandelt habe. Der VN müsse daher zunächst die **Unfreiwilligkeit des Schadenereignisses** beweisen. Diese Argumentation ist falsch. Grundsätzlich stellt ein Unfall immer ein unfreiwilliges Schadenereignis dar, wobei diese Unfreiwilligkeit, d. h. der Umstand, dass ein bestimmter Geschehensablauf nicht absichtlich herbeigeführt wurde, **nach h. M. nicht zum Unfallbegriff gehört** und vom VN auch nicht zu beweisen ist.[243]

---

239 Vgl. OLG Hamm Beschl. v. 01.02.2013 – I-9 U 238/12 – JurionRS 2013, 34061.
240 Vgl. für Haftpflichtschäden OLG Hamm Urt. v. 15.10.2013 – I-9 U 53/13 – BeckRS 2013, 19340; OLG Köln Beschl. v. 08.04.2012 – 11 U 214/12 – r+s 2013, 305; OLG Köln Beschl. v. 22.08.2011 – 22 U 199/10 – SP 2012, 152; KG Urt. v. 11.03.2010 – 12 U 115/09 – NZV 2010, 579; KG Urt. v. 22.02.2010 – 12 U 59/09 – VRS 119, 96; KG Urt. v. 06.06.2007 – 12 U 57/06 – NZV 2008, 297; LG Düsseldorf Urt. v. 01.10.2013 – 2b O 183/12 U – BeckRS 2013, 20059; LG Aachen Urt. v. 14.11.2012 – 10 O 487/11 – BeckRS 2013, 09004; LG Hagen Urt. v. 15.06.2012 – 9 O 298/11 – r+s 2013, 306.
241 Vgl. OLG Hamm Urt. v. 12.08.2013 – I-6 U 154/12 – BeckRS 2014, 06868; OLG Frankfurt/M. Urt. v. 07.06.2004 – 16 U 195/03 – zfs 2005, 69; OLG Köln Urt. v. 22.02.1999 – 16 U 33/98 – NZV 1999, 378 = DAR 1999, 406.
242 OLG Köln Urt. v. 22.02.1999 – 16 U 33/98 – NZV 1999, 378 = DAR 1999, 406; a. A. OLG Düsseldorf Urt. v. 15.01.2013 – I-1 U 153/11 – BeckRS 2013, 11149; OLG Düsseldorf Urt. v. 11.02.2008 – I-1 U 181/07 – NZV 2008, 295 = DAR 2008, 344 (**für Haftpflichtschäden**) mit kritischer Anmerkung Halm DAR 2008, 345; OLG München Urt. v. 27.01.2006 – 10 U 4904/05 – NZV 2006, 261.
243 BGH Urt. v. 05.02.1981 – **IVa ZR 58/80** – VersR 1981, 450 = NJW 1981, 1315; OLG Naumburg Urt. v. 07.02.2013 – 4 U 16/12 – r+s 2014, 8; OLG Köln Urt. v. 02.03.2010 – 9 U 122/09 – VersR 2010, 1361 = r+s 2010, 192; OLG Saarbrücken Urt. v. 06.10.2004 – 5 U 161/04 – zfs 2005, 25; OLG Köln Urt. v. 15.06.2004 – 9 U 164/03 – r+s 2004, 321; OLG Köln Urt. v. 10.07.2001 – 9 U 87/00 – r+s 2002, 321.

Bei einem Zusammenstoß zweier Fahrzeuge ist daher immer von einem Unfallereignis auszugehen, gleichgültig, ob dieses vorsätzlich oder unverschuldet verursacht wurde.[244] Gleiches gilt, wenn bei unklarer Spurenlage die Fahrzeugschäden nach Art und Beschaffenheit nur auf einem Verkehrsunfall beruhen können, selbst wenn sich herausstellen sollte, dass sich der Unfall so, wie vom VN geschildert, gar nicht ereignet haben kann.[245]

Beruft sich der **VR** auf ein nicht unfreiwilliges Schadenereignis, muss er den **Nachweis** erbringen, dass **der VN den Unfall absichtlich herbeigeführt hat** und damit die Voraussetzungen des subjektiven Risikoausschlusses gemäß A.2.9.1 S. 1 AKB, § 81 Abs. 1 VVG erfüllt sind.[246]

124

d) Unfallmanipulation

Für die Behauptung einer **Unfallmanipulation** ist der VR ebenfalls beweispflichtig.[247] Wendet der VR ein, der VN habe den Unfall, aus dem er Versicherungsleistungen fordert, fingiert, so muss der **VR beweisen**, dass der Unfall entweder auf einer mit der **Einwilligung des VN zur Beschädigung** seines Eigentums verbundenen **Absprache** der Unfallbeteiligten[248] oder auf einer **Provokation des VN**[249] beruht.

125

Der Umstand, dass sich die Beteiligten vor dem Unfall nicht gekannt haben, schließt die Annahme eines verabredeten Unfallgeschehens nicht aus.[250] Für die hierfür notwendige Überzeugungsbildung des Gerichts bedarf es keiner mathematisch lückenlosen Gewissheit; vielmehr kann eine **ungewöhnliche Häufung von Beweisanzeichen**, die auf einen gestellten oder vorgetäuschten Unfall hindeuten, ausreichen.[251]

126

---

244 OLG Köln Urt. v. 10.07.2001 – 9 U 87/00 – r+s 2002, 321.
245 OLG Naumburg Urt. v. 07.02.2013 – 4 U 16/12 – r+s 2014, 8.
246 OLG Köln Urt. v. 15.06.2004 – 9 U 164/03 – r+s 2004, 321.
247 OLG Koblenz Urt. v. 06.12.2003 – 10 U 255/13 – DV 2014, 60; OLG München Urt. v. 08.03.2013 – 10 U 3241/12 – zfs 2013, 336; OLG Köln Urt. v. 02.03.2010 – 9 U 122/09 – VersR 2010, 1361 = r+s 2010, 192; zu **Indizien** für eine Unfallmanipulation vgl. Himmelreich/Halm/Staab/*Homp*/*Mertens* Kap. 24 Rn. 7 ff.; Staab/Halm DAR 2014, 66 ff.
248 Vgl. OLG Düsseldorf Urt. v. 24.06.2014 – I-1 U 122/13 – BeckRS 2014, 21932; OLG München Urt. v. 08.03.2013 – 10 U 3241/12 – zfs 2013, 336; OLG Schleswig Urt. v. 27.02.2013 – 7 U 114/12 – r+s 2013, 327; LG Duisburg Urt. v. 02.07.2013 – 4 O 345/11 – ADAJUR Dok.Nr. 102765.
249 Vgl. OLG Hamm Urt. v. 11.03.2013 – 6 U 167/12 – BeckRS 2013, 06682 (**Auffahrunfall durch grundloses Abbremsen vor einer Grünlichtampel**).
250 OLG Schleswig Urt. v. 27.02.2013 – 7 U 114/12 – r+s 2013, 327.
251 BGH Urt. v. 13.12.1977 – **VI ZR 206/75** – VersR 1978, 862 = NJW 1978, 2154; vgl. OLG Köln Beschl. v. 23.10.2014 – 19 U 79/14 – BeckRS 2015, 03036; OLG Bremen Urt. v. 10.10.2012 – 1 U 18/12 – BeckRS 2012, 24865; OLG Düsseldorf Urt. v. 27.10.2009 – I-4 U 63/08 – r+s 2010, 107; KG Beschl. v. 17.07.2008 – 12 U 240/07 – NJOZ 2009, 2403; OLG Koblenz Urt. v. 04.10.2005 – 12 U 1114/04 – NJW-RR 2006, 95; OLG Köln Urt. v. 19.12.1997 – 19 U 87/97 – VersR 1999, 121.

A.2.2.2.3 AKB Einzelfälle Unfallmanipulation

127 **Als Indizien geeignet** sind Umstände, für die es bei der Annahme eines echten Unfalls entweder keine Erklärung gibt oder solche, die bei einem gestellten Unfall signifikant häufiger vorkommen als bei einem wirklichen Unfall.[252] Es kommt nicht darauf an, ob einzelne Indizien bei isolierter Betrachtung einen Manipulationsvorwurf tragen. Ausschlaggebend ist vielmehr eine **Gesamtwürdigung aller Tatsachen und Beweise**, bei denen aus einer **Indizienkette** auf eine planmäßige Vorbereitung und Herbeiführung des vermeintlichen Unfalls geschlossen werden kann.[253] Ungenaue und widersprüchliche Angaben der Beteiligten zum Kern- und Randgeschehen des Unfallablaufes, die Abgeschiedenheit des Unfallortes, der späte Unfallzeitpunkt, aber auch die Hochwertigkeit des Geschädigten-Fahrzeuges und die Wertlosigkeit des Schädiger-Fahrzeuges können die Annahme eines manipulierten Unfalles rechtfertigen.[254] Gleiches gilt, wenn der VN weder Ausgangspunkt und Ziel seiner Fahrt, noch die genaue Unfallstelle benennen kann,[255] wenn trotz erheblicher Fahrzeugschäden auf die Hinzuziehung der Polizei und der Anfertigung von Beweisfotos trotz vorhandener Kamera verzichtet wird,[256] oder wenn der VN eine unplausible Fahrtroute behauptet und gleichzeitig ein für die Kollision während eines Abbiegevorganges außergewöhnlicher Unfallwinkel vorliegt.[257]

128 Der Rückschluss auf eine Unfallprovokation kann insbesondere bei einer **früheren Verstrickung der Beteiligten** in gestellte Unfälle[258] oder bei einer Beteiligung des VN an einer **Vielzahl von Verkehrsunfällen** in der Vergangenheit **innerhalb eines kurzen Zeitraumes** gerechtfertigt sein,[259] ebenso bei einer Unfallhistorie mit regelmäßigem Kennzeichenwechsel der unfallbeteiligten Fahrzeuge des VN, um offenbar die Häufung der

---

252 Zu den Indizien für eine Unfallmanipulation vgl. OLG Saarbrücken Urt. v. 30.10.2012 – 4 U 259/11 – NJW-RR 2013, 476; OLG Köln Urt. v. 02.03.2010 – 9 U 122/09 – VersR 2010, 1361 = r+s 2010, 192; KG Beschl. v. 31.08.2009 – 12 U 203/08 – NZV 2010, 351; KG Beschl. v. 27.07.2009 – 12 U 200/08 – NZV 2010, 202; OLG Karlsruhe Urt. v. 08.03.2007 – 19 U 54/06 – VersR 2007, 1365 = r+s 2007, 188; LG Duisburg Urt. v. 30.12.2011 – 6 O 386/09 – VRR 2012, 265; LG Duisburg Urt. v. 07.11.2011 – 8 O 494/09 – SP 2012, 176; LG Köln Urt. 10.02.2010 – 23 O 49/09 – SP 2010, 355; LG Duisburg Urt. v. 13.04.1992 – 17 O 426/91 – r+s 1992, 267; Geigel Kap. 37 Rn. 38.
253 OLG Koblenz Urt. v. 04.10.2005 – 12 U 1114/04 – NJW-RR 2006, 95.
254 Vgl. OLG Schleswig Urt. v. 27.02.2013 – 7 U 114/12 – r+s 2013, 327; LG Köln Urt. v. 04.05.2012 – 24 O 191/11 – SP 2012, 319.
255 OLG Saarbrücken Urt. v. 30.10.2012 – 4 U 259/11 – NJW-RR 2013, 476.
256 LG Wiesbaden Urt. v. 10.07.2014 – 9 O 264/12 – VersR 2015, 185.
257 OLG Schleswig Urt. v. 14.11.2012 – 7 U 42/12 – r+s 2013, 569 = SP 2013, 245.
258 LG Köln Urt. v. 04.05.2012 – 24 O 191/11 – SP 2012, 319.
259 OLG Köln Urt. v. 18.10.2013 – 19 U 78/13 – BeckRS 2014, 09399 = SP 2014, 113 und OLG Köln Urt. v. 12.04.2013 – 19 U 96/12 – BeckRS 2013, 16609 (**4 Unfälle in knapp 7 Monaten + weitere Indizien**); LG Münster Urt. v. 10.09.2012 – 2 O 392/11 – ADAJUR Dok.Nr. 100147 (**26 Unfälle in 5 Jahren**); LG Essen Urt. v. 06.08.2012 – 4 O 29/11 – VRR 2013, 28 = BeckRS 2012, 21318 (**40 Unfälle in 16 Jahren**); OLG Karlsruhe Urt. v. 08.03.2007 – 19 U 54/06 – VersR 2007, 1365 = r+s 2007, 188 (**3 Unfälle in 5 Jahren + weitere Indizien**); a.A. OLG Koblenz Urt. v. 06.12.2003 – 10 U 255/13 – DV 2014, 60 (**3 Unfälle in knapp 2 Jahren + weitere Indizien**).

Versicherungsfälle zu verschleiern, und bei gleichzeitiger **Abrechnung** auf Gutachtenbasis unter Einschluss **unfallunabhängiger Vorschäden**.[260] Weitere Indizien sind das Fehlen von Zeugen, ein Unfall zur Nachtzeit und die fiktive Abrechnung eines lukrativen Seitenschadens.[261] Gleiches gilt bei Auffälligkeiten und zahlreichen Verdachtsmomenten, die sich aus der konkreten Unfallsituation, der Person des Geschädigten und seiner Verwandtschaft und der Art der Schadenabrechnung ergeben.[262]

Der **Beweis einer Unfallmanipulation ist geführt,** wenn sich der neue Unfall als letztes Glied einer Kette gleichartiger, früherer Unfälle des VN darstellt, ohne dass sich die festgestellten Gemeinsamkeiten noch durch Zufall erklären ließen.[263] Ist der Schädiger in kurzer Zeit mit »verbrauchten« Fahrzeugen in mehrere, allein verschuldete Unfälle verwickelt, bei denen werthaltige Luxusfahrzeuge beschädigt werden und sind an den Unfällen häufig dieselben Personen oder Familien beteiligt, die mit den »verbrauchten« Fahrzeugen fuhren, liegen starke Indizien für einen manipulierten Unfall vor.[264] Der beim Auffahren eines »Schrottfahrzeuges« auf eine Luxus-Limousine fehlende wirtschaftliche Vorteil des Unfallverursachers steht der Annahme einer Unfallmanipulation jedenfalls dann nicht entgegen, wenn ansonsten alle **klassischen Merkmale eines gestellten Unfallereignisses** vorliegen (Unfall bei Dunkelheit ohne neutrale Zeugen, sofortiges Schuldeingeständnis des Auffahrenden gegenüber der Polizei, der Wert des auffahrenden, nur für ein Wochenende angemeldeten Pkw war gleich Null).[265]

129

Unschädlich ist es, wenn dem VR der Nachweis einer behaupteten **Bekanntschaft** zwischen Schädiger und vermeintlich Geschädigtem nicht gelingt, wenn jedenfalls eine Gesamtwürdigung aller Tatsachen und Indizien für ein manipuliertes Geschehen spricht.[266] Das wahrheitswidrige Abstreiten eines Bekanntschaftsverhältnisses zwischen zwei Unfallbeteiligten reicht zwar als alleiniges Indiz noch nicht aus für die Annahme einer Unfallmanipulation;[267] allerdings kann eine erst im Nachhinein auf konkrete Nachfrage eingeräumte persönliche Bekanntschaft der Unfallbeteiligten bei Vorliegen weiterer Ungereimtheiten in der Darstellung die Feststellung eines fingierten Unfalles rechtfertigen.[268] Für den Nachweis der vorsätzlichen Herbeiführung des Versicherungsfalles **genügt** es allerdings **nicht,** dass sich aus den vorgelegten Indizien lediglich **eine erhebliche Wahrscheinlichkeit** dafür ergibt, dass der VN die Unfallschäden fingiert und absichtlich selbst verursacht haben könnte. Denn dies würde auf eine Beweismaßabsenkung im Sinne einer Beweiserleichterung zugunsten des VR hinauslau-

130

---

260 AG Essen Urt. v. 07.10.2011 – 20 C 314/10 – BeckRS 2012, 11637.
261 OLG Düsseldorf Urt. v. 24.06.2014 – I-1 U 12213 – ADAJUR Dok.Nr. 105706.
262 Vgl. OLG Düsseldorf Urt. v. 19.03.2013 – I-1 U 99/12 – ADAJUR Dok.Nr. 101697.
263 OLG Karlsruhe Urt. v. 08.03.2007 – 19 U 54/06 – VersR 2007, 1365 = r+s 2007, 188.
264 OLG Köln Urt. v. 12.04.2013 – 19 U 96/12 – BeckRS 2013, 16609.
265 OLG Celle Urt. v. 30.06.2010 – 14 U 6/10 – BB 2011, 1679 = ADAJUR Dok.Nr. 92287; vgl. LG Köln Urt. v. 19.10.2011 – 32 O 271/10 – BeckRS 2012, 11351.
266 OLG Schleswig Urt. v. 24.06.2010 – 7 U 102/09 – NZV 2011, 291.
267 OLG München Urt. v. 08.03.2013 – 10 U 3241/12 – zfs 2013, 336.
268 OLG Köln Urt. v. 19.07.2011 – 4 U 25/10 – VersR 2011, 1415.

A.2.2.2.3 AKB Einzelfälle Regress gegen VN

fen, die unstatthaft ist, da umgekehrt auch dem VN für den Nachweis des Versicherungsfalles in der Vollkaskoversicherung keine Beweiserleichterungen gewährt werden.

131 **Gegen eine Unfallmanipulation** spricht eine große Anzahl von Insassen in den beteiligten Fahrzeugen.[269] Gleiches gilt bei einem Unfall auf einem belebten Parkplatz vor einem Einkaufszentrum, wenn die Fahrzeuge bis zum Eintreffen der Polizei nicht bewegt wurden.[270] Auch aus dem Unfallverlauf lässt sich regelmäßig nicht ableiten, dass der VN in die Beschädigung seines Fahrzeuges eingewilligt haben könnte. Es gibt keinen Erfahrungssatz, dass ein grob fahrlässiges oder gar rücksichtsloses Verhalten des Schädigers auf ein Einverständnis des Geschädigten hindeutet.[271] Auch eine Fahrzeugreparatur in Eigenregie ist kein Indiz für einen gestellten Unfall.[272] Ebenso wenig reicht es aus, wenn die Unfallschilderungen der Beteiligten zum Kerngeschehen voneinander abweichen und das Gericht nur eine mutmaßliche, nicht ausgeschlossene Bekanntschaft der Unfallbeteiligten feststellen kann.[273]

132 Ist auch nur ein Teil der geltend gemachten Schäden mit dem behaupteten Schadenhergang nicht zu vereinbaren, so entfällt jegliche Regulierungsverpflichtung des VR; wegen wissentlicher Falschangaben des VN ist auch für eine Schadenschätzung gemäß § 287 ZPO kein Raum.[274]

2. Ansprüche des VR gegen den VN

a) Kostenerstattung von Privatgutachten

133 Die vom VR **vorprozessual aufgewendeten Kosten eines Privatgutachtens** können nur ausnahmsweise als Kosten des Rechtstreites gemäß § 91 Abs. 1 S. 1 ZPO angesehen werden.[275] Sie sind erstattungsfähig, wenn bei Erteilung des Gutachtenauftrages ausreichende Anhaltspunkte für einen versuchten Versicherungsbetrug gegeben waren und das im Einzelnen nicht angegriffene Gutachten aufzeigt, dass Ersatz von Schäden begehrt wurde, die durch den Unfall nicht entstanden sein können,[276] oder wenn der Verdacht einer Unfallmanipulation bestand und das Gutachten der Abklärung des Unfallschadenbildes diente.[277] Eine Erstattungsfähigkeit besteht erst recht, wenn sich im Prozess der Anfangsverdacht des VR bestätigt.[278] Die Tätigkeit des Privatgutachters

---

269 OLG Naumburg Urt. v. 25.08.2011 – 4 U 31/11 – DAR 2012, 148.
270 OLG Naumburg Urt. v. 03.04.2014 – 4 U 59/13 – BeckRS 2014, 19096.
271 OLG Saarbrücken Urt. v. 19.12.2006 – 4 U 318/06 – BeckRS 2007, 02370.
272 OLG Koblenz Urt. v. 06.12.2003 – 10 U 255/13 – DV 2014, 60.
273 OLG Saarbrücken Urt. v. 03.04.2014 – 4 U 60/13 – BeckRS 2014, 09559.
274 LG Wiesbaden Urt. v. 10.07.2014 – 9 O 264/12 – VersR 2015, 185.
275 BGH Beschl. v. 17.12.2002 – **VI ZB 56/02** – VersR 2003, 481 = r+s 2004, 128 mit weiteren Rechtsprechungsnachweisen.
276 BGH Beschl. v. 18.11.2008 – **VI ZB 24/08** – VersR 2009, 563 = SVR 2009, 303; BGH Beschl. v. 14.10.2008 – **VI ZB 16/08** – VersR 2009, 280 = NZV 2009, 27; AG Neuss Beschl. v. 12.12.2012 – 78 C 2996/12 – BeckRS 2013, 12213.
277 OLG Hamm Beschl. v. 01.02.2013 – I-25 W 350/12 – NJW-RR 2013, 895.
278 OLG Köln Beschl. v. 21.10.2011 – 17 W 210/11 – n. v.

muss jedoch stets in unmittelbarer Beziehung zu dem sich konkret abzeichnenden Rechtsstreit gestanden haben, also prozessbezogen gewesen sein.[279] Erforderlich ist demnach eine gerade **mit Rücksicht auf den konkreten Prozess** vom VR veranlasste und i. S. v. § 91 Abs. 1 ZPO »notwendige« Sachverständigentätigkeit.[280]

Die **Prozessbezogenheit** eines Privatgutachtens ist regelmäßig bereits dann gegeben, wenn bei objektiver Betrachtung genügend Anhaltspunkte für einen versuchten Versicherungsbetrug vorhanden waren und abzusehen war, dass es zum Prozess kommen würde, weil der VN gegen eine ablehnende Regulierungsentscheidung des VR klagen würde.[281] In einem solchen Fall ist es geboten, einen Sachverständigen vorprozessual mit der Spurensicherung zu beauftragen, um im Deckungsprozess zum Verdacht des Versicherungsbetruges substanziiert vortragen zu können.[282] Auch bei **fehlendem engen zeitlichen Zusammenhang** ist ein bereits lange vor Prozessbeginn vom VR eingeholtes Privatgutachten jedenfalls dann als prozessbezogen anzusehen, wenn ein konkreter Verdacht für einen versuchten Versicherungsbetrug bestand und der VR das Gutachten nicht nur zur Prüfung seiner Einstandspflicht benötigte, sondern zur Abwehr unberechtigter Ansprüche im Rahmen eines sich bereits abzeichnenden Deckungsprozesses.[283] Dies muss der VR im Kostenfestsetzungsverfahren substanziiert vortragen und glaubhaft machen; ein bloßer, nicht näher erläuterter subjektiver Argwohn reicht nicht aus.[284] Unerheblich dabei ist, ob der Prozess dem VN zuvor angedroht worden war.[285] 134

Für den Fall eines **erst im Prozessverlauf eingeholten Privatgutachtens** hängt die Erstattungsfähigkeit der Kosten nicht davon ab, ob das Gutachten im Rahmen einer ex post Betrachtung tatsächlich die Entscheidung des Gerichts beeinflusst hat.[286] Ebenso wenig ist Voraussetzung für eine Kostenerstattung, dass das Gutachten oder die Kenntnisse des vom VR vorprozessual beauftragten Sachverständigen in den laufenden Prozess eingeführt wurden.[287] 135

Die **Notwendigkeit** eines Privatgutachters muss gegeben sein. Wesentlich ist neben der Prozessbezogenheit des Gutachtens daher, ob eine verständige und wirtschaftlich ver- 136

---

279 OLG Frankfurt/M. Beschl. v. 05.11.2008 – 18 W 359/08 – ADAJUR Dok.Nr. 82152.
280 OLG Frankfurt/M. Beschl. v. 26.07.2012 – 18 W 114/12 – BeckRS 2013, 05614.
281 OLG Düsseldorf Beschl. v. 22.03.2011 – I-4 W 1/11 – SP 2011, 341.
282 LG Bochum Urt. v. 09.12.2013 – I-1 O 436/12 – SP 2014, 280.
283 OLG Zweibrücken Beschl. v. 11.03.2014 – 6 W 13/14 – r+s 2014, 531; OLG Koblenz Beschl. v. 12.11.2013 – 14 W 621/13 – r+s 2014, 530; OLG Köln Beschl. v. 02.04.2013 – 17 W 49/13 – r+s 2014, 530; OLG Hamm Beschl. v. 17.06.2002 – 23 W 171/02 – zfs 2003, 145.
284 OLG Koblenz Beschl. v. 12.11.2013 – 14 W 621/13 – r+s 2014, 530.
285 OLG Karlsruhe Beschl. v. 11.05.2004 – 13 W 15/04 – VersR 2004, 931.
286 BGH Beschl. v. 20.12.2011 – **VI ZB 17/11** – VersR 2012, 920 = r+s 2013, 103.
287 BGH Beschl. v. 26.02.2013 – **VI ZB 59/12** – NJW 2013, 1823 = NZV 2013, 379 **unter Bestätigung** von OLG Frankfurt/M. Beschl. v. 26.07.2012 – 18 W 114/12 – BeckRS 2013, 05614; **a. A. noch** OLG Celle Beschl. v. 10.01.2011 – 2 W 8/11 – NZV 2011, 503; OLG München Beschl. v. 09.02.1995 – 11 W 689/95 – NJW-RR 1995, 1470.

A.2.2.2.3 AKB Einzelfälle mut- u. böswillige Handlung

nünftig denkende Partei die Beauftragung des Privatgutachters und damit die Kosten auslösende Maßnahme – ex ante betrachtet – zur Klärung der Frage einer möglicherweise gegebenen Unfallmanipulation als sachdienlich erachten durfte.[288] Dies ist nicht der Fall, wenn der VR über ausreichend eigene Sachkunde verfügte.[289]

b) Anspruch des VR aus § 812 BGB

137 Dem VR steht ein **Bereicherungsanspruch nach § 812 Abs. 1 S. 1 BGB** auf Rückzahlung seiner Entschädigungsleistung zu, wenn er aufgrund unrichtiger Angaben und arglistiger Täuschung des VN – somit ohne Rechtsgrund – eine Kaskoentschädigung an den VN erbracht hat,[290] vgl. auch A.2.2.1 AKB Rdn. 244 ff.

II. Mut- oder böswillige Handlungen – Beweislastverteilung

138 Der **VN** muss den **Vollbeweis** dafür erbringen, dass die Beschädigung des versicherten Fahrzeuges auf einer **mut- oder böswilligen Handlung** beruht. Dieser Beweis scheitert, wenn sich bereits aus dem Schadenbild und der Art der Schäden ergibt, dass die Beschädigungen nicht durch Mut- oder Böswilligkeit geprägt waren, weil sie nicht wahllos, sondern offenbar planmäßig und gezielt herbeigeführt wurden, oder wenn dies zwar offen bleibt, jedoch auch eine absichtlich vom VN herbeigeführte Beschädigung zum Aufbauschen des Schadens möglich und plausibel erscheint.[291] Nicht entscheidend ist, ob der VN – wie in Diebstahlfällen – den Vollbeweis erbringen kann, dass er das Fahrzeug zur behaupteten Zeit am behaupteten Ort unverkratzt abgestellt und dort später verkratzt wieder vorgefunden hat.[292] Eine Beschädigung nur der obersten Lackschicht eines Fahrzeuges steht der Annahme eines Vandalismusschadens nicht entgegen.[293]

139 **Beweiserleichterungen** wie in den Diebstahlfällen **kommen dem VN nicht zugute**.[294] Im Falle der Zerstörung oder Beschädigung eines Kraftfahrzeuges bedarf es einer Be-

---

288 BGH Beschl. v. 26.02.2013 – VI ZB 59/12 – NJW 2013, 1823 = NZV 2013, 379; BGH Beschl. v. 20.12.2011 – VI ZB 17/11 – VersR 2012, 920 = r+s 2013, 103; vgl. OLG Frankfurt/M. Beschl. v. 10.09.2013 – 18 W 189/13 – VersR 2014, 979; OLG Saarbrücken Beschl. v. 08.12.2011 – 9 W 222/11-31 – r+s 2012, 625.
289 Vgl. Quadflieg NJW-Spezial 2013, 649 ff.
290 LG Wuppertal Urt. v. 08.10.2009 – 7 O 294/07 – SP 2010, 301.
291 OLG Köln Urt. v. 13.12.2011 – 9 U 83/11 – VersR 2012, 1297 = r+s 2012, 109.
292 So aber LG Duisburg Urt. v. 17.04.2014 – 12 S 61/13 – r+s 2014, 451.
293 OLG Naumburg Urt. v. 21.11.2013 – 4 U 23/13 – VersR 2015, 572.
294 BGH Urt. v. 25.06.1997 – IV ZR 245/96 – VersR 1997, 1095 = r+s 1997, 446; OLG Köln Beschl. v. 13.08.2013 – 9 U 96/13 – r+s 2014, 65 = zfs 2014, 517; OLG Köln Urt. v. 03.06.2008 – 9 U 35/07 – VersR 2008, 1389 = r+s 2008, 464; OLG Koblenz Urt. v. 31.10.2003 – 10 U 38/03 – VersR 2004, 730 = zfs 2004, 22; OLG Oldenburg Urt. v. 10.11.1999 – 2 U 200/99 – VersR 2000, 1535 = r+s 2000, 56; OLG Köln Urt. v. 28.04.1998 – 9 U 197/97 – r+s 1998, 232 = zfs 1998, 257; a. A. OLG Düsseldorf Urt. v. 21.02.1995 – 4 U 146/94 – NJW-RR 1996, 408 = r+s 1995, 404; OLG Hamm Urt. v. 23.11.1995 – 6 U 50/35 – VersR 1996, 881; LG Bochum Urt. v. 25.04.2013 – 4 O 14/13

weisführung mittels des äußeren Bildes von vornherein nicht, da das versicherte Fahrzeug zur Feststellung, ob der Versicherungsfall eingetreten ist, besichtigt werden kann. Steht eine mut- oder böswillige Beschädigung nicht schon aufgrund des Schadenbildes fest, kann der VN den Beweis in aller Regel über ein gerichtlich einzuholendes Sachverständigengutachten führen. Unproblematisch ist die Beweisführung regelmäßig auch in solchen Fällen, in denen sich Beschädigungsspuren anlässlich eines versuchten Diebstahls am Fahrzeug feststellen lassen, wenn z. B. der Täter aus Verärgerung über die fehlgeschlagene Entwendung lang gezogene Verkratzungen im Lack oder Dellen hinterlassen hat und es sich nicht um Schäden handelt, die zur Verdeckung von Diebstahlspuren oder als Folge einer (versuchten) Entwendung vom Täter verursacht wurden (dann wären sie auch aus der Teilkasko zu entschädigen). Ist die Beschädigung des Kfz durch eine mut- oder böswillige Handlung bewiesen, werden im Gegenzug auch dem **VR keine Beweiserleichterungen** für seinen Einwand zuerkannt, die Schäden seien nicht durch betriebsfremde Personen verursacht worden.[295]

Der **VN muss nicht beweisen**, dass die **Schäden von einer »betriebsfremden Person«** 140 verursacht wurden, also einem Täter, der in keiner Weise zum Gebrauch des Fahrzeuges berechtigt war.[296] Er muss auch nicht ausschließen, dass er selbst oder eine nicht betriebsfremde Person als Täter in Frage kommt. Behauptet der **VR**, das Schadenbild wirke wie geplant, weshalb eine Beschädigung durch nicht berechtigte Dritte unwahrscheinlich sei, trägt er die **Beweislast** dafür, dass der **Täter nicht betriebsfremd** war.[297] Beweiserleichterungen kommen ihm nicht zugute. Es **genügt** daher **nicht**, dass der VR lediglich Umstände vorträgt, die die **erhebliche Wahrscheinlichkeit eines vorgetäuschten Vandalismusschadens** durch den VN oder nicht betriebsfremde Personen nahe legen.[298] Denn dies käme einer Beweismaßabsenkung zugunsten des VR gleich, die aber deshalb unzulässig ist, weil umgekehrt auch dem VN für den Nachweis des Versicherungsfalles keine Beweiserleichterungen gewährt werden.[299]

Hat der VN den Versicherungsfall »Vandalismusschaden« voll bewiesen oder ist dieser 141 unstreitig, muss auch der **VR** für eine **Ablehnung des Schadens** den Vollbeweis für seine Behauptung erbringen, der Schadenfall sei nur fingiert oder von nicht »betriebsfrem-

---

– r+s 2014, 167; LG Köln Urt. v. 08.04.2009 – 20 O 201/08 – r+s 2010, 237; Stiefel/Maier/*Stadler* A.2.3 AKB Rn. 83.
295 OLG Köln Beschl. v. 13.08.2013 – 9 U 96/13 – r+s 2014, 65 = zfs 2014, 517.
296 OLG Köln Urt. v. 13.12.2011 – 9 U 83/11 – VersR 2012, 1297 = r+s 2012, 109 (allerdings mit missverständlichem, gegensätzlichen Leitsatz).
297 BGH Urt. v. 25.06.1997 – **IV ZR 245/96** – VersR 1997, 1095 = r+s 1997, 446; OLG Köln Urt. v. 20.08.2010 – 20 U 96/09 – BeckRS 2011, 01449; OLG Köln Urt. v. 03.06.2008 – 9 U 35/07 – VersR 2008, 1389 = r+s 2008, 464; OLG Oldenburg Urt. v. 10.11.1999 – 2 U 200/99 – VersR 2000, 1535 = r+s 2000, 56; OLG Köln Urt. v. 28.04.1998 – 9 U 197/97 – r+s 1998, 232 = zfs 1998, 257.
298 OLG Koblenz Urt. v. 31.10.2003 – 10 U 38/03 – VersR 2004, 730 = zfs 2004, 22; a. A. OLG Düsseldorf Urt. v. 21.02.1995 – 4 U 146/94 – NJW-RR 1996, 408 = r+s 1995, 404; OLG Hamm Urt. v. 23.11.1995 – 6 U 50/95 – VersR 1996, 881.
299 BGH Urt. v. 25.06.1997 – **IV ZR 245/96** – VersR 1997, 1095 = r+s 1997, 446.

A.2.2.2.3 AKB Einzelfälle mut- u. böswillige Handlung

den Personen« im Sinne der AKB a. F. herbeigeführt worden. Er muss also nachweisen, dass die Vandalismusschäden entweder mit Wissen und Wollen des VN oder seines Repräsentanten herbeigeführt bzw. veranlasst wurden oder auf Handlungen solcher Personen beruhen, die zum ausgeschlossenen Personenkreis gehören, d. h. zum Gebrauch des Fahrzeuges i. S. d. A.2.2.2.3 AKB berechtigt sind.[300]

142 Für die Überzeugung des Gerichts, dass der VN den **Versicherungsfall nur vorgetäuscht** hat, kann es ausreichen, wenn die vom VR bewiesenen **Indizien in ihrer Gesamtheit** dafür sprechen, dass der VN den Versicherungsfall nur vorgetäuscht hat. Von einer **erheblichen Vortäuschungswahrscheinlichkeit** eines Vandalismusschadens ist **in der Gesamtschau** auszugehen, wenn es sich um ein für einen Vandalismusschaden **untypisches äußeres Beschädigungsbild** handelt, weil z. B. das Fahrzeug rundum zerkratzt ist, der VN zudem den Schaden fiktiv abrechnen möchte und er innerhalb von sechs Jahren zehn Schadenfälle gemeldet hat, darunter mit dem aktuellen Fall vier Vandalismusschäden mit jeweils ähnlichem Schadenbild und beträchtlichen Schadensummen.[301] Für einen vorgetäuschten Vandalismusschaden spricht auch, wenn der VN für ein erworbenes altes, stark beschädigtes Kfz eine Vollkasko abgeschlossen hat, in seiner Schadenanzeige falsche Angaben zum Schadenumfang macht und die Fragen des VR nach Vorschäden nicht beantwortet.[302]

143 Dass der VR keinen Versicherungsschutz für Schäden zur Verfügung stellen will, die durch berechtigte (nicht betriebsfremde) Personen herbeigeführt wird, entspricht letztlich der Risikobegrenzung in A.2.9.1 S. 1 AKB, § 81 Abs. 1 VVG, für die der VR allerdings ebenso den Vollbeweis erbringen muss.

144 Bei »**Speerwurfschäden**« besteht häufig der **Verdacht eines vorgetäuschten Versicherungsfalles**. Diese Schäden zeichnen sich dadurch aus, dass gezielt – und nicht etwa wahllos – kleine Bohrlöcher an bestimmten, planmäßig ausgewählten Stellen der Fahrzeugkarosserie angebracht werden, um auf diese Weise eine möglichst hohe Reparaturkostenkalkulation auf Gutachtenbasis zu erhalten, obwohl sich die Schäden durch bloßes Beispachteln und Beilackieren mit verhältnismäßig geringem Kostenaufwand auch im Rahmen einer Selbst- oder Billigreparatur beseitigen lassen.[303] Ebenso erfordern vielfältige, aber nur **oberflächliche Kratzer an zahlreichen Karosserieteilen** zwar einen hohen kalkulatorischen Reparaturkostenaufwand, erlauben aber eine optische Instandsetzung im Sinne der Beseitigung ihrer äußerlichen Erkennbarkeit mit vergleichsweise

---

300 Vgl. BGH Urt. v. 25.06.1997 – **IV ZR 245/96** – VersR 1997, 1095 = r+s 1997, 446; BGH Urt. v. 17.05.1989 – **IVa ZR 130/88** – VersR 1989, 841 = r+s 1989, 297; OLG Köln Urt. v. 03.06.2008 – 9 U 35/07 – VersR 2008, 1389 = r+s 2008, 464; OLG Koblenz Beschl. v. 24.11.2003 – 10 W 553/03 – VersR 2005, 783 und 935; OLG Oldenburg Urt. v. 10.11.1999 – 2 U 200/99 – VersR 2000, 1535 = r+s 2000, 56; OLG Köln Urt. v. 28.04.1998 – 9 U 197/97 – r+s 1998, 232 = zfs 1998, 257; OLG Köln Urt. v. 03.12.1992 – 5 U 75/92 – r+s 1996, 93.
301 LG Aachen Urt. v. 16.03.2012 – 9 O 328/11 – r+s 2013, 63.
302 LG Bochum Urt. v. 25.04.2013 – 4 O 14/13 – r+s 2014, 167.
303 OLG Köln Urt. v. 13.12.2011 – 9 U 83/11 – VersR 2012, 1297 = r+s 2012, 109.

geringen Mitteln.³⁰⁴ **Bohrlöcher, die regelmäßig und scheinbar planvoll am gesamten Fahrzeug ohne Kratzer und ohne jegliche Beschädigungen anderer Fahrzeugteile gesetzt sind**, sprechen indiziell für einen vorgetäuschten Versicherungsfall.³⁰⁵

Gleiches gilt bei »**Durchstoßungsschäden**« an der Außenhaut eines Wohnwagens. Bei 145 Einstichen, die über die gesamte Oberfläche des Wohnwagens verteilt sind und nur die Außenwand, nicht aber die Innenwand und die Verkleidung beschädigen, hat die Rechtsprechung in Verbindung mit weiteren feststehenden Indizien wiederholt die Vortäuschung eines Versicherungsfalles bejaht.³⁰⁶ Auch hier ist bei einem solchen Schadenbild zwar eine umfassende Reparatur der kompletten Außenhaut mit entsprechend hohem Instandsetzungsaufwand objektiv erforderlich; andererseits erlaubt der Schaden aber wegen der unbeschädigt gebliebenen Innenwände eine verhältnismäßig billige Eigenreparatur durch den VN.³⁰⁷ Ein fingierter Vandalismusschaden steht auch bei solchen Schäden im Raume, bei denen es für eine fachgerechte Instandsetzung zwar objektiv erforderlich ist, komplette Fahrzeugteile auszutauschen, andererseits sich aber nach Art der Beschädigungen auch eine erheblich billigere Reparatur mit zufriedenstellendem Ergebnis für den VN bewerkstelligen lässt.³⁰⁸ Allerdings wurde in jenen Fällen die Leistungsfreiheit des VR unzutreffenderweise schon deshalb angenommen, weil der VR Umstände dargetan hatte, aus denen sich die **erhebliche Wahrscheinlichkeit einer Vortäuschung von Vandalismusschäden** durch betriebsfremde Personen herleiten ließ. **Dies widerspricht jedoch der h. M.** in der Rechtsprechung, wonach weder der VN beweisen muss, dass die Schäden ihrem äußeren Bild nach nur durch nicht berechtigte Personen verursacht worden sein können, noch dem VR Beweiserleichterungen für den Nachweis einer Vortäuschung von Vandalismusschäden zugutekommen. Der **Nachweis einer vorsätzlichen Beschädigung** eines Wohnwagens **unter Beteiligung des VN** wurde als **nicht erbracht** angesehen bei symmetrisch angeordneten Löchern in der Außenwand³⁰⁹ oder auch bei mehrfachen Messerstichen in der Außenhaut des Wohnwagens.³¹⁰

III. Brand nach vorausgegangenem/nachfolgendem Unfall

Vgl. die Ausführungen unter A.2.2.1 AKB Rdn. 109 ff. 146

IV. Entwendung und nachfolgender Unfall

Vgl. die Ausführungen unter A.2.2.1 AKB Rdn. 239 ff. 147

---

304 OLG Köln Beschl. v. 13.08.2013 – 9 U 96/13 – r+s 2014, 65 = zfs 2014, 517.
305 LG Hildesheim Urt. v. 04.12.2012 – 3 O 288/12 – BeckRS 2013, 11358.
306 Vgl. OLG Hamm Urt. v. 23.11.1995 – 6 U 50/95 – VersR 1996, 881; LG Hagen Urt. v. 25.06.2004 – 2 O 105/04 – zfs 2004, 465; LG Essen Urt. v. 05.06.2002 – 16 O 181/02 – SP 2002, 69; LG Essen Urt. v. 23.10.1998 – 3 O 481/97 – SP 1999, 246.
307 OLG Hamm Urt. v. 23.11.1995 – 6 U 50/95 – VersR 1996, 881.
308 OLG Düsseldorf Urt. v. 21.02.1995 – 4 U 146/94 – NJW-RR 1996, 408 = r+s 1995, 404.
309 OLG Köln Urt. v. 03.12.1992 – 5 U 75/92 – r+s 1996, 93.
310 OLG Koblenz Urt. v. 31.10.2003 – 10 U 38/03 – VersR 2004, 730 = zfs 2004, 22.

A.2.3 Wer ist versichert?

Der Schutz der Kaskoversicherung gilt für Sie und, wenn der Vertrag auch im Interesse einer weiteren Person abgeschlossen ist, z. B. des Leasinggebers als Eigentümer des Fahrzeugs, auch für diese Person.

Übersicht Rdn.
A. Allgemeines 1
B. Regelungsgehalt – Wer ist versichert? – A.2.3 AKB (§ 3 Abs. 1 AKB 2007 a. F.; A.2.4 AKB 2008 a. F.) 4
I. Anspruchsberechtigte und geschützter Personenkreis 4
II. Versicherungsschein und Sicherungsschein 13
III. Mehrfachversicherung und sonstige Fremdversicherungen 18
C. **Weitere praktische Hinweise** 21
I. Juristische Personen und Personengesellschaften als VN 21
II. Zurechnung der Kenntnis und des Verhaltens Dritter 25
   1. Repräsentant 25
      a) Voraussetzungen für eine Repräsentantenstellung 25
      b) Repräsentant in der Kaskoversicherung 31
      c) Ehegatte und Lebensgefährte 33
      d) Kraftfahrzeugmieter 36
      e) Weitere Einzelfälle 41
   2. Wissenserklärungsvertreter 43
      a) Relevante Erklärung des Dritten (Vertreters) 43
      b) Relevante Erklärung des VN (Vertretenen) 49
          aa) Zurechnung über § 166 Abs. 1 BGB 49
          bb) Dritter als Schreibhilfe 53
   3. Wissensvertreter 58
   4. Versicherung für fremde Rechnung 59
III. Schadenabwicklung bei Leasing und Finanzierung 68

A. Allgemeines

1 Als Sachwertversicherung deckt die Kaskoversicherung grundsätzlich das **Eigentümerinteresse** an der Erhaltung des Fahrzeuges.[1] Im Gegensatz zu den AKB a. F. stellt A.2.3 AKB ausdrücklich klar, wer Versicherungsschutz in der Kaskoversicherung genießt. Dies ist **vorrangig der VN (Eigenversicherung)**. Aber auch das **Interesse dritter Personen (Fremdversicherung)** kann eingeschlossen sein. Beispielhaft wird der Leasinggeber als Eigentümer des Fahrzeuges genannt. Auch beim Verkauf eines Fahrzeuges unter Eigentumsvorbehalt oder bei der Fahrzeugfinanzierung mit damit verbundenem Sicherungseigentum des Kreditgebers besteht die Notwendigkeit, das Sachsubstanz- bzw. **Sacherhaltungsinteresse**, d. h. das Interesse an der Erhaltung des durch das Fahrzeug verkörperten Vermögenswertes zugunsten des Eigentümers zu schützen. Dies ist möglich, indem der VN den Kaskoversicherungsvertrag im eigenen Namen für einen

---

1 BGH Urt. v. 05.03.2008 – **IV ZR 89/07** – VersR 2008, 634 = NJW 2008, 1737.

anderen Dritten, also in dessen Interesse abschließt. Es handelt sich um eine **Versicherung für fremde Rechnung**, §§ 43 ff. VVG.

Eine solche Vertragsgestaltung kann sich auch **aus den konkreten Umständen** ergeben, wenn z. B. der Vater auf seinen Namen das Fahrzeug des Sohnes kaskoversichert oder ein Gesellschafter einer BGB-Gesellschaft den Versicherungsvertrag für den firmeneigenen Pkw für die Gesellschaft und damit auch für die übrigen der Mitgesellschafter abschließt. 2

Eine Kaskoversicherung kann auch **gleichzeitig als Eigen- und Fremdversicherung** abgeschlossen werden, z. B. wenn zwei Eheleute ein jeweils im hälftigen Miteigentum stehendes Fahrzeug versichern (vgl. A.2.3 AKB Rdn. 67). Im Zweifel ist durch eine Auslegung des Vertrages zu ermitteln, **welche Interessen** (nur Sacherhaltungsinteresse oder auch Sachersatzinteresse,[2] (vgl. A.2.3 AKB Rdn. 21 ff.) vom Versicherungszweck mit umfasst sein sollten. 3

B. Regelungsgehalt – Wer ist versichert? – A.2.3 AKB (§ 3 Abs. 1 AKB 2007 a. F.; A.2.4 AKB 2008 a. F.)

I. Anspruchsberechtigte und geschützter Personenkreis

Anders als in der Kfz-Haftpflichtversicherung sind in der Kaskoversicherung **Halter oder Fahrer** des Fahrzeuges – sofern nicht gleichzeitig auch Fahrzeugeigentümer – **keine mitversicherten Personen** nach F.1 AKB, so dass ihnen weder Verfügungsbefugnisse aus dem Versicherungsvertrag zustehen, noch sie die Pflichten aus E.1 AKB treffen.[3] Ansprüche aus dem Versicherungsvertrag stehen grundsätzlich ausschließlich dem **VN** zu, weil er den Vertrag in der Regel für sich selbst, also als **Eigenversicherung** abschließt. Dafür besteht **nach § 43 Abs. 3 VVG eine gesetzliche Vermutung.** Sofern sich nicht aus den Umständen ergibt, dass der Versicherungsvertrag für einen anderen als den VN abgeschlossen werden sollte, muss der VN nicht sein Eigentümerinteresse gesondert beweisen; auch eines Rückgriffs auf § 1006 BGB bedarf es in einem solchen Fall nicht.[4] 4

Ist der VN nicht selbst (Mit-) Eigentümer des zu versichernden Fahrzeuges, kann er den Kaskoversicherungsvertrag im eigenen Namen auch als **Fremdversicherung für einen Dritten** abschließen, nämlich dann, wenn das zu versichernde Fahrzeug in dessen (fremdem) Eigentum steht, (z. B. der Leasingnehmer, der für das geleaste Fahrzeug einen Kaskoversicherungsschutz wünscht oder der Arbeitgeber, der für das Privatfahrzeug seines Arbeitnehmers zu dessen Gunsten eine Dienstreise-Vollkaskoversicherung abschließt). Insoweit liegt eine Versicherung für fremde Rechnung nach den §§ 43 ff. VVG vor, da fremdes Interesse versichert wird, nämlich das Interesse des vom VN per- 5

---

2 Vgl. BGH Urt. v. 28.03.2001 – **IV ZR 163/99** – VersR 2001, 713 = r+s 2001, 254.
3 Vgl. LG Nürnberg-Fürth Urt. v. 27.01.2010 – 8 O 10700/08 – r+s 2010, 145.
4 A. A. OLG Celle Urt. v. 04.01.2007 – 8 U 195/05 – VersR 2007, 1217 = NJOZ 2007, 1804; OLG Karlsruhe Urt. v. 19.02.1981 – 12 U 94/80 – VersR 1982, 485; LG Dortmund Urt. v. 15.08.2007 – 22 O 204/06 – BeckRS 2007, 65178.

A.2.3 AKB Wer ist versichert?

sonenverschiedenen Eigentümers (Versicherter) an der Erhaltung der ihm gehörenden Sache.

6 Der VN hat bei einer **Fremdversicherung** die gleichen **Pflichten** aus dem Versicherungsvertrag zu erfüllen wie im Falle einer Eigenversicherung. Dies betrifft insbesondere die Prämienzahlungspflicht und die Erfüllung von Obliegenheiten. Ohne besondere Vereinbarung zwischen dem Dritten und dem Kasko-VR (z. B. in Form der Erteilung eines **Sicherungsscheines**, vgl. A.2.3 AKB Rdn. 17) hat dieser keinerlei Mitteilungspflichten gegenüber dem Dritten, falls das Versicherungsverhältnis notleidend werden sollte. Die **Unkenntnis der Vertragsparteien von den Eigentumsverhältnissen** steht der Annahme einer Fremdversicherung nicht entgegen; das **Interesse des wahren Eigentümers** ist selbst dann versichert, wenn dieser dem VR namentlich nicht mitgeteilt wird. Selbst wenn dem VR bei Vertragsabschluss bekannt ist, dass der VN nicht Eigentümer des Fahrzeuges ist oder der VN sich irrtümlich für den Eigentümer hält, gilt gleichwohl das Sacherhaltungsinteresse des tatsächlichen Eigentümers als versichert.[5]

7 **Sind Elemente einer Fremdversicherung gegeben**, steht dem VN derjenige gleich, der die **Rechtsstellung eines Versicherten** hat. **Praktische Bedeutung** hat dies vor allem dann, wenn Rückgriffsansprüche des VR gegen einen Dritten aufgrund der vorsätzlichen oder grob fahrlässigen Herbeiführung des Versicherungsfalles im Raum stehen. Verursacht ein berechtigterweise mit dem Kfz fahrender »Dritter« einen Schaden, der vom VR ausgeglichen wird, so kann er vom VR in dem Umfang, in dem dieser Versicherungsleistungen erbringt, aus übergegangenem Recht (§ 86 Abs. 1 S. 1 VVG) unter Berücksichtigung der Regressbeschränkungen in A.2.8 Abs. 1 AKB auf Rückzahlung der Entschädigungsleistung in Anspruch genommen werden. »Dritter« i. S. von § 86 Abs. 1 S. 1 VVG kann dabei grundsätzlich jeder sein, der nicht VN oder Versicherter ist.[6] Ein **Regress** des VR gegen den Versicherten ist regelmäßig nicht möglich, weil dessen Sacherhaltungsinteresse mitversichert ist, (vgl. auch A.2.8 AKB Rdn. 18 ff.). Von Bedeutung ist eine Fremdversicherung auch für die Frage, wer **Anspruchsberechtigter** aus dem Versicherungsvertrag ist, (vgl. F.2 AKB), auf wessen Verhältnisse bei der **Entschädigungsberechnung** nach A.2.5.1.1 und A.2.5.2.1 AKB abzustellen ist (vgl. A.2.5.2 AKB Rdn. 102 ff.) und ob sich der VN die Kenntnis oder das Verhalten des Versicherten **zurechnen** lassen muss, (vgl. A.2.3 AKB Rdn. 59 ff.).

8 Zu dem durch A.2.3 AKB mitversicherten Personenkreis gehört der – beispielhaft aufgeführte – **Leasinggeber eines Kraftfahrzeuges**. Die vom Leasingnehmer für ein geleastes Kfz abgeschlossene Kaskoversicherung stellt eine Versicherung für fremde Rechnung i. S. d. §§ 43 ff. VVG dar, da sie im Interesse des Leasinggebers als dem Eigentümer des versicherten Fahrzeuges abgeschlossen wird. Der vom Leasingnehmer (VN) personenverschiedene Leasinggeber (Eigentümer des Fahrzeugs) ist der Versicherte.

---

5 OLG Hamm Urt. v. 04.12.1992 – 20 U 157/92 – r+s 1993, 246; LG Dortmund Urt. v. 08.09.2011 – 22 O 204/07 – r+s 2012, 334.
6 BGH Urt. v. 05.02.1992 – **IV ZR 340/90** – VersR 1992, 485 = BGHZ 117, 151, 158; BGH Urt. v. 30.04.1959 – **II ZR 126/57** – VersR 1959, 500 = BGHZ 30, 40, 42.

Dessen Sacherhaltungsinteresse ist durch die Kaskoversicherung abgesichert,[7] (vgl. auch A.2.3 AKB Rdn. 68 ff.).

Bei einer Fremdversicherung ist zwar der **Versicherte Träger des materiellen Versicherungsanspruches (§ 44 Abs. 1 VVG)**; im Rahmen einer gesetzlichen Prozessstandschaft ist jedoch allein der **VN verfügungsberechtigt über diesen Anspruch (§ 45 Abs. 1 VVG)**. Der Versicherte ist trotz § 45 Abs. 2 VVG selbst dann nicht klagebefugt, wenn der VN einer gerichtlichen Geltendmachung der Ansprüche durch den Versicherten **zugestimmt** oder er seine Forderungen an den Versicherten **abgetreten** hat. Denn in der Kaskoversicherung ist § 44 Abs. 2 VVG insoweit durch F.2 **AKB** vertraglich abbedungen. Hiernach steht die Ausübung der Rechte der mitversicherten Personen ausschließlich dem VN zu. Nur er ist grundsätzlich aktivlegitimiert. Der VR will sich nicht mit einer Vielzahl anderer Personen auseinandersetzen müssen, die eine Entschädigungsleistung fordern. Der Versicherte kann eine eigene Klagebefugnis auch nicht aus einer gewillkürten Prozessstandschaft herleiten.[8] Eine Abtretung liefe zudem ins Leere, da dem Versicherten der materielle Versicherungsanspruch ohnehin schon zusteht.[9] 9

Es ist daher **nicht rechtsmissbräuchlich**, wenn der VR bei einer Klage des Versicherten den **Einwand mangelnder Aktivlegitimation** erhebt. Anderes gilt nur dann, wenn der VR außergerichtlich bereits **ausschließlich mit dem Versicherten korrespondiert** hat und der VR sich erstmals im Prozess auf die mangelnde Verfügungsbefugnis des Versicherten beruft,[10] oder wenn der **VN** ohne billigenswerten Grund **nicht gewillt ist, sein Forderungsrecht** zugunsten des Versicherten gegenüber dem VR **wahrzunehmen**,[11] sei es, dass er sich überhaupt nicht um die Geltendmachung des Versicherungsanspruches kümmert oder er nach Deckungsablehnung durch den VR seine Forderungen nicht weiter verfolgt. Gleiches gilt, wenn über das Vermögen der VN (z. B. einer GmbH & Co. KG) das **Insolvenzverfahren** eröffnet ist, so dass sie kein Interesse hat, eine Forderung gerichtlich geltend zu machen, die ihrem Geschäftsführer als Eigentümer des kaskoversicherten Kfz zusteht.[12] Denn in diesen Fällen bestünde die Gefahr, dass der Versicherte seinen Anspruch ansonsten nicht durchsetzen könnte.[13] Liegen diese Voraussetzungen nicht vor, ist allein der VN, nicht aber der Versicherte zur Verfügung über den Versicherungsanspruch befugt. 10

---

7 BGH Urt. v. 27.10.1993 – **IV ZR 33/93** – VersR 1994, 85 = NJW 1994, 585.
8 Vgl. BGH Beschl. v. 13.12.2006 – **XII ZR 261/04** – VersR 2007, 238; OLG Hamm Urt. v. 06.10.2004 – 20 U 53/04 – VersR 2005, 934 = zfs 2005, 136.
9 OLG Stuttgart Urt. v. 07.02.1991 – 7 U 176/90 – r+s 1992, 331.
10 Vgl. OLG Hamm Urt. v. 03.03.1995 – 20 U 335/94 – r+s 1996, 29.
11 OLG Köln Urt. v. 18.02.2003 – 9 U 94/02 – r+s 2003, 409 = SP 2003, 207; OLG Stuttgart Urt. v. 07.02.1991 – 7 U 176/90 – r+s 1992, 331.
12 OLG Köln Urt. v. 18.02.2003 – 9 U 94/02 – r+s 2003, 409 = SP 2003, 207.
13 BGH Urt. v. 13.12.2006 – **IV ZR 261/04** – VersR 2007, 238; BGH Urt. v. 14.12.1994 – **IV ZR 14/94** – VersR 1995, 332 = r+s 1995, 117; vgl. OLG Hamm Urt. v. 01.03.1996 – 20 U 205/95 – VersR 1997, 309.

A.2.3 AKB Wer ist versichert?

11 Im Rahmen seines vertraglichen Verhältnisses zum VR **kann der VN auf Leistung an sich klagen und die Forderung einziehen**, muss aber die Entschädigung des VR aufgrund des zwischen ihm und dem Versicherten bestehenden **gesetzlichen Treuhand- oder sonstigen Vertragsverhältnisses** an diesen auskehren.[14]

12 Besteht ein **Prämienrückstand**, kann der VN gegen die Beitragsforderung des VR mit seinem Anspruch auf Auszahlung der Versicherungsleistung **nicht aufrechnen**, da dieser Anspruch bei einer Fremdversicherung materiell-rechtlich allein dem Versicherten zusteht und es infolgedessen an der für eine Aufrechnung erforderlichen Gegenseitigkeit der beiderseitigen Forderungen fehlt; eine bloße Einwilligung des Versicherten in die Aufrechnung reicht nicht aus, vielmehr bedarf es für eine wirksame Aufrechnung der vorherigen Abtretung der Ansprüche durch den Versicherten an den VN,[15] wobei für die Wirksamkeit der Abtretung wiederum die Zustimmung des VR vorliegen muss, A.2.7.4 AKB.

II. Versicherungsschein und Sicherungsschein

13 Der **Versicherte** hat eine erheblich bessere Rechtsposition inne, wenn er **im Besitz des Versicherungsscheines** ist, § 44 Abs. 2 VVG. Die Ausstellung oder Nichtausstellung des Versicherungsscheines ändert zwar weder die Rechtsnatur der Kaskoversicherung als Versicherung für fremde Rechnung, noch berührt sie die Stellung des Eigentümers als Versicherten;[16] der Besitz des Versicherungsscheines begründet aber eine **Ausnahme von der nach F.2 AKB** dem Kaskoversicherungsvertrag zugrunde liegenden **alleinigen Verfügungsbefugnis des VN**. Erteilt der VR dem – vom VN personenverschiedenen – Versicherten (z. B. einer Leasingfirma oder einer finanzierenden Bank) den Versicherungsschein, erhält der Versicherte die Verfügungsbefugnis über die Ansprüche aus dem Versicherungsvertrag und die Möglichkeit, diese Ansprüche **auch ohne Zustimmung des VN geltend zu machen**.

14 Einer **Abtretung** der Kaskoentschädigungsansprüche durch **den VN an den Versicherten** bedarf es dafür nicht. Abgesehen davon, dass eine solche Abtretung ins Leere liefe, da der Versicherte bereits Inhaber des materiellen Versicherungsanspruches ist und der VN ihm diesen folglich nicht mehr abtreten kann, wäre sie auch wegen Verstoßes gegen A.2.7.4 AKB unwirksam.

15 Eine **Abtretung des VN an einen Dritten** ist auch dann unwirksam, wenn der VN zugunsten des Versicherten (z. B. eines Leasinggebers) eine Erklärung unterzeichnet hat, wonach allein der Dritte berechtigt sein soll, die Rechte aus dem Versicherungsvertrag auszuüben. Denn dann kann der VN über die materiellen Rechte, die dem Dritten zu-

---

14 Vgl. BGH Urt. v. 12.12.1990 – **IV ZR 213/89** – r+s 1991, 358 = VersR 1991, 299 (zur Vertrauensschadenversicherung der Notarkammern).
15 OLG Köln Urt. v. 18.06.1995 – 9 U 229/95 – VersR 1997, 1265.
16 Insoweit missverständlich BGH Urt. v. 31.10.2007 – **VIII ZR 278/05** – VersR 2008, 501 = NJW 2008, 989.

stehen, entgegen § 45 Abs. 1 VVG nicht mehr verfügen; auf das Abtretungsverbot in A.2.7.4 AKB kommt es nicht mehr an.[17]

Mit Erteilung des Versicherungsscheines an den Versicherten werden dessen Rechte gestärkt. Zum einen werden **Mitteilungspflichten des VR** für den Fall begründet, dass das Versicherungsverhältnis zwischen VN und VR notleidend werden sollte, weil dann der Versicherungsschutz des Versicherten gefährdet sein könnte. Zum anderen werden die Bestimmungen der §§ 44 Abs. 2, 45 VVG stillschweigend abbedungen, weil **der Versicherte anstelle des VN die Verfügungsbefugnis** über den im Versicherungsfall ihm zustehenden Entschädigungsanspruch erhält. Die Zahlung der Versicherungsleistung hat dann unmittelbar an den Versicherten zu erfolgen. 16

Gleiches gilt im Falle eines Sicherungsscheines, der regelmäßig auf Verlangen eines Leasing- oder Kreditgebers vom VR ausgestellt wird. Dabei handelt es sich um ein besonderes Sicherungsversprechen des VR gegenüber dem Versicherten (Sicherungsabrede), in welchem der VR den Versicherungsumfang bestätigt. Außerdem verpflichtet er sich in der Regel, eine **Entschädigungszahlung**, die einen bestimmten Betrag übersteigt, **nur an den Versicherten** und ohne dessen schriftliche Zustimmung nicht an den VN zu erbringen.[18] Eine **abredewidrige Zahlung an den VN** oder nach Reparatur an die Werkstatt entfaltet gegenüber dem gesicherten Eigentümer nach Maßgabe des Sicherungsscheines keine Tilgungswirkung.[19] **Leistet der VR in Unkenntnis eines leistungsbefreienden Tatbestandes** (z. B. fingierter Diebstahl eines geleasten Pkw) an den Leasinggeber, so richtet sich der bereicherungsrechtliche Rückzahlungsanspruch gemäß **§ 812 BGB** gegen den VN (= Leasingnehmer).[20] Ferner hat der VR **den Versicherten zu informieren** im Falle eines **Schadeneintritts** (weil der VN nicht mehr frei über die Versicherungsleistung verfügen kann), im Falle eines **Prämienrückstands** des VN[21] (weil der Versicherte ein Interesse daran hat, durch eigene Zahlungen den Versicherungsschutz zu erhalten) oder im Falle einer **Änderung oder Kündigung des Versicherungsvertrages** durch den VN.[22] **Einwendungen** gegenüber dem VN aus dem Versicherungsvertrag kann der VR gemäß **§ 334 BGB** ungeachtet des erteilten Sicherungsscheines auch weiterhin gegenüber dem Versicherten geltend machen. Obwohl der Versicherte den Anspruch auf die Versicherungsleistung in beiden Fällen (sowohl dann, wenn er im Besitz des Versicherungsscheines ist, als auch dann, wenn ihm ein Sicherungsschein erteilt wurde) geltend machen kann, ist er oftmals gar nicht daran interessiert, das **Kostenrisiko eines Prozesses** gegen den Kasko-VR zu übernehmen. Dementsprechend ist der **VN im Verhältnis zum Versicherten** regelmäßig **vertraglich** 17

---

17 Vgl. OLG Hamm Urt. v. 05.12.1997 – 20 U 230/96 – VersR 1999, 44 = zfs 1998, 178.
18 OLG Köln Urt. v. 26.07.2005 – 9 U 189/04 – r+s 2005, 459.
19 LG Stuttgart Urt. v. 07.05.2010 – 16 O 232/09 – r+s 2011, 245 = zfs 2011, 95.
20 BGH Urt. v. 10.03.1993 – **XII ZR 253/91** – r+s 1993, 239 = NJW 1993, 1578; vgl. BGH Urt. v. 02.11.1988 – **IVb ZR 102/87** – VersR 1988, 74 = NJW 1989, 900; OLG Hamburg Urt. v. 11.11.1988 – 14 U 245/87 – MDR 1989, 817; a. A. OLG Karlsruhe Urt. v. 07.11.1991 – 12 U 97/91 – VersR 1992, 1463.
21 Vgl. BGH Urt. v. 06.12.2000 – **IV ZR 28/00** – NJW-RR 2001, 314 = NVersZ 2001, 127.
22 Vgl. Stiefel/Maier/*Stadler* A.2.4 AKB Rn. 9.

verpflichtet (z. B. als Leasingnehmer eines geleasten Kfz), einen **Rechtsstreit im eigenen Namen und auf eigene Kosten** für den Versicherten (z. B. den Leasinggeber) – insoweit in gewillkürter Prozessstandschaft – zu führen. Der **Klageantrag** muss in diesem Fall auf **Zahlung an den Leasinggeber** gerichtet sein.

III. Mehrfachversicherung und sonstige Fremdversicherungen

18 Denkbar ist auch eine **Mehrfachversicherung** bei einem vollkaskoversicherten Fahrzeug, wenn z. B. der **Vermieter eines Garagenparkplatzes** für das bei ihm untergestellte Fahrzeug ebenfalls eine Kaskoversicherung abschließt. Diese stellt dann eine Fremdversicherung zugunsten des betreffenden Fahrzeugeigentümers dar. Im Schadenfall würde der Ausgleich zwischen den beteiligten Versicherern nach § 78 VVG bzw. nach besonderen Teilungsabkommen erfolgen.[23]

19 Eine Fremdversicherung liegt auch vor bei **besonderen Eigentumsrechten von Dritten an Fahrzeug- oder Zubehörteilen**, die nicht als wesentliche Bestandteile des Fahrzeuges im Sinne von § 93 BGB anzusehen sind, (z. B. Ersatzreifen, Dachgepäckträger oder ähnliche, nicht dauerhaft mit dem Fahrzeug verbundene Teile). Gleiches gilt bei einem **Motor**, der von der Werkstatt **unter Eigentumsvorbehalt eingebaut** wird; dieser wäre zwar vom Kaskoversicherungsschutz des Fahrzeuges erfasst; insoweit läge aber eine Fremdversicherung zugunsten des Eigentümers des Motors, also des Werkstattbesitzers vor. Um eine (auch) im fremden Interesse abgeschlossene Kaskoversicherung handelt es sich bei einer **Fahrzeugversicherung für Kfz-Handel und –Handwerk**, deren Versicherungsschutz sich typischerweise sowohl auf die eigenen Fahrzeuge des Kfz-Händlers erstreckt, als auch auf fremde Fahrzeuge, die von Kunden in Reparatur gegeben, vom Händler zwecks Verkauf in Kommission genommen oder bereits an Erwerber übereignet wurden.[24]

20 Ebenso ist die Konstellation einer Fremdversicherung gegeben, wenn der VN (z. B. der Vater) für das nicht in seinem Eigentum stehende Kfz eines Dritten (z. B. seines Sohnes) eine Kaskoversicherung abschließt, weil er eine **günstigere Versicherungsprämie** in Anspruch nehmen kann als der Eigentümer des Fahrzeuges.

C. Weitere praktische Hinweise

I. Juristische Personen und Personengesellschaften als VN

21 Bei juristischen Personen des Privatrechts (z. B. GmbH) und Personengesellschaften (z. B. OHG oder Gesellschaften bürgerlichen Rechts) wird entgegen der früheren Rechtsprechung des **BGH**[25] bei der Frage, ob bei einer von der Gesellschaft abgeschlossenen Kaskoversicherung auch eine Fremdversicherung zugunsten der Gesellschafter vorliegt, nicht mehr unterschieden. Eine Differenzierung, wonach ein Sacherhaltungs-

---

23 Vgl. Stiefel/Maier/*Stadler* A.2.4 AKB Rn. 4.
24 Vgl. BGH Urt. v. 28.06.2006 – **IV ZR 316/04** – VersR 2006, 1352 = r+s 2006, 410; OLG Hamm Urt. v. 24.07.2002 – 20 U 71/02 – VersR 2003, 190 = r+s 2002, 450.
25 BGH Urt. v. 09.03.1964 – **II ZR 216/61** – VersR 1964, 479 = WM 1964, 592.

Wer ist versichert? **A.2.3 AKB**

interesse bei den Gesellschaftern einer juristischen Person verneint, ein solches bei den Gesellschaftern einer Personengesellschaft dagegen bejaht wurde, lässt sich nach der Rechtsprechung des **BGH** zur Rechtsnatur der Gesamthand[26] nicht mehr aufrechterhalten.[27] Künftig ist von der Kaskoversicherung **nicht nur das Interesse des Eigentümers** – also der Gesellschaft – an der Erhaltung des versicherten Fahrzeuges umfasst (**Sacherhaltungsinteresse**), sondern darüber hinaus zusätzlich **auch das Interesse des nutzungsberechtigten Nichteigentümers** – also des Gesellschafters, bei Beschädigung, Zerstörung oder Verlust des versicherten Fahrzeuges von der Gesellschaft als Eigentümer des Fahrzeuges nicht auf Schadenersatz in Anspruch genommen zu werden (**Sachersatzinteresse**).[28]

Zwar ist **Träger des** versicherten **Sacherhaltungsinteresses** in einer Kaskoversicherung, die von einer Gesellschaft für das zum Gesellschaftsvermögen gehörende Fahrzeug abgeschlossen wird, allein **die Gesellschaft** aufgrund ihrer eigenen Rechtspersönlichkeit als von den Gesellschaftern verschiedenes Rechtssubjekt; eine ergänzende Auslegung des Versicherungsvertrages ergibt jedoch regelmäßig, dass auch das **Sachersatzinteresse der** einzelnen **Gesellschafter oder Geschäftsführer**, die gesellschaftsintern dazu berufen sind, das versicherte Fahrzeug zu nutzen, als mitversichert anzusehen ist. Dieses Sachersatzinteresse ist bei einem Gesellschafter einer juristischen Person, z. B. als Kommanditist einer GmbH & Co. KG nicht anders zu beurteilen als bei einem persönlich haftenden Gesellschafter einer offenen Handelsgesellschaft, der vom BGH immer schon als (Mit-) Versicherter eingestuft wurde, weil bei diesem im Gegensatz zum Gesellschafter einer juristischen Person immer schon ein Interesse an der Erhaltung des versicherten Kfz (Sacherhaltungsinteresse) angenommen worden war. 22

Praktische Bedeutung gewinnt diese Problematik, wenn nach Beschädigung eines im Eigentum einer juristischen Person oder Personengesellschaft stehenden kaskoversicherten Fahrzeuges der VR Entschädigungsleistungen an die Gesellschaft erbringt und aus übergegangenem Recht nach § 86 Abs. 1 S. 1 VVG, A.2.8 Abs. 1 AKB **Regressansprüche** gegen einen ihrer Gesellschafter oder deren Angehörigen erhebt. Der Gesellschafter ist in diesem Fall nicht als »Dritter« i. S. d. § 86 Abs. 1 S. 1 VVG anzusehen. Das **versicherte Sacherhaltungsinteresse** steht zwar der rechtlich selbstständigen **Gesellschaft** (z. B. der GmbH & Co. KG oder dem eingetragenen Verein) als Eigentümerin des Fahrzeuges zu. Sie ist nämlich allein Trägerin des Gesellschaftsvermögens, nicht hingegen ihre Gesellschafter, gleichgültig, ob diese innerhalb der Gesellschaft die Stellung eines Komplementärs oder eines Kommanditisten innehaben. Die **Nutzung des Fahrzeuges** und damit die Ausübung des unmittelbaren Besitzes ist aber nicht der Gesellschaft als solcher, sondern nur einer **natürlichen Person** möglich, (z. B. dem 23

---

26 BGH Urt. v. 29.01.2001 – **II ZR 331/00** – VersR 2001, 510 = NJW 2001, 1056.
27 Ebenso *Prölss*/Martin § 80 VVG Rn. 20; § 74 VVG Rn. 2; Armbrüster NVersZ 2001, 193, 197.
28 BGH Urt. v. 05.03.2008 – **IV ZR 89/07** – VersR 2008, 634 = NJW 2008, 1737; Terno DAR 2008, 313, 315; vgl. OLG Hamm Urt. v. 09.11.2011 – I-20 U 191/11 – VersR 2013, 55 = zfs 2012, 391 (**zur Luftfahrtkaskoversicherung**).

A.2.3 AKB Wer ist versichert?

Geschäftsführer der Komplementär-GmbH oder dem Vereinsmitglied), was für den VR auch bei Abschluss des Versicherungsvertrages erkennbar ist. Ebenso ist für ihn erkennbar, dass die Gesellschaft für den Fall einer Beschädigung oder Zerstörung des firmeneigenen Dienstwagens kein Interesse an haftungsrechtlichen Auseinandersetzungen mit ihren eigenen Gesellschaftern haben wird, auf die sie zur Ausübung ihrer unmittelbaren Sachherrschaft an dem Fahrzeug angewiesen ist. Im Rahmen der Auslegung des Versicherungsvertrages wird der **Gesellschafter** umgekehrt regelmäßig davon ausgehen können, dass der Schutz der abgeschlossenen Kaskoversicherung auch ihm zugutekommt, und zwar auch insoweit, als ihm das **Dienstfahrzeug** – was durchaus üblich ist – **zur privaten Nutzung** zur Verfügung steht. Da die Kaskoversicherung als Fremdversicherung auch sein Sachersatzinteresse mitversichert, gilt er als **Versicherter nach A.2.3 AKB**. Verunfallt er daher mit dem Fahrzeug und erbringt der Kasko-VR daraufhin Entschädigungszahlungen, so scheidet ein Rückgriff des VR gegen ihn nach § 86 Abs. 1 S. 1 VVG aus, da er nicht »Dritter« im Sinne dieser Bestimmung ist.

24 Hat der Gesellschafter **das Fahrzeug einem anderen überlassen, der mit ihm in häuslicher Gemeinschaft lebt** und erleidet dieser einen Unfallschaden, so ist der Angehörige zwar »Dritter«, kann aber aufgrund des Angehörigenprivilegs in § 86 Abs. 3 VVG nicht in Anspruch genommen werden. Wäre der Gesellschafter hingegen nicht als (Mit-) Versicherter anzusehen, so wäre sein Angehöriger, dem er das Fahrzeug überlassen hat, im Verhältnis zur Gesellschaft nicht als privilegierter »Dritter« anzusehen, so dass ihn folglich bei Vorsatz oder grober Fahrlässigkeit die volle Rückgriffshaftung nach § 86 Abs. 1 S. 1 VVG, A.2.8 Abs. 1 AKB treffen würde (vgl. auch A.2.8 AKB Rdn. 18 ff. und A.2.8 AKB Rdn. 29 ff.

II. Zurechnung der Kenntnis und des Verhaltens Dritter

1. Repräsentant

a) Voraussetzungen für eine Repräsentantenstellung

25 Grundsätzlich muss sich der VN im Versicherungsvertragsrecht ein schuldhaftes Verhalten eines Dritten nicht zurechnen lassen, (vgl. auch A.2.9.1 AKB Rdn. 409). Insbesondere ist die Zurechnungsnorm des **§ 278 BGB** über die Haftung für Erfüllungsgehilfen **nicht anwendbar**, weil sich der VN des Dritten im Versicherungsvertragsrecht nicht »zur Erfüllung seiner Verbindlichkeiten« bedient. Wäre jedes Fehlverhalten eines Dritten dem VN zurechenbar, wäre der Versicherungsschutz des VN stark ausgehöhlt. Andererseits kann der VN dann nicht mehr als schützenswert vor den Folgen einer vorsätzlichen oder grob fahrlässigen Verhaltensweise eines Dritten angesehen werden, wenn der Dritte faktisch an seine Stelle getreten ist, ihn damit also repräsentiert. Das Fehlverhalten eines Repräsentanten schlägt auf den Versicherungsschutz des VN durch. Der VN hat für das Verhalten seines Repräsentanten wie für eigenes einzustehen.[29]

26 Die Repräsentantenhaftung, die für alle Obliegenheiten und die Rechtsbeziehungen zwischen VN und VR entwickelt wurde, beruht auf **Billigkeitserwägungen**. Dem

---

29 BGH Urt. v. 10.07.1996 – **IV ZR 287/95** – VersR 1996, 1229 = r+s 1996, 385.

VN, der das versicherte Risiko aus der Hand gibt und sich der Obhut über die Sache gänzlich entledigt, soll es verwehrt sein, die Lage des VR nach Belieben zu verschlechtern mit der Folge, dass dieser auch bei Vorsatz und grober Fahrlässigkeit des Repräsentanten leistungspflichtig wäre, während er sich auf Leistungsfreiheit berufen könnte, wenn die »Risikoverwaltung« beim VN persönlich gelegen und dieser in gleicher Weise gehandelt hätte.[30]

Repräsentant ist, wer in dem Geschäftsbereich, zu dem das versicherte Risiko gehört, aufgrund eines Vertretungs- oder ähnlichen Verhältnisses an die Stelle des VN getreten ist.[31] Zu unterscheiden ist zwischen dem Risikoverwalter und dem Vertragsverwalter. 27

Risikoverwalter ist derjenige, dem der VN die alleinige, vollständige Obhut über die versicherte Sache überträgt, ohne dass dem VN tatsächliche Einwirkungs-, Zugriffs- oder Kontrollmöglichkeiten verbleiben.[32] Dem Risikoverwalter muss das Kfz zur vollständigen eigenverantwortlichen Nutzung überlassen worden sein. Er muss befugt sein, selbstständig in einem gewissen, nicht ganz unbedeutenden Umfang für den VN zu handeln und die versicherte Sache zu betreuen. Allerdings ist es nicht erforderlich, dass er zusätzlich auch noch Rechte und Pflichten aus dem Versicherungsvertrag aufgrund einer Vollmacht für den VN wahrnimmt.[33] 28

Vertragsverwalter ist derjenige, der aufgrund eines Vertretungs- oder ähnlichen Verhältnisses die Verwaltung des Versicherungsvertrages eigenverantwortlich ausübt. Dazu muss er nicht zwingend auch im Besitz der versicherten Sache sein.[34] Andererseits reicht die bloße Überlassung der Obhut über die versicherte Sache für sich allein für die Begründung einer Repräsentantenstellung nicht aus. Ebenso wenig begründen allein verwandtschaftliche (Ehegatte, Kinder) oder allein vertragliche Beziehungen, kraft derer der Dritte die Obhut über das versicherte Risiko ausübt (z. B. Miet-, Arbeits- oder Geschäftsbesorgungsverträge), die Repräsentantenstellung.[35] 29

Der Repräsentant ist auch verantwortlich für die **Erfüllung der Obliegenheiten** vor und nach Eintritt des Versicherungsfalles. Entfernt sich daher z. B. der Repräsentant unerlaubt vom Unfallort, muss sich der VN diese Aufklärungspflichtverletzung zurechnen lassen.[36] Das gleiche gilt, wenn der Repräsentant bewusst falsche Angaben in der 30

---

30 Vgl. BGH Urt. v. 20.05.2009 – **XII ZR 94/07** – VersR 2009, 1123 = NJW 2009, 2881.
31 BGH Urt. v. 14.3.2007 – **IV ZR 102/03** – VersR 2007, 673 = NJW 2007, 2038; BGH Urt. v. 23.06.2004 – **IV ZR 219/03** – VersR 2005, 218 = r+s 2004, 376.
32 Vgl. OLG Bamberg Beschl. v. 04.10.2004 – 1 U 96/04 – r+s 2005, 459.
33 BGH Urt. v. 10.07.1996 – **IV ZR 287/95** – VersR 1996, 1229 = r+s 1996, 385; BGH Urt. v. 21.04.1993 – **IV ZR 34/92** – VersR 1993, 828 = r+s 1993, 321; vgl. OLG Düsseldorf Urt. v. 12.10.1999 – 4 U 219/98 – SP 2000, 175; OLG Hamm Urt. v. 02.11.1994 – 20 U 142/94 – NJW-RR 1995, 482.
34 BGH Urt. v. 14.05.2003 – **IV ZR 166/02** – zfs 2003, 411 = NJW-RR 2003, 1250, 1251; BGH Urt. v. 21.04.1993 – **IV ZR 34/92** – VersR 1993, 828 = r+s 1993, 321.
35 OLG Düsseldorf Urt. v. 27.02.2007 – I-24 U 93/06 – VersR 2007, 982.
36 BGH Urt. v. 10.07.1996 – **IV ZR 287/95** – VersR 1996, 1229 = r+s 1996, 385.

A.2.3 AKB Wer ist versichert?

Schadenanzeige (z. B. zu Vorschäden) macht oder diese verschweigt.[37] Zu beachten ist, dass es nicht erforderlich ist, die Zurechnungsfigur des Repräsentanten heranzuziehen, wenn eine **Versicherung für fremde Rechnung** vorliegt (vgl. A.2.3 AKB Rdn. 59 ff.).

b) Repräsentant in der Kaskoversicherung

31 Auch in der Kaskoversicherung muss sich der VN das vorsätzliche oder grob fahrlässige Verschulden eines berechtigten Fahrers – von § 47 Abs. 1 VVG abgesehen – nur für den Fall zurechnen lassen, dass der Fahrer Repräsentant des VN ist.[38] Für die Annahme einer Repräsentanteneigenschaft **genügt es allein nicht**, dass der Dritte das **Fahrzeug zur alleinigen Benutzung in Besitz** hat,[39] wie dies z. B. bei einem Dienstwagen der Fall ist. Auch ist es für die Frage der Repräsentanteneigenschaft unbeachtlich, dass er **dauerhaft die laufenden finanziellen Lasten** wie Steuern, Versicherung, Betriebskosten und Reparaturen trägt.[40] Daraus lässt sich **allenfalls ein Indiz für eine Repräsentantenstellung** ableiten,[41] denn für die Risikoverwaltung kommt es nicht allein darauf an, wer die finanziellen Lasten des Fahrzeuges zu tragen hat.[42] Entscheidend ist vielmehr, dass **der Dritte selbstständig und in nicht ganz unbedeutendem Umfange befugt sein muss, für den VN zu handeln.** Dafür muss er nicht nur längere Zeit die Obhut über das Fahrzeug im Sinne einer eigenverantwortlichen, tatsächlichen Betreuung innehaben, sondern es müssen ihm auch wesentliche Aufgaben und Befugnisse aus dem eigenen Pflichtenkreis des VN zur selbstständigen und eigenverantwortlichen Erledigung übertragen worden sein. Dazu gehört insbesondere die Pflicht, für die **Betriebs- und Verkehrssicherheit** des Fahrzeuges zu sorgen, es zu warten, zu pflegen und umsichtig zu benutzen einschließlich der Verpflichtung, erforderliche **Reparaturen, Wartungsarbeiten, AU- und TÜV-Untersuchungen** zu beauftragen.[43] Der VN muss sich der Verfügungsbefugnis und der Verantwortlichkeit für das Fahrzeug ohne wesentliche Einschränkungen und Vorbehalte begeben haben.[44]

32 Wenn ein Dritter das Fahrzeug neben dem VN genauso benutzen kann wie dieser, genügt dies für eine Repräsentantenstellung ebenso wenig, wie wenn der Dritte das Fahr-

---

37 Vgl. OLG Bamberg Urt. v. 04.10.2004 – 1 U 96/04 – r+s 2005, 459.
38 Vgl. OLG Köln Urt. v. 03.06.2003 – 9 U 182/02 – r+s 2003, 278 = SP 2004, 57; Hering SVR 2012, 201 mit **Beispielen aus der Rechtsprechung.**
39 A. A., wenngleich im Ergebnis zutreffend OLG Frankfurt/M. Urt. v. 28.06.1994 – 14 U 117/93 – r+s 1994, 367 = zfs 1995, 105, da in diesem Fall die Zurechnungsfigur des Repräsentanten wegen der Eigentümerstellung des Sohnes als alleinigem Nutzer des Kfz gar nicht hätte bemüht werden müssen (vgl. § 47 Abs. 1 VVG bzw. § 79 Abs. 1 VVG a. F.).
40 Vgl. OLG Köln Urt. v. 21.10.1997 – 9 U 376/94 – www.justiz.nrw.de.
41 OLG Koblenz Urt. v. 04.02.2005 – 10 U 1561/03 – VersR 2005, 1577; OLG Köln Urt. v. 27.09.2002 – 9 U 143/00 – r+s 2003, 56; LG Karlsruhe Urt. v. 27.08.1999 – 9 S 120/99 – VersR 2000, 967.
42 BGH Urt. v. 10.07.1996 – **IV ZR 287/95** – VersR 1996, 1229 = r+s 1996, 385.
43 BGH Urt. v. 10.07.1996 – **IV ZR 287/95** – VersR 1996, 1229 = r+s 1996, 385.
44 BGH Urt. v. 14.05.2003 – **IV ZR 166/02** – zfs 2003, 411 = NJW-RR 2003, 1250, 1251.

zeug nur überwiegend, nicht aber ausschließlich nutzt.[45] Überlässt der VN seinen Pkw aber im Rahmen eines **Leihvertrages** langfristig einem Dritten zur Nutzung, erlangt dieser die Stellung eines Repräsentanten. Überlässt dieser Repräsentant das Fahrzeug einer weiteren Person, die nicht im Besitz einer gültigen Fahrerlaubnis ist, so kann der VN, wenn das Fahrzeug verunglückt, vom Kasko-VR keinen Ersatz seines Schadens verlangen, weil er sich das Verhalten seines Repräsentanten zurechnen lassen muss, und zwar selbst dann, wenn der Repräsentant als Entleiher nach dem Vertrag gar nicht befugt war, den Gebrauch des Fahrzeuges anderen Personen zu überlassen.[46]

c) **Ehegatte und Lebensgefährte**

Der Ehepartner oder Lebensgefährte, der nicht VN ist, ist grundsätzlich **nur in besonderen Ausnahmefällen als Repräsentant des anderen** anzusehen. Insbesondere spricht keine tatsächliche Vermutung[47] oder gar ein Anscheinsbeweis dafür, dass dem Ehegatten eines VN allein auf Grund des Ehegattenverhältnisses die Risikoverwaltung für das versicherte Fahrzeug übertragen worden sein könnte.[48] Bloßer Mitgewahrsam an dem Fahrzeug genügt für die Annahme einer Repräsentantenstellung nicht.[49] Ebenso wenig reicht es aus, dass beide Partner das versicherte Fahrzeug abwechselnd gleichermaßen nutzen,[50] oder dass die **Anschaffungskosten** gemeinschaftlich aufgebracht worden sind und die **laufenden Unterhaltungskosten gemeinschaftlich** bestritten werden. Dies gilt selbst dann, wenn der andere Ehepartner das versicherte Fahrzeug zu 60 % mitbenutzt und eine gemeinsame Kostentragungspflicht zwischen den Ehepartnern vereinbart ist.[51] Ein Partner wird auch nicht dadurch zum Repräsentanten des anderen, dass er dessen Fahrzeug während der Dauer eines stationären **Krankenhausaufenthaltes**[52] oder eines **längeren Urlaubs** im Ausland nutzt.[53] Auch reicht es nicht aus, wenn der Ehegatte den Pkw der VN zwar an Werktagen zwischen 5.15 Uhr und 17.30 Uhr allein benutzt, die VN aber jedenfalls Teilbereiche der Risikoverwaltung des Kfz dadurch abdeckt, dass sie sich um die Verkehrssicherheit kümmert durch die Auftragsvergabe von Reparaturen und Inspektionen und auch die Schadenmeldung ausgefüllt hat.[54]

33

Erforderlich für eine Repräsentation des VN durch den anderen Partner ist vielmehr, dass dieser die alleinige Verfügungsbefugnis und Verantwortlichkeit für das Fahrzeug besitzt,[55] es ständig oder jedenfalls weit überwiegend nutzt und im Schadenfall auch die

34

---

45 OLG Koblenz Urt. v. 04.02.2005 – 10 U 1561/03 – VersR 2005, 1577 = NZV 2005, 481.
46 OLG Celle Urt. v. 23.03.2000 – 8 U 32/99 – VRS 2003, 128 = SP 2000, 388.
47 *Prölss*/Martin § 28 VVG Rn. 83.
48 OLG Koblenz Urt. v. 12.03.2004 – 10 U 550/03 – VersR 2004, 1410 = r+s 2004, 279.
49 OLG Karlsruhe Urt. v. 21.06.1990 – 12 U 56/90 – VersR 1991, 1048.
50 OLG Hamm Urt. v. 21.09.1994 – 20 U 124/94 – VersR 1995, 1086.
51 LG Paderborn Urt. v. 09.05.2007 – 4 O 651/06 – zfs 2007, 636.
52 Vgl. OLG Köln Urt. v. 29.03.1990 – 5 U 161/89 – VersR 1990, 1226 = r+s 1990, 192.
53 OLG Koblenz Urt. v. 12.03.2004 – 10 U 550/03 – VersR 2004, 1410 = r+s 2004, 279.
54 OLG Frankfurt/M. Urt. v. 11.08.2004 – 7 U 156/03 – VersR 2005, 1232 = zfs 2005, 245, 246.
55 OLG Karlsruhe Urt. v. 16.05.1991 – 12 U 25/91 – VersR 1992, 1391 .

Regulierungsverhandlungen mit dem VR selbstständig durchführt. Übernimmt der andere Partner anfallende Reparatur- und Wartungskosten und ist verantwortlich für die regelmäßige Hauptuntersuchung nach § 29 StVZO, kann dies ein **Indiz** für eine übertragene Risikoverwaltung und die Annahme einer Repräsentantenstellung sein.[56]

35 **Kann der VR die Repräsentanteneigenschaft nicht beweisen**, muss sich der VN das Fehlverhalten seines Ehegatten oder Partners trotzdem dann (teilweise) zurechnen lassen, wenn dieser (Mit-) Eigentümer des Fahrzeuges ist, was der VR ebenfalls zu beweisen hat. In diesem Fall ist bezüglich des **(Mit-) Eigentums des anderen Partners** von einer Versicherung für fremde Rechnung auszugehen (vgl. A.2.3 AKB Rdn. 59 ff.).

d) Kraftfahrzeugmieter

36 Die **Begrenzung der Einstandspflicht für Dritte** nach den Grundsätzen der Repräsentantenhaftung gilt auch für den **Mieter eines Kraftfahrzeuges**, der mit dem gewerblichen Kfz-Vermieter gegen ein zusätzliches oder im Tarif einkalkuliertes Entgelt eine **Haftungsreduzierung für** selbst oder fremd verursachte **Schäden am Mietfahrzeug nach Art der Vollkaskoversicherung** mit oder ohne Selbstbeteiligung vereinbart. Nur wenn der Dritte Repräsentant des Mieters ist, ist – abweichend von § 540 Abs. 2 BGB – eine Zurechnung des vorsätzlichen oder grob fahrlässigen Verhaltens des Fahrers des gemieteten Kfz zulässig.[57] Der **Mieter gilt** in einem solchen Fall **als Quasiversicherungsnehmer** und kann darauf vertrauen, dass die Reichweite des mietvertraglich vereinbarten Schutzes im Wesentlichen dem Schutz entspricht, den er als Eigentümer des Fahrzeuges und VN in der Vollkaskoversicherung genießen würde; weichen einzelne Klauseln im Mietvertrag zum Nachteil des Mieters von diesem Leitbild ab, sind sie gemäß § 307 Abs. 1, Abs. 2 Nr. 1 BGB wegen unangemessener Benachteiligung des Mieters grundsätzlich unwirksam.[58]

37 **Ist der Mieter** im Verhältnis zum Vermieter **berechtigt, das Fahrzeug einem Dritten zu überlassen** und führt dieser einen Unfallschaden am Mietfahrzeug grob fahrlässig herbei, so kann sich der auf Schadenersatz in Anspruch genommene Mieter auf die vereinbarte Haftungsreduzierung gegenüber dem Vermieter nur dann nicht berufen, wenn der Dritte als Repräsentant des Mieters anzusehen ist. Nur dann muss der Mieter für das Verschulden des Dritten wie für eigenes einstehen. Dafür reicht die bloße Überlassung der Obhut über das Mietfahrzeug an den Dritten aber nicht aus.[59] Die aus dem Rechtsgedanken des § 81 VVG hergeleitete, auf den Repräsentanten des Kraftfahrzeugmieters anwendbare eingeschränkte Haftung hat bei vereinbarter entgeltlicher Haftungsreduzierung in der gewerblichen Kraftfahrzeugmiete die gleiche Berechtigung wie die unmittelbar aus § 81 VVG hergeleitete Repräsentantenhaftung im Versicherungsrecht.[60]

---

56 OLG Koblenz Urt. v. 12.03.2004 – 10 U 550/03 – VersR 2004, 1410 = r+s 2004, 279.
57 BGH Urt. v. 20.05.2009 – **XII ZR 94/07** – VersR 2009, 1123 = NJW 2009, 2881.
58 BGH Urt. v. 20.05.2009 – **XII ZR 94/07** – VersR 2009, 1123 = NJW 2009, 2881; OLG Düsseldorf Urt. v. 27.02.2007 – I-24 U 93/06 – VersR 2007, 982 m. w. N.
59 BGH Urt. v. 20.05.2009 – **XII ZR 94/07** – VersR 2009, 1123 = NJW 2009, 2881.
60 OLG Düsseldorf Urt. v. 27.02.2007 – I-24 U 93/06 – VersR 2007, 982; OLG Düsseldorf

Die davon **abweichend in der Rechtsprechung vertretene Auffassung**,[61] wonach sich 38
der Mieter stets das schuldhafte Verhalten eines Dritten, dem er das Fahrzeug überlasse,
zurechnen lassen müsse, **überzeugt nicht.** Die Interessenlage des quasiversicherten
Fahrzeugmieters ist keine andere als die des VN für ein eigenversichertes Fahrzeug.
Beide wollen sich vor einem Schadenrisiko schützen. Der gewerbliche **Kraftfahrzeug-
vermieter, der als »Quasiversicherer« fungiert,** erhält ebenso wie der VR in der Kaskoversicherung für das zusätzlich übernommene Haftungsrisiko ein gesondertes Entgelt,
dessen Höhe er entsprechend seinem übernommenen Risiko kalkulieren kann. Zur
Vermeidung einer ansonsten ausufernden Haftung vor allem bei gewerblichen Kraft-
fahrzeugmietern, die das Mietfahrzeug regelmäßig nicht selbst, sondern durch **angestellte Fahrer** führen lassen, ist es dem Vermieter durchaus zuzumuten, bei einer Schadenverursachung durch einen Dritten, der kein Repräsentant des Mieters ist, auf die
vertragliche Haftung gegenüber dem Mieter zu verzichten. Es ist nicht einzusehen, warum nur der VN, der seine Versicherungsprämie an den Kasko-VR zahlt, nicht aber in
gleicher Weise auch der Kraftfahrzeugmieter, der für den gleichen Versicherungsschutz
ein ähnlich hohes Zusatzentgelt an den Vermieter als »Quasiversicherer« zahlen wird,
vor dem Risiko geschützt sein soll.

Die **Nichtanwendung des Repräsentantenbegriffs auf die gewerbliche Kraftfahrzeug- 39
vermietung** rechtfertigt sich auch nicht aus Nachteilen des Vermieters beim Rückgriff
gegen den schadenverursachenden Fahrer. Ihm stehen die deliktischen Ansprüche aus
§§ 823 Abs. 1 und 2 BGB i. V. m. dem jeweils verletzten Schutzgesetz zu, ggf. aber
auch vertragliche Ansprüche, deren Abtretung er analog §§ 255, 285 BGB von dem
Mieter für den Fall verlangen kann,[62] dass vertragliche Beziehungen zwischen dem
Mieter und dem schädigenden Dritten bestehen sollten. Seine Rechtsposition ist daher
nicht schlechter als die eines Kasko-VR, der nach erfolgter Entschädigungszahlung an
seinen VN seine Regressansprüche aus übergegangenem Recht nach Maßgabe des
A.2.8 Abs. 1 AKB, § 86 Abs. 1 S. 1 VVG gegen den Fahrer durchsetzen kann.[63]

Zum **Umfang des Regresses des VR** gegen den Kfz-Mieter und den berechtigten Fahrer 40
nach erfolgtem Anspruchsübergang gemäß § 86 Abs. 1 S. 1 VVG vgl. im Übrigen
A.2.8 AKB Rdn. 52 ff. Zur **Unwirksamkeit einer Klausel,** die im Mietvertrag eines gewerblichen Kfz-Vermieters trotz einer vereinbarten Haftungsbefreiung nach dem Leitbild einer Vollkaskoversicherung eine **volle Haftung** des berechtigten Fahrers auch **bei
grob fahrlässiger Verursachung** eines Schadens vorsieht, vgl. A.2.1.1 AKB Rdn. 22 ff.

Urt. v. 25.02.2003 – 24 U 105/02 – NJW-RR 2003, 974; LG Nürnberg-Fürth Urt. v.
27.01.2010 – 8 O 10700/08 – r+s 2010, 145.
61 OLG Hamm Urt. v. 22.03.2006 – 30 U 177/05 – OLGR 2006, 719 = NZV 2006, 593;
OLG Jena Urt. v. 07.12.2000 – 1 U 627/00 n. v.; OLG München Urt. v. 05.12.1996 –
19 U 2004/96 – VersR 1997, 1238.
62 Palandt/Heinrichs § 255 Rn. 3, Vorb v. § 249 Rn. 136 m. w. N.
63 Im Ergebnis auch OLG Düsseldorf Urt. v. 27.02.2007 – I-24 U 93/06 – VersR 2007, 982.

e) Weitere Einzelfälle

41 **Repräsentant** ist
- ein **Handelsvertreter**, der aufgrund vertraglicher Vereinbarung mit dem VN das Kfz nicht nur in Besitz hat und benutzt, sondern auch **für seine ständige Unterhaltung und Verkehrssicherheit zu sorgen** hat,[64] wobei dies erst recht gilt, wenn er das Fahrzeug neben der eigenverantwortlichen Nutzung auch anderen Dritten anvertrauen darf;[65]
- ein **Handelsvertreter**, der das von der VN geleaste und vorfinanzierte Kfz nicht nur zu eigenen Zwecken nutzen darf, sondern aufgrund vertraglicher Vereinbarung auch **verpflichtet** ist, das Fahrzeug **nach Ablauf der Leasingzeit auszulösen** bzw. bei vorzeitigem Ausscheiden aus dem Unternehmen der VN zu übernehmen;[66]
- ein **Eigentumsvorbehaltskäufer**, dessen Fahrzeug noch auf den Verkäufer zugelassen ist;[67]
- der **Sohn der VN**, der das Fahrzeug aus eigenen Mitteln erworben hat, es alleine nutzt und außer der **Versicherungsprämie** auch alle **laufenden Unterhaltungskosten** trägt,[68] oder ein Kfz lediglich aus »versicherungstechnischen Gründen« auf seine Mutter zugelassen und versichert hat;[69]
- der **Ehegatte des VN**, der den Pkw zunächst alleine gekauft und finanziert, später dann jedoch den **Versicherungsvertrag** wegen Schwierigkeiten mit dem Schadenfreiheitsrabatt **auf den VN umgestellt** hat;[70]
- der **Ehemann der VN**, wenn er als **Leasingnehmer** Besitzer und Halter des Fahrzeuges ist und **sämtliche mit dem Fahrzeug zusammenhängenden Kosten** wie Kfz-Versicherung, Kfz-Steuer, Benzin, Reparaturen und Leasingraten trägt;[71]
- ein Dritter, der einen **langfristigen Leihvertrag** mit dem VN abschließt bei vollständiger Übernahme aller Kosten für die Nutzung eines Pkw im Ausland und Übertragung der alleinigen Obhut über das Fahrzeug;[72]
- ein **Leasing- oder Kreditnehmer**, wenn das Kfz durch den Leasing- oder Kreditgeber vollkaskoversichert wird;
- der **Geschäftsführer** eines auf die GmbH zugelassenen Fahrzeuges,[73] der **persönlich haftende Gesellschafter** einer OHG und KG, aber auch ein **Kommanditist** eines auf die Gesellschaft zugelassenen Fahrzeuges,[74] wobei diese Personen nach der neueren Rechtsprechung des BGH als Mitversicherte im Rahmen einer Versicherung für

---

64 OLG Frankfurt/M. Urt. v. 27.07.1994 – 17 U 259/93 – VersR 1996, 838.
65 OLG Hamm Urt. v. 12.12.1986 – 20 U 299/85 – VersR 1988, 509.
66 OLG Koblenz Urt. v. 22.12.2000 – 10 U 508/00 – VersR 2001, 1507 = zfs 2001, 364.
67 Vgl. OLG Düsseldorf Urt. v. 20.11.1962 – 4 U 209/61 – VersR 1963, 351.
68 LG Karlsruhe Urt. v. 27.08.1999 – 9 S 120/99 – VersR 2000, 967.
69 OLG Oldenburg Urt. v. 26.06.1996 – 2 U 106/96 – VersR 1997, 997.
70 OLG Brandenburg Urt. v. 12.06.1997 – 2 U 123/96 – r+s 1999, 59.
71 OLG Hamm Urt. v. 08.03.1995 – 20 U 290/94 – VersR 1996, 225; vgl. OLG Oldenburg Urt. v. 21.06.1995 – 2 U 105/95 – r+s 1996, 394.
72 OLG Celle Urt. v. 23.03.2000 – 8 U 32/99 – VRS 2003, 128 = SP 2000, 388.
73 OLG Bremen Urt. v. 02.10.2007 – 3 U 27/07 – VersR 2007, 1692 = r+s 2008, 148.
74 Vgl. OLG Düsseldorf Urt. v. 16.08.1988 – 4 U 227/87 – r+s 1989, 43.

fremde Rechnung gelten dürften, so dass sich die Gesellschaft (VN) das schädigende Verhalten dieser Personen bereits unmittelbar über § 47 Abs. 1 VVG zurechnen lassen muss (vgl. A.2.3 AKB Rdn. 21 ff. und A.2.3 AKB Rdn. 61);
– ein **Angestellter**, dem vertraglich die alleinige Obhut über ein firmeneigenes Kfz übertragen worden ist, wenn er es jederzeit auch für private Fahrten nutzen kann und für die Betriebs- und Verkehrssicherheit zu sorgen, insbesondere die **Gefahrstandspflicht** i. S. d. § 23 Abs. 1 VVG wahrzunehmen hat.[75]

Kein Repräsentant ist 42
– der **angestellte Fahrer**, wenn er zwar das Firmenfahrzeug nutzt, ansonsten aber weder für die Betriebs-, noch für die Verkehrssicherheit einzustehen hat;[76]
– der **Sohn**, dem das **Fahrzeug** vom VN **einmalig überlassen** wurde;[77]
– die **Tochter** des VN als Halterin des Fahrzeuges, wenn im Antrag auf Abschluss der Kraftfahrtversicherung und in der Schadenanzeige angeben wurde, das **Fahrzeug werde überwiegend**, allerdings nicht ausschließlich, **von ihr gefahren**;[78]
– der **Sohn**, auch wenn er das Fahrzeug überwiegend oder fast ausschließlich nutzt, falls der **Vater als VN** alle Unterhaltungskosten **für das Kfz trägt**, verantwortlich ist für dessen **Verkehrssicherheit** und auch die **Verfügungsbefugnis** über das Fahrzeug weiter **innehat**;[79]
– der **Sohn**, wenn er nur das Fahrzeug nutzt und die Betriebskosten trägt;[80]
– der **Ehemann der VN** als Prokurist eines Hotelbetriebes, der das Kfz gelegentlich nutzt;[81]
– ein **Angestellter (Prokurist) des VN**, dem das Kfz als **Dienstwagen** zwar zur ausschließlichen betrieblichen und privaten Nutzung überlassen worden ist, dem aber nicht auch die eigenverantwortliche Verpflichtung übertragen wurde, es in verkehrs- und betriebssicherem Zustand zu erhalten;[82]
– der **Mitarbeiter eines Autohauses**, dem der VN sein Kfz zur Abmeldung überlassen hat, wenn dieses von dem nicht umfriedeten und frei zugänglichen Betriebsgelände des Autohauses entwendet wird.[83]

---

75 OLG Köln Urt. v. 19.09.1995 – 9 U 338/94 – VersR 1996, 839 = r+s 1995, 402 (aufgehoben aus anderen Gründen durch BGH Urt. v. 10.07.1996 – **IV ZR 287/95** – VersR 1996, 1229 = r+s 1996, 385).
76 Vgl. OLG Hamm Urt. v. 26.10.1994 – 20 U 48/94 – VersR 1995, 1086 = r+s 1995, 41.
77 Vgl. OLG Hamm Urt. v. 02.11.1994 – 20 U 142/94 – VersR 1995, 1348 = NJW-RR 1995, 482.
78 OLG Koblenz Urt. v. 04.02.2005 – 10 U 1561/03 – VersR 2005, 1577 = NZV 2005, 481.
79 OLG Köln Urt. v. 20.04.2004 – 9 U 86/03 – SP 2005, 23; OLG Köln Urt. v. 19.03.1992 – 5 U 115/91 – r+s 1992, 155.
80 OLG Hamm Urt. v. 02.11.1994 – 20 U 142/94 – VersR 1995, 1348 = NJW-RR 1995, 482.
81 OLG Koblenz Urt. v. 20.11.1998 – 10 U 1428/97 – VersR 1999, 1231 = NJW-RR 1999, 536.
82 OLG Hamm Urt. v. 26.10.1994 – 20 U 48/94 – VersR 1995, 1086 = r+s 1995, 41; OLG Karlsruhe Urt. v. 16.03.1995 – 12 U 302/94 – r+s 1995, 442.
83 LG Nürnberg-Fürth Urt. v. 29.03.2012 – 8 O 2729/11 – zfs 2013, 156.

A.2.3 AKB Wer ist versichert?

2. Wissenserklärungsvertreter

a) Relevante Erklärung des Dritten (Vertreters)

43 Soweit es um Anzeige-, Aufklärungs- oder Auskunftsobliegenheiten geht und nicht um ein Verhalten des Dritten in Bezug auf die Behandlung und den Umgang mit der versicherten Sache, kommt eine **Zurechnung zulasten des VN analog § 166 BGB** über die Figur des Wissenserklärungsvertreters in Betracht. Ein **Wissenserklärungsvertreter**, dessen Erklärungen dem VN zugerechnet werden, ist eine Person, die vom VN ausdrücklich oder stillschweigend mit der Erfüllung von dessen Obliegenheiten, der Übermittlung von Kenntnissen oder der Abgabe von Erklärungen anstelle des VN beauftragt wurde und eine eigene, selbst unterschriebene Erklärung an Stelle des VN abgibt,[84] z. B. bei der Auskunftserteilung und Ausfüllung eines Schadenanzeigeformulares.

44 Wesentlich für eine Wissenserklärungsvertretung ist, **dass der Dritte das Formular selbst ausfüllt und es auch selbst unterschreibt**. Dabei ist es unerheblich, ob der Dritte eigenes Wissen weitergibt oder nur die Informationen, die er vom VN erhalten hat. Das Handeln und Verschulden des Dritten muss sich der VN wie eigenes zurechnen lassen.[85] Dies gilt selbst für solche Erklärungen, die der VN nicht kennt und billigt.[86]

45 Für die Beurteilung der Falschangaben kommt es hinsichtlich des Verschuldens grundsätzlich auf den **Kenntnisstand des Dritten und nicht auf den des VN** an,[87] denn dieser hat keine eigene Erklärung abgegeben. **Auf den Kenntnisstand des VN ist nur ausnahmsweise dann abzustellen**, wenn der Wissenserklärungsvertreter das Formular nach bestimmten Weisungen des VN ausgefüllt (vgl. A.2.3 AKB Rdn. 49 ff.), oder als Schreibhilfe des VN fungiert hat (vgl. A.2.3 AKB Rdn. 53 ff.).

46 Auch bei **Ehegatten** ist es erforderlich, dass der eine den anderen mit der Abgabe von Erklärungen gegenüber dem VR betraut hat.[88] Verursacht daher z. B. der Ehemann mit dem vollkaskoversicherten Kfz seiner Ehefrau einen selbst verschuldeten Unfall und macht in dem Schadenanzeigeformular, das er auftragsgemäß als Fahrer ausfüllt und unterschreibt, vorsätzlich falsche Angaben, so kann sich der VR gegenüber der Ehefrau als VN auf Leistungsfreiheit berufen, da diese sich das Fehlverhalten des Ehemannes als ihres Wissenserklärungsvertreters zurechnen lassen muss.[89] Auf die Frage einer möglichen Repräsentantenhaftung kommt es in diesem Zusammenhang nicht an.

47 Gleiches gilt für den **Zeugen**, der das versicherte Kfz vor dem behaupteten Diebstahl abgestellt hat und das Schadenanzeigeformular des VR ausfüllt und unterschreibt[90]

---

84 BGH Urt. v. 02.06.1993 – **IV ZR 72/92** – VersR 1993, 960 = r+s 1993, 281.
85 OLG Köln Urt. v. 26.04.2005 – 9 U 113/04 – VersR 2005, 1528 = r+s 2005, 240.
86 OLG Düsseldorf Urt. v. 30.09.1998 – 4 U 97/96 – zfs 1999, 166.
87 OLG Nürnberg Urt. v. 19.12.1996 – 8 U 2035/96 – zfs 1997, 378.
88 BGH Urt. v. 02.06.1993 – **IV ZR 72/92** – VersR 1993, 960 = r+s 1993, 281.
89 Vgl. BGH Urt. v. 19.01.1967 – **II ZR 37/64** – VersR 1967, 343, 344; OLG Köln Urt. v. 02.12.1993 – 5 U 59/93 – r+s 1994, 245; OLG Stuttgart Urt. v. 07.02.1991 – 7 U 176/90 – r+s 1992, 331.
90 OLG Köln Urt. v. 20.06.2000 – 9 U 157/99 – r+s 2000, 448.

oder den **Rechtsanwalt**, der vom VN mit der Beantwortung der Fragen des VR betraut worden ist.[91]

Die **Lebensgefährtin des VN**, die für diesen mit dessen Einverständnis alle versiche- 48 rungsrechtlichen Angelegenheiten erledigt, ist Wissenserklärungsvertreterin.[92] Hat der VN zwar das Schadenanzeigeformular selbst ausgefüllt, verweist aber wegen Fragen des VR nach Vorschäden auf seinen besser informierten **Sohn**, der gegenüber dem VR insoweit falsche Angaben macht, muss der VN sich das Fehlverhalten seines Sohnes als Wissenserklärungsvertreter zurechnen lassen.[93] Gleiches gilt, wenn der Sohn des VN nach einem Unfall mit dem kaskoversicherten Kfz auf Nachfrage des VR seinen in unmittelbarem zeitlichen Zusammenhang mit dem Unfall stattgefundenen Alkoholkonsum verschweigt oder hierzu falsche Angaben macht.[94]

b) Relevante Erklärung des VN (Vertretenen)

aa) Zurechnung über § 166 Abs. 1 BGB

Ausnahmsweise handelt es sich um eine **Erklärung des VN** und nicht des Dritten als 49 Wissenserklärungsvertreter des VN, wenn der VN entweder **bösgläubig** in Kenntnis der wahren Sachlage **den gutgläubigen Dritten dazu benutzt**, entsprechend seiner konkreten Weisung Fehlinformationen an den VR weiterzuleiten,[95] oder wenn der VN bei überlegener eigener Sachkenntnis einen unbedarften, **uninformierten Dritten vorschiebt** und dabei weiß oder billigend in Kauf nimmt, dass der Dritte aufgrund seiner Unkenntnis falsche Angaben machen wird.[96] Gleiches gilt bei **unbewussten Falschangaben des Dritten** gegenüber dem VR, die darauf zurückzuführen sind, dass der VN den Dritten bewusst falsch unterrichtet hat. In allen Fällen muss sich der VN die Falschangaben seines Vertreters **analog § 166 Abs. 1 BGB zurechnen** lassen. Er kann sich nicht darauf berufen, es komme für die Frage, ob ihm eine Obliegenheitsverletzung vorzuwerfen sei, nur auf den Kenntnisstand des Dritten an, wobei diesen aber kein Verschulden treffe, da er von der Unrichtigkeit seiner Angaben nichts gewusst habe. **Voraussetzung** für eine Zurechnung analog § 166 Abs. 1 BGB ist stets, dass der VN dem Dritten **für den konkreten Einzelfall bestimmte Weisungen** erteilt bzw. ihn vorgeschoben hat in Bezug auf die Abgabe der falschen Erklärungen gegenüber dem VR.

Auch dem VN, der eine bereits **fertig ausgefüllte Schadenanzeige blind unterschreibt**, 50 wird es als Arglist analog § 166 BGB zugerechnet, wenn sein Ehegatte, der die Schadenanzeige ausgefüllt hat, Vorschäden verschweigt und die diesbezüglichen Fragen des VR »ins Blaue hinein« verneint, ohne zuvor den das Kfz regelmäßig benutzenden Sohn nach vorhandenen Vorschäden gefragt zu haben.[97] **Anders** nur dann, **wenn** der VN, der von

---

91 OLG Hamm Urt. v. 31.05.1996 – 20 U 281/95 – NZV 1997, 80.
92 OLG Köln Urt. v. 26.04.2005 – 9 U 113/04 – r+s 2005, 240.
93 OLG Hamm Urt. v. 16.05.2001 – 20 U 15/01 – zfs 2002, 79.
94 OLG Köln Urt. v. 15.07.2014 – 9 U 204/13 – VersR 2014, 1452 = zfs 2015, 38.
95 OLG Hamm Urt. v. 14.07.1995 – 20 U 58/95 – r+s 1996, 129 = NJW-RR 1996, 96.
96 OLG Hamm Urt. v. 24.06.1998 – 20 U 32/98 – r+s 1998, 491 = NJW-RR 1998, 1720.
97 OLG Saarbrücken Urt. v. 06.10.2010 – 5 U 88/10-16 – VersR 2011, 1511 = r+s 2011, 325.

A.2.3 AKB Wer ist versichert?

den Vorschäden nichts weiß, die Fragen im Schadenanzeigeformular ebenso wie die von dem Dritten bereits ausgefüllten Antworten **liest, bevor er unterschreibt**; in diesem Fall ist eine **Zurechnung ausgeschlossen**, weil die Falschangaben auf subjektive Mängel des Erklärungsgehilfen zurückzuführen sind und eine Zurechnung zulasten des VN auf eine Haftung für einen Erfüllungsgehilfen hinausliefe, die das Versicherungsrecht nicht kennt.[98]

51 Demnach kommt es bei der Verschuldensprüfung im Rahmen einer Obliegenheitsverletzung **in Fällen, in denen der VN** die Erklärung gegenüber dem VR – **blind oder blanko – selbst unterschrieben** hat, primär auf die Person des VN an. Hat der VN den abzugebenden Erklärungsinhalt selbst nicht überprüft und wollte dies auch nicht, weil er sich vollständig auf die Information des Dritten verlassen hat, ist bei bewusst oder »ins Blaue hinein« abgegebenen falschen Erklärungen des Dritten gegenüber dem VR entweder ein **eigenes arglistiges Verhalten des VN** zu bejahen, wenn dieser bewusst falsche Antworten des Dritten billigend in Kauf genommen hat, **oder** es ist ein **arglistiges Verhalten des Dritten** anzunehmen, welches dem VN dann jedoch analog § 166 BGB zugerechnet wird. Diese **Zurechnung** erfolgt **auch dann, wenn** nicht der VN, sondern **der Dritte** an Stelle des VN die Erklärung **unterzeichnet**; entscheidend ist allein, dass der VN die erheblichen Angaben nicht selbst auf ihre objektive Richtigkeit hin überprüft hat und auch nicht überprüfen wollte.[99]

52 **Differenzierend** sind demgegenüber solche Fälle zu beurteilen, in denen **der Dritte generell** (und nicht nur im konkreten Einzelfall) vom VN **mit der Abgabe von Erklärungen** gegenüber dem VR **betraut** ist, weil ihm solche Tätigkeiten vom VN schlichtweg übertragen worden sind und daher zu seinem Aufgabengebiet gehören. Füllt der Dritte in diesen Fällen ein Schadenanzeigeformular entsprechend seinem eigenen Kenntnis- und Informationsstand aus, trifft den VN regelmäßig kein Verschulden, selbst wenn die Angaben objektiv falsch sein sollten. Da dem VN nicht bekannt sein wird, welche konkreten Erklärungen der Dritte abgegeben hat, können ihm in den Fällen der generellen Betrauung eines Dritten Falschangaben analog **§ 166 Abs. 1 BGB nur dann** zugerechnet werden, wenn entweder das Formular von dem Dritten nach bestimmten **Vorgaben oder Weisungen des VN** unrichtig ausgefüllt wurde oder die Falschangaben jedenfalls auf eine dem VN vorzuwerfende **schuldhafte Fehlunterrichtung des Dritten** zurückzuführen sind. Beweisbelastet hierfür ist der VR. Wusste der VN von den Falschangaben in der Schadenanzeige nichts und liegt auch keine Desinformation des Dritten vor, kann sich der VR trotz objektiv unrichtiger Angaben nicht auf Leistungsfreiheit wegen einer Obliegenheitsverletzung berufen.[100]

---

98 BGH Urt. v. 14.12.1994 – **IV ZR 304/93** – VersR 1995, 281 = r+s 1995, 81; OLG Saarbrücken Urt. v. 06.10.2010 – 5 U 88/10-16 – VersR 2011, 1511 = r+s 2011, 325.
99 OLG Saarbrücken Urt. v. 06.10.2010 – 5 U 88/10-16 – VersR 2011, 1511 = r+s 2011, 325; a. A. BGH Urt. v. 14.12.1994 – **IV ZR 304/93** – VersR 1995, 281 = r+s 1995, 81, wonach für die Anwendung von § 166 BGB kein Raum sei, wenn der VN die Unterschrift »blind« oder »blanko« geleistet habe.
100 Vgl. OLG Hamm Urt. v. 14.07.1995 – 20 U 58/95 – r+s 1996, 129 = NJW-RR 1996, 96.

bb) Dritter als Schreibhilfe

Eine eigene Erklärung des VN liegt auch dann vor, wenn der Dritte das Schadenformular aus eigenem Wissen ausfüllt, der VN es aber unterschreibt. Hier fehlt es an einer Wissenserklärungsvertretung. Der Dritte fungiert als bloße Schreibhilfe des VN, ist ihm also lediglich bei der Abfassung seiner Erklärung behilflich. 53

Gleiches gilt, wenn der VN einen Fragebogen zunächst blanko unterschreibt und anschließend von dem Dritten ausfüllen lässt. In diesen Fällen liegt keine Erklärung des Dritten, sondern des VN vor.[101] Folglich kommt es auch allein auf den Kenntnisstand des VN an, also darauf, ob ihm – nicht aber dem Dritten – Vorsatz oder grobe Fahrlässigkeit bei der Abgabe der Erklärung vorzuwerfen ist. Dabei kann das relevante Verschulden des VN auch darin gesehen werden, dass er sich über die von seinem Schreibgehilfen in den Fragebogen aufgenommenen Informationen nicht unterrichtet hat.[102] Wird z. B. die Laufleistung des Kfz in einem zuvor vom VN blanko unterschriebenen Schadenanzeigeformular von dem Dritten unwissentlich falsch angegeben, während der VN Kenntnis von der tatsächlichen Laufleistung hat, handelt es sich um eine Obliegenheitsverletzung des VN.[103] Auf die Unkenntnis seines Schreibgehilfen kann der VN nicht verweisen. 54

Wenn der VN, der bei dem Unfall nicht zugegen war, die vom Fahrer ausgefüllte Schadenanzeige gemeinsam mit diesem unterschreibt, liegt allein eine Erklärung des VN und nicht des Fahrers vor, der in diesem Fall demnach auch nicht Wissenserklärungsvertreter des VN ist.[104] 55

Auch der Versicherungsmakler ist nur Schreibhelfer, wenn er das Schadenanzeigeformular nach den Angaben des VN ausfüllt und der VN es anschließend unterschreibt.[105] 56

Vom Wissenserklärungsvertreter ist der Bote zu unterscheiden. Er gibt lediglich die Erklärung des VN an den VR weiter. 57

3. Wissensvertreter

Wissensvertreter ist, wer in nicht ganz untergeordneter Stellung vom VN zumindest in einem Teilbereich damit betraut ist, an dessen Stelle – bei juristischen Personen oder Personengesellschaften an Stelle des dazu berufenen Organs – für das Versicherungsverhältnis rechtserhebliche Tatsachen zur Kenntnis zu nehmen.[106] Es genügt, wenn der 58

---

101 A. A., aber bedenklich OLG Frankfurt/M. Urt. v. 21.01.1999 – 3 U 255/97 – r+s 2002, 37, das meint, es handele sich um eine Erklärung des Schreibgehilfen, dessen wahrheitswidrige Angaben sich der VN trotz seiner Blanko-Unterschrift über die Figur des Wissenserklärungsvertreters zurechnen lassen müsse.
102 Vgl. BGH Urt. v. 14.12.1994 – **IV ZR 304/93** – VersR 1995, 281 = r+s 1995, 81.
103 OLG Hamm Urt. v. 01.12.1999 – 20 U 58/99 – VersR 2000, 1135 = NJW-RR 2000, 765.
104 OLG Hamm Urt. v. 25.04.1998 – 20 U 251/97 – r+s 1999, 455 = zfs 1998, 466.
105 OLG Köln Urt. v. 23.02.1998 – 9 U 83/98 – r+s 1999, 315; OLG Köln Urt. v. 04.09.2001 – 9 U 97/00 – r+s 2002, 5.
106 BGH Urt. v. 23.06.2004 – **IV ZR 219/03** – VersR 2005, 218 = r+s 2004, 376.

A.2.3 AKB Wer ist versichert?

VN einem **Familienangehörigen** den versicherten Pkw vollständig zur Nutzung überlässt und sich in der Folgezeit um den Pkw nicht mehr kümmert.[107] Dieser ist dann gleichzeitig auch damit betraut, an Stelle des VN den Pkw betreffende Umstände zur Kenntnis zu nehmen.[108] Im Gegensatz zum Wissenserklärungsvertreter, der aktiv Erklärungen für den VN abgibt, **nimmt der Wissensvertreter passiv für den VN rechtserhebliche Tatsachen und Erklärungen** (z. B. Leistungsablehnung, Mahnung, Kündigung) **entgegen**. Mit Zugang der Erklärung bei dem Dritten gilt sie dem VN gegenüber als wirksam abgegeben. Der Wissensvertreter muss – nicht zwingend ausdrücklich – vom VN beauftragt worden sein, Informationen für den VN in rechtserheblicher Weise zur Kenntnis zu nehmen und an ihn weiterzuleiten.[109] Dafür genügt es, dass er eine tatsächliche, nicht ganz unbedeutende Position oder Stellung im Betrieb bzw. Haushalt des VN einnimmt, die ihm vom VN bewusst überlassen worden sein muss und kraft derer er anstelle oder jedenfalls neben dem VN Kenntnis von rechtlich bedeutsamen Tatsachen erlangen kann.[110] Die Kenntnis des Wissensvertreters muss sich der VN als eigene zurechnen lassen.[111]

4. Versicherung für fremde Rechnung

59 Die Vorschriften der Versicherung für fremde Rechnung nach den §§ 43 ff. VVG eröffnen dem VR in § 47 VVG eine **Zurechnungsmöglichkeit**, die nicht selten übersehen wird. Diese besteht selbst dann, wenn der Dritte nicht als Repräsentant oder Wissenserklärungsvertreter des VN anzusehen ist.

60 Soweit die Kenntnis und das Verhalten des VN von rechtlicher Bedeutung sind, ist bei einer Fremdversicherung gemäß **§ 47 Abs. 1 VVG** auch auf die Kenntnis und das Verhalten des Versicherten abzustellen. Der VN muss sich daher eine **Pflichtverletzung des Versicherten wie eigenes Versagen** zurechnen lassen. Bei **mehreren VN** schadet das Fehlverhalten eines einzigen den anderen Mit-VN, ohne dass es hierfür einer Repräsentanteneigenschaft bedarf. Voraussetzung ist allerdings, dass ein gemeinschaftliches, gleichartiges und ungeteiltes Interesse versichert ist,[112] was bei mehreren Miteigentümern eines kaskoversicherten Kfz regelmäßig der Fall sein wird.

61 **Ist die VN eine juristische Person oder eine** – als eigenes Rechtssubjekt anerkannte – **Personengesellschaft**, so wird ihr das Fehlverhalten ihrer gesetzlichen Vertreter ebenso über § 47 Abs. 1 VVG zugerechnet (vgl. A.2.3 AKB Rdn. 21 ff.). Verletzt z. B. der Geschäftsführer einer GmbH als (Mit-) Versicherter vor oder nach einem Unfall mit einem kaskoversicherten firmeneigenen Fahrzeug eine gesetzliche oder vertragliche Obliegenheit oder führt er den Versicherungsfall vorsätzlich oder grob fahrlässig herbei, kann dieser Umstand zur Leistungsfreiheit des VR mit der Folge führen, dass

---

107 OLG Saarbrücken Urt. v. 06.10.2010 – 5 U 88/10-16 – VersR 2011, 1511 = r+s 2011, 325.
108 OLG Saarbrücken Urt. v. 15.01.2003 – 5 U 261/02-25 – r+s 2003, 147.
109 OLG Hamm Urt. v. 23.11.1994 – 20 U 57/94 – VersR 1995, 1437.
110 BGH Urt. v. 24.01.1992 – **V ZR 262/90** – NJW 1992, 1099.
111 Himmelreich/Halm/Staab/*Krahe* Kap. 23 Rn. 603.
112 Rüffer/Halbach/Schimikowski/Karczewski § 81 Rn. 82.

die GmbH als VN die Kaskoentschädigung nicht verlangen kann. Daran ändert sich auch nichts für den Fall, dass die Gesellschaft nicht nur VN, sondern zugleich auch Alleineigentümerin des kaskoversicherten Fahrzeuges ist.

Teilweise wird von der Rechtsprechung als Zurechnungsnorm auch § 31 BGB herangezogen[113] oder auf die Grundsätze der **Repräsentantenhaftung** abgestellt.[114] **Richtigerweise** muss sich eine GmbH als VN eines kaskoversicherten Kfz das Handeln ihres Geschäftsführers, der als Fahrer einen Kaskoschaden verursacht, auch über § 31 BGB zurechnen lassen; dabei kann offen bleiben, ob der Geschäftsführer auch als Repräsentant der GmbH anzusehen ist; unerheblich ist auch, inwieweit er im Innenverhältnis zu anderen Geschäftsführern oder durch die Gesellschafter der GmbH mit Befugnissen ausgestattet ist oder nicht.[115] Denn der Geschäftsführer einer GmbH ist als deren gesetzlicher Vertreter stets Adressat der die GmbH als VN treffenden Verhaltensnormen.[116] Da eine Zurechnung jedoch regelmäßig über § 47 Abs. 1 VVG erfolgen kann, braucht weder auf die Zurechnungsnormen des § 31 BGB bzw. § 278 S. 1 Alt. 1 BGB, noch auf die Rechtsfigur des Repräsentanten zurückgegriffen werden.[117] **62**

Da der **Versicherte** nach § 47 VVG dem VN gleichgestellt ist, schadet er sich mit eigenem Fehlverhalten auch selbst, was auf seinen Anspruch aus dem Versicherungsvertrag (§ 44 Abs. 1 S. 1 VVG, vgl. A.2.3 AKB Rdn. 9) durchschlägt. Umgekehrt kann auch ein Fehlverhalten des VN den Anspruch des Versicherten zunichtemachen, weil der Versicherte aus dem Versicherungsvertrag keine weitergehenden Rechte erwerben kann als der VN selbst. Dies ergibt sich ausdrücklich aus F.3 S. 1 AKB. **63**

Hat der VN das **im Eigentum eines Dritten** stehende Fahrzeug kaskoversichert (Fremdversicherung) und verletzt der Dritte eine vertragliche **Aufklärungs- oder Auskunftsobliegenheit**, so muss sich der VN das Verhalten des Dritten nach § 47 Abs. 1 VVG zurechnen lassen. Sofern zum Schadenzeitpunkt nicht der Dritte, sondern der **VN selbst Eigentümer des Fahrzeuges** war, kommt gleichwohl eine Zurechnung über die Figur des Wissenserklärungsvertreters analog § 166 Abs. 1 BGB in Betracht, wenn der VN den Dritten als Halter und Nutzer des Fahrzeuges damit betraut hat, die Schadenabwicklung mit dem VR vorzunehmen und dem Dritten auch alle Einzelheiten betreffend das Kfz und Schadenfall persönlich bekannt sind.[118] **64**

Bei Ehegatten oder in sonstigen Partnerschaften muss sich der VN das grob fahrlässige Fehlverhalten seines Partners zurechnen lassen, wenn der VR darlegt und beweist, dass nicht der VN, sondern sein Partner Eigentümer des versicherten Kfz im Schadenzeitpunkt gewesen ist. Dieser Beweis ist erbracht, wenn der VR die unstreitige Kaufvertragsurkunde vorlegt, nach der nicht die VN, sondern ihr Ehemann das Kfz auf seinen **65**

---

113 OLG Koblenz Beschl. v. 08.12.2011 – 10 U 572/11 – r+s 2012, 482.
114 OLG Bremen Urt. v. 02.10.2007 – 3 U 27/07 – VersR 2007, 1692 = r+s 2008, 148.
115 OLG Koblenz Beschl. v. 08.12.2011 – 10 U 572/11 – r+s 2012, 482.
116 *Prölss*/Martin § 81 VVG Rn. 28.
117 Ebenso Looschelders/Pohlmann/*Schmidt-Kessel* § 81 Rn. 44.
118 Vgl. OLG Köln Urt. v. 18.01.2005 – 9 U 60/04 – r+s 2006, 235 = zfs 2005, 298.

A.2.3 AKB   Wer ist versichert?

Namen gekauft hat und es der VN nicht gelingt, die – widerlegbare – Vermutung der Vollständigkeit und Richtigkeit dieser Urkunde insofern zu entkräften, als sie überzeugend darlegt, dass ihr Ehemann das Kfz nur als verdeckter Stellvertreter für sie mit ihren finanziellen Mitteln gekauft hat.[119]

66 Bei einem **Leasingfahrzeug** deckt die Kaskoversicherung nicht nur das Sacherhaltungsinteresse des Eigentümers (Leasinggebers), sondern auch das des Leasingnehmers als demjenigen, der dem Eigentümer bei Beschädigung des Fahrzeuges zum Ersatz verpflichtet ist.[120] Dies hat zur Folge, dass in einem Fall, in dem die Ehefrau als VN den Kaskoversicherungsvertrag für ihren Ehemann als Leasingnehmer des Fahrzeuges abgeschlossen hat, diese sich eine grob fahrlässige Herbeiführung des Versicherungsfalles durch ihren Ehemann über § **47 VVG** zurechnen lassen muss.[121]

67 Besonderes gilt zu beachten in den Fällen, in denen keine reine Fremdversicherung vorliegt, sondern der **Versicherungsvertrag** – wie z. B. beim **hälftigen Miteigentum** von zwei Eheleuten – **teils Eigenversicherung für den VN und teils Fremdversicherung für den Versicherten** ist. Hier schadet ein mögliches Fehlverhalten des Versicherten nur ihm selbst in Bezug auf seinen eigenen Miteigentumsanteil, während es dem VN in Bezug auf dessen Miteigentumsanteil nicht zuzurechnen ist. Konsequenz: Nur der Versicherte verliert für seinen Miteigentumsanteil den durch die Fremdversicherung für ihn begründeten Versicherungsschutz. Der Versicherungsschutz für den Miteigentumsanteil des VN bleibt demgegenüber bestehen.[122] Der **BGH** hat diesen Fall bisher noch nicht entschieden. Denkbar wäre auch eine einheitliche Betrachtungsweise, wonach jeder Miteigentümer am Erhalt der gesamten Sache und nicht nur seines ideellen Miteigentumsanteils interessiert ist. Gemessen an diesem Sacherhaltungsinteresse könnte man den einen Ehepartner auch als Versicherten des Miteigentumsanteils des anderen Ehepartners (VN) ansehen mit der Folge, dass Kenntnis und Verhalten des Versicherten dem VN dann insgesamt über § 47 Abs. 1 VVG zugerechnet werden könnte.

III. Schadenabwicklung bei Leasing und Finanzierung

68 In der Regel schließt der **Leasing- bzw. Kreditnehmer als VN** den Kaskoversicherungsvertrag als Fremdversicherung nach den §§ 43 ff. VVG ab zur Absicherung der Eigentümerinteressen des Leasinggebers bzw. der finanzierenden Bank. Der **Leasing- bzw. Kreditgeber**, dem das Eigentum an dem versicherten Fahrzeug zusteht bzw. zur Sicherheit übereignet wurde, erlangt die **Rechtsposition eines Versicherten i. S. v. § 44 VVG**. Ihm stehen als Inhaber des materiellen Versicherungsanspruches die **Ansprüche aus dem Versicherungsverhältnis** zu, (§ 44 Abs. 1 S. 1 VVG). Im Versicherungsfall ist aber allein der VN befugt, über den Versicherungsanspruch zu verfügen. Ihm steht das Einziehungsrecht zu, so dass er die Entschädigung beim VR im eigenen Namen geltend machen und Leistung an sich verlangen kann, (§ 45 Abs. 1 VVG).

---

119   Vgl. OLG Koblenz Urt. v. 12.03.2004 – 10 U 550/03 – VersR 2004, 1410 = r+s 2004, 279.
120   Prölss/Martin/*Klimke* § 43 VVG Rn. 14 f., 45.
121   Vgl. LG Dortmund Urt. v. 27.02.2014 – 2 O 370/13 – r+s 2014, 347 = zfs 2014, 399.
122   Vgl. OLG Karlsruhe Urt. v. 18.01.2013 – 12 U 117/12 – r+s 2013, 121 = zfs 2013, 214.

Dies gilt auch, wenn er einer **Geltendmachung der Ansprüche durch den Versicherten zugestimmt** hat, da § 44 Abs. 2 VVG insoweit durch F.2 S. 1 AKB abbedungen ist. Gleiches gilt für eine in den Kreditbedingungen der finanzierenden Bank enthaltene **Abtretung des Versicherungsanspruches durch den VN an die Bank**. Auch diese ändert nichts an der Aktivlegitimation des VN gemäß § 45 Abs. 1 VVG. Abgesehen davon, dass sie mangels Genehmigung des VR nach A.2.7.4 AKB ohnehin unwirksam ist, geht sie aber auch ins Leere. Denn der Versicherte (hier: die Bank) ist als Sicherungseigentümer ohnehin Inhaber des materiellen Versicherungsanspruchs. An dieser Rechtslage könnte auch eine versagte oder erteilte Genehmigung des VR nach A.2.7.4 AKB nichts ändern.

Eine **Ausnahme von der alleinigen Anspruchsberechtigung des VN** besteht in den Fällen, in denen der Versicherte im Besitz des **Versicherungsscheines** ist oder jedenfalls vom VR einen sogenannten **Sicherungsschein** (Sicherungsbestätigung) erhalten hat. Dadurch werden die Rechte des Sicherungsgebers über die eines »normalen Versicherten« hinaus vor allem dadurch gestärkt, dass der VR gewährleistet, dass bei Beschädigung oder Verlust des Fahrzeuges die **Entschädigung allein dem Sicherungsgeber zufließt** und dieser auch allein – außergerichtlich und gerichtlich – zur **Ausübung aller Rechte** aus dem Versicherungsvertrag berechtigt sein soll.[123] In diesen Fällen sehen z. B. die Leasingbedingungen regelmäßig vor, dass nach Eintritt des Versicherungsfalles der Leasinggeber die Rechtsverfolgung gegenüber dem Kasko-VR betreibt. Der VN als Leasingnehmer muss dann dem Leasinggeber spätestens nach Deckungsablehnung zur Vorbereitung eines Klageverfahrens alle für die Durchsetzung des Anspruches erforderlichen Informationen zukommen lassen, andernfalls er Gefahr läuft, dass der Leasinggeber untätig bleibt und zu Recht die Entschädigung bei ihm einfordert.[124] Hat der Sicherungsgeber selbst kein Interesse daran, sich mit dem Kasko-VR auseinanderzusetzen, hat er im Übrigen auf der Grundlage einer solchen Sicherungsabrede immer auch die Möglichkeit, **den VN zu ermächtigen**, treuhänderisch im eigenen Namen **im Wege einer gewillkürten Prozessstandschaft** die Ansprüche des Sicherungsgebers gegen den VR gerichtlich geltend zu machen.[125] Das hierfür erforderliche **schutzwürdige Interesse des VN** ergibt sich daraus, dass die Versicherungsleistung zur Tilgung der offenen Kreditraten bzw. Verbindlichkeiten aus dem Leasingvertrag dient.[126] Der **Klageantrag** muss in diesem Fall auf Zahlung an den Leasing- bzw. Kreditgeber gerichtet sein.

Eine **weitere Ausnahme** von der alleinigen Verfügungsbefugnis des VN besteht auch in den Fällen, in denen **der VN** – insbesondere nach außergerichtlicher Ablehnung der Forderungen – **seinen Anspruch** erkennbar ohne billigenswerten Grund **nicht mehr weiterverfolgen will**,[127] oder wenn sich der Sicherungsgeber im Prozess mit dem –

---

123 Vgl. OLG Köln Urt. v. 26.07.2005 – 9 U 189/04 – r+s 2005, 459.
124 Vgl. OLG Hamm Urt. v. 10.03.2014 – 18 U 84/13 – DAR 2014, 529.
125 OLG Hamm Urt. v. 05.12.1997 – 20 U 230/96 – VersR 1999, 44 = zfs 1998, 178.
126 OLG Hamm Urt. v. 20.11.1987 – 20 U 135/87 – VersR 1988, 926.
127 BGH Urt. v. 27.05.1998 – **IV ZR 166/97** – VersR 1998, 1016 = r+s 1998, 437; BGH Urt. v.

A.2.3 AKB Wer ist versichert?

dann **rechtsmissbräuchlichen** – Einwand des VR konfrontiert sieht, er sei nicht aktivlegitimiert, obwohl er bereits außergerichtlich Ansprüche gegen den VR erhoben und Korrespondenz geführt hat, ohne dass der VR die Anspruchsberechtigung des Sicherungsgebers angezweifelt hat.[128] **Liegen diese Ausnahmen nicht vor,** bleibt es bei dem Grundsatz, dass die Ausübung der Rechte aus dem Versicherungsvertrag ausschließlich dem VN zusteht. Der VN kann in diesem Fall im eigenen Namen klagen. Im **Klageantrag** kann er die Auszahlung der Kaskoentschädigung an sich verlangen, muss aber – unabhängig von etwaigen Verpflichtungen aus dem jeweils zugrundeliegenden Schuldverhältnis – die erhaltene Entschädigung jedenfalls auch aufgrund eines **gesetzlichen Treuhandverhältnisses** zwischen ihm und dem Versicherten (Leasingbzw. Kreditgeber) an diesen auskehren, soweit sie ihm zusteht.[129]

72 Denkbar ist auch, dass der **Leasing- bzw. Kreditgeber als VN** selbst den Kaskoversicherungsvertrag als Rahmenvertrag mit dem VR abschließt, in den der zur Nutzung des Fahrzeuges berechtigte Leasing- bzw. Kreditnehmer als versicherte Person aufgenommen wird.[130] Ist er gleichzeitig Sicherungseigentümer des Fahrzeuges, handelt es sich nicht um eine Versicherung für fremde Rechnung, sondern um eine Eigenversicherung. Der Leasing- bzw. Kreditnehmers ist gleichwohl in den Schutzbereich des Versicherungsvertrages einbezogen, da er seinem Vertragspartner für Verlust, Beschädigung oder Untergang des Fahrzeuges haftet und somit ein eigenes schutzwürdiges Sachersatzinteresse hat, im Versicherungsfall nicht auf Schadenersatz in Anspruch genommen zu werden. Dies führt insbesondere dazu, dass er vor einem Regress des VR nach A.2.8 AKB, § 86 Abs. 1 S. 1 VVG geschützt ist.

73 Ein **Sicherungsschein** zugunsten des Sicherungsgebers ist bei dieser Vertragskonstruktion **entbehrlich**, da der Leasing- bzw. Kreditgeber als VN in Bezug auf mögliche Entschädigungsansprüche ohnehin allein anspruchs- und verfügungsberechtigt ist. Das **wirtschaftliche Risiko des Sicherungsgebers** besteht allerdings darin, dass ihm Pflichtverletzungen des Leasing- bzw. Kreditnehmer, insbesondere die vorsätzliche oder grob fahrlässige Herbeiführung des Versicherungsfalles nach den Grundsätzen der **Repräsentantenhaftung** zugerechnet werden[131] mit der Folge einer möglicherweise gänzlichen oder jedenfalls quotalen Leistungsfreiheit des VR. Außerdem kommt eine Zurechnung über § 47 Abs. 1 VVG in Betracht, (vgl. A.2.3 AKB Rdn. 59 ff.).

11.03.1987 – **IVa ZR 240/85** – r+s 1987, 155 = NJW-RR 1987, 856; BGH Urt. v. 04.05.1983 – **IVa ZR 106/81** – VersR 1983, 823.
128 Vgl. OLG Hamm Urt. v. 03.03.1995 – 20 U 335/94 – r+s 1996, 29.
129 Vgl. BGH Urt. v. 12.12.1990 – **IV ZR 213/89** – VersR 1991, 299 = r+s 1991, 358.
130 Vgl. OLG Düsseldorf Urt. v. 09.08.1995 – 4 U 219/94 – r+s 1996, 165 = NJW-RR 1997, 88.
131 OLG Hamm Urt. v. 08.03.1995 – 20 U 290/94 – VersR 1996, 225; OLG Nürnberg Urt. v. 25.10.1990 – 8 U 1458/90 – NJW-RR 1992, 360.

A.2.4 In welchen Ländern besteht Versicherungsschutz?

Sie haben in Kasko Versicherungsschutz in den geographischen Grenzen Europas sowie den außereuropäischen Gebieten, die zum Geltungsbereich der Europäischen Union gehören.

Übersicht	Rdn.
A. Allgemeines	1
B. Regelungsgehalt – In welchen Ländern besteht Versicherungsschutz? – A.2.4 AKB (§ 2a Abs. 1 AKB 2007 a. F.; A.2.5 AKB 2008 a. F.)	2
C. Weitere praktische Hinweise	3
I. Beratungspflichten des VR und Versicherungsvertreters	3
II. Beratungspflichten des Versicherungsvermittlers	7
III. Mitverschulden des VN	8

A. Allgemeines

Wie schon in der Kfz-Haftpflichtversicherung unter A.1.4 AKB wird der **räumliche** 1 **Geltungsbereich des Versicherungsschutzes** auch in der Kaskoversicherung auf die geographischen Grenzen Europas sowie die außereuropäischen Gebiete, die zum Geltungsbereich der Europäischen Union (EU) gehören, beschränkt. Im **geographischen Europabegriff** sind der **asiatische Teil Russlands** (jenseits des Ural-Gebirges im Norden und des Ural-Flusses im Süden) und der **Türkei** (jenseits des Bosporus, z. B. Anatolien einschließlich der dazugehörigen Vororte von Istanbul) **nicht enthalten**. Der Bosporus bildet insoweit die Grenze zwischen Europa und Asien. **Zypern** gehört geographisch ebenfalls zu Asien, wird politisch jedoch zu Europa gezählt. Der südliche (griechische) Teil ist Teil der EU; für den nördlichen (türkischen) Teil greift die Europaklausel.[1] Die zu Portugal gehörende Inselgruppe der **Azoren** sowie **Madeira** im Nordatlantik und die zu Spanien gehörenden Kanarischen Inseln zählen ebenso zum Geltungsbereich der EU wie die französischen Überseedepartements **Guadeloupe** und **Martinique** in der Karibik, **Réunion** und **Mayotte**[2] im Indischen Ozean, **Französisch-Guayana** in Südamerika und die spanischen Exklaven **Ceuta** und **Melilla** an der marokkanischen Mittelmeerküste.

B. Regelungsgehalt – In welchen Ländern besteht Versicherungsschutz? – A.2.4 AKB (§ 2a Abs. 1 AKB 2007 a. F.; A.2.5 AKB 2008 a. F.)

Durch die Regelung wird klargestellt, dass der Versicherungsschutz außerhalb der ge- 2 nannten Regionen ausgeschlossen ist. Es handelt sich um eine **primäre Risikobeschreibung**. Im Streitfall muss der VN beweisen, dass sich das Schadenereignis innerhalb des örtlichen Geltungsbereiches ereignet hat. Eine Erweiterung des Versicherungsschutzes kann bei Bedarf ausdrücklich vereinbart werden, wenn Reisen mit dem Fahrzeug z. B. auch in den asiatischen Teil Russlands oder der Türkei in Betracht kommen.

---

1 Vgl. Richter DAR 2012, 243, 245.
2 Seit dem 01.01.2014.

C. Weitere praktische Hinweise

I. Beratungspflichten des VR und Versicherungsvertreters

3 Bereits unter A.2.1.1 AKB Rdn. 48 ff. wurden die Beratungspflichten des VR und der Versicherungsvermittler im Zusammenhang mit der vorläufigen Deckung in der Kaskoversicherung sowie die sich aus einer fehlerhaften, unzureichenden Beratung ergebenden schadenersatzrechtlichen Folgen dargestellt. Für den VR und seinen Versicherungsvertreter ergibt sich aus § 6 Abs. 1 VVG vor Abschluss des Versicherungsvertrages die uneingeschränkte Pflicht, den VN nach seinen Wünschen und Bedürfnissen zu befragen. Auch **während der Dauer des Vertragsverhältnisses** obliegt dem VR nach § 6 Abs. 4 S. 1 VVG die Pflicht zur Nachfrage und Beratung über solche Umstände, die Anlass zu einer Änderung des bestehenden oder dem Abschluss eines neuen Versicherungsvertrages sein könnten.

4 Ein solcher besonderer **Beratungsanlass** ergibt sich für den VR regelmäßig bei geplanten **Reisen des VN in die Türkei**. Nach h. M. treffen den VR Hinweis- und Aufklärungspflichten, wenn für ihn erkennbar wird, dass der VN einer Belehrung bedarf, weil er sich über einen wesentlichen Vertragspunkt – wie etwa über die Reichweite des bestehenden Versicherungsschutzes – irrige Vorstellungen macht. Teilt der VN dem VR im Zusammenhang mit der Anforderung der Grünen Versicherungskarte mit, dass er mit dem versicherten Fahrzeug in die Türkei reisen wird, so liegt es nahe, dass sich der VN bei seiner angekündigten Reise nicht auf den europäischen Raum beschränken könnte. Daraus resultiert ein **Informations- und Aufklärungsbedarf des VN**, dem der VR Rechnung tragen muss. Er muss den VN ungefragt auf die Lücke in seinem Versicherungsschutz sowohl in der Haftpflicht-, als auch in der Kaskoversicherung aufmerksam machen, die jedenfalls für den Fall droht, dass sich der VN mit dem versicherten Fahrzeug in den **asiatischen Teil der Türkei** hineinbewegen sollte.[3] Dabei muss er ihm Klarheit über die Besonderheiten des Versicherungsschutzes verschaffen, der sich für die Türkei in einen (versicherten) europäischen und einen – weil die Türkei nicht EU-Mitglied ist – (nicht versicherten) asiatischen Teil aufspaltet.[4] Händigt er dem VN eine Internationale Versicherungskarte (**Grüne Karte**) aus, auf der das **Länderkürzel »TR« nicht gestrichen** ist, dokumentiert dies zwar die Erweiterung des Haftpflichtversicherungsschutzes für die Türkei, nicht aber des Kaskoversicherungsschutzes. Der durchschnittliche VN hat hiervon regelmäßig keine Kenntnis. Er sieht Haftpflicht- und Kaskoversicherung häufig nicht als zwei rechtlich selbstständige Verträge an, sondern als ein einheitliches Versicherungspaket. Es besteht daher die Gefahr, dass er glaubt, mit der Aushändigung der Grünen Karte umfassend versichert zu sein, und

---

3 Vgl. OLG Saarbrücken Urt. v. 08.10.2004 – 5 U 87/04 – VersR 2005, 971 = zfs 2005, 138; OLG Oldenburg Urt. v. 29.09.1999 – 2 U 157/99 – NVersZ 2000, 388 = MDR 2000, 450; OLG Hamm Urt. v. 30.11.1990 – 20 U 179/90 – VersR 1991, 1238 = NZV 1991, 314; OLG Frankfurt/M. Urt. v. 14.03.1985 – 1 U 196/84 – NJW-RR 1986, 1410.

4 BGH Urt. v. 13.04.2005 – **IV ZR 86/04** – VersR 2005, 824 = NJW 2005, 2011; vgl. OLG Koblenz Urt. v. 06.03.1998 – 10 U 134/97 – VersR 1999, 438 = zfs 1998, 261; LG Aachen Urt. v. 11.05.2007 – 9 O 621/06 – VK 2008, 27.

zwar auch in der Kaskoversicherung. Unterlässt es der VR, dem VN die Lücke in seinem Versicherungsschutz deutlich vor Augen zu führen, führt dies zu einer Schadenersatzverpflichtung des VR wegen positiver Vertragsverletzung[5] bzw. nach § 6 Abs. 5 VVG.

Eine **Hinweispflicht des VR setzt voraus**, dass »besondere Umstände« auf eine mögliche Nutzung des Fahrzeuges im außereuropäischen Ausland hindeuten, z. B. weil der VN dem Versicherungsvertreter über eine geplante Reise in die Türkei erzählt hat. Allein die Tatsache, dass der VN türkischer Staatsbürger ist oder ein in Anatolien geborener Türke mit ständigem Wohnsitz in Deutschland eine Haftpflicht- und Vollkaskoversicherung für seinen in Deutschland zugelassenen Pkw abschließt, begründet noch keine Aufklärungspflicht des VR, auf das Nichtbestehen des Kaskoversicherungsschutzes im außereuropäischen Ausland hinzuweisen bzw. darauf, dass eine Kaskoversicherung ohne besondere Vereinbarung nicht im asiatischen Teil der Türkei gilt.[6] 5

Nach teilweiser Auffassung in der Rechtsprechung kann die **Beratungspflicht eines türkischen Staatsangehörigen bei Antragstellung** sogar dann erforderlich sein, wenn nicht ausdrücklich über eine geplante Fahrt in die Türkei gesprochen wurde, weil es naheliegend sei, dass das Fahrzeug auch zu Fahrten in den asiatischen Teil der Türkei benutzt werden könne.[7] Der **VR genügt allerdings seiner Aufklärungspflicht**, wenn sich aus einem sogar in der Sprache des VN auf der Rückseite des Versicherungsscheines und auch in der Grünen Versicherungskarte enthaltenen Hinweis ergibt, dass die Versicherung außerhalb des europäischen Teils der Türkei nur für die Kfz-Haftpflicht eintritt.[8] Gleiches gilt, wenn er sich vom VN ein Formular unterzeichnen lässt, welches auf die örtliche Begrenzung des Versicherungsschutzes deutlich hinweist.[9] 6

II. Beratungspflichten des Versicherungsvermittlers

Den Versicherungsvermittler trifft ebenso wie den VR und den für den VR tätigen Versicherungsvertreter eine **Beratungsverpflichtung** gegenüber dem VN, §§ 60, 61 VVG. Bei Verletzung dieser Pflichten kann dem VN ein **Schadensersatzanspruch nach § 63 VVG** zustehen. Dies gilt aber nur im Zusammenhang mit dem **erstmaligen Abschluss** des Versicherungsvertrages. Bei späteren Vertragsänderungen scheidet eine persönliche Haftung des Versicherungsvermittlers nach § 63 VVG aus, weil es bei den in §§ 60, 61 VVG normierten Pflichten allein um die vor Vertragsschluss vorzunehmende Bedarfsermittlung und Aufklärung des VN geht. Nur den VR treffen nach § 6 Abs. 4 VVG auch während der Vertragslaufzeit Beratungspflichten. Die fehlende oder unzureichende Beratung eines VN über den örtlichen Geltungsbereich des Kaskoversiche- 7

---

5 Vgl. BGH Urt. v. 13.04.2005 – **IV ZR 86/04** – VersR 2005, 824 = NJW 2005, 2011.
6 OLG Hamm Beschl. v. 01.10.1999 – 20 W 18/99 – VersR 2000, 1010; OLG München Urt. v. 29.05.2009 – 10 U 4908/08 – VK 2009, 189 = DAR 2010, 93.
7 OLG Frankfurt/M. Urt. v. 20.11.1997 – 7 U 138/97 – VersR 1998, 1103, 1104 = NJW 1998, 3359.
8 AG Coburg Urt. v. 06.08.2009 – 11 C 1326/08 – zfs 2009, 693 = r+s 2009, 503.
9 OLG Hamm Urt. v. 13.05.1983 – 20 U 56/83 – VersR 1984, 131.

A.2.5.1 AKB Was zahlen wir bei Totalschaden, Zerstörung oder Verlust?

rungsschutzes bei Fahrten in die Türkei durch einen Versicherungsvermittler wird als Pflichtverletzung allerdings von § **280 Abs. 1 BGB** erfasst. Der VN ist nach § 249 BGB so zu stellen, wie er ohne das schädigende Verhalten gestanden hätte.

III. Mitverschulden des VN

8   Soweit ein Schadenersatzanspruch des VN wegen mangelnder Beratung in Betracht kommt, ist ein mögliches Mitverschulden des VN zu prüfen. Ob und inwieweit es dadurch zu einer Anspruchsminderung kommt, ist jeweils nach den **Umständen des Einzelfalles** zu entscheiden. Wenn auf der dem VN überreichten Grünen Versicherungskarte das Länderkürzel »TR« gestrichen ist, muss dies einen VN zu Nachfragen veranlassen, ob sich der Haftpflicht- und insbesondere ein etwaig bestehender Kaskoversicherungsschutz auch auf das gesamte Staatsgebiet der Türkei erstreckt. Im Übrigen wird man je nach Sachverhaltsgestaltung von einem VN vor Antritt einer Fahrt in den asiatischen Teil der Türkei verlangen können, dass er die **Versicherungsbedingungen durchliest** oder zumindest **beim VR Rückfrage hält**, ob das Fahrzeug auch dort gegen Schäden versichert ist. Andernfalls kann den VN bei einem Schaden ein erhebliches Mitverschulden treffen.[10]

A.2.5   Was zahlen wir im Schadenfall?

Nachfolgende Entschädigungsregeln gelten bei Beschädigung, Zerstörung, Totalschaden oder Verlust des Fahrzeugs. Sie gelten auch für mitversicherte Teile, soweit nichts anderes geregelt ist.

<Redaktioneller Hinweis: Falls etwas anderes gewollt ist, z. B. bei Werkstattsteuerung, bitte in der entsprechenden Entschädigungsregelung ergänzen: »Dies gilt nicht für ...«>

A.2.5.1   Was zahlen wir bei Totalschaden, Zerstörung oder Verlust?

Wiederbeschaffungswert abzüglich Restwert

A.2.5.1.1   Bei Totalschaden, Zerstörung oder Verlust des Fahrzeugs zahlen wir den Wiederbeschaffungswert unter Abzug eines vorhandenen Restwerts des Fahrzeugs. Lassen Sie Ihr Fahrzeug trotz Totalschadens oder Zerstörung reparieren, gilt A.2.5.2.1.

< *Achtung! Es folgen zwei Varianten der Neupreisentschädigung* >

---

10   OLG Frankfurt/M. Urt. v. 20.11.1997 – 7 U 138/97 – VersR 1998, 1103, 1104; LG München I Urt. v. 25.11.1985 – 30 O 2388/85 – zfs 1986, 310.

Neupreisentschädigung bei Totalschaden, Zerstörung oder Verlust (Variante 1)

A.2.5.1.2 Wir zahlen bei Pkw (ausgenommen Mietwagen, Taxen und Selbstfahrervermiet-Pkw) den Neupreis des Fahrzeugs gemäß A.2.5.1.8 unter folgenden Voraussetzungen:
- Innerhalb von xx Monaten nach Erstzulassung tritt ein Totalschaden, eine Zerstörung oder ein Verlust des Pkw ein und
- der Pkw befindet sich bei Eintritt des Schadenereignisses im Eigentum dessen, der ihn als Neufahrzeug vom Kfz-Händler oder Kfz-Hersteller erworben hat.

Ein vorhandener Restwert des Pkw wird abgezogen.

Neupreisentschädigung bei Totalschaden, Zerstörung oder Verlust (Variante 2)

A.2.5.1.2 Wir zahlen bei Pkw (ausgenommen Mietwagen, Taxen und Selbstfahrervermiet-Pkw) den Neupreis des Fahrzeugs gemäß A.2.5.1.8 unter folgenden Voraussetzungen:
- Innerhalb von xx Monaten nach Erstzulassung tritt eine Zerstörung oder ein Verlust des Pkw ein oder die erforderlichen Reparaturkosten betragen mindestens xx% des Neupreises und
- der Pkw befindet sich bei Eintritt des Schadenereignisses im Eigentum dessen, der ihn als Neufahrzeug vom Kfz-Händler oder Kfz-Hersteller erworben hat.

Ein vorhandener Restwert des Pkw wird abgezogen.

A.2.5.1.3 Wir zahlen die über den Wiederbeschaffungswert hinausgehende Neupreisentschädigung nur in der Höhe, in der gesichert ist, dass die Entschädigung innerhalb von zwei Jahren nach ihrer Feststellung für die Reparatur des Fahrzeugs oder den Erwerb eines anderen Fahrzeugs verwendet wird.

Abzug bei fehlender Wegfahrsperre im Falle eines Diebstahls

A.2.5.1.4 Bei Totalschaden, Zerstörung oder Verlust eines Pkw, xx < gewünschte WKZ aufführen > infolge Diebstahls vermindert sich die Entschädigung um xx %. Dies gilt nicht, wenn das Fahrzeug zum Zeitpunkt des Diebstahls durch eine selbstschärfende elektronische Wegfahrsperre gesichert war.

Die Regelung über die Selbstbeteiligung nach A.2.5.8 bleibt hiervon unberührt.

A.2.5.1.6 AKB Wiederbeschaffungswert

Was versteht man unter Totalschaden, Wiederbeschaffungswert, Restwert und Neupreis?

A.2.5.1.5 Ein Totalschaden liegt vor, wenn die erforderlichen Kosten der Reparatur des Fahrzeugs dessen Wiederbeschaffungswert übersteigen.

A.2.5.1.6 Wiederbeschaffungswert ist der Preis, den Sie für den Kauf eines gleichwertigen gebrauchten Fahrzeugs am Tag des Schadenereignisses bezahlen müssen.

A.2.5.1.7 Restwert ist der Veräußerungswert des Fahrzeugs im beschädigten oder zerstörten Zustand.

A.2.5.1.8 Neupreis ist der Betrag, der für den Kauf eines neuen Fahrzeugs in der Ausstattung des versicherten Fahrzeugs aufgewendet werden muss. Wird der Typ des versicherten Fahrzeugs nicht mehr hergestellt, gilt der Preis für ein vergleichbares Nachfolgemodell. Maßgeblich ist jeweils die unverbindliche Preisempfehlung des Herstellers am Tag des Schadenereignisses abzüglich orts- und marktüblicher Nachlässe.

Übersicht Rdn.
A. Allgemeines 1
B. Regelungsgehalt – Was zahlen wir im Schadenfall – A.2.5 AKB/Was zahlen wir bei Totalschaden, Zerstörung oder Verlust? – A.2.5.1 AKB (§ 13 Abs. 1 und 4 AKB 2007 a. F.; A.2.6 AKB 2008 a. F.) 8
I. Wiederbeschaffungswert abzüglich Restwert – A.2.5.1.1 AKB 9
II. Neupreisentschädigung bei Totalschaden, Zerstörung oder Verlust – A.2.5.1.2 AKB 17
   1. Überblick 17
   2. Eigentum des Ersterwerbers bei Eintritt des Schadenereignisses 20
   3. Pkw zur Eigenverwendung als privilegierte Fahrzeugart 23
   4. Erwerb als Neufahrzeug vom Kfz-Händler oder -Hersteller 24
   5. Entschädigung nach der prozentualen Neuwertklausel (Variante 2) 29
      a) Grundsätzliches 29
      b) Maßstab für die erforderlichen Kosten der Reparatur 30
   6. Sonstiges 32
III. Verwendungsauflage für die Neupreisspitze – A.2.5.1.3 AKB 34
   1. Grundsätzliches 34
   2. Sicherung der zweckgebundenen Verwendung der Neupreisspitze 36
      a) Erwerb eines anderen Fahrzeuges 38
      b) Reparatur des Fahrzeuges 45
      c) Folgen fehlender Sicherung der Verwendung der Neupreisentschädigung . 46
   3. Verwendung innerhalb von zwei Jahren nach Feststellung der Entschädigung . 47
   4. Anteilige Neuwertentschädigung 49
   5. Rückzahlungspflicht des VN 50
   6. AGB-rechtliche Prüfung 52
IV. Abzug bei fehlender Wegfahrsperre im Falle eines Diebstahls – A.2.5.1.4 AKB .. 53
V. Was versteht man unter Totalschaden, Wiederbeschaffungswert, Restwert und Neupreis? – A.2.5.1.5 bis A.2.5.1.8 AKB 57

	Rdn.
1. Totalschaden – A.2.5.1.5 AKB	57
2. Wiederbeschaffungswert – A.2.5.1.6 AKB	60
a) Allgemeine Wertermittlung	60
b) Individuelle Verhältnisse des VN als wertbildende Faktoren	67
c) Liebhaberfahrzeuge und Oldtimer	69
d) Reimport- und Spezialfahrzeuge	70
e) Der Preis am Tag des Schadenereignisses	72
3. Restwert – A.2.5.1.7 AKB	73
a) Brutto- oder Nettorestwert?	73
b) Maßgeblicher Restwertmarkt	77
c) Weisungsbefugnisse des VR	80
d) Zumutbarkeit der Weisungen für den VN	83
e) Annahmefähigkeit des Restwertangebotes	86
f) Beweislastverteilung und Sonstiges	89
4. Neupreis – A.2.5.1.8 AKB	91
a) Unverbindliche Preisempfehlung des Herstellers	91
b) Nachfolgemodell	94
c) Nachlässe und Rabatte	97
aa) Grundsätzliches	97
bb) Rechtsanspruch auf Nachlässe	101
cc) Nachlässe entsprechend der Marktlage	102
d) Der Preis am Tag des Schadenereignisses	103
e) Neupreisermittlung bei Leasing- und Reimportfahrzeugen	104
aa) Leasingfahrzeuge	104
bb) Reimportfahrzeuge	109
C. Weitere praktische Hinweise	111
I. Abrechnungsgrundsätze	111
III. Glasbruchschäden	112
1. Vollkaskoversichertes Fahrzeug	112
2. Teilkaskoversichertes Fahrzeug	113
IV. Leasingfahrzeuge	118
V. Versicherte und nicht versicherte Vorschäden	119
VI. Fahrzeugteile und Fahrzeugzubehör	124
VII. Bergungs-, Abschlepp- und Standkosten	125
VIII. Sonstige Ansprüche	130
IX. Falschangaben des VN zum Wert des Kfz	131

A. Allgemeines

Sofern ein Schadenereignis unter die in A.2.1 bis A.2.4 AKB beschriebenen Tatbestände der Kaskoversicherung fällt, erbringt der VR – soweit nicht aus anderen Gründen Leistungsfreiheit besteht – die in A.2.5 AKB vertraglich festgelegten Ersatzleistungen. Der Umfang des Entschädigungsanspruches richtet sich ausschließlich nach den vertraglich vereinbarten Versicherungsbedingungen (AKB) und nicht etwa nach den §§ 249 ff. BGB, (vgl. auch A.2.1.1 AKB Rdn. 1 ff.).

1

A.2.5.1.8 AKB Neupreis

2   Die bisherige Regelung in § 13 AKB 2007 a. F. zur Ersatzleistung in der Kaskoversicherung wurde zwar inhaltlich im Wesentlichen beibehalten, aber schon in den **AKB 2008** völlig neu gegliedert. Die **AKB 2015** fassen nun zur besseren Übersichtlichkeit alle Bestimmungen, die die Ersatzleistungen des VR im Schadenfall regeln, in Abschnitt **A.2.5** einheitlich systematisch zusammen. Durch die Einbeziehung insbesondere auch der Regelungen zur Erstattung der Mehrwertsteuer (vgl. A.2.5.4 AKB) und zum Abzug der Selbstbeteiligung (vgl. A.2.5.8 AKB) wird der Umfang der Entschädigungsleistung noch transparenter als bisher dargestellt. Für den VN wird noch deutlicher als bisher zwischen den einzelnen Schadenvarianten unterschieden, d. h. zwischen dem Leistungsumfang bei Totalschaden, Zerstörung und Verlust des versicherten Fahrzeuges in **A.2.5.1 AKB** auf der einen Seite und bei Beschädigung des Fahrzeuges in **A.2.5.2 AKB** auf der anderen Seite.

3   Dem besseren Verständnis für den VN dienen die **Definitionsklauseln in A.2.5.1.5 bis A.2.5.1.8 AKB** zum Totalschaden, Wiederbeschaffungswert, Restwert und Neupreis, wobei die Klausel zum Neupreis bislang in A.2.11 AKB 2008 zu finden war.

4   Bei der Ermittlung der Höhe der Kaskoersatzleistung kommt es für eine **Abgrenzung zwischen A.2.5.1 und A.2.5.2 AKB** auf das Verhältnis der Brutto-Reparaturkosten zum Brutto-Wiederbeschaffungswert an.[1] Bei vorsteuerabzugsberechtigten VN oder dann, wenn auf die steuerlichen Verhältnisse eines vorsteuerabzugsberechtigten Versicherten abzustellen ist (z. B. eines Leasinggebers), sind die Netto-Schadenbeträge maßgeblich. Sind danach die **Reparaturkosten höher** als der Wiederbeschaffungswert, erfolgt eine Abrechnung auf Totalschadensbasis nach A.2.5.1.1 AKB (Wiederbeschaffungswert abzüglich Restwert); sind die **Reparaturkosten niedriger** als der Wiederbeschaffungswert, erfolgt eine Abrechnung auf Reparaturkostenbasis nach A.2.5.2.1 AKB (bei **nachgewiesener** vollständiger und fachgerechter Reparatur bis maximal zur Höhe des Wiederbeschaffungswertes, A.2.5.2.1a AKB; bei **nicht nachgewiesener** vollständiger und fachgerechter Reparatur bis maximal zur Höhe des – um den Restwert verminderten – Wiederbeschaffungswertes, A.2.5.2.1b AKB). Bei der Vergleichsberechnung bleiben auf der Reparaturkostenseite etwaige Abzüge »neu für alt« gemäß A.2.5.2.3 AKB außer Betracht.

5   Ergänzend ist § 88 VVG für die Höhe der Entschädigungsleistung zu beachten. Danach gilt als **Versicherungswert eines kaskoversicherten Kfz** derjenige Betrag, den der VN zum Zeitpunkt des Schadeneintritts für die Wiederbeschaffung in neuwertigem Zustand unter Abzug eines sich aus dem Unterschied zwischen alt und neu ergebenden Minderwertes aufzuwenden hat. Damit ist letztlich der Wiederbeschaffungswert des Fahrzeuges gemeint, der – mit Ausnahme der Regelungen zur Neuwertentschädigung – stets die Obergrenze der Ersatzleistung darstellt.

6   Die Kaskoversicherung dient vorrangig der Kompensation eines dem VN **tatsächlich entstandenen Schadens**, was auch in den §§ 74 ff. VVG zum Ausdruck kommt. Der

---

[1] Vgl. BGH Urt. v. 03.03.2009 – **VI ZR 100/08** – r+s 2009, 316 = NJW 2009, 1340 zum Haftpflichtschaden.

Neupreis **A.2.5.1.8 AKB**

VN soll sich grundsätzlich an der Entschädigungsleistung nicht bereichern. Allerdings gilt dies nicht uneingeschränkt. Schon vor der VVG-Reform vertrat der **BGH**[2] die Auffassung, dass die gesetzlichen Bestimmungen zum VVG a. F., insbesondere auch § 55 VVG a. F., der im Übrigen nicht ins VVG n. F. übernommen wurde, keine Leistungsbeschränkungen im Hinblick auf die dem VN zu zahlende Entschädigung enthielten. Dem VR sei es daher unbenommen, dem VN in den Versicherungsvertragsbedingungen für den Fall eines Schadeneintritts auch eine über seinen tatsächlichen Schaden hinausgehende Entschädigung vertraglich zu garantieren. Sei dies der Fall, könne sich der VR im Schadenfall nicht auf ein »allgemeines Bereicherungsverbot« berufen, sondern müsse die **vertraglich versprochene Entschädigung** erbringen. Der Gesetzgeber ermöglicht den Vertragsparteien auch weiterhin, im Rahmen ihrer Dispositionsfreiheit Entschädigungsregelungen vertraglich zu vereinbaren, die im Schadenfall eine Überkompensation des VN zum Inhalt haben.[3]

Dementsprechend sehen die AKB 2015 auch eine **Neupreisentschädigung unter bestimmten Voraussetzungen** vor. Bereits unter der Geltung der AKB a. F. enthielten viele Versicherungsverträge die Bestimmung, dass der VR bei Schäden in den ersten zwei Jahren nach Erstzulassung des versicherten Pkw bei Zerstörung oder Verlust den Neupreis ersetzte, wenn sich das Fahrzeug am Tag des Schadeneintritts im Eigentum desjenigen befand, der es als Neufahrzeug entweder vom Kfz-Händler oder direkt vom Hersteller erworben hatte. Dabei musste der VN durch Vorlage eines verbindlichen Kaufvertrages nachweisen, dass er die Entschädigung zur Anschaffung eines entsprechenden Ersatzfahrzeuges verwendet hatte. Diese durchaus verbraucherfreundliche Regelung wurde jedoch von den VR nach und nach wieder aus den Versicherungsbedingungen entfernt, nachdem sie offenbar für kriminelle Kreise zunehmend einen Anreiz bot, Kfz-Diebstähle vorzutäuschen und oftmals gerade kurz vor Ablauf der Zweijahresfrist entsprechend versicherte Fahrzeuge unter dubiosen Umständen verschwinden zu lassen. Erst nach und nach unter dem Eindruck des zunehmenden Wettbewerbes zwischen den einzelnen Versicherungsgesellschaften tauchte die Neupreisentschädigung in modifizierter Form in den AKB wieder auf. Dieser Tendenz folgt nun auch die Regelung in A.2.5.1.2 AKB, die – wie schon A.2.5.1.2 AKB 2008 – zwei unterschiedliche Abrechnungsvarianten vorschlägt. 7

B. Regelungsgehalt – Was zahlen wir im Schadenfall – A.2.5 AKB/Was zahlen wir bei Totalschaden, Zerstörung oder Verlust? – A.2.5.1 AKB (§ 13 Abs. 1 und 4 AKB 2007 a. F.; A.2.6 AKB 2008 a. F.)

Durch die den einzelnen Abrechnungsvarianten **vorangestellte Klausel in A.2.5 AKB** wird hervorgehoben, dass alle nachfolgenden Entschädigungsregeln bei Beschädigung, Zerstörung, Totalschaden und Verlust des nach A.2.1 AKB versicherten Fahrzeuges und seiner nach A.2.1.2 AKB mitversicherten Fahrzeug- und Zubehörteile Anwendung finden. Dies stellt insofern eine Wiederholung dar, als die **versicherten Gefahren** 8

---

2 BGH Urt. v. 04.04.2001 – IV ZR 138/00 – VersR 2001, 749 = r+s 2001, 252.
3 Vgl. die amtliche Begründung zum Regierungsentwurf zu §§ 74, 75 VVG.

A.2.5.1.1 AKB Wiederbeschaffungswert abzüglich Restwert

bereits in A.2.1 AKB und bei den versicherten Ereignissen in A.2.2.1 AKB (Teilkasko) und A.2.2.2 AKB (Vollkasko) erwähnt werden. Trotzdem dient die Wiederholung der Übersichtlichkeit und dem besseren Verständnis der Systematik der Entschädigungsregeln. Will der VR von diesen grundsätzlichen Bestimmungen abweichen, kann er in seinen jeweiligen AKB Ausnahmen formulieren, indem er die entsprechenden Entschädigungsregeln ergänzt mit den einleitenden Worten: »*Dies gilt nicht für* ...«. Dadurch wird für den VN deutlich, dass die konkret zu beurteilenden AKB des jeweiligen VR im Einzelfall Einschränkungen zu den grundsätzlichen Entschädigungsregeln enthalten können.

I. Wiederbeschaffungswert abzüglich Restwert – A.2.5.1.1 AKB

9   Wie schon nach der bisherigen Regelung in § 13 AKB a. F. ersetzt der VR im **Totalschadenfall (A.2.5.1.5 AKB)** sowie bei Zerstörung oder Verlust des Fahrzeuges weiterhin den **Wiederbeschaffungswert (A.2.5.1.6 AKB)** unter Abzug eines etwaig vorhandenen **Restwerts (A.2.5.1.7 AKB)**.

10 Eine **Zerstörung** liegt vor, wenn das Fahrzeug so stark beschädigt ist, dass eine Wiederherstellung technisch ausgeschlossen ist. Das Fahrzeug ist dann nicht mehr als reparabel anzusehen.[4] Entscheidend ist nicht die Unwirtschaftlichkeit der Reparatur (die dem Begriff des Totalschadens unterfällt), sondern deren Unmöglichkeit.[5] Die Beschädigungen müssen einen Grad erreicht haben, der eine Wiederherstellung oder Weiterbenutzung des Fahrzeuges nicht nur unwirtschaftlich macht, sondern ausschließt.[6] Aufgrund technisch immer weiter fortschreitender Reparaturmöglichkeiten wird man eine Zerstörung nur noch bei einer vollständigen Vernichtung des Fahrzeuges annehmen können.[7] Da ein zerstörtes Fahrzeug immer auch einen Totalschaden erlitten hat und die »Zerstörung« in A.2.5 AKB dem Totalschaden gleich gesetzt wird, kommt dem Begriff letztlich keine eigenständige Bedeutung mehr bei. Im Falle einer **GAP-Versicherung** (vgl. A.2.5.2 AKB Rd. 104 ff.) kann unter einer »Zerstörung« auch ein hinter dem Totalschaden zurückbleibender (besserer) Fahrzeugzustand verstanden werden, der schon dann erreicht ist, wenn die Reparaturkosten den um den Restwert geminderten Wiederbeschaffungswert des Fahrzeuges übersteigen.[8]

11 Der **Verlust** des Fahrzeuges ist begrifflich nicht nur bei einem entwendungsbedingten Verlust gegeben, sondern auch dann, wenn der Verlust **Folge eines anderen versicherten Ereignisses** ist, weil das Fahrzeug nicht mehr zu bergen ist, so z. B. beim Sturz des Fahrzeuges ins Meer, einen tiefen See, eine Felsspalte oder bei anderen vergleichbaren Ein-

---

4   BGH Urt. v. 08.11.1995 – **IV ZR 365/94** – VersR 1996, 21 = NJW 1996, 256; OLG Köln Urt. v. 17.08.2004 – 9 U 3/04 – r+s 2004, 453; OLG Nürnberg Urt. v. 20.03.1997 – 8 U 3879/96 – VersR 1997, 1350 = zfs 1997, 302.
5   OLG Celle Urt. v. 07.08.2014 – 8 U 94/14 – VersR 2015, 184 = r+s 2014, 598.
6   OLG München Urt. v. 25.06.19987 – 24 U 556/86 – NJW-RR 1988, 90 = zfs 1988, 86.
7   Stiefel/Maier/*Stadler* A.2.2 AKB Rn. 4.
8   OLG Celle Urt. v. 07.08.2014 – 8 U 94/14 – VersR 2015, 184 = r+s 2014, 598.

wirkungen durch in A.2.2.3 AKB genannte Naturgewalten.[9] Im Falle einer **Entwendung des Fahrzeuges** tritt der »Verlust« erst nach Ablauf der Monatsfrist des **A.2.5.5.1 AKB** ein, (vgl. A.2.5.5 AKB Rdn. 2 ff.). Wird das Fahrzeug vor Ablauf der Monatsfrist wieder aufgefunden, weist es aber **Beschädigungen** auf oder wurde das Fahrzeug bei dem untauglichen Versuch, es zu entwenden, beschädigt, so fehlt es an einem »Verlust« mit der Folge, dass sich die Entschädigungsberechnung nach den in A.2.5.1 AKB Rdn. 1 genannten Kriterien bestimmt.

Zum **Totalschaden** vgl. A.2.5.1.5 AKB unter A.2.5.1 AKB Rdn. 57 ff.; zum **Wiederbeschaffungswert** vgl. A.2.5.1.6 AKB unter A.2.5.1 AKB Rdn. 60 ff. 12

Zum **Restwert** vgl. A.2.5.1.7 AKB unter A.2.5.1 AKB Rdn. 73 ff. Der Restwert des totalen beschädigten oder zerstörten Fahrzeugwracks wird vom VR auf den Wiederbeschaffungswert angerechnet, ohne dass dies Auswirkungen auf die Eigentumslage an dem versicherten Fahrzeug hat. Es **verbleibt weiterhin im Eigentum des** VN, wie dies auch von A.2.5.7.2 AKB ausdrücklich klargestellt wird. **Im Falle des Verlustes** des versicherten Fahrzeuges wird der **Abzug eines** »vorhandenen« **Restwerts** entsprechend A.2.5.1.1 S. 1 AKB mangels Existenz des Fahrzeuges im Gegensatz zum Totalschaden und der Zerstörung regelmäßig **nicht in Betracht** kommen. Bei einem **Verlust durch Entwendung** gilt dies erst dann, wenn das Eigentum an dem Fahrzeug nach Maßgabe des A.2.5.5.3 AKB auf den VR übergegangen ist, d. h. das Fahrzeug nicht innerhalb eines Monats ab Eingang der schriftlichen Schadenanzeige wieder aufgefunden wurde oder der VN es innerhalb dieses Zeitraumes nicht mit zumutbaren Mitteln wieder in Besitz nehmen konnte. 13

Gegen die **Anrechnung des Restwerts,** die schon in den AKB a. F. vorgesehen war, bestehen keine Bedenken.[10] Der vorgesehene Restwertabzug stellt auch **keine unwirksame Klausel gemäß § 307 BGB** dar. Schon in älteren AKB-Fassungen vereinbarten die VR häufig einen solchen Abzug, der von der Rechtsprechung stets gebilligt wurde.[11] 14

Lässt der VN sein Kfz **trotz Totalschadens oder Zerstörung gleichwohl reparieren,** wird er nach dem Wortlaut in A.2.5.1.1 S. 2 AKB ausdrücklich auf die Entschädigungsregelungen zum Reparaturschaden in A.2.5.2.1 AKB verwiesen. Der ursprüngliche Anspruch des VN auf Ersatz des um den Restwert seines Kfz geminderten Wiederbeschaffungswertes erlischt mit tatsächlicher Vornahme der Reparatur.[12] Für den Fall einer durch Rechnungsnachweis belegten, vollständigen und fachgerechten Reparatur kann er seine entstandenen Aufwendungen bis maximal zur Höhe des Wiederbeschaffungswertes verlangen, ohne dass eine Anrechnung des Restwerts zum Tragen kommt. 15

---

9 Feyock/*Jacobsen*/Lemor A.2 AKB Rn. 99; Stiefel/Maier/*Meinecke* A.2.6 AKB Rn. 32.
10 Vgl. beispielhaft OLG Hamm Urt. v. 25.02.1999 – 6 U 190/98 – DAR 1999, 313.
11 OLG Hamm Urt. v. 19.05.1999 – 20 U 1/99 – VersR 2000, 629 = r+s 2000, 9; OLG Frankfurt Urt. v. 12.11.1998 – 15 U 269/97 – VersR 2000, 1010.
12 Vgl. LG Duisburg Urt. v. 03.06.2014 – 8 O 253/13 – BeckRS 2015, 00548.

A.2.5.1.2 AKB Neupreisentschädigung bei Totalschaden

16 Zur Frage, in welchem Umfange aus dem (Brutto-) Wiederbeschaffungswert **Mehrwertsteuer** herauszurechnen ist, um den maßgeblichen Netto-Wiederbeschaffungswert festzustellen, vgl. A.2.5.4 AKB Rdn. 12 ff.

II. Neupreisentschädigung bei Totalschaden, Zerstörung oder Verlust – A.2.5.1.2 AKB

1. Überblick

17 Mit unterschiedlichen Regelungen erstatten die VR dem VN im Schadenfall unter bestimmten Voraussetzungen innerhalb der ersten 6 bis 24 Monate nach Erstzulassung des Fahrzeuges bei Pkw den Neupreis und damit die **Höchstentschädigung**, wie sie in **A.2.5.1.8 AKB**, auf den verwiesen wird, definiert ist. Die Muster-AKB 2015 sehen in A.2.5.1.2 AKB zwei unterschiedliche Varianten einer Neupreisentschädigung vor, von denen sich die zweite Variante überwiegend durchgesetzt hat. Während einige VR in ihren Bedingungen für die Gewährung der Neupreisentschädigung einen Totalschaden, eine Zerstörung oder den Verlust des Fahrzeuges voraussetzen (**Variante 1**), gewähren andere VR die Entschädigung zwar nicht im Falle eines Totalschadens, wohl aber im Beschädigungsfalle unter der Voraussetzung, dass die erforderlichen Kosten der Reparatur einen bestimmten Prozentsatz des Neupreises, (z. B. 80 %) erreichen oder übersteigen (**Variante 2**).

18 Für beide Varianten gilt, dass der VR einen vorhandenen **Restwert** des versicherten Fahrzeuges von seiner Entschädigungsleistung abziehen darf.

19 Weitere Voraussetzung für eine Neupreisentschädigung nach beiden Varianten ist: Der **Schaden** muss **innerhalb einer bestimmten Frist nach Erstzulassung** eintreten, wobei sich das **Fahrzeug** im Schadenzeitpunkt noch **im Eigentum des Ersterwerbers** befinden muss, (A.2.5.1 AKB Rdn. 20 ff.). Ferner muss es sich bei dem versicherten Fahrzeug um einen **Pkw** handeln (A.2.5.1 AKB Rdn. 23), der **als Neufahrzeug von einem Kfz-Händler oder -Hersteller erworben** wurde, (A.2.5.1 AKB Rdn. 24 ff.). Schließlich muss der VN die Neupreisentschädigung **reinvestieren**, (A.2.5.1 AKB Rdn. 34 ff.).

2. Eigentum des Ersterwerbers bei Eintritt des Schadenereignisses

20 Die Gewährung einer Neupreisentschädigung setzt voraus, dass der **Ersterwerber** des Fahrzeuges im Schadenzeitpunkt noch dessen Eigentümer ist, d. h. sich das versicherte Kfz zu diesem Zeitpunkt noch im Eigentum desjenigen befindet, der es als Neufahrzeug erworben hat. Dabei wird eine Identität zwischen dem Ersterwerber und demjenigen, auf den das Fahrzeug zugelassen ist, nicht vorausgesetzt; der Ersterwerber muss nicht zwingend auch Halter oder VN sein.[13] Er muss aber bei Eintritt des Schadenereignisses personenidentisch mit dem Eigentümer sein. Erfüllt ist diese Voraussetzung auch dann, wenn der **VN in einen fremden Kaufvertrag eingetreten** ist und das in den Zulassungspapieren bereits auf den ursprünglichen Käufer eingetragene Fahrzeug auf den

---

13 OLG Hamm Urt. v. 13.02.1991 – 20 U 184/90 – VersR 1991, 1239 = zfs 1991, 168.

VN umgeschrieben wurde, vorausgesetzt, dass das Fahrzeug vom Vorbesitzer mit Ausnahme von Überführungs-, Probe- oder Rangierfahrten noch nicht benutzt wurde.[14]

Unschädlich ist es, wenn das **Fahrzeug bereits vor dem Schadenfall sicherungsübereignet** wurde.[15] Die Beschränkung der erhöhten Entschädigung auf den Ersterwerber soll grundsätzlich das subjektive Risiko des VR mindern. Dieses Risiko wäre gesteigert, wenn mehrere Personen das Fahrzeug führen oder durch die Eintragung mehrerer Eigentümer im Kfz-Brief eine Entwertung des Fahrzeuges hinsichtlich seines Wiederverkaufswertes einträte. Beide Risiken sind mit einer bloßen Sicherungsübereignung nicht verbunden. Viele neu erworbene Fahrzeuge werden von Kreditgebern finanziert, die sich zur Sicherung ihres Darlehens das Fahrzeug sicherungsübereignen lassen. Darin liegt bei Berücksichtigung des wirtschaftlichen Zwecks der Neuwertklausel kein Wechsel des Eigentümers.[16] Ein Ersterwerb liegt auch dann vor, wenn das Kfz, um einen Werksangehörigenrabatt zu erlangen, zunächst auf einen Dritten zugelassen war, jedoch von Anfang an allein durch den VN benutzt und später auch auf ihn zugelassen wurde.[17] Entscheidend ist, dass auch bei dieser Konstellation das Risiko des VR auf denjenigen VN beschränkt bleibt, der das Fahrzeug von vornherein gefahren hat.[18] **Anderes gilt** aber dann, wenn der VN als Ersterwerber vor Eintritt des Versicherungsfalles das **Fahrzeug an einen Familienangehörigen verkauft**, selbst wenn er Sicherungseigentümer bleibt.[19]

Das **Eigentum des Ersterwerbers liegt im Schadenzeitpunkt** auch dann **nicht mehr vor**, wenn der Geschäftsführer einer liquidierten GmbH von dieser das Fahrzeug erworben hat.[20] Gleiches gilt, wenn der Gesellschafter einer BGB-Gesellschaft, auch wenn er das Fahrzeug immer schon ausschließlich selbst nutzte, es aus dem Gesellschaftsvermögen[21] oder der Gesellschafter einer GmbH es von dieser erworben hat.[22] Auch bei einem Leasingnehmer, der das Kfz vom Leasinggeber erwirbt, liegt kein Ersterwerb vor.[23] **Anderes gilt** aber dann, wenn der VN als Einzelkaufmann das zunächst in seinem steuerlichen Betriebsvermögen befindliche und überwiegend geschäftlich genutzte

21

22

---

14 Vgl. BGH Urt. v. 14.11.1979 – **IV ZR 41/78** – VersR 1980, 159 = MDR 1980, 295; LG Trier Urt. v. 21.10.1993 – 3 S 161/93 – VersR 1994, 1294.
15 BGH Urt. v. 31.10.1984 – **IVa ZR 33/84** – VersR 1985, 78 = NJW 1985, 917; OLG Köln Urt. v. 16.11.1989 – 5 U 203/88 – VersR 1990, 263 = r+s 1991, 11.
16 BGH Urt. v. 14.11.1979 – **IV ZR 41/78** – VersR 1980, 159, 160 = MDR 1980, 295.
17 OLG Karlsruhe Urt. v. 30.06.1994 – 12 U 88/94 – VersR 1995, 777 = zfs 1995, 18; **a.A.** OLG Koblenz Urt. v. 14.02.1997 – 10 U 565/96 – VersR 1998, 801 = r+s 1997, 147.
18 OLG Hamm Urt. v. 13.02.1991 – 20 U 184/90 – VersR 1991, 1239 = zfs 1991, 168; OLG Köln Urt. v. 13.08.1996 – 9 U 12/96 – SP 1996, 420.
19 LG Frankfurt/M. Urt. v. 28.05.1985 – 5 O 150/85 – zfs 1986, 54.
20 OLG Köln Urt. v. 14.06.1984 – 5 U 255/83 – zfs 1985, 25.
21 OLG Koblenz Urt. v. 09.10.1992 – 10 U 1703/91 – r+s 1992, 402 = NZV 1993, 440.
22 OLG Schleswig Urt. v. 30.03.1995 – 16 U 76/94 – SP 1995, 248; OLG Hamm Urt. v. 23.06.1993 – 20 U 26/93 – VersR 1994, 593 = zfs 1993, 379.
23 OLG Frankfurt/M. Urt. v. 01.10.1997 – 7 U 102/96 – OLGR 1998, 42.

A.2.5.1.2 AKB   Neupreisentschädigung bei Totalschaden

Fahrzeug in sein Privatvermögen überführt. Denn die steuerliche Ausgestaltung der Nutzung des Pkw ändert nichts am Ersterwerb des Fahrzeuges durch den VN.

3. Pkw zur Eigenverwendung als privilegierte Fahrzeugart

23 Die Neupreisklausel gilt nur für »**Pkw**«. Darunter fallen auch Kleinbusse und Transporter, da diese Fahrzeuge nicht wie Mietwagen, Taxen und Selbstfahrervermiet-Pkw ausdrücklich ausgenommen sind.[24] Entscheidend ist die **amtliche Zulassung** durch das Straßenverkehrsamt. Wird ein Pick-up-Geländewagen in den Zulassungspapieren als »Lkw, offener Kasten« angegeben, fällt er in der Kaskoversicherung auch dann nicht unter den Begriff des »Pkw«, wenn er vorrangig zum Transport von Personen und damit wie ein Pkw eingesetzt wird und nur gelegentlich zum Transport von Lasten bestimmt ist.[25] Der VN kann sich ebenso wenig auf die Neupreisklausel berufen, wenn er das Fahrzeug zwar als Pkw zur Eigenverwendung versichert, es aber unter Verstoß gegen die Verwendungsklausel des D.1.1.1 AKB als Mietwagen einsetzt.

4. Erwerb als Neufahrzeug vom Kfz-Händler oder -Hersteller

24 Das versicherte Kfz muss vom VN **als Neufahrzeug erworben** worden sein. Durch die Beschränkung auf den Ersterwerb will der VR sein subjektives Risiko begrenzen. Der VN soll die Kaskoentschädigung in Höhe des Neupreises nur dann erhalten, wenn das Fahrzeug von Anfang an nur von ihm selbst gefahren wurde.[26] Entscheidend hierfür ist grundsätzlich die amtliche Erstzulassung des Fahrzeuges als solches, nicht die Erstzulassung auf den VN.

25 Ausnahmsweise schadet der **Erwerb eines bereits auf den Kfz-Händler zugelassenen Fahrzeuges** »als Neufahrzeug« allerdings dann nicht, wenn das Fahrzeug nur eine geringe Laufleistung von **unter 100 km** aufweist und auch die zeitliche Dauer der Zulassung nur wenige Tage beträgt.[27] Entscheidend ist, dass nach der Verkehrsanschauung das Fahrzeug zum Zeitpunkt seines Erwerbs durch den VN noch als Neuwagen angesehen werden kann.[28] Dies ist regelmäßig bei einer **Tageszulassung** der Fall, wenn das Fahrzeug nur im Rahmen der üblichen Überführungs- und Rangierfahrten benutzt wurde.[29]

26 Seine Eigenschaft als Neuwagen verliert das Fahrzeug aber dann, wenn es vom Kfz-Händler als **Vorführwagen** zugelassen und einer Vielzahl von Personen für Fahrten zur Verfügung gestellt wird,[30] bevor der Händler es anschließend an den VN verkauft.

---

24 Vgl. BGH Urt. v. 02.10.1985 – **IVa ZR 184/83** – VersR 1986, 177 = NJW 1986, 431.
25 OLG Köln Urt. v. 17.12.1992 – 5 U 107/92 – r+s 1993, 208.
26 Vgl. BGH Urt. v. 14.11.1979 – **IV ZR 41/78** – VersR 1980, 159, 160 = MDR 1980, 295; OLG Köln Urt. v. 13.08.1996 – 9 U 12/96 – SP 1996, 420.
27 BGH Urt. v. 14.11.1979 – **IV ZR 41/78** – VersR 1980, 159 = MDR 1980, 295; LG Köln Urt. v. 25.11.1992 – 24 O 188/92 – zfs 1993, 268.
28 Stiefel/Maier/*Meinecke* A.2.6 AKB Rn. 47.
29 Vgl. OLG Köln Urt. v. 31.10.1995 – 9 U 89/95 – VersR 1996, 1231 = r+s 1996, 345.
30 OLG Stuttgart Urt. v. 23.11.1995 – 7 U 90/95 – NZV 1996, 152 (**Vorführfahrzeug mit 270 bis 370 km**); OLG Nürnberg Urt. v. 29.11.1990 – 8 U 1533/90 – NZV 1991, 474.

Gleiches gilt für **Jahreswagen** oder Pkw, die als »**Geschäftsfahrzeuge**« vermarktet werden. Der Kauf eines Fahrzeuges mit einer Laufleistung von 2500 km[31] oder 2000 km[32] stellt keinen Erwerb »als Neufahrzeug« i. S. d. AKB dar. Kein Neuwagen ist auch ein bereits anderweitig zugelassenes, nur einen Monat altes Fahrzeug mit einer Laufleistung von 1000 km.[33] Selbst der Einsatz des Fahrzeuges mit einer ungeklärten Laufleistung von über 200 km nimmt dem Fahrzeug den Neuwagencharakter[34] und hindert eine Neuwertentschädigung. Gleiches gilt für ein Fahrzeug, welches bei drei Voreigentümern erstmals mehr als 7 Monate nach Zulassung mit einem Tachometerstand von 120 km an den VN verkauft wird.[35]

Ein Fahrzeug ist **kein Neufahrzeug** mehr im Sinne der Klausel, wenn es bereits **im Herstellerwerk** einen nicht unerheblichen **Unfallschaden** erlitten hat, der zwar behoben wurde, bevor das Fahrzeug vom Kfz-Händler an den VN verkauft wurde, der aber jedenfalls nach kaufrechtlichen Bestimmungen offenbarungspflichtig gewesen wäre.[36] Kein Erwerb als Neufahrzeug liegt auch vor, wenn es dem VN wegen eines erheblichen Transportschadens mit einem Nachlass von fast 50 % auf den Netto-Neupreis verkauft worden ist.[37] Werden beim **Zusammenbau eines Fahrzeuges** durch eine Karosseriewerkstatt zum Teil gebrauchte Fahrzeugteile verwendet, so fehlt dem versicherten Pkw die Neuwageneigenschaft auch dann, wenn im Übrigen nur Neuteile verbaut wurden.[38] 27

Der VN muss das versicherte Kfz als Neufahrzeug entweder **vom Kfz-Händler oder** direkt **vom Kfz-Hersteller erworben** haben. Der Erwerb von einem **Werksangehörigen** ist grundsätzlich nicht ausreichend, wenn dieser das Fahrzeug selbst gefahren hat und es erst später an den VN verkauft. Anders jedoch dann, wenn der VN das Fahrzeug nach Erwerb durch einen Familienangehörigen unter Ausnutzung eines Werksangehörigenrabattes sofort übernommen, selbst versichert und ausschließlich selbst genutzt hat;[39] in diesem Fall ist selbst eine Umschreibung des Fahrzeuges auf den VN erst 9 Monate nach dem Erwerb unschädlich.[40] Wer einen **Bausatz** vom Kfz-Hersteller erwirbt und daraus ein Kfz zusammenbaut, ist einem VN gleichzusetzen, der das Fahrzeug gleich komplett vom Hersteller erwirbt.[41] Der Erwerb des Bausatzes ist insoweit dem Erwerb eines Neufahrzeuges gleichzusetzen. 28

---

31 OLG Hamburg Urt. v. 10.01.1984 – 7 U 213/83 – VersR 1984, 884.
32 OLG Stuttgart Urt. v. 30.10.1984 – 10 U 9/84 – zfs 1985, 243.
33 LG Nürnberg-Fürth Urt. v. 27.03.1990 – 2 O 6855/89 – zfs 1990, 277.
34 Vgl. BGH Urt. v. 18.06.1980 – **VIII ZR 185/79** – NJW 1980, 2127, 2128; OLG Stuttgart Urt. v. 23.11.1995 – 7 U 90/95 – NZV 1996, 152.
35 OLG Köln Urt. v. 27.06.1991 – 5 U 191/90 – r+s 1992, 223.
36 OLG Hamm Urt. v. 15.03.1991 – 20 U 307/90 – r+s 1991, 331 = zfs 1991, 313.
37 OLG Koblenz Urt. v. 11.05.2012 – 10 U 923/11 – r+s 2013, 279.
38 OLG Frankfurt/M. Urt. v. 15.06.1994 – 19 U 85/93 – VersR 1996, 372 (**Karosserie gebraucht**); OLG München Urt. v. 05.06.1987 – 8 U 6392/86 – VersR 1988, 396 (**Hinterachse und Motor gebraucht**).
39 OLG Köln Urt. v. 31.10.1995 – 9 U 89/95 – VersR 1996, 1231 = r+s 1996, 345.
40 OLG Karlsruhe Urt. v. 30.06.1994 – 12 U 88/94 – VersR 1995, 777 = zfs 1995, 18.
41 OLG Hamm Urt. v. 13.02.1991 – 20 U 184/90 – VersR 1991, 1239 = zfs 1991, 168.

A.2.5.1.2 AKB Neupreisentschädigung bei Totalschaden

5. Entschädigung nach der prozentualen Neuwertklausel (Variante 2)

a) Grundsätzliches

29 Kommt wegen des jungen Alters des versicherten Fahrzeuges eine Neupreisentschädigung in Betracht, ist es empfehlenswert, die Höhe der schadenbedingten Reparaturkosten durch den VR selbst dann feststellen zu lassen, wenn eine Wiederherstellung gar nicht beabsichtigt oder lohnenswert ist. Denn erst durch einen **Vergleich der Reparaturkosten mit dem Neupreis des Fahrzeuges** lässt sich ermitteln, ob ein Anspruch auf eine Neupreisentschädigung besteht. Um diese Feststellungen treffen zu können, muss der VN dem VR die **Besichtigung seines Fahrzeuges** ermöglichen. Dies betrifft auch die Nachbesichtigung nach erfolgter Reparaturdurchführung. Kann der VR aufgrund falscher Angaben des VN zum Verbleib des Fahrzeuges den Umfang der schadenbedingten Reparaturkosten sowie etwaiger Vorschäden nicht feststellen, liegt eine vertragliche Obliegenheitsverletzung vor mit der Folge möglicher Leistungsfreiheit des VR nach § 28 Abs. 2 VVG, E.1.1.3 AKB.[42]

b) **Maßstab für die erforderlichen Kosten der Reparatur**

30 Bezugsgröße für die erforderlichen Reparaturkosten sind bei einem Privatmann die Brutto- und bei einem vorsteuerabzugsberechtigten Unternehmer die Nettoaufwendungen, und zwar ungeachtet der Mehrwertsteuerregelung in A.2.5.4 S. 1 AKB. Denn es geht lediglich darum, durch einen **Vergleich zwischen** der Höhe der erforderlichen **Reparaturkosten und** dem **Neupreis** gemäß A.2.5.1.8 AKB festzustellen, ob die Reparaturkosten ihrer Höhe nach den vertraglich vereinbarten prozentualen Anteil des Neupreises erreichen oder übersteigen. Anders als in A.2.5.4 S. 1 AKB, wo eine Erstattung der Mehrwertsteuer insoweit versprochen wird, als sie tatsächlich angefallen ist, geht es bei dem anzustellenden Vergleich nicht um einen Anspruch des VN auf Auszahlung einer Entschädigung auf Reparaturkostenbasis, sondern lediglich darum, die konkrete Art des dem VN zustehenden Kompensationsanspruches und damit einen möglichen Anspruch auf die Neupreisentschädigung festzustellen.

31 Dabei wird der **nicht vorsteuerabzugsberechtigte durchschnittliche VN** unter den »erforderlichen Kosten der Reparatur« in diesem Zusammenhang ungeachtet der Klausel in A.2.5.4 S. 1 AKB allein die **Gesamtaufwendungen einschließlich Mehrwertsteuer** verstehen, die er bei tatsächlicher Reparaturausführung an die Werkstatt zahlen müsste. Denn A.2.5.4 S. 1 AKB enthält nur eine Regelung, unter welchen Voraussetzungen dem VN zusätzlich zu den erforderlichen Netto-Reparaturkosten auch die Mehrwertsteuer ersetzt wird; indes kann ihr nicht die Aussage entnommen werden, dass mit den »erforderlichen Kosten der Reparatur« in anderen AKB-Bestimmungen stets die Nettokosten gemeint sein könnten. Umgekehrt besteht auch kein Anlass, diese Kosten an dem Nettokaufpreis eines Neufahrzeuges zu messen, zumal dem VN die Neupreisspitze, die in aller Regel einen höheren Betrag ausmachen dürfte als der im Neupreis enthaltene Mehrwertsteueranteil, ohnehin nur unter den Voraussetzungen in A.2.6.3 AKB

---

42 Vgl. OLG Hamm Urt. v. 28.11.1990 – 20 U 174/89 – VersR 1991, 1168.

endgültig zufließt. Somit sind **bei einem VN als Privatmann** die Brutto-Reparaturkosten mit dem Brutto-Neupreis und **bei einem VN als vorsteuerabzugsberechtigtem Unternehmer** die Netto-Reparaturkosten mit dem Netto-Neupreis zu vergleichen. Letzteres gilt auch bei **Leasingfahrzeugen**, da hier auf die steuerlichen Verhältnisse des in der Regel vorsteuerabzugsberechtigten Leasinggebers als versichertem Eigentümer des Fahrzeuges abzustellen ist,[43] (vgl. auch A.2.5.2 AKB Rdn. 102 ff.).

6. Sonstiges

In beiden Varianten für die Neupreisentschädigung wird klargestellt, dass der **Restwert** (A.2.5.1.7 AKB) des Altfahrzeuges vom Entschädigungsbetrag abgezogen wird. 32

Zur **Höhe der Neupreisentschädigung** vgl. A.2.5.1.8 AKB unter A.2.5.1 AKB Rdn. 91 ff.; speziell für **Leasingfahrzeuge** unter A.2.5.1 AKB Rdn. 104 ff.; für **Reimportfahrzeuge** unter A.2.5.1 AKB Rdn. 109 f. 33

III. Verwendungsauflage für die Neupreisspitze – A.2.5.1.3 AKB

1. Grundsätzliches

Nach dieser »**Reinvestionsklausel**« kann der VN die Neuwertspitze, d. h. die Differenz zwischen dem Wiederbeschaffungswert und dem Neupreis nur dann verlangen, wenn er **innerhalb von zwei Jahren** nach Feststellung der Entschädigungspflicht dem VR den **Nachweis** erbringt, dass er die Entschädigung tatsächlich für die Reparatur seines beschädigten Fahrzeuges oder die Neuanschaffung eines Ersatzfahrzeuges verwendet hat. Da dem VN nach A.2.5.1.2 AKB mehr ersetzt wird als der reine Sachwert des Fahrzeuges, soll er **zur Vermeidung einer Bereicherung** den Mehrbetrag nur dann beanspruchen dürfen, wenn er über dessen vertragsgemäße Verwendung Rechenschaft ablegen kann. 34

Dabei muss nach dem Wortlaut der Klausel die Entschädigung nicht zwingend für ein Neufahrzeug verwendet werden. Dies wird auch in § 93 S. 1 VVG, dem A.2.5.1.3 AKB nachgebildet ist, nicht verlangt. Die Neupreisklausel bedeutet auch keine Bindung des VN an denselben Hersteller und Fahrzeugtyp.[44] Wesentlich ist lediglich, dass die Neuwertspanne vom VN vollständig für die Instandsetzung des bisherigen oder den Erwerb eines anderen Fahrzeuges verwendet wird. Durch diese Zweckbindung soll sichergestellt werden, dass dem VN zulasten der Versichertengemeinschaft keine Finanzmittel an die Hand gegeben werden, die er beliebig und frei verfügbar für andere private Zwecke einsetzt. 35

---

43 Vgl. BGH Urt. v. 14.07.1993 – **IV ZR 181/92** – VersR 1993, 1223 = r+s 1993, 329; OLG Köln Urt. v. 09.11.2004 – 9 U 1/04 – zfs 2005, 248.
44 KG Beschl. v. 09.01.2015 – 6 U 100/14 – BeckRS 2015, 045.

2. Sicherung der zweckgebundenen Verwendung der Neupreisspitze

36 Der Anspruch des VN auf die Neupreisspitze entsteht erst und auch nur in der Höhe, in der die **vertragsgemäße Verwendung der Entschädigung** sichergestellt ist. Dabei geht es nur um die vom VR auszuzahlende Entschädigung, die der VN wieder anlegen muss. Hingegen muss er die vom VR abgezogene Selbstbeteiligung und auch den Restwerterlös für sein altes Fahrzeug nicht zwingend auch zur Anschaffung eines neuen Fahrzeuges verwenden.[45]

37 Zum **Nachweis** der Sicherstellung der Verwendung der erhöhten Entschädigungsleistung reicht im Regelfall die Vorlage einer Reparaturkostenrechnung oder eines rechtsverbindlichen Kaufvertrages für ein Ersatzfahrzeug aus.[46] Veräußert der VN jedoch alsbald das neu angeschaffte Ersatzfahrzeug, um den Veräußerungserlös zur Tilgung bestehender Bankverbindlichkeiten einzusetzen, fehlt es an einer **zweckgebundenen Verwendung** der Entschädigungsleistung mit der Folge, dass der Anspruch auf die Neupreisspitze entfällt.[47] Gleiches gilt für eine GmbH, die wegen Vermögenslosigkeit im Handelsregister gelöscht wurde, nachdem die Eröffnung des Insolvenzverfahrens mangels Masse abgelehnt worden war, da es für sie objektiv unmöglich ist, den Wiederbeschaffungsvorbehalt zu erfüllen.[48]

a) Erwerb eines anderen Fahrzeuges

38 Dem VN obliegt der Nachweis für die zweckentsprechende Verwendung der erhöhten Entschädigungssumme. Für diesen Nachweis genügt eine hinreichend sichere **Prognose**, dass die Verwendung der Neupreisentschädigung für den **Erwerb eines Ersatzfahrzeuges** sichergestellt ist. Bloße Absichtserklärungen des VN reichen nicht aus.[49] Notwendig ist vielmehr die Vorlage eines **rechtsverbindlichen Kaufvertrages** über den Erwerb eines neuen Fahrzeuges. Nur dieser ist in der Regel geeignet, den ernsthaften Willen des VN zu belegen, die Versicherungssumme zum Erwerb eines entsprechend teuren Ersatzfahrzeuges zu verwenden.[50]

39 Anderes kann jedoch gelten, wenn aufgrund feststehender Tatsachen der begründete Verdacht besteht, dass der **Kaufvertrag nur zum Schein** abgeschlossen worden ist. Ein solches Scheingeschäft ist aber noch nicht dann anzunehmen, wenn die verbindliche **Bestellung** des VN **unter der aufschiebenden Bedingung** erfolgt, dass der VR eine Auszahlung in Höhe der Neupreisentschädigung vornimmt.[51] Zwar stellt dies

---

45 Vgl. LG Heilbronn Urt. v. 13.06.1991 – 6 S 145/91 – NJW-RR 1991, 1180.
46 Vgl. BGH Urt. v. 28.05. 1986 – **IVa ZR 197/84** – VersR 1986, 756 = r+s 1986, 224; OLG Hamm Urt. v. 25.11.2005 – 20 U 158/05 – VersR 2006, 355 = zfs 2006, 273.
47 LG Trier Urt. v. 28.03.1996 – 6 O 3/96 – r+s 1997, 360.
48 OLG Hamm Urt. v. 21.12.1995 – 6 U 54/95 – r+s 1996, 126.
49 OLG Köln Urt. v. 13.08.1996 – 9 U 12/96 – SP 1996, 420.
50 Vgl. BGH Urt. v. 28.05. 1986 – **IVa ZR 197/84** – VersR 1986, 756 = r+s 1986, 224; OLG Hamm Urt. v. 15.06.1984 – 20 U 382/83 – VersR 1984, 1140; OLG Hamm Beschl. v. 29.12.1980 – 20 W 39/80 – VersR 1981, 273.
51 So aber OLG Hamm Urt. v. 25.11.2005 – 20 U 158/05 – VersR 2006, 355 = zfs 2006, 273.

noch keine rechtsverbindliche Vereinbarung dar, da der Kaufvertrag erst mit Zahlungseingang der kompletten Neupreisentschädigung zustande kommen soll. Andererseits lässt eine solche Absprache keinen vernünftigen Zweifel zu, dass der VN die Neupreisspitze für die Anschaffung eines entsprechenden Ersatzfahrzeuges verwenden will. Denn die für den VN unter der aufschiebenden Bedingung abgegebene rechtsverbindliche **Bestellung** eines fabrikneuen Fahrzeuges **mündet**, wenn sie in dieser Form durch den Kfz-Händler bereits bestätigt wurde, **im Falle der Zahlung** der Neupreisentschädigung durch den VR **ohne weiteres Zutun der Vertragsbeteiligten in den Abschluss eines rechtswirksamen Kaufvertrages ein**, der aber als solcher – unbestritten – für den Nachweis einer bedingungsgemäßen Verwendung der Neupreisspitze ausreicht. Es ist ein nachvollziehbares Anliegen des VN, wenn er durch die aufschiebende Bedingung sicherstellen will, dass er an seine Bestellung für den Fall nicht mehr gebunden ist, dass der VR wider Erwarten die Neupreisentschädigung doch nicht erbringt. Mit einem Scheingeschäft hat dies nichts zu tun. Auch der VR erleidet keinerlei Nachteile. Verweigert er die Neupreisspitze, wird zwar die Neuwagenbestellung des VN hinfällig; dies ändert aber nichts an der Verpflichtung des VR, dem VN eine Entschädigungszahlung jedenfalls in Höhe des um den Restwert verminderten Wiederbeschaffungswertes zur Verfügung zu stellen.

Bestehen begründete Anhaltspunkte dafür, dass **der VN den bereits abgeschlossenen Kaufvertrag** im Einvernehmen mit dem Verkäufer **aufzuheben oder abzuändern gedenkt**, so ist der VR berechtigt, die Erfüllung des Kaufvertrages abzuwarten, bevor er die erhöhte Entschädigung leistet.[52] Dies gilt auch, wenn dem VN offensichtlich die finanziellen Mittel fehlen, um den Kaufvertrag erfüllen zu können.[53] Versucht der VN durch Vorlage eines **gefälschten Kaufvertrages** über ein tatsächlich nicht angeschafftes Ersatzfahrzeug den VR zur Zahlung einer Neuwertentschädigung zu veranlassen, ist der VR insgesamt leistungsfrei.[54] 40

Gesichert ist die Verwendung der Neupreisspitze im Sinne der Klausel auch dann, wenn der VN das nach dem Versicherungsfall gelieferte **Ersatzfahrzeug schon zuvor bestellt** hatte.[55] Demgegenüber genügt die Anschaffung eines Neufahrzeuges schon vor dem Versicherungsfall nicht.[56] Auch der **Abschluss eines Leasingvertrages** über ein gleichwertiges Ersatzfahrzeug ist als »Erwerb eines anderen Fahrzeuges« im Sinne der Klausel anzusehen.[57] Der VR hat dann die Neuwertdifferenz bis zur – abgezinsten – Gesamthöhe der Leasingraten zu zahlen.[58] 41

---

52 BGH Urt. v. 28.05. 1986 – **IVa ZR 197/84** – VersR 1986, 756 = r+s 1986, 224.
53 OLG Hamm Urt. v. 08.02.1995 – 20 U 244/94 – VersR 1996, 183 = zfs 1995, 221.
54 OLG Frankfurt/M. Urt. v. 03.07.1985 – 17 U 78/84 – VersR 1987, 176.
55 BGH Urt. v. 31.10.1984 – **IVa ZR 33/84** – VersR 1985, 78 = NJW 1985, 917.
56 LG Köln Urt. v. 14.07.1982 – 24 O 120/82 – VersR 1984, 1185.
57 OLG Hamburg Urt. v. 24.04.1998 – 14 U 217/95 – DAR 1999, 481 = MDR 1998, 964; OLG Frankfurt/M. Urt. v. 18.01.1996 – 12 U 71/95 – VersR 1996, 1532.
58 Vgl. Stiefel/Maier/*Meinecke* A.2.6 AKB Rn. 51.

A.2.5.1.3 AKB Verwendungsauflage für die Neupreisspitze

42 Der VN ist nicht gehalten, einen anderen Pkw der gleichen Marke mit derselben Ausstattung zum gleichen Preis zu kaufen. Auch der **Ankauf eines beschädigten Fahrzeuges und dessen Instandsetzung** unter Verwendung der Neupreisentschädigung genügt den Anforderungen des A.2.5.1.3 AKB.[59] Der VN kann die Entschädigung auch für den **Kauf von zwei geringwertigeren Ersatzfahrzeugen** verwenden, wenn die Fahrzeuge **nebeneinander** und nicht nacheinander **angeschafft** werden.[60] Entscheidend ist allein, ob innerhalb der Zweijahresfrist nach Feststellung der Entschädigung der verbindliche Kaufvertrag auch für das zweite Fahrzeug abgeschlossen wird. Ausreichend für die Zuerkennung der Neuwertentschädigung ist es auch, wenn der mit dem VN nicht personenidentische **Eigentümer** des beim Versicherungsfall beschädigten Fahrzeuges die **Ersatzbeschaffung** vornimmt.

43 Es genügt auch, dass die **Ersatzbeschaffung vom bisherigen Halter** oder einem (anderen) **Familienmitglied des VN** vorgenommen wird, wenn dem VN jedenfalls die bisherige Nutzungsmöglichkeit erhalten bleibt.[61] Demgegenüber reicht es nicht, wenn eine GmbH das Neufahrzeug anstelle des VN anschafft, wenn der VN lediglich am Stammkapital der GmbH beteiligt ist.[62]

44 Werden durch den Versicherungsfall einzelne, **mitversicherte Fahrzeug- oder Zubehörteile** beschädigt (z. B. Nebelscheinwerfer und Heckspoiler), so genügt der VN dem Wiederherstellungsvorbehalt der Klausel auch dann, wenn er zwar nicht diese Teile, aber andere Zubehörteile (z. B. eine Wegfahrsperre) beschafft und in sein Fahrzeug einbauen lässt.[63]

b) **Reparatur des Fahrzeuges**

45 Alternativ kann der VN sich für die Reparatur des Fahrzeuges entscheiden und einen verbindlichen Reparaturauftrag vorlegen. Den endgültigen Anspruch des VN auf die Neuwertspitze wird man bei dieser Alternative jedoch letztlich erst nach tatsächlich durchgeführter Reparatur in Verbindung mit der **Vorlage einer Reparaturkostenrechnung** anerkennen können, wobei der VR zu einer Nachbesichtigung des reparierten Fahrzeuges ebenso wie zu einer Rechnungsprüfung berechtigt ist, um festzustellen, ob die Voraussetzungen für die Zuerkennung der Neupreisspitze eingehalten wurden.

---

59 Vgl. OLG Hamm Urt. v. 13.02.1991 – 20 U 184/90 – VersR 1991, 1239 = zfs 1991, 168; AG Augsburg Urt. v. 19.07.1989 – 7 C 2316/89 – VersR 1990, 485.
60 OLG Köln Urt. v. 13.08.1996 – 9 U 12/96 – SP 1996, 420; OLG Hamm Urt. v. 09.12.1987 – 20 U 114/87 – zfs 1988, 119; LG Ulm Urt. v. 31.10.1990 – 1 S 188/90 – DAR 1991, 182.
61 OLG Köln Urt. v. 16.11.1989 – 5 U 203/88 – VersR 1990, 263 = r+s 1991, 11; **a. A.** OLG Karlsruhe Urt. v. 30.06.1994 – 12 U 88/94 – VersR 1995, 777 = zfs 1995, 18, wonach das Familienmitglied entweder Eigentümer oder Halter des vom Versicherungsfall betroffenen Kfz gewesen sein muss, auch wenn es dem VN das Ersatzfahrzeug zur ausschließlichen Nutzung überlässt.
62 OLG Dresden Urt. v. 06.09.1994 – 3 U 142/94 – VersR 1995, 1045 = r+s 1994, 447.
63 OLG Hamm Urt. v. 18.01.1995 – 20 U 222/94 – VersR 1995, 1303 = r+s 1995, 173.

c) Folgen fehlender Sicherung der Verwendung der Neupreisentschädigung

Bei der Regelung in A.2.6.3 AKB handelt es sich nicht um eine vertragliche Obliegen- 46
heit für den VN, sondern lediglich um eine Bestimmung zur Feststellung der Entschädigungshöhe. Kann daher der VN nicht sicherstellen, dass er die Neupreisentschädigung für die Reparatur oder den Erwerb eines anderen Fahrzeuges verwendet, so verliert er nur seinen Anspruch auf die Neupreisspitze, nicht hingegen seinen generellen Entschädigungsanspruch, der dann allerdings maximal auf den Wiederbeschaffungswert seines Fahrzeuges beschränkt ist.

3. Verwendung innerhalb von zwei Jahren nach Feststellung der Entschädigung

Den Nachweis, dass die Neuwertspitze für die Reparatur des Fahrzeuges oder den Er- 47
werb eines anderen Fahrzeuges verwendet wird, hat der VN innerhalb von zwei Jahren nach Feststellung der Entschädigung durch den VR zu erbringen. Der **Fristbeginn** knüpft an die Feststellung des Wiederbeschaffungswertes durch den VR (vgl. A.2.5.2.1 AKB) oder im Sachverständigenverfahren (vgl. A.2.5.1.1 AKB) an. Sofern der VR die Leistung aus anderen Gründen ablehnt, etwa weil er die Deckung wegen einer Obliegenheitsverletzung versagt oder Vorsatz einwendet, wird die Frist erst durch eine gerichtliche Entscheidung in Lauf gesetzt, in der die Entschädigung des VN festgestellt wird. Die Fristberechnung erfolgt nach § 187 **Abs. 1 BGB.**[64]

Reparatur oder Ersatzbeschaffung müssen **nicht zwingend innerhalb der Zweijahres-** 48
frist erfolgt sein. Es muss innerhalb der Frist **nur sichergestellt sein**, dass die über den Wiederbeschaffungswert hinausgehende Neupreisentschädigung auch zweckentsprechend verwendet wird. Damit wird insbesondere im Falle der Ersatzbeschaffung etwaigen überlangen Lieferfristen Rechnung getragen. Schafft sich der VN ein billigeres **Interimsfahrzeug** an, so verliert er seinen Anspruch auf die Neuwertentschädigung nicht, wenn er diese zwar später, aber jedenfalls noch innerhalb der Zweijahresfrist, reinvestiert.[65]

4. Anteilige Neuwertentschädigung

Nach dem Wortlaut der Klausel wird dem VN die Neupreisentschädigung »*nur in der* 49
Höhe« gewährt, »*in der gesichert ist,*« dass die Entschädigung auch zweckentsprechend verwendet wird. Daraus folgt, dass auch eine teilweise Entschädigungsleistung in Betracht kommt, soweit der VN für die **Anschaffung eines anderen Fahrzeuges** nicht den vollen Neupreis des versicherten Fahrzeuges – unter Berücksichtigung erzielbarer Nachlässe, A.2.5.1.8 AKB – investiert, sondern lediglich einen geringeren Betrag, der aber immer noch oberhalb des Wiederbeschaffungswertes liegt. Reinvestiert der VN die Entschädigung in die **Reparatur seines Fahrzeuges**, so stellen die konkret nachgewiesenen Reparaturkosten gemäß A.2.5.2.1a AKB, wenn sie oberhalb des Wiederbeschaffungswertes, aber unterhalb des Neupreises liegen, die Höchstentschädigung dar.

---

64 Vgl. hierzu LG Koblenz Urt. v. 29.11.1990 – 1 O 196/90 – zfs 1991, 98.
65 OLG Hamm Urt. v. 06.02.1987 – 20 U 305/86 – VersR 1988, 571 = zfs 1988, 256.

A.2.5.1.3 AKB Verwendungsauflage für die Neupreisspitze

In beiden Fällen ist die **Entschädigungsobergrenze** stets der Neupreis des Fahrzeuges, A.2.5.6 AKB.

5. Rückzahlungspflicht des VN

50 Zahlt der VR die Neuwertspitze und weist der VN nicht innerhalb der in A.2.5.1.3 AKB genannten Frist deren vertragsgerechte Verwendung nach, besteht gemäß § 93 S. 2 VVG eine gesetzliche Rückzahlungspflicht des VN. Sie setzt voraus, dass der VN die Neupreisentschädigung schuldhaft nicht innerhalb der Zweijahresfrist für die Reparatur des Fahrzeuges oder die Anschaffung eines anderen Fahrzeuges verwendet hat. **Kein Verschulden des VN liegt vor** bei Kapitalmangel aufgrund unberechtigter Deckungsablehnung des VR. Auch bei einem Finanzbedarf des VN infolge unerwarteter Scheidung oder plötzlich aufkommender Verbindlichkeiten, die den VN schicksalhaft treffen, wird man ein Verschulden nicht annehmen können.

51 Die Rückzahlungspflicht trifft den VN jedoch dann, wenn der VR zwar zunächst rechtskräftig zur Zahlung der Neupreisentschädigung verurteilt wurde, weil das Gericht den Nachweis einer Ersatzanschaffung durch Vorlage des Kaufvertrages als bewiesen angesehen hatte, dieser **Kaufvertrag** dann aber **nachträglich aufgehoben** wird. Der BGH[66] hatte dies in einer älteren Entscheidung noch anders beurteilt und darauf abgestellt, dass es sich bei der Frage, ob die Verwendung der Neuwertspitze als »gesichert« anzusehen sei, um eine Prognose handele, für die auf den Zeitpunkt der letzten mündlichen Verhandlung abzustellen sei. Das nachträgliche Verhalten des VN und damit die Auflösung des Kaufvertrages könne den Bestand des einmal rechtskräftig festgestellten Anspruches auf die den Zeitwert übersteigende Neuwertspitze nicht mehr berühren. Allerdings existierte damals weder im VVG, noch in den AKB eine dem § 93 S. 2 VVG vergleichbare Rückzahlungsregelung. Nach neuem Recht wird man daher auch in dem vom BGH entschiedenen Fall künftig eine Verpflichtung des VN zur Rückzahlung der Neuwertspitze annehmen müssen. Wenn der Kaufvertrag für den Erwerb eines anderen Fahrzeuges nachträglich aufgelöst wird, kann der **Rückzahlungsanspruch vom VR auf Tatsachen gestützt** werden, die **nach dem Zeitpunkt der letzten mündlichen Verhandlung eingetreten** sind und unmittelbar das damals der Entscheidung zugrunde gelegte Tatbestandsmerkmal »Sicherung der Wiederherstellung oder Wiederbeschaffung« in § 93 S. 1 VVG betreffen.[67]

6. AGB-rechtliche Prüfung

52 Die Klausel kann auch unter AGB-rechtlichen Gesichtspunkten nicht als unangemessen oder überraschend angesehen werden, zumal der BGH inzwischen auch für die Kfz-Haftpflichtversicherung entschieden hat, dass ein Geschädigter, dessen neuer Pkw erheblich beschädigt worden ist, den ihm entstandenen Schaden nur dann auf Neuwagenbasis abrechnen kann, wenn er ein fabrikneues Ersatzfahrzeug angeschafft hat.[68]

---

66 Vgl. BGH Urt. v. 28.05.1986 – **IVa ZR 197/84** – VersR 1986, 756 = r+s 1986, 224.
67 Vgl. Schirmer DAR 2008, 319, 325.
68 BGH Urt. v. 09.06.2009 – **VI ZR 110/08** – VersR 2009, 1092 = DAR 2009, 452.

Totalschaden **A.2.5.1.5 AKB**

IV. Abzug bei fehlender Wegfahrsperre im Falle eines Diebstahls – A.2.5.1.4 AKB

Die Prämien der VR sind so kalkuliert, dass sie eine selbstschärfende, elektronische 53 Wegfahrsperre als standardmäßige Ausstattung des zu versichernden Fahrzeuges voraussetzen. »**Selbstschärfend**« bedeutet, dass sich die Wegfahrsperre automatisch einschaltet, sobald der Zündschlüssel abgezogen wird und die Sperrwirkung erst dann wieder entfällt, wenn der Schlüssel erneut ins Zündschloss gesteckt und hierdurch die Zündung aktiviert wird.[69] Trotzdem gibt es noch Fahrzeuge, die diesen Diebstahlschutz nicht aufweisen. Der VN eines solchen Fahrzeuges wird deshalb zwar nicht mit einem Risikozuschlag belastet, muss aber bei einem Versicherungsfall, der infolge Diebstahls seines Pkw oder Campingfahrzeuges eintritt, einen **Abzug von regelmäßig 10 %** der ansonsten vom VR zu leistenden Entschädigungssumme in Kauf nehmen. Dabei ist der **Abzug** nicht auf die Fälle des Verlustes des versicherten Fahrzeuges beschränkt, sondern **erstreckt sich auch auf diejenigen Fälle**, in denen das **Fahrzeug infolge des Diebstahls einen Totalschaden erleidet oder zerstört** wird, (z. B. bei einer Fahrt des Diebes mit anschließendem Unfall).

Umgekehrt ist der **Abzug nicht vorzunehmen**, wenn auch eine intakte Wegfahrsperre 54 die Entwendung des Fahrzeuges nicht hätte verhindern können, so z. B. bei einem Raub oder einer Entwendung mit einem Schlüssel nach vorangegangenem Schlüsseldiebstahl.[70]

Nach der Systematik der Regelung gilt der vereinbarte prozentuale Abzug generell bei 55 Totalschaden, Zerstörung oder Verlust des Fahrzeuges. Er entfällt nur dann, wenn das Fahrzeug zum Schadenzeitpunkt mit der geforderten Wegfahrsperre gesichert war. Daraus folgt, dass im Streitfall der **VN** in vollem Umfange (§ 286 ZPO) **zu beweisen hat, dass sein Fahrzeug** im Zeitpunkt des Diebstahls mit einer selbstschärfenden elektronischen Wegfahrsperre nicht nur ausgerüstet, sondern auch **gesichert war**. Kann der VN diesen Beweis nicht führen, ist der VR zu dem vereinbarten Abzug nach Maßgabe des A.2.5.1.4 S. 1 AKB berechtigt.

Ist eine **Selbstbeteiligung** (A.2.5.8 AKB) vereinbart, so ist diese von dem nach 56 A.2.5.1.4 AKB prozentual verminderten Entschädigungsbetrag in Abzug zu bringen.

V. Was versteht man unter Totalschaden, Wiederbeschaffungswert, Restwert und Neupreis? – A.2.5.1.5 bis A.2.5.1.8 AKB

1. Totalschaden – A.2.5.1.5 AKB

Ein Totalschaden ist **nicht in jedem Fall** mit einer **Zerstörung** des Fahrzeuges (vgl. 57 A.2.5.1 AKB Rdn. 10) gleichzusetzen. Auch setzt er nicht zwingend voraus, dass die Instandsetzung des Fahrzeuges technisch unmöglich ist. Vielmehr ist ausreichend auch ein Schaden, dessen Reparatur in technischer Hinsicht zwar ohne weiteres

---

69 Feyock/*Jacobsen*/Lemor A.2 AKB Rn. 119.
70 Zu letzterem a. A. AG Frankfurt/M. Urt. v. 25.03.1996 – 30 C 3137/95-20 – NJW-RR 1996, 1309.

A.2.5.1.5 AKB Totalschaden

noch möglich ist, sich aber als unwirtschaftlich darstellt, weil die Reparaturkosten den Wiederbeschaffungswert übersteigen. Dies war unter der Geltung der alten AKB nicht so eindeutig. Da § 13 AKB a.F. nur die Begriffe »Beschädigung« auf der einen Seite sowie »Zerstörung« und »Verlust« auf der anderen Seite kannte, versuchte die Rechtsprechung in der Vergangenheit, den Begriff des »Totalschadens« in das Gefüge des § 13 AKB a. F. systematisch einzuordnen. Dabei wurde betont, dass ein zerstörtes Fahrzeug zwar immer auch einen wirtschaftlichen Totalschaden erlitten hat, umgekehrt aber in einem wirtschaftlichen Totalschaden nicht zwingend immer auch eine Zerstörung des Fahrzeuges zu sehen ist.[71] Demnach wurde bei einem **wirtschaftlichen Totalschaden**, bei dem das Fahrzeug noch reparaturfähig war, eine »Zerstörung« i. S. v. § 13 AKB a. F. nicht angenommen.[72] Die Definition des Begriffs »Totalschaden« in A.2.5.1.5 AKB setzt nun nicht mehr voraus, dass die Instandsetzung des Fahrzeuges technisch unmöglich ist, sondern knüpft allein an den Wiederbeschaffungswert des Fahrzeuges zum Schadenzeitpunkt an, den die zur Instandsetzung erforderlichen Reparaturkosten übersteigen müssen.

58 Bewegen sich die kalkulierten Reparaturkosten **oberhalb des Wiederbeschaffungswertes**, liegt ein Totalschaden gemäß A.2.5.1.5 AKB vor mit der Folge einer Abrechnung nach A.2.5.1.1 AKB. Bleiben sie **unterhalb des Wiederbeschaffungswertes**, liegt kein Totalschaden vor, so dass die Entschädigungsabrechnung nach A.2.5.2.1 AKB erfolgt, (zur **Erforderlichkeit der Kosten** vgl. für die konkrete Abrechnung A.2.5.2 AKB Rdn. 6 ff. und für die fiktive Abrechnung A.2.5.2 AKB Rdn. 37 ff.). Dies gilt auch für den Fall des »wirtschaftlichen Totalschadens«, bei dem die kalkulierten Reparaturkosten den Wiederbeschaffungsaufwand (Wiederbeschaffungswert abzüglich Restwert) des Fahrzeuges übersteigen. Anders als in der Kfz-Haftpflichtversicherung sind für die Definition eines Totalschadens die Reparaturkosten nicht in Relation zu setzen zu dem Wiederbeschaffungsaufwand. Vielmehr kann der VN vom VR auch die den Wiederbeschaffungsaufwand übersteigenden **Reparaturkosten bis** maximal **zur Höhe des Wiederbeschaffungswertes** fordern, weil nach der Definition des Totalschadens in A.2.5.1.5 AKB die Totalschadenabrechnung entsprechend A.2.5.1.1 AKB erst dann greift, wenn die Reparaturkosten des Fahrzeuges den Wiederbeschaffungswert übersteigen. Zu beachten ist aber, dass auch für den Fall, dass kein Totalschaden vorliegt, der Anspruch des VN im Falle des fiktiv abgerechneten Reparaturschadens nach Maßgabe des A.2.5.2.1b AKB auf den Wiederbeschaffungsaufwand beschränkt sein kann.

59 Der VR ist auch dann berechtigt, den VN auf eine Totalschadenabrechnung nach A.2.5.1.1 AKB zu verweisen, wenn die zur Reparatur seines Fahrzeuges erforderlichen Instandsetzungskosten die Grenze von **130 % des Wiederbeschaffungswertes** nicht

---

71 BGH Urt. v. 03.06.1970 – **IV ZR 1046/68** – NJW 1970, 1604; OLG Koblenz Urt. v. 20.11.1998 – 10 U 1428/97 – VersR 1999, 1231; OLG Hamm Urt. v. 04.09.1997 – 6 U 84/97 – VersR 1998, 578; OLG Köln Urt. v. 19.12.1995 – 9 U 51/95 – VersR 1997, 102.
72 OLG Köln Urt. v. 17.08.2004 – 9 U 3/04 – r+s 2004, 453; OLG Nürnberg Urt. v. 20.03.1997 – 8 U 3879/96 – VersR 1997, 1350 = zfs 1997, 302.

übersteigen, und zwar auch dann, wenn der VN sein Kfz vollständig und fachgerecht hat reparieren lassen. Die im Haftpflichtschadenrecht anerkannte Ausnahme, wonach der Geschädigte in einem solchen Fall gleichwohl Anspruch auf Ersatz der entstandenen Reparaturkosten hat,[73] lässt sich aufgrund des eindeutigen Wortlautes in A.2.5.1.5 AKB nicht auf die Kaskoversicherung übertragen.[74]

2. Wiederbeschaffungswert – A.2.5.1.6 AKB

a) Allgemeine Wertermittlung

Nach dem Wortlaut des A.2.5.1.6 AKB stellt der Wiederbeschaffungswert denjenigen 60 Preis dar, den der VN am Tag des Schadenereignisses für den Erwerb eines gleichartigen und gleichwertigen gebrauchten Ersatzfahrzeuges aufwenden muss. Abzustellen ist auf die **Händler-Verkaufspreise des seriösen regionalen Gebrauchtwagenmarktes**, wo ein Gebrauchtfahrzeug nach gründlicher technischer Überprüfung – ggf. mit »Werkstattgarantie« – erworben werden kann. Die Verkaufspreise für Gebrauchtwagen liegen aufgrund der Gewinnspanne der Händler etwa 10–20 % über dem Zeitwert der Fahrzeuge. Insofern ist dieser **Zeitwert** (»gemeine Wert«), den der **BGH**[75] unter Zugrundelegung der bis zum 31.12.1984 geltenden AKB noch als den Preis definierte, der für die Wiederbeschaffung eines Ersatzwagens gleicher Art und Güte im gleichen Abnutzungszustand vom VN aufzuwenden sei, **mit dem** nach A.2.5.1.6 maßgeblichen **Wiederbeschaffungswert nicht identisch**. Der Wiederbeschaffungswert wird in der Regel durch einen **Sachverständigen** auf der Grundlage statistischer Markterhebungen zu den Gebrauchtwagenpreisen des betreffenden Fahrzeugtyps auf dem **örtlichen Gebrauchtwagenmarkt** ermittelt.

Der vom VN durch den Totalschaden erlittene **Verlust der »Ersthandeigenschaft«** 61 bleibt bei der Wertermittlung unberücksichtigt.[76] Sofern ein Fahrzeugtyp wegen der engen Stückzahl oder der Seltenheit nicht regional angeboten wird, muss ausnahmsweise auf den überregionalen Markt ausgewichen werden. Für die Ermittlung des Wiederbeschaffungswertes ist maßgeblich, in welchem **Segment** (Privatverkauf oder Händlerverkauf, letzterer auch noch unterteilt in Markenhändler oder reine Gebrauchtwagenhändler) Fahrzeuge des geschädigten Typs und Alters vorrangig gehandelt werden.[77]

Eurotax Schwacke und **DAT** veröffentlichen laufend die Preisentwicklung aller gängi- 62 gen Fahrzeugtypen. Die dort gefundenen ermittelten Werte sind jedoch zu überprüfen und mit den jeweiligen Angeboten des regionalen Kfz-Handels sowie den Angeboten in **Tageszeitungen**, **Fachzeitschriften** und **Internet-Verkaufsplattformen** zu vergleichen.

---

73 BGH Urt. v. 15.11.2011 – **VI ZR 30/11** – r+s 2012, 101 = NZV 2012, 219; BGH Urt. v. 15.02.2005 – **VI ZR 70/04** – r+s 2005, 172 = NJW 2005, 1108; BGH Urt. v. 15.02.2005 – **VI ZR 172/04** – r+s 2005, 174 = NJW 2005, 1110.
74 Ebenso Stiefel/Maier/*Meinecke* A.2.6 AKB Rn. 11.
75 Vgl. BGH Urt. v. 22.02.1984 – **IVa ZR 145/82** – VersR 1984, 480 = NJW 1984, 2165.
76 BGH Urt. v. 07.03.1978 – **VI ZR 237/76** – NJW 1978, 1373 = MDR 1978, 827.
77 Stiefel/Maier/*Meinecke* A.2.6 AKB Rn. 20.

A.2.5.1.6 AKB Wiederbeschaffungswert

Bei den rechnerisch ermittelten Werten nach DAT und Schwacke wird eine mittlere, dem Baujahr entsprechende Laufleistung, eine mindestens zwölfmonatige Plakettenlaufzeit sowie ein 50 %-iger Profilzustand der Bereifung zugrunde gelegt. Entsprechend den Fahrzeugarten sind diesbezüglich entsprechende Auf- oder Abschläge vorzunehmen. Zudem wird der Wiederbeschaffungswert beeinflusst von der regionalen Marktlage, von ausstehenden Reparaturen, Vor- bzw. Altschäden, Sonderausstattungen sowie der Anzahl der Vorbesitzer.

63 Der Sachverständige berücksichtigt das Fahrzeug in der **Ausstattung**, wie es vom Hersteller ausgeliefert wurde einschließlich aller **nachträglich eingebauten Fahrzeugteile und allen Zubehörs**, das als beitragsfrei gemäß A.2.1.2.1 AKB bzw. abhängig vom Gesamtneuwert nach A.2.1.2.2 AKB mitversichert ist. Wurden bei Abschluss des Versicherungsvertrages besonders hochwertige Zubehör- oder Fahrzeugteile nach Maßgabe des A.2.1.2.2 Abs. 2 AKB gegen Prämienzuschlag mitversichert, ist der Wiederbeschaffungswert auch dieser Teile – ggf. gesondert – zu berücksichtigen bzw. zu ermitteln.

64 Für nicht beschädigtes oder zerstörtes, aber mitversichertes Sonderzubehör in einem ansonsten total beschädigten Fahrzeug sind vom VR jedenfalls die **Umbaukosten** zu erstatten. Sofern ein Umbau technisch nicht möglich oder unwirtschaftlich ist und für die Sonderausstattung kein Gebrauchtmarkt vorhanden ist, hat der VR neben dem Wiederbeschaffungswert des Fahrzeuges auch den **Neupreis für die Sonderausstattung** sowie deren Einbaukosten zu entschädigen.[78]

65 Wurde bei Vertragsschluss der **Versicherungswert für das Fahrzeug** durch einen bestimmten Betrag **als Taxe gemäß § 76 VVG vereinbart**, so gilt dieser Betrag – von den in § 76 VVG genannten Ausnahmen abgesehen – grundsätzlich als Entschädigungsbetrag. Allerdings reicht es für die Festsetzung einer Taxe nicht aus, dass der Neupreis im Versicherungsantrag aufgeführt ist. Gibt der VN selbst auf einem »Bewertungsbogen für Veteranen- und Liebhaberfahrzeuge« den Fahrzeugwert an, so liegt hierin eine taxmäßige Festsetzung des Versicherungswerts i. S. v. § 76 S. 1 VVG. Beanstandet der VR die Bewertung nicht, so kann er im Schadenfall nur einen etwaigen Wertverlust zwischen Versicherungsbeginn und Versicherungsfall einwenden (§ 76 S. 2 VVG), nicht jedoch einen geringeren Wiederbeschaffungswert bei Vertragsabschluss.[79]

66 Für die Ermittlung des Wiederbeschaffungswertes von **Fahrzeugteilen und Fahrzeugzubehör (A.2.1.2 AKB)** gilt entsprechendes.

b) Individuelle Verhältnisse des VN als wertbildende Faktoren

67 Der Wiederbeschaffungswert ermittelt sich nicht aus dem für jedermann zugänglichen objektiven oder durchschnittlichen Kaufpreis für ein vergleichbares Fahrzeug. Er bemisst sich vielmehr nach den **subjektiven individuellen Verhältnissen des VN**. A.2.5.1.6 AKB verwendet – ebenso wie andere AKB-Bestimmungen auch – eine per-

---

78 Vgl. LG Düsseldorf Urt. v. 09.07.2004 – 11 O 526/00 – SP 2005, 138.
79 LG Mainz Urt. v. 30.05.1995 – 3 S 391/94 – VersR 1996, 226.

sonalisierte Anrede und spricht von dem »*Preis, den Sie... bezahlen müssen*«. Adressat der Klausel ist damit grundsätzlich der jeweilige VN. Bei der Versicherung für fremde Rechnung (z. B. bei Leasingfahrzeugen, vgl. A.2.3 AKB Rdn. 59 ff. und A.2.3 AKB Rdn. 68 ff.) ist auf die Verhältnisse des Versicherten als dem Eigentümer des Fahrzeuges abzustellen. Ist der VN selbst Kfz-Händler und wird ihm ein als Vorführwagen zum Verkauf stehendes Fahrzeug entwendet, so ist seine Möglichkeit, ein vergleichbares Fahrzeug zum **Händlereinkaufspreis** zu erwerben, bei der Berechnung der Entschädigung mit zu berücksichtigen.[80] Dies gilt auch für **Preisnachlässe**, wenn der VN bzw. Versicherte auf sie einen Rechtsanspruch hat. Dies können **Flottenrabatte** eines Großabnehmers sein, aber auch **Fahrlehrer- oder Werksangehörigenrabatte**, (vgl. zu letzterem A.2.5.1 AKB Rdn. 101).

Ist der geschädigte Eigentümer zum Vorsteuerabzug berechtigt, bleibt die Mehrwertsteuer bei der Entschädigung außen vor. Außerdem ist ein eventueller Selbstbehalt nach A.2.5.8 AKB zu berücksichtigen und im Fall des Verlustes des Fahrzeug ein möglicher Abzug nach A.2.5.1.4 AKB bei Fehlen einer elektronischen Wegfahrsperre. 68

c) **Liebhaberfahrzeuge und Oldtimer**

Für **Oldtimer** und sonstige **Unikate** wird der örtliche Gebrauchtwagenmarkt im Regelfall keine zuverlässige Basis zur Ermittlung des Wiederbeschaffungswertes darstellen, so dass überregionale Angebote mit einzubeziehen sind. Zudem existieren spezielle Märkte, sei es in Fachzeitschriften oder in Internetbörsen, bei denen sich die Preisbildung allein durch Angebot und Nachfrage interessierter Kreise unter Ausschluss des regulären Gebrauchtwagenhandels vollzieht. Der Wiederbeschaffungswert für Oldtimer orientiert sich daher regelmäßig an den Preisen, die auf derartigen **Spezialmärkten** erzielbar sind. Ein besonderer **Liebhaberwert** des VN bleibt bei der Wertermittlung unberücksichtigt, solange er sich nicht in den Preisen der entsprechenden Märkte widerspiegelt; das reine **Affektionsinteresse** ist über die AKB grundsätzlich nicht versichert.[81] Gleiches gilt für **Liebhaberfahrzeuge**, die nur in geringer Stückzahl produziert wurden und als Neufahrzeuge nicht mehr erhältlich sind. Auch bei einem **Unikat** ist die Entschädigung auf den Wiederbeschaffungswert begrenzt.[82] Bei einem **aus mehreren Altteilen zusammengesetzten Fahrzeug** kann sich der VR nicht auf eine angeblich fehlende Zulassungsfähigkeit berufen, wenn auf seine Initiative hin vor Annahme des Versicherungsantrages ein Sachverständigengutachten zur Ermittlung des Verkehrswertes erstellt wurde.[83] 69

---

80 OLG Karlsruhe Urt. v. 05.02.2004 – 12 U 142/03 – VersR 2004, 857 = zfs 2004, 220.
81 BGH Urt. v. 23.02.1994 – **IV ZR 28/93** – VersR 1994, 554 = NJW 1994, 1290 (**für einen Oldtimer**).
82 Vgl. BGH Urt. v. 02.03.2010 – VI ZR 144/09 – r+s 2010, 258 = NJW 2010, 2121 zum Haftpflichtschaden.
83 OLG Koblenz Urt. v. 06.04.2001 – 10 U 684/00 – r+s 2001, 277 = zfs 2001, 505 (**für ein Motorrad Harley-Davidson, Erstzulassung 1954**).

A.2.5.1.7 AKB Restwert

d) Reimport- und Spezialfahrzeuge

70 Die generell niedrigeren Preise von Reimportfahrzeugen beeinflussen den Wiederbeschaffungswert eines solchen Fahrzeuges nur dann, wenn ein **eigener Markt** speziell für diese Fahrzeuggruppe existiert. Allerdings darf der Wiederbeschaffungswert nicht über dem Fahrzeugpreis liegen, den der VN unter Berücksichtigung des Reimportpreises einschließlich aller individuellen Rabattvorteile für ein vergleichbares Neufahrzeug aufwenden müsste, (vgl. A.2.5.1.8 AKB).

71 Für Spezialfahrzeuge oder Sonderanfertigungen, die nur in geringer Stückzahl produziert wurden, existiert **kein Gebrauchtwagenmarkt** und damit faktisch keine reale Wiederbeschaffungsmöglichkeit. Zur Bestimmung des Wiederbeschaffungswertes solcher Fahrzeuge können als Bewertungsfaktoren der **Anschaffungspreis**, der **Erhaltungszustand** und die **technische Lebensdauer** des Fahrzeuges unter Berücksichtigung der bis zum Schadenzeitpunkt tatsächlich erfolgten Nutzung herangezogen oder auch die Kosten für einen Nachbau (»**Replika**«) zugrunde gelegt werden.[84]

e) Der Preis am Tag des Schadenereignisses

72 **Preisschwankungen** in der Zeit nach dem Eintritt des Versicherungsfalles haben auf die Höhe des Wiederbeschaffungswertes keinen Einfluss. Für die Ermittlung des »am Tag des Schadenereignisses« vom VN zu bezahlenden Preises kommt es auch bei einem **Schadenfall im Ausland** nicht auf den Gebrauchtwagenmarkt am ausländischen Schadenort an.[85] Grundlage der Entschädigung ist allein der Wiederbeschaffungswert auf **Basis der deutschen Gebrauchtwagenpreise**. Dabei ist allein der Schadentag maßgeblich, weshalb spätere Preiserhöhungen ebenso unberücksichtigt bleiben wie Preisermäßigungen. Auf den Tag des Schadens ist auch abzustellen für die **Erstattungsfähigkeit der Mehrwertsteuer**, so dass der spätere Wegfall einer Vorsteuerabzugsberechtigung des VN ohne Belang ist.[86]

3. Restwert – A.2.5.1.7 AKB

a) Brutto- oder Nettorestwert?

73 Als Restwert wird der Betrag bezeichnet, der für das Fahrzeug nach Eintritt des Versicherungsfalles in beschädigtem oder zerstörtem Zustand noch auf dem allgemeinen Markt – auch unter Vermittlung des VR – bei einem Restwerteaufkäufer erzielbar ist. Ob es sich dabei um einen Restwert ohne Mehrwertsteuer (sog. **Nettorestwert**) oder mit Mehrwertsteuer (sog. **Bruttorestwert**) handelt, richtet sich danach, ob das versicherte Kfz steuerlich zum Betriebsvermögen des VN gehört, der VN also umsatzsteuerpflichtig und damit vorsteuerabzugsberechtigt ist oder nicht. Maßgeblich für die Höhe des anzusetzenden Restwerts ist immer der Betrag, der dem VN nach Veräußerung seines Unfallfahrzeuges verbleibt.

---

84 LG Köln Urt. v. 05.12.1990 – 24 O 109/90 – r+s 1991, 119.
85 Ebenso Stiefel/Maier/*Meinecke* A.2.6 AKB Rn. 24.
86 OLG Köln Urt. v. 03.06.1993 – 5 U 202/92 – r+s 1993, 447 = SP 1993, 357.

Restwert A.2.5.1.7 AKB

Ist der **VN** als Privatperson **nicht umsatzsteuerpflichtig**, erübrigt sich regelmäßig eine 74 Unterscheidung zwischen Brutto- und Nettorestwert, weil die Veräußerung des Restwerts kein umsatzsteuerpflichtiger Vorgang ist. Anzurechnen ist allein der Betrag, den der VN als Kaufpreis tatsächlich erlösen kann.[87] Da der nicht umsatzsteuerpflichtige VN keine Mehrwertsteuer abzuführen hat, ist beim anzurechnenden Restwert in der Regel der Bruttobetrag anzusetzen. Ist allerdings ein Restwertangebot, welches einen Kaufpreis »incl. MwSt.« ausweist, so auszulegen, dass der volle Kaufpreis nur bei Ausweisung von Mehrwertsteuer gezahlt werden soll, braucht sich auch der nicht umsatzsteuerpflichtige VN nur den geringeren Nettoerlös als Abzugsposten auf den Netto-Wiederbeschaffungswert anrechnen lassen.[88]

Insofern hängt die Höhe des anzurechnenden Betrages letztlich davon ab, wie das **Rest-** 75 **wertangebot des Händlers auszulegen** ist. Daraus, dass dem VN aufgrund der Umsatzsteuerklausel in A.2.5.4 AKB (bisher: A.2.9 AKB 2008) nur ein Anspruch auf den Netto-Wiederbeschaffungswert zusteht, folgt jedenfalls nicht, dass – quasi spiegelbildlich – in jedem Fall auch der Restwert nur in Höhe des Nettoerlöses angerechnet werden darf; eine solche wechselseitige rechtliche Abhängigkeit beider Geschäfte besteht nicht; vielmehr sind die Wiederbeschaffung eines Ersatzfahrzeuges und die Veräußerung des beschädigten Fahrzeuges umsatzsteuerrechtlich voneinander zu trennende unabhängige Vorgänge.[89]

Ist der **VN** als vorsteuerabzugsberechtigter Unternehmer **umsatzsteuerpflichtig**, ist 76 lediglich der **Nettorestwert** zu berücksichtigen. Da der Unfallwagen zum Betriebsvermögen des VN gehört, erzielt der VN bei der Veräußerung seines Fahrzeuges Umsatzsteuer gemäß § 1 Abs. 1 Nr. 1 UStG.[90] Daher stellt lediglich der dem VN nach Abführung der Umsatzsteuer an das Finanzamt verbleibende Kauferlös den anzurechnenden Restwert dar.[91]

b) Maßgeblicher Restwertmarkt

Anders als in der Kfz-Haftpflichtversicherung ist für die Restwertermittlung grundsätz- 77 lich nicht nur der regional für den VN zugängliche Markt maßgeblich, sondern auch der **überregionale Sondermarkt** spezieller Restwertaufkäufer in **Internetbörsen**. Im Gegensatz zur Stellung des Geschädigten in der Kfz-Haftpflichtversicherung ist der

---

87 BGH Urt. v. 10.09.2014 – **IV ZR 379/13** – VersR 2014, 1249 = r+s 2014, 546.
88 Vgl. BGH Urt. v. 10.09.2014 – **IV ZR 379/13** – VersR 2014, 1249 = r+s 2014, 546; nicht ausreichend differenzierend noch OLG Koblenz Urt. v. 01.12.2008 – 10 U 622/08 – VersR 2009, 1613 = r+s 2010, 235; LG Köln Urt. v. 21.08.2012 – 11 S 336/11 – SP 2012, 444.
89 BGH Urt. v. 10.09.2014 – **IV ZR 379/13** – VersR 2014, 1249 = r+s 2014, 546 **unter Aufhebung** von LG Dortmund Urt. v. 17.10.2013 – 2 S 14/13 – BeckRS 2014, 09528.
90 OLG Düsseldorf Urt. v. 06.05.2014 – I-1 U 34/13 – BeckRS 2014, 21935; OLG Jena Urt. v. 13.05.2009 – 7 U 711/08 – SP 2009, 368 = SVR 2010, 340; LG Wuppertal Urt. v. 07.03.2012 – 8 S 76/11 – r+s 2012, 535 = zfs 2012, 393.
91 BGH Urt. v. 10.09.2014 – **IV ZR 379/13** – VersR 2014, 1249 = r+s 2014, 546.

A.2.5.1.7 AKB Restwert

VN im Kaskobereich nicht Herr des Restitutionsgeschehens. Ihm obliegt vielmehr die Schadenminderungspflicht gemäß **E.1.1.4 Abs. 1 AKB**.

78 Der **lokale Markt** ist für die Ermittlung des Restwerts ausnahmsweise auch in solchen Fällen maßgeblich, in denen eine Vermittlung der Veräußerung durch den VR nicht möglich ist. Ist der VR bei einem **Unfall im Ausland** dem VN nicht beim Transport der Teile nach Deutschland behilflich, kann es für den VN unzumutbar sein, dies selbst zu organisieren, so dass er das Unfallfahrzeug vor Ort im Ausland veräußern darf; etwaige Zollspesen vermindern den Verkaufserlös,[92] nicht aber Verschrottungskosten, wenn der Wagen als nicht mehr reparables Fahrzeug vom VN im Ausland zur Verschrottung freigegeben wird.[93]

79 Da das beschädigte Fahrzeug stets im Eigentum des VN verbleibt, steht ihm auch der **Veräußerungserlös** des beschädigten oder zerstörten Fahrzeuges zu. Entsprechendes gilt für die versichwerte Person. Der VN muss für eine baldige Veräußerung des Unfallfahrzeuges nach Vorlage des Restwertangebotes sorgen. Marktschwankungen im Zusammenhang mit der Realisierung des Restwerts gehen nicht zulasten des VR.

c) **Weisungsbefugnisse des VR**

80 Grundsätzlich muss sich der VN denjenigen Restwert als Abzugsposition anrechnen lassen, der sich aus dem vom VR unterbreiteten oder vermittelten Restwertangebot ergibt, und zwar auch dann, wenn er letztlich das Wrack an den benannten Restwertinteressenten nicht veräußert. Denn das **Restwertangebot des VR** ist für den VN **bindend**.[94] Der VN riskiert Nachteile, wenn er das Altfahrzeug ohne vorherige Abstimmung mit dem VR veräußert. Abgesehen von der ihm obliegenden Schadenminderungspflicht hat der VN im Schadenfall grundsätzlich **Weisungen des VR einzuholen und zu befolgen, E.1.1.4 Abs. 2 AKB**. Dies gilt vor allem **vor einer Verwertung des Fahrzeuges**, wie **E.1.3.2 AKB** dies auch ausdrücklich klarstellt. Daraus folgt, dass der VN in aller Regel vor der Veräußerung des Fahrzeugwracks die **Zustimmung des VR** einzuholen und auch die Verwertung des Restwerts mit dem VR abzustimmen hat, der infolgedessen auch Einfluss nehmen kann auf die Frage, **zu welchem Preis** der VN das beschädigte Fahrzeug veräußern darf. Der VN erfüllt die Obliegenheit, vor der Verwertung die Weisung des VR einzuholen, schon durch die **Schadenanzeige**, mit der gewöhnlich **konkludent eine Weisung erbeten** wird.[95]

81 Der **VR hat die Verpflichtung, Weisungen schnell und zügig zu erteilen**, da der VN ein Interesse an einer raschen Schadenabwicklung hat. Dies setzt voraus, dass der VR nach Eingang der Schadenmeldung dem VN unverzüglich zu verstehen gibt, dass er eine

---

92 Vgl. OLG Hamm Urt. v. 05.10.1977 – 20 U 66/77 – VersR 1980, 1064.
93 Stiefel/Maier/*Meinecke* A.2.6 AKB Rn. 28.
94 Vgl. LG Düsseldorf Urt. v. 27.09.1990 – 11 O 559/89 – zfs 1991, 99.
95 LG Wuppertal Urt. v. 07.03.2012 – 8 S 76/11 – r+s 2012, 535 = zfs 2012, 393; LG Lüneburg Urt. v. 09.11.2001 – 8 S 67/01 – ADAJUR Dok.Nr. 48985; Prölss/Martin/*Knappmann* E.3 AKB Rn. 3.

sachverständige Begutachtung und ein Restwertangebot einholen will, ferner, dass er dem **VN das Gutachten zugänglich** macht und sich verbindlich zum Umfang der zu erbringenden Entschädigungsleistung erklärt.[96]

Die Weisungsbefugnis des VR geht allerdings nicht so weit, dass er den VN zur Veräußerung seines Fahrzeuges überhaupt oder an einen bestimmten Restwerteaufkäufer verpflichten könnte. 82

d) Zumutbarkeit der Weisungen für den VN

Die Weisungen des VR müssen für den VN **zumutbar** sein. Der VN muss also in der Lage sein, den Weisungen in zumutbarer Weise nachkommen zu können. Das Verlangen des VR dar, das Unfallfahrzeug zur Verwertung einem anderen Anbieter zu überlassen als dem Vertragshändler des VN vor Ort, stellt noch keine unzumutbare Weisung dar, wenn sich dadurch ein höherer Restwerterlös erzielen lässt. Dem VN steht es zwar frei, sein Altfahrzeug an »seinen« Händler zu verkaufen; er muss sich in diesem Fall aber die anderweitig höher erzielbaren Restwerte anrechnen lassen. Allerdings muss der VN den Restwertangeboten des VR nicht uneingeschränkt Folge leisten bzw. diese gegen sich gelten lassen. 83

Die **Grenze der Zumutbarkeit** für den VN ist dort zu ziehen, wo die Angebote weit über dem regional erzielbaren Preis liegen und eindeutig aus einem **unseriösen Markt** stammen oder sich der **Verdacht der Illegalität**[97] aufdrängt, weil die Angebote offensichtlich ausschließlich auf die Erlangung des Fahrzeugbriefes abzielen, oder bei denen dem VN ein **Restwerteaufkäufer in erheblicher Entfernung** von seinem Wohnort genannt wird und unklar ist, ob der Anbieter überhaupt bereit ist, das Fahrzeug auf eigene Kosten beim VN abzuholen.[98] Sofern der Aufkäufer nicht ortsansässig ist, setzt ein für den VN zumutbares Restwertangebot voraus, dass eine **kostenlose Abholung des Altfahrzeuges** erfolgt oder der VR zusichert, die **Transportkosten** zum Restwerteanbieter zu **übernehmen**. Der VN kann verlangen, dass der VR diese Fragen mit dem Anbieter im Voraus abklärt. Fallen Transportkosten zulasten des VN an, so sind diese vom Veräußerungserlös abzuziehen.[99] Der VN braucht bei der Verwertung keine höheren Risiken einzugehen als die, die seinem gewöhnlichen Geschäftsgebaren entsprechen. Ebenso wenig ist es ihm zuzumuten, sein Fahrzeug – regelmäßig gegen hohe Bargeldbeträge – ihm **unbekannten Händlern** zu überlassen.[100] Veräußert der VN in diesen Fällen sein Altfahrzeug an **einen regionalen Anbieter** zu einem geringeren Kaufpreis, 84

---

96 LG Wuppertal Urt. v. 07.03.2012 – 8 S 76/11 – r+s 2012, 535 = zfs 2012, 393.
97 Vgl. OLG Frankfurt/M Urt. v. 19.01.2010 – 22 U 49/08 – SP 2010, 254 zum Haftpflichtschaden.
98 OLG Karlsruhe Urt. v. 28.08.2009 – 12 U 90/09 – VersR 2010, 337 = zfs 2009, 639 (**bei einer Entfernung von über 400 km**); LG Wuppertal Urt. v. 07.03.2012 – 8 S 76/11 – r+s 2012, 535 = zfs 2012, 393 (**Restwertanbieter im Ausland mit erheblicher räumlicher Entfernung zum Wohnort des VN**).
99 AG Bad Homburg Urt. v. 27.11.1985 – 2 C 2371/84 – zfs 1986, 55.
100 OLG Karlsruhe Urt. v. 28.08.2009 – 12 U 90/09 – VersR 2010, 337 = zfs 2009, 639.

A.2.5.1.7 AKB Restwert

so kann er sich darauf berufen, nur der **tatsächlich erzielte geringere Erlös** sei als »Restwert« im Rahmen der Totalschadenabrechnung anzurechnen. Dies gilt auch in den Fällen, in denen Weisungen des VR in Bezug auf die Verwertung des Unfallfahrzeuges vom VN einen **hohen Organisations- und Zeitaufwand** erfordern und sich damit für den VN als unzumutbar darstellen oder in Fällen, in denen der VN sich darauf beruft, er habe aus **persönlichen Gründen** (z. B. aufgrund eines Unfalles oder schwerer Krankheit) Weisungen des VR nicht einholen oder befolgen können.

85 Die **Beweislast** für die **Unzumutbarkeit der Weisungen** bzw. die Unmöglichkeit, Weisungen einholen zu können, liegt beim VN.[101] Veräußert der VN sein Altfahrzeug auf dem regionalen Markt unter Missachtung von zumutbaren Weisungen des VR zu einem niedrigeren Preis als dem, den er bei einem vom VR benannten Restwerteaufkäufer in zumutbarer Weise hätte erzielen können oder misslingt dem VN der Beweis für seine Behauptung, er habe aus Gründen, die in seiner persönlichen Sphäre liegen, keine Weisungen des VR einholen können, so liegt ein Verstoß gegen E.1.3.2 AKB vor mit der Folge, dass sich der VR auf (teilweise) **Leistungsfreiheit** nach E.2.1 und E.2.2 AKB i. V. m. § 28 Abs. 2 VVG berufen kann. Diese besteht in Höhe der Differenz zwischen dem vom VN tatsächlich erzielten und dem vom VR ermittelten und damit hypothetisch erzielbaren Restwert.[102]

e) **Annahmefähigkeit des Restwertangebotes**

86 **Restwertangebote** müssen so konkret ausgestaltet sein, dass sie ohne sonderliche Anstrengungen für den VN **sofort annahmefähig** sind. Der bloße Hinweis auf eine preisgünstigere Verwertung, um die sich der VN erst noch bemühen muss oder die bloße Mitteilung des Namens des Aufkäufers ohne Beifügung eines konkreten Angebotes stellt keine ordnungsgemäße Weisung des VR dar.[103]

87 **Ist das Angebot zeitlich befristet**, muss dem VN das Gutachten des VR mit dem Restwertangebot so rechtzeitig vorliegen, dass der VN es auch unter Berücksichtigung einer gewissen Bedenkzeit über eine mögliche anderweitige Verwendung seines Kfz noch annehmen kann.[104] Kann er das nicht und verwertet das Unfallfahrzeug zu einem geringeren Restwert als dem, den ein Sachverständiger des VR ermittelt hat, stellt dies keine Obliegenheitsverletzung des VN dar.[105]

88 Bestimmt ein vom VR beauftragter Sachverständiger den Restwert und **hält sich der VN bei der Verwertung** seines Kfz **an den vorgegebenen Rahmen**, trifft ihn kein Verschulden, wenn er nach der Verwertung ein höheres Restwertangebot vom VR erhält,

---

101 Stiefel/Maier/*Meinecke* A.2.6 AKB Rn. 29.
102 AG Lichtenfels Urt. v. 22.07.2010 – 1 C 115/10 – zfs 2010, 577.
103 Vgl. BGH Urt. v. 30.11.1999 – **VI ZR 219/98** – r+s 2000, 107 = NJW 2000, 800; OLG Düsseldorf Urt. v. 15.10.2007 – 1 U 267/06 – r+s 2008, 169 = NZV 2008, 353 jeweils zum Haftpflichtschaden; OLG Köln Urt. v. 17.08.2004 – 9 U 3/04 – r+s 2004, 453.
104 Vgl. OLG Frankfurt/M Urt. v. 19.01.2010 – 22 U 49/08 – SP 2010, 254 zum Haftpflichtschaden.
105 LG Wuppertal Urt. v. 07.03.2012 – 8 S 76/11 – r+s 2012, 535 = zfs 2012, 393.

welches er aufgrund der bereits vorgenommenen Veräußerung des Fahrzeugwracks nicht mehr annehmen kann. Nur wenn der VN noch nicht verkauft hat, muss er das höhere Restwertangebot annehmen, und zwar selbst dann, wenn es erheblich von der Restwertbewertung des Sachverständigen abweicht. Besteht eine **erhebliche Differenz zwischen dem gutachterlich ermittelten und dem vom VN erzielbaren Restwert**, muss der VN im Rahmen seiner Schadenminderungspflicht vor dem Verkauf beim VR rückfragen und dessen Einverständnis zur Veräußerung des Fahrzeuges zu dem niedrigeren Preis einholen.[106]

f) Beweislastverteilung und Sonstiges

Die Höhe des Restwerts, d. h. des vom Versicherungsnehmer erzielbaren Erlöses beim Verkauf des beschädigten oder zerstörten Fahrzeugs, hat der VR als eine ihm günstige Tatsache darzulegen und zu beweisen.[107] Zur Beweislast für die Behauptung des VN, die ihm erteilten Weisungen des VR seien wegen Unzumutbarkeit für ihn unverbindlich, vgl. A.2.5.1 AKB Rdn. 85. 89

Zum **Restwert** vgl. im Übrigen A.2.5.1 AKB Rdn. 13. 90

4. Neupreis – A.2.5.1.8 AKB

a) Unverbindliche Preisempfehlung des Herstellers

Unter dem Neupreis ist der Betrag zu verstehen, den der VN für den Kauf eines **neuen Fahrzeuges** in der Ausstattung des versicherten Fahrzeuges oder – wenn der Typ des versicherten Fahrzeuges nicht mehr hergestellt wird – eines **vergleichbaren Nachfolgemodells** in gleicher Ausführung am Tag des Schadenereignisses aufwenden müsste. Bemessungsgrundlage für die Höchstentschädigung, die auch bei einem Anspruch des VN auf Neupreisersatz gemäß A.2.5.1.2 AKB zugrunde zu legen ist, ist immer die **unverbindliche Preisempfehlung des Herstellers** für das Fahrzeug **am Tag des Schadeneintritts**. Demgegenüber kommt es nicht auf den Anschaffungspreis an, den der VN bezahlt hat und auch nicht auf den Preis, der am Tag der Entschädigungszahlung maßgeblich ist.[108] Im Übrigen fließen die vom VN bzw. Versicherten konkret erzielbaren orts- und marktüblichen **Nachlässe** in die Bemessung des zu erstattenden Neupreises ein. 91

Da A.2.5 AKB die Entschädigungsregelungen ausdrücklich auch auf mitversicherte Teile i. S. v. A.2.1.2 AKB erstreckt, erhöht sich in Fällen der Neupreisentschädigung nach Maßgabe von A.2.5.1.2 AKB die Entschädigungszahlung auf den Neupreis für all diejenigen **Fahrzeugteile, die nicht serienmäßig hergestellt, aber** beim Kauf des versicherten Fahrzeuges **mit ausgeliefert** wurden. Dies gilt gleichermaßen sowohl für die in A.2.1.2.1 und A.2.1.2.2 AKB automatisch mitversicherten, als auch für zusätzliche, 92

---

106 OLG Hamm Urt. v. 18.02.2000 – 20 U 238/99 – r+s 2000, 230 = NZV 2001, 37.
107 BGH Urt. v. 10.09.2014 – **IV ZR 379/13** – VersR 2014, 1249 = r+s 2014, 546.
108 BGH Urt. v. 02.10.1985 – **IVa ZR 184/83** – VersR 1986, 177 = r+s 1985, 287.

A.2.5.1.8 AKB   Neupreis

auf Antrag vom VN gegen Beitragszuschlag gesondert versicherte Fahrzeug- und Zubehörteile.

93   **Zulassungs- oder Überführungskosten** sind auch im Rahmen der Neupreisentschädigung nicht erstattungsfähig, vgl. A.2.5.7.1 S. 2 AKB.

b) Nachfolgemodell

94   Falls der versicherte Fahrzeugtyp serienmäßig nicht mehr hergestellt wird, existiert keine unverbindliche Kaufpreisempfehlung des Herstellers mehr. Es tritt dann der **Neupreis**, der **für das vergleichbare Nachfolgemodell am Schadentag** gilt, an die Stelle des bisherigen Neupreises des versicherten Fahrzeuges. Maßgeblich ist, ob die Produktion des Fahrzeuges zum Schadenzeitpunkt bereits eingestellt war. War dies der Fall, ist bereits auf den Neupreis des Nachfolgemodells abzustellen, gleichgültig, ob der Pkw in der versicherten Ausführung am Schadentag noch lieferbar war.[109] Das mit dem versicherten Fahrzeug vergleichbare Nachfolgemodell wird in der Regel vom Hersteller bescheinigt.

95   Für serienmäßige **technische Verbesserungen** oder eine **erweiterte Ausstattung** im Rahmen der Modellpflege eines Kfz muss sich der VN keine Abzüge im Wege des Vorteilsausgleichs gefallen lassen.[110] Anderes kann aber gelten, wenn das neu erworbene Ersatzfahrzeug mit einem stärkeren Motor ausgerüstet ist,[111] oder wenn ein Pkw nur noch in völlig veränderter Ausführung (z. B. anstelle drei Türen ohne Servolenkung nur noch mit fünf Türen mit Servolenkung) gebaut wird.[112] An einem »vergleichbaren« Nachfolgefahrzeug fehlt es jedenfalls dann, wenn es sich hierbei nicht um eine Weiterentwicklung des Vorgängers handelt, sondern um eine Neukonstruktion mit völlig neuem Konzept.[113] In einem solchen Fall kann jedoch auf den **fiktiven Neupreis** des am Schadentag nicht mehr hergestellten Unfallfahrzeuges abgestellt werden.[114].

96   Entsprechend ist bei der **Insolvenz** eines Automobilherstellers der Neupreis zugrunde zu legen, der bei einer unterstellten weiteren Produktion des Fahrzeuges zum Schadenzeitpunkt gegolten hätte.[115] Zum Preisvergleich kann auch ein **anderes vergleichbares Fabrikat** herangezogen werden. Gibt es – wie z. B. bei einem **Oldtimer** – überhaupt kein vergleichbares Nachfolgemodell, ist die Neupreisregelung insgesamt unanwendbar.[116]

---

109   LG Karlsruhe Urt. v. 11.09.1990 – 9 S 223/90 – zfs 1990, 383; a. A. OLG Hamm Urt. v. 21.09.1990 – 20 U 109/90 – VersR 1991, 918 = r+s 1991, 43.
110   OLG Schleswig Urt. v. 29.12.1994 – 16 U 77/94 – VersR 1996, 93.
111   LG Aachen Urt. v. 28.03.1991 – 2 S 368/90 – VersR 1992, 231.
112   LG Koblenz Urt. v. 12.02.1991 – 3 S 197/90 – zfs 1991, 385.
113   OLG Hamm Urt. v. 21.09.1990 – 20 U 109/90 – VersR 1991, 918 = r+s 1991, 43.
114   OLG Koblenz Urt. v. 19.02.1988 – 10 U 303/86 – r+s 1988, 195.
115   LG Nürnberg-Fürth Urt. v. 25.05.1993 – 5 O 5377/92 – r+s 1994, 407.
116   BGH Urt. v. 23.02.1994 – **IV ZR 28/93** – VersR 1994, 554 = r+s 1994, 204 **unter Aufhebung von** OLG Köln Urt. v. 07.01.1993 – 5 U 11/91 – r+s 1993, 94 = SP 1993, 85.

c) Nachlässe und Rabatte

aa) Grundsätzliches

Von der unverbindlichen Preisempfehlung des Herstellers sind alle »orts- und marktüblichen Nachlässe« abzuziehen. Hierbei kann es sich auch um »markenübliche« Rabatte handeln, die von speziellen Fahrzeugherstellern allen Kunden oder einer bestimmten Personengruppe gewährt werden. Durch die Regelung wird erneut deutlich, dass der VN an dem Schadenfall nicht verdienen soll. Kann er Rabatte in Anspruch nehmen, kommen diese dem VR zugute, da sich der VN andernfalls bereichern würde. Für die Möglichkeit der Inanspruchnahme ist beim Neupreisersatz ebenso wie bei der Ermittlung des Wiederbeschaffungswertes auf die **individuellen, persönlichen Verhältnisse des VN** abzustellen,[117] (vgl. beim Wiederbeschaffungswert A.2.5.1 AKB Rdn. 67). Der VN muss alle ihm zugänglichen und möglichen handelsüblichen Rabatte, soweit zumutbar, ausschöpfen und in Anspruch nehmen, will er nicht Gefahr laufen, gegen seine Schadenminderungspflicht aus E.1.1.4 AKB zu verstoßen. Dabei sind allerdings nur solche Rabatte zu berücksichtigen, auf die der VN einen **Rechtsanspruch** hat oder die der **allgemeinen Marktlage** entsprechen.

97

Die **Rabatte** müssen am »*Tag des Schadenereignisses*«, wie dies A.2.5.1.8 AKB ausdrücklich klarstellt, für den VN **objektiv erzielbar** sein. Ändern sich die Rabattkonditionen nachträglich und kann der VN zum Zeitpunkt der späteren Ersatzbeschaffung den noch am Schadentag gültigen Nachlass nicht mehr realisieren, so ist dies irrelevant. Entscheidend ist allein, dass die Rabattmöglichkeit für den VN am Tag des Schadens vorhanden war.[118] Da ein objektiver Beurteilungsmaßstab anzulegen ist, kommt es auch nicht darauf an, ob der VN **von einer** tatsächlich vorhandenen, ihm ohne weiteres zugänglichen **Rabattmöglichkeit Kenntnis** hat.[119] Auch ist es unerheblich, dass der VN bislang keine Fahrzeuge mit Rabatt gekauft hat oder der örtliche **Vertrauenshändler** des VN einen Rabatt nicht gewährt, wenn dieser jedenfalls bei anderen regionalen Kfz-Händlern ohne besonderes Verhandlungsgeschick durch den VN hätte erzielt werden können.[120] Auf ortsferne, überregionale Sondermärkte braucht sich der VN in diesem Zusammenhang allerdings nicht verweisen lassen, ebenso wenig auf Internet-Erwerbsmöglichkeiten oder gar den Kauf eines Re-Importfahrzeuges.[121]

98

Nicht anrechnungsfähig sind **Rabatte**, die der VN **durch überobligatorische Anstrengungen** effektiv erzielt und die daher über die normalerweise erzielbaren orts-, markt- und handelsüblichen Nachlässe hinausgehen. Hierunter fallen auch Rabatte, die dem

99

---

117 LG Karlsruhe Urt. v. 14.07. 1989 – 9 S 100/89 – VersR 1990, 86 = r+s 1990, 296.
118 Vgl. OLG Düsseldorf Urt. v. 21.05.1996 – 4 U 60/95 – VersR 1996, 1136 = r+s 1996, 428 (**Werksangehörigenrabatt**); Stiefel/Maier/*Meinecke* A.2.6 AKB Rn. 60; a. A. OLG Hamm Urt. v. 04.05.1983 – 20 U 395/82 – VersR 1984, 131.
119 LG Münster Urt. v. 01.03.1990 – 8 S 187/89 – NJW-RR 1990, 994.
120 Vgl. LG Münster Urt. v. 01.03.1990 – 8 S 187/89 – NJW-RR 1990, 994.
121 Vgl. Stiefel/Maier/*Meinecke* A.2.6 AKB Rn. 58.

A.2.5.1.8 AKB Neupreis

VN aufgrund seiner persönlichen[122] oder verwandtschaftlichen Beziehungen zum Verkäufer (**Verwandtenrabatt**) eingeräumt werden.[123]

100 Verzichtet der VN auf einen ihm zustehenden oder zumutbar erzielbaren Nachlass oder macht er von einer ihm eingeräumten Vergünstigung keinen Gebrauch und zahlt stattdessen den Neupreis gemäß der unverbindlichen Empfehlung des Herstellers, so geht dies zu seinen Lasten. Der Entschädigungsanspruch besteht auch in diesem Fall nur in Höhe des rabattierten Neupreises.[124] Anderes gilt nur dann, wenn in den konkret vereinbarten AKB nur ein **Abzug »eventueller« Nachlässe** vereinbart ist; in diesem Fall kann der Rabatt nur berücksichtigt werden, wenn er tatsächlich gewährt oder trotz Angebotes nicht in Anspruch genommen wurde.[125]

bb) Rechtsanspruch auf Nachlässe

101 **Werksangehörige** können aufgrund ihrer vertraglichen Beziehungen zum Fahrzeughersteller in der Regel verlangen, dass ihnen **Rabatte** auf den Neupreis eingeräumt werden.[126] Der Rabatt ist vom Listenpreis in Abzug zu bringen, allerdings nur unter Berücksichtigung der auf dem Rabatt ruhenden Steuerlast.[127] Der VN muss sich Vorteile im Zusammenhang mit der Auszahlung der Versicherungsleistung nur insoweit anrechnen lassen, als sie ihm ungeschmälert zufließen. Daran fehlt es, soweit der VN auf den eingeräumten Preisnachlass **Steuern und Sozialabgaben** zahlen muss. Denn in diesem Umfang wird er durch den Rabatt nicht begünstigt. Der Rabatt ist im Rahmen der Bestimmung der Neupreisentschädigung beachtlich, und zwar unabhängig davon, ob er vom VN tatsächlich in Anspruch genommen wurde.[128] Entscheidend ist allein, ob dem VN **am Schadentag** grundsätzlich ein **Anspruch auf Gewährung eines Preisnachlasses** zugestanden hätte.[129] Hat ein Werksangehöriger zum Schadenzeitpunkt keinen Anspruch auf einen Nachlass, sondern vertragsgemäß erst wieder in einigen Monaten, ist der unrabattierte Neupreis zugrunde zu legen.[130] Sofern er allerdings berechtigt ist,

---

122 LG Passau Urt. v. 16.04.1985 – 1 S 27/85 – zfs 1985, 279 (**Verkäufer ist Arbeitgeber des VN**).
123 OLG Hamm Urt. v. 23.02.1977 – 20 U 98/76 – VersR 1977, 735; Armbrüster VersR 2008, 1154.
124 LG Düsseldorf Urt. v. 22.03.2002 – 20 S 106/01 – SP 2002, 247; LG Karlsruhe Urt. v. 14.07.1989 – 9 S 100/89 – VersR 1990, 86 = r+s 1990, 296.
125 OLG Saarbrücken Urt. v. 27.03.2013 – 5 U 463/11-63 – r+s 2014, 548.
126 Vgl. BGH Urt. v. 18.10.2011 – **VI ZR 17/11** – r+s 2012, 44 = NZV 2012, 27 zum Haftpflichtschaden; BGH Urt. v. 11.12.1974 – **IV ZR 169/73** – VersR 1975, 127 = NJW 1975, 307; OLG Köln Urt. v. 30.08.1990 – 5 U 274/89 – VersR 1991, 804 = r+s 1990, 332; OLG Stuttgart Urt. v. 10.10.1989 – 12 U 121/89 – VersR 1990, 379; AG Düsseldorf Urt. v. 24.04.2001 – 48 C 397/01 – r+s 2002, 58.
127 OLG Düsseldorf Urt. v. 21.05.1996 – 4 U 60/95 – VersR 1996, 1136 = r+s 1996, 428; LG Düsseldorf Urt. v. 22.03.2002 – 20 S 106/01 – SP 2002, 247.
128 LG Düsseldorf Urt. v. 22.03.2002 – 20 S 106/01 – SP 2002, 247.
129 OLG Stuttgart Urt. v. 10.10.1989 – 12 U 121/89 – VersR 1990, 379.
130 Vgl. OLG Celle Urt. v. 14.07.1994 – 8 U 117/93 – r+s 1995, 243; OLG Stuttgart Urt. v. 20.12.1984 – 13 U 146/84 – VersR 1986, 459.

ein neues Fahrzeug desselben Typs mit – zu versteuerndem – Werksangehörigenrabatt zu beziehen, geht es zu seinen Lasten, wenn er sich für ein anderes Modell oder einen anderen Fahrzeugtyp entscheidet, bei dem ihm ein solcher Nachlass nicht gewährt wird.[131] Denn der Werksangehörigenrabatt käme dem VR zugute.[132] Ist der VN **gewerblicher Kfz-Händler**, ist für den Neupreis auf den Händlereinkaufwert des Fahrzeuges abzustellen.

cc) Nachlässe entsprechend der Marktlage

Auch Preisnachlässe, die der Marktlage entsprechen oder die sich bei zumutbaren Verhandlungen ohne weiteres erzielen lassen, sind zu berücksichtigen. Darunter sind insbesondere Nachlässe zu verstehen, die **bestimmten Berufsgruppen** z. B. als Fahrlehrerrabatt,[133] Personalrabatt,[134] oder **Großabnehmern** bzw. **Leasingfirmen** als Flottenrabatt[135] gewährt werden, aber auch solche Nachlässe, die in Form einer **Absatzfinanzierung** des Kfz-Herstellers[136] oder als **verkaufsfördernde Maßnahmen** einzelner Autohäuser angeboten werden wie z. B. ein Hauspreis[137] oder ein Barzahlungsrabatt. Gleiches gilt für eine Rabattgewährung in Form einer **besonderen Fahrzeugausstattung**.[138] Nicht zu berücksichtigen sind demgegenüber schenkweise eingeräumte Rabatte[139] und **Naturalrabatte** in Form von kostenlosem Zubehör oder der Übernahme von Inspektions-, Zulassungs- oder Überführungskosten.[140] Zur Anrechenbarkeit von Rabatten bei **Glasbruchschäden** vgl. A.2.2.1 AKB Rdn. 101 ff. 102

d) Der Preis am Tag des Schadenereignisses

Für die Berechnung der Höchstentschädigung kommt es nicht auf den Preis an, den der VN am Tag der Ersatzbeschaffung bezahlen muss, sondern auf den Neupreis am Schadentag unter Berücksichtigung objektiv erzielbarer Nachlässe, (vgl. A.2.5.1 AKB Rdn. 97 ff.). Der spätere Wegfall einer zum Schadenzeitpunkt objektiv bestehenden Rabattmöglichkeit ist unbeachtlich, (vgl. auch A.2.5.1 AKB Rdn. 72. 103

e) Neupreisermittlung bei Leasing- und Reimportfahrzeugen

aa) Leasingfahrzeuge

Bei Leasingfahrzeugen wird der Kaskoversicherungsvertrag in der Regel vom Leasingnehmer abgeschlossen, wodurch das Interesse des Leasinggebers an der Erhaltung des 104

---

131 OLG Düsseldorf Urt. v. 21.05.1996 – 4 U 60/95 – VersR 1996, 1136 = r+s 1996, 428.
132 Prölss/Martin/*Knappmann* § 13 AKB Rn. 14.
133 Vgl. AG Köln Urt. v. 04.02.1985 – 265 C 633/84 – zfs 1985, 87.
134 LG Karlsruhe Urt. v. 14.07. 1989 – 9 S 100/89 – VersR 1990, 86 = r+s 1990, 296.
135 OLG Karlsruhe Urt. v. 07.12.1989 – 12 U 253/89 – VersR 1990, 1222 = r+s 1991, 187.
136 OLG Hamm Urt. v. 18.01.1995 – 20 U 222/94 – VersR 1995, 1303 = r+s 1995, 173.
137 OLG Hamm Urt. v. 01.02.1989 – 20 U 247/88 – VersR 1989, 951 = r+s 1989, 248.
138 LG Münster Urt. v. 01.03.1990 – 8 S 187/89 – NJW-RR 1990, 994.
139 OLG Hamm Urt. v. 23.02.1977 – 20 U 98/76 – VersR 1977, 735 (**Verwandtenrabatt**).
140 OLG Köln Urt. v. 30.08.1990 – 5 U 274/89 – VersR 1991, 804 = r+s 1990, 332.

A.2.5.1.8 AKB   Neupreis

in seinem Eigentum stehenden Leasingfahrzeuges abgesichert wird, (vgl. hierzu auch A.2.3 AKB Rdn. 4 ff. und A.2.5.2 AKB Rdn. 102 ff.). Für die Berechnung der Neupreisentschädigung im Fall des Totalschadens eines Leasingfahrzeuges ist daher in aller Regel auf die **Verhältnisse des Leasinggebers** abzustellen.[141] Daher ist der maßgebende Neupreis nicht danach zu ermitteln, was der VN für ein neues Fahrzeug in der versicherten Ausführung zu entrichten hätte, sondern danach, was der Leasinggeber für ein solches ausgeben müsste.[142] Im Übrigen kommt es für die Ermittlung der Neupreisentschädigung darauf an, ob die Ersatzbeschaffung durch den VN als Leasingnehmer oder vom Leasinggeber vorgenommen wird, da hinsichtlich der Berücksichtigung von Rabatten ebenso wie für die Anrechnung der Mehrwertsteuer auf die individuellen Verhältnisse desjenigen abzustellen ist, der durch den Abschluss eines Kaufvertrages über das Neufahrzeug die Verwendung der Neupreisentschädigung sicherstellt, (vgl. A.2.5.1.3 AKB). Nimmt daher der Leasinggeber die Wiederbeschaffung des Ersatzfahrzeuges vor, ist sowohl sein **Großabnehmerrabatt** (vgl. A.2.5.1 AKB Rdn. 102), als auch seine **Vorsteuerabzugsberechtigung**[143] zu berücksichtigen.

105 Für die Neupreisentschädigung muss der VN substantiiert darlegen und beweisen, dass der Leasinggeber ein **Ersatzfahrzeug angeschafft** hat. Dies gilt auch für einen Erben als Gesamtrechtsnachfolger des bisherigen Leasingnehmers.[144] Dabei reicht es nicht aus, dass der Leasinggeber überhaupt ein anderes Fahrzeug angeschafft hat oder anschaffen würde; entscheidend ist allein, dass die Ersatzbeschaffung eines vergleichbaren neuen Fahrzeuges entweder zur Fortführung des bisherigen oder zum Abschluss eines neuen Leasingvertrages mit dem VN erfolgt.[145]

106 Erwirbt der Leasinggeber nach einem Diebstahl des versicherten Fahrzeuges ein Neufahrzeug, wobei im Zusammenhang mit dem Ankauf neben einer Zahlung auf die Händlereinstandsrechnung auch eine – ausdrücklich als solche bezeichnete – **Provisionszahlung an den Kfz-Händler** erfolgt, kann es streitig sein, ob es sich dabei um eine Provision für die Vermittlung des Leasingvertrages oder um die Händlerverkaufsprovision handelt. Im letztgenannten Falle handelt es sich um Kosten für den Erwerb eines Neufahrzeuges, die zum Umfang der Neuwertentschädigung des VR gehören. Kein Händler wäre bereit, ein Fahrzeug an eine Leasinggesellschaft zum Einstandspreis zu veräußern und lediglich eine Provision für die Vermittlung des Leasingvertrages zu be-

---

141 BGH Urt. v. 14.07.1993 – **IV ZR 181/92** – VersR 1993, 1223 = NJW 1993, 2870; BGH Urt. v. 05.07.1989 – **IVa ZR 189/88** – VersR 1989, 950 = NJW 1989, 3021; BGH Urt. v. 06.07.1988 – **IVa ZR 241/87** – VersR 1988, 949 = NJW 1988, 2803; OLG Köln Urt. v. 09.11.2004 – 9 U 1/04 – zfs 2005, 248.
142 BGH Urt. v. 14.07.1993 – **IV ZR 181/92** – VersR 1993, 1223 = NJW 1993, 2870; BGH Urt. v. 06.07.1988 – **IVa ZR 241/87** – VersR 1988, 949 = NJW 1988, 2803.
143 BGH Urt. v. 30.04.1991 – **IV ZR 243/90** – NJW-RR 1991, 1149 = r+s 1991, 223.
144 OLG Oldenburg Urt. v. 16.08.1995 – 2 U 109/95 – JurionRS 1995, 29192.
145 OLG Karlsruhe Urt. v. 05.11.1997 – 13 U 214/95 – VersR 1998, 1229, 1230; OLG Köln Urt. v. 17.09.1996 – 9 U 27/96 – VersR 1997, 870 = SP 1996, 422; OLG Hamm Urt. v. 02.11.1994 – 20 U 165/94 – VersR 1995, 1348 = r+s 1995, 87; **a. A.** Lücke NVersZ 1998, 108.

anspruchen. Die Leistung des Händlers besteht nicht nur in der Vermittlung des Leasingvertrages, sondern vorrangig im Verkauf des Pkw. Hierfür steht ihm eine Händlerprovision zu.

Diese **Händlerprovision** ist auch **Teil des Fahrzeugneupreises** i. S. d. A.2.5.1.8 AKB. 107
Denn es kann aus der Sicht des VR keinen Unterschied machen, ob diese Händlerverkaufsprovision als Teil des Fahrzeugpreises vom Kunden (VN) oder vom Leasinggeber gezahlt wird. Ebenso wenig kann es entscheidend sein, ob die Zahlung in einem Gesamtbetrag an den Kfz-Händler erfolgt oder in zwei Zahlungen vorgenommen wird, wobei eine als Provisionszahlung bezeichnet wird. In beiden Fällen entfällt ein Teil der Gesamtsumme auf die Händlerverkaufsprovision, die vom VR zu ersetzen ist.[146]

Die **Höhe dieses Anteils** wird oftmals nur schwer zu bestimmen sein. Geht man davon 108
aus, dass der bei Leasinggesellschaften um einen Großabnehmerrabatt von 10 %[147] reduzierte Listenpreis in aller Regel den Preis darstellt, den ein Leasinggeber aufwenden muss, um einen Neuwagen zu erwerben, so gehören die diesen Anteil übersteigenden Provisionszahlungen jedenfalls dann zu der vom VR zu erstattenden Händlerverkaufsprovision und damit zum Neupreis des Fahrzeuges, wenn der Leasinggeber insgesamt eine den Listenpreis des Herstellers übersteigende Gesamtzahlung an den Kfz-Händler getätigt hat.[148]

bb) Reimportfahrzeuge

Bei einem Reimportfahrzeug, das der VN als EU-Neuwagen zu einem Preis erworben 109
hat, der deutlich niedriger liegt als der Neupreis für ein vergleichbares, für den deutschen Markt produziertes Fahrzeug, bemisst sich die Höchstentschädigung nach der vom Hersteller unverbindlichen Preisempfehlung (**Bruttolisten-Verkaufspreis**) **für ein aus dem entsprechenden EU-Ausland reimportiertes Neufahrzeug**, nicht dagegen nach dem in Deutschland maßgeblichen Neupreis.[149] Dies setzt allerdings voraus, dass der Kauf eines neuen EU-Reimportfahrzeuges in der Ausstattung des versicherten Fahrzeuges bei einem Importeur oder einem Reimporthändler für den VN überhaupt noch möglich ist.

Wird das Fahrzeug für das EU-Ausland nicht mehr hergestellt oder nicht mehr nach 110
Deutschland reimportiert, ist der Pkw als Neufahrzeug in der versicherten Ausführung als EU-Reimportfahrzeug auf dem Markt faktisch nicht mehr erhältlich. In diesem Fall ist auf den Neupreis für ein vergleichbares Nachfolgemodell abzustellen. Wird auch ein solches als EU-Reimport-Neufahrzeug nicht mehr angeboten, muss auf den für den deutschen Markt maßgeblichen Neupreis des versicherten Fahrzeuges oder, wenn auch dieses für Deutschland nicht mehr hergestellt wird, auf ein vergleichbares Nach-

---

146 OLG Dresden Urt. v. 18.09.1996 – 8 U 1018/96 – VersR 1998, 231.
147 OLG Karlsruhe Urt. v. 07.12.1989 – 12 U 253/89 – VersR 1990, 1222 = r+s 1991, 187.
148 Vgl. OLG Dresden Urt. v. 18.09.1996 – 8 U 1018/96 – VersR 1998, 231.
149 OLG Hamm Urt. v. 25.11.2005 – 20 U 158/05 – VersR 2006, 355 = zfs 2006, 273.

A.2.5.1 AKB Einzelfälle Abrechnung

folgemodell abgestellt werden. Orts- und marktübliche Rabatte sind auch hier abzuziehen.

C. Weitere praktische Hinweise

I. Abrechnungsgrundsätze

111 Im Gegensatz zur Kfz-Haftpflichtversicherung, wo sich der Umfang der Entschädigung aus den gesetzlichen Bestimmungen des Haftpflichtrechts (§§ 823, 249 ff. BGB und §§ 7 ff. StVG) ergibt, erbringt der VR in der Kaskoversicherung die **Ersatzleistungen entsprechend der** mit dem VN getroffenen **vertraglichen Vereinbarung**, wie sie in den jeweiligen Versicherungsbedingungen (**AKB**) niedergelegt sind. Wenn auch die Regelungen der VR weitgehend einheitlich gestaltet sind, so können doch im Detail, gerade bei den Zusatzleistungen wie Neupreisentschädigung, Mietwagenkosten und Nutzungsausfall, Unterschiede bestehen. Daher muss ausschließlich auf der Grundlage der jeweils vereinbarten AKB der Umfang der Entschädigungspflicht des VR festgestellt werden. Fehlerhaft wäre es, in Ergänzung hierzu Rechtsgrundsätze aus dem gesetzlichen Schadenersatzrecht heranzuziehen, also für die Abwicklung eines Kaskoversicherungsschadenfalles das Ausmaß der Ersatzpflicht des VR an den §§ 249 ff. BGB auszurichten.[150] Die Grenzen der vertraglichen Vereinbarungen werden durch die Angemessenheits- und Transparenzkontrolle gezogen, vgl. A.2.1.1 AKB Rdn. 9 ff.

III. Glasbruchschäden

1. Vollkaskoversichertes Fahrzeug

112 Bei einem vollkaskoversicherten Fahrzeug, das einen wirtschaftlichen Totalschaden i. S. v. A.2.5.1.5 AKB erleidet oder zerstört wird, wird der Glasbruchschaden nicht gesondert entschädigt. Vielmehr erfolgt die **Entschädigungsberechnung für das gesamte Fahrzeug** nach Maßgabe des A.2.5.1.1 AKB.

2. Teilkaskoversichertes Fahrzeug

113 Erleidet ein teilkaskoversichertes Fahrzeug einen durch Unfall eingetretenen – und damit nur in der Vollkasko gedeckten – Totalschaden, so ist die Beschädigung oder Zerstörung der Verglasung als **isolierter Teileschaden** gemäß A.2.5.1.1 bzw. A.2.5.2.1b AKB abzurechnen. Ein Unterschied in der Höhe der Entschädigungsleistung besteht im Ergebnis nicht. Denn nicht nur im **Zerstörungsfall**, sondern auch für den Fall einer **Beschädigung** von Glasteilen ist eine Reparatur regelmäßig nur durch den **Komplettaustausch der betroffenen Glaselemente** möglich. In beiden Varianten ist für die Höhe der Entschädigung der Wiederbeschaffungswert als **Neupreis** für die gerissenen oder zerbrochenen Glasflächen **zuzüglich aller Nebenkosten** anzusetzen.[151] Auch Kosten

---

150 Vgl. BGH Urt. v. 24.05.2006 – **IV ZR 263/03** – VersR 2006, 1066 = r+s 2006, 366.
151 OLG Karlsruhe Urt. v. 17.12.1992 – 12 U 116/92 – VersR 1993, 1144 = zfs 1994, 20; AG Saarbrücken Urt. v. 28.11.2005 – 42 C 305/05 – VersR 2006, 789; LG Frankfurt Urt. v. 14.01.1987 – 2/16 S 180/86 – r+s 1987, 126 (**nur reiner Materialneupreis**); AG Dresden

für **Dichtungsgummis und Montageaufwand** sind zu entschädigen,[152] obwohl feststeht, dass eine Instandsetzung der Glasflächen in aller Regel nicht erfolgen wird und es daher nur um einen fiktiven Entschädigungsanspruch des VN geht. Von dem bei beiden Abrechnungsvarianten zu entschädigenden Neuwert für die betroffenen Glasteile ist ein Restwert mangels Existenz eines Gebrauchtmarktes für Pkw-Glasscheiben nicht abzuziehen.[153]

Nach einer gegenteiligen Auffassung sollen die **Einbaukosten** bei der Ermittlung der Entschädigungshöhe **nicht berücksichtigungsfähig** sein.[154] Dies wird im Wesentlichen damit begründet, dass der nur teilkaskoversicherte VN gegenüber einem vollkaskoversicherten VN besser gestellt wäre, wenn ihm die Einbaukosten zusätzlich zugesprochen würden. Gerade bei älteren, nur teilkaskoversicherten Fahrzeugen könne die Entschädigungssumme aus Glasteilen und Montagekosten den Wiederbeschaffungswert des gesamten Fahrzeuges übersteigen. Während der teilkaskoversicherte VN in einem solchen Fall den Glasschaden trotzdem als Reparatur-Teileschaden abrechnen könne, müsse der vollkaskoversicherte VN, da das gesamte Fahrzeug einen Totalschaden erlitten habe, sich einen Abzug des Fahrzeugrestwerts gefallen lassen.

114

Diese Auffassung überzeugt nicht. War das genannte Argument unter der Geltung des § 13 AKB a. F. noch nachzuvollziehen, greift es angesichts der neuen Regelungen in A.2.5.1 und A.2.5.2 AKB, die gleichermaßen für die Abrechnung von Teilkasko- wie für Vollkaskoschäden gelten, nicht mehr durch. Die Entschädigungssumme für einen Glasbruchschaden lässt sich nicht nur isoliert mit Blick auf den Wiederbeschaffungswert und Restwert des beschädigten bzw. zerstörten Glasteiles feststellen. Sowohl A.2.5.1.1 AKB als auch A.2.5.2.1b AKB knüpfen als Höchstentschädigung stets auch an den **Wiederbeschaffungsaufwand** für das gesamte Fahrzeug an. Dies stellt eine »Deckelung« der Ansprüche des VN im Falle fiktiver Abrechnung dar. Sofern daher im Einzelfall die Material- und Einbaukosten für einen Glasbruchschaden den Wiederbeschaffungsaufwand für das komplette Fahrzeug übersteigen sollten, wäre die Regulierung des Glasschadens der Höhe nach auf diesen Betrag beschränkt, es sei denn, der VN würde – was im Falle eines Totalschadens des gesamten Fahrzeuges nicht unbedingt naheliegen wird – den Glasbruchschaden konkret nach A.2.5.1.1 S. 2 i. V. m. A.2.5.2.1a AKB abrechnen. In diesem Fall wäre ein Ausgleich des Schadens maximal bis zur Höhe des Wiederbeschaffungswertes des Fahrzeuges vorzunehmen. Insofern

115

Urt. v. 20.03.2001 – 114 C 9832/00 – DAR 2002, 172 (**nicht für den Fall einer vollständigen Zerstörung des Kfz**); a. A. AG Hamburg Urt. v. 09.12.1988 – 4 C 1810/88 – r+s 1989, 319; AG Bad Kreuznach Urt. v. 16.10.1986 – 2 C 1555/86 – r+s 1988, 128.

152 OLG München Urt. v. 25.06.1987 – 24 U 556/86 – NJW-RR 1988, 90 = zfs 1988, 86; LG Verden Urt. v. 27.04.1994 – 2 S 359/93 – VersR 1995, 166 = MDR 1994, 897.

153 OLG Karlsruhe Urt. v. 17.12.1992 – 12 U 116/92 – VersR 1993, 1144 = zfs 1994, 20; OLG München Urt. v. 25.06.1987 – 24 U 556/86 – NJW-RR 1988, 90 = zfs 1988, 86.

154 LG Frankfurt Urt. v. 14.01.1987 – 2/16 S 180/86 – r+s 1987, 126; AG Wetzlar Urt. v. 20.09.2001 – 35 C 1211/01 – VersR 2002, 752; AG Saarbrücken Urt. v. 28.11.2005 – 42 C 305/05 – VersR 2006, 789; AG München Urt. v. 21.02.1996 – 344 C 5361/95 – SP 1996, 394; Stiefel/Maier/*Meinecke* A.2.7 AKB Rn. 17.

A.2.5.1 AKB Einzelfälle Abrechnung Leasingkfz/Vorschäden

ist eine Besserstellung des teilkaskoversicherten VN gegenüber demjenigen, der eine Vollkaskoversicherung unterhält, nicht mehr erkennbar. Erst recht nicht kann dieses Argument noch dafür herhalten, die Entschädigungshöhe generell auf die Erstattung des reinen Materialwertes beim Glasbruch zu begrenzen.

116 Teilweise wird dem VN nur eine **anteilige Entschädigung nach dem Verhältnis des Verglasungswertes zum Wiederbeschaffungswert** des Fahrzeuges **zuerkannt**, wobei anschließend der Anteil der beschädigten Verglasung ins Verhältnis zum Wert der Gesamtverglasung am Fahrzeug gesetzt wird.[155] Auch wird vertreten, der Wert der zerbrochenen Scheiben sei im Verhältnis des Zeitwertes des Fahrzeuges zu seinem Neuwert zu ersetzen.[156] Auch diese Auffassungen überzeugen nicht. In der Teilkasko besteht für Glasbruchschaden unabhängig von der Schadenursache stets Versicherungsschutz. Es ist unerheblich, ob das Fahrzeug darüber hinaus noch weitere (in der Teilkasko nicht versicherte) Schäden erlitten hat, die zu einem Totalschaden des gesamten Fahrzeuges geführt haben.[157] Dementsprechend ist für die Entschädigungshöhe ausschließlich auf den Wiederbeschaffungswert der beschädigten oder zerstörten Scheibe abzustellen, der regelmäßig dem Neupreis entsprechen wird, (vgl. A.2.5.1 AKB Rdn. 113 ff.). **Zum Entschädigungsumfang** vgl. im Übrigen A.2.2.1 AKB Rdn. 96 ff. und A.2.5.2 AKB Rdn. 88 ff.

117 **Soweit die konkreten AKB** eines VR für den Fall eines wirtschaftlichen Totalschadens eines teilkaskoversicherten Kfz **die fiktive Abrechnung des Glasschadens ausschließen**, dürfte eine solche Klausel entgegen AG Diepholz[158] nach § 307 Abs. 1 BGB wegen unangemessener Benachteiligung des VN unwirksam sein, da hierdurch sein Versicherungsschutz in unzulässiger Weise verkürzt wird.

IV. Leasingfahrzeuge

118 Zur Entschädigungsberechnung im **Allgemeinen** vgl. A.2.5.2 AKB Rdn. 102 ff.; bei Vorhandensein einer **GAP-Versicherung** (Leasing-Restwert-Versicherung) vgl. A.2.5.2 AKB Rdn. 104 f.; bei Anspruch auf eine **Neupreisentschädigung** vgl. A.2.5.1 AKB Rdn. 104 ff.

V. Versicherte und nicht versicherte Vorschäden

119 Nicht versicherte Vorschadenereignisse sind bei der Ermittlung der Entschädigungshöhe auch dann zu berücksichtigen, wenn sie sich in unmittelbarem zeitlichem Zusammenhang mit dem letztlich zu entschädigenden Versicherungsfall ereignet haben. Erleidet daher der versicherte Pkw bereits vor dem die Kaskoentschädigung auslösenden

---

155 LG Ansbach Urt. v. 27.04.1984 – 1 S 21/84 – zfs 1987, 216; AG München Urt. v. 21.02.1996 – 344 C 5361/95 – SP 1996, 394 mit umfangreicher Rspr.-Übersicht.
156 LG Mainz Urt. v. 21.06.1988 – 3 S 48/88 – zfs 1988, 291; AG Dresden Urt. v. 20.03.2001 – 114 C 9832/00 – DAR 2002, 172; AG Worms Urt. v. 17.12.1987 – 1 C 1022/87 – r+s 1988, 34.
157 Ebenso Stiefel/Maier/*Meinecke* A.2.7 AKB Rn. 17.
158 AG Diepholz Urt. v. 26.05.2011 – 2 C 35/11 – ADAJUR Dok.Nr. 96239.

Schadenereignis (z. B. Brandschaden) einen – nicht versicherten – Schaden (z. B. Motorschaden aufgrund einer Betankung mit falschem Kraftstoff), so kommt es darauf an, welchen Wiederbeschaffungswert das Fahrzeug bei Ausbruch des Brandes hatte, und in welcher Höhe Schäden auf den Brand zurückzuführen sind. In diesen Fällen kann **nicht auf den Wert des unbeschädigten Fahrzeugs abgestellt** werden.[159]

Gleiches gilt, wenn ein teilkaskoversichertes Fahrzeug nach einem bedingungsgemäß nicht gedeckten und auch noch nicht reparierten Unfallschaden ausbrennt oder gestohlen wird. Bei der Ermittlung der Entschädigungshöhe ist auch hier auf den bereits im Zeitpunkt des versicherten Brandereignisses bzw. der Entwendung **geminderten Wiederbeschaffungswert** abzustellen, (vgl. A.2.2.1 AKB Rdn. 109 ff.). 120

Dabei trägt der VN das volle Beweislastrisiko, dass ein neu eingetretener versicherter Kaskoschaden, der **von Vorschäden** überlagert wird, sich in tauglicher Weise von diesen abgrenzen lässt.[160] Lässt sich nicht feststellen, welche der geltend gemachten Schäden bei der behaupteten Kollision entstanden sind und welche Fahrzeugteile aufgrund eines früheren Schadenereignisses bereits vorgeschädigt waren, ist von vornherein auch kein Raum für eine Schadenschätzung nach § 287 ZPO.[161] 121

Soweit die Auffassung vertreten wird, der VR schulde nach dem **Grundsatz der Gesamtkausalität** jedenfalls dann den ungeschmälerten Wiederbeschaffungswert, wenn nur jedes Schadenereignis für sich allein genommen bereits zu einem Totalschaden geführt habe,[162] kann dem nicht gefolgt werden. Eine Gesamtkausalität liegt nur dann vor, wenn **mehrere Ursachen**, von denen nur eine gedeckt ist, **gleichzeitig auf die versicherte Sache einwirken**. Diese Voraussetzungen sind bei zwei nacheinander eintretenden Schadenereignissen nicht erfüllt. **Zur Vorschadenproblematik** vgl. auch A.2.2.2 AKB Rdn. 117 ff. 122

Ist das Fahrzeug im vorangegangenen Beispiel vollkaskoversichert, erhält der VN auf der Grundlage von zwei gedeckten Schadenfällen zum einen für den Unfallschaden die fiktiven Reparaturkosten nach A.2.5.2.1b AKB und zum anderen für den Brandschaden zusätzlich den durch den Unfall verminderten Wiederbeschaffungswert nach Maßgabe des A.2.5.1.1 AKB ersetzt. 123

VI. Fahrzeugteile und Fahrzeugzubehör

Zur Entschädigungsberechnung siehe A.2.1.2 AKB Rdn. 60 ff. 124

---

159 OLG Düsseldorf Urt. v. 28.10.2008 – I-4 U 12/08 – r+s 2009, 273 = NZV 2009, 291.
160 OLG Koblenz Urt. v. 26.03.2009 – 10 U 1163/08 – VersR 2010, 246 = r+s 2010, 234.
161 OLG Düsseldorf Urt. v. 27.10.2009 – I-4 U 63/08 – r+s 2010, 107.
162 OLG Nürnberg Urt. v. 31.03.1994 – 8 U 3630/93 – r+s 1995, 9 = zfs 1994, 331.

A.2.5.1 AKB Einzelfälle Abrechnung Fahrzeugteile

VII. Bergungs-, Abschlepp- und Standkosten

125 Eine Regelung für die Übernahme von Bergungs- oder Abschleppkosten wie im Falle der Beschädigung des Fahrzeuges nach A.2.5.2.2 AKB (vgl. A.2.5.2 AKB Rdn. 57 ff.) fehlt für den Fall der Zerstörung oder des Totalschadens.

126 Für **Abschleppkosten** wird jedoch ein Aufwendungsersatzanspruch des VN nach § 83 Abs. 1 S. 1 VVG in Betracht kommen, wenn der VN am Unfallort von einem Reparaturschaden ausgehen und die mit dem Abschleppen des Fahrzeuges in die nächstgelegene Werkstatt verbundenen Kosten daher für erforderlich halten durfte.[163] Selbst im Falle eines offensichtlichen Totalschadens wird der VN die Kosten auslösenden Maßnahmen jedenfalls **zur Sicherung des Restwerts** regelmäßig für geboten halten dürfen. Anderes gilt allenfalls dann, wenn es bei einem völlig zerstörten oder ausgebrannten Fahrzeug auch einem Laien hätte einleuchten müssen, dass das Fahrzeugwrack keinerlei Wert mehr verkörpert.

127 Für **Bergungskosten** ergibt sich aus dem gleichen Grund im Hinblick auf die **Rest- bzw. Altteilverwertung** (vgl. A.2.5.7.2 AKB) eine Erstattungspflicht.[164]

128 **Standkosten** für die vorübergehende Aufbewahrung des zerstörten Unfallfahrzeuges beim Kfz-Händler oder dem Abschleppunternehmen sind dem VN **als Aufwendungsersatz** allenfalls dann zu erstatten, wenn das Fahrzeug objektiv noch einen Restwert verkörpert und der VN vor Veräußerung des Fahrzeugwracks zunächst die Besichtigung durch den vom VR beauftragten Sachverständigen zwecks Ermittlung des Restwerts abwarten musste.[165] **Als Verzugsschaden** können Standkosten zu ersetzen sein, wenn der VN die Verwertung seines Kfz berechtigterweise hinauszögern darf, z. B. wenn aufgrund eines vom VR eingeholten Gutachtens die Entschädigungssumme zwar feststeht, der VR aber die Regulierung schuldhaft verzögert und auch seine Leistungspflicht nicht anerkennt, so dass für den VN nicht klar ist, ob und welche Einwendungen der VR gegen seine Leistungspflicht erheben wird und ob das Fahrzeug nicht ggf. für eine erneute Begutachtung – auch im Rahmen eines gerichtlichen Verfahrens – zur Verfügung stehen muss.[166]

129 **Voraussetzung** für einen Ersatzanspruch ist immer, dass das Fahrzeug durch ein versichertes Ereignis beschädigt worden ist. Das reine Abkommen des Fahrzeuges von der Straße reicht nicht aus.[167]

---

163 Vgl. OLG Frankfurt/M. Urt. v. 12.12.2001 – 7 U 174/00 – zfs 2002, 389 = NVersZ 2002, 319.
164 Vgl. LG Oldenburg Urt. v. 10.11.1992 – 1 S 245/92 – DAR 1993, 355 = NJW-RR 1993, 352; **a. A.** OLG Koblenz Urt. v. 11.05.2012 – 10 U 923/11 – r+s 2013, 279; Prölss/Martin/ *Knappmann* A.2.7 ff. AKB Rn. 21.
165 **A.A.** OLG Hamm Urt. v. 18.01.1995 – 20 U 222/94 – VersR 1995, 1303; LG München Urt. v. 27.03.2003 – 25 O 6473/02 – r+s 2003, 499.
166 OLG Koblenz Urt. v. 11.05.2012 – 10 U 923/11 – r+s 2013, 279.
167 LG Berlin Urt. v. 16.02.2009 – 24 O 229/08 – SP 2009, 372.

VIII. Sonstige Ansprüche

Siehe hierzu A.2.5.2 AKB Rdn. 98 ff. 130

IX. Falschangaben des VN zum Wert des Kfz

Falschangaben des VN zum Wert des Fahrzeuges bei Antragstellung können eine An- 131
fechtung des VR wegen arglistiger Täuschung nach sich ziehen. Außerdem kann der
VR seine Rechte nach § 19 VVG geltend machen. In jedem Fall muss der VN damit
rechnen, dass der VR die Entschädigungsleistung aufgrund der gegebenen Unterversicherung nach Maßgabe des § 56 VVG kürzt.

A.2.5.2 Was zahlen wir bei Beschädigung?

Reparatur

A.2.5.2.1 Wird das Fahrzeug beschädigt, zahlen wir die für die Reparatur erforderlichen Kosten bis zu folgenden Obergrenzen:
a Wenn das Fahrzeug vollständig und fachgerecht repariert wird, gilt:
Wir zahlen die hierfür erforderlichen Kosten bis zur Höhe des Wiederbeschaffungswerts nach A.2.5.1.6, wenn Sie uns dies durch eine
Rechnung nachweisen. Fehlt dieser Nachweis, zahlen wir entsprechend A.2.5.2.1.b.
b Wenn das Fahrzeug nicht, nicht vollständig oder nicht fachgerecht repariert wird, gilt:
Wir zahlen die erforderlichen Kosten einer vollständigen Reparatur bis
zur Höhe des um den Restwert verminderten Wiederbeschaffungswerts
(siehe A.2.5.1.6 und A.2.5.1.7).

< *Den folgenden Hinweis sollten Verwender der zweiten Variante von
A.2.5.1.2 einfügen:* >

[Hinweis: Beachten Sie auch die Regelung zur Neupreisentschädigung in
A.2.5.1.2]

Abschleppen

A.2.5.2.2 Bei Beschädigung des Fahrzeugs ersetzen wir die Kosten für das Abschleppen vom Schadenort bis zur nächstgelegenen für die Reparatur geeigneten Werkstatt. Dabei darf einschließlich unserer Leistungen wegen
der Beschädigung des Fahrzeugs nach A.2.5.2.1 die Obergrenze nach
A.2.5.2.1a oder A.2.5.2.1b nicht überschritten werden.

Wir zahlen nicht, wenn ein Dritter Ihnen gegenüber verpflichtet ist,
diese Kosten zu übernehmen.

A.2.5.2 AKB Was zahlen wir bei Beschädigung?

Abzug neu für alt

A.2.5.2.3 Wir ziehen von den Kosten der Ersatzteile und der Lackierung einen dem Alter und der Abnutzung der alten Teile entsprechenden Betrag ab (neu für alt), wenn
- bei der Reparatur alte Teile gegen Neuteile ausgetauscht werden oder
- das Fahrzeug ganz oder teilweise neu lackiert wird.

Der Abzug neu für alt ist auf die Bereifung, Batterie und Lackierung beschränkt, wenn das Schadenereignis
- bei Pkw, Krafträdern und Omnibussen in den ersten xx Jahren
- bei den übrigen Fahrzeugarten in den ersten xx Jahren

nach der Erstzulassung eintritt.

Übersicht

		Rdn.
A.	Allgemeines	1
B.	Regelungsgehalt – Was zahlen wir im Schadenfall? – A.2.5 AKB/Was zahlen wir bei Beschädigung? – A.2.5.1.2 AKB (§ 13 Abs. 5 AKB 2007 a. F.; A.2.7 AKB 2008 a. F.)	6
I.	Vollständige und fachgerechte Reparatur mit Rechnungsnachweis – A.2.5.2.1a S. 1 AKB	6
	1. Erforderliche Kosten bei konkreter Abrechnung	6
	2. 130 %-Grenze	15
	3. Kalkulationsgrundlage für die Reparatur	16
	4. Voraussetzungen für eine vollständige und fachgerechte Reparatur	19
	5. Anforderungen an den Reparaturnachweis	22
	6. Tatsächliche Reparaturkosten sind geringer/höher als kalkuliert	25
	7. Schäden im Ausland	30
II.	Vollständige und fachgerechte Reparatur ohne Rechnungsnachweis – A.2.5.2.1a S. 2 AKB	31
III.	Keine, nicht vollständige oder nicht fachgerechte Reparatur – A.2.5.2.1b AKB ..	37
	1. Erforderliche Kosten bei fiktiver Abrechnung	37
	2. UPE-Aufschläge und Verbringungskosten	48
IV.	Die Obergrenze der Entschädigung – A.2.5.2.1a und b AKB	54
IV.	Abschleppen – A.2.5.2.2 AKB	57
	1. Grundsätzliches	57
	2. Die Obergrenze des Erstattungsanspruches	62
V.	Abzug neu für alt – A.2.5.2.3 AKB	65
C.	**Weitere praktische Hinweise**	72
I.	Reparaturkosten bei Fahrzeugschäden	72
	1. Was ist vor Erteilung des Werkstattauftrages zu beachten?	72
	2. Entschädigungsberechnung	75
	3. Kaskoversicherung mit Werkstattbindung – Partnerwerkstattklausel	78
	4. Sonstige von den AKB abweichende Zusatzvereinbarungen	86
	6. Möglichkeit des Sachverständigenverfahrens	87
II.	Reparaturkosten bei Glasbruchschäden	88
	1. Umfang des Entschädigungsanspruchs	88
	2. Mögliche Rechnungskürzungen und Einwendungen durch den VR	92

	Rdn.
III. Sonstige Ansprüche	98
1. Rechtsanwaltskosten	98
2. Fahrzeugbezogene nicht zu erstattende Nebenkosten	101
IV. Leasingfahrzeuge	102
1. Abrechnung auf Wiederbeschaffungs- und Neupreisbasis nach steuerlichen Verhältnissen des Leasinggebers	102
a) Mehrwertsteuer	102
b) Ablösewert des Leasinggebers übersteigt Kaskoentschädigung – Bedeutung der GAP-Versicherung	104
c) Ablösewert des Leasinggebers niedriger als Kaskoentschädigung – Kein Anspruch des VN auf Übererlös	109
d) Weitere Abzüge durch den VR	110
2. Abrechnung auf Reparaturkostenbasis nach steuerlichen Verhältnissen des Leasinggebers oder Leasingnehmers?	111
3. Insolvenz des VN	113
V. Versicherte und nicht versicherte Vorschäden	114
VI. Fahrzeugteile und Fahrzeugzubehör	115

A. Allgemeines

In Abgrenzung zu den nach A.2.5.1 AKB zu beurteilenden Fällen des Totalschadens, der Zerstörung oder des Verlustes des Fahrzeuges regelt A.2.5.2 AKB den **Leistungsumfang des VR bei Beschädigung** des versicherten Fahrzeuges in solchen Konstellationen, in denen die Reparaturkosten – anders als beim Totalschaden, der begrifflich auch eine »Beschädigung« des Fahrzeuges beinhaltet – den Wiederbeschaffungswert des Fahrzeuges nicht übersteigen. Vom Grundsatz her stehen dem VN **zwei Abrechnungsvarianten** zur Verfügung. 1

Rechnet er **konkret** auf Basis einer dem VR nachzuweisenden Reparaturkostenrechnung ab, so erhält er die tatsächlich aufgewendeten Instandsetzungskosten bis maximal zur Höhe des Wiederbeschaffungswertes ersetzt, wenn die Reparatur vollständig und fachgerecht ausgeführt wurde. **Leistungsobergrenze** ist insoweit stets der **Wiederbeschaffungswert, A.2.5.2.1a AKB**. Dies gilt gemäß A.2.5.1.1 S. 2 AKB auch bei einem Totalschaden oder einer Zerstörung des Fahrzeuges, wenn sich der VN zur Reparatur entschließt. In diesem Fall ist **kein Wechsel in der Abrechnungsvariante** möglich. Verlangt der VN vom VR eine Abrechnung auf Reparaturkostenbasis, erlischt damit sein möglicher Anspruch auf Ersatz des Wiederbeschaffungsaufwands; veräußert der VN später sein repariertes Kfz, kann er nicht die Abrechnung auf Totalschadenbasis nachschieben.[1] 2

Rechnet er **abstrakt (fiktiv)** auf der Basis eines vom VR eingeholten Sachverständigengutachtens ab, so erhält er die Reparaturkosten (netto ohne Mehrwertsteuer, vgl. A.2.5.4 AKB) bis maximal zur Höhe des um den Wiederbeschaffungswert geminderten Restwerts (Wiederbeschaffungsaufwands) seines Fahrzeuges. Dies gilt für alle Fäl- 3

---

[1] LG Duisburg Urt. v. 03.06.2014 – 8 O 253/13.

A.2.5.2.1a AKB Vollständige und fachgerechte Reparatur mit Rechnungsnachweis

le, in denen der VN das Fahrzeug nicht vollständig, nicht fachgerecht oder überhaupt nicht repariert, also auch im Fall des unreparierten Weiterverkaufes. **Leistungsobergrenze** ist insoweit stets der **Wiederbeschaffungsaufwand, A.2.5.2.1b AKB**.

4 **Kein faktischer Unterschied zwischen konkreter und abstrakter Abrechnung** besteht nur in den Fällen, in denen die Reparaturkosten unterhalb des Wiederbeschaffungsaufwands liegen.

5 **Im Vergleich zu älteren AKB-Bedingungswerken** werden in A.2.5.2 AKB auch diejenigen Fälle geregelt, in denen der VN sein beschädigtes Fahrzeug nicht reparieren lässt, sondern unrepariert veräußert. Während eine Anrechnung des Restwerts des beschädigten Fahrzeuges durch den VR mangels entsprechender Regelung in älteren AKB noch nicht möglich war,[2] wurde schon in § 13 Abs. 5 AKB 2007 a. F. und später in A.2.7b AKB 2008 a. F. eine Regelung eingefügt, wonach der VR in Fällen, in denen das Fahrzeug nicht oder nicht vollständig repariert wurde, die geschätzten Kosten nur bis zur Höhe des Wiederbeschaffungsaufwands zu ersetzen hatte. Die Leistungsgrenze war in diesem Falle also der um den Restwert des Fahrzeuges verminderte Wiederbeschaffungswert. Diese Klausel wurde schon damals unter AGB-rechtlichen Gesichtspunkten als wirksam angesehen.[3] Die Weiterentwicklung dieser Klausel in A.2.5.2.1b AKB begegnet daher gleichfalls keinen rechtlichen Bedenken.

B. Regelungsgehalt – Was zahlen wir im Schadenfall? – A.2.5 AKB/Was zahlen wir bei Beschädigung? – A.2.5.1.2 AKB (§ 13 Abs. 5 AKB 2007 a. F.; A.2.7 AKB 2008 a. F.)

I. Vollständige und fachgerechte Reparatur mit Rechnungsnachweis – A.2.5.2.1a S. 1 AKB

1. Erforderliche Kosten bei konkreter Abrechnung

6 Welche Kosten als »erforderlich« im Sinne der Bedingungen angesehen werden können, ist nicht immer eindeutig. In der **Kfz-Haftpflichtversicherung** richtet sich der Schadenersatzanspruch des Geschädigten gemäß **§ 249 Abs. 2 S. 1 BGB** nach den erforderlichen Kosten der Wiederherstellung der beschädigten Sache. Sinn und Zweck der Vorschrift ist es, dem Geschädigten bei voller Haftung des Schädigers einen umfassenden Schadenausgleich zukommen zu lassen, wobei bei der Berechnung der Schadenhöhe eine subjektbezogene Schadenbetrachtung insofern anzustellen ist, als besondere Rücksicht auf die spezielle Situation des Geschädigten, seine Position und seine individuellen Schwierigkeiten zu nehmen ist. Demgegenüber geht es in der **Kaskoversicherung** um einen **Erfüllungsanspruch des VN aus dem Versicherungsvertrag**, in dem die Leis-

---

2 Vgl. BGH Urt. v. 08.11.1995 – **IV ZR 365/94** – VersR 1996, 91 = r+s 1996, 45.
3 OLG Karlsruhe Urt. v. 21.10.2010 – 9 U 41/10 – VersR 2011, 1137 = r+s 2011, 282; OLG Düsseldorf Urt. v. 29.04.2008 – I-4 U 145/07 – r+s 2009, 322 = zfs 2009, 156; OLG Frankfurt Urt. v. 12.11.1998 – 15 U 269/97 – VersR 2000, 1010; AG Hannover Urt. v. 13.03.2001 – 528 C 16715/00 – SP 2001, 391; AG Hamburg Urt. v. 12.01.1999 – 9 C 416/98 – zfs 2001, 71.

tungen des VR konkret aufgeführt und konkretisiert sind. Diese Leistungen müssen sich nicht unbedingt an § 249 BGB orientieren, da der VR grundsätzlich frei ist in der Ausgestaltung seines Leistungsversprechens. Auf der anderen Seite sind die Tatbestandsvoraussetzungen »erforderliche Kosten der Wiederherstellung« auslegungsbedürftig. Der vertragliche Erfüllungsanspruch des VN muss daher unter Berücksichtigung der Interessen beider Vertragsparteien ermittelt werden.

Im Kaskoversicherungsbereich werden vor allem neue oder jedenfalls neuwertige Fahrzeuge versichert, bei denen häufig die **Herstellergarantie** noch nicht abgelaufen ist. Zudem ist ein Großteil der **Fahrzeuge fremdfinanziert** oder steht im Eigentum von Leasingfirmen. Hier besteht regelmäßig eine vertragliche Verpflichtung des VN, bei Reparaturschäden das Fahrzeug instandsetzen zu lassen. Bei solchen Fahrzeugen besteht das Interesse des VN im Reparaturschadenfall darin, den Fahrzeugwert zu erhalten. Um jegliche Gefahr eines Verlustes der Herstellergarantie oder einer merkantilen Wertminderung für den Fall des späteren Verkaufs bzw. der Rückgabe des Fahrzeuges an den Händler nach Beendigung der Finanzierung oder eines Leasingvertrages auszuschließen, wird man dem VN die **Reparatur in einer vom Fahrzeughersteller zugelassenen markengebundenen Vertragswerkstatt** jedenfalls dann zugestehen müssen. Dies gilt jedenfalls dann, wenn er gerade durch die Vorlage einer konkreten Reparaturrechnung sein besonderes Interesse an einer solchen Reparatur belegt. Insofern ist eine Parallele zu den im Haftpflichtrecht ergangenen Entscheidungen des **BGH**[4] zu ziehen. 7

Hinsichtlich des **Reparaturumfanges** sind all diejenigen Kosten als erforderlich anzusehen, die der VN bei objektiver Betrachtungsweise zur vollwertigen und fachgerechten Beseitigung des Schadens aufwenden muss. 8

Für diese Auffassung spricht, dass der **VR bei Prüfung eines Kaskoversicherungsantrages** eine **Risikoeinstufung** des jeweiligen Fahrzeugtyps vornimmt, nach der er auch seine Prämie kalkuliert. Diese wird umso höher sein, je hochwertiger das zu versichernde Fahrzeug ist. Dabei wird auch das **Reparaturkostenrisiko** mit einfließen, denn der VR kennt die Höhe der herstellerseitigen Reparaturkosten. Vor diesem Hintergrund widerspräche es einem gerechten Risikoausgleich zwischen dem versicherten Risiko und der Versicherungsprämie, wenn der VN im Schadenfall auf eine herstellerfremde günstigere Reparaturmöglichkeit verwiesen werden könnte. Letztlich »erkauft« der VN seinen Anspruch im Schadenfall auf Erstattung von »erforderlichen« Reparaturkosten nach Maßgabe einer vom Hersteller empfohlenen Vertragswerkstatt durch höhere Prämien, die der VR für die unterschiedlichen Fahrzeugtypen selbst festlegt. Dadurch wird der Interessenlage des VR in ausreichendem Maße Rechnung getragen. 9

Zur Wahrung seiner eigenen Interessen hat der VR zudem ohne weiteres die Möglichkeit, bereits bei Abschluss des Kaskoversicherungsvertrages dem VN eine besonders attraktive Versicherungsprämie anzubieten, wenn dieser sich verpflichtet, sein Fahrzeug im Schadenfall in einer vom VR zu benennenden Werkstatt reparieren zu lassen oder 10

---

4 BGH Urt. v. 29.04.2003 – **VI ZR 398/02** – VersR 2003, 920 = NJW 2003, 2086; BGH Urt. v. 20.10.2009 – **VI ZR 53/09** – VersR 2010, 225 = NJW 2010, 606.

A.2.5.2.1a AKB Vollständige und fachgerechte Reparatur mit Rechnungsnachweis

einen Abzug von 15 bis 20 % von den herstellerseitig als erforderlich anzusehenden Kosten zu akzeptieren. Solche **Reparaturklauseln mit Werkstattbindung** werden inzwischen von fast allen VR angeboten. Ihre Existenz beweist letztlich, dass als Maßstab für die Erforderlichkeit der Reparaturkosten bei Fehlen einer ausdrücklich entgegenstehenden abweichenden Vereinbarung in den AKB grundsätzlich die in einer markengebundenen Vertragswerkstatt anfallenden Kosten zugrunde zu legen sind. Näheres zu Tarifen mit Werkstattbindung unter A.2.5.2 AKB Rdn. 78 ff.

11 Schließlich ist im Rahmen der Erforderlichkeit stets von Bedeutung, **wie sich der VN ohne eine Kaskoversicherung im konkreten Schadenfall verhalten hätte**. Er darf daher die Reparatur zulasten des VR nicht in einer Werkstatt durchführen lassen, die höhere Lohnkosten berechnet als diejenigen, die in einer dem Fahrzeugtyp entsprechenden herstellerseitigen Vertragswerkstatt anfielen. Andererseits braucht der VN trotz des Weisungsrechtes des VR in E.1.3.2 AKB **keine minderwertige Werkstatt oder Reparatur** akzeptieren. Er muss er sich auch nicht auf eine vom VR benannte, besonders billige Reparaturmöglichkeit verweisen lassen, es sei denn, eine solche Verpflichtung ergäbe sich ausnahmsweise aus den konkret zugrunde liegenden AKB.

12 Grundsätzlich kann sich der VN darauf berufen, dass die **in der Werkstattrechnung ausgewiesenen** Reparaturkosten die nach A.2.5.2.1a AKB vom VR zu erstattenden »**erforderlichen Kosten**« darstellen, sofern sie den Wiederbeschaffungswert des Fahrzeuges nicht übersteigen.[5] Auf die Kalkulation des Sachverständigen kann der VN in diesem Fall nicht verwiesen werden, da diese nur eine Schadenschätzung der voraussichtlichen Kosten darstellt, (zur Frage der **Mehrwertsteuer** vgl. A.2.5.2 AKB Rdn. 77 ff.).

13 Zu den »erforderlichen« Kosten zählen auch die **Kosten der** zur Farbtonangleichung notwendigen **Beilackierung**, auch wenn diese nur benachbarte, nicht beschädigte Fahrzeugteile betrifft.[6]

14 Stehen dem VN infolge seiner persönlichen Verhältnisse Möglichkeiten zur Verfügung, die **Reparatur billiger** durchführen zu lassen, so muss er hiervon Gebrauch machen, sofern ihm ein **Rechtsanspruch auf** diese **günstigere Reparaturmöglichkeit** eingeräumt ist (z. B. bei seinem Arbeitgeber aufgrund arbeitsvertraglicher Regelung). Unterhält der VN eine eigene Kfz-Reparaturwerkstatt, so bemessen sich die erforderlichen Instandsetzungskosten nach denjenigen Aufwendungen, die auch einem Dritten in Rechnung gestellt würden.[7] Anderes gilt jedoch für einen VN, der als Verkehrsbetrieb kaskoversichert ist und ausschließlich für den eigenen Fuhrpark eine Werkstatt vorhält.[8]

---

5 Vgl. BGH Urt. v. 30.01.1985 – **IVa ZR 109/83** – VersR 1985, 354 = NJW 1985, 1222.
6 AG Landshut Urt. v. 27.07.2010 – 1 C 760/10 – DV 2010, 104 = SpV 2010, 69.
7 Vgl. Armbrüster VersR 2008, 1154.
8 BGH Urt. v. 26.05.1970 – **VI ZR 168/68** – VersR 1970, 832 = NJW 1970, 1454; Stiefel/Maier/*Meinecke* A.2.7 AKB Rn. 6.

2. 130 %-Grenze

Die für die Kfz-Haftpflichtversicherung entwickelte **130 %-Grenze**, wonach der Geschädigte bei vollständiger und fachgerechter Reparatur seines Kfz und mindestens 6-monatiger Weiternutzung die tatsächlich entstandenen Reparaturkosten bis zur Höhe von 130 % des Wiederbeschaffungswertes seines Kfz beanspruchen kann, gilt in der Kaskoversicherung nicht. Obergrenze für die Entschädigung ist immer der Wiederbeschaffungswert des Fahrzeuges.[9] Allerdings trägt der VR aufgrund seines Weisungsrechtes (vgl. E.1.3.2 AKB) das **Prognoserisiko**, dass die tatsächliche Reparatur teurer wird als ursprünglich kalkuliert, (vgl. A.2.5.2 AKB Rdn. 26).   15

3. Kalkulationsgrundlage für die Reparatur

Bei Beschädigungen des Fahrzeuges erstattet der VR die für die Reparatur des Fahrzeuges (oder seiner Fahrzeugteile und des –zubehörs, vgl. A.2.1.2 AKB) erforderlichen Kosten bis zur Höhe des Wiederbeschaffungswertes. Damit können grundsätzlich **auch im Fall des wirtschaftlichen Totalschadens** (Reparaturkosten übersteigen den um den Restwert verminderten Wiederbeschaffungswert) die Instandsetzungskosten verlangt werden, wodurch dem Integritätsinteresse des VN an der Erhaltung und Weiternutzung seines vertrauten Fahrzeuges Rechnung getragen wird.   16

Die Wiederherstellungskosten werden entweder auf der Grundlage eines **Kostenvoranschlages** (bei einem Schadenumfang bis ca. 2.000,00 €) oder eines vom VR oder in Absprache mit dem VR zu beauftragenden **Sachverständigengutachtens** (vgl. A.2.5.3 AKB) kalkuliert. Sie setzen sich zusammen aus den Lohnkosten (Anzahl der Arbeitswerte mal Stundenverrechnungssatz), den Materialkosten für die Ersatzteile sowie den Lackierungskosten und orientieren sich an den Preisen, die der VN für eine Reparatur in der Werkstatt seines Vertrauens zu bezahlen hätte. Dies wird regelmäßig eine markengebundene, vom Hersteller des jeweiligen Fabrikates zugelassene Vertragswerkstatt sein, muss es aber nicht, (vgl. A.2.5.2 AKB Rdn. 31 ff.).   17

Wird eine Kalkulation nicht erstellt, obliegt es dem VN, vor Beginn der Reparatur **Weisungen des VR einzuholen**, (E.1.3.2 AKB). Dies gilt auch für mitversichertes Fahrzeugzubehör.[10]   18

4. Voraussetzungen für eine vollständige und fachgerechte Reparatur

Voraussetzung für eine Entschädigungszahlung, die über den Wiederbeschaffungsaufwand (Wiederbeschaffungswert minus Restwert) hinausgeht, ist die **vollständige und fachgerechte Instandsetzung** des Fahrzeuges in einem Umfange, wie sie vor Reparaturbeginn in einem eingeholten Kostenvoranschlag zugrunde gelegt bzw. von einem Sachverständigen in seinem Gutachten für notwendig erachtet worden ist. Außerdem muss der VN die entsprechende Reparatur seines Fahrzeuges durch Vorlage der Reparaturkostenrechnung nachweisen. Er erhält dann auch die Mehrwertsteuer ersetzt, A.2.5.4   19

---

9 OLG Koblenz Urt. v. 26.11.1999 – 10 U 246/99 – VersR 2000, 1359 = r+s 2000, 97.
10 AG Mainz Urt. v. 05.04.2011 – 80 C 240/10 – r+s 2011, 283.

A.2.5.2.1a AKB Vollständige und fachgerechte Reparatur mit Rechnungsnachweis

AKB. Kann er dies nicht, ist sein Anspruch durch die Verweisung in A.2.5.2.1a S. 2 AKB automatisch auf den Wiederbeschaffungsaufwand beschränkt. **AGB-rechtlich** begegnet die Regelung keinen Bedenken.[11] Vergleichbare Klauseln in älteren AKB-Fassungen wurden bereits als wirksam erachtet.[12]

20 **Vollständig und fachgerecht bedeutet**, dass es sich weder um eine provisorische, nur notdürftige Instandsetzung, noch um eine Billigreparatur handeln darf. Sofern die Reparatur nach den Vorgaben des Herstellers erfolgt, kann eine fachgerechte Ausführung unterstellt werden. Allerdings kommt es nicht zwingend auf die Einhaltung der dem VN regelmäßig unbekannten **Herstellerrichtlinien** und damit auf den vom Kfz-Hersteller empfohlenen **Reparaturweg** an.[13] Ausreichend sind vielmehr auch solche Reparaturleistungen, die den einschlägigen DIN-Normen und den in einer Karosserie-Fachwerkstatt angewandten anerkannten Regeln des Kfz-Handwerks entsprechen.

21 Von einer vollständig und fachgerechten Reparatur ist auszugehen, wenn das Fahrzeug wieder **fahrtüchtig und verkehrssicher hergestellt** ist, alle Arbeiten, die aus technischer Sicht zur Beseitigung der Schäden notwendig sind, durchgeführt wurden und – sofern der VR bereits Vorschüsse gezahlt hat – die tatsächlichen Reparaturkosten jedenfalls die bisher ausgezahlte Versicherungsleistung erreichen; eine **Mangelfreiheit der Reparatur wird nur in technischer Hinsicht** vorausgesetzt.[14] Erweist sich die Reparatur in einem Punkt als mangelhaft oder unvollständig, so steht dies gleichwohl einer »vollständig« ausgeführten Reparatur i. S. d. Klausel nicht entgegen, wenn eine weitere Reparatur aus technischer Sicht nicht notwendig ist und auch außer Verhältnis steht zu den durch die weitere Reparatur erzielbaren Vorteilen.[15]

5. Anforderungen an den Reparaturnachweis

22 Der erforderliche Nachweis über die vollständige und fachgerechte Reparatur kann ausschließlich durch eine Rechnung geführt werden. Der eindeutige Wortlaut in A.2.5.2.1a AKB lässt keine andere Auslegung zu.[16] Insbesondere ist es **nicht ausreichend**, wenn der VN Rechnungen über den **Erwerb einzelner Ersatzteile** oder ein **Sachverständigengutachten** vorlegt, in welchem die ordnungsgemäße und vollständige Reparatur bescheinigt wird.[17] Im Falle einer Eigenreparatur durch einen Werkstattinhaber genügt jedoch auch eine »**Eigenrechnung**«.[18] Soweit der VR gemäß A.2.5.2.1b AKB bereits den Wiederbeschaffungsaufwand reguliert hat und für eine darüber hi-

---

11 LG Dortmund Urt. v. 20.04.2011 – 2 O 272/10 – r+s 2011, 465.
12 OLG Frankfurt Urt. v. 12.11.1998 – 15 U 269/97 – VersR 2000, 1010; OLG Hamm Urt. v. 19.05.1999 – 20 U 1/99 – VersR 2000, 629 = r+s 2000, 9; LG Dortmund Urt. v. 10.12.2008 – 22 O 109/07 – VersR 2009, 926.
13 LG Dortmund Urt. v. 30.06.2011 – 2 S 36/10 – r+s 2011, 425.
14 OLG Karlsruhe Urt. v. 21.10.2010 – 9 U 41/10 – VersR 2011, 1137 = r+s 2011, 282.
15 OLG Karlsruhe Urt. v. 21.10.2010 – 9 U 41/10 – VersR 2011, 1137 = r+s 2011, 282.
16 AG Düsseldorf Urt. v. 12.02.2014 – 22 C 14233/13 – r+s 2015, 190.
17 A. A. Feyock/*Jacobsen*/Lemor A.2 AKB Rn. 123.
18 LG Nürnberg-Fürth Urt. v. 14.11.2013 – 8 O 6658/12 – r+s 2015, 188.

nausgehende Entschädigung nach Maßgabe des A.2.5.2.1a AKB vom VN einen Rechnungsnachweis fordert, ist dies nicht zu beanstanden.

Auch wenn die Werkstatt vom VN wegen des Umfanges der Reparatur Sicherheiten 23 verlangt und der VN mit den Reparaturkosten finanziell nicht in Vorlage treten kann, ist der **VR** gleichwohl **zur Abgabe einer Reparaturkostendeckungszusage** oder **Kostenübernahmeerklärung** gegenüber der Werkstatt – auch unter Berücksichtigung seiner Vorschusspflicht in A.2.7.2 AKB – **nicht verpflichtet**.[19] Der VN kann sich in einem solchen Fall bei einer Bank gegen Abtretung seines Entschädigungsanspruches aus der Kaskoversicherung (nach Einholung der Genehmigung des VR nach A.2.7.4 AKB, ausgenommen in den Sonderfällen des § 354a HGB) refinanzieren.

Der **Reparaturnachweis ist nur dann erbracht**, wenn der VN als Rechnungsadressat 24 aufgeführt ist. Ist die Rechnung auf einen Dritten ausgestellt, lässt dies den Schluss zu, dass der VN sein Fahrzeug unrepariert veräußert und der neue Erwerber die Reparatur beauftragt hat. Da der VN mit einer Veräußerung aber bereits das ihm nach A.2.7.1 AKB zustehende Wahlrecht ausgeübt hat, kann er mit seinem Anspruch in einem solchen Fall noch auf die Abrechnungsvariante b), nicht aber mehr auf die Abrechnungsvariante a) zurückgreifen.[20]

6. Tatsächliche Reparaturkosten sind geringer/höher als kalkuliert

Fällt die in jeder Hinsicht vollwertige **Reparatur preisgünstiger** aus **als ursprünglich** 25 durch den Sachverständigen im Schadengutachten **kalkuliert**, beschränkt sich die Leistungspflicht des VR auf den konkret angefallenen geringeren Betrag.[21] Auf die Kalkulation des Sachverständigen kommt es dann nicht mehr an. Maßgebend ist vielmehr der günstigere tatsächliche Reparaturpreis, da der VN zu diesem konkreten Preis in vollem Umfange das erhalten hat, was ihm nach dem Versicherungsvertrag zusteht, nämlich eine vollständige und vollwertige Beseitigung seines Kaskoschadens.[22] Auch ein dem VN von der Fachwerkstatt gegenüber den »üblichen« Reparaturkosten eingeräumter Preisvorteil steht dem VR zu. Dabei ist es unerheblich, ob der **Preisvorteil als Nachlass** oder als (teilweise) **Übernahme des Selbstbehaltes** bezeichnet wird,[23] (zu Nachlässen im Zusammenhang mit **Glasbruchschäden** vgl. A.2.2.1 AKB Rdn. 101).

Fällt die tatsächlich durchgeführte **Reparatur teurer** aus **als ursprünglich kalkuliert**, 26 weil der Sachverständige bei den Lohnkosten lediglich vergleichsweise niedrige **durchschnittliche Stundenverrechnungssätze** freier Karosseriewerkstätten angesetzt hat, wohingegen der VN sein Fahrzeug aber in einer markengebundenen Vertragswerkstatt hat

---

19 LG Dortmund Urt. v. 20.04.2011 – 2 O 272/10 – r+s 2011, 465; LG Köln Beschl. v. 30.03.2011 – 24 S 5/11 – r+s 2012, 433.
20 Stiefel/Maier/*Meinecke* A.2.7 AKB Rn. 9.
21 Prölss/Martin/*Knappmann* § 13 AKB Rn. 14; Stiefel/Maier/*Meinecke* A.2.7 AKB Rn. 10.
22 Vgl. BGH Urt. v. 30.01.1985 – **IVa ZR 109/83** – VersR 1985, 354 = NJW 1985, 1222, 1223.
23 OLG Frankfurt/M. Urt. v. 11.05.2006 – 6 U 7/06 – VersR 2006, 1068 = VRR 2006, 389.

A.2.5.2.1a AKB Vollständige und fachgerechte Reparatur mit Rechnungsnachweis

instandsetzen lassen, so sind die Mehrkosten zu erstatten,[24] (vgl. A.2.5.2 AKB Rdn. 31 ff.).

27 Gleiches gilt, wenn sich während der Reparatur eine **Ausweitung des Schadens** gegenüber der anfänglichen Einschätzung des Gutachters ergibt oder wenn sich im Rahmen der konkreten Reparaturdurchführung ein anderer, **kostenaufwändigerer Reparaturweg** als notwendig oder im Nachhinein einzig möglich herausstellt. Übersteigen die effektiv entstandenen und durch Rechnung belegten Reparaturkosten den Wiederbeschaffungswert des Fahrzeuges, wohingegen sich die ursprünglich kalkulierten Kosten noch unterhalb des Wiederbeschaffungswertes bewegten, so sind dem VN trotzdem die vollen, tatsächlich entstandenen Aufwendungen zu ersetzen.

28 Stuft der vom VR beauftragte Sachverständige den Schaden am Fahrzeug als Reparaturschaden ein, muss der VR die Gesamtkosten bei vollständig durchgeführter, fachgerechter und durch Rechnung belegter Reparatur nach A.2.5.2.1a AKB auch dann übernehmen, wenn sie unerwartet höher ausfallen und den Wiederbeschaffungswert übersteigen. Das **Risiko einer fehlerhaften Bewertung der** zur Schadenbeseitigung **erforderlichen Kosten** trägt regelmäßig der **VR**. Dies gilt jedenfalls dann, wenn er – wie üblich – den Sachverständigen beauftragt hat, (vgl. A.2.5.3 AKB). Denn einerseits kann der VR bei der Auswahl des Sachverständigen von vornherein sicherstellen, dass das Schadengutachten nur durch einen besonders erfahrenen und qualifizierten Gutachter erstellt wird. Andererseits hat er aber auch Möglichkeiten, durch Kalkulationsvorgaben inhaltlichen Einfluss auf das zu erstellende Gutachten zu nehmen. Angesichts dessen erscheint es sachgerecht, dem VR auch das alleinige Risiko einer Fehlkalkulation des von ihm beauftragten Sachverständigen zuzuweisen, (vgl. A.2.5.2 AKB Rdn. 12).

29 **Mehrkosten durch eine Nachreparatur** wegen anfänglicher mangelhafter Reparaturdurchführung sind dem VN zu ersetzen, wobei werkvertragliche Schadenersatzansprüche des VN gegen die Werkstatt nach § 86 VVG auf den VR übergehen.

7. Schäden im Ausland

30 Bei **Auslandsschäden** kann der VN lediglich Ersatz der Instandsetzungskosten beanspruchen, die bei einer Reparatur in einer dem Unfallort nahegelegenen Fachwerkstatt entstanden wären. Insoweit kommt es auf die konkreten, im Ausland vorhandenen Werkstattbedingungen an. Wenn er die Möglichkeit hat, am ausländischen Unfallort die Reparatur in einer zuverlässigen Fachwerkstatt preisgünstiger als in Deutschland durchführen zu lassen, so verstößt der VN gegen seine Obliegenheit zur Schadenminderung (E.1.1.4 AKB), wenn er auf Kosten des VR sein Fahrzeug nach Deutschland transportieren lässt, nur um es dort in der Werkstatt seines Vertrauens reparieren zu lassen.[25] Die damit verbundenen Mehrkosten muss der VR ebenso wenig übernehmen

---

24 Vgl. LG Hamburg Beschl. v. 19.09.2013 – 302 S 21/13 – VA 2013, 203, welches dem VN sogar bei fiktiver Abrechnung die Kosten einer Markenwerkstatt zugesteht.
25 OLG Hamburg Urt. v. 04.02.2000 – 14 U 183/99 – JurionRS 2000, 20371.

wie die Überführungskosten nach Deutschland. Gerade der Umstand, dass der VR nach A.2.5.2.2 AKB Abschleppkosten nur bis zur nächstgelegenen für die Reparatur geeigneten Werkstatt ersetzen muss, verdeutlicht, dass diese Regelung in Zusammenhang steht mit der Frage, welche Kosten als erforderliche Wiederherstellungskosten anzusehen sind.

II. Vollständige und fachgerechte Reparatur ohne Rechnungsnachweis – A.2.5.2.1a S. 2 AKB

Kann der VN den Rechnungsnachweis einer vollständigen und fachgerechten Reparatur nicht erbringen, wird er nach A.2.5.2.1a S. 2 AKB so behandelt, als hätte er überhaupt keine Reparatur durchführen lassen. Er wird auf die fiktive Abrechnung in A.2.5.2.1b AKB verwiesen, die den Reparaturkostenersatzanspruch des VN auf den **Wiederbeschaffungsaufwand beschränkt**. Dies benachteiligt den VN immer dann, wenn sich die gutachterlich geschätzten Reparaturkosten zwischen dem Wiederbeschaffungsaufwand und dem Wiederbeschaffungswert bewegen. Insbesondere für den Fall der **Eigenreparatur** bedeutet diese Regelung für den VN eine oftmals erhebliche Verkürzung seiner Ansprüche. 31

Gleichwohl **begegnet dies keinen rechtlichen Bedenken**. In A.2.5.2.1b AKB ist zwar der fehlende Rechnungsnachweis nicht als eigenständige Variante aufgeführt, so dass sich der VN auf den Standpunkt stellen könnte, dass diese Variante für ihn nicht einschlägig ist, wenn er zwar in Eigenregie, aber trotzdem vollständig und fachgerecht repariert hat. Trotzdem dürfte die **Klausel** dem Transparenzgebot des § 307 Abs. 1 S. 2 BGB genügen, denn sie ist **unter Berücksichtigung des Sinngehaltes der gesamten Regelung in A.2.5.2.1 AKB** auch für den durchschnittlichen VN ohne versicherungsrechtliche Spezialkenntnisse **eindeutig**. 32

Vom Aufbau her werden in A.2.5.2.1a AKB zunächst die Voraussetzungen zur Erlangung der Höchstentschädigung (Wiederbeschaffungswert ohne Restwert) beschrieben, die einen Rechnungsnachweis erfordern. In A.2.5.2.1a S. 2 AKB findet sich der ausdrückliche Hinweis, dass sich für den Fall, dass dieser Nachweis fehlt, die Entschädigungsleistung nach A.2.5.2.1b AKB bemisst. Dadurch werden keine Rechte des VN, die sich aus der Natur des Kaskoversicherungsvertrages ergeben, so eingeschränkt, dass eine Gefährdung des Vertragszwecks angenommen werden könnte. 33

Wäre der VR verpflichtet, die Reparaturkosten stets – also insbesondere auch ohne Rechnungsnachweis – ohne Abzug des Restwerts an den VN auszuzahlen, hätte dies zur Konsequenz, dass dem VN im Einzelfall durch Vereinnahmung der vom VR regulierten Reparaturkosten und gleichzeitiger Veräußerung seines Unfallfahrzeuges eine höhere Summe zufließen würde als der Vermögenswert, den sein Fahrzeug vor dem Schadenfall objektiv noch verkörperte. Der VN würde dadurch an dem Schaden verdienen. Es bestehen keine Bedenken, einer solchen Bereicherung des VN durch die vorliegende Klausel zu begegnen. 34

35 Die Klausel ist auch weder überraschend nach § **305c Abs. 1 BGB**, noch führt sie zu einer unangemessenen Benachteiligung des VN i. S. v. § **307 Abs. 1 S. 1 BGB**.[26] Der VN hat die vollständige und fachgerechte Reparatur seines Fahrzeuges gegen Rechnungsnachweis selbst in der Hand. Er kann aufgrund eigener Entscheidung die Voraussetzungen für die ungekürzte Höchstentschädigung schaffen.

36 Im Übrigen ist bei nicht durchgeführter Reparatur auch rein wirtschaftlich betrachtet die Entschädigungsleistung des VR ausreichend. Der VN kann sich auf dem Gebrauchtwagenmarkt ein vergleichbares Fahrzeug zum Wiederbeschaffungswert anschaffen und sein beschädigtes Fahrzeug zum Restwert veräußern. Die finanzielle Lücke wird durch die Entschädigungszahlung des VR voll geschlossen.

III. Keine, nicht vollständige oder nicht fachgerechte Reparatur – A.2.5.2.1b AKB

1. Erforderliche Kosten bei fiktiver Abrechnung

37 Lässt der VN nicht, nicht vollständig oder nicht fachgerecht reparieren oder kann er die vollständige und fachgerechte Reparaturdurchführung nicht durch eine Werkstattrechnung belegen, kann er seinen Kaskoentschädigungsanspruch auf der **Basis eines Kostenvoranschlages oder Sachverständigengutachtens** abrechnen. Sein Entschädigungsanspruch ist jedoch stets auf die Höhe des Wiederbeschaffungswertes abzüglich des anzurechnenden Restwerts[27] (**Wiederbeschaffungsaufwand**) begrenzt. Dies gilt auch dann, wenn die kalkulierten Reparaturkosten zwar oberhalb des Wiederbeschaffungsaufwands, aber unterhalb des Wiederbeschaffungswertes liegen. Der VN wird hierdurch nicht unangemessen benachteiligt.[28] Im Übrigen verweist die Klausel auf A.2.5.1.6 AKB (vgl. A.2.5.1 AKB Rdn. 60 ff.) und A.2.5.1.7 AKB (vgl. A.2.5.1 AKB Rdn. 73 ff.). Zur Frage der **Mehrwertsteuer** siehe A.2.5.4 AKB (vgl. A.2.5.4 AKB Rdn. 7 ff.; A.2.5.2 AKB Rdn. 77).

38 Der VN hat im Rahmen der fiktiven Abrechnung – anders als im Falle einer tatsächlich erfolgten und nachgewiesenen Reparatur – grundsätzlich **keinen Anspruch** auf die für seinen Fahrzeugtyp maßgeblichen **Instandsetzungskosten** verlangen, wie sie in einer vom Hersteller autorisierten, **markengebundenen Vertragswerkstatt** zu zahlen wären. Der VR schuldet nach A.2.5.2.1b AKB die »erforderlichen Kosten« einer vollständigen und fachgerechten Reparatur. Dies müssen nicht zwingend diejenigen einer markengebundenen Vertragswerkstatt sein. **Maßstab für die zu ermittelnden Kosten** ist weder der teuerste Aufwand, noch die Kosten für eine Billigreparatur. Ein Anhaltspunkt für die Beurteilung kann sein, wie sich der VN ohne Kaskoversicherung verhalten hätte.

---

26 OLG Düsseldorf Urt. v. 29.04.2008 – I-4 U 145/07 – r+s 2009, 322 = zfs 2009, 156 für eine vergleichbare Klausel.
27 Vgl. BGH Urt. v. 10.09.2014 – **IV ZR 379/13** – VersR 2014, 1249 = r+s 2014, 546 zur Definition des Restwerts.
28 Ebenso LG Essen Urt. v. 02.07.2012 – 18 O 125/12 – SP 2013, 82; AG Essen Urt. v. 05.03.2014 – 22 C 39/14 – SP 2014, 236.

Ausnahmsweise kann im Einzelfall auf die Preise markengebundener Vertragswerkstätten abzustellen sein, wenn der VN in der Vergangenheit sein Fahrzeug stets beim Vertragshändler hat warten und reparieren lassen (**scheckheftgepflegtes Fahrzeug**).[29] Anders dagegen, wenn er sein Fahrzeug auch bislang ausschließlich einer freien Reparatur-Fachwerkstatt anvertraut hat. Zu berücksichtigen ist stets, dass sich der VN an dem Versicherungsfall **nicht bereichern**, sondern nur seinen tatsächlich erlittenen Schaden ersetzt erhalten soll.[30]

Dennoch ist der Entschädigungsanspruch nicht in jedem Fall von vornherein nur auf den Ersatz von durchschnittlichen Stundenverrechnungssätzen beschränkt.[31] Auch in Fällen, in denen das Fahrzeug des VN **weniger als drei Jahre alt** ist, können die Kosten einer Markenfachwerkstatt Maßstab für die zu entschädigenden »erforderlichen Reparaturkosten« sein; Weisungen des VR an den VN nach E.1.1.4 AKB, im Rahmen der Schadenminderungspflicht eine Reparatur nur in einer freien Karosseriewerkstatt durchzuführen, können sich für den VN in solchen Fällen als unzumutbar und damit nach E.1.1.4 Abs. 2 AKB unzulässig darstellen.[32]

Für den **Haftpflichtschadenbereich** hat der BGH[33] in mehreren Entscheidungen Grundsätze für die fiktive Schadenabrechnung aufgestellt. Dabei hat er bekräftigt, dass der Schadenberechnung grundsätzlich die in einer **markengebundenen Fachwerkstatt** anfallenden Reparaturkosten zugrunde gelegt werden können. Eine Verweisung des Geschädigten auf eine **günstigere Reparaturmöglichkeit** in einer »mühelos und ohne Weiteres zugänglichen freien Karosseriefachwerkstatt« sei jedenfalls für Fahrzeuge bis zum Alter von drei Jahren unzumutbar und hänge im Übrigen für ältere Fahrzeuge davon ab, dass der Schädiger nachweise, dass eine Reparatur in einer solchen Werkstatt vom Qualitätsstandard her der Reparatur in einer markengebundenen Fachwerkstatt entspreche. Selbst bei älteren Fahrzeugen könne aber eine alternative Reparaturmöglichkeit außerhalb einer markengebundenen Fachwerkstatt unzumutbar sein, wenn der Geschädigte sein Fahrzeug auch schon bisher dort habe warten und reparieren lassen.

---

29 LG Hamburg Beschl. v. 19.09.2013 – 302 S 21/13 – r+s 2014, 168; a. A. AG Erfurt Urt. v. 18.04.2012 – 11 C 3067/11 – NZV 2012, 552, wonach dem VN eine Abrechnung auf der Basis durchschnittlicher Stundenverrechnungssätze zumutbar sei.
30 Ebenso Stiefel/Maier/*Meinecke* A.2.7 AKB Rn. 11; Prölss/Martin/*Knappmann* A.2.6 ff. AKB Rn. 19.
31 So aber offenbar AG Berlin-Mitte Urt. v. 11.11.2009 – 110 C 3194/09 – NZV 2010, 251.
32 LG Hamburg Beschl. v. 19.09.2013 – 302 S 21/13 – r+s 2014, 168.
33 BGH Urt. v. 13.07.2010 – VI ZR 259/09 – r+s 2010, 437 = NJW 2010, 2941 (**2. Mercedes-Urteil**); BGH Urt. v. 22.06.2010 – **VI ZR 302/08** – r+s 2010, 348 = NJW 2010, 2727 (**Audi-Quattro-Urteil**); BGH Urt. v. 22.06.2010 – **VI ZR 337/09** – r+s 2010, 346 = NJW 2010, 2725 (**1. Mercedes-Urteil**); BGH Urt. v. 23.02.2010 – **VI ZR 91/09** – r+s 2010, 302 = NJW 2010, 2118 (**BMW-Urteil**); BGH Urt. v. 20.10.2009 – **VI ZR 53/09** – r+s 2010, 34 = NJW 2010, 606 (**VW-Urteil**); BGH Urt. v. 29.04.2003 – **VI ZR 398/02** – r+s 2003, 301 = NZV 2003, 372 (**Porsche-Urteil**).

42 Diese Grundsätze sind **nur eingeschränkt auf den Bereich der Kaskoversicherung übertragbar.** Sie sind geprägt von der Dispositionsfreiheit des Geschädigten, die für den kaskoversicherten VN nicht gilt. Er unterliegt vielmehr den **Weisungen** des VR – soweit diese für den VN zumutbar sind, was **E.1.1.4 und E.1.3.2 AKB** ausdrücklich hervorheben. In der Kaskoversicherung geht es nicht um einen Schadenausgleich nach § 249 BGB, sondern um die Erfüllung eines vertraglichen Leistungsversprechens durch den VR. Die nach A.2.5.2.1 AKB für eine vollständige und fachgerechte Reparatur vom VR zu erstattenden Kosten können im Rahmen der fiktiven Abrechnung auch diejenigen einer markenungebundenen, freien Karosseriewerkstatt sein, wenn sich die Reparatur in einer solchen Werkstatt im Vergleich zu einer markengebundenen Vertragswerkstatt als **technisch und qualitativ gleichwertig** darstellt, was der **VR im Streitfall zu beweisen** hat. Denn er ist es, der das Gutachten erstellen lässt (vgl. A.2.5.3 AKB), den Sachverständigen auswählt und damit auch das Risiko dafür trägt, dass eine Reparatur in der Werkstatt, auf deren Stundenverrechnungssätzen und Materialpreisen die Kalkulation basiert, vom **Qualitätsstandard** her nicht der Reparatur in einer herstellergebundenen Vertragswerkstatt entspricht.

43 **Kriterien für die Gleichwertigkeit** können sein, ob es sich um eine Meisterwerkstatt handelt, in der ausschließlich Original-Ersatzteile des betreffenden Kfz-Herstellers Verwendung finden, ob die freie Werkstatt dieselben Garantieleistungen und -rechte gewährt wie die markengebundene Fachwerkstatt, ob es sich um einen zertifizierten Kfz-Meisterbetrieb für Lackier- und Karosseriearbeiten handelt und ob der Betrieb im Hinblick auf seine Qualitätsstandards einer regelmäßigen Überprüfung durch eine unabhängige Prüforganisation (TÜV/DEKRA) unterliegt.[34] Zudem wird man für die Gleichwertigkeit verlangen müssen, dass die Werkstatt, auf deren Preisen die Instandsetzungskosten kalkuliert werden, **für den VN mühelos erreichbar** ist und vom Wohnort des VN nicht weiter entfernt liegt als die nächstgelegene Vertragswerkstatt, es sei denn, die vom VR benannte Werkstatt bietet einen kostenlosen Ab- und Rückholservice an.[35]

44 Außerdem darf die Reparaturkostenkalkulation – insoweit **anders als bei** Vereinbarung eines Kaskotarifs mit **Werkstattbindung**, vgl. hierzu A.2.5.2 AKB Rdn. 78 ff. – **keine Sonderkonditionen** berücksichtigen, also nicht auf Stundenverrechnungssätzen einer Werkstatt beruhen, mit der der VR durch besonders günstige Reparaturkonditionen vertraglich verbunden ist. Im Streitfall muss der VR – ebenso wie im in der Haftpflichtversicherung – beweisen, dass er seiner Kaskoschadenabrechnung die üblichen Preise der betreffenden Werkstatt, also keine Sonderkonditionen, zugrunde gelegt hat, wobei der VN sich darauf beschränken kann, eine entsprechende Behauptung des VR mit Nichtwissen zu bestreiten.[36] Dabei geht es – **anders als im Haftpflichtschadenbereich** – nicht darum, dass die kostengünstigere Abrechnung unter Berücksichtigung von Son-

---

34 Vgl. BGH Urt. v. 23.02.2010 – **VI ZR 91/09** – r+s 2010, 302 = NJW 2010, 2118.
35 Vgl. AG Frankfurt/M. Urt. v. 27.08.2010 – 380 C 3652/09 (14) – zfs 2011, 26 zum Haftpflichtschaden.
36 Vgl. BGH Urt. v. 22.06.2010 – **VI ZR 337/09** – r+s 2010, 346 = NJW 2010, 2725.

derkonditionen für den VN unzumutbar wäre. Der VN ist in der Kaskoversicherung – anders als der Geschädigte in der Haftpflichtversicherung – nicht Herr des Restitutionsgeschehens. Er hat aber einen vertraglichen Erfüllungsanspruch gegenüber dem VR, dass ihm auch im Falle der fiktiven Abrechnung die »erforderlichen Kosten« einer vollständigen und fachgerechten Reparatur erstattet werden. Dieser Anspruch lässt sich nicht erfüllen, wenn der VR von »seiner Vertragswerkstatt« auf der einen Seite **Zugeständnisse bei der Preisgestaltung** der Karosserie- und Lackierarbeiten abverlangt, auf der anderen Seite aber diese Werkstatt über **die gleiche technisch und qualitativ hochwertige Reparaturausstattung verfügen** soll wie eine markengebundene Vertragswerkstatt und zudem auch noch in der Lage sein soll, den gleichen **Qualitätsstandard** wie eine Markenwerkstatt zu erfüllen.

Will der VR aus Kostenersparnisgesichtspunkten oder auch, um auf dem Markt preisgünstigere Kaskoversicherungsprämien anbieten zu können, im Schadenfall den **Entschädigungsanspruch des VN auf niedrigere**, durchschnittliche oder »mittlere« **Stundenverrechnungssätze einer eigenen Vertragswerkstatt begrenzen**, so muss er – abweichend von der Verbandsempfehlung des GDV – in seinen AKB entweder einen Tarif mit Werkstattbindung oder eine entsprechende eindeutige Regelung mit dem VN vereinbaren, die z. B. wie folgt aussehen könnte: *»Ohne konkreten Nachweis einer Reparatur gelten mittlere, ortsübliche Stundenverrechnungssätze als erforderlich.«* Diese Klausel begegnet auch AGB-rechtlich keinen Bedenken.[37] Für die Ersatzleistung ist in diesem Fall auf den ungewichteten, mathematischen Mittelwert der vom Sachverständigen zu erfragenden üblichen Stundenverrechnungssätze in nicht markengebundenen »Eurogarant-Fachwerkstätten« abzustellen.[38] 45

Die aufgezeigten Erwägungen für die fiktive Abrechnung gelten auch für **jüngere Fahrzeuge bis zum Alter von drei Jahren**. Die Rechtsprechung des **BGH**,[39] wonach sich der Geschädigte in der Haftpflichtversicherung bei einer Beschädigung eines neuen bzw. neuwertigen Fahrzeuges grundsätzlich nicht auf Reparaturmöglichkeiten außerhalb der markengebundenen Fachwerkstatt verweisen lassen muss, ist für den Kaskoschadenbereich nicht einschlägig. Zwar müsste der VN bei einer Reparatur in einer freien Werkstatt Schwierigkeiten bei einer späteren Inanspruchnahme von Gewährleistungsrechten, einer Herstellergarantie oder sonstigen Kulanzleistungen befürchten; auf der anderen Seite ist er jedoch zur Durchführung einer Reparatur in einer solchen Werkstatt nicht verpflichtet. Es steht ihm frei, sein Fahrzeug in einer für seinen Fahrzeugtyp geeigneten, vom Hersteller autorisierten Vertragswerkstatt instandsetzen zu lassen und seinen Schaden konkret, also nach Maßgabe des A.2.5.2.1a AKB, abzurechnen. Hierzu wird er zur **Wahrung seiner Gewährleistungs- und Garantierechte** kaufvertragsrechtlich im Verhältnis zu seinem Verkäufer (Autohaus, Kfz-Hersteller) auch regelmäßig ver- 46

---

37 Vgl. OLG Düsseldorf Urt. v. 29.04.2008 – I-4 U 145/07 – r+s 2009, 322 = zfs 2009, 156.
38 AG Düsseldorf Urt. v. 18.11.2011 – 47 C 15761/09 – r+s 2012, 434 (**für einen Porsche 996 Carrera 4**).
39 BGH Urt. v. 22.06.2010 – **VI ZR 302/08** – r+s 2010, 348 = NJW 2010, 2727; BGH Urt. v. 20.10.2009 – **VI ZR 53/09** – r+s 2010, 34 = NJW 2010, 606.

A.2.5.2.1b AKB Keine, nicht vollständige oder nicht fachgerechte Reparatur

pflichtet sein. Im Falle der **konkreten Abrechnung** sind die tatsächlich entstandenen und nachgewiesenen Instandsetzungskosten einer markengebundenen Fachwerkstatt jedoch ohne weiteres zu ersetzen, vgl. A.2.5.2 AKB Rdn. 31 ff. Beschränkungen in der Entschädigungshöhe ergeben sich für den VN nur im Falle der **fiktiven Abrechnung** nach Maßgabe des A.2.5.2.1b AKB. Wählt der VN diese Abrechnungsart, obwohl er seine Gewährleistungs- und Garantieansprüche faktisch nur im Falle einer konkret ausgeführten fachgerechten Reparatur aufrechterhalten kann, besteht auch keine Veranlassung, ihm in gleicher Weise auch bei einer abstrakten Schadenabrechnung die bei einer markengebundenen Vertragswerkstatt anfallenden Kosten zuzusprechen. Dies würde dem Bereicherungsverbot des VN in der Kaskoversicherung zuwiderlaufen.

47 Das **OLG Hamm**[40] hat im Falle einer **fiktiven Abrechnung** eines Motorschadens an einer **kaskoversicherten Motoryacht** dem VN nur die **Kosten einer Reparatur in einer qualitativ einwandfreien Fachwerkstatt zugebilligt,** nicht hingegen diejenigen, die in einem herstellerseitigen Reparaturbetrieb anfallen. Maßgeblich seien nur die Reparaturkosten, die nach Einschätzung eines Sachverständigen objektiv zur vollständigen und fachgerechten Schadenbeseitigung aufgewendet werden müssten. Der VR müsse wegen des Luxuscharakters der Yacht für eine teurere Instandsetzung in einer herstellerseitigen Werkstatt nicht eintreten, wenn eine solche zur unbedenklichen Instandsetzung nicht geboten sei. Die Entscheidung weist zwar Besonderheiten auf, weil der beschädigte Motor nicht mehr der Originalmotor war, sondern schon bei einem früheren Schadenfall durch eine herstellerfremde Reparaturfirma in die Yacht eingebaut worden war. Sie macht jedoch deutlich, dass der **fiktive Entschädigungsanspruch des VN** wohl auch in der Kfz-Kaskoversicherung auf einen Entschädigungsbetrag begrenzt sein dürfte, der jedenfalls unterhalb der Reparaturkosten einer markengebundenen Fachwerkstatt liegt.

2. UPE-Aufschläge und Verbringungskosten

48 **UPE-Aufschläge** sind **Ersatzteilpreisaufschläge**, die anfallen, wenn Werkstätten entsprechende Ersatzteile in eigenen Lagern vorhalten. Die durch die Vorfinanzierung entstehenden Kosten werden durch Aufschläge von ca. 10–20 % auf die unverbindliche Preisempfehlung (UPE) des Herstellers an die Kunden weitergegeben. Aber auch solche Werkstätten, die aus Kostengründen keine eigenen Ersatzteillager vorhalten und die Teile stattdessen nur bedarfsorientiert mit entsprechendem Zusatzkostenaufwand für Transport und Verpackung beziehen, erheben diese Zuschläge. Soweit **Transportkosten für die Ersatzteile** anfallen, sind nur die einfachen Frachtkosten, nicht aber Luftfracht- oder Portokosten für eine Expresszustellung zu übernehmen.

49 Unter **Verbringungskosten** sind Kosten der Überführung und Rückholung des Fahrzeuges von der Werkstatt bzw. Lackiererei zu verstehen. Diese Kosten fallen in Karosseriebetrieben an, die über keine eigene Lackiererei verfügen.

---

40 OLG Hamm Urt. v. 25.11.2005 – 20 U 108/05 – zfs 2006, 155 = NZV 2006, 541.

Bei **konkreter Schadenabrechnung** nach durchgeführter Reparatur sind sowohl UPE- 50
Aufschläge, als auch Verbringungskosten nur bei tatsächlichem Anfall gegen Rechnungsnachweis vom VR zu übernehmen.

Bei **fiktiver Schadenabrechnung** nach Kostenvoranschlag oder Gutachten **ist zu diffe-** 51
renzieren: Wenn die UPE-Aufschläge und Verbringungskosten regional branchenüblich sind und in den örtlich ansässigen Fachwerkstätten in der Umgebung zum Wohnort des VN durchweg erhoben werden und anfallen, sind sie vom VR auch im Falle fiktiver Schadenabrechnung **zu ersetzen.** Gleiches gilt bei Werkstätten, mit denen der VR Reparatur-Sonderkonditionen ausgehandelt hat, wenn die Zuschläge in dieser Werkstatt auch im Falle einer konkret durchgeführten Reparatur erhoben werden.

Fallen die Kosten **demgegenüber** in den regionalen Fachwerkstätten üblicherweise 52
nicht an, so sind sie im Falle fiktiver Schadenabrechnung auch **nicht zu ersetzen.**[41]
Die Nichterhebung dieser Kosten kann damit zusammenhängen, dass Ersatzteilzuschläge ausnahmsweise nicht erhoben werden oder dass die örtlichen Werkstätten außer den Karosserie- auch die Lackierarbeiten selbst durchführen, so dass Kosten für den Transport des Fahrzeuges zu einem externen Lackierbetrieb nicht anfallen. Insoweit sind diese Kosten dann aber für die Durchführung der Reparatur auch nicht »erforderlich« i. S. v. A.2.5.2.1 AKB, so dass sie im Rahmen einer fiktiven Abrechnung auch nicht zu berücksichtigen sind.[42]

Als **Maßstab für die Frage, ob die Kosten regional üblich sind** oder nicht, ist allerdings 53
nicht ausschließlich auf die Kostenstruktur und Ausstattung der markengebundenen Vertragswerkstätten, sondern ganz allgemein derjenigen Karosseriefachbetriebe abzustellen, die unter Berücksichtigung ihres Ausbildungs- und Wissensstands sowie der technischen Ausstattung in der Lage sind, eine vom Qualitätsstandard her gleichwertige Reparaturleistung wie eine vom Kfz-Hersteller autorisierte Vertragswerkstatt zu bieten.

IV. Die Obergrenze der Entschädigung – A.2.5.2.1a und b AKB

Eine materiell-rechtliche Veränderung zu der vergleichbaren Klausel in den AKB 2007 54
ergibt sich daraus, dass die erforderlichen Reparaturkosten gemäß A.2.5.2.1a AKB **bis zur Grenze des Wiederbeschaffungswertes** (ohne Anrechnung des Restwerts) nur dann gezahlt werden, wenn der VN sein Fahrzeug tatsächlich vollständig und fachgerecht reparieren lässt und hierüber auch eine Rechnung vorlegen kann. Fehlen diese Voraussetzungen, erhält der VN die für eine vollständige Reparatur erforderlichen Kosten gemäß A.2.5.2.1b AKB nur maximal **bis zur Grenze des Wiederbeschaffungsaufwands**

---

41 AG Aachen Urt. v. 17.08.2005 – 8 C 195/05 – SP 2006, 106.
42 Vgl. zum Haftpflichtschaden: KG Urt. v. 07.01.2010 – 12 U 20/09 – NZV 2011, 38; OLG Düsseldorf Urt. v. 16.06.2008 – I-1 U 246/07 – NZV 2009, 42 = DAR 2008, 523; LG Hanau Urt. v. 09.04.2010 – 2 S 281/09 – NZV 2010, 574; LG Aachen Urt. v. 07.04.2005 – 6 S 200/04 – NZV 2005, 649 = VA 2005, 97.

A.2.5.2.2 AKB Abschleppen

(Wiederbeschaffungswert abzüglich Restwert) ersetzt. **Zu Beispielabrechnungen** vgl. A.2.5.2 AKB Rdn. 75 ff.

55 Bei vollständiger, fachgerechter und durch Rechnung nachgewiesener Reparatur muss der VR nach A.2.5.2.1a AKB die Reparaturkosten bis zur Grenze des Wiederbeschaffungswertes ersetzen, selbst wenn die **Totalschadenabrechnung** (Wiederbeschaffungswert abzüglich Restwert) für ihn günstiger wäre. Die Totalschadenabrechnung ist dem VR nach A.2.5.2.1b AKB nur dann eröffnet, wenn der VN nicht, nicht vollständig, nicht fachgerecht oder ohne Rechnung repariert. Wählt der VN diese Form der Abrechnung, hat er auch **keinen Anspruch auf** Erstattung der **Mehrwertsteuer** (vgl. A.2.5.4 S. 1 AKB), und zwar selbst dann nicht, wenn er als Privatmann nicht vorsteuerabzugsberechtigt ist. Dies bedeutet, dass er den Wiederbeschaffungsaufwand erhält, der sich zusammensetzt aus dem Netto-Wiederbeschaffungswert des Fahrzeuges abzüglich des steuerneutralen Restwerts.

56 Zur Frage, in welchem Umfange aus dem (Brutto-) Wiederbeschaffungswert Mehrwertsteuer herauszurechnen ist, um den maßgeblichen Netto-Wiederbeschaffungswert festzustellen, vgl. A.2.5.2 AKB Rdn. 7.

IV. Abschleppen – A.2.5.2.2 AKB

1. Grundsätzliches

57 Nur im Reparaturschadenfall hat der VN die Kosten für das Abschleppen (**Verbringung**) des Fahrzeuges vom Schadenort bis zur **nächstgelegenen für die Reparatur geeigneten Werkstatt** zu übernehmen. Dies wird in der Regel eine dem Fahrzeugtyp entsprechende Fachwerkstatt sein. Muss das Fahrzeug geborgen werden, um es überhaupt in die Werkstatt verbringen zu können, sind auch die **Bergungskosten** zu übernehmen, (im Fall eines **Totalschadens** vgl. A.2.5.1 AKB Rdn. 125 ff.).

58 Die Abschleppkosten in eine andere, **weiter entfernt** und z. B. am Wohnort des VN liegende Werkstatt kann der VN nur im Rahmen einer Verkehrsservice- oder Schutzbriefversicherung ersetzt verlangen oder ggf. für den Fall, dass ein Dritter ihm gegenüber zur Übernahme dieser Kosten verpflichtet ist. Dies kann bei einem Verkehrsunfall z. B. der Kfz-Haftpflichtversicherer des unfallverursachenden Fahrzeuges sein. Vorbehaltlich der Subsidiaritätsklausel in A.2.5.2.2 Abs. 2 AKB (vgl. A.2.5.2 AKB Rdn. 61) entfällt der Ersatzanspruch des VN aber nicht gänzlich, wenn er sein Kfz weiter entfernt abschleppen lässt, als dies geboten war, sondern wird auf die fiktiv zu ermittelnden notwendigen Kosten gekürzt, die beim Verbringen in die nächstgelegene Fachwerkstatt angefallen wären. Zu Abschleppkosten **bei Auslandsschäden** vgl. A.2.5.2 AKB Rdn. 30 ff.

59 **Reisekosten** des VN zur Abholung des reparierten Fahrzeuges sind nicht zu erstatten.[43] Das gleiche gilt für **Standkosten** beim Abschleppunternehmer, die bis zur Besichtigung des beschädigten Fahrzeuges durch einen Sachverständigen oder bis zur Reparatur anfallen. Kosten durch eine **Sicherstellung des Fahrzeuges** bei der Polizei gehören ebenso

---

[43] Vgl. AG Karlsruhe Urt. v. 14.07.1987 – 1 C 275/87 – zfs 1988, 322.

nicht zu den notwendigen Wiederherstellungskosten. Kosten für die **Bergung der Ladung** eines Lkw sind nicht gedeckt, selbst wenn die Entladung Voraussetzung dafür ist, dass das Fahrzeug als solches geborgen werden kann.

Eine **Erstattung** von Abschleppkosten **im Falle des Totalschadens oder der Zerstörung** des Fahrzeuges gemäß A.2.5.1.1 AKB ist nach dem Wortlaut der Regelung nicht vorgesehen. Die Kosten sollen nur dann ersetzt werden, wenn die Verbringung des Fahrzeuges in eine Werkstatt Voraussetzung für dessen Wiederherstellung ist, sie also als Teil dieser Wiederherstellung bzw. Reparatur anzusehen ist.[44] Gleichwohl können auch im Totalschadenfall für den VN Ansprüche aus §§ 85 Abs. 1, 83 Abs. 1 S. 1 VVG auf Erstattung von Abschleppkosten in Betracht kommen, (vgl. A.2.5.1 AKB Rdn. 126). 60

Die **Ersatzpflicht** des VR besteht nach dem Wortlaut der Klausel in A.2.5.2.2 Abs. 2 AKB **nur subsidiär** für den Fall, dass kein Dritter zur Übernahme der vollen Kosten gegenüber dem VN verpflichtet ist. Handelt es sich bei dem Dritten um den Haftpflichtversicherer des Unfallgegners, entfällt die Entschädigungspflicht des Kasko-VR nur dann, wenn aufgrund voller Haftung des Dritten eine Kostenerstattung beim VN gesichert ist. Als »Dritte« kommen z. B., Automobilclubs, Schutzbriefversicherer, aber auch Vereine, Organisationen oder Körperschaften in Frage. Ist auch der Dritte nur subsidiär eintrittspflichtig, heben sich beide Subsidiaritätsklauseln auf, so dass im Rahmen der dann bestehenden Mehrfachversicherung gemäß § 78 VVG die VR intern den Ausgleich durchzuführen haben.[45] Die Klausel stellt **keine unangemessene Benachteiligung** des VN dar, da eine Übernahme seiner Kosten in jedem Falle sichergestellt ist.[46] Dies gilt auch für den Bereich der Sachversicherung,[47] (und damit für die Kaskoversicherung). 61

2. Die Obergrenze des Erstattungsanspruches

Eine **Erstattungsfähigkeit** der Abschleppkosten ist nach A.2.5.2.2 Abs. 1 S. 2 AKB nur gegeben, **soweit** einschließlich der Zahlungen des VR wegen der Beschädigung des Fahrzeuges die in A.2.5.2.1a und b AKB festgelegten **Obergrenzen nicht überschritten werden**. Die **Abschleppkosten sind** demnach auf die jeweiligen Höchstentschädigungsbeträge **anzurechnen**. 62

Lässt der VN entsprechend den Voraussetzungen in **A.2.5.2.1a AKB** sein Fahrzeug in einer Werkstatt vollständig, fachgerecht und gegen Rechnungsnachweis instandsetzen, so erhält er die Bergungs- und Abschleppkosten ersetzt, soweit die Summe aus diesen Kosten und den tatsächlich angefallenen Reparaturkosten den **Wiederbeschaffungs-** 63

---

44 Stiefel/Maier/*Meinecke* A.2.7 AKB Rn. 18.
45 Stiefel/Maier/*Meinecke* A.2.7 AKB Rn. 21.
46 Vgl. BGH Urt. v. 21.04.2004 – **IV ZR 113/03** – VersR 2004, 994 = r+s 2004, 422 (für eine Subsidiaritätsklausel in der Reiseversicherung).
47 Vgl. BGH Urt. v. 23.11.1988 – **IVa ZR 143/87** – VersR 1989, 250 = r+s 1989, 36; OLG Köln Urt. v. 21.10.2008 – 9 U 59/08 – VersR 2009, 539; **a. A.** OLG Dresden Urt. v. 15.10.2002 – 5 U 451/02 – VersR 2003, 497.

A.2.5.2.3 AKB Abzug neu für alt

wert des Fahrzeuges nicht übersteigt. Abzustellen ist – ausgenommen beim vorsteuerabzugsberechtigten VN – jeweils auf die Brutto-Beträge.

64 Bei einem VN, der die Reparatur entweder nicht durch Vorlage einer Rechnung nachweisen kann oder der sein Fahrzeug nicht, nur teilweise oder nicht fachgerecht reparieren lässt, **A.2.5.2.1b AKB**, ist der Anspruch auf Erstattung von Bergungs- bzw. Abschleppkosten begrenzt auf die Differenz zwischen Wiederbeschaffungswert und Restwert des Fahrzeuges. Da der VN – unabhängig von einer etwaigen Vorsteuerabzugsberechtigung – nach A.2.5.4 AKB bei den Reparaturkosten nur Anspruch auf den Netto-Schadenbetrag hat, darf in diesem Fall die Summe aus den (tatsächlich aufgewendeten) Brutto-Abschleppkosten und den (fiktiv abgerechneten) Netto-Reparaturkosten nicht höher sein als der **Wiederbeschaffungsaufwand des Fahrzeuges**. Übersteigt die Summe diesen Betrag, schuldet der VR maximal den Wiederbeschaffungsaufwand.

V. Abzug neu für alt – A.2.5.2.3 AKB

65 Im Reparaturfall kann das Fahrzeug unter Umständen eine **Wertverbesserung dadurch** erfahren, **dass beschädigte, alte Fahrzeugteile gegen** Neuteile ausgetauscht werden. Der Wert des versicherten Fahrzeuges wird sich dabei umso mehr erhöhen, desto älter das Fahrzeug bereits ist. In Abhängigkeit von dieser Werterhöhung ist der VR zur Vermeidung einer Bereicherung des VN in diesen Fällen berechtigt, einen dem Alter und der Abnutzung der Fahrzeugteile bzw. der Lackierung entsprechenden Abzug »neu für alt« **zum Ausgleich dieser Wertverbesserung** vorzunehmen.

66 Die Abzugsmöglichkeit besteht für den VR ausschließlich in Reparaturschadenfällen. Der Abzug ist bei älteren, in der Regel über **vier Jahre** alten Pkw, Krafträdern und Omnibussen grundsätzlich generell zulässig, bei allen anderen Fahrzeugarten schon bei über **drei Jahre** alten Fahrzeugen. Die **Fristberechnung** richtet sich nicht nach dem Alter der auszutauschenden Teile, sondern nach dem effektiven (nicht nominellen) Baujahr des Fahrzeuges als solchem, weil in ein Gebrauchtfahrzeug eingebaute Neuteile einem höheren Verschleiß unterliegen als Teile eines in seiner Gesamtheit fabrikneuen Fahrzeuges.[48] Bei nachträglich eingebauten Teilen fällt lediglich die Höhe des Abzuges »neu für alt« geringer aus als bei Teilen, die schon bei Auslieferung des Fahrzeuges eingebaut waren und nun schadenbedingt ausgetauscht werden müssen.

67 Soweit es sich um neue **Reifen**, eine neue **Batterie** oder eine **Neulackierung** handelt, ist der VR unabhängig vom Alter des Fahrzeuges grundsätzlich zu einem Abzug »neu für alt« berechtigt. Den Abzug muss der VN auch dann hinnehmen, wenn es sich aus seiner Sicht um eine überflüssige Wertverbesserung handelt und er ohne den Schadenfall das erneuerte Fahrzeugteil gar nicht hätte austauschen lassen.[49]

68 Bei der Berechnung eines möglichen Abzuges ist **allein auf das Alter und die Abnutzung des Fahrzeugteiles bzw. der Lackierung abzustellen**, nicht auf das Alter des Fahr-

---

48 Stiefel/Maier/*Meinecke* A.2.7 AKB Rn. 27.
49 Vgl. BGH Urt. v. 30.04.1991 – **IV ZR 243/90** – r+s 1991, 223 = NJW-RR 1991, 1149.

zeuges als Ganzem, was von Bedeutung sein kann, wenn das beschädigte Ersatzteil vom VN vor dem Schadenfall schon einmal verschleißbedingt erneuert worden ist.

Bei kurzlebigen Teilen, die ohnehin verschleißbedingt in regelmäßigen zeitlichen Abständen **erneuert werden müssen** (wie z. B. der Auspuff) ist stets Voraussetzung für einen Abzug »neu für alt«, dass das Fahrzeug durch die Neuteile tatsächlich eine Wertverbesserung erfährt oder der VN durch den Ersatz von Verschleißteilen bei einem mehr als vier Jahre alten Pkw zukünftige Aufwendungen erspart.[50] Dafür muss der konkrete Verschleiß des zu ersetzenden Fahrzeugteiles – in der Regel durch einen Sachverständigen – festgestellt werden. **Abschreibungstabellen**, die auf Erfahrungswerten des VR beruhen, sind hierzu nicht geeignet. Sie sind nicht verbindlich, da sie nicht Gegenstand des mit dem VN abgeschlossenen Versicherungsvertrages sind. **Fehlt es an einem Verschleiß** oder hat das auszutauschende Teil die gleiche Nutzungsdauer wie das Fahrzeug selbst, sind Abzüge »neu für alt« unzulässig.[51] Gleiches gilt, wenn sich durch den Austausch von Ersatzteilen der Wert des Fahrzeuges letztlich nicht erhöht. 69

Im Falle einer (teilweisen) schadenbedingten Neulackierung setzen Abzüge von der Entschädigungsleistung voraus, dass die Lackierung zum Schadenzeitpunkt bereits einer »Abnutzung« unterlegen hat. Demnach muss **durch die Neulackierung** eine **messbare Wertverbesserung** am Fahrzeug eintreten. Nur diese ist im Rahmen eines Abzuges »neu für alt« vom VN auszugleichen. Die bereits seit einigen Jahren und auch gegenwärtig hergestellten Fahrzeuge verfügen über qualitativ hochwertige, mehrschichtige Lackierungen, die gegen Witterungs- und Umwelteinflüsse besonders resistent sind. Dies gilt in besonderem Maße für Metallic-Lackierungen. Daher müssen bei solchen Lacken unter Berücksichtigung einer Lebensdauer eines Kfz von 10–12 Jahren und einer Laufleistung von 200.000 km normalerweise keine Neulackierungen vorgenommen werden.[52] Hält danach die Lackierung in der Regel ein »Autoleben« lang, sind auch bei schadenbedingten Neulackierungen **Abzüge »neu für alt«** allenfalls **bei vorgeschädigten, verkratzten, stumpfen oder verwitterten Lacken** gerechtfertigt.[53] Die Höhe des Abzuges unterliegt der richterlichen Schätzung nach § 287 ZPO. Dem **VR** obliegt die **Darlegungs- und Beweislast** für die der Schätzung zugrunde zu legenden Tatsachen. Hierfür reicht es nicht aus, dass der VR schlicht auf das Fahrzeugalter und die Laufleistung des Fahrzeuges verweist, weil sich hieraus keinerlei Rückschlüsse ziehen lassen auf den konkreten Zustand der Lackierung vor Eintritt des Schadenereignisses.[54] Vielmehr muss der VR zunächst aufzeigen, wie sich der Zustand von Fahrzeug und Lack vor dem Schadenfall darstellte. Sodann muss er konkret darlegen und unter Beweis stellen, inwieweit die Neulackierung dem VN einen messbaren Vermögensvorteil erbringt. 70

---

50 Vgl. AG Saarbrücken Urt. v. 21.11.1995 – 5 C 352/95 – DAR 1996, 411.
51 Vgl. Feyock/*Jacobsen*/Lemor § 13 AKB Rn. 44.
52 Vgl. AG Solingen Urt. v. 01.08.2012 – 13 C 400/11 – zfs 2012, 698 (**für ein 46 Monate altes Kfz mit 71.853 km Laufleistung**).
53 Vgl. OLG Koblenz Urt. v. 26.11.1999 – 10 U 246/99 – VersR 2000, 1359 = r+s 2000, 97.
54 AG Solingen Urt. v. 01.08.2012 – 13 C 400/11 – zfs 2012, 698.

A.2.5.2 AKB Einzelfälle Weisungen Reparatur

71 Bei **Glasbruchschäden** sind Abzüge »neu für alt« regelmäßig nicht vorzunehmen, (vgl. A.2.5.2 AKB Rdn. 89).

C. Weitere praktische Hinweise

I. Reparaturkosten bei Fahrzeugschäden

1. Was ist vor Erteilung des Werkstattauftrages zu beachten?

72 Bei kleineren Schäden bis voraussichtlich ca. 2.000,00 € kann die Erstellung eines Kostenvoranschlages genügen, der zusammen mit Lichtbildern des Schadens beim VR eingereicht werden muss. In jedem Falle empfiehlt es sich, vor Erteilung eines Reparaturauftrages die **geplante Vorgehensweise** bei der Reparatur **mit dem VR abzustimmen**. Dabei ist **dessen Weisungsrecht nach E.1.3.2 AKB zu beachten**. Wird der Kostenvoranschlag erst zusammen mit der Reparaturkostenrechnung beim VR zur Erstattung eingereicht, kann es zu Problemen kommen. Denn häufig werden bereits im Kostenvoranschlag aufgeführte Positionen bemängelt, die dann als Grund für eine Kürzung der Werkstattrechnung angeführt werden. Eine solche Kürzung wird trotzdem i. d. R. nicht vertragsgerecht sein, denn letztlich kommt es nicht auf die kalkulierte Schadenschätzung in einem Kostenvoranschlag an, sondern auf die tatsächlich angefallenen Reparaturkosten, die jedenfalls dann vollumfänglich zu ersetzen sind, wenn sie dem in den AKB niedergelegten Erforderlichkeitsgebot standhalten.

73 Ist aufgrund der Schadenhöhe die **Erstellung eines Schadengutachtens** durch einen Sachverständigen erforderlich, was letztlich der VR zu entscheiden hat, beauftragt auch dieser den Gutachter. Kosten des VN für einen eigenen Gutachter erstattet der VR nur in Ausnahmefällen (vgl. A.2.5.3 AKB). Stimmt die spätere Werkstattrechnung im Wesentlichen mit der Kalkulation des Sachverständigen überein, verläuft die Schadenabwicklung unproblematisch. Allerdings werden von den Gutachtern häufig im Vorfeld die Lohnkosten nicht korrekt berücksichtigt, sei es, dass andere Stundenverrechnungssätze kalkuliert oder sei es, dass UPE-Aufschläge oder Verbringungskosten nicht im Gutachten aufgeführt werden. Zur Vermeidung von Kürzungen sollte der VN daher bereits im Vorfeld der Reparatur den Inhalt des Gutachtens mit seiner Werkstatt besprechen und gegenüber dem VR auf einer Klärung der Differenzen bzw. einer Korrektur des Gutachtens bestehen.

74 Im Falle einer **mangelhaften Reparatur** muss der VR alle Kosten für eine Nachreparatur in einer anderen Werkstatt übernehmen, bis das Fahrzeug mängelfrei repariert ist. Schadenersatz- und sonstige Regressansprüche des VN gegen den schlecht leistenden Reparaturbetrieb gehen mit Zahlung nach § 86 Abs. 1 S. 1 VVG auf den VR über. Sind die Reparaturmängel ursächlich für einen weiteren Unfall, so stellt dieser ein eigenständiges Schadenereignis dar, das unter den Voraussetzungen in A.2.2 und A.2.3 AKB einen neuen zu entschädigenden Versicherungsfall darstellt.

2. Entschädigungsberechnung

75 Die Höchstentschädigung im Reparaturfall stellt sich wie folgt dar:

Das Fahrzeug wird vollständig, fachgerecht und gegen Rechnungsnachweis repariert: Der VN erhält die Reparaturkosten bis maximal zur Höhe des Wiederbeschaffungswerts des Fahrzeuges, A.2.5.2.1a AKB.

Das Fahrzeug wird nicht, nicht vollständig, nicht fachgerecht oder nicht gegen Rechnungsnachweis repariert: Der VN erhält die Reparaturkosten bis maximal zur Höhe des Wiederbeschaffungsaufwands des Fahrzeuges (Wiederbeschaffungswert abzüglich Restwert), A.2.5.2.1b AKB.

Absolute Obergrenze der Entschädigung ist in allen Fällen der Neupreis des Fahrzeuges, A.2.5.6 i. V. m. A.2.5.1.8 AKB.

Werden nach einem Vollkaskoschaden gemäß Gutachten beim Kfz des VN der Wiederbeschaffungswert mit 10.000,00 €, der Restwert mit 3.000,00 € und die Reparaturkosten mit 8.000,00 € festgestellt, so ergeben sich für den VN folgende Alternativen: 76
- **Der VN lässt nicht reparieren und kauft ein neues Kfz:** Der VN erhält nach A.2.5.2.1b AKB nur 7.000,00 € (Wiederbeschaffungswert abzüglich Restwert).
- **Der VN repariert sein Fahrzeug vollständig und fachgerecht selbst:** Der VN erhält nach A.2.5.2.1b AKB ebenfalls nur 7.000,00 € (mangels Rechnungsnachweis).
- **Der VN lässt sein Kfz vollständig in einer Fachwerkstatt gegen Rechnung** für 8.500,00 € einschließlich Mehrwertsteuer **reparieren**: Der VN erhält nach A.2.5.2.1a AKB die vollen 8.500,00 €, weil er alle Voraussetzungen erfüllt für eine Entschädigung bis maximal zur Höhe des Wiederbeschaffungswertes (ohne Abzug des Restwerts).

Mit den »erforderlichen Kosten« sind – vorbehaltlich einer Vorsteuerabzugsberechtigung des VN – **in A.2.5.2.1a AKB die Bruttokosten** und **in A.2.5.2.1b AKB die Nettokosten** gemeint. Dies ergibt sich aus der Mehrwertsteuerregelung in A.2.5.4 S. 1 AKB. Wird die Reparatur gemäß A.2.5.2.1a AKB durch eine Rechnung mit Mehrwertsteuerausweis nachgewiesen, so ist die angefallene Mehrwertsteuer auch zu erstatten. Andernfalls ist für den Fall der fiktiven Abrechnung gemäß A.2.5.2.1b AKB i. V. m. A.2.5.4 S. 1 AKB lediglich die Nettoentschädigung geschuldet. 77

3. Kaskoversicherung mit Werkstattbindung – Partnerwerkstattklausel

Einige VR bieten ihren Kunden in der Kaskoversicherung günstigere Konditionen an, wenn sie sich verpflichten, ihr Fahrzeug im Reparaturfall in einer zum Werkstattnetz des VR gehörenden Karosseriewerkstatt instand setzen zu lassen. Diese **Partnerwerkstätten** arbeiten mit niedrigeren Stundenverrechnungssätzen als die Vertragswerkstätten der Hersteller, was dem VN durch niedrigere Versicherungsprämien zugutekommt. Lässt der VN nicht reparieren, sondern rechnet fiktiv nach einem Sachverständigengutachten ab, erhält er eine geringere Entschädigung, weil sich die »erforderlichen Kosten« nach A.2.5.2.1 AKB entsprechend den Werkstattpreisen der vom VR ausgesuchten Partnerwerkstatt bemessen. 78

Lässt der VN sein Fahrzeug ungeachtet der von ihm akzeptierten **Werkstattbindungsklausel** sein Fahrzeug in einer markengebundenen Fachwerkstatt oder der Karosseriewerkstatt seines Vertrauens reparieren, so erhält er nur einen bestimmten vertraglich 79

A.2.5.2 AKB Einzelfälle Entschädigung Berechnung

festgelegten Prozentsatz – in der Regel 85 % – der dort anfallenden Reparaturkosten. Gleiches gilt, wenn der VN fiktiv abrechnet und die Schadenkalkulation des Sachverständigen nicht auf dem – durch vertragliche Sondervereinbarung des VR ausgestalteten – Lohn- und Preisgefüge seiner Partnerwerkstatt beruht. Es handelt sich faktisch für den VN um einen **zusätzlichen Selbstbehalt**, der neben den Selbstbehalt nach A.2.5.8 AKB tritt.

80 Die **Klausel ist wirksam**. Sie verstößt nicht gegen § **305c Abs. 1 BGB**, wonach überraschende Regelungen nicht Vertragsbestandteil werden, da sie weder als ungewöhnlich angesehen werden kann, noch den VN überrumpelt.[55] Sie ist auch nicht nach § **307 BGB** unwirksam, da sie weder eine unangemessene Benachteiligung des VN darstellt, noch zu unbilligen Ergebnissen führt, weil der VN vor Beauftragung der Reparatur beim VR ohne weiteres den Standort der für ihn nächsterreichbaren Partnerwerkstatt des VR erfragen kann.[56] Zudem ermöglicht es die Klausel dem VN, sein Fahrzeug zu vergleichsweise niedrigeren Prämien als im Normaltarif zu versichern. Diesen Vorteilen steht im Schadenfall die Verpflichtung des VN gegenüber, für die Reparatur eine Vertragswerkstatt des VR zu akzeptieren. Es handelt sich um eine **ausgewogene Verteilung von Vorteilen und Pflichten**, die der VN bei Abschluss des Kaskoversicherungsvertrages durch die Auswahl des entsprechenden günstigeren Werkstattbindungstarifs akzeptiert hat. Trotzdem bleibt der VN auch bei diesem Tarif immer noch frei in seiner Entscheidung, wo er sein Fahrzeug im Schadenfall letztlich reparieren lässt. Entscheidet er sich jedoch gegen die Partnerwerkstatt des VR, muss er als Korrelat zu den günstigen Versicherungsprämien auch den vertraglich festgelegten zusätzlichen Abzug von der Entschädigungssumme in Kauf nehmen.

81 Der VN ist nach der Werkstattbindungsklausel regelmäßig verpflichtet, sich nach Eintritt des Schadenfalles mit dem VR »zwecks Benennung einer Partnerwerkstatt« in Verbindung zu setzen. Hierfür reicht die bloße Schadenanzeige durch den VN nicht aus. Vielmehr hat eine zur Vermittlung einer Partnerwerkstatt **zweckgerichtete Kontaktaufnahme mit dem VR** zu erfolgen; dabei handelt es sich um keine Obliegenheit des VN, sondern um eine **bedingungsgemäße Voraussetzung** für den Anspruch auf die volle Entschädigungsleistung.[57] Daher obliegt dem VN eine **Erkundigungspflicht nach einer Partnerwerkstatt**, wenn er einen Abzug von der Entschädigungsleistung vermeiden will. Nach E.1.3.2 AKB ist der VN im Schadenfall verpflichtet, Weisungen des VR einzuholen. Dies bedeutet, dass er selbst aktiv werden und beim VR auf die Benennung der Partnerwerkstatt hinwirken muss. Er kann sich nicht darauf berufen, die Ausgestaltung der **AKB nicht gekannt und nicht gelesen** zu haben. Spätestens nach Schadeneintritt ist es dem VN zuzumuten, sich über die ihn im Versicherungsfall treffenden Pflich-

---

55 LG Bonn Urt. v. 06.09.2012 – 8 S 135/12 – n. v.; AG Berlin-Mitte Urt. v. 21.07.2011 – 4 C 3045/11 – SP 2012, 23.
56 LG Köln Urt. v. 14.12.2011 – 20 O 113/11 – BeckRS 2012, 13560; LG Bonn Urt. v. 06.09.2012 – 8 S 135/12 – n. v.; AG Berlin-Mitte Urt. v. 21.07.2011 – 4 C 3045/11 – SP 2012, 23; AG Berlin-Mitte Urt. v. 02.06.2010 – 15 C 466/09 – SP 2010, 336.
57 LG Bonn Urt. v. 06.09.2012 – 8 S 135/12 – n. v.

ten zu informieren.⁵⁸ Beschränkt sich der VN nur auf die reine Schadenmeldung und benennt ihm der VR keine Partnerwerkstatt, so muss er den vertraglich festgelegten prozentualen Abzug auf die Reparaturkosten gleichwohl hinnehmen, wenn er die Instandsetzung seines Fahrzeuges in einer anderen als einer Partnerwerkstatt des VR vornehmen lässt. Dabei ist es unerheblich, ob die Reparatur in einer Partnerwerkstatt des VR genauso viel gekostet hätte, da die Klausel den Abzug grundsätzlich immer dann vorsieht, wenn die Reparatur nicht in einer Partnerwerkstatt erfolgt.⁵⁹

Gleiches gilt im Fall der **fiktiven Abrechnung**, wenn die Schadenkalkulation des Sachverständigen nicht auf den Werkstattpreisen der Partnerwerkstatt des VR, sondern auf denen der Wunschwerkstatt des VN basiert. Den **VR trifft keine Verpflichtung**, dem VN ungefragt von sich aus die nächstgelegene Vertragswerkstatt zu benennen. Es ist weder Aufgabe des VR, Einfluss zu nehmen auf die Entscheidungsfindung des VN, wo die Reparatur ausgeführt werden soll, noch den VN auf die Werkstattbindungsklausel und damit den Inhalt der vertraglichen Vereinbarungen hinzuweisen.⁶⁰ Dies gilt umso mehr, als der VN ungeachtet des Werkstattbindungstarifes stets frei bleibt in seiner Entscheidung, die Reparatur auch in einer Nicht-Partnerwerkstatt des VR ausführen zu lassen. 82

Sofern der VN die Partnerwerkstatt des VR nicht akzeptiert, muss er zwar die vertraglich vereinbarten Abzüge in Kauf nehmen; seinem Unfallgegner (bzw. dessen Haftpflicht-VR) gegenüber kann er diese Abzüge jedoch als **quotenbevorrechtigte Schadenpositionen** geltend machen, wenn diesen ein Mitverschulden an dem Unfall trifft, (vgl. A.2.5.8 AKB Rdn. 23). 83

Beim Abschluss eines Kaskoversicherungsvertrages über ein **Leasing- oder anderweitig fremdfinanziertes Fahrzeug** wird man verlangen müssen, dass der VR bzw. Versicherungsvermittler (§ 59 Abs. 1 VVG) den VN darauf hinweist, dass er nach den Leasingbzw. Finanzierungsbedingungen trotz Auswahl eines Tarifes mit Werkstattbindung im Schadenfall die Reparatur seines Fahrzeuges regelmäßig nicht in der vom VR benannten Partnerwerkstatt, sondern ausschließlich in einer vom Hersteller autorisierten Vertragswerkstatt in Auftrag geben kann. Leasingfahrzeuge werden üblicherweise als Neufahrzeuge versichert, verbunden mit einer mehrjährigen Herstellergarantie. Diese greift aber nur dann ein, wenn insbesondere Reparaturarbeiten ausschließlich in Vertragswerkstätten des Herstellers durchgeführt werden. Der VR, der schon im Versicherungsantrag regelmäßig danach fragt, ob es sich um ein geleastes oder anderweitig fremdfinanziertes Fahrzeug handelt, weiß zudem, dass auch die Vertragsbedingungen des Leasinggebers oder der finanzierenden Bank Reparaturarbeiten in einer Drittwerkstatt nicht zulassen. Es ist für den VR daher – anders als für den VN – offensichtlich, dass der VN im Schadenfall nicht frei darüber entscheiden kann, wo er sein Kfz reparieren lässt. Der VR bzw. Versicherungsvermittler muss in einem solchen Fall zu einem Vollkaskotarif ohne Werkstattbindung raten und den VN entsprechend aufklären. Un- 84

---

58 Römer/Langheid/*Rixecker* § 28 VVG Rn. 68.
59 LG Bonn Urt. v. 06.09.2012 – 8 S 135/12 – n. v.
60 LG Bonn Urt. v. 06.09.2012 – 8 S 135/12 – n. v.

A.2.5.2 AKB   Einzelfälle Zusatzvereinbarungen

terlässt er dies, macht er sich schadenersatzpflichtig. Der VN kann nach § 6 Abs. 5 VVG bzw. §§ 63 i. V. m. 61 VVG verlangen, so gestellt zu werden wie er stünde, wenn er keinen vergünstigten Werkstattbindungstarif, sondern den Normaltarif abgeschlossen hätte. Dies beinhaltet, dem VN die – abgesehen von der vereinbarten Selbstbeteiligung – volle Entschädigungsleistung zukommen zu lassen abzüglich des Prämienmehraufwands, den der VN hätte aufbringen müssen, wenn er von vornherein sein Kfz zum »Normaltarif« kaskoversichert hätte. **Zum Beratungsverschulden** vgl. im Übrigen auch A.2.1.1 AKB Rdn. 52 ff.

85 Oftmals übernimmt der VR im Zusammenhang mit dieser Klausel in bestimmtem Umfange auch die **Transportkosten des Fahrzeuges** – ob fahrfähig und verkehrssicher oder nicht – vom Schadenort in die ausgewählte Werkstatt und zurück bis zum Wohnsitz des VN einschließlich einer **Garantie von bis zu 5 Jahren** auf die Fahrzeugreparatur.

4. Sonstige von den AKB abweichende Zusatzvereinbarungen

86 Versicherungsmakler handeln mit dem künftigen VN bei Vertragsabschluss häufig Sondervereinbarungen aus, die in Abweichung von den jeweiligen, vom VR angebotenen AKB nur eingeschränkte Entschädigungsleistungen im Versicherungsfall vorsehen, um auf diese Weise besonders günstige Versicherungskonditionen anbieten zu können. Eine Klausel zur Kaskoversicherung für **privat genutzte Wohnmobile**, wonach dem VN **im Falle einer fiktiven Abrechnung der Reparaturkosten nur 50 % des gutachterlich ermittelten Betrages erstattet** werden, ist jedenfalls dann wirksam vereinbart und nicht überraschend für den VN i. S. d. § 305c BGB, wenn der Makler diese Klausel bei Vertragsabschluss mit dem VR abgestimmt hat, da sich der VN das Verhalten und die Kenntnis des Maklers nach § 166 Abs. 1 BGB zurechnen lassen muss.[61] Demgegenüber ist eine Klausel, die dem VN eine Entschädigung von »**bis zu 50 %**« des gutachterlich ermittelten Betrages verspricht, wegen Intransparenz und unangemessener Benachteiligung des VN gemäß **§ 307 Abs. 1 BGB** unwirksam, wenn für den VN nicht ansatzweise erkennbar ist, wonach sich die Höhe des zu ersetzenden Prozentsatzes richten soll.[62]

6. Möglichkeit des Sachverständigenverfahrens

87 Ist der VN mit der Höhe der Entschädigungszahlung nicht einverstanden, kann er das Sachverständigenverfahren nach A.2.6 AKB durchführen lassen, (vgl. A.2.6 AKB Rdn. 1 ff.).

II. Reparaturkosten bei Glasbruchschäden

1. Umfang des Entschädigungsanspruches

88 Hat das Fahrzeug einen **Glasbruchschaden** erlitten, ohne dass gleichzeitig eine Zerstörung des gesamten Fahrzeuges oder ein wirtschaftlicher Totalschaden nach A.2.5.1.5

---

61 OLG Bremen Urt. v. 18.11.2008 – 3 U 14/08 – VersR 2009, 776.
62 LG Bremen Urt. v. 10.06.2010 – 6 O 1975/07 – r+s 2011, 111.

AKB vorliegt (vgl. A.2.5.1 AKB Rdn. 112 ff.), sind die **Materialkosten** einer Neuverglasung einschließlich aller **Dichtungen und mitgelieferten Zubehörteile** (z. B. Spiegelhalterung, Scheinwerferreflektor) zuzüglich der **Aus- und Einbaukosten** zu ersetzen.[63] Entschädigungsgrenze ist der Wiederbeschaffungswert des kompletten Fahrzeuges, wenn die Reparatur durchgeführt und durch eine Rechnung nachgewiesen wird (A.2.5.2.1a AKB), andernfalls der Wiederbeschaffungsaufwand (Wiederbeschaffungswert abzüglich Restwert, A.2.5.2.1b AKB).

Die beschädigten Glasteile sind regelmäßig **zum Neuwert zu ersetzen** ohne einen Abzug »neu für alt« gemäß A.2.5.2.3 AKB, da ein Gebrauchtmarkt für Pkw-Glasscheiben nicht existiert und Glasteile, da sie regelmäßig keiner gebrauchsbedingten Abnutzung unterliegen, die gleiche Lebensdauer haben wie der Pkw selbst.[64] **Etwas anderes** kann für Windschutzscheiben dann gelten, **wenn sie durch Steinschläge vorgeschädigt** oder durch Staub- oder Sandpartikel beim Betätigen der Scheibenwischer bereits **stark verkratzt** sind. Die vertraglich vereinbarte Selbstbeteiligung (vgl. A.2.5.8 AKB) wird von der Entschädigungssumme in Abzug gebracht. 89

Bei **punktförmigen Steinschlagschäden** an Windschutzscheiben kommt unter bestimmten Voraussetzungen statt eines Austausches der beschädigten Scheibe auch eine **Reparatur** in Betracht. Voraussetzung dafür ist, dass sich die Beschädigung nicht im direkten Sichtfeld des Fahrers und nur in der äußeren Glasschicht befindet. Die Reparatur wird durch speziell ausgerüstete Fachbetriebe innerhalb von zwei Stunden oftmals noch nicht einmal in der Werkstatt selbst, sondern beim VN vor Ort durchgeführt. Die Dichtheit der Originalscheibe bleibt dem VN erhalten. Da die Kosten einer Scheibenreparatur deutlich niedriger sind als die eines Scheibenaustausches, auf den der VN aber grundsätzlich einen Anspruch hätte, **verzichten** die meisten VR bei einer solchen Kosten sparenden Reparatur auf den Abzug des vertraglich vereinbarten Selbstbehaltes, (vgl. auch A.2.2.1 AKB Rdn. 99 f.). 90

Gewährt eine Fachwerkstatt dem VN im Zuge einer Autoglasreparatur einen **Preisvorteil** durch teilweise Übernahme der Selbstbeteiligung, führt dies zu einer Reduzierung des Werklohnes, was bei der Abrechnung gegenüber dem VR offenbart werden muss,[65] (vgl. auch A.2.1.1 AKB Rdn. 101 ff.). Zum **Entschädigungsumfang** im Übrigen vgl. A.2.2.1 AKB Rdn. 96 ff. und A.2.5.1 AKB Rdn. 112 ff. 91

---

63 OLG Karlsruhe Urt. v. 06.09.2007 – 12 U 107/07 – VersR 2008, 344 = r+s 2008, 64.
64 OLG München Urt. v. 25.06.19987 – 24 U 556/86 – NJW-RR 1988, 90 = zfs 1988, 86; OLG Karlsruhe Urt. v. 17.12.1992 – 12 U 116/92 – VersR 1993, 1144 = zfs 1994, 20; AG Gießen Urt. v. 21.09.1995 – 46 C 1824/95 – zfs 1996, 20; AG Lingen Urt. v. 20.12.1990 – 12 C 371/90 – zfs 1991,136; a. A. AG Dresden Urt. v. 20.03.2001 – 114 C 9832/00 – DAR 2002, 172, welches insbesondere im Fall der fiktiven Abrechnung den Anspruch des VN auf den Zeitwert beschränken will, der nach dem Verhältnis vom Neuwert zum Wiederbeschaffungswert zu ermitteln sei.
65 OLG Frankfurt/M. Urt. v. 11.05.2006 – 6 U 7/06 – VersR 2006, 1068 = VRR 2006, 389.

A.2.5.2 AKB Einzelfälle Rechnungskürzung

2. Mögliche Rechnungskürzungen und Einwendungen durch den VR

92 Auch bei relativ überschaubaren Rechnungsbeträgen kann es bei Glasschadenfällen zu Abzugsbeträgen durch den VR kommen, indem **eigene Prüffirmen** oder Sachverständige bemüht werden, die Abzüge mit der Begründung vornehmen, die Werkstatt habe nicht nach den Herstellervorgaben gearbeitet, sei es, dass sie die unverbindlichen Preisempfehlungen des Herstellers für Dichtbänder, Gummis, Kleber und sonstige Kleinstteile nicht eingehalten hat oder sei es, dass angeblich zu viel Reparaturmittel, z. B. Klebstoff verwendet worden ist.

93 Bei den **Herstellervorgaben** handelt es sich stets um **unverbindliche Empfehlungen für Arbeitszeiten und Arbeitsmittel**. Diese können, müssen aber nicht dem Aufwand entsprechen, der bei einer tatsächlichen Reparatur anfällt. Ob die vom Hersteller empfohlene Menge an Klebstoff ausreicht oder ob sich unvorhergesehene besondere Schwierigkeiten beim Ein- oder Ausbau der Scheibe mit entsprechend längeren Arbeitszeiten ergeben, lässt sich im Voraus nicht abschätzen. Trotzdem beauftragen viele VR nach Abschluss der Reparaturarbeiten spezielle Prüfgesellschaften oder hausinterne Sachverständige mit einer Rechnungsprüfung. Ohne das bereits reparierte Fahrzeug besichtigt zu haben, kalkulieren die Firmen allein auf der Grundlage der vorgelegten Rechnung einen Reparaturkostenaufwand, der oftmals erheblich niedriger ist als der dem VN tatsächlich in Rechnung gestellte Betrag.

94 Sofern der VR den **Rechnungsprüfungsbericht als Entschädigungsgrundlage** heranzieht, **sollte der VN dies nicht akzeptieren**. Die Kalkulationen der Prüffirmen wird er regelmäßig schon deshalb nicht nachvollziehen können, weil ihm nicht bekannt ist, mit welchen Datensätzen die Prüffirmen bzw. Sachverständigenbüros arbeiten, so dass er auch nicht wird nachvollziehen können, woher die angeblichen Herstellerpreise, die Arbeitszeiten und Arbeitswerte stammen. Soweit sich die Kalkulationen an den unverbindlichen Reparaturempfehlungen des Herstellers orientieren, können sie nicht besondere Schwierigkeiten bei der tatsächlichen Reparaturdurchführung mitberücksichtigen. Wieso ihnen ein höherer Beweiswert zukommen sollte als der Rechnung selbst, ist nicht ersichtlich. Maßgeblich für die Höhe der vom VR zu übernehmenden »erforderlichen Kosten« der Wiederherstellung i. S. v. A.2.5.2.1a AKB kann immer nur der tatsächliche Arbeitszeitanfall und die tatsächlich verbrauchte Menge an Reparaturmaterialien sein, wie sie in der Werkstattrechnung aufgeführt ist. Die **Erforderlichkeit** bemisst sich allein an dem tatsächlichen Reparaturvorgang, wie er **durch den Inhalt der Reparaturrechnung dokumentiert und nachgewiesen** ist. Der VN kann sich daher darauf berufen, dass alle Positionen in der Werkstattrechnung erforderliche Wiederherstellungskosten sind.

95 Auch **Kürzungen für Mehrkosten durch** einen in der Windschutzscheibe eingebauten **Regensensor**, eine **Radioantenne** oder eine in der beheizbaren Heckscheibe integrierte **Heizspirale** sollte der VN nicht akzeptieren. Das Fahrzeug ist mit dieser Ausstattung vom VR versichert worden. Entsprechend wurde auch die Versicherungsprämie vom VR festgesetzt. Bei einem Glasbruchschaden schuldet der VR daher nicht nur den reinen Materialwert der Verglasung, sondern auch die Mehrkosten dieser Zusatzausstattung.

Sofern der VR an den Kürzungen festhält, sollte der VN gegenüber dem VR die **Durch-** 96
führung des Sachverständigenverfahrens nach A.2.6 AKB androhen unter gleichzeitiger Benennung eines eigenen Sachverständigen (A.2.6.2 AKB). Da es sich um einen Streit über die Höhe der Ersatzleistung handelt, wäre es verfehlt, in diesem Fall sofort klageweise gegen den VR vorzugehen.

Nach Feststellung der Zahlungspflicht und Höhe der Entschädigung muss eine Zah- 97
lung innerhalb von zwei Wochen erfolgen, A.2.7.1 AKB. Nach Ablauf dieser Frist kommt der VR auch mit der Entschädigung, die er unberechtigterweise einbehalten hat, in Verzug. Infolgedessen sind in der Regel auch die Rechtsanwaltskosten des VN bei einem entsprechenden anwaltlichen Aufforderungsschreiben nach § 286 Abs. 1 S, 1, Abs. 2 Nr. 2 BGB i. V. m. § 280 Abs. 2 BGB zu erstatten.

III. Sonstige Ansprüche

1. Rechtsanwaltskosten

Der VN kann Kosten für die Hinzuziehung eines Rechtsbeistandes grundsätzlich nicht 98
erstattet verlangen, da sie gemäß § 85 Abs. 2 VVG nicht vom Leistungsumfang der Kaskoversicherung umfasst sind.[66] Dies gilt auch für den Fall der anwaltlichen Vertretung des VN im Sachverständigenverfahren (vgl. A.2.6 AKB), selbst wenn eine Aufstockung der Entschädigung zugunsten des VN erreicht wird.[67] Allerdings ist der VN nicht gehindert, seinen Anspruch auf andere Rechtsgründe außerhalb des Kaskoversicherungsvertrages zu stützen. Er kann die Anwaltskosten als **Verzugsschaden** nach **§§ 286 Abs. 1 S. 1, 280 Abs. 1 und 2 BGB** ersetzt verlangen,[68] wenn sich der VR bei Beauftragung des Anwaltes in Verzug befunden hat. Hierzu bedarf es regelmäßig einer **Mahnung des VN**, die erst **nach Fälligkeit des Anspruches** (vgl. A.2.7.1 AKB) erfolgen darf. An der Fälligkeit fehlt es, wenn sich der VR wegen Meinungsverschiedenheiten über die Schadenhöhe auf das Sachverständigenverfahren nach A.2.6 AKB beruft.[69] Anwaltskosten, die bereits durch ein **den Verzug erst begründendes anwaltliches Mahnschreiben** anfallen, sind nicht erstattungsfähig.[70] Sofern der VN einen Rechtsanwalt vor Verzugseintritt beauftragt, hat der später eingetretene Verzug keinen Einfluss auf die fehlende Erstattungsfähigkeit der bereits vorher entstandenen Anwaltskosten.[71]

---

66 Vgl. AG Köln Urt. v. 18.05.1998 – 262 C 74/98 – r+s 1998, 408.
67 LG Bochum Urt. v. 30.04.2004 – 10 S 1/04 – VersR 2004, 1552 = NJW-RR 2004, 1135.
68 Vgl. OLG Koblenz Urt. v. 11.02.2011 – 10 U 742/10 – VersR 2012, 175 = r+s 2011, 423; OLG Hamm Urt. v. 18.06.1998 – 6 U 187/98 – r+s 1998, 454; OLG Hamm Urt. v. 01.02.1989 – 20 U 247/88 – VersR 1989, 951 = r+s 1989, 248; LG Kaiserslautern Urt. v. 22.02.1991 – 2 O 317/90 – DAR 1993, 196; AG Karlsruhe Urt. v. 28.06.1996 – 8 C 178/96 – r+s 1997, 48; AG Mainz Urt. v. 22.09.1992 – 7 C 643/92 – SP 1993, 53; AG Ahaus Urt. v. 19.03.1991 – 4 C 82/91 – SP 1992, 291; AG Recklinghausen Urt. v. 19.06.1990 – 12 C 237/90 – r+s 1996, 471.
69 AG Düsseldorf Urt. v. 22.02.1996 – 50 C 17996/95 – r+s 1996, 448.
70 LG Oldenburg Urt. v. 24.09.2010 – 13 O 1964/10 – r+s 2010, 461.
71 LG Traunstein Urt. v. 04.08.1992 – 6 O 1046/92 – SP 1992, 348; AG Bad Neuenahr-Ahr-

A.2.5.2 AKB   Einzelfälle Leasingfahrzeug

99 Auch für den **Fall einer unberechtigten Ablehnung des vom VN geltend gemachten Anspruches** besteht eine Erstattungspflicht hinsichtlich der Anwaltskosten. Beauftragt der VN seinen Anwalt nach einer Weigerung des VR, Leistungen aus dem Versicherungsvertrag zu erbringen, mit der Durchsetzung seines Anspruches und stellt sich die anfängliche Leistungsverweigerung im Nachhinein als unberechtigt heraus, weil der Rechtsanwalt nach außergerichtlichem Tätigwerden für den VN den zuvor vom VR abgelehnten Anspruch durchsetzt, hat der VR nach **§§ 241 Abs. 2, 280 Abs. 1 BGB** die dem VN entstandenen Anwaltskosten zu ersetzen. Die unberechtigte Ablehnung des Anspruches stellt eine vertragliche Pflichtverletzung gegenüber dem VN dar. Die den VR treffenden Pflichten aus dem Versicherungsvertragsverhältnis verlangen vom ihm, die Ansprüche des VN auf der Grundlage der vertraglichen Vereinbarungen (AKB) und gemäß den gesetzlichen Bestimmungen zu erfüllen. Verstößt der VR hiergegen, begeht er gegenüber dem VN eine Pflichtverletzung, die zur Grundlage eines Schadenersatzanspruches nach § 280 Abs. 1 BGB herangezogen werden kann.

100 Daneben kann der Anspruch auch aus **§§ 286 Abs. 1 S. 1, Abs. 2 Nr. 3, 280 Abs. 1 und 2 BGB** begründet sein, wenn die vor Beauftragung des Anwalts vom VR erklärte Leistungsablehnung sich als ernsthafte und endgültige Erfüllungsverweigerung gegenüber dem VN dargestellt hat. Dass § 85 Abs. 2 VVG ebenso wie der Kaskoversicherungsvertrag die Erstattung von Anwaltskosten grundsätzlich nicht vorsieht – worauf die VR in diesem Zusammenhang regelmäßig hinweisen, ist bei diesen Fallgestaltungen unbeachtlich.

2. Fahrzeugbezogene nicht zu erstattende Nebenkosten

101 Vgl. hierzu A.2.5.7 AKB Rdn. 3 ff.

IV. Leasingfahrzeuge

1. Abrechnung auf Wiederbeschaffungs- und Neupreisbasis nach steuerlichen Verhältnissen des Leasinggebers

a) Mehrwertsteuer

102 Die Kaskoversicherung ist bei Leasingfahrzeugen in der Regel als **Versicherung für fremde Rechnung** nach den §§ 43 ff. VVG ausgestaltet, (vgl. hierzu ausführlich A.2.3 AKB Rdn. 4 ff. und A.2.3 AKB Rdn. 68 ff.). Der Eigentümer des Fahrzeuges und der VN sind nicht personengleich. Der Leasingnehmer ist VN, während der Leasinggeber Eigentümer ist. Er ist gleichzeitig Versicherter gemäß § 44 VVG, so dass ihm die Rechte aus dem Versicherungsvertrag zustehen. In der Regel wird es sich um eine Gesellschaft handeln, die zum Vorsteuerabzug berechtigt ist. Grundsätzlich ist bei Schäden an Leasingfahrzeugen auf die **Verhältnisse des** versicherten Eigentümers, mithin des **Leasinggebers** abzustellen, so dass der **Kaskoentschädigungsbetrag** in diesen Fäl-

---

weiler Urt. v. 23.05.1996 – 12 C 159/95 – r+s 1997, 48; Himmelreich/Halm/Staab/*Krahe* Kap. 23 Rn. 926.

len nur netto, also **ohne Mehrwertsteuer** ausgezahlt wird,[72] (vgl. A.2.5.4 S. 2 AKB). Dies gilt jedenfalls dann, wenn ein **Totalschaden** oder eine **Entwendung** abzurechnen ist und es daher nicht auf Reparaturkosten, sondern auf den Wiederbeschaffungswert ankommt.[73]

Unbeachtlich ist, ob der nicht vorsteuerabzugsberechtigte Leasingnehmer im Zusammenhang mit der späteren Anschaffung eines Ersatzfahrzeuges Mehrwertsteuer verauslagt. Unerheblich ist auch, ob der VN (= Leasingnehmer) leasingvertraglich mit der Übernahme des Fahrzeuges die **Sach- und Preisgefahr** übernommen hatte und ob er nach Eintritt des Schadenfalles von einem ihm eingeräumten Sonderkündigungsrecht gegenüber dem Leasinggeber Gebrauch gemacht hat.[74] Der **Netto-Wiederbeschaffungswert** errechnet sich regelmäßig unter Berücksichtigung des **Regelsteuersatzes**, (vgl. hierzu A.2.5.4 AKB Rdn. 14). Einen höheren Entschädigungsbetrag für die fiktive Wiederbeschaffung eines differenzbesteuerten Fahrzeuges schuldet der VR nicht, weil bei einem Leasingunternehmen mit entsprechender Marktmacht und günstigen Einkaufsmöglichkeiten davon auszugehen ist, dass es kein differenzbesteuertes, sondern ein regelbesteuertes Ersatzfahrzeug erwerben würde.[75] Ebenso bemisst sich der **Neupreis** für ein durch Totalschaden zerstörtes Leasingfahrzeug danach, was der Leasinggeber für ein Neufahrzeug in der versicherten Ausführung aufzuwenden hat, also abzüglich Großabnehmerrabatt sowie Mehrwertsteuer,[76] (vgl. A.2.5.1 AKB Rdn. 104 ff.). Der nicht vorsteuerabzugsberechtigte VN wird durch die steuerlichen Abzüge nicht unzumutbar belastet, zumal ihm ein Ausgleich oftmals im Rahmen einer »GAP-Versicherung« (vgl. A.2.5.2 AKB Rdn. 104 ff.) zufließen wird. 103

b) Ablösewert des Leasinggebers übersteigt Kaskoentschädigung – Bedeutung der GAP-Versicherung

Dem VN als Leasingnehmer **drohen** regelmäßig noch **weitere finanzielle Nachteile**. Die meisten Leasingverträge räumen beiden Vertragspartnern für den Fall eines Totalschadens, der Zerstörung oder dem Verlust des Leasingfahrzeuges die Möglichkeit ein, den Vertrag zu kündigen. In diesem Fall muss der Leasingnehmer alle ausstehenden Leasingraten bis zum Ende der Restlaufzeit des Vertrages entrichten und den vereinbarten Restwert des Fahrzeuges zahlen. Diese Aufwendungen übersteigen in aller Regel die Kaskoentschädigungszahlung des VR. Ersparte Finanzierungskosten kommen dem 104

---

72 BGH Urt. v. 30.04.1991 – **IV ZR 243/90** – r+s 1991, 223 = NJW-RR 1991, 1149.
73 OLG Hamm Beschl. v. 01.02.2012 – 20 U 207/11 – VersR 2013, 178 = r+s 2012, 382; OLG Köln Urt. v. 18.02.2003 – 9 U 94/02 – VersR 2003, 1527 = zfs 2003, 294; OLG Hamm Urt. v. 02.11.1994 – 20 U 165/94 – VersR 1995, 1348 = r+s 1995, 87; a. A. Stiefel/Maier/*Meinecke* A.2.7 AKB Rn. 66.
74 LG Bochum Urt. v. 09.09.2011 – 4 O 29/11 – r+s 2012, 483.
75 LG Dortmund Urt. v. 14.07.2010 – 22 O 63/08 – VK 2010, 211 = ADAJUR Dok.Nr. 89638.
76 BGH Urt. v. 14.07.1993 – **IV ZR 181/92** – VersR 1993, 1223 = NJW 1993, 2870; BGH Urt. v. 05.07.1989 – **IVa ZR 189/88** – VersR 1989, 950 = NJW 1989, 3021; BGH Urt. v. 06.07.1988 – **IVa ZR 241/87** – VersR 1988, 949 = NJW 1988, 2803.

A.2.5.2 AKB Einzelfälle GAP-Versicherung

Leasingnehmer lediglich insoweit zugute, als die Leasingraten ebenso wie die noch nicht verbrauchte Leasingsonderzahlung sowie der Restwert auf den Zeitpunkt der vorzeitigen Beendigung des Leasingvertrages in Höhe der Nettowerte (ohne Umsatzsteuer) abgezinst werden.

105 Dieses Ergebnis bedarf gleichwohl auch unter Billigkeitsgesichtspunkten keiner Korrektur zugunsten des Leasingnehmers, da inzwischen die meisten VR in ihren AKB speziell für geleaste Fahrzeuge eine sogenannte **GAP-Versicherung** – nach dem englischen Wort »gap« = »Lücke« – anbieten (auch **Differenz-Kaskoschutz** genannt), mit der die im Schadenfall entstehende **Finanzierungslücke** zwischen dem bedingungsgemäß vom VR zu erstattenden (Netto-) Wiederbeschaffungswert und dem höheren, vom VN an den Leasinggeber zu zahlenden Ablösewert geschlossen werden kann.[77]

106 Die **Differenz**, die sich aus der Abrechnung des Leasinggebers (**Ablösewert**) und der Entschädigungszahlung des Kasko-VR ergibt (**Netto-Wiederbeschaffungswert**), gleicht die GAP-Versicherung aus. Durch diesen zusätzlichen Schutz gelangt der VN eines Leasingfahrzeuges im Totalschadenfall, bei Zerstörung oder Verlust nicht nur in den Genuss der vollen Mehrwertsteuererstattung; vielmehr erhöht sich die Entschädigungssumme insgesamt auf den Ablösewert des Fahrzeuges, wie er sich aus der Abrechnung des Leasinggebers ergibt, womit ein Ausgleich des effektiven Schadens beim VN sichergestellt wird.

107 Eine **Ausnahme** besteht nur in den Fällen, in denen der erhöhte Ablösewert daraus resultiert, dass im Rahmen eines **Leasingvertrages mit Kilometerabrechnung** Mehrkilometer vom Leasingnehmer vergütet werden müssen. Dieser Schaden ist durch die GAP-Versicherung nicht gedeckt.

108 Ausnahmsweise besteht trotz freiwillig abgeschlossener GAP-Versicherung **kein Anspruch** des VN (= Leasingnehmer) gegen den Kasko-VR **auf Erstattung des Differenzschadens** (= Differenz zwischen Ablöse- und Wiederbeschaffungswert), wenn der VN vertraglich gegenüber dem Leasinggeber nicht zum Ausgleich dieses Differenzschadens verpflichtet ist, weil die **AGB des Leasinggebers** im Entwendungs- oder Totalschadenfall einen **Verzicht auf die Inanspruchnahme des VN** vorsehen.[78] Dies gilt auch, soweit der Leasinggeber den Kaskoentschädigungsanspruch des VN aus abgetretenem Recht geltend macht, da die GAP-Versicherung nicht dem Eigentümerinteresse des Leasinggebers dient, sondern nur das Risiko einer möglichen Versicherungslücke beim VN abdeckt.[79]

---

77 OLG Hamm Beschl. v. 01.02.2012 – 20 U 207/11 – VersR 2013, 178 = r+s 2012, 382; vgl. OLG Jena Beschl. v. 31.03.2011 und 20.04.2011 – 4 U 955/10 – r+s 2013, 222.
78 OLG Bamberg Urt. v. 13.12.2012 – 1 U 85/12 – VersR 2013,713 = DAR 2013, 206.
79 BGH Urt. v. 08.10.2014 – **IV ZR 16/13** – VersR 2014, 1367 = r+s 2014, 596 **unter Bestätigung** von OLG Bamberg Urt. v. 13.12.2012 – 1 U 85/12 – VersR 2013,713 = DAR 2013, 206.

c) Ablösewert des Leasinggebers niedriger als Kaskoentschädigung – Kein Anspruch des VN auf Übererlös

Wird ein **Leasingvertrag mit Andienungsrecht** und ohne Mehrerlösbeteiligung wegen Totalschaden, Verlust oder Untergang des Leasingfahrzeuges **vorzeitig beendet**, hat sich der Gesamtaufwand des Leasinggebers regelmäßig noch nicht vollständig amortisiert. Da die Kaskoversicherung aber nicht der Absicherung des Vollamortisationsinteresses des Leasinggebers dient,[80] **steht dem Leasinggeber die Kaskoentschädigung in voller Höhe** auch insoweit **zu**, als sie seinen zum Zeitpunkt der vorzeitigen Beendigung des Leasingvertrags noch nicht amortisierten Gesamtaufwand einschließlich des kalkulierten Gewinns übersteigt.[81] Eine ungerechtfertigte Bereicherung des Leasinggebers ergibt sich hieraus nicht.[82] Der VN als Leasingnehmer hat **keinen Anspruch auf** den **Übererlös** ungeachtet der Tatsache, dass der Leasinggeber bei ordnungsgemäßer Vertragsdurchführung nur einen geringeren Betrag hätte beanspruchen können. Der den Ablösewert übersteigende Teil lässt sich selbst im Falle einer kaskorechtlich vom VR geschuldeten **Neupreisentschädigung** dem VN nicht mit der Begründung zubilligen, die Versicherungsleistung stelle hinsichtlich der den Wiederbeschaffungswert übersteigenden Entschädigung kein an den Leasinggeber herauszugebendes Surrogat i. S. v. § 285 Abs. 1 BGB dar.[83] Denn die Fremdversicherungsleistung des Kasko-VR lässt sich versicherungsrechtlich nicht in einen den Wiederbeschaffungswert deckenden und einen den Wiederbeschaffungswert übersteigenden Teil aufspalten.[84]

109

d) Weitere Abzüge durch den VR

Im **Totalschadenfall** wird vom Wiederbeschaffungswert neben der Mehrwertsteuer auch der Restwert sowie die Selbstbeteiligung, bei der Neuwagenentschädigung zusätzlich ein Großabnehmer- oder Flottenrabatt abgezogen wird. Zur **Neupreisentschädigung** bei Leasingfahrzeugen im Übrigen vgl. A.2.5.1 AKB Rdn. 104 ff.

110

2. Abrechnung auf Reparaturkostenbasis nach steuerlichen Verhältnissen des Leasinggebers oder Leasingnehmers?

In **Reparaturschadenfällen** ist die **Erstattungsfähigkeit der Mehrwertsteuer umstritten**. Bei einem Reparaturschaden ist der VN als Leasingnehmer nach dem Leasingvertrag regelmäßig verpflichtet, das Fahrzeug auf eigene Kosten reparieren zu lassen, weil er das Risiko des zufälligen Unterganges und der Verschlechterung der Leasingsache trägt. Ist er ebenfalls als Unternehmer vorsteuerabzugsberechtigt, kann er die gezahlte Mehrwertsteuer auf die Reparaturkosten mit seiner eigenen Umsatzsteuerschuld gegenüber dem Finanzamt verrechnen oder dort zurückfordern. Ist er dagegen Privatmann,

111

---

80 Reinking/Eggert Rn. L 479.
81 BGH Urt. v. 06.07.1988 – **IVa ZR 241/87** – VersR 1988, 949 = NJW 1988, 2803.
82 Vgl. BGH Urt. v. 21.09.2011 – **VIII ZR 184/10** – DAR 2011, 698 = NZV 2012, 36; BGH Urt. v. 31.10.07 – **VIII ZR 278/05** – VersR 2008, 501 = NJW 2008, 989.
83 So aber Reinking/Eggert Rn. L 482.
84 Nitsch NZV 2011, 14, 15.

A.2.5.2 AKB Einzelfälle Steuerliche Bewertung

hat er diese Möglichkeit nicht. In diesem Fall muss er die Mehrwertsteuer aus eigenen Mitteln zahlen, erhält sie jedoch weder vom VR, noch vom Finanzamt erstattet. Diese für den nicht vorsteuerabzugsberechtigten Leasingnehmer unbefriedigende Situation resultiert aus der gegebenen Rechtslage, wonach sich die Bemessung der Wiederherstellungskosten nach den Verhältnissen des Leasinggebers richtet.

112 Die **Gerichte** haben sich in der Vergangenheit **teilweise gegen**,[85] teilweise aber auch **für die Erstattung der Mehrwertsteuer** ausgesprochen.[86] Grund für diese versicherungsnehmerfreundliche Rechtsprechung ist die Annahme einiger Gerichte, neben dem Eigentümerinteresse des Leasinggebers sei auch das **Sacherhaltungsinteresse** des Leasingnehmers versichert. Das ist so nicht richtig, auch wenn der **BGH** in einer 1993 veröffentlichten Entscheidung[87] vom Sacherhaltungsinteresse des Leasingnehmers spricht. Gemeint ist hier ganz offensichtlich das **Sachersatzinteresse** des Leasingnehmers, im Falle des Unterganges, Verlustes oder der Beschädigung des Fahrzeuges an den Eigentümer des Fahrzeuges, also den Leasinggeber, keinen Schadenersatz leisten zu müssen. Dies wird auch in einer späteren Entscheidung klargestellt,[88] (wobei die dort noch vertretene Auffassung, wonach das Sachersatzinteresse des nutzungsberechtigten Nichteigentümers im Rahmen einer Fremdversicherung nicht gedeckt sei, inzwischen überholt ist.[89]) Demnach ist es rechtlich nicht konsequent, dem VN in solchen Fällen die Mehrwertsteuer zu erstatten.[90] Trotzdem ersetzen die VR in der **Regulierungspraxis** dem nicht vorsteuerabzugsberechtigten VN **zumindest in Reparaturschadenfällen** überwiegend die nachgewiesene angefallene Mehrwertsteuer.

3. Insolvenz des VN

113 Fällt der VN eines Leasingfahrzeuges in **Insolvenz**, so steht eine etwaige Kaskoentschädigung nicht dem Insolvenzverwalter, sondern dem Leasinggeber als dem versicherten Eigentümer des Fahrzeuges zu.[91]

V. Versicherte und nicht versicherte Vorschäden

114 Vgl. hierzu A.2.2.2 AKB Rdn. 117 ff. und A.2.5.1 AKB Rdn. 119 ff.

---

85 OLG Stuttgart Urt. v. 16.11.2004 – 10 U 186/04 – NZV 2005, 309; LG Hamburg Urt. v. 07.07.1994 – 323 S 61/93 – VersR 1995, 411; AG Bad Homburg Urt. v. 24.07.1997 – 2 C 600/97–10 – SP 1998, 121.
86 OLG Hamm Urt. v. 14.09.2000 – 27 U 84/00 – MDR 2001, 213; LG München I Urt. v. 08.11.2001 – 19 S 9428/01 – NZV 2002, 191; LG Hamburg Urt. v. 16.05.1997 – 306 S 12/97 – VersR 1999, 90 = DAR 1997, 361; LG Hannover Urt. v. 24.04.1997 – 3 S 375/96 – NJW 1997, 2760; LG Bad Kreuznach Urt. v. 26.11.1996 – 1 S 137/96 – VersR 1997, 692 = DAR 1997, 113.
87 BGH Urt. v. 14.07.1993 – **IV ZR 181/92** – VersR 1993, 1223 = NJW 1993, 2870.
88 BGH Urt. v. 27.10.1993 – **IV ZR 33/93** – r+s 1994, 3 = NJW 1994, 585.
89 BGH Urt. v. 05.03.2008 – **IV ZR 89/07** – VersR 2008, 634 = NJW 2008, 1737.
90 Vgl. auch Nugel zfs 2008, 4, 8; **a. A.** Stiefel/Maier/*Meinecke* A.2.7 AKB Rn. 65.
91 OLG Frankfurt/M. Urt. v. 07.08.2001 – 7 U 30/01 – NZV 2002, 44 = NVersZ 2002, 180.

Sachverständigenkosten **A.2.5.3 AKB**

VI. Fahrzeugteile und Fahrzeugzubehör

Zur Entschädigungsberechnung siehe A.2.1.2 AKB Rdn. 60 ff.; zu **Kurzschlussschä-** 115
den an der Verkabelung durch **Marder** siehe A.2.2.1 AKB Rdn. 314 ff.

A.2.5.3 Sachverständigenkosten

Die Kosten eines Sachverständigen erstatten wir nur, wenn wir dessen Beauftragung veranlasst oder ihr zugestimmt haben.

Übersicht Rdn.
A. Allgemeines 1
B. Regelungsgehalt – Was zahlen wir im Schadenfall? – A.2.5 AKB/Sachverständigenkosten – A.2.5.3 AKB (§ 13 Abs. 7 S. 2 AKB 2007 a. F.; A.2.5.3 AKB 2008 a. F.) 4
C. Weitere praktische Hinweise 6
I. Erstattung der Sachverständigenkosten aus anderem Rechtsgrund 6
II. Anspruch auf Einsichtnahme in Sachverständigengutachten 13

A. Allgemeines

In Abgrenzung zur Regelung in der Kfz-Haftpflichtversicherung stellt A.2.5.3 AKB 1
klar, dass der VN nicht wie der Geschädigte bei einer Schadenersatzforderung die Dispositionsfreiheit hat, nach Belieben einen Sachverständigen ohne vorherige Rücksprache mit dem VR auf dessen Kosten mit der Ermittlung der Schadenhöhe zu beauftragen. Damit kommt für den VN einmal mehr deutlich zum Ausdruck, dass in der Kaskoversicherung nicht er, sondern der VR Herr des Restitutionsgeschehens ist.

Frühere AKB-Fassungen enthielten eine solche Regelung nicht. Beauftragte der VN 2
daher einen Sachverständigen mit der Feststellung des Schadens, weigerte sich der VR regelmäßig, die Gutachterkosten zu zahlen, wenn die Beauftragung mit ihm zuvor nicht abgestimmt war. Der BGH[1] stellte jedoch in einer Grundsatzentscheidung klar, dass bei der Beschädigung einer Sache die Aufwendungen für ein Sachverständigengutachten zum Zwecke der Ermittlung des Schadenumfanges zu den notwendigen Kosten der Wiederherstellung des Fahrzeuges nach § 13 Abs. 5 AKB 2007 a. F. gehören, sofern es sich nicht um einen Bagatellschaden handelt. Der VR habe nach dieser Regelung dem VN den Ersatz der erforderlichen Kosten der Wiederherstellung vertraglich versprochen und deren Umfang so bestimmt, dass die Sachverständigenkosten davon nicht ausgenommen werden könnten. Überlasse der VR dem VN die Beauftragung des Sachverständigen, so habe er auch dessen Kosten zu übernehmen.

Da es einen entscheidenden Unterschied ausmachen kann, ob die Schadenhöhe durch 3
den **hauseigenen Sachverständigen des VR** oder den vom VN eingeschalteten Gutachter ermittelt wird, haben die VR auf dieses Urteil reagiert und ihre Bedingungen zum

---
1 BGH Urt. v. 05.11.1997 – **IV ZR 1/97** – VersR 1998, 179 = r+s 1998, 9.

A.2.5.3 AKB Sachverständigenkosten

Teil schon vor 2008 auf die zunächst von A.2.8 AKB 2008 a. F. und jetzt auch von A.2.5.3 AKB übernommene Regelung abgeändert.

B. Regelungsgehalt – Was zahlen wir im Schadenfall? – A.2.5 AKB / Sachverständigenkosten – A.2.5.3 AKB (§ 13 Abs. 7 S. 2 AKB 2007 a. F.; A.2.5.3 AKB 2008 a. F.)

4 Der VR ersetzt die Kosten eines Sachverständigen nur dann, wenn er dessen **Beauftragung veranlasst** hat. Dazu muss der VR den Gutachter entweder selbst direkt beauftragen oder den VN auffordern, seinerseits einen Sachverständigen einzuschalten.[2] Eine Kostenerstattung erfolgt auch für den Fall, dass der VR die Beauftragung eines Sachverständigen mit dem VN vereinbart, d. h. ihr **zugestimmt** hat. Eine Vereinbarung wird in der Regel im Zusammenhang mit den Weisungen erfolgen, die der VN vor Reparaturbeginn oder Verwertung seines Fahrzeuges beim VR entsprechend E.1.3.2 AKB einzuholen hat. Sofern sich der VR mit dem VN auf einen bestimmten Gutachter verständigt hat, ist er bei absprachewidriger Beauftragung eines anderen Sachverständigen durch den VN zu einer Kostenerstattung nicht verpflichtet. Wurde der Sachverständige hingegen nicht namentlich benannt, ist der VN frei in der Gutachterauswahl. Für dessen Kosten hat der VR aufzukommen. **Darüber hinaus** werden dem VN **Kosten** für die **Einholung eines Privatgutachtens** in der Sachversicherung, zu der auch die Kaskoversicherung gehört, **grundsätzlich nicht ersetzt**.[3]

5 Der **VN ist verpflichtet, dem VR die Begutachtung seines Fahrzeuges zu ermöglichen**. Dies gilt insbesondere dann, wenn die konkreten AKB für bestimmte Folgeschäden (z. B. durch Tierbiss) die Bestätigung eines Sachverständigen als Anspruchsvoraussetzung für eine Entschädigungspflicht des VR vorsehen, wobei eine solche Klausel weder gegen das Transparenzverbot verstößt, noch für den VN überraschend ist.[4]

C. Weitere praktische Hinweise

I. Erstattung der Sachverständigenkosten aus anderem Rechtsgrund

6 Eine über A.2.5.3 AKB hinausgehende Verpflichtung des VR zur **Übernahme von Sachverständigenkosten** lässt sich aus **§ 85 Abs. 1 VVG** für solche Fälle herleiten, in denen der VN mit dem vom VR eingeholten Gutachten nicht einverstanden ist und ein **Gegengutachten** einholt, dessen Ergebnis der VR zumindest teilweise übernimmt und daraufhin eine weitere Entschädigung zahlt.[5] Denn hierdurch verzichtet der VR – jedenfalls stillschweigend – auf die Durchführung des nach A.2.6 AKB obligatorischen Sachverständigenverfahrens, in dessen Rahmen der VR bei Akzeptanz des VN-Gutachtens auch dessen Sachverständigenkosten übernehmen müsste. Der Anspruch scheitert

---

2 Vgl. OLG Hamm Urt. v. 14.10.1992 – 20 U 115/92 – VersR 1993, 738 = r+s 1994, 94.
3 Vgl. auch AG Köln Urt. v. 18.05.1998 – 262 C 74/98 – r+s 1998, 408 = SP 1998, 365.
4 AG Pforzheim Urt. v. 02.09.2010 – 2 C 149/10 – SP 2011, 121.
5 LG Baden-Baden Urt. v. 31.01.1992 – 1 S 70/91 – VersR 1992, 440; AG Berlin-Mitte Urt. v. 03.03.2005 – 13 C 3317/04 – NJW-RR 2005, 758.

nur dann, wenn das vom VN eingeholte Gutachten nicht als hinreichende Grundlage für eine sachgerechte Schadenabrechnung dienen kann[6] und der VN mangels Durchführung eines Sachverständigenverfahrens die ihm entstandenen Gutachterkosten auch nicht nach A.2.6.4 AKB ersetzt verlangen kann.[7] Außerhalb des Sachverständigenverfahrens steht dem VN auch unter dem Gesichtspunkt von Treu und Glauben (§ 242 BGB) ein Erstattungsanspruch nicht schon dann zu, wenn der VR seiner Entschädigungsberechnung ein unzutreffendes Gutachten zugrunde gelegt hat und der VN deshalb zur Hinzuziehung eines eigenen Sachverständigen veranlasst wurde.[8]

Im Übrigen ist eine Erstattungspflicht gemäß **§ 85 Abs. 2 VVG** in allen Fällen vorgesehen, in denen der VN zur Hinzuziehung eines Sachverständigen vertraglich verpflichtet ist oder vom VR aufgefordert wird, einen Sachverständigen hinzuzuziehen.

Auch in den Fällen, in denen der **VR die Erstellung eines Gutachtens** unter Hinweis auf seine fehlende Eintrittspflicht zu Unrecht **abgelehnt hat** oder sich mit der Beauftragung des Sachverständigen **in Verzug befindet**,[9] besteht eine Ersatzpflicht nach den **§§ 286, 280 Abs. 2 BGB und § 85 Abs. 1 VVG**. Durch die Regelung in A.2.5.3 AKB gibt der VR zu erkennen, dass er auf einem entscheidenden Mitspracherecht bei der Auswahl des Sachverständigen besteht. Denn dessen Kosten will er nur dann ersetzen, wenn er den Sachverständigen entweder selbst beauftragt oder jedenfalls der Beauftragung durch den VN zugestimmt hat. Da es auf der Hand liegt, dass nach Eintritt eines Versicherungsfalles schon zu Beweissicherungszwecken der Umfang des eingetretenen Schadens festgestellt werden muss, **trifft den VR** nach Sinn und Zweck der Regelung in A.2.5.3 AKB **eine Pflicht, an der Feststellung der Schadenhöhe** durch die Einschaltung eines eigenen Sachverständigen **mitzuwirken**. Denn nur dadurch kann die Grundlage für die vertraglich geschuldete Entschädigungsleistung geschaffen werden. Bleibt der VR trotz Aufforderung und Mahnung tatenlos, hat der VN gar keine andere Wahl, als die Schadenhöhe durch einen eigenen Gutachter ermitteln zu lassen, zumal er auch für die Höhe seines Anspruches aus dem Versicherungsvertrag voll beweisbelastet ist. Es ist daher nur konsequent, ihm den Anspruch auf Erstattung der Sachverständigenkosten nicht nur als Verzugsschaden, sondern auch nach Maßgabe des § 85 Abs. 1 VVG zuzubilligen, da er – jedenfalls nach vergeblicher Aufforderung an den VR, einen Gutachter einzuschalten – die Gutachterkosten als gebotene Aufwendungen ansehen darf, um den Umfang und die Höhe des ihm entstandenen Kaskoschadens feststellen zu lassen. Dies gilt insbesondere vor dem Hintergrund, dass Gutachterkosten, die zur Ermittlung des Schadenumfanges aufgewendet werden, mit Ausnahme von Bagatellschäden zu den erforderlichen Kosten der Wiederherstellung des Fahrzeuges gehören.[10]

---

6 Vgl. OLG Hamm Urt. v. 25.02.1999 – 6 U 190/98 – DAR 1999, 313.
7 Vgl. Otting DAR 1996, 200.
8 Ebenso Stiefel/Maier/*Meinecke* A.2.8 AKB Rn. 3; a. A. OLG Hamburg Urt. v. 09.07.1993 – 12 U 27/93 – VersR 1994, 461 = NJW-RR 1994, 223.
9 Vgl. OLG Köln Urt. v. 09.02.1989 – 5 U 136/88 – r+s 1989, 142; LG Potsdam Urt. v. 21.05.2007 – 2 O 199/06 – r+s 2008, 102.
10 BGH Urt. v. 05.11.1997 – **IV ZR 1/97** – VersR 1998, 179 = r+s 1998, 9.

A.2.5.3 AKB Sachverständigenkosten

9   Lehnt es der VR ab, selbst einen Sachverständigen zu beauftragen, weil er sich zu Unrecht für leistungsfrei hält, stellt sich das Verhalten des VR als eine Verletzung wesentlicher Pflichten des Versicherungsvertrages dar mit der Folge, dass der VN zudem eine **Kostenerstattung** aus Schadenersatzgesichtspunkten **nach §§ 241 Abs. 2, 280 Abs. 1 BGB** verlangen kann.

10 **Nicht selten holt der VN nach einem Unfall** in der Erwartung einer vollen oder jedenfalls weit überwiegenden Haftung des anderen Unfallbeteiligten **selbst ein Sachverständigengutachten** über die Höhe des an seinem Fahrzeug entstandenen Schadens ein. Stellt sich später heraus, dass die Haftung des Unfallgegners in Wirklichkeit nicht besteht, kann es bei Vorlage des Gutachtens beim eigenen Kasko-VR zu Problemen mit der Erstattung der Gutachterkosten kommen, weil das Gutachten zum einen nicht nach Kasko-, sondern nach Haftpflichtgesichtspunkten erstellt wurde und zum anderen auch die nach A.2.5.3 AKB notwendigen Voraussetzungen für eine Kostenerstattung nicht vorliegen. Oftmals wird der VR trotzdem einen Großteil des Gutachtens für die Feststellung seiner eigenen Eintrittspflicht verwerten können. Sofern auf dem Verhandlungswege eine (anteilige) **Übernahme der Gutachterkosten** nicht zu erreichen ist, sollte der VN versuchen, seinen Anspruch nach den **§§ 683, 670 BGB** durchzusetzen.

11 Die Regelung in A.2.5.3 AKB eröffnet dem VR die Möglichkeit, auf die Höhe der zu leistenden Entschädigung durch die Auswahl eines ihm genehmen Sachverständigen entscheidend Einfluss zu nehmen. Insoweit steht eine Übernahme der Gutachterkosten durch den VR grundsätzlich nicht in Frage. Nichts anderes kann aber gelten, wenn der VR Sachverständigenkosten erspart, weil der VN selbst ein Gutachten in Auftrag gibt. Indem der VR dieses seiner Entschädigungsberechnung zugrunde legt, erklärt er sich mit der Schadenfeststellung durch den Gutachter einverstanden. Er gibt damit zu erkennen, dass **auch bei Beauftragung eines eigenen Gutachters kein anderes Regulierungsergebnis** zu erwarten gewesen wäre. Dann ist es aber nur konsequent, wenn der VR die angefallenen Gutachterkosten jedenfalls in der Höhe übernimmt, wie sie auch angefallen wären, wenn er selbst ein Kaskogutachten für das vom VN gemeldete Schadenereignis in Auftrag gegeben hätte. **Hat der VR hingegen** das von dem VN alternativ eingeholte Gutachten nicht zur Grundlage seiner Regulierungsentscheidung gemacht und muss dies auch nicht, sind dem VN die Sachverständigenkosten auch nicht nach §§ 683, 670 BGB zu ersetzen.[11]

12 Ein Anspruch des VN auf (teilweise) Erstattung von Gutachterkosten besteht auch dann, wenn er **nach einem durchgeführten Sachverständigenverfahren (teilweise) obsiegt**, vgl. A.2.6.4 AKB.

II. Anspruch auf Einsichtnahme in Sachverständigengutachten

13 Sofern sich der VR weigert, dem VN das von ihm in Auftrag gegebene Sachverständigengutachten zur Verfügung zu stellen, kann der VN eine Einsichtnahme nach § 810

---

[11] AG Köln Urt. v. 28.08.2012 – 267 C 242/11 – r+s 2013, 281 = SP 2013, 25.

Alt. 1 BGB erzwingen.[12] Unabhängig hiervon besteht schon aus Gründen der Waffengleichheit zwischen beiden Vertragspartnern für den VN auch aus dem **Versicherungsvertrag i. V. m.** dem Grundsatz von Treu und Glauben gemäß § 242 BGB ein Anspruch auf Einsichtnahme oder jedenfalls auf Überlassung einer Kopie des Gutachtens.[13] Dies gilt selbst dann, wenn die Frage des Eintritts des Versicherungsfalles streitig ist und im Prozess auch streitig bleibt.[14] Unbeachtlich ist auch, ob sich der VR für eintrittspflichtig hält, oder ob der VN zur Geltendmachung des ihm entstandenen Schadens auf das vom VR eingeholte Gutachten angewiesen ist.[15]

Der Anspruch auf Einsichtnahme **setzt voraus**, dass der VR die vom VN geltend gemachten Entschädigungsansprüche ganz oder teilweise abgelehnt hat und umfasst alle Gutachten, die der VR zwecks Prüfung seiner Leistungspflicht zum behaupteten Schadenhergang und zur Schadenhöhe eingeholt hat.[16] Die Einsichtnahme in das Gutachten soll dem VN die Möglichkeit verschaffen, sich über die Erfolgsaussichten seines Anspruches klar zu werden; dabei ist es unerheblich, ob sich das Gutachten über den Grund oder die Höhe des Anspruches verhält,[17] und ob es Vorschäden behandelt,[18] für deren Abgrenzung zum Neuschaden grundsätzlich der VN beweisbelastet ist. Der VN kann nicht darauf verwiesen werden, selbst ein (weiteres) Gutachten einzuholen, weil ihm die Kosten hierfür gemäß § 85 Abs. 2 VVG grundsätzlich nicht zu erstatten wären. Der Herausgabepflicht wird durch die Gewährung von Einsicht in das Original und durch die Möglichkeit der Anfertigung von Kopien Genüge getan, **§ 259 BGB**.[19]

14

Anspruchsberechtigt sind außer dem VN auch all diejenigen Personen, die aufgrund der versicherungsvertraglichen Abreden einen Leistungsanspruch gegen den VR haben, z. B. Versicherte oder Erben.[20]

15

---

12 Vgl. LG Oldenburg Urt. v. 09.12.2011 – 13 O 1604/11 – r+s 2012, 343; LG Dortmund Urt. v. 21.05.2008 – 2 O 400/07 – NJW-RR 2008, 1483 = zfs 2009, 29; AG Singen Urt. v. 08.06.2012 – 3 C 15/12 – VersR 2013, 497 = r+s 2013, 237; AG Hannover Urt. v. 02.05.2012 – 461 C 9491/11 – zfs 2012, 627; **a. A.** LG Berlin Beschl. v. 13.03.2001 – 7 O 76/00 – VersR 2003, 94 = r+s 2002, 220; Armbrüster VersR 2013, 944, 947 ff.
13 Vgl. OLG Karlsruhe Beschl. v. 26.04.2005 – 12 W 32/05 – r+s 2005, 385 = zfs 2005, 350; OLG Saarbrücken Urt. v. 14.10.1998 – 5 U 1011/97-80 – VersR 1999, 750 = NJW-RR 1999, 759; AG Gütersloh Urt. v. 07.07.2014 – 10 C 6/14 – zfs 2015, 40; Armbrüster VersR 2013, 944, 949 ff.; **a. A.** LG Berlin Beschl. v. 13.03.2001 – 7 O 76/00 – VersR 2003, 94 = r+s 2002, 220.
14 AG Siegburg Urt. v. 10.11.2011 – 113 C 127/11 – n. v.
15 AG Singen Urt. v. 08.06.2012 – 3 C 15/12 – VersR 2013, 497 = r+s 2013, 237; **a. A.** LG Hannover Beschl. v. 24.02.2011 – 6 O 246/10 – zitiert von AG Singen, a. a. O.
16 Armbrüster VersR 2013, 944, 951 f.
17 Vgl. LG Dortmund Urt. v. 21.05.2008 – 2 O 400/07 – NJW-RR 2008, 1483 = zfs 2009, 29.
18 AG Siegburg Urt. v. 10.11.2011 – 113 C 127/11 – n. v.
19 AG Singen Urt. v. 08.06.2012 – 3 C 15/12 – VersR 2013, 497 = r+s 2013, 237.
20 Armbrüster VersR 2013, 944, 951.

A.2.5.4 Mehrwertsteuer

Mehrwertsteuer erstatten wir nur, wenn und soweit diese für Sie bei der von Ihnen gewählten Schadenbeseitigung tatsächlich angefallen ist. Die Mehrwertsteuer erstatten wir nicht, soweit Vorsteuerabzugsberechtigung besteht.

Übersicht

	Rdn.
A. Allgemeines	1
B. Regelungsgehalt – Was zahlen wir im Schadenfall? – A.2.5 AKB/Mehrwertsteuer – A.2.5.4 AKB (§ 13 Abs. 6 AKB 2007 a. F.; A.2.5.4 AKB 2008 a. F.)	2
I. Erstattung der Mehrwertsteuer nur bei tatsächlichem Anfall	2
II. Höhe der zu erstattenden Mehrwertsteuer	6
1. Reparaturschaden	7
a) Reparaturkosten niedriger als Wiederbeschaffungsaufwand	7
b) Reparaturkosten höher als Wiederbeschaffungsaufwand	8
c) Ersatzfahrzeug trotz Reparaturschaden	9
2. Totalschaden, Zerstörung oder Verlust	12
a) Fiktive Abrechnung	13
aa) Ermittlung des Netto-Wiederbeschaffungswertes	13
bb) Regelbesteuerung	14
cc) Differenzbesteuerung	15
dd) Keine Besteuerung	16
b) Konkrete Ersatzbeschaffung	17
aa) Kaufpreis von Ersatz-Kfz gleich oder höher als Brutto-Wiederbeschaffungswert	17
bb) Kaufpreis von Ersatz-Kfz niedriger als Brutto-Wiederbeschaffungswert	19
(1) Kauf von differenzbesteuertem Kfz bei regelbesteuertem Brutto-Wiederbeschaffungswert	20
(2) Kauf von regelbesteuertem Kfz bei differenzbesteuertem Brutto-Wiederbeschaffungswert	21
(3) Kauf von regelbesteuertem oder differenzbesteuertem Kfz bei Brutto-Wiederbeschaffungswert ohne MwSt	22
III. Vorsteuerabzugsberechtigung	23
1. Grundsätzliches	23
2. Leasingfahrzeuge	30
C. Weitere praktische Hinweise	31
I. Alte AKB ohne Mehrwertsteuerklausel	31
II. Wirksamkeit der Klausel	32

A. Allgemeines

1 Die Klausel erfasst sämtliche Versicherungsfälle, in denen der VR dem Grunde nach eine Kaskoentschädigung zu leisten hat, also auch den des Verlustes eines Pkw. Sie ist nicht auf die Fälle der Beschädigung und Zerstörung beschränkt.[1] Sie ist der gesetz-

---

1 Vgl. OLG Celle Beschl. v. 28.03.2008 – 8 W 19/08 – VersR 2008, 1204 = r+s 2008, 326.

lichen Regelung in § 249 Abs. 2 S. 2 BGB nachgebildet, die ebenfalls festlegt, dass die Mehrwertsteuer nur beansprucht werden kann, »*wenn und soweit sie tatsächlich angefallen ist*«.

B. Regelungsgehalt – Was zahlen wir im Schadenfall? – A.2.5 AKB/Mehrwertsteuer – A.2.5.4 AKB (§ 13 Abs. 6 AKB 2007 a. F.; A.2.5.4 AKB 2008 a. F.)

I. Erstattung der Mehrwertsteuer nur bei tatsächlichem Anfall

Nach der Klausel ersetzt der VR die **Mehrwertsteuer** nur in den Fällen, in denen der VN nachweisen kann, dass er sie auch **tatsächlich bezahlt** hat. Die Regelung gilt **nicht nur im Reparaturschadenfall**, sondern auch für die Fälle des **wirtschaftlichen Totalschadens, der Zerstörung oder des Verlustes** des Fahrzeuges. Es ist auch gleichgültig, ob der VN im Totalschadenfall sein Fahrzeug gleichwohl reparieren lässt, was ihm in A.2.5.1.1 S. 2 AKB ausdrücklich freigestellt ist, oder ob er bei einem reparaturwürdigen Fahrzeug auf die Instandsetzung verzichtet und stattdessen ein Ersatzfahrzeug erwirbt: A.2.5.4 AKB stellt für jede vom VN gewählte Form der Schadenbeseitigung ausdrücklich klar, dass Mehrwertsteuer durch den VN verauslagt worden sein muss, wenn ein Erstattungsanspruch bestehen soll.

Nicht ausreichend hierfür ist die Vorlage eines Kaufvertrages, der keine Mehrwertsteuer ausweist.[2] Ebenso wenig reicht es aus, wenn der VN bereits vor dem Schadenfall ein Zweitfahrzeug gekauft und bezahlt hat, welches erst nach dem Schadenfall zugelassen oder in Gebrauch genommen wird, weil in diesem Fall die Mehrwertsteuer bereits vor Eintritt des Schadens angefallen ist, A.2.5.4 AKB aber verlangt, dass der Schaden durch ein Rechtsgeschäft, bei dem Mehrwertsteuer anfällt, beseitigt wird.[3] Lässt der VN sein beschädigtes Fahrzeug z. B. nicht reparieren, erhält er – unabhängig davon, ob er vorsteuerabzugsberechtigt ist oder nicht – nur den Nettobetrag der geschätzten notwendigen Wiederherstellungskosten.[4]

Die Erstattungspflicht des VR in Bezug auf die Mehrwertsteuer knüpft an die konkret vom VN gewählte Form der Schadenbeseitigung an. Wählt der VN eine als **fiktiv oder abstrakt** zu bezeichnende Schadenabrechnung, macht er keinen tatsächlichen, sondern nur einen **potenziellen Wiederherstellungsaufwand geltend**, zumeist auf der Grundlage eines Kostenvoranschlages oder Sachverständigengutachtens. Auf diese Weise kann der VN auch abrechnen, wenn er die Reparatur tatsächlich hat durchführen lassen, aber keine Rechnung vorlegen kann oder will oder aber sein Fahrzeug durch ein anderes ersetzt hat, diesen Nachweis aber ebenfalls nicht führt. Für alle diese Fälle besteht kein Anspruch auf Mehrwertsteuer. Demgegenüber ist die **konkrete Abrechnung** dadurch gekennzeichnet, dass der VN seinen Schadenbeseitigungsaufwand (Reparatur

---

2 AG Aachen Urt. v. 19.10.2012 – 108 C 31/12 – r+s 2013, 378.
3 AG Aachen Urt. v. 23.05.2013 – 104 C 7/13 – DAR 2013, 584.
4 Vgl. BGH Urt. v. 20.04.2004 – **VI ZR 109/03** – r+s 2004, 303 = NZV 2004, 341 (**zum Haftpflichtschaden**).

A.2.5.4 AKB Mehrwertsteuer

oder Ersatzbeschaffung) mit Hilfe einer Rechnung belegen kann. In diesen Fällen ist Mehrwertsteuer zu zahlen.

5 Durch die Erstattungsregelung »wenn und soweit diese … angefallen ist« wird klargestellt, dass dem VN auch Mehrwertsteuer für den Fall zusteht, dass er nur eine **teilweise mehrwertsteuerpflichtige Kompensation seines Schadens** vornimmt. Er ist daher nicht gehalten, den Anfall von Mehrwertsteuer auf seinen gesamten, bei Eintritt des Versicherungsfalles entstandenen Schaden nachzuweisen. Lässt er z. B. nur eine Teilreparatur durchführen, für die er auch Umsatzsteuer zahlt oder wendet er für die Anschaffung eines Ersatzfahrzeuges einen niedrigeren Kaufpreis als den Wiederbeschaffungswert auf, kann insoweit ein Anspruch des VN auf Erstattung der Mehrwertsteuer bestehen.

II. Höhe der zu erstattenden Mehrwertsteuer

6 Die Höhe der bei einer fiktiven Abrechnung in Abzug zu bringenden bzw. bei konkreter Abrechnung zu erstattenden Mehrwertsteuer richtet sich danach, ob der Schaden auf Reparaturkosten- oder Wiederbeschaffungsbasis abgerechnet wird, wobei im letztgenannten Fall zusätzlich das Alter des Fahrzeuges zum Schadenzeitpunkt eine entscheidende Rolle spielt.

1. Reparaturschaden

a) Reparaturkosten niedriger als Wiederbeschaffungsaufwand

7 Liegen die Brutto-Reparaturkosten unterhalb des Wiederbeschaffungsaufwands (Wiederbeschaffungswert abzüglich Restwert) für ein vergleichbares Ersatzfahrzeug oder erreichen sie diesen und hat der VN nach Maßgabe des A.2.7.1a AKB sein Fahrzeug **konkret** reparieren lassen, erhält er die in der Reparaturkostenrechnung ausgewiesene Mehrwertsteuer erstattet. Rechnet er **abstrakt** (fiktiv) ab, wird der Mehrwertsteuerbetrag gemäß A.2.5.2.1b AKB von den gemäß Kostenvoranschlag bzw. Sachverständigengutachten kalkulierten Kosten in Abzug gebracht. Der VN erhält nur den Nettobetrag.

b) Reparaturkosten höher als Wiederbeschaffungsaufwand

8 Liegen die Brutto-Reparaturkosten über dem Wiederbeschaffungsaufwand für ein vergleichbares Ersatzfahrzeug, so erhält der VN **bei konkret durchgeführter Reparatur** ebenfalls die Reparaturkosten einschließlich der in der Reparaturkostenrechnung ausgewiesenen Mehrwertsteuer bis maximal zur Höhe des Brutto-Wiederbeschaffungswertes erstattet. **Bei abstrakter Abrechnung** ist die Höhe der Entschädigungszahlung auf den Wiederbeschaffungsaufwand beschränkt. Dieser berechnet sich in diesem Fall nach dem Netto-Wiederbeschaffungswert für ein vergleichbares Ersatzfahrzeug abzüglich des – in der Regel steuerneutralen (vgl. A.2.5.1 AKB Rdn. 73 ff.) – Restwerts für das Altfahrzeug. Denn auch im Wiederbeschaffungswert ist Mehrwertsteuer enthalten, die dem VN gemäß A.2.5.4 AKB aber nur dann zufließen soll, soweit sie tatsächlich anfällt. Da der VN im Reparaturschadenfall mit Begrenzung auf den Wiederbe-

schaffungsaufwand nicht besser stehen darf als ein VN, der im Totalschadenfall, bei Zerstörung oder Verlust seines Fahrzeuges gemäß A.2.5.1.1 AKB ebenso nur den Wiederbeschaffungsaufwand beanspruchen könnte, ist auch im Falle des A.2.5.2.1b AKB die Mehrwertsteuer aus dem Wiederbeschaffungswert herauszurechnen und hiervon der Restwert des Fahrzeuges abzuziehen (zur **Berechnung** siehe A.2.5.4 AKB Rdn. 13). Bei nicht nachgewiesenem Mehrwertsteuer-Anfall bildet der sich so ergebende Betrag die Entschädigungsobergrenze.

c) **Ersatzfahrzeug trotz Reparaturschaden**

Der VN hat auch dann Anspruch auf Mehrwertsteuer, wenn er zwar **auf die Reparatur** seines Fahrzeuges **verzichtet**, sich aber ein **Ersatzfahrzeug anschafft** und bei der Ersatzbeschaffung konkret Umsatzsteuer anfällt. Der Anspruch ist auf den Umsatzsteuerbetrag begrenzt, der bei Durchführung der notwendigen Reparatur angefallen wäre.[5] Für den Erstattungsanspruch auf Mehrwertsteuer wird der VN daher wie ein VN im Totalschadenfall, bei Zerstörung oder Verlust seines Fahrzeuges gemäß A.2.5.1.1 AKB behandelt. Dass der Erstattungsanspruch des VN auf Mehrwertsteuer von seiner freien Entscheidung, entweder reparieren zu lassen oder sich ein Ersatzfahrzeug zuzulegen, nicht berührt wird, ergibt sich aus dem eindeutigen Wortlaut in A.2.5.4 S. 1 AKB, wonach die Mehrwertsteuer zu zahlen ist, soweit sie bei der vom VN »gewählten Schadenbeseitigung tatsächlich angefallen ist«.

9

Kauft der VN ein Ersatzfahrzeug von einem Kfz-Händler, kommt es also darauf an, ob das neu angeschaffte Ersatzfahrzeug der Regel- oder der Differenzbesteuerung unterliegt (vgl. hierzu A.2.5.4 AKB Rdn. 14 ff.). Der tatsächlich aufgewendete Mehrwertsteueranteil wird dem VN **maximal bis zur Höhe des Mehrwertsteueranteiles auf die Netto-Reparaturkosten** ersetzt. Wählt der VN daher statt der wirtschaftlich gebotenen Fahrzeugreparatur die Anschaffung eines (höherwertigen) Ersatzfahrzeuges, kann er im Rahmen der (fiktiven) Schadenabrechnung gleichwohl die im Rahmen der Ersatzbeschaffung konkret angefallene Umsatzsteuer verlangen, jedoch begrenzt auf den durch die wirtschaftlich gebotene Fahrzeugreparatur anfallenden Umsatzsteueranteil.[6]

10

Kauft der VN ein Ersatzfahrzeug von Privat, ohne dass im Kaufvertrag Umsatzsteuer ausgewiesen ist oder der VN eine entsprechende Rechnung vorlegen kann, besteht hingegen selbst dann **kein Anspruch auf Mehrwertsteuer**, wenn der VN den kalkulierten Brutto-Reparaturkostenbetrag vollständig für den Kauf des Ersatzfahrzeuges verwendet hat.[7]

11

---

5 Vgl. BGH Urt. v. 05.02.2013 – **VI ZR 363/11** – VersR 2013, 471 = r+s 2013, 203 (**zum Haftpflichtschaden**).
6 Vgl. BGH Urt. v. 05.02.2013 – **VI ZR 363/11** – VersR 2013, 471 = r+s 2013, 203; OLG Dresden Urt. v. 20.08.2010 – 7 U 682/10 – VRS 121, 9 = ADAJUR Dok.Nr. 94477 (**zum Haftpflichtschaden**).
7 Vgl. BGH Urt. v. 22.09.2009 – **VI ZR 312/08** – VersR 2009, 1554 = NJW 2009, 3713 (**zum Haftpflichtschaden**).

A.2.5.4 AKB Mehrwertsteuer

2. Totalschaden, Zerstörung oder Verlust

12   Bei der Frage, in welchem Umfang der VN einen Anspruch auf Mehrwertsteuer hat bzw. inwieweit bei unterbliebener Fahrzeug-Ersatzbeschaffung vom VR Mehrwertsteuer aus dem Entschädigungsbetrag herausgerechnet werden darf, wird man sich an den zur Kfz-Haftpflichtversicherung ergangenen gerichtlichen Entscheidungen orientieren können. Denn es handelt sich überwiegend um eine steuerrechtliche Betrachtungsweise, die sich für Haftpflichtfälle nicht anders darstellt als im Kaskobereich.[8]

a) **Fiktive Abrechnung**

aa) **Ermittlung des Netto-Wiederbeschaffungswertes**

13   Rechnet der VN seinen Schaden fiktiv auf der Grundlage eines Sachverständigengutachtens ab, ist von dem ausgewiesenen Brutto-Wiederbeschaffungswert die darin enthaltene Umsatzsteuer abzuziehen, da der VR nach A.2.5.1.1 i. V. m. A.2.5.4 AKB nur den Netto-Wiederbeschaffungswert abzüglich des Restwerts zu zahlen hat. Zur Feststellung des Netto-Wiederbeschaffungswertes ist zu klären, ob solche Fahrzeuge, die dem versicherten Fahrzeug entsprechen, auf dem Gebrauchtwagenmarkt überwiegend nach § 10 UStG **regelbesteuert**, nach § 25a UStG **differenzbesteuert** oder von Privat und damit **umsatzsteuerfrei** angeboten werden.[9] Dabei kann sich das Gericht im Rahmen der Schadensschätzung nach § 287 ZPO an der überwiegenden Wahrscheinlichkeit orientieren, mit der ein solches Fahrzeug insoweit auf dem Gebrauchtwagenmarkt angeboten wird.[10]

bb) **Regelbesteuerung**

14   Bei **Gebrauchtwagen im Alter bis zu 4 Jahren** wird grundsätzlich davon auszugehen sein, dass im Kaufpreis für ein solches Fahrzeug der Regelsteuersatz von – derzeit – 19 % enthalten ist. Ausnahmen können für kleinere Fahrzeuge der unteren Mittelklasse gelten. Der VN erhält also den um **19 % Mehrwertsteuer** ermäßigten Netto-Wiederbeschaffungswert abzüglich des Restwerts seines Altfahrzeuges.

cc) **Differenzbesteuerung**

15   **Gebrauchtwagen im Alter von 4 bis 10 Jahren** werden von Kfz-Händlern regelmäßig nur differenzbesteuert angeboten. Es handelt sich überwiegend um Fahrzeuge, die der Händler von Privatpersonen ankauft. In diesem Fall muss er die gesetzliche Mehrwertsteuer nur von seinem Gewinn an das Finanzamt abführen. Somit fällt Mehrwertsteuer ausschließlich auf die Differenz zwischen dem Händlereinkaufs- und dem Händlerverkaufspreis an. Nur diese Gewinnspanne von 15 bis 25 % unterliegt dem Regelsteuersatz von 19 %. Bezogen auf den Verkaufspreis des Fahrzeuges beim Händler, der **Maßstab**

---

8   Versicherungs-Ombudsmann Urt. v. 29.10.2003 – 8294/02-T – r+s 2004, 103 = zfs 2004, 20.
9   BGH Urt. v. 09.05.2006 – **VI ZR 225/05** – VersR 2006, 987 = NJW 2006, 2181.
10 Vgl. BGH Urt. v. 01.03.2005 – **VI ZR 91/04** – VersR 2005, 994 = NJW 2005, 2220; KG Urt. v. 04.12.2006 – 12 U 206/05 – NZV 2007, 409.

für die Bemessung des **Wiederbeschaffungswertes** ist (vgl. A.2.5.1 AKB Rdn. 60 ff.), ergibt sich ein **Mehrwertsteueranteil von 2 bis 3 %**, der im Brutto-Wiederbeschaffungswert enthalten ist und den der VR entsprechend herausrechnen kann.

dd) Keine Besteuerung

Ist das versicherte **Fahrzeug zum Schadenzeitpunkt älter als 10 Jahre**, ist in dem Wiederbeschaffungswert überhaupt **keine Mehrwertsteuer mehr enthalten.** Vergleichbare Ersatzfahrzeuge werden auf dem Gebrauchtwagenmarkt in der Regel ausschließlich von privater Hand angeboten, so dass der Verkauf eines solchen Fahrzeuges auch keinen umsatzsteuerpflichtigen Vorgang auslösen kann. Dementsprechend entspricht bei fiktiver Schadenabrechnung der Brutto-Wiederbeschaffungswert in seiner Höhe auch dem Netto-Wiederbeschaffungswert. 16

b) Konkrete Ersatzbeschaffung

aa) Kaufpreis von Ersatz-Kfz gleich oder höher als Brutto-Wiederbeschaffungswert

Der **BGH**[11] hat **im Kfz-Haftpflichtschadenbereich** entschieden, dass es in einem Fall, in dem ein Geschädigter ein Ersatzfahrzeug mindestens zu dem im Sachverständigengutachten ausgewiesenen Brutto-Wiederbeschaffungswert erwirbt, auf die Frage, ob und in welchem Umfange in diesem Wiederbeschaffungswert Umsatzsteuer (Mehrwertsteuer) enthalten ist, nicht ankommt. Die gleichen Erwägungen müssen auch für den **Kaskoschadenbereich** gelten. Da A.2.5.4 AKB sowohl in seinem Wortlaut, wie aber auch von seiner Zweckbestimmung her an § 249 Abs. 2 S. 2 BGB angelehnt ist, erscheint eine unterschiedliche Auslegung für diese Fallgestaltung nicht gerechtfertigt. 17

Der VN kann in einem solchen Falle den **vollen Brutto-Wiederbeschaffungswert** verlangen, selbst wenn er kein vergleichbares, sondern ein teureres Ersatzfahrzeug anschafft. Dies gilt auch dann, wenn er es nicht von einem Kfz-Händler, sondern von Privat erwirbt.[12] Denn mit der konkreten Ersatzbeschaffung eines gleichartigen Fahrzeugs mindestens zu dem vom Sachverständigen genannten Brutto-Wiederbeschaffungswert stellt der VN wirtschaftlich den Zustand wieder her, der vor dem Schadenereignis bestand. Es kann ihm nicht zum Nachteil gereichen, wenn er bei der konkreten Ersatzbeschaffung auf dem Gebrauchtwagenmarkt von den umsatzsteuerrechtlich möglichen verschiedenen Erwerbsmöglichkeiten nicht gerade diejenige realisiert, die der Sachverständige – für die fiktive Schadensabrechnung – als die statistisch wahrscheinlichste bezeichnet hat.[13] Im Übrigen kann davon ausgegangen werden, dass die unterschiedliche steuerliche Behandlung in aller Regel auf den Endverkaufspreis für den privaten Käufer auf dem Gebrauchtwagenmarkt keinen Einfluss hat. 18

---

11 BGH Urt. v. 01.03.2005 – **VI ZR 91/04** – VersR 2005, 994 = NJW 2005, 2220; BGH Urt. v. 09.05.2006 – **VI ZR 225/05** – VersR 2006, 987 = NJW 2006, 2181.
12 **A. A.** Feyock/*Jacobsen*/Lemor A.2 AKB Rn. 137.
13 Vgl. BGH Urt. v. 01.03.2005 – **VI ZR 91/04** – VersR 2005, 994 = NJW 2005, 2220.

A.2.5.4 AKB Mehrwertsteuer

bb) Kaufpreis von Ersatz-Kfz niedriger als Brutto-Wiederbeschaffungswert

19 Wendet der VN im Rahmen der Ersatzbeschaffung einen geringeren Betrag auf als den vom Sachverständigen festgelegten Brutto-Wiederbeschaffungswert, so ist entscheidend, in **welchem Umfang** der VN konkret **Mehrwertsteuer verauslagt** hat. Hierfür kommt es wiederum darauf an, ob der VN das neu erworbene Ersatzfahrzeug auf dem Gebrauchtwagenmarkt nach § 10 UStG regelbesteuert, nach § 25a UStG differenzbesteuert oder von Privat und damit umsatzsteuerfrei erworben hat. Kauft der VN ein **regel- oder differenzbesteuertes** Ersatzfahrzeug, so steht ihm die im Rahmen der Ersatzbeschaffung tatsächlich verauslagte Mehrwertsteuer zu.[14] Höchstentschädigungsgrenze ist stets der Brutto-Wiederbeschaffungswert, den der Sachverständige für das vollkaskoversicherte Unfallfahrzeug ermittelt hat. Demgegenüber steht dem VN bei einer Ersatzbeschaffung **von Privat** kein Anspruch auf Mehrwertsteuerersatz zu, wenn der aufgewendete Kaufpreis unterhalb des vom Sachverständigen für das Unfallfahrzeug kalkulierten Brutto-Wiederbeschaffungswertes bleibt.[15]

(1) **Kauf von differenzbesteuertem Kfz bei regelbesteuertem Brutto-Wiederbeschaffungswert**

20 **Unterliegt das versicherte Fahrzeug der Regelbesteuerung**, erhält der VN beim Kauf eines Ersatzfahrzeuges mit rechnungsmäßig ausgewiesener Mehrwertsteuer diesen konkreten Mehrwertsteuerbetrag bis zur Höhe des Brutto-Wiederbeschaffungswertes ersetzt. Kauft er beim Kfz-Händler ein differenzbesteuertes Ersatzfahrzeug, beschränkt sich der Erstattungsanspruch auf 2–3 % vom Kaufpreis.[16]

(2) **Kauf von regelbesteuertem Kfz bei differenzbesteuertem Brutto-Wiederbeschaffungswert**

21 **Unterliegt das versicherte Fahrzeug der Differenzbesteuerung**, erhält der VN bei einer Ersatzbeschaffung die Mehrwertsteuer bis maximal 2–3 % vom Kaufpreis erstattet, selbst wenn er den vollen Mehrwertsteuersatz beim Kauf des Fahrzeuges tatsächlich bezahlt hat.[17] Andernfalls würde der VN eine Entschädigung in einer Höhe erhalten, die die Differenz zwischen dem Brutto-Wiederbeschaffungswert und dem Restwert übersteige. Kauft der VN ein Fahrzeug von Privat, ohne dass er Mehrwertsteuer bezahlt, erhält er die Differenz zwischen dem Netto- und dem Brutto-Wiederbeschaffungswert ausnahmsweise nur dann ersetzt, wenn der Kaufpreis mindestens die Höhe des vom Sachverständigen kalkulierten Brutto-Wiederbeschaffungswertes erreicht (vgl. A.2.5.4 AKB Rdn. 18).

---

14 Ebenso LG Coburg Urt. v. 13.09.2013 – 33 S 14/13 – zfs 2014, 518.
15 Vgl. BGH Urt. v. 02.07.2013 – **VI ZR 351/12** – VersR 2013, 1277 = NJW 2013, 3719 in Abgrenzung zu BGH Urt. v. 01.03.2005 – **VI ZR 91/04** – VersR 2005, 994 = NJW 2005, 2220 (**zum Haftpflichtschaden**).
16 Vgl. BGH Urt. v. 18.05.2004 – **VI ZR 267/03** – VersR 2004, 927 = NJW 2004, 2086 (**zum Haftpflichtschaden**).
17 Vgl. BGH Urt. v. 15.11.2005 – **VI ZR 26/05** – VersR 2006, 238 = NJW 2006, 285 (**zum Haftpflichtschaden**).

(3) Kauf von regelbesteuertem oder differenzbesteuertem Kfz bei Brutto-Wiederbeschaffungswert ohne MwSt

Enthält der Brutto-Wiederbeschaffungswert des versicherten Fahrzeuges keine Mehrwertsteuer, weil vergleichbare Fahrzeuge auf dem Gebrauchtwagenmarkt nur von Privat angeboten werden, so kommt es auch nicht darauf an, ob und inwieweit der VN im Rahmen einer Ersatzbeschaffung Mehrwertsteuer verauslagt. Denn er kann bereits bei fiktiver Abrechnung den vollen Entschädigungsbetrag (Differenz zwischen dem Brutto-Wiederbeschaffungswert und dem Restwert) beanspruchen. 22

III. Vorsteuerabzugsberechtigung

1. Grundsätzliches

Ist der **VN als Unternehmer** nach umsatzsteuerrechtlichen Bestimmungen befugt, die von ihm im Zusammenhang mit der Schadenbeseitigung verauslagte Mehrwertsteuer mit derjenigen Mehrwertsteuer zu verrechnen, die er im Rahmen seiner gewerblichen oder selbstständigen Tätigkeit von Dritten vereinnahmt, so besteht bei ihm gemäß § 15 Abs. 1 Nr. 1 UStG die Berechtigung zum Vorsteuerabzug. Wendet er bei der von ihm gewählten Art der Schadenbeseitigung konkret Mehrwertsteuer auf, kann er diese gemäß A.2.5.4 S. 2 AKB vom VR gleichwohl nicht erstattet verlangen, weil sie bei ihm wirtschaftlich nicht zu einem Schaden führt.[18] Soweit der **VN mit der** für den Erwerb eines gleichwertigen Fahrzeuges oder der im Rahmen einer Reparatur **aufgewendeten Mehrwertsteuer nicht endgültig belastet bleibt**, weil er sie als Vorsteuer abziehen kann, ist die Mehrwertsteuer weder Bestandteil des vom VR zu ersetzenden Wiederbeschaffungswertes, noch des Anspruches des VN auf Reparaturkostenersatz. Insoweit gilt nichts anderes als in der Haftpflichtversicherung.[19] Die vom VN im Falle der Ersatzbeschaffung oder der Reparatur bezahlte Mehrwertsteuer muss der VR nicht erstatten. Dies gilt auch für die Fälle, in denen **der VN die Mehrwertsteuer endgültig tragen muss und daher letztlich mit ihr belastet bleibt**, weil ihm lediglich eine pauschalierte Summe, die sich nach seinem Umsatz richtet, als abziehbarer Vorsteuerbetrag zur Verfügung steht, (vgl. §§ 23, 15 UStG). 23

Für die Ersatzfähigkeit der Mehrwertsteuer kommt es auf die steuerlichen Verhältnisse des VN im Zeitpunkt des Versicherungsfalles an. Maßgeblich für die Vorsteuerabzugsberechtigung ist der **Status des VN am Schadentag**. Daher kann er auch dann nur den Nettoschaden verlangen, wenn er in der Zeit bis zur Auszahlung der Entschädigung die Berechtigung zum Vorsteuerabzug verliert.[20] 24

Die **Vorsteuerabzugsberechtigung** muss beim VN **in Bezug auf das versicherte Fahrzeug** bestehen. Dafür muss das Fahrzeug steuerlich zum Betriebsvermögen des VN ge- 25

---

18 Vgl. BGH Urt. v. 22.05.1989 – **X ZR 25/88** – NJW 1990, 387 = NJW-RR 1990, 32; BGH Urt. v. 06.06.1972 – **VI ZR 49/71** – VersR 1972, 973 = NJW 1972, 1460.
19 BGH Urt. v. 04.05.1982 – **VI ZR 166/80** – VersR 1982, 757 = NJW 1982, 1864.
20 Vgl. OLG Köln Urt. v. 03.06.1993 – 5 U 202/92 – VersR 1994, 303 = r+s 1993, 447; Himmelreich/Halm/*Oberpriller* Kap. 20 Rn. 178.

A.2.5.4 AKB Mehrwertsteuer

hören. Dies ist der Fall, wenn es nicht nur in geringfügigem Umfang (weniger als 10 %) unternehmerisch genutzt wird. Die Entschädigung wird in diesem Fall netto gezahlt unabhängig davon, ob das Fahrzeug bei einer privaten oder betrieblich veranlassten Fahrt beschädigt wurde. Insbesondere **bei gemischter Nutzung** – teils privat, teil geschäftlich – ist dem VN die Mehrwertsteuer deshalb nicht zu ersetzen, weil er als vorsteuerabzugsberechtigter Unternehmer alle Kosten im Zusammenhang mit der Nutzung seines zum betrieblichen Vermögen gehörenden Pkw steuerlich als Betriebsausgaben gegenüber dem Finanzamt geltend machen kann. Dass er seine **Privatfahrten** mit dem Fahrzeug – ggf. mit **1 % des Bruttolistenpreises** des angeschafften Ersatzfahrzeuges – versteuern und darauf auch – nicht verrechenbare – Mehrwertsteuer zahlen muss, ist unbeachtlich.[21] Denn nach der Vertragsklausel kommt es nicht darauf an, ob der VN für die private Nutzung des Fahrzeuges Steuern bezahlen muss, sondern nur darauf, ob er im Rahmen der Reparatur oder Ersatzbeschaffung Mehrwertsteuer entrichtet hat. Sofern er diese vom Finanzamt im Wege des Vorsteuerabzuges erstattet bekommen hat, fehlt es jedoch an einem Schaden beim VN, so dass ein Erstattungsanspruch gegenüber dem VR ausscheidet. Auch wenn das Finanzamt daher die Fahrzeugkosten nur zum Teil betrieblich anerkennt, führt dies nicht zu einem Anspruch des VN auf eine teilweise Erstattung der Mehrwertsteuer (unter den Voraussetzungen des A.2.5.4 S. 1 AKB).

26 Auch wenn der **Restwert** eines total beschädigten Fahrzeuges in einem Sachverständigengutachten **in der Regel steuerneutral** ausgewiesen wird, so muss doch der **vorsteuerabzugsberechtigte VN**, der die Reste seines steuerlich im Betriebsvermögen stehenden, beim Schadenfall zerstörten Fahrzeuges veräußert, einen in dem erzielten Restwerterlös enthaltenen 19 %-igen Mehrwertsteueranteil an das Finanzamt abführen. Dadurch reduziert sich letztlich der erzielbare Restwert mit der Folge, dass es insoweit zu einem Schaden beim VN kommt, den der VR bei der Abrechnung eines Totalschadens durch Erstattung des abgeführten Mehrwertsteueranteils auszugleichen hat.[22] In diesen Fällen ist daher nur der **Netto-Restwert** in die Restwertberechnung einzustellen.[23]

27 Der vorsteuerabzugsberechtigte VN ist **nicht zur Anschaffung eines regelbesteuerten Ersatzfahrzeuges verpflichtet**. Kauft er ein differenzbesteuertes Fahrzeug, für welches er den enthaltenen Mehrwertsteueranteil von regelmäßig 2,5 % nicht als Vorsteuer von seiner an das Finanzamt abzuführenden Umsatzsteuerschuld abziehen kann, verstößt er nicht gegen seine Schadenminderungspflicht.[24] **Verunfallt der nicht vorsteuerabzugsberechtigte VN mit dem** ihm zur Nutzung überlassenen **Firmenfahrzeug**, so muss die Reparatur zur Vermeidung eines Verstoßes gegen die Schadenminderungspflicht durch den vorsteuerabzugsberechtigten Halter (Arbeitgeber des VN und Eigentümer des Firmenwagens) in Auftrag gegeben werden.[25]

---

21 LG Dortmund Urt. v. 16.08.2012 – 2 S 18/12 – zfs 2012, 698.
22 Vgl. OLG Jena Urt. v. 13.05.2009 – 7 U 711/08 – SP 2009, 368 = SVR 2010, 340.
23 LG Wuppertal Urt. v. 07.03.2012 – 8 S 76/11 – r+s 2012, 535 = zfs 2012, 393.
24 Vgl. BGH Beschl. v. 25.11.2008 – **VI ZR 245/07** – r+s 2009, 83 = NZV 2009, 134 (**zum Haftpflichtschaden**).
25 LG Hamburg Urt. v. 12.03.1986 – 17 S 295/85 – r+s 1987, 8.

Steht das versicherte Kfz bei Eintritt des Versicherungsfalles noch im **Vorbehaltseigen-** 28
tum des Kfz-Händlers, weil der VN den Kaufpreis noch nicht (vollständig) entrichtet
hat, steht dem VN im Falle der Ersatzbeschaffung keine Mehrwertsteuer auf den Wiederbeschaffungswert zu, da im Rahmen der insoweit vorliegenden Fremdversicherung
allein auf die Verhältnisse des vorsteuerabzugsberechtigten Automobilhändlers abzustellen ist.[26]

Unrichtige Angaben des VN zur Vorsteuerabzugsberechtigung stellen eine vertrag- 29
liche Obliegenheitsverletzung dar (E.1.1.3 AKB, § 28 Abs. 4 VVG) und können zur
vollständigen Leistungsfreiheit des VR führen.

2. Leasingfahrzeuge

Vgl. A.2.5.2 AKB Rdn. 102 ff. 30

C. Weitere praktische Hinweise

I. Alte AKB ohne Mehrwertsteuerklausel

Enthalten die konkret zu beurteilenden AKB des jeweiligen VR keine spezielle Rege- 31
lung hinsichtlich der Zahlung der Mehrwertsteuer, sind die steuerlichen Verhältnisse
beim VN zum Zeitpunkt des Schadenfalles maßgebend. Ist der VN vorsteuerabzugsberechtigt, schuldet der VR nur die Netto-Entschädigungszahlung. Andernfalls hat
der VR – selbst bei fiktiver Abrechnung nach Gutachten – die Mehrwertsteuer zu übernehmen.[27] Ist hingegen – wie in A.2.5.4 AKB – eine Regelung vereinbart, wonach die
Mehrwertsteuer nur bei tatsächlichem Anfall vom VR übernommen wird, stellt sich die
Frage nach der Wirksamkeit der Klausel.

II. Wirksamkeit der Klausel

Vergleichbare Mehrwertsteuerregelungen in § 13 Abs. 6 AKB a. F. waren in der Ver- 32
gangenheit häufig Anlass für Rechtsstreitigkeiten, wobei einige Gerichte die **Wirksamkeit der Klausel bejahten,**[28] andere hingegen die **Klausel für unwirksam hielten.**[29] Der

---

26 OLG Köln Urt. v. 26.01.1999 – 9 U 16/98 – VersR 2000, 96 = SP 1999, 170.
27 Vgl. BGH Urt. v. 30.01.1985 – **IVa ZR 109/83** – VersR 1985, 354 = NJW 1985, 1222.
28 KG Urt. v. 01.06.2010 – 6 U 25/10 – VersR 2010, 1633 = SP 2010, 370; OLG Saarbrücken
Urt. v. 28.01.2009 – 5 U 278/08 – VersR 2009, 924 = zfs 2009, 336; OLG Celle Beschl. v.
28.03.2008 – 8 W 19/08 – VersR 2008, 1204 = r+s 2008, 326; OLG Köln Urt. v. 08.11.2005
– 9 U 44/05 – r+s 2006, 102 = VK 2006, 65 m. w. N.; LG Dortmund Urt. v. 10.12.2008 – 22
O 109/07 – VersR 2009, 926; LG Erfurt Urt. v. 11.01.2002 – 2 S 245/01 – NVersZ 2002,
182; LG München I Urt. v. 14.06.2000 – 14 S 22159/99 – NJW-RR 2001, 169; AG Koblenz
Urt. v. 21.03.2002 – 161 C 3903/01 – VersR 2002, 1231; Versicherungs-Ombudsmann
Beschl. v. 07.08.2003 – 6283/03-L – r+s 2004, 188 = zfs 2004, 123.
29 LG Braunschweig Urt. v. 14.06.2001 – 10 S 304/01 – VersR 2001, 1279 = r+s 2001, 406; LG
Deggendorf Urt. v. 05.03.2002 – 1 S 132/01 – = r+s 2002, 322 = zfs 2002, 245; AG Münster
Urt. v. 03.12.2002 – 38 C 3766/02 – VersR 2003, 1249.

A.2.5.4 AKB   Mehrwertsteuer

BGH[30] hat eine Mehrwertsteuerklausel mit dem Wortlaut: »Die Mehrwertsteuer ersetzt der VR nur, wenn der VN diese tatsächlich bezahlt hat«, wegen Verstoßes gegen das Transparenzgebot nach § 307 Abs. 1 S. 2 BGB für unwirksam erklärt. Der VR legte diese Klausel einschränkend dahingehend aus, dass der VN nach einem Reparaturschaden zwar die tatsächlich angefallene Mehrwertsteuer für eine Reparatur erhalten hätte, nicht aber die bezahlte Steuer auf den Kaufpreis für ein Ersatzfahrzeug erhalten sollte. Die Klausel sei intransparent, weil der VN nicht klar erkennen könne, dass bei einer Ersatzbeschaffung die Erstattung der dafür gezahlten Mehrwertsteuer ausgeschlossen sein soll. Daraus lässt sich jedoch nicht der Rückschluss ziehen, dass auch die Vertragsklausel in A.2.5.4 AKB unwirksam sein könnte.

33 Es liegt **keine Unwirksamkeit nach § 307 Abs. 2 Nr. 1 BGB** wegen unangemessener Benachteiligung des VN vor. Die Einschränkung der Leistungspflicht durch enge Voraussetzungen für die Erstattung der Mehrwertsteuer stellt keine Bestimmung dar, die mit wesentlichen Grundgedanken einer gesetzlichen Regelung nicht zu vereinbaren wäre. Ein gesetzliches Leitbild, von dem die Klausel abweicht, existiert nicht. Der versicherungsrechtliche Schadenbegriff ist von dem Schadenbegriff des allgemeinen Schadenersatzrechts zu unterscheiden. Während sich dort die Schadenersatzpflicht nach den §§ 249 ff. BGB orientiert, bestimmt der Gesetzgeber in § 1 S. 1 VVG, dass der VR mit Abschluss des Versicherungsvertrages ein bestimmtes Risiko des VN oder eines Dritten durch eine Leistung abzusichern hat, die er bei Eintritt des vereinbarten Versicherungsfalles erbringen muss. Art und Umfang der zu ersetzenden Schäden ergeben sich somit ausschließlich aus den Vereinbarungen der Vertragsparteien, wie sie in den AKB niedergelegt sind. Da der VR frei ist in der Gestaltung seiner Versicherungsbedingungen, kann er den Umfang der im Versicherungsfall zu leistenden Entschädigung ebenso wie etwaige vom VN hinzunehmende Leistungskürzungen grundsätzlich in seinen Bedingungen regeln. Dazu gehört auch die Klarstellung, unter welchen Voraussetzungen der VN die Mehrwertsteuer beanspruchen kann.

34 Die **Klausel gefährdet auch nicht die Erreichung des Vertragszwecks**, so dass sich hieraus eine Unwirksamkeit nach **§ 307 Abs. 2 Nr. 2 BGB** ergeben könnte. Die Kaskoversicherung ist schon von ihrer Rechtsnatur nicht auf den Ausgleich des vollen Vermögensschadens wie die §§ 249 ff. BGB ausgerichtet. Ihr Zweck ist nicht die vollständige Schadenkompensation im Versicherungsfall, sondern der Ersatz des Vermögensschadens nach Maßgabe der Versicherungsvertrages, also ggf. mit gewissen Einschränkungen wie bei der Mehrwertsteuer. Sachfolgeschäden wie Nutzungsausfall und Fahrtkosten werden ohnehin regelmäßig nicht ersetzt. Außerdem wird die Selbstbeteiligung abgezogen. Ebenso sind Einschränkungen bei der merkantilen Wertminderung möglich. Die Rechte des VN werden auch nicht für den Fall beeinträchtigt, dass der VN sein Fahrzeug unrepariert weiterveräußert und eine Ersatzbeschaffung vornimmt. Dem VN bleibt es unbenommen, sein Fahrzeug in einer Fachwerkstatt reparieren zu lassen und gegen Rechnungsnachweis die Mehrwertsteuer zu verlangen. Lässt er das

---

30 BGH Urt. v. 24.05.2006 – IV ZR 263/03 – VersR 2006, 1066 = NJW 2006, 2545 **unter Bestätigung von** OLG Karlsruhe Urt. v. 10.10.2003 – 15 U 26/02 – VersR 2004, 1171.

Fahrzeug »privat« oder gar nicht reparieren, erleidet er auch keine Vermögenseinbuße, da er die Mehrwertsteuer nicht zu bezahlen braucht.[31]

Eine **unangemessene Benachteiligung des VN nach § 307 Abs. 1 S. 1 BGB liegt ebenso wenig vor.** Für den Fall, dass der VN sein unzerstörtes reparaturwürdiges Fahrzeug nicht reparieren lässt, sondern eine Schadenbeseitigung durch Ersatzbeschaffung vornimmt, kann er zwar einen gewichtigen finanziellen Nachteil erleiden, wenn die Netto-Reparaturkosten geringer sind als die Differenz zwischen Wiederbeschaffungswert und Restwert. Dies reicht jedoch nach Ansicht des BGH[32] für eine unangemessene Benachteiligung nicht aus. 35

In der Mehrwertsteuerregelung wird man auch **keine überraschende Klausel nach § 305c Abs. 1 BGB** erblicken können. Dem VN wird in aller Regel die Bestimmung des § 249 Abs. 2 S. 2 BGB geläufig sein, wonach auch im allgemeinen Schadenersatzrecht dem Geschädigten die Mehrwertsteuer nur erstattet werden muss, wenn und soweit sie tatsächlich angefallen ist. Diese Formulierung wird in A.2.5.4 AKB sogar ausdrücklich übernommen. Wenn der VR die Wertung des Gesetzgebers im Haftpflichtschadensrecht für die Erstattungsregelung im Kaskoversicherungsvertrag übernimmt, kann dies aus Sicht des VN schwerlich als völlig ungewöhnlich und unerwartet bezeichnet werden. 36

Schließlich ist die **Klausel auch eindeutig, so dass § 305c Abs. 2 BGB** zugunsten des VN ebenfalls **keine Anwendung findet.** A.2.5.4 AKB macht die Frage der Mehrwertsteuererstattung erkennbar davon abhängig, ob bei der konkret vom VN gewählten Form der Schadenbeseitigung Umsatzsteuer angefallen ist oder nicht. 37

Die Mehrwertsteuerklausel muss allerdings auch dem **Transparenzgebot des § 307 Abs. 1 S. 2 BGB** standhalten. Daran scheiterte die Klausel in dem vom BGH[33] entschiedenen Fall. Die Auslegung führte zu keinem eindeutigen Ergebnis. Nach der im Vertrag getroffenen Regelung des § 13 AKB a. F. blieb unklar, ob dem VN im Falle der Veräußerung des unreparierten, aber noch reparaturwürdigen Unfallfahrzeuges und dem Erwerb eines Ersatzfahrzeuges Mehrwertsteuer zustehen sollte oder nicht. Der VR ist als Verwender der AKB gehalten, die Rechte und Pflichten seines Vertragspartners möglichst klar und durchschaubar darzustellen, wobei insbesondere alle Nachteile und Belastungen so weit erkennbar sein müssen, wie dies nach den Umständen gefordert werden kann. In dem entschiedenen Fall konnte der VN nicht hinreichend erkennen, dass er bei einer wirtschaftlich vernünftigen Ersatzbeschaffung, die bei ihm zu keiner Überkompensation in Form eines fiktiven Mehrwertsteuerbetrages und für den VR zu keinem Nachteil führt, eine deutliche Einbuße dadurch erleiden kann, dass die Entschädigungsleistung hinter der Differenz zwischen Wiederbeschaffungswert und Restwert zurückbleibt.[34] 38

---

31 Vgl. OLG Frankfurt/M. Urt. v. 15.06.2004 – 14 U 200/03 – VersR 2004, 1551; LG Erfurt Urt. v. 11.01.2002 – 2 S 245/01 – NVersZ 2002, 182, 184.
32 BGH Urt. v. 24.05.2006 – **IV ZR 263/03** – VersR 2006, 1066 = NJW 2006, 2545.
33 BGH Urt. v. 24.05.2006 – **IV ZR 263/03** – VersR 2006, 1066 = NJW 2006, 2545.
34 BGH Urt. v. 24.05.2006 – **IV ZR 263/03** – VersR 2006, 1066 = NJW 2006, 2545.

A.2.5.5 AKB Zusätzliche Regelungen bei Entwendung

39 Andererseits lässt sich der genannten BGH-Entscheidung entnehmen, dass eine Mehrwertsteuerklausel, die **hinreichend deutlich formuliert** ist und dem VN die ihn treffenden Nachteile bzw. ihm zustehenden Rechte klar und durchschaubar darstellt, der Wirksamkeitskontrolle standhalten wird.

40 **Die neue Mehrwertsteuerklausel in A.2.5.4 AKB wird allen Wirksamkeitsanforderungen gerecht** (ebenso die gleichlautende Klausel in A.2.9 AKB 2008).[35] Sie regelt die Frage der Mehrwertsteuererstattung im Totalschaden- und Reparaturschadenfall. Für den VN wird klar und verständlich herausgestellt, dass sich die Klausel auf sämtliche Varianten der Schadenkompensation im Versicherungsfall bezieht[36] und damit sowohl in den in A.2.5.1 wie auch A.2.5.2 AKB genannten Konstellationen einen Ersatzanspruch auf fiktive Mehrwertsteuer verneint. In den **AKB 2015** kommt dies verstärkt dadurch zum Ausdruck, dass die Klausel systematisch als Unterpunkt zu den Entschädigungsregelungen angeordnet ist, die sich alle im Abschnitt A.2.5 befinden, wie die Mehrwertsteuerklausel unter A.2.5.4 AKB auch. Im Übrigen ist sie auch vergleichbar mit der auch schon vor 2008 von vielen VR in § 13 Abs. 6 AKB a. F. verwendeten Klausel:»Die Umsatzsteuer ersetzt der Versicherer nur, wenn und soweit sie tatsächlich angefallen ist.« Diese Klausel hat der **BGH**[37] gebilligt, da sie eindeutig und für den um Verständnis bemühten VN ohne rechtliche Vorbildung unschwer zu erfassen sei.

41 Zur Prüfung einer AKB-Klausel vgl. auch A.2.1.1 AKB Rdn. 15 ff.

A.2.5.5 Zusätzliche Regelungen bei Entwendung

Wiederauffinden des Fahrzeugs

A.2.5.5.1 Wird das Fahrzeug innerhalb eines Monats nach Eingang der schriftlichen Schadenanzeige wieder aufgefunden, sind Sie zur Rücknahme des Fahrzeugs verpflichtet. Voraussetzung ist, dass Sie das Fahrzeug innerhalb dieses Zeitraums mit objektiv zumutbaren Anstrengungen wieder in Besitz nehmen können.

A.2.5.5.2 Wir zahlen die Kosten für die Abholung des Fahrzeugs, wenn es in einer Entfernung von mehr als 50 km (Luftlinie) aufgefunden wird. Ersetzt werden die Kosten in Höhe einer Bahnfahrkarte 2. Klasse für Hin- und Rückfahrt bis zu einer Höchstentfernung von 1.500 km (Bahnkilometer). Maßgeblich ist jeweils die Entfernung vom regelmäßigen Standort des Fahrzeugs zum Fundort.

---

35 Ebenso LG Köln Urt. v. 21.08.2012 – 11 S 336/11 – SP 2012, 444.
36 Vgl. hierzu KG Berlin Urt. v. 29.08.2011 – 42 S 28/11 – n. v. – zitiert bei www.bld.de.
37 BGH Beschl. v. 04.11.2009 – **IV ZR 35/09** – VersR 2010, 208 = r+s 2010, 12 **unter Bestätigung von** OLG Saarbrücken Urt. v. 28.01.2009 – 5 U 278/08 – VersR 2009, 924 = zfs 2009, 336; ebenso OLG Köln Urt. v. 15.01.2009 – 24 O 365/08 – r+s 2010, 14, 15.

Eigentumsübergang nach Entwendung

A.2.5.5.3 Sind Sie nicht nach A.2.5.5.1 zur Rücknahme des Fahrzeugs verpflichtet, werden wir dessen Eigentümer.

A.2.5.5.4 Haben wir die Versicherungsleistung wegen einer Pflichtverletzung (z. B. nach D.1.1, E.1.1 oder E.1.3 oder wegen grober Fahrlässigkeit nach A.2.9.1 Satz 2) gekürzt und wird das Fahrzeug wieder aufgefunden, gilt Folgendes: Ihnen steht ein Anteil am erzielbaren Veräußerungserlös nach Abzug der erforderlichen Kosten zu, die im Zusammenhang mit der Rückholung und Verwertung entstanden sind. Der Anteil entspricht der Quote, um die wir Ihre Entschädigung gekürzt haben.

Übersicht   Rdn.
A. Allgemeines   1
B. Regelungsgehalt – Was zahlen wir im Schadenfall? – A.2.5 AKB/Zusätzliche
    Regelungen bei Entwendung – A.2.5.5 AKB (§ 13 Abs. 8 AKB 2007 a. F.; A.2.5.5
    AKB 2008 a. F.)   2
I. Wiederauffinden des Fahrzeuges – A.2.5.5.1 und A.2.5.5.2 AKB   2
    1. Voraussetzungen – A.2.5.5.1 AKB   2
       a) Wiederauffinden innerhalb eines Monats   4
       b) Wiederinbesitznahme mit objektiv zumutbaren Anstrengungen   8
       c) Pflicht des VN zur Rücknahme des Fahrzeuges 16
    2. Rückholungskosten – A.2.5.5.2 AKB 19
II. Eigentumsübergang nach Entwendung – A.2.5.5.3 AKB und A.2.5.5.4 AKB ... 23
    1. Eigentumserwerb des VR – A.2.5.5.3 AKB 23
    2. Aufteilung des Veräußerungserlöses bei gekürzter Leistung – -
       A.2.5.5.4 AKB 27
C. Weitere praktische Hinweise 31
I. Sonstige Ansprüche des VN 31
II. Rücknahme des Fahrzeuges durch VN nach Ablauf der Monatsfrist 32

A. Allgemeines

Die Regelung beinhaltet in Verbindung mit A.2.7.3 AKB eine **besondere Fälligkeits-** 1
voraussetzung für die Entschädigung des VN im Entwendungsfall. Außerdem besteht für den VN eine **Rücknahmeverpflichtung des entwendeten Fahrzeuges unter bestimmten Voraussetzungen.** Zum einen muss es innerhalb eines Monats nach Eingang der schriftlichen Schadenanzeige beim VR wieder aufgefunden werden. Zum anderen muss die Inbesitznahme für den VN auch objektiv zumutbar sein. Nach der früheren, vor 2008 geltenden AKB-Bestimmung genügte es, dass das Fahrzeug innerhalb der Frist »wieder zur Stelle« gebracht wurde. Diese Formulierung setzte nicht voraus, dass das Fahrzeug wieder zum Wohnsitz des VN zurückgebracht werden musste. Die Rechtsprechung forderte insoweit lediglich, dass es dem VN bei objektiv zumutbarer Anstrengung möglich sein müsse, den entwendeten Gegenstand innerhalb der Monatsfrist in seine

A.2.5.5.1 und A.2.5.5.2 AKB Wiederauffinden des Fahrzeuges

Verfügungsgewalt zurückzuerlangen.[1] Diese Auslegung ist nun in A.2.5.5.1 AKB textlich übernommen worden.

B. Regelungsgehalt – Was zahlen wir im Schadenfall? – A.2.5 AKB/Zusätzliche Regelungen bei Entwendung – A.2.5.5 AKB (§ 13 Abs. 8 AKB 2007 a. F.; A.2.5.5 AKB 2008 a. F.)

I. Wiederauffinden des Fahrzeuges – A.2.5.5.1 und A.2.5.5.2 AKB

1. Voraussetzungen – A.2.5.5.1 AKB

2   Der VN kann eine Entschädigung erst dann beanspruchen, wenn das entwendete Fahrzeug nicht innerhalb eines Monats wiederaufgefunden wird und er es auch nicht mit objektiv zumutbaren Anstrengungen wieder in Besitz nehmen kann. Andenfalls ist der VN zur Rücknahme des Fahrzeuges verpflichtet. Dies gilt selbst dann, wenn das Fahrzeug so massive Beschädigungen aufweist, dass sie einem Totalschaden gleichkommen. In diesem Fall richtet sich die Entschädigungsleistung nach A.2.5.1.1 AKB. Liegen die entwendungsbedingten Beschädigungen unterhalb des Wiederbeschaffungswertes, erfolgt eine Abrechnung nach A.2.5.2.1 AKB.

3   Die Monatsfrist ist maßgeblich für die **Fälligkeit** der Kaskoentschädigung gemäß A.2.7.3 AKB, (vgl. A.2.7 AKB Rdn. 30 ff.) und für den **Eigentumsübergang** am entwendeten Fahrzeug gemäß **A.2.5.5.3 AKB**, (vgl. A.2.5.5 AKB Rdn. 23 ff.). Es handelt sich um eine **starre Fristregelung**. Die Überschreitung der Monatsfrist um auch nur einen Tag schließt eine Rücknahmepflicht des VN aus.

a) Wiederauffinden innerhalb eines Monats

4   Die Monatsfrist beginnt erst zu laufen mit Eingang der »**schriftlichen**« Schadenanzeige beim VR. Eine telefonische Schadenmeldung entspricht nicht den Anforderungen. Erforderlich ist **Schriftform** i. S. v. § 126 Abs. 1 BGB. Dies begegnet keinen Zulässigkeitsbedenken.[2] Die Schriftform kann gemäß § 127 Abs. 1 BGB vereinbart werden. Nach § 127 Absatz 2 und 3 BGB ist das Formerfordernis allerdings auch dann erfüllt, wenn die Schadenanzeige in **Textform** (z. B. elektronisch per E-Mail) abgegeben wird. Das Schriftformerfordernis steht den Anforderungen einer Formularabrede nach § 309 Nr. 13 BGB zumindest derzeit[3] nicht entgegen.

5   Eine »**Schadenanzeige**« erfordert, dass der VN den VR umfassend informiert. Die bloße schriftliche Mitteilung über den Verlust des Fahrzeuges reicht nicht aus. Viel-

---

1 BGH Urt. v. 17.11.1981 – **IVa ZR 230/80** – VersR 1982, 135, 136 = NJW 1982, 444; OLG Köln Urt. v. 05.12.2000 – 9 U 56/00 – VersR 2001, 976 = r+s 2001, 143; OLG Hamm Urt. v. 10.07.1991 – 20 U 71/91 – VersR 1992, 566 = r+s 1991, 296; OLG Celle Urt. v. 01.06.1985 – 8 U 88/94 – VersR 1996, 1360 = r+s 1996, 92.

2 Vgl. amtliche Begründung des Gesetzentwurfs zu § 72 VVG, BT-Drucksache 16/3945.

3 Ein Gesetzesentwurf der Bundesregierung sieht in § 309 Nr. 13 BGB eine Änderung des Wortes »Schriftform« in »Textform« vor und wird nach einem etwaigen Inkrafttreten Neuverträge betreffen.

mehr muss die Anzeige so vollständig und detailliert alle Informationen zum Schadenfall und den Umständen der Entwendung enthalten, dass der VR in die Lage versetzt wird, Ermittlungen einzuleiten und gezielt nach dem Verbleib des Fahrzeuges zu fahnden.[4] **Sinn und Zweck der Regelung ist es, dem VR Fahndungsmaßnahmen zu ermöglichen,** um bei Wiederauffinden des Fahrzeuges eine Entschädigungsleistung zu vermeiden. Dazu muss der VR alle Einzelheiten des Fahrzeugverlustes kennen, die ihm nur eine detaillierte schriftliche Schadenanzeige vermitteln kann.[5]

Um die Monatsfrist in Gang zu setzen, ist es erforderlich, dass die **Schadenanzeige bei derjenigen Stelle** im Unternehmensbereich **des VR eingeht,** die für Maßnahmen zum Wiederauffinden des Fahrzeuges **zuständig** ist. Nicht ausreichend ist es, eine unzuständige Stelle beim VR zu informieren oder nur den Versicherungsvermittler mit der mündlichen Weitergabe der Details zum Verlust des Fahrzeuges zu beauftragen.[6] Ebenso wenig genügt eine schriftliche Schadenmeldung gegenüber dem Versicherungsvertreter (Agenten). Zwar gilt dieser gemäß § 69 Abs. 1 Nr. 2 VVG als bevollmächtigt, während der Dauer des Versicherungsverhältnisses zu erstattende Anzeigen vom VN entgegenzunehmen, wobei diese gesetzliche Vollmacht gemäß § 72 VVG zulasten des VN vertraglich auch nicht abbedungen werden kann. Die Bestimmung bezieht sich allerdings auf vertragliche Anzeige- und Aufklärungsobliegenheiten, die der VN zu erfüllen hat.[7] In A.2.5.5.1 AKB geht es aber nicht um die Erfüllung einer Obliegenheit. Vielmehr wird – i. V. m. A.2.7.3 AKB – definiert, unter welchen Voraussetzungen die Monatsfrist in Lauf gesetzt wird und die Fälligkeit des Anspruches frühestens eintreten soll. 6

Das entwendete **Fahrzeug gilt als wieder aufgefunden,** sobald der VN weiß, wo es sich befindet. Unerheblich ist, ob er die Kenntnis vom Standort über den VR, die Polizei oder sonstige Dritte erlangt. Entscheidend ist, dass der Fundort so eindeutig bezeichnet werden kann, dass es dem VN objektiv möglich ist, sein Fahrzeug wieder in Besitz zu nehmen. 7

b) **Wiederinbesitznahme mit objektiv zumutbaren Anstrengungen**

Wird der entwendete Pkw innerhalb der Monatsfrist wieder aufgefunden, muss der VN ihn zurücknehmen, sofern ihm dies mit objektiv zumutbaren Anstrengungen möglich ist. Dafür reicht in der Regel die **Mitteilung des VR** aus, dass das **Fahrzeug an einem bestimmten Ort abgeholt** werden kann.[8] Für eine Wiederinbesitznahme muss der VN in der Lage sein können, die alleinige Herrschafts- und Verfügungsgewalt über das Fahrzeug wieder ausüben zu können.[9] Wird ihm lediglich die Sicherstellung des Kfz als solche durch den VR bekanntgegeben und wird er gebeten, wegen der genauen An- 8

---

4 Vgl. OLG Köln Urt. v. 17.09.1992 – 5 U 46/92 – VersR 1993, 603 = r+s 1992, 366.
5 Vgl. OLG Köln Urt. v. 05.12.2000 – 9 U 56/00 – VersR 2001, 976 = r+s 2001, 143.
6 Vgl. OLG Köln Urt. v. 17.09.1992 – 5 U 46/92 – VersR 1993, 603 = r+s 1992, 366.
7 Rüffer/Halbach/Schimikowski/*Münkel* § 69 VVG Rn. 34.
8 Vgl. OLG Köln Urt. v. 05.12.2000 – 9 U 56/00 – VersR 2001, 976 = r+s 2001, 143.
9 OLG Köln Urt. v. 19.09.1991 – 5 U 26/91 – VersR 1992, 569 = r+s 1992, 224.

A.2.5.5.1 und A.2.5.5.2 AKB   Wiederauffinden des Fahrzeuges

schrift des Standortes nachzufragen, so ist er verpflichtet, sich bei den zuständigen Behörden nach dem genauen Abholungsort zu erkundigen.[10]

9   Ob dem VN eine **Wiederinbesitznahme oder Rückholung des Fahrzeuges zumutbar** ist, richtet sich allein nach objektiven Maßstäben. Auf die persönlichen Fähigkeiten und Kenntnisse des VN kommt es nicht an. Der VN kann nicht verlangen, dass sein Fahrzeug zu seinem Wohnort bzw. dem gewöhnlichen Standort des Fahrzeuges oder an den ursprünglichen Abstellort zurückgebracht wird. Den VN trifft vielmehr eine **Pflicht zur Rückholung** des Fahrzeuges. Scheidet eine Selbstabholung aus, muss er die Rückholung organisieren, indem er ein professionelles Abschlepp- oder Sammeltransportunternehmen beauftragt. Zumutbar ist dem VN die Rückholung ungeachtet des aktuellen Fahrzeugzustands. Es ist unerheblich, ob der Wagen beschädigt oder zerstört ist, ob er fahrbereit ist oder nicht.

10   Die **Entfernung zwischen Auffindungsort und Wohnort des VN** kann ein Streitpunkt bei der Frage sein, ob eine objektiv zumutbare Inbesitznahmemöglichkeit für den VN besteht. **Unproblematisch** ist dem VN eine Wiederinbesitznahme des Fahrzeuges zuzumuten, sofern es in einer **Entfernung von nicht mehr als 1.500 km** (Bahnkilometer) von seinem gewöhnlichen Standort entfernt aufgefunden wird. Denn insoweit besteht auch ein Kostenerstattungsanspruch des VN nach Maßgabe des A.2.5.5.2 AKB.

11   Eine grundsätzliche Rückholungspflicht des VN wird man aber auch dann annehmen müssen, wenn das Fahrzeug in einer **Entfernung von über 1.500 km** wieder aufgefunden wurde. Da der VR Rückholungskosten vertraglich nur bis zu dieser Grenze ersetzen muss, ist dem VN die Rücknahme des Fahrzeuges nur dann zuzumuten, wenn sich der VR ihm gegenüber zuvor verpflichtet, auch solche Zusatzkosten zu erstatten, die über die in A.2.5.5.2 AKB versprochenen Zahlungen hinausgehen. Indem der VN solche Kosten verauslagt, entstehen bei ihm Aufwendungen, die jedenfalls zur Minderung des Schadens nach § 82 Abs. 1 VVG geboten sein dürften. Diese Aufwendungen sind dem VN nach **§ 83 Abs. 1 VVG** zu ersetzen.[11] Denn die Rückholung des Fahrzeuges – selbst wenn es sich in beschädigtem Zustand befinden sollte – bedeutet die (Wieder-) Herbeischaffung eines Vermögenswertes, um den sich die vom VR zu erbringende Entschädigungsleistung entsprechend verringert. Die in diesem Falle vom VR zu erstattenden Aufwendungen umfassen **anstelle der zusätzlichen Bahnkosten** alternativ auch **die Flugkosten** zum nächstgelegenen Flughafen. Denn eine Zumutbarkeit dürfte auch dann scheitern, wenn dem VN auferlegt wird, eine **über 1.500 km hinausgehende Strecke** ebenfalls mit der Eisenbahn zurücklegen zu müssen. Schließlich erscheint es auch nicht gerechtfertigt, den VN auf eine nachträgliche Durchsetzung seiner zusätzlichen Aufwendungsersatzansprüche zu verweisen. Der VN hätte das Risiko, mit die-

---

10   OLG Köln Urt. v. 22.05.1986 – 5 U 224/84 – VersR 1987, 1106.
11   Vgl. auch OLG Frankfurt/M. Urt. v. 24.11.1977 – 1 U 50/77 – VersR 1978, 612 (**für einen in Syrien aufgefundenen Pkw**); *Prölss*/Martin § 13 AKB Rn. 25; Bruck/Möller/Johannsen Anm. J 153; a. A. Feyock/*Jacobsen*/Lemor § 13 AKB Rn. 69; Stiefel/Maier/*Meinecke* A.2.10 AKB Rn. 6.

sen Kosten schlussendlich belastet zu bleiben. Dies gilt vor allem dann, wenn der VN vor Ort feststellen sollte, dass sein Fahrzeug nur noch Schrottwert hat, so dass der VR eine nachträgliche Erstattung der zusätzlichen Rückholungskosten mit der Begründung verweigern könnte, die Restwerte des Fahrzeuges hätten auch ohne den Reiseaufwand des VN zurückgeholt oder gar vor Ort veräußert werden können. Der VR hat weitergehende Erkenntnisquellen als der VN. Wenn er dem VN den Standort des wieder aufgefundenen Fahrzeuges benennen kann, so weiß er auch, in welchem Zustand sich das Fahrzeug befindet. Zumindest hat er alle Möglichkeiten, entsprechende Erkundigungen einzuholen, bevor er dem VN zumutet, das Fahrzeug aus einer Entfernung von über 1.500 km wieder zurückzuholen. Stellt er dieses Ansinnen an den VN, so muss er auch für eine entsprechende Absicherung dieser Mehrkosten sorgen. Dies ist nur über die **vorherige Einforderung einer Verpflichtungserklärung des VR** möglich, auch **die über A.2.5.5.2 AKB hinausgehenden Aufwendungen** für die Rückholung des Fahrzeuges **zu übernehmen**. Dadurch hat es der VR letztlich auch in der Hand, für den VN eine möglichst preiswerte Rückholungsmöglichkeit zu organisieren und zu buchen. Ist der VR hierzu nicht bereit und verpflichtet er sich auch nicht zur Zahlung der Mehrkosten, ist die Rückholung für den VN unzumutbar. Er ist in diesem Fall nicht in der Lage, mit »objektiv zumutbaren Anstrengungen« das Fahrzeug zurückzuholen.

Erklärt sich der **VR** bereit, den **Rücktransport des Fahrzeuges auf eigene Kosten** zu organisieren, muss der VN hierzu seine Zustimmung erteilen, andernfalls er gegen seine Schadenminderungspflicht verstößt, E.1.1.4 AKB, § 82 VVG. Die Frage der objektiv zumutbaren Wiederinbesitznahme stellt sich daher in einem solchen Fall von vornherein nicht. 12

Ist absehbar, dass die **Abholung nur unter Überschreitung der Monatsfrist** erfolgen kann, entfällt die Pflicht zur Rücknahme des Fahrzeuges. Das gilt auch dann, wenn die Mitteilung über das Wiederauffinden den VN zwar vor dem Fristende erreicht, dieser aber das Fahrzeug im Rahmen objektiv zumutbarer Anstrengung erst nach Fristablauf in seine Verfügungsmacht bringen kann.[12] Reicht hingegen bei Zugang der Mitteilung des VR die verbleibende Zeit noch bis zum Fristende aus, muss der VN entsprechend tätig werden. Das Fahrzeug gilt also auch dann wieder in Besitz genommen, wenn zwar die Möglichkeit dazu innerhalb der Monatsfrist bestanden hat, der VN es aber effektiv erst später abholt; maßgeblich ist insoweit nicht der Vollzug der Inbesitznahme, sondern die zumutbare Möglichkeit.[13] Informiert der VR den VN **eine Woche vor Ablauf der Monatsfrist**, dass er sein Fahrzeug in einer anderen Stadt in Deutschland abholen kann, ist die Frist noch angemessen genug, um dem VN eine objektiv zumutbare Rückholung seines Fahrzeuges zu ermöglichen.[14] Ebenso ist es für den VN zumutbar, seinen Pkw **am letzten Tag der Frist** von Luxemburg oder Belgien nach Köln 13

---

12 BGH Urt. v. 17.11.1981 – **IVa ZR 230/80** – VersR 1982, 135, 136 = NJW 1982, 444.
13 Stiefel/Maier/*Meinecke* A.2.10 AKB Rn. 4.
14 Vgl. OLG Hamm Urt. v. 10.07.1991 – 20 U 71/91 – VersR 1992, 566 = r+s 1991, 296.

A.2.5.5.1 und A.2.5.5.2 AKB Wiederauffinden des Fahrzeuges

zurückzuholen.[15] Anders aber, wenn vom VN wenige Tage vor Fristablauf verlangt wird, das aufgefundene Fahrzeug im Nahen Osten abzuholen.[16]

14 Erhält der VN zwei Tage vor Ablauf der Frist vom VR alle Fahrzeugpapiere und –schlüssel zurück und informiert sich zeitgleich bei der ausländischen Polizeibehörde über den aktuellen Standort des wieder aufgefundenen Pkw, so ist es ihm auch möglich, ihn noch am letzten Tag der Frist durch ein Abschleppunternehmen abholen zu lassen und wieder in seine Verfügungsgewalt zu bringen.[17] Wird das Fahrzeug im Ausland wieder aufgefunden und erteilt der VN dem VR Vollmacht, zur Rückholung ein Transportunternehmen zu beauftragen, so kommt es für die Einhaltung der Monatsfrist nur darauf an, ob das Fahrzeug durch die ausländischen Behörden freigegeben worden und in den Besitz des Transportunternehmens bzw. dessen Mitarbeiters gelangt ist. Unschädlich ist es, wenn sich die Ankunft in Deutschland wegen eines Unfalles des Transporters so verzögert, dass zu diesem Zeitpunkt die Monatsfrist schon abgelaufen ist.[18]

15 Die **Möglichkeit einer Inbesitznahme durch den VN scheitert**, wenn dem VN zwar der Standort des aufgefundenen Fahrzeuges bekannt gegeben wird, die Polizei das **beschlagnahmte Fahrzeug** aber noch nicht freigibt, weil die Spurensicherung noch nicht abgeschlossen ist. Erst wenn die Ermittlungsbehörden die Freigabe des Fahrzeuges erklärt haben, ist der VN zur Rückholung des Fahrzeuges verpflichtet. So lange läuft die Monatsfrist des A.2.5.5.1 AKB weiter.[19]

c) Pflicht des VN zur Rücknahme des Fahrzeuges

16 Die **Rücknahmepflicht** des VN besteht **unabhängig vom Zustand des Fahrzeuges** und gilt auch für den Fall des Totalschadens. In diesem Fall muss sich der VN den Restwert seines Fahrzeugwracks nach A.2.5.1.1 AKB auf die Entschädigung anrechnen lassen. Bei Wiederauffinden des Fahrzeuges in beschädigtem Zustand erfolgt die Anrechnung gemäß A.2.5.2.1b AKB, wenn der VN keine vollständige, fachgerechte Reparatur mit Rechnung belegt. Dies gilt auch für den Fall, dass nur eine Teilkaskoversicherung besteht und die Beschädigungen durch die Entwendung entstanden sind. Hat der VR den VN binnen Monatsfrist bereits auf Totalschadensbasis entschädigt, hätte die Abrechnung aber lediglich nach Maßgabe eines Reparaturschadens erfolgen dürfen, besteht wegen der bereits vom VR geleisteten überschießenden Entschädigung ein Bereicherungsanspruch nach § 812 BGB.

---

15 OLG Köln Urt. v. 19.09.1991 – 5 U 26/91 – VersR 1992, 569 = r+s 1992, 224; OLG Köln Urt. v. 22.05.1986 – 5 U 224/84 – VersR 1987, 1106.
16 Vgl. OLG Frankfurt/M. Urt. v. 24.11.1977 – 1 U 50/77 – VersR 1978, 612.
17 Vgl. OLG Köln Urt. v. 19.09.1991 – 5 U 26/91 – VersR 1992, 569 = r+s 1992, 224.
18 OLG Celle Urt. v. 01.06.1985 – 8 U 88/94 – VersR 1996, 1360 = r+s 1996, 92 (**für ein in Marokko wiederaufgefundenes Kfz**).
19 OLG Hamm Urt. v. 10.07.1991 – 20 U 71/91 – VersR 1992, 566 = r+s 1991, 296; Feyock/Jacobsen/Lemor § 13 AKB Rn. 66; Stiefel/Maier/*Meinecke* A.2.10 AKB Rn. 4.

Wiederauffinden des Fahrzeuges **A.2.5.5.1 und A.2.5.5.2 AKB**

Der **zeitweilige Verlust des Fahrzeuges** wird dem VN nicht entschädigt. Insbesondere 17 kann der VN **keinen Nutzungsausfall** verlangen, wie dies im Übrigen auch A.2.5.7.1 AKB ausdrücklich klarstellt.

Wird das Fahrzeug nach Ablauf der Monatsfrist wieder aufgefunden, ist eine Rück- 18 nahmeverpflichtung des VN ausgeschlossen. Umgekehrt hat auch der VN keinen Anspruch mehr auf Rückübertragung des Eigentums. Zur Frage, ob der VN seinen Entschädigungsanspruch verliert, wenn er nach Ablauf der Frist sein Fahrzeug freiwillig zurücknimmt, vgl. A.2.5.5 AKB Rdn. 32 ff.

2. Rückholungskosten – A.2.5.5.2 AKB

Nach dieser Klausel **ersetzt der VR Fahrtkosten** des VN im Zusammenhang mit der 19 Rückholung seines binnen Monatsfrist aufgefundenen Fahrzeuges. Voraussetzung ist, dass das **Fahrzeug mindestens 50 km Luftlinie entfernt von seinem regelmäßigen Standort aufgefunden** wurde. Dies ist entweder der Wohnort des VN oder desjenigen Nutzers, der das Fahrzeug üblicherweise in Besitz hat. Wird das Fahrzeug auf einer Reise entwendet, kommt es für die Entfernungsberechnung also nicht auf den Entwendungsort an.

Die Kostenerstattung ist **pauschal** beschränkt auf die Kosten, die der VN für eine 20 **Bahnfahrkarte 2. Klasse für Hin- und Rückfahrt bis maximal 1500 Bahnkilometer** vom regelmäßigen Standort des Fahrzeuges entfernt bis zu seinem Fundort bezahlen müsste. Diese Pauschale erstattet der VR unabhängig von einem Nachweis der tatsächlich entstandenen Aufwendungen. Auch wenn der VN als Transportmittel statt der Bahn das Flugzeug wählt oder sich mit einem anderen Pkw zum Fundort bringen lässt, wird ihm immer nur der pauschalierte, ggf. fiktiv zu errechnende Betrag für die Bahnfahrt erstattet.

Sofern das **Fahrzeug weiter als 1.500 km entfernt aufgefunden** wird, sind dem VN 21 auch die über die pauschalierten Erstattungsbeträge hinausgehenden, **zusätzlichen Kosten** nach Maßgabe des Verwendungsersatzanspruches nach §§ 82, 83 Abs. 1 VVG zu ersetzen, wenn er diese für erforderlich halten durfte, um das Fahrzeug zurückzuholen,[20] (vgl. A.2.5.5 AKB Rdn. 11).

Viele VR kümmern sich allerdings bereits vor Ablauf der Monatsfrist selbst um den 22 Rücktransport. Hat der **VR selbst den Rückholauftrag erteilt**, muss er auch die damit zusammenhängenden Kosten übernehmen.[21] Die Summe aus Fahrzeugschaden und Rückholungskosten darf die **Höchstentschädigung** nach A.2.5.6 i. V. m. A.2.5.1.8 AKB nicht überschreiten.

---

20 Ebenso *Prölss*/Martin § 13 AKB Rn. 25; Bruck/Möller/Johannsen Anm. J 153; a. A. Feyock/*Jacobsen*/Lemor § 13 AKB Rn. 69; Stiefel/Maier/Meinecke A.2.10 AKB Rn. 6.
21 Vgl. Feyock/*Jacobsen*/Lemor § 13 AKB Rn. 70.

II. Eigentumsübergang nach Entwendung – A.2.5.5.3 AKB und A.2.5.5.4 AKB

1. Eigentumserwerb des VR – A.2.5.5.3 AKB

23 Die Bestimmung stellt klar, dass mit Ablauf der Monatsfrist das **Eigentum** an dem Fahrzeug (vgl. A.2.1.1 AKB) bzw. den entwendeten mitversicherten Gegenständen (vgl. A.2.1.2 AKB) ohne weiteres Zutun der Vertragsbeteiligten **automatisch auf den VR übergeht**, sofern der VN nicht schon vorher nach A.2.5.5.1 AKB zur Rücknahme verpflichtet gewesen sein sollte. Damit korrespondiert das Recht des VN, mit Ablauf des Monats die Entschädigungszahlung beanspruchen zu können. Der Eigentumsübergang erfolgt unabhängig davon, ob der VR den Kaskoschaden bereits reguliert hat.

24 Es handelt sich um eine bereits mit Abschluss des Kaskoversicherungsvertrages zustande kommende, vorweggenommene, im Falle der Entwendung und Nicht-Herbeischaffung des Pkw binnen Monatsfrist **aufschiebend bedingte Einigung zur Eigentumsübertragung des** im Rahmen der Teilkasko gegen Entwendung versicherten **Fahrzeuges** nach den §§ 929 S. 2, 158 Abs. 1 BGB, **verbunden mit einer Abtretung des Herausgabeanspruchs gegen den Dieb**, da eine Übergabe des gestohlenen Fahrzeuges nicht mehr möglich ist. Für den Fall der Entwendung und dem Nichtwiederauffinden innerhalb der in A.2.5.5.1 AKB festgelegten Monatsfrist tritt die aufschiebende Bedingung ein, unter der der VR Eigentümer des versicherten Fahrzeuges wird. Ein Anspruch des VN auf Rückübereignung scheidet nach Fristablauf aus.

25 Die Durchsetzung der Rechtsposition des VR nach erfolgtem Eigentumserwerb aufgrund von A.2.5.5.3 AKB kann problematisch sein, wenn ein in Deutschland gestohlenes **Kfz ins Ausland verbracht und dort an einen gutgläubigen Dritten veräußert** wurde.[22]

26 **Ausnahmsweise wird der VR nicht Eigentümer** des Fahrzeuges, wenn er nach Ablauf der Monatsfrist seine **Leistungsfreiheit** wegen einer **Verletzung der Aufklärungsobliegenheit durch den VN** feststellt; hat er zu diesem Zeitpunkt das Fahrzeug bereits veräußert, ist er gemäß §§ 681 S. 2, 667 BGB verpflichtet, den Erlös abzüglich der ihm entstandenen Sachverständigen- und Rückführungskosten an den VN als (Noch)-Eigentümer des Fahrzeuges auszukehren.[23] Ebenso wenig wird der VR Eigentümer des Fahrzeuges, wenn dieses in Wirklichkeit gar nicht entwendet, sondern vielmehr der Diebstahl vom VN fingiert wurde; hat der VR bereits eine Entschädigung an den VN gezahlt und nach Ablauf der Monatsfrist das Fahrzeug verkauft, so haftet er dem VN für den Verlust seines Eigentums nach den §§ 823 Abs. 1, 989, 990 Abs. 1 BGB.[24] Verlangt der VR die Versicherungsleistung zurück und macht lediglich einen Bereicherungsanspruch nach § 812 BGB geltend, obwohl er gegen den VN auch eine Forderung wegen vorsätzlicher unerlaubter Handlung erheben könnte, ist der VN un-

---

22 Vgl. hierzu OLG Brandenburg Urt. v. 22.12.2000 – 11 U 14/00 – VersR 2001, 361 mit Anmerkung von Looschelders/Bottek VersR 2001, 401.
23 LG Düsseldorf Urt. v. 06.08.1998 – 11 O 411/96 – r+s 2000, 146.
24 OLG Karlsruhe Urt. v. 18.05.1995 – 12 U 218/94 – r+s 1996, 297.

geachtet des § 393 BGB nicht gehindert, mit seinen Schadenersatzansprüchen aufzurechnen.[25]

2. Aufteilung des Veräußerungserlöses bei gekürzter Leistung – A.2.5.5.4 AKB

Anders als in den Fällen, in denen kein Eigentumsübergang stattfindet, weil der VR erst nach Auszahlung der Entschädigungsleistung und dem Ablauf der Monatsfrist seine vollständige Leistungsfreiheit feststellt,[26] wird der VR nach Fristablauf Eigentümer des entwendeten Fahrzeuges, wenn er zu einer ungekürzten Auszahlung der Entschädigungssumme verpflichtet ist, A.2.5.5.3 AKB. Gleiches gilt aber auch dann, wenn der VN den Versicherungsfall grob fahrlässig herbeigeführt hat und der VR berechtigt ist, seine Versicherungsleistung zu kürzen. **Zur Vermeidung einer Benachteiligung des VN**, der bei **vollständiger Leistungsfreiheit** des VR Eigentümer des Fahrzeuges bliebe und vom VR den **vollen Verkaufserlös** für das Fahrzeug – abzüglich entstandener Aufwendungen – herausverlangen könnte, demgegenüber aber bei **nur teilweiser Leistungsfreiheit keinerlei gesetzliche Ansprüche** gegen den VR hätte, räumt A.2.5.5.4 AKB dem VN speziell für diesen Fall einen **vertraglichen Anspruch auf eine quotale Beteiligung am Verwertungserlös** ein. 27

Hat der **VN** den Versicherungsfall **grob fahrlässig** herbeigeführt, bestimmt A.2.9.1 AKB i. V. m. § 81 Abs. 2 VVG, dass der **VR berechtigt** ist, seine **Leistung zu kürzen**. Ob er sich auf eine Kürzung beruft, steht in seinem Belieben. Er ist nicht zur Leistungskürzung verpflichtet, (vgl. A.2.9.1 AKB Rdn. 25). Gerade aber deshalb wird der VR nach A.2.5.5.3 AKB nicht nur dann alleiniger Eigentümer des Fahrzeuges, wenn er die volle Entschädigungsleistung zu erbringen hat, sondern auch dann, wenn er sie in einem der Schwere des Verschuldens des VN entsprechenden Verhältnis kürzen kann. Wenn der VN bei vollständiger Leistungsfreiheit kraft Gesetzes Eigentümer des entwendeten Fahrzeuges bleibt und Anspruch auf den vollen Verkaufserlös hat, ist es nur konsequent, wenn ihm A.2.5.5.4 AKB bei teilweiser Leistungsfreiheit einen quotalen Anspruch in dem Umfang zuspricht, in dem der VR wegen der Schwere des Verschuldens beim VN von einer Entschädigungszahlung befreit ist. **Der Anteil des VN am Veräußerungserlös entspricht also nicht der Auszahlungs-, sondern der Kürzungsquote.** Kann der VR die Entschädigungssumme daher z. B. um 75 % kürzen, erhält der VN die Versicherungsleistung zwar nur in Höhe von 25 %, ist aber am Verwertungserlös des Fahrzeuges mit 75 % beteiligt. 28

Nicht der effektiv erzielte, sondern der **erzielbare Veräußerungserlös** ist zwischen dem VR und VN aufzuteilen. Dieser kann, muss aber nicht zwingend mit dem tatsächlich erzielten Verkaufserlös identisch sein. Sinn und Zweck der Regelung ist es, dem VR zwar eine schnelle und wirtschaftlich vernünftige Verwertung des Fahrzeuges zu ermöglichen, den VN dabei aber nicht zu benachteiligen.[27] Wendet der VN ein, der VR habe einen höheren als den effektiv erzielten Verkaufserlös realisieren können, trägt 29

---

25 OLG Karlsruhe Urt. v. 18.05.1995 – 12 U 218/94 – r+s 1996, 297.
26 LG Düsseldorf Urt. v. 06.08.1998 – 11 O 411/96 – r+s 2000, 146.
27 Stiefel/Maier/*Meinecke* A.2.10 AKB Rn. 9.

er hierfür jedoch die Beweislast. Verteilt wird der erzielbare Veräußerungserlös erst nach Abzug der dem VR entstandenen Kosten im Zusammenhang mit der Rückholung und Verwertung des Fahrzeuges. Diese stehen dem VR vorab zu (z. B. Transportkosten, Zollspesen, Verschrottungskosten, behördliche Gebühren u. ä.).

30 **Sachverständigenkosten** fallen schon nach dem ausdrücklichen Wortlaut der Klausel nicht hierunter. Der VR wendet sie schon im Vorfeld als – auch im Hinblick auf A.2.8 AKB – notwendige Kosten auf, um überhaupt den quotalen Entschädigungsbetrag errechnen zu können.

C. Weitere praktische Hinweise

I. Sonstige Ansprüche des VN

31 Wird das entwendete Kfz vor oder nach Ablauf der Monatsfrist wieder aufgefunden, schuldet der VR dem VN im Rahmen eines Aufwendungsersatzanspruches nach § 83 Abs. 1 S. 1 VVG den **Finderlohn**, den dieser gemäß § 971 Abs. 1 BGB an den Finder des gestohlenen Kfz gezahlt hat; **Prozesskosten zur Abwehr** unberechtigt erscheinender Finderlohnansprüche sind dem VN nach den §§ 670, 683 BGB zu ersetzen.[28] **Belohnungen, Lösegelder**[29] oder **Auslobungsbeträge** hat der VR ebenso als »Rettungskosten« zu erstatten. Allerdings muss der VN diesbezüglich zunächst die Weisungen des VR, soweit zumutbar, einholen (§ 82 Abs. 2 S. 1 VVG). Sonst läuft er Gefahr, die Kosten selbst tragen zu müssen.

II. Rücknahme des Fahrzeuges durch VN nach Ablauf der Monatsfrist

32 Da der VR nach Ablauf der Monatsfrist gemäß A.2.5.5.3 AKB Eigentümer des Fahrzeuges wird, darf der VN eine bereits gezahlte Entschädigungsleistung grundsätzlich behalten. Probleme können jedoch dann entstehen, wenn der **VN nach Ablauf der Monatsfrist das** zwischenzeitlich wieder aufgefundene **Fahrzeug freiwillig zurücknimmt oder** bei einem Leasingfahrzeug die **Rückgabe durch den VR an den Leasinggeber** erfolgt. Ob der VN in einem solchen Fall auf seinen Anspruch auf Ersatz des Wiederbeschaffungswertes bzw. bei Vorliegen der vertraglichen Voraussetzungen auf eine Neupreisentschädigung verzichtet, ist eine Frage der Auslegung des Versicherungsvertrages. Bei Leasingfahrzeugen ist insoweit entscheidend darauf abzustellen, was die drei am Versicherungsvertrag Beteiligten oder in ihn Einbezogenen (VN und Leasinggeber einerseits, VR andererseits) als Rechtsfolge einer Rücknahme und Verwertung des Fahrzeuges durch den Leasinggeber vereinbart haben.

33 Der **BGH**[30] ist in einem solchen Fall nicht der Argumentation des VR gefolgt, nach Rückgabe des Fahrzeuges an den Leasinggeber sei der Anspruch auf den Wiederbeschaffungswert entfallen, weshalb der VN – wegen der Beschädigungen an dem wieder

---

28 LG Hannover Urt. v. 28.02.1996 – 1 S 188/95 – VersR 1996, 577 = r+s 1996, 478.
29 OLG Saarbrücken Urt. v. 05.11.1997 – 5 U 501/97-50 – VersR 1998, 1499 = r+s 1999, 98; LG Freiburg Urt. v. 18.01.2001 – 3 S 168/00 – zfs 2001, 174.
30 BGH Urt. v. 16.06.1999 – **IV ZR 22/98** – VersR 1999, 1104 = DAR 1999, 449.

aufgefundenen Fahrzeug – nur noch die verbleibenden Reparaturkosten beanspruchen könne. Denn der VN hatte von Anfang an seinen Anspruch auf Regulierung des Wiederbeschaffungswertes in vollem Umfang aufrechterhalten und darauf hingewiesen, dass er an einer Rückübereignung des Fahrzeuges nicht interessiert sei. Da er weiterhin die Leasingraten zahlte, andererseits aber der VR die Entschädigungsleistung verweigerte, forderte er den VR auf, entweder das Fahrzeug oder einen etwaigen Verwertungserlös an den Leasinggeber herauszugeben. Dies stellt nach Ansicht des BGH jedoch keinen Verzicht auf den mit Ablauf der Monatsfrist bereits entstandenen Anspruch des VN auf Ersatz des Wiederbeschaffungswertes dar, zumal an die Feststellung des Verzichtswillens und die Annahme eines Erlassvertrages strenge Anforderungen zu stellen sind.[31]

A.2.5.6 Bis zu welcher Höhe leisten wir (Höchstentschädigung)?

Unsere Höchstentschädigung ist beschränkt auf den Neupreis des Fahrzeugs nach A.2.5.1.8.

Übersicht Rdn.
A. Allgemeines 1
B. Regelungsgehalt – Bis zu welcher Höhe leisten wir (Höchstentschädigung)? –
A.2.5.6 AKB (§ 13 Abs. 2 AKB 2007 a. F.; A.2.11 AKB 2008 a. F.) 2
I. Beschränkung der Entschädigung 2
II. Neupreis des Fahrzeuges 5

A. Allgemeines

Die Regelung dient der Festlegung einer **absoluten Leistungsobergrenze**. In keinem 1 Fall soll der VR verpflichtet sein, einen höheren Betrag zahlen zu müssen als den Neupreis des Fahrzeuges, wie er als unverbindliche Preisempfehlung vom Hersteller festgelegt ist, jeweils unter Berücksichtigung orts- und marktüblicher Nachlässe. In Hochkonjunkturphasen mit Lieferengpässen für Neufahrzeuge kann der Wiederbeschaffungswert für das beschädigte versicherte Fahrzeug im Einzelfall über dem Neupreis liegen. Vor allem dann, wenn neuwertige Gebrauchtwagen auf dem Markt kurzfristig erhältlich sind, während bei der Bestellung entsprechender Neufahrzeuge extrem lange Lieferfristen in Kauf genommen werden müssen, kann die Nachfrage nach Gebrauchtwagen und damit auch deren Verkaufspreis überproportional ansteigen. Für diesen Fall ersetzt die Regelung in A.2.5.1.8 AKB den Wiederbeschaffungswert als Entschädigungsgrenze in A.2.5.1 und A.2.5.2 AKB.

---

31 Vgl. BGH Urt. v. 15.07.1997 – **VI ZR 142/95** – VersR 1998, 122 = r+s 1997, 483.

A.2.5.6 AKB Bis zu welcher Höhe leisten wir (Höchstentschädigung)?

B. Regelungsgehalt – Bis zu welcher Höhe leisten wir (Höchstentschädigung)? – A.2.5.6 AKB (§ 13 Abs. 2 AKB 2007 a. F.; A.2.11 AKB 2008 a. F.)

I. Beschränkung der Entschädigung

2   Für alle Formen der durch den VN wählbaren **Varianten der Schadenkompensation** (konkrete oder fiktive Abrechnung, Reparaturschaden oder Abrechnung auf Wiederbeschaffungsbasis) stellt A.2.5.6 AKB klar, dass der Entschädigungsanspruch des VN unter keinen denkbaren Umständen den Neupreis des Fahrzeuges übersteigen kann. Liegt der Wiederbeschaffungswert des Fahrzeuges am Tag des Schadeneintritts über der unverbindlichen Preisempfehlung des Herstellers für ein vergleichbares Neufahrzeug, so beschränkt sich die Entschädigungspflicht des VR auf diesen Preis – unter Abzug eines vorhandenen Restwerts des Altfahrzeuges. **Obergrenze** ist also stets **der am Schadentag geltende Neupreis.** Fahrzeugzubehörteile und Sonderausstattungen, welche bei Auslieferung des Fahrzeuges bereits verbaut waren[1] oder zwar nachträglich angeschafft, aber ausdrücklich mitversichert wurden,[2] sind bei der Ermittlung des Neupreises ebenso zu berücksichtigen wie alle orts- und marktüblichen und **Nachlässe** (vgl. A.2.5.1 AKB Rdn. 97 ff.).

3   Bei Festlegung des Versicherungswertes als **Taxe i. S. v. § 76 VVG** ist grundsätzlich dieser vereinbarte Wert als Höchstentschädigungssumme zu zahlen, § 76 S. 2 VVG. Der VR darf hiervon nach unten nur dann abweichen, wenn er einen erheblichen Wertverlust zwischen Vertragsschluss und dem Schadeneintritt nachweist.[3]

4   In die Höchstentschädigung **fließen** nur diejenigen Beträge **ein**, die der VR für die Erstattung des Fahrzeugschadens zu zahlen hat. Dazu zählen auch die **Abschleppkosten** (A.2.5.2.2 AKB) und im Falle einer Entwendung die **Kosten des Fahrzeugrücktransportes** (A.2.5.5.2 AKB). **Nicht dazu gehören die Sachverständigenkosten.**[4] Dem steht nicht entgegen, dass der **BGH**[5] in einer älteren Entscheidung die Aufwendungen für ein Sachverständigengutachten zur Ermittlung des Schadensumfanges grundsätzlich als notwendige Kosten der Wiederherstellung des Fahrzeuges nach § 13 Abs. 5 AKB a. F. angesehen hat. Denn § 85 Abs. 1 S. 2 VVG stellt nunmehr klar, dass Aufwendungen zur Ermittlung und Feststellung des vom VR zu ersetzenden Schadens auch insoweit zu erstatten sind, als sie zusammen mit der sonstigen Entschädigung die vertraglich vereinbarte Versicherungssumme (vgl. §§ 76, 88 VVG) übersteigen. Die Bestimmung ist zwar vertraglich abdingbar; ein vollständiger Ausschluss des Kostenerstattungsanspruches in den AKB wäre jedoch nach § 307 BGB unwirksam, weil dadurch der Versicherungsschutz ausgehöhlt würde.[6] Infolgedessen kann A.2.5.6 AKB wirksam nur dahingehend ausgelegt werden, dass die Höchstentschädigung auf den Neupreis des Fahrzeu-

---

1   OLG Hamm Urt. v. 18.01.1995 – 20 U 222/94 – VersR 1995, 1303 = r+s 1995, 173.
2   Vgl. OLG Saarbrücken Urt. v. 03.02.1988 – 5 U 65/87 – VersR 1988, 1017.
3   Vgl. LG Mainz Urt. v. 30.05.1995 – 3 S 391/94 – VersR 1996, 226.
4   **A. A.** Stiefel/Maier/*Meinecke* A.2.11 AKB Rn. 6.
5   BGH Urt. v. 05.11.1997 – **IV ZR 1/97** – VersR 1998, 179 = r+s 1998, 9.
6   Vgl. amtliche Begründung des Gesetzentwurfs zu § 85 VVG, BT-Drucksache 16/3945.

ges unter Außerachtlassung der aufgewendeten Kosten für die Ermittlung und Feststellung des Schadens durch einen Sachverständigen beschränkt ist.

II. Neupreis des Fahrzeuges

Während die vergleichbare Regelung in A.2.11 AKB 2008 noch die Definition des Neupreises beinhaltete, ist diese nunmehr in A.2.5.1.8 AKB zu finden, auf den auch ausdrücklich verwiesen wird, (vgl. hierzu A.2.5.1 AKB Rdn. 91 ff. 5

A.2.5.7 **Was wir nicht ersetzen und Rest- und Altteile**

Was wir nicht ersetzen

A.2.5.7.1 Wir zahlen nicht für Veränderungen, Verbesserungen, Alterungs- und Verschleißschäden. Ebenfalls nicht ersetzt werden Folgeschäden wie Verlust von Treibstoff und Betriebsmittel (z. B. Öl, Kühlflüssigkeit), Wertminderung, Zulassungskosten, Überführungskosten, Verwaltungskosten, Nutzungsausfall oder Kosten eines Mietfahrzeugs.

Rest- und Altteile

A.2.5.7.2 Rest- und Altteile sowie das unreparierte Fahrzeug verbleiben bei Ihnen und werden zum Veräußerungswert auf die Entschädigung angerechnet.

Übersicht	Rdn.
A. Allgemeines	1
B. Regelungsgehalt – Was zahlen wir im Schadenfall? – A.2.5 AKB/Was wir nicht ersetzen und Rest- und Altteile – A.2.5.7 AKB (§ 13 Abs. 3 und 7 S. 1 AKB 2007 a. F.; A.2.13 AKB 2008 a. F.)	3
I. Was wir nicht ersetzen – A.2.5.7.1 AKB	3
1. Veränderungen und Verbesserungen	4
2. Verschleißreparaturen	6
3. Verlust von Treibstoff und Betriebsmitteln	7
4. Wertminderung	8
5. Sonstige Folgeschäden	11
II. Rest- und Altteile – A.2.5.7.2 AKB	20
C. Weitere praktische Hinweise	26

A. Allgemeines

Nachdem der Leistungsumfang in der Kaskoversicherung durch die Regelungen in 1
A.2.5.1 bis A.2.5.6 AKB bereits abschließend beschrieben ist, haben die **Ausschlüsse** in A.2.5.7.1 AKB nur noch **deklaratorische Bedeutung**. Die Aufzählung ist nur beispielhaft und nicht abschließend zu verstehen. Die Regelung soll dem VN verdeutlichen, dass ohne eine ausdrückliche anders lautende Regelung nur das in A.2.1.1 AKB aufgeführte versicherte Fahrzeug als solches und die in A.2.1.2.1 und A.2.1.2.2

A.2.5.7.1 AKB Was wir nicht ersetzen

AKB aufgeführten Fahrzeug- und Zubehörteile vom Kaskoversicherungsschutz umfasst sind.[1]

2   Die Klausel in A.2.5.7.2 AKB stellt zur Vermeidung einer Bereicherung des VN klar, dass **Altteile**, die noch einen gewissen Wert darstellen, auf die Entschädigungsleistung des VR angerechnet werden. Im Gegensatz zu den früheren AKB wird auch das **unreparierte Fahrzeug** ausdrücklich als beim VN verbleibende und auf die Entschädigung anzurechnende Position aufgeführt. Damit braucht in Zukunft nicht mehr darüber gestritten werden, ob auch das unreparierte Fahrzeug selbst als »Restteil« zu qualifizieren ist (so die Auffassung der VR), oder ob es sich insoweit um eine unklare und damit zugunsten des VN auszulegende Bestimmung handelt mit der Folge, dass die Anrechnung des Restwerts eines Fahrzeugwracks zu unterbleiben hat.

B. Regelungsgehalt – Was zahlen wir im Schadenfall? – A.2.5 AKB/Was wir nicht ersetzen und Rest- und Altteile – A.2.5.7 AKB (§ 13 Abs. 3 und 7 S. 1 AKB 2007 a. F.; A.2.13 AKB 2008 a. F.)

I. Was wir nicht ersetzen – A.2.5.7.1 AKB

3   Aufwendungen für Veränderungen, Verbesserungen, Alterungs- und Verschleißschäden sind vom Entschädigungsumfang ausgeschlossen. Dazu gehören alle Schäden, die auf **Materialermüdung** zurückzuführen sind, z. B. Schäden an Kunststoffscheiben in Cabriodächern durch wiederholtes Auf- und Zufallen, aber auch Aufwendungen für **Verschleißreparaturen**, die bisher in A.2.13 AKB 2008 ausdrücklich genannt waren. Eine schadenbedingte Wertminderung sowie der Verlust von Treibstoff und sonstigen Betriebsmitteln wie Öl oder Kühlflüssigkeit werden ebenso wenig ersetzt wie Zulassungs-, Überführungs- und Verwaltungskosten, Nutzungsausfall oder Mietwagenkosten.

1. Veränderungen und Verbesserungen

4   Als nicht erstattungsfähige »**Veränderungen**« stellen sich solche Maßnahmen dar, die auf den Wert des Fahrzeuges keinerlei Einfluss haben. Sie sind jedoch nicht im Sinne von »Verschlechterungen« zu verstehen, da diese gerade positiv vom Entschädigungsumfang erfasst werden. Versieht z. B. der Dieb das entwendete Fahrzeug des VN mit einer fachgerecht aufgebrachten neuen Lackierung, um es besser verkaufen zu können, kann der VN im Falle des Wiederauffindens seines Fahrzeuges vom VR nicht die Kosten für die Wiederherstellung des ursprünglichen Zustandes verlangen.[2]

5   »**Verbesserungen**« treten vor allem in solchen Fallkonstellationen ein, in denen **der VN anlässlich einer schadenbedingten Reparatur** seines Fahrzeuges **höherwertigere und teurere Ersatzteile** als diejenigen **einbauen lässt**, mit denen das Fahrzeug vor dem Schadenfall ausgestattet war. Die dadurch bedingte »Verbesserung« ist vom VR nicht auszugleichen. Selbst wenn die Teile den gleichen Wert verkörpern, aber nur mit höheren

---

1   Vgl. OLG Köln Urt. v. 25.10.1994 – 9 U 188/94 – VersR 1995, 1350 = zfs 1995, 424.
2   Stiefel/Maier/*Meinecke* A.2.13 AKB Rn. 2.

Montagekosten eingebaut werden können, fällt der Mehraufwand unter die nicht zu ersetzenden »Veränderungen«. Dass die Ersatzpflicht des VR insoweit entfällt, wird durch die Klausel lediglich klarstellend zum Ausdruck gebracht, ergibt sich dies doch letztlich schon daraus, dass derartige Aufwendungen nicht zu den für eine vollständige und fachgerechte Reparatur »erforderlichen« Kosten gemäß A.2.5.2.1a AKB gehören. Sofern der VN allerdings werterhöhende Verbesserungen an seinem Fahrzeug bereits **vor Eintritt des Schadenfalles** vorgenommen haben sollte, sind diese bei der Entschädigungsberechnung des VR mit zu berücksichtigen.

2. Verschleißreparaturen

Aufwendungen des VN zur Behebung der durch einen **bestimmungsgemäßen Ge-** 6 **brauch** des Kfz eingetretenen Verschleißschäden, z. B. infolge übermäßiger Beanspruchung der Bremsen durch den Dieb, hat der VR auch dann nicht zu erstatten, wenn es sich um einen sehr starken Verschleiß handelt. Anderes gilt nur dann, wenn die Grenze zur Beschädigung überschritten wird, z. B. bei einem Achsbruch durch eine Überladung des Fahrzeuges.

3. Verlust von Treibstoff und Betriebsmitteln

Der durch den Versicherungsfall bedingte Verlust von Treibstoff und Betriebsmitteln, 7 wobei **Öl und Kühlflüssigkeit** nur beispielhaft aufgeführt sind, ist nicht versichert. Auch für Getriebeöl oder Bremsflüssigkeiten wird kein Ersatz geleistet. Woraus der Verlust resultiert, ob z. B. Benzin nach einem Unfall ausläuft, verbrennt, gestohlen oder vom Dieb verbraucht wird, ist unerheblich. Ausnahmsweise sind Betriebsmittel vom Leistungsumfang der Kaskoversicherung erfasst, wenn schadenbedingt Aggregate ausgetauscht werden müssen, deren ordnungsgemäße Funktion von Schmiermitteln abhängt (z. B. Motor oder Getriebe).

4. Wertminderung

Der Ausschluss jeglicher Wertminderung bezieht sich sowohl auf eine mögliche tech- 8 nische, als auch auf eine merkantile Wertminderung. In der Regel wird nach einer fachgerecht durchgeführten Reparatur keine **technische Wertminderung** mehr verbleiben, da sich die Schäden durch den Austausch neuer Karosserieteile und elektronischer Baugruppen spurenlos beseitigen lassen. Allenfalls bei schweren Unfallschäden, die Richt- und Schweißarbeiten erforderlich machen, wird unter Umständen eine vollkommen fachgerechte Wiederherstellung objektiv nicht mehr möglich sein. Verzichtet der VN in dieser Situation auf den Einbau neuer Ersatzteile, um einen Abzug »neu für alt« nach A.2.5.2.3 AKB zu vermeiden, verbleibt an seinem Fahrzeug zwar eine technische Wertminderung; diese ist vom VR jedoch nicht zu ersetzen. Für diesen Fall der **Billigreparatur** erhält der VN seinen Schaden nach A.2.5.2.1b AKB bis zur Höhe der von einem Sachverständigen kalkulierten Reparaturkosten, jedoch begrenzt auf den Wiederbeschaffungsaufwand, ersetzt, (vgl. A.2.5.2 AKB Rdn. 37 ff.).

Nicht erstattungsfähig ist auch eine **merkantile Wertminderung**, die trotz technisch 9 einwandfreier Reparatur verbleiben kann und die denjenigen finanziellen Nachteil dar-

A.2.5.7.1 AKB Was wir nicht ersetzen

stellt, der dem VN bei der späteren Weiterveräußerung seines Fahrzeuges durch den geringeren Verkaufserlös im Vergleich zu einem unfallfreien Fahrzeug entstehen wird.

10 Kosten der **Erneuerung einer Schließanlage** und Sperrung eines gestohlenen Schlüssels sind nicht als Wertminderung zu erstatten,[3] (vgl. auch A.2.2.1 AKB Rdn. 233).

5. Sonstige Folgeschäden

11 Bei den weiterhin aufgeführten Zulassungs-, Überführungs-, Verwaltungs- sowie Mietwagenkosten und dem Nutzungsausfall handelt es sich um **Vermögensschäden**, die erst als Folge der Beschädigung des Kfz eintreten. Sie können schon deshalb nicht Gegenstand der Kaskoversicherung sein, weil diese ihrem Wesen nach als reine Sachversicherung (§§ 88 ff. VVG) ausgestaltet ist und daher ausschließlich die unmittelbaren Folgen einer Beschädigung, Zerstörung oder eines Verlustes des versicherten Fahrzeuges abdeckt.[4]

12 Anders als in der Kfz-Haftpflichtversicherung, wo generell alle Sachfolgeschäden zum Umfang des gesetzlichen Schadenersatzanspruches gehören, sind diese vom vertraglichen Kaskoentschädigungsanspruch nicht umfasst. Dies gilt selbst für solche Sachfolgeschäden, die nicht ausdrücklich in der Klausel aufgeführt sind.

13 Daher steht dem VN auch ohne ausdrücklichen Ausschluss weder ein Ersatzanspruch auf **Verdienstausfall**, noch auf eine **allgemeine Unkostenpauschale** für Fahrt-, Porto- und Telefonkosten[5] wie im Haftpflichtschadensrecht zu. Gleiches gilt für **Standkosten**,[6] **Überführungs- und Zulassungskosten**,[7] Kosten für die **Abmeldung** des Unfallfahrzeuges[8] und neue **Kfz-Kennzeichen**, **Reinigungskosten** (z. B. im Fahrzeuginneren nach einem Glasbruch), Kosten für die Ausstellung einer **Wildunfallbescheinigung**[9] sowie **Zoll- und Entsorgungskosten**.

14 Zu den nicht erstattungsfähigen »Verwaltungskosten« zählen auch die Gebühren der Polizeibehörde im Zusammenhang mit der **Sicherstellung** eines aufgebrochenen Kfz nach vorangegangenem Diebstahlversuch. Der VN kann gegenüber dem Gebührenbescheid der Polizeibehörde nicht einwenden, die Sicherstellung sei nicht in seinem Interesse gewesen, da das Unterlassen dieser Maßnahme im Falle einer weiteren Entwendung mit Zerstörung des Kfz einen Staatshaftungsanspruch des VN auslösen kann.[10]

---

3 AG Hannover Urt. v. 03.12.1998 – 546 C 13772/98 – r+s 1999, 100.
4 Vgl. OLG Hamm Urt. v. 15.12.2010 – 20 U 108/10 – VersR 2011, 1259 = r+s 2011, 154 (zum Nutzungsausfall).
5 OLG Koblenz Urt. v. 17.05.2002 – 10 U 1825/01 – r+s 2002, 363; LG Köln Urt. v. 30.10.1991 – 24 O 264/91 – r+s 1992, 115.
6 OLG Hamm Urt. v. 18.01.1995 – 20 U 222/94 – VersR 1995, 1303 = r+s 1995, 173; LG München I Urt. v. 27.03.2003 – 25 O 6473/02 – r+s 2003, 499; AG Köln Urt. v. 13.03.2012 – 264 C 79/11 – SP 2012, 370.
7 OLG Hamm Urt. v. 01.02.1989 – 20 U 247/88 – VersR 1989, 951 = r+s 1989, 248.
8 AG Köln Urt. v. 13.03.2012 – 264 C 79/11 – SP 2012, 370.
9 AG Köln Urt. v. 13.03.2012 – 264 C 79/11 – SP 2012, 370.
10 Vgl. OLG Hamm Urt. v. 13.03.1998 – 11 U 186/97 – NZV 1998, 374.

Rechtsanwaltskosten unterfallen schon nach § 85 Abs. 2 VVG nicht dem Schutz der 15 Kaskoversicherung,[11] können aber aus anderen Rechtsgründen erstattungsfähig sein, (vgl. A.2.5.2 AKB Rdn. 98 ff.).

Demgegenüber ist ein **Nutzungsausfall** des VN selbst bei **Verzug des VR nicht zu er-** 16 **setzen**, (vgl. A.2.7 AKB Rdn. 62). Anderes kann jedoch für **Leasingraten** gelten, die der VN nach Verzugseintritt bis zur vollständigen Wiederherstellung seines Leasingfahrzeuges unnütz aufwendet,[12] (vgl. A.2.7 AKB Rdn. 64).

Kosten eines **Mietwagens** oder **Interimsfahrzeuges** bis zur Fertigstellung der Reparatur 17 oder Ersatzbeschaffung sind ebenso wenig zu ersetzen.

Sachverständigenkosten können außer nach A.2.5.3 AKB auch aus anderen Gründen 18 erstattungsfähig sein, (vgl. A.2.5.3 AKB Rdn. 6 ff.).

Ansprüche des VN auf **Finderlohn, Lösegelder** oder sonstige ausgelobte Geldbeträge 19 im Zusammenhang mit dem Wiederauffinden des entwendeten Fahrzeuges können als Aufwendungsersatz (»Rettungskosten«) zu erstatten sein, (vgl. A.2.5.5 AKB Rdn. 31).

II. Rest- und Altteile – A.2.5.7.2 AKB

Nach dem Wortlaut der vergleichbaren früheren Regelung in § 13 Abs. 3 AKB 2007 20 wurden nur die dem VN verbleibenden Rest- und Altteile zum Veräußerungswert auf die Ersatzleistung angerechnet. Dies führte oftmals zu der Streitfrage, ob auch das nach einem Totalschaden zurückbleibende **Fahrzeugwrack** unter den Begriff »Rest- und Altteile« falle. Die Rechtsprechung löste dies im Interesse des VN. Das beschädigte und reparaturwürdige Fahrzeug sei weder unrepariert ein zerstörtes Fahrzeug, noch werde es durch die Veräußerung zu einem solchen. Der durchschnittliche, versicherungstechnisch und juristisch nicht vorgebildete VN verstehe unter diesem Begriff nur solche Teile, die nach einer Reparatur bei ihm verblieben, nicht jedoch das unreparierte Fahrzeug selbst oder den im Fall der Weiterveräußerung erzielten Verkaufserlös. Diese Auslegung verstoße auch nicht gegen das Bereicherungsverbot nach § 55 VVG a. F.[13] In Ermangelung einer ausdrücklichen Regelung in den damaligen AKB kam daher eine Anrechnung des Restwerts nicht in Betracht.

In den Folgejahren trugen die VR dieser für sie nachteiligen Auslegung dadurch Rech- 21 nung, dass sie in ihren AKB die Begrenzung der Entschädigung auf die Differenz zwischen Wiederbeschaffungswert und Restwert vereinbarten. Klarstellend bestimmt nun auch A.2.5.7.2 AKB (wie auch schon A.2.13.2 AKB 2008), dass neben den Rest- und Altteilen auch das **unreparierte Fahrzeug** beim VN verbleibt und zum Veräußerungswert (= Restwert, vgl. A.2.5.1.7 AKB) auf die Entschädigung angerechnet wird. Diese

---

11 Vgl. AG Köln Urt. v. 18.05.1998 – 262 C 74/98 – r+s 1998, 408.
12 Vgl. OLG Koblenz Urt. v. 11.02.2011 – 10 U 742/10 – VersR 2012, 175 = r+s 2011, 423.
13 BGH Urt. v. 08.11.1995 – **IV ZR 365/94** – VersR 1996, 21 = NJW 1996, 256; OLG Nürnberg Urt. v. 20.03.1997 – 8 U 3879/96 – zfs 1997, 302.

A.2.5.7.2 AKB   Rest- und Altteile

Anrechnung erfolgt unabhängig davon, ob das versicherte Fahrzeug bei Schadeneintritt zerstört wird oder einen Totalschaden erleidet (dann Anrechnung nach A.2.5.1.1 AKB bzw. im Fall der Neupreisentschädigung nach A.2.5.1.2 AKB) oder nach Eintritt des Schadenereignisses noch reparabel ist, der Reparaturschaden aber nicht behoben wird (dann Anrechnung nach A.2.5.2.1b AKB).

22 **Restteile** bleiben nach Eintritt eines **Totalschadens** am Fahrzeug übrig, während **Altteile** im **Reparaturschadenfall** anfallen können. Dabei handelt es sich um solche Aggregate, die selbst nach ihrem Austausch noch einen gewissen Wert verkörpern und nach einer Generalüberholung wieder Verwendung finden können, wie dies z. B. bei einem beschädigten Motor der Fall ist. Der VN kann die Rest- und Altteile nicht dem VR zur Verfügung stellen, sondern muss selbst für deren Verwertung Sorge tragen. Der Verwertungserlös wird von der Entschädigungsleistung des VR abgezogen.

23 Die **Anrechnung zum Veräußerungswert** muss der VN hinnehmen, gleichgültig, ob er die Rest- oder Altteile selbst behält oder veräußert. Der Wert bemisst sich nach dem Preis, der auf dem Kfz-Gebrauchtteilemarkt erzielbar ist. Hat der VN die Teile verkauft, stellt der tatsächlich erzielte Erlös den anzurechnenden Veräußerungswert dar. Andernfalls ist derjenige Preis zugrunde zu legen, den der VN mit Unterstützung des VR und unter Berücksichtigung seiner Weisungen (vgl. E.1.3.2 AKB) mühelos erzielen könnte. Der VN ist nicht verpflichtet, Restteile seines Fahrzeuges stückweise nach und nach zu veräußern, selbst wenn er dadurch einen höheren Kaufpreis erzielen könnte. Dies gilt erst recht, wenn dies nur durch eine längere Lagerung der Restteile möglich wäre, die dem VN ohnehin nicht zuzumuten ist.

24 Für die **Berechnung des Veräußerungswertes** sind die Marktgegebenheiten an dem Ort maßgebend, wo sich die Altteile befinden. Ist das **Fahrzeug im Ausland verunfallt** und lohnt sich wegen der besseren Veräußerungsmöglichkeiten der Altteile eine Verbringung des Fahrzeuges an einen anderen Ort, sind die **Transportkosten** von dem letztlich erzielten Veräußerungserlös in Abzug zu bringen.[14]

25 In gleicher Weise ist zu verfahren, wenn Kosten für den Abtransport des noch einen Restwert verkörpernden Fahrzeugwracks bzw. für die **Entsorgung umweltgefährdender Altteile** anfallen oder wenn bei Auslandsunfällen **Zollspesen** durch den Verkauf der Altteile im Ausland erhoben werden.[15] Dagegen fallen reine **Entsorgungskosten eines schrottreifen Fahrzeuges** als Abzugsposition nicht ins Gewicht, da ihnen kein Veräußerungswert des zerstörten Fahrzeuges, mithin der Restteile, gegenübersteht.

C. Weitere praktische Hinweise

26 In den vielfältig ausgestalteten AKB der jeweiligen VR können die verschiedensten Positionen im Leistungsumfang enthalten oder auch ausgeschlossen sein. Denkbar sind auch zusätzliche, über die in den AKB-Musterbedingungen geregelten Leistungen hinausgehende Ersatzansprüche des VN. Für den Entschädigungsanspruch maßgeblich

---

14 AG Bad Homburg Urt. v. 27.11.1985 – 2 C 2371/84 – zfs 1986, 55.
15 OLG Hamm Urt. v. 05.10.1977 – 20 U 66/77 – VersR 1980, 1064.

sind stets **die zum Schadenzeitpunkt einschlägigen AKB** des jeweiligen VR (vgl. hierzu auch A.2.1.1 AKB Rdn. 11 f.).

A.2.5.8 Selbstbeteiligung

> Ist eine Selbstbeteiligung vereinbart, wird diese bei jedem Schadenereignis von der Entschädigung abgezogen. Ihrem Versicherungsschein können Sie entnehmen, ob und in welcher Höhe Sie eine Selbstbeteiligung vereinbart haben.

Übersicht

	Rdn.
A. Allgemeines	1
B. Regelungsgehalt – Was zahlen wir im Schadenfall? – A.2.5 AKB/Selbstbeteiligung – A.2.5.8 AKB (§ 13 Abs. 9 und 10 AKB 2007 a. F.; A.2.5.8 AKB 2008 a. F.)	2
C. Weitere praktische Hinweise	9
I. Unterschiedliche Schadenspuren am Pkw = mehrere Versicherungsfälle?	9
II. Quotenvorrecht des VN	13
1. Grundsätzliches	13
2. Sach- und Sachfolgeschäden	18
a) Kongruente (quotenbevorrechtigte) Sachschäden	22
b) Nicht kongruente (nicht quotenbevorrechtigte) Sachfolgeschäden	32
3. Kappungsgrenze	35
4. Anwendung des Quotenvorrechts -Berechnungsbeispiele	37
a) Vorrangige Inanspruchnahme des eigenen Kasko-VR	38
b) Vorrangige Inanspruchnahme des gegnerischen Haftpflicht-VR	40
c) Kombinierte Abrechnung bei grob fahrlässiger Herbeiführung des Versicherungsfalles	42
c) Prozessuales	44

A. Allgemeines

Dem VN ist in der Kaskoversicherung die Möglichkeit eröffnet, durch Vereinbarung einer Selbstbeteiligung im Schadenfall die Höhe seine Versicherungsprämie zu beeinflussen. Je höher der VN die Selbstbeteiligung wählt, desto niedriger ist seine Versicherungsprämie. Der Selbstbehalt kann sowohl für die Teil-, als auch für die Vollkaskoversicherung vereinbart werden. Er lautet immer auf einen bestimmten Betrag in Euro. In der Vollkasko können andere Selbstbeteiligungen vereinbart werden als in der Teilkasko. Für die Frage, welche der jeweils vereinbarten Selbstbeteiligung im Versicherungsfall in Abzug gebracht wird, ist maßgeblich, ob das Schadenereignis unter den Schutz der Teilkaskoversicherung nach A.2.2.1 AKB oder den der Vollkaskoversicherung nach A.2.2.2 AKB fällt. 1

B. Regelungsgehalt – Was zahlen wir im Schadenfall? – A.2.5 AKB/Selbstbeteiligung – A.2.5.8 AKB (§ 13 Abs. 9 und 10 AKB 2007 a. F.; A.2.5.8 AKB 2008 a. F.)

Die vertraglich vereinbarte Selbstbeteiligung fällt in der Kaskoversicherung **für jedes Schadenereignis gesondert** an. Sie wird vom VR von der vertraglich zu erbringenden 2

A.2.5.8 AKB Selbstbeteiligung

Entschädigungsleistung in Abzug gebracht. Wegen der konkret vereinbarten **Höhe der Selbstbeteiligung** verweist A.2.5.8 AKB den VN ausdrücklich auf den Inhalt des Versicherungsscheines. Sind – wie üblich – in der Teil- und Vollkasko unterschiedliche Selbstbeteiligungen vereinbart, kommt es im Schadenfall für die Höhe des Selbstbehaltes darauf an, ob der eingetretene Schaden adäquate Folge eines ausschließlich in der Teilkasko, oder eines ausschließlich in der Vollkasko versicherten Ereignisses ist.

3   Ist der Schaden auf ein in beiden Sparten versichertes Ereignis zurückzuführen, kommt nur der geringere, regelmäßig für die Teilkasko vereinbarte Selbstbehalt zum Tragen. Ist ein in der Teilkasko versicherter »Glasbruchschaden« anlässlich eines nur in der Vollkasko versicherten »Unfalles« eingetreten, so verbleibt es bei dem **für die Teilkasko** vereinbarten **niedrigeren Selbstbehalt**, wenn am Fahrzeug des VN über den Glasbruchschaden hinaus keine weiteren Karosserieschäden eingetreten sind. Ist dies jedoch der Fall, kommt der höhere Selbstbehalt aus der Vollkasko zum Tragen, da von der Vollkasko sowohl die Karosserie-, als auch die Glasbruchschäden abgedeckt werden und insoweit vom VR eine Gesamtentschädigung gezahlt wird. Eine kumulierte Anrechnung beider Selbstbeteiligungen findet nicht statt. A.2.5.8 AKB stellt zwar für den Abzug der Selbstbeteiligung auf das einzelne »Schadenereignis« ab; gemeint ist aber der »Eintritt des Versicherungsfalles«, so dass das **Zusammentreffen je eines Ereignisses aus der Teil- und Vollkaskoversicherung** nur als ein Schadenereignis anzusehen ist und demnach auch nur den **einmaligen Abzug der Selbstbeteiligung** erlaubt.[1]

4   Gleiches gilt, wenn durch den Eintritt eines in der Vollkasko versicherten Ereignisses ein zweites in der Teilkasko versichertes Ereignis ausgelöst wird, (Unfall mit nachfolgendem Brand). In beiden Fällen wird jeweils der **höhere Selbstbehalt für Vollkaskoschäden** abgezogen. Anders dagegen, soweit die Karosserieschäden zwar unfallbedingt sind, aber adäquat kausal auf ein in der Teilkasko versichertes Ereignis, z. B. »Entwendung«, zurückgeführt werden können, weil der Dieb mit dem Fahrzeug verunglückt ist, (Diebstahl mit nachfolgendem Unfall). Hier besteht bereits Deckung aus der Teilkasko, so dass auf den erweiterten Vollkaskoschutz gar nicht zurückgegriffen werden muss, (vgl. A.2.2.1 AKB Rdn. 201 f.). Insoweit ist von der Entschädigungsleistung nur der **geringere Selbstbehalt für Teilkaskoschäden** abzuziehen.

5   Bei **Kumulschäden** kann der vereinbarte Selbstbehalt von der vereinbarten Höchstentschädigungssumme in Abzug zu bringen sein.[2]

6   **Sofern der VR berechtigt** ist, wegen Gefahrerhöhung, einer Obliegenheitsverletzung des VN oder grob fahrlässiger Herbeiführung des Versicherungsfalles **seine Leistung**

---

1   Ebenso Stiefel/Maier/*Meinecke* A.2.12 AKB Rn. 1.
2   OLG München Urt. v. 15.10.2010 – 25 U 2639/10 – r+s 2012, 21 = zfs 2011, 392.

zu kürzen, ist die Entschädigungssumme zunächst um die Kürzungsquote zu vermindern und von der so errechneten Versicherungsleistung der vereinbarte Selbstbeteiligungsbetrag abzuziehen.[3] Die **gegenteilige Auffassung**, wonach der Abzug von der ungeschmälerten Leistung vorzunehmen und erst anschließend in Anwendung der Kürzungsquote die zur Auszahlung kommende Versicherungsleistung zu ermitteln sei,[4] verkennt, dass der Abzug den Eigenanteil des VN an der vom VR bedingungsgemäß geschuldeten Schadenleistung darstellt. Diesen hat der VN vertraglich stets **in voller Höhe** beizusteuern. Würde der Selbstbehalt von der vollen Schadenhöhe abgezogen und danach erst die Quote gebildet werden, wäre der VN nur mit einem **reduzierten Anteil** seines Selbstbehaltes an der letztlich geschuldeten Versicherungsleistung beteiligt. Ein VN mit einem besonders hohen Verschuldensanteil hätte danach eine geringere Selbstbeteiligung zu tragen als ein VN mit nur geringem Verschulden.[5] Im Übrigen ergibt sich auch aus dem Wortlaut des A.2.5.8 AKB, der einen Abzug »von der Entschädigung« vorsieht, dass zunächst die Höhe der vom VR geschuldeten – und im Falle grober Fahrlässigkeit des VN ggf. zu kürzenden – »Entschädigung« festzustellen ist und erst anschließend in einem zweiten Schritt von der so ermittelten Entschädigungssumme die vertraglich vereinbarte Selbstbeteiligung abgezogen werden kann.

Bei **Glasbruchschäden** verzichten die VR in aller Regel auf den Abzug einer Selbstbeteiligung in der Teilkasko, wenn der VN z. B. bei Steinschlagschäden statt eines Austausches der Scheibe eine Reparatur vornehmen lässt, (vgl. A.2.5.2 AKB Rdn. 88 ff. und A.2.2.1 AKB Rdn. 99). 7

Steht dem VN statt eines vertraglichen Anspruchs nach den AKB ein gesetzlicher Aufwendungsersatzanspruch (»**Rettungskostenersatz**«) nach den §§ 90, 83 VVG zu, entfällt der Abzug des Selbstbehalts, (vgl. A.2.2.1 AKB Rdn. 275). 8

C. Weitere praktische Hinweise

I. Unterschiedliche Schadenspuren am Pkw = mehrere Versicherungsfälle?

Kommt es – vom VN unbemerkt – zu mehreren Schäden an unterschiedlichen Stellen des versicherten Fahrzeuges (z. B. wenn nachts der ordnungsgemäß geparkte Pkw des VN durch einen rangierenden Lkw mehrfach angestoßen wird), wird der VR – gestützt auf ein von ihm eingeholtes Sachverständigengutachten – nicht selten einwenden, dass die Kollisionsspuren nicht bei einem Unfallereignis entstanden sein könnten und infolgedessen von zwei selbstständig zu betrachtenden Versicherungsfällen auszugehen sei. Dies führt zu der Konsequenz, dass der VN nicht nur **zweimal** mit der vertraglich ver- 9

---

3 Ebenso AG Düsseldorf Urt. v. 29.06.2010 – 230 C 14977/09 – SP 2011, 227 = VK 2011, 141, bestätigt durch LG Düsseldorf Beschl. v. 25.10.2010 – 22 S 196/10 – juris; AG Duisburg, Urt. v. 24.02.2010 – 50 C 2567/09 – ADAJUR Dok.Nr. 88533; Stiefel/Maier/*Meinecke* A.2.12 AKB Rn. 2.
4 OLG Naumburg Urt. v. 03.12.2009 – 4 U 133/08 – r+s 2010, 319 = SP 2010, 227; LG Aachen Urt. v. 14.07.2011 – 2 S 61/11 – SP 2011, 375 = VRR 2012, 28; Scheller VersR 2011, 856.
5 Stiefel/Maier/*Meinecke* A.2.12 AKB Rn. 2.

A.2.5.8 AKB Selbstbeteiligung

einbarten **Selbstbeteiligung** belastet wird, sondern auch eine **doppelte Rückstufung im Schadenfreiheitsrabatt** in Kauf nehmen muss, woraus erheblich höhere Versicherungsprämien für den nächsten Abrechnungszeitraum resultieren.

10 Der VN muss den Vollbeweis (§ 286 Abs. 1 ZPO) dafür erbringen, dass die **Beschädigungen in einem engen räumlichen und zeitlichen Zusammenhang** entstanden sind. Kann auch mittels Sachverständigengutachten nicht widerlegt werden, dass die verschiedenen Kontaktspuren in unterschiedlichen Anstoßwinkeln auch beim Rangieren nur eines einzigen Fahrzeuges verursacht worden sein können, wird ein Gericht ggf. die Überzeugung gewinnen, dass bei lebensnaher Betrachtungsweise der Schaden am PKW des VN nur im Rahmen eines **einheitlichen Fahrvorganges eines einzigen Fahrzeuges** entstanden sein kann. Entscheidungserheblich wird in diesem Zusammenhang sein, mit welchem Wahrscheinlichkeitsgrad von einer Beschädigung des VN-Fahrzeuges in ein und derselben Nacht durch zwei unterschiedliche Fremdfahrzeuge ausgegangen werden kann. Dabei wird in Betracht zu ziehen sein, wo genau und wie das versicherte Fahrzeug abgeparkt wurde, welcher Verkehr nachts regelmäßig an dieser Stelle herrscht und ob sich der Schaden in einer Großstadt oder auf dem Lande ereignete. Hatte der VN sein Fahrzeug über Nacht in einem kleinen verschlafenen Ort in Südfrankreich in einer markierten Parkbucht abgestellt und fand in der Nähe frühmorgens – durch Zeugenbeweis bestätigt – rangierender Lkw-Baustellenverkehr statt, kann damit der Beweis geführt sein, dass der Schaden nur durch ein einziges Fahrzeug beim Rangieren verursacht wurde, auch wenn theoretisch noch eine Schadenverursachung durch ein weiteres Fremdfahrzeug in Betracht käme. Denn wenn diese Möglichkeit einer weiteren Schadenverursachung statistisch wenig wahrscheinlich ist, kann sie bei der Überzeugungsbildung des Gerichts unberücksichtigt bleiben. Der VN hätte dann den ihm obliegenden Nachweis einer Schadenverursachung durch nur einen einzigen Versicherungsfall geführt. Entscheidend ist, dass sich der Gesamtvorgang bei **natürlicher Betrachtungsweise als einheitliches Schadenereignis** darstellt.[6]

11 Auch dann, wenn ein eingetretenes **versichertes Ereignis** einen weiteren versicherten **Schaden auslöst**, ist die Selbstbeteiligung nur einmal abzuziehen.

12 **Ein einziges versicherungsrechtlich relevantes Schadenereignis** liegt vor:
 – bei mut- oder böswilligen Schäden durch auf dem Fahrzeug herumkletternde, mit Sand und Steinen **spielende Kinder**, wenn das Schadenbild den Rückschluss auf einen einheitlichen Lebenssachverhalt zulässt;[7]
 – bei einem Unfallschaden durch **Steckenbleiben** des Fahrzeuges **in einem Flussbett** und der Entstehung **weiterer Schäden** im Rahmen der **Bergung** am Folgetag;[8]
 – wenn nach einem **Schleudervorgang** der Pkw zunächst mehrere geparkte Kfz beschädigt und schließlich gegen einen Baum prallt;

---

[6] Ebenso Stiefel/Maier/*Meinecke* A.2.12 AKB Rn. 1; Feyock/*Jacobsen*/Lemor A.2 AKB Rn. 156.
[7] LG Düsseldorf Urt. v. 20.04.2000 – 21 S 110/99 – r+s 2002, 7.
[8] OLG Hamm Urt. v. 13.06.2012 – 20 U 151/11 – VersR 2013, 491 = r+s 2012, 589.

– wenn es bei einem **einheitlichen Ausparkvorgang** — mag dieser auch in mehreren Zügen erfolgt sein – zu Beschädigungen am Kfz an zwei völlig unterschiedlichen Stellen kommt;[9]
– wenn das versicherte Kfz während eines **einheitlichen Transportvorganges** (Rücktransport im Rahmen einer Schutzbriefversicherung) an drei verschiedenen Stellen beschädigt wird.[10]

II. Quotenvorrecht des VN

1. Grundsätzliches

Soweit das vollkaskoversicherte Fahrzeug des VN bei einem Unfall beschädigt wird, kommen für den VN neben den Ansprüchen gegen den VR aus dem Versicherungsvertrag auch Ansprüche gegen den Unfallgegner aus Delikts- und Gefährdungshaftung (§ 823 Abs. 1 BGB, §§ 7, 17 StVG) in Betracht. Nach Inspruchnahme des Kasko-VR besteht bei einer **Mithaftung des Unfallgegners** (sogenannte »**Quotenfälle**«) oftmals die Möglichkeit, den in Höhe der Selbstbeteiligung nicht ersetzten Fahrzeugschaden nicht nur in Höhe der Quote, die dem Haftungsanteil des Unfallgegners entspricht, sondern in voller Höhe gegen den Haftpflicht-VR des Unfallgegners durchzusetzen. Grund hierfür ist das Quotenvorrecht, d. h. ein **Befriedigungsvorrecht des VN gemäß § 86 Abs. 1 S. 2 VVG**, wonach der VR den gemäß § 86 Abs. 1 S. 1 VVG auf ihn übergegangenen Anspruch nicht zum Nachteil seines VN geltend machen kann. 13

Die Vollkaskoversicherung stellt eine freiwillige Versicherung im Rahmen der Schadenvorsorge dar, die nicht abgeschlossen wird, um in einem Schadenfall den Schädiger zu entlasten. Daher steht dem VN in allen Fällen, in denen die Schadenersatzpflicht des Unfallgegners durch eine Mithaftungsquote begrenzt ist oder der Kasko-VR wegen der versicherungsrechtlichen Besonderheiten des Vertrages (z. B. Selbstbeteiligung, Ausschluss des merkantilen Minderwertes) weniger leistet, als es zum Ausgleich des unmittelbaren Sachschadens erforderlich ist, gegenüber dem gegnerischen Haftpflicht-VR ein Befriedigungsvorrecht vor seinem eigenen, grundsätzlich ebenso regressberechtigten Kasko-VR zu. Dessen Regressansprüche müssen so lange zurückstehen, bis alle vom Kasko-VR nicht gedeckten, aber den Sachschaden des versicherten Fahrzeuges betreffenden Ansprüche des VN ausgeglichen sind. Erst nach Befriedigung dieser offenen Differenz kommt der VR zum Zuge.[11] Das Quotenvorrecht bedeutet daher, dass eine gegen den Schädiger bzw. dessen Haftpflicht-VR bestehende Forderung des VN nur auf den Kasko-VR übergeht, soweit der VN den durch die Kaskoversicherung abgedeckten kongruenten Schaden ersetzt bekommen hat.[12] **Übergangsfähig** sind sowohl gesetz- 14

---

9 AG Traunstein Urt. v. 27.11.2013 – 311 C 1104/13 – DAR 2014, 276.
10 AG Bremen Urt. v. 30.04.2013 – 7 C 58/13 – r+s 2013, 377.
11 Vgl. auch OLG Jena OLG Jena Urt. v. 28.04.2004 – 3 U 221/03 – VersR 2005, 1574 = NZV 2004, 476.
12 AG Halle a. d. Saale Urt. v. 26.01.2011 – 101 C 3737/10 – r+s 2014, 495.

A.2.5.8 AKB Selbstbeteiligung

liche, als auch vertragliche Ansprüche, sei es aus Verschuldens- oder Gefährdungshaftung, sei es aus Delikt oder Bereicherung.[13]

15 Bei einem **Verkehrsunfall in Italien** kann der VN nach Inanspruchnahme seiner Vollkaskoversicherung den Differenzschaden gegenüber dem italienischen Haftpflicht-VR vor einem deutschen Gericht nach den Grundsätzen des Quotenvorrechts abrechnen.[14]

16 Vereinbart der **Mieter eines Kraftfahrzeuges** mit dem Vermieter gegen Entgelt eine Haftungsbefreiung mit Selbstbeteiligung, so findet die Rechtsprechung zum Quotenvorrecht entsprechende Anwendung,[15] (näheres **zur Haftung** des Kfz-Mieters vgl. A.2.1.1 AKB Rdn. 22 ff., A.2.3 AKB Rdn. 36 ff. und A.2.8 AKB Rdn. 52 ff.).

17 Gleicht der Kasko-VR die Reparaturkosten für einen Zweitschaden an einem Karosserieteil des versicherten Fahrzeuges aus, das schon bei einem **früheren Erstschaden** beschädigt wurde und führt die Reparatur des Zweitschadens zwangsläufig zur Beseitigung auch des Erstschadens, unterliegen die Schadenersatzzahlungen des Schädigers für den Erstschaden nicht der Legalzession des § 86 Abs. 1 S. 1 VVG, weil keine Leistungsidentität zwischen der Zahlung des Schädigers für den Erstschaden und der Zahlung des Kasko-VR für den Zweitschaden vorliegt und damit auch eine Tilgungswirkung der Kaskoleistung des VR in Bezug auf den Erstschaden ausscheidet.[16]

2. Sach- und Sachfolgeschäden

18 Um die Systematik des Quotenvorrechts zu verstehen, muss man unterscheiden zwischen **kongruenten, unmittelbaren Sachschäden**, die die Substanz des versicherten Kfz berühren, dessen Wert mindern oder darin bestehen, dass Geldmittel zur Beseitigung einer Beschädigung aufgewendet werden müssen[17] und **nicht kongruenten Sachfolgeschäden**.[18] Sie können von vornherein nicht durch die Entschädigungsleistungen des Kasko-VR ausgeglichen werden, weil sie schon ihrer Art nach nicht unter den Schutz des Kaskoversicherungsvertrages fallen. Denn über diesen ist ausschließlich der Substanzerhalt des betreffenden Fahrzeuges versichert, nicht aber darüber hinausgehende, erst als Folge dieser Substanzverletzung entstehende weitere Vermögensschäden.

19 Der kongruente, quotenbevorrechtigte Schaden umfasst allerdings regelmäßig mehr Schadenpositionen als diejenigen, die der VR nach dem Kaskoversicherungsvertrag zu ersetzen hat (z. B. auch eine Wertminderung oder die Sachverständigenkosten). Für die **Abgrenzung** der kongruenten von den nicht kongruenten Schadenpositionen ist es unerheblich, ob sie nach den im konkreten Fall einschlägigen AKB vom VR zu

---

13 Römer/Langheid § 67 VVG Rn. 13.
14 AG Köln Urt. v. 29.04.2014 – 268 C 89/11 – DAR 2014, 470.
15 BGH Urt. v. 25.11.2009 – **XII ZR 211/08** – VersR 2010, 671 = NJW 2010, 677.
16 BGH Urt. v. 12.03.2009 – **VII ZR 88/08** – VersR 2009, 1130 = r+s 2009, 349.
17 Vgl. BGH Urt. v. 08.12.1981 – **VI ZR 153/80** – VersR 1982, 283 = NJW 1982, 827; OLG München Urt. v. 26.04.2013 – 10 U 3879/12 – NJW 2013, 3728.
18 Zur Abgrenzung vgl. OLG Düsseldorf Urt. v. 18.02.2002 – 1 U 91/01 – SP 2002, 245.

erstatten sind oder nicht. Die Legalzession auf den VR findet nur insoweit statt, als ein Zusammenhang zwischen der Versicherungsleistung und dem Schadenersatzanspruch in dem Sinn besteht, dass der ersetzte Schaden zu dem durch den Versicherungsvertrag abgedeckten Risiko gehört (**Kongruenz**).[19] Daher gehen die Schadenersatzansprüche des VN gegen den Schädiger nach § 86 Abs. 1 S. 1 VVG auf den VR nur in dem Umfange über, wie sie den gleichen Zwecken dienen wie die Versicherungsleistung. Nur insoweit besteht Deckungsgleichheit und damit eine sachliche Kongruenz. Nur bezüglich dieser kongruenten Schäden konkurrieren VN und VR um den Ersatzanspruch gegenüber dem Schädiger. Im Übrigen bleibt der VN weiterhin Anspruchsinhaber aller vom VR nicht regulierten kongruenten Sachschäden und nicht kongruenten Sachfolgeschäden.[20]

So fällt z. B. die **Wertminderung** unter die kongruenten Sachschäden und kann vom VN beim Haftpflicht-VR des Unfallgegners als quotenbevorrechtigte Schadenposition angemeldet werden ungeachtet der Tatsache, dass sie vom Kasko-VR nicht zu erstatten ist.[21] Umgekehrt gehören z. B. **Mietwagenkosten** stets zu den nicht kongruenten Sachfolgeschäden, so dass sie selbst dann nicht dem Quotenvorrecht unterfallen, wenn der Kasko-VR sie aufgrund einer Sonderregelung in seinen AKB zu ersetzen hat.

20

Entscheidend für den **Anspruchsübergang** ist immer der **Zeitpunkt der Leistung des VR**, anders als in der Sozialversicherung, wo der gesetzliche Forderungsübergang bereits im Zeitpunkt des Schadenfalles eintritt (§ 116 SGB X). Dabei geht der Anspruch auf den VR auch dann über, wenn die Leistung des VR nur kulanzweise erfolgte oder noch gar nicht fällig war.

21

a) **Kongruente (quotenbevorrechtigte) Sachschäden**

Ungeachtet des gesetzlichen Forderungsüberganges nach § 86 Abs. 1 S. 1 VVG kann der VN auch nach Auszahlung der Kaskoentschädigung durch den VR seine verbliebenen, nicht regulierten unmittelbaren Sachschäden (= kongruente Schäden) als quotenbevorrechtigte Schadenpositionen gegenüber dem Haftpflicht-VR des Schädigers bis zur Obergrenze seines gesamten kongruenten Fahrzeugschadens geltend machen, (vgl. auch A.2.8 AKB Rdn. 26 ff.). Damit erreicht er trotz eines eigenen Mitverschuldens häufig einen 100 %-igen Schadenausgleich bei den kongruenten Schadenpositionen, zumindest aber einen zusätzlichen Schadenbetrag, der regelmäßig weit über die Quote hinausgeht, die ihm lediglich zugeflossen wäre, wenn er nur den Haftpflicht-VR des Schädigers und nicht auch seinen Kasko-VR in Anspruch genommen hätte.

22

Zu den **quotenbevorrechtigten Schadenpositionen** und damit den unmittelbaren Sachschäden, die durch die Kaskoversicherung abgedeckt sind, gehören insbesondere die **Reparatur- und Wiederbeschaffungskosten** für das versicherte Fahrzeug **in Höhe**

23

---

19 OLG Dresden Urt. v. 23.10.2008 – 4 U 1135/08 – VersR 2009, 824, 825 = NJW-RR 2009, 683.
20 Vgl. BGH Urt. v. 08.12.1981 – **VI ZR 153/80** – VersR 1982, 283 = NJW 1982, 827.
21 Vgl. OLG Celle Urt. v. 08.08.2006 – 14 U 36/06 – VRR 2006, 402 = SP 2007, 146.

A.2.5.8 AKB Selbstbeteiligung

der **Selbstbeteiligung**.[22] Die Selbstbeteiligung in der Kaskoversicherung ist keine selbstständige Schadenposition, sondern nur Teil der unter den Schutz der Kaskoversicherung fallenden Wiederherstellungskosten. Gleiches gilt für prozentuale oder in Form eines zusätzlichen Selbstbehaltes zulasten des VN vorgenommene **Abzüge des Kasko-VR**, die der VN bei Verstoß gegen eine »**Partnerwerkstattklausel**« (vgl. A.2.5.2 AKB Rdn. 78 ff.) hinnehmen muss, ferner für Abzüge »**neu für alt**«, die sich der VN nach A.2.5.2.3 AKB gefallen lassen muss oder für den nach A.2.5.2.1a AKB bis maximal zur Höhe des Wiederbeschaffungswertes **beschränkten Anspruch** des VN **auf Erstattung der Reparaturkosten**. Kann der VN im Rahmen seiner Haftpflichtansprüche von dem Schädiger (Unfallgegner bzw. dessen Haftpflicht-VR) die Reparaturkosten einer markengebundenen Fachwerkstatt verlangen, oder sind Abzüge »neu für alt« nicht gerechtfertigt, oder steht dem VN aus Haftpflichtgesichtspunkten ein Anspruch auf Reparaturkostenersatz einschließlich einer etwaigen merkantilen Wertminderung bis zur Höhe von maximal **130 %** des Wiederbeschaffungswertes für ein gleichwertiges Ersatzfahrzeug zu,[23] so werden dem VN im Rahmen der Kaskoschadenabrechnung über den Abzug der Selbstbeteiligung hinaus wesentliche Kosten, die er für die Wiederherstellung seines Fahrzeuges aufwenden muss, nicht erstattet. Diese Kosten sind allein der Fahrzeugsubstanz und seiner Erhaltung zuzurechnen und unterliegen daher wegen sachlicher Kongruenz dem Quotenvorrecht des VN.[24] Gegenüber dem Haftpflicht-VR des Schädigers kann der VN sie daher als quotenbevorrechtigte Forderungen geltend machen.

24 Die vom VN zur Schadenbeseitigung aufgewendete **Umsatz-** bzw. **Mehrwertsteuer** stellt im Falle einer **Eigenversicherung** eine quotenbevorrechtigte, kongruente Schadenposition dar. **Anders** verhält es sich bei einer **Fremdversicherung** (vgl. zur Definition A.2.3 AKB Rdn. 1 ff.), wenn zwar die versicherte Person (z. B. bei einem Leasingfahrzeug der Leasinggeber) zum Vorsteuerabzug berechtigt ist, nicht jedoch der VN (z. B. der Leasingnehmer). Da für den **Entschädigungsumfang** (vgl. hierzu A.2.5.2 AKB Rdn. 102 ff.) allein auf die Verhältnisse des Versicherten abzustellen ist, erstattet der VR im Falle eines wirtschaftlichen **Totalschadens** nur den Netto-Wiederbeschaffungswert. Der darüber hinaus nicht versicherte, beim VN aber im Falle einer Ersatzbeschaffung anfallende Umsatzsteueranteil stellt keinen auf den Kasko-VR übergangsfähigen und damit unter das Quotenvorrecht des VN fallenden kongruenten Fahrzeugschaden dar.[25] Die Problematik des Quotenvorrechts des Leasingnehmers als VN stellt sich deshalb nicht, weil **nicht der Anspruch des VN** gegen den Schädiger auf den VR übergeht, **sondern der Anspruch des Versicherten**, nämlich des Leasinggebers als Eigentümer des Fahrzeuges, (vgl. A.2.8 AKB Rdn. 1 ff.); die Umsatzsteuer kann der VN daher nur quo-

---

22 BGH Urt. v. 04.04.1967 – **VI ZR 179/65** – VersR 1967, 674 = NJW 1967, 1419.
23 Vgl. BGH Urt. v. 15.02.2005 – **VI ZR 70/04** – r+s 2005, 172 = NJW 2005, 1108; BGH Urt. v. 29.04.2003 – **VI ZR 393/02** – r+s 2003, 303 = NJW 2003, 2085; BGH Urt. v. 17.03.1992 – **VI ZR 226/91** – r+s 1992, 198 = NJW 1992, 1618; BGH Urt. v. 15.10.1991 – **VI ZR 314/90** – r+s 1992, 16 = NJW 1992, 302 (**zur 130 %-Grenze beim Haftpflichtschaden**).
24 Fleischmann/Hillmann § 6 Rn. 23.
25 OLG München Urt. v. 26.04.2013 – 10 U 3879/12 – NJW 2013, 3728.

tal entsprechend dem vom Schädiger zu verantwortenden Haftungsanteil ersetzt verlangen.[26] Im Falle eines **Reparaturschadens** gilt nichts anderes, wenngleich die Ansichten in der Rechtsprechung geteilt sind, ob der nicht vorsteuerabzugsberechtigte VN bei konkret durchgeführter und nachgewiesener Reparatur eines Leasingfahrzeuges Anspruch auf Erstattung der angefallenen **Mehrwertsteuer** hat oder nicht, (zum Streitstand vgl. A.2.5.2 AKB Rdn. 111 f.). Dass die meisten Kasko-VR in der Regulierungspraxis die Umsatzsteuer ersetzen, führt allerdings nicht dazu, dass der VN sie gegenüber dem Haftpflicht-VR des Schädigers als quotenbevorrechtigte Schadenposition beanspruchen könnte, da insoweit rechtlich die gleichen Grundsätze gelten wie im Fall eines wirtschaftlichen Totalschadens.

Sowohl die technische, als auch die merkantile **Wertminderung** stellen eine teilweise Unmöglichkeit der Naturalrestitution dar, die gemäß § 251 Abs. 1 BGB zu einem Erstattungsanspruch führt, der unmittelbar und zeitlich kongruent durch den Unfallschaden eintritt.[27] Auch wenn sie von der Kaskoversicherung nicht erstattet wird, ist sie doch aufgrund ihrer Nähe zum Fahrzeugschaden als **kongruente Schadenposition** anerkannt.[28] Durch die Beschädigung erleidet das Fahrzeug eine nicht mehr zu beseitigende negative Eigenschaft, die die Wertbemessung dauerhaft negativ beeinflusst und somit in Form einer merkantilen Wertminderung einen objektivierbaren Schaden darstellt, auch wenn dieser erst bei einer späteren Verwertung spürbar wird. 25

Sachverständigenkosten werden nach den AKB vom Kasko-VR ebenfalls nicht übernommen, obwohl sie sich im Vorfeld einer Reparatur stets als notwendige Aufwendungen für die Anfertigung eines Schadengutachtens darstellen. Wegen ihres unmittelbaren Zusammenhanges zum Fahrzeugschaden, der sich ohne Gutachten in der Regel nicht beziffern lässt, gehören die Gutachterkosten ebenfalls zum kongruenten Sachschaden.[29] 26

Gleiches gilt für die **Abschleppkosten**, die nach A.2.5.2.2 AKB im Rahmen der Kaskoversicherung nur in eingeschränktem Umfange erstattungsfähig sind.[30] 27

Rechtsanwaltsgebühren, die dem VN **für die Geltendmachung der Unfallschäden gegenüber seinem Vollkasko-VR** entstehen, zählen grundsätzlich ebenfalls zu den vom Haftpflicht-VR zu erstattenden Aufwendungen, sofern der VN im Innenverhältnis zu seinem Rechtsanwalt zur Zahlung der in Rechnung gestellten Kosten verpflichtet ist und die konkrete anwaltliche Tätigkeit im Außenverhältnis zum Unfallgegner bzw. Haftpflicht-VR (Schädiger) aus der maßgeblichen Sicht des VN (Geschädigter) 28

---

26 OLG München Urt. v. 26.04.2013 – 10 U 3879/12 – NJW 2013, 3728.
27 Vgl. BGH Urt. v. 08.12.1981 – **VI ZR 153/80** – VersR 1982, 283 = NJW 1982, 827; OLG Jena Urt. v. 28.04.2004 – 3 U 221/03 – VersR 2005, 1574 = NZV 2004, 476.
28 Vgl. OLG Celle Urt. v. 08.08.2006 – 14 U 36/06 – VRR 2006, 402 = SP 2007, 146; LG Saarbrücken Urt. v. 01.02.2013 – 13 S 176/12 – zfs 2013, 378.
29 BGH Beschl. v. 29.01.1985 – **VI ZR 59/84** – VersR 1985, 441 = MDR 1985, 483.
30 BGH Urt. v. 12.01.1982 – **VI ZR 265/80** – VersR 1982, 383 = NJW 1982, 829; OLG Frankfurt/M. Urt. v. 08.02.2011 – 22 U 162/08 – SP 2011, 291 = BeckRS 2011, 04241; AG Halle a. d. Saale Urt. v. 26.01.2011 – 101 C 3737/10 – r+s 2014, 495.

A.2.5.8 AKB Selbstbeteiligung

mit Rücksicht auf seine spezielle Situation zur Wahrnehmung seiner Rechte **erforderlich und zweckmäßig** war.[31] Diese Voraussetzungen sind regelmäßig zu bejahen, wenn der Haftpflicht-VR die Haftung dem Grunde nach bestreitet, einen Mitverschuldenseinwand erhebt oder es die Dringlichkeit der Finanzierung eines Ersatzfahrzeuges oder der Reparatur gebietet, den Vollkasko-VR in Anspruch zu nehmen. Lediglich **in einfach gelagerten Fällen**, in denen der VN die ihm entstandenen Schäden zunächst selbst ohne anwaltliche Hilfe vergeblich beim Haftpflicht-VR des Unfallgegners eingefordert hat und keine Anhaltspunkte dafür bestehen, dass auch der Kasko-VR seine Leistungspflicht gegenüber dem VN infrage stellen könnte, ist es dem VN zuzumuten, den Schadenfall auch gegenüber seinem Kasko-VR selbst zu melden und ihn zur Zahlung aufzufordern. Gerät der **Kasko-VR** allerdings anschließend mit der Schadenregulierung **in Verzug** oder **verstößt er gegen** ihn treffende **Pflichten** aus dem Kaskoversicherungsvertrag, ist die daraufhin erfolgte Hinzuziehung eines Rechtsanwaltes als erforderlich anzusehen.[32]

29 Unter der **Voraussetzung,** dass die anwaltliche Tätigkeit gegenüber dem Vollkasko-VR **erforderlich und zweckmäßig** war (vgl. A.2.5.8 AKB Rdn. 28), sind die Anwaltsgebühren vom **Haftpflicht-VR** auch dann zu ersetzen zu sein, wenn dieser mit der Schadenregulierung **in Verzug** war,[33] §§ 286 Abs. 1 S. 1, 280 Abs. 2 BGB. Der Haftpflicht-VR verschuldet in diesem Fall also nicht nur die Anwaltskosten für die Durchsetzung der Schadenersatzansprüche des VN aus dem Unfallereignis, sondern auch für die Durchsetzung der Kaskoentschädigungsansprüche des VN gegenüber dem eigenen Vollkasko-VR, § 823 BGB, § 7 Abs. 1 VVG, § 115 Abs. 1 Nr. 1 VVG i. V. m. § 249 Abs. 2 S. 1 BGB. Der insoweit für die Anwaltsgebühren maßgebliche Gegenstandswert bemisst sich nach der Forderung, wie sie der Anwalt gegenüber dem Kasko-VR berechtigterweise geltend gemacht hat. Es handelt sich auch um **zwei unterschiedliche gebührenrechtliche Angelegenheiten** i. S. d. § 15 RVG.[34]

30 **War es aus Sicht des VN nicht erforderlich,** einen Rechtsanwalt auch für die Interessenswahrnehmung gegenüber dem Vollkasko-VR zu beauftragen, kann der Erstattungs-

---

31 Vgl. BGH Urt. v. 08.05.2012 – **VI ZR 196/11** – r+s 2012, 359 = NJW 2012, 2194; BGH Urt. v. 13.12.2011 – **VI ZR 274/10** – r+s 2012, 357 = NZV 2012, 169; BGH Urt. v. 10.01.2006 – **VI ZR 43/05** – NJW 2006, 1065 = NZV 2006, 244; BGH Urt. v. 18.01.2005 – **VI ZR 73/04** – r+s 2006, 243 = NJW 2005, 1112; OLG Frankfurt/M. Urt. v. 02.12.2014 – 22 U 171/13 – DAR 2015, 236; OLG Karlsruhe Urt. v. 22.12.1989 – 14 U 168/88 – VersR 1991, 1297 = DAR 1997, 507; OLG Hamm Urt. v. 07.10.1982 – 27 U 161/82 – zfs 1983, 12; AG Ahlen Urt. v. 07.05.2013 – 30 C 103/12 – DAR 2015, 175; Böhm DAR 1988, 213.
32 BGH Urt. v. 08.05.2012 – **VI ZR 196/11** – r+s 2012, 359 = NJW 2012, 2194.
33 LG Mannheim Urt. v. 13.02.2009 – 1 S 116/08 – SP 2009, 330; LG Mainz Urt. v. 10.01.2008 – 3 O 78/07 – JurionRS 2008, 36400; LG Kaiserslautern Urt. v. 22.02.1991 – 2 O 317/90 – DAR 1993, 196 = zfs 1993, 279; AG Mainz Urt. v. 22.09.1992 – 7 C 643/92 – SP 1993, 53.
34 OLG Jena Urt. v. 26.10.2011 – 7 U 1088/10 – ADAJUR Dok.Nr. 95904; LG Wuppertal Urt. v. 07.04.2010 – 8 S 92/09 – DAR 2010, 388 = zfs 2010, 519; AG Herne Urt. v. 30.12.2008 – 5 C 167/08 – AGS 2009, 211 mit Anm. Schneider.

anspruch hinsichtlich der Anwaltskosten gegenüber dem Haftpflicht-VR **auf die Gebühren beschränkt** sein, die sich errechnen, wenn als Gegenstandswert die Schadensumme zugrunde gelegt wird, die der Haftpflicht-VR **entsprechend seiner Haftungsquote** an den VN geleistet hätte, wenn der Kasko-VR nicht in Anspruch genommen worden wäre.[35] Dies gilt jedenfalls in allen Fällen, in denen die Beauftragung des Anwaltes zur Geltendmachung der Unfallschäden gegenüber dem Haftpflicht-VR zu einem Zeitpunkt erfolgte, zu dem die geltend gemachten Ansprüche gemäß § 86 Abs. 1 VVG noch nicht auf den Kasko-VR übergegangen waren.

Für die Frage, **in welchem Umfange** der **Haftpflicht-VR zusätzliche Anwaltskosten zu** 31 **ersetzen hat,** die für die Geltendmachung der Forderungen gegenüber dem Kasko-VR entstehen, ist entscheidend, ob diese den quotenbevorrechtigten Schadenpositionen (dann voller Ersatz) oder den nicht quotenbevorrechtigten Schadenpositionen (dann nur quotaler Ersatz entsprechend der Haftungsquote des Haftpflicht-VR) zugeordnet werden. **Nach teilweiser Auffassung** zählen die Anwaltskosten zu den **nicht quotenbevorrechtigten Sachfolgeschäden.** Daher sind sie prozentual nur in Höhe der einstandspflichtigen Haftungsquote vom Haftpflicht-VR zu ersetzen.[36] **Nach anderer Auffassung** können die Kosten aber auch als **quotenbevorrechtigte**, auf die Restitution des versicherten Fahrzeuges gerichtete **Aufwendungen** angesehen werden.[37] Ebenso wie die Sachverständigenkosten wendet der VN auch die Anwaltskosten auf, um seine Forderungen gegenüber dem Kasko-VR durchzusetzen und eine Entschädigung zu erhalten, die in die Wiederherstellung der Fahrzeugsubstanz fließt. Es ist daher konsequent, auch diese Kosten dem unmittelbaren – und damit quotenbevorrechtigten – Sachschaden zuzuweisen.[38]

---

35 BGH Urt. v. 18.01.2005 – **VI ZR 73/04** – r+s 2006, 243 = NJW 2005, 1112; OLG Karlsruhe Urt. v. 27.06.1990 – 1 U 317/89 – r+s 1990, 303 = NZV 1990, 431; LG Wuppertal Urt. v. 07.04.2010 – 8 S 92/09 – DAR 2010, 388 = zfs 2010, 519; LG Kaiserslautern Urt. v. 22.02.1991 – 2 O 317/90 – DAR 1993, 196 = zfs 1993, 279; LG Karlsruhe Urt. v. 11.03.1983 – 9 S 444/82 – ADAJUR Dok.Nr. 22430; Böhm DAR 1988, 213.
36 OLG Stuttgart Urt. v. 24.08.1983 – 13 U 75/83 – DAR 1989, 27; LG Wuppertal Urt. v. 07.04.2010 – 8 S 92/09 – DAR 2010, 388 = zfs 2010, 519; LG Karlsruhe Urt. v. 03.09.2009 – 2 O 18/09 – ADAJUR Dok.Nr. 85308.
37 OLG Frankfurt/M. Urt. v. 08.02.2011 – 22 U 162/08 – SP 2011, 291 = BeckRS 2011, 04241; LG Köln Urt. v. 31.01.2012 – 30 O 241/10 – n. v.; LG Gera Urt. v. 14.12.2011 – 1 S 96/11 – DV 2012, 29 = BeckRS 2012, 09871; AG Syke Urt. v. 10.03.2008 – 24 C 1602/07 – n. v.; AG Kirchhain Urt. v. 29.01.2008 – 7 C 359/07 (2) – juris; AG Ansbach Urt. v. 28.12.2007 – 1 C 1266/07 – VA 2008, 41; AG Herford Urt. v. 08.03.2002 – 12 C 1609/01 – SP 2002, 247; Lachner zfs 1998, 161, 162; Fleischmann/Hillmann § 6 Rn. 20.
38 **Unentschieden** OLG Celle Urt. v. 03.02.2011 – 5 U 171/10 – NZV 2011, 505 = NJW-RR 2011, 830 (im Ergebnis scheiterte der Ersatzanspruch am schlüssigen Vortrag zur Erforderlichkeit einer Anwaltsbeauftragung zur Durchsetzung von Ansprüchen gegenüber dem Kasko-VR).

b) Nicht kongruente (nicht quotenbevorrechtigte) Sachfolgeschäden

32 Alle Sachfolgeschäden (= inkongruente Schäden) sind nicht quotenbevorrechtigt, weshalb der Haftpflicht-VR des Unfallgegners sie nur entsprechend der auf ihn entfallenden Haftungsquote ausgleichen muss. Dazu gehören **Fahrtkosten, Unkostenpauschale**[39]**, Schmerzensgeld, Verdienstausfall, Heilbehandlungs- und Eigenbeteiligungskosten** sowie **Nutzungsausfall**[40] und **Mietwagenkosten.**[41]

33 Die **Verschrottungskosten** zählen ebenso zu den Sachfolgeschäden[42] wie die **Umbaukosten** für ein Autoradio, ferner die **An- und Abmeldekosten.**[43]

34 **Prämiennachteile**, die dem VN durch die Inanspruchnahme der Versicherungsleistungen aus seinem Kaskoversicherungsvertrag infolge der Belastung seines Schadenfreiheitsrabattes entstehen (**Rückstufungsschaden**), gehören ebenfalls zu den nicht kongruenten Sachfolgeschäden.[44] Der VN verstößt nicht gegen seine Schadenminderungspflicht, wenn er bei einem Eigenverschuldensanteil seine Vollkaskoversicherung in Anspruch nimmt. Der dadurch entstehende Rabattverlust ist eine adäquate Folge des Unfallschadens, mit der der Schädiger typischerweise rechnen muss.[45]

3. Kappungsgrenze

35 Da der gegnerische Haftpflicht-VR nicht höher belastet werden darf, als es bei einer ausschließlichen Haftpflichtschadenabrechnung entsprechend der Haftungsquote der Fall gewesen wäre, muss ermittelt werden, in welcher Höhe der Haftpflicht-VR **die kongruenten Ansprüche** hätte ausgleichen müssen, wenn sie von vornherein in voller Höhe ihm gegenüber geltend gemacht worden wären. Die danach geschuldete Gesamtent-

---

39 Vgl. BGH Urt. v. 08.12.1981 – **VI ZR 153/80** – VersR 1982, 283 = NJW 1982, 827; LG Karlsruhe Urt. v. 18.04.2008 – 3 O 335/07 – JurionRS 2008, 37713; AG Halle a. d. Saale Urt. v. 26.01.2011 – 101 C 3737/10 – r+s 2014, 495.

40 OLG Düsseldorf Urt. v. 18.02.2002 – 1 U 91/01 – SP 2002, 245; LG Saarbrücken Urt. v. 01.02.2013 – 13 S 176/12 – zfs 2013, 378; LG Karlsruhe Urt. v. 18.04.2008 – 3 O 335/07 – JurionRS 2008, 37713.

41 Vgl. BGH Urt. v. 08.12.1981 – **VI ZR 153/80** – VersR 1982, 283 = NJW 1982, 827; **a. A.** Müller VersR 1989, 317, 320, der in der Anmietung eines Mietfahrzeuges einen Ersatzbeschaffungsaufwand auf Zeit sieht, der hinsichtlich der Kongruenz des Schadens nicht anders beurteilt werden könne als der Kaufpreis für das Ersatzfahrzeug, der einen Ersatzbeschaffungsaufwand auf Dauer darstelle.

42 OLG Hamm Urt. v. 10.01.2000 – 6 U 191/99 – VersR 2001, 779.

43 A. A. LG Aachen Urt. v. 10.04.1987 – 5 S 9/87 – VersR 1988, 1151.

44 OLG Celle Urt. v. 03.02.2011 – 5 U 171/10 – NZV 2011, 505 = NJW-RR 2011, 830; OLG Dresden Urt. v. 23.10.2008 – 4 U 1135/08 – VersR 2009, 824, 825 = NJW-RR 2009, 683; AG Halle a. d. Saale Urt. v. 26.01.2011 – 101 C 3737/10 – r+s 2014, 495.

45 Vgl. BGH Urt. v. 25.04.2006 – **VI ZR 36/05** – VersR 2006, 1139 = NJW 2006, 2397; BGH Urt. v. 26.09.2006 – **VI ZR 247/05** – VersR 2007, 81 = NJW 2007, 66. Vgl. OLG Hamm Urt. v. 16.10.1992 – 9 U 54/91 – VersR 1993, 1545; LG Wiesbaden Urt. v. 13.05.1998 – 1 S 414/97 – DAR 1998, 395.

schädigung fließt zunächst dem VN zu, bis seine kongruenten Ansprüche in voller Höhe – also auch über die eigentliche Haftungsquote hinaus – erfüllt sind. Nur die darüber hinausgehenden Schadenersatzzahlungen stehen dem Kasko-VR zu. Der Ersatzanspruch des VN geht also nach § 86 Abs. 1 S. 1 VVG grundsätzlich nur insoweit auf den VR über, als er zusammen mit der gezahlten Versicherungsentschädigung den Schaden des VN übersteigt. Der Kasko-VR kommt erst dann zum Zuge, wenn die kongruenten Forderungen des VN in vollem Umfange befriedigt sind, eine Folge des Quotenvorrechts des VN in § 86 Abs. 1 S. 2 VVG, wonach sich der Übergang der Schadenersatzforderungen auf den VR nach erfolgter Kaskoregulierung nicht zum Nachteil des VN auswirken darf. Zusätzlich kann der VN vom Haftpflicht-VR immer auch die **nicht kongruenten Sachfolgeschäden** entsprechend der auf seinen Unfallgegner entfallenden Haftungsquote verlangen.

Durch diese **Kombination** von gesetzlichen Schadenersatzansprüchen und vertraglichen Versicherungsansprüchen kann der VN selbst bei einem nicht unerheblichen Eigenverschulden seinen **Restschaden minimieren.** Der Haftpflicht-VR zahlt nie mehr als die Quote aus dem Gesamtschaden, der Kasko-VR zahlt nie mehr als vertraglich nach den AKB vereinbart und der VN erhält nie mehr als 100 % seines Schadens ersetzt. 36

4. Anwendung des Quotenvorrechts - Berechnungsbeispiele

Der VN unterhält eine Vollkaskoversicherung, in der der Ersatz des Fahrzeugschadens unter Abzug einer Selbstbeteiligung von 1.000,00 € vereinbart ist. Bei einem Unfall, den der VN zu 75 % und der Unfallgegner zu 25 % verursacht hat, sind folgende Schäden beim VN angefallen: 37

Reparaturkosten:	15.000,00 €
Wertminderung (merkantil):	1.000,00 €
Mietwagenkosten:	1.200,00 €
Abschleppkosten:	250,00 €
Gutachterkosten:	550,00 €
Unkostenpauschale:	25,00 €
Gesamtschaden des VN:	18.025,00 €

a) Vorrangige Inanspruchnahme des eigenen Kasko-VR

Nimmt der VN seinen Unfallgegner bzw. dessen Haftpflicht-VR in Anspruch, erhält er nur 25 % seines Schadens erstattet, entsprechend 4.506,25 €. Fordert er hingegen den versicherungsrechtlichen **Anspruch gegenüber seinem Kasko-VR** ein, kann er mit einer Zahlung in Höhe von 14.000,00 € rechnen (Reparaturkosten abzüglich der Selbstbeteiligung). Daneben kann er seinen **restlichen Schaden beim gegnerischen Haftpflicht-VR** wie folgt geltend machen: 38

Der von der Kaskoversicherung erfasste **kongruente, unmittelbare Sachschaden des VN** besteht aus den Reparaturkosten, der Wertminderung, den Abschlepp- sowie Gutachterkosten. Von der Summe dieser Positionen (= 16.800,00 €) hat der Haftpflicht-VR des Unfallgegners eine Quote von 25 %, entsprechend 4.200,00 € zu zah-

A.2.5.8 AKB Selbstbeteiligung

len. Die dem VN zustehende Gesamtentschädigung darf jedoch unter Berücksichtigung der bereits erhaltenen Zahlung des Kasko-VR 100 % seines kongruenten Gesamtschadens nicht übersteigen. Zusammen mit der Kaskoentschädigung ergäbe sich eine Summe von 14.000,00 € + 4.200,00 € = 18.200,00 €. Da 100 % seines kongruenten Gesamtschadens aber nur 16.800,00 € ausmachen, stehen dem VN aufgrund seines Quotenvorrechts nur noch weitere 2.800,00 € zu, während der verbleibende Differenzanspruch in Höhe von 1.400,00 € nach § 86 Abs. 1 S. 1 VVG auf den Kasko-VR übergeht.

Zu beachten ist daher, dass trotz der Entschädigungsleistung des Kasko-VR an den VN in Höhe von 14.000,00 € der Anspruch des VN gleichwohl nicht in Höhe von 4.200,00 € auf den VR übergeht. Denn dann könnte der VN keine weiteren Ansprüche mehr gegenüber dem Haftpflicht-VR einfordern. Der Forderungsübergang würde sich zum Nachteil des VN auswirken, ein Ergebnis, was durch das Vorrecht des VN, bei der quotalen Zahlung des Schädigers vorrangig befriedigt zu werden, gerade ausgeschlossen sein soll, (§ 86 Abs. 1 S. 2 VVG).

Darüber hinaus kann der VN entsprechend der auf den Unfallgegner entfallenden Haftungsquote auch seinen **nicht kongruenten Sachfolgeschaden** verlangen, der aus den Mietwagenkosten und der Unkostenpauschale besteht. Von der Summe dieser Positionen (= 1.225,00 €) hat der Haftpflicht-VR des Unfallgegners eine Quote von 25 % zu zahlen, also 306,25 €.

Ergebnis: Während der VN bei einer Inanspruchnahme nur des Haftpflichtversicherers des Unfallgegners lediglich 4.506,25 € erhalten würde, kann er **bei einer Kombination aus Vollkasko- und Haftpflichtabrechnung** eine Gesamtentschädigung von 17.106,25 € erzielen (Zahlung des **Kasko-VR** = 14.000,00 €: 15.000,00 € ./. 1.000,00 € Selbstbeteiligung; Zahlung des gegnerischen **Haftpflicht-VR** = 3.106,25 €: 2.800,00 € auf den quotenbevorrechtigten Sachschaden + weitere 306,25 € auf den nicht quotenbevorrechtigten Sachfolgeschaden). Daneben kann er beim Haftpflicht-VR seinen Rückstufungsschaden, den er durch die Inanspruchnahme seiner Kaskoversicherung erleidet, zu 25 % geltend machen und die ihm ggf. entstandenen Rechtsanwaltskosten nach dem Streitwert von 4.506,25 € ersetzt verlangen, obwohl er vom Haftpflicht-VR nur 3.106,25 € (2.800,00 € + 306,25 €) erhalten hat. Zur Vermeidung von Fehlern bei einer kombinierten Schadenabrechnung sollte der Haftpflichtanspruch nach Möglichkeit erst nach erfolgter Abrechnung mit dem Vollkasko-VR durchgesetzt werden.

39 Auf der Grundlage des vorstehenden Beispiels bietet sich folgendes anwaltliches **Muster-Abrechnungsschreiben** gegenüber dem Haftpflicht-VR des Unfallgegners an:

Selbstbeteiligung   A.2.5.8 AKB

»Ich beziffere die Schadenersatzansprüche meines Mandanten wie folgt:
1. Von der Kaskoversicherung erfasster unmittelbarer Sachschaden:

Reparaturkosten	*15.000,00 €*
Wertminderung	*1.000,00 €*
Abschleppkosten	*250,00 €*
Gutachterkosten	*550,00 €*
Schaden insgesamt	*16.800,00 €*
Hierauf hat der Kaskoversicherer gezahlt	*– 14.000,00 €*
Bei meinem Mandanten verbleibender Restschaden somit	*2.800,00 €*

Der Anspruch meines Mandanten beträgt 25 % von 16.800,00 € = 4.200,00 €. Von diesem Teilbetrag aus dem Gesamtanspruch müssen meinem Mandanten aufgrund seines Quotenvorrechts verbleiben
                                                                           2.800,00 €.

2. Von der Kaskoversicherung nicht umfasster Sachfolgeschaden

Mietwagenkosten	*1.200,00 €*
Unkostenpauschale	*25,00 €*
Schaden insgesamt	*1.225,00 €*
Hierauf haben Sie entsprechend der Haftungsquote 25 % zu zahlen, entsprechend	*306,25 €.*

Der Gesamtanspruch meines Mandanten setzt sich somit zusammen aus dem

Unmittelbaren Sachschaden	*2.800,00 €*
Sachfolgeschaden	*306,25 €*
Zu erstattender Gesamtschaden	*3.106,25 €.*

Ich fordere Sie auf, diesen Betrag bis spätestens . . . . . zu zahlen.«

b) Vorrangige Inanspruchnahme des gegnerischen Haftpflicht-VR

Probleme können entstehen, wenn der von einem Kaskoversicherungsvertrag umfasste **kongruente Schaden** noch **vor der Leistung des Kasko-VR vom Schädiger ersetzt** wird. In obigem Beispielsfall müsste der gegnerische Haftpflicht-VR den Schaden des VN unter Zugrundelegung einer Haftungsquote von 25 % nur in Höhe von 4.506,25 € ausgleichen. Bei der anschließenden Inanspruchnahme des Kasko-VR wäre dieser daran gehindert, neben der Selbstbeteiligung von 1.000,00 € auch den vom Haftpflicht-VR

40

A.2.5.8 AKB Selbstbeteiligung

gezahlten Betrag von 4.506,25 € in voller Höhe von seiner Entschädigungsleistung absetzen. Vielmehr wäre zu berücksichtigen, dass **in der Regulierungssumme des Haftpflicht-VR ein 25 %-iger Anteil des unmittelbaren Sachschadens** (25 % von 16.800,00 € = 4.200,00 €) enthalten ist und **hiervon** nur 1.400,00 € zugunsten des Kasko-VR zur Anrechnung kommen, während **2.800,00 € beim VN verbleiben**. Denn diese 2.800,00 € stellen die Differenz dar zwischen der nach dem Kaskoversicherungsvertrag geschuldeten Entschädigungsleistung des Kasko-VR (15.000,00 € Reparaturkosten abzüglich 1.000,00 € Selbstbeteiligung = 14.000,00 €) und der Summe der unmittelbaren Sachschäden (16.800,00 €). Diese Differenz steht dem VN zu, da sie den quotalen Haftungsanteil des Haftpflicht-VR auf den unmittelbaren Sachschaden (im Beispielsfall 25 % von 16.800,00 € = 4.200,00 €) nicht übersteigt.

Ergebnis: Auch bei vorrangiger Zahlung des gegnerischen Haftpflicht-VR und nachrangiger Inanspruchnahme des eigenen Kasko-VR erzielt der VN **bei einer Kombination aus Vollkasko- und Haftpflichtabrechnung** eine Gesamtentschädigung von **17.106,25 €** (Zahlung des gegnerischen **Haftpflicht-VR = 4.506,25 €**: 4.200,00,00 € auf den quotenbevorrechtigten Sachschaden + weitere 306,25 € auf den nicht quotenbevorrechtigten Sachfolgeschaden; Zahlung des **Kasko-VR = 12.600,00 €**: 15.000,00 € ./. 1.000,00 € Selbstbeteiligung ./. 1.400,00 €, um die der VN durch die Zahlung des Haftpflicht-VR auf den unmittelbaren Sachschaden bereichert ist).

41 **Entschädigt der Kasko-VR** seinen VN **in Unkenntnis** einer bereits zuvor erfolgten Teilzahlung des Haftpflicht-VR auf den unmittelbaren Sachschaden, kommt es zu einer **Überzahlung beim VN** bezüglich seiner kongruenten Schäden. Da die Zahlung des Haftpflicht-VR beim VN, soweit kongruente Schadenpositionen betroffen sind, zu einem Wegfall seines Entschädigungsanspruchs gegenüber seinem Kasko-VR führt, wird dieser insoweit leistungsfrei. Leistet er in Unkenntnis dieses Umstandes dennoch, steht ihm ein **Bereicherungsanspruch** gegen den VN zu. Diesem kann der VN nicht unter Berufung auf sein Quotenvorrecht mit der Begründung entgegentreten, auf seine inkongruenten Schäden habe der Schädiger bislang noch keine Zahlungen erbracht, weshalb er zu einer Verrechnung befugt sei. **Die vom Haftpflicht-VR unstreitig auf den kongruenten Sachschaden geleisteten Zahlungen kann der VN nicht** unter Berufung auf sein Quotenvorrecht **mit** anderen, nicht vom Umfang der Kaskoversicherung umfassten **inkongruenten Schadenpositionen verrechnen**.[46] Eine andere Betrachtungsweise würde im Ergebnis dazu führen, dass die Leistungen des Kasko-VR nach Wahl des VN auch auf die inkongruenten Schäden bezogen werden könnten, obwohl diese vom Versicherungsschutz nicht umfasst sind.[47]

---

46 OLG Dresden Urt. v. 23.10.2008 – 4 U 1135/08 – VersR 2009, 824, 825 = NJW-RR 2009, 683; LG Düsseldorf Urt. v. 02.03.2007 – 20 S 198/06 – SP 2007, 401.
47 OLG Dresden Urt. v. 23.10.2008 – 4 U 1135/08 – VersR 2009, 824 = NJW-RR 2009, 683.

Selbstbeteiligung A.2.5.8 AKB

c) **Kombinierte Abrechnung bei grob fahrlässiger Herbeiführung des Versicherungsfalles**

Keine Änderungen ergeben sich, wenn der VN den **Unfall grob fahrlässig herbeigeführt** hat und der Kasko-VR berechtigt ist, die Entschädigungsleistung nach A.2.16.1 S. 2, § 81 Abs. 2 VVG zu kürzen. Wichtig ist, dass die Selbstbeteiligung des VN erst zuletzt abgezogen werden darf, also nach der vorgenommenen Quotelung und nicht schon vorher,[48] (vgl. A.2.5.8 AKB Rdn. 6). Die offene Differenz, die der VN von seinem Kasko-VR nicht erhält, kann er aufgrund seines Quotenvorrechts beim Haftpflicht-VR des Schädigers geltend machen, vorausgesetzt, der Anspruch übersteigt nicht die Haftungsquote, die der Haftpflicht-VR aus Haftpflichtgesichtspunkten verschuldet. Dieser Betrag stellt immer die Obergrenze der möglichen Gesamtentschädigung des VN dar. Insofern ist der Anspruch des VN »gedeckelt«. Zu beachten ist, dass diese Verfahrensweise ausschließlich bei den kongruenten, unmittelbaren Sachschäden möglich ist. Die Sachfolgeschäden sind nicht quotenbevorrechtigt.

42

▶ **Beispiel:**

43

Der VN hat ein Stoppschild grob fahrlässig überfahren und ist mit einem vorfahrtsberechtigten Fahrzeug, welches die zulässige Geschwindigkeit erheblich überschritten hatte, zusammengestoßen. Die Unfallbeteiligten haben den Unfall je zu 50 % schuldhaft mitverursacht. Bei einem Fahrzeugschaden von 10.000,00 € ergibt sich unter Berücksichtigung einer Selbstbeteiligung von 1.000,00 € bei einem 50 %-igen Mitverschulden des VN beim Unfall und einer groben Fahrlässigkeit, die beim Kasko-VR eine Leistungskürzung von 30 % rechtfertigt, folgendes:

Zahlung des Kasko-VR: 10.000,– € ./. 30 % Leistungskürzung nach A.2.16.1 S. 2 AKB, § 81 Abs. 2 VVG = 7.000,00 € ./. SB = 6.000,– €. Nach Zahlung des VR geht der Schadenersatzanspruch des VN gegen den anderen Unfallbeteiligten grundsätzlich nach § 86 Abs. 1 S. 1 VVG auf den Kasko-VR über. Jedoch ist der Sachschaden des VN in Höhe von 4.000,00 € durch den Kasko-VR nicht ausgeglichen worden. Insoweit findet der Forderungsübergang auf den VR nicht statt. Der VN hat aufgrund seines Quotenvorrechts nach § 86 Abs. 1 S. 2 VVG die Möglichkeit, diesen Betrag beim Haftpflicht-VR einzufordern. Dieser muss aber nur insoweit zahlen, als er aus Haftpflichtgesichtspunkten hierzu verpflichtet wäre. Daraus ergibt sich folgendes:

Abrechnung über den Haftpflicht-VR: 10.000,– € ./. 50 % Mithaftung = 5.000,00 € Anspruch des VN. Von diesen 5.000,00 € stehen dem VN nach dem Quotenvorrecht 4.000,00 € zu. Auf den VR gehen nach § 86 Abs. 1 S. 1 VVG nur noch die verbleibenden 1.000,– € über.

Ergebnis: Auch in diesem Fall lohnt es sich für den VN, zunächst seinen Kasko-VR und anschließend den Haftpflicht-VR des Unfallgegners in Anspruch zu nehmen.

---

48 Ebenso Stiefel/Maier/*Meinecke* A.2.12 AKB Rn. 2; **a.A.** OLG Naumburg Urt. v. 03.12.2009 – 4 U 133/08 – r+s 2010, 319 = SP 2010, 227.

Stomper

A.2.6 AKB Sachverständigenverfahren bei Meinungsverschiedenheit über die Schaden-

> Trotz des nicht unerheblichen Mitverschuldens erhält der VN durch die kombinierte Abrechnungsmethode im Beispielsfall 100 % seines Fahrzeugschadens ersetzt.

c) **Prozessuales**

44 **Zahlt der Kasko-VR nach Klageeinreichung gegen den Schädiger** bzw. dessen Haftpflicht-VR, aber **vor Eintritt der Rechtshängigkeit**, so kann der Kläger (= Geschädigter = Kasko-VN) seine Klage unter Hinweis auf die nach § 269 Abs. 3 S. 3, Abs. 4 ZPO zu treffende Kostenentscheidung zurücknehmen; eine einseitige Erledigungserklärung des Klägers ist in eine Klagerücknahme umzudeuten. Im Einzelfall kann es sachgerecht sein, den Schädiger trotz Verzuges nicht mit den vollen Kosten zu belasten, sondern eine hälftige Kostenteilung vorzunehmen.[49] Zahlt der Kasko-VR **nach Eintritt der Rechtshängigkeit**, führt dies beim Kläger trotz des Anspruchsüberganges auf den Kasko-VR nach § 86 Abs. 1 VVG nicht zum Verlust seiner Aktivlegitimation. Nach § 265 Abs. 2 ZPO ist der Kläger zur Fortführung des Rechtsstreites in gesetzlicher Prozessstandschaft verpflichtet. Dazu muss er seinen Klageantrag auf Zahlung an den Kasko-VR umstellen. Erklärt er stattdessen den Rechtsstreit einseitig für erledigt, ist seine Klage auf Feststellung der Erledigung kostenpflichtig abzuweisen.[50] Denn die Zahlung des Kasko-VR während des Haftpflichtprozesses führt nicht zu einer Erledigung der Hauptsache, sondern ist gemäß § 265 Abs. 3 ZPO zu behandeln. Schließt sich allerdings der Haftpflicht-VR der Erledigungserklärung an, ist das Gericht hieran auch bei unterbliebener Umstellung des Klageantrages gebunden.[51]

A.2.6 Sachverständigenverfahren bei Meinungsverschiedenheit über die Schadenhöhe

A.2.6.1 Bei Meinungsverschiedenheiten zur Schadenhöhe einschließlich der Feststellung des Wiederbeschaffungswerts oder über den Umfang der erforderlichen Reparaturarbeiten muss vor Klageerhebung ein Sachverständigenausschuss entscheiden.

A.2.6.2 Für den Ausschuss benennen Sie und wir je einen Kraftfahrzeugsachverständigen. Wenn Sie oder wir innerhalb von zwei Wochen nach Aufforderung keinen Sachverständigen benennen, wird dieser von dem jeweils Anderen bestimmt.

A.2.6.3 Soweit sich der Ausschuss nicht einigt, entscheidet ein weiterer Kraftfahrzeugsachverständiger als Obmann. Er soll vor Beginn des Verfahrens von dem Ausschuss gewählt werden. Einigt sich der Ausschuss nicht über

---

49 OLG Karlsruhe Urt. v. 13.12.2013 – 1 U 51/13 – zfs 2014, 396.
50 OLG Karlsruhe Urt. v. 13.12.2013 – 1 U 51/13 – zfs 2014, 396; OLG Brandenburg Urt. v. 01.07.2010 – 12 U 15/10 – BeckRS 2010, 19827.
51 OLG Frankfurt/M. Urt. v. 28.10.2014 – 22 U 150/13 – BeckRS 2015, 08039.

die Person des Obmanns, wird er über das zuständige Amtsgericht benannt. Die Entscheidung des Obmanns muss zwischen den jeweils von den beiden Sachverständigen geschätzten Beträgen liegen.

A.2.6.4 Die Kosten des Sachverständigenverfahrens sind im Verhältnis des Obsiegens zum Unterliegen von uns bzw. von Ihnen zu tragen.

Hinweis: Bitte beachten Sie zum Rechtsweg L.1.3.

Übersicht

	Rdn.
A. Allgemeines	1
I. Rechtsnatur des Sachverständigenverfahrens	1
II. Bedeutung des Sachverständigenverfahrens für die Parteien	4
B. Regelungsgehalt – Sachverständigenverfahren bei Meinungsverschiedenheit über die Schadenhöhe – A.2.6 AKB (§ 14 AKB 2007 a. F.; A.2.17 AKB 2008 a. F.)	6
I. Entscheidung durch Sachverständigenausschuss – A.2.6.1 AKB	6
II. Benennung von Sachverständigen – A.2.6.2 AKB	15
1. Einleitung des Verfahrens	15
2. Kraftfahrzeugsachverständige als Schiedsgutachter	20
a) Rechtliche Stellung zu den Parteien	20
b) Befangenheit eines Sachverständigen	23
c) Abberufung eines Sachverständigen	29
d) Qualifikation der Sachverständigen	30
e) Verfahren vor dem Ausschuss	32
III. Verfahren bei Nichteinigung – A.2.6.3 AKB	36
1. Wahl des Obmanns	36
2. Kraftfahrzeugsachverständiger als Obmann	40
a) Zuständigkeit des Obmanns	40
b) Rechtliche Stellung zu den Parteien	41
IV. Verfahrenskosten und Kostenverteilung – A.2.6.4 AKB	42
C. Weitere praktische Hinweise	46
I. Folgen einer Klage des VN ohne vorheriges Sachverständigenverfahren	46
1. Fehlende Fälligkeit des Anspruches	46
2. Unbeachtlichkeit der Einrede des VR	50
II. Klage gemäß § 84 VVG nach bereits eingeleitetem oder abgeschlossenem Sachverständigenverfahren	56
1. Auslandsschäden	58
2. Anfechtung des Gutachtens	59
a) Verfahren	59
b) Offenbare Abweichung von der wirklichen Sachlage	62
c) Erhebliche Abweichung von der wirklichen Sachlage	69
3. Sonstige Hinderungsgründe für die Erstellung des Gutachtens	72

A. Allgemeines

I. Rechtsnatur des Sachverständigenverfahrens

Bei dem nach A.2.6 AKB festgelegten Sachverständigenverfahren handelt es sich um ein **Schiedsgutachterverfahren** auf der Basis einer Schiedsvereinbarung, bei der sich die Ver- 1

A.2.6 AKB Sachverständigenverfahren bei Meinungsverschiedenheit über die Schaden-

tragspartner des Versicherungsvertrages zulässigerweise darauf verständigt haben, Streitigkeiten über die Höhe eines Schadens einschließlich der Feststellung des Wiederbeschaffungswertes oder des Umfanges der erforderlichen Reparaturarbeiten von einem Sachverständigenausschuss entscheiden zu lassen. Dieser nimmt allerdings **nicht die Funktion eines Schiedsgerichts** im Sinne der §§ 1025 ff. ZPO wahr, **sondern wird als Gremium von unabhängigen Schiedsgutachtern i. S. d.** §§ 317 ff. **BGB** tätig.[1] Die Entscheidung des Ausschusses ist daher auch nicht mit einem Schiedsspruch gleichzusetzen, aus dem vollstreckt werden und gegen den die unterlegene Partei entsprechend den Vorschriften zum schiedsrichterlichen Verfahren Rechtsbeschwerde gemäß § 1065 ZPO einlegen könnte. Vielmehr **entscheiden** die Ausschussmitglieder über alle wesentlichen Streitpunkte **durch ein Gutachten**. Es spiegelt dasjenige Ergebnis wider, auf das sich die Sachverständigen einvernehmlich verständigt haben. Sofern sie sich nicht einigen können, ist ein Obmann zur Entscheidung berufen, der von den Ausschussmitgliedern grundsätzlich bereits vor Beginn des Sachverständigenverfahrens zu wählen ist. Gegen ein vermeintlich unrichtiges Gutachten kann sich die unterlegene Vertragspartei trotzdem zur Wehr setzen.

2 Da A.2.6 AKB als vertragliche Vereinbarung der gesetzlichen Bestimmung des § 84 VVG nachgebildet ist, sind der unterlegenen Partei Anfechtungsmöglichkeiten eröffnet, indem sie die Höhe der Kaskoentschädigung durch ein ordentliches Gericht bestimmen lässt. Voraussetzung hierfür ist, dass **die Feststellung** des Ausschusses (oder des Obmanns) »**offenbar von der wirklichen Sachlage erheblich abweicht**«. In diesem Fall gilt die getroffene Feststellung der Sachverständigen als nicht verbindlich, so dass sie durch eine gerichtliche Entscheidung ersetzt werden kann, § 84 Abs. 1 S. 2 VVG (vgl. A.2.6 AKB Rdn. 62 ff.).

3 Die Regelung in A.2.6 AKB begünstigt auch nicht in sittenwidriger Weise (§ **138 BGB**) den VR gegenüber dem VN, denn der VR muss die Kosten des Verfahrens tragen, wenn der Ausschuss zu dem Ergebnis kommt, dass die Forderung des VN berechtigt ist,[2] (vgl. A.2.6.4 AKB).

II. Bedeutung des Sachverständigenverfahrens für die Parteien

4 Sofern zwischen VN und VR **Streit über die Höhe der Entschädigungsleistung** besteht, muss der VN nach A.2.6 AKB grundsätzlich ein Sachverständigenverfahren als vertraglich vereinbartes Schiedsverfahren vorschalten, ehe er Klage erheben kann. Das speziell für Kaskoschäden vorgesehene Verfahren soll helfen, Meinungsverschiedenheiten

---

1 Vgl. BGH Urt. v. 03.03.1982 – **VIII ZR 10/81** – NJW 1982, 1878 = MDR 1982, 928; BGH Urt. v. 04.06.1981 – **III ZR 4/80** – VersR 1981, 882 = MDR 1982, 36 (**zur Abgrenzung von Schiedsvertrag und Schiedsgutachtervertrag**); BGH Urt. v. 30.11.1977 – **IV ZR 42/75** – VersR 1978, 121 = MDR 1978, 561; BGH Urt. v. 11.06.1976 – **IV ZR 84/75** – VersR 1976, 821 = MDR 1976, 1008; OLG Hamburg Beschl. v. 13.01. u. 24.02.2009 – 14 U 176/08 – VersR 2009, 1485 = r+s 2010, 233; OLG Nürnberg Urt. v. 28.07.1994 – 8 U 3805/93 – VersR 1995, 412 = NJW-RR 1995, 544.
2 OLG Hamburg Beschl. v. 13.01. u. 24.02.2009 – 14 U 176/08 – VersR 2009, 1485 = r+s 2010, 233 (zu § 14 AKB a. F.).

schnell und kostengünstig gerade in solchen Streitfällen zu bereinigen, in denen auch ein ordentliches Gericht zur Urteilsfindung weitestgehend auf die fremde Sachkunde eines Kfz-Sachverständigen zurückgreifen müsste.[3]

Die Durchführung des Sachverständigenverfahrens unterliegt der jederzeitigen **Disposition der Vertragsparteien**. Diese können einvernehmlich (stillschweigend oder ausdrücklich) sowohl auf die Einberufung des Ausschusses verzichten, als ihn auch durch Benennung zusätzlicher Ausschussmitglieder erweitern. Entsprechend dem Willen der Parteien kann der Ausschuss auch zusätzliche Streitigkeiten, die nicht die Schadenhöhe betreffen, mit entscheiden. Auch ein ausdrücklich oder konkludent erklärter Verzicht des VR auf die Durchführung des Verfahrens ist möglich, so dass für den VN sofort die Möglichkeit einer Klage eröffnet ist. 5

B. Regelungsgehalt – Sachverständigenverfahren bei Meinungsverschiedenheit über die Schadenhöhe – A.2.6 AKB (§ 14 AKB 2007 a. F.; A.2.17 AKB 2008 a. F.)

I. Entscheidung durch Sachverständigenausschuss – A.2.6.1 AKB

Voraussetzung für die Einleitung des Sachverständigenverfahrens ist das Vorliegen einer **Meinungsverschiedenheit**. Dafür reicht es aus, dass Uneinigkeit über die vom VR ermittelten Reparaturkosten besteht und der VN einen höheren Kostenbetrag für die erforderliche Instandsetzung behauptet an den, den der VR ermittelt hat; nicht erforderlich ist hingegen, dass der regelmäßig nicht fachkundige VN seine Gründe für die Annahme höherer Reparaturkosten im Einzelnen darlegt oder gar zunächst ein eigenes, kostenpflichtiges Gutachten einholt, um hierauf gestützt überhaupt ein Sachverständigenverfahren einleiten zu können.[4] 6

Es muss sich um **Meinungsverschiedenheiten über die Höhe des** dem VN entstandenen **Schadens** handeln. Dazu zählen Streitigkeiten über die Feststellung des **Wiederbeschaffungswerts**,[5] (vgl. A.2.5.1.6 AKB), des **Restwerts**,[6] (vgl. A.2.5.1.7 AKB), den Umfang der erforderlichen Reparaturarbeiten oder auch die Ermittlung der erforderlichen **Reparaturkosten** einschließlich der Höhe der Stundenverrechnungssätze, Lackierkosten und UPE-Zuschläge[7] sowie Kosten der Ersatzteilbeschaffung (vgl. A.2.5.2.1 AKB), der notwendigen **Abschleppkosten** (vgl. A.2.5.2.2 AKB) und der vorzunehmenden **Abzüge »neu für alt«**[8] (vgl. A.2.5.2.3 AKB). 7

---

3 Vgl. BGH Urt. v. 08.02.1984 – **IVa ZR 49/82** – VersR 1984, 429 = NJW 1984, 2579.
4 LG Frankfurt/O. Urt. v. 15.10.2012 – 16 S 122/12 – r+s 2013, 376; Prölss/Martin/*Knappmann* A.2.17 AKB Rn. 2.
5 Vgl. AG Herborn Urt. v. 08.12.2000 – 5 C 358/00 – SP 2001, 138.
6 Vgl. AG Hagen Urt. v. 26.06.1991 – 14 C 92/91 – zfs 1991, 314.
7 LG Frankfurt/O. Urt. v. 15.10.2012 – 16 S 122/12 – r+s 2013, 376; Prölss/Martin/*Knappmann* A.2.17 AKB Rn. 5.
8 Vgl. LG Hagen Urt. v. 09.08.1988 – 11 S 193/88 – zfs 1988, 396; AG Dortmund Urt. v. 31.07.1990 – 125 C 5821/90 – zfs 1990, 314; **a. A.** AG Nürnberg Urt. v. 27.05.1987 – 12 C 5914/86 – zfs 1988, 116, das die strittige Frage eines Abzuges »neu für alt« als Rechtsfrage ansieht.

A.2.6.1 AKB   Entscheidung durch Sachverständigenausschuss

8   Der Ausschuss hat auch darüber zu befinden, ob in die Reparaturkostenrechnung bzw. die Kalkulation des Sachverständigen solche Positionen eingeflossen sind, die **unfallfremde Vorschäden** betreffen.[9] Die Fragen, welche Schäden kausal auf das Unfallereignis zurückzuführen sind und in welcher Höhe sie Wiederherstellungskosten auslösen, gehören beide zu dem *»Umfang der erforderlichen Reparaturarbeiten«* i. S. d. A.2.6.1 AKB.[10]

9   Auch Meinungsverschiedenheiten über die **Höhe des Neupreises** eines fabrikneuen Fahrzeuges (vgl. A.2.5.1.8 AKB) fallen regelmäßig in die Zuständigkeit des Ausschusses,[11] weil es in solchen Fällen häufig nicht nur um die Feststellung der unverbindlichen Kaufpreisempfehlung des Herstellers geht, sondern vor allem um die Höhe des in Abzug zu bringenden **ortsüblichen Nachlasses**, den der VR regelmäßig höher ansetzt als der VN.[12] Gerade bei der Klärung dieser Fragen kommt es auf die Fachkenntnisse eines Kfz-Sachverständigen an.

10 **Ist hingegen streitig**, ob der VN einen **Rechtsanspruch auf die Anrechnung von Rabatten** hat,[13] oder ist er der Ansicht, das Fahrzeug auch beim Kfz-Händler seines Vertrauens, der Nachlässe nicht gewähre, unter Verzicht auf einen sonst marktüblichen 3 %-igen Rabatt kaufen zu dürfen,[14] handelt es sich um eine Rechtsfrage, über die das ordentliche Gericht zu entscheiden hat. Das gleiche gilt, wenn die Parteien nicht über eine rechtlich relevante Rechengröße zur Kalkulation des Entschädigungsanspruches streiten, sondern über die **rechtlichen Grundlagen der Berechnung**, z. B. darüber, ob der Entschädigungsanspruch des VN durch den – unstreitigen – Wiederbeschaffungswert oder die – fiktiven – Reparaturkosten begrenzt wird.[15]

11 Die Frage, ob dem VN nach dem **Diebstahl eines Navigationssystems** aufgrund besonderer Umstände auf dem Markt für Navigationsgeräte der **Neuwert oder** nur der **Wiederbeschaffungswert** eines vergleichbaren gebrauchten Ersatzgerätes zusteht, ist eine Rechtsfrage, die nicht im Rahmen eines Sachverständigenverfahrens zu entscheiden ist,[16] (vgl. A.2.6 AKB Rdn. 55). Die **gegenteilige Auffassung**, wonach es sich um eine Markt betreffende Frage handele, die durch ein Sachverständigengutachten geklärt werden könne,[17] überzeugt nicht. Selbst wenn nach den Feststellungen des Sachverständigen für das konkret entwendete Gerät ein Gebrauchtgerätemarkt existie-

---

9   Vgl. OLG Hamm Urt. v. 05.10.1988 – 20 U 344/87 – VersR 1989, 906; AG Köln Urt. v. 30.11.2011 – 265 C 47/11 – SP 2012, 188.
10 Vgl. OLG Hamburg Beschl. v. 09.05.2012 – 14 U 3/12 – r+s 2013, 221 mit kritischer Anmerkung Maier, r+s 2013, 221.
11 Vgl. OLG Saarbrücken Urt. v. 21.06.1995 – 5 U 982/94 – VersR 1996, 882 = r+s 1995, 329; a. A. LG Münster Urt. v. 01.03.1990 – 8 S 187/89 – NJW-RR 1990, 994.
12 Vgl. AG Essen Urt. v. 11.04.1994 – 12 C 33/94 – VersR 1995, 911.
13 Vgl. OLG Celle Urt. v. 14.07.1994 – 8 U 117/93 – r+s 1995, 243.
14 LG Münster Urt. v. 01.03.1990 – 8 S 187/89 – NJW-RR 1990, 994.
15 OLG Saarbrücken Urt. v. 06.08.2003 – 5 U 180/03 – zfs 2004, 23.
16 AG Köln Urt. v. 02.11.2010 – 264 C 311/09 – r+s 2011, 332 = NZV 2011, 496; AG Essen Urt. v. 31.08.2007 – 20 C 1/07 – r+s 2008, 13 = SP 2007, 403.
17 LG Erfurt Urt. v. 29.11.2012 – 1 S 197/12 – zfs 2013, 217; LG Düsseldorf Urt. v.

ren sollte, kann die Verweisung auf diesen Markt für den VN aus Rechtsgründen gleichwohl unzumutbar sein, insbesondere, wenn die Seriösität des Gebrauchtgerätemarktes zweifelhaft ist, (vgl. A.2.1.2 AKB Rdn. 68 ff.). Das Sachverständigenverfahren ist daher nur dann durchzuführen, wenn der Anspruch des VN auf den Wiederbeschaffungswert unstreitig ist und lediglich die Höhe der Wiederbeschaffungskosten für ein vergleichbares Gerät zu klären ist.

Die **Unterscheidung zwischen Unfallschäden und Betriebs-, Brems- oder Bruchschäden** fällt nicht in die Zuständigkeit des Ausschusses, weil es sich um die Klärung von **Rechtsfragen** handelt, die zudem ausschließlich den Grund und nicht die Höhe des Anspruches betreffen. Dies gilt auch, soweit es um die technische Beurteilung der Schäden geht.[18] Um die nicht gedeckten Betriebs-, Brems- und Bruchschäden, die in A.2.2.2.2 Abs. 2 AKB beispielhaft beschrieben sind, von den gedeckten Unfallschäden abgrenzen zu können, muss eine Einordnung vorgenommen werden, für die neben technischen vor allem auch juristische Fragen zu beantworten sind. Es ist daher vorrangig festzustellen, **ob der** im Einzelfall vom VN reklamierte **Schaden überhaupt unter den Schutz der Vollkaskoversicherung fällt**. Nur soweit sich dies nach juristischer Überprüfung bestätigt und kein Risikoausschluss eingreift, ist die Entschädigungspflicht dem Grunde nach zu bejahen. Dies festzustellen ist allein Aufgabe der ordentlichen Gerichte. Demgegenüber muss sich die Zuständigkeit des Sachverständigenausschusses auf solche Streitigkeiten beschränken, bei denen es ausschließlich um die technische Zuordnung eines Schadenbildes in das Gefüge gesicherter juristischer Definitionen geht.[19]

12

Streitigkeiten um die **Deckungspflicht** dem Grunde nach,[20] die Feststellung der **Schadenursache**,[21] **Obliegenheitsverletzungen** des VN und die sich daraus ergebenden Rechtsfolgen können nie Gegenstand eines Sachverständigenverfahrens sein. Für diese Fragen ist das **ordentliche Gericht** zuständig.

13

Ist nach Maßgabe der vorstehenden Ausführungen eine »Meinungsverschiedenheit« zu bejahen, so darf der **VN** nicht sofort Klage erheben. Vielmehr ist er nach dem insoweit ausdrücklichen Wortlaut der Klausel **verpflichtet**, vorab das **Sachverständigenverfahren einleiten**. Im Gegensatz zu A.2.17 AKB 2008 wird dieses Erfordernis durch die Umformulierung der Klausel: »*... muss vor Klageerhebung ein Sachverständigenausschuss entscheiden*« noch deutlicher als bisher hervorgehoben.

14

15.05.2009 – 20 S 188/08 – SP 2010, 84 = VK 2010, 67; AG Wiesbaden Urt. v. 21.03.2011 – 91 C 4010/10 (77) – ADAJUR Dok.Nr. 96446.
18 A. A. Stiefel/Maier/*Meinecke* A.2.17 AKB Rn. 7.
19 Pamer Rn. 592.
20 Vgl. OLG Frankfurt/M. Urt. v. 02.02.1990 – 2 U 199/89 – VersR 1990, 1384; OLG Hamm Urt. v. 26.04.1989 – 20 U 252/88 – VersR 1990, 82 = NZV 1990, 74; AG Düsseldorf Urt. v. 24.04.2001 – 48 C 397/01 – r+s 2002, 58.
21 Vgl. LG Verden Urt. v. 29.06.1990 – 8 O 609/88 – zfs 1990, 24 (**für einen Hagelschaden**).

II. Benennung von Sachverständigen – A.2.6.2 AKB

1. Einleitung des Verfahrens

15 Das Sachverständigenverfahren kann sowohl auf Veranlassung des VN, als auch des VR eingeleitet werden. Dies geschieht dadurch, dass eine der beiden Parteien **die Durchführung des Sachverständigenverfahrens verlangt** und ihren **Sachverständigen als Ausschussmitglied benennt**. Die Benennung als solche muss dem anderen Vertragspartner gegenüber erklärt werden,[22] zweckmäßigerweise – wenn auch nicht zwingend[23] – in Schriftform. Die bloße Mitteilung durch den benannten Sachverständigen an die andere Vertragspartei, er sei ernannt worden, genügt nicht.[24] Erforderlich ist, dass entweder die Vertragspartei selbst oder der benannte Sachverständige namens und in Vollmacht seines Auftraggebers die Benennungserklärung abgibt und der anderen Partei zukommen lässt.

16 Mit der Benennung des eigenen Ausschussmitgliedes muss die **Aufforderung an die andere Partei** verbunden sein, **auch ihrerseits einen Kfz-Sachverständigen zu nominieren**. Es handelt sich um eine einseitig empfangsbedürftige Willenserklärung, so dass sich im Hinblick auf § 174 BGB die Beifügung einer **Vollmachtsurkunde** empfiehlt, falls das Verlangen von einem Vertreter abgegeben wird, z. B. dem benannten Sachverständigen, dem eigenen ausgewählten Rechtsanwalt des VN oder dem Sachbearbeiter des VR in Vertretung für den seinerseits vertretungsberechtigten Vorstand des Versicherungsunternehmens. Zudem sollte die verfahrenseinleitende Partei ein Gutachten als Basis für die späteren Verhandlungen beifügen.

17 Nach Zugang des Verlangens hat die andere Partei **zwei Wochen** Zeit, um ebenfalls ihr Ausschussmitglied zu stellen. **Mit Ablauf der Frist** ist die säumige Vertragspartei mit der Benennung ihres eigenen Ausschussmitgliedes **endgültig ausgeschlossen**, so dass das Benennungsrecht für den zweiten Sachverständigen auf die Partei übergeht, die auch den ersten Sachverständigen benannt hat. Nominiert diese Partei den zweiten Sachverständigen dann ebenfalls nicht, ist das Sachverständigenverfahren insgesamt gescheitert, weil die Sachverständigen die notwendigen Feststellungen nicht treffen »können« mit der Folge, dass der Weg zu den ordentlichen Gerichten eröffnet ist, § 84 Abs. 1 S. 2 und 3 VVG.

18 **Beide Parteien sind verpflichtet, die Tätigkeit der Schiedsgutachter zu unterstützen und** bei Bedarf auch an der Aufklärung entscheidungserheblicher Punkte **mitzuwirken**. Wird die Arbeit der Sachverständigen durch eine Vertragspartei gestört, führt dies bei der anderen Partei zu Schadenersatzansprüchen wegen Nichterfüllung; lassen sich mangels Mitwirkung des VN bestimmte, für die Entscheidung der Gutachter wesentliche Punkte nicht mehr aufklären, geht dies zulasten des VN.[25] Können die Sach-

---

22 Vgl. Stiefel/Maier/*Meinecke* A.2.17 AKB Rn. 23.
23 Vgl. Stiefel/Maier/*Meinecke* A.2.17 AKB Rn. 25.
24 AG Frankfurt/O. Urt. v. 16.10.2002 – 2/5 C 422/02 – r+s 2004, 102.
25 BGH Urt. v. 11.06.1976 – **IV ZR 84/75** – VersR 1976, 821 = MDR 1976, 1008.

verständigen deswegen überhaupt keine abschließenden Feststellungen mehr treffen, muss das Gericht entscheiden, § 84 Abs. 1 S. 3 VVG.

Bei einem **Versicherungsvertrag für fremde Rechnung** nach den §§ 43 ff. VVG steht 19 das Benennungsrecht dem Versicherten zu, sofern der VN nicht Anspruchsteller ist, sondern der Anspruch vom Versicherten erhoben wird.

2. Kraftfahrzeugsachverständige als Schiedsgutachter

a) Rechtliche Stellung zu den Parteien

Die Durchführung des Sachverständigenverfahrens unterliegt keinen besonderen 20 Formvorschriften. Nach dem Wortlaut der Vertragsklausel soll der einzuberufende Ausschuss paritätisch aus je einem vom VN und einem vom VR benannten Sachverständigen besetzt werden. Es liegt auf der Hand, dass jede Partei in der Regel den Sachverständigen benennen wird, der für sie schon im Vorfeld des Verfahrens mit der Schätzung der Schadenhöhe betraut war. Dies ist nicht zu beanstanden.[26] Grundsätzlich kann von einem Sachverständigen nicht erwartet werden, dass er vollkommen neutral und unbefangen seine Ausschussarbeit aufnimmt. Vielmehr wird er versuchen, das andere Ausschussmitglied von der Richtigkeit der eigenen Berechnungen zu überzeugen und mit ihm eine Einigung herbeizuführen. Der **Sachverständige ist** in erster Linie **Interessenvertreter und Sachwalter der sie benennenden Partei.** Vertragliche Beziehungen kommen daher nur zwischen dem beauftragten Schiedsgutachter und der ihn benennenden Partei zustande, zumal auch der Auftraggeber allein für die Kosten des eigenen Gutachters haftet.

Vertragliche Bindungen zum Schiedsgutachter der Gegenpartei werden nicht begrün- 21 det. Beauftragt der VR im Rahmen einer Regulierung in der Kaskoversicherung einen Sachverständigen mit der Erstattung eines Schadengutachtens, das für den VN negativ ausfällt, so können dem VN in der Regel schon deshalb keine **Schadenersatzansprüche** gegen den Schiedsgutachter wegen einer Pflichtverletzung des Gutachtervertrages zustehen, weil der VN nicht in den Schutzbereich des Vertrages zwischen dem VR und dem Sachverständigen einbezogen ist.[27] Anderes kann ausnahmsweise – mit der Folge unmittelbarer (werk-)vertraglicher Schadenersatzansprüche gegen den Gutachter – dann gelten, wenn der Schiedsgutachtervertrag mit dem Sachverständigen nur von einer Partei der Schiedsgutachtenabrede allein abgeschlossen wurde und zugunsten der anderen Partei ein »Vertrag mit Schutzwirkung zugunsten Dritter« angenommen werden kann.[28]

Gegen den eigenen Schiedsgutachter kommen vertragliche Schadenersatzansprüche in 22 nur sehr eingeschränktem Umfange allenfalls dann in Betracht, wenn das Gutachten als

---

26 OLG Koblenz Beschl. v. 22.08.2011 – 10 U 242/11 – r+s 2012, 341.
27 OLG Nürnberg Urt. v. 19.06.2001 – 1 U 925/01 – VersR 2001, 1552 = DAR 2001, 511.
28 BGH Urt. v. 17.01.2013 – **III ZR 10/12** – NJW 2013, 1296 = MDR 2013, 336; BGH Urt. v. 06.06.1994 – **II ZR 100/92** – NJW-RR 1994, 1314 = MDR 1994, 885; vgl. BGH Urt. v. 02.11.1983 – **IVa ZR 20/82** – VersR 1984, 85 = NJW 1984, 355.

offenbar unrichtig angesehen werden muss, weil es i. S. v. § 84 Abs. 1 S. 1 VVG von der wirklichen Sachlage erheblich abweicht,[29] (vgl. A.2.6 AKB Rdn. 62 ff.). Denkbar ist im Einzelfall auch ein deliktischer Anspruch gegen den Sachverständigen aus § 826 BGB.[30]

b) Befangenheit eines Sachverständigen

23 Der Umstand, dass der von einer Partei benannte Schiedsgutachter für sie bereits in der Vergangenheit in anderen Fällen Gutachten erstattet hat und auch im Streitfall im Schadenregulierungsverfahren tätig war, stellt die grundsätzlich bindende Wirkung der Schadenfeststellung im Sachverständigenverfahren nicht infrage.[31] Auch wenn ein Gutachter regelmäßig einseitiger Interessenvertreter der ihn benennenden Vertragspartei ist, ist dieses Näheverhältnis jedenfalls so lange unschädlich, wie der Gutachter in dem Verfahren **nicht bestimmten Weisungen** seines Auftraggebers **unterworfen** ist oder zu ihm in einem **Abhängigkeits-** oder **Beschäftigungsverhältnis** steht.

24 Eine **Weisungsgebundenheit** steht einer unabhängigen Gutachtertätigkeit entgegen und bietet nicht die Gewähr dafür, dass der Sachverständige ein objektiv richtiges Gutachten erstattet.[32] Sie kann im Einzelfall dazu führen, dass bei dem betreffenden Ausschussmitglied oder gar dem Obmann aus Sicht der anderen Vertragspartei die Besorgnis der Befangenheit aufkommt. Diese lässt sich allerdings nicht schon damit begründen, dass der vom VR benannte Sachverständige in der Vergangenheit bereits als Privatgutachter für die Versicherungswirtschaft tätig war.[33]

25 Unabhängig von der Frage der Weisungsgebundenheit darf eine Vertragspartei einen **eigenen Mitarbeiter** jedenfalls nicht als Sachverständigen im Rahmen des Sachverständigenverfahrens benennen.[34] Allein sein Angestelltenstatus disqualifiziert ihn für eine Tätigkeit als Schiedsgutachter. Dies gilt für den VR wie für den VN in gleicher Weise. In der Vergangenheit haben vor allem die VR im Hinblick auf die Anforderungen an die **Qualifikation** eines Schiedsgutachters (vgl. A.2.6 AKB Rdn. 30) von der Möglichkeit Gebrauch gemacht, eigene angestellte, hausinterne Sachverständige als Ausschussmitglieder zu benennen.[35] Nach Ansicht des **BGH**[36] ist es jedoch mit dem Sinn und Zweck des Sachverständigenverfahrens, die Schadenregulierung möglichst rasch unter Hinzuziehung eines sach- und fachkundigen Dritten zu erledigen, unvereinbar, dass

---

29 Vgl. BGH Urt. v. 22.04.1965 – **VII ZR 15/65** – VersR 1965, 619 = NJW 1965, 1523; OLG Schleswig Urt. v. 21.09.1988 – 4 U 141/87 – NJW 1989, 175.
30 Zu den Voraussetzungen vgl. BGH Urt. v. 17.01.2013 – **III ZR 10/12** – NJW 2013, 1296 = MDR 2013, 336.
31 BGH Urt. v. 31.01.1957 – **II ZR 216/55** – VersR 1957, 122 = BB 1957, 312; vgl. OLG Köln Beschl. v. 04.03.1992 – 27 W 12/92 – VersR 1992, 849; LG Frankfurt/M. Urt. v. 18.06.2003 – 2-16 S 48/03 – VersR 2004, 105.
32 Vgl. BGH Urt. v. 11.06.1976 – **IV ZR 84/75** – VersR 1976, 821 = MDR 1976, 1008.
33 OLG Celle Beschl. v. 18.01.2002 – 14 W 45/01 – NJW-RR 2003, 135.
34 BGH Urt. v. 10.12.2014 – **IV ZR 281/14** – VersR 2015, 182 = zfs 2015, 91.
35 Vgl. LG Frankfurt/M. Urt. v. 18.06.2003 – 2-16 S 48/03 – VersR 2004, 105.
36 BGH Urt. v. 10.12.2014 – **IV ZR 281/14** – VersR 2015, 182 = zfs 2015, 91.

eine Partei ihren eigenen Mitarbeiter als Ausschussmitglied benennt, so z. B. der VR den **Leiter** seiner **eigenen Sachverständigenabteilung.**

Ob eine Partei berechtigt ist, den jeweils von der anderen Seite benannten **Sachverständigen wegen Besorgnis der Befangenheit abzulehnen,** ist umstritten. Der BGH[37] hat diese Frage bislang offen gelassen, in einer älteren Entscheidung aber betont, dass die Einwendung der Befangenheit analog § 406 Abs. 2 ZPO jedenfalls vor dem Zeitpunkt geltend gemacht werden muss, zu dem die Sachverständigen den Parteien ihr Gutachten – und sei es auch nur mündlich – mitgeteilt haben.[38] Im Übrigen **wird zum Teil vertreten,** keine Partei sei berechtigt, das jeweils von der anderen Seite benannte Ausschussmitglied abzulehnen, da ein – im Zweifel durch das Amtsgericht zu benennender – Obmann über divergierende Feststellungen der beiden Parteisachverständigen entscheide, wobei diese ihre jeweiligen Ergebnisse allein nach sachlichen Kriterien begründen müssten; hierdurch werde die inhaltliche Richtigkeit des Ergebnisses des Sachverständigenverfahrens gewährleistet, so dass eine mögliche oder tatsächliche Befangenheit eines der Ausschussmitglieder verfahrensrechtlich gänzlich irrelevant sei.[39] Die Abschlussentscheidung der Sachverständigen könne nur nach Maßgabe des § 84 Abs. 1 S. 1 VVG im Falle offensichtlicher Unrichtigkeit angefochten werden, wobei es gleichgültig sei, ob diese Unrichtigkeit auf der Entscheidung eines befangenen oder nicht befangenen Ausschussmitgliedes beruhe und die Entscheidung nur dann unverbindlich sei, wenn sie von einem befangenen Obmann getroffen worden sei.[40] Die **Gegenmeinung**[41] verweist darauf, dass es der betroffenen Partei nicht zugemutet werden könne, sich mit einem Gutachten abzufinden in dem Bewusstsein, dass ein Sachverständiger an der Entscheidung mitgewirkt hat, der mutmaßlich befangen und voreingenommen war. Da es einer Partei in einem gerichtlichen Verfahren oftmals nicht gelinge, die offensichtliche Unrichtigkeit des Gutachtens nachzuweisen, sei bereits bei der Befangenheit eines Sachverständigen das Gutachten als nicht verbindlich anzusehen. Für die Unverbindlichkeit komme es daher nicht mehr darauf an, ob die Feststellungen i. S. v. § 84 Abs. 1 S. 1 VVG von der wirklichen Sachlage erheblich abweichen oder nicht. Die Befangenheit des Sachverständigen könne inzident im Rahmen des Rechtsstreites über die Höhe der Entschädigungssumme gemäß § 84 Abs. 1 S. 2 VVG überprüft werden.

Der Gegenmeinung ist der Vorzug zu geben. Unumstritten ist, dass eine Ablehnung des Sachverständigen dann nicht mehr erfolgen kann, wenn das Gutachten bereits erstattet ist. Ansonsten könnte eine Partei die Ablehnung vom Ergebnis des Gutachtens abhängig machen. Sobald jedoch eine Partei im Verlauf des Sachverständigenverfahrens von Gründen erfährt, die eine nicht mehr objektive Beurteilung des Sachverständigen befürchten lassen, muss die Befangenheitsablehnung sowohl eines Ausschussmitgliedes, als auch eines Obmanns als zulässig erachtet werden.

---

37 BGH Urt. v. 10.12.2014 – **IV ZR 281/14** – VersR 2015, 182 = zfs 2015, 91.
38 BGH Urt. v. 01.04.1987 – **IVa ZR 139/85** – VersR 1987, 601 = NJW-RR 1987, 917.
39 LG Frankfurt/O. Urt. v. 17.12.2013 – 16 S 131/13 – r+s 2014, 120.
40 Stiefel/Maier/*Meinecke* A.2.17 AKB Rn. 21, 22.
41 Vgl. Prölss/Martin/*Voit* § 84 VVG Rn. 16; Römer/*Langheid* § 84 VVG Rn. 26 f.

A.2.6.2 AKB Benennung von Sachverständigen

28 Die **Ablehnung** muss analog § 406 Abs. 2 ZPO grundsätzlich vor Tätigkeitsbeginn des Sachverständigen innerhalb einer **Zweiwochenfrist** nach dessen Benennung **gegenüber der anderen Vertragspartei** erklärt werden, andernfalls die Partei ihr Anfechtungsrecht verliert, wenn sie nicht glaubhaft machen kann, dass sie ohne Verschulden verhindert war, den Ablehnungsgrund früher geltend zu machen, § 406 Abs. 2 S. 2 ZPO. Auf diese Weise ist gewährleistet, dass die Begründetheit des Einwands einer Partei, ein Ausschussmitglied oder gar der Obmann sei voreingenommen, bereits vor Abschluss des Sachverständigenverfahrens geprüft wird. Demgegenüber erscheint es auch unter rechtsstaatlichen Gesichtspunkten **bedenklich**, die den Befangenheitseinwand erhebende Partei **auf das** erst nach Abschluss des Sachverständigenverfahrens mögliche **gerichtliche Anfechtungsverfahrens nach § 84 VVG zu verweisen**. Denn häufig werden sich offensichtliche Unrichtigkeiten im Gutachten nicht nachweisen lassen, so dass die Verbindlichkeit der sachverständigenseits getroffenen Feststellungen letztlich nicht mit Erfolg wird infrage gestellt werden können, obwohl im Ergebnis vielleicht trotzdem Unrichtigkeiten vorhanden sind und diese auch allein auf der nicht objektiven Betrachtungsweise des abgelehnten Sachverständigen beruhen. Diese Beweisschwierigkeiten bestehen umso mehr, als es sich um ein Schätzgutachten handelt und die Rechtsprechung für eine offensichtliche Unrichtigkeit eine erhebliche Abweichung von der wirklichen Sachlage von jedenfalls über 15 % fordert, (vgl. A.2.6 AKB Rdn. 69 ff.). Schon eine Abweichung von nur 10 % der an sich gerechtfertigten Entschädigungssumme nach unten kann jedoch für den VN einen erheblichen finanziellen Verlust darstellen, der unter Umständen aber nur daraus resultiert, dass ein Sachverständiger, den der VN für voreingenommen hielt, im laufenden Sachverständigenverfahren wegen der Besorgnis der Befangenheit nicht abgelehnt werden konnte. Diese Nachteile lassen sich nur dadurch vermeiden, dass man einer Partei das Recht zugesteht, die **Ablehnung schon frühzeitig im Schiedsgutachterverfahren** erklären zu dürfen.

c) Abberufung eines Sachverständigen

29 Ob eine **Vertragspartei** ihr **Ausschussmitglied** nach seiner Benennung **jederzeit abberufen** und den Auftrag an einen anderen Sachverständigen vergeben darf, zu dem sie größeres Vertrauen hat, ist **umstritten**. Entgegen der Auffassung des OLG Nürnberg[42] ist **einer Partei ein solches Recht nicht zuzubilligen**,[43] und zwar auch nicht für den Fall, dass der ursprünglich beauftragte Sachverständige sein Gutachten noch nicht erstattet hat. Denn in diesem Fall hätte es jede Partei nach Belieben in der Hand, bei einem sich nach Vorgesprächen abzeichnenden Negativgutachten den eigenen Sachverständigen abzuberufen und im Extremfall so oft immer wieder einen neuen Gutachter zu benennen, bis sich das gewünschte gutachterliche Ergebnis einstellt. Abgesehen davon, dass es einer Vertragspartei auf diese Weise möglich wäre, den Verfahrensgang zeitlich nicht unerheblich zu verzögern, wäre dies auch weder mit der Objektivität des Ausschusses, noch mit dem Sinn und Zweck der Schiedsgutachterklausel in Einklang zu bringen, nach der der Gutachterausschuss einen bestehenden Streit zur Schadenhöhe

---

42 OLG Nürnberg Urt. v. 28.07.1994 – 8 U 3805/93 – VersR 1995, 412 = NJW-RR 1995, 544.
43 Im Ergebnis auch Stiefel/Maier/*Meinecke* A.2.17 AKB Rn. 24.

für die Vertragsparteien gerade verbindlich und grundsätzlich auch unanfechtbar regeln und entscheiden soll. Eine Abberufung ist daher **nur mit Zustimmung der anderen Vertragspartei** möglich.[44]

d) Qualifikation der Sachverständigen

Beide Ausschussmitglieder müssen **Kraftfahrzeugsachverständige** sein. Für die notwendige Qualifikation reicht eine entsprechende Ausbildung und berufliche Erfahrung auf dem Gebiet des Kfz-Wesens. Die Sachverständigen müssen nicht von der Handwerkskammer öffentlich bestellt und vereidigt sein. Es reicht aus, wenn das Ausschussmitglied entweder eine Vorbildung als Ingenieur der Fachrichtung Kraftfahrzeugbau bzw. Maschinenbauwesen oder als Kraftfahrzeugmeister besitzt und darüber hinaus eine mehrjährige Praxis auf dem Gebiet der Kfz-Herstellung, als Leiter eines Kfz-Reparaturbetriebes oder als freier Gutachter nachweisen kann.[45] 30

Der Sachverständige darf **kein Mitarbeiter** der ihn benennenden Vertragspartei sein. Er muss **unabhängig** und **weisungsungebunden** von seinem Auftraggeber sein, (vgl. A.2.6 AKB Rdn. 23 ff.). 31

e) Verfahren vor dem Ausschuss

Das Verfahren ist grundsätzlich formlos.[46] Die Gutachter können Zeugen anhören oder auch die Parteien zu einem mündlichen Erörterungstermin bitten. Kommen die Ausschussmitglieder nach Sichtung des Sach- und Streitstandes und ggf. Anhörung beider Parteien – die Anhörung nur einer Partei ist mit der neutralen Stellung der Schiedsgutachter nicht vereinbar – zu einem übereinstimmenden Ergebnis, so genügt es, dass sie ein gemeinsames Gutachten vorlegen und den Parteien zustellen. Erst **nach Zugang des schriftlichen Gutachtens** ist dieses **für die Parteien existent** und **verbindlich**, so dass auch **erst dann die Kaskoentschädigung fällig** wird. Auch die Sachverständigen sind erst ab diesem Zeitpunkt an das Gutachten gebunden.[47] Vorher können sie ihr Gutachten noch abändern, und zwar selbst dann, wenn sie sich zuvor bereits auf ein Ergebnis verständigt hatten.[48] Aber auch nach Zustellung des Abschlussgutachtens besteht für die Parteien noch die Möglichkeit, die Anfechtung wegen Irrtums oder Täuschung nach § 318 Abs. 2 BGB zu erklären.[49] 32

Eine **nur mündliche Bekanntgabe des Gutachtenergebnisses** durch die Sachverständigen ist demgegenüber **nicht ausreichend**, um eine Verbindlichkeit für die Parteien herbeizuführen. Vielmehr wäre dies gleichzusetzen mit einer Weigerung, das Gutachten zu erstellen und würde den Vertragsparteien den Rechtsweg eröffnen, § 84 Abs. 1 33

---

44 OLG Hamm Beschl. v. 22.06.1993 – 20 U 55/93 – r+s 1994, 184.
45 Vgl. OLG München Urt. v. 20.10.1994 – 29 U 6380/93 – DAR 1995, 259.
46 BGH Urt. v. 31.01.1957 – **II ZR 216/55** – VersR 1957, 122 = BB 1957, 312.
47 OLG Köln Urt. v. 25.07.1991 – 5 U 15/91 – VersR 1992, 693 = r+s 1991, 382.
48 Stiefel/Maier/*Meinecke* A.2.17 AKB Rn. 37.
49 *Rüffer*/Halbach/Schimikowski § 84 Rn. 15.

A.2.6.3 AKB Verfahren bei Nichteinigung

S. 2 und 3 VVG. **Verfahrensmängel** im Ausschuss berechtigen die Parteien nicht dazu, eine Wiederholung des Sachverständigenverfahrens zu verlangen. Vielmehr bestehen nur die Anfechtungsmöglichkeiten nach § 84 VVG,[50] (vgl. A.2.6 AKB Rdn. 59 ff.).

34 **Können sich die Sachverständigen nicht einigen**, erstellt jedes Ausschussmitglied sein eigenes Gutachten, das den Parteien schriftlich zuzustellen ist. **Beide Einzelgutachten sind sodann Grundlage für die Tätigkeit des Obmanns**, (vgl. A.2.6 AKB Rdn. 36 ff.). Legen die Gutachter eine gemeinsame Entscheidung weder den Parteien, noch dem Obmann vor, ist nach § 84 Abs. 1 S. 2 und 3 VVG der Klageweg eröffnet, (vgl. A.2.6 AKB Rdn. 40 ff.). Das gleiche gilt, wenn eine Partei grobe Verfahrensmängel geltend macht. Diese wirken sich im Rahmen einer Anfechtungsklage nur dann aus, wenn sich die offenbare Unrichtigkeit des Gutachtens herausstellt.

35 **Stirbt ein Ausschussmitglied** vor Verfahrensabschluss, entsteht ein neues Benennungsrecht für diejenige Vertragspartei, die den durch Tod ausgeschiedenen Sachverständigen zuvor benannt hatte.[51]

III. Verfahren bei Nichteinigung – A.2.6.3 AKB

1. Wahl des Obmanns

36 **Vor Beginn des eigentlichen Verfahrens** sollen die **Ausschussmitglieder** einen weiteren Kfz-Sachverständigen als **Obmann wählen**. Von einer Wahl kann streng genommen nicht gesprochen werden, da bei zwei Stimmen de facto eine Einigung erforderlich ist. Dem Obmann obliegt die endgültige Entscheidung des Streitfalles, wenn sich die Ausschussmitglieder bei ihrer Begutachtung nicht auf ein gemeinsames Ergebnis verständigen können. Da es sich um eine »**Soll-Bestimmung**« handelt, kann der Sachverständigenausschuss seine Arbeit grundsätzlich auch dann aufnehmen, wenn der Obmann vorab nicht bestimmt wurde. Seine Wahl muss dann jedoch baldmöglichst nachgeholt werden.

37 **Können sich die Schiedsgutachter nicht auf einen Obmann verständigen**, wird dieser auf Antrag einer der Parteien durch das Amtsgericht desjenigen Bezirks bestimmt, in dem sich der Schaden ereignet hat, **§ 84 Abs. 2 S. 1 VVG**. Das Gericht entscheidet durch unanfechtbaren Beschluss, § 84 Abs. 2 S. 3 VVG. Ist der Obmann nicht ordnungsgemäß gewählt oder durch das Amtsgericht bestimmt worden, kann später das Prozessgericht die Höhe der Entschädigung festsetzen.[52]

38 **Die Benennung des Obmanns** muss den Vertragsparteien zwar nicht mitgeteilt werden; allerdings ist den Parteien dann ohne Weiteres die Möglichkeit eröffnet, den Obmann durch das Gericht bestimmen zu lassen, weil sie davon ausgehen müssen, dass der Obmann durch den Ausschuss noch nicht gewählt wurde. Sobald der Antrag bei Ge-

---

50 BGH Urt. v. 31.01.1957 – **II ZR 216/55** – VersR 1957, 122 = BB 1957, 312.
51 OLG Hamm Urt. v. 10.07.1981 – 20 U 209/77 – VersR 1982, 57.
52 BGH Urt. v. 21.06.1989 – **IVa ZR 335/89** – r+s 1989, 295 = NJW-RR 1989, 1188.

richt gestellt ist, ist die Wahl des Obmanns der Zuständigkeit des Ausschusses entzogen.

Bei einem **Auslandsschaden** kann der Obmann nicht durch das Amtsgericht ernannt werden; vielmehr ist den Parteien die sofortige Klagemöglichkeit nach § 84 Abs. 1 S. 2 VVG eröffnet, (vgl. A.2.6 AKB Rdn. 58). 39

2. Kraftfahrzeugsachverständiger als Obmann

a) Zuständigkeit des Obmanns

Der **Obmann**, der die gleiche berufliche Qualifikation wie die Ausschussmitglieder haben muss, ist nicht Vorsitzender des Gutachterausschusses. Vielmehr **wird er erst dann tätig, wenn die Ausschussmitglieder ihre Arbeit ohne Einigung beendet** haben. Dies muss den Parteien des Sachverständigenverfahrens oder dem Obmann im Rahmen einer **gemeinsamen Erklärung** mitgeteilt werden. Andernfalls ist davon auszugehen, dass die Sachverständigen eine abschließende Feststellung nicht treffen »wollen«, was den Parteien nach § 84 Abs. 1 S. 2 und 3 VVG den Rechtsweg eröffnet. Die Einzelgutachten der Ausschussmitglieder bilden die Grundlage für die Arbeit des Obmanns. Seine abschließende **Entscheidung, die er alleine trifft** ohne Mitwirkung der anderen Gutachter, muss gemäß A.2.6.3 S. 3 AKB **zwischen den** jeweils von beiden Sachverständigen **geschätzten Beträgen** liegen, andernfalls sein Spruch von vornherein unverbindlich und unwirksam ist, ohne dass es auf eine offenbar erhebliche Abweichung von der wirklichen Sachlage ankommt.[53] 40

b) Rechtliche Stellung zu den Parteien

Im Gegensatz zu den Sachverständigen im Ausschuss ist der **Obmann kein Interessenvertreter einer einzelnen Partei**. Damit scheidet ein beim VR angestellter Sachverständiger von vornherein für diese Position aus. Da der Obmann durch die Schiedsgutachter und daher **mittelbar von beiden Parteien gewählt** wird, hat er seine Entscheidung ebenso objektiv wie unabhängig und neutral zu fällen.[54] Er nimmt eine **dem Schiedsrichter vergleichbare Stellung** ein, obwohl er kein Urteil im zivilprozessualen Sinne spricht. Seine Entscheidung ist auch nicht vollstreckbar. Eine Schadenersatzverpflichtung gegenüber den Vertragsparteien kommt nur im Falle einer vorsätzlichen Pflichtverletzung in Betracht.[55] 41

IV. Verfahrenskosten und Kostenverteilung – A.2.6.4 AKB

Kosten, die dem VN für die Hinzuziehung eines Sachverständigen entstehen, kann er vom VR gemäß § 85 Abs. 2 VVG nur ausnahmsweise erstattet verlangen. Der VN ist zwar für den Fall, dass das Sachverständigenverfahren durchzuführen ist, i. S. v. § 85 42

---

53 BGH Urt. v. 11.01.1988 – **II ZR 142/87** – VersR 1988, 372 = MDR 1988, 564; BGH Urt. v. 26.10.1967 – **II ZR 21/65** – NJW 1968, 593 = MDR 1968, 124.
54 Vgl. Stiefel/Maier/*Meinecke* A.2.17 AKB Rn. 29.
55 Vgl. BGH Urt. v. 06.10.1954 – **II ZR 149/53** – NJW 1954, 1763 = BGHZ 15, 12.

Stomper

A.2.6.4 AKB Klage ohne Sachverständigenverfahren

Abs. 2 VVG »vertraglich verpflichtet«, einen Gutachter zu beauftragen, wobei entsprechendes gilt, wenn er in Vorbereitung eines solchen Verfahrens vom VR aufgefordert wird, einen Gutachter zu benennen und hinzuzuziehen; gleichwohl ist die dispositive (vgl. § 87 VVG) Bestimmung des § 85 Abs. 2 VVG durch A.2.6.4 AKB **vertraglich** insofern **abbedungen**, als der VN nicht in jedem Fall seine Gutachterkosten voll erstattet verlangen kann. Vielmehr sind die **Kosten** des Sachverständigenverfahrens nach dem gegenseitigen Obsiegen und Unterliegen **analog § 91 ZPO** auf den VR und VN zu verteilen.[56]

43 Zu den Kosten gehören nur die **beiderseitigen Gutachterkosten** sowie die **Kosten des Obmanns**. Da der Obmann für beide Vertragsparteien als unabhängige Instanz tätig wird, haften auch beide Parteien gleichermaßen für seine Kosten. **Rechtsanwaltskosten**[57] oder **Kosten für private Gutachten**, die von einer Partei vor Beginn des Verfahrens eingeholt wurden, sind grundsätzlich **nicht ausgleichspflichtig**. Ausnahmsweise sind die Kosten für ein vom VN vor Einleitung des Sachverständigenverfahrens in Auftrag gegebenes Gutachten aber dann zu berücksichtigen, wenn dieses ein ansonsten im Sachverständigenverfahren einzuholendes Gutachten in vollem Umfange ersetzt.[58]

44 Die Klausel ist unter **AGB-rechtlichen Gesichtspunkten** nicht zu beanstanden.[59] Durch die vertraglich festgelegte Kostenverteilung wird kein vollstreckungsfähiger Kostentitel geschaffen, sondern nur ein **materiell-rechtlicher Kostenerstattungsanspruch** begründet.

45 Jede Partei haftet nur für die Kosten des von ihr beauftragten Sachverständigen. Nur soweit ein **Obmann** tätig wurde, haben für dessen Kosten beide Parteien als **Gesamtschuldner** einzustehen.[60] Hat ein Sachverständiger schuldhaft die Erstellung des Schiedsgutachtens vereitelt, stehen ihm keine Honoraransprüche gegen die Vertragsparteien zu.[61] Soweit im Verfahren Vorschüsse zu leisten sind, haben die Parteien diese je zur Hälfte zu erbringen.

C. Weitere praktische Hinweise

I. Folgen einer Klage des VN ohne vorheriges Sachverständigenverfahren

1. Fehlende Fälligkeit des Anspruches

46 Bei Streitigkeiten zur Schadenhöhe sind die Parteien grundsätzlich verpflichtet, vor Einleitung eines Klageverfahrens vorrangig das vertraglich vereinbarte Sachverständigen-

---

56 Vgl. zur **Kostenverteilung** OLG Köln Urt. v. 09.06.1998 – 9 U 141/96 – r+s 1998, 405.
57 LG Bochum Urt. v. 30.04.2004 – 10 S 1/04 – VersR 2004, 1552; LG Regensburg Urt. v. 19.05.1971 – S 133/70 – VersR 1972, 338; AG Bochum Urt. v. 26.04.1984 – 40 C 823/83 – zfs 1985, 46.
58 LG Frankfurt/O. Urt. v. 15.10.2012 – 16 S 122/12 – r+s 2013, 376.
59 Vgl. BGH Urt. v. 03.03.1982 – **IVa ZR 256/80** – VersR 1982, 482 = NJW 1982, 1391 (**zu § 14 AKB a. F.**).
60 Vgl. LG Kassel Urt. v. 20.09.1996 – 10 S 151/96 – VersR 1997, 1268 = DAR 1996, 500.
61 OLG Hamburg Beschl. v. 14.04.1965 – 8 W 54/65 – MDR 1965, 755.

verfahren durchzuführen. Solange dies nicht geschehen ist, gilt die Höhe der vom VR geschuldeten Entschädigung i. S. d. A.2.14.1 AKB als noch nicht festgestellt mit der Folge, dass der **Anspruch des VN noch nicht fällig** ist,[62] (vgl. A.2.7 AKB Rdn. 16 ff.). Eine Leistungsklage, die der VN erhebt, bevor ein Sachverständigenausschuss entschieden hat, ist als **zur Zeit unbegründet** abzuweisen, wenn sich der VR im Prozess auf die fehlende Fälligkeit des Anspruchs mangels durchgeführtem Sachverständigenverfahren beruft.[63] Es handelt sich um eine **Einrede**, die das Gericht nur beachten darf, wenn der VR sie ausdrücklich erhebt.

Eine **Prüfung von Amts wegen**, ob vorprozessual ein Sachverständigenverfahren hätte durchgeführt werden müssen oder nicht, **obliegt dem Gericht nicht**.[64] Es liegt allein in der Entscheidung des VR, sich auf diese Weise gegen die Klage zu verteidigen. Der VR ist weder verpflichtet, einen anwaltlich vertretenen VN vorprozessual ungefragt auf die Notwendigkeit einer Durchführung des Sachverständigenverfahrens **hinzuweisen**,[65] noch ist es ihm verwehrt, die **Einrede erstmals im Prozess wegen einer Mehrforderung des VN zu erheben**, wenn er außergerichtlich selbst ein Gutachten eingeholt und den sich daraus ergebenden, seiner Ansicht nach zutreffenden Entschädigungsbetrag bereits an den VN gezahlt hat.[66] Er ist auch nicht daran gehindert, sich nach Anerkenntnis seiner Eintrittspflicht dem Grunde nach bei anschließenden Meinungsverschiedenheiten zur Höhe auf A.2.6 AKB zu berufen.[67] Vielmehr kann er die **Einrede grundsätzlich in jedem Stadium des Verfahrens** erheben, da sie nicht die Zulässigkeit der Klage berührt, sondern die materiell-rechtliche Fälligkeitsvoraussetzung für den Klageanspruch betrifft.[68] Es handelt sich daher nicht um eine prozesshindernde Einrede i. S. d. § 296 Abs. 3 ZPO.[69]

47

---

62 Vgl. OLG Hamburg Beschl. v. 09.05.2012 – 14 U 3/12 – r+s 2013, 221; OLG Hamburg Beschl. v. 13.01. u. 24.02.2009 – 14 U 176/08 – VersR 2009, 1485 = r+s 2010, 233; OLG Saarbrücken Urt. v. 21.06.1995 – 5 U 982/94 – VersR 1996, 882 = r+s 1995, 329; OLG Nürnberg Urt. v. 28.07.1994 – 8 U 3805/93 – VersR 1995, 412 = NJW-RR 1995, 544; LG Köln Urt. v. 08.05.2002 – 19 S 270/01 – SP 2003, 106; AG Wiesbaden Urt. v. 21.03.2011 – 91 C 4010/10 (77) – ADAJUR Dok.Nr. 96446.
63 Vgl. OLG Koblenz Urt. v. 14.08.1998 – 10 U 1332/97 – r+s 1998, 404 = zfs 1998, 425; LG Erfurt Urt. v. 29.11.2012 – 1 S 197/12 – zfs 2013, 217; LG Düsseldorf Urt. v. 15.05.2009 – 20 S 188/08 – VK 2010, 67; LG Frankfurt/M. Urt. v. 25.05.1987 – 2/21 O 546/86 – zfs 1988, 116.
64 Vgl. OLG Koblenz Urt. v. 14.08.1998 – 10 U 1332/97 – r+s 1998, 404 = zfs 1998, 425; OLG Frankfurt/M. Urt. v. 12.05.1981 – 8 U 266/80 – VersR 1982, 759.
65 OLG Hamburg Beschl. v. 13.01. u. 24.02.2009 – 14 U 176/08 – VersR 2009, 1485, 1486 = r+s 2010, 233; AG Köln Urt. v. 09.04.2008 – 261 C 350/07 – SP 2008, 375.
66 OLG Köln Urt. v. 11.07.1995 – 9 U 390/94 – r+s 1996, 14; LG Hamburg Urt. v. 17.10.2008 – 331 O 188/08 – SVR 2009, 227; AG Düsseldorf Urt. v. 04.01.2010 – 231 C 11625/09 – zfs 2010, 269, 270.
67 Vgl. AG Düsseldorf Urt. v. 22.02.1996 – 50 C 17996/95 – r+s 1996, 448.
68 OLG Frankfurt/M. Urt. v. 02.02.1990 – 2 U 199/89 – VersR 1990, 1384.
69 Stiefel/Maier/*Meinecke* A.2.17 AKB Rn. 3.

A.2.6.4 AKB Klage ohne Sachverständigenverfahren

48 **Prozessual** bewirkt die Erhebung der Einrede **keine Erledigung des Rechtsstreites** in der Hauptsache;[70] auch eine **Aussetzung des Verfahrens** bis zur Beibringung des Gutachtens der Sachverständigenkommission kommt nicht in Betracht.[71] Vielmehr führt sie zur sachlichen Unzuständigkeit des angerufenen Gerichts.[72]

49 Auch wenn der Streit der Parteien den ordentlichen Gerichten grundsätzlich so weit entzogen ist, wie die Zuständigkeit des Sachverständigenausschusses reicht, besteht für die Vertragsparteien immer auch die **Möglichkeit**, die strittigen Punkte im Rahmen **eines selbstständigen Beweisverfahrens** gemäß § 485 Abs. 2 ZPO klären zu lassen, sofern zu diesem Zeitpunkt die Durchführung des gemeinsamen Sachverständigenverfahrens von der anderen Vertragspartei noch nicht verlangt worden ist.[73]

2. Unbeachtlichkeit der Einrede des VR

50 **Grundsätzlich ist es dem VR nicht verwehrt**, sich **erstmals im Prozess** auf die fehlende Entscheidung des Sachverständigenausschusses zu berufen und damit **die Fälligkeit des Zahlungsanspruches zu bestreiten.**[74] Das ist jedoch nicht unbeschränkt möglich. Die **Grenze bildet § 242 BGB.** Der VR kann nach den Grundsätzen von Treu und Glauben einer **Leistungsklage** des VN die Einrede jedenfalls dann nicht entgegensetzen, wenn er sich mit der Schadenhöhe gar nicht befasst, sondern seine **Eintrittspflicht** bereits dem Grunde nach abgelehnt[75] oder den **VN auf den Klageweg verwiesen** hat.[76] Der Anspruch des VN ist dann ohne weiteres fällig, so dass der VN eine Leistungsklage auch ohne vorgeschaltetes Sachverständigenverfahren erheben kann.[77] Die Erhebung einer Leistungsklage bedingt aber, dass der VN außergerichtlich dem VR auch zur Höhe seines Schadens alle Nachweise übermittelt hat. Sofern dies nicht geschehen ist, muss es dem VR möglich sein, die Einrede des Sachverständigenverfahrens erheben zu dürfen, wenn der VN ihn erstmals im Prozess mit Unterlagen zur Schadenhöhe kon-

---

70 OLG Hamm Urt. v. 29.04.2005 – 20 U 1/05 – VersR 2006, 210 = SP 2005, 424.
71 Stiefel/Maier/*Meinecke* A.2.17 AKB Rn. 2.
72 OLG Celle Urt. v. 25.02.1983 – 8 U 130/82 – VersR 1984, 227.
73 Vgl. OLG Koblenz Beschl. v. 15.07.1998 – 5 W 464/98 – MDR 1999, 502; OLG Hamm Beschl. v. 15.10.1997 – 20 W 19/97 – r+s 1998, 102 = NJW 1998, 689.
74 OLG Hamm Urt. v. 29.04.2005 – 20 U 1/05 – VersR 2006, 210 = SP 2005, 424; OLG Köln Urt. v. 04.12.2001 – 9 U 229/00 – r+s 2002, 188 = zfs 2002, 295; OLG Koblenz Urt. v. 14.08.1998 – 10 U 1332/97 – r+s 1998, 404 = zfs 1998, 425; OLG Köln Urt. v. 11.07.1995 – 9 U 390/94 – r+s 1996, 14; LG Düsseldorf Urt. v. 15.05.2009 – 20 S 188/08 – VK 2010, 67; AG Düsseldorf Urt. v. 04.01.2010 – 231 C 11625/09 – zfs 2010, 269; AG Berlin-Charlottenburg Urt. v. 16.03.2005 – 207 C 31/05 – SP 2006, 181.
75 OLG Köln Urt. v. 04.12.2001 – 9 U 229/00 – r+s 2002, 188 = zfs 2002, 295; OLG Frankfurt/M. Urt. v. 02.02.1990 – 2 U 199/89 – VersR 1990, 1384.
76 AG Düsseldorf Urt. v. 04.01.2010 – 231 C 11625/09 – zfs 2010, 269, 270.
77 Vgl. BGH Urt. v. 03.03.1982 – **VIII ZR 10/81** – NJW 1982, 1878 = MDR 1982, 928; OLG Hamm Urt. v. 26.04.1989 – 20 U 252/88 – VersR 1990, 82 = NZV 1990, 74; *Rüffer/*Halbach/Schimikowski § 84 Rn. 19.

frontiert.[78] Der VN kann in diesem Fall im Wege einer als sachdienlich anzusehenden Klageänderung von der Leistungsklage zur Feststellungsklage übergehen.[79]

Für den **VN** besteht alternativ die Möglichkeit, statt durch Erhebung einer Leistungs- 51
klage die **versicherungsrechtliche Deckung** von vornherein durch eine **Feststellungsklage** klären zu lassen und entweder erst im Anschluss an das gerichtliche Verfahren oder zeitgleich dazu parallel das Sachverständigenverfahren hinsichtlich der Höhe der Entschädigung zu betreiben.[80] Diese Verfahrensweise begegnet jedenfalls so lange keinen Zulässigkeitsbedenken i. S. v. § 256 Abs. 1 ZPO, wie der VN entweder das Sachverständigenverfahren noch verlangen kann oder – sofern es bereits begonnen wurde – es noch nicht abgeschlossen ist.[81] Die Feststellungsklage ist selbst in dem Fall als zulässig zu erachten, in dem der VN seinen Schaden beziffern könnte, wenn jedenfalls zu erwarten ist, dass der VR nach einem rechtskräftigen Feststellungsurteil auch die Höhe des Schadens ohne einen weiteren Prozess akzeptieren wird.[82]

Bei **Verweigerung einer angemessenen Vorschusszahlung** trotz Vorliegen der Voraus- 52
setzungen in A.2.7.2 AKB kann der VN ebenfalls Leistungsklage auf Zahlung eines angemessenen Vorschusses erheben; die Festlegung der endgültigen Höhe der Entschädigung bleibt dann dem Sachverständigenausschuss vorbehalten.[83]

Die **Einrede** des fehlenden Sachverständigenverfahrens kann sich auch dann als treu- 53
widrig und damit **unbeachtlich** darstellen, **wenn der VR** die Deckung zwar noch nicht endgültig abgelehnt hat, aber im Rechtsstreit seinen Klageabweisungsantrag nicht nur mit dem Einwand des fehlenden Sachverständigenverfahrens begründet, sondern **weitergehende Ausführungen zur Unbegründetheit des Deckungsanspruches** macht.[84] Anderes gilt nur für den Fall, dass zwar ein Sachverständigenverfahren stattgefunden hat, dieses aber nicht ordnungsgemäß durchgeführt wurde und zwischenzeitlich auch der Grund des Anspruches streitig geworden ist.[85]

Der VR kann sich auch in den Fällen nicht mehr auf mangelnde Fälligkeit berufen, in 54
denen er **den VN außergerichtlich auf den Klageweg verwiesen** oder durch konkludente oder gar ausdrückliche Erklärung **auf** die Durchführung eines **Sachverständigenverfahrens verzichtet hat.** Ein konkludenter Verzicht auf die Durchführung des Sachverständigenverfahrens ist dann anzunehmen, wenn das **vorprozessuale Verhalten** des VR beim VN das Vertrauen wecken durfte, der VR werde die Entschädigungszahlung jedenfalls nicht an der fehlenden Durchführung eines Sachverständigenverfahrens scheitern lassen. Allerdings stellt die **außergerichtliche Einholung eines Gutachtens,** um dem VN einen Entschädigungsvorschlag zu unterbreiten, nicht schon einen sol-

---

78 Römer/*Langheid* § 84 VVG Rn. 42.
79 Stiefel/Maier/*Meinecke* A.2.17 AKB Rn. 4.
80 Vgl. OLG Hamm Urt. v. 17.07.1981 – 20 U 71/81 – VersR 1982, 641.
81 Vgl. OLG Köln Urt. v. 28.03.2000 – 9 U 78/88 – r+s 2000, 207.
82 Vgl. OLG Braunschweig Urt. v. 14.10.1993 – 1 U 16/93 – NJW-RR 1994, 1447.
83 Stiefel/Maier/*Meinecke* A.2.17 AKB Rn. 4.
84 OLG Köln Urt. v. 27.06.2000 – 9 U 170/99 – r+s 2000, 468.
85 KG Urt. v. 30.10.1998 – 6 U 7827/96 – NVersZ 1999, 526.

chen konkludenten Verzicht dar.[86] Eine Verwirkung der Einrede auf Durchführung des Sachverständigenverfahrens wird nur dann angenommen werden können, wenn ihre Erhebung im Prozess in treuwidriger Weise die **gebotene Rücksichtnahme auf die Interessen des VN** auch mit Blick auf dessen Verhalten zur Aufklärung des Sachverhalts in Bezug auf die Schadenhöhe vermissen lässt.[87] Bestreitet der VR z. B. den Klageanspruch des VN unter Hinweis auf die nur subsidiäre Zulässigkeit der erhobenen Feststellungsklage und veranlasst den VN dadurch, seine Klage in eine Leistungsklage umzustellen, so ist es ihm verwehrt, anschließend die Einrede des nicht durchgeführten Sachverständigenverfahrens zu erheben.[88] Vermag der VN hingegen wesentliche, vom VR schon außergerichtlich als fehlend gerügte Voraussetzungen seines Entschädigungsanspruches (z. B. die Reinvestition der **Neupreisentschädigung**) erst im Verlauf eines Rechtsstreites darzulegen, kann es dem VR nicht als treuwidrig angelastet werden, wenn er sich auch erst jetzt mit der Höhe des Schadens auseinandersetzt und daraufhin die Einrede erhebt.[89]

55 Unerheblich ist der **Einwand des VR** auch dann, wenn es sich allein um eine **rechtliche Frage** handelt, die ein Sachverständigenverfahren nicht zu klären vermag, weil es insoweit schon an den in A.2.6.1 AKB genannten Voraussetzungen für die Einberufung des Ausschusses fehlt. Ist daher z. B. streitig, ob dem VN nach **Entwendung von mitversichertem Fahrzeugzubehör** eine Neuwertentschädigung oder lediglich der Wiederbeschaffungswert zusteht, ist dem VN sofort die Klagemöglichkeit eröffnet,[90] (vgl. A.2.6 AKB Rdn. 11).

II. Klage gemäß § 84 VVG nach bereits eingeleitetem oder abgeschlossenem Sachverständigenverfahren

56 Obwohl der Normzweck des A.2.6 AKB daran ausgerichtet ist, Streitigkeiten über die Schadenhöhe nach Möglichkeit von den Gerichten fernzuhalten, sind den Vertragsparteien gemäß § 84 VVG trotzdem verschiedene Möglichkeiten eröffnet, auch nach bereits eingeleitetem oder abgeschlossenem Sachverständigenverfahren noch die ordentlichen Gerichte anzurufen und die Höhe des Kaskoschadens durch das Gericht feststellen zu lassen. A.2.6.4 AKB verweist die Parteien ausdrücklich auf die auch in **L.1.3 AKB** vertraglich vereinbarte Möglichkeit, nach durchgeführtem Sachverständigenverfahren den Rechtsweg zu beschreiten.

57 Stützt sich eine Vertragspartei mit seinem Klageanspruch auf die Richtigkeit des Abschlussgutachtens, so steht der **Klageabweisungsantrag** der anderen Partei wegen offenbarer Unrichtigkeit des Gutachtens einer Klage gemäß § 84 VVG gleich.[91]

---

86 OLG Köln Urt. v. 04.12.2001 – 9 U 229/00 – r+s 2002, 188 = zfs 2002, 295; AG Düsseldorf Urt. v. 04.01.2010 – 231 C 11625/09 – zfs 2010, 269.
87 OLG Saarbrücken Urt. v. 21.06.1995 – 5 U 982/94 – VersR 1996, 882 = r+s 1995, 329.
88 OLG Hamm Urt. v. 05.10.1977 – 20 U 66/77 – VersR 1980, 1064.
89 OLG Saarbrücken Urt. v. 21.06.1995 – 5 U 982/94 – VersR 1996, 882 = r+s 1995, 329.
90 Vgl. AG Essen Urt. v. 31.08.2007 – 20 C 1/07 – r+s 2008, 13 = SP 2007, 403.
91 Vgl. Stiefel/Maier/*Meinecke* A.2.17 AKB Rn. 15.

1. Auslandsschäden

Sofern sich die Ausschussmitglieder nicht auf einen nach A.2.6.3 AKB zu wählenden Obmann einigen können, steht dem VN bei einem im Ausland entstandenen Schaden sofort der **Klageweg** nach § 84 Abs. 1 S. 2 VVG offen.[92] Das nach A.2.6.3 S. 2 AKB zuständige Amtsgericht, welches im Falle der Nichteinigung der Ausschussmitglieder den Obmann bestimmt, wird in § 84 Abs. 2 S. 1 VVG als dasjenige Amtsgericht bezeichnet, in dessen Bezirk der Schaden entstanden ist. Daraus folgt, dass für einen im Ausland gelegenen Schadenort ein zuständiges Amtsgericht, welches den Obmann ernennen könnte, nicht existiert. Ohne Obmann kann das Sachverständigenverfahren aber von vornherein nicht durchgeführt werden.

2. Anfechtung des Gutachtens

a) Verfahren

Grundsätzlich ist das in einem Sachverständigenverfahren in Auftrag gegebene **Gutachten für beide Parteien bindend**.[93] Sind die Parteien mit dem Gutachten der Ausschussmitglieder oder des Obmanns nicht einverstanden, steht ihnen daher grundsätzlich keine Anfechtungsmöglichkeit zur Verfügung. Es würde dem Sinn und Zweck des Sachverständigenverfahrens zuwiderlaufen, wenn Streitigkeiten zur Höhe des zu regulierenden Kaskoschadens stets nach Abschluss des Verfahrens von der »unterlegenen« Partei durch eine gerichtliche Überprüfung infrage gestellt werden könnte.

Von diesem Grundsatz gibt es allerdings **Ausnahmen**. Da mit dem Abschluss des Sachverständigenverfahrens nach A.2.7.1 AKB die Versicherungsleistung fällig wird, kann diejenige Partei, die die Verbindlichkeit des Gutachtens infrage stellt, **Leistungsklage** erheben. Die Klage hat nur dann Erfolg, wenn Feststellung der Sachverständigen oder die Entscheidung des Obmanns gemäß § 84 Abs. 1 S. 1 VVG »**offenbar von der wirklichen Sachlage erheblich abweicht**«. Für diesen Fall ist die getroffene Feststellung der Sachverständigen bzw. des Obmanns für die Vertragsbeteiligten nicht verbindlich, so dass die Höhe der zu zahlenden Kaskoentschädigung gemäß § 84 Abs. 1 S. 2 VVG durch gerichtliche Entscheidung festgestellt wird.

Im Rahmen seiner Leistungsklage muss der Kläger einen **konkreten Zahlungsantrag** stellen. Er darf die Ermittlung der richtigen Schadenhöhe nicht in das Ermessen des Richters stellen. Für die Schlüssigkeit seiner Klage muss er im Einzelnen **darlegen und beweisen**, dass und warum das Gutachten wegen offenbarer Unrichtigkeit und auch in seinem **Gesamtergebnis** von der wirklichen Sachlage erheblich abweicht und damit als nicht verbindlich akzeptiert werden kann. Bei seiner Entscheidung ist das Ge-

---

[92] Vgl. AG Hannover Urt. v. 18.04.2008 – 515 C 9904/07 – SP 2008, 303; AG Köln Beschl. v. 19.03.2007 – 378 AR 24/07 – SP 2007, 221.

[93] OLG Koblenz Beschl. v. 22.08.2011 – 10 U 242/11 – r+s 2012, 341; LG Aachen Urt. v. 16.04.2010 – 9 O 549/09 – r+s 2011, 110; AG Köln Urt. v. 30.11.2011 – 265 C 47/11 – SP 2012, 188.

richt weder an die Feststellungen der Sachverständigen, noch an die Grenzen, die der Obmann zu beachten hat, gebunden.[94]

b) Offenbare Abweichung von der wirklichen Sachlage

62 Um die Verbindlichkeit eines Schiedsgutachtens erfolgreich anzugreifen, muss der Kläger nicht nur den Nachweis führen, dass das Gutachten Unrichtigkeiten enthält. Vielmehr müssen **die Fehlbeurteilungen** des Schiedsgutachters so gravierend sein, dass sie sich **einem sachkundigen und unbefangenen Beobachter** – und sei es auch erst nach eingehender, gewissenhafter Prüfung – **geradezu aufdrängen**, also klar und deutlich zu Tage treten.[95]

63 Eine offenbare Unrichtigkeit im Sinne einer offenbaren Abweichung von der wirklichen Sachlage kann insbesondere auch dann vorliegen, wenn die Sachverständigen von **falschen Berechnungs- oder Schätzungsgrundlagen** ausgegangen sind oder **unrichtige Bewertungsmaßstäbe** angewandt haben.[96] Gleiches gilt, wenn die Ausführungen eines Sachverständigen so **lückenhaft** sind, dass **selbst ein Fachmann** das Ergebnis aus dem Zusammenhang des Gutachtens nicht überprüfen kann.[97] Dies muss z. B. dann angenommen werden, wenn der Sachverständige seine Entscheidung mit pauschalen, allgemein gehaltenen Floskeln begründet, ohne konkret auf das Fahrzeug des VN und den daran entstandenen Schaden einzugehen,[98] oder wenn er die Extras des versicherten Kfz in seine Berechnungen mit unterschiedlichen und im Ergebnis auch unzutreffenden Werten eingestellt und die durch Vorschäden eingetretene Wertminderung mit 3.000,00 DM berücksichtigt hat, anstatt sie – wie der gerichtliche Sachverständige – nur mit 277,50 DM zu berücksichtigen.[99]

64 **Unterlässt es der VN** trotz Aufforderung, wesentliche **Unterlagen oder Nachweise** zur Klärung eines für die Entscheidung der Sachverständigen wichtigen Punktes **beizubringen** (vgl. A.2.6 AKB Rdn. 18), so ist das Gutachten nicht schon deshalb unrichtig, weil die Sachverständigen in diesem Punkt zum Nachteil des VN entschieden haben.[100] Gleiches gilt, wenn die Parteien den Gutachtern einen **unrichtigen Sachverhalt** unterbreitet haben.[101] Kann die wirkliche Sachlage im Hinblick auf einen bestimmten

---

94 Prölss/Martin/ *Voit/Knappmann* § 64 VVG Rn. 59.
95 BGH Urt. v. 17.01.2013 – III ZR 10/12 – NJW 2013, 1296 = MDR 2013, 336; OLG Düsseldorf Urt. v. 17.03.2009 – I-4 U 181/08 – r+s 2010, 108 = zfs 2010, 451; LG Düsseldorf Urt. v. 28.03.2001 – 11 O 351/98 – r+s 2002, 58.
96 OLG Köln Urt. v. 26.04.2005 – 9 U 91/01 – r+s 2005, 251.
97 Vgl. BGH Urt. v. 16.11.1987 – II ZR 111/87 – NJW-RR 1988, 506 = MDR 1988, 381; BGH Urt. v. 25.01.1979 – X ZR 40/77 – VersR 1979, 121 = NJW 1979, 1885; BGH Urt. v. 02.02.1977 – VIII ZR 155/75 – NJW 1977, 801 = WM 1977, 413; LG Landshut Urt. v. 03.11.1999 – 13 S 371/99 – DAR 2000, 70 = NVersZ 2000, 38.
98 LG Landshut Urt. v. 03.11.1999 – 13 S 371/99 – DAR 2000, 70 = NVersZ 2000, 38.
99 OLG Köln Urt. v. 09.06.1998 – 9 U 141/96 – r+s 1998, 405.
100 OLG Koblenz Urt. v. 20.09.1996 – 10 U 964/95 – VersR 1997, 963; *Rüffer*/Halbach/Schimikowski § 84 Rn. 10.
101 Vgl. OLG Düsseldorf Urt. v. 27.02.1996 – 4 U 282/94 – r+s 1996, 477.

Punkt aus anderen Gründen nicht abschließend aufgeklärt werden, so stellt es keine offenbare Unrichtigkeit des Gutachtens dar, wenn unter Berücksichtigung der Beweislast Schätzungen zum Nachteil der beweisbelasteten Vertragspartei vorgenommen werden; eine Entscheidung nach **Beweislastgrundsätzen** ist daher nicht angreifbar.[102] Offenbar unrichtig ist ein Schiedsgutachten auch nicht schon deshalb, weil den Parteien vor seiner Abfassung nicht in dem gebotenen Umfang **rechtliches Gehör** gewährt worden ist.[103]

Der Kläger muss substantiiert **Tatsachen behaupten und beweisen**, aus denen sich die **Lückenhaftigkeit** und die **Mängel des Gutachtens** ergeben, andernfalls eine Beweiserhebung nicht erfolgen kann.[104] So können **falsche Berechnungs- oder Schätzungsgrundlagen** das Gutachten ebenso unbrauchbar machen wie eine unterbliebene oder mangelhafte Verwertung von Beweisunterlagen, sofern diese bei Abgabe des Gutachtens vorlagen.[105] Allein die gegenteilige Meinung eines anderen Sachverständigen ist allerdings noch kein Beweis dafür, dass die Entscheidung der Gutachterkommission offenbar unrichtig ist.[106]

Die **Verbindlichkeit eines Obmanngutachtens** ist allerdings **nicht zu erschüttern**, wenn es sich in sachlich nachvollziehbarer Weise mit den streitigen Punkten beschäftigt, der Obmann keine anderen Erkenntnisquellen für seine Beurteilung hatte als die Vorgutachter und sich die Angriffe des Klägers gegen das Gutachten darauf beschränken, allein das Gutachten »seines« Vorgutachters sei zutreffend.[107] Die Unrichtigkeit eines Gutachtens drängt sich auch dann nicht auf, wenn der Obmann die von den Vorgutachtern getroffenen Feststellungen auf ihre Plausibilität im Hinblick auf den mitgeteilten Schadenhergang geprüft und sein Ergebnis sachlich nachvollziehbar und detailgenau begründet hat.[108] Die Anfechtbarkeit einer Obmannentscheidung muss auf die seltenen Fälle **offensichtlichen Unrechts** oder einer **offensichtlichen Fehlentscheidung** beschränkt bleiben.[109]

Ist die **Feststellung der Schadenhöhe dadurch beeinflusst** worden, dass die Sachverständigen zu Unrecht auch über Fragen entschieden haben, die den **Grund des Anspruches** betreffen, kann auch darin eine offenbare Unrichtigkeit im Sinne einer »offenbaren Abweichung von der wirklichen Sachlage« begründet sein.[110] Gleiches gilt,

---

102 OLG Koblenz Urt. v. 10.01.1986 – 10 U 168/85 – VersR 1987, 807; Prölss/Martin/*Voit/Knappmann* § 64 VVG Rn. 38.
103 BGH Urt. v. 25.06.1952 – II ZR 104/51 – NJW 1952, 1296 = BGHZ 6, 335.
104 BGH Urt. v. 21.09.1983 – **VIII ZR 233/82** – NJW 1984, 43 = MDR 1984, 224.
105 Vgl. Stiefel/Maier/*Meinecke* A.2.17 AKB Rn. 10.
106 OLG Celle Urt. v. 18.02.1957 – 1 U 149/56 – VersR 1957, 211.
107 LG Köln Urt. v. 15.09.2005 – 24 O 551/04 – r+s 2006, 279 = SP 2006, 180.
108 OLG Koblenz Beschl. v. 22.08.2011 – 10 U 242/11 – r+s 2012, 341.
109 OLG Frankfurt/M. Urt. v. 13.01.1995 – 25 U 162/94 – SP 1995, 306; vgl. LG Augsburg Urt. v. 13.03.1968 – 1 O 46/66 (**zum Begriff der offenbaren Unrichtigkeit**).
110 Stiefel/Maier/*Meinecke* A.2.17 AKB Rn. 10.

wenn die ursprüngliche Aufgabenstellung von den Schiedsgutachtern nicht richtig gelöst wird und stattdessen **rechtliche Aspekte erörtert werden**.[111]

68 Für die Beurteilung, **ob das Gutachten offenbar unrichtig** und damit unverbindlich ist, ist der Sach- und Streitstand zugrunde zu legen, der den Schiedsgutachtern unterbreitet wurde ist; abzustellen ist auf den **Zeitpunkt der Gutachtenerstattung** und nicht etwa auf erst nachträglich bekannt gewordene Umstände, die das Ergebnis hätten beeinflussen können.[112] Soweit erst im Prozess neue Tatsachen zur Ermittlung der Schadenhöhe vorgebracht werden, sind diese irrelevant, da das Gutachten im Rechtsstreit nur daraufhin zu überprüfen ist, ob den Schiedsgutachtern bei Zugrundelegung ihres damaligen Kenntnisstandes offensichtliche Fehler unterlaufen sind.

c) **Erhebliche Abweichung von der wirklichen Sachlage**

69 Für die Feststellung einer erheblichen Unrichtigkeit einer Schätzungsabweichung kommt es nicht auf die absolute Höhe der sich ergebenden Differenz an, sondern auf **prozentuale Größen**. Zwar darf die Erheblichkeit oder Unerheblichkeit einer Bewertungsabweichung nicht nur schematisch nach dem Prozentsatz der Abweichung beurteilt werden; vielmehr sind immer auch die besonderen Umstände des Einzelfalles zu berücksichtigen. Dennoch darf sich der Tatrichter im Interesse einer weitgehenden Gleichbehandlung der Versicherungsnehmer bei der Klärung der Frage, ob eine **erhebliche Unrichtigkeit** des Schätzgutachtens festzustellen ist, vorrangig an **Prozentsätzen als »Richtschnur«** orientieren.[113]

70 Für die Feststellung einer »erheblichen Abweichung« i. S. v. § 84 Abs. 1 S. 1 VVG muss sich das Ergebnis des Gutachtens erheblich außerhalb des Toleranzbereiches sonstiger gutachterlicher Schätzungen bewegen, wobei es **auf eine Abweichung im Gesamtergebnis** und nicht in Einzelpositionen **ankommt**;[114] Fehler nur in einzelnen Punkten sind unerheblich, solange sie nicht das Gesamtergebnis verfälschen. Eine »erhebliche Abweichung« von der wirklichen Sachlage bei einzelnen Schadenpositionen kann daher durch Abweichungen bei anderen Positionen ausgeglichen werden, so dass das Gesamtergebnis auch »zufällig richtig« sein kann.[115] Erheblich ist eine Abweichung letztlich dann, wenn sie bei ihrer Akzeptanz zu offenbarem Unrecht führen würde.[116] Der **BGH**[117] hat in einem Fall die Auffassung, wonach eine Abweichung von **15 %** noch

---

111 LG Essen Urt. v. 09.09.2010 – 10 S 159/10 – VersR 2011, 914 = SP 2011, 27.
112 Vgl. BGH Urt. v. 25.01.1979 – X ZR 40/77 – VersR 1979, 121 = NJW 1979, 1885.
113 BGH Urt. v. 01.04.1987 – IVa ZR 139/85 – VersR 1987, 601 = NJW-RR 1987, 917.
114 Vgl. BGH Urt. v. 17.01.2013 – III ZR 10/12 – NJW 2013, 1296 = MDR 2013, 336; BGH Urt. v. 01.04.1987 – IVa ZR 139/85 – VersR 1987, 601 = NJW-RR 1987, 917; OLG Frankfurt/M. Urt. v. 13.01.1995 – 25 U 162/94 – SP 1995, 306; OLG Köln Beschl. v. 17.03.1969 – 2 W 193/68 – VersR 1969, 627; LG Aachen Urt. v. 16.04.2010 – 9 O 549/09 – r+s 2011, 110; LG Frankenthal Teilurt. v. 10.01.2008 – 2 HK O 64/03 – VersR 2009, 778; LG Köln Urt. v. 15.09.2005 – 24 O 551/04 – r+s 2006, 279 = SP 2006, 180.
115 Rüffer/Halbach/Schimikowski § 84 Rn. 9.
116 OLG Düsseldorf Urt. v. 17.03.2009 – I-4 U 181/08 – r+s 2010, 108 = zfs 2010, 451.
117 BGH Urt. v. 01.04.1987 – IVa ZR 139/85 – VersR 1987, 601 = NJW-RR 1987, 917.

nicht ausreichend sei für die Annahme der Unverbindlichkeit des Schiedsgutachtens, nicht beanstandet. In der Rechtsprechung werden häufig selbst **Schwankungen von 15 bis 20 %** noch **nicht als ausreichend** erachtet, um eine erhebliche Abweichung von der wirklichen Sachlage i. S. v. § 84 Abs. 1 S. 1 VVG zu begründen.[118] Abweichungen von **über 20 %** sind allerdings generell **als erheblich**[119] und solche **unter 15 %** generell **als unerheblich**[120] eingestuft worden.

Macht der VN eine offenbar erhebliche Abweichung des Obmanngutachtens von der wirklichen Sachlage geltend, wird die prozentuale Abweichung nach folgender **Formel** ermittelt: Differenz zwischen gerichtlichem Gutachten und Obmanngutachten × 100, dividiert durch das Ergebnis des gerichtlichen Gutachtens = Abweichung in Prozent. 71

▶ **Beispiel:**

Ergebnis des Obmanngutachtens: 18.000,00 €
Ergebnis des gerichtlichen Gutachtens: 22.000,00 €
Differenz (Abweichung):   4.000,00 €

4.000,00 × 100, dividiert durch 22.000 = 18,18 % Abweichung von der wirklichen Sachlage.

3. Sonstige Hinderungsgründe für die Erstellung des Gutachtens

Der VN kann die Entscheidung der Schiedsgutachter nach § 84 Abs. 1 S. 2 und 3 VVG auch dann durch einen Richterspruch ersetzen lassen, wenn **die Sachverständigen nicht tätig werden wollen oder können** oder die Fertigstellung des Gutachtens in einer durch den üblichen Geschäftsablauf nicht mehr zu rechtfertigenden Weise **verzögern**. Übliche Verzögerungen wegen Überlastung, Krankheit und Urlaub sind bis zu einem gewissen Grade zu dulden. Die Klagemöglichkeit für den VN ist allerdings eröffnet, wenn sich das Sachverständigenverfahren unvertretbar in die Länge zieht. Die äußerste Vertretbarkeitsgrenze dafür, die Angelegenheit unbearbeitet liegen zu lassen, ist mit **einem Jahr** zu veranschlagen.[121] Danach kann der VN die Höhe der Entschädigung durch gerichtliches Urteil feststellen lassen. Dies gilt auch im Falle der **Amtsniederlegung** durch ein Ausschussmitglied, sei es, dass es seine Tätigkeit einstellt oder sich weigert, ein gemeinsames Gutachten zu unterzeichnen. **Anderes gilt nur dann**, wenn sich die Parteien trotz der eingetretenen Verzögerung darauf verständigen, das Sachver- 72

---

118 LG Düsseldorf Urt. v. 28.03.2001 – 11 O 351/98 – r+s 2002, 58 (**20 % bei Oldtimer**); vgl. Römer/*Langheid* § 84 VVG Rn. 24 f.; Stiefel/Maier/*Meinecke* A.2.17 AKB Rn. 9 m. w. N.; vgl. aber OLG Köln Urt. v. 09.06.1998 – 9 U 141/96 – r+s 1998, 405.
119 BGH Urt. v. 06.12.1978 – IV ZR 129/77 – VersR 1979, 173 = MDR 1979, 384 (**30 %**); LG Frankenthal Teilurt. v. 10.01.2008 – 2 HK O 64/03 – VersR 2009, 778 (**über 20 %**); AG Hamburg-St. Georg Urt. v. 08.01.2008 – 919 C 48/07 – BeckRS 2008, 09127 (**20–25 %**).
120 AG Herborn Urt. v. 08.12.2000 – 5 C 358/00 – SP 2001, 138 (**unter 10 %**); LG Aachen Urt. v. 16.04.2010 – 9 O 549/09 – r+s 2011, 110 (**unter 15 %**); vgl. *Rüffer*/Halbach/Schimikowski § 84 Rn. 12 m. w. N.
121 OLG Frankfurt/M. Urt. v. 12.02.1003 – 7 U 199/00 – VersR 2003, 1566 = zfs 2004, 124.

A.2.7 AKB Fälligkeit unserer Zahlung, Abtretung

ständigenverfahren fortzusetzen. In diesem Fall entfällt die Klagemöglichkeit; die Verjährungsfrist ist ebenfalls gehemmt.[122]

73 Eine gerichtliche Entscheidung kann gemäß § 84 Abs. 1 S. 2 und 3 VVG auch dann herbeigeführt werden, wenn die Sachverständigen keine abschließenden Feststellungen treffen »können«, weil die ihrer Bewertung zugrunde zu legenden Fakten unvollständig sind und die **fehlenden Informationen** von den Vertragsparteien pflichtwidrig **nicht beigebracht** werden,[123] (vgl. A.2.6 AKB Rdn. 18), oder wenn bei voneinander abweichenden Schiedsgutachten eine **Vertragspartei sich weigert**, die für diesen Fall vorgesehene **Obmannentscheidung einzuholen**,[124] oder wenn die Sachverständigen ihre Feststellungen nicht treffen »wollen«, weil sie im Falle fehlender Einigung ihre **Einzelgutachten** bzw. eine übereinstimmende gemeinsame Abschlussmitteilung **weder den Parteien, noch dem Obmann zur Verfügung stellen**, (vgl. A.2.6 AKB Rdn. 40). Auch wenn das Gutachten ohne nachvollziehbare Begründung bewusst **unvollständig erstattet und eine Ergänzung abgelehnt wird**, ist der Klageweg eröffnet.[125]

A.2.7 Fälligkeit unserer Zahlung, Abtretung

A.2.7.1 Sobald wir unsere Zahlungspflicht und die Höhe der Entschädigung festgestellt haben, zahlen wir diese spätestens innerhalb von zwei Wochen.

A.2.7.2 Sie können einen angemessenen Vorschuss auf die Entschädigung verlangen, wenn
- wir unsere Zahlungspflicht festgestellt haben und
- sich die Höhe der Entschädigung nicht innerhalb eines Monats nach Schadenanzeige feststellen lässt.

A.2.7.3 Ist das Fahrzeug entwendet worden, ist zunächst abzuwarten, ob es wieder aufgefunden wird. Aus diesem Grunde zahlen wir die Entschädigung frühestens nach Ablauf eines Monats nach Eingang der schriftlichen Schadenanzeige.

A.2.7.4 Ihren Anspruch auf die Entschädigung können Sie vor der endgültigen Feststellung ohne unsere ausdrückliche Genehmigung weder abtreten noch verpfänden.

Übersicht   Rdn.
A. Allgemeines 1
B. Regelungsgehalt – Fälligkeit unserer Zahlung, Abtretung – A.2.7 AKB (§§ 3 Abs. 4, 15 Abs. 1 AKB 2007 a. F.; A.2.14 AKB 2008 a. F.) 5

---

122 LG Berlin Urt. v. 24.02.1964 – 7 S 34/63 – VersR 1964, 649.
123 Vgl. LG Köln Urt. v. 25.01.1978 – 74 O 58/76 – VersR 1978, 705.
124 Vgl. BGH Urt. v. 17.03.1971 – **IV ZR 209/69** – VersR 1971, 536 = NJW 1971, 1455.
125 OLG Düsseldorf Urt. v. 13.02.1990 – 4 U 64/89 – r+s 1991, 173.

Fälligkeit unserer Zahlung, Abtretung **A.2.7 AKB**

		Rdn.
I.	Fälligkeit – A.2.7.1 AKB	5
	1. Feststellung der Zahlungspflicht	9
	2. Feststellung der Entschädigungshöhe	16
	3. Fälligkeit aus sonstigen Gründen	20
II.	Pflicht zur Vorschusszahlung – A.2.7.2 AKB	21
III.	Fälligkeit der Entschädigung bei Entwendung – A.2.7.3 AKB	30
IV.	Abtretungs- und Verpfändungsverbot – A.2.7.4 AKB	36
	1. Abtretungsverbot	37
	2. Verpfändungsverbot	43
	3. Ausdrückliche Genehmigung	44
	4. Endgültige Feststellung	51
C.	**Weitere praktische Hinweise**	54
I.	Verzinsung nach § 91 VVG	54
II.	Verzug und Verzugsfolgen	58
	1. Voraussetzungen für den Verzug des VR	58
	2. Verzugszinsen	61
	3. Nutzungsausfall, Mietwagenkosten, Leasingraten	62
	4. Rechtsanwaltskosten	65

A. Allgemeines

Mit der Regelung wird definiert, wann die Versicherungsleistung fällig ist. Die Fällig- 1
keit knüpft im Gegensatz zur früheren Regelung in § 15 Abs. 1 AKB 2007 a. F. nicht
mehr nur an die **Höhe der Entschädigungssumme** an, sondern auch an die Deckungspflicht des VR und damit an die Feststellung der **Entschädigung dem Grunde nach**.

Für den **Entwendungsfall** wird die Fälligkeitsregelung modifiziert. Auch wenn die 2
nötigen Feststellungen des VR schon vor Ablauf eines Monats nach Eingang der Schadenanzeige getroffen worden sein sollten, kann der VN die Entschädigungsleistung
trotzdem erst nach Ablauf des Monats verlangen. Damit wird den Besonderheiten in
der Abwicklung eines Versicherungsfalles bei Verlust des Fahrzeuges oder von mitversicherten Fahrzeug- und Zubehörteilen (vgl. A.2.5.5.1) Rechnung getragen. Für den
Fall, dass sich die Ermittlungen länger als einen Monat hinziehen und die Entschädigung bis dahin nicht festgestellt werden kann, ermöglicht die Klausel dem VN wie bisher, einen angemessenen **Vorschuss** zu verlangen.

Schließlich bestimmt A.2.7.4 AKB zur Absicherung des VR ein **Abtretungs- und Ver-** 3
pfändungsverbot.

Mit Eintritt der Fälligkeit kann der VN die Entschädigungsleistung verlangen und Leis- 4
tungsklage erheben, aber auch nach Inverzugsetzung des VR einen etwaigen **Verzugsschaden** geltend machen.

A.2.7.1 AKB Fälligkeit

B. Regelungsgehalt – Fälligkeit unserer Zahlung, Abtretung – A.2.7 AKB (§§ 3 Abs. 4, 15 Abs. 1 AKB 2007 a. F.; A.2.14 AKB 2008 a. F.)

I. Fälligkeit – A.2.7.1 AKB

5 Geldleistungen des VR werden nach § 14 Abs. 1 VVG grundsätzlich bereits fällig mit der Beendigung der zur Feststellung des Versicherungsfalles und des Umfanges der Leistung des VR notwendigen Erhebungen. Gerade Schadenfälle in der Kaskoversicherung erfordern mitunter jedoch zeitaufwändige, technische Untersuchungen. Daher sieht die Klausel zulässigerweise (vgl. § 18 VVG) eine abweichende Fälligkeitsregelung zugunsten des VR insofern vor, als **der VR nach Abschluss seiner Ermittlungen zum Grund** des Anspruches (Feststellung der Zahlungspflicht) **und zur Höhe** (Feststellung des Entschädigungsbetrages) noch **bis zu zwei Wochen Zeit hat**, die Regulierung vorzunehmen. Erst mit Ablauf dieser Frist wird der Zahlungsanspruch des VN fällig. Vorher kann der VR also gar nicht in Verzug geraten.

6 Die **Entschädigung gilt als festgestellt**, wenn alle notwendigen Erhebungen, die ein durchschnittlich sorgfältiger VR sowohl zur Frage der Deckung, d. h. zur Prüfung des Versicherungsschutzes und der Eintrittspflicht, als auch zum Leistungsumfang anstellen muss, abgeschlossen sind.[1]

7 Zur **Feststellung der Zahlungspflicht** gehört die Klärung der vorläufigen Deckung, der rechtzeitigen Prämienzahlung, die Feststellung eines versicherten Ereignisses, die Prüfung von Ausschlüssen, möglicher Obliegenheitsverletzungen des VN einschließlich Gefahrerhöhungen und der vorsätzlichen oder grob fahrlässigen Herbeiführung des Versicherungsfalles.

8 Zur **Feststellung der Entschädigungshöhe** gehört die Einholung von Gutachten zur Ermittlung der erforderlichen Reparaturkosten, des Wiederbeschaffungs- oder Restwerts, möglicher Vorschäden, der Kompatibilität des Schadenbildes zum geschilderten Schadenhergang sowie die Anforderung von Anschaffungsbelegen, Fahrzeugpapieren und Rechnungen beim VN.

1. Feststellung der Zahlungspflicht

9 Der VR kann die Feststellung seiner Zahlungspflicht von der **Einsichtnahme in die amtliche Ermittlungsakte** abhängig machen,[2] und zwar selbst dann, wenn sich das Ermittlungsverfahren **nicht gegen den VN** richtet.[3] Für die Akteneinsicht darf der VR regelmäßig den **Abschluss des staatsanwaltschaftlichen Ermittlungsverfahrens** und damit das Ergebnis eines Strafverfahrens abwarten, sofern er erwarten kann, dass sich da-

---

1 Vgl. OLG Saarbrücken Urt. v. 08.08.2001 – 5 U 670/01 – zfs 2002, 80; OLG Hamm Urt. v. 28.11.1990 – 20 U 158/90 – VersR 1991, 1369 = r+s 1991, 222.
2 OLG Karlsruhe Urt. v. 03.12.1992 – 12 U 115/92 – VersR 1993, 1547 = r+s 1993, 443; AG Coburg Urt. v. 30.04.2009 – 12 C 1226/08 – r+s 2010, 60.
3 OLG Köln Urt. v. 04.12.2001 – 9 U 229/00 – r+s 2002, 188; LG Köln Urt. v. 29.10.1998 – 24 O 44/98 – r+s 2000, 191 = SP 1999, 135.

raus wichtige Erkenntnisse für die Feststellung seiner Zahlungspflicht ergeben. Eine Akteneinsichtnahme ist dem VR insbesondere dann zuzugestehen, wenn Unklarheiten oder Auffälligkeiten zum Versicherungsfall vorhanden sind, die sich – zur Klärung der Deckung oder der Entschädigungshöhe – nur durch Kenntniserlangung des objektiven Akteninhaltes ausräumen lassen.[4] Dies gilt vor allem in Brand- und Entwendungsfällen[5] oder bei hohen Entschädigungsforderungen des VN.[6]

Die **Akteneinsichtnahme wird nicht schon dadurch entbehrlich, dass der VN dem VR** 10 eine Einstellungsmitteilung der Staatsanwaltschaft übermittelt. Für die Berechnung des Fälligkeitszeitpunktes ist darauf abzustellen, zu welchem Zeitpunkt der VR Gelegenheit hatte, durch Akteneinsicht das Ermittlungsergebnis für seine Regulierungsentscheidung nutzbar zu machen.[7]

Im Einzelfall kann es aus Sicht des VR geboten sein, nicht nur den Abschluss der 11 behördlichen Ermittlungen abzuwarten, sondern auch weitere eigene Ermittlungen anzustellen, z. B. durch **Einholung technischer Gutachten**. Besonders in **Brand- und Entwendungsfällen** ist dem VR ausreichend Zeit für die Einschaltung eines Sachverständigen zuzubilligen, um die Brandursache ermitteln, ein Schlüsselgutachten anfertigen,[8] oder das nach Entwendung wiederaufgefundene Fahrzeug auf Aufbruchspuren untersuchen zu lassen. Aber auch bei **Hagel- und Wildschäden** wird die Hinzuziehung eines Sachverständigen durch den VR oftmals Voraussetzung sein, um die Kompatibilität des vorhandenen Schadenbildes mit dem vom VN geschilderten Schadenhergang überprüfen zu können. Bei **Unfällen** kann die Einholung eines verkehrsanalytischen Gutachtens notwendig sein, wenn der Verdacht einer vorsätzlichen oder grob fahrlässigen Herbeiführung des Versicherungsfalles im Raume steht. In Bezug auf die Fälligkeit der Versicherungsleistung trägt der VR jedoch das Risiko dafür, dass ein Gericht die vom VR getroffenen Feststellungen als nicht ausreichend erachtet, um bei dem VN ein vorsätzliches oder grob fahrlässiges Verhalten feststellen zu können.[9]

Nach erfolgter Einsichtnahme in die Ermittlungsakte und Einholung etwaiger erforder- 12 licher Gutachten ist dem VR noch ein **Überlegungszeitraum** von – je nach Einzelfall – zwei bis drei Wochen einzuräumen, innerhalb dessen er seine Zahlungspflicht festzustellen hat, wenn im Übrigen die Höhe der Entschädigung unproblematisch ist;

---

4 Vgl. OLG Frankfurt/M. Urt. v. 16.05.2001 – 7 U 111/00 – VersR 2002, 566 = NVersZ 2002, 128; OLG Hamm Beschl. v. 17.11.1987 – 20 W 51/87 – VersR 1988, 1038; LG Wiesbaden Urt. v. 02.05.1994 – 1 S 186/93 – VersR 1995, 332; AG Frankfurt/M. Urt. v. 23.11.2004 – 31 C 1587/04 – VersR 2005, 1073 = zfs 2005, 196.
5 KG Urt. v. 20.10.1998 – 6 U 3638/97 – NVersZ 1999, 387; OLG Köln Urt. v. 12.05.1995 – 9 U 232/94 – r+s 1995, 265; OLG Hamm Urt. v. 28.11.1990 – 20 U 158/90 – VersR 1991, 1369 = r+s 1991, 222; AG Frankfurt/M. Urt. v. 23.11.2004 – 31 C 1587/04-78 – VersR 2005, 1073.
6 LG Wiesbaden Urt. v. 02.05.1994 – 1 S 186/93 – VersR 1995, 332.
7 OLG Frankfurt/M. Urt. v. 16.05.2001 – 7 U 111/00 – VersR 2002, 566 = NVersZ 2002, 128.
8 OLG Karlsruhe Urt. v. 03.12.1992 – 12 U 115/92 – VersR 1993, 1547 = r+s 1993, 443.
9 Vgl. OLG Saarbrücken Urt. v. 08.08.2001 – 5 U 670/01 – zfs 2002, 80.

A.2.7.1 AKB Fälligkeit

sodann hat der VR innerhalb der Zweiwochenfrist des A.2.7.1 AKB Zahlung zu leisten.[10]

13 Welche Unterlagen und Informationen sich der VR innerhalb welchen Zeitraumes beschaffen darf und muss, um die Entschädigung festzustellen, lässt sich nicht generell sagen. Letztlich ist immer auf den **konkreten Aufklärungsbedarf des VR** im Einzelfall und die **objektiven Möglichkeiten zur Informationsbeschaffung** abzustellen. Dem VR muss jedenfalls ein angemessener Zeitraum zur Überprüfung des Anspruches zugebilligt werden. In **einfach gelagerten Fällen** kann dies eine Bearbeitungszeit von **zwei bis drei Wochen** sein.[11] Bei **komplexeren Schadenfällen** und je nach Umfang des festzustellenden Schadens kann aber auch ein Zeitraum von **mehr als zwei Monaten** erforderlich werden.[12]

14 Fälligkeit tritt ohne weiteres dann ein, **wenn der VR die Regulierung schuldhaft verzögert**.[13] Der VR kann dann auch in Verzug gesetzt werden, (vgl. A.2.7 AKB Rdn. 58 ff.). Ihm obliegt die Verpflichtung, den Versicherungsfall zügig und beschleunigt im Interesse des VN zu bearbeiten. Stellt er überhaupt keine oder jedenfalls wenig nützliche Erhebungen an oder zieht er die Ermittlungen ohne Grund in die Länge, so gilt der Anspruch des VN in dem Zeitpunkt als fällig, zu dem die Erhebungen bei korrektem Vorgehen des VR beendet gewesen wären.[14] Bei einer notwendigen Einsichtnahme des VR in die amtliche Ermittlungsakte reicht der bloße Antrag auf Akteneinsicht zur gebotenen Beschleunigung der Bearbeitung nicht aus, wenn erkennbar ist, dass die Ermittlungsakten jedenfalls in absehbarer Zeit nicht zur Verfügung stehen werden.[15] Wesentlich ist, dass der VR alle ihm zur Verfügung stehenden Möglichkeiten ausschöpfen muss, um den Versicherungsfall zügig aufzuklären und die notwendigen Ermittlungen im Interesse des VN beschleunigt durchzuführen. Dies wird ihm – unverschuldet – nur dann nicht möglich sein, wenn er den Leistungsanspruch aus eigenem Kenntnisstand heraus nicht abschließend prüfen kann, weil er auf Informationen des VN angewiesen ist, die ihm dieser aber nicht zur Verfügung stellt. Den VN treffen im Schadenfall Mitwirkungs- und Informationspflichten. Kommt der VN diesen schuldhaft nicht nach, fehlt es an einer vom VR verschuldeten Regulierungsverzögerung und damit auch an einer Fälligkeit des Zahlungsanspruches, weil der Eintritt der Fälligkeit gemäß § 14 Abs. 2 S. 2 VVG gehemmt ist. Dementsprechend kann der VR in diesem Fall auch nicht in Verzug geraten.

---

10 LG Köln Urt. v. 29.10.1998 – 24 O 44/98 – r+s 2000, 191 = SP 1999, 135.
11 Vgl. OLG Hamm Urt. v. 18.01.1995 – 20 U 222/94 – zfs 1995, 221; LG Düsseldorf Urt. v. 24.04.1980 – 3 O 460/79 – zfs 1981, 245; LG Ellwangen Urt. v. 08.03.1979 – III O 4/79 (14) – zfs 1981, 245.
12 Vgl. AG Mainz Urt. v. 22.09.1992 – 7 C 643/92 – SP 1993, 53.
13 Vgl. OLG Saarbrücken Urt. v. 08.08.2001 – 5 U 670/01 – zfs 2002, 80.
14 Vgl. OLG Saarbrücken Urt. v. 09.11.2005 – 5 U 286/05 – zfs 2006, 212.
15 Vgl. OLG Frankfurt/M. Beschl. v. 25.04.1986 – 5 W 4/86 – VersR 1986, 1009 = NJW-RR 1987, 666; OLG Hamm Urt. v. 06.12.1985 – 20 U 126/85 – VersR 1987, 603 = r+s 1986, 92.

Fälligkeit **A.2.7.1 AKB**

Die Verletzung von Mitwirkungspflichten wirkt sich für den VN negativ auch im Hinblick auf die Verzinsung seiner Entschädigung aus, § 91 S. 2 VVG, (vgl. A.2.7 AKB Rdn. 54). 15

2. Feststellung der Entschädigungshöhe

Als weitere Fälligkeitsvoraussetzung muss die Höhe der Entschädigung durch den VR festgestellt worden sein. Daran fehlt es bei **Meinungsverschiedenheiten über die Schadenhöhe**. Nach A.2.6.1 AKB ist in diesen Fällen ein **Sachverständigenverfahren** durchzuführen. Durch das Gutachten des Sachverständigenausschusses gilt die Höhe der Entschädigung als festgestellt. Erhebt der VN vorzeitig Klage, ohne das vertraglich vereinbarte Sachverständigenverfahren durchzuführen oder ohne dass der VR auf die Durchführung des Sachverständigenverfahrens ausdrücklich verzichtet hat, ist der **Klageanspruch grundsätzlich als derzeit nicht fällig abzuweisen**,[16] (vgl. A.2.6 AKB Rdn. 46ff.). Lehnt der VR die Entschädigungszahlung allerdings dem Grunde nach zu Unrecht ab, wird die Versicherungsleistung ohne Rücksicht auf den Ausgang eines Sachverständigenverfahrens bereits mit dem Zugang des Ablehnungsschreibens fällig.[17] Gleiches gilt, wenn der VR unter Ingangsetzung einer Ausschlussfrist die Ersatzansprüche des VN ablehnt, ohne sich für den Fall seiner Haftung das Sachverständigenverfahren ausdrücklich vorzubehalten.[18] 16

Soweit **die AKB dem VN lediglich das Recht einräumen**, einen **Sachverständigenausschuss** über die Höhe des Schadens **entscheiden zu lassen**, jedoch nicht bestimmen, dass bei Meinungsverschiedenheiten ein Sachverständigenausschuss entscheidet, ist die Durchführung des Sachverständigenverfahrens nicht Fälligkeitsvoraussetzung für die Versicherungsleistung.[19] 17

Die Feststellung über die Höhe der Entschädigung kann auch durch eine **vergleichsweise Regelung** (Einigung) zwischen VR und VN[20] oder durch eine rechtskräftige **gerichtliche Entscheidung**[21] herbeigeführt werden. Auch durch ein **Anerkenntnis** des VR wird die Entschädigung fällig. 18

Steht dem VN ein Anspruch auf eine **Neupreisentschädigung** zu, ergeben sich unterschiedliche Fälligkeiten in Bezug auf den Wiederbeschaffungswert nach A.2.5.1.1 AKB und den Anspruch des VN auf Auszahlung der Neupreisspitze nach A.2.5.1.3 AKB, (vgl. A.2.5.1 AKB Rdn. 34ff.). 19

---

16 OLG Köln Urt. v. 04.12.2001 – 9 U 229/00 – r+s 2002, 188 = zfs 2002, 295; AG Gummersbach Urt. v. 15.11.2011 – 15 C 151/11 – SP 2012, 231 = VK 2012, 174.
17 BGH Urt. v. 19.09.1984 – **IVa ZR 67/83** – VersR 1983, 1137 = r+s 1985, 22.
18 BGH Urt. v. 26.09.1984 – **IVa ZR 213/82** – VersR 1984, 1161 = r+s 1984, 270 (**zu § 12 Abs. 3 VVG a. F.**).
19 OLG Hamm Urt. v. 15.12.2010 – 20 U 108/10 – VersR 2011, 1259 = r+s 2011, 154.
20 Vgl. LG Oldenburg Urt. v. 25.05.1983 – 4 O 666/82 – DAR 1983, 359.
21 Vgl. Stiefel/Maier/*Meinecke* A.2.14 AKB Rn. 4.

3. Fälligkeit aus sonstigen Gründen

20 Fälligkeit tritt auch dann ein, wenn der **VR unberechtigterweise die Deckung ablehnt**,[22] oder wenn er **der Höhe nach weitere Zahlungen** unberechtigterweise verweigert. Denn damit gibt der VR zu erkennen, dass seine Feststellungen zu Grund und Höhe der geforderten Entschädigung abgeschlossen sind, so dass demnach auch kein Anlass besteht, die Fälligkeit des Anspruches des VN nicht sofort eintreten zu lassen, wenn sich die Ablehnung des VR später im Prozess als vertragswidrig erweist.[23] In diesen Fällen ist auch ein Verzug des VR ohne weiteres gegeben (vgl. A.2.7 AKB Rdn. 58 ff.).

II. Pflicht zur Vorschusszahlung – A.2.7.2 AKB

21 Steht fest, dass dem VN aus dem gemeldeten Versicherungsfall dem Grunde nach Versicherungsschutz zu gewähren ist, lässt sich aber die **Höhe der Entschädigungsleistung** innerhalb eines Monats nach Eingang der Schadenanzeige beim VR **noch nicht abschließend ermitteln**, muss der VR **auf Verlangen des VN** eine **angemessene Vorschusszahlung** auf die voraussichtliche Gesamtentschädigung zur Verfügung stellen. Dies gilt auch dann, wenn er den VN auf das Sachverständigenverfahren nach A.2.6 AKB verweist.[24]

22 Die früher in § **15 Abs. 1 S. 2 AKB 2007** enthaltene – zweideutige – Regelung führte häufig zu Streitigkeiten zwischen VR und VN, weil – nach Lesart der VR – sich das Recht des VN auf Einforderung eines Vorschusses nur auf solche Fälle beschränken sollte, in denen die Feststellungen des VR lediglich zur Höhe der Entschädigung noch nicht innerhalb eines Monats abgeschlossen werden konnten. Insoweit gingen Unklarheiten in der Formulierung zulasten des VR. In den **AKB 2015** ist die Vorschussregelung in einer gesonderten, sprachlich noch klarer als in A.2.14.2 AKB 2008 formulierten Bestimmung enthalten und ausdrücklich auf solche Fälle beschränkt, in denen der VR bei bereits festgestellter Zahlungspflicht dem Grunde nach lediglich die Höhe der geschuldeten Entschädigung binnen Monatsfrist nach Eingang der Schadenanzeige noch nicht feststellen konnte.

23 Die Klausel ist § **14 Abs. 2 S. 1 VVG** nachgebildet, von dem gemäß § 18 VVG zulasten des VN nicht abgewichen werden kann. Es ist unerheblich, aus welchem Grund die Höhe des Schadens innerhalb des Monats nicht festgestellt werden kann. Kann der VR wegen einer schuldhaft unterbliebenen Mitwirkung des VN an der Aufklärung des Versicherungsfalles die Entschädigungshöhe nicht abschließend ermitteln, hemmt dies gemäß § 14 Abs. 2 S. 2 VVG nur die Fälligkeit des Anspruches insgesamt, berührt aber

---

22 Vgl. BGH Urt. v. 27.09.1989 – **IVa ZR 156/88** – VersR 1990, 153 = r+s 1990, 58; BGH Urt. v. 19.09.1984 – **IVa ZR 67/83** – VersR 1983, 1137 = r+s 1985, 22.
23 Vgl. BGH Urt. v. 22.03.2000 – **IV ZR 233/99** – VersR 2000, 753 = r+s 2000, 348 (**zur Unfallversicherung**).
24 OLG Hamm Urt. v. 27.02.1997 – 6 U 188/96 – r+s 1997, 356 = zfs 1997, 341.

nicht das Recht des VN, Vorschüsse einzufordern. Denn dieses Recht steht dem VN gerade unabhängig von der Frage der Fälligkeit der Versicherungsleistung zu.

Voraussetzung für eine berechtigte Vorschussanforderung durch den VN ist stets, dass 24 die Zahlungspflicht (Einstandspflicht) des VR dem Grunde nach feststeht.[25] Solange der VR seine grundsätzliche Eintrittspflicht noch nicht feststellen kann, weil z. B. die Ermittlungen der Strafverfolgungsbehörden noch nicht abgeschlossen sind, hat der VN auch keinen Anspruch auf Zahlung eines angemessenen Vorschusses.

Weitere Voraussetzung ist, dass der VR die Höhe der Entschädigungszahlung nicht in- 25 nerhalb eines Monats nach Schadenanzeige (gemeint ist der Tag der Anzeige des Schadens beim VR) feststellen kann. Dies trägt dem Interesse des VN an einer zügigen Schadenabwicklung Rechnung. Der VN kann daher verlangen, dass der VR innerhalb der Monatsfrist des A.2.7.2 AKB geeignete Feststellungen trifft, um zumindest die Höhe eines angemessenen Vorschusses zu berechnen. Der VR kann dem VN die Vorschusszahlung nicht mit der Begründung vorenthalten, das Gutachten des von ihm beauftragten Sachverständigen liege noch nicht vor.[26]

Das »**Verlangen**« eines Vorschusses kann in einer Zahlungsaufforderung oder Anmah- 26 nung der Entschädigungsleistung liegen, aber auch in der Übersendung eines Sachverständigengutachtens.[27]

Angemessen ist derjenige Vorschussbetrag, den der VR nach dem aktuellen Ermitt- 27 lungsstand im Zeitpunkt der Anforderung durch den VN mindestens zu zahlen hat.[28]

Der VN hat keinen Anspruch auf eine Vorschussleistung des VR in Form einer **Repa-** 28 **raturkostendeckungszusage**.[29] Hat der der VR den Schaden des VN bereits fiktiv abgerechnet und den Wiederbeschaffungsaufwand entschädigt, ist kein Raum für weitere Vorschüsse des VR, wenn der VN sein Fahrzeug tatsächlich reparieren lassen will, jedoch aus finanziellen Gründen mit den Reparaturkosten nicht in Vorlage treten kann, (vgl. A.2.5.2 AKB Rdn. 22 ff.).

Die Vorschusspflicht des VR stellt **keine Verzugsfolge** dar, sondern ergibt sich aus der 29 wirtschaftlichen Erwägung, dass der VN mit Eintritt des Versicherungsfalles einen Schaden erlitten hat, aufgrund dessen ihm an sich die hieraus erwachsene Entschädigungssumme bereits im Zeitpunkt des Schadenereignisses in voller Höhe zugestanden hätte.[30]

---

25 Vgl. OLG Hamm Urt. v. 28.11.1990 – 20 U 158/90 – VersR 1991, 1369 = r+s 1991, 222; OLG Köln Urt. v. 09.02.1989 – 5 U 136/88 – r+s 1989, 142.
26 Vgl. Stiefel/Maier/*Meinecke* A.2.14 AKB Rn. 7.
27 OLG Hamm Urt. v. 27.02.1997 – 6 U 188/96 – r+s 1997, 356 = zfs 1997, 341; Stiefel/Maier/*Meinecke* A.2.14 AKB Rn. 7.
28 Vgl. OLG Koblenz Urt. v. 14.08.1998 – 10 U 1332/97 – r+s 1998, 404 = zfs 1998, 467.
29 LG Dortmund Urt. v. 20.04.2011 – 2 O 272/10 – r+s 2011, 465; LG Köln Beschl. v. 30.03.2011 – 24 S 5/11 – r+s 2012, 433.
30 Vgl. Stiefel/Maier/*Meinecke* A.2.14 AKB Rn. 6.

A.2.7.3 AKB Fälligkeit der Entschädigung bei Entwendung

III. Fälligkeit der Entschädigung bei Entwendung – A.2.7.3 AKB

30 Für den Fall des Fahrzeugverlustes (oder der Entwendung versicherter Fahrzeugteile, vgl. A.2.1.2 AKB) stellt die Regelung klar, dass der VN die Entschädigung nicht sofort verlangen kann, sondern erst abgewartet muss, ob das entwendete Fahrzeug innerhalb eines Monats nach Eingang der »schriftlichen Schadenanzeige«[31] beim VR wieder aufgefunden wird. Dies bedeutet allerdings nicht, dass mit der Entwendung der Verlust des Fahrzeuges und damit der Versicherungsfall noch nicht eingetreten wäre. Bei einer bedingungsgemäß unter den Schutz der Kaskoversicherung fallenden Entwendung entsteht der Anspruch des VN auf Zahlung der Entschädigung ohne weiteres nach Maßgabe des A.2.5.1.1 AKB; lediglich die **Fälligkeit dieses Anspruchs ist** nach A.2.7.3 AKB bis zum Ablauf der Monatsfrist des A.2.5.5.1 AKB **hinausgeschoben**. Der Eintritt des Versicherungsfalles »Verlust« ist also nicht etwa durch das Wiederauffinden bis zum Ablauf der Frist auflösend bedingt.[32]

31 Durch das Wiederauffinden des entwendeten Fahrzeuges kann der Versicherungsfall aber »ausgeglichen« werden. Wenn der entwendete Gegenstand innerhalb eines Monats nach Eingang der Schadenanzeige wieder aufgefunden wird, hat ihn der VN – soweit mit zumutbaren Anstrengungen möglich – zurückzunehmen. Der VR braucht dann nur zu leisten, soweit gleichzeitig der Versicherungsfall »Totalschaden« oder »Beschädigung« eingetreten ist. **A.2.7.3 AKB korrespondiert** insofern **mit** der Rücknahmeverpflichtung des VN in **A.2.5.5.1 AKB,** (vgl. A.2.5.5 AKB Rdn. 2 ff.).

32 Der **VR soll davor geschützt werden,** bereits vor Ablauf der – mit Eingang der schriftlichen Schadenmeldung beim VR in Gang gesetzten – Monatsfrist eine Entschädigung erbringen zu müssen, obwohl zu diesem Zeitpunkt noch gar nicht feststeht, ob das Fahrzeug nicht möglicherweise innerhalb der Monatsfrist wieder aufgefunden wird. Da für diesen Fall ein Eigentumsübergang auf den VR gemäß A.2.5.5.3 AKB ausgeschlossen ist, bliebe der VN nicht nur Eigentümer des unter Umständen unbeschädigt wieder aufgefundenen Fahrzeuges, sondern wäre durch die zwischenzeitlich geleistete Entschädigungszahlung des VR auch ungerechtfertigt bereichert. Der VR müsste seine bereits erbrachten Leistungen an den VN – unter Umständen mit nicht unerheblichem Prozessaufwand – zurückfordern.

33 Die **Fälligkeit der Kaskoentschädigungsleistung** tritt erst ein, wenn der VR alle notwendigen Feststellungen zu Grund und Höhe des Anspruches getroffen hat, jedoch nicht vor Ablauf der in A.2.7.3 AKB und A.2.5.5.1 AKB genannten **Monatsfrist.** Diese Frist bezeichnet den **frühestmöglichen Fälligkeitszeitpunkt.** Mit Ablauf der Frist wird der Anspruch des VN also nicht in jedem Fall automatisch bereits fällig.

34 Der VR muss mit den Feststellungen unverzüglich nach Eingang der schriftlichen Schadenanzeige des VN beginnen. Dazu gehört auch die **Einsichtnahme in die amtliche Ermittlungsakte,**[33] (vgl. A.2.7 AKB Rdn. 9 ff.). Sofern die Deckung zweifelhaft ist,

---

31 Zur Schriftform vgl. A.2.5.5 AKB Rdn. 4.
32 Vgl. BGH Urt. v. 17.11.1981 – **IVa ZR 230/80** – NJW 1982, 444 = MDR 1982, 388.
33 Vgl. OLG Hamm Urt. v. 27.02.1997 – 6 U 188/96 – r+s 1997, 356 = zfs 1997, 341; OLG

darf der VR auch erst den Ausgang anhängiger Ermittlungs- und Strafverfahren abwarten.[34] Die gebotenen Feststellungen muss der VR ohne schuldhafte Verzögerung treffen.

Lehnt der VR die Kaskoentschädigung ab, wird der Anspruch sofort fällig, da der VR 35
mit der Ablehnung zu erkennen gibt, dass er die aus seiner Sicht erforderlichen Ermittlungen getroffen hat,[35] (vgl. A.2.7 AKB Rdn. 20).

IV. Abtretungs- und Verpfändungsverbot – A.2.7.4 AKB

Die wirksame Abtretung oder Verpfändung einer Entschädigungsforderung des VN ge- 36
gen den VR setzt voraus, dass die Zahlungspflicht vom VR nach Grund und Höhe endgültig festgestellt wurde (vgl. A.2.7.1 AKB). Fehlt es an dieser Feststellung, kann der VN seine Forderungen nur mit ausdrücklicher Genehmigung des VR wirksam abtreten oder verpfänden. Von der Abtretung ist die **Anweisung gemäß § 783 BGB** zu unterscheiden (z. B. im Falle einer **Reparaturkostenübernahmeerklärung**). Sie unterfällt nicht dem Abtretungsverbot.[36] Durch die Anweisung soll lediglich der Zahlungsmodus – Zahlung des VR an den Anweisungsempfänger als Zahlstelle – vereinfacht werden.

1. Abtretungsverbot

Das vertraglich vereinbarte Abtretungsverbot bezieht sich auf **alle dem VN zustehen-** 37
den oder künftig noch erwachsenden Ansprüche aus dem Versicherungsverhältnis. Gemäß **§ 399 BGB** führt es grundsätzlich zur Unwirksamkeit der Abtretung.[37] Eine verbotswidrige Abtretung ist nicht nur relativ, d. h. dem VN gegenüber, sondern auch jedem Dritten gegenüber unwirksam.[38] Die Abrede über die Beschränkung der Abtretung lässt die Forderung von vornherein als unveräußerliches Recht entstehen; der VR muss sich nicht ausdrücklich auf das Abtretungsverbot berufen.[39] Es handelt sich weder um eine überraschende Klausel i. S. v. **§ 305c BGB**,[40] noch stellt die Klausel eine unangemessene Benachteiligung des VN i. S. v. **§ 307 BGB** dar.[41]

Hamm Beschl. v. 17.11.1987 – 20 W 51/87 – VersR 1988, 1038; LG Wiesbaden Urt. v. 02.05.1994 – 1 S 186/93 – VersR 1995, 332; LG Nürnberg-Fürth Urt. v. 19.01.1983 – 2 S 8436/82 – VersR 1983, 1069; AG Frankfurt/M. Urt. v. 23.11.2004 – 31 C 1587/04 – SP 2005, 99.
34 OLG Hamm Urt. v. 28.11.1990 – 20 U 158/90 – VersR 1991, 1369 = r+s 1991, 222; AG Oldenburg Urt. v. 09.04.1990 – 19 C 102/90 – zfs 1990, 314.
35 BGH Urt. v. 27.09.1989 – IVa ZR 156/88 – VersR 1990, 153 = r+s 1990, 58.
36 Nähere **Einzelheiten hierzu** bei Stiefel/Maier/*Meinecke* A.2.14 AKB Rn. 21.
37 Vgl. LG Köln Urt. v. 20.06.2013 – 24 O 8/13 – r+s 2014, 279.
38 BGH Urt. v. 26.03.1997 – **IV ZR 137/96** – VersR 1997, 1088 = r+s 1997, 325.
39 BGH Urt. v. 26.03.1997 – **IV ZR 137/96** – VersR 1997, 1088 = r+s 1997, 325.
40 OLG Frankfurt/M. Urt. v. 03.06.2004 – 3 U 141/03 – VersR 2004, 1451 = r+s 2004, 452.
41 Vgl. BGH Beschl. v. 12.10.2011 – **IV ZR 163/10** – VersR 2012, 230 = r+s 2012, 74 **(für den Bereich der Rechtsschutzversicherung)** mit weiteren Rspr.-Nachweisen; BGH Urt. v. 26.03.1997 – **IV ZR 137/96** – VersR 1997, 1088 = r+s 1997, 325; OLG Hamm Urt. v.

A.2.7.4 AKB   Abtretungs- und Verpfändungsverbot

38 Das Abtretungsverbot findet gemäß § 412 BGB auch **im Falle eines gesetzlichen Forderungsüberganges** Anwendung, was z. B. beim Übergang von Ersatzansprüchen nach § 86 Abs. 1 S. 1 VVG zu beachten ist,[42] nicht jedoch bei einem Übergang der Versicherung im Falle der Veräußerung des versicherten Kfz nach § 95 ff. VVG.[43]

39 Das Abtretungsverbot gilt bei einer Versicherung für fremde Rechnung (vgl. § 43 ff. VVG) nach F.2 AKB **auch für den Versicherten,**[44] wenn dieser entgegen § 44 Abs. 1 VVG zur selbstständigen Geltendmachung seiner Rechte befugt ist, weil ihm durch Überlassung des Versicherungsscheines gemäß § 44 Abs. 2 VVG auch die Verfügungsberechtigung übertragen wurde.[45] Fehlt es an einer solchen Berechtigung, ist der Versicherte schon aus diesem Grunde nicht verfügungsbefugt.[46] Die **Einziehungsermächtigung** durch den VN steht der Abtretung gleich und ist daher ebenso unzulässig, weil sie wirtschaftlich gesehen dieselben Folgen wie die Abtretung hat.[47] Gleiches gilt für die **Abtretung der Klagebefugnis.**[48]

40 Ansprüche aus der Vollkaskoversicherung können durch den VN auch dann **nicht an den berechtigten Fahrer abgetreten** werden, wenn dieser im Innenverhältnis zum VN den Schaden allein zu tragen hat.[49] Gleiches gilt für vom VN an eine Reparaturwerkstatt abgetretene Ansprüche, die diese ihrerseits vor der endgültigen Schadensprüfung des VR an ein **Factoringunternehmen** weiter abtritt.[50]

41 Die **Berufung** des VR **auf das Abtretungsverbot** kann **gegen Treu und Glauben verstoßen oder rechtsmissbräuchlich** sein, wenn sie nicht durch ein vom Zweckbereich der Klausel umfasstes Interesse des VR gedeckt ist.[51] Das Abtretungsverbot soll verhindern, dass der VR den Versicherungsfall in der Prüfungsphase mit unbeteiligten und ihm unbekannten Personen abwickeln und sich mit diesen auseinandersetzen muss.[52] Auch

---

05.12.1997 – 20 U 230/96 – NJW-RR 1998, 1248; AG Cochem Urt. v. 15.05.2014 – 21 C 523/13 – SP 2014/277.
42 Vgl. BGH Urt. v. 26.03.1997 – **IV ZR 137/96** – VersR 1997, 1088 = r+s 1997, 325.
43 Stiefel/Maier/*Meinecke* A.2.14 AKB Rn. 15.
44 BGH Urt. v. 11.02.1960 – **II ZR 233/59** – VersR 1960, 300; OLG Köln Urt. v. 18.01.2000 – 9 U 115/99 – NVersZ 2000, 577; OLG Stuttgart Urt. v. 07.02.1991 – 7 U 176/90 – r+s 1992, 331; LG Essen Urt. v. 12.01.1988 – 20 S 295/98 – VersR 1989, 351.
45 Prölss/Martin/*Knappmann* A.2.14 AKB Rn. 10; Stiefel/Maier/*Meinecke* A.2.14 AKB Rn. 18.
46 Feyock/*Jacobsen*/Lemor A.2 AKB Rn. 172.
47 Vgl. BGH Urt. v. 11.02.1960 – **II ZR 233/59** – VersR 1960, 300.
48 Vgl. OLG Hamm Urt. v. 27.05.1977 – 20 U 27/77 – VersR 1977, 955.
49 OLG Hamm Urt. v. 28.06.1995 – 20 U 312/94 – NZV 1996, 74.
50 OLG Köln Beschl. v. 13.03.2014 – 9 U 149/13 – BeckRS 2014, 08108.
51 Vgl. BGH Urt. v. 13.07.1983 – **IVa ZR 226/81** – VersR 1983, 945 = MDR 1984, 129; OLG Karlsruhe Urt. v. 20.03.2003 – 12 U 233/02 – r+s 2003, 408; Prölss/Martin/*Knappmann* A.2.14 AKB Rn. 10.
52 Vgl. BGH Urt. v. 26.03.1997 – **IV ZR 137/96** – VersR 1997, 1088 = r+s 1997, 325; OLG Köln Urt. v. 18.01.2000 – 9 U 115/99 – NVersZ 2000, 577; Vgl. LG Köln Urt. v. 20.06.2013 – 24 O 8/13 – r+s 2014, 279, 280.

soll ausgeschlossen werden, dass Dritte im Wege der Abtretung die Aktivlegitimation für einen Rechtsstreit gegen den VR erhalten, in welchem der VR dem prozessualen Nachteil ausgesetzt wäre, dass der eigene VN als Zeuge insbesondere für umstrittene Fragen der versicherungsrechtlichen Deckung benannt werden könnte.[53] Der VR kann sich in einem solchen Fall ohne Rechtsmissbrauch auf das Abtretungsverbot berufen. Dies gilt selbst dann, wenn der Zedent den VN zwar nicht als Zeugen benannt hat, aber eine persönliche Anhörung des VN nach § 141 ZPO geboten erscheint.[54] Unter dem Gesichtspunkt von Treu und Glauben kann es dem VR dann verwehrt sein, sich auf das Abtretungsverbot zu berufen, wenn die **Einrede erstmals im Prozess** erhoben wird,[55] wenn der **VN zwischenzeitlich verstorben** ist und als Zeuge im Prozess nicht mehr in Betracht kommt,[56] oder wenn der Zessionar unabhängig von der Abtretung auch aufgrund einer **titulierten Forderung gegenüber dem VN** in den versicherungsrechtlichen Anspruch des VN gegen den VR vollstrecken könnte.[57] Allerdings ist die Berufung des VR auf das Abtretungsverbot nicht schon deshalb rechtsmissbräuchlich, weil der VR gegenüber dem VN wegen zwischenzeitlich eingetretener **Verjährung** oder verstrichener **Ausschlussfristen** ohnehin nicht mehr leistungspflichtig wäre.[58] Zu rechtsmissbräuchlichem Verhalten des VR vgl. auch A.2.3 AKB Rdn. 9 ff. und A.2.3 AKB Rdn. 71.

Sofern der VN als Kaufmann den Versicherungsvertrag als Handelsgeschäft abgeschlossen hat, kann die Abtretung gemäß § 354a HGB gleichwohl wirksam sein.[59] Zu Abtretungen im Zusammenhang mit **Leasingfahrzeugen** vgl. A.2.3 AKB Rdn. 15. 42

2. Verpfändungsverbot

Ebenso wenig kann der VN ohne ausdrückliche Genehmigung des VR seine Ansprüche wirksam verpfänden. Gläubiger des VN sind allerdings nicht gehindert, dessen Ansprüche gegenüber dem VR gemäß § 851 Abs. 2 ZPO durch Pfändung und Überweisung einzuziehen.[60] Denn für den Fall, dass die Pfändung ins Leere geht, weil die Forderung mangels Versicherungsschutz nicht besteht, entsteht dem VR hieraus kein Nachteil. Macht der Gläubiger trotz eines dem VN gegenüber erwirkten rechtskräftigen Titels von diesen Vollstreckungsmöglichkeiten keinen Gebrauch, weil ihm der VN die Forde- 43

---

53 Vgl. OLG Frankfurt/M. Urt. v. 03.06.2004 – 3 U 141/03 – VersR 2004, 1451 = r+s 2004, 452; OLG Düsseldorf Urt. v. 28.10.1982 – 10 U 49/82 – VersR 1983, 625; Prölss/Martin/ *Knappmann* A.2.14 AKB Rn. 5.
54 OLG Karlsruhe Urt. v. 02.09.1992 – 13 U 110/91 – VersR 1993, 1393 = NJW-RR 1993, 921.
55 BGH Urt. v. 11.02.1960 – II ZR 233/59 – VersR 1960, 300; **a. A.** OLG Hamm Urt. v. 28.06.1995 – 20 U 312/94 – NZV 1996, 74.
56 OLG Düsseldorf Urt. v. 28.10.1982 – 10 U 49/82 – VersR 1983, 625.
57 OLG Hamburg Urt. v. 21.12.1971 – 7 U 51/71 – VersR 1972, 631.
58 OLG Hamm Urt. v. 06.10.2004 – 20 U 53/04 – VersR 2005, 934 = r+s 2005, 406 (**zu** § 12 **Abs. 3 VVG a. F.**).
59 Vgl. OLG Hamm Urt. v. 05.12.1997 – 20 U 230/96 – NJW-RR 1998, 1248.
60 LG Frankfurt/M. Urt. v. 21.03.1977 – 2/3 O 746/76 – VersR 1978, 1058.

rung bereits abgetreten hat, so handelt der VR treuwidrig, wenn er sich auf die Unwirksamkeit der Abtretung beruft, weil diese lediglich an die Stelle eines gerichtlichen Pfändungs- und Überweisungsbeschlusses getreten ist.[61]

3. Ausdrückliche Genehmigung

44 Die Genehmigung muss ausdrücklich erfolgen. Die »Ausdrücklichkeit« der Genehmigung bezieht sich nicht auf die Form, sondern auf den Inhalt der Erklärung; es genügt, dass den Erklärungen oder Handlungen des VR zu entnehmen ist, dass er die Abtretung als wirksam ansieht und sich mit der Rechtsfolge, also der Abwicklung des Versicherungsfalles gegenüber dem Zessionar, beschäftigt.[62] **Erforderlich ist** daher lediglich eine – nicht zwingend schriftlich abzugebende – **eindeutige Willensäußerung des VR**, die auch **konkludent** erfolgen kann, indem der VR z. B. mit dem Zessionar über die an ihn abgetretene Entschädigungsforderung verhandelt, ohne sich auf das Abtretungsverbot zu berufen, oder eine Zahlung in Aussicht stellt, falls noch fehlende restliche Unterlagen (z. B. Kfz-Brief) beigebracht werden.[63] Dies gilt erst recht **im Prozess**, wenn der VR zunächst aus taktischen oder sonstigen Gründen davon absieht, sich auf die fehlende Genehmigung zu berufen, obwohl der Anspruch ersichtlich auf abgetretenes Recht gestützt wird, später dann aber doch die Unzulässigkeit der Abtretung und damit die fehlende Klagebefugnis des Zessionars rügt.[64]

45 Leistet der VR **Teilzahlungen an den Zessionar**, indem er sich z. B. nach einer Abtretung von Entschädigungsansprüchen durch den VN an einen Werkunternehmer mit dessen Forderungen auseinandersetzt und sie teilweise begleicht, ohne auf das Abtretungsverbot hinzuweisen, ist darin eine konkludente Genehmigung der Abtretung zu sehen, die den unzweideutigen Willen des VR zur Zustimmung der Abtretung in sich trägt.[65]

46 Auch die **Erteilung eines Sicherungsscheines** durch den VR an ein finanzierendes Kreditinstitut oder eine Leasinggesellschaft (vgl. A.2.3 AKB Rdn. 13 ff. und A.2.3 AKB Rdn. 68 ff.) stellt eine Genehmigung dar. Allerdings fällt eine Abtretung des Kreditgebers wieder unter das Abtretungsverbot.

47 **Keine Genehmigung** liegt vor, wenn der VR seine Eintrittspflicht bestreitet und Zahlungen ablehnt, ohne gleichzeitig auf das Abtretungsverbot hinzuweisen,[66] wenn der VR nach Schadenmeldung durch den Zessionar Ermittlungen zur Schadenhöhe an-

---

61 Vgl. OLG Hamburg Urt. v. 21.12.1971 – 7 U 51/71 – VersR 1972, 631.
62 LG Freiburg Urt. v. 14.08.1986 – 6 O 111/86 – VersR 1987, 757 = zfs 1986, 342.
63 OLG Hamm Urt. v. 12.12.1984 – 20 U 181/84 – VersR 1985, 582.
64 Vgl. BGH Urt. v. 25.11.1953 – **II ZR 7/53** – VersR 1953, 494 = DB 1953, 1034; OLG Hamm Urt. v. 24.03.1976 – 20 U 117/75 – VersR 1977, 1096; LG Freiburg Urt. v. 14.08.1986 – 6 O 111/86 – VersR 1987, 757 = zfs 1986, 342.
65 Vgl. OLG Hamm Urt. v. 16.06.1955 – 7 U 51/55 – VersR 1956, 208; AG Schleiden Urt. v. 22.05.2015 – 10 C 22/14 – zfs 2014, 579; Prölss/Martin/*Knappmann* A.2.14 AKB Rn. 7; Stiefel/Maier/*Meinecke* A.2.14 AKB Rn. 22 ff.
66 BGH Urt. v. 26.03.1997 – **IV ZR 137/96** – VersR 1997, 1088 = r+s 1997, 325.

stellt,[67] wenn der VR nach Schadenmeldung durch den VN und anschließender Kenntnisnahme der Forderungsabtretung an einen Dritten mit dem VN Verhandlungen aufnimmt bzw. anschließend auch mit dem Dritten verhandelt,[68] oder wenn der VR sogar ausdrücklich auf das bestehende Abtretungsverbot hinweist.[69]

Eine fehlende Genehmigung lässt sich nicht durch die Zulassung einer **gewillkürten** **Prozessstandschaft** umgehen, da dies zu einer Verschiebung der Parteirollen führen würde, die durch das Abtretungsverbot gerade vermieden werden soll.[70] 48

Hat der VR die Abtretung genehmigt oder sind Ansprüche aus dem Versicherungsvertrag mit Wissen des VR abgetreten worden, so müssen **Ablehnung und Fristsetzung des VR** gegenüber dem Zessionar erfolgen.[71] 49

Die **Genehmigung** des VR ist **nicht gleichzusetzen mit einer** nachträglichen Zustimmung i. S. d. §§ 184, 185 BGB, weil der VR nicht der »Berechtigte« ist, sondern der VN. Der Genehmigung kommt daher nur die Bedeutung eines Einverständnisses mit der Aufhebung des vertraglichen Abtretungs- und Verpfändungsverbotes oder eines Verzichts auf die Einrede des § 399 BGB für den konkreten Fall zu, weshalb sie auch nicht auf den Zeitpunkt der Abtretung oder Verpfändung zurückwirkt.[72] 50

4. Endgültige Feststellung

Abtretung und Verpfändung können wirksam erst dann erfolgen, wenn der **VR seine Zahlungspflicht** zum Grunde und zur Höhe gegenüber dem VN oder dem Versicherten – sofern dieser im Besitz des Versicherungsscheines ist (vgl. § 44 Abs. 2 VVG) – **endgültig festgestellt** hat. Durch den VN vorzeitig vorgenommene Verfügungen sind nicht etwa nur schwebend unwirksam, sondern gänzlich nichtig.[73] Die endgültige Feststellung kann nur durch den VR selbst, nicht dagegen durch einen Versicherungsvertreter des VR (vgl. § 59 Abs. 2 VVG) erfolgen. Erklärungen des Versicherungsvertreters in diesem Zusammenhang binden den VR nicht. 51

Eine **endgültige Ablehnung** von Leistungsansprüchen ist nicht mit der endgültigen Feststellung i. S. v. A.2.7.4 AKB gleichzusetzen.[74] 52

Die endgültige **Feststellung ist solange nicht erfolgt**, wie die Verhandlungen zwischen den Parteien noch andauern, die Ermittlungen des VR zu Fragen der Deckung noch 53

---

67 OLG Karlsruhe Urt. v. 02.09.1992 – 13 U 110/91 – VersR 1993, 1393 = NJW-RR 1993, 921.
68 LG Wiesbaden Urt. v. 17.01.1985 – 2 O 336/84 – VersR 1986, 356.
69 LG Köln Urt. v. 20.06.2013 – 24 O 8/13 – r+s 2014, 279, 280.
70 LG Köln Urt. v. 20.06.2013 – 24 O 8/13 – r+s 2014, 279, 280.
71 BGH Urt. v. 01.10.1986 – **IVa ZR 108/85** – VersR 1987, 39 = NJW 1987, 255.
72 BGH Urt. v. 29.06.1989 – **VII ZR 211/88** – NJW 1990, 109 = MDR 1989, 1092; BGH Urt. v. 01.02.1978 – **VIII ZR 232/75** – NJW 1978, 813 = MDR 1978, 486; Stiefel/Maier/*Meinecke* A.2.14 AKB Rn. 17; a. A. Prölss/Martin/*Knappmann* A.2.14 AKB Rn. 9.
73 Stiefel/Maier/*Meinecke* A.2.14 AKB Rn. 14.
74 OLG Karlsruhe Urt. v. 20.03.2003 – 12 U 233/02 – r+s 2003, 408.

A.7.4 AKB Endgültige Feststellung d. Entschädigungsleistung

nicht abgeschlossen sind oder das Sachverständigenverfahren nach A.2.6 AKB von einer der Parteien aufgerufen worden ist, **anders aber dann**, wenn der VR vorbehaltlos Abschlagszahlungen erbringt, seine Eintrittspflicht anerkennt oder einen Prozess aufnimmt, ohne sich auf die fehlende Fälligkeit des Versicherungsanspruches zu berufen (vgl. im Übrigen A.2.7 AKB Rdn. 5 ff.).

C. Weitere praktische Hinweise

I. Verzinsung nach § 91 VVG

54 § 91 S. 1 VVG gewährt dem VN unabhängig von einem **Verzug des VR** nach Ablauf eines Monats seit Eingang der Schadenanzeige beim VR einen Anspruch auf Verzinsung der zu zahlenden Entschädigung in Höhe von mindestens **4 Prozent jährlich**. Der Zinsanspruch besteht also nur für den Fall, dass der VR die Entschädigungssumme innerhalb eines Monats seit der Anzeige des Versicherungsfalles noch nicht festgestellt und ausgezahlt hat.

55 Scheitert die Feststellung innerhalb der Monatsfrist daran, dass der VN unter Verstoß gegen seine Auskunftsobliegenheit dem VR wichtige Informationen oder Belege zur Klärung seiner Eintrittspflicht nicht zur Verfügung gestellt hat, führt dies nach § 91 S. 2 VVG zu einer **Hemmung des Fristenlaufs**, die so lange andauert, wie der Schadenfall vom VR wegen der **fehlenden Mitwirkung des VN** nicht weiter aufgeklärt werden kann. Dies kann unter Umständen dazu führen, dass der VN eine Verzinsung seit der Anzeige des Versicherungsfalles gemäß § 91 S. 1 VVG selbst dann nicht verlangen kann, wenn die Regulierung wegen seiner fehlenden Mitwirkung erst mehrere Monate später erfolgt.

56 Die **Verzinsungspflicht trifft den VR** auch bei einer Neupreisentschädigung **hinsichtlich der Neupreisspitze** (vgl. A.2.5.1 AKB Rdn. 34 ff.), wenn sich der VN nach A.2.5.1.3 AKB zulässigerweise bis zu zwei Jahre Zeit lässt, um die Entschädigung für die Reparatur seines beschädigten Fahrzeuges oder die Neuanschaffung eines Ersatzfahrzeuges zu verwenden; gleiches gilt auch in **Entwendungsfällen**, obwohl die Entschädigung nach A.2.7.3 AKB frühestens nach Ablauf eines Monats nach Eingang der schriftlichen Schadenanzeige beim VR überhaupt erst fällig wird.[75]

57 Da es sich bei dem Zinsanspruch um einen Mindestzins handelt, ist der VN **im Falle des Verzuges** nicht gehindert, höhere Zinsen gemäß **§ 288 BGB** zu verlangen, (vgl. A.2.7 AKB Rdn. 61). Verzugszinsen sind nicht zusätzlich, sondern anstelle der Mindestzinsen nach § 91 VVG geschuldet.[76]

---

[75] Im Ergebnis ebenso Stiefel/Maier/*Meinecke* A.2.14 AKB Rn. 12.
[76] OLG Hamburg Urt. v. 23.02.1989 – 6 U 234/88 – NJW-RR 1989, 680.

II. Verzug und Verzugsfolgen

1. Voraussetzungen für den Verzug des VR

Erbringt der VR trotz Fälligkeit i. S. v. A.2.7.1 AKB die geschuldete Versicherungsleistung nicht, so kann er gemäß § 286 Abs. 1 S. 1 BGB in Verzug geraten mit der Folge, dass er dem VN einen weiteren **Verzögerungsschaden** nach § 280 Abs. 2 BGB ersetzen muss. Voraussetzung hierfür ist eine **Mahnung des VN** gemäß § 286 Abs. 1 S. 1 BGB und ein **Verschulden des VR**, wobei dieses vermutet wird und vom VR auszuräumen ist (§ 286 Abs. 4 VVG). Nimmt der VR aufgrund eines **Tatsachen- oder Rechtsirrtums** entschuldbar an, nicht zur Zahlung verpflichtet zu sein, entfällt das Verschulden. Bei einem Rechtsirrtum gilt dies allerdings nur dann, wenn es sich um eine besonders schwierige Rechtsfrage handelt, zu der sich noch keine einheitliche Rechtsprechung gebildet hat,[77] oder wenn der VR nach sorgsamer Prüfung der Sach- und Rechtslage nicht mit einem Unterliegen in einem Rechtsstreit rechnen muss.[78]

In gleicher Weise ist eine **Inverzugsetzung möglich, wenn der VR die Bearbeitung des Versicherungsfalles verschleppt** und nicht alles Erforderliche und in seiner Macht Stehende unternimmt, um auf eine rasche Aufklärung der anstehenden Fragen hinzuwirken.[79] Dies wird insbesondere dann anzunehmen sein, wenn der VR die bislang eingetretenen Verzögerungen des Verfahrens nicht plausibel zu erklären vermag und auch eine **weitere Fristsetzung** zur Zahlung der Entschädigung oder zumindest eines Vorschusses **ergebnislos** verläuft.

Der VR gerät auch **ohne Mahnung** dann in Verzug, wenn er dem berechtigten Verlangen des VN nach Zahlung eines angemessenen Vorschusses entsprechend A.2.7.2 AKB nicht nachkommt und eine vom VN im Zusammenhang mit der Anforderung des Vorschusses gesetzte angemessene Frist verstreichen lässt, § 286 Abs. 2 Nr. 2 BGB. Hat der VR einen Betrag als zu entschädigende Summe gegenüber dem VN bereits **anerkannt** und steht fest, dass der effektive Schaden des VN diesen Betrag übersteigt, so kommt der VR in Verzug, wenn er die anerkannte Summe zurückhält und die Auszahlung von der Vorlage weiterer Belege (z. B. Reparaturkostenrechnung) abhängig macht.[80] **Lehnt der VR die Entschädigung zu Unrecht ernsthaft und endgültig ab**, wird damit nicht nur die Leistung fällig; der VR gerät auch sofort in Verzug, § 286 Abs. 2 Nr. 3 BGB.

2. Verzugszinsen

Einen höheren Zinsanspruch als 4 Prozent jährlich (vgl. A.2.7 AKB Rdn. 54) kann der VN als **Zinsschaden** entweder **abstrakt** mit Jahreszinsen in Höhe von 5 bzw. 8 Prozentpunkten über dem Basiszinssatz der EZB gemäß § 288 Abs. 1 bzw. Abs. 2 BGB berechnen, oder aber auch **konkret** gemäß § 288 Abs. 4 BGB geltend machen, wobei der Zins-

58

59

60

61

---

77 BGH Urt. v. 19.09.1984 – **IVa ZR 67/83** – VersR 1983, 1137 = r+s 1985, 22.
78 BGH Urt. v. 20.11.1990 – **IV ZR 202/89** – r+s 1991, 37 = BeckRS 2008, 19328.
79 Vgl. BGH Urt. V. 15.12.1952 – **II ZR 56/52** – VersR 1953, 14; LG Essen Urt. v. 01.09.1972 – 13 O 230/71 – VersR 1973, 558 = NJW 1973, 711.
80 LG Nürnberg-Fürth Urt. v. 25.05.1993 – 5 O 5377/92 – r+s 1994, 407.

schaden entweder in einem **Verlust von Anlagezinsen** oder in der **Aufwendung von Kreditzinsen** liegen kann.[81]

3. Nutzungsausfall, Mietwagenkosten, Leasingraten

62 Ein Anspruch auf **Nutzungsausfall steht dem VN** selbst dann **nicht zu**, wenn der VR mit der Auszahlung der Kaskoentschädigung in Verzug kommt.[82] Dies hängt weniger mit der Regelung in A.2.5.7.1 AKB zusammen, wonach der VR neben anderen ausgeschlossenen Leistungen einen Nutzungsausfall ausdrücklich nicht zu zahlen hat; entscheidend ist vielmehr, dass der Anspruch auf Nutzungsausfall einen **Eingriff in den Gegenstand des Gebrauchs**, also des versicherten Fahrzeuges, voraussetzt,[83] der jedoch nicht schon darin liegt, dass der VR die Versicherungsleistung erst nach Verzugseintritt auszahlt. Die bloße Nichtzahlung einer geschuldeten Versicherungsleistung stellt keine unmittelbare, objektbezogene Einwirkung auf das Fahrzeug selbst dar.[84] Der VN kann nicht damit gehört werden, er habe sich mangels Zahlung nicht schon früher um den Erwerb eines Ersatzfahrzeuges oder die Reparatur kümmern können, so dass er letztlich auf die Nutzung des Kfz habe verzichten müssen. Die **Entschädigungsleistung wird dem VN** – von der Neupreisentschädigung abgesehen – **ohne jegliche Zweckbindung zur freien Verfügung ausgezahlt**. Wollte man in der verspäteten Auszahlung einen sachbezogenen Eingriff in den Gebrauch des Fahrzeuges sehen, hätte dies zur Konsequenz, dass jeder Gläubiger einer Geldschuld bei Verzug des Schuldners Nutzungsausfall verlangen könnte, sofern er nur gewillt ist, ein Kfz zu kaufen oder reparieren zu lassen.[85] Dies aber würde zu einer unabsehbaren Ausuferung von Nutzungsausfallansprüchen bei Geldforderungen führen.

63 Ein Nutzungsausfallanspruch ist auch unter dem Gesichtspunkt einer **pflichtwidrigen Verweigerung des VR zur Mitwirkung im Sachverständigenverfahren** nicht begründet, wenn die Durchführung eines Sachverständigenverfahrens abweichend von A.2.6 AKB nicht als Fälligkeitsvoraussetzung, sondern als Recht des VN vereinbart worden ist, bei Streitigkeiten über die Höhe des Schadens einen Sachverständigenausschuss entscheiden zu lassen und der VN ein gerichtliches Beweissicherungsverfahren einleitet, anstatt gegenüber dem VR die Durchführung des Sachverständigenverfahrens zu verlangen.[86] Auch **Mietwagenkosten** sind als Verzugsschaden nicht zu erstatten.[87]

---

81 Prütting/Wegen/Weinreich/*Schmidt-Kessel* § 288 BGB Rn. 8.
82 OLG Hamm Urt. v. 15.12.2010 – 20 U 108/10 – VersR 2011, 1259 = r+s 2011, 154; OLG Düsseldorf Beschl. v. 22.06.2005 – I-4 W 45/05 – r+s 2006, 63 = zfs 2006, 30; OLG Schleswig Urt. v. 01.02.1995 – 9 U 61/94 – VersR 1996, 448 = r+s 1995, 408; AG Köln Urt. v. 13.03.2012 – 264 C 79/11 – SP 2012, 370; AG Oldenburg Urt. v. 09.04.1990 – 19 C 102/90 – zfs 1990, 314.
83 Vgl. Palandt-Heinrichs Vorb v. § 249 Rn. 21.
84 OLG Hamm Urt. v. 15.12.2010 – 20 U 108/10 – VersR 2011, 1259 = r+s 2011, 154.
85 OLG Düsseldorf Beschl. v. 22.06.2005 – I-4 W 45/05 – zfs 2006, 30; OLG Schleswig Urt. v. 01.02.1995 – 9 U 61/94 – VersR 1996, 448 = r+s 1995, 408.
86 OLG Hamm Urt. v. 15.12.2010 – 20 U 108/10 – VersR 2011, 1259 = r+s 2011, 154.
87 Ebenso Stiefel/Maier/*Meinecke* A.2.14 AKB Rn. 11.

Sofern es dem VN bei einem kaskoversicherten **Leasingfahrzeug** mangels Kosten- 64
übernahmeerklärung oder Vorschusszahlung des VR nicht zuzumuten ist, die zur Wiederherstellung der Fahrtüchtigkeit seines beschädigten Kfz erforderlichen Reparaturkosten selbst aufzuwenden, stellen die ab Verzugseintritt des VR vom VN **gezahlten Leasingraten** einen ersatzfähigen **Verzugsschaden** dar.[88]

4. Rechtsanwaltskosten

Zum Umfang der Erstattung von Anwaltskosten für die Geltendmachung der Ansprü- 65
che des VN gegenüber dem Vollkasko-VR vgl. A.2.5.2 AKB Rdn. 98 ff. (Erstattung durch den Vollkasko-VR) und A.2.5.8 AKB Rdn. 28 ff. (Erstattung durch den Haftpflicht-VR des Schädigers).

A.2.8 Können wir unsere Leistung vom Fahrer zurückfordern, wenn Sie nicht selbst gefahren sind?

Fährt eine andere Person berechtigterweise das Fahrzeug und kommt es zu einem Schadenereignis, fordern wir von dieser Person unsere Leistungen bei schuldloser oder einfach fahrlässiger Herbeiführung des Schadens nicht zurück.

Jedoch sind wir bei grob fahrlässiger Herbeiführung des Schadens berechtigt, unsere Leistung soweit zurückzufordern, wie dies der Schwere des Verschuldens entspricht. Lebt der Fahrer bei Eintritt des Schadens mit Ihnen in häuslicher Gemeinschaft, fordern wir unsere Ersatzleistung selbst bei grob fahrlässiger Herbeiführung des Schadens nicht zurück.

Bei vorsätzlicher Herbeiführung des Schadens sind wir berechtigt, unsere Leistungen in voller Höhe zurückzufordern.

Die Absätze 1 bis 3 gelten entsprechend, wenn eine in der Kfz-Haftpflichtversicherung gemäß A.1.2 mitversicherte Person sowie der Mieter oder der Entleiher einen Schaden herbeiführt.

Übersicht Rdn.
A. Allgemeines – Überblick 1
B. Regelungsgehalt – Können wir unsere Leistung zurückfordern, wenn Sie nicht selbst gefahren sind? – A.2.8 AKB (§ 15 Abs. 2 AKB 2007 a. F. und § 67 Abs. 2 VVG; A.2.15 AKB 2008 a. F.) 9
I. Kein Regress gegen den berechtigten Fahrer bei schuldloser oder einfach fahrlässiger Schadenherbeiführung – A.2.8 Abs. 1 AKB 9
II. Regress bei grob fahrlässiger Schadenherbeiführung – A.2.8 Abs. 2 Satz 1 AKB . 14
  1. Umfang des Regressanspruchs 14
  2. »Dritter« i. S. d. § 86 Abs. 1 S. 1 VVG als Regressschuldner 18
  3. Übergehende kongruente Ersatzansprüche 26

---

[88] OLG Koblenz Urt. v. 11.02.2011 – 10 U 742/10 – VersR 2012, 175 = r+s 2011, 423.

A.2.8 AKB Können wir unsere Leistung v. Fahrer zurückf., wenn Sie nicht selbst gef. sind?

		Rdn.
III.	Familienprivileg – A.2.8 Abs. 2 Satz 2 AKB	29
	1. Grundsätzliches	29
	2. Häusliche Gemeinschaft mit dem VN	33
	3. Bei Eintritt des Schadens	41
IV.	Regress bei vorsätzlicher Schadenherbeiführung – A.2.8 Abs. 3 AKB	43
V.	Nach A.1.2 AKB mitversicherte Personen, Mieter und Entleiher – A.2.8 Abs. 4 AKB.	44
	1. Regressverzicht gegenüber den nach A.1.2 AKB mitversicherten Personen	44
	2. Regressverzicht gegenüber dem Mieter	52
	a) Grundsätzliches	52
	b) Rechtslage nach AKB 2008 und AKB 2015 in der gewerblichen Kfz-Vermietung	54
	c) Haftungsfreistellung des Mieters nach dem Leitbild einer Vollkaskoversicherung – Vermieter als »Quasiversicherer«	56
	d) Haftungsfreistellung des gegenüber dem Vermieter berechtigten Fahrers, der nicht Mieter ist	62
	e) Haftungsfreistellung des gegenüber dem Vermieter unberechtigten, aber im Verhältnis zum Mieter berechtigten Fahrers	64
	f) Haftungsprivilegierung in der gewerblichen Kfz-Vermietung – Zusammenfassung	68
	g) Verjährungsfragen	72
	3. Regressverzicht gegenüber dem Entleiher	73
C.	**Weitere praktische Hinweise**	74
I.	Beweislastfragen	74
	1. Verschuldensgrad in A.2.8 Abs. 2 Satz 1, Abs. 3 AKB	74
	2. Familienprivileg in A.2.8 Abs. 2 Satz 2 AKB	75
II.	Gemäß § 86 Abs. 1 S. 1 VVG übergehende Forderungen	77
	1. Art der Forderungen	77
	2. Einwendungen gegen die Forderung	80
	a) Arbeitsrechtliche Ausschlussfristen	81
	b) Arbeitsrechtliche Haftungsprivilegien	83
III.	Wahrungs- und Mitwirkungsgebot des VN nach § 86 Abs. 2 VVG	91
IV.	Genereller Regressverzicht trotz grober Fahrlässigkeit?	93
V.	Quotenvorrecht des VN	95
VI.	Keine Verpflichtung des VN zur Inanspruchnahme der Kaskoversicherung bei Beschädigung des Kfz durch Dritten	96
VII.	Fallbeispiel	99

A. Allgemeines – Überblick

1 Anteilige oder vollständige Leistungsfreiheit im Falle grob fahrlässig oder vorsätzlicher Herbeiführung des Versicherungsfalles kann der VR (regelmäßig) nur gegenüber dem VN, seinem Repräsentanten oder einem Mitversicherten einwenden.[1] Benutzt eine andere (dritte) Person das kaskoversicherte Fahrzeug und beschädigt dieses schuldhaft, besteht eine volle Leistungsverpflichtung des VR gegenüber dem VN. Dem Eigentü-

---

1 Zu den Regressmöglichkeiten des VR vgl. Dickmann VersR 2012, 678 ff.

Können wir unsere Leistung v. Fahrer zurückf., wenn Sie nicht selbst gef. sind?   A.2.8 AKB

mer (also regelmäßig dem VN) stehen für diesen Fall gegen den Fahrer Schadenersatzansprüche zu (z. B. nach § 823 Abs. 1 BGB wegen Eigentumsverletzung). Nimmt der VN wegen des eingetretenen Schadens seinen Vollkasko-VR in Anspruch, gehen seine **Schadenersatzansprüche gegen den Fahrer gemäß § 86 Abs. 1 S. 1 VVG auf den VR über**, soweit dieser dem VN den Schaden ersetzt. Der Anspruchsübergang erfolgt auch, soweit es sich nicht um Ansprüche des VN, sondern einer mitversicherten Person gegen den Fahrer handelt.[2] Dem VN steht derjenige gleich, der die Stellung eines Versicherten oder Mitversicherten hat, (vgl. § 44 VVG, A.2.3 AKB). Dieser ist wie der VN in den Schutzbereich der Kaskoversicherung mit einbezogen. Im Falle einer **Fremdversicherung** tritt daher der Versicherte an die Stelle des VN, so dass z. B. bei einem kaskoversicherten **Leasingfahrzeug** der Ersatzanspruch des Leasinggebers als Eigentümer des Fahrzeuges im Umfang der Versicherungsleistung auf den VR übergeht.[3]

Als **Regressschuldner** kommt nur ein »Dritter« i. S. d. § 86 Abs. 1 S. 1 VVG infrage, 2 (vgl. A.2.8 AKB Rdn. 18 ff.). Der VN oder ein (Mit-) Versicherter können nie »Dritter« sein, weshalb ihnen gegenüber ein Regress von vornherein nicht in Betracht kommt. Dies kommt auch in der neuen Überschrift der Bestimmung zu A.2.8 AKB zum Ausdruck, mit der verdeutlicht wird, dass es nur um die Rückforderung beim Fahrer geht, der nicht zugleich VN ist. Der **berechtigte Fahrer** gilt grundsätzlich als »Dritter« i. S. d. § 86 Abs. 1 S. 1 VVG, da er in der Kaskoversicherung nicht mitversichert ist. Gleiches gilt nach A.2.8 Abs. 4 AKB für die nach A.1.2 AKB in der Kfz-Haftpflichtversicherung mitversicherten Personen sowie für den Mieter und Entleiher des Fahrzeuges.

Nach erbrachter Versicherungsleistung kann der VR den auf ihn übergegangenen 3 Schadenersatzanspruch des VN gegen den Fahrer bei diesem **regressieren**. Dies wäre aufgrund des unbeschränkten gesetzlichen Forderungsüberganges gemäß § 86 Abs. 1 S. 1 VVG grundsätzlich auch bei nur leicht fahrlässigem Verhalten des Dritten möglich. Damit wäre der VR in solchen Fällen aber besser gestellt, als wenn der Schadenfall leicht fahrlässig durch den VN, seinen Repräsentanten oder einen Mitversicherten verursacht worden wäre. Denn dann müsste der VR die volle Versicherungsleistung erbringen, ohne dass ihm Rückgriffsmöglichkeiten eröffnet wären. Daher beschränkt **A.2.8 Abs. 1 und 2 AKB** die Regressmöglichkeiten des VR vertraglich auch gegenüber »Dritten« auf solche Fälle, in denen der Fahrer das Schadenereignis vorsätzlich oder grob fahrlässig herbeiführt.

Mit diesem **teilweisen Regressverzicht des VR** wird eine **Besserstellung des berechtig-** 4 **ten Fahrers** gegenüber der gesetzlichen Regelung in § 86 Abs. 1 S. 1 VVG erreicht, weil der Fahrer nicht schlechter gestellt werden soll als der VN, dem gegenüber der VR sich im Falle nur einfacher Fahrlässigkeit auch nicht auf Leistungsfreiheit berufen könnte, (vgl. § 81 VVG).[4]

---

2 BGH Urt. v. 05.03.2008 – IV ZR 89/07 – VersR 2008, 634 = NJW 2008, 1737.
3 OLG München Urt. v. 26.04.2013 – 10 U 3879/12 – BeckRS 2013, 07720.
4 Prölss/Martin/*Knappmann* § 15 AKB Rn. 3; Stiefel/*Maier* A.2.15 AKB Rn. 1.

A.2.8 AKB Können wir unsere Leistung v. Fahrer zurückf., wenn Sie nicht selbst gef. sind?

5 Dieser Grundgedanke kommt auch in **A.2.8 Abs. 2 AKB** zum Ausdruck. Im Gegensatz zur bisherigen Regelung in A.2.15 S. 2 AKB 2008, in der sich ein berechtigter Fahrer, der grob fahrlässig einen Schaden herbeiführte, noch einem unbeschränkten Regress des VR ausgesetzt sah, kann der Fahrer nach Maßgabe des A.2.8 Abs. 2 AKB nur noch auf Rückzahlung in einem Umfange in Anspruch genommen werden, der der Schwere seines Verschuldens entspricht. Damit wird der Anwendungsbereich des schon im VVG 2008 vorgesehenen abgestuften Versicherungsschutzes für Fälle grober Fahrlässigkeit auch auf den vertraglichen Rückforderungsanspruch des VR ausgedehnt.

6 Ausnahmsweise ist nach **A.2.8 Abs. 2 S. 2 AKB** kein Regress gegen diejenigen Fahrer möglich, die mit dem VN zum Schadenzeitpunkt in häuslicher Gemeinschaft leben, (vgl. A.2.8 AKB Rdn. 29 ff. und A.2.8 AKB Rdn. 75 f.). Seit den Änderungen des »**Familienprivilegs**« in § 86 Abs. 3 VVG, die auch schon in A.2.15 S. 3 AKB 2008 Eingang fanden, kommt der generelle Regressverzicht auch bei grob fahrlässiger Herbeiführung des Versicherungsfalles nicht mehr nur Familienangehörigen, sondern allen Personen zugute, die mit dem VN in häuslicher Gemeinschaft leben. Die früheren Streitfragen, ob eine **Verlobte** als Familienangehörige i. S. d. § 67 Abs. 2 VVG a. F. anzusehen ist[5] und der **Partner in einer nichtehelichen Lebensgemeinschaft** dem »Familienprivileg« unterfällt,[6] sind damit überholt. Die Argumente für die Gleichstellung von langjährigen, eheähnlichen Partnerschaften gelten ebenso für das Privileg des § 116 Abs. 6 SGB X,[7] der dem § 67 Abs. 2 VVG a. F. nachgebildet wurde,[8] so dass die Rechtsprechung zu dieser Vorschrift auch für die Auslegung des § 86 Abs. 3 VVG zum Tragen kommt. Andererseits ergibt sich eine Einschränkung in zeitlicher Hinsicht. Die privilegierten Personen müssen bereits bei Eintritt des Schadens mit dem VN in häuslicher Gemeinschaft gelebt haben. Die früher bestehende Möglichkeit, die Regresssperre des § 67 Abs. 2 VVG a. F. durch eine Eheschließung bis zum Zeitpunkt der letzten mündlichen Verhandlung im Prozess noch aufleben zu lassen[9] und damit letztlich die Voraussetzungen für das »Familienprivileg« noch nach Eintritt des Schadens zu schaffen, ist entfallen.

---

5 Verneinend: BGH Urt. v. 09.05.1972 – **VI ZR 40/71** – VersR 1972, 764 = NJW 1972, 1372; OLG Köln Urt. v. 17.10.1990 – 24 U 43/90 – VersR 1991, 1237 = NZV 1991, 395.

6 Bejahend: BGH Urt. v. 05.02.2013 – **VI ZR 274/12** – r+s 2013, 258 = zfs 2013, 320 **unter Bestätigung von** OLG Köln Urt. v. 09.05.2012 – 16 U 48/11 – r+s 2012, 570 = SP 2012, 287; BGH Urt. v. 22.04.2009 – **IV ZR 160/07** – VersR 2009, 813 = NJW 2009, 2062; OLG Nürnberg Urt. v. 11.03.2009 – 4 U 1624/08 – SP 2009, 179; OLG Naumburg Urt. v. 19.05.2007 – 9 U 17/07 – VersR 2007, 1405 = r+s 2008, 144; OLG Brandenburg Urt. v. 06.03.2002 – 14 U 104/01 – r+s 2002, 275 = NJW 2002, 1581; **früher noch verneinend:** BGH Urt. v. 01.12.1987 – **VI ZR 50/87** – VersR 1988, 253 = r+s 1988, 76; OLG Koblenz Urt. v. 23.12.2002 – 12 U 1404/01 – VersR 2003, 1381.

7 Vgl. OLG Rostock Urt. v. 26.11.2007 – 3 U 80/07 – r+s 2008, 219, 563; Lang NZV 2009, 425.

8 BGH Urt. v. 28.06.2011 – **VI ZR 194/10** – NJW 2011, 3715 = r+s 2012, 516; BGH Urt. v. 01.12.1987 – **VI ZR 50/87** – VersR 1988, 253 = r+s 1988, 76.

9 Vgl. OLG Köln Urt. v. 17.10.1990 – 24 U 43/90 – VersR 1991, 1237 = NZV 1991, 395.

Gemäß § 67 Abs. 2 VVG a. F. war in allen Fällen, in denen das »Familienprivileg« eingriff, der **Anspruchsübergang auf den VR ausgeschlossen**, was für den VN die Möglichkeit von Doppelentschädigungen eröffnete.[10] So blieb er auch nach Inanspruchnahme des Kasko-VR weiterhin aktivlegitimiert und konnte dieselben Ansprüche auch gegenüber dem Schädiger oder dessen VR durchzusetzen. Mit der neuen Regelung in **§ 86 Abs. 1 VVG** verliert der VN dagegen den Ersatzanspruch gegen den Schädiger, wenn er die Versicherungsleistung in Anspruch nimmt. Trotzdem hat sich die Rechtslage für den Schädiger durch die Neuregelung nicht verschlechtert, weil der Anspruch gegen den Schädiger zwar auf den VR übergeht, dieser den **übergegangenen Anspruch** gegen einen – nicht vorsätzlich handelnden – Schädiger bei Vorliegen des »Familienprivilegs« aber **nicht durchsetzen** kann, § 86 Abs. 3 VVG. Zu beachten ist, dass das Familienprivileg beim Regress des Haftpflicht-VR nicht – auch nicht analog – anwendbar ist.[11]

7

Durch den neu formulierten und textlich abgesetzten **A.2.8 Abs. 3 AKB** wird verdeutlicht, dass bei vorsätzlicher Schadenherbeiführung der Regress des VR stets in voller Höhe – auch gegenüber dem mit dem VN in häuslicher Gemeinschaft lebenden Fahrer – möglich ist.

8

B. Regelungsgehalt – Können wir unsere Leistung zurückfordern, wenn Sie nicht selbst gefahren sind? – A.2.8 AKB (§ 15 Abs. 2 AKB 2007 a. F. und § 67 Abs. 2 VVG; A.2.15 AKB 2008 a. F.)

I. Kein Regress gegen den berechtigten Fahrer bei schuldloser oder einfach fahrlässiger Schadenherbeiführung – A.2.8 Abs. 1 AKB

A.2.8 Abs. 1 AKB stellt klar, dass in allen Fällen der schuldlosen oder **einfach** bzw. leicht **fahrlässigen** Verursachung eines in der Kaskoversicherung gedeckten Schadens durch einen berechtigten Fahrer ein Rückgriff des VR nicht stattfindet.

9

Für die Frage der **Berechtigung des Fahrers** ist auf die vom Verfügungsberechtigten abgegebenen ausdrücklichen Erklärungen, in Ermangelung solcher auf den mutmaßlichen Willen des Verfügungsberechtigten abzustellen.[12] Die Berechtigung des Fahrers ist grundsätzlich gegeben, wenn er **mit Wissen und Wollen des VN** und **gültiger Fahrerlaubnis** das Fahrzeug steuert (vgl. D 1.1.2 und D.1.1.3 AKB), gleichgültig, ob er zu dem im Versicherungsschein beschriebenen Personenkreis gehört (z. B. nur Fahrer über 25 Jahre) oder namentlich als »eingetragener Fahrer« aufgeführt ist oder nicht. Überlässt der VN das Fahrzeug einem nicht beim VR angemeldeten Fahrer, so verletzt er keine Obliegenheit aus dem Versicherungsvertrag, die im Schadenfall zu einer (anteiligen) Leistungsfreiheit des VR führen könnte. Es liegt lediglich ein Verstoß gegen ein sogenanntes »weiches **Tarifmerkmal**« vor, wodurch nach den jeweiligen Tarif-

10

---

10 BGH Urt. v. 28.11.2000 – **VI ZR 352/99** – VersR 2001, 215 = DAR 2001, 118 (**zur vergleichbaren Regelung in § 116 Abs. 6 SGB X**).
11 OLG Koblenz Urt. v. 02.05.2011 – 10 U 1493/10 – VersR 2012, 1026.
12 BGH Urt. v. 01.12.1982 – **IVa ZR 145/81** – VersR 1983, 233 = MDR 1983, 473.

A.2.8 AKB Können wir unsere Leistung v. Fahrer zurückf., wenn Sie nicht selbst gef. sind?

bestimmungen im Versicherungsfall – sofern wirksam vereinbart[13] – eine **Vertragsstrafe** fällig werden kann. Der nicht angemeldete Fahrer wird dadurch aber nicht zum nicht berechtigten Fahrer.

11 Auch eine **Leistungsfreiheit wegen Verletzung einer Obliegenheit** kommt nicht in Betracht, weil sie regelmäßig nicht vereinbart ist. Abgesehen davon wäre eine entsprechende vertragliche Bestimmung in den AKB auch unwirksam. Sie müsste gleichermaßen den Bereich der Kasko-, wie auch der Haftpflichtversicherung umfassen.

12 Auf **gesetzlicher Ebene** verstößt eine nationale Regelung in der Haftpflichtversicherung, die einen Ausschluss des Versicherungsschutzes bei Verursachung eines Unfalles durch einen nicht in der Versicherungspolice genannten Fahrer vorsieht, gegen **europäisches Recht**.[14] Es ist naheliegend, dieses Ergebnis auch auf **vertragliche Klauseln** zu übertragen, zumal selbst bei einer grob fahrlässigen Obliegenheitsverletzung eine Leistungskürzung auf Null nicht grundsätzlich ausgeschlossen ist, was unter Umständen eine komplette Versagung des Versicherungsschutzes bei einer Unfallverursachung durch einen nicht im Versicherungsschein eingetragenen Fahrer zur Folge haben könnte und damit wirtschaftlich gesehen einem unzulässigen – Ausschluss des Versicherungsschutzes gleichkäme.

13 Sofern der Versicherungsfall durch einen **unberechtigten Fahrer** (z. B. einen Dieb) herbeigeführt wurde, ist ein Regress des VR in voller Höhe auch dann möglich, wenn der Fahrer den Schaden nur leicht fahrlässig verursacht hat.

II. Regress bei grob fahrlässiger Schadenherbeiführung – A.2.8 Abs. 2 Satz 1 AKB

1. Umfang des Regressanspruchs

14 A.2.8 Abs. 2 S. 1 AKB sieht als Ausnahme zu A.2.8 Abs. 1 AKB einen Regressanspruch des VR für diejenigen Fälle vor, in denen das Schadenereignis durch den berechtigten Fahrer **grob fahrlässig** herbeigeführt wurde, (vgl. A.2.9.1 AKB Rdn. 9 ff.).

15 Nach **A.2.15 AKB 2008** war **bei grob fahrlässiger Schadenherbeiführung** eines »Dritten« der **Regress** des VR noch **in vollem Umfang** möglich. Eine Quotelung wie in § 81 Abs. 2 VVG und damit eine Begrenzung des Rückgriffsanspruches nur auf einen der Schwere des Verschuldens entsprechenden Teil der Forderung sah die Klausel ausdrücklich nicht vor. Dies wurde trotzdem als zulässig zu erachtet, da der Fahrer durch die vertraglich in A.2.15 S. 2 AKB 2008 auf Vorsatz und grobe Fahrlässigkeit beschränkten Rückgriffsmöglichkeiten immer noch besser gestellt war, als wenn er kraft Gesetzes nach § 86 Abs. 1 VVG i. V. m. § 823 Abs. 1 BGB auch bei nur einfacher Fahrlässigkeit unbeschränkt hätte in Anspruch genommen werden könnte.[15] Eine **Aus-**

---

13 Vgl. OLG Stuttgart Urt. v. 25.07.2013 – 7 U 33/13 – VersR 2013, 1528 = r+s 2014, 61, wonach eine Vertragsstrafen-Klausel im Einzelfall gemäß § 306 Abs. 1 BGB unwirksam sein kann.
14 EuGH Urt. v. 01.12.2011 – C-442/10 – BeckRS 2011, 81768 = ADAJUR Dok.Nr. 96280.
15 Vgl. Maier/Stadler Rn. 226 und 229; Keysers/Nugel NJW Spezial 2008, 681.

Können wir unsere Leistung v. Fahrer zurückf., wenn Sie nicht selbst gef. sind? **A.2.8 AKB**

nahme galt lediglich im Rahmen der gewerblichen Kfz-Vermietung für den Rückgriff gegen einen **Kfz-Mieter**, der an einem vollkaskoversicherten Pkw einen Schaden verursachte, (vgl. A.2.8 AKB Rdn. 52 ff.).

Unabhängig hiervon konnte unter der Geltung der AKB 2008 die grob fahrlässige Herbeiführung des Versicherungsfalles durch den Fahrer zu **unterschiedlichen Regressmöglichkeiten für den VR** führen. War der Fahrer z. B. **Repräsentant des VN** oder **(Mit-) Versicherter**, so schadete dem VN ein grob fahrlässiges Fahrerverhalten mit der Folge, dass der VN im Hinblick auf §§ 47 Abs. 1, 81 Abs. 2 VVG, A.2.16.1 S. 2 AKB 2008 ohnehin nur eine anteilige Entschädigung erhielt. Entsprechend gingen die Ansprüche des VN gegen den Fahrer auch nur in dieser Höhe auf den VR über. Der Regress war mithin von Anfang an auf einen anteiligen Betrag beschränkt. **Anderes galt** nur dann, wenn sich der VN das Verhalten des Fahrers nicht zurechnen lassen musste. Losgelöst von der Frage eines etwaigen grob fahrlässigen Verhaltens des Fahrers erhielt der VN in einem solchen Fall die volle Kaskoentschädigung, so dass der Schadenersatzanspruch des VN entsprechend auch in voller Höhe auf den VR überging und ungeachtet der Frage, wie schwer das Verschulden des Fahrers wog, von ihm in dieser Höhe nach A.2.15 AKB 2008 auch zurückgefordert werden konnte. 16

Nach **A.2.8 AKB 2015** ist **bei grob fahrlässiger Schadenherbeiführung** eines »Dritten« der **Regress** des VR **nur in eingeschränktem Umfang** möglich. Der VR ist nur berechtigt, seine Leistungen anteilig in einem der Schwere des bei dem Dritten festgestellten Verschuldens zurückzufordern. Damit gelten nun die gleichen Grundsätze einer Quotelung sowohl für den VN, als auch für den berechtigten Fahrer. Nur in dem Umfang, wie der VR bei grober Fahrlässigkeit gegenüber dem VN seine Leistung nach A.2.9.1 S. 2 AKB kürzen kann, kann er nun auch gegenüber dem berechtigten Fahrer nach A.2.8 Abs. 2 S. 1 AKB seine Regressforderung durchsetzen, (vgl. auch A.2.8 AKB Rdn. 3 ff.). Die in A.2.8 AKB Rdn. 16 genannten Fallkonstellationen führen unter der Geltung der AKB 2015 zu keinen unterschiedlichen Ergebnissen mehr. 17

2. »Dritter« i. S. d. § 86 Abs. 1 S. 1 VVG als Regressschuldner

Die Anwendbarkeit von A.2.8 Abs. 2 AKB setzt voraus, dass eine in A.2.8 Abs. 1 AKB genannte, vom VN personenverschiedene *»andere Person«* berechtigterweise mit dem versicherten Fahrzeug gefahren ist und dabei grob fahrlässig oder vorsätzlich einen Schaden am Fahrzeug verursacht hat. Außerdem muss der **VR Anspruchsinhaber** von Schadenersatz- oder Ausgleichsforderungen geworden sein, die ursprünglich dem VN gegen den Fahrer zugestanden haben. Diesen Rechtsübergang regelt § 86 Abs. 1 S. 1 VVG. Soweit der VR seinen VN wegen eines Kaskoschadens entschädigt, gehen die Regressansprüche des VN gegen den schadenverursachenden Fahrer auf den VR über. Dies gilt aber nur, sofern der Fahrer als »Dritter« i. S. v. § 86 Abs. 1 S. 1 VVG angesehen werden kann. 18

Als »Dritte« kommen **nur solche Personen** in Betracht, die keine unmittelbaren Rechte aus dem abgeschlossenen Kaskoversicherungsvertrag für sich herleiten können und deren Sachersatzinteresse auch nicht vom Schutzbereich des Vertrages mit umfasst ist. 19

A.2.8 AKB Können wir unsere Leistung v. Fahrer zurückf., wenn Sie nicht selbst gef. sind?

»Dritter« kann damit grundsätzlich jeder sein, der nicht VN oder (Mit-) Versicherter ist.[16]

20 Auch der **Gesellschafter einer Personengesellschaft**, der ein von der Gesellschaft kaskoversichertes Firmenfahrzeug nutzen darf, ist kein »Dritter«, sondern mit seinem Sachersatzinteresse in der Kaskoversicherung mitversichert,[17] (vgl. A.2.3 AKB Rdn. 21 ff.).

21 Der **VN** selbst gehört **nie** zu der Personengruppe, zumal sich schon aus der Überschrift zu A.2.8 AKB herleiten lässt, dass die Klausel nur Rückforderungsansprüche gegen einen Fahrer regelt, der nicht zugleich auch VN ist. **Mit-VN** und **(Mit-) Versicherter** (vgl. § 44 VVG) gehören **in der Regel nicht** zu dieser Personengruppe, (vgl. A.2.3 AKB Rdn. 4 ff. und A.2.3 AKB Rdn. 21 ff.); in **Ausnahmefällen** können sie allerdings Regressschuldner des VR sein, (vgl. A.2.8 AKB Rdn. 44 ff.). Gleiches gilt für den **Repräsentanten des VN**; auch er kann im Einzelfall als »Dritter« regresspflichtig sein, (vgl. A.2.8 AKB Rdn. 51).

22 **Nicht jeder berechtigte Fahrer** ist gleichzeitig auch als **mitversicherte Person** in der Kaskoversicherung anzusehen. Im Gegenteil: Anders als in der Kfz-Haftpflichtversicherung (vgl. A.1.2 AKB) ist der vom VN personenverschiedene Fahrer in der Kaskoversicherung grundsätzlich nicht mitversichert. Er ist in der Regel »Dritter« i. S. v. § 86 Abs. 1 S. 1 VVG. Diese Rechtsfolge wird auch in A.2.8 Abs. 4 AKB ausdrücklich hervorgehoben, indem die Regressmöglichkeiten des VR gerade auch gegen die in der Kfz-Haftpflichtversicherung mitversicherten Personen für anwendbar erklärt werden.

23 **Ausnahmsweise** ist der **Fahrer** in der Kaskoversicherung dann **mitversichert** und infolgedessen kein »Dritter«, wenn er **Eigentümer** des versicherten Fahrzeuges ist. Denn in diesem Fall ist der Fahrer Versicherter in einer Versicherung für fremde Rechnung. Bei der Regulierung des Kaskoschadens ist bezüglich seiner Person § 47 Abs. 1 VVG anzuwenden.

24 Grundsätzlich braucht sich der VN **in allen Fällen, in denen der Fahrer »Dritter« ist**, dessen schuldhaftes Verhalten **nicht zurechnen** lassen. Der VR hat vielmehr den VN ohne Rücksicht auf den Verschuldensgrad des Dritten zu entschädigen. Mit Auszahlung der Kaskoentschädigung gehen die zivilrechtlichen Ansprüche des VN gegen den Fahrer (z. B. aus Eigentumsverletzung nach § 823 Abs. 1 BGB) auf den VR über. Diese so erworbenen Ansprüche eröffnen dem VR gegen den anderen berechtigten Fahrer aber nur dann Regressmöglichkeiten, wenn dieser grob fahrlässig oder vorsätzlich gehandelt hat. Bei nur leicht fahrlässiger Schadenverursachung ist der Rückgriff nach A.2.8 Abs. 1 AKB ausdrücklich ausgeschlossen.

25 Demgegenüber muss sich der VN **in all denjenigen Fällen, in denen der Fahrer kein »Dritter« ist**, dessen schuldhaftes Verhalten **zurechnen** lassen mit dem Ergebnis, dass

---

16 BGH Urt. v. 05.02.1992 – **IV ZR 340/90** – VersR 1992, 485 = BGHZ 117, 151, 158; BGH Urt. v. 30.04.1959 – **II ZR 126/57** – VersR 1959, 500 = BGHZ 30, 40, 42.
17 BGH Urt. v. 05.03.2008 – **IV ZR 89/07** – VersR 2008, 634 = NJW 2008, 1737; Terno DAR 2008, 313, 315.

der VR im Falle vorsätzlicher oder grob fahrlässiger Herbeiführung des Versicherungsfalles gemäß A.2.9.1 AKB, § 81 VVG gegenüber dem VN leistungsfrei sein kann. In diesen Fällen kommt es auf die Regressmöglichkeiten des VR nach A.2.8 AKB nicht an, weil mangels Entschädigungszahlung des VR keine Forderungen des VN gegen den verursachenden Schädiger nach § 86 Abs. 1 S. 1 VVG auf den VR übergehen können.

3. Übergehende kongruente Ersatzansprüche

Nach dem Wortlaut der Klausel soll der VR berechtigt sein, die an den VN erbrachten Leistungen von dem Fahrer zurückzufordern. Vom Forderungsübergang des § 86 Abs. 1 S. 1 VVG werden aber nur **kongruente Sachschäden** erfasst, also solche Ansprüche, die ihrer Art nach unter den Schutz des Kaskoversicherungsvertrages fallen und den Schaden ausgleichen können, für den der VR Zahlungen geleistet hat. Dies sind ausschließlich unmittelbare Sachschäden, während die **nicht kongruenten Sachfolgeschäden** auch dann nicht am Forderungsübergang teilnehmen, wenn sie zum vertraglichen Leistungsumfang des Kasko-VR gehören, (zur **Abgrenzung** vgl. A.2.5.8 AKB Rdn. 18 ff.). 26

Da § 86 VVG vertraglich nicht zum Nachteil des VN abänderbar ist (vgl. § 87 VVG), lässt sich eine wirksame Ausweitung der regressfähigen Forderungen auf Sachfolgeschäden auch nach A.2.8 AKB nicht begründen. Entscheidend für den Forderungsübergang ist also, ob der Schaden seiner Natur nach zum **unmittelbaren Sachschaden** gehört.[18] Ersetzt der VR z. B. nach den einschlägigen AKB zwar zu erstattende, aber die Substanz des versicherten Fahrzeuges nicht berührende **Mietwagenkosten**, so geht die entsprechende Forderung des VN gegen den Schädiger im Augenblick ihrer Regulierung durch den VR nicht auf diesen über und kann demzufolge auch nicht Gegenstand einer Regressforderung gegen den schadenverursachenden Fahrer sein. Dies gilt auch für sonstige über den unmittelbaren Sachschaden hinausgehende Aufwendungen des VR wie z. B. **Kosten für Gutachten oder Prozessführung**.[19] Auch **Anwaltskosten**, die dem VR **für die Beschaffung eines Ermittlungsaktenauszuges** entstehen, werden nicht vom Forderungsübergang des § 86 Abs. 1 S. 1 VVG erfasst.[20] 27

Zu den gemäß § 86 Abs. 1 S. 1 VVG übergehenden Forderungen vgl. auch A.2.8 AKB Rdn. 77 ff. 28

III. Familienprivileg – A.2.8 Abs. 2 Satz 2 AKB

1. Grundsätzliches

Entsprechend § 86 Abs. 1 und 3 VVG geht zwar der Ersatzanspruch auch bei einer Schadenverursachung durch solche **Personen, die dem Haushalt des VN angehören**, auf den VR über; jedoch ist zugunsten dieses Personenkreises gemäß A.2.8 Abs. 2 29

---

18 Stiefel/*Maier* A.2.15 AKB Rn. 19.
19 A. A. Römer/Langheid § 67 VVG a. F. Rn. 29.
20 BGH Urt. v. 27.10.1993 – IV ZR 33/93 – r+s 1994, 3 = NJW 1994, 585.

A.2.8 AKB   Können wir unsere Leistung v. Fahrer zurückf., wenn Sie nicht selbst gef. sind?

S. 2 AKB eine besondere **Regressbeschränkung** insofern vorgesehen, als der Angehörige vom VR bei grob fahrlässiger Schadenverursachung nicht in Anspruch genommen werden kann. Diese Privilegierung des Familienangehörigen gilt nur für den Regress des VR in der Kasko-, nicht aber in der Haftpflichtversicherung.[21]

30   Nach dem **Sinn und Zweck der Regelung** soll die Regresssperre verhindern, dass der VR seinem Vertragspartner die zuvor erbrachten Entschädigungsleistungen wieder entziehen kann, indem er bei einem anderen Mitglied seiner Haushalts- und Wirtschaftsgemeinschaft Regress nimmt.[22] Denn mit dem Rückgriff würde der VR mittelbar auch den VN als Mitglied dieser Wirtschaftsgemeinschaft treffen. Er könnte ihm diejenigen Finanzmittel wieder nehmen, die er ihm erst zuvor als Kaskoentschädigung ausgezahlt hat. Der VN würde diese Inanspruchnahme als Belastung der gemeinsamen »Haushaltskasse« empfinden, wodurch die vom VR geschuldete Zahlung der Kaskoentschädigung an den VN praktisch unterlaufen würde.[23] Daneben soll die Regelung aber auch dem Schutz und der Erhaltung des **Familienfriedens** dienen. Der VR soll den schadenverursachenden Haushaltsangehörigen nicht mit Forderungen, womöglich im Klagewege, überziehen können, von deren Erhebung der VN selbst abgesehen hätte, um den häuslichen Frieden nicht zu stören.[24]

31   Das **Familienprivileg versagt** jedoch mit der Folge, dass der Regress möglich ist, wenn die betreffende Person den **Schaden vorsätzlich verursacht** hat, (vgl. A.2.8 AKB Rdn. 41). Dabei muss der **Vorsatz auch die Schadenfolge umfassen** haben, auf die der VR Leistungen erbracht hat.[25] Sofern der Familienangehörige das Fahrzeug zwar vorsätzlich gegen den Willen des Verfügungsberechtigten in Gebrauch genommen, das Fahrzeug aber lediglich grob fahrlässig beschädigt hat, scheitert der Regress des VR.[26]

32   Das **Familienprivileg greift ebenfalls nicht**, sofern der VR seinen Regress auf eine vertragliche **Obliegenheitsverletzung in der Kfz-Haftpflichtversicherung** stützt. Da VR und VN im Außenverhältnis gegenüber dem geschädigten Dritten nach § 115 Abs. 1 S. 4 VVG als Gesamtschuldner haften, kann der VR bei (partieller) Leistungsfreiheit wegen der Verletzung einer vor oder nach dem Versicherungsfall zu erfüllenden Obliegenheit im Innenverhältnis nach § 426 Abs. 2 BGB i. V. m. § 116 Abs. 1 S. 2 VVG

---

21   BGH Urt. v. 13.07.1988 – **IVa ZR 55/87** – r+s 1988, 284 = DAR 1989, 14; a. A. noch OLG Hamm Beschl. v. 16.09.1987 – 20 W 36/87 – NJW-RR 1988, 93.
22   Vgl. BGH Urt. v. 05.02.2013 – **VI ZR 274/12** – r+s 2013, 258 = zfs 2013, 320 **unter Bestätigung von** OLG Köln Urt. v. 09.05.2012 – 16 U 48/11 – r+s 2012, 570 = SP 2012, 287; BGH Urt. v. 28.06.2011 – **VI ZR 194/10** – NJW 2011, 3715 = r+s 2012, 516; BGH Urt. v. 22.04.2009 – **IV ZR 160/07** – NJW 2009, 2062 = VersR 2009, 813 (**zur vergleichbaren Regelung in** § 116 Abs. 6 SGB X).
23   Vgl. Schirmer DAR 2008, 319, 325.
24   Vgl. BGH Urt. v. 12.11.1985 – **VI ZR 223/84** – VersR 1986, 333 = NJW-RR 1986, 385.
25   BGH Urt. v. 08.10.1985 – **VI ZR 138/84** – VersR 1986, 233 = r+s 1985, 300.
26   BGH Urt. v. 02.11.1961 – **II ZR 237/59** – VersR 1961, 1077 = NJW 1962, 41.

gegen den VN Rückgriff nehmen. Hat nicht der VN, sondern eine nach A.1.2 AKB mitversicherte Person die Obliegenheitsverletzung begangen, kann der VR den Regress – ungeachtet der Regelungen in § 86 Abs. 3 VVG und A.2.8 Abs. 2 S. 2 AKB – auch dann durchführen, wenn er sich gegen eine Person richtet, mit der der VN in häuslicher Gemeinschaft lebt.[27] **Begrenzt wird der Regress** nur durch die Haftungshöchstgrenzen in §§ 5 Abs. 3, 6 Abs. 1 und 3 KfzPflVV. Soweit der VR **bei einer grob fahrlässigen Obliegenheitsverletzung** im Innenverhältnis teilweise leistungsbefreit ist (§ 28 Abs. 2 S. 2 VVG), ist **zunächst die Quote zu bilden** und in einem zweiten Schritt der so ermittelte Regressbetrag ggf. auf die Höchstgrenzen der KfzPflVV zu begrenzen.[28] Ist der Anspruch des geschädigten Dritten durch rechtskräftiges Urteil, Anerkenntnis oder Vergleich festgestellt worden, muss dies der in Regress genommene Mitversicherte nach § 124 Abs. 2 VVG grundsätzlich gegen sich gelten lassen. Zur **Beweislast** vgl. A.2.8 AKB Rdn. 75 f.

2. Häusliche Gemeinschaft mit dem VN

Der Ausschluss eines Regresses bei grob fahrlässiger Herbeiführung des Versicherungsfalles betrifft alle Personen, die dem Haushalt des VN angehören. Dazu gehören nicht nur die Familienangehörigen,[29] sondern alle Mitglieder, die **mit dem VN in häuslicher Gemeinschaft** leben. Dies kann der Ehepartner, der Verlobte, der nichteheliche Lebensgefährte oder auch der gleichgeschlechtliche Lebenspartner sein, unabhängig davon, ob es sich um eine nach dem Lebenspartnerschaftsgesetz eingetragene Verbindung handelt oder nicht (vgl. § 11 LPartG).

33

Die Verbindung der Beteiligten muss auf eine **dauerhafte Haushalts- und Wirtschaftsgemeinschaft** angelegt sein. Hiervon ist auszugehen, wenn die Geldmittel zum Bestreiten der Wirtschaftsführung gemeinsam aufgebracht und verwendet werden, d. h. jeder Partner Zugriff auf ein **gemeinsames Konto** hat, auf das auch die beiderseitigen Einnahmen verbucht werden.[30] Wechselt sich der VN mit dem Haushaltsangehörigen bei der Tätigung von Einkäufen, dem Zubereiten der Mahlzeiten und dem Besorgen der Wäsche ab, spricht dies für eine gewisse, auf Dauer angelegte wirtschaftliche Einheit, die als typisches Merkmal eines Haushaltsverbandes anzusehen ist.[31] **Dagegen ist es nicht ausreichend**, wenn Angehöriger und VN zwar einer Wohngemeinschaft aus mehreren Personen, jedoch mit jeweils **getrennten Haushaltskassen** angehören. Denn bei einer solchen Konstellation fehlt es an der mittelbaren Belastung des VN durch den Regress gegen ein Mitglied seiner Wirtschaftsgemeinschaft, die die Regresssperre verhindern will.

34

---

27 Vgl. BGH Urt. v. 18.01.1984 – **IVa ZR 73/82** – VersR 1984, 327 = NJW 1984, 1463.
28 LG Bochum Urt. v. 02.03.2012 – 5 S 102/11 – zfs 2012, 573.
29 Vgl. hierzu Burmann/Heß/*Jahnkel*Janker § 86 VVG Rn. 100.
30 BGH Urt. v. 05.02.2013 – **VI ZR 274/12** – r+s 2013, 258 = zfs 2013, 320 **unter Bestätigung von** OLG Köln Urt. v. 09.05.2012 – 16 U 48/11 – r+s 2012, 570 = SP 2012, 287.
31 Vgl. BGH Urt. v. 12.11.1985 – **VI ZR 223/84** – VersR 1986, 333 = NJW-RR 1986, 385.

35 Erforderlich ist zudem, dass die Verbindung auf eine **Verantwortungsgemeinschaft** angelegt ist, die sich durch Bindungen auszeichnet, die ein gegenseitiges Einstehen der Partner füreinander begründen.[32]

36 Der **Lebensmittelpunkt des Angehörigen** muss im Haushalt des VN liegen. Eine vorübergehende Abwesenheit aus beruflichen Gründen oder durch Wehrdienst steht dem nicht entgegen. Auch ein Studium eines Kindes an einem **auswärtigen Studienort** schadet nicht, da sich dadurch der Lebensmittelpunkt des Kindes noch nicht verlagert, was erst recht dann nicht anzunehmen sein wird, wenn es noch von seinen Eltern alimentiert wird. **Umgekehrt** hindert der Umstand, dass der VN in der Regel nicht bei seiner Familie, sondern in einem möblierten Zimmer schläft, nicht die Annahme, dass er mit seiner Familie in häuslicher Gemeinschaft lebt.[33] Anderes gilt nur dann, wenn ein volljähriges Kind aus der elterlichen Wohnung auszieht und eine eigene Wohnung allein oder mit Dritten bezieht.[34]

37 Die häusliche Gemeinschaft eines Kindes zu seinem von der Mutter **getrennt lebenden Vater** ist auch dann zu bejahen, wenn das Kind zwar aufgrund der Trennung der Eltern nicht ständig bei dem Vater lebt, jedoch durch regelmäßiges Verweilen und Übernachten in seiner Wohnung mit festem Schlafplatz und Einnehmen der Mahlzeiten noch häufigen Umgang mit ihm pflegt und von ihm auch wirtschaftlich unterstützt wird.[35]

38 Auch **Scheidungskinder** sind in der Regel in den Haushalten beider Elternteile integriert.[36] Dafür ist kein wechselseitiger, unter zeitlichem Aspekt gleich langer Aufenthalt bei beiden Elternteilen erforderlich.[37] Es kommt auch nicht darauf an, wo sich das Kind zeitlich überwiegend aufhält, wenn keine Anhaltspunkte für eine deutliche Lockerung der Familienbande feststellbar sind.

39 Eine häusliche Gemeinschaft wird aber noch nicht dadurch begründet, dass ein Familienangehöriger gelegentlich oder vorübergehend – wenn auch länger – beim VN zu Besuch ist.

40 **Anhaltspunkte für eine häusliche Gemeinschaft** können auch darin liegen, dass Lebenspartner bereits seit über einem Jahr oder auch als Eltern mit einem gemeinsamen Kind zusammenleben, ihnen die Versorgung von Kindern und Angehörigen im Haushalt obliegt oder sie die gegenseitige Befugnis haben, über Einkommen oder Vermögensgegenstände des jeweils anderen zu verfügen.[38] Allerdings handelt es sich dabei

---

32 BGH Urt. v. 05.02.2013 – **VI ZR 274/12** – r+s 2013, 258 = zfs 2013, 320 **unter Bestätigung** von OLG Köln Urt. v. 09.05.2012 – 16 U 48/11 – r+s 2012, 570 = SP 2012, 287.
33 BGH Urt. v. 02.11.1961 – **II ZR 237/59** – NJW 1962, 41 = MDR 1962, 33.
34 KG Beschl. v. 20.12.2011 – 6 U 64/11 – zfs 2014, 31.
35 BVerfG Beschl. v. 12.10.2010 – 1 BvL 14/09 – NJW 2011, 1793 = r+s 2011, 138 (**zur vergleichbaren Regelung in § 116 Abs. 6 SGB X**).
36 Ebenso Burmann/Heß/*Jahnke*/Janker § 86 VVG Rn. 116.
37 Lang jurisPR-VerkR 1/2010.
38 BGH Urt. v. 22.04.2009 – **IV ZR 160/07** – NJW 2009, 2062 = VersR 2009, 813; OLG Nürnberg Urt. v. 11.03.2009 – 4 U 1624/08 – SP 2009, 179.

nur um Kriterien, die für eine sogenannte Verantwortungsgemeinschaft sprechen.[39] Sie beweisen für sich allein nicht zwingend auch das gleichzeitige Bestehen einer »häuslichen Gemeinschaft«, werden aber jedenfalls als starkes Indiz hierfür angesehen werden müssen.

3. Bei Eintritt des Schadens

Voraussetzung für den Regressverzicht ist das **Bestehen eines gemeinschaftlichen** 41 **Haushaltes** des VN mit der den Schaden verursachenden Person **im Zeitpunkt des Schadeneintritts**. Dadurch soll der VR vor einer manipulierbaren Risikoverschiebung zu seinen Lasten und damit letztlich vor Missbräuchen geschützt werden.

Die Regressmöglichkeiten des VR sollen nicht mehr durch eine erst nachträgliche 42 Schaffung einer häuslichen Gemeinschaft unterlaufen werden können. Nach der früheren Regelung in § 67 Abs. 2 VVG a. F. war dies noch ohne weiteres möglich. Mit Hinweis auf die vergleichbare Rechtslage in § 116 Abs. 6 S. 2 SGB X wurde es überwiegend als zulässig erachtet, die Voraussetzungen für das »Familienprivileg« durch Eheschließung zwischen Schädiger und VN und Begründung eines gemeinschaftlichen Haushaltes auch noch nach Eintritt des Schadenfalles zu schaffen.[40] Angesichts der eindeutigen Regelung in A.2.8 Abs. 2 S. 2 AKB (so auch schon A.2.15 S. 3 AKB 2008), die insoweit § 86 Abs. 3 VVG entspricht, lässt sich der Regress jetzt hierdurch nicht mehr verhindern. Umgekehrt ist es für die Anwendbarkeit des »Familienprivilegs« unerheblich, wenn der **Schädiger** kurz nach dem Unfall **verstirbt** oder der VN vor Empfang der Versicherungsleistung umzieht und die häusliche Gemeinschaft mit dem schadenersatzpflichtigen Familienangehörigen beendet.[41] Maßgeblich für die Frage des Regressverzichts sind ausschließlich die Verhältnisse, die zum Unfallzeitpunkt bestanden haben; auf deren weitere Entwicklung kommt es nicht an.

IV. Regress bei vorsätzlicher Schadenherbeiführung – A.2.8 Abs. 3 AKB

A.2.8 Abs. 3 AKB stellt klar, dass der VR berechtigt ist, bei vorsätzlicher Herbeiführung 43 des Schadens seine Leistungen uneingeschränkt in voller Höhe zurückzufordern, (vgl. zum Vorsatzbegriff A.2.9.1 AKB Rdn. 6 ff.). Aufgrund der systematischen Anordnung der Regelung innerhalb der Gesamtklausel des A.2.8 AKB wird auch deutlich, dass das Familienprivileg und damit der Haftungsverzicht des VR gegenüber Personen, mit denen der VN in häuslicher Gemeinschaft lebt, bei Vorsatz nicht greift, sondern sich ausschließlich auf die in A.2.8 Abs. 2 AKB genannten Konstellationen und damit auf Fälle grober Fahrlässigkeit bezieht.

---

39 Weitergehend wohl Schirmer DAR 2008, 319, 325.
40 Vgl. OLG Köln Urt. v. 17.10.1990 – 24 U 43/90 – VersR 1991, 1237 = NZV 1991, 395.
41 BGH Urt. v. 30.06.1971 – **IV ZR 189/69** – NJW 1971, 1938; LG Berlin Urt. v. 23.06.2011 – 5 O 261/10 – BeckRS 2011, 20918.

A.2.8 AKB Können wir unsere Leistung v. Fahrer zurückf., wenn Sie nicht selbst gef. sind?

V. Nach A.1.2 AKB mitversicherte Personen, Mieter und Entleiher – A.2.8 Abs. 4 AKB.

1. Regressverzicht gegenüber den nach A.1.2 AKB mitversicherten Personen

44 Der Regress des VR nach § 86 Abs. 1 S. 1 VVG, durch A.2.8 AKB beschränkt auf die vorsätzliche oder grob fahrlässige Herbeiführung eines Schadens, kann auch die nach A.1.2 AKB mitversicherten Personen treffen. Die in A.2.8 Abs. 4 AKB vorgesehene Regelung hat lediglich **deklaratorischen Charakter** und dient der Ausräumung einer weit verbreiteten Fehlvorstellung, die in der Kfz-Haftpflichtversicherung genannten mitversicherten Personen seien ebenso wie diejenigen Fahrer, denen das Fahrzeug mit Wissen und Wollen des VN zur Verfügung gestellt wird, auch in der Kaskoversicherung mitversichert, weshalb auch Regressforderungen des VR nicht erhoben werden könnten.

45 »Andere Personen« i. S. v. A.2.8 Abs. 1 AKB, die berechtigterweise ein kaskoversichertes Fahrzeug fahren, sind der Mieter, der Entleiher sowie all diejenigen Personen, die in A.1.2 AKB für die Kfz-Haftpflichtversicherung ausdrücklich als mitversicherte Personen genannt sind. Dies sind vor allem **der vom VN personenverschiedene Halter und der Fahrer des Fahrzeuges**. Während sie in der Haftpflichtversicherung selbstständig Ansprüche aus dem Versicherungsvertrag gegen den VR erheben können, ist ihnen diese Möglichkeit in der Kaskoversicherung verschlossen. Hier gelten sie als »Dritte« i. S. d. § 86 Abs. 1 S. 1 VVG. Sie sind zwar berechtigt, das Fahrzeug zu nutzen. Sie gelten aber dennoch nicht als mitversicherte Personen, weil die Kaskoversicherung grundsätzlich nur das Interesse des VN schützt, die Substanz des kaskoversicherten Fahrzeuges zu erhalten (**Sacherhaltungsinteresse**), nicht aber das Interesse eines Fahrers, wegen eines von ihm selbst verschuldeten Schadens am kaskoversicherten Fahrzeug nicht vom VN (oder dem Versicherten) auf Schadenersatz in Anspruch genommen zu werden (**Sachersatzinteresse**), vgl. auch A.2.3 AKB Rdn. 1 ff. Der genannte Personenkreis ist bei grob fahrlässiger oder gar vorsätzlicher Herbeiführung des Versicherungsfalles den Regressansprüchen des VR ausgesetzt, soweit der VR dem VN (oder dem Versicherten) den Schaden am Fahrzeug ersetzt.

46 Eine **Besonderheit gilt für den Eigentümer des Fahrzeuges**, der gemäß A.1.2 AKB in der Kfz-Haftpflichtversicherung ebenfalls mitversichert ist. Er gilt auch in der Kaskoversicherung als mitversicherte Person. Wenn der VN für ein nicht in seinem Eigentum stehendes Fahrzeug eine Kaskoversicherung abschließt, handelt es sich um eine Versicherung für fremde Rechnung gemäß den §§ 43 ff. VVG. Sie bezweckt die Absicherung des fremden Sacherhaltungsinteresses des Eigentümers. Verursacht der Eigentümer selbst grob fahrlässig oder vorsätzlich einen Schaden an dem Fahrzeug, muss sich der VN das schuldhafte Verhalten des Eigentümers nach § 47 Abs. 1 VVG zurechnen lassen.

47 Bei **vorsätzlicher Herbeiführung des Versicherungsfalles** ist der VR zu einer Entschädigungsleistung an den VN nicht verpflichtet, weil sich der VR nach A.2.9.1 AKB, § 81 Abs. 1 VVG auf vollständige Leistungsfreiheit berufen kann. In diesem Fall fehlt es von vornherein an einer Forderung, die nach § 86 Abs. 1 S. 1 VVG auf den VR übergehen könnte.

Bei **grob fahrlässiger Herbeiführung des Versicherungsfalles** bleibt der VR zwar unter 48
Umständen nach A.2.9.1 AKB, § 81 Abs. 2 VVG teilweise zur Leistung verpflichtet.
Die Zahlung der Entschädigungsleistung an den VN führt aber nicht zu einem Forderungsübergang auf den VR nach § 86 Abs. 1 S. 1 VVG, weil der Eigentümer nicht außerhalb des Schutzbereiches der Kaskoversicherung steht. Damit ist er grundsätzlich auch nicht als ausgleichspflichtiger »Dritter« im Sinne dieser Vorschrift anzusehen.

Eine **Ausnahme** besteht nur für den Fall, dass **VN und Fahrer jeweils anteilige Mit-** 49
eigentümer des kaskoversicherten Fahrzeuges sind. In einem solchen Fall liegt bezüglich des Miteigentumsanteils des VN eine Eigenversicherung und bezüglich des Miteigentumsanteils des Fahrers eine Fremdversicherung vor. Meldet der VN nach einem Schadenfall, den der Fahrer verursacht hat, beim VR Kaskoansprüche in Bezug auf seinen Miteigentumsanteil an, ist der Fahrer – obwohl ebenfalls Miteigentümer – trotzdem »Dritter« i. S. v. § 86 Abs. 1 S. 1 VVG. In Bezug auf den Miteigentumsanteil des VN ist das Interesse des Fahrers – obwohl er Mitversicherter ist – vom Schutzbereich der Kaskoversicherung nicht erfasst. Somit erfolgt bei einer Entschädigungsleistung des VR, soweit diese auf den Miteigentumsanteil des VN entfällt, ein Anspruchsübergang der Forderungen des VN gegen den anderen Miteigentümer, so dass der VR gemäß der in A.2.8 Abs. 4 AKB enthaltenen Verweisung auf die Absätze 1 bis 3 seine getätigten Aufwendungen unter den dortigen Voraussetzungen (Vorsatz oder grobe Fahrlässigkeit ohne Eingreifen des Familienprivilegs) gegen den anderen Miteigentümer regressieren kann, (vgl. auch A.2.3 AKB Rdn. 1 ff. und A.2.3 AKB Rdn. 67).

Gleiches gilt in Fällen, in denen der Fahrer **Mit-VN** ist. Auch hier sind Konstellationen 50
denkbar, bei denen der Mit-VN »Dritter« i. S. v. § 86 Abs. 1 S. 1 VVG ist, wenn nämlich eine (teilweise) Fremdversicherung besteht, durch die (teilweise) allein das Integrationsinteresse eines anderen, nicht aber des Mit-VN geschützt ist.

Auch der **Repräsentant des VN** (vgl. A.2.3 AKB Rdn. 25 ff.) kann ausnahmsweise 51
»Dritter« sein, falls durch die Kaskoversicherung nicht zumindest auch sein Sachersatzinteresse mit geschützt sein sollte. Dass der VN für das Verhalten seines Repräsentanten einzustehen hat, berührt nicht die Frage eines möglichen Regresses durch den VR.[42]
Daher kann sich der VR im Falle einer grob fahrlässigen Schadenverursachung durch den Repräsentanten gegenüber dem VN entsprechend § 81 Abs. 2 VVG, A.2.9.1 AKB zwar auf quotale Leistungsfreiheit berufen; soweit der VR jedoch Entschädigungszahlungen an den VN erbringen muss, können Schadenersatzansprüche des VN gegen seinen Repräsentanten auf den VR übergehen und damit Gegenstand einer Regressforderung nach § 86 Abs. 1 S. 1 VVG, A.2.8 AKB sein.

---

[42] *Prölss*/Martin § 67 VVG Rn. 12; a. A. Lorenz VersR 2000, 2, 6.

A.2.8 AKB   Können wir unsere Leistung v. Fahrer zurückf., wenn Sie nicht selbst gef. sind?

2. Regressverzicht gegenüber dem Mieter

a) Grundsätzliches

52   Der **Mieter eines Kraftfahrzeuges** ist in der Kaskoversicherung keine mitversicherte Person,[43] so dass er einem Regress des VR nach § 86 Abs. 1 S. 1 VVG grundsätzlich auch bei nur leicht fahrlässiger Schadenherbeiführung ausgesetzt sein kann. Der **BGH**[44] hat schon in der Vergangenheit betont, dass in Fällen, in denen sich der Mieter bei Abschluss des Mietvertrages auch zur Zahlung der Versicherungsprämie für die Vollkaskoversicherung des Miet-Kfz verpflichtet oder ihm erklärt wird, das Fahrzeug sei vollkaskoversichert, seine Haftung auf Vorsatz und grobe Fahrlässigkeit beschränkt sein kann. **Haftungsfreistellungsklauseln** insbesondere in gewerblichen Kfz-Mietverträgen sind daher im Zweifel dahingehend auszulegen, den Mieter hinsichtlich seiner Haftung so zu stellen, als ob er selbst eine Kaskoversicherung für seinen eigenen Wagen abgeschlossen hätte.[45]

53   Diese von der Rechtsprechung entwickelte **Haftungsprivilegierung des Mieters** wurde fortan in die AKB übernommen. Gemäß **A.2.15 S. 4 AKB** kommt der Regressverzicht des VR für leichte Fahrlässigkeit nach A.2.15 S. 1 AKB ausdrücklich auch dem Mieter zugute. Er haftet ebenso nur für Vorsatz und grobe Fahrlässigkeit.

b) Rechtslage nach AKB 2008 und AKB 2015 in der gewerblichen Kfz-Vermietung

54   Nach der bisherigen Regelung in **A.2.15 S. 1 und 2 AKB 2008** war – ausgehend vom Wortlaut – bei grober Fahrlässigkeit des Mieters ein **unbeschränkter Rückgriff des VR möglich**. Trotzdem dürfte auch unter Anwendung der **AKB 2008** beim Mieter eines vollkaskoversicherten Pkw eine **differenziertere Betrachtungsweise** geboten sein. Denn er finanziert bei Abschluss eines gewerblichen Kfz-Mietvertrages regelmäßig auch die Kaskoversicherung des Vermieters, sei es durch den Mietpreis, in den von vornherein ein kaskoversichertes Fahrzeug inkludiert ist oder durch Zahlung eines gesonderten Zuschlages. Die Rechtsprechung hat in der mietvertraglichen Verpflichtung eines Wohnungsmieters, die Kosten der Gebäudeversicherung des Wohnungseigentümers zu zahlen, eine stillschweigende Haftungsbeschränkung für die Verursachung von Brandschäden auf Vorsatz und grobe Fahrlässigkeit angenommen.[46] Der Mieter solle im Rahmen des Regresses gegenüber dem VR nicht strenger haften als der Vermieter haften würde, wenn er als VN den Schaden selbst verursacht hätte. Begründet wurde dies mit dem **Gleichlauf der Haftung** von Mieter und Vermieter. Denn im Fall der nur leicht fahrlässigen Beschädigung der Mietsache durch den Vermieter könne sich der

---

43   BGH Urt. v. 27.10.1993 – IV ZR 33/93 – VersR 1994, 85 = NJW 1994, 585.
44   BGH Urt. v. 30.03.1965 – VI ZR 248/63 – VersR 1965, 508 = NJW 1965, 1269; BGH Urt. v. 29.10.1956 – II ZR 64/56 – VersR 1956, 725 = NJW 1956, 1915.
45   BGH Urt. v. 18.02.1976 – VIII ZR 185/74 – VersR 1976, 688 = JurionRS 1976, 11483.
46   Vgl. BGH Urt. v. 18.06.2008 – IV ZR 108/06 – VersR 2008, 1108 = r+s 2008, 379; BGH Urt. v. 13.09.2006 – IV ZR 378/02 – VersR 2006, 1530 = r+s 2006, 458; BGH Urt. v. 08.11.2000 – IV ZR 298/99 – VersR 2001, 94 = NJW 2001, 1353; BGH Urt. v. 13.12.1995 – VIII ZR 41/95 – VersR 1996, 320 = NJW 1996, 715.

VR nach § 61 VVG a. F. auch nicht auf Leistungsfreiheit berufen.[47] Insbesondere um diesen Gleichlauf der Haftung zu gewährleisten, kann der **Regress gegen den Mieter** eines kaskoversicherten Kfz im Falle grober Fahrlässigkeit auch bei Anwendung der AKB 2008 **nur** entsprechend der Schwere seines feststellbaren Verschuldens und damit quotal zulässig sein.[48]

Die neue Regelung in **A.2.8 Abs. 2 AKB 2015** trägt diesen Bedenken Rechnung. Im 55 Falle grober Fahrlässigkeit des Mieters richtet sich der Umfang des Rückforderungsanspruches nach der Schwere des Verschuldens, mit der der Versicherungsfall grob fahrlässig herbeigeführt wurde.

c) **Haftungsfreistellung des Mieters nach dem Leitbild einer Vollkaskoversicherung – Vermieter als »Quasiversicherer«**

Die **nur quotale Haftung des Mieters ist sachgerecht.** Der gewerbliche Vermieter von 56 Kraftfahrzeugen, der dem Mieter gegen Zahlung eines Entgelts nach Art einer Versicherungsprämie eine Haftungsfreistellung bei Unfallschäden verspricht, ist nach ständiger Rechtsprechung des **BGH**[49] gehalten ist, diese **Haftungsbefreiung wie ein »Quasiversicherer«** nach dem **Leitbild einer Vollkaskoversicherung** auszugestalten, (vgl. A.2.1.1 AKB Rdn. 22 ff. und A.2.3 AKB Rdn. 36 ff.).

Diesen Versicherungsschutz verliert der Mieter selbst dann nicht, wenn ein **Dritter**, 57 dem er das Fahrzeug überlassen hat, dieses schuldhaft beschädigt; entgegenstehende AGB in gewerblichen Kfz-Mietverträgen sind wegen unangemessener Benachteiligung des Mieters gemäß § 307 Abs. 2 Nr. 1 BGB unwirksam.[50] Der Mieter muss sich ein grob fahrlässiges Verhalten seines Fahrers nur dann zurechnen lassen, wenn dieser versicherungsrechtlich als **Repräsentant** des Mieters (vgl. A.2.3 AKB Rdn. 36 ff.) anzusehen ist.[51] Eine Zurechnung über **§ 278 BGB** scheidet aus,[52] da ein Kfz-Vermieter in

---

47 BGH Urt. v. 13.09.2006 – **IV ZR 378/02** – VersR 2006, 1530 = r+s 2006, 458.
48 Vgl. auch Staudinger/Kassing VersR 2007, 10 ff; **a. A.** wohl Stiefel/*Maier* A.2.15 AKB Rn. 7.
49 BGH Urt. v. 15.07.2014 – **VI ZR 452/13** – VersR 2014, 1135 = r+s 2014, 491; BGH Urt. v. 24.10.2012 – **XII ZR 40/11** – r+s 2013, 12 = zfs 2013, 147; BGH Urt. v. 14.03.2012 – **XII ZR 44/10** – VersR 2012, 1573 = NJW 2012, 2501; BGH Urt. v. 11.10.2011 – **VI ZR 46/10** – VersR 2011, 1524 = r+s 2012, 14; BGH Urt. v. 02.12.2009 – **XII ZR 117/08** – NJW-RR 2010, 480 = VuR 2010, 189; BGH Urt. v. 25.11.2009 – **XII ZR 211/08** – VersR 2010, 671 = NJW 2010, 677; BGH Urt. v. 10.06.2009 – **XII ZR 19/08** – VersR 2010, 260 = NJW 2009, 3229; BGH Urt. v. 20.05.2009 – **XII ZR 94/07** – VersR 2009, 1123 = NJW 2009, 2881; BGH Urt. v. 08.01.1986 – **VIII ZR 313/84** – NJW 1986, 1608; BGH Urt. v. 11.11.1981 – **VIII ZR 271/80** – NJW 1982, 167; BGH Urt. v. 17.12.1980 – **VIII ZR 316/79** – NJW 1981, 1211; BGH Urt. v. 08.02.1978 – **VIII ZR 240/76** – NJW 1978, 945; BGH Urt. v. 01.10.1975 – **VIII ZR 130/74** – NJW 1976, 44.
50 BGH Urt. v. 20.05.2009 – **XII ZR 94/07** – VersR 2009, 1123 = NJW 2009, 2881.
51 OLG Köln Urt. v. 02.12.2009 – 11 U 146/08 – BeckRS 2009, 89040; Stiefel/*Maier* A.2.15 AKB Rn. 17.
52 **A. A.** LG Konstanz Urt. v. 26.11.2009 – 3 O 119/09 – r+s 2010, 323 = zfs 2010, 214.

A.2.8 AKB Können wir unsere Leistung v. Fahrer zurückf., wenn Sie nicht selbst gef. sind?

seinen AGB die Haftung nicht weiter einschränken darf, als es für die Leistungspflicht eines VR in der Vollkasko nach den AKB vorgesehen ist.[53]

58 Wird die Haftungsbefreiung mit einer Selbstbeteiligung vereinbart, findet die Rechtsprechung zum **Quotenvorrecht** entsprechende Anwendung,[54] (vgl. A.2.5.8 AKB Rdn. 13 ff.).

59 Der Vermieter trägt die **Beweislast** für eine grob fahrlässige Schadenherbeiführung durch den Mieter und für den Umfang des geltend gemachten Leistungskürzungsrechts.[55]

60 Unerheblich ist, ob der Kfz-Vermieter selbst eine Kaskoversicherung abschließt oder als Eigenversicherer auftritt. In jedem Fall darf der Mieter darauf vertrauen, dass die Reichweite des mietvertraglich vereinbarten Schutzes im Wesentlichen dem Schutz entspricht, den er als Eigentümer des Fahrzeuges und als VN in der Vollkaskoversicherung genießen würde.[56] Er ist so zu stellen, als ob er selbst eine Kaskoversicherung zu den gleichen Bedingungen wie der Vermieter abgeschlossen hätte.[57] Nur bei Einräumung dieses Schutzes genügt ein gewerblicher Kfz-Vermieter seiner aus dem Grundsatz von Treu und Glauben erwachsenen Verpflichtung, schon bei der Festlegung seiner Allgemeinen Geschäftsbedingungen die Interessen künftiger Vertragspartner angemessen zu berücksichtigen.[58]

61 Als »**Quasiversicherungsnehmer**« kommt dem Kfz-Mieter die gleiche Stellung zu wie dem VN im Rahmen eines Kaskoversicherungsvertrages. Der durch eine mietvertraglich vereinbarte Haftungsfreistellung gewährte Schutz kann im Einzelfall sogar weiter reichen als eine Vollkaskoversicherung. So muss der Kfz-Mieter für **Schäden durch unsachgemäße Behandlung** des Mietfahrzeuges, insbesondere durch einen **Schaltfehler**, selbst dann nicht aufkommen, wenn die Mietwagenbedingungen den – nach § 307 Abs. 1 S. 2 BGB unklaren – Hinweis enthalten, dass für die Haftungsfreistellung die »Grundsätze einer Vollkaskoversicherung« gelten.[59]

---

53 Maier r+s 2010, 497, 499.
54 BGH Urt. v. 25.11.2009 – **XII ZR 211/08** – VersR 2010, 671 = NJW 2010, 677.
55 OLG Naumburg Urt. v. 30.08.2012 – 1 U 26/12 – BeckRS 2013, 01879.
56 BGH Urt. v. 15.07.2014 – **VI ZR 452/13** – VersR 2014, 1135 = r+s 2014, 491; BGH Urt. v. 24.10.2012 – **XII ZR 40/11** – r+s 2013, 12 = zfs 2013, 147; BGH Urt. v. 11.10.2011 – **VI ZR 46/10** – VersR 2011, 1524 = r+s 2012, 14; OLG Rostock Urt. v. 24.11.2011 – 3 U 151/10 – r+s 2012, 533; OLG Köln Urt. v. 13.01.2010 – 1 U 159/09 – VersR 2010, 1193.
57 BGH Urt. v. 18.02.1976 – **VIII ZR 185/74** – VersR 1976, 688.
58 BGH Urt. v. 15.07.2014 – **VI ZR 452/13** – VersR 2014, 1135 = r+s 2014, 491; BGH Urt. v. 20.05.2009 – **XII ZR 94/07** – VersR 2009, 1123 = NJW 2009, 2881.
59 BGH Urt. v. 19.01.2005 – **XII ZR 107/01** – NZV 2005, 247 = SVR 2005, 269.

d) Haftungsfreistellung des gegenüber dem Vermieter berechtigten Fahrers, der nicht Mieter ist

Der Verzicht eines Kfz-Vermieters auf die Inanspruchnahme eines Dritten für die von diesem leicht fahrlässig verursachten Schäden greift auch dann ein, wenn der in Anspruch genommene Fahrer zwar selbst nicht Mieter ist, aber **gegenüber dem Vermieter berechtigter Fahrer** gilt. Dies ist immer dann anzunehmen, wenn entweder der Dritte als berechtigter Fahrer **namentlich im Mietvertrag aufgeführt** ist oder der Kfz-Mieter nach dem Mietvertrag von einer Haftung für Schäden am Mietfahrzeug nach Art einer Vollkaskoversicherung **ausdrücklich auch bei Überlassung an einen Dritten befreit** ist.[60] 62

Nach der Rechtsprechung des **BGH**[61] ist eine Kfz-Mietvertragsklausel, die **bei grob fahrlässiger** Schadenverursachung eine **volle Haftung des Mieters** vorsieht, nach § 307 Abs. 1 S. 1, Abs. 2 Nr. 1 BGB wegen Verstoßes gegen § 81 Abs. 2 VVG **unwirksam**,[62] (zu den **Rechtsfolgen** vgl. A.2.1.1 AKB Rdn. 22 ff.). Dies gilt gleichermaßen auch für die **Haftung des** grob fahrlässig handelnden **berechtigten Fahrers**, der nicht Mieter ist, jedenfalls dann, wenn entweder dessen Haftungsfreistellung in den Allgemeinen Vermietungsbedingungen ausdrücklich vorgesehen ist[63] oder er namentlich als »Zusatzfahrer« im Mietvertrag vermerkt wurde. Verursacht daher entweder der Kfz-Mieter selbst oder ein nach dem Mietvertrag oder den AGB des Kfz-Vermieters ausdrücklich berechtigter Fahrer grob fahrlässig einen Schaden an dem kaskoversicherten Mietfahrzeug, so ist er dem **Regress** des VR bzw. Kfz-Vermieters **nur quotal** und nicht unbeschränkt ausgesetzt. (vgl. z. B. für Fälle der **Nichtbeachtung von Durchfahrtshöhen** A.2.9.1 AKB Rdn. 312 ff.). 63

e) Haftungsfreistellung des gegenüber dem Vermieter unberechtigten, aber im Verhältnis zum Mieter berechtigten Fahrers

Auch der gegenüber dem Vermieter zwar unberechtigte, aber **im Verhältnis zum Mieter berechtigte Fahrer**, der das Fahrzeug mit Wissen und Wollen sowie mit Einverständnis des Mieters nutzt, genießt jedenfalls analog A.2.8 AKB die gleiche **Haftungsprivilegierung** wie der Mieter selbst. Dies gilt selbst dann, wenn für ihn eine Haftungsfreistellung mietvertraglich nicht vorgesehen ist und er nach dem Inhalt des abgeschlossenen Miet- 64

---

60 Vgl. BGH Urt. v. 16.12.1981 – **VIII ZR 1/81** – VersR 1982, 359 = NJW 1982, 987.
61 BGH Urt. v. 15.07.2014 – **VI ZR 452/13** – VersR 2014, 1135 = r+s 2014, 491; BGH Urt. v. 11.10.2011 – **VI ZR 46/10** – VersR 2011, 1524 = r+s 2012, 14 m. w. N.
62 Ebenso OLG Koblenz Urt. v. 09.09.2013 – 12 U 1198/12 – r+s 2013, 545; OLG Rostock Urt. v. 24.11.2011 – 3 U 151/10 – r+s 2012, 533; KG Urt. v. 15.08.2011 – 22 U 57/11 – BeckRS 2011, 23647 **unter Bestätigung von** LG Berlin Urt. v. 26.01.2011 – 4 O 184/10 – DAR 2011, 264; LG Nürnberg-Fürth Urt. v. 27.01.2010 – 8 O 10700/08 – r+s 2010, 145; LG Göttingen Urt. v. 18.11.2009 – 5 O 118/09 – VersR 2010, 1490 = r+s 2010, 194; **a. A. noch** Günther/Spielmann r+s 2008, 133, 143; Hövelmann VersR 2008, 616; Funck VersR 2008, 168.
63 BGH Urt. v. 11.10.2011 – **VI ZR 46/10** – VersR 2011, 1524 = r+s 2012, 14.

A.2.8 AKB Können wir unsere Leistung v. Fahrer zurückf., wenn Sie nicht selbst gef. sind?

vertrages ausdrücklich nicht zum Kreis der – aus Vermietersicht – berechtigten Fahrer gehört, weil er als »Zusatzfahrer« nicht namentlich in den Mietvertrag aufgenommen wurde.[64]

65 Die Zusage des Vollkaskoschutzes für das angemietete Kraftfahrzeug ist aus Sicht des Mieters, auf dessen Erklärungsempfängerhorizont insoweit maßgeblich abzustellen ist, jedenfalls auch als Verzicht auf die Inanspruchnahme eines **gegenüber dem Mieter berechtigten Fahrers** anzusehen, der den Schaden an dem Mietfahrzeug nur leicht fahrlässig herbeiführt.[65]

66 Wäre nur der Mieter, nicht aber auch der von ihm eingesetzte Fahrer haftungsprivilegiert, würde das für die Haftungsbefreiung gezahlte Zusatzentgelt aus Sicht des Mieters oftmals für eine nutzlose Leistung erbracht werden.[66] Denn gerade Kleingewerbetreibende setzen zur Auftragserledigung häufig angemietete Fremdfahrzeuge ein, die von deren Arbeitnehmern gefahren werden.[67] Sie müssen sich darauf verlassen dürfen, dass die gegen Entgelt erkaufte Haftungsbefreiung ebenso weit reicht wie der Vollkaskoversicherungsschutz bei einem Versicherungsunternehmen.

67 Dem berechtigten Fahrer kommt daher entsprechend der Rechtsfigur des **Vertrages mit Schutzwirkung Dritter** die Beschränkung der Haftung auf Vorsatz und grobe Fahrlässigkeit in gleicher Weise zugute, weil auch er – und nicht nur der Mieter selbst – in die Schutzwirkung des Mietvertrages einbezogen ist.[68] **A.2.8 AKB 2015** ist insoweit entsprechend anzuwenden. A.2.15 AKB 2008 ist demgegenüber mit der Maßgabe anzuwenden, dass mangels mietvertraglicher Gleichstellung des Dritten mit dem Mieter bei einer grob fahrlässigen Schadenherbeiführung ein unbeschränkter Regress stattfindet, (vgl. A.2.8 AKB Rdn. 15).

f) Haftungsprivilegierung in der gewerblichen Kfz- Vermietung – Zusammenfassung

68 **Im Ergebnis** kann weder der **Mieter,** der die Stellung eines »Quasiversicherungsnehmers« inne hat, noch der **Fahrer,** der entweder nach den Allgemeinen Vermietungsbedingungen ausdrücklich auch **zum Führen des Miet-Kfz berechtigt** ist oder jedenfalls **namentlich** als »berechtigter Fahrer« im Mietvertrag aufgeführt wird, bei einfacher Fahrlässigkeit auf der Grundlage der Vermietungsbedingungen (§§ 280 Abs. 1, 535 Abs. 1 BGB) oder nach § 823 Abs. 1 BGB in Anspruch genommen werden. Im Falle grober Fahrlässigkeit ist zu prüfen, inwieweit die vertraglich vereinbarte Haftungsbefreiung analog § 81 Abs. 2 VVG, A.2.9.1 AKB zu versagen oder zu kürzen

---

64 BGH Urt. v. 17.12.1980 – **VIII ZR 316/79** – NJW 1981, 1211.
65 Vgl. OLG Düsseldorf Beschl. v. 18.11.2008 – 24 U 131/08 – VersR 2009, 509 = r+s 2009, 323; Stiefel/*Maier* A.2.15 AKB Rn. 16.
66 LG Magdeburg Urt. v. 25.06.2010 – 10 O 2155/09 – BeckRS 2011, 06423.
67 Vgl. LG Magdeburg Urt. v. 25.06.2010 – 10 O 2155/09 – BeckRS 2011, 06423.
68 Vgl. BGH Urt. v. 19.09.1973 – **VIII ZR 175/72** – VersR 1974, 58 = NJW 1973, 2059; LG Köln Urt. v. 11.04.2012 – 26 O 174/10 – BeckRS 2012, 22056; LG Göttingen Urt. v. 18.11.2009 – 5 O 118/09 – VersR 2010, 1490 = r+s 2010, 194.

ist. Ein unbeschränkter Regress kommt nach A.2.8 AKB 2015 ohnehin nicht mehr in Betracht. Gleiches gilt allerdings auch für Fälle, die noch unter den Anwendungsbereich von A.2.15 S. 1 und 2 AKB 2008 fallen, (vgl. A.2.8 AKB Rdn. 54).

Leitet der Fahrer seine Berechtigung zum Führen des Miet-Kfz allein vom Mieter ab, haftet er bei einfacher Fahrlässigkeit ebenfalls nicht, A.2.8 AKB 2015, A.2.15 S. 1 und 4 AKB 2008. Bei grober Fahrlässigkeit kann der Fahrer nach A.2.8 AKB 2015 nur quotal entsprechend dem Ausmaß seines Verschuldens, nach A.2.15 S. 1 und 2 AKB 2008 hingegen unbeschränkt in Anspruch genommen werden. Eine quotale Kürzung des Regress- bzw. Leistungsbetrages wie beim Mieter oder beim Fahrer, dem mietvertraglich das Führen des Miet-Kfz gestattet wurde, erfolgt unter dem Anwendungsbereich der AKB 2008 nicht. 69

Für alle vorgenannten Fallkonstellationen gilt: Hat der Fahrer den Schadenfall vorsätzlich herbeiführt, gilt nach A.2.8 Abs. 1 und 4 AKB 2015 ebenso wie nach A.2.15 S. 1 bis 3 AKB 2008 ein unbeschränkter Regress selbst für den Fall, dass es sich bei dem schadenverursachenden Fahrer um einen Familienangehörigen handeln sollte. 70

Zur Frage des **generellen Regressverzichts trotz grober Fahrlässigkeit**, es sei denn, dass eine Alkohol- oder Drogenfahrt im Raum steht oder das Mietfahrzeug entwendet wurde, vgl. A.2.8 AKB Rdn. 93 f. 71

g) Verjährungsfragen

Gemäß § 548 Abs. 1 BGB verjähren die Ersatzansprüche des Kfz-Vermieters gegen den Mieter wegen Schäden am Mietfahrzeug **in sechs Monaten**, gerechnet ab dem Datum der Rückgabe des Fahrzeuges.[69] Der VR muss diese Fristen nach erfolgtem Forderungsübergang beachten, ansonsten er Gefahr läuft, dass der Schädiger ihm gegenüber mit Erfolg die Verjährungseinrede erhebt. Während der laufenden Frist muss zumindest eine Verjährungshemmung eingetreten sein, wenn die Ansprüche auch nach Ablauf dieser Frist noch durchsetzbar sein sollen. Sofern nach den AGB eines Kfz-Vermieters die Verjährungsfrist erst dann zu laufen beginnen soll, wenn der Vermieter die polizeiliche Ermittlungsakte einsehen konnte, hängt die Wirksamkeit einer solchen Regelung davon ab, dass die Kenntnisnahme des Mieters vom Beginn des Laufs der Verjährungsfrist gewährleistet ist.[70] 72

3. Regressverzicht gegenüber dem Entleiher

Ebenso wie der Kfz-Mieter ist auch der **Entleiher eines Fahrzeuges** gemäß A.2.8 Abs. 4 AKB haftungsprivilegiert. Leihe ist die unentgeltliche Gebrauchsüberlassung an einer Sache, § 598 BGB. Entleiher kann auch sein, wer mit Einverständnis des VN eine Probebefahrt unternimmt.[71] Bei einem Schaden an dem kaskoversicherten Fahrzeug des VN 73

---

69 Vgl. OLG Düsseldorf Urt. v. 27.09.2005 – 24 U 9/05 – SP 2007, 20.
70 BGH Urt. v. 08.01.1986 – **VIII ZR 313/84** – NJW 1986, 1608; BGH Urt. v. 26.10.1983 – **VIII ZR 132/82** – NJW 1984, 289.
71 Feyock/*Jacobsen*/Lemor § 15 AKB a. F. Rn. 15.

A.2.8 AKB Können wir unsere Leistung v. Fahrer zurückf., wenn Sie nicht selbst gef. sind?

gilt für die auf den VR übergegangenen Regressansprüche gegen den Entleiher wie im Falle der Miete eine **kurze Verjährungsfrist** von sechs Monaten, §§ **606, 548 Abs. 1 BGB**.[72] Diese kurze Verjährungsfrist wird von der Rechtsprechung auch auf alle anderen Nutzungsüberlassungsverhältnisse analog angewendet.[73]

C. Weitere praktische Hinweise

I. Beweislastfragen

1. Verschuldensgrad in A.2.8 Abs. 2 Satz 1, Abs. 3 AKB

74 A.2.8 Abs. 1 AKB sieht einen grundsätzlichen Regressverzicht des VR in allen Fällen einfacher Fahrlässigkeit vor. Die Möglichkeit einer Inanspruchnahme des Fahrers bei Vorsatz und grober Fahrlässigkeit gemäß A.2.8 Abs. 2 S. 1, Abs. 3 AKB stellt einen Ausnahmetatbestand dar. Beruft sich der **VR** darauf, dass der Verzicht nicht eingreift, weil der Fahrer den Versicherungsfall vorsätzlich oder grob fahrlässig herbeigeführt hat, trifft ihn – ebenso wie in § 81 VVG – die volle **Darlegungs- und Beweislast**.[74] Beweiserleichterungen in Form eines Anscheinsbeweises kommen ihm dabei ebenso wenig zugute wie im Verhältnis zum eigenen VN.

2. Familienprivileg in A.2.8 Abs. 2 Satz 2 AKB

75 Eine »Ausnahme von der Ausnahme« stellt der weitere Tatbestand dar, wonach der in Anspruch genommene Fahrer dann nicht haftet, wenn er **zum Zeitpunkt des Schadeneintritts mit dem VN in häuslicher Gemeinschaft** lebte. Diese Voraussetzungen sind **von dem** schadenverursachenden **Fahrer darzulegen und zu beweisen**. Da die Privilegierung unmittelbar zu einem Regressverbot des VR führt, handelt sich um eine anspruchsvernichtende Einwendung, die nach allgemeinen prozessualen Beweislastgrundsätzen von derjenigen Partei zu beweisen ist, die sie für ihre Verteidigung in Anspruch nehmen will.

76 Die Voraussetzungen können, müssen aber nicht zwingend durch Vorlage einer amtlichen **Meldebescheinigung** nachgewiesen werden. Da eine gesetzliche Meldepflicht nicht mehr besteht, können aus der Nichtvorlage einer solchen Bescheinigung zwar keine negativen Schlüsse gezogen werden; dennoch wird es für den in Anspruch genommenen Schädiger unter Umständen schwer sein, den Nachweis nur mittels Zeugen zu führen. Eine solche Beweisführung kann aber im Rahmen einer »pauschalen Gesamtschau« ohne weiteres gelingen.[75]

---

72 OLG Koblenz Beschl. v. 09.04.2011 – 10 U 1219/10 – VersR 2012, 610 = r+s 2012, 19.
73 OLG Frankfurt/M. Urt. v. 17.10.2000 – 14 U 61/00 – zfs 2001, 19; OLG München Urt. v. 14.01.2000 – 10 U 2990/99 – zfs 2000, 258.
74 Vgl. OLG Hamm Urt. v. 28.01.2005 – 30 U 107/04 – zfs 2005, 293.
75 Vgl. BGH Urt. v. 12.11.1985 – **VI ZR 223/84** – VersR 1986, 333 = NJW-RR 1986, 385.

II. Gemäß § 86 Abs. 1 S. 1 VVG übergehende Forderungen

1. Art der Forderungen

Nur diejenigen Ansprüche des VN (oder des (Mit-) Versicherten), die den Schaden an seinem Fahrzeug ausgleichen können, für den der VR Regulierungszahlungen erbracht hat, können Gegenstand eines Forderungsüberganges nach § 86 Abs. 1 S. 1 VVG sein. In Betracht kommen nicht nur bürgerlich-rechtliche **Schadensersatzforderungen** des kaskoversicherten Geschädigten gegen den Schädiger nach § 823 Abs. 1 BGB, sondern auch nach § 823 Abs. 2 BGB i. V. m. einem Schutzgesetz (z. B. dem Verkehrsverbot des § 41 Abs. 2 Nr. 6, Zeichen 265 StVO)[76] und **Ausgleichsansprüche** aus §§ 426, 840 BGB, § 17 StVG. 77

Übergangsfähig sind auch **Gewährleistungsansprüche**, soweit sie auf Schadenersatz (z. B. wegen eines Mangelfolgeschadens) und nicht auf Minderung, Nachbesserung oder nach früherem Recht auf Wandlung gerichtet sind.[77] 78

Der **Forderungsübergang** vollzieht sich ohne Zutun der Beteiligten kraft Gesetzes im Augenblick der Schadenzahlung durch den VR. 79

2. Einwendungen gegen die Forderung

Durch § 86 Abs. 1 VVG wird kein eigener Anspruch des VR begründet, sondern es geht lediglich der in der Person des VN wegen der Beschädigung des Fahrzeuges entstehende Anspruch auf den VR in dem Zeitpunkt über, in dem der VR die Kaskoentschädigung auszahlt. Die Forderung muss im Zeitpunkt des Überganges (Zahlung des VR) in der Person des VN noch bestehen.[78] 80

a) Arbeitsrechtliche Ausschlussfristen

Der Fahrer kann dem VR gemäß §§ 404, 412 BGB alle Einwendungen entgegensetzen, die er auch gegenüber dem VN hätte geltend machen können. Hat daher z. B. der Arbeitnehmer des VN einen Schaden am kaskoversicherten Kfz seines Arbeitgebers grob fahrlässig verursacht, sind **arbeitsvertragliche Ausschlussfristen** für die Geltendmachung von Ansprüchen (oftmals nur zwei Monate) zu beachten, die in vielen Arbeitsverträgen oder Manteltarifverträgen vereinbart sind. 81

Beruft sich der Fahrer gegenüber dem VR auf diese Fristen, ist zu prüfen, ob der VN nicht seine **Obliegenheiten** nach § 86 Abs. 2 VVG gegenüber dem VR **verletzt hat**. Denn schließlich hätte er selbst ohne weiteres innerhalb der Ausschlussfrist für die rechtzeitige Anmeldung der Ansprüche bei seinem Arbeitnehmer sorgen können, (vgl. auch A.2.8 AKB Rdn. 91 f.). 82

---

76 BGH Urt. v. 14.06.2005 – **VI ZR 185/04** – NZV 2005, 457 = DAR 2005, 504.
77 OLG Koblenz Beschl. v. 18.12.2008 und 10.02.2009 – 2 U 428/08 – VersR 2009, 1486 = r+s 2010, 59.
78 Vgl. OLG Düsseldorf Urt. v. 03.06.1993 – 18 U 331/92 – VersR 1995, 401.

A.2.8 AKB Können wir unsere Leistung v. Fahrer zurückf., wenn Sie nicht selbst gef. sind?

b) Arbeitsrechtliche Haftungsprivilegien

83 Das **Maß der Erstattungspflicht** des Arbeitnehmers gegenüber dem Kasko-VR des Arbeitgebers richtet sich stets danach, in welchem Umfange der Arbeitnehmer im Falle einer direkten Inanspruchnahme durch seinen Arbeitgeber diesem gegenüber schadenersatzpflichtig gewesen wäre. Bei einem angestellten Kraftfahrer, der in Ausführung betrieblicher Interessen das ihm überlassene Firmenfahrzeug seines Arbeitgebers grob fahrlässig beschädigt, ist es denkbar, dass ihm arbeitsrechtliche **Haftungserleichterungen** zugutekommen, die er dem Schadenersatzanspruch des Arbeitgebers – und damit letztlich auch dem Kasko-VR nach erfolgtem Anspruchsübergang – entgegensetzen kann.

84 Ob und in welchem Umfang eine Entlastung des Arbeitnehmers in Betracht kommt, ist durch eine **Abwägung aller** für den Tatrichter feststehenden (§ 286 ZPO) **Gesamtumstände** nach § 287 ZPO zu bestimmen, wobei insbesondere der Schadenanlass, die Schadenfolgen, die Schadenhöhe, Billigkeits- und Zumutbarkeitsgesichtspunkte, eine mögliche Gefahrgeneigtheit der Arbeit, ein vom Arbeitgeber einkalkuliertes Risiko, eine Risikodeckung durch eine Versicherung, die Stellung des Arbeitnehmers im Betrieb und die Höhe der Vergütung, die möglicherweise eine Risikoprämie enthält, von Bedeutung sind.

85 Ebenso können die persönlichen Verhältnisse des Arbeitnehmers und die Umstände seines Arbeitsverhältnisses wie z. B. das Lebensalter, die Familienverhältnisse, die Dauer der Betriebszugehörigkeit und sein bisher im Betrieb gezeigtes Verhalten zu berücksichtigen sein.[79]

86 Für das Ausmaß der Haftung eines Arbeitnehmers spielt es eine entscheidende Rolle, ob sein **Verdienst in einem deutlichen Missverhältnis zum verwirklichten Schadenrisiko seiner Tätigkeit** steht.[80] In diesen Fällen ist die **Haftung** des Arbeitnehmers gegenüber dem Arbeitgeber trotz grober Fahrlässigkeit unter Heranziehung des Rechtsgedankens des § 254 BGB abweichend von §§ 249, 276 BGB **prozentual oder** auf einen bestimmten, dem Arbeitnehmer noch zumutbaren **Höchstbetrag zwischen drei und zwölf Bruttomonatsgehälter begrenzt.**[81] Eine volle Schadenersatzpflicht würde den Arbeitnehmer angesichts der Höhe des dem Betriebsrisiko des Arbeitgebers zuzurechnenden Schadenrisikos unzumutbar belasten.

---

79 BAG Urt. v. 15.11.2012 – **8 AZR 705/11** – NJOZ 2013, 709 = BeckRS 2013, 67124; BAG Urt. v. 28.10.2010 – **8 AZR 418/09** – NJW 2011, 1096 = NZA 2011, 345.
80 BAG Urt. v. 15.11.2012 – **8 AZR 705/11** – NJOZ 2013, 709 = BeckRS 2013, 67124; BAG Urt. v. 23.01.1997 – **8 AZR 893/95** – NZV 1997, 352 = NZA 1998, 140.
81 BAG Urt. v. 28.10.2010 – **8 AZR 418/09** – NJW 2011, 1096 = NZA 2011, 345 (12 Monatsgehälter); BAG Urt. v. 23.01.1997 – **8 AZR 893/95** – NZV 1997, 352 = NZA 1998, 140 (knapp 6 Monatsgehälter); BAG Urt. v. 18.01.2007 – **8 AZR 250/06** – NJW 2007, 3305 = NZA 2007, 1230 (3,5 Monatsgehälter); LAG Rheinland-Pfalz Urt. v. 08.01.2014 – 7 Sa 84/13 – BeckRS 2014, 68454 (6 Monatsgehälter); LG Potsdam Urt. v. 08.02.2008 – 6 O 170/07 – zfs 2010, 97 (3 Monatsgehälter).

Allerdings besteht **keine generelle, starre Haftungsbeschränkung auf drei Brutto-** 87
monatsverdienste des Arbeitnehmers im Sinne einer losgelöst vom Einzelfall stets geltenden Obergrenze.[82] Für die Festlegung des Haftungsumfanges des Arbeitnehmers sind dessen Verschulden und das Betriebsrisiko des Arbeitgebers unter Beachtung aller Umstände gegeneinander abzuwägen.[83] Übersteigt allerdings der zu ersetzende Schaden ein Bruttomonatseinkommen des Arbeitnehmers nicht oder jedenfalls nicht erheblich, besteht zu einer Haftungsbegrenzung keine Veranlassung.[84]

Für den VR bedeutet dies, dass sein Regressanspruch gegen den schadenverursachen- 88
den Fahrer – ungeachtet des gesondert nach A.2.8 Abs. 2 AKB zu prüfenden graduellen Verschuldens des Fahrers – schon deshalb beschränkt sein kann, weil der Anspruch des VN (Arbeitgeber) gegen den schadenverursachenden Fahrer (Arbeitnehmer) nach § 86 Abs. 1 S. 1 VVG von vornherein nur in begrenztem Umfange auf den VR übergegangen ist, (vgl. hierzu das **Fallbeispiel** unter A.2.8 AKB Rd. 99)

Ein **Haftungsausschluss** zwischen VN und Fahrer kann dem VR entgegengehalten wer- 89
den, wenn er – auch konkludent – vor der Entschädigungszahlung des VR vereinbart wurde. Erfolgte die Vereinbarung erst nach Eintritt des Schadenereignisses, kann darin eine Obliegenheitsverletzung des VN mit der Folge völliger Leistungsfreiheit (bei Vorsatz) oder quotaler Leistungskürzung (bei grober Fahrlässigkeit) liegen, § 86 Abs. 2 VVG.

Nimmt der VR aus übergegangenem Recht des Leasinggebers einen Arbeitnehmer auf 90
Schadenersatz für die Beschädigung des vom Arbeitgeber geleasten Firmenfahrzeuges in Anspruch, ist der **Rechtsweg** zu den ordentlichen Gerichten und nicht zur Arbeitsgerichtsbarkeit eröffnet.[85]

III. Wahrungs- und Mitwirkungsgebot des VN nach § 86 Abs. 2 VVG

Das frühere, in § 67 Abs. 1 S. 3 VVG a. F. enthaltene und an den VN gerichtete Verbot, 91
seinen Anspruch gegenüber dem schadenverursachenden Dritten aufzugeben, ist in § 86 Abs. 2 VVG einem weitergehenden Gebot des VN gewichen, seinen Ersatzanspruch oder seine **Sicherungsrechte zu wahren** und im Bedarfsfall bei seiner Durchsetzung durch den VR aktiv **mitzuwirken**. Dazu gehört sowohl die Verpflichtung des VN, dem VR alle Auskünfte zu erteilen, die zur Begründung des Ersatzanspruches notwendig sind,[86] als auch die Verpflichtung, alle Ansprüche beim Schädiger fristgerecht anzumelden und damit vor allem arbeits- oder tarifvertragliche Ausschlussfristen zu beachten. Die Mitwirkungspflicht besteht allerdings nur insoweit, als der Ersatzanspruch überhaupt auf den VR übergehen kann. Dies ist dann nicht mehr möglich, wenn die

---

82 BAG Urt. v. 15.11.2012 – **8 AZR 705/11** – NJOZ 2013, 709 = BeckRS 2013, 67124.
83 Vgl. LAG Nürnberg Urt. v. 18.04.1990 – 3 Sa 38/90 – MDR 1990, 953 = DB 1991, 606.
84 Vgl. BAG Urt. v. 12.11.1998 – **8 AZR 221/97** – DAR 1999, 182 = NJW 1999, 966.
85 BAG Beschl. v. 07.07.2009 – **5 AZB 8/09** – VersR 2009, 1528 = zfs 2010, 29.
86 Vgl. amtliche Begründung des Gesetzentwurfs zu § 86 VVG, BT-Drucksache 16/3945.

A.2.8 AKB Können wir unsere Leistung v. Fahrer zurückf., wenn Sie nicht selbst gef. sind?

Haftung des schädigenden Fahrers durch zulässige Vereinbarung mit dem VN von Anfang an ausgeschlossen wurde.

92 Verletzt der VN eine der von ihm gemäß § 86 Abs. 2 S. 1 VVG zu beachtenden Obliegenheiten, so kann die Entschädigungspflicht des VR ganz oder teilweise entfallen. Die Leistungsfreiheit des VR ist der Höhe nach auf den gegen den Schädiger nicht durchsetzbaren Regressanspruch beschränkt. § 86 Abs. 2 S. 2 VVG sieht bei vorsätzlicher Obliegenheitsverletzung eine vollständige Leistungsfreiheit vor, sofern die Obliegenheitsverletzung des VN ursächlich dafür ist, dass der VR keinen Ersatz von dem schädigenden Dritten verlangen kann. Im Falle grober Fahrlässigkeit, deren Nichtvorliegen vom VN zu beweisen ist, ist der VR berechtigt, die Kaskoentschädigung entsprechend der Schwere des Verschuldens des VN quotal zu kürzen.

IV. Genereller Regressverzicht trotz grober Fahrlässigkeit?

93 A.2.8 Abs. 1 AKB bestimmt, dass ein Rückgriff des VR gegen den berechtigten Fahrer im Falle einfacher Fahrlässigkeit unterbleibt. Soweit einzelne VR in ihren AKB zu § 81 Abs. 2 VVG (in den Musterbedingungen des GDV nicht vorgesehen) durch eine Zusatzklausel einen **beschränkten Verzicht** auf den **Einwand der grob fahrlässigen Herbeiführung des Versicherungsfalles** erklärt haben, gilt eine solche Privilegierung im Regressfalle auch zugunsten des berechtigten Fahrers. Da dieser nicht schlechter gestellt werden soll als der VN im Rahmen des § 81 Abs. 2 VVG, sehen die AKB in diesem Falle einen Regress nur dann vor, wenn der Fahrer den Versicherungsfall durch Alkohol oder Drogen herbeigeführt oder – bei Diebstahl des Fahrzeuges oder seiner Teile – grob fahrlässig ermöglicht hat.

94 **Für den Bereich der gewerblichen Kfz-Vermietung** ist zu beachten, dass es zwar inzwischen marktüblich ist, auch in den Mietwagenbedingungen bei Vereinbarung einer Haftungsfreistellung des Mieters nach dem Leitbild einer Vollkaskoversicherung auf den Einwand der groben Fahrlässigkeit mit Ausnahme von Alkoholfahrten und Diebstahl zu verzichten. Ein Kfz-Vermieters, dessen Bedingungen abweichend hiervon eine **generelle Einstandspflicht** des Mieters (und des berechtigten Fahrers) für grobe Fahrlässigkeit vorsehen, handelt nicht treuwidrig, wenn er es unterlässt, den Mieter bei Vertragsabschluss hierauf hinzuweisen oder auch darauf, dass andere Autovermieter auf den Einwand der groben Fahrlässigkeit – abgesehen von Alkohol- und Drogenfahrten oder Diebstahl – verzichten.[87]

V. Quotenvorrecht des VN

95 Vgl. hierzu A.2.5.8 AKB Rdn. 13 ff.

---

[87] BGH Urt. v. 15.07.2014 – VI ZR 452/13 – VersR 2014, 1135 = r+s 2014, 491; a. A. LG München Urt. v. 13.07.2012 – 12 O 21256/11 – DAR 2012, 583.

VI. Keine Verpflichtung des VN zur Inanspruchnahme der Kaskoversicherung bei Beschädigung des Kfz durch Dritten

Es besteht grundsätzlich **keine Verpflichtung des VN** nach § 254 Abs. 2 BGB, seine Kaskoversicherung in Anspruch zu nehmen, um dem Fahrer im Falle eines von diesem nur leicht fahrlässig herbeigeführten Schaden die Regressbeschränkung des A.8 Abs. 1 AKB zukommen zu lassen und ihn auf diese Weise von der Haftung freizustellen.[88] 96

Der **BGH**[89] hat dies in einem Fall entschieden, in dem der Angestellte einer Kfz-Werkstatt auf einer Probefahrt mit dem kaskoversicherten Fahrzeug eines Kunden verunfallte. Dennoch kann **ausnahmsweise** auf der Grundlage der Rechtsbeziehungen zwischen dem geschädigten Eigentümer und dem berechtigten Fahrer unter dem Gesichtspunkt der unzulässigen Rechtsausübung gemäß § 242 BGB eine andere rechtliche Bewertung geboten sein, so z. B. bei einer **vertraglichen Zusicherung** des VN gegenüber dem Fahrer, für das Kfz eine Kaskoversicherung abzuschließen und zu unterhalten oder aus der **arbeitsvertraglichen Fürsorgepflicht** des VN als Arbeitgeber gegenüber seinem Arbeitnehmer, wenn sich der Schaden bei einer Fahrt des Arbeitnehmers ereignet; eine Pflicht des VN zur Inanspruchnahme der Kaskoversicherung kann sich auch dann ergeben, wenn die **Unfallfahrt auf Bitten und im Interesse des** VN durchgeführt wurde oder der Fahrer aufgrund entsprechender **Erklärungen des VN vor Fahrtantritt** davon ausgehen durfte, das Fahrzeug sei kaskoversichert.[90] 97

Ein **Haftungsverzicht** des VN gegenüber dem Fahrer ist möglich, sofern er den Fahrer nicht auch von einer Haftung wegen eigener grober Fahrlässigkeit befreit,[91] (vgl. A.2.8 AKB Rdn. 89). 98

VII. Fallbeispiel

Der angestellte Fahrer, der vom VN den Auftrag erhält, einen 3,45 m hohen Lkw zu fahren, verursacht an dem kaskoversicherten Lkw einen Schaden bei dem Versuch, eine nur 2,70 m hohe Unterführung zu durchfahren. Normalerweise fährt der Fahrer mit einem wesentlich niedrigeren Kastenwagen. Den Lkw benutzte er erst zum vierten Mal. Obwohl auf die Brückenhöhe durch mehrere Schilder bis zu 100 m vor der Unterführung hingewiesen worden war, hatte der Fahrer kurzfristig vergessen, dass er – ausnahmsweise – einen großen Lkw fuhr.[92] 99

In diesem Fall ist von einer **grob fahrlässigen Herbeiführung des Versicherungsfalles durch den Arbeitnehmer des VN** auszugehen. Ein objektiv schwerer Verkehrsverstoß

---

88 Stiefel/*Maier* A.2.15 AKB Rn. 4.
89 BGH Urt. v. 18.03.1986 – **VI ZR 213/84** – VersR 1986, 755 = NJW 1986, 1813.
90 Vgl. BGH Urt. v. 18.03.1986 – **VI ZR 213/84** – VersR 1986, 755 = NJW 1986, 1813; Stiefel/*Maier* A.2.15 AKB Rn. 4.
91 Vgl. BGH Urt. v. 29.09.1960 – **II ZR 25/59** – VersR 1960, 1133 = NJW 1961, 212; OLG Saarbrücken Urt. v. 17.04.2002 – 5 U 875/01-71 – zfs 2002, 296 (**zur arbeitsvertraglichen Begrenzung der Arbeitnehmerhaftung**).
92 Vgl. OLG Karlsruhe Urt. v. 29.07.2004 – 19 U 94/04 – r+s 2005, 55 = NZV 2004, 532.

A.2.8 AKB Können wir unsere Leistung v. Fahrer zurückf., wenn Sie nicht selbst gef. sind?

des Fahrers liegt vor, weil durch die aufgestellten Schilder deutlich auf die Durchfahrtshöhe hingewiesen wurde. Subjektiv ist dem Fahrer vorzuwerfen, dass er sich nicht von der Höhe seines Lkw überzeugt hat. Es liegt auch kein Augenblicksversagen vor, weil seine Unaufmerksamkeit schon 100 m vor der Durchfahrt beim Passieren des ersten Hinweisschildes einsetzte.

Gleichwohl schadet dem VN das grob fahrlässige Verhalten seines Fahrers nicht. Dieser ist weder Mitversicherter, noch Repräsentant des VN, weshalb er sich das Verhalten seines Arbeitnehmers nicht zurechnen lassen muss. Daher muss der VR die volle Kaskoentschädigung an den VN auszahlen.

Der Schadenersatzanspruch des VN gegen seinen Arbeitnehmer geht aber gemäß § 86 Abs. 1 S. 1 VVG nicht in diesem Umfang auf den VR über. Zunächst sind tarifliche Verfallklauseln zu beachten. Auch sie gelten gegenüber dem VR Greifen sie ein, fehlt es an einem übergangsfähigen Anspruch.

Zudem ereignete sich der Schaden im Rahmen einer sog. »schadengeneigten Arbeit« des Arbeitnehmers. Für solche Fälle hat die Rechtsprechung arbeitsrechtliche Haftungsprivilegien entwickelt, die den Anspruch des Arbeitgebers einschränken.

Bei einem Schaden, der außer Verhältnis steht zum Verdienst des angestellten Kraftfahrers, ist dessen Haftung prozentual oder auf einen anteiligen Höchstbetrag zwischen drei und zwölf Brutto-Monatseinkommen beschränkt. Nur in Höhe dieses eingeschränkten, auf den VR übergegangenen Schadenersatzanspruches kann der VR seine kongruenten Entschädigungszahlungen bei dem Fahrer regressieren, und zwar nach A.2.8 Abs. 2 S. 1 AKB in einem Umfang, der der Schwere seines Verschuldens entspricht.

Hat der VR in den AKB auf den Einwand der groben Fahrlässigkeit im Zusammenhang mit der Herbeiführung des Versicherungsfalles verzichtet, kann er gegenüber dem Fahrer überhaupt keinen Regress nehmen. Der VR wäre sonst besser gestellt, als wenn der Schaden in vergleichbarer Weise durch den VN verursacht worden wäre. Denn aufgrund seines Verzichts hätte der VR seinem VN die grob fahrlässige Verursachung des Unfallschadens nicht vorwerfen können, so dass er insoweit in vollem Umfange leistungspflichtig geblieben wäre und auch keine Rückforderungsansprüche hätte geltend machen können.

A.2.9 Was ist nicht versichert?

Vorsatz und grobe Fahrlässigkeit

A.2.9.1 Kein Versicherungsschutz besteht für Schäden, die Sie vorsätzlich herbeiführen. Bei grob fahrlässiger Herbeiführung des Schadens, sind wir berechtigt, unsere Leistung in einem der Schwere Ihres Verschuldens entsprechenden Verhältnis zu kürzen.

Übersicht

	Rdn.
A. Allgemeines	1
B. Regelungsgehalt – Was ist nicht versichert? – A.2.9 AKB/Vorsatz und grobe Fahrlässigkeit – A.2.9.1 AKB (§§ 61 VVG a. F., 12 Abs. 3 AKB 2007 a. F.; A.2.16.1 AKB 2008 a. F.)	5
I. Rechtliche Bedeutung der Klausel	5
II. Vorsatz	6
III. Grobe Fahrlässigkeit	9
1. Objektive Voraussetzungen	9
2. Subjektive Voraussetzungen	16
3. Quotales Leistungskürzungsrecht des VR	25
a) Grundsätzliches	25
b) Einseitiges Leistungsbestimmungsrecht des VR nach § 315 Abs. 1 BGB?	27
c) Umfang der Leistungskürzung	29
aa) Einstiegsquoten als Gradmesser der groben Fahrlässigkeit?	29
bb) Anwendbarkeit von § 254 BGB?	37
cc) Leistungskürzung auf Null?	39
d) Einzelkriterien für die Kürzungsquote	45
aa) Objektive Schwere des Pflichtverstoßes	47
(1) Objektives Gewicht der Sorgfaltspflichtverletzung	47
(2) Grad der Ursächlichkeit	52
(3) Dauer der Pflichtverletzung und wiederholte Pflichtverstöße	53
(4) Bewertung des Pflichtverstoßes in anderen Rechtsgebieten	57
(5) Gefährdung und Schädigung anderer Rechtsgüter	60
bb) Subjektive Schwere des Pflichtverstoßes	64
(1) Subjektive Vorwerfbarkeit	64
(2) Psychische Situation	68
(3) Augenblicksversagen	70
(4) Verschuldensbelastende Merkmale	72
e) Quotelungsstufen	77
IV. Herbeiführung des Schadens	81
C. Weitere praktische Hinweise	83
I. Prüfungsschema	83
II. Fallgruppen für Vorsatz	86
III. Fallgruppen für grobe Fahrlässigkeit mit Kürzungsquoten	90
1. Alkohol	91
a) Absolute Fahruntüchtigkeit	91
b) Relative Fahruntüchtigkeit	96
c) Restalkohol	114
d) Unzurechnungsfähigkeit	115

A.2.9.1 AKB Vorsatz, grobe Fahrlässigkeit

			Rdn.
	e) BAK Bestimmung zum Unfallzeitpunkt – Rückrechnung		116
	aa) Allgemeines		116
	bb) Rückrechnung bei Feststellung der Fahruntüchtigkeit		119
	cc) Rückrechnung bei Feststellung der Unzurechnungsfähigkeit		125
	dd) Nachtrunk		126
	f) Überlassen des Kfz an alkoholisierten Fahrer		127
	g) Zusammenwirken von Alkohol und anderen Ursachen		130
	h) Kürzungsquoten mit Rechtsprechungsübersicht		133
	aa) Kürzungsquoten für BAK ab 1,1 Promille		133
	bb) Kürzungsquoten für BAK von 0,5 bis 1,09 Promille		139
	cc) Kürzungsquoten für BAK von weniger als 0,5 Promille		144
	dd) Kürzungsquoten bei Kombination von Alkohol und Medikamenten		145
	ee) Rechtsprechungsübersicht		146
	2. Medikamente		148
	3. Drogen		156
	4. Übermüdung		171
	5. Ermöglichung der Entwendung		183
	a) Mangelnde Sicherung des Fahrzeuges und seiner Zubehörteile gegen Diebstahl		184
	aa) Abstellort		186
	bb) Steckenlassen des Schlüssels		197
	cc) Kürzungsquoten		208
	b) Pflichtwidrige Beaufsichtigung oder Verwahrung von Kfz-Schlüsseln		213
	aa) im Fahrzeug		214
	bb) außerhalb des Fahrzeuges		226
	cc) Kürzungsquoten mit Rechtsprechungsübersicht		233
	c) Untätigkeit des VN nach dem Verlust oder Diebstahl von Kfz-Schlüsseln		236
	d) Zurücklassen von Kfz-Papieren im Fahrzeug		251
	e) Zurücklassen eines Quick-Out Radios im Fahrzeug		262
	6. Verkehrswidriges Verhalten		263
	a) Rotlichtverstoß		263
	b) Missachtung des Andreaskreuzes		278
	c) Nichtbeachten eines Stoppschildes		279
	d) Falsches Überholen		285
	e) Überhöhte Geschwindigkeit		291
	f) Auffahrunfall infolge grober Unaufmerksamkeit		299
	g) Grundloses Abkommen von der Fahrbahn		300
	h) Ausweichen vor einem Tier		304
	i) Nichtbeachten der Durchfahrtshöhe		312
	j) Unterlassene Sicherung bei Gefälle		321
	k) Mangelhafte Bereifung		326
	7. Betriebsfremde Handlungen des VN		337
	a) Ablenkung durch Greifen oder Bücken nach Gegenständen		337
	b) Ablenkung durch Rauchen, Autoradio, Navigationsgerät, Handy		341
	c) Inbrandsetzung des Fahrzeuges		347
	8. Sonstige Verkehrs- oder Pflichtenverstöße		350
	9. Haftung des Mieters in der gewerblichen Kfz-Vermietung		353
IV.	Musterquoten für die wichtigsten Pflichtverletzungen		354

		Rdn.
V.	Darlegungs- und Beweislast	356
	1. Allgemeines	356
	2. Vorsatz	359
	3. Grobe Fahrlässigkeit	363
	4. Augenblicksversagen	370
	5. Schuldunfähigkeit	375
	a) Grundsätzliches	375
	b) Anwendbarkeit von § 827 BGB	377
	c) Vorverlagerung des Schuldvorwurfs	378
	d) Unzurechnungsfähigkeit und Bewusstseinsstörung	384
	6. Kausalität	387
	7. Umfang der Kürzung	394
VI.	Sonderfragen zur Quotierung	395
	1. Pauschalierte Musterquoten in AKB?	395
	2. Beibehaltung des »Alles-oder-Nichts-Prinzips« durch AKB?	402
	3. Quotelung bei gleichzeitiger Verletzung mehrerer Pflichten	403
VII.	Repräsentant	409

A. Allgemeines

Mit der Klausel in A.2.9 AKB werden grundlegende **Risikoausschlüsse** zusammengefasst, die in den früheren AKB 2007 noch verstreut an unterschiedlichen Stellen zu finden waren oder sich lediglich dem VVG entnehmen ließen. Anders als in der Kfz-Haftpflichtversicherung, in der nach § 103 VVG auch die grob fahrlässige Herbeiführung des Versicherungsfalles stets mitversichert und lediglich Vorsatz ausgeschlossen ist, muss der VR in der Kaskoversicherung nicht für jegliche Folgen eines risikofreudigen oder sorglosen Verhaltens des VN einstehen. Er kann – wie in A.2.9 AKB vorgesehen – Leistungsausschlüsse vereinbaren, so dass bestimmte Sachverhalte von vornherein aus dem Schutzbereich der Kaskoversicherung herausfallen. 1

Eine wesentliche Neuerung ist die vom Gesetzgeber in § 81 VVG vorgegebene **Abkehr vom »Alles-oder-Nichts-Prinzip«**, die durch A.2.9.1 AKB für den Bereich der Kaskoversicherung eingeführt wird. Die grob fahrlässige Herbeiführung des Versicherungsfalles durch den VN führt danach nicht mehr wie noch in § 61 VVG a. F. zur vollständigen Leistungsfreiheit des VR, sondern nur noch zu einer anteiligen Kürzung der Versicherungsleistung entsprechend dem Verschuldensgrad des VN. 2

Die **bisherige Regelung** war zu Recht vor allem deshalb **kritisiert** worden, weil die Übergänge zwischen folgenlosem, leicht fahrlässigem Verhalten des VN auf der einen und zur vollständigen Leistungsfreiheit führendem **grob fahrlässigen Verhalten** des VN auf der anderen Seite häufig fließend und nur im Rahmen einer wertenden Betrachtungsweise festzustellen sind. Rechtsstreite avancierten für den VN in der Vergangenheit daher häufig zu einem Glücksspiel mit ungewissem Ausgang, der sich in keiner Weise prognostizieren ließ und allein davon abhängig war, ob sein Verhalten als »noch leicht fahrlässig« oder als »schon grob fahrlässig« einzustufen war. Je nach rechtlicher Einschätzung erhielt der VN die volle Entschädigungsleistung, also »Alles«, oder er er- 3

A.2.9.1 AKB   Vorsatz, grobe Fahrlässigkeit

hielt »Nichts«. Damit wurde er im Falle grober Fahrlässigkeit einem Vorsatztäter gleichgesetzt, was besonders dann zu unbefriedigenden Ergebnissen führte, wenn die Grenze zwischen einfacher und grober Fahrlässigkeit gerade überschritten war. Da sich der **Grad des Verschuldens** nicht als fixer Parameter, sondern immer nur im Rahmen einer **wertenden Betrachtung** feststellen lässt, die jedoch nie frei ist von den subjektiven Anschauungen und Wertvorstellungen desjenigen, der die Bewertung vornimmt, führt das neue System der Quotenbildung entsprechend dem graduellen Verschulden des VN zu mehr **Einzelfallgerechtigkeit**, wenn es darum geht, die Schwere eines grob fahrlässigen Verhaltens des VN zu bewerten.

4   Die **vorsätzliche Herbeiführung des Versicherungsfalles** ist wie schon nach der alten Regelung in § 61 VVG a. F. durch eine vollständige Leistungsfreiheit des VR sanktioniert. Der VR wäre ansonsten schutzlos dem Versicherungsbetrüger ausgeliefert, der sich durch unlautere Machenschaften Versicherungsleistungen erschleichen und damit letztlich nicht nur den VR, sondern auch die Gemeinschaft aller Versicherten schädigen könnte. Das »Alles-oder-Nichts-Prinzip« ist insoweit sachgerecht und auch erforderlich, um keinen Anreiz für ein unredliches Verhalten zu schaffen.[1]

B. Regelungsgehalt – Was ist nicht versichert? – A.2.9 AKB/Vorsatz und grobe Fahrlässigkeit – A.2.9.1 AKB (§§ 61 VVG a. F., 12 Abs. 3 AKB 2007 a. F.; A.2.16.1 AKB 2008 a. F.)

I. Rechtliche Bedeutung der Klausel

5   Der VR ist leistungsfrei, wenn der Versicherungsfall durch den VN selbst, einen (Mit-) Versicherten (vgl. A.2.3 AKB Rdn. 4 ff.) oder einen sonstigen Dritten, dessen Verhalten sich der VN zurechnen lassen muss (**Repräsentant**, vgl. A.2.3 AKB Rdn. 25 ff.) vorsätzlich herbeigeführt worden ist. Im Falle einer grob fahrlässigen Herbeiführung des Schadenfalles führt die Pflichtverletzung zu einer anteiligen Quotelung der Entschädigungsleistung entsprechend der Schwere des Verschuldens des VN. Die Klausel ist § 81 VVG nachgebildet. Sie beschreibt keine Obliegenheit. Es geht nicht darum, einen grundsätzlich zugesagten Versicherungsschutz bei einem bestimmten Verhalten des VN nachträglich wieder entziehen zu können. Die Regelung sanktioniert auch nicht den Eintritt des Versicherungsfalles als solchen, weil es eine allgemeine Obliegenheit des VN zur Verhütung des Schadenfalles schlechthin nicht gibt. Vielmehr handelt es sich um einen subjektiven Risikoausschluss in der Teil- und Vollkaskoversicherung, der vorsätzlich herbeigeführte Schäden von Anfang an nicht unter Versicherungsschutz stellt und für grob fahrlässig verursachte Schäden ein Leistungskürzungsrecht des VR vorsieht. Damit wird deutlich gemacht, dass der VR für ein vorsätzliches Verhalten des VN von vornherein keinen bzw. im Fall der groben Fahrlässigkeit nur einen eingeschränkten Versicherungsschutz zur Verfügung stellen will.

---

[1] Vgl. amtliche Begründung des Gesetzentwurfs zu § 81 VVG, BT-Drucksache 16/3945, S. 79.

II. Vorsatz

Unter direktem Vorsatz ist wie auch sonst im Zivilrecht das **Wissen und Wollen** des rechtswidrigen Erfolges zu verstehen.[2] Die Kenntnis und der Wille des VN müssen sich lediglich **auf die schädigende Handlung** und den dadurch herbeigeführten Erfolg, also den Schaden als solchen **beziehen**, nicht zwingend auch auf den konkreten Schadenumfang.[3] Es reicht, wenn sich der VN die Schadenfolgen in Grundzügen – nicht notwendig in allen Einzelheiten – vorstellt und sich sein Vorsatz auf die Herbeiführung dieser Schadenfolgen erstreckt.[4] Hält der VN den Schadeneintritt für möglich und nimmt ihn billigend in Kauf (dolus eventualis), so führt auch dies zum Leistungsausschluss des VR. Der vorsätzlich handelnde VN führt in Kenntnis der Gefährlichkeit seines Tuns das Schadenereignis absichtlich herbei oder nimmt es jedenfalls billigend in Kauf, wobei ihm entlastende Rechtfertigungsgründe nicht zur Seite stehen. Eine eigenhändige Begehung der Tat durch den VN ist nicht erforderlich. Es reicht jede Art der Tatbeteiligung, die auf die vorsätzliche Verwirklichung des kaskoversicherten Schadenereignisses abzielt. 6

Vorsätzlich herbeigeführte Kaskoschäden sind besonders häufig im Zusammenhang mit solchen Fallgestaltungen anzutreffen, in denen es dem VN auf einen ungerechtfertigten finanziellen Vorteil in Form einer (überhöhten) Kaskoentschädigung ankommt, sei es **durch** 7

- einen **verabredeten**, absichtlich herbeigeführten (gestellten) **Unfall**,
- einen **fingierten**, tatsächlich gar nicht eingetretenen, sondern vorgetäuschten **Versicherungsfall**, so insbesondere bei Entwendungsfällen oder der absichtlichen Inbrandsetzung des Fahrzeuges,
- einen **provozierten**, die momentane Unaufmerksamkeit eines anderen Verkehrsteilnehmers ausnutzenden **Unfall** oder
- einen **manipulierten**, nicht der tatsächlichen Höhe eines echten Versicherungsfalles entsprechenden **Schaden**.[5]

Auch bei Unfällen, die in **Suizidabsicht** oder dadurch herbeigeführt werden, dass das **Fahrzeug als Waffe** gegen andere Personen eingesetzt wird, liegt eine Vorsatztat des Fahrzeugführers vor.[6] **Zur Beweislast** des VR und zum Indizienbeweis vgl. A.2.9.1 AKB Rdn. 356 ff. und A.2.9.1 AKB Rdn. 359 ff. 8

---

2 Vgl. Palandt-Heinrichs § 276 Rn. 10.
3 Vgl. Römer/Langheid § 61 Rn. 41.
4 Vgl. OLG Köln Urt. v. 17.09.1996 – 9 U 8/96 – r+s 1997, 95.
5 Einzelheiten bei Römer/Langheid § 61 VVG Rn. 4 f., 41.
6 Vgl. OLG Zweibrücken Urt. v. 24.02.1999 – 1 U 12/98 – VersR 2000, 223.

III. Grobe Fahrlässigkeit

1. Objektive Voraussetzungen

9 Der objektive Sorgfaltsmaßstab wird nicht nur durch die **geltenden Verkehrs-, Verhaltens- und Sicherheitsvorschriften** geprägt, sondern richtet sich auch nach **allgemein anerkannten Sorgfaltserfordernissen**. Daraus folgt, dass ein objektiver Verstoß gegen gesetzliche Normen oder versicherungsvertragliche Bestimmungen nicht zwingend vorliegen muss, um grobe Fahrlässigkeit zu begründen. Auch ein nach der StVO nicht verbotenes Verkehrsverhalten kann grob fahrlässig sein. Vorauszusetzen ist stets ein erhebliches Fehlverhalten des VN durch einen objektiv besonders schwerwiegenden, groben Verstoß gegen allgemein gültige Sorgfaltsanforderungen.

10 **Grob fahrlässig handelt**, wer die im Verkehr erforderliche Sorgfalt nach den gesamten Umständen in besonders schwerem, ungewöhnlich hohem Maße außer Acht lässt und wer schon einfachste, ganz nahe liegende Überlegungen nicht anstellt und unbeachtet lässt, was in der gegebenen Situation jedem hätte einleuchten müssen.[7] Dabei können als Bewertungshilfe Formeln wie: »Schlechthin unverständlich«, »Das darf einfach nicht passieren« oder »Wie kann man nur« hilfreich sein.[8] Das gewöhnliche Maß an Fahrlässigkeit muss in objektiver Hinsicht erheblich überschritten sein. Dies ist der Fall, wenn die **Wahrscheinlichkeit des Schadeneintrittes offenkundig so groß** war, dass es ohne weiteres nahe lag und dem VN auch unter Berücksichtigung von Aufwand, Kosten und Bequemlichkeit zuzumuten gewesen wäre, durch ein anderes, der konkreten Situation angepasstes Verhalten den Schaden zu vermeiden.[9]

11 **Erforderlich ist**, dass der VN durch sein Verhalten das normale Alltagsrisiko eines Schadeneintrittes vergrößert oder den bei Vertragsabschluss bestehenden bzw. vorausgesetzten Sicherheitsstandard deutlich unterschreitet. Daran fehlt es, wenn der Umstand, der zum Eintritt des Versicherungsfalles geführt hat, bereits seit Vertragsschluss unverändert bestand und Grundlage einer Risikoprüfung des VR war oder hätte sein können.[10]

12 Das **Fehlverhalten kann nicht nur in einem aktiven Tun**, sondern **auch in einem Unterlassen** liegen. Wer infolge schweren Verschuldens selbst für den Eintritt des Versicherungsfalles verantwortlich ist, setzt sich in treuwidriger Weise zu seinem Verhalten in Widerspruch, wenn er gleichwohl Versicherungsschutz begehrt.[11] Dazu bedarf es kei-

---

7 BGH Urt. v. 14.06.2005 – **VI ZR 185/04** – NZV 2005, 457 = DAR 2005, 504; BGH Urt. v. 29.01.2003 – **IV ZR 173/01** – VersR 2003, 364 m. w. N. = zfs 2003, 242.
8 Vgl. Veith VersR 2008, 1580, 1582.
9 Vgl. OLG Düsseldorf Urt. v. 23.12.2010 – I-4 U 101/10 – VersR 2011, 1388 = r+s 2011, 507; OLG Saarbrücken Urt. v. 25.05.1994 – 5 U 1053/93-70 – VersR 1996, 580 = r+s 1995, 108; OLG München Urt. v. 24.11.1993 – 30 U 458/93 – VersR 1994, 1060 = r+s 1995, 8; OLG Hamm Urt. v. 26.04.1991 – 20 U 284/90 – r+s 1991, 331 = NJW-RR 1992, 360; *Prölss*/Martin § 61 VVG Rn. 11.
10 Rüffer/Halbach/Schimikowski/*Karczewski* § 81 Rn. 5.
11 Rüffer/Halbach/Schimikowski/*Karczewski* § 81 Rn. 6.

nes Verstoßes gegen vertragliche Obliegenheiten.[12] Voraussetzung ist, dass der VN die ihm zur Vermeidung des Versicherungsfalles zumutbaren, objektiv notwendigen und geeigneten **Sicherheitsvorkehrungen unterlässt**.[13] Beachtet er diese und hält den vertraglich vorausgesetzten Sicherheitsstandard ein, fehlt es bereits an der objektiven Herbeiführung des Versicherungsfalles.[14]

Dem VN obliegt zwar **keine allgemeine Schadenverhütungspflicht**; er führt den Versicherungsfall aber **grob fahrlässig durch Unterlassen** herbei, wenn er das ursächliche Geschehen in der Weise beherrscht, dass er die drohende Verwirklichung der Gefahr zulässt, obwohl er die geeigneten Mittel zum Schutz des versicherten Interesses in der Hand hatte und bei zumutbarer Wahrnehmung seiner Belange davon ebenso Gebrauch machen konnte wie eine nicht versicherte Person.[15] Dabei muss der VN ausreichende Kenntnis von den Umständen haben, aus denen sich ergibt, dass der Eintritt des Versicherungsfalles in den Bereich der praktisch unmittelbar in Betracht zu ziehenden Möglichkeiten gerückt ist; nur dann ist er demjenigen gleichzusetzen, der den Versicherungsfall durch positives Tun herbeigeführt hat.[16] 13

Ermöglicht der VN als gewerblicher Kfz-Vermieter seinen Kunden eine Fahrzeugrückgabe nach Geschäftsschluss, wobei die **Kfz-Schlüssel** vereinbarungsgemäß **in einen ungesicherten**, in ein Garagentor eingelassenen **Briefschlitz** eingeworfen werden können, so schafft er eine besondere Gefahrenlage, die Diebe geradezu anzieht; wird das vom Kfz-Mieter auf diese Weise zurückgebrachte Fahrzeug anschließend entwendet, trifft den VN der Vorwurf grober Fahrlässigkeit durch Unterlassen, da er im Vorfeld zumutbare bessere Sicherungsmöglichkeiten nicht ergriffen und z. B. den Kasten nicht mit einem Mechanismus versehen hat, der ein Herausangeln von Gegenständen unmöglich macht oder zumindest erheblich erschwert.[17] 14

Derjenige, der sein Fahrzeug in üblicher Weise nutzt, handelt in der Regel **nicht grob fahrlässig**. Dem VN ist daher kein Vorwurf zu machen, wenn er seinen Pkw über Nacht nicht in einer Parkgarage oder auf einem bewachten Parkplatz abstellt, sondern verschlossen und mit eingeschalteter Alarmanlage in der belebten und beleuchteten Hauptstraße einer europäischen Großstadt parkt[18] oder wenn er sein auffälliges Luxusfahrzeug über Nacht 15 m vom Hoteleingang entfernt auf einem offenen Parkplatz abstellt.[19] **Anderes gilt** nur dann, wenn durch die Wahl eines abgelegenen, unbeleuchteten und einsamen Parkplatzes von vornherein eine erhöhte Diebstahlgefahr bestand (vgl. auch vgl. A.2.9.1 AKB Rdn. 186 ff.). 15

---

12 Looschelders/Pohlmann/*Schmidt-Kessel* § 81 Rn. 20.
13 Vgl. BGH Urt. v. 17.04.1997 – **I ZR 97/95** – VersR 1998, 126 = NZV 1997, 475.
14 Looschelders VersR 2008, 1, 3; a. A. Prölss/Martin/*Prölss* § 61 Rn. 8.
15 Vgl. BGH Urt. v. 23.06.2004 – **IV ZR 219/03** – VersR 2005, 218 = r+s 2004, 1476.
16 Vgl. BGH Urt. v. 23.06.2004 – **IV ZR 219/03** – VersR 2005, 218 = r+s 2004, 1476.
17 LG Düsseldorf Beschl. v. 25.10.2010 – 22 S 196/10 – juris, **unter Bestätigung** von AG Düsseldorf Urt. v. 29.06.2010 – 230 C 14977/09 – SP 2011, 227 = VK 2011, 141.
18 BGH Urt. v. 21.02.1996 – **IV ZR 321/94** – VersR 1996, 576 = NJW 1996, 1411.
19 BGH Urt. v. 15.10.1997 – **IV ZR 264/96** – VersR 1998, 44 = NJW-RR 1998, 166.

A.2.9.1 AKB Vorsatz, grobe Fahrlässigkeit

2. Subjektive Voraussetzungen

16 In subjektiver Hinsicht muss ein gegenüber der leichten Fahrlässigkeit **erheblich gesteigertes, schlechthin unentschuldbares Fehlverhalten** des VN vorliegen, von dem er zumindest hätte wissen müssen, dass es geeignet war, den Schadeneintritt herbeizuführen.[20] Diese Annahme wird vor allem bei einem **leichtsinnigen oder rücksichtslosen Verhalten** des VN berechtigt sein. Ob der VN bewusst oder unbewusst gegen Sorgfaltsanforderungen verstoßen hat, ist gleichgültig. In beiden Fällen kann ein grob fahrlässiges Verhalten vorliegen, wenngleich dieses bei einem bewussten Verstoß eher zu bejahen sein wird als bei einem unbewussten.[21] Auch ein **reflexartiges, abruptes und unkontrolliertes Ausweichmanöver**, verbunden mit einer scharfen Abbremsung, aufgrund dessen der Fahrer die Herrschaft über sein Fahrzeug verliert, ist in der Regel als subjektiv grob fahrlässig begangener Fahrfehler einzustufen.[22]

17 **Unterlässt der VN zumutbare Sicherungsmaßnahmen**, genügt für ein subjektiv unentschuldbares Fehlverhalten seine Kenntnis oder grob fahrlässige Unkenntnis derjenigen Umstände, aus denen sich ergibt, dass der Eintritt des Versicherungsfalles praktisch unmittelbar in den Bereich der in Betracht zu ziehenden Möglichkeiten gerückt ist.[23]

18 Ein **Augenblicksversagen** (vgl. auch A.2.9.1 AKB Rdn. 70 f. und A.2.9.1 AKB Rdn. 370 ff.) wurde dem VN in der Vergangenheit im Falle einer unbewusst fahrlässigen Handlung attestiert, wenn der Schaden durch ein kurzzeitiges Außerachtlassen der im Verkehr erforderlichen Sorgfalt eingetreten war, die auch einem ansonsten noch so sorgfältigen und pflichtbewussten VN als »Ausrutscher« hätte unterlaufen können.[24]

19 Insbesondere **bei routinemäßigen Handlungsabläufen** wurde eine momentane Unaufmerksamkeit als Folge des typischerweise unzulänglichen menschlichen Verhaltens entschuldigt, weil es nie vollkommen auszuschließen sei, dass ein Fahrzeugführer auch einmal unbewusst einen Moment lang falsch reagiert oder sich ablenken lässt.[25] Ein solches einmaliges Fehlverhalten lässt jedoch für sich allein den Vorwurf der groben Fahrlässigkeit noch nicht entfallen.

20 Nach der Rechtsprechung des **BGH**[26] ist die alleinige Feststellung, dass der VN für einen Augenblick versagt hat, noch kein Grund, den Schuldvorwurf der groben Fahrlässigkeit herabzustufen, wenn die objektiven Merkmale eines grob fahrlässigen Verhal-

---

20 BGH Urt. v. 14.06.2005 – **VI ZR 185/04** – NZV 2005, 457 = DAR 2005, 504; BGH Urt. v. 29.01.2003 – **IV ZR 173/01** – VersR 2003, 364 = zfs 2003, 242, 243; vgl. OLG Hamm Urt. v. 26.04.1991 – 20 U 284/90 – r+s 1991, 331 = NJW-RR 1992, 360; OLG Oldenburg Urt. v. 20.12.1989 – 2 U 225/89 – r+s 1990, 406.
21 Vgl. Burmann/Heß/Höke/Stahl Rn. 343.
22 BGH Urt. v. 11.07.2007 – **XII ZR 197/05** – VersR 2007, 1531 = DAR 2007, 641.
23 Rüffer/Halbach/Schimikowski/*Karczewski* § 81 Rn. 6.
24 BGH Urt. v. 14.07.1986 – **IVa ZR 22/85** – VersR 1986, 962 = NJW 1986, 2838.
25 BGH Urt. v. 08.02.1989 – **IVa ZR 57/88** – VersR 1989, 582 = NJW 1989, 1354.
26 BGH Urt. v. 29.10.2003 – **IV ZR 16/03** – VersR 2003, 1561 = DAR 2004, 24; BGH Urt. v. 29.01.2003 – **IV ZR 173/01** – VersR 2003, 364 = zfs 2003, 242; BGH Urt. v. 08.07.1992 – **IV ZR 223/91** – VersR 1992, 1085 = NJW 1992, 2418.

Vorsatz, grobe Fahrlässigkeit A.2.9.1 AKB

tens gegeben sind. Denn vom Ausmaß des objektiven Pflichtverstoßes kann grundsätzlich auf innere Vorgänge beim VN und deren gesteigerte Vorwerfbarkeit geschlossen werden.[27] Andererseits lässt die Feststellung eines objektiv grob fahrlässigen Sorgfaltsverstoßes weder als Indiz zwingend, noch »in der Regel« den Rückschluss auf ein stets subjektiv unentschuldbares Fehlverhalten des VN zu.[28] Es sind durchaus individuelle Umstände denkbar, die den Verstoß des VN ausnahmsweise in einem milderen, nicht grob fahrlässigen Licht erscheinen lassen können.

Generelle oder momentane **Konzentrationsschwächen**, gleichgültig ob psychischer oder körperlicher Natur, können den VN entlasten,[29] wenn sie auf Alter, Krankheit, oder nachvollziehbarer Ablenkung beruhen, wobei in diesem Zusammenhang sowohl der Grund, als auch der Gefährlichkeitsgrad der Ablenkung zu werten ist.[30] 21

Daneben sind stets auch die individuellen **Kenntnisse, Fähigkeiten und Geschicklichkeiten des VN** zu berücksichtigen, die wiederum von Alter, Gesundheit, Lebenserfahrung, Bildungsgrad und der beruflichen Tätigkeit abhängen.[31] 22

Auch bei einer unter **Zeitdruck** oder **in Eile** getroffenen Fehlentscheidung kann das Verschulden geringer einzustufen sein als im Normalfall.[32] Umso komplexer die zu bewältigende Verkehrssituation und umso gefahrträchtiger das Risiko einer momentanen Unaufmerksamkeit ist, desto weniger können den VN individuelle Umstände entlasten,[33] (vgl. auch A.2.9.1 AKB Rdn. 18 ff.; A.2.9.1 AKB Rdn. 70 f. und A.2.9.1 AKB Rdn. 370 ff.). Der **VN kann sich** allerdings **nicht darauf berufen**, das menschliche Auge sei ohnehin kaum in der Lage, sämtliche Verkehrsvorgänge wahrzunehmen, weshalb sein streitgegenständliches Fehlverhalten nicht als grob fahrlässig einzustufen sei; in diesem Fall müsste an seiner generellen Kraftfahreignung gezweifelt werden.[34] 23

Ob die Fahrlässigkeit im Einzelfall als einfach oder grob zu bewerten ist, ist immer Sache der **tatrichterlichen Würdigung**. Sie erfordert eine Abwägung aller objektiven und subjektiven Tatumstände und entzieht sich deshalb weitgehend einer Anwendung fester Regeln. Die Entscheidung des Tatrichters kann revisionsrechtlich nur beschränkt darauf überprüft werden, ob er den Rechtsbegriff der groben Fahrlässigkeit verkannt, bei der Beurteilung des Verschuldensgrades wesentliche Umstände außer Acht gelassen oder gegen Denkgesetze, Erfahrungssätze oder Verfahrensvorschriften verstoßen 24

---

27 Ebenso OLG Rostock Urt. v. 30.04.2003 – 6 U 249/01 – r+s 2004, 58 = zfs 2003, 356; OLG Nürnberg Urt. v. 30.01.2003 – 8 U 2761/02 – r+s 2005, 101; OLG Oldenburg Urt. v. 25.06.1997 – 2 U 109/97 – r+s 1997, 470; OLG Nürnberg Urt. v. 28.04.1994 – 8 U 3768/93 – VersR 1995, 331.
28 Vgl. BGH Urt. v. 29.01.2003 – IV ZR 173/01 – VersR 2003, 364 = zfs 2003, 242, 243.
29 BGH Urt. v. 05.04.1989 – IVa ZR 39/88 – VersR 1989, 840 = NJW-RR 1989, 1187; BGH Urt. v. 22.02.1989 – IVa ZR 274/87 – VersR 1989, 469 = r+s 1989, 349.
30 Himmelreich/Halm/Staab/*Krahe* Kap. 23 Rn. 400.
31 Vgl. BGH Urt. v. 18.10.1988 – VI ZR 15/88 – VersR 1989, 109 = NJW-RR 1989, 339, 340.
32 BGH Urt. v. 08.02.1989 – IVa ZR 57/88 – VersR 1989, 582 = NJW 1989, 1354.
33 Vgl. OLG Hamm Urt. v. 18.02.2000 – 20 U 238/99 – r+s 2000, 230 = NZV 2001, 37.
34 AG Passau Urt. v. 30.09.1987 – 11 C 998/87 – zfs 1988, 146.

Stomper

hat.³⁵ **Zur Beweislast** des VR vgl. A.2.9.1 AKB Rdn. 356 ff. und A.2.9.1 AKB Rdn. 363 ff.; zum **Anscheinsbeweis** vgl. A.2.9.1 AKB Rdn. 367 ff.

3. Quotales Leistungskürzungsrecht des VR

a) Grundsätzliches

25 Für den Fall eines grob fahrlässigen Fehlverhaltens räumt A.2.9.1 S. 2 AKB dem VR das Recht ein, die **Versicherungsleistung** in einem der Schwere des Verschuldens des VN entsprechenden Verhältnis **zu kürzen**. Die Leistungskürzung ist weder von Amts wegen zu berücksichtigen, noch tritt sie bei Vorliegen der entsprechenden Voraussetzungen kraft Gesetzes ohne weiteres Zutun der Beteiligten und damit ipso jure ein.³⁶ Vielmehr muss sich der **VR auf sein Leistungskürzungsrecht berufen** und die **Kürzung erklären**, andernfalls der VN trotz feststellbarer grober Fahrlässigkeit 100 % seines ersatzfähigen Schadens erstattet verlangen kann.³⁷

26 Die Klausel ist § 81 Abs. 2 VVG nachgebildet. Unter Aufgabe des bisherigen »Alles-oder-Nichts-Prinzips« geht der VN bei grober Fahrlässigkeit nicht mehr leer aus, sondern erhält eine quotale Entschädigung. Damit wird den Schutzinteressen des VN im Sinne einer größeren Einzelfallgerechtigkeit Rechnung getragen.³⁸ Der zu beurteilende Sachverhalt muss in eine Schwereskala eingeordnet werden, begrenzt durch die einfache Fahrlässigkeit auf der einen und durch den bedingten Vorsatz auf der anderen Seite.³⁹ Dabei sind die Übergänge fließend, was auch für die Stufen innerhalb der groben Fahrlässigkeit gilt.

b) Einseitiges Leistungsbestimmungsrecht des VR nach § 315 Abs. 1 BGB?

27 Trotz ihres Wortlautes räumt die Klausel dem **VR nicht das Recht** ein, den **Umfang der Entschädigungsleistung** selbst nach **billigem Ermessen** gemäß § 315 Abs. 1 BGB festzulegen. Ein einseitiges Leistungsbestimmungsrecht kann zwar grundsätzlich durch Vertrag, mithin auch im Rahmen der AKB, ohne weiteres vereinbart werden; jedoch hätte ein solches Recht zur Konsequenz, dass dem VR ein Beurteilungsspielraum eröffnet wäre, der in jedem Einzelfall zu einer Bandbreite von verschiedenen »richtigen« Entschädigungsquoten führen würde. Solange der VR seinen Beurteilungsspielraum nicht überschreitet, wäre seine Entscheidung nicht unbillig und damit verbindlich.⁴⁰

28 Die Quotenbildung ist zwar als Kürzungsbefugnis ähnlich einem Leistungsbestimmungsrecht ausgestaltet; Maßstab der Kürzung ist aber allein die **Schwere des Ver-**

---

35 BGH Urt. v. 25.05.2011 – **IV ZR 151/09** – VersR 2011, 1390 = r+s 2012, 40 (m. w. Rechtsprechungsnachweisen).
36 A. A. Looschelders/Pohlmann/*Schmidt-Kessel* § 81 Rn. 50.
37 OLG Düsseldorf Urt. v. 23.12.2010 – I-4 U 101/10 – VersR 2011, 1388 = r+s 2011, 507.
38 Vgl. amtliche Begründung des Gesetzentwurfs zu § 81 VVG, BT-Drucksache 16/3945, S. 80.
39 Looschelders VersR 2008, 1, 6.
40 Vgl. Münchener Kommentar/*Gottwald* § 315 BGB Rn. 44.

schuldens beim VN, die **objektiv feststellbar** ist und damit der gerichtlichen Überprüfung unterliegt.[41] § 315 BGB ist indes unanwendbar, wenn der Umfang der Leistungspflicht durch einen objektiven Beurteilungsmaßstab festgelegt ist, der der Kontrolle der Gerichte unterliegt.[42] Dem steht nicht entgegen, dass bei der Ermittlung des Verschuldensgrades auch wertende Betrachtungen in die Entscheidung mit einfließen. Denn dies ist auch in anderen Rechtsgebieten der Fall, z. B. bei der Festlegung der üblichen Vergütung nach den §§ 612 Abs. 2, 632 Abs. 2, 653 Abs. 2 BGB.[43] Dennoch stellt auch die übliche Vergütung einen objektiven Maßstab dar,[44] die sich ebenso wenig wie die Kürzungsquote bei grober Fahrlässigkeit des VN durch die Leistungsbestimmung einer Partei einseitig nach billigem Ermessen festlegen lässt.

c) Umfang der Leistungskürzung

aa) Einstiegsquoten als Gradmesser der groben Fahrlässigkeit?

Der Umfang der Leistungskürzung steht nicht im Ermessen des VR. Er **unterliegt der** 29 **vollen gerichtlichen Kontrolle** und kann durch das Gericht korrigiert werden. Er hat sich ausschließlich an dem Begriff der groben Fahrlässigkeit unter Berücksichtigung aller objektiven und subjektiven Elemente sowie an der Schwere des Verschuldens des VN zu orientieren.[45] Alle sonstigen sachfremden Erwägungen wie z. B. die Dauer des Versicherungsverhältnisses oder der Umfang der Geschäftsbeziehungen zwischen VN und VR stellen keinen zulässigen Gradmesser für ein Verschulden des VN dar.[46] Erst wenn alle Aspekte der grob fahrlässigen Verhaltensweise festgestellt sind, lässt sich im Rahmen einer sodann vorzunehmenden **Gesamtschau** ermitteln, ob das dem VN anzulastende Verschulden im konkreten Fall eher nahe am bedingten Vorsatz, im Grenzbereich zur einfachen Fahrlässigkeit oder aber im durchschnittlichen, mittleren Bereich der groben Fahrlässigkeit (50 %) festzumachen ist.[47] Innerhalb dieses Spielraumes ist eine Leistungskürzung vorzunehmen, die dem Grad des individuellen, dem VN in der konkreten Situation vorwerfbaren Verschuldens Rechnung trägt.

Vor diesem Hintergrund wäre es **verfehlt**, in Fällen grober Fahrlässigkeit **als Einstiegs-** 30 **bereich** stets eine **Kürzungsquote von 50 %** für eine (unterstellte) durchschnittliche, grobe Fahrlässigkeit mittlerer Art und Güte anzusetzen.[48]

---

41 Vgl. Rixecker zfs 2007, 15, 16; zfs 2009, 5, 10.
42 Palandt-Heinrichs § 315 Rn. 6.
43 Burmann/Heß/Höke/Stahl Rn. 355.
44 Vgl. Münchener Kommentar/*Gottwald* § 315 BGB Rn. 15.
45 Veith VersR 2008, 1580, 1588.
46 Knappmann VRR 2009, 9, 10.
47 Vgl. amtliche Begründung des Gesetzentwurfs zu § 81 VVG, BT-Drucksache 16/3945, S. 80.
48 Ebenso OLG Düsseldorf Urt. v. 23.12.2010 – I-4 U 101/10 – VersR 2011, 1388 = r+s 2011, 507; LG Hannover Urt. v. 17.09.2010 – 13 O 153/08 – VersR 2011, 112; LG Nürnberg-Fürth Urt. v. 04.08.2010 – 8 O 744/10 – r+s 2010, 412; LG Trier Urt. v. 03.04.2010 – 4 O 241/09 – r+s 2010, 509 = zfs 2010, 510; LG Dortmund Urt. v. 15.07.2010 – 2 O 8/10 – VersR 2010, 1594 = zfs 2010, 515 (obiter dictum); LG Münster Urt. v. 20.08.2009 – 15

A.2.9.1 AKB   Vorsatz, grobe Fahrlässigkeit

31   Erst recht nicht folgt aus der Feststellung eines grob fahrlässigen Verhaltens des VN, dass von vornherein maximal nur eine Entschädigung von 50 % in Betracht käme.[49] Ein solches »**Mittelwertmodell**« widerspräche der vom Gesetzgeber vorgegebenen Beweislastverteilung. Denn für das Verschuldensmaß, nach dem sich im Falle grober Fahrlässigkeit der Umfang der Leistungspflicht bestimmt, ist allein der VR beweispflichtig.[50] Eine Einstiegsquote von 50 % würde zu einer Verschiebung der Beweislast führen und hätte zur Folge, dass es Aufgabe des VN wäre, die Leistungskürzungsbefugnis des VR unter eine Quote von 50 % zu drücken.[51]

32   Aber auch Lösungsansätze, die zumindest für bestimmte Fallgruppen **Einstiegsquoten** vorsehen[52] oder einzuhaltende **Quotenraster von 0, 25, 50, 75 oder 100 %** vorgeben wollen,[53] werden nicht der gesetzgeberischen Intention gerecht, wonach in jedem Einzelfall unter Berücksichtigung der dabei bestehenden Besonderheiten eine Leistungskürzungsquote zu bestimmen ist, die der Schwere der Schuld des VN angemessen ist.[54]

33   **Ausgangspunkt für die Bemessung des Leistungsumfanges** ist richtigerweise stets der **Gesamtschaden des VN** bzw. der nach den Versicherungsbedingungen vereinbarte volle Entschädigungsanspruch zu 100 %, so dass nach A.2.9.1 S. 2 AKB auch im Falle grober Fahrlässigkeit zunächst von einer grundsätzlich umfassenden, 100 %-igen Leistungspflicht des VR auszugehen ist, die der VR lediglich entsprechend dem Verhältnis der von ihm nachzuweisenden Schwere des Verschuldens beim VN kürzen darf.[55]

34   Da sich der Umfang des dem VR zustehenden Kürzungsrechtes allein nach der graduellen Schwere des Verschuldens beim VN bemisst, sind durchaus Konstellationen denk-

---

O 141/09 – zfs 2009, 641 = DAR 2009, 705; Pohlmann VersR 2008, 437, 439; Looschelders/Pohlmann/*Schmidt-Kessel* § 81 Rn. 54; Maier/Stadler Rn. 125; Veith VersR 2008, 1580, 1588; a. A. OLG Hamm Urt. v. 25.08.2010 – 20 U 74/10 – VersR 2011, 206 = r+s 2010, 506; LG Nürnberg-Fürth Urt. v. 04.08.2010 – 8 O 744/10 – r+s 2010, 412; Felsch r+s 2007, 485, 493; Langheid NJW 2007, 3665; Nugel MDR Sonderbeilage 2007, 23, 26; Knappmann, VRR 2009, 9, 11; Himmelreich/Halm/Staab/*Krahe* Kap. 23 Rn. 385; Weidner/Schuster r+s 2007, 363, 364; Langheid NJW 2007, 3665, 3669; im Ergebnis auch Unberath NZV 2008, 537; Rüffer/Halbach/Schimikowski/*Karczewski* § 81 Rn. 98, 100.

49   So aber Baumann r+s 2005, 1, 9; **zu Recht a. A.** Rüffer/Halbach/Schimikowski/*Karczewski* § 81 Rn. 98.

50   Vgl. amtliche Begründung des Gesetzentwurfs zu §§ 28, 81 VVG, BT-Drucksache 16/3945, S. 69, 80.

51   LG Dortmund Urt. v. 15.07.2010 – 2 O 8/10 – VersR 2010, 1594 = zfs 2010, 515.

52   Günther/Spielmann r+s 2008, 177.

53   Vgl. LG Münster Urt. v. 24.09.2009 – 15 O 275/09 – VersR 2011, 487 = DAR 2010, 473; LG Münster Urt. v. 20.08.2009 – 15 O 141/09 – zfs 2009, 641 = DAR 2009, 705.

54   OLG Düsseldorf Urt. v. 23.12.2010 – I-4 U 101/10 – VersR 2011, 1388 = r+s 2011, 507; LG Dortmund Urt. v. 15.07.2010 – 2 O 8/10 – VersR 2010, 1594 = zfs 2010, 515; Marlow/Spuhl Rn. 327.

55   Ebenso OLG Düsseldorf Urt. v. 23.12.2010 – I-4 U 101/10 – VersR 2011, 1388 = r+s 2011, 507; LG Dortmund Urt. v. 15.07.2010 – 2 O 8/10 – VersR 2010, 1594 = zfs 2010, 515; Rixecker zfs 2009, 5, 10.

bar, bei denen ein objektiv grob fahrlässiges Verhalten dennoch aufgrund besonderer subjektiver Komponenten beim VN in der Gesamtschau nur wie ein leicht fahrlässiger Vorwurf zu bewerten ist. In solchen Fällen **leichtester grober Fahrlässigkeit** kann eine **vollständige Leistungspflicht des VR** in Betracht kommen. Eine Kürzung der Versicherungsleistung ist dann ausnahmsweise nicht zulässig.[56]

Will der VR seinem VN die Entschädigungszahlung ganz oder teilweise verweigern, muss er ausreichend Indizien vorbringen und im Bestreitensfall beweisen, die die Leistungskürzung, die er sich vertraglich vorbehalten hat und auf die er sich berufen muss, auch rechtfertigen. Gelingt ihm dies nicht, muss er damit rechnen, trotz einer grob fahrlässigen Verhaltensweise des VN, die dann ggf. nur als »leicht« oder »einfach« einzustufen sein wird, die volle Versicherungsleistung erbringen zu müssen. 35

Zur **Darlegungs- und Beweislast** vgl. auch A.2.9.1 AKB Rdn. 356 ff.; zu den **Quotelungsstufen** vgl. A.2.9.1 AKB Rdn. 77 ff. 36

bb) Anwendbarkeit von § 254 BGB?

§ 254 BGB findet zur Feststellung des Umfanges der Leistungskürzung **keine Anwendung**.[57] Soweit im Rahmen des Leistungskürzungsrechtes des VR von »Quotierung« gesprochen wird, ist zu beachten, dass es im Rahmen des A.2.9.1 S. 2 AKB bzw. § 81 Abs. 2 VVG **nicht** wie bei der Bewertung von Verkehrsunfällen in § 254 BGB, §§ 7, 9, 17 StVG um eine **Abwägung und Gewichtung von Verursachungsbeiträgen** geht.[58] 37

Während bei der Feststellung der Mitverschuldensquote eines Geschädigten nach § 254 BGB die Verursachungsanteile von Schädiger und Geschädigtem gegeneinander abzuwägen sind, kommt eine solche Abwägung zur Feststellung von Maß und Gewicht der groben Fahrlässigkeit beim VN nicht zum Tragen, weil es an der Mitverursachung des Versicherungsfalles durch den VR fehlt.[59] Auch neben § 81 VVG ist § 254 BGB nicht anwendbar.[60] Vielmehr bemisst sich die Kürzung ausschließlich danach, welcher Verschuldensgrad innerhalb der Spannbreite der groben Fahrlässigkeit beim VN festgestellt oder vom VR nachgewiesen werden kann. 38

cc) Leistungskürzung auf Null?

Umstritten ist, wie weit sich der Rahmen grober Fahrlässigkeit spannt und ob in Fällen schwerster grober Fahrlässigkeit eine **Leistungskürzung auf Null** möglich ist. 39

---

56 Vgl. Rixecker zfs 2009, 5, 7; Veith VersR 2008, 1580, 1583; Günther/Spielmann r+s 2008, 133, 141; Felsch r+s 2007, 485, 492; Römer VersR 2006, 740, 741.
57 A. A. Burmann/Heß/Höke/Stahl Rn. 357.
58 Vgl. Knappmann VRR 2009, 9.
59 Rixecker zfs 2007, 15, 16; Rüffer/Halbach/Schimikowski/*Karczewski* § 81 Rn. 100.
60 Looschelders/Pohlmann/*Schmidt-Kessel* § 81 Rn. 18.

A.2.9.1 AKB   Vorsatz, grobe Fahrlässigkeit

40   Gegen eine »Nullquote« lässt sich einwenden, dass diese sich mit dem **Wortlaut** der Vertragsklausel in A.2.9.1 AKB ebenso wenig vereinbaren lässt wie mit der gesetzlichen Regelung des § 81 VVG. Beide Bestimmungen trennen systematisch die Rechtsfolgen einer vorsätzlichen Herbeiführung des Versicherungsfalles von denen, die für grob fahrlässiges Verhalten gelten sollen. Im Gegensatz zu vorsätzlichem Verhalten soll der Versicherungsschutz bei grober Fahrlässigkeit gerade nicht ausgeschlossen sein, sondern nur einer Befugnis des VR unterliegen, ihn durch eine Leistungskürzung beschränken zu können. Eine Leistungsbeschränkung ist aber nicht gleichzusetzen mit einem Leistungsausschluss, weshalb es keinen so schweren Grad grober Fahrlässigkeit geben kann, der eine Leistungskürzung um 100 % und damit eine vollständige Versagung des Entschädigungsanspruches rechtfertigt.[61] Das Recht des VR, die Versicherungsleistung »zu kürzen«, bedeutet schon **begrifflich**, dass dem grob fahrlässig handelnden VN zumindest »etwas« an Leistung und damit ein **gewisser Restanspruch verbleiben muss**.[62] Andernfalls wäre der VN einem Vorsatztäter gleichgestellt, eine Rechtsfolge, die der systematischen Trennung von vorsätzlichem und grob fahrlässigem Verhalten des VN in A.2.9.1 AKB, § 81 VVG widerspräche. Ein Verhalten, das als grob fahrlässig zu qualifizieren ist, mag im Grenzbereich zum dolus eventualis liegen; wenn dieser jedoch letztlich nicht festzustellen ist, so bleibt das Verhalten des VN trotzdem immer noch grob fahrlässig und eben nicht vorsätzlich mit der Konsequenz, dass eine Mindestentschädigung auszuzahlen ist.

41   Demgegenüber **befürwortet die h. M.** in Rechtsprechung und Literatur die **Möglichkeit einer Anspruchskürzung auf Null** in Fällen schwerster grober Fahrlässigkeit,[63] vor allem bei einer Herbeiführung des Versicherungsfalles im **Zustand absoluter Fahruntüchtigkeit**,[64] aber auch bei Zusammentreffen mehrerer grob fahrlässig begangener Verstöße im Rahmen einer Quotenaddition[65] oder auch bei mehreren schwerwiegenden Obliegenheitsverletzungen im Rahmen des § 28 VVG.[66] Da in besonders gelagerten Ausnahmefällen trotz grober Fahrlässigkeit des VN eine Leistungskürzung vollständig entfallen kann,[67] dem VN also systemimmanent eine Möglichkeit eröffnet ist, trotz grober Fahrlässigkeit gleichwohl die volle Entschädigungsleistung verlangen zu können, ist es nur konsequent, umgekehrt auch dem VR die Möglichkeit einer Leistungs-

---

61   Marlow/Spuhl S. 157 f.; Marlow VersR 2007, 43; Nugel MDR Sonderbeilage 2007, 23, 27; Schimikowski/Höra S. 148; Rokas VersR 2008, 1457, 1462; Kerst VW 2010, 501; einschränkend Knappmann VRR 2009, 9, 11.
62   Schäfers VersR 2011, 842; Marlow VersR 2007, 43, 44; Meschkat/Nauert/*Richter* S. 181.
63   Nugel MDR 2010, 597; Rixecker zfs 2009, 5, 6 f.; 2007, 15, 16; Günther/Spielmann r+s 2008, 133, 141; Looschelders VersR 2008, 1, 6; Römer VersR 2006, 740, 741; Stiefel/Maier/ *Halbach* A.2.16 AKB Rn. 10; Looschelders/Pohlmann/*Schmidt-Kessel* § 81 Rn. 20; Meschkat/Nauert/*Richter* S. 170, 171.
64   Vgl. die **Rechtsprechungsübersicht** unter A.2.9.1 AKB Rdn. 146.
65   Rüffer/Halbach/Schimikowski/*Karczewski* § 81 Rn. 96 a. E.
66   Münchener Kommentar VVG-Langheid/*Wandt*, § 28 Rn. 240; Bruck/Möller/*Heise* § 28 Rn. 195; Looschelders VersR 2008, 1, 6; Franz VersR 2008, 298, 304; Grote/Schneider BB 2007, 2689, 2695; Schwintowski/Brömmelmeyer § 28 VVG Rn. 58.
67   Nugel Rn. 16; Looschelders VersR 2008, 1, 6; Bruck/Möller/*Baumann* § 81 Rn. 128.

kürzung auf Null zu eröffnen.⁶⁸ Zudem ergibt sich aus der **Entstehungsgeschichte** des VVG n. F., dass der Regierungsentwurf zu § 28 Abs. 2 S. 1 VVG eine Leistungsfreiheit des VR ursprünglich »nur« bei vorsätzlichem Verhalten des VN vorsah, das Wort »nur« auf Initiative des Rechtsausschusses des Deutschen Bundestages dann aber wieder gestrichen wurde mit der Begründung, dies entspreche auch der Fassung des 81 Abs. 1 VVG; aufgrund der inhaltlichen Parallelen beider Vorschriften solle die Formulierung in beiden Bestimmungen weitgehend identisch sein.⁶⁹ § 28 Abs. 2 VVG und § 81 Abs. 2 VVG enthalten die gleichen Rechtsfolgen. Dies erlaubt den Rückschluss, dass der Gesetzgeber die Möglichkeit einer vollständigen Leistungskürzung bei grober Fahrlässigkeit generell (und nicht etwa nur im Rahmen des § 28 VVG) nicht ausschließen wollte.⁷⁰

Der **BGH**⁷¹ hat sich **der h. M. angeschlossen** und dies vor allem mit der Entstehungsgeschichte von § 81 Abs. 2 VVG begründet. Zum einen gebe es keinen Beleg dafür, dass ein vollständiger Wegfall der Leistungspflicht des VR in besonders gelagerten Einzelfällen nicht in Betracht kommen könne; zum anderen sei schon die Gesetzgebungskommission den geäußerten Bedenken, die Abschaffung des »Alles-oder-Nichts-Prinzips« sei mit den Interessen der Versichertengemeinschaft nicht vereinbar, mit dem Hinweis entgegengetreten, dass dem berechtigten Interesse des VR, sein Risiko zu begrenzen, dadurch Rechnung getragen werden könne, dass eine Quotelung im Einzelfall auch zur vollständigen Leistungsfreiheit des VR führen könne.⁷² Auch der Sinn und Zweck der Abschaffung des »Alles-oder-Nichts-Prinzips« in § 81 Abs. 2 VVG zwingt nach Auffassung des BGH nicht dazu, eine vollständige Leistungsfreiheit des VR in Einzelfällen für nicht zulässig zu erachten; dies insbesondere in den Fällen, in denen sich der Schweregrad der groben Fahrlässigkeit dem Vorsatz annähert.⁷³ 42

Richtigerweise ist eine **Leistungskürzung auf Null** bei einem VN, der den Versicherungsfall unter grob fahrlässiger Verletzung seiner Pflichten als Kraftfahrzeugführer herbeigeführt hat, **nicht** schon aus dogmatischen Gründen **ausgeschlossen**. An der noch in der 1. Auflage vertretenen gegenteiligen Auffassung wird nicht mehr festgehalten. Entscheidend dürfte sein, dass im Gesetzgebungsverfahren zu § 81 Abs. 2 VVG, dem die Vertragsklausel in A.2.9.1 AKB nachgebildet ist, der Wille des Gesetzgebers zum Ausdruck gekommen ist, dem VR die Möglichkeit einzuräumen, sich auch im 43

---

68 Grote/Schneider BB 2007, 2689, 2695.
69 Vgl. Beschlussempfehlung und Bericht des Rechtsausschusses zu § 28 Abs. 2 S. 1 VVG, BT-Drucksache 16/5862, S. 99.
70 Rixecker zfs 2009, 5, 7.
71 BGH Urt. v. 11.01.2012 – **IV ZR 251/10** – VersR 2012, 341 = r+s 2012, 166 (**für eine grob fahrlässige Obliegenheitsverletzung in der Haftpflichtversicherung**); BGH Urt. v. 22.06.2011 – **IV ZR 225/10** – VersR 2011, 1037 = r+s 2011, 376 (**für eine grob fahrlässige Herbeiführung des Versicherungsfalles in der Kaskoversicherung**)..
72 BGH Urt. v. 22.06.2011 – **IV ZR 225/10** – VersR 2011, 1037 = r+s 2011, 376; Abschlussbericht der Kommission zur Reform des Versicherungsvertragsrechts v. 19.04.2004, S. 70.
73 BGH Urt. v. 11.01.2012 – **IV ZR 251/10** – VersR 2012, 341 = r+s 2012, 166; BGH Urt. v. 22.06.2011 – **IV ZR 225/10** – VersR 2011, 1037 = r+s 2011, 376.

A.2.9.1 AKB Vorsatz, grobe Fahrlässigkeit

Falle grober Fahrlässigkeit jedenfalls in besonderen Ausnahmefällen auf eine vollständige Leistungsfreiheit berufen zu können.[74]

44 Eine gänzliche Versagung der Kaskoentschädigung bedarf jedoch immer einer **Abwägung der konkreten Umstände des Einzelfalles**. Besonders in den praxisrelevanten Fällen absoluter Fahruntüchtigkeit (vgl. A.2.9.1 AKB Rdn. 91 ff.) ist es mit der Intention des Gesetzes, das Maß der Kürzung an die Schwere des Verschuldens zu knüpfen, nicht vereinbar, stets und in jedem Fall ab einer Blutalkoholkonzentration von 1,1 Promille pauschal die Versicherungsleistung vollständig zu kürzen.[75] Hat der VN entlastende Umstände vorgetragen, die den Vorwurf der groben Fahrlässigkeit jedenfalls im subjektiven Bereich in milderem Licht erscheinen lassen und kann der VR diese nicht ausräumen, so kommt vielmehr nur eine anteilige Kürzung und keine vollständige Leistungsfreiheit in Betracht.[76]

d) Einzelkriterien für die Kürzungsquote

45 Zur Ermittlung der Kürzungsquote sind alle Umstände, auf die vom VR bereits im Rahmen der Feststellung des grob fahrlässigen Verhaltens des VN abgehoben wurde, einer zusätzlichen gesonderten Gewichtung und Einzelbetrachtung zu unterziehen.[77] Eine solche Doppelverwertung von Tatsachen ist ohne weiteres zulässig, weil sich nur bei Berücksichtigung aller be- und entlastenden Umstände im Rahmen des Abwägungsprozesses zur Ermittlung des Verschuldensgrades ein sachgerechtes Ergebnis erzielen lässt.[78] Dazu gehören auch solche Tatsachen, die für die Festlegung des Verschuldensgrades als »grob fahrlässig« nicht (mehr) relevant waren.[79] **Alle vom VR und VN vorgetragenen Gesichtspunkte für das graduelle Mehr- oder Minderverschulden sind in die Gesamtabwägung einzustellen**, sofern sie in unmittelbarem Zusammenhang mit derjenigen Handlung des VN stehen, die letztendlich den Schadenfall herbeigeführt hat.

46 Es ist ausschließlich das **Verhalten des VN vor Eintritt des schädigenden Erfolges** zu beurteilen. Unbeachtlich ist dagegen das Verhalten des VN nach Eintritt des Versicherungsfalles. Auf eine Wiedergutmachung des angerichteten Schadens durch den VN kommt es ebenso wenig an[80] wie auf dessen Minderung der Schadenfolgen. Auch sachfremde Erwägungen (z. B. wirtschaftliche Konsequenzen einer Leistungskürzung für den VN[81] oder ein bislang schadenfreier Versicherungsverlauf[82]) haben außer Betracht zu bleiben. Das gleiche gilt für Billigkeits- oder Strafrechtserwägungen.[83]

---

74 Vgl. auch Goslarer Orientierungsrahmen zfs 2010, 12, 14 = DAR 2010, 111.
75 KG Beschl. v. 28.09.2010 – 6 U 87/10 – VersR 2011, 487 = r+s 2011, 331.
76 BGH Urt. v. 22.06.2011 – **IV ZR 225/10** – VersR 2011, 1037 = r+s 2011, 376.
77 Vgl. zu den Kürzungskriteren auch Heß r+s 2013, 1, 3.
78 Vgl. Looschelders/Pohlmann/*Schmidt-Kessel* § 81 Rn. 59; ausführlich Meschkat/Nauert/Richter S. 174/175; **a. A.** wohl Felsch r+s 2007, 485, 493.
79 Veith VersR 2008, 1580, 1583.
80 **A. A.** Felsch r+s 2007, 485, 495 für den Fall der tätigen Reue.
81 Looschelders/Pohlmann/*Schmidt-Kessel* § 81 Rn. 53.
82 Meschkat/Nauert/Richter S. 180; **a. A.** Felsch r+s 2007, 485, 496.
83 Vgl. die Empfehlung des AK II auf dem 47. Deutschen Verkehrsgerichtstag 2009.

aa) Objektive Schwere des Pflichtverstoßes

(1) Objektives Gewicht der Sorgfaltspflichtverletzung

Ähnlich wie im Strafrecht ist der Unrechtsgehalt der Handlung des VN vorab auf der 47
objektiven Ebene zu würdigen. Um die Schwere des Pflichtenverstoßes beurteilen zu
können, muss der **objektive Unrechtsgehalt des dem VN vorzuwerfenden Verhaltens
vor Eintritt des schädigenden Erfolges** festgestellt werden.

Zum Teil wird vertreten, dass ein **Fehlverhalten, das auch Leib und Leben Dritter ge-** 48
fährdet (z. B. Fahren in fahruntüchtigem Zustand, Überfahren einer roten Ampel),
schwerer wiegt als ein solches, bei dem im Wesentlichen nur das kaskoversicherte Fahrzeug des VN und damit ein Vermögensgegenstand betroffen ist (z. B. bei unzureichender Sicherung des versicherten Kfz gegen Diebstahl).[84] Dabei wird verkannt, dass in
allen Normen, die die Rechte von Dritten schützen (z. B. § 823 Abs. 1 BGB), nicht
nur das **Leben, der Körper und die Gesundheit**, sondern auch die **Freiheit und das Eigentum** als absolut zu schützende Rechtsgüter **gleichrangig nebeneinander** stehen.[85]
Es ist daher nicht zulässig, das objektive Gewicht der Sorgfaltspflichtverletzung daran
zu messen, ob gegen eine Norm verstoßen wurde, die »nur« bestimmte Sachen oder Ver-
mögensrechte schützt oder gegen eine Vorschrift, die den Schutz der körperlichen Integrität einer Person bezweckt. In beiden Fällen ist der Verschuldensgrad des VN gleich
hoch, wenn ihm keine Entlastungs- oder Rechtfertigungsgründe zur Seite stehen.

Bei der Bewertung des objektiven Gewichts der verletzten Sorgfaltsnorm sind all die- 49
jenigen **Folgen auszuklammern**, die sich aus dem unmittelbaren Verhalten des VN ergeben, sofern sie für ihn **nicht objektiv erkennbar oder voraussehbar** waren und bei
ordnungsgemäßem Verhalten hätten vermieden werden können. Der objektive Verschuldensgrad eines VN, der eine Rotlichtampel überfährt, ist nicht deshalb größer,
weil er einen Fußgänger verletzt oder gar tötet, der für ihn vor Einfahrt in den ampel-
geschützten Straßenbereich objektiv noch gar nicht erkennbar war.[86] Das dem VN vorzuwerfende Fehlverhalten liegt vorrangig darin, dass er gegen eine Norm verstoßen hat,
die den Schutz bestimmter Rechtsgüter bezweckt.

Witterungsbedingte Umstände sind bei der Gewichtung des Pflichtverstoßes ebenso 50
in die Bewertung einzustellen wie die **zeitlichen und örtlichen Verhältnisse**. Je nach
den festgestellten Umständen kann in ein und derselben Sorgfaltspflichtverletzung
mehr oder weniger Unrechtspotenzial liegen.

Maßgebliche Bedeutung haben in diesem Zusammenhang die **Fahrbahnverhältnisse** 51
(nass, trocken, Schnee, Reifglätte), der **Fahrbahnverlauf** (kurvenreich oder übersichtlich geradeaus verlaufend), der **Ausbauzustand** der Straße (Baustellenbereich, Straßenschäden), die **Sichtverhältnisse** (starker Regen, Nebel, Sonnenschein), **Sichtbehinderungen** aufgrund der örtlichen Gegebenheiten (durch Gebäude, Bewuchs, andere

---

84 Vgl. Knappmann VRR 2009, 9, 10; Felsch r+s 2007, 485, 492.
85 Vgl. Marlow/Spuhl S. 97; Veith VersR 2008, 1580, 1585.
86 Veith VersR 2008, 1580, 1585.

A.2.9.1 AKB Vorsatz, grobe Fahrlässigkeit

Fahrzeuge), die **Tageszeit** (Dunkelheit oder Tageslicht) und das konkrete **Verkehrsaufkommen** vor Eintritt des Schadenfalles. Auch wenn diese Umstände bereits vorab bei der Frage zu prüfen sind, ob das Verhalten des VN überhaupt als grob fahrlässig (oder nur als leicht fahrlässig) einzustufen ist, sind sie bei der »Feinjustierung« innerhalb des Verschuldensrahmens der groben Fahrlässigkeit nochmals gesondert heranzuziehen, weil sie auch für die Leistungskürzungsquote des VR eine entscheidende Rolle spielen.

(2) Grad der Ursächlichkeit

52 Dem Grad der Ursächlichkeit zwischen Pflichtverletzung und Eintritt des Versicherungsfalles kommt zwar nicht die Bedeutung eines eigenständigen Bewertungsmaßstabs im Rahmen der Schwere des objektiven Pflichtverstoßes zu; er ist jedoch bei der objektiven Gewichtung der Sorgfaltspflichtverletzung mit zu berücksichtigen. Ist der Versicherungsfall ursächlich nicht allein auf das grob fahrlässige Verhalten des VN zurückzuführen, sondern **haben** auch **andere, dem VN nicht anzulastende Faktoren** oder sogar das Fehlverhalten eines Dritten **zur Entstehung des Schadensfalles mit beigetragen,** kann eine geringere Abzugsquote gerechtfertigt sein.

(3) Dauer der Pflichtverletzung und wiederholte Pflichtverstöße

53 Die zeitliche Komponente und damit die **Nachhaltigkeit eines Verstoßes** ist gleichermaßen bedeutsam für die Gewichtung des Verschuldens.[87] Je länger ein sorgfaltswidriges Tun andauert oder ein gefahrerhöhender Zustand vom VN hingenommen wird, umso mehr wird dieses Verhalten vorwerfbar sein.

54 Auch die **Wiederholung von Pflichtverstößen** beeinflusst die Kürzungsquote, (vgl. auch A.2.9.1 AKB Rdn. 74). Fährt der VN z. B. über einen längeren Zeitraum wissentlich mit defekten Bremsen oder abgefahrenen Reifen oder lässt er sein Fahrzeug über eine längere Zeit ohne ausreichende Sicherung zurück, setzt er sich zum wiederholten Male in alkoholbedingt fahruntüchtigem Zustand ans Steuer seines Fahrzeuges oder hat er bereits in der Vergangenheit einem Dritten, der keine Fahrerlaubnis besitzt, mehrfach ungeprüft sein Fahrzeug überlassen, so ist ihm ein größerer Verschuldensvorwurf zu machen als einem VN, der einen Schaden lediglich wegen eines kurzzeitigen einmaligen Fehlverhaltens (z. B. eines Rotlichtverstoßes) verursacht.

55 Dabei ist zu berücksichtigen, dass ein kurzfristiges Versagen des VN die grobe Fahrlässigkeit nicht ausschließt, wenn deren objektive Merkmale vorliegen. So ist z. B. gerade bei Annäherung an einen beampelten Kreuzungsbereich für einen relativ kurzen Zeitraum die Konzentration des Fahrers besonders gefordert. Daher kann der VN bei einer Missachtung des Rotlichts den grundsätzlichen Vorwurf des grob fahrlässigen Verhaltens nicht mit dem Argument ausräumen, nur ausnahmsweise für einen kurzen Augenblick unaufmerksam gewesen zu sein,[88] (zum **Augenblicksversagen** vgl. A.2.9.1 AKB Rdn. 18 ff.; A.2.9.1 AKB Rdn. 70 f. und A.2.9.1 AKB Rdn. 370 ff.). Ein vorüber-

---

87 Vgl. Felsch r+s 2007, 485, 493; a. A. Marlow/Spuhl S. 98.
88 Heß/Burmann NZV 2009, 7, 9.

gehendes Außerachtlassen der gebotenen Sorgfalt oder eine **kurzzeitige Unaufmerksamkeit** oder Nachlässigkeit führt aber zu einer **Minderung des objektiven Verschuldensgrades** im Rahmen der groben Fahrlässigkeit, während umgekehrt **bei einer wiederholten oder dauerhaften Pflichtverletzung** die objektive **Schwere der Schuld** als erhöht anzusehen ist, weil die Wahrscheinlichkeit des Schadeneintrittes mit der Dauer und Intensität der Pflichtverletzung ansteigt.[89] Wer daher z. B. minutenlang damit beschäftigt ist, aus einer auf dem Beifahrersitz liegenden Box die passende Musik-CD auszusuchen, die er als nächstes hören will, muss sich eine höhere Abzugsquote gefallen lassen als derjenige, der sich nur kurz durch den Zuruf eines Mitfahrers ablenken lässt.

Situationsbedingte Aufmerksamkeitsdefizite können den VN entschuldigen. Der Grad der entlastenden Umstände kann jedoch immer nur im Einzelfall bestimmt werden. Lässt sich der VN durch ein schreiendes Kleinkind im Fahrzeug ablenken, hat dies ein anderes Gewicht, als wenn die Ablenkung darauf beruht, dass er sich während der Fahrt nach einem heruntergefallenen Gegenstand bückt oder unzulässigerweise sein Mobiltelefon benutzt. 56

(4) Bewertung des Pflichtverstoßes in anderen Rechtsgebieten

Für die Einstufung der Schwere des Verschuldens kann auch auf die Bewertung des Gesetzgebers in anderen Rechtsgebieten zurückgegriffen werden. Sofern das vom VN verwirklichte **Verhalten als Ordnungswidrigkeit** zu bewerten ist, wird ein geringerer Verschuldensgrad und damit auch eine geringere Abzugsquote anzusetzen sein als bei der **Verwirklichung eines Straftatbestandes**, der von vornherein ein wesentlich höheres Unrechtsbewusstsein erfordert. Dies gilt vor allem in solchen Fällen, in denen die Tathandlung des VN die §§ 315c, 316 StGB erfüllt. 57

Bei Trunkenheitsdelikten kann an die jeweils festgestellten BAK angeknüpft werden. Bei Verstößen gegen Vorschriften der StVO ist zu beachten, dass bestimmte Fahrweisen vom Gesetzgeber aufgrund ihrer Gefahrträchtigkeit nur für zulässig erachtet werden, wenn eine »Gefährdung anderer Verkehrsteilnehmer ausgeschlossen ist« (§§ 7 Abs. 5, 9 Abs. 5, 10 StVO). 58

Das objektive Gewicht eines Pflichtenverstoßes lässt sich auch daran festmachen, ob und wenn ja in welcher Höhe ein ordnungswidriges Fahrverhalten mit **Punkten im Verkehrszentralregister** geahndet wird oder mit einem Bußgeld bzw. **Fahrverbot nach § 25 StVG** (ein bis drei Monate) belegt ist. Voraussetzung für die Verhängung eines Fahrverbotes ist unter anderem, dass dem Kraftfahrzeugführer eine grobe Pflichtverletzung vorzuwerfen ist, die objektiv als häufige Unfallursache abstrakt oder konkret besonders gefährlich ist und subjektiv als besonders verantwortungslos erscheint.[90] Daraus lässt sich ableiten, dass ein grob fahrlässiges Fahrverhalten des VN, das zum Eintritt des Versicherungsfalles geführt hat und für das § 4 Abs. 1 BKatV die Verhängung eines Regelfahrverbotes vorsieht, objektiv schwerer zu gewichten sein wird als ein ein- 59

---

89 Vgl. Maier/Stadler Rn. 127.
90 BGH Beschl. v. 11.09.1997 – **4 StR 638/96** – NJW 1997, 3252 = DAR 1997, 450.

facher Verkehrsverstoß (z. B. einer unerlaubten Benutzung des Mobiltelefons, § 23 Abs. 1a StVO, mit dadurch bedingter Ablenkung des VN, die zum Unfall führt).

(5) Gefährdung und Schädigung anderer Rechtsgüter

60 Ist das Schadenereignis auf ein **Verhalten des VN** zurückzuführen, mit dem immer auch eine **abstrakte Gefährdung einer Vielzahl anderer Personen** verbunden ist, muss dies bei der objektiven Gewichtung der Schuld erschwerend berücksichtigt werden. Durch sein Verhalten schafft der VN schon im Vorfeld des später tatsächlich konkret eingetretenen Schadens ein zusätzliches, abstraktes Gefährdungspotenzial für Leben und Gesundheit anderer Verkehrsteilnehmer, z. B. bei Fahrten unter Alkoholeinfluss mit einem verkehrsunsicheren Fahrzeug oder mit stark überhöhter Geschwindigkeit.[91] Dabei geht es um die **Sanktionierung eines besonders risikoreichen Fahrverhaltens**, dessen Auswirkungen der VN in letzter Konsequenz nicht beherrschen kann. Der VN lädt dadurch zusätzliche Schuld auf sich, zumal die Schadenfolgen oftmals vorhersehbar sein dürften.

61 **Das Ausmaß und die Höhe des** sorgfaltswidrig **angerichteten Schadens** eignet sich nur bedingt als taugliches Bemessungskriterium für den Grad der groben Fahrlässigkeit. Ob ein großer oder ein kleiner Schaden eintritt, ist oftmals nur eine zufällige und daher nicht vorhersehbare Folge des pflichtwidrigen Verhaltens des VN. **Grundsätzlich** ist daher die Bewertung des graduellen Verschuldens nicht nach den Schadenfolgen zu beurteilen. Vielmehr ist **ausschließlich auf das Verhalten des VN vor Eintritt des Schadenereignisses abzustellen**. Zu diesem Zeitpunkt steht weder das Ausmaß, noch die Höhe des erst später eintretenden Schadens fest. Es wäre daher verfehlt, das graduelle Verschulden des VN stets ausschließlich an der Höhe des Schadens zu messen und dem VN bei der Tötung oder Verletzung eines Menschen oder der Schädigung wertvoller Sachgüter generell einen höheren Verschuldensanteil zuzuweisen als bei nur geringen Sachschäden. Hat die Pflichtverletzung eher zufällig zu einem hohen Schaden geführt, der für den VN nicht vorhersehbar war, fehlt es an einer dem VN besonders vorzuwerfenden Verhaltensweise.[92]

62 Lässt sich hingegen feststellen, dass der VN durch sein pflichtwidriges Verhalten ein **Risiko** eingegangen ist, das – für ihn **von vornherein erkennbar** – ein **hohes Schadenpotenzial in sich barg** und hat sich dieses Risiko aufgrund der ihm zuzurechnenden Verhaltensweise realisiert, so ist auch die Höhe des Schadens als – unter Umständen sogar ausschlaggebender – Gesichtspunkt in die Verschuldensabwägung einzustellen.[93] Das aus dem objektiven Pflichtenverstoß resultierende Verschulden ist daher graduell als gesteigert anzusehen, wenn der VN die Folgen seines sorgfaltswidrigen Tuns bei gehöriger Aufmerksamkeit hätte voraussehen können, weil er z. B. bei einem Rotlichtverstoß an einer Kreuzung mit einem Unfall und einer sich daraus ergebenden Verletzung anderer Personen hätte rechnen müssen.

---

91 Maier/Stadler Rn. 126.
92 Heß/Burmann NZV 2009, 7, 9.
93 Veith VersR 2008, 1580, 1585.

Auch an dem **Wert des versicherten Fahrzeuges** lässt sich die Höhe eines drohenden 63
und damit für den VN voraussehbaren Schadens festmachen. So ist bei einer Entwendung des Kfz das graduelle Verschulden eines VN, der seinen alten Kleinwagen unverschlossen in einer dunklen Seitenstraße über Nacht abstellt, geringer einzustufen als bei dem VN, der in gleicher Weise nachlässig mit seiner teuren Luxuslimousine umgeht.

bb) Subjektive Schwere des Pflichtverstoßes

(1) Subjektive Vorwerfbarkeit

Individuelle, in der Person des VN liegende Merkmale können zu einer Verschärfung 64
des graduellen Schuldvorwurfs und damit zu einer höheren Leistungskürzung des VR
führen. Andererseits können **persönliche Defizite** oder sonstige, den VN subjektiv entlastende Umstände den Schuldvorwurf in einem erheblich milderen Licht erscheinen lassen. Auch wenn diese Umstände nicht ausgereicht haben, um die grobe Fahrlässigkeit gänzlich auszuschließen, können sie immer noch deren Grad mindern, was dementsprechend auch nur eine geringere Kürzungsquote rechtfertigt. Auch den **Motiven** des VN und seinen sonstigen **subjektiven Beweggründen** kommt bei der Quotelung eine wesentliche Bedeutung zu.

Schrecksituationen und **Irritationen** beim VN, ausgelöst durch schwierige Verkehrs- 65
verhältnisse, Tiere auf der Straße oder andere Verkehrsteilnehmer, die den VN zu einer falschen Verhaltensweise veranlassen, sind geeignet, den Verschuldensgrad herabzustufen. Insoweit ist die **subjektive Leistungsfähigkeit des VN** zu berücksichtigen, die von **Alter**, **Bildungsgrad** und **Lebenserfahrung** ebenso abhängt wie von seiner **Fahrpraxis** und seinen **Ortskenntnissen**. So kann z. B. ein Rotlichtverstoß eines Fahranfängers weniger schwer wiegen als der eines Berufskraftfahrers. Einem ortsunkundigen VN, der in einer Großstadt an einer unübersichtlichen Kreuzung ein Rotlicht missachtet, weil er sich durch eine unübersichtliche Anordnung der Lichtzeichenanlage und der Fahrspuren hat irritieren lassen oder sich zu sehr auf die Hinweisschilder konzentriert hat, ist ein geringerer Vorwurf zu machen als einem Fahrer, der auf einer ihm bekannten Strecke eine Rotlichtampel überfährt. Auch ein Arzt, der unterwegs ist zu einem Notfallpatienten und infolge überhöhter Geschwindigkeit einen Unfall verursacht, wird diese besondere Situation als Entlastungsmoment vorbringen können.[94]

Kann der VN besondere Gründe für seine **Ablenkung** vorbringen (psychische Situa- 66
tion, Kind im Fahrzeug, private Probleme) oder beruhen die Aufmerksamkeitsdefizite auf **körperlichen Beeinträchtigungen** oder **Behinderungen**,[95] kann dies den Schweregrad des Verschuldens verringern.

Auch eine **wirtschaftliche Notlage**, durch die der Pflichtverstoß des VN mitursächlich 67
veranlasst worden ist, kann zu einem geringeren Schuldvorwurf führen. So kann es den VN entlasten, wenn er aufgrund **finanziell beengter Verhältnisse** wichtige Inspektions- und Instandsetzungsarbeiten an seinem Fahrzeug zur Erhaltung oder Wiederherstel-

---

94 Vgl. Burmann/Heß/Höke/Stahl Rn. 365.
95 Vgl. Goslarer Orientierungsrahmen zfs 2010, 12 = DAR 2010, 111.

A.2.9.1 AKB Vorsatz, grobe Fahrlässigkeit

lung der Verkehrssicherheit versäumt hat oder jedenfalls nicht rechtzeitig hat durchführen lassen.[96] Eine Reduzierung der Leistungskürzung kann jedoch nicht mit existenzbedrohenden wirtschaftlichen Folgen für den VN begründet werden. Es handelt sich um sachfremde Gesichtspunkte, die nicht an den Unrechtsgehalt des sorgfaltswidrigen Handelns des VN anknüpfen und folglich nicht in die Verschuldensbewertung mit einfließen können.[97] Im Übrigen wird den VN in der Kaskoversicherung die Entwendung oder Zerstörung seines Fahrzeuges regelmäßig nicht als existenziell bedrohenden Verlust treffen. Selbst wenn dies der Fall wäre, könnte solchen besonderen wirtschaftlichen Härtefällen im Einzelfall immer noch außerhalb der Quotelung durch das Korrektiv des § 242 BGB Rechnung getragen werden.[98]

(2) Psychische Situation

68 Grundsätzlich kann eine Ablenkung vom Verkehrsgeschehen durch berufliche oder private **Probleme**, persönliche **Schicksalsschläge**, **Sorge** um einen Familienangehörigen, **Trauer** oder hochgradige **Aufregung** ein Entlastungsmoment für den VN darstellen. **Stressfaktoren** oder **Zeitdruck** können den VN in der konkreten Situation so beanspruchen, dass darunter seine allgemeine Aufmerksamkeit leidet. Auch **wirtschaftliche Sorgen** können Abgespanntheit und Unaufmerksamkeit des VN in einem milderen Licht erscheinen lassen.[99]

69 Eine psychische Ausnahmesituation **entlastet** den VN aber **nicht schlechthin**. Es kommt stets auf eine Bewertung des Einzelfalles an. Je komplexer und unübersichtlicher die Verkehrssituation für den VN ist, desto weniger kann er sich damit entschuldigen, infolge seelischer Belastungen abgelenkt gewesen zu sein. Grundsätzlich gilt, dass der VN der Gefährlichkeit einer konkreten Verkehrssituation durch erhöhte Konzentration Rechnung tragen muss. Es wird daher immer vom Einzelfall abhängen, ob sich der VN durch den Hinweis auf eine psychische Komponente ein Stück weit entlasten kann. Auch eine **Konzentrationsschwäche** beim VN, bedingt durch **Übermüdung**, **Überarbeitung**, **Alter**, **Krankheit** (z. B. Gefäßsklerose) oder die Einnahme von **Medikamenten** können zugunsten des VN Berücksichtigung finden.

(3) Augenblicksversagen

70 Auch dem sonst noch so sorgfältigen und umsichtigen VN kann eine Unaufmerksamkeit im Sinne eines einmaligen Augenblicksversagens unterlaufen. Ob eine kurzzeitige Unaufmerksamkeit den Schuldvorwurf des VN mindern kann, spielt bei der Beurteilung des graduellen Verschuldens innerhalb des Rahmens der groben Fahrlässigkeit keine Rolle,[100] sondern ist ausschließlich bei der vorrangig zu klärenden Frage zu prü-

---

96 Vgl. Felsch r+s 2007, 485, 496.
97 Vgl. Looschelders VersR 2008, 1, 6 f.; Marlow/Spuhl S. 275.
98 Vgl. Knappmann VRR 2009, 9, 11.
99 Vgl. Knappmann VRR 2009, 9, 11.
100 A. A. wohl Maier/Stadler Rn. 129.

fen, ob überhaupt ein grob fahrlässiges Fehlverhalten des VN vorliegt, (vgl. auch A.2.9.1 AKB Rdn. 18 ff. und A.2.9.1 AKB Rdn. 370 ff.).

Ist das Verhalten des VN aufgrund des Augenblicksversagens ohnehin nur als leicht fahrlässig einzustufen (mit der Konsequenz voller Leistungspflicht des VR), stellt sich die Frage nach einer an dieser Stelle vorzunehmenden Abwägung gar nicht. Nur wenn die grobe Fahrlässigkeit – trotz des vom VN behaupteten Augenblicksversagens – zu bejahen ist, muss die Kürzungsquote ermittelt werden. Im Rahmen der dann vorzunehmenden Abwägung von be- und entlastenden Kriterien ist der einmalige »Ausrutscher«, die kurzzeitige Unaufmerksamkeit des VN als solche, nicht als Entlastungsmerkmal in die Abwägung einzustellen. Als **entlastende Umstände** kommen allein diejenigen in der Person des VN liegenden Gegebenheiten in Betracht, **die zu dem von ihm als Augenblicksversagen bezeichneten Fehlverhalten geführt haben**.[101]   71

(4) Verschuldensbelastende Merkmale

Das »Binnenmaß« der groben Fahrlässigkeit wird auch von Merkmalen bestimmt, die im Einzelfall einen gesteigerten Schuldvorwurf beim VN rechtfertigen können. Ein Verhalten, das von besonderer **Mutwilligkeit**, **Rücksichtslosigkeit** oder **Verantwortungslosigkeit** geprägt ist, wird wegen seiner Nähe zum Vorsatz besonders verschärfend zu berücksichtigen sein (z. B. bei einem absichtlichen Rotlichtverstoß oder einem rücksichtslosen Überholmanöver, vor allem, wenn es gleichzeitig auch die Straftatbestände der §§ 240, 315c StGB erfüllt oder wenn dem VN eine erhebliche innerörtliche Geschwindigkeitsüberschreitung, insbesondere im Bereich einer 30 km/h-Zone oder einer Schule, vorzuwerfen ist).   72

Besondere **Gleichgültigkeit** in Bezug auf das kaskoversicherte Fahrzeug oder gegenüber den einzuhaltenden Sorgfaltspflichten und ein bewusstes **Eingehen eines hohen Schaden- und Verletzungsrisikos** sind gleichfalls relevante Parameter.   73

Sind dem VN die Konsequenzen und Risiken seines sorgfaltswidrigen Tuns bekannt, weil er sich schon in der Vergangenheit über Verhaltensregelungen im Straßenverkehr hinweggesetzt oder aus Nachlässigkeit und Vergesslichkeit wichtige Sicherungsmaßnahmen nach dem Abstellen seines Fahrzeuges unterlassen hat, so führt dies im **Wiederholungsfalle** zu einem besonders gesteigerten Schuldvorwurf, (vgl. auch A.2.9.1 AKB Rdn. 54 f.). Es ist dem VN in besonderem Maße anzulasten, wenn er sein Verhalten trotz der ihm bestens bekannten Konsequenzen seiner früheren Pflichtverstöße nicht nach den notwendigen Sorgfaltsanforderungen ausrichtet und zum wiederholten Male gegen sie verstößt. Dies gilt insbesondere dann, wenn das Verhalten straf- oder bußgeldbewehrt ist und der VN wegen solcher Verstöße in der Vergangenheit bereits einschlägige Verurteilungen hat hinnehmen müssen. In einem solchen Fall ist ihm schulderhöhend vorzuwerfen, dass er sich trotz der **Vorverurteilungen** (z. B. wegen Trunkenheit im Verkehr oder Geschwindigkeitsverstößen) und den damit verbundenen Eintragungen im Bundeszentral- oder Verkehrszentralregister nicht von seiner   74

---

101 Veith VersR 2008, 1580, 1586 m. w. N.

A.2.9.1 AKB   Vorsatz, grobe Fahrlässigkeit

Handlungsweise hat abhalten lassen und sich damit über alle Warnungen, die von solchen Vorverurteilungen ausgehen, hinweggesetzt hat.[102]

75 Belastend für den VN wirkt sich eine **Offenkundigkeit des Pflichtverstoßes**[103] aus, wie es beim Fahren unter Alkohol- oder Drogeneinfluss der Fall ist. Dies gilt auch für die Einnahme von Medikamenten, die sich nachteilig auf die Reaktionsfähigkeit des Fahrzeugführers auswirken, weil sich dieser Umstand regelmäßig aus entsprechenden Warnhinweisen auf der Packungsbeilage ergeben wird. Macht der VN geltend, diese nicht gelesen zu haben, so begründet dieser Umstand ein ebenso gravierendes Schuldpotenzial, es sei denn, der behandelnde Arzt hat dem VN gegenüber das Führen eines Kfz trotz Einnahme der verschriebenen Arzneimittel ausdrücklich erlaubt oder jedenfalls für unbedenklich erklärt.

76 Auch **eigennützige Motive**, die zu dem entscheidenden Pflichtverstoß geführt haben, sind negativ zulasten des VN zu berücksichtigen. Dies gilt z. B. für ein **übersteigertes Gewinnstreben**, sofern das Fehlverhalten des VN aufgrund dessen nicht ohnehin schon als vorsätzlich zu bewerten sein sollte.

e) Quotelungsstufen

77 Praxistaugliche Quotelungsmodelle müssen daran gemessen werden, ob sie den Anforderungen an die Bewertung der verschiedenartigen Fallkonstellationen mit ihren facettenreichen Merkmalen im Bereich der objektiven und subjektiven groben Fahrlässigkeit gerecht werden können. Es erscheint **wenig hilfreich**, auf der einen Seite zwar auf die sorgfältige »Feinjustierung« bei der Bemessung des Verschuldensgrades innerhalb des Rahmens der groben Fahrlässigkeit zu achten, um eine besonders gerechte – und damit auf den konkreten Einzelfall bezogene – Kürzungsquote zu ermitteln, wenn auf der anderen Seite nach einem **Grobraster** für einfache, mittlere und schwere grobe Fahrlässigkeit nur mit **Abzugsquoten von 0, 25, 50, 75 und 100 %** gearbeitet wird.[104]

78 Gegen eine differenziertere Einteilung spricht sicher nicht, dass sich bei ein und demselben Sachverhalt je nach der Individualität des VN unterschiedliche, letztlich unüberschaubare Quoten ergeben können. Dies ist gerade Sinn und Zweck der gesetzlichen Neuregelung des § 81 Abs. 2 VVG, die in A.2.9.1 AKB übernommen wurde. Denn die Bestimmung der graduellen groben Fahrlässigkeit erfordert zwingend die Auseinandersetzung mit der personalen Seite beim VN. Durch pauschale Quoten im Sinne einer Grobdifferenzierung lässt sich diese nicht hinreichend erfassen. Die Klausel in A.2.9.1 S. 2 AKB knüpft die Leistungskürzung an die Schwere des individuellen Verschuldens

---

102 Vgl. Burmann/Heß/Höke/Stahl Rn. 366.
103 Vgl. Burmann/Heß/Höke/Stahl Rn. 362.
104 So aber LG Münster Urt. v. 24.09.2009 – 15 O 275/09 – VersR 2011, 487 = DAR 2010, 473; LG Münster Urt. v. 20.08.2009 – 15 O 141/09 – zfs 2009, 641 = DAR 2009, 705; Burmann/Heß/*Stahl* Rn. 406; Richter SVR 2009, 13 ff.; Rixecker zfs 2007, 15, 16; Felsch r+s 2007, 485, 492.

des VN im Einzelfall. Nicht die objektiven, sondern die subjektiven, von Fall zu Fall höchst unterschiedlichen Bemessungskriterien haben die Kürzungsquote maßgeblich zu bestimmen. Dabei wird zwar eine mathematisch exakte Bestimmung der Schwere des Verschuldens schon deshalb nicht zu erreichen sein, weil das Ausmaß und die Gewichtung von Verschulden immer und gerade auch von der subjektiven Bewertung desjenigen abhängt, der die be- und entlastenden Einzelkriterien untereinander abzuwägen hat.

Andererseits wird es aber auch nicht ausreichen, bei bestimmten Fallkonstellationen 79 schlicht eine »**Normalfallquote**« zu bilden, die sich allenfalls an **pauschalierten Musterquoten** (vgl. A.2.9.1 AKB Rdn. 395 ff.) orientieren könnte. Den vielfältigen Besonderheiten eines jeden Einzelfalles kann nur dann Rechnung getragen werden, wenn die **grobe Ermittlung der Quote zunächst in Kürzungsschritten von höchstens 10%** erfolgt.[105]

Besteht die Notwendigkeit, für die Ermittlung des Grades der groben Fahrlässigkeit 80 einen »**Feinschliff**«[106] im Sinne einer Abwägung aller für und gegen den VN sprechenden Umstände vorzunehmen, muss aber auch die Möglichkeit verbleiben, eine adäquate Kürzungsquote zu finden, die sich innerhalb des Rahmens einer 10%-igen Quotelungsstufe bewegt.[107] Diese Notwendigkeit wird umso eher gegeben sein, desto höher der versicherte Gesamtschaden ausfällt und desto eher es schon bei Abweichungen von nur wenigen Prozentpunkten zu für den VN nicht mehr hinnehmbaren Unterschieden in der Entschädigungshöhe kommen wird. Nur durch eine solche **Feinabstimmung in Einzelprozentschritten** ist gewährleistet, dass vor allem den subjektiven Komponenten bei der Feststellung des graduellen Verschuldens ausreichend Rechnung getragen wird. Denn die von der Vertragsklausel geforderte Einzelfallgerechtigkeit, die eine Bewertung entsprechend der Schwere des Verschuldens des VN erfordert, kann schon bei Prozentsprüngen im einstelligen Bereich grob verletzt sein.

IV. Herbeiführung des Schadens

Das dem VN vorgeworfene Verhalten muss sich auf den Eintritt des Versicherungsfalles 81 zumindest **mitursächlich** ausgewirkt, den Schaden also i. S. v. A.2.9.1 AKB »herbeigeführt« haben. Um die Kausalität zwischen dem Verhalten des VN und dem eingetretenen Schadenereignis festzustellen, reicht es nicht aus, nur den Verschuldensgrad beim VN zu bestimmen. Wesentlich ist, dass **der Schadeneintritt gerade die Folge**

---

105 OLG Hamm Urt. v. 25.08.2010 – 20 U 74/10 – VersR 2011, 206 = r+s 2010, 506; LG Hannover Urt. v. 17.09.2010 – 13 O 153/08 – VersR 2011, 112; LG Dortmund Urt. v. 15.07.2010 – 2 O 8/10 – VersR 2010, 1594 = zfs 2010, 515; LG Trier Urt. v. 03.04.2010 – 4 O 241/09 – r+s 2010, 509 = zfs 2010, 510, 511; ebenso Stiefel/Maier/*Halbach* A.2.16 AKB Rn. 10; Rüffer/Halbach/Schimikowski/*Karczewski* § 81 Rn. 99; Meschkat/Nauert/*Richter* S. 181; vgl. Looschelders/Pohlmann/*Schmidt-Kessel* § 81 Rn. 55; Schäfers VersR 2011, 842; Günther/Spielmann r+s 2008, 177, 178.
106 Veith VersR 2008, 1580, 1583.
107 Ebenso Knappmann VRR 2009, 9, 11.

des Verhaltens sein muss, das dem VN zum Vorwurf gemacht wird, (vgl. auch A.2.9.1 AKB Rdn. 387 ff.).

82 Wie im allgemeinen Zivilrecht wird auch im Versicherungsvertragsrecht die Äquivalenz von Schadenursachen mit den Mitteln der Adäquanz- und Schutzzwecklehre korrigiert; eine über das Kausalitätserfordernis hinausgehende Unmittelbarkeit der Schadenherbeiführung ist nicht erforderlich.[108]

C. Weitere praktische Hinweise

I. Prüfungsschema

83 Zunächst ist zu beachten, dass abweichend von den hier kommentierten Musterbedingungen des GDV viele VR in ihren AKB einen **Verzicht auf das Leistungskürzungsrecht** bei grob fahrlässiger Herbeiführung des Versicherungsfalles erklärt haben, es sei denn, es handelt sich um die Entwendung des Fahrzeuges bzw. seiner Teile oder um die Herbeiführung des Versicherungsfalles infolge des Genusses alkoholischer Getränke oder anderer berauschender Mittel. Sofern eine solche Sonderregelung in den AKB des jeweiligen VR vereinbart ist, besteht in allen nicht ausdrücklich aufgeführten Fällen grober Fahrlässigkeit von vornherein voller Versicherungsschutz, ohne dass das quotale Verschulden des VN festgestellt werden muss. Nimmt der VR von seinem Verzicht nur den »**Diebstahl des Fahrzeuges**« aus, bleibt der Verzicht für die übrigen in den Bedingungen geregelten Entwendungsfällen erhalten; es handelt sich um eine unklare Regelung, so dass nach § 305c Abs. 2 BGB die für den VN günstige Auslegung gilt.[109] Greift der Verzicht nicht ein, ist zu prüfen, ob das konkrete Verhalten des VN überhaupt als grob fahrlässig einzustufen ist. Beruft sich der VR auf vollständige Leistungsfreiheit nach den AKB a. F. mit der Begründung, der **Versicherungsfall** sei **vor dem 01.01.2009** eingetreten, so trägt er hierfür die Beweislast.[110]

84 Generell hängt der **Umfang der Entschädigungspflicht des VR** vom **Verschuldensgrad des VN** ab. Ist der VR nicht schon wegen eines vorsätzlichen Verhaltens leistungsfrei, kommt es auf die Frage, in welchem Umfang der VR seine Entschädigungsleistung kürzen kann, nur an, wenn das Verhalten des VN als grob fahrlässig einzustufen ist. Einfache, leicht fahrlässige Verstöße des VN bleiben stets folgenlos, so dass der VR hier immer die volle Versicherungsleistung erbringen muss. Umgekehrt ist der VR bei vorsätzlichem Verhalten des VN stets in voller Höhe leistungsbefreit:

Bei einfacher Fahrlässigkeit des VN → Volle Leistungspflicht des VR
Bei grober Fahrlässigkeit des VN → Anteilige Leistungspflicht des VR
 (Quotelung)
Bei Vorsatz des VN → Keine Leistungspflicht des VR.

85 Im Falle eines **grob fahrlässigen Verhaltens** des VN sind folgende **Voraussetzungen** zu prüfen:

---

108 Looschelders/Pohlmann/*Schmidt-Kessel* § 81 Rn. 26 f.
109 LG Dortmund Urt. v. 24.02.2011 – 2 O 85/10 – zfs 2011, 272.
110 Vgl. OLG Oldenburg Urt. v. 29.03.2012 – 5 U 11/11 – VersR 2012, 1501.

- grobe Fahrlässigkeit in **objektiver** Hinsicht: In hohem Maße Verstoß gegen die verkehrserforderliche Sorgfalt;
- grobe Fahrlässigkeit in **subjektiver** Hinsicht: Subjektiv unentschuldbares Fehlverhalten;
- **Kausalität:** Das vorgeworfene Fehlverhalten muss mindestens mitursächlich für den Eintritt des Versicherungsfalles sein;
- **Kürzungsquote:** Das Maß und Gewicht der Schuld des VN ist im Rahmen einer Abwägung unter Berücksichtigung aller Gesamtumstände des Einzelfalles zu bestimmen. Die Abzugsquote ist zunächst unter Berücksichtigung des objektiven Gewichtes der Pflichtverletzung zu bestimmen, wobei eine Einstufung in **Kürzungsschritten von 10 %** erfolgen sollte, (vgl. A.2.9.1 AKB Rdn. 77 ff.). Sodann ist nach Würdigung der subjektiven Elemente zu entscheiden, ob eine Korrektur der Abzugsquote nach oben oder unten zu erfolgen hat, wobei ggf. auch eine Feinjustierung des Verschuldensgrades in Einzelprozentschritten erforderlich werden wird.

II. Fallgruppen für Vorsatz

Für die vorsätzliche Herbeiführung des Versicherungsfalles wird auf die diesbezüglichen jeweiligen Ausführungen zu den einzelnen Tatbeständen verwiesen, und zwar 86
- für den **Brand** auf A.2.2.1 AKB Rdn. 107 ff.; A.2.2.1 AKB Rdn. 113 ff.; A.2.2.1 AKB Rdn. 240 ff.,
- für die **Entwendung** auf A.2.2.1 AKB Rdn. 165 ff.; A.2.2.1 AKB Rdn. 240 ff.,
- für den **Unfall** auf A.2.2.2 AKB Rdn. 123 ff.,
- für **mut- oder böswillige Handlungen** auf A.2.2.2 AKB Rdn. 141 ff.

Beim Führen eines Kraftfahrzeuges unter **Alkoholeinfluss** reicht es für die Annahme 87 einer vorsätzlichen Begehungsweise aus, dass der VN bei Fahrtantritt seine alkoholbedingte Fahruntüchtigkeit zumindest billigend in Kauf genommen hat. Die Höhe der im Strafverfahren ermittelten BAK erlaubt allerdings selbst bei hohen Promillewerten ohne Hinzutreten weiterer Umstände noch keinen Rückschluss auf Vorsatz. Hierzu bedarf es vielmehr der Berücksichtigung aller Umstände des Einzelfalles, insbesondere der Konstitution und der Persönlichkeit des VN, seiner Trinkgewohnheiten, seiner Bewusstseinslage und des Trinkverlaufes – insbesondere in zeitlichem Zusammenhang mit dem Fahrtantritt – und seines Verhaltens während und nach der Trunkenheitsfahrt.[111]

Bei Fahrten unter dem Einfluss illegaler **Drogen** wird es regelmäßig an einem nachweis- 88 baren vorsätzlichen Verhalten des VN fehlen. Verbindliche Drogengrenzwerte für eine absolute Fahruntüchtigkeit fehlen. Selbst eine relative Fahruntüchtigkeit setzt voraus, dass Verhaltensanomalien oder drogenspezifische Ausfallerscheinungen in der Fahrweise des VN festgestellt werden. Da diese dem VN aber bei Fahrtantritt nicht zwingend bewusst geworden sein müssen, werden sie – wenn überhaupt – allenfalls den Vorwurf grober Fahrlässigkeit rechtfertigen können.

---

111 OLG Köln Urt. v. 04.09.2012 – III-1 RVs 154/12 – DAR 2012, 649; OLG Hamm Urt. v. 16.02.2012 – III-3 RVs 8/12 – SVR 2012, 351; OLG Düsseldorf Urt. v. 30.06.2010 – III-1 RVs 59/10 – BA 2010, 428.

89 Gleiches gilt für Fahrten, die der VN unter dem Einfluss von **Medikamenten** unternimmt, die das Reaktionsvermögen und damit die Fahrtüchtigkeit beeinträchtigen. Der in aller Regel nicht zu führende Nachweis eines vorsätzlichen Verhaltens würde voraussetzen, dass sich der VN in Kenntnis der die Fahrsicherheit beeinflussenden Nebenwirkungen des eingenommenen Medikamentes – ggf. nach Studium des Beipackzettels und Kenntnisnahme der entsprechenden Warnhinweise des Herstellers – ans Steuer seines Fahrzeuges gesetzt hätte.

III. Fallgruppen für grobe Fahrlässigkeit mit Kürzungsquoten

90 Für ein grob fahrlässiges Verhalten in der Kaskoversicherung haben sich folgende Fallgruppen herausgebildet:

1. Alkohol

a) Absolute Fahruntüchtigkeit

91 Das Führen eines Kraftfahrzeuges unter Alkoholeinfluss stellt einen der wohl schwerwiegendsten Pflichtverstöße eines Kraftfahrers in der Kaskoversicherung dar. Ebenso wie im Strafrecht gilt auch im Versicherungsvertragsrecht der Grundsatz, dass ein Kraftfahrer mit einer **BAK ab 1,1 Promille** absolut fahruntüchtig ist.[112] Weist er im Unfallzeitpunkt eine BAK mindestens in dieser Höhe auf, ist grundsätzlich **von grober Fahrlässigkeit auszugehen**.[113] Dies gilt auch für das gesteigerte subjektive Verschulden, das unwiderleglich vermutet wird. Die Möglichkeit eines Gegenbeweises ist dem VN nicht eröffnet. Das Bewusstsein für die negativen Auswirkungen von Alkohol auf das Reaktionsvermögen und die damit verbundenen Gefahren für andere Verkehrsteilnehmer, sich selbst und das eigene Fahrzeug sind in der Bevölkerung inzwischen als Allgemeingut so sehr verbreitet, dass davon ausgegangen werden kann, dass bei jedem Kraftfahrer die Hemmschwelle für ein Fahren trotz alkoholbedingter Fahruntüchtigkeit in der Regel stark heraufgesetzt ist.[114] Die Fähigkeit, die damit verbundenen Risiken zu erkennen und ungeachtet dieser Einsicht sich trotzdem ans Steuer zu setzen, ist regelmäßig selbst bei einem Kraftfahrer mit hohem Alkoholspiegel vorhanden.[115] Verstößt er gegen die elementare Verhaltensregel, nach erheblichem Alkoholgenuss nicht mehr zu fahren, ist sein Verhalten selbst dann unentschuldbar, wenn er sich erstmals in stark alkoholisiertem Zustand zur Fahrt entschließt.[116]

---

112 BGH Urt. v. 22.06.2011 – **IV ZR 225/10** – VersR 2011, 1037 = r+s 2011, 376; BGH Urt. v. 09.10.1991 – **IV ZR 264/90** – VersR 1991, 1367 = NJW 1992, 119.
113 OLG Düsseldorf Urt. v. 28.11.2006 – I-4 U 193/05 – r+s 2008, 9 = SP 2007, 40.
114 BGH Urt. v. 22.02.1989 – **IVa ZR 274/87** – VersR 1989, 469 = r+s 1989, 349; OLG Hamm Urt. v. 28.08.1997 – 6 U 178/96 – r+s 1998, 10; LG Coburg Urt. v. 07.04.2004 – 13 O 754/03 – SP 2005, 20.
115 Veith/Gräfe/*Halbach* § 5 Rn. 131.
116 OLG Köln Urt. v. 09.06.1998 – 9 U 3/98 – r+s 1999, 269 = zfs 1999, 199; OLG Hamm Urt. v. 28.08.1997 – 6 U 178/96 – r+s 1998, 10.

Bei einer BAK ab 1,1 Promille gilt nach dem **Beweis des ersten Anscheins** der **Kausal-** 92
zusammenhang zwischen Fahruntüchtigkeit und Unfall als bewiesen.[117] Es wird vermutet, dass ein nüchterner Kraftfahrer bei gleicher Verkehrslage die konkrete Gefahrensituation ohne weiteres hätte beherrschen und den Unfall hätte vermeiden können. Diesen **Anscheinsbeweis kann der VN** dadurch **erschüttern**, dass er substanziiert Umstände darlegt und beweist, die die ernsthafte und nicht nur vollkommen theoretische Möglichkeit eines abweichenden Geschehensablaufes nahe legen, den auch ein nicht alkoholisierter Fahrer nicht bewältigt hätte.[118] Dafür muss er den Nachweis führen, dass es in derselben Weise auch ohne den Einfluss des Alkohols zu dem Unfallgeschehen gekommen wäre.

Nicht ausreichend ist, dass der VN lediglich auf die allgemeine Möglichkeit verweist, 93
dass der konkrete, ihm zur Last gelegte und den Unfall auslösende Fahrfehler auch einem nüchternen Kraftfahrer hätte unterlaufen können. Der VN muss vielmehr substanziiert darlegen und beweisen, dass der Unfall gerade nicht durch den Genuss des Alkohols, sondern durch eine Situation herbeigeführt worden ist, die auch von einem nüchternen Kraftfahrer in derselben Situation bei Aufwendung des üblichen Maßes an Sorgfalt und Aufmerksamkeit nicht besser und insbesondere nicht unfallvermeidend hätte gemeistert werden können.[119] Ein solcher Nachweis wird als erbracht angesehen werden können z. B. bei einem Unfall durch auf der Fahrbahn liegende Holzkeile[120] oder in einem Fall, in dem ein anderer Pkw auf das vor einer Rotlichtampel wartende Fahrzeug des alkoholisierten VN auffährt.

In Zukunft ist zu erwarten, dass die VR verstärkt versuchen werden, dem VN eine zu- 94
mindest mit bedingtem Vorsatz begangene Trunkenheitsfahrt nachzuweisen, um auf diese Weise eine vollständige Leistungsfreiheit nach A.2.16.1 S. 1 AKB, § 81 Abs. 1 VVG für sich in Anspruch nehmen zu können. Während der **Vorsatznachweis** im Strafrecht weder an der Höhe der BAK, noch an der Menge des genossenen Alkoholkonsums festgemacht werden kann,[121] wenn der Täter ansonsten zu den Umständen der Trunkenheitsfahrt schweigt, werden die VR unter Umständen auf die **Angaben** ihres VN **in der Schadenanzeige** zurückgreifen und diese gegen ihren VN verwenden können, um eine vorsätzliche Herbeiführung des Versicherungsfalles zu beweisen. Dies gilt vor allem für Angaben zur Trinkmenge und der zeitlichen Dauer des Alkoholkonsums.[122]

---

117 BGH Urt. v. 30.10.1985 – **IVa ZR 10/84** – VersR 1986, 141 = DAR 1986, 85.
118 BGH Urt. v. 30.10.1985 – **IVa ZR 10/84** – VersR 1986, 141 = DAR 1986, 85.
119 OLG Düsseldorf Urt. v. 28.11.2006 – I-4 U 193/05 – r+s 2008, 9 = SP 2007, 40; OLG Naumburg Urt. v. 16.09.2004 – 4 U 38/04 – VersR 2005, 1233 = r+s 2005, 54 (**Überholmanöver mit 1,15 Promille**); OLG Düsseldorf Urt. v. 13.06.2000 – 4 U 140/99 – r+s 2000, 445 = NJW-RR 2001, 101 (**Überholmanöver auf Autobahn mit ca. 230 km/h und 1,55 Promille**).
120 Vgl. OLG Hamm Urt. v. 07.08.1985 – 20 U 264/84 – VersR 1986, 1185.
121 Vgl. OLG Brandenburg Beschl. v. 10.06.2009 – 2 Ss 17/09 – VA 2010, 9; OLG Hamm Beschl. v. 03.02.1998 – 4 Ss 87/98 – NZV 1998, 291.
122 Vgl. Burmann/Heß/Höke/Stahl Rn. 394.

A.2.9.1 AKB Vorsatz, grobe Fahrlässigkeit

95 Bei einem **alkoholgewohnten Kraftfahrer** kann es bei einem BAK-Wert jenseits von 1,1 Promille gerechtfertigt sein, hinsichtlich der Alkoholisierung von einem vorsätzlichen Handeln auszugehen.[123] Um Vorsatz nachzuweisen, ist es auch denkbar, dass **der VR Aussagen des VN zur subjektiven Einschätzung seiner eigenen Fahrtüchtigkeit** trotz des genossenen Alkohols kritisch **hinterfragt**. Der VN wird dann vor dem Dilemma stehen, für den Fall einer nicht wahrheitsgemäßen Beantwortung der Fragen eine vorsätzliche Obliegenheitsverletzung zu begehen mit der Konsequenz vollständiger Leistungsfreiheit des VR (falls der VN nicht den Kausalitätsgegenbeweis führen kann), oder dem VR Argumente für eine vorsätzliche – jedenfalls mit dolus eventualis begangene – Herbeiführung des Versicherungsfalles zu liefern.

b) Relative Fahruntüchtigkeit

96 Liegt die **BAK** bei einem Kraftfahrer **unter 1,1 Promille**, kann eine relative Fahruntüchtigkeit vorliegen. Dabei handelt es sich nicht um einen minderen Grad der Trunkenheit. Der Begriff »relativ« bezieht sich vielmehr auf die Beweisanforderungen, die für eine Fahruntüchtigkeit in diesem Bereich gelten. Anders als bei der absoluten Fahruntüchtigkeit kann der VR den Nachweis eines grob fahrlässigen Verhaltens bei einer BAK von unter 1,1 Promille nicht allein durch den Hinweis auf die im Strafverfahren ermittelte BAK führen. Über die getrunkene Alkoholmenge hinaus müssen vielmehr auch **äußere Anzeichen für eine alkoholbedingte Fahruntüchtigkeit** vorliegen.

97 Dies können **Ausfallerscheinungen im Verhalten** des Fahrers sein, die den Schluss zulassen, dass der Fahrer ernsthafte Anzeichen für seine Fahrtüchtigkeit missachtet hat. Solche Ausfallerscheinungen können sich aus dem Blutentnahmeprotokoll ergeben, (z. B. Fehleinschätzungen von räumlichen Entfernungen, unsicherer Gang, verbunden mit Torkeln, Stolpern oder Schwanken[124], undeutliche Sprache, Aggressivität,[125] verlangsamte Reaktionszeiten, getrübte Augen, Müdigkeit oder Gleichgewichtsstörungen).

98 Es können aber auch **grobe Fahrfehler** sein, wenn sie **typischerweise auf vorausgegangenen Alkoholgenuss zurückzuführen** sind,[126] (z. B. Schleudern vor der Kurve, zu spätes oder zu starkes Bremsen, Abkommen von einer trockenen, gerade verlaufenden Fahrbahn ohne Beeinflussung durch andere Verkehrsteilnehmer,[127] Abkommen von der Straße aufgrund überhöhter Geschwindigkeit, Geradeausfahren in Rechtskurve,

---

123 Vgl. AG Nürtingen Urt. v. 10.10.2011 – 11 C 1053/11 – zfs 2012, 327 (**1,25 Promille**).
124 OLG Frankfurt/M. Urt. v. 22.10.2001 – 3 Ss 287/01 – BA 2002, 388; OLG Düsseldorf Beschl. v. 24.08.1998 – 5 Ss 267/98-59/98 I – DAR 1999, 81 = NZV 1999, 174.
125 OLG Frankfurt/M. Urt. v. 09.03.1995 – 1 U 68/94 – VersR 1996, 52.
126 Vgl. BGH Urt. v. 24.02.1988 – **IVa ZR 193/86** – VersR 1988, 733 = r+s 1988, 150; OLG Karlsruhe Urt. v. 21.02.2002 – 19 U 167/01 – VersR 2002, 969; OLG Hamm Urt. v. 18.02.1999 – 6 U 213/98 – r+s 1999, 268; OLG Köln Urt. v. 09.06.1998 – 9 U 3/98 – r+s 1999, 269 = zfs 1999, 199; OLG Köln Urt. v. 16.09.1993 – 5 U 246/92 – r+s 1993, 406, 407.
127 OLG Köln Urt. v. 06.05.2003 – 9 U 160/02 – r+s 2003, 315.

Vorsatz, grobe Fahrlässigkeit **A.2.9.1 AKB**

Auffahren auf stehendes Kfz, Übersehen eines geparkten oder verkehrsbedingt anhaltenden Kfz, Fahren in Schlangenlinien oder generell vom VN nicht zu erklärende Auffahr- oder Streifunfälle). »Klassische« Ausfälle unter Alkoholeinfluss können sich durch ein auffallend übervorsichtiges Fahrverhalten ebenso zeigen wie durch eine besonders unbesonnene, sorglose, waghalsige, risikoträchtige, oder leichtsinnige Fahrweise.[128]

Es muss sich aber stets um **rauschbedingte Ausfallerscheinungen** handeln. Die Einhaltung einer Geschwindigkeit von 60 km/h über eine Fahrstrecke von 500 m lässt selbst dann keinen Rückschluss auf eine relative Fahruntüchtigkeit des VN zu, wenn dieser anschließend bei der Polizei durch gerötete Augen, zeitweiliges Lallen und einen schleppenden Gang auffällt,[129] oder polizeiliche Anweisungen nicht befolgt.[130]   99

Die **Beweislast** sowohl für den **Grad der Alkoholisierung**, als auch für alkoholbedingte **Ausfallerscheinungen** oder **Fahrfehler** trägt der VR.[131] An die Ausfallerscheinungen sind umso geringere **Beweisanforderungen** zu stellen, je höher die BAK ist und sich dem Grenzwert von 1,1 Promille nähert, während die Anforderungen umgekehrt umso höher sind, desto niedriger die BAK ist.[132]   100

Für den Nachweis eines alkoholbedingten Fahrfehlers ist die Feststellung erforderlich, dass sich der VN in nüchternem Zustand anders verhalten hätte.[133] Für diesen Nachweis kann nicht einfach auf das vergleichbare Verhalten irgendeines nüchternen Durchschnittsfahrers abgestellt werden.[134] Allerdings: Je seltener ein bestimmter Fahrfehler einem nüchternen Kraftfahrer unterläuft, desto eher ist der Rückschluss gerechtfertigt, dass auch dem VN im konkreten Fall der Fahrfehler jedenfalls dann nicht unterlaufen wäre, wenn er nicht unter Alkoholeinfluss gestanden hätte.[135]   101

Vor allem das **Versagen des VN in einfachen, übersichtlichen Verkehrssituationen** rechtfertigt regelmäßig die Schlussfolgerung, dass der Fahrfehler dem VN in nüchter-   102

---

128 OLG Koblenz Urt. v. 25.02.2002 – 12 U 955/00 – r+s 2002, 498 = zfs 2002, 345 (Überholmanöver trotz unübersichtlicher Verkehrssituation und Gegenverkehr).
129 KG Urt. v. 15.09.2011 – (3) 1 Ss 192/11 (73/11) – ADAJUR Dok.Nr. 96147.
130 OLG Köln Beschl. v. 03.08.2010 – III-1 RVs 142/10 – BA 2010, 429.
131 Vgl. BGH Urt. v. 30.10.1985 – **IVa ZR 10/84** – VersR 1986, 141 = NJW-RR 1986, 323; BGH Urt. v. 23.01.1985 – **IVa ZR 128/83** – VersR 1985, 440 = DAR 1985, 222; OLG Saarbrücken Urt. v. 22.11.2000 – 5 U 563/00-46 – zfs 2001, 214.
132 BGH Urt. v. 22.04.1982 – **4 StR 43/82** – NJW 1982, 2612 = MDR 1982, 683; KG Beschl. v. 15.09.2011 – (3) 1 Ss 192/11 (73/11) – ADAJUR Dok.Nr. 96147; OLG Saarbrücken Urt. v. 07.04.2004 – 5 U 688/03 – NJW-RR 2004, 1404; OLG Düsseldorf Urt. v. 23.12.1999 – 10 U 40/99 – r+s 2000, 363; LG Kaiserslautern Urt. v. 07.02.2014 – 3 O 323/11 – zfs 2014, 332.
133 OLG Köln Beschl. v. 20.12.1994 – Ss 559/94 – NZV 1995, 454; BayObLG Urt. v. 07.03.1988 – RReg. 2 St 435/87 – NZV 1988, 110.
134 OLG Köln Urt. v. 09.01.2001 – Ss 477/00 – VRS 100, 123.
135 Vgl. Burmann/Heß/Höke/Stahl Rn. 382.

Stomper   1067

A.2.9.1 AKB   Vorsatz, grobe Fahrlässigkeit

nem Zustand nicht unterlaufen wäre und ist damit letztlich ein **Beleg für seine alkoholbedingte Fahruntauglichkeit**,[136] so z. B.
- beim **Auffahren** auf ein am Fahrbahnrand geparktes[137] oder vor einer Ampel stehendes Fahrzeug und anschließender Fortsetzung der Fahrt, ohne eine Reaktion auf den Unfall zu zeigen;[138]
- beim Durchfahren einer **Kurve** ohne reduzierte Geschwindigkeit trotz erkennbarer **Glatteisbildung**;[139]
- beim **abrupten Abbiegen** in einen Feldweg und Kollision mit entgegenkommendem Pkw;[140]
- bei 0,83 Promille und Einfahren in eine **Kurve** mit 65 km/h trotz nasser oder **feuchter Fahrbahn**;[141]
- bei 0,85 Promille des VN und **Ansetzen zum Überholen** gemeinsam mit vorausfahrendem Pkw, der wegen Gegenverkehrs den Überholvorgang abbricht, während der VN weiter überholt und erst zeitverzögert stark abbremst, um wieder nach rechts einzuscheren, wobei er durch eine starke Lenkbewegung nach rechts ins Schleudern gerät und die Kontrolle über seinen Pkw verliert;[142]
- bei grundlosem **Abkommen auf die Gegenfahrbahn**[143] oder bei einer **Geradeausfahrt in einer Kurve** trotz guter Lichtverhältnisse und trockener Fahrbahn;[144]
- bei überhöhter Geschwindigkeit innerhalb einer geschlossenen Ortschaft und **Kontrollverlust** über das Fahrzeug ohne erkennbaren äußeren Anlass trotz langjähriger Fahrpraxis;[145]
- bei 0,7 Promille und **zügigem**, ohne vorheriges Abbremsen erfolgtem Einfahren in eine vorfahrtsberechtigte Straße trotz **eingeschränkter Einsichtsmöglichkeit** von nur 50 m und Kollision mit vorschriftsmäßig fahrendem Pkw.[146]

103   Demgegenüber kann bei **Fahrauffälligkeiten, die sich auch bei nicht alkoholisierten Fahrern bisweilen beobachten lassen**, ein solcher Rückschluss nicht oder jedenfalls nicht ohne weiteres gezogen werden. Dazu zählen z. B.

- eine den Witterungsverhältnissen, insbesondere bei Glätte, starkem Regen oder Nebel **nicht angepasste Geschwindigkeit**;

---

136   Vgl. OLG Saarbrücken Urt. v. 22.11.2000 – 5 U 563/00-46 – zfs 2001, 214.
137   OLG Köln Urt. v. 16.09.1993 – 5 U 246/92 – r+s 1993, 406; OLG Karlsruhe Urt. v. 21.02.1991 – 12 U 212/90 – r+s 1993, 330.
138   OLG Zweibrücken Urt. v. 12.11.1993 – 1 U 126/92 – VersR 1994, 974.
139   OLG Stuttgart Urt. v. 06.12.1988 – 12 U 108/88 – r+s 1993, 288.
140   OLG Karlsruhe Urt. v. 30.04.1992 – 12 U 33/92 – r+s 1993, 368.
141   LG Meiningen Urt. v. 25.01.2000 – 2 O 1855/99 – zfs 2000, 348.
142   OLG Koblenz Urt. v. 25.02.2002 – 12 U 955/00 – zfs 2002, 345.
143   OLG Koblenz Urt. v. 26.04.2002 – 10 U 1109/01 – PVR 2002, 372.
144   OLG Frankfurt/M. Urt. v. 12.09.2001 – 7 U 189/00 – VersR 2002, 603; OLG Karlsruhe Urt. v. 21.02.2002 – 19 U 167/01 – VersR 2002, 969; **zahlreiche weitere Beispielsfälle bei** Veith/Gräfe/Halbach § 5 Rn. 128.
145   BGH Urt. v. 25.09.2002 – **IV ZR 212/01** – VersR 2002, 1413 = DAR 2003, 31.
146   OLG Saarbrücken Urt. v. 28.01.2009 – 5 U 698/05 – VersR 2009, 1068 = zfs 2009, 510.

- nächtliches **Verschätzen der Entfernung** eines wendenden Kfz;
- **Überreaktion** bei einem Ausweichmanöver vor einem Kleintier;
- **Bremsen in der Kurve**;
- 30 Sekunden **Warten nach Umschalten** der Ampel **auf Grünlicht** bis zum Anfahren.

Im Zweifel wird der VR die alkoholbedingte und damit »relative« Fahruntüchtigkeit in solchen Fällen nicht beweisen können mit der Konsequenz, dass auch eine anteilige Leistungsfreiheit nach A.2.9.1 S. 2 AKB nicht in Betracht kommen wird. Zu beachten ist allerdings, dass nicht jede beliebige Erklärung des VN, wieso es – wenn nicht durch den Alkohol – zu dem Unfall gekommen sein soll, genügt, um einer Leistungsfreiheit des VR zu entgehen. Im Rahmen seiner **sekundären Substantiierungslast** muss er einen Geschehensablauf plausibel machen, der die Annahme rechtfertigt, dass es auch alkoholunabhängig zu dem Unfall gekommen wäre. Die insoweit vom VN darzulegenden Anhaltspunkte für eine denkbar andere Unfallursache müssen umso gewichtiger sein, desto höher die ermittelte BAK ist und desto mehr sie sich dem Grenzwert von 1,1 Promille nähert.[147] Stellen sich die vom VN dargestellten Rechtfertigungsgründe als unplausibel dar (z. B. für den Fall des angeblichen Ausweichens vor einem Tier)[148] oder lassen sie sich wegen des Fehlens von Spuren auf der Straße (z. B. nach einem angeblich geplatzten Reifen)[149] nicht mit dem konkreten Fahrverhalten des VN, das zu dem Unfall geführt hat, vereinbaren, so ist ein solcher Vortrag beweisrechtlich nicht geeignet, die Annahme einer relativen Fahruntüchtigkeit auszuschließen. 104

Anderes gilt indes dann, wenn der VN plausibel einen zwar seltenen, aber nicht bloß vollkommen theoretisch erscheinenden Reifenschaden als andere denkbare Ursache für sein Abkommen von der Fahrbahn in einer Linkskurve benennt. Denn dann handelt es sich bei der Schilderung des VN um eine **ernsthafte andere Möglichkeit für die Entstehung des Unfalles**, die der VR letztlich nicht entkräften kann.[150] 105

Die Behauptung des VR, dass ein nicht alkoholisierter Fahrer selbst mit **geplatztem Reifen** die Gewalt über sein Fahrzeug behalten hätte und nicht verunfallt wäre, lässt sich nicht verifizieren, solange weder die Geschwindigkeit des Fahrzeuges, noch seine genaue Position zum Zeitpunkt des vom VN behaupteten Reifenschadens feststeht. Dem VN ist auch keine Beweisvereitelung vorzuwerfen, wenn er das Fahrzeugwrack nach Begutachtung durch einen Sachverständigen des VR zwecks Realisierung des Restwerts veräußert, bevor er dem VR gegenüber den geplatzten Reifen als Unfallursache thematisiert.[151] 106

Überhöhte Geschwindigkeit wird häufig zu Unrecht als äußeres Anzeichen für eine auf Alkoholgenuss beruhende Enthemmung des Fahrers, verbunden mit der Bereitschaft zu 107

---

147 OLG Saarbrücken Urt. v. 07.04.2004 – 5 U 688/03 – VersR 2004, 1262 = zfs 2004, 323.
148 OLG Saarbrücken Urt. v. 22.11.2000 – 5 U 563/00-46 – zfs 2001, 214.
149 OLG Saarbrücken Urt. v. 10.12.1997 – 5 U 631/97-60 – n. v., zitiert in zfs 2004, 323.
150 OLG Saarbrücken Urt. v. 07.04.2004 – 5 U 688/03-66 – VersR 2004, 1262 = zfs 2004, 323 (Vollkaskoschaden mit 0,95 Promille und geplatztem Reifen).
151 OLG Saarbrücken Urt. v. 07.04.2004 – 5 U 688/03-66 – VersR 2004, 1262 = zfs 2004, 323.

A.2.9.1 AKB Vorsatz, grobe Fahrlässigkeit

einer risikoreicheren Fahrweise, angesehen. Abgesehen davon, dass sich die tatsächlich gefahrene Geschwindigkeit im konkreten Fall oft nicht nachträglich feststellen lassen wird, wird es auch häufig unerheblich sein, ob der VN die höchst zulässige Geschwindigkeit überschritten hat. Denn ein solches Fehlverhalten ist üblicherweise mitunter auch bei nicht alkoholisierten Kraftfahrern zu beobachten. Auch sie missachten manchmal Geschwindigkeitsbegrenzungen oder fahren – bezogen auf die örtlichen und witterungsbedingten Verhältnisse – mit unangepasster Geschwindigkeit.[152]

108 Auch das **Abkommen von der Fahrbahn** aufgrund einer Überschreitung der nach den Verkehrsverhältnissen angemessenen Geschwindigkeit stellt für sich allein noch kein Indiz für eine alkoholbedingte Fahruntüchtigkeit des Fahrers dar. Denn auch vollkommen nüchterne Fahrer passen sich mit ihrer Geschwindigkeit nicht immer den Straßen- und Witterungsverhältnissen an, woraus sich im Einzelfall auch bei nicht unter Alkoholeinfluss stehenden Kraftfahrern ein Abkommen ihres Fahrzeuges von der Straße erklärt.[153]

109 Ein **Rotlichtverstoß mit anschließendem Unfall** genügt ohne Hinzutreten weiterer Umstände noch nicht, um eine alkoholbedingte Ausfallerscheinung feststellen zu können, wenn die VN bei der Blutprobeentnahme alle »vier Grundübungen« (Gang, plötzliche Kehrtwendung, Finger-Finger-Probe, Finger-Nase-Probe) sicher absolviert und als Unfallursache angibt, aufgrund eines Gesprächs mit dem Beifahrer abgelenkt gewesen zu sein, so dass sie irrtümlich eine Linksabbiegerampel mit Grünpfeil als die für ihre Fahrtrichtung maßgebliche Lichtzeichenanlage angesehen habe.[154]

110 Auch **Glatteisunfälle** können nicht ohne weiteres auf alkoholbedingte Fahrfehler zurückgeführt werden.[155] Gerät der VN z. B. bei einer BAK von 0,55 Promille mit seinem Fahrzeug auf einer vereisten Fahrbahnstelle (»Eisplatte«) ins Schleudern und behauptet der VR einen alkoholbedingten Fahrfehler durch überhöhte Geschwindigkeit, so kommt es darauf an, inwieweit der VN bei Antritt seiner Fahrt die drohende Gefahr erkannt hat oder hätte erkennen können. Haben sich nach den Feststellungen der Polizei in der Unfallnacht mehrere Glatteisunfälle ereignet, ist dies gleichwohl unerheblich, wenn es dem VN nicht nachweislich bekannt war. Allerdings kann dieser Umstand ein den VN entlastendes Indiz dafür sein, dass er tatsächlich von der umschlagenden Witterung ohne ausreichend erkennbare Anzeichen überrascht worden ist und somit auch keine Veranlassung hatte, seine Geschwindigkeit diesen – ihm nicht bewussten – besonderen Wetterverhältnissen anzupassen.[156] Dass ein alkoholisierter VN überhaupt Fahrten bei widrigen Straßen- oder Witterungsverhältnissen unternimmt, kann ihm jeden-

---

152 Vgl. BGH Beschl. V. 12.04.1994 – 4 StR 688/93 – NZV 1995, 80 = ADAJUR Dok.Nr. 26547.
153 BGH Urt. v. 03.04.1985 – IVa ZR 111/83 – r+s 1985, 188 = zfs 1985, 313 (**Fahrer mit 1,02 Promille**).
154 LG Bonn Urt. v. 05.09.2012 – 24 Qs-227 Js 824/12-64/12 – DAR 2013, 38.
155 Vgl. OLG Hamm Beschl. v. 02.08.1999 – 20 W 12/99 – NJW-RR 2000, 172.
156 BGH Urt. v. 20.04.2005 – IV ZR 293/03 – r+s 2005, 282 = zfs 2005, 394 (**Fahrer mit 0,55 Promille**).

falls solange nicht angelastet werden, wie auch ein nüchterner Fahrer von einem Fahrtantritt nicht ohne weiteres abgesehen hätte.[157]

Der **0,5 Promille-Grenze** nach § 24a StVG kommt keine eigenständige Bedeutung für 111
die Beurteilung der relativen Fahruntüchtigkeit zu. Selbst bei einer weitaus geringeren BAK lässt sich bei entsprechend ausgeprägten alkoholspezifischen Ausfallerscheinungen des Fahrers eine grob fahrlässige Herbeiführung des Versicherungsfalles begründen. Voraussetzung ist aber stets der Nachweis einer BAK von mindestens 0,3 Promille zum Unfallzeitpunkt, was auch dann gilt, wenn der Alkohol und andere Ursachen, z. B. Ermüdungserscheinungen, zusammenwirken.[158] Erst **unter 0,3 Promille** wird mangels Nachweisbarkeit alkoholbedingter Fahrfehler in der Regel eine **relative Fahruntüchtigkeit nicht mehr** in Betracht kommen.

Ein **Augenblicksversagen** wird nur in den seltensten Fällen den Vorwurf grob fahrläs- 112
sigen Handelns beim VN entfallen lassen. Beruft sich der VN darauf, ihm könne subjektiv kein gesteigerter Fahrlässigkeitsvorwurf gemacht werden, weil er seine alkoholbedingte Fahruntüchtigkeit bei Fahrtantritt nicht wahrgenommen habe, so entlastet ihn dies bei einem anschließenden Unfall mit einer BAK von 0,91 Promille nicht, wenn er zuvor zwar Bier in nicht näher angegebenem Umfang getrunken hat, der VN es aber zu keinem Zeitpunkt für nötig befunden hat, vor Fahrtantritt seine Fahrtüchtigkeit zu hinterfragen.[159]

Es ist **nicht zulässig**, im Wege des **Anscheinsbeweises** auf die **Fahruntüchtigkeit des** 113
VN zu schließen. Die Regeln des Anscheinsbeweises können erst im Rahmen der Kausalität herangezogen werden, wenn es also um die Feststellung geht, ob die Fahruntüchtigkeit kausal für den Unfall geworden ist.[160] Erst wenn **der VR** sowohl die **Höhe der BAK**, als auch die durch Alkohol ausgelösten Fahrfehler des VN bzw. **alkoholbedingte Ausfallerscheinungen nachgewiesen** hat, kann im Wege des Anscheinsbeweises der Rückschluss gezogen werden, dass die Fahruntüchtigkeit des VN ursächlich für das Unfallgeschehen war, der Versicherungsfall also im Sinne der Vertragsklausel »herbeigeführt« wurde.

c) Restalkohol

Eine grobe Fahrlässigkeit wird in der Regel nicht daran scheitern, dass sich der VN da- 114
rauf beruft, nach dem Alkoholkonsum vom Vorabend die Gefahr von Restalkohol am nächsten Morgen nicht erkannt oder unterschätzt zu haben. Dies gilt jedenfalls in den Fällen, in denen die BAK zum Unfallzeitpunkt immer noch im Bereich der absoluten Fahruntüchtigkeit liegt und sich durch Rückrechnung auf eine BAK am Vorabend bei Trinkende von weit **über 2,0 Promille** schließen lässt. Ein so hoher Alkoholpegel hinterlässt auch am nächsten Morgen Begleiterscheinungen, zumindest in Form von Un-

---

157 Vgl. BayObLG Urt. v. 24.05.1989 – 2 St 117/89 – DAR 1989, 427.
158 OLG Köln Urt. v. 02.06.1989 – Ss 227/89 – NZV 1989, 357.
159 KG Urt. v. 11.06.2010 – 6 U 28/10 – VersR 2011, 742.
160 Vgl. BGH Urt. v. 24.02.1988 – **IVa ZR 193/86** – VersR 1988, 733 = r+s 1988, 150.

A.2.9.1 AKB   Vorsatz, grobe Fahrlässigkeit

wohlsein oder Kopfschmerzen, die bei dem Betroffenen zwangsläufig Zweifel an einer ausreichenden Fahrtauglichkeit wecken müssen,[161] (vgl. A.2.9.1 AKB Rdn. 130). Grobe Fahrlässigkeit kann in objektiver und subjektiver Hinsicht bereits dann zu bejahen sein, wenn der VN fünf Stunden nach Trinkende mit einer BAK von **0,65 Promille** mit seinem PKW von der Fahrbahn abkommt.[162]

d) Unzurechnungsfähigkeit

115   Für eine behauptete **Schuld- und Unzurechnungsfähigkeit** ist der VN analog § 827 S. 1 BGB in vollem Umfange beweispflichtig (vgl. A.2.9.1 AKB Rdn. 375 ff.).

e) BAK Bestimmung zum Unfallzeitpunkt – Rückrechnung

aa) Allgemeines

116   Das Ergebnis der Blutprobe spiegelt nur die Höhe der BAK entsprechend der im Blut befindlichen Alkoholmenge zum Zeitpunkt der Blutentnahme wider. Für die Frage, ob dem VN der Versicherungsschutz – ganz oder teilweise – versagt werden kann, kommt es jedoch auf die BAK zum Unfallzeitpunkt an. Diese kann sich je nach der verstrichenen Zeit zwischen Unfall und Blutentnahme verändert haben, sei es, dass die BAK durch fortschreitende Resorption des aufgenommenen Alkohols weiter angestiegen ist, sei es, dass sie durch den zwischenzeitlich erfolgten Abbau des Alkohols gesunken ist.

117   Für die Feststellung der Fahruntüchtigkeit ist daher eine **Rückrechnung – bezogen auf den Unfallzeitpunkt** – vorzunehmen.[163] Dies ist nicht nur in den Fällen erforderlich, in denen nach der Blutprobe ein Blutalkoholgehalt im Grenzbereich von 1,1 Promille festgestellt wurde, sondern auch in allen Fällen, in denen dem VN eine relative Fahruntüchtigkeit vorgeworfen wird und sich durch die Rückrechnung unter Umständen eine geringere BAK zum Unfallzeitpunkt feststellen lässt als diejenige, die aufgrund der Blutprobe ermittelt wurde. Denn je geringer die BAK ist, umso höhere Anforderungen sind an die Ausfallerscheinungen zu stellen, durch die eine Fahruntüchtigkeit unterhalb einer BAK von 1,1 Promille erst begründet werden kann.

118   Ist die Alkoholisierung des Kraftfahrers mit Hilfe nur einer Blutalkoholmessung nach dem **ADH-Verfahren** bestimmt worden, ist das Beweisergebnis trotzdem nicht unverwertbar; es müssen aber alkoholbedingte Ausfallerscheinungen festgestellt werden, um eine relative Fahruntüchtigkeit begründen zu können.[164]

---

161   OLG Düsseldorf Urt. v. 13.06.2000 – 4 U 140/99 – r+s 2000, 445 = NJW-RR 2001, 101.
162   OLG Karlsruhe Urt. v. 21.02.2002 – 19 U 167/01 – zfs 2002, 535.
163   Vgl. Halm/Engelbrecht/Krahe/*Oberpriller* Kap. 15 Rn. 106.
164   BGH Urt. v. 25.09.2002 – **IV ZR 212/01** – VersR 2002, 1413 = DAR 2003, 31.

bb) Rückrechnung bei Feststellung der Fahruntüchtigkeit

Die Rückrechnungsregeln sind im Versicherungsrecht nicht anders als im Strafrecht. 119
Um die Rückrechnung vornehmen zu können, muss der Zeitpunkt des Trinkendes feststehen. An diesen schließt sich die Anflutungsphase an, in der die aufgenommene Alkoholmenge vom Körper in die Blutbahn gelangt, d. h. resorbiert wird. Diese Resorptionsphase kann durch einen gleichzeitig beginnenden Alkoholabbau überlagert sein. Da die Geschwindigkeit von Resorption und Abbau individuell höchst unterschiedlich ist, ist bei der Rückrechnung zugunsten des VN von einer **längstmöglichen Resorptionsdauer von zwei Stunden** und dem sich daran anschließenden **geringstmöglichen Abbauwert von 0,1 Promille pro Stunde** auszugehen.[165] Daraus folgt, dass bei normalem Trinkverlauf zugunsten des VN die ersten zwei Stunden nach Trinkende in die Rückrechnung nicht einbezogen werden dürfen, wenn es um die Feststellung der Mindest-BAK zum Unfallzeitpunkt geht. Daraus ergeben sich **drei verschiedene Varianten**, in denen die Rückrechnung geprüft werden muss, sofern der Zeitpunkt des Trinkendes feststeht:

– **Unfall und Blutentnahme innerhalb von zwei Stunden nach Trinkende:** 120

Wird dem VN nach einem Unfall eine Blutprobe innerhalb von zwei Stunden nach Trinkende entnommen, so ist die auf diese Weise ermittelte BAK auch maßgeblich für die dem VN vorwerfbare BAK zum Unfallzeitpunkt. Eine Rückrechnung auf eine höhere BAK zum Unfallzeitpunkt scheidet aus, weil die Resorptionsphase noch nicht abgeschlossen war. Eine niedrigere BAK ist gleichfalls ausgeschlossen, weil der VN zum Unfallzeitpunkt zumindest eine Alkoholmenge im Körper hatte, die einer der durch die Blutprobe ermittelten BAK entsprach.[166]

– **Unfall innerhalb von zwei Stunden, Blutentnahme außerhalb von zwei Stunden** 121
 nach Trinkende:

Auf die durch die Blutprobe ermittelte BAK ist ein Aufschlag von 0,1 Promille für jede Stunde vorzunehmen, die seit dem Trinkende bis zur Entnahme der Blutprobe vergangen ist, wobei 0,2 Promille für die ersten beiden anrechnungsfreien Stunden wieder abgezogen werden müssen.

– **Unfall und Blutentnahme außerhalb von zwei Stunden nach Trinkende:** 122

Auf die durch die Blutprobe ermittelte BAK ist ein Aufschlag von 0,1 Promille für jede Stunde vorzunehmen, die seit dem Unfall bis zur Entnahme der Blutprobe vergangen ist.

Steht der Zeitpunkt des Trinkendes nicht fest, ist zugunsten des VN davon auszuge- 123
hen, dass die Resorptionsphase erst kurz vor dem Unfallzeitpunkt eingesetzt hat, der

---

165 BGH Urt. v. 26.09.1990 – **IV ZR 176/89** – r+s 1990, 430 = NJW-RR 1991, 93; BayObLG Urt. v. 02.07.2001 – 1 StRR 68/01 – zfs 2001, 517; OLG Köln Urt. v. 29.04.1997 – 9 U 186/96 – VersR 1997, 1222.
166 Vgl. OLG Köln Urt. v. 06.05.2003 – 9 U 160/02 – r+s 2003, 315.

A.2.9.1 AKB Vorsatz, grobe Fahrlässigkeit

VN also bis zuletzt noch kurz vor Fahrtantritt Alkohol konsumiert und sich demnach nach dem Unfall noch knapp zwei Stunden lang in der Resorptionsphase befunden hat.[167] Daraus kann sich ergeben, dass im Wege der Rückrechnung – ausgehend von dem durch die spätere Blutprobe ermittelten BAK-Wert – lediglich eine erheblich kürzere Abbauzeit zugrunde gelegt werden darf mit der Folge, dass dann auch nur ein deutlich geringerer BAK-Wert für die Unfallzeit errechnet werden kann.[168]

124 Zu beachten ist, dass diese **Erwägungen nur im Bereich der relativen Fahruntüchtigkeit von Bedeutung** sind. Ergibt die Blutprobe bei dem VN einen BAK-Wert von mindestens 1,1 Promille oder mehr, stehen die absolute Fahruntüchtigkeit und damit auch die grob fahrlässige Herbeiführung des Versicherungsfalles ohne weiteres fest.

cc) Rückrechnung bei Feststellung der Unzurechnungsfähigkeit

125 Für die Feststellung der Unzurechnungsfähigkeit gelten andere Rückrechnungsregeln. Die **ersten zwei Stunden nach Trinkende** werden anders als bei der Feststellung der Fahruntüchtigkeit **von der Rückrechnung nicht ausgenommen.** Zudem wird **ab dem Zeitpunkt des Trinkendes ein Alkoholabbau von 0,2 Promille pro Stunde** zugrunde gelegt **zuzüglich** eines einmaligen Sicherheitszuschlages von **weiteren 0,2 Promille.**[169] Ergibt die Blutprobe z. B. eine BAK von 1,4 Promille und liegt das Trinkende drei Stunden zurück, so ist von einem nicht ausschließbaren BAK-Wert von 2,2 Promille auszugehen (3 × 0,2 = 0,6 + einmalig 0,2 Promille zuzüglich der ermittelten 1,4 Promille).

dd) Nachtrunk

126 Behauptet der VN, die festgestellte BAK sei auf einen Nachtrunk nach dem Unfallgeschehen zurückzuführen, muss er **substanziierte Angaben** zur Trinkmenge, zur Trinkzeit und den konkreten Umständen des Nachtrunks machen. Sofern der Sachvortrag des VN den Nachtrunk unter objektiven Kriterien als plausibel erscheinen lässt, muss der VR ihn widerlegen.[170] Gelingt ihm dies nicht, muss der VN trotzdem damit rechnen, dass der VR jedenfalls unter Berufung auf eine Verletzung der Aufklärungsobliegenheit nach E.2.1 AKB die Versicherungsleistung teilweise verweigern wird.

f) Überlassen des Kfz an alkoholisierten Fahrer

127 Eine grob fahrlässige Herbeiführung des Versicherungsfalles kann auch darin liegen, dass der **VN einem erkennbar alkoholisierten Dritten** durch Übergabe der Fahrzeugschlüssel **den Gebrauch seines Pkw ermöglicht,** mit dem dieser anschließend aufgrund

---

167 BGH Urt. v. 20.04.2005 – **IV ZR 293/03** – r+s 2005, 282 = zfs 2005, 394 (für eine BAK von 0,55 Promille); a. A. AG Zossen Urt. v. 08.02.2008 – 4 C 242/07 – zfs 2008, 511.
168 Vgl. auch BGH Urt. v. 15.06.1988 – **IVa ZR 8/87** – VersR 1988, 950 = NJW-RR 1988, 1376.
169 Vgl. BGH Urt. v. 22.11.1990 – **4 StR 117/90** – NJW 1991, 852 = BGHSt 37, 231, 237.
170 OLG Karlsruhe Urt. v. 05.06.2008 – 12 U 13/08 – VersR 2008, 1526 = zfs 2008, 514.

alkoholbedingter Fahruntüchtigkeit verunfallt.[171] Dem steht nicht entgegen, dass der VN selbst nicht gefahren ist. Auch muss der Dritte kein Repräsentant des VN sein.

Dem **VR** obliegt der **Vollbeweis** dafür, dass die **Alkoholisierung des Dritten für den VN offensichtlich** sein musste. Dieser Beweis wird bei einer absoluten Fahruntüchtigkeit des Dritten wegen der mit dem Alkoholisierungsgrad zusammenhängenden Ausfallerscheinungen regelmäßig leichter zu führen sein als in den Fällen, in denen der Dritte nur relativ fahruntüchtig ist. Gelingt dem VR dieser Nachweis nicht, kann die Überlassung des Fahrzeuges durch den VN an den Dritten nicht als adäquat kausal für die Herbeiführung des Versicherungsfalles angesehen werden. Anderes kann **im Verhältnis von Ehegatten untereinander** gelten. Vereinbart ein Ehegatte mit dem anderen, dass dieser nach einer gemeinsam besuchten Feier das Führen des Pkw übernehmen werde, so handelt er in der Regel nicht grob fahrlässig, wenn er keine Feststellungen zum Alkoholkonsum und zur Fahrtüchtigkeit des anderen trifft.[172] 128

Beruft sich der VN darauf, dass er **zum Zeitpunkt der Schlüsselübergabe an den Dritten** dessen Fahruntüchtigkeit nur deshalb **nicht erkennen konnte**, weil er selbst unter Alkoholeinfluss stand, entlastet dies den VN nicht. Der subjektive Schuldvorwurf des VN knüpft vielmehr daran an, dass er zu einem früheren Zeitpunkt, in dem er noch zurechnungsfähig war und auch in dem Zeitraum, in dem er sich durch den Konsum alkoholischer Getränke in den vorübergehenden Zustand der Alkoholisierung versetzt hat, keine Vorkehrungen getroffen hat, um zu vermeiden, selbst alkoholisiert zu fahren oder von einem alkoholisierten Dritten gefahren zu werden,[173] (vgl. auch A.2.9.1 AKB Rdn. 378 ff.). 129

g) Zusammenwirken von Alkohol und anderen Ursachen

Körperliche **Erschöpfungszustände** und **Krankheiten**, die durch regelmäßige Medikamenteneinnahme behandelt werden müssen, können schon bei einem geringfügigen Alkoholkonsum eine relative Fahruntüchtigkeit des VN bewirken. Bei einer Diabetes-Erkrankung besteht unter gleichzeitiger Alkoholaufnahme die Gefahr einer Unterzuckerung, die wiederum zu Konzentrationsschwächen bis hin zur plötzlichen Bewusstlosigkeit führen kann. Auch bei niedrigem Blutdruck kann es zu Einschränkungen der Fahrtüchtigkeit im Zusammenhang mit dem Genuss alkoholischer Getränke kommen. 130

Medikamente können die Wirkung des Alkohols verstärken, den Abbau verlangsamen oder sogar zu einer Unverträglichkeit führen, was ebenfalls eine relative Fahruntüchtigkeit zur Folge haben kann.[174] Für die Annahme grober Fahrlässigkeit kommt es entscheidend darauf an, ob die Kombination von Alkohol in Verbindung mit den indivi- 131

---

171 LG Bonn Urt. v. 31.07.2009 – 10 O 115/09 – r+s 2010, 319 = DAR 2010, 24; LG Ansbach Urt. v. 18.12.1989 – 2 O 1077/88 – zfs 1990, 133.
172 OLG Hamm Urt. v. 29.06.1988 – 20 U 9/88 – NZV 1989, 27.
173 OLG Düsseldorf Urt. v. 31.03.2008 – I-4 U 140/07 – NJOZ 2008, 4692 = BeckRS 2008, 268738; LG Bonn Urt. v. 31.07.2009 – 10 O 115/09 – r+s 2010, 319 = DAR 2010, 24.
174 Vgl. AG Frankfurt/M. Urt. v. 08.12.2010 – 31 C 1869/10-17 – ADAJUR Dok.Nr. 94669 (Antidepressiva).

duellen physischen Schwächen beim VN einen gesteigerten Vorwurf deshalb rechtfertigt, weil der VN seine Fahruntüchtigkeit bei gleichzeitigem Genuss von Alkohol und der Einnahme von Tabletten hätte wissen oder jedenfalls voraussehen können. Wer nach der Einnahme von Tabletten nicht unerhebliche Mengen Alkohol zu sich nimmt, muss mit einer Rauschwirkung rechnen.[175]

132 In Grenzfällen muss der VR den Nachweis führen, dass dem VN die **Wechselwirkungen des Medikamentes mit Alkohol** aufgrund der Warnhinweise auf dem **Beipackzettel** bekannt sein mussten. In der Regel wird sich der VN auf eine Unkenntnis nicht berufen können.[176] Dies gilt vor allem dann, wenn er alkoholhaltige Arzneien oder Beruhigungsmittel (z. B. Melissengeist, Baldrian) in beachtlichen Mengen zu sich genommen hat.[177]

h) Kürzungsquoten mit Rechtsprechungsübersicht

aa) Kürzungsquoten für BAK ab 1,1 Promille

133 Im Falle einer absoluten Fahruntüchtigkeit **ab** einer **BAK von 1,1 Promille** dürfte für den **Normalfall** eine **Leistungskürzung zwischen 70 und 100 %** gerechtfertigt sein.[178] Hierfür spricht, dass die Rechtsprechung noch unter der Geltung des § 61 VVG a. F. zum Teil erst ab einer BAK von 1,1 Promille überhaupt grobe Fahrlässigkeit angenommen hat und bei Werten darunter für den Bereich der relativen Fahruntüchtigkeit auch Fälle entschieden wurden, in denen grobe Fahrlässigkeit trotz einer erheblichen BAK verneint wurde.[179]

134 Die Befugnis des VR zu einer **Leistungskürzung um 100 %** steht **nicht** schon **zwingend fest, wenn** der Grad der Alkoholisierung **1,1 Promille** erreicht oder überschreitet.[180] Vielmehr verbietet sich eine ausschließlich an der Höhe der BAK ausgerichtete Kürzung der Entschädigungsleistung auf Null, weil sie jegliche subjektiven Umstände

---

175 BGH Urt. v. 23.01.1985 – IVa ZR 128/83 – VersR 1985, 440 = DAR 1985, 222 (für den Fall einer vorherigen Medikamenteneinnahme gegen Durchblutungsstörungen bei zusätzlich aufgetretenem starken Unwohlsein).
176 BGH Urt. v. 23.01.1985 – IVa ZR 128/83 – VersR 1985, 440 = DAR 1985, 222; LG Düsseldorf Urt. v. 18.03.2003 – 24 S 311/02 – SP 2004, 23.
177 Hentschel/König/Dauer § 316 StGB Rn. 25.
178 Vgl. Nugel MDR Sonderbeilage 2007, 23, 32 (**für eine Leistungskürzung von 70 bis 90 %**); Rüffer/Halbach/Schimikowski/*Karczewski* § 81 Rn. 105 (**für eine Leistungskürzung von 70 bis 100 %**); Goslarer Orientierungsrahmen zfs 2010, 12, 14 = DAR 2010, 111 (**für eine Leistungskürzung von 100 %**).
179 OLG Köln Urt. v. 17.11.1988 – 5 U 71/88 – VersR 1989, 139 (**0,96 Promille**); OLG Hamm Urt. v. 21.06.1989 – 20 U 35/89 – VersR 1990, 43 (**0,79 Promille**); LG Köln Urt. v. 25.11.1992 – 24 O 188/92 – zfs 1993, 268 (**1,06 Promille**).
180 Ebenso Marlow VersR 2007, 43, 45, a. A. OLG Hamm Urt. v. 25.08.2010 – 20 U 74/10 – VersR 2011, 206 = r+s 2010, 506; Stiefel/Maier/*Halbach* A.2.16 AKB Rn. 21; Meschkat/ Nauert/*Stehl* S. 100; Maier/Stadler Rn. 133; Römer VersR 2006, 740; Rixecker zfs 2007, 15, 16; vgl. Burmann/Heß/Höke/*Stahl* Rn. 254 und 392.

beim VN völlig außer Acht lässt,[181] (vgl. A.2.9.1 AKB Rdn. 44). Daher ist auch eine »Einstiegsquote« von 100%[182] abzulehnen. Gerade bei hohen BAK besteht die Möglichkeit, dass sich eine **Unzurechnungsfähigkeit** des VN zum Unfallzeitpunkt erweisen lässt, was den Vorwurf der groben Fahrlässigkeit und damit die Grundlage für eine Kürzungsmöglichkeit überhaupt entfallen lassen würde, (vgl. A.2.9.1 AKB Rdn. 384 ff.). Aber auch unterhalb der Schwelle völliger Unzurechnungsfähigkeit kann es im Einzelfall gerechtfertigt sein, den Vorwurf grober Fahrlässigkeit abzumildern oder in Ermangelung eines subjektiv unentschuldbaren Verhaltens sogar gänzlich entfallen zu lassen.[183] Zu beachten ist allerdings, dass in einer solchen Konstellation der **Anknüpfungspunkt für den Schuldvorwurf** an den VN zeitlich vorverlagert sein kann, (vgl. A.2.9.1 AKB Rdn. 378 ff.).

Für den **Grad des Verschuldens** beim VN ist zu berücksichtigen, dass bei einem unter Alkoholeinfluss verursachten Verkehrsunfall der Straftatbestand des § 315c Abs. 1 Nr. 1a StGB erfüllt ist. Oftmals gefährdet der VN durch sein Verhalten in ganz erheblichem Umfang Gesundheit und Leben anderer Verkehrsteilnehmer. Versicherungsrechtlich ist dies allerdings irrelevant. Entscheidend ist allein, dass der VN durch die Alkoholfahrt das vollkaskoversicherte **Kfz**, das einen nicht unerheblichen Wert verkörpert, **einem erhöhten Schadenrisiko aussetzt**, das bei weitem über das normale Gebrauchsrisiko hinausgeht. Nur dieses will der VR aber versichern. Bei der Bestimmung der Kürzungsquote sind daher nur solche Parameter von Belang, die auf das versicherte Risiko, also das kaskoversicherte Fahrzeug, ausstrahlen. Dabei sind der **Anlass** und die **Begleitumstände der Fahrt** von Bedeutung. Verursacht der alkoholisierte VN mit überhöhter Geschwindigkeit innerorts einen Unfall, wird der Verschuldensgrad höher anzusetzen sein als bei einem VN, der sein Fahrzeug lediglich bei dem Versuch, es in die Garage zu fahren, beschädigt.[184] Ob der VN daneben auch Leib oder Leben anderer Verkehrsteilnehmer gefährdet hat, muss bei der Gewichtung unberücksichtigt bleiben,[185] (vgl. A.2.9.1 AKB Rdn. 47 ff.).

Zulasten des VN ist zu berücksichtigen, dass es sich bei einer Alkoholfahrt regelmäßig nicht nur um ein kurzzeitiges, momentanes Fehlverhalten handeln dürfte, sondern um einen **Pflichtverstoß**, der sich **über** einen **längeren Zeitraum** hinzieht.[186] Dies impliziert, dass eine Abwägung sämtlicher zugunsten wie auch zulasten des VN feststehen-

---

181 BGH Urt. v. 22.06.2011 – IV ZR 225/10 – VersR 2011, 1037 = r+s 2011, 376; KG Beschl. v. 28.09.2010 – 6 U 87/10 – VersR 2011, 487 = r+s 2011, 331; Lehmann r+s 2012, 320, 326.
182 Befürwortet von Schimikowski DAR 2011, 703, 704.
183 BGH Urt. v. 22.06.2011 – IV ZR 225/10 – VersR 2011, 1037 = r+s 2011, 376; BGH Urt. v. 29.10.2003 – IV ZR 16/03 – VersR 2003, 1561 = DAR 2004, 24; BGH Urt. v. 22.02.1989 – IVa ZR 274/87 – VersR 1989, 469 = r+s 1989, 349; BGH Urt. v. 23.01.1985 – IVa ZR 128/83 – VersR 1985, 440 = DAR 1985, 222.
184 Maier r+s 2010, 497, 499.
185 Ebenso Münchener Kommentar VVG-Langheid/*Wandt*, § 28 Rn. 243; Looschelders/*Pohlmann* § 28 Rn. 116 m.w.N.; Schimikowski DAR 2011, 703, 704.
186 Vgl. Maier/Stadler Rn. 133.

A.2.9.1 AKB Vorsatz, grobe Fahrlässigkeit

der Umstände im Einzelfall auch zu einer höheren Kürzung führen kann, als sie allein unter Berücksichtigung nur der BAK anzusetzen wäre.[187]

137 **Gründe für eine geringere Kürzung** können entlastende Umstände sein, sei es, dass der VN in einer überraschenden **Notfallsituation** doch noch Auto gefahren ist, obwohl er dies bei Trinkbeginn eigentlich gar nicht mehr beabsichtigte oder sei es, dass er von dritter Seite aufgefordert wurde, sein Fahrzeug umzusetzen und beim **Rangieren** einen Unfall verursacht hat.

138 Auch die **Unterschätzung des Restalkohols** am nächsten Morgen kann den Verschuldensgrad mindern. Während einer Schlafphase klingen die groben Trunkenheitssymptome zwar deutlich ab.[188] Trotzdem kann der VN aufgrund von Restalkohol noch fahruntüchtig sein. Führt diese Fahruntüchtigkeit zu einem Unfall, ist bei der Feststellung des Verschuldensgrades im Rahmen der groben Fahrlässigkeit durch **Rückrechnung** (vgl. A.2.9.1 AKB Rdn. 116 ff.) auch zu ermitteln, wie hoch die BAK bei Trinkende war und welcher Zeitraum bis zum Fahrtantritt verstrichen ist. Denn jeder Kraftfahrer weiß, dass der Zeitraum, bis zu dem sich wieder Nüchternheit einstellt, in Abhängigkeit von der aufgenommenen Alkoholmenge unterschiedlich lang sein kann. Bei Restalkohol kann daher ein mittlerer Grad von grober Fahrlässigkeit angemessen sein.[189]

bb) Kürzungsquoten für BAK von 0,5 bis 1,09 Promille

139 Bei einer relativen Fahruntüchtigkeit im Rahmen einer **BAK zwischen 0,5 und 1,09 Promille** wird nicht in jedem Fall eine **Leistungskürzung** in größtmöglicher Höhe, sondern je nach Einzelfall und Alkoholisierungsgrad im Bereich **zwischen 50 und 80 %** anzusetzen sein.[190] Es dürfte nicht dem Sinn und Zweck der Vertragsklausel entsprechen, alle Trunkenheitsfahrten hinsichtlich der Schwere des Verschuldens, auf die A.2.9.1 S. 2 AKB abstellt, generell gleich zu behandeln. Es ist zwar zutreffend, dass eine relative Fahruntüchtigkeit grundsätzlich keinen minderen Grad der Fahruntüchtigkeit darstellt, sondern nur das Beweisrecht betrifft.[191] Ob ein Kraftfahrer mit einer BAK von 2,0 Promille oder nur mit einer solchen von 0,6 Promille alkoholbedingt einen Verkehrsunfall verursacht hat, macht im Rahmen einer strafrechtlichen Beurteilung in der Tat regelmäßig keinen Unterschied, weil der Fahrer in beiden Fällen fahruntüchtig ist. Dennoch erscheint es notwendig, im Versicherungsrecht zu differenzieren.

140 Die **abstrakte Gefahr**, die von einem alkoholisierten Kraftfahrer ausgeht, ist **bei einer hohen BAK** wesentlich höher anzusetzen als bei einer geringen Alkoholisierung. Im Strafverfahren mögen diese Unterschiede häufig deshalb keine oder nur eine geringe

---

187 OLG Düsseldorf Urt. v. 23.12.2010 – I-4 U 101/10 – VersR 2011, 1388 = r+s 2011, 507.
188 Tröndle/Fischer § 316 Rn. 33.
189 Vgl. auch Burmann/Heß/Stahl Rn. 395.
190 Himmelreich/Halm/Staab/*Krahe* Kap. 23 Rn. 421; Meschkat/Nauert/Stehl S. 100; ähnlich auch Rixecker zfs 2007, 15, 16; Goslarer Orientierungsrahmen zfs 2010, 12, 14 = DAR 2010, 111 (50 %); a. A. Nugel DAR 2010, 722, 725 (70–100 %); Burmann/Heß/Höke/Stahl Rn. 392 ff., die meinen, dass generell keine Entschädigung gezahlt werden sollte.
191 Tröndle/Fischer § 316 Rn. 12 ff.

Rolle spielen, weil der VN oftmals zum Tathergang schweigt, um insbesondere bei einer besonders hohen BAK keine Vorsatzverurteilung zu riskieren. Im Versicherungsrecht muss der VN jedoch seine subjektive Situation darstellen, wenn er die Gefahr einer größtmöglichen Leistungskürzung abmildern will. Dabei wird gerade auch die Frage der **subjektiven Erkennbarkeit der eigenen Alkoholisierung** eine entscheidende Rolle spielen, wobei die Erkennbarkeit wiederum in direkter Abhängigkeit zum Grad der Alkoholisierung stehen wird. Sie wird bei einem VN, der mit 2,0 Promille am Steuer seines Fahrzeuges gesessen hat, regelmäßig anders zu beurteilen sein als bei einem VN mit einer BAK von nur 0,6 Promille.

Nimmt man den **Grad der Alkoholisierung als (einen) Maßstab für die Bestimmung der Schwere des grob fahrlässigen Verhaltens**, so besteht keineswegs die Gefahr, dass ein Trunkenheitstäter mit einer hohen BAK ab 2,0 Promille in seinem graduellen Verschulden schon deshalb geringer eingestuft wird, weil wegen der größeren alkoholbedingten Enthemmung zu seinen Gunsten von einer verminderten Schuldfähigkeit oder gar von einer Schuldunfähigkeit auszugehen ist.[192] Denn dies berührt zum einen den Bereich der (partiellen) Unzurechnungsfähigkeit, für die der VN entsprechend der strengen Beweislastregel des § 827 S. 1 BGB ohnehin nachweispflichtig ist. Im Übrigen wird in diesen Fällen der Schuldvorwurf ohnehin häufig an das Verhalten des VN im Vorfeld der Alkoholfahrt angeknüpft werden können, wenn nämlich der VN zu einem Zeitpunkt, zu dem er noch voll zurechnungsfähig war, keine Vorkehrungen traf, um die spätere Benutzung seines Kfz in alkoholisiertem Zustand hinreichend sicher auszuschließen, (vgl. A.2.9.1 AKB Rdn. 378 ff.). 141

Außerdem kommt es im Rahmen der Abwägung immer auch entscheidend darauf an, mit welchem **Gefährdungspotenzial** die konkreten alkoholbedingten Ausfallerscheinungen verbunden waren und inwieweit diese vom VN hätten erkannt werden können und müssen. Auch hier steht die Erkennbarkeit der eigenen Fahruntüchtigkeit in direkter Abhängigkeit zur Höhe der festgestellten BAK. 142

Je höher die festgestellte BAK ist, desto eher wird man dem VN vorwerfen können, sich trotz deutlich erkennbarer alkoholbedingter Ausfallerscheinungen ans Steuer gesetzt zu haben und **desto höher** wird dementsprechend **das Leistungsverweigerungsrecht des VR** innerhalb des gesteckten Rahmens zwischen 50 und 80 % reichen. Die Nichterkennbarkeit seiner Alkoholisierung wird bei einem VN bei einer BAK von 1,0 Promille daher regelmäßig eine schwerwiegendere Vorwerfbarkeit begründen als bei einem VN mit 0,5 Promille, auch wenn objektiv durch entsprechende Ausfallerscheinungen in beiden Fällen eine (relative) Fahruntüchtigkeit festgestellt wurde. 143

cc) Kürzungsquoten für BAK von weniger als 0,5 Promille

Unterhalb von 0,5 Promille wird die Leistungskürzung geringer ausfallen müssen, weil das Ausmaß der abstrakten Gefährdung entscheidend erst bei Überschreiten dieser Grenze zum Tragen kommt (vgl. § 24a StVG). Insofern erscheint in diesen Fällen 144

---

192 Vgl. Burmann/Heß/Höke/Stahl Rn. 393.

eine **Leistungskürzung zwischen 25 und 50 %** angemessen.[193] Kommen bei Fallgestaltungen mit geringen BAK um 0,3 Promille bei dem VN weitere schuldmindernde Umstände wie Ermüdung, psychische Probleme oder Stressfaktoren hinzu, wird im Einzelfall auch eine vollständige Leistungspflicht des VR in Betracht kommen, sei es, dass trotz eines angenommenen grob fahrlässigen Verhaltens eine Kürzung zu unterbleiben hat oder sei es, dass von vornherein nur ein leicht fahrlässiges Verhalten des VN festgestellt wird. Verfehlt wäre es, bereits für den Einstiegsbereich der relativen Fahruntüchtigkeit **ab 0,3 Promille** bei Vorliegen einer Straftat von vornherein von einer **Kürzung um 50 %** auszugehen,[194] (vgl. A.2.9.1 AKB Rdn. 29 ff.).

dd) **Kürzungsquoten bei Kombination von Alkohol und Medikamenten**

145 Bei einer Fahruntüchtigkeit, die durch eine Kombination von Alkohol und Medikamenten ausgelöst wird, sind die Ausfallerscheinungen für den VN keineswegs weniger stark bemerkbar als bei einem Konsum ausschließlich alkoholischer Getränke. Das entstehende Gefahrenpotenzial ist durchaus vergleichbar mit einem Kraftfahrer, dem ausschließlich eine alkoholbedingte relative Fahruntüchtigkeit anzulasten ist. Eine **Kürzungsquote zwischen 50 und 100 %** im Einzelfall erscheint daher auch insoweit angemessen.

ee) Rechtsprechungsübersicht

146 Prozentuale Kürzungsquoten bei Unfällen unter Alkoholeinwirkung:
   - 0,40 Promille und Abkommen von der Fahrbahn ohne ersichtlichen Grund, 50 %;[195]
   - 0,54 Promille und waghalsigem Wendemanöver, 75 %;[196]
   - 0,55 Promille bei zusätzlicher, dem VN bekannter Ermüdung; 25 %;[197]
   - 0,59 Promille und Geradeausfahren in Linkskurve (ohne Berücksichtigung der im konkreten Fall vorliegenden subjektiven Entlastungsgründe, die zu einer Kürzung von lediglich 50 % führten), 60 %;[198]
   - 0,70 Promille bei Kollision mit Kfz in weithin sichtbar, durch polizeiliches Einsatzfahrzeug mit Blaulicht abgesicherter Unfallstelle, 75 %;[199]
   - 0,90 Promille und Kollision mit entgegenkommendem Kfz auf Gegenfahrbahn trotz geradem Fahrbahnverlauf, 100 %;[200]

---

193 Ebenso Burmann/Heß/Höke/Stahl Rn. 255 und 395; Goslarer Orientierungsrahmen zfs 2010, 12, 14 = DAR 2010, 111 (**Keine generelle Quote, sondern Frage des Einzelfalles**).
194 So aber OLG Hamm Urt. v. 25.08.2010 – 20 U 74/10 – VersR 2011, 206 = r+s 2010, 506; Nugel DAR 2010, 722, 725.
195 LG Flensburg Urt. v. 24.08.2011 – 4 O 9/11 – zfs 2011, 700 = VRR 2012, 30.
196 LG Aachen Urt. v. 14.07.2011 – 2 S 61/11 – SP 2011, 375 = VRR 2012, 28; AG Düren Urt. v. 15.08.2012 – 44 C 76/12 – zfs 2012, 631.
197 OLG Düsseldorf Urt. v. 23.12.2010 – I-4 U 101/10 – VersR 2011, 1388 = r+s 2011, 507.
198 OLG Hamm Urt. v. 25.08.2010 – 20 U 74/10 – VersR 2011, 206 = r+s 2010, 506.
199 AG Siegen Urt. v. 30.11.2012 – 14 C 2166/12 – zfs 2013, 90.
200 LG Kaiserslautern Urt. v. 07.02.2014 – 3 O 323/13 – zfs 2014, 332.

- 0,93 Promille und Beschädigung einer Ampelanlage nach Abkommen von der Fahrbahn, 75 %;[201]
- 0,95 Promille und Einnahme von Schmerztabletten durch Vorfahrtsverletzung beim Linksabbiegen, 66,6 %;[202]
- 1,05 Promille und Fehleinschätzung von Geschwindigkeit und Abstand, 80 %;[203]
- 1,07 Promille und Abkommen von der Fahrbahn nach Durchfahren einer Linkskurve, 70 %;[204]
- 1,09 Promille und Abkommen von der Fahrbahn im Bereich einer ausreichend ausgeschilderten, baustellenbedingten Fahrbahnverschwenkung und Ablenkung durch Vorgänge der Fahrzeugbedienung, 75 %;[205]
- 1,13 Promille und Kollision mit am Straßenrand geparktem Kfz, 100 %;[206]
- 1,18 Promille und Kollision mit am Straßenrand geparktem Kfz, 100 %;[207]
- 1,28 Promille und Kollision mit anderem Kfz, 100 %;[208]
- 1,29 Promille nach Aufgabe des ursprünglichen Vorhabens, zu Fuß zu gehen und Auffahren auf ein geparktes Kfz in 4 m breiter Wohnstraße, 100 %;[209]
- 1,40 Promille und Kollision mit abgestelltem Pkw beim Ausparken, 100 %;[210]
- 1,50 Promille und Abkommen von der Fahrbahn, 100 %;[211]
- 1,55 Promille bei Rangiermanöver, 100 %;[212]
- 1,67 Promille und Geradeausfahrt in langgezogener Linkskurve, 100 %;[213]
- 1,73 Promille und Überholmanöver, 100 %;[214]
- 1,89 Promille und Kollision mit entgegenkommendem Kfz, 100 %;[215]
- 2,07 Promille und Abkommen von trockener und beleuchteter Straße, 100 %;[216]

---

201 OLG Saarbrücken Urt. v. 30.10.2014 – 4 U 165/13 – BeckRS 2014, 22614.
202 LG Bochum Urt. v. 02.03.2012 – 5 S 102/11 – zfs 2012, 573 = SP 2012, 300.
203 KG Beschl. v. 28.09.2010 – 6 U 87/10 – VersR 2011, 487 = r+s 2011, 331.
204 AG Dippoldiswalde Urt. v. 18.09.2013 – 1 C 270/13 – r+s 2014, 122.
205 OLG Karlsruhe Urt. v. 15.04.2014 – 9 U 135/13 – VersR 2014, 1369 = DAR 2014, 461.
206 AG Daun Urt. v. 31.05.2011 – 3a C 440/10 – SP 2011, 336.
207 AG Bitterfeld Wolfen Urt. v. 19.08.2010 – 7 C 1001/89 – BeckRS 2011, 15673.
208 AG Münster Urt. v. 26.05.2010 – 3 C 474/10 – ADAJUR Dok.Nr. 90327.
209 OLG Stuttgart Beschl. v. 18.08.2010 – 7 U 102/10 – r+s 2011, 280 = DAR 2011, 204 unter Bestätigung von LG Tübingen Urt. v. 26.04.2010 – 4 O 326/09 – zfs 2010, 394 = NJW-Spezial 2010, 683.
210 AG Strausberg Urt. v. 02.12.2010 – 9 C 199/10 – ADAJUR Dok.Nr. 90735.
211 LG Oldenburg Urt. v. 24.09.2010 – 13 O 1964/10 – VK 2011, 105 = r+s 2010, 461 mit Anm. Knappmann.
212 AG Düren Urt. v. 29.06.2011 – 44 C 117/11 – VRR 2011, 427.
213 LG Münster Urt. v. 24.09.2009 – 15 O 275/09 – VersR 2011, 487 = DAR 2010, 473, bestätigt durch OLG Hamm Beschl. v. 24.03.2010 – 20 U 207/09 – n. v. – und daraufhin erfolgter Berufungsrücknahme.
214 AG Rudolstadt Urt. v. 10.05.2011 – 1 C 593/10 – SP 2011, 408.
215 AG Bühl Urt. v. 14.05.2009 – 7 C 88/09 – SVR 2009, 424.
216 LG Dortmund Urt. v. 27.02.2014 – 2 O 370/13 – r+s 2014, 347 = zfs 2014, 399.

A.2.9.1 AKB   Vorsatz, grobe Fahrlässigkeit

- 2,10 Promille und Geradeausfahrt an T-Kreuzung mit Durchbrechen einer Grundstücksmauer, 100 %;[217]
- 2,13 Promille bei Dunkelheit, starkem Regen und Kollision mit zwei geparkten Kfz, 100 %;[218]
- 2,70 Promille und Kollision mit Laternenpfahl nach Abkommen von der Fahrbahn in leichter Linkskurve, 100 %.[219]

147   Ermöglicht der selbst unter Alkoholeinfluss stehende VN einem ebenfalls alkoholisierten, objektiv absolut fahruntüchtigen Dritten durch Übergabe der Fahrzeugschlüssel eine Trunkenheitsfahrt mit seinem Pkw, so kann der VR im Falle eines Unfalles berechtigt sein, die Entschädigungsleistung um 75 % zu kürzen.[220]

2. Medikamente

148   Einige Medikamente enthalten Substanzen, die als berauschende Mittel in den Anlagen I bis III zu § 1 Abs. 1 BtMG aufgeführt sind. Die Einnahme solcher Mittel kann auch ohne die verstärkende Wirkung alkoholischer Getränke zu einer Fahruntüchtigkeit des VN führen. Im Regelfall wird das Verhalten des VN zwar objektiv, jedoch nicht zwingend auch subjektiv als grob fahrlässig zu qualifizieren sein.[221] Anders als beim Alkohol sind bei Arzneimitteln die negativen Auswirkungen auf die Fahrtauglichkeit nicht jedem Kraftfahrer geläufig. Hinzu kommt, dass auch nur spezielle Medikamente mit bestimmten Inhaltsstoffen oder ab einer bestimmten Dosierung das Reaktionsvermögen nachteilig beeinflussen.

149   Subjektiv unentschuldbar ist das Verhalten des VN jedenfalls dann, wenn er Hinweise des behandelnden Arztes oder des Apothekers in Bezug auf verlängerte Reaktionszeiten nach Einnahme des Medikamentes nicht befolgt oder Warnungen auf Beipackzetteln in Bezug auf die Einschränkung der Kraftfahreignung nicht liest.[222] Es genügt, dass er die Warnungen auf dem Beipackzettel zumindest hätte zur Kenntnis nehmen können. Ob er sie tatsächlich gelesen hat, ist nicht entscheidend.

150   Eine ausschließlich auf Arzneimitteleinnahme zurückzuführende grob fahrlässig herbeigeführte Fahruntüchtigkeit kann auch bei einer durch **Selbstmedikation** verabreichten Kombination verschiedener, unter Umständen sogar auch noch alkoholhaltiger Prä-

---

217   BGH Urt. v. 11.01.2012 – **IV ZR 251/10** – VersR 2012, 341 = r+s 2012, 166.
218   AG Berlin-Mitte Urt. v. 17.03.2010 – 114 C 3271/09 – zfs 2010, 576.
219   BGH Urt. v. 22.06.2011 – **IV ZR 225/10** – VersR 2011, 1037 = r+s 2011, 376 **unter Aufhebung** von OLG Dresden Urt. v. 15.09.2010 – 7 U 466/10 – VersR 2011, 205 = zfs 2010, 633 (zurückverwiesen wegen fehlender Feststellungen des Berufungsgerichts zu einer möglichen Unzurechnungsfähigkeit des Klägers nach § 827 BGB zum Unfallzeitpunkt).
220   LG Bonn Urt. v. 31.07.2009 – 10 O 115/09 – r+s 2010, 319 = DAR 2010, 24.
221   OLG Düsseldorf Urt. v. 06.07.2004 – 4 U 222/03 – NZV 2004, 594.
222   Vgl. OLG Düsseldorf Urt. v. 19.09.2000 – 4 U 156/99 – r+s 2001, 54; OLG Karlsruhe Urt. v. 20.08.1992 – 12 U 88/92 – r+s 1995, 374 = zfs 1993, 127; LG Düsseldorf Urt. v. 17.07.2002 – 11 O 396/01 – SP 2003, 104; Hentschel/König/Dauer § 316 StGB Rn. 25.

parate begründet sein. Das gleiche gilt bei einem **Medikamentenmissbrauch**, der häufig mit einer Medikamentenabhängigkeit einhergehen wird.

Es existiert **kein Erfahrungssatz**, dass bei einer **Fahruntauglichkeit aufgrund eingenommener Medikamente** ein **Unfall** stets grob fahrlässig herbeigeführt wurde. Hat der VN das Präparat schon über einen längeren Zeitraum unter ärztlicher Kontrolle und in der verordneten Dosierung eingenommen, ohne negative Begleiterscheinungen in Form von Müdigkeit oder verlängerten Reaktionszeiten zu verspüren, wird eine grobe Fahrlässigkeit nicht zu begründen sein.[223] Dies ist auch dann der Fall, wenn der Beipackzettel keinen Gefahrenhinweis auf eine Einschränkung der Fahrtüchtigkeit enthält.[224] Anderes kann aber dann gelten, wenn der VR durch ein medizinisches Gutachten den Nachweis führen kann, dass die Bewusstseinsstörung, die zu dem Unfall geführt hat, sich nur durch einen Missbrauch beim Medikamentenkonsum erklären lässt. 151

Bei der Problematik gilt es zu berücksichtigen, dass viele Menschen regelmäßig Psychopharmaka einnehmen und vor allem **Antidepressiva**,[225] **Neuroleptika**[226] und **Benzodiazepine**[227] im Rahmen von Verkehrsunfällen verstärkt eine große Rolle spielen. Dabei handelt es sich um rezeptpflichtige Beruhigungsmittel (Tranquilizer), die nicht nur bei Schlafstörungen, sondern auch bei Angstzuständen, Panikattacken, Epilepsie und bei Muskelverspannungen eingesetzt werden. Sie sind oftmals gerade deshalb besonders gefährlich, weil sie eine sehr lange Wirkungsdauer haben und zum Teil erst nach mehr als 70 Stunden zur Hälfte abgebaut sind.[228] Die Substanzen können zu Kopfschmerzen, Schwindel und Verwirrtheitszuständen führen. Gerade diese Eigenschaft kann für den VN zu einer tückischen Gefahr werden, wenn er sie nicht kennt, was der VR im Streitfall widerlegen müsste. Denn selbst bei der Einnahme solcher Präparate streng nach ärztlicher Verordnung würde sich ein kontinuierlicher Anstieg der Wirkstoffkonzentration jedenfalls in den Fällen nicht verhindern lassen, in denen der behandelnde Arzt dem VN eine tägliche Dosis verordnet hat. Kommt es aufgrund dieses stetigen Wirkstoffanstiegs zu einem Bewusstseinsverlust und infolgedessen zu einem Unfall, wird der VN versuchen, den Nachweis einer **Unzurechnungsfähigkeit analog § 827 S. 1 BGB** führen, (vgl. A.2.9.1 AKB Rdn. 384 ff.). Gelingt ihm dies nicht, wird ihm ein grob fahrlässiges Verhalten aber selbst dann nicht angelastet werden können, wenn ihm – unter Umständen sogar auch dem behandelnden Arzt – die langen Halbwertzeiten des verschriebenen Medikamentes nicht bekannt waren. 152

Selbst wenn objektiv eine **Überdosis** des eingenommenen Medikamentes festgestellt wird, bedeutet dies nicht, dass diese Überdosis einschließlich der damit zusammenhän- 153

---

223 Vgl. OLG Düsseldorf Urt. v. 19.09.2000 – 4 U 156/99 – VersR 2002, 477, 478 = r+s 2001, 54.
224 OLG Hamm Urt. v. 17.09.1986 – 20 U 52/86 – VersR 1988, 126.
225 Z. B. Opipramol (Handelsname: Insidon).
226 Z. B. Promethazin (Handelsname: Atosil).
227 Z. B. Bromazepam (Handelsname: Lexotanil), Diazepam (Handelsname: Valium).
228 Vgl. http://www.medizin.de/ratgeber/fahrtuechtigkeit.html.

A.2.9.1 AKB Vorsatz, grobe Fahrlässigkeit

genden Gefahren dem VN bei Fahrtantritt bewusst gewesen sein muss. In einem solchen Fall liegt daher zwar objektiv eine medikamentenbedingte Fahruntüchtigkeit vor. Anders als im Falle alkoholbedingter Fahruntüchtigkeit kann daraus ohne konkrete Anhaltpunkte aber nicht auch auf ein subjektiv grob fahrlässiges Verhalten – mit der Folge teilweiser Leistungsfreiheit des VR – geschlossen werden, weil zwar bei Kraftfahrern die Hemmschwelle für ein Fahren trotz alkoholbedingter Fahruntüchtigkeit stark heraufgesetzt ist, dies jedoch auf die Fahruntüchtigkeit infolge der Einnahme von Medikamenten nicht ohne weiteres übertragbar ist.[229]

154 Steht ein grob fahrlässiges Verhalten fest, wird eine **Leistungskürzung von 25 bis 30 %** angezeigt sein, da die Wirkungen von Medikamenten auf die Fahrtüchtigkeit im Vergleich zu Alkohol eher unterschätzt und auch nicht bei jedem VN als allgemein bekannt vorausgesetzt werden können.[230] Anderes gilt nur bei **alkoholhaltigen Medikamenten** oder Hausmitteln (vgl. A.2.9.1 AKB Rdn. 130).

155 Eine **höhere Leistungskürzung** kann allerdings gerechtfertigt sein, wenn der VN die Fahrt unter Missachtung des Beipackzettels trotz spürbarer Ausfallerscheinungen antritt (Kürzung von 40–60 %), wenn dem VN die Wirkungen des Medikamentes bekannt sind und deutliche Ausfallerscheinungen zu verzeichnen sind (Kürzung von 60–80 %), oder wenn die Benutzung des Kfz sogar gegen den ausdrücklichen ärztlichen Rat erfolgt und erhebliche Ausfallerscheinungen festzustellen sind (Kürzung von 80–100 %).[231]

3. Drogen

156 Drogen sind »andere berauschende Mittel« i. S. v. §§ 316, 315c Abs. 1 Nr. 1a StGB, 24a Abs. 2 S. 1 StVG, die in ihren negativen Wirkungen denen des Alkohols gleichkommen. Dabei handelt es sich vor allem um Rauschgifte, wie sie in den **Anlagen I bis III zu § 1 Abs. 1 BtMG** bzw. der **Anlage zu § 24a Abs. 2 StVG** aufgelistet sind, z. B. Cannabis (Haschisch, Marihuana), Heroin, Opium, Morphin, Kokain, Amfetamine oder Designer-Amfetamine (mit den Substanzen Methylendioxyethylamfetamin (MDE), Methylendioxymethamfetamin (MDMA) oder dem pharmakologisch aktiven Wirkstoff Methylendioxyamfetamin (MDA), ein Metabolit des MDMA, das insbesondere den so genannten Ecstacy-Tabletten zugesetzt wird). Auch Metamfetamin als stark stimulierende Droge fällt unter die berauschenden Mittel. Es handelt sich um Substanzen, die zum Teil zu Selbstüberschätzung und Aggressivität führen und damit ein erhöhtes Unfallrisiko in sich bergen, zum Teil aber auch das zentrale Nervensystem lähmen und daher in besonderem Maße die intellektuellen und motorischen Fähigkeiten eines Kraftfahrers beeinflussen.

---

229 OLG Düsseldorf Urt. v. 06.07.2004 – I-4 U 222/03 – VersR 2005, 348 = zfs 2004, 567 (**für Diazepam-Tabletten**).
230 Burmann/Heß/Höke/Stahl Rn. 397.
231 Nugel DAR 2010, 722, 727.

Vorsatz, grobe Fahrlässigkeit **A.2.9.1 AKB**

Der bloße Nachweis von **Drogenwirkstoffen** im Blut eines Fahrzeugführers rechtfer- 157
tigt für sich allein noch nicht die Annahme der Fahruntüchtigkeit. Sie lässt sich **nicht
wie beim Alkohol an einem absoluten Grenzwert festmachen,** da entsprechende gesicherte wissenschaftliche Erfahrungswerte fehlen.[232] Es gibt auch grundsätzlich keinen bestimmten Grad an körperlichen Entzugserscheinungen, wonach sich unwiderlegbar die absolute Fahruntüchtigkeit eines drogensüchtigen Kraftfahrers begründen ließe. Dies gilt auch für sogenannte »**harte« Drogen** wie Heroin und Kokain.[233] Die Werte der »**Grenzwertkommission**«[234] (vgl. A.2.9.1 AKB Rdn. 166) stellen nur analytische, nicht aber normative Grenzwerte dar.[235] Ist der analytische Grenzwert überschritten, steht lediglich fest, dass der VN während der Fahrt unter Drogeneinfluss stand; dies allein lässt aber noch keinen Rückschluss auf eine »absolute« Fahruntüchtigkeit zu.[236]

Auch eine »**relative« Fahruntüchtigkeit** lässt sich nur aufgrund konkreter, rauschmittel- 158
bedingter Leistungseinschränkungen des VN nachweisen. Hierfür bedarf es neben einem positiven Wirkstoffbefund im Blut stets der **Feststellung weiterer aussagekräftiger Beweisanzeichen,** dass die Rauschmittelkonzentration im Blut des Kraftfahrers nicht nur generell-abstrakt, sondern individuell-konkret die Fahrtüchtigkeit aufgehoben hat.[237] Gemeint sind solche Tatsachen, die – über die allgemeine Drogenwirkung und die nach dem Unfall gemessene Wirkstoffkonzentration hinaus – den sicheren Schluss zulassen, dass der VN in der konkreten Verkehrssituation rauschmittelbedingt fahrunsicher gewesen ist.[238] Insoweit sind die gleichen Grundsätze heranzuziehen, die auch für die Beurteilung einer alkoholbedingten relativen Fahruntüchtigkeit gelten (vgl. A.2.9.1 AKB Rdn. 96 ff.). Generell sind die **Anforderungen an Art und Ausmaß** der **Auffälligkeiten** umso geringer, je höher die im Blut festgestellte Wirkstoffkonzen-

---

232 BGH Beschl. v. 21.12.2011 – 4 StR 477/11 – NStZ 2012, 324 = VRR 2012, 145 (bei 14,6 ng/ml Kokain und 387 ng/ml Benzoylecgonin); OLG München Beschl. v. 30.01.2006 – 4 St RR 11/06 – NZV 2007, 377; OLG Düsseldorf Urt. v. 02.05.1994 – 5 Ss Owi 358/94-Owi 105/94 I – ADAJUR Dok.Nr. 29621; OLG Düsseldorf Beschl. v. 04.03.1993 – 5 Ss 18/93-5 Ss 8/93 I – NZV 1993, 276; Tröndle/Fischer § 316 Rn. 39 m. w. N.; a. A. AG Berlin-Tiergarten Urt. v. 10.02.2010 – 310 Cs 144/09 – ADAJUR Dok.Nr. 87889.
233 BGH Urt. v. 15.04.2008 – 4 StR 639/07 – DAR 2008, 390 = NZV 2008, 528.
234 Empfehlungen v. 20.11.2002 – BA 2005, 160 – und 22.05.2007 – BA 2007, 311.
235 LG Berlin Urt. v. 10.04.2012 – (524) 11 JU Js 1853/10 Ns (36/11) – NZV 2012, 397 (bei **10 ng/ml Kokain**).
236 OLG Saarbrücken Beschl. v. 28.10.2010 – Ss 104/10 (141/10) – DAR 2011, 95; LG Berlin Urt. v. 10.04.2012 – (524) 11 JU Js 1853/10 Ns (36/11) – NZV 2012, 397 (**bei 10 ng/ml Kokain**).
237 BGH Beschl. v. 21.12.2011 – 4 StR 477/11 – NStZ 2012, 324 = BeckRS 2012, 02532; BGH Beschl. v. 25.05.2000 – 4 StR 171/00 – VersR 2000, 1033 = NZV 2000, 419; BGH Beschl. v. 03.11.1998 – 4 StR 395/98 – VersR 1999, 72 = NJW 1999, 226; OLG Düsseldorf Beschl. v. 24.08.1998 – 5 Ss 267/98-59/98 I – DAR 1999, 81 = NZV 1999, 174; LG Waldshut-Tiengen Beschl. v. 04.06.2012 – 4 Qs 12/12 – VA 2012, 155 = BeckRS 2012, 24665.
238 OLG Saarbrücken Beschl. v. 28.10.2010 – Ss 104/10 (141/10) – DAR 2011, 95.

Stomper   1085

A.2.9.1 AKB Vorsatz, grobe Fahrlässigkeit

tration ist.[239] Festgestellte Ausfallerscheinungen in Form eines **Fahrfehlers** müssen ihre Ursache in den körperlichen Entzugserscheinungen oder dem Drogenkonsum haben. Es muss aber nicht zwingend ein Fahrfehler vorliegen, den sich der VN nicht erklären kann. Ausreichend sind auch **Verhaltensauffälligkeiten**, die auf eine schwerwiegende drogenbedingte Beeinträchtigung des Reaktions- oder Wahrnehmungsvermögens schließen lassen,[240] (z. B. stark benommener, apathischer Eindruck des VN, lallende, verwaschene Aussprache, leicht unsicherer Gang),[241] oder **typische Entzugssymptome** (z. B. Händezittern, Übelkeit, Schweißausbrüche, gestörtes Temperaturempfinden und Konzentrationsschwierigkeiten). Ausfallerscheinungen im Verhalten des VN müssen aber nachweislich auf den Rauschmittelkonsum zurückzuführen sein, andernfalls sich eine relative Fahruntüchtigkeit nicht begründen lässt.

159   Keine zu verwertenden **Verhaltensauffälligkeiten** liegen vor, wenn sich lediglich ein verzögertes Aufnahmevermögen, Konzentrationsstörungen, Schläfrigkeit, Teilnahmslosigkeit, ein schleppender Gang, Schwanken im Stand, Mühe des VN bei der Beantwortung von Fragen, Nervosität, glänzende Augen oder starre, sich auch bei Lichteinfall nicht verändernde Pupillen bzw. eine Verlangsamung der Pupillenreaktion feststellen lassen.[242] Denn diese **Indizien** deuten nur auf eine **allgemeine Drogenenthemmung** hin, nicht aber zwingend auch auf Mängel, die eine sichere Beherrschung des Fahrzeuges im öffentlichen Verkehr ausschließen.[243] Für den abschließenden Nachweis einer Fahruntauglichkeit des VN ist es daher nicht nur erforderlich, dass die **Drogenabhängigkeit** selbst oder deren typische Entzugserscheinungen zu den konkret festgestellten **körperlichen Mängeln oder Verhaltensauffälligkeiten beim VN** geführt haben, sondern dass sich diese auch **auf seine Fahrtüchtigkeit** (Wahrnehmungs- und Reaktionsfähigkeit) **ausgewirkt** bzw. bei ihm zu einer **erhöhten Risikobereitschaft oder Selbstüberschätzung geführt** haben und er deshalb nicht mehr in der Lage war, sein Fahrzeug sicher zu führen.[244] Ausreichend ist, dass bei einer Gesamtschau aller Auffälligkeiten ein **hinreichend sicherer** Rückschluss auf das fahrerische Unvermögen des VN zum Unfallzeitpunkt gezogen werden kann. Ist hingegen nicht auszuschließen, dass der VN in besonderen – ihn belastenden – Ausnahmesituationen vergleichbare Verhaltensweisen zeigt, ist der Nachweis einer Rauschmittelfahrt nicht geführt. Letztlich ist ent-

---

239 BVerfG Beschl. v. 20.06.2002 – 1 BvR 206/96 – DAR 2002, 405 = NJW 2002, 2278, 2279; OLG Zweibrücken Beschl. v. 10.05.2004 – 1 Ss 26/04 – NZV 2005, 164 = NStZ-RR 2004, 247.
240 OLG Frankfurt/M. Beschl. v. 22.10.2001 – 3 Ss 287/01 – NStZ-RR 2002, 17.
241 Vgl. BGH Urt. v. 03.11.1998 – 4 StR 395/98 – VersR 1999, 72 = NJW 1999, 226 unter Hinweis auf BGH Beschl. v. 18.01.1994 – 4 StR 650/93 – n. v.
242 Vgl. BGH Urt. v. 03.11.1998 – 4 StR 395/98 – VersR 1999, 72 = NJW 1999, 226; OLG Saarbrücken Beschl. v. 28.10.2010 – Ss 104/10 (141/10) – DAR 2011, 95; OLG Zweibrücken Urt. v. 14.02.2003 – 1 Ss 117/02 – DAR 2003, 431 = zfs 2003, 422; OLG Frankfurt/M. Urt. v. 22.10.2001 – 3 Ss 287/01 – NStZ-RR 2002, 17; OLG Düsseldorf Beschl. v. 24.08.1998 – 5 Ss 267/98-59/98 I – DAR 1999, 81 = NZV 1999, 174.
243 OLG Zweibrücken Beschl. v. 27.01.2004 – 1 Ss 242/03 – DAR 2004, 409 = NStZ-RR 2004, 149.
244 BGH Urt. v. 15.04.2008 – 4 StR 639/07 – DAR 2008, 390 = NZV 2008, 528.

scheidend, ob die konkreten Ausfallerscheinungen beim VN dem Gefahrerfolg im Sinne eines Zurechnungszusammenhanges sein Gepräge gegeben haben.[245]

Bei kombiniertem **Alkohol- und Drogenkonsum** lässt sich auch bei einer BAK unterhalb von 1,1 Promille eine relative Fahruntüchtigkeit noch nicht aus der bloßen Addition des Alkohol- und Drogenwertes begründen.[246] 160

Der Nachweis einer rauschmittelbedingten Fahruntüchtigkeit setzt immer eine **aktuelle Rauschmitteleinwirkung** zum Zeitpunkt des Eintritts des Versicherungsfalles voraus.[247] Hierfür ist der Nachweis der Substanz eines berauschenden Mittels im Blut des Fahrzeugführers in einer Konzentration erforderlich, die den von der Grenzwertkommission für die betreffende konsumierte Droge festgelegten **analytischen Grenzwert** (vgl. A.2.9.1 AKB Rdn. 166) erreicht oder überschreitet.[248] 161

Für die praxisrelevanten Fälle eines Konsums von **Cannabis** besteht in Wissenschaft und Rechtsprechung Einigkeit darin, dass **erst ab** einer nachweisbaren THC (Tetrahydrocannabinol) -**Konzentration von 1,0 ng/ml** im Blut eines Verkehrsteilnehmers die Möglichkeit einer Beeinträchtigung der Leistungsfähigkeit und damit eine abstrakte Gefährdung des Straßenverkehrs besteht.[249] Eine Rückrechnung auf den Unfallzeitpunkt ist unzulässig. Es existiert keine wissenschaftlich zuverlässige Methode, die es erlaubt, den Konsumzeitpunkt oder eine bestimmte THC-Konzentration im Blutserum für einen bestimmten in der Vergangenheit liegenden Zeitpunkt zu bestimmen.[250] Aus einer nach dem Unfall beim VN festgestellten Wirkstoffkonzentration von mindestens 1,0 ng/ml THC im Blut lässt sich allerdings nicht der Rückschluss ziehen, dass bei einer nachgewiesenen Wirkstoffkonzentration in mindestens dieser Höhe automatisch ein grob fahrlässiges Verhalten des Verkehrsteilnehmers begründet sein könnte. Eine solche Konzentration beweist lediglich, dass der VN bei seiner Teilnahme am Straßenverkehr unter der Wirkung des Rauschmittels gestanden hat. Für die Feststellung der Fahruntüchtigkeit müssen aber **zusätzlich** immer auch **verkehrserhebliche Beeinträchtigungen** vorgelegen haben.[251] Dabei kommt es auch darauf an, inwieweit diese **für den VN subjektiv erkennbar und vorhersehbar** waren. 162

Wenn der VN wissentlich Rauschmittel zu sich nimmt und gleichwohl einige Zeit später ein Fahrzeug führt, ist seine **Annahme, die Droge sei zwischenzeitlich abgebaut und deshalb nicht mehr nachweisbar**, als Fehlvorstellung über die Dauer der »Wirkung« 163

---

245 OLG Saarbrücken Beschl. v. 28.10.2010 – Ss 104/10 (141/10) – DAR 2011, 95.
246 OLG Naumburg Urt. v. 14.07.2005 – 4 U 184/04 – VersR 2005, 1573 = r+s 2006, 252 = NJW 2005, 3505; OLG Düsseldorf Beschl. v. 24.08.1998 – 5 Ss 267/98-59/98 I – .
247 Vgl. Tröndle/Fischer § 316 Rn. 39.
248 Vgl. OLG Jena Urt. v. 23.02.2012 – 1 Ss Bs 92/11 – ADAJUR Dok.Nr. 99281; a. A. LG München I Urt. v. 03.08.2005 – 23 Qs 35/05 – BA 2006, 43.
249 Vgl. BVerfG Beschl. v. 21.12.2004 – 1 BvR 2652/03 – DAR 2005, 70 = NJW 2005, 349; Hentschel NJW 2005, 641, 646.
250 KG Urt. v. 21.03.2012 – 3 Ws (B) 116/12-122 Ss 31/12 – SVR 2012, 235.
251 Vgl. OLG Hamm Beschl. v. 03.05.2005 – 4 Ss OWi 215/05 – NZV 2005, 428 = NJW 2005, 3298.

grundsätzlich unerheblich. Denn der VN muss angesichts der unberechenbaren Wirkungen von Rauschdrogen jedenfalls auch einen Tag nach dem Konsum noch mit erheblichen Einschränkungen seiner Fahrtüchtigkeit und atypischen Rauschverläufen rechnen.[252] Mangelnde Erkennbarkeit der fortdauernden Wirkung eines konsumierten Rauschmittels wird daher nur in Ausnahmefällen in Betracht kommen.[253] Insbesondere bei einer **deutlichen Überschreitung des Grenzwertes** oder bei **Verhaltensauffälligkeiten** (starkes Lidflattern,[254] zittrige Hände, Rededrang) die Annahme nahe liegen, dass der VN entgegen seiner Behauptung entweder zeitnäher, oder in deutlich größerer Menge als angegeben Cannabis konsumiert hat.[255] Dies wiederum kann im Ergebnis die Feststellung rechtfertigen, dass der VN die noch fortdauernde, seine Fahrtauglichkeit beeinträchtigende Wirkung des Rauschmittels zum Unfallzeitpunkt grob fahrlässig nicht erkannt hat.

164 **Anderes** kann gelten, wenn seit der Einnahme des Rauschmittels und dem Antritt der Fahrt mehrere Tage vergangen sind. Vor allem dann, wenn der VN insofern unkontrolliert Drogen konsumiert hat, als ihm weder die Qualität, noch die Dosis bekannt war, wird der VR ihm jedenfalls **nach einer Zeitdauer von drei Tagen** seine subjektive Einschätzung, nicht mehr unter der Wirkung des Rauschmittels gestanden zu haben, nicht widerlegen können.[256] Insbesondere bei einer nur **geringen Überschreitung des Grenzwertes** wird man die **Erkennbarkeit der fortdauernden Wirkung** des Rauschmittels nicht schon daran festmachen können, dass bei dem Fahrer ein zittriger Eindruck oder auffällige Pupillen festgestellt wurden.[257]

165 Bei länger zurückliegendem Drogenkonsum **muss der VR** Umstände darlegen und **beweisen**, aus denen sich für den VN hätte aufdrängen müssen, dass er bei Fahrtantritt noch unter der andauernden Wirkung des vor längerer Zeit konsumierten Rauschmittels steht.[258] Solche Umstände können in nachgewiesenem **Spezialwissen** des VN über die Wirkungsweise und –dauer der Droge zu sehen sein oder auch in **Ausfallerscheinungen**, die einen Zusammenhang mit vorherigem Drogenkonsum als nahe liegend erscheinen lassen.[259] Auch frühere **straf- oder bußgeldrechtliche Vorverurteilungen** des

---

252 Vgl. OLG Zweibrücken Beschl. v. 03.05.2001 – 1 Ss 87/01 – DAR 2002, 135 = NZV 2001, 483; OLG Celle Beschl. v. 09.12.2008 – 322 Ss Bs 247/08 – zfs 2009, 288.
253 OLG Jena Urt. v. 21.01.2010 – 1 Ss 296/09 – VRS 118, 298.
254 Vgl. aber LG Waldshut-Tiengen Beschl. v. 04.06.2012 – 4 Qs 12/12 – VA 2012, 155 = BeckRS 2012, 24665.
255 Vgl. OLG Zweibrücken Beschl. v. 29.06.2006 – 1 Ss 88/06 – VRR 2006, 436.
256 Vgl. OLG Celle Urt. v. 09.12.2008 – 322 Ss Bs 247/08 – NZV 2009, 353; OLG Frankfurt/M. Urt. v. 25.04.2007 – 3 Ss 35/07 – NStZ-RR 2007, 249 (**jeweils etwa 23 Stunden zurückliegender Cannabiskonsum**); vgl. OLG Zweibrücken Beschl. v. 29.06.2006 – 1 Ss 88/06 – VRR 2006, 436; OLG Hamm Beschl. v. 03.05.2005 – 4 Ss OWi 215/05 – NZV 2005, 428 = NJW 2005, 3298.
257 Vgl. OLG Frankfurt/M. Urt. v. 20.08.2010 – 2 Ss 166/10 – NZV 2010, 533.
258 Vgl. OLG Braunschweig Urt. v. 27.01.2010 – Ss OWi 219/09 – BA 2010, 298; KG Urt. v. 04.01.2010 – 2 Ss 363/09-3 Ws (B) 667/09 – DAR 2010, 274.
259 Vgl. KG Urt. v. 04.01.2010 – 2 Ss 363/09-3 Ws (B) 667/09 – DAR 2010, 274.

Vorsatz, grobe Fahrlässigkeit **A.2.9.1 AKB**

VN nach §§ 316 StGB, 24a StVG können als Indiz dafür sprechen, dass der VN die fortdauernde Wirkung des Rauschmittels bei kritischem Hinterfragen seiner eigenen Fahrtüchtigkeit vor Fahrtantritt hätte erkennen können und müssen.

Die von der **Grenzwertkommission** des Bundesministeriums für Verkehr **empfohlenen** 166 **analytischen Grenzwerte,**[260] ab denen mit einer Einschränkung der Fahrtüchtigkeit zu rechnen ist, sind für die in der Anlage zu § 24a Abs. 2 StVG aufgeführten Rauschmittel mit ihren Substanzen wie folgt festgelegt worden (ng Wirkstoffgehalt pro ml Blutserum):
- Cannabis (Tetrahydrocannabinol – THC): 1 ng/ml;
- Heroin (Morphin): 10 ng/ml;
- Morphin (Morphin) 10 ng/ml;
- Cocain (Cocain): 10 ng/ml;
- Cocain (Benzoylecgonin): 75 ng/ml;
- Amfetamin (Amfetamin): 25 ng/ml;[261]
- Designer-Amfetamin (Methylendioxyamfetamin – MDA): 25 ng/ml;
- Designer-Amfetamin (Methylendioxyethylamfetamin – MDE): 25 ng/ml;
- Designer-Amfetamin (Methylendioxymethamfetamin – MDMA): 25 ng/ml;
- Metamfetamin (Metamfetamin): 25 ng/ml.

Unterschreitet die festgestellte Wirkstoffkonzentration zum Zeitpunkt des Eintritts 167 des Versicherungsfalles **den analytischen Nachweisgrenzwert** für die festgestellte Substanz, liegt **keine aktuelle Rauschmitteleinwirkung** vor. Dies gilt selbst beim (vermeintlichen) Hinzutreten rauschmitteltypischer (Ausfall)-erscheinungen.[262]

Bei einem VN, der **Cannabis** konsumiert hat und bei dem eine **THC-**Wirkstoffkonzen- 168 tration **von weniger als 1,0 ng/ml** im Blutserum festgestellt wird, fehlt es daher bereits an den objektiven Voraussetzungen einer unter Einfluss von Cannabis begangenen Rauschmittelfahrt. Ebenso wie die Verurteilung zu einer Ordnungswidrigkeit nach § 24a Abs. 2 S. 1 StVG voraussetzt, dass die betreffende Substanz in einer Konzentration nachweisbar ist, die eine Beeinträchtigung der Fahrsicherheit zumindest als möglich erscheinen lässt, was erst bei einem THC-Wert ab 1,0 ng/ml Blutserum angenommen werden kann,[263] lässt sich auch für den Bereich der Kaskoversicherung eine relative Fahruntauglichkeit des VN und damit eine grob fahrlässige, auf Cannabis-Konsum gestützte Herbeiführung des Versicherungsfalles nur beweisen, wenn das Fahrverhalten des VN zumindest durch eine diesen maßgeblichen Grenzwert erreichende oder ihn überschreitende THC-Konzentration im Blut beeinflusst war.[264] Entsprechendes

---

260 Empfehlungen v. 20.11.2002 – BA 2005, 160 – und 22.05.2007 – BA 2007, 311.
261 OLG München Beschl. v. 13.03.2006 – 4 StRR 199/05 – DAR 2006, 287.
262 OLG Jena Urt. v. 23.02.2012 – 1 Ss Bs 92/11 – ADAJUR Dok.Nr. 99281; OLG Bamberg Urt. v. 08.08.2005 – 2 Ss OWi 551/05 – DAR 2006, 286.
263 OLG Hamm Urt. v. 06.01.2011 – III-5 RBs 182/10 – ADAJUR Dok.Nr. 94360; OLG Zweibrücken Beschl. v. 13.04.2005 – 1 Ss 50/05 – DAR 2005, 408 = NZV 2005, 430.
264 Vgl. OVG Saarlouis Urt. v. 08.01.2010 – 1 B 493/09 – zfs 2010, 172 (**für 0,5 ng/ml**).

A.2.9.1 AKB   Vorsatz, grobe Fahrlässigkeit

gilt für andere Drogen unter Berücksichtigung der jeweils einschlägigen **Nachweisgrenzwerte**, (vgl. A.2.9.1 AKB Rdn. 166).

169 Gelingt dem VR der Nachweis, dass der Versicherungsfall auf eine drogenbedingte Fahruntüchtigkeit des VN zurückzuführen ist, wird wie im Falle alkoholbedingter relativer Fahruntüchtigkeit je nach Schwere des Verschuldens ein **Leistungskürzungsrecht** zwischen **40–50 %** (Normalfallquote[265]) und **100 %**,[266] vor allem bei stark Drogenabhängigen und entsprechenden rauschbedingten Ausfallerscheinungen, gerechtfertigt sein.

170 Die **empfohlenen Kürzungsquoten** und damit der Umfang des Leistungsverweigerungsrechtes des VR orientieren sich zum einen nach der **Dosis**, zum anderen aber gerade auch an den **Erfahrungen des VN** mit drogenbedingten Ausfallerscheinungen. Es ist ein Unterschied, ob sich der VN mit einer nur geringen Dosis und kaum spürbaren Ausfallerscheinungen (Kürzung von 40–60 %), nach Einnahme einer »Designerdroge« ohne hohen Bekanntheitsgrad und moderaten Ausfallerscheinungen (Kürzung von 50–80 %), bei deutlich erkennbaren und für diese Droge bekannten Ausfallerscheinungen (Kürzung von 80–100 %) oder bei massiven, aufgrund schwerer Drogenabhängigkeit und entsprechender einschlägiger Vorverurteilungen beim VN bestens bekannter Reaktionseinschränkungen (Kürzung von 100 %) ans Steuer eines Kraftfahrzeuges setzt.[267]

4. Übermüdung

171 Fahreignungsmängel durch Übermüdung (**Sekundenschlaf**),[268] die zu einem Unfall führen, werden nur in Ausnahmefällen einen beweisbaren Vorwurf der grob fahrlässigen Herbeiführung des Versicherungsfalles begründen können. Die **Darlegungs- und Beweislast** für eine Verursachung des Unfalls durch Einschlafen am Steuer aufgrund vom VN erkennbarer Übermüdung bei gleichzeitigem Ausscheiden anderer Ursachen liegt beim **VR**.

172 Es gibt **keinen allgemeinen Erfahrungssatz** dafür, dass ein **Unfall**, für deren Ursache der VN **keine plausible Erklärung** hat, in jedem Fall nur **auf ein kurzzeitiges »Einnicken«** zurückgeführt werden könnte. Dies gilt erst recht, wenn auch andere Gründe infrage kommen. So kann die Fehlreaktion insbesondere auch auf mangelnder Konzentration, anderen plötzlichen Bewusstseinsstörungen (Ohnmacht) oder einem Vorgang beruhen, der die Aufmerksamkeit des Fahrers so sehr forderte, dass er nicht mehr in der Lage war, rechtzeitig zu reagieren und einen Unfall zu vermeiden.[269] Beweisschwierigkeiten bestehen schon deshalb, weil es sich um einen individuellen, bei jedem Fahrer

---

265 Meschkat/Nauert/Stehl S. 102.
266 Franz VersR 2008, 298, 304; Rüffer/Halbach/Schimikowski/*Karczewski* § 81 Rn. 106 (**für eine Leistungskürzung von 50 bis 100 %**); ebenso Goslarer Orientierungsrahmen zfs 2010, 12, 14 = DAR 2010, 111.
267 Vgl. Nugel DAR 2010, 722, 726.
268 Vgl. Fromm SVR 2015, 126.
269 BGH Urt. v. 21.03.2007 – **I ZR 166/04** – VersR 2008, 515 = r+s 2008, 391.

Vorsatz, grobe Fahrlässigkeit **A.2.9.1 AKB**

höchst unterschiedlich ausgeprägten inneren Vorgang handelt, weshalb dieser Nachweis auch nicht mit den Regeln des Anscheinsbeweises geführt werden kann.[270] Ein **Anscheinsbeweis** greift allenfalls bei besonders hervorstechenden Sachverhalten.[271] Für einen Sekundenschlaf als Unfallursache spricht ein Anscheinsbeweis selbst dann nicht, wenn der VN bei Tag auf einer trockenen, gut ausgebauten Autobahn in einer leichten Linkskurve nach rechts von der Fahrbahn abkommt.[272]

Selbst wenn feststeht, dass der VN kurzfristig eingeschlafen ist, weil er dies z. B. bei der anschließenden Unfallaufnahme durch die Polizei als Unfallursache zu Protokoll gegeben hat,[273] bedeutet dies **nicht zwingend, dass damit der Vorwurf grober Fahrlässigkeit auch in subjektiver Hinsicht bewiesen wäre.** 173

Nach der Rechtsprechung des **BGH**[274] gehen einem Einnicken am Steuer für den Fahrer zwar regelmäßig unübersehbare Anzeichen voraus, deren Nichtbeachtung in der Regel grob fahrlässig ist. Die Tatsache, dass der Fahrer unmittelbar vor dem Unfall eingenickt ist, beweist aber nicht schon, dass er den Unfall grob fahrlässig herbeigeführt hat. Einschlafen am Steuer ist nur dann grob fahrlässig, wenn feststeht oder durch den VR bewiesen wird, dass **sich der Fahrer bewusst über** von ihm erkannte, **deutliche Anzeichen einer Übermüdung hinweggesetzt hat.**[275] Der VN muss demnach nachweislich erkannte unübersehbare Vorzeichen eines sich ankündigenden Sekundenschlafes bewusst ignoriert haben,[276] indem er keine Pause eingelegt, sondern seine Fahrt fortgesetzt hat. Zu verlangen ist ein solcher Übermüdungszustand, welcher für den VN die erkennbare Erwartung eines nahenden Sekundenschlafes mit sich bringt, wobei diese Anforderungen selbst dann gelten, wenn der VN **Schlafapnoiker** ist.[277] 174

Der VN muss bewiesenermaßen um seine **Übermüdung gewusst** oder jedenfalls deutlich erkennbare **Müdigkeitserscheinungen missachtet und ignoriert** haben, wobei An- 175

---

270 BGH Urt. v. 21.03.2007 – **I ZR 166/04** – VersR 2008, 515 = r+s 2008, 391; BGH Urt. v. 05.02.1974 – **VI ZR 52/74** – VersR 1974, 593, 594 = NJW 1974, 948.
271 Vgl. hierzu OLG Hamm Urt. v. 05.11.1997 – 20 U 99/97 – VersR 1998, 1276 = zfs 1998, 182; OLG Hamm Urt. v. 05.06.1996 – 20 U 288/95 – VersR 1997, 961 = r+s 1998, 55; OLG Frankfurt/M. Urt. v. 26.05.1992 – 8 U 184/91 – r+s 1993, 290 = NZV 1993, 32.
272 OLG Saarbrücken Urt. v. 15.09.2009 – 4 U 375/08 – r+s 2010, 129.
273 Vgl. OLG Zweibrücken Urt. v. 23.07.1997 – 1 U 134/96 – NZV 1998, 289 (**zur Verwertbarkeit der Aussage des VN, wenn eine Belehrung über sein Aussageverweigerungsrecht vor Ort nicht erfolgt ist**).
274 BGH Urt. v. 01.03.1977 – **VI ZR 263/74** – VersR 1977, 619; BGH Urt. v. 05.02.1974 – **VI ZR 52/74** – VersR 1974, 593, 594 = NJW 1974, 948.
275 BGH Urt. v. 21.03.2007 – **I ZR 166/04** – VersR 2008, 515 = r+s 2008, 391.
276 Vgl. BGH Urt. v. 21.03.2007 – **I ZR 166/04** – VersR 2008, 515 = r+s 2008, 391; OLG Koblenz Urt. v. 11.01.2007 – 10 U 949/06 – VersR 2007, 365 = r+s 2007, 151; OLG Koblenz Beschl. v. 27.04.2006 und 08.06.2006 – 10 U 1161/05 – VersR 2007, 57; OLG Koblenz Urt. v. 12.12.1997 – 10 U 226/97 – VersR 1998, 1276 = r+s 1998, 187.
277 Vgl. LG Traunstein Urt. v. 08.07.2011 – 1 Qs 226/11 – NZV 2011, 514 = ADAJUR Dok.Nr. 93971 (**zu § 315c StGB**).

A.2.9.1 AKB Vorsatz, grobe Fahrlässigkeit

scheinsbeweisgrundsätze nicht greifen.[278] Nur dann ist sein Verhalten auch subjektiv als grob fahrlässig zu qualifizieren.

176 Der VN, der nach einer **Nachtschicht von 11 Stunden** tagsüber bei guter Sicht auf trockener Straße ohne nachweisbar vorausgehende Übermüdungsanzeichen infolge eines Sekundenschlafes auf die Gegenfahrbahn gerät, handelt daher nicht grob fahrlässig, wenn er bei Fahrtantritt noch keinerlei Müdigkeit verspürte und auch in der Vergangenheit von den Nachtschichten immer problemlos nach Hause gefahren ist.[279] Vergleichbares gilt für einen VN, der **nach einem Rückflug aus den USA** verunfallt.[280] Selbst bei einer **Fahrt von ca. 1000 km in 12 bis 13 Stunden** lässt sich nicht mit hinreichender Sicherheit schlussfolgern, dass ein Unfall durch Einschlafen am Steuer grob fahrlässig herbeigeführt wurde.[281]

177 Entgegen teilweiser Auffassung in der Rechtsprechung[282] existiert selbst im Falle eines objektiv feststehenden Sekundenschlafes **keine Anscheinsvermutung** und auch kein allgemeiner Erfahrungssatz dahingehend, **dass dem »Einnicken«** am Steuer immer auch (»stets«) **unübersehbare Anzeichen einer Übermüdung** (Juckreiz der Augen, Gähnen, Lidschwere, nachlassende Konzentration, Sehen von Doppelbildern) **vorausgehen**, deren Nichtbeachtung durch den VN als grob fahrlässig einzustufen sind.[283] Der VN muss auch bei Frühsymptomen einer drohenden Übermüdung nicht zwingend stets mit einem unmittelbar bevorstehenden Sekundenschlaf rechnen.[284]

178 Selbst wenn man mit der Gegenansicht in diesen Fällen eine **Anscheinsvermutung** für eine grobe Fahrlässigkeit des VN annimmt, so **kann** diese doch **im Einzelfall erschüttert sein**. Die Vermutung knüpft daran an, dass das Einschlafen regelmäßig nicht plötzlich und unvorhersehbar geschieht, sondern sich der Fahrer über vorher gegebene Warnzeichen bewusst hinwegsetzt.[285] Steht aber andererseits fest, dass der VN jedenfalls **vor Fahrtantritt ausreichend geschlafen** hatte,[286] oder hat sich der **Unfall nach wenigen hundert Metern Fahrstrecke**[287] bzw. **unmittelbar nach Abfahrt des VN** von zu Hause

---

278 OLG Saarbrücken Urt. v. 15.09.2009 – 4 U 375/08 – r+s 2010, 129; KG Urt. v. 05.11.2008 – 12 U 26/08 – VRS 116, 172; LG Nürnberg-Fürth Urt. v. 27.01.2010 – 8 O 10700/08 – r+s 2010, 145.
279 OLG Celle Urt. v. 03.02.2005 – 8 U 82/04 – r+s 2005, 456.
280 OLG Koblenz Urt. v. 11.01.2007 – 10 U 949/06 – VersR 2007, 365 = r+s 2007, 151.
281 KG Urt. v. 05.11.2008 – 12 U 26/08 – VRS 116, 172.
282 OLG Oldenburg Urt. v. 16.09.1998 – 2 U 139/98 – VersR 1999, 1105 = NZV 1999, 212; OLG Hamm Urt. v. 05.11.1997 – 20 U 99/97 – VersR 1998, 1276 = zfs 1998, 182; OLG Karlsruhe Urt. v. 17.02.1995 – 15 U 262/94 – VersR 1996, 781; OLG Frankfurt/M. Urt. v. 26.05.1992 – 8 U 184/91 – r+s 1993, 290 = NZV 1993, 32; LG Stendal Urt. v. 04.12.2002 – 23 O 67/02 – zfs 2003, 133.
283 OLG Rostock Urt. v. 24.11.2011 – 3 U 151/10 – r+s 2012, 533; AG Düsseldorf Urt. v. 05.11.2010 – 44 C 10657/09 – SP 2011, 194.
284 OLG Schleswig Urt. v. 15.06.2000 – 7 U 143/99 – DAR 2001, 463.
285 OLG Rostock Urt. v. 24.11.2011 – 3 U 151/10 – r+s 2012, 533.
286 OLG München Urt. v. 28.01.1994 – 10 U 5785/93 – VersR 1995, 288 = DAR 1994, 201.
287 AG Düsseldorf Urt. v. 05.11.2010 – 44 C 10657/09 – SP 2011, 194.

ereignet,[288] ohne dass sich ihm während der kurzen Fahrtstrecke vorher Anzeichen aufdrängten, die er bei sorgfältiger Würdigung als Übermüdung hätte deuten müssen, ist kein Raum für die Annahme grober Fahrlässigkeit.

Hatte der VN **vor dem Unfall** bereits mehrfach teils **längere Pausen** eingelegt, beweist dies nicht, dass es sich für ihn bei Fortsetzung seiner Fahrt hätte aufdrängen müssen, dass er einschlafen könnte.[289] Die Fehleinschätzung des VN, sich nach einer Pause für so weit erholt zu halten, um jedenfalls noch eine kurze restliche Fahrstrecke ohne weiteres bewältigen zu können, ist selbst nach Auffassung der gegenteiligen Ansicht in der Rechtsprechung (s. o.) gleichwohl nicht grob fahrlässig vorwerfbar.[290] 179

Demgegenüber ist **grobe Fahrlässigkeit** im Falle eines durch Sekundenschlaf verursachten Unfalles **zu bejahen** bei einer Krankenschwester, die nach 16-stündigem Dienst die Heimfahrt antritt,[291] bei einem VN, der an einem Tag von Süddeutschland nach Holland und in der gleichen Nacht wieder zurückfährt[292] oder einem VN, der vor dem Unfall bereits zwei Mal eingenickt war.[293] 180

Dem VN sind **Lenkzeitüberschreitungen** seines Fahrers nur dann zuzurechnen, wenn er nachweislich Fahrten angeordnet hat, von denen er wusste, dass sie unter Beachtung der vorgeschriebenen Lenk- und Ruhezeiten nicht zu absolvieren waren oder wenn er sich dieser Erkenntnis arglistig verschlossen hat.[294] 181

Sofern sich die Übermüdung des VN und ein darauf beruhender Unfall, bei dem auch Fremdschaden entstanden ist, beweisen lässt, hat der VN zugleich den Straftatbestand des § 315c Abs. 1 Nr. 1b, Abs. 3 StGB verwirklicht, bei dem das Gesetz als Regelfall die Entziehung der Fahrerlaubnis nach § 69 Abs. 2 Nr. 1 StGB vorsieht. Dies rechtfertigt es, eine schwere grobe Fahrlässigkeit mit einer **Leistungskürzungsquote um 75 %** anzunehmen.[295] 182

5. Ermöglichung der Entwendung

Die grob fahrlässige Herbeiführung des Versicherungsfalles durch die Ermöglichung einer Entwendung des Fahrzeuges oder seiner Teile wird in der Rechtsprechung in vier unterschiedlichen Fallgruppen behandelt. Voraussetzung ist stets, dass der **Tatentschluss des Diebes** durch die leichtsinnige oder sorglose Verhaltensweise des VN ge- 183

---

288 OLG Rostock Urt. v. 24.11.2011 – 3 U 151/10 – r+s 2012, 533; LG Nürnberg-Fürth Urt. v. 27.01.2010 – 8 O 10700/08 – r+s 2010, 145.
289 OLG Düsseldorf Urt. v. 14.03.2002 – 10 U 13/01 – NZV 2002, 372 = DAR 2002, 310.
290 OLG Hamm Urt. v. 05.11.1997 – 20 U 99/97 – zfs 1998, 182.
291 OLG Nürnberg Urt. v. 21.05.1987 – 8 U 7/87 – zfs 1987, 277.
292 LG Köln Urt. v. 27.03.1985 – r+s 1986, 91.
293 OLG Zweibrücken Urt. v. 23.07.1997 – 1 U 134/96 – NZV 1998, 289.
294 OLG Köln Urt. v. 05.02.1997 – 9 U 45/96 – zfs 1997, 306.
295 Ebenso Burmann/Heß/Höke/Stahl Rn. 380; Meschkat/Nauert/Stehl S. 112 (**für eine Leistungskürzung zwischen 66 und 80 %**).

A.2.9.1 AKB   Vorsatz, grobe Fahrlässigkeit

weckt bzw. bestärkt, der Diebstahl des Fahrzeuges aber zumindest dadurch erleichtert oder begünstigt wurde.[296]

a) Mangelnde Sicherung des Fahrzeuges und seiner Zubehörteile gegen Diebstahl

184   Kraftfahrzeuge sind zwar gemäß § 14 Abs. 2 S. 2 StVO grundsätzlich gegen unbefugte Benutzung zu sichern. Dazu gehört auch, dass der Fahrer ein vom Hersteller serienmäßig eingebautes **Lenkradschloss** bei längerem Abstellen des Fahrzeuges auf einer öffentlichen Straße verriegelt.[297] Allerdings führt nicht jede unterlassene Sicherung gleich zur Annahme grober Fahrlässigkeit.[298] Es müssen **weitere erschwerende Umstände** hinzukommen, z. B. das Steckenlassen des Zündschlüssels, das Abstellen mit laufendem Motor, die Wahl eines abgelegenen oder dem VN bekannten diebstahlgefährdeten Ortes oder ein sorgloser, besonders leichtsinniger Umgang bei der Aufbewahrung, Hinterlegung oder Beaufsichtigung der Fahrzeugschlüssel. Vernachlässigt der VN unter diesen konkreten Umständen seine Sicherungspflichten, kann dies ein grob fahrlässiges Verhalten begründen mit der Folge, dass der VR im Falle einer Entwendung des versicherten Kfz ganz oder teilweise leistungsfrei wird.

185   Daneben wird der VR seine Leistungsfreiheit im Einzelfall auch mit einer **Gefahrerhöhung** (§§ 23 Abs. 1, 26 Abs. 1 VVG) begründen können, z. B. wenn der VN sein **Motorrad**, das ohne Zündschlüssel gestartet werden kann, regelmäßig **ungesichert ohne Einrasten des** bauseitig zur Diebstahlsicherung vorgesehenen **Lenkungsschlosses** in einer auch ohne Schlüssel zu öffnenden Garage abgestellt hatte, obwohl ihm bereits vor Jahren ein Motorrad aus derselben Garage entwendet worden war.[299] Hatte der VN Kenntnis von den die Gefahrerhöhung begründenden Umständen, wird seine grobe Fahrlässigkeit nach § 26 Abs. 1 VVG ebenso wie der Kausalzusammenhang zwischen Gefahrerhöhung und Eintritt des Versicherungsfalles nach § 26 Abs. 3 VVG vermutet. Für den Kausalitätsgegenbeweis muss der VN nachweisen, dass die unzureichende Sicherung seines Fahrzeuges den Diebstahl nicht erleichtert hat, wobei Zweifel zu seinen Lasten gehen.

aa) Abstellort

186   Eine deutliche Unterschreitung des vertraglich vereinbarten Sicherheitsstandards, der sich auch nach dem Verwendungszweck des versicherten Fahrzeuges richtet, ist in der Regel zu bejahen, wenn im Hinblick auf die **zeitliche Dauer**, die **Art des Abstellens** und **des gewählten Platzes** eine dringende Diebstahlgefahr begründet wird.[300] Dies ist der Fall, wenn einem Dieb die Entwendung im Vergleich zum sonstigen alltäglichen Parken erheblich erleichtert wird.[301] Extrem sichere Orte muss der VN trotzdem nicht aus-

---

296   Vgl. z. B. OLG Jena Urt. v. 05.08.1998 – 4 U 135/98 – zfs 1999, 23.
297   BGH Urt. v. 31.10.1973 – **IV ZR 125/72** – VersR 1974, 26, 27 = NJW 1974, 48.
298   Vgl. Prölss/Martin/*Knappmann* § 12 AKB Rn. 110.
299   Vgl. LG Hagen Beschl. v. 23.04.2012 – r+s 2013, 123 nach Hinweisbeschl. v. 16.02.2009 – 7 S 104/08 – SP 2009, 336.
300   BGH Urt. v. 15.10.1997 – **IV ZR 264/96** – VersR 1998, 44 = NJW-RR 1998, 166.
301   Römer NJW 1996, 2329, 2334 f. unter V 1.

wählen. Strengere Maßstäbe sind für Motorräder oder Anhänger anzulegen, die weniger gut zu sichern und auch leichter abzutransportieren sind.

Die **Schwelle zur groben Fahrlässigkeit** wird weder allein aufgrund des Abstellzeitraumes, noch allein aufgrund der Gefährlichkeit des Abstellortes bei gleichzeitigem ordnungsgemäßen Verschließen des Fahrzeuges überschritten. Anderseits kann es auch selbst beim Offenlassen einer Fahrzeugtür und fehlender Sicherung durch ein eingerastetes Lenkradschloss an einer groben Fahrlässigkeit fehlen, wenn das Fahrzeug nur kurzzeitig in einer ländlichen Umgebung abgestellt wird und sich dem VN eine Diebstahlgefahr nicht aufdrängen musste.[302]   187

Das **Zurücklassen** eines **hochwertigen, ordnungsgemäß verschlossenen** und durch das eingerastete Lenkradschloss gesicherten **Fahrzeuges über mehrere Tage** an einer beleuchteten und belebten Straße einer europäischen Großstadt stellt kein grob fahrlässiges Verhalten dar, erst recht dann nicht, wenn es zusätzlich auch noch durch eine Alarmanlage gesichert ist.[303] Fehlt eine solche Alarmanlage, so führt dies nicht zur Annahme grober Fahrlässigkeit, sondern nur zu einem gemäß A.2.5.1.4 AKB vertraglich vereinbarten prozentualen Abzug von der geschuldeten Entschädigungssumme.   188

Auch das **Abstellen** eines auffälligen Luxusfahrzeuges über Nacht **auf einem offenen Parkplatz** nur 15 m von einem Hoteleingang entfernt ist nicht grob fahrlässig, wenn der VN den Parkplatz für bewacht halten durfte und eine bessere Parkmöglichkeit nicht kannte.[304] Hat der VN seinen Kleinwagen ordnungsgemäß verschlossen, aber ohne eingerastetes Lenkradschloss **auf dem eigenen, frei zugänglichen Hausgrundstück** abgestellt, so ist dies nicht zu beanstanden. Grobe Fahrlässigkeit lässt sich in einem solchen Fall nur bei Hinzutreten weiterer erschwerender Umstände begründen.[305]   189

Umgekehrt stellt aber auch das **Nichtverschließen der Fahrzeugtüren** nicht in jedem Fall ein grob fahrlässiges Verhalten dar, insbesondere dann nicht, wenn der VN das Fahrzeug zwar kurzzeitig unverschlossen und ohne Einrasten des Lenkradschlosses abstellt, der **Abstellort** sich aber in einem ruhigen, dörflich geprägten Wohngebiet **unmittelbar vor dem Elternhaus des VN** befindet, von wo aus er die Situation seines Fahrzeuges durch Blicke aus Tür und Fenstern jederzeit kontrollieren kann.[306]   190

Auch beim **Abstellen eines Cabriolets mit geöffnetem Verdeck** hängt die Beurteilung der groben Fahrlässigkeit von weiteren Gesichtspunkten, insbesondere dem Abstellzeitraum, der Örtlichkeit und der Tageszeit ab.[307] Bleibt ein Cabriolet mit offenem Ver-   191

---

302 Vgl. aber LG Itzehoe Urt. v. 26.08.2003 – 1 S 157/03 – VersR 2004, 192 = DAR 2004, 154.
303 BGH Urt. v. 21.02.1996 – IV ZR 321/94 – VersR 1996, 576 = NJW 1996, 1411 (**Parken eines Porsche 911 Turbo Coupé für 1,5 Tage in Mailand**).
304 BGH Urt. v. 15.10.1997 – IV ZR 264/96 – VersR 1998, 44 = NJW-RR 1998, 166 (**Abstellen eines DB Roadster 500 SL in Warschau**).
305 OLG Jena Urt. v. 23.08.1995 – 4 U 95/95 – NJW-RR 1996, 352 = zfs 1996, 264.
306 OLG Saarbrücken Urt. v. 24.10.2007 – 5 U 238/07 – zfs 2008, 96 (**keine grobe Fahrlässigkeit**).
307 AG Münster Urt. v. 23.01.1991 – 29 C 612/90 – DAR 1991, 341 = VersR 1991, 994.

A.2.9.1 AKB   Vorsatz, grobe Fahrlässigkeit

deck über eine Stunde auf einem mit dichten Büschen unterteilten Parkplatz[308] oder über Nacht auf öffentlich zugänglichen Gelände stehen,[309] ist die Grenze zur groben Fahrlässigkeit überschritten.

192 Zum kurzzeitigen Abstellen eines Fahrzeuges bei **Be- und Entladungsvorgängen** vgl. A.2.9.1 AKB Rdn. 204 ff.

193 **Grobe Fahrlässigkeit** wurde **bejaht** beim Abstellen
- eines Wohnmobils mit **geöffneter Schiebetür** während eines Einkaufs in einem polnischen Getränkemarkt, auch wenn noch Kinder unmittelbar vor der Entwendung auf dem Rücksitz des Fahrzeuges saßen;[310]
- eines Wohnwagens **ohne Diebstahlsicherung** über mehrere Tage an einer viel befahrenen Straße;[311]
- eines Anhängers ohne Diebstahlsicherung über mehrere Tage und Nächte auf einem von der Straße einsehbaren und **frei zugänglichen Grundstück**;[312]
- eines Pkw auf einem **unbewachten Parkplatz** nahe eines Flughafens für die Dauer von 17 Tagen in Kenntnis des hier herrschenden erheblichen Diebstahlrisikos;[313]
- eines Pkw auf einem unbewachten **Strandparkplatz** für mehrere Tage;[314]
- eines **bereits aufgebrochenen Pkw**, den der VN anschließend ungesichert weiter auf einem unbewachten Parkplatz stehen lässt;[315]
- eines **Motorrades mit wertvollem Gepäck** auf einem belebten Platz in der Innenstadt von Barcelona;[316]
- eines fast neuwertigen Motorrades **ohne** Betätigung des **Lenkradschlosses** nahe eines Messeparkplatzes;[317]
- eines beschädigten und nur mit einem Lenkradschloss gesicherten Motorrades für mindestens zwei Tage auf dem **Parkplatz** eines Sportlerheimes **in Ortsrandlage**;[318]
- eines nur mit dem Lenkradschloss gesicherten Motorrades für mindestens sechs Tage auf dem Parkplatz einer **Autobahnraststätte**;[319]
- eines neuen Motorrades mit Reifenpanne für mehrere Nächte neben der Straße **auf einem Feldweg**.[320]

---

308 LG Bonn Urt. v. 01.02.1990 – 6 S 422/89 – VersR 1991, 221.
309 LG Aachen Urt. v. 19.12.1991 – 2 O 261/91 – VersR 1992, 997.
310 OLG Hamburg Urt. v. 23.12.2004 – 14 U 163/04 – r+s 2005, 502 = zfs 2005, 247.
311 OLG Schleswig Urt. v. 26.11.2009 – 16 U 18/09 – NZV 2010, 576 = NJW-RR 2010, 845.
312 OLG Oldenburg Urt. v. 26.06.1996 – 2 U 106/96 – r+s 1996, 431 = VersR 1997, 997.
313 AG Bremerhaven Urt. v. 21.12.1982 – 52 C 1614/82 – VersR 1984, 349.
314 OLG Bremen Urt. v. 03.01.1980 – 2 U 96/79 – VersR 1980, 861 = DAR 1980, 177.
315 Vgl. OLG Düsseldorf Urt. v. 16.07.2002 – 4 U 218/01 – SP 2003, 104; OLG Hamm Urt. v. 30.03.1995 – 6 U 150/94 – zfs 1995, 379.
316 LG Nürnberg-Fürth Urt. v. 27.04.1973 – 11 S 8/73 – VersR 1973, 1160.
317 LG Mannheim Urt. v. 27.11.1956 – 8 O 94/56 – VersR 1956, 760.
318 LG Gießen Urt. v. 20.03.1996 – 1 S 553/95 – DAR 1996, 407 = zfs 1996, 263.
319 OLG Köln Urt. v. 21.02.1991 – 5 U 96/90 – VersR 1991, 1240 = r+s 1991, 118.
320 LG Stuttgart Urt. v. 26.03.1982 – 20 O 644/81 – VersR 1983, 772.

Vorsatz, grobe Fahrlässigkeit **A.2.9.1 AKB**

Zu beachten ist, dass das **mehrtägige Abstellen** eines Fahrzeuges an einem uneinseh- 194
baren, einsamen Ort oder auf einem ungesicherten öffentlichen Parkplatz nicht in jedem Fall zu einer (partiellen) Leistungsfreiheit des VR führt. Selbst wenn man dieses Verhalten für grob fahrlässig hält, muss der VR im Entwendungsfall gleichwohl immer noch beweisen, dass gerade hierauf der Diebstahl beruht. Diesen **Kausalitätsnachweis** wird er in aller Regel nicht erbringen können, wenn nicht ausgeschlossen werden kann, dass das Fahrzeug bereits in den ersten Stunden nach dem Abstellen entwendet wurde, als die Grenze zur groben Fahrlässigkeit noch nicht überschritten war.[321]

Grobe Fahrlässigkeit wurde **verneint** beim Abstellen 195
– eines BMW 535i über Nacht auf einem wenig frequentierten **Autobahnrastplatz** in Sachsen ca. 70 km von der polnischen Grenze entfernt;[322]
– eines BMW Z1 in einer öffentlichen, frei zugänglichen **Tiefgarage** durch einen VN, der beim Kauf des Kfz nicht alle Schlüssel erhalten hat;[323]
– eines Cabriolets auf einem **belebten Platz** für weniger als eine Stunde;[324]
– eines Cabriolets ohne stabiles Dach auf einem unverschlossenen **Firmenparkplatz** über Nacht;[325]
– eines Rolls-Royce in der Bahnhofstraße von Kattowitz (**Polen**) zwischen 22 und 24.00 Uhr;[326]
– eines Kfz auf einem unbewachten, aber leicht einsehbaren Parkplatz in **Polen**, wobei es als unerheblich angesehen wurde, dass in der Nähe ein anderer bewachter Parkplatz vorhanden war;[327]
– eines Pkw Audi auf dem Parkplatz eines **italienischen Flughafens**;[328]
– eines hochwertigen Kfz für geplante 4 Tage auf einem **unbewachten öffentlichen Parkplatz**, weil die zerstochenen Reifen des Kfz von dem benachbarten Tankstellenbetrieb ausgetauscht werden sollen;[329]
– eines Sportwagens – von einem Unbekannten interessiert beobachtet – in einem mit Überwachungskameras ausgestatteten öffentlichen **Parkhaus in der Slowakei** und das einmalige Vergessen des Zweitschlüssels in der von außen nicht einsehbaren Mittelkonsole des PKW in einer beruflich angespannten Situation des VN;[330]
– eines Wohnwagens auf einem **Autobahnparkplatz** nach einem Reifenschaden;[331]

---

321 OLG Karlsruhe Urt. v. 20.06.2002 – 12 U 15/02 – VersR 2002, 1550 = r+s 2002, 362 (**für ein Motorrad**); Rüffer/Halbach/Schimikowski/*Karczewski* § 81 Rn. 17.
322 OLG Oldenburg Urt. v. 08.03.1995 – 2 U 3/95 – VersR 1996, 184 = r+s 1995, 210.
323 BGH Urt. v. 06.03.1996 – **IV ZR 383/94** – VersR 1996, 621 = r+s 1996, 168.
324 AG Münster Urt. v. 23.01.1991 – 29 C 612/90 – DAR 1991, 341 = VersR 1991, 994.
325 OLG Hamm Urt. v. 28.05.1999 – 20 U 235/98 – zfs 2000, 20.
326 OLG Hamm Urt. v. 26.02.1996 – 6 U 152/95 – r+s 1996, 430.
327 LG Siegen Urt. v. 01.07.2002 – 1 O 134/02 – SP 2003 176.
328 OLG Bamberg Urt. v. 15.12.1994 – 1 U 198/93 – zfs 1995, 422.
329 OLG Hamm Urt. v. 09.06.1993 – 20 U 312/92 – r+s 1995, 173.
330 LG Ingolstadt Urt. v. 09.02.2010 – 43 O 1591/09 – zfs 2010, 331.
331 OLG Frankfurt/M. Urt. v. 24.11.1994 – 1 U 143/93 – VersR 1995, 1477 = r+s 1996, 93.

A.2.9.1 AKB Vorsatz, grobe Fahrlässigkeit

- eines Wohnwagens auf dem **Gelände einer stillgelegten Tankstelle** an einer Hauptdurchgangsstraße ohne eine Diebstahlsicherung der Anhängervorrichtung;[332]
- eines Kfz für längere Zeit auf dem öffentlichen Parkplatz eines Vorstadtbahnhofs in Holland.[333]

196 Behauptet der VR lediglich, der VN habe den vertragsgemäßen Sicherheitsstandard herabgesetzt, weil er das **Lenkradschloss** nicht habe einrasten lassen, während der VN erklärt, sich daran nicht erinnern zu können, hat der VR den Beweis eines grob fahrlässigen Verhaltens des VN nicht geführt.[334]

bb) Steckenlassen des Schlüssels

197 Das Unterlassen jeglicher Sicherungen am Fahrzeug, insbesondere durch das **unverschlossene Abstellen mit steckendem Zündschlüssel** stellt auch bei beabsichtigtem kurzzeitigem Verlassen eine erhebliche Herabsetzung des vertraglich vorausgesetzten Sicherheitsstandards und damit **einen groben Pflichtenverstoß dar.**[335] Dies gilt insbesondere, wenn der Schlüssel bewusst und nicht nur aus Versehen steckengelassen wird.

198 Zu den ohne weiteres zu erwartenden Sicherheitsvorkehrungen gehört es, gemäß **§ 14 Abs. 2 S. 2 StVO** ein Fahrzeug nach dem Verlassen vor unbefugten Zugriffen Dritter zu sichern. Lässt der VN den Fahrzeugschlüssel im Zündschloss, an der Fahrzeugtüre oder der Kofferraumklappe stecken, so gibt er durch sein Verhalten den Pkw dem Zugriff von jedermann preis.[336] Daher führt er den Diebstahl grob fahrlässig herbei, wenn er durch andere Dinge so abgelenkt ist oder sich so weit von dem Fahrzeug entfernt hat, dass er es vielleicht noch im Blickfeld hat, indes aber eine direkte Zugriffsmöglichkeit, die allein entscheidend ist, nicht mehr besteht. Er begibt sich in diesem Falle jeglicher Einwirkungsmöglichkeiten auf das Diebstahlgeschehen. Dies gilt insbesondere dann, wenn das Fahrzeug so abgestellt ist, dass ein **sofortiges Wegfahren problemlos möglich** ist.[337]

199 Für die Qualifizierung eines Verhaltens als grob fahrlässig spielt auch die **konkrete Örtlichkeit** eine entscheidende Rolle. Je risikoträchtiger der Abstellort im Hinblick auf eine mögliche Diebstahlgefahr ist, desto weniger darf er sich bei gleichzeitigem Steckenlassen des Zündschlüssels vom Fahrzeug entfernen und es aus dem Blick verlieren. Dies gilt vor allem bei Tank- und anschließenden Bezahlvorgängen, aber auch beim Aussteigen aus dem Fahrzeug, um Passanten nach dem Weg zu fragen. Den VN trifft der Vorwurf grober Fahrlässigkeit auch dann, wenn zwar zunächst sein Beifahrer am Fahrzeug verbleibt, der VN aber durch eine fehlende vorherige Absprache nicht sicher-

---

332 OLG Düsseldorf Urt. v. 06.02.1996 – 4 U 6/95 – zfs 1997, 179; a. A. OLG Frankfurt/M. Urt. v. 24.11.1994 – 1 U 143/93 – VersR 1995, 1477.
333 OLG Karlsruhe Urt. v. 31.07.2014 – 12 U 44/14 – r+s 2015, 226.
334 OLG Köln Urt. v. 28.11.1991 – 5 U 114/91 – r+s 1992, 263 = NJW 1993, 605.
335 Rüffer/Halbach/Schimikowski/*Karczewski* § 81 Rn. 23; OLG Hamm NZV 1991, 195.
336 Rüffer/Halbach/Schimikowski/*Karczewski* § 81 Rn. 23.
337 Vgl. OLG Koblenz Urt. v. 05.02.2007 – 10 U 903/06 – zfs 2007, 694 = VersR 2007, 1553.

gestellt hat, dass er dort auch bis zu seiner Rückkehr verbleiben wird.[338] Bei **Fahrzeugen der oberen Luxusklasse** sind die entsprechenden Sorgfaltsanforderungen an den VN höher anzusetzen als bei Klein- oder Mittelklassewagen.

Lässt der VN beim **Tankvorgang** den Zündschlüssel stecken und entfernt sich zur Bezahlung der Rechnung von dem Fahrzeug, welches zu diesem Zeitpunkt zwischen anderen eingeparkt ist, während seine Beifahrerin in der Nähe des Fahrzeuges bleibt, trifft ihn im Falle der Entwendung des Fahrzeuges kein grob fahrlässiges Verschulden.[339] Anderes gilt für einen VN, der im Ausland in der gleichen Situation nach dem Betanken seines Audi A6 TDI sein Fahrzeug während des Zahlungsvorganges allein an der Zapfsäule zurücklässt.[340] 200

Verstößt ein **Lkw-Fahrer**, der **Transportgut von erheblichem Wert geladen hat**, gegen seine Verpflichtung, zur Sicherung der Ladung und des Lkw das Fahrzeug stets nur unter Abziehen und Mitführen des Fahrzeugschlüssels zu verlassen und wird ihm beim Versuch der Nacheile aus dem entwendeten Lkw ein Reizstoffspray ins Gesicht gesprüht, so entfällt der Vorwurf grober Fahrlässigkeit nicht schon deshalb, weil die Täter – hätte der Fahrer beim Verlassen des Lkw den Fahrzeugschlüssel abgezogen und mitgeführt – sich möglicherweise dieses Schlüssels unter Gewaltandrohung oder Gewaltanwendung bemächtigt hätten; auch in Fällen der Beschaffungskriminalität gibt es keinen dahingehenden Erfahrungssatz, dass – wenn die Entwendung eines Lkw durch Locken des Fahrers unter einem Vorwand aus dem Führerhaus unter Steckenlassen des Zündschlüssels misslingt – seitens der Täter zwangsläufig Maßnahmen einer höheren Eskalationsstufe ergriffen werden.[341] 201

Grob fahrlässig handelt der VN auch dann, wenn er einem als Kaufinteressenten auftretenden **unbekannten Dritten**, ohne zuvor dessen Identität festzustellen, für eine **Probefahrt** bei steckendem Zündschlüssel oder gar laufendem Motor das Steuer seines Fahrzeuges überlässt und dieser unvermittelt mit dem Fahrzeug losfährt.[342] Dies gilt auch für den Fall, dass der VN dem angeblichen Kaufinteressenten, der nicht mit dem eigenen Kfz angereist ist, sein Motorrad zu einer Probefahrt überlässt, ohne sich dessen Ausweis aushändigen, eine Anzahlung geben zu lassen oder wenigstens die Personalien zu notieren.[343] Der Sorgfaltspflichtverstoß des VN erscheint auch nicht etwa deshalb in einem milderen Licht, weil der Täter ohne Motorradkleidung erschienen ist und bei der angeblichen kurzen Probefahrt die Wohnstraße des VN nicht verlassen wollte.[344] 202

Keine grobe Fahrlässigkeit aber, wenn der VN sein Motorrad mit laufendem Motor neben einem scheinbaren Kaufinteressenten stehen lässt und sich zur Vorbereitung 203

---

338 LG Traunstein Urt. v. 19.12.1991 – 10 O 3568/91 – VersR 1993, 47.
339 OLG Frankfurt/M. Urt. v. 11.09.2002 – 7 U 203/99 – zfs 2003, 81.
340 LG Darmstadt Urt. v. 22.04.2004 – 4 O 644/03 – SP 2005, 20.
341 OLG Nürnberg Urt. v. 08.01.2010 – 12 U 1596/09 – VersR 2011, 1032.
342 OLG Frankfurt/M. Urt. v. 20.02.2002 – 7 U 54/01 – zfs 2002, 240; OLG Düsseldorf Urt. v. 23.02.1999 – 4 U 77/98 – zfs 1999, 297.
343 LG Coburg Urt. v. 29.04.2009 – 13 O 717/08 – r+s 2009, 325.
344 OLG Düsseldorf Urt. v. 23.02.1999 – 4 U 77/98 – zfs 1999, 297.

A.2.9.1 AKB Vorsatz, grobe Fahrlässigkeit

und in Erwartung einer gemeinsamen Probefahrt aus der Garage seinen Sturzhelm holt, woraufhin der angebliche Kaufinteressent plötzlich auf das Motorrad aufspringt und davonfährt,[345] (vgl. im Übrigen zur **Abgrenzung eines versicherten Trickdiebstahls von einem nicht versicherten Betrug** im Zusammenhang mit Probefahrten. A.2.2.1 AKB Rdn. 186 ff.).

204 Im Rahmen von **Be- oder Entladevorgängen**, bei denen nach nur kurzer Unterbrechung immer wieder Sichtkontakt zum Fahrzeug besteht, ist das kurzzeitige Abstellen eines unverschlossenen Kfz auch dann **nicht grob fahrlässig**, wenn der Zündschlüssel steckenbleibt[346] (außer das Fahrzeug wird mit laufendem Motor abgestellt) oder ein Ersatzschlüssel im Handschuhfach deponiert war.[347] Gleiches gilt, wenn ein Unbekannter in der Zwischenzeit mit einem **Zweitschlüssel**, den der VN **unbewusst** in einer auf dem Rücksitz liegenden **Jacke** zurückgelassen hat, das Fahrzeug entwendet.[348] Auch wenn der VN beim gleichzeitigen Entladen seines Pkw und eines anderen Pkw seiner Ehefrau in der Tiefgarage eines großen Miethauses versehentlich den **Fahrzeugschlüssel auf dem Kofferraumschloss** seines Fahrzeuges stecken lässt, erweist sich das Fehlverhalten des VN in diesem Zusammenhang nicht als subjektiv grob fahrlässig.[349] Denn es ist ihm nicht als schlechthin unentschuldbares Fehlverhalten anzulasten, wenn er infolge Unkonzentriertheit das Abziehen des Schlüssels als einen von verschiedenen Handgriffen im Rahmen eines zur Routine gewordenen, völlig automatisierten Handlungsablaufes vergisst.[350] **Anderes gilt nur dann**, wenn der VN den Schlüssel auf einem stark frequentierten, öffentlichen Parkplatz im Schloss der Kofferraumklappe stecken lässt.[351]

205 Im Übrigen **ist eine doppelte Sicherung des Fahrzeuges nicht zu verlangen**. Steht das Fahrzeug in einer ansonsten ordnungsgemäß verschlossenen Ausstellungshalle oder Garage, so ist selbst die Entwendung eines unverschlossenen Fahrzeuges mit steckendem Zündschlüssel nicht grob fahrlässig.[352]

206 **Grobe Fahrlässigkeit** wurde bejaht:
– bei einem VN, der sein Kfz unverschlossen und **mit laufendem Motor** in einer europäischen Großstadt abstellt und unbeaufsichtigt **zurücklässt**, indem er sich ca. 100 m entfernt, dabei sogar um eine Ecke geht, ohne das Fahrzeug so im Blickfeld zu haben, dass er eine Einwirkung Dritter auf das Fahrzeug zumindest hätte wahr-

---

345 OLG Frankfurt/M. Urt. v. 08.06.2001 – 24 U 175/99 – VersR 2002, 90 = zfs 2001, 551.
346 OLG Düsseldorf Urt. v. 25.02.2010 – I-4 U 102/09 – SP 2010, 331.
347 OLG Köln Urt. v. 06.02.2001 – 9 U 151/00 – r+s 2001, 278 = SP 2001, 243; OLG Karlsruhe Urt. v. 23.09.1975 – 12 U 105/74 – VersR 1976, 454.
348 OLG Celle Urt. v. 18.06.2009 – 8 U 188/08 – r+s 2010, 149 = SP 2010, 19.
349 OLG Düsseldorf Urt. v. 27.10.1998 – 4 U 212/97 – zfs 1999, 156.
350 LAG Mainz Urt. v. 12.05.1999 – 10 (2) Sa 1223/98 – SP 2000, 427.
351 OLG Hamm Urt. v. 27.09.1999 – 6 U 52/99 – VersR 2000, 1233; OLG Braunschweig Urt. v. 12.05.1999 – 3 U 292/98 – VersR 2000, 449.
352 OLG Düsseldorf Urt. v. 05.12.1989 – 4 U 26/89 – r+s 1990, 405 (**bei einer mit zwei Vorhängeschlössern gesicherten Halle**); a. A. LG Stralsund Urt. v. 31.08.1994 – 7 S 11/94 – r+s 1995, 450 (**bei einem Kfz in verschlossener Garage**).

Vorsatz, grobe Fahrlässigkeit **A.2.9.1 AKB**

nehmen können, da ein solches Verhalten geradezu eine Einladung für potenzielle Diebe darstellt, das Fahrzeug zu entwenden;[353]
- bei kurzzeitigem **Verlassen eines Taxis mit laufendem Motor**, um in einer Kneipe den Fahrgast ausfindig zu machen;[354]
- bei einem VN, der **in Polen aus seinem Fahrzeug aussteigt**, um das Auto herum auf die Beifahrerseite geht und sich dort mit einem Passanten unterhält, während sich ein Unbekannter spontan ans Steuer setzt und mit dem Fahrzeug flüchtet;[355]
- wenn der VN mit seinem Pkw Mercedes **an einem Obstverkaufsstand in Polen anhält**, sich 3 Meter von seinem Fahrzeug entfernt und sich durch ein Gespräch mit der Verkäuferin ablenken lässt;[356]
- wenn der VN beim **Verlassen des Kfz auf offener Straße** innerhalb einer (kleineren) geschlossenen Ortschaft den Schlüssel im Zündschloss des unverschlossenen Fahrzeugs hat stecken lassen und sich hinter dem Fahrzeug aufhält;[357]
- wenn der VN bewusst sein **Fahrzeug** nachmittags **unverschlossen vor seinem Haus** im öffentlichen Straßenraum **abstellt** und Schlüssel sowie Kfz-Schein darin zurücklässt und das Fahrzeug über Nacht entwendet wird;[358]
- wenn der VN **während des Wechselns eines Reifens** den Zündschlüssel stecken lässt, obwohl zwischenzeitlich ein Unbekannter hinzugekommen ist;[359]
- bei einem VN, der einen ein Jahr alten **Pkw** der gehobenen Preisklasse **unverschlossen** mit steckendem Zündschlüssel **auf** einem frei zugänglichen **Firmengelände abstellt**;[360]
- wenn der VN entsprechend einem auf dem Lande ortsüblichen Verhalten sein **Fahrzeug** mit steckendem Schlüssel **auf einem Hof abstellt**;[361]
- wenn der VN sein mit steckendem Zündschlüssel **auf ungesichertem Gelände vor einem Gewerbebetrieb abgestelltes Fahrzeug** verlässt und sich – wenn auch nur vorübergehend – außer Sichtweite seines Fahrzeuges begibt.[362]

Keine grobe Fahrlässigkeit liegt vor:
- wenn der VN bei einer scheinbaren Autopanne eines anderen Fahrzeuges anhält, um Hilfe zu leisten und unter Steckenlassen des Zündschlüssels sein Fahrzeug verlässt, wenn sich ihm die Möglichkeit einer nur **vorgetäuschten Panne** nicht aufdrängen musste;[363]

---

353 OLG Koblenz Urt. v. 12.03.2004 – 10 U 550/03 – VersR 2004, 1410 = r+s 2004, 279.
354 LG Köln Urt. v. 24.07.1991 – 24 O 489/90 – VersR 1993, 348.
355 OLG Rostock Urt. v. 07.11.2008 – 5 U 153/08 – NJW-Spezial 2009, 11 = VK 2009, 49.
356 OLG Köln Urt. v. 20.06.2000 – 9 U 5/00 – VersR 2002, 842 = r+s 2000, 404.
357 LG Mainz Urt. v. 01.06.2006 – 4 O 318/05 – r+s 2008, 10.
358 OLG Koblenz Urt. v. 26.03.2009 – 10 U 1243/08 – VersR 2009, 1527.
359 LG Koblenz Urt. v. 23.01.2002 – 3 O 164/01 – SP 2002, 427.
360 OLG Köln Urt. v. 09.05.2000 – 9 U 66/99 – zfs 2001, 21.
361 LG Itzehoe Urt. v. 26.08.2003 – 1 S 157/03 – VersR 2004, 192 = DAR 2004, 154.
362 OLG Koblenz Urt. v. 28.04.2000 – 10 U 1146/99 – zfs 2001, 122 = VersR 2001, 1278; LG Hannover Urt. v. 27.09.2005 – 8 O 132/05 – SP 2006, 289.
363 OLG Frankfurt/M. Urt. v. 28.11.2002 – 3 U 239/01 – MDR 2003, 632.

A.2.9.1 AKB   Vorsatz, grobe Fahrlässigkeit

- wenn der VN beim eiligen Entladen seines Fahrzeuges in strömendem Regen zwar den Kfz-Schlüssel stecken lässt, das Fahrzeug aber in einem **umzäunten Privatbereich** abgestellt ist, der nur **durch ein mittels Sicherheitsschloss versehenes Eisentor zugänglich** ist, der VN sich zum Zeitpunkt des Diebstahls auf dem Grundstück aufhält und der Täter von außen nicht erkennen kann, dass das Kfz unverschlossen im Hof steht.[364]

cc) Kürzungsquoten

208   Die Anforderungen an einen sicheren Abstellort und notwendige Sicherungsmaßnahmen nach dem Verlassen des Fahrzeuges sind umso höher anzusetzen, je wertvoller das Fahrzeug ist und je eher es potenziellen Tätern einen Diebstahlsanreiz bietet. Maßgeblich ist auch, ob das Fahrzeug auf einem unbeleuchteten, unbewachten Gelände oder auf einem umzäunten Parkplatz mit Wachpersonal und Überwachungskameras abgestellt wurde.[365]

209   Ein nachgewiesenes grob fahrlässiges Verhalten dürfte im **Normalfall** zu einer **Leistungskürzung zwischen 50 und 70 %** führen.[366] Je nach Einstufung des Abstellortes als sicher oder weniger sicher, der Abstelldauer und der Nachlässigkeit des VN in Bezug auf die Sicherung seines Fahrzeuges wird sich im Normalfall eine Quote in diesem Bereich finden lassen.

210   Eine Abzugsquote von 75–80 % wird angemessen sein, wenn der VN das Fahrzeug einem unbekannten Dritten für eine **Probefahrt** ohne jegliche Sicherungsmaßnahmen aushändigt oder in der Stadt mit **steckendem Zündschlüssel** oder gar **laufendem Motor** abstellt, so dass sich ein Täter regelrecht eingeladen fühlen muss, das Fahrzeug zu entwenden.[367]

211   Sofern der VN den Zündschlüssel auf einem öffentlich zugänglichen Grundstück vergisst (Tankstelle, Gewerbebetrieb, Parkgarage etc.), erscheint der Ansatz einer mittleren Verschuldensquote von **50 %** gerechtfertigt.

212   Verstößt der VN gegen die Verpflichtung, sein abgestelltes Fahrzeug ausreichend **gegen unbefugte Benutzung zu sichern**, wird sich die Abzugsquote je nach Fahrzeugart (Pkw, Zweirad, Anhänger), Abstellort und -zeitraum sowie Wert des versicherten Fahrzeuges auf **40–70 %** belaufen.[368] Bei einem Diebstahl eines unzureichend gesicherten Außenbordmotors von einem Boot über Nacht in einem umzäunten Hafenbereich wurde eine Kürzung von 50 % für angemessen erachtet.[369]

---

364 OLG Düsseldorf Urt. v. 25.02.2010 – I-4 U 102/09 – SP 2010, 331.
365 Nugel DAR 2012, 348, 350.
366 Ebenso Burmann/Heß/Höke/Stahl Rn. 407; Meschkat/Nauert/*Stehl* S. 104, 105 (für eine Normalfallquote von 50 %, im Einzelfall von 66 bis 80 %); ähnlich Rüffer/Halbach/Schimikowski/*Karczewski* § 81 Rn. 103 (im Einzelfall bis zu 90 % Kürzung).
367 Goslarer Orientierungsrahmen zfs 2010, 12, 14 = DAR 2010, 111 (75 % bei Schlüssel im Zündschloss); vgl. Nugel DAR 2012, 348, 350 (50–80 %).
368 Vgl. Nugel DAR 2012, 348, 350.
369 OLG Hamm Beschl. v. 21.04.2010 – 20 U 182/09 – NJW Spezial 2010, 297.

Vorsatz, grobe Fahrlässigkeit   **A.2.9.1 AKB**

b) Pflichtwidrige Beaufsichtigung oder Verwahrung von Kfz-Schlüsseln

Der VN muss seine Fahrzeugschlüssel grundsätzlich so aufbewahren, dass sie vor unbe- 213
fugten Zugriffen Dritter geschützt sind. Als **grob fahrlässig** ist sein Verhalten daher einzustufen, **wenn** in der konkreten Situation ein **erheblich erleichterter Zugriff auf die Schlüssel für unbefugte Dritte** bestand und **dies für den VN** auch **offenkundig war**, während ein Verschuldensvorwurf in den Fällen ausscheidet, in denen der VN nicht ohne weiteres mit einem Diebstahl der Schlüssel rechnen konnte.[370]

aa) im Fahrzeug

Das **Zurücklassen von Kofferraum- oder Fahrzeugschlüsseln** (auch Ersatzschlüsseln) 214
im Inneren eines auf öffentlich zugänglichen Straßen oder Plätzen abgestellten Fahrzeuges (z. B. in **Kleidungsstücken**, in einer **Notebooktasche** unter dem Fahrersitz,[371] in der **Mittelkonsole**,[372] hinter der **Sonnenblende**,[373] im **Aschenbecher** über die Dauer von drei Wochen,[374] in der **Innenverkleidung** oder an sonstigen versteckten Stellen) ist grundsätzlich als **grob fahrlässig** anzusehen, weil dem Dieb dadurch die Entwendung des Fahrzeuges erheblich erleichtert wird. Dies gilt selbst dann, wenn das Lenkradschloss eingerastet und die Fahrzeugtüre verriegelt war.[375] Für die Berechtigung dieses Vorwurfs kommt es nicht darauf an, ob der VN den Kfz-Schlüssel bewusst oder unbewusst im Fahrzeug zurückgelassen hat[376] oder ob er sich der Gefahren, die aus diesem Umstand resultieren, bewusst gewesen ist. Hat der Dieb den Fahrzeugschlüssel von außen sehen können, ist damit ohne weiteres bewiesen, dass die Entwendung zumindest mitursächlich auf die leichtsinnige Aufbewahrung des Schlüssels im Fahrzeug zurückzuführen ist,[377] was eine quotale Leistungsbefreiung des VR zur Folge hat.

War der **Fahrzeugschlüssel von außen nicht sofort zu erkennen**, wird sich der VR viel- 215
fach nicht auf grobe Fahrlässigkeit berufen können, wenn er mangels späterem Wiederauffinden des Fahrzeuges nicht den Beweis erbringen kann, dass der Dieb das Fahrzeug unter Zuhilfenahme des aufgefundenen Schlüssels entwendet hat,[378] (vgl. auch A.2.9.1 AKB Rdn. 391 ff.).

---

370 Rüffer/Halbach/Schimikowski/*Karczewski* § 81 Rn. 18.
371 Vgl. KG Urt. v. 11.02.2008 – 8 U 151/07 – NJW-RR 2008, 1245.
372 OLG Koblenz Urt. v. 29.11.1996 – 10 U 1581/95 – zfs 1997, 182, LG Köln Urt. v. 15.01.2009 – 24 O 365/08 – r+s 2010, 14.
373 OLG Hamm Urt. v. 13.06.1997 – 20 U 12/97 – VersR 1998, 489.
374 LG Augsburg Urt. v. 29.10.1993 – 9 O 1400/93 – VersR 1994, 855.
375 BGH Urt. v. 30.09.1980 – **VI ZR 38/79** – VersR 1981, 40 = NJW 1981, 113.
376 Vgl. auch A.2.9.1 AKB Rdn. 16 ff.; a. A. Himmelreich/Halm/Staab/*Krahe* Kap. 23 Rn. 519.
377 Vgl. BGH Urt. v. 14.07.1986 – **IVa ZR 22/85** – VersR 1986, 962 = NJW 1986, 2838.
378 Vgl. LG Köln Urt. v. 15.01.2009 – 24 O 365/08 – r+s 2010, 14.

A.2.9.1 AKB Vorsatz, grobe Fahrlässigkeit

216 Es kommt hinzu, dass das von außen nicht sichtbare Belassen von Fahrzeugschlüsseln im Fahrzeuginneren für einen in der Regel schon vor dem Aufbrechen des Fahrzeuges gefassten Diebstahlsentschluss des Täters nicht ursächlich ist.[379]

217 Für eine hiervon abweichende Beurteilung muss der VR entsprechende Tatsachen vortragen und nachweisen, dass durch das Zurücklassen der Fahrzeugschlüssel die Entwendung erst möglich oder zumindest gefördert worden ist.[380] Sonst fehlt es an der »Herbeiführung« des Schadens i. S. v. A.2.9.1 AKB. Schließlich ist eine Entwendung des Fahrzeuges auch ohne das Auffinden oder die Benutzung des im Fahrzeuginneren zurückgelassenen Schlüssels möglich und denkbar. So kann das Fahrzeug beispielsweise auf einen Transporter aufgeladen oder mittels Abschleppwagen weggeschafft worden sein. Die bloße Behauptung des VR, das Zurücklassen des Schlüssels im Fahrzeug habe den Diebstahl gefördert, ist jedenfalls so lange rein spekulativ, wie sich nicht durch konkrete, nachvollziehbare Anhaltspunkte die Annahme begründen lässt, der Täter habe ursprünglich nur Gegenstände aus dem Fahrzeug entwenden wollen, sei dann aber beim Durchsuchen des Fahrzeuges auf den an versteckter Stelle verwahrten Zweitschlüssel gestoßen und habe daher die günstige Gelegenheit genutzt, mittels dieses aufgefundenen Schlüssels auch gleich das ganze Fahrzeug zu entwenden.[381]

218 Die **Aufbewahrung** von Kofferraum- oder Reserveschlüsseln **im nicht verschlossenen Handschuhfach** ist **grob fahrlässig**; der vertragsgemäß vorausgesetzte Sicherheitsstandard ist erheblich herabgesetzt, mögen auch das Lenkradschloss eingerastet und die Wagentüren verriegelt gewesen sein.[382] Zweifelhaft dürfte jedoch sein, ob dies auch dann gilt, wenn der VN seinen Zweitschlüssel im unverschlossenen Handschuhfach eines **anderen abgesperrten Fahrzeuges**, z. B. seines Zweitwagens, zurücklässt und somit einem potenziellen Täter gerade keinen Anreiz zur Entwendung seines versicherten Fahrzeuges bietet.[383] Tatsache ist allerdings, dass Diebe gerade im Handschuhfach Nachschau halten, weil sie mit der verbreiteten Unsitte vieler Autofahrer rechnen, dass dort neben Wertsachen auch Kfz-Papiere und –Zweitschlüssel aufbewahrt werden; der VN führt daher den Versicherungsfall grob fahrlässig herbei, wenn der Täter nach dem Aufbrechen des Fahrzeuges und Auffinden eines Kofferraumschlüssels im ungesicherten Handschuhfach aus dem Kofferraum mitversichertes Fahrzeugzubehör entwendet.[384] Der Einwand des VN, die Täter hätten den Kofferraum auch ohne den Schlüssel geöffnet, betrifft einen **hypothetischen Kausalitätsverlauf**, den nicht der VR ausräumen,

---

379 Vgl. BGH Urt. v. 06.03.1996 – **IV ZR 383/94** – VersR 1996, 621 = r+s 1996, 168.
380 LG Köln Urt. v. 15.01.2009 – 24 O 365/08 – r+s 2010, 14.
381 Vgl. LG Düsseldorf Urt. v. 17.04.2003 – 11 O 121/02 – ADAJUR Dok.Nr. 57915.
382 BGH Urt. v. 30.09.1980 – **VI ZR 38/79** – VersR 1981, 40 = NJW 1981, 113; BGH Urt. v. 14.07.1986 – **IVa ZR 22/85** – VersR 1986, 962 = NJW 1986, 2838; OLG Köln Urt. v. 07.11.1995 – 9 U 8/95 – VersR 1996, 1360; OLG Köln Urt. v. 13.12.1994 – 9 U 195/94 – r+s 1995, 42; LG Augsburg Urt. v. 30.10.1974 – 2 O 284/74 – VersR 1975, 1018.
383 Grobe Fahrlässigkeit bejaht: LG Hechingen Urt. v. 03.12.2012 – 1 O 124/12 – zfs 2013, 392 mit kritischer Anmerkung Rixecker zfs 2013, 394; AG Rheinbach Urt. v. 09.07.2013 – 10 C 114/13 – SP 2013, 408.
384 BGH Urt. v. 14.07.1986 – **IVa ZR 22/85** – VersR 1986, 962 = NJW 1986, 2838.

Vorsatz, grobe Fahrlässigkeit   A.2.9.1 AKB

sondern der VN beweisen muss, andernfalls er unerheblich ist.[385] **Dennoch** kann sich im Einzelfall selbst ein objektiv schwerwiegendes Fehlverhalten subjektiv als entschuldbares **Augenblicksversagen** darstellen, wenn der Schlüssel im Fahrzeuginneren aufgrund eines Versehens verbleibt, das auch einem nicht besonders sorglos handelnden VN unterlaufen kann.[386] Dies gilt vor allem im Zusammenhang von **Be- und Entladungsvorgängen** (vgl. A.2.9.1 AKB Rdn. 204 ff.).

Die **Aufbewahrung** von Fahrzeugschlüsseln **im verschlossenen Handschuhfach** ist entgegen früherer älterer Rechtsprechung[387] schon objektiv als **nicht grob fahrlässig** ist anzusehen, weil der Dieb durch das Aufbrechen des Faches nochmals besondere kriminelle Energie und Zeit aufwenden muss.[388]   219

Der VR muss den **Vollbeweis** führen, dass der im Wageninneren verbliebene **Schlüssel vom Täter gefunden und** auch tatsächlich **zur Entwendung des Fahrzeuges benutzt** worden ist. Auf einen Anscheinsbeweis kann sich der VR nicht berufen. Es gibt keinen Erfahrungssatz, dass ein ohnehin zur Entwendung des gesamten Fahrzeuges entschlossener Dieb zunächst den Innenraum nach einem möglicherweise darin verbliebenen Zweitschlüssel durchsucht.[389] Anderes kann gelten, wenn feststeht, dass sich der Schlüssel offen sichtbar im Fahrzeug befunden hat[390] oder an einer Stelle, wo nur ein gezielter Handgriff zu einem von dem Dieb zu erwartenden Versteck ausreichend war.[391]   220

Hat der VN einen **Reservefahrzeugschlüssel** über einen Zeitraum von eineinhalb Monaten **im Handschuhfach** seines Cabriolets deponiert, so hat er die Entwendung seines Fahrzeuges nachweislich grob fahrlässig herbeigeführt, wenn dieses wenige Tage nach dem Diebstahl anlässlich eines Verkehrsunfalls mit im Zündschloss steckendem Originalschlüssel wieder aufgefunden wird und mangels Aufbruchspuren, Schäden am Lenkradschloss oder kurzgeschlossenen Zündkabeln kein Zweifel daran besteht, dass der im Handschuhfach befindliche Originalschlüssel bei der Fahrzeugentwendung benutzt und vom Dieb nicht etwa erst viel später gefunden wurde.[392] **Bleibt hingegen unklar**, ob das Fahrzeug von einem versierten Täter nicht auch ohne weiteres kurz geschlossen werden konnte, fehlt es an der Kausalität des Fehlverhaltens für den eingetretenen Erfolg, d. h. die Entwendung.   221

---

385 BGH Urt. v. 14.07.1986 – **IVa ZR 22/85** – VersR 1986, 962 = NJW 1986, 2838.
386 BGH Urt. v. 14.07.1986 – **IVa ZR 22/85** – VersR 1986, 962 = NJW 1986, 2838; BGH Urt. v. 31.10.1973 – **IV ZR 125/72** – VersR 1974, 26, 27 = NJW 1974, 48.
387 OLG Hamm Urt. v. 14.09.1983 – 20 U 167/83 – VersR 1984, 151; OLG Celle Urt. v. 07.12.1979 – 8 U 71/79 – VersR 1980, 425.
388 BGH Urt. v. 14.07.1986 – **IVa ZR 22/85** – VersR 1986, 2838; OLG Koblenz Urt. v. 15.04.2002 – 2 U 1513/01 – PVR 2002, 371.
389 OLG Celle Urt. v. 27.03.1997 – 8 U 35/96 – zfs 1997, 301.
390 OLG Karlsruhe Urt. v. 21.06.1995 – 13 U 256/93 – zfs 1996, 458 = NJW-RR 1997, 347.
391 OLG Frankfurt/M. Urt. v. 24.11.1994 – 3 U 196/93 – NJW-RR 1995, 1367 = r+s 1996, 15.
392 OLG Köln Urt. v. 07.11.1995 – 9 U 8/95 – VersR 1996, 1360.

A.2.9.1 AKB Vorsatz, grobe Fahrlässigkeit

222 Befinden sich die **Schlüssel im Kofferraum**, z. B. unter dem Reserverad[393] oder **in der Verkleidung unter dem Radkasten**,[394] fehlt es an der Kausalität, wenn auch die naheliegende Möglichkeit besteht, dass das Kfz abgeschleppt wurde oder nach Aussage eines Gutachters davon ausgegangen werden kann, dass das betreffende Fahrzeugmodell innerhalb kürzester Zeit auch ohne Schlüssel geöffnet werden kann.[395]

223 Das **Belassen eines Zweitschlüssels in Kleidungs- oder Gepäckstücken**, die sichtbar von außen im Fahrzeug zurückbleiben, ist nur ausnahmsweise dann **nicht grob fahrlässig**, wenn sich der **VN kurzzeitig von seinem Fahrzeug entfernt**, z. B. im Rahmen von Be- und Entladungsvorgängen; dies gilt auch im Falle eines nicht abgesperrten Fahrzeuges.[396]

224 **Anderes gilt** bei einem **nicht nur kurzzeitigen Abstellen** des Fahrzeuges, insbesondere an einem diebstahlgefährdeten Ort im Ausland, wenn der VN noch weitere, wertvolle Gegenstände im Fahrzeug zurücklässt.[397] Im Regelfall ist es grob fahrlässig, eine Jacke mit den Fahrzeugschlüsseln auf der Rücksitzbank eines nicht abgesperrten, am Straßenrand abgestellten Fahrzeuges zu belassen.[398] Das Verschulden wird auch nicht dadurch gemildert, dass der VN die im Fahrgastraum zurückgelassenen Ersatzschlüssel in der Mittelkonsole abgelegt und durch einen von außen sichtbaren Bund mit anderen Fahrzeugschlüsseln (Busschlüssel) verdeckt hat.[399] Allerdings ist stets auch die **Kausalität** zu prüfen. Der VR trägt die Beweislast dafür, dass die im Kfz zurückgebliebenen Gegenstände den noch nicht feststehenden Entschluss zum Fahrzeugdiebstahl bei dem Dieb gefördert haben. Dieser Beweis wird leichter für ein **Kleidungsstück**, nicht aber stets auch für ein zurückgebliebenes **Gepäckstück** auf dem Rücksitz oder im einsehbaren Kofferraum eines Fahrzeuges[400] geführt werden können. Lässt der VN zwar versehentlich einen Fahrzeugschlüssel in einer hinter dem Fahrersitz auf dem Boden liegenden und mit einer schwarzen Decke zugedeckten Jacke zurück, kann ihm aber nicht nachgewiesen werden, dass das Zurücklassen des Ersatzschlüssels in der Jacke den **Entschluss** zum Diebstahl bei dem Täter **leichtfertig ausgelöst, bestärkt** oder einen entsprechender **Anreiz** zur Entwendung des Fahrzeuges geschaffen hat, fehlt es an der Kausalität.[401] Andenfalls hat der VN durch das Zurücklassen des Zweitschlüssels in einem

---

393 OLG Jena Urt. v. 05.08.1998 – 4 U 135/98 – zfs 1999, 23.
394 LG Gießen Urt. v. 29.05.1992 – 2 O 607/91 – VersR 1994, 170.
395 OLG Hamm Urt. v. 11.03.2005 – 20 U 226/04 – r+s 2005, 373 = zfs 2005, 397.
396 Vgl. OLG Celle Urt. v. 18.06.2009 – 8 U 188/08 – r+s 2010, 149 = SP 2010, 19 (Jacke auf dem Rücksitz, subjektiv grob fahrlässiges Verhalten des VN verneint).
397 Vgl. LG Traunstein Urt. v. 12.05.2011 – 1 O 3826/10 – juris = openJur 2012, 115701 (unbewachter Parkplatz in Sarajevo).
398 LG Hannover Urt. v. 15.08.2008 – 13 O 262/05 – SP 2009, 153.
399 OLG Koblenz Urt. v. 29.11.1996 – 10 U 1581/95 – zfs 1997, 182.
400 **Kausalität verneint:** OLG Düsseldorf Urt. v. 29.10.1996 – 4 U 175/95 – VersR 1997, 304 = r+s 1997, 6 (**Reisegepäck**); Kausalität bejaht: OLG Frankfurt/M. Urt. v. 24.11.1994 – 3 U 196/93 – NJW-RR 1993, 1367 = r+s 1996, 15 (**für eine Handtasche, die unter den Sitz geschoben wurde**); OLG Celle Urt. v. 25.01.1985 – 8 U 125/84 – VersR 1986, 1013 (für das Zurücklassen des Schlüssels in einer Sporttasche auf dem Rücksitz).
401 OLG Koblenz Urt. v. 13.03.2009 – 10 U 1038/08 – VersR 2009, 1526.

Kleidungsstück – selbst im ordnungsgemäß verschlossenen Fahrzeug – die Entwendung grob fahrlässig herbeigeführt.[402] Dies gilt insbesondere dann, wenn sich in dem Kleidungsstück **außer dem Ersatzschlüssel** für das Auto **auch die Kfz-Papiere** befanden[403] oder beides zwar nicht in dem Kleidungsstück, wohl aber im Handschuhfach des Fahrzeuges aufbewahrt wurde.[404] Hat der VN in einer polnischen Stadt in seinem ordnungsgemäß verschlossenen Fahrzeug seine Jacke zurückgelassen, ist ein solches Verhalten selbst dann ursächlich für die spätere Entwendung des Fahrzeuges, wenn dieses nur für kurze Zeit abgestellt war und erst recht dann, wenn zuvor schon einmal versucht wurde, das Kfz zu entwenden, so dass der VN hätte gewarnt sein und auch mit einem Diebstahl hätte rechnen müssen.[405]

In dem dauerhaften – wenn auch versteckten – Aufbewahren eines Zweitschlüssels im Kfz-Innenraum liegt eine **Gefahrerhöhung**, die nach den §§ 23 Abs. 1, 26 Abs. 1 VVG zu einer (teilweisen) Leistungsfreiheit des VR führen kann.[406] Anderes gilt nur dann, wenn die Aufbewahrung nicht erwiesenermaßen dauerhaft erfolgte.[407] 225

bb) außerhalb des Fahrzeuges

Ein besonders leichtfertiges, als grob fahrlässig zu qualifizierendes Verhalten im Umgang mit den eigenen Fahrzeugschlüsseln kann auch darin liegen, dass der VN einem unbekannten Dritten **den ungehinderten Zugriff** auf seine Kfz-Schlüssel **ermöglicht** oder diese in sonstiger Weise so **nachlässig aufbewahrt**, dass sie von einem Dritten jederzeit unbemerkt an sich genommen und dem dazugehörigen Fahrzeug auch problemlos zugeordnet werden können. Dies gilt vor allem dann, wenn der Schlüssel mit einem elektronischen Türöffnungs-Mechanismus (**Keyless-Go-Karte**) ausgestattet ist. 226

Grobe Fahrlässigkeit liegt vor, wenn der VN in einer öffentlichen **Gaststätte**[408] die Kfz-Schlüssel zeitweise unbeaufsichtigt in einem Rucksack neben sich[409] oder in einer Jacke an einem Stuhl, von dem er sich kurzzeitig entfernt[410] oder an einer unbewachten Garderobe belässt,[411] oder wenn die Schlüssel in einer **Diskothek** aus einer von der VN während des Tanzens unbeaufsichtigt in der Nähe der Theke zurückgelassenen Handtasche entwendet werden, auch wenn die VN Freundinnen gebeten hatte, auf die Handtasche aufzupassen.[412] Der VN handelt auch grob fahrlässig, wenn er die Kfz-Schlüssel an einem für jedermann sichtbaren **Schlüsselbrett** in der nicht ständig besetzten Kun- 227

---

402 OLG Frankfurt/M. Urt. v. 11.03.1986 – 14 U 273/84 – zfs 1986, 374.
403 LG Koblenz Urt. v. 14.11.2005 – 16 O 190/05 – r+s 2007, 414.
404 LG Traunstein Urt. v. 12.05.2011 – 1 O 3826/10 – juris = openJur 2012, 115701.
405 LG Koblenz Urt. v. 14.11.2005 – 16 O 190/05 – r+s 2007, 414.
406 OLG Koblenz Urt. v. 25.04.1997 – 10 U 1437/96 – VersR 1998, 233.
407 OLG Karlsruhe Urt. v. 31.07.2014 – 12 U 44/14 – r+s 2015, 226.
408 Vgl. die Übersicht bei Feyock/Jacobsen/Lemor § 12 AKB Rn. 156.
409 OLG Düsseldorf Urt. v. 27.05.2004 – 1 U 191/03 – NZV 2004, 411.
410 LG Offenburg Urt. v. 28.05.2003 – 2 O 75/03 – VersR 2005, 1683.
411 OLG Stuttgart Urt. v. 10.08.2004 – 7 U 127/04 – DAR 2005, 708; OLG Köln Urt. v. 17.06.1997 – 9 U 204/96 – zfs 1998, 142.
412 OLG Saarbrücken Urt. v. 31.03.2010 – 5 U 102/09-23 – zfs 2010, 506.

A.2.9.1 AKB Vorsatz, grobe Fahrlässigkeit

denannahme einer Werkstatt aufhängt,[413] (anders beim Aufbewahren in einem Schlüsselkasten in den Büroräumen[414]), oder wenn er die Schlüssel unbeaufsichtigt in einem Kleidungsstück in einem unverschlossenen und für jedermann frei zugänglichen Umkleideraum einer Turnhalle bzw. eines Sportlerheimes[415] oder in einem unverschlossenen **Aufenthalts- oder Nebenraum** einer Einrichtung (z. B. eines Seniorenheimes) belässt, die für eine Vielzahl von Personen unkontrolliert zugänglich ist, insbesondere dann, wenn vorhandene Sicherungsmaßnahmen (z. B. ein abschließbarer Spind) nicht zur Aufbewahrung der Schlüssel genutzt werden.[416]

228 Der VN führt die Entwendung seines Fahrzeuges auch dann **grob fahrlässig** herbei, wenn er den Wagen abends für eine Reparatur am nächsten Tag auf dem Gelände eines Autohauses abstellt und die Kfz-Schlüssel mit Fahrzeugpapieren in einen **ungesicherten Außenbriefkasten** der Werkstatt wirft, aus dem sie jedoch von einem Dritten problemlos wieder entnommen werden können.[417] Dabei entlastet es den die Schlüssel auf diese Weise einwerfenden VN nicht, dass er diese Verfahrensweise schon in der Vergangenheit ohne Probleme praktiziert hat und sie im Übrigen auch mit dem Werkstattinhaber abgesprochen gewesen ist.[418] Gleiches gilt für den Fall, dass der Schlüssel durch den in der Glastüranlage des Betriebes. angebrachten Briefkastenschlitz eingeworfen wird, so dass er zu Boden fällt.[419]

229 **Nicht grob fahrlässig** handelt der VN aber, wenn er den Schlüssel bei der Reparaturwerkstatt in einem Briefumschlag unter dem verschlossenen Hallentor hindurchschiebt.[420] Lässt es der **VN als gewerblicher Kfz-Vermieter** zu, dass seine Kunden bei Rückgabe der Fahrzeuge außerhalb der Geschäftszeit die Fahrzeugschlüssel in einen ungesicherten Briefkastenschlitz einwerfen können, ist ihm im Falle der Entwendung des Fahrzeuges **grobe Fahrlässigkeit durch Unterlassen** vorzuwerfen.[421] Dies gilt erst

---

413 Vgl. Burmann/Heß/Höke/Stahl Rn. 410.
414 OLG Saarbrücken Urt. v. 12.07.2006 – 5 U 610/05 – VersR 2007, 238 = zfs 2006, 693.
415 OLG Koblenz Urt. v. 19.02.1999 – 10 U 129/98 – r+s 2003, 319 = zfs 2000, 112; OLG Hamburg Urt. v. 11.11.1994 – 14 U 129/94 – VersR 1995, 1347; OLG Stuttgart Urt. v. 24.09.1992 – 7 U 134/92 – VersR 1993, 604; LG Hannover Urt. v. 04.08.2006 – SP 2007, 334; AG Düsseldorf Urt. v. 31.08.2009 – 231 C 14645/08 – SP 2010, 193; AG Berlin-Charlottenburg Urt. v. 21.06.2007 – 223 C 244/06 – SP 2008, 157; a. A. LG Bremen Urt. v. 20.01.1994 – 2 O 1548/93 – r+s 1994, 89.
416 OLG Koblenz Beschl. v. 14.05.2012 – 10 U 1292/11 – r+s 2012, 430 = zfs 2012, 573.
417 LG Düsseldorf Urt. v. 17.06.2005 – 11 O 552/03 – SP 2006, 16.
418 OLG Köln Urt. v. 31.10.2000 – 9 U 65/00 – VersR 2002, 604 = r+s 2001, 189; OLG Celle Urt. v. 09.06.2005 – 8 U 182/04 – DAR 2006, 152, 153 = zfs 2005, 554.
419 OLG Düsseldorf Urt. v. 02.05.2000 – 4 U 68/99 – VersR 2001, 635 = NVersZ 2001, 82; a. A. OLG Hamm Beschl. v. 02.11.1999 – 20 W 17/99 – VersR 2000, 1274 = r+s 2000, 403.
420 LG Aachen Urt. v. 07.07.1994 – 6 S 69/94 – r+s 1995, 90.
421 LG Düsseldorf Beschl. v. 25.10.2010 – 22 S 196/10 – juris, **unter Bestätigung** von AG Düsseldorf Urt. v. 29.06.2010 – 230 C 14977/09 – SP 2011, 227 = VK 2011, 141.

recht dann, wenn auf die Funktion des sich problemlos von außen zu öffnenden Briefkastens auch noch gesondert durch Schilder hingewiesen wird.[422]

Grobe Fahrlässigkeit ist zu bejahen: 230
- wenn der VN (Restaurantbesitzer) den Fahrzeugschlüssel für einen vor der Gaststätte abgestellten Pkw dauerhaft in einer **offenen Tonschale auf dem Tresen des Restaurants aufbewahrt**, ohne dass eine ständige Überwachung während der normalen Öffnungszeiten gewährleistet ist, aber auch dann, wenn der Schlüssel und damit der Pkw dadurch abhandenkommt, dass der Täter bei einem nächtlichen Einbruch in das Restaurant durch ein ebenerdiges Fenster auf der Rückseite des Gebäudes einsteigt, an dem der VN zuvor zum Zwecke einer besseren Luftzirkulation einen Teil des Oberlichtes vollständig ausgebaut hatte;[423]
- wenn der stadtbekannte VN die Kfz-Schlüssel zu seinem 3 km entfernt vor seiner Wohnung abgestellten Fahrzeug **offen auf die Theke** seiner Stammkneipe **legt und Alkohol** in erheblichen Mengen **konsumiert**, so dass er den Diebstahl des Schlüsselbundes nicht bemerkt;[424]
- wenn der VN seinen Fahrzeugschlüssel in einer Jacke verstaut und diese auf einem **Volksfest**[425] oder in einer **Diskothek**[426] teilweise unbeaufsichtigt lässt, weil wegen der Anonymität der Besucher und der fehlenden Übersichtlichkeit jederzeit mit dem Diebstahl einer herumliegenden Jacke gerechnet werden muss;
- wenn der VN seine Jacke mit dem Kfz-Schlüssel **in einem Lokal** (Tschechische Republik) über den Stuhl legt;[427]
- wenn der VN die Schlüssel in seiner Jacke belässt und diese an einer **frei zugänglichen Garderobe** eines Gemeindehauses[428] oder eines öffentlich zugänglichen Gebäudes zur Unterrichtszeit[429] unbeaufsichtigt aufbewahrt;
- wenn der VN die Fahrzeugschlüssel unbeaufsichtigt in einem für Unbefugte **frei zugänglichen Nebenraum** eines Bordells,[430] Fitnesscenters,[431] Seniorenheimes[432] oder Sattelraumes eines Reiterhofes[433] zurücklässt;

---

422 OLG Hamm Beschl. v. 14.09.2005 – 20 U 117/05 – VersR 2006, 403 = zfs 2006, 213.
423 OLG Celle Urt. v. 14.07.2005 – 8 U 31/05 – r+s 2005, 413 = zfs 2005, 607.
424 OLG Hamm Urt. v. 26.04.1991 – 20 U 284/90 – r+s 1991, 331 = NJW-RR 1992, 360.
425 OLG München Urt. v. 24.11.1993 – 30 U 458/93 – VersR 1994, 1060 = r+s 1995, 8 (**Oktoberfest**).
426 OLG Rostock Beschl. v. 29.10.2004 – 6 U 212/03 – VersR 2006, 210 = r+s 2006, 104; OLG Oldenburg Urt. v. 28.02.1996 – 2 U 304/95 – zfs 1997, 141 = r+s 1996, 172 (**bei gleichzeitigem erheblichen Alkoholkonsum des VN**).
427 OLG Bremen Urt. v. 09.08.1994 – 3 U 32/94 – VersR 1995, 1230.
428 OLG Stuttgart Urt. v. 10.08.2004 – 7 U 127/04 – DAR 2005, 708.
429 AG Wetzlar Urt. v. 10.06.2003 – 39 C 622/03-39 – VersR 2005, 495.
430 OLG Hamm Urt. v. 27.05.1994 – 20 U 382/93 – VersR 1995, 205 = r+s 1994, 328.
431 OLG Hamburg Urt. v. 11.11.1994 – 14 U 129/94 – VersR 1995, 1347.
432 OLG Koblenz Beschl. v. 14.05.2012 – 10 U 1292/11 – r+s 2012, 430 = zfs 2012, 573.
433 OLG Köln Urt. v. 11.06.1996 – 9 U 252/95 – r+s 1996, 392 (**bei auch schon früher erfolgten Diebstählen**).

A.2.9.1 AKB Vorsatz, grobe Fahrlässigkeit

- wenn der VN die Schlüssel für den vor einer Turnhalle oder einem Sportlerheim abgestellten Pkw in einem Kleidungsstück belässt, das in einem unverschlossenen, unbeaufsichtigten und für jedermann frei zugänglichen **Umkleideraum** oder in einer **Umkleidekabine** verbleibt;[434]
- wenn die Jacke des VN mit dem Kfz-Schlüssel während eines Grillfestes für mehrere Stunden in einem **Raum** verbleibt, **der für eine Vielzahl von Gästen unkontrolliert zugänglich ist**;[435]
- wenn der VN die Schlüssel in der Badetasche mit Kleidungsstücken auf der **Liegewiese eines Freibades** zurücklässt, um für 15 Minuten in dem außer Sichtweite befindlichen Schwimmbecken zu baden;[436]
- wenn der VN den **Notfallschlüssel** an einer Stelle **im Motorraum** belässt, wo er aufgrund der serienmäßigen Konstruktion des Fahrzeuges bekanntermaßen bei allen Fahrzeugen dieses Typs bereits bei der Herstellung werkseitig deponiert wird;[437]
- wenn die Kfz-Schlüssel in einer **am Fahrzeug angebrachten Schlüsselbox** aufbewahrt werden;[438]
- wenn der VN den Kfz-Schlüssel zur Nachtzeit auf einem unbewachten und nicht umzäunten Gelände in einem außen **am Fahrzeug angebrachten Schlüsseltresor** verwahrt,[439] anders aber dann, wenn der Pkw auf einem umzäunten und bewachten Grundstück steht;[440]
- wenn der schlafende VN die **Terrassentüre** zu seinem Haus **nachts offen stehen lässt** und die Kfz-Schlüssel aus seiner in der Garderobe abgelegten Hose entwendet werden, weil der VN in dieser Situation zum Schutz seiner Habe weder bereit, noch in der Lage ist.[441]

231 Keine grobe Fahrlässigkeit liegt vor:
- wenn ein Thekengast dem VN (Restaurantbesitzer), der seinen Schlüsselbund mit dem **Kfz-Schlüssel innerhalb seines Blickfeldes auf dem Tresen abgelegt** hat, die Schlüssel entwendet, der VN nach Feststellung des Verlustes sein Fahrzeug weiterhin an der geparkten Stelle vorfindet, den Thekengast vor dem Restaurant nach dem Verbleib der Schlüssel fragt und das Kfz anschließend entwendet wird, weil es der VN

---

434 OLG Koblenz Urt. v. 19.02.1999 – 10 U 129/98 – r+s 2003, 319 = zfs 2000, 112; OLG Hamburg Urt. v. 11.11.1994 – 14 U 129/94 – VersR 1995, 1347; OLG Stuttgart Urt. v. 24.09.1992 – 7 U 134/92 – VersR 1993, 604; LG Berlin Urt. v. 09.01.2013 – 42 O 397/11 – DAR 2013, 209; LG Hannover Urt. v. 04.08.2006 – SP 2007, 334; AG Düsseldorf Urt. v. 31.08.2009 – 231 C 14645/08 – SP 2010, 193; AG Berlin-Charlottenburg Urt. v. 21.06.2007 – 223 C 244/06 – SP 2008, 157; a. A. LG Bremen Urt. v. 20.01.1994 – 2 O 1548/93 – r+s 1994, 89.
435 OLG Koblenz Urt. v. 02.05.1988 – 12 U 1385/87 – VersR 1991, 541.
436 OLG Karlsruhe Urt. v. 10.01.2002 – 19 U 130/01 – SP 2002, 394.
437 OLG Nürnberg Urt. v. 28.10.1993 – 8 U 1179/93 – VersR 1994, 1417 = r+s 1994, 87.
438 OLG Frankfurt Urt. v. 13.12.2001 – 3 U 141/99 – PVR 2002, 225.
439 LG München I Urt. v. 25.01.1993 – 27 O 20822/92 – zfs 1994, 96.
440 OLG Oldenburg Urt. v. 03.03.1993 – 2 U 213/92 – zfs 1994, 96.
441 OLG München Urt. v. 25.10.2005 – 7 U 4196/05 – NJW-RR 2006, 103 = NZV 2006, 158.

Vorsatz, grobe Fahrlässigkeit A.2.9.1 AKB

für etwa fünf Minuten aus den Augen gelassen hat, um sich durch ein Telefonat einen Zweitschlüssel zu besorgen;[442]
- wenn der Kfz-Schlüssel eines Kellners **im offenen Tresenfach** liegt, das dem unmittelbaren Zugriff der Gäste entzogen ist;[443]
- wenn der VN **während eines Strandaufenthaltes** den Schlüssel zu dem auf einem gebührenpflichtigen, aber unbewachten Parkplatz in Strandnähe abgestellten Pkw etwa 15 m vom Wasser entfernt in seiner Kleidung versteckt und für sehr kurze Zeit (ca. 2 Minuten) unbeaufsichtigt lässt;[444]
- wenn der VN den Kfz-Schlüssel an einem belebten Badestrand in dem durch einen Reißverschluss gesicherten **Innenfach seiner Badetasche** aufbewahrt, die er ständig unter Kontrolle zu haben glaubt,[445]
- wenn der VN auf einem Firmengelände den Schlüssel zu seinem Pkw für kurze Zeit **in einem nicht abgeschlossenen Lkw** so ablegt, dass er von außen nicht gesehen werden kann;[446]
- wenn der VN den Kfz-Schlüssel in seiner **auf dem Rücksitz liegen gebliebenen Jacke** unbewusst während eines kurzzeitigen Entladevorganges seines unverschlossen in zweiter Reihe abgestellten Fahrzeuges bei Dunkelheit zurückgelassen hat, weil er das Kfz an dem Tag mit dem Zweitschlüssel seiner Ehefrau benutzt hatte;[447]
- wenn der VN den Zweitschlüssel **in einem Querträger unter dem Kfz** angebracht hat;[448]
- wenn der VN den Zündschlüssel eines reparierten Kfz in einem **Schlüsselkasten in den Büroräumen** einer Werkstatthalle aufbewahrt;[449]
- wenn der VN bei helllichtem Tage seinen Kfz-Schlüssel bei **zum Lüften geöffneter Haustür** auf einem Tisch liegen lässt und das Hausgrundstück von einem 1,5 Meter hohen Metallzaun, dessen Tor geschlossen ist, umfriedet ist;[450]
- wenn der VN den Kfz-Schlüssel nachts **unter dem Kopfkissen** aufbewahrt, auch wenn der 18-jährige Sohn in der Vergangenheit das Fahrzeug bereits wiederholt unbefugt benutzt hat;[451]
- wenn der VN den Kfz-Schlüssel am **Schlüsselbrett im Flur** seiner Wohnung aufhängt, wo er von einem minderjährigen Besucher nach gemeinsamem Alkoholgenuss

---

442 OLG Schleswig Urt. v. 01.07. 2004 – 16 U 92/03 – r+s 2005, 150.
443 OLG Hamm Urt. v. 09.02.1994 – 20 U 326/93 – VersR 1994, 1462.
444 OLG Naumburg Urt. v. 20.12.2001 – 4 U 141/01 – r+s 2003, 11 = NJ 2002, 267 (**Kfz-Diebstahl am Plattensee/Ungarn**).
445 OLG Stuttgart Urt. v. 18.01.1996 – 7 U 156/95 –zfs 1997, 140.
446 LG Limburg Urt. v. 08.10.1997 – 2 O 258/97 – zfs 1999, 201.
447 OLG Celle Urt. v. 18.06.2009 – 8 U 188/08 – r+s 2010, 149 = SP 2010, 19; vgl. auch OLG Köln Urt. v. 06.02.2001 – 9 U 151/00 – r+s 2001, 278 = SP 2001, 243.
448 OLG Köln Urt. v. 28.11.1991 – 5 U 114/91 – r+s 1992, 263 = NJW 1993, 605.
449 OLG Saarbrücken Urt. v. 12.07.2006 – 5 U 610/05 – zfs 2006, 693.
450 OLG Karlsruhe Urt. v. 21.11.2006 – 12 U 150/06 – zfs 2007, 92 = VersR 2007, 984 (**Kfz-Diebstahl am Plattensee/Ungarn**).
451 OLG Celle Urt. v. 15.11.2007 – 8 U 75/07 – OLGR 2008, 7.

entwendet wird und für den VN keine Anhaltspunkte für ein derartiges Verhalten des Besuchers bestanden;[452]
- wenn ein Dritter, dem der VN das versicherte Fahrzeug zur privaten Veräußerung anvertraut hat, die Kfz-Schlüssel und -papiere bei sich **zu Hause auf den Esstisch** legt, wo sie von einem Mitbewohner des Hauses entwendet werden, der anschließend ohne Führerschein und in alkoholisiertem Zustand eine Fahrt unternimmt und mit dem Kfz verunfallt.[453]

232 Selbst eine pflichtwidrige Aufbewahrung des Kfz-Schlüssels führt nur dann zu einer Kürzung der Entschädigungsleistung, wenn **der Diebstahl des Pkw** gerade **durch den Diebstahl des Schlüssels verursacht** wurde. Sofern das Fahrzeug wieder aufgefunden wird, lässt sich der erforderliche **Kausalitätsbeweis** anhand der Spuren am Fahrzeug führen. Andernfalls wird es darauf ankommen, ob sich der VR auf beweisbare Indizien stützen kann, die die kausale Verknüpfung belegen. Lassen sich die entwendeten Schlüssel problemlos einem bestimmten Pkw zuordnen, der in der Nähe des Ortes abgestellt ist, an dem die Schlüssel abhandengekommen sind und ist es zudem in unmittelbarem zeitlichen Zusammenhang mit dem Abhandenkommen der Schlüssel auch zur Entwendung des Fahrzeuges gekommen, so spricht alles dafür, dass der Diebstahl des Fahrzeuges unter Verwendung der Schlüssel vorgenommen wurde. Je größer der räumliche und zeitliche Abstand zwischen den gestohlenen Schlüsseln und dem Diebstahl ist, desto schwieriger wird der Beweis für den VR zu führen sein.[454]

cc) Kürzungsquoten mit Rechtsprechungsübersicht

233 Im Falle grober Fahrlässigkeit dürfte die **Kürzungsquote** für den **Normalfall** im unteren bis mittleren Bereich **(25 bis 50 %)** liegen.[455] Das Gefährdungspotenzial für andere Verkehrsteilnehmer ist gering. Auch ein sorgfältiger VN, der die Schlüssel oftmals den ganzen Tag mit sich führt, kann seine Fahrzeugschlüssel unbewusst vorübergehend außer Acht lassen.

234 Ein **mittlerer Verschuldensgrad** dürfte anzusetzen sein, wenn der VN den Schlüssel auch schon vor dem Diebstahl längere Zeit dem leichtfertigen Zugriff Dritter ausgesetzt hat oder in unüberlegter Art und Weise den Schlüssel in seinem Fahrzeug – von außen sichtbar – abgelegt hat. Bei allem Leichtsinn, den man dem VN vorwerfen kann, ist immer zu berücksichtigen, dass der Versicherungsfall letztlich allein durch die kriminelle Handlung eines Dritten eintritt.[456] Soweit zum Teil eine geringere Kürzungsquote als 50 % nur »bei relevantem Augenblicksversagen« angenommen wird,[457]

---

452 OLG München Urt. v. 29.01.1988 – 10 U 4609/87 – VersR 1988, 107.
453 AG Würzburg Urt. v. 19.3.2009 – 17 C 2390/08 – r+s 2009, 327 = zfs 2010, 216.
454 Rüffer/Halbach/Schimikowski/*Karczewski* § 81 Rn. 21.
455 Vgl. auch Maier/Stadler Rn. 135; Nugel DAR 2010, 348, 351; Goslarer Orientierungsrahmen zfs 2010, 12, 14 = DAR 2010, 111; Meschkat/Nauert/*Stehl* S. 105, 110, 111 (**für eine Normalfallquote von 50 %, im Einzelfall auch von 66 bis 80 %**).
456 Burmann/Heß/Höke/Stahl Rn. 410.
457 Rüffer/Halbach/Schimikowski/*Karczewski* § 81 Rn. 103.

wird übersehen, dass es unter diesen Voraussetzungen bereits an einem grob fahrlässigen Verhalten des VN fehlen dürfte, so dass sich die Frage nach einer prozentualen Leistungskürzungsquote dann von vornherein nicht stellt, vielmehr dem VN uneingeschränkter Versicherungsschutz zu gewähren ist.

Die **Rechtsprechung** hat bei grob fahrlässigem Verhalten **folgende prozentuale Leistungskürzungen** zugelassen: 235
- 25 % bei Belassen des Kfz-Schlüssels in einer Sporttasche in der **unverschlossenen Umkleidekabine** einer Sporthalle, deren Eingangstür jedenfalls zu Beginn des Sportkurses noch nicht verschlossen war;[458]
- 50 % bei Einwurf der Kfz-Schlüssel in **ungesicherten**, in Garagentor eingelassenen **Briefschlitz** durch den Kfz-Mieter bei Rückgabe des Kfz und anschließende Entwendung des Kfz durch Dritten (grobe Fahrlässigkeit des Kfz-Vermieters durch Unterlassen);[459]
- 50 % bei Abstellen des Kfz auf unbewachtem Restaurant-Parkplatz in Sarajevo (Bosnien-Herzegowina) und Aufbewahrung von **Kfz-Schein und Zweitschlüssel im Handschuhfach** bei gleichzeitigem Belassen von hochwertiger Kleidung und wertvollen Gegenständen im Fahrzeug-Innenraum;[460]
- 50 % bei Aufbewahrung des Kfz-Schlüssels im **unverschlossenen Handschuhfach des** in der Nähe geparkten **Zweitwagens** des VN;[461]
- 50 % beim Zurücklassen der Kfz-Schlüssel in einem Korb im nicht abgeschlossenem **Aufenthaltsraum eines Seniorenheimes** durch eine Pflegekraft, obwohl ein abschließbarer Spind zur Verfügung stand;[462]
- 90 % beim Belassen des Kfz-Schlüssels nebst Funksensors in einer **Jacke**, die der VN in einer **belebten Gaststätte** neben der Ausgangstüre aufhängt, obwohl er sein über 100.000,- € teures Kfz in der Nähe abgestellt hat;[463]
- 100 % bei vorübergehender **Aushändigung** der Kfz-Schlüssel durch Angestellten eines Autohauses **an vermeintlichen Kaufinteressenten** trotz vorheriger polizeilicher Warnung und Benachrichtigung des Firmeninhabers über vergleichbare Fälle.[464]

c) **Untätigkeit des VN nach dem Verlust oder Diebstahl von Kfz-Schlüsseln**

Das **Unterlassen eines Schlossaustausches** am Fahrzeug oder anderer Sicherungsmaß- 236
nahmen nach dem Verlust des Kfz-Schlüssels oder einer Keyless-Go-Karte kann im Einzelfall grob fahrlässig sein, wenn sich für den VN im Falle des Untätigbleibens die Gefahr einer Entwendung seines Fahrzeuges aufdrängen musste, (vgl. A.2.2.2 AKB Rdn. 232 ff. und A.2.9.1 AKB Rdn. 12). Liegt es nahe, dass der abhanden gekom-

---

458 LG Berlin Urt. v. 09.01.2013 – 42 O 397/11 – DAR 2013, 209.
459 LG Düsseldorf Beschl. v. 25.10.2010 – 22 S 196/10 – juris, **unter Bestätigung** von AG Düsseldorf Urt. v. 29.06.2010 – 230 C 14977/09 – SP 2011, 227 = VK 2011, 141.
460 LG Traunstein Urt. v. 12.05.2011 – 1 O 3826/10 – juris = openJur 2012, 115701.
461 AG Rheinbach Urt. v. 09.07.2013 – 10 C 114/13 – SP 2013, 408.
462 OLG Koblenz Beschl. v. 14.05.2012 – 10 U 1292/11 – r+s 2012, 430 = zfs 2012, 573.
463 LG Köln Urt. v. 11.03.2010 – 24 O 283/09 – SP 2010, 410.
464 LG Neubrandenburg Urt. v. 22.06.2012 – 2 O 8/12 – DAR 2012, 527.

A.2.9.1 AKB   Vorsatz, grobe Fahrlässigkeit

mene oder gestohlene Schlüssel dem versicherten Fahrzeug zugeordnet werden kann, ist der als vertragsgemäß vorausgesetzte Standard an Sicherheit erheblich unterschritten. Durch das Abstellen eines Pkw auf einem Parkplatz entsteht in dieser Situation eine gegenüber dem alltäglichen Parken erheblich gesteigerte, für den VN auch offenkundige Diebstahlgefahr.[465] Diese muss den VN veranlassen, sein Fahrzeug an einem sicheren Ort (z. B. Werkstatt, Tankstelle, Parkgarage oder Polizeidienststelle) unterzustellen oder zumindest in größerer Entfernung von seiner Wohnung zu parken. Verstößt der VN gegen solche – ihm ohne weiteres zumutbaren – Sorgfaltspflichten, so stellt sich das Unterlassen solcher Maßnahmen im Entwendungsfall grundsätzlich als **grob fahrlässig**[466] oder nach vereinzelter Auffassung auch als **subjektive Gefahrerhöhung** dar, die gemäß §§ 23 Abs. 1, 26 VVG teilweise schon in der Weiternutzung des Fahrzeuges ohne besondere Sicherungsmaßnahmen,[467] teilweise aber auch erst in dem Nichtauswechseln der Schließanlage gesehen wird.[468] Nach wiederum anderer, zutreffender Auffassung handelt es sich um eine unabhängig vom Willen des VN eintretende **objektive Gefahrerhöhung**, die lediglich eine Anzeigepflicht des VN gemäß § 23 Abs. 3 VVG auslöst,[469] (vgl. A.2.2.1 AKB Rdn. 233 ff.).

237   Werden dem VN **aus seiner Jacke**, die er an der Garderobe einer Diskothek aufgehängt hat, die **Kfz-Schlüssel** entwendet und bemerkt er den Diebstahl, so trifft ihn der Vorwurf grober Fahrlässigkeit, wenn er sein unmittelbar vor dem Eingang der Diskothek geparktes Kfz gleichwohl stehen lässt und keine geeigneten Maßnahmen trifft, um den Diebstahl des Fahrzeuges mittels der entwendeten Schlüssel doch noch zu verhindern.[470]

238   **Verliert der VN** auf einem Jahrmarkt seine Geldbörse mit eigenen Visitenkarten und einzelnen Visitenkarten anderer Personen zusammen mit einem **Notschlüssel** zu seinem Fahrzeug, auf dem sich das **Logo des Herstellers** befindet, so muss ihm bewusst sein, dass dadurch eine ganz erheblich gesteigerte Diebstahlgefahr für sein Fahrzeug geschaffen worden ist. Zwar besteht nach dem bloßen Verlust eines Schlüssels für sich allein genommen noch keine Pflicht zur Auswechselung der Fahrzeugschlösser, wenn sich der Schlüssel auch nach einem Zufallsfund nicht dem dazugehörigen Kfz zuordnen lässt. Ergeben sich aber aus anderen Umständen, z. B. dem Inhalt der Geldbörse eindeutige Hinweise auf die Person des Fahrzeugbesitzers, lassen sich auch für einen potenziel-

---

465   BGH Urt. v. 05.10.1983 – IVa ZR 19/82 – VersR 1984, 29 = r+s 1984, 24.
466   LG Mainz Urt. v. 09.06.1995 – 7 O 8/95 – VersR 1996, 705; LG Wiesbaden Urt. v. 21.10.1993 – 2 O 326/93 – VersR 1994, 855 = zfs 1994, 135; Prölss/Martin/*Knappmann* § 12 AKB Rn. 99 m. w. N.; a. A. OLG Düsseldorf Urt. v. 27.03.1990 – 4 U 178/89 – r+s 1991, 78.
467   So noch OLG Nürnberg Urt. v. 24.11.1994 – 8 U 1532/94 – SP 1995, 279.
468   LG Hildesheim Urt. v. 06.03.1997 – 4 O 555/96 – SP 1997, 406.
469   OLG Celle Urt. v. 23.09.2004 – 8 U 128/03 – VersR 2005, 640 = zfs 2004, 564; OLG Nürnberg Urt. v. 28.03.2003 – 8 U 4326/01 – r+s 2003, 233, 234; AG Bad Segeberg Urt. v. 28.04.2011 – 17 C 99/09 – NJW 2011, 1538 = r+s 2013, 65.
470   OLG Frankfurt/M. Urt. v. 13.11.1991 – 17 U 78/90 – VersR 1992, 817 = NJW-RR 1992, 537.

len Täter Rückschlüsse auf den regelmäßigen Standort des Fahrzeuges ziehen. Damit ist der dem Kaskoversicherungsvertrag zugrunde gelegte Sicherheitsstandard deutlich unterschritten. Dem muss der VN Rechnung tragen. Dazu genügt es nicht, dass er sein Fahrzeug für die Dauer einer einwöchigen Urlaubsreise nur etwa 100 Meter von seinem Haus entfernt abstellt. Denn er muss damit rechnen, dass ein potenzieller Dieb das Fahrzeug jedenfalls innerhalb eines derartigen Umkreises suchen wird, wobei ihm die Suche noch dadurch erleichtert wird, dass der Schlüssel erkennbar zu einem Pkw eines bestimmten Herstellers gehört.[471]

Vergleichbares gilt ebenso für den **Verlust einer Keyless-Go-Karte**, wenn der VN nach dem Bemerken des Verlustes Sicherungsmaßnahmen für das versicherte Fahrzeug unterlässt.[472] Vermutet der VN, dass ihm der Schlüssel entwendet worden ist, indem er aus dem Schloss der Fahrertüre gezogen wurde, ist es nicht ausreichend, lediglich eine Neuprogrammierung der elektronischen Wegfahrsperre ohne Auswechselung der Schlösser vorzunehmen, wenn das Fahrzeug anschließend wieder an der gleichen Stelle abgestellt wird.[473] Bei einem bloßen Verlust muss **wenigstens eine Umcodierung der Schlüssel** erfolgen.[474] 239

Auch dann, wenn der VN den Verlust sowohl seines Kfz-, als auch seines **Garagenschlüssels** feststellt, muss er besondere Maßnahmen zur Sicherung seines in der Garage abgestellten Fahrzeuges (z. B. durch einen Austausch der Schlösser) treffen,[475] andernfalls er durch sein Untätigbleiben die Entwendung des Fahrzeuges grob fahrlässig herbeiführt. Gleiches gilt, wenn dem VN die Kfz-Schlüssel aus dem Spind im Umkleideraum der Arbeitsstätte entwendet werden,[476] oder der VN seinen Wagen an der üblichen Stelle vor seiner Wohnung stehen lässt, obwohl er weiß, dass eine Kassette mit dem Kfz-Schlüssel am Vorabend von einem Besucher aus seiner Wohnung entwendet wurde.[477] 240

Demgegenüber handelt der VN **nicht grob fahrlässig**, wenn er nach dem Verlust des Fahrzeugschlüssels untätig bleibt, weil sich für ihn **keine Anhaltspunkte dafür** ergeben, dass ein Finder den **Schlüssel seinem Fahrzeug zuordnen** könnte.[478] Auch ist er nicht gehalten, die Fahrzeugschlösser auszutauschen, wenn er konkrete Hinweise dafür hat, dass der ihm einige Tage zuvor gestohlene Schlüssel weggeworfen wurde,[479] oder auch dann, wenn er von der Polizei bei Rückgabe von sichergestelltem Diebesgut seinen entwendeten Kfz-Schlüssel nicht zurückerhalten hat, weil dies für ihn nicht zwingend die Annahme begründen musste, dass die Täter noch im Besitz des Schlüssels sein könn- 241

---

471 OLG Köln Urt. v. 19.01.1999 – 9 U 34/98 – DAR 2000, 407 = VersR 2000, 49 (BMW).
472 OLG München Urt. v. 11.12.2007 – 25 U 3770/07 – VersR 2008, 1105.
473 LG Magdeburg Urt. v. 05.03.2002 – 2 S 736/01 – r+s 2004, 498.
474 LG Coburg Urt. v. 24.07.2003 – 11 O 390/03 – SP 2004, 94.
475 LG Essen Urt. v. 29.11.2005 – 12 O 92/05 – SP 2006, 359.
476 LG Mainz Urt. v. 09.06.1995 – 7 O 8/95 – VersR 1996, 705.
477 OLG Düsseldorf Urt. v. 16.07.2002 – 4 U 218/01 – SP 2003, 104.
478 OLG Frankfurt Urt. v. 02.04.2003 – 7 U 123/01 – zfs 2003, 456.
479 OLG Hamm Urt. v. 06.10.1993 – 20 U 116/93 – VersR 1994, 1294 = zfs 1994, 135.

A.2.9.1 AKB Vorsatz, grobe Fahrlässigkeit

ten.[480] Nach einem Zeitablauf von 18 Monaten muss der VN nicht mehr mit einem Diebstahl unter Verwendung des Schlüssels rechnen.[481]

242 Im Übrigen setzt eine Pflicht des VN, nach dem Verlust oder Diebstahl eines Kfz-Schlüssels Sicherungsmaßnahmen zu ergreifen, stets voraus, dass der VN den **Verlust oder Diebstahl bemerkt oder er ihm bekannt geworden ist**. Für diese Kenntnis ist der VR beweispflichtig.[482] Wird bei einem Einbruch in den Betrieb des VN der Ersatzschlüssel zu dem versicherten Kfz entwendet, kann dieser Umstand eine Pflicht des VN zur Auswechselung der Fahrzeugschlösser nur dann auslösen, wenn der Verlust vom VN auch bemerkt wurde. Eine Kenntnis von dem Schlüsselverlust muss der VN auch 8 bis 9 Monate nach dem Einbruch in seinen Betrieb nicht zwingend besessen haben.[483]

243 Dem VN kann regelmäßig auch **nicht vorgeworfen werden, sich diese Kenntnis grob fahrlässig nicht verschafft zu haben**. Wird in die Arztpraxis eines VN eingebrochen und werden die Täter gestört, wobei augenscheinlich nichts gestohlen worden ist, so muss der VN keine Veranlassung zu der Annahme haben, sein Pkw-Zweitschlüssel, den er in einem unverschlossenen Spind in einem Privatraum seiner Arztpraxis aufbewahrt, könne bei dem Praxiseinbruch gleichwohl entwendet worden sein. Der Umstand, dass der VN eine gezielte Nachschau unterlässt, begründet in Bezug auf einen zwei Wochen später erfolgten Diebstahl seines Kfz kein grob fahrlässiges Unterlassen objektiv gebotener Sicherungsmaßnahmen.[484]

244 Hat der VN seinen **Kfz-Schlüssel in einem anderen Pkw zurückgelassen, der seinerseits entwendet wird**, rechtfertigt das Unterlassen, noch am selben Tag geeignete Schutzmaßnahmen zur Vermeidung auch eines Diebstahls des eigenen Pkw ergriffen zu haben, nicht den Vorwurf der groben Fahrlässigkeit.[485] Auch der Käufer eines Gebrauchtwagens, der nicht sämtliche Schlüssel des Originalschlüsselsatzes erhält, muss jedenfalls dann keine besondere Diebstahlgefahr befürchten, wenn er den Kauf über ein Autohaus abgewickelt hat.[486]

245 Da es technisch möglich ist, ein Kfz ohne äußerlich sichtbare Spuren zu öffnen und zu starten, **muss der VR die Verwendung des Originalschlüssels nachweisen**, wenn er sich auf (partielle) Leistungsfreiheit beruft. Demgegenüber fehlt es an der Kausalität und damit an einer grob fahrlässig herbeigeführten Entwendung, wenn der VN zwar die Auswechslung der Schlösser unterlassen hat, jedoch offen bleibt, ob der verloren gegangene oder gestohlene Originalschlüssel überhaupt zur Entwendung des Fahrzeuges benutzt wurde.[487]

---

480 OLG Hamm Urt. v. 06.10.1993 – 20 U 116/93 – NZV 1994, 113.
481 OLG Köln Urt. v. 21.09.1989 – 5 U 69/89 – r+s 1990, 80.
482 OLG Stuttgart Urt. v. 18.11.1993 – 7 U 223/93 – r+s 1995, 90 = zfs 1995, 223.
483 OLG Stuttgart Urt. v. 18.11.1993 – 7 U 223/93 – r+s 1995, 90.
484 OLG Celle Urt. v. 23.09.2004 – 8 U 128/03 – VersR 2005, 640 = zfs 2004, 564.
485 OLG Koblenz Urt. v. 11.05.2001 – 10 U 1251/00 – VersR 2002, 91 = r+s 2001, 404.
486 BGH Urt. v. 06.03.1996 – **IV ZR 383/94** – VersR 1996, 621 = r+s 1996, 168.
487 OLG Köln Urt. v. 21.09.1989 – 5 U 69/89 – r+s 1990, 80.

Vorsatz, grobe Fahrlässigkeit   **A.2.9.1 AKB**

Bei grober Fahrlässigkeit des VN erscheint für den **Normalfall** eine **Leistungskürzung** 246
im Bereich **um 50 %** angemessen. Je eher es dem VN einleuchten musste, dass er nach
dem bemerkten Verlust oder Diebstahl des Kfz-Schlüssels Sicherungsmaßnahmen
hätte ergreifen müssen, die er aber unterlassen hat, desto höher wird der Abzug ausfallen müssen.

Ergreift der VN **untaugliche Sicherungsmaßnahmen**, wird sich die Kürzungsquote 247
zwischen **40 und 60 %** bewegen; bei einem **Unterlassen jeglicher Sicherungsmaßnahmen** muss er mit einem Abzug zwischen **60 und 80 %** rechnen.[488]

Hat sich demgegenüber nur ein Risiko verwirklicht, welches für den VN zwar erkenn- 248
bar war und dem er hätte Rechnung tragen müssen, dessen Eintritt aber aus seiner subjektiven Sicht nicht sehr wahrscheinlich war, wird unter Umständen auch nur ein erheblich geringeres Kürzungsrecht des VR weit **unterhalb von 50 %** in Betracht kommen.

Bei massiven Sorgfaltspflichtverletzungen wird der VN nur in besonderen Ausnahme- 249
fällen einen **vollständigen Anspruchsverlust** hinnehmen müssen,[489] da selbst bei noch
krasserem Fehlverhalten wie z. B. dem Steckenlassen des Zündschlüssels bei einer Luxuslimousine über Nacht eine Leistungskürzung auf Null nicht befürwortet wird,[490]
(vgl. A.2.9.1 AKB Rdn. 208 ff.).

Die **Rechtsprechung** hat bei grob fahrlässigem Verhalten **folgende prozentuale Leis-** 250
tungskürzungen zugelassen:
– **50 %** bei einem VN, der es nach dem Diebstahl des Zweitschlüssels für seinen Pkw
  aus dem Handschuhfach eines anderen, in der Nähe abgestellten Kfz **unterlässt**, die
  Schließanlage seines Kfz **austauschen bzw. umprogrammieren zu lassen**, sondern
  lediglich seiner Ehefrau aufträgt, eine Lenkradkralle anzubringen, was allerdings unterbleibt und nur deshalb vom VN vor der späteren Entwendung seines Kfz nicht
  bemerkt wird, weil er es unterlässt, sich von der ordnungsgemäßen Anbringung
  der Lenkradkralle durch seine Ehefrau zu überzeugen;[491]
– **100 %** bei einer VN, die **trotz bemerktem Kfz-Schlüsselverlust** in unmittelbarer
  Nähe zur eigenen Wohnung außer Nachfragen bei Polizei und Nachbarn **keinerlei
  Schutzmaßnahmen** ergreift, sondern ihr Kfz nach Benutzung mit einem Ersatzschlüssel auf ihrem Stellplatz vor der eigenen Wohnung abstellt, wo es vom Täter
  mit dem aufgefundenen Zündschlüssel über den **Funksensor** identifiziert und entwendet wird.[492]

---

488 Vgl. Nugel DAR 2012, 348, 351.
489 So LG Kleve Urt. v. 13.01.2011 – 6 S 79/10 – r+s 2011, 206 = SVR 2011, 427.
490 Ebenso kritisch Nugel DAR 2012, 348, 351.
491 LG Hechingen Urt. v. 03.12.2012 – 1 O 124/12 – zfs 2013, 392 mit kritischer Anmerkung
     Rixecker zfs 2013, 394.
492 LG Kleve Urt. v. 13.01.2011 – 6 S 79/10 – r+s 2011, 206 = SVR 2011, 427.

A.2.9.1 AKB   Vorsatz, grobe Fahrlässigkeit

d) Zurücklassen von Kfz-Papieren im Fahrzeug

251 Anders als beim Zurücklassen der Zulassungsbescheinigung Teil I (früher: Kfz-Schein)[493] ist die Aufbewahrung der **Zulassungsbescheinigung Teil II** (früher: Kfz-Brief) in von außen nicht sichtbarer Weise **im Fahrzeug** (z. B. im Handschuhfach) grundsätzlich als **grob fahrlässig** zu bewerten.[494] Der Original-Kfz-Brief garantiert dem Täter eine erheblich erleichterte Verwertbarkeit des gestohlenen Fahrzeuges. Dennoch scheitert der Vorwurf gegenüber dem VN, er habe die Entwendung grob fahrlässig herbeigeführt, regelmäßig daran, dass der VR die **Kausalität der Pflichtverletzung für die Entwendung des Fahrzeuges** nicht beweisen kann. Entscheidend ist allein, ob die im Fahrzeug zurückgebliebenen Papiere den Diebstahlentschluss hervorgerufen und damit den Versicherungsfall veranlasst haben. Daran fehlt es, wenn der Täter vor seinem Diebstahlentschluss nicht gesehen hat, dass sich die Papiere im Fahrzeug befinden. Dann hat dieser Umstand auch für den in der Regel schon vor dem Aufbrechen des Fahrzeuges gefassten Diebstahlentschluss des Täters keinen Einfluss,[495] (vgl. auch A.2.9.1 AKB Rdn. 391 ff.).

252 Sofern sich die Aufbewahrung der Papiere im Fahrzeug nicht nachweislich zumindest **mitursächlich auf den Diebstahlentschluss** des Täters **ausgewirkt** hat, verbietet es sich auch, diesen Umstand im Rahmen einer Gesamtschau gemeinsam mit anderen Umständen zur Begründung einer (anteiligen) Leistungsfreiheit des VR heranzuziehen.[496]

253 Für den Nachweis der **Kausalität** trägt der **VR** die **Beweislast**.[497] Die Tatsache, dass der VR im Falle des Nichtwiederauffindens des Fahrzeuges diesen Beweis regelmäßig nicht führen kann, rechtfertigt keine andere Beurteilung.[498] Stellt der VN sein Fahrzeug nachmittags auf einem bewachten Parkplatz in einer Stadt in Osteuropa ab und belässt die Kfz-Papiere im Handschuhfach, muss der VR im Entwendungsfall beweisen, dass der VN damit rechnen musste, dass er durch seine Verhaltensweise einem potenziellen Täter den Diebstahl erleichtern würde. Ferner muss er beweisen, dass der Diebstahl durch den Verbleib der Papiere im Fahrzeug tatsächlich erleichtert oder gefördert worden ist oder das Fahrzeug ohne die Papiere im Handschuhfach nicht gestohlen worden wäre.[499] Hierfür kann er nicht auf einen Erfahrungssatz zurückgreifen, dass ein potenzieller Dieb nach dem Aufbrechen des Fahrzeuges zunächst das Auto gezielt nach Fahr-

---

493   OLG Bremen Urt. v. 20.09.2010 – 3 U 77/09 – SVR 2011, 259; OLG Bamberg Urt. v. 23.03.1995 – 1 U 152/94 – r+s 1995, 371; LG Dortmund Urt. v. 11.03.2010 – 2 O 245/09 – SP 2010, 332 = VK 2010, 115.
494   Himmelreich/Halm/Staab/*Krahe* Kap. 23 Rn. 551–554.
495   BGH Urt. v. 06.03.1996 – **IV ZR 383/94** – VersR 1996, 621 = r+s 1996, 168; OLG Hamm Urt. v. 11.03.2005 – 20 U 226/04 – r+s 2005, 373 = zfs 2005, 397; OLG Köln Urt. v. 22.04.1997 – 9 U 131/96 – r+s 1997, 317, 318; OLG Karlsruhe Urt. v. 06.10.1994 – 12 U 315/93 – zfs 1995, 259; Burmann/Heß/Höke/Stahl Rn. 408.
496   BGH Urt. v. 06.03.1996 – **IV ZR 383/94** – VersR 1996, 621 = r+s 1996, 168.
497   OLG Hamm Urt. v. 03.07.2013 – 20 U 226/12 – r+s 2013, 373 = zfs 2013, 574; OLG Celle Urt. v. 09.08.2007 – 8 U 62/07 – VersR 2008, 204 = zfs 2007, 690.
498   OLG Jena Urt. v. 05.08.1998 – 4 U 135/98 – zfs 1999, 23.
499   OLG Bamberg Urt. v. 23.03.1995 – 1 U 152/94 – r+s 1995, 371.

zeugpapieren durchsucht, um sich erst nach deren Auffinden (aber ohne passenden Schlüssel) zum Diebstahl zu entschließen.[500]

Anderes kann gelten, wenn außer dem Kfz-Schein auch der Ersatzschlüssel im Handschuhfach deponiert wird und der Täter, angezogen von wertvollen Gegenständen und hochwertiger Kleidung im Fahrzeuginneren, den Wagen aufbricht und nach dem Auffinden von Kfz-Schein und Schlüssel das Fahrzeug entwendet.[501] 254

Unerheblich ist, ob die im Fahrzeug verbliebene und möglicherweise erst nach Vollendung des Diebstahls vom Täter aufgefundene **Zulassungsbescheinigung es dem Dieb erleichtert, das Fahrzeug** bei geringerem Entdeckungsrisiko **zu behalten oder** durch einen Verkauf an einen gutgläubigen Dritten **zu verwerten**.[502] Denn in diesem Zeitpunkt ist der Diebstahl längst vollendet. Der Begriff der Entwendung des Fahrzeuges umfasst nicht auch dessen Verwertung.[503] Nicht gefolgt werden kann daher der teilweisen **Auffassung in Literatur und Rechtsprechung**, die in der Aufbewahrung der Fahrzeugpapiere eine erhebliche Erleichterung für den Dieb sieht, das Fahrzeug zu verwerten[504] mit der Folge, dass der »endgültige« Eintritt des Versicherungsfalles »durchaus kausal begünstigt und mithin herbeigeführt« werde.[505] Teilweise wurde sogar die fehlende Mitursächlichkeit für die Entwendung ausdrücklich festgestellt, die grob fahrlässige Herbeiführung des Versicherungsfalles aber trotzdem bejaht mit der wenig überzeugenden Begründung, dass dem Täter mit den Kfz-Papieren jedenfalls die **Grenzkontrolle erleichtert** und der Polizei das **Auffinden des gestohlenen Fahrzeuges erschwert** werde.[506] 255

Richtigerweise kann es letztlich dahinstehen, ob das Verbleiben von Kfz-Papieren im Fahrzeuginneren – vor allem und gerade auch in einem osteuropäischen Land – als grob fahrlässig zu erachten ist. Dies wird zwar regelmäßig zu bejahen sein, vor allem dann, wenn es sich um einen Pkw der Oberklasse handelt und der VN ohnehin mit einer erhöhten Diebstahlgefahr rechnen muss. Trotzdem beinhaltet das Tatbestandsmerkmal »herbeiführen« eine **kausale Verknüpfung zwischen der Pflichtverletzung des VN und dem tatbestandsmäßigen Erfolg** der Entwendung. Selbst eine Mitursächlichkeit fehlt daher, wenn der VR nicht beweisbar die Möglichkeit ausschließen kann, dass der Täter die Kfz-Papiere erst nach der Entwendung des Fahrzeuges entdeckt hat. Andererseits ist der erforderliche Kausalitätszusammenhang gegeben, wenn der VN seine **Fahrzeugpapiere offen sichtbar** im Fahrzeug liegen lässt und das Fahrzeug entwendet wird.[507] 256

---

500 OLG Köln Beschl. v. 12.09.2003 – 9 W 50/03 – r+s 2003, 497, 498 = VersR 2004, 999 unter **Aufhebung** von LG Bonn Urt. v. 21.07.2003 – 10 O 299/03 – n. v.; Rüffer/Halbach/Schimikowski/*Karczewski* § 81 Rn. 26.
501 LG Traunstein Urt. v. 12.05.2011 – 1 O 3826/10 – juris – openJur 2012, 115701.
502 Ebenso Rüffer/Halbach/Schimikowski/*Karczewski* § 81 Rn. 26.
503 OLG Köln Beschl. v. 12.09.2003 – 9 W 50/03 – r+s 2003, 497, 498 = VersR 2004, 999.
504 AG Cloppenburg Urt. v. 09.11.1999 – 18 C 137/99 – zfs 2000, 208 = VersR 2000, 1492.
505 Römer/Langheid § 61 VVG Rn. 67.
506 AG Hildesheim Urt. v. 26.01.1995 – 18 C 645/94 – zfs 1995, 260.
507 OLG München Urt. v. 09.02.1998 – 17 U 4971/97 – VersR 1999, 1360 = zfs 1998, 218.

A.2.9.1 AKB Vorsatz, grobe Fahrlässigkeit

257 Hat der VN seine **Fahrzeugpapiere** in einem **Gepäckstück** verstaut, welches von außen sichtbar im Fahrzeug verblieben ist, so können die Papiere den Entschluss des Täters, das Fahrzeug zu entwenden, nicht beeinflusst haben. Somit ist allein auf die Frage abzuheben, ob der Diebstahlentschluss des Täters durch das Zurücklassen der Gepäckstücke gefördert worden ist. Dies ist regelmäßig zu verneinen. So fehlt es an der erforderlichen Kausalität, wenn der VN seine **Fahrzeugpapiere** in einem **verschlossenen Koffer** deponiert, den er von außen sichtbar auf der Rücksitzbank seines in Budapest ordnungsgemäß geparkten Pkw abstellt[508] oder im **Reisegepäck** unterbringt, das er auf einem Messeparkplatz im Gepäckabteil seines Kfz von außen sichtbar zurücklässt.[509]

258 Die **dauerhafte Aufbewahrung** eines von außen nicht sichtbaren **Kfz-Scheines** (Zulassungsbescheinigung Teil I) im **Fahrzeug** stellt auch **keine** vorwerfbare **Gefahrerhöhung** dar, die nach §§ 23 Abs. 1, 26 VVG eine teilweise Leistungsfreiheit des VR zur Folge haben könnte.[510] Weder das gelegentliche,[511] noch das dauerhafte Verbleiben des Kfz-Scheines **hinter der Sonnenblende** begründet eine erhebliche Gefahrerhöhung.[512] Gleiches gilt für die gelegentliche[513] oder dauerhafte Verwahrung im **Handschuhfach**[514] oder für das einmalige Vergessen des **Kfz-Scheines samt Geldbörse** im Fahrzeuginneren.[515] Nach der Lebenserfahrung ist typischerweise nicht anzunehmen, dass das Zurücklassen des – von außen nicht sichtbaren – Fahrzeugscheines im Pkw einen zur Totalentwendung nicht ohnehin schon entschlossenen Täter dazu motiviert, den Wagen zu stehlen; denn ein Täter, dem es von vornherein nur darauf ankommt, bestimmte Gegenstände aus dem Fahrzeuginneren zu entwenden, hat regelmäßig noch keine Vorsorge für das Wegschaffen und die Verwertung des Kfz getroffen, so dass die spontane Entwendung des gesamten Fahrzeuges für ihn ein erhebliches Risiko mit sich brächte, welches typischerweise nicht eingegangen wird.[516]

259 Demgegenüber sieht das **OLG Celle**[517] in einem dauerhaften Verbleib des Kfz-Scheines im Fahrzeug einen erheblichen Diebstahlanreiz. Wegen der Erleichterung des Grenzübertritts und des Vorteils für den Täter, »nur« noch den Kfz-Brief fälschen zu müssen, sei von einer nicht unerheblichen Gefahrerhöhung (§ 27 VVG) auszugehen. Diese komme ausnahmsweise nur dann nicht zum Tragen, wenn der VN den Kfz-Schein bereits bei Abschluss des Versicherungsvertrages (im Rahmen eines VR-Wechsels) im Fahrzeuginneren (also wie bisher) aufbewahrt habe; insoweit liege keine nach-

---

508 OLG München Urt. v. 09.02.1998 – 17 U 4971/97 – VersR 1999, 1360 = zfs 1998, 218.
509 OLG Düsseldorf Urt. v. 29.10.1996 – 4 U 175/95 – VersR 1997, 304 = r+s 1997, 6.
510 OLG Karlsruhe Urt. v. 31.07.2014 – 12 U 44/14 – r+s 2015, 226; OLG Hamm Urt. v. 03.07.2013 – 20 U 226/12 – r+s 2013, 373 = zfs 2013, 574; vgl. Wussow WJ 2011, 94 ff.
511 OLG Koblenz Urt. v. 30.08.2002 – 10 U 1415/01 – VersR 2003, 589 = r+s 2002, 448.
512 OLG Bremen Urt. v. 20.09.2012 – 3 U 77/09 – SVR 2011, 259.
513 OLG Karlsruhe Urt. v. 26.01.1995 – 12 U 249/94 – zfs 1995, 260.
514 OLG Oldenburg Urt. v. 23.06.2010 – 5 U 153/09 – VersR 2011, 256 = r+s 2010, 367.
515 LG Dortmund Urt. v. 11.03.2010 – 2 O 245/09 – SP 2010, 332 = VK 2010, 115.
516 OLG Hamm Urt. v. 03.07.2013 – 20 U 226/12 – r+s 2013, 373 = zfs 2013, 574.
517 OLG Celle Urt. v. 09.08.2007 – 8 U 62/07 – VersR 2008, 204 = zfs 2007, 690.

Vorsatz, grobe Fahrlässigkeit A.2.9.1 AKB

trägliche Erhöhung des schon bei Vertragsschluss bestehenden Gefahreintrittsrisikos vor.[518]

Richtigerweise liegt keine Gefahrerhöhung vor, da der Kfz-Schein dem Täter allenfalls das Wegschaffen des Fahrzeuges – auch ins Ausland – erleichtert; dieses erhöhte Risiko einer Schadensvertiefung ist jedoch in den Fällen einer geplanten Totalentwendung ohnehin durch einen entsprechenden Tatplan des Täters auch im Hinblick auf eine Grenzüberschreitung erhöht und daher ohne weiteres vom versicherten Risiko bereits umfasst.[519] Auch die Verringerung des Entdeckungsrisikos für den Täter durch die Möglichkeit, bei einer unvorhergesehenen Polizeikontrolle den Kfz-Schein vorlegen zu können, ist nicht mit einer Gefahrerhöhung gleichzusetzen; die Polizeikontrolle bietet dem VR nur die Aussicht einer Wiedererlangung der versicherten Sache, und zwar ganz unabhängig von dem bereits verwirklichten Entwendungsrisiko.[520]   260

In den seltenen Fällen, in denen der VR aufgrund von offen sichtbar im Fahrzeug zurückgelassenen Kfz-Papieren eine grob fahrlässige Herbeiführung des Diebstahls beweisen kann, wird im Normalfall ein mittlerer Verschuldensgrad und damit eine **Leistungskürzung von 50 %** anzusetzen sein.   261

e) Zurücklassen eines Quick-Out Radios im Fahrzeug

Umstritten ist, ob der VN, der sein mit einer Quick-Out-Halterung befestigtes Autoradio über Nacht in seinem geparkten Pkw belässt, den Versicherungsfall grob fahrlässig herbeigeführt hat, wenn sein Fahrzeug aufgebrochen und das Radio entwendet wird. Während dies zum Teil von der Rechtsprechung bejaht wird,[521] soll es nach der Gegenmeinung an der Kausalität fehlen, weil die Entschlussfassung des Täters nicht dadurch hervorgerufen oder verstärkt werde, dass in einem Pkw ein Quick-Out Radio eingebaut sei.[522] Letztlich dürfte die Streitfrage nicht generell, sondern nur unter Berücksichtigung aller Umstände des Einzelfalles zu entscheiden sein.   262

6. Verkehrswidriges Verhalten

a) Rotlichtverstoß

Die Missachtung des Rotlichts einer Lichtzeichenanlage stellt wegen der damit stets verbundenen erheblichen Gefährdung anderer Verkehrsteilnehmer immer einen objektiv besonders schwerwiegenden Pflichtverstoß dar, der, wenn er zu einem Unfall führt, regelmäßig den Vorwurf einer grob fahrlässigen Herbeiführung des Versicherungsfalles rechtfertigt. Dabei ist danach zu differenzieren, ob das Rotlicht zunächst beachtet, dann aber trotzdem wieder angefahren wurde, obwohl die Ampel weiter Rotlicht zeig-   263

---

518 OLG Celle Urt. v. 21.12.2010 – 8 U 87/10 – VersR 2011, 663 = r+s 2011, 107.
519 OLG Hamm Urt. v. 03.07.2013 – 20 U 226/12 – r+s 2013, 373 = zfs 2013, 574.
520 OLG Hamm Urt. v. 03.07.2013 – 20 U 226/12 – r+s 2013, 373 = zfs 2013, 574.
521 LG Wiesbaden Urt. v. 12.11.1990 – 1 S 393/90 – NJW-RR 1991, 355; AG Rotenburg a. d. Fulda Urt. v. 25.05.1993 – C 418/92 – zfs 1994, 96 = SP 1993, 362.
522 AG Marl Urt. v. 14.06.1994 – 16 C 114/94 – VersR 1995, 413.

A.2.9.1 AKB Vorsatz, grobe Fahrlässigkeit

te, oder ob die Kreuzung – ohne überhaupt auf die rote Ampel zu achten – durchfahren wurde; dabei ist davon auszugehen, dass der Fahrer, der zunächst angehalten hat, sich rechtstreu verhalten wollte.[523] Daher ist das Überfahren eines Rotlichts **nicht in jedem Fall immer auch subjektiv unentschuldbar.**[524] Insbesondere gibt es keinen Grundsatz, wonach das Nichtbeachten des Rotlichts stets als grob fahrlässige Herbeiführung des Versicherungsfalles anzusehen ist.[525] Allerdings obliegt es dem VN, entlastende Umstände vorzutragen, die seinen Verkehrsverstoß in einem milderen – nur leicht fahrlässigen – Licht erscheinen lassen.

264 Bei der Annäherung an eine Lichtzeichenanlage ist **nicht schon jede denkbare Irritation des VN geeignet, einen Rotlichtverstoß zu entschuldigen.**[526] Behauptet der VN bei einer mit mehreren Ampelleuchtkörpern ausgestatteten Kreuzung, die für ihn maßgebliche Ampel habe **kein eindeutiges Signallicht** angezeigt, darf er diese Unklarheit nicht ignorieren, sondern muss sich anhand der verbleibenden Ampellichter Klarheit verschaffen und notfalls vor der Kreuzung anhalten.[527]

265 Ein VN, der beim Heranfahren an einen Kreuzungsbereich eine schon **länger auf Rot stehende Ampel übersieht,** kann sich nicht schlicht auf eine Konzentrationsschwäche im Sinne einer »**kurzfristigen Geistesabwesenheit**« berufen.[528] Sie ist in diesem Zusammenhang nicht geeignet, ein augenblickliches Versagen des VN zu entschuldigen. Von einem durchschnittlich sorgfältigen Kraftfahrer kann und muss verlangt werden, dass er an die Kreuzung jedenfalls mit einem Mindestmaß an Konzentration heranfährt, das es ihm ermöglicht, die Verkehrssignalanlage wahrzunehmen und zu beachten. Er darf sich nicht von weniger wichtigen Vorgängen und Eindrücken ablenken lassen. Ein ortsunkundiger Kraftfahrer kann sich in der Regel nicht damit entlasten, das Rotlicht aufgrund der schwer zu überschauenden Kreuzung nicht gesehen zu haben. Gerade ein solcher Fahrer hat regelmäßig Veranlassung, sich besonders aufmerksam einer Lichtzeichenanlage zu nähern.[529]

266 **Ebenso wenig ausreichend** ist es, wenn der VN das Übersehen des Rotlichtsignals schlicht mit einem **Augenblicksversagen** zu erklären versucht. Dies ist allein noch kein Grund, den Schuldvorwurf der groben Fahrlässigkeit herabzustufen, wenn sich der Rotlichtverstoß jedenfalls objektiv als grob fahrlässig darstellt.[530] Denn eine unmo-

---

523 OLG Jena Urt. v. 30.10.1996 – 4 U 819/95 (91) – VersR 1997, 691.
524 BGH Urt. v. 29.01.2003 – **IV ZR 173/01** – VersR 2003, 364 = zfs 2003, 242.
525 BGH Urt. v. 08.07.1992 – **IV ZR 223/91** – VersR 1992, 1085 = NJW 1992, 2418; KG Urt. v. 21.02.2006 – 6 U 78/05 – VRR 2006, 224 = VK 2006, 122.
526 Vgl. OLG Hamm Urt. v. 28.10.1998 – 20 U 118/98 – r+s 1999, 145 (**Leuchtreklame**); OLG Hamm Urt. v. 17.06.1994 – 20 U 390/93 – VersR 1995, 92 (**Grünlicht zeigende Fußgängerampel**).
527 OLG Hamm Urt. v. 04.05.2001 – 20 U 214/00 – zfs 2002, 82; OLG Dresden Urt. v. 30.05.1995 – 3 U 154/95 – VersR 1996, 577 = r+s 1996, 342.
528 BGH Urt. v. 08.07.1992 – **IV ZR 223/91** – VersR 1992, 1085 = NJW 1992, 2418.
529 OLG Koblenz Urt. v. 23.03.2001 – 10 U 819/00 – zfs 2001, 415.
530 BGH Urt. v. 08.07.1992 – **IV ZR 223/91** – VersR 1992, 1085 = NJW 1992, 2418; OLG Nürnberg Urt. v. 30.01.2003 – 8 U 2761/02 – r+s 2005, 101.

Vorsatz, grobe Fahrlässigkeit A.2.9.1 AKB

tivierte **Unaufmerksamkeit** in einer Situation, die wegen ihrer besonderen Gefährlichkeit hohe Konzentration und Aufmerksamkeit erfordert, kann den VN regelmäßig nicht entschuldigen.[531] Da die momentane Unaufmerksamkeit des VN viele Ursachen haben kann, liegt es an ihm, plausibel und schlüssig vorzutragen, warum es ausnahmsweise zu dem entscheidenden, den Verkehrsunfall auslösenden Fehlverhalten gekommen ist.

Ein unübersichtlicher Kreuzungsbereich, eine verwirrende Ampelanordnung, die **Fehldeutung eines** im Blickfeld des Fahrers liegenden **optischen Signals**[532] oder die Fehlreaktion aufgrund eines **akustischen Signals** (Hupen), das der Fahrer auf sich bezieht,[533] ggf. noch bei gleichzeitigem dichten Auffahren eines anderen Autos, eine **völlige Ortsunkenntnis** des Fahrers, **komplexe** und schwierige, insbesondere unerwartet auftretende **Verkehrssituationen** können im Einzelfall geeignete Umstände sein, das Fehlverhalten des VN nachvollziehbar zu erklären. Ist der Rotlichtverstoß nach dem Vorbringen des VN nur als leicht fahrlässig einzustufen, ist es Sache des – für ein grob fahrlässiges Verhalten des VN beweisbelasteten – VR, solches Vorbringen zu widerlegen, um das Leistungskürzungsrecht des A.2.9.1 S. 2 AKB für sich in Anspruch nehmen zu können.[534] Denn die **Beweislast** für ein grob fahrlässiges Verhalten des VN und damit eine dem VN subjektiv vorwerfbare Fehlreaktion bei Nichtbeachtung des Rotlichts liegt allein beim **VR** (bzw. in Fällen der gewerblichen Kfz-Vermietung beim Vermieter).[535] 267

Grobe Fahrlässigkeit scheidet nicht von vornherein in den Fällen aus, in denen der **VN zunächst vorschriftsmäßig bei Rot angehalten hat,** dann aber aus ungeklärter Ursache in der irrigen Annahme, die Ampel habe auf Grün gewechselt, **trotz fortdauerndem Rotlicht wieder losfährt** und diesen Vorgang schlicht mit einem Augenblicksversagen erklärt. 268

Behauptet der **VN, die Lichtzeichenanlage bei Gelblicht passiert zu haben,** ist die Plausibilität dieses Vorbringens unter Berücksichtigung einer Zeit-Weg-Analyse bis zur Kollision zu hinterfragen. Dabei ist zu berücksichtigen, dass die Gelbphase analog den jeweils unterschiedlichen zulässigen Höchstgeschwindigkeiten unterschiedlich lang ist. So beträgt sie bei 50 km/h in der Regel drei Sekunden, bei 60 km/h vier Sekunden und bei 70 km/h fünf Sekunden. Stellt sich durch Einholung eines Sachverständigengutachtens heraus, dass der VN die Lichtzeichenanlage bei »dunkelgelb« überfahren 269

---

531 Vgl. OLG Hamm Urt. v. 17.01.2001 – 20 U 28/00 – zfs 2001, 416; OLG Jena Urt. v. 30.10.1996 – 4 U 819/95 (91) – VersR 1997, 691; LG Hannover Urt. v. 01.04.2005 – 8 O 257/04 – SP 2006, 289; AG Wetzlar Urt. v. 14.07.2005 – 39 C 1213/04 (39) – VersR 2006, 787.
532 Vgl. BGH Urt. v. 29.01.2003 – **IV ZR 173/01** – VersR 2003, 364 = zfs 2003, 242; OLG Koblenz Urt. v. 23.09.2010 – 2 U 1021/09 – r+s 2012, 431 = NZV 2011, 256.
533 OLG Koblenz Urt. v. 17.10.2003 – 10 U 275/03 – VersR 2004, 728 = zfs 2004, 124.
534 Vgl. BGH Urt. v. 29.01.2003 – **IV ZR 173/01** – VersR 2003, 364 = zfs 2003, 242, 243; OLG Köln Urt. v. 02.11.2004 – 9 U 36/04 – SP 2005, 350; OLG Hamm Urt. v. 26.01.2000 – 20 U 166/99 – r+s 2000, 232 = zfs 2000, 346.
535 OLG Koblenz Urt. v. 23.09.2010 – 2 U 1021/09 – r+s 2012, 431 = NZV 2011, 256.

A.2.9.1 AKB Vorsatz, grobe Fahrlässigkeit

haben muss, wird sich im Hinblick auf § 37 Abs. 2 Nr. 1 StVO (Gelb ordnet an: »Vor der Kreuzung auf das nächste Zeichen warten«) unter Umständen die Frage stellen, ob der VN den Versicherungsfall nicht mit **dolus eventualis** herbeigeführt hat. Da gerade an Kreuzungen und Einmündungen eine besonders hohe Unfallgefahr besteht, darf kein Kraftfahrer darauf vertrauen, dass bei gelbem Licht »schon nichts passieren« werde.[536]

270 Letztlich **riskiert der VN** mit einem solchen Verteidigungsvorbringen, dass sich das von ihm als leicht fahrlässig dargestellte Verhalten im Ergebnis als bedingt vorsätzlich herausstellt mit der Konsequenz, dass der VR nach A.2.9.1 S. 1 AKB vollständig von seiner Leistungspflicht befreit ist. Zu beachten ist für diesen Fall aber, dass außer der Feststellung eines vorsätzlichen pflichtwidrigen Handelns beim VN der VR auch der Nachweis führen muss, dass der VN den schädigenden Erfolg (Unfall) zumindest billigend in Kauf genommen hat.

271 **Grobe Fahrlässigkeit** ist zu bejahen:
- wenn der VN vor einer mehrspurigen Kreuzung mit unterschiedlichen Lichtzeichenanlagen zwar **zunächst anhält**, dann aber trotz andauernden Rotlichts in die Kreuzung einfährt, weil ein rechts neben ihm haltender Lkw, der die Lichtzeichenanlage verdeckt, anfährt,[537] oder weil sich der VN vom **Grünlichtpfeil** der für die Rechtsabbiegerspur bestimmten zusätzlichen Lichtzeichenanlage **irritieren** lässt;[538]
- wenn der VN den Grünlichtpfeil der **Rechtsabbiegerampel**[539] oder das Grünlicht der **Fußgängerampel**[540] mit dem für ihn maßgeblichen Rotlichtsignal **verwechselt**, auch wenn der von rechts kommende Querverkehr bereits angehalten hat;[541]
- bei einem VN, der ohne erkennbaren Anlass trotz Rotlichts in die Kreuzung einfährt, weil er sich in **großer seelischer Anspannung** befindet,[542] oder weil er kurzzeitig durch Mitfahrer und aufgrund persönlicher **Sorge um einen Angehörigen** abgelenkt ist;[543]
- wenn der **zunächst anhaltende VN** irrig glaubt, die Ampel zeige Grünlicht und er sich sein Anfahren trotz Rotlichts nicht erklären kann;[544]

---

536 OLG Brandenburg Urt. v. 18.02.2009 – 3 U 56/08 – SP 2009, 297.
537 OLG Köln Urt. v. 12.03.2002 – 9 U 143/01 – zfs 2002, 293; a. A. OLG Schleswig Urt. v. 04.03.1992 – 9 U 194/90 – r+s 1992, 294 (**bei zweifelhafter Annahme eines Augenblicksversagens des VN**).
538 OLG Oldenburg Urt. v. 27.11.1996 – 2 U 197/96 – VersR 1997, 1224; OLG Hamm Urt. v. 23.06.1995 – 20 U 45/95 – r+s 1996, 13.
539 OLG Hamburg Urt. v. 17.11.2004 – 14 U 80/04 – DAR 2005, 86; vgl. auch OLG Köln Urt. v. 02.11.2004 – 9 U 36/04 – SP 2005, 350.
540 OLG Köln Urt. v. 02.11.2004 – 9 U 36/04 – SP 2005, 350; OLG Hamm Urt. v. 17.06.1994 – 20 U 390/93 – VersR 1995, 92.
541 OLG Köln Urt. v. 24.04.2001 – 9 U 207/00 – r+s 2001, 318 = zfs 2001, 550.
542 OLG Hamm Urt. v. 08.09.2004 – 20 U 44/04 – r+s 2005, 99 = zfs 2005, 195.
543 OLG Jena Urt. v. 03.12.2003 – 4 U 760/03 – VersR 2004, 463.
544 OLG Karlsruhe Urt. v. 20.11.2003 – 12 U 89/03 – zfs 2004, 269.

- wenn der VN das Rotlicht übersieht, weil er sich durch einen von hinten mit höherer Geschwindigkeit herannahenden, dicht auffahrenden und schließlich rechts an ihm vorbeifahrenden Pkw-Fahrer **erschreckt**, wobei der Verkehr auf dieser Fahrspur nicht wie auf der Fahrspur des VN durch eine Lichtzeichenanlage geregelt wird;[545]
- wenn der VN ohne anzuhalten bei Rotlicht in den Kreuzungsbereich einfährt und sich trotz baulicher Trennung der Geradeausspur von der gleichfalls vorhandenen Abbiegespur darauf beruft, aufgrund eines »Mitzieheffektes« irrtümlich das Grünlicht für die für ihn nicht maßgebliche Fahrspur beachtet zu haben; denn ein die Pflichtwidrigkeit ausschließender »**Mitzieheffekt**« setzt voraus, dass der Kraftfahrer die Ampel bei Annäherung an die Kreuzung wenigstens zunächst wahrnimmt und beachtet, indem er bei Rotlicht anhält;[546]
- wenn der VN das Rotlicht nicht erkennt, weil er plötzlich **durch grelles Sonnenlicht geblendet** wird, aber gleichwohl ungebremst in den Kreuzungsbereich einfährt, ohne sich zu vergewissern, ob die Lichtzeichenanlage für ihn Rotlicht zeigt,[547] weil ein Kraftfahrer die Blendung durch besondere Aufmerksamkeit ausgleichen muss, andernfalls diese Fahrweise gerade belegt, dass der Fahrer angesichts der konkreten Sichtverhältnisse zu schnell gefahren ist (§ 3 StVO);[548]
- wenn der ortskundige VN wegen **Sonneneinstrahlung** die Ampelschaltung nicht erkennt und sich von einer den Fußgänger- und Radfahrverkehr regelnden Ampel irritieren lässt;[549]
- wenn der VN sich damit entschuldigt, dass die Rotlicht zeigende **Ampel** vor einer großen Kreuzung, an der sich eine Baustelle befand, **durch ein anderes Kfz verdeckt** worden sein müsse, weil ein VN angesichts solcher Verhältnisse mit der Existenz einer Lichtzeichenanlage rechnen muss;[550]
- wenn das Übersehen des Rotlichts darauf beruhte, dass der VN schon die **übernächste Ampel ins Blickfeld genommen** hatte;[551]
- wenn sich der VN bei gleichzeitigen Orientierungsschwierigkeiten trotz Navigationssystems damit entschuldigt, durch ein auf der Fahrbahn liegendes Nummernschild **abgelenkt** worden sein;[552]

---

545 LG Düsseldorf Urt. v. 09.02.2007 – 11 O 198/06 – SP 2008, 61.
546 LG Essen Urt. v. 18.09.2006 – 8 O 28/06 – SP 2007, 402.
547 Vgl. OLG Köln Urt. v. 02.09.2003 – 9 U 19/03 – zfs 2004, 523; OLG Frankfurt/M. Urt. v. 17.11.1999 – 7 U 204/98 – VersR 2000, 1272; LG Essen Urt. v. 30.06.2005 – 3 O 195/95 – r+s 2006, 492.
548 OLG Hamm Beschl. v. 11.03.1999 – 1 Ss Owi 203/99 – NZV 1999, 302; OLG Dresden Urt. v. 30.05.1995 – 3 U 154/95 – VersR 1996, 577 = r+s 1996, 342; LG Münster Urt. v. 20.08.2009 – 15 O 141/09 – zfs 2009, 641 = DAR 2009, 705; AG München Urt. v. 22.07.2005 – 345 C 12275/05 – SP 2006, 145.
549 OLG Celle Urt. v. 27.10.1994 – 8 U 14/94 – NZV 1995, 363.
550 LG Arnsberg Urt. v. 25.01.2005 – 5 S 141/04 – zfs 2005, 505.
551 OLG Köln Urt. v. 04.12.2001 – 9 U 38/01 – NVersZ 2002, 225.
552 LG Stuttgart Urt. v. 27.11.2003 – 22 O 237/03 – zfs 2004, 415.

Stomper

A.2.9.1 AKB   Vorsatz, grobe Fahrlässigkeit

- wenn der nicht ortskundige VN die bereits **seit mehreren Sekunden auf Rotlicht** geschaltete Ampel überfährt, weil er wegen der Suche nach einem Hinweisschild[553] oder einer bestimmten Adresse[554] abgelenkt ist;
- wenn der VN trotz **9 Sekunden** lang andauerndem **Rotlicht** in die Kreuzung einfährt;[555]
- wenn der VN seinen **Tempomat** nicht rechtzeitig vor Erreichen der Ampelanlage ausgestellt hat;[556]
- wenn die Ablenkung des VN auf **lärmenden Kindern** im Fahrzeug beruht;[557]
- wenn der VN das Rotlicht aufgrund von Brandgeruch und einer **Rauchentwicklung im Fahrzeug** nicht wahrnimmt;[558]
- wenn ein **ortsunkundiger VN** beim Ausfall der Ampel am rechten Fahrbahnrand trotz zwei funktionierender Bogenampeln über der Fahrbahn und der Ampel am linken Fahrbahnrand bei Rotlicht in eine **übersichtliche Kreuzung** einfährt, auch wenn ein anderes Fahrzeug in der von rechts einmündenden Straße hält;[559]
- wenn sich der ortskundige VN an einer übersichtlichen Kreuzung durch grüne **Leuchtreklame**, die sich in einem gegenüberliegenden Schaufenster spiegelt, ablenken lässt;[560]
- auch wenn es sich nicht um eine Kreuzung mit Querverkehr, sondern nur um eine mittels Signalanlage geschützte Zufahrt zu einem Busparkplatz handelt und der VN das **Rotlicht schlicht übersieht;**[561]
- auch wenn die Ampelanlage **hinter einer Tunnelunterführung** angebracht ist und der ortsunkundige VN sich durch einen mit überhöhter Geschwindigkeit überholenden Pkw hat ablenken lassen;[562]
- auch wenn der ortsfremde VN **Orientierungsschwierigkeiten** hat,[563] durch mangelnde Fahrpraxis im Großstadtverkehr **überfordert**[564] oder in seiner **Konzentrationsfähigkeit** durch Schmerzmittel **beeinträchtigt** ist und sich durch ein **Navigationssystem** hat **ablenken lassen;**[565]
- auch wenn der VN vorträgt, er sei in die Kreuzung eingefahren, nachdem die Rotphase geendet und nur noch das **Gelblicht** aufgeleuchtet habe, wenn gleichzeitig

---

553   OLG Hamm Urt. v. 27.02.2000 – 20 U 162/01 – SP 2002, 314.
554   OLG Frankfurt/M. Urt. v. 26.06.2002 – 7 U 194/01 – OLGR 2003, 22.
555   OLG Hamm Urt. v. 04.05.2001 – 20 U 214/00 – zfs 2002, 82.
556   OLG München Urt. v. 28.07.2002 – 10 U 1512/02 – NZV 2002, 562.
557   OLG Köln Urt. v. 20.02.2001 – 9 U 173/00 – r+s 2001, 235 = zfs 2001, 318.
558   OLG Düsseldorf Urt. v. 18.11.2008 – I-24 U 131/08 – VersR 2009, 509 = r+s 2009, 323.
559   OLG Köln Urt. v. 25.10.1990 – 5 U 52/90 – r+s 1990, 405.
560   OLG Hamm Urt. v. 28.10.1998 – 20 U 118/98 – r+s 1999, 145.
561   OLG Köln Urt. v. 19.02.2002 – 9 U 155/01 – NVersZ 2002, 363.
562   OLG Koblenz Urt. v. 23.03.2001 – 10 U 819/00 – zfs 2001, 415.
563   OLG Düsseldorf Urt. v. 28.10.2008 – I-4 U 254/07 – SP 2009, 260; OLG Nürnberg Urt. v. 17.02.1994 – 8 U 3496/93 – zfs 1994, 216.
564   OLG Rostock Urt. v. 30.04.2003 – 6 U 249/01 – r+s 2004, 58 = zfs 2003, 356.
565   LG Hannover Urt. v. 10.05.2006 – 6 O 422/05 – SP 2007, 76.

feststeht, dass eine Fehlfunktion der Ampelanlage zum Unfallzeitpunkt nicht vorlag;[566]
- auch wenn Äste von Straßenbäumen die Lichtzeichenanlage gelegentlich verbergen[567] oder die Ampelleuchte unklar angebracht ist;[568]
- wenn eine **Sichtbehinderung durch Bäume und Sträucher** nicht nachgewiesen ist und der VN aufgrund einer Fahrbahnmarkierung mit einer einmündenden Straße rechnen musste.[569]

Keine grobe Fahrlässigkeit liegt vor: 272
- wenn sich der VN – mit seinem Pkw vor einer Rotlichtampel wartend – durch einen auf der Linksabbiegerspur in seinem Fahrzeug auf Grünlicht wartenden Arbeitskollegen ablenken lässt und losfährt, weil er »Grün« sieht und meint, das Umschalten der Ampel während des Hinüberschauens zu seinem Arbeitskollegen[570] oder während des Beobachtens des Verkehrsgeschehens um ihn herum und im Rückspiegel[571] verpasst zu haben (»**Mitzieheffekt**«);
- wenn der VN sich durch **mehrere** in seinem Blickfeld befindliche **Ampeln**[572] oder durch eine das Rotlicht überlagernde **Leuchtreklame bei Nacht** irritieren lässt;[573]
- wenn der VN durch **plötzlich einfallendes Sonnenlicht** geblendet wird[574] oder er aufgrund der **tief stehenden Sonne in seinem Rücken**, die in die Ampel scheint, einer optischen Täuschung unterliegt, weil er irrtümlich meint, die Ampel zeige Grünlicht,[575] (wobei allerdings das OLG Hamm, gestützt auf eingeholte Sachverständigengutachten, in der Vergangenheit mehrfach zu dem Ergebnis kam, es sei aus technischer Sicht auszuschließen, dass eine Rotlicht zeigende Ampel infolge Sonneneinstrahlung das Grünlicht deutlich heller erscheinen lasse und damit Grünlicht vortäusche. Möglich sei allenfalls, dass keine der Phasen deutlich angezeigt werde und dadurch der Eindruck einer abgeschalteten Ampelanlage entstehe[576]);

---

566 OLG Brandenburg Urt. v. 18.02.2009 – 3 U 56/08 – SP 2009, 297.
567 OLG Köln Urt. v. 25.06.2002 – 9 U 1/02 – r+s 2002, 407 = zfs 2002, 586.
568 OLG Hamm Urt. v. 04.05.2001 – 20 U 214/00 – r+s 2002, 5 = NVersZ 2002, 23.
569 OLG Köln Urt. v. 02.07.2002 – 9 U 137/01 – r+s 2002, 406.
570 Vgl. BGH Urt. v. 29.01.2003 – **IV ZR 173/01** – VersR 2003, 364 = zfs 2003, 242.
571 OLG Hamm Beschl. v. 29.04.2005 – 20 U 25/05 – SP 2006, 323; OLG Hamm Urt. v. 26.01.2000 – 20 U 166/99 – r+s 2000, 232 = zfs 2000, 346; OLG Jena Urt. v. 30.10.1996 – 4 U 819/95 (91) – VersR 1997, 691; OLG München Urt. v. 28.07.1995 – 10 U 2249/95 – NJW-RR 1996, 407.
572 KG Urt. v. 21.02.2006 – 6 U 78/05 – VRR 2006, 224 = VK 2006, 122.
573 OLG Köln Urt. v. 19.08.1997 – 9 U 25/96 – SP 1998, 20.
574 OLG Köln Urt. v. 04.08.1998 – 9 U 10/98 – r+s 1998, 493; LG Hamburg Urt. v. 02.04.2004 – 331 O 349/03 – SP 2005, 98.
575 OLG Köln Urt. v. 04.08.1998 – 4 U 10/98 – NVersZ 1999, 331.
576 OLG Hamm Urt. v. 22.01.1999 – 20 U 156/98 – zfs 1999, 200 = VersR 1999, 1011; OLG Hamm Urt. v. 17.04.1998 – 20 U 116/97 – zfs 1999, 107 = DAR 1998, 392 (**einfallendes Sonnenlicht und »grüne Welle« entlasten den VN nicht**).

A.2.9.1 AKB Vorsatz, grobe Fahrlässigkeit

- bei einem **verfrühtem Anfahren** an einer Rotlichtampel, weil der VN durch die tief stehende **Sonne geblendet** wird und wegen eines Lichtzeichensignals eines anderen Kfz davon ausgeht, das Umschalten auf Grünlicht übersehen zu haben;[577]
- wenn der VN in einer nicht einfachen Verkehrssituation durch das **Fahrverhalten eines Gelenkbusses**, das für ihn gefahrträchtig ist, abgelenkt wird;[578]
- wenn die **Ampelanlage** objektiv nur schwer zu erkennen, **verdeckt oder unübersichtlich angeordnet** ist und der VN mit einer äußerst schwierigen oder überraschend eintretenden Verkehrssituation konfrontiert ist;[579]
- wenn der ortsunkundige VN bei einem mit Schrittgeschwindigkeit durchgeführten **Rangiermanöver** die atypisch an einem Laternenmast seitlich angebrachte Ampel nicht bemerkt und mit seinem Pkw leicht in den Fahrbahnbereich der Straßenbahn gerät, mit der er kollidiert, weil seine Sicht auf die Straßenbahngleise zusätzlich durch eine Eislaufbahn mit Verkaufsständen behindert ist;[580]
- wenn sich der VN – abgelenkt durch seine Kinder auf der Rücksitzbank – auf Grund des **Hupzeichens**[581] oder bei blendender, tiefstehender Sonne aufgrund des **Lichtzeichens**[582] eines **anderen Fahrzeuges** mit einer **scheinbaren Eilsituation** konfrontiert sieht, weil er glaubt, das Umspringen der Ampel von Rot auf Grün übersehen zu haben;
- wenn der VN aufgrund von **Glätte** nicht mehr rechtzeitig anhalten kann[583] oder bei winterlichen Straßenverhältnissen vor der Rotlichtampel zwar seine Geschwindigkeit reduziert, ihm aber die Tatsache, dass das ABS in diesem Fall zu einer Verlängerung des Bremsweges führt, nicht bekannt war;[584]
- wenn ein körperlich behinderter (querschnittsgelähmter) VN einen geistig behinderten **Beifahrer** mitnimmt und dieser ihm plötzlich und völlig unvorhersehbar **ins Lenkrad greift**, weshalb es zu einer Missachtung des Rotlichts mit anschließendem Unfall im Kreuzungsbereich kommt;[585]
- wenn der VN wegen des für seine Fahrspur geltenden Rotlichts zunächst abbremst, dann aber irrtümlich nach Aufleuchten des **Grünlichts der für ihn nicht maßgeblichen Linksabbiegerspur** wieder beschleunigt;[586]
- wenn der VN **bei Grünlicht zu langsam in die Kreuzung** einfährt und es deswegen nach einem Umschlagen auf Rotlicht zu einem Unfall kommt.[587]

---

577 OLG Koblenz Urt. v. 28.10.2010 – 2 U 1021/09 – zfs 2012, 383.
578 OLG Hamm Urt. v. 25.10.2000 – 20 U 66/00 – zfs 2001, 215.
579 LG Itzehoe Urt. v. 28.10.2005 – 9 S 51/05 – SP 2006, 359; LG Bonn Urt. v. 18.03.2004 – 6 S 322/03 – SP 2005, 21; LG Rostock Urt. v. 11.03.2004 – 3 O 98/03 – SP 2005, 22.
580 OLG Köln Urt. v. 27.02.2007 – 9 U 1/06 – VersR 2007, 1268 = r+s 2007, 149.
581 OLG Koblenz Urt. v. 17.10.2003 – 10 U 275/03 – VersR 2004, 728 = zfs 2004, 124.
582 OLG Koblenz Urt. v. 23.09.2010 – 2 U 1021/09 – r+s 2012, 431 = NZV 2011, 256.
583 Vgl. OLG Dresden Urt. v. 27.02.1998 – 2 Ss Owi 84/98 – DAR 1998, 280.
584 Vgl. OLG Dresden Urt. v. 15.02.2001 – Ss Owi 523/00 – DAR 2001, 318.
585 LG Oldenburg Urt. v. 23.05.2003 – 13 S 1054/02 – zfs 2003, 504.
586 OLG Hamm Urt. v. 30.04.1993 – 20 U 362/92 – NZV 1993, 438.
587 OLG Köln Urt. v. 10.09.2002 – 9 U 106/01 – r+s 2002, 496.

Einzelne der vorgenannten Kriterien mögen für sich alleine nicht ausreichen, um den 273
Vorwurf der grob fahrlässigen Herbeiführung des Versicherungsfalles zu entkräften; jedoch ist immer zu bedenken, dass sie in einer **Gesamtschau** mit anderen entlastenden Merkmalen trotzdem das subjektive Fehlverhalten des VN im konkreten Einzelfall als nur leicht fahrlässig entschuldigen können.

Bei »**normalen**« Rotlichtverstößen wird in der Regel eine **Leistungskürzung von 50 %** 274
gerechtfertigt sein.[588] Ein mittlerer Verschuldensmaßstab kommt insbesondere in Betracht, wenn der VN ortsfremd oder durch äußere Umstände abgelenkt war, bei einer Blendung durch die Sonne, mangelnder Fahrpraxis, bei Verstößen zur Nachtzeit, einer irritierenden oder den VN verwirrenden Ampelanordnung, beim Verwechseln von Ampeln, oder wenn der VN nach dem Anhalten aus ungeklärten Gründen bei Rotlicht wieder anfährt.[589]

Abweichungen nach oben bis zu 80 % werden bei solchen Verstößen begründbar sein, 275
in denen Rücksichtslosigkeit oder überhöhte Geschwindigkeit festgestellt wird, die Rotphase bereits länger als eine Sekunde andauerte (qualifizierter Rotlichtverstoß), die Ampel gut einsehbar war oder der VN – weil unter Zeitdruck – das Rotlicht absichtlich missachtet hat, während ein **geringerer Verschuldensgrad von 20–30 %** bei komplexen, schwierigen Verkehrssituationen oder besonderen subjektiven Entlastungstatbeständen – gleichgültig ob physischer oder psychischer Natur – anzusetzen sein dürfte. Ein solches leichteres Verschulden dürfte in Betracht kommen bei besonders schwierigen oder unübersichtlichen, insbesondere für den VN überraschend eintretenden Verkehrssituationen, bei einem Anfahren trotz Rotlicht, wenn der VN seine Fehlreaktion plausibel erklären kann, bei einer unerwartet kurzen Gelbphase, einer vorübergehend verdeckten Ampel, einem Hupsignal des Hintermannes sowie bei gesundheitlichen Schwächen des VN, die zu dem Verstoß geführt haben.[590]

Zu beachten ist, dass alle subjektiven Komponenten, die der VN (vergeblich) vor- 276
gebracht hat, um sein Verhalten nur in einem leicht fahrlässigen Licht erscheinen zu lassen, bei der Frage, wie das grob fahrlässige Verhalten des VN in seiner Schwere graduell zu beurteilen ist, erneut herangezogen werden müssen und gegen andere, vom VR nachgewiesenen Belastungsmomente abzuwägen sind.

Die **Rechtsprechung** hat bei grob fahrlässigem Verhalten **folgende prozentuale Leis-** 277
tungskürzungen zugelassen:
– **50 %** beim **Verwechseln des Rotlichts mit Grünlicht** aufgrund blendender Sonne;[591]

---

588 LG Münster Urt. v. 20.08.2009 – 15 O 141/09 – zfs 2009, 641 = DAR 2009, 705; Burmann/Heß/Höke/Stahl Rn. 374; Rixecker zfs 2007, 15, 16; Maier/Stadler Rn. 134; Meschkat/Nauert/Stehl S. 93; Rüffer/Halbach/Schimikowski/*Karczewski* § 81 Rn. 104; Goslarer Orientierungsrahmen zfs 2010, 12, 14 = DAR 2010, 111.
589 Meschkat/Nauert/*Stehl* S. 93/94.
590 Vgl. Maier/Stadler Rn. 134; Meschkat/Nauert/*Stehl* S. 94/95.
591 LG Münster Urt. v. 20.08.2009 – 15 O 141/09 – r+s 2009, 501 = zfs 2009, 641.

A.2.9.1 AKB   Vorsatz, grobe Fahrlässigkeit

- 50 % beim Einfahren in eine Kreuzung mit 50 km/h trotz **Sonneneinblendung** und Unfall mit von rechts kommendem Kfz;[592]
- 50 % bei einem VN, der trotz übersichtlich gestalteter Ampelanlage das **Grünlicht mit Rechtspfeil** für Rechtsabbieger und separater Fahrspur auf seine Geradeausfahrspur bezieht und bei Rotlicht in Kreuzungsbereich einfährt.[593]

b) Missachtung des Andreaskreuzes

278   Ebenso wie dem Rotlicht einer Lichtzeichenanlage kommt auch dem Andreaskreuz in Kombination mit einem roten Blinklicht vor einem Bahnübergang eine wichtige **Warnfunktion** zu. Übersieht der VN – möglicherweise auch wegen einstrahlenden Sonnenlichtes – diese Warnung, so handelt er grob fahrlässig.[594] Anderes gilt, wenn der VN aufgrund schlechter Sichtverhältnisse, einer ungünstigen Sichtposition im Führerhaus seines Lkw sowie eines ihm bis zum Unfall unbekannten Sehfehlers das rote Blinklicht übersieht.[595] Steht ein grob fahrlässiges Fehlverhalten fest und kommt es beim Überqueren der Gleise zu einem Unfall, so dürfte es gerechtfertigt sein, die Entschädigungsleistung an den VN ähnlich wie auch bei einem Rotlichtverstoß **um 50 %** herabzusetzen.[596]

c) Nichtbeachten eines Stoppschildes

279   Beim Überfahren eines deutlich erkennbaren Stoppschildes trifft den VN wegen der damit verbundenen erheblichen Gefahren nach überwiegender Auffassung in der Rechtsprechung regelmäßig der Vorwurf der groben Fahrlässigkeit.[597] Die Missachtung des unbedingten Haltegebotes stellt einen Verstoß gegen eine der wichtigsten Grundregeln des Straßenverkehrs dar[598] und rechtfertigt daher normalerweise den Schluss auf ein **besonders gesteigertes Verschulden** des VN. Dies soll selbst für den Fall gelten, dass der VN das Stoppschild überfahren hat, weil die Straße verschmutzt

---

592   AG Duisburg Urt. v. 24.02.2010 – 50 C 2567/09 – SP 2011, 28 = SVR 2010, 307.
593   LG Essen Urt. v. 05.02.2010 – 10 S 32/10 – zfs 2010, 393 = SVR 2010, 306 **unter Bestätigung** von AG Essen Urt. v. 18.12.2009 – 135 C 209/09 – r+s 2010, 320.
594   OLG Oldenburg Urt. v. 20.12.1989 – 2 U 225/89 – r+s 1990, 406 = zfs 1990, 135; OLG Hamm Urt. v. 20.06.1996 – 6 U 11/96 – r+s 1996, 391; OLG Frankfurt Urt. v. 17.11.1999 – 7 U 204/98 – VersR 2000, 1272.
595   BGH Urt. v. 05.12.1966 – II ZR 174/65 – VersR 1967, 127.
596   A. A. Meschkat/Nauert/Stehl S. 97, **die für eine Kürzungsquote von 20–33 % plädieren.**
597   Vgl. OLG Köln Urt. v. 18.01.2005 – 9 U 91/04 – r+s 2005, 149 = zfs 2005, 445 **(Stoppschild mit Wegweis- und Richtungstafel an einer T-Kreuzung)**; OLG Köln Urt. v. 19.02.2002 – 9 U 132/01 – r+s 2003, 277 = zfs 2002, 388 **(zwei Stoppschilder und Haltelinie)**; OLG Hamm Urt. v. 18.01.1999 – 6 U 151/98 – VersR 2001, 187; OLG Hamm Urt. v. 16.02.1998 – 6 U 167/97 – zfs 1998, 262; OLG Zweibrücken Urt. v. 12.07.1991 – 1 U 30/91 – VersR 1993, 218 = r+s 1993, 248; LG Zweibrücken Urt. v. 10.12.1990 – 1 O 324/90 – VersR 1991, 804.
598   Himmelreich/Halm/Staab/*Krahe* Kap. 23 Rn. 511.

war, der VN diese Verschmutzung aber nicht rechtzeitig erkannte, so dass er beim Bremsen ins Schleudern geriet.[599]

Nach einschränkender Meinung liegt demgegenüber **nicht in jedem Fall** ein schlechthin unentschuldbares Fehlverhalten vor, da das Stoppschild trotz seiner roten Farbe und seiner auffallenden Form nicht mit dem optischen Signaleffekt einer Rotlichtampel vergleichbar ist.[600] **Voraussetzung für ein grob fahrlässiges Verhalten ist danach, dass der VN außer dem Stoppschild auch andere Warnhinweise nicht beachtet**, wie z. B. zusätzliche Hinweis- und Gebotszeichen (Geschwindigkeitsbegrenzung, Darstellung der vorfahrtsberechtigten kreuzenden Straße auf einem Vorwegweiserschild, eine bei Annäherung deutlich optisch sichtbare Vorfahrtberechtigung der kreuzenden Straße) oder wenn sich auch am linken Straßenrand ein Stoppschild befindet, so dass die Situation der bevorrechtigten Straße wenigstens unmittelbar vor dieser deutlich aufgezeigt wird.[601] 280

Der letztgenannten Auffassung ist zuzustimmen. Da das Überfahren des Stoppschildes auch von seiner Sanktion her in der BKatV als Ordnungswidrigkeit nicht mit einem Rotlichtverstoß vergleichbar ist, müssen besondere Umstände vorliegen, die das Verhalten des VN als objektiv grob fahrlässig erscheinen lassen. Solche Umstände sind jedenfalls dann gegeben, wenn es sich um eine gut ausgebaute Kreuzung handelt, das Stoppschild von weitem erkennbar und nicht in irgendeiner Weise verdeckt ist, eine Haltelinie vorhanden und das Wort »STOP« in Großbuchstaben auf der Straße eingezeichnet ist sowie zusätzlich bereits 100 m vor der Kreuzung durch ein Warnschild »STOP – 100 m« auf das unbedingte Anhaltegebot hingewiesen wird.[602] 281

Grobe Fahrlässigkeit liegt regelmäßig vor, 282
– wenn das Stoppschild an gefährlichen, unübersichtlichen Einmündungen aufgestellt ist und die Kraftfahrer durch ein zusätzliches **Vorwarnschild** auf das kommende Stoppschild aufmerksam gemacht werden;[603]
– wenn neben dem Stoppschild an einer außer Betrieb befindlichen Lichtzeichenanlage zusätzlich ein **gelbes Blinklicht** aufleuchtet;[604]
– wenn das Stoppschild **beidseitig aufgestellt** und bei Annäherung frühzeitig und gut sichtbar ist;[605]

---

599 OLG Oldenburg Urt. v. 13.11.1996 – 2 U 157/96 – r+s 1997, 324.
600 KG Urt. v. 12.12.2000 – 6 U 2803/99 – VersR 2002, 477 = zfs 2001, 216; Burmann/Heß/ Höke/Stahl Rn. 377.
601 OLG Bremen Urt. v. 23.04.2002 – 3 U 72/01 – VersR 2002, 1502 = DAR 2002, 308 mit Anmerkung Halm PVR 2002, 369.
602 OLG Köln Beschl. v. 03.09.2009 – 9 U 63/09 – VersR 2010, 623 = r+s 2010, 14.
603 OLG Köln Urt. v. 18.01.2005 – 9 U 91/04 – r+s 2005, 149 = zfs 2005, 445; OLG Nürnberg Urt. v. 04.05.1995 – 8 U 307/95 – NJW-RR 1996, 988.
604 OLG Köln Urt. v. 22.05.2001 – 9 U 172/00 – NZV 2002, 374 = zfs 2001, 417.
605 OLG Karlsruhe Urt. v. 24.05.2002 – 10 U 6/02 – NZV 2003, 420; OLG Hamm Urt. v. 18.01.1999 – 6 U 151/98 – DAR 1999, 217.

A.2.9.1 AKB Vorsatz, grobe Fahrlässigkeit

- wenn der VN das Stoppschild aufgrund einer unmittelbar davor stehenden Hinweistafel **zu spät wahrnimmt** und der daraufhin eingeleitete Bremsversuch erfolglos verläuft;[606]
- wenn der VN aufgrund **überhöhter Geschwindigkeit** vor dem ihm bekannten Stoppschild nicht nur nicht zum Stehen kommt, sondern auch den anschließenden Abbiegevorgang nicht bewältigt und die Gewalt über sein Fahrzeug verliert.[607]

283 Keine grobe Fahrlässigkeit liegt vor, wenn sich der VN erfolgreich entlasten kann,
- weil das Stoppschild **verdeckt** oder zumindest objektiv schlecht sichtbar ist und eine **vorangegangene Beschilderung fehlt** oder irreführend ist;[608]
- weil außer dem Stoppschild **keine sonstigen Warnhinweise** – auch nicht in Form von Fahrbahnmarkierungen – vorhanden sind.[609]

284 Bei der Festlegung einer **Leistungskürzungsquote** im Rahmen der groben Fahrlässigkeit ist zu berücksichtigen, dass die Missachtung eines Stoppschildes nach der BKatV erheblich geringer sanktioniert ist als ein Rotlichtverstoß. Für Normalfälle, in denen auf das Stoppschild zuvor hingewiesen wird, es gut sichtbar oder beidseitig aufgestellt ist, erscheint eine grundsätzliche Kürzung **um 25 %** angemessen, sofern sich nicht ein besonders gravierender Verstoß feststellen lässt.[610] Ein solcher ist anzunehmen, wenn der VN ortskundig ist und mit überhöhter Geschwindigkeit in eine belebte Straßenkreuzung einfährt,[611] das Stoppschild absichtlich überfährt[612] oder noch nicht einmal versucht, seiner Wartepflicht zu genügen.[613]

d) Falsches Überholen

285 Ein Überholmanöver, das zu einem Unfall führt, ist als grob fahrlässig anzusehen, wenn der VN aufgrund eines **kurvenreichen und unübersichtlichen Straßenverlaufes** - ggf. zusätzlich unter Missachtung einer **durchgezogenen Mittellinie**[614] – realistischerweise nicht abschätzen konnte, ob er den Überholvorgang gefahrlos würde vollenden können.[615] Dies gilt auch dann, wenn der VN unmittelbar nach einem bereits durchgeführten[616] oder auf-

---

606 Vgl. OLG Oldenburg Urt. 23.11.1994 – 2 U 166/94 – r+s 1995, 42; OLG Zweibrücken Urt. v. 12.07.1991 – 1 U 30/91 – VersR 1993, 218 = r+s 1993, 248.
607 OLG Koblenz Urt. v. 30.08.2007 – 10 U 747/07 – VersR 2008, 1346.
608 OLG Nürnberg Urt. v. 21.12.1995 – 8 U 2423/95 – NJW-RR 1996, 988.
609 LG Koblenz Urt. v. 20.09.2004 – 5 O 418/03 – SVR 2005, 150.
610 Burmann/Heß/Höke/Stahl Rn. 378; Meschkat/Nauert/*Stehl* S. 96/97; Goslarer Orientierungsrahmen zfs 2010, 12, 14 = DAR 2010, 111.
611 Vgl. BGH Urt. v. 24.06.1969 – **VI ZR 36/68** – VersR 1969, 848.
612 OLG Nürnberg Urt. v. 26.06.1997 – 8 U 79/97 – r+s 1997, 409.
613 Vgl. OLG Zweibrücken Urt. v. 12.07.1991 – 1 U 30/91 – VersR 1993, 218.
614 OLG Köln Urt. v. 30.05.2000 – 9 U 1/99 – MDR 2001, 87 = NVersZ 2001, 169.
615 OLG Karlsruhe Urt. v. 04.03.2004 – 12 U 151/03 – zfs 2004, 321; OLG Frankfurt Urt. v. 23.05.1995 – 1 U 75/94 – NZV 1995, 363.
616 OLG Hamm Urt. v. 24.04.1998 – 20 U 4/98 – DAR 1998, 393 = zfs 1999, 428; OLG Karlsruhe Urt. v. 19.03.1992 – 12 U 206/91 – r+s 1992, 154.

Vorsatz, grobe Fahrlässigkeit A.2.9.1 AKB

grund von Gegenverkehr abgebrochenen Überholvorgang[617] die Gewalt über sein Fahrzeug verliert oder er sich bei **widrigen Sicht- und Witterungsverhältnissen** trotz erkennbarer **Glatteisgefahr** und sichtbarem **Gegenverkehr** zum Überholen entschließt.[618] Auch ein Überholvorgang nachts trotz Gegenverkehrs,[619] ein riskantes Überholen kurz vor einer Ortseinfahrt,[620] in einer Kurve trotz Sichtbehinderung durch ein vorausfahrendes größeres Fahrzeug[621] oder beim schlichten Übersehen des Gegenverkehrs[622] ist grob fahrlässig.

Ein Überholen im Baustellenbereich bei erkennbar verengten Fahrspuren kann grob 286
fahrlässig sein, wenn erwiesen ist, dass der VN vor Beginn der Engstelle schon nicht in der Lage war, sein Fahrzeug sicher in der Spur zu halten.[623] Ein grob fahrlässiges, besonders leichtsinniges Verhalten ist auch bei einem **Überholmanöver** des VN mit 100 km/h auf einem geraden Teilstück **zwischen zwei Bergkuppen** anzunehmen, wenn der zu überholende Pkw mit Anhänger lediglich 70 km/h fährt und die Überholstrecke nur auf ca. 160 m überschaubar ist.[624]

Hat sich der VN demgegenüber bei der Dauer des voraussichtlichen Überholvorganges 287
eines langsamen vorausfahrenden Kfz bei übersichtlichem Streckenverlauf **verschätzt**, so lässt sich lediglich ein leicht fahrlässiges Verhalten begründen, und zwar auch für den Fall, dass der VN beim Überholen zwar sein Handy benutzt hat, dies aber nicht zu einer – vom VR nachzuweisenden – Reaktionsverzögerung beim VN geführt hat.[625]

Um bei einem **objektiv** grob fahrlässigen Überholmanöver einer (quotalen) Leistungs- 288
freiheit des VR zu entgehen, muss der VN nachvollziehbare entlastende Umstände vorbringen (aber nicht zwingend beweisen), die gegen die Annahme eines auch **subjektiv** grob fahrlässigen Verhaltens sprechen. Andenfalls kann vom äußeren Geschehensablauf und vom Ausmaß des objektiven Pflichtverstoßes auf ein auch in subjektiver Hinsicht unentschuldbares Fehlverhalten des VN geschlossen werden.[626] Lässt sich daher der Zusammenstoß mit einem entgegenkommenden Kfz bei einem Überholvorgang nur dadurch erklären, dass bei dessen Beginn das entgegenkommende Kfz durch andere Fahrzeuge verdeckt war oder der VN ohne Beachtung des Gegenverkehrs zum Überholen angesetzt hat und kann der VN keine entlastenden Umstände für seine Fahr-

---

617 OLG Düsseldorf Urt. v. 28.09.2000 – 4 U 198/99 – VersR 2001, 1020 = zfs 2001, 265; vgl. auch OLG Koblenz Urt. v. 25.02.2002 – 12 U 955/00 – zfs 2002, 345.
618 OLG Düsseldorf Urt. v. 15.12.1998 – 4 U 235/97 – NVersZ 2000, 32.
619 OLG Karlsruhe Urt. v. 02.11.1994 – 13 U 264/93 – VersR 1995, 1182.
620 KG Urt. v. 20.04.2004 – 6 U 57/04 – SP 2005, 21.
621 BGH Urt. v. 30.06.1982 – IVa ZR 18/81 – VersR 1982, 892 = MDR 1983, 37.
622 OLG Karlsruhe Urt. v. 04.03.2004 – 12 U 151/03 – VersR 2004, 776 = zfs 2004, 321.
623 OLG Naumburg Urt. v. 29.07.1999 – 2 U 200/98 – DAR 1999, 548 = zfs 1999, 424.
624 OLG Hamm Urt. v. 14.09.1990 – 20 U 92/90 – r+s 1991, 154.
625 LG Passau Urt. v. 25.11.1998 – 3 O 28/98 – zfs 2000, 160.
626 BGH Urt. v. 08.07.1992 – IV ZR 223/91 – VersR 1992, 1085 = NJW 1992, 2418; BGH Urt. v. 08.02.1989 – IVa ZR 57/88 – VersR 1989, 582 = NJW 1989, 1354.

A.2.9.1 AKB   Vorsatz, grobe Fahrlässigkeit

weise aufzeigen, so hat er den Unfall sowohl in objektiver, als auch in subjektiver Hinsicht grob fahrlässig herbeigeführt.[627]

289   Kann grobe Fahrlässigkeit festgestellt werden, dürfte bei gleichzeitiger Verwirklichung eines **Bußgeldtatbestandes** gemäß §§ 1 Abs. 2, 5 Abs. 2 Satz 1, Abs. 3 Nr. 2, 49 Abs. 1 Nr. 1, 5 StVO i. V. m. Ziffer 19.1.2 BKatV, verbunden mit der Verhängung eines einmonatigen Fahrverbotes eine durchschnittliche **Leistungskürzung von 50 %** – auch unter Berücksichtigung des hohen Gefährdungspotenzials für andere Verkehrsteilnehmer – angemessen sein.[628]

290   Erfüllt die Verhaltensweise des VN den **Straftatbestand** des § 315c Abs. 1 Nr. 2b StGB, so ist das Überholmanöver des VN auch als rücksichtslos zu qualifizieren, was eine gesteigerte subjektive Vorwerfbarkeit rechtfertigt. Rücksichtslosigkeit erfordert regelmäßig ein Verhalten, bei dem sich der VN aus Leichtsinn, Eigennutz oder Gleichgültigkeit gegenüber anderen Verkehrsteilnehmern im Interesse seines eigenen ungehinderten Fortkommens über seine Sorgfaltspflichten als Kraftfahrer hinwegsetzt und unbekümmert um die Folgen seiner Fahrweise darauf losfährt. Ein Überholmanöver, das unter dieser Prämisse durchgeführt wurde, dürfte eine **Kürzungsquote von 75 %** rechtfertigen.[629]

e) Überhöhte Geschwindigkeit

291   Ob ein durch nicht angepasste Geschwindigkeit oder unter Verstoß gegen eine Geschwindigkeitsbegrenzung verursachter Unfall grob fahrlässig herbeigeführt wurde, ist immer eine Frage des Einzelfalles und somit unter Berücksichtigung der **Witterungsverhältnisse**, der **Verkehrsdichte**, dem **Ausbauzustand** der Straße und der **Übersichtlichkeit** des Straßenverlaufes zu entscheiden.[630]

292   Fährt der VN an Kreuzungen, Einmündungen oder Bahnübergängen zu schnell, wird grobe Fahrlässigkeit eher anzunehmen sein als auf einer Landstraße, weil in § 315c Abs. 1 Nr. 2d StGB ein entsprechendes Verhalten, sofern es auch noch dem Verdikt der Rücksichtslosigkeit unterfällt, sogar als strafbar eingestuft wird. Die **Geschwindigkeitsübertretung muss** zwar in jedem Fall **erheblich sein**; trotzdem lässt sich nicht jede festgestellte, einen bestimmten Prozentsatz übersteigende Geschwindigkeitsüberschreitung von vornherein als grob fahrlässig qualifizieren.[631]

293   Eine Rolle spielen auch **Fahrzeugtyp** und **Straßenlage** des Pkw sowie die **Fahrpraxis** und damit die Frage einer subjektiven Überforderung **des VN** durch die von ihm gewählte Geschwindigkeit. Vor diesem Hintergrund ist es nicht zulässig, im Wege des Anscheinsbeweises ein Verhalten als grob fahrlässig einzustufen, bei dem der VN nach

---

627   OLG Hamm Urt. v. 22.06.1994 – 20 U 108/93 – r+s 1995, 8.
628   Meschkat/Nauert/*Stehl* S. 114.
629   Im Ergebnis auch Burmann/Heß/Höke/Stahl Rn. 399; Meschkat/Nauert/*Stehl* S. 115 (für eine Leistungskürzung zwischen 66 und 80 %).
630   Burmann/Heß/Höke/Stahl Rn. 401.
631   OLG Frankfurt/M. Urt. v. 31.10.2001 – 7 U 83/01 – VersR 2002, 703 = zfs 2002, 242.

Vorsatz, grobe Fahrlässigkeit A.2.9.1 AKB

einem Überholvorgang von der Straße abgekommen ist und lediglich feststeht, dass er die zulässige Höchstgeschwindigkeit um mindestens 25 km/h überschritten hat.[632] Insbesondere ist ein Fahrfehler nicht schon dann grob fahrlässig, wenn der VN die Straßenverhältnisse unzutreffend einschätzt und sich seine Geschwindigkeit daher aus einer »ex post«-Betrachtung heraus als überhöht erweist.[633] Vielmehr müssen weitere Umstände hinzutreten. Dabei kommt es auch auf Besonderheiten der **Straßenführung und Beschilderung** an. Auch die Überschreitung der Richtgeschwindigkeit von 130 km/h auf Autobahnen[634] oder eine Geschwindigkeit von 110 km/h bei starkem Regen[635] ist nicht per se grob fahrlässig.

Für die Beurteilung, ob eine **Fahrgeschwindigkeit von 90 km/h auf der Autobahn bei** 294 Schneetreiben als grob fahrlässiges Verhalten einzustufen ist, kommt es nicht nur auf den Straßenzustand, die Straßenneigung und die Streckenführung an, sondern auch auf die Verkehrslage, die Fahrereignung sowie die Profiltiefe und die Art der Reifen. Bleiben diese Faktoren im Prozessvortrag des VR weitestgehend unberücksichtigt, kann es offen bleiben, ob die Behauptungen des VN, es habe nur fein stäubend und leicht geschneit, weshalb die Fahrbahn weder schneebedeckt noch erkennbar schneeglatt gewesen sei, zutreffen; sie sind jedenfalls durch den VR nicht widerlegt worden, weshalb eine grobe Fahrlässigkeit nicht erwiesen ist.[636]

Grobe Fahrlässigkeit ist von der Rechtsprechung **bejaht** worden: 295
- bei einem Unfall durch Fahren auf einer **Landstraße mit 150 km/h** (statt 100 km/h) bei nicht optimalen Straßenverhältnissen (schmale Linkskurve, Gefälle, feuchter Fahrbahnbelag);[637]
- beim Abkommen von der Fahrbahn bei **85–90 km/h** auf einer Bundesstraße **bei Schnee und Hagel**;[638]
- bei einer Geschwindigkeit von **80 km/h trotz Nebel** mit einer Sichtweite von nur 20 bis 30 m;[639]
- bei Überschreitung der zulässigen **Höchstgeschwindigkeit um mehr als 70 %**,[640] oder sogar **um 100 %** (120 km/h statt 60 km/h) in einer lang gezogenen Linkskurve,

---

632 So aber OLG Saarbrücken Urt. v. 19.11.2008 – 5 U 78/08 – zfs 2009, 157 und 273 = VK 2009, 150.
633 OLG Jena Urt. v. 07.03.2001 – 4 U 893/00 – VersR 2001, 855 = zfs 2001, 319.
634 Himmelreich/Halm/Staab/*Krahe* Kap. 23 Rn. 479.
635 OLG Nürnberg Urt. v. 17.02.1977 – 8 U 83/76 – VersR 1977, 659.
636 Vgl. OLG Hamm Urt. v. 17.11.1989 – 20 U 214/89 – r+s 1993, 131.
637 OLG Koblenz Urt. v. 05.03.1999 – 10 U 155/98 – VersR 2000, 720.
638 LG Hannover Urt. v. 08.10.2003 – O 141/03 – zfs 2004, 171.
639 OLG Nürnberg Urt. v. 27.10.1988 – 8 U 1649/87 – DAR 1989, 349.
640 OLG Nürnberg Urt. v. 27.01.2000 – 8 U 3128/99 – VersR 2001, 365 = r+s 2000, 364 (**Fahren mit über 100 km/h innerorts**); OLG Köln Urt. v. 28.01.1993 – 5 U 66/91 – r+s 1993, 129; OLG Nürnberg Urt. v. 29.10.1992 – 8 U 1484/92 – r+s 1993, 129; OLG München Urt. v. 30.12.1982 – 24 U 527/82 – zfs 1983, 150 = DAR 1983, 78.

A.2.9.1 AKB Vorsatz, grobe Fahrlässigkeit

in der der VN ins Schleudern geriet, wobei feststeht, dass die erhöhte Geschwindigkeit für sich allein als Unfallursache ausscheidet;[641]
- bei einem **Aufschließen** auf ein auf der Autobahn mit 180 km/h vorausfahrendes Fahrzeug **mit mehr als 200 km/h** im Vertrauen darauf, dieses Fahrzeug werde die Überholspur räumen sowie anschließendem, zur Vermeidung eines Auffahrunfalls durchgeführtem scharfem Abbremsmanöver mit Schleudern und nachfolgendem Unfall;[642]
- bei einem **Unfall auf der Autobahn mit 170 km/h bei Dunkelheit durch Auffahren** auf ein auf 120 km/h verkehrsbedingt herunterbremsendes Fahrzeug;[643]
- bei einem Unfall nach **Annäherung** auf einer gut ausgebauten Landstraße **mit 100 km/h an eine** scharfe, fast rechtwinklige **Kurve** trotz Warnschilder, Geschwindigkeitstrichter und -begrenzung auf 40 km/h;[644]
- bei Veranstaltung eines **Wettrennens auf der Autobahn** mit 150 km/h;[645]
- bei einem **Alleinunfall mit 90 km/h** (statt erlaubter 50 km/h) auf kurvenreicher Strecke, ohne vom Gegenverkehr behindert worden zu sein;[646]
- bei einem Unfall durch zu schnelles Einfahren in einen **Kreisverkehr** mit Überfahren der Verkehrsinsel;[647]
- bei einem **ungebremsten Einfahren in** eine weithin sichtbare, ordnungsgemäß abgesicherte **Unfallstelle**;[648]
- bei einem mit 170 bis 180 km/h statt erlaubter 100 km/h auf der Autobahn vollführten **Brems- und Ausweichmanöver wegen** eines im Scheinwerferlicht auftauchenden **Wildschweins**, wobei durch Verkehrsschilder vor Wildwechsel gewarnt wurde;[649]
- bei einem Unfall mit Qualmwolke durch Reifenabrieb und Schleudern um die eigene Achse nach »**Rennfahrerstart**« an einer Lichtzeichenanlage.[650]

296 **Grobe Fahrlässigkeit** ist von der Rechtsprechung **verneint** worden:
- beim **Ausbrechen eines Fahrzeuges mit 200 km/h** auf einem weiträumig überblickbaren, gerade verlaufenden, dreispurig ausgebauten Streckenabschnitt einer Autobahn aufgrund der Fahrbahnbeschaffenheit beim Fahrspurwechsel, wenn sich die Behauptung des VR, es habe stark geregnet, so dass der VN mit mangelnder Reifenhaftung und Aquaplaning habe rechnen müssen, nicht nachweisen lässt;[651]

---

641 OLG Nürnberg Urt. v. 29.10.1992 – 8 U 1484/92 – r+s 1993, 129 = VersR 1993, 432.
642 OLG Hamm Urt. v. 05.06.1991 – 30 U 199/90 – DAR 1991, 455.
643 OLG Düsseldorf Urt. v. 10.10.2002 – 10 U 184/01 – NZV 2003, 289 = MDR 2003, 330.
644 OLG Köln Urt. v. 03.06.1996 – 12 U 29/96 – VersR 1997, 57.
645 OLG Köln Urt. v. 16.05.2000 – 9 U 121/99 – VersR 2001, 454 = zfs 2000, 450.
646 OLG Köln Urt. v. 11.03.2003 – 9 U 45/02 – zfs 2003, 553 = r+s 2004, 11.
647 OLG Oldenburg Urt. v. 27.11.1996 – 2 U 172/96 – VersR 1997, 871.
648 OLG München Urt. v. 05.11.1993 – 10 U 3610/93 – NZV 1994, 113.
649 OLG Köln Urt. v. 28.01.1993 – 5 U 66/91 – r+s 1993, 129.
650 OLG Hamm Urt. v. 10.08.2007 – 20 U 218/06 – VersR 2008, 112 = zfs 2007, 692.
651 OLG Köln Urt. v. 09.05.2006 – 9 U 64/05 – r+s 2006, 415 = SP 2007, 152.

- bei einem Fahrer, der nachts auf der Autobahn **bei regennasser Fahrbahn** in einer mit Wasser gefüllten Senke **ins Schleudern** gerät, ohne dass ihm eine erhebliche Überschreitung der vorgeschriebenen Höchstgeschwindigkeit (hier: 60 km/h) nachgewiesen werden kann;[652]
- bei einer Geschwindigkeit des VN von 110 km/h auf einer Autobahn und **Ausbrechen des Kfz infolge Aquaplanings**, wenn der VR zwar ein Aquaplaningrisiko zum Unfallzeitpunkt behauptet, welches höchstens eine Geschwindigkeit von 80 km/h zugelassen habe, jedoch die unfallursächliche, auf der Fahrbahn befindliche Wasserlache für den VN nicht rechtzeitig erkennbar war, keine Warnschilder aufgestellt waren und sich dem VN auch keine konkrete Aquaplaninggefahr wegen der widrigen Witterungsverhältnisse zum Unfallzeitpunkt aufdrängen musste;[653]
- bei einem VN, der auf einer gut ausgebauten Bundesstraße **mit 120 km/h auf** einen vor ihm fahrenden, **abbiegenden Pkw auffährt**;[654]
- bei Fahren mit 85 km/h statt erlaubter 50 km/h im Kurvenbereich und **Ablenkung durch** ein plötzlich auftauchendes **Verkehrshindernis**;[655]
- bei einem VN, der unter **Verstoß gegen das Sichtfahrgebot** eine lang gezogene Rechtskurve mit 165 km/h bei trockener Fahrbahn und guter Sicht durchfährt;[656]
- bei einer Geschwindigkeit von 45 km/h statt erlaubter 30 km/h und **Verletzung der Vorfahrtsregelung »rechts vor links«**;[657]
- bei **Überschreitung** der zulässigen Höchstgeschwindigkeit um mindestens 20 km/h bei einem Überholvorgang;[658]
- bei einer **Geschwindigkeitsüberschreitung von 90 %** (95 statt 50 km/h), wenn die Straße bis zur Unfallstelle autobahnähnlich ausgebaut ist und die zulässige Höchstgeschwindigkeit von 50 km/h erst 93 Meter vor der Unfallstelle angeordnet war.[659]

Überhöhte und unangepasste Geschwindigkeit gehören zu den häufigsten Unfallursachen. Dem muss auch bei der Bemessung der anteiligen Leistungsbefreiung des VR in A.2.9.1 S. 2 AKB Rechnung getragen werden. Dabei ist zu beachten, dass nach der BKatV bei innerörtlichen Geschwindigkeitsverstößen ab 31 km/h bzw. 61 km/h und bei solchen, die außerorts ab 41 km/h bzw. 71 km/h begangen werden, gegen den Betroffenen ein Regelfahrverbot von einem bzw. drei Monaten verhängt wird. Infolgedessen dürfte es angemessen sein, von einer **Leistungskürzung zwischen 50 und 70 %** auszugehen.[660]

297

---

652 OLG Braunschweig Urt. v. 10.07.1996 – 3 U 225/95 – VersR 1997, 182.
653 OLG Hamm Urt. v. 05.04.2000 – 20 U 229/99 – r+s 2001, 403 = zfs 2000, 496.
654 OLG Karlsruhe Urt. v. 01.08.1991 – 12 U 104/90 – r+s 1993, 130.
655 OLG Hamm Urt. v. 20.01.1993 – 20 U 255/92 – VersR 1994, 42.
656 OLG Hamm Urt. v. 11.06.1986 – 20 U 363/85 – VersR 1987, 1206.
657 OLG Düsseldorf Urt. v. 05.07.1996 – 4 U 119/95 – VersR 1997, 56.
658 Vgl. VG Koblenz Urt. v. 04.06.2013 – 1 K 1009/12.KO – BeckRS 2013, 51826.
659 OLG Frankfurt/M. Urt. v. 31.10.2001 – 7 U 83/01 – VersR 2002, 703 = zfs 2002, 242.
660 Vgl. Meschkat/Nauert/*Stehl* S. 116, **die für eine Norm-Kürzungsquote von 50 % plädieren**.

A.2.9.1 AKB Vorsatz, grobe Fahrlässigkeit

298 Hat sich der VN bewusst über die Geschwindigkeitsbeschränkung hinweggesetzt oder zugleich auch gemäß § 315c Abs. 1 Nr. 2d StGB strafbar gemacht,[661] dürfte ein **Kürzungsgrad von 75 %** gerechtfertigt sein.[662] Da schon die Frage, ob sich der VN überhaupt grob fahrlässig verhalten hat, nicht an einer bestimmten prozentualen Mindestgrenze festgemacht werden kann, verbietet es sich erst recht, im Falle festgestellter grober Fahrlässigkeit das Maß der prozentualen Leistungskürzung an der prozentualen Höhe der Geschwindigkeitsüberschreitung auszurichten.[663]

f) Auffahrunfall infolge grober Unaufmerksamkeit

299 Wer durch grobe Unaufmerksamkeit ordnungsgemäß in Betrieb befindliche Warn- und Sicherungseinrichtungen einer Autobahnbaustelle nicht beachtet und ungebremst auf ein beleuchtetes Hindernis,[664] ein gut sichtbares Baustellenfahrzeug[665] oder einen zur Sicherung einer Baustelle befindlichen Absperranhänger auffährt, auf den er über eine Strecke von 800 Metern durch mehrere Verkehrszeichen hingewiesen worden ist,[666] verursacht den Unfall grob fahrlässig. In diesen Fällen wird von mittlerer grober Fahrlässigkeit entsprechend einer **Leistungskürzungsquote von 50 %** im Rahmen des A.2.9.1 S. 2 AKB auszugehen sein.[667]

g) Grundloses Abkommen von der Fahrbahn

300 Ein vom VN nicht plausibel zu erklärendes Abkommen von der Fahrbahn begründet nicht in jedem Fall den Vorwurf grober Fahrlässigkeit. Handelt es sich um eine **gut ausgebaute, breite und mit Randstreifen versehene Fahrbahn**, wird man eine grob fahrlässige Unaufmerksamkeit eher bejahen müssen als bei einer **schmalen, kurvenreichen Straße ohne befestigten Seitenstreifen**. Zwar wird man von einem Kraftfahrer gerade auf einer solchen Strecke eine durchgehende konzentrierte Beobachtung des Verkehrsgeschehens und des Straßenverlaufs erwarten müssen. Andererseits ist auch die Gefahr, wegen einer lediglich kurzzeitigen momentanen – und damit ggf. nur leicht fahrlässig einzustufenden – Unaufmerksamkeit von der Fahrbahn abzukommen, entsprechend größer. Ein Abkommen von der Fahrbahn – aus welchen Gründen auch immer – ist nicht unwahrscheinlich. Kann der VN bei dieser Konstellation sein Abkommen von einer schmalen Straße nicht plausibel erklären, führt dies nicht zu einer Umkehr der Beweislast.[668] Entlastende Umstände hat der VN zwar vorzutragen, aber nicht zu beweisen. Die **Beweislast** für eine grob fahrlässige Herbeiführung des Unfalles **bleibt beim VR**. Reine Spekulationen, warum der VN grob fahrlässig von der Fahrbahn abge-

---

661 Zu den Voraussetzungen vgl. BGH Urt. v. 21.11.2006 – 4 StR 459/06 – NStZ 2007, 222.
662 Ebenso Burmann/Heß/Höke/Stahl Rn. 402; Meschkat/Nauert/*Stehl* S. 118 (**für eine Leistungskürzung zwischen 66 und 80 %**).
663 A. A. Maier/Stadler Rn. 138.
664 LG Tübingen Urt. v. 25.05.1965 – 3 O 196/64 – VersR 1966, 726.
665 OLG Köln Urt. v. 29.01.2002 – 9 U 59/01 – zfs 2002, 295 = r+s 2002, 147.
666 OLG Düsseldorf Urt. v. 09.12.1999 – 10 U 47/99 – NZV 2001, 81 = MDR 2000, 268.
667 So auch Meschkat/Nauert/*Stehl* S. 119.
668 OLG Hamm Urt. v. 07.02.2007 – 20 U 134/06 – VersR 2007, 1553 = r+s 2007, 187.

Vorsatz, grobe Fahrlässigkeit   **A.2.9.1 AKB**

kommen sein könnte, reichen nicht aus. **Auf einen Erfahrungssatz**, wonach ein Abkommen von der Fahrbahn stets grob fahrlässig ist, **kann sich der VR nicht stützen.**[669] Bei einer verzögerten Bremsleistung infolge schwieriger Straßenverhältnisse ist die **Annahme eines Augenblicksversagens beim VN** nicht von vornherein abwegig.[670] Lässt sich die Unfallursache nicht sicher klären, bleibt der VR beweisfällig. Auf den Risikoausschluss des A.2.9.1 S. 2 AKB, § 81 Abs. 2 VVG kann er sich dann nicht berufen.

Grobe Fahrlässigkeit ist zu bejahen: 301
- bei einem **allmählichen, kontinuierlichen Abkommen** des VN auf die Gegenfahrbahn auf einer breit ausgebauten Straße;[671]
- wenn der VN wegen eines Niesanfalls ein **Taschentuch auf dem Beifahrersitz sucht** und dadurch von der Fahrbahn abkommt;[672]
- wenn der VN seinen Pkw aus ungeklärter Ursache **über die Mittellinie in den Gegenverkehr** lenkt,[673] auch dann, wenn er in Gedanken bei einem schwer kranken Familienangehörigen war;[674]
- wenn der VN auf einer übersichtlichen, 5 m breiten Landstraße **sekundenlang den Blick von der Fahrbahn abwendet**, um ein nicht verkehrswesentliches Geschehen zu beobachten;[675]
- wenn sich der Fahrer während der Fahrt **Notizen macht,** wenn er sich während eines Spurwechsels **zu seinem Beifahrer hinwendet,**[676] oder wenn er sich bei einer nächtlichen Fahrt während des Durchfahrens einer Kurve plötzlich **nach hinten umdreht;**[677]
- wenn sich der VN bei 100 km/h und schlechten Straßenverhältnissen **nach hinten umdreht,** um einem **auf dem Rücksitz weinenden Kleinkind** eine Teeflasche oder den Schnuller zu reichen; **anders jedoch,** wenn das Umdrehen durch ein Würgegeräusch und die daraus resultierende Sorge veranlasst ist, das Kind könne etwas im Mund haben, sich übergeben oder ersticken;[678]
- bei einem **Verstellen des Fahrersitzes** während der Fahrt;[679]
- wenn der Fahrer **zu lange in den Rückspiegel geschaut** hat und auf einer gerade verlaufenden Straße auf einen geparkten Pkw auffährt;[680]

---

669 OLG Frankfurt/M. Urt. v. 24.02.1987 – 5 U 78/86 – VersR 1987, 927.
670 OLG Düsseldorf Beschl. v. 06.02.1998 – 4 W 50/97 – ADAJUR Dok.Nr. 31021.
671 OVG Bautzen Beschl. v. 16.12.2010 – 2 A 416/09 – ADAJUR Dok.Nr. 92266; LG Stuttgart Urt. v. 17.02.2005 – 22 O 565/04 – SP 2006, 18.
672 OLG Naumburg Urt. v. 08.10.1996 – 7 U 108/96 – VersR 1997, 870 = DAR 1997, 112.
673 OLG Hamm Urt. v. 05.06.1996 – 20 U 288/95 – VersR 1997, 961.
674 OLG Stuttgart Urt. v. 28.07.2005 – 7 U 51/05 – SP 2006, 324.
675 OLG München Urt. v. 27.01.1994 – 24 U 706/93 –VersR 1995, 165.
676 OLG Düsseldorf Urt. v. 27.05.1997 – 4 U 64/96 – SP 1998, 121.
677 OLG Saarbrücken Urt. v. 14.01.2004 – 5 U 396/03 – MDR 2004, 874.
678 OLG Brandenburg Urt. v. 28.01.1997 – 2 U 94/96 – VersR 1998, 838 = zfs 1998, 220; LG Coburg Urt. v. 25.6.1993 – 3 S 40/93 – VersR 1994, 976; vgl. auch OLG Saarbrücken Beschl. v. 13.02.2004 – 5 W 24/04 – zfs 2004, 223.
679 OLG Hamburg Urt. v. 05.10.2005 – 14 U 104/05 – SP 2006, 394.
680 OLG Nürnberg Urt. v. 14.01.1988 – 8 U 2735/87 – zfs 1988, 146.

A.2.9.1 AKB Vorsatz, grobe Fahrlässigkeit

– bei starkem, unmotiviertem Abbremsen auf regennasser Fahrbahn.[681]

302 **Keine grobe Fahrlässigkeit** liegt vor:
– bei einem VN, der mit 90 km/h in einer Linkskurve auf schmaler Landstraße ohne befestigten Randstreifen geradeaus fährt, weil er kurz einen **Blick auf seine Geldbörse** auf dem Beifahrersitz wirft;[682]
– wenn der VN während einer Autobahnfahrt einen kurzen **Seitenblick auf eine Straßenkarte** wirft;[683]
– beim Abkommen von einer schmalen Fahrbahn auf einen Grünstreifen;[684]
– wenn der VN sich bei nächtlicher Fahrt reflexartig umdreht, weil eines seiner kleinen, vorher ruhigen **Kinder auf dem Rücksitz** im Zusammenhang mit einem lauten Knall plötzlich aufschreit;[685]
– beim **Verscheuchen eines Insekts** aus dem Gesicht während der Fahrt durch eine reflexartige Handbewegung[686] oder durch eine Akte vom Beifahrersitz,[687] weil insoweit von einem Augenblicksversagen auszugehen ist;
– beim Anlegen des Sicherheitsgurtes während der Fahrt.[688]

303 Im Regelfall wird der **Verschuldensgrad** eines grob fahrlässigen Verhaltens im Bereich zwischen 25 % bis 50 % anzusetzen sein.[689] Zu beachten ist, dass die graduelle Vorwerfbarkeit nicht dadurch schon erhöht ist, dass der VN das Abkommen von der Fahrbahn nicht plausibel erklären kann.[690] Denn dies ist lediglich der Grund dafür, dass das Verhalten des VN nicht mehr als leicht, sondern schon als grob fahrlässig angesehen werden muss.

h) Ausweichen vor einem Tier

304 Inwieweit ein Kraftfahrer durch das Ausweichen vor einem Tier einen Unfall grob fahrlässig herbeiführt, wird kontrovers beurteilt (vgl. auch A.2.2.1 AKB Rdn. 292 ff.). Auf A.2.9.1 S. 2 AKB i. V. m. § 81 Abs. 2 VVG kann sich der VR regelmäßig dann berufen,
– wenn der Fahrzeugführer **beim Auftauchen eines Haarwilds** im Rahmen eines Brems- oder Lenkmanövers **überreagiert**, dadurch ins Schleudern gerät und mit dem Wild zusammenstößt, **oder** wenn er **nach der Wildberührung** infolge einer **Fehlreaktion** (z. B. Verreißen des Lenkrades) verunfallt und dadurch in beiden Fallalternativen den **in der *Teilkasko*** gedeckten Versicherungsfall »Wildschaden« herbeiführt;

---

681 LG Bielefeld Urt. v. 23.06.1972 – 5 O 293/71 – VersR 1973, 612.
682 OLG Hamm Urt. v. 07.02.2007 – 20 U 134/06 – VersR 2007, 1553 = r+s 2007, 187.
683 LG Aschaffenburg Urt. v. 01.12.2004 – 3 O 266/04 – zfs 2005, 140.
684 OLG Hamm Urt. v. 07.02.2007 – 20 U 134/06 – VersR 2007, 1553 = r+s 2007, 187.
685 OLG Saarbrücken Beschl. v. 13.02.2004 – 5 W 24/04 – zfs 2004, 223.
686 OLG Bamberg Urt. v. 20.09.1990 – 1 U 36/90 – r+s 1991, 473 = NZV 1991, 473.
687 LG Mönchengladbach Urt. v. 08.11.1990 – 10 O 76/90 – VersR 1991, 994.
688 OLG Saarbrücken Urt. v. 11.05.1984 – 3 U 42/83 – VersR 1984, 1185.
689 Vgl. Meschkat/Nauert/*Stehl* S. 119 (**Abzugsquote von 50 %**).
690 Burmann/Heß/Höke/Stahl Rn. 403.

Vorsatz, grobe Fahrlässigkeit   A.2.9.1 AKB

– wenn er **wegen eines kleinen Tieres** unvermittelt abbremst und/oder ausweicht oder ohne vorherigen Wildkontakt **von der Fahrbahn abkommt** und dadurch den **in der Vollkasko** gedeckten Versicherungsfall »Unfall« herbeiführt.

Zur Beurteilung des Verschuldensgrades sind dieselben Kriterien heranzuziehen, die auch in der **Teilkasko** beim Aufwendungsersatzanspruch des VN nach § 83 Abs. 1 S. 1 VVG (»**Rettungskostenersatz**«) abzuwägen sind bei der Frage, ob das Ausweichmanöver objektiv geboten war oder der VN (bzw. der berechtigte Fahrer seines Kfz) wenigstens subjektiv das Ausweichmanöver unter Berücksichtigung aller Umstände des Einzelfalles für geboten halten durfte,[691] (vgl. A.2.2.1 AKB Rdn. 273 ff.). **Grobe Fahrlässigkeit liegt vor,** wenn das Fahrmanöver zur Vermeidung eines folgenträchtigen Zusammenstoßes mit dem Haarwild und damit zur Vermeidung eines Schadens an dem versicherten Kfz objektiv nicht erforderlich war, oder wenn der VN bei der subjektiven Einschätzung der konkreten Situation einem grob fahrlässigen Irrtum über die Gebotenheit seines (Rettungs-)Fahrmanövers unterlag, (vgl. hierzu A.2.2.1 AKB Rdn. 292 ff.). 305

Danach stellt sich das **Ausweichen vor einem Kaninchen**,[692] **Fuchs**[693] oder **Hasen**[694] angesichts der geringen Gefahren, die mit einer Kollision verbunden sind, regelmäßig als **grob fahrlässig** dar. 306

In anderen Fällen wurde das Ausweichen vor einem **Biber**,[695] einem **Fuchs**[696] und einem **Hasen**,[697] als **nicht grob fahrlässig** angesehen. 307

Auch ein **Motorradfahrer**, der einem **Fuchs** ausweicht, während er eine Kurve in Schräglage durchfährt, handelt bei seinem Versuch, eine Kollision mit dem Tier zu vermeiden, nicht grob fahrlässig.[698] Dies gilt erst recht für einen VN, der einem größeren Tier (z. B. einem **Reh** oder **Wildschwein**) ausweicht und dadurch verunfallt. 308

Entscheidend für den Vorwurf der groben Fahrlässigkeit ist trotzdem **nicht allein die Größe des Tieres**. Anders als beim Aufwendungsersatzanspruch nach den §§ 90, 83 Abs. 1 VVG geht es nicht nur darum, dass der VN die Gefahr eines hohen Schadens an seinem kaskoversicherten Pkw infolge einer Kollision oder einem Überfahren des Tieres in angemessener Weise gegen das Risiko eines Ausweichmanövers und dem dadurch möglichen Kontrollverlust über das eigene Fahrzeug abzuwägen hat. Vielmehr ist bedeutsam, ob der VN angesichts der **konkreten örtlichen Verhältnisse** (z. B. Tiere 309

---

691 OLG Koblenz Urt. v. 31.10.2003 – 10 U 1442/02 – VersR 2004, 464 = r+s 2004, 11.
692 OLG Hamm Urt. v. 16.12.1992 – 20 U 171/92 – VersR 1994, 43 = zfs 1993, 308.
693 OLG Koblenz Urt. v. 31.10.2003 – 10 U 1442/02 – VersR 2004, 464 = r+s 2004, 11.
694 BGH Urt. v. 18.12.1996 – **IV ZR 321/95** – VersR 1997, 351 = DAR 1997, 158.
695 AG Nördlingen Urt. v. 30.11.2005 – 5 C 29/05 – zfs 2006, 396 = NZV 2006, 427.
696 OLG Zweibrücken Urt. v. 25.08.1999 – 1 U 218/98 – VersR 2000, 884 = NZV 2000, 87; LG Nürnberg-Fürth Urt. v. 02.08.2014 – 8 O 9666/13 – r+s 2014, 493 (jeweils bei Inanspruchnahme der Vollkasko).
697 OLG Brandenburg Urt. v. 20.02.2002 – 14 U 56/01 – zfs 2003, 191.
698 OLG Hamm Urt. v. 03.05.2001 – 6 U 209/00 – zfs 2001, 461.

A.2.9.1 AKB Vorsatz, grobe Fahrlässigkeit

am Straßenrand, Verkehrszeichen 144 zu § 40 Abs. 6 StVO »Wildwechsel«) gewarnt sein und mit dem jederzeitigen Auftauchen von Tieren auf der Straße rechnen musste, so dass es ihm zuzumuten war, entsprechend langsam und mit erhöhter Aufmerksamkeit zu fahren.

310 Eine **Warnung vor Wildwechsel** allgemein bedeutet nicht, dass der VN auch auf das jederzeitige Erscheinen von kleineren Tieren vorbereitet sein muss. Gerade diese werden für ihn häufig überraschend und unerwartet auftauchen, so dass ein Brems- oder Ausweichmanöver oftmals instinktiv durch eine reflexartige Schreckreaktion veranlasst sein wird, die nicht zwingend als grob fahrlässig angesehen werden kann.[699] Steht zudem auch nicht fest, dass der VN mit unangepasster Geschwindigkeit gefahren ist, wird sich eine grob fahrlässige Schadenverursachung in den wenigsten Fällen begründen lassen.

311 Sofern ein grob fahrlässiges Verhalten angenommen wird, sollte die **Kürzungsquote** in einem Bereich **zwischen 20 und 60 %** liegen. Für die Feinjustierung des Verschuldensgrades sollte die Faustformel gelten »je kleiner das Tier, desto größer die Kürzungsquote«.[700]

i) Nichtbeachten der Durchfahrtshöhe

312 Hat sich der VN nur ungenügend über die Höhe seines Kfz informiert oder missachtet er die Durchfahrtshöhen von **Parkhauseinfahrten**,[701] **Brückenunterführungen**[702] oder **Überdachungen an Tank- oder Mautstellen**, so handelt er im Regelfall objektiv **grob fahrlässig**.[703] Dies gilt insbesondere in Fällen, in denen der VN versucht, mit einem Klein-Lkw oder Hochdach-Sprinter in Parkhäuser einzufahren, die grundsätzlich nur geringe Ein- und Durchfahrtshöhen aufweisen und üblicherweise zum Unterstellen solcher Fahrzeuge nicht geeignet sind. Bei jedem höheren Fahrzeug hat der VN stets Ausschau zu halten auf die Beschilderung zur Höhenangabe von Ein- und Durchfahrten (Verkehrszeichen 265 zu § 41 Abs. 1 StVO) und sein Verhalten danach einzurichten.[704]

313 In **objektiver Hinsicht** ist wesentlich ist, ob die beschränkte Durchfahrthöhe deutlich gekennzeichnet und für den VN gut sichtbar und erkennbar ist.[705] Erschwerend kann

---

699 OLG Zweibrücken Urt. v. 25.08.1999 – 1 U 218/98 – VersR 2000, 884 (**Fuchs**); OLG Nürnberg Urt. v. 29.07.1999 – 8 U 1477/99 – DAR 2001, 224 (**Fuchs**); OLG Jena Urt. v. 04.02.1998 – 4 U 1152/97 – VersR 1998, 623 **mit ausführlicher Darstellung unterschiedlicher Fallgruppen.**
700 Meschkat/Nauert/*Stehl* S. 121, **die im Übrigen für eine Leistungskürzung von 20 bis 33 %** plädieren.
701 OLG Oldenburg Urt. v. 25.01.1995 – 2 U 209/94 – VersR 1996, 182 = r+s 1995, 129.
702 OLG Düsseldorf Urt. v. 22.06.1995 – 10 U 133/94 – VersR 1997, 77 = MDR 1995, 1122.
703 Vgl. Kärger DAR 2007, 169 f. zu Schäden an Miet-Lkw durch Hängenbleiben wegen zu geringer Durchfahrtshöhe.
704 LG Köln Urt. v. 11.04.2012 – 26 O 174/10 – VersR 2013, 851.
705 Vgl. Nugel DAR 2013, 484 ff.

Vorsatz, grobe Fahrlässigkeit **A.2.9.1 AKB**

daher zu berücksichtigen sein, wenn der VN beleuchtete Höhenangaben, optische oder akustische **Warnsignale** oder **rot-weiß gestreifte**, deutlich wahrnehmbare **Markierungen**[706] an Einfahrten oder Unterführungen ignoriert. Zu seinen Lasten geht es auch, wenn er die **erhöhte Sitzposition** in einem Klein-Lkw, die konkreten – für ihn ggf. ungewohnten – Abmessungen und eine auffällige Bauweise in keiner Weise berücksichtigt.[707]

In subjektiver Hinsicht ist es dem VN vorzuwerfen, wenn er sich vor Fahrtantritt **nicht** 314 **mit den Ausmaßen** seines Fahrzeuges **vertraut macht** oder **nicht auf Gefahrenhinweise achtet**, z. B. durch Aufkleber im Inneren des Fahrzeuges.[708] Nur auf sein Augenmaß darf er sich beim Einfahren in eine Unterführung nicht verlassen.[709] Ferner kann es erheblich sein, ob der Fahrer im Schadenzeitpunkt bereits Erfahrungen gesammelt hatte im Umgang mit dem konkreten Fahrzeug, so dass ihm die Ausmaße hätten geläufig sein müssen, oder ob er zum ersten Mal mit dem Fahrzeug unterwegs war.[710] Ein **entlastender Umstand** kann es für den Fahrer sein, wenn er **ortsunkundig** war oder wenn sich im Inneren des Fahrzeuges **kein Hinweis auf dessen Höhe** befand,[711] ebenso, wenn er als Mieter eines Klein-Lkw vom Vermieter nicht über die genauen Ausmaße des Fahrzeuges informiert wurde. Ebenso kann es bedeutsam sein, ob ihm in Bezug auf die Abstellmöglichkeit des Fahrzeuges (z. B. in einer Parkgarage) konkrete Anweisungen erteilt wurden.

Zum Umfang der Haftung eines Mieters in der gewerblichen Kfz-Vermietung bei Ver- 315 einbarung einer Haftungsbefreiung nach dem Leitbild einer Vollkaskoversicherung vgl. auch A.2.1.1 AKB Rdn. 22 ff., A.2.3 AKB Rdn. 36 ff. und A.2.8 AKB Rdn. 52 ff.

Grobe Fahrlässigkeit ist zu bejahen: 316
– wenn der Fahrer eines 3,08 m hohen Wohnmobils unter **Missachtung mehrerer Warnschilder**, durch die ein Durchfahrtverbot für Fahrzeuge mit einer Höhe über 2,50 m ausgesprochen wird, in eine Brückenunterführung einfährt und dadurch sein Fahrzeug beschädigt;[712]
– wenn der VN die Höhenangaben an der **Einfahrt einer Parkgarage** nicht beachtet;[713]
– wenn der Fahrer eines 3,45 m hohen Lkw Warnschilder und eine **rot-weiße Markierung an der Unterseite einer Brücke** mit Hinweis auf eine lichte Durchfahrtshöhe von nur 2,70 m nicht beachtet,[714] erst recht dann, wenn er zusätzlich auch noch

---

706 LG Göttingen Urt. v. 18.11.2009 – 5 O 118/09 – VersR 2010, 1490 = r+s 2010, 194.
707 OLG Düsseldorf Beschl. v. 17.09.2012 – 24 U 54/12 – r+s 2012, 586.
708 LG Hagen Beschl. v. 01.08.2012 – 7 S 31/12 und AG Meinerzhagen Urt. v. 27.02.2012 – 4 C 299/11 – r+s 2012, 538.
709 OLG Bremen Urt. v. 21.02.2006 – 3 U 51/05 – JurionRS 2006, 34632.
710 OLG Düsseldorf Beschl. v. 17.09.2012 – 24 U 54/12 – r+s 2012, 586; LG Köln Urt. v. 11.04.2012 – 26 O 174/10 – VersR 2013, 851; vgl. OLG München Urt. v. 16.06.1999 – 15 U 5773/98 – VersR 2001, 773.
711 OLG Düsseldorf Beschl. v. 17.09.2012 – 24 U 54/12 – r+s 2012, 586.
712 OLG Oldenburg Urt. v. 27.01.2006 – 3 U 107/05 – VersR 2006, 920 = DAR 2006, 213.
713 OLG Oldenburg Urt. v. 25.01.1995 – 2 U 209/94 – VersR 1996, 182 = r+s 1995, 129.
714 OLG Karlsruhe Urt. v. 29.07.2004 – 19 U 94/04 – VersR 2004, 1305 = DAR 2004, 585.

A.2.9.1 AKB   Vorsatz, grobe Fahrlässigkeit

durch einen **Aufkleber im Wageninneren** auf die Höhe seines Fahrzeuges hingewiesen wird;[715]
- wenn der Fahrer eines gemieteten Lkw mit einer Aufbauhöhe von 3,60 m im Vertrauen auf sein **Augenmaß** den Versuch unternimmt, eine Unterführung mit einer Durchfahrtshöhe von nur 3,10 m zu passieren;[716]
- wenn der VN mit **hochgestellter Kippermulde** seines Lkw gegen die Unterkante einer Brücke fährt, weil er glaubt, er habe die Mulde heruntergelassen, obwohl er wegen eines vorangegangenen Defektes der Warnleuchte Anlass hätte haben müssen, der Zuverlässigkeit dieser Kontrollleuchte zu misstrauen und vor Fahrtantritt noch einmal visuell zu kontrollieren, ob die Mulde tatsächlich abgesenkt war.[717]

317 Keine grobe Fahrlässigkeit liegt vor:
- wenn ein Lkw-Fahrer übersieht, dass er den Ladekran auf seinem Lkw nicht in Ruhestellung abgesenkt hat, weshalb er mit **aufgerichtetem Kran** losfährt und an eine Rohrbrücke stößt mit einer Durchfahrtshöhe von nur 5,50 m;[718]
- wenn der VN **auf** einem **Dachgepäckträger Fahrräder** transportiert, an die er mangels Erfahrung mit Dachlasten beim Durchfahren einer Unterführung mit einer Durchfahrtshöhe von 2,10 m oder beim Einfahren in eine Parkgarage versehentlich nicht mehr denkt;[719]
- wenn ein Fahrer aufgrund einer fehlerhaften Augenblicksentscheidung bei einem **Fahrspurwechsel** nicht beachtet, dass **für die neue Spur** eine **geringere Durchfahrtshöhe** gilt;[720]
- wenn ein unerfahrener, nicht ortskundiger Fahrer mit seinem 3,50 m hohen, **gemieteten Klein-LKW** beim Durchfahren eines um **1 m zu niedrigen steinernen Torbogens** steckenbleibt, nachdem er zuvor ungewollt einen Fahrspurwechsel hatte vornehmen müssen, wodurch er erst auf die falsche, zu dem Steintor führende Fahrspur geriet und ihm auch der Blick auf Höhenbegrenzungsschilder des Tores durch ein vorausfahrendes Transportfahrzeug versperrt war;[721]
- wenn ein im Führen eines Miet-Lkw unerfahrener Fahrer sich erst entschließt, in eine nur bis 3 m Höhe zugelassene und entsprechend beschilderte Unterführung einzufahren, nachdem **zuvor bereits ein** schwereres und vermeintlich **größeres Fahrzeug die Unterführung durchquert** hat, auch wenn durch einen an der Windschutz-

---

715 OLG Düsseldorf Urt. v. 22.06.1995 – 10 U 133/94 – VersR 1997, 77 = MDR 1995, 1122.
716 OLG Bremen Urt. v. 21.02.2006 – 3 U 51/05 – JurionRS 2006, 34632.
717 OLG Düsseldorf Urt. v. 28.09.2000 – 4 U 206/99 – VersR 2001, 976 = zfs 2001, 217.
718 BGH Urt. v. 08.02.1989 – **IVa ZR 57/88** – VersR 1989, 582 = NJW 1989, 1354.
719 OLG München Urt. v. 09.11.1995 – 24 U 442/95 – VersR 1997, 735 = NJW-RR 1996, 1177; AG Würzburg Urt. v. 23.04.1993 – 14 C 731/93 – VersR 1994, 555 = DAR 1993, 473; **a. A.** LG Hagen Urt. v. 22.08.2013 – 7 S 21/13 – BeckRS 2014, 08959 **unter Bestätigung** von AG Lüdenscheid Urt. v. 26.04.2013 – 93 C 133/12 – SP 2013, 409.
720 OLG Düsseldorf Urt. v. 11.02.1990 – 20 U 87/90 – n. v.
721 OLG Rostock Urt. v. 02.06.2003 – 3 U 166/02 – MDR 2004, 91.

scheibe innen befestigten **Warnaufkleber** auf eine Mindestdurchfahrtshöhe von 4 m hingewiesen wird;[722]
- wenn ein Lkw-Fahrer bei mehreren Fahrten die durch Verkehrszeichen 265 zu § 41 Abs. 1 StVO angezeigte Durchfahrtshöhe eines Baugerüstes an einer Autobahnbrücke zwar vorsätzlich missachtet, es aber **nachts** beim Passieren der **nicht beleuchteten Baustelle** allein deshalb zu einer Beschädigung des Lkw kommt, weil zwischenzeitlich die **lichte Höhe der Durchfahrt verringert** wurde, was dem VN nicht bekannt war;[723]
- wenn der VN eine auf einem Privatgelände befindliche **Brücke** vor dem Unfall bereits zweimal problemlos passiert hat, indem er den Bereich der Fahrbahn benutzte, innerhalb dessen die lichte Höhe am größten war, dieser Bereich aber zur Unfallzeit wegen eines dort parkenden Fahrzeuges nicht zur Verfügung steht und die **Durchfahrtshöhe** auch nicht mittels Beschilderung gekennzeichnet ist.[724]

Bei Annahme grober Fahrlässigkeit ist regelmäßig eine **Leistungskürzung** des VR bzw. im Falle der gewerblichen Kfz-Vermietung ein Verschuldensgrad des verantwortlichen Fahrers in einem Bereich **zwischen 20 und 70 %** gerechtfertigt.[725] Je besser die eingeschränkte Durchfahrthöhe ausgeschildert ist und je deutlicher vor ihr gewarnt wird, desto schwerer wiegt das Verschulden des Fahrers.[726] Ausschlaggebend für den Grad der Kürzung sind auch mögliche Warnaufkleber im Inneren des Fahrzeuges, Kenntnisse des Fahrers von den besonderen Höhenausmaßen des Kfz und Routine durch frühere Fahrten. 318

Hat sich die Höhe des Fahrzeuges aufgrund besonderer **Dachlasten** (z. B. Fahrräder auf dem Dach) ausnahmsweise geändert, kann dies den VN entlasten. Gleiches gilt in Fällen, bei denen bereits andere große Fahrzeuge vor dem VN die Unterführung bzw. höhenmäßig beschränkte Zufahrt problemlos passiert hatten. Bei **Verursachung eines Schadens** trotz deutlicher Warnhinweise dürfte die Kürzungsquote bei Benutzung des eigenen, vertrauten Kfz bei 50–70 % liegen, bei Benutzung eines fremden Kfz bei 30–50 %; waren die **Warnhinweise eher verhalten oder fehlten sie ganz**, dürfte von einer Leistungskürzung bei Benutzung des eigenen Kfz von 30–50 % und bei Benutzung eines fremden Kfz von 20–30 % auszugehen sein.[727] 319

Die **Rechtsprechung** hat bei grob fahrlässigem Verhalten **folgende prozentuale Leistungskürzungen** zugelassen bzw. die Schwere des Verschuldens eines Kfz-Mieters wie folgt bewertet: 320

---

722 OLG Hamm Urt. v. 23.05.1995 – 7 U 3/95 – r+s 1996, 22.
723 BGH Urt. v. 14.06.2005 – **VI ZR 185/04** – NZV 2005, 457 = DAR 2005, 504.
724 OLG Düsseldorf Urt. v. 06.12.2001 – 10 U 123/00 – NZV 2002, 128 = r+s 2002, 455.
725 Vgl. Meschkat/Nauert/*Stehl* S. 118 (für eine Leistungskürzung zwischen 20 und 33 %); Nugel DAR 2013, 484, 486 (für eine Leistungskürzung zwischen 30 und 50 %).
726 Nugel DAR 2013, 484, 486.
727 Nugel DAR 2013, 484, 486.

A.2.9.1 AKB Vorsatz, grobe Fahrlässigkeit

- **30 %** bei Einfahrt in eine Tiefgarage unter Missachtung der ausgeschilderten Höhenbeschränkung mit Pkw, auf dessen Fahrzeugdach ein **Dachgepäckträger mit zwei Fahrrädern** montiert ist;[728]
- **33,3 %** bei dem Versuch eines **Kfz-Mieters**, eine mit einer rot-weiß gestreiften Markierung versehene **Autobahnunterführung** mit einer maximalen Durchfahrtshöhe von 2,70 m, auf die durch mehrere Verkehrsschilder hingewiesen wurde, auf einer geraden, weithin einsehbar auf die Unterführung zulaufenden Straße zu **durchqueren**;[729]
- **40 %** bei **Einfahrt in eine offene**, durch Zeichen 265 zu § 41 StVO ausgeschilderten und auf 2,60 m Höhe begrenzten **Parkgarage mit** 3,50 m hohem **gemietetem Klein-Lkw** durch unerfahrenen, ortsunkundigen Fahrer, wenn kein Hinweis auf die Höhe des Lkw im Fahrzeuginneren angebracht ist;[730]
- **50 %** beim **Einfahren in ein Parkhaus mit gemietetem Klein-Lkw** bei einer mit 2,40 m ersichtlich zu niedrigen Durchfahrtshöhe trotz Warnung durch **orangefarbene Ballons** an der Einfahrt und Zeichen 265 zu § 41 StVO;[731]
- **50 %** bei Beschädigung eines 3,50 m hohen Miet-Lkw durch Missachtung einer auf 3,10 m beschränkten **Tunneldurchfahrtshöhe**, auch wenn die Unterführung zusätzlich auch von einer Straßenbahn mit Oberleitung durchfahren wird;[732]
- **66,6 %** bei **Einfahrt mit** 2,73 m hohem, angemietetem **Kleintransporter in ein Parkhaus** trotz deutlich ausgeschilderter Einfahrtshöhe von nur 1,80 m.[733]

j) Unterlassene Sicherung bei Gefälle

321 Setzt sich der Pkw des VN auf abschüssigem Gelände in Bewegung, weil die **Handbremse** nicht oder nur unzureichend angezogen und der **erste Gang** nicht eingelegt wurde, ist dem VN eine mangelnde Sicherung seines Fahrzeuges gegen ein Wegrollen anzulasten, was grundsätzlich den Vorwurf der groben Fahrlässigkeit rechtfertigt.[734]

322 Entscheidend ist der **Grad des Gefälles** sowie die **Masse des** zu sichernden **Fahrzeuges**.[735] Bei einer stark abschüssigen Abfahrtsrampe[736] oder einem Gefälle von ca. 10 %[737] ist von

---

728 LG Hagen Urt. v. 22.08.2013 – 7 S 21/13 – BeckRS 2014, 08959 **unter Bestätigung** von AG Lüdenscheid Urt. v. 26.04.2013 – 93 C 133/12 – SP 2013, 409.
729 LG Göttingen Urt. v. 18.11.2009 – 5 O 118/09 – VersR 2010, 1490 = r+s 2010, 194.
730 OLG Düsseldorf Beschl. v. 17.09.2012 – 24 U 54/12 – r+s 2012, 586.
731 LG Konstanz Urt. v. 26.11.2009 – 3 O 119/09 – r+s 2010, 323 = zfs 2010, 214.
732 LG Hagen Beschl. v. 01.08.2012 – 7 S 31/12 und AG Meinerzhagen Urt. v. 27.02.2012 – 4 C 299/11 – r+s 2012, 538.
733 LG Köln Urt. v. 11.04.2012 – 26 O 174/10 – VersR 2013, 851.
734 VGH München Beschl. v. 29.01.2014 – 6 ZB 12/1817 – BeckRS 2014, 47176; OVG Lüneburg Beschl. v. 02.04.2013 – 5 LA 50/12 – BeckRS 2013, 48906; VG Ansbach Urt. v. 07.05.2014 – AN 11 K 13.01851 – BeckRS 2014, 51182.
735 OLG Hamburg Urt. v. 16.08.2004 – 14 U 112/04 – r+s 2005, 57.
736 OLG Düsseldorf Urt. v. 18.12.2001 – 4 U 119/01 – VersR 2002, 1503 = r+s 2002, 230.
737 Vgl. OLG Karlsruhe Urt. v. 08.03.2007 – 19 U 127/06 – VersR 2007, 1405 = DAR 2007, 646; LG Konstanz Urt. v. 12.01.1996 – 6 S 122/95 – r+s 1996, 258.

Vorsatz, grobe Fahrlässigkeit A.2.9.1 AKB

grober Fahrlässigkeit auszugehen, wenn das Fahrzeug weder durch die Handbremse gesichert wurde, noch der erste Gang oder der Rückwärtsgang eingelegt war. Befindet sich der Abstellort nur wenige Meter vor einem Fluss, ist selbst das alleinige Anziehen der Handbremse zu drei Viertel für die notwendige Sicherung des Kfz unzureichend.[738] Der VN handelt auch dann grob fahrlässig, wenn er sein Fahrzeug mit laufendem Motor am Straßenrand abstellt, ohne die Handbremse zu betätigen oder den Wahlhebel des Automatikgetriebes aus der Stellung »D« in die für das Parken vorgesehene Stellung »P« zu bringen.[739]

Für ein grob fahrlässiges Verhalten muss der **VR beweisen, dass der VN weder die** 323 **Handbremse (überhaupt nicht) angezogen, noch den ersten Gang eingelegt hatte.** Der Beweis des ersten Anscheins spricht für eine nicht ordnungsgemäße Sicherung des Fahrzeuges, wenn der VN selbst angibt, die Handbremse nicht angezogen zu haben, das Fahrzeug nach dem Wegrollen am Unfallort ohne eingelegten ersten Gang aufgefunden wird und mangels entsprechender Beschädigungsspuren am Pkw auch auszuschließen ist, dass der Wagen beim Einparken durch ein anderes Fahrzeug angestoßen und damit erst – bei gleichzeitigem Herausspringen des ersten Ganges – in Bewegung gesetzt worden sein könnte.[740]

Keine grobe Fahrlässigkeit liegt demgegenüber vor, wenn der VN auf einer leicht ab- 324 schüssigen Straße mit nur 2 bis 3 % Gefälle zwar keinen Gang einlegt, aber die Handbremse – wenn auch nur unzureichend – anzieht, so dass sich der abgestellte Pkw zehn Minuten später in Bewegung setzt und gegen eine Hauswand prallt und gleichzeitig feststeht, dass sich der Wagen ohne jegliche Sicherung bereits unmittelbar nach seinem Abstellen in Bewegung gesetzt hätte.[741] Gleiches gilt, wenn das Kfz trotz Einsatz der Fußfeststellbremse auf leicht abschüssigem Gelände nach hinten wegrollt.[742]

Im Falle grober Fahrlässigkeit dürfte von einem geringen **Verschuldensgrad zwischen** 325 **10 und 25 %** auszugehen sein.[743] Eine höhere Kürzung kann bei einem objektiv hohen Gefährdungspotenzial durch das nicht gesicherte Fahrzeug gerechtfertigt sein.

k) **Mangelhafte Bereifung**

Das **Unterlassen** einer regelmäßigen **Reifenkontrolle** rechtfertigt für sich allein genom- 326 men noch nicht den Vorwurf grober Fahrlässigkeit.[744] Dies gilt insbesondere beim Fah-

---

738 OLG Hamburg Urt. v. 16.08.2004 – 14 U 112/04 – r+s 2005, 57.
739 OLG Hamm Urt. v. 08.03.1995 – 20 U 290/94 – VersR 1996, 225.
740 OLG Köln Urt. v. 12.04.1994 – 9 U 24/94 – VersR 1994, 1414.
741 OLG Düsseldorf Urt. v. 11.07.2000 – 4 U 80/99 – zfs 2001, 173 = DAR 2001, 504 mit Anmerkung Halm PVR 2001, 183; LG Karlsruhe Urt. v. 12.01.2007 – 3 O 93/06 – NZV 2008, 33 = NJW-RR 2008, 117; ebenso bei einem Gefälle zwischen 8 und 11 %: OLG Hamm Urt. v. 25.10.1995 – 20 U 103/95 – SP 1996, 60; OLG Stuttgart Urt. v. 13.12.1990 – 7 U 243/90 – VersR 1991, 1049.
742 VG Koblenz Urt. v. 27.10.2010 – 2 K 147/10.KP – ADAJUR Dok.Nr. 91741.
743 Vgl. Meschkat/Nauert/*Stehl* S. 118 (**für eine Leistungskürzung zwischen 20 und 33 %**).
744 OLG Koblenz Urt. v. 12.07.1996 – 10 U 1518/95 – VersR 1997, 303.

A.2.9.1 AKB Vorsatz, grobe Fahrlässigkeit

ren von in einer Werkstatt montierten Reifen mit zu geringer Profiltiefe, da der VN in einem solchen Fall auf die Verkehrssicherheit der Reifen vertrauen darf.[745] Wenn nicht besondere – vom VR nachzuweisende – Umstände vorlagen, aus denen sich für den VN ein Anlass zur Überprüfung seiner Reifen ergeben musste, wird sich ein entsprechendes qualifiziertes Verschulden nicht beweisen lassen. Vor allem an den Hinterreifen ist eine zu geringe Profiltiefe in der Regel nicht besonders auffällig und erkennbar. Ein VN muss bei einer geringen Laufleistung von nur 7000 km noch nicht damit rechnen, dass die Hinterreifen seines Fahrzeuges abgefahren sein könnten.[746]

327 Mangelhafte Reifen oder ein ungenügendes **Reifenprofil unterhalb von 1,6 mm** (§ 36 Abs. 2 S. 4 StVZO) führen selbst bei feststehender grober Fahrlässigkeit des VN nur dann zu einer Leistungskürzung, wenn der VR zumindest eine Mitursächlichkeit für den Unfall nachweisen kann. Diesen Nachweis wird er für einen Unfall bei trockenen Fahrbahnverhältnissen nur dann führen können, wenn die Reifen völlig abgefahren waren und damit ihre Griffigkeit gänzlich verloren hatten.

328 Die Benutzung eines Fahrzeuges im Winter ohne **Ganzjahres- oder Winterreifen** kann auch wegen eines Verstoßes gegen § 2 Abs. 3a StVO grob fahrlässig sein. Wenn der VN vor Fahrtantritt oder während der Fahrt erkannt hat oder hätte erkennen müssen, dass Sommerreifen unter Berücksichtigung der konkreten Straßenverhältnisse ungeeignet sind, handelt er objektiv grob pflichtwidrig. § 2 Abs. 3a StVO schreibt zwar keine generelle umfassende Winterreifenpflicht vor; er normiert jedoch eine Pflicht, bei Glatteis, Schneeglätte, Schneematsch,[747] Eis- oder Reifglätte nur mit den in der Vorschrift genannten Reifen zu fahren.

329 Eine **Legaldefinition** des Begriffs »Winterreifen« enthält § 36 Abs. 1 S. 3 StVZO.[748] Die in § 36 Abs. 2 S. 4 StVZO vorgeschriebene Profiltiefe von mindestens 1,6 mm gilt zwar auch für M+S-Reifen und Reifen mit Schneeflocke-Symbol. Dennoch büßen Winterreifen mit weniger als 4 mm Profil einen Großteil ihrer Wintertauglichkeit ein, weshalb in anderen Ländern (z. B. Österreich) entsprechend höhere Mindestprofiltiefen vorgeschrieben sind, was der VN beachten muss. Grob fahrlässiges Handeln setzt stets voraus, dass sich auf der vom VN konkret benutzten Straße Glatteis, Schneeglätte, Schneematsch, Eis- oder Reifglätte gebildet hat; die allgemeinen Wetterverhältnisse unabhängig von der benutzten Straße sind dagegen nicht von Bedeutung. Liegen bei geräumten Straßen die in § 2 Abs. 3a StVO genannten Voraussetzungen nicht mehr vor, kann wieder ohne Winterreifen gefahren werden.

330 **Grobe Fahrlässigkeit liegt vor**, wenn der VN bei Schneeglätte in einem **Wintersportort** mit Sommerreifen fährt und mit seinem Pkw ins Rutschen gerät, weil auf den Hinterreifen für diese Reifenart nicht zugelassene Schneeketten montiert sind.[749]

---

745 OLG Köln Urt. v. 25.04.2006 – 9 U 175/05 – VersR 2007, 204 = r+s 2006, 369.
746 OLG Hamburg Urt. v. 14.02.1995 – 7 U 123/94 – VersR 1996, 1095 = DAR 1995, 328.
747 Vgl. dazu BayObLG Urt. v. 24.07.1989 – 2 Ob Owi 158/89 – NZV 1989, 443.
748 Vgl. Schubert DAR 2006, 112, 116 zu § 2 Abs. 3a StVO a. F.
749 OLG Frankfurt/M. Urt. v. 10.07.2003 – 3 U 186/02 – VersR 2004, 1260 = SP 2003, 427.

Anderes kann aber gelten, wenn der Unfallort nicht in einer Region liegt, in der typi- 331
scherweise mit starker Schnee- und Eisglätte zu rechnen ist. Gerät der VN beim Abbiegen in eine ihm vertraute **Wohnstraße in Hamburg** auf schneebedeckter Fahrbahn mit seinem Kfz über den Bordstein hinaus auf den Gehweg und kollidiert mit einer Grundstücksmauer, so kann die Verwendung von Sommerreifen trotzdem als nur leicht fahrlässig einzustufen sein, wenn die Witterungsverhältnisse wechselhaft waren und winterliche Fahrbahnverhältnisse zwar an der konkreten Unfallstelle, nicht aber durchgehend in der gesamten Region geherrscht haben.[750] Zu berücksichtigen ist, dass das Urteil noch unter der Geltung des § 2 Abs. 3a StVO a. F. erging, der im Gegensatz zu der Neufassung noch keine Winterreifenpflicht vorsah, sondern nur verlangte, dass die Ausrüstung des Kfz an die Wetterverhältnisse anzupassen war.

Keine grobe Fahrlässigkeit wird regelmäßig auch dann vorliegen, wenn es **gerade erst** 332
angefangen hatte zu schneien, der Schnee aber noch nicht liegen geblieben war, oder wenn der VN von – für die befahrene Region ungewöhnlichen – winterlichen Straßenverhältnissen überrascht wurde. Im einen Fall besteht (noch) keine Winterreifenpflicht i. S. v. § 2 Abs. 3a StVO; im anderen Fall fehlt es beim VN am subjektiv gesteigerten Schuldvorwurf.

Trotz des vom VR zu erbringenden **Kausalitätsnachweises** muss der VN darauf achten, 333
dass sein Einwand, der Unfall hätte sich auch mit Winterreifen ereignet, nicht mangels nachvollziehbarer und damit letztlich nicht überprüfbarer Angaben vom Gericht für unbeachtlich gehalten wird.[751] Nur wenn sich bei entsprechendem Vortrag des VN nicht eindeutig feststellen lässt, dass es bei den vorherrschenden Witterungs- und Straßenverhältnissen mit Winter- oder Ganzjahresreifen nicht zu dem Unfall gekommen wäre, fehlt es an der Kausalität.

Die neben § 81 VVG anwendbare Vorschrift des **§ 23 Abs. 1 VVG** (Gefahrerhöhung) 334
führt in Verbindung mit § 26 Abs. 1 VVG ebenfalls regelmäßig nicht zu einer Leistungsfreiheit des VR. Zwar kann in der Benutzung eines durch abgefahrene Reifen verkehrsunsicheren Kfz die Vornahme eine Gefahrerhöhung gesehen werden; der **VN muss** aber **positive Kenntnis** von diesem gefahrerhöhenden Umstand **gehabt haben** oder **bewusst von einer Überprüfung der Reifen Abstand genommen haben.** Es ist unerheblich, ob der VN den vorschriftswidrigen Zustand der Reifen ohne weiteres hätte erkennen können oder müssen. Kennen müssen bedeutet lediglich Fahrlässigkeit. Selbst schwerste grobe Fahrlässigkeit reicht für § 23 Abs. 1 VVG nicht aus.[752] **Andererseits** genügt die Kenntnis des VN bei Fahrtantritt, dass die Reifen abgefahren sind. Es muss ihm nicht zusätzlich auch noch bewusst sein, dass durch ein wiederholtes Fahren mit verschlissenen Reifen eine Gefahrerhöhung eintritt bzw. eingetreten ist.

---

750 Vgl. LG Hamburg Urt. v. 02.07.2010 – 331 S 137/09 – DAR 2010, 473 **unter Aufhebung von** AG Hamburg-St. Georg Urt. v. 28.10.2009 – 916 C 359/09 – DAR 2010, 34, welches noch grobe Fahrlässigkeit des VN und ein Leistungskürzungsrecht des VR von 50 % angenommen hatte.
751 Vgl. OLG Frankfurt/M. Urt. v. 10.07.2003 – 3 U 186/02 – VersR 2004, 1260 = SP 2003, 427.
752 OLG Hamm Urt. v. 24.06.1988 – 20 U 200/87 – r+s 1989, 2.

A.2.9.1 AKB Vorsatz, grobe Fahrlässigkeit

335 Einer positiven Kenntnis des VN steht es gleich, **wenn sich der VN dieser Kenntnis arglistig entzieht.**[753] Voraussetzung hierfür ist, dass der VN die Möglichkeit abgenutzter Reifen in Betracht zieht, damit rechnet, dass es für die Frage des Fortbestehens seines Versicherungsschutzes auf seine Kenntnis hiervon ankommt, er aber gleichwohl von einer Überprüfung seiner Reifen Abstand nimmt, um sich nicht »bösgläubig« zu machen und dadurch seinen Versicherungsschutz zu gefährden.[754]

336 Im Falle einer berechtigten **Leistungskürzung** dürfte für den **Normalfall** von einem Verschuldensgrad **zwischen 25 und 50 %** auszugehen sein.[755] Fährt der VN mit einer **Reifenprofiltiefe von nur 0,4 mm** und kommt bei regnerischen Witterungsverhältnissen mit seinem Kfz von der Fahrbahn ab, kann der VR die Kaskoentschädigung um 50 % kürzen.[756]

7. Betriebsfremde Handlungen des VN

a) Ablenkung durch Greifen oder Bücken nach Gegenständen

337 Beschäftigt sich der VN während der Fahrt mit **betriebsfremden Vorgängen**, indem er nach einem Gegenstand im Fußraum, Handschuhfach oder auf dem Rücksitz greift, liegt regelmäßig ein grob fahrlässiges Verhalten vor.[757] Dies gilt nicht nur für Gegenstände, zu denen sich der VN hinunterbückt, um sie wieder aufzuheben, sondern auch für solche, die umzufallen oder herabzufallen drohen, wenn der VN dies mit einem Griff zur Seite zu verhindern versucht und auf diese Weise die Kontrolle über sein Fahrzeug verliert. Ein milderes Verschulden wird nur dann vorliegen, wenn der VN sich ablenken lässt, indem er nach solchen Gegenständen greift, die auf dem Armaturenbrett liegen[758] oder wenn er beim Bücken nach Gegenständen nicht den Blick von der Fahrbahn abwendet.

338 **Grobe Fahrlässigkeit** ist zu bejahen:
– beim **Griff ins Handschuhfach**, um Papiere[759] oder eine Musik-Cassette[760] herauszuholen;

---

753 Vgl. OLG Frankfurt/M. Urt. v. 27.10.2004 – 7 U 50/04 – zfs 2005, 246.
754 BGH Urt. v. 26.05.1982 – **IVa ZR 76/80** – VersR 1982, 793 = NJW 1983, 121; OLG Köln Urt. v. 25.04.2006 – 9 U 175/05 – VersR 2007, 204 = zfs 2007, 40; OLG Düsseldorf Urt. v. 20.04.2004 – I-4 U 183/03 – VersR 2004, 1408 = zfs 2004, 566; OLG Hamburg Urt. v. 14.02.1995 – 7 U 123/94 – VersR 1996, 1095 = DAR 1995, 328; OLG Köln Urt. v. 29.03.1990 – 5 U 161/89 – VersR 1990, 1226 = r+s 1990, 192.
755 Goslarer Orientierungsrahmen zfs 2010, 12, 14 = DAR 2010, 111 (**generell 25 %**).
756 LG Darmstadt Urt. v. 19.05.2011 – 1 O 9/11 – VRR 2011, 464.
757 Vgl. OLG Jena Urt. v. 17.12.1997 – 4 U 805/97 – VersR 1998, 838 mit umfangreicher Rspr.-Übersicht.
758 Vgl. dazu LG Arnsberg Urt. v. 21.04.1989 – 1 O 25/89 – NJW-RR 1989, 1304.
759 OLG Hamm Urt. v. 27.03.2000 – 13 U 192/99 – DAR 2001, 128; OLG Stuttgart Urt. v. 22.10.1998 – 7 U 118/98 – VersR 1999, 1359 = zfs 1999, 270.
760 OLG Nürnberg Urt. v. 27.02.1997 – 8 U 3995/96 – ADAJUR Dok.Nr. 29992; **A. A.** OLG Bamberg Urt. v. 30.07.1983 – 6 U 31/83 – DAR 1984, 22.

Vorsatz, grobe Fahrlässigkeit   A.2.9.1 AKB

- beim **Einklemmen einer** vom Armaturenbrett heruntergerutschten **Straßenkarte mit den Beinen** und Greifen mit der Hand nach dieser bei 100 km/h auf der Autobahn;[761]
- wenn der VN instinktiv nach einem heruntergefallenen **Mobiltelefon/Handy** greift, nachdem er es zuvor im Fahrzeuginneren ungesichert abgelegt hatte,[762] oder bei Dunkelheit oder starkem Regen vor einer Kurve im Fußraum nach diesem sucht,[763] oder wenn der VN in vergleichbarer Situation versucht, ein heruntergefallenes **Badetuch**,[764] ein **Schriftstück**,[765] ein **Feuerzeug**,[766] ein **Bonbon**, das im rechten Pedalbereich liegt,[767] oder eine **brennende Zigarette**[768] aufzuheben – auch soweit sie nur auf die Mittelkonsole oder den Fahrersitz gefallen ist,[769] oder wenn er während der Fahrt nach einer heruntergefallenen **Musik-Cassette** sucht, um sie aufzuheben und dabei die Fahrbahn aus den Augen lässt;[770]
- wenn sich der VN längere Zeit mit **Gegenständen auf dem Beifahrersitz** beschäftigt,[771] oder wenn er dort wegen eines Niesanfalls ein Taschentuch sucht;[772]
- wenn der VN in einer Reflexbewegung nach einer bei Fahrtantritt ungesichert **auf dem Beifahrersitz abgestellten Einkaufstasche** greift, um zu verhindern, dass die darin befindlichen Flaschen beim Herunterfallen in den Fußraum zerbrechen;[773]
- wenn der VN in einer schwierigen Verkehrssituation nach einer **Pflanze** fasst, **die umzufallen droht**;[774]
- beim Griff nach einer **Kaffeekanne**, die hinter dem Bremspedal eingeklemmt ist;[775]

---

761 OLG Rostock Urt. v. 13.09.2004 – 6 U 175/03 – DAR 2004, 707.
762 OLG Düsseldorf Urt. v. 05.12.1996 – 10 U 213/95 – VersR 1997, 836 = zfs 1997, 176.
763 OLG Frankfurt/M. Urt. v. 21.02.2001 – 7 U 214/99 – NVersZ 2001, 322.
764 OLG Jena Urt. v. 31.01.1996 – 4 U 939/95 – zfs 1996, 340.
765 VG Stade Urt. v. 25.06.2013 – 3 A 1791/12 – BeckRS 2013, 53553.
766 OLG Düsseldorf Urt. v. 27.02.2007 – I-24 U 93/06 – VersR 2007, 982.
767 OLG Hamm Urt. v. 26.11.1986 – 20 U 122/86 – VersR 1987, 353.
768 OLG Hamm Urt. v. 26.01.2000 – 20 U 155/99 – r+s 2000, 229 = zfs 2000, 347; OLG Zweibrücken Urt. v. 10.03.1999 – 1 U 65/98 – r+s 2000, 406; OLG Köln Urt. v. 10.03.1998 – 9 U 184/97 – r+s 1998, 273 = MDR 1998, 1411; LG Lüneburg Urt. v. 08.05.2002 – 8 O 57/02 – zfs 2002, 439; LG Ansbach Urt. v. 28.11.1979 – 3 O 655/79 – VersR 1981, 73; AG Hanau Urt. v. 06.08.2010 – 39 C 121/10 – SVR 2010, 429; a.A. OLG Dresden Urt. v. 15.06.2001 – 3 U 468/01 – r+s 2003, 7 = DAR 2001, 498, (**weil es sich um eine reflexartige Bewegung handele, die Ausdruck der menschlichen Schwäche sei**).
769 OLG Karlsruhe Urt. v. 30.04.1992 – 12 U 16/92 – r+s 1993, 248 = zfs 1994, 95.
770 OLG Hamm Beschl. v. 24.11.1989 – 20 W 59/89 – r+s 1990, 228 = zfs 1990, 166; LG Gießen Urt. v. 20.09.1995 – 1 S 257/95 – VersR 1996, 1232 (**weil für ein Aufheben während der Fahrt – anders als bei einer brennenden Zigarette – keine Notwendigkeit bestehe**); LG Ansbach Urt. v. 25.06.1990 – 2 O 250/90 – zfs 1990, 422.
771 OLG Celle Urt. v. 13.05.1993 – 8 U 66/92 – VersR 1994, 1221 = zfs 1994, 20.
772 OLG Naumburg Urt. v. 08.10.1996 – 7 U 108/96 – VersR 1997, 870 = DAR 1997, 112.
773 Vgl. OLG Jena Urt. v. 17.12.1997 – 4 U 805/97 – VersR 1998, 838.
774 OLG Koblenz Urt. v. 27.07.2001 – 10 U 1088/00 – PVR 2002, 105.
775 OLG Köln Urt. v. 10.05.2000 – 26 U 49/99 – VersR 2001, 1531 = DAR 2000, 571.

A.2.9.1 AKB Vorsatz, grobe Fahrlässigkeit

– beim Greifen nach einer **Flasche** und dem **Trinkvorgang**, wenn der VN dabei von der Straße abkommt;[776]
– bei Ablenkung durch die ungesicherte **Mitnahme eines Hundes** im Fußraum vor dem Beifahrersitz.[777]

339 Keine grobe Fahrlässigkeit liegt vor:
– bei einem Fahrer, der innerorts mit einer Hand eine Musik-Cassette auf dem Boden seines Fahrzeuges sucht, **ohne** dabei **die Fahrbahn aus den Augen zu lassen**, aber dennoch ein geparktes Fahrzeug streift;[778]
– beim **Verscheuchen eines Insekts** aus dem Gesicht während der Fahrt durch eine reflexartige Handbewegung[779] oder durch eine Akte vom Beifahrersitz,[780] weil insoweit von einem Augenblicksversagen auszugehen ist;
– bei einem **Griff** nach dem vom Armaturenbrett fallenden **Führerschein**,[781] nach dem **Zigarettenanzünder**[782] oder einem **Bonbon im Handschuhfach**.[783]

340 Bei der Bewertung des Verschuldensgrades ist zu berücksichtigen, dass der Griff in den Fußraum zwecks **Suche nach heruntergefallenen Gegenständen insbesondere auf der Beifahrerseite** stets mit einer Verlagerung der Körperposition verbunden ist, die für den Fahrer mit einer erheblichen Sichteinschränkung auf die Fahrbahn und das Verkehrsgeschehen einhergeht. Zudem birgt ein solches Verhalten typischerweise das Risiko in sich, dass der Fahrer das Steuer verreißt und die Kontrolle über seinen Wagen verliert. Dies gilt auch für einen Griff in das Handschuhfach. Andererseits wird die Entscheidung, sich nach einem Gegenstand zu bücken oder nach ihm zu suchen, oftmals spontan getroffen werden und nur kurzfristig andauern. Es erscheint daher gerechtfertigt, bei diesen Verhaltensweisen im **Normalfall** eine **Abzugsquote von 50 %** zu berücksichtigen.[784] Ein höherer Verschuldensgrad wird anzusetzen sein, je länger die Ablenkung dauert und umso komplexer die gleichzeitig zu bewältigende Verkehrssituation ist, während Schuldminderungsgründe bei einer Fahrt auf gerader Strecke oder bei nur geringer Geschwindigkeit in die Abwägung einzustellen sein werden.[785]

b) Ablenkung durch Rauchen, Autoradio, Navigationsgerät, Handy

341 Grundsätzlich ist davon auszugehen, dass jegliche Verhaltensweisen eines Kraftfahrers, die ihn ohne zwingende Notwendigkeit derart ablenken, dass er den Anforderungen an das aktuelle Verkehrsgeschehens nicht mehr gerecht wird und – wenn auch nur reflex-

---

776 OLG Hamm Beschl. v. 28.11.2001 – 13 W 32/01 – r+s 2002, 145.
777 OLG Nürnberg Urt. v. 14.10.1993 – 8 U 1482/93 – VersR 1994, 1291.
778 OLG Hamm Urt. v. 31.08.1990 – 20 U 57/90 – r+s 1991, 234.
779 OLG Bamberg Urt. v. 20.09.1990 – 1 U 36/90 – r+s 1991, 473 = NZV 1991, 473.
780 LG Mönchengladbach Urt. v. 08.11.1990 – 10 O 76/90 – VersR 1991, 994.
781 OLG München Urt. v. 06.03.1981 – 10 U 3420/80 – VersR 1981, 952.
782 LG Hamburg Urt. v. 17.05.1991 – 331 O 367/90 – zfs 1992, 54.
783 LG Ansbach Urt. v. 21.04.1989 – 1 O 25/89 – r+s 1990, 295 = zfs 1990, 28.
784 So auch Meschkat/Nauert/Stehl S. 113.
785 Vgl. auch Maier/Stadler Rn. 137.

artig – Fehlreaktionen vornimmt oder infolge der Ablenkung die Herrschaft über sein Fahrzeug verliert, den Versicherungsfall grob fahrlässig herbeiführt.[786] **Rauchen am Steuer** stellt unter normalen Verkehrsbedingungen selbst für einen Führerscheinneuling[787] **regelmäßig kein grob fahrlässiges Verhalten** dar, solange keine besonders gefahrenträchtige Verkehrssituation zu bewältigen ist.[788] Dies ist z. B. der Fall bei dem Führer eines mit Gefahrgutflüssigkeit beladenen Sattelzuges, wenn er – abgelenkt durch das Anzünden einer Zigarette – das Lenkrad nicht mit beiden Händen festhält und deshalb bei frostigen Außentemperaturen und rutschiger Fahrbahn, die für ihn aufgrund der Displayanzeige »durchdrehende Räder« auch hätte erkennbar sein müssen, verunfallt.[789] Allerdings stellt das Rauchen erhöhte Sorgfaltsanforderungen an den Fahrer insofern, als er Vorkehrungen treffen muss, dass weder die Zigarette, noch Glut oder Asche herunterfallen können. Tut er das nicht, handelt er grob fahrlässig.[790] Entsprechendes gilt, wenn sich der Fahrer **nach einer** heruntergefallenen **Zigarette bückt** (vgl. A.2.9.1 AKB Rdn. 338).

Ablenkungen durch die Bedienung des Autoradios und das Wechseln einer CD oder Musik-Cassette werden von der Rechtsprechung zum Teil **als grob fahrlässig** beurteilt, so z. B. bei einer Ablenkung durch **überlange Bedienung** des Autoradios,[791] bei Betätigung des **Sendersuchlaufes** bei Kurvenfahrt und hoher Geschwindigkeit,[792] beim **Wechseln einer Musik-Cassette** ohne Beachtung der Fahrbahn auf gerader Strecke bei 70 km/h,[793] bei Dunkelheit und überhöhter Geschwindigkeit[794] oder bei kurvenreichem Straßenverlauf,[795] **nicht dagegen** beim **Einstellen des Autoradios** während der Fahrt,[796] bei einem **Cassettenwechsel mit 50 km/h** (bei zulässigen 100 km/h) und gleichzeitiger Beobachtung des Fahrbahnverlaufes in einer lang gezogenen Kurve.[797] Eine grobe Fahrlässigkeit ist auch zu verneinen, wenn die **Ablenkung kurzzeitig** ist und in Bezug auf die konkrete Verkehrssituation weder eine gesteigerte Gefahrenlage,

342

---

786 OLG Frankfurt/M. Urt. v. 08.02.1995 – 23 U 108/94 – VersR 1996, 446 = NJW-RR 1995, 1368; a. A., aber abzulehnen LG München I Urt. v. 10.08.1988 – 15 S 1386/88 – NJW-RR 1989, 95.
787 OLG Stuttgart Urt. v. 20.06.1986 – 2 U 10/86 – VersR 1986, 1119 = zfs 1987, 23.
788 OLG Dresden Urt. v. 15.06.2001 – 3 U 468/01 – r+s 2003, 7 = DAR 2001, 498; OLG Karlsruhe Urt. v. 30.04.1992 – 12 U 16/92 – r+s 1993, 248 = zfs 1994, 95.
789 OLG Naumburg Urt. v. 03.12.2009 – 4 U 133/08 – r+s 2010, 319 = SP 2010, 227 (**Leistungskürzung von 75 % in der Vollkasko**).
790 OLG Karlsruhe Urt. v. 30.04.1992 – 12 U 16/92 – r+s 1993, 248 = zfs 1994, 95.
791 OLG Düsseldorf Urt. v. 27.09.2005 – I-24 U 9/05 – SP 2007, 20; AG Köln Urt. v. 08.02.1999 – 262 C 523/98 – SP 1999, 282.
792 OGH Wien Urt. v. 27.10.1993 – 7 Ob 30/93 – zfs 1994, 92.
793 OLG Nürnberg Urt. v. 25.10.1990 – 8 U 1458/90 – NZV 1992, 193 = NJW-RR 1992, 360.
794 OGH Wien Urt. v. 21.04.1993 – 7 Ob 10/93 – VersR 1994, 379.
795 OLG Celle Urt. v. 06.04.1984 – 8 U 175/83 – zfs 1984, 184.
796 OLG Düsseldorf Beschl. v. 06.02.1998 – 4 W 50/97 – ADAJUR Dok.Nr. 31021.
797 OLG München Urt. v. 24.01.1992 – 10 U 4963/91 – r+s 1993, 49 = NJW-RR 1992, 538.

A.2.9.1 AKB Vorsatz, grobe Fahrlässigkeit

noch weitere Anhaltspunkte für ein sonstiges Fehlverhalten des VN festzustellen sind.[798]

343 Das **Telefonieren mit einem Handy ohne Freisprecheinrichtung** ist grundsätzlich grob fahrlässig, wenn über das reine ordnungswidrige Verhalten nach § 23 Abs. 1a StVO hinaus noch weitere Umstände hinzukommen, die den Gebrauch eines Mobilfunktelefones in der konkreten Situation als objektiv gefährlich und subjektiv unentschuldbar erscheinen lassen[799] wie z. B. nasse Fahrbahn und schlechte Sichtverhältnisse wegen Nebel,[800] Vollbremsung auf der Autobahn bei mindestens 170 km/h wegen eines vermeintlich auf die Überholspur wechselnden anderen Pkw[801] oder das Befahren einer kurvenreichen Strecke. Auch der VN, der sein Kfz mit überhöhter Geschwindigkeit und nur einer Hand am Steuer durch eine Doppelkurve lenkt, während er mit der anderen Hand telefoniert, handelt grob fahrlässig, wenn das Kfz dadurch von der Fahrbahn abkommt.[802]

344 Im Einzelfall kann selbst das **Telefonieren mittels Freisprecheinrichtung** grob fahrlässig sein, wenn der VN dadurch eine kritische Fahrtsituation nicht bewältigen konnte.[803] Der VR muss stets den Nachweis führen, dass das Telefonieren den Fahrfehler oder die Reaktionsverzögerung jedenfalls begünstigt hat.[804] Dieser Nachweis wird umso eher zu führen sein, je länger der VN das Handy bedient hat (Eintippen einer SMS oder Aufruf einer Kurzwahlnummer) und je schwieriger die parallel vom VN zu bewältigende Verkehrssituation war (Großstadtverkehr mit vielen Ampelanlagen oder Fahren auf gut ausgebauter Landstraße).

345 Grobe Fahrlässigkeit liegt auch dann vor, wenn der VN während der Fahrt **Daten in ein Navigationsgerät eingibt,** insbesondere im Zusammenhang mit der Durchführung eines Überholvorganges bzw. unmittelbar nach dem Einscheren auf die Spur des überholten Fahrzeuges.[805]

346 Grob fahrlässige Verstöße des VN werden von ihrem Schweregrad eher im unterdurchschnittlichen Bereich mit der Folge eines **Leistungskürzungsrechtes** des VR **zwischen 25 und 50 %** einzuordnen sein. Die Gefährdung anderer Verkehrsteilnehmer ist regelmäßig nur kurzzeitig und auch von ihrer Schwere nicht mit einer gravierenden Verletzung von Verkehrsvorschriften vergleichbar. Komplexe Verkehrssituationen, hohe Geschwindigkeit, längere Ablenkung können einen höheren, kurz andauernde Vorgänge, insbesondere das kurze Bedienen des Sendersuchlaufes oder das Einstellen der Laut-

---

798 OLG Nürnberg Urt. v. 25.04.2005 – 8 U 4033/04 – VersR 2006, 356 = DAR 2005, 569 = zfs 2005, 397 (**für ein Autoradio**); OLG Hamm Urt. v. 18.10.2000 – 13 U 118/00 – VersR 2001, 893 = DAR 2001, 128 (**für einen CD-Wechsler**).
799 AG München Urt. v. 19.05.2000 – 343 C 7070/00 – SP 2001, 138.
800 OLG Köln Urt. v. 19.09.2000 – 9 U 43/00 – r+s 2000, 494 = zfs 2000, 545.
801 OLG Koblenz Urt. v. 14.05.1998 – 5 U 1639/97 – VersR 1999, 503 = MDR 1999, 481.
802 AG Berlin-Mitte Urt. v. 04.11.2004 – 105 C 3123/03 – r+s 2005, 242.
803 LG Frankfurt Urt. v. 21.05.2001 – 2/23 O 506/00 – VersR 2002, 309 = NZV 2001, 480.
804 Vgl. LG Passau Urt. v. 25.11.1998 – 3 O 28/98 – zfs 2000, 160.
805 LG Potsdam Urt. v. 26.06.2009 – 6 O 32/09 – ADAJUR Dok.Nr. 86495.

stärke am Autoradio ebenso wie die kurze Entgegennahme eines Anrufes einen niedrigeren Verschuldensgrad rechtfertigen.[806] Zündet sich der **Fahrer eines Gefahrguttransporters** eine **Zigarette** an und kommt unmittelbar danach von der frostbedingt rutschigen Fahrbahn ab, so kann der VR seine Kaskoentschädigungsleistung um 75 % kürzen.[807]

c) Inbrandsetzung des Fahrzeuges

Grobe Fahrlässigkeit ist zu bejahen: 347
– bei einer Inbrandsetzung des Unterbodenschutzes durch **Schweißarbeiten** im oder am Fahrzeug ohne ausreichende Brandschutzvorkehrungen[808] oder in der Nähe der Benzinleitung, ohne dass zuvor der Tank geleert wurde;[809]
– bei einer Brandentstehung durch unbeaufsichtigtes Betreiben eines **Heizlüfters** im Kfz über 15 Minuten[810] oder durch ausgelaufenes Benzin durch Lagern eines nicht ordnungsgemäß verschlossenen **Benzinkanisters vor dem Beifahrersitz**;[811]
– wenn ein Traktor nach dem Starten des Motors Feuer fängt, weil die Motorhaube mit solchen Materialien (hier: einer Matratze) abgedeckt ist, die einen **Hitzestau** begünstigen;[812]
– bei einem Brand durch einen kurzzeitig unbeobachteten **Gaskocher** in einem Wohnwagen, auch wenn die Flamme auf kleinster Stufe stand.[813]

Keine grobe Fahrlässigkeit liegt vor: 348
– bei einer Brandentstehung durch ordnungsgemäß aufgestellte **Kerzen** zu nächtlicher Stunde **in einem Wohnmobil**, weil der VN beim Anhören von Musik unerwartet eingeschlafen ist;[814]
– bei einem im Führerhaus eines Lkw ausgebrochenen Brandes, wenn der müde und angetrunkene VN abends vor dem Einschlafen noch eine letzte **Zigarette** geraucht hat, sich dafür aber nicht in seine Schlafkoje begeben hat, sondern noch auf dem Beifahrersitz verblieben ist, um gerade nicht einzuschlafen;[815]

---

806 Maier/Stadler Rn. 136.
807 OLG Naumburg Urt. v. 03.12.2009 – 4 U 133/08 – r+s 2010, 319 = SP 2010, 227.
808 OLG München Urt. v. 19.02.1986 – 20 U 3955/85 – zfs 1986, 214.
809 OLG Hamm Urt. v. 28.09.1984 – 20 U 112/84 – VersR 1985, 383; LG Göttingen Urt. v. 08.04.1983 – 4 O 581/82 – VersR 1984, 130.
810 Vgl. OLG Hamm Urt. v. 12.02.1997 – 20 U 216/96 – VersR 1997, 1480 = NZV 1997, 313; a. A. LG Bremen Urt. v. 29.10.1992 – 2 O 1298/92 – r+s 1992, 404, **das grobe Fahrlässigkeit nicht bei einem normalen, sondern nur bei einem Heizlüfter mit einer Heizspirale annimmt.**
811 OLG Hamm Urt. v. 01.02.2001 – 6 U 89/00 – r+s 2001, 185.
812 LG Gießen Urt. v. 07.01.1998 – 1 S 249/97 – r+s 1998, 91 = zfs 1998, 262.
813 LG Osnabrück Urt. v. 03.12.1985 – 3 O 162/85 – VersR 1986, 1016.
814 BGH Urt. v. 02.04.1986 – **IVa ZR 187/84** – VersR 1986, 671 = r+s 1986, 171.
815 OLG Stuttgart Urt. v. 19.10.2000 – 7 U 108/00 – NVersZ 2001, 170 = MDR 2001, 329.

A.2.9.1 AKB Vorsatz, grobe Fahrlässigkeit

- beim **Abstellen des Kfz** auf dem eigenen Grundstück mit **geöffneten Fenstern**, wo es von einem Unbekannten in Brand gesetzt wird;[816]
- wenn der VN nach Bemerken von **Brandgeruch** sein Fahrzeug nicht sofort anhält, sondern bis zu einem Parkplatz weiterfährt und nicht feststeht, dass der Versicherungsfall »Brand« nicht schon eingetreten war, bevor der VN den Brandgeruch bemerkt hatte;[817]
- bei einem nicht bewussten, sondern nur **versehentlichen Liegenlassen einer Spraydose** in unmittelbarer Nähe der mit einer beschädigten Pluspolabdeckung versehenen Fahrzeugbatterie, wodurch ein **Kurzschluss** mit anschließendem Brand entsteht.[818]

349 Für die Fälle grober Fahrlässigkeit bietet sich für den **Normalfall** eine **Kürzungsquote zwischen 30 und 40 %** an. Zu berücksichtigen ist, dass in der Regel keine objektive Gefahr für andere Verkehrsteilnehmer besteht. Andererseits ist der Vermögenswert des versicherten Fahrzeuges als wichtiges Kriterium in die Abwägung einzustellen.

8. Sonstige Verkehrs- oder Pflichtenverstöße

350 Grobe Fahrlässigkeit ist bejaht worden:
- Befahren einer **Einbahnstraße** entgegen der Fahrtrichtung;[819]
- **Wenden** auf einer Autobahnauf- bzw. –ausfahrt,[820] oder 200 m nach einer längeren Kurve auf einer Landstraße, auf der 100 km/h erlaubt sind, wenn das Fahrmanöver nicht in einem Zuge durchgeführt werden kann;[821]
- Zusammenstoß mit Gegenverkehr durch verbotswidriges **Abbiegen nach links** auf einer durch einen Mittelstreifen geteilten Straße[822] oder an der Kreuzung einer sechsspurigen Straße, zwischen deren Richtungsfahrbahnen sich der Gleiskörper der Straßenbahn befindet;[823]
- Einfahren in einen **überfluteten Straßenbereich** oder eine Unterführung, wodurch es zu einem Motorschaden (»**Wasserschlag**«) kommt;[824] (vgl. A.2.2.1 AKB Rdn. 70 ff.),
- **Überschwemmungsschaden** am Pkw durch Abstellen des Kfz durch einen ortskundigen VN auf einem hochwassergefährdeten Parkplatz bei stürmischem Wetter zur

---

816 LG Fulda Urt. v. 10.05.1996 – 1 S 19/96 – VersR 1997, 229 = DAR 1996, 406.
817 OLG Hamm Urt. v. 01.07.1987 – 20 U 319/86 – VersR 1988, 708 = r+s 1987, 333.
818 OLG Karlsruhe Urt. v. 17.09.2013 – 12 U 43/13 – r+s 2013, 542 = DAR 2013, 643.
819 OLG Hamm Urt. v. 04.12.1998 – 20 U 127/98 – r+s 1999, 188 = SP 1999, 136.
820 OLG Hamm Urt. v. 29.11.1991 – 20 U 105/91 – r+s 1992, 42 = VersR 1992, 866.
821 OVG Magdeburg Beschl. v. 05.05.2010 – 1 L 55/10 – ADAJUR Dok.Nr. 88706.
822 OLG Köln Urt. v. 16.09.1993 – 5 U 246/92 – r+s 1993, 406.
823 OLG Brandenburg Urt. v. 02.04.2008 – 4 U 151/07 – VK 2009, 14 = VRR 2008, 346.
824 OLG Frankfurt/M. Urt. v. 18.04.2001 – 7 U 97/00 – JurionRS 2001, 22101; OLG Frankfurt/M. Urt. v. 15.03.2000 – 7 U 53/99 – VersR 2001, 187; OLG Stuttgart Urt. v. 18.10.1973 – 10 U 83/73 – VersR 1974, 234; LG Mühlhausen Urt. v. 23.09.2002 – 4 O 750/02 – zfs 2002, 590.

Zeit des höchsten Wasserstandes,[825] oder durch nicht rechtzeitiges Entfernen des Fahrzeuges aus der Gefahrenzone;[826]
- **Verschalten** in den **Rückwärtsgang**;[827]
- Befahren einer unbefestigten **Steilböschung**;[828]
- **Liegenbleiben** auf der Autobahn wegen **Benzinmangel** ohne Absicherung des Kfz;[829]
- Umfahren von **geschlossenen Halbschranken** an einem Bahnübergang;[830]
- Kontrollverlust über das Fahrzeug infolge **Wettrennens** auf der Autobahn;[831]
- Verrutschen und Herabstürzen einer 18 t schweren Hydraulikpresse von einem Sattelschlepper aufgrund **unzureichender Gurtsicherung**;[832]
- **Missachtung** eines **Vorfahrtsschildes** durch einen ortsunkundigen Fahrer, der wegen Vereisung das Schild nicht lesen konnte,[833] oder des **Linksfahrgebotes** in Großbritannien;[834]
- **Überlassen** der **Kfz-Schlüssel an einen Dritten**, der über keine Fahrerlaubnis und Erfahrung im Umgang mit Kraftfahrzeugen verfügt zum Zwecke des Radiohörens, wenn der Dritte den Zündschlüssel zu weit herumdreht, so dass das Kfz sich hierdurch in Bewegung setzt und beschädigt wird;[835]
- **Falsche Verladung** eines zu transportierenden Pkw entgegen der Fahrtrichtung auf einem Mietanhänger und dadurch ausgelöster Schleudervorgang mit nachfolgendem Unfall.[836]

Keine grobe Fahrlässigkeit wurde angenommen:
- bei einer Vollbremsung des VN auf der Autobahn und dadurch verursachtem Auffahren eines anderen Pkw, wenn der bis dahin nur an ein Schaltgetriebe gewöhnte VN bei der Überführungsfahrt seines neuen Pkw bei dem Versuch, in einen höheren Gang zu schalten, **versehentlich auf das Bremspedal** (anstelle des Kupplungspedals) tritt und diese Darstellung zugunsten des VN nicht ausgeschlossen werden kann;[837]
- bei der Verwendung eines Geländefahrzeuges mit **untauglichen Rädern**;[838]
- bei Beschädigung eines Kfz durch **Rückwärtsfahren** ohne Einweiser;[839]

351

---

825 OLG Oldenburg Urt. v. 16.02.1994 – 2 U 229/93 – r+s 1994, 246.
826 OLG Köln Urt. v. 19.08.1997 – 9 U 88/96 – zfs 1998, 140.
827 OLG Frankfurt/M. Urt. v. 21.03.1997 – 25 U 146/96 – SP 1997, 440.
828 OLG Karlsruhe Urt. v. 30.06.1994 – 12 U 77/94 – r+s 1997, 102.
829 OLG Hamm Urt. v. 17.06.1993 – 27 U 55/93 – VersR 1994, 590.
830 OLG Hamm Urt. v. 20.06.1996 – 6 U 11/96 – r+s 1996, 391.
831 OLG Köln Urt. v. 16.05.2000 – 9 U 121/99 – MDR 2001, 29 = zfs 2000, 450.
832 OLG Saarbrücken Urt. v. 22.12.2004 – 5 U 393/04 – zfs 2006, 101.
833 AG Groß-Gerau Urt. v. 13.03.2000 – 61 C 225/99 – zfs 2000, 497.
834 LG Mainz Urt. v. 17.08.1998 – 7 O 391/97 – VersR 1999, 438 = NJW-RR 2000, 31.
835 AG Bremen Urt. v. 09.03.2001 – 16 C 0429/00 – VersR 2001, 1509.
836 OLG Saarbrücken Urt. v. 01.12.2010 – 5 U 395/09 – zfs 2011, 151.
837 OLG Düsseldorf Urt. v. 02.09.2003 – 4 U 15/03 – zfs 2004, 414.
838 OLG Hamburg Urt. v. 09.03.1990 – 14 U 190/89 – r+s 1990, 293.
839 LAG Mainz Urt. v. 14.01.2010 – 10 Sa 394/09 – BeckRS 2010, 67043.

A.2.9.1 AKB   Vorsatz, grobe Fahrlässigkeit

- bei Weiterfahrt bis zu einem Parkplatz nach nächtlichem Zusammenstoß mit einem Fuchs auf der BAB, wenn dadurch ein **Motorschaden** entsteht.[840]

352 Bei massiven **Pflichtverstößen** (Wenden auf der Autobahn oder einer Kraftfahrstraße, Fahren entgegen der vorgeschriebenen Fahrtrichtung, »Geisterfahrer« auf Autobahnen) dürfte eine **Leistungskürzung** von 80–100 %, in allen **übrigen Fällen** von 25–50 % angemessen sein.[841] Bei einem Verstoß des VN gegen § 22 StVO wegen **unzureichender Ladungssicherung** (falsche Verladung eines Pkw) mit dadurch ausgelöstem Schleudervorgang des Transporters und nachfolgendem Unfall ist eine Leistungskürzung von **25 %** gerechtfertigt.[842]

9. Haftung des Mieters in der gewerblichen Kfz-Vermietung

353 Zu Fragen der (Repräsentanten-) **Haftung eines Kfz-Mieters** für selbst oder von einem Dritten verursachte Schäden am Fahrzeug eines gewerblichen Kfz-Vermieters vgl. A.2.1.1 AKB Rdn. 22 ff., A.2.3 AKB Rdn. 36 ff. und A.2.8 AKB Rdn. 52 ff. Zum Verzicht auf den Einwand der grob fahrlässigen Herbeiführung des Versicherungsfalles mit Ausnahme von Alkohol- und Drogenfahrten sowie der Ermöglichung der Kfz-Entwendung vgl. A.2.8 AKB Rdn. 93 f.

IV. Musterquoten für die wichtigsten Pflichtverletzungen

354 Fehlverhalten	Kürzung
Fahruntüchtigkeit durch	
– Alkohol – 0,3 bis 0,5 Promille – A.2.9.1 AKB Rdn. 144; A.2.9.1 AKB Rdn. 146	25–50 %
– Alkohol – 0,5 bis 1,09 Promille – A.2.9.1 AKB Rdn. 139; A.2.9.1 AKB Rdn. 146	50–80 %
– Alkohol – ab 1,1 Promille – A.2.9.1 AKB Rdn. 133; A.2.9.1 AKB Rdn. 146	80–100 %
– Alkohol + Medikamente – A.2.9.1 AKB Rdn. 145	50–100 %
– Medikamente – A.2.9.1 AKB Rdn. 154	25–30 %
– Drogen – A.2.9.1 AKB Rdn. 169 f.	40–100 %
– Übermüdung – A.2.9.1 AKB Rdn. 182	75 %
Ermöglichung der Entwendung	
– Mangelnde Sicherung des Fahrzeuges gegen Diebstahl – A.2.9.1 AKB Rdn. 208 ff.	40–80 %
– Pflichtwidrige Beaufsichtigung oder Verwahrung von Kfz-Schlüsseln – A.2.9.1 AKB Rdn. 233 ff.	25–50 %
– Untätigkeit des VN nach dem Verlust oder Diebstahl von Kfz-Schlüsseln – A.2.9.1 AKB Rdn. 246 ff.	40–80 %

---

840 OLG Saarbrücken Urt. v. 08.02.2012 – 5 U 313/11 – zfs 2012, 273.
841 Vgl. auch Meschkat/Nauert/*Stehl* S. 119, 120.
842 OLG Saarbrücken Urt. v. 01.12.2010 – 5 U 395/09 – zfs 2011, 151.

Fehlverhalten 354

	Kürzung
– Zurücklassen von Kfz-Papieren im Fahrzeug – A.2.9.1 AKB Rdn. 261	50 %
Rotlichtverstoß – A.2.9.1 AKB Rdn. 274 ff.	50 %
Missachtung des Andreaskreuzes – A.2.9.1 AKB Rdn. 278	50 %
Nichtbeachten des Stoppschildes – A.2.9.1 AKB Rdn. 284	25 %
Falsches Überholen – A.2.9.1 AKB Rdn. 289 f.	
– Bußgeldtatbestand	50 %
– Straftatbestand (§ 315c Abs. 1 Nr. 2b StGB)	75 %
Überhöhte Geschwindigkeit – A.2.9.1 AKB Rdn. 297 f.	
– Bußgeldtatbestand	50 %
– Straftatbestand (§ 315c Abs. 1 Nr. 2d StGB)	50–75 %
Auffahrunfall infolge grober Unaufmerksamkeit – A.2.9.1 AKB Rdn. 299	50 %
Grundloses Abkommen von der Fahrbahn – A.2.9.1 AKB Rdn. 303	25–50 %
Ausweichen vor einem Tier – A.2.9.1 AKB Rdn. 311	20–60 %
Nichtbeachten der Durchfahrtshöhe – A.2.9.1 AKB Rdn. 318 ff.	20–70 %
Unterlassene Sicherung bei Gefälle – A.2.9.1 AKB Rdn. 325	10–25 %
Mangelhafte Bereifung – A.2.9.1 AKB Rdn. 336	25–50 %
Ablenkung	
– durch Greifen oder Bücken nach Gegenständen – A.2.9.1 AKB Rdn. 340	50 %
– durch Rauchen, Autoradio, Navigationsgerät, Handy – A.2.9.1 AKB Rdn. 346	25–75 %
Inbrandsetzung des Fahrzeuges – A.2.9.1 AKB Rdn. 349	30–40 %
Sonstige Verkehrs- und Pflichtenverstöße – A.2.9.1 AKB Rdn. 352	25–100 %

Zur Einordnung der richtigen Kürzungsquote in ein Grobraster wird im Übrigen auf 355
den **Goslarer Orientierungsrahmen**[843] sowie die hierzu veröffentlichten weiteren
Übersichten in der Literatur[844] verwiesen.

V. Darlegungs- und Beweislast

1. Allgemeines

Während der VN alle Voraussetzungen für den Eintritt des Versicherungsfalles bewei- 356
sen muss, trifft den **VR** die **Beweislast** für das **pflichtwidrige Verhalten** des VN (bzw.
seines Repräsentanten – vgl. A.2.3 AKB Rdn. 25 ff. – oder des (Mit-) Versicherten –
vgl. A.2.3 AKB Rdn. 4 ff.), das **qualifizierte Verschulden** und die **Kausalität**. Im Rahmen des A.2.9.1 S. 2 AKB trägt der VR auch die Beweislast für die Schwere der Schuld
des VN und damit den **Umfang der Leistungskürzung**.[845]

---

843 Goslarer Orientierungsrahmen zfs 2010, 12, 14 = DAR 2010, 111.
844 Z. B. Notthoff VRR 2012, 204; Nugel DAR 2010, 722 ff.; Nugel DAR 2012, 348 ff.
845 Rixecker zfs 2007, 15, 16; zfs 2009, 5, 10.

A.2.9.1 AKB   Vorsatz, grobe Fahrlässigkeit

357   Dem VR obliegt insoweit der Vollbeweis (§ 286 Abs. 1 ZPO). Ihm kommen **keine Beweiserleichterungen** zugute.[846] Die dem VR in der Diebstahlversicherung gewährten Beweiserleichterungen (vgl. A.2.2.1 AKB Rdn. 165 ff.) beziehen sich nur auf eine erleichterte Beweisführung hinsichtlich einer erheblichen Vortäuschungswahrscheinlichkeit des behaupteten Versicherungsfalles. Mit dieser erleichterten Beweisführung kann der VR aber nur den vom VN zu erbringenden Beweis des »äußeren Bildes« eines Kfz-Diebstahls zu Fall bringen – was in der Regel ausreicht, um den Anspruch des VN mit Erfolg ablehnen zu können, nicht aber den Nachweis für einen fingierten Versicherungsfall führen. Davon abgesehen lassen sich diese Beweiserleichterungen auch nicht auf andere Versicherungsfälle übertragen.[847]

358   Allerdings ist es zulässig, **vom äußeren Geschehensablauf** bzw. dem Ausmaß des objektiven Pflichtenverstoßes **auf innere Vorgänge beim VN** und deren gesteigerte Vorwerfbarkeit **zu schließen**.[848] Der VN wird daher bestrebt sein, vor allem die zu seinen Gunsten sprechenden Umstände plausibel, nachvollziehbar und widerspruchsfrei darzulegen. Insoweit trifft ihn eine **sekundäre Darlegungslast**. Für die den VN subjektiv entlastenden Umstände reicht ein schlüssiger Vortrag. Der VN muss seinen Vortrag nicht beweisen. Bestreitet der VR den Sachvortrag des VN, so muss er die den VN entlastenden Umstände widerlegen und die ihn belastenden beweisen. Im Rahmen der Quotelung nach A.2.9.1 S. 2 AKB trägt der VR die Beweislast für die von ihm geltend gemachte (höhere) Kürzungsquote und die sich daraus ergebende geringere Leistungspflicht, (vgl. auch A.2.9.1 AKB Rdn. 29 ff. und A.2.9.1 AKB Rdn. 363 ff.).

2. Vorsatz

359   Für ein vorsätzliches Verhalten muss der VR nachweisen, dass der VN (oder dessen Repräsentant bzw. der Versicherte) den Versicherungsfall mit Wissen und Wollen herbeigeführt hat.[849] Ein Anscheinsbeweis kommt dem VR nicht zugute. Es gibt **keinen Anscheinsbeweis** für individuelle Verhaltensweisen von Menschen in bestimmten Lebenslagen; menschliches Verhalten ist unwägbar.[850]

---

846   Vgl. BGH Urt. v. 04.12.1985 – **IVa ZR 130/84** – VersR 1986, 254 = NJW-RR 1986, 705; *Prölss*/Martin § 61 VVG Rn. 21.
847   Vgl. BGH Urt. V. 25.04.1990 – **IV ZR 49/89** – VersR 1990, 894 = r+s 1990, 244.
848   Vgl. BGH Urt. v. 29.10.2003 – **IV ZR 16/03** – VersR 2003, 1561 = DAR 2004, 24; BGH Urt. v. 29.01.2003 – **IV ZR 173/01** – VersR 2003, 364 = zfs 2003, 242; BGH Urt. v. 08.07.1992 – **IV ZR 223/91** – VersR 1992, 1085 = NJW 1992, 2418; OLG Rostock Urt. v. 30.04.2003 – 6 U 249/01 – r+s 2004, 58; OLG Oldenburg Urt. v. 25.06.1997 – 2 U 109/97 – r+s 1997, 470; OLG Nürnberg Urt. v. 28.04.1994 – 8 U 3768/93 – VersR 1995, 331.
849   Vgl. OLG Köln Urt. v. 03.07.2001 – 9 U 210/00 – r+s 2001, 451, 452; OLG Düsseldorf Urt. v. 28.09.2000 – 4 U 183/99 – r+s 2001, 142.
850   BGH Urt. v. 04.05.1988 – **IVa ZR 278/86** – VersR 1988, 683 = NJW 1988, 2024; BGH Urt. v. 18.03.1987 – **IVa ZR 205/85** – VersR 1987, 503 = NJW 1987, 1944; BGH Urt. v. 26.01.1983 – **IVb ZR 344/81** – NJW 1983, 1548, 1551 = MDR 1983, 830; BGH Urt. v. 07.10.1980 – **VI ZR 177/79** – VersR 1981, 1153.

Der VR kann den Vorsatznachweis allerdings nach den **Regeln des Indizienbeweises** 360 führen. Dazu reicht es aus, dass er im Wege des Vollbeweises einzelne (Hilfs-) Tatsachen (Indizien) darlegt und beweist, die zwar nicht für sich allein, aber durchaus in ihrer Gesamtheit in Verbindung mit dem übrigen Prozessstoff geeignet sein können, Rückschlüsse auf die Bewusstseinslage und Willensbildung des VN im konkreten Fall zuzulassen.[851] Letztlich können diese Indizien damit eine tragfähige Grundlage für die Überzeugungsbildung des Gerichts und damit die aufgestellte Behauptung des VR sein, der VN habe den Versicherungsfall vorsätzlich herbeigeführt.[852]

Geht es um den **Einwand der vorsätzlichen Herbeiführung eines Unfallschadens**, 361 muss nicht etwa der VN beweisen, dass es sich bei dem Unfall um ein unfreiwilliges Ereignis gehandelt hat. In der Kaskoversicherung gehört das Merkmal der Unfreiwilligkeit nicht zum Unfallbegriff. Bestreitet der VR daher die Unfreiwilligkeit, behauptet er in Wirklichkeit eine vorsätzliche Herbeiführung eines Unfallschadens, wofür er die Beweislast trägt.[853]

Wird das Fahrzeug des VN nach einem behaupteten Diebstahl ausgebrannt wieder 362 **aufgefunden** und kann der VR den Nachweis dafür führen, dass der VN den Diebstahl mit erheblicher Wahrscheinlichkeit nur vorgetäuscht hat, bedeutet dies nicht automatisch, dass damit auch die vorsätzliche Eigenbrandsetzung des Fahrzeuges durch den VN bewiesen wäre. Auch resultiert hieraus keine Umkehr der Beweislast. Allerdings kommt diesem Umstand regelmäßig eine nicht unerhebliche indizielle Bedeutung für den Nachweis einer Brandstiftung durch den VN zu.[854] Gleiches gilt, wenn der VN bei einem Unfall- oder Vandalismusschaden eine vorausgegangene Entwendung behauptet und dem VR der Nachweis gelingt, dass diese Entwendung mit erheblicher Wahrscheinlichkeit nur vorgetäuscht war,[855] (vgl. auch A.2.2.1 AKB Rdn. 113 f. und A.2.2.1 AKB Rdn. 115 ff.).

3. Grobe Fahrlässigkeit

Der **VR** ist sowohl für die objektive, als auch für die subjektive Seite eines behaupteten 363 grob fahrlässigen Verhaltens des VN in vollem Umfange **darlegungs- und beweisbelastet**. Dies gilt auch hinsichtlich des graduellen Verschuldens des VN, also **für die Kürzungsquote**. Anders als bei der Verletzung vertraglicher Obliegenheiten in § 28 VVG wird die grobe Fahrlässigkeit des VN im Rahmen des A.2.9.1 S. 2 AKB, § 81 Abs. 2 VVG gerade nicht vermutet. Es ist daher auch nicht sachgerecht, bei einem festgestellten grob fahrlässigen Verhalten von einem mittleren Verschuldensgrad auszugehen und

---

851 Vgl. OLG Karlsruhe Urt. v. 28.03.1996 – 12 U 246/95 – r+s 1996, 301; OLG Karlsruhe Urt. V. 16.06.1994 – 12 U 60/94 – r+s 1995, 408.
852 Vgl. BGH Urt. v. 24.01.1996 – **IV ZR 270/94** – r+s 1996, 146 = NJW-RR 1996, 665; BGH Urt. v. 15.06.1994 – **IV ZR 125/93** – VersR 1994, 1054 = r+s 1994, 394.
853 Vgl. BGH Urt. v. 05.02.1981 – **IVa ZR 58/80** – VersR 1981, 450 = NJW 1981, 1315.
854 Vgl. BGH Urt. v. 08.11.1995 – **IV ZR 221/94** – VersR 1996, 186 = r+s 1996, 410; OLG Köln Urt. v. 13.08.1996 – 9 U 6/96 – VersR 1997, 444.
855 Vgl. BGH Urt. v. 25.06.1997 – **IV ZR 245/96** – VersR 1997, 1095 = r+s 1997, 446.

A.2.9.1 AKB   Vorsatz, grobe Fahrlässigkeit

dem VR die Beweislast nur für solche Umstände zuzuweisen, die eine Kürzung der Entschädigung um mehr als 50 % begründen könnten, während der VN, der eine Entschädigung von mehr als 50 % verlange, verpflichtet bleibe, die diese Mehrforderung begründenden Umstände zu beweisen, (vgl. auch A.2.9.1 AKB Rdn. 363 ff.).

364 Das Argument, jede Partei müsse die für sich günstigen Tatsachen beweisen, übersieht, dass der VN sich nicht wie bei einer Obliegenheitsverletzung entlasten und die grobe Fahrlässigkeit widerlegen muss, sondern der VR im Falle einer von ihm zu beweisenden groben Fahrlässigkeit des VN lediglich berechtigt ist, die Versicherungsleistung zu kürzen. Dies bedeutet, dass im Falle grober Fahrlässigkeit – **ausgehend von** einer Leistungsverpflichtung des VR zu 100 % – **der VR** entsprechend dem Ausmaß und der Schwere des Verschuldens des VN **seine Leistung »herunterkürzen« kann**. Dieses Recht zur Kürzung der Leistung stellt eine für den VR günstige Tatsache dar, die er sowohl dem Grunde, wie auch der Höhe nach darlegen und beweisen muss. Je mehr Umstände er vorbringen und belegen kann, die ein grob fahrlässiges Verhalten des VN begründen und die Schwere des Verschuldens untermauern, desto größer wird die Leistungskürzung sein, die er dem Anspruch des VN entgegenhalten kann. Maßgeblicher Ausgangspunkt für die Kürzung ist aber immer der volle Entschädigungsanspruch des VN. Will der VR weniger leisten, muss er entsprechend der von ihm angestrebten Kürzungsquote das Maß der Schuld des VN und damit die Umstände beweisen, die einen geringeren Anspruch des VN rechtfertigen.[856]

365 Gelingt es dem VR lediglich, ein grob fahrlässiges Verhalten des VN, nicht aber ein besonderes Gewicht der Schuld beim VN zu beweisen, ist allenfalls von einfacher grober Fahrlässigkeit auszugehen mit der Folge, dass der VR maximal eine Leistungskürzung von 25 % vornehmen kann.[857]

366 Die **unterschiedliche Beweislastverteilung hinsichtlich der Kürzungskriterien**, je nachdem, ob es sich um eine grob fahrlässige Obliegenheitsverletzung oder um eine grob fahrlässige Herbeiführung des Versicherungsfalles handelt, hat der Gesetzgeber ausdrücklich gebilligt. Dabei hat er die grobe Fahrlässigkeit des VN, die trotz Eintritts des Versicherungsfalles zur teilweisen Leistungsfreiheit führt, ausdrücklich als vom VR zu beweisenden Ausnahmetatbestand aufgeführt.[858]

367 Der **VR** kann den **Nachweis** einer schweren **objektiven Pflichtverletzung** nach den **Regeln des Anscheinsbeweises** führen. Voraussetzung ist, dass im Einzelfall ein typischer Geschehensablauf vorliegt, der nach der Lebenserfahrung auf eine bestimmte Ursache hinweist und so sehr das Gepräge des Gewöhnlichen und Üblichen trägt, dass die besonderen individuellen Umstände in ihrer Bedeutung zurücktreten.[859] Der **Anscheins-**

---

856 Ebenso Rixecker zfs 2009, 5, 10; zfs 2007, 15, 16; Pohlmann VersR 2008, 437, 443; Knappmann VRR 2009, 9, 12.
857 Vgl. auch Burmann/Heß/Höke/Stahl Rn. 413.
858 Vgl. amtliche Begründung des Gesetzentwurfs zu § 81 VVG, BT-Drucksache 16/3945, S. 80.
859 BGH Urt. v. 25.05.2011 – **IV ZR 151/09** – VersR 2011, 1390 = r+s 2012, 40; BGH Urt. v.

beweis greift nicht ein, wenn der Schadenhergang Umstände aufweist, die es ernsthaft als möglich erscheinen lassen, dass das Geschehen anders abgelaufen ist als nach dem »Muster« der der Anscheinsregel zugrunde liegenden Erfahrungstypik.[860] Hierfür genügt allerdings eine bloße, häufig nicht auszuschließende hypothetische Alternativursache nicht; es müssen vielmehr feststehende oder zur Überzeugung des Tatrichters nachgewiesene Umstände hinzukommen, die wegen dieser Abweichungen des konkreten Sachverhaltes von den typischen Sachverhalten einen anderen Geschehensablauf als ebenfalls ernsthaft in Betracht kommende Möglichkeit »nahe legen«; andererseits ist es nicht erforderlich, dass denkbare Alternativursachen für die Herbeiführung des Versicherungsfalles »besonders wahrscheinlich« sein müssen, um den Anscheinsbeweis für ein objektiv grob fahrlässiges Verhalten des VN zu entkräften.[861]

Für die **subjektive Seite des Verschuldens** kommen dem VR allerdings die **Grundsätze des Anscheinsbeweises nicht** zu Gute.[862] Es fehlt an einer durch die Lebenserfahrung gesicherten Typizität menschlichen Verhaltens und seiner Begleitumstände, wenn es darum geht, aus einem bestimmten Verhalten des VN auf den Grad seines subjektiven Fehlverhaltens zu schließen. Allerdings entfalten der festgestellte objektive Geschehensablauf und die objektive Pflichtverletzung des VN Indizwirkung für die subjektive Seite der groben Fahrlässigkeit. Der Tatrichter ist daher nicht gehindert, im Rahmen der Gesamtwürdigung aller Umstände **vom Ausmaß des objektiven Pflichtenverstoßes Rückschlüsse auf die innere Tatseite beim VN** zu ziehen.[863] 368

Unabhängig von der grundsätzlichen Beweislast, die den VR trifft, ist es Aufgabe des VN, im Rahmen seiner **sekundären Darlegungslast entlastende Umstände** zur Untermauerung seines geringeren Verschuldens **vorzubringen**, die der VR dann wiederum ausräumen muss.[864] Dies entspricht dem allgemeinen prozessualen Grundsatz, wonach auch die nicht beweisbelastete Prozesspartei ausnahmsweise eine Substantiierungslast treffen kann.[865] Ein solcher Fall liegt immer dann vor, wenn der beweisbelastete Prozessgegner außerhalb des von ihm darzulegenden Geschehensablaufes steht und die maßgebenden Tatsachen nicht kennt, während sie der anderen Partei bekannt sind 369

04.05.1988 – **IVa ZR 278/86** – VersR 1988, 683 = r+s 1988, 239; BGH Urt. v. 18.03.1987 – **IVa ZR 205/85** – VersR 1987, 503 = NJW 1987, 1944.
860 BGH Urt. v. 25.05.2011 – **IV ZR 151/09** – VersR 2011, 1390 = r+s 2012, 40.
861 BGH Urt. v. 25.05.2011 – **IV ZR 151/09** – VersR 2011, 1390 = r+s 2012, 40; BGH Urt. v. 03.07.1990 – **VI ZR 239/89** – VersR 1991, 195 = r+s 1990, 416.
862 BGH Urt. v. 26.04.1989 – **IVa ZR 43/88** – VersR 1989, 729 = r+s 1993, 36; BGH Urt. v. 29.01.2003 – **IV ZR 173/01** – VersR 2003, 364 = zfs 2003, 242, 243.
863 BGH Urt. v. 29.10.2003 – **IV ZR 16/03** – VersR 2003, 1561 = DAR 2004, 24; OLG Rostock Urt. v. 30.04.2003 – 6 U 249/01 – r+s 2004, 58 = zfs 2003, 356; OLG Oldenburg Urt. v. 25.06.1997 – 2 U 109/97 – r+s 1997, 470; OLG Nürnberg Urt. v. 28.04.1994 – 8 U 3768/93 – VersR 1995, 331.
864 OLG Rostock Urt. v. 02.06.2003 – 3 U 166/02 – MDR 2004, 91; OLG Hamm Urt. v. 25.10.2000 – 20 U 66/00 – zfs 2001, 215; OLG Hamm Urt. v. 26.01.2000 – 20 U 166/99 – r+s 2000, 232 = zfs 2000, 346.
865 BGH Urt. v. 29.01.2003 – **IV ZR 173/01** – VersR 2003, 364 = zfs 2003, 242.

Stomper

A.2.9.1 AKB   Vorsatz, grobe Fahrlässigkeit

und ihr insoweit ergänzender Sachvortrag auch zuzumuten ist.[866] Der VN muss daher schlüssig und substanziiert alle Tatsachen vortragen, die geeignet sind, sein Verhalten subjektiv zu entschuldigen (sekundäre Darlegungslast). Die Gründe dürfen aber nicht zu weit hergeholt sein. Bei einer Trunkenheitsfahrt genügt die Behauptung einer **Alkoholintoleranz** zur Entlastung nicht, wenn die objektiven Tatsachen gegen eine solche Erkrankung sprechen.[867]

4. Augenblicksversagen

370 Zur Verhinderung einer Leistungskürzung kann sich der VN bei subjektiven Besonderheiten im Einzelfall vom Vorwurf der groben Fahrlässigkeit befreien, wenn er sich auf ein Augenblicksversagen berufen kann und weitere, in der Person des Handelnden liegende besondere individuelle Umstände hinzukommen, die den Grund des momentanen Versagens erkennen und in einem milderen Licht erscheinen lassen,[868] (vgl. auch A.2.9.1 AKB Rdn. 18 ff. und A.2.9.1 AKB Rdn. 70 f.). Das bloße und alleinige Berufen auf ein Augenblicksversagen reicht allerdings nicht aus.

371 Ein Augenblicksversagen setzt ein Fehlverhalten des VN in Form einer **momentanen Unaufmerksamkeit** voraus, die dadurch gekennzeichnet ist, dass sie auch einem üblicherweise mit seinem versicherten Fahrzeug sorgfältig umgehenden VN unterlaufen kann, weil in einem zur Routine gewordenen Handlungsablauf einer von mehreren Handgriffen schlicht vergessen wird.[869] Diese Feststellung reicht aber für sich allein noch nicht aus, den Schuldvorwurf der groben Fahrlässigkeit herabzustufen, wenn ansonsten die objektiven Merkmale der groben Fahrlässigkeit gegeben sind. Insbesondere genügt eine kurze Geistesabwesenheit nicht.[870] Da eine momentane Unaufmerksamkeit unterschiedliche Ursachen haben kann, muss der VN den Grund seines kurzfristigen Fehlverhaltens erläutern und zu den sonstigen Umständen seines momentanen Versagens vortragen. Nur wenn sein vorausgehendes Verhalten, das schließlich zu der Unaufmerksamkeit geführt hat, **durch psychische oder physische Umstände entschuldigt** werden kann (z. B. Konzentrations- oder Hirnleistungsschwäche,[871] sonstige Krankheiten oder Alterserscheinungen), ist ein objektiv grob fahrlässiges Verhalten (z. B. die Missachtung einer Rotlichtampel) nicht gleichzeitig auch subjektiv als unentschuldbares Fehlverhalten zu werten.[872]

372 **Behauptet der VN, abgelenkt gewesen zu sein**, so muss er hierfür einen plausiblen Grund darlegen. Dieser ist zu der Gefährlichkeit seines Tuns in Bezug zu setzen.[873]

---

866 Veith/Gräfe/*Halbach* § 5 Rn. 106.
867 AG Strausberg Urt. v. 02.12.2010 – 9 C 199/10 – ADAJUR Dok.Nr. 90735.
868 BGH Urt. v. 08.07.1992 – **IV ZR 223/91** – VersR 1992, 1085 = NJW 1992, 2418.
869 BGH Urt. v. 08.02.1989 – **IVa ZR 57/88** – VersR 1989, 582 = NJW 1989, 1354.
870 BGH Urt. v. 08.07.1992 – **IV ZR 223/91** – VersR 1992, 1085 = NJW 1992, 2418.
871 BGH Urt. v. 08.07.1992 – **IV ZR 223/91** – VersR 1992, 1085 = NJW 1992, 2418.
872 BGH Urt. v. 29.01.2003 – **IV ZR 173/01** – VersR 2003, 364 = zfs 2003, 242, 243; Riedmeyer zfs 2001, 345.
873 Vgl. Burmann/Heß/Höke/Stahl Rn. 346.

Je risikoreicher und gefahrträchtiger sein Verhalten ist, desto weniger kann es ihn entlasten, dass er sich hat ablenken lassen[874] und desto eher wird trotz einer momentanen Unaufmerksamkeit eine grobe Fahrlässigkeit anzunehmen sein. Eine kurzfristige Ablenkung durch eine Unterhaltung mit dem Beifahrer stellt kein entschuldigendes Augenblicksversagen dar.[875]

Das **Nichtbeachten des Rotlichts einer Lichtzeichenanlage** ist nicht grundsätzlich und in jedem Fall als grob fahrlässig anzusehen, (vgl. A.2.9.1 AKB Rdn. 263 ff.). Der VN muss aber zur Untermauerung des von ihm als »Augenblicksversagen« bezeichneten Verstoßes im Einzelnen darlegen, was der Fehlreaktion vorausgegangen ist und wie es nach seiner Erinnerung dazu gekommen ist oder gekommen sein muss. War das Rotlicht für ihn in der konkreten Situation schwer zu erkennen,[876] tauchte es unerwartet auf oder hielt der VN zunächst an der Rotlichtampel an, fuhr dann aber aufgrund einer Fehldeutung irgendeines in seinem Blickfeld liegenden optischen Signals in der irrigen Annahme, die für ihn maßgebliche Lichtzeichenanlage habe auf Grünlicht umgeschaltet, wieder an,[877] kann dies für ein die grobe Fahrlässigkeit ausschließendes **Augenblicksversagen** sprechen. Zusätzliche Voraussetzung ist jedoch, dass das dem entscheidenden Moment der Unaufmerksamkeit vorangegangene Verhalten des VN von diesem nicht in subjektiv unentschuldbarer Weise herbeigeführt worden ist, sondern sich durch individuelle physische oder psychische Umstände entschuldigen lässt.[878] 373

Die vom VN im Rahmen seiner sekundären Darlegungslast vorzutragenden **Tatsachen, die ein Augenblicksversagen begründen sollen, müssen nicht vom VN bewiesen, sondern vom VR widerlegt werden.** Gleichwohl wird man die Substantiierungslast des VN im Hinblick auf die von ihm vorzubringenden subjektiven Entlastungsgründe nur dann als erfüllt ansehen können, wenn der VN für körperliche oder psychische Beeinträchtigungen, die er als Grund für sein Augenblicksversagen anführt, zumindest **Arztatteste** vorlegt, wenn nicht die Beeinträchtigung aus sonstigen anderen Gründen offensichtlich ist. Keinesfalls aber muss der VN den Beweis dafür erbringen, dass sich die von ihm behaupteten Defizite ursächlich auch auf die momentane Unaufmerksamkeit, die dann zum Eintritt des Versicherungsfalles geführt hat, ausgewirkt haben. 374

5. Schuldunfähigkeit

a) Grundsätzliches

Die Annahme eines vorsätzlichen oder grob fahrlässigen Verhaltens bedingt, dass der VN zum Zeitpunkt der schadenstiftenden Handlung schuldfähig war. Nur dann kann er für sein Handeln verantwortlich gemacht werden. Eine **bloß eingeschränkte Einsichts- und Hemmungsfähigkeit** (z. B. infolge starker Alkoholisierung) führt 375

---

874 Römer VersR 1992, 1187, 1189.
875 OLG Köln Beschl. v. 03.09.2009 – 9 U 63/09 – VersR 2010, 623 = r+s 2010, 14.
876 Vgl. BGH Urt. v. 15.07.2014 – **VI ZR 452/13** – VersR 2014, 1135 = r+s 2014, 491.
877 Vgl. BGH Urt. v. 29.01.2003 – **IV ZR 173/01** – VersR 2003, 364 = zfs 2003, 242.
878 OLG Köln Urt. v. 19.11.2002 – 9 U 54/02 – NZV 2003, 138; Riedmeyer zfs 2001, 345.

A.2.9.1 AKB   Vorsatz, grobe Fahrlässigkeit

zwar noch nicht zur Schuldunfähigkeit, muss aber als entlastendes Moment bei der Feststellung des Verschuldensgrades berücksichtigt werden.[879] Da der **VR auch für die subjektiven Voraussetzungen grober Fahrlässigkeit** im Rahmen des A.2.9.1 AKB **beweisbelastet ist,**[880] reicht es aus, wenn der VN substanziiert Tatsachen vorbringt, aus denen sich Zweifel an seiner vollen Verantwortlichkeit rechtfertigen. Diese muss der VR sodann ausräumen, wenn sich ein grob fahrlässiges Verhalten des VN nur ohne die geltend gemachten Zweifel begründen lässt.

376 Die **Beweislast kehrt sich in dem Moment um**, in dem sich der VN auf Unzurechnungsfähigkeit beruft – gleichgültig, ob sie dauerhafter oder nur vorübergehender Natur ist. Dieser Einwand wird nahe liegen z. B. bei kurzzeitiger Bewusstlosigkeit zum Unfallzeitpunkt oder im Zusammenhang mit einem durch Trunkenheit herbeigeführten Unfallschaden. Den VN trifft die volle **Darlegungs- und Beweislast für eine behauptete Unzurechnungsfähigkeit** im Zeitpunkt der Herbeiführung des Versicherungsfalles.

b) Anwendbarkeit von § 827 BGB

377 Nach h. M. ist die allgemeine Beweislastregel des **§ 827 S. 1 BGB im Rahmen des § 81 VVG (§ 61 VVG a. F.) entsprechend anwendbar,**[881] da von der grundsätzlichen Verantwortlichkeit von Personen auszugehen ist und die Schuldunfähigkeit somit einen Ausnahmetatbestand in der Rechtsordnung darstellt, den derjenige zu beweisen hat, der sich auf ihn beruft. Zur Feststellung seiner Schuldunfähigkeit kann sich der VN nicht auf ein Sachverständigengutachten im Strafverfahren stützen, da Gutachten zur Berechnung eingeschränkter oder vollständiger Schuldunfähigkeit nach §§ 20, 21 StGB im Strafverfahren auf anderer Bewertungsgrundlage als im Zivilverfahren erstellt werden.[882] Eine Verurteilung des VN im Strafverfahren wegen Vollrauschs nach § 323a StGB ist daher kein Beweis für seine Schuldunfähigkeit nach § 827 S. 1 BGB. Es existiert **kein Anscheinsbeweis** dafür, dass **ab einer bestimmten BAK** grundsätzlich von einer **Schuldunfähigkeit** ausgegangen werden kann.[883] Ebenso wenig gibt es einen

---

879 Vgl. BGH Urt. v. 22.06.2011 – **IV ZR 225/10** – VersR 2011, 1037 = r+s 2011, 376; BGH Urt. v. 17.06.1998 – **IV ZR 163/97** – VersR 1998, 1011 = NVersZ 1998, 45.
880 BGH Urt. v. 22.06.2011 – **IV ZR 225/10** – VersR 2011, 1037 = r+s 2011, 376; BGH Urt. v. 29.10.2003 – **IV ZR 16/03** – VersR 2003, 1561 = DAR 2004, 24; BGH Urt. v. 23.01.1985 – **IVa ZR 128/83** – VersR 1985, 440 = DAR 1985, 222.
881 Vgl. BGH Urt. v. 22.06.2011 – **IV ZR 225/10** – VersR 2011, 1037 = r+s 2011, 376; BGH Urt. v. 29.10.2003 – **IV ZR 16/03** – VersR 2003, 1561 = DAR 2004, 24; BGH Urt. v. 22.02.1989 – **IVa ZR 274/87** – VersR 1989, 469 = r+s 1989, 349; BGH Urt. v. 23.01.1985 – **IVa ZR 128/83** – VersR 1985, 440 = DAR 1985, 222; OLG Hamm Urt. v. 31.05.2000 – 20 U 231/99 – r+s 2001, 55 = zfs 2001, 119; OLG Köln Urt. v. 22.03.1994 – 9 U 6/94 – r+s 1994, 329 = SP 1994, 292; Münchener Kommentar VVG-*Looschelders*/Pohlmann/*Schmidt-Kessel* § 81 Rn. 39; Bruck/Möller/*Baumann* § 81 Rn. 53; Schwintowski/Brömmelmeyer/*Kloth*/*Neuhaus* § 81 VVG Rn. 89 f.; a. A. *Prölss*/Martin § 81 VVG Rn. 34.
882 BGH Urt. v. 22.06.2011 – **IV ZR 225/10** – VersR 2011, 1037 = r+s 2011, 376.
883 BGH Urt. v. 22.06.2011 – **IV ZR 225/10** – VersR 2011, 1037 = r+s 2011, 376 (2,70–3,18

allgemeinen Wert für eine Schuldunfähigkeit infolge Alkoholkonsums.[884] Eine BAK ab 3,0 Promille stellt lediglich ein Indiz für eine Schuldunfähigkeit dar.[885] Zur Feststellung der Schuldunfähigkeit bedarf es daher stets der **Einbeziehung aller Umstände des Einzelfalles** (z. B. Angaben und Verhalten des Fahrers gegenüber der Polizei und dem Arzt anlässlich der Blutentnahme, Alkoholgewöhnung, physische und psychische Konstitution des Fahrers, Uhrzeit, Menge und Art der Nahrungsaufnahme sowie Fahrweise unmittelbar vor dem Unfall).[886]

c) **Vorverlagerung des Schuldvorwurfs**

Auch wenn ausnahmsweise feststeht, dass der VN zum Unfallzeitpunkt (z. B. aufgrund Alkoholgenusses) vorübergehend das Bewusstsein verloren hatte, kann der **Schuldvorwurf** unter Umständen doch **auf einen Zeitpunkt vorverlagert** sein, **zu dem der VN noch nicht schuldunfähig** war. Da die Leistungsfreiheit des VR nach A.2.9.1 S. 2 AKB, § 81 Abs. 2 VVG lediglich an einen bestimmten Erfolg anknüpft, nämlich die Herbeiführung des Versicherungsfalles, nicht dagegen an ein bestimmtes Verhalten, etwa das Führen des Kraftfahrzeuges in alkoholisiertem Zustand, kann für den Schuldvorwurf auch auf ein zeitlich früheres Verhalten des VN abgestellt werden, durch das der Versicherungsfall grob fahrlässig herbeigeführt wird.[887] 378

Eine **Vorverlagerung** des Schuldvorwurfes **kommt** etwa dort **in Betracht**, wo der VN vor Trinkbeginn oder in einem Zeitpunkt, als er jedenfalls noch schuldfähig war, erkannt oder grob fahrlässig nicht erkannt hat, dass er im Zustand der Unzurechnungsfähigkeit möglicherweise einen Versicherungsfall herbeiführen werde. Hat sich der VN zwar durch Trunkenheit in einen unzurechnungsfähigen Zustand versetzt, wusste er aber oder **rechnete er** zumindest vor oder während des Alkoholkonsums **damit**, zu einem späteren Zeitpunkt noch mit einem Kraftfahrzeug **fahren zu müssen** und traf er trotzdem **keine geeigneten Vorkehrungen**, um dies zu verhindern, so begründet auch dieses Verhalten eine grob fahrlässige Herbeiführung des Versicherungsfalles.[888] 379

Promille); OLG Köln Urt. v. 13.01.2010 – 11 U 159/09 – VersR 2010, 1193 (**2,96 Promille**); OLG Hamm Urt. v. 31.05.2000 – 20 U 231/99 – r+s 2001, 55 = zfs 2001, 119 (**2,68 Promille**); OLG Frankfurt/M. Urt. v. 14.04.1999 – 7 U 87/98 – VersR 2000, 883 = r+s 2000, 364; (**3,0–3,3 Promille**); OLG Hamm Urt. v. 22.11.1991 – 20 U 141/91 – VersR 1992, 818 = NJW 1992, 1635 (**3,0 Promille**).

884 BGH Urt. v. 17.11.1966 – **II ZR 156/64** – VersR 1967, 125 (**2,5 Promille und weniger**).
885 OLG Frankfurt Urt. v. 14.04.1999 – 7 U 87/98 – VersR 2000, 883; OLG Köln Urt. v. 07.06.1994 – 9 U 70/94 – VersR 1995, 205 = r+s 1994, 370.
886 BGH Urt. v. 22.06.2011 – **IV ZR 225/10** – VersR 2011, 1037 = r+s 2011, 376.
887 Vgl. BGH Urt. v. 22.08.1966 – **4 StR 217/96** – VersR 1997, 461 = NJW 1997, 138.
888 Vgl. BGH Urt. v. 23.01.1985 – **IVa ZR 128/83** – VersR 1985, 440 = DAR 1985, 222; OLG Hamm Urt. v. 31.05.2000 – 20 U 231/99 – r+s 2001, 55 = NZV 2001, 172; OLG Frankfurt Urt. v. 14.04.1999 – 7 U 87/98 – VersR 2000, 883; OLG Köln Urt. v. 07.06.1994 – 9 U 70/94 – VersR 1995, 205 = r+s 1994, 370; Stiefel/Maier/*Halbach* A.2.16 AKB Rn. 23; *Prölss*/Martin § 61 VVG Rn. 16.

A.2.9.1 AKB Vorsatz, grobe Fahrlässigkeit

380 Während diese Rechtsfolge teilweise aus den Grundsätzen der **actio libera in causa** hergeleitet wird,[889] wird von anderer Seite eine analoge Anwendung des **§ 827 S. 2 BGB** befürwortet.[890] Die dogmatische Einordnung kann zumindest in den Fällen dahinstehen, in denen sich aufgrund der Alkoholfahrt ein Unfall ereignet hat.[891] Insoweit ist entscheidend, ob und welche Vorkehrungen der VN, der mit einem PKW unterwegs ist und beabsichtigt, Alkohol zu trinken, getroffen hat, um zu verhindern, dass er eine Fahrt in alkoholisiertem Zustand antritt oder fortsetzt, in dessen Verlauf es später zum Eintritt des Versicherungsfalles kommt.[892]

381 Der **VN muss** also einen auf den Zeitpunkt der Alkoholaufnahme **vorverlagerten Schuldvorwurf entkräften** und insoweit den Entlastungsbeweis führen. Dafür genügt es nicht, dass er vorträgt, den Alkoholgehalt oder die Zusammensetzung eines bestimmten Getränkes nicht gekannt oder unterschätzt zu haben.[893] Er muss stattdessen darlegen und beweisen, dass er sich weder vorsätzlich, noch grob fahrlässig in einen vorübergehenden, seine Schuld ausschließenden Zustand versetzt hat und dass er vor Beginn seiner Bewusstseinsstörung sein Fehlverhalten nicht vorausgesehen hat, weil er nicht mehr damit rechnete, noch fahren zu müssen und deshalb auch keine Vorkehrungen gegen sein späteres schadenursächliches Verhalten treffen konnte.[894] Alternativ muss er beweisen, dass er in nüchternem Zustand geeignete Vorkehrungen getroffen hat, um eine spätere Trunkenheitsfahrt zu verhindern.[895]

382 Gleiches gilt für den VN, der sich darauf beruft, er sei durch den Konsum alkoholischer Getränke in einen solch berauschenden Zustand geraten, dass er **zum Zeitpunkt der Fahrzeugschlüsselübergabe an einen Dritten** dessen absolute Fahruntüchtigkeit nicht mehr habe **erkennen können**. Denn darauf kommt es letztlich nicht an. Entscheidend für die Annahme des subjektiven Verschuldens des VN **ist allein**, dass er zum Zeitpunkt des eigenen Alkoholgenusses noch zurechnungsfähig war und in dem Zeitraum, in dem

---

889 BGH Urt. v. 22.02.1989 – IVa ZR 274/87 – VersR 1989, 469 = r+s 1989, 349; OLG Hamm Urt. v. 31.05.2000 – 20 U 231/99 – r+s 2001, 55 = NZV 2001, 172; Prölss/Martin/*Knappmann* § 12 AKB Rn. 108; Münchener Kommentar VVG-*Looschelders* § 81 Rn. 90–92.
890 BGH Urt. v. 06.07.1967 – II ZR 16/65 – VersR 1967, 944; OLG Köln Urt. v. 07.06.1994 – 9 U 70/94 – VersR 1995, 205 = r+s 1994, 370; Looschelders/Pohlmann/*Schmidt-Kessel* § 81 Rn. 39; Stiefel/Maier/*Halbach* A.2.16 AKB Rn. 23; Prölss/Martin § 61 VVG Rn. 16; Veith VersR 2008, 1580, 1582.
891 OLG Düsseldorf Urt. v. 31.03.2008 – I-4 U 140/07 – NJOZ 2008, 4692 = BeckRS 2008, 268738.
892 BGH Urt. v. 22.06.2011 – IV ZR 225/10 – VersR 2011, 1037 = r+s 2011, 376; OLG Hamm Beschl. v. 12.11.1986 – 20 W 58/86 – VersR 1988, 369.
893 Vgl. Römer/Langheid § 61 Rn. 82.
894 Vgl. BGH Urt. v. 22.02.1989 – IVa ZR 274/87 – VersR 1989, 469 = r+s 1989, 349; OLG Oldenburg Urt. v. 16.08.1995 – 2 U 103/95 – VersR 1996, 1270.
895 OLG Hamm Urt. v. 22.11.1991 – 20 U 141/91 – VersR 1992, 818 = r+s 1992, 42 (**geeignete Vorkehrungen bejaht**); OLG Hamm Urt. v. 31.05.2000 – 20 U 231/99 – r+s 2001, 55 = NZV 2001, 172 (**geeignete Vorkehrungen verneint**); vgl. auch OLG Köln Urt. v. 09.06.1998 – 9 U 3/98 – r+s 1999, 269 = zfs 1999, 199.

er sich durch den Konsum alkoholischer Getränke in den vorübergehenden Zustand der Alkoholisierung versetzt hat, keine Vorkehrungen getroffen hat, um zu vermeiden, selbst alkoholisiert zu fahren oder von einem alkoholisierten Dritten gefahren zu werden.[896] Dafür ist es nicht erforderlich, dass der VN vor Trinkbeginn die Fahrzeugschlüssel abgibt. Es reicht aus, dass der VN Vorkehrungen dadurch trifft, dass er mit einem Dritten, z. B. mit seiner Ehefrau einen Abholzeitpunkt verabredet und später auch telefonisch seine Bitte um Abholung äußert. Haben sich diese **Abholmodalitäten** in der Vergangenheit über längere Zeit bewährt, so ist dem VN kein grob fahrlässiges Verhalten vorzuwerfen, wenn er im Zustand der Schuldunfähigkeit einen Unfall verursacht.

Im Falle einer **Unzurechnungsfähigkeit durch Medikamentenmissbrauch** kann der zeitlich vorverlagerte Schuldvorwurf auch daran anknüpfen, dass sich der VN noch vor Antritt seiner Fahrt Gedanken darüber gemacht hat, ob er das Schlafmittel einnehmen soll oder nicht, damit also auch die Möglichkeit bestanden hat, sich gegen eine Einnahme zu entscheiden.[897]   383

d) Unzurechnungsfähigkeit und Bewusstseinsstörung

Unzurechnungsfähigkeit liegt vor, wenn der VN nach Erbrechen und dadurch bedingtem Wegfall der Wirkung zuvor eingenommener Medikamente aufgrund einer **paranoiden Psychose**,[898] oder auch aufgrund kurzzeitiger Bewusstlosigkeit infolge eines durch **Schlafapnoe** verursachten »Sekundenschlafes«,[899] einer **retrograden Amnesie**,[900] eines »**Black-Out**« infolge Übermüdung,[901] durch Medikamentenkonsum nach Einnahme von 20 Tabletten eines **Schlafmittels**[902] oder aufgrund einer krankhaften Störung der Geistestätigkeit infolge einer schweren **depressiven Episode**[903] einen Unfall verursacht.   384

Für die Behauptung einer Unzurechnungsfähigkeit trägt der VN entsprechend § 827 S. 1 BGB ebenfalls die **Beweislast**. Scheitert dieser Beweis, so ist weiter zu prüfen, ob die Gründe, auf die der VN seine – nicht bewiesene – Behauptung einer völligen Unzurechnungsfähigkeit stützt, zumindest ausreichen, um eine erhebliche Bewusstseinsstörung (unterhalb der Schwelle völliger Unzurechnungsfähigkeit) begründen zu können.[904] Eine solche **Bewusstseinsstörung** wird jedenfalls dann nicht auszuschlie-   385

---

896 OLG Düsseldorf Urt. v. 31.03.2008 – I-4 U 140/07 – NJOZ 2008, 4692 = BeckRS 2008, 268738; LG Bonn Urt. v. 31.07.2009 – 10 O 115/09 – r+s 2010, 319 = DAR 2010, 24.
897 LG Nürnberg-Fürth Urt. v. 19.10.2010 – 8 O 2146/09 – zfs 2011, 274.
898 LG Düsseldorf Urt. v. 01.06.2011 – 9 O 26/08 – SP 2012, 24 = VK 2012, 194.
899 BGH Urt. v. 29.10.2003 – **IV ZR 16/03** – VersR 2003, 1561 = DAR 2004, 24; OLG Saarbrücken Urt. v. 11.12.2002 – 5 U 17/00 – VersR 2003, 1518 = zfs 2003, 129; vgl. LG Hannover Urt. v. 31.01.1997 – 10 S 78/96 – r+s 1997, 481.
900 Vgl. BGH Urt. v. 13.12.2006 – **IV ZR 252/05** – VersR 2007, 389 = DAR 2007, 332.
901 Vgl. OLG Köln Urt. v. 27.09.2002 – 9 U 143/00 – r+s 2003, 56 = zfs 2003, 132.
902 LG Nürnberg-Fürth Urt. v. 19.10.2010 – 8 O 2146/09 – zfs 2011, 274.
903 OLG Düsseldorf Urt. v. 23.08.2005 – I-4 U 172/04 – VersR 2006, 402 = zfs 2006, 100.
904 Vgl. BGH Urt. v. 22.06.2011 – **IV ZR 225/10** – VersR 2011, 1037 = r+s 2011, 376.

A.2.9.1 AKB Vorsatz, grobe Fahrlässigkeit

ßen sein, wenn der VN unter einer **Krankheit** leidet, die das **Gedächtnis- und Konzentrationsvermögen** im Allgemeinen beeinträchtigen kann. Wenn auch diese Krankheit keinen Beweis für eine Unzurechnungsfähigkeit des VN zum Schadenzeitpunkt darstellt, so besteht dennoch die Möglichkeit, dass den VN nur eine eingeschränkte Verantwortlichkeit traf, die der Annahme eines grob fahrlässigen Verhaltens im Ergebnis aber ebenso entgegenstehen kann wie eine Unzurechnungsfähigkeit des VN.[905]

386 Im Gegensatz zur Unzurechnungsfähigkeit muss der **VN** eine eingeschränkte Verantwortlichkeit aufgrund einer **Bewusstseinstrübung nicht beweisen**. Er muss lediglich substanziiert vortragen, dass ernste Zweifel an seiner (bzw. des betreffenden Fahrers) vollen Verantwortlichkeit zum Zeitpunkt des Schadeneintrittsbestanden haben. Den VR trifft sodann die volle Beweislast dafür, dass der Versicherungsfall dennoch grob fahrlässig herbeigeführt worden ist, also die vom VN vorgebrachten Zweifel an den seine volle Verantwortlichkeit begründenden Umständen nicht vorliegen.[906]

6. Kausalität

387 Der VR ist beweispflichtig dafür, dass das vorsätzliche oder grob fahrlässige Verhalten des VN, seines Repräsentanten oder des Versicherten **zumindest** eine **Mitursache** für den Eintritt des Versicherungsfalles gesetzt hat.[907] Dafür muss er zwar nicht die konkrete Begehungsweise im Einzelnen nachweisen; auf bloße Spekulationen, die den Beweisanforderungen nicht genügen, darf er sich aber auch nicht beschränken.[908] Es muss feststehen oder zur Überzeugung des Tatrichters nachgewiesen sein, dass der Versicherungsfall jedenfalls auch durch das mindestens als grob fahrlässig zu bewertende Fehlverhalten des VN eingetreten ist.[909] Kommt außer dem vorsätzlich oder grob fahrlässig herbeigeführten Geschehensablauf auch ein solcher in Betracht, bei dem der VN schuldlos oder nur leicht fahrlässig gehandelt hat, so greift der Risikoausschluss nicht ein.[910]

388 **Steht das Fehlverhalten** des VN **als Mitursache** für den Eintritt des Schadenfalles **fest**, kann sich der **VN nur entlasten**, indem er den **Nachweis eines hypothetischen Kausalverlaufes** führt, wonach der Versicherungsfall auch ohne sein pflichtwidriges Verhalten eingetreten wäre.[911] Ist als Unfallursache zwar ein grob fahrlässiges Verhalten des VN in

---

905 BGH Urt. v. 05.04.1989 – IVa ZR 39/88 – VersR 1989, 840 = NJW-RR 1989, 1187; BGH Urt. v. 29.10.2003 – **IV ZR 16/03** – VersR 2003, 1561 = DAR 2004, 24.
906 Vgl. BGH Urt. v. 23.01.1985 – **IVa ZR 128/83** – VersR 1985, 440 = DAR 1985, 222; BGH Urt. v. 22.02.1989 – **IVa ZR 274/87** – VersR 1989, 469 = r+s 1989, 349; BGH Urt. v. 29.10.2003 – **IV ZR 16/03** – VersR 2003, 1561 = DAR 2004, 24.
907 Vgl. OLG Düsseldorf Urt. v. 23.12.2010 – I-4 U 101/10 – VersR 2011, 1388 = r+s 2011, 507; OLG Jena Urt. v. 05.08.1998 – 4 U 135/98 – NVersZ 1998, 87; OLG Köln Urt. v. 19.08.1997 – 9 U 30/97 – VersR 1998, 1233; OLG Celle Urt. v. 27.03.1997 – 8 U 35/96 – VersR 1998, 314.
908 LG Dortmund Urt. v. 24.02.2011 – 2 O 85/10 – zfs 2011, 272.
909 BGH Urt. v. 09.04.1997 – **IV ZR 73/96** – r+s 1997, 294 = NJW-RR 1997, 1112.
910 Rüffer/Halbach/Schimikowski/*Karczewski* § 81 Rn. 89.
911 BGH Urt. v. 14.07.1986 – IVa ZR 22/85 – VersR 1986, 962 = NJW 1986, 2838.

Betracht zu ziehen, kann aber letztlich nicht ausgeschlossen werden, dass sich der Unfall auch ohne das pflichtwidrige Verhalten des VN in gleicher Weise ereignet hätte, fehlt es an der Kausalität.[912]

Der Kausalitätsnachweis ist erbracht, wenn **mehrere jeweils als grob fahrlässig einzustufende Verhaltensweisen des VN** als zumindest mitursächliche Auslöser des Versicherungsfalles in Betracht kommen. Es muss dann nicht mehr geklärt werden, welcher konkrete Geschehensablauf tatsächlich für den Schadeneintritt (mit-) ursächlich geworden ist.[913] Räumt der VN zunächst Umstände ein, aus denen sich sein grob fahrlässiges Verhalten ergibt, stellt dann aber den Sachverhalt anders dar zu einem späteren Zeitpunkt, zu dem der VR Aufklärungsmaßnahmen nicht mehr durchführen kann, ist an eine Beweislastumkehr zulasten des VN unter dem Gesichtspunkt der **Beweisvereitelung** zu denken.[914] 389

Im Bereich des Kfz-Diebstahls kann sich der VR dann nicht auf – teilweise – Leistungsfreiheit berufen, wenn nicht ausgeschlossen werden kann, dass die Entwendung erst zu einem Zeitpunkt stattgefunden hat, zu dem das Verhalten des VN noch nicht grob fahrlässig war.[915] Wird dem VN vorgeworfen, seinen entwendeten Pkw zu lange und über Nacht auf einem Autobahnrastplatz abgestellt zu haben, so muss der Fahrzeugdiebstahl gerade die Folge dieses Umstandes sein. Der VR hat daher den erforderlichen Kausalitätsnachweis nicht erbracht, wenn der Zeitpunkt der Entwendung nicht feststeht. Dann kann nämlich nicht ausgeschlossen werden, dass das Fahrzeug bereits kurze Zeit nach seinem Abstellen gestohlen worden ist und damit zu einem Zeitpunkt, zu dem das unbeaufsichtigte Abstellen des Pkw noch nicht als grob fahrlässig anzusehen war.[916] 390

Das **Zurücklassen von Fahrzeugschlüsseln oder –papieren im Fahrzeug** (vgl. A.2.9.1 AKB Rdn. 215 und A.2.9.1 AKB Rdn. 251 ff.) mag grob fahrlässig sein. Trotzdem kann sich der VR mit Erfolg nur dann auf – quotale – Leistungsfreiheit berufen, wenn das Belassen der Papiere bzw. Schlüssel den Diebstahlentschluss des Täters hervorgerufen oder zumindest verstärkt hat, was vom VR zu beweisen ist. 391

Die **Kausalität lässt sich auch nicht mit einer leichteren Verwertbarkeit des Fahrzeuges begründen**, weil der Begriff der Entwendung in A.2.2.2.1 AKB nicht gleichzeitig auch dessen Verwertung umfasst,[917] (vgl. auch A.2.9.1 AKB Rdn. 255). Der Nachweis, dass der Versicherungsfall durch die im Fahrzeug zurückgebliebenen Papiere oder Schlüssel mitursächlich veranlasst wurde, fehlt jedenfalls, wenn der Täter die Papiere oder Schlüssel vor dem Aufbrechen des Fahrzeuges gar nicht sehen konnte, weil sie an versteckter 392

---

912 A. A. wohl OLG Naumburg Urt. v. 03.12.2009 – 4 U 133/08 – r+s 2010, 319 = SP 2010, 227.
913 OLG Nürnberg Urt. v. 14.07.1986 – 17 U 21/85 – NJW-RR 1986, 1154.
914 LG Münster Urt. v. 29.08.1991 – 8 S 144/91 – VersR 1992, 695; Rüffer/Halbach/Schimikowski/*Karczewski* § 81 Rn. 91.
915 OLG Karlsruhe Urt. v. 20.06.2002 – 12 U 15/02 – VersR 2002, 1550 = r+s 2002, 362.
916 OLG Oldenburg Urt. v. 08.03.1995 – 2 U 3/95 – VersR 1996, 184 = r+s 1995, 210.
917 OLG Köln Urt. v. 12.09.2003 – 9 W 50/03 – r+s 2003, 497.

A.2.9.1 AKB   Vorsatz, grobe Fahrlässigkeit

Stelle, z. B. im **Handschuhfach** aufbewahrt wurden,[918] oder wenn überhaupt nicht feststeht, wie der Pkw entwendet wurde.[919] Der VR wird in einem solchen Fall argumentieren, dass der Täter den Diebstahlentschluss erst nach dem Öffnen des Fahrzeuges und der Entdeckung der Fahrzeugpapiere oder Schlüssel gefasst hat und er zunächst z. B. nur das Autoradio stehlen wollte. Einen solchen theoretisch denkbaren Ablauf wird der VR aber nicht beweisen können, es sei denn, er hätte den Täter und dessen glaubhaftes Geständnis. Erst recht nicht lässt sich der Kausalitätsnachweis als geführt ansehen, wenn noch nicht einmal feststeht, ob der Täter die Papiere oder Schlüssel überhaupt gefunden hat. Anderes kann aber dann gelten, wenn beim Wiederauffinden des Fahrzeuges der vom VN im Fahrzeug zurückgelassene Schlüssel im Zündschloss steckt.

393   Im Einzelfall kann die erforderliche Kausalität auch bei feststehender **alkoholbedingter absoluter Fahruntüchtigkeit** des VN fehlen. Verunfallt der VN mit einer BAK von 1,25 Promille, weil er unwiderlegt vorträgt, er habe plötzlich Qualm vor sich gesehen, der unter der Motorhaube hervorgequollen sei und ihm die Sicht versperrt habe, woraufhin er von der Fahrbahn abgekommen und in den Straßengraben gefahren sei, und brennt sein Fahrzeug anschließend aus, so ist der Beweis, dass die Zerstörung des Fahrzeuges durch Brand infolge eines alkoholbedingten Fahrfehlers herbeigeführt worden ist, nicht erbracht. Insbesondere lässt sich der erforderliche Ursachenzusammenhang nicht mit der rein spekulativen Annahme begründen, dass ein nicht alkoholisierter Kraftfahrer reaktionsschneller ist, weil er den Qualm sofort erkennt, das Fahrzeug zum Stehen bringt und sofort Maßnahmen einleiten kann, die die weitere Ausbreitung des Brandes verhindern.[920]

7. Umfang der Kürzung

394   Der VR, der wegen eines behaupteten grob fahrlässigen Verhaltens des VN seine Leistung kürzen will, hat nicht nur das relevante Verschulden des VN, sondern auch die zur Bemessung der Kürzungsquote berechtigende Schwere der groben Fahrlässigkeit darzulegen und zu beweisen,[921] (vgl. im Übrigen A.2.9.1 AKB Rdn. 363 ff.).

---

918   Vgl. BGH Urt. v. 06.03.1996 – **IV ZR 383/94** – VersR 1996, 621 = r+s 1996, 168, 169; BGH Urt. v. 17.05.1995 – **IV ZR 279/94** – VersR 1995, 909, 910 = r+s 1995, 288, 289; OLG Karlsruhe Urt. v. 31.07.2014 – 12 U 44/14 – r+s 2015, 226; OLG Hamm Urt. v. 24.06.1998 – 20 U 32/98 – r+s 1998, 491, 492; OLG Düsseldorf Urt. v. 29.10.1996 – 4 U 175/95 – VersR 1997, 304 = r+s 1997, 6; OLG Celle Urt. v. 27.03.1997 – 8 U 35/96 – VersR 1998, 314; OLG Hamm Urt. v. 31.05.1996 – 20 U 281/95 – r+s 1996, 296.
919   OLG Hamm Urt. v. 03.07.2013 – 20 U 226/12 – r+s 2013, 373 = zfs 2013, 574; vgl. auch OLG Naumburg Urt. v. 14.03.2013 – 4 U 47/12 – r+s 2013, 598 = zfs 2014, 93.
920   OLG Saarbrücken Urt. v. 03.03.2004 – 5 U 663/03 – zfs 2005, 349, 350.
921   Vgl. Goslarer Orientierungsrahmen zfs 2010, 12, 14 = DAR 2010, 111.

VI. Sonderfragen zur Quotierung

1. Pauschalierte Musterquoten in AKB?

Grundsätzlich erscheint es denkbar, analog dem Gliedertaxen-System in den Unfallversicherungsbedingungen auch in den AKB den Umfang des Leistungskürzungsrechtes des VR für bestimmte Fallgestaltungen durch **pauschalierte Quotenregelungen** vertraglich zu vereinbaren, um Auseinandersetzungen um eine sachgerechte Kürzungsquote zu vermeiden.[922] Gemäß § 87 VVG ist § 81 Abs. 2 VVG keine halbzwingende Vorschrift, so dass im Rahmen des A.2.9.1 AKB Abweichungen auch zum Nachteil des VN vorgenommen werden könnten. Insoweit könnte aber § 32 VVG entgegenstehen.[923] 395

Abgesehen davon wäre ein solches Quotensystem für den VR auch keineswegs risikolos. Es unterläge in vollem Umfange der Inhaltskontrolle nach § 307 Abs. 1 und 2 Nr. 1 BGB.[924] Die Gefahr, dass ein Gericht in einzelnen, quotenmäßig festgelegten Fallgestaltungen eine unangemessene Benachteiligung des VN annehmen würde, wäre in der Vielzahl der denkbaren Fallvarianten sehr wahrscheinlich. Durch die Schaffung von Fallgruppen könnte allenfalls dem objektiven Unrechtsgehalt bestimmter Handlungsabläufe, nie aber den im Einzelfall bei jedem VN individuell völlig unterschiedlichen subjektiven Verschuldenselementen Rechnung getragen werden. Eine solche Detailbewertung wird jedoch von § 81 Abs. 2 VVG bei der Abwägung der Schwere des Verschuldens des VN gefordert. Durch ein vorgegebenes Quotensystem wäre diese Individualbewertung von vornherein ausgeschlossen, was gemäß § 307 Abs. 2 S. 1 BGB bereits zur **Unwirksamkeit der Klausel** führen würde. 396

Ein zum Teil in der Literatur[925] propagiertes **Quotensystem** wird sich daher letztlich nicht als hilfreiches, sondern als ein starres, unflexibles, nicht auf den individuellen Einzelfall bezogenes Instrumentarium erweisen, was die erstrebte praktische Handhabung von Quotenfällen damit letztlich in Frage stellen dürfte.[926] 397

Auch die Vereinbarung einer **Quotenregelung** entsprechend der graduellen Schwere des Verschuldens **in 25 %-Schritten**[927] dürfte für die Praxis wenig tauglich sein. 398

Soweit die Möglichkeit diskutiert wird, eine **feste Kürzungsquote von 50 % in den AKB** für alle Fälle grober Fahrlässigkeit **zu vereinbaren**,[928] dürfte auch eine solche Regelung wegen unangemessener Benachteiligung des VN nach § 307 Abs. 1 S. 1, Abs. 2 Nr. 1 BGB **unwirksam** sein. Zum einen könnte durch eine solche Klausel den indivi- 399

---

922 Vgl. amtliche Begründung des Gesetzentwurfs zu § 81 VVG, BT-Drucksache 16/3945, S. 80.
923 Ebenso Marlow VersR 2007, 43, 45; Felsch r+s 2007, 487, 491.
924 Vgl. *Prölss*/Martin § 61 VVG Rn. 28–34.
925 Römer VersR 2006, 740.
926 Im Ergebnis auch Rüffer/Halbach/Schimikowski/*Karczewski* § 81 Rn. 117; Veith VersR 2008, 1580; Rixecker zfs 2009, 5, 6.
927 Befürwortet von Günther/Spielmann r+s 2008, 133, 143.
928 Vgl. Günther/Spielmann r+s 2008, 133, 143.

A.2.9.1 AKB   Vorsatz, grobe Fahrlässigkeit

duellen Umständen des Einzelfalles und damit der Bewertung des graduellen Verschuldens der vom VN begangenen Pflichtverletzung nicht annähernd Rechnung getragen werden, zumal sich der die Leistungskürzung rechtfertigende Verschuldensgrad immer erst durch eine Gesamtabwägung aller in Betracht kommenden objektiven und subjektiven Elemente feststellen lässt; zum anderen würde dem VN in unzulässiger Weise entgegen dem gesetzlichen Leitbild in § 81 Abs. 2 VVG, der als vom VR zu beweisender subjektiver Risikoausschluss ausgestaltet ist, die Beweislast für solche Umstände auferlegt, die eine geringere Abzugsquote als 50 % rechtfertigen.[929]

400 Die Einführung eines Quotensystems begegnet auch deshalb Bedenken, weil das **an verschiedenen Stellen im VVG vorgesehene Leistungskürzungsrecht** des VR bei einem grob fahrlässigen Verhalten des VN **nach den gleichen Grundsätzen** und Bemessungskriterien **erfolgen muss** wie im Rahmen des § 81 Abs. 2 VVG. Für die Bereiche z. B. der gefahrvorbeugenden oder vertraglichen Obliegenheitsverletzungen würde eine Festschreibung von Quoten gemäß § 32 S. 1 VVG eine unzulässige Abweichung von der gesetzlichen Quotierungsregelung zum Nachteil des VN darstellen. Die Ermittlung der Kürzungsquote könnte daher bei der Bewertung ein und derselben groben Fahrlässigkeit des VN unterschiedlich hoch ausfallen, je nachdem, ob die Schwere der groben Fahrlässigkeit unter Anwendung der vertraglich festgelegten, fallbezogenen Pauschalquote oder z. B. im Rahmen einer Obliegenheitsverletzung nach § 28 VVG zu bestimmen ist. Damit wären unterschiedliche Kürzungsquoten für ein und denselben Lebenssachverhalt vorprogrammiert, was dem VN – abgesehen von Wirksamkeitsbedenken nach § 307 BGB – wohl kaum zu vermitteln sein dürfte.

401 Eine ganz andere Frage ist es, ob **Musterquoten außerhalb der AKB** ein geeignetes Instrument sein könnten, um das Leistungskürzungsrecht des VR größenordnungsmäßig einzugrenzen. Diese Frage kann bejaht werden, sofern das objektive Gewicht der verletzten Sorgfaltspflicht als Maßstab für die Bildung der Musterquoten im Vordergrund steht. Die konkrete Kürzungsquote könnte sodann entsprechend den Besonderheiten des Einzelfalles unter Berücksichtigung aller objektiven Umstände bestimmt werden. Zusätzlich wären in subjektiver Hinsicht auf Seiten des VN alle be- und entlastenden Elemente in die Abwägung einzustellen.[930]

2. Beibehaltung des »Alles-oder-Nichts-Prinzips« durch AKB?

402 Wie sich aus § 87 VVG ergibt, ist § 81 Abs. 2 VVG als vertraglich abdingbare Norm konzipiert. Eine durch Versicherungsbedingungen vereinbarte Abweichung von dieser Regelung zulasten des VN wäre daher grundsätzlich denkbar.[931] Dennoch dürfte die Wiedereinführung des gesetzlich abgeschafften »Alles-oder-Nichts-Prinzips« über den Umweg einer vertraglichen Vereinbarung in den AKB kaum möglich sein. Denn eine solche Klausel stünde in eklatantem Widerspruch zum Grundgedanken des Gesetzgebers, mit der zum 01.01.2008 in Kraft getretenen VVG-Reform das bishe-

---

929 Im Ergebnis ebenso Rüffer/Halbach/Schimikowski/*Karczewski* § 81 Rn. 118.
930 Empfehlung des AK II auf dem 47. Deutschen Verkehrsgerichtstag 2009.
931 Vgl. Günther/Spielmann r+s 2008, 133, 142 f.

rige »Alles-oder-Nichts-Prinzip« für den Bereich der groben Fahrlässigkeit abzuschaffen und durch ein sich ausschließlich an der Schwere des Verschuldens des VN orientierendes Leistungskürzungsrecht des VR zu ersetzen. Sie würde daher an der Hürde des § 307 Abs. 2 Nr. 1 BGB scheitern, zudem aber auch eine unangemessene Benachteiligung des VN gemäß § 307 Abs. 1 S. 1 BGB darstellen und damit **unwirksam** sein.[932]

3. Quotelung bei gleichzeitiger Verletzung mehrerer Pflichten

Probleme bei der Bestimmung der Leistungskürzungsquote können entstehen, wenn dem VN nicht nur die grob fahrlässige Herbeiführung des Versicherungsfalles, sondern zusätzlich auch eine oder gar mehrere grob fahrlässig begangene Obliegenheitsverletzungen vorzuwerfen sind. In der Literatur werden hierzu unterschiedliche Lösungsansätze diskutiert.[933] Eine schlichte Addition der Kürzungsquoten (**Quotenadditions-Modell**)[934] erscheint wenig sachgerecht und würde häufig zum völligen Anspruchsverlust des VN führen, was mit dem Sinn und Zweck der Vertragsklausel nicht in Einklang zu bringen wäre, da hierdurch das »Alles-oder-Nichts-Prinzip« wiederaufleben würde.[935] Hinzu kommt, dass selbst die Befürworter das Modell jedenfalls dann nicht anwenden wollen, wenn mehrere Pflichtverletzungen zusammentreffen, die auf derselben Handlung des VN beruhen (z. B. bei der Verletzung einer vertraglichen Obliegenheit nach Eintritt des Versicherungsfalles durch einen Verstoß gegen Aufklärungs- und Schadenminderungspflichten).[936] Eine solche Differenzierung ist willkürlich und führt auch nicht zu der notwendigen Einzelfallgerechtigkeit bei der Abwägung der Schwere des Verschuldens des VN. Denn der VN, der sich durch mehrere unterschiedliche Vorgänge jeweils dem Vorwurf grob fahrlässigen Handelns ausgesetzt sieht, wäre erheblich schlechter gestellt als der VN, der sich aufgrund nur einer Handlung ebenso schwerwiegende, grob fahrlässig begangene Pflichtverletzungen zuschulden kommen lässt.

403

Ein Ausweg hieraus besteht auch nicht darin, bei mehrfachen Kürzungsgründen allein auf eine wertende Gesamtbetrachtung entsprechend der Schwere des Verschuldens abzustellen, (**Quoten-Gesamtbetrachtungs-Modell**).[937] Es ist schon schwierig genug, unter Berücksichtigung aller objektiven und subjektiven Kriterien überhaupt erst einmal den individuellen Grad der groben Fahrlässigkeit beim VN festzustellen. Würde man bei mehreren grob fahrlässigen Verstößen zusätzlich noch eine weitere Abwägung aller insgesamt durch den VN begangenen Pflichtverletzungen fordern,[938] wären Kürzungsquoten vorprogrammiert, die rational nicht mehr begründbar wären und sich – wegen

404

---

932 Vgl. Felsch r+s 2007, 485, 491; Rixecker zfs 2007, 15; Looschelders VersR 2008, 1, 7.
933 Zum Streitstand vgl. *Looschelders/Pohlmann* § 28 VVG Rn. 122 ff.; Nugel Rn. 42.
934 Befürwortet von LG Kassel Urt. v. 27.05.2010 – 5 O 2653/09 – zfs 2011, 33; Maier/Stadler Rn. 147; Rüffer/Halbach/Schimikowski/*Karczewski* § 81 Rn. 99.
935 Ebenso Felsch r+s 2007, 485, 496; Knappmann VRR 2009, 9, 13; .
936 Vgl. Maier/Stadler Rn. 145.
937 LG Dortmund Urt. v. 15.07.2010 – 2 O 8/10 – VersR 2010, 1594 = zfs 2010, 515 (obiter dictum); vgl. die Empfehlung des AK II auf dem 47. Deutschen Verkehrsgerichtstag 2009.
938 So Rixecker zfs 2009, 5, 8.

A.2.9.1 AKB   Vorsatz, grobe Fahrlässigkeit

ihrer höchst unterschiedlichen Bewertung durch den jeweiligen Tatrichter – auch weitestgehend jeglicher Kontrolle durch ein Berufungs- oder Revisionsgericht entziehen würden.

405 Eine andere Möglichkeit, den Entschädigungsanspruch bei mehreren zu berücksichtigenden Verstößen auf die höchste, dem VN zur Last zu legende Kürzungsquote zu beschränken (**Quotenkonsumtions- oder –kompensations-Modell**),[939] würde den besonders nachlässigen und rücksichtslosen VN als »Mehrfachtäter« privilegieren.[940] Für den Umfang der für ihn hinzunehmenden Anspruchsminderung wäre allein der verschuldensmäßig schwerwiegendere Verstoß maßgebend, während die übrigen Pflichtverletzungen, die nach den AKB ebenfalls einen Abzug rechtfertigen, de facto vollkommen sanktionslos blieben. Soweit das Modell der Quotenkonsumtion damit verteidigt wird, dass grob fahrlässige Sorgfaltspflichtverletzungen auch neben vorsätzlichen Verstößen des VN auch außer Betracht blieben,[941] wird verkannt, dass der VR bei einem nachgewiesenen vorsätzlichen Verstoß bereits sein Ziel vollständiger Leistungsfreiheit erreicht hat. Auf zusätzliche, grob fahrlässige Verhaltensweisen des VN kommt es dann nicht mehr an. Die Vorsatztat konsumiert in diesem Fall die grob fahrlässigen Verstöße des VN nur deshalb, weil sie allein bereits zu einem vollständigen Anspruchsausfall beim VN führt. Weniger als nichts kann er nicht mehr erhalten. Bei mehreren grob fahrlässig begangenen Pflichtverletzungen ist dies schon deshalb anders, weil ein grob fahrlässiger Verstoß allenfalls in besonders gelagerten Ausnahmefällen zu einer Kürzung von 100 % führen kann.

406 Einzig sachgerecht erscheint ein Modell, bei dem die Leistungskürzungen stufenweise nach der zeitlichen Reihenfolge der verwirklichten Tatbestände vorgenommen werden, (**Stufen- oder Quotenmultiplikations-Modell**).[942] Dies dürfte auch den **Vorstellungen des Gesetzgebers** entsprechen, der ebenfalls eine mehrfache Quotelung für sachgerecht erachtet.[943] Danach wäre für jeden Verstoß zunächst eine eigene Kürzungsquote zu ermitteln. Der erste Verstoß würde zu einer Reduzierung der Versicherungsleistung führen, wobei auf die sich so ergebende Restentschädigung die Kürzungsquote für den zweiten Verstoß, auf die sich sodann ergebende Entschädigung die Quote für den dritten Verstoß usw. anzuwenden wäre. Führt der VN z. B. den Versicherungsfall grob fahrlässig dadurch herbei, dass er das Rotlicht einer Lichtzeichenanlage missachtet und begründet dieser Verstoß eine Leistungskürzung von 50 %, so führt ein anschließender Obliegenheitsverstoß wegen Falschangaben in der Schadenanzeige, der in seiner Schwere auch mit einem Abzug von 50 % bewertet werden mag, nicht zu einer Leistungsfreiheit des VR von 100 %. Vielmehr ist die wegen des ersten Verstoßes um 50 % gekürzte Entschädigungssumme wegen des zweiten Verstoßes noch einmal um

---

939   Ebenso Felsch r+s 2007, 485, 497; Veith VersR 2008, 1580, 1589.
940   Ebenso Knappmann VRR 2009, 9, 13.
941   Veith VersR 2008, 1580, 1589.
942   LG Hechingen Urt. v. 03.12.2012 – 1 O 124/12 – zfs 2013, 392; ebenso Marlow/Spuhl Rn. 347.
943   Vgl. amtliche Begründung des Gesetzentwurfs zu § 81 VVG, BT-Drucksache 16/3945, S. 80.

weitere 50 % zu reduzieren, so dass dem VN letztlich eine restliche Versicherungsleistung in Höhe von 25 % der Gesamtentschädigung verbleibt.

Dem Argument, diese Methode führe zu mathematischen Scheingenauigkeiten und im Einzelfall zu Quoten, die nicht mehr einleuchteten,[944] **ist entgegenzuhalten,** dass es nicht darum geht, bestimmte zahlenmäßig »runde« Kürzungsquoten als Ergebnis des im Rahmen von A.2.9.1 S. 2 AKB, § 81 Abs. 2 VVG vorzunehmenden Abwägungsvorganges zu erhalten, sondern den individuellen, dem Schweregrad einer jeden Pflichtverletzung gerecht werdenden Leistungskürzungsanteil zu ermitteln. Bei mehreren Pflichtverletzungen kann dieser Anteil naturgemäß unterschiedlich groß sein. Wieso eine »wertende Gesamtbetrachtung«, die von den Kritikern statt des Stufenmodells gefordert wird, bei mehreren Pflichtverletzungen zu einer höheren Einzelfallgerechtigkeit führen sollte, ist wenig nachvollziehbar, vor allem auch vor dem Hintergrund, dass eine solche Gesamtschau bereits für die Ermittlung des graduellen Verschuldens jeden Einzelverstoßes vorzunehmen ist. Eine statt des Stufenmodells vorzunehmende nochmalige anschließende »Gesamtbetrachtung« kann daher allenfalls eine »über den Daumen gepeilte« Schätzung des Gesamtverschuldensanteiles darstellen, die sich aber eher an willkürlichen, weil vom gewünschten Ergebnis her beeinflussten Kriterien orientieren wird als an berechenbaren und damit auch letztlich rechtlich überprüfbaren Parametern. 407

Ausnahmsweise kann es notwendig sein, eine Leistungskürzung zu bestimmen, die auf einer wertenden Gesamtbetrachtung aller Umstände beruht, (**Quoten-Gesamtbetrachtungs-Modell**). Sind dem VN mehrere Pflichtverletzungen mit unterschiedlich hohem Verschuldensgrad vorzuwerfen, die auch unterschiedlich hohe Leistungskürzungsquoten rechtfertigen, versagt das Stufen- oder Quotenmultiplikations-Modell jedenfalls dann, wenn nicht alle Kürzungsquoten auf den gesamten Schaden durchschlagen, sondern von der Kürzungsbefugnis unterschiedlich hohe Anteile am Gesamtschaden des VN betroffen sind.[945] 408

VII. Repräsentant

Der VN muss sich ein grob fahrlässiges Verhalten seines Repräsentanten (vgl. A.2.3 AKB Rdn. 25 ff.) anspruchsmindernd oder bei gar vorsätzlichem Verhalten mit der Konsequenz vollständigen Anspruchsverlustes zurechnen lassen. Dies gilt allerdings nur in der Kaskoversicherung.[946] In der Kfz-Haftpflichtversicherung bleibt der Versicherungsschutz des VN unberührt mit der Folge, dass der VR aus der Halterhaftung des VN gegenüber einem Geschädigten trotz § 103 VVG auch dann eintrittspflichtig ist und dem VN Versicherungsschutz zu gewähren hat, wenn ein vom VN personenverschiedener Dritter einen Unfall vorsätzlich herbeiführt oder vortäuscht. Dies gilt selbst dann, wenn der Fahrer als Repräsentant des VN anzusehen ist.[947] 409

---

944 So Rixecker zfs 2009, 5, 8; vgl. auch Heß r+s 2013, 1, 5; Felsch r+s 2007, 485, 497.
945 Vgl. LG Dortmund Urt. v. 15.07.2010 – 2 O 8/10 – VersR 2010, 1594 = zfs 2010, 515.
946 A. A. *Prölss/*Martin § 61 VVG Rn. 3.
947 OLG Nürnberg Urt. v. 14.09.2000 – 8 U 1855/00 – VersR 2001, 634 = r+s 2001, 100; OLG Köln Urt. v. 30.05.2000 – 9 U 130/99 – VersR 2000, 1140 = r+s 2000, 316.

A.2.9.2 AKB Genehmigte Rennen

Genehmigte Rennen

A.2.9.2 Kein Versicherungsschutz besteht für Schäden, die bei Beteiligung an behördlich genehmigten kraftfahrt-sportlichen Veranstaltungen, bei denen es auf Erzielung einer Höchstgeschwindigkeit ankommt, entstehen. Dies gilt auch für dazugehörige Übungsfahrten.

Hinweis: Die Teilnahme an nicht genehmigten Rennen stellt eine Verletzung Ihrer Pflichten nach D.1.1.4 dar.

Übersicht	Rdn.
A. Allgemeines	1
B. Regelungsgehalt – Was ist nicht versichert? – A.2.9 AKB/Genehmigte Rennen – A.2.9.2 AKB (§ 2b Abs. 3 AKB 2007 a. F.; A.2.16.2 AKB 2008 a. F.)	2
I. Behördlich genehmigte kraftfahrt-sportliche Veranstaltungen zur Erzielung einer Höchstgeschwindigkeit – A.2.9.2.S. 1 AKB	2
1. Grundsätzliches	2
2. Veranstaltungen zur Erzielung einer Höchstgeschwindigkeit	3
a) Definition	3
b) Touristenfahrten	8
c) Fahrsicherheitstrainings	9
d) Gleichmäßigkeitswettbewerbe oder -prüfungen	11
3. Behördlich genehmigt	15
II. Übungsfahrten – A.2.9.2.S. 2 AKB	19
III. Teilnahme an nicht genehmigten Rennen – A.2.9.2.S. 3 AKB	20
C. Weitere praktische Hinweise	24
I. Beweislast	24
II. Beratungsverschulden bei gewünschtem, zeitlich befristetem Abschluss einer Vollkasko	25

A. Allgemeines

1 Die Klausel zählt zu den in Abschnitt 2.9 AKB aufgeführten, grundlegenden **Risikoausschlüssen**, die Fallkonstellationen beschreiben, für die der VR von vornherein nicht einzustehen hat, (vgl. A.2.9.1 AKB Rdn. 1). In den AKB 2015 ist sie im Wortlaut identisch mit der Ausschlussklausel in der Kfz-Haftpflichtversicherung.[1]

---

1 Vgl. *Kreuter-Lange* A.1.5.2 AKB Rdn. 1 ff.

B. Regelungsgehalt – Was ist nicht versichert? – A.2.9 AKB/Genehmigte Rennen – A.2.9.2 AKB (§ 2b Abs. 3 AKB 2007 a. F.; A.2.16.2 AKB 2008 a. F.)

I. Behördlich genehmigte kraftfahrt-sportliche Veranstaltungen zur Erzielung einer Höchstgeschwindigkeit – A.2.9.2.S. 1 AKB

1. Grundsätzliches

Die Regelung stellt einen generellen **Risikoausschluss** für alle Arten von gemäß §§ 29 Abs. 2, 46 StVO genehmigten **Rennen** dar, bei denen es auf die Erzielung einer Höchstgeschwindigkeit ankommt einschließlich aller in diesem Zusammenhang durchgeführten Trainings- und Übungsfahrten.[2] Rennen sind Wettbewerbe oder Teile eines Wettbewerbs (z. B. Sonderprüfungen mit Renncharakter) sowie Veranstaltungen (z. B. Rekordversuche) zur Erzielung von Höchst- und Spitzengeschwindigkeiten mit Kraftfahrzeugen,[3] bei denen zwischen mindestens zwei Teilnehmern ein Sieger ermittelt wird. 2

2. Veranstaltungen zur Erzielung einer Höchstgeschwindigkeit

a) Definition

Der Begriff der »**kraftfahrt-sportlichen Veranstaltung**« umfasst nicht nur Rennen im Rahmen von Sportveranstaltungen, sondern **jegliche Form von Rennen**, die unter Einsatz motorisierter Fahrzeuge mit dem Ziel eines Vergleichswettbewerbes durchgeführt werden. Dazu gehören auch Geschwindigkeits-Testfahrten von Automobilherstellern und Touren- oder Sternfahrten, sofern diese auf die Erzielung von Höchstgeschwindigkeiten ausgerichtet sind. Dies gilt selbst dann, wenn die gefahrenen Geschwindigkeiten – z. B. wegen kurvenreicher Streckenführung – unterhalb der üblicherweise bei typischen Autorennen gefahrenen Geschwindigkeiten bleiben.[4] Unerheblich dabei ist, ob die Fahrten auf besonderen Rennstrecken, auf sonstigen besonders gesicherten oder abgesperrten Straßen oder im öffentlichen Straßenraum stattfinden, **solange nur die höchste Geschwindigkeit für den Sieg entscheidend ist**.[5] 3

Unter die Klausel fallen auch Wettbewerbe, bei denen auf einer **geschlossenen Rennstrecke** die **höchste Durchschnittsgeschwindigkeit** bei Zurücklegung der Strecke zwischen Start und Ziel ermittelt wird.[6] Der Charakter einer Rennveranstaltung wird mithin davon geprägt, dass es auf eine **möglichst hohe Geschwindigkeit** ankommt und danach eine **Platzierung der Teilnehmer** erfolgt. Auch wenn unklar bleibt, ob es den 4

---

2 Vgl. BGH Urt. v. 04.12.1990 – VI ZR 300/89 – VersR 1991, 1033 = DAR 1991, 172 (**Autobergrennen**).
3 OLG Karlsruhe Urt. v. 15.04.2014 – 12 U 149/13 – r+s 2014, 275 = zfs 2014, 453 (**Nürburgring-Nordschleife**).
4 Vgl. OLG Braunschweig Urt. v. 15.04.1975 – 5 U 181/74 – VersR 1976, 81.
5 BGH Urt. v. 26.11.1975 – IV ZR 122/74 – VersR 1976, 381, 382 = DAR 1976, 106 (**Rallye Monte Carlo**); vgl. Richter DAR 2012, 243, 246.
6 BGH Urt. v. 01.04.2003 – VI ZR 321/02 – DAR 2003, 410 = zfs 2003, 394 (**Rennen auf dem Hockenheimring**).

Fahrern um die Ermittlung eines Siegers ging, kann ein Rennen bejaht werden.[7] Für den Sieg in dem durchgeführten Wettbewerb muss die Höchstgeschwindigkeit entscheidend oder zumindest mitbestimmend sein.

5 Das **Geschwindigkeitskriterium** ist **nicht erfüllt**, wenn es sich um eine polizeilich genehmigte, überwachte und unter Beachtung aller Verkehrsvorschriften und Sicherheitserfordernissen im öffentlichen Straßenverkehr durchgeführte Veranstaltung handelt, die lediglich deshalb auf die Erzielung einer hohen Durchschnittsgeschwindigkeit ausgerichtet ist, weil der Veranstalter für die einzelnen Fahrtetappen eine recht hohe ideale Fahrzeit, deren Erreichung großes Fahrkönnen voraussetzt, als für die Bewertung maßgebend angesetzt hat.[8]

6 **An einer »Veranstaltung«** i. S.d A.2.9.2 AKB **fehlt es**, wenn zwei Fahrer sich gegenseitig zu überholen versuchen oder wenn sich mehrere Fahrer **spontan treffen**, um die Höchstgeschwindigkeit ihrer Fahrzeuge zu testen, (vgl. auch A.2.9.2 AKB Rdn. 23). Allerdings wird im Schadenfall regelmäßig der Risikoausschluss des A.2.9.1 AKB, § 81 Abs. 2 VVG zu prüfen und eine grob fahrlässige Herbeiführung des Versicherungsfalles anzunehmen sein.[9]

7 Der in A.2.16.2 AKB 2008 noch verwendete **Begriff der »Fahrtveranstaltung«** wurde in A.2.9.2 AKB 2015 an den auch schon zuvor in der Kfz-Haftpflichtversicherung in A.1.5.2 AKB 2008 verwendeten Begriff der »kraftfahrt-sportlichen Veranstaltung« angeglichen. Eine materiell-rechtliche Einschränkung des Anwendungsbereiches von A.2.9.2 AKB ergibt sich hierdurch nicht.

b) Touristenfahrten

8 Eine **»Touristenfahrt«** auf einer Rennstrecke fällt nicht unter den Ausschluss.[10] Mangels Wertung, Platzierung und Zeitmessung handelt es sich nicht um eine Rennveranstaltung im Sinne der Ausschlussklausel. Dass die Veranstaltung auf einer nicht für den öffentlichen Verkehr freigegebenen Rundstrecke abgehalten wird, steht dem nicht entgegen. Anderes gilt nur dann, wenn abweichend von den Muster-AKB der Versicherungsschutz ausdrücklich ausgeschlossen ist für jegliche Fahrten auf Motorsport-Rennstrecken – ausgenommen Fahrsicherheitstrainings.[11] Eine solche Klausel ist weder überraschend i. S. v. § 305c Abs. 1 BGB, noch intransparent i. S. v. § 307 Abs. 1 S. 2 BGB, noch stellt sie eine unangemessene Benachteiligung des VN i. S. v. § 307 Abs. 1 S. 1, Abs. 2 BGB dar.[12]

---

7 Vgl. OLG Hamm Urt. v. 05.03.2013 – 1 RBs 24/13 – NZV 2013, 403.
8 BGH Urt. v. 26.11.1975 – **IV ZR 122/74** – VersR 1976, 381, 383 = DAR 1976, 106 (**Rallye Monte Carlo**).
9 Vgl. für diesen Fall OLG Köln Urt. v. 16.05.2000 – 9 U 121/99 – MDR 2001, 29 = zfs 2000, 450.
10 OLG Karlsruhe Urt. v. 06.09.2007 – 12 U 107/07 – VersR 2008, 344 = r+s 2008, 64 (**Hockenheimring**).
11 Vgl. hierzu OLG Karlsruhe Urt. v. 15.04.2014 – 12 U 149/13 – r+s 2014, 275 = zfs 2014, 453 (**Nürburgring-Nordschleife**).
12 OLG Karlsruhe Urt. v. 15.04.2014 – 12 U 149/13 – r+s 2014, 275 = zfs 2014, 453.

c) Fahrsicherheitstrainings

Fahrsicherheitstrainings oder sonstige **Fahrkurse** zur Perfektionierung der Beherr- 9
schung des eigenen Fahrzeugs im Interesse der Fahrsicherheit sind keine Veranstaltungen mit Renncharakter.[13] Dies gilt selbst dann, wenn es sich um ein hochmotorisiertes Fahrzeug handelt[14] oder das Fahrzeug des VN mit rennsporttypischen Zusätzen (Slicks) ausgestattet ist und über einen Transponder eine Zeitmessung erfolgt.[15] Hier steht ausschließlich die Verbesserung des fahrerischen Könnens und der Umgang des eigenen Fahrzeuges im Alltagsverkehr sowie in extremen Gefahrensituationen im Vordergrund, z. B. bei Aquaplaning oder plötzlich auftauchenden Hindernissen. Auf die Erzielung einer möglichst hohen Geschwindigkeit kommt es demgegenüber nicht an, weil sich auch eine etwaige Platzierung der Teilnehmer nicht danach richtet. Bei Sicherheitstrainings sind auch regelmäßig **Fahrzeuge unterschiedlicher Klassen** beteiligt, was ebenfalls gegen den Charakter einer auf die Erzielung von Höchstgeschwindigkeiten ausgerichteten kraftfahrt-sportlichen Veranstaltung spricht.

Unerheblich ist, ob das Fahrtraining auf einer Formel 1-Grand Prix Strecke durch- 10
geführt wird. Wenn die Veranstaltung auf die **Optimierung von Fahrkönnen und Fahrtechnik** ausgerichtet ist und mit dem Ziel der **Verbesserung der Fahrzeugbeherrschung und Fahrsicherheit** durchgeführt wird, die Teilnehmer nicht gegeneinander antreten, es keine Zeitmessung gibt und die Strecke ausschließlich unter Sicherheitsaspekten ausgewählt worden ist, fehlt es an einer Rennveranstaltung.[16]

d) Gleichmäßigkeitswettbewerbe oder -prüfungen

Die Teilnahme an einem **Gleichmäßigkeitswettbewerb** oder einer **Gleichmäßigkeits-** 11
prüfung, die auf einer Rennstrecke veranstaltet wird, fällt nur dann unter den Ausschluss, wenn sie nach der Ausschreibung und den Teilnahmebedingungen des Veranstalters darauf angelegt ist, die Fahrer zur Erreichung einer für sie höchstmöglichen Geschwindigkeit zu veranlassen.

In einem vom **BGH**[17] entschiedenen Fall bestand der Wettbewerb, der auf dem Ho- 12
ckenheimring ausgetragen wurde, nach dem Reglement darin, innerhalb von 20 Minuten zwei beliebige Runden in der absolut gleichen Zeit zu fahren. Bei der Wertung wurde pro 1/100 Sekunde Abweichung ein Punkt abgezogen; bei Punktgleichheit entschied die höhere Anzahl der Runden und dann die höhere Durchschnittsgeschwindigkeit. Im Rahmen eines Überholmanövers kollidierte der VN mit dem Fahrzeug eines

---

13 Vgl. OLG Stuttgart Beschl. v. 21.07.2008 – 5 U 44/08 – NZV 2009, 233.
14 LG Stuttgart Urt. v. 09.07.2014 – 18 O 112/13 – BeckRS 2015, 04247 (**Nürburgring-Nordschleife**).
15 LG Hamburg Urt. v. 26.08.2009 – 331 O 59/08 – NZV 2011, 506.
16 OLG Köln Urt. v. 21.11.06 – 9 U 76/06 – VersR 2007, 683 = r+s 2007, 12; OLG Karlsruhe Urt. v. 01.07.2004 – 12 U 85/04 – VersR 2005, 78 = zfs 2004, 415; OLG Hamm Urt. v. 20.09.1989 – 20 U 194/88 – zfs 1990, 23 = r+s 1990, 43 (**Rundstrecke in Zandvoort**).
17 BGH Urt. v. 01.04.2003 – **VI ZR 321/02** – DAR 2003, 410 = zfs 2003, 394 (**Rennen auf dem Hockenheimring**).

A.2.9.2 AKB Genehmigte Rennen

anderen Teilnehmers. Der BGH sah darin eine **rennbezogene Veranstaltung**, da der Erfolg des einzelnen Teilnehmers jedenfalls auch davon abhing, Höchstgeschwindigkeiten zu erzielen und im Übrigen auch die gesamte Veranstaltung wie ein Autorennen ausgestaltet war.

13 Demgegenüber **greift die Rennklausel nicht** ein, wenn es nach den Teilnahmebedingungen des Veranstalters für einen Sieg weder primär noch sekundär auf die Erzielung von Höchstgeschwindigkeiten ankommt, sondern vielmehr darauf, möglichst **gleichmäßige Rundenzeiten** zu fahren.[18] Werden die Teilnehmer nicht dazu angehalten, schneller als ihre Konkurrenten zu fahren und kann auch der langsamste Fahrer Sieger werden, fehlt es an einer Rennveranstaltung im Sinne der Klausel.[19]

14 In einem vom **OLG Nürnberg**[20] entschiedenen Fall mussten unabhängig von der Geschwindigkeit zwei von zehn Runden in nahezu gleicher Zeit zurückgelegt werden. Sieger wurde nach Ermittlung der Differenz zwischen der höchsten und der niedrigsten Rundenzeit der Fahrer mit der niedrigsten Differenzzeit. Dabei mussten zwar auch gewisse Mindestgeschwindigkeiten eingehalten werden, zumal nach dem Reglement den Teilnehmern bei mehr als zwei Runden Rückstand pro weiterer Runde eine Strafe von zehn Sekunden zur Differenzzeit auferlegt wurde; die Fahrzeuge erreichten dabei jedoch keine Spitzengeschwindigkeiten. Das **Reglement der Veranstaltung** war auch nicht darauf ausgerichtet, die Teilnehmer an den Grenzbereich ihres Fahrzeuges heran zu führen. Bei einem VN, dessen Porsche 911 GT 3 bei einer solchen Veranstaltung beschädigt wurde, konnte das Gericht angesichts der in der schnellsten Runde gefahrenen 158 km/h keine Geschwindigkeit im Grenzbereich des Fahrzeuges feststellen. Im Gegensatz zu dem vom BGH entschiedenen Fall kam es auch nicht mit entscheidend auf die gefahrene Höchstgeschwindigkeit an, denn Sieger des Wettbewerbs konnte auch der Fahrer werden, der nur 8 von 10 Runden fuhr und damit ca. 20 % langsamer war als der schnellste Teilnehmer. Die Veranstaltung erfüllte damit nicht den für die Ausschlussklausel erforderlichen Renncharakter.

3. Behördlich genehmigt

15 Die Beschränkung des Versicherungsschutzes für Rennen war in den verschiedenen Sparten der Kfz-Versicherung bislang uneinheitlich geregelt. Noch in **A.2.16.2 AKB 2008** zur Kfz-Kaskoversicherung war es für den Ausschluss gleichgültig, ob es sich um genehmigte oder ungenehmigte Rennen handelte. Demgegenüber waren in der korrespondierenden Vorschrift des **A.1.5.2 AKB 2008** zur Kfz-Haftpflichtversicherung nur behördlich genehmigte Rennen vom Versicherungsschutz ausgeschlossen. Die Teilnahme an ungenehmigten Rennen stellte eine Obliegenheitsverletzung dar. Diese auf den ersten Blick überraschende **Differenzierung** beruhte auf dem Bestreben, das un-

---

18 Vgl. OLG Frankfurt/M. Urt. v. 15.10.2014 – 7 U 202/13 – zfs 2015, 94.
19 LG München II Urt. v. 02.11.2011 – 10 O 1955/11 – r+s 2012, 384 = zfs 2012, 28 (**PZ-Trophy auf dem Hockenheimring**).
20 OLG Nürnberg Urt. v. 29.06.2007 – 8 U 158/07 – VersR 2008, 207 = r+s 2007, 370 (**Veranstaltung eines Porsche-Clubs**).

schuldige Unfallopfer in der Kfz-Haftpflichtversicherung zu schützen. Da behördlich genehmigte Rennen ohnehin den Nachweis einer Kfz-Haftpflichtversicherung durch den Veranstalter erfordern, erschien es sinnvoll, den Risikoausschluss in der Kfz-Haftpflichtversicherung auf »genehmigte Rennen« zu beschränken.

In A.2.9.2 S. 1 AKB 2015 wird diese Differenzierung aufgegeben. Ebenso wie in A.1.5.2 AKB 2015 in der Kfz-Haftpflichtversicherung ist nun auch in der Kfz-Kaskoversicherung die Teilnahme an genehmigten Rennen als Leistungsausschluss und die Teilnahme an nicht genehmigten Rennen als Obliegenheitsverletzung nach D.1.1.4 AKB ausgestaltet, worauf in Satz 3 der Klausel klarstellend zusätzlich hingewiesen wird. 16

Die Systematik knüpft an die Vorgaben der KfzPflVV an, von der in der Kfz-Haftpflichtversicherung nicht abgewichen werden darf. Wäre nämlich die Teilnahme an ungenehmigten Rennen dort als Ausschluss geregelt, könnte ein geschädigter Dritter keinerlei Ansprüche gegen den Haftpflicht-VR des Schädigers stellen. Demgegenüber behält der Dritte entsprechend § 117 Abs. 1 VVG seine Ansprüche, wenn – wie in A.1.5.2 AKB – die Teilnahme an ungenehmigten Rennen lediglich als Verletzung einer vertraglichen Obliegenheit sanktioniert ist. 17

Die Übernahme dieser Regelung auch für die Kfz-Kaskoversicherung dient einer Vereinheitlichung beider Bestimmungen im Sinne einer transparenteren und auch verbraucherfreundlicheren Regelung. Denn gerade in Grenzfällen führt nun die Möglichkeit einer Quotelung der Entschädigungsleistung für Schäden, die bei nicht genehmigten Rennen entstehen, zu interessengerechteren Ergebnissen als das bisher in A.2.16.2 AKB 2008 enthaltene »Alles-oder-Nichts«-Prinzip eines Leistungsausschlusses. 18

II. Übungsfahrten – A.2.9.2.S. 2 AKB

Eine »**dazugehörige Übungsfahrt**« i. S. v. A.2.9.2 S. 2 AKB ist eine Fahrt, die sich unmittelbar auf eine konkrete Rennveranstaltung bezieht[21] oder zu deren Vorbereitung dient. Sie ist den »kraftfahrt-sportlichen Veranstaltungen« i. S. v. A.2.9.2 S. 1 AKB gleichgestellt, so dass auch Schäden, die sich auf solchen Übungsfahrten ereignen, vom Versicherungsschutz ausgeschlossen sind. 19

III. Teilnahme an nicht genehmigten Rennen – A.2.9.2.S. 3 AKB

Während Schäden, die durch die Teilnahme an genehmigten Rennen am versicherten Fahrzeug eintreten, unter den Leistungsausschluss in A.2.9.2 S. 1 AKB fallen, sind Schäden, die durch die Teilnahme an nicht genehmigten Rennen am versicherten Fahrzeug eintreten, grundsätzlich gedeckt. 20

Allerdings stellt die Teilnahme an diesen Veranstaltungen eine Obliegenheitsverletzung nach D.1.1.4 AKB dar, die den VR berechtigt, die Entschädigungsleistung nach Maßgabe von D.2.1 S. 2 und 3 AKB bei lediglich **grob fahrlässiger Pflichtverletzung** des 21

---

21 OLG Köln Urt. v. 21.11.2006 – 9 U 76/06 – VersR 2007, 683 = r+s 2007, 12; OLG Karlsruhe Urt. v. 01.07.2004 – 12 U 85/04 – VersR 2005, 78 = zfs 2004, 415.

VN entsprechend der Schwere seines Verschuldens zu kürzen. Bei **vorsätzlicher Pflichtverletzung** des VN ist der VR demgegenüber nach D.2.1 S. 1 AKB von seiner Leistungspflicht befreit. Der VN hat dann keinen Versicherungsschutz. Insoweit besteht also kein Unterschied zur alten Rechtslage in A.2.16.2 AKB 2008, wo – allerdings aufgrund eines Leistungsausschlusses – ebenfalls keine Deckung bestand.

22 Der Wortlaut der Klausel weist den VN ausdrücklich darauf hin, dass die Teilnahme an nicht genehmigten Rennen keineswegs sanktionslos ist, sondern eine Obliegenheitsverletzung nach D.1.1.4 AKB darstellt.

23 Unter einem nicht genehmigten Rennen ist allerdings nicht schon jedes verabredete, nicht organisierte (»wilde«) **Spontanrennen** zu verstehen,[22] weil solchen Rennen der Charakter einer »Fahrveranstaltung« fehlt, der nach D.1.1.4 AKB ausdrücklich erforderlich ist. Die Teilnahme an diesen Rennen ist aber nach §§ 29 Abs. 1, 49 Abs. 2 Nr. 5 StVO bußgeldbewehrt.[23]

C. Weitere praktische Hinweise

I. Beweislast

24 Beruft sich der VR auf Leistungsfreiheit wegen Verletzung der Rennklausel, muss er die Voraussetzungen dieses Risikoausschlusses beweisen.[24] Dies gilt auch für die Behauptung des VR, unter dem Deckmantel eines Fahrsicherheitstrainings habe in Wirklichkeit eine Rennveranstaltung stattgefunden. Zu beachten ist allerdings, dass viele VR abweichend von den hier kommentierten Muster AKB die Rennsportklausel in ihren Bedingungen deutlich verschärft haben. Danach kann u.U. jeder Unfall auf einer Rennstrecke zum Verlust des Versicherungsschutzes in der Kaskoversicherung führen (vgl. auch Heinrichs A.4.12 AKB Rdn. 72).

II. Beratungsverschulden bei gewünschtem, zeitlich befristetem Abschluss einer Vollkasko

25 Oftmals wird ein VN, der für sein Fahrzeug keine Vollkaskoversicherung abgeschlossen hat, daran interessiert sein, **für spezielle Fahrsicherheitstrainings eine zeitlich befristete Vollkaskoversicherung** abzuschließen. Dem Versicherungsmakler des VN obliegt insoweit eine umfassende Betreuung der Versicherungsinteressen seines Kunden und eine dementsprechende **Beratung.** Erkundigt sich der VN bei seinem Makler nach einer möglichen Absicherung und erteilt dieser daraufhin die objektiv falsche Auskunft, der Vollkaskoversicherungsschutz erstrecke sich nicht auf solche Fahrten, so dass der VN vom Abschluss einer Vollkaskoversicherung absieht, so hat der Makler dem VN, wenn dieser während des Fahrsicherheitstrainings mit seinem Fahrzeug verunglückt, nach § 63 VVG Schadenersatz zu leisten.[25] (Für den Versicherungsvertreter gilt eine

---

22 OLG Hamm Urt. v. 28.02.2011 – II-5 RBs 267/10 – ADAJUR Dok.Nr. 93909.
23 Vgl. OLG Bamberg Beschl. v. 29.11.2010 – 3 Ss Owi 1756/10 – NStZ-RR 2011, 256.
24 LG Hamburg Urt. v. 26.08.2009 – 331 O 59/08 – NZV 2011, 506.
25 OLG Karlsruhe Urt. v. 01.07.2004 – 12 U 85/04 – VersR 2005, 78 = zfs 2004, 415.

entsprechende Verpflichtung nach § 6 Abs. 5 VVG). Durch die pflichtwidrige Auskunft ist dem VN auch ein Schaden entstanden. Es ist davon auszugehen, dass sich der VN bei pflichtgemäßer, vollständiger Beratung beratungskonform verhalten hätte, d. h. seinen Versicherungsmakler mit der Vermittlung eines Vollkasko-Versicherungsvertrages (zumindest) für die Dauer des Fahrsicherheitstrainings beauftragt oder wenigstens beim Veranstalter des Sicherheitstrainings nach einem solchen Schutz speziell für die Trainingszeiten selbst nachgesucht hätte.

Den Makler trifft die **Beweislast** dafür, dass der VN einen solchen Vertrag nicht abgeschlossen hätte.[26] 26

Reifenschäden

A.2.9.3 Kein Versicherungsschutz besteht für beschädigte oder zerstörte Reifen. Versicherungsschutz für Reifenschäden besteht jedoch, wenn durch dasselbe Ereignis gleichzeitig andere unter den Schutz der Kaskoversicherung fallende Schäden am Fahrzeug verursacht wurden.

Übersicht   Rdn.
A.   Allgemeines   1
B.   Regelungsgehalt – Was ist nicht versichert? – A.2.9 AKB/Reifenschäden – A.2.9.3
     AKB (§ 12 Abs. 6 AKB 2007 a. F.; A.2.16.3 AKB 2008 a. F.)   2
I.   Reifenschäden – A.2.9.3 AKB   2
II. Beweislast   8

A. Allgemeines

Die Klausel zählt zu den in Abschnitt 2.9 AKB aufgeführten, grundlegenden **Risikoausschlüssen**, die Fallkonstellationen beschreiben, für die der VR von vornherein nicht einzustehen hat, (vgl. A.2.9.1 AKB Rdn. 1). 1

B. Regelungsgehalt – Was ist nicht versichert? – A.2.9 AKB/Reifenschäden – A.2.9.3 AKB (§ 12 Abs. 6 AKB 2007 a. F.; A.2.16.3 AKB 2008 a. F.)

I. Reifenschäden – A.2.9.3 AKB

Reifenschäden aller Art, auch wenn sie zur vollständigen Zerstörung der Reifen führen, 2 sind vom Schutz der Teil- und Vollkasko ausgeschlossen, **sofern sie isoliert eintreten**, also nicht in Zusammenhang stehen mit einem anderen unter den Schutz der Kaskoversicherung fallenden Ereignis. Hintergrund des Ausschlusses ist das hohe Schadenrisiko, das der VR nicht tragen will. Schäden durch **Witterungseinflüsse**, chemische und thermische **Zersetzungsprozesse** sind ebenso wenig versichert wie das **Eindringen von Fremdkörpern**, z. B. einem Nagel, durch den Luft entweicht, so dass beim Weiterfahren die Reifendecke aufgrund des fehlenden Luftdrucks zerstört wird. Dies gilt auch im

---

26 Vgl. BGH Urt. v. 22.05.1985 – **IVa ZR 190/83** – r+s 1987, 29 = NJW 1985, 2595.

A.2.9.3 AKB Reifenschäden

Falle der **Selbstentzündung** des Reifens durch starke Hitzeentwicklung, selbst wenn das übrige Fahrzeug dadurch in Brand gerät. Zwar liegt in diesem Fall ein entschädigungspflichtiger Brandschaden in Bezug auf das beschädigte bzw. zerstörte Fahrzeug vor; der Schaden am Reifen ist aber nicht »gleichzeitig« i. S. v. A.2.9.3 AKB eingetreten. Vielmehr war der Reifen schon vorher durch die Selbstentzündung zerstört und ist demnach nicht zu ersetzen.

3 Eine Ersatzpflicht trifft den VR aber dann, wenn **durch** einen an anderen Fahrzeugteilen ausgebrochenen **Brand (auch) die Reifen zerstört** werden, es sei denn, dass dieser Brand auf einen nicht gedeckten Betriebsschaden in der Vollkasko (z. B. Heißlaufen der Bremsen, vgl. A.2.2.2.2 Abs. 2 AKB) zurückzuführen ist.

4 Auch die **mut- oder böswillige Beschädigung** oder Zerstörung **von Reifen** ist nur zu ersetzen, wenn auch andere Teile des Fahrzeuges von offensichtlichen Vandalismusschäden betroffen sind. Für diesen Fall ist die Beschädigung der Fahrzeugteile unter Einschluss der zerstochenen Reifen insgesamt als einheitliche Handlung des Täters und damit als versicherter Reifenschaden anzusehen.

5 Beschädigungen durch **Reifenabrieb** infolge scharfen Bremsens oder Zerstörungen durch plötzliches **Platzen eines Reifens** infolge von Schlaglöchern oder des Eindringens von Fremdkörpern sind ebenfalls grundsätzlich nicht gedeckt. Diese Schäden erfüllen in aller Regel nicht die Voraussetzungen eines versicherten Unfallereignisses i. S. v. A.2.2.2.2 Abs. 1 AKB, (vgl. A.2.2.2 AKB Rd. 21; A.2.2.2 AKB Rdn. 62). Nur in Ausnahmefällen, wie z. B. bei **Schlaglochschäden**, wird eine über den normalen Rahmen des Betriebes hinausgehende Einwirkung von außen auf das Fahrzeug durch die Beschaffenheit der Straßendecke und damit ein »Unfall« anzunehmen sein.

6 Reifenschäden, die auf der **gewöhnlichen Nutzung des Fahrzeuges** beruhen, sind nicht versichert. Dies gilt auch für den Fall, dass sie ein versichertes Unfallereignis i. S. v. A.2.2.2.2 Abs. 1 AKB herbeiführen, z. B. weil das Fahrzeug aufgrund eines Reifenplatzers ins Schleudern gerät und gegen einen Baum prallt. Denn in diesem Fall ist der **Reifenschaden zeitlich** bereits **vor dem Unfallschaden** eingetreten.

7 Nach **A.2.9.3 S. 2 AKB** besteht **ausnahmsweise Versicherungsschutz** für den Reifenschaden, wenn aufgrund eines versicherten Ereignisses (A.2.2 AKB) der **Reifenschaden gleichzeitig** zusammen **mit anderen Schäden** am Fahrzeug eintritt, für die die Kaskoversicherung eintrittspflichtig ist. die durch den Unfall eintritt. Unabhängig davon ergibt sich auch aus A.2.5.7.1 AKB, dass Alterungs- und Verschleißschäden nicht ersetzt werden.

II. Beweislast

8 Behauptet der **VN**, dass der offensichtliche Reifenschaden durch ein versichertes Schadenereignis verursacht worden ist, trifft ihn hierfür die **Beweislast**. Gleiches gilt, wenn streitig ist, ob der Reifenschaden zeitgleich mit anderen, dem Kaskoversicherungsschutz unterliegenden Schäden eingetreten ist.

Unruhen, Maßnahmen der Staatsgewalt

A.2.9.4 Kein Versicherungsschutz besteht für Schäden, die durch Erdbeben, Kriegsereignisse, innere Unruhen oder Maßnahmen der Staatsgewalt unmittelbar oder mittelbar verursacht werden.

Übersicht Rdn.
A. Allgemeines 1
B. Regelungsgehalt – Was ist nicht versichert? – A.2.9 AKB/Erdbeben, Kriegsereignisse, innere Unruhen, Maßnahmen der Staatsgewalt – A.2.9.4 AKB (§ 2b Abs. 3 AKB 2007 a. F.; A.2.16.4 AKB 2008 a. F.) 2
I. Grundsätzliches 2
II. Erdbeben 3
III. Kriegsereignisse 4
IV. Innere Unruhen 7
V. Maßnahmen der Staatsgewalt 10
VI. Beweislast 12

A. Allgemeines

Die Klausel zählt zu den in Abschnitt 2.9 AKB aufgeführten, grundlegenden **Risikoaus-** 1 **schlüssen**, die Fallkonstellationen beschreiben, für die der VR von vornherein nicht einzustehen hat, (vgl. A.2.9.1 AKB Rdn. 1). Die vom Wortlaut her identische Klausel befindet sich auch in den Regelungen zur Fahrerschutzversicherung in A.5.6.6 AKB.[1]

B. Regelungsgehalt – Was ist nicht versichert? – A.2.9 AKB/Erdbeben, Kriegsereignisse, innere Unruhen, Maßnahmen der Staatsgewalt – A.2.9.4 AKB (§ 2b Abs. 3 AKB 2007 a. F.; A.2.16.4 AKB 2008 a. F.)

I. Grundsätzliches

Die Bestimmung umfasst Tatbestände, die unter den Oberbegriff der »höhere Ge- 2 walt« fallen. Der Versicherungsschutz ist deshalb ausgeschlossen, weil bei den genannten Umständen dem Eintritt des Versicherungsfalles mit den normalen Mitteln des menschlichen Eingreifens nicht mehr begegnet werden kann.[2] Schäden am versicherten Fahrzeug durch höhere Gewalt müssen unmittelbar oder auch mittelbar verursacht worden sein.

II. Erdbeben

Während Elementarereignisse wie Sturm, Hagel und Überschwemmung im Rahmen 3 der Teilkasko gedeckt sind, sind Schäden durch Erdbeben ausdrücklich vom Versicherungsschutz ausgeschlossen. Darunter ist das naturwissenschaftliche Ereignis einer Er-

---

[1] Vgl. *Schwab* A.5.6.6 AKB Rdn. 1 ff.
[2] Stiefel/Maier/*Halbach* A.2.16 AKB Rn. 64.

A.2.9.4 AKB Erdbeben, Kriegsereignisse, innere Unruhen

schütterung des Erdbodens zu verstehen, bei dem Spannungen innerhalb der Erdkruste ausgeglichen werden.[3]

III. Kriegsereignisse

4   Vom Kaskoversicherungsschutz ausgeschlossen sind alle Schäden am versicherten Fahrzeug, die unmittelbar oder mittelbar adäquat (mit-) ursächlich auf eine **durch Krieg entstandene besondere Gefahrenlage** zurückzuführen sind.[4] Der Kriegsbegriff ist dabei nicht nur im völkerrechtlichen Sinne zu verstehen, wonach der Krieg mit einer Kriegserklärung beginnt und mit einer Kapitulation oder einem Friedensschluss endet. Entscheidend ist vielmehr der tatsächliche Zustand kriegerischen Geschehens im Hinblick auf die dadurch entstehende besondere Gefährdungslage. Auch ein Schaden am versicherten Fahrzeug, das außerhalb des Hoheitsgebietes der kriegsführenden Staaten aufgrund eines Ereignisses eintritt, welches adäquat kausal auf die von dem Krieg ausgehende besondere Gefahrenlage zurückzuführen ist, beruht letztlich auf einem »Kriegsereignis« und ist damit nicht gedeckt.[5]

5   Entscheidend für den Risikoausschluss ist daher, ob sich der konkret eingetretene Versicherungsfall mit hoher Wahrscheinlichkeit auch ohne den Krieg, also in Friedenszeiten, ereignet haben würde. Nur wenn diese Frage zu verneinen ist, besteht aufgrund des Ausschlusses keine Deckung.[6]

6   **Terroranschläge** können im Einzelfall als »Kriegsereignisse« angesehen werden.[7]

IV. Innere Unruhen

7   Der Risikoausschluss ist erfüllt, wenn eine **zusammengerottete Menschenmenge** die öffentliche Sicherheit und Ordnung verletzt, indem sie Gewalttätigkeiten und Plünderungen verübt. Dabei muss es sich nicht zwingend um einen Aufruhr handeln und damit um einen mit Gewalt verbundenen Kampf gegen die Staatsgewalt. Der Begriff der »inneren Unruhen« geht weiter als der des »Aufruhrs«, so dass die neuen AKB im Gegensatz zu der früheren Regelung in § 2b Abs. 3a) AKB 2007 auf die gesonderte Aufzählung auch des Tatbestandes »Aufruhr« verzichten.

8   Für eine **mittelbare Kausalität** genügt es, dass der Entschluss des Täters oder die Tatdurchführung durch die aufgrund der inneren Unruhen geschaffenen Zustände begünstigt worden sind. Kein Versicherungsschutz besteht daher, wenn eine Menschenmenge das Straßenpflaster aufreißt, Glasscheiben zertrümmert und Scherben auf die

---

[3] Himmelreich/Halm/Staab/*Krahe* Kap. 23 Rn. 373.
[4] Vgl. BGH Urt. v. 28.11.1951 – **II ZR 7/51** – VersR 1952, 52; BGH Urt. v. 02.05.1951 – **II ZR 110/50** – NJW 1951, 884.
[5] Vgl. Krahe VersR 1991, 634.
[6] Vgl. Einzelfälle aus der früheren Rechtsprechung bei Stiefel/Maier/*Halbach* A.2.16 AKB Rn. 64.
[7] Vgl. hierzu Ehlers r+s 2002, 133.

Straße wirft, wodurch ein Fahrzeug beschädigt wird, oder wenn sich infolge der Beschädigung bei späterer Fortsetzung der Fahrt ein Rad löst oder die Steuerung versagt.[8]

Ausreichend sind jegliche mit vereinten Kräften begangene Gewalttätigkeiten gegen Personen oder Sachen, die den Straftatbestand des Landfriedensbruchs gemäß § 125 StGB erfüllen.[9] Gewalttätige **Ausschreitungen einzelner Demonstranten** anlässlich politisch motivierter Demonstrationen oder **Serienbrandstiftungen einer kleineren Tätergruppe** stellen noch keine »inneren Unruhen« i. S. d. Klausel dar; hierzu bedarf es vielmehr über einen längeren Zeitraum hinweg regelmäßiger oder andauernder Krawalle einer größeren Menschenmenge, die sich zusammengerottet hat, um planmäßig und gezielt Gewalttaten zu verüben; diese müssen sich von ihrem Ausmaß her bürgerkriegsähnlichen Zuständen zumindest annähern.[10] Ob die Voraussetzungen vorliegen, ist stets vom Standpunkt eines **neutralen, objektiven Beobachters** zu entscheiden.[11]

9

V. Maßnahmen der Staatsgewalt

Hierunter fallen alle rechtmäßig oder auch zu Unrecht ergangenen **hoheitlichen Maßnahmen** einer in- oder ausländischen Staatsmacht, die gegenüber den üblichen Regularien zur Gewährleistung der allgemeinen Ordnung in einem staatlichen Gemeinwesen **Ausnahmecharakter** haben und daher entweder hinsichtlich ihres Erlasses oder ihres Inhaltes ungewöhnlich sind. Anordnungen militärischer Befehlshaber in Friedenszeiten oder bei Manövern zählen dazu ebenso wie das **Abschleppen** oder die **Beschlagnahme** des versicherten Fahrzeuges im Rahmen hoheitlicher Maßnahmen.[12]

10

Die **Sicherstellung eines gestohlenen Pkw** fällt nicht hierunter. Erfolgt allerdings die Beschlagnahme des Pkw durch Polizei- oder Militärkräfte als Sicherheit für einen vom VN mit dem Fahrzeug verursachten Haftpflichtschaden, so kann sich der VR gegenüber dem VN in Bezug auf den Kaskoschaden am versicherten Fahrzeug nicht auf die Ausschlussklausel berufen. Denn der vom VR aus der Haftpflichtversicherung zu übernehmende Fremdschaden ist durch die Beschlagnahme des Pkw des VN und damit aus dessen Vermögen befriedigt worden, so dass der VR ohne Rücksicht auf den an sich bestehenden Ausschluss Ersatz zu leisten hat.[13]

11

VI. Beweislast

Bei allen in A.2.9.4 AKB aufgeführten Tatbeständen handelt es sich um **Risikoausschlüsse**, deren Voraussetzungen vom VR zu beweisen sind.

12

---

8   Stiefel/Maier/*Halbach* A.2.16 AKB Rn. 66.
9   Vgl. BGH Urt. v. 13.11.1974 – **IV ZR 178/73** – VersR 1975, 175 = NJW 1975, 308.
10 Vgl. Richter DAR 2012, 243, 247.
11 BGH Urt. v. 13.11.1974 – **IV ZR 178/73** – VersR 1975, 175 = NJW 1975, 308.
12 LG Göttingen Urt. v. 16.02.1993 – 2 O 439/92 – VersR 1994, 1180.
13 Vgl. auch BGH Urt. v. 20.02.1956 – **II ZR 53/55** – VersR 1956, 186 = NJW 1956, 826.

A.2.9.5 AKB   Schäden durch Kernenergie

Schäden durch Kernenergie
A.2.9.5 Kein Versicherungsschutz besteht für Schäden durch Kernenergie.

Übersicht   Rdn.
A. Allgemeines 1
B. Regelungsgehalt – Was ist nicht versichert? – A.2.9 AKB/Schäden durch Kernenergie – A.2.9.5 AKB (§ 2b Abs. 3 AKB 2007 a. F.; A.2.16.5 AKB 2008 a. F.) . 2

A. Allgemeines

1   Die Klausel zählt zu den in Abschnitt 2.9 AKB aufgeführten, grundlegenden **Risikoausschlüssen**, die Fallkonstellationen beschreiben, für die der VR von vornherein nicht einzustehen hat, (vgl. A.2.9.1 AKB Rdn. 1). Die vom Wortlaut her identische Klausel befindet auch weiteren Abschnitten der AKB, u. a. in den Regelungen zur Kfz- Haftpflichtversicherung in A.1.5.9 AKB.

B. Regelungsgehalt – Was ist nicht versichert? – A.2.9 AKB/Schäden durch Kernenergie – A.2.9.5 AKB (§ 2b Abs. 3 AKB 2007 a. F.; A.2.16.5 AKB 2008 a. F.)

2   Vom Versicherungsschutz ausgeschlossen sind jegliche Schäden durch Kernenergie. Dem VN stehen bei Nuklearschäden ausschließlich Schadenersatzansprüche nach den §§ 25 ff. **Atomgesetz** zu. Eine Risikoabsicherung im Rahmen der Kaskoversicherung wäre für den VR praktisch nicht kalkulierbar.

A.3   Autoschutzbrief – Hilfe für unterwegs als Service oder Kostenerstattung

Vorbemerkung

1   Die Hilfe für unterwegs bieten nicht nur die Auto-Versicherer, sondern auch die Automobilclubs. Allen voran hat der ADAC 2015[1] mit seinen insgesamt 18,9 Mio. Mitgliedern 12,7 Mio. ADACPlus-Mitglieder, die zusätzlich Schutzbriefleistungen eingeschlossen haben.

2   Die Besitzer von Neufahrzeugen sind häufig über Mobilitätsgarantien[2] der Fahrzeughersteller abgesichert.

3   Die am häufigsten sind jedoch mit 26,8 Mio. Verträgen die Schutzbriefe der Versicherer verbreitet. Sie bieten ihre spezifische Leistung für relativ wenig Geld an.

4   Die Autoschutzbriefversicherung ist eine **Schadenversicherung** nach den §§ 74 ff. VVG. Allerdings trägt sie durch festgelegte Tagessätze wie z. B. beim Mietwagen Bestandteile einer Summenversicherung in sich. So ist es durchaus gängige Meinung

---

1 Finanztest 4/2015 S. 68.
2 Beckmann/Matusche-Beckmann/*Höke/Heß*, Versicherungsrechts-Handbuch, § 30 Rn. 326.

und Regulierungspraxis bei einigen Schutzbriefversicherern, dass beim Bestehen mehrerer Schutzbriefverträge keine Doppelversicherung vorliegt, sondern sich die versicherten Beträge summieren. Dies kommt dann zum Tragen, wenn Abschlepp- oder Mietwagenkosten über den versicherten Summen des Einzelvertrages liegen.

Sie ersetzt bedingungsgemäß die Aufwendungen des Versicherungsnehmers oder sie leistet Unterstützung, wenn es auf einer Reise zu einem Schadensfall kommt. Es handelt sich um einen rechtlich selbstständigen[3] Vertrag. Er ist ausgerichtet auf ein versichertes Fahrzeug. 5

Die Autoschutzbriefversicherung gilt im Inland und insbesondere im europäischen Ausland. Es handelt sich um eine wichtige Ergänzung des Versicherungsschutzes rund um das Fahrzeug. Insbesondere für Auslandsreisen nach Polen empfiehlt das Auswärtige Amt[4] den Abschluss eines Auslandsschutzbriefes für Kraftfahrzeuge. 6

Die Muster-Bedingungen des GDV sprechen zwar grundsätzlich alle Fahrzeugarten an. Inhaltlich sind sie vorrangig auf die Bedürfnisse von Privatpersonen und Geschäftsreisende zugeschnitten. Der Autoschutzbrief wird in individuellen Bedingungswerken teilweise speziell als PKW-, Motorrad- oder Wohnmobil-Schutzbrief bezeichnet, ohne dass es tatsächlich zu erheblichen Abweichungen von den Musterbedingungen kommt. 7

Am Markt sind zudem LKW-Schutzbriefe[5] erhältlich. Die Bedingungen orientieren sich ebenfalls an den Musterbedingungen nach A.3 AKB. Die LKW-Schutzbriefleistungen sind dem spezifischen Bedarf bei Nutzfahrzeugen angepasst. 8

Am Markt existieren neben dem Autoschutzbrief mit ähnlichem Leistungsspektrum weitere Schutzbriefversicherungen, insbesondere heute der AVAR[6] sowie mit schwindender Bedeutung der AB-Schutzbrief[7]. Solche Versicherungen sind personenbezogen und unabhängig von einem versicherten Fahrzeug. Zu weiteren Einzelheiten bezüglich der AVAR darf auf die Kommentierung von *Schwab*[8] verwiesen werden. 9

Die Personenbezogenheit gilt im Übrigen auch für Leistungen an Mitglieder von Automobilclubs, wobei es sich rechtlich bei reinen Mitgliedsleistungen nicht um Leistungen einer Schutzbriefversicherung handelt. Bieten Automobilclubs dagegen Schutzbriefe[9] 10

---

3 Stiefel/Maier/*Stadler* Kraftfahrtversicherung, Vorbem. zu A.3 AKB, Rn. 3; *Knappmann* Der Autoschutzbrief, VRR 2011, 444.
4 http://www.auswaertiges-amt.de/.
5 Staudinger/Halm/Wendt/*Schwab* Fachanwaltskommentar Versicherungsrecht, A.3 AKB, Rn. 162.
6 Allgemeine Bedingungen für den Auto- und Reise-Schutzbrief, unverbindliche Musterbedingungen des GDV, Stand November 2009, (Musterbedingungen befinden sich derzeit in der Überarbeitung).
7 Prölss/Martin/*Knappmann*, AB-Schutzbrief., Rn. 1.
8 Siehe *Schwab* AVAR Rdn. 1 ff.
9 Insbesondere zur ADAC-Schutzbriefversicherung siehe, Himmelreich/Halm/*Bergen*, Kap. 21.

A.3.1 AKB   Was ist versichert?

an, handelt es sich nicht um eine Mitgliedsleistung, sondern um eine Schutzbriefversicherung.

11 Schließlich ist wegen der historischen Entwicklung noch auf die Verkehrs-Service-Versicherungen[10] hinzuweisen. Die fahrzeugunabhängige Versicherung wurde als Konkurrenzprodukt zu den Leistungen der Automobilclubs entwickelt[11] und ist Vorläufer der heutigen Auto-Schutzbriefversicherung. Die zu diesem Bereich ergangene Rechtsprechung ist daher auch für die Auto-Schutzbriefversicherung von Bedeutung.

12 Nach B.2.1 AKB ist der **Beginn des Versicherungsschutzes** für die Autoschutzbriefversicherung bereits auf die Ausgabe der Versicherungsbestätigung vorverlegt. Dies liegt daran, dass in der Kfz-Haftpflichtversicherung nach A.1 AKB häufig[12] der Autoschutzbrief eingeschlossen wird.

13 Die individuellen AKB der Unternehmen weichen jedoch gerade in diesem Punkt häufig von den unverbindlichen Muster-AKB ab, so dass auch hier eine genaue Prüfung der einschlägigen Bedingungen notwendig[13] ist.

A.3.1   Was ist versichert?

Wir erbringen nach Eintritt der in A.3.5 bis A.3.8 genannten Schadenereignisse die dazu im Einzelnen aufgeführten Leistungen als Service oder erstatten die von Ihnen aufgewendeten Kosten im Rahmen dieser Bedingungen.

1 Die Leistungen des Autoschutzbriefes können entweder als Service direkt im Schadenfall abgerufen werden oder die tatsächlich aufgewendeten[1] Kosten werden bedingungsgemäß erstattet. Fiktive Kosten werden somit nicht erstattet, da sie dem Schutzzweck des Vertrages entgegenstehen.

2 Bei der Direkthilfe im Schadenfall ist es Ziel der Hilfeleistung, den Versicherungsnehmer entweder mobil zu halten oder ihm aus einer Notsituation zu helfen. Dabei kann die besondere, individuelle Situation des Einzelfalles dazu führen, dass in Abstimmung mit dem Versicherungsnehmer eine für alle Seiten akzeptable Lösung[2] gefunden wird, die mit dem Wortlaut der Bedingungen nicht übereinstimmen muss. Es ist zum Beispiel gängige Praxis, versicherte, aber nicht in Anspruch genommene Leistungen auf andere Leistungsbausteine anzurechnen, sofern deren Deckungssummen nicht ausreichen. Die Lösung des Problems steht im Vordergrund.

---

10 Ludovisy/Eggert/Burhoff/*Notthoff*, Praxis des Straßenverkehrsrechts, Teil 3, Rn. 259 ff.
11 Feyock/*Jacobsen*/Lemor, KfzVers, A.3 AKB, Rn. 1.
12 Siehe hierzu *Kreuter-Lange* B.2.1 AKB Rdn. 1 ff.
13 *Kärger* Kfz-Versicherung nach dem neuen VVG, Rn. 8; *Heinrichs* Synopse für das Versicherungsrecht im Verkehrsrecht bedeutsamsten Auswirkungen der VVG Reform, zfs 2009, 187.
1 *AG Bad Homburg* Urt. v. 25.09.1992 – 2 C 379/92, ADAJUR Dok.Nr. 17280 = zfs 1993, 275; Stiefel/Maier/*Stadler* Kraftfahrtversicherung, Vorbem. zu A.3 AKB, Rn. 6.
2 Beckmann/Matusche-Beckmann/*Höke*/Heß, Versicherungsrechts-Handbuch, § 30 Rn. 285.

Entscheidet sich der Versicherte, direkt im Schadenfall die Hilfe des Versicherers anzu- 3
nehmen, wird ihm nicht nur die Organisation der einzuleitenden Maßnahmen abgenommen, sondern er muss auch nicht für die entstehenden Kosten in Vorkasse treten.
Diese werden direkt mit dem Versicherer oder einem zwischengeschalteten Assisteur abgerechnet.

Serviceleistung für den Versicherungsnehmer bedeutet, dass er aufgrund seiner fach- 4
lichen Kompetenz ein Geschäft des Versicherten in der Weise führt, dass er die notwendige Hilfe durch Dritte organisiert. Zu mehr ist der Autoschutzbriefversicherer erkennbar[3] nicht verpflichtet. Folglich hat er auch nicht für Fehler der für den Versicherungsnehmer[4] beauftragten Unternehmer einzutreten. Diese sind keine Erfüllungsgehilfen des Autoschutzbriefversicherers.[5]

Nicht vergleichbar mit der Serviceleistung nach der Autoschutzbriefversicherung sind 5
davon abweichend besondere Schutzbriefe, die ausdrücklich eine frachtrechtliche Obhutshaftung nach den §§ 425, 427 HGB bestimmen.[6]

A.3.2 Wer ist versichert?

Versicherungsschutz besteht für Sie, den berechtigten Fahrer und die berechtigten Insassen, soweit nachfolgend nichts anderes geregelt ist.

Der Umfang des versicherten Personenkreises wird durch die Nutzung des versicherten 1
Fahrzeuges definiert. Er bezieht sich neben dem Versicherungsnehmer auf den berechtigten Fahrer und die berechtigten Insassen für Schadenfälle, die bei der Verwendung des Fahrzeuges entstehen.

Berechtigter Fahrer ist nach D.1.1.2 Satz 1 AKB diejenige, der mit Wissen und Wollen 2
des Verfügungsberechtigten[1] das Fahrzeug gebraucht.

Für die berechtigten Insassen gilt dies entsprechend. Eine Parallele besteht insoweit zur 3
Kfz-Unfallversicherung[2] in A.4 AKB. Die Leibesfrucht ist kein Insasse. Dagegen stehen

---

3 *OLG Hamm* Beschl. v. 11.10.2013 – I-20 U 152/13, ADAJUR Dok.Nr. 104249 = SP 2014, 63.
4 *AG München* Urt. v. 24.08.2009 – 242 C 9706/09, JurionRS 2009, 37743 = ADAJUR Dok.Nr. 88634 = SP 2010, 249.
5 *OLG Saarbrücken* Urt. v. 02.03.2005 – 5 U 530/04, JurionRS 2005, 16769 = OLGR 2005, 658 = VersR 2005, 1724 = NJW-RR 2005, 1194 = zfs 2005, 399 = r+s 2005, 374.
6 *OLG Koblenz* Urt. v. 11.11.2014 – 3 U 706/14, JurionRS 2014, 25692 = ADAJUR Dok.Nr. 106299 = MDR 2015, 93 = NJW-RR 2015, 23 =.
1 *BGH* Urt. v. 17.02.1955 – II ZR 241/53, BGHZ 16, 292 = JurionRS 1955, 13117 = DB 1955, 287 = VersR 1955, 180 = NJW 1955, 669; *Kreuter-Lange* D.1.1.2 AKB Rdn. 1; Staudinger/Halm/Wendt/*Schwab* Fachanwaltskommentar Versicherungsrecht A.3.2 AKB Rn. 162.
2 *Heinrichs* A.4.2.4 AKB Rdn. 10–14.

A.3.3 AKB Versicherte Fahrzeuge

Wortlaut, fehlende Rechtspersönlichkeit und praktische Gründe der Schadensabwicklung.[3]

A.3.3 Versicherte Fahrzeuge

Versichert ist das im Versicherungsschein bezeichnete Fahrzeug sowie ein mitgeführter Wohnwagen-, Gepäck- oder Bootsanhänger.

1 Versicherungsschutz besteht für das im Versicherungsschein benannte Fahrzeug. Welcher Art dieses Fahrzeug ist, ist dabei unerheblich.[1] Einschränkungen wie es der Einzelschutzbrief vorsieht (z. B. nur PKW, keine als LKW zugelassenen Fahrzeuge) kommen nicht zum Tragen.

2 *Anhänger*

Darüber hinaus erstreckt sich der Versicherungsschutz auf mitgeführte Wohnwagen-, Gepäck- und Bootsanhänger. Diese Aufzählung ist abschließend. Es handelt sich hierbei um Arten, die üblicherweise auf Fahrten oder Reisen mitgeführt werden. Sonstige Anhänger wie z. B. Pferdetransportanhänger sind nicht versichert.

3 Der Zeitraum des Versicherungsschutzes für diese Anhänger definiert sich aus der Dauer der Fahrt oder Reise. Der Anhänger muss mitgeführt sein, das heißt nicht, dass er mit dem versicherten Fahrzeug verbunden sein muss. Es besteht für den Anhänger ebenfalls Versicherungsschutz, wenn er während der Fahrt oder Reise abgestellt[2] ist.

4 Fällt das versicherte Fahrzeug aus, besteht für den Anhänger während der versicherten Fahrt bzw. Reise weiterhin Versicherungsschutz. Im Organisationsfall ist es in diesen Fällen ratsam, einen Mietwagen mit Anhängerkupplung bereit zu stellen.

5 Die Kosten für diesen Mietwagen müssen nicht innerhalb der vorgesehenen Deckungssumme liegen. Selbst wenn diese überschritten wird, erspart man durch die Anhängerkupplung Kosten für einen gesonderten Rücktransport des Anhängers, da er mit dem Mietwagen mitgeführt werden kann.

---

3 *OLG Hamm* Urt. v. 16.03.1973 – 20 U 260/72, VersR 1973, 810 (zur Unfallversicherung).
1 Unklar Beckmann/Matusche-Beckmann/*Höke/Heß*, Versicherungshandbuch, § 30 Rn. 303.
2 Zustimmend Staudinger/Halm/Wendt/*Schwab* Fachanwaltskommentar Versicherungsrecht, A.3.3 AKB, Rn. 163.

A.3.4 In welchen Ländern besteht Versicherungsschutz?

Sie haben mit dem Schutzbrief Versicherungsschutz in den geographischen Grenzen Europas sowie den außereuropäischen Gebieten, die zum Geltungsbereich der Europäischen Union gehören, soweit nachfolgend nicht etwas anderes geregelt ist.

Versicherungsschutz besteht, soweit Einzelbestimmungen nichts anderes vorsehen, in den geographischen Grenzen Europas sowie in den außereuropäischen Gebieten, die zum Geltungsbereich der Europäischen Union gehören. 1

Europa (geographisch/politisch) 2

Zwischen Europa[1] und Asien gibt es keine eigentliche geographische, geologische oder plattentektonische Grenze. Deshalb ist eine tatsächliche geo-physikalische Grenze zwischen Europa und Asien eine Frage der Interpretation. Tatsächlich gibt es keine allgemein anerkannte und unumstrittene Definition dieser Grenze.

Viel mehr folgte die Grenzfestlegung, die keine völkerrechtliche oder praktische Bedeutung hat, wechselnden historischen und weltanschaulichen Kriterien und war daher im Lauf der Zeit immer wieder Änderungen unterworfen. Zurzeit wird als »Grenze« das Uralgebirge, der Uralfluss, das Kaspische Meer, das Schwarze Meer, der Bosporus, das Marmarameer und die Dardanellen angesehen. 4

Abgesehen von ihren Überseegebieten werden folgende Staaten im Allgemeinen ganz zu Europa gerechnet: 5
- Albanien (Hauptstadt Tirana)
- Andorra (Hauptstadt Andorra la Vella)
- Belgien (Hauptstadt Brüssel)
- Bosnien und Herzegowina (Hauptstadt Sarajevo)
- Bulgarien (Hauptstadt Sofia)
- Dänemark (Hauptstadt Kopenhagen)
- Deutschland (Hauptstadt Berlin)
- Estland (Hauptstadt Tallinn)
- Finnland (Hauptstadt Helsinki)
- Frankreich (Hauptstadt Paris)
- Griechenland (Hauptstadt Athen)
- Großbritannien und Nordirland (Hauptstadt London)
- Irland (Hauptstadt Dublin)
- Island (Hauptstadt Reykjavík)
- Italien (Hauptstadt Rom)
- Kroatien (Hauptstadt Zagreb)
- Lettland (Hauptstadt Riga)
- Liechtenstein (Hauptstadt Vaduz)

---

1 Vgl. insoweit auch *Kreuter-Lange* A.1.4.1 AKB Rdn. 1–3 mit weiteren Nachweisen zur Rechtsprechung hinsichtlich des vereinbarten Geltungsbereiches.

A.3.4 AKB In welchen Ländern besteht Versicherungsschutz?

- Litauen (Hauptstadt Vilnius)
- Luxemburg (Hauptstadt Luxemburg)
- Malta (Hauptstadt Valletta)
- Mazedonien (Hauptstadt Skopje)
- Moldawien (Hauptstadt Chisinău)
- Monaco (Hauptstadt Monaco)
- Niederlande (Hauptstadt Amsterdam)
- Norwegen (Hauptstadt Oslo)
- Österreich (Hauptstadt Wien)
- Polen (Hauptstadt Warschau)
- Portugal (Hauptstadt Lissabon)
- Rumänien (Hauptstadt Bukarest)
- San Marino (Hauptstadt San Marino)
- Schweden (Hauptstadt Stockholm)
- Schweiz (Hauptstadt Bern)
- Serbien und Montenegro (Hauptstadt Belgrad)
- Slowakei (Hauptstadt Bratislava)
- Slowenien (Hauptstadt Ljubljana)
- Spanien (Hauptstadt Madrid)
- Tschechien (Hauptstadt Prag)
- Ukraine (Hauptstadt Kiew)
- Ungarn (Hauptstadt Budapest)
- Vatikanstadt (Hauptstadt Vatikanstadt)
- Weißrussland (Hauptstadt Minsk)
- Zypern (Hauptstadt Nikosia)

sowie die Gebiete:

zu Dänemark gehörend:
- Färöer (Hauptstadt Tórshavn)

zu Finnland gehörend:
- Åland (Hauptstadt Mariehamn)

zu Griechenland gehörend:
- Athos (Hauptstadt Karyes)

zu Großbritannien und Nordirland bzw. zur englischen Krone gehörend:
- Gibraltar (Hauptstadt Gibraltar (Stadt))
- Guernsey (Hauptstadt St. Peter Port)
- Isle of Man (Hauptstadt Douglas)
- Jersey (Hauptstadt Saint Helier)

zu Norwegen gehörend:
- Jan Mayen (Hauptstadt –)
- Svalbard (Hauptstadt Longyearbyen)

zu Portugal gehörend:

- Madeira (Hauptstadt Funchal)
- Azoren (Hauptstadt Ponta Delgada)

Nicht eindeutig ist diese Aussage im Falle der folgenden Staaten: 6

Russland liegt nur mit einem Viertel seiner Landmasse in Europa, dies ist jedoch das 7 historische Kernland mit 75 % seiner Bevölkerung. Politisch wird es deshalb als europäischer Staat betrachtet, geographisch jedoch die Mehrheit seines Territoriums zu Asien gerechnet, wobei die genaue Abgrenzung des europäischen vom asiatischen Teil umstritten ist.

Die **Türkei** liegt nach der traditionellen geographischen Abgrenzung an Bosporus und 8 Dardanellen nur mit 3 % ihrer Fläche in Europa, der Rest in Asien. Zum europäischen Teil gehört jedoch die größte Stadt und historische Hauptstadt. Die politischen und kulturellen Grenzen folgten in dieser Region kaum jemals der traditionellen geographischen Abgrenzung der Kontinente. Die Türkei unterscheidet sich vor allem durch ihre muslimische Religion vom Großteil des restlichen Europas. Politisch gehört die Türkei als Mitglied des Europarats zu Europa. Sie hat zudem eine Zollunion mit der EU und wird bei internationalen Sport- und Kulturveranstaltungen meist Europa zugeordnet. Auf politischem Gebiet ist die Frage der Zugehörigkeit der Türkei zu Europa derzeit vor allem im Kontext der Verhandlungen über ihren Beitritt zur EU heftig umstritten.

Zypern liegt im östlichen Mittelmeer nahe der Küste Asiens, zu dem es deshalb geogra- 8 phisch meist gezählt wird. Geschichtlich und kulturell ist es jedoch eng mit Europa verbunden und politisch Mitglied europäischer Organisationen, seit Mai 2004 auch Mitglied der Europäischen Union.

Die transkaukasischen Staaten **Armenien**, **Aserbaidschan** und **Georgien** werden geo- 9 graphisch meist zu Asien gerechnet, wobei jedoch die genaue Abgrenzung der Kontinente in dieser Region umstritten ist. Geschichtlich und kulturell sind jedoch die beiden mehrheitlich christlichen Staaten Armenien und Georgien mit Europa verbunden. Alle drei Staaten sind Mitglieder des Europarates und werden bei internationalen Sport- und Kulturveranstaltungen meist Europa zugeordnet.

Kasachstan liegt nach der am weitesten verbreiteten geographischen Abgrenzung am 10 Uralfluss mit einem kleinen Teil seiner Landfläche in Europa, der Rest in Asien. Abgesehen von der Mitgliedschaft in der OSZE, die es jedoch mit vier weiteren zentralasiatischen Staaten teilt, wird es politisch und kulturell gewöhnlich zu Asien gezählt.

Israel liegt geographisch unbestritten in Asien, auch wenn es bei internationalen Sport- 11 und Kulturveranstaltungen oft Europa zugeordnet wird.

Grönland gehört politisch zu Dänemark, von der Tektonik aber zum näher gelegenen 12 Amerika und ist auch nicht Teil der Europäischen Union.

Zu Spanien gehören die vor Afrika gelegenen **Kanarischen Inseln** und die an der Küste 13 Marokkos gelegenen Plaza de soberanía. Geografisch sind sie zwar Teil Afrikas, gehören allerdings als außereuropäische Gebiete eines der Europäischen Union angehörigen Landes zum versicherten Geltungsbereich.

A.3.5 AKB Hilfe bei Panne oder Unfall

A.3.5 Hilfe bei Panne oder Unfall

Kann das Fahrzeug nach einer Panne oder nach einem Unfall die Fahrt aus eigener Kraft nicht fortsetzen, werden folgende Leistungen erbracht:

Wiederherstellung der Fahrbereitschaft

A.3.5.1 Wir sorgen für die Wiederherstellung der Fahrbereitschaft an der Schadenstelle durch ein Pannenhilfsfahrzeug und übernehmen die hierdurch entstehenden Kosten. Der Höchstbetrag für diese Leistung beläuft sich einschließlich der vom Pannenhilfsfahrzeug mitgeführten und verwendeten Kleinteile auf xx Euro.

1 Die Schutzbriefversicherung ist keine Reparaturkostenversicherung. Im Rahmen der Pannenhilfe werden die Kosten der Wiederherstellung der Fahrbereitschaft inklusive der dafür notwendigen Kleinteile, die üblicherweise von einem Pannenhilfsfahrzeug mitgeführt werden, bis zu dem vereinbarten Betrag gezahlt. Sofern der Versicherungsnehmer die Organisation der Pannenhilfe dem Versicherer überträgt, entfällt häufig die Deckelung des versicherten Betrages.

2 Pannenhilfsfahrzeuge[1] sind durch die Zulassungsbehörde als solche anerkannte Fahrzeuge, die aufgrund Bauart oder Einrichtung zur Pannenhilfe geeignet sind, § 52 Abs. 4 Nr. 2 StVZO. Dies wird im Fahrzeugschein entsprechend vermerkt. Es handelt sich um eine eigene Fahrzeugart.[2] Es gelten zudem entsprechende Vorgaben der Berufsgenossenschaft[3] an den Sicherheitsstandard.

3 Eine Panne auf einer befahrenen Straße zu haben, ist für den Versicherungsnehmer nicht nur unbequem und ärgerlich, sondern häufig auch sehr gefährlich. Durch die vertragliche Vorgabe »Pannenhilfsfahrzeug« wird zugleich gewährleistet, dass auch in Absicherungsfragen ausgebildetes und ausgerüstetes Personal herbeigerufen wird. Das Personal von Pannenhilfsfahrzeugen hat zudem besondere Befugnisse zur Eigensicherung und zur Absicherung havarierter Fahrzeuge, § 45 Abs. 7a StVO.[4]

---

1 *Zunner* Praxiswissen Fahrzeug-Zulassung, Kap. 5, Rn 1.
2 *EuGH* Urt. v. 21.05.1987 – 79/86, JurionRS 1987, 19300; *BVerwG* Urt. v. 30.05.2013 – 3 C 9.12, BVerwGE 146, 357 = JurionRS 2013, 40538 = NJW 2014, 328; *LG Münster* Urt. v. 14.06.2005 – 16 Cs 81 Js 583/04 – 67/05, JurionRS 2005, 34709; *LG Hamburg* Beschl. v. 17.07.1992 – 603 Qs 524/92, ADAJUR Dok.Nr. 11423 = DAR 1992, 438 = MDR 1992, 1070 = NZV 1992, 422 = VRS 83, 428.
3 BG-Informationen, BGI 800, Sicherungsmaßnahmen bei Pannen-/Unfallhilfe, Bergungs- und Abschlepparbeiten.
4 Hentschel/*König*/Dauer § 45 StVO, Rn. 49a; Ferner/Bachmeier/*Müller* Fachanwaltskommentar Verkehrsrecht, § 45 StVO, Rn. 130 ff.; *Albrecht* Neue Verkehrs- und Bußgeldvorschriften 2006, SVR 2006, 41 ff.

Wiederherstellung der Fahrbereitschaft A.3.5.1 AKB

Kleinteile, die ein Pannenhilfsfahrzeug mit sich führt 4

Die Mindestausstattung[5] eines Pannenhilfsfahrzeuges besteht aus folgenden Gegenständen:

a.) Ausrüstung zur Absicherung der Unfall- oder Arbeitsstelle:
- 2 Unterlegkeile
- 1 Warnflagge weiß-rot gestreift
- 3 Warndreiecke u. 2 Warnleuchten, jeweils in amtlich genehmigter Bauart
- 5 Leitkegel (Lübecker Hüte) 75 cm hoch
- Faltkegel[6]

b.) Ausrüstung zur Behebung von Pannen:

Werkzeuge
- Je 1 Dorn, Körner u. Meißel
- Je 1 Kontakt- Flach- und Halbrund- u. Rundfeile
- 1 Satz Gabelschlüssel (Schlüsselweiten 6–32)
- 1 Satz Ringschlüssel (Schlüsselweiten 6–32) gerade u. gekröpft
- 1 Satz Steckschlüssel (Schlüsselweiten 6–22)
- 2 Satz Innensechskantschlüssel (Schlüsselweiten 4–12)
- 1 Radkreuzschlüssel
- 2 Zündkerzenschlüssel (Schlüsselweiten 21 und 26)
- 1 Magnet an biegsamer Verlängerung
- 1 Satz Schraubenzieher
- je 1 Kombi-Zange, Seitenschneider u. Wasserpumpenzange
- 1 Zündkerzenbürste
- 2 Hämmer (300 g u. 800 g)
- 1 Gummi- oder Plastikhammer
- 2 Montierhebel

Geräte
- 1 Wagenheber
- 1 Unterstellblock oder –klotz
- 1 Luftpumpe oder 1 Druckluftflasche
- 1 Spaten
- 1 Prüflampe
- 1 Arbeitslampe
- 1 Öleinspritzkanne
- 1 Abschleppseil
- Startbatterieausrüstung (12 Volt) mit Starthilfekabel, ausgelegt für Dieselmotoren

Ersatzmaterial
- Je eine Batterie vom Typ 50 100, 50 200, 50 300, 50 400 und 50 500

---

5 VKBl. 1997, 472 = ADAJUR Dok.Nr. 29759.
6 Berlin-Report DAR 2013, 675.

A.3.5.2 AKB Abschleppen des Fahrzeuges

- Isolierband
- Ventileinsätze
- Zündkerzen – unterschiedlich (Gewinde, Wärmewert etc.)
- Ersatz-Kabel für die Kfz-Elektrik in gängigen Querschnitten
- Kabelbinder verschiedene Längen, Benzinschlauch mit passenden Schlauchschellen
- Ersatz-Wasserschläuche mit passenden Schlauchschellen
- Bindedraht
- Ersatz-Glühlampen für die vorgeschriebene Fahrbahn- u. Kfz-Beleuchtung/Sicherungen gängiger Art für unterschiedliche Stromstärken

Kraft- u. Schmierstoffe, Wasser
- 10 Liter Superbenzin, unverbleit
- 5 Liter Dieselkraftstoff
- 10 Liter Wasser
- 2 Liter synthetisches Motoröl

Diagnosegeräte

5 *Batterien, Reifen, Benzin*

Batterien oder Fahrzeugreifen sind keine Kleinteile und sind ebenso wie Kraftstoff nicht erstattungspflichtig.

6 Bedingungsgemäß muss die Pannenhilfe am Schadensort stattfinden. Eine erfolgreiche Pannenhilfe ist nicht nur im Sinne des Versicherungsnehmers, sondern erspart dem Versicherer auch Folgekosten (z. B. Mietwagen).

7 *Erweiterte Pannenhilfe*

In der Praxis hat sich deshalb die so genannte »erweiterte Pannenhilfe« bewährt, die nicht nur die Wiederherstellung der Fahrbereitschaft am Schadensort, sondern auch in einer Werkstatt innerhalb einer vereinbarten Zeit nach Schadenereignis mit einschließt.

8 Zusätzliche Kosten für das Abschleppen in die Werkstatt entstehen bei dieser Variante nicht.

9 Der Mehraufwand des Pannenhilfsdienstes wird in der Regel durch eine erfolgsabhängige Bezahlung (Bonus für erfolgreiche Pannenhilfe) abgegolten.

Abschleppen des Fahrzeuges

A.3.5.2 Kann das Fahrzeug an der Schadenstelle nicht wieder fahrbereit gemacht werden, sorgen wir für das Abschleppen des Fahrzeugs. Dies schließt das Gepäck und die nicht gewerblich beförderte Ladung mit ein.

Wir übernehmen die hierdurch entstehenden Kosten. Der Höchstbetrag für diese Leistung beläuft sich auf xx Euro; hierauf werden durch den Einsatz eines Pannenhilfsfahrzeugs entstandene Kosten angerechnet.

Abschleppen des Fahrzeuges A.3.5.2 AKB

Im Verhältnis zu den AKB 2008 hat die Klausel eine sprachliche, aber keine inhaltliche Änderung erfahren. 1

Kann die Fahrbereitschaft des versicherten Fahrzeuges nach Panne oder Unfall nicht mehr hergestellt werden, werden die Kosten für das Abschleppen des Fahrzeuges[1] vom Schadensort bis zur nächsten zuverlässigen Werkstatt bis zu dem im Vertrag vereinbarten Betrag erstattet. 2

Zwar enthält die Regelung nach dem Wortlaut keine Einschränkung auf »nächste zuverlässige Werkstatt«; dies versteht sich aber aus dem Sinn und Zweck der Hilfe. 3

Es liegt im Interesse des Versicherers, dass die Dienstleistungen »Pannenhilfe« und »Abschleppen« von ihm als Serviceleistung organisiert und in das bestehende Netz von Partnerunternehmen gesteuert werden. Neben einheitlichen, kundenorientierten Servicestandards gewährleistet die eigene Organisation ebenso standardisierte Kosten, die die Schadenabwicklung vereinfachen. 4

Der Autoschutzbriefversicherer ist Organisator der Hilfe. Er ist aber nicht selbst[2] zur Ausführung der Hilfe verpflichtet. Folglich ist er auch selbst kein Frachtführer zur Durchführung von Abschleppmaßnahmen. Er verpflichtet sich auch nicht, wie ein solcher zur eingeschränkten Haftung, wie dies in Verträgen von Automobilclubs[3] denkbar ist. 5

Für Schäden durch das Abschleppschleppen sind daher im Autoschutzbriefvertrag immer nur der Abschleppunternehmer und dessen Fahrer in Anspruch zu nehmen, nicht der Autoschutzbriefversicherer. Der Abschleppunternehmer ist kein[4] Erfüllungsgehilfe des Versicherers. 6

Um dem Versicherungsnehmer einen Anreiz für die Inanspruchnahme der Serviceleistung bieten zu können, empfiehlt es sich im Falle der Organisation durch den Versicherer auf eine Deckelung der Versicherungssumme zu verzichten. Nachteile entstehen dadurch weder dem Versicherungsnehmer noch dem Versicherer. 7

Häufig ist es Wunsch des Versicherungsnehmers, sein Fahrzeug in die Werkstatt seines Vertrauens[5] zu verbringen. Dies führt in der Regel zu keinem Problem, wenn die dadurch entstehenden Kosten innerhalb der vereinbarten Leistungsgrenze liegen. 8

---

1 Dabei beinhaltet die Zusicherung, das Fahrzeug samt Gepäck zurückzuholen, nicht die Pflicht des Versicherers, diese Leistung selbst zu erbringen, *OLG Saarbrücken* Urt. v. 07.9.2004 –5 U 530/04, JurionRS 2005, 16789 = ADAJUR Dok.Nr. 64937 = NJW-RR 2005, 1194 = VersR 2005, 1724 = OLGR 2005, 658 = zfs 2005, 399 = r+s 2005, 374 = SP 2005, 386.
2 *OLG Hamm*, Beschl. v. 11.10.2013 – I-20 U 152/13, ADAJUR Dok.Nr. 104249 = SP 2014, 63.
3 *LG Köln* Urt. v. 16.01.2003 – 24 S 26/02, ADAJUR Dok.-Nr. 54 407 zur Haftung für Beschädigung eines Motorrades beim Abschleppen; *AG Köln* Urt. v. 29.01.2002 –111 C 356/01, ADAJUR Dok.-Nr. 54 406.
4 Staudinger/Halm/Wendt/*Schwab* Fachanwaltskommentar Versicherungsrecht, A.3., Rn. 165.
5 So auch Feyock/*Jacobsen*/Lemor KfzVers, A.3.5.2 AKB, Rn. 29.

A.3.5.3 AKB Bergen des Fahrzeuges

9 Übersteigen die Kosten dieses Limit, bleibt wiederum die Möglichkeit, versicherte, aber nicht in Anspruch genommene Leistungen (z. B. Mietwagen) hinzuzurechnen.

10 *Anhänger/Gepäck*

Der Anspruch auf Abschleppen bezieht sich nicht nur auf das versicherte Fahrzeug, sondern auch auf versicherte Anhänger, das Gepäck und nicht gewerblich beförderter Ladung.

11 *Straßenreinigung*

Kosten für Straßenreinigung und dafür verwendete Materialien (z. B. Ölbindemittel) können über den Schutzbrief nicht abgerechnet werden. Zuständig ist die Kfz-Haftpflichtversicherung.[6]

12 *Anrechnung erfolgloser Pannenhilfe*

Ist zunächst versucht worden, die Fahrbereitschaft des Fahrzeuges wieder herzustellen, werden die Kosten dieser erfolglosen Pannenhilfe auf die Abschleppkosten angerechnet.

13 *Falschparken*

Wird das Fahrzeug aufgrund einer behördlichen oder polizeilichen Anordnung (Falschparken, Sicherheitsrisiko, etc.) abgeschleppt, liegt kein versicherter Schutzbriefschaden vor.

Bergen des Fahrzeuges

A.3.5.3 **Ist das Fahrzeug von der Straße abgekommen, sorgen wir für die Bergung des Fahrzeugs. Dies schließt das Gepäck und nicht gewerblich beförderte Ladung mit ein.**

Wir übernehmen die hierdurch entstehenden Kosten.

1 Bei der Überarbeitung der AKB wurde die Klausel sprachlich etwas verändert. Der Inhalt blieb gleich.

2 *Definition Bergung*

Ist das Fahrzeug von der Straße abgekommen, wird dieses inklusive Gepäck und nicht gewerblich beförderter Ladung geborgen.

3 Da es keine Entschädigungsgrenze für Bergungskosten gibt, ist klar definiert, wann die Merkmale des Abschleppens überschritten werden.

4 Bergung ist gegenüber einem Abschleppvorgang eine zusätzliche Leistung, um ein von einer Straße (Weg) abgekommenes Fahrzeug wieder auf die Straße zu verbringen, um es transportfähig zu machen.

---

6 *Schwab* Ölspurbeseitigung – die rechtliche und wirtschaftliche Seite bei der Schadensabwicklung, DAR 2010, 347 ff.

Das auf der Straße befindliche verunfallte Fahrzeug, wenn es auf dem Dach oder der 5
Seite liegt, gehört schon nach dem Wortlaut der Klausel nicht hierzu, auch wenn in
der Praxis häufig diese Kosten von der Autoschutzbriefversicherung bezahlt werden.
Da der Straßeneigentümer nicht zu dulden hat, dass die Fahrbahnnutzung durch ein
solches Fahrzeug behindert wird, hat sich der Kfz-Haftpflichtversicherer mit diesen
Kosten genauso zu befassen, wie mit der Ladung[1] auf der Fahrbahn.

Bergungskosten bei wirtschaftlichem Totalschaden 6

Im Einzelfall können Bergungskosten sehr hoch ausfallen (z. B. Bergung eines wieder
aufgefundenen Fahrzeuges aus einem Gewässer). Auch wenn es keine Begrenzung der
Entschädigung gibt, muss die Verhältnismäßigkeit zwischen entstandenem Schaden
und den Bergungskosten gewahrt bleiben.

Diese Verhältnismäßigkeit wird dann fraglich, wenn die Bergungskosten den Wieder- 7
beschaffungswert des Fahrzeuges übersteigt.

Da mittlerweile eine Bergung des Fahrzeuges allerdings in der Regel unter Naturschutz- 8
aspekten oder sonstiger gesetzlichen Bestimmungen nicht umgangen werden kann, ist
es bedenklich die Kosten dem Versicherungsnehmer nicht zu erstatten. Relevanz hat
dies insbesondere bei in der Kfz-Haftpflichtversicherung nicht versicherten **Eigenschäden**, wenn z. B. das Fahrzeug aus einem Grundstück des Versicherungsnehmers geborgen werden muss.

In diesen Fällen ist davon auszugehen, dass die Bergung des Fahrzeuges als zusätzliche 9
Schadenposition neben dem eigentlichen Fahrzeugschaden zu bewerten ist und die
Kosten übernommen werden müssen. Der Autoschutzbriefversicherer kann sich
dann nicht darauf berufen, dass die Bergungskosten den Wert des Fahrzeugs übersteigt,
da es kein gesetzliches Bereicherungsverbot mehr[2] gibt. Der Versicherer muss sein Versprechen[3] erfüllen.

Zulässig ist es dagegen, abweichend von den Musterbedingungen des GDV, in indivi- 10
duelle Klauseln Höchstgrenzen für die Bergungskosten vorzusehen, da ein Versicherer
sein Leistungsversprechen in transparenter Form begrenzen[4] darf.

Ist allerdings ein Dritter in seinen Rechten betroffen, z. B. dadurch dass das Fahrzeug 11
auf ihrem Grundstück liegt oder in einem Fluss versunken ist, liegt – unabhängig von

---

1 BGH Urt. v. 06.11.2007 – VI ZR 220/06, JurionRS 2007, 42636 = VersR 2008, 230 = NJW
  2008, 406 = MDR 2008, 140 = NZV 2008, 83 = r+s 2008, 36 = DAR 2008, 82 m. krit. Anm.
  Schwab.
2 Stiefel/Maier/*Stadler* Kraftfahrtversicherung, A.3.5.3 AKB, Rn. 35.
3 BGH Urt. v. 04.04.2001 – IV ZR 138/00, BGHZ 147, 212 = JurionRS 2001, 19990 = NJW
  2001, 3539 = VersR 2001, 749 = MDR 2001, 989 = zfs 2001, 410; *OLG Karlsruhe* Urt. v.
  20.10.2005 – 10 U 197/05, zfs 2006, 218.
4 BGH Urt. v. 30.09.2009 – IV ZR 47/09, JurionRS 2009, 24433 = NJW 2010, 294 = MDR
  2010, 28 = VersR 2009, 1622 = VRR 2010, 20 bespr. v. *Knappmann* = zfs 2010, 34 (Neuwert-
  versicherung).

A.3.5.3 AKB Bergen des Fahrzeuges

einem wirtschaftlichen Totalschaden – zumindest eine **Besitzstörung** vor. Nach der neueren Rechtsprechung des *BGH*[5] erhalten Besitzstörungen immer stärker Schadensersatzcharakter. Folglich ist regelmäßig zu prüfen, ob der Kfz-Haftpflichtversicherer vorrangig vor dem Autoschutzbriefversicherer leistungspflichtig ist.

12 Der große Unterschied zum Abschleppen besteht bei der Bergung darin, dass das Abschleppen immer nur im Interesse des Versicherten erfolgt. Bei der Bergung ist dies anders. Es werden drei Interessen verfolgt:
– Bergung, damit der Versicherte wieder über sein Fahrzeug verfügen kann (Autoschutzbrief)
– Bergung, damit der geschädigte Dritte seine Straße oder sein Grundstück wieder ungehindert nutzen kann (Kfz-Haftpflichtversicherung)
– und gleichzeitig Bergung, damit der Fahrzeugeigentümer von seiner Pflicht gegenüber dem Dritten befreit wird, das störende Fahrzeug fortschaffen zu müssen (Kfz-Haftpflichtversicherung)

13 *Straßenreinigung*

Die Bergung **gewerblicher beförderter Ladung** ist in der Autoschutzbriefversicherung ausgeschlossen. Bergungskosten für die gewerbliche Ladung sind über die Verkehrshaftungsversicherung[6] als Pflicht-Haftpflichtversicherung für den gewerblichen Straßengüterverkehr nach § 7a GüKG oder die Warentransportversicherung[7] für den Werkverkehr zu versichern.

14 *Straßenreinigung*

Kosten für Straßenreinigung und die hierfür eingesetzten Materialien (z. B. Ölbindemittel) sind kein Bestandteil der Fahrzeugbergung und werden deshalb nicht ersetzt. In diesen Fällen sind immer Rechte Dritter betroffen, so dass die Kfz-Haftpflichtversicherung[8] sich mit der Schadensposition zu befassen hat.

---

5 *BGH* Urt. v. 05.06.2009 – V ZR 144/08, BGHZ 181, 233 = JurionRS 2009, 17376 = DAR 2009, 515 = VersR 2009, 1121 = NJW 2009, 2530 = WM 2009, 1664 = MDR 2009, 1166 = NZM 2009, 595 = NJW-Spezial 2009, 538; *BGH* Urt. v. 02.12.2011 – V ZR 30/11, JurionRS 2011, 31970 = DAR 2012, 78 = NZV 2012, 127 = MDR 2012, 145 = NJW 2012, 528 = VVR 2012, 103 bespr. v. *v. Gayl*.
6 4.2 DTV-VHV 2003/2011.
7 2.3.1.2.1 DTV-Güter 2000/2011.
8 *Schwab* Ölspurbeseitigung – die rechtliche und wirtschaftliche Seite bei der Schadensabwicklung, DAR 2010, 347 ff.

Was versteht man unter Panne und Unfall?

A.3.5.4 Unter Panne ist jeder Betriebs-, Bruch- oder Bremsschaden zu verstehen. Unfall ist ein unmittelbar von außen plötzlich mit mechanischer Gewalt auf das Fahrzeug einwirkendes Ereignis.

Die bisherigen Einzelschutzbriefe sehen zum Teil unterschiedliche Leistungen bei Panne oder Unfall vor. Ist der Schaden auf einen Unfall zurückzuführen, findet die 50 km Grenze bei einigen Leistungen (z. B. Mietwagen) keine Anwendung. 1

Bei dem in die Kraftfahrtversicherung inkludierten Schutzbrief ist es unerheblich, ob der Schadenfall durch Panne oder Unfall eingetreten ist. Die zu beanspruchenden Leistungen sind identisch. Es erübrigt sich somit, in jedem Fall eine klare Unterscheidung vorzunehmen. 2

Panne 3

Der Begriff der Panne wird in der Schutzbriefversicherung wie in der Kraftfahrtversicherung durch einen Brems-, Betriebs- oder Bruchschaden des versicherten Fahrzeuges definiert. Dabei ist unerheblich, ob die Panne auf einem technischen Defekt (z. B. Bruch der Kraftstoffleitung oder einem Bedienungsfehler[1] (z. B. Getriebeverspannung durch Schaltfehler; falsche Kraftstoffsorte[2] getankt) beruht. Da in der Schutzbriefversicherung die Erhaltung der Mobilität der versicherten Personen im Vordergrund steht, kann man grundsätzlich davon ausgehen, dass eine Panne immer vorliegt, wenn ein eigentlich betriebsbereites Fahrzeug nicht mehr fahrbereit ist.

Beim Tanken von falschem Kraftstoff kann grobe Fahrlässigkeit vorliegen. Die Regulierung erfolgt in der Regel auf Kulanzbasis. 4

Fahrbereites Fahrzeug trotz Panne 5

Tritt infolge einer Panne oder eines Unfalls zwar eine Betriebsstörung ein, das Fahrzeug ist aber weiterhin fahrbereit (Glasbruch, Ausfall der Beleuchtung, Blechschaden, etc.), liegt kein versicherter Schutzbriefschaden vor. In der Praxis sollte man bei Grenzfällen prüfen, ob es für den Versicherungsnehmer zumutbar und erlaubt ist, bis in die nächste zuverlässige Werkstatt zu fahren. Ist dies nicht der Fall, liegt unter dem Gesichtspunkt der Aufrechterhaltung der Mobilität ein versicherter Schadenfall vor.

Beim Ausfall des **Bremskraftverstärkers** oder der **Servolenkung** bleibt das Fahrzeug funktionsfähig. Der erforderliche Kraftaufwand ist jedoch ungleich größer und daher auch gefährlicher. Ein Weiterfahren kann unter Umständen den Tatbestand einer Ge- 6

---

1 Stiefel/Maier/*Stadler* Kraftfahrtversicherung, A.3.5.4 Satz 1 AKB, Rn. 5.
2 *Becker* Verdammt, vertankt, ADAC-Motorwelt 11/2011, 116; *Helmig* Rechtsfragen zum Betanken eines Kfz mit falschem Kraftstoff, DAR 2009, 508 ff.; Prölss/Martin/Knappmann A.3 AKB Rn. 3; Staudinger/Halm/Wendt/*Schwab* Fachanwaltskommentar Versicherungsrecht, A.3.5 AKB, Rn. 168.

A.3.5.4 AKB Was versteht man unter Panne und Unfall?

fahrerhöhung[3] verwirklichen, zumal der Mangel offenkundig zu Tage tritt und vom Versicherten erkannt[4] wird. Entsprechend kann dem Versicherten nicht zugemutet werden, tatsächliche und rechtliche Risiken einzugehen.

7 Beim Ausfall des Antiblockiersystems (**ABS**) oder des Elektronischen Stabilitätsprogramms (**ESP**) bleibt das Fahrzeug ebenfalls funktionsfähig. Die Fahrstabilität und die Bremseigenschaften im Grenzbereich sind jedoch eingeschränkt. Aus dem Bordbuch des Herstellers ergibt sich, ob eine Weiterfahrt (ohne riskante Fahrmanöver) möglich ist. Wird dies bejaht, liegt keine Panne vor.

8 Beim Ausfall der **Lichtmaschine** wird die Batterie nicht mehr geladen. Ein Weiterfahren mit Batteriestrom ist insbesondere für Fahrzeuge, die Vergaserkraft benötigen, nur bedingt möglich. Die Reichweite ist begrenzt und hängt vom Ladezustand der Batterie und dem Stromverbrauch (z. B. Einspritzanlage, Gebläse, Licht, heizbare Heckscheibe, Scheibenwischer) ab. Kann der Versicherte eine nahe gelegene Werkstatt erreichen, liegt noch keine Panne[5] vor. Besteht die Gefahr unterwegs liegenzubleiben ist dem Versicherten nicht zuzumuten soweit zu fahren, bis die Batterie erschöpft ist, da dann auch die Warnblinkanlage nicht mehr funktionsfähig ist.

9 Ein Fahrzeug bleibt betriebsfähig, wenn es nur wegen **Treibstoffmangel**[6] liegenbleibt. Eine Panne liegt dann nicht vor.

10 Hat der Versicherungsnehmer Treibstoff aus einem Reservekanister nachgefüllt und springt der Motor trotzdem nicht wieder an, da die Einspritzpumpe zu entlüften ist, liegt eine Panne vor. Dies gilt ebenso, wenn falscher Kraftstoff (Diesel statt Benzin und umgekehrt) eingefüllt wurde.

11 *Mobile Reparaturangebote*

Eine weitere Alternative zum Verbringen in eine Werkstatt sind mobile Reparaturangebote (insbesondere bei Glasschäden), die vom Versicherungsnehmer genutzt werden können.

12 Ist das Fahrzeug vor Beginn der Fahrt bereits reparaturwürdig und wird die Fahrt trotzdem angetreten, kann je nach Tatbestand eine Gefahrerhöhung oder grobe Fahrlässigkeit[7] vorliegen.

---

3 *OLG Hamm* Urt. v. 08.02.1989 – 20 U 154/88, JurionRS 1989, 13912 = r+s 1989, 207.
4 *BGH* Urt. v. 25.09.1968 – IV ZR 514/68, BGHZ 50, 385 = JurionRS 1968, 11428 = DAR 1969, 46 = MDR 1969, 124 = NJW 1969, 42 = VersR 1969, 1153; *BGH* Urt. v. 11.06.1969 – IV ZR 1158/68, JurionRS 1969, 11487; *BGH* Urt. v. 22.01.1969 – IV ZR 552/68, JurionRS 1969, 11665.
5 Stiefel/Maier/*Stadler* Kraftfahrtversicherung, A.3.5.4. AKB Rn. 4.
6 Feyock/*Jacobsen*/Lemor, KfzVers, A.3.5.4 AKB, Rn. 33; Stiefel/Maier/*Stadler* Kraftfahrtversicherung, A.3.5.4. AKB Rn. 8.
7 Stiefel/Maier/*Stadler* Kraftfahrtversicherung, A.3.5.4. Satz 2 AKB Rn. 12; Beckmann/Matusche-Beckmann/*Höke/Heß*, Versicherungsrechts-Handbuch, § 30 Rn. 312.

Definition Fahrt 13

Der Begriff der Fahrt bedeutet nicht, dass diese bereits erfolgreich angetreten sein muss.

Der Versicherer ist ebenfalls leistungspflichtig,[8] wenn die Panne vor dem eigentlichen 14
Beginn der Fahrt eintritt, weil das Fahrzeug z. B. nicht anspringt.

Weder Panne noch Unfall liegen vor, wenn die Fahrt nicht angetreten werden kann, weil sich der Zündschlüssel im verschlossenen Fahrzeug befindet. Abweichend von den Musterbedingungen des GDV wird dies mitunter in individuellen Autoschutzbriefbedingungen angeboten.

Unfall 15

Ein Unfall ist ein unmittelbar von außen plötzlich mit mechanischer Gewalt auf das Fahrzeug einwirkendes Ereignis[9].

Mut- und böswillige Beschädigung/Tiere 16

Eine mut- und böswillige Beschädigung[10] durch betriebsfremde Personen, die zur Betriebsunfähigkeit des Fahrzeuges führt, ist ebenfalls als Unfall zu bewerten.

Gleiches gilt für den Zusammenstoß mit Tieren[11]. Anders als in der Teilkaskoversicherung ist es in der Schutzbriefversicherung unerheblich, um welches Tier es sich gehandelt hat. Der Wildtatbestand muss nicht erfüllt sein, so dass auch die Kollision mit Haustieren als versicherter Unfall anzusehen ist. Auch ein Marderbiss ist ein Eingriff von außen, selbst wenn sich das Tier zunächst in den Motorraum hineinbewegen musste. 17

Entwendung, Raub, Unterschlagung 18

Bei Entwendung, Raub, Unterschlagung oder unbefugtem Gebrauch des Fahrzeuges sind eintretende Pannen oder Unfälle versichert. Der Täter ist allerdings kein berechtigter Fahrer, so dass er keinen Versicherungsschutz genießt.

Ist die Mobilität des Versicherungsnehmers nicht mehr gegeben, weil das versicherte 19
Fahrzeug entwendet worden ist oder wird ein entwendetes Fahrzeug betriebsbereit wieder aufgefunden, besteht kein Versicherungsschutz, sofern der Schadensort nicht mindestens 50 km vom ständigen Wohnsitz[12] entfernt liegt (siehe auch zusätzliche Hilfe bei Diebstahl unter A.3.6)

---

8 Beckmann/Matusche-Beckmann/*Höke/Heß*, Versicherungsrechts-Handbuch § 30 Rn. 294.
9 Zum Unfallbegriff vgl. auch *Stomper* A.2.2.2 AKB Rdn. 8 ff.
10 Vgl. auch *Stomper* A.2.2.2 AKB Rdn. 101 ff.
11 Vgl. auch *Stomper* A.2.2.1 AKB Rdn. 78 ff. (Haarwild).
12 *OLG München* Urt. v. 03.06.2003 – 25 U 5174/02, JurionRS 2003, 45263 = ADAJUR Dok.Nr. 54397 = DAR 2003, 378 zum Wohnsitz im Rahmen der ADAC-Mitgliedschaft.

A.3.6 AKB Zusätzliche Hilfe bei Panne, Unfall oder Diebstahl ab 50 km Entfernung

20 *Brand, Explosion, Unwetter*

Betriebsschäden infolge Brand/Explosion[13] und unwetterbedingten Schadenereignissen (Sturm, Hagel, Blitzschlag, Überschwemmung[14], Lawinen, Mure) sind ebenfalls versichert[15].

21 Ist das Fahrzeug von einem Unwetter nicht direkt betroffen, die Fahrt kann aber trotzdem nicht fortgesetzt werden, weil dies z. B. durch umgestürzte Bäume oder Lawinenabgänge unmöglich gemacht wird, liegt kein Tatbestand des inkludierten Schutzbriefes der Kraftfahrtversicherung vor.

A.3.6 Zusätzliche Hilfe bei Panne, Unfall oder Diebstahl ab 50 km Entfernung

Bei Panne, Unfall oder Diebstahl des Fahrzeugs erbringen wir nachfolgende Leistungen unter den Voraussetzungen, dass
- die Hilfeleistung an einem Ort erfolgt, der mindestens 50 km Luftlinie von Ihrem ständigen Wohnsitz in Deutschland entfernt ist und
- das Fahrzeug weder am Schadentag noch am darauf folgenden Tag wieder fahrbereit gemacht werden kann oder es gestohlen worden ist.

1 Die Klausel wurde sprachlich überarbeitet, ohne den Inhalt zu ändern.

2 Bei Panne, Unfall oder Diebstahl des Fahrzeuges an einem Ort, der mindestens 50 km Luftlinie vom ständigen Wohnsitz[1] des Versicherungsnehmers entfernt ist, werden die zusätzlichen Leistungen »Weiter- oder Rückfahrt«, »Übernachtung«, »Mietwagen« und »Fahrzeugunterstellung« erbracht, wenn das Fahrzeug weder am Schadentag noch am darauf folgenden Tag wieder fahrbereit gemacht werden kann oder es gestohlen worden ist.

3 In der Regel ist die im Versicherungsschein dokumentierte Adresse der ständige Wohnsitz des Versicherungsnehmers. Ist dies nicht der Fall oder hat der Versicherungsnehmer mehr als einen Wohnsitz, ist der Ort als ständiger Wohnsitz anzunehmen, an dem sich der Lebensmittelpunkt der betroffenen Person befindet.

4 Für mitversicherte Insassen ist der Wohnsitz des Versicherungsnehmers[2] maßgebend.

---

13 Vgl. auch A.2.2.2.1 AKB.
14 Vgl. auch A.2.2.1.3 AKB.
15 Vgl. hierzu auch A.2.2.1 ff. AKB zu den Teilkasko-Risiken.
1 *OLG München* Urt. v. 03.06.2003 – 25 U 5174/02, JurionRS 2003, 45263 = ADAJUR Dok.Nr. 54397 = DAR 2003, 378 zum Wohnsitz im Rahmen der ADAC-Mitgliedschaft.
2 Feyock/*Jacobsen*/Lemor KfzVers, A.3 AKB, Rn. 69; Staudinger/Halm/Wendt/*Schwab* Fachanwaltskommentar Versicherungsrecht, A.3.5 AKB, Rn. 170; a. A. Stiefel/Maier/*Stadler* Kraftfahrtversicherung, A.3.6 AKB, Rn. 7.

50 km Grenze 5

Bei der Mindestentfernung von 50 km wird eindeutig auf die Luftlinie zwischen ständigem Wohnsitz und Schadensort abgestellt. Die zusätzlichen Leistungen können deshalb nicht schon dann beansprucht werden, wenn die auf öffentlichen Straßen zurückzulegende Distanz zwischen Wohnsitz und Schadensort mindestens 50 km beträgt.

Wiederherstellungsklausel 6

Die zeitliche Eingrenzung auf Schadenfälle, bei denen das Fahrzeug nicht am Schadentag oder dem darauf folgenden Tag wieder fahrbereit gemacht werden kann, macht dann Sinn, wenn die versicherten Personen auf ihr Fahrzeug angewiesen und die Unterbrechung der Fahrt akzeptabel und mit den ursprünglichen Planungen in Einklang zu bringen sind.

Anders sieht das in der Praxis dann aus, wenn eine Termineinhaltung für die Versicherten im Vordergrund steht, wie dies häufig bei Dienstreisen der Fall ist. Aber auch bei Urlaubsreisen kann dies entscheidend sein, wenn zum Beispiel gebuchte Fähren zeitgerecht erreicht werden müssen. 7

Im Organisationsfall steht wiederum eine für alle Seiten akzeptable Lösung im Vordergrund, die ebenfalls den wirtschaftlichen Interessen der Beteiligten gerecht wird. 8

Diebstahl 9

Der Begriff des Diebstahls[3] ist als Oberbegriff für die in der Teilkaskoversicherung versicherten Entwendungstatbestände zu sehen. Raub und Unterschlagung sind versicherte Schadenursachen, die zu den zusätzlichen Leistungen des Abschnittes A.3.6 führen können.

Bei den folgenden Optionen besteht nur die Möglichkeit eine Variante zu wählen. Das bedeutet, dass nicht jede versicherte Person ein für sich eigenes Wahlrecht hat. 10

Weiter- oder Rückfahrt

A.3.6.1 Folgende Fahrtkosten werden erstattet:

a Eine Rückfahrt vom Schadenort zu Ihrem ständigen Wohnsitz in Deutschland oder

b eine Weiterfahrt vom Schadenort zum Zielort, jedoch höchstens innerhalb des Geltungsbereichs nach A.3.4 und

c eine Rückfahrt vom Zielort zu ihrem ständigen Wohnsitz in Deutschland,

d eine Fahrt einer Person von ihrem ständigen Wohnsitz oder vom Zielort zum Schadenort, wenn das Fahrzeug dort fahrbereit gemacht worden ist.

---

3 Weitergehende Informationen zum Thema Diebstahl bei *Stomper* unter A.2.2.1 Rdn. 21 ff. m. w. H. auch zur Rechtsprechung für die Kasko-Versicherung.

A.3.6.1 AKB Weiter- oder Rückfahrt

Die Kostenerstattung erfolgt bei einer einfachen Entfernung unter 1.200 Bahnkilometern bis zur Höhe der Bahnkosten 2. Klasse. Bei größerer Entfernung werden diese bis zur Höhe der Bahnkosten 1. Klasse oder der Liegewagenkosten jeweils einschließlich Zuschlägen übernommen. Zusätzlich erstatten wir die Kosten für nachgewiesene Taxifahrten bis zu xx Euro.

1 Die Klausel wurde sprachlich ohne inhaltliche Änderungen zu A.3.6.1 AKB 2008 verändert.

2 *Maximal 3 versicherte Fahrten*

Sofern sich die Versicherten für die Variante »Weiter – oder Rückfahrt« entscheiden, können sie zunächst wählen, ob sie vom Schadensort zum Zielort oder zu dem in Deutschland befindlichen ständigen Wohnsitz[1] fahren wollen.

3 Die Fahrt zum Zielort ist auf den Geltungsbereich (A.3.4) beschränkt. Liegt der Zielort außerhalb des versicherten Geltungsbereiches werden die Kosten bis zur Grenze des Geltungsbereichs erstattet.

4 Neben der Fahrt zum Zielort oder Wohnsitz besteht Anspruch auf zwei weitere Fahrten, die der Versicherungsnehmer im Bedarfsfall abrufen kann:
 – die Rückfahrt vom Zielort zum ständigen Wohnsitz
 – die Fahrt einer Person vom Wohnsitz oder Zielort zum Schadensort, sofern das Fahrzeug dort wieder fahrbereit gemacht worden ist

5 Der Versicherer zahlt somit insgesamt bis zu drei Fahrten.

6 Für die Abholfahrt des wieder instand gesetzten Fahrzeuges gibt es keine zeitliche Begrenzung. Der Zeitpunkt ist abhängig von der Dauer der Reparatur.

7 *Wieder aufgefundenes Fahrzeug*

Wird ein entwendetes Fahrzeug wieder aufgefunden ist der Schadensort fast nie mit dem Fundort identisch. Es ist in den Bedingungen nicht geregelt, ob auch die Abholfahrt zum Fundort versichert ist. Da sich die Zusatzleistungen des Abschnittes A.3.6 allerdings ausdrücklich auch auf den Tatbestand des Diebstahls beziehen, wäre es unbillig, diese Abholfahrt nicht zu erstatten[2].

8 *Bahnfahrten*

Bei einer einfachen Entfernung unter 1.200 Bahnkilometern werden die Bahnkosten der 2. Klasse erstattet, bei größeren Entfernungen die Bahnkosten bis zur Höhe 1.

---

1 OLG München Urt. v. 03.06.2003 – 25 U 5174/02, JurionRS 2003, 45263 = ADAJUR Dok.Nr. 54397 = DAR 2003, 378 zum Wohnsitz im Rahmen der ADAC-Mitgliedschaft.
2 Es kann Doppelversicherung bestehen mit den Leistungen aus der Kasko, die im Falle eines Diebstahls auch die Reise 2. Klasse zum Fundort erstattet, A.2.5.5.2 AKB; siehe auch *Stomper* A.2.5.5 AKB Rdn. 19–22.

Übernachtung **A.3.6.2 AKB**

Klasse oder der Liegewagenkosten jeweils einschließlich Zuschlägen sowie für nachgewiesene Taxikosten bis zu dem im Vertrag vereinbarten Betrag.

Flugreisen 9

Auch wenn dies in den Bedingungen nicht erwähnt ist sollte bei größeren Distanzen die Möglichkeit der Flugreise in Erwägung gezogen werden. Diese sind nicht nur für die Betroffenen bequemer und damit kundenfreundlich, sondern häufig auch kostengünstiger als eine Bahnfahrt.

Taxifahrten 10

Die Taxifahrten müssen in unmittelbarem Zusammenhang mit der Zugreise stehen (Fahrt zum Bahnhof). Taxifahrten am Schadensort in der Zeit zwischen Schadenzeitpunkt und Rück- bzw. Weiterreise sind nicht versichert.

Übernachtung

A.3.6.2 Wir helfen Ihnen auf Wunsch bei der Beschaffung einer Übernachtungsmöglichkeit und übernehmen die Kosten für höchstens drei Übernachtungen. Wenn Sie die Leistung Weiter- oder Rückfahrt nach A.3.6.1 in Anspruch nehmen, zahlen wir nur eine Übernachtung. Sobald das Fahrzeug Ihnen wieder fahrbereit zur Verfügung steht, besteht kein Anspruch auf weitere Übernachtungskosten. Wir übernehmen die Kosten bis höchstens xx Euro je Übernachtung und Person.

Auf Wunsch der Versicherten hilft der Versicherer bei der Beschaffung einer Übernachtungsmöglichkeit und erstattet die Kosten für höchstens 3 Übernachtungen pro versicherter Person bis zum vereinbarten Betrag pro Tag. Wird die Leistung »Weiteroder Rückfahrt« nach A.3.6.1 ebenfalls in Anspruch genommen, wird nur eine Übernachtung pro Person gezahlt. Sobald das Fahrzeug wieder fahrbereit ist, besteht kein Anspruch auf weitere Übernachtungen. 1

Frühstückskosten/Minibar/Pay-TV/Telefon 2

Die Erstattung beschränkt sich auf die reinen Übernachtungskosten. Oftmals ist die Buchung einer Übernachtung ohne Frühstück nicht möglich. Aufwendungen für Verpflegung sind allerdings von den Versicherten selbst zu tragen oder können in Abzug gebracht werden, (siehe auch A.3.10).

Sind die Frühstückskosten nicht ausgewiesen, ist ein Abzug in Höhe von 10–15 % der gesamten Übernachtungskosten angemessen. 3

Nach § 6 Abs. 2 Satz 1 BRKG i. V. m. § 4 Abs. 5 Nr. 5 Satz 2a EStG entfallen 20% des Tagessatzes für Arbeitnehmer, Beamte und Richter auf das Frühstück. Für Inlands- 4

A.3.6.3 AKB Mietwagen

reisen sind dies bei einem Tagessatz von € 24,–, € 4,80 pro Frühstück; für Auslandsreisen gelten länderspezifisch[1] höhere Tagessätze.)

5 Die Kosten für den Verzehr aus der Minibar sind ebenso wenig Übernachtungskosten, wie Kosten für das Pay-TV oder Telefon, selbst wenn diese Zusatzleistungen auf der Rechnung vermerkt sind.

Mietwagen

A.3.6.3 Wir helfen Ihnen, ein gleichwertiges Fahrzeug anzumieten. Wir übernehmen die Kosten des Mietwagens, bis Ihnen das Fahrzeug wieder fahrbereit zur Verfügung steht. Voraussetzung ist, dass Sie weder die Leistung Weiter- oder Rückfahrt nach A.3.6.1 noch Übernachtung nach A.3.6.2 in Anspruch genommen haben.

Wir zahlen höchstens für sieben Tage und maximal xx Euro je Tag.

1 Die Klausel wurde sprachlich angepasst, ohne dass eine inhaltliche Veränderung vorgenommen wurde.

2 Entscheidet sich der Versicherungsnehmer für die Anmietung eines Ersatzfahrzeuges, hat er keinen zusätzlich Anspruch auf »Weiter- oder Rückfahrt« und/oder Übernachtung.

3 Der Versicherer ist bei der Anmietung eines gleichwertigen Fahrzeuges behilflich und erstattet die Kosten bis das versicherte Fahrzeug wieder fahrbereit ist, jedoch höchstens für 7 Tage und höchstens bis zur vertraglich vereinbarten Tagespauschale.

4 Ist der Versicherungsnehmer von der Reise zurückgekehrt und nutzt er das Mietfahrzeug weiter, hat er die Kosten selbst zu tragen, da der Zweck der Mietwagenbeschaffung bereits erfüllt ist. Die Autoschutzbriefversicherung beinhaltet keinen generellen Nutzungsersatz[1] für das beschädigte Fahrzeug.

5 *Gleichwertiges Fahrzeug*

Da die Tagespauschale maximal die Kosten eines üblichen Mittelklassewagens abdeckt, wünscht der Versicherte in der Regel kein höherwertiges Fahrzeug als das eigene, da er ansonsten einen Teil der Kosten selbst übernehmen müsste.

6 Die Gleichwertigkeit des Fahrzeugs betrifft nur die Fahrzeugklasse. Der Versicherte hat Anspruch auf ein klassengleiches Fahrzeug gemäß Einteilung nach dem internationalen ACRISS-Code[2]. Auf das Alter seines Fahrzeugs kommt es nicht an. Reglementierungen

---

1 http://www.bundesfinanzministerium.de/Content/DE/Downloads/BMF_Schreiben/Steuerarten/Lohnsteuer/026_a.pdf?__blob=publicationFile&v=2.

1 *AG Charlottenburg* Urt. v. 25.11.2005 – 234 C 210/05, ADAJUR Dok.Nr. 69266 = SP 2006, 173.

2 www.acriss.org.

Mietwagen **A.3.6.3 AKB**

wie sie im Schadensersatzrecht[3] üblich sind, haben daher für den vertraglichen Anspruch aus der Autoschutzbriefversicherung keine Bedeutung. Die Klausel stellt insoweit durch die Formulierung »gleichwertig« eine Sonderregelung gegenüber A.3.10.1 AKB dar.

Der Versicherte wird wegen der fehlenden Abnutzung seines Fahrzeugs (Ölverbrauch, Wartung, Kilometerstand) Vorteile erzielen. Diese bewegen sich nach h. M.[4] bei etwa 10%. Es gibt jedoch in der Praxis keinen Abzug bei den Mietwagenkosten für ersparte Eigenaufwendungen.   7

Begriff der Mietwagenkosten, Kaution   8

Es kann im Organisationsfall im Interesse des Versicherers liegen, höhere Mietwagenkosten als die versicherten aufzuwenden, um sich Zusatzkosten für die Beförderung von Gepäck, nicht gewerblicher Ladung und versicherter Anhänger zu ersparen (siehe auch A.3.5.2).

Es gibt keine einheitliche Meinung oder Rechtsprechung über die Erstattungsfähigkeit von Zusatzkosten wie z. B. Gebühren für das Zustellen des Mietwagens, Aufpreise für Winterreifen, Navigationsgerät oder Kindersitze. Man kann die Mietwagenkosten als rein fahrzeugbezogen definieren. Aber auch die Bewertung, dass unter Mietwagenkosten die Summe aller notwendigen Aufwendungen, die nötig sind, um ein gleichwertiges Fahrzeug erhalten zu können, zu verstehen ist, ist zulässig.   9

Die zusätzlichen Kosten für eine Haftungsfreistellung (**Vollkaskoversicherung**) sind nicht versichert. Sie haben mit der Gleichwertigkeit des Fahrzeugs nichts zu tun.   10

Im Schadensersatzrecht besteht nur dann ein Anspruch auf die vollen zusätzlichen Kosten, wenn das Unfallfahrzeug selbst vollkaskoversichert ist. Wegen dem erhöhten Risiko einer Fremdwagennutzung, werden jedoch auch im Schadensersatzrecht anteilig – im Regelfall 50% – der Zusatzkosten[5] erstattet.   11

Der Autoschutzbriefversicherer kann die zusätzlichen Kosten der Haftungsbefreiung aus Kulanz erstatten.   12

Eine gegebenenfalls zu entrichtende Kaution ist hingegen keinesfalls Bestandteil der Mietwagenkosten. Kosten für Benzin sind nicht Bestandteil der Kosten für die Mietwagennahme und deshalb von vornherein ausgeschlossen.   13

Schließlich sind auch zusätzliche Bearbeitungsgebühren des Mietwagenunternehmers wegen »Knöllchen« des Mietwagennehmers sind keine mitversicherten Kosten.   14

---

3 Himmelreich/Halm/*Grabenhorst* Handbuch des Fachanwalts Verkehrsrecht, Kap. 5.
4 *BGH* Urt. v. 02.02.2010 – VI ZR 7/09, JurionRS 2010, 11986 = DAR 2010, 464 = MDR 2010, 622 = VRR 2010, 218 bespr. v. *Zorn* = VersR 2010, 683 = r+s 2010, 211 = VRS 119, 73 = zfs 2010, 561.
5 Himmelreich/Halm/*Grabenhorst* Handbuch des Fachanwalts Verkehrsrecht, Kap. 5, Rn. 60.

A.3.6.4 AKB   Fahrzeugunterstellung

15 *Beschränkungen bei der Mietwagennahme*

Die Organisation eines Mietwagens kann scheitern, wenn die Geschäftsbedingungen der Mietwagenunternehmer eine Mietwagennahme nicht möglich machen. Häufig muss der Mieter mindestens ein Jahr im Besitz einer gültigen Fahrerlaubnis sein und darf ein Mindestalter (21 oder 25 Jahre) nicht unterschreiten. Ebenso ist denkbar, dass die Nutzung des Mietwagens in Teilen des versicherten Geltungsbereiches nicht gestattet wird.

16 Sofern es zu solchen Hindernissen kommt und eine Mietwagennahme nicht möglich ist, kann das dem Versicherer nicht angelastet werden, da er zum Einen keinen Einfluss auf die Entscheidung des Mietwagenunternehmers hat und zum Anderen keine erfolgreiche Organisations- bzw. Serviceleistung vertraglich festgelegt ist. Natürlich wird es im Interesse des Versicherers sein, sich diesem Vorwurf nicht aussetzen zu müssen. Deshalb ist es wie in allen vergleichbaren Fällen wieder sinnvoll, nach einer für alle Seiten akzeptablen Lösung zu suchen (z. B. Übernahme von Taxikosten anstelle eines Mietwagens).

Fahrzeugunterstellung

A.3.6.4 Muss das Fahrzeug nach einer Panne oder einem Unfall bis zur Wiederherstellung der Fahrbereitschaft oder bis zur Durchführung des Transports in einer Werkstatt untergestellt werden, sind wir Ihnen hierbei behilflich. Wir übernehmen die hierdurch entstehenden Kosten, jedoch höchstens für zwei Wochen.

1 Die Klausel hat lediglich eine geringfügige sprachliche Änderung erfahren.

2 Sofern das Fahrzeug nach einer Panne oder einem Unfall bis zur Wiederherstellung der Fahrbereitschaft oder bis zur Durchführung eines Transportes in einer Werkstatt untergestellt werden muss, werden die daraus entstehenden Kosten erstattet. Die Höhe der Entschädigung ist nicht beschränkt, die Kosten werden jedoch höchstens für einen Zeitraum von 14 Tagen getragen.

3 *Wann muss das Fahrzeug untergestellt werden?*

Gründe für das Unterstellen des Fahrzeuges können darin liegen, dass eine beauftragte Reparatur nicht sofort durchgeführt werden kann, weil die Werkstatt über keine sofortigen Kapazitäten verfügt, Ersatzteile nicht verfügbar sind und bestellt werden müssen oder ein sofortiger Transport nicht möglich ist. Es ist ebenfalls denkbar, dass der Versicherungsnehmer Zeit benötigt, um über die weitere Vorgehensweise nach einem Schadenfall entscheiden zu können. Eine entsprechend angemessene Zeit muss dem Versicherungsnehmer insbesondere bei einem fremd verschuldeten Unfall oder bei der Abklärung der Wirtschaftlichkeit einer Reparatur zugestanden werden.

Unterstellgelände 4

Da Unterstellkosten auch im Falle eines nicht sofort möglichen Transportes erstattet werden, muss es sich bei der Örtlichkeit nicht zwangsweise um eine Werkstatt handeln. Das Firmengelände eines Abschleppunternehmers oder ähnlich geeignete Plätze, die ein gesichertes Abstellen des Fahrzeuges garantieren, sind genauso denkbar.

Unterstellkosten nach Diebstahl 5

Die Erstattung der Standgebühren wird ausdrücklich auf die Schadenursachen Panne und Unfall beschränkt. Unterstellkosten, die nach Diebstahl eines Fahrzeuges nach dessen Wiederauffinden entstehen können, finden nur bei Auslandsreisen (siehe unter A.3.8.2) Erwähnung. Bei Inlandsschäden besteht nach dem Wortlaut der Bedingungen kein Versicherungsschutz. Ob diese Leistungsbegrenzung tatsächlich so gewollt ist, ist zweifelhaft.

Wird ein entwendetes Fahrzeug im Inland wieder aufgefunden und kann nicht sofort 6 transportiert werden oder eine notwendige Reparatur ist nur mit Zeitverzögerung möglich, stellt sich für den Versicherungsnehmer derselbe Tatbestand wie nach Panne oder Unfall dar. Eine unterschiedliche versicherungsrechtliche Bewertung ist für den Versicherungsnehmer nicht nachvollziehbar, zumal bei den unter A.3.6. aufgeführten zusätzlichen Leistungen ausdrücklich auch auf Diebstahlschäden abgestellt wird. Es besteht deshalb auch[1] in diesen Fällen Leistungspflicht seitens des Versicherers.

A.3.7 Hilfe bei Krankheit, Verletzung oder Tod auf einer Reise

Wir erbringen die nachfolgenden Leistungen unter den Voraussetzungen, dass auf einer Reise mit dem versicherten Fahrzeug

- Sie oder eine mitversicherte Person unvorhersehbar erkranken oder der Fahrer stirbt und
- dies an einem Ort geschieht, der mindestens 50 km Luftlinie von Ihrem ständigen Wohnsitz in Deutschland entfernt ist.

Als unvorhersehbar gilt eine Erkrankung, wenn diese nicht bereits innerhalb der letzten sechs Wochen vor Beginn der Reise (erstmalig oder zum wiederholten Male) aufgetreten ist.

Mit der Überarbeitung der AKB wurde die Vorschrift grundlegend neu strukturiert 1 und sprachlich angepasst. Eine inhaltliche Änderung ist damit allerdings nicht verbunden.

Die nachfolgend beschriebenen Leistungen nach unvorhersehbarer Krankheit, Verlet- 2 zung oder Tod einer mitversicherten Person können nur beansprucht werden, wenn die drei folgenden Merkmale erfüllt sind:
– der Schadenfall ist anlässlich einer Reise eingetreten

---

[1] Im Ergebnis so auch Feyock/*Jacobsen*/Lemor KfzVers A.3.6.4 AKB, Rn. 50.

A.3.7 AKB Hilfe bei Krankheit, Verletzung oder Tod auf einer Reise

- die Reise wurde mit dem versicherten Fahrzeug angetreten
- der Schadensort ist mindestens 50 km Luftlinie vom ständigen Wohnsitz[1] in Deutschland entfernt

3 *Reise*

Es langt somit nicht aus, dass sich der Schadenfall während einer versicherten Fahrt ereignet hat, sondern die Kriterien einer Reise müssen erfüllt sein. Welche dies sind, ist unter A.3.7.4 erklärt. Ist die Reise mit dem versicherten Fahrzeug angetreten worden, besteht während der gesamten Dauer der Reise Versicherungsschutz. Dies gilt nicht nur für den Aufenthalt am Zielort, sondern auch für alle sonstigen Aktivitäten während der Reise, wie z. B. Ausflüge, selbst wenn diese mit anderen Verkehrsmitteln als dem versicherten Fahrzeug durchgeführt werden.

4 *Krankheit, Verletzung, Tod*

Krankheit bezeichnet einen anomalen geistigen oder körperlichen Zustand, der – bedingt durch eine Störung oder einen Ausfall körperlicher oder geistiger Funktionen – eine nicht ganz unerhebliche, das Maß des nach den allgemeinen Lebensverhältnissen Zumutbaren überschreitende Beeinträchtigung des Betroffenen zur Folge[2] hat.

5 Eine Verletzung führt zu den gleichen Beeinträchtigungen wie eine Erkrankung und muss deshalb nicht unterschieden[3] werden. Außer in der Überschrift, taucht der Begriff der Verletzung daher nicht mehr gesondert auf.

6 Leistungen aufgrund des Todes des Fahrers sind an keine ausdrücklichen Ausschlüsse gebunden. Insbesondere ist es unbeachtlich, wenn der verstorbene Fahrer zuvor krank war und an dieser Krankheit auf der Reise gestorben ist. Für den Tod des Fahrers bleiben folglich die Vorerkrankung und der damit verbundene vorhersehbare Tod grundsätzlich bedeutungslos.

6 Ausnahmsweise hat die Vorerkrankung jedoch dann eine Bedeutung, wenn in der Durchführung der Reise als Fahrer eine Gefahrerhöhung nach den §§ 23, 26 Abs. 1 VVG zu sehen ist. Dies hängt damit zusammen, dass an die Fahrtauglichkeit gesetzliche Mindestanforderungen gestellt werden. Diese haben nicht nur Auswirkungen auf den Versicherungsschutz. Verstöße werden als Straftaten nach § 315c Abs. 1 Nr. b) StGB verfolgt, wenn jemand infolge geistiger oder körperlicher Mängel nicht dazu in der Lage ist, ein Fahrzeug sicher zu führen. Entgegen *Stadler*[4] ist daher das zur Auslandsreisekrankenversicherung ergangene Urteil vom *AG München*[5], bei dem es nicht auf die Be-

---

1 *OLG München* Urt. v. 03.06.2003 – 25 U 5174/02, JurionRS 2003, 45263 = ADAJUR Dok.Nr. 54397 = DAR 2003, 378 zum Wohnsitz im Rahmen der ADAC-Mitgliedschaft.
2 *Hofmann* Schutzbriefversicherung, Seite 163.
3 So auch Feyock/*Jacobsen*/Lemor KfzVers, A.3.7, Rn. 52.
4 Stiefel/Maier/*Stadler* Kraftfahrtversicherung, A.3.7 AKB, Rn 2.
5 *AG München* Urt. v. 16.11.2006 – 223 C 14791/06, JurionRS 2006, 45161 = ADAJUR Dok.Nr. 83369 = r+s 2007, 292 (Auslandsreisekrankenversicherung).

sonderheiten als Fahrer ankam, nicht uneingeschränkt übertragbar. Insoweit ist der todgeweihte Fahrer ein gesetzlich nicht berechtigter Fahrer.

Vorerkrankung 7

Die Krankheit muss unvorhersehbar eintreten. Als unvorhersehbar wird jede Erkrankung definiert, die nicht bereits innerhalb der letzten sechs Wochen vor Beginn der Reise erstmalig oder zum wiederholten Male aufgetreten ist.

Dieses **objektive Kriterium** ist klar und kann leicht nachgeprüft werden. Im Zweifel 8 kann sogar das Vorerkrankungsverzeichnis der Krankenkasse vorgelegt werden. Die Regelung ist gegenüber subjektiven Kriterien, wie z. B. bei der Auslandsreisekrankenversicherung[6] vorzugswürdig, da Rechtsstreitigkeiten über objektive Kriterien eher selten sind.

Eine Einschränkung für Erkrankungen infolge einer Schwangerschaft, wie sie die Be- 9 dingungen einiger Einzelschutzbriefe vorsehen, gibt es beim inkludierten Schutzbrief der Kraftfahrtversicherung nicht. Eine solche Klausel verstößt heute gegen §§ 19 Abs. 1 Nr. 2; 20 Abs. 2 Satz 1 AGG.[7] Chronische Erkrankungen, die in den letzten sechs Wochen vor Reisebeginn nicht aufgetreten sind, gelten ebenfalls als versichert, selbst wenn die Wahrscheinlichkeit der Erkrankung der Betroffenen deutlich höher als die bei gesunden Personen ist.

Inlandsschäden 10

Die Hilfe bei Krankheit, Verletzung oder Tod auf Reisen umfasst auch Inlandsschäden, sofern die Voraussetzungen der 50 km Grenze gegeben sind.

Krankenrücktransport

A.3.7.1 Müssen Sie oder eine mitversicherte Person infolge Erkrankung an Ihren ständigen Wohnsitz zurücktransportiert werden, sorgen wir für die Durchführung des Rücktransports. Wir übernehmen dessen Kosten. Art und Zeitpunkt des Rücktransports müssen medizinisch notwendig sein. Unsere Leistung erstreckt sich auch auf die Begleitung des Erkrank-

---

6 BGH Urt. v. 21.09.2011 – IV ZR 227/09, JurionRS 2011, 26565 = ADAJUR Dok.Nr. 97471 = VersR 2012, 89 = NJW-RR 2012, 362 = r+s 2012, 135 = zfs 2012, 33; BGH Urt. v. 02.03.1994 – IV ZR 109/93, JurionRS 1994, 15033 = ADAJUR Dok.Nr. 21639 = DAR 1994, 241 = MDR 1994, 449 = NJW 1994, 1534 = VersR 1994, 549; = WI 1994, 92 = zfs 1994, 221; *OLG Köln* Urt. v. 25.02.1998 – 5 U 123/97, JurionRS 1998, 32548 = ADAJUR Dok.Nr. 33709 = r+s 1999, 79 = VersR 1999, 222; *OLG Köln* Urt. v. 04.11.1998 – 5 U 87/97, JurionRS 1998, 31764 = ADAJUR Dok.Nr. 34341 = NJW-RR 1999, 824 = NVersZ 1999, 131; *OLG Hamm* Urt. v. 08.11.2000 – 20 U 44/00, JurionRS 2000, 20434 = ADAJUR Dok.Nr. 46216 = NJW-RR 2001, 527 = NVersZ 2001, 223 = OLGR 2001, 365 = VersR 2001, 1229 = zfs 2001, 511; *LG Köln* Urt. v. 07.11.2013 – 24 S 15/13, JurionRS 2013, 57835 = r+s 2014, 563.
7 Beckmann/Matusche-Beckmann/*Höke/Heß*, Versicherungsrechts-Handbuch, § 30 Rn. 309.

A.3.7.1 AKB Krankenrücktransport

ten durch einen Arzt oder Sanitäter, wenn diese behördlich vorgeschrieben ist. Außerdem übernehmen wir die bis zum Rücktransport entstehenden Übernachtungskosten. Diese müssen jedoch durch die Erkrankung bedingt sein und sind begrenzt auf höchstens drei Übernachtungen bis zu je xx Euro pro Person.

1 Die Klausel wurde sprachlich leicht geändert. Damit ist keine inhaltliche Veränderung verbunden.

2 Sofern der Versicherungsnehmer oder mitversicherte Personen infolge Erkrankung an ihren ständigen Wohnsitz[1] zurücktransportiert werden müssen, sorgt der Versicherer für die Durchführung des Rücktransportes und trägt dessen Kosten. Anders als bei den bisherigen Serviceleistungen wird nicht nur auf eine mögliche Hilfe für die Versicherten abgestellt, sondern es besteht ein Anspruch auf die Organisation des Rücktransportes[2].

3 Aus der Klausel ergibt sich im Umkehrschluss, dass ein selbst organisierter und selbst beschaffter Rücktransport nicht unter den Versicherungsschutz fällt. Wendet sich der Versicherte folglich erst mit der Rechnung an den Autoschutzbriefversicherer, ist dieser nicht leistungspflichtig. Bei der Klausel handelt es sich nicht um eine verhüllte Obliegenheit, sondern um einen zulässigen Leistungsausschluss.[3]

4 *Medizinische Notwendigkeit*

Art und Zeitpunkt des Rücktransports muss medizinisch notwendig sein. Eine ärztliche Anordnung wird nicht[4] verlangt. Der behandelnde Arzt vor Ort muss allerdings die medizinische Notwendigkeit zumindest[5] bejahen. Maßgeblich ist der Zeitpunkt[6] der Entscheidung.

5 Medizinische Notwendigkeit liegt bei fehlender, nicht ausreichender Heilbehandlung oder hygienischer Bedingungen[7] am Aufenthaltsort vor. Eine nicht ausreichende Heil-

---

[1] *OLG München* Urt. v. 03.06.2003 – 25 U 5174/02, JurionRS 2003, 45263 = ADAJUR Dok.Nr. 54397 = DAR 2003, 378 zum Wohnsitz im Rahmen der ADAC-Mitgliedschaft.

[2] *LG Bremen* Urt. v. 15.05.1997 –2 O 2324/96b, ADAJUR Dok.Nr. 32251 = r+s 1998, 350 zur Frage des Umfangs der Serviceleistung (der Rücktransport mit Ärzten ist nur ein Service, nicht aber vertraglich geschuldet).

[3] *OLG Düsseldorf* Urt. v. 14.10.2003 – I-4 U 55/03, JurionRS 2003, 26491 = ADAJUR Dok.Nr. 61793 = VersR 2005, 108 (Flugrückholkostenversicherung).

[4] *OLG Stuttgart* Urt. v. 07.11.2013 – 7 U 3/13, JurionRS 2013, 48937 = MDR 2014, 15 = r+s 2014, 81 = VersR 2014, 490 = zfs 2014, 521; Stiefel/Maier/*Stadler* Kraftfahrtversicherung, A.3.7.1 AKB, Rn. 10.

[5] *LG Bremen* Urt. v. 15.05.1997 –2 O 2324/96b, ADAJUR Dok.Nr. 32251 = r+s 1998, 350 (Euro-Schutzbrief). .

[6] *OLG Düsseldorf* Urt. v. 25.09.2001 – 4 U 51/01, JurionRS 2001, 21926 = ADAJUR Dok.Nr. 49197 = zfs 2002, 191 = r+s 2002, 297 = OLGR 2002, 203 (Flugrückholkostenversicherung).

[7] *OLG Nürnberg* Urt. v. 29.09.1988 – 8 U 118/88, JurionRS 1988, 14164 = DAR 1989, 229 = VersR 1989, 351 (Ls.) (Krankenzimmer mit toten Mäusen in Togo).

Krankenrücktransport **A.3.7.1 AKB**

behandlung kann auch dann vorliegen, wenn der Heilungsprozess in einer spezialisierten Klinik oder bei anderen Begleitumständen positiv beeinflusst werden kann. Insoweit kann im Einzelfall nicht ausschließlich auf die medizinische Indikation abgestellt werden, sondern auch die soziale Indikation ist von Bedeutung.

Die medizinische Notwendigkeit muss nicht allein auf einer physischen Erkrankung 6 beruhen. Nach allgemeiner Auffassung können psychische[8] Beeinträchtigungen im Einzelfall ausschlaggebend sein, die Notwendigkeit zu begründen.

Stirbt ein Insasse, sind die Anspruchsvoraussetzungen nicht erfüllt. Treten infolge dessen 7 jedoch schwere psychische Folgen mit Krankheitscharakter[9] bei anderen Insassen oder dem Fahrer auf, kann die medizinische Notwendigkeit aus diesem Gesichtspunkt zu prüfen sein.

Die medizinische Notwendigkeit muss vom behandelnden Arzt an objektiven Kriterien 8 festgemacht werden. Dieser Grundsatz gilt bereits im Recht der privaten Krankenversicherung[10] und ist auf die Anforderungen des Autoschutzbriefes[11] zu übertragen.

Die Beweislast für die objektive Notwendigkeit trägt der Versicherte. 9

Bestreitet der Versicherer die Notwendigkeit zu Unrecht, kann er sich schadensersatz- 10 pflichtig machen. Es ist allerdings zweifelhaft, ob eine Vertragsverletzung im extremen Einzelfall sogar einen Anspruch auf Zahlung von Schmerzensgeld[12] begründen kann.

Kinder 11

Bei der Beurteilung der Frage nach der medizinischen Notwendigkeit kommt diese z. B. in Betracht, wenn insbesondere Kinder[13] sich in einem ihnen nicht vertrauten Umfeld aufhalten müssen oder ein längerer Krankenhausaufenthalt notwendig ist. Die Bedin-

---

8 *OLG Saarbrücken* Urt. v. 27.02.2002- 5 U 724/01-55, ADAJUR Dok.Nr. 50789 = VersR 2002, 837 = NVersZ 2002, 263; *LG Bonn* Urt. v. 28.07.1995 – 4 S 40/95, JurionRS 1995, 15846 = ADAJUR Dok.Nr. 9885 = VersR 1996, 624 m. Anm. *Linden/Schlenz*; Himmelreich/Halm/*Bergen* Handbuch des Fachanwalts Verkehrsrecht, Kap. 21, Rn. 20; Stiefel/Maier/*Stadler* Kraftfahrtversicherung, A.3.7.1 AKB, Rn. 9; Staudinger/Halm/Wendt/*Schwab* Fachanwaltskommentar Versicherungsrecht, A.3.7 AKB, Rn. 173.
9 Staudinger/Halm/Wendt/*Schwab* Fachanwaltskommentar Versicherungsrecht, A.3.7 AKB, Rn. 172.
10 *BGH* Urt. v. 10.07.1996 – IV ZR 133/95, BGHZ 133, 208 = JurionRS 1996, 14264 = VersR 1996, 1224 = NJW 1996, 3074 = MDR 1996, 1125 = zfs 1996, 425; *OLG Zweibrücken* Urt. v. 16.08.2007 – 1 U 77/07, JurionRS 2007, 43049 = VersR 2007, 1505 (Krankheitskostenzusatzversicherung); *LG Dortmund* Urt. v. 12.04.2011 – 2 S 14/11, JurionRS 2011, 26653 = VersR 2011, 1305; zu weiteren Rechtsprechungsdetails siehe Halm/Engelbrecht/Krahe/*Ahlburg* Handbuch des Fachanwalts Versicherungsrecht, Kap. 19, Rn. 59 ff.
11 *Linden*, Rechtliche Aspekte weltweiter Krankenrücktransporte (Repatriierung), Diss. 1998, S. 37; Stiefel/Maier/*Stadler* Kraftfahrtversicherung, A.3.7.1 AKB, Rn. 7.
12 So jedenfalls *LG München* I Urt. v. 09.11.2007 – 6 S 20960/06, ADAJUR Dok.Nr. 78497 = RRa 2008, 148, zustimmend *Jaeger* RRa 2008, 247.
13 Feyock/*Jacobsen*/Lemor KfzVers, A.3.7.1 AKB, Rn. 53.

gungen sehen zwar den ansonsten üblichen Rücktransport bei einem Krankenhausaufenthalt von mehr als 14 Tagen nicht ausdrücklich vor, er sollte allerdings zumindest unter Servicegesichtspunkten in Erwägung gezogen werden.

12 *Arzt zu Arzt Gespräch*

Die medizinische Notwendigkeit eines Rücktransportes muss in einem Arzt zu Arzt Gespräch geklärt werden. In der Regel wird dies zwischen dem vor Ort behandelnden Arzt und einem Vertrauensarzt des Versicherers/Assisteurs[14] geführt. Das Gespräch muss nicht nur die medizinische Notwendigkeit des Rücktransportes klären, sondern auch die konkreten Modalitäten eines eventuellen Rücktransportes (Zeitpunkt, medizinische Betreuung während des Transportes, Transportmittel).

13 *Datenschutz*

Einwilligung und Schweigepflichtentbindung

Gesundheitsdaten des Betroffenen können erhoben, verarbeitet oder genutzt werden, wenn dieser eine wirksame Einwilligungs- und Schweigepflichtentbindungserklärung abgegeben hat.

14 Die in den Verhaltensregeln der deutschen Versicherungswirtschaft vorgesehene Erklärung sieht eine allgemeine schriftliche Einwilligung des Versicherungsnehmers in die Verarbeitung von Gesundheitsdaten und die Entbindung von der (durch § 203 Strafgesetzbuch geschützten) Schweigepflicht vor. Diese Einwilligung umfasst auch die Übermittlung und Erhebung dieser Daten an und durch sonstige Beauftragte und Dienstleister des Versicherers.

15 Dieser Erklärung kann der Versicherungsnehmer im Vorhinein zustimmen (Pauschaleinwilligung). Er hat auch das Recht, sich diese Einwilligung für jeden einzelnen Leistungsfall vorzubehalten (Einzelfalleinwilligung).

16 Der Versicherer hat einen von ihm beauftragten Assisteur über das Vorliegen solcher Einwilligungen zu informieren; der Assisteur sollte sich diesbezüglich beim Versicherer hiernach erkundigen.

17 Bei der Pauschaleinwilligung wie bei der Einzelfalleinwilligung kann der Betroffene im konkreten Leistungsfall Widerspruch gegen die konkrete Weitergabe von Gesundheitsdaten erheben (wie dies auch § 213 Abs. 3 VVG voraussetzt). Der Widerspruch setzt eine bereits vorliegende Einwilligung insoweit außer Kraft. Versicherer und Assisteur haben das Recht, auf mögliche Verzögerungen bei der Prüfung der Leistungspflicht hinzuweisen. Sie sollten dies in jedem Fall auch tun.

---

14 So auch Feyock/*Jacobsen*/Lemor KfzVers, A.3.7.1 AKB, Rn. 54; *Hübner/Linden*, International-privatrechtliche Probleme ärztlicher Tätigkeit bei versicherten Krankenrücktransporten, VersR 1998, 793.

Es wird empfohlen, die geschilderte Einwilligungs- und Schweigepflichtregelung bei 18
Bestandsverträgen nachzuholen, sobald sich in der Betreuung des Vertragsverhältnisses
hierzu Gelegenheit ergibt.

Die Einwilligung kann, soweit sie nicht nach den oben genannten Bedingungen vor- 19
liegt, auch auf der Grundlage von § 4a BDSG anlässlich des einzelnen Leistungsfalls
eingeholt werden. Da wegen eines ärztlichen Eingriffs in einem Notfall in der Regel Eilbedürftigkeit vorliegt, kann der Betroffene diese Einwilligung gem. § 4a Abs. 1 Satz 3
BDSG auch mündlich oder stillschweigend erteilen, die Schriftform ist hier nicht einzuhalten.

Für die Einhaltung ihrer Schweigepflicht tragen die behandelnden Ärzte und Mitarbei- 20
ter von Kliniken und Gesundheitseinrichtungen eine eigene Verantwortung gegenüber
dem Betroffenen. Der Assisteur sollte sich in dieses zweiseitige strafrechtlich durch
§ 203 StGB geschützte Vertrauensverhältnis grundsätzlich nicht einmischen. Er soll
aber die Schweigepflichtigen ggf. über ihm vorliegende Entbindungserklärungen informieren.

Schutz lebenswichtiger Interessen des Betroffenen 21

Gesundheitsdaten des Betroffenen können ohne eine wirksame Einwilligungserklärung
auch dann vom Versicherer bzw. Assisteur im Rahmen des Vertragsverhältnisses zwischen Versicherer und Betroffenem erhoben, verarbeitet oder genutzt werden, wenn
dies zum Schutz lebenswichtiger Interessen des Betroffenen erforderlich ist. Der Schutz
lebenswichtiger Interessen liegt dann vor, wenn die Weitergabe der Gesundheitsdaten
zur Durchführung einer medizinischen Behandlung erforderlich ist.

Weitere zwingende Voraussetzung ist, dass der Betroffene aus physischen oder recht- 22
lichen Gründen außerstande ist, seine Einwilligung zu geben. Die Erkrankung und
die daraus resultierende Beanspruchung durch den Behandlungsvorgang können ein
solches Hindernis für die Einholung einer Einwilligung sein. Es kommt insoweit auf
die Umstände des Einzelfalls an. Ist z. B. der Betroffene telefonisch oder anderweitig
in seinem Krankenzimmer oder an seinem sonstigen Aufenthaltsort erreichbar und ansprechbar, kann eine Rückfrage bei ihm zur Einholung einer Einwilligung rechtlich erforderlich und geboten sein.

Der Versicherer sollte in diesem Zusammenhang den Versicherungsnehmer über die 23
Einschaltung des Assisteurs zur Umsetzung seiner Leistungspflicht informiert haben.
Ist dies nicht bereits beim Abschluss des Versicherungsvertrags geschehen, sollte dies
bei der nächsten Gelegenheit im Rahmen der Bestandsbetreuung nachgeholt werden.

Funktionsübertragung Versicherer/Assisteur 24

Zwischen Versicherer und Assisteur sollte eine Vereinbarung zur Übertragung von
Funktionen und zur Auftragsdatenverarbeitung bei der Erfüllung vertraglich vereinbarter Leistungen geschlossen werden, die insbesondere die datenschutzrechtlichen
Aspekte klären sollte. Einen entsprechenden Mustervertrag hat der GdV mit seinem
Rundschreiben 2158/2009 veröffentlicht.

A.3.7.2 AKB Rückholung von Kindern

25 *Begleitpersonen*

Die Leistung des Versicherers erstreckt sich auch auf die Begleitung des Erkrankten durch einen Arzt oder Sanitäter. Die Bedingungen sehen dies zwar nur für den Fall vor, wenn diese Begleitung behördlich vorgeschrieben ist, gleiches gilt aber auch bei medizinisch notwendiger Betreuung während des Rücktransports. Der Rücktransport umfasst die gesamte Strecke zwischen dem behandelnden Krankenhaus im Ausland zur Zielklinik, also auch den Hin- und Weitertransport zu bzw. von Flughäfen. Es ist darauf zu achten, dass zusätzlich der Bodentransport organisiert wird.

26 *Übernachtungskosten*

Entstehen durch die Erkrankung zusätzliche Übernachtungskosten für die versicherten Personen, werden diese bis zum Rücktransport bis zu dem vereinbarten Betrag für längstens drei Übernachtungen gezahlt. Da die betroffenen Personen zusammen mit dem versicherten Fahrzeug auf Reisen sind, wird diese Leistung für alle Versicherten anfallen. Wird die Rückreise mit dem versicherten Fahrzeug wie geplant angetreten, werden zusätzliche Kosten für die Rückfahrt der zurückgebliebenen Personen nicht erstattet. Es bleibt die Entscheidung des Versicherers, ob er die ersparten Hotelkosten trotzdem zu Gunsten von Rückreisekosten anrechnet.

Rückholung von Kindern

A.3.7.2 Wir sorgen bei mitreisenden Kindern unter 16 Jahren für die Abholung und Rückfahrt mit einer Begleitperson zu ihrem Wohnsitz, wenn
- der Fahrer erkrankt ist oder stirbt und
- die Kinder weder von Ihnen noch von einem anderen Insassen betreut werden können.

Wir übernehmen die hierdurch entstehenden Kosten. Wir erstatten dabei die Bahnkosten 2. Klasse einschließlich Zuschlägen sowie die Kosten für nachgewiesene Taxifahrten bis zu xx Euro.

1 Die Klausel wurde sprachlich vereinfacht und übersichtlicher gestaltet, ohne den Inhalt zu ändern.

2 Können mitreisende Kinder unter 16 Jahren infolge einer Erkrankung oder des Todes des Fahrers des versicherten Fahrzeuges weder von ihm noch von anderen berechtigten Insassen betreut werden, sorgt der Versicherer für deren Abholung und Rückfahrt mit einer Begleitperson zu ihrem Wohnsitz[1]. Mitreisende Kinder müssen weder verwandt noch die eigenen Kinder des Versicherten[2] sein. Auch bei der Kinderrückholung besteht ein Anspruch auf die Organisationsleistung.

---

1 *OLG München* Urt. v. 03.06.2003 – 25 U 5174/02, JurionRS 2003, 45263 = ADAJUR Dok.Nr. 54397 = DAR 2003, 378 zum Wohnsitz im Rahmen der ADAC-Mitgliedschaft.
2 Feyock/*Jacobsen*/Lemor KfzVers, A.3.7.2 AKB, Rn. 60; Stiefel/Maier/*Stadler* Kraftfahrtversicherung, A.3.7.2 AKB, Rn. 19.

Bahnfahrt 3

Es werden die Bahnkosten 2. Klasse einschließlich Zuschlägen sowie die Kosten für nachgewiesene Taxifahrten bis zum vereinbarten Betrag erstattet (siehe auch A.3.6.1). Eine Erstattung von Bahnkosten 1. Klasse ab einer Fahrtstrecke über 1.200 Bahnkilometern ist nicht vorgesehen.

Da die Organisationsleistung geschuldet wird, werden die anfallenden zusätzlichen 4 Kosten für die Begleitperson (Anreise, Übernachtung) ebenfalls getragen.

Flugreisen 5

Auch wenn dies in den Bedingungen nicht erwähnt ist, sollte bei größeren Distanzen die Möglichkeit der Flugreise in Erwägung gezogen werden. Diese ist nicht nur für die Betroffenen bequemer und damit kundenfreundlich, sondern häufig auch kostengünstiger als eine Bahnfahrt.

Schwere der Krankheit 6

Es gibt keinen Hinweis auf die »notwendige« Schwere oder Dauer der Erkrankung des Fahrers. Dies trägt der Tatsache Rechnung, dass je nach Alter und Selbständigkeit der Kinder sofortiger Handlungsbedarf bestehen kann.

Selbstorganisation durch VN 7

Anders als bei der Fahrzeugabholung ist die Selbstorganisation der Leistung durch den Versicherungsnehmer nicht ausdrücklich erwähnt. Es ist allerdings gerade bei der Kinderrückholung häufiger Wunsch, dass diese von Familienangehörigen oder vertrauten Personen durchgeführt wird. Die Kostenerstattung für diese Personen ist identisch wie für Begleitpersonen, die der Versicherer zur Verfügung stellt.

Fahrzeugabholung

A.3.7.3 Wir sorgen für die Verbringung des Fahrzeugs zu Ihrem ständigen Wohnsitz, wenn
- der Fahrer länger als drei Tage erkrankt oder stirbt und
- das Fahrzeug weder von ihm noch von einem Insassen zurückgefahren werden kann.

Wir übernehmen die hierdurch entstehenden Kosten.

Veranlassen Sie die Verbringung selbst, erhalten Sie als Kostenersatz bis xx Euro je Kilometer zwischen Ihrem Wohnsitz und dem Schadenort. Außerdem erstatten wir in jedem Fall die bis zur Abholung der berechtigten Insassen entstehenden und durch den Fahrerausfall bedingten Übernachtungskosten. Die Leistung ist begrenzt auf drei Übernachtungen bis zu je xx Euro pro Person.

Im Zuge der Überarbeitung der AKB blieb die Vorschrift inhaltlich unverändert, wurde 1 jedoch sprachlich verbessert.

A.3.7.3 AKB   Fahrzeugabholung

2   Kann das versicherte Fahrzeug infolge Erkrankung oder Tod des Fahrers weder von diesem oder einem anderen Insassen zurückgefahren werden, sorgt der Versicherer für die Verbringung des Fahrzeuges zu dem ständigen Wohnsitz[1] des Versicherungsnehmers und trägt die Kosten. Die Krankheit muss länger als 3 Tage andauern und anlässlich einer Reise eingetreten sein. Der Ort der Erkrankung muss wiederum mindestens 50 km Luftlinie vom ständigen Wohnsitz in Deutschland entfernt liegen.

3   *Begriff der Fahrzeugverbringung*

Der Begriff der der Fahrzeugverbringung unterscheidet sich von dem des Fahrzeugtransportes (siehe auch A.3.8.1). Bei der Verbringung lässt der Versicherer einen Ersatzfahrer zur Verfügung stellen, der das fahrbereite Fahrzeug zurück an den Wohnsitz fährt. Das Zurückfahren wird folglich nicht durch eigene Leute des Versicherers, sondern nur durch den für den Versicherten beauftragte Fahrer durchgeführt.

4   Kommt es bei der Fahrzeugverbringung durch den Ersatzfahrer zu einem Unfall, haften nur der Ersatzfahrer und dessen Unternehmen, nicht aber der Autoschutzbriefversicherer. Es zeigen sich hierin die Parallelen zur Pannenhilfe und zum Abschleppen[2] des Fahrzeugs.

5   Ein Unfall oder eine Panne während der Fahrzeugverbringung kann einen zweiten Autoschutzbriefschaden mit entsprechendem Leistungsanspruch auslösen.

6   Erkrankt jedoch der Ersatzfahrer entsteht kein erneuter Anspruch gegen den Schutzbriefversicherer, da kein neuer Schadensfall eingetreten ist. Das beauftragte Unternehmen hat für einen Austausch des Ersatzfahrers zu sorgen.

7   *Fortsetzung der Reise*

Tritt die Erkrankung auf dem Weg zum Zielort ein, ist eine Verbringung dorthin nicht vorgesehen, da man davon ausgehen kann, dass eine mehr als dreitägige Erkrankung den Abbruch der Reise zur Folge hat. Wollen nicht erkrankte, berechtige Insassen die Reise fortsetzen, sind keine Leistungen hierfür vorgesehen. Ist das Fahrzeug bereits ohne Ersatzfahrer voll besetzt, sind ebenfalls keine Leistungen für die Weiter-/Rückfahrt für die Person vorgesehen, die nicht weiter mit dem versicherten Fahrzeug reisen kann.

8   *Gültige Fahrerlaubnis*

Die Leistung der Fahrzeugabholung ist nicht bereits dann hinfällig, wenn ein weiterer Insasse im Besitz einer gültigen Fahrerlaubnis ist und damit berechtigt wäre, dass Fahrzeug zu führen. Er muss sich in der Lage sehen und es muss zumutbar sein, dass er die Fahrt als Fahrer weiterführt. Dies kann nicht der Fall sein, wenn er seit längerer Zeit nicht mehr selbst gefahren ist, sich eine lange, ungewohnte Fahrt nicht zutraut oder

---

1   *OLG München* Urt. v. 03.06.2003 – 25 U 5174/02, JurionRS 2003, 45263 = ADAJUR Dok.Nr. 54397 = DAR 2003, 378 zum Wohnsitz im Rahmen der ADAC-Mitgliedschaft.
2   *OLG Saarbrücken* Urt. v. 07.9.2004 –5 U 530/04, JurionRS 2005, 16769 = NJW-RR 2005, 1194 = OLGR 2005, 658 = VersR 2005, 1724 = zfs 2005, 399 = r+s 2005, 374.

die Erkrankung des ursprünglichen Fahrers ihn psychisch stark belastet. In der Regel kann man davon ausgehen, dass entsprechende Einwände glaubhaft sind, da unter normalen Umständen die Betroffenen das Fahrzeug selbst verbringen wollen.

Fahrzeugbezogene Leistungen bei Erkrankung 9

Ist die Erkrankung Folge eines Unfalls, der darüber hinaus dazu geführt hat, dass das Fahrzeug nicht mehr fahrbereit ist, kommen im Inland nur die fahrzeugbezogenen Leistungen, die unter A.3.5 und A.3.6 beschrieben sind, in Betracht.

Selbstorganisation und Kilometerpauschale 10

Organisiert der Versicherungsnehmer die Verbringung selbst, erhält er die vertraglich vereinbarte Kilometerpauschale für die Distanz zwischen Schadensort und Wohnsitz.

In beiden Fällen – Organisation durch den Versicherer oder Selbstorganisation – werden die bis zur Abholung der berechtigten Insassen entstehenden und durch den Fahrerausfall bedingten Übernachtungskosten bis zu dem vereinbarten Betrag pro Person, jedoch für längstens drei Übernachtungen erstattet.

Was versteht man unter einer Reise?

A.3.7.4 Reise ist jede Abwesenheit von Ihrem ständigen Wohnsitz bis zu einer Höchstdauer von fortlaufend sechs Wochen. Als Ihr ständiger Wohnsitz gilt der Ort in Deutschland, an dem Sie behördlich gemeldet sind und sich überwiegend aufhalten.

Definition 1

Als Reise wird jede Abwesenheit vom ständigen Wohnsitz[1] bis zu einer Höchstdauer von fortlaufend sechs Wochen definiert. Als ständiger Wohnsitz gilt der Ort in Deutschland, an dem der Versicherungsnehmer behördlich gemeldet ist und sich überwiegend aufhält.

Für Mitversicherte gilt der Wohnsitz des Versicherten[2]. Dies ergibt sich aus der Formulierung »Ihr Wohnsitz« und »Sie gemeldet« in direkter Ansprache des Versicherten. Ansonsten hätte die Formulierung auf die Mitversicherten ausgeweitet werden müssen. Der Wohnsitz des Versicherten ist zudem maßgebend, um die 50 km-Grenze bestimmen zu können. 2

Die Reise muss keine Mindestdauer erfüllen. Es ist ausreichend, wenn die räumliche Entfernung zum Wohnsitz erfüllt wird. 3

---

1 *OLG München* Urt. v. 03.06.2003 – 25 U 5174/02, JurionRS 2003, 45263 = ADAJUR Dok.Nr. 54397 = DAR 2003, 378 zum Wohnsitz im Rahmen der ADAC-Mitgliedschaft.
2 Feyock/*Jacobsen*/Lemor KfzVers, A.3.7.4 AKB, Rn. 69; Staudinger/Halm/Wendt/*Schwab* Fachanwaltskommentar zum Versicherungsrecht, A.3.6 AKB, Rn. 170; a. A. Stiefel/Maier/ *Stadler* Kraftfahrtversicherung, A.3.6 AKB, Rn. 7.

A.3.8 AKB Zusätzliche Leistungen bei einer Auslandsreise

4 *Wohnsitz*

Hat der Versicherungsnehmer mehrere Wohnsitze im Inland, kommt es neben der behördlichen Meldung darauf an, an welchem sein Lebensmittelpunkt zu sehen ist. Damit wird ausgeschlossen, dass »wahlweise« ein Wohnsitz angegeben werden kann, um die Leistungsvoraussetzung der Reise zu erfüllen. Liegt der Lebensmittelpunkt an einem ausländischen Wohnsitz ist dies für die Beurteilung des Versicherungsschutzes irrelevant.

5 Die Differenzierung nach dem »überwiegenden Aufenthalts« entscheidet nur bei mehr als einem Wohnsitz im Inland.

6 *Wohnsitz im Ausland*

Hält sich der Versicherungsnehmer an einem Wohnsitz im Ausland auf, ist dieser Aufenthalt als Reise anzusehen und wird nur mit der erwähnten sechs Wochen Frist beschränkt. Diese Frist wird unterbrochen und beginnt wieder neu zu laufen, wenn der Versicherte an den bedingungsgemäß festgelegten inländischen Wohnsitz zurückkehrt. Dabei ist unerheblich, wie lange er sich an diesem aufhält.

A.3.8 Zusätzliche Leistungen bei einer Auslandsreise

Ereignet sich der Schaden an einem Ort im Ausland (Geltungsbereich nach A.3.4 ohne Deutschland), der mindestens 50 km Luftlinie von Ihrem ständigen Wohnsitz in Deutschland entfernt ist, erbringen wir zusätzlich folgende Leistungen:

1 Ereignet sich ein Schadenfall an einem Ort im Ausland, der mindestens 50 km Luftlinie vom ständigen Wohnsitz[1] in Deutschland entfernt liegt, erbringt der Versicherer die nachfolgend beschriebenen, zusätzlichen Leistungen.

2 Als Ausland gilt der Geltungsbereich des Abschnittes A.3.4 ohne Deutschland.

3 Es wird bei den fahrzeugbezogenen Leistungen nicht ausdrücklich erwähnt, das sie während einer Fahrt oder Reise mit dem versicherten Fahrzeug eingetreten sein müssen, die Zusatzleistungen können allerdings auch nicht Folge eines anderen Schadenereignisses sein.

4 Wohnt der Versicherungsnehmer in Grenznähe, kann auch bei einem Auslandsschaden kein Versicherungsschutz bestehen, sofern die Voraussetzungen der 50 km Grenze nicht erfüllt sind.

---

1 *OLG München* Urt. v. 03.06.2003 – 25 U 5174/02, JurionRS 2003, 45263 = ADAJUR Dok.Nr. 54397 = DAR 2003, 378 zum Wohnsitz im Rahmen der ADAC-Mitgliedschaft.

A.3.8.1 Bei Panne oder Unfall

Ersatzteilversand

a Können Ersatzteile zur Wiederherstellung der Fahrbereitschaft des Fahrzeugs an einem ausländischen Schadenort oder in dessen Nähe nicht beschafft werden, sorgen wir dafür, dass Sie diese auf schnellstmöglichem Wege erhalten. Wir übernehmen alle entstehenden Versandkosten.

Kann ein Ersatzteil, das für die Reparatur eines infolge einer Panne oder eines Unfalls nicht mehr fahrbereiten Fahrzeuges notwendig ist, am Schadensort oder dessen Nähe nicht beschafft werden, sorgt der Versicherer dafür, dass der Versicherungsnehmer dieses auf dem schnellsten Wege – notfalls per Luftfracht[1] – erhält und trägt die Versandkosten. Ist die Bereitstellung nicht in einer Zeit möglich, die eine Reparatur innerhalb von 3 Tagen seit Schadeneintritt möglich macht, hat der Versicherungsnehmer Anspruch auf einen Fahrzeugtransport (siehe auch A.3.8b).   1

Kosten des Ersatzteiles   2

Die Kosten für das Ersatzteil und dessen Verzollung werden nicht ersetzt.

In der Regel ist die Organisation dieser Leistung nur möglich, wenn der Versicherer auch für die nicht versicherten Kosten in Vorleistung tritt. Es sollte mit dem Versicherten deshalb abgeklärt werden, dass er nach seiner Rückkehr diese zurück erstattet. Erstattet der Versicherte die Ersatzteilkostenrechnung an den Autoschutzbriefversicherer nicht, kann dieser seine Auslagen gerichtlich[2] durchsetzen. Sind die Ersatzteile unvollständig, weil der Verkäufer die Einzelteile nicht vollständig zusammenstellte, geht dies nicht zu Lasten des Schutzbriefversicherers. Wie bei der Pannenhilfe und dem Abschleppen[3] schuldet der Versicherer auch beim Ersatzteilversand[4] nur die Organisation[5] der Leistung durch Dritte.   3

Umfang der Reparaturkosten   4

Es gibt keine Beschränkung im Hinblick auf die Größe und Art der zu beschaffenden Ersatzteile. Auch wenn es nicht ausdrücklich erwähnt ist, muss die Reparatur wirtschaftlich sein, d. h., dass die Reparaturkosten den Wiederbeschaffungswert des Fahrzeuges nicht übersteigen. Eine entsprechende Reparatur kann auch nicht im Sinne des Versicherungsnehmers sein, da er die Kosten hierfür selbst tragen muss. Müssen

---

1 Feyock/*Jacobsen*/Lemor KfzVers, A.3.8.1a, Rn. 72.; Stiefel/Maier/*Stadler* Kraftfahrtversicherung, A.3.8.1a AKB, Rn. 6.
2 *LG Hanau* Urt. v. 09.06.1981 – 2 S 57/81, zfs 1982, 54.
3 *OLG Saarbrücken* Urt. v. 02.03.2005 –5 U 530/04, JurionRS 2005, 16769 = ADAJUR Dok.Nr. 64937 = NJW-RR 2005, 1194 = VersR 2005, 1724 = OLGR 2005,658 = zfs 2005, 399 = r+s 2005, 374.
4 *LG Hanau* Urt. v. 09.06.1981 – 2 S 57/81, zfs 1982, 54.
5 *OLG Hamm* Beschl. v. 11.10.2013 – I-20 U 152/13, DAJUR Dok.Nr. 104249 = SP 2014, 63.

schwere oder geräumige Teile wie z. B. ein Getriebe transportiert werden, kann es wirtschaftlicher sein, das Fahrzeug in eine Werkstatt transportieren zu lassen, in der das Ersatzteil vorrätig ist. Gleiches kann gelten, wenn die Zollbestimmungen eines Landes so komplex sind, dass ein Versand in angemessener Zeit nicht möglich ist. Diese Lösung setzt natürlich voraus, dass der Versicherungsnehmer auf sein Fahrzeug für die Weiterfahrt nicht angewiesen ist und diesem Verfahren zustimmt.

Fahrzeugtransport

b) Wir sorgen für den Transport des Fahrzeugs zu einer Werkstatt und übernehmen die hierdurch entstehenden Kosten bis zur Höhe der Rücktransportkosten an Ihren Wohnsitz, wenn
- das Fahrzeug an einem ausländischen Schadenort oder in dessen Nähe nicht innerhalb von drei Werktagen fahrbereit gemacht werden kann und
- die voraussichtlichen Reparaturkosten nicht höher sind als der Kaufpreis für ein gleichwertiges gebrauchtes Fahrzeug.

5 Die Vorschrift wurde – optisch gering – durch »Bullitpoints« als Aufzählungszeichen an die nun übliche Form angepasst.

6 Der Versicherer sorgt nach einer Panne oder einem Unfall für den Transport des Fahrzeuges zu einer Werkstatt und trägt die Kosten bis zur Höhe eines Rücktransportes an den Wohnsitz[1], wenn das Fahrzeug nicht innerhalb von 3 Tagen am ausländischen Schadensort oder dessen Nähe fahrbereit gemacht werden kann und die voraussichtlichen Reparaturkosten den Wiederbeschaffungswert des Fahrzeuges nicht übersteigen.

7 *Qualität der Reparatur*

Bei der Reparaturfähigkeit innerhalb von 3 Tagen müssen die länderspezifischen Besonderheiten berücksichtigt werden, die mit den Maßstäben und Servicestandards inländischer Werkstätten nicht immer Stand halten können. Der Versicherungsnehmer hat Anspruch auf eine ordnungsgemäße Reparatur, die die vorhandenen Mängel beseitigt und den Zustand des Fahrzeuges wiederherstellt, der ohne den eingetretenen Schadenfall vorgelegen hat. Es kann sinnvoll sein, einen Korrespondenten vor Ort einzusetzen, der die örtlichen Gegebenheiten kennt und die Reparatur koordiniert.

8 *Wirtschaftlichkeit der Reparatur*

Die Frage der Wirtschaftlichkeit der Reparatur ist im Zweifel nur durch einen Sachverständigen vor Ort zu klären. Dieser muss prüfen, ob die Reparaturkosten den Kaufpreis für ein gleichwertiges gebrauchtes Fahrzeug nicht übersteigen. Entsprechende Marktkenntnisse sind im Ausland selten anzutreffen. Außerdem entstehen zusätzliche Kosten,

---

1 *OLG München* Urt. v. 03.06.2003 – 25 U 5174/02, JurionRS 2003, 45263 = ADAJUR Dok.Nr. 54397 = DAR 2003, 378 zum Wohnsitz im Rahmen der ADAC-Mitgliedschaft.

die häufig in keinem Verhältnis zu dem zu ersparenden Entschädigungsbetrag stehen, der sich bei einer Verschrottung/Verzollung gegenüber einem Fahrzeugtransport ergeben.

Auf den Restwert des kaputten Fahrzeugs kommt es bei der Wirtschaftlichkeitsbetrachtung nach dem Wortlaut der Klausel nicht an. Allerdings unterliegt der Versicherte der Schadenminderungspflicht[2] nach E.1.1.4 AKB. 9

Angemessener Zeitraum für den Rücktransport 10

Der Fahrzeugtransport ist in einer angemessenen und dem Versicherungsnehmer zuzumutenden Zeit durchzuführen. Sammeltransporte sind zumutbar, wenn sie zeitnah, im Normalfall innerhalb von höchstens 7–10 Tagen erfolgen.

Mietwagen

c Wir helfen Ihnen, ein gleichwertiges Fahrzeug anzumieten. Mieten Sie ein Fahrzeug nach A.3.6.3 an, übernehmen wir die Kosten hierfür bis Ihr Fahrzeug wieder fahrbereit zur Verfügung steht. Wir leisten bis zu einem Betrag von xx Euro.

Die frühere Klausel nach den AKB 2008 wiederholte die Bezugnahme auf A.3.6.1 und A.3.6.2 AKB, die in A.3.6.3 AKB enthalten ist. Mit der neu gefassten Regelung kommt dies sprachlich klarer zum Ausdruck, ohne der inhaltlichen Seite zu verändern. 11

Für die Zeit der Reparatur hilft der Versicherer bei der Anmietung eines gleichwertigen Mietwagens und erstattet die Kosten bis zu dem im Vertrag vereinbarten Betrag. Die Zusatzleistung bei Auslandsschäden gegenüber der Regelung des Abschnittes A.3.6.3 besteht darin, dass die Erstattung der Mietwagenkosten nicht auf sieben Tage beschränkt wird, sondern auf die Dauer der Reparatur abstellt. Außerdem ist die Mietwagenleistung im Ausland keine Variante, die die sonstigen Leistungen unter A.3.6.3 wie Übernachtungskosten ausschließen. 12

Gerade für Urlauber, die am Urlaubsort über sieben Tage hinaus einen Mietwagen benötigen, ist die Regelung von Vorteil. Am Urlaubsort ist meist kein Gepäcktransport erforderlich, so dass ein kleineres Fahrzeug zu günstigeren Konditionen ausreichend ist. Die vertraglich vereinbarte Höchstbetragssumme reicht somit vielfach, um über sieben Tage hinaus mobil zu bleiben.[1] 13

---

2 Feyock/*Jacobsen*/Lemor KfzVers, A.3.8.1b AKB, Rn. 75; *Knappmann* Der Autoschutzbrief, VRR 2011, 447.
1 Feyock/*Jacobsen*/Lemor KfzVers, A.3.8.1c AKB, Rn. 77.

A.3.8.1 AKB Bei Panne oder Unfall

Fahrzeugverzollung und -verschrottung

d Muss das Fahrzeug nach einem Unfall im Ausland verzollt werden, helfen wir bei der Verzollung. Wir übernehmen die hierbei anfallenden Verfahrensgebühren mit Ausnahme des Zollbetrags und sonstiger Steuern. Lassen Sie Ihr Fahrzeug verschrotten, um die Verzollung zu vermeiden, übernehmen wir die Verschrottungskosten.

14 Die Neufassung wurde sprachlich überarbeitet, indem aus einem langen Satz zwei kurze Sätze gemacht wurden. Die Änderung dient allein dem besseren sprachlichen Verständnis.

15 Diese Zusatzleistung im Ausland beschränkt sich auf unfallbedingte Schäden. Bei Pannen, die eine Fahrzeugverzollung oder –verschrottung nach sich ziehen könnten, besteht kein Versicherungsschutz.

16 *Verzollung*

Der Versicherer hilft bei der Verzollung und übernimmt die hierfür entstehenden Verfahrensgebühren. Der Zollbetrag und sonstige Steuern werden nicht ersetzt.

17 *Verschrottung*

Ist ein gewinnbringender Restwert nicht zu erzielen und entscheidet sich der Versicherungsnehmer für eine Verschrottung, um die Verzollung zu vermeiden, werden die Verschrottungskosten ersetzt. Um Unstimmigkeiten bei der möglichen Abrechnung des Fahrzeugschadens über die Vollkaskoversicherung zu vermeiden, empfiehlt sich eine vorherige Abstimmung. Bei der Verschrottung ist dem Versicherungsnehmer anzuraten, die entwerteten Kennzeichen wieder mit zurückzunehmen, um das Fahrzeug problemlos bei den hiesigen Behörden austragen lassen zu können.

18 *Verkauf/Schenkung*

Verschenkt der Versicherungsnehmer sein Fahrzeug an einen Bastler oder hat es noch einen Restwert und er verkauft das Fahrzeug wegen des Unfallschadens im Ausland, können ebenfalls Verzollungskosten anfallen. Da nicht der Unfall, sondern die Veräußerung den letzten Ausschlag für die Verzollung gab, soll nach *Jacobsen*[1] ein Hilfeleistungsanspruch aus dem Autoschutzbriefvertrag entfallen.

19 Dem ist zu widersprechen. Ursache für die Veräußerung bleibt der Unfall. Die Verzollung fällt nur an, weil der Versicherungsnehmer sich in einer anderen Art und Weise des Fahrzeugs entledigen will, als durch Verschrottung. Die Veräußerung stellt somit keine echte Zäsur dar, die den Kausalverlauf unterbrechen könnte. Der Wortlaut der Klausel enthält keine Einschränkungen für Veräußerungsgeschäfte.

---

1 Feyock/*Jacobsen*/Lemor KfzVers, A.3.8.1c AKB, Rn. 81.

Nach ständiger Rechtsprechung des *BGH*[2] sind allgemeine Versicherungsbedingungen so auszulegen, wie ein durchschnittlicher Versicherungsnehmer sie bei aufmerksamer Durchsicht und Berücksichtigung des erkennbaren Sinnzusammenhangs verstehen muss; dabei kommt es auf die Verständnismöglichkeiten eines Versicherungsnehmers ohne versicherungsrechtliche Spezialkenntnisse und damit auch auf seine Interessen an. 20

Ein verständiger Versicherungsnehmer kann darauf vertrauen, dass er daher auch in den Fällen des Verkaufs oder der Schenkung Versicherungsschutz genießt. 21

A.3.8.2 Bei Fahrzeugdiebstahl

Fahrzeugunterstellung

a Wir übernehmen die Kosten für eine Fahrzeugunterstellung, wenn das gestohlene Fahrzeug
- nach dem Diebstahl im Ausland wieder aufgefunden wird und
- bis zur Durchführung des Rücktransports oder der Verzollung bzw. Verschrottung untergestellt werden muss.

Wir übernehmen die Kosten höchstens für zwei Wochen.

Die Regelung wurde im Rahmen der Überarbeitung der AKB 2008 klarer gefasst. Eine inhaltliche Änderung ist hiermit nicht verbunden. 1

Sofern das Fahrzeug nach einem Diebstahl im Ausland wieder aufgefunden wird, werden die Kosten für die Fahrzeugunterstellung, die bis zu einem Rücktransport oder einer Verzollung oder Verschrottung entstehen, für die Dauer von 2 Wochen übernommen. 2

Nähere Angaben zum Auffindungsort enthalten die Bedingungen nicht. Dies ist sicherlich unproblematisch, wenn sich dieser im Inland oder im versicherten ausländischen Geltungsbereich befindet. Zu einem Auffindungsort außerhalb des versicherten Geltungsbereiches gibt es in den Bedingungen keine Hinweise. Da das zu bewertende Schadenereignis nicht das Auffinden, sondern der Diebstahl des Fahrzeuges ist, müssen die angesprochenen Leistungen auch außerhalb des Geltungsbereiches erbracht werden, wenn der Diebstahl versichert gewesen ist. 3

Der Bedingungstext erwähnt seit den AKB 2008 auch einen Rücktransport des Fahrzeuges nach einem Diebstahl. Dieser kann nur versichert sein, wenn die Voraussetzungen unter A.3.8.1 zusätzlich erfüllt sind. Der Rücktransport eines fahrbereiten Fahrzeuges nach Diebstahl ist nicht versichert. 4

---

2 *BGH* Urt. v. 16.06.1982 – IVa ZR 270/80, BGHZ 84, 268 = JurionRS 1982, 12476 = MDR 1982, 916 = NJW 1982, 2776 = VersR 1982, 841; *BGH* Urt. v. 23.06.1993 – IV ZR 135/92, BGHZ 123, 83 = JurionRS 1993, 15275 = MDR 1993, 841 = VersR 1993, 957 = NJW 1993, 528; *BGH* Urt. v. 18.02.2009 – IV ZR 11/07, JurionRS 2009, 11740 = VersR 2009, 623 = MDR 2009, 684 = NJW-RR 2009, 813 = r+s 2009, 246 = zfs 2009, 340.

A.3.8.2 AKB Bei Fahrzeugdiebstahl

5 Wird das Fahrzeug von den Behörden wegen noch notwendiger Ermittlungen nicht frei gegeben und es fallen dadurch Standgebühren an, werden diese nicht erstattet.

Mietwagen

    b Wir helfen Ihnen, ein gleichwertiges Fahrzeug anzumieten. Mieten Sie ein Fahrzeug nach A.3.6.3 an, übernehmen wir die Kosten hierfür, bis Ihr Fahrzeug wieder fahrbereit zur Verfügung steht. Wir zahlen höchstens xx Euro.

6 Die Klausel wurde im Rahmen der Überarbeitung der AKB 2008 gestrafft, ohne eine inhaltliche Änderung herbeizuführen.

7 Auch die Leistung »Mietwagen« kann nur beansprucht werden, wenn das wieder aufgefundene Fahrzeug nicht fahrbereit ist und wieder instand gesetzt werden muss. Der Versicherer ist bei der Anmietung behilflich und trägt die Kosten bis zum vertraglich festgelegten Höchstbetrag, sofern das Fahrzeug den Bestimmungen nach A.3.6.3[1] entspricht.

8 Die Kosten werden bis zur Wiederherstellung der Fahrbereitschaft des Fahrzeuges übernommen. Eine weitere zeitliche Begrenzung wie in A.3.6.3 (... für höchstens 7 Tage) gibt es nicht.

Fahrzeugverzollung und -verschrottung

    c Muss das Fahrzeug nach dem Diebstahl im Ausland verzollt werden, helfen wir bei der Verzollung. Wir übernehmen die hierbei anfallenden Verfahrensgebühren mit Ausnahme des Zollbetrags und sonstiger Steuern. Lassen Sie Ihr Fahrzeug verschrotten, um die Verzollung zu vermeiden, übernehmen wir die Verschrottungskosten.

1 Die Klausel wurde im Zuge der Novellierung der AKB sprachlich leicht überarbeitet. Eine inhaltliche Veränderung ist damit nicht verbunden.

2 Es handelt sich um einen anderen Tatbestand, aber um dieselben Rechtsfolgen wie unter A.3.8.1d AKB. Auf die dortigen Ausführungen[1] darf verwiesen werden.

---

1 Siehe oben A.3.6.3 AKB Rdn. 2–16.
1 Siehe oben A.3.8.1 AKB Rdn. 14 ff.

A.3.8.3 Im Todesfall

Im Fall Ihres Todes auf einer Reise mit dem versicherten Fahrzeug im Ausland sorgen wir nach Abstimmung mit den Angehörigen
- für die Bestattung im Ausland oder
- für die Überführung nach Deutschland.

Wir übernehmen hierfür die Kosten.

Diese Leistung gilt nicht bei Tod einer mitversicherten Person.

Die Vertragsbestimmung wurde im Rahmen der Überarbeitung sprachlich neu gefasst. Dies dient der Übersichtlichkeit und Verständlichkeit. 1

Die personenbezogene Leistung im Todesfall im Ausland zielt anders als bei den fahrzeugbezogenen Leistungen ausdrücklich wieder auf das Vorliegen einer Reise mit dem versicherten Fahrzeug ab, da der Schadenfall nicht bei dem Gebrauch des versicherten Fahrzeuges eintreten muss.[1] 2

Im Todesfall des Versicherungsnehmers haben die Angehörigen das Recht zwischen einer Bestattung vor Ort oder einer Überführung des Leichnams nach Deutschland zu wählen. Der Versicherer organisiert die gewählte Leistung und trägt die Kosten.

Kein Anspruch[2] auf die vertragliche Leistung besteht beim Tod des berechtigten Fahrers oder berechtigten Insassen. Diese sind bezüglich dieser personenbezogenen Leistung nicht mitversichert. 3

Bestattung vor Ort 4

Bestattung ist der Oberbegriff von Beisetzung (Urne) und Begräbnis (Beerdigung).

Bei einer Bestattung vor Ort hat sich die Gestaltung der Beisetzung an den Lebensverhältnissen des Verstorbenen[3] zu orientieren. Die Kostenerstattung bezieht sich nur auf die reinen Bestattungskosten. Aufwendungen für Trauerkleidung der Angehörigen und begleitende Veranstaltungen werden nicht ersetzt. Zu den reinen Bestattungskosten gehören insbesondere nicht: ein verlängertes Nutzungsrecht (Kaufgrab), ein Grabstein, eine Grablaterne und die Grabpflegekosten[4]. Dies sind Aufwendungen zur dauerhaften Einrichtung einer Ruhestätte und gehen über die eigentliche Bestattung hinaus. 5

Auf die zum Schadensersatzrecht ergangen Rechtsprechung zu den Beerdigungskosten[5] kann nicht verwiesen werden, da der Schädiger sämtliche Kosten zu tragen hat, die an- 6

---

1 Feyock/*Jacobsen*/Lemor KfzVers, A.3.8.3 AKB, Rn. 87.
2 Prölss/Martin/*Knappmann* A.3 Rn. 12; *Knappmann* Der Autoschutzbrief, VRR 2011, 444; Feyock/*Jacobsen*/Lemor KfzVers, A.3.8.3 AKB, Rn. 87.
3 *OLG Düsseldorf* Urt. v. 23.03.1994 – 15 U 282/92, JurionRS 1994, 15922 = ADAJUR Dok.Nr. 22312 = VersR 1995, 1195 = SP 1994, 210 = zfs 1995, 453.
4 *BGH* Urt. v. 20.09.1973 – III ZR 148/71, BGHZ 61, 238 = JurionRS 1973, 11216 = NJW 1973, 2103 = DB 1973, 2186 = JZ 1973, 786 = MDR 1974, 29 = VersR 1974, 140.
5 Überblick bei Himmelreich/Halm/*Jaeger* Handbuch des Fachanwalts Verkehrsrecht, Kap. 13,

A.3.9 AKB Was ist nicht versichert?

sonsten nach § 1968 BGB der Erbe zu tragen hätte. Der Begriff der Bestattungskosten ist in der Autoschutzbriefversicherung erkennbar eng auszulegen, da diese alternativ zu den Kosten des Leichenrücktransportes gezahlt werden, nicht aber die komplette Beerdigungskosten ersetzen sollen.

7 *Leichenrücktransport*

Bei einem Leichenrücktransport werden alle Verfahrensgebühren, Kosten für ärztliche Bescheinigungen, den für den Transport vorgeschriebenen Sarg und die eigentlichen Transportkosten übernommen.

A.3.9 Was ist nicht versichert?

1 Die Ausschlussklauseln gelten für den Versicherungsnehmer und die mitversicherten[1] Personen.

Vorsatz und grobe Fahrlässigkeit

A.3.9.1 Kein Versicherungsschutz besteht für Schäden, die Sie vorsätzlich herbeiführen. Bei grob fahrlässiger Herbeiführung des Schadens sind wir berechtigt, unsere Leistung in einem der Schwere Ihres Verschuldens entsprechenden Verhältnis zu kürzen.

1 Wird der Schaden vorsätzlich verursacht, ist der Versicherer von der Verpflichtung zur Leistung frei. Da es sich um eine Schadensversicherung handelt, wiederholt die Klausel nur die Rechtsfolge des § 81 Abs. 1 VVG. Bei grob fahrlässiger Herbeiführung des Schadens ist der Versicherer berechtigt, seine Leistung in einem der Schwere des Verschuldens entsprechenden Verhältnis zu kürzen. Damit wird in der Klausel auch die Bestimmung des § 81 Abs. 2 VVG wiederholt.

2 *Telefonische Meldung*

Mittlerweile wird der überwiegende Teil der Schutzbriefschäden telefonisch gemeldet, weil der Versicherungsnehmer die Service-/und Organisationsleistungen abrufen möchte. In dieser Situation steht eine schnelle Problemlösung im Vordergrund. Die schnelle Hilfe und eigene Organisation der Leistungen hilft nicht nur Kosten zu sparen und die Kundenzufriedenheit zu erhöhen, sondern kann den Einstieg in Schadenmanagementmaßnahmen für einen eventuellen Kasko- oder Kraftfahrthaftpflichtschaden ermöglichen. Es werden deshalb selten Begleitumstände abgefragt, die für die einzuleitenden Sofortmaßnahmen nicht unbedingt benötigt werden, aus denen sich aber die vorsätzliche oder grob fahrlässige Herbeiführung des Schadenfalles herleiten lassen

---

Rn. 124 ff.; Himmelreich/Halm/Staab/*Kreuter-Lange* Handbuch der Kfz-Schadensregulierung, Kap. 17, Rn. 132 ff.
1 Feyock/*Jacobsen*/Lemor KfzVers, A.3.9 AKB, Rn. 91.

könnten. Häufig wird auf eine zusätzliche, schriftliche Schadenmeldung verzichtet. Dies erschwert die Prüfung der Schadenfälle auf grobe Fahrlässigkeit oder Vorsatz.

Die telefonische Erreichbarkeit des Versicherers sollte[1] im Schadensfall genutzt werden, auch um Weisungen[2] einzuholen, E.1.4.1 AKB.

Grobe Fahrlässigkeit

Häufige Beispiele für grobe Fahrlässigkeit in der Schutzbriefversicherung sind:
- Nutzung eines noch fahrbereiten Fahrzeuges bei dem der Schadeneintritt (Panne) vorhersehbar und billigend in Kauf genommen wird (z. B. Beschädigung der Ölwanne mit Getriebeschaden als Folge).[3]
- Fahren unter Alkoholeinfluss und Drogen
- grobe Verkehrsverstöße
- das Ermöglichen eines Fahrzeugdiebstahls

Derzeit gibt es in der Schutzbriefversicherung noch keine Erfahrungswerte, wie sich der Wegfall des »Alles oder Nichts Prinzips« bei grober Fahrlässigkeit auswirkt. Die Höhe der Quotelung der Entschädigungsleistung je nach Schwere des Verstoßes dürfte sich an den Vorgaben der Kaskoversicherung orientieren. In diesem Bereich hat sich mittlerweile eine beachtliche Rechtsprechung und Literatur[4] entwickelt, so dass entsprechend zu verweisen ist.

Der Ausschluss von grober Fahrlässigkeit in der Autoschutzversicherung ist zulässig[5].

Knappmann[6] weist zu Recht darauf hin, dass die Kürzung des Anspruchs sich nur auf die Kostenerstattung, aber nicht auf die Serviceleistung auswirken könne, da Service keine teilbare Leistung ist.

Vorsatz

Vorsätzliche Handlungen, die nicht mit einem Betrugsversuch einhergehen, wie z. B. die Selbsttötung während einer Reise, sind eher selten.

---

1 *Knappmann* Der Autoschutzbrief, VRR 2011, 444; Staudinger/Halm/Wendt/*Schwab* Fachanwaltshandbuch Versicherungsrecht, A.3 AKB, Rn. 174; Himmelreich/Halm/*Bergen* Handbuch des Fachanwalts Verkehrsrecht, Kap. 21, Rn. 33.
2 *Kreuter-Lange* E.1.4.1 AKB Rdn. 1.
3 Beckmann/Matusche-Beckmann/*Höke/Heß* Versicherungsrechts-Handbuch, § 30 Rn. 312.
4 *Stomper* A.2.9.1 AKB Rdn. 90 ff.; Looschelders/Pohlmann/*Schmidt-Kessel*, VVG Kommentar, § 81 VVG, Rn. 81 ff.
5 Prölss/Martin/*Knappmann*, A.3 AKB, Rn. 13.
6 *Knappmann* Der Autoschutzbrief, VRR 2011, 444.

A.3.9.2 AKB Genehmigte Rennen

Genehmigte Rennen

A.3.9.2 Kein Versicherungsschutz besteht für Schäden, die bei Beteiligung an behördlich genehmigten kraftfahrt-sportlichen Veranstaltungen, bei denen es auf Erzielung einer Höchstgeschwindigkeit ankommt, entstehen. Dies gilt auch für dazugehörige Übungsfahrten.

Hinweis: Die Teilnahme an nicht genehmigten Rennen stellt eine Verletzung Ihrer Pflichten nach D.1.1.4 dar.

1 Es handelt sich um die einzige Bestimmung in A.3., die im Zuge der Revision der AKB von 2008 auf 2015 nicht nur sprachlich, sondern auch inhaltlich verändert wurde. Die Änderung wird bereits in der Überschrift und dem Hinweis deutlich.

2 Früher fielen sämtliche Rennen unabhängig davon unter die Klausel, ob es sich um behördlich genehmigte oder private Rennen handelte.[1]

3 Heute beschränkt sich der Ausschlusstatbestand auf entsprechende Veranstaltungen mit behördlicher Genehmigung[2].

4 Für die Kfz-Haftpflichtversicherung ist es nur zulässig, für behördlich genehmigte kraftfahrt-sportliche Veranstaltungen einen Ausschluss zu vereinbaren, § 4 Nr. 4 KfzPflVV; für private Rennen im Umkehrschluss nicht. Dieses Konzept wurde nunmehr für die Autoschutzbriefversicherung nachgebildet.

5 Die Klausel enthält den vorsorglichen Hinweis auf D.1.1.4 AKB 2015, dass neben dem hier geregelten Ausschlusstatbestand, dort eine Pflichtverletzung für private Rennen geregelt ist. Die Pflichtverletzung bedeutet eine Obliegenheitsverletzung, die nach dem Grade des Verschuldens zu einer entsprechend geminderten Leistungspflicht des Versicherers führt.

6 Die geänderte Regelung entspricht der gebotenen Vorsicht bei der Abfassung von Musterbedingungen, möglichst keine rechtlich angriffsfähige Regelung zu bieten. Sie verfolgt die gleichmäßige Behandlung zu den anderen Autoversicherungen. Mit Blick auf den deutlich geringeren wirtschaftlichen Bedeutungsgehalt der Autoschutzbriefversicherung für den Versicherungsnehmer und die mitversicherten Personen sowie des gänzlich fehlenden Interesses potentiell geschädigter Verkehrsunfallopfern, dürfte auch die Vorgängerregelung (Ausschluss statt Obliegenheitsverletzung) einer rechtlichen Überprüfung standhalten.

---

1 Siehe Vorauflage *Merta/Westkämper* A.3 AKB, Rn. 1488.
2 Zur Definition vgl. A.1.5.2 und D.1.1.4 AKB.

Erdbeben, Kriegsereignisse, innere Unruhen, Staatsgewalt

A.3.9.3 Kein Versicherungsschutz besteht für Schäden, die durch Erdbeben, Kriegsereignisse, innere Unruhe oder Maßnahmen der Staatsgewalt unmittelbar oder mittelbar entstehen,

Erdbeben 1

Ein Erdbeben[1] ist eine naturbedingte Erschütterung des Erdbodens, die durch geophysikalische Vorgänge im Erdinnern ausgelöst wird.

Krieg 2

Krieg ist ein mit Waffengewalt ausgetragener Konflikt zwischen zwei oder mehreren Staaten zur Durchsetzung politischer, wirtschaftlicher, ideologischer und/oder militärischer Interessen.

Innere Unruhen 3

Innere Unruhen liegen vor, wenn zahlenmäßig nicht unerhebliche Teile der Bevölkerung in einer die öffentliche Ordnung und Ruhe störenden Weise in Bewegung geraten und unmittelbar Gewalt gegen Personen oder Sachen verüben.

Maßnahmen der Staatsgewalt 4

Bei Maßnahmen der Staatsgewalt handelt es sich um Verfügungen, die gegenüber der allgemeinen staatlichen Ordnung einen Ausnahmecharakter tragen und hinsichtlich der Art ihres Erlassens oder ihres Inhalts ungewöhnlich sind.

Ursächlichkeit des Schadenfalls 5

Das Schadenereignis muss mittelbar oder unmittelbar auf das Elementarereignis oder die aufgezählten politischen Risiken zurückzuführen sein. Die Ausschlusstatbestände greifen nicht, wenn sich die Versicherten zwar in einem Land mit politischen Unruhen aufhalten, der Aufenthaltsort/Urlaubsort von diesen aber nicht betroffen ist. Ist allerdings z. B. ein Ersatzteilversand in eine dieser unbeteiligten Regionen nicht möglich, da die Unruhen zu veränderten Einfuhrregelungen des Landes geführt haben, greifen die Ausschlusstatbestände.

Das Abschleppen eines Fahrzeuges infolge einer polizeilichen Anordnung (Falschparken, Sicherheitsrisiko, etc.) ist nicht Folge einer Maßnahme der Staatsgewalt, da der Sachverhalt der allgemeinen staatlichen Ordnung zugeordnet werden kann. Da in diesen Fällen das Fahrzeug in der Regel grundsätzlich fahrbereit ist und weder eine Panne oder ein Unfall vorliegt, kommen die Leistungen des Abschnittes A.3.5 dennoch nicht zum Tragen. 6

---

1 Zur Definition vgl. auch A.2.9.4 AKB.

A.3.9.4 AKB Kernenergie

Schäden durch Kernenergie

A.3.9.4 Kein Versicherungsschutz besteht für Schäden durch Kernenergie.

1 Unter Kernenergie versteht man die Energie, die man nach dem Prinzip der Kernspaltung in kerntechnischen Anlagen (Atomkraftwerk) mittels Kernbrennstoffen erzeugt.

A.3.10 Anrechnung ersparter Aufwendungen, Abtretung

A.3.10.1 Haben Sie aufgrund unserer Leistungen Kosten erspart, die Sie ohne das Schadenereignis hätten aufwenden müssen, können wir diese von unserer Zahlung abziehen.

1 Hat der versicherte Personenkreis aufgrund der Leistungen Kosten erspart, die er ohne das Schadenereignis hätte aufwenden müssen, können diese vom Versicherer abgezogen werden. In der Schadensversicherung soll der Geschädigte nicht bereichert werden. Die Klausel entspricht daher dem Grundsatz der Vorteilsausgleichung, wie er auch im Schadensersatzrecht zur Anwendung kommt. Das Rechtsinstitut der Vorteilsausgleichung[1] ist gesetzlich nicht geregelt und somit ungeschriebenes Recht. Es entspricht der Billigkeit und wurde durch Richterrecht entwickelt. Die Übernahme dieses Rechtsgedankens in die Vertragsklausel ist daher zulässig.

Regelmäßig kann dies bei folgenden Konstellationen der Fall sein:

2 *Weiter- und Rückfahrt*

Wird die Fahrt mit der Bahn fortgesetzt, werden Benzinkosten erspart, die bei der Fahrt mit dem versicherten Fahrzeug entstanden wären.

3 *Übernachtungskosten*

Beinhalten die Übernachtungskosten auch Aufwendungen für Verpflegung, können diese in Abzug gebracht werden. Waren auch ohne den Schadenfall bei der ursprünglich geplanten Fahrt Übernachtungen vorgesehen und entfallen diese durch die Übernachtung am Schadensort, besteht ebenfalls eine Verrechnungsmöglichkeit.

3 *Mietwagen*

Bei Mietwagennahme muss das Fahrzeug mit wieder aufgefüllten Tank abgegeben werden. Ist dies nicht möglich und die Mietwagenrechnung beinhaltet Benzinkosten, können diese ebenfalls angerechnet werden, sofern die Mietwagenrechnung nicht ohnehin entsprechend gekürzt wird.

---

1 *BGH* Urt. v. 14.09.2004 – VI ZR 97/04, JurionRS 2004, 19127 = NJW 2004, 3557 = MDR 2005, 145 = VersR 2004, 1468 = NZV 2005, 39 = DAR 2005, 19 = r+s 2005, 125 = VRS 108,7, 401 = zfs 2005, 124.

A.3.10.2 Ihren Anspruch auf Leistung können Sie vor der endgültigen Feststellung ohne unsere ausdrückliche Genehmigung weder abtreten noch verpfänden.

Der Versicherungsnehmer kann seinen Anspruch auf Versicherungsleistungen vor der 1 endgültigen Feststellung ohne die ausdrückliche Genehmigung des Versicherers weder abtreten noch verpfänden. Die Klausel wurde jüngst in einer Vielzahl von Rechtsstreiten problematisiert. Sie ist uneingeschränkt zulässig[1], da es sich bei der Autoschutzbriefversicherung[2] um eine Schadensversicherung handelt. Nachteile für den Versicherungsnehmer entstehen durch die Klausel nicht.

Durch die Klausel soll der Versicherer davor geschützt werden, in Schadensfällen mit 2 einer unbestimmten Vielzahl ihm unbekannter Personen[3] das Vertragsverhältnis abwickeln zu müssen.

Über F. AKB[4] wird auch der mitversicherte Fahrer oder Insasse entsprechend gebunden. 3

A.3.11 Verpflichtung Dritter

A.3.11.1 Soweit im Schadenfall ein Dritter Ihnen gegenüber aufgrund eines Vertrags oder einer Mitgliedschaft in einem Verband oder Verein zur Leistung oder zur Hilfe verpflichtet ist, gehen diese Ansprüche unseren Leistungsverpflichtungen vor.

Soweit dem Versicherungsnehmer im Schadenfall ein Dritter gegenüber aufgrund eines 1 Vertrages oder einer Mitgliedschaft in einem Verband oder Verein zur Leistung oder zur Hilfe verpflichtet ist, gehen diese Leistungsverpflichtungen vor. Es handelt sich um eine zulässige[1] einfache[2] Subsidiaritätsklausel. Sie verhindert, dass es zu einer echten Mehrfachversicherung[3] kommt.

---

1 *AG Münster* Urt. v. 02.10.2013 – 4 C 1823/13, JurionRS 2013, 54265 =ADAJUR Dok.Nr. 103925 = SP 2013, 443; *AG Hannover* Urt. v. 04.10.2013 – 557 C 4847/13, ADAJUR Dok.Nr. 106603 = SP 2014, 24; *AG Köln* Urt. v. 11.10.2013 – 123 C 194/13, JurionRS 2013, 49034 = ADAJUR Dok.Nr. 104449 = SP 2014, 22; *AG Hannover* Urt. v. 11.10.2013 – 527 C 4512/13, ADAJUR Dok.Nr. 104677 = SP 2014, 65; *AG Köln* Urt. v. 12.02.2014 – 112 C 180/13, JurionRS 2014, 11395 =VRR 2014, 387 bespr. v. *Nugel*.
2 Looschelders/Pohlmann/*Klenk* VVG-Kommentar, § 17 VVG, Rn. 36.
3 *BGH* Urt. v. 04.05.1964 – II ZR 153/61, BGHZ 41, 327 = DB 1964, 987 = MDR 1964, 654 = NJW 1964, 1899; *BGH* Urt. v. 13.07.1983 – IVa ZR 226/81, JurionRS 1983, 12354 = MDR 1984, 128 = VersR 1983, 945; Stiefel/Maier/*Stadler* Kraftfahrtversicherung, A.3.10.2 AKB, Rn. 3.
4 *Kreuter-Lange* F. AKB Rdn. 1 ff.
1 *BGH* Urt. v. 21.04.2004 – IV ZR 113/03, JurionRS 2004, 14409 = MDR 2004, 1118 = NJW-RR 2004, 1100 = TranspR 2005, 80 = VersR 2004, 994.
2 Stiefel/Maier/*Stadler* Kraftfahrtversicherung, A.3.11 AKB, Rn. 1.
3 *BGH* Urt. v. 18.11.2009 – IV ZR 58/06, JurionRS 2009, 28273 = r+s 2010, 69 = NJW-RR 2010, 383 = VersR 2010, 247.

A.3.11.2 AKB Verpflichtung Dritter

2   Als Leistungserbringer können in Frage kommen: Automobilclubs, Automobil- und Reifenhersteller im Rahmen ihrer Garantieleistungen, Versicherer, bei denen ein gesonderter Schutzbrief besteht, Kreditkartengeber, gesetzliche und private Krankenversicherer und sonstige gemeinnützige Vereine, die Schutzbriefleistungen für ihre Mitglieder vorsehen.

3   Hat ein sonstiger Dritter den Schaden verursacht und ist dem Versicherungsnehmer zum Schadenersatz verpflichtet, bleibt es dem Versicherungsnehmer unbenommen, zunächst die vertraglichen Leistungen seines Schutzbriefes abzurufen. Die vermeintlichen Ansprüche des Versicherungsnehmers gehen bei Leistung auf den Schutzbriefversicherer nach § 86 Abs. 1 Satz 1 VVG auf diesen über und können beim Schadenverursacher regressiert werden.

4   Zu beachten ist allerdings, dass der Autoschutzbriefversicherer nicht nur Kosten für Hilfen trägt und Aufwendungen ersetzt, sondern erhebliche Organisationsleistungen erbringt. Diese Leistungen sind nur schwer in Geldbeträgen auszudrücken. In Regress nehmen kann der Schutzbriefversicherer den Schädiger für diesen Aufwand nicht. Müsste der Versicherte – ohne Schutzbriefversicherer im Hintergrund – alles selbst organisieren, kann er auch nur die Unkostenpauschale oder nachgewiesene Kosten beim Schädiger geltend machen. Seinen Zeitaufwand[4] erhält er auch im Schadensersatzrecht nicht ersetzt.

A.3.11.2   Wenden Sie sich nach einem Schadenereignis allerdings zuerst an uns, sind wir Ihnen gegenüber abweichend von A.3.11.1 zur Leistung verpflichtet.

1   *Subsidiarität*

Da häufig auch der Versicherungsschutz der oben aufgezählten Anbieter eine Subsidiaritätsregelung vorsieht, ist in Abweichung von A.3.11.1 bestimmt, dass der Versicherer zur Leistung verpflichtet ist, wenn sich der Versicherungsnehmer zuerst an ihn wendet. Damit soll vermieden werden, dass der Versicherungsnehmer bei mehr als einem Anspruch auf Schutzbriefleistungen von den Leistungserbringern jeweils an einen anderen verwiesen wird. Dem Versicherer ist es zudem untersagt, an einen Automobilclub[1] als Leistungserbringer zu verweisen.

2   Liegen keine haftungsrechtlichen Möglichkeiten vor, kann ein Regress nur dann durchgeführt werden, wenn die Voraussetzungen des § 78 VVG vorliegen.

3   Ist der Anspruch auf Schutzbriefleistungen nicht Bestandteil eines Versicherungsvertrages, sondern z. B. Folge einer Mitgliedschaft in einem Automobilclub, fehlt es an den

---

4   *BGH* Urt. v. 09.03.1976 – VI ZR 98/75, BGHZ 66, 112 = JurionRS 1976, 11413 = DB 1976, 1284 = JR 1976, 378 = MDR 1976, 831 = NJW 1976, 1256 = VersR 1977, 615.
1   *Bauer* Die Kraftfahrtversicherung, Rn. 1404.

Anspruchsvoraussetzungen des § 78 VVG. *Stadler*[2] stützt sich mit seiner gegenteiligen Ansicht zu Unrecht auf die von ihm zitierte Rechtsprechung[3]. Diese bezieht sich lediglich auf das Verhältnis versicherungsvertraglicher Leistungen von Primär- und Subsidiärversicherern, nicht aber auf Mitgliedsleistungen. Letztlich will er dann aber doch allein wegen des Verwaltungsaufwandes[4] des Regress scheitern lassen. Ein Regress ist daher nicht möglich, weder aktiv noch passiv.

Folgen für den Regress des Autoschutzbriefversicherers 4

Der Versicherungsnehmer kann wegen ein und derselben Schadensposition oftmals nicht nur eine, sondern mehrere Personen aus verschiedenen Rechtsgründen in Anspruch nehmen. Aufgrund der obigen Klausel ist es dem Versicherten gleich, wen er in Anspruch nimmt.

Für den (vor-)leistenden Schutzbriefversicherer, der die einfache Subsidiaritätsklausel 5 verwendet, ergeben sich beispielhaft[5] folgende Regressmöglichkeiten:

Schuldner des Versicherten aufgrund	Anspruchsgrundlage des Versicherten	Regressgrundlage des Auto-Schutzbriefversicherers	Quote
Wegen Unfall gegen Unfallgegner und Pflichthaftpflichtversicherer	§§ 7 StVG, 823 BGB; 115 VVG	§ 86 Abs. 1 VVG i. V. m. Schadensersatzanspruch	Bis[6] 100%
Wegen Werkstattfehler gegen Werkstatt	§§ 280, 632 ff. BGB	§ 86 Abs. 1 VVG i. V. m. Schadensersatzanspruch	100%
Kaskoversicherer (Abschleppkosten)	A.2.5.2.2 AKB	§ 86 Abs. 1 VVG gegen Primärversicherer	100%
Mobilitätsgarantie auf Neu- und Gebrauchtwagen	§§ 433 BGB	§ 86 Abs. 1 VVG gegen Primärversicherer	100%
Privater Krankenversicherer	MB/KK	§ 86 Abs. 1 VVG gegen Primärversicherer[7]	100%

---

2 Stiefel/Maier/*Stadler* Kraftfahrtversicherung, A.3.11 AKB, Rn. 7.
3 *BGH* Urt. v. 23.11.1988 – IVa ZR 143/87, JurionRS 1988, 13553 = VersR 1989, 250 = MDR 1989, 525 = r+s 1989, 36 = NJW-RR 1989, 922 (KVO subsidiär/KH primär); *OLG Düsseldorf* Urt. v. 25.09.2001 – 4 U 51/01, JurionRS 2001, 21926 = ADAJUR Dok.Nr. 49197 = zfs 2002, 191 = r+s 2002, 297 = OLGR 2002, 203.
4 Stiefel/Maier/*Stadler* Kraftfahrtversicherung, A.3.11 AKB, Rn. 8.
5 Keine abschließende Aufzählung möglich.
6 Entsprechend der Haftungsquote des Versicherten.
7 *BGH* Urt. v. 21.04.2004 – IV ZR 113/03, JurionRS 2004, 14409 = MDR 2004, 1118 = NJW-RR 2004, 1100 = VersR 2004, 994 = TranspR 2005, 80 (Reisekrankenversicherer gegen privaten Krankenvollversicherer).

A.3.11.2 AKB Verpflichtung Dritter

Schuldner des Versicherten aufgrund	Anspruchsgrundlage des Versicherten	Regressgrundlage des Auto-Schutzbriefversicherers	Quote
Sonstiger Schutzbriefversicherer	z. B. AVAR[8]	§ 78 Abs. 2 VVG aus Gesamtschuldnerausgleich mit Subsidiärversicherer	gemäß Leistungsanteil
Master-Card-Gold, American-Express-Card-Gold, etc.	AGB	§ 78 Abs. 2 VVG aus Gesamtschuldnerausgleich mit Subsidiärversicherer	gemäß Leistungsanteil
Reisekrankenversicherer	AGB	§ 78 Abs. 2 VVG aus Gesamtschuldnerausgleich	gemäß Leistungsanteil
Mitgliedschaft im Automobilclub	Mitgliedsleistung	Da keine Gesamtschuld unter Versicherern auch kein Regress[9].	0%
Fahrerschutzversicherer	Fahrerschutz-Vertrag	Nein, wenn subsidiärer Restschadensversicherer	0%
		Ja, bei Klausel nach A.5.4.2 AKB 2015[10]	gemäß Leistungsanteil

6 Der Autoschutzbriefversicherer schuldet als Subsidiärversicherer mit anderen nur einfach subsidiär leistungspflichtigen Versicherern nach zutreffender h. M.[11] gesamtschuldnerisch, da sich Wirkung der Klauseln gegenseitig aufheben. Für den Versicherungsnehmer ist es im akuten Schadensfall unzumutbar festzustellen, welche Klausel zuerst oder zuletzt[12] vereinbart wurde oder anteilig[13] die Leistungen von unterschiedlichen Versicherern abzufordern.

---

8 Allgemeine Versicherungsbedingungen für den Auto- und Reise-Schutzbrief (AVAR), unverbindliche Musterbedingungen des GDV, Stand November 2009.
9 So auch Staudinger/Halm/Wendt/*Schwab* Fachanwaltskommentar Versicherungsrecht, A.3 AKB, Rn. 180; anders Stiefel/Maier/*Stadler* Kraftfahrtversicherung, A.3.11 AKB, Rn. 7, der § 78 Abs. 2 VVG analog anwenden will; unklar *Knappmann* Der Autoschutzbrief, VRR 2011, 444.
10 *Schwab* A.5.4.2 AKB Rdn. 8.
11 *BGH* Urt. v. 19.02.2014 – IV ZR 389/12, JurionRS 2014, 11349 = ADAJUR Dok.Nr. 104701 = MDR 2014, 779 = JZ 2014, 279 = VersR 2014, 450 = WM 2014, 1052 = zfs 2014, 278; *LG Hamburg* Urt. v. 11.01.1978 – 2 S 142/77, VersR 1978, 933; *Winter* Subsidiaritätsklauseln und AGBG, VersR 1991, 527; Prölss/Martin/*Armbrüster* § 78 VVG, Rn. 36; *Halbach* in MüKo zum VVG, § 78 VVG, Rn. 22; Feyock/*Jacobsen*/Lemor KfzVers, A.3.11 AKB, Rn. 101; Stiefel/Maier/*Stadler* Kraftfahrtversicherung, A.3.11 AKB, Rn. 8; *Knappmann* Der Autoschutzbrief, VRR 2011, 444; Rüffer/Halbach/Schimikowski/*Brambach*, § 77 VVG, Rn. 27.
12 *Martin* Zusammentreffen zweier Subsidiaritätsabreden, VersR 1973, 691 ff.
13 *Blanck* Doppelversicherung bei Zusammentreffen mehrerer Versicherungen mit Subsidiaritätsklausel, VersR 1973, 705.

Verweisung des Haftpflichtversicherers wegen Mietwagenkosten 7

Das *LG Dresden*[14] hielt es unter Verweis auf die Schadenminderungspflicht des Geschädigten für zulässig, den Geschädigten an die Autoschutzbriefversicherung bzw. an den Automobilclub zu verweisen, da er dort zu günstigeren Konditionen einen Mietwagen bekommen könne.

Dies ist abzulehnen.[15] Dem Versicherungsnehmer darf keine zusätzliche Organisationslast auferlegt werden. Beim Schutzbriefversicherer entstehen ansonsten unnötige und uneinbringliche Verwaltungskosten im Regressverfahren. Das könnte ihn dazu zwingen, die Prämien deutlich zu erhöhen. 8

A.4 Kfz-Unfallversicherung – wenn Insassen verletzt oder getötet werden

Übersicht Rdn.
A. Einleitung 1
B. Rechtliche Grundlagen 3
C. Ausgestaltung der Kfz-Unfallversicherung 6
D. Anmerkung zu Besonderheiten in Zusammenhang mit möglichem Prämienverzug 7
E. Erstattungsfähigkeit von Anwaltskosten? 8

A. Einleitung

Die Kraftfahrtunfallversicherung, häufig auch früher als Insassen-Unfallversicherung 1 bezeichnet, stellt von ihrer rechtlichen Einordnung her einen grundsätzlich selbständigen Versicherungsvertrag dar. In der Praxis wird jedoch eine reine Kraftfahrt- oder Insassenunfallversicherung nicht als isoliertes Produkt auf dem Markt angeboten. Die Kfz-Versicherer bieten die Kfz-Unfallversicherung nur gemeinsam mit der Kraftfahrzeughaftpflichtversicherung als Hauptprodukt an, daher ist in der Praxis nur die Kombination des Abschlusses einer Kfz-Haftpflichtversicherung als »Hauptversicherungsvertrag« mit einem Einschluss der Kraftfahrtunfallversicherung als Zusatzvertrag ggf. auch in Kombination mit einer Teil- oder Vollkaskoversicherung (Fahrzeugversicherung) als weiterem rechtlich selbständigen Versicherungsvertrag anzutreffen. Eine Kraftfahrtunfallversicherung besteht somit nicht grundsätzlich im Rahmen jeder abgeschlossenen Kraftfahrzeugversicherung, sondern nur dann wenn sie ausdrücklich als Versicherungsart vereinbart und im Versicherungsschein als Bestandteil des Versicherungsverhältnisses aufgeführt ist[1]. Sie ist dann im Rahmen des bestehenden Versicherungsverhältnisses, also quasi in dem »Gesamtvertrag« als eigenständiger Versicherungsvertrag enthalten.

---

14 *LG Dresden* Urt. v. 15.01.2010 – 7 S 189/09, ADAJUR Dok.Nr. 88092 = VersR 2010, 1331 = DAR 2010, 649; zustimmend *Kääb* FD-StrVR 2010, 299733.
15 Ebenso Staudinger/Halm/Wendt/*Schwab* Fachanwaltskommentar Versicherungsrecht, A.3 AKB, Rn. 178; *Teumer*, DAR 2010, 649 f.
1 Hierauf wird auch ausdrücklich in der Einleitung der AKB hingewiesen.

2   In neuerer Zeit hat die Kfz-Unfallversicherung Konkurrenz durch die Fahrerschutzversicherung (FSV)[2] erhalten, die eine ähnliche Zielrichtung, die Absicherung bei Personenschaden, hat. Die FSV gilt dabei jedoch nur für den Fahrer und nicht für weitere Fahrzeuginsassen und greift auch nur beim Lenken des Fahrzeugs[3] und nicht weitergehend beim sonstigen Gebrauch, wie die Kfz-Unfallversicherung. Bei manchen Versicherern hat die FSV sogar die Kfz-Unfallversicherung abgelöst und wird nur noch statt der Kfz-Unfallversicherung angeboten, die seit Aufnahme der FSV bei einigen Versicherern aus dem Angebot gestrichen wurde. Dadurch kann dann keine vollständige Absicherung für weitere Fahrzeuginsassen mehr im Rahmen einer Personenversicherung mehr erlangt werden, so dass dieses Deckungskonzept lückenhaft bleibt. Die übrigen Fahrzeuginsassen sind dann auf die konkret schadenbedingten Haftpflichtansprüche gegenüber dem eintrittspflichtigen Kfz-Haftpflichtversicherer beschränkt.

B. Rechtliche Grundlagen

3   Als rechtliche Grundlage gilt für die Kraftfahrtunfallversicherung neben den AKB (aktuell 2015) das Versicherungsvertragsgesetz (VVG 2008) sowie ergänzend das BGB soweit sich im VVG keine vorgreiflichen, spezialgesetzlichen Regelungen finden (z. B. allgemeine Verjährung nach § 195 BGB). Im VVG finden sich die speziellen Regelungen zur Unfallversicherung in den §§ 178 bis 191. Zur Klarstellung sei an dieser Stelle angemerkt, dass dieses 7. Kapitel des VVG nicht etwa nur für isolierte, reine Unfallversicherungen, sondern auch für die Kraftfahrtunfallversicherung als besondere Form der Unfallversicherung gilt. Besonders hervorzuheben sind daraus neben den nachfolgend unter C dargestellten Regelungen des § 179 (Versicherte Personen) folgende Regelungen:

- Die Modifizierung der allgemeinen Regelungen zur Gefahrerhöhung (§§ 23–27) für die Unfallversicherung durch den zwingenden § 181, wonach nur solche Änderungen der Umstände als Gefahrerhöhung zählen, deren Geltung als Gefahrerhöhung ausdrücklich in Textform vereinbart ist, soweit nicht Arglist des VN gegeben ist (§ 181 Abs. 2 S. 2).
- Die eigenständige Regelung zum Risikoausschluss im Fall der Herbeiführung des Versicherungsfalls in § 183, die in der Unfallversicherung nur für den Fall der Fremdversicherung von Bedeutung ist (in Bezug auf den VN fehlt es bei einer Herbeiführung schon am Merkmal der Unfreiwilligkeit beim Unfall).
- Die Sperrwirkung des § 184 wonach die Vorschriften der §§ 82, 83 zur Abwehr und Minderung des Schadens in der Unfallversicherung nicht anwendbar sind und gerade in diesem Zusammenhang wiederum § 191, der regelt, welche Vorschriften abdingbar sind. Dies gilt u. a. für § 184 und ist in den AKB 2008 durch die Klauseln E.1.4 und E.5.2 a-c geschehen.
- Die den VN vor Anspruchsverlusten schützende, zwingende Bestimmung des § 186. Danach muss der Versicherer den VN nach der Anzeige eines Versicherungsfalls auf vertragliche Anspruchs- und Fälligkeitsvoraussetzungen sowie einzuhaltende Fristen

---

2 Vgl. nachfolgend in A.5.
3 Vgl. nachfolgend unter A.5.1.

in Textform hinweisen und kann sich auf ein Fristversäumnis bei unterbliebenem Hinweis nicht berufen.

Neben den gesetzlichen Rahmenwerken bilden die allgemeinen Versicherungsbedingungen, hier in Form der dargestellten AKB 2015 die wichtigste Rechtsquelle für das bestehende Versicherungsverhältnis. Für eine leichtere Orientierung in den neuen AKB 2015 im Hinblick auf die früheren AKB 2008 sei an dieser Stelle auf eine für die tägliche Bearbeitungspraxis zusammengestellte Synopse und Kurzdarstellung der Änderungen in den AKB verwiesen.[4] Eine **Synopse** und Kurzdarstellung zur Kfz-Unfallversicherung zu A.4. ist im Anhang hinter A.4.12 dieser Darstellung abgedruckt.

Aufgrund des Wegfalls des Genehmigungserfordernisses für allgemeine Versicherungsbedingungen durch das Aufsichtsamt im Jahr 1994 ist grundsätzlich immer mit Änderungen bzw. Abweichungen von den Muster-AKB des GdV, die hier erläutert werden, zu rechnen. Es ist daher an dieser Stelle nochmals eindringlich auf die zwingende Grundregel hinzuweisen, immer die konkret vertragsgegenständlichen AKB des jeweiligen Versicherers zugrunde zu legen und nicht etwa gerade bekannte AKB eines anderen Versicherers oder ungeprüft die Muster-AKB. Hier besteht die große Gefahr, aufgrund von Abweichungen der tatsächlich einschlägigen AKB zu falschen Ergebnissen zu gelangen! Die konkret vertragsgegenständlichen AKB werden in der Praxis unproblematisch auf entsprechende Anforderung, regelmäßig ohne Kostenberechnung, von den Versicherern übersandt. Der VN hat hierauf in analoger Anwendung des § 3 Abs. 3 VVG einen Anspruch.

C. Ausgestaltung der Kfz-Unfallversicherung

Die Kfz-Unfallversicherung ist regelmäßig Summenversicherung, bei der als Versicherungssumme eine nach dem Vertragsinhalt zu bestimmende, vereinbarte Versicherungsleistung zu erbringen ist. Sie kann als Eigen- oder Fremdversicherung für andere Personen als den VN geschlossen werden (§ 179 VVG). Nach § 179 Abs. 1 S. 2 VVG ist bei einer Versicherung für Unfälle einer anderen Person als dem VN im Zweifel von einer Versicherung für Rechnung des anderen auszugehen. Soll die Versicherung jedoch für Unfälle einer anderen Person aber für Rechnung des VN genommen werden, so erfordert § 179 Abs. 2 S. 1 VVG deren schriftliches Einverständnis als Wirksamkeitsvoraussetzung. Der VN kann die versicherte Person dabei nicht vertreten (§ 179 Abs. 2. S. 2 VVG). Hierdurch wird den spezifischen Gegebenheiten einer Versicherung auf das Risiko einer Person und der Gefahr potenziellen Missbrauchs im Hinblick auf die körperliche Unversehrtheit der versicherten Person Rechnung getragen. Für Fragen bzw. Umstände bei denen die Kenntnis oder das Verhalten des VN rechtlich von Bedeutung ist, stellt § 179 Abs. 3 VVG klar, dass bei einer Versicherung für einen anderen auch deren Kenntnis und Verhalten zu berücksichtigen ist. Die Regelung modifiziert insoweit die allgemeinen Regelungen aus §§ 43 ff. VVG über die Versicherung für fremde Rechnung.

---

4 Heinrichs in DAR 2015, 195 ff. und DAR 2015, 256 ff.

D. Anmerkung zu Besonderheiten in Zusammenhang mit möglichem Prämienverzug

7 Wegen der besonderen wirtschaftlichen Bedeutung für einen verletzten VN sei an dieser Stelle auf in der Praxis leider häufig übersehene Besonderheiten hingewiesen: Die oben unter Ziff. 1 dargestellte Eigenständigkeit der Kfz-Unfallversicherung als eigener Versicherungsvertrag hat u. a. zur Folge, dass die Prämie in der (Gesamt-) Beitragsrechnung gesondert auszuweisen ist[5]. Zu beachten ist in diesem Zusammenhang jeweils, dass es sich bei den einzelnen Arten der Kfz-Versicherung um rechtlich selbständige Verträge handelt, die ein isoliertes Schicksal nehmen können, bspw. bei nur teilweiser Prämienzahlung für nur einzelne Versicherungsarten als jeweiligem Versicherungsvertrag und daraus resultierender **Leistungsfreiheit** nur für die Versicherungsverträge aus dem Gesamtvertragsverhältnis für die ein Prämienrückstand besteht. Eine Leistungsfreiheit wegen Prämienverzug mit einer Folgeprämie nach § 38 VVG kann nur isoliert durch jeweilige qualifizierte Mahnung für den konkreten Versicherungszweig herbeigeführt werden, nicht jedoch einheitlich in einer Mahnung für verschiedene Versicherungsarten gemeinsam (bspw. für Kfz-Haftpflicht-, Kasko- und Unfallversicherung).[6] Zahlt bspw. der VN nur die Prämie für die Kfz-Haftpflicht- und Fahrzeugversicherung, nicht jedoch den Prämienanteil der Kraftfahrtunfallversicherung, so kann Leistungsfreiheit in der letzteren für den Versicherer gegeben sein, obwohl er in der Haftpflicht- und/oder Fahrzeugversicherung leistungspflichtig ist. Auf welchen Versicherungsvertrag bei nur teilweiser Zahlung auf die Gesamtbeitragsrechnung durch den VN die geleistete Prämie anzurechnen ist, richtet sich dabei nach einer ggf. vom VN getroffenen Tilgungsbestimmung, die jedoch selten anzutreffen ist. Regelmäßig wird die Verrechnung durch Auslegung zu ermitteln sein und ergibt sich häufig bereits aus dem Zahlungsbetrag, aus dem sich bspw. entnehmen lässt mit welcher Teilprämie dieser deckungsgleich ist. Im Übrigen ist davon auszugehen, dass sich der VN regelmäßig vorrangig bei unbestimmter Teilleistung jedenfalls den Schutz in der Kfz-Haftpflichtversicherung aufrechterhalten will, da es sich um eine Pflichtversicherung handelt, er also somit ohne diesen Versicherungsschutz überhaupt nicht mit seinem Kfz am Straßenverkehr teilnehmen darf und die Aufrechterhaltung lediglich anderer Versicherungsarten aus dem Kfz-Versicherungsverhältnis für ihn keinen Sinn macht.

E. Erstattungsfähigkeit von Anwaltskosten?

8 Der VN hat grundsätzlich keinen Anspruch auf Erstattung der Anwaltskosten, die anfallen, wenn er einen Rechtsanwalt mit der Geltendmachung der Ansprüche aus der Kfz-Unfallversicherung im Rahmen der Schadenabwicklung beauftragt. Ein Erstat-

---

5 BGH Urt. v. 09.07.1986 – IVa ZR 5/85, VersR 1986, 986 = r+s 1986, 248; OLG Hamm Urt. v. 06.07.1994 – 2 U 71/94, VersR 1995, 1085 = r+s 1994, 446 = zfs, 1995, 100; OLG Hamm Beschl. v. 25.11.1997 – 20 W 24/97, r+s 1998, 99 = zfs 1998, 127 = NZV 1998, 211; OLG Frankfurt Urt. v. 26.03.1997 – 7/U 321/95, VersR 1998, 356.

6 OLG Frankfurt Urt. v. 26.03.1997 – 7/U 321/95, VersR 1998, 356; van Bühren, Handbuch Versicherungsrecht 4. Aufl. 2009, § 2 Rn. 50.

tungsanspruch gegenüber dem eigenen Unfallversicherer besteht nur, wenn dieser durch nicht rechtzeitige Abgabe seiner Erklärung zur Leistungspflicht oder durch eine zu Unrecht erfolgte Ablehnung der Leistungspflicht in Verzug geraten ist.[7] Ein Erstattungsanspruch kann dem Geschädigten jedoch unter dem Gesichtspunkt erforderlicher Rechtsverfolgungskosten im Rahmen der vom Schädiger nach § 249 BGB zu ersetzenden, adäquat durch das Unfallereignis verursachten Schäden zustehen. Voraussetzung ist, dass der VN als Geschädigter aus seiner Sicht die Kosten als erforderlich und zweckmäßig zur Wahrnehmung seiner Rechte ansehen durfte.[8] Dies ist bei der Abwicklung von Ansprüchen aus Personenschäden nach einem Verkehrsunfall gegenüber dem eigenen Unfallversicherer des VN jedenfalls dann der Fall, wenn der VN aus mangelnder geschäftlicher Gewandtheit in versicherungsrechtlichen Fragestellungen oder bei erheblichen Verletzungen aufgrund seines Gesundheitszustands nach dem Unfall (bspw. stationärer Behandlung) nicht in der Lage ist, die notwendigen Schritte selbst vorzunehmen oder in die Wege zu leiten.[9] Hieran sind jedoch hohe Anforderungen zu stellen. Regelmäßig wird der VN in der Lage sein, selbst die Schadenmeldung an den Versicherer zu geben. Insbesondere reicht es nicht aus, dass der Rechtsanwalt die Abwicklung lediglich deshalb übernimmt, weil er ohnehin in die Abwicklung des Unfallschadens eingebunden ist und der VN noch im Krankenhaus ist.[10] Bei der (Kfz-)Unfallversicherung ist jedenfalls eine Erstattungsfähigkeit gegeben, wenn der Versicherte getötet ist und unverzüglich zu wahrende Fristen zu beachten und Schadenmeldungen zu veranlassen sind, mit deren Abwicklung der VN überfordert ist.

A.4.1 Was ist versichert?
Unfälle bei Gebrauch des Fahrzeugs

A.4.1.1 Wir bieten den vereinbarten Versicherungsschutz bei Unfällen der versicherten Person, die in unmittelbarem Zusammenhang mit dem Gebrauch Ihres Fahrzeugs oder eines damit verbundenen Anhängers stehen (z. B. Fahren, Ein- und Aussteigen, Be- und Entladen).

Übersicht	Rdn.
A. Allgemeines	1
B. Gebrauch des Fahrzeugs	3
C. Unmittelbarer Zusammenhang zum Fahrzeuggebrauch	4

---

7 Vgl. hierzu unten AKB A.4.10 Rdn. 3.
8 BGH Urt. v. 10.01.2006 – VI ZR 43/05, VersR 2006, 521 = r+s 2006, 305 = zfs 2006, 448 = DAR 2006, 386 = NJW 2006, 1065.
9 Wie vor.
10 LG Osnabrück Urt. v. 08.12.2006 – 2 S 678/04, SP 2007, 300.

A.4.1.1 AKB Unfallereignis als Versicherungsfall

A. Allgemeines

1 Die Regelung unter A.4.1.1 stellt in Umsetzung der Vorgaben des § 178 Abs. 1 VVG die grundsätzliche Verpflichtung des Versicherers dar, der versicherten Person die für den Versicherungsfall des Unfalls vertraglich vereinbarte Versicherungsleistung zu erbringen. Dabei schränkt dieser erste Teil der Klausel als Abgrenzung zur allgemeinen privaten Unfallversicherung, die für Unfälle bei grundsätzlich beliebigen Ereignissen bzw. Entstehungsumständen gilt, den Versicherungsschutz dem Sinn und Zweck der Reichweite der Kfz-Unfallversicherung entsprechend auf solche Unfälle ein, die sich aus den typischen Gefahrensituationen im unmittelbaren Zusammenhang mit dem Gebrauch des Fahrzeugs heraus ereignen. Durch den ausdrücklichen Einschluss des Gebrauchs eines mit dem Fahrzeug verbundenen Anhängers wird die Reichweite des Versicherungsschutzes klargestellt.

2 Der Kreis der versicherten Personen wird durch die nachfolgende Regelung in A.4.2 »Wer ist versichert?« geregelt. Auf die nachfolgenden Ausführungen wird daher verwiesen.

B. Gebrauch des Fahrzeugs

3 Der Unfall (nachfolgend in A.4.1.2 definiert) muss sich in unmittelbarem Zusammenhang mit dem **Gebrauch** eines Fahrzeugs oder damit verbundenen Anhängers ereignet haben. Der Begriff des Gebrauchs des Fahrzeugs ist gleichbedeutend mit demjenigen in A.1.1.1, so dass an dieser Stelle auf die dortigen Ausführungen verwiesen werden kann.[1] Zur besseren Verständlichkeit zählt die Klausel 3 typische aber nicht enumerative Formen des Gebrauchs beispielhaft auf: das Fahren, Ein- und Aussteigen, Be- und Entladen. Auch hier ist zu den weiteren Einzelheiten auf die obige Darstellung unter A.1.1.1 zu verweisen.

C. Unmittelbarer Zusammenhang zum Fahrzeuggebrauch

4 Es muss ein **unmittelbarer Zusammenhang** zwischen dem Unfall und dem Gebrauch des Fahrzeugs bestehen. Damit ist kein Ursachenzusammenhang zwischen dem Gebrauch und dem Unfalleintritt im Sinne einer adäquaten Kausalkette gemeint. Vielmehr muss ein zeitlicher und/oder räumlicher Zusammenhang gegeben sein. Dies ist bspw. auch gegeben, wenn der Versicherte während des Beladens eines Fahrzeugs von einem vorbeilaufenden Hund gebissen wird.[2] Jacobsen[3] zählt die nachfolgenden weiteren Beispiele auf, wie den Unfall des Fahrers auf dem Fußweg von seinem liegengebliebenen Fahrzeug auf dem Weg zur nächsten Tankstelle, um Benzin zu kaufen. Hier ist noch ein zeitlicher unmittelbarer Zusammenhang gegeben, wenngleich sich der Versicherte räumlich entfernt hat. Nach dem Abschließen des Fahrzeugs wird

---

1 Vgl. unter AKB A.1.1.1 Rdn. 79 ff.
2 Feyock/Jacobsen/Lemor – Jacobsen, Kraftfahrtversicherung 3. Aufl. AKB 2008 A.4 Rn. 12.
3 Feyock/Jacobsen/Lemor – Jacobsen, Kraftfahrtversicherung 3. Aufl. AKB 2008 A.4 Rn. 12.

der Versicherte von einem anderen Fahrzeug erfasst und verletzt – hier liegt ein räumlicher unmittelbarer Zusammenhang vor, auch wenn der Gebrauch des Fahrzeugs mit dem Abschließen nach dem Aussteigen eigentlich beendet war. Ein sowohl zeitlicher als auch räumlicher unmittelbarer Zusammenhang ist gegeben, wenn der Fahrer verletzt wird, weil er während einer Fahrtunterbrechung im angehängten, also mit dem Fahrzeug verbundenen, Wohnanhänger übernachtet, um am nächsten Tag die Fahrt fortzusetzen und nachts beim Sturm ein Baum auf den Wohnwagen stürzt. **Kein unmittelbarer** (räumlicher) **Zusammenhang** ist hingegen mehr gegeben, wenn der Versicherte Ladegut zur Straße bringt, um es dort für die Beladung des Fahrzeugs abzustellen oder wenn er ein Pferd aus dem angehängten Pferdetransporthänger führt und dieses dann auf dem weiteren Weg zum Stall steigt und den Versicherten verletzt. Letzterer Fall leuchtet ohne weiteres ein. Bei dem Transportieren von Ladegut für die Beladung des Fahrzeugs ist dies nicht eindeutig. Hier wird zu differenzieren sein, ob das Fahrzeug schon zur Beladung geöffnet bereit steht und das Ladegut bspw. lediglich zuvor neben dem Fahrzeug abgestellt wird, um bspw. noch den Rücksitz umzuklappen oder es abgestellt wird, weil sich zeigt, dass zunächst noch ein anderes Ladegut zuerst eingeladen werden muss – dann ist ein unmittelbarer räumlicher und zeitlicher Zusammenhang mit dem Beladen anzunehmen – oder ob tatsächlich das Ladegut nur für eine – spätere – Beladung des Fahrzeugs zur Straße verbracht wird. Von letzterem Sachverhalt geht offensichtlich Jacobsen in seinem Beispiel aus. Es wird jedenfalls eine entsprechende Zäsur zu dem körperlichen Verbringen des Ladegutes in oder auf das Fahrzeug zu fordern sein.

Unfallbegriff

A.4.1.2   Ein Unfall liegt vor, wenn die versicherte Person durch
- ein plötzlich von außen auf ihren Körper wirkendes Ereignis (Unfallereignis)
- unfreiwillig eine Gesundheitsschädigung

erleidet.

Übersicht   Rdn.
A.   Unfallbegriff   1
B.   Plötzlich von außen wirkendes Ereignis   2
C.   Unfreiwillige Gesundheitsschädigung   7
D.   Kausalität   11
E.   Beweislast   12

A. Unfallbegriff

Der Begriff des Unfalls ist seit der Reform des VVG erstmals in § 178 Abs. 2 S. 1 VVG   1
für die Unfallversicherung im Gesetz definiert, wobei die Regelung der AUB 94/99 übernommen wurde. Die Regelung der AKB in A.4.1.2 entspricht wortgleich der gesetzlichen Definition. Es kann daher für die Kfz-Unfallversicherung zur Erläuterung des Unfallbegriffs auch auf die weiterführende Literatur und die einschlägigen Kom-

A.4.1.2 AKB Unfallbegriff

mentierungen zum neuen VVG verwiesen werden.[1] Der Unfallbegriff setzt sich aus 3 Tatbestandsmerkmalen zusammen, danach muss es sich um ein plötzliches Ereignis handeln, das von außen auf den Körper einwirkt und zu einer unfreiwilligen Gesundheitsschädigung führt. Im Gegensatz zur allgemeinen Unfallversicherung bereiten die einzelnen Merkmale bei der Kfz-Unfallversicherung regelmäßig keine besonderen Schwierigkeiten, da sich gerade die schwer voneinander abzugrenzenden Situationen und Fragestellungen typischerweise nicht im Straßenverkehr ereignen. Für eine umfassende Darstellung im Übrigen sei daher wie oben auf die weiterführende Literatur verwiesen.[2]

B. Plötzlich von außen wirkendes Ereignis

2 a) Das Merkmal »**plötzlich**« dient als zeitliches Element der Abgrenzung von solchen Einwirkungen, die über einen längeren Zeitraum allmählich zu einer Gesundheitsschädigung führen[3], wie bspw. langfristige, kontinuierlich wirkende körperliche Überbelastungen bei Arbeit oder Sport im Gegensatz zu bspw. einem Sturz infolge eines Stolperns über Gegenstände oder dem Umknicken beim Sport wegen einer Bodenunebenheit.[4] Plötzlich ist ein Ereignis für den Versicherten wenn es ihn **unerwartet, überraschend** und daher ohne Chance dem Eintritt zu entrinnen oder ihn zu verhindern trifft. Das Ereignis darf nur von kurzer Dauer sein und nur kurze Zeit wirken.[5] Dabei reicht es allerdings aus, wenn sich das Geschehen in kurzem Zeitraum verwirklicht hat.[6] Neben diesem zeitlichen Moment, dessen Erfüllung allein schon zu einem plötzlichen Ereignis im Sinne des Unfallbegriffs führt, muss das Ereignis nicht zusätzlich noch nach der Vorstellung des Versicherten unerwartet oder nicht erkennbar gewesen sein, da es bei objektiv plötzlichen Geschehnissen nicht mehr auf die subjektive Vorstellung des Versicherten ankommt.[7] Die übrigen Abgrenzungskriterien eines unerwarteten, überraschenden und unentrinnbaren Ereignisses sind nach objektiven Maßstäben zu beurteilen, so dass es nicht darauf ankommt, ob der Betroffene subjektiv bei Anwendung der erforderlichen Sorgfalt das Ereignis hätte voraussehen können.[8]

3 Nur das Unfallereignis muss »plötzlich« eintreten, nicht jedoch die daraus resultierende Gesundheitsbeschädigung. Das Tatbestandsmerkmal ist daher gleichwohl erfüllt,

---

1 Vgl. Schwintowski/Brömmelmeyer, § 178 Rn. 3 ff.; Rüffer/Halbach/Schimikowski, § 178 Rn. 3 ff.; Looschelders/Pohlmann, § 178 Rn 11 ff.
2 Vgl. gerade im Detail auch Grimm, AUB 1 Rn. 18 ff.
3 BGH Urt. v. 12.12.1984 – IVa ZR 88/83, VersR 1985, 177 = r+s 1985, 53 = NJW 1985, 1398.
4 OLG Hamm Urt. v. 15.08.2007 – 20 U 5/07, VersR 2008, 249 = r+s 2007, 518 = zfs 2008, 43; OLG Celle Urt. v. 5.3.2009 – 8 U 193/08, r+s 2011, 346.
5 BGH Urt. v. 12.12.1984 – IVa ZR 88/83, VersR 1985, 177 = r+s 1985, 53 = NJW 1985, 1398; Grimm, AUB 1 Rn. 20 m.zahlr.w. N.
6 BGH Urt. v. 12.12.1984 – IVa ZR 88/83, VersR 1985, 177 = r+s 1985, 53 = NJW 1985, 1398.
7 BGH Urt. v. 12.12.1984 – IVa ZR 88/83, VersR 1985, 177 = r+s 1985, 53 = NJW 1985, 1398.
8 BGH Urt. v. 12.12.1984 – IVa ZR 88/83, VersR 1985, 177 = r+s 1985, 53 = NJW 1985, 1398; Urt. v. 13.07.1988 – IVa ZR 204/87, VersR 1988, 951 = zfs 1988, 367; Grimm, AUB 1 Rn. 27 m.w. N.; Naumann/Brinkmann, § 3 m.w. N. und Beispielen.

wenn sich die Gesundheitsschädigung erst am nächsten Tag oder später einstellt.[9] So bspw. wenn der VN mit seinem Fahrzeug auf einsamer Strecke in menschenleerer Gegend von der Straße abkommt, an einen Baum prallt und im Fahrzeug eingeklemmt wird, aus dem er sich nicht aus eigener Kraft befreien kann, so dass er verhungert. Auch wenn erst allmählich oder mittelbar die Gesundheitsschädigung eingetreten ist, liegt ein plötzlich eingetretenes Unfallereignis vor.

b) Das Ereignis muss **von außen** auf den Körper einwirken und kausal für die resultierende Gesundheitsschädigung sein. Unerheblich ist dabei, ob es sich um eine **mechanische Einwirkung** mit Krafteinwirkung, eine **chemische** oder **thermische** oder **psychisch vermittelte Einwirkung** wie ein Erschrecken oder Schock bspw. nach dem Zerspringen der Windschutzscheibe handelt.[10] Das Merkmal dient der Abgrenzung zu den aus dem Versicherungsschutz ausgenommenen inneren und rein organischen Körpervorgängen. Es darf sich auch nicht um ein vollständig willensgesteuertes und beherrschtes **eigenes Verhalten** handeln.[11] So liegt bspw. keine äußere Einwirkung mehr vor, wenn der Fahrer durch einen plötzlichen Sonneneinfall geblendet wird und deshalb den Kopf abrupt zur Seite dreht und dadurch eine Verletzung (hier konkret eine Dissektion der aorta carotis interna) erleidet.[12] Vielmehr liegt eine willensgesteuerte Eigenbewegung des Kopfes vor, die den Wirkungszusammenhang zum äußeren Ereignis der Blendung durch Sonnenstrahlen unterbrochen hat.[13] Es liegt kein Unfall als von außen wirkendes Ereignis vor, wenn der VN ohne äußere, besondere Einflüsse wie **Bodenunebenheiten** etc. beim Aussteigen aus dem Auto umknickt und eine Verletzung erleidet. Der willensgesteuerten **Eigenbewegung** ist in diesem Fall nicht von außen her ein anderer als der gewollte Bewegungsablauf gegeben worden.[14] Das Umknicken kann gerade auch auf einer inneren Ursache bspw. einer Bänderschwäche beruhen. Ist jedoch eine **Bordsteinkante**[15] oder Unebenheit auf dem Boden bspw. bei einem unbefestigten Parkplatz oder eine höherstehende Gehwegplatte als äußerer Umstand gegeben, ist von einem Unfall auszugehen.[16] Das äußere Ereignis muss aber nicht zwingend auf den Körper als Zusammenstoß von außen bspw. mit einer anderen Person oder einem Gegenstand einwirken. Für die Frage, ob die Einwirkung »von außen« erfolgt, ist nur auf das Ereignis abzustellen, das die Gesundheitsschädigung unmittelbar herbei-

---

9 Schwintowski/Brömmelmeyer, § 178 Rn. 11 m. w. N.
10 BGH Urt. v. 19.04.1972 – IV ZR 50/71, VersR 1972, 582 = NJW 1972, 1233; Grimm, AUB 1 Rn. 27; Rüffer/Halbach/Schimikowski/Rüffer, § 178 Rn. 4.
11 Grimm, AUB 1 Rn. 32.
12 OLG Saarbrücken Urt. v. 13.3.2013 – 5 U 343/12, zfs 2014, 396 = VersR 2014, 1202 = NJW-RR 2014, 101 = r+s 2015, 35.
13 Wie vor.
14 OLG Düsseldorf Urt. v. 27.11.1997 – 4 U 164/96, r+s 1999, 296 = zfs 1999, 343; OLG Hamm Urt. v. 15.08.2007 – 20 U 5/07, VersR 2008, 249 = r+s 2007, 518 = zfs 2008, 43; LG Dortmund Urt. v. 14.02.2008 – 2 O 362/07, r+s 2009, 206 mit Anm. Hoenicke.
15 OLG Hamm Urt. v. 11.06.1975 – 20 U 358/74, VersR 1976, 336.
16 OLG Hamm Urt. v. 15.08.2007 – 20 U 5/07, VersR 2008, 249 = r+s 2007, 518 = zfs 2008, 43; OLG Celle Urt. v. 5.3.2009 – 8 U 193/08, r+s 2011, 346.

A.4.1.2 AKB Unfallbegriff

führt.[17] Dieser Entscheidung lag ein Sturz eines Skifahrers infolge eines Ausweichmanövers zugrunde. Das OLG hatte einen Unfall fehlerhaft verneint, da es auf die Ursache des Ausweichens als willensgesteuerter Eigenbewegung abgestellt hatte. Der BGH hat hierzu klargestellt, dass die Ursache, auf dem ein schädigendes Ereignis beruht, nicht entscheidend ist, wenn die Verletzung Folge des Aufpralls auf einen anderen Gegenstand ist, da darin dann bereits ein hinreichend schadenursächlicher Kontakt zur Außenwelt als von außen wirkendes Ereignis iSd. der Definition des Unfallbegriffs gegeben ist.[18] Nur wenn die Verletzung bereits als reine Folge der Eigenbewegung eintritt (so vgl. oben beim Wegdrehen des Kopfes wegen Sonneneinstrahlung), fehlt es an der kausalen Einwirkung von außen.[19]

Kein von außen wirkendes Unfallereignis ist bspw. eine willentliche Anspannung der Muskulatur beim Anheben eines schweren Gegenstandes[20] (z. B. auch Autoreifen oder Ladung). Ein Unfall als von außen einwirkendes Ereignis liegt hingegen immer dann vor, wenn ein willensgesteuerter eigener Bewegungsablauf außer Kontrolle gerät und nicht mehr beherrschbar ist.[21] So bspw. wenn der VN als Fußgänger bei willensgesteuerter Bewegung ins Stolpern gerät und stürzt oder wenn er ein Motorrad schiebt und dabei einen **Bandscheibenvorfall** erleidet, als er versucht dem Umfallen des Motorrads entgegenzuwirken und sich dagegen stemmt, wobei hier jedoch i. E. zwar ein Unfall aber kein versicherter Schadenfall vorliegt, da der Ausschluss aus A.4.12.6 greift (Bandscheibenvorfall nur gelegentlich der Kraftanstrengung aber überwiegend vorschaden- oder anlagebedingt).[22] Gleiches gilt für von außen aufgezwungene, nicht vollständig willensgesteuerte Eigenbewegungen, also typischerweise **Ausweichbewegungen**, die nicht von vornherein vom VN beabsichtigt waren, sondern gerade nicht regulär nach dem Willen des VN erfolgen sollte. So z. B. wenn der VN vom Fahrrad abspringt, um Kontakt mit einem rückwärts ausparkenden Auto zu vermeiden.[23]

5   **Weitere Beispiele für von außen wirkendes Ereignis**: Der Beifahrer isst während der Fahrt und **verschluckt** sich als der Fahrer plötzlich heftig bremsen muss und erstickt daran. Fahrer oder Insasse erleiden bei einem Autounfall ein Knalltrauma mit daraus resultierender Einschränkung des Hörvermögens. Von einem solchen ist aber nicht auszugehen, wenn nach einem fachärztlichen HNO-Gutachten das Ergebnis der Hörkurven nicht dem erwarteten Ergebnis nach einem Knalltrauma entspricht, sondern dem

---

17 BGH Urt. v. 6.7.2011 – IV ZR 29/09, VersR 2011, 1135 = zfs 2011, 579 = r+s 2011, 400, NJW-RR 2011, 1328.
18 BGH wie vor; auch Kessal-Wulf, r+s 2011, 498.
19 BGH wie vor; Knappmann VersR 2009, 1652.
20 LG Aurich Urt. v. 07.06.1996 – 2 O 510/95, r+s 1996, 465.
21 BGH Urt. v. 12.12.1984 – IVa ZR 88/83, VersR 1985, 177 = r+s 1985, 53 = NJW 1985, 1398; Urt. v. 28.01.2009 – IV ZR 6/08, VersR 2009, 492 = r+s 2009, 161 = zfs 2009, 402 = NJW-RR 2009, 679; auch Brockmöller, r+s 2012, 313 (314).
22 OLG Nürnberg Urt. v. 03.08.2000 – 8 U 465/00, r+s 2001, 217 = zfs 2000, 549.
23 OLG Hamm Urt. v. 17.08.1994 – 20 U 213/92, VersR 1995, 1181 = r+s 1995, 117 = zfs 1995, 462.

Ergebnis nach eine Normalhörigkeit beider Ohren ergibt.[24] Anschieben eines Fahrzeuges auf rutschigem Untergrund und dadurch bedingter Sturz.[25] Beim Entladen eines Fahrzeugs rutscht ein schwerer Gegenstand aus einem Fach und führt zu einer Verletzung der versicherten Person, die ihn auffangen will und der wegen des Gewichts der Arm heftig nach unten gerissen wird (i. E. aber Ausschluss aus A.4.12 – Bandscheibe).[26] VN verletzt sich bei Reparaturarbeiten am Auto infolge eines **Abrutschens oder Brechens eines Schraubenschlüssels**.[27] Auch (Raub-) Überfälle mit Verletzungsfolge auf Autofahrer stellen demnach Unfälle iSd. der AKB dar.[28]

Beispiele für nicht von außen wirkendes Ereignis: VN hebt Autoreifen an und erleidet infolge dieser Eigenbewegung und Kraftanstrengung einen Bandscheibenvorfall.[29] VN hilft dabei ein liegengebliebenes Auto anzuschieben und erleidet dabei einen Herzanfall. Fahrer wird durch Sonneneinfall geblendet und führt Eigenbewegung aus, indem er den Kopf wegdreht, bei der es zur Verletzung kommt.[30] 6

C. Unfreiwillige Gesundheitsschädigung

a) Das Merkmal »**unfreiwillig**« dient der Abgrenzung zu bewusst herbeigeführten Schädigungen und erfüllt damit im Wesentlichen die gleiche Funktion wie der subjektive Risikoausschluss der vorsätzlichen Herbeiführung in der KH-Versicherung oder der Kasko-Versicherung. Wie schon aus der systematischen Stellung innerhalb der Definition des Unfallbegriffs folgt, muss allerdings nur die Gesundheitsschädigung unfreiwillig sein, nicht das Unfallereignis selbst. Der BGH hat dies wiederholt ausdrücklich klargestellt.[31] Es kommt also nicht darauf an, ob der VN das zur Gesundheitsschädigung führende Unfallereignis bewusst herbeigeführt hat. Solange er darauf vertraut hat, dass es nicht zu einer Gesundheitsschädigung kommt, ist diese unfreiwillig und damit das Merkmal der Unfreiwilligkeit des Unfallbegriffs insgesamt erfüllt.[32] Eine **bewusste Fahrlässigkeit** genügt nicht für die Freiwilligkeit. Nimmt hingegen die versicherte Person den Eintritt einer Gesundheitsschädigung billigend in Kauf (**bedingter Vorsatz**) oder will dies sogar, so ist sie freiwillig. Dazu genügt es, wenn sich der Versicherte 7

---

24 AG Leer Urt. v. 28.10.2009 – 072 C 522/09 (VII) n. v.
25 Aus Feyock/Jacobsen/Lemor – Jacobsen, Kraftfahrtversicherung 3. Aufl. AKB 2008 A.4 Rn. 16, 17.
26 OLG Hamm Urt. v. 24.01.2003 – 20 U 173/02, r+s 2003, 255 = zfs 2003, 248.
27 LG Nürnberg-Fürth Urt. v. 13.06.1988 – 14 O 9362/87, r+s 1988, 243.
28 Feyock/Jacobsen/Lemor – Jacobsen, Kraftfahrtversicherung 3. Aufl. AKB 2008 A.4 Rn. 21.
29 OLG Karlsruhe Urt. 19.05.1994 – 12 U 33/94, r+s 1995, 159 = zfs 1995, 383; vgl. auch LG Aurich Urt. v. 07.06.1996 – 2 O 510/95, r+s 1996, 465 (zum Anheben schwerer Lasten).
30 Siehe Rn. 12.
31 BGH Urt. v. 12.12.1984 – IVa ZR 88/83, VersR 1985, 177 = r+s 1985, 53 = NJW 1985, 1398; Urt. v. 29.04.1998 – IV ZR 118/97, VersR 1998, 1231 = r+s 1999, 41 = zfs 1998, 390 = NJW-RR 1998, 1172.
32 BGH Urt. v. 12.12.1984 – IVa ZR 88/83, VersR 1985, 177 = r+s 1985, 53 = NJW 1985, 1398; Prölss-Martin – Knappmann, VVG 29. Aufl. § 178 Rn. 20; Rüffer/Halbach/Schimikowski –Rüffer, Versicherungsvertragsgesetz § 178 Rn. 13.

A.4.1.2 AKB Unfallbegriff

bei einer von ihm beherrschbaren Situation einem ohne oder auch gegen seinen Willen eintretenden Ereignis aussetzt, anstatt diesem auszuweichen[33], also bspw. sich einem auf ihn zufahrenden Pkw in den Weg stellt. Zutreffend weist Knappmann[34] daraufhin, dass die Anforderungen für die Annahme einer vom Versicherten erkannten Gefahr und daraus zu folgernden möglichen Inkaufnahme einer Gesundheitsschädigung umso niedriger sind je höher die objektive Unfallgefahr ist. Insbesondere verschiedene und sich widersprechende Schilderungen des VN zum Unfallhergang, die nachweislich nicht zutreffen können, da sie mit Feststellungen eines Sachverständigen zum Unfallhergang bzw. objektiven ärztlichen Befunden über das Verletzungsbild nicht in Einklang zu bringen sind, können zu einem Beweis der Freiwilligkeit führen.[35]

8   Eine besondere Bedeutung gerade auch in der Kfz-Unfallversicherung haben Fälle des Suizids. Gerade in dieser Fallgruppe gelingt dem Versicherer bei entsprechenden, eindeutigen Anhaltspunkten für eine **Selbsttötung** relativ leicht der Beweis der Freiwilligkeit der Gesundheitsschädigung. Findet sich bspw. ein Abschiedsbrief oder hat der Versicherte kurz vor dem Ereignis ernsthaft Suizidabsichten angekündigt und gerät er sodann aus ansonsten völlig unerklärlicher Ursache (insbesondere kein Alkohol im Blut) auf trockener und gerade verlaufender Fahrbahn von der Straße ab und prallt gegen einen Baum oder Brückenpfeiler oder in eine Stützmauer, so sprechen diese Indizien eindeutig für eine freiwillige Inkaufnahme der Gesundheitsschädigung bzw. des Todes.[36] Folgende Indizien genügten bspw. für die Annahme einer Selbsttötung: Pkw prallt gegen einen Brückenpfeiler bei nahezu geradem Verlauf einer Autobahn in nur leichter, langgezogener Kurve, einmaliger Lenkradeinschlag bei nicht überhöhter Geschwindigkeit von ca. 130–140 km/h im Bereich kurz vor dem Brückenpfeiler anhand der Driftspur des Fahrzeugs nachweisbar und ohne erkennbaren Grund sowie ohne Gegenlenkmanöver und 30 Minuten vorher Beginn einer Hausdurchsuchung, bei der die Ehefrau Kenntnis vom Verdacht der Verbreitung kinderpornografischer Schriften sowie einer früheren Verurteilung wegen sexuellen Missbrauchs von Kindern erfuhr.[37] Jedoch reicht es nicht aus, wenn nach der Indizienlage zwar ein Suizid in Betracht kommt, aber es durchaus auch anders gewesen sein kann. So hat es das OLG Köln nicht als Indizienbeweis ausreichen lassen, dass der unheilbar an Krebs erkrankte VN, der früher einmal Selbstmordabsichten geäußert hatte, nicht angeschnallt und ohne zu blinken plötzlich auf die Gegenfahrbahn geraten und dort mit einem Lkw kollidiert ist.[38] Diese Entscheidung erscheint zweifelhaft, da wohl überspannte Anforderungen an die Indizienkette gestellt werden. Da die inneren Entschlüsse und Gedankengänge des VN nicht ergründbar und beweisbar sind, dürfen keine unerfüllbaren Anforderungen an den nur durch Indizien zu führenden Beweis, den der Versicherer zu erbringen hat, ge-

---

33 Prölss/Martin – Knappmann, VVG 29. Aufl. § 178 Rn. 20.
34 Prölss/Martin – Knappmann, VVG 29. Aufl. § 178 Rn. 20.
35 Vgl. hierzu OLG Hamm Urt. v. 2.12.2011 – I-20 U 83/11, VersR 2012, 1549.
36 OLG Hamm Urt. v. 07.12.1988 – 20 U 82/88, VersR 1989, 695 = zfs 1989, 211; OLG Köln Urt. v. 02.05.1991 – 5 U 148/90, VersR 1992, 562 = r+s 1992, 33.
37 LG Hannover Urt. v. 4.9.2009 – 2 O 118/08, r+s 2011, 130.
38 OLG Köln Urt. v. 02.03.1989 – 5 U 193/88, r+s 1989, 235.

stellt werden. Der Beweismaßstab (§ 286 ZPO) erfordert gerade keine unumstößliche Gewissheit, nach der alle anderen Ursachen ausgeschlossen sind, sondern einen brauchbaren Grad an Gewissheit, der vernünftigen Zweifeln Schweigen gebietet.[39] Dies erscheint nach der Summe der Indizien, die für einen Selbstmord sprechen und der Anzahl der merkwürdigen Zufälle, die gehäuft zusammentreffen müssten, wenn es anders gewesen soll, gegeben.[40] Ebenso verneinend OLG Köln bei einem **Frontalzusammenstoß** eines VN, der hoch verschuldet war und mehrere Unfallversicherungen abgeschlossen hatte, mit Fahrzeug auf der Gegenfahrbahn, wobei jedoch nach den Anhaltspunkten gerade auch ein Fahrfehler nicht ausgeschlossen werden konnte (hier allerdings wegen der Anhaltspunkte für Fahrfehler nachvollziehbar und zutreffend).[41] Indizien können insbesondere kurzfristige Äußerungen einer Selbstmordabsicht der versicherten Person, wirtschaftliche oder familiäre aussichtslose Situationen, unheilbare Krankheiten oder bspw. der kurzfristig vor dem Ereignis erfolgte Abschluss einer Versicherung sein.

Schlägt der Versuch der Selbsttötung fehl, so fehlt es für die verbleibende Gesundheitsschädigung in Form der schwerwiegenden Verletzungsfolgen ebenso am Merkmal der Unfreiwilligkeit, da diese zwingendes Durchgangsstadium auf dem Weg zum angestrebten Ziel der Selbsttötung sind und es für die Annahme der Freiwilligkeit ausreicht, dass sich diese auf eine Gesundheitsbeschädigung bezieht. Das Erreichen der weiteren Folge des Todeseintritts ist nicht Voraussetzung, um eine Freiwilligkeit der Gesundheitsschädigung anzunehmen.[42] 9

b) **Gesundheitsschädigung** ist jede objektiv (ärztlich festgestellte) Beeinträchtigung der körperlichen Unversehrtheit. Dabei reichen psychische Störungen grundsätzlich für die Erfüllung des Unfallbegriffs aus, solange diese naturwissenschaftlich und rechtlich in einem adäquaten Ursachenzusammenhang mit dem Unfallereignis stehen.[43] Dabei reicht die mittelbare Verursachung aus. Auf den Grad der Gesundheitsschädigung kommt es im Rahmen der reinen Frage des Vorliegens eines Unfalls nicht an. Dies spielt erst bei der Frage eine Rolle, ob hierdurch ein Anspruch auf die vertragliche Leistung ausgelöst wird (vgl. A.4.5 bis A.4.8). 10

---

39   BGH in st.Rspr. vgl. Urt. v. 18.03.1987 – IVa ZR 205/85, VersR 1987, 503 = r+s 1987, 173 = zfs 1987, 219 = NJW 1987, 1944; Urt. v. 09.05.1989 – VI ZR 268/88, VersR 1989, 758 = NJW 1989, 2948; OLG Hamm Urt. v. 21.02.1990 – 20 U 249/89, VersR 1990, 1345 = r+s 1990, 395 = zfs 1990, 318; Rüffer/Halbach/Schimikowski – Rüffer, Versicherungsvertragsgesetz § 178 Rn. 15.
40   Vgl. in diesem Sinne auch OLG Koblenz Beschl. v. 31.08.2006 – 10 U 1763/05, VersR 2008, 67 = r+s 2009, 290 = zfs 2008, 282.
41   OLG Köln Urt. v. 03.05.1990 – 5 U 199/89, VersR 1990, 1346 = zfs 1991, 64.
42   Prölss/Martin – Knappmann, VVG 29. Aufl. § 178 Rn. 21 m. w. N.
43   Prölss/Martin – Knappmann, VVG 29. Aufl. § 178 Rn. 17; Rüffer/Halbach/Schimikowski – Rüffer, Versicherungsvertragsgesetz § 178 Rn. 11.

D. Kausalität

11 Adäquate Kausalität muss gegeben sein. Die Mitursächlichkeit reicht aus.[44] Eine solche ist anzunehmen, wenn die versicherte Person vor dem Unfallereignis vollkommen beschwerdefrei war.[45] Keine Kausalität ist gegeben, wenn die Gesundheitsschädigung nur bei der Gelegenheit des Unfallereignisses eintritt, also der Unfall nur Gelegenheitsursache für ein ohnehin zu einer anderen Zeit eintretendes Ereignis ist. Naumann/Brinkmann führen zutreffend das Beispiel einer Schwangeren an, bei der anlässlich eines Unfalls die Wehen und die Geburt einsetzen. Die Geburt löst wegen des damit verbundenen Krankenhausaufenthaltes und der anschließenden Zeit zu Hause keine Ansprüche auf Krankenhaustagegeld und Genesungsgeld aus, da sie nur gelegentlich des Unfalls in Gang gekommen ist, aber auch ohne das Unfallereignis stattgefunden hätte. Anders jedoch, wenn es wegen des Unfalls nur zu Wehen kommt, die eine vorsorgliche Aufnahme der Schwangeren ins Krankenhaus zur Kontrolle erforderlich machen. Dieser Aufenthalt ist dann unfallbedingt und löst Ansprüche auf entsprechende Versicherungsleistungen aus.[46]

E. Beweislast

12 Der VN (oder bei Tod der Rechtsnachfolger)[47] trägt die Beweislast für das Unfallereignis und die Gesundheitsschädigung als dessen Folge[48] sowie für die Kausalität.[49] Dabei hat der VN den Vollbeweis nach § 286 ZPO zu führen.[50] Ist nicht mehr aufklärbar, ob es durch einen zuvor erlittenen Herzinfarkt zu einem Verkehrsunfall gekommen ist oder durch den Verkehrsunfall infolge der dadurch eingetretenen Stresssituation zu einem Herzinfarkt, so hat der beweispflichtige VN das Vorliegen eines Unfalls nicht bewiesen.[51]

13 Für das Merkmal »unfreiwillig« steht dem VN jedoch eine **Beweiserleichterung** zur Seite. § 178 Abs. 2 S. 2 VVG bestimmt, dass die Unfreiwilligkeit bis zum Beweis des Gegenteils vermutet wird. Die Vorschrift ist halbzwingend, nach § 191 VVG darf von ihr

---

44 OLG Saarbrücken Urt. v. 15.12.2004 – 5 U 752/03, VersR 2005, 1276 = r+s 2005, 344 = NJW-RR 2005, 1271; Prölss/Martin – Knappmann, VVG 29. Aufl. § 178 Rn. 18; Rüffer/Halbach/Schimikowski – Rüffer, Versicherungsvertragsgesetz § 178 Rn. 18.
45 Grimm, AUB 1 Rn. 49 u. 51; Rüffer/Halbach/Schimikowski – Rüffer, Versicherungsvertragsgesetz § 178 Rn. 18 m. w. N.
46 Naumann/Brinkmann, Die private Unfallversicherung in der anwaltlichen Praxis § 3 Rn. 48.
47 Rüffer/Halbach/Schimikowski – Rüffer, Versicherungsvertragsgesetz § 178 Rn. 19.
48 BGH Urt. v. 09.12.1990 – IV ZR 255/1989, r+s 1991, 143 = NJW-RR 1991, 539.
49 BGH Urt. v. 18.02.1987 – IVa ZR 196/85, VersR 1987, 1007 = zfs 1987, 377; OLG Hamm Urt. v. 15.08.2007 – 20 U 5/07, VersR 2008, 249 = r+s 2007, 518 = zfs 2008, 43; Grimm, AUB 1 Rn. 47; Rüffer/Halbach/Schimikowski – Rüffer, Versicherungsvertragsgesetz § 178 Rn. 19; Schwintowski/Brömmelmeyer, Praxiskommentar zum Versicherungsvertragsrecht, § 178 Rn. 29.
50 LG Dortmund Urt. v. 22.01.2009 – 2 O 255/06, (nach Juris).
51 LG Aachen Urt. v. 30.06.2006 – 9 O 134/06, r+s 2006, 429.

nicht zum Nachteil des VN abgewichen werden. Der Versicherer muss also den Vollbeweis (§ 286 ZPO) erbringen, dass keine Unfreiwilligkeit vorliegt.[52] Ein **Anscheinsbeweis** für die Freiwilligkeit einer Gesundheitsschädigung scheidet aus, da es keinen allgemeinen Erfahrungssatz im Sinne eines typischen Geschehensablaufs gibt, dass Menschen sich in bestimmten Situation freiwillig an ihrer Gesundheit beschädigen.[53] Der Versicherer muss den Indizienbeweis führen.[54]

Indizien für eine Freiwilligkeit sind Auffälligkeiten im Hinblick auf Zeitpunkt oder Versicherungsleistung der abgeschlossenen Versicherung, Unterlassen von Rettungsversuchen, Ausweichmanövern, besonders schwierige persönliche oder finanzielle Verhältnisse der versicherten Person oder auch widersprüchliche und wechselnde Schilderungen zum Unfallhergang.[55] Im Rahmen einer solchen Beweisführung kommt auch der Erklärungspflicht des VN über eventuell bestehende weitere Unfallversicherungen besondere Bedeutung zu. Schon aufgrund des allgemeinen Aufklärungsinteresses des Versicherers muss der VN weitere Unfallversicherungen angeben, da er anderenfalls eine Obliegenheitsverletzung begeht.[56] In den Formularen zur Schadenanzeige findet sich daher regelmäßig eine darauf gerichtete Nachfrage. Hat bspw. der VN **mehrere Unfallversicherungen** mit einer zusammen ungewöhnlich hohen Versicherungsleistung abgeschlossen, woraus ein monatliches, wirtschaftlich unsinniges Prämienaufkommen im Verhältnis zu der persönlichen Lebens- und Einkommenssituation resultiert, liegt ein ganz erhebliches Indiz für eine Freiwilligkeit vor.[57]

14

A.4.1.3 Erweiterter Unfallbegriff

Als Unfall gilt auch, wenn sich die versicherte Person durch eine erhöhte Kraftanstrengung
- ein Gelenk an Gliedmaßen oder der Wirbelsäule verrenkt,
- Muskeln, Sehnen, Bänder oder Kapseln an Gliedmaßen oder der Wirbelsäule zerrt oder zerreißt.

Meniskus und Bandscheiben sind weder Muskeln, Sehnen, Bänder noch Kapseln. Deshalb werden sie von dieser Regelung nicht erfasst.

---

52 OLG Hamm Urt. v. 2.12.2011 – I-20 U 83/11, VersR 2012, 1549.
53 Schwintowski/Brömmelmeyer, § 178 Rn. 31.
54 BGH Urt. v. 15.06.1994 – IV ZR 126/93, VersR 1994, 1054 = r+s 1994, 394 = zfs 1994, 373.
55 OLG Hamburg Urt. v. 01.08.1989 – 12 U 90/88, VersR 1991, 763 = r+s 1991, 250; Schwintowski/Brömmelmeyer, Praxiskommentar zum Versicherungsvertragsrecht, § 178 Rn. 36 m. w. N.
56 BGH Urt. v. 24.06.1981 – IVa ZR 133/80, VersR 1982, 182 = zfs 1982, 122 (zum Verschweigen bei Vertragsschluss); OLG Oldenburg Urt. v. 02.11.1997 – 2 U 195/97, VersR 1998, 1148 = r+s 1998, 435; OLG Koblenz Urt. v. 14.01.2005 – 10 U 410/04, VersR 2005, 1524; OLG Saarbrücken Urt. v. 22.11.2006 – 5 U 269/06, VersR 2007, 977 = r+s 2007, 336.
57 OLG Hamburg Urt. v. 01.08.1989 – 12 U 90/88, VersR 1991, 763 = r+s 1991, 250.

A.4.1.3 AKB Erweiterter Unfallbegriff

Eine erhöhte Kraftanstrengung ist eine Bewegung, deren Muskeleinsatz über die normalen Handlungen des täglichen Lebens hinausgeht. Maßgeblich für die Beurteilung des Muskeleinsatzes sind die individuellen körperlichen Verhältnisse der versicherten Person.

1 Im Wege einer Fiktion wird in A.4.1.3 der Versicherungsschutz auf bestimmte Ereignisse ausgedehnt, die im eigentlichen Sinn keinen Unfall darstellen. Versicherungsschutz besteht danach, wenn es durch eine erhöhte Kraftanstrengung an den enumerativ aufgezählten Körperteilen zu Gesundheitsschädigungen kommt, indem sich die versicherte Person an den Gliedmaßen oder der Wirbelsäule ein Gelenk verrenkt oder Muskeln, Sehnen, Bänder oder Kapseln zerrt oder zerreißt. In Angleichung an die neugefassten AUB 2014 findet sich nunmehr auch in den AKB 2015 eine zusätzliche Klarstellung gegenüber früheren Bedingungswerken, in dem ausdrücklich im Bedingungstext darauf hingewiesen wird, dass Meniskus und Bandscheiben nicht zu den enumerativ aufgezählten Körperteilen gehören und daher (logischer Weise) auch nicht von der Regelung erfasst werden. Zumindest die letztere, zum besseren Verständnis des Verbrauchers aufgenommene Klarstellung, ist überflüssig und hält den VN als Adressaten des Bedingungswerks für begriffsstutziger als er in Wirklichkeit ist. Eine inhaltliche Änderung ist damit nicht verbunden, da schon bisher nichts anderes galt.[1]

2 Eine **erhöhte Kraftanstrengung** liegt nur vor, wenn sie über die übliche Belastung und Kraftaufwendung eines Menschen im Rahmen normaler Bewegungsabläufe deutlich hinausgeht, was bspw. beim Reinigen der Windschutzscheibe eines Pkws nicht der Fall ist.[2] Es ist eine jeweilige Abgrenzung im Einzelfall vorzunehmen, bei der für die Beurteilung der Kraftanstrengung auf die individuelle körperliche Konstitution der versicherten Person abzustellen ist[3] und nicht auf objektive Maßstäbe[4] (was für Lieschen Müller eine erhöhte Kraftanstrengung ist, muss noch lange keine solche für einen Gewichtheber sein). Eine solche erhöhte Kraftanstrengung kann für die Kfz-Unfallversicherung bei Verletzungen im Zusammenhang mit dem Be- oder Entladen von Fahrzeugen oder bei Reparaturen von Bedeutung sein. Hinzuweisen ist in diesem Zusammenhang auf eine ältere Entscheidung des LG Berlin, nach der es keine erhöhte Kraftanstrengung darstellen soll, wenn die versicherte Person 10 bis 20 Kg schwere Gegenstände in den Kofferraum eines Fahrzeugs einlädt.[5] Die Entscheidung ist zu Recht auf Kritik gestoßen und wird in der Literatur angezweifelt. Dies ist leicht nachvollziehbar, wenn man sich ggf. durch Nachstellen die Unterschiede der Kraftanstrengung beim Einladen einer normalen Einkaufsklappbox in einen Kofferraum mit niedriger Ladekante im Verhältnis zum Einladen von bspw. Zementsäcken oder schweren Ge-

---

1 Vgl. nur OLG Koblenz, Urt. v. 12.12.2002 – 10 U 612/02, r+s 2003, 429 = NJW-RR 2003, 322.
2 OLG Hamm Urt. v. 07.08.2002 – 20 U 87/02, VersR 2003, 496 = r+s 2003, 429.
3 OLG Hamm Urt. v. 11.02.2011 – 20 U 151/10, VersR 2011, 1136 = r+s 2011, 530 = zfs 2011, 522; so auch Naumann/Brinkmann, zfs 2012, 69 (71).
4 Prölss/Martin – Knappmann, VVG 29. Aufl. 1 AUB 2010 Rn. 8.
5 LG Berlin Urt. v. 06.04.1989 – 7 S 65/88, VersR 1990, 374.

tränkekisten mit Glasflaschen über eine möglicherweise auch noch hohe Ladekante oder über bereits im Kofferraum liegende Gegenstände hinweg verdeutlicht. Es kommt gerade auf die individuelle Konstitution und die Einzelfallumstände an, die genau ermittelt bzw. vom VN vorgetragen werden müssen, um eine dem Einzelfall gerecht werdende Abgrenzung vornehmen zu können. Schematische Betrachtungen oder die Anwendung von Gewichtsgrenzen verbieten sich. Die Rechtsprechung ist jedoch eher restriktiv mit der Annahme einer erhöhten Kraftanstrengung. Das OLG Hamm hat diese z. B. bei einem Sehnenriss verneint, als ein Taxifahrer einen ca. 20 kg schweren Koffer, der sich beim Herausheben verkantet hatte mit Kraft aus dem Kofferraum herausziehen wollte.[6] Erforderlich ist für die Annahme einer erhöhten Kraftanstrengung in jedem Fall einer erhöhte Krafteinwirkung auf das Gelenk oder die Gewebestruktur im Sinne einer punktuellen Spitzenbelastung.[7] Nach diesem Maßstab erscheint auch die o. g. Entscheidung des OLG Hamm als zweifelhaft, da es durchaus zu einer punktuellen Spitzenbelastung der gerissenen Sehne des Taxifahrers gekommen sein dürfte, die über das normale Maß einer entsprechenden Tätigkeit zum Be- und Entladen hinausging. Nach vernünftiger Auslegung am Maßstab des Verständnisses eines durchschnittlichen VN wird man solche Vorgänge als »erhöhte Kraftanstrengung« annehmen müssen.

Die erhöhte Kraftanstrengung muss weiter kausal für die Folge einer **Verrenkung** eines Gelenkes oder der **Zerreißung** oder **Zerrung** eines Muskels, einer Sehne, eines Bandes oder einer Kapsel sein. Es handelt sich um eine abschließende Aufzählung betroffener Körperteile bzw. Gewebsstrukturen, die keiner ausdehnenden Auslegung zugänglich ist.[8] Somit scheiden schon ohne weiteres Gesundheitsschäden an Bandscheiben oder Meniskusverletzungen aus, die eben nur über ein bedingungsgemäßes Unfallereignis nach A.4.1.2 erfasst sein können, wobei in diesen Fällen der Risikoausschluss nach A.4.12.6 zu beachten ist.[9] Das war schon zu früheren Bedingungswerken einhellige Meinung, ist nun aber ausdrücklich durch Satz 2 klargestellt, der die mitunter diskutierten Fälle von Verletzungen des Meniskus oder von Bandscheiben ausschließt. 3

Für die Beweislast gelten keine Besonderheiten. Der VN muss den Vollbeweis für das Vorliegen der Tatbestandsvoraussetzungen der Unfallfiktion beweisen. 4

---

6 OLG Hamm Urt. v. 11.02.2011 – 20 U 151/10, VersR 2011, 1136 = r+s 2011, 530 = zfs 2011, 522.
7 So auch Naumann/Brinkmann, zfs 2012, 69 (72).
8 Prölss/Martin – Knappmann, VVG 29. Aufl. § 1 AUB 2010 Rn. 9.
9 Vgl. unten A.4.12.6 Rdn. 79 ff.

A.4.2 Wer ist versichert?

A.4.2.1 Pauschalsystem

Mit der Kfz-Unfallversicherung nach dem Pauschalsystem sind die jeweiligen berechtigten Insassen des Fahrzeuges versichert. Ausgenommen sind bei Ihnen angestellte Berufsfahrer und Beifahrer, wenn sie als solche das Fahrzeug gebrauchen.

Bei zwei und mehr berechtigten Insassen erhöht sich die Versicherungssumme um xx Prozent und teilt sich durch die Gesamtzahl der Insassen, unabhängig davon, ob diese zu Schaden kommen.

A.4.2.2 Kraftfahrtunfall-Plus-Versicherung

Mit der Kfz-Unfall-Plus-Versicherung sind die jeweiligen berechtigten Insassen des Fahrzeugs mit der für Invalidität und Tod vereinbarten Versicherungssumme versichert. Wird der jeweilige Fahrer verletzt und verbleibt eine unfallbedingte Invalidität von xx Prozent, erhöht sich die für Invalidität vereinbarte Versicherungssumme für ihn um xx Prozent.

A.4.2.3 Platzsystem

Mit der Kfz-Unfallversicherung nach dem Platzsystem sind die im Versicherungsschein bezeichneten Plätze oder eine bestimmte Anzahl von berechtigten Insassen des Fahrzeuges versichert. Ausgenommen sind bei Ihnen angestellte Berufsfahrer und Beifahrer, wenn sie als solche das Fahrzeug gebrauchen. Befinden sich in dem Fahrzeug mehr berechtigte Insassen als Plätze oder Personen im Versicherungsschein angegeben, verringert sich die Versicherungssumme für den einzelnen Insassen entsprechend.

A.4.2.4 Was versteht man unter berechtigten Insassen?

Berechtigte Insassen sind Personen (Fahrer und alle weiteren Insassen), die sich mit Wissen und Willen des Verfügungsberechtigten in oder auf dem versicherten Fahrzeug befinden oder in ursächlichem Zusammenhang mit ihrer Beförderung beim Gebrauch des Fahrzeuges tätig werden.

A.4.2.5 Berufsfahrerversicherung

Mit der Berufsfahrerversicherung sind versichert
a die Berufsfahrer und Beifahrer des im Versicherungsschein bezeichneten Fahrzeuges,
b die im Versicherungsschein namentlich bezeichneten Berufsfahrer und Beifahrer unabhängig von einem bestimmten Fahrzeug oder

c alle bei ihnen angestellten Berufsfahrer und Beifahrer unabhängig von einem bestimmten Fahrzeug.

A.4.2.6 Namentliche Versicherung

Mit der namentlichen Versicherung ist die im Versicherungsschein bezeichnete Person unabhängig von einem bestimmten Fahrzeug versichert. Diese Person kann ihre Ansprüche selbstständig gegen uns geltend machen.

Übersicht Rdn.
A. Allgemeines 1
B. Pauschalsystem A.4.2.1 2
C. Kraftfahrtunfall-Plus-Versicherung A.4.2.2 6
D. Platzsystem A.4.2.3 8
E. Berechtigte Insassen A.4.2.4 10
F. Berufsfahrerversicherung A.4.2.5 15
G. Namentliche Versicherung A.4.2.6 18
H. Geltendmachung des Anspruchs 20

A. Allgemeines

Die Regelung in A.4.2 hat inhaltlich im Grundsatz unverändert die frühere Regelung 1
aus § 17 AKB a. F. übernommen und keine Änderungen im Vergleich zu den AKB 2008 erfahren. Neugestaltet ist zum einen die klare Gliederung, die nun erkennbar in 5 einzelnen Bausteinen für unterschiedliche Interessenlagen zwischen einem Pauschal- und dem Platzsystem sowie der Berufsfahrerversicherung und namentlichen Versicherung unterscheidet. Zum anderen finden sich weitere Ausgestaltungen in Form der Kraftfahrtunfall-Plus-Versicherung (A.4.2.2) sowie klar normierte Regelungen zur Erhöhung der **Versicherungssumme** in Relation zur Anzahl der berechtigten Insassen bzw. zur »Mangelverteilung« bei Überschreitung der Insassenzahl beim Platzsystem.

B. Pauschalsystem A.4.2.1

Nach dem in der Praxis gängigen und gerade für die private Pkw-Versicherung früher 2
nahezu ausschließlich gebräuchlichen Pauschalsystem besteht Versicherungsschutz für alle berechtigten Insassen des im Vertrag bezeichneten Fahrzeugs, solange diese nicht in ihrer Eigenschaft als angestellte Berufsfahrer und Beifahrer des VN das Fahrzeug gebrauchen. Wer berechtigter Insasse ist, findet sich als eigenständige Definition in A.4.2.4 (vgl. unten Rdn. 10 ff.).

Charakteristisch ist, dass jeder berechtigte Insasse der bei einem Unfall mit dem Fahr- 3
zeug zu Schaden kommt Versicherungsschutz genießt, und zwar unabhängig von seiner Beziehung zu dem versicherten Fahrzeug und unabhängig davon, ob er an dem Versicherungsvertrag als VN beteiligt ist. Für jeden Insassen gilt dabei als Versicherungssumme derjenige Betrag, der sich aus der im Versicherungsvertrag vereinbarten jeweiligen Versicherungssumme für die einzelnen Leistungsarten geteilt durch die Anzahl

der beim Unfall im Fahrzeug befindlichen Insassen ergibt. A.4.2.1 S. 3 stellt dazu klar, dass es nicht darauf ankommt, wie viele Insassen zu Schaden kommen. Werden von 4 Insassen nur 2 verletzt, so steht ihnen jeweils 1/4 der vertraglichen Versicherungssumme zur Verfügung. Ihnen fällt nicht etwa der Anteil der nicht geschädigten Personen zu. Allerdings erhöht sich nach A.4.2.1 S. 3 die vertragliche **Versicherungssumme** um einen individuell im Vertrag vereinbarten Prozentsatz bei zwei oder mehr Insassen. Soweit derzeit überschaubar liegt die **Erhöhung** bei den meisten Versicherern bei 50 % der vertraglichen Versicherungssumme. Es ist allerdings in der Praxis unerlässlich hier jeweils die zur Verfügung stehende Versicherungssumme anhand der konkret vertragsgegenständlichen AKB zu ermitteln. Durch dieses Erhöhungssystem wird erreicht, dass auch derjenige, der sein Fahrzeug überwiegend alleine nutzt noch über ausreichenden Versicherungsschutz für die Insassen verfügt, wenn er weitere Personen in seinem Fahrzeug befördert, ohne dass er insgesamt eine übermäßig hoch bemessene Versicherungssumme vereinbaren muss.

4 **Quotierung**

Da angestellte Berufsfahrer und Beifahrer nach A.4.2.1. S. 2 beim Pauschalsystem aus dem Versicherungsschutz ausgenommen sind, finden sie auch keine Berücksichtigung bei der Bildung der auf den jeweiligen Insassen entfallenden Quote aus der Versicherungssumme.[1] Im Übrigen zählen alle berechtigten Insassen bei der Quotierung mit, auch wenn sie selbst infolge eines Risikoausschlusses nach A.4.10 oder aus anderen Gründen keinen Leistungsanspruch haben.

5 Ist unklar wie viele Insassen sich zum Unfallzeitpunkt im Fahrzeug befunden haben, so trägt der VN die **Beweislast** für die Anzahl berechtigter Insassen, da es sich um eine Anspruchsvoraussetzung für den in der konkreten Höhe geltend gemachten Leistungsanspruch handelt.[2]

C. Kraftfahrtunfall-Plus-Versicherung A.4.2.2

6 Diese Variante bietet umfassenden und weitreichenden Versicherungsschutz, so dass sie am häufigsten in der Praxis anzutreffen ist. Wie beim Pauschalsystem sind zunächst alle berechtigten Fahrzeuginsassen versichert. Im Unterschied zum Pauschal- und Platzsystem nach A.4.2.1 und A.4.2.3 ist allerdings der Versicherungsschutz hier auch für Berufsfahrer und Beifahrer eingeschlossen. Der jeweilige Ausschluss ist in A.4.2.2 nicht enthalten.

7 Versicherungsschutz besteht für alle Insassen im Rahmen der für Invalidität und Tod vereinbarten Versicherungssumme. Im Unterschied zum Pauschalsystem findet hier keine Quotierung je nach Anzahl der Insassen statt. Zudem bietet die Plus-Versicherung eine je nach Vertrag/Versicherer variable, prozentuale Erhöhung der vereinbarten Versicherungssumme für den Fahrer (und nur für ihn), wenn dieser verletzt wird und

---

1 Feyock/Jacobsen/Lemor-Jacobsen, Kraftfahrtversicherung 3. Aufl. AKB 2008 A.4. Rn. 26.
2 OLG Köln Urt. v. 07.12.1989 – 5 U 98/99, VersR 1990, 970 = r+s 1990, 69; Bauer, Die Kraftfahrtversicherung 6. Aufl. Rn. 1309.

eine im Vertrag nach einem bestimmten Prozentsatz festgelegte Invalidität verbleibt. Die Erhöhung kann je nach Invaliditätsgrad bis zur Verdoppelung der Versicherungssumme reichen. Sie ist im Einzelfall anhand der vertragsgegenständlichen AKB zu ermitteln. Durch diese Regelung sollen der Fahrer und seine Angehörigen besser abgesichert sein, da er im Verhältnis zu den übrigen Insassen bei einem von ihm selbst verschuldeten Unfall mangels Haftpflichtansprüchen gegenüber einem Unfallverursacher schlechter gestellt ist.[3] Die **Beweislast** für das Vorliegen eines entsprechenden Invaliditätsgrades trägt der VN.

D. Platzsystem A.4.2.3

Bei dieser Variante besteht Versicherungsschutz für eine im Vertrag festgelegte Zahl von berechtigten Insassen oder Plätzen in einem Fahrzeug mit einer jeweils festgelegten Versicherungssumme je Insasse oder Platz. Diese Ausgestaltung trägt den besonderen Bedürfnissen der Personenbeförderung in Großraumtaxen und Bussen Rechnung. Wie beim Pauschalsystem sind angestellte Berufs- und Beifahrer aus dem Versicherungsschutz ausgenommen. Ist das Fahrzeug überbelegt, also befinden sich mehr Insassen darin, als solche nach Platz oder Insassenanzahl im Versicherungsschein bezeichnet sind, so wird die vereinbarte Versicherungssumme entsprechend nach Kopfteilen gekürzt. Die vereinbarten Versicherungssummen für Invalidität und Tod werden nach der jeweils vereinbarten Zahl der Insassen oder Plätze addiert und das Ergebnis durch die tatsächliche Insassenzahl geteilt. Die aus dem Versicherungsschutz ohnehin ausgenommenen Berufs- und Beifahrer werden hierbei – wie beim Pauschalsystem – nicht mit eingerechnet. 8

Die Beweislast für die Zahl der Insassen trägt als Voraussetzung für die im Einzelfall geltend gemachte volle Versicherungsleistung der VN.[4] 9

E. Berechtigte Insassen A.4.2.4

Bereits die AKB 2008 haben in der Definition des berechtigten Insassen in A.4.2.4 die frühere Regelung aus § 17 Abs. 1 S. 2 AKB a. F. inhaltlich unverändert übernommen. Danach sind alle Personen berechtigte Insassen, die sich mit Wissen und Willen des Verfügungsberechtigten im oder auf dem versicherten Fahrzeug aufhalten oder in ursächlichem Zusammenhang mit ihrer Beförderung beim Gebrauch des Fahrzeugs tätig sind. 10

Berechtigte Personen können alle natürlichen Personen sein, gleich ob als Fahrer oder sonstiger Insasse. Nicht darunter zählt jedoch das ungeborene Kind im Mutterleib.[5] 11

Die Person muss sich mit **Wissen und Willen** des Verfügungsberechtigten im oder auf dem Fahrzeug befinden oder in bedingungsgemäßem Kontakt stehen. Für die Begriffe 12

---

3 Feyock/Jacobsen/Lemor – Jacobsen, Kraftfahrtversicherung 3. Aufl. AKB 2008 A.4. Rn. 30.
4 OLG Köln Urt. v. 07.12.1989 – 5 U 98/99, VersR 1990, 970 = r+s 1990, 69; Bauer, Die Kraftfahrtversicherung 5. Aufl. Rn. 1240.
5 OLG Hamm Urt. v. 16.03.1973 – 20 U 260/72, VersR 1973, 810.

A.4.2.4 AKB Berechtigte Insassen

Wissen und Willen kann weitergehend auf die Darstellung unten unter AKB D.1.12 Rdn. 1 ff. verwiesen werden. Es muss sich um einen einvernehmlichen Aufenthalt im oder auf dem Fahrzeug handeln. Berechtigt ist nicht der Schwarzfahrer oder derjenige, der sich heimlich in einem Fahrzeug versteckt oder unbemerkt auf dem Trittbrett mitfährt.

13 Das Einvernehmen muss mit dem über das versicherte Fahrzeug **Verfügungsberechtigten** bestehen. Der Verfügungsberechtigte muss nicht zwingend der Halter sein, wenngleich dieser regelmäßig verfügungsberechtigt ist. Neben dem eigentlichen Halter kann auch ein davon abweichender wirtschaftlicher Eigentümer verfügungsberechtigt sein oder sonst jede Person, die vom Halter ermächtigt worden ist, über das Fahrzeug zu verfügen und die über den Gebrauch bestimmen kann. Eine zeitweilige Verfügungsbefugnis ist ausreichend.

14 Die Person muss **Insasse** sein, d. h. sich **im oder auf dem versicherten Fahrzeug** befinden, also mit ihm befördert werden. Es muss keine vertragliche Beziehung für die Beförderung bestehen, jede Art der Beförderung auch aus reiner Gefälligkeit reicht aus. Nach der Definition in A.4.2.4 steht derjenige dem Insassen gleich, der in **ursächlichem Zusammenhang** mit seiner Beförderung **beim Gebrauch des Fahrzeugs** tätig wird. Hierdurch wird der Versicherungsschutz über den Bereich des versicherten Fahrzeugs nach außen hin erweitert, solange noch ein Tätigwerden in ursächlichem Zusammenhang mit dem Gebrauch zur Beförderung besteht. In diesen Grenzen besteht somit Versicherungsschutz innerhalb und außerhalb des Fahrzeugs. Also ist über den Begriff des Gebrauchs selbstverständlich auch das **Ein- und Aussteigen** erfasst sowie das **Be- und Entladen**, soweit hier noch ein hinreichender zeitlicher Zusammenhang besteht. Nicht etwa, beim Beladen mehrere Tage vor Fahrantritt.[6] Ein- und Aussteigen umfasst dabei nicht nur den Bewegungsablauf, um in das Fahrzeug hinein oder aus ihm heraus zu gelangen, sondern jedenfalls auch bereits das Auf- bzw. Abschließen der Tür und deren Öffnen bzw. Schließen. Darüber hinaus muss auch jeder weitere Vorgang und Bewegungsablauf der sich nach natürlicher Betrachtungsweise als noch unmittelbar zum Ein- und Aussteigen zählend darstellt noch darunter fallen. Also bspw. das Herumgehen um das Fahrzeug, um vom Bürgersteig zur Einstiegstür zu gelangen und umgekehrt. Wendet sich hingegen die Person vom Fahrzeug erkennbar ab, um bspw. die Straße zu überqueren und erleidet somit nach dem eigentlichen Aussteigen einen Unfall so steht dieses Ereignis nicht mehr in hinreichend ursächlichem Zusammenhang mit einem Tätigwerden beim Gebrauch des Fahrzeugs im Rahmen der Beförderung. Das Aussteigen ist bereits beendet und die Person wird in einer gleichartigen Situation vom Unfallereignis betroffen, als ob sie unabhängig vom vorherigen Fahrzeuggebrauch als Fußgänger die Straße überquert hätte.[7]

---

[6] Feyock/Jacobsen/Lemor – Jacobsen, Kraftfahrtversicherung 3. Aufl. AKB 2008 A.4. Rn. 36.
[7] OLG Bamberg Urt. v. 07.03.1996 – 1 U 115/95, VersR 1997, 611 = r+s 1997, 213 = zfs 1996, 464 = NZV 1996, 412.

F. Berufsfahrerversicherung A.4.2.5

Die **Berufsfahrerversicherung** kann in drei Ausgestaltungen abgeschlossen werden: 15
a) Für Berufsfahrer und Beifahrer eines bestimmten im Versicherungsschein bezeichneten Fahrzeugs (A.4.2.5a). Hier ist jeder Berufs- oder Beifahrer des konkret im Versicherungsschein bezeichneten Fahrzeuges versichert. Die Eingrenzung des geschützten Personenkreises erfolgt hier nur über die Beziehung zum bestimmten Fahrzeug.
b) Für namentlich im Versicherungsschein genannte Berufsfahrer ohne Bindung an ein bestimmtes Fahrzeug (A.4.2.5b). Hier erfolgt die Eingrenzung über die namentliche Bezeichnung bestimmter Berufs- und Beifahrer, die dann unabhängig von einem bestimmten Fahrzeug versichert sind, also bspw. auch, wenn sie mit einem Fahrzeug fahren, das nicht dem VN gehört oder auf ihn zugelassen ist. Voraussetzung ist jedoch, dass sie gerade in ihrer Eigenschaft als Berufsfahrer von einem Unfallereignis betroffen sind und nicht etwa in der Freizeit als Fahrgast in einem Linienbus.
c) Für alle beim VN angestellten Berufsfahrer und Beifahrer ebenfalls ohne Bindung an ein bestimmtes Fahrzeug (A.4.2.5c). Hier bestimmt sich anhand der Anstellung als Berufsfahrer oder Beifahrer, ob die betreffende Person dem Versicherungsschutz unterfällt. Sie muss nur zu diesem Zweck angestellt sein, was sich nach dem Arbeitsvertrag richtet. Eine Zuordnung zu einem bestimmten Fahrzeug besteht nicht.

Versicherte können nach h. M. nur **Berufsfahrer** und **Beifahrer** sein, die beim VN angestellt sind.[8] Im Fall einer Fremdversicherung genügt es, wenn der Berufsfahrer bei dem durch die Fremdversicherung begünstigten Versicherten angestellt ist.[9] Das Erfordernis einer Anstellung als Berufsfahrer beim VN gilt nach der heutigen Fassung der AKB unverändert, wie zu § 17 AKB a. F. Wie schon die frühere Regelung in § 17 Abs. 2a) und b) AKB a. F. enthalten zwar heute A.4.2.5a und b nicht unmittelbar den Begriff des angestellten Berufsfahrers, sondern wird dieser wie schon in § 17 Abs. 2c) AKB a. F. nur bei der namentlichen Berufsfahrerversicherung in A.4.2.5c verwandt. Es handelt sich nur um einen redaktionellen Unterschied, um jeweils alle bei dem VN angestellten Berufsfahrer im Gegensatz zu den bei a) und b) nur nach einem bestimmten Fahrzeug oder namentlich im Versicherungsschein aufgeführten in allgemeiner Form zu erfassen. Daraus ist kein inhaltlicher Unterschied im Hinblick auf das Erfordernis der Anstellung beim VN herzuleiten. Dies will jedoch in der Literatur offenbar Jacobsen anders auslegen, der – leider ohne Begründung – ausdrücklich anführt, dass die Kfz-Unfallversicherung als Berufsfahrerversicherung auf Berufs- und Beifahrer beschränkt werden könne, ohne dass diese beim VN angestellt sein müssen.[10] Dem ist nicht zuzustimmen. 16

---

8 Stiefel/Maier, Kraftfahrtversicherung AKB Kommentar 18. Aufl. A.4.2 Rn. 9; Prölss/Martin – Knappmann, VVG 29. Aufl. AKB A.4.2 Rn. 12.
9 Stiefel/Maier, Kraftfahrtversicherung AKB Kommentar 18. Aufl. A.4.2 Rn. 9; Prölss/Martin – Knappmann, VVG 29. Aufl. AKB A.4.2 Rn. 12.
10 Feyock/Jacobsen/Lemor – Jacobsen, Kraftfahrtversicherung 3. Aufl. AKB 2008 A.4. Rn. 37.

A.4.2.6 AKB Namentliche Versicherung

17 Die versicherte Person muss dabei nicht zwingend gelernter Berufskraftfahrer iSd. Ausbildungsberufs sein. Sie muss aber in ihrer Eigenschaft als Kraftfahrer beruflich tätig sein und nicht nur anlässlich ihrer beruflichen Tätigkeit auch mit einem Fahrzeug des VN oder für diesen unterwegs sein.[11] Voraussetzung ist gerade die als Beruf ausgeübte Tätigkeit als Kraftfahrer oder Beifahrer.[12] Nicht unter den Versicherungsschutz fällt danach derjenige, der nur aushilfsweise für einen anderen Arbeitnehmer einspringt und eine Fahrt durchführt. Der Beifahrer muss nicht zur Ablösung des Fahrers gedacht sein oder überhaupt einen Führerschein besitzen. Es reicht aus, wenn er für andere Aufgaben bspw. zum Be- und Entladen regelmäßig mitfährt oder bspw. als Techniker für die Durchführung bestimmter Arbeiten auf dem Fahrzeug beruflich mitfährt. Dies kann z. B. derjenige sein, der als dauerhaftes Bedienpersonal auf einem Spezialfahrzeug oder Saugwagen oder ähnlichem als Beifahrer mitfährt. Einen Beifahrer i. S. d. Berufsfahrerversicherung gibt es nicht im Zusammenhang mit Pkws.[13]

G. Namentliche Versicherung A.4.2.6

18 Hier gilt der Versicherungsschutz nur für die im Versicherungsschein bezeichnete Person. Für diese Person ist der Versicherungsschutz umfassend, unabhängig davon, welches Fahrzeug sie benutzt bzw. welcher Art das Kraftfahrzeug ist. Sowohl Unfälle als Fahrer, Mitfahrer/Insasse gleich in welcher Eigenschaft sind versichert.

19 Besonderheit der namentlichen Versicherung ist, dass der Versicherte seine Ansprüche aus dem Vertrag selbst gegenüber dem Versicherer geltend machen kann (A.4.2.6 S. 2). Ihm steht somit auch eine eigene Klagebefugnis zu.

H. Geltendmachung des Anspruchs

20 Berechtigt zur **Geltendmachung** des Anspruchs gegenüber dem Versicherer ist mit Ausnahme der namentlichen Versicherung nach A.4.2.6 bei allen anderen Varianten nur der VN. Dieser kann über die Ansprüche nach den allgemeinen Regeln verfügen (§ 45 Abs. 1 VVG). Bei einer vertraglich vereinbarten Auszahlung der Versicherungsleistung an den VN ist jedoch § 179 VVG zu berücksichtigen. Der VN muss nach dem Eintritt des Versicherungsfalls daher auch die Obliegenheiten nach E.1 (vgl. dort) erfüllen, wobei den Versicherten über F.1 eigene Pflichten und Obliegenheiten nach Kapitel D und E treffen. Die materiellrechtliche Anspruchsberechtigung liegt jedoch beim Versicherten, so dass im Falle seines Todes die Versicherungsleistung in den Nachlass fällt.[14] Dem Versicherten steht allerdings kein eigener Klageanspruch gegenüber dem Ver-

---

11 BGH Urt. v. 18.12.1968 – IV ZR 525/68, NJW 1969, 660 = DAR 1969, 104; so auch Oberster Gerichtshof Wien Urt. v. 28.04.1971 – 7 Ob 71/71, VersR 1971, 1052.
12 Feyock/Jacobsen/Lemor – Jacobsen, Kraftfahrtversicherung 3. Aufl. AKB 2008 A.4. Rn. 37; Stiefel/Maier, Kraftfahrtversicherung AKB Kommentar 18. Aufl. A.4.2Rn. 9.
13 Prölss/Martin – Knappmann, VVG 29. Aufl. AKB A.4.2 Rn. 13.
14 BGH Urt. v. 08.02.1960 – II ZR 136/58, VersR 1960, 339; BFH Urt. v. 28.09.1993 – II R 39/92, r+s 1995, 317 = zfs 1995, 383 = NJW-RR 1994, 918; Bauer, Die Kraftfahrtversicherung, Rn. 1287; Feyock/Jacobsen/Lemor – Jacobsen, Kraftfahrtversicherung, A.4. Rn. 45.

sicherer zu, und zwar selbst dann nicht, wenn entgegen der Bestimmungen der Versicherer die Leistung an den VN ohne Zustimmung des Versicherten auszahlt.[15] In einer hierzu ergangenen Entscheidung deutet der BGH jedoch an, dass es möglicherweise rechtsmissbräuchlich sein könnte, wenn sich der Versicherer auf die fehlende Klagebefugnis des Versicherten beruft, obgleich dies nicht von einem beachtlichen, im Zweckbereich der Regelungen über die alleinige Verfügungsbefugnis des VN liegenden Interesses gedeckt ist. Dies ist jedenfalls der Fall, wenn der VN nicht bereit ist, den Anspruch gegenüber dem Versicherer geltend zu machen.[16] Unter dieser engen Voraussetzung kommt somit sogar eine eigene Klagebefugnis des Versicherten in Betracht.[17]

Im Innenverhältnis zwischen VN und dem Versicherten besteht ein Treueverhältnis.[18] Danach muss der VN den Versicherten auf das Bestehen der Versicherung aufmerksam machen, den Schadenfall melden und die Rechte für den Versicherten wahren und ggf. nach erfolgtem Einzug der Leistung diese an die versicherte Person auskehren. Ohnehin darf der VN nach A.4.11.2 die Auszahlung der auf eine mitversicherte Person entfallende Versicherungssumme an sich nur mit deren Zustimmung verlangen. Der VN ist jedoch verfügungsbefugt, er kann sich bei unterlassener Geltendmachung des Anspruchs oder unsachgemäßem Verzicht auf diesen oder bei unsinnigem Vergleich über den Anspruch im Innenverhältnis gegenüber dem Versicherten wegen rechtsmissbräuchlichen Verhaltens schadensersatzpflichtig machen. Im Einzelfall kann sich auch eine Einziehungspflicht für den VN bspw. aus einer arbeitsrechtlichen Fürsorgepflicht aus dem Arbeitsvertrag ergeben.[19] 21

A.4.3 In welchen Ländern besteht Versicherungsschutz?

Sie haben in der Kfz-Unfallversicherung Versicherungsschutz in den geographischen Grenzen Europas sowie den außereuropäischen Gebieten, die zum Geltungsbereich der Europäischen Union gehören.

Übersicht Rdn.
A. Grundsätzliches 1
B. Abweichende Formulierung einzelner AKB 2
I. Zulässigkeit von Einschränkungen 3
II. Wirksamkeit der abweichenden Klausel 4
   1. Überraschende Klausel? 5
   2. Verstoß gegen das Transparenzgebot? 8
III. Beweislast 9

---

15 BGH Urt. v. 14.12.1994 – IV ZB 14/94, VersR 1995, 360 = r+s 1995, 117 = zfs 1995, 142.
16 BGH Urt. v. 14.12.1994 – IV ZB 14/94, VersR 1995, 360 = r+s 1995, 117 = zfs 1995, 142.
17 So auch OLG Schleswig Urt. v. 22.12.1993 – 9 U 71/93, VersR 1994, 1098 = r+s 1994, 438 = zfs 1995, 26.
18 BGH Urt. v. 07.05.1975, VersR 1975, 703; Bauer, Die Kraftfahrtversicherung, Rn. 1291.
19 Bauer, Die Kraftfahrtversicherung, Rn. 1292.

A.4.3 AKB   In welchen Ländern besteht Versicherungsschutz?

A. Grundsätzliches

1 Der räumliche Geltungsbereich der Kfz-Unfallversicherung nach den Musterbedingungen, die von den meisten Versicherern gleichlautend übernommen worden sind, ist deckungsgleich mit demjenigen der Kfz-Haftpflichtversicherung und der Kaskoversicherung, so dass im Grundsatz auf die Ausführungen unter A.1.4.1 Rdn. 1 ff. und unter A.2.4 Rdn. 1, A.2.5 zu der wort- und inhaltsgleichen Regelung verwiesen wird.[1]

B. Abweichende Formulierung einzelner AKB

2 Zu beachten ist jedoch, dass einzelne Versicherer auch in der Formulierung abweichende Klauseln verwenden, die auf einen enger umgrenzten **Geltungsbereich** abstellen, wie bspw. die Formulierung »Sie haben Versicherungsschutz in Europa«. Es zeigt sich hier erneut die dringende Notwendigkeit die jeweils konkret vertragsgegenständlichen AKB zur Prüfung heranzuziehen. Nach der wörtlichen Auslegung ist der Anwendungsbereich dieser Klausel enger gefasst als die Musterklausel, die nur im ersten Teil auf die geographischen Grenzen Europas abstellt und sodann ausdrücklich (geographisch) außereuropäische Gebiete einbezieht, soweit diese zum Geltungsbereich der EU gehören. Die oben erwähnte engere Klausel reicht daher eindeutig in ihrem Geltungsbereich weniger weit, was offensichtlich beabsichtigt ist, wie ein Vergleich mit der Klausel des selben Bedingungswerkes zum räumlichen Geltungsbereich zum Autoschutzbrief zeigt, in der wiederum auf die geographischen Grenzen Europas sowie die außereuropäischen Gebiete, die zum Geltungsbereich der EU gehören, abgestellt wird.

I. Zulässigkeit von Einschränkungen

3 Eine Einschränkung des Versicherungsschutzes anhand des räumlichen Geltungsbereiches ist grundsätzlich zulässig.[2] Für die früheren AKB war dies seinerzeit schon aus § 2a Abs. 2 AKB a. F. herauszulesen. Heute ist der VN anhand zahlreicher Unterschiede in AVB verschiedener Versicherer in gewisser Weise zumindest als durchschnittlich verständiger VN, auf den bei der **Auslegung** von AVB abzustellen ist[3], an Unterschiede und abweichende Regelungen im Detail gewöhnt.

II. Wirksamkeit der abweichenden Klausel

4 In der Praxis ist darauf zu achten, Klauseln die in den Bedingungswerken verwendet werden nicht unkritisch hinzunehmen, sondern eigenständig auf die Wirksamkeit

---

1 Vgl. hierzu oben AKB A.1.4.1 Rdn. 1 ff. bzw. A.2.4 Rdn. 14 ff.
2 BGH Urt. v. 28.10.1992 – IV ZR 326/91, VersR 1993, 88 = r+s 1993, 42 = zfs 1993, 55 = NJW 1993, 1007.
3 St. Rspr. vgl. BGH Urt. v. 05.07.1989 – IVa ZR 24/89, VersR 1989, 908; Urt. v. 26.09.2001 – IV ZR 220/00, VersR 2001, 1502 = r+s 2002, 80; Urt. v. 26.09.2007 – IV ZR 252/06, VersR 2007, 1690 = r+s 2008, 25; Urt. v. 18.02.2009 – IV ZR 11/07, VersR 2009, 623 = r+s 2009, 246 = zfs 2009, 340; OLG Köln Urt. v. 19.01.1995 – 5 U 242/94, VersR 1995, 1081 = r+s 1995, 436; OLG Köln Urt. v. 02.09.2008 – 9 U 151/07, VersR 2008, 1673 = r+s 2008, 468; LG München I Urt. v. 11.10.2005 – 23 O 16 706/04, VersR 2006, 1246.

hin zu überprüfen, wenn sie auf den ersten Blick nach ihrer Fassung einen Anspruch ausschließen.

1. Überraschende Klausel?

Die abweichende, oben dargestellte Klausel kann daher nicht ohne weiteres als überraschende Klausel iSd. § 305c BGB und somit als unwirksam angesehen werden, nur weil sie von den Musterbedingungen abweicht. Überraschend ist eine Klausel nach § 305c BGB vielmehr lediglich, wenn sie nach den Umständen derartig ungewöhnlich ist, dass für den VN nach allen zu berücksichtigenden Umständen des Versicherungsvertrages zwischen seinen Erwartungen und dem Inhalt der Klausel eine so deutliche Diskrepanz besteht, dass er mit dieser nicht zu rechnen braucht.[4] Abzustellen ist bei der vorzunehmenden Auslegung einer Klausel darauf, wie ein **durchschnittlicher VN** sie bei aufmerksamer Durchsicht und Berücksichtigung des erkennbaren Sinnzusammenhangs verstehen muss, wobei es auf die Verständnismöglichkeiten eines VN ohne versicherungsrechtliche Spezialkenntnisse ankommt.[5] Bei der Auslegung und Prüfung allgemeiner Versicherungsbedingungen ist insbesondere darauf zu achten, dass auf einen durchschnittlichen VN der konkret betroffenen Versicherungssparte abzustellen ist.[6] Diesem dürfte schon wegen der heute verbreiteten Vielzahl von Klauseln in der Kaskoversicherung bspw. zur »Wildschadenklausel« hinreichend bekannt sein, dass es in der Reichweite des Versicherungsschutzes Unterschiede zwischen einzelnen Versicherern gibt. Danach kann eine Klausel nicht schon allein deshalb überraschend sein, weil sie von den Musterbedingungen der AKB abweicht. In der Abweichung von den Musterbedingungen liegt auch kein **Überrumpelungseffekt**, wie er überraschenden Klauseln typischerweise innewohnt. 5

Anders kann sich dies allerdings je nach dem Inhalt der Vertragsverhandlungen darstellen: Eine Klausel, die für sich betrachtet nicht überraschend ist, kann sich jedoch im konkreten Fall als überraschend für den VN darstellen, wenn sie von demjenigen abweicht, was die Vertragsparteien in den Verhandlungen im Rahmen des Vertragsschlusses vereinbart oder besprochen haben.[7] Hat bspw. der VN ausdrücklich danach gefragt, ob der Versicherungsschutz der Haftpflicht- und Kaskoversicherung auch für einen bestimmten geographisch außerhalb Europas liegenden Bereich gilt, der aber zum EU-Raum zählt und ist vom Vermittler eine solche Reichweite des Versicherungsschutzes ohne weiter erklärende Einschränkungen ausdrücklich bestätigt worden, ist die konkrete Klausel nach der Versicherungsschutz in der Kfz-Unfallversicherung (nur) in Europa bestehen soll vor dem Hintergrund dieser vertragsbegleitenden Absprache eine überraschende Einschränkung. 6

---

4 LG Dortmund Urt. v. 22.07.2009 – 2 O 322/08.
5 BGH Urt. v. 18.02.2009 – IV ZR 11/07, VersR 2009, 623 = r+s 2009, 246 = zfs 2009, 340.
6 LG München I Urt. v. 11.10.2005 – 23 O 16 706/04, VersR 2006, 1246; Kloth, Die Private Unfallversicherung, S. 17 Rn. 33.
7 OLG Köln Urt. v. 20.04.2000 – 1 U 101/99, MDR 2000, 1365 = OLGR Köln 2000, 365; Kloth, Die Private Unfallversicherung, S. 19, Rn. 41.

A.4.3 AKB In welchen Ländern besteht Versicherungsschutz?

7 Erhebliche Zweifel an der Wirksamkeit bestehen bzgl. der vorgestellten abweichenden Klausel zudem bspw. wenn sich in einem Bedingungswerk zu den übrigen einzelnen Versicherungsarten unterschiedliche Detailregelungen finden, bei denen jeweils im Grundsatz auf die geographischen Grenzen Europas abgestellt wird und teilweise leistungsartabhängig zusätzliche Erweiterungen oder Einschränkungen bestehen, die sich aus möglichen Zusatzvereinbarungen über Markierungen/Länderkürzel der Grünen Karte ergeben können, wie dies bei der Autoschutzbrief und der Haftpflichtversicherung der Fall ist. In den letztgenannten Versicherungsarten bestehen wegen der unterschiedlichen Mindestdeckungssummen in einzelnen Ländern in der KH-Versicherung und wegen besonderer Gegebenheiten bei Hilfsleistungen, die über die Schutzbriefversicherung im jeweiligen Land zu erbringen sind, berechtigte Interessen des Versicherers ggf. den räumlichen Geltungsbereich einzuschränken, womit zumindest der durchschnittlich verständige VN rechnen kann und muss. Eine Einschränkung auf den engen Geltungsbereich »Europa« isoliert für die Kraftfahrtunfallversicherung im Gegensatz zu weiterreichenden Geltungsbereichen anderer Versicherungsarten wie der Kasko- und Schutzbriefversicherung innerhalb einheitlicher AKB, die zu einem (Gesamt-)Vertrag überreicht werden dürfte jedoch durchaus überraschend und somit nach § 305c BGB unwirksam sein. Der durchschnittliche VN in der Kraftfahrtversicherung wird nicht damit rechnen, dass in der Kfz-Unfallversicherung ein engerer räumlicher Geltungsbereich gelten soll als in der Kasko- und Schutzbriefversicherung, zumal in der isolierten Unfallversicherung nach den gängigen AUB jeweils der Versicherungsschutz weltweit gilt.[8] Soll die Klausel somit dahingehend zu verstehen sein, dass sie den Versicherungsschutz im Gegensatz zur Kasko- und Schutzbriefversicherung räumlich einschränkt so ist dies eine Diskrepanz zwischen der berechtigten Erwartungshaltung des VN anhand der ihm sonst ersichtlichen Reichweite seines Versicherungsschutzes bzgl. anderer Versicherungsarten und der Auslegung der Klausel, dass er mit dieser Einschränkung nicht zu rechnen braucht. Dabei ist zu berücksichtigen, dass nach st.Rspr. auf den für einen durchschnittlichen VN ohne besondere Versicherungskenntnisse erkennbaren Sinnzusammenhang abzustellen ist und dabei gerade auch auf die Interessen des VN abzustellen ist.[9]

2. Verstoß gegen das Transparenzgebot?

8 Die nur auf »*Europa*« als Geltungsbereich abstellende Klausel einzelner Versicherer dürfte zudem gegen das Transparenzgebot verstoßen: Nach § 307 Abs. 1 S. 2 BGB ist eine Klausel unwirksam, die nicht klar und verständlich ist, da dies eine unangemessene Benachteiligung des VN darstellt. Dieses Transparenzgebot verlangt vom Verwender Allgemeiner Versicherungsbedingungen nach den Grundsätzen von Treu und Glauben, dass er die Rechte und Pflichten seines Vertragspartners möglichst klar und durchschaubar darzustellen hat, insbesondere müssen Nachteile und Belastungen

---

[8] Vgl. Grimm, Unfallversicherung AUB-Kommentar 5.Aufl. AUB 2010 1 Rn. 16.
[9] BGH Urt. v. 16.06.1982 – IVa ZR 270/80, VersR 1982, 841 = r+s 1982, 191 = zfs 1982, 336; seitdem st.Rspr. des Senats vgl. zuletzt Urt. v. 18.02.2009 – IV ZR 11/07, VersR 2009, 623 = r+s 2009, 246 = zfs 2009, 340.

so weit erkennbar werden, wie dies nach den Umständen gefordert werden kann.[10] Danach verstößt eine Klausel jedenfalls immer dann gegen das Transparenzgebot, wenn nach ihrer Auslegung nach allen in Betracht kommenden Methoden ein nicht auszuräumender Zweifel bzgl. ihres Inhalts verbleibt und mindestens zwei verschiedene Interpretationen rechtlich vertretbar sind.[11] Nach diesen Maßstäben ist eine Klausel für die einzelne Versicherungssparte der Kfz-Unfallversicherung innerhalb eines Gesamtbedingungswerkes für AKB, welches in einzelnen Versicherungssparten verschiedene Inhalte mit dem Begriff »Europa« verbindet, intransparent und somit unwirksam, wenn sie im Gegensatz zu anderen Klauseln anderer Versicherungsarten nur auf die Geltung in »Europa« abstellt. Für den Begriff »*Europa*« hat der BGH bereits zu den früheren AKB mehrfach klargestellt, dass ausschließlich der geographische Begriff für die Bestimmung der versicherungsrechtlichen Zuordnung für Erdteile gelten kann.[12] Stellen die AKB jedoch in unterschiedlichen Klauseln eines einheitlichen Bedingungswerkes mehrfach auf den Schutz »in den geographischen Grenzen Europas« und in einer einzelnen anderen Klausel auf »Europa« ab, so erschließt sich dem verständigen VN lediglich, dass offensichtlich eine unterschiedliche räumliche Reichweite des Versicherungsschutzes damit gemeint sein soll. Es ist für den durchschnittlichen VN jedoch nicht mehr erkennbar, auf welchen Europabegriff im Unterschied zu den geographischen Grenzen in dieser Klausel abgestellt werden soll. Dies zeigt auch eine systematische Betrachtung und Auslegung der AKB, in denen teilweise über die rein geographischen Grenzen hinaus erweiternd auf die außereuropäischen Gebiete, die zum Geltungsbereich der EU gehören, abgestellt wird. Soweit damit auf eine Erweiterung auf den EU-Raum im politischen Sinne abgestellt wird, bleibt um so unklarer welcher anders definierte Geltungsbereich neben diesen beiden vorbeschriebenen Geltungsbereichen noch durch den isolierten Begriff »Europa« erfasst sein soll. Offensichtlich soll doch etwas anderes als der rein geographische Bereich gemeint sein, da andernfalls kein Grund für die abweichende Formulierung erkennbar ist. Jedenfalls kann sowohl der politische als auch der rein geographische Bereich »Europa« gemeint sein, so dass nach der Auslegung verschiedene Interpretationsmöglichkeiten und somit Unklarheiten bzgl. des Inhalts der Klausel verbleiben.

III. Beweislast

Die Beweislast für den Eintritt des Unfallereignisses innerhalb des Geltungsbereiches des Versicherungsschutzes trägt der VN schon nach allgemeinen Grundsätzen, da er als VN den seinen Anspruch aus dem Versicherungsvertrag ergebenden Sachverhalt darlegen und das Vorliegen der Anspruchsvoraussetzungen beweisen muß.[13]

---

10 BGH Urt. v. 24.05.2006 – IV ZR 263/03, VersR 2006, 1066 = r+s 2006, 366 = zfs, 2006, 575.
11 BGH Urt. v. 26.09.2007 – IV 252/06 VersR 2007, 1690 = r+s 2008, 25.
12 BGH Urt. v. 04.07.1989 – VI ZR 217/88, VersR 89, 948.
13 BGH Urt. v. 17.10.2001 – IV ZR 205/00, VersR 2001, 1547 = r+s 2002, 83 = zfs 2002, 85; OLG Celle Urt. v. 20.08.2009 – 8 U 10/09.

A.4.5 AKB Leistung bei Invalidität

A.4.4 Welche Leistungen umfasst die Kfz-Unfallversicherung?

Ihrem Versicherungsschein können Sie entnehmen, welche der nachstehenden Leistungen mit welchen Versicherungssummen vereinbart sind.

1 Die Regelung enthält keinen eigenständigen Inhalt, sondern weist den VN nur darauf hin, dass sich aus dem Versicherungsschein ergibt, welche einzelnen Leistungsarten aus den nach A.4.5 bis A.4.8 möglichen er versichert hat und mit welchen jeweiligen Versicherungssummen. Mögliche Leistungsarten sind Invaliditätsleistung (A.4.5), Tagegeld (A.4.6), Krankentagegeld (A.4.7) oder Todesfallleistung (A.4.8). Typischerweise umfasst der Versicherungsschutz Invalidität und Tod. In der Praxis ist es jedoch wichtig vorsorglich darüber hinaus zu prüfen, ob ggf. auch Tagegeld oder Krankenhaustagegeld vereinbart sind, um nicht Leistungsansprüche zu übersehen und außer Acht zu lassen, weil erkennbar keine Invalidität vorliegt.

A.4.5 Leistung bei Invalidität

A.4.5.1 Voraussetzungen für die Leistung

Invalidität

A.4.5.1.1 Die versicherte Person hat eine Invalidität erlitten.

Eine Invalidität liegt vor, wenn unfallbedingt
- die körperliche oder geistige Leistungsfähigkeit
- dauerhaft

beeinträchtigt ist.

Dauerhaft ist eine Beeinträchtigung, wenn
- sie voraussichtlich länger als drei Jahre bestehen wird und
- eine Änderung dieses Zustands nicht zu erwarten ist.

Eintritt und ärztliche Feststellung der Invalidität

A.4.5.1.2 Die Invalidität ist innerhalb von 15 Monaten nach dem Unfall
- eingetreten und
- von einem Arzt schriftlich festgestellt worden.

Ist eine dieser Voraussetzungen nicht erfüllt, besteht kein Anspruch auf Invaliditätsleistung.

Geltendmachung der Invalidität

A.4.5.1.3 Sie müssen die Invalidität innerhalb von 15 Monaten nach dem Unfall bei uns geltend machen. Geltend machen heißt: Sie teilen uns mit, dass Sie von einer Invalidität ausgehen.

Versäumen Sie diese Frist, ist der Anspruch auf Invaliditätsleistung ausgeschlossen.

Leistung bei Invalidität **A.4.5 AKB**

Nur in besonderen Ausnahmefällen lässt es sich entschuldigen, wenn Sie die Frist versäumt haben.

Keine Invaliditätsleistung bei Unfalltod im ersten Jahr

A.4.5.1.4 Stirbt die versicherte Person unfallbedingt innerhalb eines Jahres nach dem Unfall, besteht kein Anspruch auf Invaliditätsleistung.

In diesem Fall zahlen wir eine Todesfallleistung (A.4.8), sofern diese vereinbart ist.

A.4.5.2 Art und Höhe der Leistung

Berechnung der Invaliditätsleistung

A.4.5.2.1 Die Invaliditätsleistung erhalten Sie als Einmalzahlung.

Grundlagen für die Berechnung der Leistung sind
- die vereinbarte Versicherungssumme und
- der unfallbedingte Invaliditätsgrad.

Bemessung des Invaliditätsgrads, Zeitraum für die Bemessung

A.4.5.2.2 Der Invaliditätsgrad richtet sich
- nach der Gliedertaxe (A.4.5.2.3, sofern die betroffenen Körperteile oder Sinnesorgane dort genannt sind,
- ansonsten danach, in welchem Umfang die normale körperliche oder geistige Leistungsfähigkeit dauerhaft beeinträchtigt ist (A.4.5.2.4)

Maßgeblich ist der unfallbedingte Gesundheitszustand, der spätestens am Ende des dritten Jahres nach dem Unfall erkennbar ist. Dies gilt sowohl für die erste als auch für spätere Bemessungen der Invalidität (A.4.10.4).

Gliedertaxe

A.4.5.2.3 Bei Verlust oder völliger Funktionsunfähigkeit eines der nachstehend genannten Körperteile und Sinnesorgane gelten ausschließlich die folgenden Invaliditätsgrade:

Arm	70 %
Arm bis oberhalb des Ellenbogengelenks	65 %
Arm unterhalb des Ellenbogengelenks	60 %
Hand	55 %
Daumen	20 %
Zeigefinger	10 %
andere Finger	5 %
Bein über der Mitte des Oberschenkels	70 %
Bein bis zur Mitte des Oberschenkels	60 %

Heinrichs

A.4.5 AKB Leistung bei Invalidität

Bein bis unterhalb des Knies	50 %
Bein bis zur Mitte des Unterschenkels	45 %
Fuß	40 %
große Zehe	5 %
andere Zehe	2 %
Auge	50 %
Gehör auf einem Ohr	30 %
Geruchssinn	10 %
Geschmackssinn	5 %

Bei Teilverlust oder teilweiser Funktionsbeeinträchtigung gilt der entsprechende Teil der genannten Invaliditätsgrade.

Bemessung außerhalb der Gliedertaxe

A.4.5.2.4 Für andere Körperteile und Sinnesorgane richtet sich der Invaliditätsgrad danach, in welchem Umfang die normale körperliche oder geistige Leistungsfähigkeit insgesamt dauerhaft beeinträchtigt ist. Maßstab ist eine durchschnittliche Person gleichen Alters und Geschlechts.

Die Bemessung erfolgt ausschließlich nach medizinischen Gesichtspunkten.

Minderung bei Vorinvalidität

A.4.5.2.5 Eine Vorinvalidität besteht, wenn betroffene Körperteile oder Sinnesorgane schon vor dem Unfall dauerhaft beeinträchtigt waren. Sie wird nach A.4.6.2.3 und A.4.5.2.4 bemessen.

Invaliditätsgrad bei Beeinträchtigung mehrerer Körperteile oder Sinnesorgane

A.4.5.2.6 Durch einen Unfall können mehrere Körperteile beeinträchtigt sein. Dann werden die Invaliditätsgrade, die nach den vorstehenden Bestimmungen ermittelt wurden, zusammengerechnet.

Mehr als 100 % werden jedoch nicht berücksichtigt.

Invaliditätsleistung bei Tod der versicherten Person

A.4.5.2.7 Stirbt die versicherte Person vor der Bemessung der Invalidität, zahlen wir eine Invaliditätsleistung unter folgenden Voraussetzungen:
- die versicherte Person ist nicht unfallbedingt innerhalb des ersten Jahres nach dem Unfall verstorben und
- die sonstigen Voraussetzungen für die Invaliditätsleistung nach A.4.5.1 sind erfüllt.

Wir leisten nach dem Invaliditätsgrad, mit dem aufgrund der ärztlichen Befunde zu rechnen gewesen wäre.

Übersicht

		Rdn.
A.	Allgemeines	1
B.	**Voraussetzungen für die Leistung, A.4.5.1**	2
	Invalidität, A.4.5.1.1	3
I.	Beeinträchtigung der körperlichen oder geistigen Leistungsfähigkeit:	4
II.	Dauerhaft muss die Beeinträchtigung sein.	5
III.	Fristen nach A.4.5.1.2 und A.4.5.1.3	7
	1. Wirksamkeit der Fristenregelung:	8
	2. Eintritt und ärztliche Feststellung der Invalidität, A.4.5.1.2	10
	3. Geltendmachung der Invalidität, A.4.5.1.3	17
	4. Folgen der Fristversäumnis:	18
IV.	Beweislast	24
	1. Zu I. und II.	24
	2. Zu III.	25
C.	**A.4.5.2 Art und Höhe der Leistung**	26

A. Allgemeines

Die Regelungen über die Voraussetzungen der Invalidität und die Berechnung der Invaliditätsleistung unterscheiden sich nicht von der allgemeinen Unfallversicherung und sind in den AKB 2015 an den aktuellen Stand der AUB 2014 angepasst, so dass grundsätzlich auf die schon zu den früheren AUB Fassungen ergangene umfangreiche Rechtsprechung und Literatur[1] zurückgegriffen werden kann. Wichtigste Neuerung ist in den AKB 2015 zur Kfz-Unfallversicherung, dass die Zeitspanne innerhalb derer eine Invalidität eingetreten sein muss nunmehr von 12 auf 15 Monate ausgedehnt worden ist (A.4.5.1.2). Zudem wird das Krankenhaustagegeld in A.4.7.1 auf ambulante Operationen ausgedehnt, wenn diese eine Beeinträchtigung der Berufsausübung über mehrere Tage nach sich zieht.   1

B. Voraussetzungen für die Leistung, A.4.5.1

Die Regelung in A.4.5.1 ist in der Absicht eine leichtere Verständlichkeit zu erreichen in den AKB 2015 in 4 Untergliederungspunkte (A.4.5.1.1 bis A.4.5.1.4) aufgeteilt worden, ohne dass damit jedoch grundlegende inhaltliche Änderungen einhergehen. Die einzige inhaltliche Änderung ist die Ausweitung des Zeitraums, in dem die Invalidität eingetreten sein muss in A.4.5.1.2 von 12 auf nunmehr 15 Monate.   2

---

[1] Vgl. Grimm, Unfallversicherung AUB Kommentar; Kloth, Private Unfallversicherung; Naumann/Brinkmann, Die private Unfallversicherung in der anwaltlichen Praxis; van Bühren – Naumann, Handbuch Versicherungsrecht 6. Aufl. § 16 Rn. 169 ff.; Beckmann/Matusche-Beckmann – Mangen, Versicherungsrechtshandbuch 2. Aufl. § 47 Rn. 154 ff.; Terbille – Hormuth, Versicherungsrecht 3. Aufl. § 24 Rn. 40 ff.

A.4.5.1.1 AKB Invalidität

Invalidität, A.4.5.1.1

3 Voraussetzung für den Leistungsanspruch ist eine unfallbedingt eingetretene **Invalidität**. Diese ist in § 180 VVG gesetzlich definiert: Danach schuldet der Versicherer die für den Fall der Invalidität versprochenen Leistungen im vereinbarten Umfang, wenn die **körperliche oder geistige Leistungsfähigkeit** der versicherten Person unfallbedingt dauerhaft beeinträchtigt ist. Dauerhaft ist die Beeinträchtigung nach der Legaldefinition, wenn sie voraussichtlich länger als drei Jahre bestehen wird und eine Änderung dieses Zustandes nicht erwartet werden kann (§ 180 S. 2 VVG).

I. Beeinträchtigung der körperlichen oder geistigen Leistungsfähigkeit:

4 Damit ist die durchschnittliche jeweilige Leistungsfähigkeit eines normalen Menschen ohne gesundheitliche Beeinträchtigungen und Einschränkungen, also ein durchschnittlicher VN als Vergleichsmaßstab gemeint.[2] Allerdings sollen im Einzelfall zur Vermeidung von Unbilligkeiten auch individuelle Begabungen und Fähigkeiten Berücksichtigung finden können, um zu verhindern, dass ggf. besonders überdurchschnittlich Befähigte benachteiligt und Minderbegabte bevorzugt werden.[3] Soweit dies, wie Grimm darstellt, als Ausgleichsfaktor in der Ermessensausübung eines Sachverständigen geschieht, erscheint es sachgerecht und unbedenklich, nicht zwingend auf einen Durchschnittsmenschen alleine abzustellen, sondern in die Feststellung den nachweisbaren Normalzustand des Versicherten einfließen zu lassen.

II. Dauerhaft muss die Beeinträchtigung sein.

5 Der Gesetzgeber hat hierzu in § 180 S. 2 VVG die von der Rechtsprechung gefestigte Wertung übernommen, dass eine voraussichtlich länger als drei Jahre andauernde Beeinträchtigung ausreicht wenn eine Änderung dieses Zustands nicht zu erwarten ist. Es ist nunmehr auch im Gesetz klargestellt, dass keine lebenslängliche Beeinträchtigung zu fordern ist, wie teilweise in der Literatur[4] vertreten wurde. § 180 VVG ist keine zwingende Regelung (vgl. § 191 VVG), so dass von ihr theoretisch abgewichen werden kann. Es ist jedoch nicht ersichtlich, dass in einzelnen Bedingungswerken der Kfz-Unfallversicherung eine abweichende Regelung enthalten wäre. Eine solche würde zudem kaum mit der herrschenden Rechtsprechung[5] zu vereinbaren sein. Zudem bestünden erhebliche Wirksamkeitsbedenken, da abweichende Regelungen gerade vom gesetzlichen Leitbild abweichen würden und somit wohl als überraschende Klauseln unwirksam wären (§ 305c BGB).

---

2 OLG Hamm Urt. v. 06.11.2002 – 20 U 35/02, VersR 2003, 586 = r+s 2003, 211 = zfs 2003, 306.
3 Grimm, AUB 99 2 Rn. 37.
4 Grimm, AUB 2010 2 Rn. 6.
5 OLG Hamm Urt. v. 09.06.1999 – 20 U 185/98, VersR 2000, 43 = r+s 1999, 434 = zfs 1999, 433 = NJW-RR 1999, 1330; OLG Karlsruhe Urt. v. 15.12.2005 – 12 U 191/05, VersR 2006, 1396 = r+s 2007, 71 = zfs 2006, 402.

An der Dauerhaftigkeit der Beeinträchtigung ändert sich nichts wenn bspw. der Verlust 6
eines Körperteils durch eine Prothese ausgeglichen werden kann. Es bleibt bei der Invalidität, die durch den Verlust eingetreten ist.[6] Bei Beeinträchtigungen der Sehkraft
hingegen ist zu ermitteln, ob durch eine Sehhilfe die volle Sehkraft, d. h. ein voll korrigierter Visus wieder erreicht werden kann. Ist dies der Fall, besteht nur eine Beeinträchtigung durch die Unannehmlichkeiten die das Tragen einer Brille mit sich bringt.[7]

III. Fristen nach A.4.5.1.2 und A.4.5.1.3

Nach A.4.5.1.2 und A.4.5.1.3 sind als rein formelle Anspruchsvoraussetzungen fol- 7
gende Fristen zwingend zu einzuhalten:
– die Invalidität muss nun innerhalb von 15 Monaten nach dem Unfall eingetreten sein (bislang in früheren AKB/AUB 12 Monate!)
– die Invalidität muss innerhalb von 15 Monaten nach dem Unfall schriftlich ärztlich festgestellt sein und
– innerhalb von 15 Monaten nach dem Unfall beim Versicherer geltend gemacht werden.

1. Wirksamkeit der Fristenregelung:

Die Regelung soll unaufklärbaren Streit über die Ursächlichkeit eines Unfalls für Spät- 8
folgen vermeiden und eine Eingrenzung auf nachprüfbare Unfallfolgen bewirken. Sie
begegnet keinen durchgreifenden Wirksamkeitsbedenken im Hinblick auf eine Benachteiligung oder Intransparenz.[8]

Gegen die Fristenregelungen der AKB können insbesondere die gegen die AUB 9
2000/2008 vorgebrachten Wirksamkeitsbedenken nicht erhoben werden. Bedenken
wurden wegen der inhaltlichen Gliederung und möglicher Irreführungen durch Überschriften im Inhaltsverzeichnis der früheren AUB geäußert, da für den VN die Klausel
nicht mehr hinreichend transparent sei und ihm nach den Inhaltsangaben und Gliederungen verborgen bleiben könne, dass noch besondere Formerfordernisse der Fristwahrung in der Klausel enthalten sind.[9] Im Ergebnis greifen diese Bedenken bei der
AKB – wie auch in den aktuellen AUB – nicht, da schon in E.1.5.4 (vgl. dort) der
ausdrückliche Hinweis enthalten ist, dass die 15-Monatsfrist für die Feststellung und
Geltendmachung nach A.4.5.1.3 zu beachten ist. Zudem wäre mit dem OLG Karls-

---

6 Prölss/Martin – Knappmann VVG 29. Aufl., AUB 2010 2 Rn. 36.
7 BGH Urt. v. 27.04.1983 – IVa ZR 193/81, VersR 1983, 581 = NJW 1983, 2091; Beckmann/Matusche-Beckmann – Mangen, Versicherungsrechtshandbuch 2. Aufl. § 47 Rn. 191.
8 BGH Urt. v. 19.11.1997 – IV ZR 348/96, VersR 1998, 175 = r+s 1998, 79 = zfs 1998, 144 = NJW 1998, 1069; Urt. v. 16.02.2005 – IV ZR 18/04, VersR 2005, 629 = r+s 2005, 188 = zfs 2005, 344 = NJW-RR 2005, 619; OLG Köln Beschl. v. 12.05.2009 – 20 U 31/09, VersR 2009, 1484; zuletzt zu den AUB 2002 BGH Urt. v. 20.06.2012 – IV ZR 39/11, VersR 2012, 1113 = r+s 2012, 454 = zfs 2012, 581 = NJW 2012, 3184.
9 Vgl. hierzu Kloth, Private Unfallversicherung G Rn. 8–13 mit umfassendem Rechtsprechungsüberblick.

A.4.5.1.2 AKB Eintritt der Invalidität

ruhe[10] und der zutreffenden Anmerkung von Knappmann hierzu[11] i. E. ohnehin nicht von einer Unwirksamkeit auszugehen, selbst wenn dieser Hinweis in E.1.5.4 in einzelnen Bedingungswerken fehlen sollte, da nach § 186 VVG der Versicherer sich nur auf ein Fristversäumnis berufen darf, wenn er den VN auf die Fristwahrung hingewiesen hat (vgl. hierzu unten Rn. 21). Somit könnte sich selbst eine unterstellte Intransparenz nicht mehr zu Lasten des VN auswirken.

2. Eintritt und ärztliche Feststellung der Invalidität, A.4.5.1.2

10 Die Invalidität muss nach A.4.5.1.2 innerhalb von 15 Monaten nach dem Unfall eingetreten und von einem Arzt schriftlich festgestellt worden sein.

a) Eintritt der Invalidität

Invalidität muss nunmehr als Neuerung innerhalb von **15 Monaten nach dem Unfall eingetreten** sein, d. h. nach Ablauf von 15 Monaten vom Unfalltag an gerechnet muss die Gesundheitsbeeinträchtigung dauerhaften Charakter gehabt haben.[12] Die Frist für den Invaliditätseintritt ist in Angleichung an die gleiche Änderung in den AUB 2014 auch in den AKB 2015 verlängert worden. Dies ist sachgerecht, da es berechtigte Kritik an dem früheren Auseinanderfallen der Frist für den Invaliditätseintritt (1 Jahr) und der ärztlichen Feststellung (15 Monate) gab. Dies war für den VN mitunter verwirrend. Zudem setzte die Feststellung eines Arztes, dass innerhalb von 12 Monaten eine Invalidität eingetreten sei ohnehin voraus, dass der Arzt innerhalb dieser 12 Monate bereits entsprechende Feststellungen als Beurteilungsgrundlage getroffen hatte. Es verblieb dem VN lediglich noch ein weiteres Zeitfenster, innerhalb dessen der Arzt diese Feststellung noch niederlegen musste. Mit der Ausweitung der Eintrittsfrist für die Invalidität ist der VN somit besser gestellt und nicht etwa negativ tangiert, weil kein zusätzliches Zeitfenster für eine nachfolgende Feststellung durch den Arzt mehr verbleibt. Die Regelung ist zudem einfacher verständlich und birgt weniger Risiken einer Fristversäumnis da nur noch eine einheitliche Frist zu beachten ist.

11 Nicht ausreichend ist es wenn in einer rückschauenden Betrachtung nach einem Ablauf von drei Jahren festgestellt wird, dass der Gesundheitszustand der gleiche ist, wie derjenige am Ende des ersten Jahres nach dem Unfalleintritt.[13] Zutreffend weißt Marlow[14] darauf hin, dass es nicht auf einen Rückblick nach 3 Jahren, sondern auf eine zum Zeitpunkt des Endes des Fristzeitraums – also nun nach 15 Monaten – anzustellende Prog-

---

10 OLG Karlsruhe Urt. v. 15.01.2009 – 12 U 167/08, VersR 2009, 538; so auch OLG Celle Urt. v. 05.03.2009 – 8 U 193/08, OLGR Celle 2009, 498; OLG Düsseldorf Urt. v. 27.01.2009 – 4 U 63/08, r+s 2009, 424 (keine Beiordnung eines Anwaltes im PKH-Verfahren vor dem BGH, da beabsichtigte Rechtsverfolgung des Klägers aussichtslos); Beschl. v. 13.07.2009 – 4 U 60/09, r+s 2009, 424; a. A. OLG Hamm Urt. v. 19.10.2007 20 U 215/06, VersR 2008, 811 = r+s 2008, 124 = zfs 2008, 462.
11 Knappmann in r+s 2009, 775.
12 OLG Düsseldorf Urt. v. 13.03.1990 – 4 U 146/90, r+s 1992, 322 = zfs 1990, 209.
13 So aber OLG Karlsruhe Urt. v. 15.12.2005 – 12 U 191/05, VersR 2006, 1396 = r+s 2007, 71.
14 Marlow, Die private Unfallversicherung r+s 2007, 353 (359).

Eintritt der Invalidität **A.4.5.1.2 AKB**

nose ankommt. Zu diesem Zeitpunkt muss sich ein Zustand darstellen, der aus ärztlicher Sicht entweder sicher auf eine lebenslange Beeinträchtigung schließen lässt oder bei unsicherer Dauer der feststehenden Beeinträchtigung, muss diese für einen Zeitraum von mindestens 3 Jahren als sicher fortbestehend anzusehen sein.

Eine Erklärung des Versicherers nach der er auch nach Ablauf der Frist für die Geltendmachung der Leistung gleichwohl die Voraussetzungen der Invaliditätsleistung prüfen will, bedeutet kein Anerkenntnis des rechtzeitigen Eintritts der Invalidität und keinen Verzicht auf die Einhaltung der Frist.[15] Eine solche Erklärung kann vielmehr auch lediglich im Rahmen der Prüfung einer Kulanzentscheidung erfolgen. 12

b) Ärztliche Feststellung 13

Die Invalidität muss **innerhalb von 15 Monaten ärztlich festgestellt** sein, und zwar **schriftlich**, wie nunmehr auch in den AKB selbst ausdrücklich aufgenommen ist. Die ärztliche Feststellung muss zum einen ergeben, dass eine dauerhafte Gesundheitsbeeinträchtigung eingetreten ist und zum anderen, dass diese auf einem bestimmten Unfallereignis beruht.[16] Die Anforderungen an die ärztliche Feststellung hat der BGH in einer Entscheidung vom 1.4.2015 unter Fortsetzung seiner früheren Rechtsprechung weiter konkretisiert: Aus der Feststellung muss sich der Bereich ergeben, auf den sich die Schädigung auswirkt. Zudem müssen die Ursachen, auf denen der Dauerschaden beruht, so deutlich umrissen sein, dass der VR bei seiner Leistungsprüfung vor der späteren Geltendmachung völlig anderer Gebrechen oder Invaliditätsursachen geschützt wird und den medizinischen Bereich hinreichend erkennen kann, auf den sich die Prüfung seiner Leistungspflicht erstrecken muss.[17] Eine exakte oder möglichst präzise Diagnose des Umfangs und der Ursachen ist hingegen nicht erforderlich[18], insoweit verbleibt es dabei, dass die Diagnose nicht endgültig oder richtig sein muss. Der Versicherer soll nur in die Lage versetzt werden, seinen Prüfungsumfang hinreichend erkennen zu können, so dass es genügt, wenn der Bereich der Schädigung und die Ursachen entsprechend in der ärztlichen Feststellung umrissen sind. Die ärztliche Feststellung muss nur innerhalb der Frist erfolgt sein, nicht auch dem Versicherer zugehen.[19] Aus ihr müssen sich die ärztlicherseits angenommene Ursache[20] und Art der Auswirkungen ergeben, da sie dem Versicherer die Gelegenheit geben soll, die Leistungspflicht für den geltend gemachten Versicherungsfall zu prüfen.[21] Im Übrigen sind keine allzu ho-

---

15 OLG Koblenz Urt. v. 28.12.2001 – 10 U 529/01, r+s 2002, 524.
16 BGH Urt. v. 07.03.2007 – IV ZR 137/06, VersR 2007, 1114 = r+s 2007, 255 = zfs 2007, 400; Beschl. v. 19.06.2008 – IX ZR 30/06, (Juris) sonst n. v.
17 BGH Urt. v. 1.4.2015 – IV ZR 104/13, VersR 2015, 617 = r+s 2015, 250.
18 Anm. Dörrenbächer zu BGH IV ZR 104/13, VersR 2015, 620.
19 BGH Urt. v. 07.03.2007 – IV ZR 137/06, VersR 2007, 1114 = r+s 2007, 255 = zfs 2007, 400.
20 Vgl. hierzu OLG München Urt. v. 17.01.2012 – 25 U 620/11, VersR 2012, 1116 = r+s 2013, 302: (Mit-)Ursächlichkeit des Unfallereignisses für den Dauerschaden muss sich aus der ärztlichen Feststellung ergeben.
21 BGH Urt. v. 07.03.2007 – IV ZR 137/06, VersR 2007, 1114 = r+s 2007, 255 = zfs 2007, 400.

A.4.5.1.2 AKB Eintritt der Invalidität

hen Anforderungen zu stellen.[22] Insbesondere muss die ärztliche Feststellung nicht inhaltlich richtig sein und sich noch nicht zu einem bestimmten Grad der Invalidität äußern.[23] Nicht ausreichend ist jedoch eine ärztliche Feststellung nach Ablauf von 15 Monaten auch wenn darin angegeben ist, dass die Invalidität schon vorher feststellbar war. Dies gilt auch wenn die Untersuchung, die Grundlage des Berichts ist, schon innerhalb der Frist erfolgt war.[24] Es ist daher zwingend erforderlich, dass innerhalb der Frist die Feststellung durch den Arzt fixiert ist. Insbesondere muss diese durch einen Arzt erfolgen, ein Attest eines Neuropsychologen ist keine ärztliche Feststellung.[25]

14 Die Reichweite der ärztlichen Invaliditätsfeststellung ist begrenzt: sie erfasst nur den ausdrücklich zum Inhalt gemachten Bereich eines Dauerschadens, nicht jedoch andere Beeinträchtigungen, die in der Feststellung nicht berücksichtigt sind. Ist also bspw. nur eine Hüftgelenksfraktur festgestellt, genügt diese Invaliditätsfeststellung nicht für eine psychische Erkrankung (Depression).[26]

15 Streitig war früher, ob die ärztliche Feststellung **schriftlich** erfolgen muss. Die früheren Klauseln vor den AKB 2015 bzw. AUB 2014 enthielten kein Schriftformerfordernis, so dass dazu in der Literatur die Ansicht vertreten wird, dass kein Schriftformerfordernis angenommen werden könne, weil zum einen auch aufgrund mündlicher Feststellungen einer ärztlichen Überzeugung der Versicherer in die Prüfung eintreten könne und bei den Ärzten nachfragen könne. Zum anderen weil Unklarheiten einer Klausel stets zu Lasten des Versicherers gehen (§ 305c Abs. 2 BGB).[27] Dies mag zweifelsfrei richtig sein, brachte jedoch schon in der Praxis unüberwindbare **Beweisschwierigkeiten** für den VN mit sich, da er beweisbelastet für die rechtzeitige ärztliche Feststellung ist. Dies kann ihm regelmäßig nur über eine schriftliche Feststellung gelingen. Zum anderen wird auch in der Literatur die Ansicht vertreten, es sei nach dem Sinn und Zweck der Regelung eine schriftliche Fixierung der Feststellung erforderlich.[28] Die Rechtsprechung erfordert ganz überwiegend eine Schriftform.[29] Die elektronische Form (§ 126a

---

22 BGH Urt. v. 19.11.1997 – IV ZR 348/96, VersR 1998, 175 = r+s 1998, 79 = zfs 1998, 144 = NJW 1998, 1069.
23 BGH Urt. v. 07.03.2007 – IV ZR 137/06, VersR 2007, 1114 = r+s 2007, 255 = zfs 2007, 400.
24 Grimm, AUB 2010 2 Rn. 11.
25 OLG Koblenz Urt. v. 18.11.2011 – 10 U 230/11, VersR 2012, 1381 = r+s 2013, 246.
26 BGH Urt. v. 07.03.2007 – IV ZR 137/06, VersR 2007, 1114 = r+s 2007, 255 = zfs 2007, 400.
27 Beckmann/Matusche-Beckmann – Mangen, Versicherungsrechtshandbuch 2. Aufl. § 47 Rn. 168; Marlow/Tschersich in r+s 2009, 441 (450); als »problematisch« gesehen aber i. E. offen gelassen Stiefel/Maier, Kraftfahrtversicherung AKB, 18. Aufl. A.4.5 Rn. 6.
28 Kloth, Private Unfallversicherung G Rn. 20.
29 OLG Oldenburg Urt. v. 10.05.1995 – 2 U 57/95, r+s 1997, 263 = NJW-RR 1996, 1434; OLG Koblenz Urt. v. 19.02.1999 – 10 U 1912/97, VersR 1999, 1227 = r+s 2002, 127; OLG Düsseldorf Urt. v. 23.05.2006 – 4 U 128/05, VersR 2006, 1487 = r+s 2007, 256; OLG Hamm Urt. v. 16.02.2007 – 20 U 219/06, VersR 2007, 1361 = r+s 2008, 123; OLG Celle Urt. v. 22.11.2007 – 8 U 161/07, VersR 2008, 670 = r+s 2009, 122; OLG Saarbrücken Urt. v. 20.06.2007 – 5 U 70/07, VersR 2008, 199 = r+s 2010, 387; NJW-RR 2008, 837; Grimm, AUB 2010 2 Rn. 15 m. w. N.; a. A. OLG Karlsruhe Urt. v. 07.02.2005 – 12 U 304/04, VersR 2005, 1230 = zfs 2005, 254.

BGB) reicht dazu aus. Der mehrheitlichen Meinung der Literatur und Rechtsprechung ist unverändert zu den früheren Bedingungswerken zuzustimmen. Sinn und Zweck der Regelung einer klaren Nachprüfbarkeit erfordern eindeutig eine schriftliche Fixierung. Andernfalls bestehen nicht nur Beweisschwierigkeiten für den VN, sondern ist gerade auch nicht gewährleistet, dass die Feststellung tatsächlich rechtzeitig getroffen ist und sich nicht etwa bei einer späteren Nachfrage des Versicherers neuere ärztliche Erkenntnisse mit früheren vermischen und ggf. aktuelle Befunde ggf. auch unbewusst zu einer ärztlichen Meinungsbildung und Berichterstattung führen, die sich zum Zeitpunkt des maßgeblichen Beurteilungszeitpunktes möglicherweise gar nicht so treffen ließ. Die neuen AKB 2015 beenden diesen Streit nun, in dem sie die bisherige Rechtslage im Bedingungswerk klarstellen.

Die Feststellung muss durch einen Arzt erfolgt sein, d. h. die Feststellung oder Anerkennung durch eine andere Stelle wie bspw. im Bescheid der Rentenversicherung oder des Versorgungsamtes reicht nicht aus.[30] Ist die Feststellung jedoch durch einen Arzt getroffen reicht dies auch aus, wenn sie sich in einem Entlassungsbericht an den weiterbehandelnden Arzt findet, ohne direkt für die Vorlage beim Versicherer erstellt worden zu sein. Bei eindeutigen Dauerschäden, die schon für den Laien als Invalidität zwingend zu erkennen sind, reicht auch die reine Befunderhebung in einem Kurzattest oder ähnlichem aus, wie bspw. bei Verlust von Gliedmaßen, Querschnittslähmung oder ähnlichem.[31] Zu einzelnen Formulierungen, die als ausreichend oder nicht ausreichend als Feststellung beurteilt worden sind hat Hormuth (in Terbille Versicherungsrecht) eine Zusammenstellung aufgeführt.[32] 16

3. Geltendmachung der Invalidität, A.4.5.1.3

Der VN muss die Invalidität innerhalb von 15 Monaten beim Versicherer geltend machen. Dies muss unabhängig von der reinen Schadenanzeige erfolgen[33]; diese reicht nur ausnahmsweise unter engen Voraussetzungen als Geltendmachung aus, wenn sich bereits aus ihr anhand der mitgeteilten Verletzungen zwingend für den Versicherer ergibt, dass eine Invalidität eingetreten ist (vgl. oben vorherige Rdn). So z. B. bei der Mitteilung von Ganzkörperverbrennungen dritten Grades in der Unfallanzeige.[34] Inhaltlich muss die Geltendmachung ergeben, dass der VN einen Leistungsanspruch aus der Versicherung für sich einfordert. Es genügt, wenn der VN den Eintritt der Invalidität behauptet.[35] Nicht erforderlich ist, dass ein bestimmter Grad der Invalidität geltend gemacht oder bereits eine bestimmte Leistung gefordert wird. 17

---

30 OLG Düsseldorf Urt. v. 23.05.2006 – 4 U 128/05, VersR 2006, 1487 = r+s 2007, 256.
31 OLG Hamm Urt. v. 16.02.2007 – 20 U 219/06, VersR 2007, 1361 = r+s 2008, 123.
32 Terbille-Hormuth, Versicherungsrecht, 3. Aufl. § 24 Rn. 57 m. w. N.
33 OLG Frankfurt Urt. v. 20.11.2013 – 7 U 176/11, VerR 2014, 1495; Terbille-Hormuth, Versicherungsrecht 3. Aufl. § 24 Rn. 65 m. w. N.
34 OLG Stuttgart Urt. v. 14.05.2009 – 7 U 174/08, VersR 2009, 1065.
35 BGH Urt. v. 25.04.1990 – IV ZR 28/89, VersR 1990, 732 = r+s 1990, 286 = zfs 1990, 319.

A.4.5.1.3 AKB Geltendmachung der Invalidität

4. Folgen der Fristversäumnis:

18 a) Tritt die Invalidität nicht innerhalb von 15 Monaten ein oder wird sie nicht innerhalb von 15 Monaten ärztlich festgestellt, so hat dies das Nichtbestehen des Anspruchs zur Folge, da es an einem objektiven Tatbestandsmerkmal der zwingenden Anspruchsvoraussetzung fehlt. Auf weiteres kommt es grundsätzlich nicht an. Es besteht keine Entlastungs- oder Entschuldigungsmöglichkeit.[36] Die AKB 2015 stellen dies nunmehr in A.4.5.1.2 auch für den VN eindeutig klar.

Allerdings soll sich der Versicherer dann nicht auf ein Fristversäumnis zur Verneinung seiner Leistungspflicht berufen können, wenn aufgrund seines Verhaltens der VN darauf vertrauen durfte, dass der Versicherer durch Einholung eines ärztlichen Zeugnisses für die rechtzeitige ärztliche Feststellung sorgen werde. Dies hat das OLG Karlsruhe für den Fall angenommen, dass der Sachbearbeiter des Versicherers dies so ankündigt, es dann aber beim Versicherer zu Verzögerungen gekommen ist, so dass nur deshalb die ärztliche Feststellung erst nach Ablauf von 15 Monaten erfolgt ist.[37] Dies kann zutreffend nicht zu Lasten des VN gehen, der auf die Ankündigung des VR vertraut hat.

19 b) Die Frist zur Geltendmachung ist hingegen eine **Ausschlussfrist** und keine Anspruchsvoraussetzung. Versäumt der VN diese Frist, so kann er ggf. den Beweis erbringen, dass ihn kein Verschulden trifft.[38] Auch hier enthalten die AKB 2015 nunmehr in A.4.5.1.3 einen entsprechenden ausdrücklichen Hinweis, dass eine solche Entschuldigung nur in besonderen Ausnahmefällen möglich ist. Hierzu kann eine Unkenntnis der Fristen nicht als Entschuldigungsgrund angeführt werden, da der Versicherer regelmäßig den VN auf die Fristen hingewiesen haben wird, andernfalls ist der VN schon über § 186 VVG geschützt (vgl. unten Rdn. 21). Denkbar ist, dass der Versicherte zu spät von einer bestehenden Versicherung erfährt oder diese berechtigt für gekündigt halten durfte.[39] Auch schwere Krankheit, die den VN an der Fristwahrung hindert genügt.[40] Ebenso der Nachweis rechtzeitiger Absendung.[41] Entfällt der Entschuldigungsgrund ist die Geltendmachung ohne schuldhaftes Zögern nachzuholen[42], die Frist beginnt also nicht neu.

---

36 BGH Urt. v. 28.06.1978 – IV ZR 7/77, VersR 1978, 1036; OLG Koblenz Urt. v. 28.12.2001 – 10 U 529/01, r+s 2002, 524; Terbille-Hormuth, Versicherungsrecht 3. Aufl. § 24 Rn. 48 m. w. N.
37 OLG Karlsruhe Urt. v. 24.10.2014 – 9 U 3/13, VersR 2015, 443.
38 BGH Urt. v. 24.03.1982 – IVa ZR 226/80, VersR 1982, 567 = r+s 1982, 117 = NJW 1982, 2779; Urt. v. 02.11.1994 – IV ZR 324/93, VersR 1995, 82 = r+s 1995, 75 = zfs 1996, 142 = NJW 1995, 598.
39 BGH Urt. v. 05.07.1995 – IV ZR 43/94, VersR 1995, 1179 = r+s 1995, 397 = zfs 1995, 463 = NJW 1995, 2854.
40 Prölss/Martin-Knappmann VVG, AUB 2010 2 Rn. 20.
41 OLG Hamm Urt. v. 16.09.1992 – 20 U 138/92, VersR 1993, 300 = r+s 1993, 118.
42 BGH Urt. v. 05.07.1995 – IV ZR 43/94, VersR 1995, 1179 = r+s 1995, 397 = zfs 1995, 463 = NJW 1995, 2854.

Teilweise vertritt die neuere Literatur (allerdings erstmalig zu den AUB 2010, die hierzu 20
nicht anders formuliert sind als frühere Fassungen) die zweifelhafte Auffassung, dass
aufgrund der Nähe zu einer Obliegenheit des VN nur noch grobe Fahrlässigkeit des
VN bei einem Fristversäumnis schaden solle, wie sich aus der Grundentscheidung
des Gesetzgebers aus den Regelungen zu Obliegenheitsverletzungen ergeben soll.[43]
Diese Ansicht ist falsch. Es handelt sich nicht um eine Obliegenheit, wie etwa bei
der reinen Pflicht zur Schadenanzeige in E.1.1.1., sondern um eine eindeutig als Ausschlussfrist formulierte Regelung mit Exkulpationsmöglichkeit des VN.[44] Das Erfordernis der hinreichenden Entschuldigung war stets unstreitig und insbesondere auf besondere Ausnahmefälle beschränkt, in denen das Versäumnis als unverschuldet gelten
konnte.[45] In den neuen AUB 2014 und nun in den AKB 2015 ist zudem schon im Bedingungstext klargestellt, dass bei einem Fristversäumnis der Anspruch ausgeschlossen
ist und dass sich der VN nur in besonderen Ausnahmefällen entschuldigen kann. Danach ist für jeden VN klar, dass die Versäumung der Frist schuldlos erfolgt sein muss.
Auch einfache Fahrlässigkeit ist jedoch ein Verschulden, so dass für eine andere Auslegung, dass nur grobe Fahrlässigkeit schade kein Raum ist. Es besteht aufgrund des
besonderen Schutzes des VN durch die in § 186 VVG normierte Hinweispflicht des
VR in Bezug auf die Folgen einer Fristversäumung zudem gar kein Anlass hier eine besondere Schutzwürdigkeit des VN wie bei der gesetzgeberischen Grundentscheidung
zu den Rechtsfolgen bei einer Obliegenheitsverletzung anzunehmen.

Hinweispflicht gem. § 186 VVG 21

c) Zu beachten ist jedoch jeweils, dass der Versicherer nach § 186 VVG den VN auf die
Fristen in Textform hinweisen muss und sich bei **unterlassenem Hinweis** nicht auf ein
Fristversäumnis berufen darf. An den Hinweis des VR nach § 186 VVG sind die gleichen Anforderungen wie an die Hinweispflichten bei § 19 Abs. 5 oder § 28 Abs. 4
VVG zu stellen: er muss sich durch seine Platzierung und drucktechnische Gestaltung
deutlich vom übrigen Inhalt des Textes abheben und quasi »ins Auge springen«, so dass
er nicht zu übersehen ist.[46] Marlow/Tschersich fordern sogar, dass sich der Hinweis
nach § 186 VVG auf die inhaltlichen Anforderungen an die ärztliche Bescheinigung
erstrecken müsse.[47] Dies ist jedoch abzulehnen, da sich die Hinweispflicht schon
nach der Intention des Gesetzgebers und ihrem Sinn und Zweck nach auf die spartenspezifischen Fristen als Anspruchsvoraussetzungen beschränkt.[48] So ist z. B. anerkannt,

---

43 Knappmann in Prölss/Martin, 29. Aufl. AUB 2010 2 Rn. 20 unter Hinweis auf Klimke,
   VersR 2010, 293.
44 Vgl. BGH Urt. v. 24.03.1982 – IVa ZR 226/80, VersR 1982, 567 sowie Urt. v. 2.11.1994 –
   IV ZR 324/93, VersR 1995, 82; van Bühren – Naumann, Handbuch Versicherungsrecht,
   § 16 Rn. 177; Grimm AUB 2010 2 Rn. 19 (ausdrücklich eben auch zu den AUB 2010).
45 Schubach/Jannsen- Schubach, Private Unfallversicherung, 2.1 Rn. 35; Terbille-Hormuth,
   Versicherungsrecht 3. Aufl. § 24 Rn. 70.
46 Vgl. hierzu BGH Urt. v. 09.01.2013 – IV ZR 197/11, VersR 2013, 297 = r+s 2013, 114 = zfs
   2013, 153 = NJW 2013, 873; Marlow/Tschersich, r+s 3013, 365 (367).
47 Marlow/Tschersich, r+s 2013, 365 (367).
48 So wohl auch zu verstehen Prölss/Martin-Knappmann, VVG, § 186 Rn. 1.

A.4.5.1.3 AKB Geltendmachung der Invalidität

dass sich das Hinweiserfordernis auch nicht auf zu beachtende Verjährungsfristen erstreckt.[49] Eine Ausdehnung auf inhaltliche Anforderungen an die ärztliche Feststellung stellt eine Überspannung der Hinweispflicht dar, die sich aus der gesetzgeberischen Intention nicht ableiten lässt und daher abzulehnen ist. Die Hinweispflicht besteht lediglich in Bezug auf die einzuhaltende Frist.[50]

Gibt der Versicherer eindeutige Erklärungen ab, dass er bei Nachreichung bestimmter Unterlagen in die Regulierung eintreten wird oder veranlasst er »noch für die abschließende Bewertung erforderliche« unangenehme und aufwendige Untersuchungen, so kann ein späteres Berufen auf eine Fristversäumnis treuwidrig sein. Nicht jedoch die bloße Ankündigung nochmals in eine Prüfung eintreten zu wollen (kann auf Kulanz hindeuten).[51]

22   d) **Haftung Dritter:** Für den in die Regulierung eingeschalteten Rechtsanwalt verbirgt sich in der Wahrung der zu beachtenden Fristen ein hohes Haftungspotenzial im Fall einer Fristversäumnis. Der VN darf nach einer Beauftragung eines Anwalts darauf vertrauen, dass dieser die zu wahrenden Fristen kennt und deren Beachtung sicherstellt. Die gleichen Pflichten und Haftungsrisiken treffen den Makler, der in die Regulierung eines Unfalls eingeschaltet ist. Dieser muss ebenfalls den VN auf die Wahrung der zu beachtenden Fristen hinweisen, wenn für ihn erkennbar ist, dass Ansprüche wegen Invalidität gegen den Unfallversicherer ernsthaft in Betracht kommen.[52]

23   e) **Hinweis:**

Zu unterscheiden sind die vorgenannten Fristen als Anspruchsvoraussetzungen von weiteren Fristen, die der VN als **Obliegenheiten** nach E.1.5 im Schadenfall zu beachten hat (vgl. AKB E.1.5). Die Folgen deren Nichtbeachtung sind dann nach § 28 VVG als Obliegenheitsverletzung zu gewichten, führen jedoch nicht zwingend zu einem Anspruchsverlust, wie das Versäumen der formellen Fristen aus A.4.5.1.2 und A.4.5.1.3 als Anspruchsvoraussetzung.

IV. Beweislast

1. Zu I. und II.

24   Ob eine **Beeinträchtigung** vorliegt und diese dauerhaft ist kann regelmäßig nur durch Einholung eines Sachverständigengutachtens geklärt werden. Beweispflichtig ist der VN. Dabei gilt jedenfalls für die Beeinträchtigung als solche und die Frage der **Dauer-**

---

49 Wie vor.
50 OLG Köln Urt. v. 25.04.2012 – 5 U 28/06, VersR 2013, 349 = r+s 2014, 250 = zfs 2013, 165 (BGH hat die Nichtzulassungsbeschwerde der VN zurückgewiesen: BGH Beschl. v. 28.5.2013 – IV ZR 149/12, juris sonst n. v. und darin u. a. ausgeführt: »Die Anhörungsrüge hätte auch in der Sache keinen Erfolg. Der Senat hat das Vorbringen der Klägerin umfassend geprüft und für nicht durchgreifend erachtet.«); so auch Jacob, Unfallversicherung AUB 2010 Ziff. 2.1 Rn. 114 a. E.
51 Vgl. im Einzelnen Grimm, AUB 2010 2 Rn. 17.
52 BGH Urt. v. 16.07.2009 – III ZR 21/09, VersR 2009, 1495.

haftigkeit der Beweismaßstab des § 286 ZPO, so dass der VN den Vollbeweis erbringen muss.[53] Nur bei der Frage, ob die dauerhafte Beeinträchtigung unfallbedingt ist, kann das Gericht in gewissem Umfang eine Schätzung nach § 287 ZPO vornehmen, soweit es dabei nicht die Grenzen der Sachkunde verlässt.[54] Dies gilt insbesondere bei der von einem Sachverständigengutachten abweichenden Beurteilung.[55] Der BGH hat in einer aktuellen Entscheidung die Beweismaßstäbe nochmals klargestellt: Für den Eintritt einer ersten unfallbedingten Gesundheitsschädigung und den Eintritt einer Invalidität gilt § 286 ZPO (Vollbeweis). Für die Kausalität der ersten unfallbedingten Schädigung für die eingetretene Invalidität gilt der Beweismaßstab des § 287 ZPO. Hierauf hat das Gericht den Sachverständigen hinzuweisen, da andernfalls das Gutachten fehlerhaft sein kann.[56] Das Gericht muss umfassende Aufklärung vornehmen und ggf. Widersprüche zwischen verschiedenen Gutachten vollständig aufklären und kann nicht ohne Ausschöpfung aller weiteren Aufklärungsmöglichkeiten seine Entscheidung auf eines der beiden Gutachten stützen, das es seiner Überzeugung nach für vollständig, widerspruchsfrei und überzeugend hält. Das Gericht muss ggf. in der mündlichen Verhandlung die Gutachten mit beiden Gutachtern erörtern und falls dies keine Klarheit schafft ggf. ein **Obergutachten** einholen.[57]

2. Zu III.

Die Beweislast für den **fristgerechten** Eintritt der Invalidität, deren rechtzeitige ärztliche Feststellung und Geltendmachung bzw. unverschuldete Versäumnis der Frist zur Geltendmachung trägt der VN.[58] Es gilt der Beweismaßstab des § 286 ZPO.

C. A.4.5.2 Art und Höhe der Leistung

Berechnung der Invaliditätsleistung, A.4.5.2.1

1. Die Klausel enthält in A.4.5.2.1 nur die Klarstellung, dass der Versicherer einen Kapitalbetrag zahlt und keine laufende Invaliditätsrente zu zahlen ist. Zudem verweist die Regelung rein deklaratorisch darauf, dass die vereinbarte Versicherungsleistung und der unfallbedingte Grad der Invalidität Grundlage für die Berechnung der Leistung ist.

---

53 BGH Urt. v. 17.10.2001 – IV ZR 205/00, VersR 2001, 1547 = r+s 2002, 83 = zfs 2002, 85 = NJW-RR 2002, 166.
54 BGH Urt. v. 17.10.2001 – IV ZR 205/00, VersR 2001, 1547 = r+s 2002, 83 = zfs 2002, 85 = NJW-RR 2002, 166; OLG Düsseldorf Urt. v. 17.12.2002 – 4 U 79/02, VersR 2004 461 = r+s 2005, 209 = zfs 2003, 605.
55 BGH Urt. v. 14.02.1995 – VI ZR 106/94, VersR 1995, 681 = r+s 1995, 181 = zfs 1995, 412 = NJW 1995, 1619.
56 BGH Urt. v. 13.05.2009 – IV ZR 211/05, VersR 2009, 1213.
57 BGH Urt. v. 03.12.2008 – IV ZR 20/06, VersR 2009, 518; NJW-RR 2009, 387.
58 Van Bühren – Naumann, Handbuch Versicherungsrecht, § 16 Rn. 177.

A.4.5.2 AKB Art und Höhe der Leistung

Bemessung des Invaliditätsgrads, Zeitraum für die Bemessung, A.4.5.2.2 und Gliedertaxe, A.4.5.2.3

27   2. Grundlage ist die Versicherungssumme und der Grad der Invalidität, der sich regelmäßig nach der **Gliedertaxe** aus **A.4.5.2.3** bemisst. Die Prozentangaben des jeweiligen Invaliditätssatzes gelten danach für den Verlust oder die völlige Funktionsuntüchtigkeit der genannten Körperteile oder Sinnesorgane.[59] Zu früheren Formulierungen der Gliedertaxe, die in verschiedener Weise ausgelegt werden konnten, hat die Rechtsprechung klargestellt, dass stets die für den VN günstigere Auslegung zu gelten hat.[60] Bestehen also Zweifel, ob die Beeinträchtigung nach dem einen oder anderen, übergeordneten Körperteil nach der Gliedertaxe zu bewerten ist, also bspw. Fußwert oder Beinwert, so ist stets die für den VN günstigere Bewertungsart für die Bemessung des Invaliditätsgrades heranzuziehen.[61] Findet sich ein betroffenes Körperteil oder Gelenk zwischen zwei Körperteilen nicht in der Gliedertaxe, so ist der Invaliditätsgrad nicht nach der Gliedertaxe, sondern nach den Regeln zur Invaliditätsbestimmung für andere Körperteile nach A.4.5.2.4 (vgl. Rn. 30) zu bemessen.[62]

28   Die Gliedertaxe ist als vertraglich vereinbarte Regelung verbindlich, so dass der VN nicht im Einzelfall einen höheren Grad der tatsächlich gegebenen Invalidität geltend machen kann. Auf individuelle Auswirkungen der konkreten Beeinträchtigung für die jeweilige Person im Verhältnis zu anderen Vergleichsfällen kommt es nicht an.[63] Liegt kein Totalverlust bzw keine völlige Funktionsunfähigkeit, sondern ein **Teilverlust/teilweise Funktionsunfähigkeit** vor, so gilt der jeweilige Anteil des festgelegten Prozentsatzes in Zehntel-Schritten. Liegt also bspw. nach ärztlicher Feststellung eine Beeinträchtigung von 4/10 Fußwert vor, so bemisst sich die Höhe der Invaliditätsleistung nach der Gliedertaxe auf 4/10 von 40 % also auf 16 % der Versicherungssumme.

29   3. Es findet **keine Addition** mehrerer Einzelgliedwerte bei Verlust oder Funktionsunfähigkeit eines übergeordneten Körperteils statt.[64] Vielmehr beinhaltet die vollständige oder teilweise Funktionsunfähigkeit eines rumpfnäheren Gliedes diejenige des rumpfferneren Gliedes.[65] Der Verlust des Armes bemisst sich nach dem Armwert und nicht aus der Summe der Einzelwerte für Abschnitte des Arms und der Hand.[66] Ein Verlust eines Fingers bemisst sich abschließend nach dessen Tabellenwert ohne Addition einer

---

59 Vgl. im Einzelnen hierzu: Grimm, AUB2010 2 Rn. 23 ff.; Kloth, Private Unfallversicherung G Rn. 77 ff.
60 BGH Urt. v. 24.05.2006 – IV ZR 203/03, VersR 2006, 1117 = r+s 2006, 387 = NJW-RR 2006, 1323.
61 BGH Beschl. v. 18.05.2009 – IV ZR 57/08, VersR 2009, 975.
62 BGH Urt. v. 1.4.2015 – IV ZR 104/13 VersR 2015, 617 = r+s 2015, 250.
63 Terbille-Hormuth, § 24 Rn. 73.
64 BGH Urt. v. 14.12.2011 – IV ZR 34/11, VersR 2012, 351 = r+s 2012, 143 = zfs 2012, 336 = NJW-RR 2012, 486.
65 Wie vor.
66 OLG Hamm Urt. 12.1.2011 – 20 U 122/10, VersR 2011, 1433 = r+s 2011, 440 = zfs 2011, 280.

sich als Folge daraus ergebenden Funktionsbeeinträchtigung der Hand als solcher.[67] Abzustellen ist stets nur auf den Sitz der unfallbedingten Schädigung. Eine Ausnahme gilt jedoch, wenn die Funktionsunfähigkeit des rumpffferneren Körperteils allein schon zu einem höheren Invaliditätsgrad führt, als die Funktionsunfähigkeit des rumpfnäheren Körperteils. Dann bildet die Invaliditätsleistung für den Verlust des rumpffferneren Körperteils jedenfalls die Untergrenze der geschuldeten Versicherungsleistung.[68] Dies kann insbesondere bei einer teilweisen Funktionsunfähigkeit der jeweiligen Körperteile in Betracht kommen.[69] Hier konkret bei folgenden Invaliditätswerten: Arm im Schultergelenk zu 4/10, also 28 % der Versicherungsleistung (Armwert 70 %, davon 4/10 = 28 %) aber Funktionsbeeinträchtigung der Hand von 8/10, also 44 % der Versicherungsleistung (Handwert 55 %, davon 8/10 = 44 %).

Bemessung außerhalb der Gliedertaxe, A.4.5.2.4

4. A.4.5.2.4 regelt die Bemessung des Invaliditätsgrads **außerhalb der Gliedertaxe** für 30 darin nicht aufgeführte Körperteile oder Sinnesorgane. Dies gilt, wie der BGH inzwischen zur »Gelenkrechtsprechung« konkretisiert hat, auch für eine Gebrauchsminderung des Schultergelenks selbst, wenn dieses in der Gliedertaxe nicht aufgeführt ist.[70] Insoweit ist konkret auf die Stelle des Körpers abzustellen, an der die Schädigung eingetreten ist. Maßgeblich ist danach das Ausmaß der insgesamt gegebenen Beeinträchtigung der normalen körperlichen oder geistigen Leistungsfähigkeit, wobei ausschließlich medizinische Gesichtspunkte zu berücksichtigen sind. Abzustellen ist hierbei wiederum nicht auf besondere individuelle Fähigkeiten oder Besonderheiten des VN, sondern auf einen gleich alten, durchschnittlichen gesunden Vergleichsmenschen.[71] Da die Klausel auf die insgesamt eingetretene Beeinträchtigung abstellt, verbietet sich eine Addition von Einzelwerten, sondern ist vielmehr bei mehreren betroffenen Körperteilen/Organen auf die sich als Gesamtbild ergebende Beeinträchtigung abzustellen.[72] Der Sachverständige darf zur Bewertung nur rein **objektive medizinische Gesichtspunkte** heranziehen. Danach verbietet sich jede individualisierende Einbeziehung des konkret ausgeübten Berufs des VN, seiner sonstigen Tätigkeiten oder Arbeitsmarktsituationen.[73] Bei der Bewertung ist vergleichend auf die Bewertung in der Gliedertaxe für Beeinträchtigungen vergleichbaren Ausmaßes abzustellen.[74]

---

67 BGH Urt. v. 23.01.1991 – IV ZR 60/90, VersR 1991, 413; r+s 1991, 355 = zfs 1991, 211 = NJW-RR 1991, 604; Terbille-Hormuth, § 24 Rn. 79 m. w. N.
68 BGH Urt. v. 14.12.2011 – IV ZR 34/11, VersR 2012, 351 = r+s 2012, 143 = zfs 2012, 336 = NJW-RR 2012, 486; OLG Hamm Urt. 12.1.2011 – 20 U 122/10, VersR 2011, 1433 = r+s 2011, 440 = zfs 2011, 280.
69 BGH wie vor.
70 BGH Urt. v. 1.4.2015 – IV ZR 104/13 VersR 2015, 617 = r+s 2015, 250.
71 OLG Hamm Urt. v. 09.05.2007 – 20 U 228/06, VersR 2008, 389 = r+s 2007, 468 = zfs 2007, 643; vgl. auch Grimm, AUB 2010 2 Rn. 42 ff. m. w. N.
72 Grimm, AUB2010 2 Rn. 44 m. w. N.
73 Einschränkend Grimm, AUB 2010 2 Rn. 43 m. w. N.
74 OLG Hamm Urt. v. 09.05.2007 – 20 U 228/06, VersR 2008, 389 = r+s 2007, 468 = zfs 2007, 643; vgl. auch Grimm, AUB 2010 2 Rn. 42 ff. m. w. N.

A.4.5.2.5 AKB Vorinvalidität

Minderung bei Vorinvalidität, A.4.5.2.5

31 5. **Vorschädigungen** sind nach A.4.5.2.5 anspruchsmindernd zu berücksichtigen, soweit sie die selben Körperteile, Sinnesorgane oder Körperfunktionen betreffen, wie diejenigen, die bei dem zu regulierenden Unfall betroffen sind. Dabei sind nur solche Vorschäden zu berücksichtigen, die ebenfalls zu einer dauerhaften Beeinträchtigung geführt hatten. Liegt beim VN bereits als Dauerschaden ein Verlust des Daumens vor und wird nun die Hand insgesamt durch eine dauerhafte Schädigung funktionsunfähig, so ist die nach der Gliedertaxe A.4.5.2.3 vorbestehende Beeinträchtigung von 20 % für den Verlust des Daumens von dem Wert der Gliedertaxe für die Funktionsfähigkeit der Hand von 55 % in Abzug zu bringen. Es besteht dann eine noch entschädigungspflichtige Invalidität von 35 % aus dem zu regulierenden weiteren Unfallereignis. Besteht hingegen als Vorschaden ein versteiftes Fußgelenk und erleidet der VN nun einen Verlust des Geruchsinns, so steht ihm die ungekürzte Invaliditätsleistung zu, da verschiedene Körperteile/Sinnesorgane betroffen sind. Liegt ein Vorschaden vor, der nicht ein Körperteil betrifft, das in der Gliedertaxe aufgeführt ist, so ist die Vorinvalidität entsprechend A.4.5.2.4 zu bemessen.

32 **Brillenträger** können vorgeschädigt sein: Rein alterstypische gesundheitliche Beeinträchtigungen ohne besondere Folgen sind nicht zu berücksichtigen. So besteht keine anspruchsmindernde Vorinvalidität im Rahmen eines unfallbedingten Verlustes der Sehkraft auf einem Auge, wenn der VN zuvor durch altersbedingte Weitsichtigkeit in der Sehfähigkeit beim Lesen kleiner Schriftgrößen beeinträchtigt war.[75] Bei starker Kurzsichtigkeit (konkret –4,0 sph) soll hingegen eine Vorinvalidität anzunehmen sein, da diese zu einer Einschränkung der Gebrauchstauglichkeit des Auges führe. Der VN könne dann schon als Vorschädigung seine Umwelt zumindest zeitweilig, so etwa beim Schlafen, Baden oder Reinigen der Brille nicht erkennen, weil er in diesen Situationen die Brille absetzen müsse. Die Notwendigkeit eine Brille zu tragen soll daher nach Ansicht des BGH bereits eine dauerhafte Minderung der Gebrauchsfähigkeit des Auges sein. Dem VN stehe die volle Sehkraft nicht 24 Stunden täglich zur Verfügung.[76] Daher soll Vorinvalidität zu berücksichtigen sein, wobei ausdrücklich nicht auf den ohne Sehhilfe eingeschränkten Visus, also Wert der Sehkraft abzustellen ist, sondern auf die Beeinträchtigung durch das Brillenerfordernis als Teilinvalidität wegen eingeschränkter Gebrauchsfähigkeit. Die Entscheidung erscheint von der Begründung her teilweise fragwürdig. Während des Schlafens mag der kurzsichtige die Brille nicht tragen, er schaut sich dann jedoch auch die Umwelt nicht an, so dass sich eine Beeinträchtigung der Sehkraft ohne Brille nicht wirklich auswirkt. Tatsächlich beeinträchtigt ihn dies wohl mindestens ebenso wenig, wie ein altersbedingt Weitsichtiger beeinträchtigt ist, der nur in manchen Situationen zum Lesen eine Brille benötigt. Beim Reinigen der Brille stört dies ebenfalls nicht sonderlich mehr als die Beeinträchtigung des Altersweit-

---

75 OLG München Urt. v. 21.03.2006 – 25 U 3483/04, VersR 2006, 1397 = r+s 2007, 32 = zfs 206, 337.
76 BGH Urt. v. 27.04.1983 – IVa ZR 193/81, VersR 1983, 581 = NJW 1983, 2091, bestätigt durch Beschl. v. 30.09.2009 – IV ZR 301/06.

sichtigen, zumal der Kurzsichtige gerade in diesem Bereich ohne die Brille regelmäßig noch gut sehen kann. Die Entscheidung des BGH berücksichtigt zudem nicht, dass der Kurzsichtige zum Baden, beim Sport oder in anderen Situationen bspw. auch Kontaktlinsen tragen kann, also nicht durch die Notwendigkeit des Tragens einer Brille und damit beim Sport noch einhergehender Verletzungsgefahr beeinträchtigt ist.[77] Die Entscheidung erscheint insbesondere auch deshalb zweifelhaft, weil der Kurzsichtige in vielen Fällen durch eine Operation (Lasik oder dauerhafte Kontaktlinsen) die Sehkraft wieder vollkommen herstellen könnte, es sich also nicht um eine zwingend dauerhafte Beeinträchtigung handelt. Dies will jedoch das OLG Düsseldorf zumindest dann nicht als Argument für einen Entfall des Brillenabschlags ausreichen lassen, wenn der Versicherte über 3 Jahre von dieser Möglichkeit keinen Gebrauch gemacht hat, da dann von einer bedingungsgemäßen Funktionsminderung auszugehen sei.[78] Ebenso sieht es trotz der Verbesserungen im Bereich heutiger Kontaktlinsen dies nicht als Grund an, von der Leitentscheidung des BGH abzusehen. Es verblieben Beeinträchtigungen durch erforderliche Reinigung und Infektionsrisiken bei Kontaktlinsen und das Risiko einer Beeinträchtigung durch Verlust oder Beschädigung. Überzeugend ist dies nicht. Erleidet der Versicherte allerdings durch einen Unfall den vollständigen oder teilweise nicht mehr behebbaren Verlust der Sehkraft auf einem Auge, so wird er dadurch in gleicher Weise und nicht minder in seinem täglichen Leben beeinträchtigt, wie ein normalsichtiger VN. Liegen also nicht besonders schwerwiegende Sehbehinderungen vor, die nicht vollständig zu kompensieren sind, so ist die bloße Notwendigkeit, eine Fehlsichtigkeit durch Hilfsmittel auszugleichen nicht zwingend als Vorinvalidität anzusehen. Nur dort, wo tatsächlich trotz Sehhilfen eine nicht behebbare Beeinträchtigung verbleibt, kann ernsthaft eine Vorinvalidität angenommen werden. Auch dem BGH folgend wird man jedoch die Bemessung einer solchen Vorinvalidität, wenn man sie denn annehmen will, im ganz deutlich unteren Bereich ansiedeln müssen. In der obergerichtlichen Rechtsprechung sind Abzüge von 3 % vorgenommen worden.[79] Den in der Praxis hierzu angewandten pauschalierenden Tabellenwerken ist durchaus kritisch zu begegnen. Sie haben nicht den Charakter von allgemeinen Versicherungsbedingungen, sind also nicht bindend, jedoch zulässiger Bewertungsmaßstab.[80] Es sollte hier auf eine individuelle Bewertung im Einzelfall abgestellt werden, um bspw. zu erfassen, ob trotz voll korrigierter Sehkraft bspw. eine erhöhte Blendempfindlichkeit oder andere Beeinträchtigungen verbleiben. Der konkreten Ermittlung durch einen Sachverständigen ist jedenfalls der Vorzug vor pauschalierenden Tabellenwerken zu geben.[81]

---

77 Kritisch aber i. E. zustimmend hierzu auch OLG Brandenburg Urt. v. 08.11.2006 – 4 U 33/06, VersR 2007, 347 = r+s 2007, 429.
78 OLG Düsseldorf Urt. v. 30.01.2009 – I-4 U 43/08, VersR 2009, 774.
79 OLG Brandenburg Urt. v. 08.11.2006 – 4 U 33/06, VersR 2007, 347 = r+s 2007, 429; OLG Düsseldorf Urt. v. 30.01.2009 – I-4 U 43/08, VersR 2009, 774.
80 BGH Urt. v. 27.04.1983 – IVa ZR 193/81, VersR 1983, 581 = NJW 1983, 2091.
81 Vgl. weiterführend Gramberg-Danielsen/Kern, Die Brillenbewertung nach den AUB 88 VersR 1989, 20; Gramberg-Danielsen/Thomann, Die Bewertung von Augenschäden in der privaten Unfallversicherung nach den AUB 88 VersR 1988, 789.

A.4.6 AKB Tagegeld

33 **6. Beweislast:**

Die Beweislast für das Bestehen einer Vorschädigung und für deren Umfang trägt nach allgemeinen Regeln der Versicherer, da es sich um die Voraussetzungen für einen die Leistung mindernden Einwand handelt.[82]

Invaliditätsgrad bei Beeinträchtigung mehrerer Körperteile und Sinnesorgane, A.4.5.2.6

34 **7. Mehrere Beeinträchtigungen** sind nach A.4.5.2.6 mit ihren jeweiligen nach a bis c ermittelten Einzelwerten zusammenzuzählen und können in Summe maximal 100 % als Deckelungsgrenze erreichen.

Invaliditätsleistung bei Tod der versicherten Person, A.4.5.2.7

35 **8. Tod der Versicherten Person nach dem Unfall und Invaliditätsleistung:** A.4.5.2.7 erfasst die Fälle, in denen der Versicherte entweder innerhalb eines Jahres nach dem Unfall aus unfallunabhängigem Grund stirbt oder gleich aus welchem Grund später als 1 Jahr nach dem Unfall stirbt, wenn zu diesem Zeitpunkt bereits ein Anspruch auf Invaliditätsleistung entstanden war. In diesen Fällen legt der Versicherer seiner Invaliditätsleistung den Invaliditätsgrad zugrunde, mit dem nach den ärztlichen Befunden zu rechnen gewesen wäre. Es ist also eine Prognose in die weitergedachte zukünftige Entwicklung des Gesundheitszustandes anzustellen, welcher Invaliditätsgrad sich nach den zuletzt erhobenen Befunden beim Verstorbenen eingestellt hätte. Nicht maßgeblich ist, welcher konkrete Invaliditätsgrad bereits vor dem Tod erreicht war.[83]

36 Alle Voraussetzungen, also auch einzuhaltende Fristen müssen hierbei entweder erfüllt sein oder noch erfüllbar sein.[84]

37 Stirbt der Versicherte hingegen innerhalb eines Jahres unfallbedingt, so scheidet die Invaliditätsleistung aus. Es greift dann die Todesfallleistung nach A.4.8 (s. u.).

A.4.6 Tagegeld

Voraussetzung für die Leistung

A.4.6.1 Die versicherte Person ist unfallbedingt

- in ihrer Arbeitsfähigkeit beeinträchtigt und
- in ärztlicher Behandlung.

---

[82] OLG Düsseldorf Urt. 30.03.2004 4 U 37/03, VersR 2005, 109 = r+s 2006, 163 = zfs 2005, 31.
[83] Grimm, AUB 2010 2 Rn. 48.
[84] Grimm, AUB 2010 2 Rn. 48; Beckmann/Matusche-Beckmann – Mangen, Versicherungsrechshandbuch 2. Aufl. § 47 Rn. 199.

Höhe und Dauer der Leistung

A.4.6.2 Grundlagen für die Berechnung der Leistung sind
- die vereinbarte Versicherungssumme und
- der unfallbedingte Grad der Beeinträchtigung der Arbeitsfähigkeit.

Der Grad der Beeinträchtigung bemisst sich
- nach der Fähigkeit der versicherten Person, ihrem bis zu dem Unfall ausgeübten Beruf weiter nachzugehen.
- nach der allgemeinen Fähigkeit der versicherten Person, Arbeit zu leisten, wenn sie zum Zeitpunkt des Unfalls nicht berufstätig war.

Das Tagegeld wird nach dem Grad der Beeinträchtigung abgestuft.

Wir zahlen das Tagegeld für die Dauer der ärztlichen Behandlung, längstens für ein Jahr ab dem Tag des Unfalls.

Übersicht   Rdn.
A. Allgemeines 1
B. Tagegeld nach A.4.6 2
I. Voraussetzungen des Tagegeldes nach A.4.6.1 2
II. Höhe und Dauer der Leistung nach A.4.6.2 5

A. Allgemeines

Die Leistungsart Tagegeld ist aus der allgemeinen Unfallversicherung bereits in die alten AKB übernommen worden. Sie gehört nicht automatisch zum Umfang der Kfz-Unfallversicherung, wie die Invaliditäts- und Todesfallleistung, sondern muss gesondert als weitere Leistungsart vereinbart werden. Das Tagegeld dient der eigenständigen, privatversicherungsrechtlich erworbenen wirtschaftlichen Absicherung des VN bzw. der versicherten Person unabhängig von einem tatsächlichen Verdienstausfall oder sonstigem Einkommens- oder Vermögensschaden (Summenversicherung und nicht etwa Schadenversicherung) und unabhängig von einer Ersatzpflicht eines Dritten. Es ist daher unerheblich, ob die versicherte Person zusätzlich ggf. Ansprüche auf Lohnfortzahlung hat.[1] Die Regelungen entspricht von der Entstehung und dem Sinn sowie von der Ausgestaltung im wesentlichen den Regelungen aus der privaten Krankenversicherung. Der Anspruch auf diese Leistungen kann neben demjenigen auf Invaliditätsleistung bestehen und besteht unabhängig von eventuellen gleichartigen Ansprüchen aus einer privaten Krankenversicherung. Im letzteren Fall ist jedoch ggf. darauf zu achten, dass allgemeine Versicherungsbedingungen der privaten Krankenversicherung für die Krankheitskosten- und Krankenhaustagegeldversicherung (MB/KK) bzw. Krankentagegeldversicherung (MB/KT) in § 9 Abs. 6 MB/KK 2008 bzw. in § 9 Abs. 6 MB/KT 2008 Einwilligungsvorbehalte als Obliegenheiten enthalten. Danach darf der VN einer privaten Krankenversicherung, soweit diese die Leistungsart Kranken-

1 Van Bühren – Naumann, Handbuch Versicherungsrecht, § 16 Rn. 208.

A.4.6.1 AKB Voraussetzung für die Leistung

haustagegeld umfasst, weitere Kranken(haus)tagegeldversicherungen bspw. im Rahmen einer Unfallversicherung nur mit Einwilligung des Krankenversicherers abschließen.[2]

B. Tagegeld nach A.4.6

I. Voraussetzungen des Tagegeldes nach A.4.6.1

2 1. Soweit im Versicherungsvertrag als Leistungsart vereinbart, hat der Versicherte unter der Voraussetzung, dass er unfallbedingt in der Arbeitsfähigkeit beeinträchtigt und in ärztlicher Behandlung ist einen Anspruch auf Auszahlung eines Tagegeldes. Beide Voraussetzungen müssen kumulativ vorliegen. Mangels anderweitiger Regelung besteht der Anspruch auf das Tagegeld neben demjenigen auf Krankenhaustagegeld (oder bei früheren Bedingungswerken ggf. Genesungsgeld (anders macht auch die Anknüpfung der zeitlichen Beschränkung auf 1 Jahr beginnend ab dem Unfalltag in A.4.6.2 a. E. (vgl. unten) und nicht etwa nach Auslaufen des Genesungsgeldes keinen Sinn). Die **Beeinträchtigung der Arbeitsfähigkeit** und **ärztliche Behandlung** sind kumulative Anspruchsvoraussetzungen, deren Vorliegen der VN beweisen muss. Voraussetzung ist jedoch nur eine Beeinträchtigung der Arbeitsfähigkeit, keine Arbeitsunfähigkeit. Folglich muss kein konkreter Einkommensverlust oder Verdienstausfall bestehen, da es sich um eine privatrechtliche Absicherung aufgrund privatrechtlichen Versicherungsschutzes gegen Prämie handelt. Ein ggf. sogar überobligatorischer Einsatz des eben nur in der Arbeitsfähigkeit beeinträchtigten aber nicht arbeitsunfähigen VN lässt den Anspruch nicht entfallen.

3 Ob eine Beeinträchtigung der Arbeitsfähigkeit vorliegt ist an der konkret ausgeübten Berufstätigkeit der versicherten Person zu beurteilen. Bei nicht arbeitstätigen Personen war die Frage, ob eine Beeinträchtigung der Arbeitsfähigkeit vorliegt bislang nach den AKB 2008 oder früheren nach der zuletzt ausgeübten beruflichen Tätigkeit zu beurteilen. Die AKB 2015 stellen nun in A.4.6.2, 2. Alt. ausdrücklich auf die allgemeine Fähigkeit der versicherten Person ab, Arbeit zu leisten. Damit könnte auf den ersten Blick eine Änderung des Anknüpfungsmaßstabes verbunden sein. Dies wird jedoch dem berechtigten und schutzwürdigen Interesse des VN nicht gerecht, so dass nicht auf irgendeine beliebige Arbeit abgestellt werden kann, sondern auf seine konkrete Berufstätigkeit bzw. die für die versicherte Person prägende Tätigkeit.[3]

4 2. Die Beeinträchtigung muss ärztlich festgestellt werden und die versicherte Person muss sich deshalb in ärztlicher Behandlung befinden. Behandlung durch Heilpraktiker ist nicht ausreichend.[4] Für das Vorliegen der Beeinträchtigung als Anspruchsvoraussetzung trägt der VN die Beweislast.

---

2 OLG Hamm Urt. v. 03.04.1981 – 20 U 6/81, VersR 1982, 35 = zfs 1982, 83; vgl. auch Bach/Moser, Private Krankenversicherung MB/KK- und MB/KT-Kommentar 4. Aufl. MB/KK §§ 9, 10 Rn. 38.
3 Jacob, Unfallversicherung AUB 2010, Ziff. 2.3 Rn. 1.
4 Prölss/Martin – Knappmann VVG, 29. Aufl., AUB 2010 Ziff. 2 Rn. 48.

II. Höhe und Dauer der Leistung nach A.4.6.2

1. Die **Höhe** des Tagesgeldes richtet sich nach der vereinbarten Versicherungssumme und dem ärztlich festzustellenden Grad der Beeinträchtigung der Arbeitsfähigkeit oder Beschäftigung. In der ersten Alt. bemisst sich der Grad nach dem bis zum Unfall ausgeübten Beruf. In der nunmehr in die AKB aufgenommenen 2. Alt. ist für die Bemessung des Beeinträchtigungsgrades auf die allgemeine Arbeitsfähigkeit abzustellen, falls die versicherte Person nicht berufstätig war.

2. Während des Leistungszeitraums kann sich die Höhe aufgrund einer eintretenden Besserung des Gesundheitszustandes des Versicherten infolge der Behandlung ändern und neu zu bemessen sein. Insoweit unterliegt das Tagegeld einer graduellen Abstufung nach dem Ausmaß der Beeinträchtigung.

3. Die **Beweislast** für das Vorliegen eines bestimmten Grades der Beeinträchtigung trägt der VN. Es handelt sich um eine Anspruchsvoraussetzung, die der VN nach allgemeinen Grundsätzen darzulegen und im Streitfall zu beweisen hat. Will sich hingegen der Versicherer im weiteren Verlauf auf eine zu seinen Gunsten **eingetretene Änderung** des Grades der Beeinträchtigung aufgrund einer fortgeschrittenen Heilung berufen, so trägt er hierfür die Beweislast, da es sich um eine für ihn günstige anspruchsmindernde Veränderung handelt.

4. Die **Bezugsdauer** für das Tagegeld ist an die Dauer der ärztlichen Behandlung gekoppelt, deren Fortdauer der VN durch Vorlage einer ärztlichen Bescheinigung nachweisen muss. Die ärztliche Behandlung endet in dem Zeitpunkt, zu dem ärztliche Anordnungen, wie Medikamenteneinnahme oder Verhaltensregeln enden.[5] Dementsprechend ist ihr Ende nicht am letzten Besuch beim Arzt festzumachen, wie Knappmann zutreffend betont.[6] Die Zahlung von Tagegeld endet zudem mit dem Beginn einer Invaliditätsleistung, da aufgrund des Dauerzustandes der Beeinträchtigung als Voraussetzung für die Invaliditätsleistung auch in diesem Fall von einem Ende der ärztlichen Behandlung mit Heilungsbestreben auszugehen ist. Zudem ist sie auf maximal 1 Jahr ab dem Unfalltag begrenzt.

A.4.7 Krankenhaustagegeld

Voraussetzungen für die Leistung

A.4.7.1 Die versicherte Person

- ist unfallbedingt in medizinisch notwendiger vollstationärer Heilbehandlung oder
- unterzieht sich unfallbedingt einer ambulanten chirurgischen Operation und ist deswegen für mindestens XX Tage ununterbrochen und vollständig in der Ausübung ihres Berufs beeinträchtigt.

---

[5] AG Köln Urt. v. 26.04.1995 – 130 C 591/94, VersR 1995, 950.
[6] Prölss/Martin – Knappmann VVG, 29. Aufl., AUB 2010 Ziff. 2 Rn. 48.

A.4.7 AKB Krankenhaustagegeld

Kuren oder Aufenthalte in Sanatorien und Erholungsheimen gelten nicht als medizinisch notwendige Heilbehandlung.

Höhe und Dauer der Leistung

A.4.7.2 Wir zahlen das vereinbarte Krankenhaustagegeld

- für jeden Kalendertag der vollstationären Behandlung, längstens jedoch für XX Jahre ab dem Tag des Unfalls.
- für XX Tage bei ambulanten chirurgischen Operationen.

Übersicht   Rdn.
A. Allgemeines   1
B. Krankenhaustagegeld   4
I. Voraussetzung des Krankenhaustagegeldes nach A.4.7.1   4
II. Höhe und Dauer Krankenhaustagegeldes, A.4.7.2   14
C. Genesungsgeld nach A.4.7.3 AKB 2008   16

A. Allgemeines

1   Die Leistungsart Krankenhaustagegeld ist wie das Tagegeld und das frühere Genesungsgeld aus der allgemeinen Unfallversicherung bereits seit langem in die früheren AKB übernommen worden. Diese Leistung gehört nicht automatisch zum Umfang der Kfz-Unfallversicherung, wie die Invaliditäts- und Todesfallleistung, sondern muss gesondert als weitere Leistungsart vereinbart werden. Das Krankenhaustagegeld dient der eigenständigen, privatversicherungsrechtlich erworbenen wirtschaftlichen Absicherung des VN bzw. der versicherten Person unabhängig von einem tatsächlichen Verdienstausfall oder sonstigem Einkommens- oder Vermögensschaden (Summenversicherung und nicht etwa Schadenversicherung) und unabhängig von einer Ersatzpflicht eines Dritten. Die Regelungen entsprechen von der Entstehung und dem Sinn sowie von der Ausgestaltung im wesentlichen den Regelungen aus der privaten Krankenversicherung. Der Anspruch auf diese Leistungen kann neben demjenigen auf Invaliditätsleistung bestehen und besteht unabhängig von eventuellen gleichartigen Ansprüchen aus einer privaten Krankenversicherung.[1] Im letzteren Fall ist jedoch ggf. darauf zu achten, dass allgemeine Versicherungsbedingungen der privaten Krankenversicherung für die Krankheitskosten- und Krankenhaustagegeldversicherung (MB/KK) bzw. Krankentagegeldversicherung (MB/KT) in § 9 Abs. 6 MB/KK 2008 bzw. in § 9 Abs. 6 MB/KT 2008 Einwilligungsvorbehalte als Obliegenheiten enthalten. Danach darf der VN einer privaten Krankenversicherung, soweit diese die Leistungsart Krankenhaustagegeld umfasst, weitere Kranken(haus)tagegeldversicherungen bspw. im Rahmen einer Unfallversicherung nur mit Einwilligung des Krankenversicherers abschließen.[2]

---

1 Grimm, AUB 2010 2 Rn. 65.
2 OLG Hamm Urt. v. 03.04.1981 – 20 U 6/81, VersR 1982, 35 = zfs 1982, 83; vgl. auch Bach/

Zu beachten ist, dass sich teilweise in den Bedingungswerken Einschränkungen finden, nach denen bspw. nur für den Fahrer eine Krankenhaustagegeldversicherung eingeschlossen ist und bspw. nur diese Leistungsart enthalten ist. Es muss daher stets eine Prüfung anhand des konkreten Bedingungswerkes erfolgen.

Neu in den AKB 2015 ist, dass nunmehr ein Krankenhaustagegeld auch bei einer nur ambulanten Operation gezahlt wird, wenn diese eine mehrtägige und vollständige Beeinträchtigung in der Berufsausübung nach sich zieht.

B. Krankenhaustagegeld

I. Voraussetzung des Krankenhaustagegeldes nach A.4.7.1

1. Stationärer Krankenhausaufenthalt, A.4.7.1 Alt. 1:

a) Der Versicherte muss sich **wegen des Unfalls** in medizinisch notwendiger vollstationärer Heilbehandlung befinden. Für die Kausalität reicht es aus, wenn der Unfall adäquat kausale Ursache der Behandlung ist. Auch ein sich anschließender ärztlicher Behandlungsfehler, der möglicherweise infolge des nicht rechtzeitigen Erkennens einer Unfallverletzung aufgrund dadurch eintretender Komplikationen eine stationäre Behandlung erforderlich macht, genügt, solange nicht der Kausalverlauf bezogen auf den Unfall wegen überholender Kausalität unterbrochen ist. Regelmäßig besteht bei Behandlungsfehlern anlässlich der Behandlung von Unfallverletzungen nach wie vor eine Kausalität des Unfallereignisses für die weiter notwendige Behandlung auch wegen des Behandlungsfehlers.[3]

b). **Medizinisch notwendig** ist die vollstationäre Heilbehandlung, wenn es nach den objektiven medizinischen Befunden und wissenschaftlichen Erkenntnissen im Zeitpunkt der Vornahme der ärztlichen Behandlung vertretbar war, diese als medizinisch notwendig anzusehen[4] und der angestrebte Erfolg nicht ambulant erreicht werden kann.[5] Hierzu ist eine Beurteilung anhand einer Gegenüberstellung zur ambulanten Behandlung vorzunehmen. Der Begriff der medizinischen Notwendigkeit ist insoweit deckungsgleich mit demjenigen aus der privaten Krankenversicherung[6], so dass die dazu entwickelte Rechtsprechung uneingeschränkt herangezogen werden kann.[7] Es kommt danach gerade nicht darauf an, ob die Behandlung erfolgreich war. Jede Kran-

---

Moser, Private Krankenversicherung MB/KK- und MB/KT-Kommentar 4. Aufl. MB/KK §§ 9, 10 Rn. 38.
3 Vgl. hierzu bspw. OLG Koblenz Urt. v. 24.04.2008 – 5 U 1236/07, VersR 2008, 1071 = NJW 2008, 3006; OLG München Urt. v. 26.03.2009 – 1 U 4878/07.
4 Bach/Moser, Private Krankenversicherung MB/KK- und MB/KT-Kommentar 4. Aufl. MB/KK § 1 Rn. 29.
5 Bach/Moser, Private Krankenversicherung MB/KK- und MB/KT-Kommentar 4. Aufl. MB/KK § 1 Rn. 31.
6 Grimm, AUB 2010 2 Rn. 67.
7 Vgl. statt vieler z. B. BGH Urt. v. 12.03.2003 – IV ZR 278/01, VersR 2003, 581 = NJW 2003, 1596; OLG Köln Urt. v. 13.07.1995 – 5 U 94/93, VersR 1995, 1177 = r+s 1995, 431 = zfs 1996, 30.

A.4.7.1 AKB Voraussetzung des Krankenhaustagegeldes

kenhausbehandlung mit dem Ziel einer Heilung, Besserung oder Linderung einer Gesundheitsschädigung durch geeignet erscheinende medizinische Maßnahmen ist danach bedingungsgemäß ausreichend, soweit sie als medizinisch notwendig anzusehen ist. Dabei ist die medizinische Notwendigkeit einer Heilbehandlung vertretbar, wenn diese sowohl in begründeter und nachvollziehbarer wie fundierter Vorgehensweise das zugrunde liegende Leiden diagnostisch hinreichend erfasst und eine ihm adäquate, geeignete Therapie anwendet.[8]

6   Krankenhausaufenthalte zu ausschließlichen Diagnosezwecken erfüllen nicht das Kriterium der medizinisch notwendigen Heilbehandlung.[9]

7   c) Die Behandlung muss **vollstationär** sein, d. h. die versicherte Person muss sich den ganzen Tag über 24 Stunden im Krankenhaus oder einer gleichwertigen Einrichtung (vgl. unten Rdn. 8) aufhalten, wobei jedoch der Aufnahme- und Entlassungstag auch verkürzt als vollstationärer Behandlungstag mitzählen.[10] Lediglich teilstationäre Behandlungen im Rahmen ambulanter Operationen bei denen der Patient nach der Narkoseüberwachung noch am selben Tag das Krankenhaus verlässt reichen nicht aus[11], es sei denn sie fallen (ab den AKB 2015) unter die 2. Leistungsvariante für ambulante Operationen (vgl. unten). Gleiches gilt für den Aufenthalt zur Behandlung in einer »Tagesklinik«.[12] Unterschiedlich beurteilt wird die Frage der **Beurlaubung** durch den Arzt, wenn sich also der Patient während eines grundsätzlich stationären Aufenthaltes zwischenzeitlich genehmigt außerhalb des Krankenhauses aufhält. Für Tage, an denen er sich gar nicht im Krankenhaus aufhält besteht unstreitig kein Anspruch.[13] Hält sich der Versicherte an einem Tag teilweise nicht im Krankenhaus auf, ist dies streitig. Nach der zutreffenden Meinung steht dem Versicherten dann kein Anspruch auf Krankenhaustagegeld zu.[14] Dies gilt jedoch nicht für den Aufnahme- und Entlassungstag, da sich der versicherte gleichwohl dem vollstationären Therapiekonzept unterzieht, so dass der Anspruch auch für diese Tage besteht,[15] nicht jedoch für sonstige teilstationäre Aufenthalte (vgl. jedoch unten zur Regelung bei ambulanten Operationen). Zutreffend hat zwar der BGH in der vorzitierten Entscheidung darauf hingewiesen, dass es Anspruchsvoraussetzung sei, dass gerade an dem Tag, für den Krankenhaustagegeld beansprucht wird, eine stationäre Behandlung des VN stattgefunden hat, sich der VN also

---

8   Bach/Moser, Private Krankenversicherung MB/KK- und MB/KT-Kommentar 4. Aufl. MB/KK § 1 Rn. 29.
9   OLG Hamm Urt. v. 08.11.1985 – 20 U 115/85, VersR 1987, 555 = NJW 1986, 1554.
10 Grimm, AUB 2010 2 Rn. 66; Beckmann/Matusche-Beckmann – Mangen, Versicherungsrechtshandbuch 2. Aufl. § 47 Rn. 207.
11 AG Koblenz Urt. v. 29.07.1996 – 29 C 1131/06, r+s 1998, 436.
12 Stiefel/Maier, Kraftfahrtversicherung AKB-Kommentar 18. Aufl. A.4.7 Rn. 1; Prölss/Martin – Knappmann VVG, AUB 2010 Ziff. 2 Rn. 50.
13 BGH Urt. v. 11.04.1984 – IVa ZR 38/83, VersR 1984, 677 = r+s 1984, 150 = NJW 1984, 1818; Prölss/Martin – Knappmann VVG, AUB 2010 Ziff. 2 Rn. 50.
14 Grimm, AUB 2010 2 Rn. 6.
15 Prölss/Martin – Knappmann VVG, AUB 2010 Ziff. 2 Rn. 50.

zumindest zeitweilig im Krankenhaus aufgehalten haben muss.[16] Ob diese Entscheidung des BGH auf die heutige Fassung der AKB (und aktuellen AUB) übertragen werden kann, ist zweifelhaft und i. E. wohl zu verneinen. Der Entscheidung des BGH lagen die AUB 61 zugrunde, in denen von »... stationärer Krankenhausbehandlung ...« die Rede ist. Die heutigen AUB sowie die AKB sprechen von »**vollstationärer**« Behandlung. Nach der Auslegung ist somit gerade auch für den durchschnittlichen VN erkennbar, dass er »rund um die Uhr«, also den vollen Tag, einschließlich der Nacht über 24 Stunden stationär in Heilbehandlung sein muss und ein nur zeitweiliger Aufenthalt nicht ausreichen soll[17], wobei gerade nur die Besonderheiten des Aufnahme- und Entlassungstages für diese eine andere Bewertung rechtfertigen sollen.[18] Erforderlich ist jedenfalls die physische und organisatorische Eingliederung des Versicherten in das spezifische Versorgungssystem des Krankenhauses.[19]

d) Nicht zwingend ist, dass die Heilbehandlung in einem **Krankenhaus** im klassischen Wortsinn erfolgt. Ausreichend ist jede Heilbehandlung in einem Krankenhaus im weiteren Sinne bzw. einer diesem gleichzusetzenden Einrichtung, also bspw. auch einer **gemischten Anstalt**, soweit dort eine medizinisch notwendige Heilbehandlung erfolgt.[20] Zu unterscheiden ist bei **Soldaten** und ihrer Behandlung in bundeswehreigenen Einrichtungen: Die Heilbehandlung in einem **Bundeswehrlazarett** erfüllt unzweifelhaft die Anspruchsvoraussetzungen, da es sich um eine dem Krankenhaus gleichwertige Einrichtung (Feldkrankenhaus/mobiles Krankenhaus) handelt. Der bloße Aufenthalt im **Sanitätsbereich** der Bundeswehr genügt nicht.[21] Die Unterscheidung ist zutreffend, da nach wie vor zwar Sanitätsbereiche in Kasernen und sonstigen Einrichtungen der Bundeswehr krankenhausähnlich organisiert und eingerichtet sein können, jedoch vom Behandlungskonzept nicht auf krankenhaustypische Behandlungsformen im Sinne einer medizinischen Notwendigkeit des stationären Behandlungsablaufs ausgerichtet sind. In den Sanitätsbereich werden gerade auch Soldaten aufgenommen, die keine medizinisch notwendige Heilbehandlung mit stationärem Bedarf benötigen, sondern lediglich nicht diensttauglich krank sind, aber wegen Ruhebedürftigkeit und zur Vermeidung von Ansteckungen anderer Soldaten nicht »Krank auf Stube« geschrieben werden.

8

e) Rehabilitationsmaßnahmen, insbesondere Kuren und Aufenthalte in Sanatorien und Erholungsheimen gelten bedingungsgemäß nicht als medizinisch notwendige Heilbehandlungen. Somit kommt es auf den konkreten Behandlungshintergrund und auf

9

---

16 BGH Urt. v. 11.04.1984 – IVa ZR 38/83, VersR 1984, 677 = r+s 1984, 150 = NJW 1984, 1818.
17 Bach/Moser, Private Krankenversicherung MB/KK- und MB/KT-Kommentar 4. Aufl. MB/KK § 1 Rn. 10.
18 Naumann/Brinkmann, Die private Unfallversicherung in der anwaltlichen Praxis § 5 Rn. 162.
19 Bach/Moser, Private Krankenversicherung MB/KK- und MB/KT-Kommentar 4. Aufl. MB/KK § 1 Rn. 9.
20 Grimm, AUB 2010 2 Rn. 66; Prölss/Martin – Knappmann VVG, AUB 2010 Ziff. 2 Rn. 50.
21 LG Köln Urt. v. 21.04.1976 – 74 O 140/75, VersR 1978, 129.

A.4.7.1 AKB Voraussetzung des Krankenhaustagegeldes

die Frage, ob tatsächlich eine Heilung dort eingetreten ist nicht an[22], sondern lediglich auf die Ausgestaltung der Einrichtung als solcher. Hintergrund ist es dem Versicherer die im Einzelfall später kaum mögliche Aufklärung zu ersparen, ob in einer nicht als Krankenhaus einzustufenden Einrichtung medizinisch notwendige Maßnahmen zur Heilbehandlung durchgeführt worden sind oder nicht. Daher ist die vorzitierte Entscheidung des OLG Düsseldorf wegen der gleichartigen, berechtigten Interessenlage ohne weiteres übertragbar.[23] Für gemischte Anstalten vgl. oben Rdn. 8. Das OLG Köln stellt in einer neueren Entscheidung für die Abgrenzung darauf ab, ob die Behandlung in ihrer Ausgestaltung und dem äußeren Rahmen, in dem sie stattfindet, einer Krankenhausbehandlung oder einer Kur- oder Sanatoriumsbehandlung entspricht. Eine Krankenhausbehandlung ist danach in der Regel durch einen behandlungsbedingten besonders intensiven Einsatz medizinischen Personals und ggf. medizinisch-technischer Geräte gekennzeichnet, während sich eine Kur- oder Sanatoriumsbehandlung darin unterscheidet, dass Patienten mit einer leichteren chronischen Erkrankung behandelt werden oder solche, die nach einem Krankenhausaufenthalt selbst oder einer anderen Heilbehandlung zwar einer weiteren Krankenhausbehandlung nicht mehr bedürfen, jedoch noch nicht wieder völlig hergestellt sind.[24]

10 f) **Beweislast:** Die Beweislast für das Vorliegen einer medizinisch notwendigen Heilbehandlung und für die Gleichartigkeit der Einrichtung mit einem Krankenhaus trägt in vollem Umfang als anspruchsbegründende Voraussetzung der VN.[25] Umgekehrt trägt jedoch der Versicherer die Beweislast dafür, dass eine Behandlung über das medizinisch notwendige Maß hinaus ausgedehnt wird.[26]

11 **2. Bei ambulanten Operationen, A.4.7.1 Alt. 2:**

a) Die Regelung ist aus der allgemeinen Unfallversicherung, in der sie bereits seit den AUB 2010 enthalten ist, nunmehr in die AKB übernommen worden. Die versicherte Person muss sich **wegen des Unfalls** einer ambulanten Operation unterziehen und in deren Folge für mindestens XX Tage sowohl ununterbrochen als auch vollständig daran gehindert sein, ihren (konkret ausgeübten) Beruf auszuüben. Die Bedingungen sind widersprüchlich formuliert, da zum einen von einer Beeinträchtigung in der Berufsausübung die Rede ist, diese jedoch nach dem Wortlaut »vollständig« sein muss. Es wäre daher klarer und besser als Arbeitsunfähigkeit oder vorübergehende Unfähigkeit der Berufsausübung formuliert worden. Gemeint ist jedenfalls die vollständige Arbeitsunfähigkeit.[27] Eine reine Beeinträchtigung mit verbleibender, eben nur eingeschränkter, Restarbeitsfähigkeit genügt nicht. Bei nicht Berufstätigen, die nicht am Erwerbsleben teilnehmen, muss eine die vollständige Unfähigkeit gegeben sein, früheren Tätigkeiten nachzugehen

---

22 OLG Düsseldorf Urt. v. 07.04.1992 – 4 U 112/91, VersR 1993, 41 = r+s 1992, 388.
23 Vgl. auch Grimm, AUB 2010 2 Rn. 70.
24 OGL Köln Urt. v. 11.01.2013 – 20 U 164/12, r+s 2015, 84 = NJW-RR 2013, 1048.
25 OLG Köln Urt. v. 13.02.1986 – 5 U 125/85, r+s 1986, 163; Grimm, AUB 2010 2 Rn. 68.
26 Grimm, AUB 2010 2 Rn. 68.
27 Prölss/Martin – Knappmann, VVG, 29. Aufl. AUB 2010 Ziff. 2 Rn. 52; Grimm AUB 2010 2 Rn. 69; Jacob, Unfallversicherung AUB 2010 Ziff. 2.4 Rn. 7.

bzw. frühere Aufgaben zu erfüllen.[28] Dies kann bspw. der Schulbesuch oder die Haushaltstätigkeit sein bzw. sonstige Aufgaben oder Betätigungen, die für das tägliche Leben der versicherten Person prägend waren.[29]

b) Der Begriff der chirurgischen Operation definiert sich nach allgemeinem medizinischen Verständnis des durchschnittlichen VN als ein ärztlicher Eingriff von gewisser Schwere mit Heilungsintention, den der medizinische Laie als Operation werten würde. So z. B. bereits die Entfernung von Muttermalen oder das Nähen einer Wunde[30], nicht jedoch das bloße Fädenziehen nach einer OP oder ein Verbandwechsel.   12

c) Die Beweislast für die Operation und daraus resultierende Arbeitsunfähigkeit trägt der VN. Er genügt dieser durch Vorlage des OP Berichts und der ärztlichen Krankschreibung[31] bzw. einer diese Inhalte vereinigenden ärztlichen Bescheinigung. Dies kann auch der Arztbrief des Facharztes zur Information an den behandelnden Hausarzt sein, soweit sich daraus gerade auch die Krankschreibung ergibt.   13

II. Höhe und Dauer Krankenhaustagegeldes, A.4.7.2

Nach A.4.7.2 zahlt der Versicherer die im Vertrag vereinbarte Summe entweder in der 1. Alt. nach A.4.7.1 für jeden Kalendertag der vollstationären Behandlung oder in der 2. Alt. nach A.4.7.1 nach einer ambulanten OP für eine in den jeweiligen Bedingungen festgeschriebene Anzahl von Tagen. Diese kann ggf. von VR zu VR abweichen. Zu beachten ist, dass sich auch hier die in A.4.2.1 für das Pauschalsystem vereinbarte Erhöhung der vertraglichen Versicherungssumme auswirkt, wenn sich zwei oder mehr Insassen im Fahrzeug befinden.[32]   14

Die Zahlung erfolgt jedoch auch in der 1. Alt. von A.4.7.1 bei vollstationärem Aufenthalt nicht unbegrenzt, sondern längstens für eine im Vertrag vereinbarte Anzahl von Jahren, regelmäßig 2 Jahre nach den bislang bekannten Versicherungsbedingungen. Der Zeitraum beginnt mit dem Tag des Unfalls unabhängig davon, wann die Notwendigkeit der stationären Behandlung eingetreten oder entdeckt worden ist.[33]   15

Nach A.4.7 Anmerkung zum Entfall des Genesungsgeldes nach den AKB 2008:

C. Genesungsgeld nach A.4.7.3 AKB 2008

Die AKB 2015 enthalten kein Genesungsgeld mehr. Dieses ist – wie bei den neuen AUB 2014 – entfallen, da man ihm keine eigenständige Bedeutung mehr zumisst, sondern es als Fortführung des Krankenhaustagegeldes ansieht. Eine eigenständige Regelung erschien   16

---

28 Jacob, Unfallversicherung AUB 2010 Ziff. 2.4 Rn. 7 Jacob, Unfallversicherung AUB 2010 Ziff. 2.4 Rn. 7; Grimm AUB 2010 2 Rn. 69.
29 Jacob, Unfallversicherung AUB 2010 Ziff. 2.4 Rn. 7.
30 Grimm AUB 2010 2 Rn. 69.
31 Van Bühren – Naumann, Handbuch Versicherungsrecht, § 16 Rn. 215.
32 Feyock/Jacobsen/Lemor – Jacobsen, Kraftfahrtversicherung 3. Aufl. AKB 2008 A.4 Rn. 74.
33 OLG Karlsruhe Urt. v. 17.03.1994 – 12 U 131/93, r+s 1995, 157; Grimm, AUB 2010 2 Rn. 71.

A.4.7.3 AKB a.F. Genesungsgeld

daher nicht mehr erforderlich, da individuell jeder VR auch im Rahmen des Krankenhaustagegeldes ggf. Leistungsausweitungen anbieten könnte.

Wegen der bisherigen Verbreitung der AKB 2008, die zunächst noch den überwiegenden Anteil auf dem Markt darstellen werden, ist jedoch an dieser Stelle die Kommentierung zum Genesungsgeld nach den AKB 2008 weiter abgedruckt:

Genesungsgeld nach AKB 2008

A.4.7.3 AKB 2008

Genesungsgeld

Voraussetzung für die Zahlung des Genesungsgeldes ist, dass die versicherte Person aus der vollstationären Behandlung entlassen worden ist und Anspruch auf Krankenhaustagegeld nach A.4.7.1 hatte.

A.4.7.4 AKB 2008

Höhe des Genesungsgeldes

Wir zahlen des Genesungsgeld in Höhe der vereinbarten Versicherungssumme für die selbe Anzahl von Kalendertagen, für die wir Krankenhaustagegeld gezahlt haben, längstens jedoch für xx Tage.

17   1. *Genesungsgeld wird nur gemeinsam mit dem Krankenhaustagegeld versichert. Hinweis: Es ist sorgfältig zu prüfen, ob der jeweilige Versicherungsvertrag überhaupt ein Genesungsgeld als weitere Leistungsart vorsieht. Viele Bedingungswerke marktstarker und gängiger Versicherer sehen diese Leistungsart nicht vor.*

18   *Ist es als Leistungsart eingeschlossen, wird es ausgezahlt, wenn der VN vollstationär behandelt worden ist und Anspruch auf Krankenhaustagegeld nach A.4.7.1 hatte. Das Genesungsgeld ist also akzessorisch an das Krankenhaustagegeld gekoppelt. Demnach müssen alle Vorraussetzungen nach A.4.7.1 erfüllt sein. Weitere Vorraussetzungen enthält A.4.7.3 nicht, es muss also über den vollstationären Krankenhausaufenthalt hinaus keine fortdauernde Beeinträchtigung der Arbeitsfähigkeit oder gesundheitliche Einschränkung vorliegen. Der Anspruch entsteht erst mit der Entlassung aus dem Krankenhaus als selbständiger Anspruch.[34] Stirbt der Versicherte vor Ablauf des Bezugszeitraums des Genesungsgeldes vernichtet dies den Anspruch nicht, so dass die Rechtsnachfolger Anspruch auf das volle Genesungsgeld bis zum Erreichen der vertraglichen Begrenzung haben.[35] Kommt es zu mehreren vollstationären Krankenhausaufenthalten (innerhalb des versicherten (2-Jahres)Zeitraums nach A.4.7.2), so ist auch erneut Genesungsgeld nach der Entlassung zu zahlen, soweit die in A.4.7.4 festgelegte Tageshöchstzahl noch nicht insgesamt erreicht ist. Mehrere Krankenhausaufenthalte wegen des gleichen Unfallereignisses zählen insoweit als ein einheitlicher Krankenhausaufenthalt, so dass bereits nach dem ersten Aufent-*

---

34   Grimm, AUB 99 2 Rn. 66 jetzt AUB 2010 2 Rn. 74.
35   Grimm, AUB 99 2 Rn. 67 jetzt AUB 2010 2 Rn. 75.

halt ausbezahltes Genesungsgeld nach der entsprechenden Tagesanzahl von der Tageshöchstzahl nach A.4.7.4 abzuziehen ist.[36]

2. *A.4.7.4:* Die **Höhe** richtet sich nach der im Versicherungsschein bezeichneten Versicherungssumme je Tag und der Anzahl der Kalendertage, für die der Versicherer zuvor Krankenhaustagegeld gezahlt hat. Die Bedingungen sehen eine Begrenzung für eine bestimmte Zahl von Kalendertagen vor, die regelmäßig marktüblich bei 100 Tagen liegt.   19

A.4.8   Todesfallleistung

Voraussetzungen für die Leistung

A.4.8.1   Die versicherte Person stirbt unfallbedingt innerhalb eines Jahres nach dem Unfall.

Beachten Sie dann die Verhaltensregeln nach E.1.5.1.

Art und Höhe der Leistung

A.4.8.2   Wir zahlen die Todesfallleistung in Höhe der vereinbarten Versicherungssumme.

Die Todesfallleistung wird nur fällig und an den VN bzw. einen anderen Begünstigten ausgezahlt, wenn der Tod innerhalb eines Jahres nach dem Unfallereignis eintritt und ursächlich auf den Unfall zurückzuführen ist. Anderenfalls, also wenn der Tod unfallunabhängig innerhalb von einem Jahr oder nach Ablauf eines Jahres ab dem Unfallereignis eintritt, greift nach A.4.5.2.7 ggf. der Anspruch auf Invaliditätsleistung, wenn die entsprechenden Voraussetzungen vorliegen.   1

Der Tod muss Unfallfolge sein, d. h. der Unfall muss alleinige Ursache des Todeseintritts sein. Der VN bzw. die begünstigten Rechtsnachfolger tragen die **Beweislast** im Hinblick auf die Unfallursächlichkeit für den Tod. Dabei gilt der Beweismaßstab des § 287 ZPO.[1] Der VN/Rechtsnachfolger muss danach Tatsachen beweisen, die eine andere Todesursache ausschließen. Keine Leistungspflicht des Versicherers besteht bei einem von diesem zu beweisenden Suizid, da mangels Freiwilligkeit schon begrifflich kein bedingungsgemäßer Unfall vorliegt (vgl. oben A.4.1.2 Rn. 7).   2

Die Frist von einem Jahr berechnet sich nach § 188 BGB, also mit dem Beginn am Tag nach dem Unfallereignis. Ereignet sich der Unfall am 01.08.2015 so endet die Frist am 02.08.2016 um 24 Uhr. Bei Todeseintritt am 03.08.2016 greift A.4.5.2.7 statt A.4.8. . Maßgeblich ist der klinische Tod.[2] Der Sinn der Regelung liegt darin, die Schwierigkei-   3

---

36 Feyock/Jacobsen/Lemor – Jacobsen, Kraftfahrtversicherung 3. Auflage AKB 2008 A.4 Rn. 78.

1 BGH Urt. v. 23.09.1992 – IV ZR 157/91, VersR 1992, 1503 = r+s 1992, 430 = zfs 1992, 416 = NJW 1993, 201; OLG Hamm Urt. v. 05.06.2002 – 20 U 217/01, r+s 2003, 31.

2 Feyock/Jacobsen/Lemor – Jacobsen, Kraftfahrtversicherung 3. Aufl. AKB 2008 A.4 Rn. 65.

ten der Kausalitätsfrage nach allzu langem Zeitablauf zu vermeiden. Es handelt sich um eine Ausschlussfrist bei der es nicht darauf ankommt, ob zum Zeitpunkt des Ablaufs bereits aus medizinischer Sicht der Todeseintritt als baldiges Ereignis feststand. Selbst in diesem Fall ist es nicht treuwidrig, wenn sich der Versicherer auf klare Fristen beruft, die im Vertrag festgelegt sind.[3]

4 Der VN bzw. sein Rechtsnachfolger muss zudem die besondere Obliegenheit nach E.1.5.1 beachten, also den Tod innerhalb von 48 Stunden beim Versicherer melden und im weiteren die Obduktion ermöglichen. Diese Obliegenheit besteht auch, wenn der Unfall als solches bereits dem Versicherer gemeldet ist. Diese Frist hat jedoch nicht wie die Jahresfrist aus A.4.8.1 Ausschlusscharakter, sondern unterliegt in der Rechtsfolgenbewertung als Obliegenheit den Regelungen des § 28 VVG (vgl. unten zu E.1.5.1 Rdn. 1 ff.).

5 Zur Auszahlung kommt die im Versicherungsschein bezeichnete und somit vertraglich vereinbarte **Versicherungssumme** für den Todesfall. Diese wird an den VN bzw. wenn dieser versicherte Person war, an die Hinterbliebenen gezahlt. Dabei sind ggf. vom Versicherer **Anzeigepflichten** nach dem Erbschaftssteuergesetz (§ 33) zu beachten bzw. sind bei Begünstigten mit Wohnsitz im Ausland Unbedenklichkeitsbescheinigungen des für den Wohnsitz des Verstorbenen zuständigen Finanzamtes beim Versicherer als Voraussetzung für die Auszahlung vorzulegen.[4]

6 Ist zum Zeitpunkt des Todes bereits im Vorschusswege oder als vollständige Leistungsabrechnung eine Invaliditätsleistung erfolgt, so ist diese aufgrund der Vorrangigkeit der Todesfallleistung mit dieser zu **verrechnen** und ggf. bei einem Überschuss der Invaliditätsleistung über die Versicherungssumme auf den Todesfall hinaus nach § 812 BGB der zuviel gezahlte Betrag an den Versicherer zurückzuzahlen.[5] Eine kumulative Auszahlung der Invaliditäts- und Todesfallleistung findet nicht statt.[6]

A.4.9 Was passiert, wenn Unfallfolgen mit Krankheiten und Gebrechen zusammentreffen?

Krankheiten und Gebrechen

A.4.9.1 Wir leisten ausschließlich für Unfallfolgen. Dies sind Gesundheitsschädigungen und ihre Folgen, die durch das Unfallereignis verursacht werden.

Wir leisten nicht für Krankheiten oder Gebrechen.

---

3 Grimm, AUB 2010 2 Rn. 76.
4 Feyock/Jacobsen/Lemor – Jacobsen, Kraftfahrtversicherung 3. Aufl. AKB 2008 A.4 Rn. 72.
5 Prölss/Martin – Knappmann VVG, AUB 2010 Ziff. 3 Rn. 56; Grimm AUB 2010 2 Rn. 77.
6 Grimm, AUB 2010 2 Rn. 77.

Mitwirkung

A.4.9.2 Treffen Unfallfolgen mit Krankheiten oder Gebrechen zusammen, gilt Folgendes:

A.4.9.2.1 Entsprechend dem Umfang, in dem Krankheiten oder Gebrechen an der Gesundheitsschädigung oder ihren Folgen mitgewirkt haben (Mitwirkungsanteil), mindert sich
- bei der Invaliditätsleistung der Prozentsatz des Invaliditätsgrads.
- bei der Todesfallleistung und, soweit nicht etwas anderes bestimmt ist, bei den anderen Leistungsarten die Leistung selbst.

A.4.9.2.2 Beträgt der Mitwirkungsanteil weniger als 25%, nehmen wir keine Minderung vor.

Übersicht	Rdn.
A. Allgemeines	1
B. Krankheiten oder Gebrechen	2
C. Mitwirkung im Hinblick auf die Beeinträchtigung, A.4.9.2	7
D. Minderung nach A.4.9.2.1	9
E. Beweislast	11
F. Mindestanteil der Mitwirkung, A.4.9.2.2	12

A. Allgemeines

A.4.9.1 stellt klar, dass der Versicherer nur für die Folgen des Unfalls als versichertem Schadenereignis eintritt, nicht jedoch für solche Gesundheitsschäden, die unfallunabhängig schon bestanden haben. Zweck der Vorschrift ist demnach die Abgrenzung des Versicherungsschutzes von unfallfremden Ursachen. Die Regelung hat eine wesentliche Änderung zu den AKB 2008 erfahren. Die früheren AKB 2008 knüpften an vor dem Unfall bestehende **Krankheiten oder Gebrechen** an, die an einer unfallbedingten Gesundheitsschädigung oder deren Folgen mitwirken. Nur bei solchen vorbestehenden Krankheiten oder Gebrechen ist daher der Versicherer nach den bisherigen AKB 2008 berechtigt, seine Leistung entsprechend zu kürzen. Entgegen der von Jacobsen vertretenen Ansicht[1] kommt eine Kürzung der Leistung des Versicherers unter der Geltung der AKB 2008 gerade nur bei vor dem Unfall bereits bestehenden Krankheiten oder Gebrechen in Betracht, wie sich aus der eindeutigen Überschrift zur früheren Regelung in A.4.8 der AKB 2008 ergibt: »*Welche Auswirkungen haben vor dem Unfall bestehende Krankheiten oder Gebrechen?*«. Die gegenteilige Ansicht unter Hinweis auf die Rechtsprechung und die zutreffenden Ausführungen bei Grimm[2] verkennt, dass in den dort behandelten AUB zur allgemeinen Unfallversicherung die Klausel anders gefasst ist: dort hieß die Überschrift in den AUB 99 und 2010 z. B. »Welche Auswirkungen ha-   1

---

[1] Feyock/Jacobsen/Lemor – Jacobsen, Kraftfahrtversicherung A.4 Rn. 85.
[2] Grimm, AUB 2010 3 Rn. 3.

A.4.9 AKB Krankheiten und Gebrechen

ben Krankheiten oder Gebrechen?« und lautet nun in den AUB 2014 genau wie nun hier in den AKB 2015. Die zeitliche Anknüpfung an solche Gesundheitsbeeinträchtigungen, die vor dem Unfall bestehen fehlt darin gerade. Eine Auslegung entgegen dem klaren Wortlaut der Überschrift der früheren Klausel zu A.4.8 AKB 2008 wäre jedoch für den VN überraschend und nach dem Grundsatz, dass AVB nach dem Verständnis des durchschnittlichen VN auszulegen sind, ohnehin nicht vertretbar. Bei der Neufassung der AKB 2015 hingegen ist die Interpretations- und Verständnislage aufgrund der neuen Formulierung und geänderten Überschrift anders. Der VN konnte die frühere Klausel der AKB 2008 nach ihrer klar gefassten Überschrift nur so verstehen, dass gerade nur vor dem Unfall schon bestehende Krankheiten oder Gebrechen relevant sind. Diese Anknüpfung fehlt nun, so dass sich dem durchschnittlichen VN kein Anhaltspunkt für eine zeitliche Anknüpfung an vor dem Unfallereignis bestehende Gesundheitsbeeinträchtigungen bietet. Somit ist die Klausel nunmehr wie auch in den AUB zur allgemeinen Unfallversicherung auszulegen. Danach ist es unerheblich, ob die Beeinträchtigung durch Krankheit oder Gebrechen schon vor dem Unfall bestanden hat oder unfallunabhängig nach diesem erst eingetreten ist.[3] Weiter ist unbedeutend, ob sie schon vor dem Vertragsschluss bestanden hat, solange ein Verschweigen den VN hierzu im Zusammenhang mit vom VR beim Vertragsschluss gestellten Fragen nicht als Verletzung einer Anzeigepflichtverletzung Rechtsfolgen nach § 19 VVG auslöst.

B. Krankheiten oder Gebrechen

2 Nur **Krankheiten oder Gebrechen** werden berücksichtigt.

1. **Krankheiten** sind alle regelwidrigen Körperzustände, die eine ärztliche Behandlung erfordern.[4] Es gilt ein objektiver Krankheitsbegriff, so dass es nicht darauf ankommt, ob sich der Versicherte krank fühlt oder Kenntnis von seinem krankhaften Zustand hat.[5]

3 2. **Gebrechen** sind dauernde abnorme Gesundheitszustände, die eine einwandfreie Ausübung der normalen Körperfunktion nicht mehr zulassen.[6] Leidet der Versicherte an einer Disposition zu allergischen Reaktionen bei Insektenstichen[7] oder sonstigen Empfänglichkeiten für Krankheiten als Vordisposition im Sinne einer körperlichen

---

3 Wie vor.
4 OLG Schleswig Urt. v. 12.01.1995 – 16 U 96/93, VersR 1995, 825 = r+s 1995, 119 = zfs 1995, 186; OLG Düsseldorf Urt. v. 03.06.2003 – 4 U 220/02, r+s 2005, 300.
5 OLG Schleswig Urt. v. 12.01.1995 – 16 U 96/93, VersR 1995, 825 = r+s 1995, 119 = zfs 1995, 186; Grimm, AUB 2010 3 Rn. 2.
6 BGH Beschl. v. 08.07.2009 – IV ZR 216/07, VersR 2009, 1525 = r+s 2009, 423; OLG Schleswig Urt. v. 12.01.1995 – 16 U 96/93, VersR 1995, 825 = r+s 1995, 119 = zfs 1995, 186; OLG Düsseldorf Urt. v. 03.06.2003 – 4 U 220/02, r+s 2005, 300; Grimm, AUB 2010 3 Rn. 2.
7 Vgl. hierzu OLG Nürnberg Urt. v. 02.02.1995 – 8 U 3537/94, VersR 1995, 825 = r+s 1995, 200 = zfs 1995, 225; wohl a. A. bei außergewöhnlicher individuell geprägter Mitverursachung OLG Braunschweig Urt. v. 15.03.1995 – 5 U 40/94, VersR 1995, 823 = r+s 1996, 77 = zfs 1995, 224.

Schwachstelle, ist dies nicht als Gebrechen anzusehen.[8] Anderes soll nach OLG Braunschweig bei einer außergewöhnlichen, individuell geprägten Mitverursachung verschuldensunabhängig angenommen werden können, und zwar entgegen OLG Nürnberg auch bei Insektengiftallergie.[9] Jedenfalls solange die Zustände noch im Rahmen der medizinischen Norm liegen, sind sie selbst dann keine Gebrechen, wenn sie eine gewisse Disposition für Gesundheitsstörungen bedeuten, wie der BGH klargestellt hat.[10]

3. Rein **degenerative Veränderungen** ohne Beschwerden, die keiner ärztlichen Behandlung bedürfen haben keinen Krankheitswert.[11] Altersbedingt normale **Verschleiß- und Schwächezustände** sind weder Krankheit noch Gebrechen[12], ebenso wenig wie Zustände, die noch innerhalb der medizinischen Norm liegen.[13] So zuletzt das OLG Celle für einen alterstypischen Verschleißzustand bei einem 72-jährigen bei 80 %iger Mitwirkung degenerativer Vorschäden für die Unfallfolgen einer Rotatorenmanschettenruptur.[14] Dies gilt auch, wenn sie das normale alterstypische Maß übersteigen.[15]   4

4. Unerheblich ist, ob (vorbestehende) Krankheiten oder Gebrechen selbst auf **früheren Unfällen** beruhen, selbst dann, wenn diese während der Laufzeit des Versicherungsvertrages eingetreten sind und auch dann, wenn der Versicherer für diesen früheren Unfall keine Invaliditätsentschädigung gezahlt hat.[16]   5

5. Hinweis: 6

Besondere Bedeutung können vorbestehende Krankheiten oder Gebrechen erlangen, wenn sich herausstellt, dass diese bereits bei Vertragsschluss bestanden und für den VN erkennbar oder bekannt waren, da in diesem Fall eine falsche Beantwortung von Gesundheitsfragen im Rahmen des Vertragsschlusses vorliegen wird. Dies kann als **vorvertragliche Anzeigepflichtverletzung** im Rahmen der §§ 19–22 VVG zur Leistungsfreiheit oder zur Einschränkung der Leistung des Versicherers führen.

---

8 Grimm, AUB 2010 3 Rn. 2.
9 OLG Braunschweig Urt. v. 15.03.1995 – 5 U 40/94, VersR 1995, 823 = r+s 1996, 77 = zfs 1995, 224.
10 BGH Beschl. v. 08.07.2009 – IV ZR 216/07, r+s 2009, 423; Prölss/Martin – Knappmann VVG, AUB 2010 3 Rn. 5.
11 Grimm, AUB 2010 3 Rn. 3.
12 OLG Hamm Urt. v. 06.07.2001 – 20 U 200/99, VersR 2002, 180 = r+s 2002, 84 = zfs 2002, 188.
13 OLG Schleswig Urt. v. 12.01.1995 – 16 U 96/93, VersR 1995, 825 = r+s 1995, 119 = zfs 1995, 186.
14 OLG Celle Urt. v. 20.08.2009 – 8 U 10/09, VersR 2010, 205 = r+s 2010, 29 = zfs 2010, 457 = NJW-RR 2009, 1693.
15 OLG Düsseldorf Urt. v. 03.06.2003 – 4 U 220/02, r+s 2005, 300.
16 BGH Beschl. v. 08.07.2009 – IV ZR 216/07, r+s 2009, 423 (vorangehend LG Flensburg Urt. v. 10.07.2007 – 1 S 1/07 r+s 2008, 346).

C. Mitwirkung im Hinblick auf die Beeinträchtigung, A.4.9.2

7 **Mitwirken** von Krankheit oder Gebrechen setzt voraus, dass sie mit dem Unfallereignis gemeinsam eine Gesundheitsschädigung ausgelöst oder deren Folgen herbeigeführt haben, also das Unfallereignis nicht alleinige Ursache ist.[17] Da nach dem Sinn und Zweck der Regelung nur der auf dem Unfall beruhende Anteil der Gesundheitsschädigung für die Leistungsbemessung entscheidend ist, müssen die einzelnen Mitwirkungsanteile so weit wie möglich voneinander abgegrenzt werden, worin in der Praxis die Schwierigkeit liegt.[18] Mitwirkung ist bejaht worden bei einem vorbestehenden Meniskusschaden und anschließendem Sturz auf das Knie mit anschließender Entstehung eines »Reizknies« als Folge (50 %).[19] Ebenfalls 50 % Mitwirkung hat das OLG Düsseldorf bei einer Mitursächlichkeit vorbestehender degenerativer HWS-Schädigungen bei einem Verkehrsunfall angenommen.[20] So auch der BGH bei einem vorbestehenden Kreuzbandriß, der auch ohne zwischenzeitliche Beschwerden zur Verstärkung der gesundheitlichen Folgen des späteren Unfalls beiträgt.[21] Insoweit ist es unerheblich, ob eine unfallunabhängige Vorschädigung bis zum Unfallereignis klinisch stumm verlaufen ist und den Versicherten nicht spürbar beeinträchtigt hat.[22]

8 Aufgrund der Schwierigkeiten in der Praxis überhaupt eine Mitwirkung von Krankheiten oder Gebrechen von den unfallbedingten Gesundheitsstörungen abzugrenzen enthält A.4.8.2 zum Schutz des Versicherten die Regelung, dass nur bei einem Mitwirkungsanteil von mindestens 25 % überhaupt erst eine Minderung erfolgt.

D. Minderung nach A.4.9.2.1

9 Die **Bemessung der Minderung** ist anhand ärztlicher Feststellung oder eines ärztlichen Sachverständigengutachtens zur Höhe der Mitwirkung vorzunehmen. Diese soll sich nach medizinisch fachlicher Empfehlung in groben Schritten von 25 %–30 % (geringgradig), 50 % (mittelgradig), 75 %–90 % (hochgradig) und 95 %–99 % (höchstgradig) bewegen. Andernfalls würde bei der nur grob vornehmbaren Einschätzung eine wissenschaftlich nicht begründbare Genauigkeit im Einzelfall vorgetäuscht.[23] Kriterien der Bemessung und Abwägung sind die Schwere des Unfallereignisses und die Schwere

---

17 OLG Schleswig Urt. v. 12.01.1995 – 16 U 96/93, VersR 1995, 825 = r+s 1995, 119 = zfs 1995, 186.
18 Grimm, AUB 2010 3 Rn. 4.
19 OLG Zweibrücken Urt. v. 18.06.1999 – 1 U 159/08, OLGR Zweibrücken 2000, 158.
20 OLG Düsseldorf Urt. v. 17.12.2002 – 4 U 79/02, VersR 2004, 461 = r+s 2004, 209 = zfs 2003, 605.
21 BGH Beschl. v. 08.07.2009 – IV ZR 216/07, r+s 2009, 423 (vorangehend LG Flensburg Urt. v. 10.07.2007 – 1 S 1/07 r+s 2008, 346).
22 LG Dortmund Urt. v. 28.01.2010 – 2 0 235/09, zfs 2010, 339 = r+s 2014, 39.
23 Grimm, AUB 2010 3 Rn. 4.

der Vorschädigung.[24] Hält der Sachverständige beide Verursachungsanteile »für vergleichbar« können diese mit jeweils 50 % angenommen werden.[25]

Bei Invalidität ist nach A.4.9.2.1 die bestehende Gesamtinvalidität zu ermitteln und der Prozentsatz des Mitwirkungsanteils, der ebenfalls entsprechend zu ermitteln ist, in Abzug zu bringen. Bei den übrigen Leistungsarten Todesfall, Krankenhaustagegeld und Tagegeld wird die jeweils auszuzahlende Geldleistung gemindert. 10

E. Beweislast

Die Beweislast ist in § 182 VVG gesetzlich geregelt. Danach muss der Versicherer sämtliche Voraussetzungen des Wegfalls oder der Minderung des Anspruchs beweisen. Dies ist inhaltlich nichts Neues, da die Vorschrift des § 182 VVG lediglich die schon zum VVG a. F. ergangene Rechtsprechung zur Klarstellung als **Beweislastregel** in das Gesetz übernommen hat.[26] Der Versicherer muss dabei den Vollbeweis i. S. v. § 286 ZPO erbringen.[27] Als Beweismaßstab ist nicht der völlige Ausschluss letzter Zweifel zu fordern, sondern nur ein für das praktische Leben brauchbarer Grad an Gewissheit, der den Zweifeln Schweigen gebietet, ohne sie vollends auszuschließen.[28] Das OLG München hatte einen Fall zu entscheiden, in dem ein 70 jähriger schwer vorerkrankter nach einem Sturz mit Oberschenkelhalsbruch eine unkompliziert verlaufene OP gut überstanden hatte und trotz stabilen Kreislaufs und Beschwerdefreiheit nach der OP noch am Abend des Operationstages infolge eines plötzlichen Kreislaufversagens gestorben ist. Der Sachverständige stellte eine 50 %ige Mitwirkung als Kausalitätsanteil der vorbestehenden Erkrankungen an dem Kreislaufversagen und Todeseintritt fest. 11

F. Mindestanteil der Mitwirkung, A.4.9.2.2

Der Versicherer muss beweisen, dass der Mitwirkungsanteil der vorbestehenden Krankheiten oder Gebrechen mindestens 25 % beträgt.[29] Diesen Beweis hat er nicht geführt, wenn der Sachverständige oder Arzt nur eine Mitwirkung zweifelsfrei feststellen kann, jedoch den Umfang der Mitwirkung nicht bestimmen kann.[30] 12

---

24 OLG Düsseldorf Urt. v. 18.01.1994 – 4 U 248/92, VersR 1994, 1218 = r+s 1994, 157 = zfs 1994, 221; Grimm, AUB 2010 3 Rn. 4.
25 OLG Hamm Urt. v. 25.01.2006 – 20 U 89/05, VersR 2006, 1394 = r+s 2006, 428 = zfs 2006, 335.
26 Vgl. OLG Koblenz Urt. v. 20.10.2000 – 10 U 1521/99, r+s 2001, 348 = zfs 2001, 178; OLG Düsseldorf Urt. v. 03.06.2003 – 4 U 220/02, r+s 2005, 300; Grimm AUB 2010 3 Rn. 7 m. w. N.
27 Noch zum alten VVG BGH Urt. v. 23.11.2011 – IV ZR 70/11, VersR 2012, 92 = r+s 2012, 89 = zfs 2012, 278 = NJW 2012, 392.
28 OLG München Urt. 15.05.1996 – 15 U 6207/95, r+s 1996, 465 (Leitsatz).
29 Grimm, AUB 2010 3 Rn. 7.
30 OLG Düsseldorf Urt. v. 21.08.2001 – 4 U 54/01, r+s 2002, 261; Grimm, AUB 2010 3 Rn. 7.

A.4.10 AKB Fälligkeit

A.4.10 **Fälligkeit**

Wir erbringen unsere Leistungen, nachdem wir die Erhebungen abgeschlossen haben, die zur Feststellung des Versicherungsfalls und des Umfangs unserer Leistungspflicht notwendig sind. Dazu gilt Folgendes:

Erklärung über die Leistungspflicht

A.4.10.1 Wir sind verpflichtet, innerhalb eines Monats in Textform zu erklären, ob und in welchem Umfang wir unsere Leistungspflicht anerkennen. Bei Invaliditätsleistung beträgt die Frist drei Monate.

Die Fristen beginnen, sobald uns folgende Unterlagen zugehen:
- Nachweis des Unfallhergangs und der Unfallfolgen.
- Bei Invaliditätsleistung zusätzlich der Nachweis über den Abschluss des Heilverfahrens, soweit dies für die Bemessung des Invaliditätsgrades notwendig ist.

Beachten Sie dabei auch die Verhaltensregeln nach E.1.5.

Die ärztlichen Gebühren, die Ihnen zur Begründung des Leistungsanspruchs entstehen, übernehmen wir
- bei Invaliditätsleistung bis zu XX% der versicherten Summe.
- bei Tagegeld und Krankenhaustagegeld jeweils bis zu XX Tagessätze.

Sonstige Kosten übernehmen wir nicht.

Leistung innerhalb von zwei Wochen

A.4.10.2 Erkennen wir den Anspruch an oder haben wir uns mit Ihnen über Grund und Höhe geeinigt, zahlen wir innerhalb von zwei Wochen.

Vorschüsse

A.4.10.3 Steht die Leistungspflicht zunächst nur dem Grunde nach fest, zahlen wir – auf Ihren Wunsch – angemessene Vorschüsse.

Vor Abschluss des Heilverfahrens kann eine Invaliditätsleistung innerhalb eines Jahres nach dem Unfall nur bis zur Höhe einer vereinbarten Todesfallsumme beansprucht werden.

Neubemessung des Invaliditätsgrads

A.4.10.4 Nach der Bemessung des Invaliditätsgrads können sich Veränderungen des Gesundheitszustands ergeben.

Sie und wir sind berechtigt, den Grad der Invalidität jährlich erneut ärztlich bemessen zu lassen.

Dieses Recht steht Ihnen und uns längstens bis zu drei Jahren nach dem Unfall zu. Bei Kindern bis zur Vollendung des xx. Lebensjahres verlängert sich diese Frist von drei auf xx Jahre.
- Wenn wir eine Neubemessung wünschen, teilen wir Ihnen dies zusammen mit der Erklärung über unsere Leistungspflicht mit.
- Wenn Sie eine Neubemessung wünschen, müssen Sie uns dies vor Ablauf der Frist mitteilen.

Ergibt die endgültige Bemessung eine höhere Invaliditätsleistung, als wir bereits gezahlt haben, ist der Mehrbetrag mit xx% jährlich zu verzinsen.

Übersicht   Rdn.
A.   Prüfung des Anspruchs und Erklärung über die Leistungspflicht 1
B.   Fälligkeit der Leistung nach A.4.10.2 6
C.   Vorschüsse, A.4.10.3 10
D.   Neubemessung der Invalidität A.4.10.4 13
I.   Zweck der Klausel 13
II. Ausübung 16
III. Belehrungspflicht 21
IV. Verzinsung 23
V.   Rückforderungsrecht des Versicherers 24

A. Prüfung des Anspruchs und Erklärung über die Leistungspflicht

I. Die Regelung des A.4.10.1 hat überwiegend deklaratorische Wirkung und gibt die in 1 § 187 Abs. 1 VVG normierte **Erklärungspflicht** des Versicherers wieder, sich innerhalb eines Monats bzw. bei Invalidität innerhalb von 3 Monaten zum Anerkenntnis der grundsätzlichen Leistungspflicht und deren Umfang gegenüber dem VN zu erklären. Soweit § 187 Abs. 1 VVG als Fristbeginn auf die Vorlage der zur Beurteilung erforderlichen Unterlagen in Textform beim Versicherer abstellt, konkretisiert A.4.10.1 dies für die Kfz-Unfallversicherung klarstellend. Der VN muss zunächst einen Nachweis des Unfallhergangs und der Unfallfolgen an den Versicherer übersenden. Dabei müssen dem Versicherer alle Informationen gerade auch zu den für die Leistungsbemessung erforderlichen Mitteilungen über die Insassenanzahl, über das unfallbeteiligte Fahrzeug etc. zugehen. Der Versicherer kann nicht die Vorlage von polizeilichen oder strafrechtlichen **Ermittlungsakten** verlangen. Diese muss er erforderlichenfalls selbst über einen RA einsehen.[1] Weiteres regeln E.1.1 und E.1.5 im Hinblick auf die Obliegenheiten, die der VN im Schadenfall zu beachten hat (vgl. dort). Zusätzlich muss beim Invaliditätsanspruch der Nachweis über den Abschluss des Heilverfahrens dem Versicherer zugehen, soweit er für die Bemessung der Invalidität notwendig ist. Daraus folgt, dass über die Feststellung der dauernden Unfallfolgen hinaus das Heilverfahren fortdauern kann.[2] Liegen dem Versicherer Unterlagen und Informationen nur

---

1 Grimm AUB 2010 9 Rn. 9.
2 Vgl. im Einzelnen Grimm AUB 2010 9 Rn. 8 m. w. N.

A.4.10.1 AKB   Erklärung über die Leistungspflicht

soweit vor, dass er sich zum Grund des Anspruchs erklären kann, nicht jedoch zur Höhe, so ist der Anspruch noch nicht fällig, sondern kann der VN nur einen angemessenen Vorschuss verlangen.[3]

2   Die gegenüber dem VN abzugebende Erklärung muss diesen in die Lage versetzen, sich mit Einwendungen auseinanderzusetzen. Sie muss daher auch die Berechnung einer konkret mitgeteilten Leistungssumme erläutern bzw. die Gründe der Ablehnung darlegen. Lehnt der Versicherer in der Erklärung die Leistung zu Unrecht endgültig ab, so wird der Anspruch mit Zugang der Ablehnung beim VN fällig.[4]

3   Lässt der Versicherer die Frist ohne Erklärung verstreichen, so steht dies der Ablehnung der Leistung gleich, so dass die **Fälligkeitsvoraussetzungen** gegeben sind.[5] Somit besteht ab diesem Zeitpunkt eine Kostentragungspflicht für **Rechtsverfolgungskosten** des VN in Form der anfallenden Gebühren eines Rechtsanwaltes, den der VN zur klageweisen Anspruchsdurchsetzung einschaltet, da der Versicherer Anlass zur Klageerhebung gegeben hat.[6]

4   **II. Kosten der Leistungsprüfung**: Im Rahmen der Leistungsprüfung anfallende Kosten trägt nach A.4.10.1 der Versicherer. Die Regelung beinhaltet die Ausgestaltung der aus § 189 i. V. m. § 85 VVG resultierenden Pflicht des Versicherers zur Kostentragung der Schadenermittlungskosten. Zu erstatten sind die gebotenen bzw. alle auf Veranlassung des Versicherers ausgelösten Kosten. Da sowohl § 189 VVG grundsätzlich abdingbar ist (vgl. § 191 VVG) und dies nach § 87 ebenso für § 85 VVG gilt, begegnet es keinen Bedenken, dass in A.4.10.1 die Höhe der Übernahme ärztlicher Gebühren je nach Leistungsart begrenzt ist.[7] Bedenken wurden in der Literatur aus einer BGH-Entscheidung[8] zur Sachversicherung hergeleitet, in der es um eine in den AVB vereinbarte Abwälzung von Kosten eines Sachverständigen auf den VN auch für den Fall ging, dass der Versicherer ein Sachverständigenverfahren verlangt hatte. Die Entscheidung des BGH ist jedoch nicht auf die hier bestehende Interessen- und Sachlage übertragbar, worauf Grimm zutreffend hinweist.[9] Praktische Bedeutung hat die Regelung eher weniger, da typischerweise der Versicherer ohnehin die Ermittlungen führt und Berichte anfordert. Zudem erfasst die Begrenzung für ärztliche Gebühren nicht solche Kosten, die für vom Versicherer gesondert beauftragte Begutachtungen etc. anfallen.[10]

---

3   Grimm AUB 2010 9 Rn. 18.
4   BGH Urt. v. 27.09.1989 – IVa ZR 156/88, VersR 1990, 153 = r+s 1990, 58 = zfs 1990, 127; OLG Köln Urt. v. 26.10.1989 – 5 U 55/89 VersR 1990, 373 = r+s 1990, 324.
5   OLG Hamm Urt. v. 06.02.1998 – 20 U 218/97, r+s 1998, 302.
6   OLG Hamm Urt. v. 06.02.1998 – 20 U 218/97, r+s 1998, 302; Grimm AUB 2010 9 Rn. 18.
7   Zutreffend Grimm AUB 2010 9 Rn. 10; nunmehr auch Prölss/Martin – Knappmann VVG, AUB 2010 Ziff. 9 Rn. 2, allerdings skeptisch im Hinblick auf den Ausschluss sonstiger Kosten.
8   BGH Urt. v. 03.03.1982 – IVa ZR 256/80, VersR 1982, 482 = r+s 1982, 105 = zfs 1982, 218 = NJW 1982, 1391.
9   Grimm AUB 2010 9 Rn. 10.
10 Grimm AUB 2010 9 Rn. 11; Prölss/Martin – Knappmann VVG, AUB 2010 Ziff. 9 Rn. 2.

Die Begrenzung der Kostenübernahme liegt bei der Prüfung einer Invalidität markt- 5
üblich soweit bekannt bei 1‰ der versicherten Summe und beim Tagegeld sowie Krankenhaustagegeld mit Genesungsgeld jeweils bei einem Tagessatz.

B. Fälligkeit der Leistung nach A.4.10.2

I. Die Regelung setzt die gesetzliche Vorgabe aus § 187 Abs. 2 S. 1 VVG um, nach dem 6
die Leistung des Versicherers innerhalb von zwei Wochen fällig ist, wenn der Versicherer den Anspruch anerkannt oder sich mit dem VN über Grund und Höhe des Anspruchs geeinigt hat. Einen weiteren Regelungsinhalt hat die Klausel nicht, aber indirekt weitere Bedeutung für den Verjährungsbeginn. Erklärt der VR, dass er die Leistungspflicht anerkenne, so wird die Versicherungsleistung damit bereits gem. A.4.10.2 (bzw. der jeweils einschlägigen Regelung in anderen AUB) fällig, auch wenn der VR in dem selben Schreiben noch ein weiteres ärztliches Attest verlangt, ohne dass er diesbezüglich ausdrücklich einen Vorbehalt bzgl. der Fälligkeit aufnimmt.[11]

II. Mit Eintritt der Fälligkeit **beginnt die Verjährung**. Das VVG enthält keine eigen- 7
ständigen Verjährungsregeln, so dass sich die Verjährung nach den allgemeinen Regelungen des BGB richtet. Nach § 195 BGB beträgt die regelmäßige Verjährungsfrist 3 Jahre. Sie beginnt nach § 199 BGB mit dem Schluss des Jahres, in dem der Anspruch entstanden und fällig geworden ist. Mit dem Schluss des Jahres, in dem also die Fälligkeit des Leistungsanspruchs entstanden ist läuft die Verjährungsfrist, solange zu diesem Zeitpunkt auch die Anspruchsvoraussetzungen gegeben sind, also bei der Invaliditätsleistung die Invalidität innerhalb von 15 Monaten eingetreten und innerhalb von 15 Monaten ab dem Unfalltag geltend gemacht worden ist, da die Verjährung nicht beginnen kann, bevor der VN seine erforderlichen **Mitwirkungshandlungen** erbracht hat.[12] Die Verjährung von Ansprüchen auf Krankenhaustagegeld und Tagegeld kann daher also früher eintreten als diejenige für die Invaliditätsleistung.[13]

Streitig ist in der Literatur die Frage behandelt worden, ob der VN durch das Unterlas- 8
sen seiner Mitwirkungshandlungen defakto den Verjährungsbeginn beliebig herausschieben kann.[14] Prölss votiert mit einer großen Anzahl von instanzgerichtlichen Entscheidungen dafür auf den Zeitpunkt für den Verjährungsbeginn abzustellen, in der der VN ohne schuldhaftes Unterlassen die Mitwirkungshandlungen hätte erbringen müssen.[15] Der BGH hat dem widersprochen und zutreffend darauf hingewiesen, dass nicht auf ein Verschulden als Merkmal abgestellt werden könne, das dem Gesetz in diesem Zusammenhang fremd und zudem nicht verlässlich genug für eine Feststel-

---

11 OLG Karlsruhe Beschl. v. 16.1.2012 – 9 W 64/11, VersR 2012, 1295 = r+s 2013, 302 (zu AUB 88, jedoch allgemein übertragbar).
12 BGH Urt. v. 13.03.2002 – IV ZR 40/01, VersR 2002, 698 = r+s 2002, 217 = zfs 2002, 285.
13 BGH Urt. v. 13.03.2002 – IV ZR 40/01, VersR 2002, 698 = r+s 2002, 217 = zfs 2002, 285.
14 Nicht ganz eindeutig und i. E. offen, aber umfassend zum Meinungsstand hierzu Grimm AUB 2010 15 Rn. 5.
15 Prölss/Martin – Prölss VVG (noch 27. Aufl.), § 12 Rn. 11 m. w. N.

lung sei.[16] In dieser Entscheidung aus dem Jahr 2002 hat der BGH seine frühere Rechtsprechung fortgeführt und darüber hinaus klargestellt, dass eine Vorverlegung des Verjährungsbeginns nur in den vom Versicherer zu beweisenden Fällen in Betracht kommt, in denen der VN durch das Unterlassen seiner Mitwirkungshandlungen treuwidrig handelt.[17] Eine weitere Vorverlegung oder Konstruktion eines Zeitpunktes für den Verjährungsbeginn ist auch nicht zum Schutz des VR geboten, da dieser letztlich den eindeutigen Beginn der Verjährungsfrist jedenfalls dadurch herbeiführen kann, dass er seinerseits die Leistungspflicht endgültig verneint. Daran ist er nicht gehindert und dies kann ihm jedenfalls dann nicht als treuwidrig ausgelegt werden, wenn der VN seine erforderlichen Mitwirkungshandlungen trotz entsprechender Aufforderung nicht erbringt, obgleich er hinreichend Zeit dazu hatte.

9 Zu beachten ist, dass eine Leistungsklage auf die Versicherungsleistung nur im **Umfang der bezifferten Anspruchsgeltendmachung verjährungshemmende Wirkung** hat. Der früher im Rahmen des § 12 Abs. 3 VVG a. F. geltende Grundsatz, dass eine zur Fristwahrung erhobene Teilklage die Frist zur Geltendmachung für den ganzen Anspruch wahrt, gilt für die Verjährungshemmung nach § 204 BGB nicht, wie der BGH explizit für die Unfallversicherung klargestellt hat.[18]

C. Vorschüsse, A.4.10.3

10 I. A.4.10.3 setzt die gesetzliche Vorgabe aus § 187 Abs. 2 S. 2 VVG um, der bestimmt, dass der Versicherer auf Verlangen des VN einen **angemessenen Vorschuss** zu leisten hat, wenn die Leistungspflicht nur dem Grunde nach feststeht (sei es durch Anerkenntniserklärung des Versicherers oder durch Urteil[19]). Die Bevorschussung ist gängige Praxis, da es häufig vorkommt, dass zwar der Eintritt eines bleibenden Dauerschadens feststeht, also die Invalidität, aber noch offen ist, ob und wieweit noch eine geringfügige Besserung eintritt und wie sich das Ausmaß der Invalidität nach Ausschöpfung weiterer Behandlungs- oder Rehabilitationsmaßnahmen darstellen wird. Der Versicherer leistet dann bereits häufig von sich aus einen Vorschuss ggf. nach erster, vorläufiger Bemessung der Invalidität und kündigt an, die Bemessung innerhalb des 3-Jahreszeitraums für die Neubemessung der Invalidität endgültig vorzunehmen (vgl. unten Rdn. 13 ff. zu A.4.10.4). Ein solches Vorgehen kann durchaus sinnvoll sein. Klarzustellen ist, dass die Vorschusszahlung nicht im Belieben des Versicherers steht, sondern dass der VN aus § 187 Abs. 2 S. 2 VVG einen ggf. auch gerichtlich durchsetzbaren, klagbaren Anspruch auf Vorschusszahlung hat.

11 II. **Angemessen** ist ein Vorschuss, wenn er die zum Zeitpunkt der Zahlung voraussehbare Mindestleistung des Versicherers erreicht.[20] Da die Vorschusspflicht erst besteht,

---

16 BGH Urt. v. 13.03.2002 – IV ZR 40/01, VersR 2002, 698 = r+s 2002, 217 = zfs 2002, 285.
17 So auch Schubach/Jannsen – Schubach, Private Unfallversicherung AUB 2008 Ziff. 9. Rn. 9.
18 BGH Urt. v. 11.03.2009 – IV ZR 224/07, r+s 2009, 292 = zfs 2009, 459.
19 Grimm, AUB 2010 9 Rn. 16 ff.
20 Grimm, AUB 2010 9 Rn. 18; Prölss/Martin – Knappmann VVG, AUB 2010 ZIff. 9 Rn. 10.

wenn die Leistungspflicht dem Grunde nach feststeht, steht eine vorbehaltlose Vorschusszahlung einem Anerkenntnis gleich.[21] Aus der Natur einer Vorschusszahlung heraus ergibt sich jedoch jedenfalls bei einem Vorbehalt das Recht des Versicherers, ggf. als Vorschuss geleistete Zahlungen zurückzuverlangen, wenn sich bei der späteren Bemessung herausstellt, dass dieser zu hoch war oder keine Leistungspflicht besteht.[22]

III. Die Regelung in A.4.10.3 S. 2 begrenzt die Invaliditätsleistung vor **Abschluss des Heilverfahrens** innerhalb des ersten Jahres nach dem Unfall der Höhe nach auf die im Versicherungsvertrag vereinbarte Todesfallsumme. Sie stellt somit sicher, dass der Versicherer durch die Vorschussleistung nicht mehr an den VN zu leisten hat, als er beim Tod der versicherten Person zu leisten hätte, da in diesem Fall nach A.4.5.1.4 kein Anspruch auf die Invaliditätsleistung besteht. Der Versicherer soll allerdings die Vorschussleistung auf die Invaliditätsleistung nicht verweigern dürfen, wenn nach den Umständen ein unfallbedingter Todeseintritt auszuschließen ist, wie bspw. beim Verlust eines Fingerendgliedes.[23] Es wäre **treuwidrig**, wenn sich der Versicherer bei mit an Sicherheit grenzender Wahrscheinlichkeit auszuschließender Gefahr des Ablebens auf die Begrenzung einer Invaliditätsleistung auf die Todesfallsumme berufen würde, wenn zu diesem Zeitpunkt eine Mindestinvalidität vor Ablauf eines Jahres und vor Abschluss des Heilverfahrens feststeht. Die Klausel ist dahingehend auszulegen, dass nach ihrem Sinn und Zweck der Versicherer vor einer Überzahlung geschützt sein soll. Besteht dieser Schutzzweck nach den als gesichert anzusehenden medizinischen Erkenntnissen nach dem bisherigen Heilverlauf nicht mehr, kommt der Klausel kein eigenständiger Regelungszweck mehr zu und ist der Versicherer nicht mehr schutzwürdig. Der schon in der bisherigen Literatur vorherrschenden Ansicht[24] ist mit dem OLG Düsseldorf[25] und zuletzt OLG Karlsruhe[26] uneingeschränkt zuzustimmen. Beide Entscheidungen stellen darauf ab, dass es treuwidrig sei, wenn sich der Versicherer auf den Wortlaut der Klausel berufen würde, wenn der Versicherer nach den ärztlichen Gutachten die Invalidität in einer gewissen Schwankungsbreite bemessen kann.

12

---

21 Prölss/Martin – Knappmann VVG, AUB 2010 Ziff. 9 Rn. 10; Beckmann/Matusche-Beckmann, Versicherungsrechtshandbuch 2. Aufl. § 47 Rn. 226; Rüffer/Halbach/Schimikowski – Rüffer, Versicherungsvertragsgesetz Handkommentar § 187 Rn. 3.
22 Terbille – Hormuth, Versicherungsrecht 3. Aufl. § 24 Rn. 121.
23 Grimm AUB 2010 9 Rn. 19.
24 Vgl. Grimm AUB 2010 9 Rn. 19; zögerlich auch Prölss/Martin-Knappmann VVG, AUB 2010 Ziff. 9 Rn. 10.
25 OLG Düsseldorf Urt. v. 21.06.1994 – 4 U 206/93, VersR 1994, 1460 = r+s 1994, 395 = zfs 1995, 142.
26 OLG Karlsruhe Urt. v. 19.08.2004 – 12 U 228/04, VersR 2005, 68 = r+s 2005, 212 = NJW-RR 2004, 1615.

D. Neubemessung der Invalidität A.4.10.4

I. Zweck der Klausel

13 Die Regelung setzt die Vorgabe des § 188 VVG um. Voraussetzung einer Neubemessung ist zwingend, dass zuvor bereits eine Erst-Feststellung der Invalidität durch Anerkenntniserklärung des Versicherers nach A.4.10.1 oder durch gerichtliches Urteil ergangen ist, da andernfalls eine Neufestsetzung ausgeschlossen ist.[27]

14 1. Beide Seiten können jährlich, jedoch maximal bis zum Abschluss des dritten Jahres nach dem Unfall den Grad der Invalidität ärztlich neu bemessen lassen. Nach der Gesetzesbegründung zu § 188 VVG berücksichtigt die Bestimmung, dass in der Unfallversicherung zum einen ein Interesse des VN daran besteht, alsbald eine Invaliditätsleistung zu erhalten und auf der anderen Seite die Einschätzung des Grades einer gesundheitlichen Beeinträchtigung einer versicherten Person jedenfalls innerhalb eines bestimmten Zeitraums nach einem Unfallereignis schwanken kann.[28] Voraussetzung einer Neubemessung ist jedoch in jedem Fall eine Veränderung im Gesundheitszustand, so dass nur Umstände berücksichtigt werden dürfen, die nicht bereits in die Erstbemessung eingeflossen sind.[29]

15 2. Für **Kinder** bis zu einer vom Versicherer festzulegenden Altersgrenze kann die Frist für die **Neubemessung** auf eine ebenfalls vom Versicherer festzusetzende Anzahl von Jahren verlängert werden (vgl. § 188 Abs. 1 S. 2 VVG). Die Versicherer haben, soweit derzeit überschaubar, zwar überwiegend davon Gebrauch gemacht, jedoch nicht durchgängig. Es ist an dieser Stelle nur nochmals eindringlich darauf hinzuweisen, dass für die Prüfung eines Anspruchs zwingend die konkreten AKB des betroffenen Versicherers in der jeweils vertragsgegenständlichen Fassung für die Prüfung heranzuziehen sind. Übersieht bspw. der in die Abwicklung eingeschaltete Rechtsanwalt des VN, dass im konkreten Fall für ein minderjähriges Kind keine Verlängerung der Neubemessungsfrist vertraglich vereinbart ist und können daher eingetretene Verschlechterungen nicht mehr beim Versicherer geltend gemacht werden, ist unzweifelhaft ein Haftungsanspruch gegen den Rechtsanwalt aus Schlechterfüllung des anwaltlichen Dienstleistungsvertrags gegeben.

Soweit die Verlängerung in die Klausel aufgenommen ist, gilt sie – soweit überschaubar – regelmäßig aber nicht zwingend für Kinder bis zur Vollendung des 14. Lebensjahres und dehnt die Neubemessungsmöglichkeit auf 5 Jahre aus.

II. Ausübung

16 1. Durch den Versicherer: Der **Versicherer** muss sein Recht zur Neubemessung bereits zusammen mit seiner nach A.4.10.1 abzugebenden Erklärung über die Anerkennung

---

[27] BGH Urt. v. 16.01.2008 – IV ZR 271/06, VersR 2008, 527 = r+s 2008, 211 = NJW-RR 2008, 833.
[28] BT-Drucks. 16/3945 Begr. 278.
[29] OLG Hamm Urt. v. 15.2.2013 – 20 U 140/12, r+s 2014, 38.

seiner Eintrittspflicht innerhalb der für diese geltenden Frist ausüben. Er kann dazu die nach A.4.10.1 geschuldete Erklärung mit dem **Vorbehalt** versehen, den Grad der Invalidität nach A.4.10.4 jährlich, längstens bis zu drei Jahren nach Eintritt des Unfalls oder überhaupt nach 3 Jahren erneut ärztlich bemessen zu lassen. Es handelt sich dann bei der endgültigen Invaliditätsbemessung zum Ende des dritten Jahres nach dem Unfall nicht um die Erstfeststellung, sondern um eine Nachprüfung der bereits zuvor getroffenen Entscheidung.

2. Durch den VN: Der **Versicherungsnehmer** muss die Neubemessung vor Ablauf der Frist verlangen. Frühere Rechtsprechung zur Beachtung einer in AUB gesetzten Frist von 3 Monaten vor Ablauf ist im Rahmen der AKB 2008 (ebenso für die AUB ab 2008) nicht mehr heranzuziehen, da die AKB 2008 wie die AUB 2008/2010 und 2014 diese Regelung nicht mehr enthalten. Sie würde gegen den klaren Wortlaut und Regelungsinhalt des § 188 Abs. 1 VVG 2008 verstoßen und als Einschränkung über die gesetzliche Regelung hinaus den VN unangemessen benachteiligen und von einem gesetzlichen Leitbild abweichen, so dass eine entsprechende Klausel unwirksam wäre.[30] Behält sich nur der VN eine Neubemessung vor, weigert sich dann jedoch die vom Versicherer benannten Ärzte aufzusuchen, so stellt dies keine Obliegenheitsverletzung dar, nach der der Versicherer Leistungsfreiheit geltend machen könnte. Eine solche Weigerung stellt vielmehr nur einen zulässigen, nachträglichen Verzicht des VN auf sein Recht zur Neubemessung dar.[31]

3. **Rechtzeitigkeit**: Für beide Seiten gilt, dass ein Recht auf Neubemessung so rechtzeitig vor Fristablauf durch den VN ausgeübt und durch den Versicherer die Begutachtung nach dem bereits in der Erklärung nach A.4.10.1 ausgeübten Neubemessungsverlangen veranlasst werden muss, dass zumindest die ärztliche Begutachtung noch innerhalb der Frist zur Neubemessung durchgeführt werden kann.[32] Es reicht aus, wenn die Neubemessung durch den VN 6 Wochen vor Ablauf der Frist geltend gemacht wird, da es nicht darauf ankommt, ob die konkret vom Versicherer ausgewählten Gutachter in dieser Zeit die Begutachtung durchführen können, sondern nur darauf ankommen kann, ob eine entsprechende ärztliche Begutachtung objektiv noch bis zum Fristablauf möglich ist. Dies ist nach OLG Hamm bei 6 Wochen noch der Fall.[33] Nach Ablauf der Frist muss sich der VN keiner Untersuchung durch Ärzte mehr stellen.[34] Unschädlich ist es wenn die Stellungnahme des Arztes erst nach dem Fristablauf ausgearbeitet wird, solange die erforderlichen Feststellungen zur Neubemessung innerhalb der Frist getroffen wurden.

---

30 Marlow/Spuhl, Das Neue VVG kompakt 4. Aufl. Rn. 1277; Schwintowski/Brömmelmeyer – Brömmelmeyer, Praxiskommentar zum Versicherungsvertragsrecht § 188 Rn. 3.
31 BGH Urt. v. 02.12.2009 – IV ZR 181/07, zfs 2010, 161.
32 BGH Urt. v. 04.05.1994 – IV ZR 192/93, VersR 1994, 971 = r+s 1994, 356 = zfs 1994, 334; Urt. v. 16.07.2003 – IV ZR 310/02, VersR 2003, 1165 = r+s 2003, 378 = zfs 2003, 558.
33 OLG Hamm Urt. v. 14.07.1995 – 20 U 48/95, VersR 1996, 1402 = r+s 1995, 478 = zfs 1996, 25.
34 BGH Urt. v. 04.05.1994 – IV ZR 192/93, VersR 1994, 971 = r+s 1994, 356 = zfs 1994, 334; Urt. v. 16.07.2003 – IV ZR 310/02, VersR 2003, 1165 = r+s 2003, 378 = zfs 2003, 558.

19 **4. Vorprozess:** Ein vom VN geführter Prozess über die Festlegung des Invaliditätsgrades nach der Erstbemessung hindert nicht die Ausübung des Neubemessungsrechts des VN. Unterschiedlich hat die obergerichtliche Rechtsprechung die Frage beurteilt, ob ein rechtskräftiges Leistungsurteil auf eine konkrete Invaliditätsleistung eine spätere Neubemessung ausschließt, soweit sich der VN dieses Recht nicht vorbehalten hat. Nach einer älteren Entscheidung des OLG Köln soll in diesem Fall das rechtskräftige Leistungsurteil eine spätere Neubemessung ausschließen.[35] Danach sollen die Parteien angeblich davon ausgehen, dass ohne einen geäußerten Vorbehalt beide davon ausgehen, dass alle Fragen abschließend im Prozess geklärt werden sollen. Das OLG Hamm hingegen verneint einen Ausschluss der Neubemessung in dieser Situation.[36] Es führt hierzu zutreffend aus, dass bei einem deutlich vor Ablauf der Neubemessungsfrist ergehenden rechtskräftigen Urteil über einen konkret bezifferten Leistungsanspruch eine Neubemessung innerhalb der vertraglichen Frist nicht ausgeschlossen ist. Der Begründung des OLG Hamm ist zuzustimmen, da gerade das zuvor ergangene Urteil nur diejenigen Tatsachen berücksichtigen kann, die zum Zeitpunkt der Entscheidung als feststehend zugrunde zu legen sind. Mit dem Sinn und Zweck der Neubemessung ist es nicht vereinbar, dem VN danach noch bis zum Ablauf der Neubemessungsfrist eintretende Veränderungen abzuschneiden. Dies kann auch nicht damit begründet werden, dass der VN sich eine spätere Neubemessung im vorherigen Rechtsstreit nicht vorbehalten hat. Schon die AKB (und die AUB) sehen gerade das Erfordernis eines frühzeitigen Vorbehaltes oder die frühzeitige Ausübung des Rechts auf Neubemessung nur für den Versicherer vor und billigen dem VN gerade zu, dieses Recht bis zum Fristablauf auszuüben. Dies bestätigt auch das jüngste Urteil des BGH zu dieser Frage, nachdem der VN nicht verpflichtet ist, in einem Rechtsstreit über die Erstfeststellung seiner Invalidität bereits alle bis zum Abschluss der mündlichen Verhandlung eingetretenen Veränderungen seines Gesundheitszustandes geltend zu machen. Kann der VN beweisen, dass bestimmte Veränderungen noch nicht in die gerichtliche Entscheidung eingeflossen sind, so sind diese Veränderungen im Rahmen der Neubemessung zu berücksichtigen.[37]

19 Umstritten ist bei einer gerichtlichen Überprüfung der Erstbemessung einer Invalidität im Prozess, auf welchen maßgeblichen Zeitpunkt dann abzustellen ist. Immerhin kann sich ein solcher Prozess über mehrere Jahre hinziehen und sogar den Zeitraum von 3 Jahren ab dem zu Grunde liegenden Unfallereignis überschreiten, in dem längstens eine Neubemessung möglich wäre. Das OLG Düsseldorf hat mit Urteil vom 6.8.2013 entschieden, dass es weder auf den Zeitpunkt ankomme, zu dem der Versicherer die im Streit stehende Erstbemessung vorgenommen habe, noch auf den Zeitpunkt des Ablaufs der 3 Jahresfrist für die Neubemessung, sondern dass der Zeitpunkt der letzten mündlichen Tatsachenverhandlung maßgeblich sei, der eine bestimmte sachverstän-

---

35 OLG Köln Urt. v. 19.01.1989 – 5 U 196/99, r+s 1989, 134.
36 OLG Hamm Urt. v. 14.07.1995 – 20 U 48/95, VersR 1996, 1402 = r+s 1995, 478 = zfs 1996, 25, Urt. v. 24.10.2007 – 20 U 146/07, VersR 2008, 913 = r+s 2008, 163.
37 BGH Beschl. v. 22.04.2009 – IV ZR 328/07, VersR 2009, 920 = r+s 2009, 293 = zfs 2009, 461 (dort fehlerhaft als Urt. bez.) = NZV 2009, 445 = NJW-RR 2009, 1112.

dige Untersuchung mit darauf beruhender ärztlicher Feststellung zugrunde liege.[38] Das Urteil ist in der Literatur sowohl auf Befürworter gestoßen[39] als auch auf Ablehnung.[40] Die herrschende Meinung und wohl überwiegende Rechtsprechung sieht das Ende der Dreijahresfrist als letztmöglichen Zeitpunkt an, auf den für die Berücksichtigung des Gesundheitszustands abgestellt werden kann.[41] Dies ist zutreffend, da eine andere Bewertung mit der Systematik und dem Regelungszweck der AKB/AUB zur Neubemessung nicht in Einklang zu bringen wäre und es durch einen sich in die Länge ziehenden Rechtsstreit zur Berücksichtigung von später eintretenden gesundheitlichen Veränderungen kommen könnte, die gerade nach dem Bedingungswerk ausgeschlossen sein soll. Gleichwohl hat der BGH anlässlich einer Entscheidung zur Unfallversicherung vom 1.4.2015 in einem obiter dictum zur Beachtung für das OLG im Rahmen der neuen Verhandlung ausgeführt, dass der VR in einem Rechtsstreit um die Erstbemessung der Invalidität im Grundsatz alle bis zur letzten mündlichen Verhandlung eingetretene Umstände heranziehen könne. Eine zeitliche Begrenzung könne sich nicht aus der 3-Jahresfrist für die Neubemessung ergeben, da diese Frist nur für die Neubemessung gelte und der Anwendungsbereich mangels Erstbemessung noch gar nicht eröffnet sei.[42] Somit hat der BGH quasi die Entscheidung des OLG Düsseldorf[43] bestätigt.

III. Belehrungspflicht

Im Gegensatz zu früheren AUB zur allgemeinen Unfallversicherung (bis AUB 99) muss der Versicherer den VN nun bereits mit seiner Erklärung über die Leistungspflicht nach A.4.10.1 über dessen Recht auf Neubemessung unterrichten (vgl. § 188 Abs. 2 S. 1 VVG). Insoweit ist die frühere Rechtsprechung zur alten Rechtslage[44] auf die neue Rechtslage seit der VVG-Reform nicht mehr übertragbar, die eine Belehrungspflicht des Versicherers abgelehnt hatte. § 188 Abs. 2 S. 2 VVG bestimmt insoweit, dass sich der Versicherer bei einer unterbliebenen Unterrichtung nicht auf eine Verspätung des Verlangens des VN auf Neubemessung des Invaliditätsgrades berufen kann. Von dieser halbzwingenden Regelung darf nicht zum Nachteil des VN abgewichen werden (vgl. § 191 VVG). Der maßgebliche Zeitpunkt bleibt jedoch in jedem Fall der Zustand nach 3 Jahren ab dem Unfall, auch wenn der VN mangels Belehrung zu einem späteren Zeitpunkt sein Neubemessungsverlangen geltend macht.[45]

21

---

38 OLG Düsseldorf Urt. v. 6.8.2013 – 4 U 221/11, VersR 2013, 1573 = zfs 2013, 701.
39 So Naumann/Brinkmann, Anmerkung zum Urteil in VersR 2013, 1575.
40 Jacob, VersR 2014, 291 (294).
41 So zuletzt auch OLG Oldenburg Urt. v. 21.01.2015 – 5 U 103/14, juris (bislang n. v.), Revision zugelassen.
42 BGH Urt. v. 1.4.2015 – IV ZR 104/13, VersR 2015, 617 = r+s 2015, 250.
43 Vgl. Fn. 38.
44 Vgl. Nachweise bei Grimm, AUB 2010 9 Rn. 20.
45 Kloth Private Unfallversicherung, G Rn. 121 unter Hinweis auf BGH Urt. v. 20.04.2005 – IV ZR 237/03, VersR 2005, 927 = r+s 2005, 299 = zfs 205, 452.

22 Streitig ist in der Literatur zu dieser neuen Regelung, ob für die Belehrung das Textformerfordernis aus § 187 Abs. 1 S. 1 VVG gilt.[46] Nach Marlow/Spuhl[47] soll auch eine mündliche Belehrung ausreichen. Dies erscheint bedenklich. Der Versicherer wird sich wegen der Folgen einer unterbliebenen Belehrung nicht auf das Beweisrisiko einlassen können. In diesem Fall könnte der Versicherte zeitlich unbegrenzt eine Neufeststellung verlangen, ohne dass der Versicherer sich auf eine Verspätung des Feststellungsbegehrens berufen könnte. Gleichwohl wäre bei einer späteren Feststellung außerhalb des 3 Jahreszeitraums natürlich auf den Zustand zum Ablauf des dritten Jahres nach dem Unfall abzustellen. Zum anderen stellt jedoch schon § 188 Abs. 2 S. 1 VVG unmittelbar auf die Erklärung des Versicherers über die Leistungspflicht nach § 187 Abs. 1 S. 1 ab, in dem er dem Versicherer die Belehrung mit dieser Erklärung auferlegt. Soweit der Gesetzgeber aber dem Versicherer auferlegt im Rahmen der Leistungserklärung die Belehrung über die Neufestsetzungsfrist vorzunehmen, müssen die Formerfordernisse für die Leistungserklärung genauso für die Belehrung nach § 188 Abs. 2 S. 1 gelten. Es ist daher eine Belehrung in Textform erforderlich.

IV. Verzinsung

23 Nach A.4.10.4 S. 6 ist ein Mehrbetrag zu verzinsen, falls sich bei der Neubemessung eine höhere Invalidität herausstellt. Hier ist erneut höchste Vorsicht für den VN bzw. den diesen vertretenden Rechtsanwalt geboten. Für letzteren verbirgt sich hier eine **Regressfalle**. Nur die sorgfältige Prüfung anhand der konkret vertragsgegenständlichen AKB des jeweiligen Versicherers kann hier einen möglichen Anspruchsverlust des VN verhindern! Der Zinssatz ist in den Musterbedingungen nicht vorgegeben, sondern den Versicherern überlassen. Er beträgt üblicherweise 5 %.

V. Rückforderungsrecht des Versicherers

24 Stellt sich bei der Neubemessung heraus, dass der Versicherer aufgrund der Erstfeststellung eine zu hohe Versicherungsleistung geleistet hat, ist der VN zu Unrecht bereichert. Der Versicherer kann daher nach § 812 BGB das zu viel Geleistete zurückfordern. § 814 BGB steht dem grade nicht entgegen weil zum Zeitpunkt der Leistungserbringung der Versicherer keine Kenntnis von der Nichtschuld hatte. Dabei hat jedoch der Versicherer den Vollbeweis nach § 286 ZPO zu erbringen, dass ein geringerer Invaliditätsgrad besteht, als zunächst bei der Erstfeststellung angenommen.[48] Dabei muss sich jedoch als weitere Voraussetzung gerade auch auf den Zeitpunkt von 3 Jahren nach dem Unfall bezogen die frühere Einschätzung als zu hoch erweisen.[49] Der Versicherer kann eine zu hoch erbrachte Invaliditätsleistung dabei auch dann zurückfordern, wenn

---

46 So Schwintowski/Brömmelmeyer – Brömmelmeyer, Praxiskommentar zum Versicherungsvertragsrecht § 188 Rn. 8.
47 Marlow/Spuhl, Das Neue VVG kompakt 4. Aufl. S. 1278.
48 OLG Hamm Urt. v. 01.03.2006 – 20 U 182/05, VersR 2006, 1674 = r+s 2007, 33 = zfs 2007, 99.
49 OLG Hamm Urt. v. 11.04.2008 – 20 U 185/05, VersR 2009, 495 = r+s 2009, 164 = zfs 2009, 166.

er sich selbst zwar das Recht zur Neubemessung nicht vorbehalten hat, sondern anlässlich einer vom VN betriebenen Neubemessung die entsprechende Feststellung erfolgt.[50]

A.4.11 Abtretung und Zahlung für eine mitversicherte Person

Abtretung

A.4.11.1 Ihren Anspruch auf die Leistung können Sie vor der endgültigen Feststellung ohne unsere ausdrückliche Genehmigung weder abtreten noch verpfänden.

Zahlung für eine mitversicherte Person

A.4.11.2 Sie können die Auszahlung der auf eine mitversicherte Person entfallenden Versicherungsleistung an Sie selbst nur mit der Zustimmung der mitversicherten Person verlangen.

Übersicht Rdn.
A. Abtretungsverbot, A.4.11.1 1
B. Fremdversicherung, A.4.11.2 2
I. Zustimmungserfordernis zur Auszahlung 2
II. Besonderheiten bei Insolvenz des VN 3

A. Abtretungsverbot, A.4.11.1

Die Regelung schützt die berechtigten Interessen des Versicherers, es in der Schadenregulierung nur mit dem VN zu tun zu haben. Die Regelung ist inhaltsgleich mit derjenigen in der Kaskoversicherung aus A.2.7.4, so dass auf die dortigen Ausführungen zu verweisen ist (vgl. AKB A.2.7 Rdn. 36). 1

B. Fremdversicherung, A.4.11.2

I. Zustimmungserfordernis zur Auszahlung

Soweit die Versicherung als **Fremdversicherung** für eine mitversicherte Person, also für fremde Rechnung abgeschlossen ist, ist ein Vertrag zugunsten Dritter gegeben. Der Versicherte ist materiell-rechtlicher Inhaber der Ansprüche aus dem Versicherungsvertrag.[1] Für diesen Fall stellt A.4.11.2 die gesetzliche Folge für die Fremdversicherung klar, die sich aus § 45 Abs. 3 VVG ergibt: Zur Auszahlung an den VN ist die Zustim- 2

---

50 LG Bonn Beschl. v. 04.09.2013 – 5 S 52/13, VersR 2014, 323 = r+s 2014, 622; Marlow/Tschersich, r+s 2011, 453 (458); Prölss/Martin-Knappmann, VVG, 29. Aufl., AUB 2010 Ziff. 9 Rn. 11.
1 BGH Urt. v. 16.7.2014 – IV ZR 88/13, VersR 2014, 1118 = r+s 2014, 454 = DAR 2014, 698 = NJW 2014, 3030.

A.4.12 AKB Was ist nicht versichert?

mung des Versicherten erforderlich. Es handelt sich um eine Fälligkeitsvoraussetzung.[2] Diese muss im Streitfall der VN **beweisen**.[3] Die Zustimmung kann auch bereits vor dem Eintritt eines Versicherungsfalls erklärt werden.[4] Sie soll sogar konkludent erteilt werden können.[5] Gerade im Hinblick auf die Besonderheiten der Kfz-Unfallversicherung als Personenversicherung sind hier jedoch hohe Anforderungen und besondere Sorgfalt bei der Feststellung geboten.

II. Besonderheiten bei Insolvenz des VN

3   Besonderheiten ergeben sich bei einer Insolvenz des VN, da hier fraglich ist, ob der Insolvenzverwalter berechtigt ist, die Versicherungsleistung geltend zu machen. Dies ist dem Insolvenzverwalter möglich[6], ja er ist sogar im Hinblick auf die ordnungsgemäße Vermögensverwaltung des VN dazu verpflichtet (vgl. § 22 Abs. 1 Nr. InsO), entsprechende Ansprüche zu wahren, auch wenn die Versicherungsleistung bei einer Fremdversicherung zugunsten eines anderen Versicherten nicht zur Insolvenzmasse des VN gehört, sondern materiell-rechtlich dem Versicherten zusteht.[7] Der Insolvenzverwalter muss die Versicherungsleistung daher aufgrund des insolvenzrechtlichen Aussonderungsrechts des Versicherten aus § 47 InsO (vorbehaltlich anderer sonstiger Ansprüche gegen den Versicherten), an diesen weiterleiten. Dies führt jedoch nicht dazu, dass etwa der Versicherer die Auszahlung an den Insolvenzverwalter verweigern dürfte, da dieser in seiner Eigenschaft als Insolvenzverwalter über das Vermögen des VN wie dieser gem. § 45 VVG die Verfügungsbefugnis über den Anspruch aus dem Versicherungsvertrag hat. Insoweit hat eine direkte Leistung des Versicherers an den Versicherten keine befreiende Wirkung, solange dieser nicht im Besitz des Versicherungsscheins ist (§ 44 Abs. 2 VVG).

A.4.12 Was ist nicht versichert?

Straftat

A.4.12.1 Risikoausschluss Straftat

Kein Versicherungsschutz besteht bei Unfällen, die der versicherten Person dadurch zustoßen, dass sie vorsätzlich eine Straftat begeht oder versucht.

---

2 Schwintowski/Brömmelmeyer – Hübsch, Praxiskommentar zum Versicherungsvertragsrecht § 45 Rn. 16.
3 Rüffer/Halbach/Schimikowski – Muschner, Versicherungsvertragsgesetz Handkommentar § 45 Rn. 8.
4 Wie vor.
5 Schwintowski/Brömmelmeyer – Hübsch, Praxiskommentar zum Versicherungsvertragsrecht § 45 Rn. 16.
6 Vgl. OLG Köln Urt. v. 05.12.2014 – 20 U 100/14, juris (sonst n. v.).
7 BGH Urt. v. 16.7.2014 – IV ZR 88/13, VersR 2014, 1118 = r+s 2014, 454 = DAR 2014, 698 = NJW 2014, 3030.

Geistes- oder Bewusstseinsstörung/Trunkenheit

A.4.12.2 Kein Versicherungsschutz besteht bei Unfällen des Fahrers durch Geistes- oder Bewusstseinstörungen, auch soweit diese auf Trunkenheit beruhen, sowie durch Schlaganfälle, epileptische Anfälle oder andere Krampfanfälle, die den ganzen Körper der versicherten Person ergreifen.

Versicherungsschutz besteht jedoch, wenn diese Störungen oder Anfälle durch ein Unfallereignis verursacht sind, das unter diesen Vertrag oder unter eine für das Vorfahrzeug bei uns abgeschlossene Kfz-Unfallversicherung fällt.

Genehmigte Rennen

A.4.12.3 Kein Versicherungsschutz besteht bei Unfällen, die bei Beteiligung an behördlich genehmigten kraftfahrt-sportlichen Veranstaltungen, bei denen es auf Erzielung einer Höchstgeschwindigkeit ankommt, entstehen. Dies gilt auch für dazugehörige Übungsfahrten.

Hinweis: Die Teilnahme an nicht genehmigten Rennen stellt eine Verletzung Ihrer Pflichten nach D.1.1.4 dar.

Erdbeben, Kriegsereignisse, innere Unruhen, Maßnahmen der Staatsgewalt

A.4.12.4 Kein Versicherungsschutz besteht bei Unfällen, die durch Erdbeben, Kriegsereignisse, innere Unruhen oder Maßnahmen der Staatsgewalt unmittelbar oder mittelbar verursacht werden.

Kernenergie

A.4.12.5 Kein Versicherungsschutz besteht bei Schäden durch Kernenergie.

Bandscheiben, innere Blutungen

A.4.12.6 Kein Versicherungsschutz besteht bei Schäden an Bandscheiben sowie bei Blutungen aus inneren Organen und Gehirnblutungen. Versicherungsschutz besteht jedoch, wenn überwiegende Ursache ein unter diesen Vertrag fallendes Unfallereignis nach A.4.1.2 ist.

Infektionen

A.4.12.7 Kein Versicherungsschutz besteht bei Infektionen. Bei Wundstarrkrampf und Tollwut besteht jedoch Versicherungsschutz, wenn die Krankheitserreger durch ein versichertes Unfallereignis sofort oder später in den Körper gelangen. Bei anderen Infektionen besteht Versicherungsschutz, wenn die Krankheitserreger durch ein versichertes Unfallereignis, das nicht nur geringfügige Haut- oder Schleimhautverletzungen verursacht, sofort oder später in den Körper gelangen. Bei Infektionen, die durch Heilungsmaßnahmen verursacht sind, besteht Versicherungsschutz, wenn die Heilmaßnahmen durch ein unter diesen Vertrag fallendes Unfallereignis veranlasst waren.

Psychische Reaktionen

A.4.12.8 Kein Versicherungsschutz besteht bei krankhaften Störungen infolge psychischer Reaktionen, auch wenn diese durch einen Unfall verursacht wurden.

Bauch- und Unterleibsbrüche

A.4.12.9 Kein Versicherungsschutz besteht bei Bauch- oder Unterleibsbrüchen. Versicherungsschutz besteht jedoch, wenn sie durch eine unter diesen Vertrag fallende gewaltsame, von außen kommende Einwirkung entstanden sind.

Übersicht

		Rdn.
A.	Objektive Risikoausschlüsse	1
I.	Systematik der objektiven Risikoausschlüsse	1
II.	Beweislast	3
B.	Subjektive Risikoausschlüsse	4
I.	Grobe Fahrlässigkeit/Vorsatz	4
II.	Beweislast	7
C.	Die einzelnen objektiven Risikoausschlüsse der AKB 2015:	8
	Vorbemerkung	8
I.	A.4.12.1 Straftat	9
	1. Zielrichtung des Ausschlusses	9
	2. Straftat im Rechtssinn	10
	3. Auswirkungen eines Strafverfahrens	11
	4. Rechtswidrigkeit und Schuld	12
	5. Jugendlicher als Täter	13
	6. Erforderliche subjektive Kenntnis des VN/Irrtum	14
	7. Zeitliche Reichweite des Stadiums der Straftat	15
	a) Versuch	16
	b) Vollendung der Straftat	17
	c) Auswirkungen eines strafrechtlichen Rücktritts	18
	8. Form der Täterschaft	19
	9. Kausalzusammenhang	20
	10. Die typischen Straftaten im Straßenverkehr als Ausschlusstatbestand	22
	a) Fahren ohne Fahrerlaubnis, § 21 StVG	23
	aa) Inländische Fahrerlaubnis	23
	bb) Ausländische Fahrerlaubnis	25
	cc) Fahrenlassen	26
	dd) Fahrverbot	27
	ee) Beweislast	28
	b) Fahren mit einem nicht versicherten Fahrzeug, § 6 PflVG	29

			Rdn.
	c) unbefugter Gebrauchs eines Kraftfahrzeugs, § 248b StGB		30
	d) Trunkenheitsfahrt, § 316 StGB		33
		aa) Beweislast	34
		bb) Besonderheiten bei Teilnahme an Trunkenheitsfahrt	36
	e) Straßenverkehrsgefährdung, § 315c StGB		38
	f) unerlaubtes Entfernen vom Unfallort, § 142 StGB		40
	11. Beweislast		42
II.	A.4.12.2 Geistes- oder Bewusstseinsstörung/Trunkenheit		44
	1. Allgemeines		44
	2. Geistesstörung		46
	3. Bewusstseinsstörung		47
	a) Reichweite		47
	b) Grad der Beeinträchtigung		48
	c) Einzelfallbetrachtung		49
	4. Fallgruppen der Bewusstseinsstörungen		50
	a) alkoholbedingte Bewusstseinsstörungen		50
	b) Krankheitsbedingte Bewusstseinsstörungen		62
	c) Drogenbedingte oder medikamentenbedingte Bewusstseinsstörungen		63
	5. Schlaganfälle, epileptische Anfälle und andere Krampfanfälle		64
	a) Schlaganfall		65
	b) Epileptische Anfälle		67
	c) Andere Krampfanfälle		68
	6. Wiedereinschluss		69
III.	A.4.12.3 Genehmigte Rennen		72
IV.	A.4.12.4 Erdbeben, Kriegsereignisse, innere Unruhen, Maßnahmen der Staatsgewalt		76
V.	A.4.12.5 Kernenergie		77
VI.	A.4.12.6 Bandscheiben, innere Blutungen		78
	1. Allgemeines		78
	2. Bandscheiben		79
	3. Innere Blutungen		80
	4. Beweislast		81
VII.	A.4.12.7 Infektionen		82
VIII.	A.4.12.8 Psychische Reaktionen		88
IX.	A.4.12.9 Bauch- und Unterleibsbrüche		93

A. Objektive Risikoausschlüsse

I. Systematik der objektiven Risikoausschlüsse

Die Regelung der AKB enthält zulässige, objektive Risikoausschlüsse, die sich auf die Art des die Verletzung auslösenden Unfalls selbst (A.4.12.1. – A.4.12.5) oder auf die Folgen eines Unfalls beziehen (A.4.12.6 – A.4.12.9). Bei Unklarheiten in der Auslegung und der Reichweite eines solchen objektiven Risikoausschlusses ist nach den allgemeinen Grundsätzen eine enge Auslegung vorzunehmen.[1] Die Auslegung muss berücksich- 1

---

[1] BGH in ständiger Rspr. so z. B. Urt. v. 17.12.2008 – IV ZR 8/08, VersR 2009, 341.

A.4.12 AKB Was ist nicht versichert?

tigen, dass der VN nicht mit einer **Verkürzung des Versicherungsschutzes** zu rechnen braucht, die ihm nicht hinreichend deutlich gemacht wird[2], so dass sie dergestalt zu erfolgen hat, dass keine dem VN nicht erkennbaren Lücken im Versicherungsschutz entstehen.[3]

2 Da es sich bereits um objektive **Risikobegrenzungen** handelt, der Versicherer also für diese Umstände schon grundsätzlich keinen Versicherungsschutz gewähren will, sind sie gerade von Obliegenheitsverletzungen abzugrenzen mit der Folge, dass die Regelung des § 28 VVG keine Anwendung findet. Die Ausschlussklauseln geben dem VN keine bestimmte Verhaltensweise auf und stellen somit **keine Obliegenheit** dar.[4] Auf die objektiven Risikoausschlüsse sind auch die Regelungen der §§ 25–27 VVG über die **Gefahrerhöhung** nicht anwendbar.[5]

II. Beweislast

3 Die Beweislast für das Eingreifen eines objektiven Risikoausschlusses trägt nach einhelliger Auffassung in Rspr. und Lit. in vollem Umfang der Versicherer.[6] Allerdings trifft den VN ggf. nach den Grundsätzen von Treu und Glauben eine sekundäre Darlegungslast, dem Versicherer diejenigen Informationen zu liefern, die ausschließlich aus der Sphäre des VN stammen und dem Versicherer nicht ohne weiteres zugänglich sind.[7] Soweit die einzelnen Ausschlüsse auch Wiedereinschlüsse beinhalten, die dazu führen, dass unter bestimmten Gegebenheiten der Ausschluss nicht eingreift, stellt dies einen dem VN günstigen Umstand dar, für den somit der VN beweispflichtig ist. Hierbei hat der VN den **Vollbeweis** nach dem Maßstab des § 286 ZPO zu erbringen.[8] Die Risikoausschlüsse sind vom Gericht von Amts wegen zu berücksichtigen.[9]

---

2 BGH Urt. v. 13.12.2006 – IV ZR 120/05, VersR 2007, 388 = r+s 2007, 102 = zfs 2007, 221 = DAR 2007, 207.
3 BGH Urt. v. 25.06.2008 – IV ZR 313/06, VersR 2008, 1202 = r+s 2008, 372 = zfs 2008, 629 = DAR 2008, 518.
4 Naumann/Brinkmann, Die private Unfallversicherung in der anwaltlichen Praxis, § 4 Rn. 9; Grimm aaO. AUB 2010 5 Rn. 3.
5 Naumann/Brinkmann, Die private Unfallversicherung in der anwaltlichen Praxis, § 4 Rn. 9; Grimm aaO. AUB 2010 5 Rn. 3.
6 Vgl. nur aktuell BGH Urt. v. 13.05.2009 – IV ZR 211/05, VersR 2009, 1213 (st.Rspr.); OLG Köln Urt. v. 01.04.2008 – 9 U 87/07 r+s 2008, 290.
7 OLG Hamburg Beschl. v. 25.04.2007 – 9 U 23/07, r+s 2007, 386; OLG Hamm Urt. v. 14.05.2008 – 20 U 148/07, VersR 2009, 349 = r+s 2009, 30 = zfs 2009, 165.
8 OLG Hamm Urt. v. 24.01.2003 – 20 U 173/02, r+s 2003, 255; Urt. v. 03.03.2006 – 20 U 227/05 r+s 2007, 164; OLG Karlsruhe Urt. v. 17.03.2005 – 12 U 329/04, VersR 2005, 969; OLG Düsseldorf Urt. v. 26.02.2008 – 4 U 111/07, r+s 2008, 525; OLG Koblenz Urt. v. 03.03.2005 – 10 U 586/04, VersR 2005, 1425 = r+s 2006, 297 = zfs 2005, 454; OLG Köln Urt. v. 22.05.2002 – 5 U 185/01, VersR 2003, 1120; OLG Nürnberg Urt. v. 03.08.2000 – 8 U 465/00, NVersZ 2000, 570.
9 BGH Urt. v. 19.5.2010 – IV ZR 130/08, juris; Karcewski, r+s 2010, 495.

B. Subjektive Risikoausschlüsse

I. Grobe Fahrlässigkeit/Vorsatz

Obgleich die subjektiven Risikoausschlüsse nicht Regelungsgegenstand der AKB selbst sind, sollen diese nachfolgend wegen des Sachzusammenhangs und ihrer erheblichen Bedeutung kurz dargestellt werden. Die bekannten, in der Schadenversicherung geltenden **subjektiven Risikoausschlüsse** im Versicherungsrecht gelten in der Kfz-Unfallversicherung nur eingeschränkt. Zu beachten ist, dass die Regelungen zur grob fahrlässigen oder vorsätzlichen **Herbeiführung** des Versicherungsfalls aus § 81 VVG nicht zur Anwendung gelangen können. Diese stehen im allgemeinen Teil der Vorschriften des 2. Kapitels des VVG für die Schadenversicherung. Für die im 7. Kapitel geregelte Unfallversicherung gilt § 81 VVG somit nicht.[10]

Es gilt vielmehr die Regelung des § 183 VVG, der die Herbeiführung des Versicherungsfalls in der Unfallversicherung regelt. Danach ist der Versicherer (nur) leistungsfrei, wenn der VN vorsätzlich und widerrechtlich den Versicherungsfall in Form eines Unfalls betreffend eine andere Person für die er gem. § 179 Abs. 2 VVG die Versicherung genommen hat, herbeiführt. Für den Fall, dass ein Dritter als Bezugsberechtigter der wirtschaftlich Begünstigte einer Unfallversicherung ist, greift der subjektive Risikoausschluss des § 183 Abs. 2 VVG, wenn der Dritte vorsätzlich durch eine widerrechtliche Handlung den Versicherungsfall herbeiführt. Das Bezugsrecht gilt dann als nicht erfolgt.

Die vorsätzliche Herbeiführung des Versicherungsfalls durch den VN in Bezug auf sich selbst führt unabhängig von einem Risikoausschluss dazu, dass die Voraussetzungen eines Unfalls als solches gar nicht vorliegen, da es am Tatbestandsmerkmal der Unfreiwilligkeit aus § 178 Abs. 2 VVG fehlt.[11]

II. Beweislast

Die **Beweislastverteilung** ergibt sich schon aus dem Gesetz: Nach § 178 Abs. 2 S. 2 VVG wird die Unfreiwilligkeit der Gesundheitsbeschädigung bis zum Beweis des Gegenteils vermutet. Für eine vorsätzliche und widerrechtliche Herbeiführung ist danach der Versicherer beweisbelastet[12], und zwar nach den allgemeinen Grundsätzen des Strengbeweises ohne die Beweiserleichterung eines Anscheinsbeweises.[13]

Risikoausschlüsse sind vom Gericht von Amts wegen zu berücksichtigen.[14]

---

10 BGH Urt. v. 05.12.1990 – IV ZR 13/90, VersR 1991, 289; Urt. v. 29.04.1998 – IV ZR 118/97, VersR 1998, 1231 = r+s 1999, 41 = zfs 1998, 390 = NJW-RR 1998, 1172.
11 Vgl. hierzu unter A.4.1.2 Rn. 7 ff.
12 BGH Urt. v. 29.04.1998 – IV ZR 118/97, VersR 1998, 1231; OLG Frankfurt/M. Urt. v. 14.02.2008 – 3 U 50/07, OLGR Frankfurt 2008, 718.
13 BGH Urt. v. 17.03.1987 – IVa ZR 205/85, VersR 1987, 503 (explizit für Suizid); BGH Urt. v. 13.04.2005 – IV ZR 62/04, VersR 2005, 1387 = r+s 2005, 1051 = NJW-RR 2005, 1051; OLG Oldenburg Urt. v. 14.07.1999 – 2 U 121/99, r+s 2000, 304 (explizit für Suizid); Grimm, Unfallversicherung AUB-Kommentar AUB 2010 1 Rn. 43.
14 BGH Urt. v. 19.5.2010 – IV ZR 130/08, juris; Karcewski, r+s 2010, 495.

A.4.12.1 AKB Straftat

C. Die einzelnen objektiven Risikoausschlüsse der AKB 2015:

Vorbemerkung

8   Die Regelungen der Risikoausschlüsse sind in den AKB 2015 nahezu ausnahmslos unverändert aus den AKB 2008 übernommen worden. Änderungen haben sich lediglich in A.4.12.2 gegenüber A.4.10.2 AKB 2008 ergeben, da – wie schon in den letzten Fassungen der AKB 2008 der Musterbedingungen und bei einigen VR – für den Ausschluss der Geistes- oder Bewusstseinsstörung oder Trunkenheit nicht mehr der Versicherungsschutz für die jeweilige versicherte Personen ausgeschlossen ist, sondern nur noch auf Unfälle des Fahrers abgestellt wird. Die Ursprungsfassung der AKB 2008 stellte hierbei allgemein auf Unfälle der versicherten Person ab und erfasste damit auch sonstige Fahrzeuginsassen für die dieser Risikoausschluss Bedeutung haben konnte. Weitere Änderung ist die Anpassung des Ausschlusses für Rennen in A.12.3, der nun der allgemeinen Systematik der AKB 2015 folgend nur noch für genehmigte Rennen gilt, da ungenehmigte Rennen nun in allen Sparten der Kfz-Versicherung – was bislang nur für die Kfz-Haftpflichtversicherung galt – als Obliegenheitsverletzung nach D.1.1.4 geregelt sind.

I. A.4.12.1 Straftat

1. Zielrichtung des Ausschlusses

9   Die Gemeinschaft der Versicherten soll nicht durch Leistungen an einen VN belastet werden, der einen Unfall im Rahmen der Begehung von Straftaten erleidet. Wer sich durch die Begehung einer **vorsätzlichen** Straftat, nur solche sind Gegenstand der Ausschlussklausel, außerhalb der Rechtsordnung stellt, soll keine Leistungen aus einer Versicherung erhalten. Den in nahezu allen Versicherungsarten anzutreffenden diesbezüglichen Risikoausschluss eines Versicherungsfalls im Zusammenhang mit der vorsätzlichen Begehung einer Straftat hat der BGH wiederholt ausdrücklich als rechtlich unbedenklich bestätigt.[15] Es verwundert sogar, dass sich diese Selbstverständlichkeit wiederholt in Entscheidungsgründen wiederfindet, da sich ein anderes Ergebnis mit der Rechtsordnung und dem Rechtsverständnis aller gerecht Denkenden nicht vereinbaren ließe.

2. Straftat im Rechtssinn

10   Durch das Abstellen auf eine begangene Straftat werden die einzelnen Straftatbestände zum Tatbestandsmerkmal der Ausschlussklausel, die im Einzelfall erfüllt sein müssen.[16] Als entsprechender Straftatbestand kommen jedenfalls alle Straftaten im Sinne des deutschen Strafrechts in Betracht.[17] Bei Taten im Ausland muss eine Strafbarkeit am

---

15 BGH Urt. v. 05.12.1990 – IV ZR 13/90, VersR 1991, 289; BGH Urt. v. 23.09.1998 – IV ZR 1/98, VersR 1998, 1410 = r+s 1999, 41 = zfs 1999, 69 = NJW-RR 1999, 98.
16 BGH Urt. v. 29.06.2005 – IV ZR 33/04, VersR 2005, 1226 = r+s 2005, 473 = zfs 2005, 562 = DAR 2005, 566.
17 OLG München Urt. v. 11.07.1997 – 14 U 953/96, VersR 1999, 881; OLG Hamm Urt. v. 22.06.2005 – 20 U 104/05, VersR 2006, 399 = zfs 2005, 612.

Tatort entweder nach deutschem oder dem geltenden ausländischen Recht gegeben sein.[18] Die zivilrechtliche Bewertung der Tat hat dabei unter strafrechtlichen Maßstäben zu erfolgen.[19] Es gilt auch die Beweislast aus dem Strafrecht.[20] Bei einer Nichterweislichkeit ist ebenso wie im Strafrecht im Zweifel zugunsten des VN zu entscheiden.[21]

3. Auswirkungen eines Strafverfahrens

Für das Eingreifen des versicherungsrechtlichen Risikoausschlusses und die daraus resultierende Leistungsfreiheit des Versicherers ist der Ausgang eines Strafverfahrens unerheblich. Es besteht weder für die Annahme noch für die Ablehnung des Risikoausschlusses eine **Bindungswirkung** des Strafverfahrens.[22] Nach Sinn und Zweck des Ausschlusstatbestandes zum Schutz der berechtigten Interessen der Versichertengemeinschaft kann es nicht darauf ankommen, ob wegen der begangenen Tat ein Ermittlungsverfahren gegen den VN eingeleitet wird, ein erforderlicher Strafantrag gestellt wird oder es zu einer Verfahrenseinstellung oder Verurteilung kommt oder bspw. aus strafprozessualen Besonderheiten keine Verurteilung aus dem Verfahren resultiert.[23]

11

4. Rechtswidrigkeit und Schuld

Es muss jedoch eine nicht nur vorsätzlich unter Verwirklichung aller strafrechtlichen Tatbestandsmerkmale begangene oder versuchte Straftat vorliegen, sondern es dürfen darüber hinaus keine Rechtfertigungs- oder Schuldausschließungsgründe vorliegen.[24] Handelt der VN somit bspw. im Rahmen eines rechtfertigenden Notstandes zur Hilfe anderer oder aus Notwehr bei der Begehung der Straftat so greift der versicherungsrechtliche Ausschluss der AKB nicht. Das gleiche gilt bei fehlender **Steuerungs-/Zurechnungsfähigkeit** i. S. d. des § 20 StGB. Liegt noch keine Unzurechnungsfähigkeit nach § 20 StGB, sondern nur eine eingeschränkte Schuldfähigkeit i. S. d. § 21 StGB vor, so kommt es für die zu treffende Einzelfallentscheidung darauf an, ob die Schuldfähigkeit so weitgehend eingeschränkt war, dass schon nicht mehr von einer selbstverschuldeten Risikoerhöhung im Hinblick auf das versicherte Risiko auszugehen ist oder ob die Steuerungsfähigkeit noch so weit gegeben war, dass die durch die Straftatbege-

12

---

18 Grimm, AUB 2010 5 Rn. 28.
19 BGH Urt. v. 29.06.2005 – IV ZR 33/04, VersR 2005, 1226 = r+s 2005, 473 = zfs 2005, 562 = DAR 2005, 566.
20 BGH Urt. v. 29.06.2005 – IV ZR 33/04, VersR 2005, 1226 = r+s 2005, 473 = zfs 2005, 562 = DAR 2005, 566; Grimm, AUB 2010 5 Rn. 27.
21 BGH Urt. v. 23.09.1998 – IV ZR 1/98, VersR 1998, 1410 = r+s 1999, 41 = zfs 1999, 69 = NJW-RR 1999, 98.
22 OLG Hamm Urt. v. 20.03.2007 – 20 U 258/07, VersR 2008, 65=zfs 2007, 401=r+s 2007, 297=NZV 2007, 526.
23 Grimm, AUB 2010 5 Rn. 28.
24 BGH Urt. v. 29.06.2005 – IV ZR 33/04, VersR 2005, 1226 = r+s 2005, 473 = zfs 2005, 562 = DAR 2005, 566.

hung herbeigeführte Risikosteigerung eines Unfalls als selbst verschuldet angesehen kann.[25]

5. Jugendlicher als Täter

13 War die versicherte Person zum Zeitpunkt des Eintritts des Versicherungsfalls Jugendlicher i. S. d. § 1 Abs. 2 JGG, so ist für die Leistungsfreiheit auch erforderlich, dass der Jugendliche hinreichend verantwortlich i. S. d. § 3 JGG war.[26] Er muss nach seiner sittlichen und geistigen Entwicklung reif genug gewesen sein, das Unrecht der Tat zu erkennen und nach dieser Einsicht zu handeln. Dies setzt nicht voraus, dass eine Überprüfung der Strafmündigkeit wie im Jugendstrafverfahren durch das Gericht einzuholen wäre. Der Tatrichter muss jedoch ggf. auf sachdienlichen Parteivortrag zu dieser Frage hinweisen (§ 139 ZPO) und muss bei der Entscheidung berücksichtigen, dass die Ausschlussklausel zu Lasten des Jugendlichen nur greifen kann, wenn das Gericht die Überzeugung gewonnen hat, dass die Voraussetzungen des § 3 JGG vorliegen.[27]

6. Erforderliche subjektive Kenntnis des VN/Irrtum

14 Für die Kenntnis des VN ist es ausreichend, wenn er alle diejenigen Umstände kennt, die zum Tatbestand der jeweils verwirklichten Strafnorm gehören und er diese im Sinne des zu fordernden **Vorsatzes** verwirklichen will. Eine weitergehende Subsumtion des VN dahingehend, dass ihm bewusst sein müsste, gegen ein Strafgesetz zu verstoßen ist nicht erforderlich.[28] Der Ausschluss greift daher, wenn der Täter in einem vermeidbaren Verbotsirrtum handelt.[29] Dies gilt bspw. wenn der Täter in der irrigen Annahme der Fahrberechtigung ein Kfz führt, obgleich ihm die erforderliche Fahrerlaubnis fehlt. Irrt der VN über die **Reichweite der Fahrerlaubnis** und nimmt an er dürfe mit einem 1981 gemachten Führerschein einen Roller mit 125 ccm fahren, so hat er die erforderliche Kenntnis über den Zeitpunkt der Erlangung der Fahrerlaubnis und die erforderliche Kenntnis über den Hubraum des geführten Fahrzeugs, so dass er lediglich einem vermeidbaren Verbotsirrtum unterliegt, wenn er den Besitzer, von dem er das Fahrzeug ausleiht fragt, ob er den Roller mit der Klasse 3 fahren dürfe und dieser ihm eine falsche Auskunft gibt. Die Erkundigung ob der VN mit seiner Fahrerlaubnis das Fahrzeug fahren dürfe bei demjenigen der das Fahrzeug zum Gebrauch verleiht oder auch einem Fahrzeughändler ist nicht ausreichend. Beide sind keine hinreichend zuverlässigen Auskunftspersonen für diese Frage.[30] Ein durch solch unzureichende Erkundigung bedingter Irrtum ist vermeidbar. Der VN muss ggf. eine Auskunft bei der Führerscheinstelle

---

25 Grimm, AUB 2010, 5, Rn. 28.
26 BGH Urt. v. 29.06.2005 – IV ZR 33/04, VersR 2005, 1226 = r+s 2005, 473 = zfs 2005, 562 = DAR 2005, 566.
27 BGH Urt. v. 29.06.2005 – IV ZR 33/04, VersR 2005, 1226 = r+s 2005, 473 = zfs 2005, 562 = DAR 2005, 566.
28 OLG Hamm Beschl. v. 22.06.2005 – 20 U 104/05, VersR 2006, 399 = zfs 2005, 612.
29 OLG Hamm Beschl. v. 22.06.2005 – 20 U 104/05, VersR 2006, 399 = zfs 2005, 612; so auch OLG Saarbrücken Urt. v. 25.6.2014 – 5 U 83/13, zfs 2015, 161.
30 OLG Hamm Beschl. v. 22.06.2005 – 20 U 104/05, VersR 2006, 399 = zfs 2005, 612.

einholen oder eine rechtskundige Person wie bspw. einen Fahrlehrer befragen. Hätte er von diesem bspw. eine fehlerhafte Auskunft erhalten, so wäre zu seinen Gunsten von einem wohl in der konkreten Situation unvermeidbaren Verbotsirrtum auszugehen gewesen.

7. Zeitliche Reichweite des Stadiums der Straftat

Die zeitliche Reichweite des Ausschlusses reicht vom Stadium des Versuchs der Straftat bis zu deren Vollendung und ggf. bei nachwirkender Kausalität darüber hinaus. 15

a) Versuch

Liegt nur ein Versuch der Straftat vor, so greift der Ausschluss gleichwohl ein. Nach h. M. kommt es nicht auf die Strafbarkeit des Versuchs im strafrechtlichen Sinn an.[31] Das gesteigerte und selbstverschuldete Risiko eines Unfalls bei der versuchten Begehung einer Straftat besteht unabhängig von der Strafbarkeit dieses Tatversuchs, so dass nach dem Sinn und Zweck des Ausschlusstatbestandes im Interesse der Versichertengemeinschaft die Risikosteigerung durch die versuchte Straftat ausreicht.[32] Der Ausschluss greift jedoch nicht ein, wenn sich der Unfall bei reinen und noch straflosen Vorbereitungshandlungen ereignet.[33] Es fehlt in diesem Stadium an dem erforderlichen adäquaten Kausalzusammenhang der Straftatbegehung für den Unfall. 16

b) Vollendung der Straftat

So wie vor dem Zeitpunkt der Tatvollendung bereits das Versuchsstadium für die Leistungsfreiheit nach der Ausschlussklausel ausreichend ist, reicht die vom Risikoausschluss umfasste Zeitspanne über die reine Tatbegehung bis zur Vollendung der eigentlichen Straftat hinaus und darüber bis zur tatsächlichen Beendigung. Erleidet der VN auf der Flucht oder auf dem geordneten Rückzug vom Tatort einen Unfall, unterfällt dies ebenfalls noch dem Ausschlusstatbestand, soweit noch ein adäquater und gefahrtypsicher **Kausalzusammenhang** zwischen Straftat und Unfall gegeben ist und der Unfall noch in unmittelbarem zeitlichen und räumlichen Zusammenhang mit der Straftat steht.[34] 17

c) Auswirkungen eines strafrechtlichen Rücktritts

Da es nur auf die durch die besondere Situation einer Straftatbegehung erhöhte Gefahrenlage für den Risikoeintritt ankommt kann ein Rücktritt von der Straftatbegehung, selbst wenn er strafrechtlich gesehen strafbefreiend sein mag, nicht zu einem Wieder- 18

---

31 Grimm, AUB 2010 5 Rn. 29.
32 Grimm, AUB 2010 5 Rn. 29; Pröss/Martin-Kappmann, AUB 2010 Rn. 31.
33 Naumann/Brinkmann, Die private Unfallversicherung in der anwaltlichen Praxis § 4 Rn. 64.
34 St.Rspr. BGH Urt. v. 23.09.1998 – IV ZR 1/98, VersR 1998, 1410; OLG Hamm Urt. v. 20.03.2007 – 20 U 258/07, VersR 2008, 65 = zfs 2007, 401 = r+s 2007, 297 = NZV 2007, 526; Grimm, AUB 2010 5 Rn. 29 m. w. N.; Naumann/Brinkmann § 4 Rn. 65.

aufleben des durch die begonnene Straftat und des deshalb eingreifenden Risikoausschlusses verlorenen Versicherungsschutzes führen.[35] An der versicherungsrechtlich eingetretenen Erhöhung der Gefahrensituation ändert ein strafbefreiend wirkender Rücktritt von der begonnenen Straftat nichts mehr im Hinblick auf die erhöhte Risikolage.

8. Form der Täterschaft

19 In welcher Form der VN strafrechtlich in die Tatbegehung involviert ist, hat keine Auswirkungen. Für die Interessenlage der Versichertengemeinschaft im Hinblick auf das Eingreifen des Ausschlusstatbestandes kann es nicht darauf ankommen, ob der VN als Täter, Mittäter, Anstifter oder nur im Wege der Beihilfe an der Tat beteiligt ist. Dies entspricht trotz teilweise kontroverser Diskussion in der Literatur im Hinblick auf eine lediglige Anstiftung oder Beihilfe durch Ratschläge der ganz h. M.[36] So ist es nach Ansicht des OLG Düsseldorf bspw. unerheblich wer gerade das Fahrzeug führt wenn zwei Jugendliche beide ohne Fahrerlaubnis abwechselnd einen Pkw fahren. Auch der jeweils nicht im Moment des Unfalls fahrende Mittäter hat durch die gemeinschaftliche Tatbegehung die Risikolage negativ verändert.[37] Dieser Entscheidung ist zuzustimmen. Gleiches muss auch dann gelten, wenn der eine lediglich durch Verschaffung des Fahrzeugschlüssels eine Beihilfe begangen oder den Täter angestiftet hat.

9. Kausalzusammenhang

20 Es ist ein adäquater Kausalzusammenhang zwischen der Straftat und dem Unfallereignis zu fordern: Die Klausel stellt im Wortlaut darauf ab, dass der versicherten Person dadurch ein Unfall zustößt, dass sie vorsätzlich eine Straftat begeht oder versucht. Es ist jedoch jede Erhöhung der Gefahrenlage mit genereller Eignung zur Herbeiführung eines Unfalls der eingetretenen Art ausreichend.[38] Insbesondere soll durch den Ausschluss gerade das selbstverschuldet gesteigerte Risiko für den Unfalleintritt ausgeschlossen werden, das mit der Ausführung der Tat gerade auch im Hinblick auf die zusätzliche Gefährdung durch die Erregung und Furcht vor Entdeckung verbunden ist.[39] Ein rein zufälliges Unfallereignis im Zusammenhang mit einer Straftatbegehung reicht hingegen nicht aus.[40] So z. B. wenn der Täter auf dem Rückweg vom Tatort zum Beuteversteck in einen unverschuldeten Unfall verwickelt wird, also der Unfall

---

35 OLG Hamm Beschl. v. 17.08.2005 – 20 W 31/05, VersR 2006, 399 = r+s 2006, 31 = zfs 2005, 560; Grimm, AUB 2010 5 Rn. 29; Pröss/Martin – Knappmann, AUB 2010 Rn. 31.
36 Grimm, AUB 2010 5 Rn. 29.
37 OLG Düsseldorf Urt. v. 23.05.2000 – 4 U 160/99, VersR 2001, 361 = r+s 2001, 438 = zfs 2000, 500.
38 BGH Urt. v. 23.09.1998 – IV ZR 1/98, VersR 1998, 1410 = r+s 1999, 41 = zfs 1999, 69 = NJW-RR 1999, 98.
39 OLG Hamm Beschl. v. 18.04.2008 – 20 U 219/07, VersR 2009, 388.
40 BGH Urt. v. 23.09.1998 – IV ZR 1/98, VersR 1998, 1410 = r+s 1999, 41 = zfs 1999, 69 = NJW-RR 1999, 98; OLG Hamm Beschl. v. 18.04.2008 – 20 U 219/07, VersR 2009, 388.

nur auf dem straftatunabhängigen Verhalten eines Dritten beruht, das nur zufällig zeitlich mit der Fortdauer der Straftatbegehung zusammentrifft.

So liegt bspw. noch ein hinreichender **Kausalzusammenhang** vor, wenn der VN nach einer entdeckten Trunkenheitsfahrt zunächst vor der Polizei flüchtet, sich dann zwar freiwillig stellen will, sich aber bei der Festnahme versehentlich ein Schuss löst. Es wirkt hier noch die von der versicherten Person selbst schuldhaft geschaffene erhöhte Gefahrenlage des Risikoeintritts fort.[41] Ein solcher adäquater und gefahrtypischer Kausalzusammenhang fehlt jedoch, wenn die versicherte Person bspw. bei einem verkehrsbedingten Halt an einer Ampel aussteigt, zu dem hinter ihm haltenden Verkehrsteilnehmer geht, diesen wegen eines angeblich verkehrswidrigen Fehlverhaltens beschimpft und ihn dabei beleidigt und sodann bei der Rückkehr zu seinem Fahrzeug von einem anderen, in den Gegenverkehr geratenen Pkw erfasst und verletzt wird.[42] Hier wirkt sich keine der Straftatbegehung innewohnende, gefahrtypische Risikosteigerung aus. Der Unfall hätte sich in gleicher Weise ereignet, wenn der Versicherte ausgestiegen wäre, um seinen Hintermann nach dem Weg oder der Uhrzeit zu fragen. Es kann jedoch in Betracht kommen, dass sich der Versicherte im Rahmen der Beschimpfung des Dritten derartig in Rage bringt und unaufmerksam wird, dass er sich aufgrund des erhitzten Gemüts oder bspw. weil er sich auf dem Weg zu seinem Fahrzeug nochmals umdreht, um noch einige Beleidigungen nachzuschieben, selbst in Gefahr bringt, indem er bspw. in den Fahrbahnbereich des Gegenverkehrs läuft oder durch sonstige Unaufmerksamkeit selbst den erlittenen Unfall verschuldet oder erheblich mitverschuldet. Bei einer solchen Situation wäre im Gegensatz zu der vom LG Dortmund entschiedenen[43] zu differenzieren, da hier doch gerade die psychische Situation des Täters im Zusammenhang mit der als Straftat verübten Beleidigung und seine innere Erregung zumindest mitursächlich für seine Unaufmerksamkeit ist, die sich unfallursächlich ausgewirkt hat.

21

10. Die typischen Straftaten im Straßenverkehr als Ausschlusstatbestand

Ein Kausalzusammenhang ist regelmäßig gerade bei den verkehrstypischen Straftatbeständen zu bejahen.[44] Das Führen eines Kraftfahrzeugs ist nach st.Rspr. des BGH grundsätzlich eine adäquate Ursache eines Unfalls, da es generell geeignet ist, zu Unfällen zu führen, wie sich aus den Unfallstatistiken ergibt. Deshalb tragen gerade die Regelungen der §§ 7 und 18 StVG bzgl. der Haftung des Halters und Fahrers auch für die Betriebsgefahr diesem Umstand besondere Rechnung.[45] Die äußeren Umstände des konkreten Unfallereignisses sind dabei irrelevant, solange nicht die Alleinschuld eines Dritten nachweislich alleinige Ursache des Unfalls ist.[46]

22

---

41 OLG Hamm Urt. v. 02.03.2007 – 20 U 258/06, VersR 2008, 65=zfs 2007, 401=r+s 2007, 297=NZV 2007, 526.
42 OLG Hamm Beschl. v. 18.04.2008 – 20 U 219/07, VersR 2009, 388; LG Dortmund Urt. v. 30.08.2007 – 2 O 178/07, zfs 2008, 521.
43 LG Dortmund Urt. v. 30.08.2007 – 2 O 178/07, zfs 2008, 521.
44 BGH Urt. v. 10.02.1982 – IVa ZR 243/80, VersR 1982, 465 = r+s 1982, 93.
45 BGH Urt. v. 10.02.1982 – IVa ZR 243/80, VersR 1982, 465 = r+s 1982, 93.
46 BGH Urt. v. 10.02.1982 – IVa ZR 243/80, VersR 1982, 465 = r+s 1982, 93.

A.4.12.1 AKB Straftat

a) Fahren ohne Fahrerlaubnis, § 21 StVG

aa) Inländische Fahrerlaubnis

23 Typischer Ausschlussgrund ist das Fahren ohne Fahrerlaubnis nach § 21 StVG[47]. Einschränkend sieht die Literatur dies teilweise, da bei einem Fahren ohne die erforderliche Fahrerlaubnis häufig zweifelhaft sei, ob der Unfall durch die Straftat verursacht ist, was insbesondere dann zweifelhaft sein soll, wenn der Unfall überwiegend von einem Fahrer eines anderen Kraftfahrzeugs verschuldet sei.[48] Diese Meinung stößt auf den Widerstand des BGH und der wohl h. M. nach der gerade nur die Alleinverursachung des Unfalls durch einen Dritten den adäquaten Kausalzusammenhang entfallen lässt.[49] Der Rspr. und h. M. der Literatur ist dabei schon deshalb zuzustimmen, weil bei der Frage des Eingreifens eines objektiven Risikoausschlusses gerade nur auf das Erfordernis eines noch bestehenden adäquaten, gefahrtypischen Zusammenhangs abzustellen ist.[50] Es genügt, dass die Ausführung der Straftat eine objektiv erhöhte Gefahrenlage für den Unfall geschaffen hat, die generell geeignet ist, einen Unfall der eingetretenen Art herbeizuführen.[51] Eine weitergehende konkrete Kausalität ist gerade nicht erforderlich[52], insbesondere sind gerade die Regelungen des VVG über die Gefahrerhöhung oder die Obliegenheitsverletzung nicht anwendbar in deren Rahmen dem VN ein Kausalitätsgegenbeweis eröffnet wäre. In diese Richtung zielen jedoch von der Intention die i. E. fehlerhaften Erwägungen der in der Literatur tw. vertretenen Mindermeinung, die in diesem Punkt das Wesen des Risikoausschlusses verkennt, das gerade nur die Adäquanz als nicht hinwegzudenkende Erfolgsbedingung zwischen Straftatbegehung und Unfall anhand der generellen Eignung zur Gefahrsteigerung erfordert.[53]

24 Ein Irrtum über die **Reichweite der Fahrerlaubnis** hindert das Eingreifen des Ausschlusses nicht, solange nicht ein unvermeidbarer Verbotsirrtum vorliegt.[54] Siehe auch hierzu die obigen Ausführungen zum Verbotsirrtum unter Rdn. 14

---

47 BGH Urt. v. 10.02.1982 – IVa ZR 243/80, VersR 1982, 465 = r+s 1982, 93; OLG Düsseldorf Urt. v. 30.07.1998 – 4 U 191/97, r+s 2000, 436 = zfs 2000, 21; OLG Saarbrücken Urt. v. 22.03.1989 – 5 U 103/87, VersR 1989, 1184.
48 So Stiefel/Maier, Kraftfahrtversicherung AKB Kommentar 18. Aufl. A.4.10 Rn. 9; zustimmend wohl auch Grimm AUB 2010 5 Rn. 31.
49 BGH Urt. v. 10.02.1982 – IVa ZR 243/80, VersR 1982, 465 = r+s 1982, 93.
50 Kloth, K Rn. 39.
51 BGH Urt. v. 10.02.1982 – IVa ZR 243/80, VersR 1982, 465 = r+s 1982, 93; Urt. v. 23.09.1998 – IV ZR 1/98, VersR 1998, 1410 = r+s 1999, 41 = zfs 1999, 69 = NJW-RR 1999, 98.
52 BGH Urt. v. 26.09.1990 – IV ZR 176/89, VersR 1990, 1268.
53 BGH in st.Rspr. vgl. Urt. v. 10.02.1982 – IVa ZR 243/80, VersR 1982, 465 = r+s 1982, 93; Urt. v. 26.09.1990 – IV ZR 176/89, VersR 1990, 1268; Urt. v. 23.09.1998 – IV ZR 1/98, VersR 1998, 1410 = r+s 1999, 41 = zfs 1999, 69 = NJW-RR 1999, 98.
54 OLG Hamm Beschl. v. 22.06.2005 – 20 U 104/05, VersR 2006, 399 = zfs 2005, 612.

bb) Ausländische Fahrerlaubnis

Der Ausschluss greift auch beim Fahren ohne gültige Fahrerlaubnis bei Ungültigkeit 25
einer ausländischen Fahrerlaubnis nach § 28 Abs. 4 FeV.[55] Gleiches gilt auch wenn
die Tat im Ausland begangen wird und nach dortigem Recht strafbar ist, so z. B.
wenn der VN in Griechenland ein Motorrad mit 200ccm fährt, obwohl er nur über
die Fahrerlaubnisklasse 3 nach altem Recht verfügt.[56]

cc) Fahrenlassen

Der Ausschluss ist in gleicher Weise erfüllt wenn kein aktives Fahren ohne Fahrerlaub- 26
nis, sondern ein Fahrenlassen ohne Fahrerlaubnis nach § 21 Abs. 1 Nr. 2 StVG vorliegt.

dd) Fahrverbot

Da strafrechtlich auch das Fahren trotz eines verhängten, wirksamen Fahrverbotes dem 27
Fahren ohne Fahrerlaubnis über § 21 Abs. 2 StVG gleichgestellt ist, erfüllt somit auch
eine Fahrt trotz Fahrverbotes den Risikoausschluss. Dies ist allerdings zweifelhaft,
wenn die Fahrt im Ausland begangen wird, da die Reichweite des nach deutschem
Recht verhängten Fahrverbotes nach der h. M. zum Ordnungswidrigkeitenrecht auf
das Hoheitsgebiet der Bundesrepublik beschränkt ist.[57] Somit stellt das Fahren trotz
Fahrverbotes im **Ausland** häufig bzw. regelmäßig keine Straftat nach dem jeweils ausländischen Recht dar, so dass es an der erforderlichen Strafbarkeit fehlt. Soweit wegen
eines nicht mitgeführten Führerscheins ein Rechtsverstoß im Ausland vorliegt ist zu unterscheiden, ob es sich bei der Sanktion im Ausland tatsächlich um eine Kriminalstrafe
handelt oder nur um eine als Geldstrafe bezeichnete Sanktion, die einem Bußgeld als
Sanktion einer Ordnungswidrigkeit entspricht. Im Einzelfall ist eine genaue Prüfung
der Rechtslage im jeweiligen Ausland vorzunehmen, da teilweise nach internationalen
Übereinkommen in manchen Ländern eine ausländische Fahrberechtigung nicht anerkannt wird, solange im Heimatland des Fahrerlaubnisinhabers ein Fahrverbot wirksam
ist.[58] Es kann daher im Einzelfall nach ausländischem Recht eine Straftat in Form des
Fahrens ohne Fahrerlaubnis gegeben sein. Diesbezüglich eingeleitete Verfahren sind
insbesondere aus Österreich bekannt, so dass hier besondere Vorsicht in einer vorherigen anwaltlichen Beratung über die Reichweite des Fahrverbotes geboten bzw. eine besondere Prüfung im Schadenfall vorzunehmen ist.

---

55 OLG Stuttgart Urt. v. 05.06.2003 – 7 U 20/03, VersR 2004, 188 = r+s 2003, 518 = NJW-RR 2004, 185.
56 OLG Saarbrücken Urt. v. 22.03.1989 – 5 U 103/87, VersR 1989, 1184.
57 Bouska, Fahrverbot und internationaler Kraftfahrzeugverkehr DAR 1995, 93; Beck/Berr, Owi-Sachen im Straßenverkehrsrecht 4. Aufl. Rn. 566.
58 Beck/Berr, Owi-Sachen im Straßenverkehrsrecht 4. Aufl. Rn. 566; Schäpe, Auslandsfahrten trotz Fahrverbot? DAR 2001, 565.

ee) Beweislast

28 Diese trägt der Versicherer, so dass der Ausschluss nicht eingreift, wenn der Versicherer nicht den Nachweis erbringen kann, dass der VN die relevanten Umstände kannte, die zum Fahren ohne Fahrerlaubnis gehören. Hat bspw. der VN eine Probefahrt mit einem Motorrad unternommen, das 54 KW Leistung hat, obwohl er mit seiner Fahrerlaubnis nur Krafträder mit bis zu 20 KW Leistung fahren darf, muss der Versicherer beweisen, dass dem VN die tatsächliche Leistung des gefahrenen Motorrades bekannt war. Diesen Nachweis hat bspw. das OLG Düsseldorf nicht als geführt angesehen, wenn es sich um ein Motorrad handelt, das äußerlich baugleich in der Normalversion mit 54 KW aber auch in einer gedrosselten Version mit nur 20 KW erhältlich ist.[59]

b) Fahren mit einem nicht versicherten Fahrzeug, § 6 PflVG

29 Nach den grundsätzlichen Erwägungen der adäquaten Ursache einer im Straßenverkehr begangenen Straftat erfüllt auch das Fahren mit einem nicht haftpflichtversicherten Fahrzeug den Risikoausschluss.[60] Die Beweislast dafür, dass das geführte Kraftfahrzeug zum Unfallzeitpunkt ohne Versicherungsschutz war, liegt beim Versicherer.

c) unbefugter Gebrauchs eines Kraftfahrzeugs, § 248b StGB

30 Stellt ebenso regelmäßig eine hinreichend geeignete Steigerung einer Gefahrenlage iSd. zu fordernden Adäquanz für einen Unfall dar. Gerade die Gefahr bei dem unbefugten Gebrauch eines Fahrzeugs entdeckt oder erwischt zu werden versetzt regelmäßig den Täter und/oder seinen Mittäter in eine besondere psychische Stresssituation, die eine erhöhte Anfälligkeit für mangelnde Konzentration und Umsicht im Straßenverkehr mit sich bringt. Zudem geht die Straftatbegehung eines unbefugten Gebrauchs eines Kfz in der Praxis häufig mit einem Fahren ohne Fahrerlaubnis einher, bspw. als typische Verkehrsstraftat jugendlicher Täter, die sich eines Fahrzeugs bemächtigen. Das OLG Düsseldorf hat zutreffend in einer Entscheidung darauf hingewiesen, dass hier gerade auch die Mittäterschaft und gemeinsame, wechselseitige Bestärkung untereinander zur Tatbegehung zur Verwirklichung des Ausschlusstatbestandes führt, und zwar selbst dann, wenn das Tatgeschehen sich verselbständigt und der Fahrer über einen zunächst gemeinsam gefassten Tatplan hinausgeht, der nicht vom Willen des verunfallten Mittäters umfasst ist.[61]

31 Die Straftat des § 248b StGB ist Antragsdelikt, wird also strafrechtlich nur auf ausdrücklichen Strafantrag hin verfolgt. Ob ein solcher gestellt wird, ist jedoch für die versicherungsrechtliche Beurteilung im Hinblick auf den Risikoausschluss unerheblich.

---

59 OLG Düsseldorf Urt. v. 30.07.1998 – 4 U 191/97, r+s 2000, 436 = zfs 2000, 21.
60 OLG Köln Urt. v. 26.01.1995 – 5 U 137/94, VersR 1996, 178 = r+s 1995, 355; Feyock/Jacobsen/Lemor-Jacobsen, Kraftfahrtversicherung 3. Aufl., AKB 2008 Rn. 119.
61 OLG Düsseldorf Urt. v. 23.05.2000 – 4 U 160/99, VersR 2001, 361 = r+s 2001, 438 = zfs 2000, 500.

Es ist nicht erforderlich, dass ein Strafantrag gestellt und ein Ermittlungsverfahren eingeleitet wird.[62]

Den Versicherer trifft die volle **Beweislast** für den unbefugten Gebrauch des Kraftfahrzeugs. Eine eventuelle Genehmigung des Verfügungsberechtigten, die zum Entfall der strafrechtlichen Tatbestandsvoraussetzungen führen würde, muss jedoch nach den Grundsätzen der sekundären Darlegungslast jedenfalls der VN vortragen, der ggf. auch den entsprechenden Nachweis führen muss, wenn sich aus den übrigen Umständen hinreichende Indizien für einen unbefugten Gebrauch ergeben. 32

d) Trunkenheitsfahrt, § 316 StGB

Die Eignung einer Trunkenheitsfahrt zu der den Risikoausschluss rechtfertigenden adäquaten Risikosteigerung für den Unfalleintritt ist unstrittig. 33

aa) Beweislast

Die Probleme liegen jedoch häufig in der Beweisführung. Die Beweislast für das Vorliegen einer entsprechenden Alkoholisierung des VN, die zur Straftatverwirklichung iSd. § 316 StGB führt, liegt beim Versicherer. Grundsätzlich genügt dieser seiner Beweislast, wenn er sich auf eine im strafrechtlichen Ermittlungsverfahren festgestellte BAK beruft.[63] Ist jedoch bspw. der Versicherte tödlich verunfallt und erfolgt die Bestimmung der BAK über eine Leichenblutentnahme aus dem Herzen, so muss ggf. einem Beweisantritt des VN auf Einholung eines gegenbeweislichen Sachverständigengutachtens nachgegangen werden, mit dem der Nachweis geführt werden soll, dass die anhand des Leichenblutes festgestellte BAK fehlerhaft ist, weil bspw. eine Vermischung mit Trinkalkoholgehalt aus Magen und Darm infolge einer Diffusion oder einer eingetretenen inneren Verletzung vorgelegen habe. Der Tatrichter darf einen solchen Beweisantritt nicht übergehen und auf eine offensichtlich zweifelsfrei festgestellte BAK anhand des Leichenblutes abstellen.[64] 34

Behauptet der VN bei feststehender BAK einen **Nachtrunk**, so ist er in vollem Umfang dafür darlegungs- und beweisbelastet[65] und muss hinreichend konkrete Tatsachen vortragen, die einer Nachprüfung zugänglich sind.[66] 35

---

62 OLG Düsseldorf Urt. v. 23.05.2000 – 4 U 160/99, VersR 2001, 361 = r+s 2001, 438 = zfs 2000, 500; vgl. auch oben AKB Rdn. 11.
63 BGH Urt. v. 24.02.1988 – IVa ZR 193/86, VersR 1988, 733.
64 BGH Urt. v. 03.07.2002 – IV ZR 205/01, VersR 2002, 1135 = r+s 2002, 523 = zfs 2002, 488 = NJW 2002, 3112.
65 OLG Nürnberg Urt. v. 01.07.1982 – 8 U 118/82, VersR 1984, 436.
66 OLG Oldenburg Beschl. v. 17.03.1983 – 2 W 32/83, VersR 1984, 482; KG Urt. Beschl. v. 16.01.1998 – 6 W 8026/97, r+s 1998, 525 (mit Anm. Knappmann in r+s 1999, 128) = zfs 1998, 343.

bb) Besonderheiten bei Teilnahme an Trunkenheitsfahrt

36 Befinden sich bspw. in oder bei einem verunfallten Fahrzeug mehrere Personen, so muss der Versicherer, wenn er sich auf den Ausschlusstatbestand berufen will, neben der für die Strafbarkeit erforderlichen BAK beweisen, dass der VN das Fahrzeug geführt hat und nicht nur alkoholisierter Beifahrer gewesen ist.[67] Soweit dann bei einem ebenfalls alkoholbedingt absolut fahruntüchtigen weiteren Fahrzeuginsassen als möglichem Fahrer für den VN eine Straftat nach §§ 315 Abs. 1 Nr. 1 lit. a, 27 StGB in Betracht kommt muss der Versicherer eine vorsätzliche Straßenverkehrsgefährdung nicht nur in Form des Inkaufnehmens einer Gefährdung sondern im Hinblick auf eine vorsätzliche **konkrete Gefährdung** durch den weiteren Insassen beweisen sowie die vorsätzliche Hilfeleistung des VN zu dieser Haupttat.[68]

37 Will sich der Versicherer auf einen Ausschluss wegen einer Straftat des VN nach §§ 316, 27 StGB berufen, so ist er hierbei beweispflichtig, dass der Dritte als Fahrer nicht nur alkoholbedingt fahruntüchtig war, sondern auch dafür, dass der VN hinreichende Wahrnehmungen bzgl. des Alkoholkonsums des Dritten gemacht hat oder sonst die Alkoholisierung des Dritten kannte. Von Bedeutung ist hierbei ggf. auch, ob der VN selbst aufgrund eigener Alkoholisierung in seiner Wahrnehmungsfähigkeit ggf. soweit eingeschränkt war, dass er entsprechende Feststellungen bzgl. der Alkoholisierung des Dritten gar nicht mehr treffen konnte.[69]

e) Straßenverkehrsgefährdung, § 315c StGB

38 Hervorzuheben ist, dass es sich um ein konkretes Gefährdungsdelikt handelt, also sich der vom Versicherer zu beweisende Vorsatz des Täters auch auf die zu fordernde konkrete Gefährdung der von § 315c StGB geschützten Rechtsgüter beziehen muss. Die Rechtsprechung verlangt für die Annahme einer solch konkreten Gefährdung, dass bei Würdigung aller Umstände aufgrund einer objektiven nachträglichen ex-ante Beurteilung ein Schadeneintritt in so bedrohliche Nähe gerückt sein muss, dass sein Nichteintritt sich nur noch als reiner Zufall darstellt, der nicht mehr von einem der beteiligten Verkehrsteilnehmer gesteuert werden kann.[70] Auf die somit vom Zufall abhängige Verletzung des Mitfahrers durch einen Unfall muss sich der Vorsatz des Täters beziehen oder er muss diese fahrlässig verursachen (§ 315c Abs. 3 Nr. 1 StGB). Die Beweislast trägt der Versicherer in vollem Umfang.

39 In der Praxis bedeutsam können dabei Fälle massiver Geschwindigkeitsüberschreitung sein, wobei eine solche allein nicht für einen Leistungsausschluss ausreichend ist. Vielmehr muss eine Geschwindigkeitsüberschreitung nicht nur den Straftatbestand des

---

67 OLG Saarbrücken Urt. v. 21.11.2005 – 12 O 198/04, zfs 2006, 279.
68 OLG Saarbrücken Urt. v. 21.11.2005 – 12 O 198/04, zfs 2006, 279.
69 OLG Saarbrücken Urt. v. 21.11.2005 – 12 O 198/04, zfs 2006, 279.
70 BGH Urt. v. 25.10.1984 – 4 StR 567/84, NJW 1985, 1036; Urt. v. 30.03.1995 – 4 StR 725/94, NJW 1995, 3131; OLG Hamm Beschl. v. 11.10.1990 – 1 Ss 1077/90, NZV 1991, 158; OLG Düsseldorf Beschl. v. 14.09.1993 – 2 Ss 257/93, NJW 1993, 3212; OLG Koblenz Beschl. v. 10.02.2000 – 2 Ss 12/00, DAR 2000, 371.

§ 315c StGB erfüllen, sondern insbesondere auch zurechenbar den Versicherungsfall herbeigeführt haben. Fährt ein Motorradfahrer auf gerade Strecke einer Bundesstraße 40 bis 60 km/h zu schnell und kollidiert mit einem an einer Einmündung unvermittelt auf die Fahrbahn tretenden Fußgänger, so verliert er seinen Anspruch auf die Versicherungsleistung nicht wegen einer Straftatbegehung, wenn nach dem eingeholten Sachverständigengutachten der Unfall auch bei Einhaltung einer Geschwindigkeit von nur 60 km/h nicht vermeidbar gewesen wäre.[71] Das Fahren mit einer leicht überhöhten Geschwindigkeit auf einer geraden Strecke wäre jedoch weder grob verkehrswidrig noch rücksichtslos, so dass ein Fahrer bei einer solchen Fahrweise nicht davon ausgehen muss, Leib oder Leben eines anderen zu gefährden. Versicherungsrechtlich kann nur auf dieses pflichtgemäße Alternativverhalten abgestellt werden, weil auch dieses zu dem Unfall geführt hätte.

f) unerlaubtes Entfernen vom Unfallort, § 142 StGB

Stellt ebenso schon aufgrund der besonderen Stresssituation für den Täter eine typische Steigerung des Risikos eines Unfalleintritts dar, wie bspw. der unbefugte Gebrauch des Kfz, so dass der Ausschluss unbedenklich eingreift. Insbesondere führt auch hier die gerade gesteigerte Erregung und Furcht vor der Entdeckung zu einer selbst verschuldet herbeigeführten gesteigerten Risikolage.[72] So besteht bspw. kein Versicherungsschutz, wenn der VN sich unerlaubt vom Unfallort entfernt und dabei tödlich verunglückt.[73]

Gelingt dem Versicherer der Nachweis eines strafbaren unerlaubten Entfernens vom Unfallort nicht, so bleibt jedoch sorgfältig zu prüfen, ob die Leistungsfreiheit des Versicherers wegen einer Obliegenheitsverletzung ausgeschlossen sein kann. Das unerlaubte Entfernen vom Unfallort verletzt regelmäßig berechtigte Interessen des Versicherers und wirkt sich auch als Obliegenheitsverletzung aus.[74]

11. Beweislast

Will sich der Versicherer auf den Ausschluss wegen einer Straftatbegehung berufen, so muss er alle Voraussetzungen des Ausschlusses beweisen, also sowohl die vorsätzliche Begehung der Straftat als auch den gefahrtypischen Ursachenzusammenhang zwischen Straftat und Unfall i. S. d. zu fordernden Adäquanz.[75]

Der Versicherer muss ggf. auch substantiierte Behauptungen einer Notwehrsituation widerlegen.[76] Nach dem strafrechtlichen Grundsatz »in dubio pro reo« wirken sich auch bei der versicherungsrechtlichen Beurteilung verbleibende Zweifel an der Schuld-

---

71 LG Hamburg, Urt. v. 26.03.2008 – 331 O 228/07, zfs 2009, 36 mit Anm. Rixecker.
72 OLG Hamm Beschl. v. 18.04.2008 – 20 U 219/07, VersR 2009, 388.
73 LG Hannover Urt. v. 09.10.1985 – 6 O 271/85, VersR 1986, 335 = r+s 1986, 297 = zfs 1986, 187.
74 Vgl. Halm, Versicherungsrechtliche Konsequenz der Unfallflucht DAR 2007, 617 (620).
75 BGH Urt. v. 29.06.2005 – IV ZR 33/04, VersR 2005, 1226 = r+s 2005, 473 = zfs 2005, 562 = DAR 2005, 566; Grimm, AUB 2010 5 Rn. 33.
76 Kloth, K Rn. 42.

A.4.12.2 AKB Geistes- oder Bewusstseinsstörung/Trunkenheit

fähigkeit des Täters zu Lasten des Versicherers aus, da im Zweifel zugunsten des Täters von der Schuldunfähigkeit auszugehen ist.[77] Im Übrigen sei auf die zuvor zu den jeweiligen Einzelpunkten erfolgten Ausführungen zur Beweislast für spezielle Umstände verwiesen.

II. A.4.12.2 Geistes- oder Bewusstseinsstörung/Trunkenheit

1. Allgemeines

44 Über den Ausschluss werden die Situationen erfasst, in denen es durch den geistes- oder bewusstseinsbedingten Zustand des VN oder infolge von Schlaganfällen, epileptischen Anfällen oder anderen Krampfanfällen, die den ganzen Körper der versicherten Person ergreifen zu einem gesteigerten Unfallrisiko kommt, weil der VN nicht mehr in der Lage ist, Gefahrensituationen rechtzeitig und richtig zu erkennen und unfallverhütend auf diese zu reagieren.[78] Es handelt sich gerade im Hinblick auf die alkoholbedingte Bewusstseinsstörung um den in der Praxis mit bedeutsamsten Risikoausschluss.

Die Klausel wird **nicht einheitlich** verwendet, sondern weit verbreitet in der oben dargestellten Form, teilweise jedoch auch ohne den Wiedereinschluss aus dem zweiten Absatz. In der Fallbearbeitung ist daher stets anhand der konkret vertragsgegenständlichen AKB zu prüfen, in welcher Fassung die Klausel vereinbart ist.

45 Der Ausschluss enthält im ersten Teil den eigentlichen Risikoausschluss für die erhöhte Gefahrenlage infolge einer Geistes- oder Bewusstseinsstörung und im zweiten Teil – so er denn in das konkrete Bedingungswerk aufgenommen ist – einen Wiedereinschluss für den Fall, das gerade ein versichertes Unfallereignis zu der Störung geführt hat. Hervorzuheben ist dabei, dass eine Person, die an einer entsprechenden Erkrankung leidet zwar grundsätzlich Versicherungsschutz genießt, wenn sie infolge anderer Umstände bspw. bei einem auf anderen Ursachen beruhenden Verkehrsunfall eine Gesundheitsbeschädigung erleidet. Wirkt sich jedoch gerade eine der in der Klausel aufgeführten Geistes- oder Gesundheitsstörungen ursächlich auf den Unfalleintritt aus, ist der Versicherungsschutz ausgeschlossen.

Praxisrelevant ist der Ausschluss nach den AKB 2015 nur noch für den Fahrer, da auf Unfälle des Fahrers abgestellt ist. Nach den früheren Fassungen der AKB 2008 war er in erster Linie für den Fahrer selbst von Bedeutung, der bspw. infolge von Trunkenheit verunfallt. Denkbar ist jedoch für die Bedingungen, in denen noch auf einen Unfall der versicherten Person abgestellt wird, auch, dass ein Mitinsasse z. B. als Beifahrer einen epileptischen Anfall erleidet und infolge dessen um sich schlägt und dabei den Fahrer behindert, so dass es zum Unfall kommt. Für den Mitfahrer ist dann sein eigener epileptischer Anfall als Bewusstseinsstörung ursächlich für den erlittenen Unfall, so dass kein Versicherungsschutz besteht. Beruht hingegen der Unfall auf einer Bewusst-

---

77 BGH Urt. v. 23.09.1998 – IV ZR 1/98, VersR 1998, 1410 = r+s 1999, 41 = zfs 1999, 69 = NJW-RR 1999, 98.
78 BGH Urt. v. 27.02.1985 – IVa ZR 96/83, VersR 1985, 583; Grimm, AUB 2010 5 Rn. 9 m. w. N.

seinsstörung des Fahrers ist dies für den Versicherungsschutz weiterer Mitinsassen nicht relevant.[79]

2. Geistesstörung

Es gibt keine klare Definition des Begriffs und auch keine trennscharfe Abgrenzung zum Begriff der Bewusstseinsstörung. Eine strikte Trennung ist vom Sinn und Zweck des Ausschlussgrundes her gesehen auch nicht nötig und wird in der Praxis nicht vorgenommen.[80] 46

Ein Rückgriff auf § 827 BGB oder § 104 Nr. 2 BGB scheidet aufgrund der unterschiedlichen Sinngehalte der Regelungen aus[81], insbesondere da es bei dem versicherungsrechtlichen Ausschlusstatbestand nicht um eine Beschreibung des Zustands einer Person, sondern um eine konkrete Steigerung eines Unfallrisikos infolge der Störung der Wahrnehmung und Reaktionsfähigkeit geht.[82] Die Rechtsprechung hat bspw. den Sturz eines VN vom Balkon infolge von Wahnvorstellungen als Geistesstörung angenommen, da mit den Wahnvorstellungen ein Verlust der Realitätskontrolle und Reaktionssteuerung verbunden sei.[83]In der Praxis wird nur ein medizinisches Sachverständigengutachten klären können, ob eine Geistesstörung vorgelegen hat.

3. Bewusstseinsstörung

a) Reichweite

Der Begriff erfasst alle nachhaltigen und erheblichen Störungen der Funktion von Sinnesorganen sowie alle sonstigen ernstlichen Störungen der Aufnahme- und Reaktionsfähigkeit wie bpsw. die vollständige Bewusstlosigkeit (Ohnmacht)[84], epileptische Anfälle oder sonstige Krampfanfälle, Schlaganfälle[85], erhebliche Depression in akutem Stadium[86], Sekundenschlaf wegen krankhafter Schlafapnoe[87] (nicht jedoch kurzzeitiges Einnicken wegen Übermüdung[88]) oder Stürze ohne jedwede Abwehrreaktion 47

---

79 Vgl. Feyock/Jacobsen/Lemor – Jacobsen, Kraftfahrtversicherung 3. Aufl. A.4 Rn. 123.
80 Kloth, Private Unfallversicherung K Rn. 9.
81 Naumann/Brinkmann, Die private Unfallversicherung in der anwaltlichen Praxis § 4 Rn. 14; Kloth, Private Unfallversicherung K Rn. 8.
82 Kloth, Private Unfallversicherung K Rn. 8.
83 OLG Hamm Urt. v. 15.01.2003 – 20 U 118/02, r+s 2003, 341.
84 OLG Hamm Urt. 14.08.1985 – 20 U 72/85, NJW-RR 1986, 330.
85 Vgl. Naumann/Brinkmann, Die private Unfallversicherung in der anwaltichen Praxis § 4 Rn. 48 ff. m. w. N.
86 LG München Urt. v. 22.06.1993 – 23 O 25 487/92, VersR 1994, 589 = r+s 1993, 479 = zfs 1994, 24.
87 LG Hannover Urt. v. 31.01.1997 – 10 S 78/96, r+s 1997, 481 = zfs 1997, 183; OLG Zweibrücken Urt. v. 25.6.2014 – 1 U 107/12, r+s 2015, 149.
88 OLG Düsseldorf Urt. v. 17.12.2002 – 4 U 114/02, VersR 2004, 1041 = r+s 2004, 166 = zfs 2003, 561.

und ohne äußeren Anlass[89]. Die Bewusstseinsstörung kann dabei auf Krankheit, Alkohol oder Drogen und/oder sonstigen Rauschmitteln oder auch Medikamentenwirkung beruhen. Insbesondere Drogen und Rauschmittel können zu einer erheblichen Beeinträchtigung der Wahrnehmungs- und Reaktionsfähigkeit führen, die nicht nur im akuten Rauschzustand bestehen kann, sondern selbst nach dem Ende des eigentlichen Rausches nachwirken oder sich sogar nach einigen Tagen als »Flash-Back« wieder einstellen kann.[90] In der Praxis ist daher sorgfältig zu prüfen, ob ggf. noch solche Nachwirkungen bestehen können. Insbesondere sind erhöhte Anforderungen an die Beweiswürdigung zu stellen.

b) Grad der Beeinträchtigung

48 Zu fordern ist ein erhebliches **Ausmaß** der Störung, das zur Unbeherrschbarkeit der Gefahrenlage führt, weil der Versicherte die Risiken nicht mehr wahrnehmen und/oder nicht mehr sachgerecht darauf reagieren kann, um dem Risikoeintritt entgegen zu wirken.[91] Die Rechtsprechung fordert ein Ausmaß, bei dem die dem Menschen bei normaler Verfassung innewohnende Fähigkeit, Sinneseindrücke schnell und genau zu erfassen, sie geistig zu verarbeiten und auf sie sofort richtig zu reagieren, ernstlich gefährdet ist.[92] Anzeichen die für eine erhebliche Bewusstseinsstörung sprechen sind der Wegfall normaler Hemmschwellen, Störung oder Verlust des Gleichgewichtssinnes oder der Tiefenwahrnehmung, verlängerte Reaktionszeiten, Minderung oder Aufhebung der Koordinationsfähigkeit.[93]

Demnach muss keine vollständige Bewusstlosigkeit vorliegen, wenngleich diese jedenfalls eine hinreichend erhebliche Bewusstseinsstörung darstellt. Es reichen aber gerade nicht nur Störungen geringen Grades aus, wie bspw. nur vorübergehende Einschränkungen der Funktion von Sinnesorganen wie eine vorübergehend erhöhte Blendempfindlichkeit der Augen[94] oder nur ein vorübergehender Schwindel- oder Schwächeanfall infolge dessen dem Versicherten »schwarz vor Augen« wird, soweit kein Krankheitswert als Ursache hinzutritt.[95] Ebenso wenig genügt eine nur kurzzeitige Beeinträchtigung durch einen Schmerzzustand ohne weiteren Krankheitswert[96], da die Gefährdung der Wahrnehmungs- und Reaktionsfähigkeit gerade krankhaft bedingt sein muss.[97]

---

89 OLG Hamburg Beschl. v. 25.04.2007 – 9 U 23/07, r+s 2007, 386.
90 Grimm, Unfallversicherung AUB 2010 5 Rn. 9.
91 BGH Urt. v. 10.10.1990 – IV ZR 231/89, VersR 1990, 1343 = r+s 1991, 35 = zfs 1991, 64 = NJW-RR 1991, 147 (st.Rspr. d. BGH).
92 BGH Urt. 24.10.1955 – II ZR 345/53, NJW 1956, 21; Grimm, Unfallversicherung AUB 2010 5 Rn. 9.
93 BGH Urt. 24.10.1955 – II ZR 345/53, NJW 1956, 21; Grimm, Unfallversicherung AUB 2010 5 Rn. 9.
94 BGH Urt. v. 30.10.1985 – IV a ZR 10/84, VersR 1986, 141.
95 OLG Oldenburg Urt. v. 08.08.1990 – 2 U 95/90, VersR 1991, 803 = r+s 1991, 215.
96 BGH Urt. v. 07.06.1989 – IVa ZR 137/88, r+s 1989, 303.
97 Grimm, Unfallversicherung AUB 2010 5 Rn. 9 m.zahlr.w. N.

c) Einzelfallbetrachtung

Eine Beurteilung kann immer nur anhand einer konkret fallbezogenen Einzelbetrachtung und nicht schematisierend erfolgen. Die Wechselwirkung zwischen der konkreten Gefahrensituation und den daraus resultierenden Anforderungen an die Wahrnehmungs- und Reaktionsfähigkeit des Versicherten muss beachtet werden. Es ist anhand der jeweiligen Lebenssituation und ihrer Besonderheiten festzustellen, welche konkreten Anforderungen an die Aufnahme und Reaktionsfähigkeit bestehen.[98] In diesem Zusammenhang ist jeweils auch der konkrete Unfallhergang zu berücksichtigen.[99] Kann dieser nicht aufgeklärt werden so ist keine genaue Feststellung möglich, welche Anforderungen die Situation an den Versicherten stellte und ob er diesen noch gerecht werden konnte.[100] Eine solche Unklarheit geht dann zu Lasten des Versicherers, da dieser die Voraussetzungen für das Eingreifen des Risikoausschlusses zu beweisen hat.[101]   49

4. Fallgruppen der Bewusstseinsstörungen

a) alkoholbedingte Bewusstseinsstörungen

Gerade diese Fallgruppe hat erhebliche Relevanz für die Kfz-Unfallversicherung im Zusammenhang mit der Teilnahme am Straßenverkehr. Auch soweit die Bewusstseinsstörung auf Trunkenheit beruht, greift der Ausschluss.   50

Für den **Kraftfahrer** setzt die Rechtsprechung die alkoholbedingte Bewusstseinsstörung mit der Fahruntüchtigkeit gleich. Dabei ist ab einer BAK von 1,1 Promille, also einer **absoluten Fahruntüchtigkeit** von einer alkoholbedingten Bewusstseinsstörung auszugehen. Es handelt sich um eine Vermutung die regelmäßig nicht dadurch auszuräumen ist, dass sich der Unfall möglicherweise auch ohne die Alkoholisierung hätte ereignen können.[102] Die Rechtsprechung erkennt überwiegend keinen Gegenbeweis an, dass trotz absoluter Fahruntüchtigkeit keine alkoholbedingte Bewusstseinsstörung vorgelegen habe.[103] Die Kausalität der alkoholbedingten Bewusstseinsstörung für den Unfalleintritt wird im Wege des Anscheinsbeweises angenommen.[104]   51

Die Literatur steht der Gleichsetzung von Fahruntüchtigkeit mit Bewusstseinsstörung teilweise mit guten Gründen kritisch gegenüber, da der durchschnittliche Versicherungsnehmer nach seinem Verständnis der Klausel den Begriff der alkoholbedingten

---

98 BGH Urt. v. 17.05.2000 – IV ZR 113/99, VersR 2000, 1090.
99 OLG Hamburg Beschl. v. 25.04.2007 – 9 U 23/07, r+s 2007, 386.
100 Kloth, Private Unfallversicherung K Rn. 6.
101 Vgl. nur aktuell BGH Urt. v. 13.05.2009 – IV ZR 211/05, VersR 2009, 1213 (st.Rspr.); OLG Köln Urt. v. 01.04.2008 – 9 U 87/07, r+s 2008, 290.
102 Kloth, Private Unfallversicherung K Rn. 16; Prölss/Martin-Knappmann, VVG, AUB 2010 Ziff. 5 Rn. 13; Grimm AUB 2010 5 Rn. 10.
103 OLG Koblenz Urt. v. 22.06.2001 – 10 U 1274/00, VersR 2002, 43 = r+s 2002, 218; OLG Saarbrücken Urt. v. 12.09.2001 – 5 U 19/01, zfs 2002, 32.
104 Prölss/Martin-Knappmann, VVG, AUB 2010 Ziff. 5 Rn. 21; Grimm AUB 2010 5 Rn. 15; van Bühren – Naumann, Handbuch Versicherungsrecht, § 16 Rn. 81, Himmelreich/Halm – Heinrichs, Handbuch FA Verkehrsrecht, Kap. 22 Rn. 89.

A.4.12.2 AKB Geistes- oder Bewusstseinsstörung/Trunkenheit

Fahruntüchtigkeit nicht mit demjenigen der Fahruntüchtigkeit gleichsetze und dies auch nicht nachvollziehen könne.[105] Trotz der im Grundsatz berechtigten Kritik wird in der Praxis regelmäßig von den in der Rechtsprechung entwickelten Grundsätzen auszugehen sein.

Hierbei ist zu berücksichtigen, dass die Rechtsprechung – soweit bekannt – nicht kategorisch einen Gegenbeweis als unzulässig ausschließt, sondern gerade nach den jeweiligen Einzelfallprüfungen die Gerichte den theoretisch möglichen Gegenbeweis, der den bestehenden ersten Anschein[106] erschüttern könnte, nicht als geführt angesehen haben. Zu bedenken ist weiter, dass eine Mitursächlichkeit der Bewusstseinsstörung bereits für den Ausschluss des Versicherungsschutzes ausreicht, so dass es gerade nicht genügt, wenn der VN die Möglichkeit aufzeigt, dass er den Unfall auch ohne Alkoholisierung erlitten haben könnte. Der VN müsste Tatsachen beweisen, aus denen sich die ernsthafte und nicht nur theoretische Möglichkeit erweist, dass der VN die Risikolage auch nüchtern nicht hätte beherrschen können.[107]

52 Im Bereich der **relativen Fahruntüchtigkeit** unter 1,1 Promille muss danach eine typisch alkoholbedingte Ausfallerscheinung hinzukommen. Für diesen Bereich der relativen Fahruntüchtigkeit wird in der Literatur auf unterschiedliche Mindest-BAK-Werte abgestellt, ab deren Vorliegen eine Relevanz gegeben sein soll, die tw. mit 0,5 Promille[108] und tw. mit 0,8 Promille[109] angegeben werden. Für eine Untergrenze hat sich – allerdings noch zur alten Rechtslage unter Geltung der 0,8 Promille Grenze – der BGH ausgesprochen.[110] Richtigerweise ist jedenfalls nicht auf starre Grenzen nach unten hin abzustellen, sondern auf den konkret feststellbaren Grad der alkoholbedingten Beeinträchtigung in Relation zur konkreten Anforderung der Gefahrensituation an den Versicherten.[111] Somit ist der Versicherungsschutz nicht bereits immer dann ausgeschlossen, wenn ein nüchterner Fahrer den Unfall noch hätte vermeiden können.[112] Umgekehrt sind die Anforderungen an die zusätzlichen Ausfallerscheinungen geringer anzusetzen, je näher die BAK an der Grenze zur absoluten Fahruntüchtigkeit liegt.

53 **Fallbeispiele** aus der Rechtsprechung für angenommene alkoholbedingte Bewusstseinsstörung[113]:

---

105 Knappmann, VersR 2000, 11 (15); Prölss/Martin – Knappmann, VVG, AUB 2010 Ziff. 5 Rn. 19; Terbille-Hormuth, § 24, 154, Schubach/Jannsen-Schubach, Private Unfallversicherung AUB 2008, 5.1.1 Rn. 12.
106 Thüringer OLG Beschl. v. 19.05.2004 – 4 U 299/04, Blutalkohol 2006, 70.
107 Grimm, Unfallversicherung AUB 2010 5 Rn. 15 m. w. N.
108 Feyock/Jacobsen/Lemor – Jacobsen, Kraftfahrtversicherung 3. Aufl. AKB 2008 A.4 Rn. 125.
109 Kloth, Private Unfallversicherung K Rn. 17.
110 BGH Urt. v. 15.06.1988 – IVa ZR 8/87, VersR 1988, 950 = r+s 1988, 311 = zfs 1988, 367.
111 BGH Urt. v. 10.10.1990 – IV ZR 231/89, VersR 1990, 1343 = r+s 1991, 35.
112 BGH Urt. v. 10.10.1990 – IV ZR 231/89, VersR 1990, 1343 = r+s 1991, 35.
113 Vgl. hierzu insb. Grimm, Unfallversicherung AUB 2010 5 Rn. 13 ff. mit vielfältigen Beispielen.

VN biegt als Mofa-Fahrer mit 0,94 Promille ohne jede Ankündigung auf gerader Straße unmittelbar vor schon sehr dicht herannahendem Gegenverkehr links ab[114]; Fahrer fährt nachts um 2 Uhr mit BAK von 0,95 Promille mit über 80 km/h bei erlaubten 60 km/h in einer Kurve ungebremst und ohne Ausweichreaktion geradeaus (Anscheinsbeweis für Kausalität).[115] Dagegen verneint z. B. für reine Geschwindigkeitsüberschreitungen und dadurch verursachtem Abkommen von der Fahrbahn, da dies auch völlig unabhängig von einer Alkoholisierung vielfach geschehe.[116] In diese Richtung argumentiert auch das OLG Frankfurt und nimmt an, dass Ausfälle, die sich als typische und alltägliche Fahrfehler auch bei nicht alkoholisierten Fahrern zeigen, gerade keinen Anscheinsbeweis für eine alkoholbedingte Bewusstseinsstörung ergeben.[117] Kommt ein Fahrer mit einer BAK von 0,85 Promille ohne erkennbaren Grund bei guten Witterungsbedingungen auf einem geraden Autobahnabschnitt von der Fahrbahn ab und prallt danach gegen einen Baum, ist kein Anscheinsbeweis für eine alkoholbedingte Bewusstseinsstörung gegeben, wenn es sich um einen alkoholgewöhnten Fahrer handelt, der erheblich übermüdet war.[118]

In den AKB 2015 wird nur noch auf Unfälle des Fahrers abgestellt, so dass sich danach 54 die Bewusstseinsstörung oder Trunkenheit eines anderen Fahrzeuginsassen, die zu einem Unfall führen mag, nicht mehr auf den Versicherungsschutz auswirkt. Dies war in den AKB 2008 in ihrer Ursprungsfassung anders geregelt, da darin – wie in der allgemeinen Unfallversicherung – nur allgemein auf Unfälle der versicherten Person abgestellt war. Ab den Musterbedingungsfassungen zu den AKB 2008 ab Stand 2010 fand sich jedoch bereits die in den früher vor 2008 verwendete Formulierung, die auf Unfälle des Fahrers abstellt.[119]

Soweit der Unfall nicht durch den Fahrer verursacht wird, sondern durch einen **Beifahrer** oder sonstigen **Insassen** ist daher für die früheren AKB 2008 ggf. zu unterscheiden:

Für fahrertypische Handlungen wie bspw. das Greifen ins Lenkrad des Fahrers ist auf die gleichen Grenzwerte wie für einen Fahrer abzustellen. Erleidet jedoch der Insasse bspw. beim Aussteigen oder beim Be- oder Entladen des Fahrzeugs einen Unfall, so ist auf die nachfolgend dargestellten Grenzwerte für Fußgänger abzustellen.[120]

Für **Mitfahrer** ist – soweit frühere Fassungen der AKB 2008 gelten – noch eine weitere 55 besondere Fallkonstellation des möglichen Ausschlusses zu beachten:

---

114 OLG Koblenz Urt. v. 22.06.2001 – 10 U 1274/00, VersR 2002, 43 = r+s 2002, 218 = zfs 2001, 555.
115 OLG Oldenburg Beschl. v. 04.03.1996 – 2 W 28/96, r+s 1997, 393.
116 BGH Urt. v. 03.04.1985 – IVa ZR 111/83, VersR 1985, 779.
117 OLG Frankfurt Urt. v. 28.03.1984 – 21 U 71/83, VersR 1985, 941.
118 OLG Düsseldorf Urt. v. 17.12.2002 – 4 U 114/02, VersR 2004, 1041 = r+s 2004, 166.
119 Vgl. Himmelreich/Halm – Heinrichs, Handbuch des FA VerkR, Kap. 22 Rn. 85.
120 Feyock/Jacobsen/Lemor – Jacobsen, Kraftfahrtversicherung 3. Aufl. AKB 2008 A.4 Rn. 126.

A.4.12.2 AKB Geistes- oder Bewusstseinsstörung/Trunkenheit

die Mitfahrt bei einem **fahruntüchtigen Fahrer**. In dieser Situation verliert der Mitfahrer seinen Versicherungsschutz nur wegen einer ihm anzulastenden Risikosteigerung durch alkoholbedingte Bewusstseinsstörung, wenn er trotz seiner eigenen Alkoholisierung die ihm selbst drohende Gefahr des Mitfahrens bei einem fahruntauglichen Fahrer vor Fahrtantritt erkennen und danach handeln konnte. Nach der Rechtsprechung ist dies bei einer BAK ab 2,0 Promille regelmäßig nicht mehr der Fall.[121]

56 Bei **Radfahrern** geht die Rechtsprechung ab 1,6 Promille unwiderleglich von einer alkoholbedingten Bewusstseinsstörung aus.[122] Hierzu ist jedoch die bereits oben unter Rdn. 51 dargestellte Kritik der Literatur zu beachten. Darunter müssen typisch alkoholbedingte Ausfallerscheinungen zusätzlich feststellbar sein.

57 Für die Teilnahme am Straßenverkehr als **Fußgänger** gilt ein Grenzwert von 2,0 Promille ab dem die Rechtsprechung eine alkoholbedingte Bewusstseinsstörung annimmt, wobei sie regelmäßig auch von einem Anscheinsbeweis für die Kausalität ausgeht. Es ist jedoch stets eine Einzelfallprüfung nach den jeweiligen Anforderungen an die Situation zur Risikobeherrschung geboten. Angenommen haben bspw. das OLG Köln das Eingreifen des Risikoausschlusses bei 2,67 Promille, das ausdrücklich von einem Anscheinsbeweis ausgeht.[123] Eindeutig und unwiderleglich das LG Leipzig bei 3,47 Promille bei einem Fußgänger der an einer Drückampel zunächst Grünlicht anfordert, dann jedoch plötzlich ohne auf Grünlicht zu warten auf die Straße vor ein herannahendes Auto tritt.[124] Auch das OLG Hamm nimmt an, dass ein Beweis des ersten Anscheins für die Unfallursächlichkeit einer alkoholbedingten Bewusstseinsstörung besteht, wenn ein relativ verkehrsuntüchtiger Fußgänger (hier Leichenblutentnahme mit BAK von 1,8 Promille) bei Dunkelheit eine Straße überquert und dabei in ein herannahendes Fahrzeug läuft.[125]

58 Abgelehnt hat die Rechtsprechung einen solchen Anscheinsbeweis jedoch bspw. wenn bei einer BAK von 1,9 Promille besondere Umstände hinzutreten, wie eine erhebliche Geschwindigkeitsüberschreitung des herannahenden Pkw, die auch ein nüchterner Fußgänger durchaus falsch hätte einschätzen können und der Fußgänger nur noch 1,5 m vom gegenüberliegenden Bordstein entfernt war.[126]

59 Die **Beweislast** für den Ausschlusstatbestand liegt beim Versicherer, wobei dieser den Vollbeweis nach § 286 ZPO zu erbringen hat. Gerade im Hinblick auf die näheren Umstände zum konkreten Unfallhergang trifft jedoch den VN eine sekundäre Darlegungs-

---

121 BGH Urt. v. 27.02.1985 – IVa ZR 96/93, VersR 1985, 583 = r+s 1985, 165 = DAR 1985, 251; OLG Hamm Urt. v. 03.07.1996 – 20 U 52/96, VersR 1997, 1344 = r+s 1997, 42 = zfs 1997, 25.
122 OLG Hamm Urt. 15.10.1997, 20 U 89/97, r+s 1998, 216.
123 OLG Köln Beschl. v. 20.09.2005 – 5 W 111/05, VersR 2006, 255 = r+s 2006, 252 .
124 LG Leipzig Urt. v. 06.04.2000 – 6 O 347/00, r+s 2001, 218.
125 OLG Hamm Urt. 02.10.2002 – 20 U 140/01, r+s 2003, 167 = zfs 2003, 195 = NZV 2003, 92.
126 OLG Köln Urt. v. 30.06.1990 – 5 U 208/88, r+s 1991, 106 = zfs 1991, 174.

last für die aus seiner Sphäre stammenden Informationen. Es gilt zunächst das bereits unter A.II oben ausgeführte.

Zu beachten sind ggf. auch hier die Besonderheiten an die Anforderung der Feststellung einer BAK im Zusammenhang mit einer Leichenblutentnahme (vgl. oben Rdn. 34).[127] Der Versicherer kann den Nachweis einer alkoholbedingten Bewusstseinsstörung aber auch unabhängig von einer konkret festgestellten Blutalkoholkonzentration erbringen, wenn sich aus dem konkreten Verhalten des VN hinreichend sichere Indizien ergeben. Dies nimmt die Rechtsprechung bspw. an, wenn ein Alkoholgenuß in größerer Menge aufgrund der Tatumstände oder sonstiger Feststellungen erwiesen ist und bspw. der VN beim Öffnen eines Hotelzimmerfensters aus diesem stürzt.[128] 60

Umstritten ist die Frage der Beweislast, wenn der VN einen **Nachtrunk** behauptet. Nach wohl überwiegender Rechtsprechung ist in diesem Fall der VN für seinen behaupteten Nachtrunk beweispflichtig.[129] Die Rechtsprechung stellt darauf ab, dass die Beweislast in diesem Fall nach allgemeinen Grundsätzen beim VN liege, da derjenige, der trotz objektiv festgestellter absoluter Fahruntüchtigkeit das Vorliegen des Leistungsausschlusses bestreitet, dies auch zu beweisen habe.[130] Er müsse hierzu konkrete und nachprüfbare Tatsachen darlegen und beweisen. Dies wird in der Literatur berechtigt, insbesondere von Knappmann kritisiert[131], der die Ansicht vertritt dass der für den Leistungsausschluss beweispflichtige Versicherer auch einen behaupteten Nachtrunk widerlegen oder aber beweisen muss, dass trotz eines Nachtrunks bereits zum Unfallzeitpunkt eine alkoholbedingte Bewusstseinsstörung vorgelegen hat.[132] Letzteres scheint sachgerecht, da sich andernfalls ein nicht zu rechtfertigender Wertungswiderspruch zu der strafrechtlichen Wertung ergeben würde und da den berechtigten Interessen des Versicherers über die sekundäre Darlegungslast des VN zu den Umständen des Nachtrunkes Rechnung getragen wird. In diesem Zusammenhang entbindet auch die Tatsache, dass es sich um eine Straftat handeln wird, den VN nicht unter dem Gesichts- 61

---

127 BGH Urt. v. 03.07.2002 – IV ZR 205/01, VersR 2002, 1135 = r+s 2002, 523 = zfs 2002, 488 = NJW 2002, 3112.
128 KG Beschl. v. 04.02.2003 – 6 W 12/03, r+s 2003, 428 = NJW-RR 2003, 976; OLG Celle Urt. v. 12.03.2009 – 8 U 177/08, VersR 2009, 1215.
129 KG Beschl. v. 16.01.1998 – 6 W 8026/97, r+s 1998, 525 = zfs 1998, 343 mit dazu ablehnender Anmerkung von Knappmann in r+s 1999, 128; wie das KG aber auch: OLG Köln Urt. v. 28.9.2012 – 20 U 107/12, VersR 2013, 1166 = zfs 2013, 283 = NJW-RR 2013, 1043; OGL Nürnberg Urt. v. 1.7.1982 – 8 U 118/82, VersR 1984, 436; Halm/Engelbrecht/Krahe/Schießl, Kap. 22 Rn. 24; van Bühren – Naumann, Handbuch Versicherungsrecht, § 16 Rn. 91.
130 OLG Köln wie vor; insbesondere zur sekundären Darlegungslast auch OLG Oldenburg, Beschl. v. 17.3.1983 – 2 W 2/83, VersR 1984, 482; für die sekundäre Darlegungslast des VN auch Himmelreich/Halm – Heinrichs, Kap. 22 Rn. 93.
131 Knappmann, r+s 1999, 128 (Anmerkung zu KG Urt. v. 16.01.1998 – 6 W 8026/97 r+s 1998, 525).
132 Prölss/Martin, AUB 2010 Ziff. 5 Rn. 8; so auch Jacob, Unfallversicherung AUB 2010, Ziff. 5.1.1 Rn. 26; auch, aber ohne weitere Begründung Kloth, Private Unfallversicherung K 29 a.E sowie Schubach/Jannsen-Schubach, Private Unfallversicherung 5.1.1 Rn. 20.

punkt fehlender Zumutbarkeit von seiner sekundären Darlegungslast, die aus § 138 Abs. 2 ZPO gerade für alle solche Umstände folgt, die der VR mangels Kenntnis im Rahmen seiner primären Darlegungslast nicht vortragen kann, die dem VN aber bekannt sind.[133]

Die gleichen Grundsätze gelten so auch für einen vom VN behaupteten Sturztunk, der eine entsprechende Alkoholisierung zum relevanten Unfallzeitpunkt ausschließen kann.

b) **Krankheitsbedingte Bewusstseinsstörungen**

62 Im Bereich der Fälle des **Einschlafens** ist zu unterscheiden zwischen der reinen Übermüdung und dem krankhaften Sekundenschlaf in Form einer Schlafapnoe (vgl. auch Nachweise oben unter 3. dort Rdn. 48).[134] Der Versicherer trägt hierbei die Beweislast für den Ausschluss, also das Vorliegen einer krankhaften, unnatürlichen Ursache des Einschlafens in Form einer Schlafapnoe. Kann er tatsächliche Anhaltspunkte für eine solche krankhafte Schlafapnoe nicht beweisen, sondern kommt auch eine natürliche Übermüdung als Unfallursache in Betracht, hat der VR den ihm obliegenden Beweis nicht erbracht.[135]

Für **Schwindelanfälle**, das »**Schwarz vor Augen werden**« und **schmerzbedingte Beeinträchtigungen**[136] ist für die Annahme einer Bewusstseinsstörung stets ein zugrundeliegender Krankheitswert zwingende Voraussetzung für das Eingreifen des Risikoausschlusses.[137] Ein reiner Schwindelanfall infolge Lageveränderung, schlechter Luft und vorübergehender Überanstrengung reichen nicht aus. Selbst schwere Schwindelattacken können nur eine Bewusstseinsstörung darstellen, wenn sie eine krankheitsbedingte Ursache haben.[138]

Ohnmachten oder **Synkopen** (eine plötzlich einsetzende, kurz andauernde Bewusstlosigkeit, umgangssprachlich Kreislaufkollaps) stellen krankhafte Bewusstseinsstörungen dar.[139] Stets muss jedoch geprüft werden, ob die Beeinträchtigung der Wahrnehmungs- und Reaktionsfähigkeit soweit reichte, dass der VN die sich ihm konkret darstellende Gefahrenlage nicht mehr beherrschen konnte.[140]

---

133 Vgl. hierzu BGH Urt. v. 10.2.2015 – VI ZR 343/13 (nach juris, noch unveröffentlicht).
134 OLG Zweibrücken Urt. v. 25.6.2014 – 1 U 107/12, r+s 2015, 149.
135 Wie vor.
136 Vgl. hierzu Fundstellen unt48.
137 OLG Düsseldorf Urt. v. 13.09.2006 – 23 S 137/05, VersR 2007, 488; Grimm, AUB 2010 5 Rn. 9; Kloth, Private Unfallversicherung K 14 m. w. N.
138 Kloth, Private Unfallversicherung K 14.
139 Naumann/Brinkmann, Die private Unfallversicherung in der anwaltlichen Praxis § 4 Rn. 23.
140 BGH Urt. v. 17.05.2000 – IV ZR 113/99, VersR 2000, 1090.

c) Drogenbedingte oder medikamentenbedingte Bewusstseinsstörungen

Für Drogen gibt es keine festen Grenzwerte bei deren Erreichen eine Bewusstseinsstörung angenommen werden kann. Unumstritten können Drogen, insbesondere Halluzinogene wie Haschisch jedoch zu einer tatbestandsmäßigen Bewusstseinsstörung infolge der Beeinträchtigung der Aufnahme- und Reaktionsfähigkeit führen. Im Einzelfall ist neben der Feststellung einer Konzentration der Substanz im Blut auch ein dafür typisches fehlerhaftes Fahrverhalten bzw. sonstiges Fehlverhalten zu fordern.[141]

63

5. Schlaganfälle, epileptische Anfälle und andere Krampfanfälle

Der Risikoausschluss erfasst diese Situationen als besondere, krankhafte Zustände der versicherten Person, in denen diese nicht wahrnehmungs- und reaktionsfähig ist, um auf Gefahrenlagen unfallvermeidend zu reagieren.

64

a) Schlaganfall

Nur der Gehirnschlag (med. Apoplexie) bei dem es infolge des Zerreißens oder Verschlusses von Blutgefäßen zum Aussetzen von Teilen des Gehirns kommt, erfüllt das Tatbestandsmerkmal **Schlaganfall** aus der Ausschlussklausel.[142] Nicht unter den Ausschlusstatbestand fallen hingegen der Herzinfarkt, plötzlicher Herztod oder eine plötzliche Lungenembolie.[143]

65

Praxisrelevant ist die Schwierigkeit des Nachweises, ob im Einzelfall wirklich ein Unfall als auslösendes Ereignis der eingetretenen Gesundheitsschädigung vorliegt oder ein solches Unfallereignis lediglich behauptet wird, tatsächlich aber ein Schlaganfall gerade der eigentliche Auslöser war.[144] Die **Beweislast** für das Vorliegen eines Unfalls liegt hier beim Anspruchsteller, wobei keine überhöhten Anforderungen an den Beweismaßstab zu stellen sind, wenn bspw. keine Zeugen zur Verfügung stehen. So trägt der Anspruchsteller nicht die negative Beweislast dafür, dass keine Ausschlusstatbestände vorliegen.[145] Will sich entgegen einem nachvollziehbar dargelegten Unfallereignis der Versicherer auf den Ausschlusstatbestand berufen, so hat er den Strengbeweis zu erbringen, den er bspw. über Indizien führen kann, wenn sich entsprechende Verletzungsbilder wie Gehirnblutungen zeigen, dafür aber äußere Verletzungsanzeichen wie Prellmarken als Auslöser infolge eines bspw. behaupteten Sturzereignisses nicht zu finden sind.[146]

66

---

141 Vgl. hierzu Grimm, AUB 2010 5 Rn. 9; Naumann/Brinkmann, Die private Unfallversicherung in der anwaltlichen Praxis § 4 Rn. 47.
142 Feyock/Jacobsen/Lemor – Jacobsen, Kraftfahrtversicherung 3. Aufl. AKB 2008 A.4 Rn. 127; Grimm, AUB 2010 5 Rn. 23 m. w. N.
143 Prölss/Martin –Knappmann, AUB 2010 Ziff. 5 Rn. 24 m. w. N.
144 Vgl. hierzu Grimm, AUB 2010 5 Rn. 23.
145 Vgl. hierzu i. E. Grimm, AUB 2010 5 Rn. 23; Naumann/Brinkmann, Die private Unfallversicherung in der anwaltlichen Praxis § 4 Rn. 50.
146 Naumann/Brinkmann, Die private Unfallversicherung in der anwaltlichen Praxis § 4 Rn. 50.

b) Epileptische Anfälle

67 Sind sie Ursache des Unfalls besteht kein Versicherungsschutz. Vorsorglich ist darauf hinzuweisen, das aufgrund der heute weitgehend gegebenen Beherrschbarkeit der Erkrankung gleichwohl eine grundsätzliche Versicherbarkeit von an Epilepsie erkrankten Personen gegeben ist.[147] Unabhängig davon besteht aufgrund des Krankheitsbildes jedoch eine gesteigerte Gefahr für den Eintritt von Anfällen, die dann jeweils dazu führen, dass der Versicherte nicht mehr in der Lage ist Gefahrensituationen wahrzunehmen und darauf rechtzeitig und sachgerecht zu reagieren.

c) Andere Krampfanfälle

68 Nach dem Wortlaut der Ausschlussklausel greift diese nur ein, wenn andere **Krampfanfälle** den ganzen Körper der versicherten Person ergreifen. Damit ist ausdrücklich klargestellt, dass es sich um ein die Wahrnehmungs- und Reaktionsfähigkeit oder zumindest die Reaktionsfähigkeit infolge der Verkrampfung ausschließendes massives Ereignis handeln muss, das nicht nur einzelne Körperregionen betrifft. So werden bspw. **Wadenkrämpfe** oder ähnliche Teilkrämpfe nicht aus dem Versicherungsschutz ausgenommen, da sie gerade nicht in dem zu fordernden Umfang die Wahrnehmungs- und/oder Reaktionsfähigkeit beeinträchtigen.[148] So kann bspw. bei einem Motorradfahrer nach längerer Fahrt in gleicher Haltung nach einem Wechsel der Beinhaltung bspw. im Rahmen eines Schaltvorgangs ein Krampf im Oberschenkel ausgelöst werden, der möglicherweise zu einer Unkonzentriertheit und einem Fahrfehler oder Verreißen des Motorrades führen kann, ohne dass dieses Ereignis zum Ausschluss des Versicherungsschutzes führen würde. Ersichtlich ist ein solches Ereignis, auch wenn konkret unfallauslösend, nicht mit der im Interesse der Versichertengemeinschaft durch entsprechende Risikoausschlüsse ausgenommenen erhöhten Gefahrträchtigkeit gleichzusetzen, wie ein Schlaganfallereignis oder ein epileptischer Anfall oder sonstiger den ganzen Körper ergreifender Krampfanfall, bei dem der Unfalleintritt zu einem nahezu sicher eintretenden Risikoereignis wird.

6. Wiedereinschluss

69 Der optionale zweite Teil der Klausel, der – wie oben bereits angemerkt –, nicht in allen am Markt anzutreffenden Bedingungswerken enthalten ist, enthält einen Wiedereinschluss für den Fall, dass die Störung oder der Anfall durch ein früheres Unfallereignis verursacht sind, das unter den Vertrag oder unter eine für ein Vorfahrzeug bei dem Versicherer abgeschlossene Kfz-Unfallversicherung fällt. Es handelt sich vom Regelungsgehalt gesehen um eine zeitlich unbegrenzte Ausweitung des Versicherungsschutzes für einen möglichen Zweitunfall als adäquat kausale Folge eines ersten Unfallereignisses, wobei nach Knappmann bereits eine Mitursächlichkeit des Vorunfalls ausreicht.[149]

---

147 Vgl. hierzu Grimm, Unfallversicherung AUB 2010 5 Rn. 24.
148 Hierzu auch Prölss/Martin – Knappmann, AUB 2010 ZIff. 5 Rn. 26.
149 Prölss/Martin – Knappmann, AUB 2010 ZIff. 5 Rn. 27.

Für den Leistungsumfang des Versicherers nach dem Zweitunfall ist auf den zu diesem Unfallzeitpunkt geltenden Vertragsinhalt abzustellen.[150]

Voraussetzung ist ein ununterbrochen fortbestehendes Versicherungsverhältnis. Dabei zählen alle Änderungen durch Nachträge oder Vertragsänderungen, wie bspw. Erhöhungen von Versicherungssummen, Änderungen der Leistungsarten, Einbeziehung neuer AKB oder Tarifumstellungen noch zu dem Versicherungsverhältnis, solange es sich um einen lückenlos fortgesetzten Versicherungsvertrag handelt.[151] Bei einem Vorfahrzeug darf der Versicherungsvertrag nicht durch Außerbetriebsetzung unterbrochen gewesen sein[152], da es sich dann bei dem nachfolgenden Versicherungsverhältnis um einen Neuvertrag und nicht um die Fortsetzung des ursprünglichen Vertrages in einer lückenlosen Kette handelt. Es muss sich nicht um das unmittelbar vor dem jetzt versicherten Fahrzeug gefahrene Vorfahrzeug handeln, sondern um ein Vorfahrzeug, solange die Vertragskette nicht unterbrochen ist, es also nicht zu einem dazwischen liegenden Neuabschluss eines Versicherungsvertrags gekommen ist. Eine Eingrenzung auf das unmittelbar vorausgehende Vorfahrzeug wäre sinnwidrig, da für die zeitliche Reichweite des Wiedereinschlusses nur auf das ununterbrochen fortbestehende Versicherungsverhältnis abzustellen ist. Dabei kann es keinen Unterschied machen, ob der VN ein Vorfahrzeug mit dem er den Erstunfall erleidet 10 Jahre fährt bis er ein Nachfolgefahrzeug im gleichen Versicherungsverhältnis versichert und damit einen Zweitunfall erleidet oder ob er während dieses Zeitraums mehrere Nachfolgefahrzeuge beim gleichen Versicherer in ununterbrochener Vertragskette versichert hatte. 70

Die **Beweislast** für alle Voraussetzungen des Wiedereinschluss nach Satz 2 der Klausel trägt der VN.[153] 71

III. A.4.12.3 Genehmigte Rennen

Die Klausel ist seit den AKB 2015 – wie nun in allen Sparten der AKB – inhaltsgleich mit der Regelung in der Kfz-Haftpflichtversicherung ausgestaltet. Erstmalig ab den AKB 2015 erfasst der Ausschluss somit nicht mehr alle Rennen, sondern nur die genehmigten Rennen, während nun auch in der Kfz-Unfallversicherung die Teilnahme an ungenehmigten Rennen eine Obliegenheitsverletzung nach D.1.1.4 (vgl. dort) darstellt. Die Regelung entspricht dem unter A.2.9.2 formulierten Risikoausschluss in der Fahrzeugversicherung. Es gilt grundsätzlich das dort ausgeführte.[154] 72

---

150 Grimm, Unfallversicherung AUB 2010 5 25.
151 Grimm, Unfallversicherung AUB 2010 5 25; Prölss/Martin – Knappmann, AUB 2010 Ziff. 5 Rn. 27.
152 So auch Feyock/Jacobsen/Lemor – Jacobsen, Kraftfahrtversicherung 3. Aufl. AKB 2008 A.4 Rn. 130.
153 Prölss/Martin – Knappmann, AUB 2010 Ziff. 5 Rn. 28.
154 Vgl. oben zu A.2.9.2.

A.4.12.3 AKB Genehmigte Rennen

▶ **Praxistipp:**

Achtung! In manchen neueren Bedingungswerken schon zu den AKB 2008 ist die Klausel deutlich weitreichender formuliert und enthält – gerade auch für den Bereich der Kaskoversicherung – den Zusatz: »*Darüber hinaus besteht kein Versicherungsschutz für jegliche Fahrten auf Motorsport-Rennstrecken, auch wenn es nicht auf Erzielung einer Höchstgeschwindigkeit ankommt (z. B. bei Gleichmäßigkeitsfahrten, Touristenfahrten). Versicherungsschutz besteht jedoch für Fahrsicherheitstrainings.*«[155]

Es ist daher – wie generell – auch hier unbedingt stets anhand der konkret in den Vertrag einbezogenen Bedingungen zu prüfen, wie weitgehend der Risikoausschluss ausgestaltet ist. Andernfalls droht ggf. für den Rechtsanwalt eine Haftung aus Fehlberatung bspw. auch gegenüber einem eintretenden Rechtsschutzversicherer aus abgetretenem Recht.

73 Allerdings bedarf es einer weiteren Klarstellung zu einer Besonderheit in der Kfz-Unfallversicherung: Das Risiko der Verletzung bei einem Unfall der aus der Teilnahme an einer Rennveranstaltung resultiert, soll wegen der besonderen Gefährlichkeit verständlicherweise generell nicht der Versichertengemeinschaft aufgebürdet werden. Ein Ausblick auf die AVB zur isolierten Unfallversicherung anhand gängiger AUB zeigt, dass dort die Klausel sinngemäß inhaltsgleich gilt, jedoch eine entsprechende Modifikation erfahren hat: statt der engen Formulierung Kraftfahrzeug wird auf Motorfahrzeuge abgestellt, um so auch ebenso gefährliche Rennsportveranstaltungen auf dem Wasser zu erfassen. Da es sich um einen eng umgrenzten Personenkreis der besonders Gefährdeten handelt, deren Risiko ausgeschlossen sein soll, sind diese explizit in der Ausschlussklausel aufgeführt. Danach gilt der Ausschluss nur für Fahrer, Beifahrer und Insassen. Danach sollen Zuschauer, Streckenposten sowie bspw. Angehörige des Fahrerlagers nicht aus dem Versicherungsschutz ausgenommen werden.[156] Dies erscheint in der allgemeinen Unfallversicherung eindeutig, da der Ausschluss gerade eng gefasst ist und eindeutig nur die benannten Fahrer, Beifahrer und Insassen nennt.

74 In der Kfz-Unfallversicherung kann die Reichweite des Ausschlusses je nach konkreter Konstellation weiter gehen. Nach A.4.1.1 stellen die AKB darauf ab, ob dem VN oder einer anderen versicherten Person ein Unfall in unmittelbarem Zusammenhang mit dem Gebrauch des Fahrzeugs zustößt. Dabei gehören alle Handlungen wie Fahren, Be- und Entladen etc. zum unmittelbaren Gebrauch. Zum unmittelbaren Gebrauch zählt daher bspw. auch das Betanken oder eine sonstige Tätigkeit, die bspw. der VN als Halter des Fahrzeugs bei einer Rennveranstaltung selbst ausübt. Ist er dabei nicht selbst Fahrer, Beifahrer oder Insasse des Fahrzeugs, sondern nur Angehöriger des Fahrerlagers, so hätte er in der allgemeinen Unfallversicherung nach den dort geltenden AUB Versicherungsschutz. In der Kfz-Unfallversicherung würde er aber vom Aus-

---

155 Klausel ist wirksam: OLG Karlsruhe Urt. v. 15.4.2014 – 12 U 149/13 r+s 2014, 275 = DAR 2014, 464 = zfs 2014, 453 = VersR 2015, 62.
156 Grimm, AUB 2010 5 Rn. 60.

schluss A.4.12.3 erfasst, da sich eine Eingrenzung auf Fahrer oder sonstige Kfz-Insassen nicht findet. Er wäre als VN beim unmittelbaren Gebrauch seines Fahrzeugs von einem Unfall betroffen, wenn es bspw. beim Betanken zu einer Verpuffung oder einem Brand kommt oder er bspw. beim Einfahren des Fahrzeugs in die Box angefahren wird.

Für die Detailerläuterung der Begriffe Rennveranstaltung, Erzielung einer Höchst- 75 geschwindigkeit und die Frage was dazugehörige Übungsfahrten sind, ist auf die Ausführungen oben unter A.2.9.2 zur Kaskoversicherung zu verweisen. Speziell zur Unfallversicherung hat bspw. das OLG Bamberg entschieden, dass keine Fahrveranstaltung i. S. d. Risikoausschlusses vorliegt, wenn sich zwei Motorradfahrer sich zufällig an einer roten Ampel treffen und nach dem Umspringen auf grün ein Beschleunigungsduell liefern und dabei der VN mit ganz erheblich überhöhter Geschwindigkeit einen Unfall erleidet. Zutreffend hat das OLG Bamberg darauf abgestellt, dass es am einem erforderlichen Minimum an Organisation unter Teilnehmern eines Rennens fehle.[157]

IV. A.4.12.4 Erdbeben, Kriegsereignisse, innere Unruhen, Maßnahmen der Staatsgewalt

Die Klausel ist inhaltsgleich mit dem unter A.2.9.4 formulierten Risikoausschluss in 76 der Fahrzeugversicherung. Es gilt das dort ausgeführte.[158]

V. A.4.12.5 Kernenergie

Die Klausel ist inhaltsgleich mit dem unter A.2.9.5 formulierten Risikoausschluss in 77 der Fahrzeugversicherung. Es gilt das dort ausgeführte.[159]

VI. A.4.12.6 Bandscheiben, innere Blutungen

1. Allgemeines

Der Ausschluss greift den in der allgemeinen Unfallversicherung bestehenden Aus- 78 schluss entsprechender Schädigungen unverändert auf.[160] Die Regelung enthält im ersten Teil den eigentlichen Risikoausschluss und im zweiten Satz einen Wiedereinschluss für den Fall, dass gerade ein unter den Schutz des Versicherungsvertrags fallendes Unfallereignis die überwiegende Ursache für die Schädigung ist. Für einen Bandscheibenschaden besteht daher bspw. kein Versicherungsschutz, wenn dieser auf einer erhöhten Kraftanstrengung beruht.

2. Bandscheiben

Bandscheibenschäden werden relativ selten durch einen Unfall ausgelöst. Zumeist han- 79 delt es sich um über einen längeren Zeitraum eintretende, degenerative Veränderungen

---

157 OLG Bamberg Beschl. v. 23.2.2010 – 1 U 161/09, VersR 2010, 1029.
158 Vgl. oben zu A.2.9.4.
159 Vgl. oben zu A.2.9.5.
160 Vgl. daher im weiteren bspw. Grimm, Unfallversicherung AUB 2010 5 Rn. 66 ff.

und Vorschädigungen der Bandscheiben, die anlässlich eines beliebigen Bewegungsereignisses zu Tage treten.[161] Sind keine erheblichen äußeren Verletzungsanzeichen wie Wirbelbrüche oder erhebliche, medizinisch schwerwiegende Traumaverletzungen bspw. mit zeitnahen Knochenmarködemen feststellbar, ist regelmäßig mit großer Wahrscheinlichkeit nicht von einer Ursächlichkeit des Unfallereignisses auszugehen.[162] Auch der zeitliche Zusammenhang des Auftretens entsprechender erheblicher Schmerzzustände mit Bewegungseinschränkungen im Zusammenhang mit einem Unfallereignis spielt für die Kausalitätsbewertung eine erhebliche Rolle.

Zu beachten ist, dass ein Unfallereignis überwiegende Ursache sein muss, also sein Anteil an dem Eintritt des Bandscheibenschadens mindestens 50 % betragen muss.[163] Zur Beurteilung ist es unverzichtbar, ein medizinisches und ggf. biomechanisches Sachverständigengutachten einzuholen. Selbst wenn der VN vor einem Unfallereignis niemals Beschwerden verspürt hat, ist dies noch kein sicheres Indiz für die Unfallursächlichkeit eines Bandscheibenschadens. Gerade Bandscheibenschäden verlaufen zumeist über einen langen Zeitraum klinisch unauffällig in ihrem Vorstadium, bis sie sich manifestieren, so dass in dem Ausbleiben der Beschwerden bis zum Unfallereignis kein Nachweis der Kausalität zu sehen ist.[164]

3. Innere Blutungen

80 **Blutungen aus innere Organen, Gehirnblutungen** entstehen medizinisch gesehen entweder durch krankhafte Veränderungen der Blutgefäße von Organen oder dem Gehirn oder durch Folgen äußerer Krafteinwirkung bei Verletzungen. Im Einzelfall ist es schwierig abzugrenzen, ob bei einem stattgehabten Unfallereignis eine solche Blutung auch ohne krankhafte Veränderung überhaupt aufgetreten wäre. Wie bei den Bandscheibenschäden muss das Unfallereignis überwiegende Ursache sein, was durch Sachverständigengutachten zu klären ist. Die Überschrift des Ausschlusstatbestandes »... innere Blutungen« ist unklar formuliert und darf nicht dazu verleiten, den in der Klausel enthaltenen Begriff der Blutung aus inneren Organen mit demjenigen der inneren Blutung gleichzusetzen. Im Gegensatz zu reinen inneren Blutungen können Blutungen aus inneren Organen auch äußerlich zu Tage treten.[165] **Gehirnblutungen** sind zumeist Folge eines Gehirnschlags. Kommt es nach einem Verkehrsunfall ohne nachweisbare äußere Verletzungen des Kopfes beim VN zu einer Zerreißung eines Aneurysmas (medizinisch: spindel- oder sackförmige Erweiterung des Blutgefäßquerschnitts bei angeborener oder erworbener Veränderung der Gefäßwand) im Gehirn, so greift der Ausschlusstatbestand ein und besteht kein Versicherungsschutz. Selbst wenn von einem

---

161 Vgl. für einen Detailüberblick Grimm, Unfallversicherung AUB 2010 5 Rn. 66 ff. m. w. N.; van Bühren – Naumann, Handbuch Versicherungsrecht, § 16 Rn. 126.
162 OLG Frankfurt/M Urt. v. 18.02.2003 – 25 U 225/00, r+s 2004, 431; OLG Koblenz Beschl. v. 05.06.2003 – 10 U 1131/02, VersR 2004, 462 = r+s 2003, 517.
163 Van Bühren – Naumann, Handbuch Versicherungsrecht 6. Aufl. § 16 Rn. 125.
164 OLG Hamm Urt. v. 01.02.2006 – 20 U 135/05, r+s 2006, 467 = zfs 2006, 581.
165 Grimm AUB 2010 5 Rn. 67; van Bühren – Naumann, Handbuch Versicherungsrecht 6. Aufl. § 16 Rn. 123.

Zusammenwirken des vorbestehenden Aneurysmas und des Unfallereignisses auszugehen ist, kann nicht der Schluss gezogen werden, der Unfall sei die überwiegende Ursache der Gehirnblutung gewesen.[166]

4. Beweislast

Da die Klausel heute nach einhelliger Meinung als Risikoausschluss mit Wiedereinschluss eingestuft wird[167] und nicht mehr wie teilweise früher in der Rechtsprechung vertreten als sekundärer Risikoausschluss mit der Folge, dass der Versicherer auch das Nichtüberwiegen des Unfallereignisses beweisen müsse[168], ist die **Beweislast** geteilt: Der Versicherer muss den Vollbeweis nach § 286 ZPO führen, dass ein Bandscheibenschaden, Blutung aus inneren Organen oder Gehirnblutung gegeben ist. Der VN hingegen muss die Voraussetzungen des Wiedereinschlusses beweisen, also das Überwiegen des Unfallereignisses als Ursache.[169] 81

VII. A.4.12.7 Infektionen

Eine Infektion ist das Eindringen von Bakterien, Parasiten, Pilzen oder Viren oder sonstigen Mikroorganismen in den Körper und ihr sich anschließendes Vermehren im Körper. Die Folge sind hervorgerufene Krankheiten die regelmäßig nicht dem versicherten Unfallrisiko zuzuordnen sind und daher über den Ausschluss aus dem Versicherungsschutz ausgenommen werden. 82

Im Versicherungsschutz enthalten sind jedoch Infektionen durch **Wundstarrkrampf** und **Tollwut** soweit die Erreger durch ein versichertes Unfallereignis (sowohl sofort oder auch später als reine Unfallfolge) in den Körper gelangen.[170] 83

Bei **anderen Infektionen** besteht der Versicherungsschutz, wenn kumulativ das kausale Unfallereignis zu einer nicht nur **geringfügigen Haut- oder Schleimhautverletzung** geführt hat, infolge derer es zur Infektion kommt. Als geringfügig gilt eine Haut- oder Schleimhautverletzung, wenn sie nach objektiven medizinischen Maßstäben – nicht nach dem subjektiven Empfinden des Verletzten – keinen eigenen krankheitswert 84

---

166 OLG Hamm Urt. v. 19.12.2001 – 20 U 102/01, VersR 2002, 883 = r+s 2002, 438.
167 Van Bühren-Naumann, Handbuch Versicherungsrecht 6. Aufl. § 16 Rn. 121.
168 Früher OLG Koblenz Urt. v. 09.11.2001 – 10 U 201/01, r+s 2002, 481 aber ausdrücklich aufgegeben in OLG Koblenz Urt. v. 03.03.2005 – 10 U 586/04, VersR 2005, 1425 = r+s 2006, 297 = zfs 2005, 454.
169 BGH Urt. v. 28.01.2009 – IV ZR 6/08, VersR 2009, 492 = r+s 2009, 161 = zfs 2009, 402 = NJW-RR 2009, 679; OLG Hamm Beschl. v. 13.02.2001 – 20 W 2/01, r+s 2001, 439 = zfs 2001, 468; OLG Köln Urt. v. 22.05.2002 – 5 U 185/01, VersR 2003, 1120 = r+s 2004, 165 = zfs 2004, 375; OLG Koblenz Urt. v. 03.03.2005 – 10 U 586/04, VersR 2005, 1425 = r+s 2006, 297 = zfs 2005, 454; OLG Frankfurt Urt. v. 20.07.2005 – 7 U 193/04, VersR 2006, 1118 = r+s 2006, 165 = zfs 2006, 699; van Bühren-Naumann, Handbuch Versicherungsrecht 6. Aufl. § 16 Rn. 130.
170 Vgl. weiter Grimm, Unfallversicherung AUB 2010 5 Rn. 93.

hat und keine Behandlungsnotwendigkeit besteht.[171] Als Beispiele gelten Insektenstiche, Nadelstiche, Kratzer und leichte Hautverletzungen die nur eines Pflasters bedürfen.[172]

85 Versicherungsschutz besteht im Wege eines weiteren Wiedereinschlusses, wenn die Infektion durch eine **Heilmaßnahme** wegen eines versicherten Unfallereignisses entsteht. Als Heilmaßnahme ist jede Maßnahme und Handlung anzusehen, die der Versicherte oder ein Dritter zu therapeutischen Zwecken durchführt.[173] Soweit auch Handlungen des VN eingeschlossen sind erfahren diese jedoch eine notwendige Einschränkung dahingehend, dass alle Handlungen und Maßnahmen aus der medizinischen Laienvorstellung heraus, die nicht ärztlich angeordnet oder zumindest medizinisch begründet sind, dem Begriff der Heilmaßnahme nicht mehr unterfallen.[174]

86 Das **Kausalitätserfordernis**, dass die Krankheitserreger durch den Unfall sofort oder später in den Körper gelangen ist sowohl im Hinblick auf Wundstarrkrampf und Tollwut also auch auf andere Infektionen oder Heilmaßnahmen dahingehend zu verstehen, dass eine konkrete, unmittelbare Ursächlichkeit des Unfallereignisses für das Eindringen der Erreger gegeben sein muss (»... durch ein versichertes Unfallereignis ...«). Eine irgendwie noch adäquat-kausal auf ein Unfallereignis rückführbare Infektion bspw. infolge einer Schwächung des Immunsystems im Rahmen der Heilung und Erholung von schweren Unfallverletzungen reicht hingegen nicht aus.[175] Leisten sich jedoch bspw. zwei blutende Personen nach einem Unfall gegenseitig erste Hilfe und infiziert dabei eine HIV-infizierte Person den verletzten VN indem ihr Blut in die offene Wunde des VN gelangt, so unterfällt die HIV-Infektion des VN dem Versicherungsschutz.[176]

87 **Beweislast**

Der Versicherer hat nach den bereits bei den obigen Ausschlusstatbeständen dargestellten Grundsätzen, auf die verwiesen werden kann, das Vorliegen der Infektion als solcher zu beweisen. Dem VN obliegt die Beweislast für die Voraussetzungen eines der möglichen Wiedereinschlüsse, also für die Kausalität der Unfallverletzung für die Infektion sowie ggf. dafür, dass es sich nicht nur um eine geringfügige Haut- oder Schleimhautverletzung gehandelt hat.[177] Dies hat zuletzt das OLG Köln[178] ausdrücklich bestätigt und hierbei zutreffend auf die insoweit im Hinblick auf das Vorliegen eines Wieder-

---

171 OLG Düsseldorf Urt. v. 29.02.2000 – 4 U 37/99, VersR 2001, 449 = r+s 2001, 390.
172 OLG Düsseldorf Urt. v. 29.02.2000 – 4 U 37/99, VersR 2001, 449 = r+s 2001, 390.
173 Grimm, Unfallversicherung AUB 2010 5 Rn. 82.
174 Grimm, Unfallversicherung AUB 2010 5 Rn. 82.
175 Grimm, Unfallversicherung AUB 2010 5 Rn. 93.
176 Beispiel nach Grimm, Unfallversicherung AUB 2010 5 Rn. 93.
177 OLG Hamm Beschl. v. 03.03.2006 – 20 U 227/05, r+s 2007, 164; Prölss/Martin – Knappmann, AUB 2010 5 Rn. 64; Terbille-Hormuth, Versicherungsrecht 3. Aufl. § 24 Rn. 188.
178 OLG Köln Urt. v. 21.09.2012 – 20 U 116/12, VersR 2013, 992 = r+s 2013, 399 = zfs 2013, 342.

einschlusses ohne weiteres von der Systematik her übertragbare Entscheidung des BGH[179] zum Wiedereinschluss bei Bandscheibenschäden verwiesen.

VIII. A.4.12.8 Psychische Reaktionen

Die Klausel schließt alle psychisch bedingten, krankhaften Störungen aus dem Versicherungsschutz aus, und zwar im Gegensatz zur zivilrechtlichen Haftung eines Unfallverursachers auch für psychische Reaktionen oder gerade Fehlverarbeitungen infolge eines Unfallereignisses.[180] Die Wirksamkeit der Klausel war früher heftig umstritten, ist jedoch seit zwei grundlegenden Entscheidungen des BGH nunmehr eindeutig dahingehend geklärt, dass die Klausel wirksam[181] aber ihr Inhalt sehr restriktiv auszulegen ist.[182] 88

Danach greift der Ausschluss nicht ein, wenn die Störung eine organische Ursache hat, auch wenn im Einzelfall das Ausmaß, in dem sich die organische Ursache auswirkt, von der psychischen Verarbeitung durch den VN abhängt, wie bspw. bei einem durch ein Knalltrauma ausgelösten **Tinnitus**.[183] Diese Rechtsprechung, die eine organische Ursache in Form eines körperlichen Traumas für eine krankhafte Störung erfordert, hat der BGH in einem späteren Beschluss vom 15.7.2009 ausdrücklich fortgeführt und konkretisierend klargestellt, dass der Risikoausschluss greift, wenn es entweder schon an einem körperlichen Trauma fehlt oder die krankhafte Störung des Körpers nur mit ihrer psychogenen Natur erklärt werden kann.[184] 89

Fehlt es jedoch bei einem festgestellten Tinnitus an einer feststellbaren organischen Entsprechung in Form einer Hörschädigung, sondern stellt vielmehr der Sachverständige ein sogenanntes »Normalgehör« fest, so greift der Ausschluss zugunsten des Versicherers.[185] So hat das LG Nürnberg-Fürth entschieden, dass ein **Auffahrunfall** nicht geeignet ist, ein Knalltrauma zu verursachen, das als organische Entsprechung für einen Tinnitus anerkannt werden könne.[186] Auch eine posttraumatische Belastungsstörung (PTBS) wird von der Ausschlussklausel erfasst, da sie gerade eine Folge des belastenden Ereignisses selbst ist und nicht etwa Folge einer sich aus dem Unfall ergebenden orga- 90

---

179 BGH Urt. v. 28.01.2009 – IV ZR 6/08, VersR 2009, 492 = r+s 2009, 161 = zfs 2009, 402 = NJW-RR 2009, 679.
180 OLG Oldenburg Urt. v. 21.08.2002 – 2 U 103/02, zfs 2003, 559 = r+s 2004, 34.
181 BGH Urt. v. 23.06.2004 – IV ZR 130/03, VersR 2004, 1039 = r+s 2004, 385 = zfs 2004, 422 = NJW 2004, 2589 = NZV 2004, 567.
182 BGH Urt. v. 29.09.2004 – IV ZR 233/03, VersR 2004, 1449 = r+s 2004, 516 = zfs 2005, 142 = NJW-RR 2005, 32 = NZV 2005, 88; van Bühren, Handbuch Versicherungsrecht (Naumann) 6. Aufl. § 16 Rn. 156.
183 BGH Urt. v. 29.09.2004 – IV ZR 233/03, VersR 2004, 1449 = r+s 2004, 516 = zfs 2005, 142 = NJW-RR 2005, 32 = NZV 2005, 88.
184 BGH Beschl. v. 15.07.2009 – IV ZR 229/06, VersR 2010, 60 = r+s 2010, 164.
185 LG Nürnberg-Fürth Urt. v. 23.10.2008 – 8 O 2323/07, VersR 2009, 922 (rechtskräftig d. OLG Nürnberg Beschl. v. 10.03.2009 – 8 U 2461/08 n. v.).
186 LG Nürnberg-Fürth Urt. v. 23.10.2008 – 8 O 2323/07, VersR 2009, 922.

A.4.12.8 AKB Psychische Reaktionen

nischen Erkrankung.[187] Dies entspricht ihrer medizinischen Definition als verzögerte oder protrahierte Reaktion auf ein belastendes Ereignis oder eine Situation kürzerer oder längerer Dauer, die mit außergewöhnlicher Bedrohung oder katastrophalem Ausmaß einhergeht und bei fast jedem eine tiefe Verzweiflung hervorrufen würde (so F43.1 ICD-10 WHO 2006).[188] Die PTBS ist somit Folge des Erlebens eines ganz erheblichen Unfallgeschehens oder sonstigen traumatischen Geschehnisses, nicht jedoch eine Folge der unfallbedingten organischen Verletzung.[189] Insgesamt wird in der Praxis allzu leichtfertig und ohne hinreichende Beachtung der medizinischen Definition eine PTBS bescheinigt oder diagnostiziert, obwohl überhaupt kein hinreichend schwerwiegendes Unfallereignis oder sonstiges Traumageschehen mit hinreichendem Ausmaß im Sinne einer lebensbedrohenden Situation vorgelegen hat.[190] Typischerweise liegt daher bei der häufig anzutreffenden Behauptung einer PTBS nach eher harmlosen Auffahrunfällen mit stattgehabten HWS-Verletzungen eine solche PTBS gerade nicht vor. Auch sonstige psychische Fehlverarbeitungen anlässlich einer unfallbedingt erlittenen HWS-Verletzung (z. B. Anpassungsstörung ICD-10 F.43.2) oder somatoforme (Schmerz-)Störungen (ICD-10 F.45/F.45.4) unterfallen in der Unfallversicherung zumeist dem Risikoausschluss, da die HWS-Verletzung als solche regelmäßig nach kurzer Zeit abgeklungen ist und daher keine organische Ursache der psychischen Beeinträchtigung/Störung mehr gegeben ist.[191] Gleiches gilt, wenn der VN nach einer unfallbedingten HWS-Verletzung ohne orthopädisch oder neurologisch nachweisbare organische dauerhafte Schädigung später Beschwerden wie Bewegungsstörungen, Schwindel, Kopfschmerzen und Gefühlsstörungen in den Armen entwickelt. Mangels organischer Entsprechung als Unfallfolge ist von hochgradig verfestigten rein funktionellen psychisch bedingten Somatisierungsstörungen auszugehen.[192]

Erleidet der VN eine schwere Handverletzung und entwickelt infolge einer psychischen Fehlverarbeitung des Unfalls eine Persönlichkeitsstörung, die zu einer psychogenen Lähmung der Hand mit vollständiger Aufhebung der Gebrauchsfähigkeit führt, so besteht kein Versicherungsschutz, wenn weder nach neurologischem noch nach psychiatrischem Sachverständigengutachten eine organische Schädigung der Hand nachweisbar ist.[193]

---

187 OLG Brandenburg Urt. v. 27.10.2005 – 12 U 87/05, VersR 2006, 1251; so auch OLG Düsseldorf Urt. v. 19.12.2008 – 4 U 30/08, r+s 2010, 165 (bestätigt durch Zurückweisung der Nichtzulassungsbeschwerde durch BGH Beschl. v. 15.07.2009 – IV ZR 13/09, juris); LG Dortmund Urt. v. 26.3.2009 – 2 O 130/08, r+s 2010, 478 = NJW-RR 2010, 42.
188 So Burmann/Heß, r+s 2010, 403 (404).
189 Wie vor (insgesamt lesenswert zur Problematik psychischer Erkrankungen in der Unfallversicherung); so auch Knappmann, VersR 2011, 324.
190 So auch Burmann/Heß wie vor.
191 Vgl. OLG Frankfurt Urt. v. 16.7.2006 – 7 U 222/05, r+s 2010, 164 (bestätigt durch Zurückweisung der Nichtzulassungsbeschwerde durch BGH Beschl. v. 15.07.2009 – IV ZR 229/06, VersR 2010, 60 = r+s 2010, 164).
192 OLG Köln Urt. v. 24.08.2005 – 5 U 126/02, VersR 2007, 976 = r+s 2008, 31.
193 LG Köln Urt. v. 12.12.2007 – 23 O 61/03, VersR 2008, 812.

Insgesamt ist die Klausel in ihrer konkreten Reichweite im Hinblick auf die Frage, ob 91
sich der Versicherer nur dann nicht auf den Ausschlusstatbestand berufen kann, wenn
der VN durch den Unfall hirnorganisch beeinträchtigt ist, so dass es zwingend zu krankhaften Veränderungen kommt, noch heftig umstritten und ist die Instanzrechtsprechung in weiten Bereichen sehr uneinheitlich. Das OLG Karlsruhe hat bspw. zu dieser
Frage in einer jüngeren Entscheidung die Ansicht vertreten, dass eine solche hirnorganische Schädigung nicht als Voraussetzung dafür zu fordern ist, dass sich der Versicherer nicht auf den Ausschluss berufen kann. Auch wenn bspw. eine Depression aufgrund
einer organischen Verletzungen zu psychischen Reaktionen mit Beschwerdesymptomatik führe, ohne dass Anhaltspunkte für eine psychische Fehlverarbeitung feststellbar seien, soll es danach dem Versicherer verwehrt sein, sich auf den Ausschlusstatbestand zu
berufen.[194] Das Urteil ist vom BGH im Revisionsverfahren aufgehoben worden, allerdings aus anderen Gründen, ohne dass der BGH diese Streitfrage zu entscheiden
brauchte. Eine weitergehende Klärung, welche psychischen Folgen versichert und welche aus dem Versicherungsschutz ausgenommen sind, ist daher im Hinblick auf das
Erfordernis einer hirnorganischen Schädigung durch den BGH noch nicht erfolgt.[195]
Zu verweisen ist für weitere Einzelheiten auf die aktuelle Literatur, wie bspw. die Darstellung offener Streitfragen zu der Problematik organischer Schädigungen, die jedoch
nicht als Nerven- oder Hirnschäden direkte Auslöser einer psychischen Reaktion
sind.[196]

Beweislast 92

Der Versicherer trägt die Beweislast für das Eingreifen des Ausschlusses und somit dafür, dass psychische Reaktionen vorliegen.[197] Er genügt seiner Beweislast, wenn er den
Nachweis führt, dass organische/physische Ursachen für die Beschwerden vernünftiger
Weise auszuschließen sind.[198] Hierzu ist nicht ausreichend, dass solche lediglich nicht
positiv festzustellen sind.[199] Es muss eine überwiegende Wahrscheinlichkeit gerade ergeben, dass vernünftiger Weise organische/physische Ursachen nicht bestehen. Der
VN hat hierbei jedoch erhebliche Mitwirkungspflichten bei der Aufklärung, nicht
nur was die sekundäre Darlegungslast für Umstände aus seiner alleinigen Kenntnissphäre angeht, sondern auch in Form der Teilnahme an ärztlichen Untersuchungen
und Begutachtungen. Verweigert er diese, so stellt dies eine Beweisvereitelung dar,
die zu seinen Lasten geht.[200]

---

194 OLG Karlsruhe Urt. v. 02.05.2006 – 12 U 192/04 n. v.
195 Kessal-Wulf, Aus der neueren Rechtsprechung des Bundesgerichtshofes zur privaten Unfallversicherung r+s 2008, 313 ff.
196 Vgl. Naumann/Brinkmann, Die private Unfallversicherung in der anwaltlichen Praxis § 4 Rn. 200 ff. m. w.N; Grimm, Unfallversicherung AUB 2010 5 Rn. 109 ff. m. w. N.; Kloth, Private Unfallversicherung K 100 ff. m. w. N.
197 So auch Knappmann, VersR 2011, 324 (325).
198 OLG Rostock Beschl. v. 24.08.2004 – 6 U 138/03, VersR 2006, 105 = r+s 2006, 124 = zfs 2005, 613.
199 Knappmann, wie vor.
200 OLG Düsseldorf Urt.v. 04.12.2001 – 4 U 87/98, VersR 2003, 1294 = r+s 2003, 339.

A.4.12.8 AKB Psychische Reaktionen

IX. A.4.12.9 Bauch- und Unterleibsbrüche

93 Der Sinn der Klausel liegt darin, die regelmäßig als Folge einer zumeist angeborenen Bindegewebsschwäche auftretenden Eingeweidebrüche (med. Hernien), bei dem sich Eingeweide durch eine Bruchpforte aus der Bauchhöhle ausstülpen, aus dem Versicherungsschutz auszunehmen. Ursache ist eine Zerreißung von Bindegewebe oder Muskelgewebe, die typischer Weise infolge einer entsprechenden Veranlagung beim Heben schwerer Gegenstände oder Pressen bei hoher Kraftanstrengung mit Anspannung der Gewebsstrukturen (bpsw. bei Dauerhusten) entsteht (sog. »Pressbruch«).[201] Um derartige allgemeine Lebensrisiken von den der Versicherung unterfallenden Unfallereignissen abzugrenzen ist der Ausschluss berechtigt.

94 Der Versicherungsschutz kann durch den Wiedereinschluss des 2. Satzes der Klausel wieder aufleben, wenn gerade ein in der Kfz-Unfallversicherung versichertes Unfallereignis mit gewaltsamer, von außen kommender Einwirkung zu der Verletzung führt. Dies kann in Ausnahmefällen aufgrund direkter oder indirekter Gewalteinwirkung von außen geschehen, bspw. bei Verkehrsunfällen mit schwerwiegenden Schnittverletzungen oder massiver Gewalteinwirkung wenn bspw. ein Motorradfahrer gegen eine Leitplanke geschleudert wird. Derartige von außen kommende Gewalteinwirkungen können jedoch regelmäßig nur im Zusammenhang mit weiteren typischen Verletzungsbildern wie plötzlich auftretenden Schmerzen, Schockzustand, Pulsveränderung als klinischen Anzeichen und/oder objektiven Lokalbefunden wie Blutungen, Zerreißungen, Hämatomen etc. angenommen werden.[202] Als ein solches gewaltsames, von außen kommendes Ereignis hat das LG Berlin das Auftreten von Hernien bei reflexartigen und ungewöhnlichen Kraftanstrengungen im Zusammenhang mit dem Abfangen plötzlich verrutschender oder herabstürzender schwerer Gegenstände angesehen. Das LG Berlin hat hierzu entschieden, dass es sich bei einem solchen »Preßbruch« beim Abfangen eines herabfallenden Fahrzeugmotors zur Abwehr der Gewalteinwirkung um eine von außen kommende Gewalteinwirkung handelt.[203]

95 **Beweislast**

Der Versicherer muss bei durch den VN zunächst nachzuweisendem Unfallereignis den Beweis erbringen, dass ein Bauch- oder Unterleibsbruch vorliegt. Damit genügt der Versicherer seiner Beweislast. Es obliegt dann wiederum dem VN, den Vollbeweis zu erbringen, dass der Bruch auf einer gewaltsamen, von außen kommenden Einwirkung beruht.[204] Diesen Beweis hat der VN nicht geführt, wenn sich keine objektiven Hinweise auf eine traumatische Einwirkung finden wie bpsw. Ödeme, Blutungen, Zerreißungen oder deren typische Folgen wie Schockzustand, starke Schmerzen ersichtlich

---

201 Vgl. im einzelnen Grimm, Unfallversicherung AUB 2010 5 Rn. 112.
202 Grimm Unfallversicherung AUB 2010 5 Rn. 112 m. w. N.
203 LG Berlin Urt. v. 14.02.1989 – 7 S 53/88, VersR 1989, 1186 = r+s 1990, 103 = zfs 1990, 31.
204 OLG Hamburg Urt. v. 15.09.1988 – 10 U 44/88, r+s 1990, 102; OLG Hamm Urt. v. 30.11.2005 – 20 U 96/05, r+s 2006, 340; Prölss/Martin – Knappmann, AUB 2010 Ziff. 5 Rn. 72; Grimm AUB 2010 5 Rn. 112.

sind.[205] In einem ähnlichen Fall, bei dem keine typischen objektivierbaren medizinischen Befunde zu erheben waren, hat das AG Wuppertal entschieden, dass bei einem Verhebetrauma infolge des Abfangens eines plötzlich verrutschenden ca. 150 kg schweren Hochdruckreinigers nicht vom Nachweis einer gewaltsamen, von außen kommenden Einwirkung auszugehen ist, wenn sich bei der wenige Tage später durchgeführten Operation keine frischen Verletzungen mit Anzeichen einer Zerreißung oder frische Blutungen oder Blutergußbildungen zeigen.[206]

Synopse zu A.4 Kfz-Unfallversicherung

Aufgrund der Änderungen von den AKB 2008 zu den AKB 2015 sind diese zur besseren Orientierung in der Neugliederung hier in einer Synopse zusammengefasst:

AKB 2008	Regelungsinhalt	AKB 2015
A.4.1	Was ist versichert?	A.4.1
A.4.1.1	Anwendungsbereich	A.4.1.1
A.4.1.2	Unfallbegriff	A.4.1.2
A.4.1.3	Erweiterter Unfallbegriff	A.4.1.3
A.4.2	Wer ist versichert?	A.4.2
A.4.3	Örtlicher Geltungsbereich	A.4.3
A.4.4	Leistungsinhalt → V'Schein	A.4.4
A.4.5	Leistung bei Invalidität	A.4.5
A.4.5.1	Voraussetzungen	A.4.5.1
A.4.5.1	Invalidität	A.4.5.1.1
A.4.5.1	Eintritt u. ärztl. Feststellung	A.4.5.1.2
A.4.5.1	Geltendmachung beim VR	A.4.5.1.3
A.4.5.1	Tod innerhalb von 1 Jahr	A.4.5.1.4
A.4.5.2	Art (und Höhe) der Leistung	A.4.5.2
A.4.5.2	Einmalzahlung	A.4.5.2.1
A.4.5.3	Invaliditätsgrad/Bemessung	A.4.5.2.2
A.4.5.3 lit. a	Gliedertaxe	A.4.5.2.3
A.4.5.3 lit. b	Bemessung außerhalb der Gliedertaxe	A.4.5.2.4
A.4.5.3 lit. c	Minderung bei Vorinvalidität	A.4.5.2.5

---

205 OLG Hamm Urt. v. 30.11.2005 – 20 U 96/05, r+s 2006, 340.
206 AG Wuppertal Urt. 23.01.1997 – 31 C 196/95, r+s 1998, 436.

A.4 AKB Synopse zu A.4 Kfz-Unfallversicherung

AKB 2008	Regelungsinhalt	AKB 2015
A.4.5.3 lit. d	Beeinträchtigung mehrerer Körperteile o. Sinnesorgane	A.4.5.2.6
A.4.5.3 lit. e	Leistung bei Tod der versicherten Person	A.4.5.2.7
A.4.6	Leistung bei Tod	A.4.8
A.4.6.1	Voraussetzung	A.4.8.1
A.4.6.2	Höhe der Leistung	A.4.8.2
A.4.7	Krankenhaustagegeld, Genesungsgeld, Tagegeld	A.4.6 bzw. A.4.7
A.4.7.1	Krankenhaustagegeld Voraussetzungen	A.4.7.1
A.4.7.2	Krankenhaustagegeld Höhe	A.4.7.2
A.4.7.3	Genesungsgeld Voraussetzungen	Nicht mehr vorgesehen
A.4.7.4	Genesungsgeld Höhe	Nicht mehr vorgesehen
A.4.7.5	Tagegeld Voraussetzungen	A.4.6.1
A.4.7.6	Tagegeld Höhe	A.4.6.2
A.4.7.7	Tagegeld max. für 1 Jahr	A.4.6.2
A.4.8	Vorbestehende Krankheiten und Gebrechen	A.4.9
A.4.8.1	Begrenzung auf Unfallfolgen	A.4.9.1
A.4.8.1	Mitwirkung	A.4.9.2
A.4.8.1	Minderungsberechnung	A.4.9.2.1
A.4.8.2	Beachtlichkeitsgrenze 25 %	A.4.9.2.2
A.4.9	Fälligkeit und Abtretung	A.4.10
A.4.9.1	Prüfung Ihres Anspruchs	A.4.10.1
A.4.9.2	Ärztliche Gebühren	A.4.10.1
A.4.9.3	Fälligkeit der Leistung	A.4.10.2
A.4.9.4	Vorschüsse	A.4.10.3
A.4.9.5	Begrenzung für erstes Jahr	A.4.10.3
A.4.9.6	Neubemessung	A.4.10.4
A.4.9.7	Leistung für mitversicherte Person	A.4.11.2
A.4.9.8	Abtretung	A.4.11.1
A.4.10	Was ist nicht versichert?	A.4.12
A.4.10.1	Straftat	A.4.12.1
A.4.10.2	Geistes- oder Bewusstseinsstörung/Trunkenheit	A.4.12.2

AKB 2008	Regelungsinhalt	AKB 2015
A.4.10.3	Rennen	A.4.12.3
A.4.10.4	Erdbeben/Kriegsereignisse	A.4.12.4
A.4.10.5	Kernenergie	A.4.12.5
A.4.10.6	Bandscheiben, innere Blutungen	A.4.12.6
A.4.10.7	Infektionen	A.4.12.7
A.4.10.8	Psychische Reaktionen	A.4.12.8
A.4.10.9	Bauch- und Unterleibsbrüche	A.4.12.9

A.5 Fahrerschutzversicherung – wenn der Fahrer verletzt oder getötet wird

Die Fahrerschutzversicherung ist eine Kfz-Unfallversicherung, deren Leistungen sich nach dem tatsächlich entstandenen Personenschaden richten.

Übersicht Rdn.
A. Allgemeines 1
B. Regelungsgehalt 7
I. Überschrift 7
II. Vorgestellte Klausel 9
C. Weitere praktische Hinweise 15

A. Allgemeines

Schon vor mehr als fünf Jahren – zum Zeitpunkt der Erstauflage dieses Kommentars[1] – war die Fahrerschutzversicherung in Deutschland kein Novum mehr. Damals hatten bereits viele namhafte Versicherer unter unterschiedlichen Namen das neue Produkt in ihrem Angebot; üblicherweise damals noch mit Paragrafen nach der alten AKB-Struktur bis 2007. Dabei gab und gibt es eine hohe Bandbreite unterschiedlichster[2] Bedingungen. 1

Spezielle Fahrerschutz-Musterbedingungen des GDV fehlten allerdings selbst in den AKB 2008 noch völlig, so dass eine grundsätzliche Orientierung sowohl für Versicherungsunternehmen, Rechtsanwälte und Gerichte weiterhin schwierig blieb. 2

Eine Kommentierung individueller Produkte einzelner Anbieter war weder damals noch heute angebracht. Es obliegt allein der Rechtsprechung, individuelle Fahrer- 3

---

1 Siehe dort *Schwab* Kap. Fahrerschutzversicherung (FSV).
2 *Heinrichs*, Die Fahrerschutzversicherung DAR 2011, 565 ff. (566).

schutz-Bedingungen und einzelne Klauseln auf ihre Vereinbarkeit mit den gesetzlichen Anforderungen zu prüfen.

4 Der späte Entschluss des Verbandes zur Abfassung eigener Empfehlungen mag der Schwierigkeit geschuldet sein, dass sich anfangs nicht erkennen ließ, ob sich das Produkt am Markt durchsetzen wird. Zudem war die unterschiedliche Ausrichtung individueller Bedingungstexte bereits so weit fortgeschritten, dass die Findung eines Konsenses für eine bestimmte Empfehlung nicht leicht gefallen ist.

5 Mit den überarbeiteten AKB 2015 sind nach verschiedentlichen Rufen[3] endlich Musterbedingungen für die Fahrerschutzversicherung in die AKB aufgenommen worden.

6 Es handelt sich bei den vorliegenden Bedingungen, um **fahrzeugbezogene Klauseln**. Der Versicherungsschutz wird – wie auch in den anderen Autoversicherungen – an ein versichertes Fahrzeug geknüpft. Ähnlich der Autoschutzbriefversicherung in A.3 AKB zur AVAR[4] und der Kfz-Unfallversicherung in A.4 AKB zur AUB 2014, ist auch die Ausgestaltung als personenbezogene Fahrerschutzversicherung – allerdings wiederum nur außerhalb der AKB – möglich.

B. Regelungsgehalt

I. Überschrift

7 Die Überschrift enthält zugleich einen Einordnungs- und Erklärungsversuch, wie wir ihn bereits aus allen anderen Autoversicherungen her kennen. Sie beschreibt positiv, dass es einzig um die Person des Fahrers für den Fall seiner Verletzung oder Tötung geht.

8 Damit beschreibt sie zugleich negativ, dass es sich bei A.5 AKB 2015 weder um eine Fahrer-Rechtsschutz-[5], Fahrer-Sachschaden-, noch Fahrer(haft)pflichtversicherung[6] handelt. Mittelbare Folge daraus ist, dass die Deckungssummen in der Kfz-Haftpflichtversicherung nicht dazu dienen können, vertragliche Versicherungsleistungen des eigenen Fahrers mit abzudecken. Diese müssen aus einem **eigenen Prämientopf** finanziert werden.

II. Vorgestellte Klausel

9 In Abweichung zu allen anderen Autoversicherungen beschreibt sodann erstmals an dieser Stelle eine vorgestellte Klausel, dass es sich bei der Fahrerschutzversicherung um eine spezielle Kfz-Unfallversicherung handele. Damit wird die grundsätzliche Ein-

---

3 Himmelreich/Halm/*Wilms*, Handbuch des Fachanwalts Verkehrsrecht, Kap. 23, Rn. 12; *Hering*, AnwZert VerkR 10/2013 Anm. 2; *Becker*, Die Fahrerschutzversicherung in der anwaltlichen Unfallschadenregulierung, zfs 2015, 10 (14).
4 Allgemeine Versicherungsbedingungen für den Auto- und Reise-Schutzbrief (AVAR).
5 § 22 ARB 2010 bzw. Fahrer-Rechtsschutz (D) ARB 2012, Stand Juni 2013.
6 *Keilbar*, Ruf nach der »Fahrerversicherung«, NZV 1988, 213 f. *Martin*, Nochmals: Ruf nach der »Fahrerversicherung«, NZV 1989, 180 f.

ordnung der Versicherungsart als Unfallversicherung im Sinne der §§ 178 ff. VVG fixiert.

Zugleich wird jedoch in der Klausel der wesentliche Unterschied zur bislang bekannten 10
Kfz-Unfallversicherung in A.4 herausgestellt. Die Leistung wird nicht mehr abstrakt an der versicherten Summe, sondern konkret am tatsächlich entstandenen Personenschaden des Fahrers festgemacht.

Allein die Bezeichnung als Kfz-Unfallversicherung in der vorgestellten Klausel macht 11
aus den nachfolgenden Vorschriften allerdings noch keine Versicherung, die als reine Unfallversicherung nur nach den §§ 178 ff. VVG zu messen wäre. Voraussetzung ist, dass die Inhalte dem Leitbild des Gesetzgebers für die private Unfallversicherung noch gerecht werden.

Insoweit sind bereits an dieser Stelle Zweifel geboten, da sich nicht nur einzelne Klau- 12
seln durchaus auch anderen Versicherungsarten zwanglos zuordnen lassen. Mit wachsendem Leistungsversprechen werden schnell die eher engen Grenzen der Unfallversicherung überschritten. Dies zeigt sich dann insbesondere in A.5.4.1 AKB im Rahmen der offenen Formulierung oder der Variante der selektiven Leistungsbegrenzung. Je näher sich der Leistungsumfang am konkreten Schaden des Fahrers orientiert, desto weiter entfernt sich die Fahrerschutzversicherung inhaltlich von der »verordneten rechtlichen Hülle« der §§ 178 ff. VVG. Schließlich gelten in der klassischen Unfallversicherung die Vorschriften der Schadensversicherung nach den §§ 79 bis 99 VVG grundsätzlich nicht.[7]

Die Festlegung der Fahrerschutzversicherung als Unfallversicherung ist zudem nur eine 13
– doch eher seltene – Variante der rechtlichen Einordnung. Der Name »Fahrer-Unfallversicherung« wurde schon als eher irreführend[8] bezeichnet. Die bislang am **Markt** verwendeten Bedingungen gehen daher weit überwiegend davon aus, dass es sich um eine **subsidiäre Restschadensversicherung** handeln soll.

Es liegt daher näher, von einem **spartenübergreifenden Versicherungsprodukt**[9] zu spre- 14
chen. Das sollte auch für die Musterbedingungen noch gelten, obwohl sie begrifflich das Vokabular der Unfallversicherung verwenden.

C. Weitere praktische Hinweise

Die unter A.5 AKB aufgeführten Bedingungen sind nicht abschließend. Sie sind – wie 15
generell erforderlich – in Verbindung mit den anderen Teilen der AKB zu sehen. An

---

7 Schwintowski/*Brömmelmeyer*, PK-VersR, vor § 178 VVG, Rn. 2; Looschelders/Pohlmann/Götz, VVG-Kommentar, § 178 VVG, Rn. 3.
8 Himmelreich/Halm/*Wilms*, Handbuch des Fachanwalts Verkehrsrecht, Kap. 23, Rn. 11; Beckmann/Matusche-Beckmann/Heß/Höke, Versicherungsrechts-Handbuch, § 30, Rn. 374.
9 *Schwab*, Fahrerschutzversicherung, Rn. 30.

A.5.1 AKB Was ist versichert?

verschiedenen Stellen war die Aufnahme von Spezialvorschriften und Anpassungen notwendig. Sie finden sich in
- B.2.2 AKB für den Beginn des Versicherungsschutzes
- D.1.1.4 AKB Rennklausel
- D.1.3 1 AKB Alkohol und andere berauschende Mittel
- D.1.3.2 AKB Gurtpflicht
- E.1.6.1 AKB medizinische Versorgung
- E.1.6.2 AKB medizinische Aufklärung
- E.1.6.3 AKB Aufklärung möglicher Ansprüche gegen Dritte
- E.1.6.4 AKB Wahrung von Ansprüchen gegen Dritte
- G.4.1 AKB Kündigung
- G.6.1 AKB kein Übergang bei Fahrzeugveräußerung

A.5.1 Was ist versichert?

Versichert sind Personenschäden des berechtigten Fahrers, die dadurch entstehen, dass er durch einen Unfall beim Lenken des versicherten Fahrzeugs verletzt oder getötet wird.

Ein Unfall liegt vor, wenn der Fahrer durch ein plötzlich von außen auf seinen Körper wirkendes Ereignis (Unfallereignis) unfreiwillig eine Gesundheitsschädigung erleidet.

Zum Lenken des Fahrzeugs gehört z. B. nicht das Ein- und Aussteigen oder das Be- und Entladen.

Übersicht   Rdn.
A. Überschrift 1
B. Absatz 1 2
I. Personenschaden 3
II. Einschränkungen 5
    1. Fahrer 6
    2. beim Lenken 8
    3. Einzelfälle beim Lenken 15
    4. Erst- und Folgeverletzung 18
    5. Folgeunfälle 24
    6. Position des Fahrers beim Lenken 27
    7. Beim Nachlenken 29
C. Absatz 2 32
D. Absatz 3 34

A. Überschrift

1 Die Überschrift passt sich der Systematik der anderen Versicherungen innerhalb der AKB an. Das erleichtert das Auffinden an der Stelle, wo man die Beschreibung des Schadensereignisses seit Einführung der neuen Struktur in 2008 erwartet.

B. Absatz 1

Der Absatz 1 der Klausel stellt klar, dass es um Personenschäden des Fahrers geht. Der Begriff »Personenschaden« wird an dieser Stelle nicht definiert. An späterer Stelle, in A.5.4.1 AKB[1] findet sich in der ersten Variante lediglich eine symbolhafte Aufzählung von Folgen, die aus einem Personenschaden resultieren können.

I. Personenschaden

Der Begriff des »Personenschadens« ist der Unfallversicherung nach den §§ 178 ff. VVG fremd. Entsprechend taucht er weder in A.4 AKB, der Kfz-Unfallversicherung noch in den Regelungen der allgemeinen Unfallversicherung nach den AUB 2014 auf. Die Unfallversicherung ist darauf ausgerichtet, bei Eintritt einer Bedingung (Körperschaden/Invalidität) eine zuvor vertraglich vereinbarte Leistung zu erbringen. Die klassische Summenversicherung nach dem Prinzip der abstrakten Bedarfsdeckung[2] setzt demnach nicht voraus, dass infolge eines Körperschadens ein wirtschaftlicher Folgeschaden (Verdienstausfall, Heilbehandlungskosten, etc.) entstanden ist.

Tatsächlich handelt es sich beim »*Personenschaden*« um einen Begriff aus dem Schadensersatz- und Haftpflichtversicherungsrecht. Im einschlägigen Versicherungsrecht wird er erwähnt in den §§ 1 PflVG; 2 Abs. 1 KfzPflVV und somit entsprechend folgerichtig auch in A.1.1.1 AKB. Hierzu zählen Körper- und Gesundheitsverletzungen von Personen bis hin zum Tod; aber auch die Verletzung weiterer personenbezogener Rechtsgüter wie die Freiheit[3] und die Ehre[4].

II. Einschränkungen

Der methodische Ansatzpunkt, die Fahrerschutzversicherung als Unfallversicherung zu definieren, führt zwangsläufig zu der Problematik, den Personenschaden nicht ohne weiteres dort einordnen zu können. Der Anwendungsbereich muss durch die Aufzählung weiterer Anforderungen präzisiert werden.

1. Fahrer

Versichert ist nur der berechtigte[5] **Fahrer**. Ausgeschlossen werden somit Insassen, aber auch der Beifahrer, Begleiter beim begleiteten Fahren nach § 48a FeV und Fahrertrainer. Der Begriff des Fahrers wird weder in der Fahrerschutzversicherung noch an einer anderen Stelle der AKB[6] definiert. Selbst § 1 PflVG definiert den Fahrer nicht.

---

1 *Schwab* A.5.4.1 AKB Rdn. 1 ff.
2 Looschelders/Pohlmann/*Götz*, VVG-Kommentar, § 178 VVG, Rn. 3; Staudinger/Halm/ Wendt FAKomm-Vers/*Hugemann*, § 178 VVG, Rn. 5.
3 *Schwab* A.1 AKB Rdn. 37 f.
4 *Schwab* A.1 AKB Rdn. 39.
5 Zum berechtigten Fahrer siehe A.5.2 AKB Rdn. 1 ff.
6 *Schwab* A.1.2 AKB Rdn. 39.

7 Fahrer ist jedenfalls der Kraftfahrzeugführer im Sinne des § 2 StVG. Allerdings ist auch der Fahrlehrer nach der gesetzlichen Fiktion[7] Fahrzeugführer, § 2 Abs. 15 Satz 2 StVG. Zudem beschränken sich die Pflichten des Fahrers nicht nur auf das reine Führen des Fahrzeugs.

2. beim Lenken

8 Durch die weitere Einschränkung dank des Merkmals »*beim Lenken*« gelingt es, sonstige Tätigkeiten des Fahrers vom Versicherungsschutz auszunehmen. Trotz positiver Formulierung bezüglich des Lenkens handelt es sich inhaltlich um einen **Quasi-Ausschluss** sonstiger Fahrertätigkeiten, die nicht unmittelbar mit dem Lenken im Zusammenhang stehen.

9 In der Fahrerschutzversicherung soll nicht jede fahrertypische Handlung, die ansonsten zum Gebrauch des Fahrzeugs gerechnet werden kann, versichert sein. Ausgeschlossen sind somit insbesondere Tätigkeiten, die jedermann am Fahrzeug ausführen kann wie kleine Wartungsarbeiten, Betanken und Waschen, aber auch die Verletzung, die sich der Fahrer beim Radwechsel nach einem platten Reifen zuzieht.

10 Beabsichtigt ist durch die Quasi-Ausschlussklausel eine Reduzierung des Versicherungsumfangs auf eine reine »**Fahrzeug-Führer-Schutzversicherung**«.[8] Im Gegensatz zur in Österreich üblichen Lenkerschutz-Versicherung und dem dort, der Schweiz und Teilen Süddeutschlands gebräuchlichen Wort »Lenker« als Synonym für den Fahrzeugführer, fällt eine Eingrenzung auf bestimmte Tätigkeiten des »Fahrers« in Deutschland sichtlich schwerer.

11 Somit fallen selbst nach den §§ 24; 49 StVO bußgeldbewährte Pflichten des Fahrzeugführers außerhalb des Fahrzeugs, wie beispielsweise
– das Entrichten der Parkgebühr am Parkscheinautomat nach § 13 StVO
– das sorgfältige Ein- oder Aussteigen nach § 14 StVO
– das Absichern liegengebliebener Fahrzeuge mittels Warndreieck nach § 15 Satz 2 StVO
– das Absichern einer Unfallstelle nach § 34 Nr. 2 StVO

nicht unter den Deckungsschutz. Entsprechend besteht auch kein Versicherungsschutz, wenn der Fahrer die vereisten Scheiben freikratzt und dabei selbst auf der schneebedeckten Fahrbahn ausrutscht.

12 In der Konsequenz entfällt nach dem Wortlaut der Klausel der Versicherungsschutz gerade dann, wenn der Fahrer Maßnahmen zur allgemeinen Gefahrenreduzierung außerhalb des Fahrzeugs betreibt und sich zu deren Umsetzung durch das Verlassen des Fahr-

---

7 Diese gelte im Strafrecht nicht, wenn ein fortgeschrittener Fahrschüler begleitet werde, so *BGH* Urt. v. 23.09.2014 – 4 StR 92/14, JurionRS 2014, 28571 = DAR 2015, 97 = NJW 2015, 1124 = NZV 2015, 145 = zfs 2015, 111.

8 *Schwab* Fahrerschutzversicherung, Rn. 110.

zeugs an gefährlichen Stellen (Autobahnseitenstreifen, Fahrbahn) begeben muss. Gerade hier wäre der Fahrer jedoch auf Versicherungsschutz angewiesen.

Es bleibt abzuwarten, wie weit die Rechtsprechung »beim Lenken« letztlich auslegen wird. Aufgrund der besonderen Pflichten zur Sicherung des Fahrzeugs beim Panne oder Unfall nach den §§ 15 Satz 2; 34 Nr. 2 StVO ist nicht auszuschließen, dass ein unmittelbar vorangegangenes Lenken, das die Absicherungspflichten zu Gunsten des Verkehrsteilnehmer auslöst als ausreichend erachtet wird. 13

Fahrzeuge ohne Lenker gibt es bereits für Behinderte, die ihr Fahrzeug mit Joystick selbst steuern. Selbstgelenkte Fahrzeuge[9] befinden sich in der Entwicklungs- und Erprobungsphase. Die technischen[10] und rechtlichen[11] Voraussetzungen für ein **autonomes Fahren** bzw. automatisiertes Fahren[12] nehmen immer mehr Gestalt an. Auch wenn immer mehr technische Einrichtungen das Fahrzeugführen erleichtern werden, die rechtliche Verantwortung bleibt beim Fahrzeugführer. Personen mit Handicap, aber auch künftige Fahrzeugführer mit selbstgelenkten Fahrzeugen werden ebenfalls Interesse an einer Fahrerschutzversicherung haben. Unter Berücksichtigung der heute schon absehbaren technischen Möglichkeiten erscheint es sinnvoller, eine zukunftsweisendere Formulierung zu finden, z. B.: »Kein Versicherungsschutz besteht für Schäden, die nicht im unmittelbaren Zusammenhang mit dem verantwortlichen Führen des Fahrzeugs (vom Fahrersitz aus) stehen.« Ein solcher Ausschluss wäre allerdings in einer eigenständigen Nummer unter A.5.6 AKB aufzunehmen. 14

3. Einzelfälle beim Lenken

Steigt der unverletzte Fahrer nach einem Auffahrunfall aus, um Personalien für die **Unfallaufnahme** auszutauschen, so kann nach dem *BGH*[13] ein dabei auf Glatteis erfolgter Sturz des Fahrers haftungsrechtlich dem Schädiger zugerechnet werden, da die Gefahrenlage durch den Auffahrunfall geschaffen wurde. 15

Zurechnungsgesichtspunkte des Haftungsrechts sind auf versicherungsvertragliche Leistungsbeschreibungen nicht übertragbar: So kam es beim Lenken zwar zum Auffahrunfall, aber noch nicht zur Verletzung des Fahrers. Denn er ist erst nach dem Lenken ausgestiegen und danach gestürzt, so dass er in der Fahrerschutzversicherung kei- 16

---

9 http://www.spiegel.de/auto/fahrkultur/autonomes-fahren-reaktion-auf-die-schwindende-lust-am-autofahren-a-943300.html, recherchiert am 23.11.2014.
10 *Keldenich* Wiesbadener Kurier, Motor.Journal v. 13.12.2014, S. 51; Die 5 Herausforderungen für autonomes Fahren, Auto Motor Sport 26/2014, S. 96 ff.
11 *Lutz/Hilgendorf* Die bevorstehende Änderung des Wiener Übereinkommens über den Straßenverkehr: Eine Hürde auf dem Weg zu (teil-) autonomen Fahrzeugen ist genommen!, DAR 2014, 446 ff.
12 »Automatisiertes Fahren« war Titel des Arbeitskreises II des 53. DVGT 2015.
13 *BGH* Urt. v. 26.02.2013 – VI ZR 116/12, JurionRS 2013, 32914 = DAR 2013, 261 = ADAJUR Dok.Nr. 110000 = JZ 2013, 292 = MDR 2013, 416 = NJW 2013, 1679 = NJW-Spezial 2013, 233 = NZV 2013, 279 = r+s 2013, 247 = VersR 2013, 599 = VRR 2013, 219 bespr. v. *Knappmann* = zfs 2013, 315.

A.5.1 AKB Was ist versichert?

nen Versicherungsschutz genießt. Die Verursachung der Verletzung erfolgte nicht unmittelbar, da diese nicht während des Lenkens (beim Lenken) eintrat. Das offenkundige Erfordernis der Unmittelbarkeit des Zusammenhangs wird in A.5.6.1 AKB dem Versicherungsnehmer nochmals verdeutlicht.

17 Ebenso besteht kein Versicherungsschutz, wenn der ausgestiegene oder der noch im Fahrzeug sitzende Fahrer durch das offene Fenster **vom Unfallgegner geschlagen** wird.

4. Erst- und Folgeverletzung

18 Der unmittelbare Zusammenhang ist aber noch dann gegeben, wenn der Fahrer durch einen Unfall beim Lenken eine **Primärverletzung** erleidet, infolge dessen er dann außerhalb des Fahrzeugs eine zweite Körperverletzung erfährt.

18 ▶ Beispiel:

Der versicherte Fahrer prallt mit dem Kopf nach einem Seitanstoß gegen die B-Säule und erleidet eine Kopfplatzwunde. Er steigt benommen aus und stürzt auf die Fahrbahn, wobei er sich an der Schulter verletzt.

19 ▶ Gegenbeispiel:

Der versicherte Fahrer prallt mit dem Kopf nach einem Seitanstoß gegen die B-Säule und erleidet eine Kopfplatzwunde. Er steigt aus, um seiner verletzten Beifahrerin zu helfen. Beim Öffnen der kaputten Beifahrertür verletzt er sich an den Händen.

20 Im Gegenbeispiel ist die zweite Verletzung zwar eine Folge des Verkehrsunfalles, aber keine unmittelbare Folge aus der Kopfplatzwunde. Insoweit liegt eine **Zäsur** vor, da die zur Verletzung führenden Handlung auf dem Entschluss zur Hilfeleistung[14] beruht.

21 Soweit im Beispiel die Sekundärverletzung eine Folge des Unfalles mit Primärverletzung beim Lenken ist, stellt sich die Frage, ob durch die Formulierung »... *Personenschäden ... entstehen ... beim Lenken* ...«, nur die unmittelbare Erstverletzung gedeckt sein soll. Der Wortlaut lässt diese Sichtweise jedenfalls zu. Andererseits heißt es aber auch nicht »... *unmittelbar beim Lenken entstandene Personenschäden* ...«, sondern nur »Personenschäden«.

22 Anders als bei einem reinen Blechschaden am Fahrzeug, bei dem in Bruchteilen einer Sekunde ein Schaden eintritt, muss beim Personenschaden das Ereignis mit dem bloßen Körperkontakt noch nicht abgeschlossen sein. Der die Verletzung bewirkende Anstoß ist der Auslöser einer Entwicklung, der zumindest durch wenigstens vorübergehend zu einem (zumindest begrenzten) Kontrollverlust führt. Wer als versicherter Fahrzeuglenker bei einem Unfall aus dem Fahrzeug herausgeschleudert wird, wird daher berechtigterweise erwarten können, dass er nicht nur für die Schäden, die er im Fahrzeug erlitten hat, sondern auch für die nachfolgenden Verletzungen Versicherungsschutz genießt.

---

[14] Je nach Sachlage kann Unfallversicherungsschutz über die gesetzliche Unfallversicherung bestehen, § 2 Abs. 1 Nr. 12 SGB VII.

Etwaige Zweifel gehen zu Lasten des Versicherers. 23

5. Folgeunfälle

In der privaten[15] Unfall-[16] und Kfz-Unfallversicherung[17] ist anerkannt, dass Zweitunfälle innerhalb der Frist von drei Jahren zur Invaliditätsfeststellung, dem Erstunfall anzurechnen sind. Als Beispiel ist insbesondere der Sturz beim Laufen an Krücken zu nennen. Die Einordnung der Fahrerschutzversicherung als besondere Unfallversicherung verstärkt daher den Eindruck, dass ebenso Folgeunfälle mitversichert sein sollen. An versteckter Stelle – in A.5.4.3 Satz 2 AKB – findet sich zudem in einem anderen Zusammenhang der Hinweis, dass mehrere zeitlich zusammenhängende Schäden, die dieselbe Schadenursache haben, als ein Schadenereignis gelten. 24

Eine Besonderheit der Fahrerschutzversicherung besteht darin, dass die Leistung so bemessen wird, als ob ein Dritter nach deutschen Schadensersatzbestimmungen zur Leistung verpflichtet wäre, A.5.4.1 AKB. Im Personenschadensersatzrecht ist anerkannt, dass der Schädiger für die unmittelbaren Schäden und die daraus resultierenden Folgeschäden ersatzpflichtig ist. Dazu gehören insbesondere Thrombosen, Arthrosen sowie Refrakturen bei normaler Belastung; aber nicht Folgen durch einen neuen Autounfall. Für die Folgen eines Zweitunfalles besteht nach dem *BGH*[18] allerdings eine Mitverantwortung, wenn der Erstunfall die Voraussetzungen für die körperliche Schadensanfälligkeit geschaffen oder erhöht hat. 25

Im Schadensersatzrecht werden allerdings Zweitunfälle, die nur mittelbar mit dem Erstunfall im Zusammenhang stehen, nicht mehr dem Erstschädiger zugerechnet, auch wenn sie mit der Heilbehandlung der Erstunfallfolgen im Zusammenhang stehen, wie bei einem Unfall auf dem Weg zur Unfallnachsorgeuntersuchung[19] beim Hausarzt. Nur unmittelbare Zweitunfälle, die noch in einem ausreichend nahen und örtlichen Zusammenhang stehen, wie z. B. der Unfall des Rettungswagens[20] beim Transport des beim Erstunfall Verletzten, werden noch dem Erstschädiger zugerechnet. 26

---

15 Ebenso mittelbare Folgen in der in der gesetzlichen Unfallversicherung nach § 11 SGB VII.
16 *BGH* Urt. v. 03.12.1997 – IV ZR 43/97, BGHZ 137, 247 = JurionRS 1997, 20721 = ADAJUR Dok.Nr. 30079 = MDR 1998, 411 = NJW 1998, 905 = NJW-RR 1998, 534 = VersR 1998, 308 = zfs 1998, 145.
17 *OLG Köln* Urt. v. 20.01.1997 – 5 U 132/96, JurionRS 1997, 24953.
18 *BGH* Urt. v. 20.11.2001 – VI ZR 77/00, JurionRS 2001, 20730 = DAR 2002, 115 = ADAJUR Dok.Nr. 47609 = MDR 2002, 215 = NJW 2002, 504 = NZV 2002, 113 = PVR 2002, 223 bespr. v. *Balke* = VersR 2002, 200 = VRS 102, 1 = zfs 2002, 121.
19 Mittelbare Folgen sind nur in der gesetzlichen Unfallversicherung mitversichert, § 11 SGB VII.
20 *BGH* Urt. v. 15.12.1970 – VI ZR 51/70, BGHZ 55, 86 = JurionRS 1970, 11054 = DB 1971, 331= JZ 1971, 382 = MDR 1971, 287 = NJW 1971, 506 = VersR 1971, 32.

6. Position des Fahrers beim Lenken

27 Die weitere Präzisierung durch die Worte »*beim Lenken*« wird nochmals durch den Absatz 3 in A.5.1 AKB verstärkt. Gemeint ist offenbar, dass der Fahrer in einem PKW auf dem Fahrersitz nach § 35a StVZO sitzend, das Fahrzeug in Betrieb nimmt und lenkt.

28 Der Wortlaut der Bestimmung enthält allerdings keine (ausreichend) präzise Einschränkung. Ein Fahrer, der sein Fahrzeug **schiebt**, muss zwangsläufig neben herlaufen und durch das geöffnete Seitenfenster das Lenkrad bedienen. Stürzt er bei dem gefahrenträchtigen Vorgang und verletzt sich, erfüllt auch er die wörtlichen Voraussetzungen der Fahrerschutzversicherung. Der versicherte Fahrer kann zudem erwarten, dass das Schieben/Lenken mitversichert ist, da er das Fahrzeug bewegt und nicht lediglich ein-/ oder aussteigt. Für die Erwartungshaltung spricht zudem, dass in der privaten[21] Unfallversicherung solche Schadensursachen[22] versichert sind.

7. Beim Nachlenken

29 Wird ein versichertes **Fahrzeug gezogen**, weil es in zulässiger Weise[23] betriebsunfähig abgeschleppt[24] oder betriebsfähig geschleppt werden muss, hat auch die Person im versicherten Fahrzeug (nach-)zu lenken. Auch der **Nachlenker** ist Fahrer, da er das Fahrzeug mittels Bremsen, Zeichen geben und Lenken nachführt. Nur der Nachlenker eines betriebsfähigen Fahrzeugs bedarf nach § 33 Abs. 2 Nr. 1 Satz 1 StVZO vom Grundsatz[25] her einer Fahrerlaubnis, so dass bei abgeschleppten Fahrzeugen die Führerscheinklausel nach D.1.3 AKB nicht zur Anwendung kommt.

30 Anders als in A.1.5 AKB in der Haftpflichtversicherung bezieht sich der Versicherungsschutz für den Fahrer des ziehenden Fahrzeugs nicht auch auf den Nachlenker des gezogenen Fahrzeugs. Der Nachlenker im gezogenen Fahrzeug kann daher nur über die Fahrerschutzversicherung des von ihm gelenkten Fahrzeugs Versicherungsschutz erhalten. Dies wird nochmals dadurch deutlich, dass nur der Fahrer Versicherungsschutz genießt, der das versicherte Fahrzeug lenkt.

31 In A.5.6 AKB wird das sowohl für den Fahrer und Nachlenker gefahrenträchtige Schleppen von Fahrzeugen nicht ausgeschlossen.

---

21 Zur gesetzlichen Unfallversicherung siehe *OLG Celle* Urt. v. 23.12.2009 – 14 U 99/09, JurionRS 2009, 29966.
22 *OLG Düsseldorf* Urt. v. 28.12.2006 – I-4 U 39/06, JurionRS 2006, 29988 = r+s 2008, 80; *LG Siegen* Urt. v. 07.09.2012 – 1 O 230/07, JurionRS 2012, 35312 = r+s 2013, 36 (Kausalitätsbeweis nicht geführt).
23 Hentschel/König/*Dauer* § 33 StVZO, Rn. 6.
24 § 18 Abs. 1 StVZO a. F.
25 Ausnahme in § 33 Abs. 2 Nr. 1 Satz 2 StVZO. Die Verwendung einer Abschleppstange ersetzt das Nachlenken nicht.

C. Absatz 2

Der zweite Absatz enthält die Definition des Unfallbegriffs für den versicherten Fahrer, wie er in der privaten[26] Unfallversicherung nach § 178 Abs. 2 Satz 1 VVG für die versicherte Person definiert ist. Beabsichtigt war, die Nähe zur Unfallversicherung bzw. Kfz-Unfallversicherung in A.4.1.2 AKB zu unterstreichen.

32

Allerdings wird die Definition in fast ähnlicher Form auch in der Kaskoversicherung in A.2.2.2 AKB verwendet. Die Kaskoversicherung ist zweifellos eine reine Schadensversicherung. Mit Blick auf das Haftpflichtrecht passt die Bestimmung sogar noch eher zur Haftungsnorm des § 7 Abs. 1 StVG aus dem Straßenverkehrsrecht, da § 7 Abs. 2 StVG den Unfall[27] als Tatbestandsmerkmal begrifflich voraussetzt; danach ist insbesondere der unfallbedingte Personenschaden zu ersetzen.

33

D. Absatz 3

Die Klausel steht im Zusammenhang mit dem weiten Begriff des Gebrauchs[28] des Fahrzeugs. Üblicherweise fallen gerade das Ein- und Aussteigen sowie das Be- und Entladen unter den typischen Versicherungsschutz der Kfz-Haftpflichtversicherung.

34

Absatz 3 engt für die Fahrerschutzversicherung genau diesen Anwendungsbereich nicht nur ein; er schließt ihn sogar aus. Er grenzt sogar unterschiedslos jegliche Sonderfälle aus, also nicht nur ob beabsichtigt ist, lediglich einzusteigen, um später fortzufahren, sondern auch um ein wegrollendes Fahrzeug[29] zu sichern. Zudem werden durch beim »*Be- und Entladen*« jegliche Unfälle ausgenommen, wie z. B. Unfälle beim Hantieren mit einem Reisekoffer.[30]

35

Im Ergebnis bezweckt die Präzisierung in Absatz 3 Unfälle, die das allgemeine Lebensrisiko betreffen, vom Versicherungsschutz auszunehmen. Er reduziert somit den Schutz in zulässiger Weise auf den eigentlichen Kernbereich des verantwortlichen Führers eines Kraftfahrzeugs.

36

Durch die Formulierung »*z. B. nicht*« wird deutlich, dass die folgenden Beispiele »*Ein- und Aussteigen*« sowie »*Be- und Entladen*« nicht abschließend gemeint sind. Für den Versicherten bleibt dabei jedoch **unklar**, was ansonsten »*nicht zum Lenken*« gehören mag und in welchem näheren oder weiteren Zusammenhang dies mit einem Lenkvorgang zu sehen ist.

37

---

26 Die Definition ist fast identisch zur gesetzlichen Unfallversicherung in § 8 Abs. 1 Satz 2 SGB VII.
27 Himmelreich/Halm/*Luckey*, Handbuch des Fachanwalts Verkehrsrecht, Kap. 1, Rn. 13.
28 *Schwab* A.1.1.1 AKB Rdn. 90 ff.
29 Beispiel *OLG Hamm* Beschl. v. 18.11.1988 – 20 W 50/88, NZV 1989, 193 (AUB).
30 Beispiel *OLG Hamm* Beschl. v. 11.02.2011 – I-20 U 151/10, JurionRS 2011, 14003 = ADAJUR Dok.Nr. 93772 = MDR 2011, 661 = VersR 2011, 1136 = VRR 2011, 224 bespr. v. Nugel = zfs 2011, 522.

A.5.2 AKB   Wer ist versichert?

38 Daraus lassen sich weitere Beispiele ableiten in denen offen bleibt, ob sie noch versichert sein sollen:
- Nach dem Auffahren auf eine Autofähre oder einen Autozug wird das Fahrzeug zum Transportgut. Der Fahrzeugführer, auch wenn er weiterhin hinter dem Lenkrad sitzt, lenkt es tatsächlich nicht mehr.
- Es kommt zum Auffahrunfall als der Fahrzeugführer an einer roten Ampel das Lenkrad los lässt und telefoniert, während die Start-Stopp-Automatik[31] den Motor anhält.
- Das gilt auch für Lenkpausen – selbst unfreiwillige, wenn der Fahrer beispielsweise wegen eines Unwetters auf einem Rastplatz die Fahrt unterbricht, wobei ein Ast eines Baumes abreist und in die Windschutzscheibe schlägt und den Fahrer verletzt.
- Dagegen ist ein Fahrzeugführer, der am Fahrbahnrand wegen eines Motorschadens anhält, weiterhin Fahrzeugführer, auch wenn sich das Fahrzeug gar nicht mehr lenken oder fahren lässt. Dennoch hat er weitere Einrichtungen im Fahrzeug zu bedienen (Warnblinkanlage). Kommt es dabei zu einem Auffahrunfall, trifft ihn häufig eine Mithaftung zumindest aus der Betriebsgefahr des Fahrzeugs. Solange der Fahrer nicht ausgestiegen ist, wird er erwarten, weiterhin versichert zu sein.

39 Beispielhafte Aufzählungen eignen sich nur für Positivbeschreibungen. Als Negativbeschreibungen, die einem versteckten Ausschluss gleichkommen, eignen sie sich nicht. Vorzugswürdig wäre es, im Bedingungstext den Anwendungsbereich auf »*unmittelbare Lenkvorgänge während einer Fahrbewegung oder beim verkehrsbedingten Halten*« zu begrenzen.

A.5.2   Wer ist versichert?

Versichert ist der berechtigte Fahrer des Fahrzeugs. Berechtigter Fahrer ist eine Person, die mit Wissen und Willen des Verfügungsberechtigten das Fahrzeug lenkt.

Im Todesfall des Fahrers sind seine Hinterbliebenen bezüglich ihrer gesetzlichen Unterhaltsansprüche mitversichert.

Übersicht   Rdn.
A. Absatz 1 1
  I. berechtigter Lenker 1
  II. Altersgrenzen 4
B. Mitversicherte im Todesfall 9
  I. Ausgangspunkt 9
  II. Deckungserweiterung 12
    1. Todesfall 13
    2. Hinterbliebene 21
    3. gesetzlich Unterhaltsberechtigte 29
    4. Rechtsfolgen des Todesfalls – bedingte Mitversicherung 32

---

31 *OLG Hamm* Beschl. v. 09.09.2014 – III-1 RBs 1/14, NJW 2015, 183 = VRR 2014, 474 bespr. v. *Herrmann*.

	Rdn.
5. schadensbezogene Deckungserweiterung	40
6. Tod nach Abfindung des Fahrers	52
7. Keine entgangenen Dienste nach § 845 BGB	61
8. Beerdigungskosten und Grabpflege	62
9. Form der Leistungserbringung	67

A. Absatz 1

I. berechtigter Lenker

Die Klausel schränkt in zulässiger Weise den Versicherungsschutz auf den berechtigten Fahrer ein. Der Wortlaut der Definition des berechtigten Fahrers in Satz 2 ist D.1.1.2 AKB und somit der Definition des *BGH*[1] nachgebildet. Auf die Ausführungen in D.1.1.2 AKB[2] kann insoweit grundsätzlich verwiesen werden. 1

Allerdings ist die Definition etwas enger formuliert. Dies ist schlüssig und zur Klarstellung auch erforderlich, da nicht jeglicher Gebrauch des Fahrzeugs durch den Fahrer, sondern nur der Teil, der das Lenken betrifft, versichert sein soll. Man hätte auch statt »berechtigter Fahrer«, »berechtigter Lenker« schreiben können, um die Unterschiede deutlicher zu machen. 2

Der Begriff des Lenkers steht laut Duden[3] in Deutschland allerdings eher für das Lenkrad oder die Lenkstange am Fahrrad. Anders dagegen in Österreich, der Schweiz und Teilen Süddeutschlands, wo man unter Lenker eher den Fahrzeugführer versteht. Als Pendant zur Fahrerschutzversicherung in Deutschland findet man entsprechend in Österreich als wohl zutreffendere Bezeichnung die **Lenkerschutzversicherung**.[4] 3

II. Altersgrenzen

Die Klausel enthält keinen gesonderten Hinweis auf Altersgrenzen. In der Praxis werden jedoch häufig der jüngste und der älteste Fahrer in das Vertragswerk aufgenommen. Es handelt sich dabei um eines der wichtigsten Tarifmerkmale, um eine bedarfsgerechte Prämie kalkulieren zu können. 4

Findet sich im Vertrag eine Altersgrenze – wie häufig gerade in der Fahrerschutzversicherung[5] – und wird diese nicht eingehalten, so verliert der Fahrer in der Haftpflicht- und Kaskoversicherung nicht den Versicherungsschutz. Dem Versicherungsnehmer droht allenfalls eine Prämiennacherhebung, da er gegen die vertragliche Vereinbarung verstoßen hat. 5

---

1 *BGH* Urt. v. 17.02.1955 – II ZR 241/53, BGHZ 16, 292 = JurionRS 1955, 13117 = NJW 1955, 669 = VersR 1955, 180.
2 *Kreuter-Lange* D.1.1.2 AKB Rdn. 1 ff.
3 http://www.duden.de/rechtschreibung/Lenker.
4 *Schwab* Fahrerschutzversicherung, Rn. 110.
5 *Heinrichs* Die Fahrerschutzversicherung, DAR 2011, 565 ff.

A.5.2 AKB Wer ist versichert?

6 In der Fahrerschutzversicherung handelt es sich aber um einen Ausschluss jüngerer Fahrer, wenn z. B. erst Fahrer mit 23 Jahren in den Schutzbereich einbezogen werden. Für eine Differenzierung[6] sprechen triftige Gründe, die den jüngeren Fahrer nicht unangemessen benachteiligen, § 20 Abs. 2 Satz 2 AAG.

7 Die Art der Prämienbemessung[7] kann zu unterschiedlichen rechtlichen Konsequenzen führen. Wird eine Einheitsprämie für die Fahrerschutzversicherung erhoben, lässt sich die Wirksamkeit des Ausschlusses eher rechtfertigen, als wenn auf die Haftpflichtprämie ein prozentualer Aufschlag erhoben wird. Im letzteren Fall wird schließlich bei höherem Risiko in der Haftpflichtsparte eine entsprechend höhere Fahrerschutzprämie erhoben. Insoweit kann dem Versicherer eher zuzumuten sein, den Beitrag rückwirkend anzupassen.

8 Allerdings ist die Unfallhäufigkeit nur ein Kriterium, für den Ausschluss jüngerer Fahrer. Wesentlicher scheint doch die Gefahr zu sein, dass der auszugleichende Restschaden umso größer ist, je jünger der Fahrer[8] ist.

B. Mitversicherte im Todesfall

I. Ausgangspunkt

9 Wer gegenüber einer Person gesetzlich unterhaltsberechtigt ist, verliert mit dem Tode der leistungspflichtigen Person den Unterhaltsanspruch. Für den Unterhaltsberechtigten, dem so der Anspruch auf Unterhalt entzogen wurde, handelt es sich um einen mittelbaren Schaden. Ausnahmsweise gewährt das Haftpflichtrecht daher in den §§ 10 Abs. 2 StVG; 844 Abs. 2 BGB einen Anspruch gegen den Schädiger wegen des entzogenen Unterhalts. Es handelt sich dabei nicht um einen Personenfolgeschaden des Verletzten, sondern um einen eigenen Vermögensschaden[9] eines Vierten, dem Ansprüche gegen einen Dritten entzogen wurden.

10 Ziel der Bedingung ist es, die gesetzliche Schutzfunktion gegenüber Unterhaltsberechtigten, in der Fahrerschutzversicherung nachzubilden. Wegen der Zielsetzung – Hinterbliebenenschutz – sind die Vorschriften zur Anrechnung des Mitverschuldens des Getöteten nach den §§ 254; 846 BGB; 9; 10 StVG nicht anzuwenden.

11 Der Versicherungsschutz ist wörtlich auf **gesetzliche Unterhaltsansprüche** begrenzt. Damit besteht kein Anspruch auf die Weiterzahlung freiwilliger Unterhaltszahlungen an nicht gesetzlich Unterhaltsberechtigte oder auf zusätzliche Zahlungen, die den gesetzlichen Anspruch übersteigen.

---

6 *Schwab* Fahrerschutzversicherung, Rn. 92 ff.
7 Himmelreich/Halm/*Wilms*, Handbuch des Fachanwalts Verkehrsrecht, Kap. 23, Rn. 19.
8 *Schwab* Fahrerschutzversicherung, Rn. 96 ff.
9 PWW/*Luckey* § 844 BGB, Rn. 1.

II. Deckungserweiterung

Die Klausel enthält eine bedingte, schadensbezogene Deckungserweiterung auf Mitversicherte. Ebenso wenig, wie mehrere gesetzlich Unterhaltsberechtigte keine[10] Gesamtgläubiger einer Leistung sind, sind mehrere Mitversicherte auch **keine Gesamtgläubiger** einer Versicherungsleistung.   — 12

1. Todesfall

Die Klausel spricht vom Todesfall. Es handelt sich im Hinblick auf A.5.1 AKB um einen Tod durch den Unfall beim Lenken des versicherten Fahrzeugs. Nicht versichert ist daher z. B. der Herztod beim Lenken[11] mit anschließendem Verkehrsunfall. Dagegen ist noch versichert der reine Schwächeanfall, der zum Verkehrsunfall mit Todesfolge führt.   — 13

Weder in den Bedingungen noch im Gesetz ist der Todesfall definiert. Wie in der Kfz-Unfallversicherung ist der klinische Tod[12] maßgeblich; folglich das medizinisch-biologische Ableben. Das ist der Hirntod,[13] so dass bei medizinisch-mechanischer Aufrechterhaltung der Körperfunktionen für eine Organtransplantation es nicht darauf ankommt, wann die Geräte abgeschaltet werden.   — 14

Da es auf einen unfallbedingten Tod ankommt, ist die Leistungsverpflichtung des Versicherers[14] nicht sicher. Es handelt sich somit beim Todesfallrisiko um ein Element der Risikolebensversicherung.   — 15

Anders als in der Kfz-Unfallversicherung ist nicht beschrieben, wann der Tod als Bedingung einzutreten hat. Eine Jahresfrist wie in A.4.6.1 AKB kennt die Fahrerschutzversicherung nicht.   — 16

Als sicher gilt nur, dass bei sofortigem Unfalltod, die Voraussetzung für etwaige Leistungsansprüche Mitversicherter vorliegt.   — 17

Unklar sind die Fälle, in denen der Fahrer schwer verletzt überlebt, dann aber aufgrund weiterer Komplikationen an den Unfallfolgen verstirbt. Unklarheit besteht deswegen, weil in A.5.1 AKB nur die Varianten »*verletzt*« oder »*getötet*« aufgeführt werden. Würde die Klausel dagegen lauten »*verletzt und/oder getötet*« würde deutlich werden, dass insgesamt drei Varianten versichert sind:
– der versicherte Fahrer wird verletzt und überlebt
– der versicherte Fahrer wird getötet   — 18

---

10 BGH Urt. v. 21.11.2006 – VI ZR 115/05, JurionRS 2006, 28993 = DAR 2007, 201 = MDR 2007, 399 = NJW 2007, 506 = NZV 2007, 190 = r+s 2007, 76 = VRR 2007, 183 bespr. v. *Luckey* = VRS 112, 162 = VersR 2007, 263.
11 *Eisenmenger/Beier*, Medizinische Rekonstruktion von Straßenverkehrsunfällen, DAR 2004, 633 ff. (2% der Obduzierten waren schon vor dem Unfall verstorben).
12 *Heinrichs* A.4.8.2 AKB Rdn. 3; Feyock/*Jacobsen*/Lemor, KfzVers A.4 AKB, Rn. 65.
13 PWW/*Prütting* § 1 BGB, Rn. 15.
14 Gegenbeispiel: Sterbegeldversicherung.

A.5.2 AKB Wer ist versichert?

– der versicherte Fahrer wird verletzt und stirb später an den Unfallfolgen

19 Da die Fahrerschutzversicherung keine Jahresfrist wie die Kfz-Unfallversicherung kennt, könnte gemutmaßt werden, der Tod müsse sofort eintreten, um leistungsberechtigt zu werden. Andererseits kann der Versicherte erwarten, dass der Versicherungsschutz, der schließlich auf die elementare Absicherung der Hinterbliebenen abzielt, nicht davon abhängig sein kann, dass der Fahrer unmittelbar infolge des Unfalles verstirbt. Zudem lässt sich aus A.5.4.3 Satz 2 AKB ableiten, dass Verletzungs- und damit in ursächlicher Verbindung stehende Todesfallschäden als ein Schadensereignis anzusehen ist.

20 Da die leistungsberechtigten Hinterbliebenen durch die Formulierung von der Geltendmachung von Versicherungsleistungen abgehalten werden könnten, sollte die Klausel zur Klarstellung geändert werden.

2. Hinterbliebene

21 Die Klausel definiert den Begriff »*Hinterbliebene*« nicht. Weder das sonstige Privatversicherungsrecht[15] noch das Schadensersatzrecht kennen den Begriff.[16] Lediglich das Sozialversicherungsrecht kennt »*Hinterbliebene*«, ohne allerdings eine Definition zu fassen.

In der gesetzlichen Rentenversicherung zählen hierzu nach § 46 SGB VI
– Witwen und Witwer des verstorbenen Ehegatten
– eingetragene Lebenspartner

sowie nach § 48 VI SGB VI
– Waisen (Kinder und Stiefkinder)
– und Enkel im Haushalt

22 Die gesetzliche Rentenversicherung richtet sich somit durch den Begriff »*Hinterbliebene*« an den Teil der gesetzlich Unterhaltsberechtigten, die entweder direkte Nachkommen oder bestimmte Nachkommen der nächsten Generation sowie der Ehepartner/ eingetragene Lebenspartner des Verstorbenen sind.

23 Keine »*Hinterbliebenen*« im Sinne der gesetzlichen Rentenversicherung sind
– die Eltern und Großeltern
– weitere Abkömmlinge
– Verwandte der aufsteigenden Linie[17] (Urgroßeltern)
– geschiedene Ehegatten unter dem Schutz besonders langer Ehedauer

des Verstorbenen. Allerdings sind auch diese Personen nach § 1609 BGB in einem abgestuften Rangverhältnis gesetzlich Unterhaltsberechtigte.

---

15 *OLG Frankfurt* Urt. v. 12.10.1984 – 23 U 38/94, JurionRS 1994, 15972 = r+s 1996, 326 = VersR 1996, 358.
16 *Schwab* Fahrerschutzversicherung, Rn. 267 ff.
17 Sie erhalten in der gesetzlichen Unfallversicherung allenfalls eine Teilrente, § 69 SGB VII.

Die eher unpräzise Festlegung im Bedingungstext darauf, wer tatsächlich zu den Hin- 24
terbliebenen im Sinne der Fahrerschutzversicherung zu zählen ist, lässt die Interpretation zu, dass der Kreis der Mitversicherten weit zu ziehen ist. Verstärkt wird der Eindruck dadurch, wenn die Varianten 1 in A.5.4.1 AKB gewählt wird. Sollen Hinterbliebenenrenten deutschem Schadensersatzrecht nachgebildet werden, ist auf die §§ 1609; 844 Abs. 2 BGB; 10 Abs. 2 StVG zurückzugreifen.

Das hat zur Folge, dass der geschiedene, aber langjährige Ehepartner mitversichert ist, 25
der aktuelle langjährige Lebenspartner oder die/der Verlobte/r dagegen nicht. Das Ergebnis mag etwas überraschend anmuten, da der Versicherungsnehmer (verstorbene Fahrer) wahrscheinlich eher den »*aktuellen*« Lebenspartner abgesichert wissen will, hieran aber über die Vertragsklausel gehindert ist.

Tatsächlich handelt es sich hier um einen gewissen Wertungswiderspruch zum Famili- 26
enprivileg. Im Privatversicherungsrecht – konkret in der Schadensversicherung – ist nach § 86 Abs. 3 VVG anerkannt, dass beim Bestehen einer häuslichen Gemeinschaft, die z. B. weder eine Ehe noch eine Lebenspartnerschaft voraussetzt, der Regress des Versicherers nur gegen eine vorsätzlich handelnde Person durchgeführt werden kann.

Das Familienprivileg gilt auch[18] im Sozialversicherungsrecht nach § 116 Abs. 6 Satz 1 27
SGB X. Geschiedene[19] fallen nicht unter den Schutz. Die umstrittene Frage, ob das Familienprivileg auf die nichteheliche Lebensgemeinschaft analog anzuwenden sei, wurde vom *BGH*[20] nunmehr positiv[21] beurteilt. Es greift sogar dann, wenn nur zeitweise, aber regelmäßig ein längerer Umgang[22] (Vater/Kind) vorliegt.

Trotz des gewissen Wertungswiderspruchs der Klausel zum Familienprivileg, ist diese 28
nicht überraschend. Zwar werden Gefährten in einer nichtehelichen Lebensgemeinschaft nicht zu Mitversicherten, obwohl dem Fahrer an einer Absicherung gelegen sein könnte; allerdings haben die Partner sich bewusst dagegen entschieden, ihre Beziehung unter den besonderen Schutz gesetzlicher Unterhaltsregeln zu stellen. Der Fahrer-

---

18 *BGH* Urt. v. 28.06.2011 – ZR 194/10, BGHZ 190, 131 = JurionRS 2011, 21227 = DAR 2011, 634 = FamRZ 2011, 1583 = MDR 2011, 1036 = NJW 2011, 3715 = r+s 2012, 516 = VersR 2011, 1204 = VRS 2011, 291 = zfs 2011, 678 (Opferentschädigungsgesetz).
19 Himmelreich/Halm/*Engelbrecht*, Handbuch des Fachanwalts Verkehrsrecht, Kap. 31, Rn. 53; *Engelbrecht*, Der Regress des Sozialleistungsträgers nach einem Unfall; DAR 2013, 767 ff.
20 *BGH* Urt. v. 05.02.2013 – VI ZR 274/12, BGHZ 196, 122 = JurionRS 2013, 32341 = ADAJUR Dok.Nr. 101125 = DAR 2013, 303 = JZ 2013, 320 = MDR 2013, 517 = NJW-Spezial 2013, 234 = NZV 2013, 334 = r+s 2013, 258 = SP 2013, 181 = VersR 2013, 520 = zfs 2013, 320.
21 Anders noch *BGH* Urt. v. 01.12.1987 – VI ZR 50/87, BGHZ 102, 257 = JurionRS 1987, 13028 = DB 1988, 960 = FamRZ 1988, 392 = MDR 1988, 399 = NJW 1988, 1091 = NJW-RR 1988, 538 = VersR 1988, 253 = zfs 1988, 136.
22 *BVerfG* Urt. v. 12.10.2010 – 1 BvL 14/09, BVerfGE 127, 263 = JurionRS 2010, 26340 = DÖV 2011, 79 = FamRZ 2010, 2050 = MDR 2010, 1452 = NJW 2011, 1793 = NZV 2011, 385 = r+s 2011, 138.

A.5.2 AKB Wer ist versichert?

schutzversicherer wäre ansonsten zudem der Gefahr ausgesetzt, einer kaum übersehbaren Zahl Mitversicherter gegenüber zu stehen, ohne deren tatsächliche Stellung zum Verstorbenen hinterfragen zu können. Schließlich bedarf es der Rechtssicherheit und Rechtsklarheit auch im Verhältnis zu anderen Mitversicherten, die entsprechend dem Unterhaltsrecht, nicht in einem gleichen Rangverhältnis zueinander stehen müssen, § 1609 BGB.

3. gesetzlich Unterhaltsberechtigte

29 Als gesetzliche Unterhaltsberechtigte kommen nach **deutschem Recht** in Betracht:
– Ehegatten, die in intakter Ehe leben, § 1360 BGB
– Ehegatten, die getrennt leben, § 1360a BGB
– Geschiedene (mit Einschränkungen), §§ 1569 Satz 2 BGB; 1570 ff. BGB
– Lebenspartner einer eingetragenen Lebenspartnerschaft, §§ 5; 12 LPartG
– ehemalige Lebenspartner nach Aufhebung der Lebenspartnerschaft, § 16 LPartG
– Verwandte in gerader Linie, §§ 1601 ff. BGB
– nichteheliche Kinder gegen Mutter und Erzeuger, § 1615a BGB
– ehelich erklärte Kinder
– Adoptivkinder, §§ 1754 Abs. 1; 1751 Abs. 4; 1770 Abs. 3 BGB
– Mutter während Mutterschutz, Krankheit und Kinderbetreuung eines gemeinsamen Kindes, § 1615l BGB
– werdende Mutter eines Erben nach § 1963 BGB (Der Anspruch richtet sich gegen den Nachlass. Soll der Fahrerschutzversicherer die Höhe des Erbes sichern? – wohl kaum.)

30 Nach **ausländischem Recht**[23] kann der Kreis der gesetzlich Unterhaltsberechtigten erheblich erweitert sein. Bis zum 18.06.2011 richtete sich das anzuwendende Recht[24] nach Art. 18 EGBGB; danach nach EU-Verordnung Nr. 4/2009 vom 18.12.08. Diese verweist in Art. 15 auf das Haager Protokoll vom 23. November 2007 über das auf Unterhaltspflichten anzuwendende Recht. Die Feststellung welches Recht jeweils zur Anwendung kommt bleibt schwierig und ist umstritten.[25]

31 Die Fahrerschutzbedingungen enthalten keinen Hinweis darauf, nach welchem Recht sich der gesetzliche Unterhaltsanspruch richten soll. A.5.4.1 Satz 2 AKB bestimmt lediglich den deutschen Rechtskreis für das Schadensersatz-, nicht aber für das gesetzliche Unterhaltsrecht. Somit richtet sich der vertragliche Anspruch gegen den Fahrerschutzversicherer nach dem anzuwendenden ausländischen Recht. Dies hat Auswirkungen sowohl auf den Kreis der Mitversicherten, als auch auf die Höhe des vertraglichen Anspruchs, der sich am gesetzlichen Unterhaltsanspruch im Ausland zu orientie-

---

23 *Küppersbusch/Höher* Ersatzansprüche bei Personenschaden, Rn. 469 ff., 11.Aufl.2013; *Luckey* Personenschaden, Rn. 1515 ff.; Himmelreich/Halm/Staab/*Kreuter-Lange* Handbuch der Kfz-Schadensregulierung, Kap. 17, Rn. 162 f.
24 PWW/*Martiny* Art. 18 EGBGB (weggefallen), Rn. 1.
25 Beispiel *BGH* Urt. v. 26.06.2013 – XII ZR 133/11, JurionRS 2013, 40717 = MDR 2013, 1227 = NJW-Spezial 2013, 613.

ren hat. Gerade in Fällen mit einem ausländischen Fahrer ergeben sich somit erhebliche Probleme, den Mitversicherten und dessen vertragliche Ansprüche – zudem meist im Verhältnis zu anderen Mitversicherten – festzustellen. Die Gefahr der Versicherungsleistung an einen Nichtberechtigten ist erhöht.

4. Rechtsfolgen des Todesfalls – bedingte Mitversicherung

Die Mitversicherung von gesetzlich Unterhaltsberechtigten ist abhängig vom Tod des versicherten Fahrers. 32

Etwaige künftige Ansprüche des versicherten Fahrers – z. B. wegen des Verdienst- und Haushaltsführungsschadens – sind bis zu seinem Ableben nicht fällig geworden und gehen mit dem Tod unter. 33

Bereits entstandene, aber noch nicht regulierte Leistungsansprüche des verstorbenen Fahrers gegen den Fahrerschutzversicherer gehen auf die Erben[26] im Rahmen der Gesamtrechtsnachfolge nach § 1922 Abs. 1 BGB über. 34

Demgegenüber ist die Klausel so gestaltet, dass die Mitversicherten als gesetzlich Unterhaltsberechtigte **keine Rechtsnachfolger** des versicherten Fahrers sind. Weder die Ansprüche des verstorbenen Fahrers gehen auf sie über, noch treten sie in dessen Rechtsstellung gegenüber dem Fahrerschutzversicherer ein. Mit Eintritt der Bedingung entsteht erst ein eigenständiger Anspruch auf die Versicherungsleistung. Die Vertragsleistung ist das Pendant zu Schadensersatzansprüchen des mittelbar Geschädigten in den §§ 10 Abs. 2 StVG; 844 Abs. 2 BGB, die erst durch den Tod des Unterhaltsverpflichteten entstehen. 35

Es handelt sich um eine **Versicherung für fremde Rechnung** nach den §§ 43 ff. VVG. Dem Mitversicherten wird somit ein eigenes Bezugsrecht gewährt. Die Art der Leistung ähnelt somit einem Leibrentenversprechen. 36

Das eigene Bezugsrecht führt dazu, dass die Leistung des Fahrerschutzversicherers in der hier gewählten Form nach der **Rechtsprechung des *BSG*[27]** nicht zum beitragsfrei ererbten Vermögen gehört. Die regelmäßigen Leistungen sind daher der Kranken- und Pflegeversicherungspflicht nach § 229 Abs. 1 Satz 3 SGB V ausgesetzt. 37

Somit stellt sich die Frage, ob der Fahrerschutzversicherer zusätzlich zum betragsmäßigen Ausgleich des Unterhaltsschadens auch die darauf erhobenen **Sozialversicherungsbeiträge** zu ersetzen hat. Das ist zu verneinen, da Inhalt des vertraglichen Anspruchs nur die entgangenen gesetzlichen Unterhaltsansprüche, nicht aber die daraus erwachsenden (begleitenden) Nachteile sind. Der Fahrerschutzversicherer schuldet somit nicht jeglichen Nachteilsausgleich. 38

---

26 Ebenso Urlaubsabgeltungsansprüche gegen den Arbeitgeber, *EuGH* Urt. v. 12.06.2014 – C-118/13, FamRZ 2014, 1435 = NJW 2014, 2415 = NZA 2014, 651.
27 *BSG* Urt. v. 05.03.2014 – B 12 KR 22/12 R, JurionRS 2014, 18743.

39 Gleiches muss für **Steuern** gelten, sollten sie auf Leistungen der Fahrerschutzversicherung erhoben werden, auch wenn die Schadensersatzrente als solche nach den §§ 10 Abs. 2; 844 Abs. 2 BGB für den Unterhaltsschaden[28] ist steuerfrei. Insbesondere ist nicht auszuschließen, dass bei Unfällen mit entsprechend versicherten Firmenfahrzeugen Versicherungsleistungen[29] als Teil des steuerpflichtigen Einkommens aus nichtselbstständiger Arbeit angesehen werden. Zu beachten ist, dass schon nicht sämtliche Unterhaltsleistungen steuerfrei sind, § 22 EStG. Entsprechend kann der Mitversicherte nicht erwarten, dass er von Steuerzahlungspflichten durch den Fahrerschutzversicherer befreit wird.

5. schadensbezogene Deckungserweiterung

40 Sinn und Zweck der Deckungserweiterung ist es, zunächst den Barunterhalt, der sonst aus dem Erwerbseinkommen des Fahrers geleistet worden wäre, auszugleichen.

41 Für die meisten Unterhaltsverpflichtungen wird es zutreffen, dass der Unterhalt tatsächlich aus dem Erwerbseinkommen, sei es Gehalt, Lohn, Rente, Pensionen finanziert wird.

42 Es gibt aber auch Fälle, in denen jemand durch Grundbesitz- und Zinseinnahmen sowie Börsengewinne, also aufgrund der Erträgnisse seines Vermögens gar nicht arbeiten muss.

43 Ohne einschränkende Formulierung auf die Art der Einkünfte, aus denen der Fahrer seinen Unterhaltsverpflichtungen nachkommt, bedeutet dies, dass der Fahrerschutzversicherer nur deshalb leistungspflichtig ist, weil z. B. der frühere Unterhaltsberechtigte nicht Erbe des Vermögens geworden ist, aus dem der Unterhalt geleistet wurde.

44 Neben dem Barunterhalt gibt es allerdings noch den Naturalunterhalt (Hausarbeitstätigkeit) und den Betreuungsunterhalt (Kinder). So kann Unterhalt z. B. in der fremdnützigen Haushaltsführungsarbeit[30] geleistet worden sein, die der verstorbene Fahrer als Unterhaltsbeitrag für den Familienunterhalt erbrachte.

45 Die Klausel erwähnt nicht, wie mit Einwendungen umzugehen ist. Als Einwendungen im Schadensersatzrecht kommen z. B. in Betracht:
– wenn die Leistungspflicht des Verstorbenen vom zeitlichen Umfang und der Höhe her begrenzt war
– auf Veranlassung des gesetzlich Unterhaltsberechtigten werden lebenserhaltende Maßnahmen abgestellt, so dass der Tod gegenüber der sonst möglichen Lebens-

---

28 *BFH* Urt. v. 26.11.2008 – X R 31/07, BFHE 223, 471 = JurionRS 2008, 28444 = DB 2009, 485 = FamRZ 2009, 424 = NJW 2009, 1229 = NJW-Spezial 2009, 171 = SVR 2009, 234.

29 *FG Köln* Urt. v. 15.11.2006 – 11 K 5028/04, JurionRS 2006, 29430 = DStZ 2007, 124 = NZA 2008, 30 (Todesfallleistung in Gruppenunfallversicherung); a.A. *FG Kassel* Urt. v. 21.09.2004 – 10 K 3682/03, JurionRS 2004, 32488 = DB 2006, 476 (Invaliditätsleistung in Gruppenunfallversicherung).

30 Umfassend Wussow/*Zoll*, Unfallhaftpflichtrecht, Kap. 47, Rn. 1 ff.

erwartung früher eintritt (z. B. Fahrer als Wachkomapatient) und gesetzliche Unterhaltsansprüche vorzeitig untergehen
- ein Vorteilsausgleich durch Erträge der Erbschaft[31]
- Wegfall der eigenen Unterhaltsverpflichtung gegenüber dem Verstorbenen
- Wiederverheiratung[32]
- bei nichtehelicher Lebensgemeinschaft das fiktive Einkommen für die unentgeltliche Haushaltsführung[33]
- keine Erstattungspflicht für rückständigen Unterhalt[34]
- keine Ersatzpflicht für künftigen Unterhalt (Verlobung)[35]

Wie schon bei der Risikolebensversicherung[36] sind nach Schadensersatzrecht dagegen 46 z. B. Erträgnisse aus einer Lebensversicherung auf den Erlebens-und Todesfall[37] nicht mehr[38] einzuwenden.

M. E. sollte es möglich sein, auch ohne nähere Präzisierung in der Vertragsklausel Ein- 47 wendungen heranzuziehen, die auch im Schadensersatzrecht zulässig sind. Was dort nach gefestigter Schadensersatzrechtsprechung zulässig ist, sollte für einen vertraglichen Anspruch nicht überraschend wirken.

Dagegen wird man ohne entsprechende Präzisierung der Vertragsklausel nicht einwen- 48 den können, dass Erträgnisse aus einer Lebens- oder Unfallversicherung anzurechnen seien. Entsprechende Einwendungen lassen sich wohl schwerlich durch die Subsidiaritätsklausel in A.5.4.2 AKB begründen, da es nicht um den Ersatz eines kongruenten Schadens durch andere geht. Dies gilt selbst dann, wenn dadurch im Grunde der Zweck

---

31 *BGH* Urt. v. 15.01.1953 – VI ZR 46/52, BGHZ 8, 325 = JurionRS 1953, 10433 = MDR 1953, 284 = NJW 1953, 618; *BGH* Urt. v. 18.03.1969 – VI ZR 22/68, JurionRS 1969, 11856; *Kötz/Wagner* Deliktsrecht, Rn. 732.
32 *BGH* Urt. v. 17.10.1978 – VI ZR 213/77, JurionRS 1978, 11519 = MDR 1979, 218 = NJW 1979, 268 = r+s 1979, 60 = VersR 1979, 55.
33 *BGH* Urt. v. 19.06.1984 – VI ZR 301/82, BGHZ 91, 357 = JurionRS 1984, 14192 = FamRZ 1984, 976 = JZ 1985, 86 = MDR 1984, 1016 = NJW 1984, 2520 = r+s 1984, 263 = VersR 1984, 936 = zfs 1984, 362.
34 *BGH* Urt. v. 09.03.1973 – VI ZR 119/71, JurionRS 1973, 11106 = ADAJUR Dok.Nr. 9921 = FamRZ 1973, 297 = MDR 1973, 662 = NJW 1973, 1076 = VersR 1973,62.
35 *OLG München* Urt. v. 09.04.1965 – 10 U 1559/64, NJW 1965, 1439 = VersR 1965, 1085 = VRS 29 (zu § 845 BGB), 10; *KG Berlin* Beschl. v. 06.02.1967 – 12 W 174/67, NJW 1967, 1089; *OLG Köln* Beschl. v. 11.03.1982 – 3 W 18/82, zfs 1984, 132; *OLG Frankfurt* Urt. v. 29.06.1983 – 7 U 267/82, VersR 1984, 449 = zfs 1984, 200.
36 *BGH* Urt. v. 13.07.1971 – VI ZR 260/69, JurionRS 1971, 11078 = DAR 1971, 327 = DB 1971, 1813 = FamRZ 1971, 571 = MDR 1971, 921 = NJW 1971, 2069 = VersR 1971, 1045 (Unfallzusatzkostenversicherung mit Todesfallleistung).
37 *BGH* Urt. v. 19.12.1978 – VI ZR 218/76, BGHZ 73, 109 = DAR 1979, 97 = MDR 1979, 484 = NJW 1979, 760 = VersR 1979, 323 = VRS 56, 218 (Prämienzahlungen dürfen nicht der wirtschaftlichen Entlastung des Schädigers dienen).
38 *BGH* Urt. v. 19.04.1963 – VI ZR 154/62, BGHZ 39, 249 = DB 1963, 864 = MDR 1963, 581 = NJW 1963, 1604 = VersR 1963, 545 (Erträgnisse des verfrüht zufallenden Kapitals als schadensmindernder Faktor).

A.5.2 AKB Wer ist versichert?

der Fahrerschutzversicherung – hier als subsidiärer Hinterbliebenenschutz – nicht erreicht wird, weil die gesetzlich unterhaltsberechtigten Hinterbliebenen gar nicht bedürftig sind.

49 Ähnlich verhält es sich, wenn durch den Wegfall des Fahrers als Unterhaltsverpflichteten, ein anderer potentiell **Verpflichteter im Rang nachrückt** und an dessen Stelle tritt, § 1606 BGB. Der nachfolgende Verpflichtete wird durch die Leistungen der Fahrerschutzversicherung faktisch entlastet, wenn der Unterhaltsbedarf des Berechtigten hierdurch bereits gedeckt wird.

50 Die Regelung im Schadensersatzrecht bezweckt, den Schädiger nicht unbillig zu entlasten; für den Fahrerschutzversicherer hieße es, eine dem Sinn und Zweck der Versicherung widersprechende unnötige Zusatzbelastung tragen zu müssen. Es lässt sich daher begründen, diesen Fall dem Ausschlusstatbestand des A.5.4.2 AKB zu unterwerfen.[39]

51 Es liegt in der Hand des Anbieters einer Fahrerschutzversicherung, in wieweit Dritte und Vierte über die Mitversicherung tatsächlich geschützt werden sollen.

6. Tod nach Abfindung des Fahrers

52 Aufgrund der Entscheidung, Hinterbliebene hinsichtlich gesetzlicher Unterhaltsansprüche zu Mitversicherten zu machen, entsteht ein **massives Problem**, wenn der Fahrer zwar vom Versicherer abgefunden wurde, dann aber unfallbedingt verstirbt.

53 Die Abfindungssumme, die oftmals den Verdienstausfallschaden mit umfasst, aus dem der Fahrer nicht nur seinen Unterhalt, sondern auch den seiner Unterhaltsberechtigten bestritt, ist dann schon ausbezahlt. Ist die Abfindungssumme noch nicht aufgebraucht, fällt das Vermögen an die Erben.

54 Sind die Erben zugleich frühere Unterhaltsberechtigte des Fahrers, sind sie durch den Erbfall nicht mehr bedürftig, sofern die Erbschaft nach Abzug etwaiger Steuern ausreicht, den weiteren Unterhalt zu bestreiten.

55 Erben müssen allerdings nicht zugleich die früheren Unterhaltsberechtigten des verstorbenen Fahrers sein.

56 Durch die Abfindung des versicherten Fahrers erlischt sein versicherungsvertraglicher Anspruch. Der Tod des Fahrers lässt allerdings erst eigene Ansprüche der Mitversicherten nach A.5.2 Satz 1 AKB entstehen. Dies geschieht unabhängig davon, ob der Fahrer bereits abgefunden wurde oder nicht.

57 Ob dies so gewollt ist, muss bezweifelt werden. Schließlich kann sich hieraus eine Verpflichtung des Fahrerschutzversicherers ergeben, auf die abgefundene Schadensposition »*Verdienstausfall*« zusätzlich noch »*Unterhalt für den Ausfall des leistungsfähigen Verdieners*« zahlen zu müssen.

---

39 Siehe unten A.5.4.2 AKB Rdn. 20–26.

Der Fahrerschutzversicherer kann sich auch nicht darauf berufen, dass er ja bereits im 58
Rahmen der Abfindung des Fahrers viel mehr aufgewendet hat, wobei ein Teil der
Unterhaltsleistung darin schon enthalten gewesen sei. Anders als in der Kfz-Unfallversicherung nach A.4.8 AKB[40] und in der allgemeinen Unfallversicherung[41] bei der im
Todesfalle sogar Vorschüsse auf die Invaliditätsleistung zurückgefordert werden
können, sofern sie die Todesfallleistung übersteigen, geht dies im der Fahrerschutzversicherung nicht. Es handelt sich um eine eigenständige Mitversicherung bezüglich
einer besonderen Schadensposition, so dass Bereicherungsrecht nach § 812 BGB keine
Anwendung findet. Anders als in der Unfallversicherung, bei der sich Invaliditäts- und
Todesfallleistung einander ausschließen,[42] sind in der Fahrerschutzversicherung beide
Leistungsarten in zeitlicher Folge möglich.

Der Fahrerschutzversicherer muss, will er sich vor einer »Quasi-Doppelzahlung« schüt- 59
zen, den Eintritt der Bedingung für die Mitversicherung davon abhängig machen, dass
noch keine Abfindung erfolgte. Die Formulierung könnte hierfür ergänzt werden; etwa
»... *mitversichert, sofern die Ansprüche des Fahrers nicht schon vor seinem Tode abgefunden wurden.*«

Im Gegensatz zu einem Haftpflichtversicherer, der schon von Gesetzes wegen dem Ri- 60
siko durch die §§ 10 Abs. 2 StVG; 844 Abs. 2; 843 Abs. 3 BGB ausgesetzt ist und den
Hinterbliebenen nicht die Abfindung[43] entgegen halten kann, ist das für den Fahrerschutzversicherer durch entsprechende Gestaltung der Bedingungen möglich. Für
ihn ist dies zudem wirtschaftlich sinnvoll, da er nur einen Bruchteil des Prämienaufkommens zur Verfügung hat, wie ein Kfz-Haftpflichtversicherer.

7. Keine entgangenen Dienste nach § 845 BGB

Entgangene Dienste nach § 845 BGB sind lediglich im Rahmen der Verschuldenshaf- 61
tung[44] ersatzpflichtig. Der Anwendungsbereich ist begrenzt auf Hilfeleistungen des
Kindes nach § 1619 BGB sowie im Einzelfall auf Unterstützungsleistungen der Eltern.[45] Entgangene Dienste stellen rechtlich etwas anderes dar als der gesetzliche Unter-

---

40 Himmelreich/Halm/*Heinrichs*, Handbuch des Fachanwalts Verkehrsrecht, Kap. 22, Rn. 130; Feyock/*Jacobsen*/Lemor, KfzVers, A.4 AKB, Rn. 66.
41 Staudinger/Halm/Wendt FAKomm-Vers/*Hugemann*, 2 AUB 2010, Rn. 42; *Grimm*, Unfallversicherung, Ziff. 2 AUB 2010, Rn. 47. Prölss/Martin/*Knappmann*, VVG, AUB 2008, Rn. 4 u. 56.
42 Halm/Engelbrecht/Krahe/*Schießl*, Handbuch des Fachanwalts Versicherungsrecht, Kap. 22, Rn. 64; *Grimm*, Unfallversicherung, Ziff. 2 AUB 2010, Rn. 77; Staudinger/Halm/Wendt FAKomm-Vers/*Hugemann*, 2 AUB 2010, Rn. 42 u. 65; Terbille/Höra/*Hormuth*, Münchner Anwaltshandbuch Versicherungsrecht, § 24, Rn. 135.
43 *BGH* Urt. v. 13.02.1996 – VI ZR 318/94, BGHZ 132, 39 = JurionRS 1996, 14336 = ADAJUR Dok.Nr. 4648 = DAR 1996, 357 = JR 1996, 505 = MDR 1996, 799 = NJW 1996, 1674 = NZV 1996, 229 = SP 1996, 168 = VersR 1996, 649 = VRS 91, 267.
44 Wussow/*Zoll*, Unfallhaftpflichtrecht, Kap. 50, Rn. 1.
45 *OLG Bamberg* Urt. v. 03.01.1984 – 5 U 126/83, JurionRS 1984, 16169 = ADAJUR Dok.Nr. 9986 = NJW 1985, 2724; *BGH* Nichtannahmebeschl. v. 20.11.1984 – VI ZR

haltsanspruch. Sie werden von der Mitversicherung folglich nicht umfasst, ohne dass es einer dazu einer Klarstellung bedarf.

8. Beerdigungskosten und Grabpflege

62 Die Beerdigungskosten sind Nachlasserbenschulden,[46] die grundsätzlich der Erbe zu tragen hat, § 1968 BGB. Ob sie der Staat als Zwangserbe nach § 1964 BGB zu tragen hat, ist umstritten.[47] Beim Tod des Unterhaltsberechtigten hat in zweiter Linie der Unterhaltsverpflichtete für diese Kosten aufzukommen, § 1615 Abs. 2 BGB. Die Regelung gilt aber nicht umgekehrt, so dass gesetzlich Unterhaltsberechtigte **zivilrechtlich nicht verpflichtet** sind, die Beerdigungskosten zu tragen.

63 Den gesetzlich Unterhaltsberechtigten kann jedoch mit Ausnahme von Extremfällen[48] die **öffentlich-rechtliche Bestattungspflicht**[49] – Totenfürsorgepflicht – treffen, so dass ersatzweise mitunter sogar letztlich die Sozialhilfe[50] nach § 74 SGB XII die Beerdigungskosten zu tragen hat. Der Bestattungsunternehmer hat allerdings keinen unmittelbaren Anspruch[51] gegen den Sozialhilfeträger.

64 Schadensersatzrechtlich handelt es sich bei den Beerdigungskosten um einen mittelbaren Schaden, einen Vermögensschaden, den ein Dritter erleidet. Diese Kosten sind vom Schädiger zu ersetzen, §§ 10 Abs. 1 Satz 2 StVG; 844 Abs. 1 BGB.

65 Da der Wortlaut der Vertragsbedingung die Ansprüche der mitversicherten Hinterbliebenen auf Unterhaltsansprüche beschränkt, besteht für sie kein Anspruch aus der Fahrerschutzversicherung auf Erstattung der Beerdigungskosten.[52]

48/84, JurionRS 1984, 12937 = ADAJUR Dok.Nr. 14178 = FamRZ 1985, 310 = VersR 1985, 290 = VRS 68, 326 = zfs 1985, 142; Wussow/*Zoll*, Unfallhaftpflichtrecht, Kap. 50, Rn. 11; *Luckey*, Personenschaden, Rn. 1401.
46 PWW/*Zimmer*, § 1968 BGB, Rn. 1.
47 *BSG* Urt. v. 29.09.2009 – B 8 SO 23/08 R, BSGE 104, 219 =JurionRS 2009, 28211 = FamRZ 2010, 292 = NVwZ-RR 2010, 527; PWW/*Zimmer*, § 1968 BGB, Rn. 1.
48 *VGH Bayern* Beschl. v. 12.09.2013 – 4 ZB 12.2526; *VGH Bayern* Beschl. v. 17.09.2013 – 4 C 13.1727; *VGH* Hessen Urt. v. 26.10.2011 – 5 A 1245/11, JurionRS 2011, 29912 = DÖV 2012, 207 = DVBl 2012, 123 = LKRZ 2012, 56 = NVwZ-RR 2012, 212; *OVG Niedersachsen* Beschl. v. 09.07.2013 – 8 ME 86/13, JurionRS 2013, 40352 =NJW 2013, 2983; *OVG Schleswig-Holstein*, Beschl. v. 26.05.2014 – 2 O 31/13, JurionRS 2014, 17649 = NJW 2014, 3118.
49 *BGH* Urt. v. 17.11.2011 – III ZR 53/11; BGHZ 191, 325 = JurionRS 2011, 30341 = FamRZ 2012, 220 =MDR 2012, 90 = NJ 2012, 464 = NJW 2012, 1648 = VersR 2012, 499 = WM 2012, 1041; *BGH* Beschl. v. 14.12.2011 – IV ZR 132/11, JurionRS 2011, 34562 = FamRZ 2012, 632 = MDR 2012, 352 = NJW 2012, 1651 = WM 2012, 201.
50 *BSG* Urt. v. 29.09.2009 – B 8 SO 23/08 R, BSGE 104, 219 =JurionRS 2009, 28211 = FamRZ 2010, 292 = NVwZ-RR 2010, 527.
51 *SG Berlin* Urt. v. 14.11.2013 – S 88 SO 1612/10, JurionRS 2013, 54888 = Gemeindehaushalt 2014, 95.
52 Siehe hierzu A.5.4.1 AKB Rdn. 41.

Im Schadensersatzrecht hat der Haftpflichtige die Kosten der Erstanlage[53] des Grabes zu tragen. Sie sind Teil der Beerdigungskosten. Die weitere Grabpflege wird von ihm nicht geschuldet. In der Fahrerschutzversicherung können Mitversicherte keine Ansprüche auf diese Schadensposition herleiten, es sei denn sie werden explizit in 5.4.1 AKB[54] als Leistung beschrieben. 66

9. Form der Leistungserbringung

Die Vertragsklausel beschreibt nicht, wie die versicherte Leistung zu erbringen ist. Sie legt lediglich dar, dass es um gesetzliche Unterhaltsansprüche geht. Gesetzlicher Unterhalt kann Bar-, Natural- und Betreuungsunterhalt sein. Die Vorschrift enthält keinen Hinweis, wie etwa in A.1.1.2 AKB, dass die Schadensersatzleistung in Geld erbracht wird. Theoretisch denkbar ist insoweit auch eine Organisations- und Serviceleistung, wie sie im A.3, der Autoschutzbriefversicherung vorgesehen ist. 67

Ein Versicherter kann jedoch nicht erwarten, dass der Fahrerschutzversicherer in höchstpersönliche Bereiche des gesetzlich Unterhaltsberechtigten hinein agiert, sondern ausschließlich in Geld leistet. Entsprechend ist beispielsweise – wie schon beim Direktanspruch gegen den Kfz-Haftpflichtversicherer nach § 115 Abs. 1 Satz 3 VVG – nur der finanzielle Aufwand für Betreuungsleistungen zu ersetzen, statt selbst die Leistung zu veranlassen. Dies entspricht dem Leitbild des Gesetzgebers, der als Rechtsfolge in § 844 Abs. 2 Satz 1 BGB lediglich die Zahlung einer Geldrente vorsieht, gleich welcher Art die gesetzlichen Unterhaltsansprüche sind. 68

A.5.3 In welchen Ländern besteht Versicherungsschutz?

> In der Fahrerschutzversicherung besteht Versicherungsschutz in den geographischen Grenzen Europas sowie den außereuropäischen Gebieten, die zum Geltungsbereich der Europäischen Union gehören.
>
> <Redaktioneller Hinweis: Alternativ könnte z. B. der Geltungsbereich KH inklusive Grüne Karte Geltungsbereich vereinbart werden.>

Die Klausel entspricht wortgetreu der Formulierung in A.1.4.1 Satz 1 AKB, A.2.4 AKB, A.4.3 AKB und mit Einschränkungen A.3.4 AKB. 1

Der redaktionelle Hinweis bezieht sich auf die Formulierung in A.1.4.2 Satz 1 AKB. 2

Die Regelung legt allein die Voraussetzungen fest, in welchen Ländern Versicherungsschutz in Fahrerschutzversicherung gewährt wird. Das führt nicht dazu, dass zugleich ausländisches Vertragsrecht oder gar ausländische Bestimmungen zum Umfang der Schadensersatz-/Versicherungsleistung nach der Rom II-VO zur Anwendung[1] kämen. 3

---

53 Wussow/*Zoll* Unfallhaftpflicht, Kap. 44, Rn. 4.
54 Siehe A.5.4.1 AKB Rdn. 41.
1 Siehe hierzu A.5.4.1 AKB Rdn. 9.

A.5.4 Was leisten wir in der Fahrerschutzversicherung?
<Achtung! Es folgen zwei Varianten von A.5.4.1>

1 Die Musterbedingungen, die den Versicherern an die Hand gegeben werden, bieten zwei (genauer drei) Varianten für die Beschreibung des Leistungsumfangs. Dabei werden unterschiedliche Wege beschritten, den Leistungsumfang zu beschreiben. Es handelt sich dabei um einen
   – vollen Leistungsumfang (Variante 1.1)
   – vollen Leistungsumfang mit Negativaufzählung (Variante 1.2)
   – begrenzten Leistungsumfang durch Positivaufzählung (Variante 2)

Was wir ersetzen

A.5.4.1 Wir ersetzen den unfallbedingten Personenschaden (z. B. Verdienstausfall, Hinterbliebenenrente, [Schmerzensgeld]) so, als ob ein Dritter schadensersatzpflichtig wäre. Dabei leisten wir nach den deutschen gesetzlichen Schadenersatzbestimmungen des Privatrechts.

<Redaktioneller Hinweis: Sollen bestimmte Leistungspositionen (z. B. Schmerzensgeld, Rechtsanwaltsgebühren) nicht ersetzt werden, sind diese hier aufzuführen.

[Wir zahlen nicht für ......]>

1 Die Wortwahl »als ob ein Dritter ***schadensersatzpflichtig*** wäre« passt nicht vollständig in den Zusammenhang, da die Schadensersatzpflicht regelmäßig an weitere Bedingungen geknüpft ist und nur das Verhältnis zum Schädiger und seinem gesamtschuldnerisch mitschuldenden Haftpflichtversicherer betrifft. Zudem kann die Ersatzpflicht durch Höchsthaftungslimits begrenzt oder wegen Haftungsausschlüssen nach den §§ 104 ff. SGB VII gänzlich entfallen.

2 Gemeint ist wohl »***leistungspflichtig***«. Das ergibt sich aus der beispielhaften Aufzählung in A.5.4.2 AKB. Leistungspflichtig sind danach insbesondere der Schädiger, Sozialversicherungsträger, Privatversicherer und weitere Personen. Erfasst werden sollen neben Schadensersatzleistungen, Versicherungs- und sonstige Drittleistungen.

3 **Schadensersatzbestimmungen** sind nicht die Anspruchsnormen, die einen Schadensersatzanspruch[1] vom Grundsatz her gewähren. Gemeint sind diejenigen Normen, die den **Umfang** des gesetzlichen Anspruchs nach **deutschem Recht** betreffen.

4 In Betracht zu ziehen sind im Personenschaden die generellen Vorschriften nach §§ 249 ff. BGB, insbesondere
   – § 249 BGB wegen der Heilbehandlungskosten nebst Besuchskosten nächster Angehöriger

---

1 Siehe hierzu *Schwab* A.1.1.1 AKB Rdn. 4 ff.

- § 252 BGB wegen des entgangenen Gewinns der Verdienstschaden des Arbeitnehmers, aber auch die Einkommenseinbuße des Selbstständigen und sogar der Entgang von Arbeitslosengeld oder Dienstbezügen des Beamten. Zudem finden sich hierin die Norm zur Begründung des fremdnützigen Hausarbeitsschadens sowie der verhinderte Gewinn aus Kapitalvermögen.
- § 253 Abs. 2 BGB wegen des immateriellen Schadens – Schmerzensgeld

Zudem sind die Spezialvorschriften im Deliktsrecht heranzuziehen, so 5
- der eigentlich überflüssige § 842 BGB, der im Grunde § 252 BGB im Wesentlichen wiederholt[2]
- § 843 BGB wegen einer Geldrente und (eingeschränkter) Kapitalabfindung
- § 844 BGB wegen Beerdigungskosten und des Entzugs des gesetzlichen Unterhaltsanspruchs
- § 845 BGB wegen entgangener Dienste.

Aus der Gefährdungshaftung nach dem StVG sind heranzuziehen, so 6
- § 10 Abs. 1 Satz 1 StVG wegen versuchter Heilbehandlungskosten, Erwerbsschaden und vermehrter Bedürfnisse
- § 10 Abs. 1 Satz 2 StVG wegen der Beerdigungskosten
- § 10 Abs. 2 StVG wegen des Entzugs des gesetzlichen Unterhaltsanspruchs
- § 11 Satz 1 StVG wegen Heilbehandlungskosten, Erwerbsschaden nebst Hausarbeitsschaden und vermehrter Bedürfnisse
- § 11 Satz 2 StVG wegen des immateriellen Schadens – Schmerzensgeld.

Bei einem Vergleich der Vorschriften zeigt sich bereits, dass der Leistungsumfang bei 7 der Verschuldenshaftung etwas umfangreicher ist als bei der reinen Gefährdungshaftung. Die speziellen Schadensersatzbestimmungen aus der Gefährdungshaftung sind nämlich etwas enger gefasst. So ist der entgangene Gewinn mehr als nur der Erwerbsschaden; entgangene Dienste kennt die Gefährdungshaftung nicht.

Der generelle Verweis in der Klausel auf *deutsche gesetzliche Schadensersatzbestimmun-* 8 *gen* ist vom Verständnis des Versicherungsnehmers her gesehen, eher weiter als enger auszulegen.

Es kommt hinzu, dass selbst bei Unfällen im Ausland mit einem **im Ausland lebenden** 9 **Fahrer** die Höhe des Schadensersatzes nach deutschen Schadensersatzbestimmungen festzulegen ist. Das bedeutet, dass weder das Haftungsrecht im Unfallland nach Art. 4 Rom II-VO noch die Schadensbemessung nach dem Heimatland entsprechend der Erwägung Nr. 33 zur Rom II-VO auf die Fahrerschutzversicherung Anwendung finden.

Die Folge ist, dass der geschädigte ausländische Fahrer wegen des häufig höheren deut- 10 schen Standards eine Besserstellung gegenüber etwaigen Schadensersatzansprüchen im Heimatland erwarten kann. Zudem sind Fälle denkbar, in denen selbst bei vollständiger Regulierung von Haftpflichtansprüchen gemäß den ausländischen Bestimmungen, der Fahrerschutzversicherer noch nachzubessern hat, weil der Umfang des Schadens-

---

2 PWW/*Luckey* § 842 BGB, Rn. 1.

ersatzes nicht das deutsche Niveau erreicht. Bedeutsam ist dies insbesondere bei der Höhe und der Methode zur Bemessung des Schmerzensgelds, da in den Ländern Europas erhebliche Unterschiede[3] bestehen. Letzteres mag für einen in Deutschland lebenden Fahrer erstrebenswert und richtig sein; für einen im Ausland lebenden Fahrer kann die Vertragsklausel allerdings zu einer (ungewollten?) Überkompensation führen.

11 Eine offenkundige Überkompensation des Schadens kann nur im Haftpflichtrecht begrenzt werden, wie z. B. beim Leistungskatalog der gesetzlichen Unfallversicherung nach § 26 ff. SGB VII und der zusätzlichen – aber schadensersatzrechtlich meist nicht mehr erforderlichen – Leistungen der privaten Krankenversicherung nach § 5 Abs. 3 MB/KK. So wenig wie der private Krankenversicherer die Kostenerstattung für seine vertraglich definierte daneben[4] noch notwendige Heilbehandlung seinem Versicherten verweigern kann, kann dies der Fahrerschutzversicherer im Falle von ausländischen Versicherten. Durch Vertragsauslegung kann daher die Leistung nicht eingeschränkt werden.

12 Ein Versicherer, der eine entsprechende Einschränkung des Leistungsumfangs in individuellen Fahrerschutzbedingungen für im Ausland lebende Fahrer aufnimmt, verstößt nicht gegen die §§ 19 ff. AGG. Schließlich haben sich bei Auslandunfällen mitunter deutsche Gerichte[5] am Umfang des Schadensersatzanspruchs am ausländischen Recht zu orientieren.

13 Keine Überkompensation besteht, wenn ein in Deutschland lebender Fahrer im Ausland einen unverschuldeten Unfall erleidet, sich das Haftungs- und das Recht zum Schadensumfang aber nach ausländischem Recht[6] richtet. Selbst bei voller Schadensersatzleistung des Haftpflichtversicherers kann z. B. die Höhe des Schmerzensgeldes nach deutschen Maßstäben völlig unzureichend sein.

14 In der Gefährdungshaftung gelten zudem Haftungslimits im Personenschaden nach den §§ 12 Abs. 1 Nr. 1 und 12a Abs. 1 Nr. 1 StVG auf € 5 bzw. € 10 Mio.

15 Die gesetzlichen Haftungslimitierungen begrenzen die versicherungsvertragliche Leistung aus der Fahrerschutzversicherung allerdings nicht. Maßstab ist die für die Fahrerschutzversicherung vereinbarte Versicherungssumme, die sich aus der Police ergibt.

16 Die Variante 1 beschreibt nicht die einzelnen Schadenspositionen, die beim Personenschaden zum Tragen kommen könnten, sondern lässt diese bewusst offen.

---

[3] Überblick bei Himmelreich/Halm/*Lemor* Handbuch des Fachanwalts Verkehrsrecht, Kap. 3, Rn. 100.
[4] Vermeidung einer Doppelentschädigung, Staudinger/Halm/Wendt FAKomm-Vers/*Baumhackel* § 5 MB/KK, Rn. 19.
[5] *AG Köln* Urt. v. 29.04.2014 – 268 C 89/11, JurionRS 2014, 20430 = DAR 2014, 470.
[6] *OLG Stuttgart* Urt. v. 10.02.2014 – 5 U 111/13, JurionRS 2014, 13945 (Österreichischer Kfz-Haftpflichtversicherer leistet in Deutschland lebendem Fahrer 100% Schadensersatz nach serbischem Recht).

Sie enthält in ihrer Ausgestaltung **keine Begrenzung auf einen Restschaden**.[7] Folglich darf der Versicherte annehmen, der Fahrerschutzversicherer leiste wie ein Vollversicherer, soweit die Subsidiaritätsklausel in A.5.4.2 AKB nicht zur Anwendung kommt. 17

Die kurze Aufzählung ist nur beispielhaft und nicht abschließend. Im Schadensersatzrecht lassen sich leicht über ein Dutzend Einzelpositionen finden, die im Einzelfall einmal mehr oder weniger relevant sind. Eine komplette Aufzählung birgt einerseits die Gefahr von Lücken und würde andererseits den Umfang des Bedingungswerks überfrachten, so dass eine knappe Aufzählung den Zweck ausreichend erfüllt, die Richtung zu deuten, um welche Positionen es sich handeln könnte. 18

Natürlich verhindert – aus wirtschaftlicher Betrachtung für den Versicherer – eine nicht allzu umfassende Aufzählung auch das Entstehen von Begehrlichkeiten. Wie schon im Personengroßschaden der Kfz-Haftpflichtversicherung wird der versicherte Fahrer auf anwaltliche Hilfe angewiesen sein, um möglichst jede Schadensposition tatsächlich zu erkennen und zu erfassen. Im Gegensatz zum standardisierten Leistungsumfang in der Kfz-Unfallversicherung kann der Versicherte in der Fahrerschutzversicherung keine detaillierte Leistungsbeschreibung erwarten. Schließlich überlässt auch der Gesetzgeber im Schadensersatzrecht bei der Beschreibung des Schadensumfangs nach den §§ 249 ff; 842 ff. BGB, 10; 11 StVG nur eine Orientierungshilfe. 19

Der **Personenschaden** wird auch in A.5.4.1 AKB nicht definiert. 20

Im Schadensersatzrecht[8] wird darunter jede Vermögensbeeinträchtigung verstanden, wenn sie durch die Verletzung oder Tötung eines Menschen verursacht wird. Darunter fällt nicht nur der immaterielle Schaden (Schmerzensgeld), sondern auch jeder mittelbare materielle Vermögensschaden als Folge der Körperverletzung. Wie *Luckey*[9] richtig darstellt, entsteht durch die Körperverletzung zunächst ein immaterieller Schaden, dem sich ein materieller Schaden anschließt. 21

Der Bedingungstext enthält in der Aufzählung den »Verdienstausfall«. Dieser ist ein materieller Folgeschaden aus der Körperverletzung. Daraus wird deutlich, dass entsprechend dem Schadensersatzrecht die Fahrerschutzversicherung den Personenschaden weit verstanden wissen will und auf den Personenfolgeschaden ausdehnt. 22

Bestätigt wird dies durch das Wort »Hinterbliebenenrente«. Dadurch wird erkennbar, dass mehr gemeint ist als der eigentliche Schaden der verletzten Person. So ist nach der Klausel der Vermögensschaden des mittelbar geschädigten Dritten – der Unterhaltsschaden – als Teil des Personenschadens zu verstehen. 23

---

7 Zur Doppelfunktion einer subsidiären Restschadensversicherung siehe *Schwab*, Fahrerschutzversicherung, Rn. 38 ff.
8 *BGH* Urt. v. 08.03.2012 – III ZR 191/11, JurionRS 2012, 11921 = DAR 2012, 513 = MDR 2012, 462 = NZS 2012, 546 = VersR 2012, 714 = zfs 2012, 506.
9 *Luckey* Personenschaden Rn. 1 bis 3.

24 Der **Sachschaden** wird in der Klausel nicht erwähnt. Sachschäden sind keine Personenschäden. Folglich fallen selbst am Körper getragene persönliche Gegenstände wie die Kleidung, ein Smartphone, Ehering, Ausweispapiere etc. nicht zu den Sachen, die vom Versicherungsschutz umfasst werden.

25 Hiervon wird man jedoch Ausnahmen machen müssen:
   – Körperersatzstücke, wie z. B. Zahnprothesen und ggf. Perücken
   – Hilfsmittel, wie Brillen und Kontaktlinsen

26 Wird die **Kleidung** des Fahrers vom Arzt zerschnitten, um die Verletzungen behandeln zu können, ist dieser Sachschaden ein Teil der Rettung. Der Aufwand – Vermögensopfer[10] – dient dazu, einen drohenden noch schwereren Personenschaden zu verhindern, §§ 82 Abs. 1; 83 Abs. 1 VVG.

27 Genauso könnte man es aber auch verstehen, wenn die Feuerwehr mit der **Rettungsschere** das Dach des PKW abschneidet oder die Tür aufbricht, um den verletzten Fahrer aus seinem Fahrzeug bergen zu können.

28 Der Feuerwehreinsatz ist vielerorts auch bei der Personenrettung kostenpflichtig und wird dem Fahrzeughalter auferlegt. Dient die Rettung nur dem Fahrer des haftpflichtversicherten Fahrzeugs, besteht über die Kfz-Haftpflichtversicherung kein Versicherungsschutz, da kein Dritter geschädigt ist. In den meisten Fällen wird bei genauer Betrachtung kein öffentlich-rechtlicher Kostenerstattungsanspruch bestehen. Der Feuerwehreinsatz ist zur Fahrerbergung ist in Zweifelsfällen über die Fahrerschutzversicherung gedeckt.

29 Vor der Fahrerbergung hatte das Fahrzeug meistens noch einen **Restwert**. Durch die bergungsbedingte zusätzliche Beschädigung wird der ehemalige Restwert zum **Fahrzeugwrack**.

30 Besteht keine Vollkaskoversicherung für das Fahrzeug, stellt sich die Frage, ob die Differenz zwischen Restwert und Wrack vom Fahrerschutzversicherer zu tragen ist. Als Teil der Rettungsmaßnahme zum Wohle des verletzten Fahrers wird man dies bejahen müssen, da der bergungsbedingte Kollateralschaden am Fahrzeug ein gedeckter Personenfolgeschaden[11] in der Fahrerschutzversicherung ist.

31 Andernfalls müssten in den Bedingungen die Bergungskosten des verletzten, noch lebenden Fahrers explizit ausgenommen werden. Die Wirksamkeit eines solchen Ausschlusses in der Schadensversicherung dürfte jedoch an § 87 VVG scheitern, wonach Rettungskosten nicht zum Nachteil[12] des Versicherungsnehmers ausgeschlossen werden können. In diesem Zusammenhang sei darauf hingewiesen, dass die Unfallversicherungsbedingungen standardmäßig keine Bergungskosten als versicherte Leistung

---

10 Prölss/Martin/*Voit* VVG-Kommentar, § 83 VVG, Rn. 12.
11 *Schwab* Fahrerschutzversicherung, Rn. 313.
12 Staudinger/Halm/Wendt FAKomm-Vers/*K. Schneider*, § 87 VVG, Rn. 4.

enthalten, allerdings durch Zusatzbedingungen[13] verbreitet[14] mitversichert werden können.

Der Verlust von **Wertsachen** (z. B. Schmuck, Bargeld) ist kein Personen-, sondern ein Sachschaden. Im Schadensersatzrecht sind derartige Verluste vom Schädiger auszugleichen, wenn der Verletzte durch einen Körperschaden gehindert ist, wie gewöhnlich auf seine Sachen aufzupassen. Nach dem *LG Mainz*[15] läge es nicht außerhalb jeder Lebenserfahrung, dass einem bei einem Verkehrsunfall Verletzten, der auf ärztliche Hilfe angewiesen ist, auf dem Weg ins Krankenhaus persönliche Gegenstände entwendet werden. Der Anscheinsbeweis[16] kann jedoch erschüttert werden. Dem Schädiger, der das Entwendungsrisiko durch einen Verkehrsunfall gesetzt hat, muss bei entsprechendem Nachweis demnach auch für diesen Folgeschaden aufkommen. Zurechnungsgesichtspunkte aus dem Schadensersatzrecht haben für vertragliche Ansprüche aus der Fahrerschutzversicherung keine Bedeutung. Der Verlust von Wertsachen ist nur eine mittelbare Folge des Personenschadens, weil der Verletzte es nicht verhindern konnte, dass sich eine andere Person an seinen Sachen »*bedient*«. 32

Im Personenschadensersatzrecht werden **Auslagenpauschalen** zuerkannt. Sie stehen im Zusammenhang mit der Rechtsverfolgung und dem Nachweis des Schadens. Da die Nebenkosten aber nicht den eigentlichen Personenschaden ausmachen, sind sie nicht Inhalt der vertraglichen Leistung des Fahrerschutzversicherers und sind ebenso wenig zu ersetzen, wie in der Kaskoversicherung.[17] 33

Kein Personenfolgeschaden sind **Rechtsanwaltskosten** zur Verfolgung von Ansprüchen gegen den Fahrerschutzversicherer. Im Schadensersatzrecht sind dagegen Rechtsverfolgungskosten[18] grundsätzlich immer Teil des Schadens und somit vom Haftpflichtigen 34

---

13 Besondere Bedingungen für die Mitversicherung von Bergungskosten in der Allgemeinen Unfallversicherung (BB Bergungskosten 91), VerBAV 1991 S. 351 = ADAJUR Dok.Nr. 207; *OLG Koblenz* Urt. v. 01.12.2000 – 10 U 936/99, JurionRS 2000, 33483 = NVersZ 2001, 554 = VersR 2002, 181 = zfs 2002, 31; *LG Dortmund* Urt. v. 19.10.2006 – 2 O 117/06, JurionRS 2006, 35334; *LG Dortmund* Urt. v. 29.05.2008 – 2 O 208/07, JurionRS 2008, 18435; *LG Hamburg* Urt. v. 30.07.2008 – 302 O 436/07, BeckRS 2009, 08828 = VersR 2009, 389. *LG Bochum* Urt. v. 19.05.2010 – I-4 O 166/09, JurionRS 2010, 42296 = NZV 2013, 42 = r+s 2012, 562.
14 Staudinger/Halm/Wendt FAKomm-Vers/*Hugemann*, Nr. 2 AUB 2010, Rn. 67.
15 *LG Mainz* Urt. v. 22.01.1998 – 1 O 547/968, ADAJUR Dok.Nr. 35468 = VersR 1999, 836 = WI 2000, 85.
16 *OLG Köln* Urt. v. 25.02.2005 – 6 U 139/04, JurionRS 2005, 14425 = DAR 2005, 404 = MDR 2005, 1346 = NZV 2005, 523 = SVR 2006, 31 bespr. v. *Schwab* = VersR 2006, 1258 = VRR 2005, 231 bespr. v. *Jaeger*.
17 Schon keine kongruente Position, siehe *Lucas*, Das Quotenvorrecht – wer es nicht kennt, verschenkt Geld!, VRR 2010, 127.
18 *BGH* Urt. v. 08.11.1994 – VI ZR 3/94, BGHZ 127, 348 = JurionRS 1994, 15152 = DAR 1995, 97 = MDR 1995, 150 = NJW 1995, 446 = NZV 1995, 103 = VersR 1995, 183 = zfs 1995, 48 m. Anm. *Höfle*.

A.5.4.1 AKB Was wir ersetzen

zu ersetzen. Daher wurde angenommen,[19] auch die Rechtsanwaltskosten seien zu ersetzen, wenn der Fahrerschutzversicherer dies zu leisten verspricht, als ob ein Dritter leistungspflichtig wäre.

35 Von diesem Grundgedanken ist man offenbar auch bei der Abfassung der Klausel ausgegangen. So erfolgt der – rechtlich unzutreffende – redaktionelle Hinweis, dass man es ausdrücklich anders regeln müsse, wenn man keine Rechtsanwaltskosten zahlen wolle.

36 Es ist zuzugeben, dass die Erwartungshaltung des Versicherten dafür sprechen mag. Allerdings reguliert der Fahrerschutzversicherer **nur wie**, aber **nicht als** Haftpflichtversicherer.[20] Bei genauer Betrachtung wird auch der Versicherte erkennen müssen, dass sein Fahrerschutzversicherer eben nicht aufgrund eines Haftpflichtschadensfalles leistet, sondern allein aufgrund vertraglicher Verpflichtungen. Fahrerschutzleistungen sind folglich nicht anders zu behandeln als Leistungen aus der Kasko-, Autoschutzbrief- oder Kfz-Unfallversicherung.

37 Rechtsanwaltsgebühren sind nur dann vom Fahrerschutzversicherer zu erstatten, wenn sie in individuellen Bedingungen explizit in die Aufzählung aufgenommen wurden. Der in der Klausel angeregte umgekehrte »ausdrückliche Ausschluss« stellt die tatsächliche Rechtslage dagegen auf den Kopf.

38 Befindet sich der Fahrerschutzversicherer allerdings mit seiner vertraglichen Leistung in **Verzug**, hat er wie in allen anderen Sparten auch[21] die Anwaltskosten zu tragen. Dies richtet sich nach allgemeinen Regeln.

39 Ersetzt wird nur der **unfallbedingte** Personenschaden. Erforderlich ist ein adäquat kausaler Zusammenhang. Die Unfallbedingtheit ist vom Versicherten zu beweisen. Analog der privaten Unfallversicherung[22] (und dem Schadensersatzrecht[23]) gilt zunächst der Strengbeweis[24] nach § 286 ZPO. Der Versicherte hat den Unfall zu beweisen. Ferner, dass dieser zu einem Personenschaden in Form einer Körperverletzung geführt hat. Für

---

19 Himmelreich/Halm/*Wilms* Handbuch des Fachanwalts Verkehrsrecht, Kap. 23, Rn. 32.
20 *Heinrichs* Die Fahrerschutzversicherung, DAR 2011, 565 ff.; so auch Beckmann/Matusche-Beckmann/*Höke/Heß* Versicherungsrechts-Handbuch § 30, Rn. 383.
21 *OLG Düsseldorf* Urt. v. 06.08.2013 – I-4 U 221/11, JurionRS 2013, 44479 = zfs 2013, 701 (Unfallversicherung); *OLG Saarbrücken* Urt. v. 13.03.2013 – 5 U 343/12, JurionRS 2013, 41392 = NJW-RR 2014, 101 = VRR 2013, 462 bespr. v. *Nugel* = zfs 2013, 396 (Unfallversicherung); *OLG Karlsruhe* Urt. v. 28.08.2009 – 12 U 90/09, JurionRS 2009, 28462 = MDR 2009, 1388 = NJW-RR 2009, 1689 = NZV 2010, 88 = OLGR 2009, 693 = r+s 2009, 408 = VersR 2010, 337–339 = zfs 2009, 639 (Kaskoversicherung).
22 *BGH* Urt. v. 17.10.2001 – IV ZR 205/00, JurionRS 2001, 20560 = MDR 2002, 151 = NJW-RR 2002, 166 = NVersZ 2002, 65 = PVR 2002, 142 bespr. v. *Schröder* = VersR 2001, 1547 = zfs 2002, 85; Schwintowski/*Brömmelmeyer*, PK-VersR, § 180 VVG, Rn. 25 ff.
23 Siehe auch *Nugel*, Gemeinsamkeiten und Unterschiede bei der Anspruchsbegründung im Bereich der Unfallversicherung und des Schadensersatzrechts, DAR 2010, 445 ff.
24 *BGH* Urt. v. 28.01.2003 – VI ZR 139/02, JurionRS 2003, 16006 = DAR 2003, 218 = MDR 2003, 566 = NJW 2003, 1116 = NZV 2003, 167 = PVR 2003, 229 bespr. v. *Thiele* = VersR 2003, 474 m. Anm. *Staab* VersR 2003, 1216 = VRS 104, 426 = zfs 2003, 287.

die weiteren Folgen hinsichtlich des Umfangs des hieraus resultierenden Schadens kommen dem Versicherten die Beweiserleichterungen nach § 287 ZPO[25] zu Gute.

Weder der **Unterhaltsschaden** noch die Beerdigungskosten sind Personenschäden des nach A.5.2 Satz 1 AKB versicherten Fahrers. Allerdings sind Hinterbliebene hinsichtlich ihrer gesetzlichen Unterhaltsansprüche nach A.5.2 Satz 3 AKB[26] mitversichert. 40

Beerdigungskosten sind ein Vermögensschaden des Erben, aber kein Personenschaden des versicherten – verstorbenen – Fahrers. Selbst in der Variante 1 ohne Ausnahmeregelung sind bereits begrifflich Beerdigungskosten ausgenommen. Leistungen können bei Auslandsreisen ggf. nach A.3.8.3 AKB[27] aus der Autoschutzbriefversicherung beansprucht werden. 41

Erleiden dem Verletzten nahestehende Personen einen **Schockschaden**, kann ihnen schadensersatzrechtlich ein Schmerzensgeldanspruch zustehen. Dabei geht man davon aus, dass ihnen durch die psychische Vermittlung eines Schadens ein eigener Anspruch[28] gegen den Schädiger zusteht. Nahe Angehörige sind jedoch nicht mitversicherte Personen der Fahrerschutzversicherung hinsichtlich erlittener Schockschäden, da sie in A.5.2 AKB nicht zum Kreis der Mitversicherten zählen. 42

Versicherer, die grundsätzlich den vollen Leistungsumfang mit Negativaufzählung (Variante 1.2) bieten, nehmen nur in einzelnen Positionen Einschränkungen vor. Die Aufzählung von Leistungseinschränkungen an dieser Stelle bietet sich an, da sie als Aufzählung unter A.5.6 AKB zu weit entfernt zum direkten Leistungsversprechen stehen würden. 43

<Redaktioneller Hinweis: Versicherer, die nicht den vollständigen Leistungsumfang analog Schadenersatzrecht nach KH abdecken wollen, können alternativ die versicherten Leistungspositionen abschließend aufzählen und ggf. limitieren.>

[*Was wir ersetzen*

A.5.4.1   Wir ersetzen den unfallbedingten Personenschaden so, als ob ein Dritter schadenersatzpflichtig wäre. Dabei leisten wir nach den deutschen gesetzlichen Schadenersatzbestimmungen des Privatrechts in folgendem Umfang:
- Verdienstausfall [bis xxxxx Euro]
- [........]]

---

25 *BGH* Urt. v. 12.11.1997 – IV ZR 191/96, JurionRS 1997, 15013 = r+s 1998, 80 = zfs 1998, 187; Staudinger/Halm/Wendt FAKomm-Vers/*Hugemann*, § 180 VVG, Rn. 6; Looschelders/Pohlmann/*Götz* VVG-Kommentar § 180 VVG, Rn. 6.
26 Siehe A.5.2. AKB Rdn. 9–68.
27 *Merta/Westkämper/aktualisiert von Schwab* A.3.8.3 AKB Rdn. 1 ff.
28 *BGH* Urt. v. 10.02.2015 – VI ZR 8/14, JurionRS 2015, 12297 = NJW-Spezial 2015, 202 = VersR 2015, 590; *BGH* Urt. v. 27.01.2015 – VI ZR 548/12, JurionRS 2015, 10795 = DAR 2015, 200 = JZ 2015, 187 = MDR 2015, 391 = NJW-Spezial 2015, 169 = r+s 2015, 151.

A.5.4.2 AKB Vorrangige Leistungspflicht Dritter

41 Für die **zweite Variante** (begrenzter Leistungsumfang durch Positivaufzählung) kann zunächst auf die vorstehenden Ausführungen verwiesen werden.

42 Die Klausel enthält den Vorschlag für eine abschließende Aufzählung einzelner Schadenspositionen. Der Leistungsumfang ist gegenüber der ersten Variante entsprechend enger, dafür aber präziser gefasst. Die engere Fassung höhlt den Vertragszweck der Fahrerschutzversicherung dadurch nicht aus, sondern begrenzt nur den Leistungsanspruch auf wesentliche Schadenspositionen. Diese werden allerdings lediglich aufgezählt, aber nicht definiert.

43 Beispielhaft wird der Verdienstausfall aufgeführt, wobei vorgeschlagen wird, diesen betragsmäßig zu begrenzen. Ungeklärt bleiben die einzelnen Bestandteile und die Berechnungsbasis des Verdienstausfalles. Des Weiteren wird eine zeitliche Begrenzung – beispielsweise wegen etwaiger Lebensarbeitszeit, Altersteilzeit, Elternzeit – nicht aufgeführt. Schließlich enthält die Klausel auch keine Angaben zum Fortkommensschaden (beruflicher Aufstieg), Überstunden oder zur Anrechnung von erspartem berufsbedingten Aufwand.

44 **Beerdigungskosten** werden von A.5.4.1 AKB nicht umfasst. Versicherer, die Beerdigungskosten in die Aufzählung positiv aufnehmen, erweitern nicht nur den Leistungsumfang, sie erweitern auch den **Kreis der Mitversicherten**. Entsprechend müssten sie in A.5.2 AKB zur Klarstellung den Leistungsanspruch auf mitversicherte Erben erweitern. Zu beachten bleibt in diesen Fällen auf der Leistungsseite, dass bei Arbeits-/Wegeunfällen der gesetzliche Unfallversicherer ein Sterbegeld zahlt. Dieser zahlt nicht unbedingt an Hinterbliebene, sondern an den, der die Aufwendungen für die Beerdigung getragen hat.[29]

Vorrangige Leistungspflicht Dritter

A.5.4.2 Wir erbringen keine Leistungen, soweit Sie gegenüber Dritten (z. B. Schädiger, Haftpflichtversicherer, Krankenkasse, Rentenversicherungsträger, Berufsgenossenschaft, Arbeitgeber) Anspruch auf deckungsgleiche (kongruente) Leistungen haben.

Ausnahme: Soweit Sie einen solchen Anspruch nicht erfolgversprechend durchsetzen können, leisten wir dennoch, wenn nachfolgende Voraussetzungen vorliegen:
- Sie haben den Anspruch schriftlich geltend gemacht.
- Sie haben weitere zur Durchsetzung Ihres Anspruchs erforderliche Anstrengungen unternommen, die Ihnen billigerweise zumutbar waren.
- Sie haben Ihren Anspruch wirksam an uns abgetreten.

Hinweis: Ansprüche gegen Dritte sind nicht immer wirksam abtretbar. Unter anderem können Ansprüche gegen Sozialversicherungsträger (z. B.

---

29 *OLG Saarbrücken* Urt. v. 20.03.2014 – 4 U 64/13, JurionRS 2014, 12876 = FamRZ 2014, 1412 = NJW-RR 2014, 810.

Krankenkasse, Rentenversicherungsträger) häufig nicht oder nur mit deren Zustimmung abgetreten werden. In diesen Fällen können wir nicht im Voraus Leistungen erbringen, sondern erst dann, wenn abschließend geklärt ist, dass keine Ansprüche gegenüber Dritten bestehen.

Vereinbarungen, die Sie mit Dritten über diese Ansprüche treffen (z. B. ein Abfindungsvergleich), binden uns nur, wenn wir vorher zugestimmt haben.

Übersicht

		Rdn.
A.	Subsidiaritätsklausel – Überblick	1
B.	Anforderungen der Subsidiaritätsklausel	10
I.	Anspruch auf Schadensersatzleistungen	11
II.	Sonstige deckungsgleiche Leistungen	17
III.	Problemkreis: Subsidiaritätsklausel bei Unterhaltsansprüchen	20
IV.	Summenversicherer	27
C.	Ausnahme	29
I.	Schriftliche Geltendmachung	34
II.	Zumutbare Anstrengungen	38
III.	Abtretung von Ansprüchen gegen Dritte	42
IV.	Vereinbarung mit einem Dritten	74

A. Subsidiaritätsklausel – Überblick

Die Musterbedingung enthält eine **einfache Subsidiaritätsklausel**. Zum besseren Verständnis wurde auf den Begriff verzichtet und durch die Worte »*soweit Sie gegenüber Dritten*« ersetzt. Da nicht nur der sonst am Markt übliche Restschaden, sondern vom grundsätzlichen Aufbau her der Vollschaden des Fahrers versichert ist, sind die Wirkungen der einfachen Subsidiaritätsklausel allerdings beschränkt. Die am Markt üblichen Subsidiaritätsklauseln sind häufig sehr unterschiedlich[1] formuliert. 1

Nach den Musterbedingungen ist der Fahrerschutzversicherer ein einfach subsidiärer Schadenversicherer. Damit gehen seine Leistungen denen des Entschädigungsfonds für Schäden aus Kraftfahrzeugunfällen vor,[2] § 12 Abs. 1 Satz 2 PflVG. Der Fahrer kann somit nicht an die **Verkehrsopferhilfe (VOH)**[3] verwiesen werden, da die Besonderheit als Restschadensversicherer[4] nicht – wie bei vielen individuellen Bedingungen am Markt – zum Ausdruck gebracht wurde. Das führt auch dazu, dass ein **leistungsfreier Kfz-Haftpflichtversicherer** an den Fahrerschutzversicherer nach § 117 Abs. 3 Satz 2 VVG verweisen kann, der nicht vorrangig als Restschadensversicherer[5] auftritt. 2

---

1 *Knappmann* Die Fahrerschutzversicherung VRR 2014, 447 ff.
2 Burmann/Heß/*Jahnke*/Janker Straßenverkehrsrecht, Vor § 249 BGB, Rn. 211; so wohl auch *Becker* Die Fahrerschutzversicherung in der anwaltlichen Unfallschadenregulierung, zfs 2015, 10 ff.
3 Zur VOH siehe *Hückel* § 12 PflVG Rdn. 1.
4 *Schwab* Fahrerschutzversicherung, Rn. 66 ff.
5 *Schwab* Fahrerschutzversicherung, Rn. 61 ff.; Siehe auch A.5.6.4 AKB Rdn. 3.

A.5.4.2 AKB Vorrangige Leistungspflicht Dritter

3 Liegen die Voraussetzungen für Leistungen nach dem **Opferentschädigungsgesetz** vor, gehen diese Leistungen vor. Der Regress des öffentlichen Trägers nach § 5 OEG ist auf gesetzliche Schadensersatzansprüche gegen Dritte begrenzt. Wie der private Krankenversicherer[6] kann auch der vorleistende Fahrerschutzversicherer[7] seinerseits Regress nehmen.

4 Da die Leistungen der Fahrerschutzversicherung einen Vermögensbestandteil darstellen, bleibt diese gegenüber der **Sozialhilfe**[8] vorrangig.

5 Soweit andere Schadensversicherer keine Subsidiaritätsklauseln verwenden wie z. B. die MB/KK mit Ausnahme von § 5 Abs. 3 MB/KK zur gesetzlichen Unfallversicherung, ist die Fahrerschutzversicherung nachrangig.

6 Soweit andere Schadensversicherer ebenfalls Subsidiaritätsklauseln verwenden, ist zu prüfen, ob diese einfach oder qualifiziert ausgestaltet sind.

7 Gegenüber qualifizierten Subsidiaritätsklauseln, ist die obige Klausel nachrangig, da es sich nicht um eine reine Restschadensversicherung[9] handelt.

8 Zu einfachen oder eingeschränkten[10] Subsidiaritätsklauseln anderer Schadensversicherer besteht kein Vorrangprinzip. Sie heben sich gegenseitig auf, so dass eine **Mehrfachversicherung** nach § 78 VVG vorliegt. Möglich ist sogar eine Doppelversicherung mit der Krankentransportleistung für den verunfallten Fahrers nach A.3.7.1 AKB[11] i. V. m. A.3.11.1 AKB in der Autounfallversicherung.

9 Eine Doppelversicherung mit einer von der gebündelten Police entkoppelten[12] Fahrerschutzversicherung ist möglich. Es bestehen entsprechend Parallelen der Autoschutzbriefversicherung in A.3 AKB zur AVAR.

B. Anforderungen der Subsidiaritätsklausel

10 Die Klausel korrespondiert mit der Obliegenheit in E.1.6.4 AKB[13], Rechte gegenüber Dritten zu wahren. Sie macht zur Bedingung, dass Ansprüche auf Schadensersatz-, Ersatz- und/oder Versicherungsleistungen nicht bestehen oder deren Durchsetzung er-

---

6 Looschelders/Pohlmann/*Reinhard* VVG-Kommentar, § 194 VVG, Rn. 10.
7 *Schwab* Fahrerschutzversicherung, Rn. 78.
8 *Schwab* Fahrerschutzversicherung, Rn. 80 ff.; Beckmann/Matusche-Beckmann/*Höke/Heß* Versicherungsrechts-Handbuch, § 30 Rn. 388.
9 *Schwab* Fahrerschutzversicherung, Rn. 56 ff.; van Bühren Die Fahrerschutzversicherung, VersR 2015, 685 ff.
10 *BGH* Urt. v. 19.02.2014 – IV ZR 389/12, JurionRS 2014, 11349 = ADAJUR Dok.Nr. 104701 = JZ 2014, 279 = MDR 2014, 779 = VersR 2014, 450 = WM 2014, 1052 = zfs 2014, 278.
11 *Merta/Westkämper/aktualisiert von Schwab* A.3.7.1 AKB Rdn. 1 ff.
12 *Schwab* Fahrerschutzversicherung, Rn. 11.
13 *Kreuter-Lange* E.1.6.4 AKB Rdn. 1 ff.

schwert ist. Erhält der geschädigte Fahrer dagegen aus Fürsorge[14] oder Mitleid von einem Dritten ein Geschenk (Schenkungsvertrag) zur Kompensation seines Personenschadens, bestehen vertragliche Ansprüche gegen den Fahrerschutzversicherer fort.

I. Anspruch auf Schadensersatzleistungen

Der Vorrang von Schadensersatzansprüchen ist keine Besonderheit von Subsidiaritätsklauseln, sondern ein allgemeiner Rechtssatz, der in der gesamten Schadensversicherung zur Anwendung kommt.[15] 11

Gemeint sind in der Fahrerschutzversicherung Ansprüche auf Ersatz des Personenschadens gleich auf welcher rechtlichen Grundlage. Anspruchsgrundlagen sind daher nicht nur die im Straßenverkehrsrecht üblicherweise zur Anwendung kommenden §§ 7 Abs. 1 StVG und 823 Abs. 1 BGB, sondern auch weitere Normen des Delikts-, Gefährdungshaftungs- und Vertragsrechts. Beispielhaft seien hier erwähnt für 12

das Deliktsrecht 13
- § 831 BGB Geschäftsherrenhaftung
- §§ 836 ff. BGB Grundstücksbesitzer

▶ **Beispiel:**

Bauteile lösen sich von einer Brücke[16], einem Dach[17] oder einem Carport[18] und treffen das Fahrzeug

- § 839 BGB, Art. 34 GG Amtspflichtverletzung

▶ **Beispiele:**

Schuldhaft verspätetes Eintreffen von Rettungssanitätern beim Notfallpatienten[19] oder Falschbehandlung durch Notarzt[20], Verstoß gegen Verkehrsregelungspflichten[21],

---

14 *BGH* Beschl. v. 10.12.1951 – GSZ 3/51, BGHZ 4, 157 = JurionRS 1951, 10204 = DAR 1952, 105 = DB 1952, 310 = JZ 1952, 225 = NJW 1952, 337.
15 *OLG Karlsruhe* Urt. v. 05.06.2014 – 9 U 99/13, BeckRS 2014, 13897.
16 *BGH* Urt. v. 21.01.1988 – III ZR 66/86, JurionRS 1988, 13473 = MDR 1988, 758 = NJW-RR 1988, 853 = VersR 1988, 629; *BGH* Urt. v. 05.04.1990 – III ZR 4/89, JurionRS 1990, 13793 = MDR 1991, 228 = NJW-RR 1990, 1500 = VersR 1991, 72.
17 *AG Wesel* Urt. v. 08.12.2009 – 4 C 6/09, JurionRS 2009, 36095 = r+s 2010, 282.
18 *OLG Hamm* Urt. v. 22.03.1995 – 13 U 167/94, JuS 1996, 172 = NJW-RR 1995, 1230 = NZV 1996, 199.
19 PWW/*Kramarz* § 839 BGB, Rn. 122.
20 *BGH* Urt. v. 16.09.2004 – III ZR 346/03, BGHZ 160, 216 = JurionRS 2004, 19029 = DAR 2005, 83 = DÖV 2005, 259 = NJW 2005, 429 = MDR 2005, 213 = NZS 2005, 202 = NZV 2005, 84 = VersR 2005, 688 = VRS 108, 1.
21 *BGH* Urt. v. 11.12.1980 – III ZR 34/79, JurionRS 1980, 11784 = DAR 1981, 86 = MDR 1981, 566 = VersR 1981, 336 (Gefahrenstelle); *BGH* Urt. v. 15.03.1990 – III ZR 149/89, JurionRS 1990, 14070 = DAR 1990, 224 = DÖV 1990, 1062 = MDR 1990, 904 = NVwZ 1990, 898 = NZV 1991, 147 = VersR 1990, 739 (Ampelschaltung); *BGH* Urt. v. 15.06.2000 – III ZR 302/99, JurionRS 2000, 19043 = DAR 2000, 475 = DÖV 2000,

A.5.4.2 AKB Vorrangige Leistungspflicht Dritter

    Verstoß gegen Verkehrssicherungspflichten (Bankett[22], Straßenbäume[23], Streupflichten[24]), Verstoß gegen Überwachungspflichten (TÜV)

14 die Gefährdungshaftung
- § 1 HaftPflG (Eisen- und Straßenbahnunternehmer)
- § 2 HaftPflG (Kanaldeckel, überspülte Straße)[25]
- § 1 ProdHaftG (Fehler in der Fahrzeugtechnik)[26]

15 die Verletzung vertraglicher Pflichten nach § 280 BGB[27]

16 Der **Direktanspruch** gegen einen Kfz-Haftpflichtversicherer ist kein selbstständiger Schadensersatzanspruch. Der Versicherer schuldet nur neben einem Haftpflichtigen mit.

II. Sonstige deckungsgleiche Leistungen

17 Neben Schadensersatzleistungen sollen auch sonstige deckungsgleiche Leistungen anderer den Leistungen des Fahrerschutzversicherers vorgehen. Die Klausel definiert das Wort »deckungsgleich« durch den in Klammern gesetzten Begriff »kongruent«. Zurückgegriffen wird dabei auf die beim Übergang von Ersatzansprüchen nach § 86 VVG verwendete Terminologie. Im Privatversicherungsrecht[28] bedeutet kongruent sachliche und zeitliche Übereinstimmung (hier) mit der Leistung des Fahrerschutzversicherers.

---

    921 = MDR 2000, 1073 = NJ 2000, 652 = NJW 2000, 3783 = NVwZ 2000, 1209 = NZV 2000, 412 = VersR 2001, 589 = VRS 99, 172 = zfs 2000, 481 (Beschilderung).

22 *BGH* Urt. v. 27.01.2005 – III ZR 176/04, JurionRS 2005, 10414 = DAR 2005, 210 = MDR 2005, 809 = NJW-Spezial 2005, 256 = NVwZ-RR 2005, 362 = NZV 2005, 255 = VersR 2005, 660 = VRS 108, 345.

23 *BGH* Urt. v. 04.03.2004 – III ZR 225/03, JurionRS 2004, 11498 = DAR 2004, 263 = MDR 2004, 806 = NJW 2004, 1381 = NJW-Spezial 2004, 50 = NZV 2004, 248 = SVR 2004, 423 bespr. v. *Schröder* = VersR 2004, 877 = zfs 2004, 305.

24 *BGH* Urt. v. 19.05.1958 – III ZR 211/56, BGHZ 27, 278 = JurionRS 1958, 13938 = DÖV 1958, 636 = MDR 1958, 586 = NJW 1958, 1234; *BGH* Urt. v. 09.10.2014 – III ZR 68/14, JurionRS 2014, 24386 = MDR 2014, 1387 = NJW 2014, 3580.

25 *OLG Köln* Urt. v. 12.12.1991 – 7 U 141/91, JurionRS 1991, 15076 = DAR 1992, 462 = ADAJUR Dok.Nr. 10885 = VersR 1992, 1268 = VRS 83, 135; *OLG Celle* Urt. v. 11.07.1990 – 9 U 197/89, JurionRS 1990, 14477 (Ls.) = DAR 1991, 299 = NVwZ-RR 1991, 394 = VersR 1992, 189; *LG Meiningen* Urt. v. 04.09.2007 – 2 O 263/07.

26 *BGH* Urt. v. 16.06.2009 – VI ZR 107/08, BGHZ 181, 253 = DAR 2009, 584 = DB 2009, 1812 = MDR 2009, 1106 = NJ 2010, 71 = NJW 2009, 2952 =NJW-Spezial 2009, 666 = NZV 2009, 543 = r+s 2009, 428 = VersR 2009, 1125 = VRR 2009, 344 bespr. v. *Notthoff* = zfs 2009, 553 (Airbag-Fehlauslösung); *OLG Schleswig* Urt. v. 24.04.2012 – 11 U 123/11, JurionRS 2012, 17958 (Fahrzeugbrand).

27 *AG München* Urt. v. 02.09.2010 – 271 C 11329/10, JurionRS 2010, 44970 = ADAJUR Dok.Nr. 89944 (Fahrgast im Taxi).

28 *BGH* Urt. v. 30.09.1957 – III ZR 76/56, BGHZ 25, 340 = JurionRS 1957, 14223 = DAR 1958, 52 = NJW 1958, 180; *BGH* Urt. v. 26.03.1968 – VI ZR 188/66, JurionRS 1968, 12589 = VersR 1968, 786.

Deckungsgleich sind auch Leistungen, die denen der in A.5.4.1 AKB aufgeführten Versicherungsleistung entsprechen und nicht schon aufgrund schadensersatzrechtlicher Haftung, sondern aufgrund sonstiger Anspruchsgrundlagen bestehen. Ausgenommen sind somit freigiebige[29] Leistungen Dritter, die auf keiner Anspruchsgrundlage beruhen. Für sie gilt bereits, dass der Schädiger dadurch nicht entlastet[30] werden soll. 18

Im Personenschadensfalle des Fahrers können gegen eine Vielzahl anderer Personen Ansprüche begründet sein. Eine abschließende Aufzählung ist kaum möglich. Zu nennen sind insbesondere aus 19
- dem Sozialversicherungsrecht
  Grundsicherung für Arbeitsuchende nach dem SGB II; Arbeitsförderung nach dem SGB III; gesetzliche Krankenversicherung nach den §§ 11 ff. SGB V; gesetzliche Rentenversicherung nach den §§ 9 ff. SGB VI; gesetzliche Unfallversicherung nach den §§ 26 ff. SGB VII; Rehabilitation und Teilhabe behinderter Menschen nach dem SGB IV; Soziale Pflegeversicherung nach dem SGB XI
- dem Sozialrecht
  Sozialhilfe nach dem SGB XII; Opferentschädigungsrecht nach dem OEG
- dem Privatversicherungsrecht
  private Voll- oder Zusatzkrankenversicherung; Unfallversicherungen; Kfz-Unfallversicherung; Arbeitslosigkeitsversicherung[31]; Berufsunfähigkeitsversicherung; Lebensversicherung; Rentenversicherung; Reiseversicherungen; Schutzbriefversicherungen; Leistungspakete im Zusammenhang mit Kreditkarten etc.
- dem Arbeitsrecht (Entgeltfortzahlung)
- Beihilferecht; Beamtenversorgungsgesetz (Beamte, Richter, Pensionäre etc.)
- Zusatzversorgungen (ZVK; VBL; Pensionskassen)
- Zu erwägen sind zudem ggf. Regressansprüche gegen Versicherungsmakler wegen Falschberatung[32] beim Abschluss von Personenversicherungen

III. Problemkreis: Subsidiaritätsklausel bei Unterhaltsansprüchen

Die Subsidiaritätsklausel gilt entsprechen der Systematik für Leistungen an sämtliche Versicherten, somit auch für die mitversicherten Hinterbliebenen wegen ihrer gesetzlichen Unterhaltsansprüche nach A.5.2 Satz 2 AKB. 20

Stirbt der unterhaltsverpflichtete Fahrer, tritt regelmäßig an seine Stelle ein anderer Unterhaltsverpflichteter. Es handelt sich dabei um leistungsfähige Verwandte in gerader Linie nach den §§ 1601; 1606 BGB. Bei fehlender Leistungsfähigkeit besteht eine Ersatzhaftung nach § 1607 BGB. Ist kein leistungsfähiger Unterhaltsverpflichteter vorhanden, leistet die Sozialhilfe nachrangig. 21

---

29 Palandt/*Grüneberg* Vorb. § 249 BGB, Rn. 82.
30 *BGH* Urt. v. 22.06.1956 – VI ZR 140/55, BGHZ 21, 112 = JurionRS 1956, 12983 = DB 1956, 712 = JZ 1956, 534 = MDR 1956, 666 = NJW 1956, 1473.
31 *OLG Hamm* Beschl. v. 05.07.2013 – I-20 U 79/13, JurionRS 2013, 48949 = zfs 2014, 463.
32 *BGH* Urt. v. 23.10.2014 – III ZR 82/13, JurionRS 2014, 25026 = WM 2014, 2212 = DB 2014, 2888 = JZ 2015, 10 = MDR 2015, 91 = NJW-RR 2015, 158 = VersR 2015, 187.

22 Es fragt sich daher, ob der unterhaltsberechtigte Mitversicherte an einen anderen Unterhaltsverpflichteten verwiesen werden kann, der dem verstorbenen Fahrer in der Leistungspflicht nachgerückt ist.

23 Die Klausel enthält nach dem Wortlaut keine Einschränkungen in Bezug auf Dritte. Die beispielhafte Aufzählung ist nicht abschließend. Der Fahrerschutzversicherer kann allerdings durch entsprechende Gestaltung seiner Bedingungen eine andere Regelung treffen. Wegen der Höhe laufender Unterhaltsansprüche dürfte sich – ohne einem Bestehen eines vertraglichen Anspruchs – keine Entscheidung von Fall zu Fall auf Kulanzbasis anbieten.

24 Der nachgerückte Unterhaltsverpflichtete kann nicht erwarten, dass der Fahrerschutzversicherer statt seiner leistet. Mitversichert sind nur Unterhaltsberechtigte; nicht aber nachrückende Unterhaltsverpflichtete.

25 Die Rechtfertigung im Schadensersatzrecht für die Regelungen der §§ 10 Abs. 2 StVG; 843 Abs. 2 BGB, wonach der Schädiger nicht unbillig entlastet werden darf, gelten für die Fahrerschutzversicherung nicht. Die günstige Zusatzversicherung soll lediglich Lücken schließen, sollte der Bedarf der Hinterbliebenen anderweitig nicht so gedeckt werden können, wie es dem verstorbenen Fahrer möglich war. Der mitversicherte Unterhaltsberechtigte kann daher auch nicht erwarten, dass zu Lasten des Fahrerschutzversicherers ein nachrückender Unterhaltsverpflichteter freigestellt wird.

26 Demgegenüber dürfte der Einwand, der Versicherungsnehmer will nicht, dass seine Hinterbliebenen von anderen (ggf. unliebsamen) Verwandten abhängig werden könnten, nicht durchgreifen. Ihm ist zuzumuten anderweitig durch eine Risikolebensversicherung Vorsorge zu tragen.

IV. Summenversicherer

27 Keine deckungsgleichen Leistungen sind Ansprüche gegen Summenversicherer, selbst wenn sie dem Zweck der Fahrerschutzversicherung als subsidiärer Restschadensversicherung entgegenstehen. Zu den Summenversicherern gehören insbesondere private Unfallversicherer wegen ihrer Invaliditäts- und Todesfallleistung, die Lebens- und private Rentenversicherung. Die Krankenhaustagegeldversicherung nach § 192 Abs. 4 VVG ist eine Summenversicherung.[33]

28 Im Einzelfall wird z. B. zu prüfen sein, ob ein an das Einkommen gebundenes **Krankentagegeld** nach § 192 Abs. 5 VVG[34] anzurechnen ist. Dafür spricht, dass es das Krankengeld nach § 44 SGB V ersetzt. Nach h. M.[35] soll es sich dennoch um eine Summen-

---

33 Staudinger/Halm/Wendt FAKomm-Vers/*Staab* § 192 VVG, Rn. 43.
34 *BGH* Urt. v. 04.07.2001 – IV ZR 307/00, JurionRS 2001, 20003 = MDR 2001, 1352 = NJW-RR 2001, 1467 = NVersZ 2001, 457 = VersR 2001, 1100 (regelmäßig Summenversicherung).
35 Staudinger/Halm/Wendt FAKomm-Vers/*Staab* § 192 VVG, Rn. 49.

versicherung handeln. In gleicher Weise problematisch ist ein **Unfall-Schmerzensgeld**[36] im Rahmen von Zusatzbedingungen zur AUB.

C. Ausnahme

Das strikte Subsidiaritätsprinzip wird durch eine Ausnahme durchbrochen. Es wird versprochen, an den Versicherten zu leisten, wenn weitere Voraussetzungen hierzu vorliegen. Die Ausnahme bedeutet bei näherer Betrachtung jedoch nicht, dass der Versicherer beabsichtigt, endgültig mit dem Schadenaufwand belastet zu bleiben. Die Klausel führt lediglich zu einer **Vorleistung** zu Gunsten des Versicherten mit einem nachfolgenden Regress bei leistungspflichtigen Dritten. 29

Die Bestimmung bewirkt somit eine **Übernahme des Leistungs- bzw. Regressrisikos** durch den vorleistenden Fahrerschutzversicherer. Subsidiaritätsklauseln sind an sich schon grundsätzlich[37] zulässig, auch wenn sie keine Vorleistungsabrede enthalten. Die rechtliche zulässige Grundkonstruktion mit Vorleistungsversprechen[38] entspricht zudem dem bekannten Muster in der Autoschutzbriefversicherung in A.3.11.2 AKB. Die dem Versicherten zu Gute kommende Ausnahme stärkt seine Position und verhindert ein Aushöhlen des eigentlichen Leistungsversprechens. 30

Besonderheiten ergeben sich allerdings dadurch, dass durch die Bestimmung es nicht – wie in A.3.11.2 AKB – einfach ausreicht, wenn sich der Versicherte an seinen Fahrerschutzversicherer mit der Aufforderung zur (Vor-)Leistung wendet, sondern die Vorleistung an weitere Voraussetzungen geknüpft wird. 31

Nach der Bestimmung greift die Ausnahme zunächst nur dann, wenn der Versicherte einen solchen Anspruch **nicht erfolgversprechend** durchsetzen kann. Objektive Kriterien für die Beurteilung, wann eine Anspruchsdurchsetzung nicht erfolgversprechend ist, werden in der Klausel nicht an die Hand gegeben. Eine tiefere Beschreibung erscheint auch kaum möglich zu sein, da diese einerseits in der Persönlichkeit des verletzten Fahrers, von der Vertretung durch einen Rechtsanwalt, der Art des Anspruchs, der Leistungsfähig- und Leistungswilligkeit der Anspruchsgegner sowie anderseits von der wirtschaftlichen Situation des (rechtsschutzversicherten?) Fahrers abhängen. 32

Es folgen in der Klausel drei nachfolgende Voraussetzungen, die **kumulativ** vorliegen müssen. Die ersten beiden präzisieren das Mindestmaß dessen, was erforderlich ist, um Ansprüche gegen Dritte zu verfolgen. 33

---

36 VerBAV 1991, 187.
37 *BGH* Urt. v. 19.02.2014 – IV ZR 389/12, JurionRS 2014, 11349 = ADAJUR Dok.Nr. 104701 = JZ 2014, 279 = MDR 2014, 779 = VersR 2014, 450 = WM 2014, 1052 = zfs 2014, 278.
38 *BGH* Urt. v. 21.04.2004 – IV ZR 113/03, MDR 2004, 1118 = NJW-RR 2004, 1100 = TranspR 2005, 80 = VersR 2004, 994.

A.5.4.2 AKB Vorrangige Leistungspflicht Dritter

I. Schriftliche Geltendmachung

34 Die Bestimmung fordert die schriftliche Geltendmachung des Anspruchs beim Dritten. Sie dient der Klarheit und Präzision des geltend gemachten Anspruchs. Schriftlich bedeutet in Schriftform nach § 126 Abs. 1 BGB. Nach § 127 Abs. 1 BGB kann diese Form vereinbart werden. Sie steht den Anforderungen einer Formularabrede nach § 309 Nr. 13 BGB **derzeit**[39] nicht entgegen.

35 Die Anforderung in der Klausel geht über das hinaus, was regelmäßig im Rechtsverkehr mit dem Dritten erforderlich ist. So ist es ausreichend, wenn der geschädigte Fahrer
   - den Schadensersatzanspruch formlos beim Unfallgegner geltend macht (die formlose Geltendmachung[40] führt zur Anzeigeobliegenheit nach § 104 Abs. 1 Satz 2 VVG; E.1.2.1 AKB[41])
   - den Direktanspruch in Textform[42] nach § 126b BGB beim Kfz-Haftpflichtversicherer geltend macht, §§ 115 Abs. 2 Satz 3; 119 Abs. 1 VVG.
   - Leistungen in der Kranken-, Pflege-, Renten- und Arbeitslosenversicherung werden auf formlosen Antrag[43] erbracht, § 19 Satz 1 SGB IV. Eine telefonische Mitteilung oder auch nur ein konkludentes Verhalten gegenüber dem öffentlichen Träger ist ausreichend. Die Schriftform ist lediglich für Verjährungsfragen relevant, § 45 Abs. 3 SGB I.
   - Über Leistungen in der gesetzlichen Unfallversicherung werden sogar ohne Antrag schon von Amts wegen entschieden, § 19 Satz 2 SGB IV

36 In der Privatversicherung wird nach dem gesetzlichen Leitbild in § 30 Abs. 1 VVG keine besondere Form[44] für die Anzeige des Versicherungsfalles gefordert. Die Vereinbarung einer Schriftform ist jedoch nach § 32 VVG immer zulässig.[45] Bei einschlägigen Privatversicherungen sind Formerfordernisse hingegen üblich, wie etwa in § 16 MB/KK; § 1 Abs. 3 Satz 2 BUV 2012; § 1 Abs. 3 Satz 2 BUZ 2012; nicht aber nach 7.1 AUB 2014 und auch nicht nach E.1.1.1 AKB für die Fahrerschutzversicherung.

37 Der Versicherungsnehmer wird durch das Schriftformerfordernis in der Fahrerschutzversicherung auch dann nicht über Gebühr belastet, wenn gegenüber Sozialversicherungsträgern und dem Unfallgegner z. B. schon die telefonische Anspruchserhebung ausreicht. Erhält der versicherte Fahrer eine schriftliche Entscheidung des Kfz-Haftpflichtversicherers, obwohl er nur per Textform Ansprüche erhoben hat, ist es allerdings unsinnig, die Anspruchserhebung schriftlich nachzufordern. Schließlich kann sich der

---

39 Der Gesetzesentwurf der Bundesregierung sieht eine Änderung des Wortes »Schriftform« in »Textform« vor und wird nach einem etwaigen Inkrafttreten Neuverträge betreffen.
40 Looschelders/Pohlmann/*Schulze Schwienhorst* VVG-Kommentar, § 104 VVG, Rn. 4.
41 *Kreuter-Lange* E.1.2.1 AKB Rdn. 1.
42 *Schwab* § 115 VVG Rdn. 157 ff.
43 Eichenhofer/Wenner/*Bigge* Kommentar zum Sozialgesetzbuch I, IV, X, § 19 SGB IV, Rn. 8.
44 *Looschelders*/Pohlmann VVG-Kommentar, § 30 VVG, Rn. 14.
45 Staudinger/Halm/Wendt FAKomm-Vers/*Nugel* § 32 VVG, Rn. 4.

Fahrerschutzversicherer aufgrund des ihm vorgelegten Antwortschreibens über die Anspruchserhebung ausreichend informieren.

II. Zumutbare Anstrengungen

Der Versicherte hat nach der Klausel daneben weitere erforderliche Anstrengungen zu unternehmen, um seinen Anspruch durchzusetzen. Hierzu gehört es, Schadensersatzansprüche beim Unfallgegner bzw. dessen Haftpflichtversicherer zu **beziffern und zu belegen**. Die Belegpflicht gegenüber dem Dritten kann der Fahrerschutzversicherer verlangen, da ihm gegenüber nach § 31 Abs. 1 Satz 2 BGB bereits eine solche Pflicht grundsätzlich besteht. Wurde bereits die Haftung zum Grunde vollumfänglich abgelehnt, ist es allerdings unzumutbar noch Belege zum Schadensumfang nachreichen zu müssen. 38

Zum Nachweis von Verletzungen und daraus resultierenden Dauerschäden hat der Geschädigte im Schadensersatzrecht medizinische Berichte vorzulegen. Der geschädigte Fahrer ist allerdings nicht verpflichtet, seine Ärzte von der **Schweigepflicht** zu entbinden, damit der Schädiger bzw. der gegnerischen Haftpflichtversicherer medizinische Berichte über ihn anfordern können. 39

Der Fahrerschutzversicherer selbst kann im Rahmen des § 213 VVG personenbezogene Gesundheitsdaten nach E.1.6.2 AKB[46] erheben, wie es insbesondere in der Kfz-Unfallversicherung nach E.1.5.3 AKB[47] zulässig ist. Dies berechtigt den Versicherer jedoch nicht zu verlangen, dass entsprechende Auskünfte gegenüber Dritten zu erteilen sind. 40

Der Fahrerschutzversicherer kann verlangen, dass der Versicherte seinen gesetzlichen **Mitwirkungspflichten aus dem Sozialrecht** nach den §§ 60 ff. SGB I nachkommt. Diese sind in den Grenzen des § 65 SGB I sehr umfassend und reichen von der Angabe von Tatsachen über das persönliche Erscheinen, ärztlichen Untersuchungen bis hin zur Durchführung von Heilmaßnahmen. 41

III. Abtretung von Ansprüchen gegen Dritte

Als weiteres Erfordernis für eine (Vor-)Leistung wird eine wirksame Abtretung von Ansprüchen gegen Dritte[48] verlangt. Die Abtretung ist ein Vertrag zwischen Altgläubiger/Zedent (Fahrer) und Neugläubiger/Zessionar (Fahrerschutzversicherer), der durch Angebot und Annahme zustande kommt, § 398 Satz 1 BGB. Abgetreten werden kann nur eine Forderung gegen einen bestimmten Schuldner. 42

Da der Fahrer eine Vielzahl von Leistungsansprüchen gegen unterschiedliche Verpflichtete haben kann – seien sie schadensersatzrechtlicher, versicherungsvertraglicher, 43

---

46 *Kreuter-Lange* E.1.6.2 AKB Rdn. 1.
47 *Kreuter-Lange* E.1.5.3 AKB Rdn. 1 ff.
48 Im Gegensatz dazu steht die Abtretung von Ansprüchen an Dritte nach A.5.5.2 AKB Rdn. 269–271.

sozialversicherungsrechtlicher oder sozialrechtlicher Art – sind sie durch jeweils einzelne Verträge abzutreten.

44 Eine Globalabtretung[49] aller Ansprüche ist grundsätzlich zulässig. Erforderlich ist es jedoch, dass die Einzelforderung bestimmt oder bestimmbar[50] bleibt. Anders als im noch überschaubaren Sachschaden[51] besteht beim Personenschaden nicht nur eine Forderungsmehrheit, sondern auch eine **Mehrzahl von Schuldnern**, die aufgrund unterschiedlichster Grundlage leistungsverpflichtet sein können. Mit Blick darauf, dass bei bestehender zumindest anteiliger Leistungspflicht eines Schädigers z. B. wegen des Verdienstschadens, die Entgeltfortzahlung des Arbeitgebers nach § 3 Abs. 1 EntgFG sowie die Barleistungen in Form von Kranken- oder Verletztengeld zu berücksichtigen sind, ist eine Bestimmbarkeit kaum erreichbar.

45 Aber auch die Abtretung einzelner Forderungen in Einzelverträgen bereitet Schwierigkeiten. Wird somit – wenn auch gestückelt – über das **Vermögen im Ganzen** verfügt, kann mitunter die Einwilligung es Ehegatten erforderlich sein, § 1365 Abs. 1 Satz 1 BGB.

46 Die Abtretung von Schadensersatzforderungen gegen den Schädiger ist möglich.

47 Leistungsansprüche gegen **private Versicherer** können mit Ausnahme des § 17 VVG grundsätzlich[52] abgetreten werden. Allerdings stehen der Wirksamkeit der Abtretung oft weitere **Abtretungsverbote** entgegen. Abtretungsverbote finden sich bereits in den AKB, so in A.2.7.4 AKB; A.3.10.2 AKB; A.4.11.1 AKB; A.5.5.2 AKB, zudem beispielsweise in 12.3 AUB 2014 und § 6 Abs. 6 MB/KK, da ein schutzwürdiges Interesse[53] des Versicherers besteht, sich nicht mit mehreren Gläubigern auseinandersetzen zu müssen. Die Abtretungsverbote sind rechtlich zulässig.[54]

48 Trotz vertraglich wirksamer Abtretungsverbote kann jedoch ein Berufen auf das Abtretungsverbot treuwidrig[55] sein. Dadurch, dass der Fahrerschutzversicherer gerade die Leistung erbringen möchte, die der private Versicherer bislang nicht erbracht hat, liegt

---

49 PWW/*Müller* § 398 BGB, Rn. 9.
50 *BGH* Urt. v. 25.10.1952 – I ZR 48/52, BGHZ 7, 365 = JurionRS 1952, 10490 = DB 1952, 1008 = JZ 1953, 112 bespr. v. *Caemmerer* = MDR 1953, 90 = NJW 1953, 21.
51 *BGH* Urt. v. 07.06.2011 – VI ZR 260/10, DAR 2011, 463 = DS 2011, 398 = JurBüro 2011, 611 = MDR 2011, 845 = NJW 2011, 2713 = NJW-Spezial 2011, 425 = NZV 2011, 485 = r+s 2011, 357 = SVR 2012, 55 = VersR 2011, 1008 = VRR 2011, 381 bespr. v. *v. Gayl* = zfs 2011, 561 (Sachverständigengebühren).
52 Schwintowski/Brömmelmeyer/*Ebers*, PK-VersR, § 17 VVG, Rn. 1.
53 Staudinger/Halm/Wendt FAKomm-Vers/*Baumhackel*, § 6 MB/KK, Rn. 8.
54 *BGH* Urt. v. 21.04.2004 – IV ZR 113/03, JurionRS 2004, 14409 = MDR 2004, 1118 = NJW-RR 2004, 1100 = TranspR 2005, 80 = VersR 2004, 994; *BGH* Urt. v. 26.03.1997 – IV ZR 137/96, JurionRS 1997, 1814 = NJW-RR 1997, 919 = VersR 1997, 1088; *OLG Köln* Urt. v. 13.03.2014 – 9 U 149/13, JurionRS 2014, 13882 = VK 2014, 127 (Kaskoversicherung).
55 *BGH* Urt. v. 21.04.2004 – IV ZR 113/03, JurionRS 2004, 14409 = MDR 2004, 1118 = NJW-RR 2004, 1100 = TranspR 2005, 80 = VersR 2004, 994 (zu § 6 Abs. 6 MB/KK).

es im besonderen – oft existentiellen -Interesse des Versicherten, dass er die vertragliche Leistung wenigstens vom Fahrerschutzversicherer (vor-)geleistet bekommt.

Des Weiteren sind **nicht pfändbare Forderungen** nicht abtretbar, § 400 BGB. Eine Ab- 49 tretung ist nichtig, § 134 BGB.

So unterliegen private Renten aus Versicherungsverträgen nebst privaten Berufsunfä- 50 higkeitsrenten dem Pfändungsschutz des § 850 Abs. 3b ZPO soweit sie als Teil des Arbeitseinkommens anzusehen sind.[56] Entsprechendes gilt für Altersvorsorgeverträge (Riester- und Rürup-Renten[57]) nach § 851d ZPO.

Bedingt pfändbar sind Renten, die wegen einer Verletzung des Körpers oder der Ge- 51 sundheit zu entrichten sind, § 850b Nr. 1 ZPO. Hierzu zählen neben Haftpflichtrenten auch private Unfall- und Invaliditätsrenten[58] sowie die Renten aus einer privaten Berufsunfähigkeitsversicherung.[59]

Einen ähnlichen Pfändungsschutz unterliegen originäre Rentenversicherungsverträ- 52 ge[60] gemäß § 150 ff. VVG zur Alterssicherung, § 851c ZPO.

Reine Todesfallversicherungen bis zu einem Betrag in Höhe € 3.579,–, selbst wenn die 53 Versicherungssumme höher[61] ist; Leistungen der privaten Krankenvoll-[62] und Krankenzusatzversicherung;[63] der Krankentagegeldversicherung[64] und der privaten Pflegegeldversicherung unterliegen dem **eingeschränkten Pfändungsschutz** des § 850b Abs. 1 Nr. 4 ZPO.

Sozialrechtliche Ansprüche unterliegen ebenfalls dem Pfändungsschutz nach den be- 54 sonderen Vorschriften der §§ 54, 55 SGB I. Allerdings sind auch Geldforderungen gegen Sozialversicherungsträger abtretbar, § 53 SGB I.

---

56 PG/*Ahrens* § 850 ZPO, Rn. 30.
57 PG/*Ahrens* § 851d ZPO, Rn. 2.
58 *BGH* Urt. v. 25.01.1978 – VIII ZR 137/76, BGHZ 70, 206 = JurionRS 1978, 11604 = DB 1978, 788 = MDR 1978, 839 = NJW 1978, 950.
59 *BGH* Urt. v. 18.11.2009 – IV ZR 39/08, JurionRS 2009, 28600 = MDR 2010, 267 = NJW 2010, 374 = r+s 2010, 71 = VersR 2010, 237 =WM 2010, 163 = zfs 2010, 162–165; *OLG Oldenburg* Urt. v. 23.06.1993 – 2 U 84/93, MDR 1994, 257 = NJW-RR 1994, 479 = VersR 1994, 846 = zfs 1994, 420.
60 PG/*Ahrens* § 851c ZPO, Rn. 8.
61 *BGH* Urt. v. 12.12.2007 – VII ZB 47/07, JurionRS 2007, 44850 = DB 2008, 1040 = FamRZ 2008, 605 = MDR 2008, 337 = NJW-RR 2008, 412 = NJW-Spezial 2008, 231 = r+s 2008, 120 = Rpfleger 2008, 267 = VersR 2008, 1376 = WM 2008, 450.
62 *BGH* Beschl. v.04.07.2007 – VII ZB 68/06, JurionRS 2007, 34776 = MDR 2007, 1219 = NJW-RR 2007, 1510 = VersR 2007, 1435 = WM 2007, 2017; *LG Köln* Urt. v. 24.03.2004 – 23 O 167/03, JurionRS 2004, 39254.
63 *LG Hannover* Beschl. v. 19.04.1995 – 11 T 36/95, Rpfleger 1995, 511.
64 Zur Schutzfunktion *BGH* Urt. v. 22.01.1992 – IV ZR 59/91, BGHZ 117, 92 = JurionRS 1992, 14738 = BB1992, 571 = MDR 1992, 454 = NJW 1992, 1164 = VersR 1992, 477.

A.5.4.2 AKB Vorrangige Leistungspflicht Dritter

55 Das *BSG*[65] hat die Rechte der gesetzlich Unfallversicherten und des an ihre Stelle leistenden privaten Krankenversicherers deutlich gestärkt. Das *BSG* verneint zwar einen Kostenerstattungsanspruch unter Hinweis auf § 13 Abs. 3 SGB V, da der private Krankenversicherer nicht prozessual befugt sei, sozialversicherungsrechtliche Ansprüche wie ein gesetzlicher Krankenversicherer durchzusetzen. Zudem ließ der Senat die Abtretung daran scheitern, dass nicht zugleich die Befugnis zur prozessualen Geltendmachung übertragen werden könne, da der private Krankenversicherer nicht das gesamte Sozialversicherungsverhältnis eintrete. Mit ähnlicher Begründung versagte es einen Rechtsübergang nach den §§ 86 Abs. 1 Satz 1; 194 Abs. 1 Satz 1 VVG.

56 Des Weiteren verneinte es einen Anspruch aus Geschäftsführung ohne Auftrag, da kein Fremdgeschäftsführungswille[66] vorläge.

57 Schließlich räumte aber das *BSG* dem privaten Krankenversicherer einen auf dem Grundsatz der Gesetzmäßigkeit der Verwaltung beruhenden, gewohnheitsrechtlich anerkannten[67] **öffentlich-rechtlichen Erstattungsanspruch** gegen den gesetzlichen Unfallversicherungsträger ein. Der Senat musste allerdings in der Sache zurückverweisen, da zur Höhe des Anspruchs noch durch die Tatsacheninstanz aufzuklären war.

58 Die zur gesetzlichen Unfallversicherung ergangene **Entscheidung** lässt sich auf andere gesetzliche Träger übertragen. **Übertragbar** ist sie zudem auch auf andere private Versicherer, die ähnliche Leistungen wie der private Krankenversicherer erbringen.

59 Für die Fahrerschutzversicherung ist sie somit ebenfalls übertragbar. Allerdings gibt es noch einen Unterschied: Durch die in der Klausel formulierte Abtretung und der damit gemeinten (Vor-) Leistungspflicht wird deutlich, dass grundsätzlich der Fremdgeschäftsführungswille überwiegt und nur gezwungener Maßen (Vor-) Leistungen aus der Fahrerschutzversicherung erbracht werden. Die Rechtsposition der Fahrerschutzversicherung ist somit sogar stärker als die eines privaten Krankenversicherers.

60 Die Klausel enthält bereits den Hinweis, dass Ansprüche gegen Dritte nicht immer wirksam abtretbar sind. Damit greift sie die vorstehende Problematik auf. Hinsichtlich der Ansprüche gegenüber Sozialversicherungsträgern wird zu Recht darauf abgehoben, dass ggf. ein Zustimmungserfordernis vorliegt.

61 Die Problematik für den Fahrerschutzversicherer ist dieselbe, wie im Schadensersatzrecht. Es gibt Fälle, in denen oft – z. B. wegen einem sozialgerichtlichen Verfahren – jahrelang unklar ist, ob ein Rentenversicherungsträger eine Erwerbsminderungsrente zahlen muss, die beim zu ersetzenden Verdienstausfallschaden anzurechnen ist. Zahlt der Haftpflichtversicherer den Verdienstschaden an den Geschädigten voll, muss er

---

[65] BSG Urt. v. 03.04.2014 – B 2 U 21/12 R, JurionRS 2014, 19098.
[66] BGH Urt. v. 03.03.2009 – XI ZR 41/08, JuS 2009, 760 = MDR 2009, 642 = NJW 2009, 1879 = WM 2009, 790.
[67] BSG Urt. v. 30.01.1962 – 2 RU 219/59, BSGE 16, 151 = JurionRS 1962, 10715 = DÖV 1962, 463.

Vorrangige Leistungspflicht Dritter **A.5.4.2 AKB**

bei späterer Rentengewährung den vollen Regress des Rentenversicherers fürchten. Der leistende Versicherer muss sich somit vor einer Doppelzahlung schützen.

Die Abtretung von künftigen Sozialleistungsansprüchen und zukünftiger Renten- 62 ansprüche ist grundsätzlich im Rahmen der Pfändungsfreigrenzen[68] zulässig.[69] Die unbillige frühere[70] Regelung, nach der Sozialleistungen, wie z. B. auch Alters- und Erwerbsunfähigkeitsrenten nicht abgetreten werden durften wurde durch die Einführung des § 53 SGB I beseitigt. Fällig wird die Leistung des Sozialversicherungsträgers mit der Feststellung durch Bescheid. Bis zur Feststellung kann ein Sozialversicherter einen Antrag zurücknehmen.

Nach § 54 Abs. 3 Nr. 3 SGB I bleibt es jedoch dabei, dass Geldansprüche wegen eines 63 Körper- oder Gesundheitsschaden bedingten Mehraufwandes nicht pfändbar und somit nicht abtretbar sind. Hierzu gehören auch die Geldleistungen der gesetzlichen Pflegeversicherung nach § 37 SGB XI und die Kraftfahrzeughilfe nach § 40 SGB VII.[71]

Ansprüche auf Sozialhilfe sind nach § 17 Abs. 1 Satz 2 SGB XII unpfändbar und nicht 64 übertragbar.

Die rechtliche Gesamtsituation ist nicht nur für den Fahrerschutzversicherer kaum 65 überschaubar. Es ist daher verständlich, wenn in der Vertragsklausel die Wirksamkeit der Abtretung vorausgesetzt wird.

Die Abtretung einer Forderung ist ein **Verfügungsgeschäft**. Der Verfügende hat die For- 66 derung frei von Rechtsmängeln zu übertragen. Die Wirksamkeit der Abtretung setzt voraus, dass der Zedent Rechtsinhaber der Forderung nach § 194 Abs. 1 BGB ist und kein Abtretungshindernis[72] besteht. Da nach der Abtretung der Zessionar beweisbelastet[73] ist, dass die Abtretung wirksam war, ist es vor der Abtretung der Zedent. Der versicherte Fahrer muss daher beweisen, dass eine Abtretungsvereinbarung wirksam geschlossen werden könnte.

Bedeutsam ist jedoch, dass der Fahrerschutzversicherer durch seine vertragliche Leis- 67 tung den versicherten Fahrer **wirtschaftlich in eine gleichwertige Situation** versetzt, deren Schutz § 400 BGB bezweckt. Die Schutzvorschrift des § 400 BGB ist nach der Rechtsprechung nicht streng nach ihrem Wortlaut, sondern nach ihrem Sinn und Zweck[74] auszulegen.

---

68 *BGH* Beschl. v. 10.10.2003 – IXa ZB 180/03, JurionRS 2003, 23348 = FamRZ 2004, 102 = MDR 2004, 293 = NJW 2003, 3774 = NZV 2004, 26 = Rpfleger 2004, 111 = VersR 2005, 426 = WM 2003, 2347 = zfs 2004, 71.
69 *LSG Berlin-Brandenburg* Urt. v. 21.01.2010 – L 22 R 1557/06, JurionRS 2010, 12170.
70 Eichenhofer/Wenner/*Bigge* Kommentar zum Sozialgesetzbuch I, IV, X, § 53 SGB I, Rn. 3.
71 Eichenhofer/Wenner/*Bigge* Kommentar zum Sozialgesetzbuch I, IV, X, § 54 SGB I, Rn. 42.
72 PWW/*Müller* § 398 BGB, Rn. 10, 11.
73 *BGH* Urt. v. 13.01.1983 – III ZR 88/81, JurionRS 1983, 12344 = MDR 1983, 824 = NJW 1983, 2018; *BGH* Urt. v. 10.04.1986 – IX ZR 159/85, JurionRS 1986, 13264 = JZ 1986, 649 = MDR 1986, 929 = NJW 1986, 1925.
74 PWW/*Müller* § 400 BGB, Rn. 6, 7.

A.5.4.2 AKB Vorrangige Leistungspflicht Dritter

68 Die Folge ist, dass in den weit überwiegenden Fällen davon auszugehen sein wird, dass eine Abtretung wirksam vereinbart werden kann.

69 Auch ohne Abtretungsvereinbarung kann der Fahrerschutzversicherer Forderungsinhaber aufgrund des **gesetzlichen Forderungsübergangs** nach § 86 Abs. 1 Satz 1 VVG werden. Nach bislang unbestrittener Meinung in der Literatur[75] geht ein Anspruch gegen Dritte auf einen leistenden Fahrerschutzversicherer über, da dieser kein Summen-, sondern Schadensversicherer ist. Diese Auffassung wurde vom *LG Koblenz*[76] und *OLG Koblenz*[77] entsprechend bestätigt. Nachdem die Revision zum *BGH*[78] zurückgenommen wurde besteht darüber hinaus heute eine gewisse Rechtssicherheit.

70 Aus der Gesamtschau ergibt sich, dass die Risiken für den Fahrerschutzversicherer in Vorleistung zu treten eher gering sind, so dass man auch überlegen könnte, auf eine wirksame **Abtretungsvereinbarung verzichten** zu können. Es fragt sich sogar, ob in Ansehung der Rechtslage die besondere Anforderung in der Klausel eine zu große Hürde darstellt. Man könnte versucht sein, die Anforderungen für unangemessen zu halten, da die Leistungsgewährung hinausgeschoben wird und somit der eigentliche Zweck der Versicherung verfehlt werde. Schließlich ist der versicherte Fahrer schon während der Phase der Rechtsfindung oft auf Leistungen angewiesen.[79]

71 Zu beachten ist allerdings, dass der Fahrerschutzversicherer vom Grundverständnis her weder als Rechtsschutzversicherer agiert noch ein zinsloses Darlehen bis zur Durchsetzung schadensersatz-, vertraglicher oder sozialversicherungsrechtlicher Ansprüche gewährt. Es ist auch nicht seine Aufgabe, dem Versicherten das Regressrisiko abzunehmen. Dies käme einer Direktregulierung[80] nach dem Vorbild im europäischen Ausland sehr nahe, dem der Arbeitskreis VI des 41. DVGT 2003 eine Absage[81] erteilt hat.

72 Die Anforderung in der **Klausel** hat daher durchaus vom **Grundsatz her eine Berechtigung**. Allerdings schießt diese über das Ziel hinaus, wenn erst »*abschließend geklärt*

---

75 Himmelreich/Halm/*Wilms* Handbuch des Fachanwalts Verkehrsrecht, Kap. 23, Rn. 43; *Heinrichs* Die Fahrerschutzversicherung, DAR 2011, 565 ff.; *Schwab* Fahrerschutzversicherung, Rn. 24; *Maier*, Die Fahrerschutzversicherung – Neue Wege beim Versicherungsschutz für den Fahrer (zugleich Anmerkung zu OLG Koblenz r+s 2014, 233), r+s 2014, 219 ff.; Stiefel/*Maier* Kraftfahrtversicherung, A.4 AKB, Rn. 2; Burmann/Heß/*Jahnke*/Janker Straßenverkehrsrecht, Vor § 249 BGB, Rn. 214 und § 86 VVG, Rn. 10; Beckmann/Matusche-Beckmann/*Höke/Heß* Versicherungsrechts-Handbuch, § 30 Rn. 388.
76 *LG Koblenz* Urt. v. 24.08.2012 – 5 O 98/10, DAR 2012, 709 und bei Halm/*Fitz* Versicherungsverkehrsrecht 2012/2013, DAR 2013, 447 (452).
77 *OLG Koblenz* Urt. v. 12.08.2013 – 12 U 1095/12, JurionRS 2013, 43828 = DAR 2013, 578 m. Anm. *Schwab* = ADAJUR Dok.Nr. 102670 = NJW-Spezial 2013, 587 = r+s 2013, 516 = VRR 2013, 402 = VersR 2014, 1365 m. Anm. *Kreuter-Lange*.
78 *BGH* VI ZR 393/13.
79 *Schwab* Fahrerschutzversicherung, Rn. 52.
80 *Schirmer* Unfallregulierung durch den eigenen Haftpflichtversicherer? – Vom Direktanspruch zur Direktregulierung?, 41.DVGT 2003, 269 ff. sowie VersR 2003, 401 ff.
81 *Schwab* Fahrerschutzversicherung Rn. 27 ff.

sein«, muss, »*dass keine Ansprüche gegen Dritte bestehen*«. Eine zu strenge Anwendung in der Praxis wird zeigen, ob die Klausel in ihrer Absolutheit einer gerichtlichen Überprüfung Stand hält.

In diesem Zusammenhang sei darauf hingewiesen, dass auch ein Fahrerschutzversicherer nicht verpflichtet ist, Vorschussleistungen in Höhe des Mindestschadens nach § 14 Abs. 2 Satz 1 VVG zu erbringen, solange der Grund der Zahlungspflicht[82] nicht feststeht. Der Versicherer kann jedoch Vorschüsse unter Rückforderungsvorbehalt[83] leisten, wobei ihm lediglich das Regressrisiko gegenüber dem versicherten Fahrer obliegt. Die Beweislast für das »*Behaltendürfen*«, das Bestehen der Leistungspflicht verbleibt grundsätzlich[84] beim Fahrer. 73

IV. Vereinbarung mit einem Dritten

Die Klausel wiederholt eine Selbstverständlichkeit. Unsere Rechtsordnung kennt einen Vertrag zu Lasten Dritter[85] nicht. Dem Versicherten wird durch die Klausel zur Klarstellung vor Augen geführt, dass insbesondere eine Abfindungsvereinbarung mit einem Dritten keine Wirkungen auf den Umfang der Zahlungspflicht des Fahrerschutzversicherers haben kann. Dies ist notwendig, da ein Vergleich nach § 779 BGB ein gegenseitiges Nachgeben voraussetzt, der einen teilweisen Verzicht auf eine vollständige Entschädigung oder angemessene Haftungsquote beinhalten kann. Die Motive[86] für den Abschluss eines abschließenden Vergleichs mögen beim Haftpflichtversicherer völlig anders gewesen sein als beim geschädigten Fahrer. Ergebnisse lassen sich daher nicht eins zu eins auf die Leistungspflicht des Fahrerschutzversicherers übertragen. 74

Bis zu welcher Höhe leisten wir (Versicherungssumme)?

A.5.4.3 Unsere Leistung für ein Schadenereignis ist beschränkt auf die Höhe der vereinbarten Versicherungssumme. Mehrere zeitlich zusammenhängende Schäden, die dieselbe Ursache haben, gelten als ein einziges Schadenereignis. Die Höhe Ihrer Versicherungssumme können Sie dem Versicherungsschein entnehmen.

<Redaktioneller Hinweis: Wenn unter A.5.4.1 die Leistungspositionen der Höhe nach limitiert sind, kann die Aufführung der Versicherungs-

---

82 *RG* Urt. v. 26.01.1917 – Rep. VII. 348/16, RGZ 89, 351 = JurionRS 1917, 10222; *RG* Urt. v. 10.04.1923 – VII 105/22.RGZ 108, 201 = JurionRS 1923, 10178; *BGH* Urt. v. 02.10.1985 – IVa ZR 18/84, BGHZ 96, 88 = MDR 1986, 211 = NJW 1986, 1100- = NJW-RR 1986, 515 = r+s 1985, 302 = VersR 1986, 77 = zfs 1986, 91; *OLG Hamm* Urt. v. 28.11.1990 – 20 U 158/90, JurionRS 1990, 21082 = VersR 1991, 1369.
83 *Prölss*/Martin VVG, § 14 VVG, Rn. 15; Staudinger/Halm/Wendt FAKomm-Vers/*Wendt* § 14 VVG, Rn. 30.
84 *Prölss*/Martin VVG, § 14 VVG, Rn. 15.
85 PWW/*Stürner/Medicus* § 328 BGB, Rn. 11.
86 *Schwab* Fahrerschutzversicherung, Rn. 167 ff.

A.5.4.3 AKB   Bis zu welcher Höhe leisten wir (Versicherungssumme)?

summe entbehrlich sein. Sind nur einzelne Leistungspositionen limitiert, sollte nachfolgender Hinweis erfolgen:>

[Hinweis: Beachten Sie zu den Summenbegrenzungen für einzelne Leistungen A.5.4.1.]

Übersicht | Rdn.
A. Allgemeines 1
B. Schadenereignis 4
C. Vereinbarte Versicherungssumme 7
D. Sonderfall: Sublimits 8

A. Allgemeines

1   Die Klausel ist aus dem Kfz-Haftpflichtteil A.1.3.1 AKB[1] entlehnt. Die dortige Bedeutung, insbesondere bei Auffahrunfällen mit mehreren beteiligten Fahrzeugen und Verletzten, hat sie in der Fahrerschutzversicherung nicht. Wird der Fahrer durch ein zweizeitiges Ereignis in unmittelbarer Folge mehrfach verletzt, kann er nur einmal einen Verdienstausfallschaden davontragen.

2   Die Klausel gewinnt allenfalls für die Bemessung des Schmerzensgeldes an Bedeutung. Erleidet der Fahrer bei der Erstkollision einen Handgelenksbruch rechts und bei der Zweitkollision einen Unterarmbruch rechts, ist das Schmerzensgeld einheitlich festzulegen. Da regelmäßig die Einzelschmerzensgelder nicht addiert werden, ist oftmals – wie im Schadensersatzrecht – ein Abschlag hinzunehmen.

3   Dieses Vorgehen muss sich aber nicht immer zum Nachteil auswirken. Erleidet beispielsweise der Fahrer bei der Erstkollision ein Arm- und bei der Zweitkollision einen Beinbruch, kann dies für die einheitliche Bemessung des Schmerzensgeldes von Vorteil sein, da man sich schlecht an Krücken fortbewegen kann, wenn ein Arm im Gips ist.

B. Schadenereignis

4   Eingangs unter A.5.4.1 AKB war vom **Unfallereignis** die Rede. Schadenereignis und Unfallereignis sind keine identischen Begriffe. Bei genauer Betrachtung geht es um den – auch nicht im VVG definierten – **Versicherungsfall**[2] in der Fahrerschutzversicherung, der Leistungsansprüche auslösen kann. Das Schadensereignis führt zur Anzeigepflicht[3] nach E.1.1.1 AKB.

5   Dabei helfen die Begriffe »Schadensereignis« aus der Kfz-Haftpflichtversicherung in A.1 AKB ebenso wenig wie das Unfallereignis in der Kasko- oder Kfz-Unfallversicherung in A.2 bzw. A.4 AKB. Das Unfallereignis schafft nur die Voraussetzungen dafür, dass Körperschäden beim Fahrer entstehen die geeignet sind, materielle Folgeschäden

---

1 *Kreuter-Lange* A.1.3.1 AKB Rdn. 1 ff.
2 *Schwab* Fahrerschutzversicherung Rn. 374 ff.
3 *Kreuter-Lange* E.1.1.1 AKB Rdn. 1.

auszulösen. Wenn die Folgeschäden nicht vollständig durch Leistungen Dritter entschädigt werden oder zu werden drohen, kommt die Stunde des subsidiär leistenden Fahrerschutzversicherers. Erst nach einer – je nach Einzelfall mehr oder weniger langen – Zäsur verwirklicht sich das versicherte Risiko,[4] das die vertraglichen Leistungspflichten auslöst (Versicherungsfall).

Für die Fahrerschutzversicherung bietet es sich daher eher an, an andere Tatsachen anzuknüpfen als allein schon an das Unfallereignis. Schon im allgemeinen Haftpflichtrecht[5] finden sich unterschiedliche Anknüpfungspunkte für die Festlegung eines Versicherungsfalls. Die Parallelen zum »claims-made-Prinzip« in der D&O-Versicherung oder zur Manifestation des Schadens nach dem Umwelthaftpflichtmodell scheinen mir näher zu liegen als das Schadensereignis in der Kfz-Haftpflichtversicherung.   6

C. Vereinbarte Versicherungssumme

Die vereinbarte Versicherungssumme ergibt sich aus der Police, worauf Satz 3 verweist. Die Versicherungssumme kann nicht aus dem »Topf« der Kfz-Haftpflichtversicherung gespeist werden, sondern ist für jedes Risiko getrennt bereit zu stellen.   7

D. Sonderfall: Sublimits

Die Musterbedingung enthält den Hinweis an die Unternehmen, bei der Verwendung von Limits zu einzelnen Schadenspositionen Anpassungen vorzunehmen. Sind alle Einzelpositionen limitiert, kann Satz 1 der Klausel entfallen. Wird ohne Sublimits gearbeitet, entfallen Anpassungen und nur die drei Sätze der Klausel sind zu verwenden. Bei der Mischform mit einzelnen Einschränkungen zur Leistungshöhe ist zur Klarstellung der Nachsatz erforderlich.   8

A.5.5   Fälligkeit, Abtretung, Zahlung für eine mitversicherte Person

Fälligkeit der Leistung und Vorschusszahlung

A.5.5.1   Wir sind verpflichtet, innerhalb eines Monats in Textform zu erklären, ob und in welchem Umfang wir unsere Leistungspflicht anerkennen. Die Frist beginnt, wenn uns Ihr Leistungsantrag und die zu dessen Beurteilung erforderlichen Unterlagen vorliegen.

Erkennen wir den Anspruch an oder haben wir uns mit Ihnen über Grund und Höhe geeinigt, leisten wir innerhalb von zwei Wochen.

Steht die Leistungspflicht zunächst nur dem Grunde nach fest, zahlen wir – auf Ihren Wunsch – angemessene Vorschüsse.

---

4 *Lorenz* Der subjektive Risikoausschluss durch § 61 VVG und die Sonderregelung in § 152 VVG, VersR 2000, 2 ff. (3).
5 Staudinger/Halm/Wendt FAKomm-Vers/*Heinrichs* § 100 VVG, Rn. 3.

A.5.5.1 AKB Fälligkeit der Leistung und Vorschusszahlung

Übersicht   Rdn.
A. Allgemeines 1
B. Anerkenntnis der Leistungspflicht 3
C. Textform 12
D. Fälligkeitsregelung 13
E. Vorschussleistung 20
I. Problemstellung 20
II. Vorschuss 24
III. Abschlag 25
IV. Konsequenz für Fahrerschutzversicherung 27

A. Allgemeines

1 Die Klausel ist – wegen dem unter A.5 AKB postulierten Grundverständnis als Unfallversicherung – § 187 VVG nachgebildet. Die offensichtlich für die Fahrerschutzversicherung unpassende, noch umfangreichere Klausel, die in der Kfz-Unfallversicherung in A.4.10 AKB zum Tragen kommt, wurde dagegen nicht mit allen Einzelheiten übernommen.

2 Die Übernahme von § 187 VVG in die Bedingungen für die Fahrerschutzversicherung stellt sich als sehr problematisch dar. Die Spezialvorschrift für die Unfallversicherung, die ja regelmäßig eine Summenversicherung ist, passt nicht auf die Bedürfnisse einer subsidiär leistenden Schadensversicherung, wie sich nachfolgend zeigt.

B. Anerkenntnis der Leistungspflicht

3 Satz 1 verpflichtet den Versicherer, sich zum Grunde und zur Höhe seiner Leistungspflicht zu erklären. Die Frist beträgt einen Monat. Sie beginnt erst, wenn dem Versicherer alle zur Prüfung erforderlichen Unterlagen vorliegen.

4 In der Unfallversicherung ist der Versicherer in der Lage, seine Leistungspflicht **dem Grunde nach** festzustellen, wenn die anspruchsbegründenden Tatsachen vorliegen. Diese beschränken sich auf die Prämienzahlung, das Unfallereignis, die Anzahl der Insassen, die unfallbedingte Verletzung des Insassen, das Fehlen von Ausschlusstatbeständen und die Prüfung von Obliegenheiten.

5 Im Gegensatz zur Unfallversicherung hat der Fahrerschutzversicherer zusätzlich zu prüfen, ob konkret ein immaterieller und materieller Schaden entstanden ist und ob dieser nicht durch kongruente Leistungen Dritter (Schädiger, Haftpflichtversicherer, Arbeitgeber, Dienstherr, Privatversicherer, Sozialversicherungsträger etc.) ersetzt oder ausgeglichen werden kann. Das erfordert einen ungleich umfangreicheren Prüfungsaufwand, der bei genauer Betrachtung im Ergebnis sogar über das hinausgeht, was ein Kfz-Haftpflichtversicherer im Personenschaden zu berücksichtigen hat.

6 Die **Höhe** der einzelnen Leistungsarten der Unfallversicherung (Invaliditäts- und Todesfallleistung, Krankenhaustagegeld, Genesungsgeld und Tagegeld) sind vertraglich vorgegeben und bestimmt. Die Höhe ist summenmäßig bei Vertragsschluss festgelegt.

Im Gegensatz dazu hat sich der Fahrerschutzversicherer mit einer Fülle von Einzelpositionen unter Berücksichtigung ersparter Aufwendungen und den Leistungen Dritter zu befassen. Die Feststellung der Höhe des Restschadens kann nicht einfach im Vertrag nachgelesen, sondern muss umfangreich ermittelt werden. 7

Der Prüfungsumfang in der Fahrerschutzversicherung ist nicht nur ein völlig anderer, er führt auch zu anderen Rechtsfolgen. Beispielsweise erhält der Versicherte in der Versicherung von Tagegeld in der Unfallversicherung auch dann die vertragliche Leistung, wenn er zugleich Entgeltfortzahlung durch seinen Arbeitgeber bekommt. In der Fahrerschutzversicherung ist dann kein Anspruch auf einen Verdienstausfallschaden gegeben, da ein solcher beim verletzten Fahrer durch Drittleistung erst gar nicht entstanden ist. Dafür ist es aber möglich, dass einzelne andere Schadenspositionen wie z. B. Fahrtkosten zur Heilbehandlung[1] dem Fahrer nach Haftungsquote zu ersetzen sind; die private Unfallversicherung als Summenversicherer hat sich mit derartigen Leistungsansprüchen nicht auseinander zu setzen. 8

Die Musterklausel zwingt den Fahrerschutzversicherer, zu sämtlichen Schadenspositionen sowohl zum Grunde als auch zur Höhe nicht nur eine, sondern eine Vielzahl von Erklärungen mit häufig völlig unterschiedlichem Erklärungsinhalt abzugeben. Es kommt hinzu, dass je nach Schadensposition und deren Beurteilungsreife nicht zeitgleich über jede Position entschieden werden kann. 9

Auch wenn es – wie schon vom Gesetzgeber – gut gemeint sein sollte, die Abwicklungsgeschwindigkeit erhöhen zu wollen, scheint die Anwendung der Vorschrift des § 187 VVG auf die Fahrerschutzversicherung sich ins Gegenteil zu verkehren. Die Leistungsgewährung wird durch unnötige Zusatzarbeiten in der Schadenabteilung ausgebremst und der Versicherte wird mit einer Vielzahl von Erklärungen überflutet. Diese führen womöglich wiederum zu Rückfragen und erneutem Erläuterungsbedarf. 10

Als sinnvoller ist es da, wie für fast alle anderen Schadensbereiche auch, auf § 14 VVG allein abzustellen. Schließlich orientiert sich die Musterbedingung beim Umfang der Leistungspflicht nach A.5.4.1 AKB und dem Haftpflichtrecht, so dass es möglich sein sollte, die Bestimmungen zur Fälligkeit der Geldleistung ebenfalls darauf anzuwenden. In diesem Zusammenhang sei erwähnt, dass gestützt auf den Wortlaut nach wohl herrschender Meinung[2] § 14 VVG auch auf den Direktanspruch anzuwenden sei. 11

---

1 Ausnahme Fahrkosten in der gesetzlichen Unfallversicherung nach § 43 Abs. 2 Nr. 1 SGB VII.
2 *KG Berlin* Urt. v. 30.03.2009 – 22 W 12/09, JurionRS 2009, 41526 = VersR 2009, 1262; Looschelders/Pohlmann/*C. Schneider* VVG-Kommentar, § 14 VVG, Rn. 8; Staudinger/Halm/Wendt FAKomm-Vers/*Wendt* § 14 VVG, Rn. 6. MüKoVVG/*Fausten*, § 14 VVG, Rn. 12; *Hasse* Gesetz zur Beschleunigung des Zahlungsverkehrs – Auswirkungen auf den Versicherungsvertrag, NVersZ 2000, 497 ff. (500); Römer/Langheid/*Rixecker*, § 14 VVG, Rn. 4; a. A. noch Römer/Langheid (2. Auflage 2003) § 11 VVG, Rn. 2; *Huber* Die Fälligkeit der Ersatzleistung beim Kfz-Sachschaden, DAR 2009, 252 ff. offen *BGH* Beschl. v. 18.11.2008 – VI ZB 22/08, BGHZ 178, 338 = JurionRS 2008, 26824 = DAR 2009, 79 = MDR 2009, 198 = NJ 2009, 165 = NJW 2009, 910 = NJW-Spezial 2009, 43 = NZV 2009, 73 = r+s 2009, 81 = SVR

Diese Einschätzung liegt nahe, da der Pflicht-Haftpflichtversicherer nach § 115 Abs. 1 Satz 3 VVG den Schadensersatz in Geld zu leisten hat.

C. Textform

12 In Textform bedeutet nach § 126b BGB, dass die Erklärung dauerhaft und unveränderbar gesichert wird. Das Lesen oder Vorlesen von einem Text am Laptop allein reicht nicht aus, wenn die Dokumentationsfunktion[3] nicht gewährleistet ist.

D. Fälligkeitsregelung

13 Nach § 271 Abs. 1 Satz 1 BGB ist ohne besondere Bestimmung eine Leistung sofort fällig. Dies gilt entsprechend für die Leistung des Versicherers[4] nach § 1 Satz 1 VVG. Fälligkeit beschreibt den Zustand, zu dem der Gläubiger die Leistung verlangen kann, der Schuldner säumig zu werden beginnt.[5]

14 Abweichend davon werden auf eine Geldleistung gerichtete Versicherungsleistungen erst mit Abschluss der Anspruchsprüfung fällig, § 14 Abs. 1 VVG. Diese Regel gilt grundsätzlich auch für das Recht der privaten Personenversicherungen, so beispielsweise für
– die Todesfallleistung aus der Lebensversicherung[6]
– die Lebensversicherung nebst Erstattung des Rückkaufwertes[7]
– die Berufsunfähigkeitsversicherungen (BUV und BUZ)[8]
– die Krankheitskostenversicherung[9] nach § 192 Abs. 1 VVG, die auch Unfallfolgen

---

2009, 99 bespr. v. *Richter* = VersR 2009, 128 = VRR 2009, 61 bespr. v. v. *Gayl* = zfs 2009, 79 m. Anm. *Schneider* zfs 2009, 70; *Prölss*/Martin VVG, § 14 VVG, Rn. 3; so wohl auch Schwintowski/Brömmelmeyer/*Ebers* PK/VersR, § 14 VVG, Rn. 7.

3 *KG Berlin* Beschl. v. 23.05.2014 – 6 U 210/13, JurionRS 2014, 19101 = MDR 2014, 1147 = VersR 2014, 1357.

4 MüKoVVG/*Fausten*, § 14 VVG, Rn. 10.

5 *BGH* Urt. v. 22.03.2000 – IV ZR 233/99, JurionRS 2000, 22583 = MDR 2000, 766 = NJW 2000, 2021 = NVersZ 2000, 332 = VersR 2000, 752 = zfs 2000, 355.

6 *OLG Karlsruhe* Beschl. v. 03.09.2014 – 12 W 37/14, JurionRS 2014, 23830 = MDR 2014, 1319.

7 *BGH* Urt. v. 22.03.2000 – IV ZR 23/99, JurionRS 2000, 22584 = MDR 2000, 831 = NJW 2000, 2103 = NVersZ 2001, 259 = VersR 2000, 709 = zfs 2000, 303.

8 *OLG Stuttgart* Urt. v. 03.04.2014 – 7 U 228/13, JurionRS 2014, 16330 = VersR 2014, 1115 = zfs 2014, 513; *KG Berlin* Urt. v. 08.07.2014 – 6 U 134/13, mit Anm. *Egger* VersR 2014, 1304 ff.; *LG Bremen* Urt. v. 15.03.2012 – 6 O 1038/10, JurionRS 2012, 17749; Looschelders/ Pohlmann/*Klenk* VVG-Kommentar, § 173 VVG, Rn. 7; Schwintowski/Brömmelmeyer PK/ VersR, § 173 VVG, Rn. 1.

9 *OLG Oldenburg* Urt. v. 26.05.2009 – 5 U 23/09, JurionRS 2009, 47263 = OLGR 2009, 944 = VersR 2010, 471; *LG Dortmund* Urt. v. 01.04.2010 – 2 S 56/09, JurionRS 2010, 15598 = VK 2010, 142.

deckt. Die Versicherungsleistung wird erst fällig, wenn die Arztrechnung fällig[10] geworden ist. § 6 Abs. 2 MB/KK verweist[11] zudem auf § 14 VVG.
- die Auslandsreisekrankenversicherung[12]
- die Pflegekostenversicherung als Schadensversicherung nach § 192 Abs. 6 Satz 1, 1. HS VVG
- die Pflegetagegeldversicherung als Summenversicherung nach § 192 Abs. 6 Satz 1, 2. HS VVG
- sowie für die Unfallversicherung im Falle der Leistungsablehnung.[13]

Satz 2 der Vertragsklausel enthält eine davon abweichende Sonderbestimmung. Die Fälligkeitsregelung wurde aus § 187 Abs. 2 Satz 1 VVG übernommen. Die Fälligkeit wird selbst bei feststehender Leistungspflicht um zwei Wochen nach hinten verlagert. Entsprechende Klauseln zugunsten des Versicherers finden sich in der Kraftfahrtversicherung neben der Kfz-Unfallversicherung in A.4.10.2 AKB auch in der Kaskoversicherung in A.2.7.1 AKB. Die Zulässigkeit in der Kaskoversicherung wird schlicht mit § 18 VVG begründet,[14] der bezüglich der Fälligkeit Abweichung zum Nachteil Versicherungsnehmers zulässt. 15

Das breite Leistungsspektrum das die Fahrerschutzversicherung als Schadensversicherung abzudecken versucht, geht bei weitem über das hinaus, was die private Unfallversicherung als Summenversicherer deckt. Die anderen **Personenversicherungen** die konkrete Schäden – teils ebenfalls subsidiär, wie die Auslandsreisekrankenversicherung – ersetzen, haben das oft dringende Bedürfnis einer zügigen Leistungsgewährung zu erfüllen. Der Versicherte ist häufig hilfsbedürftig und dringend auf Versicherungsleistungen angewiesen, da er seine Vertragspartner nicht darauf verweisen kann, sein Versicherer würde nur schleppend[15] zahlen. Entsprechend sind den Musterbedingungen der sonstigen Personenversicherungen Fälligkeitsaufschübe zu Gunsten der Versicherer soweit ersichtlich nicht enthalten, sondern bilden wie beispielsweise die 16
- Kapital-Lebensversicherung in § 7 Abs. 4 Satz. 1 KLV[16]
- Rentenversicherung mit sofort beginnender Rentenzahlung in § 4 Abs. 5 Satz 1 RV[17]
- Risikolebensversicherung in § 7 Abs. 4 Satz 1 RLV[18]

---

10 *OLG Hamm* Urt. V. 23.11.1994 – 20 U 141/94, ADAJUR Dok.Nr. 27022 = NJW-RR 1995, 666 = r+s 1995, 193 = VersR 1995, 652 = zfs 1995, 466.
11 Prölss/Martin/*Voit* Versicherungsvertragsgesetz, § 6 MB/KK 2009, Rn. 1.
12 *LG Detmold* Urt. v. 26.02.2014 – 10 S 229/11, JurionRS 2014, 20399.
13 *BGH* Urt. v. 10.02.1971 – IV ZR 159/69, JurionRS 1971, 11051 = VersR 1971, 433. *BGH* Urt. v. 27.09.1989 – IVa ZR 155/88, NJW-RR 1990, 160 = VersR 1990, 153; *BGH* Urt. v. 22.03.2000 – IV ZR 233/99, JurionRS 2000, 22583 = MDR 2000, 766 = NJW 2000, 2021 = NVersZ 2000, 332 = VersR 2000, 752 = zfs 2000, 355.
14 *OLG Saarbrücken* Urt. v. 08.08.2001 – 5 U 670/01 -6-, zfs 2002, 80.
15 *OLG Düsseldorf* Urt. v. 15.12.2009 – I-24 U 80/09, JurionRS 2009, 34612 (private Pflegeversicherung).
16 Musterbedingung GDV, Stand 8/2014.
17 Musterbedingung GDV, Stand 8/2014.
18 Musterbedingung GDV, Stand 8/2014.

A.5.5.1 AKB Fälligkeit der Leistung und Vorschusszahlung

- Restkreditlebensversicherung (Todesfallrisiko) § 9 Abs. 3 Satz 1 RestkreditLV[19]
- Berufsunfähigkeitszusatzversicherung in § 4 Abs. 4 Satz 1 BUZ[20]
- Berufsunfähigkeitsversicherung in § 7 Abs. 4 Satz 1 BUV[21]
- Krankheitskostenversicherung in § 6 Abs. 2 MB/KK 2009[22]
- Krankentagegeldversicherung in § 6 Abs. 2 MB/KT 2009[23]
- Pflegeversicherung in § 6 Abs. 2 MB/PV 2009[24]

die gesetzliche Regelung des § 14 Abs. 1 VVG nach.

17 Es ist daher nicht einzusehen, dass in der Fahrerschutzversicherung die Leistung erst mit einer zweiwöchigen Verzögerung analog der Unfallversicherung fällig werden soll. Ein formularmäßiger Zahlungsaufschub zugunsten des Versicherers widerspricht der Intention der Fahrerschutzversicherung, finanzielle Notlagen des versicherten Fahrers abzuwenden. In diesem Zusammenhang ist zudem auf die Gesetzesbegründung[25] zu § 187 VVG zu verweisen. Sie hält – wie die Kommentarliteratur – keine tragende Erklärung bereit, warum eine Fälligkeitsverzögerung notwendig sei. Der bloße Hinweis auf die bisherige Praxis in Unfallversicherungsbedingungen ersetzt eine Begründung nicht. Die früher vom *BGH*[26] geäußerte Ansicht, dass mangels zwingendem § 11 VVG a. F. (heute § 14 VVG) eine abweichende Regelung möglich sei, überzeugt inhaltlich ebenfalls nicht.

18 Schließlich bleibt festzuhalten, dass in A.5.4.1 Satz 2 AKB postuliert wird, nach den deutschen gesetzlichen Schadensersatzbestimmungen des Privatrechts leisten zu wollen. Eine Schadensersatzleistung ist allerdings regelmäßig sofort[27] fällig.

19 Aufgrund des Widerspruchs zur Fälligkeit bei existentiellen Personenversicherungen als auch zur Fälligkeit nach Schadensersatzrecht kann der Versicherte erwarten, rechtzeitig mit Leistungen aus der Fahrerschutzversicherung versehen zu werden. Der in der Klausel vorgesehene – völlig unpassende – Aufschub dient lediglich der eher unzutreffenden Einordnung der Fahrerschutzversicherung als besondere »Unfallversicherung«.

---

19 Musterbedingung GDV, Stand 10/2014.
20 Musterbedingung GDV, Stand 10/2013.
21 Musterbedingung GDV, Stand 8/2014.
22 Musterbedingung GDV, Stand 7/2013.
23 Musterbedingung GDV, Stand 7/2013.
24 Musterbedingung GDV, Stand 7/2013.
25 BT-Drucksache 16/3945 S. 109.
26 *BGH* Urt. v. 04.11.1987 – IVa ZR 141/86, JurionRS 1987, 13095 = NJW-RR 1988, 212 = VersR 1987, 1235; *BGH* Urt. v. 22.03.2000 – IV ZR 233/99, JurionRS 2000, 22583 = MDR 2000, 766 = NJW 2000, 2021 = NVersZ 2000, 332 = VersR 2000, 752–753 = zfs 2000, 355; *BGH* Urt. v. 13.03.2002 – IV ZR 40/01, JurionRS 2002, 19054 = MDR 2002, 877 = NJW-RR 2002, 892 = NVersZ 2002, 309 = VersR 2002, 698 = zfs 2002, 285.
27 *BGH* Beschl. v. 18.11.2008 – VI ZB 22/08, BGHZ 178, 338 = JurionRS 2008, 26824 = DAR 2009, 79 = MDR 2009, 198 = NJ 2009, 165 = NJW 2009, 910 = NJW-Spezial 2009, 43 = NZV 2009, 73 = r+s 2009, 81 = SVR 2009, 99 bespr. v. *Richter* = VersR 2009, 128 = VRR 2009, 61 bespr. v. *v. Gayl* = zfs 2009, 79 m. Anm. *Schneider* zfs 2009, 70.

A.5.5.1 AKB Fälligkeit der Leistung und Vorschusszahlung

versicherung[34] **kein Vertrauensschutz**, die Leistung tatsächlich behalten zu dürfen. Mangels Feststellung des Anspruchs entfällt nach *OLG Koblenz*[35] die Verzinsungspflicht für die Vorschussleistung.

III. Abschlag

25 Der Schuldner ist grundsätzlich nicht zu Teilleistungen berechtigt, § 266 BGB. Der Gläubiger kann dagegen eine **bereits fällige Teilleistung** notfalls klageweise[36] beim Schuldner einfordern. **Abschlag**[37] ist daher eine Teilerfüllung auf den Leistungsanspruch, der (hier) den bereits feststehenden Mindestschaden ausmacht.

26 Eine Abschlagszahlung kann nach § 14 Abs. 2 Satz 1 VVG frühestens einen Monat nach der Schadensanzeige verlangt werden. Das Verlangen kann bereits vor[38] Ablauf der Frist konkludent[39] geäußert werden. Die Höhe des klagbaren Abschlagbetrages orientiert sich am Mindestbetrag der voraussichtlich zu leistenden Summe und ist abhängig vom Bestehen der Eintrittspflicht[40] und der Aufforderung des Versicherten zur Zahlung. Der unbedingte[41] Versicherungsanspruch auf den Mindestbetrag ist sofort fällig. Die Abschlagszahlung kann nicht[42] davon abhängig gemacht werden, dass Aufwendungen in entsprechender Höhe zur Schadensbehebung bereits entstanden sind. Damit entspricht die Regelung in § 14 VVG der Bedeutung in § 632a BGB und § 16 VOB/B im

---

34 *Jacob* Rückforderung von Versicherungsleistungen in der privaten Unfallversicherung, VersR 2010, 39 ff.
35 *OLG Koblenz* Urt. v. 04.09.2009 – 10 U 1350/08, JurionRS 2009, 30624 = NJW-RR 2010, 456 = r+s 2010, 252 = VersR 2010, 659.
36 PWW/*Zöchling-Jud* § 266 BGB, Rn. 9.
37 *BAG* Urt. v. 11.02.1987 – 4 AZR 144/86, JurionRS 1987, 10077 = BAGE 55, 44 = BB 1987, 1743 = DB 1987, 1306 = MDR 1987, 611 (Definition Abschlagszahlung).
38 *LG Essen* Urt. v. 01.09.1972 – 13 O 230/71, VersR 1973, 558; Schwintowski/Brömmelmeyer/*Ebers*, PK-VersR, § 14 VVG, Rn. 23; Looschelders/Pohlmann/*C. Schneider* VVG-Kommentar, § 14 VVG, Rn. 39; Staudinger/Halm/Wendt FAKomm-Vers/*Wendt*, § 14 VVG, Rn. 27.
39 *OGH* Beschl. v. 08.06.1994 – 7 Ob 24/94, VersR 1995, 606; Schwintowski/Brömmelmeyer/*Ebers*, PK-VersR, § 14 VVG, Rn. 23; Looschelders/Pohlmann/*C. Schneider* VVG-Kommentar, § 14 VVG, Rn. 39; Staudinger/Halm/Wendt FAKomm-Vers/*Wendt*, § 14 VVG, Rn. 27.
40 *RG* Urt. v. 26.01.1917 – Rep. VII. 348/16^ RGZ 89, 351 = JurionRS 1917, 10222; *BGH* Urt. v. 02.10.1985 – IVa ZR 18/84, BGHZ 96, 88 = MDR 1986, 211 = NJW 1986, 1100 = NJW-RR 1986, 515 = VersR 1986, 77; *OLG Hamm* Urt. v. 28.11.1990 – 20 U 158/90, NZV 1991, 312 = r+s 1991, 222 = VersR 1991, 1369; *OLG Hamm* Urt. v. 27.02.1997 – 6 U 188/96, JurionRS 1997, 25148 = zfs 1997, 341.
41 *RG* Urt. v. 10.04.1923 – VII 105/22, RGZ 108, 201 = JurionRS 1923, 10178.
42 *BGH* Urt. v. 19.06.2013 – IV ZR 228/12, JurionRS 2013, 40312 = JZ 2013, 580 = MDR 2013, 1036 = NJW-RR 2013, 1252 = r+s 2013, 385 = VersR 2013, 1039 = zfs 2013, 639 (Feuerversicherung).

E. Vorschussleistung

I. Problemstellung

Die Regelung entspricht § 187 Abs. 2 Satz 2 VVG. Danach kann der Versicherte angemessene Vorschüsse verlangen, wenn der Anspruch dem Grunde nach feststeht. 20

Nach der Gesetzesbegründung[28] bemisst sich die Höhe des Vorschusses nach demjenigen Betrag, den der Versicherer nach der zu diesem Zeitpunkt erkennbaren Sach- und Rechtslage mit Sicherheit zu leisten hat. Zulässig ist es daher in der Unfallversicherung bei nicht abgeschlossenem Heilverfahren die Invaliditätsleistung im ersten Jahr zunächst auf die Höhe der Todesfallleistung[29] zu begrenzen. Derart schematische Lösungen sind in der deutlich komplizierteren Fahrerschutzversicherung nicht gangbar. 21

Erstaunlich ist im Zusammenhang mit Vorschussleistungen, dass der Gesetzgeber weder von Abschlagszahlungen wie in § 14 Abs. 2 Satz 1 VVG spricht, noch auf die dortigen Ausführungen Bezug nimmt. Offenbar war dem VVG-Gesetzgeber nicht an einer inhaltsgleichen, sondern an einer davon abweichenden Sonderregelung für die Unfallversicherung gelegen. Die Übertragung der Regelung auf die Fahrerschutzversicherung bereitet jedoch Probleme. 22

Vielfach werden zwar die Begriffe **Vorschuss und Abschlagszahlung** synonym verwendet – so z. B. in A.2.7.2 AKB; **rechtlich** besteht jedoch ein **Unterschied**. 23

II. Vorschuss

Vorschuss ist eine – unter bestimmten Voraussetzungen sogar klagbare[30] – Teilzahlung auf einen zu erwartenden, noch **nicht fälligen Gesamtbetrag**,[31] der zwangsläufig mehr als Null € betragen muss. Auch ein in der Unfallversicherung vorbehaltlos gezahlter Vorschuss[32] kann zurückgefordert werden, wobei dem Versicherer dann die Beweislast für das Nichtvorliegen der Anspruchsvoraussetzungen obliegt. Wie bei der Vorschussleistung im Sozialrecht[33] nach § 42 SGB I besteht nach wohl h. M. auch in der Unfall- 24

---

28 BT-Drucks. 16/3945, S. 109.
29 MüKoVVG/*Dörner* § 187 VVG, Rn. 13.
30 *Heinrichs* A.4.10.3 AKB Rdn. 10; Prölss/Martin/*Voit* Versicherungsvertragsgesetz, § 83 VVG, Rn. 14.
31 Looschelders/Pohlmann/*Schmidt-Kessel* VVG-Kommentar, § 83 VVG, Rn. 14 und § 90 VVG, Rn. 6 (Vorschusspflicht beim Aufwendungsersatz); *BAG* Urt. v. 11.02.1987 – 4 AZR 144/86, JurionRS 1987, 10077 = BAGE 55, 44 = BB 1987, 1743 = DB 1987, 1306 = MDR 1987, 611 (Definition Lohnvorschuss); so z. B. entsprechend nach § 60 Abs. 1 BHO im Haushaltsrecht, nach § 9 RVG für die Rechtsanwaltskosten.
32 *BGH* Urt. v. 24.03.1976 – IV ZR 222/74, BGHZ 66, 250 = JurionRS 1976, 11544 = MDR 1976, 827 = NJW 1976, 1259 = VersR 1977, 471; *OLG Hamm* Urt. v. 01.03.2006 – 20 U 182/05, JurionRS 2006, 23726 = NJW-RR 2006, 974 = r+s 2007, 33 = VersR 2006, 1674 = zfs 2007, 99.
33 Eichenhofer/Wenner/*Bigge* Kommentar zum Sozialgesetzbuch I, IV, X, § 42 SGB I, Rn. 12.

Werkvertragsrecht. Der Versicherer kann mit der Abschlagszahlung ohne Mahnung in Verzug[43] kommen.

IV. Konsequenz für Fahrerschutzversicherung

Der Fahrerschutzversicherte wird folglich durch die spezielle Vorschussklausel entspre- 27
chend § 187 Abs. 2 Satz 2 VVG etwas schlechter gestellt, als nach den zwingenden Vorschriften der § 14 Abs. 2 Satz 1, Abs. 3 VVG. Die Auswirkungen zeigen sich bei der Verzinsung[44] der vorenthaltenen Abschlags- bzw. Vorschusszahlung und bei der Rückforderung möglicher Überzahlungen. Da der Versicherer bereits durch § 86 Abs. 1 VVG sowie durch sein Abtretungsverlangen nach A.5.4.2 AKB hinreichend vor Doppelzahlungen geschützt ist, besteht kein sachlicher Grund, dem Versicherer ein Sonderrecht einzuräumen.

Abtretung Ihrer Ansprüche an Dritte

A.5.5.2 Ihren Anspruch auf die Leistung können Sie vor der endgültigen Feststellung ohne unsere ausdrückliche Zustimmung weder abtreten noch verpfänden.

Die Klausel entspricht den bereits aus der Kaskoversicherung in A.2.7.4 AKB, der Auto- 1
schutzbrief-Versicherung in A.3.10.2 AKB und der Kfz-Unfallversicherung in A.4.11.1 AKB bekannten Regelungen. Das Verbot beruht auf einer Vereinbarung nach § 399 2. Alt. BGB und ist grundsätzlich wirksam.[1]

Besonderheiten können sich im Einzelfall ergeben, wenn es sich beispielsweise um ein 2
Firmenfahrzeug[2] handelt und dem Versicherungsvertrag ein beiderseitiges Handelsgeschäft[3] zugrunde liegt, § 354a HGB. Die Abtretung ist in diesem Sonderfall wirksam, wobei der Versicherer jedoch mit befreiender Wirkung an den bisherigen Gläubiger leisten kann, § 354a Abs. 1 Satz 2 HGB.

---

43 Prölss/Martin Versicherungsvertragsgesetz, § 14 VVG, Rn. 13; Himmelreich/Halm/*Bartholomy* Handbuch des Fachanwalts Verkehrsrecht, Kap. 20, Rn. 216 (Kasko).
44 MüKoVVG/*Fausten*, § 14 VVG, Rn. 63.
1 *BGH* Urt. v. 26.03.1997 – IV ZR 137/96, JurionRS 1997, 18141 = NJW 1997, 909 = NJW-RR 1997, 919 = r+s 1997, 325 = VersR 1997, 1088; *BGH* Beschl. v. 10.03.2010 – IV ZR 336/07, JurionRS 2010, 12489; *BGH* Beschl. v. 12.10.2011 – IV ZR 163/10, JurionRS 2011, 30731 = r+s 2012, 74 = VersR 2012, 230 (ARB); *OLG Köln* Beschl. v. 13.03.2014 – 9 U 149/13, JurionRS 2014, 13882 (Kasko); *AG Schleiden/Eifel* Urt. v. 22.05.2014 – 10 C 22/14, JurionRS 2014, 23411 (Kasko).
2 Die Regelung gilt nicht für Behördenfahrzeuge, da juristische Person des öffentlich-rechtlichen Rechts Gläubiger, aber kein Schuldner im Sinne des § 354a Abs. 1 Satz 1 HGB ist.
3 *BGH* Beschl. v. 12.10.2011 – IV ZR 163/10, JurionRS 2011, 30731 = r+s 2012, 74 = VersR 2012, 230.

A.5.5.3 AKB   Zahlung für eine mitversicherte Person

3   Ein Verbot gilt auch gegenüber dem berechtigten Fahrer.[4] Es schützt den Versicherer davor, sich nicht mit weiteren Personen als seinem Vertragspartner auseinandersetzen zu müssen.[5]

Zahlung für eine mitversicherte Person

A.5.5.3   Sie als Versicherungsnehmer können unsere Zahlung für eine mitversicherte Person an Sie selbst nur mit Zustimmung der mitversicherten Person verlangen.

1   Die Klausel wiederholt die gesetzliche Regelung in § 45 Abs. 3 VVG. Sie entspricht A.4.11.2 AKB in der Kfz-Unfallversicherung. Mitversicherte Personen sind nicht nur die in A.5.2 Satz AKB genannten Hinterbliebenen, sondern auch der von der Person des Versicherungsnehmers abweichende Fahrer.

A.5.6   Was ist nicht versichert?

1   Die anschließend aufgeführten Unterpunkte stellen **Ausschlüsse** vom Versicherungsschutz dar.

2   Davon zu unterscheiden sind die **Obliegenheiten** – Pflichten beim Gebrauch des Fahrzeugs und im Schadensfall. Obliegenheiten sind allgemein für alle Versicherungsverträge geltend in D.1.1 sowie E.1.1 AKB »vor eine Klammer gezogen« worden und gelten daher auch für die Fahrerschutzversicherung. Zusätzlich sind zudem weitere Obliegenheiten nach D.1.3 AKB sowie E.1.6 AKB speziell für die Fahrerschutzversicherung zu beachten.

---

4   *OLG Hamm* Urt. v. 28.06.1995 – 20 U 312/94, NJW-RR 1996, 672 = NZV 1996, 74 = zfs 1997, 180; *OLG Karlsruhe* Urt. v. 20.3.2003 – 12 U 233/02, JurionRS 2003, 17506 = OLGR 2003, 177; Himmelreich/Halm/*Bartholomy* Handbuch des Fachanwalts Verkehrsrecht, Kap. 20, Rn. 214 (Kasko).
5   *BGH* Urt. v. 04.05.1964 – II ZR 153/61, BGHZ 41, 327 = DB 1964, 987 = MDR 1964, 654 = NJW 1964, 1899 = VersR 1964, 709 (BHV); *BGH* Urt. v. 13.07.1983 – IVa ZR 226/81, JurionRS 1983, 12354 = MDR 1984, 128 = VersR 1983, 945 (BHV).

Straftat

A.5.6.1 Kein Versicherungsschutz besteht bei Unfällen, die dem Fahrer dadurch zustoßen, dass vorsätzlich eine Straftat begeht oder versucht.

Die zulässige[1] Ausschlussklausel wurde fast wortgetreu aus der Kfz-Unfallversicherung in A.4.12.1 AKB übernommen. Auf die entsprechenden Ausführungen kann daher an dieser Stelle verwiesen[2] werden. 1

Gemeint ist, um den Satz zu vervollständigen, dass »er« – der Fahrer – vorsätzlich eine Straftat begeht oder versucht. Es liegt offenbar ein redaktioneller Fehler vor. 2

Psychische Reaktionen

A.5.6.2 Kein Versicherungsschutz besteht bei krankhaften Störungen infolge psychischer Reaktionen, auch wenn diese durch einen Unfall verursacht wurden.

Die Klausel ist A.4.12.8 AKB nachgebildet. Auf die dortigen[1] Ausführungen kann verwiesen werden. 1

Schäden an der Bandscheibe

A.5.6.3 Kein Versicherungsschutz besteht bei Schäden an Bandscheiben. Versicherungsschutz besteht jedoch, wenn ein unter diesen Vertrag fallendes Unfallereignis diese Gesundheitsschäden überwiegend (das heißt: zu mehr als 50%) verursacht.

Der Ausschluss beschränkt sich auf den Teilbereich »*Bandscheibenschäden*« des Ausschlusses in A.4.12.6 AKB. Zu den Bandscheibenschäden zählen die *Vorwölbung/Protrusion* ohne Bandzerreißung sowie der *Vorfall/Prolaps* bei dem das Band zerreißt und auf das Rückenmark drückt. Die menschliche Wirbelsäule hat 23 Bandscheiben zwischen den Wirbelkörpern. Bandscheibenschäden sind bei den meisten Menschen be- 1

---

1 *BGH* Urt. v. 05.12.1990 – IV ZR 13/90, JurionRS 1990, 13816 = MDR 1991, 655 = NJW 1991, 1357 = VersR 1991, 289 = zfs 1993, 94 (BUZ); *BGH* Urt. v. 23.09.1998 – IV ZR 1/98, JurionRS 1998, 15691 = NJW-RR 1999, 98 = NVersZ 1999, 27 = r+s 1999, 41 = VersR 1998, 1410 = zfs 1999, 69; *BGH* Urt. v. 29.06.2005 – IV ZR 33/04, JurionRS 2005, 18109 = DAR 2005, 566 = MDR 2005, 1407 = NJ 2005, 502 = NJW-RR 2005, 1342 = r+s 2005, 473 = VersR 2005, 1226 = zfs 2005, 562; *OLG Hamm* Urt. v. 02.03.2007 – 20 U 258/06, JurionRS 2007, 12800 = NZV 2007, 526 = OLGR 2007, 407 = r+s 2007, 297 = VersR 2008, 65 = VK 2007, 97 = zfs 2007, 401 (AUB – Bauchschuss bei Festnahme des Fahrers); *OLG Hamm* Beschl. v. 18.04.2008 – 20 U 219/07, JurionRS 2008, 37904 = r+s 2010, 429 = VersR 2009, 388 = zfs 2009, 102.
2 *Heinrichs* A.4.12 AKB Rdn. 9 ff.
1 *Heinrichs* A.4.12 AKB, Rdn. 88 ff.

A.5.6.3 AKB Schäden an der Bandscheibe

reits in jungen Jahren[1] mehr oder weniger starker Ausprägung anzutreffen. Die Schäden müssen nicht zwangsläufig auf Unfällen beruhen; im Gegenteil: Häufiger sind Ursachen durch Haltungsschäden, Übergewicht sowie eine zu schwache Rückenmuskulatur. Entsprechend ist das Interesse des Versicherers, sich mit diesen meist unfallfremden Problemen erst gar nicht befassen zu müssen.

2   Bevor es zu einer direkten Bandscheibenverletzung kommt, müssen erfahrungsgemäß zugleich eine unmittelbare Gewalteinwirkung mit äußeren Verletzungen[2] oder Wirbelkörperverletzungen[3] vorliegen. Daher sind traumatische Bandscheibenvorfälle selten.

3   Die Beweislast[4] für den Leistungsausschluss trägt der Versicherer. Aufgrund der vorstehenden Umstände ist dieser relativ einfach[5] zu führen. Versicherungsschutz besteht jedoch dann, wenn der Schaden überwiegend auf dem Unfallereignis beruht. Der Versicherte hat den Nachweis für den Wiedereinschluss[6] zu führen.

4   Anders als in der Kfz-Unfallversicherung präzisiert die Klausel der Fahrerschutzversicherung, was unter »*überwiegend*« zu verstehen ist. Ausdrücklich gemeint ist die **absolut** überwiegende Ursache von mehr als 50%. Diese Formulierung ist glücklich gewählt, um ein eindeutiges Ergebnis zu erzielen. Schließlich kann ein Bandscheibenschaden auf mehr als zwei Ursachen beruhen, so dass ein Versicherter darunter verstehen könnte, dass bei drei mitwirkenden Ursachen das Unfallereignis mit 40% Verursachungsanteil gegenüber anderen mit je 30% Verursachungsanteil die relative Hauptursache darstellen könnte. Liegt der Verursachungsanteil des Unfalls wie der einer zweiten Ursache ebenfalls bei 50%, überwiegt der Unfall als Ursache nicht, so dass der Ausschluss greift.

5   Mittelbare Schäden an Bandscheiben spielen in der Kfz-Unfallversicherung keine Rolle, zumal Dauerschäden frühzeitig und die endgültige Invaliditätsfeststellung binnen drei Jahren abgeschlossen ist. In der Fahrerschutzversicherung sind sie dagegen proble-

---

1   *Steinmetz/Röser* Bandscheibenschäden in der privaten Unfallversicherung: Leitfaden für die Bewertung, VersR 2014, 38 ff.
2   *OLG Frankfurt* Urt. v. 18.02.2003 – 25 U 225/00, JurionRS 2003, 17336 = r+s 2004, 431.
3   Himmelreich/Halm/*Thomann* Handbuch des Fachanwalts Verkehrsrecht, Kap. 39a, Rn. 39 ff.
4   *BGH* Urt. v. 27.09.1995 – IV ZR 283/94, JurionRS 1995, 15726 = BGHZ 131, 15 = MDR 1996, 50 = NJW 1995, 3256 = VersR 1995, 1433 = zfs 1996, 24; *BGH* Urt. v. 28.01.2009 – IV ZR 6/08, JurionRS 2009, 10459 = MDR 2009, 505 = NJW-RR 2009, 679 = r+s 2009, 161 = VersR 2009, 492 = zfs 2009, 402; Staudinger/Halm/Wendt FAKomm-Vers/*Hugemann*, Nr. 5.2.1 AUB 2010, Rn. 45.
5   *Steinmetz/Röser* Bandscheibenschäden in der privaten Unfallversicherung: Leitfaden für die Bewertung, VersR 2014, 38 ff. (39).
6   *BGH* Beschl. v. 24.09.2008 – IV ZR 219/07, JurionRS 2008, 23086 = NJW 2008, 3644 = r+s 2008, 527 = VersR 2008, 1683 = zfs 2010, 159; *OLG Saarbrücken* Urt. v. 25.02.2013 – 5 U 224/11-34, JurionRS 2013, 51990 = NJW-RR 2014, 37 = r+s 2014, 191 = VersR 2014, 456 = VK 2014, 96; *LG Siegen* Urt. v. 07.09.2012 – 1 O 230/07, JurionRS 2012, 35312 = ADAJUR Dok.Nr. 100487 = r+s 2013, 36 (zweifelhafter Bandscheibenvorfall beim Wegschieben eines PKW nach Unfall).

matisch, da sie erst nach vielen Jahren, vielleicht sogar erst nach Jahrzehnten auftreten können. Aus der Großschadensregulierung von Kfz-Haftpflichtschäden[7] ist bekannt, dass Brüche mit erheblichen Beinverkürzungen zu einem Beckenschiefstand führen können. Wird dieser nicht durch entsprechend angepasstes Schuhwerk ausgeglichen, hat die Wirbelsäule den Schiefstand auszugleichen. Dieser Ausgleich wird allerdings nur durch eine dauerhafte Fehlhaltung der Wirbelsäule an sich erreicht (funktionelle Skoliose). Dauerhafte Fehlhaltungen und einseitige Überbelastungen führen dann mitunter als Spätfolgen des Unfalls zu Bandscheibenschäden.

Diese **mittelbaren Bandscheibenschäden** sind ebenfalls vom Versicherungsschutz der 6 Fahrerschutzversicherung ausgenommen, da der Wortlaut der Klausel nicht zwischen unmittelbaren und mittelbaren Schäden unterscheidet.

Problematisch bleiben allerdings die **weiteren Folgen von mittelbaren Bandscheiben-** 7 **schäden.** Aufgrund von Bandscheibenschäden kann es zu Schäden an den Wirbelkörpern und zu Auswirkungen auf das Rückenmark kommen, wenn Teile der Bandscheibe schmerzhaft auf die Nervenbahnen drücken. Dies kann zu Lähmungserscheinungen[8] führen. Es handelt sich dabei dann nicht mehr nur um Schäden an Bandscheiben, sondern um **Folgeschäden durch geschädigte Bandscheiben.** Da diese Spätschäden letztlich ihre Ursache in knöchernen Verletzungen haben können, die nicht durch Klauseln ausgeschlossen sind, wird der Versicherte berechtigterweise erwarten dürfen, dass zumindest diese Folgen mitversichert sind. Der Ausschluss »*an Bandscheiben*« kann allein keine Zäsur bewirken.

Zum wirksamen Ausschluss derartiger Spätschäden müsste der Ausschluss erweitert 8 werden und etwa wie folgt lauten: »*Kein Versicherungsschutz besteht bei Schäden und Folgeschäden an Bandscheiben sowie hieraus entstehenden Folgeschäden*«.

Ansprüche Dritter

A.5.6.4 Ansprüche, die von anderen Versicherern, Arbeitgebern, Dienstherrn und Sozialversicherungsträgern gegen uns geltend gemacht werden, sind ausgeschlossen.

Übersicht Rdn.
A. Andere Versicherer 1
B. Arbeitgeber 4
C. Dienstherr 5
D. Sozialversicherungsträger 6
E. Träger der Sozialhilfe 9

---

7 *LG Duisburg* Urt. v. 13.01.2012 – 10 O 161/09, JurionRS 2012, 36132, (*OLG Düsseldorf* – AZ: 1 U 64/12 n. r.); *OLG Oldenburg* Urt. v. 28.02.2003 – 6 U 231/01, JurionRS 2003, 30295 = VersR 2004, 64 = zfs 2003, 590; *OLG Hamm* Urt. v. 15.03.2001 – 27 U 185/00, JurionRS 2001, 31068.
8 *OLG Düsseldorf* Urt. v. 26.02.2008 – I-4 U 111/07, JurionRS 2008, 32789 = r+s 2008, 525.

		Rdn.
F.	Verkehrsopferhilfe	11
G.	Sonstige Dritte	12

A. Andere Versicherer

1 Im Verständnis der Fahrerschutzversicherung als subsidiäre Restschadensversicherung ist es folgerichtig, dass Ansprüche Dritter ausgeschlossen werden müssen. Die Klausel dient der Klarstellung im direkten Verhältnis zu Dritten.

2 Andere Versicherer sind nicht nur Summen-, sondern alle **Schadensversicherer**. Auf letztere wird ein Übergang nach § 86 Abs. 1 VVG ausgeschlossen.

3 Ausgeschlossen ist weiterhin ein Ausgleichsanspruch von leistungspflichtigen **Haftpflichtversicherern** nach § 426 BGB. Dagegen verhindert die Klausel allerdings nicht, dass ein leistungsfreier Kfz-Haftpflichtversicherer nicht nach § 117 Abs. 3 Satz 2 VVG an den Fahrerschutzversicherer als Schadensversicherer verweisen[1] könnte. Dies wäre nur dann möglich, wenn tatsächlich etwas deutlicher zum Ausdruck käme, dass die Fahrerschutzversicherung nicht lediglich ein subsidiärer Schadens-, sondern ein spezieller Restschadensversicherer[2] ist.

B. Arbeitgeber

4 Nach § 3 Abs. 1 Satz 1 EntgFG hat der Arbeitnehmer bei unverschuldeter Krankheit einen Entgeltfortzahlungsanspruch gegen seinen **Arbeitgeber** für die Dauer von bis zu sechs Wochen. Auf den leistenden Arbeitgeber geht ein gesetzlicher Schadensersatzanspruch nach § 6 Abs. 1 EntgFG über. Somit ist schon nach der gesetzlichen Regelung ein Übergang allein von vertraglichen Ansprüchen des versicherten Fahrers auf den Arbeitgeber – unabhängig vom Abtretungsverbot in A.5.5.2 AKB[3] – ausgeschlossen. Die Aufnahme der Klausel dient daher der Klarstellung insbesondere für die Fälle, in denen ein Versicherungsnehmer zugleich Arbeitgeber des versicherten Fahrers ist.

C. Dienstherr

5 Entsprechend ist die Klausel im Verhältnis zum **Dienstherrn** zu verstehen, auf den nur Schadensersatzansprüche auf gesetzlicher Grundlage nach § 76 BBG übergehen können, aber keine vertraglichen Entschädigungsansprüche.

D. Sozialversicherungsträger

6 **Sozialversicherungsträger** sind die gesetzliche Kranken-, Pflege-, Unfall- und Rentenversicherung. Die Bundesanstalt für Arbeit als Arbeitslosenversicherung[4] und der Trä-

---

1 Siehe oben A.5.4.2 AKB Rdn. 2.
2 *Schwab* Fahrerschutzversicherung, Rn. 61 ff.
3 Siehe A.5.5.2 AKB Rdn. 1–3.
4 *Eichenhofer*/Wenner Kommentar zum Sozialgesetzbuch I, IV, X, § 116 SGB X, Rn. 10.

ger der Grundsicherung gelten ebenso als Versicherungsträger, §§ 1 Abs. 4 SGB I; 116 Abs. 10 SGB X. Schadensersatzansprüche gegen Dritte können nach § 116 Abs. 1 SGB X übergehen; nicht aber vertragliche Entschädigungsansprüche. Die Aufnahme dient somit wiederum der Klarstellung.

Gleiches gilt für den **Beitragsschaden**, den der gesetzliche Rentenversicherungsträger aufgrund von gesetzlichen Schadensersatzansprüchen bei einem Dritten regressieren und dem Rentenversicherten auf dessen Rentenkonto zur Auffüllung seiner Anwartschaften gutschreibt, § 119 SGB X. Der versicherte Fahrer kann zudem nicht verlangen, dass sein Fahrerschutzversicherer mit extremem finanziellen Aufwand, das Konto für die Anwartschaften aufstockt, um daraus ggf. eine bescheiden höhere Altersrente zu generieren.[5] Dies gilt auch für Beitragsausfälle der Sozialversicherungsträger nach § 116 Abs. 1 Satz 2 SGB X. 7

E. Träger der Sozialhilfe

Nicht in der Klausel aufgeführt wurden die **Träger der Sozialhilfe**. Dies wäre auch überflüssig. Auf sie kann mangels gesetzlichen Schadensersatzanspruchs (zunächst)[6] nichts nach § 116 Abs. 1 SBG X übergehen. Zudem ist die Sozialhilfe immer subsidiär. Die Fahrerschutzversicherung gehört entsprechend § 90 Abs. 1 SGB XII vorrangig zum verwertbaren Vermögen[7] des versicherten Fahrers. Er kann erwarten, aufgrund seiner privatrechtlichen Absicherung nicht der Allgemeinheit zur Last fallen zu müssen. 9

Ein Träger der Sozialhilfe, der Leistungen erbracht hat, kann seinen Aufwendungsersatzanspruch nach § 93 Abs. 1 SGB XII durch Hoheitsakt[8] auf sich **überleiten**. Dies gilt für jegliche Ansprüche, folglich auch für vertragliche Leistungsansprüche. Dazu zählen beispielsweise Ansprüche auf Versicherungsleistungen des privaten Unfall-[9], Lebens- und Rentenversicherers. Somit kann der Träger der Sozialhilfe Ansprüche des Fahrers und seiner mitversicherten Hinterbliebenen aus der Fahrerschutzversicherung auf sich überleiten. Durch eine Vertragsklausel ließe sich der Anspruchsübergang nicht wirksam ausschließen, §§ 93 Abs. 1 Satz 4 SGB XII; 134 BGB. 10

F. Verkehrsopferhilfe

Die **Verkehrsopferhilfe**, der Entschädigungsfonds für Schäden aus Kraftfahrzeugunfällen nach § 12 Abs. 1 Satz 1 PflVG[10] ist kein Versicherer, sondern ein von Versicherern gebildeter Entschädigungsfonds. Er leistet subsidiär, § 12 Abs. 1 Satz 2 PflVG. Die Vertragsklausel führt die Verkehrsopferhilfe in ihrer abschließenden Aufzählung nicht auf. Entsprechend verzichtet ein Anwender der Musterbedingung auf den zulässigen 11

---

5 *Schwab* Fahrerschutzversicherung, Rn. 244 ff.
6 Siehe A.5.6.4 AKB Rdn. 10.
7 *Schwab* Fahrerschutzversicherung, Rn. 80 ff.
8 *Reimer* Zur Rechtsnachfolge im öffentlichen Recht, DVBl. 2011, 201 ff.
9 *Schellhorn*/Schellhorn/Hohm Kommentar zum SGB XII, § 93 SGB XII, Rn. 20.
10 *Hückel* § 12 PflVG Rdn. 47 ff.

A.5.6.5 AKB Genehmigte Rennen

Ausschluss eines Regresses. Ein Versicherer, der die Verkehrsopferhilfe in den Ausschluss aufnehmen will, hat gleichzeitig die Subsidiaritätsklausel in A.5.4.2 AKB anzupassen.[11]

G. Sonstige Dritte

12 Weiterhin nicht in der Klausel erwähnt sind **sonstige Dritte**. Helfen in der Not des verletzten Fahrers Verwandte oder Freunde finanziell aus, indem sie für den Fahrerschutzversicherer an den Versicherten leisten, kommen die §§ 362 Abs. 1; 267 Abs. 1 BGB zur Anwendung. Ein gesetzlicher Forderungsübergang nach § 268 Abs. 3 BGB findet allerdings nicht statt. Der Dritte erwirbt durch die Leistung keine Rechte[12] nach § 267 Abs. 1 BGB, so dass sich eine Aufnahme in die Ausschlussklausel erübrigt.

Genehmigte Rennen

A.5.6.5 Kein Versicherungsschutz besteht bei Unfällen, die bei Beteiligung an behördlich genehmigten kraftfahrt-sportlichen Veranstaltungen, bei denen es auf die Erzielung einer Höchstgeschwindigkeit ankommt, entstehen. Dies gilt auch für dazugehörige Übungsfahrten.

Hinweis: Die Teilnahme an nicht genehmigten Rennen stellt eine Verletzung Ihrer Pflichten nach D.1.1.4 dar.

1 Behördlich **genehmigte Rennen** fallen unter die Ausschlussklausel. Dagegen handelt es sich bei ungenehmigten Rennen lediglich um eine Obliegenheitsverletzung nach D.1.1.4 AKB. Die Differenzierung von genehmigten und **ungenehmigten Rennen**[1] leuchtet nicht ein. Ungenehmigte Rennen sind offenkundig gefahrenträchtiger als genehmigte. Es kommt hinzu, dass der Veranstalter, der eine Genehmigung einholt, ausreichenden Versicherungsschutz nach den Nrn. 20 ff. der Verwaltungsvorschrift zu § 29 StVO nachzuweisen hat.

2 Für Teilnehmer an nicht genehmigten Rennen gilt der stillschweigende Haftungsausschluss[2] untereinander entsprechend. Ein völliger Ausschluss von jeglichen kraftfahrtsportlichen Veranstaltungen vom Versicherungsschutz in der Fahrerschutzversicherung erscheint daher umso mehr geboten. Ein vollständiger Risikoausschluss in der

---

11 Siehe A.5.4.2 AKB Rdn. 2.
12 PWW/*Zöchling-Jud* BGB-Kommentar, § 267 BGB, Rn. 9.
1   Abgrenzung zur Wettfahrt, *OLG Bamberg* Beschl. v. 23.02.2010 – 1 U 161/09, JurionRS 2010, 16409 = r+s 2010, 527 = SVR 2010, 300 bespr. v. *Hering* = VersR 2010, 1029 = VRR 2010, 282.
2   *BGH* Urt. v. 01.04.2003 – VI ZR 321/02, BGHZ 154, 316 = JurionRS 2003, 23125 = DAR 2003, 410 = JuS 2003, 1026 = JZ 2004, 92 = MDR 2003, 869 = NJW 2003, 2018 = NZV 2003, 321 = PVR 2003, 259 bespr. v. *Schröder* = VersR 2003, 775 = VRS 105, 253 = zfs 2003, 394.

Fahrerschutzversicherung wäre weder überraschend[3] noch unzulässig, da die engeren Anforderungen nach § 4 Nr. 4 KfzPflVV hier nicht gelten.

Erdbeben, Kriegsereignisse, innere Unruhen, Maßnahmen der Staatsgewalt

A.5.6.6 Kein Versicherungsschutz besteht für Schäden, die durch Erdbeben, Kriegsereignisse, innere Unruhen oder Maßnahmen der Staatsgewalt unmittelbar oder mittelbar verursacht werden.

Die Fahrerschutzversicherung übernimmt den bereits aus A.2.9.4 AKB; A.3.9.3 AKB; A.4.12.4 AKB bekannten Risikoausschluss wörtlich, so dass auf die dortigen Ausführungen[1] verwiesen werden kann. 1

Der Abwurf einer Bombe in Kriegszeiten führt nicht immer zu einer Detonation. Eine erhebliche Zahl von **Blindgängern** – nach Schätzungen[2] 10 bis 30% – steckt immer noch im Boden. Kommt es durch eine unkontrollierte oder kontrollierte Detonation zu einem Personenschaden des Fahrers, ist dies objektiv auch dann noch Folge eines Krieges, wenn dieser bereits viele Jahrzehnte zurückliegt. Explosionen von Blindgängern sind Folgen kriegerischer Handlungen, die lediglich mit einer starken zeitlichen Verzögerung eintreten.[3] Stehen sie in einem adäquaten Zusammenhang mit Kriegsereignissen, greift nach zutreffender Ansicht[4] der Risikoausschluss. In früheren Jahren[5] und teils heute[6] hat man versucht, eine zeitliche Beschränkung des Ausschlusses einzuziehen. 2

In der jüngsten Zeit sind allerdings vermehrt spektakuläre Bombenfunde aus dem zweiten Weltkrieg gemacht worden. Dies gelang offenbar durch die Auswertung nun freigegebener Luftbilder der Alliierten. Das führte dazu, dass sogar eine Bombe unter der Fahrbahn der BAB A3 kontrolliert gesprengt[7] werden musste. Dabei zählen Ver- 3

---

3 *OLG Karlsruhe* Urt. v. 15.04.2014 – 12 U 149/13, JurionRS 2014, 14473 = DAR 2014, 464 = MDR 2014, 722 = NJW-RR 2014, 1311 = NZV 2014, 4 =r+s 2014, 275 = zfs 2014, 453 (Kasko).
1 *Stomper* A.2.9.4 AKB Rdn. 2–12.
2 *Perske* unter Berufung auf das Regierungspräsidium Darmstadt, Wiesbadener Kurier v. 03.01.2015, S. 5.
3 So auch Staudinger/Halm/Wendt FAKomm-Vers/*Hugemann*, Nr. 5 AUB 2010, Rn. 30.
4 *Krahe* Der Begriff »Kriegsereignis« in der Sachversicherung, VersR 1991, 634 ff.; wohl auch *Fricke* Rechtliche Probleme des Ausschlusses von Kriegsereignissen in AVB, VersR 1991, 1098 ff.
5 *Ehlers* Krieg, Kriegsereignisse, terroristische und politische Gewalthandlungen, Beschlagnahme, Eingriffe von hoher Hand, r+s 2002, 133 ff. (135); *Schubach* Politische Risiken und Krieg in der Personenversicherung, r+s 2002, 177 ff. (179).
6 MüKo/*Dörner* VVG, § 178 VVG, Rn. 145; *Grimm* Unfallversicherung Ziff. 5.1.3 AUB 2010, Rn. 36.
7 http://www.faz.net/aktuell/rhein-main/a3-bei-offenbach-weltkriegsbombe-reisst-

A.5.6.7 AKB Schäden durch Kernenergie

kehrsknotenpunkte[8] zu den hauptsächlichen Bombenabwurforten. Mit dem Alter der Blindgänger steigt die Gefahr einer Durchrostung der Zünder. Auch wenn es sich um Einzelereignisse handeln mag, in der Gesamtschau der Vielzahl von Einzelereignissen ist eher von einem Risikoanstieg durch Kriegsfolgen auszugehen.

4 Kriegsähnliche Auswirkungen haben schwere Gasexplosionen[9] bei Bauarbeiten oder massive Gewalttakte (Sprengungen). Sie sind zum Glück nur örtlich begrenzt. Die Aufzählung der Ausschlüsse ist abschließend, so dass sie ebenso wenig darunter fallen, wie z. B. Erdrutsche, Lawinenabgänge, Bergrutsche und Bergsenkungen.

Schäden durch Kernenergie
A.5.6.7   Kein Versicherungsschutz besteht für Schäden durch Kernenergie.

1 Die Regelung entspricht den wortgleichen Ausschlussklauseln in A.1.5.9 AKB; A.2.9.5 AKB; A.3.9.4 AKB; A.4.12.5 AKB. Der Ausschluss ist zulässig, zumal er sogar für die Haftpflichtversicherung in § 4 Nr. 5 KfzPflVV ausdrücklich zugelassen wurde. In Verbindung mit der Subsidiaritätsklausel kommt ihr im Hauptanwendungsfall – Unfall in einem Kernkraftwerk – der Ausschlussklausel wenig Bedeutung zu.

2 Hervorzuheben sind jedoch medizinische **Probentransporte** oder Transporte zu wissenschaftlichen Zwecken. Fahrer, die bei einem Verkehrsunfall mit einem radioaktiven Stoff in Berührung kommen, genießen keinen Versicherungsschutz in der Fahrerschutzversicherung.

B   Beginn des Vertrags und vorläufiger Versicherungsschutz

Der Versicherungsvertrag kommt dadurch zustande, dass wir Ihren Antrag annehmen. Regelmäßig geschieht dies durch Zugang des Versicherungsscheins bei Ihnen.

Übersicht	Rdn.
A. Zustandekommen des Vertrages	2
I. Beratungs-, Informations- und Dokumentationspflichten	3
II. Hinweispflichten	5
III. Kontrahierungszwang	7
B. Annahmefiktion	8
I. Annahme des Antrages	9
II. Möglichkeiten der Ablehnung des Antrages	10
III. Rechtsfolge der Ablehnung	11
C. Irrtum, Anfechtung, Drohung	12

---

krater-in-autobahn-13106245/gesprengter-asphalt-am-tag-13107618.html; *Perske*, Wiesbadener Kurier v. 03.01.2015, S. 5.
8 *Perske*, Wiesbadener Kurier v. 03.01.2015, S. 5.
9 http://www.tagesschau.de/multimedia/video/video-34553.html.

	Rdn.
D. **Widerrufsrecht des Versicherungsnehmers und die Folgen**	13
I. Form und Frist des Widerrufs	14
II. Ausschluss des Widerrufs	15
III. Fehlende Belehrung über das Widerrufsrecht	16
IV. Rechtsfolgen des Widerrufs	17
E. **Widerspruchsrecht und die Folgen**	20
F. **Beginn des Vertrages**	23
G. **Beweislast**	24
H. **Verjährung**	25

Als Beginn des Vertrages ist nunmehr die Annahme des Antrags formuliert. Als Annahme gelten die Übersendung des Versicherungsscheins und dessen Zugang. Klarstellend wird auf den Zugang bei dem Versicherungsnehmer als Vertragspartner hingewiesen »bei Ihnen«. 1

Erforderlich für den Versicherungsvertrag sind Antrag des Versicherungsnehmers und gleichlautende Annahme durch den Versicherer. Ergeben sich Abweichungen bei dem Vertrag, muss der Versicherer darauf augenscheinlich hinweisen, damit der Versicherungsnehmer diese auch zur Kenntnis nehmen kann. Erfolgt eine augenfällige Kenntlichmachung nicht, kann dies zur Folge haben, dass die Abweichungen nicht wirksam vereinbart wurden.[1]

Grundsätzlich beginnt auch der Versicherungsschutz für ein Kraftfahrzeug mit Betriebserlaubnis[2] mit dem Vertragsschluss, gem. § 9 KfzPflVV i. V. m. §§ 49–52 VVG kann der Zeitpunkt der Gewährung von Versicherungsschutz in der Kraftfahrzeughaftpflichtversicherung jedoch vorverlegt werden auf den Zeitpunkt der Aushändigung der sog. Deckungskarte, der inzwischen gewährten elektronischen Versicherungsbestätigung. Der Versicherungsschutz wird jedoch nur ab diesem Zeitpunkt gewährt, wenn der Versicherungsnehmer sich auch sonst an die vertragliche Pflicht zur rechtzeitigen Prämienzahlung hält[3].

Es ist daher zu unterscheiden zwischen dem formellen Versicherungsbeginn (d. h. Zeitpunkt des Vertragsschlusses), dem technischen Versicherungsbeginn[4] (d. h. dem im Versicherungsschein genannten Datum) und dem materiellen Versicherungsbeginn, also dem Zeitpunkt, ab dem der Versicherer Versicherungsschutz gewährt[5]. Diesem

---

1 Der Versicherer muss bei Ablehnung auf die Differenzen zum Antrag hinweisen, es reicht jedoch aus, wenn er schon vor Antragstellung den Abschluss einer Kasko-Versicherung abgelehnt hat, OLG Saarbrücken 5 U 481/08-58, VersR 2010, 63 f. zu VVG a. F.
2 OLG Naumburg v. 23.10.2014 – 4 U 69/13: bei fehlender Betriebserlaubnis ist der Kraftfahrtversicherungsvertrag nichtig.
3 Vgl. hierzu unten AKB C.1.2 Rdn. 4 f.
4 OLG Hamm v. 25.09.1974 – 20 U 40/74, VersR 1975, 754, der technische Versicherungsbeginn ist nur für die Prämienberechnung maßgebend.
5 Stiefel/Maier Kraftfahrtversicherung AKB B Rn. 11.

Zeitpunkt kommt aufgrund der Einlöseklausel des § 37 Abs. 2 VVG entscheidende Bedeutung zu.

A. Zustandekommen des Vertrages

2 Der Versicherungsvertrag kommt durch Angebot (Antrag des Kunden) und Annahme (Ausstellung des beantragten Versicherungsscheins) zustande. Die Besonderheiten, die sich bei der Versicherung eines KFZ ergeben, werden unten einzeln dargestellt. Dabei ergeben sich Pflichten für beide Seiten. Der Kunde ist gehalten, das vertragliche Risiko (Auto) in seinem tatsächlichen Zustand und Verwendungszweck zu versichern und die erforderlichen Auskünfte dazu zu geben. Es ist zu unterscheiden zwischen dem formellen Vertragsbeginn und dem materieller Vertragsbeginn. Als formeller Vertragsbeginn ist der von den beiden Parteien bezeichnete Beginn der vertraglichen Bindung zu bezeichnen, während der materielle Vertragsbeginn den Beginn des Deckungsschutzes bezeichnet, also in der Schaden-Versicherung den Beginn der Haftungszeit[6]. In der Kraftfahrzeug-Haftpflicht-Versicherung fallen der Versicherungsbeginn und der Beginn der Haftungszeit durch die vorläufige Deckung regelmäßig auseinander. Durch die erweiterte Einlöseklausel besteht materieller Deckungsschutz (im Innenverhältnis) erst zum Zeitpunkt der Zahlung der ersten Prämie. Wird ein Vertrag mit einem Minderjährigen geschlossen, bedarf dieser der Genehmigung durch die Erziehungsberechtigten. Wird diese Genehmigung verweigert, ist der Vertrag nicht zustande gekommen[7].

I. Beratungs-, Informations- und Dokumentationspflichten

3 Der Versicherer muss den Kunden ausführlich beraten[8], welcher Vertrag für ihn der richtige ist. Durch die VVG-Reform ist der Versicherer gehalten, die Beratung auch zu dokumentieren, § 6 Abs. 1 VVG. Diese Beratung muss dem Versicherungsnehmer in Textform klar und verständlich übermittelt werden, § 6 Abs. 2 VVG. Hiervon sind Ausnahmen zugelassen: die Erläuterung kann mündlich erfolgen und der Versicherungsnehmer kann auf die schriftliche Übermittlung im Einzelfall verzichten. Sie ist auch bei Verträgen, in denen eine vorläufige Deckung gewährt wird, nicht erforderlich. Fehler in der Dokumentation können zu Beweiserleichterungen[9] bis hin zur Beweislastumkehr führen[10]. Dann sind die Angaben aber mit dem Versicherungsschein zu übermitteln.

---

6 Meixner/Steinbeck, aaO. § 1 Rn. 110 ff.
7 BGH v. 02.10.2002 – IV ZR 309/01 zur schwebenden Unwirksamkeit eines Versicherungsvertrages eines Minderjährigen.
8 Franz, »Das Versicherungsrecht im neuen Gewand«, VersR 2008, 298 ff.
9 Brand, »Beweiserleichterungen im Versicherungsrecht«, VersR 2015, 10, 15 f.
10 Dokumentationspflicht des Versicherungsvermittlers nach §§ 42b ff VVG a. F., jetzt §§ 61 f VVG n. F. BGH v. 13.11.2014 – III 440/13 (Jurion); OLG Saarbrücken v. 27.01.2010 – 5 U 337/09, Juris (Krankenversicherung); Henning, »Vermutung beratungsgerechten Verhaltens – mehr als eine Erleichterung des Kausalitätsgegenbeweises«, VersR 2014, 922 ff.

Im Bereich der Kraftfahrtversicherung dürfte sich die Beratung des Versicherers bzw. seiner Außendienstmitarbeiter[11] auf folgende Punkte beschränken:
- Versicherungssumme, Mindestversicherungssumme oder unbegrenzte Deckung,
- Räumlicher Deckungsumfang (Europaklausel etc.)[12]
- Fahrzeugvoll- oder Teilversicherung (Vollkasko[13], Teilkasko),
- Insassenunfallversicherung,
- Fahrerschutzversicherung,
- Schutzbrief,
- evtl. Verkehrsrechtsschutz,

Aber auch in diesem eng eingegrenzten Bereich ist der Versicherer gehalten, entsprechend den Bedürfnissen zu beraten. Bei Beratungsfehlern kann im Schadenfall eine Quasideckung aus dem Beratungsverschulden des Maklers oder Versicherungsagenten folgen[14]. Durch die Unterschrift auf dem Antrag dokumentiert der Versicherungsnehmer den Umfang der Vereinbarungen.

Außerdem muss der Versicherer dem Kunden vor dem Vertragsschluss die AKB zur Kenntnisnahme geben, § 7 Abs. 1 VVG. Auf die Übermittlung der AKB kann nur mit ausdrücklicher Zustimmung des Versicherungsnehmers verzichtet werden. Im Rahmen der Gewährung von vorläufiger Deckung kann die Übermittlung der AKB auch mit dem Versicherungsschein erfolgen, § 7 Abs. 1 VVG. Der Versicherungsnehmer kann aber gem. § 7 Abs. 3 VVG jederzeit die Überlassung der AKB verlangen. Hat der Versicherungsnehmer eine Bestätigung über den Empfang der Vertragsunterlagen unterzeichnet, kann er sich auch dann nicht mehr auf den Nichterhalt berufen, wenn die Empfangsbestätigung nicht drucktechnisch hervorgehoben wurde.[15] Diese Regel kann nur umgangen werden, wenn im Vertrag eine sog. vorläufige Deckung nach B.2 vereinbart wurde. Dann reicht es aus, wenn die Bedingungen mit der Übersendung des Versicherungsscheins ausgehändigt werden. Entsteht in der Zwischenzeit Streit über Inhalt und Umfang der dem Vertrag zugrunde liegenden AKB, gelten die regelmäßig verwendeten Bedingungen als vereinbart.

4

Auch eine Veränderungsanzeige ist ein neuer Antrag (so z. B. die Umpolicierung einer PKW-Eigenverwendung auf Kraftdroschke (Taxi) oder Selbstfahrer-Vermietfahrzeug), der von dem Versicherer angenommen werden muss.

---

11 Vgl. auch OLG Celle v. 167.04.2009 – 11 U 220/08, r+s 2009, 396 zu den Aufklärungspflichten des Maklers bei Vertragsschluss (hier Aufnahme offenkundig unrichtiger Angaben zur Gebäudenutzung).
12 Wegen der Details vgl. unter A.1.4 räumlicher Geltungsbereich.
13 Dabei ist der Versicherungsmakler auch gehalten, auf die möglichen Obliegenheitsverletzungen oder Risikoausschlüsse richtig hinzuweisen, vgl. OLG Karlsruhe v. 01.07.2004 – 12 U 85/04,zfs 2004, 415 für die fälschliche Auskunft, ein Sicherheitstraining auf dem Hockenheimring sei vom Versicherungsschutz wegen der Rennklausel ausgeschlossen.
14 BGH v. 26.03.2014 – VI ZR 422/13, zfs 2014,335 (Betriebshaftpflicht);
    BGH v. 23.10.2014 – III ZR 82/13, VersR 2015, 187 (Lebensversicherung); OLG Saarbrücken v. 27.01.2010 – 5 U 337/09, Juris (Krankenversicherung).
15 OLG München v. 23.10.2014 – 14 U 857/14.

II. Hinweispflichten

5 Der Versicherer muss mit der Übermittlung der AKB, sofern diese im Policenmodell[16] mit der Versicherungspolice zur Kenntnis gebracht werden, den Versicherungsnehmer darauf hinweisen, dass ihm ein Widerrufsrecht nach § 8 VVG[17] zusteht und die Pflicht zur Zahlung der Erstprämie erst nach Ablauf dieses Widerrufsrechts zu laufen beginnt. Außerdem muss er im Falle der veränderten Annahme des Antrags den Versicherungsnehmer darüber aufklären, dass er dieser Veränderung widersprechen kann, § 5 VVG[18]. Darüber hinaus muss in der Prämienrechnung deutlich darauf hingewiesen werden, dass der Versicherungsschutz bei nicht rechtzeitiger Zahlung der Erstprämie rückwirkend entfällt und ggf. auch die gewährte vorläufige Deckung gefährdet ist[19]. Auch wenn der Vertrag nur modifiziert wird und damit ein neues Angebot durch den Versicherer abgegeben wird, ist der Versicherungsnehmer entsprechend zu belehren und auf sein Widerspruchsrecht nach § 5 VVG hinzuweisen[20]. Auf die Formulierung von mehreren Widerspruchsbelehrungen ist zu achten. Nur bei Unterschieden in der Formulierung in Antrag, Anschreiben zum Versicherungsschein und Versicherungsschein kann es an der richtigen Belehrung mangeln[21]. Folgerichtig dürfte auch in diesem Fall die Pflicht zur Zahlung der Erstprämie erst nach Ablauf der Widerspruchsfrist zu laufen beginnen.

Bedient sich der Versicherer eines Abschluss-Agenten (§ 43 VVG) oder Außendienstmitarbeiters zur Vertragsvermittlung, so muss er sich nach gefestigter Rechtsprechung dessen Verhalten zurechnen lassen[22]. Für Fehler des Vermittlers hat der Versicherer dann auch ggf. einzustehen nach den Regeln der cic[23].

6 Für einen Makler[24] hingegen haftet der Versicherer nicht, da dieser mehrere Versicherer vertritt und nicht vertraglich an einen Versicherer ausschließlich gebunden ist[25].

---

16 Vgl. u. a. Rixecker, »VVG- 2008 – Eine Einführung IX. Vertragsschluss«, zfs 2007, 495; Schimikowski »Die vorvertragliche Anzeigepflicht« in r+s 2009, 353 ff.
17 Vgl. dazu unten Rdn. 13 ff.
18 Vgl. hierzu Kreuter-Lange, VVG § 6 Rdn. 5 m. w. H.
19 Wegen der Details vgl. Kommentierung unter AKB C.1.1 Rdn. 12 f.
20 Ludovisy/Eggert/Burhoff/Notthoff aaO. R. 4, der leider noch das alte Recht kommentiert.
21 OLG Köln v. 06.12.2013 – 20 U 50/13, Jurion.
22 So schon BGH v. 20.06.1963 – II ZR 199/61, BGHZ 40, 22 ff. = NJW 1963, 1978 ff., BGH v. 28.10.1963 – II ZR 193/62, NJW 1964, 244, zuletzt BGH v. 29.04.2009 – IV ZR 201/06, NJW-RR 2009, 1038 = VersR 2009, 980.
23 Vgl. ausführlich hierzu Stiefel/Hofmann, Kraftfahrtversicherung zu § 1 AKB a. F. Rn. 45 ff.
24 Zu den Hinweispflichten eines Maklers vgl. u. a. BGH v. 16.07.2009 – III ZR 21/09, r+s 2009, 395 f; OLG Celle v. 16.04.2009 – 11 U 220/08, r+s 2009, 396; Schimikowski »Die vorvertragliche Anzeigepflicht«, r+s 2009, 353 ff.
25 OLG Oldenburg v. 07.09.1994 – 2 U 25/94, r+s 1995, 107.

III. Kontrahierungszwang

Der Versicherer kann sich im Bereich der Kfz-Versicherung nur eingeschränkt weigern, mit dem Kunden einen Vertrag abzuschließen. § 5 PflVG zwingt den KH-Versicherer dazu, jedem, der mit ihm einen Vertrag schließen will, einen Vertrag mindestens zu den Mindestversicherungssummen anzubieten[26].

Der Kontrahierungszwang bezieht sich dabei ausdrücklich nach dem Gesetz auf Zweiräder, PKW und Kombikraftwagen bis 1 t Nutzlast[27], § 5 Abs. 3 S. 1 PflVG. Damit ist kein Versicherer verpflichtet, einen LKW über 1 t Nutzlast zu versichern. Diesen Vertrag kann er ablehnen. Gleichwohl kann er aber über die Deckungskarte[28] und die dadurch gewährte vorläufige Deckung verpflichtet sein, vorläufigen Versicherungsschutz zu gewähren.

B. Annahmefiktion

Eine **Antragsannahme** wird fingiert, wenn der Versicherer nicht innerhalb einer Frist von zwei Wochen den Antrag ablehnt. Ablehnen kann der Versicherer zulässigerweise nur eine Versicherung zu höheren Summen als den Mindestversicherungssummen sowie die Vereinbarung von Zusatzversicherungen (Kasko, Unfall, Schutzbrief etc.). Ein Zwang, die Zusatzversicherungen, die neben dem KH-Vertrag angeboten werden können, abzuschließen, besteht nicht[29].

7

8

I. Annahme des Antrages

Der Kontrahierungszwang bezieht sich ausschließlich auf die Kraftfahrzeug-Haftpflichtversicherung[30], und kann sich aufgrund der Systematik des PflVG auch nur in den Grenzen der dort vorgeschriebenen Mindestversicherungssummen bewegen.

9

II. Möglichkeiten der Ablehnung des Antrages

Außerhalb dieser Regelung darf der Versicherer den Abschluss des Vertrages dann ablehnen, wenn
- sachliche oder örtliche Beschränkungen im Geschäftsplan entgegenstehen, § 5 Abs. 4 S. 1 PflVG;
- der Versicherungsnehmer schon vorher bei dem Versicherer versichert war und der Versicherungsvertrag wegen Drohung oder arglistiger Täuschung angefochten wurde;

10

---

26 Der Kontrahierungszwang wurde vom EUGH für die Kraftfahrzeug-Haftpflicht-Versicherung bestätigt, EUGH v. 28.04.2009 – C-518/06.
27 Römer in Römer-Langheid VVG PflVG § 5 Rn. 2.
28 Feyock in Feyock/Jacobsen/Lemor § 5 PflVG, Rn. 21 ff.
29 § 5 Abs. 3 S. 1, vgl. auch Schirmer, »Neues VVG und die Kraftfahrzeughaftpflicht- und Kasko-Versicherung Teil 1«, DAR 2008, 181 f.
30 BGH v. 30.09.1981 – IVa ZR 187/80, VRS 1982, Bd. 62, 6.

- der Versicherungsnehmer schon vorher bei dem Versicherer versichert war und der Versicherer wegen Verletzung der vorvertraglichen Anzeigepflicht oder Nichtzahlung der ersten Prämie zurückgetreten war; oder
- der Versicherungsnehmer schon vorher bei dem Versicherer versichert war und dieser den Versicherungsvertrag wegen Nichtzahlung der Prämie oder im Schadenfall gekündigt hat.

Fehlt es an der Antragsannahme und ist der Antrag wegen der fehlenden Annahme innerhalb der Bindungsfrist erloschen, kann in dem Einzug der Erstprämie – ohne dass der Zugang eines Versicherungsscheins erfolgt – ein neues Angebot des Versicherers auf Abschluss des Vertrages zu den Konditionen im Antrag gesehen werden[31].

III. Rechtsfolge der Ablehnung

11 Der Versicherungsvertrag kommt bei berechtigter Ablehnung nicht zustande, wird der Antrag wegen des Kontrahierungszwangs aus sonstigen Gründen modifiziert angenommen, erhält der Versicherungsnehmer ein Widerspruchsrecht[32]. Eine unberechtigte Ablehnung ist als Verletzung einer vertraglichen Pflicht (culpa in contrahendo) zu bewerten, eine Möglichkeit, den Anspruch auf Vertragsschluss durchzusetzen hat der Versicherungsnehmer nicht, da der Vertrag durch die gesetzliche Annahmefiktion zustande gekommen ist[33]. Die Feststellungsklage als einzige Möglichkeit, dies zu klären, ist damit wegen fehlenden Feststellungsinteresses unzulässig. Es bleibt daher im Schadenfall die Leistungsklage auf Gewährung von Versicherungsschutz, alternativ die Klärung dieser Frage als prozessuale Vorfrage, wenn Ansprüche aus dem Vertrag geltend gemacht werden.

C. Irrtum, Anfechtung, Drohung

12 Auch im Versicherungsvertragsrecht gelten die allgemeinen Regeln hinsichtlich des Vertragsschlusses. So kann eine Anfechtung[34] wegen Irrtums[35] nach § 119 BGB in Betracht kommen, wenn der Vertrag in Kenntnis der entscheidungserheblichen Punkte nicht oder nicht so geschlossen worden wäre. Allerdings ist der Versicherer dann gehalten, bei Unklarheiten die entsprechenden Fragen zur Klärung offenkundiger Falschangaben zu stellen, wenn ggf. eine Anfechtung wegen falscher Angabe in Betracht kommt. Unterbleibt diese Frage, kann der Versicherer nicht mehr wegen dieser falschen Angaben den Vertragsschluss anfechten[36]. Auch offener oder versteckter Dissens (§§ 154, 155 BGB) sind möglich, wenn die Erklärungen der beiden Vertragsparteien

---

31 BGH v. 22.05.1991 – IV ZR 107/90, VersR 1991, 910.
32 Hierzu vgl. unten Rdn. 20.
33 Feyock in Feyock/Jacobsen/Lemor PflVG § 5 Rn. 54.
34 Zur Anfechtung eines Vertrags für fremde Rechnung vgl. LG Hannover v. 22.04.2009 – 23 O 98/07.
35 OLG Düsseldorf v. 23.08.2005 – 1- 4 U 140/04, VersR 2006, 421.
36 OLG Frankfurt v. 23.06.2009 – 3 U 286/07 zur Krankenversicherung Anfechtung wegen Täuschens ist jedenfalls beim Verschweigen einer Asthma-Erkrankung dann nicht möglich,

wissentlich oder unwissentlich voneinander abweichen[37]. Angesichts des formalistischen Vertragsgerüstes in der Kraftfahrzeug-Haftpflicht-Versicherung sind diese Möglichkeiten eher theoretischer Natur. Auch die Nichtigkeit des Vertrages wegen Sittenwidrigkeit könnte gegeben sein, wenn z. B. der Versicherungsvertrag wegen eines bereits eingetretenen Schadens zurückdatiert wird.[38]

D. Widerrufsrecht des Versicherungsnehmers und die Folgen

Das VVG sieht ein Widerrufsrecht des Versicherungsnehmers vor, auf das der Versicherer ausdrücklich und drucktechnisch[39] augenfällig hinweisen muss. 13

I. Form und Frist des Widerrufs

Der Versicherungsnehmer kann gem. § 8 VVG innerhalb einer Frist von zwei Wochen 14 den geschlossenen Vertrag schriftlich widerrufen[40]. Die Frist beginnt zu laufen, wenn er den Versicherungsvertrag nebst Bedingungen und Abreden und weiteren ggf. erforderlichen Informationen gem. § 8 Abs. 2 Ziffer 1 erhalten hat. Dabei muss diesen Unterlagen auch eine deutliche Belehrung über das Widerrufsrecht beigefügt sein[41], die auch über die Folgen des Widerrufs und den Adressaten, an den der Widerruf gerichtet sein muss, Auskunft gibt, § 8 Abs. 2 Ziffer 2 VVG. Ein zusätzliches Recht, den Vertrag wegen »unterjähriger Zahlungsweise« zu widerrufen, entfällt, da kein entgeltlicher Zahlungsaufschub vorliegt[42]. Das Widerrufsrecht erlischt bei ordnungsgemäßer Belehrung nach Firstablauf bzw. der vollständigen Vertragsbeendigung[43].

II. Ausschluss des Widerrufs

Der Widerruf ist gem. § 8 Abs. 3 VVG nur ausgeschlossen, wenn es sich 15
– um einen kurzfristigen Vertrag bis 1 Monat handelt,
– vorläufige Deckung gewährt wird (ausgenommen Verträge, die als Fernabsatzvertrag i. S. v. § 302 BGB gewertet werden müssen) oder

---

wenn die Versicherung wegen sich aufdrängender Nachfragepflichten diese Nachfrage unterlassen hat.
37 Vgl. hierzu ausführlich Stiefel/Hofmann Kraftfahrtversicherung (Vorauflage 17. A) § 1 AKB a. F. Rn. 33–36.
38 BGH v. 13.11.1985 – IVa ZR 24/84, VersR 1986, 131; beweisbelastet ist der Versicherer BGH v. 04.07.1974 – III ZR 66/72, NJW 1974, 1821.
39 OLG München v. 27.06.2014 – 25 U 1044/14, Jurion.
40 Vgl. Auch Wandt/Ganster »Die Rechtsfolgen des Widerrufs eines Versicherungsvertrags gem. § 9 VVG 2008«, VersR 2008, 425 ff. zu den allgemein auftauchenden Problemen.
41 LG Dessau v. 30.01.2014 – 1 S 162/13, Jurion.
42 OLG München v. 10.07.2012 – 25 U 1169/12, Jurion. Vgl. auch grundlegend zur unterjährigen Zahlungsweise von Versicherungsprämien BGH v. 06.02.2013 – IV ZR 230/12, Jurion = r+s 2013, 119 = VersR 2013, 341:.
43 OLG Celle v. 02.02.2012 – 8 U 125/11; Beachte: die Entscheidung BGH v. 16.10.2013 – IV ZR 52/12, befasst sich noch mit der alten Rechtslage!.

– bei Versicherungen über ein Großrisiko.
Darüber hinaus ist nach erfolgter Kündigung des Vertrages ein Widerruf der Vertragserklärung unzulässig, da mit der Kündigung bereits ein Gestaltungsrecht ausgeübt wurde. Der Versicherungsnehmer hat mit der Erklärung der Kündigung gerade zum Ausdruck gebracht, dass der Vertrag für die Vergangenheit Bestand haben soll. Danach ist für eine Widerrufserklärung, die den Vertrag ex tunc aufhebt, kein Raum mehr[44].

III. Fehlende Belehrung über das Widerrufsrecht

16 Erfolgt die Belehrung nicht, kann der Versicherungsnehmer den Vertrag unbegrenzt widerrufen[45]. Das Widerrufsrecht ist erst dann ausgeschlossen, wenn beide Vertragsparteien den Vertrag auf den ausdrücklichen Wunsch des Versicherungsnehmers vollständig erfüllt haben, bevor der Widerruf ausgeübt wurde. Dies bedeutet, der Widerruf entfällt im Schadenfall, soweit dieser vom Versicherer vollständig (im Rahmen der Haftung) reguliert wurde und der Versicherungsnehmer die Prämie gezahlt hat.

IV. Rechtsfolgen des Widerrufs

17 Die Rechtsfolgen des Widerrufs werden im VVG nur hinsichtlich der Prämien geregelt, wenn bereits Prämien geflossen sind, § 9 VVG. Dabei setzt § 9 VVG voraus, dass der Versicherungsschutz erst nach Ablauf der Widerrufsfrist beginnt. Die Prämien, die schon gezahlt wurden, müssen für den Zeitraum nach dem Zugang des Widerrufs zurückerstattet werden[46], wenn schon Versicherungsschutz gewährt wurde. Die auf den Zeitraum vor dem Widerruf erhaltenen Prämien darf der Versicherer behalten. Für den Fall, dass keine oder keine ausreichende Belehrung über das Widerrufsrecht erfolgte, hat der Versicherer die gezahlte Prämie für das erste Jahr des Versicherungsschutzes vollständig zu erstatten, wenn noch keine Leistungen aus dem Versicherungsvertrag in Anspruch genommen wurden. Dabei stellt sich die Frage, ob nicht auch die Gewährung von Versicherungsschutz durch den Versicherer eine Leistung ist, die die Rückzahlungspflicht aushebeln würde[47].

---

44 LG Köln, v. 04.12.201 – 26 O 301/12, Jurion.
45 BGH v. 05.11.2014 – IV ZR 331/14 (zu 5a VVG a. F.). BGH v. 14.05.2014 – IV ZA 5/14, VersR 2014, 824 f. zu den Anforderungen an die Belehrung über das Widerrufsrecht bei Rentenversicherungen; allein die Abrufbarkeit der Widerrufsbelehrung im Internet ohne entsprechende Bestätigung durch den Abrufenden erfüllt die Anforderungen an eine ordnungsgemäße Belehrung nicht, BGH v. 15.05.2014 – III ZR 368/13, VersR 2014, 838 f. BGH v. 07.05.2014 – IV ZR 76/11 zur Rechtmäßigkeit eines Widerrufs bei ordnungsgemäßer Belehrung nach erfolgter Vertragskündigung und Abrechnung unter Anwendung europäischen Rechts zu § 5a VVG a. F. (Lebensversicherung). OLG Hamm v. 09.10.2013 – I-20 U 81/13, VersR 2014, 485 f. Armbrüster »Ewige« Widerrufsrechte und ihre Folgen«, VersR 2012, 513 ff.
46 LG Heidelberg v. 25.09.2014 – 1 S 15/13 (zu § 5a VVG a. F.), Jurion.
47 So jedenfalls Wandt/Ganster, »Die Rechtsfolgen des Widerrufs eines Versicherungsvertrages gem. § 9 VVG 2008«, VersR 2008, 425 ff.

Diese Regelung ist im Bereich der Kraftfahrtversicherung eher unglücklich, da der Versicherer mit der elektronischen Ausgabe der Deckungskarte via Internet bereits im Risiko steht und dieser Vertrag aufgrund der Gestaltung der Regelung des § 312b Abs. 1 und 2 BGB entsprechen dürfte. Die Regelung des § 312b Abs. 3 Ziffer 3 BGB wird angesichts der Neuregelung der Ausgabe von Deckungskarten via Internet zu prüfen sein.

Zu beachten ist auch, dass der Versichererwechsel zum Jahresbeginn den einen Vertrag durch Kündigung des Versicherungsnehmers enden lässt und der neue Vertrag bei einem anderen Versicherer, der rechtzeitig zum 1.1. des Folgejahres policiert und der Versicherungsschein nebst Anlagen übersendet wurde, dazu führen kann, dass durch den Widerruf das KFZ im Innenverhältnis unmittelbar ab Widerrufsausübung keinen Versicherungsschutz hat. Auch die Verknüpfung des Widerrufsrechts mit dem Fernabsatzgeschäft[48] kann dazu führen, dass infolge des Widerrufs nach einem elektronisch angebahnten Geschäft mit vorläufiger Deckung infolge des Widerrufs ein Fahrzeug ohne Versicherungsschutz im öffentlichen Verkehrsraum gebraucht wird. 18

Der Widerruf hat immer zur Folge, dass der Vertrag, auf den sich der Widerruf bezieht, mit dem Zugang beim Versicherer unmittelbar beendet wird[49]. Im Innenverhältnis besteht damit kein Versicherungsschutz mehr. Empfangene Leistungen – etwa im Rahmen der vorläufigen Deckung können jedoch insoweit behalten werden, als die Prämie für diesen Zeitraum innerhalb der gesetzten Fristen beglichen werden[50]. Dabei ist zu beachten, dass auch die vorläufige Deckung gem. B.2.6 AKB zeitgleich mit dem Eingang der Widerrufserklärung bei dem Versicherer endet. Diese Regelung betrifft das Innenverhältnis zwischen Versicherungsnehmer und Versicherer, im Außenverhältnis wird sich der Versicherer nicht auf das Ende bzw. Nichtbestehen des Versicherungsvertrages berufen können, solange die Frist des § 117 Abs. 2 VVG (Nachhaftung) nicht abgelaufen ist. Allerdings ist der Versicherungsnehmer gehalten, die innerhalb der Nachhaftungsfrist erbrachten Leistungen an den Versicherer zurückzugewähren! 19

E. Widerspruchsrecht und die Folgen

Neben dem Widerrufsrecht steht dem Versicherungsnehmer auch ein Widerspruchsrecht nach § 5 VVG zu, wenn der Versicherungsschein vom gestellten Antrag abweicht. Als Abweichung gilt dabei jede Regelung, die vom ursprünglichen Antrag abweicht. Diese können sein: 20
– Begrenzung der Haftung auf die Mindestversicherungssumme statt der beantragten unbegrenzten Deckung;

---

48 Vgl. zum Thema Fernabsatzgeschäft im Bereich Versicherungsrecht Ganster, »Die Prämienzahlung im Versicherungsrecht«, S. 285 ff.
49 Schirmer, »Neues VVG und die Kraftfahrzeughaftpflicht- und Kasko-Versicherung Teil 1« DAR 2008, 181, 182.
50 A. A. Ganster, »Die Prämienzahlung im Versicherungsrecht«, S. 285 ff., wobei im Falle von erbrachten Leistungen durch den Versicherer diese vom Versicherungsnehmer im Rahmen von § 7 II FernabsatzG zurückzugewähren seien, S. 289 FN. 1288.

– Ausschluss bestimmter Länder, die beantragt waren (Türkei; Russland);
– Ablehnung der Vollkasko-Versicherung[51], oder einer bestimmten Selbstbeteiligung (statt 300 € eine SB von 1.000 €)
– Ablehnung der Teilkasko-Versicherung
– Ablehnung der Insassen-Unfallversicherung etc.

21 Gem. § 5 Abs. 2 muss der Versicherer den Versicherungsnehmer auf die Abweichungen hinweisen, dann hat der Versicherungsnehmer einen Monat Zeit, um schriftlich (in Textform) zu widersprechen. Lässt der Versicherungsnehmer diese Frist ungenutzt verstreichen, gilt die Änderung, die einen neuen Antrag auf Abschluss eines Versicherungsvertrages darstellt, als genehmigt, auch wenn die Änderung für ihn ungünstig ist[52], Exculpationsmöglichkeiten des Versicherers bestehen nicht, er haftet insoweit auch für seinen Agenten[53]. Die Widerspruchsbelehrung muss dabei räumlich getrennt und deutlich hervorgehoben werden[54]. Durch Zahlung der Versicherungsprämien kann konkludent die Genehmigung des Vertrages erklärt werden[55].

Unterbleibt diese Belehrung oder erfolgt sie nicht ordnungsgemäß, beseht das Widerspruchsrecht auch über die Jahresfrist hinaus[56]. Ein Anspruch auf Prämienzahlung besteht dann ggf. nicht[57]. Unterlässt der Versicherer die entsprechenden Kennzeichnungen der Änderungen und den Hinweis auf das Widerspruchsrecht, so wird der Versicherungsnehmer so gestellt, als sei der Vertrag entsprechend seinem Antrag angenommen[58]. Allerdings ist es rechtsmissbräuchlich, wenn sich ein Versicherungsvertreter nach Jahren darauf beruft, nicht ordnungsgemäß über sein Widerspruchsrecht belehrt worden zu sein[59].

22 Bei Widerspruch ist der Vertrag nicht zustande gekommen. Der Versicherungsnehmer muss sich um anderweitigen Versicherungsschutz bemühen. Soweit vorläufige Deckung in Anspruch genommen wurde, ist diese vom Versicherer gesondert zu kündi-

---

51 OLG Saarbrücken v. 27.05.2009 – 5 U 481/08-58, r+s 2009, 319: Eine Hinweispflicht des Versicherers war nach § 5 VVG a. F. nur bei einem besonderen Schutzbedürfnis erforderlich, während die Reform in § 5 VVG n. F. die Hinweispflicht des Versicherers normiert wird.
52 Hier war die Änderung für den Versicherungsnehmer günstig, OLG Nürnberg v. 22.09.1988 – 8 U 531/86, VersR 1989, 1078.
53 BGH v. 15.04.1987 – IVa ZR 224/85, VersR 1987, 663, 664.
54 OLG Stuttgart v. 23.10.2014 – 7 U 256/13 (Jurion), ders. v. 13.03.2014 – 7 U 216/13, VersR 2014, 1441 f; OLG München v. 27.06.2014 – 25 U 1044/14, Jurion; LG Heidelberg v. 25.09.29014 – 1 S 8/14 (Jurion).
55 AG Solingen v. 18.04.2013 – 13 C 134/12, Jurion (Genehmigung des vom Makler geschlossenen Vertrages; allerdings war der Vertrag dort mangels entsprechender Hinweise zum Widerspruchsrecht entsprechend dem Antrag zustande gekommen).
56 BGH v. 03.09.2014 – IV ZR 145/12; v. 30.07.2014 – IV ZR 85/12.
57 BGH v. 03.09.2014 – IV ZR 145/12.
58 BGH v. 15.04.1987 – IVa ZR 270/80, BGHZ 84, 268 = VersR 1982, 841 = NJW 1982, 2776.
59 OLG Stuttgart v. 11.06.2014 – 7 U 147/10 (Jurion).

gen, ansonsten gewährt er aufgrund der vorläufigen Deckungszusage unbegrenzten Versicherungsschutz.

F. Beginn des Vertrages

War nach den alten AKB der Beginn des Vertrages mit dem Einlösen des Versicherungsscheins untrennbar verbunden, § 1 AKB a. F., so gilt jetzt der Vertragsbeginn mit der Annahme des Antrages[60], regelmäßig mit dem Zugang des Versicherungsscheins als zustande gekommen. Diese Regelung birgt eine nicht zu unterschätzende Falle für den Versicherungsnehmer, der den Zugang des Versicherungsscheins bestreitet, um den Erstprämienverzug zu umgehen[61]. Der Versicherungsvertrag ist damit nicht zustande gekommen! Soweit für den Vertrag die vorläufige Deckung vereinbart war und entsprechende Bestätigungen bei der Zulassungsstelle vorliegen, läuft der Vertrag über die vorläufige Deckung weiter[62], liegen allerdings noch keine Versicherungsbestätigungen bei der Zulassungsstelle vor, hat der Versicherungsnehmer keinen Anspruch auf Gewährung von Versicherungsschutz.

23

G. Beweislast

Für den Zugang des Versicherungsscheins[63], die Hinweise auf Änderungen sowie die entsprechenden Belehrungen ist der Versicherer beweisbelastet[64]. Beruft sich der Versicherer auf die vermutete Genehmigung, so hat er auch dies zu beweisen[65]. Der Versicherungsnehmer hingegen ist beweisbelastet[66] hinsichtlich eines Widerrufs oder Widerspruchs.

24

H. Verjährung

Soweit die Regelungen des VVG a. F.[67] verschiedene Verjährungsfristen vorsahen, abhängig davon, ob ein Regress geltend gemacht wurde, oder aber Ansprüche aus dem Vertrag, die sich in der Kraftfahrzeug-Haftpflicht-Versicherung nach § 3 Nr. 11 PflVG a. F. richteten, war die Frage der Verjährung nicht immer einfach zu klären. Die VVG-Reform hatte zur Folge, dass alle Vorschriften über die Verjährung gestrichen wurden und jetzt die allgemeinen Verjährungsregeln des BGB zur Anwendung kommen[68].

25

---

60 So für allgemeine Verträge schon BGH v. 27.05.1952 – II ZR 132/56 – VersR 1957, 442 = BGHZ 24, 308; OLG Hamm v. 19.03.1978 – 20 U 232/77, VersR 1978, 1039.
61 Armbrüster »Ewige« Widerrufsrechte und ihre Folgen«, VersR 2012, 513 ff.
62 Vgl. insoweit B.2 AKB.
63 BGH v. 22.05.1991 – IV ZR 107/90, VersR 1991, 910.
64 Armbrüster »Ewige« Widerrufsrechte und ihre Folgen«, VersR 2012, 513, 516 f. formuliert einige Ideen, wie der Zugang auch ohne förmlichen Beleg nachgewiesen werden kann.
65 OGH 7 Ob 39/86 VersR 1988, 199.
66 Ausführlich hierzu im Bereich BUZ OLG Brandenburg v. 17.10.2007 – 13 U 111/06, r+s 2008, 220.
67 Vgl. hierzu Meixner/Steinbeck aaO. § 1 Rn. 344 ff.
68 Marlow/Spuhl aaO. Kap. I 6. (S. 5).

B.1 Wann beginnt der Versicherungsschutz?

Der Versicherungsschutz beginnt erst, wenn Sie den in Ihrem Versicherungsschein genannten fälligen Beitrag gezahlt haben, jedoch nicht vor dem vereinbarten Zeitpunkt. Zahlen Sie den ersten oder einmaligen Beitrag nicht rechtzeitig, richten sich die Folgen nach C.1.2 und C.1.3.

Übersicht Rdn.
A. Versicherungsschutz 1
B. Beginn mit Beitragszahlung 2

A. Versicherungsschutz

1 Als Versicherungsschutz wird allgemein die vertraglich versprochene Leistung des Versicherers bezeichnet, A.1.1 AKB[1], nämlich die Befriedigung begründeter Schadenersatzansprüche und die Abwehr unbegründeter Schadenersatzansprüche. Voraussetzung ist hierfür zum einen der Vertragsschluss (Übersendung des Versicherungsscheins als Zeichen der Antragsannahme) und die Zahlung der ersten Prämie. Als Beginn kann bei einer Versicherung ein bestimmtes Datum, welches nicht mit der Annahmeerklärung des Versicherers übereinstimmen muss, vereinbart sein. Dabei fallen in der Kraftfahrzeug-Versicherung regelmäßig der Zeitpunkt des Beginns des Versicherungsschutzes mit dem Datum der Prämienzahlung auseinander[2]. Es handelt sich bei der Kraftfahrzeug-Versicherung um eine sog. Rückwärtsversicherung.

B. Beginn mit Beitragszahlung

2 Die Gewährung von Versicherungsschutz, eine vertragliche Hauptpflicht des Versicherers, ist natürlich an die Hauptpflicht des Versicherungsnehmers zur Prämienzahlung[3] geknüpft. Nur in der Kraftfahrzeug-Haftpflichtversicherung kann es dabei zu einer Vorleistungspflicht des Versicherers im Außenverhältnis (Regulierung eines KH-Schadens) kommen, obwohl die fälligen Prämien (noch) nicht gezahlt wurden.

3 Die Prämienzahlungspflicht ist in § 1 S. 2 VVG geregelt. Sie besteht aus der Netto-Prämie, der Versicherungssteuer und einer Gebühr, die sich aus den Tarifen der Versicherer ergibt. Es ist zwischen der ersten, der einmaligen und der laufenden Prämie zu unterscheiden. Erstprämie i. S. d. § 37 VVG ist diejenige, die als zeitlich erste fällig wird bei Vertragsbeginn Als Folgeprämien werden alle die Prämien genannt, die zeitlich der Erstprämie nachfolgen. Eine Einmalprämie kann beispielsweise bei einem kurzfristigen Vertrag entstehen, die Prämie dafür darf allerdings nicht höher sein, als die Jahresprämie.

---

1 Wegen der Details vgl. dort.
2 LG Dortmund v. 20.06.2012 – 2 O 457/09, Jurion.
3 Ganster, »Die Prämienzahlung im Versicherungsrecht«, S. 11 f.

Grundsätzlich wird erst Versicherungsschutz im Innenverhältnis zwischen Versiche- 4
rungsnehmer und Versicherer gewährt, wenn die Prämie gezahlt ist. Dabei können
die Deckungszusage und der Zahlungszeitpunkt auseinander fallen. In aller Regel
löst die rechtzeitige Zahlung die Gewährung von Versicherungsschutz aus[4]. Ein
etwa vom Versicherungsnehmer abweichender Fahrzeughalter, der die Zulassung auf
sich vorgenommen hat, ist nicht Vertragspartner und Prämienschuldner[5].

In dieser Formulierung wird von dem im Versicherungsschein genannten fälligen Beitrag gesprochen. Damit soll der Beitrag mit Übersendung des Versicherungsscheins fällig gestellt werden. Voraussetzung für die Fälligkeit einer Prämienforderung ist nach einhelliger Rechtsprechung die korrekte Prämienanforderung[6]. Eine falsch berechnete Prämie löst die Folgen nicht aus, jedoch kann der Versicherungsnehmer in einem solchen Fall nicht untätig bleiben.

B.2 Vorläufiger Versicherungsschutz

Bevor der Beitrag gezahlt ist, haben Sie nach folgenden Bestimmungen vorläufigen Versicherungsschutz:

Vorbemerkung

Bei der Gewährung von vorläufigem Versicherungsschutz handelt es sich gem. § 49 1
VVG um einen eigenständigen Vertrag, der selbständig gekündigt werden kann (von
beiden Seiten). Bei Vereinbarung einer vorläufigen Deckung, was in der Kraftfahrzeug-Haftpflicht häufig vorkommt, sind die Bedingungen nicht beim Vertragsschluss über
die vorläufige Deckung zu überlassen, § 45 Abs. 1 VVG, es kann hier anderes vereinbart werden. D. h. es muss ausdrücklich vereinbart werden, dass die Bedingungen nicht
überreicht werden. Ein formularmäßiger Ausschluss kommt nicht in Betracht. Soweit
Streit über die Bedingungen besteht, werden diejenigen Bedingungen als vereinbart angesehen, die vom Versicherer üblicherweise verwendet werden und bei verschiedenen
AKB diejenigen, die den Versicherungsnehmer günstiger stellen. Eine weitere Auswirkung des Verbraucherschutzes.

Es ist – wie beim späteren Hauptvertrag – zwischen den einzelnen Sparten zu differenzieren, da unterschiedliche Auswirkungen gegeben sein können. In der Kraftfahrzeug-Haftpflicht ist häufig ein Schutzbrief eingeschlossen, ohne dass hierfür gesondert
Beiträge zu erstatten wären. Daher wird der Schutzbrief auch mit der Kraftfahrzeug-Haftpflicht-Versicherung zusammen erwähnt.

---

[4] Zur Rechtzeitigkeit vgl. unten Kommentierung zu AKB C.1.1 Rdn. 4.
[5] LG Heidelberg v. 27.07.2012, 5 S 62/11, Jurion.
[6] Vgl. hierzu unter AKB C.1.1 Rdn. 9.

B.2.1 AKB (Ausgabe der Versicherungsbestätigung)

Kfz-Haftpflichtversicherung und Autoschutzbrief

B.2.1 (Ausgabe der Versicherungsbestätigung[1])

Händigen wir Ihnen die Versicherungsbestätigung aus oder nennen wir Ihnen bei elektronischer Versicherungsbestätigung die Versicherungsbestätigungs-Nummer, haben Sie in der Kfz-Haftpflichtversicherung und beim Autoschutzbrief vorläufigen Versicherungsschutz zu dem vereinbarten Zeitpunkt, spätestens ab dem Tag, an dem das Fahrzeug unter Verwendung der Versicherungsbestätigung zugelassen wird. Ist das Fahrzeug bereits auf Sie zugelassen, beginnt der vorläufige Versicherungsschutz ab dem vereinbarten Zeitpunkt.

Übersicht   Rdn.
A.   Allgemeines   1
B.   Versicherungsbestätigung/Elektronische Versicherungsbestätigung ...   2
C.   Vereinbarter Zeitpunkt   3
I.   Tag der Zulassung   4
II. Vereinbarter Zeitpunkt   5
III. Mehrere Versicherungsbestätigungen   6
D.   Umfang der Vorläufigen Deckung   7

A. Allgemeines

1   Diese Regelung modifiziert die Regelung des § 9 KfzPflVV, wonach mit Aushändigung der Versicherungsbestätigung Versicherungsschutz gewährt werden muss[2].

B. Versicherungsbestätigung/Elektronische Versicherungsbestätigung

2   Der Versicherer kann dem Versicherungsnehmer entweder eine Versicherungsbestätigung in Papierform aushändigen, oder ihm die Möglichkeit geben, sich eine elektronische Versicherungsbestätigung via Internet zu beschaffen. In beiden Fällen ist der Versicherer gehalten, schlimmstenfalls ab der Aushändigung der Versicherungsbestätigung Versicherungsschutz zu gewähren, wenn nicht auf der Versicherungsbestätigung anderes vermerkt ist, § 9 KfzPflVV. Dabei kommt es dann auch nicht darauf an, ob die Versicherungsbestätigung jemals der Zulassungsstelle vorgelegt wird[3]. Schwierig kann es nur werden, den ausstellenden Versicherer zu ermitteln.

---

1 Überschrift des Verfassers!.
2 OLG Frankfurt v. 09.08.2000 – 7 U 50/00, r+s 2001, 103; vgl. auch BGH v. 14.07.1999 – IV ZR 112/98, NJW 1999, 3560 = r+s 2000, 491.
3 OLG Hamm v. 10.11.1982 – 20 U 87/82, VersR 1983, 1123.

C. Vereinbarter Zeitpunkt

Der vereinbarte Zeitpunkt des Versicherungsbeginns kann vom Datum der Aushändi- 3
gung der Versicherungsbestätigung abweichen. So kann entweder vereinbart werden
»ab Tag der Zulassung« oder aber ein bestimmtes Datum.

I. Tag der Zulassung

Versicherungsschutz besteht damit entweder im Rahmen der gesetzlichen Mindestver- 4
sicherungssummen oder mit unbegrenzter Deckung (hier ist auf die einzelnen Anbieter
und die Hinweise auf der Versicherungsbestätigung zu achten) ab dem Tag der Zulassung. Von diesem Versicherungsschutz ist dann auch schon die Fahrt zur Zulassungsstelle umfasst. Dabei beginnt der Versicherungsschutz am Tag der Zulassung um 0.00
Uhr und reicht damit weiter als der reine Wortlaut des § 9 KfzPflVV[4], der den Beginn
des Versicherungsschutzes ab der Einreichung der Versicherungsbestätigung bei der
Zulassungsstelle verlangt. Sofern der Versicherungsnehmer mit ungestempelten Kennzeichen, aber mit einer Versicherungsbestätigung für vorläufige Deckung andere Fahrten als die nach H.3.1 AKB versicherten Fahrten durchführt, macht er sich nicht strafbar wegen Fahrens ohne Versicherungsschutz gem. § 6 PflVG[5], da er im Rahmen des
Vertrages über die vorläufige Deckung lediglich eine Obliegenheitsverletzung begeht.
Der Haftpflichtversicherungsvertrag besteht dann ggf. – abhängig von der Formulierung – schon ab Ausstellung der elektronischen Versicherungsbestätigung, eine Strafbarkeit gem. § 6 PflVG entfällt, wenn nicht zweifelsfrei geklärt werden kann, ob
auch eine Fahrt um 22.45 nicht als Vorbereitungsfahrt im Sinne des H.3.1 AKB zu werten ist[6].

II. Vereinbarter Zeitpunkt

Soweit das zu versichernde KFZ bereits angemeldet ist und der bestehende Vertrag ge- 5
kündigt wurde (z. B. wegen Tariferhöhung, im Schadenfall oder zum Jahresende) kann
auch ein bestimmter Termin zum Vertragsbeginn vereinbart werden, um Überlappungen zu vermeiden.

III. Mehrere Versicherungsbestätigungen

Liegen mehrere Versicherungsbestätigungen vor, ist der Versicherer im Risiko, der die 6
Versicherungsbestätigung zuletzt ausgestellt hat, § 52 Abs. 1 S. 1 VVG. Soweit die Versicherungsbestätigungen in Papier ausgegeben wurden, ist dies häufig nicht mehr nachvollziehbar. Durch die Ausgabe elektronischer Versicherungsbestätigungen, die automatisch an die Zulassungsstelle überspielt werden, dürfte sich diese Frage nunmehr
leichter klären lassen. Werden mehrere Bestätigungen ausgegeben und es wird bei

---

4 Langheid in Römer/Langheid Versicherungsvertragsgesetz § 9 Rn. 2 (2. Auflage 2003).
5 OLG Celle, Beschl. v. 08.08.2013 – 31 Ss 20/13, BeckRS 2013, 15474.
6 OLG Celle vom 08.08.2013 – 31 Ss 20/13 Juris.

einem der Versicherer ein Antrag ausgefüllt, gilt dieser unterzeichnete Antrag und hat Vorrang vor den sonstigen Versicherungsbestätigungen[7], § 52 Abs. 3 VVG.

D. Umfang der Vorläufigen Deckung

7 Zwar ist in den AKB vermerkt, dass die vorläufige Deckung über die Kraftfahrzeug-Haftpflicht nur hinausgeht, wenn dies ausdrücklich vereinbart wurde (B.2.2), aber wenn der Versicherungsnehmer dieses wünschte und die Versicherungsbestätigung nicht ausdrücklich auf die Kraftfahrzeug-Haftpflicht beschränkt wurde, gilt auch der weitergehende Wunsch auf Gewährung von vorläufiger Deckung z. B. in der Vollkasko-Versicherung als gewährt[8]. Wird aber entgegen des Wunsches des Versicherungsnehmers nur vorläufige Deckung in der Kraftfahrzeug-Haftpflicht-Versicherung gewährt, muss darauf augenfällig hingewiesen werden[9].

Vertragspartner des Versicherers ist derjenige, der den Antrag auf Versicherungsschutz gestellt hat, ein vertraglicher Anspruch gegen den personenverschiedenen Halter besteht nicht[10]. Grundsätzlich ist auch der Vertrag über die vorläufige Deckung ein Vertrag mit Schutzwirkung zugunsten Dritter, so dass auch der hier die Mitversicherten Personen entsprechend der jeweiligen AKB vom Versicherungsschutz umfasst sind[11].

Kasko-, Kfz-Unfallversicherung und Fahrerschutzversicherung

B.2.2 (Versicherungsschutz in Kasko- und Unfallversicherung[1])

In der Kasko-, der Kfz-Unfallversicherung und der Fahrerschutzversicherung haben Sie vorläufigen Versicherungsschutz nur, wenn wir dies ausdrücklich zugesagt haben. Der Versicherungsschutz beginnt zum vereinbarten Zeitpunkt.

1 Da der Kontrahierungszwang nur in der Kraftfahrzeug-Haftpflicht gilt, kann der Versicherer die vorläufige Deckung für die Voll- und Teilkasko-Versicherung und die Insassenunfall und sonstige Versicherungen, die noch als Sonderbedingungen von einzelnen Versicherern angeboten werden, ablehnen. Einen Automatismus wie in der Kraftfahr-

---

7 BGH v. 25.01.1995 – IV ZR 328/93, VersR 1995, 409.
8 So schon u. a. OLG Hamburg v. 15.08.1995 – 7 U 226/94, VersR 1996, 1137; OLG Köln v. 24.10.2000 – 9 U 34/00, NVersZ 2001, 274 für Teilkasko nach Aushändigung der Doppelkarte ohne Einschränkungen durch Versicherungsmakler; OLG Karlsruhe v. 20.07.2006 – 12 U 86/06, SP 2007, 18 = r+s 2006, 414 = NJW-RR 2006,1540 zur Vollkasko.
9 BGH v. 14.07.1999 – IV ZR 112/98, NZV 1999, 465 = r+s 2000, 491.
10 LG Heidelberg v. 27.07.2002 – 5 S 62/11, NZV 2013, 143 f.
11 Im Fall des AG Bremen v. 10.6.2014 – 18 C 0187/13, r+s 2014, 406, das den Halter aus der vorläufigen Deckung ausnimmt, war jedenfalls nicht der Beklagte derjenige, der mit dem Versicherer den Vertrag geschlossen hatte.
1 Überschrift des Verfassers!.

zeug-Haftpflicht gibt es hier nicht[2]. Allerdings wird von der Rechtsprechung auch die vorläufige Deckung in der Kasko-Versicherung dann bejaht, wenn dies üblicherweise zu erwarten war. Hat der Versicherungsnehmer telefonisch bei Anforderung der Deckungskarte Vollkaskoversicherungsschutz erbeten und die Deckungskarte weist keinen ausdrücklichen Hinweis[3] auf die Beschränkung nur auf Haftpflicht-Versicherungsschutz auf, erhält er Versicherungsschutz auch in der Vollkasko-Versicherung[4]. Auch wenn der Versicherungsnehmer zunächst im Rahmen der vorläufigen Deckung Versicherungsschutz in der Fahrzeugversicherung erhalten hatte und dann im Vertrag den Vollkasko-Schutz erst ab einem späteren Zeitpunkt vereinbart, bedeutet dies bei Nichtzahlung der Erstprämie, dass der vorläufige Deckungsschutz auch in der Fahrzeugversicherung entfällt[5]. Der nachträglich (nach Aushändigung der Versicherungsbestätigung für die Kraftfahrzeug-Haftpflicht-Versicherung) geäußerte Wunsch, auch eine Teilkasko-Versicherung zu vereinbaren, reicht nicht aus, um im Rahmen der vorläufigen Deckung Versicherungsschutz zu erhalten[6]. Wird der Vertragsschluss in der Kasko-Versicherung vom Versicherer abgelehnt und der Geschäftsstellenleiter sichert zu, er werde sich um den Kasko-Versicherungsschutz kümmern, gibt dies keinen Anspruch auf Ersatz des entstandenen Kfz Schaden gegen den Geschäftsstellenleiter, wenn der Versicherer erneut den Kasko-Versicherungsschutz ablehnt und dem Kunden keine entsprechende Deckungszusage erteilt[7].

Hinsichtlich der Kfz-Unfallversicherung und der Fahrerschutzversicherung gelten solche Sonderregelungen (wie in der Fahrzeugversicherung) nach der Rechtsprechung nicht. Versicherungsschutz besteht hier nur, wenn die vorläufige Deckung ausdrücklich vereinbart wurde **und** die Prämie innerhalb der gesetzten Fristen nach korrekter Prämienanforderung gezahlt wurde.

---

2 OLG Köln v. 24.10.2000 – 9 U 34/00, NVersZ 2001, 274 für Teilkasko; OLG Karlsruhe v. 20.07.2006 – 12 U 86/06 in SP 2007, 18=r+s 2006, 414 = NJW-RR 2006,1540.
3 BGH v. 14.07.1999 – IV ZR 112/98, NZV 1999, 465 = r+s 2000, 491; OLG Saarbrücken . 20.04.2006 – 5 U 575/05, zfs 2006, 514.
4 OLG Karlsruhe v. 20.07.2006 – 12 U 86/06 SP 2007, 18=r+s 2006, 414 = NJW-RR 2006,1540.
5 OLG Hamm v. 29.04.1992 – 20 U 334/91, r+s 1993, 365.
6 AG Pirmasens 3 C 98/07 in zfs 2008, 33 m. Anm. Rixecker.
7 OLG Koblenz Hinweisbeschluss v. 23.07.2009 – 5 U 692/09, NJOZ 2009, 3976 = zfs 2009, 576.

B.2.3 AKB (Beitragszahlung)

Übergang des vorläufigen in den endgültigen Versicherungsschutz

B.2.3 (Beitragszahlung[1])

Sobald Sie den ersten oder einmaligen Beitrag nach C.1.1 gezahlt haben, geht der vorläufige in den endgültigen Versicherungsschutz über.

1 Die vorläufige Deckung geht in den endgültigen Versicherungsschutz über, wenn die Prämie gem. C.1.1 gezahlt wurde. Hiermit ist nicht die Prämienzahlung »irgendwann« gemeint, sondern die rechtzeitige Prämienzahlung. Auch im Rahmen der vorläufigen Deckung ist auf die Rechtsfolgen der verspäteten Prämienzahlung hinzuweisen[2]. Derjenige, der das Kfz auf sich zugelassen hat und der nicht gleichzeitig Versicherungsnehmer ist, ist auch nicht unter dem Gesichtspunkt der ungerechtfertigten Bereicherung zur Prämienzahlung verpflichtet[3].

Rückwirkender Wegfall des vorläufigen Versicherungsschutzes

B.2.4 (Folgen fehlender Beitragszahlung)

Der vorläufige Versicherungsschutz entfällt rückwirkend, wenn
- wir Ihren Antrag unverändert angenommen haben und
- Sie den im Versicherungsschein genannten ersten oder einmaligen Beitrag nicht unverzüglich (d. h. spätestens innerhalb von 14 Tagen) nach Ablauf von zwei Wochen nach Zugang des Versicherungsscheins bezahlt haben.

Sie haben dann von Anfang an keinen Versicherungsschutz; dies gilt nur, wenn Sie die nicht rechtzeitige Zahlung zu vertreten haben.

Übersicht	Rdn.
A. Allgemeines	1
B. Annahme des Angebots	2
C. Versicherungsschein	3
D. Beitrag im Versicherungsschein	4
E. Unverzügliche Zahlung	5
F. Vertretenmüssen der verspäteten Zahlung	6
G. Belehrungs- und Hinweispflicht	7
H. Neues Angebot	8

---

1 Überschrift des Verfassers!.
2 OLG Köln v. 17.06.2003 – 9 U 187/01 r+s 2003, 495; OLG Hamm v. 29.04.1992 – 20 U 334/91 r+s 1993, 365.
3 LG Heidelberg v. 27.07.2012, 5 S 62/11, Jurion.

(Folgen fehlender Beitragszahlung) **B.2.4 AKB**

A. Allgemeines

Der vorläufige Versicherungsschutz entfällt rückwirkend, wenn der Antrag des Ver- 1
sicherungsnehmers unverändert angenommen wurde und der Beitrag nicht unverzüglich gezahlt wurde[1].

B. Annahme des Angebots

Der Versicherer muss das Angebot des Versicherungsnehmers so angenommen haben, 2
wie es beantragt wurde, d. h. ggf. mit Vollkasko etc., um die Frist ohne weiteres nach dem Erhalt des Versicherungsscheins starten zu lassen. Nicht geregelt ist der Fall, dass der Antrag modifiziert wurde und ein neues Angebot vom Versicherer abgegeben wurde. In diesem Fall läuft die vorläufige Deckung weiter, bis der Kunde das neue Angebot akzeptiert oder diesem widersprochen hat.

C. Versicherungsschein

Der Versicherungsschein muss dem Versicherungsnehmer mit der Prämienanforde- 3
rung zugegangen sein.

Im Versicherungsschein muss ausdrücklich auf die Folgen verspäteter Zahlung hingewiesen sein, um die Leistungsfreiheit des Versicherers dafür nach sich zu ziehen. An diese Belehrung werden strenge Anforderungen gestellt[2]. Fehlt eine solche Belehrung ganz, kann der Versicherer sich nicht auf die Leistungsfreiheit berufen[3]. Allerdings soll die Belehrung auch für den Versicherungsnehmer verständlich sein, sonst wird der Zweck der Belehrung nicht erfüllt[4]. Auch eine unrichtige Belehrung erfüllt ihren Zweck nicht und berechtigt nicht zur Leistungsverweigerung[5].

D. Beitrag im Versicherungsschein

Der Versicherungsnehmer ist verpflichtet, den im Versicherungsschein genannten Bei- 4
trag zu zahlen. In aller Regel wird dies die Erstprämienanforderung sein, die mit dem Vertrag übersandt wird. Die Abrechnung des Vertragsverhältnisses während der vorläufigen Deckung kommt nur ausnahmsweise (bei Untergang des Kfz) in Betracht. Es wird – ohne ausdrückliche Nennung – vorauszusetzen sein, dass es sich um eine korrekte Prämienanforderung handelt. Weist die Prämienanforderung wegen falscher Tarifklasse, falschem SFR oder falscher Regionalklasse Fehler auf, ist diese nicht geeignet,

---

1 LG Düsseldorf, 08.06.2009 – 11 O 485/08 (zur alten Rechtslage).
2 OLG Hamm v. 22.09.1998 – 20 W 21/98, zfs 1999. 304 = VersR 1999, 957 = r+s 1998, 489.
3 So schon BGH v. 23.02.1978 – II ZR 228/67, BGHZ 47, 352, 360 = VersR 1967, 569, 571; BGH v. 04.074.1973 – IV ZR 28/72, VersR 1973, 811, v. 05.06.1985 – IV A ZR 113/83, VersR 1985, 981, 983 für den Sicherungsscheininhaber.
4 OLG Düsseldorf v. 03.11.1992 – 4 U 285/91, VersR 1993, 737; vgl. auch Maier, Die vorläufige Deckung nach dem Regierungsentwurf der VVG-Reform, r+s 2006, 485 ff.
5 LG Dortmund v. 04.08.2011 – 2 O 130/11, ADAJUR Dok-Nr. 95964.

die Fristen in Lauf zu setzen[6]. Schon eine geringe Mehrforderung kann dabei die Frist stoppen[7], die Prämien sind bei mehreren Sparten einzeln aufzuschlüsseln. Auch die Anforderung von Erst- und Folgeprämie in einer Rechnung kann nur dann Folgen nach sich ziehen, wenn klar zwischen den beiden Prämien getrennt wird und der Versicherungsnehmer ausdrücklich über die Folgen nicht rechtzeitiger Zahlung der Erstprämie belehrt wurde. Dabei muss auch der Hinweis enthalten sein, dass die Zahlung der Erstprämie allein zunächst ausreicht, um Versicherungsschutz zu erlangen[8]. Wenn mehrere Sparten vereinbart wurden, ist außerdem der Hinweis erforderlich, dass es ausreicht, den drängendsten Beitrag (i. d. R. den Kraftfahrzeug-Haftpflicht-Beitrag) zu zahlen, um Versicherungsschutz zu erhalten[9].

E. Unverzügliche Zahlung

5 Die Zahlung der Prämie, die eigentlich vor Beginn des Vertrages zu zahlen wäre, ist gestundet bis zum Vertragsabschluss. Der Versicherungsnehmer hat die Prämie unverzüglich zu zahlen nach Ablauf einer Frist von zwei Wochen ab Zugang des Versicherungsscheins (einschließlich AKB), die Widerrufsfrist. Ist die Widerrufsfrist ungenutzt verstrichen, beginnt die 14-tägige Prämienzahlungsfrist zu laufen[10]. Aufgrund der Formulierung der AKB und des § 37 VVG ist eine Mahnung dieser Prämie nicht erforderlich. Ist die Frist verstrichen, ohne dass die Zahlung erfolgte, verliert der Versicherungsnehmer auch für den zurückliegenden Zeitraum der vorläufigen Deckung den Versicherungsschutz. Schäden, die sich innerhalb dieser Frist ereignen, sind im Innenverhältnis dann allein vom Versicherungsnehmer zu tragen. § 37 Abs. 2 VVG ist in diesem Zusammenhang nicht anzuwenden, da dies dem Wesen der Kraftfahrzeug-Haftpflichtversicherung zuwider laufen würde[11]. Erfolgt die Zahlung vom Versicherungsnehmer nicht, kann auch nicht von demjenigen, der die Zulassung des Kfz auf seinen Namen vorgenommen hat, die Prämienzahlung gefordert werden, da mit ihm ein Vertrag (als Basis für die Prämienforderung) nicht zustande kam[12].

F. Vertretenmüssen der verspäteten Zahlung

6 Eine verspätete Zahlung[13] hat nur dann Folgen für den Versicherungsnehmer, wenn er die Verspätung zu vertreten hat. Diese Regelung war schon in den AKB a. F. enthalten in § 1, nicht aber im VVG. Dort war allein als Voraussetzung das Vorliegen der objek-

---

6 BGH v. 09.07.1986 – IV a ZR 5/85 VersR 1986, 986 f. zur zutreffenden Bezifferung und richtigen Kennzeichnung des Zahlbetrages.
7 BGH v. 09.03.1988 – IVa ZR 225/86, VersR 1988, 484.
8 OLG Hamm v. 10.02.1988 – 20 U 154/87, VersR 1988, 709.
9 OLG Hamm v. 24.01.1990 – 20 U 160/89 in VersR 1991, 220 .
10 LG Köln v. 10.11.2004 – 20 O 124/04, r+s 2005, 98.
11 BGH v. 25.06.1956 – II ZR 101/55, BGHZ 21, 122, 133 = NJW 1956, 1634, 1637; OLG Hamm v. 19.02.1982 – 20 U 318/81, VersR 1982, 1042; OLG Hamm v. 26.03.1983 – 20 U 80/83, VersR 1984, 377.
12 LG Heidelberg v. 27.07.2012 – 5 S 62/11, Jurion.
13 Wegen der Details vgl. AKB C.1.2 Rdn. 9 ff.

tiven Kriterien ausreichend, also die nicht rechtzeitige Zahlung. Eine Entschuldigungsmöglichkeit des Versicherungsnehmers war nicht vorgesehen. Nach der derzeit geltenden Rechtslage ist das »Vertretenmüssen« auch in den Text sowohl des § 37 VVG (Erstprämienzahlung), wie auch über § 51 VVG (»der Versicherungsschutz kann von der Prämienzahlung abhängig gemacht werden«) aufgenommen.

Als Exkulpationsgrund wurde die fehlende Belehrung durch den Versicherer oder seinen Agenten über die Zahlungsfristen[14] anerkannt. Erforderlich ist auch der Hinweis, dass bei fehlendem Verschulden der Versicherungsschutz auch rückwirkend durch Zahlung erhalten werden kann[15]. Die Tatsache, dass der Versicherungsnehmer den Versicherungsschein und Prämienrechnung erhalten, aber von ihr keine Kenntnis genommen hat, reicht als Exkulpationsgrund nicht aus[16].

G. Belehrungs- und Hinweispflicht

Folgerichtig muss auch in § 51 VVG für den Fall der vorläufigen Deckung auf den 7 möglichen Wegfall der vorläufigen Deckung augenfällig hingewiesen werden. Dabei musste der Versicherungsnehmer schon nach der alten Rechtslage über dieses Risiko aufgeklärt worden sein[17]. Fehlt es an dieser augenfälligen, d. h. sofort erkennbaren Belehrung, kann sich der Versicherer nicht auf den Wegfall der vorläufigen Deckung infolge nicht rechtzeitiger Zahlung der Erstprämie berufen. Ein Hinweis auf mögliche Belehrungen auf der Rückseite entspricht daher nicht den Anforderungen, die an einen augenfälligen Hinweis zu stellen sind. Dieser muss dem Betrachter regelrecht »ins Auge springen«[18] und so gestaltet sein, dass er sich mindestens in der gewählten Schriftart und Form deutlich vom Text des Versicherungsscheins abhebt und dem Kunden auf den ersten Blick Kenntnis von den für ihn wichtigen Informationen verschafft. Dies bedeutet aber auch, dass der Hinweis nicht missverständlich formuliert sein darf, da sonst die Hinweispflicht ins Leere liefe[19]. Auch wenn der eigentliche Vertrag wegen nicht rechtzeitiger Zahlung der Erstprämie und Rücktrittserklärung des Versicherers nicht besteht, kann dennoch die Leistungspflicht aus der vorläufigen Deckung dann bestehen bleiben, wenn die Belehrungen der Versicherung nicht ausreichend auf das Risiko auch des Wegfalls der vorläufigen Deckung hinweisen[20]. Insbesondere muss da-

---

14 BGH v. 11.12.1990 – VI ZR 47/90, NJW-RR 1991, 446 = DAR 1991, 140.
15 OLG Hamm v. 29.01.1999 – 20 U 159/98, NJW-RR 1999, 1331.
16 OLG Celle v. 09.04.1974 – 11 U 156/73, NJW 1974, 1386.
17 BGH v. 05.06.1985 – IVa ZR 113/83 VersR 1985, 981 m. w.N; OLG Hamm v. 24.01.1990 – 20 U 160/89 VersR 1991, 220 = r+s 1990, 41; OLG Köln v. 04.09.1996 – 11 U 33/96, VersR 1997, 350 m. w.N; OLG Hamm Beschl. v. 22.05.1995 – 20 W 9/95, r+s 1995, 403; OLG Düsseldorf v. 03.11.1992 – 4 U 285/91, VersR 1993, 737; OLG Schleswig v. 18.12.1991 – 9 U 100/90, VersR 1992, 731; OLG Köln v. 04.09.1996 – 11 U 33/96, r+s 1996, 388 u. v. m.
18 LG Dortmund v. 19.01.2011 – 2 O 192/10, ADAJUR ›93898.
19 So schon OLG Düsseldorf v. 03.11.1992 – 4 U 285/91, VersR 1993, 737.
20 BGH v. 26.04.2006 – IV ZR 248/04, DAR 2006, 504; OLG Frankfurt v. 29.11.2000 – 7 U 195/99, BeckRS. 2000 30 146 506.

B.2.5 AKB (Kündigung der vorläufigen Deckung)

rauf hingewiesen sein, dass bei unverschuldeter Fristversäumnis der Versicherungsschutz bestehen bleibt[21].

H. Neues Angebot

8 Gibt der Versicherer anstelle der Ausfertigung des beantragten Versicherungsscheins ein neues Angebot ab, so stellt sich die Frage, was mit dem vorläufigen Versicherungsschutz geschieht. Dieser Fall ist in den AKB nicht geregelt, ergibt sich aber aus dem VVG. Grundsätzlich hat der Versicherungsnehmer die Möglichkeit, das geänderte Angebot anzunehmen und die entsprechende Prämie zu zahlen. Dann geht der Zeitraum des vorläufigen Versicherungsschutzes automatisch in den Hauptvertrag über. Wird hingegen vom Versicherungsnehmer Gebrauch von dem ihm zustehenden Widerrufs- (des Vertragsschlusses als solchem) oder Widerspruchsrecht (gegen das neue Angebot) gemacht, kommt gem. § 52 Abs. 3 VVG iVm. B.2.5 AKB der Hauptvertrag nicht zustande und die vorläufige Deckung endet unmittelbar mit dem Zugang der Erklärung beim Versicherer.

Kündigung des vorläufigen Versicherungsschutzes

B.2.5 (Kündigung der vorläufigen Deckung[1])

Sie und wir sind berechtigt, den vorläufigen Versicherungsschutz jederzeit zu kündigen. Unsere Kündigung wird erst nach Ablauf von zwei Wochen ab Zugang der Kündigung bei Ihnen wirksam.

Übersicht Rdn.
A. Allgemeines 1
B. Kraftfahrzeug-Haftpflicht 2
C. sonstige angebotenen Versicherungssparten 3
D. Schadenfall während der vorläufigen Deckung 4
E. Automatische Beendigung der vorläufigen Deckung 5

A. Allgemeines

1 Die Kündigung des vorläufigen Versicherungsschutzes wird folgerichtig zu den in § 5 PflVG genannten Ausnahmen des Kontrahierungszwanges dem Versicherer ebenfalls zugestanden. Dabei hat der Versicherer, wenn er sein Kündigungsrecht gem. § 52 Abs. 4 VVG ausübt, für einen weiteren Zeitraum von 14 Tagen ab Zugang der Kündigung Versicherungsschutz zu gewähren.

Um den Zugang sicherzustellen, empfiehlt es sich dringend, die Kündigung per Einschreiben o. ä. zu versenden, um den Zugang zu belegen. Zu beachten ist aber, dass

---

21 OLG Hamm v. 24.01.1990 – 20 U 160/89 VersR 1991, 220.
1 Überschrift des Verfassers!.

sich die Kündigung des Vertrages über die vorläufige Deckung je nach Sparte unterschiedlich auswirkt:

B. Kraftfahrzeug-Haftpflicht

Der Versicherungsnehmer hat im Innenverhältnis noch für weitere zwei Wochen Versicherungsschutz. Im Außenverhältnis haftet der Versicherer jedoch solange, bis eine neue Versicherungsbestätigung eines anderen Versicherers bei der Zulassungsstelle eingegangen ist. Alternativ kann er durch eine entsprechende Mitteilung an die Zulassungsstelle, dass der Versicherungsvertrag beendet wurde, die Nachhaftungsfrist des § 117 Abs. 2 VVG in Lauf zu setzen. Dann endet auch die Eintrittspflicht des Kraftfahrzeug-Haftpflicht-Versicherers mit dem Ablauf eines Monats nach Eingang der Anzeige bei der Zulassungsstelle. 2

C. sonstige angebotenen Versicherungssparten

Die sonstigen möglichen Versicherungen wie Kasko, Insassenunfall, Fahrerschutzversicherung, GAP-Zusatzversicherung u. v.m, die nicht an das PflVG gebunden sind, sondern freiwillige Angebote des Versicherers sind, enden unmittelbar mit dem Ende des Vertrages. Eine Leistungspflicht über das Enddatum des Vertrages hinaus besteht nicht. 3

Da für diese Sparten auch kein Vertrauensschutz fingiert wird, können auch mitversicherte Personen nach Vertragsablauf keine Ansprüche mehr geltend machen.

D. Schadenfall während der vorläufigen Deckung

Erleidet das versicherte Fahrzeug während des Zeitraums der vorläufigen Deckung einen Totalschaden, kann ein Hauptvertrag nicht mehr zustande kommen. In diesem Fall stellt sich nur die Frage, ob die Stilllegung des KFZ als Kündigung des Vertrages über die vorläufige Deckung zu werten ist. Soweit eine Verschrottung des KFZ erfolgt, es also endgültig abgemeldet und der Fahrzeugbrief vernichtet wird, wird man sicher davon ausgehen können. Problematisch sind die Fälle, in denen das Kfz nur vorübergehend stillgelegt und als Totalschaden veräußert wird. In diesem Fall wird eine Kündigung der vorläufigen Deckung erforderlich, da diese ansonsten unbegrenzt weiterläuft, wenn das Fahrzeug ohne neue Deckungskarte (zwar dann widerrechtlich) weiterbenutzt werden könnte. 4

E. Automatische Beendigung der vorläufigen Deckung

Nicht in die AKB aufgenommen wurde der Fall, dass der Versicherungsnehmer zwar die Versicherungsbestätigung des Versicherers vorlegt, aber der Vertrag nicht zustande kommt, weil der Versicherungsnehmer den Vertrag bei einem anderen Versicherer abschließt. Nach der bisherigen Rechtslage endete die Versicherung automatisch mit dem Vertragsschluss bei dem anderen Versicherer[2], da das Nebeneinander von vorläufiger 5

---

2 BGH v. 25.01.1995 – IV ZR 328/93, NZV 1995, 187 = r+s 1995, 124.

B.2.6 AKB (Rechtsfolgen des Widerrufs)

Deckung durch den einen Versicherer und die vertragliche Deckung durch den anderen nicht erforderlich ist. Die vorläufige Deckung sollte nur den zeitlichen Zwischenraum (Lücke) zwischen Anmeldung und Vertragsschluss schließen. Im Hinblick auf die Neuregelung der vorläufigen Deckung im VVG wurden unter § 52 VVG die möglichen Beendigungsgründe aufgenommen. Nur einer dieser Beendigungsgründe ist die ausdrückliche Kündigung der vorläufigen Deckung durch Versicherungsnehmer oder Versicherer. In § 52 Abs. 1 und Abs. 3 VVG wurden außerdem »automatische« Beendigungen des Vertrages über die vorläufige Deckung aufgenommen. So endet nach dem Willen des Gesetzgebers der Vertrag auch dann automatisch, wenn ein gleichartiger Vertrag über vorläufige Deckung bei einem anderen Versicherer geschlossen wurde, oder der Versicherungsnehmer einen gleichartigen Hauptvertrag bei einem anderen Versicherer geschlossen hat[3]. Ein Kündigungserfordernis wurde in diesem Zusammenhang ausdrücklich nicht aufgenommen. Dieses Modell findet aber in den AKB keine Korrespondenzvorschrift, so dass hier eine Regelungslücke besteht. Nach der vertraglichen Diktion wäre der Versicherungsnehmer verpflichtet, die vorläufige Deckung zu kündigen. Bedingungen, die ihm diese Pflicht vor Augen führen könnten, hat er zu diesem Zeitpunkt aber noch nicht erhalten. Zu Gunsten des Versicherungsnehmers muss daher von der gesetzlichen Regelung ausgegangen werden und – auch ohne entsprechende Aufnahme in die AKB – eine sog. automatische Beendigung des Vertrages angenommen werden.

Beendigung des vorläufigen Versicherungsschutzes durch Widerruf

B.2.6 (Rechtsfolgen des Widerrufs[1])

Widerrufen Sie den Versicherungsvertrag nach § 8 Versicherungsvertragsgesetz, endet der vorläufige Versicherungsschutz mit dem Zugang Ihrer Widerrufserklärung bei uns.

1 Die in der Vergangenheit durch die Rechtsprechung entwickelte Regel, dass die vorläufige Deckung endet, wenn der Hauptvertrag nicht zustande kommt[2], ist nun für den Fall des Widerrufs in die AKB aufgenommen.

Da der Widerruf durch den Versicherungsnehmer willentlich erfolgt, soll –auch nach § 52 Abs. 3 VVG – der Vertrag über die vorläufige Deckung unmittelbar mit dem Eingang des Widerrufs beim Versicherer enden. Dies hat für den Versicherungsnehmer die Folge, dass er ab diesem Zeitpunkt keinen Versicherungsschutz im Innenverhältnis mehr genießt und sich sicherheitshalber vor dem Widerruf des Vertrages eine Versicherungsbestätigung eines anderen Versicherers besorgen und bei der Zulassungsstelle hinterlegen sollte, um keine Lücke im Versicherungsschutz zu haben. Auch für diesen Fall gilt, dass die Haftung des Versicherers im Außenverhältnis erst nach Meldung des Ver-

---

3 AG Bremen v. 11.01.2011 – 4 C 332/10, ADAJUR.
1 Überschrift des Verfassers!.
2 BGH v. 21.12.1981 – II ZR 76/81, VersR 1982, 381 = NJW 1982, 824.

tragsendes gem. § 25 FZV an die Zulassungsstelle zeitlich auf den Nachhaftungszeitraum des § 117 Abs. 2 VVG begrenzt wird. Eine separate Kündigung der vorläufigen Deckung ist nicht erforderlich[3].

Beitrag für vorläufigen Versicherungsschutz
B.2.7 (Beitrag entsprechend Laufzeit[1])

Für den Zeitraum des vorläufigen Versicherungsschutzes haben wir Anspruch auf einen der Laufzeit entsprechenden Teil des Beitrags.

Für den Fall der Beendigung des Vertrages über die vorläufige Deckung hat der Versicherer Anspruch auf den Beitrag für den Zeitraum, für den er Versicherungsschutz gewährt hat. Wird dieser Beitrag nach Berechnung beglichen, bleibt der Versicherungsschutz im Rahmen der vorläufigen Deckung (als kurzfristigem Vertrag) bestehen. Wird allerdings auch diese (Einmal-) Prämie nicht fristgerecht beglichen, verliert der Versicherungsnehmer den Versicherungsschutz für diesen Zeitraum. Auch hier ist § 37 VVG anzuwenden. Der Prämienanspruch richtet sich dabei immer gegen den Versicherungsnehmer als Vertragspartner[2]. 1

C Beitragszahlung

Im Bereich der Beitragszahlung ist gem. § 33 VVG zu unterscheiden zwischen den Erstprämien, den Einmalprämien und den Folgeprämien. Üblicherweise werden diese Prämien unmittelbar an den Versicherer entrichtet, jedoch kann in Einzelfällen auch – insbesondere im Maklergeschäft – eine Vereinbarung vorliegen, dass die Prämien jeweils an den Makler zu zahlen sind, der diese dann weiterleitet. Die rechtzeitige Zahlung ist dann mit der Überweisung/Zahlung an den Makler erfolgt. Eventuelle Zahlungsverzüge[1] des Maklers sind dann der Sphäre des Versicherers zuzurechnen. Die Einmalprämie wird während der Dauer des Vertrags nur einmal erhoben, dabei handelt es sich in aller Regel um sog. Kurzzeitverträge. Die Erstprämie ist die erste Prämie, die bei Vertragsschluss zu entrichten ist, die Folgeprämien sind die zeitlich der Erstprämie nachfolgenden Prämien. Vertragszeitraum ist üblicherweise ein Kalenderjahr. Dabei ist die Prämie nicht an dem üblichen Standort des Kfz, sondern für den gesamten räumlichen Versicherungsbereich (Europa) zu berechnen.[2] 1

---

3 Stadler aaO. Rn. 83.
1 Überschrift des Verfassers!.
2 LG Heidelberg v. 27.7.2012 – 5 S 62/11, NZV 2013, 143 (es besteht kein Anspruch gegen den personenverschiedenen Halter).
1 BGH Beschl. vom 03.12.2013 – 1 StR 526/13 zur Frage der Untreue wegen fehlender Weiterleitung von Versicherungsprämien an den Versicherer.
2 EuGH v. 26.03.2015 – C-556/13 (Litauen).

C.1.1 AKB (Erstbeitrag)

C.1 Zahlung des ersten oder einmaligen Beitrags
Rechtzeitige Zahlung

C.1.1 (Erstbeitrag[1])

Der im Versicherungsschein genannte erste oder einmalige Beitrag wird zwei Wochen nach Zugang des Versicherungsscheins fällig. Sie haben diesen Beitrag dann unverzüglich (d. h. spätestens innerhalb von 14 Tagen) zu zahlen.

Übersicht	Rdn.
A. Versicherungsschein	1
B. Erstbeitrag	2
C. Zugang des Versicherungsscheins	3
D. Zahlungsfrist	4
E. Widerspruchsrecht	5
F. Widerrufsrecht	6
G. Auswirkungen von Widerruf und Widerspruch auf die Prämienanforderung	8
H. Ordnungsgemäße Zahlungsanforderung	9
I. richtiger Beitrag	10
II. Hinweispflicht des Versicherers	11
III. Belehrung über Rechtsfolgen	12

A. Versicherungsschein

1 Der Versicherungsschein gibt den Betrag an, mit dem der Versicherungsnehmer sich den Versicherungsschutz verschaffen kann. Dieser dort genannte Betrag ist zwei Wochen nach Erhalt des Vertrages fällig gestellt und dann innerhalb einer weiteren Frist von max. 14 Tagen zu begleichen. Dabei sind von der Rechtsprechung schon zu § 38 VVG a. F. einige Kriterien entwickelt worden, die vorliegen müssen, um die Rechtsfolgen der verspäteten Prämienzahlung nach sich zu ziehen.

B. Erstbeitrag

2 Die Zahlung des Erstbeitrages wird auch häufig als »Einlösung des Versicherungsscheins« bezeichnet[2]. Der Versicherungsnehmer erhält den Versicherungsschein mit der Prämienrechnung. Auch wenn der Vertrag eine sog. erweiterte Einlöseklausel enthält, kann ein Vertrag über die vorläufige Deckung zusätzlich geschlossen werden[3].

---

1 Überschrift des Verfassers!.
2 Stadler, Rn. 75.
3 BGH v. 20.04.2006 – IV ZR 248/04 zur Wohngebäudeversicherung.

C. Zugang des Versicherungsscheins

Der Versicherungsschein muss dem Versicherungsnehmer zugegangen sein, zum Nach- 3
weis des Zugangs ist der Versicherer verpflichtet[4]. Allein die Absendung und der Zugang früherer Schreiben beweisen den Zugang eines weiteren Schreibens nicht[5]. Es besteht auch kein Beweis des ersten Anscheins, dass eine abgeschickte Sendung auch den Empfänger erreicht hat[6], allerdings darf man, wenn ein Einschreiben nachgewiesenermaßen den Empfänger erreicht hat, davon ausgehen, dass es den Versicherungsschein mit Prämienanforderung enthielt[7]. Um aber missbräuchliches Bestreiten des Zugangs zu verhindern, lässt Armbrüster gewisse Beweiserleichterungen gelten, wenn der Versicherungsnehmer z. B. Informationen, die er nur aus dem Versicherungsschein haben kann, verwendet[8]. Der Versicherer kann sich insbesondere nicht auf Beweiserleichterungen wie z. B. Postlaufzeiten berufen[9]. Wird ein Schreiben erst am 31.12. nachmittags in Briefkasten eingeworfen, ist aber branchenüblich der Betrieb zu diesem Zeitpunkt geschlossen, geht das Schreiben erst am nächsten Werktag zu[10]. Der Zugangsnachweis für ein Telefaxschreiben im Sendebericht durch »OK« ist jedenfalls im kaufmännischen Geschäftsverkehr anzunehmen[11], wenn er währen der Geschäftszeiten erfolgt[12]. Im Ausnahmefall kann der Versicherungsnehmer zum Nachweis des Zugangs des Versicherungsscheins verpflichtet sein. Will der Versicherungsnehmer durch einen späteren Zugang (im Jahr 2008) die für ihn günstigere gesetzliche Regelung über die Aufklärungs- und Hinweispflichten für ein Widerrufsrecht in Anspruch nehmen, muss er den Zugang des Versicherungsscheins nachweisen, wenn er im Jahr 2012 den geschlossenen Vertrag wegen Verletzung der Hinweispflicht widerrufen will.[13]

D. Zahlungsfrist

Adressat der Rechnung ist der Versicherungsnehmer, sind mehrere Personen gemein- 4
schaftlich als Versicherungsnehmer aufgenommen, haften sie gemeinsam für die Prämienzahlung, die Anteile der jeweiligen Personen bemessen sich dabei nicht nach ihrem

---

4 OLG Hamm v. 18.12.1991 – 20 U 187/91, VersR 1992, 1205 = r+s 1992 258.
5 OLG Frankfurt v. 03.02.1995 – 25 U 155/94, VersR 1996, 90 für die qualifizierte Mahnung nach § 39 VVG a. F.; OGH v. 23.11.1994 – 7 PB 38/94, VersR 1995, 859; OLG Hamm v. 11.05.2007 – 20 U 272/06, SP 2008, 65 ff.
6 So schon BGH v. 27.05.1957 – II ZR 132/56, BGHZ 24, 308, der den Empfang auch dann unterstellt, wenn der Empfänger bei rechtzeitiger Kenntnis von der Einschreibesendung diese nicht abgeholt hat; LG Dortmund v. 13.01.2011 – 2 O 139/10.
7 BGH v. 27.05.1957 – II ZR 132/56, BGHZ 24, 308; OLG Hamm v. 24.04.1984 – 20 W 16/84, VersR 1985, 491 (für die qualifizierte Mahnung).
8 Armbrüster, »Ewige« Widerrufsrechte und ihre Folgen«, VersR 2012, 513 ff.
9 OLG Hamm v. 11.05.2007 – 20 U 272/06, SP 2008, 65 f.
10 BGH v. 05.12.2007 XII ZR 148/05, NZV 2008, 167 = NJW 2008, 843 f.
11 OLG Karlsruhe v. 30.09.2008 – 12 U 65/08 ADAJUR Dok.-Nr. 82 705.
12 AG Bad Homburg v. 23.07.1998 – 2 C 1804/98 15, ADAJUR Dok.-Nr. 34 145 zum Fax nach Geschäftsschluss.
13 OLG Hamm vom 09.10.2013 – 20 U 81/13, Jurion.

Interesse, sie haften gemeinsam als Gesamtschuldner auf die gesamte Prämie, die Aufteilung im Innenverhältnis hat dann gem. § 426 BGB zu erfolgen[14]. Diese Rechnung hat er unverzüglich zu begleichen. Dabei wird in den Musterbedingungen, wie auch in § 33 Abs. 1 VVG die Frist für den Widerruf oder Widerspruch nicht separat genannt. Allein aus der Formulierung »der Beitrag wird zwei Wochen nach Erhalt des Versicherungsscheins fällig, sie haben dann den Beitrag unverzüglich – innerhalb von zwei Wochen – zu zahlen« ergibt sich, dass die Zahlungsfrist erst nach dem ungenutzten Verstreichen der Widerrufsfrist zu laufen beginnt[15]. Wird innerhalb dieser Frist das Widerrufsrecht ausgeübt, ist eine neue Prämienrechnung für den »kurzzeitigen Vertrag« zu erstellen. Diese darf aber nicht höher sein als die Jahresprämie für den normalen Vertrag, § 39 VVG. Auch wenn das versicherte Fahrzeug innerhalb dieser Frist einen Totalschaden erleidet und deswegen abgemeldet wird, führt dies nicht zum Verlust des Versicherungsschutzes, wenn die Erstprämie zu diesem Zeitpunkt noch nicht gezahlt war[16].

E. Widerspruchsrecht

5   Der Versicherungsnehmer hat ein Widerspruchsrecht nach § 5 VVG. Dieses kommt nur dann zum Tragen, wenn der Versicherer einen vom Antrag abweichenden Versicherungsschein übersendet. Der Widerspruch kann innerhalb von einem Monat nach Erhalt des Versicherungsscheins ausgesprochen werden. Voraussetzung hierfür ist, dass der Versicherer den Versicherungsnehmer augenfällig auf die Änderungen hingewiesen hat und auch über das Widerspruchsrecht aufgeklärt hat. Erfolgt eine ordnungsgemäße Belehrung nicht, gilt der Vertrag zu den Wünschen des Versicherungsnehmer als geschlossen, § 5 Abs. 3 VVG. Auf ein Verschulden des Versicherers bei der unterlassenen oder nicht vollständigen Belehrung kommt es dabei nicht an[17]. Allerdings ist der Antrag auch dann unverändert angenommen, wenn der Versicherer lediglich eine unrichtige Tarifeinstufung des Antrags im Versicherungsvertrag berichtigt und sich daraus eine Prämienerhöhung ergibt[18]. Entgegen dieser Rechtsprechung ist allerdings nach Auffassung des AG Solingen eine solche vorläufige Einstufung in eine SFR-Klasse dann verbindlich, wenn der Versicherer nicht augenfällig auf diese Vorläufigkeit in dem Versicherungsschein hingewiesen hat. Der Vertrag soll nach Auffassung des erkennenden Richters wegen Verstoßes gegen § 5 Abs. 3 VVG entsprechend dem Antrag zustande gekommen sein.[19]

---

14 OLG Hamm v. 01.03.2013 –I-20 U 40/12, VersR 2014, 361.
15 So auch LG Köln v. 10.11.2004 – 20 O 124/04, r+s 2005, 98; LG Dortmund v. 04.08.2011 – 2 O 152//11 (Jurion).
16 Böhme/Biela, Die Kraftfahrthaftpflichtversicherung, Kap. 16 Rn. 55; OLG Hamm v. 12.03.1986 – 20 U 242/85, VersR 1987, 926.
17 BGH v. 25.03.1987 – IVa ZR 224/85, NJW 1988, 60 =VersR 1987, 663, 664; BGH v. 26.10.1988 – IVa ZR 140/87, r+s 1989, 69 zu geändertem Vertragsbeginn, der auch dann unbeachtlich ist, wenn VN dem nicht widersprochen hat, weil entsprechender Hinweis fehlte.
18 OLG Hamm v. 10.02.1988 – 20 U 154/87, VersR 1988, 709 (L.).
19 AG Solingen v. 18.04.2013 – 130 C 134/12, zfs 2013, 512.

F. Widerrufsrecht

Das Widerrufsrecht des § 8 VVG n. F. ergibt sich aus dem § 8 Abs. 4 VVG a. F., in dem das Widerrufsrecht nur für langfristige Verträge vorgesehen war und wird jetzt auch auf die Verträge mit kürzerer Laufzeit ausgeweitet. Der Widerruf ist nur ausgeschlossen für die Verträge mit vorläufiger Deckung, § 8 Abs. 3 Nr. 2 VVG (wenn es sich nicht um einen Vertrag handelt, der im Fernabsatzgeschäft zustande kam) und für Verträge mit weniger als 1 Monat Laufzeit, § 8 Abs. 3 Nr. 1 VVG. Das Widerrufsrecht ist auch ausgeschlossen, wenn der Vertrag von beiden Seiten auf Wunsch des Versicherungsnehmers vor Ausübung des Widerrufsrechts vollständig erfüllt wurde (d. h. im Falle der Erbringung von Schadenersatzleistungen durch den Versicherer). Ein entsprechendes Musterformular über die Anforderungen an die Belehrungsinhalte ist vom BMJ zur Verfügung gestellt. 6

▶ **Muster für Widerrufsbelehrung nach Vorlage des BMJ**

Widerrufsrecht

Sie können Ihre Vertragserklärung innerhalb von [zwei Wochen] ohne Angabe von Gründen in Textform (z. B. Brief, Fax, E-Mail) widerrufen. Die Frist beginnt nach Erhalt dieser Belehrung in Textform. Zur Wahrung der Widerrufsfrist genügt die rechtzeitige Absendung des Widerrufs. Der Widerruf ist zu richten an: _____

Widerrufsfolgen

Im Falle eines wirksamen Widerrufs sind die beiderseits empfangenen Leistungen zurückzugewähren und ggf. gezogene Nutzungen (z. B. Zinsen) herauszugeben. Können Sie uns die empfangene Leistung ganz oder teilweise nicht oder nur in verschlechtertem Zustand zurückgewähren, müssen Sie uns insoweit ggf. Wertersatz leisten. Verpflichtungen zur Erstattung von Zahlungen müssen innerhalb von 30 Tagen erfüllt werden. Die Frist beginnt für Sie mit der Absendung Ihrer Widerrufserklärung für uns mit deren Empfang.

(Ort), (Datum), (Unterschrift des Verbrauchers) AK

Nach neuerer Rechtsprechung muss sich die Belehrung über das Widerrufsrecht an der Rechtsprechung zu den AGB messen lassen. Eine Formulierung, die die Wendung »Zur Fristwahrung genügt die rechtzeitige Absendung des Widerrufs (Datum des Poststempels)« enthält, ist unklar und aus diesem Grund unwirksam. Diese Klausel erweckt den Anschein, dass der Einwurf des Briefes in den Briefkasten nicht ausreiche und auch andere Übermittlungswege wie Telefax oder persönliche Übergabe nicht zulässig seien.[20]

Auch wenn ein Widerrufsrecht für die Zeit der vorläufigen Deckung ausgeschlossen ist, soweit der Vertrag nicht nach dem Fernabsatzgeschäft geschlossen wurde, kann doch ein Widerrufsrecht nach dem Vertragsschluss des Hauptvertrages ausgeübt werden. Im Hinblick auf die Rechtsfolgen, sollte ein Widerruf nur insoweit ausgeübt werden, als noch keine Leistungen durch den Versicherer im Zeitraum der vorläufigen Deckung 7

---

20 OLG München v. 31.03.2011 – 29 U 3822/10, VUR 2011 Heft 7 VI.

erbracht wurden. Diese müssten dann erstattet werden! Der Ausschluss des Widerrufs kommt für diesen Fall nicht in Betracht, da üblicherweise nur die Leistungen des Versicherers, nicht aber die Leistung des Versicherungsnehmers (Prämienzahlung) erbracht worden ist. Bereits erbrachte Prämienleistungen des Versicherungsnehmers führen im Zusammenwirken mit dem Abfordern der Schadenersatzleistungen für einen Schadenfall zum Verfall des Widerrufsrechts, § 8 Abs. 3 letzter S. VVG. Der Versicherungsnehmer kann – wenn er die Kündigung bereits ausgesprochen hat, nicht mehr seine Vertragserklärung widerrufen[21].

G. Auswirkungen von Widerruf und Widerspruch auf die Prämienanforderung

8   Nach dem Willen des Gesetzgebers, der ausdrücklich nur von einer »Frist von zwei Wochen« nach »Zugang des Versicherungsscheins« zur Zahlung der Erstprämie spricht, sind die Widerrufsfrist und die Zwei-Wochenfrist des § 37 VVG nicht zu addieren, sondern laufen gleichzeitig nebeneinander[22]. Der Versicherungsnehmer muss, will er den Vertragsschluss widerrufen, dieses innerhalb von 2 Wochen ab Erhalt des Versicherungsscheins tun. Hinsichtlich des Widerspruchs birgt die Formulierung des Gesetzes Probleme, da nach diesseits vertretener Auffassung der Versicherungsnehmer die Möglichkeit haben muss, die veränderten Bedingungen ggf. auch am Markt zu prüfen, ohne dass er hierzu wegen Prämienverzugs in Regressgefahr kommt. Die Widerspruchsfrist (früher Billigungsklausel, § 5 VVG a. F.) ist daher der Frist zur Prämienzahlung vorauszusetzen, so dass der Versicherungsnehmer insgesamt 1 Monat Zeit zum Widerspruch hat und erst danach ggf. die Frist zur Prämienzahlung beginnt. Würden die Fristen parallel laufen, begäbe sich der Versicherungsnehmer seines Widerspruchsrechts schon durch die Prämienzahlung!

H. Ordnungsgemäße Zahlungsanforderung

9   Die Verzugsfolgen treten nur dann ein, wenn eine korrekte Prämienanforderung vorliegt, die den nachfolgenden Anforderungen genügt.

I. richtiger Beitrag

10   Basis einer jeden Prämienforderung[23] ist der korrekte Beitrag, der sich aus dem Versicherungsbeitrag, der darauf zu entrichtenden Steuer und evtl. vereinbarten Ratenzuschlägen ergibt. Der Beitrag errechnet sich von einem Basissatz von 100 %. Je nach SFR-Einstufung wird auf diesen Basissatz ein Zu- oder Abschlag errechnet. Erforderlich ist daher für die korrekte[24] Rechnung auch, dass eine Aufschlüsselung der Be-

---

21   LG Köln vom 04.03.2014 – 26 O 301/12, Jurion.
22   Rixecker, »VVG 2008 – Eine Einführung in zfs 2997, 556«; a. A. LG Köln v. 10.11.2004 – 20 O 124/04, r+s 2005, 98f, wonach die Fristen nacheinander zu laufen begannen, allerdings war in § 38 VVG a. F. keine weitere Frist genannt, so dass hier Auslegungsbedarf bestand.
23   BGH v. 17.04.1967 – II ZR 228/64, BGHZ 47, 352, 356 (der Versicherer muss die Prämie anfordern vor Fälligkeit).
24   BGH v. 09.03.1988 – IVa ZR 225/86, VersR 1988, 484.

träge für die einzelnen Sparten[25] und die SFR-Einstufung richtig vorgenommen wurde. Die Einstufung erfolgt bei einem Neukunden in aller Regel auf Basis der Angabe des Vorversicherers oder – wenn der Kunde dies vorlegt – auf der Grundlage der letzten Rechnung des Vorversicherers, die aber einen evtl. erlittenen Schadenfall nicht beinhaltet. Der Versicherungsnehmer muss zutreffende Angaben machen[26]. Diese Basisdaten sind bei Übersendung der Prämienrechnung vom Versicherungsnehmer zu prüfen und ggf. zur Berichtigung an den Versicherer zu melden. Auch muss für den Versicherungsnehmer zweifelsfrei erkennbar sein, welchen Beitrag[27] er zahlen muss, um den Versicherungsschutz zu erlangen[28]. Teilweise wird in der Rechtsprechung davon ausgegangen, dass eine Beitragsberichtigungsklausel, die die Folgen unrichtiger Angaben dahingehend korrigiert, dass der korrekte Beitrag ab Vertragsschluss zu zahlen ist, gegen § 19 VVG wegen Verletzung der Beratungspflichten verstößt. Diese Entscheidung verkennt aber, dass der VN ggf. arglistig gehandelt hat und aus diesem Grund nicht schutzwürdig ist[29].

II. Hinweispflicht des Versicherers

Darüber hinaus ist der Beitrag gesondert zu kennzeichnen, den der Versicherungsnehmer entrichten muss, um der Erstprämienanforderung zu genügen. In der Praxis kommt es häufig vor, dass Erstprämie und Folgeprämie (bei Ratenzahlung oder auch beim Jahreswechsel zwischen Anmeldung des KFZ und Erstellung des Versicherungsscheins) zusammengefasst werden. Dann muss gesondert und augenfällig darauf hingewiesen werden, mit welcher Prämie der Kunde den Versicherungsschutz erhält[30]. In der Zahlung der Prämie kann auch eine konkludente Genehmigung des Vertrages, auch wenn dieser vom Antrag abweicht, gesehen werden[31]. 11

III. Belehrung über Rechtsfolgen

Weiterhin muss die Prämienanforderung den Versicherungsnehmer über die Folgen der nicht rechtzeitigen Zahlung aufklären[32]. Dieser Hinweis muss auf der ersten Seite des Versicherungsscheins abgedruckt werden[33]. Die Belehrung muss auch den Hinweis ent- 12

---

25 LG Nürnberg-Fürth v. 11.07.1990 – 8 S 2432/90, VersR 1991, 51 (L.).
26 LG Dortmund v. 10.07.2014 – 2 C 261/13, SP 2014, 391.
27 OLG Hamm v. 06.07.1994 – 20 U 71/94, r+s 1994, 446: »der Erstbeitrag 148,80; 109,80« der Versicherungsnehmer konnte dieser Aufforderung nicht entnehmen, welchen Betrag er zur Erhaltung seines Versicherungsschutzes hätte zahlen müssen. So auch AG Mannheim, 1 C 295/06, zfs 2007, 253 f.
28 BGH v. 09.07.1986 – IVa ZR 5/85, VersR 1986, 986 f.
29 LG Dortmund v. 10.07.2014 – 2 O 261/13; vgl. hierzu auch K.4.3 AKB.
30 BGH v. 09.07.1986 – VI a ZR 5/85, r+s 1986, 248= VersR 1986, 986, 987, OLG Hamm v. 10.02.1988 – 20 U 154/87, VersR 1988, 709 (L.).
31 AG Solingen v. 18.04.2013 – 13 C 134/12, Jurion.
32 BGH v. 26.04.2006 – IV ZR 248/04, r+s 2006, 272 f.
33 OLG Naumburg v. 26.06.2011 – 4 U 94/10, VersR 2012, 973 f.; eine Belehrung auf der Rückseite reicht nicht aus LG Dortmund v. 19.01.2011 – 2 O 192/10, ADAJUR.

halten, dass die vorläufige Deckung rückwirkend entfällt, wenn die Erste oder einmalige Prämie nicht innerhalb der gesetzten Fristen gezahlt wird[34]. Eine unverständliche Belehrung erfüllt ihren Zweck nicht und der Versicherer kann sich dann nicht auf die Folgen berufen[35]. Dabei muss die Belehrung dem Versicherungsnehmer mit der Erstprämienrechnung zugegangen sein, eine Belehrung über die Rechtsfolgen verspäteter Zahlung, die dem Versicherungsnehmer erst nach dem vergeblichen Versuch, die Prämie einzuziehen, zugeht, erfüllt diesen Anspruch nicht[36]. Auch die Belehrung »wenn Sie nicht... geht über der Versicherungsschutz verloren« reicht nicht aus, die Fristen in Lauf zu setzen, wenn über die sonstigen Rechte des Versicherungsnehmer kein Hinweis enthalten ist[37]. Ein Hinweis auf der Rückseite der Prämienanforderung reicht dazu nicht aus[38]. Auch muss der Versicherungsnehmer auf die Möglichkeit, sich den Versicherungsschutz bei unverschuldeter Versäumnis zu erhalten, hingewiesen werden[39]. Der pauschale Hinweis »der Versicherungsschutz geht verloren« reicht nicht aus, um die strengen Anforderungen zu erfüllen[40].

13 Hat der Versicherungsnehmer zusätzlich zum Kraftfahrzeug-Haftpflicht-Vertrag noch andere Sparten mit vereinbart, muss der Versicherer ebenfalls darauf hinweisen, dass es zur Erlangung des Versicherungsschutzes in einer Sparte ausreicht, den dort geforderten Betrag zu zahlen (Kraftfahrzeug-Haftpflicht-Versicherung)[41]. Auch muss die Belehrung den Hinweis enthalten, dass ein unverschuldeter Zahlungsverzug den Versicherungsschutz bestehen lässt[42]. Hat aber der Versicherer zunächst zwar belehrt, aber eine falsche Prämienrechnung erstellt und nicht darauf hingewiesen, dass eine unverschuldete Säumnis keine Folgen hat, danach eine korrekte Prämienanforderung erstellt, die dann innerhalb der Fristen beglichen wird, hat die Säumnis hinsichtlich der ersten (falschen) Prämienanforderung keine Folgen[43].

---

34 LG Dortmund v. 19.01.2011 – 2 O 192/10, Jurion; LG Köln v. 10.11.2004 – 20 O 124/04, r+s 2005, 98.
35 OLG Düsseldorf v. 03.11.1992 – 4 U 285/91, VersR 1993, 737; OLG Oldenburg v. 02.12.1998 – 2 U 197/98, NZV 1999, 382; LG Dortmund v. 04.08.2011 – 2 O 130/11 (Jurion).
36 OLG Saarbrücken 5 U 457/03, r+s 2004, 317 = VersR 2005, 215.
37 OLG Hamm Beschl. v. 25.11.1997 – 20 W 24/97, NZV 1998, 211 (zum PKH-Antrag des VN); LG Köln v. 16.12.1992 – 24 O 92/97 in r+s 1993, 244.
38 OLG Hamm Beschl. v. 25.11.1997 – 20 W 24/97, NZV 1998, 211; OLG Naumburg v. 23.06.2011 – 4 U 94/10 (Jurion), der Hinweis hat auf der Vorderseite des Versicherungsscheins zu erfolgen.
39 OLG Hamm v. 29.01.1999 – 20 U 159/98, r+s 1999, 357.
40 OLG Oldenburg v. 02.12.1998 – 2 U 197/98, r+s 1999, 187 f.
41 OLG Hamm v. 24.01.1990 – 20 U 160/89, VersR 1991, 220 .
42 BGH v. 05.06.1985 – IVa ZR 113/83 VersR 1985, 981 m. w.N; OLG Köln v. 04.09.1996 – 11 U 33/96, VersR 1997, 350 m. w.N; OLG Hamm v. 22.05.1995 – 20 W 9/95, r+s 1995, 403; OLG Düsseldorf 4 U 285/91 VersR 1993, 737;
OLG Hamm v. 24.01.1990 –20 U 160/89 VersR 1991, 220 = r+s 1990, 41; OLG Schleswig v. 18.12.1991 – 9 U 100/90 VersR 1992, 731; u. v. m.
43 OLG Schleswig v. 18.12.1991 – 9 U 100/90 VersR 1992, 731 = r+s 1992, 112.

Nicht rechtzeitige Zahlung

C.1.2 (Erstprämienverzug[1])

Zahlen Sie den ersten oder einmaligen Beitrag nicht rechtzeitig, haben Sie von Anfang an keinen Versicherungsschutz, es sei denn, Sie haben die Nichtzahlung oder verspätete Zahlung nicht zu vertreten. Haben Sie die nicht rechtzeitige Zahlung jedoch zu vertreten, beginnt der Versicherungsschutz erst ab der Zahlung des Beitrags.

Während in § 38 VVG a. F. keine Exkulpation des Versicherungsnehmers vorgesehen war, dort kam es ausschließlich auf den objektiven Tatbestand »nicht gezahlt« an, wurde schon in den AKB vor 2008 auf das Vertretenmüssen abgestellt[2]. Inzwischen ist das Gesetz »angepasst« worden. 1

A. Zeitpunkt der Zahlung

Rechtzeitig ist die Zahlung erfolgt, wenn sie innerhalb von insgesamt maximal vier Wochen ab Zugang des Versicherungsscheins und der korrekten Erstprämienanforderung mit ausreichender Belehrung über die Folgen der nicht rechtzeitigen Zahlung erfolgte. Dabei können unterschiedliche Zahlungsformen vereinbart werden: 2

I. Barzahlung

Die Zahlungspflicht ist durch Übergabe der Summe erfüllt. Übergabe muss entweder an die Versicherung oder an einen von dort zur Entgegennahme der Versicherungsprämie berechtigten Mitarbeiter erfolgen. Diese Art der Zahlung dürfte aber die Ausnahme sein. 3

II. Überweisung

Nach dem Wortlaut des § 37 Abs. 2 VVG hat der Versicherungsnehmer die Prämie auf seine Kosten an den Versicherer zu übermitteln. Damit ist klargestellt, dass in diesem Falle die Regeln der Schickschuld gelten und das rechtzeitige Absenden der Prämie ausreicht. 4

Der Versicherungsnehmer ist also gehalten, den Überweisungsauftrag rechtzeitig bei der Bank vorlegen[3] und muss nicht für Verspätungen, die nicht mehr in seiner Sphäre liegen, eintreten. Wohl aber hat er – wie auch beim Lastschriftverfahren – die Verantwortung dafür, dass sein Konto ausreichende Deckung[4] aufweist, so dass die Zahlung auch durch die Bank alsbald erfolgen wird. Dieser Regelung steht die Entscheidung des EuGH entgegen, der die Zahlung nur dann als rechtzeitig ansieht, wenn der Gläubiger

---

1 Überschrift des Verfassers!.
2 § 1 Abs. 4 AKB a. F.
3 OLG Düsseldorf v. 11.11.1996 – 1 U 16/96, DAR 1997, 112.
4 BGH v. 19.10.1977 – IV ZR 149/76, VersR 1977, 1153.

und Leistungsempfänger am Fälligkeitstag darüber verfügen kann, also als Bringschuld behandelt ist[5].

III. Lastschrift

5 Voraussetzung auch bei Vereinbarung von Lastschrifteinzug ist vor allem die Aushändigung des Versicherungsscheins und die Fälligkeit der Prämie[6]. Wird der Lastschrifteinzug durch die Versicherung vereinbart, hat diese für die Rechtzeitigkeit der Anforderung der Prämie Sorge zu tragen, der Versicherungsnehmer aber muss für die ausreichende Kontendeckung sorgen[7]. Dabei ist die Pflicht des Versicherungsnehmers auf den Betrag der Erstprämie beschränkt, bucht der Versicherer sowohl die fällige Erstprämie als auch die Folgeprämie bei vereinbarter vierteljährlicher Zahlung ab und wird wegen fehlender Deckung die Lastschrift nicht ausgeführt, weil das Konto keine Deckung für beide Prämien aufweist, besteht gleichwohl Versicherungsschutz[8]. Dabei verliert in der »Urlaubs-Kasko« der Versicherungsnehmer, der für diese Erst- und Einmalprämie nicht für ausreichende Deckung seines Kontos sorgt, seinen Versicherungsschutz, wenn er nur im Antragsformular über die Folgen der Prämiennichtzahlung belehrt wurde. Dies gilt auch dann, wenn der Einzug der Prämie nicht mehr gesondert angekündigt wurde und ohne zusätzliche Mahnung[9], da die Prämie dem Versicherungsnehmer schon mit Antragstellung bekannt war, der Urlaub nur 3 Tage nach dem Antrag angetreten werden und Kasko-Versicherungsschutz bestehen sollte. Auch eine Verrechnung der Prämienforderung mit der auszuzahlenden Kasko-Entschädigung wurde in dieser Entscheidung eine Absage erteilt, da der Versicherer dann gehalten gewesen wäre, schon im Vorhinein zahlungsunwillige Versicherungsnehmer sanktionslos zu entschädigen.

IV. Teilzahlung

6 Teilzahlungen der Prämie sind grundsätzlich nur insoweit zulässig, als tatsächlich von Seiten des Versicherers Ratenzahlung gewährt wurde. Zu beachten ist, dass eine unterjährige Zahlungsweise der Versicherungsprämie nicht den Vorschriften des Verbraucherkreditgesetzes unterliegt[10]. Eine Teilzahlung auf eine zulässigerweise angeforderte Prämienrechnung war in der Vergangenheit nur in Ausnahmefällen zulässig. So wurde bei nur geringfügigen Differenzen von 2,70 DM bei Prämienanforderung von 47,20 DM dieses Minus als unschädlich angesehen[11], so auch 2,70 DM bei Anforderung von 162 DM[12]., aber ein Rückstand von 1/4 der Prämie ist nicht mehr als gering-

---

5 EuGH v. 03.04.2008 – C 306/06, NJW 2008, 1935, Isabell Knöpper, »Rechtzeitigkeit der Leistung bei Geldschulden?- Prämienzahlung«, NJW Spezial 2009, 105–106.
6 BGH v. 13.12.1995 – IV ZR 30/95, NZV 1996, 143.
7 BGH v. 19.10.1977 – IV ZR 149/76, VersR 1977, 1153.
8 OLG Hamm v. 26.10.1983 – 20 U 80/83, VersR 1984, 377.
9 OLG Köln v. 22.11.1994 – 9 U 179/94, r+s 1995, 201.
10 OLG Hamburg v. 18.11.2011 – 9 U 108/11, Jurion.
11 BGH v. 25.06.1956 – II ZR 101/55, BGHZ 21, 122, 136.
12 OLG Düsseldorf v. 28.10.1975 – 4 U 26/75, VersR 1976, 429.

fügig zu bezeichnen[13]. Allerdings wird für die Zukunft nicht davon auszugehen sein, dass der BGH an dieser Rechtsprechung festhält. Er hat bereits 1988 geäußert, dass es dem Versicherungsnehmer nicht zukomme, eigenmächtig die Prämienanforderung zu kürzen, wenn er Versicherungsschutz erhalten wolle[14].

B. Besonderheiten

I. Schadenfall am Tag der Überweisung

Hier ist zu differenzieren: 7

War die Zahlungshandlung innerhalb der gesetzten Zahlungsfristen, also innerhalb des Zeitraums von 4 Wochen ab Zugang des Versicherungsscheins, hat der Versicherungsnehmer Versicherungsschutz im vereinbarten Umfang, also auch ggf. in der Vollkasko-Versicherung

Ereignete sich der Schadenfall aber, als der Versicherungsnehmer bereits im Verzug mit der Prämienzahlung war und die erforderlichen Belehrungen waren erteilt, kommt es entscheidend auf den Zeitpunkt der Abgabe der Überweisung/Einzahlung bei der Post an.

Kann der Beweis geführt werden, dass die Überweisung vor dem Schadenfall zur Bank gelangte, das Konto ausreichende Deckung[15] aufwies und der Überweisungsauftrag auch alsbald ausgeführt worden wäre[16], hat der Versicherungsnehmer ab diesem Moment Versicherungsschutz. Auf den Zeitpunkt der Gutschrift kommt es nicht mehr an, da der Versicherungsnehmer alles von seiner Seite Erforderliche getan hat[17]. Es besteht daher Leistungspflicht des Versicherers. Ereignete sich der Schaden aber vor Abgabe der Überweisung, hat der Versicherungsnehmer keinen Versicherungsschutz.

II. Schadenfall vor Beitragszahlung

Ereignete sich der Schadenfall innerhalb der Zahlungsfristen und wird der Beitrag innerhalb der Frist gezahlt, hat der Versicherungsnehmer Versicherungsschutz. Ereignete sich der Schadenfall aber nach Ablauf der Fristen, verliert der Versicherungsnehmer seinen Versicherungsschutz. Dabei sind an die Prämienrechnung gerade, wenn sie angefordert wird, nachdem sich schon ein Schaden ereignet hat, besonders hohe Anforderungen zu stellen[18]. 8

---

13 OLG Hamm 30.09.1960 – 7 U 94/60, NJW 1961, 141 m. w. H. auf RG-Rechtsprechung.
14 BGH v. 09.03.1988 – IVa ZR 225/86, VersR 1988, 484.
15 BGH v. 19.10.1977 – IV ZR 149/76, VersR 1977, 1153.
16 OLG Koblenz v. 13.10.1992 – 3 U 637/92, NJW-RR 1993, 583; OLG Nürnberg v. 25.03.1999 – 8 U 4317/98, NJW-RR 2000, 800; Umkehrschluss aus OLG Köln v. 16.07.2002 – 9 U 48/01 r+s 2002, 357.
17 BGH v. 05.12.1963 – II ZR 219/62, NJW 1964, 499; OLG Karlsruhe v. 02.10.1997 – 12 U 64/97, NJW-RR 1998, 1483; OLG Düsseldorf v. 11.11.1996 – 1 U 16/96, DAR 1997, 112.
18 OLG München v. 05.12.2008 – 10 U 3615/08, Jurion.

C.1.2 AKB (Erstprämienverzug)

C. Vertretenmüssen der verspäteten Zahlung

9   Darüber hinaus muss der Versicherungsnehmer die Verspätung der Zahlung zu vertreten haben. Es muss ihn also ein Verschulden treffen. Diese Regelung war auch in den AKB a. F. enthalten und von der Rechtsprechung bereits so gebilligt. Hier können zunächst die vorgenannten Voraussetzungen, so sie nicht erfüllt sind, ein Verschulden des Versicherungsnehmers entfallen lassen. Auch die Anwendung der Regeln, die für die Wiedereinsetzung in den vorigen Stand bei Fristversäumnissen gelten, könnte hier in Betracht kommen. Festzuhalten bleibt aber, dass es sich bei der Exculpationsmöglichkeit des Versicherungsnehmers um eine Ausnahmeregelung handelt, so dass nicht jede vorgebrachte Entschuldigung auch das Verschulden entfallen lässt. Ist der Versicherungsnehmer z. B. über einen längeren Zeitraum in Urlaub[19] oder krankheitsbedingt abwesend (Krankenhaus oder Kur), so ist er gehalten, entsprechende Vorsorge zu treffen, dass sich jemand um den Posteingang kümmert und ggf. erforderliche Maßnahmen einleitet. Dies kann daher nur in Ausnahmefällen zur Entschuldigung führen. Kein Entschuldigungsgrund liegt in kalendarischen Besonderheiten, so etwa, wenn der Versicherungsnehmer am Tag vor dem Schadenereignis die Überweisung bei seiner Bank einwirft, dort die Überweisung aber wegen Feiertags und darauf folgendem Wochenende mehrere Tage später erst am Montag ausgeführt werden kann[20].

10 Ein Verschulden ist z. B. dann nicht gegeben, wenn:
    – die verspätete Zahlung wegen Differenzen in der SFR-Einstufung erfolgte, die zunächst geklärt werden mussten,
    – wenn die Regionaleinstufung nicht stimmte;
    – ein Beamtentarif nicht korrekt berücksichtigt wurde;
    – vereinbarte Sondertarife nicht enthalten waren;
    – die abgesprochenen Zusatzversicherungen nicht enthalten waren, ohne dass innerhalb der gesetzlichen Frist ein entsprechendes neues Angebot der Versicherung eingegangen wäre;
    – der Zugang des Versicherungsscheins und der Prämienrechnung nicht erfolgte[21];
    – die erforderliche Belehrung nicht oder nicht ausreichend erfolgte[22].

---

19 So schon BGH v. 19.10.1983 – VIII ZB 30/83, VersR 1984, 81 zur Fristversäumung wegen Urlaubs in einer Zwangsvollstreckung.
20 OLG Köln v. 16.07.2002 – 9 U 48/01, r+s 2002, 357.
21 Um den Versicherer vor einer missbräuchlichen Verwendung des Bestreitens des Zuganges von Prämienrechnung etc. zu bewahren, können Rückschlüsse aus dem Verhalten des Versicherungsnehmers und der üblichen Versendepraxis des Versicherers gezogen werden, Armbrüster »Ewige« Widerrufsrechte und ihre Folgen«, VersR 2012, 513 ff.
22 BGH v. 09.03.1988 – IVa ZR 225/86 NZV 1988, 178; BGH v. 06.10.1999 – IV ZR 118/98 zur Folgeprämie zfs 2000, 109 = r+s 2000, 52 OLG Hamm v. 29.04.1992 – 20 U 334/91, r+s 1993, 365; OLG Köln v. 17.06.2003 – 9 U 187/01, r+s 2003, 495.

D. Verrechnung Schadenersatzleistung/Prämienanforderung

Sofern der Versicherungsnehmer in dem Zeitraum zwischen Prämienanforderung und Zahlungsziel einen Schadenfall erleidet, aus dem er seinerseits Ansprüche aus dem Versicherungsvertrag geltend machen kann (im Zeitraum der vorläufigen Deckung) kann der Versicherer eine offen stehende Prämie mit der Schadenersatzforderung des Versicherungsnehmers aufrechnen und so die Schadenersatzleistung zunächst auf die fällige Prämie verrechnen[23]. Das Interesse des Versicherers an dem Erhalt der vereinbarten Prämie ist damit hinreichend gesichert. Diese Möglichkeit ist in § 35 VVG ausdrücklich aufgenommen und durch § 121 VVG für den Bereich der Kraftfahrzeug-Haftpflicht-Pflichtversicherung ausgeschlossen. Eine Aufrechnung der Prämienforderung mit möglichen Schadenersatzansprüchen Dritter ist daher nicht zulässig. 11

▶ **Beispiel:**

Fahrzeugversicherung: Totalschaden, Wert des KFZ 15.000 €;

Haftpflichtschaden: Sachschaden insgesamt von 10.000 €;

Prämienforderung des Versicherers für alle Sparten 1.000 €.

Die Zahlungsfrist ist noch nicht abgelaufen.

Hier kann vom Versicherer für die offene Prämie mit der zu leistenden Entschädigung an den Versicherungsnehmer aus der Fahrzeugversicherung die Aufrechnung zulässigerweise erklärt werden. Keinesfalls kann der Versicherungsnehmer jetzt wegen des Totalschadens seines KFZ sich auf den Standpunkt stellen, es sei eine Neuberechnung der Prämie (die nach der Stilllegung des KFZ erfolgen wird) schon jetzt vorzunehmen und nur noch dieser Betrag zu zahlen!

Dies ist selbstverständlich nur solange möglich, als der Versicherungsnehmer die Prämie nicht seinerseits bereits bezahlt hat. Sind die Zahlungsfristen allerdings verstrichen und ist der Versicherungsnehmer seines Versicherungsschutzes verlustig gegangen, kann eine Verrechnung von Prämien nicht mehr mit möglichen Schadenersatzleistungen erfolgen, da ein Anspruch auf Zahlung aus den Zusatzversicherungen an den Versicherungsnehmer nur insoweit besteht, als er seiner Prämienzahlungspflicht nachgekommen ist. 12

E. Rechtsfolgen der verspäteten Zahlung

Sind die vorstehenden Bedingungen eingehalten, hat der Versicherer also den Zugang der korrekten Prämienforderung und des Versicherungsscheins nachgewiesen, sind die Fristen zu Widerruf und Widerspruch ungenutzt verstrichen und hat sich der Schadenfall nach dem Fristablauf ereignet, kommt es zu den in § 37 VVG beschriebenen Fol- 13

---

[23] BGH v. 07.11.1984 – IVb ZB 108/84, VersR 1985, 87; OLG Naumburg v. 26.06.2011 – 4 U 94/10, ADAJUR; OLG Koblenz v. 12.11.1993 – 10 U 297/93, VersR 1995, 527; OLG Hamm v. 22.11.1995 – 20 U 186/95, r+s 1996, 164.

gen: Diese Folgen der verspäteten Zahlung, die der Versicherungsnehmer zu vertreten hat, sind erheblich:

I. Vollständige Leistungsfreiheit des Versicherers

14 Der Versicherer ist von der Verpflichtung zur Leistung frei für alle Schadenfälle, die sich vor dem Tag der Zahlung ereigneten[24]. Diese Aussage führt in allen anderen Sparten dazu, dass der Versicherer keinerlei Zahlungen zu erbringen hat, in der Kraftfahrzeug-Haftpflicht-Pflichtversicherung ist jedoch zwischen Innen- und Außenverhältnis zu differenzieren.

1. Innenverhältnis

15 In der Kraftfahrzeug-Haftpflicht-Versicherung ist die Besonderheit gegeben, dass der Versicherer sich wegen § 117 Abs. 3 VVG nur im Verhältnis zum Versicherungsnehmer auf die Leistungsfreiheit berufen kann (Innenverhältnis), wenn sich der Schaden im öffentlichen Verkehrsraum ereignete. Nur dort gilt die Pflichtversicherung, da der Gesetzgeber nur für die Nutzung eines Kraftfahrzeuges im öffentlichen Verkehrsraum eine Versicherungspflicht normierte, § 1 StVG, § 1 PflVG. Dies bedeutet aber auch, dass nur im Fall der Schädigung eines Dritten im Öffentlichen Verkehrsraum die Leistungsfreiheit des Versicherers auf das Innenverhältnis zwischen Versicherer und Versicherungsnehmer beschränkt ist[25]. Ereignete sich der Schadenfall aber im nicht-öffentlichen Verkehrsraum (z. B. Grundstück oder Acker, Firmengelände etc.) kann der Direktanspruch des Geschädigten gegen den Kraftfahrzeug-Haftpflicht-Versicherer entfallen. Der Geschädigte kann seine Ansprüche dann nur gegen den Versicherungsnehmer bzw. Fahrer richten, der dann seinerseits gegen den Versicherer Ansprüche auf Gewährung von Versicherungsschutz geltend machen kann. Diese Differenzierung ist bei gesundem Versicherungsverhältnis ohne Belang, so dass der Versicherer sich auch in diesen Fällen direkt mit dem Geschädigten auseinander setzen wird, ohne auf den Umweg über den Schädiger zu verweisen. Bewegt sich der Versicherungsnehmer mit dem zu den Mindestversicherungen versicherten Kfz im europäischen Ausland, gelten auch dort für ihn die Mindestversicherungssummen als versichert, unabhängig davon, ob diese höher oder niedriger sind als die in Deutschland vereinbarten Beträge. Allerdings hat der Versicherungsnehmer dann im Innenverhältnis den Anspruch, auch bis zur Grenze der in Deutschland geltenden Mindestversicherungssummen bei ansonsten korrektem Verhalten, von der Haftung freigestellt zu werden.

16 Allerdings hat diese Differenzierung dann Auswirkungen, wenn das Versicherungsverhältnis gestört ist. Der Versicherer ist in diesen Fällen auch im Außenverhältnis von der Verpflichtung zur Leistung frei und der Geschädigte ist mit seinen Schadenersatzansprüchen auf die Leistungsfähigkeit des Schädigers beschränkt[26]. Es bleiben nur

---

24 Vgl. oben Rn. 2 f. Zeitpunkt der Zahlung.
25 Vgl. hierzu auch ausführlich Schwab in Himmelreich/Halm FA Verkehrsrecht Kapitel 2.
26 Vgl. hierzu § 117 VVG.

noch die Ansprüche gegen die Verkehrsopferhilfe gem. § 12 PflVG, die nur eingeschränkt regulieren.

2. Außenverhältnis

Im Außenverhältnis zum geschädigten Dritten ist der Versicherer gehalten, die berechtigten Schadenersatzansprüche zu befriedigen. Das Gesetz[27] und die der Kommentierung zugrunde liegenden AKB geben dabei dem Versicherer die Möglichkeit, seine Leistungspflicht auf die gesetzlichen Mindestversicherungssummen zu beschränken. Zu beachten ist dabei, dass die Mindestversicherungssummen sich bei Grenzübertritt an den im jeweiligen europäischen Land geltenden Mindestversicherungssummen orientieren müssen. Ist die Mindestversicherungssumme des Gastlandes niedriger als die in Deutschland geltende Mindestversicherungssumme, ist die Obergrenze der zu erbringenden Leistungen des Versicherers die in Deutschland geltende Mindestversicherungssumme. Ist im Gastland die Mindestversicherungssumme allerdings höher als in Deutschland, gilt diese höhere Mindestversicherungssumme als vereinbart, wenn sich dort ein Schaden ereignet. Eine eventuelle Beschränkung der Haftung auf die Mindestversicherungssummen ist bereits im Verfahren zum Haftungsgrund zu entscheiden[28]. Wird von diesem Recht in den ABK nicht Gebrauch gemacht, so kann sich der Versicherer im Nachhinein nicht auf die gesetzliche Regelung berufen mit dem Hinweis, dass er wegen der Vertragsverletzung des Versicherungsnehmers nun auch nicht mehr an seine Zusagen halten müsse[29]. Eine Beschränkung auf die Mindestversicherungssumme ist immer dann zulässig, wenn das Versicherungsvertragsverhältnis materiell Not leidend ist[30]. Dies bedeutete in der Vergangenheit, dass zwar eine Versicherungsschutzversagung wegen Versäumung der Klagefrist des § 12 Abs. 3 VVG a. F. gegenüber dem Versicherungsnehmer bzw. der mitversicherten Person wirksam wurde, dies aber dem Geschädigten bzw. seinen Rechtsnachfolgern nicht entgegengehalten werden konnte[31]. Ob diese Rechtsprechung in der Zukunft noch Bestand haben kann, wenn die gesetzlichen Verjährungsfristen[32] auch im Rahmen des VVG zur Anwendungen kommen, bleibt abzuwarten.

---

27 § 117 Abs. 3 VVG.
28 BGH v. 23.01.1979 – VI ZR 199/77, NJW 1979, 1046.
29 BGH v. 15.03.1983 – VI ZR 187/81, NJW 1983, 2197 für den Fall der Aufklärungsobliegenheit des vom Versicherungsnehmer personenverschiedenen Fahrers, diese Entscheidung lässt aber unberücksichtigt, dass der Versicherungsnehmer als Halter ohnehin nur im Rahmen der Mindestversicherungssummen eintrittspflichtig ist für die Betriebsgefahr. Insoweit richtig OLG Stuttgart v. 15.11.2000 – 3 U 23/00, r+s 2001, 312, das die Halterhaftung bei unberechtigtem Fahrer auf die Mindestversicherungssummen unabhängig vom Verschulden des Halters am unbefugten Gebrauch beschränkt.
30 BGH v. 04.12.1974 – IV ZR 208/72 NJW 1975, 87, dies ist ggf. vom angerufenen Gericht zu prüfen.
31 BGH v. 04.12.1974 – V ZR 208/72 NJW 1975, 87.
32 So auch Marlow/Spuhl aaO. S. 5 unter Ziffer I.6 Rn 2273 f.

II. Rückwirkender Wegfall der vorläufigen Deckung

18 Eine weitere Folge der nicht rechtzeitigen Zahlung der Prämie ist, dass die in der Kraftfahrzeug-Haftpflicht-Versicherung regelmäßig gewährte »Vorläufige Deckung« nach den §§ 49 ff. VVG ebenfalls rückwirkend entfällt. Es werden daher sämtliche durch den Versicherer geleisteten Schadenersatzforderungen an Dritte aus Kraftfahrzeug-Haftpflicht-Schäden in diesem Zeitraum vom Versicherungsnehmer zurückgefordert werden. Erforderlich ist allerdings, dass der Versicherer bei Prämienanforderung bereits darauf hingewiesen hat[33].

III. Folgen für mitversicherte Personen

19 Für mitversicherte Personen, die nicht Repräsentanten des Versicherungsnehmers sind, hat der Prämienverzug dann keine Folgen, wenn sie von dem Prämienverzug keine Kenntnis hatten. § 117 Abs. 3 VVG schützt insoweit auch die mitversicherten Personen. Allerdings reicht der Gutglaubensschutz der mitversicherten Personen nur soweit, als die gesetzlichen Mindestversicherungssummen[34] reichen. Einen darüber hinaus gehenden Anspruch kann die mitversicherte Person nicht geltend machen[35]. Dem Repräsentanten des Versicherungsnehmers kommt dieser Schutz nicht zu Gute. Repräsentant ist, wer vom Versicherungsnehmer die eigenverantwortliche Wahrnehmung von Rechten und Pflichten des Versicherungsnehmers übertragen erhalten hat[36]. Allerdings begründen die gemeinsame Kostentragung für ein Kfz und die Nutzung zu 60 % noch keine Repräsentantenstellung eines Ehepartners[37].

F. Beweislast

20 Der Versicherungsnehmer ist beweisbelastet hinsichtlich der Rechtzeitigkeit seiner Zahlung[38], der Versicherer hingegen muss den Zugang des Versicherungsscheins, die korrekte Prämienanforderung und die nicht rechtzeitige Zahlung des Versicherungsnehmers nachweisen. Dabei kann von der Absendung allein nicht auf den Zugang beim Versicherungsnehmer geschlossen werden[39]. Auch wird teilweise in der Rechtsprechung der Zugangsnachweis durch Indizien als geführt angesehen[40], wenn z. B. die Überweisung genau den angemahnten Betrag enthält oder ein Telefonat des Ver-

---

33 LG Dortmund v. 19.01.2011, 2 O 192/10, Jurion.
34 Vgl. auch C.1.2 AKB Rn. 15 und 17; § 117 VVG Rn. 27.
35 So schon OLG Schleswig v- 22.06.1971 – 1 U 103/70, VersR 1973, 557 für den unberechtigten Fahrer; BGH IVa ZR 56/80 in VersR 1981, 323.
36 BGH v. 14.03.2007 – IV ZR 102/03, zfs 2007, 335 ff. zur Definition vgl. oben AKB. A2.3 Rdn. 25 ff.
37 LG Paderborn v. 09.05.2007 – 4 O 651/06, zfs 2007, 636 f.
38 LG Duisburg v. 27.07.2012, 6 O 15/12, Jurion.
39 OLG Köln v. 07.12.1989 – 5 U 232/88, VersR 1990, 1261 (für die qualifizierte Mahnung nach § 39 VVG a. F., aber auf den Zugang der Erstprämienanforderung übertragbar).
40 LG Köln und AG Köln v.31.01.2001 – 115 C 386/98, r+s 2001, 228 ff., LG Düsseldorf v. 13.03.2003 – 21 S 427/01, r+s 2003, 445 f. für das automatisierte Mahnverfahren der Folgeprämie.

sicherungsnehmers mit der Versicherung über den Inhalt der Prämienrechnung geführt wurde.

C.1.3 (Rücktritt[1])

Außerdem können wir vom Vertrag zurücktreten, solange der Beitrag nicht gezahlt ist. Der Rücktritt ist ausgeschlossen, wenn Sie die Nichtzahlung nicht zu vertreten haben. Nach dem Rücktritt können wir von Ihnen eine Geschäftsgebühr verlangen. Diese beträgt xx % des Jahresbeitrags für jeden angefangenen Monat ab dem beantragten Beginn des Versicherungsschutzes bis zu unserem Rücktritt, jedoch höchstens xx % des Jahresbeitrags.

Übersicht
	Rdn.
A. Voraussetzungen des Rücktritts	1
B. Folgen des Rücktritts	2
I. Innenverhältnis	3
II. Außenverhältnis	4

A. Voraussetzungen des Rücktritts

Eine Rücktrittserklärung ist im VVG vorgesehen und wird auch in die AKB übernommen. 1

Die genannten Voraussetzungen für den Rücktritt des Versicherers vom Vertrag sind:
- die korrekt gesetzte Zahlungsfrist wurde vom Versicherungsnehmer versäumt;
- dieses Versäumnis hat der Versicherungsnehmer auch zu vertreten, er kann sich insoweit nicht entlasten;
- der Beitrag darf bis zum Zeitpunkt der Rücktrittserklärung nicht gezahlt worden sein, überschneidet sich die Beitragszahlung mit der Rücktrittserklärung, ist der Rücktritt unzulässig und dem Versicherungsnehmer ist ab Zahlung des Beitrages Versicherungsschutz in die Zukunft zu gewähren.

B. Folgen des Rücktritts

Der Versicherungsvertrag endet mit dem erklärten Rücktritt, allerdings endet damit 2 nach Auffassung der Rechtsprechung die vorläufige Deckung nur dann, wenn die rechtlichen Voraussetzungen für den Erstprämienverzug vorgelegen haben. Liegen diese nicht vor, und sei es auch nur wegen der fehlenden ausführlichen Belehrung, fällt die vorläufige Deckung nicht weg[2].

---

1 Überschrift des Verfassers!.
2 OLG Köln v. 17.06.2003 – 9 U 187/01, r+s 2003, 12; OLG Hamm v. 29.04.1992 – 20 U 334/91, r+s 1993, 365.

C.2 AKB Zahlung des Folgebeitrags

I. Innenverhältnis

3 Es wird eine Geschäftsgebühr für den Zeitraum des beantragten Versicherungsschutzes fällig. Diese darf den Jahresbeitrag nicht übersteigen und ist anteilig für die Monate des im Außenverhältnis gewährten Versicherungsschutzes zu zahlen.

Der Versicherer wird den Rücktritt vom Vertrag an die Zulassungsstelle melden, um die Nachhaftungsfrist des § 117 Abs. 3 VVG in Lauf zu setzen.

II. Außenverhältnis

4 Der Versicherer haftet im Außenverhältnis solange, bis die Frist der Nachhaftung des § 117 Abs. 3 VVG abgelaufen ist, für Schäden Dritter aus der Kraftfahrzeug-Haftpflicht-Versicherung. Da die sonstigen Sparten des Vertrages immer nur das Innenverhältnis betreffen, kann der Versicherer dort von seinem Leistungsverweigerungsrecht Gebrauch machen.

C.2 Zahlung des Folgebeitrags

1 Für die Zahlung des Folgebeitrags gelten zunächst auch die Grundsätze, die für die Zahlung des Erstbeitrags aufgestellt wurden, sie werden aber tw. modifiziert.

So kann insbesondere der Folgebeitrag, der üblicherweise eine Jahresprämie darstellt, in Teilen gezahlt werden. Üblich sind neben halb- und vierteljährlicher auch monatliche Zahlungsweise. Für eine unterjährige Zahlungsweise werden sog. Teilzahlungszuschläge erhoben. Diese Vorgehensweise unterfällt nicht den Regeln des Verbraucherkreditgesetzes, da keine Kreditgewährung vorliegt[1].

Rechtzeitige Zahlung
C.2.1 (Fälligkeit[1])

Ein Folgebeitrag ist zu dem im Versicherungsschein oder in der Beitragsrechnung angegebenen Zeitpunkt fällig und zu zahlen.

Übersicht   Rdn.
A. Tatbestandsvoraussetzungen   1
B. Folgebeitrag   2
C. Beitragsrechnung   3
D. Fälligkeit   4

---

1 BGH v 06.02.2013 – VI ZR 230/12.
1 Überschrift des Verfassers!.

A. Tatbestandsvoraussetzungen

Es muss sich um einen nicht nur kurzfristigen Vertrag, in dem nur eine einmalige Prä- 1
mie geschuldet ist, handeln. Diese Vorschrift ist daher auf Fahrzeuge mit Versicherungskennzeichen nicht anwendbar. Dort wird direkt die Jahresprämie erhoben und nach Ablauf des Versicherungsjahres (1. März bis 28./29 Februar des Folgejahres) endet der Vertrag automatisch, ohne dass es einer Kündigung bedarf.

B. Folgebeitrag

Der Folgebeitrag ist jede der Erstprämie zeitlich nachfolgende Prämienanforderung, es 2
kommt nicht auf den zeitlichen Abstand zur Erstprämienanforderung an. Dabei kann die Prämienzahlung in Raten (monatlich, quartalsweise) oder jährlich erfolgen. Auch bei monatlicher Zahlung der Versicherungsprämie handelt es sich zwar um eine Stundung der Prämien, nicht aber um einen Ratenkreditvertrag, der dem Verbraucherkreditrecht unterfiele[2].

C. Beitragsrechnung

Auch hier ist erforderlich, dass die Prämie korrekt den Vereinbarungen entsprechend 3
berechnet wurde. So ist bei falscher Eingruppierung des SFR wie auch einer falschen Regionalklasse oder auch einer falsch gewählten Teilzahlung (monatlich statt quartalsweise) davon auszugehen, dass diese Prämienrechnung falsch ist. Üblicherweise wird die Folgerechnung aber auf der Basis der Erstprämienrechnung erfolgen, so dass von einer korrekten Berechnung auszugehen ist. Ein gesondertes Widerspruchsrecht für die Folgeprämienanforderung sieht das VVG nicht vor. Bloßes Nichtstun des Versicherungsnehmers ist allerdings schädlich. Er muss sich aktiv um eine Korrektur kümmern.

D. Fälligkeit

Der Folgebeitrag ist zu den vereinbarten Daten, i. d. R. zum Monatsanfang, Quartals- 4
anfang oder Jahresanfang fällig. Es gilt das Einzahlungsdatum[3].

Nicht rechtzeitige Zahlung

C.2.2 (Folgen verspäteter Zahlung[1])

> Zahlen Sie einen Folgebeitrag nicht rechtzeitig, fordern wir Sie auf, den rückständigen Beitrag zuzüglich des Verzugsschadens (Kosten und Zinsen) innerhalb von zwei Wochen ab Zugang unserer Aufforderung zu zahlen.

---

2 BGH v. 06.02.2013 – VI ZR 230/12; OLG Oldenburg Hinweisbeschl. v. 04.04.2012 – 5 U 32/12, Beck-online RS 2012, 13100.
3 Vgl. insoweit oben Kommentierung zu AKB C.1.2 m. w. N.
1 Überschrift des Verfassers!.

C.2.2 AKB (Folgen verspäteter Zahlung)

1 Die Formulierung in C.2.2 ist als Hinweis auf die qualifizierte Mahnung des § 38 VVG gedacht. Die Zahlungsaufforderung muss dabei gewissen formellen Ansprüchen genügen.

A. Nicht rechtzeitige Zahlung

2 Zunächst ist erforderlich, dass die (fällige und korrekt bezifferte) Forderung nicht beglichen wurde.

B. Zahlungsaufforderung mit Fristsetzung

3 Es muss nach Ablauf der ersten Zahlungsfrist eine Zahlungsaufforderung mit Fristsetzung dem Versicherungsnehmer zugestellt werden. An diese Zahlungsaufforderung werden besondere Anforderungen gestellt. Es muss für den Versicherungsnehmer aus der Prämienanforderung klar erkennbar sein, mit Zahlung welchen Betrages er wieder Versicherungsschutz erlangen kann[2]. Der Betrag muss aufgeschlüsselt sein in Versicherungsprämie, Versicherungssteuer, ggf. Verzugszinsen und Kosten. Soweit mehrere Sparten in einem Vertrag zusammengefasst sind, müssen die einzelnen Sparten gesondert ausgewiesen werden. Sind mehrere gemeinsam Versicherungsnehmer, muss die qualifizierte Mahnung jedem der Versicherungsnehmer zugestellt werden, um Wirksamkeit zu entfalten. Wegen der besonderen Rechtsfolgen der qualifizierten Mahnungen sind seit jeher höhere Anforderungen zu stellen.[3]

C. Verzugsschaden

4 Neben der Prämienforderung kann der Versicherer auch den ihm entstandenen Verzugsschaden bestehend aus Zinsen und Kosten für die Mahnung geltend machen. Hierbei kommen die allgemeinen Regeln des BGB, insbesondere § 286 BGB, hinsichtlich der Verzugszinsen zur Anwendung.

D. Zugang der Zahlungsaufforderung

5 Diese Regelung beinhaltet, ohne dass es ausdrücklicher Erwähnung für wert gehalten wurde, die Voraussetzung, dass natürlich schon auch die Prämienrechnung dem Versicherungsnehmer zugegangen sein muss. Hinsichtlich der Anforderungen an den Zugang gelten die gleichen Regelungen wie bei dem Zugang des Versicherungsscheins. Der Versicherer muss sowohl den Zugang der Prämienrechnung wie auch der qualifizierten Mahnung beweisen[4]. Dies kann er ggf. durch Versendung per Einschreiben/

---

[2] BGH v. 09.10.1985 – IVa ZR 291/84, VersR 1986, 54 zur Aufschlüsselung auch zwischen Kraftfahrzeug-Haftpflicht und Kasko-Prämie, damit der Versicherungsnehmer entscheiden kann, welchen Versicherungsschutz er aufrechterhalten möchte; BGH v. 30.01.1985 – IVa ZR 91/83, VersR 1985, 447; so auch OLG Hamm v. 07.11.1980 – 20 U 216/80, VersR 1981, 269.
[3] BGH v. 08.01.2014 – VI ZR 206/13, MDR 2014, 222 (zu § 39 VVG a.F.).
[4] OLG Hamm v. 18.12.1991 – 20 U 187/91, VersR 1992, 1205; OLG Nürnberg v. 11.07.1991 – 8 U 1036/91, VersR 1992, 602; OLG Hamm v. 11.05.2007 – 20 U 272/06, zfs 2007, 512 f.

Rückschein nachweisen. Der Zugang eines Einschreibens erfolgt grundsätzlich nicht mit dem Zugang des Benachrichtigungszettels sondern erst mit dem Zugang des Einschreibens selbst[5]. Ob die Versendung per Einwurfeinschreiben den Anforderungen an den Zugang genügt, erscheint zweifelhaft[6].

E. Belehrung

Auch bei der qualifizierten Mahnung der Folgeprämienrechnung muss der Versicherungsnehmer auf die Folgen der nicht rechtzeitigen Zahlung ausdrücklich und verständlich hingewiesen werden[7]. Die Belehrung muss umfassend sein und sich auf sämtliche Rechtsfolgen erstrecken[8]. Die Belehrung muss insbesondere darauf hinweisen, dass auch durch Zahlung eines Teils der angeforderten Prämienrechnung bei Verträgen in denen mehrere Sparten zusammengefasst sind, die Zahlung auch nur der Kraftfahrzeug-Haftpflicht-Prämie ausreicht, um in der Kraftfahrzeug-Haftpflicht-Versicherung Versicherungsschutz zu erhalten[9]. Außerdem muss innerhalb dieser Belehrung darauf hingewiesen werden, welche Folgen diese Fristversäumung nach § 38 Abs. 2 und 3 VVG hat. Insbesondere muss also darauf hingewiesen werden, dass der Versicherungsnehmer den Versicherungsschutz für alle Schäden nach dem Fristablauf verliert. Der Hinweis in C.2.3 AKB reicht als Belehrung insoweit nicht aus. Außerdem muss darauf hingewiesen werden, dass der Versicherer zur Kündigung des Vertrages berechtigt ist, wenn die Zahlung nicht rechtzeitig erfolgt, ihm aber gleichwohl die fälligen Prämien zustehen und dass der Versicherungsnehmer die Kündigung alleine durch die Zahlung der offen stehenden Forderung innerhalb einer Frist von einem Monat nach Erhalt der Kündigungserklärung des Versicherers unwirksam werden lassen kann. Weiterhin ist auch der Hinweis auf die Entlastungsmöglichkeit aufzunehmen, dass die Verzugsfolgen nicht eintreten, wenn der Versicherungsnehmer den Verzug nicht zu vertreten hat.

6

C.2.3 (Schaden nach Fristablauf[1])

Tritt ein Schadenereignis nach Ablauf der zweiwöchigen Zahlungsfrist ein und sind zu diesem Zeitpunkt diese Beträge noch nicht bezahlt, haben Sie keinen Versicherungsschutz. Wir bleiben jedoch zur Leistung verpflichtet, wenn Sie die verspätete Zahlung nicht zu vertreten haben.

---

5 BGH v. 17.04.1996 – IV ZR 202/95, VersR 1996, 742.
6 OLG Koblenz v. 28.01.2005 – 11 WF 1013/04 lässt ein Einwurfeinschreiben nicht ausreichen, um den Zugang nachzuweisen. Nach LAG Köln v. 30.10.2008 – 7 Sa 844/08 reicht der Zugangsnachweis Einwurfeinschreiben in Verbindung mit der Zustellbestätigung und der Aussage der Ehegattin als Nachweis des Zugangs aus. Im Verfahren BAG v. 30.10.2008 – 2 AZR 666/05, NJW 2008, 540 war der Zugang der Kündigung nicht im Streit.
7 BGH v. 07.10.1992 – IV ZR 247/91, VersR 1992, 1501; v. 09.03.1988 – IVa ZR 225/86, VersR 1988, 484.
8 BGH v. 09.03.1988 – IVa ZR 225/86, VersR 1988, 484; OLG Köln v. 07.12.1989 – 5 U 232/88, VersR 1990, 126.
9 BGH v. 09.10.1985 – IVa ZR 91/84, VersR 1986, 54.
1 Überschrift des Verfassers!.

C.2.3 AKB (Schaden nach Fristablauf)

Übersicht Rdn.
A. Voraussetzungen der Leistungsfreiheit 1
I. Schaden 2
II. Fristablauf 3
III. Keine Zahlung 4
B. Vertretenmüssen 5

A. Voraussetzungen der Leistungsfreiheit

1 Ereignet sich ein Schaden nachdem die Zahlungsfristen ungenutzt verstrichen sind, entfällt der Versicherungsschutz. Eine Ausnahme ist nur für den Fall vorgesehen, dass der Versicherungsnehmer die verspätete Zahlung nicht verschuldet hat.

I. Schaden

2 Erforderlich ist ein durch den Versicherungsnehmer oder eine mitversicherte Person verursachter Schadenfall, der die Leistungspflicht des Versicherers im Außenverhältnis nach sich zieht. Werden aber gegen den Versicherer Ansprüche aus Teilungsabkommen gerichtet, weil der Versicherer nur gegenüber dem Versicherungsnehmer leistungsfrei ist, nicht aber gegenüber dem gutgläubigen Fahrer und trifft diesen kein Verschulden an dem dem Regress zugrunde liegenden Unfallereignis, können diese Aufwendungen, die nur nach Teilungsabkommen zu erbringen sind, nicht gegenüber dem Versicherungsnehmer geltend gemacht werden, da die Leistung nur aufgrund einer vertraglichen Vereinbarung erfolgt. Der Versicherer könnte sich (unabhängig vom Teilungsabkommen) gegenüber dem Sozialversicherungsträger auf Leistungsfreiheit berufen, wenn der Versicherungsnehmer selbst gefahren wäre und der Versicherungsnehmer hätte für diesen Schaden mangels Verschulden auch nicht einzustehen.

II. Fristablauf

3 Die 14-Tages-Frist nach Erhalt der qualifizierten Mahnung muss abgelaufen sein. Auch hier ist damit zwingend die Frage des Zugangs zu klären.

III. Keine Zahlung

4 Wenn innerhalb dieser Frist die Zahlung nicht erfolgte, ist der Versicherer im Innenverhältnis zum Versicherungsnehmer von der Verpflichtung zur Leistung frei. Hinsichtlich der Rechtzeitigkeit der Zahlung ist der Versicherungsnehmer beweisbelastet[2].

B. Vertretenmüssen

5 Der Versicherungsnehmer kann sich entlasten, wenn er nachweisen kann, dass er die verspätete Zahlung nicht zu vertreten hat. Es gelten die gleichen Regeln wie bei dem Verzug mit der Erstprämienzahlung. Dabei wird man von fehlendem Verschulden aus-

---

[2] Vgl. insoweit unter AKB C.1.1 Rdn. 2 ff. die Rechtzeitigkeit der Erstprämienzahlung.

gehen müssen, wenn der Versicherungsnehmer nicht auf die Rechtsfolgen der verspäteten Zahlung ausdrücklich hingewiesen wurde[3].

C.2.4 (Kündigungsmöglichkeit bei Verzug[1])

Sind Sie mit der Zahlung dieser Beträge nach Ablauf der zweiwöchigen Zahlungsfrist noch in Verzug, können wir den Vertrag mit sofortiger Wirkung kündigen. Unsere Kündigung wird unwirksam, wenn Sie diese Beträge innerhalb eines Monats ab Zugang der Kündigung zahlen. Haben wir die Kündigung zusammen mit der Mahnung ausgesprochen, wird die Kündigung unwirksam, wenn Sie innerhalb eines Monats nach Ablauf der in der Mahnung genannten Zahlungsfrist zahlen.

Für Schadenereignisse, die in der Zeit nach Ablauf der zweiwöchigen Zahlungsfrist bis zu Ihrer Zahlung eintreten, haben Sie keinen Versicherungsschutz. Versicherungsschutz besteht erst wieder für Schadenereignisse nach Ihrer Zahlung.

Der Versicherer ist berechtigt, den Vertrag zu kündigen, wenn der Versicherungsnehmer sich mit der Zahlung in Verzug befindet. Voraussetzung hierfür ist: 1
- Zugang der Prämienrechnung
- korrekt berechnete Prämie
- Zugang der qualifizierten Mahnung mit Aufschlüsselung der Prämienanforderung nach Prämie, Kosten und ggf. Zinsen
- nicht fristgerechte Zahlung der geforderten Prämie
- Zugang der Kündigung[2].

Die Kündigung ist fristlos möglich, wird sie mit der qualifizierten Mahnung verbunden, ist eine Frist von einem Monat zu gewähren. Der Versicherungsnehmer allein hat die Möglichkeit, diese Kündigung zu vernichten, indem er die angeforderten Beträge innerhalb eines Monats ab Erhalt der Kündigung bzw. innerhalb von einem Monat nach Ablauf der Zahlungsfrist (wenn die Kündigung mit der qualifizierten Mahnung verbunden wurde) an den Versicherer zahlt. Hinsichtlich des Zugangs sowohl der qualifizierten Mahnung wie auch der Kündigung gelten die allgemeinen Regeln. Probleme treten regelmäßig dann auf, wenn nach der Kündigung des Vertrages eine Anzeige der Vertragsbeendigung an die Zulassungsstelle erfolgte, der Versicherer aber den Zugang der Kündigung nicht nachweisen kann. Dann könnte man durchaus die Auffassung vertreten, dass eine wirksame Kündigung des Vertrages gerade nicht erfolgte[3].

---

3 So schon zu § 1 AKB a. F. Stiefel/Hofmann § 1 AKB Rn. 80; BGH, 26.04.2006 – IV ZR 248/04; OLG Celle, 10.01.1986 – 8 U 79/85, NJW-RR 1986, 359 f.
1 Überschrift des Verfassers!.
2 OLG Köln v. 14.10.1998 – 13 U98/98, r+s 1999, 228 lässt auch einen Nachweis aus dem EDV-Programmablauf gelten.
3 OLG Köln v. 14.10.1998 – 13 U98/98, r+s 1999, 228.

2 Durch die Zahlung innerhalb der Monatsfrist ab Kündigung kann der Versicherungsnehmer zwar den Vertrag »wiederherstellen«, er hat jedoch nach Ablauf der Frist der qualifizierten Mahnung nach § 38 Abs. 2 VVG keinen Versicherungsschutz bis zur Zahlung. Für Schäden, die sich in dieser Zwischenzeit ereignen, besteht im Innenverhältnis Leistungsfreiheit des Versicherers. Diese Formulierung basiert auf der Änderung des § 38 VVG n. F. zu § 39 Abs. 3 VVG a. F., der die Kündigung des Vertrages für den Fall bestehen ließ, dass sich in der Zwischenzeit ein Schaden ereignete. Die Leistungsfreiheit ist nach der Neuregelung damit nicht mehr von der Kündigung abhängig.

3 Versicherungsschutz besteht wieder mit der Zahlung[4], es reicht die Abgabe der Überweisung bei der Bank aus, wenn mit alsbaldiger Ausführung der Überweisung zu rechnen ist[5]. Allerdings fällt die Wirkung der Kündigung bei zwangsweiser Einziehung der Prämie nicht fort, da darin gerade keine Abwendung der Kündigung zu sehen ist[6].

C.3 Nicht rechtzeitige Zahlung bei Fahrzeugwechsel

Versichern Sie anstelle Ihres bisher bei uns versicherten Fahrzeugs ein anderes Fahrzeug bei uns (Fahrzeugwechsel), wenden wir für den neuen Vertrag bei nicht rechtzeitiger Zahlung des ersten oder einmaligen Beitrags die für Sie günstigeren Regelungen zum Folgebeitrag nach C.2.2 bis C.2.4 an. Außerdem berufen wir uns nicht auf den rückwirkenden Wegfall des vorläufigen Versicherungsschutzes nach B.2.4. Dafür müssen folgende Voraussetzungen gegeben sein:
- Zwischen dem Ende der Versicherung des bisherigen Fahrzeugs und dem Beginn der Versicherung des anderen Fahrzeugs sind nicht mehr als sechs Monate vergangen,
- Fahrzeugart und Verwendungszweck der Fahrzeuge sind gleich.

Kündigen wir das Versicherungsverhältnis wegen Nichtzahlung, können wir von Ihnen eine Geschäftsgebühr entsprechend C.1.3 verlangen.

Übersicht	Rdn.
A. Allgemeines	1
B. Gleicher Fahrzeugtyp und Verwendungszweck	2
C. Praxishinweis	4

A. Allgemeines

1 Bei jedem Fahrzeugwechsel wird ein neuer Vertrag abgeschlossen. Folgerichtig handelt es sich bei der für das neue Fahrzeug anzufordernden Prämie wieder um eine Erstprämie i. S. v. C.1.1. Um den Kunden zu halten, wird ihm unter bestimmten Voraussetzun-

---

4 Spätestens der Zeitpunkt der Abbuchung vom Konto des Versicherungsnehmers BGH v. 20.11.1970 – IV ZR 58/69, VersR 1971, 216.
5 OLG Köln v. 16.07.2002 – 9 U 48/01, r+s 2002, 357.
6 AG Alsfeld v. 01.02.1991 – C 533/90, NJW-RR 1991, 1312.

gen ein Fristaufschub gewährt, indem diese erste Prämie nach den Grundsätzen von C.2 als Folgeprämie behandelt wird. Dies bedeutet, dass für die oben dargestellten Rechtsfolgen des Verzuges sowohl der Versicherungsschein als auch die Erstprämienanforderung zugegangen sein müssen. Dieser Versicherungsschein muss darüber hinaus die korrekte Belehrung über die Folgen der nicht rechtzeitigen Zahlung enthalten, die aber auf die Besonderheit abgestellt sein müssen, dass es sich hierbei um einen Folgevertrag handelt.

B. Gleicher Fahrzeugtyp und Verwendungszweck

Erforderlich ist nur, dass es sich um den gleichen Fahrzeugtyp (PKW, KRAD etc.) und den gleichen Verwendungszweck (PKW Eigenverwendung, Selbstfahrervermietfahrzeug etc.) handelt und dass dieser neue Vertrag innerhalb einer Frist von sechs Monaten nach Beendigung des Vorvertrages geschlossen wird. Nach Ablauf dieses Zeitraums gilt auch ein nach den gleichen Bedingungen geschlossener Vertrag als Neuvertrag mit der Folge, dass die Erstprämienanforderung sich wieder nach den Regeln des § 37 VVG richtet.

Als angenehmen Nebeneffekt bietet diese Ausgestaltung auch den Versicherungsschutz für den Zeitraum der vorläufigen Deckung. Wird also die fällige und korrekt berechnete Prämie für das Folgefahrzeug trotz qualifizierter Mahnung nach § 38 VVG innerhalb der gesetzten Frist nicht gezahlt, verliert der Versicherungsnehmer gleichwohl erst den Versicherungsschutz für die Zeit nach Ablauf der Frist in der qualifizierten Mahnung. Ein rückwirkender Wegfall des Versicherungsschutzes ist in dieser Form der Neuanmeldung eines Ersatzfahrzeuges nicht vorgesehen.

C. Praxishinweis

In der Praxis wird der Vertrag über das neue Fahrzeug in aller Regel unter der gleichen Vertragsnummer fortgeführt. Dies hat zur Folge, dass – obwohl ein neues Fahrzeug zugelassen wurde und ggf. auch andere Vertragsinhalte vereinbart wurden[1] – u. U. die alten dem Vorvertrag zugrunde liegenden AKB zur Anwendung kommen. Jedenfalls ist dies dann anzunehmen, wenn der Versicherer es versäumt hat, den Versicherungsnehmer auf die geänderten Vertragsbedingungen nach § 5 Abs. 2 VVG hinzuweisen und den neuen Vertrag als Veränderungsantrag gekennzeichnet hat[2].

Ob sich diese Regelung nur auf die Verträge mit vorläufiger Deckung erstrecken soll, wie es nach § 6 Abs. 5 AKB a.F. i. V. m. § 1 Abs. 1 AKB a. F. von Jacobsen dargestellt wurde[3], erscheint fraglich, da in den AKB n. F. diese Trennung zwischen Vertragsschluss und vorläufiger Deckung nicht fortgeführt wurde. Unter B.2.1 wird ausdrücklich auch auf die bereits auf den Versicherungsnehmer zugelassenen Fahrzeuge Bezug

---

1 OLG Hamm v. 23.03.1979 – 20 U 188/78, VersR 1979, 614.
2 OLG Hamm v. 03.12.1999 – 20 U 101/99 – VersR 2000, 719; OLG Frankfurt v. 07.05.1998 – 3 U 250/97, VersR 1998, 1540.
3 Jacobsen in Feyock/Jacobsen/Lemor § 6 AKB a. F. Rn. 28.

C.4 AKB Zahlungsperiode

genommen und auch diesen vorläufiger Versicherungsschutz ab dem Zeitpunkt des vereinbarten Datums gewährt, so dass diese Sonderregelung jetzt jedem Kunden, der ein Folgefahrzeug bei seinem Versicherer versichert, gewährt werden soll.

C.4 Zahlungsperiode

Beiträge für Ihre Versicherung müssen Sie entsprechend der vereinbarten Zahlungsperiode bezahlen. Die Zahlungsperiode ist die Versicherungsperiode nach § 12 Versicherungsvertragsgesetz. Welche Zahlungsperiode Sie mit uns vereinbart haben, können Sie ihrem Versicherungsschein entnehmen.

Die Laufzeit des Vertrags, die sich von der Zahlungsperiode unterscheiden kann, ist in Abschnitt G geregelt.

Übersicht	Rdn.
A. Allgemeines	1
B. Voraussetzung	2

A. Allgemeines

1 C.4 wurde neu aufgenommen und ersetzt M[1]. Hier werden Zahlungsperiode, Versicherungsperiode und Laufzeit des Vertrages miteinander verquickt. Er stellt klar, dass die Laufzeit des Vertrages von der Zahlungsperiode abweichen kann, die Zahlungsperiode entspricht dabei maximal der Vertragslaufzeit (Einmalprämie, Jahresprämie). Der Zeitraum der Versicherungsperiode entspricht dabei der Zahlungsperiode, die ein Zeitabschnitt aus der Vertragsdauer (Haftungsdauer) sein kann[2]. Im Kraftfahrzeugversicherungsrecht kommt dieser Regelung wenig Bedeutung zu, da die Verträge üblicherweise ein Jahr nicht überschreiten und die Vertragsdauer im Vertrag festgelegt wird.

B. Voraussetzung

2 Es muss eine bestimmte Zahlungsperiode vereinbart sein, dies kann sowohl die jährliche Zahlungsweise sein, aber auch unterjährige Zahlungsziele (halbjährlich, vierteljährlich oder monatlich) sind möglich. Eine solche Zahlungsweise hat keinen Einfluss auf die Versicherungsperiode. Es kommt auf die mit dem Versicherungsnehmer vereinbarten Versicherungsperioden an[3].

Üblicherweise werden dabei geringe Zuschläge erhoben, auf die hingewiesen werden muss.

---

1 Für die Verträge, die nach der Vorlage der AKB 2008 geschlossen wurden, ist M auch in der zweiten Auflage noch enthalten.
2 Looschelders/Pohlmann/Schneider, § 12 VVG Rn. 1.
3 Looschelders/Pohlmann/Schneider, § 12 VVG Rn. 5.

Unterjährige Zahlungsvereinbarungen unterfallen nicht dem VerbraucherkreditG[4], sie stellen gerade keine Kreditgewährung dar[5]. Der Versicherungsnehmer wird auch nicht unangemessen benachteiligt. Zinsen in Form des effektiven Jahreszinses müssen insoweit nicht ausgewiesen werden[6]. Ein Widerrufsrecht im Sinne des VerbraucherkreditG ist daher nicht zu gewähren[7].

C.5 Beitragspflicht bei Nachhaftung in der Kfz-Haftpflichtversicherung

> Bleiben wir in der Kfz-Haftpflichtversicherung aufgrund § 117 Abs. 2 Versicherungsvertragsgesetz gegenüber einem Dritten trotz Beendigung des Versicherungsvertrages zur Leistung verpflichtet, haben wir Anspruch auf den Beitrag für die Zeit dieser Verpflichtung. Unsere Rechte nach § 116 Abs. 1 Versicherungsvertragsgesetz bleiben unberührt.

Übersicht	Rdn.
A. Allgemeines	1
B. Voraussetzung	3
C. Rechtsfolgen der Nachhaftung	5

A. Allgemeines

Die Regelung der Nachhaftung dient allein dem Schutz der Verkehrsteilnehmer und soll sicherstellen, dass im öffentlichen Verkehrsraum kein Fahrzeug ohne entsprechenden Versicherungsschutz fährt. Der Zulassungsstelle soll genügend Zeit gegeben werden, das unversicherte Fahrzeug stillzulegen, bis eine anderweitige Versicherungsbestätigung vorliegt. Das Interesse des Gesetzgebers bezieht sich aber nicht auf die sonstigen Sparten der Kraftfahrt-Versicherung, so dass diese Regel ausschließlich für die Kraftfahrzeug-Haftpflicht-Versicherung gilt. 1

Soweit der Vertrag beendet wurde, sei es durch Kündigung durch den Versicherungsnehmer oder den Versicherer oder sonstige Beendigungsgründe (wie Rücktritt etc.) und es kommt nach dem Ende des Vertrages zu einem Schadenfall, für den der Versicherer noch aufgrund der (jetzt) in § 117 Abs. 2 VVG normierten Nachhaftung[1] einzutreten hat, haftet dieser nur im Außenverhältnis im Rahmen der Mindestversicherungssummen[2]. Nach § 116 Abs. 1 haften Versicherer und Versicherungsnehmer als Gesamtschuldner für den eingetretenen Schaden, so dass bei Beendigung des Vertrags und einer Haftung allein aufgrund gesetzlicher Vorschriften im Innenverhältnis allein der 2

---

4 OLG Düsseldorf v. 13.12.2012 – I-6 U 273/11; OLG Schleswig v. 11.09.2012 – 16 U 88/12,.
5 OLG Oldenburg v. 04.04.2012 – 5 U 32/12; OLG Celle, 09.02.2012 – 8 U 191/11.
6 OLG Düsseldorf v. 13.12.2012 – I-6 U 273/11.
7 LG Kiel v. 28.06.2012 – 8 O 24/12.
1 Wegen der Details s. dort.
2 Vgl. oben AKB C.1.2 Rdn. 15, 17; § 117 VVG Rdn. 27.

Versicherungsnehmer haftet und der Versicherer insoweit einen vollen gesamtschuldnerischen Ausgleichsanspruch hat, der Rückgriff richtet sich damit nach § 426 BGB[3].

Im Gegensatz zu den AKB a.F[4]. wird jetzt auch der Anspruch auf Prämie für die Zeit der Nachhaftung ausdrücklich in den AKB aufgenommen.

B. Voraussetzung

3   Der Vertrag wurde beendet durch Kündigung oder Rücktritt oder Widerruf. Auch wenn der Vertrag vom Versicherungsnehmer widerrufen wurde, dieser den Rücktritt erklärte oder den Vertrag gekündigt hat, ist der Versicherer bis zum Ablauf eines Monates nach Eingang der Mitteilung, dass der Vertrag beendet wurde, bei der Zulassungsstelle einem Dritten, der durch den Gebrauch des KFZ geschädigt wurde, zur Leistung verpflichtet, § 117 Abs. 2 VVG. Gleiches gilt, wenn die Vertragsbeendigung vom Versicherer ausging. Die Mitteilung des Vertragsendes an die Zulassungsstelle erfolgt immer erst zum Vertragsende.

4   Hat der Versicherungsnehmer in der Zwischenzeit für den unmittelbar anschließenden Zeitraum bereits eine Bestätigung eines anderen Versicherers vorgelegt, wird die Nachhaftung gar nicht ausgelöst. Sie wird unmittelbar unterbrochen mit der Vorlage der Versicherungsbestätigung eines anderen Versicherers.

Erst wenn der Versicherungsnehmer nichts unternimmt, und die Versicherung während der Nachhaftung in Anspruch genommen wird wegen eines Drittschadens, besteht auch die Zahlungspflicht des Versicherungsnehmers für diesen Zeitraum.

C. Rechtsfolgen der Nachhaftung

5   Obwohl der Versicherer berechtigt ist, für den Zeitraum der Nachhaftung eine Prämie zu fordern, bleibt sein Recht nach § 116 Abs. 1 VVG unbeschnitten. Er haftet im Verhältnis zum Versicherungsnehmer nicht und kann daher vollen Ersatz seiner Aufwendungen aus einem Schadenfall verlangen. Der Versicherer ist verpflichtet, die Meldung an die Zulassungsstelle so schnell als möglich zu fertigen, um auch die Prämienzahlungspflicht des Versicherungsnehmers zu begrenzen[5]. Verletzt der Versicherer diese Pflicht schuldhaft, gebührt ihm für diesen Zeitraum keine Prämie[6].

Das Prämienforderungsrecht begrenzt sich dabei auf den Betrag, der für die Kraftfahrzeug-Haftpflicht-Versicherung mit begrenzter Versicherungssumme zu erstatten wäre,

---

3   BGH v. 28.11.2006 – VI ZR 136/05 für den Dieb, aber übertragbar auf sonstige Regressfälle, zfs 2997, 195 ff. = SP 2007, 224 ff.
4   Dort § 4a Abs. 4 AKB a. F. »für den Fall, dass trotz Beendigung des Vertrages die Leistungspflicht des Versicherers gegenüber dem Dritten bestehen bleibt«.
5   Stiefel/Hofmann, Kraftfahrtversicherung, § 4a AKB a. F. Rn. 29, aber verkennend, dass der ehemalige Versicherungsnehmer seinerseits verpflichtet ist, das Fahrzeug unverzüglich bei einem anderen Versicherer zu versichern, wenn er es im öffentlichen Verkehrsraum nutzen will.
6   Stiefel/Maier/Maier, C.4 AKB Rn. 1.

da nur in diesem Rahmen gehaftet und geleistet wird. Die Anforderung der Prämie ist auch nicht als stillschweigendes Angebot zur Vertragsverlängerung zu sehen, da der klare Regelungsgehalt des C.5 diesem entgegensteht (anders als bei der Annahme der Prämie nach ausgesprochener Kündigung)[7].

D Ihre Pflichten bei Gebrauch des Fahrzeugs und Folgen einer Pflichtverletzung

D.1 Welche Pflichten haben Sie bei Gebrauch des Fahrzeugs?

Bei den Pflichten nach D. ff. handelt es sich um die vertraglichen Nebenpflichten des Versicherungsnehmers. Sie werden auch als Obliegenheiten bezeichnet. Bei den Obliegenheiten wird differenziert zwischen den Obliegenheiten vor dem Schadenfall, d. h. solche Pflichten, die der Versicherungsnehmer immer zu beachten hat und solchen, die der Versicherungsnehmer im Schadenfall[1] (nach E. AKB) zu beachten hat. Vorliegend handelt es sich um die vertraglichen Obliegenheiten vor dem Schadenfall. Unter D.3 werden die Folgen der Nichtbeachtung einer solchen Obliegenheit ausgeführt. Diese Pflichten sollen dazu dienen, das Risiko des Versicherers zum einen kenntlich zu machen (Verwendungszweck) und zum anderen auch das Risiko des Versicherers nicht unnötig zu erhöhen, wie es durch die Nichtbeachtung der Obliegenheiten möglich ist.   1

Durch die Spartentrennung in der Kraftfahrzeug-Versicherung haben die Obliegenheiten unterschiedliche Auswirkungen, so ist in der Kraftfahrzeug-Haftpflicht-Versicherung die Leistungsfreiheit schon durch die KfzPflVV der Höhe nach beschränkt, während in den anderen Sparten eine Verletzung einer vorvertraglichen Pflicht als Risiko-Ausschluss formuliert wird. Aufgrund der weitreichenden Folgen stehen diese Bedingungen auf dem Prüfstand. Als Risiko-Ausschluss kann nur ein bestimmtes Wagnis bezeichnet werden, das der Versicherer nicht versichern möchte. Werden aber konkrete Verhaltensweisen von dem Versicherungsnehmer erwartet, handelt es sich um sog. Verhüllte Obliegenheiten, die dann bestenfalls zu einer Leistungskürzung berechtigen, wenn der Versicherungsnehmer diese zu vertreten hat[2].

Zunächst werden die Verpflichtungen aufgeführt, die für alle Sparten gelten, sich also auch auf die Vollkasko, Teilkasko, Insassen-Unfall etc. beziehen.   2

Die Pflichten sind in den Rechtsfolgen an § 28 VVG angepasst. Wird eine Anpassung der Bedingungen von einzelnen Versicherern nicht vorgenommen, können sie sich auf die Obliegenheiten nicht berufen. Etwas anderes kann nur gelten, wenn der Versicherungsnehmer, die versicherte Person sich arglistig verhalten hat[3]. Im Rahmen der Neu-

---

7 Stiefel/Maier/Maier, C.4 AKB 2008 Rn. 2.
1 Vgl. unten E.x AKB.
2 Schwintowski/Brömmelmeyer/Schwintowski, § 28 VVG, Rn. 29 m. w. N.
3 OLG Frankfurt v. 02.12.2013 – 7 U 229/11, Jurion = r+s 2013, 554–556 = VersR 2013, 1127–1129 = VK 2014, 17–18 = VuR 2014, 74.

D.1.1.1 AKB (Verwendungsklausel)

fassung der AKB wurde die Rennklausel dergestalt formuliert und platziert, dass sie für alle Versicherungssparten gilt. Lediglich die Alkoholklausel verbleibt danach als zusätzliche besondere Obliegenheit vor Eintritt des Versicherungsfalls unter D.1.2. AKB für die Kraftfahrzeug-Haftpflicht-Versicherung. Nur für die Fahrerschutzversicherung werden unter D.1.3 weitere Obliegenheiten formuliert. Der ehemalige Punkt »*D.2 Pflichten in anderen Sparten*« wird durch »*D.2 Welche Folgen hat eine Verletzung dieser Pflichten?*« ersetzt. Damit wird ein vorher schon überflüssiger Gliederungspunkt aufgegeben.

D.1.1 Bei allen Versicherungsarten

Nutzung nur zum vereinbarten Verwendungszweck

D.1.1.1 (Verwendungsklausel[1])

Das Fahrzeug darf nur zu dem im Versicherungsvertrag angegebenen Zweck verwendet werden.

< xx *Alternativformulierung für die Versicherer, die den Anhang verwenden:* >

[xx siehe Tabelle zur Begriffsbestimmung für Art und Verwendung des Fahrzeugs]

Übersicht	Rdn.
A. Allgemeines	1
I. Arten der Verwendung	3
II. Rote Kennzeichen/Kurzzeitkennzeichen	5
III. Oldtimerkennzeichen	6
B. Objektiver Tatbestand	7
I. Einzelfälle	8
II. Rote Kennzeichen	10
III. Oldtimer-Kennzeichen	12
C. Subjektiver Tatbestand	13

A. Allgemeines

1 Es handelt sich um eine ausschließlich vertragliche Vereinbarung über die Verwendung des versicherten Fahrzeuges. Das Fahrzeug darf nur zu dem im Vertrag vereinbarten Verwendungszweck gebraucht werden. Dabei wird u. a. zwischen verschiedenen, nachfolgend benannten Verwendungsarten differenziert[2]:

2 Die Verwendungsklausel soll dem Inhalt nach den Versicherer vor einem unbekannten und höheren Risiko schützen und gilt insoweit als Spezialvorschrift gegenüber der Ge-

---

1 Überschrift des Verfassers!.
2 Vgl. insoweit auch unter AKB Rdn. 61 ff. Gebrauch des KFZ.

(Verwendungsklausel) **D.1.1.1 AKB**

fahrerhöhung nach § 23 ff. VVG[3]. So kann ein Taxi ohne weiteres als Privatfahrzeug genutzt werden, ohne dass ein Verstoß gegen die Verwendungsklausel im versicherungsrechtlichen Sinne vorläge. Die Verwendung eines als PKW versicherten Fahrzeugs hingegen als Taxi wäre, da sich hier ein deutlich höheres Risiko darstellt, als Verstoß zu werten. Auch wenn die geänderte Verwendung eine höhere Gefahr darstellt, geht die Regelung zur Verwendungsklausel in den AKB der Gefahrerhöhung nach §§ 23 ff. VVG als speziellere Regelung vor[4].

I. Arten der Verwendung

Die regelmäßigen möglichen Verwendungsarten ergeben sich aus Anlage 6 zu diesen 3
Bedingungen. Es sind im Einzelnen folgende Verwendungen vorgesehen:
- Fahrzeuge mit Versicherungskennzeichen,
- Fahrräder mit Hilfsmotor
- Kleinkrafträder (zwei-, dreirädrig)
- vierrädrige Leichtkraftfahrzeuge
- motorisierte Krankenfahrstühle
- Leichtkrafträder
- Krafträder
- Pkw
- Mietwagen
- Taxen
- Selbstfahrervermietfahrzeuge[5]
- Leasingfahrzeuge
- Kraftomnibusse
- Linienverkehr
- Gelegenheitsverkehr
- sonstige Busse, insbesondere
- Hotelomnibusse,
- Werkomnibusse,
- Schulomnibusse,
- Lehr- und
- Krankenomnibusse.
- Campingfahrzeuge
- Werkverkehr
- Gewerblicher Güterverkehr
- Umzugsverkehr

---

3 Stiefel/Hofmann Kraftfahrtversicherung § 2b AKB a. F. Rn. 25; BGH v. 14.05.1986 – IVa ZR 191/84, VersR 1986, 693, in den neueren Entscheidungen ist diese Frage nicht mehr erörtert.
4 BGH 22.01.1997 – IV ZR 320/95, r+s 1997, 184f = NZV 1997, 266 f.
5 Diese Fahrzeuge werden regelmäßig an »selbstfahrende« Kunden gewerbsmäßig vermietet, ohne dass ein Fahrer vom Vermieter gestellt würde, vgl. insoweit OLG Koblenz v. 04.12.1998 – 10 U 5/98, r+s 1999, 271.

D.1.1.1 AKB (Verwendungsklausel)

- Wechselaufbauten
- Landwirtschaftliche Zugmaschinen
- Melkwagen und Milchsammel-Tankwagen
- Sonstige landwirtschaftliche Sonderfahrzeuge
- Milchtankwagen
- Selbstfahrende Arbeitsmaschinen
- Lieferwagen
- Lkw
- Zugmaschinen
- Sonderkennzeichen für Prüf-, Probe- und Überführungsfahrten (Rote Kennzeichen)
- Oldtimer

4   Die Definitionen zu den einzelnen Fahrzeugarten sind in Anhang 6 zu den AKB abgedruckt. Der Versicherungsnehmer ist grundsätzlich gehalten, jede Änderung der Verwendung unverzüglich anzuzeigen, um dem Versicherer die Möglichkeit zu geben, auf die veränderten Bedingungen zu reagieren[6]. Eine Obliegenheitsverletzung ist jedoch in aller Regel nur dann zu bejahen, wenn mit dem Verstoß gegen die Verwendungsklausel auch gleichzeitig eine »Gefahrerhöhung« = Risikoerhöhung einhergeht[7]. Birgt die abweichende Verwendung allerdings kein höheres Risiko in sich, so führt dies nicht zur Leistungsfreiheit des Versicherers[8]. Eine andere als die vereinbarte Verwendung schadet dann nicht, wenn die Tarife der jeweiligen Verwendungen gleichwertig sind[9]. Der Versicherungsnehmer selbst weiß über die geplante Verwendung am besten Bescheid und ist daher gehalten, in Zweifelsfällen gesondert bei dem Versicherer ob der geplanten Verwendung nachzufragen[10]. Besonderheiten können bei LKW-Versicherungen auftreten. Ist bei einer Flottenversicherung beispielsweise nur eine bestimmte Anzahl von Fahrzeugen im Fernverkehr versichert und eine weitere begrenzte Anzahl der Fahrzeuge nur im Werknah- oder Werkfernverkehr, dürfte es schwer fallen, den Verstoß gegen die Verwendungsklausel nachzuweisen. Etwas anderes gilt allerdings, wenn einem konkreten Fahrzeug die Versicherung »Werknahverkehr« zugeordnet ist.

Problematisch sind die derzeit auf den Markt drängenden Chauffeur-Dienste per App für Smartphones, wie z. B. Uber[11] u. a., die sich privater Kfz bedienen und in ihrer Preis-

---

6   VerBAV 1990, 177.
7   OLG Karlsruhe v. 07.07.1994 – 12 U 12/94, VersR 1995, 568f; OLG Koblenz v. 04.12.1998 – 10 U 5/98, r+s 1991, 271 m. w. H.
8   Stiefel/Hofmann § 2b AKB Rn. 25 Auflage.
9   OLG Hamm v. 14.06.1991 – 20 U 196/90, r+s 1992, 152.
10 OLG Karlsruhe v. 30.04.1986 – 4 U 9/85, NJW-RR 1987, 212, 213 m. w. H.
11 Das OVG Hamburg Beschl. v. 24.09.2014 – 3 Bs 175/14, NZV 2014, 600 (Anm. Nebel/Kramer zu dieser Entscheidung NVwZ 2014, 1532), hat die Vermittlung privater Fahrten von UperPop untersagt; ebenso LG Frankfurt v. 18.03.2015 – 3–08 O 136/14 (n. rskr. VG Berlin v. 26.09.2014 – VG 11 L 353/14). Vgl. dazu auch Ingold, »Gelegenheitsverkehr oder neue Verkehrsgelegenheiten?«, NJW 2014, 3334; Bauer/Friesen, »UberPop – rechtlich top oder eher ein Flop?«, DAR 2015, 61, 65 f; Rebler, »Mi(e)tfahrgelegenheit modern – WunderCar und UberPop rechtliche Grauzone oder Illegalität?«, DAR 2014, 550 f.

gestaltung deutlich unter den Taxitarifen rangieren. Da es sich dabei häufig um Fahrzeuge handelt, die nicht entsprechend versichert sind, laufen die Fahrer dieser Fahrzeuge Gefahr, im Falle eines Unfalles wegen Verstoßes gegen die Verwendungsklausel in Regress genommen zu werden. Dabei ist noch nicht über das Erfordernis eines sog. Personenbeförderungsscheines gesprochen worden. Der Fahrer riskiert im Rahmen der gewerblichen Personenbeförderung zudem mindestens ein Ordnungsgeld wegen Verstoßes gegen das PBefG, außerdem verstößt er gegen die Führerscheinklausel nach D.1.1.3 AKB[12].

Auch die Fahrzeuge, die im Rahmen von Carsharing-Projekten geteilt werden, sind gesondert zu bezeichnen. Bei privatem Carsharing wird ein Fahrzeug von einem kleinen Kreis von Benutzern genutzt. Derzeit werden diese Fahrzeuge über verschieden Anbieter vermittelt (in der Regel mit Hilfe einer Internetplattform).

II. Rote Kennzeichen/Kurzzeitkennzeichen

Die Ausgabe von Kurzzeitkennzeichen erfolgt an jedermann, zur Durchführung von Prüf-, Probe- oder Überführungsfahrten. Für die Beantragung eines Kurzzeitkennzeichens muss üblicherweise die Fahrzeugidentifikations-Nummer des KFZ, für das das Kennzeichen verwendet werden soll, angegeben werden sowie der Fahrzeugschein des Fahrzeuges vorgelegt werden. Damit ist ein an Privatpersonen herausgegebenes Kurzzeitkennzeichen einem konkreten Fahrzeug zugeordnet. Dabei gilt der Versicherungsschutz nur für das Fahrzeug, für das das Kurzzeitkennzeichen ausgegeben wurde. Wird das Kennzeichen an ein anderes Fahrzeug angebracht, führt dies nicht dazu, dass für dieses zweite Fahrzeug Versicherungsschutz besteht[13]. Anderer Auffassung ist allerdings das OLG Hamm[14], das Versicherungsschutz und Leistungspflicht des KH-Versicherers auch für das zweite Fahrzeug bejaht.

Soweit andere Fahrten als Prüf-, Probe- oder Überführungsfahrten mit den Kurzzeitkennzeichen gemacht werden, liegt ein Verstoß gegen die Verwendungsklausel vor[15]. So ist eine Fahrt zum Kinobesuch mit einem mit Kurzzeitkennzeichen versehenen Kfz nicht zulässig[16].

Die Ausgabe der Roten Kennzeichen erfolgt u. a. an Kfz-Betriebe, Kfz-Hersteller; -Teilehersteller und Kfz-Werkstätten. Das Kennzeichen wird für einen Zeitraum von fünf Tagen nur noch zur betrieblichen Nutzung[17] für Prüf-, Probe- und Überführungsfahrten ausgegeben, wenn für diesen Zeitraum eine Versicherungsbestätigung eines Kraft-

---

12 Vgl. AKB D.1.1.3 Rdn. 5.
13 OLG Stuttgart vom 22.10.2014 – 3 U 36/14 (Revision wurde zugelassen, ob diese eingelegt wurde, ist derzeit nicht bekannt).
14 OLG Hamm vom 07.12.2012 – I-9 U 117/12.
15 Blum »Der Missbrauch von Kurzzeitkennzeichen« in SVR 2009, 126 f. auch mit Hinweisen zur strafrechtlichen Relevanz.
16 OLG Düsseldorf Beschl. v. 16.09.2011 – III -3RBs 143/11 (Jurion) diese Verwendung stellt eine Ordnungswidrigkeit dar.
17 VG Berlin v. 11.01.2008 – VG 11 A 877.07, NZV 2008, 421 f.

D.1.1.1 AKB (Verwendungsklausel)

fahrzeug-Haftpflicht-Versicherers vorgelegt wird[18]. Soweit das Fahrzeug im öffentlichen Verkehrsraum genutzt wird, muss es sich um eine Fahrt mit Prüfcharakter, eine Probefahrt oder eine Überführungsfahrt handeln. Dies ist vom Führer des KFZ bzw. dem Versicherungsnehmer zu beweisen[19]. Dabei kann die Prüffahrt grds. von jedermann vorgenommen werden, es muss nicht der Inhaber oder ein Angestellter eines Kfz-Betriebes sein, auch der Kunde, Kaufinteressent oder Verkäufer können eine Probe- oder Prüffahrt durchführen[20]. Auch die nach den Sonderbedingungen für Kfz-Handel und Handwerk erteilten Roten Kennzeichen unterliegen den allgemeinen Bestimmungen der AKB, so dass die missbräuchliche Verwendung dieser Kennzeichen auch gleichzeitig einen Verstoß gegen die Verwendungsklausel darstellt. Dabei ist zu beachten, dass sich der Versicherungsschutz der Roten Kennzeichen immer nur auf das Kfz bezieht, für das es ausgegeben wurde[21]. Die missbräuchliche Nutzung eines Roten Kennzeichens an einem anderen, nicht zugelassenen, Fahrzeug führt nicht zur Eintrittspflicht des Handel-Handwerkversicherers[22]. Die Fahrt unter abredewidriger Verwendung des Roten Kennzeichens als Einkaufsfahrt führt nicht zur Strafbarkeit i. S. d. §§ 1, 6 PflVG[23]. Das Kennzeichen muss fest mit dem Kfz verbunden sein, das bloße Ablegen auf der Ablage reicht hierfür nicht aus[24].

Zum 01.04.2015 wird die Kurzzeitkennzeichenvergabe neu geregelt, § 16aFZV, so sollen dann die Kennzeichen nur noch gegen Vorlage der entsprechenden Fahrzeugpapiere ausgegeben werden. Dies verhindert allerdings den Missbrauch nicht. Außerdem sollen für Fahrzeuge ohne Hauptuntersuchung nur noch Fahrten zur nächsten Untersuchungsstelle zulässig sein,

III. Oldtimerkennzeichen

6   Die Oldtimerkennzeichen hingegen sind nur für bestimmte Fahrten im Rahmen von Oldtimerveranstaltungen und zu Prüf-, Probe- und Überführungsfahrten zu verwenden, ein Verstoß gegen diese Regelungen stellt auch einen Verstoß gegen die Verwendungsklausel dar[25]. Ein Anspruch auf Erteilung einer Ausnahmegenehmigung, um ein Oldtimerkennzeichen ohne Euro-Feld zu verwenden, besteht nicht.[26]

---

18 Grabolle »Gebrauch roter Kennzeichen bei Probefahrten« DAR 2008, 173 ff.; Huppertz »Rechtsfolgen bei Probefahrten im Lichte der neuen FZV« in DAR 2008, 606 ff.
19 LG Köln v. 12.01.2005 – 20 O 335/03, r+s 2005, 325, bei einer Fahrt mit einem für Rennen getunten KFZ konnte der Probecharakter nicht bewiesen werden.
20 OLG Köln v. 02.02.2010 – 9 U 133/09, VersR 2010, 1309.
21 OLG Stuttgart vom 22.10.2014 – 3 U 36/14 (Revision wurde zugelassen, ob diese eingelegt wurde, ist derzeit nicht bekannt); a. A. OLG Hamm v. 07.12.2012 – I 9 U 177/12.
22 BGH IV ZR 316/04 m. w. H. in VersR 2006, 1352 = NJW-RR 2006, 1462; OLG Stuttgart 7 U 123/00 r+s 2001, 104.
23 OLG Hamm 2 Ss 533/06 in zfs 2007, 352 f = NZV 2007, 375.
24 OLG Koblenz vom 04.04.2011 – 10 U 1258/10.
25 Vgl. Hierzu auch Halm/Fitz, »Versicherungsschutz bei entgeltlichen Probefahrten«, DAR 2006, 433 f.
26 VG Minden v. 06.06.2013 – 2 K 2931/12, ADAJUR › 104225.

B. Objektiver Tatbestand

Schon die einmalige andere Verwendung reicht aus, um den Tatbestand des Verstoßes gegen die Verwendungsklausel zu verwirklichen und die Leistungsfreiheit des Versicherers in den Grenzen der KfzPflVV zu verwirklichen[27]. Beweisbelastet ist der Versicherer für den Verstoß gegen die Verwendungsklausel[28]. Er haftet auch für die möglicherweise durch seinen Vermittler verursachten Falschangaben und kann sich nicht auf einen Verstoß gegen die Verwendungsklausel berufen, wenn dieser den Antrag schuldhaft falsch ausgefüllt hat[29].

I. Einzelfälle

Die Herausgabe eines Geschäftsfahrzeuges der Werkstatt an einen Kunden kann dann einen Verstoß gegen die Verwendungsklausel darstellen, wenn dieses Fahrzeug entgeltlich überlassen wird[30], gleiches gilt für ein vermietetes Motorrad[31]. Die unentgeltliche Überlassung selbst eines Mietfahrzeuges ist zwar unschädlich[32], aber auch die Zahlung eines teilweisen Ausgleichs für die Nutzung eines Kfz kann einen Verstoß gegen die Verwendungsklausel darstellen[33]. Allerdings ist die unentgeltliche Weitergabe eines KFZ an den Mieter, um diesen zum Kauf zu bewegen, als Verstoß angesehen worden, wenn das Kfz nicht als Vermietfahrzeug versichert war[34]. Auch das Umrüsten eines LKW, der nur im Werknahverkehr verwendet werden durfte, in ein Wohnmobil[35], oder das Verwenden einer landwirtschaftlichen Zugmaschine bei einem Fastnachts-

---

27 BGH v. 21.03.1963 – VersR 1963, 527; OLG Hamm v. 11.09.1997 – 6 U 72/97, VersR 1998, 1498 (einmalige Vermietung eines KFZ).
28 BGH v. 19.03.1986 – IVa ZR 182/84 r+s 1986, 144 f. = VersR 1986, 541 auch zur Beweislastverteilung.
29 BGH v. 01.03.1972 – IV ZR 107/70, NJW 1972, 822 für die Versicherung Werknahverkehr statt Werkfernverkehr; LG Berlin, Urteil vom 24.03.2009 – 7 O 211/08, BeckRS.
30 OLG Köln v. 14.01.1969 – 9 U 12/67, VersR 1970, 513; OLG Koblenz v. 04.12.1998 – 10 U 5/98, r+s 1999, 271; OLG Düsseldorf v. 22.06.1993 – 4 U 72/92, r+s 1994, 205 ff. für die Leihe von Luxuswagen in Italien gegen Kaution und anschließender Erstattung von Nutzungsentschädigung, wenn ein Kauf nicht zustande kommt; OLG Hamm v. 11.09.1997 – 6 U 72/97, r+s 1998, 181 ff., für die beabsichtigte Änderung des Verwendungszwecks auf Vermietfahrzeug, ohne dass der Antrag vom Versicherer angenommen worden ist.
31 BGH v. 23.05.1960 – II ZR 132/58, NJW 1960, 1572.
32 BGH v. 14.05.1981 – IV ZR 233/79, NJW 1981, 1842; OLG Nürnberg, v. 24.06.1968 – 5 U 138/67, VersR 1969, 31.
33 BGH v. 22.01.1997 – IV ZR 320/95, r+s 1997, 184 = NZV 1997, 266f; BGH v. 14.05.1986 – IVa ZR 191/84, r+s 1986,197 (§ 2 AKB a. F. geht den Regeln der §§ 23 VVG vor); BGH v. 01.03.1972 – IV ZR 107/70 NJW 1972, 82 für die Haftung des Versicherers für seine Angestellten.
34 AG Nürnberg v. 31.07.1984 – 24 C 1844/84 ADAJUR-Dok. 63 071.
35 LG Mönchengladbach v. 20.02.1985 – 3 O 44/84, zfs 1985, 179, für das von einem als LKW versicherten PKW, der zum Wohnmobil umgebaut wurde; umgebaute Wohnmobil zur Eigenverwendung, welches dann vermietet wird OLG Hamm v. 11.03.1988 – 20 U 199/87 ADA-JUR-Dok. 10 672.

D.1.1.1 AKB (Verwendungsklausel)

umzug[36] stellt einen Verstoß dar. Der Einsatz eines »LKW-Werknahverkehr« im Güterfernverkehr stellt einen Verstoß gegen die Verwendungsklausel dar[37]. Wird ein Wohnmobil zu Werbe- und Ausstellungszwecken zur Verfügung gestellt, liegt ein Verstoß gegen die Verwendungsklausel vor, wenn der Eigentümer als Gegenleistung dafür Einbauteile (im Wert von ca. 8.500 €) erhalten hat[38]. Ob regelmäßiges Überladen des versicherten Kfz als Verstoß gegen die Verwendungsklausel gesehen werden kann, ist mehr als fraglich, hier dürfte sich eher die Frage der Gefahrerhöhung stellen[39]. Auch wenn ein Kfz in abgemeldetem Zustand im öffentlichen Verkehrsraum als Lagerstätte für Sachen eines Messies verwendet wird, stellt sich zumindest die Frage eines Verstoßes gegen die Verwendungsklausel, wenn eine Ruheversicherung besteht, oder die Nachhaftungsfrist des Versicherers noch nicht abgelaufen ist[40]. Wenn der Versicherungsnehmer die Ummeldung des Kfz von PKW-Eigenverwendung in Selbstfahrervermietfahrzeug beabsichtigt und einen entsprechenden Antrag bei der Versicherung eingeworfen hat, führt dies nicht zu dem Ausschluss einer Obliegenheitsverletzung, wenn der Versicherer die geplante Änderung noch nicht angenommen hat und der Versicherungsnehmer das Fahrzeug schon vermietet[41].

9   Demgegenüber wird eine **Risikoerhöhung nicht** gesehen, wenn die Teilnehmer einer Fahrgemeinschaft sich an den Kosten beteiligen, ohne dass dabei ein Gewinn erzielt würde[42]; auch der Einsatz eines Fahrzeuges zum Transport von Volleyballspielerinnen zum Spiel unter Erhalt einer km-Pauschale führt nicht zum Verstoß gegen die Verwendungsklausel[43]. Auch vorübergehende Fahrgemeinschaften gegen Aufwendungsersatz im Rahmen sog. Mitfahrzentralen sind diesem Bereich zuzurechnen, da üblicherweise dem Fahrer ein Aufwendungsersatz gezahlt wird und nicht – wie bei einem Taxi eine kostendeckende Pauschale. Werden solche Gelegenheiten gewerbsmäßig angeboten, ist die Frage der Verwendungsklausel durchaus zu prüfen. Beim Car-Sharing hingegen müsste eine entsprechende vertragliche Regelung getroffen werden, um einen Verstoß gegen die Verwendungsklause zu vermeiden. Auch der Einsatz einer landwirtschaft-

---

36 OLG Karlsruhe v. 30.04.1986 – 4 U 9/85 VersR 1986, 1180.
37 BGH v. 01.03.1972 – IV ZR 107/70, VersR 1972, 530; v. 19.03.1986 – IVa ZR 182/84, r+s 1986, 144 f. = VersR 1986, 541 auch zur Beweislastverteilung; OLG Hamm v. 01.12.1997 – 6 U 177/96, r+s 1998, 140 f.; LG Berlin v. 24.03.2009 – 7 O 211/08, BeckRS.
38 OLG Hamburg v. 09.05.1990 – 5 U 146/89, VersR 1991, 655, dann liegt eine Eigenverwendung nicht mehr vor, sondern eine gewerbliche Verwendung des Wohnmobils. Gegenstand der Entscheidung war allerdings die Frage der Kasko-Entschädigung nach dem Diebstahl des Wohnmobils.
39 Diese Frage offen lassend OLG Hamm v. 11.03.1996 – 6 U 124/95, NZV 1996, 498 zur Versäumung der Klagefrist des § 12 Abs. 3 VVG a. F.
40 LG Hamburg v. 04.03.2009 – 318 S 93/08 BeckRS. 2009 10 285.
41 OLG Hamm v. 11.09.1997 – 6 U 72/97, r+s 1998, 81.
42 BGH v. 14.07.1960 – II ZR 228/58, VersR 1960, 726.
43 BGH v. 14.05.1981 – VI ZR 233/79, DAR 1981, 354 = BGHZ 80 303 ff, der die Fahrgemeinschaften in Zeiten der Ölknappheit ausdrücklich begrüßte und davon ausging, dass dies bei der Formulierung des Begriffes »entgeltliche Personenbeförderung« nicht bedacht und sicher auch nicht beabsichtigt worden sei.

lichen Zugmaschine im Rahmen eines Feuerwehreinsatzes ist versichert[44]. Ein Verstoß gegen die Vorschriften der Personenbeförderung, also die Beförderung von mehr Personen als beantragt, stellt keinen Verstoß gegen die Verwendungsklausel dar[45], allerdings sehr wohl die Beförderung von Personen auf dafür nicht zugelassenen Anhängern. Auch kann sich die erhöhte Personenzahl im Bereich der Gefahrerhöhung auswirken und so den Versicherungsschutz gefährden[46], in jedem Fall wäre dann auch die Frage der Führerscheinklausel hinsichtlich der gesonderten Erteilung eines Personenbeförderungsscheins zu prüfen.

II. Rote Kennzeichen

Neben diesen Verstößen sind die häufigsten aber die missbräuchliche Verwendung der Roten Kennzeichen[47] i. S. d. § 16 FZV. Bei der Verwendung zur Probefahrt ist zwar ein zeitlicher Rahmen nicht gesetzt, aber die mehrfache Verwendung des KFZ mit Roten Kennzeichen lässt den Prüf- und Probecharakter fraglich werden[48]. Dies gilt auch, wenn der Händler das ihm zugeteilte Rote Kennzeichen an fremden Fahrzeugen befestigt[49]. Wird ein Fahrzeug mit roten Kennzeichen vermietet, die Frage des Verwendungszwecks, die mit einer entsprechenden Belehrung versehen war, nicht beantwortet und in das Feld der Fahrzeugidentifikations-Nr. lediglich »Rotes Kennzeichen zur Probefahrt« eingefügt, stellt dies noch keinen Verstoß gegen die Verwendungsklausel dar, wenn das Risiko der wenige Tage dauernden Vermietung nicht höher einzustufen ist als die Überlassung zu Probefahrten[50]. Allerdings wird grundsätzlich der Verstoß gegen die Verwendungsklausel bei missbräuchlicher Verwendung der Roten Kennzeichen angenommen[51]. Eine Wochenendausflugsfahrt[52], die Fahrt zur Diskothek[53] und sonstige Vergnügungsfahrten[54] gelten nicht mehr als Probefahrt. Die Fahrt unter abredewidriger Verwendung des Roten Kennzeichens als Einkaufsfahrt führt nicht zur Strafbarkeit i. S. d. §§ 1, 6 PflVG[55].

---

44 GB BAV 1966, 63.
45 BGH v. 14.02.1951 -II ZR 39/50, BGHZ 1, 153, 156 = NJW 1951, 403 f.
46 BGH VersR 1967, 493; OLG Saarbrücken v. 17.03.1989 – 3 U 164/84, VersR 1990, 779.
47 Vgl. hierzu ausführlich BGH v. 08.05.1961 – II ZR 7/60, NJW 1961, 1399 zu Gültigkeit und Verwendung von Händler-Kennzeichen.
48 OLG Köln v. 20.02.1986 – 5 U 172/85, VersR 1987, 1004; BGH v. 29.05.1974 – IV ZR 56/73, VersR 1974, 793 (das Kennzeichen muss am Fahrzeug angebracht sein).
49 BGH v. 13.12.1972 – IV ZR 156/71, NJW 1973, 285.
50 OLG Karlsruhe v. 07.07.1994 – 12 U 12/94, VersR 1995, 568, dann bestünde bei Verwendung eines Händler-Kennzeichens ein Verstoß gegen die Verwendungsklausel durch den Händler, vorliegend allerdings hatte der Fahrer das KFZ selbst versichert!.
51 LG Kassel v. 16.11.1990 – 2 S 423/90, ADAJUR-Dok 1244.
52 OLG Köln v. 28.03.2000 – 9 U 113/99, r+s 2000, 189.
53 OLG Köln v. 02.02.2010 – 9 U 133/09, VersR 2010, 1309.
54 BGH v. 15.01.1997 – IV ZR 335/95 NZV 1997, 226, Reise nach Italien.
55 OLG Hamm v. 18.12.2006 – 2 Ss 533/06 in zfs 2007, 352 f.

11 Der Versicherungsnehmer ist gehalten, die Probefahrt zu beweisen, um den bestimmungsgemäßen Verwendungszweck darzustellen[56]. Ggf. muss er dazu ein Fahrtenbuch führen[57].

Rote Kennzeichen, die gem. § 16 Abs. 3 FZV an Fahrzeughändler herausgegeben werden, unterliegen besonderen Einschränkungen: Sie dürfen nur für Probefahrten[58], Prüffahrten und Überführungsfahrten[59] verwendet werden und unterliegen zusätzlich den Sonderbedingungen für Kraftfahrzeug-Handel und Handwerk[60]. Die dortigen Regeln zur Verwendung von roten Kennzeichen gehen den allgemeinen Regeln des D1.1 AKB vor[61].

III. Oldtimer-Kennzeichen

12 Als Oldtimerveranstaltungen gelten solche, die der Darstellung von Oldtimerfahrzeugen und der Pflege des kraftfahrzeugtechnischen Kulturgutes dienen. Dazu gehören auch die An- und Abfahrten sowie ggf. erforderlich werdende Wartungsarbeiten. Nicht eingeschlossen sind allerdings isolierte Fahrten zum Betanken des Oldtimers[62]. Dabei ist jetzt auch an das Wechselkennzeichen zu denken, das häufig von Oldtimer-Besitzern verwendet wird[63].

C. Subjektiver Tatbestand

13 Der Verstoß gegen die Verwendungsklausel kann vom Versicherungsnehmer nur vorsätzlich begangen werden, da er weiß, wie er das Fahrzeug versichert hat. Der mitversicherte Fahrer hingegen hat nur in Ausnahmefällen Kenntnis von der Art der Versicherung des von ihm geführten KFZ, wie z. B. bei der Verwendung von Roten Kennzeichen oder Oldtimerkennzeichen. Allerdings kann auch ihm ein Blick in den Fahrzeugschein zumindest bei Mietwagen zu weitergehender Erkenntnis hinsichtlich der Art der Verwendung verhelfen. Ist der Fahrer hingegen Repräsentant des Versicherungsnehmers, wird ihm das Handeln des Versicherungsnehmers zugerechnet und führt zur Leistungsfreiheit des Versicherers[64]. Repräsentant ist, wer vom Versicherungs-

---

56 BGH v. 25.11.1998 – IV ZR 257/97 NZV 1999, 124 f = VersR 1999, 321, r+s 1999, 141, der allerdings die Leistungspflicht des Versicherers bejaht wegen fehlender Kündigung des Vertrages nach § 6 Abs. 1 VVG a. F.
57 LG Köln v. 12.01.2005 – 20 O 335/03 r+s 2005, 325.
58 Der Wochenendausflug gilt nicht als versicherte Fahrt i. S. d. Handel-Handwerkversicherung OLG Köln v. 28.03.2000 – 9 U 113/99, r+s 2000, 189.
59 OLG Düsseldorf v. 06.08.2004 – 22 U 20/04, NJOZ 2004, 3532 zur Verwendung roter Kennzeichen, die dem Käufer die Heimfahrt ermöglichen sollen.
60 VerBAV 1990, 177; vgl. hierzu in diesem Buch Sonderbedingungen Kfz-Handel und -Handwerk.
61 LG Köln v. 24.04.1991 – 24 O 380/90, ADAJUR Dok.-Nr. 14 724 = SP 1992, 381 (zu § 2 II AKB a. F.).
62 OLG Dresden v. 01.06.2005 – SS. OWI 213/05, DAR 2005, 522.
63 Vgl. hierzu Ausführungen zu D.1.1.5 AKB.
64 OLG Oldenburg v. 13.01.1999 – 2 U 241/98, ADAJUR-Dok. 35 771 SP 1999, 207.

nehmer die eigenverantwortliche Wahrnehmung von Rechten und Pflichten des Versicherungsnehmers übertragen erhalten hat[65]. Allerdings begründen die gemeinsame Kostentragung für ein Kfz und die Nutzung zu 60 % noch keine Repräsentantenstellung eines Ehepartners[66].

Eine Entlastung ist daher nur möglich, wenn die Art der Verwendung ein geringeres 14 Risiko in sich trägt als die versicherte Verwendung[67] oder wenn die veränderte Verwendung keinen Einfluss auf den Schadenseintritt hatte. Der Versicherungsnehmer ist gehalten, den Nachweis der fehlenden Kausalität[68] zu führen. Ein unabwendbares Ereignis reicht als Nachweis der fehlenden Kausalität aus[69].

Nutzung nur durch den berechtigten Fahrer

D.1.1.2 (Berechtigter Fahrer)

Das Fahrzeug darf nur von einem berechtigten Fahrer gebraucht werden. Berechtigter Fahrer ist, wer das Fahrzeug mit Wissen und Willen des Verfügungsberechtigten gebraucht. Außerdem dürfen Sie, der Halter oder der Eigentümer des Fahrzeugs es nicht wissentlich ermöglichen, dass das Fahrzeug von einem unberechtigten Fahrer gebraucht wird.

Übersicht Rdn.
A. Objektiver Tatbestand 1
B. subjektiver Tatbestand 3
I. Diebstahl 4
II. Gebrauchsüberschreitung 5
III. minderjährige Familienangehörige des Versicherungsnehmers 6
IV. Ermöglichen der Schwarzfahrt 8
V. Nachträgliche Genehmigung der Schwarzfahrt 12
VI. Exkurs Haftungsrecht 13

A. Objektiver Tatbestand

Als berechtigter Fahrer ist nur derjenige zu bezeichnen, der das Fahrzeug mit Wissen 1 und Wollen des wahren Berechtigten (Eigentümers, Halters) benutzt. Als wahrer Berechtigter wird derjenige bezeichnet, der selbständig über die Benutzung des versicherten KFZ verfügen kann[1]. Der Benutzer eines Kfz ist (nur) »derjenige, der sich das Kfz unter Verwendung der motorischen Kraft als Fortbewegungsmittel dienstbar macht und dadurch die Verfügungsgewalt über das Fahrzeug ausübt, wie sie sonst dem Halter

---

65 BGH v. 14.03.2007 – IV ZR 102/03, zfs 2007, 335 ff. AKB A.2.3 Rdn. 25 ff.
66 LG Paderborn v. 09.05.2007 – 4 O 651/06, zfs 2007, 636 f.
67 OLG Karlsruhe v. 07.07.1994 – 12 U 12/94, VersR 1995, 568.
68 BGH v. 17.04.2002 – IV ZR 91/01, NJW-RR 2002, 1101.
69 BGH v. 01.03.1972 – IV ZR 107/70, VersR 1972, 530.
1 So schon BGH v. 17.02.1955 – II ZR 241/53, NJW 1955, 669.

D.1.1.2 AKB (Berechtigter Fahrer)

zusteht«[2]. Es kommt für die Bewertung nach D.1.1.2 AKB nicht darauf an, ob dieser Fahrer in dem Versicherungsvertrag namentlich benannt war[3].

2 Der mutmaßliche Wille des wahren Berechtigten ist ggf. zu ermitteln. Es kommt nicht darauf an, was im Vertrag vereinbart wurde. Wurde z. B. ein vom Versicherer angebotener Sonderrabatt (Fahrer über 25, nur Eheleute, nur Frau, nur Versicherungsnehmer fährt o. ä.) vereinbart, bedeutet der Verstoß gegen diese Vereinbarung nicht, dass der 18-jährige Fahrer, der das KFZ mit Willen des Versicherungsnehmer und dessen Zustimmung nutzt, zum Schwarzfahrer im Sinne dieser Vorschrift wird. Vielmehr liegt hier ein Verstoß gegen die vertraglichen Vereinbarungen vor, der über die Tarifbestimmungen mit einer Nachtarifierung und ggf. mit einer Vertragsstrafe geahndet wird[4].

Weiterhin ist natürlich ein Schadenfall erforderlich, um überhaupt die versicherungsrechtlichen Konsequenzen herbeizuführen. Bleibt die Fahrt in dieser Hinsicht folgenlos, hat auch die Schwarzfahrt über mögliche arbeitsrechtliche, straf- oder ordnungswidrigkeitsrechtliche Folgen hinaus keine Auswirkungen im Bereich des Versicherungsrechts. Führt jemand das Kfz mit dem Original-Schlüssel, spricht der Beweis des ersten Anscheins dafür, daß die Benutzung des Kfz vom Halter gestattet, oder aber unter Verletzung der Verkehrssicherungspflichten ermöglicht wurde[5].

B. subjektiver Tatbestand

3 Der Fahrer muss das Fahrzeug nutzen in Kenntnis des entgegenstehenden Willens des wahren Berechtigten. Zu differenzieren ist dabei zwischen demjenigen Fahrer, der das KFZ durch eine strafbare Handlung erlangt hat (Diebstahl gem. § 242 StGB; Unterschlagung gem. § 246 StGB und unbefugter Gebrauch eines Kraftfahrzeuges gem. § 248b StGB), demjenigen Fahrer, der eigentlich berechtigt ist, das Fahrzeug zu führen, aber den gestatteten Umfang des Gebrauches überschritten hat (Gebrauchsüberschreitung), dem minderjährigen Familienangehörigen, der sich den Schlüssel für eine »Spritztour« aneignet und dem Fall des Ermöglichens der Schwarzfahrt.

Wenn der Fahrer denjenigen, der ihm den Schlüssel übergibt, irrtümlich für den wahren Berechtigten hält, wird er dennoch nicht zum berechtigten Fahrer im Sinne der AKB[6]. Auch wenn der für eine bestimmte Fahrt berechtigte Fahrer den Fahrzeugschlüssel zu einem späteren Zeitpunkt wieder an sich bringt und erneut zu einer Fahrt aufbricht, für die er nicht berechtigt war und dies ihm auch erkennbar war, begeht eine Straftat gem. § 248b StGB, die die vollständige Leistungsfreiheit nach sich zieht, auch wenn im Strafverfahren diese Problematik keine Rolle gespielt und das Diebstahls-

---

2 BGH v. 04.12.1956 – VI ZR 161/55, NJW 1957, 77 grundlegend zu der Frage, wer unberechtigter Führer ist im Hinblick auf wechselnde Fahrertätigkeiten und mehrere Halter.
3 EUGH vom 1.12.2011, RS C-442/10, ADAJUR.
4 Vgl. hierzu unten AKB K.2.1.
5 OLG Oldenburg v. 24.07.1978 – 5 U 14/78, Juris.
6 BGH v. 03.12.1964 – II ZR 172/62, VersR 1965, 130 m. w. H. zu der Frage der Berechtigung der Weitergabe eines Mietwagens an einen nicht eingetragenen Fahrer!.

delikt mangels Zueignungsabsicht nicht Gegenstand des Urteils war[7]. Kein unbefugter Gebrauch im Sinne von § 248 b StGB liegt vor, wenn der PKW an den wahren Berechtigten zurückgeführt werden soll[8].

I. Diebstahl

Dieb ist derjenige, der das Fahrzeug gegen den Willen des wahren Berechtigten in Zueignungsabsicht an sich bringt. Der Diebstahl muss in der Absicht erfolgen, das Fahrzeug zu behalten bzw. nach eigenem Gutdünken mit dem Fahrzeug zu verfahren. Die Zueignungsabsicht ist dabei der wesentliche Faktor in der Unterscheidung der Rechtsfolgen der Schwarzfahrt zur bloßen Gebrauchsüberschreitung durch einen an sich berechtigten Fahrer. Zu beachten ist, dass die KfzPflVV und die AKB bezüglich der mitversicherten Personen keine Unterscheidung treffen zwischen dem berechtigten und dem unberechtigten Fahrer, so dass es im Außenverhältnis für den Geschädigten nicht darauf ankommt, was der Fahrer durfte oder nicht. Auch der durch den Dieb verursachte Schaden ist im Rahmen der Mindestversicherungssummen[9] gedeckt. Es entfällt lediglich die Halterhaftung gem. § 7 Abs. 3 StVG. Beweisbelastet für den Diebstahl ist der Versicherungsnehmer, ihm fällt eine Unredlichkeitsvermutung zur Last, wenn er falsche Angaben macht und schon ein früherer Diebstahl verschwiegen wurde[10].

Exkurs Haftungsrecht:

Soweit der Dieb in einen Unfall verwickelt wird, der für ihn unabwendbar ist, entfällt jegliche Haftung auch des Halters, da dieser nur nach § 7 StVG eintrittspflichtig wäre, gem. § 7 Abs. 3 StVG dann, wenn er den unbefugten Gebrauch nicht schuldhaft ermöglicht hat[11]. Den Fahrer trifft kein Verschulden, § 7 Abs. 2 StVG kommt nicht zur Anwendung, so dass eine Regulierung durch den Kraftfahrzeug-Haftpflicht-Versicherer vollständig entfiele. Dem Opfer bliebe dann nur der Weg zur VOH. Trotz der Regelung des § 7 Abs. 3 StVG wird der Dieb jedoch nicht unmittelbar Halter des versicherten (gestohlenen) Fahrzeugs[12]. Wegen der Details in der Regulierung des Diebstahlschadens sei auf A.2.2.1.2 verwiesen.

II. Gebrauchsüberschreitung

Besonders problematisch sind die Fälle der sog. Gebrauchsüberschreitung. Dies sind die Fälle, in denen ein eigentlich Berechtigter das Fahrzeug zu einer Fahrt nutzt, die

---

7 OLG Koblenz v. 09.01.2006 – 12 U 622/04, NJOZ 2006, 1140.
8 BGH Beschl. v. 24.06.2014 – 2 StR 73/14, NZV 2015, 95 f.
9 OLG Stuttgart v. 15.11.2000 – 3 U 23/00 r+s 2001, 312; für das europäische Ausland vgl. AKB C.1.2 Rdn. 15 ff.
10 OLG Celle v. 30.05.2013, 8 U 275/12, NZV 2013 440 = SP 2013 299 (LS); wegen weiterer Details vor allem in der Kasko-Versicherung vgl. Stomper Rn 541 ff. in diesem Buch.
11 BGH v. 20.04.1961 – II ZR 258/58, VersR 1961, 529; OLG Nürnberg 5v. 19.12.2003 – U 2100/03, r+s 2004, 366 f.
12 KG v. 09.03.1989 – 12 U 2502/88, NZV 1989, 273.

D.1.1.2 AKB (Berechtigter Fahrer)

von der Gebrauchsüberlassung nicht umfasst war. Unkritisch sind die Fälle, in denen ganz klare Vorgaben hinsichtlich der gestatteten Nutzung bestehen und diese auch dem Fahrer bekannt waren. So kann die Beschränkung der Nutzung des Firmenwagens[13] neben den dienstlich erforderlichen Fahrten auch auf die Fahrten von und zur Arbeit ausgeweitet werden. Allerdings ist mit dieser klaren Abgrenzung jede andere Fahrt (z. B. am Wochenende zum Einkaufen oder ähnliches) nicht gestattet[14]. Der Regress des Arbeitgebers gegen den Fahrer ist aus Gründen der Fürsorgepflicht des Arbeitgebers beschränkt. Üblicherweise wird eine Beschränkung der Rückforderungsmöglichkeit auf 3–4 Monatsgehälter vorgenommen[15].

In diesen Fällen ist eine objektive Beschränkung der Nutzung des dem eigentlich berechtigten Fahrers überlassenen Fahrzeugs erforderlich. Auf subjektiver Seite muss der Fahrer von dieser Einschränkung Kenntnis gehabt haben und sich bewusst darüber hinweg gesetzt haben. Soweit der Fahrzeugschlüssel mit exakten Hinweisen über Art und Umfang der Nutzung übergeben wurde, kann der Fahrer mit einem vermuteten Einverständnis solange rechnen, als er sich an die Anweisungen hält, wobei der bloße Verstoß gegen den Willen in der Art der Benutzung keine Schwarzfahrt vorliegen lässt[16]. Auch wenn ein angestellter Fahrer aus Sachzwängen von der vorher genehmigten Route abweicht[17], ist nicht von einer Schwarzfahrt auszugehen, wenn das konkludente Einverständnis des Fahrzeughalters bei Kenntnis von den Umständen zu erwarten gewesen wäre. Eine Schwarzfahrt liegt auch dann nicht vor, wenn genehmigte Zwecke mit »nicht genehmigten« Zwecken verbunden werden, also z. B. bei einer genehmigten technischen Probefahrt auch geschäftliche oder persönliche Angelegenheiten mit erledigt werden, die allerdings nicht Hauptzweck der Fahrt sein durften[18].

Nicht von einem Einverständnis kann der Fahrer dann ausgehen, wenn er aus rein privaten Gründen von der vorgegebenen Route in größerem Umfang abweicht[19]. Geringfügige Abweichungen dürften unschädlich sein[20], auch wenn die in jüngster Zeit aus-

---

13 Vgl. auch Löhr-Müller »Der Dienstwagenüberlassungsvertrag« in DAR 2007, 133 ff., zwar werden die möglichen Probleme der Dienstwagenüberlassung dargestellt, der versicherungsrechtliche Bezug bei einzelnen Fallgestaltungen unterblieb leider.
14 OLG Karlsruhe v. 29.12.1981 – 12 U 173/80 VersR 1983, 236 (Einkaufsfahrt).
15 LAG Kiel v. 14.09.2011 – 3 SA 241/11, SP 2011, 406.
16 BGH v. 13.06.1984 – IVa ZR 139/82, VersR 1984, 834 (weil der Fahrer nach dem Tanken noch mal zum Betriebsgelände zurückgekehrt war und erst dann mit dem Fahrzeug nach Hause fuhr, um von dort am nächsten Morgen eine Betriebsfahrt zu starten).
17 Vgl. hierzu ausführlich zum Regress gegen den Arbeitnehmer wegen unberechtigter Nutzung des KFZ und den evtl. bestehenden arbeitsrechtlichen Freistellungsansprüchen Halm/Steinmeister »Arbeitsrecht und Straßenverkehr« in DAR 2005, 481 ff.; LAG Hamm v. 16.12.2010 – 8 SA 1071/10, ASR 2011, Heft 10 5.
18 LG Passau v. 15.11.1977 – 2 S 129/77, VersR 1978, 813.
19 OLG Koblenz v. 24.06.1976 – 4 U 56/76 VersR 1977, 30 bei zeitlich befristeter Fahrt an deren Anschluss eine Zechtour unternommen wurde.
20 Jedenfalls dann, wenn der Arbeitgeber keine allgemeinen oder konkreten Hinweise zum Gebrauch des Firmenfahrzeuges ausgesprochen hat: LG Köln v. 29.09.1999 -19 S 50/99, r+s 2000, 186 f.

gesprochenen fristlosen Kündigungen wegen Diebstahls geringfügiger Werte (Brotaufstrich etc.) teilweise von den Arbeitsgerichten bestätigt wurden. Ob diese Rechtsprechung höchstrichterlicher Prüfung standhält, ist fraglich. Wenn diese auch für geringfügige Abweichungen von der vorgeschriebenen Fahrtstrecke ausgesprochen werden und Bestand haben, ist auch in diesen Fällen von einer nicht genehmigten Schwarzfahrt auszugehen. Allerdings kann die Kündigung des Arbeitsverhältnisses nicht als Voraussetzung für eine nicht genehmigte Fahrt gefordert werden.

III. minderjährige Familienangehörige des Versicherungsnehmers

Ergreift ein minderjähriges Familienmitglied den Fahrzeugschlüssel, um mit dem versicherten Kfz eine Spritztour zu unternehmen, handelt es sich auch hier um einen unbefugten Gebrauch eines Kfz i. S. d. § 248b StGB[21]. Voraussetzungen hierfür sind zum einen die Ingebrauchnahme[22] des Kfz und zum anderen, dass dies gegen den Willen des Berechtigten geschieht. Der der Benutzung des Kfz entgegenstehende Wille des wahren Berechtigten muss nicht ausdrücklich erklärt worden sein, es reicht aus, wenn sich das fehlende Einverständnis aus der allgemeinen Lebensanschauung ergibt[23]. Auch wenn das minderjährige Kind des Versicherungsnehmers das Kfz zu einer Spritztour nutzt, wird man zugunsten des Versicherungsnehmers davon ausgehen müssen, dass er damit nicht einverstanden war. Ansonsten würde man ihn der Ermöglichung der Schwarzfahrt bezichtigen[24]. Dies kann nicht im Sinne des Gesetzgebers sein. 6

Hier gelten die gleichen Grundsätze wie bei dem Dieb oder dem sonstigen Schwarzfahrer. In den Rechtsfolgen ist dies problematisch[25]. 7

IV. Ermöglichen der Schwarzfahrt

Diese Obliegenheit richtet sich auch an den Versicherungsnehmer, der seinerseits alles zu tun hat, um unberechtigte Fahrten zu vermeiden. Der Versicherungsnehmer darf es nicht wissentlich ermöglichen, dass das Kfz durch einen unberechtigten Fahrer genutzt wird[26]. 8

Die Formulierung ist missverständlich, da per definitionem »wissentlich« eine Kenntnis des Versicherungsnehmers voraussetzt. Nimmt man nun die Definitionen aus dem Strafrecht zur Hilfe, so kommt man in den Bereich der Vorsatztat, da hier der Be-

---

21 Text: § 248b StGB (1) Wer ein Kfz ... gegen den Willen des Berechtigten in Gebrauch nimmt, wird mit ... bestraft. (2) Der Versuch ist strafbar. (3) Die Tat wird nur auf Antrag verfolgt.
22 Vgl. hierzu BGH v. 27.11.1957 – 2 Str. 426/57, BGHSt 11, 44, das Benutzen des Kfz zur Fortbewegung, eine nennenswerte Fortbewegung ist erforderlich (zumindest sollte sie beabsichtigt sein).
23 Hentschel, Straßenverkehrsrecht, § 248b StGB Rn. 8.
24 Vgl. hierzu auch AG Koblenz v. 28.01.1999 – 13 C 2407/98, r+s 1999, 310 = SP 1999, 140, wobei auf die Frage des § 248b StVG nicht eingegangen wurde und der durch den 14 jährigen Sohn verursachte Schaden auch unter 5.000 DM lag.
25 Vgl. insoweit unten AKB D.3.2 Rdn. 5 f., AKB D.3.4.
26 Jagow/Burmann/Heß/*Burmann* Straßenverkehrsrecht § 7 Rn. 24.

D.1.1.2 AKB (Berechtigter Fahrer)

griff »wissentlich« im Zusammenhang mit dem direkten Vorsatz gem. § 15 StGB verwendet wird. Wissentlich handelt derjenige, der um die Tatbestandsverwirklichung weiß, oder diese mindestens billigend in Kauf nimmt[27]. Dies würde bedeuten, dass ein Ermöglichen der Schwarzfahrt in Abkehr von der bisherigen Rechtsprechung nur dann gegeben ist, wenn der Versicherungsnehmer diese als möglich erkennt. In den alten AKB lautete die Formulierung »schuldhaft[28] ermöglicht hat«. Diese hat nach Auffassung des Verfassers eine andere Grundlage als die Formulierung »wissentlich ermöglicht«. Ob dies den Autoren der AKB so klar war, sei dahingestellt. Man wird aber – entgegen der bisherigen Rechtsprechung – nur in Ausnahmefällen von dem Ermöglichen einer Schwarzfahrt ausgehen können.

9 So kann das Ermöglichen[29] der Schwarzfahrt durch allzu sorgloses Umgehen mit dem Fahrzeugschlüssel[30] im Schadenfall auch dazu führen, dass der Versicherungsnehmer wegen der zu erbringenden Leistungen in Regress genommen werden kann. Es gelten dabei die gleichen Grundsätze wie bei dem Ermöglichen eines Fahrzeugdiebstahls[31]. Hat der Versicherungsnehmer seinen Schlüssel in der Jackentasche in der Garderobe oder im Umkleideraum[32] aufbewahrt oder die Jacke mit Schlüssel an den Stuhl gehängt[33], ist dies in jedem Fall grob fahrlässig. Auch das Aufbewahren des Schlüssels in der Jackentasche auf dem Rücksitz des unverschlossenen Kfz ist grob fahrlässig[34], ebenso das unverschlossene Abstellen des Kfz unter Zurücklassen des Schlüssels und des Fahrzeugscheins im Kfz (im öffentlichen Straßenraum)[35]. Als nicht grob fahrlässig soll gelten, wenn der Schlüssel im Kfz verbleibt, während dieses sich auf einem umzäunten Privatgrundstück befindet, welches nur durch ein Eisentor betreten und verlassen werden konnte[36]. Auch wenn der Angestellte einer Handelsfirma den Fahrzeugschlüssel an einen Kaufinteressenten übergibt und diesen nicht überwacht, so dass dieser zu einem späteren Zeitpunkt den Diebstahl des Kfz ermöglichen kann, kann die Leistung auf null gekürzt werden[37].

---

27 BGH IV ZR 90/13 zur Wissentlichkeit einer Pflichtverletzung. Zur Trunkenheitsfahrt in strafrechtlicher Hinsicht m. H. auf die Verschuldensformen vgl. Ferner/Schmidtke in Ferner/Bachmeier/Müller aaO. § 315c, 316 StGB.
28 Jagow/Burmann/Heß/*Burmann* Straßenverkehrsrecht § 7 Rn. 28.
29 AG Krefeld v. 23.03.1999 – 73 C 337/98, r+s 2000, 275; OLG Nürnberg v. 9.12.2003 – 5 U 2100/03, r+s 2004, 366 ff.
30 OLG Koblenz v. 05.02.2007 – 10 U 903/06 zfs 2007, 694; OLG Saarbrücken v. 31.03.2010 – 5 U 102/09, ADAJUR-Archiv #91219 (Fahrzeugschlüssel in unbeaufsichtigter Handtasche in einer Diskothek); OLG Koblenz v. 09.07.2012, 10 U 1292/11 Jurion.
31 Diederichsen, »BGH-Haftpflichtrecht«, DAR 2007, 301, 302, kein Regress gegen den Gehilfen beim Diebstahl des KFZ: BGH v. vom 28.11.2006 – VI ZR 136/05, DAR 2007, 330 f. = r+s 2007, 78 f.
32 LG Hannover v. 4.08.2006 – 8 O 326/05, SP 2007, 334 f. für die Teilkasko.
33 LG Düsseldorf v. 22.01.2009 – 11 O 373/08, SP 2009, 337 f.
34 LG Hannover v. 15.08.2008 – 13 O 262/05, SP 2009, 153 f.
35 OLG Koblenz v. 26.03.2009 – 10 U 1243/08.
36 OLG Düsseldorf v. 25.02.2010 – I-4 U 102/09, SP 2010, 331.
37 LG Neubrandenburg v. 22.06.2012 – 2 O 8/12, DAR 2012 527.

Besondere Anforderungen sind zu stellen, wenn ein Familienmitglied das Fahrzeug un- 10
berechtigt gebraucht. Dies ist nur dann anzunehmen, wenn einfachste und naheliegendste Überlegungen für das Fehlverhalten nicht angestellt wurden[38]. Verrät der Versicherungsnehmer den Aufbewahrungsort seines Wohnungsschlüssels und wird in der Folge sein Kfz gestohlen, berechtigt dies nur dann zur Leistungskürzung, wenn nachgewiesen werden kann, dass der Diebstahl mit Hilfe des Ersatztürschlüssels ermöglicht wurde[39]. Auch in seiner häuslichen Umgebung muss der Fahrzeughalter den Schlüssel nicht grundsätzlich verstecken, um den unbefugten Gebrauch durch einen jugendlichen Besucher zu verhindern, wenn nicht konkrete Anhaltspunkte bestehen[40]. Aber den Vater, der sein Fahrzeug auf dem Schulhof abstellt, ohne den Schlüssel abzuziehen und seinen Sohn bittet, im Auto auf ihn zu warten, trifft kein Verschulden, wenn dieser dann die Gelegenheit zu einer kleinen Ausfahrt nutzt[41]. Allerdings reicht auch bei bekannter Neigung des Kindes zu unbefugten Fahrten das nächtlich Verstecken unter dem Kopfkissen aus[42]. Das Steckenlassen des Schlüssels im Fahrzeug an der Tankstelle bleibt dann folgenlos, wenn ein eigentlich zuverlässiger Freund des Versicherungsnehmers im Fahrzeug verbleibt und dann –ohne vorher erkennbare Anzeichen- mit dem versicherten Fahrzeug davon fährt und in Selbsttötungsabsicht auch die Eltern und die Freundin schwer verletzt[43]. Auch wenn der Versicherungsnehmer durch Gewalt vom Ehemann zur Schlüsselherausgabe gezwungen wurde und dies vorher nicht (oder wie hier schon ein Jahr lang nicht) vorgekommen war, ist bei Herausgabe des Schlüssels nicht von einem Ermöglichen der Schwarzfahrt auszugehen[44]. Erhält der führerscheinlose Fahrer des Kfz die Schlüssel, um das versicherte Kfz in die Garage zu fahren und nutzt die Gelegenheit für eine andere Fahrt, so liegt eine Schwarzfahrt vor, ein Verschulden des (ebenfalls führerscheinlosen) Versicherungsnehmers an der Schwarzfahrt wurde wegen der klaren Weisungen, die er vor Fahrtantritt erteilt hatte, abgelehnt[45]. Liegt der Kfz-Schlüssel auf dem Tisch und die Haustür ist zum Lüften geöffnet, während die Versicherungsnehmerin im Haus diverse Arbeiten erledig, liegt keine grobe Fahrlässigkeit[46] vor, also auch kein Ermöglichen der Schwarzfahrt im Sinne der Kraftfahrzeug-Haftpflicht-Versicherung. Dabei erfüllt das Unterlassen des Einrastens des

---

38 OLG Jena v. 21.12.1994 – 4 U 700/94, SP 1995, 282.
39 OLG Naumburg, 14.03.2013, 4 U 47/12, Jurion.
40 AG Hagen, 24.04.2013, 140 C 206/12, Jurion.
41 Vgl. hierzu auch AG Koblenz v. 28.01.1999 – 13 C 2407/98, r+s 1999, 310 = SP 1999, 140, wobei auf die Frage des § 248b StVG nicht eingegangen wurde und der durch den 14 jährigen Sohn verursachte Schaden auch unter 5.000 DM lag.
42 OLG Celle v. 15.11.2007 – 8 U 75/07, SP 2009, 192 ff. (unter dem Kopfkissen) mit weiteren Hinweisen zur Sorgfaltsanforderung an die Schlüsselverwahrung.
43 OLG Düsseldorf v. 5.03.2004 – I-1 U 44/03, BeckRS 2004, 30 340 516.
44 OGH Wien v. 25.01.2006 – 7 OB 3/06A ZVR 2006, 449.
45 BGH v. 14.05.1986 – IVa ZR 191/84, VersR 1986, 693.
46 OLG Karlsruhe v. 21.11.2006 – 12 U 150/06, zfs 2007, 92.

D.1.1.2 AKB (Berechtigter Fahrer)

Lenkradschlosses mit nachfolgendem Diebstahl des Kfz in ländlich geprägter Umgebung nicht den Tatbestand der groben Fahrlässigkeit[47].

11 Der Versicherungsnehmer und Halter, der eine Schwarzfahrt behauptet, ist nachweispflichtig[48] hinsichtlich der Einhaltung der ihm obliegenden Sorgfalt im Umgang mit dem Kfz, um einen unbefugten Gebrauch zu verhindern. Die Tatsache, dass es zu einer Schwarzfahrt gekommen ist, spricht für ein »Ermöglichen« durch den Versicherungsnehmer[49].

V. Nachträgliche Genehmigung der Schwarzfahrt

12 Der wahre Berechtigte kann zwar die Schwarzfahrt nachträglich genehmigen, allerdings wird der Fahrer dadurch im Zeitpunkt der Schwarzfahrt nicht zum berechtigten Fahrer[50]. Von Bedeutung ist dies vor allen Dingen bei Selbstfahrer-Vermietfahrzeugen und Firmenwagen, wenn dort nur bestimmte namentlich benannte Fahrer das KFZ benutzen dürfen[51].

Eine nachträgliche Genehmigung ist jedenfalls dann unwirksam, wenn sie im Zustand der Volltrunkenheit abgegeben wird[52]. Voraussetzung ist jedoch ein erheblicher Alkoholgenuss[53]. Dann bleibt der Versicherungsschutz für den Versicherungsnehmer oder Halter bestehen[54]. Auch jeder andere Zustand der Geschäftsunfähigkeit macht eine nachträgliche Genehmigung unwirksam. Wird das Kfz verkauft, kann sich der Versicherer, auch wenn er keine Verkaufsmitteilung erhalten hat, nicht gegenüber dem Fahrer auf Leistungsfreiheit wegen Schwarzfahrt berufen, wenn der Erwerber das Fahrzeug führt[55].

VI. Exkurs Haftungsrecht

13 Die haftungsrechtlichen Folgen im Rahmen der Schwarzfahrt sind folgende: Der Versicherer reguliert die Ansprüche der Verletzten bis zur Mindestversicherungssumme[56]. Im Falle des Ermöglichens der Schwarzfahrt besteht die Eintrittspflicht des Halters aus StVG-Haftung innerhalb der dort geltenden Grenzen[57], so dass bei feststehender Haf-

---

47 OLG Saarbrücken v. 24.10.2007 – 5 U 238/07, zfs 2008, 96 ff, bei ansonsten ordnungsgemäß verschlossenem PKW.
48 BGH v. 17.11.1987 – IV a ZR 68/86, VersR 1988, 50.
49 LG Essen v. 30.10.2006 – 13 S 104/06, ADAJUR Dok.-Nr. 73 686.
50 BGH v. 23.04.1982 – 20 U 130/81, VersR 1983, 233, wobei hier die Schwarzfahrt verneint wurde, wegen eher unerheblichem Abweichen von der Genehmigung des Arbeitgebers.
51 LG Köln v. 29.09.1999 – 19 S 50/99, r+s 2000, 186.
52 OLG Nürnberg v. 10.02.1977 – 8 U 75/76, VersR 1978, 339 (3,4 Promille).
53 OLG Köln v. 07.06.1994 – 9 U 70/94, VersR 1995, 205 Unzurechnungsfähigkeit bei 3–3,3 Promille noch nicht alleine zu bestätigen, weitere Indizien sind erforderlich.
54 OLG Hamm v. 04.08.1978 – 20 W 21/78, VersR 1978, 1107 (2,9 Promille).
55 OGH 7 Ob 19/79, VersR 1981, 767.
56 Vgl. oben AKB C.1.2 Rdn. 14 ff., § 117 VVG Rdn. 27.
57 Wegen der Details im Haftungsrecht sei verwiesen auf Geigel, Haftpflichtprozess, Rn. 220 ff.

tung in den Grenzen der Mindestversicherungssummen es nicht mehr auf die Frage der Halterhaftung ankommt[58]!

D.1.1.3 Fahren nur mit Fahrerlaubnis

Der Fahrer des Fahrzeugs darf das Fahrzeug auf öffentlichen Wegen oder Plätzen nur mit der erforderlichen Fahrerlaubnis benutzen. Außerdem dürfen Sie, der Halter oder der Eigentümer das Fahrzeug nicht von einem Fahrer benutzen lassen, der nicht die erforderliche Fahrerlaubnis hat.

Übersicht	Rdn.
A. Objektive Kriterien	1
I. Gebrauch des Kraftfahrzeugs	2
II. Öffentliche Plätze und Wege	3
III. Erforderliche Fahrerlaubnis	4
IV. Mögliche Verstöße	5
B. Prüfpflicht des Versicherungsnehmers, Halters, Eigentümers	6
C. Subjektive Kriterien	7
D. Exkulpationsmöglichkeit	8
E. Sonderfälle	9
I. Begleitetes Fahren ab 17	9
II. Fahrschüler	10
III. Personenbeförderung	11
IV. Dienstführerschein	12
V. Ausländischer Führerschein	13
1. EU-Mitglieder	14
2. Angehörige anderer Staaten	17
3. Ausländischer Führerschein nach Entzug des Inlandsführerscheins	18

A. Objektive Kriterien

Zunächst sind die objektiven Kriterien einzuhalten. Diese Klausel verpflichtet, das Fahrzeug im öffentlichen Verkehrsraum nur mit der entsprechenden Fahrerlaubnis[1] zu verwenden. Dazu gehören nicht nur Straßen, sondern auch sonstige Wege[2] und Plätze, die einer Vielzahl von Nutzern zugänglich sind. Dabei werden insbesondere bei ausländischen Mitbürgern erhebliche Anforderungen an den Versicherungsnehmer gestellt, der ggf. bei Vorlage eines ausländischen Führerscheins nicht ohne weiteres prüfen 1

---

58 OLG Stuttgart v. 15.11.2000 – 3 U 23/00, r+s 2001, 312 für den Fall des Verstoßes gegen Führerscheinklausel, Alkoholklausel und Schwarzfahrt ist die Haftung auf die Mindestversicherungssumme beschränkt, unabhängig von der Frage des Ermöglichens der Schwarzfahrt durch den Halter, auch die Haftungshöchstgrenzen des StVG für diesen anzuwenden wären und unter der Mindestversicherungssumme lagen.

1 Zur erforderlichen Fahrerlaubnis vgl. auch Kirchner in Ferner/Bachmeier/Müller aaO. § 4 FEV m. w. H.

2 BGH v. 23.05.1960 – II ZR 132/58 NJW 1960, 1572 zu Waldwegen.

kann, ob es sich dabei um eine »erforderliche Fahrerlaubnis« im Sinne des Gesetzes handelt.

I. Gebrauch des Kraftfahrzeugs

2 Als Gebrauch des KFZ wird jede bestimmungsgemäße Verwendung des KFZ bezeichnet. Dazu gehören insbesondere Fahren, Parken, Ein- und Aussteigen, Be- und Entladen[3]. Das Führen eines KFZ im öffentlichen Verkehrsraum setzt voraus, dass die Fortbewegung des geführten KFZ unter Ausnutzung von dessen Motorleistung erfolgt, diese Voraussetzung ist nicht erfüllt, wenn das Fahrzeug abgeschleppt wird und damit durch »fremde« Motorkraft fortbewegt wird. Eine Fahrerlaubnis ist in diesem Fall nicht erforderlich[4].

II. Öffentliche Plätze und Wege

3 Die Führerscheinpflicht besteht nur für die Benutzung des KFZ auf öffentlichen Plätzen oder Wegen, §§ 2 Abs. 1 S. 1 StVG, 4 Abs. 1 S. 1 FeV. D. h. im öffentlichen Straßenverkehr darf das Fahrzeug nicht ohne die entsprechende Fahrerlaubnis geführt werden. Diese Pflicht richtet sich im Wesentlichen an den Fahrer des versicherten Fahrzeuges, der aber nicht identisch sein muss mit dem Halter. Unstreitig sind die dem Straßenverkehr gewidmeten Straßen als öffentliche Straßen zu bezeichnen. Als öffentliche Plätze werden diejenigen Plätze bezeichnet, die einer unbestimmten Vielzahl von Personen zugänglich sind. Auch auf Privatplätzen, die einer unbestimmten Anzahl von Personen zugänglich sind, wie z. B. die Parkplätze von Einkaufsmärkten, Parkhäuser etc., ist die Fahrerlaubnis vorgeschrieben[5]. Gleiches gilt auch auf den Parkflächen, die mit dem Zusatz gekennzeichnet sind »es gilt die StVO«!

III. Erforderliche Fahrerlaubnis

4 Darüber hinaus reicht es natürlich nicht aus, dass der Fahrer über irgendeine Fahrerlaubnis verfügt, vielmehr muss er über die für das geführte Fahrzeug erforderliche Fahrerlaubnis verfügen. Dies kommt vor allem bei Krafträdern vor, die durch Entdrosselung eine höhere Laufleistung erhalten[6]. Problematisch sind insoweit insbesondere die Mofas, die als einsitzige Fahrzeuge ohne Fahrerlaubnis lediglich mit einer Prüfbescheinigung geführt werden dürfen, wird ein Sozius mitgenommen, ist auch eine Fahrerlaubnis erforderlich[7]. Auch bei ausländischen Führerscheinen stellt sich ggf. die Frage, ob dieser der Anforderung »erforderlich« genügt, dies kann der Versiche-

---

3 Wegen der Details zum Gebrauch vgl. die Kommentierung zu AKB A.1.1.1 Rdn. 79 f.
4 OLG Frankfurt v. 08.10.1979 – 3 SS 408/79, ADAJUR Dok.-Nr. 8654. Blum, »Führen eines (Kraft-)Fahrzeugs«, SVR 2015, 130 m.w.H. zur Rechtsprechung.
5 Jacobsen in Feyock/Jacobsen/Lemor § 2 AKB 2007 Rn. 32.
6 OLG Nürnberg v. 25.07.2002 – 8 U 3687/01, r+s 2003, 7 Entdrosselung eines Krades.
7 Greiner, »Gesetzeslücke beim Fahren ohne Fahrerlaubnis eines Mofas«, NZV 2014, 72 ff. mit weiteren Hinweisen zur Bewertung der Einsitzigkeit; Schäler, »Gesetzeslücke bei Einsitzigkeit von Mofas aufgehoben«, NZV 2014, 438 ff.

rungsnehmer aber über Nachfrage bei der zuständigen Verwaltungsbehörde klären lassen.

IV. Mögliche Verstöße

Der Fahrer, dessen Fahrerlaubnis von der zuständigen Verwaltungsbehörde noch nicht ausgehändigt wurde, fährt ohne Fahrerlaubnis, selbst wenn die Sperrfrist zur Wiedererteilung abgelaufen und der Antrag auf Wiedererteilung schon gestellt wurde[8]. Die Beschlagnahme ist dem Entzug insoweit gleichgestellt[9]. Auch derjenige, der eine Personenbeförderungserlaubnis benötigt, verstößt gegen die Führerscheinklausel[10]. Dazu zählen auch die neuerdings auf den Markt drängenden privaten Chauffeur-per-App-Dienste, die sich häufig privater Fahrer ohne entsprechenden Versicherungsschutz und Personenbeförderungserlaubnis bedienen. Auch der Verstoß gegen eine eingetragene Beschränkung, wie sie sich in §§ 12 und 17 Abs. 6 FeV finden (Sehhilfe, Beschränkung auf Automatikfahrzeuge) stellt einen Verstoß gegen die Führerscheinklausel dar[11].

Die Missachtung eines bloßen Fahrverbotes hingegen stellt keinen Verstoß gegen die Führerscheinklausel dar, da diese nach §§ 44 StGB und 25 StVG angeordnet werden können und die Ungeeignetheit zum Führen von Kfz gerade nicht feststellen[12]. Soweit von einzelnen Instanzgerichten das Fahrverbot als eine befristete Führerscheinentziehung angesehen[13] wird und die Leistungsfreiheit des Versicherers bejaht wird, ist dies eher fragwürdig. Bei einem befristeten Fahrverbot bleibt die Fahrerlaubnis gerade bestehen[14]. Auch die Nichtbeachtung von Auflagen (hinsichtlich der Höchstgeschwindigkeit beschränkte Fahrerlaubnis) ist kein Verstoß[15].

B. Prüfpflicht des Versicherungsnehmers, Halters, Eigentümers

Der Halter, Eigentümer oder Versicherungsnehmer muss vor Übergabe seines KFZ an einen anderen prüfen, ob dieser die vorgeschriebene Fahrerlaubnis hat[16]. Eine Aus-

---

8 LG Köln v. 02.03.1977 – 74 O 535/75, VersR 1977, 951, die Fahrerlaubnis muss wieder ausgehändigt sein.
9 BGH v. 28.10.1981 – IVa ZR 202/80, VersR 1982, 84; LG Oldenburg v. 09.02.2007 – 13 O 2095/06, zfs 2007, 392 f.
10 BGH v. 13.12.1972 – IV ZR 156/71, NJW 1973, 285.
11 BGH v. 09.04.1969 – IV ZR 612/68 VersR 1969, 603 (Schutzbrille beim Führen von KFZ mit offenem Führersitz).
12 BGH v. 11.02.1987 – IVa ZR 144/85, r+s 1987, 153; LG Hannover v. 19.11.2014 – 6 S 52/14, DAR 2015, 34; a. A. LG Göttingen v. 09.05.1980 – 4 O 4/80, das ein Fahrverbot einer befristeten Entziehung der Fahrerlaubnis gleichsetzt; ebenso LG Nürnberg v. 24.10.1984 – 2 S 3786/84, Juris.
13 LG Göttingen v. 09.05.1980 – 4 O 4/80, VersR 1981, 27; LG Nürnberg-Fürth v. 24.10.1984 – 2 S 3786/84, zfs 1984, 372 f.
14 BGH v. 11.02.1987 – IVa ZR 144/85, r+s 1987, 153., Köln v, 25.04.1985 – 5 U 171/84, r+s 85, 235; zw. Stiefel/Hofmann § 2b AKB a. F. Rn. 119; Bruck/Möller/Johannsen G 37.
15 BGH v. 09.04.1969 – IV ZR 612/68 VersR 1969, 603.
16 BGH v. 06.07.1988 – IVa ZR 90/87 VersR 1988, 1017.

D.1.1.3 AKB Fahren nur mit Fahrerlaubnis

nahme kann nur gelten, wenn er positiv weiß, dass derjenige, dem er sein Fahrzeug übergibt, über die entsprechende Fahrerlaubnis verfügt. Insbesondere gewerbliche Versicherungsnehmer wie Fuhrparkunternehmer, Taxi- und Mietwagenunternehmer sind stärker an diese Pflicht gebunden. Sie trifft eine regelmäßige Kontrollpflicht. Auch die Mitarbeiter, denen Firmenfahrzeuge zur Verfügung gestellt werden, sind regelmäßig zu kontrollieren[17].

In aller Regel ist bei dem berechtigten Fahrer, der das Fahrzeug ohne die entsprechende Fahrerlaubnis nutzt, davon auszugehen, dass der Versicherungsnehmer seiner Prüfpflicht nicht nachgekommen ist. Welche Fahrerlaubnis im Einzelnen erforderlich ist, regeln §§ 4 ff. FZV.

C. Subjektive Kriterien

7   Der Versicherungsnehmer kann sich entlasten, wenn er schuldlos annehmen durfte, dass eine entsprechende Fahrerlaubnis vorlag. Auch wenn bei Entzug der Fahrerlaubnis der sofortige Vollzug angeordnet wurde, muss der Fahrer davon Kenntnis haben, um einen Verstoß gegen die Führerscheinklausel zu begehen. Eine Prüfpflicht entfällt zwingend beim unberechtigten Fahrer, der das Kfz durch eine Straftat erlangt hat. Dabei sind die Formulierungen in den verwendeten AKB durchaus unterschiedlich. So kann es auch heißen »Sie dürfen nur einem Fahrer mit entsprechender Fahrerlaubnis ... gestatten«. Diese Formulierung nimmt den Versicherungsnehmer, Halter oder Eigentümer stärker in die Pflicht als es der Formulierungsvorschlag des GdV macht. Fährt der Versicherungsnehmer selbst ohne Fahrerlaubnis, ist in aller Regel von einer Vorsatztat auszugehen[18].

D. Exkulpationsmöglichkeit

8   Der Versicherungsnehmer, Halter oder Eigentümer kann sich nur eingeschränkt entlasten. Wenn er aufgrund der Gesamtumstände darauf vertrauen durfte, dass die entsprechende Fahrerlaubnis vorlag, kann dies zur Entlastung führen[19]. Eine Prüfpflicht entfällt auch beim unberechtigten Fahrer.

E. Sonderfälle

I. Begleitetes Fahren ab 17

9   Die Reform des Fahrerlaubnisrechts hat zur Verringerung der Unfälle von Fahranfängern das begleitete Fahren ab 17 zugelassen. Dabei ist erforderlich, dass der Jugendliche eine Fahrerlaubnisprüfung ablegt und gleichzeitig verpflichtet wird, ein Kfz nur im Beisein eines namentlich bei den Ordnungsbehörden zu benennenden Erwachsenen zu führen. Dieser Erwachsene seinerseits muss mindestens 30 Jahre alt sein und darf nicht

---

17 Vgl. Mielchen/Meyer »Anforderungen an die Führerscheinkontrolle durch den Arbeitgeber bei Überlassung von Firmenfahrzeugen an den Arbeitnehmer«, DAR 2008, 5 ff.
18 OLG Karlsruhe v. 28.11.2006 – 2 Ss 78/06, DAR 2007, 219 f.
19 Vgl. hierzu unten ausführlich unter AKB D.2.2 Rdn. 6 ff.

mehr als 3 Strafpunkte im Verkehrszentralregister angesammelt haben[20]. Sind diese Kriterien erfüllt, hat auch der 17-jährige Fahrer Versicherungsschutz. Fährt er allerdings mit einem nicht als Begleitperson zugelassenen Beifahrer, verliert er nicht seinen Versicherungsschutz, da er ja gleichwohl eine Fahrerlaubnis erhalten hat. Er gefährdet allerdings im Sinne des OwiG seine Fahrerlaubnis, da ihm diese ggf. bei mehrfachen Verstößen entzogen werden kann[21].

II. Fahrschüler

Im Fahrschulwagen verstößt der Fahrschüler naturgemäß gegen die Führerscheinklausel, daher gilt in diesen – speziell ausgerüsteten – Fahrzeugen der Fahrlehrer als Fahrer[22], der immer gegebene Verstoß des Fahrschülers ist damit folgenlos. Zu beachten ist, dass den Fahrlehrer damit auch alle Verhaltensregeln des Fahrers treffen (Handyverbot).[23] 10

III. Personenbeförderung

Für die Personenbeförderung sind zusätzliche Prüfungen erforderlich. Soll der Fahrer also im Bereich Personenbeförderung eingesetzt werden, ist auch das Vorliegen der entsprechenden Berechtigung zu prüfen[24]. Eine solche Fahrerlaubnis ist nur für die gewerbliche Personenbeförderung, also Taxifahrer, Busfahrer etc. erforderlich. Werden im Rahmen von Fahrgemeinschaften Personen mitgenommen, ist eine solche zusätzliche Fahrerlaubnis nicht erforderlich, da es dort gerade nicht um die gewerbsmäßige Beförderung sondern um Kostenteilung geht. 11

IV. Dienstführerschein

Soweit eine Fahrerlaubnis bei der Bundeswehr oder der Polizei erworben wurde, kann dieser Dienstführerschein, der nur für die Dauer des Dienstverhältnisses gilt, auf Antrag umgeschrieben werden. 12

V. Ausländischer Führerschein

Grundsätzlich gilt eine ausländische Fahrerlaubnis in Deutschland nur befristet. Zunächst ist zu differenzieren zwischen denjenigen, die sich nur vorübergehend in Deutschland aufhalten und denjenigen, die ihren ständigen Aufenthaltsort in Deutschland begründen wollen. Für einen vorübergehenden Aufenthalt gilt die im Heimatland erworbene Fahrerlaubnis bis zu einem Zeitraum von einem Jahr, längstens jedoch bis zum Ende der Gültigkeit der ausländischen Fahrerlaubnis. Soweit der ständige Aufent- 13

---

20 Albrecht, »Begleitetes Fahren ab 17 und neue Straftatbestände im StVG«, SVR 2005, 283.
21 § 6e Abs. 3 S. 1 StVG, Janker in Jagow/Heß/Burmann § 6e StVG Rn. 4.
22 Blum/Weber, »Wer ist Führer des Fahrschulwagens« NZV 2007, 228 f.
23 BGH v. 23.09.2014, 4 STR 92/14; OLG Karlsruhe v. 20.02.2014 – 3 SsRs 607/13, welches einen Verstoß annimmt; a. A. OLG Düsseldorf v. 04.07.2013 – 1 RBs 80/13, DAR 2014, 40; OLG Bamberg v. 24.03.2009 – 2 Ss OWi 127/2009, DAR 2009, 402.
24 §§ 6 Abs. 1; 10; 11 FeV.

halt in Deutschland begründet wird, gilt die ausländische Fahrerlaubnis ebenfalls längstens für 1 Jahr[25]. Besonderheiten ergeben sich bei Angehörigen von EU-Mitgliedsstaaten oder den Angehörigen von Staaten des europäischen Wirtschaftsraums in Abgrenzung zu den Angehörigen der sonstigen Staaten.

1. EU-Mitglieder

14 Gem. § 28 FeV können ausländische Staatsangehörige der Staaten, die entweder der EU oder dem europäischen Wirtschaftsraum angehören, ihre in diesen Ländern erworbenen Führerscheine auch in Deutschland unbegrenzt nutzen[26]. Diese gelten, solange sie auch im Heimatland Gültigkeit besäßen. Sind also in den Führerscheinen Befristungen des Heimatlandes vermerkt, muss der ausländische Staatsangehörige auch in Deutschland nach Ablauf der Befristung eine neue Fahrerlaubnis erwerben.

Soweit die Geltungsdauer einzelner Fahrerlaubnisse nach deutschem Recht beschränkt sind[27], gelten diese zeitlichen Beschränkungen auch für die ausländischen Fahrerlaubnisse[28].

15 Allerdings sind durch § 28 Abs. 4 FeV Einschränkungen gegeben. So wird diese unbeschränkte Übertragungsklausel eingeschränkt hinsichtlich möglicherweise erteilter »Lernführerscheine« oder sonstiger vorläufig ausgestellter Führerscheine[29]. Außerdem sind auch für diejenigen, die ihren ständigen Wohnsitz zum Zeitpunkt des Erwerbs des Führerscheins innerhalb Deutschlands hatten, und im Ausland die Fahrerlaubnis (evtl. mit anderem Mindestalter) erworben haben[30], keine Möglichkeiten zur Umgehung des deutschen Fahrerlaubnisrechts gegeben. Insbesondere wird denjenigen die Berechtigung abgesprochen, unter Verwendung einer ausländischen Fahrerlaubnis in Deutschland ein KFZ zu führen, denen im Inland die Fahrerlaubnis -und sei es auch nur vorläufig- entzogen worden ist[31]. Auch für diejenigen, denen eine Fahrerlaubnis nur wegen des vorangegangenen Verzichts[32] auf die Fahrerlaubnis nicht entzogen wurde, gilt diese Beschränkung. Wenn eine Fahrerlaubnis aufgrund einer rechtskräftigen gerichtlichen Entscheidung nicht erteilt werden darf[33], ist ebenso wie bei einer entsprechenden Beschränkung, die im Heimatstaat ausgesprochen wurde[34], die Benutzung

---

25 BGH 25.02.1970 - . 25.02.1970 – IV ZR 643/68, VersR 1970, 464; §§ 28 FeV, 4 Abs. 1 S. 3 IntKfzVO; OLG Nürnberg v. 24.01.2002 – 8 U 3262/01, SP 2002, 207; OLG Naumburg v. 05.02.2004 – U 158/03 zfs 2005, 22 für indische FE und Unkenntnis des deutschen Verkehrsrechts.
26 Riedmeyer »Entwicklungen beim Europäischen Fahrerlaubnisrecht« in zfs 2009, 422 ff. m. w. H.
27 Vgl. insoweit § 23 Abs. 1 FeV.
28 § 28 Abs. 3 FeV.
29 § 28 Abs. 4 Ziffer 1 FeV.
30 § 28 Abs. 4 Ziffer 1 FeV.
31 § 28 Abs. 4 Ziffer 3 FeV.
32 § 28 Abs. 4 Ziffer 3 letzte Alt.
33 § 28 Abs. 4 Ziffer 4 FeV.
34 § 28 Abs. 4 Ziffer 5 FeV.

dieser Fahrerlaubnis in Deutschland untersagt[35]. Konsequenz dieser Regelung ist, dass im EU-Ausland erworbene Führerscheine nicht anerkannt werden müssen, insbesondere dann nicht, wenn der im Ausland durch Tausch erworbene Führerschein zu einem Zeitpunkt erlangt wurde, als der deutsche Führerschein keine Gültigkeit mehr hatte[36]. Auch ein Führerschein, der zwar im Ausland erworben wurde, aber in dem dortigen Dokument die deutsche Anschrift des Führerscheininhabers eingetragen ist, muss nicht anerkannt werden[37]. Die Wohnsitzklausel ist zu beachten[38]. Allerdings muss für die Frage des Führerscheinverstoßes auch der Wohnsitzverstoß nachgewiesen werden[39].

Gem. § 30 FeV kann auch ein Angehöriger aus EU-Mitgliedsstaaten eine deutsche Fahrerlaubnis beantragen, wobei Beschränkungen und Auflagen, die im ausländischen Führerschein vermerkt waren, auch in die deutsche Fahrerlaubnis übernommen werden. Dabei sind die §§ 11 Abs. 9 (ärztliche Untersuchung), 12 Abs. 6 (Untersuchung des Sehvermögens) nicht anzuwenden, es sei denn, nach §§ 23 und 24 FeV ist eine entsprechende Untersuchung (für alle Führerscheinklassen der Gruppen C und D) erforderlich. Auch sind weder der Sehtest gem. § 12 Abs. 2 FeV noch die Befähigungsnachweise gem. § 15 FeV (theoretische und praktische Fahrprüfung) zu führen. Auch der Nachweis gem. § 19 FeV (Nachweis eines Erste-Hilfe-Lehrgangs) entfällt. 16

Soweit der ausländische Führerschein befristet war und zum Zeitpunkt des Ablaufs der Inhaber noch nicht zwei Jahre seinen ständigen Aufenthalt in Deutschland hat, kann er nach den erleichterten Vorschriften des § 30 Abs. 1 FeV eine deutsche Fahrerlaubnis beantragen. Ist dieser Zeitraum überschritten, sind sämtliche vorgeschriebenen Anforderungen (ausgenommen des Nachweises gem. § 30 Abs. 1 Ziffer 5) zu erfüllen und die entsprechenden Gesundheitstests und Prüfungen abzulegen.

2. Angehörige anderer Staaten

§ 4 Abs. 3 und 4 IntKfzVO regeln die Berechtigung ausländischer Fahrer zum Führen von Kfz im Inland. 17

Für die Angehörigen von Nicht-EU-Staaten gelten die Regeln des § 31 FeV in Verbindung mit der Anlage 11, in der für die verschiedenen Länder gesonderte Anforderungen vermerkt sind, ob und in wie weit eine Umschreibung möglich ist[40]. Grundsätzlich sind – wie auch für die Angehörigen der EU-Staaten – die Fahrprüfungen entbehrlich, wenn innerhalb einer Frist von drei Jahren ab Begründung des ständigen Aufenthaltes eine Umschreibung der Fahrerlaubnis beantragt wird. In diesen Fällen sind sowohl die

---

35 BVerwG v. 25.08.2011 – BVerwG 3 C 28/10 ADAJUR Dok-Nr. 96224.
36 OVG Lüneburg Beschl. v. 08.05.2009 – 12 ME 47/09, NZV 2009, 469.
37 BVerwG v. 26.05.2009 – BVerwG 3 B 29.09; Jurion.
38 EuGH v. 26.04.2012 – C-419/10, SVR 2012, 273f zur Anerkennung eines Führerscheins unter Einhaltung der Wohnsitzklausel und nach Ablauf der Sperrfrist.
39 OLG Hamm v. 10.09.2013 – 2 RVs 47/13, JurionRS 2013, 46837.
40 Für USA: Nissen »Anerkennung und Umschreibung von US-Führerscheinen in Deutschland« DAR 2008, 563 ff.

Sehprüfung, wie auch medizinische Untersuchungen, theoretische und praktische Fahrprüfung entbehrlich. Ausnahmen können sich aus Anlage 11 ergeben, auf die auch durch § 31 FeV hingewiesen wird. So müssen beispielsweise taiwanesische Staatsangehörige eine praktische Fahrprüfung ablegen[41], während in allen anderen dort aufgeführten Ländern eine gesonderte praktische Fahrprüfung nicht gefordert wird.

Erfolgt der Antrag allerdings erst nach Ablauf der Drei-Jahres-Frist, sind die normalen Anforderungen zu erfüllen und die entsprechenden Nachweise zu erbringen. Bei Ausstellung des Führerscheins ist die Grundlage (der ausländische Führerschein) abzugeben und dieser einzuziehen.

Dies gilt auch für einen ursprünglich türkischen Staatsangehörigen, der eingebürgert wurde, da die vorgelegte türkische Fahrerlaubnis in dem Prüfungsverfahren nicht der Intensität und Dauer des deutschen Prüfungsverfahrens vergleichbar ist. Daher ist die Türkei als Nicht-EU-Land auch nicht in den Ausnahmeregelungen der Anlage 11 des § 31 FEV aufgenommen.[42]

3. Ausländischer Führerschein nach Entzug des Inlandsführerscheins

18 Die EU-Führerscheinregelung hat in der Vergangenheit zu der verlockenden Möglichkeit geführt, kostengünstig vor allem in den Grenzgebieten im EU-Ausland eine Fahrerlaubnis zu erwerben, wenn die deutsche Fahrerlaubnis entzogen worden war. Bisher war grundsätzlich die ausländische Fahrerlaubnis auch im Inland anzuerkennen[43]. Dieser Regelung wird durch § 29 Abs. 4 Ziffer 4 und 4 FeV ein Riegel vorgeschoben, solange die Strafe im Inland noch nicht abgebüßt ist. Danach kann eine Umschreibung beantragt werden. Allerdings macht sich der Fahrer in diesem Fall nicht strafbar[44], darf die Fahrerlaubnis aber nicht verwenden[45]. In der Rechtsprechung war umstritten, ob diese Regelung der Umschreibung auch auf die während der Sperrfrist im Ausland erworbene Fahrerlaubnis anzuwenden ist[46]. Dabei ist zwischenzeitlich entschieden worden, dass nunmehr nur die ausländische Fahrerlaubnis umgeschrieben werden kann, die nach dem Ablauf der Sperrfrist (etc.) erworben wurde[47]. Allerdings kann ein »Füh-

---

41 Da Deutschland keine diplomatischen Beziehungen zu Taiwan unterhält.
42 VG Köln v. 20.12.2011, 11 K 4026/10, Jurion.
43 EuGH v. 29.04.2004 – C-476/01, NJW 2004, 1725; VG Chemnitz v. 17.07.2006 – 2 K 1380/05, DAR 2006, 637; VG Sigmaringen v. 27.06.2006 – 4 K 1058/05, DAR 2006, 640; vgl. auch Zwerger »Aktuelle Rechtsprechung des EuGH zur Anerkennung von Fahrerlaubnissen aus anderen EU-Staaten: Ausnahmen von der Anerkennungspflicht«, zfs 2008, 609 ff.; Buchard/Möller, »Europas Bemühungen bei der Bekämpfung des Führerscheintourismus«, SVR 2015, 1 ff.
44 OLG München 4 St RR 222/06 in zfs 2007, 170 unter Hinweis auf die Entscheidung des EuGH C 476–01 (vgl. oben).
45 Hamburgisches OVG v. 22.11.2006 – 3 Bs 257/06, zfs 2007, 174 ff.; Schleswig-Holsteinisches OVG v. 19.10.2006 – 4 MB 80/06, zfs 2007, 179.
46 OLG Stuttgart v. 19.11.2007 – 2 Ss 597/07 NJW 2008, 243 m. w. N. Verwendung wird als Verbotsirrtum gewertet.
47 EuGH v. 6.06.2008 – C 329 und C-343/06 NJW 2008, 2403 = zfs 2008, 473 ff.; Zwerger,

rerscheintourist« nur dann seine ausländische Fahrerlaubnis auch im Inland verwenden, wenn er zum Zeitpunkt des Erwerbs dieser Fahrerlaubnis seinen ständigen Aufenthaltsort in dem die Fahrerlaubnis ausstellenden Land hatte[48] und seine fehlende Fahreignung nicht mehr besteht[49]. Bei Verstoß gegen das Wohnsitzerfordernis[50] ist der so erlangte Führerschein nicht anzuerkennen[51].

Hat der Fahrer seine Fahrerlaubnis im Ausland erworben, ohne dass die Sperrfrist[52] abgelaufen war, wurde er aufgefordert, ein medizinisch-psychologisches Gutachten vorzulegen, aus dem sich die Eignung zum Führen von Kfz ergibt und war dieses negativ, kann das Recht zum Führen von Kfz im Inland mit einer ausländischen Fahrerlaubnis aberkannt werden[53]. Auch wenn eine ausländische (hier tschechische) Fahrerlaubnis, die nach Ablauf der Wiedererteilungssperre erworben wurde, vorgelegt werden kann, darf ein Fahrzeug im Inland nicht geführt werden, wenn der Inhaber die erforderliche Fahreignung nicht durch Vorlage eines MPU-Gutachtens nachweisen kann.[54] Hat der Fahrer gar die ausländische Fahrerlaubnis erlangt, indem er eine gefälschte Fahr-

---

»Europäischer Führerscheintourismus – Rechtsprechung des EuGH und nationale Grundlagen«, zfs 2015, 184 ff.; Buchardt/Möller, »Europas Bemühungen bei der Bekämpfung des Führerscheintourismus« SVR 2015, 1 ff.; Koehl, »Europäischer Führerscheintourismus – eine aktuelle Bestandsaufnahme«, NZV 2015, 8 ff.; Plate/Hillmann III »Schluss mit dem Führerscheintourismus – Ein Lösungsvorschlag«, DAR 2014, 7 ff. Dauer, »Wenig Bewegung in Sachen Führerscheintourismus«, NJW 2008, 2381; Schünemann, »Die deutsche Bekämpfung des Führerscheintourismus scheitert am europäischen Recht der gegenseitigen Anerkennung«, DAR 2007, 382f; Grabolle »Das Ende des Führerscheintourismus?« in zfs 2008, 663 ff.; sowie Morgenstern »Der Abgesang des Führerscheintourismus«, NZV 2008, 425 ff.
48 BVERWG vom 26.05.2009, BVERWG 3 B 29/09, Jurion; BVerwG v. 11.12.2008 – 3 C 38/07, zfs 2009, 233 ff.; vgl. auch BVerwG v. 11.12.2008 – 3 C 26/07; zum Scheinwohnsitz vgl. OVG Saarland v. 23.01.2009 – 1 B 438/08, zfs 2009, 236 f.
49 BVerwG v. 22.10.2014 – 3 B 21/14, wenn der Wohnsitz für mindestens 185 Kalendertage im Jahr besteht und der Betroffen dort wohnt; BVerwG v. 30.05.2013 – BVerwG 3 C 18.12, Jurion. BVerwG v. 11.12.2008 – 3 C 38/07 zfs 2009, 233 ff. vorliegend hatte der Kläger sich einer gutachterlichen Untersuchung entzogen und verweigert; OVG Nordrhein-Westfalen v. 09.12.2014 – 16 A 265/11, Jurion.
50 VG Münster, Beschl. v.09.12.2013 – 16 B 994/13, NZV 2014, 598 f.; Blum, »Europäisches Fahrerlaubnisrecht«, NZV 2014, 557,558 m. w. H. Koehl, »Neuere Rechtsprechung zum Verkehrsverwaltungsrecht«, zfs 2014, 4 ff. VG Münster, Beschl. v.09.12.2013 – 16 B 994/13, NZV 2014, 598 f.
51 Eine solche Fahrerlaubnis kann entzogen werden, BVerwG v. 23.05.2013 – 3 B 60/12; EuGH Urt. v. 01.03.2012 – Rs. C-467/10: ein unter Verstoß gegen das Wohnsitzerfordernis erworbener Führerschein muss nicht anerkannt werden.
52 EUGH v. 19.02.2009 – C-321/07 zfs 2009, 293 ff.; BVerwG v. 29.01.2009 – 3 C 31/07, zfs 2009, 298 f.
53 VG Augsburg v. 17.07.2007 – 3 K 06.1018, zfs 2008, 54 ff., m. ausf. Begründung, Berufung Bay VGH v. 28.01.2008 – 11 ZB 07.2239; rechtskräftig entschieden bei VG Saarland v. 09.10.2007 – 10 L 1115/07, zfs 2008, 58 ff.
54 BVerwG v. 13.02.2014 – 3 C 1/13, SVR 2015, 155 f.; KG v. 25.08.2014 – 121 Ss 71/14 (84/14), zfs 2015, 169 f.; OVG Nordrhein-Westfalen v. 22.02.2012 – 16 A 1529/09, Jurion;

D.1.1.4 AKB (behördlich nicht genehmigte Rennen)

erlaubnis eines anderen Staates vorgelegt hat, berechtigt diese nicht zum Führen von Kfz im Inland[55].

Der ausländische Führerschein berechtigt auch dann nicht zum Führen von Kfz in Deutschland, wenn der deutsche Führerschein danach entzogen wurde[56]. Allerdings kann aufgrund der unterschiedlichen OLG-Rechtsprechung ein Verbotsirrtum bei dem Führer des Kfz vorliegen, der ihn entschuldigt[57]. Hat der Versicherungsnehmer seinen deutschen Führerschein led.»umgetauscht«, muss der so erlangte ausländische Führerschein nicht anerkannt werden, wenn im Zeitpunkt des Umtauschs die deutsche Fahrerlaubnis nicht mehr bestand[58]. Auch bei Umtausch des Führerscheins auf diese Art muss das Wohnsitzerfordernis erfüllt sein[59]. Allerdings macht sich derjenige wegen Fahrens ohne Fahrerlaubnis strafbar, der nach Entzug seiner deutschen Fahrerlaubnis eine EU-Fahrerlaubnis erwirbt und von dieser Gebrauch macht, nachdem ihm diese durch eine deutsche Verwaltungsbehörde entzogen wurde[60]. Gibt der Betroffene in Deutschland seine Fahrerlaubnis zurück, kann eine EU-Fahrerlaubnis nicht anerkannt werden, wenn mit der Rückgabe ein Entzug verhindert wurde[61].

Nicht genehmigte Rennen

D.1.1.4 (behördlich nicht genehmigte Rennen[1])

Das Fahrzeug darf nicht zu Fahrtveranstaltungen verwendet werden, bei denen es auf Erzielung einer Höchstgeschwindigkeit ankommt (Rennen). Dies gilt auch für die dazugehörigen Übungsfahrten.

Hinweis: Behördlich genehmigte Rennen sind in der Kfz-Haftpflicht-, Kasko-, Autoschutzbrief Kfz-Unfall- und Fahrerschutzversicherung gemäß A.1.5.2, A.2.9.2, A.3.9.2, A.4.12.3, A.5.6.6 vom Versicherungsschutz ausgeschlossen.

A. Allgemeines

1 Die ursprüngliche Regelung des D.2.2 AKB 2008/2013 wurde zur Vereinfachung in die Obliegenheiten, die für alle Sparten gelten, aufgenommen und unter D.1.1.4

---

anderer Auffassung bei vergleichbarem Sachverhalt allerdings OVG Sachsen v. 14.03.2012 – 3 L 56/09, Jurion.
55 OLG MÜNCHEN vom 4.07.2012, 4 STRR 095/12, ADAJUR 2012/98427; ebenso OLG Stuttgart Beschl. v. 06.02.2012 – 6 Ss 605/11.
56 OLG Stuttgart v. 29.11.2006 – 2 Ss 520/06, DAR 2007, 100 ff.
57 OLG Stuttgart v. 9.11.2007 – 2 Ss 597/2007, DAR 2008, 158 f.
58 OLG Oldenburg v. 19.09.2011 1 Ss 116/11– umgeschriebene britische Fahrerlaubnis; Nds. OVG v. 08.05.2009 – 12 ME 47/09, zfs 2009, 414 f.
59 VGH Mannheim Beschl. v. 11.09.2014 – 10 S 817/14, NZV 2014, 596 f.
60 OLG Jena v. 03.04.2009 – 1 Ss 182/08, DAR 2009, 406 f.
61 OLG Hamburg Beschl. v. 29.09.2011 – 3-44/11 (Rev).
1 Überschrift des Verfassers!.

AKB in leicht veränderter Formulierung übernommen. Dabei wird im Hinweis ausdrücklich nochmal auf die entsprechenden Regelungen der jeweiligen Sparten hingewiesen, die den Ausschluss bezogen auf die behördlich genehmigten Rennen, der für die KH-Versicherung in A.5.1.2 aufgenommen ist, dort formulieren.

D.1.1.4 befasst sich mit den nicht genehmigten Rennen. Für die behördlich genehmigten Rennen ist ein Risikoausschluss aufgenommen, weil die Genehmigung nur bei Abschluss entsprechender Sonderversicherungen erteilt wird. Zur Abgrenzung zwischen Rennen im Sinne von D.1.1.4 zu dem Risikoausschluss Rennen nach A.1.5.2 wird auch darauf abzustellen sein, ob sich die Teilnehmer auf verbindliche Regeln zumindest konkludent verständigt haben[2].

Auch in der Fahrzeug- und der Fahrerschutzversicherung ist das Rennen als Obliegenheitsverletzung ausgestaltet, die eine Leistungsfreiheit nur noch nach entsprechender Abwägung vorsieht. Dies, obwohl in diesen beiden Sparten der Fahrer sich des Risikos bewusst ist, welches er bei einem Rennen eingeht und eine Schädigung mindestens billigend in Kauf nimmt.

B. Regelungsgehalt

Diese Regelung ist nur für die Kraftfahrzeug-Haftpflicht-Versicherung aufgenommen, da in den anderen Sparten für Schadenfälle bei einem behördlich nicht genehmigten Rennen der Versicherungsschutz ausgeschlossen ist. Es kommt dabei nicht darauf an, ob es sich um eine Vorsatztat handelt oder im eine grob fahrlässig begangene. Durch den Ausschluss dieses Risikos aus dem Vertrag hat der Versicherungsnehmer keinen Anspruch auf Leistung, wenn er sich bei der Teilnahme an einer Rennveranstaltung schädigt. Er kann sich dort nur den Versicherungsschutz sichern, soweit er nachweist, dass es sich nicht um ein Rennen handelte. Austragungsort solcher Rennen ist häufig der öffentliche Straßenverkehr, sei es in Form von verabredeten Rennen oder in Form von Sprints an der Ampel oder Jagden auf der Autobahn. Dann genügt auch ein Blickkontakt[3].

2

C. Überblick über die Rechtsprechung

In der Praxis bereiten aber gerade die behördlich nicht genehmigten Rennen Probleme, die sich auf der Autobahn aber auch auf Landstraßen[4] und im Stadtverkehr ereignen können. Rennen i. S. d. § 29 StVO sind alle die Fahrveranstaltungen sowie die dazugehörigen Übungsfahrten[5], bei denen es auf die Erzielung einer Höchstgeschwindigkeit[6] ankommt. Bei Gleichmäßigkeitsfahrten gehen die Meinungen in der Rechtsprechung auseinander. OLG Nürnberg verneint den Renncharakter einer Gleichmäßigkeitsfahrt,

3

---

2 OLG Karlsruhe v. 23.02.2012 – 9 U 97/11, NZV 2012, 4.
3 OLG HAMM v. 28.02.2011 –III-5 RBS 267/10, ADAJUR.
4 OLG Karlsruhe v. 23.02.2012, 9 U 97/11, DAR 2012, 519 ff.
5 Hentschel Straßenverkehrsrecht § 29 StVO Rn. 2.
6 OLG Köln v. 21.11.2006 – 9 U 76/06, NZV 2007, 75 f.

D.1.1.4 AKB (behördlich nicht genehmigte Rennen)

weil auch derjenige, der langsamer fährt, aber gleiche Rundenzeiten erreicht, gewinnen kann, ohne die Höchstgeschwindigkeit zu erzielen[7], während das LG Stuttgart mit der gleichen Begründung ein Rennen bejaht, weil bei Gleichstand gerade doch die höhere Rundengeschwindigkeit in die Wertung einfließt, es also doch (wenn auch erst in zweiter Linie) darauf ankommt[8]. Die möglichst hohe Geschwindigkeit muss das Haupt- und Endziel sein. Bloße Zuverlässigkeitsfahrten stellen keine Rennen dar[9]. Auch Touristenfahrten auf einer Rennstrecke verstoßen nicht gegen die Rennklausel[10], auch dann nicht, wenn es sich um einen Mietwagen handelt und in dem Mietvertrag ein Ausschluss von Rennveranstaltungen vereinbart wurde[11]. Eine Geschicklichkeitsfahrt fällt ebenfalls nicht unter die Rennklausel[12]. Die Teilnahme an Fahrsicherheitstrainings führt nicht zur Leistungsfreiheit wegen der Rennklausel[13].

Soweit es sich um Kombinationen zwischen Rennen und Zuverlässigkeitsfahrten handelt, soll nur der Teil, in dem es auf die Erzielung von Höchstgeschwindigkeiten ankommt, vom Versicherungsschutz ausgenommen sein. Auch Sprints an der Ampel können unter diese Obliegenheit fallen[14]. Es kommt nicht darauf an, wie viele Fahrzeuge teilnehmen und ob sich die Fahrer entsprechend verabredet haben. Ausreichend ist, dass ein Sieger aus der Fahrt hervorgehen soll.[15]

D. Schadenersatzansprüche

4 Die mögliche Schadenersatzpflicht beschränkt sich darüber hinaus auf Schäden aus grob regelwidrigem oder unsportlichem Verhalten[16]. Dabei ist nach Auffassung des

---

7 OLG Nürnberg v. 29.06.2007 – 8 U 158/07, zfs 2008, 31f = NZV 2008, 300f = SP 2008, 56 f.; OLG Frankfurt/M. v. 15.10.2014 – 7 U 202/13, Jurion.
8 LG Stuttgart v. 26.01.2005 – 18 O 536/04, SP 2005, 312.
9 Hentschel Straßenverkehrsrecht § 29 StVO Rn. 2.
10 OLG Karlsruhe v. 06.09.2007 – 12 U 107/07 in zfs 2007, 635f (Hockenheimring) = r+s 2007, 502f = SP 2008, 156 f.
11 LG Kaiserslautern v. 28.07.2009 – 2 O 234/08, Jurion.
12 OLG Saarbrücken v. 21.06.2006 – 5 U 51/06, zfs 2007, 645 f.
13 OLG Brandenburg v. 17.10.2013 – 12 U 55/13, SP 2014, 186 f.
14 Vgl. dazu auch OLG Koblenz v. 29.06.1992 – 12 U 561/91, VersR 1993, 1164, der Ausschluss von Schäden, die durch leicht fahrlässiges Verhalten anderer Teilnehmer verursacht werden, können ausgeschlossen werden, Rev. vom BGH nicht angenommen (VI ZR 182/92); LG Duisburg v. 22.10.2004 – 7 S 129/04, NZV 2005, 262 (insbesondere zu den Schadensersatzansprüchen des bei dem Rennen Verletzten), OLG Hamm v. 10.08.2007 – 20 U 218/06 zfs 2007, 692 ff. = r+s 2007, 453; OLG Hamm v. 28.02.2011 – III-5 RBS 267/10, BA 2011, 189.
15 OLG Hamm vom 05.03.2013 – 1 RDS 24/13, NZV 2013, 403.
16 Nochmals LG *Duisburg* v. 22.10.2004 – 7 S 129/04 NZV 2005, 262 f., vgl. insoweit auch BGH v. 29.01.2008 – VI ZR 98/07, R+S 2008, 256 f. = DAR 2008, 265 f. = VersR 2008, 540 = NZV 2008, 288 f. für den Umfang der Haftung bei kraftsportlichen Veranstaltungen (hier war Haftung für den Fall ausgeschlossen, dass eine KH-Versicherung nicht eintrittspflichtig sei).

VG auch ein Oldtimer-Rennen ein Rennen i. S. d. StVO[17]. Die Vereinbarung eines Haftungsausschlusses ist grundsätzlich auch für deliktische Schadenersatzansprüche zulässig[18] und sollte daher geprüft werden. Wurde ein Haftungsverzicht unterschrieben, verstößt die Geltendmachung von Schadenersatzansprüchen, wie bei allen Sportveranstaltungen, bei denen man ggf. auch selbst Schadenersatzansprüchen ausgesetzt sein kann, gegen Treu und Glauben[19].

Auch strafrechtlich kann ein solches Rennen Folgen haben, wenn der »nicht beteiligte« Beifahrer in einem der Kfz verletzt wird[20].

E. Die einzelnen Sparten

Zu beachten ist, dass in den Sparten Fahrzeug-, Schutzbrief-, Unfall- und Fahrerschutzversicherung der Versicherungsschutz vollständig entfallen kann. Aus diesem Grund sind nachfolgend spartenspezifische Entscheidungen, soweit vorhanden, aufgeführt. 5

I. Fahrzeugversicherung

Für die Fahrzeugversicherung war es ohne Belang, ob es sich um eine behördlich genehmigte Rennveranstaltung oder um ein nicht genehmigtes Rennen handelt. In beiden Fällen führte eine Teilnahme an einer Veranstaltung, bei der es auf die Erzielung einer Höchstgeschwindigkeit ankam, zur vollständigen Leistungsfreiheit des Versicherers. Die sog. Rennklausel ist auch für die Fahrzeugversicherung hinreichend transparent[21]. 6

II. Schutzbriefversicherung

Auch in der Schutzbriefversicherung galt die Teilnahme an Rennen (behördlich genehmigt und behördlich nicht genehmigt) zu den Ausschlüssen, es bestand vollständige Leistungsfreiheit. 7

III. Unfallversicherung

Auch hier gilt grds. vollständige Leistungsfreiheit, allerdings kann nach den Bedingungen u. U. auch ein Einschluss bis zu einer bestimmten Geschwindigkeit vorliegen[22]. 8

---

17 VG Anspach v. 07.12.2007 – AN 10 K 06.03 594, Jurion 3K164 695.
18 BGH v. 12.03.1985 – VI ZR 182/83, VersR 1985, 595.
19 So schon BGH v. 05.11.1974 – VI ZR 100/73, VersR 1975, 137 (Fußballspiel); OLG Celle v. 02.04.1980 – 3 U 186/79, VersR 1980, 874, wobei auch dort auf das Vorhandensein einer Haftpflichtversicherung abgestellt wurde.
20 OLG Celle v. 25.04.2012 – 31 Ss 7/12, NZV 2012, 345 ff.
21 OLG Karlsruhe v. 15.04.2014 – 12 U 149/13, Jurion.
22 OLG Düsseldorf v. 22.10.1996 – 4 U 144/95, VersR 1998, 224: Gehen VN und Versicherungsagent bei der Änderung eines Unfallversicherungsvertrags davon aus, dass damit die Teilnahme bei Moto-Cross-Rennen mit einer durch die Streckenführung auf 50 km/h begrenzten Durchschnittsgeschwindigkeit entsprechend dem Wunsch des VN vom Versicherungsschutz umfasst ist, so kann sich dieser auf die durch schlüssiges Verhalten des Agenten

IV. Fahrerschutzversicherung

9 Für die Fahrerschutzversicherung existieren noch keine Entscheidungen, es bestand nach diesseitiger Auffassung keine Notwendigkeit, die behördlich nicht genehmigten Rennen in die Obliegenheiten einzuordnen, da sich der Fahrer bei Teilnahme an einem Rennen bewusst einem erheblichen Risiko aussetzt und sich vorsätzlich selbst gefährdet.

F. Eigene Meinung

10 Wird allerdings der Schadenersatzanspruch zwischen zwei Teilnehmern einer kraftsportlichen Veranstaltung darauf gestützt, dass der »Verursacher« der Schäden Versicherungsschutz genießt, scheint dies mehr als fragwürdig[23]. Aufgrund der Regelung, dass der Kraftfahrzeug-Haftpflicht-Versicherer nur für den Schädiger einzutreten hat und ihn ggf. von Haftung freistellen soll, ist es nach diesseits vertretener Auffassung verfehlt, darauf abzustellen, ob der Schädiger durch eine Haftpflichtversicherung geschützt ist. Grundsätzlich muss zunächst die schädigende Handlung Gegenstand der Prüfung und der Bewertung, ob ein Schadenersatzanspruch nach § 823 BGB überhaupt geltend gemacht werden kann, sein. Erst wenn dies in der Beziehung Geschädigter – Schädiger geklärt wurde, kann ein Anspruch auf Haftungsfreistellung gegen den Versicherer gerichtet werden. Es kann aber nicht sein, dass zuerst die Frage geklärt wird, ob eine Versicherung eintrittspflichtig ist und dann der Anspruch bejaht oder verneint wird, je nach dem, wie das Ergebnis dieser Prüfung lautet. Es müsste gerade in den Fällen, in denen im Innenverhältnis die Leistungsfreiheit des Versicherers gegeben ist, die Prüfung erst recht zugunsten des Schädigers auch lauten: erst der Anspruch gegen den Schädiger[24] – erst wenn dieser dem Grunde nach besteht, ist die Haftpflichtversicherung eintrittspflichtig!

D.1.1.5 Fahrzeuge mit Wechselkennzeichen

Der Fahrer darf ein mit einem Wechselkennzeichen zugelassenes Fahrzeug auf öffentlichen Plätzen oder Wegen nur benutzen, wenn das Wechselkennzeichen vollständig angebracht ist. Außerdem dürfen Sie, der Halter oder der Eigentümer das Fahrzeug nur von einem Fahrer benutzen lassen, wenn das Wechselkennzeichen vollständig angebracht ist.

---

erteilte Auskunft verlassen mit der Folge, dass der Versicherungsvertrag mit entsprechendem Inhalt zustande kommt.
23 So OLG Karlsruhe v. 21.10.2008 – 10 U 36/08, SP 2009, 281f, dort war sogar ein Haftungsverzicht erklärt worden; BGH v. 29.01.2008 – VI ZR 98/07, r+s 2008, 256 f. = DAR 2008, 265 f. = VersR 2008, 540 = NZV 2008, 288 f., die diese Auffassung bestätigen, aber dann nicht von dem Vorliegen eines Rennens ausgehen, so dass Versicherungsschutz bestünde, ebenso nachfolgend OLG Karlsruhe v. 23.02.2012 – 9 U 97/11, NZV 2012, 4.
24 Vgl. hierzu auch Armbrüster »Auswirkungen von Versicherungsschutz auf die Haftung« in NJW 2009, 187, 189.

Übersicht

		Rdn.
A.	Objektive Kriterien	1
I.	Gebrauch des Kraftfahrzeugs	2
II.	Öffentliche Plätze und Wege	3
III.	Vollständiges Wechselkennzeichen	4
B.	Pflicht des Versicherungsnehmers, Halters, Eigentümers	5
C.	Subjektive Kriterien	6
D.	Exkulpationsmöglichkeit	7

A. Objektive Kriterien

Hierbei handelt es sich um eine neue Regelung, die § 5 Abs. 1 Nr. 6 KfzPflVV Rechnung trägt. Zunächst sind die objektiven Kriterien einzuhalten. Diese Klausel verpflichtet, das Fahrzeug im öffentlichen Verkehrsraum nur mit dem vollständigen Wechselkennzeichen[1] zu verwenden. Dazu gehören nicht nur Straßen, sondern auch sonstige Wege[2] und Plätze, die einer Vielzahl von Nutzern zugänglich sind. 1

I. Gebrauch des Kraftfahrzeugs

Entgegen der in § 5 Abs. 1 Nr. 6 KfzPflVV gewählten Formulierung »gebraucht« wird nun von »benutzen« gesprochen. Dieser Wechsel in der Formulierung ist wohl eher unabsichtlich erfolgt, besser wäre es gewesen, den schon seit Jahren verwendeten Begriff »gebrauchen« beizubehalten, um Missverständnissen vorzubeugen. 2

II. Öffentliche Plätze und Wege

Die Kennzeichenpflicht besteht nur für die Benutzung des KFZ auf öffentlichen Plätzen oder Wegen, §§ 2 Abs. 1 S. 1 StVG, 4 Abs. 1 S. 1 FeV. Diese Pflicht richtet sich im Wesentlichen an den Fahrer des versicherten Fahrzeuges, der aber nicht identisch sein muss mit dem Halter. Unstreitig sind die dem Straßenverkehr gewidmeten Straßen als öffentliche Straßen zu bezeichnen. Als öffentliche Plätze werden diejenigen Plätze bezeichnet, die einer unbestimmten Vielzahl von Personen zugänglich sind. Auch auf Privatplätzen, die einer unbestimmten Anzahl von Personen zugänglich sind, wie z. B. die Parkplätze von Einkaufsmärkten, Parkhäuser etc., ist die Fahrerlaubnis vorgeschrieben[3]. Gleiches gilt auch auf den Parkflächen, die mit dem Zusatz gekennzeichnet sind »es gilt die StVO«! Dies bedeutet, dass immer nur eines der Fahrzeuge der »Wechselkennzeichenflotte« im öffentlichen Verkehrsraum bewegt oder geparkt werden kann. 3

III. Vollständiges Wechselkennzeichen

Das Wechselkennzeichen besteht gem. § 8 Abs 1a S. 3 FZV aus zwei Komponenten und wird nur für gleiche Fahrzeuge erteilt[4], d. h. eine Erteilung für ein Motorrad 4

---

1 Liebermann, Wechselkennzeichen können ab 01.07.2012 zugeteilt werden, DAR 2012, 425 f.
2 BGH v. 23.05.1950 – II ZR 132/58, NJW 1960, 1572 zu Waldwegen.
3 Jacobsen in Feyock/Jacobsen/Lemor § 2 AKB 2007 Rn. 32.
4 Rebler, »Die Kennzeichen nach der Fahrzeugzulassungsverordnung«, SVR 2014, 216, 218.

D.1.1.5 AKB Fahrzeuge mit Wechselkennzeichen

und ein Kfz kommt nicht in Betracht. Auch ist diese Regelung nach dem Willen des Gesetzgebers nur für private Fahrzeuge möglich. Da nur ein Teil des Kennzeichens fest am KFZ verbleibt und der andere im Wechsel verwendet wird, ist das Fahrzeug, welches nur über einen Teil des Kennzeichens verfügt, als »Passivfahrzeug« bezeichnet und darf bei gleichzeitiger anderweiter Verwendung des vollständigen Wechselkennzeichens im öffentlichen Verkehrsraum nur mit einem Kurzzeitkenneichen verwendet werden. In aller Regel wird dieses Kennzeichen bei Oldtimer-Fahrzeugen verwendet[5].

B. Pflicht des Versicherungsnehmers, Halters, Eigentümers

5 Der Halter, Eigentümer oder Versicherungsnehmer muss vor Übergabe seines KFZ an einen anderen prüfen, ob das Fahrzeug mit dem vollständigen Kennzeichen versehen ist.

C. Subjektive Kriterien

6 Der Versicherungsnehmer kann sich entlasten, wenn das Fahrzeug unberechtigt von einem Dritten in Gebrauch genommen wurde und er dies nicht zu vertreten hatte.

D. Exkulpationsmöglichkeit

7 Eine Entlastung des Fahrers eines »Passivfahrzeuges« ist kaum denkbar, da er sich vor Fahrtantritt vom ordnungsgemäßen Zustand des Kfz (d. h. auch der ordnungsgemäßen Kennzeichnung) vergewissern muss. Der Versicherungsnehmer, Eigentümer oder Halter hingegen kann sich dann entlasten, wenn der Fahrer ohne oder gegen den Willen des Versicherungsnehmer, Halters oder Eigentümers das Passivfahrzeug nutzt und ein Ermöglichenstatbestand nicht vorliegt.

Zusätzlich in der Kfz-Haftpflichtversicherung

1 *Neben den unter D.1 aufgeführten Obliegenheiten, die in allen Sparten gelten, ist zusätzlich und ausschließlich in der Kraftfahrzeug-Haftpflicht-Versicherung die nachfolgende weitere Obliegenheit zu beachten. In der Kraftfahrzeugfahrzeugversicherung fallen die Alkoholunfälle unter den Ausschluss der grob fahrlässigen Herbeiführung des Versicherungsfalles. In den anderen Sparten ist die alkoholbedingte Schadenherbeiführung tw. mit der vollständigen Leistungsfreiheit belegt, auch der Hinweis unter D.1.2. belegt.*

---

5 Remsperger, »Die Oldtimerzulassung unter Berücksichtigung des neuen Anforderungskatalogs für die Begutachtung eines Fahrzeuges zur Einstufung als Oldtimer gemäß § 23 StVZO«, DAR 2012, 72 f.

Alkohol und andere berauschende Mittel

D.1.2 (Fahruntüchtigkeit wg. Alkohol oder sonstiger berauschender Mittel)[1]

Das Fahrzeug darf nicht gefahren werden, wenn der Fahrer durch alkoholische Getränke oder andere berauschende Mittel nicht in der Lage ist, das Fahrzeug sicher zu führen.

Außerdem dürfen Sie, der Halter oder der Eigentümer des Fahrzeugs dieses nicht von einem Fahrer fahren lassen, der durch alkoholische Getränke oder andere berauschende Mittel nicht in der Lage ist, das Fahrzeug sicher zu führen.

Hinweis: Auch in der Kasko-, Autoschutzbrief-, Kfz-Unfall-und der Fahrerschutz-Versicherung besteht für solche Fahrten nach A.2.9.1, A.3.9.1, A.4.12.2; D.1.3.1 kein oder eingeschränkter Versicherungsschutz.

Übersicht

	Rdn.
A. Allgemeines	1
B. Fahruntüchtigkeit	2
I. Alkoholgenuss	3
II. Alkoholbedingter Fahrfehler	5
III. Andere berauschende Mittel	6

A. Allgemeines

Entgegen der Regelung der sonstigen Obliegenheiten führt jedwedes Fahren eines Kraftfahrzeuges unter Alkohol- oder Drogeneinfluss – unabhängig davon, ob sich die Fahrt im öffentlichen Verkehrsraum oder im außeröffentlichen Verkehrsraum ereignete, zur Tatbestandsverwirklichung. Grundsätzlich kommt es für die Verwirklichung des Tatbestandes nach der Formulierung nicht darauf an, ob sich aus diesem Fehlverhalten ein Schadenfall ergibt oder nicht. Allerdings wird man in der Kraftfahrzeug-Haftpflicht-Versicherung ohne Schadenfall kaum Kenntnis von einer Alkoholfahrt erlangen. Die (abgesehen vom Führerscheinentzug und dem Strafverfahren) schadenersatzrechtlich folgenlos gebliebene Trunkenheitsfahrt hat versicherungsrechtlich keine Folgen (weil der Versicherer davon keine Kenntnis erhält). 1

Dabei muss der Fahrer vor Antritt der Fahrt seine Fahrtüchtigkeit prüfen[2] und bei dem geringsten Zweifel von der Fahrt Abstand nehmen[3].

Üblicherweise erhält der Versicherer von der Alkoholisierung seines Versicherungsnehmer Kenntnis durch die Ermittlungsakte, hat aber der Versicherungsnehmer schon vorher, bei Abgabe der Schadenanzeige, mitgeteilt, dass er unter Alkoholeinfluss gefahren ist, kann der Versicherer nicht einfach abwarten, sondern muss aktiv sich um die ge-

---

[1] Überschrift des Verfassers!.
[2] BGH DAR 1952, 43; OLG Hamm v. 03.08.2009 – 3Ss 352/74, NJW 1974, 2058 u. v. m.
[3] Bay ObLG v. 16.02.1984 – RReg 1 St 327/83, VRS 66, 280.

D.1.2 AKB (Fahruntüchtigkeit wg. Alkohol oder sonstiger berauschender Mittel)

nauen Werte der BAK bemühen[4]. Als Führen eines Kfz wird dabei jede Handlung bezeichnet, die für den Verkehrsvorgang von entscheidender Bedeutung ist[5]. Diese Regelung gilt grundsätzlich auch für Elektro- und Hybridfahrzeuge, ob sie auch auf E-Bikes anzuwenden ist, ist noch ungeklärt[6].

B. Fahruntüchtigkeit

2   Der Fahrer ist aufgrund von Alkoholgenuss oder dem Genuss sonstiger berauschender Mittel nicht in der Lage, das Fahrzeug sicher zu führen. Die Definition im Versicherungsrecht entspricht insoweit der des Strafrechtes, da ohne die Einleitung eines Strafverfahrens der Versicherer keine Möglichkeit hat, die alkoholbedingte oder durch sonstige berauschende Mittel hervorgerufene Fahruntüchtigkeit festzustellen. Für die Frage der Leistungsfreiheit in der Kraftfahrzeug-Haftpflicht-Versicherung kommt es erst in zweiter Linie auf die Regelungen des Ordnungswidrigkeitenrechts an. So führt der Verstoß des Fahranfängers gegen das gewollte Alkoholverbot zwar i. d. R. zur Verwirklichung eines OWI-Tatbestandes[7], aber im Schadenfall ist gleichwohl auch der Einfluss des Alkoholkonsums auf den Schadenfall zu prüfen.

Auch eine im Rahmen der medizinischen Behandlung vorgenommene BAK-Bestimmung, die in das Ermittlungsverfahren Eingang findet, darf verwendet werden, es kann aber zugunsten des Betroffenen von Messungenauigkeiten ausgegangen werden[8].

I. Alkoholgenuss

3   Nach ständiger Rechtsprechung ist die absolute (alkoholbedingte) Fahruntüchtigkeit immer gegeben, wenn bei dem Fahrer eine BAK von über 1,1 ‰ ermittelt wurde[9], wobei es ausreicht, wenn diese Grenze nach der Anflutungsphase erreicht wurde[10]. Allerdings sind die strafrechtlichen Rückrechnungsregeln im Zivilrecht nur eingeschränkt anwendbar[11]. Dann spricht schon der Anscheinsbeweis dafür, dass der Unfall auf der Alkoholbeeinflussung beruht[12].

---

4   LG Köln v. 07.10.2004 – 24 O 503/03, r+s 2005, 98 f.
5   Zur erforderlichen Fahrerlaubnis vgl. Auch Kirchner in Ferner/Bachmeier/Müller § 4 FEV Rn. 22 m. w. H. Blum, »Führen eines (Kraft-)Fahrzeugs«, SVR 2015, 130 m. w. H. zur Rechtsprechung.
6   OLG Hamm v. 28.02.2013 – 4 RBs 47/13, Jurion = DAR 2013, 712 = NJW 2013, 10 = STRR 2014, 116 = VRR 2014, 78–79.
7   Vgl. auch Bode »Absolutes Alkoholverbot für Fahranfänger und Fahranfängerinnen?« in zfs 2007, 488 ff.; Ternig »0,0 ‰ BAK-Grenze für Fahranfänger und Grenzwerte bei § 24a StVG in NZV 2008, 271 ff. und Janker »Das neue Alkoholverbot für Fahranfänger und Fahranfängerinnen« in DAR 2007, 497 ff.
8   OLG Naumburg v. 30.01.2014 – 1 U 81/13, NZV 2014, 576 f.
9   BGH v. 28.06.1990 – 4 StR 297/90, VersR 1990, 1177 = NJW 1990, 2393.
10 BGH v. 15.11.1973 – III ZR 113/71, NJW 1974, 276; Hentschel Straßenverkehrsrecht § 316 StGB, Rn. 12 Rechtsprechungsüberblick zur absoluten Fahruntüchtigkeit.
11 AG Zossen v. 08.02.2008 – 4 C 242/07, zfs 2008, 511 ff. m. w. H.
12 OLG Düsseldorf v. 28.11.2006 – I-4 U 193/05, SP 2007, 402; v. 31.03.2008 – I-4 U 140/07.

Die sog. relative Fahruntüchtigkeit beginnt bei 0,5 ‰[13], wobei aber der Wert von 1,1 4
‰ zu keinem Zeitpunkt überschritten werden darf[14]. Dort ist die BAK nur eines von
mehreren Indizien, die zur Ermittlung der Fahruntüchtigkeit herangezogen werden[15].
Der Fahrer muss durch den Alkoholgenuss so in seiner Fahrtüchtigkeit beeinträchtigt
sein, dass er über längere Strecken schwierige Verkehrslagen nicht mehr meistern
kann[16].

In dem Bereich der relativen Fahruntüchtigkeit muss für die Tatbestandsverwirklichung nach ständiger Rechtsprechung ein alkoholtypischer Fahrfehler vorliegen[17], wird die BAK-Grenze von 1,1 ‰ überschritten, wird die Kausalität des Alkoholgenusses für den Schadenfall vermutet[18]. Je niedriger dabei die BAK ist, umso mehr Indizien müssen hinzutreten, um die alkoholbedingte Fahruntüchtigkeit festzustellen[19]. Je höher die BAK ist, umso weniger zusätzliche Indizien sind erforderlich. Die Grenze von 0,3 ‰ ist gewählt, da schon dort die ersten Wirkungen des Alkohols (Enthemmung, Beeinträchtigung des räumlichen Sehvermögens und längere Reaktionszeiten) auftreten[20].

Besondere Aufmerksamkeit wird von Fahrern von Gefahrguttransportern erwartet, diese sind verpflichtet, von der Fahrt Abstand zu nehmen, wenn sie Alkohol genossen haben und die BAK mehr als 0,49 ‰ beträgt und dürfen während der Fahrt keine alkoholischen Getränke zu sich nehmen[21]. Ein Verstoß führt jedoch nicht zusätzlich zu einer Gefahrerhöhung im Sinne des § 23 ff. VVG.

II. Alkoholbedingter Fahrfehler

Ein alkoholbedingter Fahrfehler ist dann gegeben, wenn sich der Alkoholgenuss aufgrund der Gesamtumstände des Schadenfalls ausgewirkt hat. Nach der Auffassung 5
des BGH äußert sich dieser in sorgloser, offenbar leichtsinniger Fahrweise[22]. Dies
kann in der Überschätzung der gefahrenen Geschwindigkeiten[23], des eigenen Fahrvermögens, ungewöhnlichen Fahrfehlern[24] oder leichtsinnigem Überholen liegen. Auch

---

13 OLG Köln v. 06.05.2003 – 9 U 160/02, r+s 2003, 315.
14 BGH v. 08.10.1959 – VII ZR 87/58, BGHZ 31, 44; BGH v. 22.04.1982 – 4 StR 43/82, NJW 1982, 2612; OLG Düsseldorf v. 28.11.2006 – I-4 U 193/05, SP 2007, 402.
15 OLG Köln v. 09.01.2001 – Ss 477/00, VRS 100, 123.
16 Hentschel Straßenverkehrsrecht, § 316 Rn. 15 m. w. H.
17 BGH v. 08.10.1959 – VII ZR 87/58, BGHZ 31, 44; LG Frankfurt v. 20.11.2002 – 2/1 S 168/02, r+s 2003, 143.
18 BGH v. 22.04.1982 – 4 StR 43/82, NJW 1982, 2612.
19 Bayerisches Oberstes Landesgericht RReg. v. 07.03.1988 – 2 St. 435/87, NZV 1988, 110.
20 BGH DAR 1976, 89.
21 § 28 Ziff. 13 GGVSEB.
22 BGH v. 19.05.1967 – 4 StR 36/67, VRS 33, 119; BGH 4 StR 43/82 BGHSt 31, 42 = NJW 1982, 2612.
23 OLG Hamm v. 29.05.1985 – 20 U 390/84, VersR 1987, 89.
24 AG Düren v. 12.04.2006 – 47 C 390/05, SP 2007, 222.

D.1.2 AKB (Fahruntüchtigkeit wg. Alkohol oder sonstiger berauschender Mittel)

Übermüdung in Verbindung mit Alkoholgenuss[25], Abkommen von der Fahrbahn[26], Geradeausfahrt in einer Kurve, Vorfahrtsverletzungen[27] und Abbiegen trotz Gegenverkehrs können für alkoholbedingte Fahruntüchtigkeit sprechen. Je niedriger die festgestellte BAK ist, umso höher sind die Anforderungen an den Fahrfehler, um hier eine alkoholbedingte Fahruntüchtigkeit festzustellen[28]. Auch wenn inzwischen die Promille-Grenze im Ordnungswidrigkeitenrecht auf 0,5 ‰ abgesenkt wurde, ist für eine alkoholbedingte Fahruntüchtigkeit auch bei einer BAK von 0,65 ‰ das Hinzutreten eines Fahrfehlers erforderlich[29].

Soweit die Grenze der absoluten Fahruntüchtigkeit erreicht wurde, kommt es auf einen alkoholbedingten Fahrfehler nicht mehr an[30]. Allerdings ist nach der jüngsten Entscheidung des BGH gleichwohl eine Abwägung erforderlich[31].

III. Andere berauschende Mittel

6   Neben dem Genuss von Alkohol können auch andere Mittel die Reaktionsfähigkeit und Motorik so reduzieren, dass die Fahrfähigkeit beeinträchtigt ist. So wirken sich auch Medikamente[32], die Alkohol enthalten oder rauschartige Nebenwirkungen[33] haben, auf die Fahrfähigkeit aus und können diese erheblich beeinträchtigen[34]. Auf die Nebenwirkungen von Narkosen und Betäubungen bei ambulanten ärztlichen und zahnärztlichen Behandlungen wird der Patient im Aufklärungsgespräch vom Narkosearzt bzw. dem behandelnden Arzt hingewiesen[35]. Dort wird auch darauf hingewiesen, wie lange ein Fahrzeug wegen der Nachwirkungen der Medikamente nicht geführt werden darf. Daneben gibt es aber eine Vielzahl von Medikamenten, die die Wahrnehmungsfähigkeit und Reaktionsfähigkeit erheblich herabsetzen können. Warnhinweise auf den Bei-

---

25 OLG Hamm VRS 30, 119.
26 OLG Hamm v. 29.01.2003 – 20 U 179/02 r+s 2003, 188; OLG Saarbrücken v. 28.01.2009 – 5 U 698/05, NJW-RR 2009, 685; OLG München v. 27.06.2008 – 10 U 5654/07 in BeckRS 2008 15 417.
27 OLG Köln v. 23.01.1992 – 5 U 83/91, r+s 1992, 114 bei 0,8 ‰.
28 Bayerisches Oberstes Landesgericht v. 07.03.1988 – RReg. 2 St. 435/87, NZV 1988, 110.
29 OLG Schleswig vom 17.01.2014 – 1 Ss 152/13 = Jurion, danach ist ein alkoholbedingter Unfall nicht gegeben, wenn sowohl den Polizisten an der Unfallstelle wie auch dem Blut abnehmenden Mediziner der Angeklagte nicht merklich alkoholisiert erschien.
30 LG Coburg v. 25.04.2008 – 23 O 146/07 vom, der Kläger behauptete Ortsunkenntnis als Ursache.
31 BGH v. 11.01.2012 – IV ZR 251/10 (2,10 ‰).
32 Vgl. auch Crumm, der Begriff der »anderen berauschenden Mittel« im Verkehrsstrafrecht, SVR 2014, 376 f; Crumm »Drogenbedingte Fahruntüchtigkeit -10 Fragen und 10 Antworten« in NZV 2009, 215 f.
33 Hentschel Straßenverkehrsrecht, § 316 Rn. 3 m. w. N.; LG Freiburg v. 02.08.2006 – 7 Ns 550 Js 179/05 – AK 38/06, NZV 2007, 378 f. für Appetitzügler.
34 OLG Düsseldorf v. 19.09.2000 – 4 U 156/99, r+s 2001, 54; Krumm, »Die zur Fahruntüchtigkeit führenden »anderen« Rauschmittel«, NZV 2014, 441 ff, mit einer Aufstellung über die Wirkungen der einzelnen Mittel.
35 LG Konstanz v. 14.04.1972 – 5 O 74/72 NJW 1972, 2223.

packzetteln sind ernst zu nehmen. Soweit sich ein Unfall infolge einer medikamentenbedingten Fahruntüchtigkeit ereignet, ist die Frage des Verschuldens genau zu prüfen[36]. Zu diesen Mitteln gehören u. a. Mandrax, Dolviran, Hustenmittel mit Alkohol, Valium, Phanodorm, Captagon, promazepamhaltige Mittel, aber auch sog. »Hausmittel« wie Melissengeist[37] u. ä., die sich im Wesentlichen durch einen hohen Alkoholanteil auszeichnen. Aber auch sonstige Medikamente können die Fahrfähigkeit einschränken, wenn zum Beispiel eine Überdosis Diazepam-Tabletten ggf. für den Unfall mitursächlich sein können, so kann dies zumindest in der Kraftfahrzeug-Haftpflicht-Versicherung zu einer Obliegenheitsverletzung im Sinne von D.1.2 AKB führen. Eine subjektive grobe Fahrlässigkeit mit der Folge der Leistungsfreiheit in der Fahrzeugversicherung lässt sich daraus aber nicht schließen[38]. Auch die Frage der Geeignetheit zum Führen von Kfz ist zu prüfen, wobei übermäßiger Gebrauch festgestellt werden muss[39]. Für den Gebrauch von Amphetaminen gibt es keine gesicherten medizinisch-wissenschaftlichen Erkenntnisse hinsichtlich möglicher Grenzen der absoluten Fahruntüchtigkeit[40].

Die klassischen Rauschmittel, die Drogen im Sinne des § 1 BtMG, führen ebenfalls zu Einschränkungen in der Wahrnehmungsfähigkeit und des Reaktionsvermögens[41]. Dabei sind zum jetzigen Zeitpunkt Grenzwerte, die eine sichere Einstufung ermöglichen, nicht festgelegt[42]. Die Anlage zu § 24a Abs. II StVG beinhaltet lediglich die Feststellung, dass diese Stoffe im Blut gefunden werden. Damit ist bei Vorfinden einer der in der Anlage zu § 24a StVG aufgeführten Substanzen das Vorliegen des Tatbestandes einer Ordnungswidrigkeit gegeben[43]. Nicht geklärt ist dadurch, mit welchem Wert die Fahruntüchtigkeit ganz oder teilweise gegeben ist. Hierfür müssen noch weitere aus-

7

---

36 Vgl. dazu unten D.2.1 AKB.
37 OLG Hamm v. 11.05.1979 – 1 Ss OWI 1089/79, BA 1979, 501.
38 OLG Düsseldorf v. 06.07.2004 – I-4 U 222/03, NJW-RR 2004, 1552 = VersR 2005, 348 = OLG Report Düsseldorf 2005, 35.
39 Sächsisches OVG v. 06.05.2009 – 3 B 1/09, SVR 2009, 352.
40 AG Hermeskeil v. 13.12.2007 – 8002 Js 22 713/07 CS, DAR 2008, 222 f.
41 OLG Düsseldorf v. 04.03.1993 – 5 Ss 18/93, NZV 1993, 276.
42 Schon Stamm »Die neue Trunkenheitsklausel in der Kfz-Haftpflichtversicherung – Rechtsgrundlagen und Auswirkungen auf die Praxis« VersR 1995, 261, 266, vgl. aber Gehrmann »Grenzwerte für Drogeninhaltsstoffe im Blut und die Beurteilung der Eignung im Fahrerlaubnisrecht« NZV 2008, 377 ff. zu den Grenzwerten für Drogeninhaltsstoffe; Wehner »Die quantifizierende Feststellung der Überschreitung des im Rahmen des § 24a II StVG eingeführten Ahndungsgrenzwertes für THC« NZV 2007, 498 ff.; Jung »Drogengrenzwerte für absolute Fahruntüchtigkeit – eine Utopie?« DAR 2008, 608 ff.
43 Wehner »Die quantifizierende Feststellung der Überschreitung des im Rahmen des § 24a II StVG eingeführten Ahndungsgrenzwertes für THC« NZV 2007, 498 ff.; Haase/Sachs »Drogenfahrt mit Blutspiegeln unterhalb der Grenzwerte der Grenzwertkommission – Straftat (§ 316 StGB), Ordnungswidrigkeit (§ 24a StVG) oder Einstellung (§ 47 OwiG)?« NZV 2008, 221 ff.; Gehrmann »Grenzwerte für Drogeninhaltsstoffe im Blut und die Beurteilung der Eignung im Fahrerlaubnisrecht« NZV 2008, 265 ff.; Mußhoff/Madea »Chemisch-toxikologische Analysen auf berauschende Mittel im Rahmen der Fahreignungsdiagnostik« NZV 2008, 485 ff.

D.1.2 AKB (Fahruntüchtigkeit wg. Alkohol oder sonstiger berauschender Mittel)

sagekräftiger Beweisanzeichen[44] hinzutreten. Allerdings berechtigt eine Blutkonzentration von 1 ng/ml THC zum Entzug der Fahrerlaubnis wegen drogenbedingter Ungeeignetheit zum Führen eines Kfz[45].

8 Bei Drogen und berauschenden Mitteln muss die Wirkweise ähnlich wie Alkohol die intellektuellen und motorischen Fähigkeiten beeinflussen und das Hemmungsvermögen beeinträchtigen[46]. Haschisch[47], EXTACY[48] und Opiate führen zu einer Beeinträchtigung von Urteils- und Kritikvermögen.

Hilfreich sind zur Bewertung die Entscheidungen über die Entziehung der Fahrerlaubnis wegen Drogenkonsums, die in jedem Fall die Fahruntüchtigkeit infolge Drogengenusses feststellen[49]. Dabei ist darauf zu achten, dass die Verwaltungsbehörde auch die Möglichkeit hat, die Fahrerlaubnis zu entziehen, ohne dass ein Bezug zum Straßenverkehr besteht[50]. Solche Entscheidungen können nicht Grundlage für eine Versicherungsschutzversagung wegen Fahrens unter Drogeneinfluss sein. Vielmehr muss konkret im Schadenereignis der Drogeneinfluss gegeben sein. Eine einmalige THC-Konzentration von unter 1 ng/ml reicht allein nicht aus, um die drogenbedingte Ungeeignetheit zum Führen von Kfz zu bejahen, es sei weder mit einer Gefährdung des Straßenverkehrs zu rechnen, noch davon auszugehen, dass der Drogenkonsum nicht zwischen Konsum und Kfz-Fahrt trennen könne[51]. Ausreichend ist eine THC-Konzentration von 2,4 ng/ml[52]; auch eine Konzentration von 1–2 ng/ml ist bei täglicher Einnahme von Cannaboiden ausreichend, um die Fahrfähigkeit infrage zu stellen[53].

---

44 BGH v. 03.11.1998 – 4 StR 395/98 NJW 1999, 226 ff.; OLG Frankfurt v. 22.10.2001 – 3 Ss 287/01 NStZ-RR 2002, 17 f.; BGH v. 25.05.2000 – 4 StR 171/00 NStZ-RR 173 f.; vgl. auch König »Zur fahrlässigen Drogenfahrt nach »länger« zurückliegendem Drogenkonsum« NStZ 2009, 425 ff.
45 OVG Münster v. 23.07.2014 – 16 B 823/14; OVG Nordrhein-Westfalen v. 23.07.2014 – 16 B 823/14; OVG Berlin-Brandenburg v. 16.09.2009 – 1 S 17/09, BA 2009, 356; BVerwG v. 26.02.2009 – 3 C 1.08, zfs 2009, 354 ff.
46 Bay. ObLG v. 24.04.1990 – RReg 1 St 371/89, NZV 1990, 317.
47 BGH v. 25.05.2000 – 4 StR 171/00, NZV 2000, 419; v. 30.09.1976 – 4 STR 198/76, DAR 1977, 155; BayObLG v. 14.04.1994 – 1 St RR 49/94, NZV 1994, 285; v. 15.11.1996 – 1 ST RR 147/96, DAR 1997, 76; Hentschel Straßenverkehrsrecht § 316 StGB Rn. 4.
48 Harbort NZV 1998, 14.
49 Eine ausführliche Übersicht bietet Haase »Verfassungskonforme Anwendung der Fahrerlaubnisverordnung im Falle von Konsum oder Besitz von Cannabis mit oder ohne Bezug zum Straßenverkehr«, zfs 2007, 3 ff. m. w. H. zur Rechtsprechung; vgl. auch KG v. 14.10.2014 – 3 WS B 375/14 – 162 SS93/14 zu den Abbauzeiten.
50 So u. a. Bay. VGH v. 27.03.2006 – 11 CS. 05.1559; einen Überblick bietet Köhler-Rott »OLG-Rechtsprechung zur Drogenproblematik im Verwaltungsrecht« in DAR 2007, 682 ff. m. w. H.
51 Bay. VGH v. 25.01.2006 – 11 CS. 05.1711, BA 2006, 417 ff.
52 OLG Bamberg v. 04.05.2006 – 1 U 234/05, zfs 2007, 37, wobei die dort zentrale Verjährungsvorschrift des § 3 Nr. 11 PflVG a. F. seit der VVG-Reform keine Bedeutung mehr hat; vgl. Schirmer »Neues VVG und Kraftfahrzeughaftpflicht – und Kaskoversicherung – Teil II« in DAR 2008, 319 ff.; AG Wesel v. 08.01.2008 – 30 C 158/06, SP 2008, 377.
53 VGH Baden-Württemberg v. 13.12.2007 – 10 S 1272/07, zfs 2008, 172 ff.

D.1.3 zusätzlich in der Fahrerschutzversicherung

Die Fahrerschutzversicherung wurde in die AKB 2015 neu aufgenommen. Einige Versicherer bieten dieses Produkt schon seit Jahren an, dort wird die Alkoholklausel als Risiko-Ausschlussklausel verwendet mit der Folge der vollständigen Leistungsfreiheit. Obwohl in der Fahrzeugversicherung und in der Kfz-Unfallversicherung die Regelung als Risikoausschluss beibehalten wird, wird hier – ohne logische Begründung wegen der Vermeidung von sachlichen Härten – eine Anknüpfung an die Obliegenheitsregelung in der KH-Versicherung vorgenommen. 1

Offenbar möchte man bei dieser Art der Ausgestaltung den Klagen der häufig schwerst verletzten Fahrer, die sowohl wegen Verstoß gegen die Alkoholklausel wie auch u. U. gegen die Gurtanlegepflicht keine Leistungen aus dieser Versicherung erhalten würden, entgehen. Im Rahmen einer Klage würde eine Prüfung erfolgen, ob es sich richtigerweise um einen Ausschluss eines Risikos handelt, oder ob lediglich besondere Verhaltensweisen von der versicherten Person erwartet werden. Sicher würden diese Regelungen als verhüllte Obliegenheiten[1] im Sinne des Verbraucherschutzes gewertet werden und ohnehin die Leistungsverweigerung im Lichte des § 28 VVG zu sehen sein.

Schade nur, dass die Gelegenheit verpasst wurde, beispielsweise auch die über die Regelung der Groben Fahrlässigkeit auch in der Fahrzeugversicherung anerkannte »Alkohol-Klausel« in die Obliegenheiten nach D.1.1 mit aufzunehmen. Auch im Rahmen der Groben Fahrlässigkeit ist auf die Frage des Verschuldens Bezug zu nehmen, so dass eine Einordnung auch der Alkoholklausel unter D.1 AKB für alle Beteiligten für Klarheit gesorgt hätte.

Zu beachten ist, dass noch zusätzliche Pflichten des Versicherungsnehmers in A.5 aufgenommen sein können, es sind die jew. AKB zu prüfen.

Alkohol und andere berauschende Mittel

D.1.3.1 (Alkohol und andere berauschende Mittel)

Das Fahrzeug darf nicht gefahren werden, wenn der Fahrer durch alkoholische Getränke oder andere berauschende Mittel nicht in der Lage ist, das Fahrzeug sicher zu führen.

Hinweis: Auch in der Kfz-Haftpflicht-, Kasko-, Autoschutzbrief- und Kfz-Unfallversicherung besteht für solche Fahrten nach D.1.2, A.2.9.1, A.3.9.1, A.4.12.2 kein oder eingeschränkter Versicherungsschutz

---

1 Koch, »Abschied von der Rechtsfigur der verhüllten Obliegenheit«, VersR 2014, 283 ff.; Heinrichs, »Die Fahrerschutzversicherung«, DAR 2011, 565, 569; Beckmann/Matusche-Beckmann/Marlow, § 13 Rn. 12 ff.

D.1.3.1 AKB (Alkohol und andere berauschende Mittel) Fahrerschutz

Übersicht   Rdn.
A. Allgemeines 1
B. Objektive Kriterien 2
C. Fahruntüchtigkeit 3

A. Allgemeines

1   Auch wenn die Fahrerschutzversicherung, die leider unzutreffenderweise als Unfallversicherung in die Neufassung der AKB aufgenommen wurde, werden doch richtigerweise die an die Fahrzeugführer formulierten Erwartungen als Obliegenheiten vor Eintritt des Schadenfalls mit in den Abschnitt D.1 AKB aufgenommen.

Die Folgen der Obliegenheitsverletzung richten sich daher auch nach D.2 AKB mit der Folge der Prüfung der Vorwerfbarkeit des Fehlverhaltens[1].

B. Objektive Kriterien

2   Als Führen eines Kfz wird dabei jede Handlung bezeichnet, die für den Verkehrsvorgang von entscheidender Bedeutung ist[2]. Diese Regelung gilt grundsätzlich auch für Elektro- und Hybridfahrzeuge, ob sie auch auf E-Bikes anzuwenden ist, ist noch ungeklärt[3].

Der Fahrer muss vor Antritt der Fahrt seine Fahrtüchtigkeit prüfen[4] und bei dem geringsten Zweifel von der Fahrt Abstand nehmen[5].

C. Fahruntüchtigkeit

3   Der Fahrer ist aufgrund von Alkoholgenuss oder dem Genuss sonstiger berauschender Mittel nicht in der Lage, das Fahrzeug sicher zu führen. Die Definition im Versicherungsrecht entspricht insoweit der des Strafrechtes, da ohne die Einleitung eines Strafverfahrens der Versicherer keine Möglichkeit hat, die alkoholbedingte oder durch sonstige berauschende Mittel hervorgerufene Fahruntüchtigkeit festzustellen. Für die Frage der Leistungsfreiheit in der Fahrerschutzversicherung kommt es erst in zweiter Linie auf die Regelungen des Ordnungswidrigkeitenrechts an. So führt der Verstoß des Fahranfängers gegen das gewollte Alkoholverbot zwar i. d. R. zur Verwirklichung eines

---

1   Heinrichs, Die Fahrerschutzversicherung, DAR 2011, 565, ff.
2   Zur erforderlichen Fahrerlaubnis vgl. auch Kirchner in Ferner/Bachmeier/Müller § 4 FEV Rn. 22 m. w. H.
3   Blum, »Führen eines (Kraft-)Fahrzeugs«, SVR 2015, 130 m. w. H. zur Rechtsprechung; OLG Hamm v. 28.02.2013 – 4 RBs 47/13, Jurion = DAR 2013, 712 = NJW 2013, 10 = STRR 2014, 116 = VRR 2014, 78–79.
4   BGH v. v. 03.02.1954 – VI ZR 153/52, DAR 1952, 40, 43; OLG Hamm v. 03.08.2009 – 3Ss 352/74 NJW 1974, 2058 u. v. m.
5   Bay ObLG v. 13.01.1984 – RR 1 St. 346/83 VRS 66, 280.

OWI-Tatbestandes[6], aber im Schadenfall ist gleichwohl auch der Einfluss des Alkoholkonsums auf den Schadenfall zu prüfen.

Da die Kriterien für die Frage der Fahruntüchtigkeit die gleichen sein müssen, wie sie auch für die Bewertung der Obliegenheitsverletzung nach D.1.2 (Alkoholklausel in der KH-Versicherung) anzulegen sind, sei hier – um unnötige Wiederholungen zu vermeiden, auf die dortigen Ausführungen verwiesen. Auch wenn die Fahrerschutzversicherung in den vorliegenden AKB als Unfallversicherung ausgestaltet ist, gelten die dortigen[7] Regeln zu Bewusstseinsstörungen im Rahmen der Kraftfahrzeugversicherung nicht.

Hilfreich wäre hier die Einführung einer konkreten Promillegrenze gewesen, damit wäre auch für den Versicherungsnehmer klar, wann er Leistungen aus der Fahrerschutzversicherung zu erwarten hat. Eine solche Klausel wäre auch transparent.

Gurtpflicht

D.1.3.2 (Gurtpflicht)

> Der Fahrer muss während der Fahrt einen vorgeschriebenen Sicherheitsgurt angelegt haben, es sei denn das Nichtanlegen ist gesetzlich erlaubt.

Übersicht Rdn.
A. Allgemeines 1
B. Objektive Kriterien 2
C. Ausnahmen von der Gurtanlegepflicht 3

A. Allgemeines

Richtigerweise werden die in einzelnen AKB als Risikoausschlüsse formulierten Erwartungen an die versicherten Personen als Obliegenheiten vor Eintritt des Schadenfalls mit in den Abschnitt D.1 AKB aufgenommen. 1

Die Folgen der Obliegenheitsverletzung richten sich daher auch nach D.2 AKB mit der Folge der Prüfung der Vorwerfbarkeit des Fehlverhaltens.

In A.5.1 wird lediglich vom versicherten Kfz gesprochen, nicht von irgendwelchen Einschränkungen. Die bisher in der Assekuranz verwendeten Bedingungen bieten dieses Produkt nur in der Verwendungsklasse »PKW – Eigenverwendung«, ggf. mit Einschluss von Campingfahrzeugen, an. Nach der gewählten Formulierung des GdV ist

---

6 Vgl. auch Bode »Absolutes Alkoholverbot für Fahranfänger und Fahranfängerinnen?«, zfs 2007, 488 ff.; Ternig »0,0 ‰ BAK-Grenze für Fahranfänger und Grenzwerte bei § 24a StVG in NZV 2008, 271 ff. und Janker »Das neue Alkoholverbot für Fahranfänger und Fahranfängerinnen« in DAR 2007, 497 ff.
7 OLG Stuttgart v. 30.07.2014 – 5 U 1/14.

D.1.3.2 AKB (Gurtpflicht) Fahrerschutz

der Versicherer grundsätzlich frei in seiner Entscheidung, für welche Verwendungsklasse er dieses Produkt anbieten will.

Da sich unter der allgemeinen Bezeichnung Fahrzeug oder Kraftfahrzeug auch Zweiräder verbergen, könnte man aus der Aufnahme nur der Gurtpflicht den Rückschluss ziehen, dass nur Fahrer von PKW und solchen Fahrzeugen, die einen Sicherheitsgurt aufweisen, als versicherte Personen in der Fahrerschutzversicherung in Betracht kommen.

Die Versicherer, die diese Musterbedingungen verwenden, müssten hier entweder eine klarstellende Einschränkung formulieren für PKW, oder aber – folgerichtig zur allgemeinen Bezeichnung – auch die Helmpflicht für Zweiradfahrer aufnehmen, so diese auch in den versicherbaren Personenkreis aufgenommen werden sollen.

B. Objektive Kriterien

2   Der Fahrer des versicherten Kfz muss den vorgeschriebenen Sicherheitsgurt angelegt haben, will er Ansprüche aus der Fahrerschutzversicherung geltend machen. In diversen Verträgen, die vor dem Vorschlag des GdV zur Fahrerschutzversicherung bereits geschlossen wurden, ist tw. die Gurtanlegepflicht überhaupt nicht normiert, tw. ist sie als Risikoausschluss mit der Folge der vollständigen Leistungsfreiheit aufgenommen. Anders als in der Kraftfahrzeug-Haftpflicht-Schadensregulierung ist hier nicht von einer Mithaftung des Versicherten auszugehen, sondern von einer Obliegenheitsverletzung, die entsprechend dem Verschulden gekürzt wird.

Die Gurtanlegepflicht ergibt sich aus § 21a StVO.

Grundsätzlich wäre es besser gewesen, die Gurtanlegepflicht als vertragliche Obliegenheit ohne Ausnahmeregel zu normieren, da es nur ganz wenige Unfälle gibt, in denen der Gurt mehr schadet als nützt. Damit hätte das unkalkulierbare Risiko der Unfälle ohne Gurt angesichts der niedrigen Prämien in der Fahrerschutzversicherung, eingegrenzt worden.

C. Ausnahmen von der Gurtanlegepflicht

3   Eine Ausnahme von dieser Obliegenheit soll nach den Vorstellungen des GdV nur dann gelten, wenn das Nichtanlegen des Gurtes gesetzlich erlaubt ist, die Ausnahmen sind in § 21a StVO enumerativ aufgeführt:
– Taxi- und Mietwagenfahrer bei der Fahrgastbeförderung
– Personen im Haus-zu-Haus-Verkehr (Lieferdienste)
– Fahrten mit Schrittgeschwindigkeit wie Rückwärtsfahren und Fahrten auf Parkplätzen
– Fahrten in KOM, bei denen die Beförderung stehender Fahrgäste zugelassen ist;
– Betriebs- und Begleitpersonal von KOM
– Fahrgäste in KOM
– Fahrten in Oldtimern ohne eingebauten Gurt.

D.2 Welche Folgen hat eine Verletzung dieser Pflichten?

Die Nichtbeachtung der Obliegenheiten hat dann Folgen, wenn sich ein Schadenfall 1 ereignet und der Versicherer von der Obliegenheitsverletzung Kenntnis erlangt. Dabei haben die Obliegenheitsverletzungen in den einzelnen Versicherungssparten durchaus unterschiedliche Folgen[1], welche nachfolgend im Einzelnen dargestellt werden. Zu beachten ist auch, dass evtl. im Direktschaden festgestellte Verhaltensweisen des Versicherungsnehmers auch auf den Deckungsprozess gegen den Versicherungsnehmer wegen Obliegenheitsverletzung Auswirkungen haben können[2]. Dabei treten die Rechtsfolgen einer Obliegenheitsverletzung nicht automatisch ein, der Versicherer muss sich auf die Obliegenheitsverletzung berufen und das Vorliegen derselben auch beweisen[3]. Aber nicht nur versicherungsrechtliche Folgen sind zu befürchten, auch die Eignung zur Führung von Kraftfahrzeugen kann dann überprüft werden[4]. Auch die sonstige strafrechtliche Relevanz ist nicht zu unterschätzen[5]. Die Folgen der Obliegenheitsverletzungen treten nicht per se ein, der Versicherer muss sich auf die Leistungsfreiheit berufen[6].

Leistungsfreiheit bzw. Leistungskürzung

D.2.1 Folgen der Obliegenheitsverletzung nach D.[1]

Verletzen Sie vorsätzlich eine Ihrer in D.1 geregelten Pflichten, haben Sie keinen Versicherungsschutz. Verletzen Sie Ihre Pflichten grob fahrlässig, sind wir berechtigt, unsere Leistung in einem der Schwere Ihres Verschuldens entsprechenden Verhältnis zu kürzen. Weisen Sie nach, dass Sie die Pflicht nicht grob fahrlässig verletzt haben, bleibt der Versicherungsschutz bestehen.

Bei einer Verletzung der Pflicht in der Kfz-Versicherung aus D.1.2 Satz 2 sind wir Ihnen, dem Halter oder Eigentümer gegenüber nicht von der Leistungspflicht befreit, soweit Sie, der Halter oder Eigentümer als Fahrzeuginsasse, der das Fahrzeug nicht geführt hat, einen Personenschaden erlitten haben.

Übersicht   Rdn.
A. Obliegenheitsverletzung, objektiver Tatbestand 1
B. Maßstab des Verschuldens 2
I. Vorsatz 4

---

1 Z. B. in der Kraftfahrzeug-Haftpflicht-Versicherung: Notthoff, »Der Regress des Kraftfahrzeug-Haftpflicht-Versicherers Teil 1«, VRR 2013, 84 ff. und Teil 2, VRR 2013, 124 ff.
2 BGH v. 08.04.2009 – IV ZR 113/06.
3 Böhme/Biela Die Kraftfahrthaftpflichtversicherung, Kap. 16 Rn. 120 f.
4 VG Gelsenkirchen 7 L 373/09 (n. v.).
5 BGH v. 20.11.2008 – 4 StR 328/08 m. Anm. Kühl, NJW 2009, 1155.
6 BGH v. 26.01.2005 – IV ZR 239/03, VersR 2005, 493 = SP 2005, 134.
1 Überschrift des Verfassers!.

D.2.1 AKB Folgen der Obliegenheitsverletzung nach D.

		Rdn.
II.	Grobe Fahrlässigkeit	5
C.	Beweislastverteilung	6
D.	Umfang der Leistungsfreiheit bei vorsätzlicher Obliegenheitsverletzung	8
I.	Kraftfahrzeug-Haftpflicht-Schadenfall	9
II.	Sonstige Sparten	10
III.	Sonderfall Kasko-Versicherung	11
E.	Leistungskürzung bei grob fahrlässiger Obliegenheitsverletzung	12
I.	Mögliche Quoten	13
II.	Kraftfahrzeug-Haftpflicht-Versicherung	14
III.	Sonstige Sparten	15
IV.	Häusliche Gemeinschaft in der Fahrzeugversicherung	18
F.	Kündigungspflicht/Kündigungsmöglichkeit	19
G.	Bindungswirkung für mitversicherte Personen	20
H.	Einzelfälle	21
I.	Verstoß gegen die Verwendungsklausel	21
II.	Schwarzfahrt	22
	1. Ermöglichen durch den Versicherungsnehmer	22
	2. Vorsätzliches Ermöglichen	23
	3. Wissentliches Ermöglichen	24
	4. Einzelfälle	25
	5. Mögliche Quotierung	26
III.	Führerscheinklausel	27
	1. Verstoß durch den Versicherungsnehmer	27
	2. Quotierung gegenüber Versicherungsnehmer bei personenverschiedenem Fahrer	28
	3. Verstoß durch den Fahrer	30
	4. Verstoß durch den Mieter	31
	5. Beweislastverteilung	32
IV.	Alkoholklausel, Rauschmittel	33
	1. Trunkenheits- oder Drogenfahrt durch den Versicherungsnehmer	34
	2. Trunkenheitsfahrt Fahrer, Kenntnis Versicherungsnehmer	37
	3. Beweislastverteilung	38
	4. Mögliche Quotierung	39
	4. Übersicht über die Entscheidungen	39
V.	behördlich nicht genehmigte Rennveranstaltung	42
VI.	Gefahrerhöhung	43
VII.	Besonderheit Insassen	44

A. Obliegenheitsverletzung, objektiver Tatbestand

1 Zunächst ist die objektive Verletzung der Obliegenheit zu prüfen, der objektive Tatbestand. Die Details hierzu sind bei den jeweiligen Obliegenheiten erläutert, da diese durchaus voneinander abweichen. Die Obliegenheiten sind dabei je Sparte getrennt zu prüfen[2].

---

2 OLG Karlsruhe v. 18.01.2013, 12 U 117/12, VersR 2013, 1123 f.

B. Maßstab des Verschuldens

D.2.1 setzt den Regelungsgehalt des § 28 VVG, der sich dem Wortlaut nach ausschließ- 2
lich auf die vertraglichen Obliegenheiten bezieht, um. Erforderlich ist das Verschulden[3]
des Versicherungsnehmers.

Aufgrund der Formulierung des § 28 Abs. 1 VVG ist von folgenden Möglichkeiten der 3
Obliegenheitsverletzung durch den Versicherungsnehmer auszugehen:
- Vorsätzliche Obliegenheitsverletzung
- Grob fahrlässige Obliegenheitsverletzung
- Fahrlässige Obliegenheitsverletzung

I. Vorsatz

Vorsätzlich handelt, wer im Wissen um die Tatbestandsverwirklichung gleichwohl die 4
Obliegenheit verletzt. Einen konkreten Schadeneintritt muss der Vorsatz dabei allerdings nicht umfassen. Eine vorsätzliche Obliegenheitsverletzung ist gegeben, wenn der Versicherungsnehmer im Bewusstsein der Verhaltensnorm die Obliegenheitsverletzung will[4], er muss dabei Kenntnis von dem Versicherungsfall haben, welcher die Obliegenheit auslöst[5], wobei bedingter Vorsatz ausreicht[6] und verminderte Zurechnungsfähigkeit diesen nicht ausschließt[7]. Es ist nicht erforderlich, dass der Vorsatz einen Schaden des Versicherers mit umfasst[8].

Insbesondere bei Gefahrguttransportern wird man aufgrund der in § 28 Ziff. 13 normierten Pflicht, während des Transportes keinen Alkohol zu sich zu nehmen, dann von einer Vorsatztat ausgehen können, wenn der Fahrer in Kenntnis seiner besonderen Verpflichtungen als Führer eines Gefahrguttransportes den Alkohol während der Fahrt zu sich genommen hat. Auch bei einer Taxifahrerin, die während ihrer Bereitschaft Alkohol zu sich nahm, wurde von einer vorsätzlichen Trunkenheitsfahrt ausgegangen[9].

II. Grobe Fahrlässigkeit

Als Maßstab für die Bewertung des Grades des Verschuldens sind allerdings nicht die 5
strafrechtlichen Kriterien heranzuziehen[10], sondern die zivilrechtlichen Grundsätze, die sich aus der Rechtsprechung zu § 276 BGB entwickelt haben. Zu differenzieren ist zunächst zwischen Vorsatz und Fahrlässigkeit. Innerhalb der Fahrlässigkeit wiederum ist zwischen der folgenlos bleibenden leichten bzw. einfachen Fahrlässigkeit

---

[3] Notthoff, »Der Regress des Kraftfahrzeug-Haftpflicht-Versicherers Teil 2«, VRR 2013,124.
[4] BGH v. 02.06.1993 – IV ZR 72/92, r+s 1993, 323 (LS) = VersR 1993, 960; OLG Köln, Urt. v. 15.07.2914 (9 U 204/13) in SP 2014, 344 f.
[5] BGH v. 29.05.1970 – IV ZR 148/69 VersR 1970, 732.
[6] BGH v. 12.07.1972 – IV ZR 23/71, VersR 1972, 1039.
[7] BGH v. 24.06.1970 – IV ZR 140/69, VersR 1970, 801.
[8] OLG Saarbrücken v. 19.11.1974 – 7 U 4/74 VersR 1976, 157.
[9] OLG Celle Beschluss v. 25.10.2013 – 2 Ss 169/13, Jurion.
[10] Vgl. insoweit auch die Empfehlungen des 47. VGT, AK II.

D.2.1 AKB Folgen der Obliegenheitsverletzung nach D.

und der mit Folgen behafteten groben Fahrlässigkeit zu differenzieren. Nach einhelliger Rechtsprechung handelt vorsätzlich, wer eine Verhaltensnorm im Bewusstsein ihrer Existenz verletzt[11]; fahrlässig handelt, wer die im Verkehr erforderliche Sorgfalt außer Acht lässt. Grob fahrlässig handelt hingegen derjenige, dessen Verhalten schlechterdings unentschuldbar ist und der die im Verkehr erforderliche Sorgfalt auf das gröbste außer Acht lässt und missachtet, was jedem in der konkreten Situation einleuchten muss[12].

C. Beweislastverteilung

6   D.2.1 AKB geht grundsätzlich von einer grob fahrlässigen Obliegenheitsverletzung aus, dies ergibt sich schon aus der Formulierung »weisen Sie nach, dass Sie nicht grob fahrlässig gehandelt haben...«. Daraus ergibt sich auch die Beweislastverteilung. Will sich der Versicherer auf vollständige Leistungsfreiheit wegen vorsätzlicher Obliegenheitsverletzung berufen, muss er dies nachweisen. Der Versicherungsnehmer hingegen ist beweisbelastet sowohl mit dem Vortrag, er habe die Obliegenheit lediglich leicht fahrlässig begangen (mit der Folge der vollständigen Leistungspflicht des Versicherers), als auch mit dem eventuell geringeren Grad der Schwere des Verschuldens[13].

7   Der Fahrer bzw. der Versicherungsnehmer können sich entlasten durch den Nachweis des fehlenden Verschuldens[14], das Führen des Kausalitätsgegenbeweises[15] sowie durch den Nachweis der Unzurechnungsfähigkeit[16]. Soweit der Fahrer oder Versicherungsnehmer die Unzurechnungsfähigkeit für sich in Anspruch nimmt, kommt dies dann nicht zur Anwendung, wenn er sich absichtlich in den Zustand der Unzurechnungsfähigkeit versetzt hat, um straflos auszugehen[17]. Für den Regelfall der grob fahrlässigen Obliegenheitsverletzung spricht die Formulierung des § 28 Abs. 2 VVG. Danach trägt der Versicherungsnehmer die Beweislast, will er den Vorwurf der Groben Fahrlässigkeit entkräften[18]. Allerdings ist der Versicherer hinsichtlich des Verschuldensgrades (im Rahmen der groben Fahrlässigkeit) beweisbelastet[19].

---

11 BGH v. 02.06.1993 – IV ZR 72/92 VersR 1993, 960;
    BGH v. 21.04.1993 – IV ZR 33/92, NJW-RR 1993, 1049.
12 BGH v. 08.07.1992 – IV ZR 223/91,VersR 1992, 1085; BGH v. 22.02.1989 – IVa ZR 274/87, VersR 1989, 469; BGH v. 18.12.1996 – IV ZR 321/95 in VersR 1997, 351.
13 Zur Beweislastverteilung vgl. auch Pohlmann »Beweislast für das Verschulden des Versicherungsnehmers bei Obliegenheitsverletzungen« in VersR 2008, 437 ff.
14 BGH v. 24.11.1966 – II ZR 182/64, VersR 1967, 50 (für die Verwendungsklausel).
15 BGH v. 04.05.1964 – II ZR 153/61, VersR 1964, 709 = NJW 1964, 1899, jetzt unter D.3.2 AKB separat aufgeführt.
16 BGH v. 09.02.1972 – IV ZR 122/71, VersR 1972, 342.
17 LG Saarbrücken v. 9.01.1982 –14 O 290/81, VersR 1982, 892; BGH v. 2.08.1996 – 4 Str 217/96, VersR 1997, 491.
18 So auch schon BGH v. 21.04.1993 – IV ZR 34/92,VersR 1993, 828; v. 02.06.1993 – IV ZR 72/92, VersR 1993, 960.
19 Begr. RegE BT-Drs. 16/39 445 S. 69; Pohlmann »Beweislast für das Verschulden des Versicherungsnehmers bei Obliegenheitsverletzungen«, VersR 2008, 437 ff.

D. Umfang der Leistungsfreiheit bei vorsätzlicher Obliegenheitsverletzung

Die Neuregelung des § 28 VVG lässt eine vollständige Leistungsfreiheit des Versicherers nur im Falle der vorsätzlichen Obliegenheitsverletzung zu. Dabei ist zu beachten, dass sich die Formulierung der »vorsätzlichen Obliegenheitsverletzung« gerade nicht mit der »vorsätzlichen Herbeiführung des Schadenfalles« deckt. Für den Fall der vorsätzlichen Obliegenheitsverletzung ist der Versicherer leistungsfrei, § 28 Abs. 2 S. 1 VVG. Die Leistungsfreiheit ist zu quotieren, wenn der Versicherungsnehmer oder die mitversicherte Person die Obliegenheitsverletzung grob fahrlässig begangen haben.

I. Kraftfahrzeug-Haftpflicht-Schadenfall

Dabei ist zu differenzieren zwischen der Verletzung einer Obliegenheit in der Kraftfahrzeug-Haftpflicht-Versicherung und einer Obliegenheitsverletzung im Bereich der Fahrzeugversicherung oder sonstigen Zusatzangeboten. Für die Kraftfahrzeug-Haftpflicht-Versicherung wird die Leistungsfreiheit durch die KfzPflVV der Höhe nach auf maximal 5.000 € begrenzt für Fälle der Obliegenheitsverletzung vor dem Schadenfall. Im Falle der vorsätzlichen Obliegenheitsverletzung im Kraftfahrzeug-Haftpflicht-Schadenfall kann der Regress daher maximal 5.000 € betragen. Der Begriff Leistungsfreiheit gilt in der Kraftfahrzeug-Haftpflicht-Versicherung jedoch nur im Innenverhältnis. Die Ansprüche des Geschädigten werden in voller Höhe erfüllt und im Anschluss daran der Versicherungsnehmer bzw. der Fahrer in Regress genommen. Der Regress gegen den Fahrer ist auch dann nicht ausgeschlossen ist, wenn er mit dem Versicherungsnehmer in häuslicher Gemeinschaft lebt. Der Regress des Kraftfahrzeug-Haftpflicht-Versicherers richtet sich – anders als in der Kasko-Versicherung – nicht nach § 86 VVG, da der Versicherer nicht einen Anspruch des Versicherungsnehmers gegen sich befriedigt sondern einen direkten Anspruch des Geschädigten gegen den Versicherer (also eine eigene Leistungspflicht) erfüllt[20]. Auch eine analoge Anwendung verbietet sich[21].

II. Sonstige Sparten

In allen anderen Sparten gilt die Regel der vollständigen Leistungsfreiheit bei vorsätzlicher Obliegenheitsverletzung. D. h. der Versicherer hat das Recht, dem Versicherungsnehmer die Leistung vollständig zu verweigern. Eine Beschränkung des Regresses ergibt sich nur noch aus arbeitsrechtlichen Vorschriften[22]. Üblicherweise liegt der zulässige Regressbetrag bei 3–4 Netto-Monatsgehältern.

---

20 So schon BGH v. 13.07.1988 – IVa ZR 55/87, VersR 1988, 1062; LG Bielefeld v. 18.03.1998 – 22(2) S 506/97, VersR 1999, 1274.
21 BGH v. 18.01.1984 – IVa ZR 73/82, VersR 1984, 327 = NJW 84, 1463; v. 13.07.1988 – IVa ZR 55/87, VersR 1988, 1062.
22 LAG KIEL vom 14.09.2011, 3 SA 241/11, ADAJUR; BAG v. 12.10.1989, Az.: 8 AZR 276/88 stellt auf die gefahrgeneigte Tätigkeit und die Höhe des Schadenrisikos ab.

D.2.1 AKB Folgen der Obliegenheitsverletzung nach D.

Die Differenzierung zwischen der Kraftfahrzeug-Haftpflicht-Versicherung und den anderen Sparten liegt in dem Charakter der Pflichtversicherung begründet, die insbesondere den Schutz des Dritten bezweckt. In den sonstigen Sparten wie Unfallversicherung, Fahrzeugversicherung und Fahrerschutzversicherung werden freiwillige Leistungen angeboten, die aber keiner Abschlussverpflichtung unterliegen und nur dem Versicherungsnehmer (Fahrerschutzversicherung, Fahrzeugversicherung) zu Gute kommen. Wenn er sich nicht vertragsgemäß verhält, kann er nicht erwarten, dass er gleichwohl die Leistungen aus dem von seiner Seite nicht erfüllten Vertrag erhält.

III. Sonderfall Kasko-Versicherung

11 In der Kasko-Versicherung gilt, wie auch in der Kraftfahrzeug-Haftpflicht-Versicherung, dass der Versicherungsnehmer dann Anspruch auf Versicherungsschutz hat, wenn der personenverschiedene Fahrer die Obliegenheit verletzt hat. Das Fehlverhalten des Fahrers ist dem Versicherungsnehmer nur dann anzurechnen, wenn er Repräsentant[23] des Versicherungsnehmers ist. Der Repräsentant des Versicherungsnehmers wird wie der Versicherungsnehmer selbst behandelt. Repräsentant ist, wer vom Versicherungsnehmer die eigenverantwortliche Wahrnehmung von Rechten und Pflichten des Versicherungsnehmers übertragen erhalten hat[24]. Allerdings begründen die gemeinsame Kostentragung für ein Kfz und die Nutzung zu 60 % noch keine Repräsentantenstellung eines Ehepartners[25]. Dann wird die Leistungskürzung unmittelbar beim Versicherungsnehmer durchgeführt. Ist der berechtigte Fahrer nicht Repräsentant des Versicherungsnehmers, werden die berechtigten Ansprüche des Versicherungsnehmers befriedigt und der Fahrer in Regress genommen. Dabei ist dann die Quotierung entsprechend der Vorwerfbarkeit vorzunehmen.

In der Fahrzeugversicherung ist, wie auch ggf. in der Insassenunfallversicherung ein Regress des Versicherers dann ausgeschlossen, wenn der Schädiger und Geschädigter in häuslicher Gemeinschaft gem. § 86 VVG leben[26].

E. Leistungskürzung bei grob fahrlässiger Obliegenheitsverletzung

12 Hat der Versicherungsnehmer die Obliegenheit grob fahrlässig[27] verletzt, ist die Leistung entsprechend des Verschuldens des Versicherungsnehmers zu kürzen. Fehlt eine solche Kürzungsklausel in den AGB, ist die Klausel ungültig.[28] Dies stellt die gesamte Assekuranz, aber auch Rechtsprechung und Anwaltschaft vor das Problem, wie nun diese Frage des Verschuldens im Rahmen der grob fahrlässigen Herbeiführung des Ver-

---

23 Vgl. auch Präve »Das neue VVG und das AGB-Recht«, VersW 2009, 98, 100.
24 BGH v. 14.03.2007 – IV ZR 102/03, zfs 2007, 335 ff.,.
25 LG Paderborn 09.05.2007 – 4 O 651/06 in zfs 2007, 636 f.
26 Vgl. hierzu Jahnke, »Angehörigenprivileg im Wandel«, NZV 2008, 57 ff. m. w. H.; so auch Schirmer »Neues VVG und Kraftfahrzeughaftpflicht – und Kaskoversicherung – Teil II« in DAR 2008, 319, 325.
27 Vgl. auch § 28 VVG Rdn. 12 ff.
28 OLG Dresden v. 24.03.2015 – 4 U 1292/14.

sicherungsfalles zu bewerten ist. Unter dem Stichwort der groben Fahrlässigkeit finden sich im Versicherungsrecht eine Vielzahl von Entscheidungen, die sich mit der Herbeiführung eines Schadenfalls sowohl in der Kasko-Versicherung, wie auch in der Unfallversicherung und den sonstigen Sachversicherungen[29] befassen. Dabei war aber immer nur darüber zu befinden, ob es sich um ein grob fahrlässiges Verhalten handelte, oder ob dieses Verhalten noch entschuldbar war. Ähnlich dieser Abgrenzung wird jetzt eine Differenzierung der als grob fahrlässig erachteten Handlungen in solche, denen eine geringere Vorwerfbarkeit und in solche, denen größere Vorwerfbarkeit innewohnt, vorzunehmen sein.

I. Mögliche Quoten

Nach den Empfehlungen des 47. VGT sollen die Quotierungen dabei von 0–100 % gehen und möglichst in 5er Schritten gestaffelt sein. Eine mögliche Quotentabelle, wie sie der VGT wünscht, ist derzeit nicht erstellt[30]. Die Empfehlungen des GdV reichen hierzu nicht aus. 13

Eine möglichst einfache Quotierung geht von 5 Stufen[31] aus:
– Leichte Fahrlässigkeit, keine Leistungskürzung
– Grobe Fahrlässigkeit, leichtes Verschulden 25 % Leistungskürzung
– Grobe Fahrlässigkeit, mittleres Verschulden 50 % Leistungskürzung
– Grobe Fahrlässigkeit schweres Verschulden 75 % Leistungskürzung
– Vorsätzliche Obliegenheitsverletzung 100 % Leistungsfreiheit.

II. Kraftfahrzeug-Haftpflicht-Versicherung

Auch bei der grob fahrlässigen Obliegenheitsverletzung ist zwischen der Kraftfahrzeug-Haftpflicht-Versicherung und den sonstigen Sparten zu differenzieren. § 5 KfzPflVV gilt auch hier mit der Maßgabe, dass als maximaler Regressbetrag 5.000 € zu regressieren sind. Dabei war in der Einführung die Diskussion, ob der Betrag der Leistungsfreiheit entsprechend zu quotieren sei[32]. Diese Frage ist zwischenzeitlich auch in der Literatur geklärt. Es wird wie folgt vorgegangen: zunächst ist der Grad der Vorwerfbarkeit zu ermitteln. Entsprechend dieses Grades wird – ausgehend von der Schadenhöhe – der Regressbetrag ermittelt. Liegt dieser Betrag aufgrund der geringen Schadenhöhe unter dem Maximalbetrag von 5.000 €, wird nur dieser Betrag regressiert. Liegt der Betrag aber über 5.000 € wird der Regress durch die Kappungsgrenze des § 5 KfzPflVV beschränkt. 14

---

29 Günter/Spielmann »Vollständige und teilweise Leistungsfreiheit nach dem VVG 2008 am Beispiel der Sachversicherung«, r+s 2008 133 ff. und 177 ff.
30 Empfehlung des 47. VGT Arbeitskreis II, S. 6.
31 So z. B. LG Münster v. 24.9.2009 – 15 O 275/09, r+s 2010, 322f, die ausgehend von der Abstufung dann Zu- oder Abschläge vornehmen für besondere Umstände.
32 Für die Quotierung vor der Kappung durch die KfzPflVV sprechen sich aus: Nugel »Alles, nichts oder 5.000 €? Der Regress des Kraftfahrzeug-Haftpflichtversicherers gegenüber dem Versicherungsnehmer auf Grund einer Obliegenheit nach der VVG-Reform« NZV 2008, 11.

D.2.1 AKB Folgen der Obliegenheitsverletzung nach D.

▶ **Beispiel:**

Der Versicherungsnehmer verletzt eine Obliegenheit fahrlässig, der Beweis der leichten Fahrlässigkeit gelingt nicht. Es wird ihm ein mittleres Verschulden vorgeworfen, Regressquote 50 %. Der Fremdschaden beträgt 5.000 €. Die Leistungsfreiheit bei 50 % beträgt daher 2.500 €. Beträgt der Fremdschaden hingegen 15.000 € und damit der Leistungsfreibetrag 7.500 €, kommt es zur Kappung und der Regress ist auf 5.000 € beschränkt.

III. Sonstige Sparten

15 In allen anderen Sparten folgt aus der Quote der Vorwerfbarkeit auch die Quote, um die die Schäden gekürzt werden. In dem obigen Beispiel ergäbe sich damit aus der Fahrzeugversicherung ein Anspruch auf Ersatz von 50 % des Fahrzeugschadens.

▶ **Beispiel:**

Der Fahrzeugschaden beträgt 15.000 €, es wird dem Versicherungsnehmer grobe Fahrlässigkeit mit mittlerem Verschulden vorgeworfen. Die Regressquote beträgt 50 %. Der Versicherungsnehmer hat eine Vollkasko mit 300 € SB vereinbart. Wegen der Obliegenheitsverletzung ist der Versicherer zu 50 % leistungsfrei. Der Versicherungsnehmer kann daher entweder 7.500 € abzgl. des vereinbarten Selbstbehaltes (also 7.200 €) oder aber 7.350 € (15.000 € – SB 300 € × 50 %) ersetzt verlangen.

Die Berechnung Fahrzeugschaden – SB – Quote oder Fahrzeugschaden – Quote – SB ergibt sich aber aus den AKB, die der Formulierung nach durchaus unterschiedlich sein können. Lautet die Formulierung »die Selbstbeteiligung ist vom **Schaden** abzuziehen.« (wie in den AKB a. F.), wird der Selbstbehalt vom Fahrzeugschaden abgezogen. Ist aber die Selbstbeteiligung von der zu erwartenden **Entschädigungsleistung** in Abzug zu bringen, so wird nach Feststellung des Fahrzeugschadens die Quote gebildet und danach die Selbstbeteiligung in Abzug gebracht (wie in den vorliegenden AKB des GdV!).

16 Problematisch wird dies bei der Abrechnung nach Quotenvorrecht[33]. Der Versicherungsnehmer muss sich in der Regulierung des Kasko-Schadens möglicherweise ein Verhalten anrechnen lassen, welches in der Schadenregulierung des gegnerischen Kraftfahrzeug-Haftpflicht-Versicherers sich nicht oder nur in Form einer geringen Mithaftung auswirkt. Es steht dem Versicherungsnehmer frei, welchen Versicherer er zuerst in Anspruch nimmt, er muss nicht die Entscheidung des Kraftfahrzeug-Haftpflicht-Versicherers abwarten[34].

---

33 Statt aller vgl. LG Düsseldorf v. 02.03.2007 – 20 S 198/06,n SP 2007, 401.
34 BGH v. 26.09.2006 – VI ZR 247/05, DAR 2007, 21 f.

> **Beispiel:**
>
> Es ereignet sich ein Unfall, der durch die Vorfahrtverletzung des Unfallgegners verursacht wurde. Da der Versicherungsnehmer aber zu schnell gefahren ist, trifft ihn eine Mithaftung in Höhe von 40 %.
>
> Dieses Verhalten hat in der Kasko-Versicherung bei der Abrechnung nach Quotenvorrecht[35] keine Auswirkungen. Etwas anderes gilt aber, wenn beispielsweise dem Versicherungsnehmer hier ein Verstoß gegen die Verwendungsklausel vorgeworfen werden kann oder die Alkoholisierung des Versicherungsnehmers, die in der Schadenregulierung mit dem Unfallgegner schon in der Haftungsquote ihren Niederschlag gefunden hat (bezogen auf den Alkoholgenuss). Dieses Verhalten wird in der Kasko-Versicherung nochmals geprüft. Dabei wäre dann zunächst die Formulierung der AKB zu prüfen, ob hier ein Abzug der Selbstbeteiligung vor oder nach der Quotierung[36] erfolgen muss. Wird vereinbart, dass die Selbstbeteiligung vom Schaden in Abzug gebracht werden muss, ist der Schaden festzustellen, die Selbstbeteiligung in Abzug zu bringen und dann die Quotierung vorzunehmen[37], wird allerdings vereinbart, dass die Selbstbeteiligung von der Entschädigung abzuziehen ist, wird zunächst der Schaden ermittelt, die Quote des Verschuldens in Abzug gebracht und dann die Selbstbeteiligung:

Fahrzeugschaden 10.000 €		Fahrzeugschaden 10.000 €	
SB 1.000 €		SB 1.000 €	
Grobe Fahrlässigkeit, 50 % Schwere d. V.		Grobe Fahrlässigkeit 50 % Schwere d. V.	
Abrechnung:		Abrechnung:	
10.000 €	Fahrzeugschaden	10.000 €	Fahrzeugschaden
− 1.000 €	SB	− 5.000 €	Quote grobe Fahrlässigkeit
9.000 €	Entschädigung	5.000 €	Entschädigung
− 4.500 €	Quote grobe Fahrlässigkeit	− 1.000 €	SB
4.500 €	Regulierung an VN	4.000 €	Regulierung an VN

---

35 OLG Celle v. 03.02.2011 – 5 U 171/10 zu den kongruenten Positionen.
36 Richter »Überlegungen zur quotierten Leistungsfreiheit in der Fahrzeugversicherung« SVR 2009, 13 ff.
37 Vgl. insoweit auch LG Aachen v. 14.07.2011 – 2 S 61/11, SVR 2012, 234 m. Anmerkung Hering, welches den Abzug der SB vom Schaden bejaht, aber die Differenzierung nach den Regeln der AKB leider nicht beschreibt, worauf Hering zutreffend hinweist.

D.2.1 AKB Folgen der Obliegenheitsverletzung nach D.

Diese Abrechnung erfolgt, wenn sich der Versicherungsnehmer unmittelbar an seinen Fahrzeugversicherer wendet und dort die Abrechnung verlangt. Hat der Versicherungsnehmer allerdings seine Ansprüche zunächst bei dem Unfallgegner angemeldet und von dort die Ansprüche nach Haftungsquote erhalten sieht die Abrechnung wie folgt aus:

Abrechnung nach Quotenvorrecht:		Abrechnung nach Quotenvorrecht	
Haftungsquote war 60 %; Versicherungsnehmer hat von Gegner 6.000 € erhalten.			
Haftungsquote war 60 %, sein restlicher Schaden sind 4.000 €.			
4.000 €	Restschaden	4.000 €	Restschaden
– 1000 €	Selbstbeteiligung	– 2.000 €	Quote Grobe Fahrlässigkeit
3.000 €	Entschädigung	2.000 €	Entschädigung
– 1.500 €	Quote grobe Fahrlässigkeit	– 1.000 €	Selbstbeteiligung
VN erhält aus der Kasko 1.500 €		VN erhält aus der Kasko 1.000 €	

17 Unter Berücksichtigung dieser Rechnung kommt es jetzt zu dem für den Versicherungsnehmer angenehmen Nebeneffekt, dass er zuerst seine Fahrzeugversicherung in Anspruch nimmt und dann bei der Kraftfahrzeug-Haftpflicht-Versicherung nach Quotenvorrecht abrechnet.

IV. Häusliche Gemeinschaft in der Fahrzeugversicherung

18 Im Gegensatz zur Kraftfahrzeug-Haftpflicht-Versicherung geht der Anspruch des Versicherungsnehmers auf Schadenersatz wegen der Beschädigung seines Fahrzeuges auf den Versicherer nach Leistung gem. § 86 VVG über. Will der Versicherer also den Fahrer, der nicht identisch mit dem Versicherungsnehmer ist, in Regress nehmen, weil dieser eine Obliegenheit verletzt hat, ist er auch an § 86 Abs. 3 VVG gebunden. Er kann seinen Regressanspruch nicht gegen eine Person, mit der der Versicherungsnehmer in häuslicher Gemeinschaft lebt, geltend machen. Damit ist der jahrelange Streit um die Einbeziehung der Nichtehelichen Lebensgemeinschaft[38] in das Familienprivileg abgeschlossen[39]. Erforderlich ist nach der Neuregelung nicht mehr, dass es sich um einen Familienangehörigen handelt. Es reicht aus, dass Versicherungsnehmer und Fahrer in einer Wohnung zusammen leben und wirtschaften. Die wirtschaftliche Gemeinschaft ist das nunmehr entscheidende Kriterium. Es soll nicht über den Regress der Vor-

---

38 BGH v. 22.04.2009 – IV ZR 160/07, zfs 2009, 393 f. = r+s 2009, 230 f; vgl. auch Terno in »Aus der Rechtsprechung des BGH zum Kraftfahrtversicherungsrecht« zfs 2009, 362, 370 zu BGH v. 22.04.2009 – IV ZR 160/07, der eine analoge Anwendung des § 67 VVG a. F. bejahte; OLG Nürnberg v. 11.03.2009 – 4 U 1624/08 SP 2009, 179 f.

39 Schirmer »Nichteheliche Lebensgemeinschaft im Versicherungs- und Verkehrsrecht« DAR 2007, 2, 4.

teil, den der Versicherungsnehmer aus der Fahrzeugversicherung gezogen hat, wieder ihm rückbelastet werden.

F. Kündigungspflicht/Kündigungsmöglichkeit

Die in § 6 VVG a. F. vorgesehene Kündigungspflicht in den Fällen der Obliegenheitsverletzungen vor dem Schadenfall zur Erlangung der Leistungsfreiheit ist weggefallen. Geblieben ist in § 28 VVG die Möglichkeit, den Vertrag wegen einer Obliegenheit zu kündigen. Diese findet sich in G.3.5, stellt aber keine Grundlage für die Leistungsfreiheit dar, wie es bisher gefordert war[40].

19

G. Bindungswirkung für mitversicherte Personen

Alle Regelungen des Abschnittes D. richten sich an den Versicherungsnehmer, Eigentümer oder Halter. Einzelne Obliegenheiten richten sich aber schon dem Inhalt nach nahezu ausschließlich an den Fahrer, der durchaus vom Versicherungsnehmer personenverschieden sein kann und bei der Schwarzfahrt z. B. in 99 % der Fälle sein wird. Für diesen werden die Regelungen sowohl aus D. als auch aus E. erst durch die Regelungen unter F. verbindlich. Der Repräsentant[41] des Versicherungsnehmers wird wie der Versicherungsnehmer selbst behandelt. Repräsentant ist, wer vom Versicherungsnehmer die eigenverantwortliche Wahrnehmung von Rechten und Pflichten des Versicherungsnehmers übertragen erhalten hat[42]. Allerdings begründen die gemeinsame Kostentragung für ein Kfz und die Nutzung zu 60 % noch keine Repräsentantenstellung eines Ehepartners[43].

20

H. Einzelfälle

I. Verstoß gegen die Verwendungsklausel

Der Verstoß kann vom Versicherungsnehmer nur vorsätzlich begangen werden, da dieser um die Art der Versicherung weiß. Dem mitversicherten Fahrer ist nur ein Vorwurf zu machen, wenn er die falsche Verwendung erkennen musste, wie dies z. B. bei Sonderkennzeichen (roten Kennzeichen, Oldtimerkennzeichen, aber auch entdrosseltem Krad mit Versicherungskennzeichen) ohne weiteres möglich ist[44]. Dem Fahrer könnte damit grobe Fahrlässigkeit dann vorgeworfen werden, wenn er die falsche Verwendung hätte erkennen müssen, z. B. wenn ihm ein Geschäftsfahrzeug als Werkstattmietwagen überlassen wird und aus den übergebenen Fahrzeugpapieren die Art der Versicherung erkennbar wird. Ob dem Fahrer insoweit eine Prüfpflicht vorgehalten werden kann – ähnlich wie bei der Frage einer Fahrerlaubnis – erscheint zweifelhaft. Nach der Recht-

21

---

40 Wegen der Details zur Kündigungspflicht vgl. Himmelreich/Halm Kfz-Schadensregulierung Rn. 9093.
41 Vgl. auch Präve »Das neue VVG und das AGB-Recht« in VersW 2009, 98, 100.
42 AKB A.2.3 Rdn. 25 ff.; BGH v. 14.03.2007 – IV ZR 102/03, zfs 2007, 335 ff.
43 LG Paderborn v. 09.05.2007 – 4 O 651/06, zfs 2007, 636 f.
44 Vgl. Hierzu Maier/Stadler »AKB 2008 und VVG-Reform« Rn. 170, 171.

D.2.1 AKB Folgen der Obliegenheitsverletzung nach D.

sprechung kann der Entlastungsbeweis nur bei einem unabwendbaren Ereignis geführt werden[45]. Der Versicherer ist beweisbelastet hinsichtlich des vom Versicherungsnehmer begangenen Verstoßes gegen die Verwendungsklause bzw. hinsichtlich der Gestattung der Verletzung der Verwendungsklausel durch einen Dritten[46]. Wird das Fahrzeug zu einem Zweck, der ein geringeres Risiko darstellt, verwendet, schadet dies nicht.

Wurde allerdings der Verstoß gegen die Verwendungsklausel mit »roten Kennzeichen« begangen, kann auch der mitversicherten Person eine Vorsatztat vorgeworfen werden, wenn der Prüf-, Probe- oder Überführungscharakter ausgeschlossen werden kann, da der eingeschränkte Verwendungszweck gemeinhin bekannt ist.

II. Schwarzfahrt

1. Ermöglichen durch den Versicherungsnehmer

22 Die Schwarzfahrt kann vom Versicherungsnehmer (Halter) nur in der Form des Ermöglichens der Schwarzfahrt begangen werden. Dabei sind alle Fälle der Fahrlässigkeit denkbar.

2. Vorsätzliches Ermöglichen

23 Ein vorsätzliches Ermöglichen der Schwarzfahrt durch den Versicherungsnehmer scheidet nach Auffassung des Verfassers aus, da das Übergeben des Schlüssels an den Fahrer gleichzeitig auch eine Genehmigung der Fahrt durch konkludentes Verhalten darstellen kann. Allerdings beinhaltet das Aushändigen des Schlüssels an eine bekannt fahrunkundige Begleitperson zum Aufschließen des Kfz kein Überlassen des Kfz[47]. Als Kriterien könnten die Art und Weise der Erlangung der Verfügungsgewalt über das Fahrzeug herangezogen werden. Hat beispielsweise ein Mitarbeiter den Firmenwagen auch für die Fahrten nach Hause erhalten und er weicht nur geringfügig von der Strecke aus privaten Gründen ab, die nicht von Sachzwängen getragen sind, ist sicher nicht von einem besonders schwerwiegenden Fehlverhalten auszugehen. Anders allerdings bei dem Fahrer, der mit dem Firmenwagen ohne die entsprechende Genehmigung eine Urlaubsfahrt antritt. Dieser weiß mit Sicherheit, dass die Urlaubsfahrt nicht vom Willen des wahren Berechtigten getragen ist und wird daher die Schwarzfahrt im Zweifel sogar vorsätzlich begehen.

3. Wissentliches Ermöglichen

24 Hat der Versicherungsnehmer die Schwarzfahrt wissentlich ermöglicht, ist es fraglich, ob auch hier noch die Frage des Verschuldens zu prüfen ist. Entgegen der bisherigen Rechtsprechung, die von dem schuldhaften Ermöglichen ausging, muss jetzt die Frage

---

45 OLG Hamm v. 11.09.1997 – 6 U 72/97, r+s 1998, 181 f.
46 BGH v. 24.11.1966 – II ZR 182/64, VersR 1967, 50.
47 BGH v. 11.11.1969 – VI ZR 74/68 NJW 1970, 280, die unbefugte Inbetriebnahme durch diese Person gereicht dem VN nicht zum Nachteil.

der Wissentlichkeit[48] geprüft werden. Dies bedeutet nach den im Strafrecht verwendeten Definitionen, dass der Versicherungsnehmer schon mindestens billigend die Schwarzfahrt in Kauf genommen haben muss, um hier die Obliegenheitsverletzung begangen zu haben. Die Anforderungen, die § 7 Abs. 3 StVG an den Halter stellt, um eine Schwarzfahrt zu verhindern, sind insoweit anwendbar, da es um den gleichen Sachverhalt geht.

4. Einzelfälle

In diesem Zusammenhang ist eine Vielzahl von Entscheidungen ergangen, die sich im Wesentlichen mit der Frage beschäftigen, wie der Fahrzeugschlüssel zu verwahren ist. So haftet der Halter, wenn er den Fahrzeugschlüssel im Auto aufbewahrt[49]; bei Überlassung des Garagenschlüssels an jugendliche Hausgehilfin[50]; bei Zurücklassen des Schlüssels im an der Garderobe abgegebenen Mantel[51], verstecken des Schlüssels auf dem Tresen eines Bordells[52] und ähnlich sorglosen Verhaltensweisen.

Abgelehnt wurde die Halterhaftung bei:
– Benutzung des in einem verschlossenen Betriebsgelände mit steckendem Schlüssel abgestellten Fahrzeugs, das von einem Firmenangehörigen genutzt wurde[53];
– bei Weitergabe des Schlüssels an eine zuverlässige Person zur Übergabe des Schlüssels an einen Dritten, wenn sich diese Person eines weiteren Boten bedient, der die Schwarzfahrt ausführt[54],
– das Abstellen des Kfz in einem abgeschlossenen Gelände oder einer Garage ohne Zündschlüssel stellt kein schuldhaftes Ermöglichen dar[55].
– Auch der Verlust des Kfz-Schlüssels im Fahrzeug ist nicht per se grob fahrlässig, wenn er nicht eine Fernbedienung beinhaltet und auch sonst keinen Hinweis auf das Kfz enthält[56].
– Herausgabe des Fahrzeugschlüssels an einen unbeaufsichtigten Kaufinteressenten, der den Schlüssel kopiert, um das Kfz später zu entwenden, kann eine Leistungskür-

---

48 BGH IV ZR 90/13 zur Wissentlichkeit einer Pflichtverletzung.
49 OLG Nürnberg v. 23.02.1983 – 4 U 2274/82, VRS 66, 188 (Verstecken des Schlüssels hinter der Sonnenblende stellt schuldhaftes Ermöglichen dar).
50 BGH v. 14.05.1986 – IVa ZR 191/84.
51 OLG Düsseldorf v. 31.10.1988 – 1 U 7/88 VersR 1989, 638; OLG Saarbrücken v. 09.07.1993 – 3 U 135/93 zfs 1993, 294.
52 OGH Wien v. 08.03.2006 – 7 OB 39/06W, ADAJUR.
53 OLG Frankfurt v. 4.01.1982 – 1 U 30/81 VersR 1983, 497.
54 OLG Celle v. 05.01.1961 – 5 U 122/60, VersR 1961, 739.
55 OLG Nürnberg v. 23.02.1983 – 4 U 2274/82, VRS 66, 188 Ausreichend ist das Abziehen des Zündschlüssels in einer verschlossenen Garage, das Kfz muss nicht verschlossen sein.
56 OLG Hamm v. 03.07.2013 – 20 U 226/12. OLG Karlsruhe v. 31.07.2014 – 12 U 44/14 (Kfz-Brief und Zweitschlüssel im Kfz, wenn nicht feststeht, wann genau nach Abstellen des Kfz der Diebstahl ausgeführt wurde und der Dieb Schlüssel und Papiere nicht vorher erkennen konnte).

zung auf Null nach sich ziehen, wenn schon mehrfach von der örtlichen Polizei Warnhinweise herausgegeben worden waren[57].

Fragwürdig ist in diesem Zusammenhang die Entscheidung des OLG Saarbrücken, dass ein Abstellen des Kfz mit steckendem Schlüssel dann keine grobe Fahrlässigkeit darstellt, wenn das Kfz in einem ruhigen, dörflich geprägten, Wohngebiet nur kurz abgestellt wurde[58].

Gegenüber Familienangehörigen sind die Anforderungen an das Verwahren der Fahrzeugschlüssel geringer. Grundsätzlich muss nicht mit dem unbefugten Gebrauch des Kfz gerechnet werden[59]; etwas anderes gilt nur beim Hinzutreten weiterer Umstände, die die Gefahr der unbefugten Nutzung wahrscheinlich machen[60]. Ein »Verstecken« des Schlüssels ist nicht erforderlich[61].

5. Mögliche Quotierung

26 Dabei dürfte es zur Bewertung der Vorwerfbarkeit darauf ankommen, wo der Schlüssel sich befand und wie der Schwarzfahrer Zugriff nehmen konnte. Anders als bei der bisherigen Rechtsprechung ist jetzt die Bewertung der Vorwerfbarkeit zur Ermittlung des Leistungsfreibetrages erforderlich. So darf der Versicherungsnehmer sicher im häuslichen Umfeld darauf vertrauen, dass die Familienmitglieder nicht unberechtigt das Fahrzeug gebrauchen werden, eine Leistungsfreiheit dürfte dann nicht oder nur in geringem Umfang (ca. 25 %) gegeben sein. Allerdings können auch die Gesamtumstände, ggf. Besuch von fremden Jugendlichen, es erforderlich machen, den Schlüssel zu verwahren und eine unbefugte Nutzung könnte dann zu einer anteiligen oder gar höheren Leistungsfreiheit führen. Führte hingegen der sorglose Umgang mit dem Schlüssel gar zum Diebstahl des Kfz, ist mindestens eine 50 %ige Leistungsfreiheit anzusetzen.[62]

---

57 LG Neubrandenburg v. 22.06.2012 – 2 O 8/12, DAR 2012, 527.
58 OLG Saarbrücken v. 24.10.2007 – 5 U 238/07 m.w. H. BeckRS. 2008 03 770.
59 OLG Frankfurt v. 18.12.1985 – 17 U 271/84 BeckRS. 2008 15 989, allerdings müsse man auch den Alkoholkonsum eines 17 Jährigen mit berücksichtigen, da dieser dann ggf. unbefugt das Kfz nutzen würde.
60 OLG Düsseldorf v. 3.02.1984 – 1 U 83/83 VersR 1984, 985; OLG Oldenburg v. 29.04.1998 – 2 U 264/97 NZV 1999, 294.
61 BGH v. 18.01.1984 – IVa ZR 73/82, VersR 1984, 327; OLG Düsseldorf v. 13.02.1984 – 1 U 83/83, VersR 1984, 895.
62 OLG Koblenz v. 05.02.2007 – 10 U 903/06 zfs 2007, 694; OLG Saarbrücken 5 U 102/09, ADAJUR-Archiv #91219 (Fahrzeugschlüssel in unbeaufsichtigter Handtasche in einer Diskothek); OLG Koblenz v. 09.07.2012, 10 U 1292/11 (JurionRS 2012, 21558).

III. Führerscheinklausel

1. Verstoß durch den Versicherungsnehmer

Wird das Fahrzeug von dem Versicherungsnehmer ohne die entsprechende Fahrerlaubnis gesteuert, ist von einer Vorsatztat auszugehen[63]. Exkulpationsmöglichkeiten sind dabei nicht erkennbar. Eine grobe Fahrlässigkeit in diesem Zusammenhang dürfte nur dann möglich sein, wenn der Versicherungsnehmer ein »frisiertes Krad« erwirbt und dadurch evtl. gegen die Führerscheinklausel verstößt. Aber auch dabei müsste – sofern es im Schadenfall nicht gerade die erste Fahrt war – die höhere Fahrleistung auffallen und misstrauisch machen. Dann käme der Fall des sich der Kenntnis arglistig Entziehens in Betracht. Dieses Verhalten wäre dann dem vorsätzlichen Begehen der Obliegenheitsverletzung gleichzustellen. Allerdings kann aufgrund der unterschiedlichen OLG-Rechtsprechung ein Verbotsirrtum bei dem Führer des Kfz vorliegen, der ihn entschuldet[64]. 27

2. Quotierung gegenüber Versicherungsnehmer bei personenverschiedenem Fahrer

Daneben kann der Versicherungsnehmer die Obliegenheit durch das Ermöglichen der Fahrt ohne Fahrerlaubnis begehen. Grundsätzlich muss sich der Versicherungsnehmer vergewissern, dass der Fahrer, dem er sein Kfz überlässt, die erforderliche Fahrerlaubnis hat. Er darf sich nicht auf die Aussagen des Fahrers verlassen[65,66], sondern muss sich den Führerschein zeigen lassen, um sicher zu gehen. Hiervon darf er nur Abstand nehmen, wenn er aufgrund der Gesamtumstände auf das Vorliegen der Fahrerlaubnis vertrauen durfte[67] und zumindest in der Vergangenheit einmal die Fahrerlaubnis geprüft hatte. Ausreichend ist auch, wenn der Fahrer ein Fahrzeug wie das des Versicherungsnehmers seit längerer Zeit benutzt hat[68]. Der Versicherungsnehmer darf auch auf einem öffentlichen Parkplatz nicht darauf vertrauen, dass der Parkplatzwächter über die erforderliche Fahrerlaubnis verfügt[69]. Dabei dürfte aber die Frage der Öffentlichkeit des Parkplatzes zu prüfen sein. 28

Insbesondere im Bereich der gewerblichen Fahrzeugüberlassung bzw. in Fuhrunternehmen sind die Halter besonders gefordert. Sie müssen im Fuhrgewerbe regelmäßige Kontrollen durchführen. Unterbleiben diese, ist zumindest von grob fahrlässiger Obliegenheitsverletzung auszugehen. Dabei dürfte der Grad der Vorwerfbarkeit abhängig sein von der Frequenz der Prüfungen. Wurden überhaupt keine Prüfungen vorgenommen, 28a

---

63 OLG Karlsruhe v. 28.11.2006 – 2 Ss 78/06, DAR 2007, 219 f.; so auch Schirmer »Neues VVG und Kraftfahrzeughaftpflicht – und Kaskoversicherung – Teil II« in DAR 2008, 319 ff.
64 OLG Stuttgart v. 19.11.2007 – 2 Ss 597/2007, DAR 2008, 158 f.
65 BGH v. 06.07.1988 – IVa ZR 90/87 VersR 1988, 1017; AG Minden, v. 06.02.2009 – 26 C 64/08, Juris zur Weitergabe eines Kfz an einen Minderjährigen.
66 OLG Köln v. 28.02.1991 – 5 U 99/90, VersR 1993, 45 erst recht, wenn diesem schon einmal wegen Alkoholfahrt der Führerschein entzogen worden war.
67 OLG Karlsruhe v. 02.04.1987 – 12 U 224/86, NJW-RR 1988, 347.
68 BGH v. 16.05.1966 – II ZR 79/64 NJW 1966, 1359.
69 BGH v. 22.11.1968 – IV ZR 516/68 VersR 1969, 124.

D.2.1 AKB Folgen der Obliegenheitsverletzung nach D.

dürfte es sich um ein besonders vorwerfbares Verhalten handeln mit der Folge der Leistungsfreiheit von 75 %.

29 Kein Verschulden des Versicherungsnehmers ist hinsichtlich der Führerscheinklausel gegeben, wenn es sich bei dem Fahrer um einen unberechtigten Fahrer handelt. Auch wenn der Versicherungsnehmer die Schwarzfahrt schuldhaft ermöglicht hat, führt dies nicht zu einer Verletzung der Führerscheinklausel[70]. Auch eine Spritztour des Freundes des Sohnes führt zum Regress gegen diesen, eine Verantwortlichkeit des Versicherungsnehmers ist auch dann nicht gegeben, wenn die Spritztour mit dem Einverständnis des Sohnes und in dessen Beisein erfolgte.[71]

3. Verstoß durch den Fahrer

30 Für den vom Versicherungsnehmer personenverschiedenen Fahrer ist in aller Regel von einer vorsätzlichen Begehung der Obliegenheitsverletzung auszugehen, da er über die fehlende Fahrerlaubnis (ähnlich wie der führerscheinlose Versicherungsnehmer) informiert ist. Ein Irrtum über das Vorliegen der Fahrerlaubnis dürfte nur in ganz engen Ausnahmefällen möglich sein. Auch für den führerscheinlosen Schwarzfahrer gilt hinsichtlich des Regresses in der Kraftfahrzeug-Haftpflicht-Versicherung die Obergrenze von 5.000 € wegen des Verstoßes gegen die Führerscheinklausel. Dies begrenzt jedoch den Regress hinsichtlich der Schwarzfahrt nicht! Dort bleibt es bei der vollständigen Leistungsfreiheit.

4. Verstoß durch den Mieter

31 Grundsätzlich ist der Mieter eines Kfz an die Führerscheinklausel gebunden. Allerdings wird er nicht automatisch Halter des gemieteten Kfz mit der Folge, dass ein Regress gegen den Mieter eines Kfz wegen Weitergabe dieses Fahrzeuges an einen führerscheinlosen Fahrer nicht in Betracht kommt[72]. Selbstverständlich bleibt es bei den ggf. zivilrechtlich vereinbarten Schadenersatzansprüchen des Eigentümers gegen den Mieter aus dem Mietvertrag. Diese berühren jedoch das Verhältnis zum Kraftfahrzeug-Haftpflicht-Versicherer nicht.

5. Beweislastverteilung

32 Der Versicherer muss das Fahren ohne Fahrerlaubnis sowie ggf. die vorsätzliche Begehung der Obliegenheitsverletzung nachweisen. Da die Polizei bei Unfallaufnahme die Fahrerlaubnis prüft, kann der Beweis des Fahrens ohne Fahrerlaubnis leicht geführt werden, auch die vorsätzliche Begehung der Obliegenheit dürfte hinsichtlich des Fahrers keine Schwierigkeiten bereiten. Gegenüber dem Versicherungsnehmer muss der Versicherer das Ermöglichen des Fahrens ohne Fahrerlaubnis nachweisen.

---

70 BGH v. 17.11.1987 – IVa ZR 68/86 NJW-RR 1986, 341.
71 AG Hagen v. 24.04.2013, 140 C 206/12 (Jurion).
72 So schon BGH v. 23.05.1960 – II ZR 132/58, NJW 1960, 1572.

Fahrer und Versicherungsnehmer müssen ggf. ihr geringeres Verschulden oder leichte Fahrlässigkeit nachweisen. Die Exkulpation richtet sich nach D.2.2 AKB.

IV. Alkoholklausel, Rauschmittel

Auch bei der sog. Alkoholklausel ist zu differenzieren zwischen vorsätzlicher und fahrlässiger Begehungsweise der Obliegenheitsverletzung. Dabei scheinen die Kriterien, die von der Rechtsprechung zu § 316 StGB[73] entwickelt wurden, geeignet zu sein, um auch hier die Abgrenzung zwischen Vorsatz und Fahrlässigkeit vorzunehmen. 33

1. Trunkenheits- oder Drogenfahrt durch den Versicherungsnehmer

Begeht der Versicherungsnehmer die Trunkenheitsfahrt, so bemisst sich allein nach dem Grad der Alkoholisierung die Schwere der Schuld im Bereich der groben Fahrlässigkeit[74]. Im Falle einer Fahrt unter Medikamenten- oder Drogeneinfluss ist die Bewertung nicht ohne weiteres durch eine Blutuntersuchung vorzunehmen, da Grenzwerte nicht fixiert sind. Hier kommt es ausschließlich auf die Umstände des Einzelfalls an[75]. 34

Vorsätzlich handelt, wer in Kenntnis seiner alkohol- oder drogenbedingten Fahruntüchtigkeit gleichwohl ein Fahrzeug führt[76]. Es reicht auch, wenn der Fahrer mit der alkoholbedingten Fahruntüchtigkeit rechnet[77]. Dabei ist die Höhe der BAK ein Indiz für die Vorsatztat[78]! Es gibt allerdings nach Auffassung des BGH keinen bestimmten Wert, ab dem zwingend von dem Erkennen der Fahruntüchtigkeit ausgegangen werden kann[79]. Wenn sich der Fahrer über die Warnung, noch zu fahren, hinwegsetzt, kann dies für eine vorsätzliche Begehung des § 316 StGB sprechen[80]. Dabei ist bei der Bewertung der Rechtsprechung zum § 316 StGB unbedingt darauf zu achten, dass es 35

---

73 Text: § 316 Trunkenheit im Verkehr.
   [72] (1) Wer im Verkehr (§§ 315 bis 315d) ein Fahrzeug führt, obwohl er infolge des Genusses alkoholischer Getränke oder anderer berauschender Mittel nicht in der Lage ist, das Fahrzeug sicher zu führen, wird mit Freiheitsstrafe bis zu einem Jahr oder mit Geldstrafe bestraft, wenn die Tat nicht in § 315a oder § 315c mit Strafe bedroht ist. (2) Nach Absatz 1 wird auch bestraft, wer die Tat fahrlässig begeht.
74 Notthoff, Der Regress des Kraftfahrzeug-Haftpflicht-Versicherers Teil 1«, VRR 2013,84, 87; So auch Schirmer »Neues VVG und Kraftfahrzeughaftpflicht – und Kaskoversicherung – Teil II« in DAR 2008, 319 ff.
75 Krumm, »Die zur Fahruntüchtigkeit führenden »anderen« Rauschmittel«, NZV 2014, 441 ff, mit einer Aufstellung über die Wirkungen der einzelnen Mittel.
76 OLG Koblenz v. 19.04.2001 – 1 Ss 295/00, NZV 2001, 357, OLG Hamm 06.10.1998 – 4 Ss 1174/98, NZV 1999, 246; OLG Köln v. 02.09.1997 – SS. 498/97 DAR 1997, 499 u. v. m.
77 Bay. ObLG v. 19.02.1993 – 1 St RR 30/93, zfs 1993, 174; OLG Koblenz v. 19.04.2001 – 1 Ss 295/00, NZV 2001, 357.
78 Bay ObLG v. 19.02.1993 – 1 St. RR 30/93, zfs 1993, 174.
79 BGH v. 25.08.1983 – 4 4 StR 331/83, VRS 65, 359; OLG Stuttgart v. 04.05.2010 – 5 SS 198/10, VRR 2010, 269 m. Anm. Kabus.
80 OLG Zweibrücken v. 23.02.2001 – 1 Ss 14/01 zfs 2001, 334.

dort nicht zu einem Schaden gekommen sein muss, so dass das Verschulden des Fahrers nicht zu schwer bewertet wird.

36   Fahrlässig handelt, wer sich beim Trinken und dem nachfolgenden Fahrentschluss entgegen jener allgemeinen Erfahrung[81] trotz des Genusses von Alkohol ans Steuer setzt. Auch die Einnahme von unbekannten Medikamenten und nachfolgendem Alkoholgenuss sind fahrlässig[82]. Allerdings nicht ohne konkrete Anhaltpunkte auf subjektiv grob fahrlässiges Verhalten – mit der Folge der Leistungsfreiheit des Kaskoversicherers – geschlossen werden, weil zwar bei Kraftfahrern die Hemmschwelle für ein Fahren trotz alkoholbedingter Fahruntüchtigkeit stark heraufgesetzt ist, dies jedoch auf die Fahruntüchtigkeit infolge der Einnahme von Medikamenten nicht ohne weiteres übertragbar ist[83].

Auch derjenige, der nach durchzechter Nacht den Restalkohol und die Nachwirkungen des abklingenden Alkohols nicht bedacht hat, handelt fahrlässig[84]. Auch mit 0,7 Promille wird bei Vorfahrtsverletzung und einem daraus resultierenden Unfall die grobe Fahrlässigkeit angenommen[85]. Gleiches wird für den unter Drogeneinfluss Fahrenden angenommen werden müssen, wenn der Drogenkonsum länger zurücklag[86]. Rückt das Verhalten des Fahrers in die Nähe der Vorsatztat, kann eine Leistungskürzung auf 0 gerechtfertigt sein[87].

2. Trunkenheitsfahrt Fahrer, Kenntnis Versicherungsnehmer

37   Bei dem Fahrer, der nicht gleichzeitig Versicherungsnehmer ist, kommen die gleichen Regeln wie bei dem Versicherungsnehmer zur Anwendung, der unter Alkoholeinfluss ein Fahrzeug führt.

Daneben handelt der Versicherungsnehmer schuldhaft, wenn er in Kenntnis der Alkoholisierung dem Fahrer sein Kfz überlässt[88]. Kein Verschulden liegt vor, wenn der Versicherungsnehmer ohne Verschulden annehmen durfte, der Fahrer habe keine alkoholischen Getränke zu sich genommen[89].

---

81   Prüfung der Fahrsicherheit vgl. oben zu D.2.1 AKB Anm. 1.
82   OLG Celle v. 06.06.1963 – 1 Ss 104/63, Beck Online; .
83   OLG Düsseldorf, Urteil vom 06.07.2004 – Aktenzeichen I-4 U 222/03.
84   OLG Saarbrücken v. 30.04.2014 – 4 U 165/13; Hentschel Straßenverkehrsrecht § 316 Rn. 8 m. w. N.
85   OLG Saarbrücken v. 28.01.2009 – 5 U 698/09, NJW-RR 2009, 685 zur alten Rechtslage.
86   OLG Celle v. 09.12.2008 – 322 SsBs 247/08 in zfs 2009, 288 ff. bei einer Zeitspanne von 23 Stunden.
87   BGH v. 11.01.2012 – IV ZR 251/10, SVR 2012, 263, der aber immer noch von grob fahrlässiger Begehung ausgeht; OLG Stuttgart 18.08.2010 – 7 U 102/10, DAR 2011, 204; OLG Dresden 15.09.2010 – 7 U 0466/10, ADAJUR Dok-Nr. 93409.
88   Münstermann zu LG Karlsruhe v. 9 S 120/99, r+s 2000, 361 ff.; OLG Saarbrücken v. 14.11.2001 – 5 U 267/01–20, r+s 2002, 184.
89   Böhme/Biela, Kraftverkehrshaftpflichtschäden Kap. 16 Rn. 118 f.

3. Beweislastverteilung

Der Versicherer muss die Alkoholfahrt und ggf. die vorsätzliche Begehung der Obliegenheitsverletzung nachweisen. Der Fahrer muss die einfache Fahrlässigkeit oder ggf. eine geringere Schwere der Schuld nachweisen. Der vom Fahrer personenverschiedene Versicherungsnehmer muss nachweisen, dass er von der alkoholbedingten Fahruntüchtigkeit des Fahrers nichts wusste, diese nicht erkennbar war[90] und er sich dieser Kenntnis auch nicht arglistig verschlossen hat. Grundsätzlich handelt der Versicherungsnehmer schon dann schuldhaft, wenn er weiß, dass der Fahrer Alkohol zu sich genommen hat.

38

4. Mögliche Quotierung

Zumindest bei der Trunkenheitsfahrt lassen sich durch die BAK-Werte Kriterien entwickeln, unter welchen Voraussetzungen welcher Grad der Vorwerfbarkeit zu Grunde gelegt werden kann. Auch wenn in vielen Ländern schon die 0 Promille-Grenze gilt, ist nach ständiger Rechtsprechung erst ab einer BAK von 0,3 Promille die Alkoholisierung des Fahrers in Verbindung mit einem alkoholbedingten Fahrfehler, der zum Unfallereignis führte, auch in versicherungsrechtlicher Hinsicht relevant.

39

00,29‰	Leichte Fahrlässigkeit	0 %, kein Regress
03–0,49‰	Grobe Fahrlässigkeit, leichtes Verschulden	25 % in allen Sparten, max. 5000 € in der Kraftfahrzeug-Haftpflicht-Versicherung
0,5–0,79‰[91]	Grobe Fahrlässigkeit, mittleres Verschulden	50 % in allen Sparten, max. 5000 € in der Kraftfahrzeug-Haftpflicht-Versicherung
0,8–1,09‰	Grobe Fahrlässigkeit, Schweres Verschulden	75 % in allen Sparten, max. 5000 € in der Kraftfahrzeug-Haftpflicht-Versicherung
Ab 1,1‰	Vorsatz im Sinne des Strafrechts, aber nach Auffassung des BGH für Obliegenheiten weiter grob fahrlässig[92]	100 % in allen Sparten, max. 5000 € in der Kraftfahrzeug-Haftpflicht-Versicherung

Liegt der Promillegrad unterhalb der absoluten Fahruntüchtigkeit, sind Ausführungen erforderlich, ob Fahruntüchtigkeit vorlag oder nicht[93]. Ab dem Erreichen der Grenze

---

90 LG Köln v. 06.06.1984 – 24 O 519/83, r+s 1986, 119.
91 *OLG Hamm* v. 25.8.2010 – 20 U 74/10, r+s 2010, 506 bejaht eine Leistungskürzung um 50% bei 0,59 Promille. AG Düren v 15.08.2012 – 44 C 76/12, geht von Leistungskürzung um 75% bei BAK von 0,54 ‰ aus,.
92 BGH v. 22.06.2010 – VI ZR 225/.10 geht auch bei einer BAK von 2,7 Promille von grober Fahrlässigkeit aus, bejaht allerdings die Leistungskürzung auf 0! Ebenso BGH v. 11.01.2012 – IV ZR 251/10.
93 KG Beschl. v. 15.09.2011 – (3) 1 Ss 192/11 (Jurion) für die strafrechtliche Bewertung.

der absoluten Fahruntüchtigkeit, die für sich allein schon zur Tatbestandsverwirklichung auch des § 316 StGB ausreicht[94], ist nach tw. Auffassung von einer vorsätzlichen Begehung der Obliegenheitsverletzung auszugehen[95]. Allerdings hat das KG ausgeführt, dass allein die BAK nicht zur Annahme einer vorsätzlichen Trunkenheitsfahrt ausreicht[96]. Der Hinweis auf das Schweizer Modell geht fehl, da dort jedwede Alkoholfahrt zunächst ausgeschlossen ist und der Versicherungsnehmer sich nur über eine höhere Prämie auch gegen alkoholbedingte Unfälle schützen kann. Daraus resultierend gilt dort die Grenze zur Vorsatztat von 1,5 Promille!

40 Für den Genuss von Drogen und sonstigen berauschenden Mitteln wird man die weitere Entwicklung abwarten müssen und die Quotierung anhand der Ausfallerscheinungen des Fahrers vornehmen müssen. So werden leichtere Ausfallerscheinungen (leicht verzögerte Reaktionen) zu einer geringeren Quote führen müssen als beispielsweise Gang- und Standunsicherheiten, verwaschene Sprache oder gar Lallen. Üblicherweise ist – wenn nicht besondere Anzeichen hinzutreten – von einer 50 % igen Leistungsfreiheit auszugehen, die sich durch das Hinzutreten von Gang- und Standsicherheit, verwaschene Sprache oder gar Lallen nur noch in der Leistungsfreiheit in Richtung 75 % bis hin zur vollständigen Leistungsfreiheit bewegen können.

Auch bei Medikamenteneinnahme, die für den Unfall ggf. ursächlich gewesen ist, handelt der Fahrer fahrlässig[97], wenn er sich nicht über die Wirkungsweise der Medikamente informiert.

41 Darüber hinaus kann sich der Fahrer entlasten, indem er nachweist, dass er zum Fahrtantritt unzurechnungsfähig war[98]. Der Gegenbeweis, der Fahrer sei trotz einer BAK von 1,1 Promille nicht fahruntüchtig gewesen, ist nicht möglich[99].

---

94 BVerfG v. 27.06.1994 – 2 BvR 1269/94, NJW 1995, 125; BayObLG RReg. v. 01.03.1976 – 1 St 366/75, NJW 1976, 1802.
95 So auch Heß, »Die VVG-Reform: Alles oder nichts – das ist (nicht mehr) die Frage«, NJW Spezial 2007, S. 159f; Rixecker, »Neufassung des Versicherungsvertragsgesetzes- Verursachung eines Versicherungsfalles – Teil 1«, zfs 2007, 15 und Römer »Änderung des Versicherungsvertragsrechts Teil 1«, VersR 2006, 740 f.; AG Bühl v. 14.05.2009 – 7 C 88/09 in SVR 2009, 424.
96 KG v. 3.03.2014 – 3 161 SS 41/14 29/14, ACE-VJ,3/14 26 (LS).
97 OLG Frankfurt DAR 1970, 162.
98 OLG Nürnberg v. 12.07.2013 – 5 U 562/13, beweisbelastet ist der Versicherungsnehmer; LG Köln 17.11.2004 – 20 O 331/04 r+s 2006, 62 f m. w. N.; BGH VI ZR 146/04 r+s 2006, 232 f.; AG Düsseldorf 26.02.2007 – 58 C 8469/06, SP 2008, 125 bei 3,67 Promille. Der Entschluss zur Fahrt muss aber im Zustand der Schuldunfähigkeit getroffen worden sein, dies wurde in dem vorliegenden Verfahren nicht bewiesen.
99 BGH v. 09.10.1991 – IV ZR 264/90 in VersR 1991, 1367 für die Fahrzeugversicherung.

Folgen der Obliegenheitsverletzung nach D. **D.2.1 AKB**

4. Übersicht über die Entscheidungen

BAK	Grad der Kürzung	Fundstelle
0,4 Promille + Anscheinsbeweis der Fahruntüchtigkeit	50%	LG Flensburg v. 24.08.2011 – 4 O 9/11
0,59 Promille	60 %	OLG Hamm v. 25.08.2010 – I-20 U 74/09.
0,7 Promille	75 % Kraftfahrzeug-Haftpflicht-Versicherung	AG Siegen v. 30.11.2012 – 14 C 2166/12, NZV 2013, 604 f.
0,93 Promille	75 %	OLG Saarbrücken v. 30.04.2014 – 4 U 165/13
Ermöglichen der Alkoholfahrt (erheblich alkoholisierter Fahrer)	75 %	LG Bonn v. 12.02.2010 – 10 O 115/09
1,29 Promille des Repräsentanten	100%	LG Tübingen v. 26.04.2010 – 4 O 326/09, zfs 2010, 394.
1,89 Promille	100% Vollkasko-Versicherung	AG Brühl v. 14.05.2009 – 7 C 88/09
1,94 Promille	100 % Unfallversicherung	OLG Köln v. 28.09.2012 – 20 U 107/12; NZV 2013, 602 (auch zum Thema Nachtrunk und Rückrechung)
2,1 Promille	100%	BGH v. 11.01.2012 – I V ZR 251/10, SVR 2012, 263 f
2,45 Promille	100 % (Kraftfahrzeug-Haftpflicht-Versicherung)	OLG Saarbrücken v. 04.04.2013 – 4 U 31/12, NZV 2013, 598
Ab 2,5 Promille	Prüfung der Schuldfähigkeit erforderlich	OLG Köln v. 22.01.2010 – 1 RVS 5/10, NSTZ-RR 2010, 281.
Vollrausch-Verurteilung	Umstände des Einzelfalles beachten, die BAK alleine reicht nicht aus	OLG Köln v. 05.02.2010 – 1 RVS 25/10
Alkohol und Medikamente		
Relative Fahruntüchtigkeit + Einnahme von Antidepressiva	100 % Vollkasko-Versicherung	AG Frankfurt v. 08.12.2010 – 31 C 1869/10–17
Alkohol und Drogen		

D.2.1 AKB   Folgen der Obliegenheitsverletzung nach D.

BAK	Grad der Kürzung	Fundstelle
0,95 Promille + 3,8 ng/ml Kokain + 429 ng/ml Benzolecgonin + 65 ng/ml Ecgoninmethylester	kein Nachweis alkoholbedingter Fahruntüch-.tigkeit, wenn led. eine Aufhebung der Geschwindigkeitsbegrenzung übersehen wird	KG Beschl. v. 15.09.2011 – (3) 1 Ss 192/11 (73/11) – Jurion
Drogen		
1,0 ng/ml	grobe Fahrlässigkeit	KG v. 14.10.2014 – 3 WS B 375/14 – 162 SS93/14 zu den Abbauzeiten

V. behördlich nicht genehmigte Rennveranstaltung

42   Hier gelten die allgemeinen Regeln. Eine vorsätzlich begangene Obliegenheitsverletzung ist sicher anzunehmen, wenn das Rennen verabredet wurde und man sich geplant trifft. Handelt es sich dagegen um die häufiger vorkommenden »plötzlichen« (nicht verabredeten[100]) Jagden auf der Autobahn oder der Anfahrsprint an der Ampel, so dürfte von grob fahrlässiger Begehung der Obliegenheitsverletzung auszugehen sein[101]. Ein Ansatz für die Quotierung könnten der entstandene Schaden sein, so dürfte bei Entstehung von Sachschaden von einer mittleren Vorwerfbarkeit auszugehen sein. Wurde hingegen auch Personenschaden verursacht, ist in jedem Fall von schwererem Verschulden auszugehen und eine Leistungsfreiheit von 75 % anzunehmen. Eine Quotierung anhand der gefahrenen Geschwindigkeiten scheint nicht sachgerecht, da dort nur auf die Geschwindigkeiten, nicht aber auf die Umgebung (Autobahn, Stadtverkehr) geachtet wird. Auch die prozentuale Bewertung durch Überschreitung der zulässigen Höchstgeschwindigkeit deckt dieses Risiko nicht ab. So kann beispielsweise im Stadtverkehr bei einem Ampelsprint[102] mehr Schaden angerichtet werden, wenn auch die Höchstgeschwindigkeit nur um 20 % überschritten wurde, als bei gleicher Überschreitung auf der Autobahn! Auch eine Fahrtveranstaltung, bei der die Durchschnittsgeschwindigkeit gemessen werden soll, es aber zu Höchstgeschwindigkeiten kommen kann, stellt eine nicht zulässige Rennveranstaltung dar[103]. Die Entscheidung des OLG Bamberg ist insoweit widersprüchlich, danach soll eine »Fahrtveranstaltung« dann nicht vorliegen, wenn sich das Ereignis auf öffentlichen Straßen abspielt und nur den Zweck haben soll, eine höhere Durchschnittsgeschwindigkeit zu erreichen, wenn das Motorrad

---

100   OLG Hamm 07.04.1997 – 2 Ss OWI 260/97, NZV 1997, 367; v. 2.05.1997 – 13 U 198/96 NZV 1997, 515.
101   OLG Jena v. 06.09.2004 – 1 Ss 139/04 auf den Startort kommt es bei einem Rennen nicht an.
102   OLG Hamm v. 28.02.2011 – III-5 RBS 267/10.
103   LG Stuttgart v. 26.01.2005 – 18 O 536/04.

noch lange nicht an seiner Leistungsgrenze angekommen war.[104] Das Verschulden ist an den Einzelumständen zu messen, etwa, welche Kriterien für die Gleichmäßigkeitsfahrt angesetzt werden (bezüglich möglicherweise erforderlich werdender Stichentscheide) und welches Schadenrisiko bestand.

VI. Gefahrerhöhung

Die gesetzliche Obliegenheit ist nur in D.2.3 erwähnt. Hat der Versicherungsnehmer oder der Fahrer eine Gefahrerhöhung begangen, besteht ebenfalls Leistungsfreiheit. Diese ist für die Kraftfahrzeug-Haftpflicht-Versicherung begrenzt, für die anderen Sparten besteht bei vorsätzlich begangener Gefahrerhöhung Leistungsfreiheit in voller Höhe, bei grobfahrlässiger Obliegenheitsverletzung hingegen ist entsprechend dem Grad der Vorwerfbarkeit eine Quotierung vorzunehmen. Verursacht der berechtigte Fahrer eine Gefahrerhöhung, ist ggf. die Leistung entsprechend des Grades des Verschuldens zu kürzen[105]. Eine vorsätzliche Gefahrerhöhung ist nur dann anzunehmen, wenn der Versicherungsnehmer in dem Bewusstsein der gefahrerhöhenden Eigenschaft seiner Handlung gehandelt hatte[106].

43

VII. Besonderheit Insassen

Für die **Unfallversicherung** gilt zunächst folgendes:

44

Diejenigen Fahrzeuginsassen, die sich ohne Willen oder gar gegen den Willen des Versicherungsnehmers im Fahrzeug befinden und geschädigt werden, sind in der Unfallversicherung nicht versichertBGH[107]. Die Obliegenheitsverletzung des Fahrers kann dem VN als Insasse im eigenen Fahrzeug bei der Regulierung des Personenschadens nicht entgegengehalten werden, wenn er davon keine Kenntnis hatte. Die Ausnahme von D.2.1 Satz 3 gilt nur bei dem alkoholisierten Fahrer. Eine Beschränkung des Mithaftungseinwandes ist darin allerdings nicht zu sehen. Der Versicherer verzichtet lediglich auf den Einwand der Obliegenheitsverletzung und der daraus resultierenden Leistungsfreiheit.

---

104 OLG Bamberg v. 23.03.2010 – 1 U 161/09 (LS), r+s 2010, 527 für die AUB.
105 Vgl. hierzu auch Kloth aaO. Kap. N. Rn. 13 m. w. H.
106 BGH v. 10.09.2014 – IV ZR 322/13, SP 2014, 426 f.
107 So schon OLG Düsseldorf v. 28.10.1969 – 4 U 57/69 zur Anwendbarkeit der Grundsätze der Gefahrerhöhung auch auf die Unfallversicherung.

D.2.2 (Exkulpationsmöglichkeit[1])

Abweichend von D.2.1 sind wir zur Leistung verpflichtet, soweit die Pflichtverletzung weder für den Eintritt des Versicherungsfalls noch für den Umfang unserer Leistungspflicht ursächlich ist. Dies gilt nicht, wenn Sie die Pflicht arglistig verletzen.

Übersicht	Rdn.
A. Kausalzusammenhang Obliegenheit und Leistungspflicht	1
B. Kausalitätsgegenbeweis	2
C. Arglistige Obliegenheitsverletzung	3
C. Einzelfälle	4
I. Verstoß gegen die Verwendungsklausel	4
II. Schwarzfahrt	5
III. Führerscheinklausel	6
IV. Trunkenheitsklausel/Rauschmittel (nur in Kraftfahrzeug-Haftpflicht)	9
V. Behördlich nicht genehmigte Rennen (nur in Kraftfahrzeug-Haftpflicht)	10

A. Kausalzusammenhang Obliegenheit und Leistungspflicht

1 Nach dem Wortlaut der Vorschrift, die mit § 28 Abs. 3 VVG korrespondiert, ist ein Zusammenhang zwischen der Obliegenheitsverletzung und dem Schadenfall bzw. der Schadenhöhe erforderlich. Voraussetzung für die Leistungsfreiheit ist damit, dass die Obliegenheitsverletzung auch für den Eintritt des Schadenfalls ursächlich gewesen ist[2]. Ausreichend ist dabei die Mitverursachung des Schadens durch die Obliegenheitsverletzung[3]. Allerdings entfällt die Leistungspflicht des Versicherers, wenn der Versicherungsnehmer die Pflicht arglistig verletzt hat. Als arglistig wird ein Verhalten des Versicherungsnehmer bezeichnet, das in seiner inneren Willensrichtung noch über das vorsätzliche Handeln hinausgeht. Der Handelnde verstößt nicht nur wissentlich und willentlich gegen die Regeln, sondern ist sich auch bewusst, dass er die Willensentscheidung seines Gegenübers unlauter beeinflusst[4].

B. Kausalitätsgegenbeweis

2 Der Versicherungsnehmer kann den Kausalitätsgegenbeweis[5] führen und nachweisen, dass der Schadenfall auch so (grundsätzlich oder in dem eingetretenen Umfang) einge-

---

1 Überschrift des Verfassers!.
2 Vgl. auch Kreuter-Lange in FA Versicherungsrecht Kap. 25 Rn. 44 ff. zu den einzelnen Obliegenheiten.
3 BGH v. 06.07.1967 – II ZR 16/65 VersR 1967, 944; LG Köln v. 12.08.2009 – 4 O 365/08, SP 2009, 261 ff. (Fahrzeugschlüssel im Wageninneren ist zwar grob fahrlässig, aber im entschiedenen Fall nicht ursächlich gewesen, da nicht festgestellt werden konnte, dass gerade dieser Schlüssel dann zum Diebstahl verwendet wurde.
4 So Felsch in Rüffer/Halbach/Schimikowski, VVG § 28 Rn. 76.
5 BGH IV ZR 90/13 zur Wissentlichkeit einer Pflichtverletzung; BGH v. 04.05.1964 – II ZR 153/61, VersR 1964, 709.

treten wäre, wenn er die Obliegenheit beachtet hätte[6]. Damit steht dem Versicherungsnehmer noch eine weitere Entlastungsmöglichkeit zur Verfügung, wenn er den Nachweis der nur leichten Fahrlässigkeit nicht führen konnte, die auch in § 6 Abs. 2 VVG a. F. vorgesehen war.

C. Arglistige Obliegenheitsverletzung

Diese Entlastungsmöglichkeit ist dem Versicherungsnehmer bzw. Fahrer allerdings abgeschnitten, wenn er die Pflichtverletzung arglistig begangen hat. Arglistig handelt derjenige, der eine mögliche Schädigung des Anderen billigend in Kauf nimmt[7]. Ihm ist dann der Kausalitätsgegenbeweis, nämlich, dass die Obliegenheitsverletzung keine Auswirkungen auf Grund oder Umfang der Eintrittspflicht hatte, abgeschnitten. Ob die für das Vorliegen von Arglist von der Rechtsprechung zu anderen Fallkonstellationen als dem Versicherungsrecht entwickelten Grundsätze ohne weiteres auf die Obliegenheitsverletzungen vor dem Schadenfall übertragen werden können, erscheint fraglich. Allerdings sollte dem Versicherungsnehmer der Entlastungsbeweis in jedem Fall abgeschnitten sein, wenn sich der Schaden schon deswegen nicht ereignet hätte, wenn das versicherte Fahrzeug den Schadenfall in irgendeiner Form mit verursacht hat. In aller Regel dürfte die Obliegenheitsverletzung sich nur dann nicht auf den Schadenseintritt ausgewirkt haben, wenn der Unfall als solcher für den Fahrer/Versicherungsnehmer unabwendbar war[8].

3

C. Einzelfälle

I. Verstoß gegen die Verwendungsklausel

Eine Möglichkeit der Entlastung ist der Nachweis, dass die tatsächliche Verwendung gegenüber der versicherten Verwendung eine Risikoverringerung darstellte[9]. Liegt aber eine Risikoerhöhung gegenüber dem versicherten Risiko vor, wird eine Entlastung mehr als schwierig sein. Da der Versicherungsnehmer Kenntnis hat von der versicherten Verwendung, handelt er in aller Regel vorsätzlich. Auch der Fahrer hat ggf. Kenntnis von der »falschen« Verwendung. Insbesondere bei der missbräuchlichen Verwendung von roten Kennzeichen dürfte davon auszugehen sein, da die eingeschränkte Verwendungsmöglichkeit dieser Kennzeichen gemeinhin bekannt ist[10]. Ob der vorsätzliche Verstoß gegen die Verwendungsklausel auch gleichzeitig als arglistig zu bezeichnen ist, wird der Wertung der Rechtsprechung überlassen bleiben. Sicher ist jedoch in

4

---

6 LG Berlin v. 07.02.1985 – 7 O 309/84, VersR 1985, 1136.
7 BGH v. 12.03.2014 – IV ZR 306/13, VersR 2014 565 ff; BGH v. 12.11.1986 – IVa ZR 186/85 VersR 1987, 91; v. 20.11.1990 – IV ZR 113/89 NJW-RR 1991, 411; Stoeber/Nugel, »Rechtsprechungsübersicht zur arglistigen Obliegenheitsverletzung«, SP 2014, 347 f.
8 OLG Hamm v. 01.12.1997 – 6 U 177/96, r+s 1998, 140 und v. 11.09.1997 – 6 U 72/97, r+s 1998, 181 f.
9 OLG Karlsruhe v. 07.07.1994 – 12 U 12/94, VersR 1995, 568f; OLG Koblenz v. 04.12.1998 –10 U 5/98, r+s 1991, 271 m. w. H.
10 So OLG Köln v . 28.03.2000 – 9 U 113/99, r+s 2000, 189 f.

jedem Verstoß gegen die Verwendungsklausel ein Ansatz, den Versicherer um die ihm zustehende Prämie zu bringen, zu sehen.

II. Schwarzfahrt

5 Der Fahrer kann sich exkulpieren, wenn er aufgrund vorangegangener Fahrten von dem Einverständnis des Berechtigten ausgehen durfte[11]. Er ist beweisbelastet mit dem Nachweis des fehlenden Verschuldens[12] oder der fehlenden Zurechnungsfähigkeit, welche ein Verschulden ausschlösse[13]. Auch derjenige, der glaubte, er habe die Genehmigung zur Fahrt von einem Berechtigten erhalten, kann sich entlasten[14]. Bei demjenigen, der das Kfz durch eine strafbare Handlung erlangt hat, ist von einer Vorsatztat auszugehen, eine Begrenzung der Leistungsfreiheit ist in diesem Fall nicht gegeben.

III. Führerscheinklausel

6 Bei den Entlastungsmöglichkeiten ist zu differenzieren zwischen dem Versicherungsnehmer und dem mitversicherten – führerscheinlosen – Fahrer.

7 Der Fahrer (bzw. der Versicherungsnehmer, der gleichzeitig Fahrer ist,) kann sich entlasten, wenn er nachweist, dass seine fehlende Fahrerlaubnis nicht ursächlich für den Schadenfall war[15]. Dies dürfte in Ausnahmefällen möglich sein. Insbesondere dann, wenn sich der Unfall für den Versicherungsnehmer als unabwendbares Ereignis darstellt[16]. Auch das Versagen technischer Einrichtungen als Schadensursache stellt eine Exkulpationsmöglichkeit dar. Auch wenn lediglich die Erlaubnis zur Personenbeförderung fehlt und bei dem Auffahrunfall lediglich Sachschaden zur Folge hatte, wurde der Entlastungsbeweis als geführt erachtet[17], da diese Erlaubnis nur der Sicherheit der Fahrgäste dient. Kommt es allerdings in einem solchen Fall zum Personenschaden, ist eine Entlastung nur noch bei Unabwendbarkeit des Schadenfalls möglich. Soweit der Fahrer eine ausländische Fahrerlaubnis hat, aber nicht über die erforderliche deutsche Fahrerlaubnis verfügt, ist der Versicherer mit dem Beweis belastet, dass sich der Schadenfall wegen der Unkenntnis der deutschen Straßenverkehrsvorschriften ereignete[18]. Soweit der ausländische Fahrer ausschließlich aufgrund formeller Gründe seine Fahrerlaubnis verloren hat und die Ungeeignetheit zum Führen von Kfz nicht feststeht, ist der Kausalitätsgegenbeweis geführt[19]. Fehlt die an sich erforderliche Erlaubnis zur

---

11 LG Köln v. 29.09.1999 – 19 S 50/99 r+s 2000, 186, bei geringfügiger Abweichung von dem genehmigten Rahmen.
12 BGH v. 24.11.1966 – II ZR 182/64, VersR 1967, 50.
13 BGH v. 09.02.1972 – IV ZR 122/71, VersR 1972, 342.
14 BGH v. 13.07.1993 – VI ZR 278/92, r+s 1993, 363 = NJW 1993, 3067.
15 BGH v. 21.11.2006 – VI ZR 115/05 in VersR 2007, 263 = zfs 2007, 263 ff.
16 BGH v. 01.03.1972 – IV ZR 107/70, VersR 1972, 530 (zur Gefahrerhöhung).
17 BGH v. 13.12.1972 – IV ZR 156/71 VersR 1973, 172 ff.
18 OLG Naumburg v. 05.02.2004 – 4 U 158/03 NJOZ 2004, 3526 = zfs 2007, 7.
19 OLG Nürnberg 8 U 3262/01, SP 2007, 207.

Personenbeförderung, kann sich der Fahrer insoweit entlasten, als eine Person gerade nicht zu Schaden gekommen ist[20].

Wird dem Versicherungsnehmer vorgeworfen, die Fahrerlaubnis nicht geprüft zu haben und die Obliegenheitsverletzung dadurch ermöglicht zu haben, kann dieser sich nur entlasten, indem er Umstände nachweist, die ihn berechtigt an das Vorhandensein der erforderlichen Fahrerlaubnis glauben zu dürfen. Auch wenn es sich um eine Schwarzfahrt gehandelt hat[21], kann dem Versicherungsnehmer die fehlende Fahrerlaubnis des Fahrers nicht vorgehalten werden, selbst wenn er die Schwarzfahrt ermöglicht haben sollte. 8

IV. Trunkenheitsklausel/Rauschmittel (nur in Kraftfahrzeug-Haftpflicht)

Eine Exkulpation des berauschten Fahrers (sei es durch Alkohol oder sonstige Rauschmittel) wird nur dann möglich sein, wenn er den Nachweis der Unabwendbarkeit des Schadenfalles führen kann. Nur in diesem Fall ist der Beweis sicher geführt, dass der Rauschzustand weder für den Schadeneintritt noch für den Umfang des Schadens ursächlich war. Ab einer BAK von 1,1 Promille dürfte der Nachweis, dass eine Fahrunsicherheit gerade nicht vorgelegen habe, nicht mehr gelingen[22]. 9

V. Behördlich nicht genehmigte Rennen (nur in Kraftfahrzeug-Haftpflicht)

Eine Exkulpation ist nur möglich, wenn der Versicherungsnehmer/Fahrer nachweist, dass sich der Schadenfall auch bei Einhaltung der zulässigen Höchstgeschwindigkeit so ereignet hätte. Auch kann die Entlastung möglich sein, wenn zwar eine Teilnahme an einem Rennen vorlag, im Unfallzeitpunkt aber die an der Unfallstelle zulässige Höchstgeschwindigkeit nicht überschritten wurde und damit die Kausalität der Obliegenheitsverletzung für den Schadenfall nicht gegeben ist[23]. 10

Beschränkung der Leistungsfreiheit in der Kfz-Haftpflichtversicherung

D.2.3 (Grenzen der Leistungsfreiheit[1])

In der Kfz-Haftpflichtversicherung ist die sich aus D.2.1 ergebende Leistungsfreiheit bzw. Leistungskürzung Ihnen und den mitversicherten Personen gegenüber auf den Betrag von höchstens je xx Euro beschränkt.* Außerdem gelten anstelle der vereinbarten Versicherungssummen die in Deutschland geltenden Mindestversicherungssummen.

---

20 BGH v. 24.01.2002 – IV ZR 67/77 in VersR 1978, 1029 f.
21 BGH NJW-RR 1986, 1022.
22 BGH v. 26.06.1985 – IVa ZR 111/83, VersR 1985, 779.
23 Für die Ursächlichkeit einer Obliegenheitsverletzung z. B. OLG Köln v. 12.05.1998 – 9 U 191/97, zfs 1999, 63 (Führerscheinklausel).
 1 Überschrift des Verfassers!.

D.2.3 AKB (Grenzen der Leistungsfreiheit)

Satz 1 und 2 gelten entsprechend, wenn wir wegen einer von Ihnen vorgenommenen Gefahrerhöhung (§§ 23, 26 Versicherungsvertragsgesetz) vollständig oder teilweise von der Leistungspflicht befreit sind.

* Gem. § 5 Abs. 3 KfzPflVV darf die Leistungsfreiheit höchstens auf 5.000 Euro beschränkt werden

Übersicht   Rdn.
A. Beschränkung der Leistungsfreiheit   1
B. Ausweitung auch auf die Gefahrerhöhung   3
C. Beschränkung der vereinbarten Versicherungssumme   4
D. Keine Beschränkung der Leistungsfreiheit in den anderen Sparten   5

A. Beschränkung der Leistungsfreiheit

1 Auch wenn das Gesetz bei vorsätzlicher Obliegenheitsverletzung für die Sachversicherungen und sonstige Personenversicherungen von vollständiger Leistungsfreiheit ausgehen, ist die Leistungsfreiheit in der Kraftfahrzeug-Haftpflichtversicherung der Höhe nach begrenzt durch den Rahmen des § 5 KfzPflVV. Danach ist die Leistungsfreiheit auf einen Betrag von 5.000 € begrenzt. Übersteigt der Schaden diesen Betrag, ist der übersteigende Betrag allein vom Versicherer zu tragen.

2 Die Leistungsfreiheit des Versicherers wird daher in jedem Fall – unabhängig von der Schwere des Verschuldens und dem Grad der Vorwerfbarkeit der Obliegenheitsverletzung – durch § 5 KfzPflVV begrenzt. Dabei ist zunächst, ausgehend von dem entstandenen Schaden, die Quote zu ermitteln. Nach Bildung der Quote ist anhand dieser Quote der Betrag der Leistungsfreiheit zu ermitteln. Liegt der Betrag der Leistungsfreiheit über der Grenze des § 5 KfzPflVV gilt diese Grenze, liegt der Betrag unter dieser Grenze, ist dieser Betrag anzusetzen[2].

▶ **Beispiel:**

Schaden 5.000 €, grobe Fahrlässigkeit mit mittlerer Vorwerfbarkeit führt zu einer Leistungskürzung von 50 %, mithin besteht Leistungsfreiheit in Höhe von 2.500 €.

Schaden 15.000 €, grobe Fahrlässigkeit mit mittlerer Vorwerfbarkeit führt zu einer Leistungskürzung von 50 %, es bestünde Leistungsfreiheit in Höhe von 7.500 €, jetzt kommt die Begrenzung des § 5 KfzPflVV zum Tragen. Der Regress ist auf maximal 5.000 € begrenzt[3].

B. Ausweitung auch auf die Gefahrerhöhung

3 Bei der Gefahrerhöhung handelt es sich um eine gesetzliche Obliegenheit vor Eintritt des Schadensfalles. Die Aufnahme der Gefahrerhöhung in die AKB macht deutlich, dass

---

2 Schirmer, »Neues VVG und die Kfz-Haftpflicht- und Kasko-Versicherung«, DAR 2008, 181 f.
3 Maier, »Die Leistungsfreiheit bei Obliegenheitsverletzungen nach dem Regierungsentwurf zur VVG-Reform«, r+s 2007, 89, 90.

der Versicherer auch für diesen Fall von seinem Recht der Leistungskürzung Gebrauch machen will.

C. Beschränkung der vereinbarten Versicherungssumme

Zulässigerweise darf dabei der Leistungsumfang in der Kraftfahrzeug-Haftpflicht-Versicherung auf die gesetzlichen Mindestversicherungssummen beschränkt werden. Dabei ist nicht allein die Regelung des § 117 Abs. 1 und 3 VVG maßgebend[4]. Erforderlich ist auch die Aufnahme dieser Regelung in die vertraglichen Vereinbarungen, also die AKB des Versicherers. Da das VVG und die KfzPflVV nur die Basis des Möglichen regeln, steht es jedem Versicherer frei, höhere Leistungen zu versprechen und den Regress niedriger zu halten, sowie auf die Kürzung der Versicherungssummen zu verzichten[5]. Diese Regelung ist auch nicht als Überraschungsklausel unwirksam[6], da der Gesetzgeber den Versicherungsnehmer durch die Mindestversicherungssummen auch dann als hinreichend geschützt ansieht, wenn er im Einzelfall einen höheren Schaden verursacht, ohne dass ihm eine Obliegenheitsverletzung vorzuwerfen ist. Erst recht ist dann eine Begrenzung der Leistungspflicht bei Obliegenheitsverletzungen zulässig. Zu beachten ist allerdings, dass bei Unfällen im Ausland als Minimalgrenze die in Deutschland geltenden Mindestversicherungssummen als vereinbart gelten. Solange sich das versicherte Kfz in Richtung Osten oder Süden bewegt, ist die Beschränkung der Eintrittspflicht auf die in Deutschland geltenden Mindestversicherungssummen kein Problem. Bewegt sich das Kfz allerdings nach Westen oder Norden müssen vom Versicherer die dort geltenden Mindestversicherungssummen garantiert werden. Eine Beschränkung der Leistungspflicht des Versicherers auf die in Deutschland geltenden Mindestversicherungssummen verstößt insoweit gegen die 6. KH-Richtlinie[7].

4

---

4 BGH v. 15.03.1983 – VI ZR 187/81, VersR 1983, 688, der einer Obliegenheitsverletzung im Schadenfall die Beschränkung auf die Mindestversicherungssumme verneinte, weil der Leistungsfreibetrag von DM 1.000 nicht dazu führte, dass die Restleistung aus dem Vertrag betragsmäßig unter die Mindestversicherungssumme fiel, die vertraglichen Vereinbarungen sollten dem Gesetz (§ 158c Abs. 4 VVG a.F) vorgehen. Offenbar war dort in den AKB eine entsprechende Regelung zu den Mindestversicherungssummen nicht vereinbart.
5 OLG Köln v. 14.01.1982 – 14 U 69/80, VersR 1983, 721, Haftungsbegrenzung auf die Mindestversicherungssumme auch zulässig, wenn eine Anzeige nach § 29c StVZO a. F. an die Zulassungsstelle nicht erfolgte; OLG Stuttgart 15.11.2000 – .3 U 23/00, r+s 2001, 312 für den Fall des Verstoßes gegen Führerscheinklausel, Alkoholklausel und Schwarzfahrt ist die Haftung auf die Mindestversicherungssumme beschränkt, unabhängig von der Frage des Ermöglichens der Schwarzfahrt durch den Halter, da die Haftungshöchstgrenzen des StVG für diesen anzuwenden wären und unter der Mindestversicherungssumme lagen.
6 A. A. Knappmann »Die Bedingungen der neuen Kfz-Versicherung – Abweichungen von den Vorbedingungen«, VRR 2009, 126 ff.
7 Vgl. oben AKB C.1.2 Rdn. 14 ff.; § 117 VVG Rdn. 27.

D. Keine Beschränkung der Leistungsfreiheit in den anderen Sparten

5   Die Beschränkung der Leistungsfreiheit gem. D.2.3 resultiert aus der Regelung des § 5 KfzPflVV und gilt ausschließlich für die Kraftfahrzeug-Haftpflicht Versicherung. Dies hat aber auch zur Konsequenz, dass in allen anderen Sparten die Leistungsfreiheit – auch wenn sie nur in einer Quote besteht – den Versicherungsnehmer, der dort auch Anspruchsinhaber ist, empfindlich treffen kann.

▶ **Beispiel:**

Der Versicherungsnehmer fährt unter Alkoholeinfluss und verursacht einen Fremdschaden in Höhe von 15.000 €, sein eigener Schaden beträgt ebenfalls 15.000 €. Zusätzlich könnte er Leistungen aus der Unfallversicherung beanspruchen. Da bei der Blutprobe eine BAK von 0,6 Promille ermittelt wurde und der Kausalitätsgegenbeweis dem Versicherungsnehmer nicht gelungen ist, ist von einer Leistungsfreiheit von 50 % auszugehen. Für die Kraftfahrzeug-Haftpflicht-Versicherung bedeutet dies:

Schaden 15.000 € – Quote 50 % = 7.500 €, die Regressbeschränkung greift ein, der Kraftfahrzeug-Haftpflicht-Versicherer verlangt 5.000 €. In der Fahrzeugvollversicherung hingegen erhält er nach Abzug der SB nur 50 % seines Schadens ersetzt, ebenso bei der Unfallversicherung und sonstigen Zusatzversicherungen. Dort greift die Beschränkung der KfzPflVV gerade nicht ein.

D.2.4   (Dieb, strafbare Handlung[1])

Gegenüber einem Fahrer, der das Fahrzeug durch eine vorsätzlich begangene Straftat (z. B. durch Diebstahl) erlangt, sind wir vollständig von der Verpflichtung zur Leistung frei.

1   Die Leistungsfreiheit gem. D.2.4 gilt gegenüber jedermann, der das Fahrzeug durch eine strafbare Handlung erlangt hat. Dazu gehören neben dem allseits bekannten Fahrzeugdiebstahl (Wegnahme in Zueignungsabsicht gem. § 242 StGB) auch der Haus- und Familiendiebstahl, § 248a StGB sowie die Unterschlagung, Raub, Betrug und nicht zuletzt der unbefugte Gebrauch eines Kfz, § 248b StGB.

2   Hat der Fahrer mit dem solcherart erhaltenen Fahrzeug einen Schaden verursacht, besteht zwar gleichwohl die Haftung aus der Betriebsgefahr, § 7 Abs. 3 StVG, da der Halter für sich Versicherungsschutz verlangen kann, aber im Innenverhältnis ist der Versicherer von der Pflicht zur Leistung frei. Auch in der Gesamtschuldnerschaft zwischen Fahrer und Halter ist der Fahrer allein verpflichtet[2]. Dabei ist zu beachten, dass auch

---

1   Überschrift des Verfassers!.
2   OLG Koblenz v. 09.01.2006 – 12 U 622/04, NJOZ 2006, 1140 lässt für denjenigen, der ohne Zueignungsabsicht und ohne dass Strafbarkeit nach § 248b StVG im Strafverfahren geprüft worden wäre, vollen Regress zu; BGH VI ZR 136/05 für den Dieb, aber übertragbar auf sonstige Regressfälle, in zfs 2997, 195 ff. = SP 2007, 224 ff.

gegenüber dem Dieb nur eine Eintrittspflicht im Rahmen der Mindestversicherungssummen[3] besteht. Gegenüber dem Halter können Ansprüche nur bis zu den Grenzen des § 12 StVG geltend gemacht werden.

Problematisch ist diese Regelung bei den häufig vorkommenden Schwarzfahrten der 3
minderjährigen Familienangehörigen. Dabei wurde früher durch eine geschäftsplanmäßige Erklärung[4] der Regress gegen Sohn oder Tochter des Versicherungsnehmers auf einen Betrag von 5.000 DM beschränkt, um die Familie des Versicherungsnehmers nicht über Gebühr zu belasten. Mit der Einführung der KfzPflVV sind die geschäftsplanmäßigen Erklärungen der Versicherer zum Teil dort aufgenommen worden, soweit ihnen vom Gesetzgeber Bedeutung zugemessen wurde[5]. Damit ist auch diese »Begünstigung« von Familienangehörigen des Versicherungsnehmers weggefallen. Die Entscheidung des BGH[6], bei den Kindern des Versicherungsnehmers die Strafbarkeit der Handlung zu verneinen, obwohl alle Voraussetzungen für eine Straftat vorliegen, ist daher heute noch mal zu überdenken. Der Strafantrag gem. §§ 77 ff. StGB ist zur Bewertung der Strafbarkeit nicht erforderlich. Er ist lediglich prozessuale Voraussetzung für die Strafverfolgung[7].

Die hierzu in großer Anzahl ergangenen Entscheidungen betreffen die Kasko-Versiche- 4
rung und gingen im Wesentlichen um die Frage der Ermöglichung der Schwarzfahrt. In aller Regel war Gegenstand nur der Schaden am versicherten Fahrzeug, weil der jugendliche Fahrer von der Straße abkam. Die ggf. in der Kraftfahrzeug-Haftpflicht-Versicherung zu ersetzenden Schäden sind dabei gering gewesen und wurden ggf. nicht der Versicherung gemeldet. Die Kasko-Versicherung aber musste, wenn sich das Ermöglichen der Schwarzfahrt nicht bestätigte, die Leistungen an den Versicherungsnehmer erbringen, konnte aber wegen des Familienprivilegs nach § 67 VVG a. F. bzw. jetzt § 86 VVG keinen Regress gegen den Fahrer nehmen. Die Ausnahme, dass der Schaden von dem Familienangehörigen vorsätzlich verursacht wurde, kommt in diesen Fällen wohl nicht vor. Ein Regress gegen den Gehilfen des Diebes ist nicht möglich[8], da insoweit ein Gesamtschuldverhältnis nicht besteht, wenn der Versicherer allein aufgrund seiner Verpflichtung nach § 3 PflVG a. F. reguliert hat.

---

3 Vgl. oben AKB C.1.2 Rdn. 14 ff.; § 117 VVG Rdn. 27.
4 BGH v. 13.07.1988 – IVa ZR 55/87 in VersR 1988, 1062 f. der sich mit der Frage der Strafbarkeit des Verhaltens nach § 248b StGB nicht auseinandersetzen musste, weil die geschäftsplanmäßige Erklärung der Versicherer den eigenen Regress des Versicherer auf 5.000 DM beschränkte. Eine Verweisung an andere Schadenversicherer oder Sozialversicherungsträger war und ist auch heute nicht möglich, so dass es bei dem Betrag von 5.000 DM blieb.
5 Edgar Hofmann, »Die neue Kfz-Versicherung Haftpflicht-Kasko«, Kapitel 1 I.2.2.
6 BGH v. 13.07.1988 – IVa ZR 55/87, VersR 1988, 1062.
7 RG v. 07.06.1941- 1 D 398/40, RGSt 75, 306, 311.
8 BGH v. 28.11.2006 – VI ZR 136/05, zfs 2007, 195 ff. = SP 2007, 224 ff. mit noch mal deutlichem Hinweis auf den Gesamtschuldnerausgleich bei dem Regress gegen eine mitversicherte Person.

D.2.4 AKB (Dieb, strafbare Handlung)

Versicherungsschutzversagung wegen	Regresshöhe KH	Leistungsfreiheit sonst. Sparten	Verweisung	Kündigung	Beweislast VN/ mitversicherte Person	Beweislast VR
Erstprämienverzug § 37 VVG, C.1. AKB	In Höhe der Aufwendungen	voll	In Höhe der Leistungen des Dritt-Versicherers	Rücktritt	Kein Verschulden bei Prämienzahlungsverzug (VN) Rechtzeitige Einzahlung (VN)	Zugang des Versicherungsscheins
Folgeprämienverzug §§ 38 VVG, C.2 AKB	In Höhe der Aufwendungen	voll	In Höhe der Leistungen des Dritt-Versicherers	Wenn VN = FA Kündigung möglich	Kein Verschulden bei Prämienzahlungsverzug (VN) Rechtzeitige Einzahlung (VN)	Zugang der qualifizierten Mahnung
Verwendungsklausel D.1.1.1 AKB	abh. vom Grad der Vorwerfbarkeit bis € 5.000	Bei Vorsatz voll, ansonsten entspr. Grad des Verschuldens	Bis 5.000 €	Wenn VN = FA Kündigung möglich	Kein Verschulden so wohl bei Fahrer und VN, oder led. leichte Fahrlässigkeit, ggf. auch Nachweis geringerer Vorwerfbarkeit	Falsche Verwendung und höherer Prämienanspruch
Personenbezogene Gefahrerhöhung §§ 23 ff. VVG, D.2.3 AKB	abh. vom Grad der Vorwerfbarkeit bis € 5.000	Bei Vorsatz voll, ansonsten entspr. Grad des Verschuldens	Bis 5.000 €	Wenn VN = FA Kündigung möglich	Kein dauerhafter Verstoß, lediglich einmaliges Ereignis, kein Verschulden; Versicherungsnehmer: keine Kenntnis, kein Verschulden oder led. leichte Fahrlässigkeit, ggf. auch Nachweis geringerer Vorwerfbarkeit	Ggü. Fahrer: wiederholter Verstoß Ggü. Versicherungsnehmer: Verschulden, Wissen von G.

(Dieb, strafbare Handlung) **D.2.4 AKB**

Versicherungsschutzversagung wegen	Regresshöhe KH	Leistungsfreiheit sonst. Sparten	Verweisung	Kündigung	Beweislast VN/ mitversicherte Person	Beweislast VR
Objektive Gefahrerhöhung §§ 23 ff. VVG, D.2.3 AKB abgefahrene Reifen/Bremsen,	abh. vom Grad der Vorwerfbarkeit bis € 5.000	Bei Vorsatz voll, ansonsten entspr. Grad des Verschuldens	Bis 5.000 €	Wenn VN = FA Kündigung möglich	Keine Kenntnis von Gefahrerhöhung, kein Verschulden oder led. leichte Fahrlässigkeit, ggf. auch Nachweis geringerer Vorwerfbarkeit	Zustandsveränderung, Gefahrerhöhung, Verschulden, Kenntnis des Versicherungsnehmers oder Fahrers
Führerscheinmangel D.1.1.3 AKB	abh. vom Grad der Vorwerfbarkeit bis € 5.000	Bei Vorsatz voll, ansonsten entspr. Grad des Verschuldens	Bis 5.000 €	Wenn VN = FA Kündigung möglich	Fahrer: kein Verschulden, Kausalitätsgegenbeweis; VN: Schwarzfahrt oder kein Verschulden bei Übergabe oder led. leichte Fahrlässigkeit, ggf. auch Nachweis geringerer Vorwerfbarkeit	Fahrer ohne Fahrerlaubnis; Verschulden des Versicherungsnehmers
Schwarzfahrt D.1.1.2 AKB	Dieb: In Höhe der Aufwendungen! Sonst abh. vom Grad der Vorwerfbarkeit bis €5.000	Bei Vorsatz voll, ansonsten entspr. Grad des Verschuldens	Keine Verweisung möglich	Wenn VN = FA Kündigung möglich	Fahrer: fehlendes Verschulden, Zurechnungsunfähigkeit, Kausalitätsgegenbeweis; Versicherungsnehmer: Entlastung oder led. leichte Fahrlässigkeit, ggf. auch Nachweis geringerer Vorwerfbarkeit	Schwarzfahrt (ggü. Fahrer) Ermöglichen der Schwarzfahrt (ggü. Versicherungsnehmer)

D.2.4 AKB (Dieb, strafbare Handlung)

Versicherungsschutzversagung wegen	Regresshöhe KH	Leistungsfreiheit sonst. Sparten	Verweisung	Kündigung	Beweislast VN/ mitversicherte Person	Beweislast VR
Rennveranstaltung D.1.1.4 AKB	abh. vom Grad der Vorwerfbarkeit bis € 5.000	Bei Vorsatz voll, ansonsten entspr. Grad des Verschuldens	Bis € 5.000	Wenn VN = FA Kündigung möglich	Kein Rennen, kein Verschulden, kein Verabreden oder led. leichte Fahrlässigkeit, ggf. auch Nachweis geringerer Vorwerfbarkeit	Fahrrveranstaltung zur Erzielung von Höchstgeschwindigkeiten
D.1.1.5 Fahrzeuge mit Wechselkennzeichen	Abhängig von der Vorwerfbarkeit bis 5.000 €	Bei Vorsatz voll, ansonsten entspr. Grad des Verschuldens	Bis € 5.000	wenn VN = FA Kündigung möglich	Vorhandensein des Kennzeichens, fehlendes Verschulden (unber. Fahrer o.ä.)	Fehlendes Kennzeichen und Verschulden
Alkohol/Drogen D.1.2 AKB	abh. vom Grad der Vorwerfbarkeit bis €5.000	In Kasko Grob fahrlässig, in anderen Sparten Risikoausschluss	bis € 5.000	Wenn VN = FA Kündigung möglich	Kausalitätsgegenbeweis, kein Verschulden (Fa), kein Verschulden (VN), leichte Fahrlässigkeit, Nachweis geringerer Vorwerfbarkeit	Alkoholgehalt und ggf. weitere Indizien für Trunkenheitsfahrt
D.1.3.1 Alkoholklausel in der Fahrerschutzversicherung		Bei Vorsatz voll, ansonsten entspr. Grad des Verschuldens		möglich, wenn Fa = VN	Kausalitätsgegenbeweis, kein Verschulden (Fa), kein Verschulden (VN), leichte Fahrlässigkeit, Nachweis geringerer Vorwerfbarkeit	Vorsatz/Arglist

(Dieb, strafbare Handlung) **D.2.4 AKB**

Versicherungsschutzversagung wegen	Regresshöhe KH	Leistungsfreiheit sonst. Sparten	Verweisung	Kündigung	Beweislast VN/ mitversicherte Person	Beweislast VR
D.1.3.2 Gurtanlegepflicht in der Fahrerschutzversicherung		Bei Vorsatz voll, ansonsten entspr. Grad des Verschuldens		möglich, wenn Fa = VN	Kausalitätsgegenbeweis, kein Verschulden (Fa), kein Verschulden (VN), leichte Fahrlässigkeit, Nachweis geringerer Vorwerfbarkeit	Vorsatz/Arglist
Obliegenheitsverletzung nach Versicherungsfall E.x AKB	€ 2.500 bzw. € 5.000		Bis € 2.500 bzw. € 5.000	Kündigung möglich	Fehlendes Verschulden, rechtzeitige Anzeige, keine Unfallflucht oder Aufklärungspflichtverletzung	Verschulden, Verletzung der Aufklärungs- oder sonstigen Pflichten
Nachhaftung des Versicherers § 117 Abs. 2 VVG	In Höhe der Aufwendungen	Keine Eintrittspflicht	In Höhe der Leistungen des Dritt-Versicherers	Kündigung möglich	Weiterbestehen des Vertrages (VN)	Beendigung des Vertrages, Zugang bei der Zulassungsstelle
Nichtanzeige der Veräußerung 97 VVG, G.7.4 AKB	In Höhe der Aufwendungen	Bei Vorsatz voll, ansonsten entspr. Grad des Verschuldens	In Höhe der Leistungen des Dritt-Versicherers	Kündigung möglich	Anzeige war entbehrlich, Kenntnis des Versicherers	Fehlende Anzeige
Vorübergehende Stilllegung H.1.5 AKB, ggf. in Verbindung mit D.2. AKB	Abh. vom Grad der Vorwerfbarkeit bis € 5.000 (wenn in D.3. aufgenommen)	Bei Vorsatz voll, ansonsten entspr. Grad des Verschuldens	In Höhe Leistung Dritt-Versicherer bzw. bis € 5.000	Wenn VN = FA Kündigung möglich	Kein Verwenden des KFZ außerhalb des Verkehrsraums, Wiederzulassung oder Schwarzfahrt, fehlendes Verschulden	Verwendung außerhalb des umfriedeten Stellplatzes; keine vorbereitende Fahrt zur Wiederzulassung

Kreuter-Lange

E	Ihre Pflichten im Schadenfall und die Folgen einer Pflichtverletzung
E.1	Welche Pflichten haben Sie im Schadenfall?
E.1.1	Bei allen Versicherungsarten

1   Im Schadenfall treffen die versicherten Personen verschiedene Pflichten, die dem Grunde nach in § 6 KfzPflVV aufgeführt sind. Dabei sind die allgemeinen Pflichten (Obliegenheiten) aufgeführt, die der Versicherungsnehmer in jedem Fall zu erfüllen hat. Auch hier ist zu beachten, dass evtl. im Direktschaden festgestellte Verhaltensweisen des Versicherungsnehmers auch auf den Deckungsprozess gegen den Versicherungsnehmer wegen Obliegenheitsverletzung Auswirkungen haben können[1]. Die Pflichten sind in den Rechtsfolgen an § 28 VVG angepasst. Wird eine Anpassung der Bedingungen von einzelnen Versicherern nicht vorgenommen, können sie sich auf die Obliegenheiten nicht berufen. Etwas anderes kann nur gelten, wenn der Versicherungsnehmer, die versicherte Person sich arglistig verhalten hat[2].

Allen Obliegenheiten gemein ist, dass der Versicherer bei den Obliegenheiten im Schadenfall den Versicherungsnehmer bzw. die mitversicherte Person, an die er Fragen oder Weisungen richtet, diesen über die Folgen der Verletzung von Obliegenheiten im Schadensfall belehren muss, ggf. muss dies auch mehrfach erfolgen[3]. Diese Belehrungen müssen auffällig und verständlich sein, sonst erfüllen sie ihren Zweck nicht[4].

Anzeigepflicht

E.1.1.1   (Schadenmeldepflicht[1])

Sie sind verpflichtet, uns jedes Schadenereignis, das zu einer Leistung durch uns führen kann, innerhalb einer Woche anzuzeigen.

Übersicht   Rdn.
A.   Regelungsgehalt   1
B.   Kraftfahrzeug-Haftpflicht-Versicherung   2
C.   Andere Sparten   3
I.   Fahrzeugversicherung   4
II. Kfz-Unfallversicherung   5
III. Schutzbrief   6

---

1   BGH v. 08.04.2009 – IV ZR 113/06; BGH v. 30.04.2008 – IV ZR 227/06, zfs 2008, 453 ff. zu den Abgrenzungskriterien zwischen positiver Kenntnis und dem Kennenmüssen.
2   OLG Frankfurt v. 02.12.2013 – 7 U 229/11, Jurion = r+s 2013, 554–556 = VersR 2013, 1127–1129 = VK 2014, 17–18 = VuR 2014, 74.
3   Tschersich, »Rechtsfragen der vorvertraglichen Obliegenheiten –Schwerpunkt: Die Hinweispflichten des Versicherers«, r+s 2012, 53, 60.
4   OLG Saarbrücken v. 07.05.2014 – 5 U 45/13, VersR 2015, 91 f, vgl. ebenso § 6 VVG m. w. H. zur Beratungs-und Belehrungspflicht des Versicherers.
1   Überschrift des Verfassers!.

A. Regelungsgehalt

Der Versicherungsnehmer ist verpflichtet, den Versicherer vom Schadenfall (Versicherungsfall = jedes Ereignis, welches geeignet ist, die Leistungspflicht des Versicherers nach sich zu ziehen) in Kenntnis zu setzen. Die Meldung hat unverzüglich zu erfolgen, eine Anzeige drei Monate nach dem Schadenfall genügt diesen Anforderungen nicht mehr[2]. Bei der Anzeigepflicht ist zu differenzieren zwischen den Pflichten, die den Versicherungsnehmer in der Kraftfahrzeug-Haftpflicht-Versicherung treffen und denen, die ihm aus den anderen Sparten, die seine eigenen Ansprüche betreffen, auferlegt werden. Diese Formulierung ist etwas unglücklich. Idealerweise sollte die Formulierung auch schon die Pflicht zur wahrheitsgemäßen Schilderung des Schadenfalles beinhalten. Nach der obigen Formulierung reicht es aus, wenn der Versicherungsnehmer schreibt: »Ich hatte einen Unfall.«. Selbstverständlich kommt über die Pflicht nach E.1.1.3 AKB, die Fragen des Versicherers zu beantworten, auch die Frage nach dem Unfallhergang zu Tage, allerdings wird in den Fällen, in denen der Versicherungsnehmer einen falschen Hergang meldet, ggf. ein weiterer Hinweis zur wahrheitsgemäßen Beantwortung von Fragen des Versicherers nicht mehr gegeben! Diese Regelung soll den Versicherer in die Lage versetzen, den Schaden zeitnah und möglichst kostengünstig zu regulieren, um verantwortlich mit den Prämien der Versicherten umzugehen[3]. Besonderheiten sind bei der gewerblichen Kfz-Vermietung zu beachten, der Fahrer ist hier nicht per se mitversicherte Person, so dass ihm keine Verletzung seiner Pflichten nach E.1.1.1 AKB vorgeworfen werden kann[4]. 1

B. Kraftfahrzeug-Haftpflicht-Versicherung

Es ist nicht erforderlich, dass auch Ansprüche gegen den Versicherer gerichtet werden. Damit sind auch solche Schadenfälle dem Versicherer anzuzeigen, in denen den Versicherungsnehmer kein Verschulden trifft. Allerdings wird der Versicherer aus einer Verletzung der Meldepflicht bei unverschuldeten Verkehrsunfällen keine versicherungsrechtlichen Konsequenzen ziehen. Voraussetzung ist, dass der Versicherungsnehmer Kenntnis vom Schadenfall hat, bloßes Kennenmüssen reicht nicht aus, positive Kenntnis ist erforderlich[5]. Die Schadenmeldepflicht wird schon dann obsolet, wenn der Versicherer – insbesondere in der Kraftfahrzeug-Haftpflicht-Versicherung – auf andere Weise Kenntnis vom Schadenfall erhält[6]. Eine Anzeige ist auch (zunächst) entbehrlich, wenn der Versicherungsnehmer den entstandenen Schaden nach Maßgabe von E.1.2.2 AKB selbst regulieren wollte. Allein die Tatsache, dass der Versicherungsnehmer dem Geschädigten bei der Unfallaufnahme die Informationen über seine Kraftfahrzeug-Haftpflicht-Versicherung überlässt, beinhaltet noch nicht die Geltendma- 2

---

2 OLG Hamm v. 03.12.2010 – 20 U 16/10, DAR 2011, 332.
3 So schon BK/Hübsch § 158d, Rn. 3.
4 LG Nürnberg-Fürth v. 27.01.2010 – 8 O 10700/08, r+s 2010, 145.
5 BGH v. 10.06.1970 – IV ZR 1086/68, VersR 1970, 1045.
6 LG Saarbrücken v. 12.05.1972 – 4 O 232/71, VersR 1973, 513.

E.1.1.1 AKB (Schadenmeldepflicht)

chung des Deckungsanspruchs gegen den Versicherer[7]. Gibt der Fahrer, der wegen Verletzung der Schadenmeldepflicht in Regress genommen wird, einen anderen Schadenverlauf in dem Regressverfahren an, der eine Mithaftung des anderen Unfallbeteiligten ergäbe, kann er wegen Verspätung damit nicht mehr gehört werden[8]. Allerdings wird auch die Auffassung vertreten, dass die Interessen des Versicherers in jedem Fall bei verspäteter Schadenmeldung tangiert sind, da eine zeitnahe und sachgerechte Aufklärung erschwert wird[9].

C. Andere Sparten

3 Grundsätzlich ist der Versicherungsnehmer verpflichtet, den Schadenfall unverzüglich anzuzeigen, wenn er Ansprüche aus dem Vertrag herleiten will. Eine Anzeige kann nur dann unterbleiben, wenn er keine Ansprüche aus den anderen Sparten herleiten will (weil z. B. der Schadenfall von einem Dritten verursacht wurde, er selbst nicht verletzt ist o. ä.).

Will er Leistungen aus den einzelnen Sparten erhalten, ist es in seinem eigenen Interesse, sich möglichst schnell mit der Versicherung in Verbindung zu setzen, damit von dort alles Weitere veranlasst werden kann. Eine Verletzung der Anzeigepflicht hat u. U. die Leistungsfreiheit des Versicherers in den anderen Sparten zur Folge[10]. Eine Leistungsfreiheit wird insbesondere dann anzunehmen sein, wenn die beschädigten Gegenstände bereits entsorgt wurden oder sonst Beweise zur Schadenhöhe nicht mehr erhoben werden können[11].

I. Fahrzeugversicherung

4 Es gelten zunächst die Ausführungen zur Kraftfahrzeug-Haftpflicht-Versicherung. Die Anzeigepflicht ist jedenfalls dann grob fahrlässig verletzt, wenn die Anzeige eines – isolierten – Kaskoschadens erst 6 Monate nach dem Schadentag angezeigt wird. Das bloße Behaupten der Unwissenheit reicht nicht aus, wenn der Versicherungsnehmer beweisfällig geblieben ist[12].

II. Kfz-Unfallversicherung

5 Auch hier muss der Versicherungsnehmer aktiv werden, wenn er Ansprüche anmelden will. Zu beachten ist, dass der Versicherungsnehmer, wenn er die Anzeigepflicht in der Kfz-Unfallversicherung verletzt, ggf. nach E.1.5 keine Ansprüche auf Ersatzleistungen

---

7 OLG Koblenz v. 27.02.1975 – 4 U 695/74, VersR 1975, 442.
8 OLG Frankfurt v. 20.06.2006 – 3 U 202/05.
9 AG Eschweiler v. 22.08.2008 – 21 C 257/07, SP 2009, 121 f.
10 OLG Düsseldorf v. 29.04.2003 – I 4 U 70/02, VersR 2004, 769 zur alten Rechtslage für die BHV.
11 LG München I v. 29.09.2006 – 12 O 8214/06, zfs 2007, 159f bei Wasserschaden und Entsorgung der beschädigten Gegenstände.
12 OLG Koblenz v. 04.09.2008 – 10 U 318/08, VersR 2009, 673; LG Düsseldorf v. 17.07.2007 – 23 S 85/07, SP 2008, 190 f.

hat. Es gelten auch für ihn die Pflichten nach E.1.1.1 AKB. Wenn der Versicherungsnehmer diese Pflicht, einen Schadenfall, aus dem er Ansprüche aus der Unfallversicherung herleiten will, zu melden, nicht beachtet, kann er seiner Ansprüche verlustig gehen. Es reicht im Rahmen der Kfz-Unfallversicherung als Schadenanzeige aus, dass die Verletzung eines Fahrzeuginsassen im Rahmen der allgemeinen Kraftfahrzeug-Haftpflicht-Schadenanzeige mitgeteilt wurde[13]. Die Anzeige des Schadenfalles lässt sich aber auch im Rahmen der Kfz-Unfallversicherung nicht als Anmeldung von Ansprüchen werten (es sei denn, es wären ärztliche Zeugnisse, die den Nachweis einer unter die Leistungsbedingungen der Kfz-Unfallversicherung fallenden Verletzungen erbringen, mit überreicht worden[14].). Der Versicherer kann sich jedenfalls dann nicht auf eine verspätete Anzeige berufen, wenn er nochmals selbst eine solche anfordert und diese unverzüglich bei ihm eingeht[15].

III. Schutzbrief

Die Ansprüche bei der Schutzbriefversicherung werden in aller Regel unmittelbar nach dem Unfallereignis geltend gemacht, wenn der Service des Schutzbriefes (Abschleppen oder ähnliches) angefordert wird. In diesem Zusammenhang wird der Schaden schon aufgenommen und idealerweise auch den anderen Sparten soweit sie betroffen sind, zur Kenntnis gebracht. Soweit zusätzliche Fragen auftauchen, die vom Versicherungsnehmer nicht beantwortet werden, handelt es sich nicht mehr um die Verletzung der Anzeigepflicht, sondern um die Verletzung der Aufklärungspflicht. Auch stellt sich die Frage, ob diese Informationen nicht hausintern weiter gegeben werden müssen. Jedenfalls dürfte dem Versicherungsnehmer eine Anzeigepflichtverletzung dann nicht mehr vorgeworfen werden können, wenn der Versicherer nur aufgrund hausinterner Versäumnisse von der Meldung des Schadenfalls keine Kenntnis genommen hat, obwohl in einer Sparte des Kfz-Vertrages eine entsprechende Meldung erfolgt war. 6

E.1.1.2 (amtliche Ermittlungen[1])

Ermittelt die Polizei, die Staatsanwaltschaft oder eine andere Behörde im Zusammenhang mit dem Schadenereignis, sind Sie verpflichtet, uns dies unverzüglich mitzuteilen. Dies gilt auch, wenn Sie uns das Schadenereignis bereits gemeldet haben.

Der Versicherungsnehmer ist verpflichtet, jedwede amtliche Ermittlung gegen ihn dem Versicherer anzuzeigen und den Versicherer über das Verfahren unterrichtet zu halten. Von Bedeutung ist dies aus unterschiedlichen Gesichtspunkten. 1

---

13 BGH v. 24.03.1982 – IVa ZR 226/80, VersR 1982, 567; BGH v. 05.11.1986 – IVa ZR 59/85, VersR 1987, 90, dies gilt heute im Zuge der elektronischen Aktenbearbeitung in der Assekuranz umso mehr.
14 BGH v. 05.11.1986 – IVa ZR 59/85, VersR 1987, 90.
15 OLG Frankfurt v. 20.02.1992 – 22 U 136/90, VersR 1993, 1458.
1 Überschrift des Verfassers!.

E.1.1.3 AKB (Aufklärungspflicht, Mitwirkungspflichten, Weisungsbefugnis)

In der Kraftfahrzeug-Haftpflicht-Versicherung kann dies von Interesse sein wegen der Frage einer Trunkenheitsfahrt, Unfallflucht oder schlicht auch, um die Frage der Beteiligung am Unfallereignis zur Klärung von Art und Umfang der Eintrittspflicht objektivieren zu können.

Hier kommt es bei der Beantwortung dieser Frage vor allem darauf an, die möglichen Risikoausschlüsse zu erkennen. Entgegen der Regelung des § 7 AKB a. F. ist die Verpflichtung zur Mitteilung eingeleiteter Verfahren jetzt auf alle Sparten ausgedehnt[2]. Die in den AKB 2008 neu aufgenommene Regelung, den Versicherer über den Fortgang des Verfahrens auf dem Laufenden zu halten, wurde wieder gestrichen. Der Versicherer kann sich nach der Anzeige der Einleitung der Ermittlungen selbst über den Fortgang informieren[3].

Aufklärungspflicht

E.1.1.3 (Aufklärungspflicht, Mitwirkungspflichten, Weisungsbefugnis[1])

Sie müssen alles tun, was zur Aufklärung des Versicherungsfalls und des Umfangs unserer Leistungspflicht erforderlich ist. Sie müssen dabei insbesondere folgende Pflichten beachten:
- Sie dürfen den Unfallort nicht verlassen, ohne die gesetzlich erforderlichen Feststellungen zu ermöglichen und die dabei gesetzlich erforderliche Wartezeit zu beachten (Unfallflucht).
- Sie müssen unsere Fragen zu den Umständen des Schadenereignisses, zum Umfang des Schadens und zu unserer Leistungspflicht wahrheitsgemäß und vollständig beantworten. Wir können verlangen, dass Sie uns in Schriftform antworten.
- Sie müssen uns angeforderte Nachweise vorlegen, soweit es Ihnen billigerweise zugemutet werden kann, diese zu beschaffen.
- Sie müssen unsere für die Aufklärung des Schadens erforderlichen Weisungen befolgen, soweit dies für Sie zumutbar ist.
- Sie müssen uns Untersuchungen zu den Umständen des Schadenereignisses und zu unserer Leistungspflicht ermöglichen, soweit es Ihnen zumutbar ist.

---

2 BGH v. 07.12.1983 – IVa ZR 231/81, VersR 1984, 228, 229: es gilt nur § 7 Abs. 1 AKB a. F. für alle Sparten, die sonstigen dort genannten Obliegenheiten gelten nur für die jeweils dort genannte K-Sparte. Damit war die Anzeige von Ermittlungsverfahren nur für die Kraftfahrzeug-Haftpflicht-Versicherung erforderlich, obwohl sie auch in der Kasko-Versicherung von erheblicher Bedeutung sein konnte. Für diese Sparten wurde das dann über die Aufklärungspflichtverletzung gelöst.
3 So auch Knappmann »Anmerkungen zu den neuen Allgemeinen Bedingungen für die Kfz-Versicherung (AKB 2008)«, VersR 2009, 186 ff.
1 Überschrift des Verfassers!.

(Aufklärungspflicht, Mitwirkungspflichten, Weisungsbefugnis) **E.1.1.3 AKB**

Übersicht

		Rdn.
A.	Regelungsgehalt	1
B.	Verhalten an der Unfallstelle/Unfallflucht	2
C.	Wahrheitsgemäße Schadenschilderung und Beantwortung von Fragen des Versicherers	5
	1. Wahrheitsgemäße Schadenschilderung	5
	2. Die Beantwortung von Fragen des Versicherers	6
	3. Einzelfallbeispiele der Verletzung der Aufklärungspflicht	10
D.	Vorlage von Nachweisen	11
E.	Befolgen von Weisungen des Versicherers	12
F.	Ermöglichen von Untersuchungen	16

A. Regelungsgehalt

Hat der Versicherer durch den Versicherungsnehmer, eine mitversicherte Person oder durch den Geschädigten Information über einen Schaden erhalten, ist der Versicherungsnehmer dem Versicherer gegenüber zur weiteren Mitwirkung und Aufklärung des Schadenfalles verpflichtet. Diese Pflicht ist nicht neu und war schon in den AKB a. F. normiert. Die AKB 2015 haben die Pflichten der versicherten Personen nochmals konkretisiert und in Unterpunkten die Hauptpflichten ausdrücklich bezeichnet (Verbleiben an der Unfallstelle, wahrheitsgemäßes Beantworten von Fragen, Vorlage von Nachweisen, Mitwirkung bei der Aufklärung und Befolgen von Weisungen und Zustimmung zu Untersuchungen). Die Neufassung formuliert die Erwartungen an den Versicherungsnehmer deutlich und macht den Pflichtcharakter der Aufzählung klar.

Die Pflichten zur Mitwirkung treffen den Versicherungsnehmer nur solange, als der Versicherer grundsätzlich zur Leistung bereit ist. Verweigert der Versicherer die Leistung, ist der Versicherungsnehmer nicht länger zur Mitwirkung verpflichtet[2].

Sofern die Klausel über die Aufklärungspflicht nicht mehr wirksam ist, weil die Versicherungsbedingungen der VVG-Reform nicht angepasst wurden, kann sich der arglistige Versicherungsnehmer nicht darauf berufen[3]. Ziel soll sein, dass der Versicherer in die Lage versetzt wird, sachgemäße Entscheidungen zur Abwicklung des Versicherungsfalles zu treffen. Diese Pflicht trifft den Versicherungsnehmer in jeder Sparte, so dass auf die Unterscheidung insoweit verzichtet wird. Dazu gehören die folgenden Hauptgruppen:

---

[2] BGH v. 13.03.2013 – IV ZR 110/11.
[3] OLG Frankfurt vom 20.02.2013 – 7 U 229/11, Jurion.

E.1.1.3 AKB (Aufklärungspflicht, Mitwirkungspflichten, Weisungsbefugnis)

B. Verhalten an der Unfallstelle/Unfallflucht

2 Als Unterfall der Aufklärungspflichtverletzung kommt der Unfallflucht[4] die größte Bedeutung neben dem Beantworten von Fragen des Versicherers zu. Folgerichtig wurde in den AKB 2015 jetzt dieser Punkt explizit und als erstes aufgeführt.[5]

Gem. § 142 StGB verwirklicht derjenige den Tatbestand der Unfallflucht, der sich nach einem Unfall im Straßenverkehr von der Unfallstelle entfernt, ohne den Beteiligten die Feststellung von Art und Umfang seiner Beteiligung am Unfallereignis zu ermöglichen, oder nicht ausreichende Zeit gewartet hat, wenn niemand bereit war, die erforderlichen Feststellungen zu treffen. In den AKB a. F. war die Verkehrsunfallflucht nicht ausdrücklich erwähnt, sie wurde als Unterfall der Aufklärungspflichtverletzung in die Obliegenheiten im Schadenfall aufgenommen. Die Rechtsprechung sprach in diesen Fällen dann nicht von einer Unfallflucht, wenn kein oder nur geringer Schaden entstanden war[6].

Die jetzt gewählte Formulierung verlangt in jedem Fall ein Verweilen an der Unfallstelle, um die erforderlichen Feststellungen zu treffen, begrenzt aber die Wartezeiten auf die gesetzlichen Anforderungen, auch die vertraglich geforderte Wartezeit geht keinesfalls über die gesetzlichen Pflichten hinaus. Problematisch ist der Verweis in dem ersten Unterpunkt auf die gesetzliche erforderliche Wartezeit. Das Gesetz formuliert gerade keine besonderen Wartezeiten, sondern spricht von einem »angemessenen Zeitraum«. Die Wartezeiten wurden sämtlich von der Rechtsprechung entwickelt. Insoweit ist eine unklare Verschärfung der bisherigen Regelung der AKB a. F. erfolgt[7]. Allerdings muss sich auch diese Verschärfung an dem subjektiven Verschulden messen lassen und wird im Zweifel über den Schaden und das geringe Verschulden entschärft[8]. Außerdem wurde durch die explizite Aufnahme der gesetzlichen Anforderungen an das Verbleiben an der Unfallstelle auch die Rechtsprechung über den »bedeutenden Schaden«, der u. U. das Verschulden i. S. v. § 142 StGB entfallen lässt, eingeführt. Ob dieser Rückschritt tatsächlich beabsichtigt war, oder eine Folge der neuen Sprache, ist nicht klar. Die Entscheidung des OLG Stuttgart[9] ist nach den neuen Bedingungen wohl auch nicht mehr richtig.

Der Versicherungsnehmer verhindert durch das unerlaubte Entfernen von der Unfallstelle die Feststellungen insbesondere der Frage des Alkoholkonsums oder der Fahrer-

---

4 Vgl. auch Mitsch »Die verfassungskonforme Anwendung des § 142 II Nr. 2 StGB«, NZV 2008, 217 ff.
5 Heinrichs, »Die neuen AKB 2015 – Teil II«, DAR 2015, 256, 258 f.
6 Vgl. hierzu unten Rdn. 10 m. w. H. zur Rechtsprechung.
7 So auch Heinrichs, »Synopse der für das Versicherungsrecht im Verkehrsrecht bedeutsamsten Auswirkungen der VVG-Reform«, zfs 2009, 187, 189; Knappmann, »Anmerkungen zu den neuen Allgemeinen Bedingungen für die Kfz-Versicherung (AKB 2008)«, VersR 2009, 186.
8 Vgl. insoweit auch Ausführungen zu E.2.1, E.2.2, E.2.3 und E.2.4 AKB.
9 OLG Stuttgart v. 16.10.2014 – 7 U 121/14, da es nach den AKB gerade nicht auf die strafrechtliche Relevanz des Verhaltens ankäme, sei eine Aufklärungspflichtverletzung auch ohne Tatbestandsverwirklichung des § 142 StGB möglich.

eigenschaft (Fahrerlaubnis), also das Sichern weiterer Beweise[10]. Die Unfallflucht stellt einen besonders schwerwiegenden Verstoß gegen die Aufklärungspflicht dar, weil dadurch insbesondere Feststellungen zum Unfallhergang, zur Fahrereigenschaft und zum Grad der Alkoholisierung des Fahrers erschwert bzw. unmöglich gemacht werden.

Voraussetzung für die Versicherungsschutzversagung wegen Verkehrsunfallflucht ist, dass sich der Fahrer nach einem Unfall im Straßenverkehr unerlaubt von der Unfallstelle entfernt, § 142 StGB, und deswegen auch verurteilt[11] wurde. Eine Einstellung nach § 153a StPO kann ebenso zur Leistungsfreiheit des Versicherers führen[12]. Aber auch eine Einstellung des Verfahrens nach § 153b StPO schützt vor Regress nicht, da auch in diesem Fall eine Verurteilung nach anderen Vorschriften, so z. B. § 34 StVO, möglich bleibt.[13] Nach Auffassung des LG Saarbrücken wird sogar dann der Versicherungsschutz gefährdet, wenn keine strafrechtliche Ahndung der Unfallflucht erfolgte[14].

Kein Verstoß liegt bei einer bloßen zeitlichen Verzögerung der Unfallaufnahme vor, wenn der Versicherungsnehmer nach dem Unfall zunächst einkaufen geht, dann aber zur Feststellung seiner Personalien an die Unfallstelle zurückkehrt[15] oder die notwendigen Feststellungen ermöglicht, ohne dass es zu einer Beweisvereitelung oder –erschwerung kommt[16]. Eine Entschuldigung ist auch dann anzunehmen, wenn der Beteiligte die Unfallstelle zur Versorgung einer eigenen Verletzung verlässt[17].

---

10 OLG Karlsruhe v. 05.06.2008 – 12 U 13/08, SP 2008, 403 = zfs 2008, 514 f.
11 Halm »Versicherungsrechtliche Konsequenzen der Unfallflucht«, DAR 2007, 617 ff. m. w. H.
12 AG Gelnhausen v. 05.05.2006 – 52 C 139/05, NZV 2007, 366, die Einstellung des Strafverfahrens hindert nicht eine zivilrechtlich andere Bewertung, wenn zur Überzeugung des Gerichtes feststeht, dass der Fahrer den Zusammenstoß bemerkt haben muss; AG Potsdam v. 04.05.2007 – 33 C 228/06, SP 2008, 161; Vgl. auch BVerfG v. 19.03.2007 – 2 BvR 2273/06, NZV 2007, 368 ff. =SP 2008, 64 f; »Keine Strafbarkeit bei unvorsätzlichem Entfernen von der Unfallstelle, § 142 I, II Nr. 2 StGB«; mit Anm. Laschewski, NZV 2007, 444 ff.; Fromm/Schmidtke »Risiken der Einstellung des Strafverfahrens bei Verkehrsstraftaten – Pyrrhus-Sieg oder besonderer Verdienst des Strafverteidigers«, NZV 2007, 552 ff.; Vgl. ebenso Geppert »Anmerkung zum Beschluss des BVerfG vom 19.03.2007«, DAR 2007, 380 ff.
13 Vgl. hierzu ausführlich Krumm/Himmelreich/Staub, »Die »OWI-Unfallflucht« – eine wenig bekannte Vorschrift«, DAR 2011, S. 6 ff.
14 OLG Stuttgart v. 16.10.2014 – 7 U 121/14, da es nach den AKB gerade nicht auf die strafrechtliche Relevanz des Verhaltens ankäme, diese Entscheidung erging aber noch zu den AKB 2008, so dass mit der neuen Fassung u. U. auch die Obliegenheitsverletzung entfällt. LG Saarbrücken v. 01.10.2010 – 13 O 75/10, Jurion. a. A. allerdings OLG Naumburg v. 14.01.2011 – 10 U 21/10, Jurion, das die Aufklärungspflichtverletzung entfallen lässt, wenn eine Unfallflucht strafrechtlich gerade nicht festgestellt wurde.
15 AG Leverkusen v. 14.06.2013 – 25 C 749/12, SP 2013, 375.
16 OLG München v. 25.04.2014 – 10 U 3357/13, NZV 2014, 525 zu den Voraussetzungen eines Entlastungsbeweises.
17 BGH v. 27.08.2014 – 4 StR 259/14, NZV 2014, 534 f.

E.1.1.3 AKB (Aufklärungspflicht, Mitwirkungspflichten, Weisungsbefugnis)

Begeht der Versicherungsnehmer mehrfach Unfallflucht, so ist der Versicherer hinsichtlich eines jeden Verstoßes bis zur Höchstgrenze leistungsfrei[18].

3   Eine Unfallflucht ist nur im öffentlichen Verkehrsraum möglich[19], so dass die Tatbegehung im nicht-öffentlichen Verkehrsraum (Privatparkplatz) jedenfalls strafrechtlich ohne Folgen bleibt[20]. Ob dann auch noch ein Regress wegen Aufklärungspflichtverletzung in der Form der Verkehrsunfallflucht möglich ist, erscheint fraglich[21]. Hat der Versicherungsnehmer seine sonstigen Pflichten erfüllt und alle Fragen vollständig und wahrheitsgemäß beantwortet, bleibt die Verkehrsunfallflucht folgenlos. Die Aufklärung einer Alkoholfahrt ist dann nur noch in Ausnahmefällen möglich.

4   Die Kriterien für die Unfallflucht sind vielfältig[22].
   – Entfernt sich allerdings der Versicherungsnehmer von der Unfallstelle, nachdem er eine Visitenkarte an das verletzte Unfallopfer übergeben hat und lässt sich auch von einem weiteren Zeugen daran nicht hindern, liegt ein besonders schwerer Fall der Unfallflucht vor[23].
   – Auch derjenige, der beim Beladen seines Kfz auf einem öffentlichen Parkplatz ein anderes Kfz mit einem Einkaufswagen schädigt und sich sodann unerkannt entfernt, begeht eine Unfallflucht[24]!
   – Das Wegfahren von der Tankstelle nach Beschädigung der Zapfsäule ist ebenfalls vorsätzliche Unfallflucht[25].
   – Ebenso liegt eine Unfallflucht vor, wenn im öffentlichen Straßenverkehr ein LKW beladen wird und dabei durch das Ladegut ein weiteres Kfz beschädigt wird und sich der Fahrer dann unerkannt entfernt[26].
   – Entfernt sich der Mitgesellschafter einer GmbH nachdem er von der Fahrbahn abgekommen war, von der Unfallstelle, ohne die Polizei zu verständigen, um ggf. Feststellungen zu seiner Alkoholisierung zu treffen, liegt jedenfalls dann keine Unfallflucht im Sinne von § 142 StGB vor, wenn ein Drittschaden nicht entstanden ist, weil nur das versicherte Kfz beschädigt wurde[27].

---

18 BGH v. 09.11.2005 – IV ZR 146/04, r+s 2006, 99.
19 OLG Hamm v. 04.03.2008 – 2 Ss 33/08, NZV 2008, 257 f.
20 OLG Hamm 04.03.2008 – 2 Ss 33/08, NJW Spezial 2008, 309; BGH v 04.03.2004 – 4 StR 377/03, NJW 2004, 1965 = DAR 2004, 399 nur wenn der Parkplatz im Hof des Anwesens von einer Vielzahl von Leuten genutzt werden kann, handelt es sich um öffentlichen Verkehrsraum.
21 BGH v. 15.04.1987 – IVa ZR 28/86, r+s 1987, 214 = NJW 1987, 2374 die Tatbestandsverwirklichung der Verkehrsunfallflucht als Verstoß gegen die Aufklärungsobliegenheit.
22 Fitz, »Die Verkehrsunfallflucht im Versicherungsrecht: ein Update«, DAR 2008, 668 f.
23 OLG Schleswig v. 30.11.2002 – 9 U 150/01, VersR 2003, 637.
24 OLG Düsseldorf v. 07.11.2011 – III-1 RVS 62/11, Jurion.
25 LG Offenburg 1 S 3/11, ADAJUR Dok-Nr. 96246, arglistiges Verhalten soll erst dann vorliegen, wenn der Versicherungsnehmer weiß, dass dieses Verhalten die Regulierung des Schadens dadurch nachteilig beeinflusst wird.
26 OLG Köln v. 19.07.2011 – III-1RVS 138/11 (Jurion).
27 LG Kassel v. 24.05.2007 – 8 O 49/06, Jurion.

- Auch das Warten von nur 10–15 min nach einem Leitplankenschaden infolge Eisglätte und das nachträgliche Melden des Schadens bei der Polizei am nächsten Morgen kann das Aufklärungsinteresse des Versicherers verletzen und zur Leistungsfreiheit führen[28].
- Die Wartepflichten rangieren in der Rechtsprechung von 15–30 min[29], wenn keine wesentlichen Schäden verursacht wurden[30]. Übersteigt der Schaden einen Betrag von 100 DM, ist jedenfalls kein Bagatellschaden mehr gegeben.
- Die Betrachtung, ob wesentliche Schäden verursacht wurden, ist ex ante durchzuführen, im Zweifel ist daher von einer Wartepflicht auszugehen, wenn nicht auszuschließen ist, dass größere Schäden entstehen könnten[31];
- Eine Wartezeit von zwei Stunden bis zur telefonischen Meldung des Schadens bei erheblichem Personenschaden ist zu lange[32].
- Auch die Meldung nach mehr als sechs Stunden bei Leitplankenschaden ist zu lange[33].
- Die Weitergabe einer Visitenkarte des Taxiunternehmens mit dem Hinweis, sich dort zu melden, reicht nicht aus[34];
- Eine Verletzung der Aufklärungsobliegenheit in der Form der Unfallflucht kommt auch in der Fahrzeugversicherung nur in Betracht, wenn ein Verstoß gegen § 142 StGB vorliegt[35].
- Ereignete sich ein »Alleinunfall«, der nicht mehr als 20 € Fremdschaden verursachte, liegt eine Unfallflucht im Sinne der Aufklärungspflichtverletzung des § 7 IV AKB a. F. für die Fahrzeugversicherung nicht vor[36].

---

28 OLG Frankfurt v. 31.05.2006 – 3 U 27/06, NZV 2007, 365 f = zfs 2006, eine Verurteilung wegen VUF unterblieb, da die Polizei das Kennzeichen als solches in einem größeren Unfallgeschehen aufgenommen hatte, m. Anm. Biehler. Vorliegend war das Aufklärungsinteresse des Versicherers als nicht sonderlich hoch bewertet worden; vgl. auch Blum »Das unvorsätzliche Sich-Entfernen vom Unfallort (§ 142 StGB)«, NZV 2008, 495 ff.; Krumm »Arbeitshilfe: Vorwurf der Unfallflucht nach unerlaubtem Entfernen – § 142 II StGB«, NZV 2008, 497 f.
29 OLG Frankfurt v. 24.02.1987 – 5 U 78/86, VersR 1987, 927: 15 min. bei Leitplankenschaden; OLG Zweibrücken v. 29.04.1991 – 1 Ss 83/91, NZV 1991, 479: 20 min. bei Zurücklassen des Kfz mit Papieren an der Unfallstelle und telegraphische Meldung bei Polizei.
30 Vgl. auch Mitsch »§ 142 Abs. 2 StGB und Wartezeitirrtum«, NZV 2005, 347 ff.; LG Dortmund v. 26.11.2008 – 22 O 35/08, SP 2009, 338 (100 € sind keine Bagatelle); LG Köln v. 18.09.2008 – 24 O 92/08, SP 2009, 194 und LG Koblenz v. 26.09.2008 – 5 O 482/07, SP 2009, 194 (300 €).
31 OLG Brandenburg v. 24.05.2007 – 2 U 205/06, SP 2008, 118 f.
32 BGH v. 18.02.1970 – IV ZR 1089/68, VersR 1970, 410.
33 OLG Karlsruhe v. 17.10.1991 – 12 U 152/91, r+s 1993, 5.
34 OLG Nürnberg v. 24.01.2007 – 2StOLG Ss 300/06, DAR 2007, 532 ff.
35 Halm »Versicherungsrechtliche Konsequenzen der Unfallflucht«, DAR 2007, 617, 619.
36 OLG Brandenburg v. 14.09.2006 – 12 U 21/06, DAR 2007, 643 ff. = SP 2007, 264 ff.

E.1.1.3 AKB (Aufklärungspflicht, Mitwirkungspflichten, Weisungsbefugnis)

- Eine Beihilfe zur Unfallflucht durch Unterlassen stellt auch dann keine Verletzung der Aufklärungspflicht dar, wenn dies der Repräsentant[37] des Versicherungsnehmers als Beifahrer tat[38].
- Das Entfernen von der Unfallstelle ist schon dann nicht folgenlos, wenn sich die Alkoholisierung danach nicht mehr feststellen lässt[39];
- Straflos bleibt derjenige, der erst nachdem er sich von der Unfallstelle entfernt hat, von seiner Unfallbeteiligung Kenntnis erlangt und sich dann weiter entfernt[40], da es an der Vorsatztat fehlt.
- Eine Aufklärungspflichtverletzung liegt auch dann nicht vor, wenn sich der Versicherungsnehmer zwar von der Unfallstelle entfernt, dann aber unverzüglich (zu einem Zeitpunkt) den Versicherer über den Schaden informiert, als er auch durch Meldung an den Geschädigten die Unfallflucht nach § 142 StGB hätte entfallen lassen können[41].
- Für die Tatbestandsverwirklichung bei der Unfallflucht genügt bereits eine Entfernung von ca. 400 – 500 m[42]. Auch wenn sich der Versicherungsnehmer nicht strafbar macht iSd. § 142 StGB, wenn er erst von seiner Beteiligung an einem Unfall Kenntnis erlangt, nachdem er ca. 1,5 km[43] von der Unfallstelle entfernt ist und sich dann weiter entfernt, so ist doch die Frage der Obliegenheitsverletzung zu stellen, da er unmittelbar nach Kenntnisnahme von dem Geschehen die Feststellungen zu seiner Person und Beteiligung hätte ermöglichen müssen.

C. Wahrheitsgemäße Schadenschilderung und Beantwortung von Fragen des Versicherers

1. Wahrheitsgemäße Schadenschilderung

5   Der Versicherungsnehmer ist gehalten, für die Aufklärung des Schadenfalles zunächst eine wahrheitsgemäße Schilderung[44] des Schadenherganges abzugeben. Die wahrheitsgemäße Schilderung des Schadenherganges ist nicht ausdrücklich aufgenommen, ergibt sich aber aus der Formulierung »Sie müssen unsere Fragen zu dem Schadenereignis .... wahrheitsgemäß ...«. Darunter sind auch die Fragen in einem Unfallfragebogen

---

37 Zur Repräsentanteneigenschaft vgl. BGH v. 10.7.1996 – IV ZR 287/95, VersR 1996, 1229 f.; § 28 VVG Rdn. 8; § 123 VVG Rdn. 5; AKB A.1.5.1. Rdn. 11f; A.2.3 Rdn. 25 ff. u. v. m.
38 OLG Bremen v. 02.10.2007 – 3 U 27/07, DAR 2008, 87 ff. (für die Fahrzeugversicherung).
39 OLG Saarbrücken v. 08.11.2005 – 4 U 424/08, zfs 2009, 396 f., wenn Zeugen den Fahrer erkannt haben und dieser Kfz und Papiere zurücklässt.
40 OLG Hamburg v. 27.03.2009 – 3–13/09, DAR 2009, 404f; OLG Düsseldorf 2 SS 142/07, DAR 2010, 704.
41 BGH vom 21.11.2012 – IV ZR 97/11, NJW 2013, 936 = NZV 2013, 179.
42 LG Arnsberg v. 11.09.2014 – 6 QS 81/14, ADAJUR #105856.
43 BGH v. 15.11.2010 – 4 StR 413/10. OLG Hamburg v. 27.03.2009 – 3–13/09 REV, DAR 2009, 404, da es dann an dem für das Strafrecht erforderlichen Vorsatz zum Zeitpunkt der Tat fehlt., ebenso OLG Düsseldorf v. 01.10.2010 – 2 SS 142/07, FS 12/10 (LS) – 69/07.
44 OLG Koblenz v. 05.05.2003 – 10 U 1032/02 r+s 2003, 496 = NJOZ 2003, 1296 m. w. H. zur Diebstahlsrechtsprechung.

oder die Fragen bei der telefonischen Schadenmeldung nach dem Hergang zu subsumieren.

So kann es von Bedeutung für die Regulierung sein, ob der Versicherungsnehmer mit anderen Sachen als dem Führen des Kfz während der Fahrt beschäftigt war. Insbesondere Umstände, die die Frage der grobfahrlässigen Herbeiführung des Versicherungsfalls nahe legen würden, können für den Versicherer von Interesse sein[45]. Der Versicherungsnehmer kann sich auch nicht darauf berufen, dass der Versicherer ja den wahren Sachverhalt erfahren hätte[46]. Hat der Versicherungsnehmer die Schadenmeldung mit dem Vertreter des Versicherers ausgefüllt, und dieser die Fragen trotz wahrheitsgemäßer Schilderung des Versicherungsnehmers falsch beantwortet, liegt keine Aufklärungspflichtverletzung des Versicherungsnehmers vor[47]. Auch die falsche Schilderung bei der Polizei hat bei korrekter Schilderung gegenüber der Versicherung keine Auswirkungen[48]. Wurden ursprünglich falsche Angaben gemacht, genügt die Übersendung von Unterlagen, aus denen sich die Unrichtigkeit der früheren Angaben ergäbe, nicht zur Berichtigung der falschen Angaben[49].

Auch der Anwalt des Versicherungsnehmers kann sich bei unterbliebener Aufklärung über die Anzeigepflichten des Mandanten gegenüber der Versicherung einer Pflichtverletzung schuldig machen[50]. Sofern der Versicherungsnehmer angibt, aufgrund unzureichender Deutschkenntnisse objektiv falsche Angaben gemacht zu haben, ist weitere Sachaufklärung geboten, um die Frage der Glaubwürdigkeit zu klären[51].

2. Die Beantwortung von Fragen des Versicherers

Der Versicherer ist zur Klärung seiner Eintrittspflicht auf die wahrheitsgemäße Beantwortung seiner Fragen[52] angewiesen. Dazu gehört auch schon das wahrheitsgemäße und vollständige Ausfüllen des Fragebogens des Versicherers[53]. Wenn dies unterbleibt, handelt es sich nicht um eine Anzeigepflichtverletzung, sondern um eine Aufklärungspflichtverletzung. Der Versicherer hat schon Kenntnis vom Schaden gehabt (ggf. durch einen Dritten), ansonsten hätte er dem Versicherungsnehmer den Fragebogen nicht übermittelt! Dabei muss der Versicherungsnehmer alle Fragen vollständig und wahr- 6

---

45 OLG Saarbrücken v. 15.10.2003 – 5 U 300/03, VersR 2004, 1308 = r+s 2004, 231f, zum Verstellen des Fahrersitzes während der Fahrt.
46 BGH v. 11.03.1965 – II ZR 25/63, VersR 1965, 451 (Alkoholkonsum).
47 OLG Hamm v. 31.05.1996 – 20 U 34/96, VersR 1999, 729; OLG Hamm v. 06.07.2001 – 20 U 200/00, r+s 2002, 316 zum Erkennen der falschen Aufzeichnung durch Außendienstmitarbeiter und zur Auge-und-Ohr-Rechtsprechung.
48 BGH v. 12.03.1976 – IV ZR 79/73, VersR 1976, 383.
49 LG Berlin 17 O 131/06, SP 2008, 119f.
50 LG Düsseldorf v. 20.01.2015 – 6 O 541/13, ADAJUR # 106413.
51 OLG Naumburg v. 10.10.2013 – 4 U 11/13, Jurion.
52 BGH v. 22.10.2014 – IV ZR 242/13, VersR 2015, 55f (welche Angaben erforderlich sind, entscheidet allein der Sachbearbeiter des Versicherers).
53 BGH v. 10.12.2008 – IV ZR 107/08 zfs 2009, 207ff. zu den Indizien bei Vortäuschung eines Versicherungsfalls und der Beweislastverteilung m. Anm. Rixecker.

E.1.1.3 AKB (Aufklärungspflicht, Mitwirkungspflichten, Weisungsbefugnis)

heitsgemäß beantworten[54]. Er kann sich auch nicht darauf berufen, dass der Versicherer durch Andere Kenntnis von den relevanten Daten erhalten habe[55]. In der Fahrzeugversicherung kann der VR die Leistung verweigern, wenn der Versicherungsnehmer die Auskunft über den Unfallgegner verweigert[56]. Ggf. muss der Versicherer darauf mehrfach hinweisen[57]. Die Belehrung muss in Textform erfolgen, ein bloßes Vorlesen durch den Versicherungsvermittler reicht nicht aus[58]. Handelt der Versicherungsnehmer arglistig, kann auch eine unzureichende Belehrung ihn nicht vor dem Regress schützen[59]. Der Versicherer entscheidet, welche Angaben er für erforderlich erachtet[60].

7 Doch die Aufklärungspflichten des Versicherungsnehmer bzw. auch des mitversicherten Fahrers gehen noch deutlich weiter:

Der Versicherungsnehmer hat alles zur Aufklärung des Sachverhalts Erforderliche und Dienliche zu unternehmen[61], er hat alle Umstände, von denen er Kenntnis hat, mitzuteilen[62], auch solche, mit denen er sich u. U. strafrechtlicher Verfolgung aussetzt[63]. Falsche Angaben können auch dann Folgen zeitigen, wenn der Haftpflichtversicherer keine Leistungen erbringen muss, wenn die Obliegenheitsverletzung als solche geeignet war, die berechtigten Interessen des Haftpflichtversicherers zu gefährden[64]. Falsche Angaben im Strafverfahren haben auf den Versicherungsschutz keine Auswirkungen, solange der Versicherungsnehmer gegenüber der Versicherung seiner Wahrheitspflicht nachkommt[65]. Ein Parteiverrat kommt nicht in Betracht, solange der Rechtsanwalt des Versicherungsnehmer dem Versicherer gegenüber wahrheitsgemäße Angaben macht, diese werden auch nicht an die Strafverfolgungsbehörden weitergegeben[66]. Wird allerdings der Mitarbeiter der Versicherung als Zeuge geladen, ist dieser zu wahr-

---

54 OLG Karlsruhe v. 16.03.2006 – 12 U 292/05, SP 2006, 427 = zfs 2006, 30 = VersR 2006, 919 = DAR 2006, 57 zur Eintrittspflicht zur Eintrittspflicht trotz falscher Unfallschilderung im Kasko-Schaden und zur Beweislast.
55 So schon BGH v. 24.06.1981 – IVa ZR 133/80, VersR 1982,182 ff. m. w. H. BGH v. 16.07.2008 – IV ZR 252/07, VersR 2007, 389; Terno »BGH-Kraftfahrtversicherungsrecht«, DAR 2007, 316, 321.
56 LG Offenburg v. 30.04.2014 – 6 O 125/13, SP 2014, 312 (mit weiteren Ausführungen auch zur Belehrung).
57 BGH v. 28.07.2008 – IV ZR 152/05, DAR 2007, 332 = SP 2007, 219 f = zfs 2007, 337 = NZV 2007, 459 f.
58 KG v. 23.05.2014 – 6 U 210/13, VersR 2014, 1357 f.
59 OLG Köln v. 03.05.2013 – 20 U 224/12, SP 2013, 344.
60 BGH, 22.10.2014, IV ZR 242/13 und 243/13, Jurion (zur Vermögensschaden-Haftpflicht).
61 Halm in Festschrift für Klaus Himmelreich »Versicherungsrechtliche Konsequenzen der Unfallflucht«, S. 295 ff.
62 BGH v. 13.12.2006 – IV ZR 252/05, DAR 2007, 332 f.
63 OLG Köln v. 20.11.1964 – 9 U 151/64, VersR 1965, 1045.
64 OLG Karlsruhe v. 6. Juni 2013 – 12 U 204/12, MDR 2013, 1165.
65 BGH v. 15.12.1982 – IVa ZR 33/81, VersR 1983, 258, da sich der Versicherungsnehmer nicht gegenüber staatlichen Stellen belasten muss. Es schadet auch nicht, wenn die Versicherung Kenntnis von den falschen Angaben bei der Strafverfolgungsbehörde erlangt.
66 BVerfG zfs 1982, 213.

heitsgemäßer Aussage verpflichtet. Erfolgt dies nicht, obwohl die Kenntnis des Versicherungsnehmers vorlag, wird gar vorsätzliches Handeln vermutet. Außerdem muss der Versicherungsnehmer auch für ihn negative beweissichernde Maßnahmen dulden und sich auch im Hinblick auf die Aufklärungspflicht einer Blutprobe unterziehen[67].

Eine Verletzung der Aufklärungspflicht (in Kasko) wurde schon angenommen, wenn der Versicherungsnehmer den Schriftverkehr mit der Leasinggeberin nicht vorlegte, aus dem sich Anhaltspunkte für eine eventuelle Brandstiftung ergeben können[68]. Auch die Frage des Versicherers, »ob ihm das Kfz habe entzogen werden sollen« wurde in diesem Fall nicht beantwortet. Die falsche Angabe zur Laufleistung eines PKW führt als vorsätzliche Obliegenheitsverletzung im Schadenfall zur vollständigen Leistungsfreiheit[69]. Die Tatsache, dass der Versicherer Informationen über die Uniwagnis-Datei erhalten kann, entbindet den Versicherungsnehmer nicht von der Aufklärungsobliegenheit (Angabe zu Vorschäden)[70]. 8

Allerdings kann sich der Versicherer nicht auf die Leistungsfreiheit berufen, wenn er, obwohl die Angaben des Versicherungsnehmers unklar waren, nicht nochmals unter Hinweis auf die Mitwirkungspflichten den Versicherungsnehmer zu den unklaren Positionen befragt hat[71].

Darüber hinaus muss der Versicherer, will er ggf. wegen falscher Angaben den Versicherungsnehmer in Regress nehmen, ausdrücklich auf die Folgen falscher Angaben hinweisen, §§ 31, 104 VVG[72]. Dabei sollte aber nicht der Hinweis erfolgen, der Versicherer sei erst bei weiterer (in der Zukunft liegender) Verletzung seiner Aufklärungspflicht von der Verpflichtung zur Leistung frei[73]. Der Versicherer ist beweisbelastet hinsichtlich der Kenntnis des Versicherungsnehmers von den aufzuklärenden Umständen[74]. 9

---

67 Halm, Festschrift für Klaus Himmelreich, S. 295, 296.
68 OLG Köln v. 25.10.2005 – 9 U 177/04, zfs 2006, 276 f = r+s 2006, 13.
69 OLG Frankfurt v. 14.11.2008 – 3 U 92/08, VersR 2009, 672 (Falschangaben zur Laufleistung) zu § 6 Abs. 3 VVG a. F.
70 BGH v. 17.01.2007 – IV ZR 106/06, zfs 2007, 213 f = DAR 2007, 391f = SP 2007, 148 = VersR 2007, 481; OLG Naumburg v. 16.02.2012 – 4 U 32/11, Jurion = DAR 2012, 639 ff = r+s 2013, 16 f; AG Hannover 543 C 2350/07, SP 2008, 159.
71 Schon OLG Frankfurt v. 09.11.1983 – 9 U 140/82, VersR 1985, 774 zur Meldung »Diebstahl/unbefugte Benutzung«; OLG Hamm v. 06.10.2004 – 20 U 61/04, NZV 2005, 153 = VersR 2005, 1234; OLG Stuttgart v. 01.07.2004 – 7 U 18/04, VersR 2005, 819; OLG Brandenburg v. 27.06.2007 – 4 U 171/06, SP 2008, 229.
72 BGH v. 28.02.2007 – IV ZR 152/05, zfs 2007, 337 = NZV 2007, 459 f = SP 2007, 219f, ggf. muss er diese Belehrung sogar wiederholen; vgl. auch OLG Köln v. 05.06.2007 – 9 U 37/06, SP 2008, 58 f., vgl. auch Rogler, »Anpassung von Vertragsgrundlagen an das VVG 2008 zwei übersehene Problemfelder«, r+s 2010, 1 f.
73 OLG Saarbrücken v- 31.05.2006 – 5 U 165/05, zfs 2007, 222 ff.
74 BGH v. 03.05.2006 – IV ZR 252/04, zfs 2007, 215 f.

3. Einzelfallbeispiele der Verletzung der Aufklärungspflicht

10 Den Versicherungsnehmer trifft auch die Pflicht Angaben zu Fragen zu machen, die die Klärung der grob fahrlässigen Herbeiführung des Versicherungsfalls ermöglichen[75]. Hat der Versicherungsnehmer sich bei der Beantwortung der Fragen des Versicherers eines Außendienstmitarbeiters des Versicherers bedient, kann ihm ein Fehlverhalten dieses Außendienstmitarbeiters nicht zur Last gelegt werden, wenn der Versicherer nicht noch mal ausdrücklich auf die Folgen falscher Beantwortung hingewiesen hat[76].

Von besonderem Interesse sind die Fragen nach:
- dem Fahrer[77];
- falsche Angaben zum Unfallhergang[78];
- Verschleierung des wahren Unfallortes[79];
- Verschweigen wesentlicher Umstände zum Unfallgeschehen[80];
- falsche Angaben zum Unfallzeitpunkt[81];
- falsche Angaben zu Unfallgegner[82];
- falsche Angaben zu Geschwindigkeit und Unfallhergang[83];
- Nennung von Unfallzeugen ohne Bekanntgabe der Adresse[84];
- falsche Angaben zu Zeugen[85];

---

75 OLG München v. 18.012.1970 – 8 U 2304/70, VersR 1971, 244.
76 OLG München 24 U 982/74, VersR 1976, 674, insofern trägt die Reform von VVG und AKB nur der schon lange bestehenden Rechtsprechung Rechnung; bei arglistigem Verhalten kann eine Belehrung des Versicherers entbehrlich sein; OLG Köln v. 03.05.2013 – 20 U 224/12.
77 BGH v. 12.03.1976 – IV ZR 79/73, VersR 1976, 383; v. 15.12.1982 -IVa ZR 33/81, VersR 1983, 258; v. 19.01.1983 – IVa ZR 225/81, VersR 83, 333; OLG Hamm 20 U 14/94, VersR 1995, 165; LG Nürnberg –Fürth 2 O 4520/87, r+s 1988,326; BGH IV ZR 71/99, r+s 2000, 94; KG r+s 2010, 460.
78 OLG Köln 9 W 1/03, r+s 2003, 406, um Wendemanöver zu vertuschen; OLG Hamm 20 U 96/84, VersR 1985, 957 (LS); LG Frankfurt v. 08.11.2013 – 2–08 S 2/13, SP 2014, 133.
79 OLG München v. 06.05.2011 – 10 U 2362/10, ADAJUR Dok-Nr. 93132; OLG Brandenburg v. 26.05.2009 – 12 U 215/08 zur Darlegungslast hinsichtlich des Unfallortes; LG Berlin 17 O 71/06, SP 2007, 441 f.
80 OLG Köln v. 17.01.2014 – 20 U 208/12, Jurion; LG Köln 24 O 298/04, SP 2007, 24 f.; zum Verschweigen von Fremdschäden bei Wildunfall sowie das Verschweigen der eigenen Verletzung OLG München v. 25.04.2014 – 10 U 3357/13, zfs 2015, 213 f.
81 OLG Frankfurt v. 20.12.19673 – 16 U 54/73, VersR 1974, 738; LG Koblenz, zfs 1990, 385.
82 LG Offenburg v. 30.04.2014 – 6 O 125/13.
83 OLG Köln v. 26.04.2005 – 9 O 300/03, VersR 2005, 1528 = NJW-RR 1549, Ehefrau des Versicherungsnehmer gilt dann als Wissensvertreterin.
84 OLG Hamm v. 08.01.1986 – 20 U 213/85, VersR 1986, 882.
85 LG Dortmund v. 23.04.2010 – 22 O 171/08; LG Düsseldorf v. 15.12.2008 – 9 O 257/08, SP 2009, 263 zur Nachbenennung von Mutter und Schwiegermutter im Prozess, Vgl. aber BGH v. 10.12.2007 – IV ZR 40/06, SP 2008, 189, das Nachbenennen eines Zeugen ist nicht zwingend eine Obliegenheitsverletzung.

(Aufklärungspflicht, Mitwirkungspflichten, Weisungsbefugnis) **E.1.1.3 AKB**

- auch die Nichtbenennung einer Zeugin kann eine Obliegenheitsverletzung darstellen[86], wenn diese den Abstellort bestätigen könnte und der Versicherer danach gefragt hatte[87];
- die Nachbenennung eines Zeugen im Verfahren bedeutet nicht, dass schon im Zeitpunkt der Schadenanzeige die Zeugin und deren Aussagen bekannt waren[88];
- falsche Angaben gegenüber den Strafverfolgungsbehörden, wenn dadurch das Aufklärungsinteresse des Versicherers tangiert wird[89];
- wiederholtes Nichtbeantworten von Fragen des Versicherers[90];
- Alkoholkonsum[91] vor dem Unfallereignis;
- Verschweigen des Alkoholkonsums des Wissensvertreters (Sohn des Versicherungsnehmers)[92] oder des Repräsentanten trotz positiver Kenntnis[93];
- das Ergebnis der Blutentnahme und die BAK[94];
- Nachtrunk[95] nur dann, wenn er geeignet ist, den vor dem Unfall genossenen Alkohol zu verschleiern[96];
- Verschweigen von Medikamenteneinnahme und Gesundheitszustand[97].
- Verschweigen der Verurteilung wegen Verkehrsunfallflucht[98];

---

86 OLG Saarbrücken v. 04.12.2013 – 5 U 372/12, ADAJUR, dies stellt allerdings keinen arglistigen Verstoß dar.
87 OLG Köln v. 17.01.2006 – 9 U 60/05, SP 2007, 77 für einen Handel-Handwerkbetrieb.
88 BGH v. 10.12.2007 – IV ZR 40/06, zfs 2008, 211f = SP 2008, 189 f.
89 BGH v. 24.09.1995 – IV ZR 167/94, VersR 1995, 1043; v. 01.12.1999 – IV ZR 71/99, NJW-RR 2000, 553.
90 OLG Düsseldorf v. 26.01.1993 – 4 U 12/92, VersR 1994, 41, der Versicherungsnehmer darf nicht warten, bis sein Rechtsanwalt die Ermittlungsakte eingesehen hat.
91 OLG Nürnberg v. 20.12.1984 – 8 U 4268/83, zfs 1985, 118.
92 OLG Köln v. 15.07.2014 – 9 U 204/13, ADAJUR ›106350, bewertet das Verschweigen der Alkoholisierung des Sohnes als arglistiges Handeln des Versicherungsnehmers.
93 LG Paderborn v. 25.08.2010 – 4 O 96/10.
94 OLG Köln v. 15.07.2014 – 9 U 204/13, VersR 2014, 1452; OLG Köln v. 20.02.1986 – 5 U 216/85, zfs 1986, 214; OLG München v. 15.11.1966 – 4 U 5/66, VersR 1967, 342.
95 BGH v. 22.05.1970 – IV ZR 1084/68, VersR 1970, 826; OLG Köln v. 15.07.2014 – 9 U 204/13, VersR 2014, 1454f (Teilkasko); Brandenburg. OLG v. 01.10.2007 – 12 U 72/06, SP 2007, 261 in der Erwartung des bevorstehenden polizeilichen Eingreifens.
96 BGH v. 12.05.1971 – IV ZR 35/70, VersR 1971, 659, wenn die Alkoholmenge nicht im kritischen Bereich zwischen bedingter und absoluter Fahruntüchtigkeit liegt, ebenso LG Kassel 8 O 49/06, zfs 2007, 517 f.; OLG Karlsruhe v. 05.06.2008 – 12 U 13/08, zfs 2008, 514 f. = SP 2008, 403.
97 OLG Köln v. 17.01.2014 – 20 U 208/12, Jurion; vgl. aber BGH v. 24.11.2010 – IV ZR 525/08, der Versicherungsnehmer handelt nicht arglistig, wenn er nach mündlicher zutreffender Unterrichtung des Versicherungsagenten den aufgrund falsch ausgefülltem Antrag übersandte Police hinsichtlich der Gesundheitsangaben nicht noch einmal prüft und ggf. richtigstellt (fehlerhaftes Ausfüllen des Agenten).
98 LG Köln v. 11.01.1957 – 6 S 180/56, VersR 1958, 293.

E.1.1.3 AKB (Aufklärungspflicht, Mitwirkungspflichten, Weisungsbefugnis)

- falsche Angaben zu Vorschäden[99]; jedoch nur dann, wenn der Versicherer diesen Vorschaden nicht selbst reguliert hat[100];
- nachträgliche Berichtigung der Angaben zu Vorschäden führt nicht zur Leistungspflicht[101], allerdings entfällt die Leistungsfreiheit, wenn der Versicherer anhand von Datenbanken standardisiert abfragt, ob das Kfz schon dort wegen Vorschäden verzeichnet ist[102];
- Verschweigen der vorherigen Entwendung von Kfz[103]
- im Diebstahlsfalle Verschweigen der Abgabe einer eidesstattlichen Versicherung;[104]
- falsche Angaben zur Laufleistung[105] und zur Anfertigung von Nachschlüsseln[106];
- falsche Angaben zur wirtschaftlichen Situation[107]
- Angaben, die der Wertermittlung dienen[108];
- falsche Angaben zu Kaufpreis[109] und Schlüsselverhältnissen[110];

---

99 OLG Naumburg v. 16.02.2012 – 4 U 32/11, Jurion = DAR 2012, 639 ff = r+s 2013, 16 f; LG Bonn v. 12.11.2013 -10 O 151/13. SP 2014, 131; LG Nürnberg-Fürth v. 04.08.2010 – 8 O 744/10 (Kürzung um 20% in Kasko). OLG Celle v. 03.11.2000 – 8 U 169/99 zum Verschweigen mitentscheidender Vorschäden; ebenso OLG Karlsruhe v. 08.03.2007 – 19 U 54/06, zfs 2007, 515 ff.; OLG Hamm v. 23.01.2008 – 20 U 109/07, zfs 2008, 334 f = SP 2008, 263; OLG Stuttgart v. 24.11.2005 – 7 U 124/05, SP 2007, 23 f.; OLG Stuttgart v. 15.06.2005 – 7 U 114/05, SP 2007, 26 f.
100 BGH v. 11.07.2007 – IV ZR 332/05, NZV 2007, 519 ff. = SP 2007, 330 auch Terno »BGH-Kraftfahrtversicherungsrecht«, DAR 2008, 313 ff. m. w. H. zur Aufklärungspflichtverletzung in der Fahrzeugversicherung; LG Berlin 17 S 104/07, SP 2008, 406.
101 OLG Saarbrücken v. 30.04.2008 – 5 U 614/07, zfs 2008, 631 f.
102 Hier hatte der VN beim gleichen Versicherer einen vorherigen Schaden reguliert erhalten, OLG Brandenburg v. 15.06.2006 – 12 U 188/05, DAR 2007, 86 f = SP 2007, 220f, vgl. aber auch BGH v. 17.01.2007 – IV ZR 106/06, zfs 2007, 213 f = SP 2007, 148 = VersR 2007, 481 = DAR 2007, 391 ff. und DAR 2007 322 (Anmerkung Terno).
103 KG v. 20.09.2013 – 6 U 194/12; LG Dortmund v. 10.10.2007 – 22 O 209/06, zfs 2008, 457 f.; vgl. aber OLG Naumburg v. 10.10.2013 – 4 U 11/13 keine Erschütterung der Redlichkeitsvermutung, wenn ungenügende Deutschkenntnisse und daraus resultierende Missverständnisse zur falschen Angabe führten.
104 OLG Celle v. 26.04.2007 – 8 U 233/06, SP 2008, 25 ff.
105 KG v. 20.09.2013 – 6 U 194/12; OLG Celle v. 12.06.2008 – 8 U 44/07, zfs 2008, 574 ff. = r+s 2009, 7; LG Hannover 6 O 279/06 km statt Meilen; vgl. aber OLG Naumburg v. 10.10.2013 – 4 U 11/13 keine Erschütterung der Redlichkeitsvermutung, wenn ungenügende Deutschkenntnisse und daraus resultierende Missverständnisse zur falschen Angabe führten.
106 OLG Frankfurt v. 17.08.2000 – 3 U 72/99, OLG Report-Frankfurt 2000, 334; OLG Saarbrücken v. 09.01.2008 – 5 U 281/97, zfs 2008, 277 f. bei Abweichung um mehr als 10 % und einer Laufleistung von mehr als 100.000 km.
107 LG Düsseldorf v. 11.03.2014 – 11 O 152/13; KG v. 17.10.2012 – 6 U 82/12.
108 OLG Frankfurt v. 16.02.2007 – 7 U 104/06; LG Dortmund 2 O 333/05, SP 2007, 335.
109 OLG Düsseldorf v. 22.07.2014 – I-4 U 102/13, SP 2014, 420, geht dabei sogar von arglistigem Verhalten aus.
110 OLG Köln v. 16.02.2006 – 9 U 190/05, SP 2007, 155 f.

- Verschweigen anderer Versicherer, die mit Ersatz befasst sind (Diebstahl) und verschweigen der Vorsteuerabzugsberechtigung[111];
- falsche oder unvollständige Beantwortung der Frage nach Vorerkrankungen kann zur Leistungsfreiheit führen[112].
- Nichtangabe einer ADAC-Schutzbrief-Versicherung für sich allein rechtfertigt noch nicht die Leistungsfreiheit des Unfallversicherers wegen arglistigen Verschweigens einer weiteren Versicherung[113].
- Verschweigen einer weiteren Unfallversicherung ist u. U. folgenlos[114];
- der Versicherungsnehmer verletzt seine Obliegenheiten auch dann durch Verlassen der Unfallstelle, wenn er nur Beifahrer im versicherten Fahrzeug war[115].

Das Wissen des Vermittlers ist dem Versicherer zuzurechnen[116].

D. Vorlage von Nachweisen

Häufig ist es so, dass Nachweise sich in der Sphäre der versicherten Person befinden und nur von ihm beschafft werden können bzw. ihm ohnehin vorliegen. Als Beispiele kommen insbesondere in Betracht: 11
- Medizinische Entlassungsberichte von Sozialversicherungsträgern, die z. B. im Falle eines Fahrerschutzschadens nicht vom Versicherer angefordert werden können;
- Unterlagen über die Polizeimeldung;
- Belege über die Fahrzeugveräußerung im Totalschadenfall u. v. m.

E. Befolgen von Weisungen des Versicherers

Der Versicherungsnehmer ist auch gehalten, die Weisungen des Versicherers zu befolgen. Die Weisungen ergeben sich in den einzelnen Sparten gesondert. Diese sind in E.1.1.3 AKB eher kursorisch aufgeführt und werden in den Punkten E.1.2 für die KH-Versicherung, in E.1.3 für die Kasko-Versicherung, in E.1.4 für den Autoschutzbrief, in E.1.5 für die Unfallversicherung sowie in E.1.6 für die Fahrerschutzversicherung konkretisiert. 12

---

111 OLG Saarbrücken v. 04.04.2007 – 5 U 450/06, zfs 2007, 456 f.
112 Ausführlich zu den Kriterien und den Folgen OLG Hamm v. 24.06.2008 – 20 U 77/07, zfs 2008, 404 f.
113 BGH v. 28.02.2007 – IV ZR 331/05, NZV 2007, 458 f.
114 BGH v. 10.10.2007 – IV ZR 95/07, NZV 2008, 195f, allerdings wurde mangels Entscheidungsreife aufgehoben und zurückverwiesen.
115 AG Schleswig v. 25.04.2008 – 2 C 137/07, SP 2008, 337.
116 BGH v. 12.03.2008 – IV ZR 330/06, zfs 2008, 391 f.; v. 27.02.2008 – IV ZR 270/06, zfs 2008, 392 ff.; OLG Dresden v. 19.11.2010 – 7 U 1358/09 (Jurion).

E.1.1.3 AKB (Aufklärungspflicht, Mitwirkungspflichten, Weisungsbefugnis)

Kraftfahrzeug-Haftpflicht-Versicherung:

Der Versicherer entscheidet, einen Prozess zu führen, der Versicherungsnehmer kann die Ansprüche dann nicht selbst zu Lasten des Versicherers befriedigen.[117]

13 **Fahrzeugversicherung:**

Sowohl in der Vollkasko wie auch in der Teilkasko-Versicherung ist der Versicherungsnehmer gehalten, den Weisungen des Versicherers bezogen auf die Einschaltung des Sachverständigen, die Reparaturdurchführung, Abrechnung auf Totalschadenbasis oder ähnlichem Folge zu leisten.

14 **Schutzbriefversicherung:**

Der Versicherungsnehmer muss die Weisungen des Versicherers hinsichtlich der Wahl des Abschleppunternehmens befolgen, er kann ohne die Zustimmung des Versicherers keinen Abschlepper seiner Wahl beauftragen.

15 **Kfz-Unfallversicherung/Fahrerschutzversicherung:**

Der Versicherungsnehmer/Fahrer bzw. die versicherten Insassen müssen sich insoweit den Weisungen des Versicherers unterwerfen, als sie eine Gutachtenerstellung zur Feststellung der erlittenen Verletzungen und ggf. Dauerfolgen dulden müssen. Näheres wird für die Kfz-Unfallversicherung unter E.5 ausgeführt.

F. Ermöglichen von Untersuchungen

16 Als weiteren Unterfall der Aufklärungspflicht wird die Verpflichtung, erforderliche Untersuchungen zu gestatten, aufgenommen. Die Verpflichtung gilt, wenn diese dem Versicherten zumutbar sind. Dabei ist die Frage der Zumutbarkeit von Untersuchungen nach allgemeinen Regeln zu bewerten. Zumutbar sind sicher Untersuchungen, die nicht mit Operationen oder sonstigen Eingriffen in die körperliche Integrität verbunden sind. Es stellt sich aber die Frage, ob der Versicherte zusätzliche Röntgenaufnahmen dulden muss und ob diese zumutbar sind.

Auch die räumliche Entfernung zur untersuchenden/begutachtenden Stelle dürfte eine Rolle spielen.

Hier wirkt auch die Nachweispflicht fort: So kann der Versicherte verpflichtet sein, ggf. bereits vorliegende Röntgenbilder und sonstige bildgebende Dokumente oder Dateien vorzulegen, um die abschließenden Begutachtungen durch den Versicherer zu ermöglichen. Zu den Duldungs- und Mitwirkungspflichten vgl. auch unter A.3.8.3, A.4.5.1; E.1.4, E.1.5 und E.1.6 AKB.

---

117 LG Coburg v. 05.06.2009 – 32 S 15/09 zum Umfang des Regulierungsermessens auch bei erteiltem Regulierungsverbot.

Schadenminderungspflicht

E.1.1.4 (Schadenminderung, Weisungsbefugnis[1])

Sie sind verpflichtet, bei Eintritt des Schadenereignisses nach Möglichkeit für die Abwendung und Minderung des Schadens zu sorgen.

Sie haben hierbei unsere Weisungen, soweit für Sie zumutbar, zu befolgen.

Übersicht

	Rdn.
A. Allgemeines	1
B. In der Kraftfahrzeug-Haftpflicht-Versicherung	2
C. In den anderen Sparten	3
I. Befolgen von Weisungen	4
II. Zumutbarkeit	5
D. Geltungsbereich	6

A. Allgemeines

Da der Versicherer bei gesundem Versicherungsverhältnis für den Schaden einzutreten hat, hat er ein Interesse an der Geringhaltung des Schadens, welches nicht zuletzt aus der Verpflichtung resultiert, berechtigte Ansprüche zu befriedigen und unberechtigte Ansprüche abzulehnen. Da durch die Regulierung des Schadens der Zustand hergestellt werden soll, wie er vor dem schädigenden Ereignis bestand, ist der Versicherungsnehmer auch zur Schadenminderung verpflichtet. Allerdings muss die Klausel für den Versicherungsnehmer klar und verständlich sein[2].   1

B. In der Kraftfahrzeug-Haftpflicht-Versicherung

Der Versicherungsnehmer kann in der Kraftfahrzeug-Haftpflicht-Versicherung zur Schadenminderung nur eingeschränkt beitragen. Einzig die unverzügliche Meldung des Schadens sowie aller Umstände, die der Versicherer zur Bewertung seiner Eintrittspflicht wissen muss, sind die geeigneten Mittel, die ihm zur Verfügung stehen[3].   2

C. In den anderen Sparten

In der Fahrzeugvoll- und Teilversicherung, Autoschutzbrief, Unfallversicherung und Fahrerschutzversicherung hingegen kommt der Schadenminderungspflicht des Versicherungsnehmers eine erheblich größere Bedeutung zu. Er ist gehalten, die Weisungen des Versicherers hinsichtlich des versicherten Gegenstandes zu beachten und zu befolgen. Diese Pflichten werden in den einzelnen Sparten weiter konkretisiert.   3

---

1 Überschrift des Verfassers!.
2 OLG Frankfurt v.01.03.2012 – 3 U 119/11, Jurion (für die Rechtsschutzversicherung).
3 Stiefel/Maier/Maier, AKB E Rn. 156.

I. Befolgen von Weisungen

4 Grundsätzlich ist der Versicherungsnehmer gehalten, die Weisungen des Versicherers hinsichtlich des versicherten Gegenstandes zu befolgen. Diese müssen nach billigem Ermessen, § 315 Abs. 1 BGB, erfolgen. Grenzen dieser Obliegenheit sind sowohl die vertraglichen Vereinbarungen in den einzelnen Sparten wie auch die Rechtmäßigkeit der Weisung[4]. Ggf. sind die einzelnen Weisungen in den AKB im Rahmen der AGB-Rechtsprechung prüfbar. Auch Restwertangebote des Kasko-Versicherers gehören grds. dazu, hier gelten aber Einschränkungen hinsichtlich der Zumutbarkeit[5].

II. Zumutbarkeit

5 Es muss dem Versicherungsnehmer zumutbar sein, die Weisungen zu befolgen. Diese Anforderung resultiert aus § 82 Abs. 2 Satz 1 VVG. Die Obliegenheit muss sich dem vernünftig denkenden Versicherungsnehmer erschließen und ohne größere Risiken von ihm auszuführen sein. Mögliche Handlungen zur Schadengeringhaltung müssen dem Versicherungsnehmer tatsächlich möglich sein. Auch müssen die Maßnahmen im Verhältnis zum drohenden Schaden stehen[6].

D. Geltungsbereich

6 Schon die Platzierung dieser Obliegenheit in dem Bereich der Sachversicherungen macht deutlich, dass sie sich auch nur auf diese beziehen können. In der Personenversicherung selbst findet sich eine solche Formulierung nicht, allerdings werden dort Mitwirkungspflichten formuliert. Im Rahmen der Kraftfahrzeug-Haftpflicht-Versicherung kann der Versicherungsnehmer nur insoweit der Schadenausweitung entgegenwirken, als er unverzüglich den Versicherer über den eingetretenen Schaden informiert. Eine Pflicht, der Geltendmachung von Schadenersatzansprüchen entgegenzuwirken, gibt es nicht.

E.1.2 Zusätzlich in der Kfz-Haftpflichtversicherung

1 Zusätzlich zur Anzeige des Schadenfalles ist der Versicherungsnehmer in der Kraftfahrzeug-Haftpflicht-Versicherung verpflichtet, auch die Geltendmachung von Ansprüchen gegen ihn anzuzeigen. In aller Regel werden beide Meldungen zusammentreffen oder der Geschädigte wendet sich unmittelbar an den Versicherer. Der Versicherer ist berechtigt und verpflichtet, die gegen den Versicherungsnehmer gerichteten Ansprüche eigenverantwortlich zu regulieren[1] oder abzuweisen[2]. Aufgrund dieser Vollmacht ist

---

4 Lohschelders/Pohlmann/Schmidt-Kessel, § 82 VVG, Rn. 21.
5 OLG Karlsruhe v. 28.08.2009 – 12 U 90/09, Juris.
6 Römer/Langheid/Römer, § 62 VVG a. F., Rn 6; Lohschelders/Pohlmann/Schmidt-Kessel, § 82 VVG, Rn. 13.
1 Zur Regulierungsbefugnis des Versicherers vgl. Schwab AKB A.1.1.4.
2 Dabei gelten die Erklärungen des Versicherers auch über die vereinbarte Versicherungssumme hinaus, wenn nicht ausdrücklich die Erklärungen und Verpflichtungen auf die vertraglich ver-

der Versicherungsnehmer verpflichtet, den Versicherer unverzüglich zu unterrichten. Die Pflicht des Kraftfahrzeug-Haftpflicht-Versicherers, berechtigte Ansprüche zu regulieren und unberechtigte Ansprüche abzuwehren, führt dazu, dass auch der Versicherungsnehmer keinen Freistellungsanspruch gegen den Versicherer hat, wenn dieser die Entschädigungsleistung als unberechtigt abgelehnt hat. Er muss dann ggf. das Klageverfahren abwarten, bevor er auf Befreiung von dieser Schuld (Leistung durch den Versicherer) klagen kann³.

Bei außergerichtlich geltend gemachten Ansprüchen

E.1.2.1 (Meldepflicht[1])

Werden gegen Sie Ansprüche geltend gemacht, sind Sie verpflichtet, uns dies innerhalb einer Woche nach der Erhebung des Anspruchs mitzuteilen.

Diese Regelung für die Kraftfahrzeug-Haftpflicht-Versicherung ist ein Unterfall der ohnehin bestehenden Anzeigepflicht. In der Kraftfahrzeug-Haftpflicht-Versicherung ist die umgehende Meldung von Ansprüchen, die gegen den Versicherungsnehmer gerichtet werden, zwingend erforderlich, damit dieser unverzüglich in die Schadenregulierung eintreten kann. Der Versicherungsnehmer ist gehalten, den Versicherer darüber zu informieren, dass er von einem Geschädigten in Anspruch genommen wird. Es kommt bei dieser Pflicht nicht auf die Frage an, ob die Ansprüche zu Recht oder Unrecht geltend gemacht werden. Der Versicherungsnehmer muss jede Art von Ansprüchen, die gegen ihn gerichtet werden, melden und ggf. erhaltene Korrespondenz weitergeben. Hat der Versicherungsnehmer aber den eigentlichen Schadenfall unter Bekanntgabe des Geschädigten und dessen Postanschrift schon gemeldet, reicht dies im Normalfall aus. Aufgrund des bestehenden Direktanspruchs wird sich der Versicherer unmittelbar mit dem Geschädigten in Verbindung setzen. Dieser Regelung kommt daher untergeordnete Bedeutung zu. 1

Anzeige von Kleinschäden

E.1.2.2 (Selbstregulierung[1])

Wenn Sie einen Sachschaden, der voraussichtlich nicht mehr als xx Euro beträgt, selbst regulieren oder regulieren wollen, müssen Sie uns den Schadenfall erst anzeigen, wenn Ihnen die Selbstregulierung nicht gelingt.

---

einbarte oder sonst geltende Versicherungssumme beschränkt werden, BGH v. 11.10.2006 – IV ZR 329/05, DAR 2007, 141 (L.).
3 LG Wiesbaden v. 02.02.2007 – 9 O 190/06 in DAR 2007, 272 (L).
1 Überschrift des Verfassers!.
1 Überschrift des Verfassers!.

E.1.2.3 AKB (Klage, Mahnbescheid)

1 Will der Versicherungsnehmer von seinem Recht zur Selbstregulierung Gebrauch machen, darf ihm das nicht zum Nachteil gereichen. Er ist erst dann zur Meldung verpflichtet, wenn für ihn erkennbar ist, dass der Schaden den obigen Betrag, der i. d. R. bei ca. 500 € liegen dürfte, übersteigt oder der Geschädigte sich mit der Selbstregulierung nicht einverstanden erklärt und sich direkt selbst an die Versicherung wendet. Der Versuch, den Schaden unmittelbar zu regulieren, hat für den Versicherungsnehmer keinen Nachteil. Er kann den Schadenfall jederzeit nachmelden, wenn sich herausstellt, dass der Schaden teurer wird als ursprünglich gedacht. Allerdings ist der Versicherungsnehmer nicht gehalten, Kleinstschäden selbst zu regulieren, um seinen SFR zu behalten. Er kann genauso gut nach Regulierung durch den Kraftfahrzeug-Haftpflicht-Versicherer den Aufwand an diesen erstatten und erhält die SFR-Entlastung. Der Arbeitsaufwand des Versicherers ist als Dienstleistung durch die Prämienzahlung beglichen.

Bei gerichtlich geltend gemachten Ansprüchen

E.1.2.3 (Klage, Mahnbescheid[1])

Wird ein Anspruch gegen Sie gerichtlich geltend gemacht (z. B. Klage, Mahnbescheid), haben Sie uns dies unverzüglich anzuzeigen.

1 Der Versicherungsnehmer ist verpflichtet, den Versicherer über ein gegen ihn gerichtetes Schadenersatzverfahren zu unterrichten. Als gerichtliche Verfahren kommen alle vor Gericht möglichen Verfahrensgänge in Betracht. Dies beginnt schon bei der Einleitung eines selbständigen Beweissicherungsverfahrens[2] und reicht über den Mahnbescheid und Antrag auf Prozesskostenhilfe bis hin zur Klage des Geschädigten gegen den Versicherungsnehmer bzw. die mitversicherten Personen.

2 So hat der Versicherungsnehmer den Versicherer über einen Mahnbescheid, der gegen ihn erlassen wird, über die Klage oder den Antrag auf Gewährung von PKH, der sich gegen ihn richtet, umgehend zu informieren und sodann den Weisungen des Versicherers Folge zu leisten. Dabei sei auf die nachfolgenden Vorschriften der AKB verwiesen, die die Pflichten des Versicherungsnehmers weiter konkretisieren. Auch wenn der Versicherungsnehmer eine Streitverkündungsschrift in einem Haftpflichtprozess zugestellt wird, ist dies als ernsthafte Geltendmachung von Ansprüchen anzusehen[3].

---

1 Überschrift des Verfassers!.
2 OLG Stuttgart v. 22.05.2003 – 7 U 18/03, VersR 2004, 511 = NJW-RR 2004, 328 = OLG Report-Stuttgart 2004, 102 in Abgrenzung zu OLG Stuttgart v. 11.12.1997 – 7 U 5/97, NJW 1999, 799.
3 BGH v. 21.05.2003 – IV ZR 209/02, VersR 2003, 900 = NZV 2003, 468 m. w. H., die Versäumung der Mitteilung an den AH-Versicherer hatte zur Folge, dass der Deckungsanspruch gegen die AH-Versicherung verjährt war, als die Eintrittspflicht des Versicherungsnehmer festgestellt wurde, gleiches ist auch in der Kfz-Versicherung möglich, da die Ansprüche auch dort innerhalb von 3 Jahren verjähren!.

E.1.2.4 (Prozessführungsbefugnis[1])

Sie müssen uns die Führung des Rechtsstreits zu überlassen. Wir sind berechtigt, auch in Ihrem Namen einen Rechtsanwalt zu beauftragen. Diesem müssen Sie Vollmacht sowie alle erforderlichen Auskünfte erteilen und angeforderte Unterlagen zur Verfügung stellen.

Übersicht
Rdn.
A. Allgemeines 1
B. Eigener Rechtsanwalt 3
C. Beauftragung zweier Rechtsanwälte 4
D. Zivilverfahren 5
E. Strafverfahren 6
F. Verwaltungsverfahren 7

A. Allgemeines

Die Prozessführungsbefugnis obliegt dem Versicherer, er allein kann entscheiden, ob er den Prozess aufnimmt, die Klageforderung außergerichtlich befriedigt oder einen Teilvergleich schließt. Diese Regelung ist Ausfluss der Regulierungsbefugnis[2] aus A.1.1.4 AKB in der Kraftfahrzeug-Haftpflicht-Versicherung als zwingende Folge des Direktanspruchs des Geschädigten gegen den Versicherer. Zwar wird in der VVG-Reform das Anerkenntnisverbot abgeschafft[3], § 105 VVG, so dass der Versicherungsnehmer jedweden Anspruch anerkennen kann, ohne deswegen deckungsrechtlichen Sanktionen befürchten zu müssen, aber er kommt dann in Not, wenn der Versicherer die Leistung gleichwohl ablehnt – weil nur der Schadenersatz aufgrund gesetzlicher Haftpflichtbestimmungen geschuldet ist – und der Versicherungsnehmer sich dann im Prozess eigenständig einmischt. Dieses Verhalten ist nicht mehr geduldet, sondert führt nach der vorliegenden Bedingung zur Leistungsfreiheit schlimmstenfalls in Höhe der Mehrkosten, die ggf. auch den Leistungsfreibetrag nach § 6 KfzPflVV überschreiten können[4]. 1

Der Versicherungsnehmer ist auch während des Verfahrens dem von der Versicherung beauftragten Rechtsanwalt zur Auskunft verpflichtet. Er muss alle angeforderten Unterlagen (soweit sie noch nicht bei der Versicherung sind) vorlegen und ggf. auch für wei-

---

1 Überschrift des Verfassers!.
2 Vgl. zum Regulierungsermessen des Kraftfahrzeug-Haftpflicht-Versicherers u. a. LG Düsseldorf v. 07.04.2006 – 22 S 422/05 in SP 2007, 191 f; ebenso Kröger, »Regulierungsermessen und Belastung des Schadenfreiheitsrabatts-Der Versicherer zwischen den Fronten«, VersR 2013, 139 f.
3 Vgl. Lange »Das Zusammenwirken von Anerkenntnis und Abtretung in der Haftpflichtversicherung nach der VVG-Reform« in r+s 2007, 401, 402 zur Wirkung eines Anerkenntnisses des Versicherungsnehmers für die Prozessführung, allerdings mit der falschen Schlussfolgerung für die Leistungspflicht des Versicherers.
4 Vgl. insoweit auch § 7 KfzPflVV, Lange, »Das Zusammenspiel von Anerkenntnis und Abtretung in der Haftpflichtversicherung nach der VVG-Reform«, r+s 2007, 401, 402.

tere Rücksprachen zur Verfügung stehen. Beauftragt der Versicherungsnehmer einen eigenen Rechtsanwalt, der dann entgegen den Erklärungen des Versicherers handelt, führt dies zur Verletzung obiger Obliegenheit und löst einen Regress aus[5].

2 Problematisch ist der Fall, in dem sowohl der Versicherungsnehmer als auch der Versicherer in dem Verfahren in Form von Klage und Widerklage verbunden sind. Dann sollte zumindest auch den Interessen des Versicherungsnehmers Rechnung getragen werden, wenn dessen Rechtsauffassung nicht völlig aus der Luft gegriffen ist[6].

B. Eigener Rechtsanwalt

3 Selbstverständlich kann diese Regelung dem Versicherungsnehmer nicht das Recht nehmen, einen Anwalt mit der Wahrung der eigenen Interessen zu beauftragen. Allerdings ist der Versicherer nicht verpflichtet, die Kosten dieses Anwaltes zu tragen[7]. Auch eine möglicherweise abgeschlossene Rechtsschutzversicherung wird diese Kosten nicht übernehmen, da der KH-Versicherer als Quasi-Rechtsschutzversicherer verpflichtet ist, die unberechtigten Ansprüche gegen den Versicherungsnehmer auf eigene Rechnung abzuwehren. Die Entscheidung des EUGH ist hier nicht anzuwenden, da der Kraftfahrzeug-Haftpflicht-Versicherer gerade kein Rechtschutzversicherer ist[8].

C. Beauftragung zweier Rechtsanwälte

4 In Ausnahmefällen kann auch die Beauftragung von zwei Rechtsanwälten erforderlich sein, wenn der Rechtsanwalt der Versicherung dem Versicherungsnehmer Betrug oder ähnliches vorwirft, was zu einer Interessenkollision führen kann[9]. Die Kosten zweier Rechtsanwälte sind daher nur erstattungsfähig, wenn ein besonderer sachlicher Grund für die Einschaltung des eigenen Rechtsanwaltes bestand[10]. Es kommt dabei nicht darauf an, welcher Anwalt zeitlich zuerst mandatiert wurde[11]. Der Versicherungsnehmer ist ggf. gehalten, vorher telefonisch Rücksprache mit der Versicherung zu halten, um zu klären, ob ein Rechtsanwalt beauftragt wurde.

---

5 LG Dortmund v. 29.01.2009 – 2 S 33/08, NJW-RR 2009, 969 = zfs 2009, 453 f.
6 BGH v. 18.07.2001 – IV ZR 24/00, VersR 2001, 1150 = NZV 2002, 29 f. Dort hatte die BHV zunächst einen Vergleich widerrufen und dann die Deckung wegen grobfahrlässiger Herbeiführung des Versicherungsfalles abgelehnt.
7 OLG Hamburg v. 7.03.2009 – 14 U 40/09 in SP 2009, 40.
8 EUGH v. 0.09.2009 – RS C-199/08, BeckRS. 2009, 70 970, vgl. auch Kommentierung zu AKB A1.3.
9 BGH v. 06.07.2010 – VI ZB 31/08, r+s 2010, 411 (Anspruch des Versicherungsnehmers auf PKH) und BGH v. 15.09.2010 – IV ZR 107/09, r+s 2010, 504 ff; OLG München v. 14.03.2014 – 10 U 447/13. Lemcke, »Probleme des Haftpflichtprozesses bei behaupteter Unfallmanipulation (Teil B)«, r+s 1993, 161 f. mit Hinweis auf BGH v 15.09.2010 – IV ZR 107/09, NZV1991, 350 = VersR 1991, 236.
10 BGH v. 15.09.2010 – IV ZR 107/09, r+s 2010, 504 ff; KG v. 30.05.2008 – 1 W 89/08, SP 2008, 447 f.; OLG Hamburg v. 27.03.2009 – 14 U 40/09, SP 2009, 341 f.
11 KG v. 30.05.2008 – 1 W 89/08, SP 2008, 447 f.

D. Zivilverfahren

Grundsätzlich richtet sich die Regulierungs- und Weisungsbefugnis des Versicherers 5
nur auf den Zivilrechtsweg, da sich nach A.1.1.1 AKB die Verpflichtung des Versicherers auf die Abwehr von Schadenersatzansprüchen, die aufgrund von Haftpflichtbestimmungen des Bürgerlichen Gesetzbuches, des Straßenverkehrsrechts oder aufgrund anderer gesetzlicher Haftpflichtbestimmungen des Privatrechts geltend gemacht werden. Wird der Versicherer nicht in das Verfahren gegen den Versicherungsnehmer/Fahrer eingebunden und ergeht ein Versäumnisurteil gegen diesen, muss in einem weiteren Verfahren (Deckungsprozess) die Freistellung von gegen Versicherungsnehmer/Fahrer gerichteten Ersatzansprüchen begehrt werden. Dabei ist eine Bindungswirkung dieses Versäumnisurteils dann nicht gegeben, wenn der Versicherer keine Möglichkeit hatte, in diesem Verfahren seine Rechte wahrzunehmen.[12]

E. Strafverfahren

Die Prozessführungs- und Weisungsbefugnis der Versicherung beschränkt sich auf die 6
Zivilgerichtsbarkeit und ggf. auf die Verwaltungsgerichtsbarkeit (soweit dies in den AKB aufgenommen wurde). Eine Weisungsbefugnis oder gar Prozessführungsbefugnis im Strafverfahren gegen den Versicherungsnehmer oder den Fahrer hingegen gibt es nicht. Ebenso ist der Kraftfahrzeug-Haftpflicht-Versicherer auch nicht der richtige Ansprechpartner, wenn es um die Kostentragung aus dem Strafverfahren geht. Hier ist die Rechtsschutzversicherung ausschließlich zuständig. Allein im Interesse der Regulierung des Kraftfahrzeug-Haftpflicht-Schadens kann es in absoluten Ausnahmefällen für den Versicherer von Interesse sein, das gegen den Versicherungsnehmer oder mitversicherten Fahrer gerichtete Strafverfahren zu begleiten, um beispielsweise durch Einholung eines unfallanalytischen Gutachtens den Unfallhergang zu rekonstruieren. Aber nicht jeder Schadenfall, in dem der Versicherungsnehmer sein Verschulden am Unfall bestreitet, ist geeignet für eine Eintrittspflicht des Kraftfahrzeug-Haftpflicht-Versicherers!

F. Verwaltungsverfahren

Eine Weisungsbefugnis und Prozessführungsvollmacht des Versicherers für den Verwaltungsrechtsweg ist in der Kraftfahrzeug-Haftpflicht-Versicherung nicht vorgesehen, 7
wird aber teilweise von der Assekuranz angeboten. Auch wenn der Versicherungsnehmer bei einem verschuldeten Unfall, der auch Dritte schädigt und ihn zum Ausgleichspflichtigen von Rettungskosten macht, einen Anspruch auf Ersatz der Feuerwehrkosten aus der Kraftfahrzeug-Haftpflicht-Versicherung hat, ist der Versicherer nach den vorliegenden AKB nicht berechtigt, gegen diesen Bescheid Widerspruch einzulegen.

Gegen öffentlich-rechtlichen Kostenbescheide, die oft sehr unterschiedlich ausfallen und ggf. auch übersetzt sein können[13], kann der Versicherer nur mit Einverständnis

---

12 OLG Frankfurt v. 22.10.2009, 3 U 103/08,.
13 Zur Angemessenheit von Feuerwehrkosten vgl. insbesondere Schwab in Halm/Engelbrecht/Krahe FA Verkehrsrecht Kap. 7 Rn. 294 ff.

E.1.2.5 AKB (Verfahren bei Fristablauf)

des Versicherungsnehmers vorgehen und mit dessen Vollmacht Widerspruch einlegen, wenn in den AKB der Versicherung keine entsprechende Regelung getroffen wurde.

Bei drohendem Fristablauf

E.1.2.5 (Verfahren bei Fristablauf[1])

Wenn Ihnen bis spätestens zwei Tage vor Fristablauf keine Weisung von uns vorliegt, müssen Sie gegen einen Mahnbescheid oder einen Bescheid einer Behörde fristgerecht den erforderlichen Rechtsbehelf (z. B. Widerspruch) einlegen.

1 Diese Regelung verpflichtet den Versicherungsnehmer, auch wenn er den Versicherer rechtzeitig über das laufende Verfahren informiert hat, die Fristen selbst zu überwachen, um ggf. noch selbst fristwahrend Widerspruch zu erheben oder die Anzeige der Verteidigungsbereitschaft vor Gericht abzugeben. Diese Regelung ist in der Kraftfahrzeug-Haftpflicht-Versicherung hinlänglich bezogen auf die Zivilverfahren bekannt. Der Versicherungsnehmer informiert den Versicherer über den Mahnbescheid oder die Klage und dieser wird sich ggf. für alle am Unfall beteiligten Mitversicherten bestellen.

Problematisch wird diese Regelung immer dann, wenn öffentlich rechtliche Bescheide erstellt wurden und der Versicherungsnehmer hier der Kostenschuldner ist.

B. öffentlich-rechtliche Verfahren

2 In den AKB a. F. hatte der Kraftfahrzeug-Haftpflicht-Versicherer nur für zivilrechtliche Erstattungsansprüche einzustehen[2]. Der mit diesen Kosten belastete Fahrzeughalter hatte auch nicht durch Zahlung einen Anspruch gegen seinen Kraftfahrzeug-Haftpflicht-Versicherer auf Erstattung solcher Kosten. Diese Formulierung wurde allerdings im Zuge der Reform der AKB aufgegeben, so dass grundsätzlich auch öffentlich-rechtliche Verfahren in den Katalog der möglichen Schadenersatzpositionen aufgenommen werden müssen. Der Versicherungsnehmer ist verpflichtet, den Versicherer auch über solche Bescheide, die ihm infolge eines Schadenfalles zugehen, zu informieren. Soweit dem Versicherungsnehmer ein Kostenbescheid mit Widerspruchsbelehrung zugeht, ist er verpflichtet, entsprechende Rechtsmittel einzulegen, um einer Verfristung zu begegnen. Der häufigste und bekannteste Fall ist der Einsatz der Feuerwehr an der Unfallstelle, sei es zur Bergung von Verletzten oder aber zur Beseitigung einer Ölspur, zur Absicherung der Unfallstelle o. ä.

Der Bescheid für einen Feuerwehreinsatz nach Verkehrsunfall ist ein öffentlich-rechtlicher Leistungsbescheid, für den ein Ersatzanspruch gegen den Kraftfahrzeug-Haft-

---

1 Überschrift des Verfassers!.
2 Vgl. insoweit statt aller VG Regensburg v. 16.01.2001 – RO 11 K 99/2286 in NJW 2002, 531 = VersR 2001, 1274 m. Anm. Troidl.

pflicht-Versicherer dann nicht besteht[3], wenn die Tätigkeit zur Beseitigung eines klassischen Unglücksfalls erfolgt.

Die Erstattung der Kosten kann der Versicherer ohne entsprechende Regelung in den AKB für die öffentlich-rechtlichen Verfahren dem Versicherungsnehmer nur ausnahmsweise verweigern, wenn ihm eine Verletzung der Schadenminderungspflicht vorzuwerfen ist.

E.1.3 Zusätzlich in der Kaskoversicherung

Da in der Fahrzeugversicherung der Versicherungsnehmer der Vertragspartner und gleichzeitig der Anspruchsberechtigte ist, sind hier zusätzliche Anforderungen bei Sonderfällen vorgesehen. Diese zusätzlich genannten Pflichten sollen es ermöglichen, durch zeitnahe Meldung des Schadenfalles auch die möglichen Beweise zu sichern. Diese zusätzlichen Obliegenheiten sind aber immer mit Blick auf E.2.2 AKB[1] zu sehen und bleiben immer folgenlos, wenn sie auf den Schadeneintritt und den Leistungsumfang keine Auswirkungen haben[2].

Anzeige des Versicherungsfalls bei Entwendung des Fahrzeugs
E.1.3.1 (Diebstahl des KFZ oder Teile des KFZ[1])

> Bei Entwendung des Fahrzeugs oder mitversicherter Teile sind Sie abweichend von E.1.1.1 verpflichtet, uns dies unverzüglich in Schriftform anzuzeigen. Ihre Schadenanzeige muss von Ihnen unterschrieben sein.

Soweit das versicherte Fahrzeug oder Teile davon entwendet werden, ist der Versicherungsnehmer verpflichtet, der Versicherung unverzüglich schriftlich[2] eine Schadenmeldung abzugeben. Es gilt dann gerade nicht die sonstige Wochenfrist von E.1.1.1 AKB. Dieses Erfordernis soll den Versicherungsbetrug durch angebliche Diebstähle minimieren. Es gelten zusätzlich die im allgemeinen Teil genannten Pflichten. Die Schadenanzeige muss zusätzlich in jedem Fall vom Versicherungsnehmer unterzeichnet sein, das soll sicherstellen, dass er auch Kenntnis von dem auf dem Formular anzubringen-

---

3 AG Euskirchen v. 06.08.2009 – 4 C 401/08, BeckRS. 2009 23 493 mit ausführlicher Darstellung der öffentlich-rechtlichen Ausgangslage. BGH v. 06.11.2007 – VI ZR 220/06, VersR 2008, 230 f. zu Entsorgungskosten von Ladung als Maßnahme der Schadenbeseitigung bzw. V. 19.07.2007 – III ZR 20/07,Sanierung eines Baches infolge Verunreinigung ist nicht erstattungsfähig.
1 Wegen der Details vgl. dort.
2 Vgl. insoweit auch Stomper AKB A.2.2 m. w. H.
1 Überschrift des Verfassers!.
2 Vgl. auch Präve »Das neue VVG und das AGB-Recht« in VersW 2009, 98, 100 f. zur Vereinbarkeit der pauschalen Schriftformanforderung mit dem AGB-Recht. Eine isolierte schriftliche Anforderung dürfte allerdings keinen durchgreifenden Bedenken begegnen.

E.1.3.2 AKB (Weisungsbefugnis bei Reparatur)

den Hinweis bezüglich der Wahrheitspflicht genommen hat. Dies wird in aller Regel damit bestätigt.

Einholen unserer Weisung

E.1.3.2 (Weisungsbefugnis bei Reparatur[1])

Vor Beginn der Verwertung oder der Reparatur des Fahrzeugs bzw. mitversicherter Teile müssen Sie unsere Weisungen einholen, soweit die Umstände dies gestatten. Sie müssen unsere Weisungen befolgen, soweit Ihnen dies zumutbar ist.

1 In der Fahrzeugversicherung ist der Versicherungsnehmer gehalten, den Versicherer vor Durchführung der Reparatur zu informieren und ggf. dessen Weisungen zu beachten. So kann vertraglich eine bestimmte Werkstattbindung vereinbart sein, die zu beauftragen der Versicherungsnehmer verpflichtet ist. Insoweit sind die jeweiligen Bedingungen zu prüfen. Wenn der Versicherungsnehmer um den Preis eines günstigeren Beitrags in der Fahrzeugversicherung eine sog. Werkstattbindung vereinbart hat, kann er nicht ohne seine vertraglichen Pflichten zu verletzen, hiervon abweichen. Die Verletzung dieser Obliegenheit hat dann Folgen auf den Umfang des zu leistenden Schadenersatzes. Anspruch auf Erstattung des Vollkasko-Schadens besteht infolge der Verletzung der Obliegenheit ggf. nur in Höhe der Kosten, die in der vom Versicherer gewählten Werkstatt angefallen wären[2].

Anzeige bei der Polizei

E.1.3.3 (Polizeimeldung[1])

Übersteigt ein Entwendungs-, Brand- oder Wildschaden den Betrag von xx Euro, sind Sie verpflichtet, das Schadenereignis der Polizei unverzüglich anzuzeigen.

1 Grundsätzlich ist der Versicherungsnehmer bei den Teilkasko-Risiken Brand[2], Diebstahl[3] oder Wildschaden[4] verpflichtet, den Schaden der Polizei anzuzeigen, wenn der Schaden den in den Bedingungen angegebenen Betrag von (i. d. R.) 500 € übersteigt. Kommt er dieser Pflicht nicht nach, riskiert er seinen Versicherungsschutz[5]. Um die Aufklärung des Sachverhaltes zu ermöglichen, ist der Versicherungsnehmer gehalten, in diesen Sonderfällen den Schadenfall bei der Polizei unverzüglich anzuzeigen. Gerade

---

1 Überschrift des Verfassers!.
2 Vgl. hierzu auch Stomper zu AKB A.2.5.2 Rdn. 78.
1 Überschrift des Verfassers!.
2 Vgl. hierzu Stomper AKB A.2.2.1 Rdn. 5 f. m. w. H.
3 Vgl. hierzu Stomper, AKB A.2.2.1 Rdn. 21 ff.
4 Vgl. hierzu Stomper, AKB A.2.2.1 Rdn. 75 ff.
5 OLG Hamm v.09.03.1984 – 20 U 288/83, VersR 1985, 467.

in Diebstahlsfällen und bei Fahrzeugbränden liegt der Betrugsverdacht nahe, so dass eine zeitnahe Prüfung der Angelegenheit unerlässlich ist. Dabei ist nunmehr nicht mehr von voller Leistungsfreiheit auszugehen, sondern in den Grenzen der Regelungen nach E.6 ggf. eine Leistungskürzung entsprechend dem Grad der Groben Fahrlässigkeit vorzunehmen.

E.1.4 Zusätzlich beim Autoschutzbrief

Da der Autoschutzbrief wie auch die Kasko-Versicherung nicht dem PflVG unterliegt, können hier ebenfalls zusätzliche Obliegenheiten vereinbart werden. So hat der Versicherungsnehmer neben den unter E.1.1.1 genannten Obliegenheiten im Schadenfall noch weitere Obliegenheiten zu befolgen. Aber im Gegensatz zur alten Regelung führen die Obliegenheitsverletzungen nicht mehr zu vollständigen Leistungsfreiheit, wenn die Obliegenheit grob fahrlässig verletzt wurde. Es ist eine Quotierung vorzunehmen. Eine auch nur teilweise Leistungsfreiheit ist dabei unter E.2.2 AKB[1] zu würdigen, es ist erforderlich, dass die Obliegenheitsverletzung auch Auswirkungen auf den Schaden bzw. den Leistungsumfang hat. 1

Einholen unserer Weisung

E.1.4.1 (Vollständige Weisungsbefugnis[1])

Vor Inanspruchnahme einer unserer Leistungen müssen Sie unsere Weisungen einholen, soweit die Umstände dies gestatten, und befolgen, soweit Ihnen dies zumutbar ist.

Der Versicherungsnehmer ist auch im Rahmen der Schutzbriefversicherung gehalten, die Weisungen des Versicherers einzuholen, will er dessen Leistungen in Anspruch nehmen. Dieser Regelung fußt auf § 82 Abs. 2 VVG und ist ein Unterfall der Verpflichtung des Versicherungsnehmers, den Schaden gering zu halten. Der Versicherungsnehmer muss, unabhängig von der Art der Leistung, die er in Anspruch nehmen will, zunächst mit dem Versicherer Kontakt aufnehmen. Etwas fragwürdig ist nach diesseitiger Auffassung die Ansicht, der Versicherungsnehmer müsse, auch wenn er die Inanspruchnahme des Versicherers gar nicht beabsichtigt, dessen Weisungen einzuholen[2]. Dies wird den Gesamtumständen nicht gerecht. Warum sollte der Versicherungsnehmer, der die Versicherung gar nicht in Anspruch nehmen will, dort Weisungen einholen? Dies erscheint wenig praktikabel. Zumindest an der Zumutbarkeit dürften dann Zweifel bestehen. Der Versicherungsnehmer kann selbst entscheiden, wann ihm die Einholung der Weisung nicht zumutbar war. Die Zumutbarkeit endet nach der Rechtsprechung dort, wo die Interessen des Versicherungsnehmers in unangemes- 1

---

1 Wegen der Details vgl. dort.
1 Überschrift des Verfassers!.
2 Jacobsen aaO. E AKB 2008 Rn. 72.

sener Weise beeinträchtigt werden oder diesen eigenen berechtigten Interessen sogar grob widersprechen[3].

Der wohl bekannteste Fall ist die Pannenhilfe. Der Versicherungsnehmer meldet sich beim Versicherer und dieser fordert für seinen Versicherungsnehmer einen Abschlepper seiner Wahl an[4]. Wird diese Weisung nicht befolgt, hat der Versicherungsnehmer keinen Anspruch auf die Leistungen, vgl. insoweit E.6 auch für diese Obliegenheiten.

Untersuchung, Belege, ärztliche Schweigepflicht

E.1.4.2 (Informationspflichten[1])

Sie müssen uns jede zumutbare Untersuchung über die Ursache und Höhe des Schadens und über den Umfang unserer Leistungspflicht gestatten, Originalbelege zum Nachweis der Schadenhöhe vorlegen und die behandelnden Ärzte im Rahmen von § 213 Versicherungsvertragsgesetz von der Schweigepflicht entbinden.

1 Erkrankt der Versicherungsnehmer oder eine mitversicherte Person während einer Reise[2] und es werden Leistungen der Schutzbriefversicherung erforderlich, hat der Versicherer Anspruch auf die Unterstützung durch den Versicherungsnehmer. Er muss sowohl die Untersuchung zur Feststellung der Ursache der Erkrankung (Schadens) zulassen, wie auch alle ihm vorliegenden Originalbelege zur Verfügung stellen. Liegen diese dem Versicherungsnehmer (noch) nicht vor, hat er an der Beschaffung der Belege aktiv mitzuwirken. Dabei handelt es sich nicht nur um die Belege zur Schadenhöhe, sondern ggf. auch um eine Durchschrift der gemeinsam mit dem Unfallgegner gefertigten internationalen Unfallschadenanzeige[3].

2 Zur Einholung von Auskünften der behandelnden Ärzte ist der Versicherungsnehmer auch gehalten, diese zu Gunsten des Schutzbriefversicherers von der Schweigepflicht zu entbinden. Seit der Einführung von § 213 VVG darf der Versicherer nur noch in den Fällen, in denen die Einholung von ärztlichen Unterlagen zur Bewertung des Risikos erforderlich ist, eine Schweigepflichtentbindungserklärung anfordern. Die Pflicht nach E.1.4.2 AKB ist schon dann verletzt, wenn der Versicherungsnehmer dem Versicherer keine Auskünfte gibt, Belege vorenthält, die ihm vorliegen, oder die Erteilung der Schweigepflichtentbindung verweigert.

---

3 OLG Hamm v. 05.10.1977 – 20 U 66/77, VersR 1980, 1064, der Versicherungsnehmer verkaufte im damals noch sozialistischen Ausland seinen verunfallten PKW, weil nicht klar war, ob die Versicherung sich darum überhaupt kümmern würde.
4 Vgl. insoweit auch AKB A.3.5.3.
1 Überschrift des Verfassers!.
2 AKB A.3.7.
3 Jacobsen aaO. E AKB 2008, Rn. 75.

Ob diese obige Regelung, die zunächst eine pauschale Entbindung von der Schwei- 3
gepflicht vom Versicherten fordert, im Lichte der Entscheidung des BVerfG[4] so formuliert Bestand haben kann, ist zweifelhaft[5]. Eine pauschale Entbindung von der Schweigepflicht ist nach Auffassung des BVerfG unzulässig. Die Schweigepflichtentbindung ist im unmittelbaren Bezug zum Unfallereignis zu erteilen. Allein der Hinweis auf § 213 VVG dürfte dem rechtsunkundigen Versicherungsnehmer nicht genügen. Idealerweise sollte der Hinweis »wegen der unfallbedingten Verletzungen« in der Anforderung aufgenomen sein.

Der Versicherer ist gehalten, zur Frage des Umfanges seiner Eintrittspflicht auch Ermittlungen zu möglichen Vorerkrankungen und der Frage der Verletzung der vorvertraglichen Anzeigepflicht anzustellen. Solange eine Schweigepflichtentbindungserklärung nicht vorgelegt wird, kann der Versicherer diese Fragen nicht prüfen und ist dementsprechend nicht zur Leistung verpflichtet[6]. Ob diese Haltung, die für die Berufsunfähigkeitsversicherung durchaus Sinn macht, auch auf die Schutzbrief-, Fahrerschutz- und die Unfallversicherung im Kfz-Bereich übertragen werden kann, ist nach diesseitiger Auffassung eher fraglich. Es müsste dann schon ein konkreter Anhaltspunkt für eine Aufklärungspflichtverletzung nach Eintritt des Schadenereignisses vorliegen, um eine Verpflichtung des Versicherten zu bejahen. In der Kfz-Versicherung kommt es gerade nicht auf die Bekanntgabe von Erkrankungen vor dem Vertragsschluss an, da in aller Regel nur der Versicherungsnehmer sicher diese Fragen beantworten könnte, der Kreis der mitversicherten Fahrer, Insassen oder sonstigen Anspruchsberechtigten eher unbestimmt ist.

Warum in der Neufassung der AKB die Regeln E.4.1.2 AKB, E.1.5.3 und E.1.6.2 AKB nicht synchronisiert wurden, ist nicht nachvollziehbar. Auch im Rahmen der Ansprüche aus der Schutzbrief-Versicherung hätte es dem Versicherungsnehmer bzw. den versicherten Personen überlassen werden können, die erforderlichen Belege selbst zu beschaffen. Eine Angleichung ist hier dringend geboten, da der Versicherungsnehmer die unterschiedliche Handhabung sicher nicht nachvollziehen kann.

E.1.5 Zusätzlich in der Kfz-Unfallversicherung

Zusätzlich zu den in E.1.1.1 AKB festgehaltenen Pflichten (Schadenmeldung, Aufklä- 1
rung, Schadenminderung) muss der Versicherte auch weitere spezifische Obliegenheiten erfüllen. Entgegen der bisherigen Regelungen, die bei Versäumen der Obliegenheiten auch in der Kfz-Unfallversicherung vollständige Leistungsfreiheit vorsahen, sind die neuen Regelungen im Lichte der Vorschriften nach E.2 AKB[1] zu betrachten. So ist eine Leistungsfreiheit entsprechend dem Verschulden ggf. zu quotieren. Die Leis-

---

4 BVerfG v. 23.10.2006 – 1BvR 2027/02, zfs 2007, 34 ff.
5 Vgl. hierzu auch Notthoff »Die Zukunft genereller Schweigepflichtentbindungserklärungen in der Berufsunfähigkeitszusatzversicherung« zfs 2008, 243 ff.
6 KG v. 08.07.2014 – 6 U 134/13, zfs 2014, 631 f.
1 Wegen der Details vgl. dort.

E.1.5.1 AKB (Tod einer versicherten Person)

tungsfreiheit entfällt völlig, wenn die Obliegenheitsverletzung keine Auswirkungen auf den Schadeneintritt oder den Umfang der Leistungspflicht des Versicherers hat.

Anzeige des Todesfalls innerhalb 48 Stunden
E.1.5.1 **(Tod einer versicherten Person[1])**

Hat der Unfall den Tod einer versicherten Person zur Folge, müssen die aus dem Versicherungsvertrag Begünstigten uns dies innerhalb von 48 Stunden melden. Dies gilt auch, wenn der Unfall schon angezeigt ist. Uns ist das Recht zu verschaffen, eine Obduktion durch einen von uns beauftragten Arzt vornehmen zu lassen.

Übersicht	Rdn.
A. Anzeige des Todesfalls	1
B. Ermöglichen der Obduktion	2

A. Anzeige des Todesfalls

1 Im Falle des Todes der versicherten Person ist der Versicherer innerhalb von 48 Stunden zu informieren. Wird der Versicherte bei dem Unfall getötet, dürfte der Unfallzusammenhang unschwer zu ermitteln sein, so dass eine Versäumung der Anzeigepflicht wohl keine großen Auswirkungen auf Art und Umfang der Leistungspflicht des Versicherers haben dürfte. Dabei sind allerdings auch die Ursachen des Unfallereignisses zu prüfen. War gar die Alkoholisierung des Getöteten ursächlich für den Unfalltod, stellt sich die Frage der Eintrittspflicht des Versicherers[2]. Problematisch wird es allerdings, wenn der Versicherte irgendwann zeitlich nach dem Unfall stirbt und dann noch mal wegen des Todes Leistungen aus der Unfallversicherung begehrt werden. Dann ist es unerlässlich, die Frage des Unfallzusammenhanges zu prüfen. Es wird auch dann sicherlich Fälle geben, in denen der Unfallzusammenhang offenkundig ist und weitere Aktivitäten des Versicherers nicht erforderlich sind. Art und Umfang der Eintrittspflicht verändern sich insoweit nur dann, wenn ein Unfallzusammenhang bei pflichtgemäßem Verhalten der Hinterbliebenen erfolgreich hätte bestritten werden können. Zur Bewertung dieser Frage sind die Umstände des Einzelfalles (Art der Verletzung, Art der Dauerfolgen, wie starb der Verletzte) zu würdigen. Entsprechend dieser Würdigung ergibt sich dann die Quotierung der Leistungsfreiheit. Je kürzer die Leidensdauer des Versicherten war, umso größer dürfte die Wahrscheinlichkeit des Kausalzusammenhangs zwischen Unfall und Tod sein, und demzufolge umso niedriger der Grad des Verschuldens der Hinterbliebenen. Umgekehrt wird ein größerer Grad der Vorwerfbarkeit anzunehmen sein, wenn zwischen Unfall und Versterben größere Zeiträume liegen. Abzustellen ist hier nicht auf die Ausweitung des Schadens, da die Unfallversicherung als Summenversiche-

---

1 Überschrift des Verfassers!.
2 BGH v. 25.03.1992 – IV ZR 153/91, VersR 1992, 730 zur Leistungsfreiheit des Unfallversicherers wegen Verweigerung der Entnahme von Leichenblut, um die BAK zu ermitteln.

rung pauschalierte Leistungen erbringt. Einziges Kriterium kann daher das Bedürfnis der Klärung der grundsätzlichen Frage der Eintrittspflicht sein.

B. Ermöglichen der Obduktion

Der Versicherer muss berechtigt werden, eine Obduktion durchführen zu lassen, um ggf. Zweifel an dem Zusammenhang zwischen Unfall und Todesfall zu klären. Wird nach einer unklaren Todesursache eine Obduktion zur Klärung der Ursache verweigert, steht den Hinterbliebenen nur dann die Leistung aus der Unfallversicherung dennoch zu, wenn die Klärung auf eine andere Art herbeigeführt werden kann. Gelingt dieser Beweis allerdings nicht, entfällt die Leistungspflicht des Unfallversicherers wegen der verweigerten Obduktion[3]. U. U. sind die Hinterbliebenen auch gehalten, einer Exhumierung zuzustimmen, wenn der Versicherer vor der Bestattung von dem Todesfall keine Kenntnis hatte und eine Obduktion bei rechtzeitiger Anzeige veranlasst hätte[4]. Eine Verweigerung der Exhumierung und Obduktion kann dem Begünstigten einer Unfallversicherung allerdings nur dann nachteilig entgegengehalten werden, wenn er auch zur Totensorge verpflichtet war[5].

2

Handelt es sich bei dem Getöteten um den Versicherungsnehmer, so treffen diese Pflichten seinen Rechtsnachfolger. Wenn es sich bei dem Getöteten aber nicht um den Versicherungsnehmer, sondern einen Insassen handelt, bei dem der Versicherungsnehmer zur Totensorge verpflichtet ist, treffen ihn die Obliegenheiten nach E.1.5.1 AKB unmittelbar. War allerdings ein Insasse Opfer des Verkehrsunfalls und der Versicherungsnehmer ist weder für die Totensorge verantwortlich, noch Begünstigter in der Kfz-Unfallversicherung, wird auf den Rechtsnachfolger des Verstorbenen abzustellen sein.

3

Ärztliche Untersuchung, Gutachten, Entbindung von der Schweigepflicht

E.1.5.2   (Medizinische Versorgung)

Nach einem Unfall, der zu einer Leistung durch uns führen kann, müssen Sie unverzüglich einen Arzt hinzuzuziehen, seine Anordnungen befolgen und uns unterrichten.

Übersicht   Rdn.
A.   Allgemeines   1
B.   Mitwirkungspflichten   2

---

3 So BGH v. 09.10.1991 – IV ZR 212/90, VersR 1991, 1365 zur Frage, ob der tödliche Genickbruch infolge eines Herzinfarktes oder Hirnschlages eingetreten war, wenn die äußeren Befunde an der Leiche nicht klären konnten, ob der Genickbruch Todesursache war, oder post mortem eingetreten war.
4 BGH v. 10.04.1991 – IV ZR 105/90, VersR 1991, 870 m. w. H.
5 OLG Hamm v. 11.02.1983 – 20 U 273/82, VersR 1983, 1131.

E.1.5.2 AKB (Medizinische Versorgung)

	Rdn.
I. unverzüglicher Arztbesuch	3
II. Befolgen ärztlicher Anordnung	4
III. Unfallfolgen mindern	5

A. Allgemeines

1   E. 1.5.2 ist die Konkretisierung von E.1.1.1 und E.1.1.3 AKB. Der Versicherte muss, wenn er Leistungen aus der Unfallversicherung erhalten will, an der Aufklärung der Angelegenheit mitwirken. Im Falle der Unfallversicherung wird die Pflicht nach E.1.1.3 AKB zur Aufklärung des Schadenfalles weiter ausgedehnt. Der Versicherte der Unfallversicherung muss nach dem Unfall unverzüglich einen Arzt aufsuchen, der die Unfallverletzungen diagnostiziert. Darüber hinaus wird von ihm erwartet, dass er den ärztlichen Anordnungen nachkommt und damit, soweit es ihm möglich ist, die Unfallfolgen zu mindern. Aber auch über die ärztlichen Anordnungen hinaus ist der Versicherte gehalten, den Schaden zu mindern, damit ein Dauerschaden nicht eintritt[1].

B. Mitwirkungspflichten

2   Die Versicherten einer Unfallversicherung treffen vielschichtige Pflichten:

I. unverzüglicher Arztbesuch

3   Der Versicherte muss unverzüglich einen Arzt aufsuchen, damit der Zusammenhang zwischen schädigendem Ereignis und den eingetretenen Verletzungen zweifelsfrei festgestellt werden kann[2]. Erfolgt nach einem Unfallereignis kein Arztbesuch, weil man beispielsweise nur von einer Prellung ausging, nicht aber von einer nachhaltigen Schädigung (eines Gelenkes o. ä.) ist das Merkmal unverzüglich nicht gegeben. Nach dem bisher geltenden Recht war damit von einer Obliegenheitsverletzung im Schadenfall auszugehen, es bestand Leistungsfreiheit in vollem Umfang. Durch die VVG-Reform wird sich im Rahmen der Prüfung, ob die Obliegenheit grob fahrlässig verletzt wurde, ein eher leichterer Grad der Vorwerfbarkeit ergeben mit einer überwiegenden Leistungspflicht des Unfallversicherers. Schwierig wird es dann, wenn durch das Versäumnis eine Schadenausweitung entstanden ist. Ob dies allerdings medizinisch immer so deutlich beantwortet werden kann, erscheint fraglich[3].

II. Befolgen ärztlicher Anordnung

4   Der Versicherte ist verpflichtet, die ärztlichen Anordnungen zu befolgen, die der untersuchende und behandelnde Arzt nach gewissenhaftem Ermessen trifft, um die Heilung

---

1   Wegen der Details vgl. hierzu Kommentierung unter AKB A.4.5 Rdn. 1 ff.
2   BGH v. 24.03.1982 – IVa ZR 226/80, VersR 1982, 567, es soll dem Versicherer die Abgrenzung von unfallfremden zu unfallbedingten Erkrankungen ermöglicht werden, die bei verspäteter Prüfung ggf. nicht mehr zu trennen sind.
3   Vgl. insoweit auch Kloth, aaO. Kap. N. Rn. 13.

zu fördern oder die Beeinträchtigungen zu mindern[4]. Dabei stellt sich allerdings die Frage, wie weit seine Pflicht – allein um den Interessen des Versicherers gerecht zu werden – geht. Sicher wird man dem Versicherungsnehmer nicht riskante oder gar lebensgefährliche Behandlungen abverlangen können. Es sind die widerstreitenden Interessen angemessen zu berücksichtigen. Wenn eine Behandlung nicht Erfolg versprechend ist, darf der Versicherungsnehmer diese auch verweigern. Dies dürfte auch für risikoreiche Operationen[5] gelten, die Verpflichtung besteht nur bei risikolosen Eingriffen, die geeignet sich, eine beträchtliche Besserung zu bieten[6]. Auch eine 50 %ige Chance, den Gesundheitszustand zu verbessern, verpflichtet u. U., eine entsprechende Behandlung durchzuführen[7].

III. Unfallfolgen mindern

Die Verpflichtung des Versicherungsnehmers, die Unfallfolgen zu mindern, entfällt in den AKB 2015, so dass hier auf die allgemeine Pflicht zur Schadenminderung in E.1.1.4 AKB zu verweisen ist. Der Versicherungsnehmer ist verpflichtet, die Unfallfolgen zu mindern. Diese Pflicht kann in der Duldung entsprechender Heilbehandlungen münden[8]. Allerdings ist der Versicherungsnehmer nicht verpflichtet, sich einer Psychotherapie zu unterziehen, wenn dies nicht entsprechend vertraglich vereinbart wurde[9].

Ärztliche Untersuchung, Gutachten, Entbindung von der Schweigepflicht

E.1.5.3 (Medizinische Aufklärung)

Für die Prüfung unserer Leistungspflicht benötigen wir möglicherweise Auskünfte von
- Ärzten, die Sie vor oder nach dem Unfall behandelt oder untersucht haben.
- anderen Versicherern, Versicherungsträgern und Behörden.

Sie müssen es uns ermöglichen, die erforderlichen Auskünfte zu erhalten. Dazu können Sie den Ärzten und den genannten Stellen erlauben, uns die Auskünfte direkt zu erteilen. Ansonsten müssen Sie die Auskünfte selbst einholen und uns zur Verfügung stellen.

Wir beauftragen Ärzte, falls dies für die Prüfung unserer Leistungspflicht erforderlich ist. Von diesen Ärzten müssen Sie sich untersuchen lassen.

---

4 So OLG Hamm v. 23.11.1994 – 20 U 242/94, VersR 1995, 1039.
5 BGH v. 15.3.1994 – VI ZR 44/93, r+s 1994, 217.
6 BGH 20 U 242/94 in VersR 1989, 635.
7 So OLG Hamm v. 23.11.1994 – 20 U 242/94, VersR 1995, 1039 zur Duldung einer Bypass-Operation, um die Berufsunfähigkeit abzuwenden.
8 Himmelreich/Halm/Staab/Kreuter-Lange Kap. 19 Rn. 203 m. w. H.
9 OLG Saarbrücken v. 17.01.2006 – 5 W 258/06 mit Hinweisen auch auf die Anforderungen einer solchen Regelung i. S. d. § 183 VVG a. F.

E.1.5.3 AKB (Medizinische Aufklärung)

Wir tragen die notwendigen Kosten und den Verdienstausfall, der durch die Untersuchung entsteht.

Sie haben erforderlichenfalls darauf hinzuwirken, dass angeforderte Berichte alsbald erstellt werden.

Übersicht	Rdn.
A. Allgemeines	1
B. Mitwirkungspflichten	2
I. Gutachtenerstellung unterstützen	3
II. Schweigepflichtentbindung	4
III. Untersuchungspflicht	5

A. Allgemeines

1 E.1.5.3 wurde neu gestaltet und deutlich umformuliert, um den AUB 2014 Rechnung zu tragen. Er enthält jetzt die entsprechenden Hinweise für das Erfordernis der Anforderung medizinischer Unterlagen und formuliert die Mitwirkungspflichten des Versicherten neu. Leider wird nicht auf die Schweigepflichtentbindungserklärung hingewiesen. Es reicht nach derzeitigem Erkenntnisstand nicht aus, dass der Versicherungsnehmer bzw. die mitversicherte Person einer anderen Stelle »erlaubt« Arztberichte einzuholen. Es ist eine formelle Entbindung von der Schweigepflicht erforderlich, die den Ansprüchen des § 213 VVG genügen muss.

B. Mitwirkungspflichten

2 Die Versicherten einer Unfallversicherung treffen vielschichtige Pflichten:

I. Gutachtenerstellung unterstützen

3 Der Versicherungsnehmer ist über die Pflichten nach E.1.5.2 hinaus gehalten, die ihn behandelnden Ärzte entweder von der Schweigepflicht zu entbinden und zu einer beschleunigten Abfassung der vom Unfallversicherer angeforderten Gutachten zu veranlassen. Er muss also ggf. bei dem behandelnden Arzt nachfragen, ob das Gutachten schon erstellt sei (E.1.5.3 S. 7).

Ist der Versicherte dazu nicht bereit, muss er selbst die erforderlichen Befundberichte vorlegen und dem Versicherer zur Verfügung stellen.

II. Schweigepflichtentbindung

4 Denknotwendig muss der Versicherungsnehmer dem Versicherer eine Entbindung von der ärztlichen Schweigepflicht für die behandelnden Ärzte erteilen, damit von dort überhaupt Auskünfte eingeholt werden können. Fehlt diese, kann der Versicherer keine Arztberichte anfordern und folgerichtig auch keine Bewertung der unfallbedingten Verletzungen vornehmen. Verweigert der Versicherungsnehmer also die Erteilung der Schweigepflichtentbindung, besteht Leistungsfreiheit des Versiche-

rers[1]. Ob diese obige Regelung, die zunächst eine pauschale Entbindung von der Schweigepflicht vom Versicherten fordert, im Lichte der Entscheidung des BVerfG[2] so formuliert Bestand haben kann ist zweifelhaft[3]. Eine pauschale Entbindung von der Schweigepflicht ist nach Auffassung des BVerfG unzulässig[4]. Die Schweigepflichtentbindung ist im unmittelbaren Bezug zum Unfallereignis zu erteilen. Allerdings ist der Versicherungsnehmer in der Unfallversicherung gehalten, auf Weisung des Versicherers sich von Ärzten untersuchen zu lassen, so dass eine Erteilung der Schweigepflichtentbindung nicht zwingend erforderlich wäre, um den Umfang der Verletzungen festzustellen. Daher wäre ein Verstoß insoweit zwar wegen vorsätzlicher Begehung geeignet, die Leistungsfreiheit des Versicherers herbeizuführen. Kann aber der Umfang der Verletzungen durch die Untersuchung, die vom Versicherer veranlasst wird, ebenfalls festgestellt werden, fehlt es ggf. an dem Schaden, der durch diese Weigerung entsteht. Bestenfalls könnte man in den Kosten für das Gutachten einen Schaden sehen, der bei Einholung eines Arztbriefes nicht eingetreten wäre.

Der Versicherer ist gehalten, zur Frage des Umfanges seiner Eintrittspflicht auch Ermittlungen zu möglichen Vorerkrankungen und der Frage der Verletzung der vorvertraglichen Anzeigepflicht anzustellen. Solange eine Schweigepflichtentbindungserklärung nicht vorgelegt wird, kann der Versicherer diese Fragen nicht prüfen und ist dementsprechend nicht zur Leistung verpflichtet[5]. Ob sich diese Haltung, die für die Berufsunfähigkeitsversicherung durchaus Sinn macht, auch auf die Schutzbrief-, Fahrerschutz- und die Unfallversicherung im Kfz-Bereich übertragen werden kann, ist nach diesseitiger Auffassung eher fraglich. Es müsste dann schon ein konkreter Anhaltspunkt für eine Aufklärungspflichtverletzung nach Eintritt des Schadenereignisses vorliegen, um eine Verpflichtung des Versicherten zu bejahen. In der Kfz-Versicherung kommt es gerade nicht auf die Bekanntgabe von Erkrankungen vor dem Vertragsschluss an, da in aller Regel nur der Versicherungsnehmer sicher diese Fragen beantworten könnte, der Kreis der mitversicherten Fahrer, Insassen oder sonstigen Anspruchsberechtigten eher unbestimmt ist.

III. Untersuchungspflicht

Will der Versicherungsnehmer Ansprüche aus der Unfallversicherung geltend machen, muss er sich von einem Gutachter, den die Versicherung benennt, untersuchen lassen. Eine Verweigerung der Untersuchung dürfte nur dann zulässig sein, wenn die Feststellungen hinsichtlich der unfallbedingt erlittenen Schädigungen auf andere Weise (etwa Gutachten, die im Rahmen der Schadenregulierung durch den gegnerischen Kraftfahr-

---

1 LG Saarbrücken v. 27.07.2005 – 14 O 31/05, zfs 2007, 580 f.
2 BVerfG v. 23.10.2006 – BvR 2027/02, zfs 2007, 34 ff.
3 Nach Marlow/Tschersich »Die private Unfallversicherung – aktuelles aus der Rechtsprechung, Praxis und VVG-Reform« r+s 2009, 441, 453 soll die Regelung wegen § 307 Abs. 1 S. 1, Abs. 2 Nr. 1 BGB unwirksam sein. (m. w. H.).
4 Vgl. hierzu auch Notthoff »Die Zukunft genereller Schweigepflichtentbindungserklärungen in der Berufsunfähigkeitszusatzversicherung« zfs 2008, 243 ff.
5 KG v. 08.07.2014 – 6 U 134/13, zfs 2014, 631 f.

E.1.5.4 AKB (Fristen)

zeug-Haftpflicht-Versicherer erstellt wurden) möglich sind. Problematisch ist in diesem Zusammenhang aber oft die Einverständniserklärung der Gutachter, die häufig einer weiteren Verwendung dieser Gutachten widersprechen.

Frist zur Feststellung und Geltendmachung der Invalidität
E.1.5.4 (Fristen[1])

Beachten Sie auch die 15-Monatsfrist für die Feststellung und Geltendmachung der Invalidität nach A.4.5.1.3.

1 Der Versicherungsnehmer ist gehalten, innerhalb von 15 Monaten nach dem Unfall die Invalidität ärztlich bestätigen zu lassen[2]. Ohne ärztliche Feststellung besteht kein Anspruch auf eine Invaliditätsleistung[3]. Hierbei handelt es sich um eine Ausschlussfrist[4], die schon vor der VVG-Reform von der Rechtsprechung im Einzelfall als Verstoß gegen § 242 BGB gewertet und im Einzelfall als treuwidrig versagt wurde[5]. Nach der Rechtsprechung durfte sich der Versicherer dann nicht auf die Leistungsfreiheit berufen, wenn er selbst umfangreiche Untersuchungen angestellt und zugelassen hatte, ohne sich auf die Fristversäumung zu berufen[6]. Auch konnte sich der Versicherer schon nach altem Recht dann nicht auf die Fristversäumung berufen, wenn er sich im Rahmen der Verhandlungen auf eine »Ursachen«-Diskussion mit dem Versicherungsnehmer einließ[7]. Der Versicherer ist verpflichtet, den Versicherungsnehmer auf die Fristen hinzuweisen, auch muss der Hinweis auf diese Ausschlussfrist in den Bedingungen im Inhaltsverzeichnis zu finden sein[8]. Der Versicherungsnehmer darf darauf vertrauen, dass der Versicherer von sich aus ein entsprechendes Attest anfordern wird, wenn der Sachbearbeiter des Versicherers dies mitteilte[9]. Dabei geht die aktuelle Rechtspre-

---

1 Überschrift des Verfassers!.
2 Vgl. hierzu Heinrichs unter A.4.5.1.3.
3 LG Köln v. 10.09.2012 – 26 O 385/11, Jurion.
4 Meixner/Steinbeck aaO. § 9 Rn. 23; OLG Karlsruhe v. 03.03.2005 – 12 U 371/04, zfs 2007, 402; OLG Hamm v. 06.09.2006 – 20 U 81/06, zfs 2007, 224 ff; BGH v. 30.11.2005 – IV ZR 154/04, SVR 2006, 220 = NZV 2006, 243; Schulz, »Die primäre und sekundäre Darlegungs- und Beweislast bei vertraglichen Ausschlussklauseln im Versicherungsrecht«, VersR 2014, 930 f.
5 Meixner/Steinbeck aaO. § 9 Rn. 23.
6 BGH v. 28.06.1978 – IV ZR 7/77, VersR 1978, 1036 ff, weil sich der Versicherer erst ca. 2 Jahre nachdem auch noch ein Gerichtsgutachten eingeholt worden war, auf die Fristversäumung berief.
7 BGH v. 21.12.1973 – IV ZR 70/70 in VersR 1974, 234.
8 OLG Naumburg v. 19.07.2013 – 4 W 6/13, Jurion; OLG Hamm v. 19.10.2007 – 20 U 215/06, zfs 2008, 462 ff, wobei dort offenbar der Hinweis des Versicherers bei Anmeldung unterblieben war.
9 OLG Karlsruhe v. 24.10.2014 – 9 U 3/13, Jurion; OLG Naumburg v. 19.07.2013 – 4 W 6/13, Jurion.

chung[10] – allerdings zu AUB 2000 – davon aus, dass diese Regelung nicht intransparent oder unklar ist, befasst sich aber (noch) nicht mit der Frage der Bewertung eines Versäumnisses im Rahmen der geänderten Rechtslage.

Problematisch ist daher die nunmehrige Aufnahme des Hinweises[11] auf die Ausschlussfrist in E.1.5.4 AKB. Damit soll offenbar die Frage, ob es sich bei der Ausschlussklausel um einen Risikoausschluss oder eine verhüllte Obliegenheit[12] handelt, umgangen werden. Die Obliegenheiten im Schadenfall müssen sich sämtlich an E.2.2 messen lassen, in dem sowohl auf die Frage des Verschuldens wie auch auf die Frage des Einflusses der Versäumnis einer Obliegenheit im Schadenfall auf den Regulierungsumfang des Versicherers eingegangen wird. Allerdings ist in dieser Regelung ein Verschulden gerade nicht formuliert. Anders als in den sonstigen Obliegenheiten nach E.1. AKB ist hier lediglich ein Hinweis aufgenommen. Nach diesseitiger Auffassung dürfte die Versäumung der Frist keine Auswirkungen auf die Ansprüche des Verletzten haben, wenn die Tatsache der Invalidität sich auch schon aus den bis dahin vorgelegten medizinischen Unterlagen ergibt[13]. Der Verweis auf die Versäumung der Frist ist dann nicht treuwidrig, wenn der Versicherer vorher eine sachliche Prüfung durchgeführt hat[14]. § 186 VVG verpflichtet den Versicherer nur pauschal, auf die Ausschlussfristen hinzuweisen. Unterbleibt der Hinweis ganz, kann sich der Versicherer nicht auf die Leistungsfreiheit berufen.

2

Außerdem stellt sich die Frage, welche Anforderungen konkret an die Hinweis- und Aufklärungspflichten des Versicherers zu stellen sind. So könnte der Versicherer im Rahmen seiner Hinweis- und Aufklärungspflichten gehalten sein, den Versicherungsnehmer auf diese Fristen ausdrücklich, ggf. auch mehrfach, aufmerksam zu machen, wenn er sich darauf berufen will. Auch könnte man annehmen, dass der Versicherer gar (der Service-Gedanke) von selbst entsprechende medizinische Unterlagen zur Feststellung des Dauerschadens anfordert und die Begutachtung im Hinblick auf aktive Schadenregulierung automatisch veranlasst. Maßgeblich für die Einhaltung der 15-Monatsfrist ist nicht das Datum der Befunderhebung durch den Arzt sondern vielmehr das Datum seiner schriftlichen Stellungnahme[15]. Wenn der Versicherer die ärzt-

3

---

10 OLG Düsseldorf v. 27.10.2008 – I-4 U 63/08, r+s 2009, 424; v. 13.07.2009 – I-4 U 60/09, r+s 2009, 424 f; OLG Karlsruhe v. 15.01.2009 – 12 U 167/08, r+s 2009, 425 f.
11 Zum Pflichtenkreis des Maklers, insbesondere zur Hinweispflicht auf die Ausschlussfristen vgl. BGH v. 16.07.2009 – III ZR 21/09, r+s 2009, 395 ff.
12 Wandt, »Zur dogmatisch gebotenen Enthüllung von »verhüllten« Obliegenheiten«, VersR 2015, 265 f.; Koch, »Abschied von der Rechtsfigur der verhüllten Obliegenheit«, VersR 2014, 283 f.
13 Vgl. auch OLG Frankfurt v. 21.02.1995 – 14 U 57/94, VersR 1996,618 zu Hinweispflichten des Versicherers.
14 OLG Frankfurt v. 21.02.1995 – 14 U 57/94, VersR 1996,618, da nach den bereits vorliegenden Gutachten außer kosmetischen Beeinträchtigungen aber keine dauerhaften Beeinträchtigungen der Arbeitsfähigkeit zu erwarten waren.
15 OLG München v. 17.01.1994 – 26 U 3886/93, VersR 1995, 565 die Geschädigte hatte die Feststellung der Invalidität verzögert, indem Befunde der Berufsgenossenschaft nicht heraus-

liche Untersuchung veranlasst hat, deren Stellungnahme verspätet eintrifft, ist ihm die Berufung auf das Fristversäumnis verwehrt[16].

4 Auch wenn der Versicherer im Rahmen der Unfallschadenregulierung des Unfalls eines Quadfahrers ausschließlich auf die Frage des Wegfalls des Versicherungsschutzes abstellt, ohne die Frage der möglichen Fristversäumnis zu erörtern, ist dem Versicherer das Berufen auf das Fristversäumnis verwehrt. Will er sich auf diese Frist berufen, muss er auf den drohenden Fristablauf hinweisen[17].

Allein die Einreichung einer Unfallschadenanzeige reicht zur Geltendmachung einer unfallbedingten Invalidität nicht aus, wenn der Verletzte vom Versicherer auf die Fristen hingewiesen wurde[18].

E.1.6 Zusätzlich in der Fahrerschutzversicherung

1 In den AKB 2015 werden erstmalig Musterbedingungen für die Fahrerschutzversicherung aufgenommen. Zusätzlich zu den in E.1.1.1 AKB festgehaltenen Pflichten (Schadenmeldung, Aufklärung, Schadenminderung) muss der Versicherte auch weitere spezifische Obliegenheiten erfüllen. Entgegen der bisherigen Regelungen, die bei Versäumen der Obliegenheiten auch in der Kfz-Unfallversicherung vollständige Leistungsfreiheit vorsahen, sind die neuen Regelungen im Lichte der Vorschriften nach E.2 AKB[1] zu betrachten. So ist eine Leistungsfreiheit entsprechend dem Verschulden ggf. zu quotieren. Die Leistungsfreiheit entfällt völlig, wenn die Obliegenheitsverletzung keine Auswirkungen auf den Schadeneintritt oder den Umfang der Leistungspflicht des Versicherers hat.

Medizinische Versorgung

E.1.6.1 (Arztbehandlung[1])

Nach einem Unfall, der zu einer Leistung durch uns führen kann, müssen Sie unverzüglich einen Arzt hinzuziehen, seine Anordnungen befolgen und uns unterrichten

---

gegeben wurden, obwohl dies wegen des Urheberrechts oft nicht möglich ist, ebenso OLG Celle v. 22.11.2007 – 8 U 161/07, die schriftliche Feststellung war 19 Monate nach dem Unfall schriftlich attestiert worden.
16 OLG München v. 17.01.1994 – 26 U 3886/93, VersR 1995, 565.
17 OLG Naumburg v. 19.07.2013 – 4 W 6/13, Jurion = NJW-RR 2014, 104 f. = NZV 2014, 4.
18 OLG Frankfurt v. 20.11.2013 – 7 U 176/11, VersR 2014, 1495.
1 Wegen der Details vgl. dort.
1 Überschrift des Verfassers.

(Arztbehandlung) **E.1.6.1 AKB**

A. Allgemeines

In den AKB 2015 werden erstmalig Musterbedingungen für die Fahrerschutzversicherung aufgenommen. Zusätzlich zu den in E.1.1.1 AKB festgehaltenen Pflichten (Schadenmeldung, Aufklärung, Schadenminderung) muss der Versicherte auch weitere spezifische Obliegenheiten erfüllen. Gleichlautend zu den Regelungen in der Kfz-Unfallversicherung muss der Versicherte, der Ansprüche gegen den Fahrerschutzversicherer richten will, sich nach dem schädigenden Ereignis einer ärztlichen Behandlung unterziehen und dessen Anordnungen Folge leisten. Es gelten die gleichen Pflichten wie in E.1.5.3 AKB. 1

B. Mitwirkungspflichten

Der Versicherungsnehmer bzw. der mitversicherte Fahrer müssen folgende Pflichten erfüllen: 2

I. unverzüglicher Arztbesuch

Der Versicherte muss unverzüglich einen Arzt aufsuchen, damit der Zusammenhang zwischen schädigendem Ereignis und den eingetretenen Verletzungen zweifelsfrei festgestellt werden kann[2]. Erfolgt nach einem Unfallereignis kein Arztbesuch, weil man beispielsweise nur von einer Prellung ausging, nicht aber von einer nachhaltigen Schädigung (eines Gelenkes o. ä.) ist das Merkmal unverzüglich nicht gegeben. Nach dem bisher geltenden Recht war damit von einer Obliegenheitsverletzung im Schadenfall auszugehen, es bestand Leistungsfreiheit in vollem Umfang. Durch die VVG-Reform wird sich im Rahmen der Prüfung, ob die Obliegenheit grob fahrlässig verletzt wurde, ein eher leichterer Grad der Vorwerfbarkeit ergeben mit einer überwiegenden Leistungspflicht des Unfallversicherers. Schwierig wird es dann, wenn durch das Versäumnis eine Schadenausweitung entstanden ist. Ob dies allerdings medizinisch immer so deutlich beantwortet werden kann, erscheint fraglich[3]. 3

II. Befolgen ärztlicher Anordnung

Der Versicherte ist verpflichtet, die ärztlichen Anordnungen zu befolgen, die der untersuchende und behandelnde Arzt nach gewissenhaftem Ermessen trifft, um die Heilung zu fördern oder die Beeinträchtigungen zu mindern[4]. Dabei stellt sich allerdings die Frage, wie weit seine Pflicht – allein um den Interessen des Versicherers gerecht zu werden – geht. Sicher wird man dem Versicherungsnehmer nicht riskante oder gar lebensgefährliche Behandlungen abverlangen können. Es sind die widerstreitenden Interessen angemessen zu berücksichtigen. Wenn eine Behandlung nicht Erfolg versprechend ist, darf 4

---

2 BGH v. 24.03.1982 – Va ZR 226/80, VersR 1982, 567, es soll dem Versicherer die Abgrenzung von unfallfremden zu unfallbedingten Erkrankungen ermöglicht werden, die bei verspäteter Prüfung ggf. nicht mehr zu trennen sind.
3 Vgl. insoweit auch Kloth, aaO. Kap. N. Rn. 13.
4 So OLG Hamm v. 25.01.1995 – 20 U 242/94, VersR 1995, 1039.

E.1.6.2 AKB (Gutachtenerstellung und Nachweispflicht)

der Versicherungsnehmer diese auch verweigern. Dies dürfte auch für risikoreiche Operationen[5] gelten, die Verpflichtung besteht nur bei risikolosen Eingriffen, die geeignet sind, eine beträchtliche Besserung zu bieten[6]. Auch eine 50 %ige Chance, den Gesundheitszustand zu verbessern verpflichtet u. U., eine entsprechende Behandlung durchzuführen[7].

Es stellt sich die Frage, wie mit der Verweigerung der Mitwirkung des Versicherten an medizinisch indizierten und notwendigen Heilbehandlungen[8] aus Glaubensgründen umzugehen ist. Können die Obliegenheiten einen Versicherten dazu zwingen, gegen seinen Glauben zu handeln und etwa eine Bluttransfusion[9] hinzunehmen? Soweit eine Operation ohne besonderes Gefahrenpotenzial (das übliche Risiko bei operativen Eingriffen muss deutlich überschritten sein) möglich ist, ist der Verletzte aus Schadenminderungsgründen[10] verpflichtet, diese durchführen zu lassen.

III. Unfallfolgen mindern

5 Die Verpflichtung des Versicherungsnehmers, die Unfallfolgen zu mindern, entfällt auch in der Unfallversicherung in den AKB 2015, so dass hier auf die allgemeine Pflicht zur Schadenminderung in E.1.1.4 AKB zu verweisen ist. Der Versicherungsnehmer ist verpflichtet, die Unfallfolgen zu mindern. Diese Pflicht kann in der Duldung entsprechender Heilbehandlungen münden[11]. Allerdings ist der Versicherungsnehmer nicht verpflichtet, sich einer Psychotherapie zu unterziehen, wenn dies nicht entsprechend vertraglich vereinbart wurde[12].

Medizinische Aufklärung

E.1.6.2 (Gutachtenerstellung und Nachweispflicht[1])

Für die Prüfung unserer Leistungspflicht benötigen wir möglicherweise Auskünfte von
- Ärzten, die Sie vor oder nach dem Unfall behandelt oder untersucht haben.
- anderen Versicherern, Versicherungsträgern und Behörden.

---

5 BGH v. 15.3.1994, VI ZR 44/93, r+s 1994, 217.
6 BGH v. 14.03.1989 – VI ZR 136/88, VersR 1989, 635.
7 So OLG Hamm v. 25.01.1995 – 20 U 242/94, VersR 1995, 1039 zur Duldung einer Bypass-Operation, um die Berufsunfähigkeit abzuwenden.
8 BGH v. 10.02.2015 – VI ZR 8/14 äußert sich auch zur Frage von Mitwirkungspflichten des Verletzten (hier im KH-Schaden).
9 BSG v. 04.12.2014 – B 2 U 18/13 R, Jurion zum Unfalltod eines Zeugen Jehovas wegen Verweigerung der Bluttransfusion.
10 *OLG* Hamm v. 26.06.1991 – 20 U 51/91, VersR 1992, 1120 f.
11 Himmelreich/Halm/Staab/Kreuter-Lange Kap. 19 Rn. 203 m. w. H.
12 OLG Saarbrücken v. 17.10.2006 – 5 W 258/06 mit Hinweisen auch auf die Anforderungen einer solchen Regelung i. S. d. § 183 VVG a. F.
1 Überschrift des Verfassers.

> Sie müssen es uns ermöglichen, die erforderlichen Auskünfte zu erhalten. Dazu können Sie die Ärzte und die genannten Stellen ermächtigen, uns die Auskünfte direkt zu erteilen. Ansonsten müssen Sie die Auskünfte selbst einholen und uns zur Verfügung stellen.
>
> Wir beauftragen Ärzte, falls dies für die Prüfung unserer Leistungspflicht erforderlich ist. Von diesen Ärzten müssen Sie sich untersuchen lassen. Wir tragen die notwendigen Kosten und den Verdienstausfall, der durch die Untersuchung entsteht.
>
> Sie haben erforderlichenfalls darauf hinzuwirken, dass angeforderte Berichte alsbald erstellt werden.

Die Mitwirkungspflicht des Versicherten bei der Feststellung der unfallbedingten Schädigung wird nochmals konkretisiert und geht über die Anforderungen nach E.1.1.1 AKB hinaus. Sie entspricht in der Formulierung der Regelung unter E.1.5.3 (Unfallversicherung). 1

Der Versicherte muss entweder die ihn behandelnden Ärzte von der Schweigepflicht entbinden und den Versicherer ermächtigen, dort Behandlungsbericht, Atteste und Gutachten anzufordern, oder aber die entsprechenden Unterlagen selbst beibringen.

Entschließt sich der Versicherte, eine Schweigepflichtentbindungserklärung zu unterzeichnen, hat dies den angenehmen Nebeneffekt, dass der Versicherer für ihn die Arbeit erledigt und die Kosten unmittelbar trägt. Der Versicherte muss dann nur noch darauf hinwirken, dass die angeforderten medizinischen Unterlagen baldmöglichst an den Versicherer gesendet werden.

Hat der Versicherte sich für die Variante entschieden, die Unterlagen selbst zu beschaffen, muss er sich zunächst sowohl um die Vorlage der Befundberichte wie auch die Kosten dieser Berichte kümmern. Das Risiko unbrauchbarer Gutachten trägt in diesem Falle er selbst.

Der Versicherer ist gehalten, zur Frage des Umfanges seiner Eintrittspflicht auch Ermittlungen zu möglichen Vorerkrankungen und der Frage der Verletzung der vorvertraglichen Anzeigepflicht anzustellen. Solange eine Schweigepflichtentbindungserklärung nicht vorgelegt wird, kann der Versicherer diese Fragen nicht prüfen und ist dementsprechend nicht zur Leistung verpflichtet[2]. Ob sich diese Haltung, die für die Berufsunfähigkeitsversicherung durchaus Sinn macht, auch auf die Schutzbrief-, Fahrerschutz- und die Unfallversicherung im Kfz-Bereich übertragen werden kann, ist nach diesseitiger Auffassung eher fraglich. Es müsste dann schon ein konkreter Anhaltspunkt für eine Aufklärungspflichtverletzung nach Eintritt des Schadenereignisses vorliegen, um eine Verpflichtung des Versicherten zu bejahen. In der Kfz-Versicherung kommt es gerade nicht auf die Bekanntgabe von Erkrankungen vor dem Vertragsschluss an, da in aller Regel nur der Versicherungsnehmer sicher diese Fragen beantwor-

---

2 KG v. 08.07.2014 – 6 U 134/13, zfs 2014, 631 f.

ten könnte, der Kreis der mitversicherten Fahrer, Insassen oder sonstigen Anspruchsberechtigten eher unbestimmt ist.

Aufklärung Ihrer Ansprüche gegen Dritte
E.1.6.3 (Ansprüche gegen Dritte und SVT[1])

Sie müssen alles tun, was der Aufklärung möglicher Ansprüche gegen Dritte dienen kann. Hierzu gehört insbesondere, dass Sie unsere Fragen zu möglichen Ansprüchen gegen Dritte, die sich auf den Umfang unserer Leistungspflicht auswirken können, wahrheitsgemäß und vollständig beantworten. Entsprechende Nachweise müssen Sie uns vorlegen.

Übersicht	Rdn.
A. Allgemeines	1
B. Dritter im Sinne dieser Regelung sind daher:	2
I. Der unfallbeteiligte Dritte als Schädiger	2
II. Der unfallbeteiligte Dritte als Mitschädiger	3
III. Ansprüche gegen den Sozialversicherungsträger	4
IV. Ansprüche auch gegen sonstige Schadensversicherer	5

A. Allgemeines

1 Die Fahrerschutzversicherung ist als sog. Restschadensversicherung nur für den Teil eintrittspflichtig, den der Versicherte nicht vom Schädiger oder einem Sozialversicherungsträger oder sonstigen Versicherer erhält[2].

Da – anders als im Kfz-Haftpflichtschaden – der Versicherer von Sozialversicherungsträgern und privater Krankenkasse nicht in Regress genommen wird, muss der Versicherte um vollständige Belegung seiner Ansprüche dort besorgt sein.

B. Dritter im Sinne dieser Regelung sind daher:

I. Der unfallbeteiligte Dritte als Schädiger

2 Hat der Versicherte den Unfall nicht selbst verursacht stehen ihm Ansprüche nach § 823 BGB, § 7 StVG gegen den Unfallschädiger zu. Diese gehen seinem Anspruch aus der Fahrerschutzversicherung vor.

II. Der unfallbeteiligte Dritte als Mitschädiger

3 Trifft den Versicherten der Fahrerschutzversicherung eine Mitverantwortlichkeit an dem Schädigenden Ereignis, sei es Haftung aus Verschulden oder der Betriebsgefahr, hat er nur hinsichtlich des nicht gedeckten Schadens Ansprüche aus der Fahrerschutz-

---

1 Überschrift des Verfassers.
2 Wegen der Details vgl. unter Leistungsumfang AKB A.5.4.

versicherung. Um diese Ansprüche regulieren zu können, ist der Fahrerschutzversicherer darauf angewiesen, dass zum einen die Ansprüche gegen den Schädiger/Mitschädiger beziffert werden und diese Bezifferung ihm vorgelegt wird. Ebenso benötigt er die Abrechnungen des Mitschädigers, um den Restanspruch bewerten zu können.

III. Ansprüche gegen den Sozialversicherungsträger

Der gesetzlich versicherte Geschädigte der Fahrerschutzversicherung erhält sowohl Leistungen der Krankenkasse oder Berufsgenossenschaft wie auch der Deutschen Rentenversicherung. Auch diese Leistungen sind offenzulegen, da sie möglichen Ansprüchen aus der Fahrerschutzversicherung kongruent sind. 4

IV. Ansprüche auch gegen sonstige Schadensversicherer

Auch die vom Versicherungsnehmer vereinbarten sonstigen Schadensversicherungen wie z. B. die private Krankenversicherung sind vorrangig in Anspruch zu nehmen, deren Abrechnungen sind daher ebenfalls vorzulegen, wenn ein Restschaden bei dem Versicherten verbleibt. 5

Wahrung Ihrer Ansprüche gegen Dritte

E.1.6.4 (Wahrung von Ansprüchen gegen Dritte und SVT[1])

Sie haben Ihren Anspruch gegen den Dritten unter Beachtung der Form- und Fristvorschriften zu wahren, soweit Ihnen dies zumutbar ist.

Da die Fahrerschutzversicherung nur zweitrangig und subsidiär eintritt, muss der Versicherte seine möglichen Ansprüche gegen sonstige Schädiger oder Schadensversicherer zuerst geltend machen und ist gehalten, alles ihm zumutbare zu veranlassen, um dieses Ansprüche zu wahren[2]. 1

Dazu kann auch die Erhebung einer Klage gehören, wenn der Anspruch sonst nicht durchsetzbar ist.

E.2 Welche Folgen hat eine Verletzung dieser Pflichten?

Die Folgen der Leistungsfreiheit differieren auch hier in den Sparten, so ist die Leistungsfreiheit in der Kraftfahrzeug-Haftpflicht-Versicherung[1] unabhängig von der Quote zusätzlich durch die KfzPflVV der Höhe nach begrenzt, während in den anderen Sparten die Quote ermittelt und anschließend entsprechend dieser Quote der Schaden in voller Höhe gekürzt wird. Zu beachten ist, dass die Folgen der Obliegenheitsverlet- 1

---

1 Überschrift des Verfassers.
2 Schwab, Die Fahrerschutzversicherung, Rn. 6 f.

1 Notthoff, »Der Regress des Kraftfahrzeug-Haftpflicht-Versicherers Teil 1«, VRR 2013, 84 ff. und Teil 2, VRR 2013, 124 ff.

zungen nicht per se eintreten, sondern der Versicherer sich auf die Leistungsfreiheit berufen muss[2].

Leistungsfreiheit bzw. Leistungskürzung

E.2.1 (Leistungsbeschränkung wegen Pflichtverletzung[1])

Verletzen Sie vorsätzlich eine Ihrer in E.1.1 bis E.1.6 geregelten Pflichten, haben Sie keinen Versicherungsschutz. Verletzen Sie Ihre Pflichten grob fahrlässig, sind wir berechtigt, unsere Leistung in einem der Schwere Ihres Verschuldens entsprechenden Verhältnis zu kürzen. Weisen Sie nach, dass Sie die Pflicht nicht grob fahrlässig verletzt haben, bleibt der Versicherungsschutz bestehen.

Übersicht Rdn.
A. Allgemeines zur Leistungsfreiheit nach E. 1
B. Vorsätzliche Obliegenheitsverletzung 2
C. Grob fahrlässige Obliegenheitsverletzung/Quotierung 3
D. Entlastungsmöglichkeit des Versicherungsnehmers 4
E. Belehrungs- und Hinweispflichten des Versicherers 5
E. Einzelfälle 5
  I. Anzeigepflichtverletzung 5
    1. in der Kraftfahrzeug-Haftpflicht-Versicherung 5
    2. in sonstigen Sparten 7
    3. Besonderheit Kasko-Versicherung 8
  II. Aufklärungspflicht 12
  III. Schadenminderungspflicht 13
  IV. Anzeige außergerichtlicher Geltendmachung von Ansprüchen 14
  V. Anzeige von Kleinschäden 15
  VI. Anzeige gerichtlicher Geltendmachung von Ansprüchen ... 16
  VII. Verhalten im Fristablauf 17
  VIII. Kasko: Anzeige des Diebstahls des KFZ 18
  IX. Kasko: Weisungseinholung 19
  X. Kasko: Polizeianzeige 20
  XI. Schutzbrief: Weisungseinholung 21
  XII. Schutzbrief: Unterlagen, Belege, Schweigepflicht 22
  XIII. Unfallversicherung: Anzeige des Todesfalls 23
  XIV. Unfallversicherung: ärztliche Untersuchung, Entbindung von der Schweigepflicht 24
  XV. Unfallversicherung: Frist zur Geltendmachung der Invalidität 25

A. Allgemeines zur Leistungsfreiheit nach E.

1 Eine Leistungsfreiheit des Versicherers wird es nur in den Fällen geben, in denen zum einen eine ernsthafte Gefährdung der Interessen der Versicherung und zum anderen ein

---

2 BGH v. 26.01.2005 – IV ZR 239/03, VersR 2005, 493 = SP 2005, 134.
1 Überschrift des Verfassers!.

schweres Verschulden auf Seiten des Versicherungsnehmers besteht[2]. Der Begriff Leistungsfreiheit gilt in der Kraftfahrzeug-Haftpflicht-Versicherung nur im Innenverhältnis. Die Ansprüche des Geschädigten werden in voller Höhe erfüllt und im Anschluss daran der Versicherungsnehmer bzw. der Fahrer in Regress genommen. Dabei ist zu beachten, dass der Regress gegen den Fahrer auch dann nicht ausgeschlossen ist, wenn er mit dem Versicherungsnehmer in häuslicher Gemeinschaft lebt. Der Regress des Kraftfahrzeug-Haftpflicht-Versicherers richtet sich – anders als in der Kasko-Versicherung – nicht nach § 86 VVG, da der Versicherer nicht einen Anspruch des Versicherungsnehmers gegen sich befriedigt, sondern einen direkten Anspruch des Geschädigten gegen den Versicherer (also eine eigene Leistungspflicht) erfüllt[3]. Auch eine analoge Anwendung verbietet sich[4].

In den anderen Sparten hingegen kann der Versicherer gegenüber dem anspruchsberechtigten Versicherungsnehmer direkt die Leistung entsprechend des Grades der Vorwerfbarkeit kürzen[5].

B. Vorsätzliche Obliegenheitsverletzung

Eine vorsätzliche Obliegenheitsverletzung ist gegeben, wenn der Versicherungsnehmer im Bewusstsein der Verhaltensnorm die Obliegenheitsverletzung will[6], er muss dabei Kenntnis von dem Versicherungsfall haben, welcher die Obliegenheit auslöst[7], wobei bedingter Vorsatz ausreicht[8] und verminderte Zurechnungsfähigkeit diesen nicht ausschließt[9]. Es ist nicht erforderlich, dass der Vorsatz einen Schaden des Versicherers mit umfasst[10]. Hat der Versicherungsnehmer z. B. die Kenntnis von Vorschäden und verschweigt diese in der Schadenmeldung, ist von einer vorsätzlichen Obliegenheitsverletzung auszugehen. Auch falsche Angaben zu Laufleistung, Fahrer etc. sind als vorsätzliche Obliegenheitsverletzungen zu werten. Die Bewertung der Fälle, in denen der Versicherungsnehmer seine fehlerhaften oder falschen Angaben nachträglich korrigiert, als grob fahrlässig bleibt der Rechtsprechung vorbehalten. Allerdings kann nicht ohne wei-

2

---

2 So auch Schirmer »Neues VVG und Kraftfahrzeughaftpflicht – und Kaskoversicherung – Teil II« in DAR 2008, 319, 320.
3 So schon BGH v. 13.07.1988 – IVa ZR 55/87, VersR 1988, 1062; LG Bielefeld v. 18.03.1998 – 22(2) S 506/97, VersR 1999, 1274.
4 BGH v. 18.01.1984 – IVa ZR 73/82, VersR 1984, 327 = NJW 84, 1463; v. 13.07.1988 – IVa ZR 55/87, VersR 1988, 1062.
5 Fehlt eine solche Kürzungsklausel in den AGB, ist die Klausel ungültig, OLG Dresden v. 24.03.2015 – 4 U 1292/14; Musterfälle für die Kasko-Versicherung bietet Nugel »Die Leistungsfreiheit des Kraftfahrtversicherers nach dem neuen VVG wegen einer Obliegenheitsverletzung nach Eintritt des Versicherungsfalls – erste Erfahrungen und Musterfälle« in zfs 2009, 307 ff.
6 BGH v. 02.06.1993 – IV ZR 72/93, r+s 1993, 323 (LS)=NJW 1993, 2112.
7 BGH v. 29.05.1970 – IV ZR 148/69, VersR 1970, 732.
8 BGH v. 12.07.1972 – IV ZR 23/71, VersR 1972, 1039.
9 BGH v. 24.06.1970 – IV ZR 140/69, VersR 1970, 801.
10 OLG *Saarbrücken* v. 19.11.1974 – 7 U 4/74, VersR 1976, 157.

tere Prüfung eine vorsätzliche Obliegenheitsverletzung angenommen werden, wenn weitere Nachforschungen u. U. ein anderes Bild ergäben[11].

C. Grob fahrlässige Obliegenheitsverletzung/Quotierung

3 Fahrlässig handelt der Versicherungsnehmer oder Fahrer, wenn er die im Verkehr erforderliche Sorgfalt außer Acht lässt. Der Fahrlässigkeitsbegriff entspricht dem des § 276 BGB. Grob fahrlässig handelt derjenige, der die im Verkehr erforderliche Sorgfalt im hohen Maße außer Acht lässt, gar gröblich missachtet; wer nicht beachtet, was unter den gegebenen Umständen jedermann einleuchten musste, schlechthin unentschuldbare Pflichtverletzung muss vorgelegen haben. Als Maßstab wird das Verhalten des besonnenen und umsichtigen Autofahrers angelegt. Dieser wird jedoch unter Berücksichtigung auf die Verschiedenheit im Hinblick auf Bildung, Lebensstellung und Lebenstätigkeit, Alter und ähnliche Umstände dem jeweiligen Menschen angepasst werden müssen[12]. Ob eine grob fahrlässige Obliegenheitsverletzung vorliegt, ist keine reine Tatsachenfrage und unterliegt auch insoweit der revisionsrechtlichen Prüfung, als das Berufungsgericht entweder den Rechtsbegriff verkannt oder nicht alle festgestellten Umstände des Geschehens in seine Wertung einbezogen hat[13]. Es gibt keinen Anscheinsbeweis für das Vorliegen der groben Fahrlässigkeit[14].

Die Quote der grob fahrlässigen Obliegenheitsverletzung sollte in aller Regel bei 50 % liegen, war das Verhalten des Versicherungsnehmers weniger oder besonders vorwerfbar, so kann nach unten oder nach oben abgewichen werden. Die Quote selbst kann im Lichte der Schadenausweitung betrachtet werden, wobei in der Fahrzeugversicherung die Schadenausweitung als solche nicht erstattet werden könnte, sondern nur der Betrag, der auch bei Beachtung der Pflichten zu erstatten gewesen wäre.

D. Entlastungsmöglichkeit des Versicherungsnehmers

4 Der Versicherungsnehmer hat die Möglichkeit, sich zu entlasten, indem er nachweist, dass sein Verhalten lediglich einfach fahrlässig bzw. sogar entschuldigt[15] war.

E. Belehrungs- und Hinweispflichten des Versicherers

5 Auch hier ist der Versicherer verpflichtet, den Versicherungsnehmer augenfällig und verständlich auf die Folgen einer eventuellen Obliegenheitsverletzung hinzuweisen[16]. Wenn sich die Frage stellt, ob der Versicherungsnehmer die Belehrung verstanden hat – weil beispielsweise Differenzen in den Antworten auftauchen – ist er nochmals über die Folgen falscher Angaben oder Verhaltensweisen aufzuklären. Werden diese

---

11 OLG Brandenburg v. 14.10.2009 – 3 U 32/09 für die Teilkasko.
12 BGH v. 30.04.1981 – IVa ZR 129/80, VersR 1981, 948.
13 BGH v. 10.02.1999 – IV ZR 60/98 in NJW-RR 2000, 397 = VersR 1999, 1004 m. Anm. Lorenz.
14 BGH v. 05.02.1974 – VI ZR 52/72 in VersR 1974, 593.
15 BGH v. 27.08.2014 – 4 StR 259/14 (massiv blutende Wunde).
16 Schimikowski »Die vorvertragliche Anzeigepflicht« in r+s 2009, 353, 356 f.

Pflichten von Seiten des Versicherer nicht oder zu spät beachtet, kann sich der Versicherer nicht auf Leistungsfreiheit berufen, die auf Angaben fußt, die zu einem vorherigen Zeitpunkt, als eine Belehrung noch nicht erfolgt war, abgegeben wurden[17]. Eine Belehrung kann nur dann entbehrlich sein, wenn der Versicherungsnehmer arglistig handelt[18].

Auf die Platzierung der Belehrung des Versicherungsnehmers kommt es ebenfalls an, so ist eine Belehrung über die Rechtsfolgen grundsätzlich in der Nähe der Unterschrift[19] und nicht auf der letzten Seite mehrere Seiten nach der Unterschrift anzubringen[20].

E. Einzelfälle

I. Anzeigepflichtverletzung

1. in der Kraftfahrzeug-Haftpflicht-Versicherung

Die Anzeigepflicht des Versicherungsnehmers kann nur dann **vorsätzlich** verletzt werden, wenn er in Kenntnis eines Schadenfalles den Versicherer davon nicht unterrichtet, um einer Höherstufung zu entgehen oder nicht als Täter in Betracht zu kommen[21]. Ohne die Kenntnis des Versicherungsnehmers vom Schadenfall kann es zu einer Anzeigepflichtverletzung nicht kommen. Hat der Fahrer einen Schaden verursacht, so kann auch er wegen der Anzeigepflichtverletzung in Regress genommen werden. Dann wäre dem Versicherungsnehmer ggf. eine grob fahrlässige Anzeigepflichtverletzung vorzuwerfen, wenn er bei gehöriger Aufmerksamkeit von dem Schaden hätte Kenntnis nehmen können. Diese Erwägungen sind allerdings eher theoretischer Natur.

5

Hat der Versicherer aber innerhalb der Frist des E.1.1 von dem Schadenfall auf andere Weise Kenntnis erhalten, beispielsweise durch den Anspruchsteller in der Kraftfahrzeug-Haftpflicht-Versicherung, kann zumindest in der Kraftfahrzeug-Haftpflicht-Versicherung nicht mehr von einer vorsätzlichen Verletzung der Anzeigepflicht gesprochen werden[22]. Daher hat diese Pflichtverletzung in der Praxis der Kraftfahrzeug-Haftpflicht-Versicherung kaum Bedeutung. Hat der Versicherer aber in der Kraftfahrzeug-Haftpflicht-Versicherer Kenntnis von dem eingetretenen Schaden und weiß, dass sein Versicherungsnehmer noch Zusatzvereinbarungen getroffen hat wie Kasko oder Unfallversicherung, kann er sich nach Auffassung des Autors nicht mehr auf eine Anzeigepflichtverletzung berufen, wenn er dem Versicherungsnehmer nicht die ihn in diesen Bereichen interessierenden Fragen stellt.

6

---

17 OLG Köln v. 10.06.2008 – 9 U 226/07; Jurion.
18 BGH v. 12.03.2014 – IV ZR 36/13, vgl. i. Ü. die Ausführungen zu den Belehrungspflichten in §§ 6, 28 VVG sowie unter AKB B.
19 Vgl. insoweit auch die Ausführungen zu § 6 und § 28 VVG.
20 OLG Stuttgart v. 26.09.2013 – 7 U 101/13, Jurion.
21 Stiefel/Hofmann § 7 AKB a. F. Rn. 20 m. w. H.
22 BGH v. 20.12.1974 – IV ZR 171/73, VersR 1975, 366, § 30 Abs. 1 VVG.

E.2.1 AKB (Leistungsbeschränkung wegen Pflichtverletzung)

2. in sonstigen Sparten

7 In den **anderen Sparten** kann der Versicherer allerdings ohne den Hinweis des Versicherungsnehmers nicht tätig werden, so dass der Verletzung der Anzeigepflicht dort erhebliche Bedeutung zukommt. Dabei ist aber zu beachten, dass dem Versicherungsnehmer die Möglichkeit der Widerlegung der Vorsatzvermutung bleibt, wenn er sein Fehlverhalten korrigiert oder die falschen Angaben berichtigt, die auf einem Irrtum basierten[23]. Auch wurde eine vorsätzliche Obliegenheitsverletzung dann verneint, wenn der Versicherungsnehmer entgegen den Versicherungsbedingungen dem Rat eines Rechtsanwaltes vertraute, dass der Vorfall nicht anzeigepflichtig sei[24]. Nach der VVG-Reform wird aber die Frage der Vorwerfbarkeit hier anders zu prüfen sein. Es dürfte auf den Horizont des Versicherungsnehmers abzustellen sein, ob sich ihm die Pflicht zur Anzeige eines Schadenfalles oder Umstandes geradezu aufdrängen musste – trotz der entgegenstehenden Beratung seines Rechtsanwaltes.

3. Besonderheit Kasko-Versicherung

8 Hier ist zu differenzieren:

Hat sich ein Schaden mit Drittbeteiligung ereignet, hat der Versicherer u. U. schon Kenntnis durch die Meldung des Dritten, der Anzeigepflicht ist damit allerdings nicht auch für die Kasko-Versicherung Genüge getan[25]. Ob man sich dieser Auffassung, die aus einer über vierzig Jahre alten Entscheidung resultiert, auch heute im Zeitalter der EDV noch anschließen kann, ist fraglich. Gerade der Service-Gedanke gebietet heute, den Versicherungsnehmer auf die Möglichkeit der Inanspruchnahme der Kasko-Versicherung hinzuweisen, wenn der Versicherer Kenntnis vom Schaden erlangt hat. Erhält der Versicherungsnehmer also einen Fragebogen zum Haftpflichtschaden, der auch die Frage enthält, »wollen Sie Ihre Kasko-Versicherung in Anspruch nehmen?« darf davon ausgegangen werden, dass damit auch der Anzeigepflicht in der Kasko-Versicherung nachgekommen ist, wenn er diese Frage mit ja beantwortet.

9 Hat der Versicherungsnehmer den Schaden, der nicht mit einem Kraftfahrzeug-Haftpflicht-Schaden zusammenhängt, nicht angezeigt, kann dies auch bedeuten, dass er keine Ansprüche aus der Kasko-Versicherung herleiten möchte. In diesem Fall ist die Anzeigepflichtverletzung ohne Bedeutung. Will er aber Ansprüche geltend machen, gereicht ihm die verzögerte Schadenmeldung ggf. zum Nachteil, wenn dann der Schaden nicht mehr dem schädigenden Ereignis zugeordnet werden kann[26].

---

23 BGH v. 05.12.2001 – IV ZR 225/00, NJW 2008, 518; die Frage der vorsätzlichen oder grob fahrlässigen Anzeigepflichtverletzung ist eine tatrichterliche Frage BGH v. 04.12.1980 – IVa ZR 32/80, VersR 1981, 173.
24 BGH v. 08.01.1981 – IVa ZR 60/80, VersR 1981, 321.
25 OLG Celle v. 24.05.1967 – 1 U 12/67, VersR 1967, 994.
26 AG Köln v. 05.04.1978 – 112 C 1458/77, VersR 1979, 1023 (5 Monate nach Schadenfall), LG Lübeck v. 25.05.1984 – 1 S 40/84, VersR 1984, 1164 (20 Tage nach Schadenfall und Reparatur, so dass die Schäden nicht mehr dem Brand zugeordnet werden konnten).

Hat der Versicherungsnehmer seinen Schaden in der Kasko-Versicherung gemeldet 10
und geht davon aus, dass die Weiterleitung an die Kraftfahrzeug-Haftpflicht-Versicherung hausintern erfolgt, kann von einer vorsätzlichen Obliegenheitsverletzung nicht mehr gesprochen werden, vielmehr ist dann die Frage der Fahrlässigkeit zu prüfen. Dabei dürfte in diesem Fall nicht mehr von grober Fahrlässigkeit ausgegangen werden können.

Das Verschulden des Versicherungsnehmers dürfte bei der Anzeigepflichtverletzung 11
nicht besonders schwer wiegen, so dass bei verspäteter Meldung des Schadens eine Quotierung im Bereich um 20–50 % angemessen sein dürfte, je nach Schadenumfang und Auswirkungen der Obliegenheitsverletzung im Einzelfall.

Problematisch sind die Fälle, in denen die isolierte Kasko-Schadenmeldung verspätet eingeht, da dann ggf. der Schadenumfang nicht mehr zweifelsfrei feststellbar ist[27].

II. Aufklärungspflicht

Hatte der Versicherungsnehmer Kenntnis von den erheblichen Umständen und unter- 12
lässt es, diese dem Versicherer mitzuteilen, wird von vorsätzlichem Handeln ausgegangen. Der Versicherungsnehmer ist beweisbelastet, wenn er eine retrograde Amnesie behauptet, die ihn die Kenntnis habe verlieren lassen[28]. Auch die Frage nach dem Vorsteuerabzug gilt es zu beantworten[29]. Die Aufklärungspflicht erfasst eine Vielzahl von Fragen, deren Auswirkungen durchaus voneinander abweichen können. So sind beispielsweise in der Kraftfahrzeug-Haftpflicht-Versicherung Aufklärungspflichtverletzungen (falsche oder unvollständige Beantwortung von Fragen) nur dann von großer Bedeutung, wenn keine anderen Aufklärungsmittel zur Verfügung stehen. Werden beispielsweise falsche Angaben zum Alkoholgenuss gemacht und ist der Unfall nicht polizeilich aufgenommen, gibt es keine Möglichkeiten, diese Frage aufzuklären. In diesem Fall hätte eine falsche Angabe erhebliche Bedeutung. Beweisbelastet ist hierfür der Versicherer. Die Anforderungen in den einzelnen Sparten sind über die allgemeine Aufklärungspflicht hinaus konkretisiert.

Auch die Verkehrsunfallflucht als Unterfall der Aufklärungspflicht schadet dem Versicherungsnehmer, der sie begangen hat, um etwa seinen Alkoholkonsum zu verschleiern. Er kann bei personenverschiedenem Fahrer zwar auch dann nicht wegen Aufklärungspflichtverletzung in Regress genommen werden, wenn er die Unfallflucht des Fahrers nicht verhindert hat[30], aber er kann auch gehalten sein, dessen Namen bekannt zu geben, will er seinen Versicherungsschutz erhalten[31]. Es kann auch dann eine Auf-

---

27 LG Düsseldorf v. 17.07.2007 – 23 S 85/07, SP 2008, 190 f.
28 BGH v. 13.12.2006 – IV ZR 252/05, DAR 2007, 332 f = NZV 2007, 186 f.
29 OLG Karlsruhe 12 U 9/07, BeckRS 2007, 16 974 (Versicherungsnehmer habe die Frage nach der Vorsteuerabzugsberechtigung nicht verstanden, wurde im Termin widerlegt).
30 Halm in Festschrift für Klaus Himmelreich zum 70. Geburtstag »Versicherungsrechtliche Konsequenzen der Unfallflucht, S. 295, 299.
31 KG v. 07.05.2010 – 6 U 1417/09, r+s 2010, 460.

E.2.1 AKB (Leistungsbeschränkung wegen Pflichtverletzung)

klärungspflichtverletzung vorliegen, wenn eine Unfallflucht nicht gegeben war, sofern die Pflicht, an der Unfallstelle zu verbleiben, in den AKB separat formuliert war[32].

Im Rahmen der Aufklärungspflicht kann bei Verkehrsunfallflucht auch die vollständige Leistungsfreiheit des Versicherers gegeben sein, auch die Möglichkeit des Kausalitätsgegenbeweises nach § 28 Abs. 3 S. 1 VVG entfällt u. U.[33]. Allerdings kann ein unerlaubtes Entfernen vom Unfallort zur Versorgung der eigenen beim Unfall erlittenen Verletzungen gerechtfertigt sein[34]. Ein Verschulden entfällt jedoch dann, wenn dem Versicherungsnehmer schon der Zusammenhang mit dem Straßenverkehr nicht bekannt/bewusst war, weil er beim Beladen ein benachbartes Kfz beschädigt hatte und sich entfernte[35].

Besondere Bedeutung kommt der Aufklärungspflicht in Diebstahlsfällen zu, wenn es um die Frage nach der Anzahl der Fahrzeugschlüssel geht, allerdings darf auch bei einer – zunächst – falschen Angabe der Anzahl nicht ohne weitere Nachforschungen von einer vorsätzlichen Obliegenheitsverletzung ausgegangen werden, wenn diese geboten erschienen[36]. Auch die wahrheitsgemäße Beantwortung der Frage nach dem Kilometerstand ist zur Belegung der Redlichkeit des Versicherungsnehmers geeignet[37].

III. Schadenminderungspflicht

13 Verstößt der Versicherungsnehmer gegen die Pflicht, den Schaden gering zu halten, ist zu differenzieren: In der Kraftfahrzeug-Haftpflicht-Versicherung besteht Leistungsfreiheit in den Grenzen von E.6.3 AKB, während in den anderen Sparten bei vorsätzlicher Obliegenheitsverletzung vollständige Leistungsfreiheit besteht.

IV. Anzeige außergerichtlicher Geltendmachung von Ansprüchen

14 Versäumt der Versicherungsnehmer, die außergerichtliche Geltendmachung von Ansprüchen gegen ihn anzuzeigen, kann dies nur in der Kraftfahrzeug-Haftpflicht-Versicherung von Bedeutung sein. Verschweigt er die Geltendmachung vorsätzlich, richtet sich die Leistungsfreiheit nach E.6.3 AKB, verletzt er die Obliegenheit grobfahrlässig, ist die Leistungsfreiheit entsprechend der Schwere des Verschuldens zu kürzen. Dieser Regelung kommt wegen dem in der Kraftfahrzeug-Haftpflicht-Versicherung bestehenden Direktanspruch eher untergeordnete Bedeutung zu. Werden allerdings gegen den Versicherungsnehmer direkt Ansprüche angemeldet und er befasst sich nicht damit, so dass Mahnkosten entstehen oder ggf. Verzugsschäden zu erstatten sind, die bei recht-

---

32 OLG Stuttgart v. 16.10.2014 – 7 U 121/14, NJW 2015, 8 = r+s 2015, 14 ff.
33 OLG Naumburg v. 21.06.2012 – 4 U 85/11 – (volle Leistungsfreiheit) JurionRS 2012, 23487 = zfs 2012, 696 = SVR 2013, 100 ff.
34 BGH v. 27.08.2014 – 4 StR 259/14 (massiv blutende Wunde).
35 LG Aachen v. 09.12.2011 – 71 NS-607 JS 784/08-146/11, NZV 2013, 305.
36 OLG Brandenburg v. 14.10.2009 – 3 U 32/09.
37 OLG Naumburg v. 07.03.2013 – 4 U 51/12, durch falsche Angaben wird die Redlichkeitsvermutung erschüttert.

zeitiger Meldung nicht entstanden wären, besteht ggf. Leistungsfreiheit hinsichtlich dieser Mehrkosten.

V. Anzeige von Kleinschäden

Wenn der Versicherungsnehmer von seinem Recht auf Regulierung von Kleinschäden Gebrauch macht, entfällt eine Obliegenheitsverletzung, wenn er nach Kenntnis vom Schadenumfang die Angelegenheit doch seinem Versicherer meldet. 15

VI. Anzeige gerichtlicher Geltendmachung von Ansprüchen

Verletzt der Versicherungsnehmer seine Pflicht, die gerichtliche Geltendmachung von Ansprüchen rechtzeitig anzuzeigen und dem Versicherer die Möglichkeit der Prozessführung zu geben, indem er gar einen eigenen Rechtsanwalt beauftragt, kann nur von einer vorsätzlichen Obliegenheitsverletzung ausgegangen werden. Der Versicherer ist damit insoweit von der Verpflichtung zur Leistung frei, als Mehrkosten durch den Versicherungsnehmer verursacht wurden. Hätte der Versicherer also die Ansprüche – weil berechtigt – in Kenntnis der Geltendmachung unmittelbar befriedigt, erhält der Versicherungsnehmer keinen Ersatz der Gerichtskosten, vgl. insoweit E.6.6 AKB. 16

VII. Verhalten im Fristablauf

Der Versicherungsnehmer ist gehalten, alles zu unternehmen, damit keine Fristen für Widerspruch, Klageerwiderung etc. verstreichen. Die Folgen richten sich ebenfalls nach E.6.6 AKB. 17

VIII. Kasko: Anzeige des Diebstahls des KFZ

Soweit nur Teile gestohlen wurden, kann ein Irrtum des Versicherungsnehmers über den entstandenen Schaden dazu führen, dass er sich entlasten kann. Gleiches dürfte gelten, wenn er den Diebstahl des Kfz erst zu einem späteren Zeitpunkt bemerkt. Die Beweissituation des Versicherungsnehmers verschlechtert sich dabei allerdings u. U. erheblich[38]. So hat der Versicherer zum einen ein erhebliches Interesse an der Wiederauffindung des gestohlenen Kfz, zum anderen auch an der Aufklärung vorgetäuschter Schadenfälle in Betrugsabsicht. Dies kann allerdings nur dann erfolgen, wenn die Anzeige zeitnah erfolgt. Eine Obliegenheitsverletzung dürfte dann entfallen, wenn dem Versicherungsnehmer der Nachweis des Diebstahls gelingt und Zweifel an dem Diebstahl ausgeräumt werden konnten. Gerade in diesen Fällen dürfte es der Rechtsprechung schwer fallen, von einer grob fahrlässigen Obliegenheitsverletzung auszugehen und den Grad des Verschuldens für die Leistungsfreiheit festzulegen. 18

---

38 Zu den Details bei Diebstahlsnachweis vgl. oben AKB A.2.2 Rdn. 125 ff., auch in Himmelreich/Halm/Oberpriller FA Verkehrsrecht Kap. 20 Rn. 49, 50.

IX. Kasko: Weisungseinholung

19 Das Weisungsrecht des Versicherers dient in erster Linie der Aufklärung des Schadenfalles und bei Reparatur oder Verwertung des beschädigten Kfz auch der Schadengeringhaltung. Der Versicherungsnehmer ist dabei verpflichtet, sich aktiv um die Weisungen seines Versicherers zu bemühen und diese einzuholen[39]. Unterbleibt die Einholung der Weisung aufgrund eines Irrtums des Versicherungsnehmers, stellt sich die Frage der groben Fahrlässigkeit. Unterlässt der Versicherungsnehmer in Kenntnis der Weisungsbefugnis des Versicherers die Einholung von Weisungen vorsätzlich, besteht Leistungsfreiheit des Versicherers in vollem Umfang. Es bleibt dann nur die Möglichkeit des Versicherungsnehmers, nachzuweisen, dass der Umfang der Eintrittspflicht durch die Obliegenheitsverletzung nicht ausgeweitet wurde.

X. Kasko: Polizeianzeige

20 Der Versicherungsnehmer gefährdet seinen Versicherungsschutz, wenn er die Anzeige des Brandschadens, Wildschadens oder Diebstahls bei der Polizei vorsätzlich unterlässt, wenn ein Schaden über € 500 eingetreten ist. Beweisbelastet ist er hinsichtlich des Verschuldensmaßstabes, während der Versicherer den Vorsatz zu beweisen hat. Es gelten die allgemeinen Beweislastregeln. Der Versicherer ist dann von der Verpflichtung zur Leistung in der Kasko-Versicherung nach Maßgabe des § 28 VVG frei. Eine vorsätzliche Obliegenheitsverletzung ist jedenfalls dann nicht gegeben, wenn der Versicherungsnehmer bei einem Mitarbeiter (Außendienst oder Makler) anfragt, wie er sich zu verhalten habe und von dort nicht den Hinweis auf die Polizeianzeige erhält[40]. Auch wenn der Schaden nur geringfügig über der Meldegrenze liegt, dürfte eher von leichtem Verschulden auszugehen sein. Von grober Fahrlässigkeit dürfte dann ausgegangen werden, wenn der Versicherungsnehmer nach Feststellung des Diebstahls, Wildschadens oder Brandes die Unfallstelle verlässt und erst nach mehreren Tagen die Anzeige bei der Polizei tätigt. In diesen Fällen stellt sich aber auch die Frage der vorsätzlichen Obliegenheitsverletzung.

XI. Schutzbrief: Weisungseinholung

21 Auch im Bereich des Schutzbriefes ist grundsätzlich die Frage des Verschuldens zu stellen, wenn Weisungen nicht eingeholt werden. Dabei dürfte darauf abzustellen sein, ob und in wie weit der Versicherer hinweispflichtig war (oder aufgrund der Meldung des Schadens überhaupt in die Lage versetzt wurde, diese Hinweise zu geben).

XII. Schutzbrief: Unterlagen, Belege, Schweigepflicht

22 Unterlässt der Versicherungsnehmer trotz Anforderung des Versicherers die Übersendung der erforderlichen Belege, ist in aller Regel von einer vorsätzlichen Begehung der Obliegenheitsverletzung auszugehen, wenn der Versicherungsnehmer vom Ver-

---

39 Himmelreich/Halm/Oberpriller FA Verkehrsrecht Kap. 20 Rn. 169 f.
40 OLG Hamm v. 09.03.1984 – 20 U 288/83, VersR 1985, 457.

sicherer ausreichend über die Folgen der Obliegenheitsverletzung (vollständige Leistungsfreiheit) aufgeklärt wurde.

XIII. Unfallversicherung: Anzeige des Todesfalls

Bei der Anzeige des Todesfalls in der Unfallversicherung ist zu differenzieren: Ereignete sich der Todesfall unmittelbar bei dem Unfallereignis und steht der Zusammenhang zwischen Unfallereignis und Tod außer Frage, ist wohl von grober Fahrlässigkeit der Hinterbliebenen auszugehen, wenn der Todesfall nicht umgehend angezeigt wird. Erfolgt allerdings die Anzeige des Todesfalls erst nach der Beerdigung oder gar der Verbrennung des Versicherten, so dürfte es dem Begünstigten (dem Versicherungsnehmer, seinen Hinterbliebenen oder den Hinterbliebenen eines sonstigen Insassen) schwer fallen, den Entlastungsbeweis im Sinne des § 28 VVG zu erbringen. Insbesondere, wenn auch Anhaltspunkte für unfallfremde Todesursachen bestehen, ist von vorsätzlicher Verletzung der Anzeigepflicht mit vollständiger Leistungsfreiheit auszugehen, weil dem Versicherer die Führung des Beweises zumindest im Falle der Verbrennung vollständig unmöglich gemacht wird[41].

23

XIV. Unfallversicherung: ärztliche Untersuchung, Entbindung von der Schweigepflicht

Die Verweigerung einer ärztlichen Untersuchung bzw. der Erteilung einer Schweigepflichtentbindungserklärung stellt eine vorsätzliche Verletzung der Mitwirkungspflichten dar, wenn der Versicherer den Versicherungsnehmer hinreichend über die Folgen fehlender Mitwirkung aufgeklärt hat.

24

XV. Unfallversicherung: Frist zur Geltendmachung der Invalidität

Bei der Frist zur Geltendmachung der Invalidität nach E.5.3 AKB handelt es sich um eine Ausschlussfrist. Wird diese Frist versäumt, können keine Ansprüche mehr gegen die Unfallversicherung wegen der Invalidität gestellt werden[42]. Steht der Grad der dauerhaften Beeinträchtigung noch nicht fest, kann der Zeitraum zur Feststellung erweitert werden.

25

E.2.2 (Exkulpationsmöglichkeiten[1])

> Abweichend von E.2.1 sind wir zur Leistung verpflichtet, soweit Sie nachweisen, dass die Pflichtverletzung weder für die Feststellung des Versicherungsfalls noch für die Feststellung oder den Umfang unserer Leistungspflicht ursächlich war. Dies gilt nicht, wenn Sie die Pflicht arglistig verletzen.

---

41 Vgl. insoweit auch unter AKB E.5.1.
42 Vgl. hierzu Heinrichs AKB A.4.5.2 .
1 Überschrift des Verfassers!.

E.2.2 AKB (Exkulpationsmöglichkeiten)

Übersicht Rdn.
A. Allgemeines 1
B. Feststellung der Leistungspflicht 2
C. Auswirkungen auf den Umfang der Leistungspflicht 3
D. Exculpationsmöglichkeiten 4
E. Arglist 6
F. Beweislast 6

A. Allgemeines

1 Der Versicherungsnehmer behält den Versicherungsschutz, wenn ihm der Nachweis gelingt, dass die Verletzung einer Pflicht nach E.x AKB weder für die Feststellung des Versicherungsfalles noch für den Umfang der Eintrittspflicht des Versicherers ursächlich war[2]. Hier kommt es entscheidend auf den Umfang der Leistungspflicht an. Die Pflichten nach E.x AKB setzen alle voraus, dass der Schaden bereits eingetreten ist. Der Entlastungsbeweis nach E.6.2 ist für den Fall der grob fahrlässigen Obliegenheitsverletzung möglich[3]. Diese Entlastungsmöglichkeit wird unter Hinweis auf die Relevanzrechtsprechung auch auf die vorsätzliche Obliegenheitsverletzung im Schadenfall ausgedehnt, die auf den Leistungsumfang keinen Einfluss hat[4].

B. Feststellung der Leistungspflicht

2 Da sich der Schadenfall bereits ereignet hat, ist die Feststellung der Leistungspflicht in der Kraftfahrzeug-Haftpflicht-Versicherung eher von untergeordneter Bedeutung. In den anderen Sparten hingegen kann sich die Verletzung der Aufklärungspflicht auch hinsichtlich der Feststellungen auswirken. Es reicht nicht aus, dass ein irgendwie gearteter Einfluss der Obliegenheitsverletzung auf den Gang der Ermittlungen oder Feststellungen gegeben ist[5]. Auch entfällt die Leistungsfreiheit, wegen Unfallflucht dann, wenn der Versicherungsnehmer zwar sich von der Unfallstelle entfernt hat, aber den Schadenfall seiner Versicherung zu einem Zeitpunkt gemeldet hat, als er die Strafbarkeit im Sinne des § 142 StGB noch hätte verhindern können[6].

C. Auswirkungen auf den Umfang der Leistungspflicht

3 Auswirkungen auf die Feststellungen des Schadens sind dann für den Versicherer von Bedeutung, wenn sich beispielsweise in der Zeit bis zur Meldung des Schadens ein weiterer Schaden ereignet hat, für den der Versicherer evtl. nicht oder nur teilweise eintrittspflichtig wäre und ihm durch die Verzögerungen bzw. Nichtbeachtung der Obliegen-

---

2 KG Beschl. V. 09.11.2010 – 6 U 103/10.
3 So schon OLG Schleswig v. 20.03.1969 – 3 U 132/67, VersR 1970, 413.
4 So schon OLG Frankfurt v. 31.05.2006 – 3 U 27/06, zfs 2006, 577 für die Unfallflucht in der Kasko-Versicherung, bei der aber schon eine Polizeiaufnahme des Kennzeichens erfolgt war und keine Anhaltspunkte für Trunkenheit vorlagen.
5 So schon BGH v. 04.05.1964 – II ZR 153/61, NJW 1964, 1899 ff.
6 BGH v. 21.11.2012 – VI ZR 97/11, NJW 2013, 936= NZV 2013, 179.

heiten nach E. die Abgrenzung zwischen den beiden Schadenereignissen erschwert oder gar unmöglich gemacht wird.

D. Exculpationsmöglichkeiten

Der Versicherungsnehmer kann sich mit dem Hinweis exkulpieren, dass die Obliegenheitsverletzung keinen Einfluss auf den Umfang der Leistungspflicht des Versicherers hatte. In der Kraftfahrzeug-Haftpflicht-Versicherung wird das häufig gelingen, da der Schaden sich ereignet hat und der Geschädigte den Umfang des Schadens nachweisen muss, der Versicherungsnehmer hat hierauf nur wenig Einfluss. Folgerichtig hat das LG Bonn auch im Falle der Unfallflucht einen Regress abgelehnt, da der Schaden durch die Unfallflucht nicht ausgeweitet wurde[7]. In der Kasko-Versicherung hat die verspätete Anzeige des Schadenfalles zwar keinen Einfluss auf den Eintritt des Schadenfalles als solchen, aber ggf. wirkt sich die Verspätung auf die Feststellung des Schadenzeitpunktes und der Schadenhöhe aus[8]. 4

Der Versicherungsnehmer kann sich auch entlasten, wenn er von der Versicherung nicht auf die Folgen der Aufklärungspflichtverletzung hingewiesen wurde. Dieser Hinweis hat notfalls mehrmals und auch nach längerer Dauer zu erfolgen, um dem Versicherungsnehmer die Tragweite der Aufklärungspflichtverletzung vor Augen zu führen[9]. Wenn der Versicherungsnehmer nachweist, dass den Versicherer wegen unklarer Angaben in der Schadenmeldung eine Nachfragepflicht trifft, die er unterlassen hat, kann ebenfalls der Entlastungsbeweis gelingen[10]. Im Rahmen der Unfallflucht kann sich der Versicherungsnehmer nur dann exkulpieren, wenn eine Verurteilung wegen Unfallflucht nicht erfolgte, weil ihn daran kein Verschulden traf[11], den Kausalitätsgegenbeweis iSd. § 28 Abs. 3 S. 1 VVG hingegen kann er nicht mehr führen[12]. Teilweise wird auch bei Unfallflucht Arglist angenommen, dabei komme es nicht mehr darauf an, dass der Schädiger nach Entdeckung aktiv an der Aufklärung des Unfallherganges mitwirken wollte[13]. 5

---

7 LG Bonn vom 29.10.2013 – 8 S 118/13 (Unfallflucht), SP 2013, 94 ff = Jurion.
8 LG Düsseldorf 23 S 85/07, SP 2008, 190, da der Vertrag dort zwischenzeitlich beendet worden war.
9 BGH v. 18.07.2007 – IV ZR 152/05 (für die Kasko-Versicherung) in DAR 2007, 332 = SP 2007, 219f = zfs 2007, 337 = NZV 2007, 459 f.
10 So OLG Hamm v. 06.10.2004 – 20 U 61/04, NZV 2005, 153, wenn der Versicherer nicht weiter nachfragt, obwohl Nachfragen wegen unklarer Angaben geboten waren.
11 Zu den möglichen Entlastungsgründen im Strafverfahren vgl. Himmelreich »Irrtümer bei der Verkehrsunfallflucht (§ 142 StGB) in DAR 2007, 44 ff. m. w. H.
12 OLG Naumburg v. 21.06.2012 – 4 U 85/11 – (volle Leistungsfreiheit) JurionRS 2012, 23487 = zfs 2012, 696 = SVR 2013, 100 ff.
13 LG Düsseldorf v. 18.06.2010 – 20 S 7/10.

E. Arglist

6 Eine Exculpation des Versicherungsnehmers ist ausgeschlossen, wenn er die Obliegenheitsverletzung arglistig begangen hat[14]. Die Grenzziehung zwischen der vorsätzlichen Obliegenheitsverletzung im Schadensfall und der arglistigen Obliegenheitsverletzung ist fließend. Dabei gilt zu beachten, dass nicht jede falsche Angabe in der Schadenmeldung und nicht jede Verkehrsunfallflucht[15] als arglistige Obliegenheitsverletzung zu qualifizieren ist[16].

Arglistig handelt der Versicherungsnehmer, wenn er unter Bereicherungsabsicht falsche Angaben macht[17]. Aber auch schon die Gewissheit, dass seine Angaben die Schadenregulierung möglicherweise beeinflussen kann, kann arglistig sein[18]. Dies ist insbesondere dann der Fall, wenn die näheren Umstände verschwiegen werden, die den Versicherer zu einer näheren Prüfung seiner Leistungspflicht veranlassen könnten[19]. Auch zweimaliges falsches Darstellen des Schadenherganges ist arglistig[20]. So wird das Verschweigen von Vorschäden als arglistig erachtet. Auch wenn ein Versicherungsnehmer nach der Unfallflucht mit Hilfe von Zeugen innerhalb einer Stunde ermittelt werden kann, steht dies der Annahme der Arglist nicht entgegen und führt zur Leistungsfreiheit des Versicherers. Begeht der Versicherungsnehmer die Obliegenheitsverletzung in der Absicht, die Beweislage zu Lasten des Versicherers nachteilig zu manipulieren, ist ihm der Kausalitätsgegenbeweis abgeschnitten[21].

Allein das Wegfahren von der Tankstelle nach Beschädigung der Zapfsäule reicht zur Annahme von Arglist des Fahrers nicht aus[22].

Allerdings handelt derjenige arglistig, der gefälschte Befundberichte an seine Berufsunfähigkeitsversicherung übermittelt[23].

---

14 Vgl. hierzu AKB D.2.2 Rdn. 3; BGH v. 12.03.2014 – IV ZR 306/13, VersR 2014 565 ff; Stoeber/Nugel Rechtsprechungsübersicht zur arglistigen Obliegenheitsverletzung, SP 2014, 347 f.
15 LG Duisburg v. 15.03.2013 – 7 S 104/12, zfs 2013, 391; LG Bonn v. 15.11.2012, 6 S 63/12, SP 2013, 261.
16 LG Bonn v. 15.11.2015 6 S 63/12, Jurion.
17 OLG München v. 25.04.2014 – 10 U 3357/13, NZV 2014, 525 zu den Voraussetzungen eines Entlastungsbeweises.
18 LG Offenburg v. 23.08.2011 – 1 S 3/11, SP 2011, 406.
19 OLG Köln v. 17.01.2014 – 20 U 208/12, Jurion (Medikamenteneinnahme, Gesundheitszustand und Polizeiermittlungen).
20 OLG Oldenburg v. 23.07.2014 – 5 U 79/14, Jurion; OLG Karlsruhe v. 26.06.2013 – 12 U 204/12.
21 OGH v. 02.10.2013 – 7 Ob 150/13d, VersR 2014, 1230 f.
22 LG Offenburg v. 23.08.2011 – 1 S 3/11, SP 2011, 406.
23 OLG Celle v. 26.04.2012 – 8 U 3/12, SP 2014, 341 f.

F. Beweislast

Der Versicherungsnehmer ist für seine Angaben beweisbelastet, ggf. auch für die fehlenden Auswirkungen. Beruft er sich auf eine Amnesie, die zur Aufklärungspflichtverletzung geführt habe, ist er beweisbelastet[24]. Eine Exkulpation ist jedenfalls dann nicht möglich, wenn der Versicherungsnehmer sich auf Unwissenheit beruft und insoweit beweisfällig bleibt[25].Für die negativen Auswirkungen der Verletzung der Aufklärungsobliegenheiten ist der Versicherer beweisbelastet[26]. Er muss auch die Wissentlichkeit der Pflichtverletzung nachweisen[27].

Bei **arglistiger** Obliegenheitsverletzung entfällt die Exkulpationsmöglichkeit. Dem Versicherungsnehmer kommen dabei Beweiserleichterungen zu Gute, er kann zunächst die sich aus dem Sachverhalt ergebenden Punkte entkräften und sodann abwarten, welche Argumente der Versicherer noch vorträgt[28].

Hinsichtlich der Arglist ist der Versicherer beweisbelastet.

6

Beschränkung der Leistungsfreiheit in der Kfz-Haftpflichtversicherung

E.2.3 (Grenzen der Leistungsfreiheit[1])

In der Kfz-Haftpflichtversicherung ist die sich aus E. 2.1 ergebende Leistungsfreiheit bzw. Leistungskürzung Ihnen und den mitversicherten Personen gegenüber auf den Betrag von höchstens je xx Euro* beschränkt.

*Gem. § 6 Abs. 1 KfzPflVV darf die Leistungsfreiheit höchstens auf 2.500 Euro beschränkt werden.

Die Leistungsfreiheit des Kraftfahrzeug-**Haftpflicht**-Versicherers ist auch in E. beschränkt. Die Leistungsgrenze für einen »normalen« Fall der Verletzung der Obliegenheiten im Schadenfall beträgt € 2.500. Sie ergibt sich aus § 6 KfzPflVV. Dabei können sowohl der Versicherungsnehmer wie auch der Fahrer wegen Verletzung von Aufklärungs- und Mitwirkungspflichten in Regress genommen werden[2].

1

---

24 BGH v. 13.12.2006 – IV ZR 252/05 in DAR 2007, 332 f.
25 OLG Koblenz v. 04.09.2008 – 10 U 318/08 zur Anzeigepflichtverletzung in Kasko, Meldung erfolgte erst 6 Monate nach Schadentag.
26 BGH v. 10.10.2007 – IV ZR 95/07, NJW-RR 2008, 273 = VersR 2008, 241= r+s 2008, 163 zur Nichtangabe einer weiteren Unfallversicherung.
27 BGH v. 17.12.2014 – IV ZR 90/13, VersR 2015, 181 f.
28 KG Beschl. v. 06.07.2010 – 6 W 6/10.
1 Überschrift des Verfassers!.
2 LG Braunschweig v. 19.12.1979 – 1 O 51/79 in VersR 1980, 837; LG Frankenthal zfs 1981, 18.

E.2.4 AKB (Folgen vorsätzlicher Pflichtverletzungen)

Dabei ist zu beachten, dass zunächst die Bewertung des Verschuldens zu erfolgen hat und dann ggf. die Kürzung der Regressforderung auf den Maximalbetrag nach E.2.3 AKB vorzunehmen ist.

E.2.4 (Folgen vorsätzlicher Pflichtverletzungen[1])

Die Leistungspflicht erweitert sich auf einen Betrag von höchsten je .xx. Euro*, wenn Sie die Aufklärungs- oder Schadenminderungspflicht nach E.1.1.3 und E.1.1.4
- vorsätzlich und
- in besonders schwerwiegender Weise

verletzt haben. Dies ist z. B. bei unerlaubtem Entfernen vom Unfallort trotz eines Personen- oder schweren Sachschadens der Fall.

*Gem. § 6 Abs. 3 KfzPflVV darf die Leistungsfreiheit höchstens auf 5.000 Euro beschränkt werden.

1 Bei den Obliegenheiten im Schadenfall wird in der Leistungsfreiheit unterschieden zwischen den »einfachen« Obliegenheitsverletzungen und den besonders schwerwiegenden Pflichtverstößen. Die neue Formulierung in AKB 2015 macht deutlich, dass minderschwere Fälle der Verletzung dieser Obliegenheit nicht zu einer erweiterten Leistungsfreiheit führen. Allein die vorsätzliche Begehung der Obliegenheitsverletzung reicht in der Kraftfahrzeug-Haftpflicht-Versicherung nicht aus, um den erhöhten Betrag von max. € 5.000 zu fordern. Es müssen weitere Umstände hinzutreten, die das Verhalten des Versicherungsnehmers oder Fahrers als besonders vorwerfbar darstellen[2]. Es ist jetzt klargestellt, dass bei einem erheblichen Personenschaden von einem besonders schwerwiegenden Vergehen auszugehen ist[3]. Auch das Verschweigen von Alkoholgenuss vor dem Unfall wird als besonders schwerwiegende Obliegenheitsverletzung angesehen[4]. Behauptet der Versicherungsnehmer den Diebstahl des versicherten Kfz, das er nach einem Unfall versteckt hält, erfüllt dies ebenfalls den Tatbestand[5]. Beweisbelastet ist der Versicherer.

Die Formulierung »schwerer Sachschaden« in den Erläuterungen ist als unbestimmter Rechtsbegriff der weiteren Auslegung zugänglich[6]. Der Verfasser dieser Anmerkung geht davon aus, dass nicht beabsichtigt ist, hier die gleichen Grenzen wie bei der Bewer-

---

1 Überschrift des Verfassers!.
2 LG Heidelberg v. 23.01.2014 – 3 S 26/13, Jurion = NJW-RR 2014, 722.
3 OLG Schleswig v. 30.11.2002 – 9 U 150/01, VersR 2003, 140 schwere Verletzung einer 70 jährigen Fußgängerin und Entfernens von der Unfallstelle, um Alkoholkonsum zu verschleiern.
4 OLG Frankfurt v. 05.05.1976 – 7 U 119/75, VersR 1977, 513 m. w. H.
5 BGH v. 19.01.1983 – IVa ZR 225/81, VersR 1983, 333.
6 Der BGH geht in einer Entscheidung v. 09.09.2014 – 4 StR 251/14 schon bei 750,00 € von einem »bedeutenden« Wert einer Sache aus, das OLG Hamm geht bei Entziehung der Fahr-

tung der Strafbarkeit der Unfallflucht anzulegen. Dort gilt als erheblicher Sachschaden schon ein Schaden von mehr als 100 €[7]. Sicher wird man von einem schweren Sachschaden bei einer fünfstelligen Schadenssumme ausgehen dürfen.

Auch die fehlende Angabe einer Schutzbriefversicherung in arglistiger Absicht führt zur Leistungsfreiheit auch der Kfz-Unfallversicherung[8]. Dies jedenfalls dann, wenn der Versicherungsnehmer erkennt, dass der Versicherer seinen Antrag auf Unfallversicherung jedenfalls in Kenntnis der Schutzbriefversicherung nicht abgeschlossen hätte. Diese Grundregel dürfte bei der Kombination von Schutzbrief und Kfz-Unfallversicherung nicht eingewendet werden, da der Versicherer bewusst diese beiden Versicherungen in einem Vertrag anbietet. Die Berufung auf obige Entscheidung wäre treuwidrig. Zu beachten ist, dass diese Regressbeschränkung ebenfalls nur in der Kraftfahrzeug-Haftpflicht-Versicherung gilt. 2

Vollständige Leistungsfreiheit in der Kfz-Haftpflichtversicherung
E.2.5 (Leistungsfreiheit bei Betrugsabsicht[1])

Verletzen Sie Ihre Pflichten in der Absicht, sich oder einem Dritten dadurch einen rechtswidrigen Vermögensvorteil zu verschaffen, sind wir von unserer Leistungspflicht hinsichtlich des erlangten Vermögensvorteils vollständig frei.

Übersicht
		Rdn.
A.	Allgemeines	1
B.	Tatbestand	2
C.	Leistungsfreiheit	3

A. Allgemeines

Hat der Versicherungsnehmer seine Obliegenheiten nach E. AKB in betrügerischer Absicht verletzt, um sich selbst oder einem anderen (z. B. durch einen verabredeten Unfall) einen Vermögensvorteil zu verschaffen, ist der Versicherer leistungsfrei. Die Leistungsfreiheit ist beschränkt auf den erreichten Vermögensvorteil. 1

B. Tatbestand

Die Leistungsfreiheit bei Betrugsabsicht in der Kraftfahrzeug-Haftpflicht-Versicherung kann nur dann gegeben sein, wenn der Versicherungsnehmer unter Verletzung seiner Obliegenheiten im Schadenfall den Versicherer dazu bringt, Schäden eines Dritten 2

---

erlaubnis bei 1.300 € von einem »bedeutenden Schaden« aus, OLG Hamm v. 06.11.2014 – 5 RVs 98/14, Jurion.
7 Z. B. OLG Brandenburg v. 15.01.2004 – 12 U 107/03.
8 BGH v. 28.02.2007 -IV ZR 331/05, zfs 2007, 343 f.
1 Überschrift des Verfassers!.

zu ersetzen, die er in Kenntnis der wahren Umstände nicht oder nicht in diesem Umfang erstattet hätte.

C. Leistungsfreiheit

3 Diese ergänzende Vorschrift ist wegen der Beschränkung der Leistungsfreiheit nach E.23 i. V. m. § 6 KfzPflVV erforderlich geworden. Der Vermögensvorteil wird gerade in den Betrugsfällen den Leistungsfreibetrag in aller Regel übersteigen. Soweit diese Regelung in den Grenzen von E.2.4 AKB gesehen wird und der Regress hinsichtlich des betrügerisch erlangten Vermögensvorteils auf € 5.000 beschränkt wird[2], ist dies nicht zutreffend. Lediglich für den Fall, in dem es bei dem versuchten Betrug bleibt, ist der Versicherer nur begrenzt leistungsfrei[3]. Allerdings besteht vollständige Leistungsfreiheit bei vollendetem Betrug[4]. Dieser Regelung kommt nur insoweit Bedeutung zu, als der Nachweis der Vorsatztat[5] nicht gelungen ist.

Besonderheiten in der Kfz-Haftpflichtversicherung bei Rechtsstreitigkeiten

E.2.6 (Leistungsfreiheit hinsichtlich der Mehrkosten[1])

E.2.6 Verletzen Sie Ihre Pflichten nach
- E.1.2.1 (Anzeige außergerichtlich geltend gemachter Ansprüche),
- E.1.2.3 (Anzeige gerichtlich geltend gemachter Ansprüche) oder
- E.1.2.4 (Prozessführung durch uns)

und führt dies zu einer rechtskräftigen Entscheidung, die über den Umfang der nach Sach- und Rechtslage geschuldeten Entschädigung erheblich hinausgeht, gilt:
- Bei vorsätzlicher Verletzung sind wir hinsichtlich des von uns zu zahlenden Mehrbetrags vollständig von unserer Leistungspflicht frei.
- Bei grob fahrlässiger Verletzung sind wir berechtigt, unsere Leistung hinsichtlich dieses Mehrbetrags in einem der Schwere Ihres Verschuldens entsprechenden Verhältnis zu kürzen.

Übersicht   Rdn.
A.   Allgemeines   1
B.   vorsätzliche Obliegenheitsverletzung   2

---

2 So Jacobsen aaO. F AKB 2008 Rn. 134.
3 OLG Nürnberg v. 30.06.1988 – 8 U 2824/87 in VersR 1989, 34 mit ablehnender Anmerkung Schlegelmilch in VersR 1989, 357.
4 OLG Nürnberg v. 30.06.1988 – 8 U 2824/87 in VersR 1989, 34.
5 Vgl. hierzu Kommentierung zu AKB A.1.5.1 Rdn. 5 f.
1 Überschrift des Verfassers!.

A. Allgemeines

Die Leistungsfreiheit hinsichtlich der Mehrkosten ist beschränkt auf die Fälle des 1
E.1.2.1 (Anzeige außergerichtlicher Ansprüche), E.1.2.3 (Anzeige gerichtlicher Geltendmachung) und E.1.2.4 (Prozessführungsbefugnis). Verursacht der Versicherungsnehmer durch seine Obliegenheitsverletzung Mehrkosten, sind diese nicht erstattungsfähig. Diese Regelung bezieht sich nur auf die Kraftfahrzeug-Haftpflicht-Versicherung.

B. vorsätzliche Obliegenheitsverletzung

Verschweigt der Versicherungsnehmer vorsätzlich, dass gegen ihn Ansprüche angemel- 2
det wurden und es entstehen Mahnkosten, so ist der Versicherer hinsichtlich dieser Mahnkosten, die bei rechtzeitiger Anzeige nicht entstanden wären, leistungsfrei. Gleiches gilt hinsichtlich der Verfahrenskosten, wenn der Versicherungsnehmer bei gerichtlicher Geltendmachung der Ansprüche es zu einem Versäumnisurteil kommen lässt. Kann der Versicherer den Nachweis erbringen, dass er die Ansprüche abgewehrt hätte, besteht ggf. vollständige Leistungsfreiheit auch hinsichtlich der Ansprüche des Unfallgegners. Hat der Versicherungsnehmer die Forderung bereits ausgeglichen, wird eine Erstattung durch den Versicherer nur insoweit erfolgen, als er bei rechtzeitiger Meldung zur Leistung verpflichtet gewesen wäre.

Da im Rahmen des Verfahrens Geschädigter gegen Versicherungsnehmer/Fahrer nur in diesem Verhältnis eine Verpflichtung zu Schadenersatz ausgesprochen werden kann, muss der Versicherungsnehmer/Fahrer in einem zweiten Schritt die Freistellung von den Ansprüchen des Geschädigten vom Versicherer fordern. Dabei soll nach Auffassung des OLG Frankfurt zumindest einem in diesem Verhältnis ergangenen Versäumnisurteil keine den Haftpflichtversicherer bindende Wirkung zukommen.[2]

Dieser Regelung kommt gerade im Falle der betrügerischen Unfallschäden eine große Bedeutung zu, da der an der Manipulation beteiligte Versicherungsnehmer kein Interesse an der Abweisung der gegen ihn gerichteten Ansprüche hat[3].

Mindestversicherungssummen

E.2.7 (Beschränkung der Versicherungssummen)

Verletzen Sie in der Kfz-Haftpflichtversicherung Ihre Pflichten nach E.1.1 und E.1.2 gelten anstelle der vereinbarten Versicherungssummen die in Deutschland geltenden Mindestversicherungssummen.

Übersicht Rdn.
A. Allgemeines 1
B. Beschränkung der Eintrittspflicht 2
C. Beschränkung der Leistungsfreiheit 3

---

2 OLG Frankfurt/M. v. 22.10.2009 – 3 U 103/08.
3 Vgl. hierzu auch A.1.5.1 AKB.

E.2.7 AKB (Beschränkung der Versicherungssummen)

A. Allgemeines

1 E.2.7 AKB bezieht sich ausschließlich auf die Kraftfahrzeug-Haftpflicht-Versicherung. In den anderen Sparten besteht ggf. Leistungsfreiheit gegenüber dem Versicherungsnehmer, es kann sofort gekürzt werden. Da in der Kraftfahrzeug-Haftpflicht-Versicherung der Direktanspruch des Geschädigten gegeben ist und diesem nur wenig entgegengehalten werden kann, kann der Versicherer zulässigerweise den Umfang seiner Eintrittspflicht beschränken.

B. Beschränkung der Eintrittspflicht

2 Auch bei den Verletzungen von Obliegenheiten im Schadenfall kann die Leistungspflicht auf die in Deutschland gesetzlich vorgesehenen Mindestversicherungssummen beschränkt werden. Diese Regelung verstößt gegen die 6. KH-Richtlinie, da der Mindestschutz bei Grenzübertritt sich nicht an den deutschen Vorschriften, sondern an den Mindestversicherungssummen des Gastlandes orientiert. Daher muss der Versicherungsschutz – unabhängig von den in Deutschland geltenden Grenzen – mindestens der Mindestversicherungssumme des Gastlandes entsprechen. Ist die Mindestversicherungssumme im Gastland geringer als die in Deutschland geltenden Beträge, hat der Versicherungsnehmer aufgrund der vertraglichen Zusicherung Anspruch mindestens auf Freistellung von Ansprüchen bis zur Obergrenze der in Deutschland geltenden Mindestversicherungssumme[1]. Leider wurde auch bei der Novellierung der AKB 2008/2015 die Gelegenheit nicht genutzt, einen Zusatz in die Musterbedingungen aufzunehmen, der klarstellt, dass die Mindestversicherungssummen des jeweiligen europäischen Staates, in dem sich das versicherte Kfz befindet, garantiert werden.

Dabei ist nicht allein die Regelung des § 117 Abs. 1 und 3 VVG maßgebend[2]. Erforderlich ist auch die Aufnahme dieser Regelung in die vertraglichen Vereinbarungen, also die AKB des Versicherers. Da das VVG und die KfzPflVV nur die Basis des Möglichen regeln, steht es jedem Versicherer frei, höhere Leistungen zu versprechen und den Regress niedriger zu halten, sowie auf die Kürzung der Versicherungssummen zu verzichten[3].

---

1 Vgl. insoweit auch AKB D.3.3 Rdn. 4; AKB C.1.2 Rdn. 15 ff. § 117 VVG Rn. 27.
2 BGH v. 15.03.1983 – VI ZR 187/81, VersR 1983, 688, der einer Obliegenheitsverletzung im Schadenfall die Beschränkung auf die Mindestversicherungssumme verneinte, weil der Leistungsfreibetrag von DM 1.000 nicht dazu führte, dass die Restleistung aus dem Vertrag betragsmäßig unter die Mindestversicherungssumme fiel, die vertraglichen Vereinbarungen sollten dem Gesetz (§ 158c Abs. 4 VVG a.F) vorgehen. Offenbar war dort in den AKB eine entsprechende Regelung zu den Mindestversicherungssummen nicht vereinbart.
3 OLG Köln v. 14.01.1982 – 14 U 69/80, VersR 1983, 721, Haftungsbegrenzung auf die Mindestversicherungssumme auch zulässig, wenn eine Anzeige nach § 29c StVZO a. F. an die Zulassungsstelle nicht erfolgte.

C. Beschränkung der Leistungsfreiheit

Es wird die Anforderung des § 6 KfzPflVV umgesetzt. Danach darf die Leistungsfrei- 3
heit wegen einer Obliegenheit im Schadenfall im Regelfall 2.500 € maximal betragen.
Nur in besonders schweren Fällen, d. h. wenn die Verletzung der Obliegenheiten besonders vorwerfbar ist, darf der Regress auf € 5.000 ausgeweitet werden. Verletzt der Versicherungsnehmer in verschiedenen Unfällen jeweils die Aufklärungspflicht, so ist die Leistungsfreiheit des Versicherers in jedem Schadenfall auf die Höchstsumme begrenzt[4].

---

4 BGH v. 09.11.2005 – IV ZR 146/04, DAR 2008, 80 = VersR 2006, 108.

E.2.7 AKB (Beschränkung der Versicherungssummen)

Versicherungsschutzversagung wegen	Regresshöhe KH	Leistungsfreiheit sonst. Sparten	Verweisung	Kündigung	Beweislast VN/ mitversicherte Person	Beweislast VR
Schadenmeldepflicht, E.1.1.1 AKB	€ 2.500 € bei Vorsatz, max. € 5.000 in besonders schwerem Fall, ansonsten Quote entsprechend Verschulden max. 5.000 €	Bei Vorsatz voll, ansonsten entspr. Grad des Verschuldens	in Höhe der Leistungsfreiheit	Nein	Kenntnis des Versicherers, kein Verschulden (VN); Exkulpation bzw. fehlende Auswirkung auf Leistungsumfang	Verzögerte Meldung, Auswirkung auf Schaden, ggf. Vorsatz
Anzeige polizeilicher Ermittlungen gg. VN und Information über Verfahren, E.1.1.2 AKB	€ 2.500 € bei Vorsatz, max. € 5.000 in besonders schwerem Fall, ansonsten Quote entsprechend Verschulden max. 5.000 €	Bei Vorsatz voll, ansonsten entspr. Grad des Verschuldens	in Höhe der Leistungsfreiheit	nein	kein Verschulden, Exkulpation bzw. fehlende Auswirkung auf Leistungsumfang	Auswirkung auf den Schadenumfang, ggf. Vorsatz
Aufklärungspflichtverletzung/Unfallflucht E.1.1.3 AKB	€ 2.500 € bei Vorsatz, max. € 5.000 in besonders schwerem Fall, ansonsten Quote entsprechend Verschulden max. 5.000 €	Bei Vorsatz voll, ansonsten entspr. Grad des Verschuldens	in Höhe der Leistungsfreiheit	Nein	Kein Verschulden, Exkulpation bzw. fehlende Auswirkung auf Leistungsumfang	Auswirkung auf den Schadenumfang, ggf. Vorsatz

(Beschränkung der Versicherungssummen) **E.2.7 AKB**

Versicherungsschutzversagung wegen	Regresshöhe KH	Leistungsfreiheit sonst. Sparten	Verweisung	Kündigung	Beweislast VN/ mitversicherte Person	Beweislast VR
Schadenminderungspflicht, E.1.1.4 AKB	€ 2.500 € bei Vorsatz, max. € 5.000 in besonders schwerem Fall, ansonsten Quote entsprechend Verschulden max. 5.000 €	Bei Vorsatz voll, ansonsten entspr. Grad des Verschuldens	in Höhe der Leistungsfreiheit	Nein	Kein Verschulden, Exkulpation bzw. fehlende Auswirkung auf Leistungsumfang	Auswirkung auf den Schadenumfang, ggf. Vorsatz
Anzeige der Geltendmachung von Ansprüchen E.1.2.1 AKB	€ 2.500 € bei Vorsatz, max. € 5.000 in besonders schwerem Fall, ansonsten Quote entsprechend Verschulden max. 5.000 €	Bei Vorsatz voll, ansonsten entspr. Grad des Verschuldens	in Höhe der Leistungsfreiheit	nein	Kein Verschulden, Exkulpation bzw. fehlende Auswirkung auf Leistungsumfang	Auswirkung auf den Schadenumfang, ggf. Vorsatz
Selbstregulierung von Kleinstschäden, Anzeigepflicht, wenn Regulierung nicht gelingt E.1.2.2	€ 2.500 € bei Vorsatz, max. € 5.000 in besonders schwerem Fall, ansonsten Quote entsprechend Verschulden max. 5.000 € in schwerem Fall	Bei Vorsatz voll, ansonsten entspr. Grad des Verschuldens	in Höhe der Leistungsfreiheit	Nein	Kein Verschulden, Exkulpation bzw. fehlende Auswirkung auf Leistungsumfang	Auswirkung auf den Schadenumfang, ggf. Vorsatz
Anzeige gerichtlicher Geltendmachung von Ansprüchen, E.1.2.3 AKB	Leistungsfrei hinsichtlich Mehrkosten	Nur Kraftfahrzeug-Haftpflicht	in Höhe der Leistungsfreiheit	nein	Kein Verschulden bzw. fehlende Auswirkung auf Leistungsumfang	Auswirkung auf den Schadenumfang, ggf. Vorsatz)

E.2.7 AKB (Beschränkung der Versicherungssummen)

Versicherungsschutzversagung wegen	Regresshöhe KH	Leistungsfreiheit sonst. Sparten	Verweisung	Kündigung	Beweislast VN/ mitversicherte Person	Beweislast VR
Missachtung der Prozessführungsbefugnis, E.1.2.4 AKB	Leistungsfrei hinsichtlich Mehrkosten	Nur Kraftfahrzeug-Haftpflicht	in Höhe der Leistungsfreiheit	nein	Kein Verschulden bzw. fehlende Auswirkung auf Leistungsumfang	Auswirkung auf den Schadenumfang, ggf. Vorsatz
Verhalten bei Fristablauf E.1.2.5 AKB	Leistungsfrei hinsichtlich der Mehrkosten	Nur Kraftfahrzeug-Haftpflicht	in Höhe der Leistungsfreiheit	nein	Kein Verschulden bzw. fehlende Auswirkung auf Leistungsumfang	Auswirkung auf den Schadenumfang, ggf. Vorsatz
Schriftliche Schadenanzeige bei Diebstahl des Kfz (nur Kasko) E.1.3.1 AKB		Abhängig vom Grad des Verschuldens	nein	nein	Kein Verschulden bzw. fehlende Auswirkung auf Leistungsumfang	Auswirkung auf den Schadenumfang, ggf. Vorsatz
Einholung von Weisungen des Versicherers, (nur Kasko und Schutzbrief, E.1.3.2 AKB, E.1.4.1 AKB		Abhängig vom Grad des Verschuldens	nein	nein	Kein Verschulden bzw. fehlende Auswirkung auf Leistungsumfang	Auswirkung auf den Schadenumfang, ggf. Vorsatz
Polizeianzeige bei Wildschaden, Diebstahl oder Brand, (nur Kasko) E.1.3.3 AKB		Abhängig vom Grad des Verschuldens	nein	nein	Kein Verschulden bzw. fehlende Auswirkung auf Leistungsumfang	Auswirkung auf den Schadenumfang, ggf. Vorsatz

(Beschränkung der Versicherungssummen) **E.2.7 AKB**

Versicherungsschutzversagung wegen	Regresshöhe KH	Leistungsfreiheit sonst. Sparten	Verweisung	Kündigung	Beweislast VN/mitversicherte Person	Beweislast VR
Pflicht zur Untersuchung, Erteilung der Schweigepflicht etc (Schutzbrief E.1.4.2 AKB und Kfz-Unfall, E.1.5.2 AKB)		Abhängig vom Grad des Verschuldens	Nein	nein	Kein Verschulden, bzw. fehlende Auswirkung auf Leistungsumfang	Auswirkung auf den Schadenumfang, ggf. Vorsatz
Nichtanzeige des Todesfalls, E.1.5.1 AKB		Abhängig vom Grad des Verschuldens	Nein	Nein	Kein Verschulden bzw. fehlende Auswirkung auf Leistungsumfang	Auswirkung auf den Schadenumfang, ggf. Vorsatz
Hinzuziehung eines Arztes, (nur in Kfz-Unfall E.1.5.2 AKB und Fahrerschutzversicherung E.1.6.1 AKB)		Abhängig vom Grad des Verschuldens				
Medizinische Aufklärung (nur in Kfz-Unfall E.1.5.3 AKB und Fahrerschutzversicherung E.1.6.2 AKB)		Abhängig vom Grad des Verschuldens				

E.2.7 AKB (Beschränkung der Versicherungssummen)

Versicherungsschutzversagung wegen	Regresshöhe KH	Leistungsfreiheit sonst. Sparten	Verweisung	Kündigung	Beweislast VN/ mitversicherte Person	Beweislast VR
Versäumung der Frist zur Geltendmachung der Invalidität, E.1.5.4 AKB		Abhängig vom Grad des Verschuldens	nein	nein	Kein Verschulden, Exkulpation bzw. fehlende Auswirkung auf Leistungsumfang	Auswirkung auf den Schadenumfang, ggf. Vorsatz
Aufklärung von Ansprüchen gegen Dritte, E.1.6.3 AKB		Abhängig vom Grad des Verschuldens	nein	nein		
Wahrung von Ansprüchen gegen Dritte, E.1.6.4 AKB		Abhängig vom Grad des Verschuldens	nein	nein		

F **Rechte und Pflichten der mitversicherten Personen**

Pflichten mitversicherter Personen

F.1 (Geltung für mitversicherte Personen[1])

Für mitversicherte Personen finden die Regelungen zu Ihren Pflichten sinngemäße Anwendung.

Während der Geltungszeit der AKB a. F. tauchte immer wieder die Frage auf, wie die 1
mitversicherten Personen verpflichtet sein sollen, die Obliegenheiten, die der Formulierung nach nur mit dem Versicherungsnehmer vereinbart werden konnten, ebenfalls einzuhalten. Die Lösung über § 10 AKB a. F., dass mitversicherte Personen Ansprüche aus dem Versicherungsvertrag selbständig geltend machen können, und damit auch verpflichtet sind, die Regeln einzuhalten, erfährt nun eine eigene Stellung in den AKB. Eine Bekanntgabe der Verpflichtungen der Mitversicherten war nicht erforderlich, da es sich um allgemeine Obliegenheiten, die sich aus den §§ 5 und 6 KfzPflVV ergeben, handelt. Durch die Formulierung von F.1 ist jetzt klargestellt, dass die mitversicherte Person die gleichen Pflichten trifft wie den Versicherungsnehmer.

Ausübung der Rechte

F.2 (Ansprüche der mitversicherten Personen[1])

Die Ausübung der Rechte der mitversicherten Personen aus dem Versicherungsvertrag steht nur Ihnen als Versicherungsnehmer zu, soweit nichts anderes geregelt ist. Andere Regelungen sind:
- Geltendmachen von Ansprüchen in der Kfz-Haftpflichtversicherung nach A.1.2,
- Geltendmachen von Ansprüchen durch namentlich Versicherte in der Kfz-Unfallversicherung nach A.4.2.6.

Kreuter-Lange

Übersicht   Rdn.
A. Allgemeines 1
B. Ausnahme 2
I. Geltendmachung von Ansprüchen in der Kraftfahrzeug-Haftpflicht-Versicherung 3
II. Namentlich Versicherte in der Kfz-Unfallversicherung 4
III. Fahrerschutzversicherung 5

---

1 Überschrift des Verfassers!.
1 Überschrift des Verfassers!.

F.2 AKB (Ansprüche der mitversicherten Personen)

A. Allgemeines

1 Auch wenn es sich in diesem Kapitel um die Rechte und Pflichten der mitversicherten Personen handelt, ist doch klargestellt, dass die mitversicherten Personen ihre Rechte nur durch den Versicherungsnehmer gegenüber dem Versicherer geltend machen können. Dies bedeutet auch, dass alle Einwendungen, die innerhalb der Ansprüche der mitversicherten Personen dem Versicherungsnehmer entgegengehalten werden können, auch auf die Ansprüche der mitversicherten Personen durchgreifen und ggf. als Leistungsverweigerungsrechte gelten.

In der Praxis bedeutet dies, dass der geschädigte Fahrzeuginsasse, der Ansprüche aus der Unfallversicherung geltend machen will, dies nur über den Versicherungsnehmer kann. Der Versicherungsnehmer muss – für den Insassen – den Schaden melden und die Ansprüche dem Grunde nach anmelden. Der Insasse kann bestenfalls sich vom Versicherungsnehmer den Anspruch übertragen lassen, damit er mit der Versicherung selbstständig Kontakt zur Anspruchsanmeldung aufnehmen kann.

B. Ausnahme

2 Ausnahmen hiervon sind nur in zwei Fällen vorgesehen:

I. Geltendmachung von Ansprüchen in der Kraftfahrzeug-Haftpflicht-Versicherung

3 Die mitversicherten Personen sind gem. A.1.2 berechtigt, ihre Ansprüche auf Gewährung von Versicherungsschutz und Haftungsfreistellung von Ansprüchen Dritter selbstständig geltend zu machen. Dieses Recht und diese Pflicht kann ihnen auch der Versicherungsnehmer nicht nehmen.

II. Namentlich Versicherte in der Kfz-Unfallversicherung

4 Als weitere Ausnahme sind diejenigen Fahrzeuginsassen, die in der Kfz-Unfallversicherung namentlich benannt sind, berechtigt, ihre Ansprüche auf Ersatz ihres Personenschadens selbsttätig geltend zu machen.

III. Fahrerschutzversicherung

5 In A.5.2. Satz 2 werden im Falle der Tötung des Fahrers die unterhaltsberechtigten Angehörigen zu mitversicherten Personen dieses Vertrages. Folgerichtig hätten sie auch in F.2 AKB Berücksichtigung finden müssen. Dies wurde offenbar vergessen.

Auswirkungen einer Pflichtverletzung auf mitversicherte Personen

F.3 (Folgen der Pflichtverletzung für mitversicherte Personen[1])

Sind wir Ihnen gegenüber von der Verpflichtung zur Leistung frei, so gilt dies auch gegenüber allen mitversicherten Personen.

Eine Ausnahme hiervon gilt in der Kfz-Haftpflichtversicherung: Gegenüber mitversicherten Personen können wir uns auf die Leistungsfreiheit nur berufen, wenn
- die der Leistungsfreiheit zugrunde liegenden Umstände in der Person des Mitversicherten vorliegen oder
- wenn diese Umstände der mitversicherten Person bekannt oder infolge grober Fahrlässigkeit nicht bekannt waren.

Sind wir zur Leistung verpflichtet, gelten anstelle der vereinbarten Versicherungssummen die in Deutschland geltenden gesetzlichen Mindestversicherungssummen. Entsprechendes gilt, wenn wir trotz Beendigung des Versicherungsverhältnisses noch gegenüber dem geschädigten Dritten Leistungen erbringen. Der Rückgriff gegen Sie bleibt auch in diesen Ausnahmefällen bestehen.

Übersicht Rdn.
A. Allgemeines 1
B. Ausnahme 2

A. Allgemeines

Auch hier ist klargestellt, dass die mitversicherten Personen ihre Rechte nur durch den Versicherungsnehmer gegenüber dem Versicherer geltend machen können. Dies bedeutet auch, dass alle Einwendungen, die innerhalb der Ansprüche der mitversicherten Personen dem Versicherungsnehmer entgegengehalten werden können, auch auf die Ansprüche der mitversicherten Personen durchgreifen und ggf. als Leistungsverweigerungsrechte gelten. 1

B. Ausnahme

Ausnahmen hiervon sind nur für die Kraftfahrzeug-Haftpflicht-Versicherung vorgesehen: 2

Die mitversicherten Personen sind gem. A.1.2 berechtigt, ihre Ansprüche auf Gewährung von Versicherungsschutz und Haftungsfreistellung von Ansprüchen Dritter selbstständig geltend zu machen. Dieses Recht und diese Pflicht kann ihnen auch der Versicherungsnehmer nicht nehmen. 3

---

1 Überschrift des Verfassers!.

F.3 AKB (Folgen der Pflichtverletzung für mitversicherte Personen)

Ein Berufen auf die Leistungsfreiheit ist nur dann möglich, wenn der mitversicherten Person die Umstände, die zu dem Leistungsverweigerungsrecht führten, bekannt waren oder hätten bekannt sein müssen[2].

5 Hinsichtlich der Anforderungen bezüglich der einzelnen Obliegenheiten in der Kraftfahrzeug-Haftpflicht-Versicherung sei auf D.x und E.x verwiesen. Dort wird auch auf die Anforderungen an den Fahrer eingegangen. Die Verpflichtung des Fahrers zur Erstattung der Aufwendungen des Versicherers ist begrenzt durch die KfzPflVV und kann bei Zusammentreffen von Obliegenheiten vor und im Schadenfall bis zu 10.000 € betragen (unabhängig von dem Grad der Vorwerfbarkeit stellt dies die Obergrenze dar). Behauptet beispielsweise der stark alkoholisierte Versicherungsnehmer einen Nachtrunk, kann dadurch neben der Alkoholklausel auch die Aufklärungspflicht verletzt werden und es zu einer Kumulation des Regresses führen.[3]

6 Für die Leistungsfreiheit im Kaskofall sind Besonderheiten zu beachten: Der Kasko-Versicherer ist gegenüber seinem Versicherungsnehmer leistungspflichtig, weil diesem keine Obliegenheitsverletzung zur Last gelegt wird. Der Kasko-Versicherer erbringt daher die vertraglich vereinbarten Leistungen an den Versicherungsnehmer. Gegenüber dem Fahrer, der nicht Repräsentant[4] des Versicherungsnehmers ist, wird bei Vorliegen der Voraussetzungen der Versicherungsschutz versagt und je nach Form der Begehungsweise Regress genommen.

Hat der Fahrer den Versicherungsfall grob fahrlässig verursacht (durch Alkoholkonsum) oder wird ihm die grob fahrlässige Begehung einer Obliegenheit vorgeworfen, ist das Maß der Vorwerfbarkeit zu ermitteln und die Leistungsfreiheit entsprechend zu quotieren[5]. Der »normale« Fahrer, der in keinem Anstellungsverhältnis zum Versicherungsnehmer steht und auch nicht in häuslicher Gemeinschaft mit dem Versicherungsnehmer lebt, hat den Regressbetrag zu erstatten, wenn ihm nicht die Exkulpation aus sonstigen Gründen gelingt.

Anderes gilt bei dem angestellten Fahrer[6]: Grundsätzlich ist die Vorgehensweise die Gleiche, allerdings kann der Versicherer den Anspruch vom Versicherungsnehmer, der gleichzeitig auch Arbeitgeber des Fahrers ist nur insoweit gem. § 86 VVG auf sich überleiten, als der Anspruch auf Schadenersatz in der Person des Arbeitgebers besteht. Der Schadenersatzanspruch des Arbeitgebers ist der Höhe nach begrenzt auf 3 Brutto-Monatsgehälter. Hat der Arbeitgeber mit dem Versicherer einen Selbstbehalt vereinbart, kann er diesen im Schadenfall nicht vom Arbeitnehmer fordern[7]. Diese Grenze wirkt sich auch nach den Regeln der gestörten Gesamtschuld auf den Leasinggeber aus[8].

---

2 Vgl. hierzu auch § 123 VVG sowie die einzelnen Obliegenheiten.
3 OLG Frankfurt/Main v. 24.07.2014 – 3 U 66/13.
4 Das Verhalten des Repräsentanten würde auch dem Versicherungsnehmer zur Last gelegt.
5 Wegen der Details vgl. AKB A.2.5.8 Rdn. 42.
6 AG Wesel v. 11.04.2013 – 5 C 372/12, ADAJUR #102961.
7 BAG v. 13.12.2012 – 8 AZR 432/11, NJW-Spezial 2013, 266.
8 LG Potsdam v. 08.02.2008 – 6 O 179/07, SP 2009, 3.

(Kündigung, automatische Verlängerung) **G.1.2 AKB**

G	**Laufzeit und Kündigung des Vertrags, Veräußerung des Fahrzeugs, Wagniswegfall**
G.1	**Wie lange läuft der Versicherungsvertrag?**

Vertragsdauer

G.1.1 **(Laufzeit[1])**

Die Laufzeit Ihres Vertrags ergibt sich aus Ihrem Versicherungsschein.

Dieses Kapitel befasst sich mit der Laufzeit des Vertrages, den Beendigungsmöglichkeiten und den Folgen des Fahrzeugverkaufs. 1

Der Versicherungsvertrag hängt in seinem Beginn von dem Vertragsschluss ab, dieses Datum kann entweder unterjährig (bei Zulassung) oder aber zu Jahresbeginn (bei einem Versichererwechsel) liegen. Der Vertrag wird üblicherweise durch die jährliche Verlängerungsklausel automatisch um ein Kalenderjahr verlängert. Soll der Vertrag beendet werden, muss wegen dieser Verlängerungsklausel gekündigt werden. 2

Üblicherweise laufen die Versicherungsverträge über ein Kraftfahrzeug ohne zeitliche Begrenzung. In Betracht können aber auch andere Zeiträume kommen. Es kann auch ein kurzzeitiger Vertrag für die Sommer- bzw. Wintersaison vereinbart werden, der dann kalendarisch begrenzt ist. Allerdings kommen bei kurzfristigen Verträgen und unterjähriger Zulassung bzw. Versichererwechsel verschiedene Anfangsdaten in Betracht, so dass ein Verweis auf den Versicherungsschein erforderlich wird. 3

Automatische Verlängerung

G.1.2 **(Kündigung, automatische Verlängerung[1])**

Ist der Vertrag mit einer Laufzeit von einem Jahr abgeschlossen, verlängert er sich zum Ablauf um jeweils ein weiteres Jahr, wenn nicht Sie oder wir den Vertrag kündigen. Dies gilt auch, wenn für die erste Laufzeit nach Abschluss des Vertrags deshalb weniger als ein Jahr vereinbart ist, um die folgenden Versicherungsjahre zu einem bestimmten Kalendertag beginnen zu lassen.

Übersicht   Rdn.
A.   Allgemeines   1
B.   Kündigung   2

---

1 Überschrift des Verfassers!.
1 Überschrift des Verfassers!.

G.1.3 AKB (Vertragsdauer bei Versicherungskennzeichen)

A. Allgemeines

1 Der Versicherungsvertrag ist mit einer automatischen Verlängerungsoption verbunden, d. h. der Vertrag verlängert sich automatisch jeweils um ein Kalenderjahr, wenn er nicht vorher gekündigt wurde und endet erst mit dem sog. Wagniswegfall, d. h. das Fahrzeug als Gegenstand der Versicherung geht endgültig unter. Diese Regelung fußt auf § 5 Abs. 5 PflVG und befindet sich im Einklang mit § 11 VVG[2].

Wird als Vertragslaufzeit das Kalenderjahr festgelegt und erfolgt der Vertragsschluss unterjährig, läuft der erste Versicherungszeitraum nur bis zum Jahresende. Gleichwohl verlängert sich der Vertrag um ein Kalenderjahr, wenn er nicht vorher gekündigt wird.

B. Kündigung

2 Die Kündigung des Vertrages kann grundsätzlich sowohl vom Versicherungsnehmer als auch vom Versicherer aus den verschiedensten Gründen erfolgen.

Der Versicherungsnehmer muss sich entscheiden, ob er kündigen oder von seinem Widerspruchs- bzw. Widerrufsrecht Gebrauch machen möchte.[3]

Den Nachweis des Zugangs der Kündigung muss im Streitfalle der Versicherer führen[4]. Unterbleibt die Kündigung, verlängert sich der Vertrag automatisch um ein weiteres Kalenderjahr. Es sind zwar Bestrebungen im Gange, die jährliche Versicherung mit dem Zulassungsdatum beginnen zu lassen, jedoch bleibt zu hoffen, dass dieses Vorhaben aufgegeben wird, da dann die Übersichtlichkeit der einzelnen Verträge nicht mehr gegeben ist. Diese Regelung erscheint wenig verbraucherfreundlich.

Versicherungskennzeichen

G.1.3 (Vertragsdauer bei Versicherungskennzeichen[1])

> Der Versicherungsvertrag für ein Fahrzeug mit Versicherungskennzeichen (z. B. Mofa), endet mit dem Ablauf des Verkehrsjahres. Einer Kündigung hierfür bedarf es nicht. Das Verkehrsjahr läuft vom 1. März bis Ende Februar des Folgejahres.

1 Für Fahrzeuge mit Versicherungskennzeichen gem. § 26 FZV gelten Sonderregelungen. Hierbei handelt es sich um folgende Fahrzeuge:
– Zwei- oder dreirädrige Kleinkrafträder (Mofa, Moped, Vespa, § 3 Abs. 2 Ziff. 1c FZV), die bauartbedingt nicht mehr als 45 km/h fahren und einen Hubraum von weniger als 50 ccm aufweisen;

---

2 Johannsen in Bruck/Möller VVG 9. Auflage 2008, § 11 Rn. 8.
3 LG Köln v. 04.03.2013 – 26 O 301/12.
4 OLG Köln v. 14.10.1998 – 13 U 98/98, r+s 1999, 228.
1 Überschrift des Verfassers!.

- Fahrräder mit Hilfsmotor (§ 18 Abs. 2 Nr. 4 StVZO), die ebenfalls bauartbedingt nicht mehr als 45 km/h fahren und einen Hubraum von weniger als 50 ccm aufweisen sowie zusätzlich hinsichtlich der Gebrauchsfähigkeit die Merkmale von Fahrrädern aufweisen;
- Motorisierte Krankenfahrstühle;
- Vierrädrige Leichtkraftfahrzeuge (§ 3 Abs. 2 Ziffer 1f FZV) mit einem zul. Gesamtgewicht von max. 350 kg, die bauartbedingt nicht mehr als 45 km/h fahren und einen Hubraum von weniger als 50 ccm aufweisen;
- Mofas und Mopeds aus der Produktion der ehemaligen DDR mit maximaler Höchstgeschwindigkeit von 60 km/h, die bereits vor dem 01.03.1992 versichert waren;
- Quads und Trikes die bauartbedingt nicht mehr als 45 km/h fahren und einen Hubraum von weniger als 50 ccm aufweisen. Zu beachten ist, dass zumindest nach der Auffassung des FG Bremen Trikes als PKW einzustufen sind[2];
- E-Roller, die über eine Betriebserlaubnis verfügen.

Der Vertrag für diese Fahrzeuge läuft immer nur für ein Jahr, beginnend ab dem 01.03 und endet automatisch am 28. bzw. 29. Februar des Folgejahres, § 26 Abs. 1 FZV. Eine Kündigung des Versicherers ist nicht erforderlich. Um diese Vertragsdauer auch optisch deutlich zu machen, werden jährlich die Farben der Versicherungskennzeichen gewechselt. Die Farben wechseln zwischen blau, grün und schwarz.

Da diese Kennzeichen von den Ausgabestellen der Versicherungen nur gegen Zahlung der Jahresprämie herausgegeben werden, kann z. B. ein Erst- oder Folgeprämienverzug nicht entstehen[3]. Auch ist eine Anzeige des Verkaufs nicht erforderlich. Wegen der zeitlichen Befristung ist eine Anzeige des Vertragsendes bei der Zulassungsstelle nicht erforderlich, um die Frist der Nachhaftung laufen zu lassen[4], es reicht die Anzeige an das Kraftfahrtbundesamt.[5] Einer besonderen Anzeige hierbei bedarf es wegen der sich ändernden Farben und Kennzeichen nicht.

Die Formulierung wurde wegen sprachlicher Optimierung angepasst.

Verträge mit einer Laufzeit unter einem Jahr

G.1.4 (Kurzfristige befristete Verträge[1])

Ist die Laufzeit ausdrücklich mit weniger als einem Jahr vereinbart, endet der Vertrag zu dem vereinbarten Zeitpunkt, ohne dass es einer Kündigung bedarf.

---

2 FG Bremen v. 11.06.2003 – 2 K 191/01 1, BeckRS 2003 30443966.
3 Himmelreich/Halm, Kfz-Schadensregulierung, RN 9051.
4 Vgl. insoweit Jacobsen aaO. § 117 VVG, Rn. 11.
5 Feyock/Jacobson/Lemor, § 117 VVG n. F. Rn. 9.
1 Überschrift des Verfassers!.

G.2 AKB Wann und aus welchem Anlass können Sie den Versicherungsvertrag kündigen?

1 Soweit die Vertragslaufzeit aus sonstigen Gründen auf einen kürzeren Zeitraum befristet wurde, ist eine Kündigung von beiden Seiten nicht erforderlich § 5 Abs. 5 S. 4 PflVG. Der Vertrag endet dann automatisch. Da bei Kurzzeitkennzeichen und Roten Kennzeichen auf der Versicherungsbestätigung Anfangs- und Enddatum aufgenommen sind, ist in diesen Fällen eine weitere Meldung gem. § 25 FZV entbehrlich[2], diese gilt gem. § 117 Abs. 2 VVG als Meldung an die Zulassungsstelle auch des Vertragsendes, so dass die Nachhaftungsfrist unmittelbar nach Ende des Vertrages zu laufen beginnt[3].

G.2 Wann und aus welchem Anlass können Sie den Versicherungsvertrag kündigen?

1 Dieses Kapitel behandelt die einzelnen Kündigungsmöglichkeiten, zunächst die des Versicherungsnehmers, dann die des Versicherers. An die Kündigung eines Vertrages sind bestimmte Anforderungen zu stellen. Die Kündigung bedarf der Schriftform, eine Faksimile-Unterschrift von vertretungsberechtigten Prokuristen reicht aus[1]. insbesondere muss ggf. der Zugang des Kündigungsschreibens nachgewiesen werden können. Dies ist sowohl für den Versicherungsnehmer wie auch für den Versicherer von Bedeutung[2].

G.2.1 Kündigung zum Ablauf des Versicherungsjahres[1]

Sie können den Vertrag zum Ablauf des Versicherungsjahres kündigen. Die Kündigung ist nur wirksam, wenn sie uns spätestens einen Monat vor Ablauf zugeht.

1 Die regelmäßige Kündigungsfrist ist die Kündigung zum Jahresende des Versicherungsjahres, welches in aller Regel dem Kalenderjahr gleichsteht. Eine Kündigung unterjährig ist nur in Ausnahmefällen möglich. Die Kündigung muss dem Versicherer spätestens zum 30.11. des jeweiligen Jahres vorliegen, damit sie wirksam wird. Der Vertrag endet dann mit Ablauf des Kalenderjahres, der Versicherer wird das Vertragsende an die Zulassungsstelle weitergeben. Den Zugang muss der Versicherungsnehmer beweisen[2].

2 Kündigungen, die einen anderen Endzeitpunkt als den des Versicherungsjahres vorsehen, sind unwirksam, wenn nicht eine der nachfolgenden Sonderkündigungsrechte

---

2 Vgl. auch Jacobsen in Feyock/Jacobsen/Lemor aaO. AKB 2008 G. Rn. 4.
3 Wegen der Details zur Nachhaftung vgl. die Kommentierung zu § 117 Abs. 2 VVG in diesem Buch.
1 LG Halle v. 16.12.2008 – 2 S 178/08, Jurion.
2 Vgl. insoweit auch Ebnet »Die Kündigung von Versicherungsverträgen« in NJW 2006, 1697 ff.
1 Überschrift des Verfassers!.
2 LG Bremen v. 01.12.1999 – 4 S 278/99 B, VersR 2000, 305 mit Hinweisen zu den Anforderungen an das Verhalten des Versicherers bei unwirksamer Kündigung.

gegeben sind. Der Versicherer ist dann gehalten, die unwirksame Kündigung zurückzuweisen, um den Vertragsfortbestand zu sichern[3]. Die in der Literatur zum Thema Kündigung kontrovers geführte Diskussion[4] hat in der Kraftfahrtversicherung wenige Auswirkungen, da die Verträge ohnehin nur kurze Laufzeiten haben und die Kündigung jeweils zum Jahresende möglich sind. Auch die Reform des § 8 VVG a. F. in § 11 VVG n. F. ist nicht wegen der K-Versicherungssparte erfolgt[5]. Zur Kündigung berechtigt ist nur der Versicherungsnehmer, der alleiniger Vertragspartner des Versicherers ist[6]. Eine Kündigung kann nur einvernehmlich aufgehoben werden. Dies kann z. B. dadurch geschehen, dass der Versicherungsnehmer den Vertrag zwar kündigt, der Versicherer aber nach der Kündigung eine Folgeprämienrechnung übersendet und den Beitrag einzieht und der Versicherungsnehmer der Einziehung nicht widerspricht[7].

Hat der Versicherungsnehmer in seinem Schreiben erklärt, er kündige form- und fristgerecht den Vertrag, kann diese Erklärung nicht mehr in einen Widerruf der Vertragserklärung umgedeutet werden. Diese Formulierung lässt den Rückschluss zu, dass der Vertrag nicht ex tunc, sondern nur ex nunc beendet werden sollte[8].

G.2.2 Kündigung des vorläufigen Versicherungsschutzes[1]

> Sie sind berechtigt, einen vorläufigen Versicherungsschutz zu kündigen. Die Kündigung wird sofort mit ihrem Zugang bei uns wirksam.

Der Vertrag über die vorläufige Deckung ist ein eigenständiger Vertrag[2], der auch separat gekündigt werden kann, wenn ein Versicherungsvertrag mit dem Versicherer, dessen Versicherungsbestätigung bei der Zulassung vorgelegt wurde, nicht geschlossen werden soll. Die Regelung entspricht inhaltlich § 52 Abs. 4 VVG. Zu beachten ist vor allem für den Versicherungsnehmer, dass der Vertrag unmittelbar mit Zugang seiner Kündigung beim Versicherer beendet ist. Diese kurze Frist ist – aus Sicht des Versicherungsnehmers, der ein günstigeres Angebot eines anderen Versicherers angenom-   1

---

3 LG Halle v. 16,12,2008 – 2 S 178/08, Jurion, dies kann auch von Seiten des Versicherungsnehmers geschehen.
4 Ausführlich dargestellt von Jonczak Anm. zu LG Bremen v. 01.12.1999 – 4 S 278/99, VersR 2000, 305 ff, wobei hier sämtliche Überlegungen zu längerfristigen Verträgen aus dem Lebens- und Unfallversicherungsbereich angestellt wurden.
5 Wegen der Auswirkungen der Reform auf die sonstigen Sparten vgl. Johannsen in Bruck/Möller VVG § 11 RN 5 ff.
6 Vgl. insoweit auch Ebnet »Die Kündigung von Versicherungsverträgen« in NJW 2006, 1697 ff.
7 OLG Brandenburg v. 19.02.1997 – 1 U 17/96, NJW-RR 1997, 1050, OLG Köln v. 30.09.1998 – 5 U 44/98, VersR 2000, 619 = ADAJUR Dok.-Nr. 45 500; aber eine Abbuchung allein reicht nicht zur einvernehmlichen Fortführung des Vertrages – so OLG Köln v. 22.04.1982 – 5 U 156/81, VersR 1983, 527 (für die Krankenversicherung).
8 BGH v. 23.07.2014 – IV ZR 330/13, VersR 2014, 1189 f.
1 Überschrift des Verfassers!.
2 Vgl. insoweit unter AKB B Rdn. 2.

G.2.3 AKB (Kündigung im Schadenfall)

men hat, günstig und verhindert so die Doppelversicherung. Allerdings ist diese Regelung auch gefährlich, wenn eine Kündigung ausgesprochen wird und von dem anderen Versicherer noch keine Versicherungsbestätigung bei der Zulassungsstelle vorliegt. Dann befinden sich der Versicherungsnehmer und damit auch die mitversicherten Personen in dem Bereich der Nachhaftung, die schon durch die Begrenzung der Höhe der Eintrittspflicht auf die Mindestversicherungssummen für den Fahrer ein Risiko in sich birgt. Der Versicherungsnehmer hingegen ist damit für alle Schäden, die sich innerhalb dieser Zeit ereignen im Innenverhältnis zum Versicherer allein verpflichtet.

Kündigung nach einem Schadenereignis

G.2.3 (Kündigung im Schadenfall[1])

Nach dem Eintritt eines Schadenereignisses können Sie den Vertrag kündigen. Die Kündigung muss uns innerhalb eines Monats nach Beendigung der Verhandlungen über die Entschädigung zugehen oder innerhalb eines Monats zugehen, nachdem wir in der Kfz-Haftpflichtversicherung unsere Leistungspflicht anerkannt oder zu Unrecht abgelehnt haben. Das gleiche gilt, wenn wir Ihnen in der Kfz-Haftpflichtversicherung die Weisung erteilen, es über den Anspruch des Dritten zu einem Rechtsstreit kommen zu lassen. Außerdem können Sie in der Kfz-Haftpflichtversicherung den Vertrag bis zum Ablauf eines Monats seit der Rechtskraft des im Rechtsstreit mit dem Dritten ergangenen Urteils kündigen.

G.2.4 (sofortige Kündigung oder Ablaufskündigung[1])

Sie können bestimmen, ob die Kündigung sofort oder zu einem späteren Zeitpunkt, spätestens jedoch zum Ablauf des Vertrags, wirksam werden soll.

G.2.5 und G.2.6 Kündigung bei Veräußerung oder Zwangsversteigerung des Fahrzeugs

G.2.5 (Veräußerung oder Zwangsversteigerung des Fahrzeuges)

Veräußern Sie das Fahrzeug oder wird es zwangsversteigert, geht der Vertrag nach G.7.1 oder G.7.6 auf den Erwerber über. Der Erwerber ist berechtigt, den Vertrag innerhalb eines Monats nach dem Erwerb zu kündigen. Bei fehlender Kenntnis vom Bestehen der Versicherung beginnt die Kündigungsfrist des Erwerbers erst ab Kenntnis.

Der Erwerber kann bestimmen, ob der Vertrag mit sofortiger Wirkung oder spätestens zum Ablauf des Vertrags endet.

---

1 Überschrift des Verfassers!.
1 Überschrift des Verfassers!.

G.2.6 (Veräußerung oder Zwangsversteigerung des Fahrzeuges)

Schließt der Erwerber für das Fahrzeug eine neue Versicherung ab und legt er bei der Zulassungsbehörde eine Versicherungsbestätigung vor, gilt dies automatisch als Kündigung des übergegangenen Vertrages. Die Kündigung wird zum Beginn der neuen Versicherung wirksam.

Übersicht Rdn.
A. Allgemeines 1
B. Erbringen von Leistungen oder Leistungsverweigerung 2
C. Kündigungsfrist 3
D. Veräußerung des Kfz 5
E. Sonderkündigungsrecht des Erwerbers 6
F. Kein Kündigungsrecht des Veräußerers 7
G. Wirksamwerden der Kündigung 8

A. Allgemeines

Der Versicherungsnehmer hat ein Sonderkündigungsrecht im Schadenfall. Als Schadenfall ist jedes Ereignis gemeint, welches geeignet ist, die Leistungspflicht des Versicherers auszulösen. Der Schadenfall muss natürlich unter die versicherten Leistungen fallen[1]. 1

Die versicherten Leistungen sind je nach Sparte unterschiedlich. So ist in der Kraftfahrzeug-Haftpflicht-Versicherung dem Versicherungsnehmer Deckungsschutz gegen die Ansprüche Dritter aus einem Schadenereignis zu gewähren, während in den sonstigen Sparten der Versicherungsnehmer eigene Ansprüche aus dem Vertragsverhältnis geltend machen kann. Grundlage für das Kündigungsrecht ist die Verweigerung einer fälligen Leistung. Ist die Leistung noch nicht fällig, besteht auch noch kein Kündigungsrecht.

B. Erbringen von Leistungen oder Leistungsverweigerung

Dementsprechend unterschiedlich sind auch die Anforderungen dieser Regelung zu bewerten. In der Kraftfahrzeug-Haftpflicht-Versicherung wird durchaus die Auffassung vertreten, die Deckungsablehnung bzw. Verweigerung des Versicherungsschutzes sei keine Leistungsverweigerung im Sinne dieser Regelung[2]. Dieser Auffassung ist aber nicht zu folgen, da in der Kraftfahrzeug-Haftpflicht-Versicherung das einzige Interesse des Versicherungsnehmers die Gewährung von Versicherungsschutz auch im Innenverhältnis sein kann. Auch die Erfüllung des Vertrages – nämlich die auch nur teilweise[3] Befriedigung der aus dem Schadenfall entstehenden Ansprüche – löst das Kündigungsrecht aus. Dabei kommt es nicht darauf an, ob der Versicherungsnehmer mit der Regu- 2

---
1 Stiefel/Hofmann AKB § 4b a. F. Rn. 2 m. w.H; jetzt Stiefel/Maier AKB G. Rn. 41.
2 So u. a. Prölss/Martin VVG § 158 VVG a. F. Rn. 3; a. A. Stiefel/Maier AKB G Rn. 44.
3 LG München I v. 06.07.1977 – 14 S 12518/76, VersR 1981, 249.

lierung einverstanden war, oder nicht, auch ist nicht erforderlich, dass die Entschädigungsleistung schon erbracht wurde. Eine Kulanzzahlung löst allerdings kein Sonderkündigungsrecht aus[4].

Die Verweigerung der Leistung gegenüber dem Versicherungsnehmer in der Kasko-Versicherung und den sonstigen Sparten setzt zunächst voraus, dass die Leistungen fällig sind, also die jeweiligen Voraussetzungen erfüllt wurden, solange noch Verhandlungen über Art und Umfang der zu erbringenden Leistungen schweben, ist eine Verweigerung nicht gegeben[5].

C. Kündigungsfrist

3   Die Kündigung muss innerhalb der Frist eines Monats, nachdem der Versicherer seine Eintrittspflicht abgelehnt hat oder anerkannt hat, erfolgen. Sie beginnt mit der Entscheidung des Versicherers gegenüber dem Versicherungsnehmer zu laufen, in der Kraftfahrzeug-Haftpflicht-Versicherung ist der Beginn der Frist nicht so einfach zu definieren, da der Kraftfahrzeug-Haftpflicht-Versicherer in aller Regel den Versicherungsnehmer nicht über die Regulierung der Ansprüche informiert, wenn er anerkennt. Im Falle einer Ablehnung der Ansprüche wird er den Versicherungsnehmer darüber informieren, allerdings bedeutet die Ablehnung bzw. Zurückweisung von Schadenersatzansprüchen des Geschädigten noch nicht, dass dem Versicherungsnehmer gegenüber die Leistung (Gewährung von Versicherungsschutz) ebenfalls verweigert würde. Diese Form der Ablehnung kann ein Sonderkündigungsrecht daher nicht hervorrufen. Etwas anderes kann nur gelten, wenn der Versicherer dem Versicherungsnehmer die Anweisung gibt, den Rechtsstreit mit dem Dritten zu führen. Dann allerdings hat der Versicherungsnehmer Zeit bis zum Ablauf eines Monats nach rechtskräftigem Abschluss des Rechtsstreits. Ob der Versicherungsnehmer von dem Versicherer von einem Rechtsstreit erfährt und Weisungen erhält, hängt eher vom Zufall ab, da in der Kraftfahrzeug-Haftpflicht-Versicherung die Verhandlungen zwischen dem Versicherer und dem Geschädigten unmittelbar geführt werden. Wegen fehlender Weisung durch den Versicherer würde dann dieses Sonderkündigungsrecht nicht entstehen. In der Praxis dürfte dieses Kündigungsrecht daher eher untergeordnete Bedeutung haben.

4   Für den Fall der Kündigung nach dem Schadenfall kann der Versicherungsnehmer bestimmen, wann diese Kündigung wirksam werden soll. Die Kündigung mit sofortiger Wirkung beendet das Versicherungsverhältnis unmittelbar mit dem Zugang bei dem Versicherer. Als spätester Termin ist der Ablauftermin möglich, d. h. zum Ende des Versicherungsjahres.

D. Veräußerung des Kfz

5   Es geht um die endgültige Übertragung der Eigentumsrechte an dem versicherten Kfz, sei es durch Veräußerung nach den §§ 433 ff. BGB oder durch Zwangsversteigerung.

---

4 LG Hagen v. 28.10.1982 – 16 O 280/82, VersR 1983, 1147.
5 Stiefel/Maier AKB G Rn. 38 ff., 49.

Die Veräußerung des Kfz bzw. dessen Versteigerung beendet den Versicherungsvertrag nicht. Folgerichtig geht der Vertrag mit dem Verkauf auf den Erwerber über, diesem steht dann ein Sonderkündigungsrecht zu. Dabei kann der Erwerber bestimmen, zu welchem Zeitpunkt die Kündigung wirken soll. Dieser Fall dürfte im Hinblick auf die Praxis und G.2.6 AKB eher die Ausnahme darstellen. Ein Kündigungsrecht des Versicherungsnehmers besteht nach Verkauf oder Versteigerung des Kfz nicht mehr.

E. Sonderkündigungsrecht des Erwerbers

Der Erwerber hat das Recht, den für das gekaufte Kfz bestehenden Vertrag mit sofortiger Wirkung oder zum Ablauf zu kündigen, den Zeitraum kann er selbst bestimmen. Als Kündigungsfrist ist die Monatsfrist angesetzt. Innerhalb eines Monats ab Kenntnis der Veräußerung kann er den Vertrag kündigen. Hat der Erwerber keine Kenntnis von der anderweitigen Versicherung, läuft diese Frist erst, nachdem er Kenntnis erlangt hat. Da der Erwerber eines Kfz regelmäßig diese Information nicht hat, wurde ihm zusätzlich ein Sonderkündigungsrecht zugestanden. Dieses Sonderkündigungsrecht übt er mit der Vorlage einer Versicherungsbestätigung einer anderen Versicherung bei der Zulassungsstelle konkludent aus. Einer ausdrücklichen Kündigung des bestehenden Vertrages bei dem vorherigen Versicherer bedarf es nicht. Die Klausel, dass die Kündigung mit dem Beginn der neuen Versicherung wirksam wird, soll ebenfalls die Doppelversicherung verhindern, aber gleichzeitig auch ausschließen, dass ein nicht versichertes Fahrzeug im öffentlichen Verkehrsraum genutzt wird.

F. Kein Kündigungsrecht des Veräußerers

Der Verkäufer des Kfz kann den Versicherungsvertrag nach Veräußerung nicht mehr wirksam kündigen, da er nicht mehr Vertragspartei ist, auch wenn er gemeinsam mit dem Erwerber als Prämienschuldner haftet. Hat der Verkäufer den Verkauf dem Versicherer noch nicht angezeigt und erleidet mit dem verkauften Kfz durch das Verschulden des Erwerbers einen Sachschaden, ist er nicht Dritter im Sinne der AKB und hat damit keinen Anspruch auf Schadenersatz[6].

G. Wirksamwerden der Kündigung

Die Kündigung wird zu dem Beginn der neuen Versicherung wirksam. Dabei besteht für 24 Std. eine Doppelversicherung, da der übergegangene Vertrag durch die Kündigung erst um 24.00 Uhr des Zulassungstages endet, aber der neue Vertrag des Erwerbers durchaus – wenn nichts anderes vermerkt ist, um 0.00 Uhr des Zulassungstages beginnt[7]. Damit hat er das Kündigungsrecht bezogen auf den alten Vertrag ausgeübt und dieser Vertrag wird in seiner Gesamtheit gekündigt. Unabhängig davon, ob der Erwerber für seinen neuen Vertrag auch Vollkasko- oder Teilkasko vereinbart hat, gilt der

---

6 LG Erfurt v. 08.02.2007 – 2 S 343/05 in zfs 2007, 393.
7 Jacobsen in Feyock/Jacobsen/Lemor a. a. O. AKB 2008 G Rn. 32.

G.2.7 AKB (Sonderkündigungsrecht)

alte Vertrag nicht – auch nicht in Teilen – fort[8], die Unfallversicherung geht nicht auf den Erwerber über, G.7.1 Satz 2, sie muss daher auch nicht gekündigt werden.

Kündigung bei Beitragserhöhung
G.2.7 (Sonderkündigungsrecht[1])

Erhöhen wir aufgrund unseres Beitragsanpassungsrechts nach J.1 bis J.3 den Beitrag, können Sie den Vertrag innerhalb eines Monats nach Zugang unserer Mitteilung der Beitragserhöhung kündigen. Die Kündigung ist sofort wirksam, frühestens jedoch zu dem Zeitpunkt, zu dem die Beitragserhöhung wirksam geworden wäre. Wir teilen ihnen die Beitragserhöhung spätestens einen Monat vor dem Wirksamwerden mit und weisen Sie auf Ihr Kündigungsrecht hin.

1 G.2.7. basiert auf den Änderungen der Beiträge nach J.1–3. und dem in J.4 aufgenommenen Sonderkündigungsrecht[2], welches folgerichtig ebenfalls auch unter G. aufgenommen werden muss. Diese Regelung entspricht inhaltlich den §§ 9a und 9b AKB a. F. Erforderlich ist die Erhöhung der Beiträge[3], eine Beitragssenkung führt nicht zu einem Sonderkündigungsrecht. Damit sind nicht nur die unterjährigen Beitragserhöhungen gemeint, auch wenn eine Beitragserhöhung zum neuen Versicherungsjahr erfolgt. Diese soll verhindern, dass der Versicherungsnehmer, der im Glauben an die gleich bleibenden Beiträge die Kündigungsfristen versäumt hat, jetzt aber durch die höheren Beiträge den Vertrag kündigen möchte, benachteiligt wird. Treffen mehrere Beitragsänderungen zusammen, wie z. B. die SF-Höherstufung nach schadenfreiem Verlauf mit einer Änderung der Regionalklassen und daraus resultierender Erhöhung, entsteht das Sonderkündigungsrecht gem. J.4 erst, wenn im Saldo beider Veränderungen eine Erhöhung des Beitrags gegeben ist.

2 Grundsätzlich hat der Versicherer die Pflicht, den Versicherungsnehmer auf dieses Sonderkündigungsrecht ausdrücklich hinzuweisen. Versäumt der Versicherer diese Hinweispflicht, beginnt die Frist nicht zu laufen. Das Recht erlischt, wenn der Versicherungsnehmer die neue/geänderte Prämie gezahlt hat, ob allerdings eine Einziehung

---

8 A. A. Jacobsen in Feyock/Jacobsen/Lemor aaO. AKB 2008 G Rn. 32, er will für den Fall, dass in der vorläufigen Deckung eine Kasko-Versicherung gewährt wurde, aber im alten übergegangenen Vertrag eine solche bestand, diese weitergelten lassen, bis der Erstbeitrag gezahlt ist. Dies würde aber zu völlig undurchsichtigen Vertragsverhältnissen führen. Wäre die Annahme korrekt, müsste der Erwerber Prämien an zwei Versicherer zahlen, dies hat er sicher nicht beabsichtigt.
1 Überschrift des Verfassers!.
2 Vgl. auch LSG Rheinland-Pfalz v. 26.08.2004 – L 5 ER 49/04, NZS. 2005, 425 ff. und LSG Hamburg v. 21.09.2005 – L 1 KR 38/05 in BeckRS. 2009, 55 367 (n.rskr.) für die Beitragserhöhung einer Krankenkasse.
3 Vgl. insoweit auch Ebnet »Die Kündigung von Versicherungsverträgen« in NJW 2006, 1697 ff.

des Beitrages durch den Versicherer vom Konto des Versicherten als Zustimmung ausreicht, scheint zweifelhaft[4].

Das Recht zur Sonderkündigung darf dabei nicht auf den durch die Prämienerhöhung betroffenen Vertragsteil beschränkt werden (z. B. lediglich die Kasko-Versicherung oder die Insassenunfallversicherung werden erhöht, der Versicherungsnehmer möchte aber den ganzen Vertrag kündigen).[5]

In den AKB 2008 war noch zusätzlich die Pflicht zur Darstellung der Prämiendifferenz enthalten. Da diese Pflicht in § 40 VVG nicht formuliert wird, wurde sie aus den AKB gestrichen. Erforderlich ist allerdings für wirksame Beitragsanpassungsklauseln, dass diese für den Versicherungsnehmer transparent sind.[6] Es ist auf die einzelnen AKB zu achten.

Kündigung bei geänderter Verwendung des Fahrzeugs

G.2.8 (Sonderkündigung bei geänderter Verwendung[1])

Ändert sich die Art und Verwendung des Fahrzeugs nach K.5 und erhöht sich der Beitrag dadurch um mehr als 10 %, können Sie den Vertrag innerhalb eines Monats nach Zugang unserer Mitteilung ohne Einhaltung einer Frist kündigen.

Übersicht

		Rdn.
A.	Allgemeines	1
B.	Art der Verwendung	2
C.	Änderung der Verwendung	3
D.	Sonderkündigungsrecht	4

A. Allgemeines

Bei Abschluss des Versicherungsvertrages muss der Versicherungsnehmer angeben, zu welchem Zweck er das versicherte Fahrzeug verwenden will. Die einzelnen Verwendungsarten finden sich unter Anhang 6 und reichen von der üblichen Eigenverwendung über Selbstfahrervermietfahrzeuge bis hin zum LKW-Europaverkehr. Aufgrund der Angaben zur Verwendung wird die Versicherungsprämie ermittelt, die für alle Fahrzeuge dieser Verwendungsart festgelegt wurde. Weicht der Versicherungsnehmer hier- 1

---

4 Eine Einverständniserklärung bei automatisiertem Verfahren dürfte nicht gegeben sein, vgl. insoweit die Rechtsprechung zur Kündigung und nachfolgend versehentlichem Beitragseinzug.
5 OLG Bremen vom 06.02.2014 -3 U 35/13, Jurion.
6 EUGH v. 23.04.2015 – C 96/14.
1 Überschrift des Verfassers!.

G.2.8 AKB (Sonderkündigung bei geänderter Verwendung)

von ab, ist er gehalten, diese Veränderung anzuzeigen, will er nicht nach D.1.1 seinen Versicherungsschutz gefährden[2].

B. Art der Verwendung

2 Die Art der Verwendung richtet sich nach Anhang 6 zu den AKB. Will der Versicherungsnehmer das Fahrzeug zu einem anderen Zweck verwenden, als im Versicherungsantrag angegeben, muss er dies dem Versicherer mitteilen. Auch wenn er nur eine kurzfristige andere Verwendung beabsichtigt, ist eine Änderungsanzeige erforderlich. Die Formulierung »Änderung der Verwendung« differenziert dabei nicht zwischen einer risikoärmeren oder risikohöheren Verwendung.

C. Änderung der Verwendung

3 Ändert sich die Verwendung des versicherten Fahrzeuges, wird die Prämie neu ermittelt, dies kann auch unterjährig geschehen. Da auch eine kurzfristige und zeitlich begrenzte Änderung der Verwendung anzuzeigen ist, kann daraus auch eine zeitlich begrenzte Prämienerhöhung folgen.

D. Sonderkündigungsrecht

4 Dem Versicherungsnehmer wird dann ein Sonderkündigungsrecht eingeräumt, wenn sich der Beitrag um mehr als 10 % gegenüber dem vorherigen Beitrag bei anderer Verwendung erhöht. Eine Prämiensteigerung ist nur bei einer Verwendung zu erwarten, die ein höheres Risiko darstellt. Nur in diesem Fall kann der Versicherungsnehmer den Vertrag ohne Einhaltung der Kündigungsfrist kündigen. Die Kündigung muss innerhalb eines Monats nach Erhalt der geänderten Beitragsrechnung erfolgen. Das Sonderkündigungsrecht erlischt mit Zahlung des geänderten Beitrags[3]. Hier ist – anders als bei J.4 AKB – keine Saldierung zwischen mehreren Veränderungen im Beitrag aufgrund unterschiedlicher Ursachen erforderlich. Es kommt nur auf die Relation zwischen den Beiträgen der unterschiedlichen Verwendungen an.

G.2.9 und G.2.10 Änderung der Tarifstruktur, des SF-Systems, Änderung der Bedingungen

<Achtung! Es folgen zwei Varianten. Variante 1 für Versicherer, die nur das SF-System nach J.6 ändern wollen. Variante 2 für Versicherer, die auch die Tarifstruktur nach J.6 ändern wollen.>

---

2 Wegen der Details vgl. unter AKB D.1.1.1 hinsichtlich der verschiedenen Verwendungen aber auch Anlage 6 zu den AKB.
3 So auch BSG v. 02.12.2004 – B12 KR 23/04 NJW 2005, 923.

Kündigung bei Veränderung des Schadenfreiheitsrabatt-Systems

G.2.9 Kündigung bei Veränderung des SF–Rabattsystems

Ändern wir das Schadenfreiheitsrabatt-System nach J.6, können Sie den Vertrag innerhalb eines Monats nach Zugang unserer Mitteilung über die Änderung kündigen. Die Kündigung ist sofort wirksam, frühestens jedoch zum Zeitpunkt des Wirksamwerdens der Änderung. Wir teilen Ihnen die Änderung spätestens einen Monat vor Wirksamwerden mit und weisen Sie auf Ihr Kündigungsrecht hin.

[xx Kündigung bei Veränderung der Tarifstruktur
<Achtung

G.2.9 Kündigung bei Veränderung der Tarifstruktur

Ändern wir unsere Tarifstruktur nach J.6, können Sie den Vertrag innerhalb eines Monats nach Zugang unserer Mitteilung über die Änderung kündigen. Die Kündigung ist sofort wirksam, frühestens jedoch zum Zeitpunkt des Wirksamwerdens der Änderung. Wir teilen Ihnen die Änderung spätestens einen Monat vor Wirksamwerden mit und weisen Sie auf Ihr Kündigungsrecht hin.]

[xx Kündigung bei Bedingungsänderung

<Achtung! Nur, wenn Bedingungsänderung gem. N vereinbart>

G.2.10 Kündigung bei Bedingungsänderung

Machen wir von unserem Recht zur Bedingungsanpassung nach N Gebrauch, können Sie den Vertrag innerhalb von sechs Wochen nach Zugang unserer Mitteilung über die Bedingungsanpassung kündigen. Die Kündigung ist sofort wirksam, frühestens jedoch zum Zeitpunkt des Wirksamwerdens der Bedingungsänderung. Wir teilen Ihnen die Änderung spätestens sechs Wochen vor dem Wirksamwerden mit und weisen Sie auf Ihr Kündigungsrecht hin.]

Dem Versicherungsnehmer steht auch ein Sonderkündigungsrecht zu, wenn die Tarifstruktur oder das System des Schadenfreiheitsrabattes geändert wird, die einzelnen Voraussetzungen sind in J.6. aufgeführt. Diese Änderungen werden eher die Ausnahme sein. 1

Weitaus häufiger kommt ein Sonderkündigungsrecht des Versicherungsnehmers in Betracht wegen der Veränderung der dem Vertrag zu Grunde liegenden Bedingungen. Gem. § 9d AKB a. F. kam eine Bedingungsänderung in Betracht, wenn die höchstrichterliche Rechtsprechung eine Veränderung erforderlich machte, Bedingungen unwirksam waren, weil sie gegen das AGB-G verstießen oder den Regeln der § 305 ff.

G.3 AKB Wann und aus welchem Anlass können wir den Versicherungsvertrag kündigen?

BGB nicht entsprachen und den Versicherungsnehmer unangemessen benachteiligten[1].

G.3 Wann und aus welchem Anlass können wir den Versicherungsvertrag kündigen?

1 Das Kapitel G.3 befasst sich ausschließlich mit der Kündigung durch den Versicherer. Diese Spaltung der Kündigungsmöglichkeiten macht die Vertragsbeendigungsmöglichkeiten für den Versicherungsnehmer transparenter.

Kündigung zum Ablauf
G.3.1 (Ablaufskündigung[1])

Wir können den Vertrag zum Ablauf des Versicherungsjahres kündigen. Die Kündigung ist nur wirksam, wenn sie Ihnen spätestens einen Monat vor Ablauf zugeht.

Übersicht Rdn.
A. Allgemeines 1
B. Zulässigkeit der Kündigung 2
I. Kontrahierungszwang gem. § 5 PflVG 3
II. Kündigung des Vertrages insgesamt 7
III. Wirkung der Kündigung 8
C. Kündigungsfristen 9

A. Allgemeines

1 Soll dieser einjährige Vertrag mit Verlängerungsklausel[2] beendet werden, so muss die Kündigung ausgesprochen werden. Die Kündigung des Versicherungsvertrags zum Ablauf des Versicherungsjahres ist (auch) durch den Versicherer möglich.

B. Zulässigkeit der Kündigung

2 Zu beachten ist allerdings, dass der Versicherer nur dann den Vertrag kündigen kann, wenn er nach § 5 PflVG nicht verpflichtet wäre, einen neuen Antrag des Versicherungsnehmers anzunehmen[3].

---

1 Wegen der Details vgl. die Kommentierung unter AKB N.
1 Überschrift des Verfassers!.
2 So Stiefel/Hofmann Kraftfahrtversicherung § 4a AKB a. F. Rn. 1.
3 BGH IVa ZR 187/80 VersR 1982, 259 lässt die Kündigung dann wegen Verstoßes gegen § 242 BGB unwirksam sein.

I. Kontrahierungszwang gem. § 5 PflVG

Nach § 5 PflVG ist der Versicherer verpflichtet, den in § 1 PflVG genannten Personen, die der Versicherungspflicht unterliegen, eine Kraftfahrzeug-Haftpflicht-Versicherung mindestens zu den gesetzlichen Bedingungen anzubieten, § 5 Abs. 2 PflVG. Dieser Pflicht darf sich der Versicherer nur in ganz engen Ausnahmen entziehen. Der in § 5 PflVG normierte Kontrahierungszwang besteht nur für PKW und Kombifahrzeuge bis 1 t Nutzlast und für Zweiräder. Nur für diese Fahrzeuge wird eine Annahmefiktion in § 5 Abs. 3 PflVG festgelegt, wenn die Versicherung dem Antrag des Versicherungsnehmers nicht entsprochen hat und innerhalb einer Frist von 14 Tagen ein neues Angebot unterbereitet hat. Ist die Frist versäumt, gilt der Antrag des Versicherungsnehmers als angenommen. Eine Verpflichtung nach § 5 Abs. 3 S. 1 PflVG wird aber gem. S. 3 nicht für Taxen, Personenmietwagen und Selbstfahrervermietfahrzeuge bestimmt, diese fallen also, obwohl Kfz im Sinne der Regelung, aus der Regelung heraus. D. h. nur die Kfz, die nicht als Taxen, Personenmietwagen und Selbstfahrervermietfahrzeuge genutzt werden, kann der Versicherer nicht zum Ablauf kündigen, wenn nicht einer der Gründe des § 5 Abs. 4 PflVG vorliegt.

Der Kontrahierungszwang des § 5 PflVG entfällt, wenn der Versicherer einen früheren Vertrag mit dem Versicherungsnehmer wegen Drohung oder arglistiger Täuschung angefochten hat, von diesem früheren Vertrag wegen Verletzung der vorvertraglichen Anzeigepflicht oder Nichtzahlung der Erstprämie zurückgetreten ist oder den früheren Vertrag wegen Prämienverzuges oder im Schadenfall gekündigt hatte.

Entfallen alle diese Ausnahmegründe, ist der Versicherer nicht berechtigt, dem Versicherungsnehmer einen neuen Vertrag zu verweigern. Damit soll nach Auffassung des BGH auch die Kündigung des Versicherungsvertrages für ein Kfz oder Zweirad wegen Verstoßes gegen Treu und Glauben unwirksam sein[4], da der Kündigende gerade durch Beendigung des Vertrages das zu umgehen versucht, wonach er zum gleichen Zeitpunkt aber nach § 5 PflVG wieder verpflichtet wäre. Dieses Verhalten ist mit der Verkehrssitte und Treu und Glauben nicht vereinbar[5]. Dies kann allerdings nur insoweit gelten, als der Versicherer tatsächlich verpflichtet wäre, den gleichen Vertrag wieder anzubieten. Wenn aber der Versicherungsnehmer des gekündigten Vertrages über die Kraftfahrzeug-Haftpflicht-Versicherer, nur dafür gilt der Kontrahierungszwang, noch andere Sparten versichert wissen will, ist der Versicherer berechtigt, den Vertrag zum Ablauf zu kündigen, da er den Vertrag nicht zu den gleichen Bedingungen auf Antrag wieder annehmen müsste. So bleibt auch das Kündigungsrecht dann bestehen, wenn der Versicherungsnehmer einen Vertrag mit einer über die gesetzlich vorgeschriebene Mindestversicherungssumme hinausgehende Versicherungssumme begehrt, da der Kontrahierungszwang nur den Abschluss zu den gesetzlichen Mindestbedingungen fordert[6].

---

[4] Vgl. BGH IVa ZR 187/80 VersR 1982, 259.
[5] BGH IVa ZR 187/80 VersR 1982, 259 unter II.
[6] So schon BGH IV ZR 129/71 VersR 1973, 409 zur Reichweite des Kontrahierungszwangs.

G.3.1 AKB (Ablaufskündigung)

6   Auch die VVG-Reform und die damit verbundene Anpassung der AKB haben an dieser Rechtsprechung nichts geändert. Handelt es sich um andere Kfz, LKW oder Busse etc. besteht kein Kontrahierungszwang und der Versicherer kann den Vertrag zum Ablauf kündigen.

II. Kündigung des Vertrages insgesamt

7   Die Formulierung in G.3.1 geht, wie auch die Formulierung schon in § 4a AKB a. F., davon aus, dass der Versicherungsvertrag nur einheitlich gekündigt werden kann und sich die Kündigung des Vertrages dann auf alle Sparten erstreckt. Folgerichtig wird unter G.4 die Kündigung einzelner Sparten angesprochen, die den Gesamtvertrag nicht berühren sollen. Es kann allerdings die Kraftfahrzeug-Haftpflicht-Versicherung nicht gekündigt werden, ohne dass auch die anderen mit dem Kraftfahrzeug-Haftpflicht-Vertrag verbundenen Sparten mit der Kündigung beendet werden.

III. Wirkung der Kündigung

8   Die Kündigung beendet den Vertrag zum Ablaufdatum 24.00 Uhr. Für die Kraftfahrzeug-Haftpflicht-Versicherung besteht jedoch die Besonderheit, dass gem. § 117 Abs. 2 eine Nachhaftung des Versicherers von mindestens 1 Monat nach Eingang der Beendigungsmitteilung bei der Zulassungsstelle besteht. Die Regulierung eines Schadenfalles, der sich innerhalb dieser Zeitspanne ereignete und für den kein anderer Kraftfahrzeug-Haftpflicht-Versicherer eintrittspflichtig ist, ändert allerdings an der Wirksamkeit der Kündigung nichts. Die sonstigen Sparten (Voll- oder Teilkasko, Insassenunfall, Verkehrsrechtsschutz, Schutzbrief, Fahrerschutz etc.) hingegen enden unmittelbar mit Ende des Vertrages, ohne dass es weiterer Aktivitäten des Versicherer bedarf.

C. Kündigungsfristen

9   Auch der Versicherer ist gehalten, die Fristen einzuhalten. Diese gelten für beide Parteien gleichermaßen. So muss der Versicherer auch die Kündigung zum Ablauf dem Versicherungsnehmer bis spätestens einen Monat vor dem Ablauf zugestellt haben. Da die Verträge derzeit immer bis zum Ende eines Kalenderjahres laufen, muss die Kündigung dem Versicherungsnehmer bis spätestens 30.11. des Kalenderjahres zugegangen sein. Auch für den Zugang der Kündigung gelten die allgemeinen Beweisregeln. Der Versicherer ist für den rechtzeitigen Zugang der Kündigung beweisbelastet[7]. Ist die Kündigung verspätet zugegangen oder kann der Versicherer den Zugang der Kündigung nicht nachweisen, gilt der Vertrag als ungekündigt und verlängert sich um ein weiteres Kalenderjahr, wenn nicht der Versicherungsnehmer seinerseits kündigt, oder ein anderer der nachfolgenden Kündigungsgründe zum Tragen kommt. Dieser Kündigungsgrund müsste aber als nachgeschobener Kündigungsgrund schon im Zeitpunkt

---

7   Stiefel/Hofmann Kraftfahrtversicherung § 4a AKB a. F. Rn. 11.

der verfristeten Kündigung bestanden haben, um Wirksamkeit zu entfalten[8]. Ob der Kündigungsgrund zum Zeitpunkt der Kündigung schon bekannt war, ist unerheblich[9].

Kündigung des vorläufigen Versicherungsschutzes

G.3.2 Wir sind berechtigt, einen vorläufigen Versicherungsschutz zu kündigen. Die Kündigung wird nach Ablauf von zwei Wochen nach ihrem Zugang bei Ihnen wirksam.

Der vorläufige Versicherungsschutz, der gem. §§ 49 ff. VVG, B.2 AKB gewährt werden kann, kann gem. § 52 Abs. 4 innerhalb einer Frist von 14 Tagen gekündigt werden, wenn der Vertrag über die vorläufige Deckung für einen unbestimmten Zeitraum eingegangen wurde. 1

Bezogen auf das Kündigungsrecht des Versicherers, die Gewährung von vorläufigem Versicherungsschutz ohne Angabe von Gründen zu kündigen, ist zu differenzieren.

Handelt es sich um ein Fahrzeug, welches dem Kontrahierungszwang des § 5 PflVG unterliegt[1], hat der Versicherer nur dann das Recht, den Vertrag zu kündigen, wenn er berechtigt ist, den Antrag des Versicherungsnehmers gem. § 5 Abs. 4 PflVG wegen vorangegangener Kündigung des Vertrages mit dem gleichen Versicherungsnehmer abzulehnen.

Handelt es sich aber um ein Fahrzeug, das nicht unter den Kontrahierungszwang des § 5 PflVG fällt, ist der Versicherer jederzeit berechtigt, den vorläufigen Versicherungsschutz durch Kündigung zu beenden. Die Kündigung muss dem Versicherungsnehmer zugegangen sein, beweisbelastet ist auch hier der Kündigende[2]. 2

Dieses Recht zur Kündigung der vorläufigen Deckung war in § 1 Abs. 5 AKB a. F. enthalten.

Die Kündigung der vorläufigen Deckung durch den Versicherer ist im Gegensatz zur Kündigung durch den Versicherungsnehmer mit einer Frist von zwei Wochen ab Zugang wirksam.

Kündigung nach einem Schadenereignis

G.3.3 (Sonderkündigungsrecht im Schadenfall[1])

Nach dem Eintritt eines Schadenereignisses können wir den Vertrag kündigen. Die Kündigung muss Ihnen innerhalb eines Monats nach Beendi-

---

8 BGH NJW 1961, 307.
9 U. a. BGH I ZR 141/74 NJW 1976, 518 = VersR 1975, 807.
1 Wegen der Details vgl. G.3.1 AKB.
2 Stiefel/Maier, AKB G Rn 14.
1 Überschrift des Verfassers!.

G.3.3 AKB (Sonderkündigungsrecht im Schadenfall)

gung der Verhandlungen über die Entschädigung oder innerhalb eines Monats zugehen, nachdem wir in der Kfz-Haftpflichtversicherung unsere Leistungspflicht anerkannt oder zu Unrecht abgelehnt haben. Das gleiche gilt, wenn wir Ihnen in der Kfz-Haftpflichtversicherung die Weisung erteilen, es über den Anspruch des Dritten zu einem Rechtsstreit kommen zu lassen. Außerdem können wir in der Kfz-Haftpflichtversicherung den Vertrag bis zum Ablauf eines Monats seit der Rechtskraft des im Rechtsstreit mit dem Dritten ergangenen Urteils kündigen.

Unsere Kündigung wird einen Monat nach ihrem Zugang bei Ihnen wirksam.

Übersicht

		Rdn.
A.	Allgemeines	1
B.	Ende der Verhandlung über Entschädigungsleistung	2
C.	Weisung, einen Rechtsstreit zu führen	3
D.	Kündigung nach Rechtskraft des Urteils	4
E.	Wirksamwerden der Kündigung	5

A. Allgemeines

1 Der Versicherer ist berechtigt, den Vertrag nach einem Schadenfall zu kündigen. Die Kündigungsfrist ist eingehalten, wenn der Versicherer binnen eines Monates, nachdem er die Verhandlungen über die Entschädigungsleistungen beendet hat, kündigt.

B. Ende der Verhandlung über Entschädigungsleistung

2 Die Kündigungsfrist läuft bis zum Ende der Verhandlungen oder Ablehnung der Entschädigungsleistung an den Geschädigten. Spätestens ein Monat nach Beendigung der Verhandlungen muss der Versicherer kündigen, will er den Vertrag wegen des Schadenfalls beenden. Das Kündigungsrecht besteht für den Fall des Anerkenntnisses der Schadenersatzpflicht des Versicherers wie auch für den Fall, dass der Versicherer den Schadenersatz zu Unrecht verweigert hat. Aus dieser Formulierung ergibt sich, dass ein Kündigungsrecht des Versicherers nicht besteht, wenn er keine Leistungen aus diesem Schadenfall zu erbringen hat.

C. Weisung, einen Rechtsstreit zu führen

3 Die Weisung des Versicherers, einen Rechtsstreit im Schadenfall zu führen, hat ebenfalls zur Folge, dass der Versicherungsnehmer den Vertrag kündigen kann, ohne das Jahresende abzuwarten. Erforderlich soll dabei die Anhängigkeit des Rechtstreites sein. Ob dies allerdings dem Zweck dient, dem Versicherer die Entscheidung über die Befriedigung oder die Ablehnung der Schadenersatzansprüche zu überlassen, ist fraglich. Man denke hier nur an die Betrugsfälle, deren gerichtliche Prüfung beispielsweise durch eine Vorabbefriedigung durch den Versicherungsnehmer nur noch einge-

schränkt möglich wird. Durch die VVG-Reform muss er dann auch nur anteilig den Beitrag für den Zeitraum der Gewährung von Versicherungsschutz zahlen.

D. Kündigung nach Rechtskraft des Urteils

Auch das Recht, nach einem rechtskräftigen Urteil im Schadenfall zu kündigen, ist in dem Lichte der unter 2 angesprochenen Leistungspflicht zu sehen. Hat der Versicherer im Verfahren obsiegt und eine Leistungspflicht besteht nicht, kann auch ein Kündigungsrecht nicht gegeben sein. 4

E. Wirksamwerden der Kündigung

Die Kündigung wirkt nach einem Monat ab Zugang bei dem Versicherungsnehmer. D. h. ein Monat nach Erhalt der Kündigung im Schadenfall – unabhängig vom kalendarischen Monatsende – endet der Versicherungsvertrag. Auch hier gilt noch die Nachhaftungsfrist bis zur Mitteilung des Vertragsendes an die Zulassungsstelle. 5

Kündigung bei Nichtzahlung des Folgebeitrags

G.3.4 (Sonderkündigung wegen Prämienverzugs[1])

Haben Sie einen ausstehenden Folgebeitrag zuzüglich Kosten und Zinsen trotz unserer Zahlungsaufforderung nach C.2.2 nicht innerhalb der zweiwöchigen Frist gezahlt, können wir den Vertrag mit sofortiger Wirkung kündigen. Unsere Kündigung wird unwirksam, wenn Sie diese Beträge innerhalb eines Monats ab Zugang der Kündigung zahlen (siehe auch C.2.4).

Übersicht	Rdn.
A. Allgemeines	1
B. Voraussetzungen für die Kündigung	2
C. Zahlung der Beiträge nach Kündigung	4

A. Allgemeines

Dem Versicherer steht ein Sonderkündigungsrecht zu, wenn der Versicherungsnehmer mit der Zahlung der Folgeprämie nach § 38 VVG in Verzug ist. Hinsichtlich der Voraussetzungen wie Zugang der korrekten Prämienrechnung und der qualifizierten Mahnung sei auf die Ausführungen zu C.2.2 und C.2.4 AKB verwiesen. 1

B. Voraussetzungen für die Kündigung

Voraussetzung für die Kündigung sind korrekte Prämienanforderung, qualifizierte Mahnung und augenfällige Belehrung durch den Versicherer hinsichtlich der Rechts- 2

---
1 Überschrift des Verfassers!.

G.3.5 AKB (Kündigung gem. § 28 Abs. 1 VVG)

folgen des Verzuges[2]. Außerdem ist der Zugang der qualifizierten Mahnung nachzuweisen.

3 Liegen diese Voraussetzungen für die Kündigung vor, kann der Versicherer kündigen. Er hat nach § 38 VVG insoweit das Wahlrecht, ob er kündigt. Die Kündigung ist nicht erforderlich, um nach Ablauf der Zahlungsfrist der qualifizierten Mahnung leistungsfrei zu sein, § 38 Abs. 2 VVG. In der Kündigung muss der Versicherer den Versicherungsnehmer darauf hinweisen, dass er die Möglichkeit hat, den Fortbestand des Vertrages allein durch Zahlung der offen stehenden Beträge innerhalb einer Frist von einem Monat ab Erhalt der Kündigung zu sichern.

C. Zahlung der Beiträge nach Kündigung

4 Die Kündigung wird damit obsolet. Allerdings hat diese Maßnahme keine Auswirkungen auf den Versicherungsschutz im Innenverhältnis für Schäden in dem Zeitraum nach Verstreichen der Zahlungsfrist aus der qualifizierten Mahnung, § 38 Abs. 2 VVG. Versicherungsschutz kann sich der Versicherungsnehmer durch die Zahlung nur noch für die Zukunft, d. h. ab Zahlung der Folgeprämie, sichern. Auch wenn sich ein Schaden innerhalb der Monatsfrist ereignet, bleibt dem Versicherungsnehmer die Möglichkeit, sich durch Zahlung des offenen Beitrags wieder Versicherungsschutz für die Zukunft zu verschaffen[3]. Die Leistungsfreiheit des Versicherers wegen des in der Zwischenzeit erfolgten Schadenfalles bleibt gleichwohl bestehen. Ein Beitragseinzug durch die Versicherung führt alleine noch nicht dazu, dass die Kündigung unwirksam wird, dazu ist eine entsprechende Willenserklärung des Versicherungsnehmers erforderlich[4].

Kündigung bei Verletzung Ihrer Pflichten bei Gebrauch des Fahrzeugs

G.3.5 (Kündigung gem. § 28 Abs. 1 VVG[1])

Haben Sie eine Ihrer Pflichten bei Gebrauch des Fahrzeugs nach D verletzt, können wir innerhalb eines Monats, nachdem wir von der Pflichtverletzung Kenntnis erlangt haben, den Vertrag mit sofortiger Wirkung kündigen. Dies gilt nicht, wenn Sie nachweisen, dass Sie die Pflicht weder vorsätzlich noch grob fahrlässig verletzt haben

Übersicht	Rdn.
A. Allgemeines	1
B. Voraussetzung der Kündigung wegen Obliegenheitsverletzung	2
I. Pflichtverletzung nach D	3
II. Kündigungsfrist	4

---

2 Vgl. hierzu die Ausführungen zu AKB. C1.1 Rdn. 3.
3 So noch § 39 Abs. 3 S. 3 letzter Hs. VVG a. F.
4 AG Alsfeld v. 01.02.1991 – C 533/90, NJW-RR 1991, 1312.
1 Überschrift des Verfassers!.

A. Allgemeines

Im Falle der vorsätzlichen Obliegenheitsverletzung nach § 28 Abs. 1 VVG durch den Versicherungsnehmer kann der Versicherer den Vertrag innerhalb eines Monats ab Kenntnisnahme fristlos kündigen. Die Kündigungspflicht nach § 6 Abs. 1 VVG a. F. entfällt ersatzlos.

1

B. Voraussetzung der Kündigung wegen Obliegenheitsverletzung

War im VVG a. F. die Kündigung des Vertrages zwingend erforderlich, um wegen einer Obliegenheitsverletzung des Versicherungsnehmers leistungsfrei zu sein, so steht es dem Versicherer jetzt frei, ob er das Vertragsverhältnis trotz Obliegenheitsverletzung weiter führen oder beenden möchte.

2

I. Pflichtverletzung nach D

Eine bzw. die Pflichten beim Gebrauch des KFZ nach D (Verwendungsklausel, Schwarzfahrt, Führerscheinbestimmungen, Alkoholklausel, Rennen, Gefahrerhöhung, Ruheversicherung) wurden verletzt, dies bestimmt sich nach dem oben unter D ausgeführten Grundsätzen. Die Kündigung ist zulässig, § 28 Abs. 1 VVG.

3

II. Kündigungsfrist

Die Frist beträgt einen Monat ab Kenntnisnahme von der Obliegenheitsverletzung, bezogen auf die Kenntnisnahme kommt es auf das Wissen eines mit der Tatsachenfeststellung vom Versicherer Beauftragten an[2], die Kenntnis eines Agenten von der Obliegenheitsverletzung reicht nicht aus. In dem zu entscheidenden Fall ging es um eine Alkoholfahrt, dabei muss der Versicherer alles unternehmen, um möglichst frühzeitig von der Alkoholisierung Kenntnis zu erlangen[3]. Der Versicherer ist nicht mehr verpflichtet, die Kündigung des Vertrages auszusprechen, um Leistungsfreiheit zu erlangen[4]. Kündigt der Versicherer später als einen Monat ab Kenntnisnahme von der Obliegenheitsverletzung, ist diese Kündigung nicht mehr zulässig. Der Versicherungsnehmer kann die Fortsetzung des Vertrages verlangen. Ein Kündigungsrecht entfällt, wenn eine mitversicherte Person[5] die Obliegenheit verletzt hat, ohne Repräsentant[6] zu sein. Insoweit

4

---

2 OLG Köln v. 18.01.2000 – 9 U 111/9, r+s 2000, 227 (positive Kenntnis des Versicherers ist erforderlich).
3 OLG Hamm Hinweisbeschl. v. 19.07.2006 – 20 U 69/96, r+s 2007, 50f; OLG Köln v. 3.08.2005 – 9 U 203/04, r+s 2005, 408.
4 Zur alten Regelung mit Kündigungspflicht vgl. BGH v. 25.11.1998 – IV ZR 257/97, NZV 1999, 124 = VersR 1999, 321, r+s 1999, 141, die Kündigungspflicht besteht auch, wenn der Versicherer erst durch den Schadenfall Kenntnis erhält, um für diesen Schadenfall leistungsfrei zu sein. Diese Regelung entfällt ersatzlos!.
5 BGH v. 29.01.2003 – IV ZR 41/02, NJW-RR 2003, 600; BGH v. 14.09.2005 – IV ZR 216/04 mit Anm. Münstermann, r+s 2006, 102.
6 Repräsentanteneigenschaft bei Ehegatten LG Paderborn v. 09.05.2007 – 4 O 651/06, zfs 2007, 636.

G.3.6 AKB (Sonderkündigung bei neuer Verwendung)

gilt die Rechtsprechung zu § 6 VVG a. F. fort. Bei wissentlicher[7] Überlassung des Fahrzeuges an einen alkoholisierten Fahrer ist die Kündigung ebenfalls[8] zulässig. Verletzt der Repräsentant des Versicherungsnehmers die Obliegenheit, so ist die Kündigung zulässig. Repräsentant ist, wer vom Versicherungsnehmer die eigenverantwortliche Wahrnehmung von Rechten und Pflichten des Versicherungsnehmers übertragen erhalten hat[9]. Allerdings begründen die gemeinsame Kostentragung für ein Kfz und die Nutzung zu 60 % noch keine Repräsentantenstellung eines Ehepartners[10].

Entlastungsbeweise des Versicherungsnehmers sind nicht möglich.

Kündigung bei geänderter Verwendung des Fahrzeugs

G.3.6 (Sonderkündigung bei neuer Verwendung[1])

Ändert sich die Art und Verwendung des Fahrzeugs nach K.5, können wir den Vertrag mit sofortiger Wirkung kündigen. Können Sie nachweisen, dass die Änderung weder auf Vorsatz noch auf grober Fahrlässigkeit beruht, wird die Kündigung nach Ablauf von einem Monat nach ihrem Zugang bei Ihnen wirksam.

1 Nach G.3.6 hat der Versicherer ein Sonderkündigungsrecht bei einer Veränderung der Verwendung des versicherten Fahrzeuges. Dieses Kündigungsrecht wird er vor allem dann ausüben, wenn es sich um Risiken handelt, die nicht zu seinem Portfolio[2] gehören und für die ein Kontrahierungszwang nach § 5 PflVG nicht besteht.

Dieses Kündigungsrecht ist nicht mit dem Kündigungsrecht gem. § 28 VVG wegen Obliegenheitsverletzung vor dem Schadenfall nach D.1.1 AKB gleichzusetzen, es steht neben diesem und berechtigt den Versicherer, auch bei angezeigter Veränderung der Verwendung, den Vertrag unmittelbar ohne Einhaltung von Fristen zu kündigen. Der Verstoß gegen die Verwendungsklausel stellt einen Sonderfall der Gefahrerhöhung nach §§ 23 ff. VVG dar. Aus K.5 ergibt sich, dass auf eine veränderte versicherte Gefahr abgestellt wird. Folgerichtig ist das vorliegende Kündigungsrecht Ausfluss aus § 23 VVG, der ein Kündigungsrecht für den Fall der Gefahrerhöhung nach Abschluss des Versicherungsvertrages in § 24 VVG vorsieht. Der Eintritt eines Schadenfalles ist nicht erforderlich. Auch entfällt das Recht des Versicherers, den Vertrag wegen einer Gefahrerhöhung fristlos oder mit Frist zu kündigen nicht, wenn der Versicherungsnehmer nachweisen kann, dass die Gefahrerhöhung unverschuldet war. Eine unverschul-

---

7 BGH IV ZR 90/13 zur Wissentlichkeit einer Pflichtverletzung.
8 Münstermann zu LG Karlsruhe v. 27.08.1999 – 9 S 120/99, r+s 2000, 361 ff, OLG Saarbrücken v. 14.11.2001 – 5 U 267/01, r+s 2002, 184.
9 BGH v. 14.03.2007 – IV ZR 102/03, zfs 2007, 335 ff.
10 LG Paderborn v. 09.05.2007 – 4 O 651/06, zfs 2007, 636 f.
1 Überschrift des Verfassers!.
2 Vgl. insoweit § 5 Abs. 4 PflVG.

dete Gefahrerhöhung führt nur zur Leistungspflicht des Versicherers im Schadenfall, § 26 Abs. 3 VVG.

Eine Einschränkung des Kündigungsrechtes ist in den AKB nicht vorgesehen, allerdings muss dieses Recht, einen Vertrag wegen geänderter Verwendung zu kündigen, auch im Lichte des § 5 PflVG gesehen werden. Zudem ist die Kündigung dann unzulässig, wenn es sich um eine unerhebliche Gefahrerhöhung handelt, da dann gem. § 27 VVG die §§ 23 ff. VVG nicht anwendbar sein sollen.   2

Das Sonderkündigungsrecht des Versicherers kann auf zweierlei Art erfolgen: einmal fristlos, für den Fall, dass die Änderung der vorher vereinbarten Verwendung vorsätzlich oder grob fahrlässig erfolgte. Zum anderen ist die Kündigung mit Monatsfrist vorzunehmen, wenn der Versicherungsnehmer nachweist, dass die geänderte Verwendung nicht vorsätzlich oder grob fahrlässig erfolgte.   3

Kündigung bei Veräußerung oder Zwangsversteigerung des Fahrzeugs

G.3.7   (Sonderkündigungsrecht gegenüber Erwerber[1])

Bei Veräußerung oder Zwangsversteigerung des Fahrzeugs nach G.7 können wir dem Erwerber gegenüber kündigen. Wir haben die Kündigung innerhalb eines Monats ab dem Zeitpunkt auszusprechen, zu dem wir von der Veräußerung oder Zwangsversteigerung Kenntnis erlangt haben. Unsere Kündigung wird einen Monat nach ihrem Zugang beim Erwerber wirksam.

Kommt der Versicherungsnehmer im Falle der Veräußerung seines Kfz seiner Anzeigepflicht nach, kann der Versicherer mit dem Erwerber Kontakt aufnehmen und einen Vertragsabschluß anbieten oder aber den Vertrag kündigen nach G.3.7. Das Sonderkündigungsrecht des Versicherers ist innerhalb eines Monats ab Kenntnis von der Veräußerung durch den Versicherer auszuüben. Die Kündigung erfolgt mit Monatsfrist.   1

Zu bedenken ist aber auch in diesem Fall der Kündigungsmöglichkeit durch den Versicherer die bereits unter G.3.1 dargestellte Verpflichtung aus § 5 PflVG, die dazu führen kann, dass der Versicherer gehalten ist, dem Erwerber einen Kraftfahrzeug-Haftpflicht-Vertrag anzubieten[2].

G.4   Kündigung einzelner Versicherungsarten

G.4 behandelt die Kündigungsmöglichkeit einzelner Versicherungsarten bei Fortbestehen des Restvertrages.   1

---

1 Überschrift des Verfassers!.
2 Wegen der Details vgl. dort.

G.4.1 AKB (Selbständigkeit der Sparten)

G.4.1 (Selbständigkeit der Sparten[1])

Die Kfz-Haftpflicht-, Kasko-, Autoschutzbrief-, Kfz-Unfall- und Fahrerschutzversicherung sind jeweils rechtlich selbstständige Verträge. Die Kündigung eines dieser Verträge berührt das Fortbestehen anderer nicht.

1 Grundsätzlich sind alle möglichen Versicherungsarten im Rahmen der Kraftfahrtversicherung rechtlich selbständige Verträge mit eigenständiger Prämienkalkulation. Folgerichtig kann einer dieser Verträge gekündigt werden, ohne dass es die Wirksamkeit der anderen Verträge berührt. Bekannt und üblich ist dies bei der Vollkasko-Versicherung, die ab einem gewissen Fahrzeugalter unrentabel ist. Üblicherweise ist der Kraftfahrzeug-Haftpflicht-Vertrag der führende, alle anderen Versicherungsarten, sei es Insassenunfall-, Fahrerschutz-, Schutzbrief- oder Fahrzeugvoll- bzw. Teilversicherung können zusätzlich vereinbart werden. Diese Zusatzverträge sind rechtlich von dem Kraftfahrzeug-Haftpflicht-Vertrag aber nach Auffassung des Verfassers insoweit abhängig, als es für keinen Versicherer interessant sein dürfte, die Vollkasko-Versicherung abzuschließen, ohne dass auch der Kraftfahrzeug-Haftpflicht-Vertrag mit vereinbart wurde. Dann kann der Versicherer wie auch der Versicherungsnehmer von seinem Kündigungsrecht nach G.4.2 AKB Gebrauch machen und alle Sparten kündigen. Soweit der Versicherungsnehmer den Vertrag beim Versicherer ohne nähere Spezifikation kündigt, ist davon auszugehen, dass der gesamte Vertrag beendet werden soll.

G.4.2 (Kündigungsrecht für alle Sparten[1])

Sie und wir sind berechtigt, bei Vorliegen eines Kündigungsanlasses zu einem dieser Verträge die gesamte Kfz-Versicherung für das Fahrzeug zu kündigen.

1 Liegt ein Kündigungsgrund nur für einen Teil des Vertrages vor, können sowohl Versicherungsnehmer wie auch Versicherer den Vertrag insgesamt kündigen. Dabei kommt es nicht darauf an, ob ein vertraglicher Grund Ursache für die Kündigung war, oder ob die Kündigung aufgrund einer Gesetzesvorschrift erfolgte[2]. Es muss für die weiteren Vertragssparten kein separater Kündigungsgrund vorliegen.

Dieses Gestaltungsrecht kann dann aber nicht aufgespalten werden in die weitere Kündigung nur eines Vertragsteils. Es ist dann nur die Kündigung des Vertrages insgesamt möglich.

---

1 Überschrift des Verfassers!.
1 Überschrift des Verfassers!.
2 Jacobsen in Feyock/Jacobsen/Lemor G AKB 2008 Rn. 85.

G.4.3 **(Kündigungserweiterung durch Versicherungsnehmer[1])**

Kündigen wir von mehreren für das Fahrzeug abgeschlossenen Verträgen nur einen, können Sie die Kündigung auf die gesamte Kfz-Versicherung ausdehnen. Hierzu müssen Sie uns innerhalb von zwei Wochen nach Zugang unserer Kündigung mitteilen, dass Sie mit einer Fortsetzung der anderen Verträge nicht einverstanden sind. Entsprechend haben wir das Recht die gesamte Kfz-Versicherung zu kündigen, wenn Sie von mehreren nur einen Vertrag kündigen.

G.4.3 lässt eine Kündigungserweiterung durch den Versicherungsnehmer zu, wenn von Seiten des Versicherers nur einer von mehreren Versicherungsverträgen für das versicherte Fahrzeug gekündigt wird. Wird also wegen grob fahrlässiger Herbeiführung des Versicherungsfalls die Kasko-Versicherung gekündigt, kann der Versicherungsnehmer innerhalb von zwei Wochen ab Erhalt der Kündigung diese Kündigung durch formlose Mitteilung auf den ganzen Kfz-Versicherungsvertrag ausdehnen.

Für den Zugang gelten die allgemeinen Beweisregeln.

G.4.4 **(Sonderregelung Schutzbrief[1])**

Kündigen Sie oder wir nur den Autoschutzbrief, gelten G.4.2 und G.4.3 nicht.

Der Autoschutzbrief ist der einzige Zusatzvertrag, der gekündigt werden kann, ohne dass die Kündigung ein Sonderkündigungsrecht nach G.4.2 bzw. G.4.3 auslöst. Die Kündigung des Schutzbriefes soll wegen des geringen Beitragsaufkommens nicht zur Kündigung der gesamten Verbindung führen.

G.4.5 **(Regelung für mehrere KFZ in einem Vertrag[1])**

G.4.1 und G.4.2 finden entsprechende Anwendung, wenn in einem Vertrag mehrere Fahrzeuge versichert sind.

Diese Regelung gilt nur für die Verträge, die mit nur einem Vertrag mehrere Fahrzeuge versichern, das kommt üblicherweise nur im gewerblichen Bereich vor, wenn ganze Fahrzeugflotten versichert werden. Bei Privatkunden ist dies eher nicht gegeben, da bei der Assekuranz als Ordnungsmerkmal nicht nur die Vertragsnummer, sondern vor allem das Kennzeichen vorgesehen ist, so dass jedes Kennzeichen eines Privatkunden einem separaten Vertrag zugeordnet ist.

---

1 Überschrift des Verfassers!.
1 Überschrift des Verfassers!.
1 Überschrift des Verfassers!.

G.5 Zugang der Kündigung

Eine Kündigung ist nur wirksam, wenn sie innerhalb der jeweiligen Frist zugeht.

1 Nach den **AKB 2008** bedurfte die Kündigung des Vertrages der Schriftform und musste unterzeichnet sein. Dieser Hinweis hat lediglich klarstellenden Charakter. Das Schriftformerfordernis fußte auf §§ 126, 127 BGB. Die Kündigung muss dabei vom Vertragspartner oder einem Bevollmächtigten unterzeichnet sein. Für den Versicherer ist die elektronische Form oder eine Faksimile-Unterschrift[1] der Bevollmächtigten von der Rechtsprechung schon seit langem zugelassen, der Versicherungsnehmer hingegen muss die Kündigung unterschreiben. Es ist insoweit auf die jeweiligen AKB zu achten.

Auf das Schriftformerfordernis wurde nunmehr verzichtet, auch in vielen anderen Sparten ist dies bereits erfolgt. Die Kündigung kann daher nunmehr in jeder möglichen Form erfolgen.

Problematisch wird der Nachweis einer Kündigung, wenn der Zugang nachgewiesen werden muss.

G.6 Beitragsabrechnung nach Kündigung

Bei einer Kündigung vor Ablauf des Versicherungsjahres steht uns der auf die Zeit des Versicherungsschutzes entfallende Beitrag anteilig zu.

1 Im Zuge der VVG-Reform wurde der Grundsatz der Unteilbarkeit der Prämie aufgegeben, d. h. auch bei unterjähriger Kündigung ist der Versicherungsnehmer nur noch für den Zeitraum mit den Versicherungsbeiträgen belastet, in dem er auch den Versicherungsschutz beansprucht, ggf. einschließlich der Nachhaftung[1].

G.7 Was ist bei Veräußerung des Fahrzeugs zu beachten?

1 G.7 weist auf die Pflichten des Versicherungsnehmers im Falle der Übertragung des Eigentums auf einen Dritten hin.

---

1 BGH v. 09.12.1974 – III ZR 145/72, VersR 1975, 442 (zur faksimilierten Unterschrift des Rechtsanwaltes auf dem Anspruchsschreiben) m. Anm. Späth »Die »schriftliche« Anmeldung des Antragstellers erfordert nicht die eigenhändige Unterschrift des Antragsstellers«, VersR 1975, 643; OLG Karlsruhe v. 16.10.1980 – 12 U 149/79, VersR 1981, 1021.
1 Vgl. insoweit unter § 117 VVG Rdn. 14 ff.

Übergang der Versicherung auf den Erwerber

G.7.1 (Beschränkter Übergang der Versicherung[1])

Veräußern Sie Ihr Fahrzeug, geht die Versicherung auf den Erwerber über. Dies gilt nicht für die Kfz-Unfall- und die Fahrerschutzversicherung.

Übersicht
	Rdn.
A. Veräußerung	1
B. Keine Veräußerung	2
C. Übergang der Versicherung	3
D. beschränkter Übergang	4

A. Veräußerung

Voraussetzung ist die Übertragung des Eigentums an dem versicherten Kfz auf einen Dritten. Dies erfolgt nach den allgemeinen Regeln des BGB, §§ 433 ff. BGB. Dabei kommt es allein auf den Wechsel in der Person des Eigentümers an. Als Veräußerung des versicherten Kfz wird dabei auch die Eingliederung einer GmbH in ein einzelkaufmännisches Unternehmen, so dass die GmbH nur noch als Teil dieses Unternehmens erscheint[2], die Sicherungsübereignung aber auch der Eigentümerwechsel durch Schenkung oder Tausch angesehen. 1

B. Keine Veräußerung

Der Wechsel in der Person des Halters ist nicht als Veräußerung anzusehen[3]. Auch die Übernahme einer Firma führt nicht dazu, dass der Übernehmende Vertragspartner in dem Versicherungsvertrag über die Kraftfahrzeug-Haftpflicht-Versicherung wird, er ist bestenfalls mitversicherte Person[4]. Ob eine Sicherungsübereignung bereits eine Veräußerung der versicherten Sache darstellt, ist streitig[5]. 2

C. Übergang der Versicherung

Sinn und Zweck des Übergangs der bestehenden Kraftfahrzeug-Haftpflicht-Versicherung auf den Erwerber ist, dass kein unversichertes Fahrzeug im öffentlichen Verkehrsraum gebraucht werden soll. Mit dem Übergang wird der Zwischenzeitraum zwischen Übergabe des Kfz mit entsprechenden Papieren bis zur Ummeldung auf den Erwerber überbrückt. Um Unklarheiten hinsichtlich des Übergangs zu vermeiden, war schon in 3

---

1 Überschrift des Verfassers!.
2 LG Köln v. 11.07.1988 – 85 O 227/87, VersR 1989, 1045.
3 BGH v. IVa ZR 18/82 – IVa ZR 18/82, VersR 1984, 455 m. w. H.
4 BGH v. 16.10.1974 – IV ZR 3/73, VersR 1974, 1191 (für den Testamentsvollstrecker als Treuhänder).
5 Verneinend OLG Düsseldorf v. 10.02.1982 – 4 U 131/80, VersR 1982, 644 m. H. auf a. A. BGH v. 28.10.1953 – II ZR 240/52, BGHZ 10, 376 = BGH VersR 53, 448.

G.7.2 AKB (Neue Beitragsberechnung für Erwerber)

§ 6 AKB a. F. der vollständige Übergang des Vertrages vereinbart, so wie ihn der Veräußerer abgeschlossen hatte. Damit gehen neben der Kraftfahrzeug-Haftpflicht-Versicherung auch die Voll- und Teilkasko-Versicherung[6] wie auch die Schutzbriefversicherung auf den Erwerber über. Der Übergang der Versicherung folgt dem Übergang des Eigentumsrechts, d. h. erst bei Erstarken eines Anwartschaftsrechtes zum Vollrecht geht auch die Versicherung auf den Erwerber über[7].

D. beschränkter Übergang

4 Der Übergang der für das veräußerte Kfz abgeschlossenen Kfz-Unfallversicherung ist ausgeschlossen, da die §§ 95 ff. VVG sich ausschließlich auf die Sachversicherung beziehen, nicht aber auf die Personenversicherungen. Für die Unfallversicherung gelten §§ 178 ff. VVG, die eine Sonderregelung für die Kfz-Unfallversicherung im Rahmen einer Kfz-Versicherung gerade nicht vorsehen. Auch für die Fahrerschutzversicherung ist ein Übergang ausgeschlossen.

G.7.2 (Neue Beitragsberechnung für Erwerber[1])

Wir sind berechtigt und verpflichtet, den Beitrag entsprechend den Angaben des Erwerbers, wie wir sie bei einem Neuabschluss des Vertrags verlangen würden, anzupassen. Das gilt auch für die SF-Klasse des Erwerbers, die entsprechend seines bisherigen Schadenverlaufs ermittelt wird. Der neue Beitrag gilt ab dem Tag, der auf den Übergang der Versicherung folgt.

1 Übernimmt der Erwerber den Versicherungsvertrag vom Veräußerer, muss dieser gleichwohl auf die persönlichen Verhältnisse des Erwerbers angepasst werden. Der Übergang wird dann wie ein Neuabschluss zu behandeln sein. Sowohl die Regional- wie auch die SF-Klasse sind ggf. nach den abweichenden Daten des Erwerbers anzupassen. In diesem Fall gilt als Vertragsbeginn nicht die Zulassung auf den Erwerber, sondern der Tag, an dem die Versicherung auf ihn überging, also der Tag der Veräußerung. Nur wenn der Erwerber seinerseits einen Vertrag bei dem gleichen Versicherer wie der Veräußerer hatte, wird der Vertrag auch für ihn als Folgevertrag behandelt werden.

---

6 So schon u. a. OLG Hamm v. 29.11.1985 – 20 U 67/85, VersR 1987, 605.
7 LG Mühlhausen v. 02.02.2010 – 3 O 373/07, zfs 2010, 452 m. Anm. Rixecker.
1 Überschrift des Verfassers!.

G.7.3 **(Gesamtschuld für Prämien[1])**

Den Beitrag für das laufende Versicherungsjahr können wir entweder von Ihnen oder vom Erwerber verlangen.

Veräußerer und Erwerber haften gemeinsam auf die laufende Prämie. Zwar wird hier 1 von der Prämie für das gesamte Versicherungsjahr gesprochen, aber diese Regelung ist im Lichte des G.6 AKB zu betrachten. Der Vertrag ist daher entsprechend der Laufzeit abzurechnen.

Ist die Jahresprämie vor Verkauf schon vom Veräußerer erbracht worden, hat dieser nur noch einen Rückerstattungsanspruch gegen den Versicherer. Der Versicherer ist berechtigt, die Prämie bis zur Ummeldung des Kfz auf den Erwerber unter Vorlage einer neuen Versicherungsbestätigung eines anderen Versicherers einzubehalten, da er solange auch das Risiko trägt. Ist noch ein Beitrag zu erbringen und die Ummeldung noch nicht erfolgt, kann der Versicherer auswählen, von wem er die Erstattung des Beitrages verlangt.

Anzeige der Veräußerung

G.7.4 **(Verkaufsmitteilung[1])**

Sie und der Erwerber sind verpflichtet, uns die Veräußerung des Fahrzeugs unverzüglich anzuzeigen. Unterbleibt die Mitteilung, droht unter den Voraussetzungen des § 97 Versicherungsvertragsgesetz der Verlust des Versicherungsschutzes.

Übersicht	Rdn.
A. Allgemeines	1
B. Verkaufsmitteilung	2
C. Kündigung	3
D. Verlust des Versicherungsschutzes nach § 97 VVG	4
I. Höhe der Leistungsfreiheit	5
II. Leistungspflicht des Versicherers	6
III. Schadenersatzpflicht des Veräußerers	7
E. Verschulden	8
F. Sonderfälle/Mitversicherte Personen	9

A. Allgemeines

Bei der Verpflichtung zur Verkaufsmitteilung handelt es sich nicht um eine vertragliche 1 Obliegenheit, sondern um eine gesetzliche, die nur der Vollständigkeit halber auch in die AKB aufgenommen wurde. Zwischen den Zeilen ergibt sich, dass nur der Verkäufer

---

1 Überschrift des Verfassers!.
1 Überschrift des Verfassers!.

G.7.4 AKB (Verkaufsmitteilung)

eines versicherten[2] Kfz zur Anzeige der Veräußerung verpflichtet sein kann. Besteht ein Versicherungsvertrag für das Kfz nicht mehr, ist es für den Versicherer auch nicht von Interesse, ob es verkauft wurde oder nicht. Er steht – jedenfalls nach Ablauf der Nachhaftungsfrist – auch nicht mehr im Haftungsrisiko. Auch der Verkäufer eines nicht versicherten Kfz ist nicht mehr im Haftungsrisiko[3].

B. Verkaufsmitteilung

2 Zur Mitteilung des Verkaufs ist der Versicherungsnehmer als Vertragspartner ohnehin verpflichtet, aber auch der Erwerber muss den Verkauf bei dem Versicherer, der für das Risiko des Kfz einzustehen hat, anzeigen. Allerdings reicht es aus, wenn nur einer von ihnen den Verkauf bei der Versicherung meldet. Eine Form ist für diese Anzeige nicht erforderlich. Ein bestimmter Inhalt ist in den AKB nicht vorgeschrieben, allerdings dürfte die bloße Namensnennung nicht ausreichen[4], um dem Versicherer die Kontaktaufnahme mit dem Erwerber zu ermöglichen. Die Verkaufsmitteilung ist dem Versicherer unverzüglich anzuzeigen. Unverzüglich bedeutet in diesem Zusammenhang ohne schuldhaftes Zögern.

C. Kündigung

3 Es ist für die Leistungsfreiheit nach § 97 Abs. 1 VVG auch erforderlich, dass der Versicherer den Vertrag mit dem Erwerber nicht geschlossen hätte. Für die Leistungsfreiheit kommt es nicht darauf an, ob der Vertrag schon gekündigt war[5].

Ist der Versicherer nach § 5 PflVG verpflichtet, auch mit dem Erwerber mindestens zu den Mindestversicherungssummen einen Vertrag zu schließen (Kontrahierungszwang[6]), kann sich der Versicherer nicht auf die Leistungsfreiheit berufen[7].

D. Verlust des Versicherungsschutzes nach § 97 VVG

4 Der Versicherungsnehmer gefährdet seinen Versicherungsschutz, wenn er den Verkauf nicht unverzüglich anzeigt. Der Versicherer ist von der Verpflichtung zur Leistung frei,

---

2 Stiefel/Maier AKB G.7 Rn 13.
3 BGH v. 05.02.1980 – VI ZR 169/79, NJW 1980, 1792.
4 OLG Hamm v. 11.07.1984 – 20 U 29/84, VersR 1985, 826 bezogen auf die Entgegennahme einer unzureichenden Anzeige, die der Versicherungsmakler unbeanstandet annimmt. Eine Leistungsfreiheit entfällt zumindest wegen nicht erbrachter Verkaufsmitteilung!.
5 BGH v. 20.05.1987 – IVa ZR 227/85, VersR 1987, 705 = r+s 1987, 234; AG Limburg VersR 1953, 73.
6 Vgl. hierzu unter A.3, B.1 und G.3.2.
7 So schon BGH v. 09.07.1986 – IVa ZR 5/85 zum Umfang der Leistungspflicht des Versicherers. BGH v. 30.09.1981 – IVa ZR 187/80, VersR 1982, 259 zur Kündigung wegen Verstoßes gegen den Kontrahierungszwang.

wenn sich der Schadenfall mindestens einen Monat, nachdem die Verkaufsmitteilung dem Versicherer hätte zugehen müssen, ereignet[8].

I. Höhe der Leistungsfreiheit

Der Versicherer ist dann leistungsfrei. Diese Leistungsfreiheit bezieht sich nur auf das Innenverhältnis zwischen Versicherer und Versicherungsnehmer. Die Leistungsfreiheit ist auch nicht der Höhe nach begrenzt. Eine Aufnahme der Verpflichtung zur Verkaufsmitteilung ist weder in der KfzPflVV noch in den AKB unter D. als Obliegenheit vor dem Versicherungsfall erfolgt. Dabei soll nach Auffassung des BGH der Versicherer aber nur dann leistungsfrei sein, wenn dies nicht außer Verhältnis zum Verstoß steht. Dabei ist auch abzuwägen, ob die Interessen des Versicherers in ernster Weise verletzt sind und ob den Versicherungsnehmer bei der Verletzung seiner Pflicht ein Verschulden trifft[9].

5

II. Leistungspflicht des Versicherers

§ 97 Abs. 2 VVG verpflichtet den Versicherer allerdings weiter in der Leistung, wenn ihm der Eigentumsübergang bereits zu dem Zeitpunkt bekannt war, als die Anzeige ihm hätte zugehen müssen. Auch bleibt die Leistungspflicht bestehen, wenn der Versicherer in Kenntnis des Verkaufes die Kündigung nicht innerhalb der Frist von einem Monat ab Kenntnis vom Verkauf nach G.3.7 AKB ausgesprochen hat. Wenn der Versicherer die Kündigung nicht innerhalb der Frist ausgesprochen hat, spricht viel dafür, dass sein Interesse an einer Vertragsbeendigung nicht sonderlich groß war[10]. Im Übrigen richtet sich sein Recht, den Vertrag zu kündigen ebenfalls nach § 5 PflVG[11].

6

III. Schadenersatzpflicht des Veräußerers

Daneben ist der ehemalige Versicherungsnehmer dem Versicherer zum Ersatz des aus der fehlenden Mitteilung resultierenden Schadens[12] verpflichtet. Nennt der Verkäufer den Erwerber doch noch, so beschränkt sich der Anspruch des Versicherers auf die noch offenen Beiträge. Diese Pflicht ist in den neuen AKB nicht mehr so deutlich hinterlegt. Es wird nur formuliert, dass der Versicherungsnehmer dem Versicherer für die offenen Beiträge haftet, wenn der Erwerber den Vertrag durch Ummeldung unter Verwendung einer Versicherungsbestätigung eines anderen Versicherers kündigt. Der Schaden des

7

---

8 OLG Hamm v. 13.11.1981 – 20 U 214/81, VersR 1982, 765, aber BGH v. 07.03.1984 – IVa ZR 18/82, VersR 1984, 455 (Revisionsentscheidung zu OLG Hamm), der die Leistungsfreiheit bestätigte, der Erwerber tritt in die Rechte und Pflichten des Vertrages so ein, wie sie im Zeitpunkt des Übergangs bestehen.
9 BGH v. 20.05.1987 – IVa ZR 227/85, VersR 1987, 705.
10 BGH v. 11.02.1987 – IVa ZR 194/85 BGHZ 100, 60; OLG Hamm v. 25.08.1989 – 20 U 69/89, r+s 1990, 8.
11 Jacobsen in Feyock/Jacobsen/Lemor aaO. G. AKB 2008 Rn. 106.
12 BGH v. 21.02.1974 – VI ZR 234/72 in VersR 1972/754.

G.7.5 AKB (Folgen der Kündigung durch Versicherer und Erwerber)

Versicherers kann nur in den offenen Versicherungsbeiträgen bestehen, die bis dorthin entstanden sind.

E. Verschulden

8 Auf ein Verschulden kommt es nach der Formulierung sowohl in G.7.4 AKB wie auch in § 97 VVG nicht an. § 28 VVG n. F. ist nicht anzuwenden, da es sich um gesetzliche Pflichten vor dem Versicherungsfall handelt. Allerdings will der BGH die Relevanzrechtsprechung auch auf die Verkaufsmitteilung dann anwenden, wenn keine Veränderung des Risikos gegeben ist[13]. Ob diese Grundsätze auch auf die Kraftfahrzeug-Haftpflicht-Versicherung anzuwenden sind, ist mehr als fraglich, da die Versicherung nicht zu den gleichen Konditionen und Beiträgen auf den Erwerber übertragen werden kann, sondern vielmehr entsprechend seines persönlichen SFR und seiner Regionalklasse angepasst wird.

F. Sonderfälle/Mitversicherte Personen

9 Für diejenigen Kraftfahrzeuge (Mofas, Fahrräder mit Hilfsmotor etc.), die § 26 FZV unterfallen, haben die Versicherer auf die Anzeige der Veräußerung verzichtet, da die Versicherungsverträge für diese Fahrzeuge ohnehin auf ein Jahr beschränkt sind.

Die unterbliebene Verkaufsmitteilung hat keine Auswirkungen auf einen gutgläubigen Fahrer. Die Leistungsfreiheit kann ihm nicht entgegengehalten werden, da der Vertrag auf den Erwerber des Kfz übergegangen war und fortdauert.

Kündigung des Vertrags

G.7.5 (Folgen der Kündigung durch Versicherer und Erwerber[1])

Im Falle der Veräußerung können der Erwerber nach G.2.5 und G.2.6 oder wir nach G.3.7 den Vertrag kündigen. Dann können wir den Beitrag nur von Ihnen verlangen.

1 G.6.5 stellt klar, dass auch in diesem Fall der Vertragsbeendigung innerhalb des Versicherungsjahres nur der Teil der Prämie verlangt werden kann, der auf den Versicherungszeitraum entfällt. Dabei haftet der Veräußerer bis zum Zeitpunkt der Ummeldung, ggf. auch bis zum Ende der Nachhaftung, wenn der Versicherer den Vertrag mit dem Erwerber nicht führen will und diesen gekündigt hat. Einem solchen Risiko kann er nur entgehen, wenn er das Fahrzeug »abgemeldet« verkauft.

---

13 BGH v. 20.05.1987 – IV a ZR 227/85, VersR 1987, 705 (für die Feuerversicherung an einem Gebäude).
1 Überschrift des Verfassers!.

Zwangsversteigerung

G.7.6 (Zwangsversteigerung des KFZ[1])

Die Regelungen G.7.1 bis G.7.5 sind entsprechend anzuwenden, wenn Ihr Fahrzeug zwangsversteigert wird.

Alle unter G.7.1-G.7.5 aufgeführten Pflichten und Rechtsfolgen gelten auch, wenn das versicherte Fahrzeug versteigert wird. Der Vertrag geht mit dem Eigentumsübergang an dem versicherten Kfz auf den Ersteigerer über, von diesem Übergang sind nur die Unfallversicherung und die Fahrerschutzversicherung ausgenommen. Soweit für das Fahrzeug eine Vollkasko- oder Teilkasko-Versicherung abgeschlossen war, geht auch diese auf den neuen Eigentümer über. 1

Der Versicherer kann nach G.7.2 den Beitrag nach den Verhältnissen des Ersteigerers anpassen und insbesondere eine andere SFR-Einstufung vornehmen.

Der Ersteigerer und der bisherige Versicherungsnehmer haften gem. G.7.3 gemeinsam für den fälligen Beitrag. Der Versicherer kann sich aussuchen, wen er in Anspruch nimmt. Der Eigentumsübergang ist auch für die Zwangsversteigerung sowohl vom Ersteigerer als auch vom bisherigen Versicherungsnehmer unverzüglich anzuzeigen, unterbleibt diese Anzeige, entfällt der Versicherungsschutz nach den Voraussetzungen von G.7.4 AKB. Auch im Falle der Zwangsversteigerung steht dem Ersteigerer und der Versicherung ein Kündigungsrecht zu. Im Falle der Kündigung kann der Beitrag nur noch vom bisherigen Versicherungsnehmer gefordert werden, G.7.5 AKB. 2

Wagniswegfall

G.8 Wagniswegfall (z. B. durch Fahrzeugverschrottung)

Fällt das versicherte Wagnis endgültig weg, steht uns der Beitrag bis zu dem Zeitpunkt zu, zu dem wir vom Wagniswegfall Kenntnis erlangen.

Eine weitere Möglichkeit, den Vertrag enden zu lassen, stellt der Wagniswegfall dar. Dies bezeichnet den Fortfall des versicherten Risikos, d. h. das Fahrzeug wird verschrottet oder geht sonst unter. Der Beitrag steht dem Versicherer nach G.8 AKB so lange zu, bis er von dem Wagniswegfall Kenntnis erlangt. Diese Kenntnis kann er auf zweierlei Arten erlangen: zum einen wird von der Zulassungsstelle die endgültige Stilllegung des versicherten Fahrzeuges auf elektronischem Weg an den Versicherer mitgeteilt, zum anderen kann der Versicherungsnehmer dem Versicherer den Wagniswegfall ebenfalls mitteilen, um die Abrechnung des gezahlten Beitrags zu beschleunigen. Der Beitrag steht dem Versicherer nur solange zu, solange er das Wagnis des Kfz zu tragen hat. 1

---

1 Überschrift des Verfassers!.

H	**Außerbetriebsetzung, Saisonkennzeichen, Fahrten mit ungestempelten Kennzeichen**
H.1	**Was ist bei Außerbetriebsetzung zu beachten?**

1 Als Außerbetriebsetzung ist jede Form des »Aus dem Verkehr ziehen« eines Kfz gemeint. Die frühere Differenzierung zwischen vorübergehender und endgültiger Stilllegung wurde mit Inkrafttreten der FZV aufgegeben. War jedoch zum Zeitpunkt des Vertragsschlusses die alte Regelung nach den §§ 27–29a StVZO das Leitbild für die Fassung der AKB, sind diese auch auf einen Schadenfall anzuwenden, wenn die Außerbetriebsetzung in 2008 erfolgte[1].

Ruheversicherung

H.1.1 (Vertragslauf[1])

Wird das versicherte Fahrzeug außer Betrieb gesetzt und soll es zu einem späteren Zeitpunkt wieder zugelassen werden, wird dadurch der Vertrag nicht beendet.

1 Wird das Fahrzeug nur vorübergehend außer Betrieb[2] gesetzt, wird dadurch der Vertrag nicht beendet, da das versicherte Interesse nicht automatisch wegfallen ist[3]. Diese vorübergehende Außerbetriebsetzung[4] des Kfz beinhaltet zum einen das Entfernen des amtlichen Kennzeichens vom Fahrzeug und zum anderen die Entfernung des amtlichen Siegels der Zulassungsstelle. Dabei erhält der Versicherungsnehmer den Fahrzeugbrief und die entsiegelten Kennzeichen zurück. Er kann damit das Fahrzeug jederzeit – längstens bis zum Ablauf von 18 Monaten – wieder anmelden, ohne dass eine Vollbegutachtung durch den TÜV erforderlich würde. Durch diese vorübergehende Stilllegung wird der Versicherungsvertrag nicht berührt. Auch die formelle Abmeldung bei der Zulassungsstelle ändert daran nichts[5]. Soll der Versicherungsvertrag beendet werden, weil etwa das Fahrzeug nach der Stilllegung veräußert wurde, muss dies dem Versicherer separat mitgeteilt werden.

---

1 OLG Jena v. 13.3.2012 – 4 U 151/11, r+s 2012, 331 f.
1 Überschrift des Verfassers!.
2 In den AKB a. F. wurde dies als vorübergehende Stilllegung bezeichnet.
3 BGH v. 27.05.1981 – IVa ZR 52/80, VersR 1981, 921; OLG Köln v. 07.05.2004, Az.: 9 U 139/03, Jurion; LG Nürnberg-Fürth, v. 29.03.2012 – 8 O 2729/11, ADAJUR ›101396.
4 OLG Jena v. v. 13.03.2012, Az.: 4 U 151/11, Jurion.
5 BGH v. 27.05.1981 – IVa ZR 5/80 in VersR 1981, 921 = DAR 1981, 262 zu § 5 AKB a. F.

H.1.2 (Beitragsfreie Ruheversicherung[1])

Der Vertrag geht in eine beitragsfreie Ruheversicherung über, wenn die Zulassungsbehörde uns die Außerbetriebsetzung mitteilt. Dies gilt nicht, wenn die Außerbetriebsetzung weniger als zwei Wochen beträgt oder Sie die uneingeschränkte Fortführung des bisherigen Versicherungsschutzes verlangen.

Die vorübergehende Außerbetriebsetzung hat auf den Vertrag nicht die vom Versicherungsnehmer vermutete Wirkung. Der Vertrag als solcher wird dadurch nicht beendet, er wird lediglich für die Dauer der vorübergehenden Außerbetriebsetzung unterbrochen und beitragsfrei gestellt.   1

Die Ruheversicherung beginnt, wenn sie vom Versicherungsnehmer gewünscht wird, mit der Mitteilung durch die Zulassungsstelle, nicht aber mit der vorübergehenden Abmeldung bei der Zulassungsstelle, wenn die Stilllegung nicht länger als zwei Wochen dauern soll. Damit wird dem automatischen Verfahren Rechnung getragen. Die Information der vorübergehenden Stilllegung wird automatisch von der Zulassungsstelle an den Versicherer weitergegeben. Die Unterbrechung der Versicherung erfolgt dann unmittelbar, ohne dass es eines weiteren Antrages bedürfte. Wird zwar die Abmeldebescheinigung nicht vorgelegt, vom Versicherungsnehmer aber die Prämienrechnung zur Gutschrift zurückgegeben, will der Versicherungsnehmer die Fortführung des bestehenden Vertrages gerade nicht[2]. Will aber der Versicherungsnehmer die Alternative, nämlich die uneingeschränkte Fortführung des vereinbarten Versicherungsumfanges, muss er tätig werden und diese ausdrücklich beantragen[3]. Dann behält er – obwohl er das Fahrzeug im öffentlichen Verkehrsraum ohne amtliche Zulassung nicht nutzen darf – den vollständigen Versicherungsschutz (also auch den Vollkasko-Versicherungsschutz, wenn dieser vereinbart war). Allerdings ist er dann auch zur weiteren Zahlung der Beiträge verpflichtet. Hat der Versicherungsnehmer aber den Vertrag schon vor der vorübergehenden Stilllegung gekündigt, ist eine Unterbrechung des Vertrages i. S. d. Ruheversicherung nicht mehr möglich.   2

Während der Zeit der vorübergehenden Stilllegung wird das Kfz beitragsfrei mit eingeschränktem Versicherungsschutz weiterversichert. Diese Regelung ist vor allem für die Fahrzeuge mit Saisonkennzeichen interessant, die nur einen Teil des Jahres genutzt werden, aber weiter im Eigentum des Versicherungsnehmers verbleiben. Auswirkungen auf den Schadenfreiheitsrabatt hat der Zeitraum der Ruheversicherung allerdings keine, während dieser Zeit verändert sich die SFR-Einstufung nicht, da der Vertrag gem. I.3.2 AKB für das Kalenderjahr ununterbrochen bestanden haben muss. Ausnahmen können aber gem. I.6.3 gelten, wenn die Unterbrechung höchstens sechs Monate beträgt (I.6.3.1.a AKB), dann wird der Verlauf so geführt, als habe es eine Unterbrechung nicht   3

---

1 Überschrift des Verfassers!.
2 OLG München v. 13.12.1985 – 8 U 3802/85, r+s 1986, 57 f.
3 Für die davor geltenden Regeln vgl. Jacobsen in Feyock/Jacobsen/Lemor aaO. AKB 2007 § 5 Rn. 3, 4.

H.1.3 AKB (Einschränkung der Ruheversicherung)

gegeben. Diese Regelung ist vor allem für Saisonkennzeichen von Interesse, die ansonsten immer in der gleichen SFR-Stufe blieben. Der vorherige Versicherungsverlauf wird gem. I.6.3.1.b AKB dann übernommen, wenn die Unterbrechung zwar mehr als sechs aber weniger als zwölf Monate beträgt. Bei längerer Unterbrechung wird vom Versicherungsverlauf ein schadenfreies Jahr abgezogen (I.6.3.1.c AKB).

4   Die Ruheversicherung kann auf unterschiedliche Arten beendet werden: das Fahrzeug wird wieder zugelassen, die Ruheversicherung läuft nach 18 Monaten automatisch aus, ohne dass das Fahrzeug wieder zum öffentlichen Straßenverkehr zugelassen wird, da dann die vorübergehende Außerbetriebsetzung automatisch endet und zur endgültigen umgewandelt wird.

5   Die Wiederinbetriebnahme richtet sich nach § 14 FZV. Es muss ggf. eine Volluntersuchung vom TÜV erfolgen, jedenfalls dann, wenn die Außerbetriebsetzung länger als 18 Monate dauerte. Die ggf. erforderlichen Abgassonderuntersuchungen nach § 47a StVZO bzw. die Prüfuntersuchung nach § 29 StVZO sind auch bei vorübergehender Außerbetriebsetzung vor der Wiederanmeldung durchzuführen, wenn diese in der Zwischenzeit erforderlich wurden.

H.1.3 (Einschränkung der Ruheversicherung[1])

Die Regelungen nach H.1.1 und H.1.2 gelten nicht für Fahrzeuge mit Versicherungskennzeichen (z. B. Mofas), Wohnwagenanhänger sowie bei Verträgen mit ausdrücklich kürzerer Vertragsdauer als ein Jahr.

1   Voraussetzung für die Ruheversicherung ist, dass es sich nicht um ein Fahrzeug mit Versicherungskennzeichen handelt. Dies sind die Kennzeichen, die gem. § 26 FZV mit Sonderkennzeichen versehen sind und deren Vertragsdauer von vorneherein auf ein Jahr, beginnend am 01.03. und endend am 28/29.02. des Folgejahres, begrenzt ist. Ebenfalls nicht von der Ruheversicherung umfasst sind Wohnwagenanhänger, die per se nur einen Teil des Jahres genutzt werden sowie alle Fahrzeuge mit Verträgen unter einem Jahr Laufzeit. In diesen Fällen kann der Versicherungsnehmer eine beitragsfreie Unterbrechung des Versicherungsvertrags nicht verlangen. Diese Verträge können nur zum Jahresende oder bei Wagniswegfall (Untergang des Fahrzeugs – nicht Verkauf) gekündigt werden.

Umfang der Ruheversicherung

H.1.4 (Leistungsumfang in der Ruheversicherung)

Mit der beitragsfreien Ruheversicherung gewähren wir Ihnen während der Dauer der Außerbetriebsetzung eingeschränkten Versicherungsschutz.

---

1   Überschrift des Verfassers!.

Der Ruheversicherungsschutz umfasst
- die Kfz-Haftpflichtversicherung,
- die Teilkaskoversicherung, wenn für das Fahrzeug im Zeitpunkt der Außerbetriebsetzung eine Voll- oder eine Teilkaskoversicherung bestand.

Übersicht   Rdn.
A. Allgemeines   1
B. Versicherte Ereignisse   2
C. versicherte Personen   4

A. Allgemeines

Der Umfang der Leistung ist in der Ruheversicherung ist eingeschränkt auf die Kraftfahrzeug-Haftpflicht-Versicherung[1] und, soweit während der Laufzeit des Versicherungsvertrages eine Teil- oder Vollkasko-Versicherung bestand, auch der Versicherungsschutz aus der Teilkasko[2]. Dabei ist zu beachten, dass den Versicherungsnehmer die Pflichten aus der Ruheversicherung nur treffen, wenn er seinerseits aktiv eine Unterbrechung des Versicherungsschutzes in Form der Ruheversicherung verlangt, aus der bloßen Abmeldung kann dies nicht geschlossen werden[3].   1

B. Versicherte Ereignisse

Vereinbart gilt die Kraftfahrzeug-Haftpflicht-Versicherung, dies bedeutet, dass die Schäden, die Dritten durch das Fahrzeug während der Ruheversicherung entstehen, von der Kraftfahrzeug-Haftpflicht-Versicherung erstattet werden.   2

War eine Teil- oder Vollkasko-Versicherung vorher abgeschlossen ist das Fahrzeug auch gegen den zufälligen Untergang durch Feuer[4] oder Unwetter,[5] gegen Diebstahl[6] und auch gegen Glasbruch[7] während der Zeit der Ruheversicherung geschützt. Der Umfang des Kraftfahrzeug-Haftpflicht-Versicherung beschränkt sich auf den Gebrauch des ruheversicherten Kfz im nicht-öffentlichen Verkehrsraum, wobei die Vorgabe »auf einem umfriedeten Abstellplatz« in H.1.5 davon ausgeht, dass auch ein Gebrauch des Kfz nur in Ausnahmefällen stattfindet. Außerhalb dieses Bereichs ist der Gebrauch zwar im Außenverhältnis versichert, aber im Innenverhältnis besteht Leistungsfreiheit

---

1 BGH v. 20.12.1965 – II ZR 202/63, Jurion.
2 Halm/Fitz, »Versicherungsverkehrsrecht 2012/2013«,– DAR 2013, 447, 453; A.2.2.1 AKB.
3 OLG Karlsruhe v. 04.12.1991 – 13 U 222/91, VersR 1993, 93 (für die Teilkasko eines bei einem Autohändler abgestellten, abgemeldeten Kfz, welches ausbrannte).
4 OLG Jena v. v. 13.03.2012, Az.: 4 U 151/11, Jurion; A.2.2 Rdn. 5 ff.
5 AKB A.2.2 Rdn. 55 ff.
6 OLG Köln v. 13.12.2002, Az.: 9 U 131/02, VersR 2003, 1298; A.2.2 Rdn. 21 ff.
7 A.2.2 Rdn. 90 ff.

H.1.4 AKB (Leistungsumfang in der Ruheversicherung)

nach D.2. Eine Strafbarkeit nach § 6 PflVG entfällt, da das Kfz im Außenverhältnis Versicherungsschutz genießt[8].

3   Kein Anspruch hingegen besteht auf Erstattung solcher Schäden, die nur durch die Vollkasko-Versicherung gedeckt sind[9]. Auch die Vorbereitungsfahrten zur Zulassung sind gem. H.3 AKB versichert. Dazu gehören die Fahrten zur Tankstelle, Werkstatt, TÜV etc.[10]. Wird allerdings im Rahmen dieser Vorbereitungsfahrten ein Umweg über eine Gaststätte gemacht, besteht kein Zusammenhang mehr mit dem versicherten Zweck[11].

C. versicherte Personen

4   Anspruchsberechtigt ist nach der obigen Formulierung der Versicherungsnehmer. Eine Erweiterung des Versicherungsschutzes auf die sonstigen Personen, die in der Kraftfahrzeug-Haftpflicht-Versicherung nach A.1.2 mitversichert sind, ist zumindest fragwürdig. Allerdings wurde die Ausweitung der Versicherung auch auf den Halter angenommen, wenn jemand ein Kfz repariert um dieses hiernach von dem vorherigen Besitzer zu erwerben[12]. Diese Entscheidung erging allerdings nicht bei Ansprüchen gegen den Kraftfahrzeug-Haftpflicht-Versicherer, sondern im Streit zwischen dem leistenden Feuerversicherer und der Privaten Haftpflichtversicherung des zukünftigen Erwerbers. Dabei wurde die Frage, ob die Kraftfahrzeug-Haftpflicht-Versicherung als Ruheversicherung für den Brandschaden an der Unterstellmöglichkeit einzustehen hatte, nicht entschieden. Zwar ist grundsätzlich die Reparatur des Kfz durch eine der mitversicherten Personen in der Kraftfahrzeug-Haftpflicht-Versicherung vom Gebrauch gedeckt[13], aber die Reparatur durch eine sonstige Person, die diesem Kreis nicht zuzuordnen ist, ist gerade nicht gewollt[14]. In der vorliegenden Entscheidung war zwar beabsichtigt, dass das Fahrzeug – falls die Reparatur gelänge – für 500 DM an den Reparateur veräußert werden sollte, aber ob dies ausreicht, um eine Verfügungsgewalt im Sinne einer Haltereigenschaft anzunehmen ist mehr als zweifelhaft. In der vorliegenden Entscheidung wurde nur Bezug genommen auf die mögliche Abgrenzung zwischen der Kraftfahrzeug-Haftpflicht und der Privathaftpflicht und den Geltungsbereich der kleinen Benzinklausel. Diese soll nur soweit reichen, wie das Risiko anderweitig versicherbar ist, also maximal

---

8   Vgl. hierzu Kommentierung § 6 PflVG; BayObLG v. 21.05.1993 – 1 St RR 19/93, NZV 1993, 449; Stiefel/Maier/Stadler, AKB H. Rn. 15.
9   Wegen der Details vgl. Kommentierung zu A.2.1 AKB.
10 BGH v. 21.01.1976 – IV ZR 83/74, VersR 1976, 331 für eine Fahrt vom Abstellplatz nach Hause, um entsprechende Reparaturarbeiten selbst durchzuführen; der BGH ließ auch den Versicherungsschutz für ein anschließendes Trinkgelage bestehen!.
11 OLG Hamburg v. 25.06.1971 – 7 W 10/71, VersR 1971, 925, die vorhandene Deckungskarte sollte nach übereinstimmender Erklärung zur Zulassung verwendet werden, ein Vertragsschluss vorher war nicht vorgetragen worden.
12 OLG Schleswig v. 19.11.1992 – 16 U 118/91 r+s 1994, 90.
13 BGH v. 26.10.1988 – IVa ZR 73/87, VersR 1988, 1283; OLG Düsseldorf v. 12.04.1997 – 4 U 75/93, VersR 1994, 1172; Entscheidung der PK Nr. 16, zitiert v. Hock, aaO.
14 PK Nr. 104, Hock aaO.

bis zum Ende der vorübergehenden Stilllegung, wenn das Fahrzeug nicht mehr angemeldet wird[15]. Dabei kommt es nicht darauf an, dass aus dieser anderweitigen Versicherung auch Versicherungsschutz gewährt wird, sondern nur auf die Frage der Versicherbarkeit des fraglichen Risikos[16]. Allerdings steht diese Entscheidung in eklatantem Widerspruch zu den Entscheidungen der Paritätischen Kommission zur Frage des Gebrauchs in Form der Reparatur eines Kfz[17]. Dort wird der Gebrauch des Kfz nur durch die versicherten Personen als versicherbar angesehen und außerdem auch die Verursachung eines Schadens durch vom Kfz entfernte Teile nicht mehr dem Gebrauch des Kfz zugerechnet[18]. Zwar stellen die Entscheidungen der PK keine rechtsverbindlichen sondern nur verbandsinterne Entscheidungen dar, gleichwohl sind die Kriterien auch auf andere Fälle übertragbar.

Ihre Pflichten bei der Ruheversicherung

H.1.5 (Obliegenheiten bei Ruheversicherung[1])

Während der Dauer der Ruheversicherung sind Sie verpflichtet, das Fahrzeug
- in einem Einstellraum (z. B. einer Einzel- oder Sammelgarage) oder
- auf einem umfriedeten Abstellplatz (z. B. durch Zaun, Hecke, Mauer umschlossen)

nicht nur vorübergehend abzustellen. Sie dürfen das Fahrzeug außerhalb dieser Räumlichkeiten auch nicht gebrauchen. Verletzen Sie diese Pflicht, sind wir unter den Voraussetzungen nach D.2 leistungsfrei.

Übersicht	Rdn.
A. Allgemeines	1
B. Einzelfälle der Umfriedung	2
C. Folgen des Verstoßes	4
D. Umfang der Leistungsfreiheit	6

---

15 BGH v. 21.02.1990 – IV ZR 271/88, VersR 1990, 482; BGH v. 14.12.1988 – IVa ZR 161/87, r+s 1989, 44 f. = NJW-RR 1989, 412, 413 Schweißarbeiten durch den Versicherungsnehmer am seit über 1 Jahr stillgelegten Fahrzeug.
16 BGH v. 16.10.1991 – IV ZR 257/90 in NJW 1992, 315, 314 = r+s 1992, 46; Hoegen »Ausgewählte Probleme des Versicherungsvertragsrechts unter Berücksichtigung der Rechtsprechung des BGH«, VersR 1987, 221, 226.
17 Vgl. Himmelreich/Halm/Staab/Kreuter-Lange Kap. 22 Rn. 463 ff.
18 PK Nr. 104, Hock aaO.
1 Überschrift des Verfassers!.

H.1.5 AKB (Obliegenheiten bei Ruheversicherung)

A. Allgemeines

1 Gesondert wird hier für die Ruheversicherung der Gebrauch deutlich eingeschränkt. Das Fahrzeug darf nur in einem Einstellraum oder einem umfriedeten Abstellplatz[2] abgestellt werden. Bezogen auf den Abstellplatz muss sichergestellt sein, dass er nicht jedermann zugänglich ist. Diese Pflicht kommt aber nur dann zum Tragen, wenn der Versicherungsnehmer aktiv verlangt, dass der Versicherungsschutz, den er vertraglich vereinbart hatte, unterbrochen und in eine Ruheversicherung umgewandelt wird[3].

B. Einzelfälle der Umfriedung

2 So reicht eine Einzäunung eines Grundstückes nur dann, wenn diese vollständig ist, ist eine Stelle dauerhaft offen, erfüllt das Grundstück den Begriff »umfriedet« nicht[4]. Dabei muss der Bereich durch Schutzeinrichtungen (Mauern, Gräben, Zäune oder Hecken) abgegrenzt sein[5]. Dieses durch die Rechtsprechung konkretisierte Erfordernis des umfriedeten Abstellplatzes wird in den AKB 2015 durch Beispiele deutlicher. Wird das Fahrzeug aus nicht oder nicht vollständig umfriedeten Abstellplätzen gestohlen oder geht aus sonstigen Gründen unter, ist der Versicherer von der Verpflichtung zur Leistung vollständig frei[6]. Hier sollte das Fahrzeug der Versicherungsnehmerin, die für längere Zeit ins Ausland reisen wollte, von einem Tankstellenpächter veräußert werden. Zu diesem Zweck wurde das Kfz auf dem Tankstellengelände abgestellt und nach einiger Zeit entwendet. Die Leistungsfreiheit ist in diesem Fall vollständig gegeben, da nach der jetzt geltenden Regelung von einer vorsätzlichen Obliegenheitsverletzung auszugehen ist, das fehlende Verschulden kann nicht angenommen werden. Gleiches gilt auch, wenn die Umfriedung eines vorübergehend außer Betrieb gesetzten Motorrades durch einen PKW, der vor diesem Motorrad abgestellt wird, erreicht werden soll[7]. Allerdings kann ein Carport dann den Ansprüchen an eine Umfriedung genügen, wenn er nicht von der öffentlichen Straße frei zugänglich ist, sondern durch Mauern, Hecken und Zäune oder massive Ketten zwischen den Holzbalken abgegrenzt ist[8].

3 Ein Gebrauch des Kfz ist auch nur dort zulässig. Allerdings ist durch die Formulierung »nicht nur vorübergehend« auch das vorübergehende Abstellen im öffentlichen Verkehrsraum – zu Rangierzwecken – zugelassen[9].

---

2 OLG Karlsruhe v. 01.03.2012 – 12 U 196/11, zfs 2012, 334 f.
3 OLG Karlsruhe v. 04.12.1991 – 13 U 222/91, VersR 1993, 93 zur Teilkasko bei Ausbrennen eines vorübergehend stillgelegten Kfz auf dem Grundstück des Kfz-Händlers.
4 LG Hamburg v. 18.06.2003 – 331 O 243/02, SP 2006, 197.
5 OLG Köln v. 13.12.2002 – 9 U 131/02, r+s 2003, 232 = NJOZ 2003, 1790 f.
6 So OLG Köln v. 13.12.2002 – 9 U 131/02 r+s 2003, 232 = NJOZ 2003, 1790 f. 0u § 5 Nr. 2 AKB a. F.
7 OLG Celle v. 04.10.1989 – 8 U 10/90, r+s 1990, 262.
8 OLG Köln v. 14.06.2005 – 9 U 174/04, r+s 2005, 458 = NJOZ 2006, 1669 f., Schleswig-Holst. OLG v. 05.07.2009 – 16 U 143/08, SP 2010, 20 f.
9 BGH v. 24.04.1985 – IVa ZR 166/83, VersR 1985, 775 = r+s 1985, 199 f.

C. Folgen des Verstoßes

Diese Obliegenheit gilt erst mit der Beantragung der Ruheversicherung[10], nicht schon mit der Abmeldung bei der Zulassungsstelle.

Der Verstoß gegen die Ruheversicherung und der Gebrauch des Kfz außerhalb des umfriedeten Abstellplatzes haben zur Folge, dass der Versicherungsschutz gefährdet ist und ein Regress nach D.3 AKB bis zu € 5.000 im Falle eines Schadens gefordert werden kann.

Diese Regressbegrenzung auf 5.000 € war in den AKB a. F. nicht enthalten, § 5 Abs. 2 AKB a. F. ging von einer vollständigen Leistungsfreiheit des Versicherers aus, wenn die Obliegenheiten aus der Ruheversicherung verletzt wurden. Da sich eine Einschränkung des Regresses nicht aus den Vorschriften der KfzPflVV ergibt, ist der Versicherer auch nicht verpflichtet, seine Leistungsfreiheit auf die Grenzen des § 5 KfzPflVV zu beschränken. Die dem Vertrag zugrunde liegenden AKB sind daher zu prüfen. Die Ruheversicherung gehört nicht zu dem vom PflVG geschützten Bereich[11]. Auch in der KfzPflVV ist der Verstoß gegen die Ruheversicherung nicht aufgenommen.

Derjenige, der gegen die Pflichten während der Ruheversicherung verstößt, macht sich nicht gem. § 6 PflVG strafbar[12].

D. Umfang der Leistungsfreiheit

Durch die Aufnahme des Verstoßes gegen die Ruheversicherung unter D.2 AKB ist auch die Frage der Vorwerfbarkeit des Verhaltens des Versicherungsnehmers zu prüfen. Da der Versicherungsnehmer in aller Regel Kenntnis von der Stilllegung und der Vereinbarung der Ruheversicherung hat, ist unzweifelhaft von einer vorsätzlichen Begehung der Obliegenheitsverletzung auszugehen. Auch für den Fahrer gilt dies, da die ungestempelten Kennzeichen bei den dem Fahrer vor Fahrtantritt obliegenden Prüfungspflichten auffallen müssten und die Bedeutung ungestempelter Kennzeichen bekannt ist[13].

---

10 OLG Karlsruhe v. 04.12.1991 – 13 U 222/91, VersR 1993, 93.
11 Prölss/Martin VVG § 5 AKB Rn. 18 und BAV in GB-BAV 1998, 56; Stiefel/Hofmann § 5 AKB Rn. 14; Stiefel/Maie/Stadler AKB H Rn. 24 verweist nur noch auf die Regelung des Regresses nach D.2 AKB.
12 BayObLG 1 St RR 19/93 in VersR 1994, 85 = NZV 1993, 449.
13 Kreuter-Lange in Himmelreich/Halm Hb. Kfz-Schadenregulierung Kap. 22. Rn. 471.

H.1.6 AKB (Aufleben des Versicherungsschutzes)

Wiederanmeldung

H.1.6 **(Aufleben des Versicherungsschutzes[1])**

Wird das Fahrzeug wieder zum Verkehr zugelassen (Ende der Außerbetriebsetzung), lebt der ursprüngliche Versicherungsschutz wieder auf. Das Ende der Außerbetriebsetzung haben Sie uns unverzüglich mitzuteilen.

1 Der Versicherungsvertrag besteht noch und wurde durch die vorübergehende Außerbetriebsetzung nur unterbrochen. Folgerichtig kann der Versicherungsschutz in der Ruheversicherung wieder aufleben, ohne dass hier weitere Anträge beim Versicherer erforderlich wären, allerdings muss das Ende der Außerbetriebssetzung dem Versicherer mitgeteilt werden.

Ein Versäumnis dieser Pflicht hat allerdings wegen der elektronischen Informationen von der Zulassungsstelle an den Versicherer ohne Sanktionen[2].

Für die erneute Zulassung des Fahrzeuges wird aber gleichwohl eine Versicherungsbestätigung benötigt. Erforderlich ist zur Beendigung der Ruheversicherung in diesem Fall die Anmeldung des Fahrzeuges, die alleinige Anzeige der Inbetriebnahme und die Inbetriebnahme des Kfz – ohne die Zulassung – lässt die Ruheversicherung nicht enden[3].

Ende des Vertrags und der Ruheversicherung

H.1.7 **(Außerbetriebsetzung des KFZ[1])**

Der Vertrag und damit auch die Ruheversicherung enden xx Monate nach der Außerbetriebsetzung des Fahrzeugs, ohne dass es einer Kündigung bedarf.

1 Da der Vertrag über die Kraftfahrzeug-Haftpflicht-Versicherung zu keinem Zeitpunkt gegenüber dem Versicherer gekündigt worden ist, besteht er fort. Eine Kündigung ist dann entbehrlich, wenn die Außerbetriebsetzung einen bestimmten Zeitraum, in aller Regel zwischen 12 und 18 Monaten, überschreitet. Der Zeitraum für die beitragsfreie Ruheversicherung kann frei bestimmt werden. Eine Verpflichtung zur Gewährung der Ruheversicherung besteht nicht. Der Versicherer kann in seinen Bedingungen auch die Ruheversicherung gänzlich streichen, eine Verpflichtung, diese Versicherung anzubieten, ist im VVG nicht vorgesehen. Auch das PflVG birgt keine Regelung hierfür.

---

1 Überschrift des Verfassers!.
2 In Zeiten der Datenfernübertragung ist davon auszugehen, dass die Information des Versicherers zeitnah erfolgt.
3 Stiefel/Maier/Stadler, AKB H. Rn. 27.
1 Überschrift des Verfassers!.

Der geänderte Vertrag endet nach Ablauf der Frist automatisch. Will der Versicherer für Schäden, die ggf. nach Ablauf dieser Zeit eintreten, leistungsfrei sein, ist er gehalten, das Ende der Ruheversicherung (durch Zeitablauf) an die Zulassungsstelle zu melden, um die Nachhaftung in Gang zu setzen[2].

H.1.8 (Kein Vertragsende durch neue Versicherungsbestätigung[1])

Melden Sie das Fahrzeug während des Bestehens der Ruheversicherung mit einer Versicherungsbestätigung eines anderen Versicherers wieder an, haben wir das Recht, den Vertrag fortzusetzen und den anderen Versicherer zur Aufhebung des Vertrags aufzufordern.

Da der Versicherungsvertrag bei Vereinbarung der Ruheversicherung bei vorübergehender Stilllegung nicht beendet wurde, kann folgerichtig auch kein Vertrag bei einem anderen Versicherer abgeschlossen werden, wenn das Fahrzeug durch den gleichen Besitzer wieder zugelassen werden soll. Der Versicherungsnehmer muss den Vertrag aktiv kündigen, will er sich bei einem anderen Versicherer versichern[2]. Erfolgt eine solche Meldung an die Zulassungsstelle über das Vertragsende nicht, besteht die Nachhaftung des die Ruheversicherung gewährenden Versicherers solange, bis entweder eine Versicherungsbestätigung eines anderen Versicherers vorgelegt wird oder bis zum Untergang des Kfz.

H.2 Welche Besonderheiten gelten bei Saisonkennzeichen?

Saisonkennzeichen wurden zum 01.02.1997 zugelassen und ermöglichen, ein Fahrzeug nur für einen bestimmten Zeitraum im Kalenderjahr (Saison) zuzulassen. Dabei muss die Zulassung volle Monate umfassen. Die Befristung der Zulassung auf einen bestimmten Zeitraum, der mindestens 2 Monate dauern muss und den Zeitraum von 11 Monaten eines Kalenderjahres nicht überschreiten darf, § 9 Abs. 3 S. 3 FZV, ist auf den Kennzeichen rechts zu vermerken. (3/10 bedeutet Betriebszeitraum 01.03. bis 31.10. eines Kalenderjahres). Der Versicherungsnehmer kann die Dauer alleine bestimmen, es muss sich nur um volle Kalendermonate handeln. Nur während des benannten Zeitraums dürfen diese Fahrzeuge im öffentlichen Verkehrsraum genutzt werden, § 9 Abs. 3 S. 4 FZV. Durch die Saisonkennzeichen wird das An- und Abmelden nur zeitweilig (in der Saison) genutzter Fahrzeuge erspart. Diese können in dem vereinbarten Zeitraum des Folgejahres ohne neuerliche Anmeldung einfach wieder in Betrieb gesetzt werden. Dies gilt nicht nur für Motorräder und Wohnmobile im Sommer, sondern auch für alle anderen zulassungspflichtigen Kraftfahrzeuge und Anhänger[1], auch

---

2 Stiefel/Maier/Stadler AKB H. Rn. 35 f.
1 Überschrift des Verfassers!.
2 Jacobsen in Feyock/Jacobsen/Lemor aaO. AKB 2007 § 5 Rn. 5 bzw. AKB 2008 zu. H.1.8.
1 Jacobsen in Feyock/Jacobsen/Lemor aaO. AKB 2007, § 5a Rn. 4.

H.2.1 AKB (Versicherungsschutz für Saisonkennzeichen)

für evtl. nur in der Erntezeit genutzte LKW[2], die nicht unter die Regelung der Versicherungskennzeichen fallen. Dabei kann die Saison auch geändert werden, der Halter kann veränderte Saisonkennzeichen unter Beibehaltung der bisherigen Nummer beantragen[3]. Dabei gelten für Kfz mit Saisonkennzeichen einige Besonderheiten: es muss die Hauptuntersuchung nicht im Monat der Fälligkeit erfolgen, wenn dieser außerhalb der Saison liegt, dann ist die Hauptuntersuchung im ersten Monat der Saison durchzuführen[4]. Der Halter eines Kfz mit Saisonkennzeichen ist verpflichtet, auch außerhalb des Betriebszeitraums für das Bestehen einer Kraftfahrzeug-Haftpflicht-Versicherung zu sorgen[5].

H.2.1 (Versicherungsschutz für Saisonkennzeichen[1])

Für Fahrzeuge, die mit einem Saisonkennzeichen zugelassen sind, gewähren wir den vereinbarten Versicherungsschutz während des auf dem amtlichen Kennzeichen dokumentierten Zeitraums (Saison).

1 Die Versicherungsbestätigung ist für Saisonkennzeichen von Anfang an auf den gewünschten Zeitraum begrenzt. Für den Zeitraum der Zulassung wird auch für mit einem Saisonkennzeichen versehenes Fahrzeug Versicherungsschutz wie beantragt gewährt. Unterschiede zu einem ganzjährigen Vertrag bestehen in dieser Zeit nicht. Allerdings gilt ein Fahrzeug mit Saisonkennzeichen auch außerhalb der Saison als zugelassen[2], mit der Folge, dass alle amtlichen Vorschriften weitergelten. Es ist zu keinem Zeitpunkt stillgelegt, da eine Entstempelung der Kennzeichen und der Vermerk in den Fahrzeugpapieren gerade nicht erfolgt. Allerdings darf es außerhalb der Saison nicht im öffentlichen Verkehrsraum gebraucht werden.

H.2.2 (Ruheversicherung nach der Saison[1])

Außerhalb der Saison haben Sie Ruheversicherungsschutz nach H.1.4 und H.1.5.

1 Ist der vereinbarte Nutzungszeitraum (Saison) vorüber, so wandelt sich der Vertrag automatisch in eine beitragsfreie Ruheversicherung um, ohne dass weitere Aktivitäten erforderlich würden. Dies ergibt sich aus dem Verweis auf H.1.4 und H.1.5. Gleichzeitig wird eine Nutzung des Kfz im öffentlichen Verkehrsraum automatisch unzulässig. Will

---

2 Z. B. sog. Rübenlaster, die immer nur zur Zeit der Zuckerrübenernte für den Transport zur Zuckerfabrik in Betrieb genommen werden.
3 Jacobsen in Feyock/Jacobsen/Lemor aaO. AKB 2007 § 5a Rn. 8.
4 Anlage VIII Abschnitt 2a zur StVZO (Hauptuntersuchung), § 47a. A.bs. 7 StVZO mit Verweis auf 2.6 der Anlage(Abgasonderuntersuchung).
5 Hamburgisches OVG v. 14.08.2001 – 3 Bf 385/00 in NZV 2002, 150 = DAR 2002, 139.
1 Überschrift des Verfassers!.
2 Jacobsen in Feyock/Jacobsen/Lemor aaO. AKB 2007 § 5a Rn. 5.
1 Überschrift des Verfassers!.

also der Halter eines Saisonfahrzeuges dieses außerhalb der Saison nutzen, muss er dies bei der Zulassungsstelle entsprechend förmlich durch Beantragung eines anderen Dauer-Kennzeichens dokumentieren. Da auch hier die Ruheversicherung beitragsfrei gewährt wird, ist der Versicherer bei Obliegenheitsverletzungen von der Verpflichtung zur Leistung vollständig frei, die Ruheversicherung ist nicht in den Obliegenheiten vor dem Versicherungsfall nach § 5 KfzPflVV aufgenommen, so dass eine Begrenzung der Leistungsfreiheit nicht erforderlich ist. Etwas anderes gilt nur, wenn der Versicherer diese Obliegenheitsverletzung in seinen AKB unter D.1 und D.2 (wie in den Musterbedingungen des GdV) mit aufnimmt und sein Leistungsverweigerungsrecht in der Kraftfahrzeug-Haftpflicht-Versicherung auf 5.000 € begrenzt.

H.2.3 (Versicherungsschutz innerhalb Ruheversicherung[1])

Für Fahrten außerhalb der Saison haben Sie innerhalb des für den Halter zuständigen Zulassungsbezirks und eines angrenzenden Bezirks in der Kfz-Haftpflichtversicherung Versicherungsschutz, wenn diese Fahrten
- im Zusammenhang mit dem Zulassungsverfahren oder
- wegen der Hauptuntersuchung, Sicherheitsprüfung oder Abgassonderuntersuchung

durchgeführt werden.

Für Saisonkennzeichen wird der Versicherungsschutz während der Ruheversicherung neben der Zulassungsfahrt[2] auch auf die vorbereitenden Fahrten zur Werkstatt[3], Hauptuntersuchung, Sicherheitsprüfung und Abgassonderuntersuchung ausgedehnt. Diese Fahrten können ohne gesonderte Aktivitäten vom Versicherungsnehmer durchgeführt werden. Allerdings ist er – will er seinen Versicherungsschutz behalten – räumlich auf den für den Fahrzeughalter zuständigen Zulassungsbezirk und den daran angrenzenden Zulassungsbezirk beschränkt. Eine Nutzung des Kfz zu einem anderen Zweck stellt einen Verstoß gegen die Ruheversicherungsklausel dar und führt im Schadenfall zum Regress. 1

Da der Versicherungsschutz besteht, kann eine Strafbarkeit gem. § 6 PflVG wegen Fahrens ohne Versicherungsschutz auch für Fahrten außerhalb der Saison nicht bestehen[4].

H.3 Fahrten mit ungestempelten Kennzeichen

Grundsätzlich sind Fahrten mit ungestempelten Kennzeichen im öffentlichen Verkehrsraum nicht zulässig. Die Verwendung stellt eine Ordnungswidrigkeit im Sinne des § 48 FZV dar. Auch im Rahmen der Ruheversicherung sind Fahrten mit dem un- 1

---

1 Überschrift des Verfassers!.
2 BGH v. 20.12.1965, Az.: II ZR 202/63, Jurion.
3 BGH v. 21.01.1976, Az.: IV ZR 83/74, Jurion.
4 Wegen der Details vgl. § 6 PflVG.

H.3.1 AKB (Zulassungsvorbereitung)

gestempelten Kennzeichen nicht gestattet, wenn nicht eine der nachfolgenden Ausnahmeregelungen greift.

Eine Strafbarkeit gem. § 6 PflVG ist jedoch nicht gegeben, da auch im Rahmen der Ruheversicherung Versicherungsschutz in der Kraftfahrzeug-Haftpflicht-Versicherung besteht.

Versicherungsschutz in der Kfz-Haftpflichtversicherung und beim Autoschutzbrief

H.3.1 (Zulassungsvorbereitung[1])

In der Kfz-Haftpflichtversicherung und beim Autoschutzbrief besteht Versicherungsschutz auch für Zulassungsfahrten mit ungestempelten Kennzeichen. Dies gilt nicht für Fahrten, für die ein rotes Kennzeichen oder ein Kurzzeitkennzeichen geführt werden muss.

1 Als Ausnahme ist für die vorübergehend stillgelegten Fahrzeuge nur die Zulassungsfahrt zugelassen, da dort noch Versicherungsschutz in der Kraftfahrzeug-Haftpflicht-Versicherung besteht.

Wird eine andere Fahrt als die zur Zulassungsstelle durchgeführt, liegt darin eine Obliegenheitsverletzung, eine Strafbarkeit im Sinne von § 6 Abs. 1 PflVG ist jedoch nicht gegeben, da durch diese Fahrten nicht der eigentliche Versicherungsschutz gefährdet ist[2]. Ist ein Kennzeichen nicht vorhanden, muss ein rotes Kennzeichen oder ein Kurzzeitkennzeichen verwendet werden.

Was sind Zulassungsfahrten?

H.3.2 (Definition Zulassungsfahrten[1])

Zulassungsfahrten sind Fahrten, die im Zusammenhang mit dem Zulassungsverfahren stehen. Dies sind:
- Fahrten zur Zulassungsstelle zur Anbringung der Stempelplakette sowie Fahrten zur Durchführung einer Hauptuntersuchung oder einer Sicherheitsprüfung innerhalb des zuständigen Zulassungsbezirks und eines angrenzenden Bezirks mit ungestempelten Kennzeichen, wenn die Zulassungsbehörde vorab ein solches erteilt hat.
- Fahrten nach Entfernung der Stempelplakette mit dem bisher zugeteilten Kennzeichen bis zum Ablauf des Tages der Außerbetriebsetzung des Fahrzeugs.

---

1 Überschrift des Verfassers!.
2 OLG Celle vom 08.08.2013, 31 Ss20/10; wegen der weiteren Befugnisse vgl. H.3.2 AKB.
1 Überschrift des Verfassers!.

Übersicht

	Rdn.
A. Allgemeine Bedeutung	1
B. Sonderfahrten	2
I. Zuteilung eines ungestempelten Kennzeichens	3
II. erweiterter Versicherungsschutz	4
III. Fahrten nach Entfernung der Stempelplakette	5

A. Allgemeine Bedeutung

Um Unklarheiten zu vermeiden, wird klargestellt, welche Fahrten als »Zulassungsfahrten[2]« anzusehen sind. Diese Aufzählung ist enumerativ, weitere Ausnahmen sind ggf. gesondert aufgenommen. Der Text wurde in den AKB 2015 der veränderten Fassung von § 10 Abs. 4 FZV angepasst.   1

Versichert ist damit noch im Rahmen der Kraftfahrzeug-Haftpflicht-Versicherung die unmittelbare Fahrt von der Zulassungsstelle nach dem Entfernen der Stempelplakette nach Hause.

B. Sonderfahrten

Die Fahrten zur Durchführung der vorgeschriebenen Hauptuntersuchung, der Abgassonderuntersuchung oder Sicherheitsprüfung sind nur zulässig, wenn die Zulassungsbehörde vorab ein ungestempeltes Kennzeichen zugeteilt hat. Diese Regelung stellt eine Einschränkung dar.   2

I. Zuteilung eines ungestempelten Kennzeichens

Als Zuteilung eines ungestempelten Kennzeichens ist die willentliche Vergabe eines Kennzeichens ohne entsprechende Zulassungsstempel gemeint. Bei vorübergehend stillgelegten Fahrzeugen hat die Zulassungsbehörde vorab gerade kein ungestempeltes Kennzeichen zugeteilt. Vielmehr wurde das dem Fahrzeugeigner gehörende Kennzeichen in dessen Besitz belassen, um dieses Kfz zu einem späteren Zeitpunkt wieder anmelden zu können.   3

II. erweiterter Versicherungsschutz

Soweit das Kennzeichen von der Zulassungsstelle vorab ungestempelt zugeteilt wurde, wird der Versicherungsschutz ausgeweitet auf die Fahrten, die die Zulassung vorbereiten sollen, nämlich die Hauptuntersuchung, Abgassonderuntersuchung, Sicherheitsprüfung und selbstverständlich auch die Fahrt zur Zulassungsstelle, um die entsprechenden Zulassungsstempel zu erhalten. Wird gegen diese Regel verstoßen, handelt es sich um einen Verstoß gegen eine Obliegenheit im Schadenfall, der nach den vorliegenden AKB Leistungsfreiheit im Rahmen von D.3 AKB zieht.   4

---

2 BGH v. 21.01.1976, Az.: IV ZR 83/74, MDR 1976, 476 f.

III. Fahrten nach Entfernung der Stempelplakette

5 Wurde das Fahrzeuge außer Betrieb gesetzt und das Kennzeichen entstempelt, sind Fahrten an diesem Tag noch zulässig bis 24.00 Uhr (»Ablauf dieses Tages«). In diesem Zeitraum liegt kein Verstoß gegen § 6 PflVG vor.

I Schadenfreiheitsrabatt-System

Allgemeines

1 Das Schadenfreiheitsrabatt-System (SFR-System) wird seit Jahrzehnten erfolgreich verwendet. Es dient als ein Baustein der risikogerechten Prämienerhebung bei allen Versicherern. Dabei orientieren sich die Versicherer regelmäßig nur an dem bewährten System, ohne es eins zu eins umzusetzen. Dies führt dazu, dass erhebliche Abweichungen[1] bei der Einstufung je nach Anbieter möglich sind.

2 Das SFR-System betrifft lediglich[2] die Kfz-Haftpflicht- und die Vollkaskoversicherung.

3 Weder für die sonstigen in die AKB integrierten Verträge (Teilkasko-, Autoschutzbrief-, Kfz-Unfall- und Fahrerschutzversicherung) noch für Zusatzversicherungen und Sonderbedingungen (Kfz-USV, Güterfolgeschadenversicherung etc.) gibt es entsprechende Parallelen.

4 Schäden aus anderen Sparten beeinflussen das SFR-System weder in der Haftpflicht- noch in der Vollkaskoversicherung. Schließlich beeinflussen Schäden weder Schäden aus der Kfz-Haftpflichtversicherung solche der Vollkaskoversicherung[3] noch umgekehrt. Schließt jemand erstmals eine Vollkaskoversicherung ab, richtet sich allerdings zur Orientierung die Einstufung nach dem Status in der Kfz-Haftpflichtversicherung.

5 Die Vertragsklauseln sind weitgehend selbsterklärend. Kommentiert sind einzelne Punkte, die einer Verdeutlichung bedürfen.

I.1 Einstufung in Schadenfreiheitsklassen (SF-Klassen)

In der Kfz-Haftpflicht- und der Vollkaskoversicherung richtet sich die Einstufung Ihres Vertrags in eine SF-Klasse und der sich daraus ergebende Beitragssatz nach Ihrem Schadenverlauf. Siehe dazu die Tabellen in Anhang 1.

Dies gilt nicht für Fahrzeuge mit Versicherungskennzeichen, ... < *xx alle gewünschten WKZ und Kennzeichenarten aufführen* >

---

1 Stiefel/Maier/*Schurer* Vorb. I – K, Rn. 10 u. I. AKB, Rn. 8.
2 *Stadler* Die Kfz-Versicherung, Rn. 99.
3 Stiefel/Maier/*Schurer* I. AKB, Rn. 8.

I.2 Ersteinstufung

I.2.1 Ersteinstufung in SF-Klasse 0

Beginnt Ihr Vertrag ohne Übernahme eines Schadenverlaufs nach I.6, wird er in die SF-Klasse 0 eingestuft.

I.2.2 Sondererseinstufung eines Pkw in SF-Klasse $1/2$ oder SF-Klasse 2

I.2.2.1 Sondererseinstufung in SF-Klasse $1/2$

Beginnt Ihr Vertrag für einen Pkw ohne Übernahme eines Schadenverlaufs nach I.6., wird er in die SF-Klasse 1/2 eingestuft, wenn
a auf Sie bereits ein Pkw zugelassen ist, der zu diesem Zeitpunkt in der Kfz-Haftpflichtversicherung mindestens in die SF-Klasse 1/2 eingestuft ist, oder
b auf Ihren Ehepartner, Ihren eingetragenen Lebenspartner oder Ihren mit Ihnen in häuslicher Gemeinschaft lebenden Lebenspartner bereits ein Pkw zugelassen ist,
- der zu diesem Zeitpunkt in der Kfz- Haftpflichtversicherung mindestens in die SF-Klasse 1/2 eingestuft ist, und
- Sie seit mindestens einem Jahr eine gültige Fahrerlaubnis zum Führen von Pkw oder Krafträdern besitzen, oder
c Sie seit mindestens drei Jahren zum Führen von Pkw oder Krafträdern, die ein amtliches Kennzeichen führen, besitzen.

Die Fahrerlaubnis muss von einem Mitgliedstaat des Europäischen Wirtschaftsraums (EWR) erteilt oder nach I.2.5 gleichgestellt sein.

Die Sondereinstufung in die SF-Klasse $1/2$ gilt nicht für Pkw, die ein Ausfuhrkennzeichen, ein Kurzzeitkennzeichen oder ein rotes Kennzeichen führen.

I.2.2.2 Sondererseinstufung in SF-Klasse 2

Beginnt Ihr Vertrag für einen Pkw ohne Übernahme eines Schadenverlaufs nach I.6, wird er in die SF-Klasse 2 eingestuft, wenn
- auf Sie, Ihren Ehepartner, Ihren eingetragenen Lebenspartner oder Ihren mit Ihnen in häuslicher Gemeinschaft lebenden Lebenspartner bereits ein Pkw zugelassen und bei uns versichert ist, der zu diesem Zeitpunkt in der Kfz-Haftpflichtversicherung mindestens in die SF- Klasse 2 eingestuft ist, und
- Sie seit mindestens einem Jahr eine gültige Fahrerlaubnis zum Führen von Pkw oder von Krafträdern besitzen, die von einem des Europäischen Wirtschaftsraums (EWR) erteilt wurde, und
- Sie und der jeweilige Fahrer mindestens das xx. Lebensjahr vollendet haben.

I.2.3 AKB Anrechnung des Schadenverlaufs der Kfz-Haftpflichtvers. in der Vollkaskover-

Die Sondereinstufung in die SF-Klasse 2 gilt nicht für Pkw, die ein Ausfuhrkennzeichen, ein Kurzzeitkennzeichen oder ein rotes Kennzeichen führen.

I.2.3   Anrechnung des Schadenverlaufs der Kfz-Haftpflichtversicherung in der Vollkaskoversicherung

Ist das versicherte Fahrzeug ein Pkw, ein Kraftrad oder ein Campingfahrzeug und schließen Sie neben der Kfz-Haftpflichtversicherung eine Vollkaskoversicherung mit einer Laufzeit von einem Jahr ab (siehe G.1.2), können Sie verlangen, dass die Einstufung nach dem Schadenverlauf der Kfz- Haftpflichtversicherung erfolgt. Dies gilt nicht, wenn für das versicherte Fahrzeug oder für ein Vorfahrzeug im Sinne von I.6.1.1 innerhalb der letzten 12 Monate vor Abschluss der Vollkaskoversicherung bereits eine Vollkaskoversicherung bestanden hat; in diesem Fall übernehmen wir den Schadenverlauf der Vollkaskoversicherung nach I.6.

I.2.4   Führerscheinsonderregelung

Hat Ihr Vertrag für einen Pkw oder ein Kraftrad in der Klasse SF 0 begonnen, stufen wir ihn auf Ihren Antrag besser ein, sobald Sie drei Jahre im Besitz einer Fahrerlaubnis für Pkw oder Krafträder sind und folgende Voraussetzungen gegeben sind:
- Der Vertrag ist schadenfrei verlaufen und
- Ihre Fahrerlaubnis ist von einem Mitgliedsstaat des Europäischen Wirtschaftsraums (EWR) ausgestellt worden oder diesen nach I.2.5. gleichgestellt.

I.2.5   Gleichgestellte Fahrerlaubnisse

Fahrerlaubnisse aus Staaten außerhalb des Europäischen Wirtschaftsraums (EWR) sind Fahrerlaubnissen aus einem Mitgliedsstaat des EWR gleichgestellt, wenn diese nach der Fahrerlaubnisverordnung
- ohne weitere theoretische oder praktische Fahrprüfung umgeschrieben werden können oder
- nach Erfüllung der Auflagen umgeschrieben sind.

I.3   Jährliche Neueinstufung

Wir stufen Ihren Vertrag zum 1. Januar eines jeden Jahres nach seinem Schadenverlauf im vergangenen Kalenderjahr neu ein.

Bei einem Schadenereignis ist der Tag der Schadenmeldung maßgeblich dafür, welchem Kalenderjahr der Schaden zugeordnet wird.

I.3.1 Wirksamwerden der Neueinstufung

Die Neueinstufung gilt ab der ersten Beitragsfälligkeit im neuen Kalenderjahr.

I.3.2 Besserstufung bei schadenfreiem Verlauf

Ist Ihr Vertrag während eines Kalenderjahres schadenfrei verlaufen und hat der Versicherungsschutz während dieser Zeit ununterbrochen bestanden, wird Ihr Vertrag in die nächst bessere SF-Klasse nach der jeweiligen Tabelle im Anhang 1 eingestuft.

I.3.3 Besserstufung bei Saisonkennzeichen

Ist das versicherte Fahrzeug mit einem Saisonkennzeichen zugelassen (siehe H.2), nehmen wir bei schadenfreiem Verlauf des Vertrags eine Besserstufung nach I.3.2 nur vor, wenn die Saison mindestens sechs Monate beträgt.

I.3.4 Besserstufung bei Verträgen mit SF-Klassen [2], $^1/_2$, S, 0 oder M

Hat der Versicherungsschutz während des gesamten Kalenderjahres ununterbrochen bestanden, stufen wir Ihren Vertrag aus der SF-Klasse, 1/2, S, 0 oder M bei schadenfreiem Verlauf in die SF-Klasse 1 ein.

Hat Ihr Vertrag in der Zeit vom 2. Januar bis 1. Juli eines Kalenderjahres mit einer Einstufung in SF-Klasse [2], 1/2 oder 0 begonnen und bestand bis zum 31. Dezember mindestens sechs Monate Versicherungsschutz, wird er bei schadenfreiem Verlauf zum 1. Januar des folgenden Kalenderjahres wie folgt eingestuft:

[xx von SF-Klasse 2	nach	SF-Klasse xx]
von SF-Klasse 1/2	nach	SF-Klasse xx,
von SF-Klasse 0	nach	SF-Klasse xx.

I.3.5 Rückstufung bei schadenbelastetem Verlauf

Ist Ihr Vertrag während eines Kalenderjahres schadenbelastet verlaufen, wird er nach der jeweiligen Tabelle in Anhang 1 zurückgestuft.

Der Schadensfreiheitsrabatt stellt einen echten Vermögenswert[1] dar. Entsprechend wird er vom Versicherungsnehmer mit Aufmerksamkeit[2] wahrgenommen. Er steht dem Versicherungsnehmer als höchstpersönliches[3] Recht zu.

---

1 *BGH* Urt. v. 25.04.2006 – VI ZR 36/05, JurionRS 2006, 18054 = DAR 2006, 574 = MDR 2006, 1344 = NJW 2006, 2397 = VersR 2006, 1139 = NZV 2006, 476 = SVR 2009, 377 Ls. = zfs 2006, 680 m. Anm. *Diehl* = VRR 2006, 301 bespr. v. *Zorn*.
2 Stiefel (Maier/*Schurer* I AKB, Rn. 2.
3 Feyock/*Jacobsen*/Lemor A. I. AKB 2008, Rn. 7.

7   Der Versicherungsnehmer kann nach h. M.[4] im Rahmen der ehelichen Fürsorgepflicht nach § 1353 Abs. 1 Satz 2 BGB sogar dazu verpflichtet sein, das Recht auf seinen getrennt lebenden Ehegatten zu übertragen, wenn dieser das Fahrzeug fuhr und den Schadensfreiheitsrabatt tatsächlich erzielt hat.

8   Der Verlust des Schadensfreiheitsrabattes bedeutet für den Versicherungsnehmer regelmäßig einen wirtschaftlichen Nachteil. Dieser Nachteil setzt sich in den folgenden Jahren fort, da die Rückstufung sich auf die Zukunft auswirkt. Entsprechend ist bei der Bemessung des Gegenstandswertes[5] vom Prämienunterschied mehrerer Jahre auszugehen, bis die günstigste Klasse erreicht wird. Etwaige weitere Schäden bleiben dabei unberücksichtigt.

9   In manchen Fällen ist der Versicherungsnehmer nicht mit der Regulierung eines Haftpflichtschadens durch seinen Kfz-Haftpflichtversicherer einverstanden. Nach A.1.1.4 AKB hat er ihm zwar Regulierungsvollmacht erteilt. Mit dem »Preis«, dass der Schaden jetzt seinen Vertrag belastet, will er sich aber nicht abfinden.

10 Der Versicherungsnehmer kann im Schadensfall den Vertrag nach G.2.3 AKB binnen Monatsfrist kündigen. Den Verlust des SFR trägt er jedoch zum nächsten Versicherer mit, dem der bisherige Versicherer Auskunft erteilen muss, I.8.2 AKB. Der Nachteil der Höherstufung bleibt damit über das Vertragsende hinaus erhalten.

11 Kann der VN nachweisen, dass der Haftpflichtversicherer sein Regulierungsermessen[6] falsch ausgeübt hat, kann er die Rückgängigmachung der Höherstufung auch gerichtlich erzwingen.

I.4   Was bedeutet schadenfreier oder schadenbelasteter Verlauf?

I.4.1   Schadenfreier Verlauf

I.4.1.1 Ein schadenfreier Verlauf des Vertrags liegt unter folgenden Voraussetzungen vor:

- Der Versicherungsschutz hat von Anfang bis Ende eines Kalenderjahres ununterbrochen bestanden und

---

4   *OLG Hamm* Beschl. v. 13.04.2011 – II-8 WF 105/11, JurionRS 2011, 20944 = ADAJUR Dok.Nr. 93983 = NJW-RR 2011, 1227 = FamRZ 2011, 1795; *LG Hildesheim* Beschl. v. 01.09.2008 – 7 S 41/08, JurionRS 2008, 34213 = FamRZ 2009, 608 = NJW-RR 2009, 1446; *LG Flensburg* Beschl. v. 07.06.2006 – 1 T 30/06, JurionRS 2006, 32885 = FamRZ 2007, 146 = NJW-RR 2006, 1300 = NZV 2006, 596; *LG Freiburg* Urt. v.15.08.2006 – 5 O 64/06, JurionRS 2006, 33671 = FamRZ 2007, 146; PWW/ *Weinreich* § 1353 BGB, Rn. 22; a. A. *Budde* Der Schadensfreiheitsrabatt bei Trennung und Scheidung, FuR 2004, 339 ff.
5   *BGH* Beschl. v. 19.01.2011 – IV ZB 29/10, JurionRS 2011, 10243 = VersR 2011, 814.
6   Siehe hierzu Kommentierung mit Einzelbeispielen aus der Rechtsprechung bei *Schwab* A.1.1.4 AKB Rdn. 86–99.

gilt als schadenfrei **I.4.1.2 AKB**

- **uns wurde in dieser Zeit kein Schadenereignis gemeldet, für das wir Entschädigungen leisten oder Rückstellungen bilden mussten.** Dazu zählen nicht Kosten für Gutachter, Rechtsberatung und Prozesse.

Der Versicherungsnehmer hat ein Schadenereignis binnen Wochenfrist zu melden, E.1.1.1 AKB. Kurz vor Ablauf des Jahres hat es der Versicherungsnehmer selbst in der Hand, trotz Schadensfall den Schadensfreiheitsrabatt ins nächste Jahr zu retten. Meldet er erst an Neujahr oder kurz danach, wirkt sich dies noch nicht auf das angelaufene Kalenderjahr aus, es sei denn, der Unfallgegner hat den Schaden noch im alten Kalenderjahr gemeldet. Maßgebend für den Versicherungsnehmer ist immer das Kalenderjahr, das mit dem betriebswirtschaftlichen Schadenjahr (Jahreszahl in der Schadennummer) des Versicherungsunternehmens nicht übereinstimmen muss. 12

Schadensersatzrechtlich zählen Gutachterkosten, Rechtsberatungskosten des Haftpflichtgegners und Prozesskosten des Gegners zum Schadensersatz. Hierbei handelt es sich um Nebenkosten der Regulierung. Diese lassen sich durch das Schadensregulierungsmanagement[1] der Haftpflichtversicherer oftmals vermeiden. Es hängt demnach vom Geschick des Versicherers ab, ob er diesen Aufwand sparen kann. Da der Versicherungsnehmer dies nicht in der Hand hat, dürfen ihm diese Schadenaufwendungen nicht als Entschädigungsleistungen angerechnet[2] werden. 13

Der Versicherer hat Rückstellungen zu bilden, um etwaige Schadensersatzforderungen bedienen zu können. Derartige Rückstellungen stehen einem schadenfreien Verlauf entgegen. Rückstellungen, die lediglich der Abwehr unberechtigter Forderungen dienen (Abwehrkosten) oder zum Ausgleich von vertraglichen Forderungen aus Teilungsabkommen dienen, belasten den Vertrag nicht, I.4.1.2a AKB. 14

I.4.1.2 Trotz Meldung eines Schadenereignisses gilt der Vertrag jeweils als schadenfrei, wenn eine der folgenden Voraussetzungen vorliegt:
a Wir leisten Entschädigungen oder bilden Rückstellungen:
- nur aufgrund von Abkommen der Versicherungsunternehmen untereinander oder mit Sozialversicherungsträgern oder
- wegen der Ausgleichspflicht aufgrund einer Mehrfachversicherung.
Dies gilt nicht bei Gespannen.

Aufgrund der Vielzahl der Schadensfälle, die Versicherer untereinander oder mit Sozialversicherungsträgern abzuwickeln haben, wird seit Jahrzehnten mit Abkommen gearbeitet. Dies dient der vereinfachten und beschleunigten Bearbeitung von Regressfällen. Der Schadensaufwand wird auf der Basis der **Teilungsabkommen**[1] geteilt. Dabei 15

---

1 Himmelreich/Halm/Staab/*Richter* Handbuch der Kfz-Schadensregulierung, Kap. 2.
2 Stiefel/Maier/*Schurer* I.4.1 AKB, Rn. 4.
1 Himmelreich/Halm/*Engelbrecht* Handbuch des Fachanwalts Verkehrsrecht, Kap. 31, Rn. 74 ff. *Marburger* Anwendung von Teilungsabkommen bei Verkehrsunfällen, NZV 2012, 521 ff.; *Konradi* Teilungsabkommen – Anforderungen in »Zweifelsfällen«, SGb 2015, 20 ff.

I.4.1.2 AKB gilt als schadenfrei

kommt es regelmäßig nur darauf an, dass ein Fahrzeuggebrauch vorliegt bzw. ein Fahrzeug an einem Unfall beteiligt ist. Die Haftungsfrage wird in den Teilungsabkommen bewusst zurückgestellt. Stattdessen wird mit einer einheitlichen Teilungsabkommensquote gearbeitet. Aufgrund der großen Zahl der Fälle ist dies im Ergebnis über die Breite gesehen »gerecht« und wirtschaftlich sinnvoll.

16 Der Einzelfall spielt bei den Teilungsabkommen keine Rolle. Die Leistungspflicht des Versicherers ergibt sich nicht nach der konkreten Haftungslage, sondern allein nach der vertraglichen Vereinbarung. Der Abkommenspartner macht daher keinen Anspruch als »Dritter«[2] im Sinne des § 115 Abs. 1 VVG geltend, sondern einen **vertraglichen Ausgleichsanspruch**. Dies geschieht unabhängig von der Haftungsquote des individuellen Schadensfalles.

17 Der Versicherungsnehmer zieht hieraus Vorteile, wenn er tatsächlich eine höhere Haftungsquote hat als nach dem Teilungsabkommen. Er soll aber keine Nachteile aus der Vereinbarung erleiden, wenn er gerade in seinem Schadensfall nicht haftet, sein Versicherer aber dennoch den vertraglichen Anspruch aus dem Teilungsabkommen zu befriedigen hat.

18 Die Regelung besagt, dass der Vertrag in diesem Fall nicht belastet wird, wenn »nur« Ansprüche nach den Abkommen zu bedienen sind.

19 Technisch wird dies in der Form umgesetzt, dass der Vertrag »freigestellt« wird (Schaden belastet den Vertrag nicht). Die Zahlungen werden als Abkommenszahlungen gebucht.

20 Hat der Versicherer neben Forderungen aus Abkommen tatsächlich auch Schadensersatzansprüche zu befriedigen, greift die Klausel nicht. Allerdings bewirken Teilungsabkommen, dass die tatsächliche Entschädigungsleistung geringer ausfallen kann als bei Abrechnung nach Sach- und Rechtslage. Das hat mitunter für den Versicherungsnehmer günstige Auswirkungen auf die Höhe des Schadenrückkaufsbetrages nach I.5 AKB.

21 Die Klausel bezüglich der **Mehrfachversicherung** bezieht sich zunächst auf die Vollkaskoversicherung. Wird das Fahrzeug während einer Dienstreise oder ggf. im Rahmen der Rufbereitschaft[3] beschädigt, hat der versicherte Arbeitnehmer häufig einen arbeitsrechtlichen Aufwendungsersatzanspruch nach § 670 BGB[4] oder zumindest analog[5]

---

2 Siehe *Schwab* § 115 VVG Rdn. 60–66.
3 *BAG* Urt. v. 22. 06.2011 – 8 AZR 102/10, JurionRS 2011, 24535 = BB 2011, 1715 = DB 2011, 2382 = NJW-Spezial 2011, 658 = NZA 2012, 91.
4 *BAG* Urt. v. 08.05.1980 – 3 AZR 82/79, BAGE 33, 108 = JurionRS 2000, 34170 = NJW 1981, 702 = MDR 1981, 170 = VersR 1961, 363 = BB 1981, 183 = DB 1981, 115; *BAG* Urt. v. 23.11.2006 – 8 AZR 701/05, JurionRS 2006, 32332 = NJW 2007, 1486 = DB 2007, 1091 = NZA 2007, 870 = DAR 2007, 532 m. Anm. *Fohrmann*; Halm/Steinmeister Wechselwirkungen zwischen Arbeitsrecht und Straßenverkehr, DAR 1995, 481 (488); Himmelreich/*Halm/Steinmeister* Handbuch des Fachanwalts Verkehrsrecht, Kap. 36, Rn. 40 f.
5 PWW/*Fehrenbacher* § 670 BGB, Rn. 6 f.

gegen seinen Arbeitgeber. Dieser kann technisch über eine bestehende Dienstreisekaskoversicherung abgewickelt werden. Der Arbeitnehmer ist allerdings nicht so zu stellen, als sei eine Dienstreisekaskoversicherung[6] abgeschlossen worden. Die Leistungspflicht der eigenen Vollkaskoversicherung ist dann subsidiär gegenüber der Dienstreisekasko. Da der eigene Versicherer sich schadlos halten kann, wird der Vertrag mit dem Schaden nicht belastet. Dies gilt entsprechend für die Kfz-Handel und -Handwerksversicherung, wenn das in Obhut gegebene Fahrzeug beschädigt wird und der Vollkaskoversicherer[7] sich teilweise schadlos halten kann.

Soweit die Kfz-Handel und -Handwerksversicherung z. B. einen Haftpflichtfall eines Fremdfahrzeugs bei einer Probefahrt mit Fremdschaden betrifft, liegt auch hier eine Mehrfachversicherung[8] vor. Die Versicherer haben sich den Schaden grundsätzlich zu teilen. Der Vertrag des in Obhut gegebenen Fremdfahrzeugs wird nicht[9] belastet. 22

Wird mit dem Zugfahrzeug ein **Anhänger** mitgeführt, liegt ebenfalls ein Fall der Mehrfachversicherung vor, wenn es hierbei zu einem Drittschaden kommt. Die Versicherer haben sich den Schaden grundsätzlich hälftig[10] zu teilen. Die Entscheidung des vierten Senats des *BGH* hat die Versicherer überrascht. Sie steht im Gegensatz zur gelebten Praxis, wie sie im Sonderrundschreiben[11] vorgesehen ist. 23

Wie sich aus Anhang 1 ergibt, nehmen Anhängerfahrzeuge an dem Schadenfreiheitsrabatt-System nicht teil. Für diese ergeben sich daher keine Besonderheiten. 24

Für den Fall, dass der Anhängerversicherer in Anspruch genommen wird und anschließend beim Versicherer des Zugfahrzeugs regressiert, eröffnet sich nach dem Wortlaut der AKB-Bestimmung beim Schadensfreiheitsrabatt für das Zugfahrzeug ein Problem. Nach dem Wortlaut ist der Vertrag mit dem Schaden nicht zu belasten, da lediglich ein Regress aufgrund einer Mehrfachversicherung vorliegt. Ohne das Urteil des *BGH* hätte der Versicherer des Zugfahrzeugs voll reguliert ohne selbst Regress nehmen zu können. Der Schadensfall hätte den Vertrag belastet. Der Wortlaut[12] steht nun einer Belastung des Vertrages entgegen. Neuere individuelle Klauseln schließen daher den Fall der Mehrfachversicherung bei Schäden durch Fahrzeuggespanne aus. 25

---

6 *BAG* Urt. v. 28.10.2010 – 8 AZR 647/09, JurionRS 2010, 34363 = DAR 2011, 345 =NJW 2011, 1247 = BB 2011, 691 = DB 2011, 1585 = zfs 2011, 313.
7 *BGH* Urt. v. 20.03.1974, IV ZR 94/73, JurionRS 1974, 11245 = VersR 1974, 535 = DB 1974, 1061 = MDR 1974, 743 = NJW 1974, 1139.
8 *BGH* Urt. v. 31.03.1976 – IV ZR 29/75, JurionRS 1976, 11590 = VersR 1976, 847 = MDR 1976, 1006.
9 *Kreuter-Lange* A.4.1 SB Handel/Handwerk Rdn. 6 bis 8.
10 *BGH* Urt. v. 27.10.2010 – IV ZR 279/08, JurionRS 2010, 28509 = DAR 2011, 80 = MDR 2011, 37 = NJW 2011, 447 = NJW-Spezial 2011, 10 = NZV 2011, 128 = r+s 2011, 60 = SVR 2011, 235 bespr. v. *Hering* = TranspR 2011, 43 = VersR 2011, 105 = VRR 2011, 22, bespr. v. *Knappmann* = zfs 2011, 90.
11 Sonderrundschreiben des GDV vom 18.01.2006, K 01/2006.
12 *Wilms* Anhänger-Streitfragen entschieden, DAR 2011, 71 (73).

I.4.1.2 AKB gilt als schadenfrei

26 Zudem ist zu beachten, dass die Regressmöglichkeit des Versicherers des Zugfahrzeugs den vertragsbelastenden Schadenaufwand mindert. Dies hat Auswirkungen auf die Höhe des Schadenrückkaufbetrages nach I.5 AKB.

b Wir lösen Rückstellungen für das Schadenereignis in den drei auf die Schadenmeldung folgenden Kalenderjahren auf, ohne eine Entschädigung geleistet zu haben.
c Der Schädiger oder dessen Haftpflichtversicherung erstattet uns unsere Entschädigung in vollem Umfang.
d Wir leisten Entschädigungen oder bilden Rückstellungen in der Vollkaskoversicherung für ein Schadenereignis, das unter die Teilkaskoversicherung fällt.
e Sie nehmen Ihre Vollkaskoversicherung nur deswegen in Anspruch, weil:
 • eine Person mit einer gesetzlich vorgeschriebenen Haftpflichtversicherung für das Schadenereignis zwar in vollem Umfang haftet,
 • Sie aber gegenüber dem Haftpflichtversicherer keinen Anspruch haben, weil dieser den Versicherungsschutz ganz oder teilweise versagt hat.

27 Der Gesetzgeber hat in § 117 Abs. 3 Satz 2 VVG vorgesehen, dass der leistungsfreie Haftpflichtversicherer den Dritten u. a. an einen anderen Schadenversicherer verweisen kann, wenn dieser leistungspflichtig ist. Dies ist (hier) der Vollkaskoversicherer[13]. Der geschädigte Dritte als vollkaskoversicherter Versicherungsnehmer ist also gezwungen, seinen eigenen Versicherer in Anspruch zu nehmen, um seinen Fahrzeugschaden (teilweise[14]) ersetzt zu bekommen.

28 Die Klausel begünstigt den vollkaskoversicherten Versicherungsnehmer. Grundsätzlich wäre der Vertrag auch mit diesem Schaden zu belasten – mit der Folge, rückgestuft zu werden. Der Versicherungsnehmer soll jedoch nicht schlechter gestellt werden nur weil er eine Vollkaskoversicherung abgeschlossen hat. Schließlich könnte er ohne Vollkaskoschutz seinen (kompletten) Direktanspruch sonst auch gegen den leistungsfreien Kfz-Haftpflichtversicherer des Unfallgegners durchsetzen.

29 Die Klausel verhindert somit die Schlechterstellung des Versicherten gegenüber einem nicht Vollkaskoversicherten.[15]

---

13 *BGH* Urt. v. 08.10.1952 – II ZR 309/51, BGHZ 7, 244 = JurionRS 1952, 10088 = NJW 1952, 1333 = DB 1952, 908 = JZ 1952, 695 (Ls.) = MDR 1952, 743 VersR 1952, 366 = Das Recht des Kraftfahrers 1953, 13; *BGH* Urt. v. 04.04.1978 – VI ZR 238/76 (CMR-Versicherer), JurionRS 1978, 11390 = MDR 1978, 1014 = VersR 1978, 609; Stiefel/*Hofmann* § 3 Nr. 6 PflVG a. F., Rn. 8; Schwintowski/Brömmelmeyer/*Huber* PK-Vers, § 117 Rn. 26; Himmelreich/Halm/Staab/*Kreuter-Lange* Handbuch der Kfz-Schadensregulierung, Kap. S, Rn. 490.
14 Positionen im Rahmen des Fahrzeugschadens, für die sein Vollkaskoversicherer nicht zu leisten hat, kann der Versicherungsnehmer nach wie vor auch beim leistungsfreien Haftpflichtversicherer des Gegners beanspruchen, z. B. Mietwagen, Nutzungsausfall, Selbstbeteiligung, etc.
15 *AG Köln* Urt. v. 20.08.2009 – 268 C 97/08, JurionRS 2009, 34208 = SP 2010, 22.

gilt als schadenfrei **I.4.1.2 AKB**

Die Klausel findet keine Anwendung, wenn der Versicherungsnehmer teilweise für den 30
Unfall mithaftet.

Schadensersatzrechtlich ist es dem Geschädigten seit den Muster-AKB 2008 ohne Wei- 31
teres zumutbar[16], seinen Vollkaskoversicherer in Anspruch zu nehmen, da nunmehr der
Fahrzeugreparaturschaden ohne Nachteil für den Versicherten durch den Vollkaskoversicherer zinslos vorfinanziert werden kann. Der vollkaskoversicherte Geschädigte braucht somit nicht einmal sein Konto überziehen, um schnellstmöglich Ersatz zu erhalten. Lediglich dann, wenn ein Versicherer die alte – sich nur auf die Haftpflichtversicherung beziehende – Klausel des Nr. 14 Abs. 5 AKB/TB a. F. beibehalten hat, verbleibt es bei der ansonsten überholten[17] Rechtsprechung.

Nimmt der vollkaskoversicherte Versicherungsnehmer trotz voller Haftung des Unfall- 32
gegners seine Versicherung nur wegen der Neuwertentschädigung in Anspruch, wird der Haftpflichtversicherer die Entschädigung nicht vollumfänglich erstatten. Der Schaden belastet daher den Vertrag weiterhin.

Vereinzelt[18] genügt dagegen nach den individuellen Bedingungen mancher Versicherer 33
eine Regressquote von 75%, um den Vertrag freizustellen.

Erfolgt die Rückzahlung aufgrund einer Obliegenheitsverletzung, ist die Rückzahlung 34
nicht freiwillig.[19]

Massenunfälle[20] werden in den AKB nicht erwähnt. Bei derzeit[21] noch im Regelfall 50 – 35
im Ausnahmefall 20 – beteiligten Fahrzeugen ist eine detailliierte Aufklärung des Unfallgeschehens nahezu unmöglich. Über den Verband kann daher seit 1976 eine gemeinsame Regulierungsaktion der Kfz-Versicherer gestartet werden, um eine zeitnahe Abwicklung in einem vereinfachten Verfahren zu erreichen. Der beteiligte Versicherungsnehmer wird nach den noch geltenden Abwicklungsgrundsätzen in der Kfz-Haftpflichtversicherung sowie auch wohl künftig nicht höher gestuft.

---

16 *Wilms* Kasko-Regulierung ist stets zumutbar, DAR 2013, 252 f.
17 *OLG Düsseldorf* Urt. v. 24.05.2011 – I-1 U 220/10, JurionRS 2011, 40580 = DAR 2011, 580
    = MDR 2011, 1169 = NJW-RR 2012, 30; *OLG Dresden* Urt. v. 04.05.2012 – 1 U 1797/11.
18 *Wilms* Kasko-Regulierung ist stets zumutbar, DAR 2013, 252 f.
19 *LG Dortmund* Urt. v. 24.05.2007 – 2 S 43/06, JurionRS 2007, 53123 = NJW-RR 2007,
    1402 = VersR 2008, 957; *AG Schwelm* Urt. v. 10.07.2009 – 21 C 57/08, JurionRS 2009,
    37355 = SVR 2010, 25 bespr. v. *Richter* = SP 2010, 22 = r+s 2010, 58 = NZV 2010, 628
    = zfs 2010, 437.
20 Details in Himmelreich/Halm/*Staab* Handbuch der Kfz-Schadensregulierung, Kap. 7.
21 Empfehlung Nr. 4 des Arbeitskreises VII des 53. DVGT 2015 lautet: »Bei Massenunfällen
    gerät der Anscheinsbeweis häufig an seine Grenzen. Der Arbeitskreis begrüßt deshalb die Absicht der Versicherungswirtschaft, die bestehende freiwillige Regulierungspraxis auch auf solche Fälle zu erstrecken, in denen weniger als 50 Fahrzeuge beteiligt sind.«

I.4.2 Schadenbelasteter Verlauf

I.4.2.1 Ein schadenbelasteter Verlauf des Vertrags liegt vor, wenn Sie uns während eines Kalenderjahres ein oder mehrere Schadenereignisse melden, für die wir Entschädigungen leisten oder Rückstellungen bilden müssen. Hiervon ausgenommen sind die Fälle nach I.4.1.2.

36 Ein schadenbelastender Verlauf liegt selbst dann nicht vor, wenn der Fahrer in einem Strafverfahren freigesprochen oder es im Ermittlungsverfahren zu einer Einstellung nach §§ 153 ff. StPO oder gar nach § 170 Abs. 2 StPO kam. Der Ausgang des Strafverfahrens hat allenfalls Indizwirkung. Die zivilrechtliche Beurteilung des Schadensfalles – auf die es einzig und allein ankommt – bleibt davon unberührt.

37 Wesentlich ist, dass nach § 7 Abs. 1 StVG eine Gefährdungshaftung, also eine Haftung ohne Verschulden des Fahrers – allein aufgrund der Betriebsgefahr des Fahrzeugs – in den meisten Fällen besteht. Zudem können weitere Normen der Gefährdungshaftung aus § 2 HaftPflG und § 89 Abs. 2 WHG im Einzelfall eine Rolle spielen. Schließlich sind Fälle der Billigkeitshaftung nach § 829 BGB denkbar, in denen jemand ohne schuldfähig zu sein, einen Unfall verursacht. Der *BGH*[1] hat in einem Fall mit einem epiletischen Anfall des Unfallverursachers entschieden, dass wegen einer bestehenden Kfz-Haftpflichtversicherung als Pflicht-Haftpflichtversicherung auch aus § 829 BGB Schadensersatz zu leisten wäre.

I.4.2.2 Gilt der Vertrag trotz einer Schadenmeldung zunächst als schadenfrei, leisten wir jedoch in einem folgenden Kalenderjahr Entschädigungen oder bilden Rückstellungen für diesen Schaden, stufen wir Ihren Vertrag zum 1. Januar des dann folgenden Kalenderjahres zurück.

I.5 Wie Sie eine Rückstufung in der Kfz-Haftpflichtversicherung vermeiden können

Sie können eine Rückstufung in der Kfz-Haftpflichtversicherung vermeiden, wenn Sie uns unsere Entschädigung freiwillig, also ohne vertragliche oder gesetzliche Verpflichtung erstatten.

Um Ihnen hierzu Gelegenheit zu geben, unterrichten wir Sie nach Abschluss der Schadenregulierung über die Höhe unserer Entschädigung. Voraussetzung ist, dass unsere Entschädigung nicht mehr als 500 € beträgt.

---

1 *BGH* Urt. v. 11.10.1994 – VI ZR 303/93, BGHZ 127, 186 = JurionRS 1994, 15245 = ADAJUR Dok.Nr. 24318 = DAR 1995, 69 = DB 1995, 69 = MDR 1995, 992 m. Anm. *Lieb* = NJW 1995, 452 = NZV 1995, 65 = r+s 1995, 53 = VersR 1995, 96 = VRS 88, 245 = zfs 1995, 53.

Erstatten Sie uns die Entschädigung innerhalb von sechs Monaten nach unserer Mitteilung, wird Ihr Kfz-Haftpflichtversicherungsvertrag als schadenfrei behandelt.

Haben wir Sie über den Abschluss der Schadenregulierung und über die Höhe des Erstattungsbetrags unterrichtet und müssen wir eine weitere Entschädigung leisten, führt dies nicht zu einer Erhöhung des Erstattungsbetrags.

Eine Obliegenheitsverletzung[1] schließt eine freiwillige Rückzahlung aus. 38

Nach den Musterbedingungen ist der Schadenrückkauf nur für die Kfz-Haftpflichtversicherung vorgesehen. Manche Versicherer sehen dies auch für die Vollkaskoversicherung[2] vor. 39

Die Änderung der Rechtslage nach der Entscheidung des *BGH* zu den **Anhängerregressen**[3] hat Bedeutung für die Höhe der freiwilligen Rückzahlung. Zu beachten ist, dass der Regress zum Gesamtschuldnerausgleich erst in drei Jahren verjährt. Bis dahin konnten viele Schadensfälle bereits abgewickelt sein. An den Anhängerregress hat dabei jedoch niemand gedacht. Diese Fälle waren für den Regress nochmals aufzugreifen. 40

Es ist möglich, dass viele Versicherungsnehmer vor der Entscheidung des *BGH* den vollen – ihnen vom Versicherer so mitgeteilten – Rückkaufsbetrag bezahlt haben, obwohl er unter Berücksichtigung der Rechtsauffassung des *BGH* nur die Hälfte hätte gezahlt werden müssen. Konnte der Versicherer den Anhängerregress realisieren, ist auch der Vertrag zu den günstigeren Bedingungen freizustellen. Den überzahlten Betrag der Rückkaufsumme hat der Versicherer zu erstatten. Der Rückzahlungsanspruch unterliegt der gesetzlichen Verjährung. 41

Des Weiteren könnte der Versicherungsnehmer bei entsprechender Information auch noch Schadensfälle zurückkaufen wollen, die für ihn in Ansehung der alten Rechtslage unwirtschaftlich waren. War die Mitteilung des Versicherers zur Rückkaufsumme objektiv falsch, wird sich der Versicherer heute nicht auf die Sechs-Monats-Klausel als Ausschlussfrist berufen können. 42

Tatsächlich muss dem Versicherer bekannt sein, dass das Fahrzeug im Anhängerbetrieb einen Unfall verursachte. Grundsätzlich wird der Versicherer in der Schadensanzeige 43

---

1 *LG Dortmund* Urt. v. 24.05.2007 – 2 S 43/06, JurionRS 2007, 53123 =ADAJUR Dok.Nr. 76034 = NJW-RR 2007, 1402 = SP 2008, 192 = VersR 2008, 957; *AG Schwelm* Urt. v. 10.07.2009 – 21 C 57/08, JurionRS 2009, 37355 = ADAJUR Dok.Nr. 86599 = SVR 2010, 25 bespr. v. *Richter* = SP 2010, 22 = r+s 2010, 58 = NZV 2010, 628 = zfs 2010, 437.
2 Himmelreich/Halm/*Bartholomy* Handbuch des Fachanwalts Verkehrsrecht, Kap. 20, Rn. 76.
3 *BGH* Urt. v. 27.10.2010 – IV ZR 279/08, JurionRS 2010, 28509 = DAR 2011, 80 = MDR 2011, 37 = NJW 2011, 447 = NJW-Spezial 2011, 10 = NZV 2011, 128 = r+s 2011, 60 = SVR 2011, 235 bespr. v. *Hering* = TranspR 2011, 43 = VersR 2011, 105 = VRR 2011, 22, bespr. v. *Knappmann* = zfs 2011, 90.

danach fragen. Der Versicherungsnehmer, aber auch der Makler sollte bei der Schadenmeldung das wichtige Detail dem Versicherer melden.

I.6 Übernahme eines Schadenverlaufs

I.6.1 In welchen Fällen wird ein Schadenverlauf übernommen?

Der Schadenverlauf eines anderen Vertrags – auch wenn dieser bei einem anderen Versicherer bestanden hat – wird auf den Vertrag des versicherten Fahrzeugs unter den Voraussetzungen nach I.6.2 und I.6.3 in folgenden Fällen übernommen:

Fahrzeugwechsel

I.6.1.1 Sie haben das versicherte Fahrzeug anstelle eines anderen Fahrzeugs angeschafft.

Rabatttausch

I.6.1.2 a Sie besitzen neben dem versicherten Fahrzeug noch ein anderes Fahrzeug. Sie veräußern dieses oder setzen es ohne Ruheversicherung außer Betrieb und beantragen die Übernahme des Schadenverlaufs.

b Sie versichern ein weiteres Fahrzeug. Dieses soll überwiegend von demselben Personenkreis benutzt werden, wie das bereits versicherte Fahrzeug. Sie beantragen, dass der Schadenverlauf von dem bisherigen auf das weitere Fahrzeug übertragen wird.

Schadenverlauf einer anderen Person

I.6.1.3 Das Fahrzeug einer anderen Person wurde überwiegend von Ihnen gefahren und Sie beantragen die Übernahme des Schadenverlaufs.

Versichererwechsel

I.6.1.4 Sie sind mit Ihrem Fahrzeug von einem anderen Versicherer zu uns gewechselt.

I.6.2 Welche Voraussetzungen gelten für die Übernahme?

Für die Übernahme eines Schadenverlaufs gelten folgende Voraussetzungen:

Fahrzeuggruppe

I.6.2.1 Die Fahrzeuge, zwischen denen der Schadenverlauf übertragen wird, gehören derselben Fahrzeuggruppe an, oder das Fahrzeug, von dem der

Schadenverlauf übernommen wird, gehört einer höheren Fahrzeuggruppe an als das Fahrzeug, auf das übertragen wird.
a Untere Fahrzeuggruppe:
Pkw, Leichtkrafträder, Krafträder, Campingfahrzeuge, Lieferwagen, Gabelstapler, Kranken- und Leichenwagen.
b Mittlere Fahrzeuggruppe:
Taxen, Mietwagen, Lkw und Zugmaschinen im Werkverkehr.
c Obere Fahrzeuggruppe:
Lkw und Zugmaschinen im gewerblichen Güterverkehr, Kraftomnibusse sowie Abschleppwagen.
Eine Übertragung ist zudem möglich
- von einem Lieferwagen auf einen Lkw oder eine Zugmaschine im Werkverkehr bis xx kW,
- von einem Pkw mit 7 bis 9 Plätzen einschließlich Mietwagen und Taxen auf einen Kraftomnibus mit nicht mehr als xx Plätzen (ohne Fahrersitz).

Gemeinsame Übernahme des Schadenverlaufs in der Kfz-Haftpflicht- und der Vollkaskoversicherung

I.6.2.2 Wir übernehmen die Schadenverläufe in der Kfz-Haftpflicht- und in der Vollkaskoversicherung nur zusammen.

Dies gilt nicht, wenn der Versicherungsnehmer die Vollkaskoversicherung aus einem anderen für ihn bestehenden Vertrag aufgibt, um den Schadenverlauf für das versicherte Fahrzeug zu nutzen.

Zusätzliche Regelung für die Übernahme des Schadenverlaufs von einer anderen Person nach I.6.1.3

I.6.2.3 Wir übernehmen den Schadenverlauf von einer anderen Person nur für den Zeitraum, in dem das Fahrzeug der anderen Person überwiegend von Ihnen gefahren wurde. Zusätzlich müssen folgende Voraussetzungen erfüllt sein:
a Es handelt sich bei der anderen Person um Ihren Ehepartner, Ihren eingetragenen Lebenspartner, Ihren mit Ihnen in häuslicher Gemeinschaft lebenden Lebenspartner, ein Elternteil, Ihr Kind oder Ihren Arbeitgeber;
b Sie machen den Zeitraum, in dem das Fahrzeug der anderen Person überwiegend von Ihnen gefahren wurde glaubhaft; hierzu gehört insbesondere
- eine Erklärung in Textform von Ihnen und der anderen Person; ist die andere Person verstorben, ist die Erklärung durch Sie ausreichend;
- die Vorlage einer Kopie Ihres Führerscheins zum Nachweis dafür,

I.6.3 AKB   Welche Voraussetzungen gelten für die Übernahme?

dass Sie für den entsprechenden Zeitraum im Besitz einer gültigen Fahrerlaubnis waren;
c die andere Person ist mit der Übertragung ihres Schadenverlaufs an Sie einverstanden und gibt damit ihren Schadenfreiheitsrabatt in vollem Umfang auf;
d die Nutzung des Fahrzeugs der anderen Person durch Sie liegt bei der Übernahme nicht mehr als xx Monate zurück.

44 In I.6.2.3b AKB wurde eine wesentliche Änderung vorgenommen. Der Versicherungsnehmer muss nicht mehr in Schriftform, sondern nur noch in Textform nach § 126b BGB seine Angaben machen. Die Neuerung kommt der geplanten Änderung[1] von § 309 Nr. 13 BGB zuvor, wonach künftig in allgemeinen Geschäftsbedingungen die Schriftform als Erschwernis abgebaut werden soll. Im Einzelfall ist zu prüfen, ob Versicherer in ihren aktuellen individuellen AKB die alte Formulierung weiterhin verwenden. Bei der zu erwartenden Gesetzesänderung wäre eine Bestimmung nichtig, die die Schriftform weiterhin vorsieht.

I.6.3   Wie wirkt sich eine Unterbrechung des Versicherungsschutzes auf den Schadenverlauf aus?

Im Jahr der Übernahme

I.6.3.1   Nach einer Unterbrechung des Versicherungsschutzes (Außerbetriebsetzung, Saisonkennzeichen außerhalb der Saison, Vertragsbeendigung, Veräußerung, Wagniswegfall) gilt:
a Beträgt die Unterbrechung höchstens sechs Monate, übernehmen wir den Schadenverlauf, als wäre der Versicherungsschutz nicht unterbrochen worden.
b Beträgt die Unterbrechung mehr als sechs und höchstens zwölf Monate, übernehmen wir den Schadenverlauf, wie er vor der Unterbrechung bestand.
c Beträgt die Unterbrechung mehr als zwölf Monate, ziehen wir beim Schadenverlauf für jedes weitere angefangene Kalenderjahr seit der Unterbrechung ein schadenfreies Jahr ab.
d Beträgt die Unterbrechung mehr als sieben Jahre, übernehmen wir den schadenfreien Verlauf nicht.

Sofern neben einer Rückstufung aufgrund einer Unterbrechung von mehr als einem Jahr gleichzeitig eine Rückstufung aufgrund einer Schadenmeldung zu erfolgen hat, gilt Folgendes: Zunächst die Rückstufung aufgrund des Schadens, danach die Rückstufung aufgrund der Unterbrechung vorzunehmen.

---

1 Entwurf der Bundesregierung vom 15.04.2015, BT-Drucks. 18/4631 Seiten 7 u. 18 f.

Im Folgejahr nach der Übernahme

I.6.3.2　In dem auf die Übernahme folgenden Kalenderjahr richtet sich die Einstufung des Vertrags nach dessen Schadenverlauf und danach, wie lange der Versicherungsschutz in dem Kalenderjahr der Übernahme bestand:
a　Bestand der Versicherungsschutz im Kalenderjahr der Übernahme mindestens sechs Monate, wird der Vertrag entsprechend seines Verlaufs so eingestuft, als hätte er ein volles Kalenderjahr bestanden.
b　Bestand der Versicherungsschutz im Kalenderjahr der Übernahme weniger als sechs Monate, unterbleibt eine Besserstufung trotz schadenfreien Verlaufs.

I.6.4　Übernahme des Schadenverlaufs nach Betriebsübergang

Haben Sie einen Betrieb und dessen zugehörige Fahrzeuge übernommen, übernehmen wir den Schadenverlauf dieser Fahrzeuge unter folgenden Voraussetzungen:
- Der bisherige Betriebsinhaber ist mit der Übernahme des Schadenverlaufs durch Sie einverstanden und gibt damit den Schadenfreiheitsrabatt in vollem Umfang auf,
- Sie machen glaubhaft, dass sich durch die Übernahme des Betriebs die bisherige Risikosituation nicht verändert hat.

I.7　Einstufung nach Abgabe des Schadenverlaufs

I.7.1　Die Schadenverläufe in der Kfz-Haftpflicht- und der Vollkaskoversicherung können nur zusammen abgegeben werden.

I.7.2　Nach einer Abgabe des Schadenverlaufs Ihres Vertrags stufen wir diesen in die SF-Klasse ein, die Sie bei Ersteinstufung Ihres Vertrages nach I.2 bekommen hätten. Befand sich Ihr Vertrag in der SF-Klasse M oder S, bleibt diese Einstufung bestehen.

I.7.3　Wir sind berechtigt, den Mehrbeitrag aufgrund der Umstellung Ihres Vertrags nachzuerheben.

I.8　Auskünfte über den Schadenverlauf

I.8.1　Wir sind berechtigt, uns bei Übernahme eines Schadenverlaufs folgende Auskünfte vom Vorversicherer geben zu lassen:
- Art und Verwendung des Fahrzeugs,
- Beginn und Ende des Vertrags für das Fahrzeug,
- Schadenverlauf des Fahrzeugs in der Kfz-Haftpflicht- und der Vollkaskoversicherung,
- Unterbrechungen des Versicherungsschutzes des Fahrzeugs, die sich noch nicht auf dessen letzte Neueinstufung ausgewirkt haben,

- ob für ein Schadenereignis Rückstellungen innerhalb von drei Jahren nach deren Bildung aufgelöst worden sind, ohne dass Zahlungen geleistet worden sind und
- ob Ihnen oder einem anderen Versicherer bereits entsprechende Auskünfte erteilt worden sind.

I.8.2 Versichern Sie nach Beendigung Ihres Vertrags in der Kfz-Haftpflicht- und der Vollkaskoversicherung Ihr Fahrzeug bei einem anderen Versicherer, sind wir berechtigt und verpflichtet, diesem auf Anfrage Auskünfte zu Ihrem Vertrag und dem versicherten Fahrzeug nach I. 8.1 zu geben.

Unsere Auskunft bezieht sich nur auf den tatsächlichen Schadenverlauf. Sondereinstufungen – mit Ausnahme der Regelung nach I.2.2.1 – werden nicht berücksichtigt.

45 Nach § 5 Abs. 7 PflVG[1] bestehen zum Schadensverlauf Informationspflichten des Versicherers gegenüber dem Versicherungsnehmer. Diese betreffen nur den tatsächlichen Verlauf[2] ohne Berücksichtigung von Sonderregeln. Ein Versicherungsnehmer, der seinen Versicherer wechseln möchte, muss diesem oft den Schadensverlauf nachweisen. Zur Vereinfachung wird der neue Versicherer durch die Vertragsklausel ermächtigt, beim alten Versicherer nachzufragen.

46 Wurde ein »Rabattschutz« oder »Rabattretter« vereinbart, ist dem Nachversicherer der tatsächliche[3] Schadenverlauf anzugeben.

47 Die Angabe falscher Daten kann zu nachvertraglichen Schadensersatzansprüchen führen.

I.8.3 Ist Ihr Vertrag bei Beendigung nach der maßgeblichen Tabelle zum Schadensfreiheitsrabatt-System in Anhang 1 in die SF-Klasse M, 0 oder S eingestuft, sind wir berechtigt, dies der zuständigen Gemeinschaftseinrichtung der Versicherer mitzuteilen. Dies ist derzeit die GDV Dienstleistungs-GmbH & Co.KG, Glockengießerwall 1, 20095 Hamburg. Ihre SF-Klasse wird dort für andere Versicherer nach I.8.4 abrufbar sein.

I.8.4 Geben Sie in Ihrem Antrag keine Vorversicherung an, sind wir berechtigt, bei der zuständigen Gemeinschaftseinrichtung der Versicherer nachzufragen, ob Ihr Vertrag bei einem Vorversicherer in die SF-Klassen M, 0 oder S einzustufen war.

---

1 Entspricht der Anforderung von Art. 16 der 6. KH-Richtlinie (Richtlinie 2009/103/EG).
2 *LG Köln* Urt. v. 26.03.2008 – 20 S 67/07, Anm. *Rixecker* zfs 2008, 455 (456).
3 *Stadler*, Die Kfz-Versicherung, Rn. 119.

Die neu eingeführte Klauseln I.8.3 AKB und I.8.4 AKB fanden Zustimmung der Da- 48
tenschutzbehörden. Sie dienen dem praktischen Bedürfnis der Versicherer, eine dem
bisherigen Schadenverlauf angemessene Prämie beim Neukunden zu erheben. Dies verhindert Beitragsmindereinnahmen, die ansonsten durch entsprechend höhere Prämienkalkulationen von allen Versicherten mitzutragen wären.

Ein Versicherungsnehmer, der in den Genuss einer für ihn vorteilhaften SFR-Klasse 49
kommen möchte, ist regelmäßig damit einverstanden, dass Auskünfte entsprechend
I.8.1 AKB und I.8.2 AKB erteilt werden und teilt diese Daten dem Nachversicherer regelmäßig mit. Ein Versicherungsnehmer, der aufgrund seines Schadenverlaufs in höheren Schadenklassen eingestuft ist, als der der Grundeinstufung nach SF, hat dagegen
kein Interesse dem Nachversicherer bekannt zu geben, bei welchem Vorversicherer
er in welcher Schadenklasse eingestuft war.

Die Weiterleitung persönlicher Daten an eine Schadenklassendatei ist unter daten- 50
schutzrechtlichen Gründen problematisch, zumal der Schadensfreiheitsrabatt einen
echten Vermögenswert[1] – die Malusklasse dagegen einen Nachteil – darstellt. Die Einwilligung in eine solche Weitergabe ist daher geboten.

Dem Versicherungsnehmer ist die Weitergabe der Daten transparent zu machen. Von 51
der Weitergabe von Daten betroffen sind lediglich Verträge der SF-Klassen 0 und der
besonderen Malusklassen M und S. Der Versicherungsnehmer erhält nach Beendigung
des Vertrages vom Vorversicherer eine Mitteilung, welche Daten an die zuständige
Stelle für die Schadenklassedatei übermittelt wurden, § 33 Abs. 1 Satz 2 BDSG. Inhalte der Meldung sind regelmäßig:
– Name und Anschrift des Versicherungsnehmers
– Versicherungsscheinnummer beim Vorversicherer
– Letztes amtliches Kennzeichen des versicherten Fahrzeugs
– Beendigungsdatum des Vertrages
– Schadensfreiheitsklasse des Vertrages
– Anzahl der Schäden zum Vertrag im Meldejahr

Ob die Meldung tatsächlich auch bei der Klasse 0 erfolgen soll, mag man bezweifeln, da 52
die Ersteinstufung sowieso nach I.2.1 AKB in die Klasse 0 erfolgt. Allerdings kann dies
dazu führen, dass bei einem Versichererwechsel zum Jahreswechsel ohne weitere vertragsbelastende Schäden im Meldejahr, eine günstigere Einstufung wegen schadensfreiem Verlauf erfolgen kann.

Die Schadenklassedatei wird bislang von der GDV Dienstleistungs-GmbH & Co.KG 53
geführt. Sie wird über alle Verbandsmitglieder, die Kraftfahrversicherungen anbieten
finanziert.

---

1 *BGH* Urt. v. 25.04.2006 – VI ZR 36/05, JurionRS 2006, 18054 = DAR 2006, 574 = MDR 2006, 1344 = NJ 2006, 560 = NJW 2006, 2397 = r+s 2006, 522 = VersR 2006, 1139 = VRR 2006, 301 bespr. v. *Zorn* = NZV 2006, 476 = SVR 2009, 377 (Ls.) = zfs 2006, 680 m. Anm. *Diehl*.

vor J AKB Vorbemerkung

54 Die Klausel in I.8.4 AKB betrifft die Abfrage der Daten und ist das Spiegelbild zur Einmeldung nach I.8.3 AKB. Sie enthält die Einwilligung, personenbezogene Daten bei der Gemeinschaftseinrichtung abzufragen, um den Vertrag in die zutreffende SF-Klasse einordnen zu können.

Vorbemerkung vor J

1 Die Zulässigkeit von Änderungsklauseln ist immer wieder Gegenstand gerichtlicher Prüfung, insbesondere, weil die Verständlichkeit und Transparenz der Klauseln nicht in jedem Fall gegeben ist. Grundsätzlich ist die Prüfung der Klauseln im Lichte von §§ 305 ff. BGB zu sehen. Erforderlich ist, dass die Interessen des Versicherungsnehmers angemessen berücksichtigt werden und nicht alleine das Interesse des Versicherers geschützt wird. Für die Kraftfahrzeug-Haftpflicht-Versicherung wird eine Bedingungsanpassung im VVG nicht vorgesehen, da die Verträge mit Jahresfrist gekündigt werden können. Allerdings sind Beitragsänderungen, die den gleichen Anforderungen Stand halten müssen, durch die veränderten Aufwendungen im Schadenfall des Öfteren erforderlich. Die Klauseln werden hinsichtlich des Verbotes der einseitigen Benachteiligung und auch der mangelnden Bestimmtheit geprüft[1].

J   Beitragsänderung aufgrund tariflicher Maßnahmen

1 Die Beitragsfestsetzung in Versicherungsunternehmen ist schwierig, weil man – anders als in einem herstellenden Betrieb – nicht die Kosten für die Basisprodukte kennt und mit Gewinnzuschlag den Preis ermittelt. Die Ausgaben im Schadenfall sind nicht festgelegt. Sie können nur aufgrund Schätzungen überhaupt ermittelt werden. So wird der zu erwartende Schadenaufwand festgestellt und sodann auf die einzelnen Versicherungsnehmer verteilt[1]. Dieser Abschnitt befasst sich mit den Änderungen der Parameter, die für die Beitragsermittlung zu Grunde gelegt werden. Dabei werden in J.1 – J.6 die einzelnen Veränderungsmöglichkeiten gesondert behandelt. Es besteht aber auch die Möglichkeit, in J.6 AKB die Änderung der gesamten Tarifstruktur aufzunehmen. Dies ist anhand der jeweiligen dem Vertrag zu Grunde liegenden AKB zu prüfen.

J.1   Typklasse

Richtet sich der Versicherungsbeitrag nach dem Typ Ihres Fahrzeugs, können Sie Ihrem Versicherungsschein entnehmen, welcher Typklasse Ihr Fahrzeug zu Beginn des Vertrags zugeordnet worden ist.

---

1 Vgl. hierzu ausführlich Stadler »Die verständlichere Gestaltung der Allgemeinen Versicherungsbedingungen am Beispiel der AKB«, S. 76 ff.
1 Vgl. hierzu oben I. AKB, Stadler Rn. 85.

Typklasse J.1 AKB

Ein unabhängiger Treuhänder ermittelt jährlich, ob und in welchem Umfang sich der Schadenbedarf Ihres Fahrzeugtyps im Verhältnis zu dem aller Fahrzeugtypen erhöht oder verringert hat. Ändert sich der Schadenbedarf Ihres Fahrzeugtyps im Verhältnis zu dem aller Fahrzeugtypen, kann dies zu einer Zuordnung in eine andere Typklasse führen. Die damit verbundene Beitragsänderung wird mit Beginn des nächsten Versicherungsjahres wirksam.

[xx Die Klassengrenzen können Sie der Tabelle im Anhang 3 entnehmen.]

Übersicht	Rdn.
A. Allgemeines	1
B. Voraussetzung für die Änderung der Typenklassen	2
I. Kraftfahrzeug-Haftpflicht-Versicherung	3
II. Vollkasko-Versicherung	4
III. Teilkasko-Versicherung	5
C. Folgen der Veränderung	6
D. Kündigungsrecht des Versicherungsnehmers	7

A. Allgemeines

Die Berechnung der Prämien für die einzelnen Fahrzeuge richten sich nach der Größe des Kfz, dessen Verwendung, aber auch nach der Schadenhäufigkeit dieser Fahrzeuge (in Kraftfahrzeug-Haftpflicht) bzw. nach der Höhe der Reparaturkosten (in Vollkasko) oder der Diebstahlshäufigkeit (in Teilkasko)[1]. Da diese Eingruppierungen variieren, kann es dazu kommen, dass das Fahrzeug in zwei verschiedene Typklassen eingestuft ist, je nach dem, welche Versicherung vereinbart werden soll. Wegen der Veränderungen auf dem Fahrzeugmarkt und den wechselnden Nutzergruppen müssen die Tarifgruppen für neue Fahrzeuge ermittelt werden und ggf. zu einem späteren Zeitpunkt angepasst werden, dabei kommen sowohl die Höhergruppierung als auch die Senkung in der Eingruppierung in Betracht. Nach J.1 ist der Versicherer berechtigt, die Eingruppierung von Fahrzeugen in Typklassen jährlich zu verändern. 1

B. Voraussetzung für die Änderung der Typenklassen

Jedes Fahrzeug erhält vom Hersteller eine Fahrzeugidentifikations-Nr. einen Typschlüssel (TSN) und einen Herstellerschlüssel (HSN). Die Klassifizierung nach TSN gibt die Informationen über Motorstärke, Hubraum etc. Diese TSN werden auch im Rahmen der Versicherungsverträge aufgenommen. Anhand dieser Aufnahmen können die jährlichen Schadenaufwendungen je Typ aufgelistet werden, diese Ergebnisse dienen als Indexwerte der Eingruppierung in die Tabelle für Typenklassen. Als Voraussetzung für die Veränderung einer bereits festgelegten Typklasse ist erforderlich, dass ein unabhängiger Treuhänder die einzelnen Fahrzeugklassen miteinander vergleicht 2

---

1 Stadler, Rn. 87.

und prüft, ob sich die Verhältnisse zwischen den einzelnen Fahrzeugtypen verändert haben. Da die Kosten für Reparaturen bei allen Fahrzeugarten steigen, kann es nur darauf ankommen, ob sich die Kosten und Aufwendungen im Verhältnis zu den anderen Fahrzeugtypen so verändert haben, dass die Eingruppierung in eine höhere oder niedrigere Typenklasse erforderlich wird[2]. Da bei neuen Modellen noch keine Erkenntnisse über die Schadenhäufigkeit und die Höhe der Aufwendungen vorliegen, kann eine Einstufung anhand des jeweiligen Vorgängermodells erfolgen[3].

I. Kraftfahrzeug-Haftpflicht-Versicherung

3 Die Schadenhäufigkeit bei Kleinfahrzeugen, die häufig auch von Fahranfängern genutzt werden, kann dazu führen, dass Kleinwagen im unteren Preissegment in der Typenklasse ganz oben gelistet sind, während die teuren Oberklassewagen, obwohl sie in der Anschaffung und auch in der sonstigen Unterhaltung erheblich teurer sind, wegen der deutlich geringeren Schadenhäufigkeit in einer niedrigeren Typenklasse geführt werden.

II. Vollkasko-Versicherung

4 In der Fahrzeugversicherung hingegen kommt es neben der Schadenhäufigkeit auch erheblich auf die Reparaturkosten im Schadenfall an. Hier sind die Oberklassewagen in der Typenklasse hoch einzustufen, da die Reparaturkosten i. d. R. deutlich über dem Aufwand für einen Kleinwagen liegen. Darüber hinaus ist zu beachten, dass die Kleinwagen häufig überhaupt nicht in der Fahrzeugversicherung versichert werden.

III. Teilkasko-Versicherung

5 In der Teilkasko-Versicherung sind neben Glasbruch, Wildschäden, Sturm, Blitzschlag, Überschwemmung, Schäden in der Verkabelung auch Brand, Explosion und Entwendung versichert. Die Häufigkeit, mit der die jeweiligen Fahrzeuge gestohlen werden, macht sich in der Typenklasse bemerkbar. Es kommt somit für die Eingruppierung nicht nur auf die Reparaturkosten und Reparaturhäufigkeit an.

C. Folgen der Veränderung

6 Ergibt sich aus der Prüfung des Treuhänders eine Veränderung in den Parametern kann dies dreierlei bedeuten: Bewegt sich das Fahrzeug trotz der Veränderung nach wie vor in der Spannbreite der bisherigen Eingruppierung (was bei Fahrzeugen, die schon länger auf dem Markt sind, der Fall ist), ändert sich an der Eingruppierung nichts. Sofern der Bereich der Eingruppierung nach oben überschritten wird, ist eine Erhöhung der Prämie erforderlich, um auf die nach oben geänderte Eingruppierung zu reagieren. Haben sich die Kosten gesenkt und rutscht das Fahrzeug deshalb in eine niedrigere Tarifgruppe, wird die Prämieneinstufung nach unten korrigiert, der Beitrag also gesenkt.

---

2 Jacobsen in Feyock/Jacobsen/Lemor AKB 2008 J Rn. 6, 7.
3 Stadler in Maier/Stadler AKB J.1. Rn. 4.

D. Kündigungsrecht des Versicherungsnehmers

Für den Versicherungsnehmer bewirken die gleich bleibende Eingruppierung bzw. die Einstufung in eine niedrigere Typenklasse, dass sein Beitrag gleich bleibt bzw. sogar sinkt. Ein Sonderkündigungsrecht ergibt sich in diesem Fall nicht, da von den getroffenen Vereinbarungen nicht einseitig zu Lasten, sondern zu Gunsten des Versicherungsnehmers abgewichen wird. Anders ist es allerdings, wenn die veränderte Tarifgruppe eine Beitragserhöhung zur Folge hat. Dann steht dem Versicherungsnehmer ein sog. Sonderkündigungsrecht zu. Auf dieses Sonderkündigungsrecht nach G.2.9 bzw. G.2.10 muss der Versicherer besonders hinweisen und über die Fristen belehren. Die Erhöhung der Beiträge wegen der Tarifgruppenänderung darf erst mit Ende der Frist zur Sonderkündigung wirksam werden. 7

J.2 Regionalklasse

Richtet sich der Versicherungsbeitrag nach dem Wohnsitz des Halters, wird Ihr Fahrzeug einer Regionalklasse zugeordnet. Maßgeblich ist der Wohnsitz, den uns die Zulassungsbehörde zu Ihrem Fahrzeug mitteilt. Ihrem Versicherungsschein können Sie entnehmen, welcher Regionalklasse Ihr Fahrzeug zu Beginn des Vertrags zugeordnet worden ist.

Ein unabhängiger Treuhänder ermittelt jährlich, ob und in welchem Umfang sich der Schadenbedarf der Region, in welcher der Wohnsitz des Halters liegt, im Verhältnis zu allen Regionen erhöht oder verringert hat. Ändert sich der Schadenbedarf Ihrer Region im Verhältnis zu dem aller Regionen, kann dies zu einer Zuordnung in eine andere Regionalklasse führen. Die damit verbundene Beitragsänderung wird mit Beginn des nächsten Versicherungsjahres wirksam.

[xx Die Klassengrenzen können Sie der Tabelle im Anhang 4 entnehmen.]

Übersicht Rdn.
A. Allgemeines 1
B. Regionalklassen 2
C. Sonderkündigungsrecht des Versicherungsnehmers 5

A. Allgemeines

Die Typenklasse knüpft zunächst an den Aufwand je Kfz an. Da der Schadenaufwand aber auch von anderen Faktoren abhängen kann, wie der Fahrpraxis des Fahrers und der Region, in der das Fahrzeug gehalten wird, wird als zusätzliches Regulativ die Regionalklasseneinstufung genutzt. 1

B. Regionalklassen

2 Die Regionalklassen werden nach dem spezifischen Risiko des jeweiligen Gebietes für ganz Deutschland gebildet[1]. Auch die Regionalklassen basieren auf statistischen Erhebungen. Dafür werden die Aufwendungen aller Kfz-Versicherer in Deutschland eines Fahrzeugtyps (Kfz, Krad, LKW, etc.) nach Zulassungsbezirken zusammengefasst und über eine Spanne von fünf Jahren ermittelt. Aus diesen Werten können dann – wie bei der Eingruppierung in Typenklassen – entsprechende Rangfolgen ermittelt werden. Durch Teilung des so für den Zulassungsbezirk ermittelten Wertes durch die Anzahl der Versicherungsverträge der jeweiligen Fahrzeugart ergibt sich der Schadenaufwand je Vertrag im Zulassungsbezirk[2]. Durch Gebietsreformen können sich Zulassungsbezirke verschieben, verändern oder werden zusammengelegt, so dass eine neue Prüfung erforderlich wird. Die Grundlagen für eine statistische Erfassung eines solchen neuen Bezirks werden vom GdV ermittelt. Eventuelle Veränderungen in der Regionalklasse aufgrund der Gebietsreform wirken sich aber nur auf neu abzuschließende Verträge aus[3].

3 Auch dieses Verfahren wird von einem unabhängigen Treuhänder durchgeführt. Eine Veränderung der Einstufung des Bezirks ist nur dann erforderlich, wenn sich die ermittelten Aufwendungen im Verhältnis zu allen Regionen erhöht oder verändert haben und damit zu einer anderen Bewertung führen.

Die entsprechenden Grenzen sind den jeweiligen AKB zu entnehmen und in dem Vorschlag des GdV nicht enthalten.

4 Anknüpfungspunkt für die Einstufung des Fahrzeuges ist nach dem Wortlaut der Wohnsitz des Halters, es kommt nicht darauf an, ob das Fahrzeug auch tatsächlich an diesem Wohnsitz gebraucht wird, J.2 i. V. m. § 46 Abs. 2 FZV. Gem. § 46 FZV muss dies bei mehreren Wohnsitzen der Hauptwohnsitz des »Antragstellers« sein. Diesen Wohnsitz teilt die Zulassungsstelle auch dem Versicherer mit. Nur dieser von der Zulassungsstelle mitgeteilte Wohnsitz ist maßgebend für die Eingruppierung. Teilweise wird in den Bundesländern[4] die Möglichkeit eröffnet, bei einem Umzug innerhalb des Bundeslandes das Kennzeichen zu behalten, es muss lediglich entweder beim Einwohnermeldeamt die Umschreibung der Fahrzeugbescheinigung Teil I oder bei der Zulassungsstelle eine neue Fahrzeugbescheinigung Teil I beantragt werden[5], aus der sich die geänderte Anschrift ergibt, diese Information wird dann auch an den Versicherer weitergeleitet. Eine Beitragsanpassung sollte dann automatisch erfolgen. Grundsätzlich soll diese Möglichkeit bundesweit eröffnet werden.

---

1 Stadler, Rn. 86.
2 Ausführlich Jacobsen in Feyock/Jacobsen/Lemor AKB 2008 J Rn. 16 ff.
3 Jacobsen in Feyock/Jacobsen/Lemor AKB 2008 J Rn. 22.
4 So jetzt in Brandenburg, Hessen, Mecklenburg-Vorpommern, Nordrhein-Westfalen, Sachsen und Schleswig-Holstein.
5 Dies differiert innerhalb der Bundesländer.

Eine gerichtliche Überprüfung der Regionalklassen ist wegen des Genehmigungsverfahrens nur dahingehend möglich, dass der Genehmigungsbescheid auf seine Wirksamkeit geprüft wird[6].

C. Sonderkündigungsrecht des Versicherungsnehmers

Die Erhöhung der Prämie durch die Veränderung der Regionalklasse nach oben, gibt dem Versicherungsnehmer ein Sonderkündigungsrecht[7], J. 4.

J.3 Tarifänderung

< xx Redaktioneller Hinweis: Ein Mustertext wie zu § 9a AKB a. F. wird nicht bekannt gemacht. >

Unabhängig davon, ob ein Text zur Tarifänderung in den AKB aufgenommen ist oder nicht, muss er sich an den von der Rechtsprechung zu § 9a AKB a. F. mindestens messen lassen. Die Tarifbestimmungen müssen sich an der Rechtsprechung zum AGB-G a. F. bzw. den §§ 305 ff. BGB orientieren und sind entsprechend auch eingeschränkt überprüfbar. Die Regelung darf den Versicherungsnehmer entgegen den Geboten von Treu und Glauben nicht unangemessen benachteiligen und die Interessen des Versicherers einseitig bevorzugen[1]. Die Interessen des Versicherungsnehmers müssen berücksichtigt werden. Grundsätzlich ist die Erhöhung der Beiträge zulässig, § 40 VVG. Ergibt sich aber aus der Bewertung der Entwicklung, dass eine Beitragssenkung in Betracht kommt, ist auch nur eine solche zulässig[2].

9a. AKB a. F. Tarifänderung in der Kraftfahrzeug-Haftpflicht- und Fahrzeugversicherung

(1) Bei Erhöhung des sich aus dem Tarif ergebenden Beitrags ist der Versicherer berechtigt, für die zu diesem Zeitpunkt bestehenden Versicherungsverträge den Beitrag mit Wirkung vom Beginn der nächsten Versicherungsperiode an bis zur Höhe des neuen Tarifbeitrages anzuheben.

(2) Eine Beitragserhöhung nach Absatz 1 wird nur wirksam, wenn der Versicherer dem Versicherungsnehmer die Änderung unter Kenntlichmachung des Unterschieds zwischen altem und neuem Beitrag spätestens einen Monat vor dem Zeitpunkt des Wirksamwerdens mitteilt und ihn schriftlich über sein Recht nach § 9b belehrt.

(3) In die Berechnung des Beitragsunterschiedes werden Änderungen nach § 9c sowie Änderungen gemäß Nr. 6 Abs. 3 der Tarifbestimmungen für die Kraftfahrtversicherung (TB) sowie Änderungen in der Zuordnung des Vertrages zu den Regional-

---

6 BVerwG v. 25.11.1986 – 1 A 20/82, NJW 1987, 1837; LG Freiburg v. 16.11.1978 – 3 S 97/78.
7 Vgl. insoweit auch Ebnet »Die Kündigung von Versicherungsverträgen«, NJW 2006, 1697 ff.
1 BGH v. 31.01.2001 – IV ZR 185/99, NJW-RR 2001, 743, 746.
2 »Anmerkungen zum Urteil des OLG Köln vom 20.07.2012 – 20 U 149/11« Wendt/Boetius, VersR 2013, 1561 – 1570.

klassen (TB Nr. 11) und den Typklassen (TB Nr. 12) einbezogen, wenn sie gleichzeitig wirksam werden. Das gilt nicht für Beitragsänderungen, die sich aufgrund von TB Nr. 6 Abs. 2, der Zuordnung des Vertrages zu den Tarifgruppen und Regionalklassen gemäß TB Nr. 10, aufgrund des Schadenverlaufs des konkreten Versicherungsvertrages, aufgrund des Abstellortes (TB Nr. 12a) oder der jährlichen Fahrleistung (TB Nr. 12b) ergeben.

(4) Vermindert sich der Tarifbeitrag, ist der Versicherer verpflichtet, den Beitrag vom Beginn der nächsten Versicherungsperiode an auf die Höhe des neuen Tarifbeitrages zu senken.

Auf dem Markt werden derzeit u. a. folgende Formulierungen verwendet

H-Versicherung	A-Versicherung	V-Versicherung
J. 3 Kündigungsrecht **Gesetzliche Änderung des Leistungsumfangs in der Kfz-Haftpflichtversicherung** In der Kfz-Haftpflichtversicherung sind wir während der Vertragslaufzeit berechtigt, den Beitrag zu erhöhen, sobald wir auf Grund eines Gesetzes, einer Verordnung oder einer EU-Richtlinie dazu verpflichtet werden, den Leistungsumfang oder die Versicherungssummen zu erhöhen.	J.3 Um die dauerde Erfüllbarkeit der Verpflichtung aus den Versicherungsverträgen sicherzustellen, sind wir in der Haftpflichtversicherung, Kaskoversicherung, im Schutzbrief, in der Auslandsschaden-Versicherung inklusive Schutzbrief (Schutzbrief Plus), in der Fahrerschutz-Versicherung, in der Insassenunfall-Versicherung und in der Kasko-Extra-Versicherung berechtigt und verpflichtet, einmal jährlich die Tarifbeiträge für bestehende Verträge unter Beachtung der anerkannten Grundsätze der Versicherungsmathematik und der Versicherungstechnik neu zu kalkulieren, um sie an die Schaden- und Kostenentwicklung anzupassen. Dabei können wir die statistischen Erkenntnisse des Gesamtverbands der Deutschen Versicherungswirtschaft e. V. berücksichtigen. Von der Neukalkulation unberührt bleiben der Ansatz für Gewinn sowie individuelle Beitragszu- und -abschläge. Der neu kalkulierte Beitrag wird ab Beginn des nächsten Versicherungsjahres wirksam. **J.3.1 Tarifanhebung** Sind die nach J.3 ermittelten Tarifbeiträge für bestehende Verträge höher als die Tarifbeiträge für neu abzuschließende Verträge und enthalten die Tarife für die bestehenden und für die neu abzuschließenden Verträge die selben Beitragsermittlungen, Deckungssummen und Versiche-	**J.3 Tarifänderung** J.3.1 **Änderungen der Tarife** (Beiträge und Tarifbestimmungen) finden vom Beginn des nächsten Versicherungsjahrs an auf bestehende Verträge Anwendung. Wir sind verpflichtet, Ihnen die Tarifänderung unter Kenntlichmachung der Unterschiede des alten und des neuen Tarifs spätestens einen Monat vor Inkrafttreten schriftlich bekannt zu geben und Sie in Textform über Ihr Kündigungsrecht nach J.4 zu belehren. J.3.2 Wir können Versicherungsnehmer zum Zwecke der risikogerechten Tarifierung nach gleichartigen Merkmalen zu Gruppen von Risiken verbinden, um ein ausgewogenes Verhältnis von Beitrag und Leistung zu erlangen. Zu Beginn jedes neuen Versicherungsjahrs können für jede der nach gleichartigen Merkmalen gebildeten Gruppen Nachlässe gegenüber dem allgemeinen Veränderungssatz des J.3.1 eingeräumt werden, wenn eine nach den Grundsätzen der Versicherungsmathematik auf der Grundlage von bei uns vorhandenen Daten durchgeführte Bewertung dies rechtfertigt. Die Nachlässe gelten nur für das jeweils neue Versicherungsjahrs. Risikogerechte Merkmale im Sinne des Vorgenannten sind z. B.

J.3 AKB Tarifänderung

H-Versicherung	A-Versicherung	V-Versicherung
	rungsbedingungen, so können wir auch für die bestehenden Verträge, also auch für Ihren Vertrag, nur die Tarifbeiträge für die neu abzuschließenden Verträge verlangen. **J.3.2 Tarifabsenkung** Ergibt die Kalkulation einen niedrigeren Tarifbeitrag, sind wir verpflichtet, Ihren Versicherungsbeitrag mit Wirkung vom Beginn des nächsten Versicherungsjahres an auf die Höhe des neuen Tarifbeitrags zu senken.	rechtzeitige Zahlung der Versicherungsbeiträge, Dauer und Umfang der bisherigen Vertragsbeziehung, Zugehörigkeit zu einer bestimmten Belegschaft sowie Merkmale des Fahrzeugs.

J.4 Kündigungsrecht

Führt eine Änderung nach J.1 bis J.3 in der Kfz-Haftpflichtversicherung zu einer Beitragserhöhung, so haben Sie nach G.2.7 ein Kündigungsrecht. Werden mehrere Änderungen gleichzeitig wirksam, so besteht Ihr Kündigungsrecht nur, wenn die Änderungen in Summe zu einer Beitragserhöhung führen.

Dies gilt für die Kaskoversicherung (und xxx) entsprechend.

<Redaktioneller Hinweis: Ist auch in weiteren Sparten ein Tarifänderungsrecht nach J.3 vorgesehen, ist dies hier aufzunehmen.>

Das Sonderkündigungsrecht[1] nach G.2.7 findet hier seine Grundlage. Der Versicherungsnehmer hat das Recht, bei einer für ihn nachteiligen Veränderung der Einstufung seines Kfz, den Vertrag zu kündigen. Diese Kündigung ist nur an den Zeitpunkt der Änderung der entsprechenden Eingruppierung und deren Wirksamwerden gebunden. So hat der Versicherer, wenn er eine Beitragsanpassung nach oben wegen veränderter Typenklasse oder Regionalklasse oder wegen einer Tariferhöhung, den Versicherungsnehmer über dieses Sonderkündigungsrecht zu belehren und auf die Frist hinzuweisen. Die Frist beträgt einen Monat ab Kenntnis von der Änderung und Beitragserhöhung. Nach Ablauf der Kündigungsfrist von einem Monat wird der erhöhte Beitrag fällig. Erfolgt die Zahlung des Beitrages vor Ablauf der Frist, erlischt das Recht zur Sonderkündigung[2].

Treffen mehrere Änderungen zusammen, wie z. B. die Eingruppierung in eine höhere SF-Klasse verbunden mit einer Beitragsreduzierung und die gleichzeitige Erhöhung des Tarifes wegen der Veränderung der Regionalklassen, berechtigen diese Veränderungen nur dann zu einer Sonderkündigung, wenn der Saldo beider Veränderungen zu einer Beitragserhöhung führt.

J.5 Gesetzliche Änderung des Leistungsumfangs in der Kfz-Haftpflichtversicherung

In der Kfz-Haftpflichtversicherung sind wir berechtigt, den Beitrag zu erhöhen, sobald wir aufgrund eines Gesetzes, einer Verordnung oder einer EU-Richtlinie dazu verpflichtet werden, den Leistungsumfang oder die Versicherungssummen zu erhöhen.

Neben den Änderungen, die durch die Schadenentwicklung maßgeblich beeinflusst werden, kommen als Änderungsgründe auch die aufgrund Rechtsnormen erforderlich werdenden Anpassungen des Versicherungsvertrages in Betracht. Das Schadensrecht ist dabei nicht nur dem nationalen Recht unterworfen, vielmehr muss es sich auch

---

1 Vgl. insoweit auch Ebnet »Die Kündigung von Versicherungsverträgen«, NJW 2006, 1697 ff.
2 Wegen der Details vgl. unter. AKB A.2.5.8 Rdn. 42.

J.6 AKB Änderung des SF-Klassen-Systems

an dem europäischen Recht orientieren. Bisher waren aufgrund der ohnehin fortlaufend angepassten Versicherungssummen keine Beitragsanpassungen wegen Auswirkungen europäischen Rechtes erforderlich. Dies kann aber für die Zukunft nicht ausgeschlossen werden.

Wie die Historie der Mindestversicherungssummen[1] und auch der Leistungsgrenzen bei unbegrenzter Deckung zeigt, ist der abzudeckende Mindestaufwand in der Kraftfahrzeug-Haftpflicht-Versicherung immer angestiegen, um den auch durch Rechtsfortbildung veränderten Anforderungen des Schadensersatzrechtes gerecht zu werden. Diese Anhebung des Risikos macht natürlich auch eine Anpassung der Beiträge erforderlich. Dabei darf die Prämienerhöhung wegen Änderung aufgrund gesetzlicher Vorgaben nur den Anteil umfassen, der aufgrund der erhöhten Leistungspflicht erforderlich wird.

2   Ein Sonderkündigungsrecht wird dem Versicherungsnehmer insoweit nicht zugestanden, da diese Form der Prämienerhöhung nicht § 40 VVG unterfällt, der sich ausschließlich mit Prämienerhöhungen ohne Veränderung des Leistungsumfangs des Versicherers beschäftigt[2].

3   Eine weitere Erhöhung, die nicht durch die gesetzlichen Anforderungen begründet ist, richtet sich nach J.3. Es muss auf diese Veränderung ausdrücklich hingewiesen werden und dem Versicherungsnehmer steht dann auch ein Sonderkündigungsrecht zu[3].

<xx Achtung! Es folgen zwei Varianten. Variante 1 für Versicherer, die nur das SF-System nach Anlage 1 verwenden wollen. Variante 2 für Versicherer, die auch die Tarifmerkmale nach Anhang 2 verwenden wollen.>

J.6   Änderung des SF-Klassen-Systems

Wir sind berechtigt, die Bestimmungen für die SF-Klassen nach Abschnitt I und Anhang 1 zu ändern, wenn ein unabhängiger Treuhänder bestätigt, dass die geänderten Bestimmungen den anerkannten Grundsätzen der Versicherungsmathematik und Versicherungstechnik entspre-

---

1 Vgl. ausführlich Himmelreich/Halm/Staab Kap. 22 Rn. 17 ff. m.w.H. und A.1.3 AKB in diesem Buch.
2 § 40 Abs. 1 VVG: Erhöht der Versicherer auf Grund einer Anpassungsklausel die Prämie, ohne dass sich der Umfang des Versicherungsschutzes entsprechend ändert, kann der Versicherungsnehmer den Vertrag innerhalb eines Monats nach Zugang der Mitteilung des Versicherers mit sofortiger Wirkung, frühestens jedoch zum Zeitpunkt des Wirksamwerdens der Erhöhung, kündigen. Der Versicherer hat den Versicherungsnehmer in der Mitteilung auf das Kündigungsrecht hinzuweisen. Die Mitteilung muss dem Versicherungsnehmer spätestens einen Monat vor dem Wirksamwerden der Erhöhung der Prämie zugehen.
3 So auch Jacobsen in Feyock/Jacobsen/Lemor AKB 2008 J Rn. 41; vgl. insoweit auch Ebnet »Die Kündigung von Versicherungsverträgen«, NJW 2006, 1697 ff.

chen. Die geänderten Bestimmungen werden mit Beginn des nächsten Versicherungsjahres wirksam.

In diesem Fall haben Sie nach G.2.9 ein Kündigungsrecht.

J.6 xx Änderung der Tarifstruktur]

Änderung der Tarifstruktur

Wir sind berechtigt, die Bestimmungen für SF-Klassen, Regionalklassen, Typklassen, Abstellort, jährliche Fahrleistung, xx < ggf. zu ergänzen > zu ändern. Dies setzt voraus, dass ein unabhängiger Treuhänder bestätigt, dass die geänderten Bestimmungen den anerkannten Grundsätzen der Versicherungsmathematik Versicherungstechnik entsprechen. Die geänderten Bestimmungen werden mit Beginn des nächsten Versicherungsjahres wirksam.

In diesem Fall haben Sie nach G.2.9 ein Kündigungsrecht.

Übersicht Rdn.
A. Allgemeines 1
B. Änderungen der SFR-Klassen 2
C. Änderungen der Tarifstruktur 3
D. Sonderkündigungsrecht 4

A. Allgemeines

Die Musterbedingungen sehen für J.6 zwei Varianten vor, die entweder nur eine Änderung der SFR-Klassen oder aber eine vollständige Änderung der Tarifstruktur zulassen. 1

B. Änderungen der SFR-Klassen

Die Änderung von SFR-Klassen ist nur dann zulässig, wenn sie den anerkannten Grundsätzen der Versicherungsmathematik und Versicherungstechnik entsprechen. Dabei ist das Prinzip der risikoadäquaten Kalkulation zu beachten. Eine Ungleichbehandlung wegen der Religionszugehörigkeit, sexueller Neigungen, Alters oder Behinderung i. S. d. AGG ist unzulässig und widerspricht den anerkannten Grundsätzen. Tw. wird aber die Auffassung vertreten, dass diese dann zulässig sind, wenn sie aufgrund versicherungswirtschaftlicher und versicherungsrechtlich ermittelter Risikoermittlung eine Ungleichbehandlung rechtfertigen[1]. Diese Sichtweise erscheint bedenklich. Dabei ist aber die Eingruppierung in verschiedene Tarife anhand des Berufs des Versicherungsnehmers seit Jahren anerkannt. Ob dies dem AGG entspricht, ist fraglich. Dies ist von einem unabhängigen Treuhänder zu bestätigen, J.6 1. Alternative. 2

---

1 Jacobsen in Feyock/Jacobsen/Lemor aaO. AKB 2008 J Rn. 49.

C. Änderungen der Tarifstruktur

3 Die zweite Alternative des J.6. sieht eine vollständige Änderung der Tarifstruktur vor, die sowohl die SFR-Struktur, wie auch die Regional- und Typenklassen, Abstellort und jährliche Fahrleistung etc. betreffen können. Hierbei handelt es sich um die Möglichkeit, sog. »weiche« Tarifmerkmale in den Versicherungsvertrag aufzunehmen, um damit eine andere Eingruppierung zu erreichen. Daneben sind auch nur einzelne der dort aufgenommenen Strukturmerkmale änderbar.

D. Sonderkündigungsrecht

4 Im Falle einer Änderung der SFR-Stufen nach J.6 oder der Strukturen ist der Versicherungsnehmer berechtigt, nach G.9 zu kündigen. Der Versicherer muss auch hier den Versicherungsnehmer auf sein Sonderkündigungsrecht[2] hinweisen und über Art und Umfang der Änderungen aufklären.

K Beitragsänderung aufgrund eines bei Ihnen eingetretenen Umstands

1 In dem Abschnitt K. werden die Gründe aufgeführt, die durch ein Verhalten des Versicherungsnehmers zu einer Beitragsänderung führen können. Diese Umstände können durch Veränderungen im SFR-System (Schadenfall oder schadenfreier Verlauf), Veränderung der Nutzung oder Änderungen in den sog. Weichen Tarifmerkmalen. Diese Klauseln unterfallen nicht der Regelung des § 40 VVG, da sie keine Prämienanpassungsklauseln sind, die vom Versicherer ohne Zutun des Versicherungsnehmer gestaltet werden[1]. Einzig bei einer Veränderung der Verwendung des versicherten Fahrzeugs und der daraus resultierenden Prämienanpassung wird nach K.5 ein Sonderkündigungsrecht eingeräumt.

K.1 Änderung des Schadenfreiheitsrabatts

Ihr Beitrag kann sich aufgrund der Regelungen zum Schadenfreiheitsrabatt-System nach Abschnitt I ändern.

1 Der SFR kann sich nach Abschnitt I. im Schadenfall verändern. Dies führt natürlich zu einer Beitragsveränderung, so ist bei schadenfreiem Verlauf eine höhere SFR-Klasse zu erreichen, während ein Schadenfall, der zu einer Belastung des Vertrages führt, auch eine Rückstufung in eine niedrigere Schadenfreiheitsklasse zur Folge hat. Die Aufnahme in K.1 hat lediglich hinweisenden Charakter.

---

2 Vgl. insoweit auch Ebnet »Die Kündigung von Versicherungsverträgen« in NJW 2006, 1697 ff.
1 Jacobsen in Feyock/Jacobsen/Lemor aaO. AKB 2008 K Rn. 1.

K.2 Änderung von Merkmalen zur Beitragsberechnung

Dieses Kapitel befasst sich mit den sog. Weichen Tarifmerkmalen[1], die von jedem Versicherer angeboten werden können. Ein Anspruch auf ein Angebot einer bestimmten Sondervergünstigung besteht nicht, allenfalls ein Anspruch auf Gleichbehandlung bestimmter Gruppen. In den Musterbedingungen sind nur die gebräuchlichsten aufgenommen. Es steht aber jedem Versicherer frei, weitere Sondertarife zu entwickeln, die dann gesondert aufgenommen werden können. Die gebräuchlichsten sind neben der Laufzeit und der Berufsgruppenzugehörigkeit auch die Frage nach der Unterstellung (Garagenwagen), nach dem Fahrer (entweder Mindestalter oder »Frauentarif«), Treuerabatte, Familientarife u. v. m. Dabei müssen natürlich Veränderungen in diesen Merkmalen seit Vertragsschluss, die auch ein anderes Risiko für den Versicherer beinhalten, angepasst werden. Zu beachten ist auch hier, dass eine Veränderung in der Nutzung des Kfz zu einer Neuberechnung des Vertrages führen kann und ggf. auch eine Vertragsstrafe bei Nichtmeldung dieser Veränderungen gefordert werden kann, der Versicherer kann dabei allerdings nicht auch den Weg der Obliegenheitsverletzung offenhalten[2].

1

Welche Änderungen werden berücksichtigt?

K.2.1 (Änderung der variablen Merkmale[1])

Ändert sich während der Laufzeit des Vertrags ein im Versicherungsschein unter der Überschrift xx aufgeführtes Merkmal zur Beitragsberechnung, berechnen wir den Beitrag neu. Dies kann zu einer Beitragssenkung oder zu einer Beitragserhöhung führen.

< xx Alternativformulierung für Versicherer, die die Anhänge 2 und 5 verwenden:

K.2.1 (Änderung der persönlichen Verhältnisse des Versicherungsnehmers[2])

Ändert sich während der Laufzeit des Vertrags ein Merkmal zur Beitragsberechnung gemäß Anhang 2 »Merkmale zur Beitragsberechnung« und Anhang 5 »Berufsgruppen (Tarifgruppen)« berechnen wir den Beitrag neu. Dies kann zu einer Beitragssenkung oder zu einer Beitragserhöhung führen.>

---

1 Vgl. ausführlich dazu Himmelreich/Halm, Kap. 22 Rn. 35 ff.
2 OLG Stuttgart v. 25.07.2013 – 7 U 33/13, Jurion.
1 Überschrift des Verfassers!.
2 Überschrift des Verfassers!.

K.2.1 AKB (Änderung der variablen Merkmale)

Übersicht Rdn.
A. Änderung des unter XX aufgeführten Merkmals 1
B. Änderung der Berufsgruppe 5
C. Vereinbarkeit mit dem AGG 6

A. Änderung des unter XX aufgeführten Merkmals

1 Die 1. Alternative geht davon aus, dass der Versicherer in seinen Bedingungen selbst die entsprechenden Regeln unter frei gewählten Überschriften aufstellt. Dann müsste der Versicherungsnehmer, der eines dieser Merkmale bei Antragsstellung zu seinen Gunsten in Anspruch nehmen konnte, bei einer Veränderung den entsprechenden Hinweis an den Versicherer abgeben.

Als vereinbar gelten dabei insbesondere folgende »Weiche« Tarifmerkmale[3]:
- eingeschränkter Fahrerkreis, d. h. nur Frauen fahren dieses Kfz, (statistisch haben Frauen weniger Unfälle als Männer);
- die Fahrer haben ein bestimmtes Mindestalter (25 Jahre, jüngere Fahrer verursachen überproportional viele Unfälle);
- Es wird ein Einzel-Fahrer vereinbart;
- Jahresfahrleistung[4] (das Risiko des Schadenfalles erhöht sich mit den gefahrenen km);
- Die zugelassenen Fahrer werden namentlich benannt (Versicherungsnehmer + Ehegatte);
- Auch Bausparer oder Immobilieneigentümer erhalten Rabatte;
- Alter des Fahrzeugs (Neufahrzeuge erhalten einen Rabatt, während Kfz älter als fünf Jahre einen Zuschlag erfahren);
- Garagenfahrzeug (besonders in der Kasko-Versicherung interessant), wobei sich hier die Frage stellt, ob auch eine besondere räumliche Nähe der Garage zum Wohnort des Versicherungsnehmers erforderlich ist[5].

2 Es gibt viele Möglichkeiten, einer bestimmten Gruppe einen Rabatt zu gewähren oder diese nur unter einem Zuschlag zu versichern. Solange sich die Rabattierung objektiv prüfen lässt und für eine nicht näher bezeichnete Anzahl von Personen in Frage kommt, dürfte die Prüfung der Vereinbarkeit mit §§ 305 ff. BGB positiv ausfallen. Allerdings ist die Formulierung der »automatischen Anpassung« im Licht der Beratungspflicht nach § 19 VVG kritisch zu sehen[6].

---

3 Vgl. auch Stadler Rn. 95; Marlow/Schirmer, »Die versicherungsrechtliche Behandlung sogenannter weicher Tarifmerkmale, VersR 1997, 782 ff.
4 Zur Vertragsstrafe vgl. LG Dortmund v. 28.08.2008 – 2 S 16/08, zfs 2009, 210 ff. = SP 2009, 151 ff.
5 Vgl. insoweit zur Hausratversicherung LG Dortmund v. 17.06.2009 – 2 O 424/08, das eine Entfernung von 1 km als zu weit erachtete.
6 LG Dortmund v. 10.07.2014 – 2 O 261/13, r+s 2014, 545–546.

Die Vereinbarung von K.2.1 kann dabei sowohl eine Erhöhung des Beitrages – bei Wegfall z. B. der Eigenschaft nur der Versicherungsnehmer fährt, oder nur weibliche Fahrerinnen führen das Kfz – wie auch eine Senkung des Beitrages zur Folge haben, wenn sich der Kreis der Nutzer des Kfz reduziert oder eine entsprechende Altersgrenze erreicht hat.

Ein Sonderkündigungsrecht ist für diesen Fall nicht vorgesehen, da auch die Beitragserhöhung allein aufgrund der vom Versicherungsnehmer angezeigten und in seiner Entscheidungsbefugnis liegenden geänderten Umstände erfolgt.

Der Versicherer kann sich hierbei nur auf die Verletzung der vereinbarten Vertragspflichten, nicht aber zusätzlich auf eine Obliegenheitsverletzung wegen z. B. Gefahrerhöhung (wegen zu vieler gefahrener km) berufen[7].

B. Änderung der Berufsgruppe

In den vergangenen Jahren haben statistische Erhebungen zur Schadenhäufigkeit ergeben, dass z. B. einzelne Berufsgruppen, aber auch einzelne Altersklassen in der Statistik häufiger erscheinen, als andere[8]. Dies hat dazu geführt, dass die Versicherer einzelne Einschränkungen, die der Versicherungsnehmer freiwillig auf sich nimmt, mit einem Nachlass in der Prämie honorieren. Dabei wird in den Musterbedingungen differenziert zwischen den Versicherern, die eigene Merkmale verwenden und denen, die sich an den Anhängen 2 und 5 orientieren, die Formulierungen vorgeben, aber ebenfalls zusätzliche Sondervereinbarungen offenlassen.

C. Vereinbarkeit mit dem AGG

Ob diese Regelungen einer inhaltlichen Kontrolle unter Berücksichtigung des AGG standhalten, erscheint fraglich. So ist in § 19 AGG die Benachteiligung aufgrund des Geschlechtes untersagt. Allerdings gibt § 20 Abs. 2 AGG die Möglichkeit zur unterschiedlichen Behandlung dann[9], wenn versicherungsmathematisch belegte Differenzierungen sachlich geboten sind. Ggf. müsste die Differenzierung überprüft werden, um einen Verstoß gegen das AGG nachzuweisen.

---

7 OLG Stuttgart, 25.07.2013 – 7 U 33/13, Jurion.
8 Stadler Rn. 88 ff.
9 »§ 20 Abs. (2) Eine unterschiedliche Behandlung wegen des Geschlechts ist im Falle des § 19 Abs. 1 Nr. 2 bei den Prämien oder Leistungen nur zulässig, wenn dessen Berücksichtigung bei einer auf relevanten und genauen versicherungsmathematischen und statistischen Daten beruhenden Risikobewertung ein bestimmender Faktor ist. Kosten im Zusammenhang mit Schwangerschaft und Mutterschaft dürfen auf keinen Fall zu unterschiedlichen Prämien oder Leistungen führen. Eine unterschiedliche Behandlung wegen der Religion, einer Behinderung, des Alters oder der sexuellen Identität ist im Falle des § 19 Abs. 1 Nr. 2 nur zulässig, wenn diese auf anerkannten Prinzipien risikoadäquater Kalkulation beruht, insbesondere auf einer versicherungsmathematisch ermittelten Risikobewertung unter Heranziehung statistischer Erhebungen.«

K.2.2 AKB (Zeitpunkt der Beitragsänderung)

Auswirkung auf den Beitrag

K.2.2 (Zeitpunkt der Beitragsänderung[1])
Der neue Beitrag gilt ab dem Tag der Änderung.

1 Die Formulierung von K.2.2 stellt klar, dass nicht das Datum der Kenntnis des Versicherers maßgebend für die Beitragserhöhung oder Senkung ist. Die Beitragsänderung gilt ab dem Tag der Änderung der Situation, so dass eine Beitragserhöhung auch unterjährig ab dem Datum, an dem das entsprechende Merkmal verändert wurde, fällig wird. Auch die Senkung des Beitrages erfolgt rückwirkend zu dem Datum der Risikosenkung. Es kommt hiernach auch nicht auf die Art der Kenntniserlangung des Versicherers an. So kann nach dieser Formulierung eine Beitragsänderung für zurückliegende Versicherungsjahre gefordert werden, wenn der Versicherer erst nach Ablauf des Kalenderjahres von den geänderten Umständen erfährt[2].

Eine Rückberechnung zum Zeitpunkt des Vertragsbeginns ist unzulässig, da diese Regelung der Inhaltskontrolle nach § 307 BGB nicht standhält, da ein solches Verhalten gegen § 19 VVG verstößt[3].

Die Beitragsänderung gilt ab dem Tag der Änderung der Situation, so dass eine Beitragserhöhung auch unterjährig ab dem Datum, an dem das entsprechende Merkmal verändert wurde, fällig wird.

K.2.3 (Änderung der Jahreslaufleistung[1])
Ändert sich die im Versicherungsschein aufgeführte Jahresfahrleistung, gilt abweichend von K.2.2 der neue Beitrag rückwirkend ab Beginn des laufenden Versicherungsjahres.

1 Im Gegensatz zur den Veränderungen nach K.2.2 AKB wird die veränderte Laufleistung für das gesamte Versicherungsjahr zugrunde gelegt. Der Versicherer trägt über das gesamte Kalenderjahr ein – ggf. über der vorher geschätzten Laufleistung und Verwendung des Kfz – erhöhtes Risiko, das nicht erst ab dem Erreichen der vereinbarten Laufleistung und dann deren Überschreitung eintritt. Daher ist folgerichtig die Prämienanpassung zum Jahresbeginn notwendig. Zugunsten des Versicherungsnehmers wird aber auch eine niedrigere Laufleistung im Kalenderjahr für die Prämie rückwirkend zum Jahresbeginn berücksichtigt, wenn er diese anzeigt.

Zu beachten ist, dass der Versicherer im Falle der unterlassenen Mitteilung sich entscheiden muss in seinen Vertragsbedingungen, ob er dann eine zusätzliche Jahresprämie geltend machen möchte, oder seine Rechte wegen Gefahrerhöhung ausüben

---

1 Überschrift des Verfassers!.
2 Jacobsen in Feyock/Jacobsen/Lemor a. a. O. AKB 2008 K Rn. 15.
3 LG Dortmund v. 10.07.2014 – 2 O 261/13, zfs 2015, 13.
1 Überschrift des Verfassers!.

will[2]. Ist nach den AKB beides möglich, verstößt die Klausel gegen § 307 BGB. Ein Erschleichen eines Rabattes durch eine vorvertragliche Anzeigepflichtverletzung wurde vom OLG Brandenburg verneint, weil der Versicherer den korrekten Betrag der bei richtiger Angabe der Fahrleistung fällig gewesen wäre, nicht benennen konnte[3].

Die Berechtigung, eine Vertragsstrafe zu fordern, wird grundsätzlich bestätigt[4]. Die Vereinbarung eines doppelten Selbstbehaltes in der Fahrzeugversicherung für den Fall der Überschreitung der angegebenen Jahreslaufleistung als Vertragsstrafe ist keine überraschende Klausel im Sinne des § 305 BGB (zumindest nicht bei einer erheblichen Überschreitung der vereinbarten Laufleistung um 25% innerhalb eines Zeitraumes von rd. 10 Monaten bei vereinbarter Laufleistung von 15.000 km und tatsächlich gefahrenen 19.231 km)[5].

K.3 Änderung der Regionalklasse wegen Wohnsitzwechsels

Wechselt der Halter seinen Wohnsitz und wird dadurch Ihr Fahrzeug einer anderen Regionalklasse zugeordnet, richtet sich der Beitrag ab der Ummeldung bei der Zulassungsbehörde nach der neuen Regionalklasse.

Die Änderung der Regionalklasse wegen eines Umzuges des Versicherungsnehmers kommt nur insoweit in Betracht, als dieser den Zulassungsbezirk wechselt und der neue Zulassungsbezirk in einer anderen Regionalklasse einzustufen ist[1]. Ein Sonderkündigungsrecht kommt auch hier nicht in Betracht, da dieser Wechsel der Regionalklasse ausschließlich vom Versicherungsnehmer veranlasst wird und die Beitragsänderung sowohl in einer Erhöhung wie auch in einer Beitragssenkung münden kann. Die Veränderung wird zum Zeitpunkt der Ummeldung fällig. Auch wenn auf das Ummelden von Kfz durch das jeweilige Bundesland[2] verzichtet wurde, ist der Halter verpflichtet, gleichwohl bei der neu für ihn zuständigen Zulassungsstelle eine neue Zulassungsbestätigung Teil 1 zu beantragen, um seiner Meldepflicht nachzukommen, alternativ kommt auch eine Umschreibung der Fahrzeugzulassung Teil I in Betracht[3]. 1

---

2 OLG Stuttgart v. 25.07.2013 – 7 U 33/13m zfs 2014, 33 ff.
3 OLG Brandenburg v. 02.06.2010, Az.: 3 U 142/09, Jurion.
4 AG Gelsenkirchen v. 04.03.2011 – 36 C 208/10, ADAJUR.
5 AG Dortmund v. 24.06.2008 – 420 C 3521/08, bestätigte dabei auch die Wirksamkeit der vereinbarten Klausel, nach Auffassung des LG Dortmund v. 28.08.2008 – 2 S 16/08, NJW-RR 2009, 249, war diese Entscheidung jedoch aufzuheben, die Klausel sei überraschend, weil die Überschreitung der Laufleistung mit der Entschädigung aus der Fahrzeugversicherung gekoppelt war.
1 Zum Zustandekommen der Regionalklassen und deren Überprüfung vgl. J.2 AKB.
2 So jetzt in Brandenburg, Hessen, Mecklenburg-Vorpommern, Nordrhein-Westfalen, Sachsen und Schleswig-Holstein.
3 Variiert in den Bundesländern.

K.4 Ihre Mitteilungspflichten zu den Merkmalen zur Beitragsberechnung

1 Natürlich kann der Versicherer nicht alle Versicherungsnehmer kontrollieren, daher ist der Versicherungsnehmer verpflichtet, alle beitragsrelevanten Umstände umgehend anzuzeigen.

Anzeige von Änderungen

K.4.1 (Anzeigepflicht[1])

Die Änderung eines im Versicherungsschein unter der Überschrift < xx konkrete Bezeichnung eintragen > aufgeführten Merkmals zur Beitragsberechnung müssen Sie uns unverzüglich anzeigen.

1 Diese Vorschrift hat insbesondere Bedeutung bei den sog. weichen Tarifmerkmalen, die individuell von Versicherer zu Versicherer verschieden sind. Soweit ein sog. **Frauentarif**, **Garagentarif**, nur **ein Fahrer**, nur **Fahrer über 25** etc. vereinbart wurde[2], ist jede Änderung dieser Basis der Beitragsberechnung anzuzeigen. Eine einmalige Änderung (im Notfall fährt der eigentlich nicht im Vertrag Erwähnte z. B. Ehegatte beim Frauentarif, das Fahrzeug wird – etwa im Urlaub – ausnahmsweise auf der Straße geparkt) schadet dabei nicht.

Auch die falsche Angabe der jährlichen **Laufleistung** hat lediglich Auswirkungen auf die Beitragsermittlung und wird zu einer Nachberechnung führen[3]. Etwas anderes kann nur dann gelten, wenn zusätzlich zur höheren Laufleistung auch ein Verstoß gegen eine vertraglich vereinbarte Obliegenheit wie z. B. die Verwendungsklausel gegeben ist (beispielsweise Einsatz als Taxi oder Selbstfahrervermietfahrzeug). In diesem Fall reicht die einmalige falsche Verwendung aus, um den Versicherungsschutz zu gefährden, wenn es zum Schadenfall kommt[4].

Überprüfung der Merkmale zur Beitragsberechnung

K.4.2 (Prüfungsrecht[1])

Wir sind berechtigt zu überprüfen, ob die bei Ihrem Vertrag berücksichtigten Merkmale zur Beitragsberechnung zutreffen. Auf Anforderung haben Sie uns entsprechende Bestätigungen oder Nachweise vorzulegen.

---

1 Überschrift des Verfassers!.
2 Himmelreich/Halm/Staab, Handbuch Kfz-Schadensregulierung Kap. 22, Rn. 35 ff.
3 Vgl. hierzu AKB K.2.3.
4 Vgl. hierzu AKB D.1.1.1.
1 Überschrift des Verfassers!.

Der Versicherer ist berechtigt, die Angaben des Versicherungsnehmers hinsichtlich der 1
vereinbarten Merkmale zur Beitragsrechnung zu prüfen. Dies wird er insbesondere
dann tun, wenn die vereinbarte und die tatsächliche Laufleistung eines Kfz jährlich voneinander abweichen. Eine Prüfung kann auch im Kasko-Schadenfall erfolgen[2], wenn
die Laufleistung des Kfz in Relation zu Alter und vertraglicher Vereinbarung im Widerspruch steht. Der Versicherungsnehmer ist einerseits verpflichtet, die Änderung der
Merkmale anzuzeigen, die Einhaltung der vertraglichen vereinbarten Merkmale
kann nur durch Mitarbeit des Versicherungsnehmers geprüft werden, weshalb er andererseits auch zur Mitarbeit verpflichtet ist.

Folgen von unzutreffenden Angaben

K.4.3 (Falsche Angaben[1])

Haben Sie unzutreffende Angaben zu Merkmalen zur Beitragsberechnung gemacht oder Änderungen nicht angezeigt und ist deshalb ein zu niedriger Beitrag berechnet worden, gilt rückwirkend ab Beginn des laufenden Versicherungsjahres der Beitrag, der den tatsächlichen Merkmalen zur Beitragsberechnung entspricht.

Übersicht   Rdn.
A. Allgemeines 1
B. Auswirkungen der falschen Angaben auf den Versicherungsschutz 2
C. Exkulpationsmöglichkeiten 3

A. Allgemeines

Grundsätzlich ist der Versicherungsnehmer verpflichtet, jede Änderung, die auch Aus- 1
wirkungen auf den Versicherungsvertrag haben könnte, unverzüglich zu melden, um
dem Versicherer die korrekte Prämienberechnung zu ermöglichen. Eine Verletzung dieser Pflicht hat nach K.4.3 nur zur Folge, dass der korrekte Beitrag nach den richtigen
Merkmalen ab Beginn des laufenden Versicherungsjahres rückwirkend gefordert wird.
Die vom GdV vorgeschlagene Formulierung dürfte einer Inhaltskontrolle nach § 307
BGB standhalten, werden allerdings weitere Rechte des Versicherers z. B. aus Gefahrerhöhung vorbehalten, ist eine solche Klausel unwirksam[2].

Nach Auffassung des LG Dortmund[3] soll eine ähnlich formulierte Klausel unwirksam
sein, weil sie entgegen §§ 32, 19 VVG zum Nachteil des Versicherungsnehmers abweiche und die zwingenden Beratungspflichten des Versicherers gem. § 19 VVG umgehe.

---

2 OLG Stuttgart v. 25.07.2013 – 7 U 33/13, Jurion.
1 Überschrift des Verfassers!.
2 OLG Stuttgart v. 25.7.2013 – 7 U 33/13, r+s 2014, 61 f.
3 LG Dortmund v. 10.07.2014 – 2 O 261/13, r+s 2014, 545–546.

K.4.3 AKB (Falsche Angaben)

Hier ist zu trennen zwischen den (vorsätzlich) falschen Angaben, die eine Anzeigepflichtverletzung i. S. v. § 19 VVG darstellen und nachträglichen Änderungen von meldepflichtigen Umständen. Soweit der Versicherungsnehmer schon im Vertragsschluss falsche Angaben macht, handelt er arglistig, eine Beratung kann dann entbehrlich sein[4]. Bei nachträglichen Änderungen, die vom Versicherungsnehmer angezeigt werden, errechnet sich der Beitrag nach K.2 AKB ab dem Zeitpunkt der Änderung.

B. Auswirkungen der falschen Angaben auf den Versicherungsschutz

2 Diese Regelung hat nicht nur Auswirkungen auf die Prämiengestaltung, sondern kann im Schadenfall durchaus auch Auswirkungen auf die Deckung haben. Man denke nur an eine geänderte Verwendung des KFZ, welches als PKW-Eigenverwendung versichert ist, aber inzwischen als Selbstfahrer-Vermietfahrzeug genutzt wird[5]. Es besteht dann Leistungsfreiheit des Versicherer bis zu 5.000 €.

Ein Verstoß gegen die sog. weichen Tarifmerkmale hingegen hat lediglich vertragliche Auswirkungen in der Kraftfahrzeug-Haftpflicht-Versicherung[6], eine Obliegenheitsverletzung kann daraus nicht konstruiert werden. Allerdings steht bei Verstößen gegen die weichen Tarifmerkmale im Bereich der Fahrzeugversicherung durchaus die Frage im Raum, ob der Versicherungsnehmer nicht bei Vereinbarung eines »Garagentarifs« ohne Eigentümer oder Besitzer einer solchen zu sein, im Schadenfall die grob fahrlässige Begehung des Schadenfalls durch Ermöglichen vorgeworfen werden kann.

Nach K.4.3 kann der Beitrag nur für den zurückliegenden Zeitraum des laufenden Versicherungsjahr gefordert werden, liegt die Änderung länger zurück, kann nur noch über K.2.2 eine Beitragsanpassung ab dem Zeitpunkt der Änderung gefordert werden[7]. Hat der Versicherungsnehmer die Jahreskilometerleistung, die Bestandteil der Prämienkalkulation war, nicht korrigiert, droht ihm ebenfalls eine Sanktion. Allerdings darf eine Obliegenheitsverletzung damit nicht gekoppelt werden, dieser zusätzliche Rückgriff auf die vorvertragliche Anzeigepflicht oder sonstige Obliegenheiten sei nicht sachgerecht[8].

Nach dem Willen des LG Dortmund[9] soll diese Regelung gegen § 19 VVG und § 32 VVG zum Nachteil des Versicherungsnehmers verstoßen und damit unwirksam sein. Das LG verkennt aber in dieser besonderen Entscheidung, dass der Versicherungsnehmer offenbar absichtlich falsche Angaben hinsichtlich der geplanten Verwendungen ge-

---

4 BGH v.12.03.2014 – IV ZR 306/13; OLG Köln v. 07.02.2012 – 9 U 61/11, r+s 2012, 243 f.
5 Vgl. insoweit AKB D.1.1.1.
6 LG Dortmund v. 28.08.2008 – 2 S 16/08 in SP 2009, 151 ff. = zfs 2009, 210 m. Anm. Rixecker zu den weichen Tarifmerkmalen, vgl. auch Schirmer/Marlow VersR 1997, 782 und Knappmann, Rechtsfragen zur Kraftfahrtversicherung in VersR 1996, 401, 406 zu den weichen Tarifmerkmalen.
7 Jacobsen in Feyock/Jacobsen/Lemor AKB 2008 K Rn. 15.
8 OLG Stuttgart, 25.07.2013 – 7 U 33/13, Jurion.
9 LG Dortmund vom 10.07.2014 – 2 O 261/13 (Transport eigener Waren statt – wie tatsächlich durchgeführter Transport fremder Waren mit der Angabe Werkverkehr).

macht hat. Ein schutzwürdiges Interesse ist insoweit nicht gegeben. Möglicherweise unterbliebene entsprechende Belehrungen hinsichtlich der einzelnen Verwendungsbezeichnungen im Rahmen von §§ 6, 19 VVG sind ggf. über die fehlende Beratung zu lösen und lösen ggf. einen Schadenersatzanspruch gegen den Vermittler aus.

C. Exkulpationsmöglichkeiten

Die vorstehende Regelung beschreibt nur den objektiven Tatbestand der falschen Angabe. Es bleibt kein Raum für die Prüfung, wie es zu der falschen Angabe gekommen ist. Allerdings würde auch die Frage einer fahrlässigen Falschbeantwortung oder fehlerhafter Belehrung durch den Außendienst oder Makler nicht dazu führen, dass ein zu niedrig berechneter Beitrag bestehen bleiben müsste. Insoweit ist die Anpassungsklausel des K.2.2 anzuwenden. 3

K.4.4 (Vertragsstrafe bei vorsätzlicher Falschangabe[1])

Haben Sie vorsätzlich unzutreffende Angaben gemacht oder Änderungen vorsätzlich nicht angezeigt und ist deshalb ein zu niedriger Beitrag berechnet worden, ist zusätzlich zur Beitragserhöhung eine Vertragsstrafe in Höhe von xx zu zahlen.

Für den Fall, dass die Meldung der Angaben vorsätzlich unterblieben ist und deswegen ein zu niedriger Beitrag berechnet wurde, wird eine Vertragsstrafe fällig. Die Höhe der Vertragsstrafe hängt von den jeweiligen AKB ab und kann nur hinsichtlich der Angemessenheit geprüft werden[2]. 1

Eine Verdopplung der Selbstbeteiligung bei Überschreitung der Jahreslaufleistung ist unwirksam[3], da diese als Überraschungsklausel gewertet wurde. Zulässig dürfte aber eine Vertragsstrafe in Höhe von 100 % des tarifgemäßen Beitrags sein[4], möglich ist auch, die Vertragsstrafe an die Differenz zu koppeln und diese zu vervielfachen, was im Ergebnis unter der 100 %igen Tarifprämie liegen dürfte. Auch eine pauschale Vertragsstrafe, die 500 € bei Überschreitung der vereinbarten Laufleistung beträgt, ist nicht unverhältnismäßig[5]. Auch die Verpflichtung des Versicherungsnehmers im Vertrag zur Zahlung einer Vertragsstrafe in Höhe einer zusätzlichen Jahresprämie bei unterlassener Mitteilung der Jahresfahrleistung ist nicht zulässig und verstößt gegen § 307 BGB, wenn der Versicherer nicht gleichzeitig auf sein Recht zum Rücktritt

---

1 Überschrift des Verfassers!.
2 BGH, Urteil vom 30.5.2012 – IV ZR 87/11, r+s 2012, 435 m. Anm.; eine Verstragsstrafe in Höhe des 5fachen Beitragsunterschieds ist unangemessen. (Vgl. auch Präve »Das neue VVG und das AGB-Recht« VersW 2009, 98 ff.
3 LG Dortmund v. 28.08.2008 – 2 S 16/08 SP 2009, 151 ff. = zfs 2009, 210 i.Anm. Rixecker.
4 So Rixecker in Anm. zu LG Dortmund v. 28.08.2008 – 2 S 16/08 zfs 2009, 210, 212; Looschelders/Pohlmann/Lohschelders/Schäfer, Anhang A Kraftfahrtversicherung Rn. 53.
5 AG Heidenheim v. 16.09.2008 – 8 C 711/08 VersR 2009, 628.

K.4.5 AKB (Auskunfts- und Mitwirkungspflichten)

vom Vertrag oder Kündigung des Vertrages wegen Gefahrerhöhung und Herleitung weiterer Rechte hierausverzichtet[6].

Folgen von Nichtangaben

K.4.5 **(Auskunfts- und Mitwirkungspflichten[1])**

Kommen Sie unserer Aufforderung schuldhaft nicht nach, Bestätigungen oder Nachweise vorzulegen, sind wir berechtigt, den Beitrag rückwirkend ab Beginn des laufenden Versicherungsjahres nach den für Sie ungünstigsten Annahmen zu berechnen, wenn

- wir Sie in Textform auf den dann zu zahlenden Beitrag und die dabei zugrunde gelegten Annahmen hingewiesen haben
- und Sie auch innerhalb einer von uns gesetzten Antwortfrist von mindestens X [nicht weniger als 4] Wochen die zur Überprüfung der Beitragsberechnung angeforderten Bestätigungen oder Nachweise nicht nachreichen.

1 Der Versicherer kann vom Versicherungsnehmer Nachweise über eventuell vereinbarte Sonderbedingungen oder die geplante Verwendung des Kfz verlangen. Dabei kann er nach der neuen Formulierung der AKB (ab 2/2013) unmittelbar den ungünstigsten Fall mitteilen und dem Versicherungsnehmer eine Frist zur Erklärung und Vorlage von Belegen zur Beitragsberechnung setzen, der Versicherungsnehmer ist dann gehalten, andere Anknüpfungstatsachen zu belegen.

Der Versicherer kann dem Versicherungsnehmer dafür eine noch zu konkretisierende Frist, mindestens aber von vier Wochen, setzen um die erforderlichen Nachweise zu erbringen. Werden die Nachweise für die Berücksichtigung eines bestimmten Merkmals, das sich auf die Beitragsberechnung günstig auswirkt, nicht vorgelegt, kann dieses Merkmal auch nicht positiv und beitragsreduzierend berücksichtigt werden.

Reagiert der Versicherungsnehmer vorsätzlich auf diese Anforderung nicht, wird die geänderte Prämie erhoben, ohne dass es weiterer Aufforderungen bedarf, wenn der Versicherer auf diese Folge hingewiesen hat. Fehlendes Verschulden wäre vom Versicherungsnehmer nachzuweisen. Gerade im Bereich der Kfz-Versicherung ist ein Berufen des Versicherers auf eine Verletzung einer vorvertraglichen Anzeigepflicht oder auf § 23 VVG (Gefahrerhöhung) nicht sachgerecht[2]. Die Vorschrift des K.4.5 gehe als lex specialis den Obliegenheitsverletzungen nach D.1.1.AKB insoweit vor[3].

Dabei kann es sich nur um die Weichen Tarifmerkmale handeln, da die SFR-Klasse vom Vorversicherer erfragt wird und die Regionalklasse von dem Wohnort des Versiche-

---

6 OLG Stuttgart vom 25.07.2013 – 7 U 33/13, r+s 2014, 61 f. = ADAJUR #102070.
1 Überschrift des Verfassers!.
2 Stiefel/Maier/Stadler, AKB K. Rn. 7.
3 Stiefel/Maier/Stadler, AKB K. Rn. 8.

rungsnehmers abhängt. Eine Mitwirkung ist insoweit nicht erforderlich. Die Gewährung eines nicht nachgewiesenen Nachlasses ist nicht sachgerecht. Daher ist der Beitrag (ohne diesen Nachlass) zu berechnen[4].

K.5   Änderung der Art und Verwendung des Fahrzeugs

Ändert sich die im Versicherungsschein ausgewiesene Art und Verwendung des Fahrzeugs < xx bei Verwendung des Anhangs: »gemäß der Tabelle in Anhang 6« >, müssen Sie uns dies anzeigen. Bei der Zuordnung nach der Verwendung des Fahrzeugs gelten ziehendes Fahrzeug und Anhänger als Einheit, wobei das höhere Wagnis maßgeblich ist.

Wir können in diesem Fall den Versicherungsvertrag nach G.3.6 kündigen oder den Beitrag ab der Änderung anpassen.

Erhöhen wir den Beitrag um mehr als 10 %, haben Sie ein Kündigungsrecht nach G.2.8.

Der Versicherungsnehmer ist gehalten, jede Änderung des Verwendungszwecks dem Versicherer anzuzeigen. Dabei kommt es nach K.5 nicht darauf an, ob es sich um eine Risikoerhöhung oder eine Risikoverringerung handelt. Soweit Gespanne versichert sind, richtet sich der Beitrag nach dem höheren Risiko, dies wird in aller Regel das Zugfahrzeug sein, nicht aber ein Auflieger o. ä.   1

Die Beiträge sind, soweit nichts anderes vereinbart ist, Jahresbeiträge, die jährlich im Voraus zu entrichten sind. Bei halb-, vierteljährlicher oder monatlicher Teilzahlung werden, soweit nichts anderes vereinbart ist, Zuschläge erhoben. Der Mindestbeitrag der halb-, vierteljährlichen oder monatlichen Teilzahlung beträgt xx Euro.   2

Gleichzeitig steht dem Versicherungsnehmer bei einer Prämiensteigerung von mehr als 10 % infolge der geänderten Verwendung ein Sonderkündigungsrecht nach G.8 zu. Eine Risikoverringerung, die auch zu einer Reduzierung der Prämienforderung führt, hat kein Sonderkündigungsrecht zur Folge!   3

L   Meinungsverschiedenheiten und Gerichtsstände

L.1   Wenn Sie mit uns einmal nicht zufrieden sind

Versicherungsombudsmann

L.1.1   Wenn Sie als Verbraucher mit unserer Entscheidung nicht zufrieden sind oder eine Verhandlung mit uns einmal nicht zu dem von Ihnen gewünschten Ergebnis geführt hat, können Sie sich an den Ombudsmann für Versicherungen wenden.

---

4 Stiefel/Maier/Stadler, AKB K. Rn. 12.

L.1 AKB Meinungsverschiedenheiten

Versicherungsombudsmann e. V.

Postfach 080632

10006 Berlin

E-Mail: beschwerde@versicherungsombudsmann.de

Telefon 0800 3696000, Fax 0800 3699000 (kostenfrei aus dem deutschen Telefonnetz)

Der Ombudsmann für Versicherungen ist eine unabhängige und für Verbraucher kostenfrei arbeitende Schlichtungsstelle. Voraussetzung für das Schlichtungsverfahren vor dem Ombudsmann ist aber, dass Sie uns zunächst die Möglichkeit gegeben haben, unsere Entscheidung zu überprüfen.

Versicherungsaufsicht

L.1.2 Sind Sie mit unserer Betreuung nicht zufrieden oder treten Meinungsverschiedenheiten bei der Vertragsabwicklung auf, können Sie sich auch an die für uns zuständige Aufsicht wenden. Als Versicherungsunternehmen unterliegen wir der Aufsicht der Bundesanstalt für Finanzdienstleistungsaufsicht.

Bundesanstalt für Finanzdienstleistungsaufsicht (BAFin)

Sektor Versicherungsaufsicht

Graurheindorfer Straße 108

53117 Bonn

E-Mail: poststelle@bafin.de

Tel.: 0228 4108–0; Fax 0228 4108–1550

Bitte beachten Sie, dass die BAFin keine Schiedsstelle ist und einzelne Streitfälle nicht verbindlich entscheiden kann.

Rechtsweg

L.1.3 Außerdem haben Sie die Möglichkeit, den Rechtsweg zu beschreiten.

Bei Meinungsverschiedenheiten über die Höhe des Schadens in der Kaskoversicherung ist erst das Sachverständigenverfahren nach A.2.6 durchzuführen.

L.2 Gerichtsstände

Wenn Sie uns verklagen

L.2.1 Ansprüche aus Ihrem Versicherungsvertrag können Sie insbesondere bei folgenden Gerichten geltend machen:
– dem Gericht, das für Ihren Wohnsitz örtlich zuständig ist,
– dem Gericht, das für unseren Geschäftssitz oder für die Sie betreuende Niederlassung örtlich zuständig ist.

Wenn wir Sie verklagen

L.2.2 Wir können Ansprüche aus dem Versicherungsvertrag insbesondere bei folgenden Gerichten geltend machen:
– dem Gericht, das für Ihren Wohnsitz örtlich zuständig ist,
– dem Gericht des Ortes, an dem sich der Sitz oder die Niederlassung Ihres Betriebes befindet, wenn Sie den Versicherungsvertrag für Ihren Geschäfts- oder Gewerbebetrieb abgeschlossen haben.

Sie haben Ihren Wohnsitz oder Geschäftssitz ins Ausland verlegt

L.2.3 Für den Fall, dass Sie Ihren Wohnsitz, Geschäftssitz oder gewöhnlichen Aufenthalt außerhalb Deutschlands verlegt haben oder Ihr Wohnsitz, Geschäftssitz oder gewöhnlicher Aufenthalt im Zeitpunkt der Klageerhebung nicht bekannt ist, gilt abweichend der Regelungen nach L.2.2 das Gericht als vereinbart, das für unseren Geschäftssitz zuständig ist.

Übersicht   Rdn.
A. Allgemeines 1
I. Meinungsverschiedenheiten (L.1) 1
II. Gerichtsstände (L.2) 4
    1. Gerichtsstandregelungen nach deutschem Recht 4
    2. Europäische Rechtsentwicklungen 8
B. Regelungsgehalt 10
I. Meinungsverschiedenheiten (L.1) 10
    1. Versicherungsombudsmann (L.1.1) 10
    2. Versicherungsaufsicht (L.1.2) 13
    3. Rechtsweg (L.1.3) 14
II. Gerichtsstände (L.2) 16
    1. Zeitlicher Anwendungsbereich 16
    2. Klage des Versicherungsnehmers (L.2.1) 18
        a) Sachlicher Anwendungsbereich 18
        b) Persönlicher Anwendungsbereich 19
        c) Wegfall der Klagefrist 23
        d) Widerklagen 24
    3. Klage des Versicherers (L.2.2) 26
    4. Versicherungsnehmer hat seinen Wohn-/Geschäftssitz ins Ausland verlegt (L.2.3) 30
C. Weitere praktische Hinweise 32

Halm

L.1 AKB Meinungsverschiedenheiten

	Rdn.
I. Örtliche Zuständigkeit	33
II. Verjährung	37
III. Anwaltskosten	40
IV. Berufung	41

A. Allgemeines

I. Meinungsverschiedenheiten (L.1)

1 Vor Abfassung der AKB 2008 enthielten die AKB[1] Regelungen zum Vorgehen bei Meinungsverschiedenheiten nur bei Streit über die Schadenshöhe in der Kaskoversicherung. Das VVG befasste sich in §§ 42e, k VVG a. F. ausschließlich mit der Schlichtungsstelle. In diesem Zusammenhang trat am 01.01.2008 im Zuge der Reform des VVG die Vorschrift des § 214 VVG in Kraft, die neben der Übernahme der bestehenden Regelungen zum Schlichtungsverfahren nun die Einrichtung einer Schlichtungsstelle bei allen Versicherungsverträgen mit Verbraucherbeteiligung vorsieht und zwar unabhängig davon, ob es sich um einen Fernabsatzvertrag handelt.[2] Der Versicherungsombudsmann, der mehr und mehr an Bedeutung erlangt,[3] ist vom Bundesjustizministerium als eine solche Gütestelle im Sinne von § 214 VVG anerkannt worden.[4] Aus § 214 VVG lässt sich allerdings nicht entnehmen, wie der VN bei einem Schlichtungsversuch im konkreten Fall vorzugehen hat.

2 Abschnitt L.1 der AKB 2008, der auf § 2 Nr. 19 und 20 VVG-InfoV zurückgeht, bezweckte deshalb hinsichtlich des Verfahrens vor dem Versicherungsombudsmann eine Konkretisierung der allgemeinen Regelung des § 214 Abs. 1 Nr. 1 VVG und zeigte darüber hinaus den Weg zur Versicherungsaufsicht auf. Zusätzlich wurde damit klargestellt, dass durch eine solche Vorgehensweise der Rechtsweg nicht versperrt wird. Abschließend wurde dort noch auf die seinerzeit in A.2.17 AKB 2008 vorgesehene Möglichkeit, bei Streit über die Höhe des Schadens in der Kaskoversicherung einen Sachverständigenausschuss entscheiden zu lassen, hingewiesen. Demnach hatte dieser Abschnitt für den VN überwiegend informatorischen Charakter und folgte dem Primärzweck[5] der AKB 2008, die Verständlichkeit und Lesbarkeit des Bedienungswerks zu erhöhen, wodurch nicht zuletzt die Kundenfreundlichkeit verbessert werden soll.

3 Abschnitt L.1 der neuen AKB 2015 entspricht im Wesentlichen der Vorgängerregelung aus den AKB 2008. Abgesehen von einer Aktualisierung der Kontaktdaten des Versicherungsombudsmannes und Änderungen zur sprachlichen Optimierung unter

---

1 Vgl. etwa § 14 der AKB des GDV vom 14.10.2004.
2 Vgl. § 214 Abs. 1 Nr. 1 VVG.
3 In den Jahren 2008 bis 2011 wurden jährlich durchschnittlich etwa 18.000 Schlichtungsverfahren durchgeführt. Im Jahr 2014 waren es bereits 19.897 (Quelle: www.versicherungsombudsmann.de – Zahlen und Fakten).
4 Feyock/Jacobsen/Lemor AKB 2008 L Rn. 2.
5 Vgl. Maier/Stadler AKB 2008 und VVG-Reform Rn. 5; Looschelders/Pohlmann/Kammerer-Galahn VVG Kommentar, 2. Aufl. 2011, Anhang A Rn. 18.

L.1.1 und L.1.2 wurde lediglich noch zu L.1.3 deutlicher formuliert, dass das Sachverständigenverfahren[6] bei Meinungsverschiedenheiten über die Höhe des Schadens in der Kaskoversicherung Klagevoraussetzung ist.

II. Gerichtsstände (L.2)

1. Gerichtsstandregelungen nach deutschem Recht

Die nationalen Regelungen zu den Gerichtsständen beruhen auf § 10 Abs. 1 Nr. 6 VAG und tragen § 215 VVG n. F., der darauf abzielt, die prozessuale Stellung des VN zu verbessern[7] bzw. eine einseitige Bevorzugung der Versicherer zu beenden[8], Rechnung. Sie betreffen die Frage, welcher inländische Gerichtsstand gegeben ist, wenn es zu Streitigkeiten zwischen einem VN bzw. einer mitversicherten Person und dem VR kommt.

4

Nach **altem Recht** standen dem VN für eine klageweise Geltendmachung etwaiger Ansprüche drei Gerichtsstände zur Verfügung:
– der Sitz des Versicherers als allgemeiner Gerichtsstand (§ 17 Abs. 1 ZPO bzw. § 8 Abs. 2 S. 1 Alt. 1 AKB 2004);
– der Sitz der Niederlassung des Versicherers, falls eine solche für das Versicherungsverhältnis zuständig war (§ 21 Abs. 1 ZPO bzw. § 8 Abs. 2 S. 1 Alt. 2 AKB 2004);
– der Gerichtsstand der Agentur, wonach der Versicherer bei dem Gericht verklagt werden konnte, in dessen Bezirk der Agent bei Vermittlung bzw. Schließung des Vertrages seine gewerbliche Niederlassung bzw. beim Fehlen einer solchen seinen Wohnsitz hatte (§ 48 VVG a. F. bzw. § 8 Abs. 2 S. 2 AKB 2004).

5

Seine Klage musste der VN innerhalb von 6 Monaten, nachdem der VR den Anspruch unter Angabe der mit dem Ablauf der Frist verbundenen Rechtsfolgen schriftlich abgelehnt hatte, gerichtlich geltend machen (§ 12 Abs. 3 VVG a. F. bzw. § 8 Abs. 1 AKB 2004).

Für Klagen des VR gegen den VN war das Gericht am Wohnsitz des VN zuständig. Weitere gesetzliche Gerichtsstände konnten sich aus dem für den Sitz oder die Niederlassung eines Geschäfts- oder Gewerbebetriebs des VN örtlich zuständigen Gerichts ergeben (§ 8 Abs. 3 AKB 2004). Da es sich dabei nicht um eine abschließende Aufzählung handelte, waren daneben auch noch der Gerichtsstand des Erfüllungsortes, § 29 ZPO, und der der unerlaubten Handlung, § 32 ZPO, denkbar.[9]

Der **neu eingefügte** § 215 VVG lehnt sich an § 29c ZPO an[10], der nach überwiegender Ansicht[11] auf VV nicht anzuwenden ist, und verbessert den prozessualen Rechtsschutz

6

---

6 Das Sachverständigenverfahren ist in den neuen AKB 2015 nun unter A.2.6 zu finden.
7 Vgl. Begründung zum Regierungsentwurf S. 293; Schirmer DAR 2008, 319.
8 Vgl. Begründung zum Regierungsentwurf S. 160.
9 Prölss/Martin/Knappmann VVG, 27. Aufl. 2004, § 8 AKB Rn. 7.
10 Vgl. Begr. BT-Drucks. 16/3945, S. 117.
11 OLG München VersR 2006, 1517; Schwintowski/Brömmelmeyer/Klär PK-VersR § 215 Rn. 2 m. w. N.

des VN erheblich. Der VN kann nun gem. § 215 Abs. 1 S. 1 VVG wählen, ob er seine Klage gegen den VR an seinem Wohnsitz oder an einem anderen Gerichtsstand erhebt.[12] Der Gerichtsstand der Agentur nach § 48 VVG a. F. ist entfallen. Die Klageausschlussfrist des § 12 Abs. 3 VVG a. F. wurde abgeschafft. Für Klagen gegen den VN ist nach § 215 Abs. 1 S. 2 VVG das Gericht am Wohnsitz des VN zuständig.

7   Diese Neuregelung des VVG führt letztlich nicht nur dazu, dass der VN nun unmittelbar an seinem Wohnsitz klagen und sich eine solche Klage auch ohne zeitlichen Druck wohl überlegen kann, sondern bedeutet gleichzeitig auch, dass für Klagen gegen den VN, zum Beispiel auf Zahlung ausstehender Prämien, ausschließlich das Gericht des Wohnsitzes oder des Aufenthaltsortes des VN zuständig ist.

In den Abschnitt L.2 AKB 2008 wurde dieser Grundgedanke des Verbraucherschutzes aufgenommen und durch Regelungen, die dem neu eingefügten § 215 VVG weitestgehend entsprechen, mit den unten näher bezeichneten Besonderheiten umgesetzt. Die Regelungen aus Abschnitt L.2 AKB 2008 wurden letztlich wortgleich in die Bestimmungen aus Abschnitt L.2 der AKB 2015 übernommen.

2. Europäische Rechtsentwicklungen

8   Im internationalen Privat- und Zivilverfahrensrecht lässt sich bezüglich der Behandlung der in der Praxis häufig auftretenden grenzüberschreitenden Straßenverkehrsunfälle eine Rechtsentwicklung feststellen, die hinsichtlich der gerichtlichen Geltendmachung von Ansprüchen gegen einen VN mit den Grundgedanken der nationalen Neuregelungen in VVG und AKB übereinstimmt.

Mit der Maßgabe, einen besseren Verkehrsunfallschutz zu gewährleisten, hat der EuGH in der sog. »Odenbreit-Entscheidung«[13] vom 13.12.2007 den Direktklagegerichtsstand am Wohnsitz des Unfallopfers bei Klagen gegen den EU- ausländischen Versicherer des Schädigers bejaht. Damit hat der in einen Auslandsunfall verwickelte Geschädigte – genauso wie der VN im Sinne der nationalen Regelungen des VVG bzw. der AKB – die Möglichkeit, einen Prozess an seinem eigenen Wohnsitz anzustrengen, mithin seine prozessuale Stellung zu verbessern.[14] Ein direktes Klagerecht gegen den inländischen Schadenregulierungsbeauftragten ist damit aber nach wie vor nicht gegeben.[15] Auch eine generelle Zustellungsbevollmächtigung des inländischen Schadenregulierungsbeauftragten für Klagen des VN gegen den ausländischen VR wurde von der Rechtsprechung verneint.[16] Die Frage wurde dem EuGH dann am 22.06.2012

---

12 Vgl. zum Wahlrecht: Zöller/Vollkommer ZPO-Kommentar, 29. Aufl. 2012, § 12 Rn. 10 f.
13 EuGH zfs 2008, 139.
14 Vgl. dazu auch: Terno zfs 2009, 362.
15 Vgl. dazu Himmelreich/Halm/Staab HdB. der Kfz-Schadenregulierung, 3. Aufl. 2015, Kap. 25 Rn. 63; Haupfleich/Hirtler DAR 2006, 560.
16 Vgl. OLG Saarbrücken IPRax 2012, 157; vgl. zu einer etwaigen Heilung des Zustellungsmangels aber BGH, Urteil vom 7.12.2010, VI ZR 48/10 und zum (damaligen) Streitstand Himmelreich/Halm/Staab HdB. der Kfz-Schadenregulierung, 2. Aufl. 2012, Kap. 25 Rn. 69.

vom LG Saarbrücken[17] zur Entscheidung vorgelegt. In seiner Entscheidung vom 10.10.2013 stellte der EuGH[18] fest, dass Art. 21 Abs. 5 der Richtlinie 2009/103 dahingehend auszulegen ist, dass er eine passive Zustellungsbevollmächtigung des Schadenregulierungsbeauftragten für gerichtliche Schriftstücke, wie eine Klageschrift des Geschädigten zur Geltendmachung zivilrechtlicher Ansprüche bei dem zuständigen Gericht, umfasst.[19]

Unabhängig davon ist die Rechtsentwicklung mit der Entscheidung des EuGH auf diesem Gebiet bei weitem noch nicht abgeschlossen. Fraglich ist etwa, ob das Privileg, die Klage in Inland zu erheben, auch bei einem Anspruchsübergang zu berücksichtigen ist. Der EuGH[20] hat jedenfalls entschieden, dass der **Sozialversicherungsträger als Legalzessionar** keine Klagebefugnis im Wohnsitzstaat des Geschädigten hat. Bei einem Ersatzanspruch des Arbeitgebers hat das OLG Celle[21] die Möglichkeit einer privilegierten Klageerhebung hingegen bejaht. Während des Weiteren in Literatur und Rechtsprechung weitgehend Einigkeit darüber besteht, dass sich die Darlegungs- und Beweislast nach ausländischem Sachrecht richtet, ist zudem noch umstritten, welches Recht das Beweismaß bestimmt. Das Landgericht Saarbrücken hat in einer neueren Entscheidung – der überwiegenden Meinung in Rechtsprechung und Literatur folgend – geurteilt, dass sich dies nach den Regeln des deutschen Zivilprozessrechts als dem Recht am Ort des angerufenen Gerichts richtet.[22]

B. Regelungsgehalt

I. Meinungsverschiedenheiten (L.1)

1. Versicherungsombudsmann (L.1.1)[23]

Nicht zuständig ist der Ombudsmann nach § 2 Abs. 1a) der Verfahrensordnung des Versicherungsombudsmannes (VomVO), wenn es um Ansprüche eines Geschädigten in der KH-Versicherung geht, da es sich in diesem Zusammenhang nicht um einen eigenen Anspruch aus einem Versicherungsvertrag handelt. **Gegenstand** der Beschwerde können aber etwa Ansprüche aus einem Versicherungs- oder Vermittlungsvertrag sein, solange sich diese gegen einen VR richten.[24]

---

17 Vgl LG Saarbrücken DAR 2012, 465.
18 Vgl. DAR 2013, 699.
19 Vgl. Himmelreich/Halm/Staab HdB. der Kfz-Schadenregulierung, 3. Aufl. 2015, Kap. 25 Rn. 63.
20 EuGH Entsch. v. 17.09.2009 – C-347/08; ebenso: OLG Celle Schaden-Praxis 2009, 125.
21 OLG Celle NJW 2009, 86.
22 LG Saarbrücken DAR 2012, 265.
23 Vgl. generell zu Entstehungsgeschichte, Organisationsstruktur, Verfahren und Zulässigkeitskriterien: Halm/Engelbrecht/Krahe HdB. FA VersR, 5. Aufl. 2015, Kap. 3 Rn. 1 ff.
24 Vgl. § 2 Abs. 1c) VomVO.

Ausgeschlossen ist ein Verfahren, falls schon eine der beiden Parteien gegen die andere Partei gerichtliche Schritte eingeleitet hat.[25]

Ansonsten ist Voraussetzung für ein Schlichtungsverfahren, dass der VN Verbraucher im Sinne des § 13 BGB ist bzw. allenfalls ein Kleingewerbe betreibt.[26] Erforderlich ist weiterhin, dass dem VR vorher die Möglichkeit eingeräumt wurde, seine Entscheidung zu überprüfen. Nach § 2 Abs. 2 VomVO genügt der VN diesen Anforderungen, wenn er den Anspruch zunächst gegenüber dem VR geltend macht und ihm sechs Wochen Zeit zur abschließenden Bescheidung gibt.

11 Das Verfahren endet bei einem Beschwerdewert bis zu 10.000 € mit einer verbindlichen **Entscheidung** des Ombudsmannes. Liegt der Beschwerdewert über 10.000 € bis 100.000 €, spricht der Ombudsmann eine Empfehlung aus.[27]

12 Die Durchführung des Verfahrens ist für den VN – bis auf die Kosten, die ihm selbst durch die Beschwerdeeinlegung entstehen, wie zum Beispiel Telefon- oder Portokosten, Kopierkosten oder eventuelle Kosten für seine Vertretung im Beschwerdeverfahren – grundsätzlich immer kostenfrei.[28] Die Regelung des § 214 Abs. 4 S. 2 VVG, der eine Kostentragung vorsieht, wenn die Beschwerde offensichtlich rechtsmissbräuchlich war, wurde in die AKB 2008 nicht übernommen.

2. Versicherungsaufsicht (L.1.2)

13 Bei Meinungsverschiedenheiten mit seinem VR hat der VN die Möglichkeit, Beschwerde bei der zuständigen Aufsicht, der Bundesanstalt für Finanzdienstleistungsaufsicht (BAFin), einzulegen. Dies setzt voraus, dass der betroffene Versicherer der Aufsicht durch die BAFin unterliegt.[29] Die BAFin ist keine Schiedsstelle und kann einzelne Streitfälle nicht verbindlich entscheiden. Sie kann aber Maßnahmen nach den §§ 81 ff. VAG treffen und damit einer Beschwerde indirekt abhelfen. In ein laufendes Gerichtsverfahren darf sie sich nur nach gerichtlicher Aufforderung einschalten.[30]

3. Rechtsweg (L.1.3)

14 Durch die Anrufung der Schlichtungsstelle verliert der VN nicht die Möglichkeit, den Rechtsweg zu bestreiten.[31] Dies entspricht der Regelung des § 214 Abs. 1 S. 3 VVG. Auch nach der Einlegung einer Beschwerde bei der BAFin bleibt das Recht, die Gerichte anzurufen, unberührt.

---

25 Vgl. § 2 Abs. 3e), f) VomVO.
26 Vgl. § 2 Abs. 1 VomVO.
27 Vgl. § 10 Abs. 3 i. V. m. § 11 Abs. 1 VomVO.
28 Vgl. § 14 VomVO.
29 Näheres unter: www.bafin.de – bei der BAFin beschweren.
30 Feyock/Jacobsen/Lemor AKB 2008 L Rn. 7.
31 Vgl. § 11 abs. 2 VomVO.

Bei Meinungsverschiedenheiten über die Höhe des Schadens in der Kaskoversicherung 15
besteht die Möglichkeit, einen Sachverständigenausschuss entscheiden zu lassen. Dieses sog. Sachverständigenverfahren ist unter A.2.6 abschließend geregelt.

II. Gerichtsstände (L.2)

1. Zeitlicher Anwendungsbereich[32]

Zum zeitlichen Anwendungsbereich enthielten die AKB 2008 keine Regelungen. 16
Da sich der GDV letztlich durch die Neufassung der AKB 2008 nicht schlechter stellen wollte, als es die gesetzlichen Regelungen vorsehen, sind diesbezüglich die Übergangsregelungen des EGVVG heranzuziehen. Nach Art. 1 Abs. 1 EGVVG gilt für Versicherungsverträge, die nach dem 01.01.2008 entstanden sind (= Neuverträge), ab dem 01.01.2008 die Regelung des § 215 VVG. In der Konsequenz gelten die Gerichtsstandregelungen der AKB damit jedenfalls für Streitigkeiten aus **Neuabschlüssen**. Daran hat sich durch die AKB 2015, welche insbesondere die Bestimmungen der AKB 2008 zu Abschnitt L.2 wortgleich übernommen haben, nichts geändert.

Bezüglich **Altverträgen**[33] wird überwiegend[34] vertreten, bei Klageerhebung bis Ende 17
2008 bzw. bei späterer Klageerhebung soweit der Versicherungsfall bis Ende 2008 eingetreten ist, bliebe es bei der Weitergeltung des alten VVG und den damit verbundenen ehemaligen[35] Gerichtsstandregelungen. Nach der Gegenansicht[36] soll sich die Übergangsvorschrift des Art. 1 EGGVG lediglich auf materielles Versicherungsvertragsrecht beziehen, so dass die als rein prozessual verstandene Gerichtsstandregelung des § 215 VVG davon nicht erfasst werde und die Neuregelungen damit grundsätzlich bereits ab dem 01.01.2008 gelten würden. Nach dem OLG Köln[37] soll sich jedenfalls für ab dem 01.01.2009 erhobene Klagen des VN gegen den VR die örtliche Zuständigkeit nach § 215 VVG n. F. richten. Eine Klärung dieser Streitfrage durch den Bundesgerichtshof ist bis dato noch nicht erfolgt. Nichtsdestotrotz ist richtigerweise an dieser Stelle der herrschenden Auffassung zu folgen. Denn aus der Übergangsregelung des Art. 1 Abs. 1 und Abs. 2 EGVVG lässt sich entnehmen, dass einzige Voraussetzung für die Anwendung des VVG in der bis zum 31.12.2008 geltenden Fassung ist, dass

---

32 Zusammenfassend dazu: Terno zfs 2009, 362 f.; Wagner VersR 2009, 1590; Abels/Winkens r+s 2009, 102.
33 D. h. Versicherungsverhältnisse, die bis zum 01.01.2008 entstanden sind.
34 OLG Hamm VersR 2009, 1345 = OLGR 2009, 689; OLG Düsseldorf VersR 2010, 1354; OLG Stuttgart VersR 2009, 246; OLG Naumburg, Beschl. v. 15.10.2009 – 4 W 35/09; LG Berlin VersR 2009, 386; Schwintowski/Brömmelmeyer/Klär PK-VersR § 215 Rn. 16; vgl. zum Streitstand auch Halm/Engelbrecht/Krahe Hdb. des FA VersR, 5. Aufl., Kap. 2 Rn. 12.
35 Vgl. oben Rdn. 5.
36 OLG Frankfurt Beschl. v. 21.04.2009 – Az. 3 W 20/09; OLG Saarbrücken VersR 2008, 1337 = r+s 2009, 102; Fricke VersR 2009, 15, 20; Looschelders/Pohlmann/Wolf VVG-Kommentar, 2. Aufl. 2011, § 215 Rn. 11.
37 VersR 2009, 1347.

ein Altvertrag vorliegt, aus welchem ein Versicherungsfall bis zum 31.12.2008 eingetreten ist. Eine Geltungsbeschränkung allein auf vertragliche Regelungen – wie es die Gegenauffassung postuliert – ist nicht erkennbar. Ebenso wenig differenziert die Vorschrift für den Anwendungsbereich des § 215 Abs. 1 VVG danach, ob Versicherungsansprüche vor oder nach dem 31.12.2008 gerichtlich geltend gemacht werden, so dass auch der Auffassung des OLG Köln nicht gefolgt werden kann. Damit sind die AKB 2008 bzw. AKB 2015 – auch bei Altverträgen – immer dann heranzuziehen, wenn der Versicherungsfall nach dem 31.12.2008 eingetreten ist.

2. Klage des Versicherungsnehmers (L.2.1)

a) Sachlicher Anwendungsbereich

18 Nach dem Normzweck und unter Anlehnung an die anerkannte[38] extensive Auslegung des Begriffes »Klagen aus dem Versicherungsvertrag« i. S. d. § 215 Abs. 1 VVG, dürfte der Begriff »Ansprüche aus dem Versicherungsvertrag« ebenfalls weit auszulegen sein. Damit sind sämtliche Ansprüche erfasst, die unmittelbar aus einem bestehenden oder früheren VV herrühren.[39] In Frage kommen insoweit auch vorvertragliche und vertragsähnliche sowie bereicherungsrechtliche und deliktische Ansprüche.[40] Für Direktklagen eines Dritten nach § 115 Abs. 1 VVG ist der Anwendungsbereich jedoch nicht eröffnet, da der Direktanspruch überwiegend deliktischer Natur ist.[41]

b) Persönlicher Anwendungsbereich

19 Auf die Gerichtsstandregelungen kann sich neben dem VN auch die versicherte Person, der Zessionar oder der Pfandgläubiger berufen.[42] Darüber hinaus greifen die Regelungen auch im Falle einer rechtsgeschäftlichen Vertragsübernahme und, wenn ein Erbe an die Stelle des verstorbenen VN tritt, ein.[43]

20 Differenziert werden muss jedoch danach, ob der Kläger natürliche oder juristische Person ist. Einer **natürlichen Person** steht grundsätzlich der Wohnsitzgerichtsstand zu. Maßgeblich ist der Wohnsitz zum Zeitpunkt der Klageerhebung, nicht der zum Zeitpunkt des Abschlusses des VV.[44] Als Wohnsitz ist der räumliche Mittelpunkt des gesam-

---

38 Rüffer/Halbach/Schimikowski/Muschner Handkommentar VVG § 215 Rn. 2; Marlow/Spuhl Das neue VVG kompakt S. 126; Staudinger/Halm/Wendt Fachanwaltskommentar VersR, 1. Aufl. 2013, § 215 Rn. 13.
39 Schwintowski/Brömmelmeyer/Klär PK-VersR § 215 Rn. 5.
40 Looschelders/Pohlmann/Wolf VVG-Kommentar, 2. Aufl. 2011, § 215 Rn. 2.
41 Beckmann/Matusche-Beckmann/Heß/Höke Hdb. VersR § 30 Rn. 258; Van Bühren/Therstappen Hdb. VersR § 2 Rn. 303; vgl. zur Deliktsnatur auch: Looschelders/Pohlmann/Schwartze VVG-Kommentar, 2. Aufl. 2011, § 115 Rn. 3 m. w. N.
42 Schwintowski/Brömmelmeyer/Klär PK-VersR § 215 Rn. 8.
43 Looschelders/Pohlmann/Wolf VVG-Kommentar, 2. Aufl. 2011, § 215 Rn. 6; Staudinger/Halm/Wendt Fachanwaltskommentar VersR, 1. Aufl. 2013, § 215 Rn. 11.
44 Schwintowski/Brömmelmeyer/Klär PK-VersR § 215 Rn. 4; Looschelders/Pohlmann/Wolf 2. Aufl. 2011, VVG-Kommentar § 215 Rn. 7.

ten Lebens einer Person zu verstehen.[45] Im Übrigen kann der VN auch an dem Orte des Gerichts klagen, das für den Geschäftssitz (§ 17 ZPO) oder die Niederlassung (21 ZPO) des VR zuständig ist. Dem VN steht diesbezüglich ein Wahlrecht zu.[46] Aus dem Wort »insbesondere« ergibt sich darüber hinaus, dass diese Aufzählung nicht abschließend ist und etwa auch an den besonderen Gerichtsstand des Aufenthaltsortes nach § 19a ZPO zu denken ist.[47]

Bei Klagen **juristischer Personen** ist der Wohnsitzgerichtsstand – nach richtiger, aber umstrittener Auffassung – keinesfalls einschlägig.[48] Denn eine juristische Person hat keinen »Wohnsitz«, sondern einen »Sitz« nach § 17 ZPO. Zusätzlich soll die Regelung des § 215 Abs. 1 VVG nach dem Willen des Gesetzgebers dem Verbraucherschutz dienen[49] und die AKB 2008 bzw. AKB 2015 wollen diesem Rechnung tragen[50]. Demnach kommt bei Klagen juristischer Personen nur eine solche am Geschäftssitz des VR bzw. der Niederlassung des VR in Betracht, wobei Außendienst- (Bezirks/Filialdirektion), Vertriebs- oder reine Schadensbüros nicht als Niederlassungen anzusehen sind.[51] Es muss sich vielmehr um eine im Wesentlichen selbstständige Untergliederung des VR handeln, die über eine selbstständige Leitung verfügt und die berechtigt ist, aus eigenem Entschluss Geschäfte abzuschließen.[52] Eine Agentur ist grundsätzlich keine Niederlassung, auch dann nicht, wenn der Agent eine Abschlussvollmacht hat.[53]

21

Nur an eine Klage am Geschäftssitz oder der Niederlassung des VR ist ebenfalls zu denken, wenn der VN als natürliche Person eine Versicherung für seine betriebliche oder selbständige Tätigkeit abgeschlossen hat, also als Unternehmer i. S. d. § 14 BGB auftritt, da dann ebenfalls kein Verbrauchergeschäft vorliegt. Ist die versicherte Person Verbraucher, der VN jedoch eine juristische Person, kann zugunsten der versicherten Person über eine analoge Anwendung nachgedacht werden.[54]

22

c) Wegfall der Klagefrist

Die noch in § 8 Abs. 1 AKB 2004 bzw. § 12 Abs. 3 VVG a. F. enthaltene sechsmonatige Klageausschlussfrist[55] ist weder im neuen VVG noch in den AKB 2008 bzw. AKB

23

---

45 Looschelders/Pohlmann/Wolf, 2. Aufl. 2011, VVG-Kommentar § 215 Rn. 7.
46 Vgl. Himmelreich/Halm/Krahe Hdb. der KFZ-Schadensregulierung, 3. Aufl. 2015, Kap. 23 Rn. 936; Maier/Stadler AKB 2008 und VVG-Reform Rn. 235.
47 Feyock/Jacobsen/Lemor AKB 2008 L Rn. 10.
48 Vgl. Franz VersR 2008, 307; a. A. Wagner VersR 2009, 1589; Looschelders/Pohlmann/Wolf VVG-Kommentar, 2. Aufl. 2011, § 215 Rn. 5 m. w. N.
49 Vgl. Begründung zum Regierungsentwurf S. 293.
50 Vgl. Rdn. 4.
51 Terbille/Rümenapp Münchener Anwaltshandbuch VersR § 12 Rn. 146.
52 OLG Hamm VersR 2009, 1345.
53 Vgl Himmelreich/Halm Hdb. FA Verkehrsrecht, 5. Aufl. 2014, Kap. 26 Rn. 38.
54 Für eine solche Vorgehensweise bei Restschuldversicherungen: Marlow/Spuhl Das neue VVG kompakt S. 127 FN. 239.
55 Vgl. zur alten Rechtslage Prölss/Martin/Knappmann VVG § 8 AKB Rn. 2.

2015 des GDV zu finden. Nach neuerer Rechtsprechung des BGH[56] kann die Klageausschlussfrist daher seit dem Inkrafttreten des neuen VVG am 01.01.2008 nicht mehr wirksam gesetzt werden. Es solle, so der Senat, möglichst schnell eine Stärkung des VN erreicht bzw. eine noch über Jahre andauernde Regelung zu Lasten des VN verhindert werden. Eine Differenzierung zwischen Neuabschlüssen und Altverträgen ist in diesem Zusammenhang daher ebenso obsolet geworden wie eine Auseinandersetzung mit den zu dieser Thematik vor der höchstrichterlichen Entscheidung vertretenen unterschiedlichen Meinungen in Literatur und Rechtsprechung.[57]

d) Widerklagen

24 Klagt der VN gegen den VR am Gerichtsstand seines Wohnortes kann der VR unproblematisch eine Widerklage, etwa auf Zahlung ausstehender Prämien, erheben ohne dass dies mit einem Wechsel des örtlich zuständigen Streitgerichts verbunden ist.

25 Im Fall der Klage des VN gegen den VR an dessen allgemeinen oder besonderen Gerichtsstand ist eine Widerklage ebenfalls als zulässig zu erachten. Da die Regelung des L.2.2 keinen ausschließlichen Gerichtsstand vorsieht, ist es unerheblich, dass dort keine dem § 215 II VVG entsprechende Regelung aufgenommen wurde, die die Anwendbarkeit des § 33 Abs. 2 ZPO auf Widerklagen der anderen Partei ausschließt.[58]

3. Klage des Versicherers (L.2.2)

26 Der Begriff: »Ansprüche aus dem Versicherungsvertrag« ist – wie bei Klagen des VN – weit auszulegen. Das oben[59] Gesagte ist an dieser Stelle damit entsprechend heranzuziehen. Klagen des VR gegen den eigenen VN richten sich in der Regel auf Prämienzahlung, Rückzahlung zu Unrecht erhaltener Leistungen oder Aufwendungsrückerstattung, wenn der VR z. B. wegen Obliegenheitsverletzung des VN leistungsfrei geworden ist.

27 Der VN kann nur dann an seinem Wohnsitzgerichtsstand verklagt werden, sofern der Abschluss des VV für ihn ein Verbrauchergeschäft darstellt.[60] Hat er den VV als **natürliche Person** für seinen Geschäfts- oder Gewerbebetrieb abgeschlossen, muss die Klage im Regelfall an dem Gericht des Ortes geltend gemacht werden an dem sich der Sitz seines Betriebes befindet. Dies entspricht dem allgemeinen Gerichtsstand juristischer Personen i. S. d. § 17 Abs. 1 S. 2 ZPO. Demgemäß ist als Sitz regelmäßig der Ort anzusehen, an dem die Verwaltung geführt wird.[61]

---

56 BGH vom 8.2.2012 – IV ZR 2/11.
57 Vgl. zum damaligen Streitstand: AKB Kommentar 1. Aufl. Rdn. 2307 ff. und Himmelreich/Halm Hdb. FA VerkehrsR 4. Aufl. 2012, Kap. 26 Rn. 17a.
58 Vgl. zur Bedeutung des § 215 Abs. 2 VVG: Schwintowski/Brömmelmeyer/Klär Pk-VersR § 215 Rn. 14.
59 Vgl. Rdn. 18.
60 Feyock/Jacobsen/Lemor AKB 2008 L Rn. 12.
61 Vgl. § 17 Abs. 1 Satz 2 ZPO.

Hat der Betrieb des VN eine Niederlassung, kann die Klage gegebenenfalls an dem Gericht des Ortes erhoben werden, wo sich die Niederlassung befindet. Die Voraussetzungen lassen sich aus § 21 ZPO, der den besonderen Gerichtsstand der Niederlassung normiert, ableiten. Damit ist erforderlich, dass sich die Klage direkt auf den Geschäftsbetrieb bezieht.[62] Dies wird regelmäßig der Fall sein, wenn der Abschluss des VV von der Niederlassung ausgegangen ist.

Handelt es sich bei dem VN um eine **juristische Person**, kommt nur eine Klage am Sitz oder der Niederlassung des VN in Betracht. Dies hängt damit zusammen, dass eine juristische Person keinen Wohnsitz haben kann.

Für Klagen des VR gegen den VN sind die Zivilgerichte zuständig. Dies gilt auch dann, wenn der VR abgetretene Ansprüche eines Kfz-Leasinggebers wegen eines Unfallschadens gegen einen Arbeitnehmer geltend macht.[63]

4. Versicherungsnehmer hat seinen Wohn-/Geschäftssitz ins Ausland verlegt (L.2.3)

Die Regelung enthält eine Ausnahme zu L.2.2 und bestimmt den Sitz des VR als ausschließlichen Gerichtsstand für Klagen gegen den VN. Sie lehnt sich an § 38 Abs. 3 Nr. 2 ZPO an. Deshalb wird man den Wohnsitz nach §§ 13, 15 ZPO und den Aufenthaltsort nach § 16 ZPO zu beurteilen haben. Der gewöhnliche Aufenthaltsort ist der Ort, an welchem für eine Person ihr Daseinsmittelpunkt oder der Schwerpunkt der Lebensverhältnisse ist. Der tatsächliche Aufenthaltsort reicht nicht aus, um den Anwendungsbereich zu eröffnen.[64] Bei juristischen Personen sind §§ 17, 18 ZPO entsprechend heranzuziehen. Von einer Verlegung kann ausgegangen werden, sofern diese ernsthaft und auf unbestimmte Zeit erfolgt ist.[65]

Liegen die Voraussetzungen vor, verliert der VN als natürliche Person sein Privileg, nur an seinem Wohnsitz verklagt zu werden. Obwohl § 40 Abs. 2 Nr. 2 ZPO Gerichtsstandvereinbarungen für unzulässig erachtet, wenn für die Klage ein ausschließlicher Gerichtsstand begründet ist, ist eine solche Regelung, insbesondere in AVB[66], wegen der Vorschrift des § 215 III VVG, der eine Ausnahme vom Prorogationsverbot enthält, zulässig.[67]

C. Weitere praktische Hinweise

Die Neuregelungen der AKB 2008 hatten in der Versicherungspraxis nicht zu erheblichen Problemen geführt. Sie hatten allerdings zur Folge, dass an verschiedenen örtlichen Gerichten Urteile über einen Versicherer betreffende Rechtsstreite gesprochen

---

62 Baumbach/Lauterbach/Albers/Hartmann ZPO-Kommentar § 21 Rn. 10.
63 BAG Beschluss vom 07.07.2009 – Az. 5 AZB 8/09 = MDR 2009, 1228.
64 Looschelders/Pohlmann/Wolf, 2. Aufl. 2011, § 215 Rn. 7.
65 Baumbach/Lauterbach/Albers/Hartmann ZPO-Kommentar § 38 Rn. 35.
66 Fricke VersR 2009,16.
67 Marlow/Spuhl Das neue VVG Kompakt S. 127/128; Rüffer/Halbach/Schimikowski/Muschner Handkommentar VVG, § 215 Rn. 7.

wurden. Da versicherungsrechtliche Streitigkeiten aber nicht für jedes Gericht zum Tagesgeschäft gehören[68], mussten sich viele Gerichte erst wieder intensiv mit der Materie vertraut machen. Für den Anwalt bedeuten die (neuen) Gerichtsstandregelungen aus den AKB 2008 bzw. AKB 2015, dass er nunmehr wieder eher die Möglichkeit hat, Termine am zuständigen Gericht selbst wahrzunehmen bzw. auf den Prozessverlauf einzuwirken anstatt einen Korrespondenzanwalt beauftragen zu müssen.[69] Hierbei sollte er jedoch nach wie vor folgende Auswirkungen der Neuregelungen beachten.

I. Örtliche Zuständigkeit

33 Grundsätzlich reicht es zur Begründung der örtlichen Zuständigkeit aus, dass der Kläger schlüssig Tatsachen behauptet, aus denen sich das Vorliegen eines VV im Sinne der (neuen) Gerichtsstandregelungen ergibt.

Da die Frage, wann die (neuen) Gerichtsstandregelungen Geltung beanspruchen, noch nicht höchstrichterlich entschieden ist, ist die örtliche Zuständigkeit nicht immer eindeutig zu bestimmen. Grundsätzlich ist dem Anwalt daher zu raten, zumindest hilfsweise die Verweisung an das Gericht zu beantragen, das nach der anderen Auffassung[70] zuständig wäre.[71] Die Praxisrelevanz dieser Streitfrage hat mittlerweile jedoch stark abgenommen, weil die Anzahl der Streitfälle, die aus Versicherungsfällen, die bis zum 31.12.2008 eingetreten sind, resultieren, nunmehr zwangsläufig sehr gering ist.

34 Ungleich höher sind die Anforderungen an die anwaltliche Vorsorge, wenn der Mandant bzw. VN keine natürliche Person ist. Dann kommt zu der Frage des zeitlichen Anwendungsbereichs noch die Problematik[72] des persönlichen Anwendungsbereichs hinzu.[73]

Auch in diesen Fällen ist am besten hilfsweise die Verweisung an das nach der anderen Auffassung zuständige Gericht zu beantragen.

35 Wenn **mehrere VN**, die ihren Wohnsitz in verschiedenen Gerichtsbezirken haben, gemeinsam gegen einen VR klagen, haben sie nach § 35 ZPO die Wahl, wo sie die Klage erheben möchten. Sollten mehrere **VN als Gesamtschuldner** verklagt werden, ist zur Festlegung der örtlichen Zuständigkeit eine Gerichtsstandbestimmung nach § 36 Abs. 1 Nr. 3 ZPO zu beantragen. Das angerufene Gericht entscheidet dann gem. § 37 ZPO durch – unanfechtbaren – Beschluss.

36 Dem in einen Auslandsunfall verwickelten Geschädigten, der nach dem oben Gesagten[74] die Möglichkeit hat, einen Prozess an seinem eigenen Wohnsitz anzustrengen,

---

68 Hinsch-Timm Das neue VVG B Rn. 378.
69 Vgl. dazu Körger Kfz-Versicherung nach dem neuen VVG Rn. 586.
70 Vgl. Rdn. 16 ff.
71 Ebenso: Terno zfs 2009, 364.
72 Vgl Rdn. 21.
73 Vgl. zu den einzelnen möglichen Konstellationen: Wagner VersR 2009, 1592.
74 Vgl. Rdn. 8.

war bis zur Entscheidung des EuGH[75] zur Zustellungsbevollmächtigung des inländischen Schadenregulierungsbeauftragten zu raten, gegebenenfalls vorab mit dem zuständigen Schadenregulierungsbeauftragten abzuklären, ob eine Klagezustellung an diesen ausreicht, bevor eine Klagezustellung im Ausland (mit der hierfür erforderlichen Übersetzung der Klageschrift) in Erwägung gezogen wird.[76] Nachdem der EuGH klargestellt hat, dass ein Regulierungsbeauftragter im Inland eine passive Zustellungsvollmacht besitzt, ist dies nun nicht mehr notwendig. Gerichtliche Schriftstücke, die für die Einleitung eines Verfahrens zur Regulierung eines Unfallschadens vor dem zuständigen Gericht erforderlich sind, kann dieser rechtswirksam entgegennehmen.

II. Verjährung

§ 12 Abs. 1 VVG a. F. sah eine zweijährige[77] Verjährungsfrist vor. Die AKB 2008 bzw. 37
AKB 2015 und das neue VVG enthalten keine eigene Verjährungsregelung. Demnach gelten für Ansprüche aus Versicherungsverträgen grundsätzlich die allgemeinen Vorschriften über die Regelverjährung nach §§ 195, 199 BGB.[78] Folglich verjähren Ansprüche aus dem Versicherungsvertrag künftig in 3 Jahren beginnend mit dem Schluss des Jahres, in dem der Anspruch entstanden ist und der Gläubiger von den anspruchsbegründenden Umständen Kenntnis hatte oder ohne grobe Fahrlässigkeit gehabt hätte. Nach der Übergangsregelung des Art. 3 Abs. 1 EGVVG findet diese dreijährige Verjährungsfrist grundsätzlich auf alle am 01.01.2008 bestehenden und noch nicht verjährten Ansprüche Anwendung. Für alle ab diesem Zeitpunkt noch nicht verjährten Ansprüche mit ursprünglich zweijähriger Verjährungsfrist gilt aber nach Art. 3 Abs. 2 S. 1 EGVVG immer noch die alte zwei Jahres Frist.[79]

Die Verjährungsfrist **beginnt** erst mit Fälligkeit des Anspruchs zu laufen. Die Fälligkeit 38
von Versicherungsleistungen bemisst sich abweichend von § 271 BGB nach der Spezialvorschrift des § 14 VVG. Danach sind Geldleistungen des VR fällig, sobald dieser alle zur Feststellung des Versicherungsfalls und des Umfangs seiner Leistung notwendigen Erhebungen getroffen hat.[80] Selbst wenn der VN seiner Mitwirkungspflicht über einen längeren Zeitraum nicht nachgekommen ist, hat dies keine Auswirkungen auf den Verjährungsbeginn.[81] Eine Vorverlegung des Verjährungsbeginns ist aber ausnahmsweise möglich, wenn der VN durch die unterlassene Mitwirkung gegen Treu und Glauben verstößt.[82]

---

75 Vgl. DAR 2013, 699.
76 Ebenso Nissen in: Himmelreich/Halm/Staab HdB. der Kfz-Schadenregulierung, 2. Aufl. 2012, Kap. 25 Rn. 69.
77 Bei Lebensversicherungen: 5 Jahre.
78 Schirmer DAR 2008, 323.
79 Hinsch-Timm Das neue VVG B Rn. 402.
80 Vgl. im Einzelnen: Rüffer/Halbach/Schimikowski/Muschner Handkommentar VVG § 14 Rn. 3 ff.
81 BGH VersR 2002, 698.
82 Römer/Langheid VVG-Kommentar § 12 Rn. 11.

39 Zugunsten des VN ist § 15 VVG zu beachten, der die **Hemmung** der Verjährung – von der Anmeldung des Anspruchs beim VR bis zu dessen Entscheidung – vorsieht. Es genügt in diesem Zusammenhang eine Entscheidung des VR in Textform.[83] Die Entscheidung des VR muss jedoch dessen Haltung klar erkennen lassen, insbesondere muss die Auskunft erschöpfend, umfassend und endgültig sein.[84]

III. Anwaltskosten

40 Lässt sich der VN im Verfahren vor einer Schlichtungsstelle durch einen Anwalt vertreten, kann dieser eine 1,5 Geschäftsgebühr nach 2303 Nr. 4 VV RVG verlangen, da es sich bei der Schlichtungsstelle um eine Gütestelle nach § 15a III EGZPO handelt.[85]

IV. Berufung

41 Bei der Einlegung der Berufung sollte der Anwalt dann besonders aufmerksam sein, wenn ein Fall des L.2.3 AKB vorliegt, also der VN seinen Wohn- oder Geschäftssitz ins Ausland verlegt hat und der Versicherer deshalb im Inland Klage erhoben hat. Denn durch das Gesetz zur Reform des Verfahrens in Familiensachen und in den Angelegenheiten der freiwilligen Gerichtsbarkeit (FGG-RG) vom 17.12.2008 sind § 119 Abs. 1 Nr. 1b und c GVG (2002), die die alleinige Zuständigkeit der Oberlandesgerichte für Berufungen und Beschwerden in Rechtsstreitigkeiten mit Auslandsberührung vorsahen, ersatzlos gestrichen worden. Demnach gilt für Rechtsstreitigkeiten mit Auslandsberührung, beispielsweise solche unter Beteiligung eines ausländischen Versicherungsunternehmens bzw. eines Kfz-Halters oder Fahrers mit Wohnsitz außerhalb des Geltungsbereiches des GVG, nunmehr wieder der allgemeine Instanzenzug in Zivilsachen bürgerlichen Rechts. Aus § 40 EGGVG folgt, dass die Zuständigkeit der Landgerichte für entsprechende Berufungen und Beschwerden gegen amtsgerichtliche Entscheidungen dann wieder begründet ist, wenn die anzufechtende Entscheidung nach dem 31.08.2009 erlassen wurde.[86] Legt ein Rechtsanwalt verspätet beim Oberlandesgericht bzw. Kammergericht Berufung ein, weil er die Übergangsvorschrift des § 40 EGGVG übersehen hat und daher zunächst von der Zuständigkeit des Landgerichts ausgegangen ist, ist die Versäumung der Berufungsfrist nicht als unverschuldet anzusehen.[87]

---

83 Hinsch-Timm Das neue VVG, B Rn. 400.
84 Looschelders/Pohlmann/Wolf, 2. Aufl. 2011, VVG-Kommentar § 215 Rn. 21 ff. mit zahlreichen Einzelfällen.
85 Hinsch-Timm Das neue VVG B Rn. 375.
86 Vgl. KG Berlin vom 12.07.2010 – 8 U 61/10 und Grimme VersR 2009, 1603; a. A. Carl VersR 2009, 1472, die auf den Zeitpunkt des Eingangs der Berufungsschrift abstellt.
87 KG Berlin vom 12.07.2010 – 8 U 61/10.

M   Zahlungsweise (für die AKB 2008)

Die Beiträge sind, soweit nichts anderes vereinbart ist, Jahresbeiträge, die jährlich im Voraus zu entrichten sind. Bei halb-, vierteljährlicher oder monatlicher Teilzahlung werden, soweit nichts anderes vereinbart ist, Zuschläge erhoben. Der Mindestbeitrag der halb-, vierteljährlichen oder monatlichen Teilzahlung beträgt xx Euro.

In den Muster-AKB 2015 wurde dieser Abschnitt ersatzlos gestrichen. Da in der vorherigen Fassung dieser Abschnitt enthalten war und in den Verträgen, die nach den AKB 2008 auch den Abschnitt M enthielten, soll hier noch Stellung genommen werden. 1

M regelt die Art der Zahlungsweise, wobei üblicherweise die jährliche Zahlungsweise des fälligen Beitrags vereinbart sein soll. Dies gilt sowohl für die Erstprämie wie für die Folgeprämien.

Ausnahmen werden zugelassen. So sind halbjährliche, vierteljährliche oder gar monatliche Zahlungsweisen möglich. Auf diese wird dann ein Zuschlag erhoben. Dieser Zuschlag wird pauschal in % vom Beitrag erhoben und nicht entsprechend des konkreten Mehraufwandes. Wird ein Fahrzeug unterjährig zugelassen und jährliche Prämienzahlung vereinbart, gilt auch diese erste Prämie, die nicht das ganze Kalenderjahr umfasst, als Jahresprämie ohne Ratenzuschlag. Die Vereinbarung einer unterjährigen Prämienzahlung ist nicht mit der Gewährung eines Verbraucherkredites mit Ratenzahlung gleichzusetzen. Die hierzu ergangen Rechtsprechung findet auf Versicherungsverträge keine Anwendung[1].

Es kann auch ein Mindestbeitrag in den AKB aufgenommen werden, der sicherstellt, dass die verwaltungsinternen Kosten nicht höher sind, als der zu zahlende Beitrag. Die Höhe dieses Betrages ist dem Versicherer freigestellt. Dabei kann es auch dazu kommen, dass durch Erreichen der höchsten SFR-Klasse der Beitrag so niedrig wird, dass beispielsweise die monatliche Zahlung unter den Mindestbeitrag fiele. Dann wäre die Vereinbarung so umzustellen, dass die Zahlungen wieder den Mindestbeitrag erreichen. 2

Es werden aber keine Anforderungen an die Art gestellt, wie die Zahlung zu erbringen ist. Versicherungsnehmer und Versicherer können daher frei vereinbaren, wie die Zahlungen jeweils zu erbringen sind. Dabei können sowohl Einzugsermächtigung wie Überweisung oder gar Barzahlung bei den Agenten vereinbart werden. Auch wenn der unbare Zahlungsverkehr überwiegend vorherrscht, kann der Einzug der Prämien über Makler der Agenturen des Versicherers durchaus in Betracht kommen[2]. 3

---

1 BGH, 06.02.2013 – IV ZR 230/12, r+s 2013, 15 f; zfs 2013, 211; OLG Düsseldorf v. 13.12.2012 – I-6 U 273/11, Jurion.
2 Zu den Details der Zahlungsanforderungen vgl. Kommentierung unter C.

N Bedingungsänderung

< xx Redaktioneller Hinweis: Ein Mustertext wird nicht bekannt gemacht. >

1 Da ein Mustertext nicht aufgenommen wurde, sei hier auf die bisher angewendete Regelung des § 9 AKB a. F. Bezug genommen, der von der Assekuranz übernommen wurde oder modifiziert übernommen werden kann:

(1) Die Versicherung ist berechtigt, bei Änderungen von Gesetzen, auf denen die Bestimmungen des Versicherungsvertrages beruhen, bei unmittelbar den Versicherungsvertrag betreffenden Änderungen der höchstrichterlichen Rechtsprechung, der Verwaltungspraxis des Bundesaufsichtsamtes für das Versicherungswesen oder der Kartellbehörde, im Falle der Unwirksamkeit von Bedingungen sowie zur Abhilfe einer kartell- oder aufsichtsbehördlichen Beanstandung die davon betroffenen Regelungen der AKB und der Tarifbestimmungen mit Wirkung für bestehende Verträge zu ergänzen oder zu ersetzen. Die neuen Regelungen sollen den ersetzten rechtlich und wirtschaftlich weitestgehend entsprechen. Sie dürfen die Versicherten auch unter Berücksichtigung der bisherigen Auslegung in rechtlicher und wirtschaftlicher Hinsicht nicht unzumutbar benachteiligen.

(2) Die nach Absatz 1 zulässigen Änderungen werden dem Versicherungsnehmer schriftlich bekannt gegeben und erläutert. Sie finden vom Beginn der nächsten Versicherungsperiode an Anwendung, wenn der Versicherer dem Versicherungsnehmer die Änderung einen Monat vor dem Zeitpunkt des Wirksamwerdens mitteilt und ihn schriftlich über sein Kündigungsrecht belehrt. Der Versicherungsnehmer kann den Versicherungsvertrag innerhalb eines Monats nach Zugang der Mitteilung nach Satz 1 zu dem Zeitpunkt kündigen, an dem die Bedingungsänderung wirksam werden würde.

2 Die Formulierung des § 9a AKB a. F. ist im Rahmen einer gerichtlichen Überprüfung einer nahezu gleichlautenden Bedingungsanpassungsvorschrift eines Rechtsschutzversicherers als unwirksam erklärt worden[1]. Dabei waren die Hauptkritikpunkte, dass sowohl die Rahmenbedingungen für eine Bewertung, wer wann eine Bedingung ändern konnte und wer den Zeitpunkt als gekommen erachtete, nicht hinreichend geklärt waren und der Versicherungsnehmer durch eine solche Klausel nach Vertragsschluss unangemessen benachteiligt sei.

3 Vom Verband wurde ein Formulierungsvorschlag nicht gemacht, so dass auf Bedingungen, die in der Assekuranz verwendet werden, zurückgegriffen wurde.

Es kann eine Bedingungsänderung dann vorgenommen werden, wenn ein sachlicher Grund vorliegt. Dies kann zum Beispiel sein die Änderung von Gesetzen, auf denen diese Bedingungen basieren, gegebenenfalls aber auch die Feststellung der Unwirksamkeit einer solchen Klausel durch die Rechtsprechung. Ein bekannter Fall für die Anpas-

---

[1] BGH v. 17.03.1999 – IV ZR 218/97, Jurion = VersR 1999, 697 = NJW 1999, 1865.

sung der Bedingungen war die Einführung der Alkoholklausel in die AKB als Obliegenheitsverletzung im Schadenfall, im Jahr 1994. Vorher war ein durch Alkoholeinfluss (mit-)verursachter Schadenfall bestenfalls ein Kavaliersdelikt, es geisterte den Versicherungsnehmern durch den Kopf die Versicherung bezahle dann nichts. Diese Haltung beschränkte sich aber ausschließlich auf den Bereich der Fahrzeugvoll- und Teilversicherung, in der schon zu damaliger Zeit der Einwand der grob fahrlässigen Herbeiführung des Versicherungsfalles erhoben wurde. Eine Leistungsbeschränkung oder einen Regress in der Kraftfahrzeug-Haftpflicht-Versicherung hingegen gab es nicht. Mit der Einführung der Obliegenheitsverletzung des Führens eines Fahrzeuges trotz alkoholbedingter Fahruntüchtigkeit mit der Folge der Leistungsfreiheit gegenüber dem Fahrer war eine erhebliche Änderung der Bedingungen erfolgt. Wollte man nun nicht bis zum Ende aller Tage zwischen den Verträgen differenzieren, musste eine entsprechende Anpassung aller Verträge erfolgen. Diese wurde dann mit der Modifikation des Vertrages vorgenommen: Hatte der Versicherungsnehmer der Bedingungsanpassung zugestimmt, durfte er durch diese nicht schlechter gestellt werden, als er mit seinem alten Vertrag gestanden hätte.

Dies hatte dann echte Schwierigkeiten zur Folge, da exakt geprüft werden musste, wie nach der alten Regelung verfahren worden wäre und wie nach der neuen[2].

Auch die VVG-Reform hat eine Bedingungsänderung erforderlich gemacht. Aufgrund der umfassenden Änderungen des VVG wurden aber schon im Gesetz Regelungen getroffen, wie mit den neuen Anforderungen umzugehen sei. So wurden die Versicherer verpflichtet, die AKB entsprechend zum 01.01.2008 anzupassen und ab dem 01.01.2009 auf alle Verträge anzuwenden. Damit war eine Bedingungsanpassung vom Gesetzgeber vorgeschrieben[3]. Der Regelungsinhalt war ebenfalls vorgegeben, so dass eine einseitige Benachteiligung des Versicherungsnehmers nicht gegeben sein soll. 4

Einige Anbieter verwenden folgende Formulierungen:

1. Wir sind berechtigt, einzelne Regelungen der AKB mit Wirkung für bestehende Verträge zu ändern, zu ergänzen oder zu ersetzen, wenn die Voraussetzungen N.1 bis N.3 erfüllt sind:

Unwirksamkeit einzelner Regelungen

N.1 Die Regelung in den AKB ist unwirksam geworden durch folgende Ereignisse:
– ein Gesetz, auf dem die Bestimmungen des Versicherungsvertrags beruhen, ändert sich oder
– es ergeht höchstrichterliche Rechtsprechung, die den Versicherungsvertrag unmittelbar betrifft oder

---

2 Vgl. hierzu ausführlich Himmelreich/Halm Rn. 29.
3 Vgl. hierzu auch Fürstenwerth »Die Einbeziehung neuer Allgemeiner Versicherungsbedingungen in bestehende Versicherungsverträge«, r+s 2009, 221 ff.

- es ergeht eine konkrete, individuelle, uns bindende Weisung der Bundesanstalt für Finanzdienstleistungsaufsicht oder der Kartellbehörden im Wege eines bestandskräftigen Verwaltungsakts.

Dies gilt auch, wenn eine im Wesentlichen inhaltsgleiche Regelung in den AKB eines anderen Versicherers durch eines der genannten Ereignisse unwirksam geworden ist.

Störung des Gleichgewichts zwischen Leistung und Gegenleistung

N.2 Durch die Unwirksamkeit ist eine Vertragslücke entstanden, die das bei Vertragsschluss vorhandene Gleichgewicht zwischen Leistung und Gegenleistung in nicht unbedeutendem Maße stört.

Keine Schlechterstellung

N.3 Die geänderten Regelungen dürfen Sie als einzelne Bedingungen oder im Zusammenwirken mit anderen Bedingungen des Vertrags nicht schlechter stellen als die bei Vertragsschluss vorhandenen Regelungen.

Kündigungsrecht

N.4 Bei einer Bedingungsänderung haben Sie ein Kündigungsrecht nach G.2.10.

2.O. Bedingungsänderung

O.1 Berechtigung

Wir sind berechtigt, die jeweils betroffenen Bedingungen zu ändern oder zu ergänzen, wenn:
a sich ein Gesetz oder eine Rechtsverordnung ändert, auf dem einzelne Bedingungen des Vertrages beruhen, oder
b sich eine höchstrichterliche Rechtsprechung ändert und dies unmittelbare Auswirkungen auf Ihren Versicherungsvertrag hat, oder
c ein Gericht einzelne Bedingungen rechtskräftig für unwirksam erklärt und die gesetzlichen Vorschriften keine Regelung enthalten, die an deren Stelle tritt, oder
d die Kartellbehörde oder die Versicherungsaufsichtsbehörde einzelne Bedingungen durch bestandskräftigen Verwaltungsakt als nicht vereinbar mit geltendem Recht erklärt und die gesetzlichen Vorschriften keine Regelung enthalten, die an deren Stelle tritt.

Die Befugnis zur Änderung oder Ergänzung besteht in den Fällen der o. g. gerichtlichen oder behördlichen Entscheidung auch dann, wenn es sich um inhaltsgleiche Bedingungen eines anderen Versicherers handelt. Eine Änderung oder Ergänzung von Bedingungen ist nur zulässig, wenn die Schließung einer durch die genannten Änderungsanlässe entstandenen Vertragslücke zur Durchführung des Vertrages erforderlich ist oder das bei Vertragsabschluss vereinbarte Verhältnis zwischen Leistung und Gegenleistung in nicht unbedeutendem Maße gestört ist.

O.2 Kündigungsrecht

Bei einer Bedingungsänderung haben Sie ein Kündigungsrecht nach G.2.10.

O.3 Unwirksamkeit von Bestimmungen

Im Fall der Unwirksamkeit von Bestimmungen soll die Gültigkeit der übrigen Vereinbarungen *nicht berührt werden.*

Kfz-Umweltschadensversicherung (Kfz-USV)
Ergänzende Bedingungen für die Kfz-Versicherung von Umweltschäden

Unverbindliche Musterbedingungen des Gesamtverbandes der Deutschen Versicherungswirtschaft e. V. – GDV – Wilhelmstr. 43 G, 10117 in der Fassung vom 19.05.2015
Die Verwendung ist rein fakultativ. Sie haben die Möglichkeit, abweichende Klauseln zu verwenden.

Vorbemerkung

Übersicht
		Rdn.
A.	Einleitung	1
B.	Ausgangslage	5
C.	Deckungsvorsorge	9
D.	Inhalte des USchadG im Kurzüberblick	15
I.	Geschützte Rechtsgüter	15
II.	Schaden oder Schädigung	16
III.	berufliche Tätigkeit	18
IV.	Verantwortlichkeiten unter Kfz-Bezug	21
V.	Pflichten	24
VI.	Grenzen der Inanspruchnahme	26
VII.	Ausgleichsansprüche	27
VIII.	Naturschützer	29
IX.	Ausblick	30

A. Einleitung

Die Kfz-Umweltschadensversicherung – kurz: Kfz-USV – ist eine neuartige **Quasi-Haftpflichtversicherung eigener**[1] **Art**. Sie entstand aus dem Bedürfnis heraus, für neu geschaffene Verantwortlichkeiten nach dem Umweltschadensgesetz einen passablen Versicherungsschutz auch für Schäden im Zusammenhang mit dem Gebrauch des Kraftfahrzeugs zur Verfügung zu stellen. Aufgrund der Überarbeitung der AKB 2015 war auch die Kfz-USV entsprechend anzupassen. Es handelt sich nicht[2] um eine Haftpflichtversicherung im Sinne der §§ 100 ff. VVG, da es nicht um die Freistellung von Ansprüchen Dritter geht, sondern um die Freistellung von den finanziellen

1

---

[1] Der Begriff Quasi-Versicherer ist bereits für die Fälle des § 2 PflVG belegt, siehe Kommentierung zu § 2 PflVG Rdn. 3; *BGH* Urt. v. 17.02.1987 – VI ZR 75/86, JurionRS 1987, 15110 = DAR 1987, 223 = MDR 1987, 658 = NJW 1987, 2375 = NJW-RR 1987, 1237 = VersR 1987, 1034; *KG* Berlin Urt. v. 12.09.2002 – 12 U 9590/00, JurionRS 2002, 23849 = PVR 2003, 260 bespr. v. *Schröder* = zfs 2002, 513 = VRS 104, 9 = NZV 2003, 30.
[2] Anders Stiefel/Maier/*Meinecke*, Kfz-USV, Rn. 11.

Folge einer öffentlich-rechtlichen Inanspruchnahme wegen öffentlicher-rechtlicher Verantwortlichkeiten. Entsprechend kann es keinen Direktanspruch nach § 115 VVG geben.

2 Sie erfasst nur den Teil des Umweltschadens[3], der durch das neue Gesetz erreicht werden soll. Da Fahrzeuge grenzüberschreitend verkehren und die Richtlinie 2004/35/EG[4] in allen anderen EU-Mitgliedsstaaten umzusetzen ist, beschränkt sich die Kfz-USV nicht auf Schadensfälle in Deutschland.

3 Die Kfz-Umweltschadensversicherung ist eine eigenständige Versicherung neben der Kfz-Haftpflichtversicherung. Entsprechend hat auch ein besonderer Prämienausweis[5] zu erfolgen. Oftmals wird bei bestehender Kfz-Haftpflichtversicherung in der Praxis kein gesonderter Beitrag erhoben.

4 Problematisch ist die Zurverfügungstellung des Deckungskapitals durch den Versicherer. Auf den Topf der Kfz-Haftpflichtversicherung zurückzugreifen ist bedenklich, insbesondere wenn dort nur gesetzliche Mindestversicherungssummen vereinbart sind. Die Vorgaben aus Art. 7 der 6. KH-Richtlinie und der Anlage 1 zu § 4 Abs. 2 PflVG dürfen nicht unterlaufen werden.

B. Ausgangslage

5 Die Richtlinie 2004/35/EG als sogenannte Umwelthaftungsrichtlinie vom 21.04.2004 verpflichtete die Mitgliedsstaaten, die Anforderungen bis zum 30.04.2007 in nationales Recht umzusetzen.

6 Deutschland verkündete das hierauf fußende »*Gesetz zur Umsetzung der Richtlinie des Europäischen Parlaments und des Rates über die Umwelthaftung zur Vermeidung und Sanierung von Umweltschäden*[6]« am 14.05.2007. Es trat am 14.11.2007[7] rückwirkend zum 30.04.2007[8] in Kraft.

7 Die beachtliche Zahl von neun[9] Staaten hatte die Richtlinie nicht rechtzeitig umgesetzt. Auch Österreich wurde zur Umsetzung verurteilt[10], was am Tag nach der Urteils-

---

3 Für einen kurzen Gesamtüberblick siehe *Schwab* Umweltschäden durch Kraftfahrzeugunfälle, DAR 2009, 186 ff.; umfassender Überblick Himmelreich/Halm/Staab/*Schwab* Handbuch Schadensregulierung, Teil 5, Kap. 21 Sonderprobleme bei Öl- und Umweltschäden.
4 Amtsblatt der Europäischen Union v. 30.04.2004 – L 143/56.
5 Becker/Böhme/*Biela*/Thomsen, Kraftverkehrs-Haftpflichtschäden, Rn. 417.
6 Gesetz vom 10.05.2007, BGBl. I Nr. 19, 666; zuletzt geändert durch Artikel 3 des Gesetzes vom 17.08.2012, BGBl. I S. 1726.
7 Nicht schon am 01.11.2007, so aber Stiefel/Maier/*Meinecke*, Kfz-USV, Rn. 1.
8 So auch *Petersen* Umweltschadensgesetz, § 13 USchadG, Rn. 5; *Wagner* Das neue Umweltschadensgesetz, VersR 2008, 565 geht entgegen § 13 Abs. 1 USchadG vom 01.05.2007 aus.
9 Klage der Europäischen Kommission vor dem EuGH IP/08/1025.
10 *EuGH*, Urt. v. 18.06.2009 – C-422/08, JurionRS 2009, 46427 = NuR 2009, 480.

verkündung durch das B-UHG[11] geschah. Es sei angemerkt, dass die längere Bedenkzeit offenkundig zu einer Entschärfung der teils schwerwiegenden Belastungen der Wirtschaft geführt hat. In Deutschland wurde dies den Ländern überlassen. Nur in Berlin scheint man die Probleme ernst genommen zu haben und hat für alle drei Bereiche (Artenschutz, Schutz des Wassers und Bodenschutz) im Ausführungsgesetz[12] Ausnahmetatbestände[13] zur Kostentragungspflicht geschaffen.

Mittlerweile haben alle Staaten[14] die Richtlinie in nationales Recht überführt. Dies hat entsprechende Konsequenzen für berufliche Auslandsfahrten mit Fahrzeugen. 8

C. Deckungsvorsorge

Die Umwelthaftungsrichtlinie geht in Art. 14 Abs. 2 der Richtlinie davon aus, dass nach einer Übergangszeit eine Deckungsvorsorge einzurichten sei. Der erst sehr spät eingereichte Entwurf der Bundesregierung sah dagegen bereits zu Beginn die Einführung einer verbindlichen Deckungsvorsorge in Deutschland vor. Dem ist die Versicherungswirtschaft zu recht entgegen getreten, da es keine Grundlagen gab, Schäden zu kalkulieren und folglich auch die Prämie zu berechnen. Zudem gab es Zeitprobleme für die Umsetzung der Vorgaben in ein neu zu schaffendes Versicherungsprodukt. 9

In der Endphase ist dann die verbindliche Deckungsvorsorge herausgenommen worden. 10

Die Versicherungswirtschaft hat sich anfangs auf die betriebliche Seite, die Verursachung von Umweltschäden durch Anlagen, konzentriert. Hier konnte sie auf bestehende Konzepte nach dem Umwelthaftpflichtmodell[15] zurückgreifen, das nach Einführung des auf stationäre Anlagen[16] bezogenen Umwelthaftungsgesetzes zum 01.01.1991 geschaffen wurde. 11

Der GDV hat dann die USV[17] und die USV-Basisversicherung entwickelt. 12

---

11 Österreichisches BGBl. I Nr. 55/2009; damit gilt das Gesetz auch erst für Schäden ab diesem Stichtag und nicht schon für Schadensfälle ab dem 30.04.2007 rückwirkend.
12 Gesetz v. 20.05.2011, GVBl. 2011, 209.
13 § 43b Abs. 6 BerlNatG; § 71 Abs. 7 BerlWasG; § 8a Abs. 5 BerBodSchG.
14 *v. Falkenhaus/Dehghani* Bericht der Europäischen Kommission über die Umwelthaftungsrichtlinie – Haftungsgefahren durch die Umsetzung der Umwelthaftungsrichtlinie, VersR 2011, 853 ff.
15 Überblick zum Umwelthaftpflichtmodell in Halm/Engelbrecht/Krahe/*Schwab* Handbuch des Fachanwalts Versicherungsrecht, Kap. 30, Rn. 99 ff.; Stand der Bedingungswerke des GDV: 9/2009 (UHM) bzw. 10/2009 (UHM-Basis).
16 Dabei können sogar Fremdfahrzeuge zum Zubehör einer solchen Anlage werden, § 3 Abs. 3a UmweltHG.
17 Eckpunkte zur USV bei Halm/Engelbrecht/Krahe/*Schwab* Handbuch des Fachanwalts Versicherungsrecht, Kap. 30, Rn. 118 ff.; Staudinger/Halm/Wendt/*Hellberg* FAK Versicherungsrecht, USV, USV-Basis; Stand der Bedingungswerke des GDV: 2/2014 (USV) bzw. 2/2014 (USV-Basis).

13 In der Kfz-Versicherung hat man von Seiten des Verbandes[18] anfangs gezögert, ein eigenes Produkt zu entwickeln. Möglicherweise hat man die Entscheidung des *BGH*[19] zur Gesetzeskonkurrenz von parallel bestehenden öffentlich-rechtlichen und privatrechtlichen Ansprüchen zunächst fehl gedeutet. Denkbar ist auch, dass sich der Text des USchadG nicht sofort so deutlich erschloss, dass das Gesetz Konsequenzen auch für die Kfz-Versicherung haben müsste.

14 Jedenfalls hat der GDV (in enger[20] Anlehnung an die USV[21]) kurz vor Inkrafttreten des USchadG mit den Kfz-USV eigene Musterbedingungen[22] bekannt gegeben. Die Kfz-USV nehmen vielfach Bezug auf die AKB 2008. Im Zuge der Überarbeitung der AKB 2008, wäre es sinnvoll gewesen, die Kfz-USV entsprechend anzupassen, zumal die Systematik der AKB 2008 nicht mehr vollständig zu der der AKB 2015 passt.

D. Inhalte des USchadG im Kurzüberblick

I. Geschützte Rechtsgüter

15 Das USchadG greift besondere Ökoschutzgüter heraus. Dazu gehören besonders geschützte Arten und Lebensräume nach § 19 BNatSchG, Bereiche des Wassers nach § 90 WHG und Bereiche des Bodens nach § 2 Abs. 2 BBodSchG.

II. Schaden oder Schädigung

16 Nach der Definition in § 2 Nr. 2 USchadG ist ein Schaden oder Schädigung im Sinne des Gesetzes »eine direkt oder indirekt eintretende feststellbare nachteilige Veränderung einer natürlichen Ressource (Arten und natürliche Lebensräume, Gewässer und Boden) oder Beeinträchtigung der Funktion einer natürlichen Ressource«.

17 Ohne klare Anhaltspunkte und noch festzulegende Vorgaben durch den Gesetz- oder Verordnungsgeber[23] wird es schwierig sein, geeignete Maßstäbe im (potentiellen) Schadensfall zu finden. Damit ist nicht nur der Versicherungsnehmer als Verursacher überfordert, sondern bestimmt auch Behörden und Versicherer gleichermaßen. Das schafft Konfliktpotential auf allen Ebenen.

---

18 Anders dagegen einzelne Versicherer wie die Kravag-Logistic Versicherungs-AG, Verkehrs-Rundschau vom 29.06.2007 mit eigenem Konzept.
19 *BGH* Urt. v. 20.12.2006 – IV ZR 325/05, JurionRS 2006, 29131 = VersR 2007, 200 = MDR 2007, 652 = NJW 2007, 1205 = NZV 2007, 233 = r+s 2007, 94 = zfs 2007, 273 = DAR 2007, 142 m. Anm. *Weinsdörfer* = VRR 2007, 108 bespr. v. *Knappmann*..
20 Feyock/*Jacobsen*/Lemor A.1 AKB, Rn. 84.
21 USV – Musterbedingungen des GDV in der Fassung vom April 2007, seitdem mehrfach geändert.
22 Kfz-USV – Musterbedingungen des GDV in der Fassung vom 29.10.2007.
23 Klare Regelungen dagegen in Polen.

III. berufliche Tätigkeit

Jegliche nichtberufliche Tätigkeit ist in Deutschland[24] von der Verantwortlichkeit ausgenommen. Nur derjenige, sei es eine natürliche oder juristische Person[25], der im Rahmen einer beruflichen Tätigkeit einen Schaden verursacht, kommt als Verantwortlicher nach dem USchadG in Betracht. Die Bandbreite von der einfachen Hilfestellung bis zum Vollzeitarbeitsplatz ist allerdings sehr weit. 18

Der potentielle Anwendungsbereich greift somit vom jugendlichen Mopedfahrer, der für eine Apotheke Medikamente ausfährt; einem Arzt, der einen Hausbesuch macht; einem Anwalt, der zum Gericht fährt bis zum Gefahrgutfahrer, der mit dem Tankwagen Chemikalien transportiert. Selbst der Polizeibeamte ist verantwortlich, der z. B. im Rahmen dienstlicher Tätigkeiten mit dem Fahrzeug einen Ökoschaden verursacht. 19

Ob es sich bei der Fahrt eines Arbeitnehmers zur Arbeit bereits um eine berufliche Tätigkeit handelt, kann mit Recht bezweifelt[26] werden. Es handelt sich sozialversicherungsrechtlich bei einem Unfall zur Arbeitsstelle um einen Wegefall, der wie ein Arbeitsunfall behandelt wird, § 8 Abs. 2 Nr. 1 SGB VII. Damit ist es aber noch kein Arbeitswegeunfall, bei dem in Ausübung der beruflichen Tätigkeit, z. B. ein Monteur zu einem Kunden fährt und auf diesem Weg mit dem Fahrzeug verunglückt. Wie weit die Verwaltungsgerichte den Anwendungsbereich ziehen werden, ist bislang nicht abzuschätzen. 20

IV. Verantwortlichkeiten unter Kfz-Bezug

Wegen Schäden an geschützten Arten trifft eine öffentlich-rechtliche Verantwortlichkeit[27] bei einfachem Verschulden jedermann. 21

Wegen Schäden an geschützten Arten, Wasser und Boden besteht eine Gefährdungsverantwortlichkeit für bestimmte berufliche Tätigkeiten gemäß Anlage 1 zu § 3 Abs. 1 USchadG. Ein Verschulden ist wie nach § 7 StVG nicht erforderlich. 22

Für den Kfz-Bereich sind herauszustellen: 23
- das Einsammeln und Befördern von Abfällen und gefährlichen Abfällen nach Nr. 2 der Anlage 1 zu § 3 Abs. 1 USchadG (z. B. Müll- und Entsorgungsfahrzeuge)
- das Lagern und Abfüllen von gefährlichen Stoffen oder Zubereitungen, Pflanzenschutzmittel, Biozidprodukte; sowie deren innerbetriebliche Beförderung nach Nr. 7 der Anlage 1 zu § 3 Abs. 1 USchadG (z. B. Tankwagen als Zwischenlager, Tankvorgänge, Befüllen des Tanks der Anbauspritze an der landwirtschaftlichen Zugmaschine)

---

24 Im Ausland sind Erweiterungen des Anwendungsbereichs durch nationales Recht nicht ausgeschlossen.
25 Stiefel/Maier/*Meinecke*, Kfz-USV, Rn. 7.
26 Stiefel/Maier/*Meinecke*, Kfz-USV, Rn. 10.
27 Haftung ist ein Begriff aus dem Zivilrecht. Das USchadG spricht von Verantwortlichkeiten. Entgegen Feyock/*Jacobsen*/Lemor A.1 AKB, Rn. 83 und Stiefel/Maier/*Meinecke*, Kfz-USV, Rn. 7 sollte man hier klarer trennen.

- Beförderung gefährlicher oder umweltschädlicher Güter nach Nr. 8 der Anlage 1 zu § 3 Abs. 1 USchadG (Gefahrguttransporte)
- außerbetrieblicher Transport gentechnisch veränderter Mikroorganismen nach Nr. 10 der Anlage 1 zu § 3 Abs. 1 USchadG (Transporte mit jedem PKW möglich)
- grenzüberschreitende Verbringung von Abfällen nach Nr. 12 der Anlage 1 zu § 3 Abs. 1 USchadG

V. Pflichten

24 Den Verantwortlichen treffen Informations-, Gefahrenabwehr- und Sanierungspflichten in einem gestuften Verhältnis nach den §§ 4 ff. USchadG.

25 Die Kfz-USV ist dagegen nur danach ausgerichtet, eine Freistellung wegen öffentlich-rechtlicher Sanierungspflichten zu decken.

VI. Grenzen der Inanspruchnahme

26 Das deutsche Recht hat mit Ausnahme vom Land Berlin[28] keine materiellen Grenzen eingezogen, wie sie nach der Richtlinie 2004/35/EG möglich sind und beispielsweise in Italien in zulässiger Weise[29] aufgenommen wurden. Grundsätze des Schadensersatzrechts finden keine Anwendung. Bei Sabotageakten gegenüber Gefahrgutfahrzeugen bleibt z. B. eine unbegrenzte Verantwortlichkeit bestehen. Wogegen der Täter selbst nicht für den Ökoschaden nach dem USchadG verantwortlich gemacht werden kann, wenn er dabei nicht beruflich tätig war.

VII. Ausgleichsansprüche

27 Das Gesetz gibt Mitverantwortlichen nach § 9 Abs. 2 Satz 2 USchadG einen öffentlich-rechtlichen Ausgleichsanspruch, der im Zivilrechtswege in entsprechender Anwendung des § 426 Abs. 1 Satz 2 BGB geltend gemacht werden kann. Der Beginn der Verjährung und die Verjährungsfristen sind gesondert geregelt.

28 Der im »zivilrechtlichen Kleid« erscheinende Ausgleichsanspruch ist bei der Kfz-USV zu berücksichtigen.

VIII. Naturschützer

29 Anerkannte Umweltschutzverbände (Naturschutzvereine) sind mit eigenen Mitwirkungs- und Klagerechten ausgestattet, §§ 11 USchadG i. V. m. 3 UmwRG[30]. Die Behörde hat entgegen *Dombert*[31] kein eigenes Entschließungsermessen, ob sie tätig wer-

---

28 Gesetz v. 20.05.2011, GVBl. 2011, 209.
29 *EuGH* Urt. v. 04.03.2015 – Rs. C-534/13, Pressemitteilung Nr. 28/2015 des EuGH vom 04.03.2015.
30 Dies gilt im Übrigen EU-weit, Richtlinie 2003/35/EG.
31 *Dombert* § 10 USchadG, – Abschied vom polizeilichen Entschließungsermessen?, ZUR 2008, 406 ff.

den will. Dies ist eine weitere Folge aus dem Urteil des *EuGH*[32] zur Aufstellung von Aktionsplänen gegen die Feinstaubbelastung.

IX. Ausblick

Das USchadG bleibt inhaltlich erhalten, auch wenn es einmal im Umweltgesetzbuch[33] aufgehen sollte. Erleichterungen wie in Berlin[34] durch die anderen Landesgesetzgeber wären notwendig, lassen aber auf sich warten. 30

Wenn sich das Bewusstsein für Ökoschäden auf Behördenseite weiter schärft, wird die Bedeutung der Kfz-USV in der Zukunft wachsen. Dieses Potential steigt, da immer mehr Bundesländer Zuständigkeiten[35] schaffen. Auch wenn die Befürchtungen der Rückversicherer[36] zu hohen zusätzlichen Schadenaufwendungen bislang nicht eingetreten sind, sollten diese nicht völlig ausgeblendet werden. 31

Eine gesetzlich vorgeschriebene Deckungsvorsorge ist mittelfristig zu erwarten. Nach Art. 14 Abs. 2 Satz 1 der Richtlinie hatte die Kommission bis zum 30.04.2010 Berichte vorzulegen, wie auch in dieser Hinsicht weiter zu verfahren ist. Die Frist wurden zwischenzeitlich bis 2014[37] verlängert. 32

Die Kfz-USV ist – geprägt durch die USV – stellenweise holprig und unpassend. Zudem wurde zu wenig auf die öffentlich-rechtliche Ausrichtung der Verantwortlichkeiten Wert gelegt. 33

Die Kfz-USV bietet keinen lückenlosen Schutz, auch nicht für Aufwendungen vor dem Versicherungsfall. Es besteht Nachholbedarf, um dem beabsichtigten Zweck gerecht zu werden. 34

Eine Integration in die AKB dürfte sich anbieten, da die Befürchtungen wegen des Direktanspruchs unbegründet sind. 35

Der GDV schafft Datenbanken, um mit diesen Hilfsmitteln zielgerichtet besonders gefährdete Regionen ausmachen und aus den Schäden lernen zu können. Datenbanken leben von den Informationen, die dort eingestellt werden. Man sollte dies unterstützen. 36

37

---

32 *EuGH* Urt. v. 25.07.2008 – C-237/07 (Janecek), JurionRS 2008, 21881 = DAR 2008, 585 = NVwZ 2008, 984 = UPR 2008, 391 = ZUR 2008, 418.
33 UGB ist gescheitert, Pressemitteilung Nr. 033/09 des BMU vom 01.02.2009.
34 Gesetz v. 20.05.2011, GVBl. 2011, 209.
35 Überblick Himmelreich/Halm/Staab/*Schwab* Handbuch der Kfz-Schadensregulierung, Kap. 21, Rn. 444.
36 Stiefel/Maier/*Meinecke*, Kfz-USV, Rn. 10.
37 Halm/Engelbrecht/Krahe/*Schwab* Handbuch des Fachanwalts Versicherungsrecht 4. Aufl., Kap. 30, Rn. 94; selbst im Mai 2015 waren offenbar noch keine Berichte erstellt/publiziert worden.

A.1 Kfz-USV   Kfz-Umweltschadensversicherung

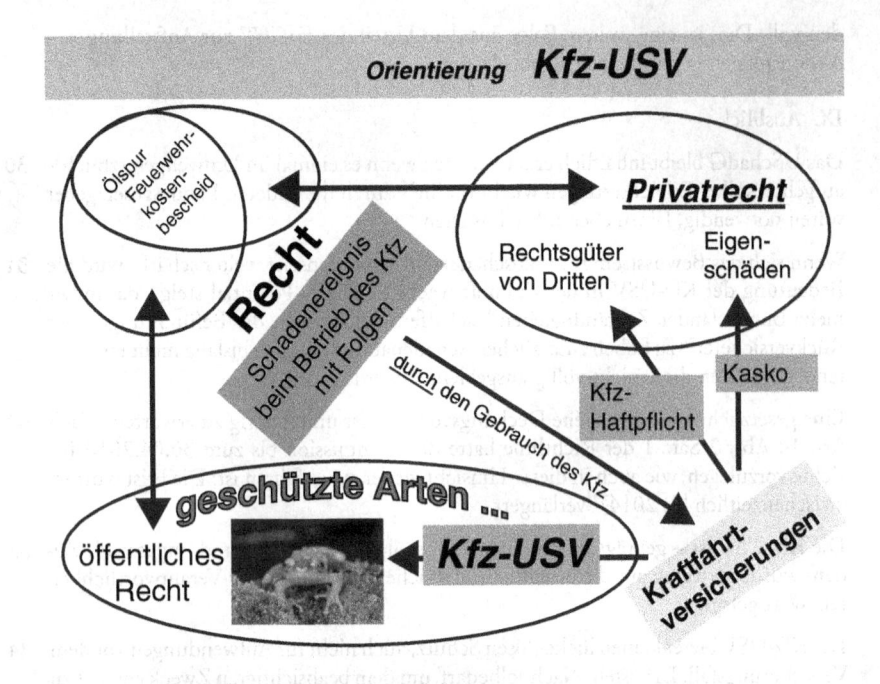

Orientierung Kfz-USV

- Ölspur Feuerwehrkostenbescheid
- **Recht** – Schadenereignis beim Betrieb des Kfz mit Folgen
- **Privatrecht**: Rechtsgüter von Dritten, Eigenschäden
- Kfz-Haftpflicht, Kasko
- durch den Gebrauch des Kfz
- **geschützte Arten ...** ← **Kfz-USV** → **Kraftfahrtversicherungen**
- öffentliches Recht

A.1 Kfz-Umweltschadensversicherung – für öffentlich-rechtliche Ansprüche nach dem Umweltschadensgesetz

A.1.1 Was ist versichert?

Sie haben mit Ihrem Fahrzeug die Umwelt geschädigt

A.1.1.1 Sie haben mit Ihrem Fahrzeug die Umwelt geschädigt

Wir stellen Sie von öffentlich-rechtlichen Ansprüchen zur Sanierung von Umweltschäden nach dem Umweltschadensgesetz (USchadG) frei. Voraussetzung ist, dass diese durch einen Unfall, eine Panne oder eine plötzliche und unfallartige Störung des bestimmungsgemäßen Gebrauchs des Fahrzeugs (Betriebsstörung) verursacht worden ist.

Ausgenommen vom Versicherungsschutz sind Ansprüche, die auch ohne Bestehen des Umweltschadensgesetzes bereits aufgrund gesetzlicher Haftpflichtbestimmungen des Privatrechts gegen Sie geltend gemacht werden können. Hinweis: Diese Ansprüche sind im Allgemeinen über die Kfz-Haftpflichtversicherung gedeckt.

Sie haben mit Ihrem Fahrzeug die Umwelt geschädigt **A.1.1.1 Kfz-USV**

Übersicht
		Rdn.
A.	Allgemeines	38
B.	Regelungsgehalt	43
I.	Überschrift	43
II.	Versicherungsfall	47
III.	Freistellungsanspruch	61
	1. Öffentlich-rechtliche Ansprüche	62
	2. Sanierung von Umweltschäden nach dem USchadG	64
	3. Aufwendungen zur Verhinderung des Schadenseintritts	66
	4. Unfall, Panne	83
	5. Betriebsstörung	84
	6. Sabotageakte	87
IV.	Abgrenzung zur Kfz-Haftpflichtversicherung	91
C.	Weitere Praktische Hinweise	93

A. Allgemeines

Die Kfz-Umweltschadensversicherung kürzt sich selbst als »Kfz-USV« ab. Es handelt 38 sich dabei um ein wichtiges Unterscheidungsmerkmal zu zwei anderen Umweltschadensversicherungen[1] aus dem Bereich der allgemeinen Haftpflichtversicherung[2]: die USV[3] und die USV-Basis[4]. Dabei ist hervorzuheben, dass sich die Kfz-USV inhaltlich eng[5] an die USV anlehnt.

Auch wenn es in der Überschrift »Kfz-USV« heißt, können ebenfalls Anhänger als Fahr- 39 zeuge in der Kfz-USV versichert werden. Häufig ist es gar nicht der Motor des Fahrzeugs, der wegen Betriebsmittelverlusten (Motoröl und Treibstoff) Schäden verursacht, sondern Ladungsverluste, die auch vom Anhänger stammen können.

Die zweite Überschrift macht deutlich, dass es sich »nur« um ergänzende Bedingungen 40 handelt. Sie ergänzen die Kfz-Versicherung im Rahmen der Kfz-Haftpflichtdeckung, die ihrerseits bereits unter dem Stichwort »Sachschaden nach A.1.1.1b) AKB 2015« Umweltschäden Dritter erfasst.

Die Vertragsklauseln sind dem mittlerweile gewohnten Bild der Muster AKB angepasst. 41 Sie enthalten ebenso Fragen und erläuternde Antworten. Um Wiederholungen zu vermeiden nehmen sie dabei inhaltlich unmittelbaren Bezug auf Textpassagen der AKB.

---

1 Zu den Eckpunkten der Umweltschadensversicherung siehe Halm/Engelbrecht/Krahe/ *Schwab* Handbuch des Fachanwalts Versicherungsrecht, 4. Aufl., Kap. 30, Rn. 116 ff.; Looschelders/Pohlmann/*Laschet* VVG-Kommentar, Anhang G.
2 Die USV ist keine Haftpflichtversicherung im üblichen Sinne, da es nicht um Ansprüche von Personen geht.
3 Unverbindliche Musterbedingungen des GDV, Stand Februar 2014.
4 Unverbindliche Musterbedingungen des GDV, Stand Februar 2014.
5 Feyock/*Jacobsen*/Lemor A.1 AKB, Rn. 84.

A.1.1.1 Kfz-USV Was ist versichert?

42 Die einzelnen Formulierungen sind geprägt vom Denken in zivilrechtlichen Schadensersatzrechtskategorien. Sie passen damit nicht auf die Erfordernisse des öffentlichen Rechts.

B. Regelungsgehalt

I. Überschrift

43 A.1 einhält nicht nur eine Überschrift. Es ist zugleich der Versuch, den Anwendungsbereich zu präzisieren. Abgestellt wird auf öffentlich-rechtliche Ansprüche nach dem USchadG.

44 Da es um öffentliches Recht geht, wäre es angebracht gewesen, statt von »Ansprüchen« von »Verantwortlichkeiten« zu sprechen. Damit hätte man den Unterschied zur Pflicht-Haftpflichtversicherung nach dem PflVG deutlicher machen können.

45 Die Überschrift schränkt zudem mit »Umweltschadensgesetz« den Anwendungsbereich ein, obwohl dies in dieser Form gar nicht beabsichtigt ist. A.1.4 Kfz-USV verdeutlicht, dass der räumliche Geltungsbereich tatsächlich weiter gehen soll als das nur in Deutschland geltende USchadG.

46 Vorschlag für eine passende Überschrift: »*Kfz-Umweltschadensversicherung – für öffentlich-rechtliche Verantwortlichkeiten aufgrund der Umsetzung der EG-Umwelthaftungsrichtline in den Mitgliedsstaaten und deren entsprechender Anwendung im EWR*«

II. Versicherungsfall

47 Das Deckungskonzept ist danach ausgelegt, dass der Versicherungsfall erst dann eintritt, wenn ein Umweltschaden im Sinne des USchadG tatsächlich eingetreten ist.

48 Dem dürfte die Vorstellung zugrunde liegen, dass es regelmäßig unmittelbar im Rahmen des fehlerhaften Fahrzeuggebrauchs zu einem Schadensfall nach dem USchadG kommen müsste. Bei einem gewöhnlichen Verkehrsunfall mit Blech- oder Personenschaden entstehen die Schäden unmittelbar mit dem Zusammenstoß des versicherten Fahrzeugs.

49 Beim Umweltschaden – und gerade bei einem Ökoschaden nach dem USchadG – ist dies jedoch grundlegend anders. Der Verkehrsunfall oder sonstige Schaden stiftende Vorgang wird nur selten unmittelbar einen Ökoschaden bewirken. Treten gefährliche Stoffe aus, kann es Stunden, Tage, Wochen und länger dauern, bis sich Wirkungen im besonderes geschützten Ökosystem abzeichnen.

50 Damit tritt der Versicherungsfall tatsächlich oft erst mit einer deutlichen Verzögerung ein.

51 Zur Beantwortung der Frage, ob der Schaden in den Versicherungszeitraum fällt, hält die allgemeine Haftpflichtversicherung in Ziff. 8 USV folgende Regelung parat: »*Versicherungsfall ist die nachprüfbare erste Feststellung des Umweltschadens durch den Versicherungsnehmer, die zuständige Behörde oder einen sonstigen Dritten. Der Versicherungsfall muss während der Wirksamkeit der Versicherung eingetreten sein. Hierbei*

kommt es nicht darauf an, ob zu diesem Zeitpunkt bereits Ursache oder Umfang des Schadens oder eine Pflicht zur Vornahme von Sanierungsmaßnahmen erkennbar war.«

Da in der Kfz-USV keine entsprechende Definition mit zeitlicher Fixierung wie in der vorstehenden USV-Bedingung erfolgt, fehlt es an einer eindeutigen Aussage. Dies führt zu massiven Problemen. 52

▶ Beispiel: 53

Ein Geschäftsmann[6] ist kurz vor Jahresende mit seinem Dienstwagen unterwegs zu einem Kunden. Er hat es eilig[7]. In einer Kurve kommt er bei Eisglätte von der Fahrbahn ab und beschädigt ein Transformatorenhäuschen am Straßenrand. Es läuft giftiges Transformatorenöl[8] aus. Der Kfz-Haftpflichtversicherer reguliert den Schaden an dem Transformatorenhäuschen und übernimmt die Kosten für den Bodenaustausch auf dem Gelände des geschädigten Grundstückseigentümers. Wegen der Feiertage geschieht der Bodenaustausch erst im neuen Jahr. Geringe Mengen des giftigen Öls konnten sich allerdings in der Zwischenzeit weiter ausbreiten und gelangten in ein Gebiet mit unter Artenschutz stehenden Feuersalamandern. Im folgenden Frühjahr stellte ein anerkannter Naturschutzverein[9] fest, dass ein wesentlicher Teil der dortigen Population verendet ist. Auf Druck[10] des Vereins erlässt die Behörde eine Sanierungsanordnung.

Zum Jahreswechsel ist der Dienstwagen nicht mehr beim Versicherer A, sondern beim Versicherer B versichert. Keiner will jedoch die Sanierungskosten übernehmen.

Der Verkehrsunfall war eindeutig im letzten Jahr und setzte eine Kausalkette in Gang, die erst im Folgejahr zu einem Schaden nach dem USchadG führte. 54

Im Zeitpunkt des Schadeneintritts (Ökoschaden) war der alte Vertrag bereits beendet, so dass der alte Versicherer sich darauf berufen könnte, dass während der Vertragslaufzeit »*die Umwelt nicht geschädigt wurde.*« 55

Der neue Versicherer könnte sich darauf berufen, dass zwar das Fahrzeug zu dem Zeitpunkt des Schadeneintritts bei ihm versichert war, es jedoch innerhalb der Vertragslaufzeit nicht zu einem Unfall kam. 56

Ähnliche Schwierigkeiten ergeben sich, wenn das Fahrzeug aufgrund Totalschadens verschrottet und zugleich der Versicherungsvertrag beendet wurde. 57

---

6 Nur der beruflich Tätige kann verantwortlich gemacht werden.
7 Ein leichtes Verschulden reicht aus. (Gefährdungsverantwortlichkeit, z. B. Gefahrguttransport).
8 *OLG Hamm* Urt. v. 17.03.1992 – 7 U 103/91, JurionRS 1992, 15168 = ADAJUR Dok.Nr. 17422 = NJW-RR 1993, 914 (passendes Beispiel).
9 § 3 Abs. 1 Satz 2 UmwRG.
10 §§ 10, 11 Abs. 2 USchadG.

A.1.1.1 Kfz-USV Was ist versichert?

58 Es besteht wegen der besonderen Situation bei Umweltschäden auch das Erfordernis einer zeitlichen Klarstellung. Der Versicherer, der die Prämie für den Zeitraum erhalten hat, zu der die Ursachenkette in Gang gesetzt wurde, ist auch nach[11] Ablauf des Vertrages in die Leistungspflicht zu nehmen. Die Feststellung, wann die Ursachenkette in Gang gesetzt wurde, ist bei Verkehrsunfällen oft auf die Minute genau möglich. Sehr schwierig oder nahezu unmöglich ist eine zeitliche Eingrenzung allerdings bei Ausbringungsschäden, A.1.5.3. AKB 2015.

59 Es sollte daher heißen: »... *Gebrauchs des Fahrzeugs (Betriebsstörung)* während der Vertragslaufzeit *verursacht worden sind.*«

60 Nach Wochen oder Monaten ist kaum noch festzustellen, wann und wo Stoffe ausgebracht wurden, die durch späteres Abschwemmen oder durch Abdrift Grundlagen für diese Ökoschäden schafften. Der VN hat die Pflicht, z. B. anhand eines sorgfältig geführten Spritzplanes nachzuweisen, ob er während der Vertragslaufzeit in relevanter Nähe des Schadensortes tätig war.

III. Freistellungsanspruch

61 A.1.1.1 Abs. 1 enthält einen Freistellungsanspruch. Sprachlich wurde durch die Überarbeitung in 2015 der Absatz 1 in zwei Sätze gegliedert. Der Freistellungsanspruch wird dadurch stärker hervorgehoben, ohne dass es zu einer inhaltlichen Änderung kam.

1. Öffentlich-rechtliche Ansprüche

62 Der Versicherungsnehmer soll nach der Formulierung von öffentlich-rechtlichen Ansprüchen freigestellt werden.

63 Dies dürfte in dieser Form objektiv nicht möglich sein. Tatsächlich können damit nur die wirtschaftlichen Folgen der Inanspruchnahme aufgrund von öffentlich-rechtlichen Verantwortlichkeiten gemeint sein.

2. Sanierung von Umweltschäden nach dem USchadG

64 Die Sanierungspflicht ist eine wichtige Rechtsfolge aus der Verantwortlichkeit für Schäden nach dem USchadG. Zur Sanierungspflicht nach § 6 USchadG gehört nicht nur die eigentliche Sanierung als solche, sondern auch die Erstellung eines Sanierungsplanes. Dieser ist der Behörde vorzulegen und genehmigen zu lassen, §§ 6 Nr. 2 i. V. m. 8 Abs. 1 USchadG.

65 Entsprechend kann der VN erwarten, dass diese kostenträchtigen Vorbereitungshandlungen zur Sanierung mit gedeckt sind. Im Schadensersatzrecht wäre dies vergleichbar mit den Kosten für die Erstellung eines Sachverständigengutachtens, mit dem nicht nur der Schadensumfang, sondern auch der sachgerechte Reparaturweg festgestellt wird.

---

11 Im Rahmen der Anlagenversicherung gibt es hierzu die Nachhaftungsklausel, die den Versicherer noch drei Jahre bindet, siehe Ziff. 12 USV.

3. Aufwendungen zur Verhinderung des Schadenseintritts

Die Sanierungspflicht ist aber nicht die einzige Folge. 66
Den beruflich Tätigen treffen als Verantwortlichen Pflichten in einem gestuften Verhältnis:
- die Informationspflicht nach § 4 USchadG
- die Gefahrenabwehrpflicht nach § 5 USchadG
- und dann erst die Sanierungspflicht nach § 6 USchadG

Die Vertragsklausel erwähnt im Zusammenhang mit dem Freistellungsanspruch weder 67
die Informations- noch die Gefahrenabwehrpflicht. Dennoch hat der Versicherte auch hierüber den Versicherer zu informieren, E.1 bis 4 Kfz-USV.

Schon die Information an die Behörde und erst recht die Maßnahmen zur Gefahren- 68
abwehr verursachen dem Versicherungsnehmer Kosten.

Bei diesen Kosten handelt es sich nicht um Aufwendungen zur Sanierung des Schadens. 69
Es sind allein Aufwendungen zur Verhinderung eines Schadenseintritts.

Die Vertragsklauseln sehen jedoch nicht vor, dass dem Versicherungsnehmer auch die 70
Kosten der Gefahrenabwehr zu erstatten sind.

Im Gegensatz zur Kfz-USV, die sich sonst eng[12] an die USV anlehnen, enthalten die 71
Muster-Bedingungen der USV und USV-Basis einen eigenen Abschnitt über »Aufwendungen vor Eintritt des Versicherungsfalls«. Die Kosten zur Abwehr und Schadensminderung sind dort ausdrücklich mitversichert, 9.1 USV und 9.1 USV-Basis.

Andererseits sind die Kosten der Gefahrenabwehr zur Verhinderung eines Ökoscha- 72
dens nicht ausdrücklich ausgenommen. Der Versicherungsnehmer könnte erwarten, wenn er denn schon eine ganze Liste von Obliegenheiten nach E.1 abzuarbeiten hat, auch von diesen Kosten freigestellt zu werden.

Unmittelbare Hilfe erlangt der Versicherungsnehmer allerdings über gesetzliche Vor- 73
schriften nicht.

Die §§ 82, 83 VVG könnten hier auf den ersten Blick helfen. Sie sind halbzwingend, 74
dürfen also nicht zum Nachteil[13] des Versicherungsnehmers abgeändert werden, § 87 VVG. Sie setzen allerdings den Eintritt des Versicherungsfalles voraus. Dieser liegt zeitlich aber oft erst lange nach der Ursachensetzung.

Entscheidend ist, als was man die Kfz-USV verstehen mag. 75

Ist sie eine Sachversicherung, kann der Versicherungsnehmer gleichwohl Aufwen- 76
dungsersatz vom Versicherer verlangen. Dies war früher über die Vorerstreckungstheo-

---

[12] Feyock/*Jacobsen*/Lemor A.1 AKB, Rn. 84.
[13] Looschelders/Pohlmann/ *Schmidt-Kessel* VVG-Kommentar, § 82 VVG, Rn. 30 und § 83 VVG, Rn. 17; Schwintowski/Brömmelmeyer/ *Kloth/Neuhaus* PK-VersR, § 82 VVG, Rn. 21 u. § 83 VVG, Rn. 21.

A.1.1.1 Kfz-USV Was ist versichert?

rie des *BGH*[14] eröffnet worden und ist heute ausdrücklich über den grundsätzlich abdingbaren[15] § 90 VVG geregelt.

77   Sieht man in der Kfz-USV dagegen eine Haftpflichtversicherung, ist streitig, ob § 90 VVG bzw. die Vorerstreckungstheorie ebenfalls auf die Haftpflichtversicherung[16] anzuwenden ist. Der *BGH* hat eine Anwendung der Vorerstreckungstheorie auf die Haftpflichtversicherung zunächst verneint[17], dann aber offen[18] gelassen. Da der Gesetzgeber bei der Änderung des VVG die Haftpflichtversicherung – obwohl dies diskutiert wurde – nicht einbezogen hat, wird es wohl dabei bleiben. Der *BGH*[19] wendete allerdings um Vorteil des Bundes – ohne es ausdrücklich zu erklären – gegen den Willen des Gesetzgebers die Vorerstreckungstheorie an.

78   Tatsächlich ist die Kfz-USV nur einer Haftpflichtversicherung angenähert. Dennoch ist sie nicht voll damit vergleichbar. Es geht nicht um zivilrechtliche Haftpflichtansprüche, von denen der VN freigestellt werden soll, sondern um Folgen aus einer öffentlich-rechtlichen Verantwortlichkeit.

79   Die Unterscheidung ist besonders wichtig, da auch die Gefahrbegriffe bzw. die Verpflichtung zum Einschreiten nach öffentlich-rechtlichen Maßstäben andere sein können als nach versicherungsvertraglichen Bedingungsmustern.

---

14   *BGH* Urt. v. 20.02.1991 – IV ZR 202/90, BGHZ 113, 359 = JurionRS 1991, 14439 = DAR 1991, 261 = MDR 1991, 1042 = NZV 1991, 226 = NJW 1991, 1609 = VersR 1991, 459 = zfs 1991, 135 (Kasko-Versicherung); *BGH* Urt. v. 13.07.1994 – IV ZR 250/93, JurionRS 1994, 17410 = NJW-RR 1994, 1366 = VersR 1994, 1181 = DAR 1994, 398 = MDR 1995, 43 = SP 1994, 322 = r+s 1994, 326 = NZV 1994, 391 = zfs 1994, 370 = VRS 88, 120 (Kasko-Versicherung).

15   Schwintowski/Brömmelmeyer/*Hammel* PK-VersR, § 90 VVG, Rn. 24; str. Looschelders/Pohlmann/*Schmidt-Kessel* VVG-Kommentar, § 90 VVG, Rn. 7.

16   Überblick bei *Schimikowski* Vorerstreckung des Rettungskostenersatzes in der Reformdiskussion, r+s 2003, 133 ff.; **verneinend:** *OLG Köln* Urt. v. 30.04.2002 – 9 U 110/01, JurionRS 2002, 32329 = ADAJUR Dok.Nr. 51794 = NVersZ 2002, 519 = r+s 2003, 12 = VersR 2002, 1231; Schwintowski/Brömmelmeyer/*Hammel* PK-VersR, § 90 VVG, Rn. 4; *Langheid* NJW 2006, 3317; **bejahend:** Looschelders/Pohlmann/*Schmidt-Kessel* VVG-Kommentar, § 82 VVG, Rn. 4 u. § 90 VVG, Rn. 2; **offen lassend:** Schwintowski/Brömmelmeyer/*Kloth/Neuhaus* PK-VersR, § 82 VVG, Rn. 6.

17   *BGH* Urt. v. 18.01.1965 – II ZR 135/62, BGHZ 43, 88 = JurionRS 1965, 11340 = MDR 1965, 460 = VersR 1965, 325 = NJW 1965, 755.

18   *BGH* Urt. v. 29.09.2004 – IV ZR 162/02, JurionRS 2004, 19667 = zfs 2005, 250 = r+s 2004, 499 = NJW-RR 2004, 1675 = VersR 2005, 110.

19   *BGH* Urt. v. 28.09.2011 – IV ZR 294/10, JurionRS 2011, 25980 = DAR 2011, 704 = MDR 2011, 1347 = NJW-RR 2012, 163 = NZV 2012, 34 = r+s 2012, 17 = VersR 2011, 1509 = VRR 2012, 24 bespr. v. *Knappmann* = zfs 2011, 695; Zu Recht ablehnend *M. Müller* r+s 2012, 584 ff.

Schließlich gibt es auch keinen unmittelbaren[20] Ausgleichsanspruch unter Haftpflich- 80
tigen, sondern nur eine entsprechende Anwendung des § 426 BGB auf verantwortliche
Mitverursacher, § 9 Abs. 2 Satz 1 USchadG.

Die Kfz-USV sollte man als eine Quasi-Haftpflichtversicherung eigener Art[21] verste- 81
hen. Für diese scheidet ebenfalls eine analoge Anwendung des § 90 VVG aus.

Dieses Ergebnis – wenn auch nachteilig für den VN – schafft in gewisser Form Rechts- 82
klarheit. Es ist nämlich absolut schwierig, einen unmittelbar bevorstehenden Schadenseintritt festzustellen. Selbst dann, wenn z. B. einzelne Geschöpfe einer bedrohten Art
getötet wurden, besagt dies noch nicht, dass ein Schaden schon eingetreten ist oder
noch bevorsteht. Nach § 2 Nr. 2 USchadG wird unter »Schaden oder Schädigung*:
eine direkt oder indirekt eintretende feststellbare nachteilige Veränderung einer natürlichen Ressource (Arten und natürliche Lebensräume, Gewässer und Boden) oder Beeinträchtigung der Funktion einer natürlichen Ressource*« verstanden. Ab wann eine nachteilige Veränderung festzustellen ist, richtet sich nach der Quantität und Qualität des
Eingriffs.

4. Unfall, Panne

Unfall und Panne sind im Sprachgebrauch übliche Begriffe, wie sie in A.2.2.2.2 AKB 83
2015; A.3.5.4 Satz 2 AKB 2015; A.4.1. AKB 2015 und A.5.1 AKB 2015 definiert sind.
Sie lassen sich auf die Kfz-USV[22] übertragen.

5. Betriebsstörung

Der Begriff »Betriebsstörung« ist aus dem Bereich der Deckung von stationären Anla- 84
gen entnommen. Die Übernahme in den Kfz-Bereich ist da sinnvoll, wo nicht das Kraftfahrzeug als Fortbewegungsmittel, sondern als Arbeitsmaschine Verwendung findet.
Damit werden Schäden durch allmähliche Einwirkungen und den Normalbetrieb ausdrücklich ausgenommen. Geräusch- und Abgasemissionen sind dem Normalbetrieb
des Fahrzeugs immanent und werden nicht gedeckt. Auch das Ruhen eines längerfristig
abgestellten Fahrzeugs kann theoretisch zu Schäden nach dem USchadG führen, wenn
sein Schattenwurf auf eine Bruchsteinmauer den Lebensraum geschützter Eidechsen
gefährdet.

Beispiele für Betriebsstörungen sind neben Bedienungsfehlern[23] an einer Fahrzeugein- 85
richtung, Schlauchplatzer bei der Abgabe von flüssigem Gefahrgut oder ein undichtes
Bodenventil an einem Tankwagen.

---

20 So aber Feyock/*Jacobsen*/Lemor A.1 AKB, Rn. 83.
21 Der Begriff Quasi-Versicherer ist bereits für die Fälle des § 2 PflVG belegt; siehe Kommentierung zu § 2 PflVG, Rdn. 3; *KG Berlin* Urt. v. 12.09.2002 – 12 U 9590/00, JurionRS
2002, 23849 = zfs 2002, 513 = VRS 104, 9 = NZV 2003, 30.
22 Stiefel/Maier/*Meinecke* Kfz-USV, Rn. 17 u. 18.
23 *OLG Dresden* Urt. v. 28.02.2001 – 11 U 1222/00, JurionRS 2001, 31119 = NJW-RR 2001,
1252 (Dieselkraftstoff in Motorölstutzen); Stiefel/Maier/*Meinecke* Kfz-USV, Rn. 19.

A.1.1.1 Kfz-USV Was ist versichert?

86 Umweltschäden durch Reparaturarbeiten am Fahrzeug sind dagegen keine[24] versicherten Betriebsschäden durch das Fahrzeug. Das Fahrzeug ist während der Reparatur weder in Betrieb noch wird es gebraucht. Es wird lediglich die Grundlage dafür geschaffen, dass das Fahrzeug wieder bestimmungsgemäß gebraucht werden kann. Reparaturarbeiten fallen ausschließlich in das Risiko des Reparaturbetriebes. Selbst die Eigenreparatur ist nur eine Arbeit am Objekt Fahrzeug. Hierdurch verursachte Schäden an Umweltgütern nach dem USchadG sind über die betriebliche USV bzw. USV-Basisdeckung versicherbar.

6. Sabotageakte

87 Folgen von Sabotageakten sind in den Bedingungen nicht ausdrücklich erwähnt. Entsprechend zivilrechtlicher Grundsätze haftet der Fahrzeughalter bei höherer Gewalt für Schäden Dritter nicht.

88 Im öffentlichen Recht sind die Verantwortlichkeiten anders geregelt. Wird im Rahmen eines Sabotageaktes ein Gefahrgutfahrzeug angezündet, bleibt der Unternehmer verantwortlich. Nach dem deutschen Recht[25] hält das USchadG keine Kostenbefreiung parat. Eine entsprechende Regelungsmöglichkeit wurde vom Bundesgesetzgeber den Ländern durch § 9 Abs. 1 Satz 2 USchadG zwar eingeräumt, dann aber nur im Land Berlin[26] umgesetzt. Es ist nicht damit zu rechnen, dass die Länder dies noch tun werden, da gerade gegenläufige Tendenzen[27], die Wirtschaft stärker zu belasten, zu beobachten sind.

89 Im Verständnis des Versicherungsnehmers handelt es sich bei Sabotageakten nicht um Betriebsstörungen durch das Fahrzeug, sondern um solche, die den geordneten Betrieb des Fahrzeugs von außen her stören.

90 Im Ergebnis macht es allerdings für den Versicherungsnehmer keinen Unterschied, aus welchen Umständen heraus er letztlich von der Behörde als Verantwortlicher herangezogen wird. Entsprechend sind Sabotageakte – gedeckte – besondere Betriebsstörungen.

IV. Abgrenzung zur Kfz-Haftpflichtversicherung

91 Abs. 2 der Vertragsklausel hat klarstellenden Charakter und dient der Abgrenzung[28]. Nach den AKB 2015 werden typischerweise privatrechtliche Ansprüche, die auf gesetzlichen Haftpflichtbestimmungen beruhen, bereits über die Kfz-Haftpflichtversiche-

---

24 A. A. Stiefel/Maier/*Meinecke* Kfz-USV, Rn. 19.
25 Anders dagegen der österreichische § 8 Abs. 3 Nr. 1 B-UHG.
26 Ausführungsgesetz v. 20.05.2011, GVBl. 2011, 209.
27 Beispiel Feuerwehrkosten nach § 62 HBKG. In Hessen kann Aufwendungsersatz vom Halter einen Gefahrgutfahrzeugs auch gefordert werden, wenn sich dieses Fahrzeug nicht in Betrieb befindet.
28 Stiefel/Maier/*Meinecke* Kfz-USV, Rn. 23.

rung gedeckt. Die Kfz-USV will gerade nur die rein öffentlich-rechtlichen Verantwortlichkeiten nach dem USchadG ansprechen.

Richtigerweise betont der Hinweis in Satz 2, dass diese Ansprüche im »Allgemeinen« 92
über die Kfz-Haftpflichtversicherung gedeckt sind. Beschränkt sich der Kfz-Haftpflichtvertrag auf eine reine Basisdeckung nach den Vorgaben des PflVG, sind beispielsweise zivilrechtliche Ansprüche wegen Ausbringungsschäden von vornherein ausgeschlossen. Die individuellen[29] AKB sind auch hier heranzuziehen.

C. Weitere Praktische Hinweise

Ein wesentliches Merkmal für die Betriebsstörung ist der bestimmungsgemäße Gebrauch 93
des Fahrzeugs. Handelt es sich bei dem zu versichernden Fahrzeug um ein Fahrzeug, mit dem unterschiedliche Arbeitsleistungen verrichtet werden sollen, ist es ratsam, zumindest die Kerntätigkeiten in den Antrag mit aufzunehmen. Zwar muss der Versicherer beraten und auch nachfragen; fachliche Details der beabsichtigten Verwendung kennt jedoch nur der Versicherungsnehmer.

Begründete und unbegründete Ansprüche
A.1.1.2 (Geldersatz)

Sind die Ansprüche nach dem Umweltschadensgesetz begründet, leisten wir Ersatz in Geld.

Übersicht   Rdn.
A. Allgemeines 94
B. Regelungsgehalt 95
C. Weitere praktische Hinweise 98

A. Allgemeines
Die Vorschrift ähnelt der Regelung in A.1.1.2 AKB.   94

B. Regelungsgehalt

Der Versicherer ist nach der Klausel lediglich verpflichtet, seine Leistung in Geld zu 95
erbringen. Dies entspricht A.1.1.2 AKB 2015 und § 115 Abs. 1 Satz 3 VVG hinsichtlich der Schadensersatzansprüche.

Der Versicherer kann jedoch auch mehr tun. Betreibt er ein professionelles Umwelt- 96
schadenmanagement[1], kann dies zu erheblichen Einsparungen beim Schadenaufwand

---

29 *Heinrichs* Synopse der für das Versicherungsrecht im Verkehrsrecht bedeutsamsten Auswirkungen der VVG Reform, zfs 2009, 187 (189); *Kärger* Kfz-Versicherung nach dem neuen VVG, Rn. 8.
1 Hierzu Himmelreich/Halm/*Schwab* Handbuch des Fachanwalts Verkehrsrecht, Kap. 28.

A.1.1.3 Kfz-USV (Rechtsschutzanspruch)

führen. Der VN wird dies zudem erwarten, da er schließlich dem Versicherer umfassend berichten muss. Er hat sich sogar nach E.1.4 mit ihm abzustimmen. Insofern kann nicht nur die Erforderlichkeit der Maßnahme, sondern auch der nötige Kostenaufwand zur Umsetzung der Maßnahme abgestimmt werden.

97 Überlässt der Versicherer trotz Informationserteilung und Abstimmungsersuchen durch den VN diesem die weitere Abwicklung, wird er sich sowohl bezüglich der Maßnahmen als auch der Kosten später nicht darauf berufen können, sie seien unbegründet, § 242 BGB.

C. Weitere praktische Hinweise

98 Der VN ist in der schwierigen Situation, sich gegenüber seinem Versicherer rechtlich absichern zu müssen. Entsprechende Aufzeichnungen (Notizen, Faxschreiben und sonstige Dokumentationen) sind unabdingbar, falls der Versicherer die Regulierung nicht unmittelbar selbst in die Hand nimmt. Dies kann in der Form geschehen, dass er einen geeigneten Sachverständigen beauftragt, den er dem VN wegen der Abwicklung zur Seite stellt.

A.1.1.3 (Rechtsschutzanspruch)

Sind die Ansprüche nach dem Umweltschadensgesetz unbegründet, wehren wir diese auf unsere Kosten ab. Dies gilt auch, soweit die Ansprüche der Höhe nach unbegründet sind.

Übersicht	Rdn.
A. Allgemeines	99
B. Regelungsgehalt	100
I. zu tragende Abwehrkosten	102
II. nicht zu tragende Kosten	103
C. Weitere praktische Hinweise	104

A. Allgemeines

99 Die gewollten Parallelen zu A.1.1.3 AKB sind unverkennbar. Es handelt sich ebenfalls um einen Rechtsschutzanspruch.

B. Regelungsgehalt

100 Wie der Kfz-Haftpflichtversicherer ist auch der Versicherer nach den Kfz-USV kein[1] Rechtsschutzversicherer. Er gibt dem Versicherungsnehmer jedoch einen Rechtsschutzanspruch. Auch hier ist die Anwaltswahl des Versicherungsnehmers nicht gegeben, A.1.1.4 Abs. 2 und E.1.6 Satz 2 u. 3 Kfz-USV.

---

1 *Schwab* A.1.1.3 AKB Rdn. 3.

Da es sich beim USchadG um ein Gesetz handelt, das dem öffentlichen Recht ange- 101
hört, sind andere Rechtsverteidigungen erforderlich als dies bei privatrechtlichen Schadensersatzansprüchen der Fall wäre.

I. zu tragende Abwehrkosten

Die Abwehr wegen unberechtigter Inanspruchnahme als Verantwortlicher nach dem 102
USchadG beinhaltet insbesondere:
- Ermittlungskosten zur Feststellung von Tatsachen (Sachverständigengutachten, Zeugenbefragungen, Ortsbesichtigungen)
- Kosten im Zusammenhang mit Verhandlungen mit berechtigten Drittinteressierten (anerkannter Naturschutzverein, unmittelbar antragberechtigter Betroffener)
- Kosten des etwaigen Anhörungsverfahrens
- Kosten eines Verwaltungsvorverfahrens, § 68 VwGO
- Kosten von Aktivprozessen (Anfechtungsklage), § 42 VwGO
- (vorübergehende)[2] Leistung der Hauptsache bei Leistungsbescheiden, deren Vollziehung nicht ausgesetzt wird
- Kosten des vorläufigen Rechtsschutzes nach § 80 Abs. 5 VwGO
- Kosten zur Abwehr von Ausgleichsforderungen anderer Verantwortlicher nach § 9 Abs. 2 Satz USchadG i. V. m. § 426 Abs. 1 Satz 2 BGB, die Sanierungsaufwendungen betreffen. Hierfür ist der Rechtsweg zu den ordentlichen Gerichten eröffnet, § 9 Abs. 2 Satz 5 USchadG

II. nicht zu tragende Kosten

Der Versicherungsnehmer kann einer von mehreren Verantwortlichen nach dem 103
USchadG sein. Daraus ergeben sich wechselseitige Ausgleichsansprüche. Zu den nicht gedeckten Kosten der Rechtsverfolgung zählen insbesondere:
- Kosten zur Abwehr von Ausgleichsforderungen anderer Verantwortlicher nach § 9 Abs. 2 Satz USchadG i. V. m. § 426 Abs. 1 Satz 2 BGB, die Gefahrabwendungsaufwendungen betreffen. Auch hierfür ist der Rechtsweg zu den ordentlichen Gerichten eröffnet, § 9 Abs. 2 Satz 5 USchadG
- Soweit der Versicherungsnehmer eigene Aufwendungen hatte, die die Gefahrenabwehr nach § 5 USchadG betreffen, war sein Versicherer schon nicht[3] leistungspflichtig. Entsprechend ist auch der Rechtsschutzanspruch nicht darauf ausgelegt, aktiv den Regress beim Mitverantwortlichen durchzuführen.

---

[2] Stellt sich die materielle Berechtigung des Leistungsbescheides heraus, wandelt sich die geleistete Zahlung in eine Zahlung zur Befriedigung des Freistellungsanspruchs nach A.1.1.1 Kfz-USV um.
[3] Siehe oben Kfz-USV Rdn. 66–82.

C. Weitere praktische Hinweise

104 Hat der Versicherer an den Versicherungsnehmer geleistet bzw. ihn von der Verbindlichkeit (aufgrund der Verantwortlichkeit) befreit, geht der Ausgleichsanspruch[4] auf den Kfz-USV-Versicherer als Schadenversicherer über, 86 Abs. 1 VVG. Der Versicherer kann daher selbst im eigenen Namen aus übergegangenem Recht beim Mitverantwortlichen regressieren.

Regulierungsvollmacht

A.1.1.4   Regulierungsvollmacht

> Wir sind bevollmächtigt, alle uns zur Abwicklung des Schadens zweckmäßig erscheinenden Erklärungen im Rahmen pflichtgemäßen Ermessens abzugeben. Dies schließt Erklärungen zur Abwehr unberechtigter Inanspruchnahme durch die Behörde oder einen sonstigen Dritten ein.
>
> Kommt es in einem Versicherungsfall zu einem Verwaltungsverfahren oder Rechtsstreit gegen Sie, so sind wir zur Verfahrens- und Prozessführung bevollmächtigt. Wir führen das Verwaltungsverfahren oder den Rechtsstreit in Ihrem Namen auf unsere Kosten.

Übersicht   Rdn.
A. Allgemeines   105
B. Regelungsgehalt   108
I. allgemeine Vollmacht   108
    1. Regulierungsvollmacht durch den Versicherungsnehmer   108
    2. Regulierungsvollmacht durch Mitversicherte   110
    3. Wir sind bevollmächtigt   115
       a) Widerruflichkeit   116
       b) umfassend   119
       c) Regulierungsverbot   122
II. Verfahrensführungsvollmacht   123
C. Weitere praktische Hinweise   128

A. Allgemeines

105 Die gewöhnliche Regulierungsvollmacht nach A.1.1.4 AKB 2015 ist auf gesetzliche Haftpflichtansprüche privatrechtlichen Inhalts ausgerichtet. Besteht Gesetzeskonkurrenz hinsichtlich privatrechtlicher Schadensersatzansprüche und öffentlich-rechtlicher Verantwortlichkeiten kann der Versicherer nach heutigem Verständnis den Versiche-

---

4 Ausgleichsansprüche werden zu den Ersatzansprüchen gezählt, siehe *BGH* Urt. v. 25.04.1989 – VI ZR 146/88, JurionRS 1989, 13648 = VersR 1989, 730 = MDR 1989, 901 = NZV 1991, 349 = VRS 77, 103 = NJW-RR 1989, 918 = r+s 1992, 192; Schwintowski/Brömmelmeyer/*Kloth/Neuhaus* PK-VersR, § 86 VVG, Rn. 18; Looschelders/Pohlmann/*von Koppenfels-Spies* VVG-Kommentar, § 86 VVG, Rn. 6.

rungsnehmer auch diesen Bereich über die ihm erteilte Vollmacht rechtswirksam vertreten.

Die Situation bei rein öffentlich-rechtlichen Verantwortlichkeiten nach dem USchadG ist grundlegend anders. Entsprechend bedarf es einer darauf ausgerichteten Vollmacht. Der Text von Satz 1 wurde bei der Überarbeitung in 2015 sprachlich in zwei Sätze umgeformt. Eine inhaltlich Änderung ist damit nicht verbunden. 106

Da die Verantwortlichkeiten nach dem USchadG in keiner Weise vom PflVG berührt werden, ist mangels Verkehrsopferschutz keine gesetzliche Vertretungsmacht[1] herzuleiten. Gerade wegen der Unterschiede zu A.1.1.4 AKB 2015 ist eine Vollmacht an dieser Stelle unabdingbar. 107

B. Regelungsgehalt

I. allgemeine Vollmacht

1. Regulierungsvollmacht durch den Versicherungsnehmer

Absatz 1 enthält eine allgemein gehaltene Vollmacht. Es ist eine gewillkürte Vertretungsmacht, die dem Versicherer mit Abschluss des Versicherungsvertrages durch den Versicherungsnehmer erteilt wird. 108

Die Vollmacht wird einzig und allein durch den Versicherungsnehmer erteilt. 109

2. Regulierungsvollmacht durch Mitversicherte

Mitversicherte Personen nach A.1.2 Kfz-USV, der auf A.1.2 AKB 2008 verweist, sind keine Vertragspartner des Versicherers und erteilen damit auch keine Regulierungsvollmacht per Vertragsabschluss. Es fehlt bei diesen Personen an einer rechtsgeschäftlichen Erklärung. 110

Eine gesetzliche Vertretungsmacht, die der *BGH*[2] zu recht für die nach § 1 PflVG zu versichernden Personen (Halter, Fahrer und Eigentümer des Fahrzeugs) vorsieht, besteht wegen des im USchadG fehlenden Schutzzwecks »Verkehrsopfer« nicht. 111

Anders als bei der konkludenten Vollmachterteilung nach den AKB[3] wird man nicht immer unterstellen können, dass der Mitversicherte, der ein Fahrzeug verwendet, auch erwartet, dass das Fahrzeug (neben der Mindestdeckung nach dem PflVG) zusätzlich Kfz-USV-versichert ist. 112

---

1 Siehe hierzu Schwab A.1.1.4 AKB Rdn. 7–8.
2 *BGH* Urt. v. 03.06.1987 – IVa ZR 292/85, BGHZ 101, 276 = JurionRS 1987, 13060 = VersR 1987, 924 (925) = zfs 1987, 338 (Ls.) = DAR 1987, 326 = MDR 1987, 917 = BB 1987, 1628 = NJW 1987, 2586; *BGH* Urt. v. 22.07.2004 – IX ZR 482/00, JurionRS 2004, 16102 = NJW-RR 2004, 1475 = DAR 2004, 697 = MDR 2005, 90 = NZV 2004, 623 = r+s 2005, 262 = VRS 107, 323 = zfs 2005, 10 = VRR 2005, 109 bespr. v. *Jaeger*.
3 Siehe *Schwab* A.1.1.4 AKB Rdn. 26.

A.1.1.4 Kfz-USV   Regulierungsvollmacht

113   Erst mit der Schadenmeldung, die sich auch auf den Ökoschaden beziehen muss, geht dem Versicherer eine konkludent erteilte Vollmacht zu.

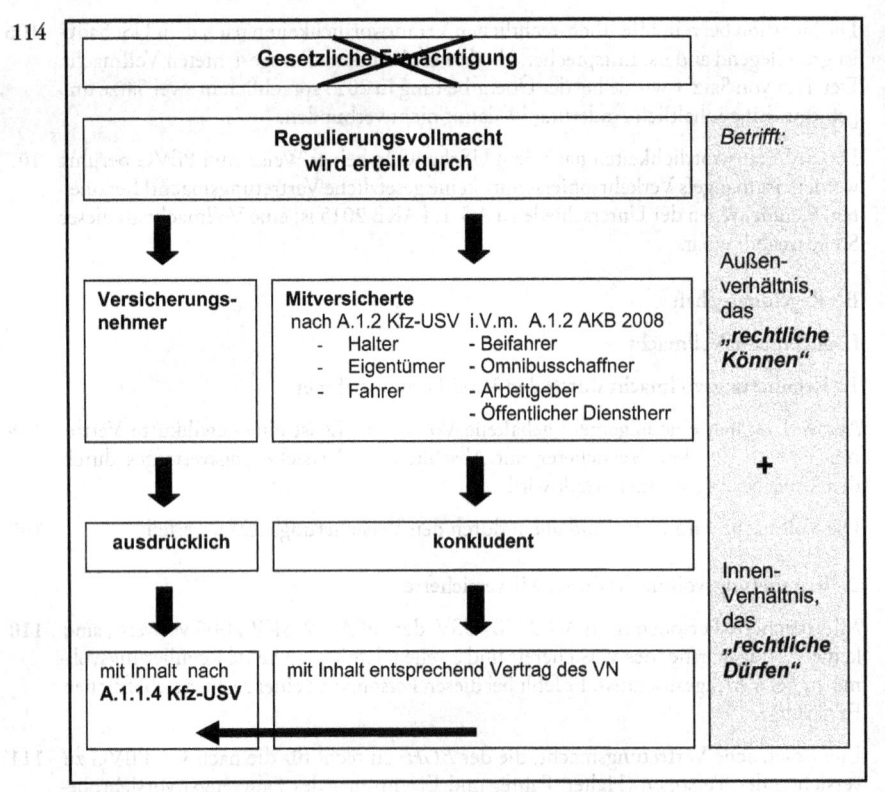

114

```
┌─────────────────────────────────────────────────────────┐
│   Gesetzliche E̶r̶m̶ä̶c̶h̶t̶i̶g̶u̶n̶g̶ (durchgestrichen)            │
└─────────────────────────────────────────────────────────┘

         Regulierungsvollmacht                    Betrifft:
           wird erteilt durch

     ↓                    ↓                       Außen-
                                                  verhältnis,
  Versicherungs-    Mitversicherte                das
  nehmer            nach A.1.2 Kfz-USV i.V.m.     „rechtliche
                    A.1.2 AKB 2008                Können"
                    - Halter     - Beifahrer
                    - Eigentümer - Omnibusschaffner
                    - Fahrer     - Arbeitgeber
                                 - Öffentlicher Dienstherr

                                                     +

     ↓                    ↓                       Innen-
  ausdrücklich        konkludent                  Verhältnis,
                                                  das
     ↓                    ↓                       „rechtliche
  mit Inhalt nach    mit Inhalt entsprechend      Dürfen"
  A.1.1.4 Kfz-USV    Vertrag des VN
         ←──────────────────────────
```

3. Wir sind bevollmächtigt

115   Entsprechend der A.1.1.4 AKB 2008 ist unter »wir« das Versicherungsunternehmen zu verstehen. Auch die Kfz-USV orientiert sich an der sprachlich verbesserten Formulierung gegenüber § 10 Abs. 5 AKB a. F.

a) Widerruflichkeit

116   Anders als die Vollmacht nach A.1.1.4 AKB 2015 ist die Vollmacht widerruflich. Der Versicherungsnehmer ist in seiner Entscheidungsfindung frei, ob und wie lange er durch seinen Versicherer vertreten werden will.

117   Im Rahmen der Zusatzversicherung wird kein Bereich angesprochen, der dem Schutz des Verkehrsopfers dient. Folglich lässt sich hieraus auch nicht herleiten, der Versicherer könne ansonsten seinem Regulierungsauftrag gegenüber dem Verkehrsopfer nicht gerecht werden.

Der Widerruf der Vollmacht stellt allerdings eine Obliegenheitsverletzung dar, wenn zugleich gegen E.1.5 Kfz-USV oder E.1.6 Kfz-USV verstoßen wird. 118

b) umfassend

Die Vollmacht ist umfassend, da der Versicherer bevollmächtigt ist, »alle« Erklärungen zur Abwicklung des Schadens oder zur Abwehr unberechtigter Inanspruchnahme abzugeben. 119

Als Erklärungsempfänger werden die Behörde und sonstige Dritte angesprochen. Behörde ist die zuständige Behörde zur Abwicklung des Schadensfalles nach dem USchadG. Je nach Schutzgut (Biodiversität, Wasser, Boden) können dies ein oder mehrere Behörden, mitunter auf verschiedenen[4] Verwaltungsebenen, sein. 120

Die Vollmacht erstreckt sich auf Erklärungen gegenüber sonstigen Dritten. Sonstige Dritte sind Personen, denen im Rahmen der Anwendung des USchadG Rechtspositionen eingeräumt werden. Folgende Personen kommen hierfür als Dritte abschließend in Betracht: 121
- anerkannte Naturschutzvereine
- Betroffene nach USchadG
- Ausgleichsberechtigte nach § 9 Abs. 2 Satz 2 USchadG i. V. m. § 426 Abs. 1 Satz 2 BGB, sofern es sich um Ausgleichsforderungen aufgrund von Sanierungsmaßnahmen handelt[5]

c) Regulierungsverbot

Der Versicherungsnehmer hat die Möglichkeit, ein Regulierungsverbot zu erteilen. Der Versicherer hat dies zu beachten, da ihm (anders als nach A.1.1.4 AKB 2015[6]) die Vollmacht widerrufen werden kann. 122

II. Verfahrensführungsvollmacht

In Absatz 2 ist eine Verfahrens- und Prozessführungsvollmacht enthalten. Sie geht über die allgemeine Vollmacht nicht hinaus, stellt aber klar, dass der Versicherer nicht nur außerbehördlich und außergerichtlich für den Versicherungsnehmer handeln wird. 123

Zudem wird klarstellend darauf hingewiesen, dass die damit verbundenen Kosten zu Lasten des Versicherers gehen. Der Versicherungsnehmer muss hierdurch nicht fürchten, dass die außerbehördlich und außergerichtlich anfallenden Kosten von ihm zu tra- 124

---

4 Übersicht in Himmelreich/Halm/Staab/*Schwab* Handbuch der Kfz-Schadensregulierung, Kap. 21, Rn. 444.
5 Ausgleichsansprüche die im Zusammenhang mit der Gefahrenabwehr nach § 5 USchadG entstanden sind fallen nicht hierunter, da diese vom Versicherungsschutz ausgenommen sind. Entsprechend kann sich die Vollmacht inhaltlich nicht hierauf beziehen. Siehe auch oben Kfz-USV Rdn. 103.
6 Siehe hierzu im Vergleich *Schwab* A.1.1.4 AKB Rdn. 50–51.

A.1.1.4 Kfz-USV Regulierungsvollmacht

gen wären. Dies ist bereits inhaltlich über den Rechtsschutzanspruch nach A.1.1.3 Kfz-USV geregelt.

125 Die Inhaltliche Ausgestaltung der Vollmacht erinnert stark an die Abwicklung bei zivilrechtlichen Schadensersatzklagen. Dies ist unpassend.

126 Das USchadG gehört dem öffentlichen Recht an. Folglich sind Verwaltungsverfahrensrecht (VwVfG) und Verwaltungsprozessrecht (VwGO) anzuwenden.

127 Der Versicherungsnehmer ist Beteiligter im Verwaltungsverfahren, da sich der Verwaltungsakt (Sanierungsverfügung oder Kostenbescheid) gegen ihn richtet oder richten wird, § 13 Abs. 1 Nr. 2 VwVfG. Um sich gegen einen Verwaltungsakt zur Wehr zu setzen, hat er Widerspruch nach § 68 Abs. 1 Satz 1 VwGO einzulegen und ggf. einen Aussetzungsantrag nach § 80 Abs. 4 Satz 1 VwGO zu stellen. Anders als im Zivilverfahren ist er es, der folglich aktiv werden muss. Dies gilt insbesondere für das verwaltungsgerichtliche Verfahren, mit dem er die Aufhebung eines für ihn nachteiligen Bescheides begehren kann (Anfechtungsklage nach § 42 Abs. 1 VwGO).

C. Weitere praktische Hinweise

128 Der Versicherer kann im Verwaltungsverfahren den Versicherungsnehmer vertreten. Die einfache Vollmacht muss ggf. schriftlich – durch Vorlage der Kfz-USV i. V. m. dem Versicherungsvertrag – nachgewiesen werden, § 14 VwVfG.

129 Der Versicherer hat ein rechtliches Interesse am Ausgang des Verwaltungsverfahrens, da sich unmittelbar hieraus versicherungsvertragliche Freistellungsansprüche[7] des Versicherungsnehmers ableiten lassen. Folglich kann der Kfz-USV-Versicherer auf eigenen Antrag an dem Verwaltungsverfahren als Beteiligter geführt werden, § 13 Abs. 2 VwVfG.

130 Ist der Versicherer selbst Beteiligter des Verfahrens, ist er mit anzuhören, § 28 VwVfG. Er hat dann auch weitgehend das Recht, die Behördenakte selbst einsehen zu können, § 29 Abs. 1 VwVfG.

131 Gerade bei komplizierten Schadensfällen nach dem USchadG werden viele Unwägbarkeiten auftreten. Als Verfahrensbeteiligter kann der Versicherer zusammen mit seinem Versicherungsnehmer einerseits und der Behörde andererseits einen öffentlich-rechtlichen Vergleich schließen, §§ 55, 54 Satz 2 VwVfG. Evtl. ist die Zustimmung des Dritten (hier ggf. anerkannter Naturschutzverein) zum Vergleich nach § 58 VwVfG einzuholen.

132 Selbst im verwaltungsgerichtlichen Verfahren kann der Versicherer aufgrund seines rechtlichen Interesses am Ausgang des Verfahrens des VN beigeladen werden, § 65 Abs. 1 VwGO.

---

7 Zur Beiladung bei rechtlichem Interesse siehe *OVG Koblenz* Beschl. v. 07.09.2009 – 6 B 10883/09.OVG, JurionRS 2009, 22726 = DÖV 2009, 1012 = DVBl 2009, 1400 = LKRZ 2009, 459 = NVwZ-RR 2010, 38.

Eine unmittelbare Vertretung des Versicherungsnehmers vor dem Verwaltungsgericht durch den Versicherer ist dagegen fraglich. Zwar handelt das Versicherungsunternehmen durch seine Organe und Stellvertreter, so dass grundsätzlich die Möglichkeit eröffnet wird. § 67 VwGO enthält jedoch eine abschließende Aufzählung. Selbst § 67 Abs. 2 Nr. 2 VwGO nicht greift, da Volljuristen des Versicherers schließlich auch entgeltlich tätig werden. Umso wichtiger ist die Obliegenheit unter E.1.6 Satz 3 Kfz-USV, dem vom Versicherer beauftragten Rechtsanwalt Vollmacht zu erteilen. 133

A.1.2 Wer ist versichert?

A.1.2 der AKB 2015 gilt entsprechend.

Übersicht	Rdn.
A. Allgemeines	134
B. Regelungsgehalt	138
I. Bedeutung	138
II. weitere Lücken	139
1. Mietfahrzeuge	140
2. Dienstreisen mit Privatwagen	145
C. weitere praktische Hinweise	151

A. Allgemeines

A.1.2 Kfz-USV verweist unmittelbar auf A.1.2 AKB 2008. 134

An die Stelle der Muster-AKB 2008 sind nunmehr die Muster-AKB 2015 getreten. Dadurch wurde auch eine Überarbeitung der Verweise notwendig. 135

A.1.2 AKB 2008 und 2015 sind inhaltlich gleich geblieben. Es kann entsprechend auf die Kommentierung zu A.1.2 AKB 2015 zu verwiesen[1] werden. Danach sind neben dem Versicherungsnehmer auch der Halter, der Eigentümer, der Fahrer, der (spezielle) Beifahrer, Arbeitgeber/Dienstherr und der Omnibusschaffner mitversichert. 136

Aufgrund der Verweisung gilt dies auch für die Personen, die über das mit Motorkraft bewegte Fahrzeug nach dem ebenfalls unveränderten A.1.1.5 AKB 2015 mitversichert sind. 137

B. Regelungsgehalt

I. Bedeutung

Die Erweiterung des Kreises der mitversicherten Personen über § 1 PflVG hinaus ist im Rahmen der Kfz-USV besonders wichtig, da es schließlich um Mitversicherte geht, die in einem Bezug zu einem Arbeits- oder Dienstverhältnis stehen. Es handelt sich folglich 138

---

[1] *Schwab* A.1.2 AKB Rdn. 1 ff.

A.1.2 Kfz-USV Wer ist versichert?

um Personen, die beruflich tätig sind. Genau an diesen Personenkreis wendet sich das USchadG.

II. weitere Lücken

139 Dennoch ergeben sich über die allgemeinen Lücken[2] hinaus bei der Kfz-USV weitere Lücken im Versicherungsschutz.

1. Mietfahrzeuge

140 Beruflich Tätige, die auf ihr Fahrzeug angewiesen sind, nehmen im Falle einer Panne, einer Unfallreparatur oder auch sonst bei entsprechendem Bedarf, ein Mietfahrzeug in Anspruch.

141 Selbst wenn ihr eigenes Fahrzeug mit einer Kfz-USV ausgestattet ist hilft es da wenig, wenn sie nun unterwegs mit dem Mietfahrzeug in einen Unfall verwickelt werden und für dieses Fahrzeug gerade keine Kfz-USV abgeschlossen wurde.

142 In diesem Falle bleiben sie auf dem Schaden sitzen.

143 Um dieser Problematik aus dem Wege zu gehen ist es notwendig, in Anlehnung an die sogenannte »Mallorca-Police«, den Versicherungsschutz für das angemietete Fahrzeug zu erweitern.

144 Eine Umsetzung der Mallorca-Police eins zu eins empfiehlt sich allerdings nicht. Dies würde bedeuten, dass ggf. eine Mehrfachversicherung vorläge, wenn das Mietfahrzeug nun doch Kfz-USV-versichert ist. Die Lösung besteht darin, die Mitversicherung des angemieteten Fahrzeugs in Form einer subsidiären Deckung[3] auszugestalten.

2. Dienstreisen mit Privatwagen

145 Eine ähnliche Situation zeigt sich, wenn der Unternehmer kein eigenes Fahrzeug zur Verfügung stellt und der Mitarbeiter mit seinem Privatwagen auf Dienstreise geht. Bei dienstlichem Anlass der Fahrt ist der Mitarbeiter beruflich tätig.

146 Besteht für das Privatfahrzeug des Mitarbeiters eine Kfz-USV, ist der Arbeitgeber bzw. der Dienstherr durch den Einbezug über A.1.2e) AKB 2008 mitversichert.

147 Verfügt seine Kfz-Haftpflichtversicherung nicht über eine Zusatzdeckung entsprechend der Kfz-USV, bleibt im Schadensfall zunächst der Mitarbeiter durch die Inanspruchnahme der Behörde infolge der Sanierungskosten auf dem Vermögensschaden sitzen.

148 Er kann jedoch seinen Freistellungsanspruch wegen der öffentlich-rechtlichen Inanspruchnahme durch die Behörde nach den allgemeinen arbeitsrechtlichen Prinzipien bei seinem Arbeitgeber bzw. Dienstherrn geltend machen.

---

2 *Schwab* A.1.2 AKB Rdn. 83–102.
3 Beispiel: Bedingungen im R+V-Konzern.

So wird letztlich – je nach Grad des Verschuldens seines Mitarbeiters (einfache, mittlere 149 oder grobe Fahrlässigkeit) – der Arbeitgeber mit den Kosten des Sanierungsaufwandes belastet.

Die Lösung für den Arbeitgeber/Dienstherrn besteht darin, seine Fahrzeugflotte ent- 150 sprechend so zu versichern, dass in den Fällen, in denen Dienstreisen mit Privatfahrzeugen der Mitarbeiter durchgeführt werden, notfalls die eigene Kfz-USV der Fahrzeugflotte für die Schäden durch den Gebrauch des Mitarbeiterfahrzeugs zu regulieren hat.

C. weitere praktische Hinweise

Vor Abschluss des Versicherungsvertrages sind die Informations- und Beratungspflich- 151 ten einzuhalten.

Besteht die entfernte Möglichkeit, dass das zu versichernde Fahrzeug auch im Rahmen 152 einer beruflichen Tätigkeit genutzt werden soll, ist auf die Zusatzversicherung nach der Kfz-USV hinzuweisen. Wird das Fahrzeug gelegentlich für Dienstreisen eingesetzt, ist dies zwingend.

Wird das Fahrzeug dagegen nur für die Fahrten von und zur Arbeit »beruflich« verwen- 153 det, sollte im Zweifel ebenfalls die Zusatzversicherung angeboten werden. Nach der bislang noch offenen Rechtslage ist unbekannt, wie die Verwaltungsgerichte entscheiden werden. Aufgrund der besseren Argumente[4] ist zwar anzunehmen, dass (in Anlehnung an die Rechtsprechung der Sozialgerichte) nur der Betriebswegeunfall als Arbeitsunfall und damit als berufliche Tätigkeit im Sinne des USchadG angesehen wird. Ausschließen kann man aber nicht, dass auch der »normale« Wegeunfall, der ja mit der beruflichen Tätigkeit – vorbereitend und nachbereitend – im Zusammenhang steht, als solcher angesehen werden wird.

Bei gewerblichen Kunden besteht erhöhter Beratungsbedarf. Insbesondere haben Mak- 154 ler darauf hinzuweisen, dass die Kfz-USV Lücken lässt. Diese können entweder dadurch geschlossen werden, dass man auf Mietwagen und die Nutzung von Privatwagen für Dienstreisen verzichtet oder den Deckungsschutz individualvertraglich erweitert.

A.1.3   Versicherungssumme, Höchstzahlung und Selbstbeteiligung

Versicherungssumme, Höchstzahlung

A.1.3.1   Versicherungssumme, Höchstzahlung

Die Höhe der für Umweltschäden vereinbarten Versicherungssumme können Sie dem Versicherungsschein entnehmen. Diese Versicherungssumme ist unsere Höchstleistung für die in einem Versicherungsjahr angefallenen Schadenereignisse unabhängig von deren Anzahl.

---

4 So auch Stiefel/Maier/*Meinecke* Kfz-USV, Rn. 10.

A.1.3.2 Kfz-USV Selbstbeteiligung

< *Selbstbeteiligung*

A.1.3.2 Selbstbeteiligung

Ist eine Selbstbeteiligung vereinbart, wird diese bei jedem Schadenereignis von der Entschädigung abgezogen. Ihrem Versicherungsschein können Sie entnehmen, ob und in welcher Höhe Sie eine Selbstbeteiligung vereinbart haben. >

Übersicht	Rdn.
A. Allgemeines	155
B. Regelungsgehalt	156
I. Höchstleistung im Versicherungsjahr	156
1. Begriff der Versicherungssumme in der Kfz-USV	159
2. Erschöpfen der Versicherungssumme	163
II. Selbstbeteiligung	175
C. Weitere praktische Hinweise	177

A. Allgemeines

155 Die Klausel A.1.3 Kfz-USV ist in der Kfz-Versicherung unüblich[1]. Hierin wird besonders deutlich, dass die Bedingungen der USV übernommen und angepasst wurden.

B. Regelungsgehalt

I. Höchstleistung im Versicherungsjahr

156 Der Versicherungsvertrag kann eine Höchstleistung vorsehen, die maximal vom Versicherer – unabhängig von der Anzahl der Schäden in einem Versicherungsjahr – erbracht werden muss.

157 Anders als im Bereich der Kfz-Haftpflichtversicherung kann der Versicherer nicht auf einen Erfahrungsschatz aus früheren Jahrzehnten zurückgreifen. Er weiß weder wie häufig sich Ökoschäden einstellen werden noch mit welchen Kosten er durchschnittlich pro Schaden zu rechnen hat. Wäre dies so einfach, hätte sich die Versicherungswirtschaft nicht so schwer damit getan, die Deckungsvorsorge bereits mit der Einführung des USchadG in das Gesetz aufzunehmen.

158 Entsprechend wurde die Deckungsvorsorge nach § 12 USchadG-E aus dem Gesetzentwurf[2] wieder herausgenommen.

---

1 Stiefel/Maier/*Meinecke* Kfz-USV, Rn. 26.
2 BT-Drucks. 16/3806 S. 9.

1. Begriff der Versicherungssumme in der Kfz-USV

Zur Versicherungssumme gehört nach allgemeinem Verständnis die »Entschädigungssumme« ohne[3] Kosten und Zinsen. 159

Bei der Kfz-USV wirft dies wegen der Kosten für öffentlich-rechtliche Sanierungsmaßnahmen ein Problem auf. Es gibt niemanden, der zivilrechtlich zu »entschädigen« ist. 160

Es zeigt sich, dass weder die Begrifflichkeiten nach A.1.1.1 Kfz-USV passen noch auf allgemeine versicherungsrechtliche Grundsätze zurückgegriffen werden kann. Eine ausdrückliche Klarstellung in den Kfz-USV wäre von Vorteil. Bestehende Zweifel gehen zu Lasten des Verwenders, des Versicherers. 161

In der Kfz-USV fallen unter die »Versicherungssumme« nach ihrem Sinn und Zweck nicht die Entschädigungsleistungen, sondern alle Aufwendungen, die der Behebung[4] des Ökoschadens dienlich sind oder damit in Zusammenhang stehen. Zu nennen sind hierzu insbesondere: 162
– Untersuchungskosten
– Sachverständigenkosten für die Erstellung eines Sanierungsplanes
– Kosten der Umsetzung der Sanierung
– Beschaffung von Ausgleichsgrundstücken
– Leistungen für Ausgleichsmaßnahmen an anderer Stelle
– Kosten der Dokumentation der Sanierungsmaßnahme
– Kosten der Nachschau – nachhaltige Erfolgskontrolle
– per Kostenbescheid geltend gemachter Aufwand der Behörde
– Leistung auf Ausgleichsansprüche nach § 9 Abs. 2 Satz 2 USchadG i. V. m. § 426 Abs. 1 Satz 2 BGB an Mitverantwortliche

2. Erschöpfen der Versicherungssumme

Zu Beginn des Versicherungsjahres steht die volle Versicherungssumme zur Verfügung. Wird die Summe beim ersten Schaden nicht aufgebraucht, steht der Restbetrag[5] für den folgenden Schadensfall des Versicherungsjahres zur Verfügung. Dies setzt sich so fort, bis die Summe insgesamt aufgebraucht ist. 163

Zu Beginn des folgenden Versicherungsjahres steht die volle Summe dann erneut zur Verfügung. Eine unverbrauchte Summe aus dem Vorjahr wird nicht in das Folgejahr übertragen, erhöht also die Versicherungssumme im Folgejahr nicht. 164

Kommt es in einem Versicherungsjahr zu mehreren Schäden, von denen der erste Schadensfall noch nicht abgewickelt ist, und reicht die vertragliche Höchstleistung für alle Schäden wahrscheinlich nicht aus, stellt sich das Problem, wie der Versicherer zu verfahren hat 165

---

3 *Halm*/Engelbrecht/Krahe Handbuch des Fachanwalts Versicherungsrecht, Kap. 23, Rn. 28.
4 Siehe oben Kfz-USV Rdn. 64–65.
5 *OLG Hamm* Urt. v. 13.05.1992 – 20 U 341/91, JurionRS 1992, 15148 = VersR 1993, 221 = NJW-RR 1992, 1307 = NJW 1993, 141 = zfs 1994, 459.

A.1.3.2 Kfz-USV Selbstbeteiligung

166 In keinem Falle ist § 118 VVG heranzuziehen, da es sich nicht um eine Pflicht-Haftpflichtversicherung handelt. Zudem nehmen alle Ökoschäden einen gleichen Rang ein. Der Schutz von Feldhamstern kann z. B. nicht gegen den von Fledermäusen abgewogen werden.

167 Aber auch die Anwendung von § 109 Abs. 1 VVG aus der Haftpflichtversicherung ist bedenklich. Hiernach würde eine Kürzung erfolgen. Für die Kfz-USV als Quasi-Haftpflichtversicherung ist diese Norm aber nicht zwingend anzuwenden.

168 Sinnvoll erscheint es dagegen, mit den vorhandenen Mitteln wenigstens ein Projekt zu Ende zu führen, als in zwei Projekten mit gleichem Aufwand gar kein Ziel erreichen zu können.

169 Dies entspricht dem Wertungsgedanken des USchadG, der in § 8 Abs. 3 USchadG vorsieht: »Können bei mehreren Umweltschadensfällen die notwendigen Sanierungsmaßnahmen nicht gleichzeitig ergriffen werden, kann die zuständige Behörde unter Berücksichtigung von Art, Ausmaß und Schwere der einzelnen Umweltschadensfälle, der Möglichkeiten einer natürlichen Wiederherstellung sowie der Risiken für die menschliche Gesundheit die Reihenfolge der Sanierungsmaßnahmen festlegen.«

170 Durch das vorstehende Ergebnis werden die Rechte von Mitversicherten abgeschnitten, deren »Ökoschäden« nun nicht zu Lasten des Versicherers saniert werden können, da die Versicherungssumme für einen anderen Schadensfall bereits verbraucht wurde. Diese Einschränkungen sind jedoch von den Mitversicherten hinzunehmen. Die Kfz-USV ist eine freiwillige Versicherung, die grundsätzlich auch Mitversicherte begünstigt. Die Mitversicherten zahlen selbst keine Prämie. Bei Schäden im Rahmen von Arbeitsverhältnissen bleiben ihre arbeitsrechtlichen Freistellungsansprüche bestehen. Sie haben zudem sowieso keinen Einfluss darauf, dass »ihr Schaden«, der erste Schaden im Versicherungsjahr ist, der bereits komplett abgewickelt sein muss, wenn es zu einem zweiten Schaden kommt.

171 Es empfiehlt sich, insbesondere im Interesse der mitversicherten Personen, eine klarstellende Regelung in die Kfz-USV aufzunehmen. Der VN selbst ist möglicherweise nicht so stark davon betroffen, da er bei eigener Verantwortlichkeit nach dem USchadG oder im Rahmen von Freistellungsansprüchen seiner mitversicherten Arbeitnehmer sowieso den fehlenden Betrag über die Versicherungssumme hinaus zuzuschließen hat.

172 Bei der Ermittlung, ob die Versicherungssumme tatsächlich ausreicht, hat der Versicherer entsprechend allgemeiner Regeln[6] realisierbare Ausgleichsansprüche gegen Mitverantwortliche zu berücksichtigen, § 9 Abs. 2 Satz 2 USchadG i. V. m. §§ 426 Abs. 1 Satz 2 BGB, 86 VVG.

173 Als Versicherungsperiode[7] nach § 12 VVG belässt es die Vertragsklausel beim Zeitraum eines Jahres. Versicherungsjahr ist dabei nicht gleichbedeutend mit dem Kalenderjahr. Maßgebend ist der Zeitraum von einem Jahr, ab dem der vertraglich verein-

---

6 Looschelders/Pohlmann/*Schulze Schwienhorst* VVG-Kommentar, § 109 VVG, Rn. 5.
7 Looschelders/Pohlmann/*C. Schneider* VVG-Kommentar, § 12 VVG, Rn. 2.

barte Haftungszeitraum gelten sollte. Abweichungen zu sonstigen Deckungszeiträumen, insbesondere zu Kfz-Haftpflichtdeckung, sind damit nicht ausgeschlossen.

Bei veränderter Prämienzahlungsweise (monatlich, vierteljährlich, habjährlich) ändert sich hieran nichts. 174

II. Selbstbeteiligung

Die Vereinbarung von Selbstbeteiligungen ist nach den Musterbedingungen vorgesehen. Dies mag im Einzelfall die Belastung und den Arbeitsaufwand mit »Kleinschäden« vermeiden, dennoch kann es ein böses Erwachen geben, wenn sich der Schaden unerkannt auswächst. Selbstbeteiligungen beinhalten immer das Risiko einer zögerlichen Schadenmeldung. Wichtig ist in diesem Zusammenhang, dass es ausnahmslos bei der besonderen Anzeigepflicht nach E.1.1 Kfz-USV verbleibt. 175

Die Selbstbeteiligung ist immer abziehbar. Da es sich um keine Pflicht-Haftpflichtversicherung handelt, kann sie gegenüber jedermann[8], insbesondere gegenüber der Behörde entgegengehalten werden, selbst wenn der versicherungsvertragliche Anspruch abgetreten oder eingezogen worden sein sollte. 176

C. Weitere praktische Hinweise

Der Versicherungsnehmer wählt wie sonst auch[9] die Höhe der Versicherungssumme selbst. Der Versicherer hat ihn bei der Festlegung der Höhe allerdings zu beraten[10]. Da jedoch der Versicherer in der Kfz-USV nicht auf einen entsprechenden Erfahrungsschatz zurückgreifen kann, fällt es ihm selbst schwer, hier eine geeignete Summe für die Kfz-USV als Quasi-Haftpflichtversicherung eigener Art vorzuschlagen. Unter den gegebenen Umständen wird es dem Versicherer nicht vorzuwerfen sein, wenn er sich an der Summe orientiert, die in § 114 Abs. 1 VVG vom Gesetzgeber für die Pflichtversicherung vorgesehen wurde. Diese beträgt für alle Schadensfälle im Jahr EUR 1 Mio. 177

Mit einer verbindlichen Festschreibung der Deckungsvorsorge ist in den nächsten Jahren zu rechnen. Die Kommission hatte nach Art. 14 Abs. 2 Satz 1 der Richtlinie[11] bis zum 30.04.2010 auch hinsichtlich der Verfügbarkeit einer Deckungsvorsorge einen Bericht vorzulegen, was nicht eingehalten werden konnte. Erst in 2014 war mit einer neuen Stellungnahme zu rechnen. 178

---

8 Stiefel/Maier/*Meinecke* Kfz-USV, Rn. 27.
9 *BGH* Urt. v. 01.04.1987 – IVa ZR 139/85, MDR 1987, 914 = NJW-RR 1987, 917 = VersR 1987, 601; *OLG Hamm* Urt. v. 18.01.1995 – 20 U 176/94, JurionRS 1995, 16216 (Ls.) = r+s 1996, 30 = NJW-RR 1995, 1178 = VersR 1996, 93 = zfs 1995, 268; *Römer*/Langheid § 50 VVG a. F., Rn. 5.
10 *BGH* Urt. v. 07.12.1988 – IVa ZR 193/87, JurionRS 1988, 13188 = NJW-RR 1989, 410 = VersR 1989, 472 = MDR 1989, 432.
11 Richtlinie 2004/35/EG des Europäischen Parlaments und des Rates vom 21.04.2004 über Umwelthaftung zur Vermeidung und Sanierung von Umweltschäden, Amtsblatt der Europäischen Union vom 30.04.2004, L 143/56.

A.1.4 In welchen Ländern besteht Versicherungsschutz?

Geltungsbereich

Versicherungsschutz gemäß A.1.1 besteht im Anwendungsbereich des USchadG in Deutschland. Versicherungsschutz besteht zudem in den Ländern des Europäischen Wirtschaftsraumes (EWR), soweit die EU-Umwelthaftungsrichtlinie (2004/35/EG) gilt oder sinngemäße Anwendung findet. Versicherungsschutz nach den jeweiligen Gesetzen besteht jedoch nur, soweit diese Ansprüche den Umfang der EU-Richtlinie nicht überschreiten.

Übersicht	Rdn.
A. Allgemeines	179
B. Regelungsgehalt	180
C. Weitere praktische Hinweise	194

A. Allgemeines

179 Da Fahrzeuge über die Landesgrenzen hinaus unterwegs sind, muss auch der Versicherungsschutz angepasst werden. Der Hinweis auf die Richtlinie 2004/35/EG ist etwas misslich, da sich die Richtlinie an die Mitgliedsstaaten wendet, diese in nationales Recht umzusetzen. Der erste Satz der Klausel wurde sprachlich im Rahmen der Novellierung 2015 in zwei Sätze gegossen, ohne den rechtlichen Inhalt zu verändern.

B. Regelungsgehalt

180 Die Umwelthaftungsrichtlinie 2004/35/EG war bis zum 30.04.2007 in nationales Recht umzusetzen. In Deutschland ist dies über das Hilfsmittel »Rückwirkung« mit dem am 14.11.2007 in Kraft getretenen USchadG geschehen.

181 Eine Reihe von Mitgliedstaaten war der Verpflichtung nicht rechtzeitig nachgekommen. Sie wurden mittlerweile verklagt und verurteilt. So auch Österreich, das einen Tag nach der Urteilsverkündung die Richtlinie mit Verkündung des B-UHG in vorzugswürdiger Form umsetzte. Mittlerweile haben alle Staaten[1] die Anforderungen der Richtlinie umgesetzt.

182 Den Mitgliedstaaten wird durch die Richtlinie ein Rahmen gegeben, innerhalb dessen die Länder eigene Regelungen treffen können. Dabei ist es möglich, dass die Länder auch noch weiterreichende Konsequenzen für den Verursacher vorsehen können.

---

1 *v. Falkenhausen/Dehghani* Bericht der Europäischen Kommission über die Umwelthaftungsrichtlinie – Haftungsgefahren durch die Umsetzung der Umwelthaftungsrichtlinie, VersR 2011, 853 ff.

Deutschland hat von den möglichen Erleichterungen inhaltlich keinen Gebrauch ge- 183
macht und es den Bundesländern überlassen, erleichternde Regelungen zu treffen. Berlin[2] hat die Gelegenheit genutzt.

Für den Versicherungsschutz bedeutet dies, dass nur der Umfang an Sanierungspflich- 184
ten versichert ist, der nach dem (Bundesgesetz) USchadG für innerdeutsche Schäden
Maßstab ist.

Für Schäden im Ausland gilt als Maßstab nach der Vertragsklausel der Anforderungs- 185
katalog der Richtlinie 2004/35/EG und zwar so, wie er ohne eingeräumte Erleichterungen umgesetzt werden könnte. Dies entspricht mithin dem Umfang, den wir nach dem
USchadG kennen, da dieses selbst unmittelbar keine Erleichterungen vorsieht.

Versicherungsschutz gilt auch in Ländern des EWR, wenn dort keine Umsetzung der 186
Umwelthaftungsrichtlinie erfolgt, aber sinngemäße Gesetze Anwendung finden. Es
gilt dann ebenfalls der Maßstab der Richtlinie 2004/35/EG als Leistungsgrenze des
Versicherers.

Dies hat folgende Auswirkungen:

Inland: Sollten einzelne Bundesländer wie Berlin von ihrem Recht Gebrauch machen 187
und den Pflichtenkatalog einschränken, ist der Versicherungsnehmer automatisch weniger belastet. Folglich ist er auch nur mit dem »Weniger« freizustellen. Für ihn ändert
sich damit nichts.

Ausland: Im Ausland ist die Richtlinie 2004/35/EG unterschiedlich umgesetzt worden. 188

In Österreich bestehen z. B. erhebliche Lockerungen, die sich zu Gunsten des fürsorg- 189
lich handelnden Versicherungsnehmers auswirken. Die Regulierung erfolgt dann nach
den Maßstäben, die im Ausland gelten (Anforderungen erreichen nicht das in Deutschland geltende Maß). Auch hier ändert sich für den VN im Ergebnis nichts.

Hat der Versicherungsnehmer seinen gewöhnlichen Standort in einem deutschen Bun- 190
desland, das gegenüber dem USchadG für ihn günstigere Ausnahmen gelten lässt, verursacht er aber mit seinem Fahrzeug einen Ökoschaden im Ausland, der strenger behandelt wird als in seinem Bundesland, stellt sich die Frage nach dem Umfang des
Deckungsschutzes. Der Deckungsschutz reicht nach der Klausel soweit, als wenn
die Richtlinie 2004/35/EG (im Ergebnis das USchadG) direkt anzuwenden wäre.

Damit ist sichergestellt, dass der Versicherungsnehmer auch im Ausland den Schutz er- 191
fährt, den er bei Anwendung des USchadG in Deutschland haben würde.

Was passiert, wenn der ausländische Mitgliedsstaat eine Regelung hat, die noch weiter 192
geht als die Richtlinie 2004/35/EG? Diese könnten z. B. in Strafbestimmungen oder
Verantwortlichkeiten bei reinen Privatfahrten[3] (keine berufliche Tätigkeit) bestehen.

---

2 Ausführungsgesetz v. 20.05.2011, GVBl. 2011, 209.
3 Beispiel: Bei der Urlaubsreise ins Ausland nimmt der Familienvater grob fahrlässig mit seinem
 PKW einem Tanklaster die Vorfahrt. Es kommt zu einem Ökoschaden. Das ausländische

A.1.4 Kfz-USV   In welchen Ländern besteht Versicherungsschutz?

193 Es bleibt nach der Klausel bei dem Versicherungsschutz, wie er nach dem Sanierungsmaßstab der Richtlinie 2004/35/EG maximal vorgesehen ist. Im Rahmen der Novellierung wurde das Wort »jedoch« in Satz 3 eingefügt, was die Einschränkung im Versicherungsschutz zusätzlich verdeutlicht.

C. Weitere praktische Hinweise

194 Bei einem Unfall im grenznahen Bereich kann sich der Ökoschaden im Nachbarland auswirken. Schon § 12 USchadG hält hierfür entsprechende Regelungen bereit. Kommt es beispielsweise in Österreich zu einem Tankwagenunfall und Giftstoffe fließen über die Grenze nach Italien und führen dort zu einem Schaden an geschützten Arten, sind die Maßstäbe anzuwenden, wie er am Ort des Schadenseintritts (Italien) gelten. Der Versicherungsnehmer darf erwarten, dass er nach dem Recht freigestellt wird, mit dem er im Ausland belastet wird.

195 Falls das Ausland keinerlei Trennung nach öffentlichen Recht und Privatrecht wie in Deutschland vorsieht, so ist dies für den Anwendungsbereich der Kfz-USV ohne Belang. Bereits nach der Vertragsklausel kommt es auf die sinngemäße Anwendung der Richtlinie 2004/35/EG an, die bei uns in der Umsetzung als USchadG ausschließlich öffentlich-rechtlichen Charakter hat.

196 Der Geltungsbereich der Vertragsklausel der Kfz-USV weicht von der Regelung in A.1.4 AKB 2015 ab. Zum europäischen Wirtschaftsraum gehören noch Länder wie Island und Norwegen. Bereits die Schweiz gehört nicht zum EWR, hat jedoch bilaterale Verträge geschlossen. Für Schadensfälle in Staaten, die nicht dem EWR angeschlossen sind, scheidet die Anwendbarkeit der Kfz-USV jedoch aus. Dabei ist es unerheblich, ob das Land mitten in Europa liegt.

197 Beabsichtigt der VN in den außereuropäischen Teil der Türkei[4] zu fahren, erwachsen daraus für den Versicherer und Makler generell Beratungspflichten gegenüber dem VN. Dies ist in der Kfz-USV auf die Fälle übertragbar, in denen der VN den EWR verlassen will.

Es steht allerdings zu vermuten, dass man Länder wie die Schweiz[5] nicht willentlich vom Geltungsbereich ausnehmen wollte und es sich hier um ein redaktionelles Versehen handelt.

Recht enthält Regelungen, die auch den verantwortlich machen, der nur privat unterwegs ist, aber grob fahrlässig handelt. (Ggf. enthält das dortige Recht zugleich Erleichterungen für den LKW-Fahrer, dem grob fahrlässig die Vorfahrt genommen wurde.).

4 *BGH* Urt. v. 13.04.2005 – IV ZR 86/04, JurionRS 2005, 13266 = DAR 2005, 396 = MDR 2005, 1108 = NJW 2005, 2011 = VersR 2005, 824 = r+s 2005, 455 = NZV 2005, 361 = zfs 2005, 348 = VRR 2005, 266 bespr. v. *Knappmann* = SVR 2006, 106 bespr. v. *M. Müller,* Schwintowski/Brömmelmeyer/*Kärger* PK-VersR, AKB, Rn. 9.

5 Auch wenn die Richtlinie 2004/35/EG dort nicht gilt.

A.1.5 Was ist nicht versichert?

In Abweichung von den A.5 AKB 2015 enthält die Kfz-USV eine eigene Liste von Ausschlüssen. Die Liste ist abschließend. Sie enthält (ungewollte) Lücken.   198

Vorsatz, Schaden durch Kernenergie

A.1.5.1 Die Regelungen A.1.5.1 (Vorsatz) und A.1.5.9 (Kernenergie) der AKB 2008 gelten entsprechend.

Ausgeschlossen sind Vorsatz und Kernenergie. Hierzu verweist die Kfz-USV erneut auf   199
die Vorschriften in den AKB 2008.

An die Stelle der Muster-AKB 2008 sind nunmehr die Muster-AKB 2015 getreten. Dadurch, dass die Kfz-USV bislang nicht aktualisiert wurden, gilt die Verweisung weiterhin für den alten Empfehlungsstand. Da A.1.5.1 AKB[1] 2008 und 2015 sowie A.1.5.9 AKB[2] 2008 und 2015 inhaltlich gleich geblieben sind kann entsprechend auf die Kommentierungen verwiesen werden.   200

Der Vorsatz in A.1.5.1 AKB 2015 ist abgeleitet aus dem Haftpflichtrecht[3] in § 103   201
VVG, nicht § 81 Abs. 1 VVG[4]. Anzumerken bleibt, dass sich der Vorsatz nicht auf eine Rechtsgutverletzung eines Dritten zu beziehen hat, sondern auf die Handlung, die den Ökoschaden auslöst.

Interessanterweise enthält die Kfz-USV keinen Ausschluss für Gleichmäßigkeitsfahr-   202
ten und Geschicklichkeitsfahrten (verkappte Rennen) mit Kraftfahrzeugen. Die Region rund um den Nürburgring beispielsweise ist Naturschutzgebiet. Das Ökogefährdungspotential steigt überdurchschnittlich, wo »besondere Fahrstile« auf Lebensräume besonders geschützter Arten treffen. Über D Kfz-USV sind nur Rennen nach D.2.2 AKB 2008 (heute D.1.1.4 AKB 2015) ausgenommen.

Ebenfalls nicht ausgeschlossen ist der Transport von Tieren und Pflanzen, die unter   203
Artenschutz stehen. Der fehlende Ausschluss ist bedenklich. Gerade bei Transporten seltener Tiere von einem Zoo zu einem anderen, um die letzten Exemplare einer Art zusammen zu führen, kann es zu Schäden an der »Ladung« kommen. Diese »Sach«-Schäden sind zwar durch A.1.5.5 AKB 2008 (leicht abgewandelt A.1.5.5 AKB 2015) in der Kfz-Haftpflichtversicherung ausgeschlossen; nicht jedoch der eintretende Ökoschaden.

---

1 *Kreuter-Lange* A.1.5.1 AKB Rdn. 1 ff.
2 *Kreuter-Lange* A.1.5.9 AKB Rdn. 1 ff.
3 *Kreuter-Lange* A.1.5.1 AKB, Rdn. 1.
4 So aber Stiefel/Maier/*Meinecke*, A.1.5 Kfz-USV, Rn. 29.

A.1.5.2 Kfz-USV Unvermeidbare, notwendige o. in Kauf genommene Umweltschäden

Unvermeidbare, notwendige oder in Kauf genommene Umweltschäden

A.1.5.2 Nicht versichert sind Schäden, die durch betriebsbedingt unvermeidbare, notwendige oder in Kauf genommene Einwirkungen auf die Umwelt entstehen.

204 Der Kraftfahrzeugbetrieb verursacht Lärm- und Abgasemissionen[1]. Diese sind hinzunehmen und werden im Normalfall auch keinen Ökoschaden verursachen.

205 In Kauf genommene Einwirkungen auf die Umwelt können auch im Fahren und Überfahren von Kleinlebewesen bestehen. Wird trotz Warnhinweis auf eine Krötenwanderung der Bestand einer geschützten Art stark geschädigt, besteht kein Versicherungsschutz.

206 Selbst Fahrzeuge, die sich nicht Betrieb befinden, können Ökoschäden auslösen. So beispielsweise durch den Schattenwurf eines länger an derselben Stelle geparkten Fahrzeugs, das einen Schattenwurf auf eine Bruchsteinmauer erzeugt, in der geschützte Arten leben. Dennoch kann der Versicherungsnehmer nicht erwarten, dafür Versicherungsschutz zu erlangen, da diese Einwirkungen in Kauf zu nehmen sind.

207 Der Versicherer hat zu beweisen[2], dass die Umstände für den Ausschlusstatbestand vorliegen.

Ausbringungsschäden

A.1.5.3 Nicht versichert sind Schäden, die durch Lieferung, Verwendung oder Freisetzung von Klärschlamm, Jauche, Gülle, festem Stalldung, Pflanzenschutz-, Dünge oder Schädlingsbekämpfungsmitteln resultieren. Versicherungsschutz besteht jedoch, wenn diese Stoffe durch plötzliche und unfallartige Ereignisse bestimmungswidrig und unbeabsichtigt in die Umwelt gelangen, diese Stoffe durch Niederschläge plötzlich abgeschwemmt werden oder in andere Grundstücke abdriften.

208 Im Rahmen der Überarbeitung wurden Ausschluss und Einschränkung des Ausschlusses sprachlich in zwei Sätze geformt. Dies dient dem besseren Verständnis. Nicht versichert sind Ausbringungsschäden in der Landwirtschaft. Es handelt sich um Schäden, die durch die ausgebrachten Stoffe hervorgerufen werden. Dies hat mit dem Fahrzeuggebrauch nichts zu tun. Das Fahrzeug ist nur das Transportmittel.

209 Der Ausschluss wird da eingeschränkt, wo das Fahrzeug an der Schadensentstehung mitwirkt. Dies ist beispielsweise dann gegeben, wenn ein Traktor mit Anbauspritze und Tank für die Spritzbrühe während der Fahrt auf dem Ackergelände umkippt

---

1 Stiefel/Maier/*Meinecke* A.1.5 Kfz-USV, Rn. 31.
2 Stiefel/Maier/*Meinecke* A.1.5 Kfz-USV, Rn. 32.

oder in einen Verkehrsunfall verwickelt wird. Dabei kann das Spritzmittel unkontrolliert, schlagartig und punktuell auslaufen.

Die Vertragsklausel ist Ziff. 10.9 der USV[1] nachgebildet. Nur so lässt sich verstehen, warum die Formulierung »... *diese Stoffe durch Niederschläge plötzlich abgeschwemmt werden oder in andere Grundstücke abdriften*« in die Kfz-USV »hineingerutscht« ist. Eine Bedeutung gewinnt der Ausschluss grundsätzlich nur für stationäre Anlagen. Das sind z. B. Silagen, Güllebecken und Misthaufen[2]. Sie können bei Unwetter überflutet oder Teile davon abgeschwemmt werden. Für den Fahrzeuggebrauch macht dies keinen Sinn. Andernfalls würde das bedeuten, dass der Kfz-USV-Versicherer nach dem Ausbringen dann für einen Sanierungsaufwand aufkommen müsste, wenn das ausgebrachte Produkt nach dem Entladen (irgendwann) abgeschwemmt wird. Einem Versicherungsnehmer ist der Versicherungsschutz allerdings nicht zu versagen, wenn er auf diesen Wortlaut vertraut. 210

Ausnahmsweise kann die Bestimmung gewinnen, wenn ein beladenes Fahrzeug abgestellt ist. Gelangen durch plötzlichen Starkregen erhebliche Wassermengen auf die offene Ladefläche, so kann die Ladung ausgewaschen werden. 211

Bewusste Verstöße gegen Regelungen, die dem Umweltschutz dienen

A.1.5.4 Nicht versichert sind Schäden, die Sie durch bewusste Verstöße gegen Gesetze, Verordnungen oder an Sie gerichtete behördliche Anordnungen oder Verfügungen, die dem Umweltschutz dienen, entstehen.

Bei den Verstößen gegen Umweltschutzbestimmungen muss es sich um Vorschriften handeln, die einen solchen Zweck beinhalten. Sie können als Einzelvorschrift in Gesetzen vorkommen ohne als Schutzvorschrift benannt zu werden. Nicht erforderlich ist, dass diese Vorschriften Schutzgesetzcharakter im Sinne des § 823 Abs. 2 BGB haben, denn solche Normen schützen Individualrechtsgüter (auf die es hier nicht ankommt). Unter bewussten Verstößen ist »Kennen« und »Kennenmüssen« zu verstehen. Diese liegen vor, wenn der beruflich tätige Versicherte aufgrund seiner Ausbildung und der Art seiner ausgeübten Tätigkeit die Vorschriften zu kennen hat, um einen ordnungsgemäßen Geschäftsbetrieb führen zu können. In der Landwirtschaft ist von »guter landwirtschaftlicher Praxis« die Rede, die ein Spritzen zur Unzeit (keine Wachstumsphase, Frost) verbietet. 212

---

1 Heute weiterhin an dieser Stelle der aktuellen unverbindlichen Musterbedingungen des GDV, Allgemeine Versicherungsbedingungen für die Umweltschadensversicherung (USV), Stand Februar 2014.
2 *BGH* Urt. v. 17.10.1985 – III ZR 99/84, JurionRS 1985, 14649 = NJW 1986, 2312 = MDR 1986, 650 = VersR 1986, 92 = AgrarR 1986, 292 (wassergefährdende Anlage im Sinne des WHG).

A.1.5.5 Kfz-USV vertragliche Ansprüche

Vertragliche Ansprüche

A.1.5.5 Nicht versichert sind Ansprüche, die auf Grund vertraglicher Vereinbarung oder Zusage über ihre gesetzliche Verpflichtung hinausgehen.

213 Die Vertragsklausel ist an A.1.5.8 AKB 2008 (heute inhaltsgleich A.1.5.8 AKB 2015) angelehnt. Der Sinn ist nicht leicht erkennbar, da der Versicherte kaum einen Vertrag mit den durch das USchadG geschützten Umweltgütern schließen kann. Dennoch gibt es zwei Anwendungsbereiche: Der erste Bereich betrifft den öffentlich-rechtlichen Vertrag mit der Behörde nach § 55 VwVfG, ggf. unter Beteiligung eines anerkannten Naturschutzvereins. Der zweite Anwendungsbereich betrifft den Ausgleichsanspruch von Mitverantwortlichen nach § 9 Abs. 2 Satz 2 USchadG i. V. m. § 426 Abs. 1 Satz 2 BGB.

214 Schließt der Versicherungsnehmer einen Vertrag, mit dem er sich zu mehr als gesetzlich vorgeschrieben verpflichtet liegt darin keine Obliegenheitsverletzung. Die Folge ist nicht, dass er seinen Freistellungsanspruch verlöre. Die Klausel stellt lediglich klar, dass durch die Zusagen des Versicherungsnehmers an Dritte der Umfang seines Freistellungsanspruchs nicht erweitert wird.

B Beginn des Vertrags und vorläufiger Versicherungsschutz

Es gelten die Regelungen B.1, B.2.2 bis B.7 der AKB 2015 entsprechend.

215 Die Kfz-USV verweisen nunmehr auf Regelungen der AKB 2015 zum Versicherungsbeginn und Wegfall des Versicherungsschutzes. Dies war notwendig, da an die Stelle der Muster-AKB 2008 nunmehr die Muster-AKB 2015 getreten sind.

216 In B.2.2 AKB 2015 wurde die Fahrerschutzversicherung aufgenommen. B.2.4 AKB 2015 wurde sprachlich, aber nicht inhaltlich umgestaltet. Es kann auf die Kommentierungen zu B.1, B.2.2 bis B.7 AKB 2015 Bezug genommen werden.

217 Der Hinweis auf B.2.2 AKB 2015 statt auf B.2.1 AKB 2015 macht deutlich, dass für die Kfz-USV nicht alle Regeln übernommen werden, wie sie für die Pflicht-Haftpflichtversicherung gelten. Die vorläufige Deckung ist ausgeschlossen, es sei denn, sie wurde ausdrücklich[1] zugesagt.

C Beitragszahlung

Es gelten die Regelungen C.1 bis C.3 der AKB 2015 entsprechend.

218 Mit Ausnahme der Beitragspflicht für die Nachhaftung im Rahmen der Pflichthaftpflichtversicherung verweist die Klausel auf alle Bedingungen zur Beitragszahlung auf die AKB 2015. An die Stelle der Muster-AKB 2008 sind nunmehr die Muster-AKB

---

[1] Stiefel/Maier/*Meinecke* B. Kfz-USV, Rn. 36.

2015 getreten. Die hier einschlägigen Klauseln blieben mit Ausnahme des C.1.2 AKB 2008 unverändert. C.1.2 AKB 2015 wurde jedoch lediglich sprachlich, aber nicht inhaltlich geändert.

Für Schäden, deren Kausalkette[1] vor Ablauf der Vertragslaufzeit gesetzt wurden, aber erst nach Beendigung des Vertrages zu einem Versicherungsfall führen, ist kein weiterer Beitrag zu erheben. 219

D   Welche Pflichten haben Sie beim Gebrauch des Fahrzeugs?

Es gelten die Regelungen D.1.1, D.1.2, D.2.1 und D.2.2 der AKB 2015 entsprechend.

Die Vertragsvorschrift verweist auf die Vorschriften unter D AKB 2015. An die Stelle der Muster-AKB 2008 sind nunmehr die Muster-AKB 2015 getreten. 220

Systematisch sind die Vorschriften in D.1 AKB 2008 in D.1.1.1 bis D.1.1.3 AKB 2015 überführt worden. Inhaltliche Änderungen bestehen nicht. Auf die Klauseln zu nicht genehmigten Rennen in D.1.1.4 AKB 2015 sowie zu den Fahrzeugen mit den zum 01.07.2012 neu eingeführten Wechselkennzeichen[1] in D.1.1.5 AKB 2015 konnte nur durch eine Anpassung der Kfz-USV zu den AKB 2015 zurückgegriffen werden. 221

Die Klausel zu Alkohol und Drogen in D.2.1 AKB 2008 findet sich nun ohne inhaltliche Änderung, aber sprachlicher Anpassung in D.1.2 AKB 2015. 222

Die Regelungen zur Leistungsfreiheit bzw. Leistungskürzung nach D.3.1 AKB 2008 findet sich nun unverändert in D.2.1 AKB 2015. 223

Das gilt auch für D.3.2 AKB 2008, der sich nun in D.2.2 AKB 2015 findet. 224

Der unberechtigte Fahrer gehört nach A.1.2 Kfz-USV i. V. m. A.1.2 AKB 2015 nicht zum Kreis der mitversicherten Personen. 225

E   Welche Pflichten haben Sie im Schadensfall?

E.1   Anzeige-, Aufklärungs- und Schadenminderungspflichten

Besondere Anzeigepflicht

E.1.1   Sie müssen uns jedes Schadenereignis, das zu einer Leistung nach dem USchadG führen könnte, – soweit zumutbar – sofort anzeigen. Dies gilt auch wenn noch keine Sanierungs- oder Kostentragungsansprüche erhoben worden sind.

---

1 Siehe hierzu oben Kfz-USV Rdn. 58.
1 *Liebermann* Wechselkennzeichen können ab 1.7.2012 zugeteilt werden, DAR 2012, 425 ff.

E.1.2 Kfz-USV (Informationspflichten)

226 Es handelt sich ausdrücklich um eine besondere Anzeigepflicht. Im Rahmen der Überarbeitung 2015 hat die Klausel sprachlich, aber nicht inhaltlich, eine Gliederung in zwei Sätze erfahren. Sie geht über das hinaus, was E.1.1.1 AKB 2015 vorschreibt. Die zeitliche Verschärfung ist zulässig, da es sich nicht um eine Haftpflichtversicherung im üblichen Sinne handelt, sondern um eine Quasi-Haftpflichtversicherung eigener[1] Art. Die §§ 104, 112 VVG sind nicht anwendbar.

227 Die gegenüber E.1.1.1 AKB 2015 deutlich verkürzte Anzeigepflicht ist insbesondere für Kfz-USV-Versicherer von existentieller Bedeutung, die ein aktives Umweltschadenmanagement[2] betreiben. Nur so wird er in die Lage versetzt, rechtzeitig und angemessen reagieren zu können.

228 Die vertragliche Anzeigepflicht besteht ausschließlich gegenüber dem Versicherer. Verstößt der Versicherungsnehmer gegen seine gesetzlichen Informationspflichten gegenüber der Behörde, führt dies nicht zu einem Verstoß gegen die vertragliche Obliegenheit. Der Versicherungsnehmer genügt seiner vertraglichen Pflicht, wenn er dem Versicherer anzeigt, dass ein Schadenereignis vorliegt, das der zuständigen Umweltbehörde anzuzeigen ist. Die bloße Nichtanzeige an die Behörde ist noch keine[3] vertragliche Obliegenheitsverletzung.

E.1.2 (Informationspflichten)

Ferner sind Sie verpflichtet, uns jeweils unverzüglich und umfassend zu informieren über:

- die Ihnen gemäß § 4 USchadG obliegende Information an die zuständige Behörde,
- behördliches Tätigwerden wegen der Vermeidung oder Sanierung eines Umweltschadens Ihnen gegenüber,
- die Erhebung von Ansprüchen auf Ersatz der einem Dritten entstandenen Aufwendungen zur Vermeidung, Begrenzung oder Sanierung eines Umweltschadens,
- den Erlass eines Mahnbescheides,
- eine gerichtliche Streitverkündung,
- die Einleitung eines staatsanwaltlichen, behördlichen oder gerichtlichen Verfahrens.

229 Die Klausel hat bei der Überarbeitung 2015 optische Änderungen erfahren. So wurden – wie bei den AKB 2015 – als Aufzählungszeichen die Spiegelstriche durch »BulletPoints« ersetzt. In der Klausel werden Informationspflichten gegenüber dem Kfz-USV-Versicherer aufgestellt, die schon dann bestehen, wenn noch gar kein Versicherungsfall

---

1 Siehe oben Kfz-USV Rdn. 81.
2 Zum Umweltschadenmanagement Himmelreich/Halm/*Schwab* Handbuch des Fachanwalts Verkehrsrecht, Kap. 28.
3 Anders wohl Stiefel/Maier/*Meinecke* E.1 Kfz-USV, Rn. 41.

eingetreten ist. Die Leistungspflicht des Versicherers beginnt erst mit der Sanierungspflicht des VN für den eingetretenen Ökoschaden.

Soweit es um die Bekanntgabe von Pflichten geht, die nach den §§ 4 und 5 USchadG gegenüber der Behörde zu erfüllen sind, kann auch der Versicherer hier ein Interesse an der Mitinformation haben. 230

Rückstellungen für Sanierungskosten wird der Versicherer noch nicht bilden müssen, da bislang kein versicherter Schaden entstanden ist. Er ist nur absehbar. Möglich ist es jedoch, Rückstellungen für Ermittlungskosten zu bilden. 231

Entsprechend passt dann auch nicht, den Vertrag bereits mit dem Kfz-USV-Schaden zu belasten, da die Schwelle zum Schadenseintritt noch nicht überschritten ist. Die Information an den Versicherer hat lediglich eine Vorwarnfunktion, dass sich ein konkreter Schaden oder eine konkrete Inanspruchnahme realisieren könnte. Dem Versicherer wird so die Gelegenheit gegeben, sich zeitnah um nähere Aufklärung zu bemühen. 232

Gleiches gilt für Informationen über Ausgleichsforderungen zu Gefahrenabwehrkosten von Mitverantwortlichen nach § 9 Abs. 2 Satz 2 USchadG i. V. m. § 426 Abs. 1 Satz 2 BGB. Sie betreffen noch keinen Sanierungsaufwand. 233

Das Mahnverfahren ist offenbar nur der Vollständigkeit halber aufgeführt. Mahnbescheide gibt es im öffentlich-rechtlichen Verfahren nicht. 234

Denkbar sind sie nur im Zusammenhang mit Ausgleichsansprüchen nach § 9 Abs. 2 Satz 2 USchadG, für die der Rechtsweg zu den ordentlichen Gerichten nach § 9 Abs. 2 Satz 5 USchadG eröffnet ist.

E.1.3 (Schadenabwendung; Weisungen)

> Sie müssen nach Möglichkeit für die Abwendung und Minderung des Schadens sorgen. Unsere Weisungen sind zu befolgen, soweit es für Sie zumutbar ist. Sie haben uns ausführliche und wahrheitsgemäße Schadenberichte zu erstatten und uns bei der Schadensermittlung und -regulierung zu unterstützen. Alle Umstände, die für die Bearbeitung des Schadens wichtig sind, müssen Sie uns mitteilen. Außerdem müssen Sie uns alle dafür angeforderten Schriftstücke übersenden.

Die Vertragsklausel legt dem Versicherungsnehmer Pflichten auf, die noch vor dem Schadenseintritt zu erfüllen sind. Da es sich um eine Quasi-Haftpflichtversicherung eigener Art handelt, stehen diesen Pflichten keine[1] vertraglichen Leistungspflichten des Versicherers gegenüber. Die Kosten zur Abwehr und Schadensminderung sind nur in den Bedingungen der Ziff. 9.1 USV und 9.1 USV-Basis mitversichert, nicht aber in der Kfz-USV. 235

---

[1] Siehe zur Vorerstreckungstheorie oben Kfz-USV Rdn. 66–82.

E.1.4 **(Abstimmung mit Versicherer)**

Maßnahmen und Pflichten im Zusammenhang mit Umweltschäden sind unverzüglich mit uns abzustimmen.

E.1.5 **(Wahrung von Rechten)**

Gegen einen Mahnbescheid oder einen Verwaltungsakt im Zusammenhang mit Umweltschäden müssen Sie fristgemäß Widerspruch oder die sonst erforderlichen Rechtsbehelfe einlegen. Einer Weisung durch uns bedarf es nicht.

236 Zum dem Öffentlichen Recht unbekannten Mahnbescheid[1] siehe oben. Gegen Verwaltungsakte sind grundsätzlich verschiedene Rechtsbehelfe möglich. Die Klausel stellt zu Recht auf den erforderlichen Rechtsbehelf ab. Eine »Gegenvorstellung« gilt allgemein als form-, frist- und fruchtlos. Es ist per se kein geeigneter Rechtsbehelf. Er ist nur dann vorab notwendig, wenn der Verwaltungsakt offenkundige Fehler aufweist und der VN ansonsten damit rechnen muss, im Klageverfahren mit den Kosten[2] belastet zu werden.

237 Die erforderlichen Rechtsbehelfe sind landesspezifisch unterschiedlich, da Niedersachsen, Nordrhein-Westfalen und Bayern das Widerspruchsverfahren ganz oder teilweise abgeschafft[3] haben. Hier ist unmittelbar Klage zum Verwaltungsgericht zu erheben. Ansonsten bleibt es dabei, dass vor Erhebung der Anfechtungsklage nach § 42 VwGO das Vorverfahren (Widerspruchsverfahren) durchzuführen ist, § 68 VwGO.

E.1.6 **(Prozessführungsbefugnis)**

Im Widerspruchsverfahren oder einem gerichtlichen Verfahren wegen eines Umweltschadens haben Sie uns die Führung des Verfahrens zu überlassen. Im Falle des gerichtlichen Verfahrens beauftragen wir einen Rechtsanwalt in Ihrem Namen. Sie müssen dem Rechtsanwalt Vollmacht sowie alle erforderlichen Auskünfte erteilen und die angeforderten Unterlagen zur Verfügung stellen.

238 Die Klausel ist im Zusammenhang mit dem Rechtsschutzanspruch in A.1.3 Kfz-USV zu sehen. Der Versicherer, der letztlich das Risiko trägt, den VN im Unterliegensfalle von den Sanierungskosten freistellen zu müssen, hat ein vitales Interesse daran, dass das Verfahren in seinem Sinne betrieben wird. Es gelten daher die gleichen Grundsätze wie unter E.1.2.4 AKB 2015.

---

1 Siehe Kfz-USV Rdn. 234.
2 *VG Oldenburg* Beschl. v. 30.09.2005 – 11 A 3619/05, JurionRS 2005, 43282.
3 Näheres Himmelreich/Halm/*Schwab* Handbuch des Fachanwalts Verkehrsrecht, Kap. 7, Rn. 307.

E.2 **Welche Folgen hat eine Verletzung dieser Pflichten?**

Es gelten E.2.1, E.2.2, E.2.6 der AKB 2015 entsprechend.

Der harmlos aussehende Verweis auf die Klauseln der AKB 2015 löst einen Verweis-Marathon aus, da diese Klauseln selbst erneut verweisen. Die Gestaltung birgt eine Verkomplizierung in sich. Der VN muss erst lange suchen, was tatsächlich für ihn gilt. Zudem sind z.B. (Mit-)Verweise aus dem Bereich Kasko, Autoschutzbrief, etc. eher unpassend. 239

F **Rechte und Pflichten der mitversicherten Personen**

Es gelten F.1, F.2 und F.3 erster Satz der AKB 2015 entsprechend.

Die Vertragsvorschrift verweist auf die Klauseln unter F AKB 2008. An die Stelle der Muster-AKB 2008 sind nunmehr die Muster-AKB 2015 getreten. Die Regelungen unter F. AKB 2008 entsprechen denen in F. AKB 2015. Lediglich F.3 AKB 2008 wurde sprachlich, aber nicht inhaltlich verändert. 240

Ausgenommen ist der Sonderfall bezüglich mitversicherter Personen in der Kfz-Haftpflichtversicherung nach F.3 Abs. 2 AKB 2015. 241

Es wird aus dem Verweis nicht sofort ersichtlich, dass auch die mitversicherten Personen vertragliche Freistellungsansprüche bzw. den Rechtsschutzanspruch unmittelbar gegen den Kfz-USV-Versicherer geltend machen können. Dies erschließt sich daraus, dass über F Kfz-USV i. V. m. A.1.2 Kfz-USV die F.2 AKB 2015 i. V. m. A.1.2 Satz 2 AKB 2015 anwendbar werden. A.1.2 AKB 2008 entspricht unverändert A.1.2 AKB 2015. 242

G **Laufzeit und Kündigung des Vertrags, Veräußerung des Fahrzeugs**

Es gelten G.1, G.2 mit Ausnahme von G.2.9, G.3, G.5 bis G.8 der AKB 2015 entsprechend.

Die Kfz-Umweltschadensversicherung ist ein rechtlich selbständiger Vertrag. Die Kündigung dieses Vertrages berührt die anderen Kfz-Versicherungen des versicherten Fahrzeugs nicht. Bei Beendigung des Kfz-Haftpflichtvertrages endet auch diese Kfz-Umweltschadensversicherung.

Aufgrund der Verweisung ergeben sich keine Besonderheiten. An die Stelle der Muster-AKB 2008 sind nunmehr die Muster-AKB 2015 getreten. 243

Zwischen G.1 AKB 2008 und G.1 AKB 2015 gibt es keine inhaltlichen, sondern nur sprachliche Unterschiede. 244

Dies gilt auch für G.2 AKB 2008 und G.2 AKB 2015. Allerdings ist in G.2.7 AKB 2015 die gesetzlich nicht vorgeschriebene Kenntlichmachung von Beitragsunterschieden entfallen. 245

246 G.3 AKB 2015 wurde nur in G.3.5 AKB sprachlich angepasst. Aus »Verletzung« (2008) wurde »Pflichtverletzung« (2015).

247 G.5 AKB 2015 wurde zu Gunsten des Versicherungsnehmers vereinfacht, indem auf die Textform verzichtet wurde. Die Beibehaltung des Formerfordernisses aufgrund der Verweisung auf G.5 AKB 2008 benachteiligt den Versicherungsnehmer nicht. Dies hätte zudem nur Auswirkungen auf die Zusatzversicherung, wenn diese gesondert nach G.4 Satz 2 Kfz-USV gekündigt wird. Durch die Klausel in G.4 Satz 3 Kfz-USV wird durch formfreie Kündigung des Kfz-Haftpflichtvertrages nach G.5 AKB 2015 zugleich der Kfz-USV-Vertrag formfrei gekündigt.

248 G.6 AKB 2008 entspricht G.6 AKB 2015.

249 G.7 AKB 2008 entspricht G.7 AKB 2015, in den lediglich die Fahrerschutzversicherung aus A.5 AKB 2015 aufgenommen wurde.

250 G.8 AKB 2008 entspricht G.8 AKB 2015.

251 Wesentlich bleiben die klärungsbedürftigen Dinge zur Kündigung nach Eintritt des Schadensereignisses (G.2.3 AKB 2008 durch den VN und G.3.3 AKB 2008 durch den Versicherer). Dies wirft Fragen auf, da regelmäßig im Unfallzeitpunkt oder Störfall noch kein versicherter Schaden nach dem USchadG eintritt. Der Versicherungsfall tritt erst ein, wenn trotz Gefahrenabwehrmaßnahmen ein Ökoschaden entsteht, der sanierungspflichtig ist.

252 Die Kündigungsfrist darf sich nicht an die Leistung bezüglich des Haftpflichtanspruchs orientieren. Sie ist daher sinngemäß an den Zeitpunkt der Regulierung wegen der Inanspruchnahme nach dem USchadG auszurichten. Das ist der Zeitpunkt der tatsächlichen Leistung bzw. der Leistungsverweigerung im Ökoschadensfall.

253 Im Zuge der Überarbeitung in 2015 wurde der ehemalige G.4 Kfz-USV 2008 in G. Satz 2 Kfz-USV 2015 überführt. Er ist gegenüber G.4 AKB 2015 völlig anders gestaltet.

254 Dabei ist auch die Kfz-USV ein rechtlich selbstständiger Vertrag. Dies ist besonders zu betonen, da es sich nicht um eine erweiterte Haftpflichtdeckung handelt. Damit sind weder § 113 Abs. 3 VVG noch der Direktanspruch[1] nach § 115 Abs. 1 Satz 1 Nr. 1 VVG anwendbar. Dies gilt unabhängig davon, ob die Kfz-USV (wie hier separat oder) mit Einzelbedingungen in die AKB integriert werden. Zu Letzterem haben sich offenbar die meisten[2] Versicherer entschlossen, um nur innerhalb eines Bedingungstextes verweisen zu müssen.

255 Die Kfz-USV ist selbstständig kündbar. Sie ist aber abhängig[3] vom Bestehen der Kfz-Haftpflichtversicherung. Somit bildet sie einen unselbstständigen Annex zur Haftpflichtversicherung.

---

1 Feyock/*Jacobsen*/Lemor A.1 AKB, Rn. 85.
2 Feyock/*Jacobsen*/Lemor A.1 AKB, Rn. 86.
3 Stiefel/Maier/*Meinecke* G. Kfz-USV, Rn. 55.

256 Trotz Kündigung des Kfz-Haftpflichtvertrages mit gleichzeitiger Beendigung des Kfz-USV-Vertrages können allerdings noch Leistungsansprüche entstehen, wenn erst mit Verzögerung der Versicherungsfall[4] in der Kfz-USV eintritt.

257 Verwendet ein Versicherer die vom Verband mit Rundschreiben vom 03.09.2009 empfohlene Fassung von G. Kfz-USV, so wird G.4 AKB 2008 in die Verweisung einbezogen. Es ist unerheblich, dass dort die Kfz-USV nicht erwähnt wird, da auch ohne Hinweis die Kfz-USV ein rechtlich selbständiger Vertrag ist. Problematisch ist nur der entfallende G.4 Satz 2 Kfz-USV 2008. Da jedoch soweit ersichtlich[5] – anders als in der Fahrerschutzversicherung – kein Versicherer einen selbstständigen Kfz-USV-Vertrag anbietet, ist dies im Ergebnis ohne Belang.

H Außerbetriebsetzung, Saisonkennzeichen, Fahrten mit ungestempelten Kennzeichen

Die Regelungen des Abschnitts H der AKB 2015 gelten für die Kfz-Umweltschadensversicherung entsprechend. Der Ruheversicherungsschutz nach H.1.4 umfasst auch die Kfz-Umweltschadensversicherung.

258 Die Klausel ist selbsterklärend. Die Kfz-USV folgt erneut der Kfz-Haftpflichtversicherung. An die Stelle der Muster-AKB 2008 sind nunmehr die Muster-AKB 2015 getreten. Die Änderungen zu H.1 AKB 2015 sind vorwiegend sprachlicher Art.

259 Solange das Fahrzeug entsprechend H.1.5 AKB 2015 in einer Garage abgestellt wird, ist dies unproblematisch. Risiken können gerade durch das Ruhen auf einem umfriedeten Abstellplatz entstehen. Der dauerhafte Schattenwurf[1] des Fahrzeugs auf eine Bruchsteinmauer mit geschützten Eidechsen, kann sie aus deren Lebensraum verdrängen. Ruht das offene mit gefährlichen Stoffen beladene Fahrzeug, kann bei Witterungseinflüssen etwas ausgepült werden.

---

4 Siehe oben Kfz-USV Rdn. 47–60.
5 Siehe auch Stiefel/Maier/*Meinecke* G. Kfz-USV, Rn. 55.
1 *BayObLG* Urt. v. 6.12.1991 – 1 Z 428/90, BayVBl. 1992, 412 = ADAJUR Dok.Nr. 8364 (Auswirkung auf Pflanzenwachstum, § 906 BGB verneint); *LG Aachen* Urt. v. 16.09.2014 – 12 O 12/14, JurionRS 2014, 28529 (Verkehrssicherungspflicht für Radweg); Himmelreich/Halm/Staab/*Schwab* Handbuch der Kfz-Schadensregulierung, Kap. 21 Rn. 224a.

I Schadensfreiheitsrabatt-System

Ein nach diesen Sonderbestimmungen versicherter Schaden, der ausschließlich öffentlich-rechtliche Ansprüche auslöst, führt zu keiner Rückstufung Ihres Kfz-Haftpflichtversicherungsvertrages.

260 Die noch in 2008 gewählte Formulierung war etwas unklar. Gemeint war und wird nunmehr erheblich deutlicher, dass ein Schaden, der nach der Kfz-USV zu regulieren ist, den Schadensfreiheitsrabatt in der Kfz-Haftpflichtversicherung unberührt[1] lässt.

261 Dies gilt auch dann, wenn neben diesem Schaden eine Schlechterstufung aufgrund eines Kfz-Haftpflichtschadens erfolgt. Der Versicherungsnehmer wird folglich nicht wegen des Kfz-USV-Schadens zweimal schlechter gestuft. K Kfz-USV verweist ausdrücklich nicht auf K.1 AKB 2015.

J Beitragsänderung aufgrund tariflicher Maßnahmen

J.3 bis J.5 der AKB 2015 gelten entsprechend.

262 An die Stelle der Muster-AKB 2008 sind nunmehr die Muster-AKB 2015 getreten. Die Klauseln in J.3 bis J.5 AKB 2008 entsprechen denen der J.3 bis J.5 AKB 2015.

263 Derzeit sind nur wenige Schadensfälle bekannt. Es gibt bislang wenig verwaltungsgerichtliche und noch weniger zivilgerichtliche[1] Entscheidungen, die sich mit dem Umweltschadensgesetz auseinandersetzen. Viele Versicherer versichern daher den Schaden nach der Kfz-USV sogar beitragsfrei[2] mit. Die Situation kann sich grundlegend ändern, wenn bei den Behörden[3] das Bewusstsein für entsprechende Schäden wächst und sich dies in entsprechenden Anordnungen bei Schadensfällen niederschlägt.

264 Der Verweisung kommt damit die Aufgabe zu, als Versicherer künftig angemessen reagieren zu können. Dabei ist insbesondere auf J.5 AKB 2015 hinzuweisen. Es ist wahrscheinlich, dass in den nächsten Jahren eine Deckungsvorsorge[4] mit Mindestsummen gesetzlich vorgeschrieben wird.

---

1 So auch Stiefel/Maier/*Meinecke* I Kfz-USV, Rn. 57.
1 Am Rande sogar der *BGH* Urt. v. 18.02.2010 – III ZR 295/09, BGHZ 184, 288 = JurionRS 2010, 11602 = BauR 2010, 1055 = MDR 2010, 809 = NJW-Spezial 2010, 205 = NuR 2010, 673 = NVwZ 2010, 789 = VersR 2010, 1315 (Auslegung von § 24 Abs. 2 BBodSchG).
2 Stiefel/Maier/*Meinecke* J und K Kfz-USV, Rn. 58.
3 Schon bei der Ölspurbeseitigung tauchen Begrifflichkeiten auf, siehe *LG Baden-Baden* Urt. v. 24.07.2009 – 2 O 121/09, SP 2009, 387.
4 Siehe zu den Bestrebungen siehe Kfz-USV A.1.3 Rdn. 178.

K	Beitragsänderung aufgrund eines bei Ihnen eingetretenen Umstands
	K.2 bis K.5 der AKB 2015 gelten entsprechend.
L	Meinungsverschiedenheiten und Gerichtsstände
	L der AKB 2015 gilt entsprechend.
M	Zahlungsweise
	M der AKB 2015 gilt entsprechend.
N	Bedingungsänderung
	N der AKB 2015 gilt entsprechend.

An die Stelle der Muster-AKB 2008 sind nunmehr die Muster-AKB 2015 getreten. 265

Die unter K bis N aufgeführten Verweise enthalten keine Besonderheiten. Auf K.1 AKB 266
2008 wird nicht verwiesen, da die Kfz-USV am Schadensfreiheitsrabattsystem nicht teilnimmt. K. AKB 2008 entspricht K. AKB 2015. Dagegen wurde L. AKB 2015 sprachlich leicht verändert und die Kontaktdaten den Veränderungen angepasst.

In den AKB 2008 wurde bereits in der Version ab 17.03.2010 der Abschnitt M AKB 267
ersatzlos gestrichen. Die Kfz-USV wurde damals allerdings nicht angepasst, so dass weiterhin der Verweis auf die AKB 2008 gelten musste. Eine fließende Verweisung konnte nicht angenommen werden, da ausdrücklich auf die AKB 2008 und nicht auf die AKB der geltenden Fassung des Kfz-Haftpflichtvertrages verwiesen wurde. Offenbar handelte es sich um ein redaktionelles Problem. Offenbar wurde bei der Überarbeitung der Kfz-USV 2015 übersehen, dass M. AKB 2015 nicht mehr vorhanden ist. Zwar wird durch die Verweisung in die aktuelle Verweisung in den Kfz-USV 2015 somit auch dort M. (mit-)gestrichen. Dies hätte man allerdings auch direkt tun können.

N AKB 2008 entspricht N AKB 2015. 268

Allgemeine Versicherungsbedingungen für den Auto- und Reise-Schutzbrief (AVAR)

Musterbedingungen des GDV
(Stand: Februar 2014)

Übersicht Rdn.
A. Einführung 1
B. Parallelen des AVAR zum Auto-Schutzbrief nach A.3 AKB 4
C. Unterschiede in der Versicherung 11
D. Unterschiede im Leistungskatalog 16
E. Fazit 19

A. Einführung

Die nachstehenden unverbindlichen Musterbedingungen des GDV halten eine Alternative zur Autoschutzbriefversicherung nach A.3 AKB bereit. 1

Viele Versicherungsnehmer sind nicht nur Mitglied in einem Automobilclub[1], sondern haben zugleich eine Fahrzeugversicherung, die den Schutz auf Reisen mit dem versicherten Fahrzeug nach A.3 AKB einschließt. Alternativ oder gleichzeitig können Personen auch über einen Auto- und Reise-Schutzbrief versichert sein. Dies macht Sinn, wenn man häufig mit eigenen und fremden Fahrzeugen sowie verschiedenen Verkehrsmitteln unterwegs ist.

Teilweise kann somit zwar das einzelne Risiko mehrfach versichert sein, andererseits 2 werden Deckungslücken weitgehend geschlossen.

Der Versicherungsschutz nach den AVAR schließt zwar den Unfall mit ein, enthält aber keine Elemente einer klassischen Unfallversicherung nach A.4. AKB bzw. der AUB, wie dies gelegentlich bei anderen Schutzbriefen[2] vorkommen kann.

Vorläufer der AVAR sind die Bedingungen des AB-Schutzbrief 96[3] und AB Schutzbrief 3 2000[4]. Die Bedeutung mag in Ansehung des Autoschutzbriefes nach A. 3 AKB gesunken[5] sein; dennoch sah sich der GDV veranlasst, im November 2009 die notwendigen Veränderungen[6] in die Bedingungen aufgrund der Rechtslage nach der VVG-Reform anzupassen. Die AVAR erfuhren im Februar 2014 lediglich wegen der sogenannten SE-

---

1 Zur Schutzbriefversicherung auf Grundlage des ADAC-Schutzbriefes siehe Himmelreich/Halm/*Bergen* Handbuch des Fachanwalts Verkehrsrecht, Kap. 21.
2 *BGH* Urt. v. 28.02.2007 – IV ZR 331/05, JurionRS 2007, 12625 = DAR 2007, 703 = MDR 2007, 885 = NJW 2007, 2041 = NZV 2007, 458 = r+s 2007, 234 = SVR 2007, 428, bespr. v. *Bauer* = VersR 2007, 785 = zfs 2007, 343.
3 Kommentiert in *Hofmann* Schutzbriefversicherung (Assistance).
4 Kommentiert in Prölss/Martin/*Knappmann* VVG, 27. Auflage 2004, AB-Schutzbrief.
5 Prölss/Martin/*Knappmann* VVG, AB-Schutzbrief, Rn. 1.
6 Ludovisy/Eggert/Burhoff/*Notthoff* Praxis des Straßenverkehrsrechts, Teil 3, Rn. 272.

PA-Verordnung[7] eine Aktualisierung. Kleinere Schreibfehler blieben erhalten. Eine Überarbeitung der Bedingungen steht derzeit auf dem Programm.

B. Parallelen des AVAR zum Auto-Schutzbrief nach A.3 AKB

4 Bei beiden Versicherungen handelt es sich um Schadensversicherungen nach den §§ 74 ff. VVG. Wie beim Autoschutzbrief nach A.3 AKB werden auch beim AVAR Organisationsleistungen erbracht und aufgewandte Kosten erstattet. Nach beiden Versicherungsbedingungen schulden die Versicherer bei Serviceleistungen nur die Organisation der Leistungen durch Dritte, aber nicht[8] die Leistungserbringung an sich. Die Versicherer führen lediglich ein Geschäft des Versicherten in dessen Angelegenheiten. Folglich haften die Versicherer nicht für Fehler der beauftragten Unternehmer. Dies gilt in der AVAR auch dann, wenn nicht ausdrücklich, wie in § 3 Nr. 11 oder § 7 Nrn. 2 – 4 AVAR darauf hingewiesen wurde. Abweichend davon existieren individuelle Schutzbriefversicherungen, die eine Haftung nach Maßgabe der §§ 425, 437 Abs. 1 HGB des Schutzbriefversicherers eröffnen, so dass diesen wie einen Frachtführer die Obhutshaftung[9] treffen kann.

5 Für die jeweiligen Verträge gilt deutsches Recht, § 20 AVAR bzw. A. AKB[10].

6 Beim Fahrzeugausfall eines auf den Versicherungsnehmer zugelassenen Fahrzeugs genießen nicht nur der Versicherungsnehmer, sondern auch der berechtigte Fahrer und die berechtigten Insassen Versicherungsschutz, §§ 2 Abs. 2; 5 AVAR.

7 Ausschlüsse gelten bei fehlender Fahrerlaubnis, Rennklausel sowie unterschiedliche Leistungen bei Schadenorten außerhalb von 50 km Luftlinie vom ständigen Wohnsitz.

8 Ausschlüsse gelten bei der Vorhersehbarkeit einer Erkrankung, § 10 Nr. 1.3 AVAR; A.3.7 AKB.

9 Beide Bedingungswerke sehen einen Vorteilsausgleich vor, § 10 Nr. 3 AVAR; A.3.10.1 AKB.

10 Beide Bedingungswerke stellen heraus, dass die Leistungen nur subsidiär erbracht werden, § 21 AVAR bzw. A.3.11 AKB. Damit gehen die Leistungen der Primärversicherer vor.

---

7 Verordnung (EU) Nr. 260/2012 des europäischen Parlaments und des Rates v. 14.03.2012, Amtsblatt der EU L 94/22.
8 *OLG Saarbrücken* Urt. v. 02.03.2005 – 5 U 530/04, JurionRS 2005, 16769 = NJW-RR 2005, 1194 = OLGR 2005, 658 = r+s 2005, 374 = VersR 2005, 1724 = zfs 2005, 399; *OLG Hamm* Beschl. v. 11.10.2013 – 20 U 152/13, JurionRS 2013, 54332 = ADAJUR Dok.Nr. 104249 = SP 2014, 63 = zfs 2014, 280.
9 *OLG Koblenz* Urt. v. 11.11.2014 – 3 U 706/14, JurionRS 2014, 25692 = MDR 2015, 93 = NJW-RR 2015, 230 =VersR 2015, 573 = zfs 2015, 137.
10 *Schwab* A. AKB Rdn. 6–8.

Wird jedoch der Subsidiärversicherer zuerst angesprochen, so leistet er bedingungsgemäß Versicherungsschutz. Der Anspruch des Versicherungsnehmers geht auf den Subsidiärversicherer nach § 86 Abs. 1 VVG über.

Sind jedoch zwei Subsidiärversicherer verpflichtet, zum Beispiel wegen Pannenhilfe der AVAR-Versicherer neben dem Autoschutzbriefversicherer, so besteht eine Mehrfachversicherung nach den §§ 77 ff. VVG. Die Versicherer haben sich dann den Aufwand nach § 78 Abs. 2 VVG zu teilen. Dies gilt selbst im Falle zweier aufeinandertreffender qualifizierter[11] Subsidiaritätsklauseln.

C. Unterschiede in der Versicherung

Im Gegensatz zum Autoschutzbrief ist der Versicherung nicht fahrzeug-, sondern personengebunden[12]. Er ist als Familien- oder Single-Schutzbrief abschließbar.

Im Gegensatz zu A.3. AKB i. V. m. B.2.1 AKB gibt es eine vorläufige Deckung beim AVAR nicht, § 13 AVAR. Der Versicherungsschutz beginnt folglich erst mit der Zahlung des ersten Beitrags.

Der Versicherungsschutz nach der AVAR gilt für Leistungen im Ausland weltweit, im Gegensatz zu A.3.4 AKB beim Autoschutzbrief.

In § 9 AVAR sind umfangreich mehrere Begriffe definiert, wie sie der Versicherer verstanden haben will. Im Autoschutzbrief findet man Definitionen nur vereinzelt, so in A.3.5.4 AKB (Panne und Unfall) und in A.3.7.4 AKB (Reise). Dafür decken sie sich mit den erläuterten Begriffen der AVAR.

Die Abtretung und Verpfändung von Leistungsansprüchen ist nicht ausdrücklich ausgeschlossen, wie in der Autoschutzbriefversicherung, A.3.10.2 AKB.

D. Unterschiede im Leistungskatalog

Der Versicherer nach den Bedingungen der AVAR erbringt den Versicherungsschutz unabhängig davon, ob der Versicherte mit seinem eigenen oder fremden Fahrzeug auf Reisen ist. Der Versicherungsschutz ist zudem unabhängig von einem Verkehrsmittel und gilt sogar dann, wenn der Versicherte als Wanderer zu Fuß oder mit dem Fahrrad auf Reisen ist.

Die Versicherung nach den AVAR wartet mit zusätzlichen Leistungen auf, die im Autoschutzbrief nicht versichert sind. Hervorzuheben sind:
- Bei **Krankheit und Unfall** des Versicherten werden weitere Leistungen erbracht, wie medizinische Kontakthilfen, Benachrichtigungen, Kostenauslegung im Krankenhaus, Krankenrücktransport ohne medizinische Notwendigkeit bei mehr als 14-tägiger stationärer Behandlung, keine Altersbegrenzung für Kinderrückholung, Arznei-

---

11 BGH Urt. v. 19.02.2014 – IV ZR 389/12, JurionRS 2014, 11349 = JZ 2014, 279 = MDR 2014, 779 = VersR 2014, 450 = VuR 2014, 196 = WM 2014, 1052 = zfs 2014, 278.
12 Prölss/Martin/*Knappmann* VVG, AB-Schutzbrief, Rn. 1.

mittelversand, Krankenbesuch, Krankentransport in das nächste erreichbare Krankenhaus, Such-, Rettungs- und Bergekosten des Versicherten; Beratung von Schwerstverletzten im Ausland, Hilfe bei der Beschaffung medizinischer Hilfsmittel im Ausland sowie Beratung zu Reha-Maßnahmen im Ausland, § 3 AVAR
- Hilfen beim **Auslandsreiseabbruch** wegen unzumutbarer Umstände, Insolvenz des Veranstalters, Naturkatastrophen und besonderen Notlagen, § 4 AVAR
- Bei **Fahrzeugausfall**, z. B. auch Leihfahrradservice nach § 5 Nr. 2 AVAR, Autoschlüsselservice nach § 5 Nr. 5 AVAR und Fahrzeugtransport-Service nach § 5 Nr. 6 AVAR sowie verbesserte Hilfe bei der Rückfahrt/Rückflug nach § 5 Nr. 3 AVAR
- Hilfen bei **Notlagen auf Auslandsreisen**, wie Zahlungsmittelverlust, Dokumenten-, Benachrichtigungs-, Verspätungs- und Schlüsselservice sowie Hilfen bei Brillenverlust nach § 6 AVAR
- Diverse organisatorische Hilfen bei **Notfällen zu Hause**, wie Reiserückruf-, Kinderbetreuungs-, Handwerker- und Haushüterservice, § 7 AVAR
- Hilfen bei **Strafverfolgung im Ausland** durch Anwaltsvermittlung und Rechtskostenvorschuss, § 8 AVAR

18 Andererseits bleibt der Versicherungsumfang der AVAR hinter dem des Autoschutzbriefs zurück. Hervorzuheben sind:
- Kein Schutz für mitgeführte Wohnwagen-, Gepäck- und Bootsanhänger, wie in A.3.3 AKB
- Beim Abschleppen gilt die Einschränkung »nächstgelegene Fachwerkstatt«, § 5 Nr. 1.3 Satz 1 AVAR
- Kein Ersatzteilversand, wie in A.3.8.1 AKB
- Kostendeckelung bei Bestattung im Ausland

E. Fazit

19 Der Versicherungsschutz ist durchaus unterschiedlich ausgestaltet, auch wenn sich Überschneidungen im Versicherungsschutz ergeben. Für die Beratung des Versicherten, aber auch für die Regressbearbeitung im Schadensfall ist es wichtig, nach gleichfalls bestehendem Versicherungsschutz zu fragen und die Überschneidungen im Versicherungsschutz festzustellen.

Nachfolgend wird in den Fußnoten auf die Parallelen zur konkreten Bestimmung in A.3 AKB verwiesen.

§ 1 Service und Kostenersatz

Wenn ein Schadenereignis eintritt, erbringen wir die nachfolgenden Leistungen als Service oder als Ersatz für von Ihnen aufgewandte Kosten.

§ 2 Versicherte Personen

(1) Alle Leistungen stehen beim Single-Schutzbrief Ihnen allein, beim Familien-Schutzbrief in gleicher Weise auch Ihrem in häuslicher Gemeinschaft mit Ihnen le-

benden Lebenspartner und den mit Ihnen in häuslicher Gemeinschaft lebenden minderjährigen Kindern zu.

(2) Die in § 5 genannten Leistungen bei Fahrzeugausfall stehen auch berechtigten Fahrern und Insassen zu, wenn der Versicherungsfall während der Fahrt mit einem auf Sie zugelassenen Fahrzeug eingetreten ist. Sofern Ihr Lebenspartner mitversichert ist, gilt dies auch für alle auf Ihren Lebenspartner zugelassenen Fahrzeuge.

§ 3 Krankheit und Unfall

Erkranken Sie auf einer Reise oder erleiden Sie auf einer Reise einen Unfall, erbringen wir folgende Leistungen:

1 Soforthilfe

(1) Wir informieren Sie auf Anfrage über die Möglichkeiten ärztlicher Versorgung. Soweit möglich, benennen wir Ihnen einen deutsch oder englisch sprechenden Arzt, den Sie selbst beauftragen müssen.

(2) Wir stellen, soweit erforderlich, den Kontakt zwischen Ihrem Hausarzt und dem Sie behandelnden Arzt oder Krankenhaus her.

(3) Wir benachrichtigen auf Wunsch Ihre Angehörigen und Ihren Arbeitgeber.

(4) Wir geben dem Krankenhaus gegenüber, soweit erforderlich, eine Kostenübernahmegarantie bis zu ... € ab und legen diese Kosten für Sie aus.

2 Arzneimittelversand

Sind Sie zur Aufrechterhaltung Ihrer Gesundheit auf verschreibungspflichtige Arzneimittel, die vor Ort nicht besorgt werden können, angewiesen, sorgen wir – nach Abstimmung mit Ihrem Hausarzt – für die Zusendung und übernehmen die entstehenden Versandkosten sowie die Kosten der Abholung beim Zoll.

3 Krankenbesuch

(1) Müssen Sie sich länger als zwei Wochen in einem Krankenhaus aufhalten, organisieren wir den Besuch einer Ihnen nahestehenden Person.

(2) Zusätzlich tragen wir die Fahrt- und Übernachtungskosten für den Besucher bis zu ... € je Schadenfall.

4 Krankentransport

(1) Wir übernehmen die Kosten Ihres Transportes zur stationären Heilbehandlung in das nächste erreichbare Krankenhaus.

(2) Müssen Sie an Ihren ständigen Wohnsitz zurücktransportiert werden, sorgen wir für die Durchführung des Rücktransportes[13] und tragen die hierdurch entstehenden Kosten.

---

13 *Merta/Westkämper* aktualisiert von *Schwab* A.3.7.1 AKB Rdn. 1–26.

(3) Art und Zeitpunkt des Rücktransportes müssen medizinisch notwendig[14] sein. Bei einem voraussichtlich mehr als zwei Wochen dauernden Krankenhausaufenthalt können Sie den Krankenrücktransport auch ohne medizinische Notwendigkeit beanspruchen.

(4) Wir übernehmen die bis zum Rücktransport entstehenden, durch die Erkrankung bedingten Übernachtungskosten für Sie und beim Familien-Schutzbrief auch für die nicht erkrankten mitversicherten Familienangehörigen für höchstens drei Nächte bis zu je ... € pro Person.

(5) Können Sie die Rückfahrt zum ständigen Wohnsitz nicht planmäßig antreten, weil ein Krankenhausaufenthalt erforderlich war, werden die gegenüber der ursprünglich vorgesehenen Rückreise entstehenden höheren Fahrtkosten bei einer einfachen Entfernung unter ... Bahnkilometern bis zur Höhe der Bahnkosten 1. Klasse einschließlich Zuschlägen, bei größerer Entfernung bis zur Höhe der Kosten eines Linienflugs (economy class) sowie für nachgewiesene Taxifahrten bis zu ... € erstattet.

5 Rückholung von Kindern (nur Familien-Schutzbrief)

(1) Können minderjährige Kinder[15] infolge Erkrankung ihrer Begleitperson – auch im Todesfall – nicht mehr betreut werden, sorgen wir für die Abholung der Kinder zu ihrem Wohnsitz durch eine von Ihnen oder uns ausgewählte Begleitperson.

(2) Dies gilt auch, wenn die Kinder selbst erkranken und infolge Ihrer Weiterreise nicht mehr betreut werden können.

(3) Wir übernehmen die hierdurch entstehenden Fahrtkosten bei einer einfachen Entfernung unter ... Bahnkilometern bis zur Höhe der Bahnkosten 2. Klasse, bei größerer Entfernung bis zur Höhe der Bahnkosten 1. Klasse oder der Liegewagenkosten, jeweils einschließlich Zuschlägen sowie für nachgewiesene Taxifahrten bis zu ... €. Unsere Leistung ist auf ... € pro Person begrenzt.

6 Stellung eines Ersatzfahrers

(1) Können Sie infolge einer länger als drei Tage andauernden Erkrankung – oder im Todesfall – Ihr Fahrzeug nicht mehr zurückfahren und steht auch kein anderer Mitreisender hierfür zur Verfügung, sorgen wir für die Abholung des Fahrzeuges zu Ihrem ständigen Wohnsitz.

(2) Veranlassen Sie die Abholung selbst, erhalten Sie von uns als Kostenersatz ... € je Kilometer Entfernung zwischen Ihrem Wohnsitz und dem Schadenort.

(3) Wir übernehmen in jedem Fall die bis zur Abholung entstehenden, durch Ihren Ausfall bedingten Übernachtungskosten für höchstens drei Nächte bis zu je ... € pro Person.

7 Hilfe im Todesfall (nur Ausland)

---

14 *Merta/Westkämper* aktualisiert von *Schwab* A.3.7.1 AKB Rdn. 4–6.
15 *Merta/Westkämper* aktualisiert von *Schwab* A.3.7.2 AKB Rdn. 1–7.

(1) Im Todesfall[16] sorgen wir – nach Abstimmung mit den Angehörigen – für die Bestattung im Ausland oder die Überführung des Verstorbenen nach Deutschland.

(2) Wir übernehmen die hierdurch jeweils entstehenden Kosten bis zu ... €.

8 Such-, Rettungs- und Bergungskosten (nur Ausland)

Müssen Sie wegen des Unfalles gesucht, gerettet oder geborgen werden, übernehmen wir hierfür die Kosten bis zu ... €.

9 Soforthilfe bei Schwerstverletzungen (nur Ausland)

(1) Hat der Unfall eine Schwerstverletzung zur Folge, beraten wir Sie über Maßnahmen zur Verbesserung Ihrer persönlichen Mobilität und zum Umbau Ihrer Wohnung oder des Zugangs dazu.

(2) Wir beteiligen uns an den nach unserer Beratung hierfür erforderlichen Kosten bis zu einem Betrag von ... €.

(3) Die Schwerstverletzung ist durch einen objektiven, am Stand der medizinischen Erkenntnisse orientierten ärztlichen Bericht nachzuweisen.

(4) Der Anspruch entsteht nach Eintritt des Unfalles. Er erlischt mit Ablauf eines Jahres, vom Unfalltage an gerechnet.

10 Bereitstellung medizinischer Hilfsmittel (nur Ausland)

(1) Sind Sie aufgrund des Unfalles auf die Benutzung medizinischer Hilfsmittel angewiesen, helfen wir Ihnen bei der Beschaffung der benötigten Hilfsmittel.

(2) Zusätzlich beteiligen wir uns an den erforderlichen Kosten der Hilfsmittel bis zu einem Betrag von ... €.

11 Beratung über Reha- Maßnahmen (nur Ausland)

(1) Nach einem unfallbedingten Krankenhausaufenthalt beraten wir Sie über die Möglichkeiten von Rehabilitations-Maßnahmen und benennen Ihnen uns bekannte Reha-Einrichtungen.

(2) Für die Leistungen dieser Einrichtungen übernehmen wir keine Haftung.

§ 4 Abbruch der Auslandsreise im Not- oder Katastrophenfall

1 Rückreise-Service

(1) Ist Ihnen die planmäßige Beendigung Ihrer Auslandsreise nicht oder nur zu einem anderen als dem ursprünglich vorgesehenen Zeitpunkt zuzumuten, weil ein Mitreisender oder ein naher Verwandter schwer erkrankt oder verstorben ist, oder weil eine erhebliche Schädigung Ihres Vermögens eingetreten ist, oder weil am Zielort

---

16 *Merta/Westkämper* aktualisiert von *Schwab* A.3.8.3 AKB Rdn. 1–7.

Krieg oder innere Unruhen ausgebrochen sind, sorgen wir für Ihre Rückreise, sofern Sie von diesen Ereignissen überrascht worden sind.

(2) Zusätzlich übernehmen wir die gegenüber der ursprünglich vorgesehenen Rückreise entstehenden höheren Fahrtkosten bis zu ... € je Schadenfall und Person.

(3) § 10 Nr. 1.1 wenden wir insoweit nicht an.

2 Hilfe bei Insolvenz des Reiseveranstalters

(1) Können Sie Ihre Rückreise aus dem Ausland nicht planmäßig antreten, weil Ihr Reiseveranstalter zahlungsunfähig geworden ist, informieren wir Sie über andere Möglichkeiten Ihrer Rückkehr.

(2) Zusätzlich stellen wir Ihnen, soweit erforderlich, ein zinsloses Darlehen für die Kosten der Rückreise zur Verfügung.

3 Hilfe bei Naturkatastrophen

(1) Verläuft Ihre Reise nicht planmäßig, weil am jeweiligen Aufenthaltsort unvorhergesehene Naturkatastrophen (z. B. Lawinen oder Erdbeben) eingetreten sind und daher die Weiterreise nicht möglich oder infolge behördlicher Anordnung nicht erlaubt ist, erstatten wir für nachgewiesene außerplanmäßige Verpflegungs- und Übernachtungskosten je Tag und versicherte Person ... €, höchstens jedoch insgesamt bis zu ... € je versicherte Person.

(2) Wenn es Ihnen durch die Naturkatastrophe oder infolge behördlicher Anordnung nicht möglich ist, mit Ihrem ursprünglich gewählten Verkehrsmittel weiterzureisen, übernehmen wir hierbei entstehende Reisemehrkosten für

a. die Fahrt vom Schadenort zu Ihrem Wohnsitz oder für die Fahrt vom Schadenort zum Zielort (höchstens jedoch innerhalb des Geltungsbereiches) und

b. die Rückfahrt vom Zielort zu Ihrem Wohnsitz.

(3) Die Kosten erstatten wir bei einfacher Entfernung unter ... Bahnkilometer bis zur Höhe der Bahnkosten 1. Klasse einschließlich Zuschlägen, bei größerer Entfernung bis zur Höhe der Kosten eines Linienfluges (economy class) sowie für nachgewiesene Taxikosten bis zu ... € pro Person.

(4) Müssen Sie aufgrund der Naturkatastrophe oder infolge behördlicher Anordnung Ihr fahrbereites Fahrzeug am Schadenort zurücklassen, sorgen wir für die Rückholung des Fahrzeugs zu Ihrem ständigen Wohnsitz.

(5) Veranlassen Sie die Abholung selbst, erhalten Sie von uns als Kostenersatz ... € je Kilometer Entfernung zwischen Ihrem Wohnsitz und dem Schadenort.

(6) § 10 Nr. 1.1 wenden wir insoweit nicht an.

4 Hilfe bei sonstigen besonderen Notlagen

(1) Geraten Sie auf einer Reise im Ausland in eine besondere Notlage, die in den anderen Bestimmungen nicht geregelt ist, zu deren Beseitigung jedoch Hilfe notwendig

wird, um erheblichen Nachteil für Ihre Gesundheit oder Ihr Vermögen zu vermeiden, veranlassen wir die erforderlichen Maßnahmen und übernehmen die hierdurch entstehenden Kosten bis zu ... € je Schadenfall.

(2) Kosten im Zusammenhang mit der Nicht- oder Schlechterfüllung von Verträgen, die von Ihnen abgeschlossen wurden, sowie Wiederbeschaffungs- und Reparaturkosten erstatten wir nicht.

§ 5 Fahrzeugausfall

Fällt das von Ihnen geführte Fahrzeug infolge einer Panne, eines Unfalles oder eines Total- bzw. Teilediebstahls aus, erbringen wir folgende Leistungen:

1 Soforthilfe am Schadenort

1.1 Pannen- und Unfallhilfe[17]

(1) Wir sind bei der Wiederherstellung der Fahrbereitschaft an der Schadenstelle durch einen Pannenhilfsfahrzeug behilflich und übernehmen die hierdurch entstehenden Kosten. Die hierdurch entstehenden Kosten einschließlich der vom Pannenhilfsfahrzeug mitgeführten Kleinteile übernehmen wir unbegrenzt, wenn Sie nach Eintritt des Schadenfalls ausschließlich uns mit der Organisation der Leistung beauftragen.

(2) Ansonsten beläuft sich der Höchstbetrag für diese Leistung auf ... €.

1.2 Bergen

Ist das Fahrzeug von der Straße abgekommen, sorgen wir für seine Bergung einschließlich Gepäck und nicht gewerblich beförderter Ladung und übernehmen die hierdurch entstehenden Kosten.

1.3 Abschleppen

(1) Kann das Fahrzeug an der Schadenstelle nicht wieder fahrbereit gemacht werden, sorgen wir für das Abschleppen des Fahrzeuges einschließlich Gepäck und nicht gewerblich beförderter Ladung zur nächstgelegenen Fachwerkstatt. Die hierdurch entstehenden Kosten übernehmen wir unbegrenzt, wenn Sie nach Eintritt des Schadenfalls ausschließlich uns mit der Organisation der Leistung beauftragen.

(2) Ansonsten beläuft sich der Höchstbetrag für diese Leistung auf ... €; hierauf werden durch den Einsatz eines Pannenhilfsfahrzeuges entstandene Kosten angerechnet.

2 Mietwagen-Service

(1) Wir helfen Ihnen auf Wunsch bei der Beschaffung eines Selbstfahrervermietfahrzeuges und übernehmen die Kosten für die Anmietung eines gleichartigen Mietfahrzeuge[18]s bis zur Wiederherstellung der Fahrbereitschaft, jedoch höchstens für sieben Tage bis zu insgesamt ... €; bei Leihfahrrädern übernehmen wir maximal ... €.

---

17 *Merta/Westkämper* aktualisiert von *Schwab* A.3.5.4 AKB Rdn. 1–21.
18 *Merta/Westkämper* aktualisiert von *Schwab* A.3.6.3 AKB Rdn. 1–16.

(2) Nehmen Sie unseren Weiter- und Rückfahrt-Service oder den Übernachtungs-Service in Anspruch, übernehmen wir keine Mietwagenkosten.

3 Weiter- und Rückfahrt-Service

(1) Wir organisieren die Weiterfahrt zu Ihrem ständigen Wohnsitz im Inland oder zu Ihrem Zielort und die Rückfahrt vom Zielort zu Ihrem Wohnsitz sowie die Abholung des wieder fahrbereiten Fahrzeuges vom Schadenort.

(2) Wir übernehmen hierbei entstehende Kosten für

a. die Fahrt vom Schadenort zu Ihrem Wohnsitz oder für die Fahrt vom Schadenort zum Zielort (jedoch höchstens innerhalb des Geltungsbereiches),

b. die Rückfahrt vom Zielort zu Ihrem Wohnsitz und

c. die Rückfahrt zum Schadenort für eine Person, wenn das wieder fahrbereite Fahrzeug dort abgeholt

werden soll.

(3) Diese Kosten erstatten wir bei einfacher Entfernung unter... Bahnkilometern bis zur Höhe der Bahnkosten 1. Klasse einschließlich Zuschlägen, bei größerer Entfernung bis zur Höhe der Kosten eines Linienfluges (economy class) sowie für nachgewiesene Taxifahrten bis zu ... €. Liegt der Schadenort außerhalb Europas, zahlen wir maximal ... € pro Person.

4 Übernachtungs-Service

(1) Wir helfen Ihnen auf Wunsch bei der Beschaffung einer Übernachtungsmöglichkeit und übernehmen die Übernachtungskosten für höchstens drei Nächte, jedoch nicht über den Tag hinaus, an dem das Fahrzeug wiederhergestellt werden konnte oder wiederaufgefunden wurde.

(2) Nehmen Sie unseren Weiter- und Rückfahrt-Service in Anspruch, übernehmen wir Übernachtungskosten nur für eine Nacht.

(3) Wir erstatten höchstens ... € je Übernachtung und Person.

5 Autoschlüssel-Service

(1) Haben Sie die Schlüssel für Ihr Fahrzeug verloren, helfen wir bei der Beschaffung von Ersatzschlüsseln und übernehmen die Kosten für den Versand der Ersatzschlüssel.

(2) Die Kosten der Ersatzschlüssel selbst übernehmen wir nicht.

(3) Lässt sich Ihr Fahrzeug nicht öffnen, weil der Schlüssel im Fahrzeug eingeschlossen ist, organisieren wir die Öffnung des Fahrzeugs und übernehmen die hierbei anfallenden Kosten.

6 Fahrzeugtransport-Service

(1) Kann das Fahrzeug am Schadenort oder in dessen Nähe nicht innerhalb von drei Werktagen fahrbereit gemacht werden und übersteigen die voraussichtlichen Repara-

turkosten nicht den Betrag, der für ein gleichwertiges gebrauchtes Fahrzeug aufgewandt werden muss, sorgen wir für den Transport des Fahrzeuges zu einer Werkstatt an einem anderen Ort.

(2) Wir übernehmen die hierdurch entstehenden Kosten bis zur Höhe der Kosten für einen Rücktransport an Ihren ständigen Wohnsitz im Inland; liegt der Schadenort außerhalb Europas, zahlen wir höchstens ... €.

(3) Liegt der Schadenort in Deutschland, sorgen wir dafür, dass Sie und beim Familien-Schutzbrief auch Ihre mitversicherten Familienangehörigen möglichst zusammen mit dem Fahrzeug zu Ihrem Wohnsitz gebracht werden (Pick-up-Service).

7 Fahrzeugunterstellung

(1) Muss das Fahrzeug bis zur Wiederherstellung der Fahrbereitschaft oder bis zur Durchführung des Transportes zu einer Werkstatt untergestellt[19] werden, sind wir Ihnen hierbei behilflich und übernehmen die dadurch entstehenden Kosten, jedoch höchstens für zwei Wochen.

(2) Diese Leistung erbringen wir auch, wenn das Fahrzeug nach einem Diebstahl im Ausland wiederaufgefunden wird und bis zur Durchführung des Rücktransportes oder der Verzollung bzw. Verschrottung untergestellt werden muss.

8 Fahrzeugverzollung und -verschrottung (nur Ausland)[20]

(1) Muss das Fahrzeug im Ausland verzollt werden, helfen wir bei der Durchführung der Verzollung.

(2) Zusätzlich tragen wir die hierbei anfallenden Verfahrensgebühren mit Ausnahme des Zollbetrages und sonstiger Steuern.

(3) Ist zur Vermeidung der Verzollung eine Verschrottung des Fahrzeuges erforderlich, übernehmen wir die hierdurch entstehenden Kosten.

9 Hilfe bei der Fahrzeugreparatur

(1) Muss das Fahrzeug in einer Werkstatt repariert werden, helfen wir bei der Suche nach einer Werkstatt.

(2) Für die Leistungen der Werkstatt übernehmen wir keine Haftung.

(3) Können Ersatzteile zur Wiederherstellung der Fahrbereitschaft des Fahrzeuges an einem ausländischen Schadenort oder in dessen Nähe nicht beschafft werden, sorgen wir dafür, dass Sie diese auf schnellstmöglichem Wege erhalten und übernehmen alle entstehenden Versandkosten, nicht aber die Kosten der Ersatzteile selbst.

---

19 *Merta/Westkämper* aktualisiert von *Schwab* A.3.6.4 AKB Rdn. 1–6.
20 *Merta/Westkämper* aktualisiert von *Schwab* A.3.8.1 AKB Rdn. 14–21.

§ 6 Sonstige Notlagen auf Reisen (nur Ausland)

1 Soforthilfe bei Zahlungsmittelverlust

Geraten Sie auf einer Reise im Ausland durch den Verlust von Zahlungsmitteln in eine finanzielle Notlage, stellen wir den Kontakt zu Ihrer Hausbank her. Ist dies nicht binnen 24 Stunden nach dem auf die Schadenmeldung folgenden Werktag möglich, stellen wir Ihnen ein zinsloses Darlehen bis zu ... € je Schadenfall zur Verfügung.

2 Dokumenten- und Daten-Service

(1) Sie können Ihre persönlichen Dokumente (Reisepass, Personalausweis, Führerschein, Kredit- und Bezahlkarten usw.) und Daten in einem von uns vorgehaltenen Dokumenten- und Daten-Depot hinterlegen lassen. Der Zugriff auf das Depot ist nur Ihnen und ggf. den durch Sie benannten Vertrauenspersonen möglich.

(2) Haben Sie auf einer Reise im Ausland ein für die Reise benötigtes Dokument verloren, helfen wir Ihnen bei der Ersatzbeschaffung und übernehmen die hierbei im Ausland anfallenden Gebühren.

(3) Bei einem Verlust Ihrer Scheck- oder Kreditkarte informieren wir auf Wunsch unverzüglich Ihre Bank bzw. Ihr Kreditkartenunternehmen.

3 Benachrichtigungs-Service

Geraten Sie auf einer Reise in eine schwerwiegende Notlage (z. B. Erkrankung, Verhaftung, Diebstahl), übermitteln wir auf Wunsch Nachrichten an Ihnen nahestehende Personen, Ihren Arbeitgeber, Geschäftspartner, Vermieter oder andere von Ihnen benannte Ansprechpartner und übernehmen zusätzlich die dadurch entstehenden Übermittlungskosten.

4 Verspätungs-Service

Ist Ihr Verkehrsmittel (Bahn, Flugzeug, Schiff) im Ausland voraussichtlich mehr als 4 Stunden verspätet, so informieren wir Sie über alternative Reisemöglichkeiten, helfen bei der Umbuchung und informieren auf Wunsch Ihre Angehörigen und Geschäftspartner.

5 Schlüssel-Service

Haben Sie auf einer Reise im Ausland die Schlüssel für Ihr Haus oder Ihre Wohnung an Ihrem ständigen Wohnsitz im Inland verloren, helfen wir bei der Beschaffung von Ersatzschlüsseln.

6 Hilfe bei Brillenverlust

Haben Sie auf einer Reise im Ausland Ihre Brille oder Kontaktlinsen verloren, sorgen wir – in Abstimmung mit Ihnen nahestehenden Personen – für die Beschaffung und Zusendung einer Ersatzbrille oder von Ersatzkontaktlinsen und übernehmen die hierbei entstehenden Versandkosten, nicht aber die Kosten der Ersatzbrille oder Ersatzkontaktlinsen selbst.

§ 7 Notfall zu Hause

1 Reiserückruf-Service

Ist infolge Todes oder Erkrankung eines nahen Verwandten oder infolge einer erheblichen Schädigung Ihres Vermögens ein Rückruf von einer Reise durch den Rundfunk notwendig, leiten wir die erforderlichen Maßnahmen in die Wege und übernehmen die hierdurch entstehenden Kosten.

2 Kinderbetreuungs-Service (nur Familien-Schutzbrief)

(1) Müssen Ihre zu Hause gebliebenen minderjährigen Kinder infolge Erkrankung oder Unfalls betreut werden, während Sie sich auf einer Reise befinden, vermitteln wir Ihnen auf Anfrage eine Person, die die Betreuung der Kinder während Ihrer Abwesenheit übernimmt.

(2) Das gilt auch, wenn Sie während einer Reise erkranken und die Kinder deshalb zu Hause betreut werden müssen.

(3) Die Kosten des Betreuers zahlen wir nicht; für seine Leistung übernehmen wir keine Haftung.

3 Handwerker-Service

(1) Werden während einer Reise Ihr Haus oder Ihre Wohnung an Ihrem Wohnsitz im Inland durch unvorhergesehene Ereignisse (z. B. Brand, Wasser, Einbruch, Vandalismus) erheblich beschädigt, vermitteln wir Ihnen auf Anfrage uns bekannte Handwerkerfirmen oder Dienstleistungsunternehmen und organisieren deren Einsatz für Soforthilfemaßnahmen.

(2) Die Kosten dieser Firmen zahlen wir nicht; für deren Leistungen übernehmen wir keine Haftung.

4 Haushüter-Service

(1) Kann die von Ihnen beauftragte Person, die Ihr Haus oder Ihre Wohnung am ständigen Wohnsitz im Inland während Ihrer Abwesenheit betreuen soll, ihren Dienst unerwartet nicht antreten oder fortsetzen, vermitteln wir Ihnen auf Anfrage einen uns bekannten Haushüter.

(2) Die Kosten des Haushüters zahlen wir nicht; für seine Leistungen übernehmen wir keine Haftung.

§ 8 Strafverfolgung im Ausland

Werden Sie auf einer Reise im Ausland verhaftet oder wird Ihnen mit Haft gedroht, erbringen wir folgende Leistungen:

1 Vermittlung von Anwaltshilfe

Wir sind bei der Auswahl und Beauftragung eines Anwaltes und, soweit erforderlich, eines Dolmetschers behilflich.

Falls nötig, benennen und schalten wir auch Botschaften oder Konsulate ein.

2 Rechtskosten-Vorschuss

Wir verauslagen die in diesem Zusammenhang entstehenden Gerichts-, Anwalts- und Dolmetscherkosten bis zu einem Gegenwert von ... € sowie eine von den Behörden verlangte Strafkaution bis zu einem Gegenwert von ... €.

§ 9 Begriffe

Wie sind die hier verwendeten Begriffe zu verstehen?

»*Ausland*«

sind alle Länder dieser Welt außer Deutschland. Als Ausland gilt nicht ein Land, in dem die versicherte Person einen Wohnsitz hat.

»*Diebstahl*«

liegt auch bei Raub, Erpressung, Unterschlagung oder unbefugtem Gebrauch vor.

»*Fahrzeuge*«

sind für den Straßenverkehr zugelassene Kraftfahrzeuge zu Lande (die nach Bauart und Einrichtung zur Beförderung von Personen bestimmt sind, einschließlich des Fahrerplatzes nicht

mehr als neun Sitzplätze haben, eine Gesamtbreite von 255 cm, eine Gesamtlänge von 1000

cm, eine Höhe von 300 cm und ein zulässiges Gesamtgewicht von 3,5 t nicht überschreiten),

Wohnmobile bis 320 cm Höhe und 7,5 t zulässigem Gesamtgewicht (einschließlich Ladung),

Krafträder, Mopeds, Fahrräder sowie mitgeführte Wohnwagen-, Gepäck- und Bootsanhänger

mit höchstens einer Achse (Achsen mit weniger als 100 cm Abstand gelten als eine Achse.

»*Familienangehörige*«

sind Ehepartner oder nichteheliche Lebenspartner und die minderjährigen Kinder, soweit sie in häuslicher Gemeinschaft leben.

»*Nahe Verwandte*«

sind Eltern, Kinder, Enkel, Geschwister, Großeltern, Schwiegereltern und Schwiegerkinder.

»*Panne*«
ist jeder Brems-, Betriebs- oder Bruchschaden.

»*Schwerstverletzungen*«
sind Querschnittslähmung nach Schädigung des Rückenmarks, Schädel-Hirn-Verletzung mit

zweifelsfrei nachgewiesener Hirnblutung, schwere Mehrfachverletzung/Polytrauma (Kombination

aus mindestens zwei der folgenden Verletzungen: Fraktur des Beckens, Fraktur der Wirbelsäule,

gewebezerstörender Schaden von inneren Organen), Verbrennungen III. Grades von mehr als 30 % der Körperoberfläche.

»Reise« ist jede Abwesenheit vom ständigen Wohnsitz bis zu einer Höchstdauer von fortlaufenden

sechs Wochen.

»Sie« sind unser Versicherungsnehmer.

»Ständiger Wohnsitz«

ist der Ort in Deutschland, an dem Sie polizeilich gemeldet sind und sich überwiegend aufhalten.

»Unfall«

ist ein plötzlich von außen auf Ihren Körper wirkendes Ereignis, durch das Sie unfreiwillig eine

Gesundheitsschädigung erleiden.

Als Unfall gilt auch, wenn durch eine erhöhte Kraftansprengung[21] an Gliedmaßen oder Wirbelsäule

ein Gelenk verrenkt wird oder Muskeln, Sehnen, Bänder oder Kapseln gezerrt oder zerrissen

werden.

Bei Fahrzeugausfall (§ 5) verstehen wir unter »Unfall« jedes Ereignis, das unmittelbar von außen

plötzlich mit mechanischer Gewalt auf das Fahrzeug einwirkt.

---

21 Richtig wäre »Kraftanstrengung«.

»*Wir*«

sind Ihre Versicherungsgesellschaft.

§ 10 Ausschlüsse und Leistungskürzungen

Wann kann Ihnen der Schutzbrief nicht helfen?

1 Eine Leistung ist von uns nicht zu erbringen, wenn das Ereignis

1.1 durch Krieg, innere Unruhen, terroristische Handlungen, Anordnungen staatlicher Stellen, Erdbeben[22] oder Kernenergie[23] verursacht wurde. Wir helfen jedoch, soweit möglich, wenn Sie von einem dieser Ereignisse überrascht worden sind, innerhalb der ersten 14 Tage seit erstmaligem Auftreten;

1.2 von Ihnen vorsätzlich herbeigeführt wurde; bei grob fahrlässiger Herbeiführung[24] des Ereignisses sind wir berechtigt, unsere Leistung in einem der Schwere Ihres Verschuldens entsprechenden Verhältnis zu kürzen;

1.3 durch eine Erkrankung[25] oder Verletzung, die innerhalb sechs Wochen vor Reisebeginn erstmalig oder zum wiederholten Male aufgetreten ist oder noch vorhanden war, verursacht wurde.

2 Außerdem leisten wir nicht,

2.1 wenn Sie bei Eintritt des Schadens nicht die vorgeschriebene Fahrerlaubnis hatten oder zum Führen des Fahrzeuges nicht berechtigt waren;

2.2 wenn Sie mit dem Fahrzeug bei Schadeneintritt an einer Fahrveranstaltung, bei der es auf die Erzielung einer Höchstgeschwindigkeit[26] ankam, einer dazugehörigen Übungsfahrt oder einer Geschicklichkeitsprüfung, teilgenommen haben;

2.3 wenn Sie bei Eintritt des Schadens das Fahrzeug zur gewerbsmäßigen Personenbeförderung oder gewerbsmäßigen Vermietung verwendet hatten;

2.4 wenn der Schadenort weniger als 50 Kilometer Luftlinie von Ihrem ständigen Wohnsitz entfernt liegt. Wir leisten jedoch in den Fällen der Pannen- und Unfallhilfe (§ 5 Nr. 1.1), des Bergens (§ 5 Nr. 1.2), des Abschleppens (§ 5 Nr. 1.3) und der Fahrzeugverzollung und -verschrottung (§ 5 Nr. 8).

---

22 *Merta/Westkämper* aktualisiert von *Schwab* A.3.9.3 AKB Rdn. 1–6.
23 *Merta/Westkämper* aktualisiert von *Schwab* A.3.9.4 AKB Rdn. 1.
24 *Merta/Westkämper* aktualisiert von *Schwab* A.3.9.1 AKB Rdn. 1–8.
25 *Merta/Westkämper* aktualisiert von *Schwab* A.3.7. AKB Rdn. 4.
26 Abweichend zu den heute nur noch »genehmigten« Rennen als Ausschluss, *Merta/Westkämper* aktualisiert von *Schwab* A.3.9.2 AKB Rdn. 1.

3 Leistungskürzung

Haben Sie aufgrund unserer Leistungen Kosten erspart[27], die Sie ohne den Schadeneintritt hätten aufwenden müssen, können wir unsere Leistung um einen Betrag in Höhe dieser Kosten kürzen.

§ 11 Pflichten nach Schadeneintritt

Ihre Pflichten nach dem Eintritt eines Schadens

1 Nach dem Eintritt eines Schadenfalles müssen Sie

1.1 uns den Schaden unverzüglich anzeigen,

1.2 sich mit uns darüber abstimmen, ob und welche Leistungen wir erbringen. Wir unterhalten einen Notdienst, der »rund um die Uhr« besetzt ist.

1.3 den Schaden so gering wie möglich halten und unsere Weisungen beachten,

1.4 uns jede zumutbare Untersuchung über Ursache und Höhe des Schadens und über den Umfang seiner Entschädigungspflicht gestatten, sowie Originalbelege zum Nachweis der Schadenhöhe vorlegen und, soweit erforderlich, die behandelnden Ärzte von ihrer Schweigepflicht entbinden und

1.5 uns bei der Geltendmachung der aufgrund unserer Leistungen auf uns übergegangenen Ansprüche gegenüber Dritten unterstützen und uns die hierfür benötigten Unterlagen aushändigen.

2 (1) Wird eine dieser Obliegenheiten vorsätzlich verletzt, verlieren Sie den Versicherungsschutz, es sei denn, Sie haben die Obliegenheit weder vorsätzlich noch grob fahrlässig verletzt.

(2) Bei grob fahrlässiger Verletzung einer Obliegenheit sind wir berechtigt, unsere Leistung in einem der Schwere Ihres Verschuldens entsprechenden Verhältnis zu kürzen. Weisen Sie nach, dass Sie die Obliegenheit nicht grob fahrlässig verletzt haben, erbringen wir unsere Leistung.

(3) Wir erbringen unsere Leistung auch, wenn Sie nachweisen, dass die Verletzung der Obliegenheit weder für den Eintritt oder die Feststellung des Versicherungsfalls noch für die Feststellung oder den Umfang der uns obliegenden Leistung ursächlich war. Das gilt nicht, wenn Sie die Obliegenheit arglistig verletzt haben.

(4) Bei vorsätzlicher Verletzung behalten Sie in diesen Fällen den Versicherungsschutz insoweit nur, wenn die Verletzung nicht geeignet war, unsere Interessen ernsthaft zu beeinträchtigen, oder wenn Sie kein erhebliches Verschulden trifft.

---

27 *Merta/Westkämper* aktualisiert von *Schwab* A.3.10.1 AKB Rdn. 1–4.

3 Geldbeträge, die wir für Sie verauslagt oder Ihnen nur als Darlehen gegeben haben, müssen Sie unverzüglich nach deren Erstattung durch Dritte, spätestens jedoch innerhalb eines Monats nach Auszahlung an uns zurückzahlen.

§ 12 Dauer und Ende des Vertrages

1 Vertragsdauer

Der Vertrag ist für die im Versicherungsschein angegebene Zeit abgeschlossen.

2 Stillschweigende Verlängerung

Bei einer Vertragsdauer von mindestens einem Jahr verlängert sich der Vertrag um jeweils ein Jahr, wenn nicht Ihnen oder uns spätestens drei Monate vor dem Ablauf des jeweiligen Versicherungsjahres eine Kündigung zugegangen ist.

3 Vertragsbeendigung

(1) Bei einer Vertragsdauer von weniger als einem Jahr endet der Vertrag, ohne dass es einer Kündigung bedarf, zum vorgesehenen Zeitpunkt.

(2) Bei einer Vertragsdauer von mehr als drei Jahren kann der Vertrag schon zum Ablauf des dritten Jahres oder jedes darauffolgenden Jahres gekündigt werden; die Kündigung muss Ihnen oder uns spätestens drei Monate vor dem Ablauf des jeweiligen Versicherungsjahres zugegangen sein.

§ 13 Beginn des Versicherungsschutzes

Der Versicherungsschutz beginnt zu dem im Schutzbrief angegebenen Zeitpunkt, wenn Sie den ersten oder einmaligen Beitrag rechtzeitig im Sinne von § 14 Nr. 2 zahlen.

§ 14 Beiträge, Fälligkeit, Verzug

1 Beitrag und Versicherungssteuer

Der in Rechnung gestellte Betrag enthält die Versicherungssteuer, die Sie in der jeweils vom Gesetz bestimmten Höhe zu entrichten haben.

2 Zahlung und Folgen verspäteter Zahlung/Erster oder einmaliger Beitrag

2.1 Fälligkeit und Rechtzeitigkeit der Zahlung

(1) Der erste oder einmalige Beitrag wird – wenn nichts anderes vereinbart ist – unverzüglich nach Ablauf von zwei Wochen nach Zugang des Versicherungsscheins fällig.

(2) Ist Zahlung des Jahresbeitrags in Raten vereinbart, gilt als erster Beitrag nur die erste Rate des ersten Jahresbeitrags.

2.2 Späterer Beginn des Versicherungsschutzes

Zahlen Sie den ersten oder einmaligen Beitrag nicht rechtzeitig, sondern zu einem späteren Zeitpunkt, beginnt der Versicherungsschutz erst ab diesem Zeitpunkt, sofern wir Sie durch eine gesonderte Mitteilung in Textform oder durch einen auffälligen Hinweis im Versicherungsschein auf diese Rechtslage aufmerksam gemacht haben.

Dies gilt nicht, wenn Sie nachweisen, dass Sie die Nichtzahlung nicht zu vertreten haben.

2.3 Rücktritt

Zahlen Sie den ersten oder einmaligen Beitrag nicht rechtzeitig, können wir vom Vertrag zurücktreten, solange der Beitrag nicht gezahlt ist. Wir können nicht zurücktreten, wenn Sie nachweisen, dass Sie die Nichtzahlung nicht zu vertreten haben.

3 Zahlung und Folgen verspäteter Zahlung/Folgebeitrag

3.1 Fälligkeit und Rechtzeitigkeit der Zahlung

Die Folgebeiträge werden zu dem jeweils vereinbarten Zeitpunkt fällig.

3.2 Verzug

(1) Wird der Folgebeitrag nicht rechtzeitig gezahlt, geraten Sie ohne Mahnung in Verzug, es sei denn, dass Sie die verspätete Zahlung nicht zu vertreten haben.

(2) Wir werden Sie in Textform schriftlich zur Zahlung auffordern und Ihnen eine Zahlungsfrist von mindestens zwei Wochen setzen.

(3) Wir sind berechtigt, Ersatz des uns durch den Verzug entstandenen Schadens zu verlangen.

3.3 Kein Versicherungsschutz

Sind Sie nach Ablauf dieser Zahlungsfrist noch mit der Zahlung in Verzug, besteht ab diesem Zeitpunkt bis zur Zahlung kein Versicherungsschutz, wenn Sie mit der Zahlungsaufforderung nach § 14 Nr. 3.2 Absatz 2 darauf hingewiesen wurden.

3.4 Kündigung

(1) Sind Sie nach Ablauf dieser Zahlungsfrist noch mit der Zahlung in Verzug, können wir den Vertrag kündigen, wenn wir Sie mit der Zahlungsaufforderung nach § 14 Nr. 3.2 Absatz 2 darauf hingewiesen haben.

(2) Haben wir gekündigt, und zahlen sie danach innerhalb eines Monats den angemahnten Beitrag, besteht der Vertrag fort. Für Versicherungsfälle, die zwischen dem Ablauf der Zahlungsfrist und der Zahlung eingetreten sind, besteht jedoch kein Versicherungsschutz.

4 Rechtzeitigkeit der Zahlung bei SEPA-Lastschriftmandat

(1) Ist die Einziehung des Beitrags von einem Konto vereinbart, gilt die Zahlung als rechtzeitig, wenn der Beitrag zum Fälligkeitstag eingezogen werden kann und Sie einer berechtigten Einziehung nicht widersprechen.

(2) Konnte der fällige Beitrag ohne Ihr Verschulden von uns nicht eingezogen werden, ist die Zahlung auch dann noch rechtzeitig, wenn sie unverzüglich nach unserer in Textform abgegebenen Zahlungsaufforderung erfolgt.

(3) Kann der fällige Beitrag nicht eingezogen werden, weil Sie die Einzugsermächtigung widerrufen haben, oder haben Sie aus anderen Gründen zu vertreten, dass der Beitrag wiederholt nicht eingezogen werden kann, sind wir berechtigt, künftig Zahlung außerhalb des Lastschriftverfahrens zu verlangen. Sie sind zur Übermittlung des Beitrags erst verpflichtet, wenn Sie von uns hierzu in Textform aufgefordert worden sind.

5 Teilzahlung und Folgen bei verspäteter Zahlung

(1) Ist die Zahlung des Jahresbeitrags[28] in Raten vereinbart, sind die noch ausstehenden Raten sofort fällig, wenn Sie mit der Zahlung einer Rate in Verzug sind.

(2) Ferner können wir für die Zukunft jährliche Beitragszahlung verlangen.

6 Beitrag bei vorzeitiger Vertragsbeendigung

Bei vorzeitiger Vertragsbeendigung haben wir, soweit nicht etwas anders bestimmt ist, nur Anspruch auf den Teil des Beitrages, der der abgelaufenen Vertragszeit entspricht.

§ 15 Beitragsanpassung

1 *(Eine konkrete Beitragsanpassungsregelung wird derzeit nicht empfohlen. Sollten sich einzelne Unternehmen für die Aufnahme einer solchen Regelung in ihre Bedingungen entscheiden, werden folgende Nummern 2 und 3 empfohlen:)*

2 Erhöht sich der Beitrag, können Sie den Vertrag innerhalb eines Monats nach Zugang unserer Mitteilung mit sofortiger Wirkung, frühestens jedoch zu dem Zeitpunkt kündigen, in dem die Beitragserhöhung wirksam werden sollte.

3 Eine Erhöhung der Versicherungsteuer[29] begründet kein Kündigungsrecht.

§ 16 Kündigung nach Schadenfall

1 Nach Eintritt eines Schadenfalles können sowohl Sie als auch wir den Vertrag schriftlich kündigen. Die Kündigung muss uns bzw. Ihnen spätestens einen Monat nach Abschluss der Verhandlungen über die Entschädigung zugehen.

2 Kündigen Sie, wird Ihre Kündigung sofort nach ihrem Zugang bei uns wirksam. Sie können jedoch bestimmen, dass die Kündigung zu einem späteren Zeitpunkt, spätestens jedoch zum Ende des laufenden Versicherungsjahres, wirksam wird.

3 (1) Eine Kündigung durch uns wird einen Monat nach ihrem Zugang bei Ihnen wirksam.

---

28 Richtigerweise müsste es »Jahresbeitrags« heißen.
29 Richtig: »Versicherungssteuer«.

(2) Wird der Vertrag gekündigt, haben wir nur Anspruch auf den Teil des Beitrages, der der abgelaufenen Vertragszeit entspricht.

§ 17 Anzeigen, Willenserklärung, Anschriften- und Namensänderung

1 Alle für uns bestimmten Anzeigen und Erklärungen müssen Sie schriftlich abgeben. Sie sollen an unsere Hauptverwaltung oder an die im Versicherungsschein oder in dessen Nachträgen als zuständige bezeichnete Geschäftsstelle gerichtet werden.

2 Haben Sie uns eine Änderung Ihrer Anschrift nicht mitgeteilt, genügt für eine Willenserklärung, die Ihnen gegenüber abzugeben ist, die Absendung eines eingeschriebenen Briefes an die letzte uns bekannte Anschrift. Die Erklärung gilt drei Tage nach Absendung des Briefes als zugegangen. Dies gilt entsprechend für den Fall Ihrer Namensänderung.

§ 18 Verjährung

1 Die Ansprüche aus diesem Vertrag verjähren in drei Jahren. Die Fristberechnung richtet sich nach den allgemeinen Vorschriften des Bürgerlichen Gesetzbuches.

2 Haben Sie oder ein Dritter einen Anspruch aus diesem Vertrag bei uns angemeldet, ist die Verjährung von der Anmeldung bis zu dem Zeitpunkt gehemmt, zu dem unsere Entscheidung dem Anspruchsteller in Textform zugeht.

§ 19 Zuständiges Gericht

1 Klagen gegen uns

Ansprüche aus diesem Vertrag können Sie bei folgenden Gerichten geltend machen:
– dem Gericht, das für Ihren Wohnsitz örtlich zuständig ist,
– dem Gericht, das für unseren Geschäftssitz oder für die Sie betreuende Niederlassung örtlich zuständig ist.

2 Klagen gegen Sie

Wir können Ansprüche aus diesem Vertrag bei folgenden Gerichten geltend machen:
– dem Gericht, das für Ihren Wohnsitz örtlich zuständig ist,
– dem Gericht des Ortes, an dem sich der Sitz oder die Niederlassung Ihres Betriebs befindet, wenn Sie diesen Vertrag für Ihren Geschäfts- oder Gewerbebetrieb abgeschlossen haben.

3 Ihr Wohnsitz oder Geschäftssitz ist unbekannt

Für den Fall, dass Ihr Wohnsitz, Geschäftssitz oder gewöhnlicher Aufenthalt im Zeitpunkt der Klageerhebung nicht bekannt ist, gilt abweichend von Nummer 2 das Gericht als vereinbart, das für unseren Geschäftssitz zuständig ist.

§ 20 Anzuwendendes Recht

Für diesen Vertrag gilt deutsches Recht.

§ 21 Verpflichtungen Dritter[30]

1 Soweit im Schadenfall ein Dritter leistungspflichtig ist oder eine Entschädigung aus anderen Versicherungsverträgen beansprucht werden kann, gehen diese Leistungsverpflichtungen vor.

2 Soweit Sie aus anderen Versicherungsverträgen Entschädigung beanspruchen können, steht es Ihnen frei, welchem Versicherer Sie den Schadenfall melden. Melden Sie uns den Schaden, werden wir im Rahmen dieses Schutzbriefes in Vorleistung treten.

3 Haben Sie aufgrund desselben Schadenfalles auch Erstattungsansprüche gleichen Inhalts gegen Dritte, können Sie insgesamt keine Entschädigung verlangen, die Ihren Gesamtschaden übersteigt.

---

30 *Merta/Westkämper* aktualisiert von *Schwab* A.3.11.1 AKB Rdn. 1–4 sowie A.3.11.2 AKB Rdn. 1–8.

Allgemeine Bedingungen für die Camping-Versicherung 1985/2008[1]

Vorbemerkung 1

Die Campingversicherung dient dem Schutz der versicherten Sachen, soweit sie sich nicht auf Reisen befinden. Das ist bei Reisemobilen und Wohnwagen[2] dann der Fall, wenn sie auf dem üblichen Dauerstellplatz eines Campingplatzes oder im Winterlager stehen. Die Campingversicherung bietet somit einen Anschluss an andere Versicherungen, die auf die Reise oder den Fahrzeuggebrauch abgestimmt sind. Beim Abschluss einer Kfz-Haftpflicht- und Kaskoversicherung für einen Wohnwagen oder ein Reisemobil nach den AKB können sich aufgrund der heute[3] nach § 6 VVG geltenden Beratungspflichten[4] auch Informationen zur Camping-Versicherung aufdrängen.

1	Versicherte Sachen
1.1	Versichert sind die im Versicherungsschein jeweils mit einer Versicherungssumme aufgeführten Sachgruppen, soweit deren Versicherung unter Wertangabe beantragt worden war.
1.2	Versichert werden können folgende Sachgruppen, soweit sie nicht ständigen Wohnzwecken, der Berufsausübung oder dem Verkauf dienen, gewerblich genutzt oder vermietet werden:
1.2.1	Wohnwagen oder Mobilheime, die nicht auf eigener Achse am Verkehr auf öffentlichen Wegen oder Plätzen teilnehmen, einschließlich aller fabrikmäßig mitgelieferten Teile und der fest eingebauten Sonderausstattung;
1.2.2	Zelte, Vorzelte, Zelt- und Klappanhänger sowie Markisen und Sonnendächer;
1.2.3	Rundfunk-, Phono-, Fernsehgeräte und Videorecorder sowie die dazugehörigen Antennen;
1.2.4	sonstiges bewegliches Inventar und die Gegenstände des persönlichen Bedarfs.
1.3	Nicht versichert sind
1.3.1	Lebens- oder Genussmittel;

---

1 AVB Camping 1985/2008, Musterbedingungen des GDV, Strand Januar 2008.
2 Siehe auch allgemein zum Thema *Gerhäuser* ADAC-Rechtsprechungsübersicht rund um Wohnmobil- und Wohnwagen, DAR 2015, 112 ff.
3 Abgelehnt nach altem Recht *OLG Köln*, Urt. v. 20.12.1994 – 9 199/94, JurionRS 1994, 16377 = r+s 1995, 84 = VersR 1995, 1173.
4 *Kreuter-Lange*, § 6 VVG, Rdn. 1–19.

AVB Camping

1.3.2 Bargeld, Wertpapiere, Sparbücher sowie Urkunden und Dokumente aller Art, Sammlungen, Schmucksachen und Gegenstände aus Edelmetall, Kunstgegenstände, Schusswaffen, Foto- und Filmapparate und Zubehör, Pelze und echte Teppiche;

1.3.3 Land-, Luft- und Wasserfahrzeuge (z. B. auch Fahrräder und Surfbretter) sowie Außenbordmotore.

2 Der Versicherungsschutz kann sich auf insgesamt vier aufgezählte Sachgruppen beziehen. Im Versicherungsschein werden die versicherte Sachgruppe und deren Wertangabe vermerkt, die vom Versicherungsnehmer beantragt wurde.

3 1.2 beschränkt den Versicherungsschutz. Ausgenommen sind somit insbesondere Wohnwagen und Wohnmobile, die ständigen Wohnzwecken dienen. Für sie bleibt außer einer besonderen Individualabrede in der AVB Camping nur die Möglichkeit, im Rahmen einer Individualabrede Versicherungsschutz in der Hausratversicherung[5] zu suchen.

4 Wohnwagen zur Berufsausübung finden sich nicht nur im Rotlichtbereich. Schausteller, Zirkusse und Messeaussteller sind häufig berufsbedingt mit Wohnmobilen und Wohnanhängern unterwegs. Schließlich werden vielfach Wohnmobile zu Begleitfahrzeugen (BF3, BF4) aufgerüstet, um Schwer- und Großraumtransporte zu begleiten.

5 Nicht versicherbar sind zudem Sachen, die dem Verkauf dienen. So sind auch vermietete Wohnwagen und Reisemobile ausgeschlossen.

6 Versicherbar sind **Wohnwagen** und **Reisemobile** (Mobilheime), soweit nicht auf eigener Achse auf öffentlichen Wegen oder Plätzen am Verkehr teilnehmen. Im Umkehrschluss bedeutet dies, dass auf Fahrzeuganhängern oder Plattformwagen im öffentlichen Verkehrsraum transportierte Wohnwagen versicherbar sind. Dem trägt 4.2 Rechnung, der für derart gestaltete **Überführungsfahrten**, den Geltungsbereich des Versicherungsschutzes erweitert.

7 Ähnlich der Fahrzeugversicherung in A.2.1.2.1 und A.2.1.2.2 AKB ist bestimmtes fahrzeugspezifisches Zubehör mitversichert. Um hier eine Abgrenzung zu schaffen, sind nur fabrikmäßig mitgelieferte Teile mitversichert. Es handelt sich dabei um Teile, die der Hersteller des Fahrzeugs mitliefert, ohne dass diese fest eingebaut sein müssen.

8 Sonstige Sonderausstattung muss nicht vom Hersteller des Fahrzeugs stammen, jedoch fest eingebaut sein. Zwar unterscheidet A.2.1.2.1 AKB zwischen fest eingebaut und angebaute Fahrzeugteilen; für die Campingversicherung sollte dies aber irrelevant sein. So sind fest angebaute Teile, wie Leitern, Dachboxen, Satellitenanlagen, etc. mitversichert.

9 Versicherbar sind insbesondere auch **Zelt- und Klappanhänger** in 1.2.2. Für sie gelten, anders als für Wohnwagen und Mobilheime, keine Einschränkungen bezüglich des Fahrens auf eigener Achse im öffentlichen Verkehrsraum.

---

5 Looschelders/Pohlmann/*Looschelders/Weiß*, VVG-Kommentar, Anh. L, Rn. 108.

AVB Camping

Versicherbar sind sonstiges bewegliches Inventar und Gegenstände des persönlichen Bedarfs. Damit werden Gegenstände ausgenommen, die lediglich untergestellt wurden. Von der Auffangnorm umfasst werden somit insbesondere Campinggeschirr, Kocher, Bettwäsche, Kleidung, etc.   10

Dem Sinn- und Zweck der Campingversicherung entsprechend, sind Wertgegenstände, Lebens- und Genussmittel sowie mitgenommene oder aufbewahrte Fahrzeuge und Außenbordmotore ausgenommen.   11

2	Umfang der Versicherung
2.1	Der Versicherer leistet Ersatz für Beschädigung, Zerstörung oder Verlust der versicherten Sachen durch
2.1.1	Brand oder Explosion;
2.1.2	Entwendung, insbesondere Diebstahl, unbefugten Gebrauch, Raub und Unterschlagung. Die Unterschlagung ist durch denjenigen, an den der Versicherungsnehmer die versicherte Sache unter Vorbehalt seines Eigentums veräußert hat, oder durch denjenigen, dem es zum Gebrauch oder zur Veräußerung überlassen wurde, von der Versicherung ausgeschlossen;
2.1.3	unmittelbare Einwirkung von Sturm, Hagel, Blitzschlag oder Überschwemmung. Als Sturm gilt eine wetterbedingte Luftbewegung von mindestens Windstärke 8. Eingeschlossen sind Schäden, die dadurch verursacht werden, dass durch diese Naturgewalten Gegenstände auf oder gegen die versicherten Sachen geworfen werden;
2.1.4	Unfall des Wohnwagens oder Mobilheims, d. h. durch ein unmittelbar von außen her plötzlich mit mechanischer Gewalt einwirkendes Ereignis; Brems-, Betriebs- und reine Bruchschäden sind keine Unfallschäden;
2.1.5	mut- oder böswillige Handlungen fremder Personen (vorsätzliche Sachbeschädigung).
2.2	Der Versicherungsschutz erstreckt sich auch auf Bruchschäden an der Außenverglasung.

Bei einer Versicherung von Sturmschäden sind nur die unmittelbaren Sturmschäden, nicht aber spätere Feuchtigkeitsschäden durch eindringendes Wasser versichert.[6]   12

Hervorzuheben sind **Unfälle** nach 2.1.4. Zu unterscheiden ist, wie und wo sich der Unfall ereignet hat.   13

Die Bedingung enthält die aus der Vollkaskoversicherung bekannte Klausel, wonach Brems-, Betriebs- und reine Bruchschäden ausgeschlossen sind, A.2.2.2.2 Satz 1 AKB. Allerdings wurde der nachstehende erläuternde Absatz 2 nicht übernommen.   14

---

6 *OLG Hamm* Urt. v. 20.11.2013 – I-20 U 26/13, JurionRS 2013, 54374 = ADAJUR Dok.Nr. 104083 = NJW-RR 2014, 721 = VersR 2014, 832 = VuR 2014, 280 = VK 2014, 70.

AVB Camping

15 Ein Betriebsschaden des Transportfahrzeugs (Plattformwagen, Fahrzeugtransportanhänger) ist nicht zugleich ein Betriebsschaden des transportierten Wohnwagens oder Mobilheims, wenn er dadurch während des Transports beschädigt wird. Abzustellen ist somit für den Unfallbegriff allein auf die versicherte Sache als Transportgut.

16 Im öffentlichen Verkehrsraum besteht Versicherungsschutz nach 1.2.1 nur, wenn der Wohnwagen oder das Mobilheim nicht auf eigener Achse gefahren ist, sondern transportiert wurde. Im nichtöffentlichen Verkehrsraum besteht dagegen auch Versicherungsschutz, wenn das Fahrzeug auf der Achse bewegt wird.

17 Das Unfallrisiko eines **Falt- oder Klappanhängers** ist nach dem Wortlaut nicht versichert, da er in der Aufzählung nicht vorkommt. Vermutlich handelt es sich um eine **planwidrige Lücke**, da nicht erkennbar ist, wieso der oftmals kostspieligere Wohnanhänger versichert sein soll, der Klappanhänger aber nicht. Zudem gibt es Wohnanhänger mit Aufklappvorrichtungen, die funktionell dazwischenliegen.

18 Dem Versicherer kommen im Rahmen des 2.1.5 bei einer Häufung von **Speerwurfschäden auf Wohnwagen** eines Landfahrers keine Beweiserleichterungen[7] zu Gute, die Behauptungen des Versicherten seien unzutreffend.

3   Ausschlüsse

         Ausgeschlossen sind die Gefahren

3.1   des Krieges, Bürgerkrieges oder kriegsähnlicher Ereignisse und solche, die sich unabhängig vom Kriegszustand aus der feindlichen Verwendung von Kriegswerkzeugen sowie aus dem Vorhandensein von Kriegswerkzeugen als Folge einer dieser Gefahren ergeben;

3.2   von Streik, Aussperrung, Arbeitsunruhen, terroristischen oder politischen Gewalthandlungen, unabhängig von der Anzahl der daran beteiligten Personen, Aufruhr und sonstigen bürgerlichen Unruhen;

3.3   der Beschlagnahme, Entziehung oder sonstiger Eingriffe von hoher Hand;

3.4   aus der Verwendung von chemischen, biologischen, biochemischen Substanzen oder elektromagnetischen Wellen als Waffen mit gemeingefährlicher Wirkung, und zwar ohne Rücksicht auf sonstige mitwirkende Ursachen;

3.5   der Kernenergie oder sonstiger ionisierender Strahlung.

4   Geltung der Versicherung

---

7 *OLG Oldenburg* Urt. v. 10.11.1999 – 2 U 200/99, JurionRS 1999, 29142 = ADAJUR Dok.Nr. 39861 = NVersZ 2000, 580 = r+s 2000, 56 = VersR 2000, 1535 (zu § 2 Ziff. 1e) AVB Camping 1985).

4.1	Die Versicherung gilt für den vereinbarten Bereich, während sich die versicherten Sachen
4.1.1	auf einem offiziellen (von Behörden, Vereinen oder privaten Unternehmern eingerichteten) dauernd der Nutzung der versicherten Sachen dienenden Campingplatz
4.1.2	im Winterlager in einem verschlossenen Raum oder auf einem allseitig umzäunten oder durch sonstige Hindernisse begrenzten Gelände befinden.
4.2	Die versicherten Sachen sind auch während der Überführung vom Winterlager zum ständig genutzten Campingplatz und von diesem zurück ins Winterlager versichert, der Wohnwagen jedoch nur, sofern die Überführung nicht auf eigener Achse auf öffentlichen Wegen oder Plätzen erfolgt.
4.3	Die Versicherung gilt nicht, während sich die versicherten Sachen auf einer Reise befinden. Die Reise beginnt mit dem Zeitpunkt, in dem versicherte Sachen zum Zweck des unverzüglichen Antritts der Reise den ständigen Campingplatz oder das Winterlager verlassen und endet, sobald die versicherten Sachen dort wieder eintreffen.
4.4	Für unbeaufsichtigt zurückgelassene versicherte Sachen besteht Versicherungsschutz bei Schäden durch Diebstahl, Einbruchdiebstahl sowie Mut- oder Böswilligkeit Dritter (vorsätzliche Sachbeschädigung) nur, wenn
4.4.1	Rundfunk-, Phono-, Fernsehgeräte und Videorecorder im verschlossenen Wohnwagen oder Mobilheim aufbewahrt werden;
4.4.2	sonstige bewegliche versicherte Sachen im verschlossenen Wohnwagen, Mobilheim oder zugeknöpften Zelt aufbewahrt werden.
4.5	Als Beaufsichtigung gilt nur die ständige Anwesenheit des Versicherungsnehmers, eines berechtigten Benutzers oder einer von ihm beauftragten Vertrauensperson beim Wohnwagen, Mobilheim oder Zelt, nicht jedoch z. B. die Bewachung eines Campingplatzes (Ziffer 4.1.1)

Offizieller Campingplatz ist kein definierter Begriff. Es ist auf das Bauordnungsrecht zurückzugreifen. Dazu werden nur bestimmte Sondergebiete ausgewiesen, § 10 Abs. 5 BauNVO. Die Einrichtung der Campingplätze ist in den jeweiligen Landes-Campingplatzverordnungen geregelt. Danach sind Campingplätze regelmäßig[8] Plätze als dauerhafte Einrichtungen, die zum Aufstellen von mehr als drei Wohnwagen, Zelten oder ähnlichen Anlagen zum vorübergehenden Aufenthalt bestimmt sind. Dazu gehören neben den Brand- und sonstigen Schutzvorschriften Betriebsvorschriften, wie z. B. in § 15 CPlVO BW. Danach hat eine Aufsichtsperson ständig erreichbar zu sein.

---

8 *OVG Niedersachsen*, Urt. v. 24.07.2013 – 1 LB 245/10, JurionRS 2013, 43897; *OVG Nordrhein-Westfalen*, Urt. v. 19.02.2001 – 10A D 3/01.NE, JurionRS 2001, 31731 = NWVBl. 2003, 152.

20 Versicherungsschutz besteht auch, wenn z. B. der Wohnwagen oder das Reisemobil im **Winterlager** abgestellt ist. Winterlager ist lediglich ein Aufbewahrungsort für die versicherten Sachen. Anderes als auf einem offiziellen Campingplatz findet dort keine Nutzung des Fahrzeugs bzw. der anderen versicherten Sachen statt. Die Klausel schreibt nicht vor, dass sich das Winterlager in Deutschland[9] befinden muss.

21 Was unter Winterlager zu verstehen ist, wird nicht abschließend definiert. So kann Winterlager eine Scheune[10] oder Halle für mehrere Fahrzeuge, aber auch eine Einzelgarage sein. Nicht entscheidend ist, dass ausschließlich Sachen des Versicherungsnehmers in dem Raum untergestellt werden oder der Unterstellung ein Pachtvertrag zu Grunde liegt. Es ist daher ausreichend, wenn die Sache des Versicherungsnehmers mit anderen Sachen zusammen in einem verschlossenen Raum aufbewahrt werden.

22 Ausreichend ist z. B. auch das Abstellen von Wohnwagen und Reisemobile im Freien, wenn das Gelände vollständig umzäunt ist. Nicht ausreichend ist es daher, wenn ein Wohnwagen neben der offenen Garageneinfahrt oder auf der Straße überwintert. Gerade der nicht ständige Zugriff bzw. die nicht ständige Überwachung der versicherten Sachen bergen ein erhöhtes Risiko.[11] Folglich ist ein Hindernis zu fordern. Das Hindernis kann auch in Form einer Mauer, Sumpfgelände, Bachlauf oder ähnlichem bestehen.

23 Das Wort Winterlager enthält keine zeitliche Befristung des Versicherungsschutzes auf den kalendarischen oder witterungsbedingten Winter.[12] Gemeint ist tatsächlich nur die Zeit, in der kein regelmäßiger Gebrauch der versicherten Sachen vorliegt.

24 **Überführungsfahrten** sind mitversichert. Überführungsfahrten sind nur die Fahrten zwischen Winterlager und ständig genutztem Campingplatz und zurück, aber keine Reisen. Die Klausel unterscheidet Wohnwagen und Reisemobile. **Wohnwagen** sind nur versichert, wenn sie nicht auf eigener Achse auf öffentlichen Wegen oder Plätzen überführt werden. Versicherungsschutz besteht daher nur, sondern sie transportiert werden.

25 Im Umkehrschluss besteht Versicherungsschutz für **Reisemobile und Klappanhänger** auch dann, wenn sie auf eigener Achse überführt werden.

26 Durch 4.3 wird durch eine negative Formulierung der Versicherungsschutz örtlich und zeitlich begrenzt. Mit dem Verlassen des ständigen Campingplatzes bzw. Winterlagers zum Zwecke der Reise endet der Versicherungsschutz. Der Versicherungsschutz lebt wieder auf, wenn der ständige Campingplatz bzw. das Winterlager wieder erreicht wird.

---

9 Winterlager im Ausland werden nicht selten genutzt, ADAJUR Dok.Nr. 71191 (Kroatien).
10 *LG Duisburg* Urt. v. 04.01.2013 – 6 O 142/11, NZV 2013, 590 (Regress gegen Vermieter wegen Sturmschäden am untergestellten Wohnwagen – Kaskofall).
11 *LG Hamburg* Urt. v. 06.03.1992 – 317 S 130/91, JurionRS 1992, 22110 (Spezial-Sportboot-Kasko-Versicherung).
12 *OLG Frankfurt* Urt. v. 17.09.1986 – 17 U 330/84, NJW-RR 1987, 155 = VersR 1987, 42 (Landkaskoversicherung für das Schaustellergewerbe).

Was unter **Reise** zu verstehen ist, wird in den Bedingungen nicht definiert. Ein Rückgriff auf andere Bedingungswerke, wie etwa 2.2.5 AT-Reise scheidet aus, da dort nur das Verhältnis von Einzel- und Teilleistungen in der Bausteingruppe für bestimmte Fälle[13] geregelt wird. Schon gar nicht sind sie in der Lage, den Reisebegriff der AVB Camping 1985/2008 zu definieren. 27

Reise nach den AVB Camping 1985/2008 ist jedenfalls keine Überführungsfahrt in das Winterlager oder zum ständigen Campingplatz, da dies in 4.2 entsprechend geregelt ist. Nach allgemeinem Verständnis ist unter Reise die Fahrt zu und der Aufenthalt an einem anderen Ort als dem ständigen Campingplatz oder dem Winterlager zu verstehen, an dem die versicherten Sachen bestimmungsgemäß gebraucht werden sollen, wie z. B. auf einer Urlaubsreise. 28

Danach ist im Umkehrschluss keine Reise die Überführungsfahrt in eine Werkstatt, um Schäden am Wohnwagen oder Reisemobil beheben oder das Fahrzeug warten zu lassen. Gleichfalls sind Fahrten zur technischen Hauptuntersuchung keine Reisen in diesem Sinne, sondern lediglich **sonstige Überführungsfahrten**. Diese Fahrten und Aufenthalte dienen lediglich dazu, den künftigen Gebrauch der versicherten Sachen weiterhin zu ermöglichen. 29

Damit tut sich eine Lücke im Versicherungsschutz auf, da es sich bei der **Fahrt zur Reparaturwerkstatt** zwar nicht um eine Reise im Sinne der AVB Camping 1985/2008, aber um keine spezielle Überführungsfahrt nach 4.2 handelt. Der Versicherungsnehmer wird zwar mit Recht sagen können, dass der Geltungsausschluss »Reise« nicht zur Anwendung kommt; andererseits muss er erkennen, dass der Versicherungsschutz nur für bestimmte Überführungsfahrten erweitert wurde. Die Lücke ist allerdings nicht überraschend, sondern vorhersehbar. 30

Kommt es in der Reparaturwerkstatt zu einem Schaden an versicherten Sachen, besteht ebenfalls kein Versicherungsschutz. Der Versicherungsnehmer kann allerdings vom Reparaturbetrieb auf Schadensersatz hoffen. Dabei ist zu berücksichtigen, dass die Werkstatt aufgrund besonderer Vereinbarung nach 2.3 der **BB für den Kfz-Handel und –Handwerk**[14] Versicherungsschutz auch für den Fahrzeuginhalt – außer Geld, Wertpapieren, Kostbarkeiten und anderen Wertsachen – bietet. 31

Dagegen beschränkt sich nach den Sonderbedingungen für Haftpflicht- und Fahrzeugversicherung für **Kraftfahrzeug-Handel und -Handwerk**[15] der Versicherungsschutz von vornherein immer nur auf Schäden am Fahrzeug selbst oder den damit fest verbundenen Fahrzeugteilen. Weitere Sachen, wie der sonstige mitgeführte Campingbedarf sind darüber hinaus nicht versichert. 32

Dagegen kann es zu einer Mehrfachversicherung mit der Kaskoversicherung, aber auch der Reisegepäckversicherung kommen, wenn die Reise bereits auf dem ständigen Cam- 33

---

13 *Staudinger*/Halm/Wendt FAK-VersR, Nr. 2 AT-Reise 2008, Rn. 6.
14 *Kreuter-Lange* 2.3 BB Handel/Handwerk, Rdn. 34 ff.
15 *Kreuter-Lange* A.4.2.2 SB Handel/Handwerk, Rdn. 1.

pingplatzgelände oder im Winterlager beginnt. Insoweit beschränkt sich der Zeitraum der Überschneidungen nur auf kurze Wegstücke innerhalb des umfriedeten Geländes.

34 Einschränkungen erfährt der Versicherungsschutz beim Diebstahl, Einbruchdiebstahl sowie Mut- oder Böswilligkeit Dritter nach 4.4. Rundfunk-, Phono-, Fernsehgeräte und Videorecorder müssen in **verschlossenen Fahrzeugen** aufbewahrt werden. Da ein Schließen von Fahrzeugtüren nicht ausreicht, ist hierin eine **Obliegenheit** zu sehen, den Wohnwagen oder das Mobilheim abzuschließen.

35 Dagegen reicht es bei anderen versicherten Gegenständen aus, wenn sie nur in einem zugeknöpften Zelt untergebracht sind. An den Formulierungen erkennt man, deren frühen Ursprung. Zelte und Vorzelte werden heute überwiegend mit Reißverschlüssen geschlossen, ohne dass man sie wie Wohnwagen und Mobilheime verschließen kann.

36 Da sich die höheren Anforderungen nach dem Wortlaut nur auf bestimmte Gegenstände beziehen, sind beispielsweise **Mobiltelefone** und **GPS-Geräte** auch dann versichert, wenn sie im zugeknöpften Zelt aufbewahrt werden.

37 Die versicherten Sachen müssen nach 4.5 dann nicht verschlossen aufbewahrt werden, wenn sie durch ständige Anwesenheit des Versicherungsnehmers bzw. des berechtigten Benutzers oder einer von ihm beauftragten Vertrauensperson beaufsichtigt werden. Aus der Klausel erschließt sich, dass es sich um eine **unmittelbare Beaufsichtigung** handeln muss, da allein die Anwesenheit eines Platzwartes nicht ausreicht. Es muss sich bei der Beaufsichtigung um mehr als eine körperliche Anwesenheit handeln, so dass ein Diebstahl von Sachen beim Schlaf oder alkoholbedingter Wahrnehmungseinschränkung des Versicherten nicht ausreicht. Obwohl sich die Klausel unter der Überschrift »4. Geltung der Versicherung« findet, handelt es sich um eine **Obliegenheit**.

38 Systematisch stehen die Anforderungen des 4.5 in einem gesonderten Punkt, so dass der Eindruck entstehen könnte, die Klausel sei auch auf andere Gefahren als nur der Diebstahlgefahr anwendbar. Begründet wäre dies insbesondere, wenn ein Campinggrill, ein Feuer oder ein Kocher längere Zeit unbeaufsichtigt bleibt und dadurch ein Brandschaden an anderen versicherten Sachen entsteht. Da der Begriff »Beaufsichtigung« weder in 4.1, 4.2 noch 4.3 vorkommt, handelt es sich nur um ein weiteres Kriterium zum Diebstahl in 4.4.

5 Anzeigepflicht

5.1 Der Versicherungsnehmer hat bis zur Abgabe seiner Vertragserklärung dem Versicherer alle ihm bekannten Gefahrumstände anzuzeigen, nach denen der Versicherer in Textform gefragt hat und die für den Entschluss des Versicherers erheblich sind, den Vertrag mit dem vereinbarten Inhalt zu schließen. Der Versicherungsnehmer ist auch insoweit zur Anzeige verpflichtet, als nach seiner Vertragserklärung, aber vor Vertragsannahme der Versicherer in Textform Fragen im Sinne des Satzes 1 stellt.

Gefahrerheblich sind die Umstände, die geeignet sind, auf den Entschluss des Versicherers Einfluss auszuüben, den Vertrag überhaupt oder mit dem vereinbarten Inhalt abzuschließen.

Wird der Vertrag von einem Vertreter des Versicherungsnehmers geschlossen und kennt dieser den gefahrerheblichen Umstand, muss sich der Versicherungsnehmer so behandeln lassen, als habe er selbst davon Kenntnis gehabt oder dies arglistig verschwiegen.

5.2 Unvollständige und unrichtige Angaben zu den gefahrerheblichen Umständen berechtigen den Versicherer, vom Versicherungsvertrag zurückzutreten.

5.2.1 Der Versicherer hat kein Rücktrittsrecht, wenn der Versicherungsnehmer nachweist, dass er die unrichtigen oder unvollständigen Angaben weder vorsätzlich noch grob fahrlässig gemacht hat.

5.2.2 Das Rücktrittsrecht des Versicherers wegen grob fahrlässiger Verletzung der Anzeigepflicht besteht nicht, wenn der Versicherungsnehmer nachweist, dass der Versicherer den Vertrag auch bei Kenntnis der nicht angezeigten Umstände, wenn auch zu anderen Bedingungen, geschlossen hätte.

5.2.3 Im Fall des Rücktritts besteht kein Versicherungsschutz.

Tritt der Versicherer nach Eintritt des Versicherungsfalls zurück, darf er den Versicherungsschutz nicht versagen, wenn der Versicherungsnehmer nachweist, dass der unvollständig oder unrichtig angezeigte Umstand weder für den Eintritt des Versicherungsfalls noch für die Feststellung oder den Umfang der Leistung ursächlich war. Auch in diesem Fall besteht aber kein Versicherungsschutz, wenn der Versicherungsnehmer die Anzeigepflicht arglistig verletzt hat.

Dem Versicherer steht der Teil der Prämie zu, der der bis zum Wirksamwerden der Rücktrittserklärung abgelaufenen Vertragszeit entspricht.

5.3 Ist das Rücktrittsrecht des Versicherers ausgeschlossen, weil die Verletzung einer Anzeigepflicht weder auf Vorsatz noch auf grober Fahrlässigkeit beruhte, kann der Versicherer den Vertrag unter Einhaltung einer Frist von einem Monat kündigen.

Das Kündigungsrecht ist ausgeschlossen, wenn der Versicherungsnehmer nachweist, dass der Versicherer den Vertrag auch bei Kenntnis der nicht angezeigten Umstände, wenn auch zu anderen Bedingungen, geschlossen hätte.

5.4 Kann der Versicherer nicht zurücktreten oder kündigen, weil er den Vertrag auch bei Kenntnis der nicht angezeigten Umstände, aber zu anderen Bedingungen, geschlossen hätte, werden die anderen Bedingungen auf Verlangen des Versicherers rückwirkend Vertragsbestandteil. Hat der Versicherungsnehmer die Pflichtverletzung nicht zu vertreten, werden die anderen Bedingungen ab der laufenden Versicherungsperiode Vertragsbestandteil.

AVB Camping

Erhöht sich durch die Vertragsanpassung der Prämie um mehr als 10% oder schließt der Versicherer die Gefahrabsicherung für den nicht angezeigten Umstand aus, kann der Versicherungsnehmer den Vertrag innerhalb eines Monats nach Zugang der Mitteilung des Versicherers fristlos kündigen.

5.5 Der Versicherer muss die ihm nach Ziffer 5.2 bis 5.4 zustehenden Rechte innerhalb eines Monats schriftlich geltend machen. Dabei hat er die Umstände anzugeben, auf die er seine Erklärung stützt. Die Frist beginnt mit dem Zeitpunkt, zu dem er von der Verletzung der Anzeigepflicht, die das von ihm geltend gemachte Recht begründet, Kenntnis erlangt. Er hat die Umstände anzugeben, auf die er seine Erklärung stützt; er darf nachträglich weitere Umstände zur Begründung seiner Erklärung abgeben, wenn für diese die Monatsfrist nicht verstrichen ist.

Dem Versicherer stehen die Rechte nach den Ziffern 5.2 bis 5.4 nur zu, wenn er den Versicherungsnehmer durch gesonderte Mitteilung in Textform auf die Folgen einer Anzeigepflichtverletzung hingewiesen hat.

Der Versicherer kann sich auf die in den Ziffern 5.2 bis 5.4 genannten Rechte nicht berufen, wenn er den nicht angezeigten Gefahrumstand oder die Unrichtigkeit der Anzeige kannte.

5.6 Das Recht des Versicherers, den Vertrag wegen arglistiger Täuschung anzufechten, bleibt unberührt. Im Fall der Anfechtung steht dem Versicherer der Teil der Prämie zu, der der bis zum Wirksamwerden der Anfechtungserklärung abgelaufenen Vertragszeit entspricht.

6 Gefahrerhöhung

6.1 Eine Gefahrerhöhung liegt vor, wenn nach Abgabe der Vertragserklärung des Versicherungsnehmers die tatsächlich vorhandenen Umstände so verändert werden, dass der Eintritt des Versicherungsfalls oder eine Vergrößerung des Schadens oder die ungerechtfertigte Inanspruchnahme des Versicherers wahrscheinlicher wären.

Eine Gefahrerhöhung kann insbesondere – aber nicht nur – vorliegen, wenn sich ein gefahrerheblicher Umstand ändert nach dem der Versicherer vor Vertragsschluss gefragt hat.

Eine Gefahrerhöhung nach Ziffer 6.1 liegt nicht vor, wenn sich die Gefahr nur unerheblich erhöht hat oder nach den Umständen als mitversichert gelten soll.

6.2 Nach Abgabe seiner Vertragserklärung darf der Versicherungsnehmer ohne vorherige Zustimmung des Versicherers keine Gefahrerhöhung vornehmen oder deren Vornahme durch einen Dritten gestatten.

Erkennt der Versicherungsnehmer nachträglich, dass er ohne vorherige Zustimmung des Versicherers eine Gefahrerhöhung vorgenommen oder gestattet hat, so muss er diese dem Versicherer unverzüglich anzeigen.

Eine Gefahrerhöhung, die nach Abgabe seiner Vertragserklärung unabhängig von seinem Willen eintritt, muss der Versicherungsnehmer dem Versicherer unverzüglich anzeigen, nachdem er von ihr Kenntnis erlangt hat.

6.3 Verletzt der Versicherungsnehmer seine Verpflichtung nach Ziffer 6.2, kann der Versicherer den Vertrag fristlos kündigen, wenn der Versicherungsnehmer seine Verpflichtung vorsätzlich oder grob fahrlässig verletzt hat. Beruht die Verletzung auf einfacher Fahrlässigkeit, kann der Versicherer den Vertrag unter Einhaltung einer Frist von einem Monat kündigen. Der Versicherer kann nicht kündigen, wenn der Versicherungsnehmer nachweist, dass er die Pflichtverletzung nicht zu vertreten hat.

Wird dem Versicherer eine Gefahrerhöhung in den Fällen nach Ziffer 6.3 bekannt, kann er den Vertrag unter Einhaltung einer Frist von einem Monat kündigen.

6.4 Statt der Kündigung kann der Versicherer ab dem Zeitpunkt der Gefahrerhöhung einen seinen Geschäftsgrundsätzen entsprechenden erhöhten Prämie verlangen oder die Absicherung der höheren Gefahr ausschließen.

Erhöht sich in diesem Fall der Prämie um mehr als 10 Prozent oder schließt der Versicherer die Absicherung der höheren Gefahr aus, so kann der Versicherungsnehmer den Vertrag innerhalb eines Monats nach Zugang der Mitteilung des Versicherers ohne Einhaltung einer Frist kündigen. In der Mitteilung hat der Versicherer den Versicherungsnehmer auf dieses Kündigungsrecht hinzuweisen.

6.5 Die Rechte des Versicherers zur Kündigung oder Vertragsanpassung erlöschen, wenn diese nicht innerhalb eines Monats ab Kenntnis des Versicherers von der Gefahrerhöhung ausgeübt werden oder wenn der Zustand wiederhergestellt ist, der vor der Gefahrerhöhung bestanden hat.

6.6 Tritt nach einer Gefahrerhöhung der Versicherungsfall ein, so ist der Versicherer nicht zur Leistung verpflichtet, wenn der Versicherungsnehmer seine Pflichten nach Ziffer 6.2 vorsätzlich verletzt hat. Verletzt der Versicherungsnehmer diese Pflichten grob fahrlässig, so ist der Versicherer berechtigt, seine Leistung in dem Verhältnis zu kürzen, das der Schwere des Verschuldens des Versicherungsnehmers entspricht. Das Nichtvorliegen einer groben Fahrlässigkeit hat der Versicherungsnehmer zu beweisen.

6.7 Bei einer Gefahrerhöhung nach Ziffer 6.2 Abs. 2 u. 3 ist der Versicherer bei vorsätzlicher Verletzung der Pflichten des Versicherungsnehmers nicht zur Leistung verpflichtet, wenn der Versicherungsfall später als einen Monat nach dem Zeitpunkt eintritt, zu dem die Anzeige dem Versicherer hätte zugegangen sein müssen. Verletzt der Versicherungsnehmer seine Pflichten grob fahrlässig, so gelten Ziffer 6.6 Satz 2 und 3 entsprechend. Die Leistungspflicht des Versicherers bleibt bestehen, wenn ihm die Gefahrerhöhung zu dem in Satz 1 genannten Zeitpunkt bekannt war.

6.8 Die Leistungspflicht des Versicherers bleibt ferner bestehen,

6.8.1 soweit der Versicherungsnehmer nachweist, dass die Gefahrerhöhung nicht ursächlich für den Eintritt des Versicherungsfalles oder den Umfang der Leistungspflicht war oder

6.8.2 wenn zur Zeit des Eintrittes des Versicherungsfalles die Frist für die Kündigung des Versicherers abgelaufen und eine Kündigung nicht erfolgt war

7 Versicherungswert

Versicherungswert ist der Wiederbeschaffungswert (Neuwert). Ist der sich aus Alter, Abnutzung und Gebrauch ergebende Zeitwert einer Sache niedriger als .... % des Neuwertes, ist der Versicherungswert nur der Zeitwert.

8 Prämie

8.1 Die erste oder einmalige Prämie wird unverzüglich nach Ablauf von zwei Wochen nach Zugang des Versicherungsscheins fällig.

Zahlt der Versicherungsnehmer die erste oder einmalige Prämie nicht rechtzeitig, sondern zu einem späteren Zeitpunkt, beginnt der Versicherungsschutz erst ab diesem Zeitpunkt, sofern der Versicherungsnehmer durch gesonderte Mitteilung in Textform oder durch einen auffälligen Hinweis im Versicherungsschein auf diese Rechtsfolge aufmerksam gemacht wurde. Das gilt nicht, wenn der Versicherungsnehmer nachweist, dass er die Nichtzahlung nicht zu vertreten hat.

Zahlt der Versicherungsnehmer die erste oder einmalige Prämie nicht rechtzeitig, kann der Versicherer vom Vertrag zurücktreten, solange die Prämie nicht gezahlt ist. Der Versicherer kann nicht zurücktreten, wenn der Versicherungsnehmer nachweist, dass er die Nichtzahlung nicht zu vertreten hat.

8.2 Die Folgeprämien werden zu dem jeweils vereinbarten Zeitpunkt fällig.

Wird eine Folgeprämie nicht rechtzeitig gezahlt, gerät der Versicherungsnehmer ohne Mahnung in Verzug, es sei denn, dass er die verspätete Zahlung nicht zu vertreten hat.

Der Versicherer ist berechtigt, Ersatz des ihm durch den Verzug entstandenen Schadens zu verlangen.

Wird eine Folgeprämie nicht rechtzeitig gezahlt, kann der Versicherer dem Versicherungsnehmer auf dessen Kosten in Textform eine Zahlungsfrist bestimmen, die mindestens zwei Wochen betragen muss. Die Bestimmung ist nur wirksam, wenn sie die rückständigen Beträge der Prämie, Zinsen und Kosten im Einzelnen beziffert und die Rechtsfolgen angibt, die mit dem Fristablauf verbunden sind.

Ist der Versicherungsnehmer nach Ablauf dieser Zahlungsfrist noch mit der Zahlung in Verzug, besteht ab diesem Zeitpunkt bis zur Zahlung kein Versicherungsschutz, wenn er mit der Zahlungsaufforderung darauf hingewiesen wurde.

Ist der Versicherungsnehmer nach Ablauf dieser Zahlungsfrist noch mit der Zahlung in Verzug, kann der Versicherer den Vertrag ohne Einhaltung einer Frist kündigen, wenn er den Versicherungsnehmer mit der Zahlungsaufforderung darauf hingewiesen hat.

Hat der Versicherer gekündigt, und zahlt der Versicherungsnehmer danach innerhalb eines Monats die angemahnte Prämie, besteht der Vertrag fort. Für Versicherungsfälle, die zwischen dem Zugang der Kündigung und der Zahlung eingetreten sind, besteht jedoch kein Versicherungsschutz.

8.3　Ist die Zahlung der Jahresprämie in Raten vereinbart, gilt als erste Prämie nur die erste Rate der ersten Jahresprämie.

8.4　Die Haftung des Versicherers beginnt zum vereinbarten Zeitpunkt, und zwar auch dann, wenn zur Prämienzahlung erst später aufgefordert, die Prämie aber ohne Verzug gezahlt wird. Ist dem Versicherungsnehmer bei Antragstellung bekannt, dass ein Versicherungsfall bereits eingetreten ist, so entfällt dafür die Haftung.

8.5　Im Fall der Beendigung des Versicherungsverhältnisses vor Ablauf der vereinbarten Dauer steht dem Versicherer dafür nur derjenige Teil der Prämie zu, der dem Zeitraum entspricht, in dem Versicherungsschutz bestanden hat. Wird das Versicherungsverhältnis durch Rücktritt wegen einer Anzeigepflichtverletzung oder durch Anfechtung des Versicherers wegen arglistiger Täuschung beendet, steht dem Versicherer die Prämie bis zum Wirksamwerden der Rücktritts- oder Anfechtungserklärung zu. Tritt der Versicherer wegen Fälligkeit der Prämie zurück, kann er eine angemessene Geschäftsgebühr verlangen.

Kündigt der Versicherungsnehmer nach Eintritt eines Versicherungsfalls, so hat der Versicherer nur Anspruch auf den Teil der Prämie, der der abgelaufenen Vertragszeit entspricht. Kündigt der Versicherer, so hat er die Prämie für das laufende Versicherungsjahr nach dem Verhältnis der noch nicht abgelaufenen zu der gesamten Zeit des Versicherungsjahres zurückzuzahlen.

AVB Camping

9 Ermittlung der Geldleistung des Versicherers

9.1 Der Versicherer ersetzt

9.1.1 bei Zerstörung oder Verlust den jeweiligen Versicherungswert bei Eintritt des Versicherungsfalls bis zur Höhe der Versicherungssumme. Restwerte werden angerechnet. Eine den Zeitwert übersteigende Entschädigung kann jedoch nur verlangt werden, wenn innerhalb eines Jahres nach Eintritt des Versicherungsfalls die Wiederbeschaffung sichergestellt ist.

9.1.2 bei Beschädigung die erforderlichen Kosten der Wiederherstellung und die hierfür notwendigen einfachen Fracht- und sonstigen Transportkosten bei Eintritt des Versicherungsfalls, höchstens jedoch den Versicherungswert.

Wenn die Sache nicht innerhalb eines Jahres nach Eintritt des Versicherungsfalls wiederhergestellt ist, ersetzt der Versicherer nur den durch die Minderung der Gebrauchsfähigkeit verbleibenden Schaden, höchstens jedoch die Reparaturkosten gemäß Ziffer 9.1.1.

9.2 Veränderungen, Verbesserungen, Verschleißreparaturen, Minderung an Wert oder äußerem Ansehen, Überführungs- und Zulassungskosten sowie Vermögensfolgeschäden werden nicht ersetzt.

9.3 Ist die Versicherungssumme einer Sachgruppe gemäß Ziffer 1.2.1 bis 1.2.4 niedriger als der Versicherungswert bei Eintritt des Versicherungsfalls (Unterversicherung), leistet der Versicherer insoweit Ersatz nur im Verhältnis der Versicherungssumme zum Versicherungswert.

39 Lässt der Versicherte innerhalb eines Jahres – beispielsweise einen Hagelschaden an einem Wohnwagen – nicht reparieren und wird durch die unterlassene Reparatur die Gebrauchstauglichkeit nicht beeinträchtigt, besteht kein Anspruch auf fiktive Reparaturkosten.[16]

40 Die Klausel 9.1.2 Abs. 2 ist nicht nichtig, da sie dem Leitbild der gesetzlichen Regelung entspricht, dass ein Schaden nicht fiktiv, sondern konkret abzurechnen sei.[17] Zur Auslegung der AVB Camping, die von den AKB im Rahmen der Fahrzeugversicherung deutlich abweichen,[18] kann nur auf den Text der AVB Camping 1985/2008, nicht aber auf die AKB zurückgegriffen werden.[19]

---

16 *AG Hamburg-Sankt-Georg* Urt. v. 07.05.2003 – 915 C 124/03, JurionRS 2003, 29934 (zum entsprechenden Wortlaut in § 6 Abs. 2 AVB Camping 1995).

17 *AG Köln* Urt. v. 31.07.2003 – 117 C 115/03, ADAJUR Dok.Nr. 59167 = VersR 2004, 780 (zu § 6 Ziff. 1b AVB Camping 1985); *AG Köln*, Urt. v. 28.04.2004 – 118 C 9/04, VersR 2005, 358.

18 Zur abweichenden Regelung in den AKB siehe *Stomper* A.2.5.2 AKB, Rdn. 37 ff.

19 *AG Köln*, Urt. v. 28.04.2004 – 118 C 9/04, VersR 2005, 358.

Für die versicherten Fahrzeuge ist 9.3 wichtig, da unter die Sachgruppe 1.2.1 **Wohn-** 41
wagen und **Mobilheime** fallen. **Zelt- und Klappanhänger** werden in 1.2.2. angesprochen. Anders als in der Kasko-Versicherung wo es nach A.2.1.2.2 AKB nur ausnahmsweise für mitversicherte Teile zu einer Unterversicherung[20] kommen kann, unterliegen Fahrzeugschäden in der AVB Camping 1985/2008 generell der Gefahr der **Unterversicherung** nach § 75 VVG.

Im Falle der Unterversicherung richtet sich die Höhe der Entschädigung nach der Formel:[21] 42

$$\text{Versicherungsleistung} = \frac{\text{Schaden} \times \text{Versicherungssumme}}{\text{Versicherungswert}}$$

Wurde nach 12.2 ein Selbstbehalt für den Wohnwagen oder das Mobilheim vereinbart, 43
ist dieser von der Entschädigungsleistung immer voll in Abzug zu bringen.

Die Klausel orientierte sich an § 56 VVG a. F., der bis Ende 2007 galt. Der aktuelle 44
§ 75 VVG sieht vor, dass die Versicherungssumme nicht nur niedriger, sondern **erheblich niedriger** sein müsse. Von einer Erheblichkeit der Unterversicherung ist dann die Rede, wenn eine Abweichung von etwa 10% gegeben ist.[22]

10 Überversicherung

10.1 Übersteigt die Versicherungssumme den Wert der versicherten Sachen erheblich, so kann sowohl der Versicherer als auch der Versicherungsnehmer verlangen, dass zur Beseitigung der Überversicherung die Versicherungssumme mit sofortiger Wirkung herabgesetzt wird.
Von diesem Zeitpunkt an ist für die Höhe der Prämie der Betrag maßgebend, den der Versicherer berechnet haben würde, wenn der Vertrag von vornherein mit dem neuen Inhalt geschlossen worden wäre.

10.2 Hat der Versicherungsnehmer eine Überversicherung in der Absicht geschlossen, sich dadurch einen rechtswidrigen Vermögensvorteil zu verschaffen, ist jeder in dieser Absicht geschlossene Vertrag nichtig. Dem Versicherer steht die Prämie bis zu dem Zeitpunkt zu, zu dem er von den die Nichtigkeit begründenden Umständen Kenntnis erlangt. Etwaige Schadensersatzansprüche des Versicherers bleiben unberührt.

11 Mehrfachversicherung

11.1 Eine Mehrfachversicherung liegt vor, wenn ein Interesse gegen dieselbe Gefahr in mehreren Versicherungsverträgen Versicherern versichert ist

---

20 *Stomper*, A.2.1.2 AKB, Rdn. 44–54.
21 Staudinger/Halm/Wendt/*K.Schneider*, FAK-VersR, § 75 VVG, Rn. 6.
22 *BGH* Urt. v. 04.04.2001 – IV ZR 138/00, BGHZ 147, 142 = JurionRS 2001, 19990 = NJW 2001, 3539 = NVersZ 2001, 304 = VersR 2001, 749 = zfs 2001, 410; Staudinger/Halm/ Wendt/*K.Schneider* FAK-VersR, § 75 VVG, Rn. 3; Looschelders/Pohlmann/*von Kroppenfels-Spies* VVG-Kommentar, § 75 VVG, Rn. 7; Schwintowski/Brömmelmeyer/*Kloth/Neuhaus* PK-VersR, § 75 VVG, Rn. 26.

und entweder die Versicherungssummen zusammen den Versicherungswert übersteigen oder aus anderen Gründen die Summe der Entschädigungen, die von jedem Versicherer ohne Bestehen der anderen Versicherungen zu zahlen wäre, den Gesamtschaden übersteigt.

Wenn die Mehrfachversicherung zustande gekommen ist, ohne dass der Versicherungsnehmer dies wusste, kann er die Aufhebung des später geschlossenen Vertrages verlangen.

Er kann auch verlangen, dass die Versicherungssumme auf den Betrag herabgesetzt wird, der durch die früher geschlossene Versicherung nicht gedeckt ist; in diesem Fall ist der Prämie entsprechend zu mindern.

Das Recht auf Aufhebung oder Herabsetzung erlischt, wenn der Versicherungsnehmer es nicht innerhalb eines Monats geltend macht, nachdem er von der Mehrfachversicherung Kenntnis erlangt hat. Die Aufhebung oder Herabsetzung wird zu dem Zeitpunkt wirksam, zu dem die Erklärung, mit der sie verlangt wird, dem Versicherer zugeht.

11.2 Hat der Versicherungsnehmer eine Mehrfachversicherung in der Absicht abgeschlossen, sich dadurch einen rechtswidrigen Vermögensvorteil zu verschaffen, ist jeder in dieser Absicht geschlossene Vertrag nichtig. Der Versicherer hat, Anspruch auf die Prämie bis zu dem Zeitpunkt, in dem er von den die Nichtigkeit begründenden Umständen Kenntnis erlangt.

12 Selbstbeteiligung

Der Versicherungsnehmer trägt folgende Selbstbeteiligung

12.1 bei Schäden durch Diebstahl oder unbefugten Gebrauch von Sachen gemäß Ziffern 1.2.2 bis 1.2.4 .... %;

12.2 bei Schäden am Wohnwagen oder Mobilheim durch Unfall sowie bei Schäden durch mut- oder böswillige Handlungen fremder Personen und bei Bruchschäden an der Außenverglasung Euro ....

45 Die Vereinbarung einer Selbstbeteiligung schützt den Versicherer vor der Meldung von unzähligen Kleinschäden, die den Verwaltungsaufwand erhöhen und dem wirtschaftlichen Nutzen der Vertragsbeteiligten entgegenstehen, da ansonsten eine höhere Prämie verlangt werden müsste. Gleichzeitig dient die vereinbarte Selbstbeteiligung dazu, sorgfältiger auf die versicherten Sachen aufzupassen.[23]

46 Sinnvollerweise wird bei der Selbstbeteiligung zwischen den Sachgruppen unterschieden. Statt einer prozentualen Selbstbeteiligung, wie sie für geringwertige Gegenstände sinnvoll ist, wird für Wohnwagen und Mobilheime – wie in der Teil- und Vollkaskoversicherung[24] – von vornherein ein Selbstbehalt betragsmäßig festlegt. Im Falle der Unterversicherung[25] wird immer der volle Selbstbehalt in Abzug gebracht.

---

[23] Staudinger/Halm/Wendt/ *K. Schneider* FAK-VersR, § 75 VVG, Rn. 11.
[24] *Stomper* A.2.5.8 AKB, Rdn. 1 ff.
[25] Siehe 9.3 Rdn. 41–44.

13	Beginn und Ende der Versicherung

Die Versicherung besteht für die vereinbarte Dauer. Beträgt diese mindestens ein Jahr, so verlängert sie sich um ein Jahr und weiter von Jahr zu Jahr, wenn die Versicherung nicht drei Monate vor Ablauf durch eine Partei gekündigt wird. Ein Versicherungsvertrag, der für eine Dauer von mehr als drei Jahren eingegangen ist, kann zum Ende des dritten oder jedes darauffolgenden Jahres unter Einhaltung einer Frist von drei Monaten gekündigt werden.

14	Obliegenheiten
14.1	Der Versicherungsnehmer hat
14.1.1	jeden Schadenfall unverzüglich dem Versicherer anzuzeigen;
14.1.2	Schäden nach Möglichkeit abzuwenden und zu mindern, insbesondere Ersatzansprüche gegen Dritte form- und fristgerecht geltend zu machen oder auf andere Weise sicherzustellen und Weisungen des Versicherers zu beachten;
14.1.3	alles zu tun, was zur Aufklärung des Tatbestandes dienlich sein kann. Er hat alle Belege, die den Entschädigungsanspruch nach Grund und Höhe beweisen, einzureichen, soweit ihre Beschaffung ihm billigerweise zugemutet werden kann, und ein von ihm unterschriebenes Verzeichnis aller abhanden gekommenen, zerstörten oder beschädigten Sachen dem Versicherer vorzulegen.

Der Versicherungswert der Sachen oder der Anschaffungspreis und das Anschaffungsjahr sind dabei anzugeben.

14.2	Schäden durch strafbare Handlungen (z. B. Diebstahl, Raub, vorsätzliche Sachbeschädigung) sowie durch Brand oder Explosion sind außerdem unverzüglich der zuständigen Polizeidienststelle unter Einreichung einer Liste aller in Verlust geratenen Sachen anzuzeigen. Der Versicherungsnehmer hat sich dies polizeilich bescheinigen zu lassen und dem Versicherer den Nachweis einzureichen.
14.3	Der Versicherungsnehmer hat auch dem Versicherer jede zumutbare Untersuchung über Ursache und Höhe des Schadens und über den Umfang der Entschädigungspflicht zu gestatten, jede hierzu dienliche Auskunft – auf Verlangen schriftlich – zu erteilen und Belege beizubringen.

Weitere Obliegenheiten[26] finden sich in 4.4 und 4.5, ohne dass diese als solche bezeichnet sind.

15	Verletzung der Obliegenheiten

---

[26] Siehe 4.4 und 4.5 Rdn. 34 u. 37.

AVB Camping

15.1 Verletzt der Versicherungsnehmer eine Obliegenheit aus diesem Vertrag, die er vor Eintritt des Versicherungsfalles zu erfüllen hat, kann der Versicherer den Vertrag innerhalb eines Monats ab Kenntnis von der Obliegenheitsverletzung fristlos kündigen. Der Versicherer hat kein Kündigungsrecht, wenn der Versicherungsnehmer nachweist, dass die Obliegenheitsverletzung weder auf Vorsatz noch auf grober Fahrlässigkeit beruhte.

15.2 Wird eine Obliegenheit aus diesem Vertrag vorsätzlich verletzt, verliert der Versicherungsnehmer den Versicherungsschutz. Bei grob fahrlässiger Verletzung einer Obliegenheit ist der Versicherer berechtigt, seine Leistung in einem der Schwere des Verschuldens des Versicherungsnehmer entsprechenden Verhältnis zu kürzen. Der vollständige oder teilweise Wegfall des Versicherungsschutzes hat bei Verletzung einer nach Eintritt des Versicherungsfalls bestehenden Auskunfts- oder Aufklärungsobliegenheit zur Voraussetzung, dass der Versicherer den Versicherungsnehmer durch gesonderte Mitteilung in Textform auf diese Rechtsfolge hingewiesen hat.

Weist der Versicherungsnehmer nach, dass er die Obliegenheit nicht grob fahrlässig verletzt hat, bleibt der Versicherungsschutz bestehen.

15.3 Der Versicherungsschutz bleibt auch bestehen, wenn der Versicherungsnehmer nachweist, dass die Verletzung der Obliegenheit weder für den Eintritt oder die Feststellung des Versicherungsfalls noch für die Feststellung oder den Umfang der dem Versicherer obliegenden Leistung ursächlich war. Das gilt nicht, wenn der Versicherungsnehmer die Obliegenheit arglistig verletzt hat.

Die Bestimmungen gelten unabhängig davon, ob der Versicherer ein ihm nach Ziffer 15.1 zustehendes Kündigungsrecht ausübt.

15.4 Wurden bestimmte abhanden gekommene Sachen der zuständigen Polizeidienststelle nicht angezeigt, so kann die Entschädigung nur für diese Sachen verweigert werden.

16 Besondere Verwirkungsgründe

16.1 Der Versicherer ist von jeder Entschädigungspflicht frei, wenn

16.1.1 der Versicherungsnehmer versucht, den Versicherer arglistig über Tatsachen zu täuschen, die für den Grund oder für die Höhe der Entschädigung von Bedeutung sind. Dies gilt auch, wenn die arglistige Täuschung sich auf einen anderen zwischen den Parteien über dieselbe Gefahr abgeschlossenen Versicherungsvertrag bezieht;

16.1.2 der Versicherungsnehmer wegen vorsätzlicher Brandstiftung oder wegen eines bei Ermittlung der Entschädigung begangenen Betruges oder Betrugsversuches rechtskräftig verurteilt worden ist. Mit der Verurteilung gelten die Voraussetzungen für den Wegfall der Entschädigungspflicht als festgestellt.

17 Fälligkeit der Geldleistung

17.1 Die Entschädigung wird spätestens zwei Wochen nach endgültiger Feststellung des Versicherungsfalles und des Umfangs der Leistung durch den Versicherer fällig, jedoch kann einen Monat nach Anzeige des Schadens als Abschlagszahlung der Betrag verlangt werden, der nach Lage der Sache mindestens zu zahlen ist.

17.2 Sind im Zusammenhang mit dem Versicherungsfall behördliche Erhebungen oder ein strafgerichtliches Verfahren gegen den Versicherungsnehmer eingeleitet worden, so kann der Versicherer bis zum rechtskräftigen Abschluss dieser Verfahren die Zahlung aufschieben.

17.3 Werden entwendete Gegenstände innerhalb eines Monats nach Eingang der Schadenanzeige wieder aufgefunden, so ist der Versicherungsnehmer verpflichtet, sie zurückzunehmen. Nach Ablauf dieser Frist werden sie Eigentum des Versicherers.

18 Kündigung nach dem Versicherungsfall

18.1 Nach Eintritt eines Versicherungsfalls können beide Parteien den Versicherungsvertrag kündigen. Die Kündigung ist schriftlich zu erklären. Sie muss spätestens einen Monat nach dem Abschluss der Verhandlungen über die Entschädigung zugehen. Der Versicherer hat eine Kündigungsfrist von einem Monat einzuhalten. Kündigt der Versicherungsnehmer, so kann er bestimmen, dass seine Kündigung sofort oder zu einem späteren Zeitpunkt wirksam wird, jedoch spätestens zum Schluss der laufenden Versicherungsperiode.

18.2 Hat der Versicherer gekündigt, so ist er verpflichtet, für die noch nicht abgelaufene Versicherungszeit den entsprechenden Anteil der Prämie zu vergüten.

19 Verjährung

Die Ansprüche aus dem Versicherungsvertrag verjähren in drei Jahren. Die Fristberechnung richtet sich nach den allgemeinen Vorschriften des Bürgerlichen Gesetzbuches.

20 Gerichtsstand

20.1 Für Klagen aus dem Versicherungsvertrag gegen den Versicherer bestimmt sich die gerichtliche Zuständigkeit nach dem Sitz des Versicherers oder seiner für den Versicherungsvertrag zuständigen Niederlassung. Ist der Versicherungsnehmer eine natürliche Person, ist auch das Gericht örtlich zuständig, in dessen Bezirk der Versicherungsnehmer zur Zeit

AVB Camping

der Klageerhebung seinen Wohnsitz oder, in Ermangelung eines solchen, seinen gewöhnlichen Aufenthalt hat.

20.2 Ist der Versicherungsnehmer eine natürliche Person, müssen Klagen aus dem Versicherungsvertrag gegen ihn bei dem Gericht erhoben werden, das für seinen Wohnsitz oder, in Ermangelung eines solchen, den Ort seines gewöhnlichen Aufenthalts zuständig ist.

20.3 Ist der Versicherungsnehmer eine juristische Person, bestimmt sich das zuständige Gericht auch nach dem Sitz oder der Niederlassung des Versicherungsnehmers. Das gleiche gilt, wenn der Versicherungsnehmer eine Offene Handelsgesellschaft, Kommanditgesellschaft, Gesellschaft bürgerlichen Rechts oder eine eingetragene Partnerschaftsgesellschaft ist.

20.4 Sind der Wohnsitz oder der gewöhnliche Aufenthalt des Versicherungsnehmers im Zeitpunkt der Klageerhebung nicht bekannt, bestimmt sich die gerichtliche Zuständigkeit für Klagen aus dem Versicherungsvertrag gegen den Versicherer oder den Versicherungsnehmer nach dem Sitz des Versicherers oder seiner für den Versicherungsvertrag zuständigen Niederlassung.

21 Schlussbestimmung

Soweit nicht in den Versicherungsbedingungen etwas anderes bestimmt ist, gelten die gesetzlichen Vorschriften.

Besondere Bedingungen für die Zusatzhaftpflichtversicherung für Kfz-Handel und -Handwerk

Musterbedingungen des GDV

(Stand: Mai 2011)

Unverbindliche Bekanntgabe des Gesamtverbandes der Deutschen Versicherungswirtschaft e. V. (GDV)

Zur fakultativen Verwendung. Abweichende Vereinbarungen sind möglich.

Übersicht Rdn.
A.	Versicherungsumfang gesetzliche Haftpflicht	1
B.	Versicherte Personen	2
I.	Versicherungsnehmer	2
II.	betriebszugehörige Personen	3
III.	betriebsfremde Personen	4
C.	Versichertes Risiko	5
I.	Beschädigung, Vernichtung und Abhandenkommen	6
II.	fremdes Kfz, Anhänger oder fest damit verbundenen Fahrzeugteilen	7
III.	durch eine gewerbliche oder berufliche Tätigkeit des Versicherungsnehmers	8
A.	Risikoausschlüsse	9
B.	Fahrzeuge in Werkstatt-Obhut	10
I.	Definition Obhut	11
II.	Umfang Obhut	12
III.	Beginn Obhut	13
IV.	Ende der Obhut	14
C.	Nicht versicherte Risiken	16
A.	Versicherungssumme	39
B.	Ersatzleistung bei Zerstörung oder Abhandenkommen	40
C.	Ersatzleistung bei sonstiger Beschädigung	41
D.	Zusätzliche Schadenpositionen	42
I.	Ausfallentschädigung	43
II.	entgangener Verdienst/Vorhaltekosten	44
III.	Sachfolgeschäden	45
A.	Selbstbehalt des Versicherungsnehmers	48
B.	Anspruchsberechtigter	49

1 BB Handel/Handwerk Gegenstand der Versicherung

1 Gegenstand der Versicherung

1.1 Gegenstand der Versicherung

1.1 Versichert ist auf der Grundlage der Allgemeinen Versicherungsbedingungen für die Haftpflichtversicherung (AHB) und im nachstehenden Umfang – abweichend von Ziff. 7.7 AHB[1] und in Ergänzung zu Ziff. 2.2 AHB – die gesetzliche Haftpflicht des Versicherungsnehmers und seiner Betriebsangehörigen aus der Beschädigung, Vernichtung oder dem Abhandenkommen von fremden Kraftfahrzeugen, selbstfahrenden Arbeitsmaschinen und Anhängern durch eine gewerbliche oder berufliche Tätigkeit des Versicherungsnehmers an oder mit diesen Fahrzeugen (z. B. Reparatur, Inspektionsarbeiten etc.). Dasselbe gilt für deren demontierte Teile, sofern sie sich gleichzeitig mit dem dazugehörigen Fahrzeug in Obhut des Versicherungsnehmers oder einer von ihm beauftragten Person befinden oder befunden haben. Arbeits- und Anbaugeräte sowie nicht selbstfahrende Arbeitsmaschinen sind im Sinne dieser Versicherung Fahrzeugen gleichgestellt.

---

1 Ausschluss in den AHB 2008:
[1] 7 Ausschlüsse:
[1] Falls im Versicherungsschein oder seinen Nachträgen nicht ausdrücklich etwas bestimmt ist, sind von der Versicherung ausgeschlossen:
[1] 7.7 Haftpflichtansprüche wegen Schäden an fremden Sachen und allen sich daraus ergebenden Vermögensschäden,
[1] wenn
[1] (1) die Schäden durch eine gewerbliche oder berufliche Tätigkeit des Versicherungsnehmer an diesen Sachen (Bearbeitung, Reparatur, Beförderung, Prüfung und dgl.) entstanden sind; bei unbeweglichen Sachen gilt dieser Ausschluss nur insoweit, als diese Sachen oder Teile von ihnen unmittelbar von der Tätigkeit betroffen waren; [1] (2) die Schäden dadurch entstanden sind, dass der Versicherungsnehmer diese Sachen zur Durchführung seiner gewerblichen oder beruflichen Tätigkeiten (als Werkzeug, Hilfsmittel, Materialablagefläche und dgl.) benutzt hat; bei unbeweglichen Sachen gilt dieser Ausschluss nur insoweit, als diese Sachen oder Teile von ihnen unmittelbar von der Benutzung betroffen waren; [1] (3) die Schäden durch eine gewerbliche oder berufliche Tätigkeit des Versicherungsnehmer entstanden sind und sich diese Sachen oder – sofern es sich um unbewegliche Sachen handelt – deren Teile im unmittelbaren Einwirkungsbereich der Tätigkeit befunden haben; dieser Ausschluss gilt nicht, wenn der Versicherungsnehmer beweist, dass er zum Zeitpunkt der Tätigkeit offensichtlich notwendige Schutzvorkehrungen zur Vermeidung von Schäden getroffen hatte. [1] zu Ziff. 7.6 und Ziff. 7.7:
[1] Sind die Voraussetzungen der Ausschlüsse in Ziff. 7.6 und Ziff. 7.7 in der Person von Angestellten, Arbeitern, Bediensteten, Bevollmächtigten oder Beauftragten des Versicherungsnehmers gegeben, so entfällt gleichfalls der Versicherungsschutz, und zwar sowohl für den Versicherungsnehmer als auch für die durch den Versicherungsvertrag etwa mitversicherten Personen.

Gegenstand der Versicherung **1.1 BB Handel/Handwerk**

A. Versicherungsumfang gesetzliche Haftpflicht

Versichert ist gem. Ziffer 1.1 die gesetzliche Haftpflicht des Versicherungsnehmers und seiner Betriebsangehörigen. Grundlage für die Eintrittspflicht des Versicherers sind zunächst die Bedingungen der Allgemeinen Haftpflicht. Es sind vertragliche Schadenersatzansprüche in bestimmten Grenzen versichert. Daneben kann der Versicherungsnehmer weitere Zusätze, wie z. B. die Kasko-Versicherung vereinbaren[2]. Dabei ist Versicherungsgegenstand nicht ein einzelnes konkret bei Vertragsschluss benanntes Kfz, sondern vielmehr eine noch nicht näher bekannte Anzahl von Kfz. Es handelt sich also um eine Sammelversicherung.[3] 1

B. Versicherte Personen

I. Versicherungsnehmer

Versichert ist zum einen der Versicherungsnehmer als Vertragspartner. Versicherungsnehmer kann jede natürliche oder juristische Person sein, die geschäftsfähig ist[4]. 2

II. betriebszugehörige Personen

Neben dem Versicherungsnehmer sind auch alle diejenigen Personen mitversichert, die dem Betrieb des Versicherungsnehmers angehören. Erforderlich ist ein Anstellungsverhältnis. Dabei ist ein Dauerarbeitsverhältnis nicht erforderlich. Ausreichend sind die klassischen Anforderungen an ein Beschäftigtenverhältnis wie Weisungsgebundenheit und Entlohnung. Die mitversicherten Personen sind im Falle eines Schadens auch berechtigt, selbständig ihren Anspruch auf Versicherungsschutz geltend zu machen, wenn der Versicherungsnehmer dies nicht tut[5]. 3

III. betriebsfremde Personen

Nicht in dieser Vereinbarung versichert sind betriebsfremde Personen, die lediglich zufällig zu Handreichungen herangezogen werden. Wird durch eine von diesen Personen ein Schaden verursacht, unterfällt er nicht der Kfz-Handel- und Handwerk-Versicherung. 4

C. Versichertes Risiko

Versichert ist die gesetzliche Haftpflicht. Der Leistungsumfang der AHB wie auch der Sonderbedingungen für Kfz-Handel- und Handwerk beschränkt sich damit – wie auch in der Kraftfahrzeug-Haftpflicht-Versicherung – auf die gesetzlich vorgegebenen Schadenersatzpflichten, welche sich nicht nur aus den §§ 823 ff. BGB ergeben, die den Be- 5

---

2 Vgl. insoweit unter Sonderbedingungen für Kfz-Handel- und Handwerk.
3 BGH v. 15.01.1997 – IV ZR 335/95, VersR 1997, 443 m. w. H.
4 Vgl. insoweit A.1 AKB.
5 So für die BHV BGH v. 04.05.1964 – II ZR 153/61 in NJW 1964, 1899 f.

1.2 BB Handel/Handwerk (Ausschlüsse)

reich der unerlaubten Handlung regeln. Der Umfang wird in 1. noch weiter konkretisiert:

I. Beschädigung, Vernichtung und Abhandenkommen

6 Als Beschädigung wird jede Veränderung des Kfz oder seiner Teile bezeichnet, die von dem Ursprungszustand abweicht, ohne dass der Eigentümer oder sonst Verfügungsberechtigte diese Abweichung vorher in Auftrag gegeben hatte (die Reparatur ist dem Grunde nach ebenfalls eine Abweichung vom vorherigen Zustand). Die Vernichtung (Zerstörung) ist dann gegeben, wenn die Beschädigung einen Grad erreicht, der die Wiederherstellung (Reparatur) des Kfz ausschließt. Dabei sind die Schäden an dem in Obhut befindlichen Fahrzeug nach Kasko-Grundsätzen zu regulieren.

Auch das Abhandenkommen des in Obhut befindlichen Fahrzeugs ist über die Kfz-Handel- und Handwerk-Versicherung versichert. Auch der Diebstahl von Fahrzeugteilen ist gedeckt, soweit sich dieses Ereignis während der Inobhutnahme ereignet.

II. fremdes Kfz, Anhänger oder fest damit verbundenen Fahrzeugteilen

7 Der Tätigkeitsschwerpunkt eines Betriebes. aus dem Kfz-Handwerk ist die Reparatur, Inspektion, oder Wartung eines Kfz oder von Teilen dieses Kfz. Es muss sich bei dem bearbeiteten Kfz um ein fremdes Kfz handeln. Fremd ist ein Kfz dann, wenn es im Eigentum eines anderen als des Werkstattinhabers oder des Betriebsangehörigen steht, der das Fahrzeug bearbeitet.

III. durch eine gewerbliche oder berufliche Tätigkeit des Versicherungsnehmers

8 Die Beschädigung des Kfz muss unmittelbar mit den handwerklichen Tätigkeiten des Betriebes. des Versicherungsnehmers zusammenhängen. Alle Schäden, die durch die Bearbeitung an dem Fahrzeug in Werkstattobhut entstehen, sind gedeckt soweit das schädigende Ereignis in der Bearbeitung liegt. Es ist abzugrenzen zu den unter 1.2 vereinbarten Risikoausschlüssen. Aber auch hier kommt es auf die vertraglichen Einzelheiten an. Ereignet sich der Schaden durch ein Ereignis, auf das der Versicherungsnehmer durch sein Verhalten Einfluss nehmen kann, ist u. U. auch das Abstürzen des Fahrzeuges von der Hebebühne als in der Zusatzhaftpflicht versichert anzusehen[6].

1.2 (Ausschlüsse)[1]

1.2 Nicht versichert sind jedoch Ansprüche aufgrund der nachstehend genannten Ereignisse, soweit diese eintreten, während sich die Fahrzeuge und die dazugehörigen Teile in der Obhut des Versicherungsnehmers oder einer von ihm beauftragten Person befinden:

---

6 LG Dortmund v.13.04.2006 – 2 O 278/05, Jurion.
1 Überschrift des Verfassers!.

(Ausschlüsse) **1.2 BB Handel/Handwerk**

- Unfall, d. h. durch unmittelbar von außen her plötzlich mit mechanischer Gewalt einwirkendes Ereignis;
- Brand oder Explosion;
- Entwendung, insbesondere Diebstahl, unbefugter Gebrauch durch betriebsfremde Personen, Raub und Unterschlagung;
- unmittelbare Einwirkung von Sturm, Hagel, Blitzschlag oder Überschwemmung;
- Zusammenstoß von in Bewegung befindlichen Fahrzeugen mit Haarwild im Sinne von § 2 Abs. 1 Nr. 1 des Bundesjagdgesetzes;
- mut- oder böswillige Handlungen betriebsfremder Personen;
- Bruchschäden an der Verglasung von Fahrzeugen und Schäden an der Verkabelung durch Kurzschluss oder
- Beschädigungen oder Zerstörung der Reifen von Fahrzeugen, wenn die Beschädigung oder Zerstörung durch eines der vorgenannten Ereignisse erfolgt und durch das Ereignis noch andere Schäden an dem Fahrzeug verursacht werden.

Hinweis: Für diese Ereignisse ist der Abschluss einer gesonderten Kasko-Versicherung nach den Sonderbedingungen zur Kfz-Versicherung für Kfz-Handel und -Handwerk erforderlich![2]

A. Risikoausschlüsse

Unter 1.2 sind diejenigen Ausschlüsse aufgeführt, die in der Betriebshaftpflicht-Versicherung nicht eingeschlossen sind. Es handelt sich um die typischen Kasko-Risiken, die aber durch eine zusätzliche Kfz-Handel- und Handwerk-Fahrzeugversicherung eingeschlossen werden können. Ereignet sich der Schadenfall am Kfz durch die Reparatur, gilt dies als Haftpflichtschaden und ist gem. 1. gedeckt. Unabhängig davon, ob die Ausschlüsse anderweitig versicherbar sind, können in der BHV Risiken wirksam ausgeschlossen werden[3]. Hierbei ist zu beachten, dass nur dann ein Schaden am Kundenfahrzeug erstattungsfähig ist, wenn dieser durch die fehlerhafte Bearbeitung[4] hervorgerufen wurde. Hat also beispielsweise die fehlerhafte Bremsenreparatur zu einem Versagen der Bremsen und damit zu einer Beschädigung des Kfz geführt, ist dies auch kein Unfallereignis, da die Ursache den Unfallbegriff nicht erfüllt, da durch äußere Einwirkung auf das Kfz ein Schaden verursacht werden muss. Durch die fehlerhafte Bearbeitung erfolgt der Schadenseintritt aber gerade »von innen«. Ein solcher Ausschluss kann zulässigerweise vereinbart werden, stürzt ein Auto von der Hebebühne,

9

---

2 Vgl. insoweit A.4.2 der KfzSBHH (Sonderbedingungen Kfz-Handel- und Handwerk- Haftpflicht und Fahrzeugversicherung).
3 OLG Köln v. 10.06.2008 – 9 U 144/07 Jurion.
4 Zur Reichweite des Ausschlusses Bearbeitungsschäden vgl. auch OLG Frankfurt v. 11.01.2006 – 7 U 169/04 in zfs 2007, 461 m. w. H.

1.2 BB Handel/Handwerk (Ausschlüsse)

handelt es sich um ein Unfallereignis im Sinne der Kasko-Versicherung, nicht aber um einen versicherten Bearbeitungsschaden[5].

B. Fahrzeuge in Werkstatt-Obhut

10 Der Begriff »Werkstatt-Obhut« umfasst alle fremden, zugelassenen Fahrzeuge[6], die sich auf dem Betriebsgelände des Versicherungsnehmers befinden.

I. Definition Obhut

11 Der Begriff Obhut ist eine alte Formulierung, die im BGB schon in die Begriffe Miete, Leihe und Pacht umgesetzt wurde. Es geht bei Obhut um die tatsächliche Herrschaft über Gegenstände, die dem Besitzer nur vorübergehend anvertraut wurden. Als Fahrzeuge in Werkstatt-Obhut werden alle diejenigen Fahrzeuge angesehen, die sich in der Werkstatt oder auf dem Werkstattgelände des Versicherungsnehmers befinden. Zweck der Verbringung auf das Werkstattgelände muss zwingend ein mit dem Werkstattbetrieb zusammenhängender Grund sein.

II. Umfang Obhut

12 Der Werkstattinhaber und seine Mitarbeiter sind verpflichtet, den in Obhut befindlichen Gegenstand unversehrt an den Eigentümer zurückzugeben und ggf. im vereinbarten Rahmen (Reparatur, Inspektion etc.) zu verfahren. Allein durch die Inobhutnahme wird der Werkstattinhaber nicht in den Schutzbereich der Kraftfahrzeugversicherung des Obhutfahrzeuges aufgenommen. Insbesondere wird er dadurch weder mitversicherte Person im Kfz, solange sich dieses nicht im öffentlichen Verkehrsraum bewegt, erst recht wird er kein Repräsentant des Fahrzeugeigentümers.

III. Beginn Obhut

13 Die Obhut beginnt regelmäßig mit der Übergabe des Kfz an den Werkstattinhaber. Dieser wird durch die bloße Überlassung der Obhut nicht mitversicherte Person in dem Kfz-Vertrag des Kunden und schon gar nicht Repräsentant des Kunden[7]. Wird das Fahrzeug unmittelbar auf dem Betriebsgelände abgestellt und der Schlüssel für das Fahrzeug dem Werkstattinhaber oder einem seiner Angestellten übergeben, beginnt die Obhut unmittelbar mit der Übergabe. Problematisch sind die Fälle, in denen eine solche persönliche Übergabe gerade nicht erfolgte, sondern das Fahrzeug vor dem Betriebsgelände abgestellt wurde und der Schlüssel in den Firmenbriefkasten geworfen wurde. Zumindest ist dann auf die Kenntnis des Versicherungsnehmers abzustellen[8].

---

5 OLG Koblenz v 02.03.2012 – 10 U 699/12, r+s 2013, 378.
6 Vgl. insoweit auch BGH v. 15.01.1997 – IV ZR 335/95, VersR 1997, 443.
7 OLG Koblenz v. 17.09.1982 – 10 U 1250/80, VersR 1983, 870.
8 LG Bonn v. 09.09.2008 – 13 O 196/07, SP 2009, 124.

(Ausschlüsse) **1.2 BB Handel/Handwerk**

IV. Ende der Obhut

Die Obhut endet normalerweise mit der Übergabe des Kfz an den Kunden. Kann das Fahrzeug nicht unmittelbar nach Abschluss der Arbeiten abgeholt werden, ist eine Obhut bei normaler Standzeit (z. B. bis zum nächsten Tag) auch über das Reparaturende hinaus anzunehmen. 14

Kein Ende der Obhut ist anzunehmen, wenn das Fahrzeug zur Lackierung in eine Lackiererei verbracht wird, dann besteht ggf. doppelte Obhut (beim Reparateur und beim Lackierer).

Bleibt das Kfz länger in der Werkstatt, liegt eine garagenmäßigen Unterstellung vor. Gleiches gilt beim Unterstellen während des Urlaubes. Auch wenn eigentlich ein Reparaturauftrag bestand und dann das Kfz aber über einen längeren Zeitraum nur verwahrt wurde, weil der Eigentümer es trotz mehrfacher Aufforderung nicht abgeholt hat, liegt garagenmäßiges Unterstellen vor[9]. Eine garagenmäßige Unterstellung ist in der Kfz-Handel- und Handwerk-Versicherung ausgeschlossen[10]. Für die Bewertung der Frage, ob es sich um Obhut oder um garagenmäßiges Unterstellen handelt, kann auf den Zweck der Unterstellung abgestellt werden[11]. Beruft sich der Versicherer auf das Vorliegen eines Ausschlusstatbestandes (z. B. garagenmäßige Unterstellung[12]) ist er beweisbelastet[13]. 15

Übt der Versicherungsnehmer allerdings sein vertragliches Unternehmerpfandrecht nach § 647 BGB aus, liegt ein garagenmäßiges Unterstellen gerade nicht vor, da schon der Wille des Versicherungsnehmers hier entgegensteht[14]. Die Werkstattobhut ist zeitmäßig beschränkt auf die Dauer der Reparatur bzw. das Ende des Unternehmerpfandrechts. Eine Ausweitung der Obhut auf einen Zeitraum von über 2 Jahren ist dem nicht angemessen[15].

Auswirkungen hat diese Differenzierung nur hinsichtlich der Schäden am Kundenfahrzeug, die durch die Kasko-Versicherung abzudecken wären.

---

9 OLG Celle v. 19.03.2009 – 8 U 228/08, r+s 2009, 270.
10 LG Berlin v. 10.02.1972 – 7 O 294/71, VersR 1973, 339, wobei der beabsichtigte Zweck durchaus geändert werden kann; a. A. LG Frankfurt v. 24.09.1971 – 2/17 O 79/69 in VersR 1972, 1162.
11 BGH v. 10.07.1996 – IV ZR 287/95, VersR 1996, 1229; v. 28.03.1990 – IV ZR 70/89, VersR 1990, 620, OLG Düsseldorf v. 03.12.1957 – 4 U 72/57, VersR 1958, 313.
12 So schon LG Berlin v. 10.02.1972 – 7 O 294/71 in VersR 1973, 339 m. H. a. OLG Düsseldorf v. 03.12.1957 – 4 U 72/57 in VersR 1958, 313.
13 Zur Beweislast (bei Vermietung statt Probefahrt) vgl. auch BGH IVa ZR 120/81 in VersR 1983, 560; IV ZR 3335/95 in VersR 1997, 443.
14 Vgl. auch Stiefel/Hofmann KfzSBHH Rn. 69.
15 LG Dortmund v. 10.07.2008 2 O 3/08 Jurion.

1.2 BB Handel/Handwerk (Ausschlüsse)

C. Nicht versicherte Risiken

16 Nicht versichert sind die in Obhut des Versicherungsnehmers befindlichen Fahrzeuge gegen die typischen Risiken, die mit einer entsprechenden Fahrzeugversicherung für Kfz-Handel- und Handwerk abgedeckt werden können. Die sind:

17 – **Unfallereignisse**

Als Unfall wird jedes von außen, plötzlich mit mechanischer Gewalt auf das Fahrzeug einwirkende Ereignis[16] bezeichnet. Kommt das Fahrzeug aber infolge eines Bearbeitungsfehlers (Lenkung, Bremsen o. ä.) während der Probefahrt zu Schaden, handelt es sich nicht um einen Unfall im Sinne dieses Ausschlusses, da die fehlerhafte Bearbeitung Ursache für den Schaden war. Ursache hierfür ist allein die fehlerhafte Bearbeitung[17].

18 **Brand oder Explosion**

Wird das in Obhut befindliche Fahrzeug durch Feuer[18] oder eine Explosion geschädigt, ist dies über eine Teilkasko-Versicherung absicherbar. Als Brand gilt ein Feuer, welches ohne einen bestimmungsgemäßen Herd entstanden ist, oder ihn verlassen hat und sich dann mit eigener Kraft auszubreiten vermag. Dabei werden Brandschäden auch dann ersetzt, wenn der Brandherd außerhalb des Fahrzeuges liegt und einen Schaden am Kfz verursacht. Nicht darunter fallen die Fahrzeugteile, die durch bestimmungsgemäßen Gebrauch in Brand gesetzt werden und dadurch abnutzen (Zündkerzen etc.). Gleiches gilt für Seng- und Schmorschäden.

19 – Als **Explosion** wird das schlagartige Ausdehnen von Gasen oder Dämpfen bezeichnet, welches einen Behälter von innen nach außen zerreißt. Eine Implosion fällt nicht unter diesen Begriff.

20 – **Diebstahl[19] oder unbefugten Gebrauch durch betriebsfremde Personen**

Jedwede Form der unberechtigten Nutzung durch betriebsfremde Personen ist ausgeschlossen. Als betriebsfremd ist derjenige zu bezeichnen, der mit dem Betrieb des Versicherungsnehmers nicht in einer arbeitsvertraglichen Beziehung steht.[20]

---

16 Vgl. insoweit AKB A.2.3.2.
17 Vgl. insoweit oben 1 Gegenstand der Versicherung.
18 Vgl. AKB. A2.2.1 Rdn. 5 ff.
19 Vgl. AKB. A2.2.1 Rdn. 21 ff.
20 Zu den Anforderungen bei Diebstahl von zwei Motocrossrädern aus einem Firmen-LKW auf einem Parkplatz in Italien, wo wegen besserer Witterungsbedingungen die Überprüfungsfahrten gemacht wurden, vgl. LG Berlin v. 24.03.2009 – 7 O 211/08, nachfolgend KG v. 08.06.201 – 6 U 64/09 BGH IV ZR 28/93 zum Wert eines gestohlenen Oldtimers einer Autohändlerin.

(Ausschlüsse) **1.2 BB Handel/Handwerk**

– Sturm,[21] Hagel, Blitzschlag oder Überschwemmung 21

Auch die Beschädigung des Kfz durch Elementarschäden ist nicht Gegenstand dieser Versicherung. Die Naturgewalten müssen unmittelbar auf das Kfz einwirken. Es reicht auch, wenn Gegenstände durch die Naturgewalten auf das in Obhut befindliche Kfz geschleudert werden.

– Sturm 22

ist jede wetterbedingte Windbewegung mit einer Windstärke von mindestens 8 Beaufort (= 17,2–20,7 m/sec.).

– Blitzschlag 23

Blitzschlagschäden können sowohl durch Herabfallen von Gegenständen (vom Blitz getroffener Baum oder Haus) verursacht werden, aber auch Schmor- und Sengschäden am Kfz infolge des Blitzeinschlags gehören dazu.

– Überschwemmung 24

Eine Überschwemmung liegt dann vor, wenn Wasser auf sonst nicht in Anspruch genommenes Gelände fließt und dies überflutet. Nicht unter den Oberbegriff Überschwemmung wird aber der sog. Wasserschlag subsumiert. Dieser ist nur über die Vollkasko-Versicherung gedeckt, da der Unfallbegriff vorliegt, aber der Schaden durch das Verhalten des Fahrers herbeigeführt wurde (Starten des Motors).

– Haarwildschäden[22] 25

Haarwildschäden entstehen durch die Kollision mit einem Tier i. S. d. Bundesjagdgesetzes.

– Schäden an der Verglasung[23] oder Verkabelung[24] 26

– Schäden an der Bereifung[25] 27

Ausgeschlossen sind nur die Schäden, die isoliert an diesen Teilen entstehen, ohne dass 28 der Schadenfall mit der Bearbeitung/Reparatur oder Inspektion durch den Versicherungsnehmer oder seine mitversicherten Personen verursacht wird.

Ein pauschaler Ausschluss für Kasko-Schäden an Fremdfahrzeugen ist unzulässig, 29 wenn dem Versicherungsnehmer nicht klar ist, dass trotz des Einschlusses von Folgeschäden wegen Bearbeitungsfehlern noch ein weites Feld von Ausschlüssen wegen Kasko-Deckung verbleibt[26].

---

21 Vgl. AKB. A2.2.1 Rdn. 55 ff.
22 Vgl. AKB. A2.2.1 Rdn. 75 ff.
23 Vgl. AKB. A2.2.1 Rdn. 90 ff.
24 Vgl. AKB. A2.2.1 Rdn. 104 ff.
25 Vgl. AKB A.2.9.3.
26 LG München I v. 29.06.1988 – 14 S 1876/88 in VersR 1988, 1171; OLG Frankfurt v. 22.09.1994 – 1 U 103/93, VersR 1995, 449 zur Inhaltskontrolle nach AGBG.

30 Sofern eine entsprechende Zusatzvereinbarung für die Fahrzeugversicherung abgeschlossen wurde, sind diese Schäden dann versichert, wenn sich das beschädigte Fahrzeug zum Schadeneintritt in Werkstattobhut befand[27].

2 Erweiterung des Versicherungsschutzes

31 Der Versicherungsschutz im Rahmen der Betriebshaftpflicht über die üblichen Regeln hinaus erweitert:

2.1 Eingeschlossen ist:

Eingeschlossen ist: Ausland

Eingeschlossen ist – abweichend von Ziff. 7.9 AHB – die gesetzliche Haftpflicht wegen im Ausland vorkommender Schadenereignisse. Die Leistungen des Versicherers erfolgen in Euro. Soweit der Zahlungsort außerhalb der Staaten, die der Europäischen Währungsunion angehören, liegt, gelten die Verpflichtungen des Versicherers mit dem Zeitpunkt als erfüllt, in dem der Euro-Betrag bei einem in der Europäischen Währungsunion gelegenen Geldinstitut angewiesen ist.

32 Auch Schadenereignisse im Ausland sind eingeschlossen. Erforderlich ist aber auch hier, dass sich der Schadenfall im Zusammenhang mit der betrieblichen Tätigkeit ereignet.

Hier tauchen auch steuerrechtliche Schwierigkeiten auf: so ist zu differenzieren, ob es sich bei der Leistung, für die Schadenersatz zu leisten ist, um eine echte »Leistung – Gegenleistung«-Beziehung handelt, für das das Entgelt gezahlt wird. In diesem Fall handelt es sich um einen umsatzsteuerlichen Leistungsaustausch, der unter dem Begriff »reverse charge« subsumiert wird. Es ist in diesem Fall die Steuer im Inland zu zahlen, auch wenn die Arbeiten im Auftrag im Ausland ausgeführt wurden[1].

2.2 Eingeschlossen ist:

Eingeschlossen ist: Abgasuntersuchung

Eingeschlossen ist – abweichend von Ziff. 7.3 AHB – die vom Versicherungsnehmer durch Freistellungsverpflichtung gegenüber dem jeweiligen Bundesland sowie den am Anerkennungsverfahren beteiligten Stellen übernommene gesetzliche Haftpflicht aus der Durchführung von Abgasuntersuchungen gem. Ziff. 4.8.2 Anlage VIII a StVZO Sicherheitsprüfungen gem. § 29 StVZO, Gasanlagenprüfungen bzw. Gassys-

---

27 Vgl. insoweit unter A.1.1.2 und A.1.2.3 KfzSBHH zur Obhut.
1 EuGH, 11.12.2014 – C-590/13, Jurion.

temeinbauprüfungen gem. § 41a StVZO sowie Prüfungen der Fahrtschreiber oder EG-Kontrollgeräte gem. § 57b StVZO.

Als weiterer Zusatz ist der Versicherungsnehmer auch gegen Haftpflichtansprüche versichert, die aufgrund der Durchführung der Abgassonderuntersuchung oder der Sicherheitsprüfung nach § 29 StVZO (dem TÜV) entstehen. Soweit im Rahmen dieser Tätigkeiten von dem Versicherungsnehmer oder einem Betriebsangehörigen ein Schaden an dem Kfz entsteht, der nicht den Unfallbegriff[1] erfüllt, ist dieser ebenfalls von der Betriebshaftpflichtversicherung gedeckt. 33

2.3 Soweit besonders vereinbart, gilt:

Soweit besonders vereinbart, gilt: Wageninhalt

Eingeschlossen ist – abweichend von Ziff. 7.6 und 7.7 AHB und in Ergänzung zu Ziff. 2.2 AHB – die gesetzliche Haftpflicht aus der Beschädigung, Vernichtung oder dem Abhandenkommen von in fremden Kfz befindlichem zusätzlichem Wageninhalt – ausgenommen Geld, Wertpapiere (einschließlich Sparbücher, Scheckhefte, Scheck- und Kreditkarten), Kostbarkeiten und andere Wertsachen – und alle sich daraus ergebenden Vermögensschäden.

Die Höchstersatzleistung beträgt innerhalb der Versicherungssumme EUR ...... je Versicherungsfall und Fahrzeug, höchstens EUR ...... für alle Versicherungsfälle eines Versicherungsjahres.

Der Versicherungsnehmer kann – bei Bedarf – zusätzlich die Haftpflicht für die Beschädigung, Vernichtung oder das Abhandenkommen von in dem fremden Kfz befindlichen Gegenständen vereinbaren. Abgesichert ist dann auch der sich daraus ergebende Vermögensschaden. Dabei kann es sich um alles Mögliche handeln. Eine Beschränkung auf einzelne Gegenstände ist in den Musterbedingungen nicht vorgesehen. Nicht versicherbar ist allerdings der Verlust oder die Beschädigung von Wertgegenständen. Diese sind von der Haftpflicht in jedem Fall ausgenommen. 34

Die Höhe der Entschädigungsleistung ist begrenzt durch die vereinbarte Versicherungssumme je Kfz und die vereinbarte Jahreshöchstsumme. Außerdem wird im Rahmen der Haftpflichtversicherung nur der Zeitwert der im Rahmen der Werkstattobhut beschädigten Gegenstände ersetzt. Ggf. sollte hier überlegt werden, ob nicht die Hausratversicherung in Anspruch genommen wird, soweit es sich um persönliche Gegenstände handelt, die ggf. darüber versichert sein können. Dort würde der Neupreis erstattet bis zur dort vereinbarten Summe. 35

Übersteigen die Ansprüche der Geschädigten diesen Betrag, so ist der Werkstattbetreiber selbst in der Pflicht. 36

---

1 Vgl. oben 1.2. Rdn. 17.

2.4 BB Handel/Handwerk — Erweiterung des Versicherungsschutzes

2.4 Soweit besonders vereinbart, gilt:

Soweit besonders vereinbart, gilt: Schäden an Neufahrzeugen

Mitversichert ist die gesetzliche Haftpflicht wegen Schäden an Neufahrzeugen, die noch vor Übergabe an den Kunden durch mangelhaft durchgeführte oder unterlassene Übergabekontrollarbeiten am Fahrzeug verursacht werden.

37 Auch für die Kontrolle von Neufahrzeugen, die vor der Übergabe an den Kunden erfolgt, kann eine zusätzliche Haftpflichtversicherung vereinbart werden. Es werden damit die Schäden abgedeckt, die durch mangelhafte Kontrollen oder unterlassene Kontrollen verursacht wurden.

2.5 Soweit besonders vereinbart, gilt:

Soweit besonders vereinbart, gilt: Abhandenkommen von Teilen

Eingeschlossen ist – abweichend von Ziff. 7.7 AHB[1] und in Ergänzung zu Ziff. 2.2 AHB und Ziff. 1.1 Satz 2 dieser Versicherung – die gesetzliche Haftpflicht aus der Beschädigung, Vernichtung oder dem Abhan-

---

1 Ausschluss in den AHB 2008:
  [1] 7 Ausschlüsse:
  [1] Falls im Versicherungsschein oder seinen Nachträgen nicht ausdrücklich etwas anderes bestimmt ist, sind von der Versicherung ausgeschlossen:
  [1] 7.7 Haftpflichtansprüche wegen Schäden an fremden Sachen und allen sich daraus ergebenden Vermögensschäden,
  [1] wenn
  [1] (1) die Schäden durch eine gewerbliche oder berufliche Tätigkeit des Versicherungsnehmer an diesen Sachen (Bearbeitung, Reparatur, Beförderung, Prüfung und dgl.) entstanden sind; bei unbeweglichen Sachen gilt dieser Ausschluss nur insoweit, als diese Sachen oder Teile von ihnen unmittelbar von der Tätigkeit betroffen waren;
  [1] (2) die Schäden dadurch entstanden sind, dass der Versicherungsnehmer diese Sachen zur Durchführung seiner gewerblichen oder beruflichen Tätigkeiten (als Werkzeug, Hilfsmittel, Materialablagefläche und dgl.) benutzt hat; bei unbeweglichen Sachen gilt dieser Ausschluss nur insoweit, als diese Sachen oder Teile von ihnen unmittelbar von der Benutzung betroffen waren;
  [1] (3) die Schäden durch eine gewerbliche oder berufliche Tätigkeit des Versicherungsnehmer entstanden sind und sich diese Sachen oder – sofern es sich um unbewegliche Sachen handelt – deren Teile im unmittelbaren Einwirkungsbereich der Tätigkeit befunden haben; dieser Ausschluss gilt nicht, wenn der Versicherungsnehmer beweist, dass er zum Zeitpunkt der Tätigkeit offensichtlich notwendige Schutzvorkehrungen zur Vermeidung von Schäden getroffen hatte.
  [1] zu Ziff. 7.6 und Ziff. 7.7:
  [1] Sind die Voraussetzungen der Ausschlüsse in Ziff. 7.6 und Ziff. 7.7 in der Person von Angestellten, Arbeitern, Bediensteten, Bevollmächtigten oder Beauftragten des Versicherungsnehmers gegeben, so entfällt gleichfalls der Versicherungsschutz, und zwar sowohl für den Ver-

(Höchstentschädigung) **3.1.1 BB Handel/Handwerk**

denkommen von Teilen fremder Fahrzeuge, sofern sich diese Teile ohne das dazugehörige Fahrzeug in Obhut des Versicherungsnehmers oder einer von ihm beauftragten Person befinden oder befunden haben. Ziff. 1.2 dieser Bedingungen findet hierfür keine Anwendung.

Es kann zusätzlich eine Vereinbarung für den Fall des Abhandenkommens von Fahrzeugteilen, die sich isoliert, d. h. ohne das dazugehörige Kfz, beim Handwerksbetrieb oder einem Beauftragten in Obhut befinden, geschlossen werden. Erforderlich ist hierfür zunächst, dass es sich um ein fremdes Fahrzeug handelt, also es nicht im Eigentum des Handel-Handwerksbetriebes steht. Es handelt sich dabei um die Teile nach A.2.1.2 AKB wie z. B. Planen, Gestelle für Planen, Dach- oder Heckständer, Hardtop etc. 38

Darüber hinaus dürfen sich diese Teile nicht an dem Fahrzeug befinden, da dann eine Versicherung nur über die Handel- und Handwerk-Fahrzeugversicherung zulässig wäre, um unnötige Doppelversicherungen zu vermeiden.

Sofern diese Fahrzeuge sich an einem Kfz befinden, sind sie mitversicherte Teile in der Teilkasko-Versicherung, so dass es zu einer Doppelversicherung käme.

3 Umfang der Versicherung

3.1 Leistungsumfang

Der Versicherer ersetzt im Rahmen der vereinbarten Versicherungssumme

3.1.1 (Höchstentschädigung)

bei Totalschaden, Zerstörung oder Abhandenkommen des Fahrzeuges den Wiederbeschaffungswert am Tag des Schadens, höchstens jedoch den Neupreis – abzüglich eines vorhandenen Restwerts des Fahrzeugs –, sowie erforderliche Abschleppkosten. Ein Totalschaden liegt vor, wenn die erforderlichen Kosten der Reparatur des Fahrzeugs dessen Wiederbeschaffungswert übersteigen. Wiederbeschaffungswert ist der Preis für den Kauf eines gleichwertigen gebrauchten Fahrzeugs am Tag des Schadenereignisses. Neupreis ist der Betrag, der für den Kauf eines neuen Fahrzeugs in der Ausstattung des versicherten Fahrzeugs oder – wenn der Typ des versicherten Fahrzeugs nicht mehr hergestellt wird – eines vergleichbaren Nachfolgemodells am Tag des Schadenereignisses aufgewendet werden muss. Maßgeblich für den Kaufpreis ist die unverbindliche Empfehlung des Herstellers abzüglich orts- und marktüblicher Nachlässe. Restwert ist der Veräußerungswert des Fahrzeugs im beschädigten oder zerstörten Zustand;

---

sicherungsnehmer als auch für die durch den Versicherungsvertrag etwa mitversicherten Personen.

3.1.2 BB Handel/Handwerk (Reparaturkosten/Abzüge)

3.1.2 (Reparaturkosten/Abzüge)

in allen sonstigen Fällen der Beschädigung des Fahrzeuges die erforderlichen Kosten der Wiederherstellung und die hierfür notwendigen einfachen Fracht-, Abschlepp- und sonstigen Transportkosten sowie einen etwaigen Minderwert. Entsprechendes gilt bei Zerstörung, Abhandenkommen oder Beschädigung von Teilen des Fahrzeugs.

3.1.3 (weitere Schäden)

die Kosten eines Ersatz- bzw. Mietfahrzeuges oder Nutzungsausfall oder – bei gewerblich benutzten Fahrzeugen – Verdienstausfall sowie etwaige weitere Sach- und Sachfolgeschäden (Hotelübernachtung u. a.).

A. Versicherungssumme

39 Zwar ist Obergrenze der Schaden des Kunden, aber auch dieser kann durch die vereinbarte Versicherungssumme beschränkt werden, die vereinbarten Versicherungssummen ergeben sich aus dem Vertrag. Es gibt keine Mindestversicherungssumme in der BHV.

B. Ersatzleistung bei Zerstörung oder Abhandenkommen

40 Die Ersatzleistung bei Zerstörung oder Abhandenkommen des in Obhut befindlichen Fahrzeugs ist der Höhe nach begrenzt auf den Wiederbeschaffungswert des beschädigten Fahrzeuges, höchstens aber den Neupreis dieses Fahrzeuges am Schadentag[1]. Diese Art der Abrechnung differiert von der Abrechnung in Kraftfahrzeug-Haftpflicht-Schäden. Der Schadenersatz ist auf den tatsächlichen Wert des Kfz am Schadentag begrenzt. Eine Neupreiserstattung erfolgt nur in Ausnahmefällen nach den Regeln der Rechtsprechung. Eine Neupreisentschädigung[2] wird geleistet bei Fahrzeugen, die max. 1 Monat alt sind, Erstbesitz[3] und eine Fahrleistung unter 1.000 km und erhebliche Beschädigung am Kfz[4] aufweisen.

---

1 Wegen der Details zur Totalschadenabrechnung vgl. Euler/Kornes/Kreuter-Lange in Halm/Engelbrecht/Krahe FA Versicherungsrecht, Kap. 25 Rn. 126f m. w. N.
2 Wegen der Details zur Neupreisabrechnung vgl. Euler/Kornes/Kreuter-Lange in Halm/Engelbrecht/Krahe FA Versicherungsrecht, Kap. 25 Rn. 128.
3 OLG Köln v. 31.10.1995 – 9 U 89/95, VersR 1996, 1231 für die Kasko-Versicherung, wobei dort andere Vertragslaufzeiten gelten als in der Kraftfahrzeug-Haftpflicht-Regulierung.
4 Statt aller LG Osnabrück v. 06.10.2003 – 2 O 2206/03, Jurion, für eine Laufleistung von 234 km bei Motorrad; OLG Schleswig v. 19.09.1984 – 9 U 210/83, VersR 1985, 373.

(weitere Schäden) **3.1.3 BB Handel/Handwerk**

C. Ersatzleistung bei sonstiger Beschädigung

Lässt der Schadenumfang eine Reparatur[5] noch zu und liegen die Reparaturkosten unter dem Wiederbeschaffungswert, ist die Reparatur des Kfz zulässig. Zusätzlich zu den Reparaturkosten werden eventuell notwendig werdende Frachtkosten, die Abschleppkosten sowie eine etwa anfallende Wertminderung erstattet. 41

In der ersten Neufassung der Sonderbedingungen für die Zusatzhaftpflichtversicherung war der Abzug für Wertverbesserungen vorgesehen. Dieser wurde in der jetzt aktuell gültigen Fassung nicht mehr aufgenommen.

D. Zusätzliche Schadenpositionen

Über diese oben aufgeführten Schadenpositionen kann der Geschädigte außerdem noch die sonstigen in der Kraftfahrzeug-Haftpflicht-Schadenregulierung üblichen Positionen ersetzt verlangen. 42

I. Ausfallentschädigung

Der Geschädigte hat Anspruch auf Ausfallentschädigung. Voraussetzung ist auch im Rahmen der BHV, dass der Geschädigte Nutzungswillen und Nutzungsmöglichkeit entsprechend nachweist. 43

Kein Nutzungswille ist gegeben wenn der Geschädigte in der Zeit der Reparatur ohnehin das Fahrzeug nicht nutzen will, z. B. wegen Urlaubs oder Krankheit oder aus sonstigen Gründen. In diesen Fällen fehlt es auch an der Nutzungsmöglichkeit, ein Anspruch auf Ersatz der abstrakten Einbuße »Wert der Fahrzeugnutzung« ist dann nicht möglich. Liegen die Voraussetzungen für die Geltendmachung von Ausfallentschädigung vor, kann er zwischen Nutzungsausfallentschädigung oder der Nutzung eines Ersatzwagens in der Ausfallzeit wählen. Der Nutzungsausfall ermittelt sich nach der Tabelle Sanden/Danner[6].

Auch für die Inanspruchnahme der Mietwagen sind die allgemein bekannten Regeln zu beachten. Eine Mindestfahrleistung von 30 km je Kalendertag darf nicht unterschritten werden. Vor Anmietung sind Vergleichsangebote einzuholen, wenn nicht von der Werkstatt ein Ersatzfahrzeug zu günstigen Kundenbedingungen zur Verfügung gestellt wird[7].

---

5 Wegen der Details zur Reparaturkostenabrechnung vgl. Euler/Kornes/Kreuter-Lange in Halm/Engelbrecht/Krahe FA Versicherungsrecht, Kap. 25 Rn. 120 ff.
6 Jährlich in den führenden Zeitschriften abgedruckt, ebenfalls enthalten in Himmelreich/Halm Kfz-Schadensregulierung im Anhang sowie in Palandt als Anhang zu § 249 BGB.
7 Wegen der Details vgl. Euler/Kornes/Kreuter-Lange in Halm/Engelbrecht/Krahe Handbuch FA Versicherungsrecht, Kap. 25 Rn. 131 m. w. N.

3.2 BB Handel/Handwerk Selbstbehalt

II. entgangener Verdienst/Vorhaltekosten

44 Handelt es sich bei dem beschädigten Fahrzeug um ein gewerblich genutztes Fahrzeug, kann der Eigentümer statt eines Mietwagens den Ersatz der Vorhaltekosten begehren, wenn er ein entsprechendes Ersatzfahrzeug für den Ausfall eines seiner Fahrzeuge vorhält. Diese Kosten liegen üblicherweise unter dem Nutzungsausfall. Alternativ kann für den Ausfall des gewerblich genutzten Fahrzeuges auch entgangener Gewinn geltend gemacht werden. Dies wird in der Praxis jedoch nur in Ausnahmefällen geltend gemacht, da der Geschädigte auch zur Schadengeringhaltung, § 254 BGB, verpflichtet ist. Entgangener Gewinn kommt nur dann in Betracht, wenn für das beschädigte Fahrzeug als Spezialfahrzeug ein vergleichbares Fahrzeug nicht angemietet werden kann[8].

III. Sachfolgeschäden

45 Für den Fall, dass die Beschädigung des Kfz grob fahrlässig[9] erfolgt, hat der Geschädigte zusätzlich Anspruch auf sonstige Sachfolgeschäden.

46 Als grob fahrlässig im Sinne der BVH sind alle die Fälle zu bezeichnen, die einen schweren Vorwurf des Verschuldens gegen den Versicherungsnehmer beinhalten. Im Zusammenhang mit dem Gebrauch von Fahrzeugen sind eine Vielzahl von Entscheidungen ergangen. Nahezu jedes Verhalten, welches auf den ersten Blick als grob leichtsinnig zu werten ist, wird als grob fahrlässig bezeichnet[10].

47 In den Bedingungen wird die Hotelübernachtung erwähnt. Sie ist erstattungsfähig, wenn diese infolge der Schädigung erforderlich wurden.

Beispiel:

Der Versicherungsnehmer hat sein Fahrzeug im Urlaub zur Inspektion gebracht. In der Werkstatt wird das Fahrzeug beschädigt, die Reparatur macht eine weitere Übernachtung über den geplanten Urlaub hinaus erforderlich. Die Kosten dieser Übernachtung können dann ersetzt verlangt werden, wenn grob fahrlässiges Handeln vorlag. Ebenso könnte auch die verspätete Anreise in den Urlaub und damit Kosten für gebuchte Hotelzimmer, ohne dass diese genutzt werden könnten, als entsprechender Sachfolgeschaden geltend gemacht werden. Auch die Auslagenpauschale ist ein solcher Sachfolgeschaden.

3.2 Selbstbehalt

Der Versicherungsnehmer hat bei jedem Versicherungsfall von der Schadensersatzleistung EUR ...... selbst zu tragen.

---

8 Zur Berechnung vgl. Euler/Kornes/Kreuter-Lange in Halm/Engelbrecht/Krahe FA Versicherungsrecht, Kap. 25 Rn. 133.
9 Vgl. hierzu auch BGH v. 18.07.2001 – IV ZR 24/00, VersR 2001, 1150 = NZV 2002, 29 f.
10 Wegen der Details zur Groben Fahrlässigkeit sei auf A.2.16 AKB verwiesen. Zu den Kriterien der Groben Fahrlässigkeit vgl. auch BGH v. 23.06.2004 – IV ZR 219/03, VersR 2005, 218 (Leitungswasserschäden).

A. Selbstbehalt des Versicherungsnehmers

Zur Beitragsreduktion kann der Versicherungsnehmer eine Selbstbeteiligung je Schadenfall vereinbaren, die dann von der Entschädigungsleistung in Abzug zu bringen ist. Entgegen den Gepflogenheiten in der Kraftfahrzeug-Haftpflicht-Versicherung ist der Versicherer hier berechtigt, auch bei Leistung an den Geschädigten, den vereinbarten Selbstbehalt unmittelbar in Abzug zu bringen[1]. Der Geschädigte muss diesen Teil unmittelbar beim Schädiger geltend machen[2]. 48

B. Anspruchsberechtigter

Grundsätzlich ist der Kunde anspruchsberechtigt und kann vom Betriebsinhaber bzw. dessen Haftpflichtversicherer Ersatz des ihm entstandenen Schadens verlangen. Der Versicherungsnehmer kann gegen den Versicherer seinen Anspruch auf Gewährung von Versicherungsschutz geltend machen. Hat er den Schaden des Kunden bereits ersetzt, kann er auch Ersatz der Aufwendungen an sich verlangen und ist insoweit auch zur Klage befugt[3]. 49

4 Obliegenheiten des Versicherungsnehmers

Das Fahrzeug darf nur von einem berechtigten Fahrer gebraucht werden. Berechtigter Fahrer ist, wer das Fahrzeug mit Wissen und Willen des Verfügungsberechtigten gebrauchen darf. Der Versicherungsnehmer ist verpflichtet, dafür zu sorgen, dass das Fahrzeug nicht von einem unberechtigten Fahrer gebraucht wird.

Der Fahrer des Fahrzeugs darf das Fahrzeug auf öffentlichen Wegen oder Plätzen nur mit der erforderlichen Fahrerlaubnis benutzen. Der Versicherungsnehmer ist verpflichtet, dafür zu sorgen, dass das Fahrzeug nicht von einem Fahrer benutzt wird, der nicht die erforderliche Fahrerlaubnis hat. Wenn der Versicherungsnehmer diese Obliegenheiten verletzt, gilt Ziff. 26 AHB (Rechtsfolgen bei Verletzung von Obliegenheiten).

Unter 4 vereinigen sich mehrere Obliegenheiten: so ist das Kfz gegen Schwarzfahrt zu schützen, es darf nur der **berechtigte Fahrer** mit Wissen und Wollen des Versicherungsnehmers das Kfz nutzen[1]. Darüber hinaus ist auch die **Führerscheinklausel** zu beachten, wenn das Fahrzeug auf öffentlichen Plätzen oder Wegen genutzt wird. Wird gegen diese Pflichten verstoßen, ist eine Eintrittspflicht des BHV-Versicherers nicht gegeben. Diese Klausel suggeriert dem Versicherungsnehmer, dass Fahrzeuge auch auf öffent- 50

---

1 So schon OLG Schleswig v. 16.03.1972 – 7 U 167/71, VersR 1972, 823; OLG Hamm v. 28.08.1996 – 20 U 41/96, VersR 1997, 730.
2 OLG Düsseldorf v. 29.06.1978 – 18 U 27/28, VersR 1979, 151.
3 OLG Frankfurt v. 22.09.1994 – 1 U 103/93, VersR 1995, 449.
1 Zur Schwarzfahrt vgl. unter AKB D.1.1.2.

lichen Plätzen oder Wegen versichert sind, wenn sich dort ein Schaden ereignet. Dies ist aber gerade nicht der Fall, da der Unfall als solcher schon ausgeschlossen ist und damit das Kasko-Risiko entfällt. Dabei stellt eine Risikobegrenzung als solche keinen Ausschluss dar, sondern nur eine individualisierende Beschreibung eines bestimmten Wagnisses[2]. Die vorliegende Risikobegrenzung erfüllt aber nicht die Anforderungen, die das OLG Saarbrücken an eine Risikobeschreibung stellt. Vielmehr finden sich hier verhüllte Obliegenheiten aus der Kraftfahrzeug-Haftpflicht-Versicherung wieder. Diese sollten auch als solche formuliert sein.

51 Verunfallt also der berechtigte Fahrer, der über eine entsprechende Fahrerlaubnis verfügt, infolge eines auf der fehlerhaften Reparatur basierenden Defektes, ist der Schaden am Kundenfahrzeug über die BHV gedeckt. Dies dürfte aber nur ein kleiner Teil der im öffentlichen Verkehrsraum mit Obhutsfahrzeugen stattfindender Schadenereignisse sein.

5 Ausschlüsse

Ausgeschlossen bleiben

5.1 Nachbesserung mangelhafter Reparaturleistungen

die nach Ziff. 1.2 AHB ausgeschlossenen Ansprüche, insbesondere auf Nachbesserung mangelhafter Reparaturleistungen (wie. z. B. Wiederholung der Reparatur), Rückgängigmachung des Reparaturauftrages (Wandelung) und Herabsetzung der vereinbarten Vergütung (Minderung). Das gleiche gilt für Reparaturleistungen, die zur Beseitigung der bei der Durchführung der Übergabe – Kontrollarbeiten festgestellten Mängel erforderlich sind,

52 Von der Haftung der Kfz-Handel- und Handwerk-Versicherung sind alle die Ansprüche ausgeschlossen, die sich auf den vertraglichen Anspruch beziehen. So sind die Ansprüche wegen Schlechterfüllung der vereinbarten Vertragsleistung, aber auch Wandlung und Minderung aus dem Vertragsverhältnis nicht gedeckt. Es gilt die Regel: Schäden an dem bearbeiteten Teil sind ausgeschlossen, die durch die fehlerhafte Bearbeitung beim Kunden entstehenden Folgeschäden hingegen sind (gem. Ziffer 1) eingeschlossen, wenn sie vom Versicherungsnehmer oder einem seiner Mitarbeiter verursacht wurden. Durch diesen Ausschluss wird das allgemeine Unternehmerrisiko für fehlerhafte Arbeiten ausgeschlossen, der Unternehmer ist nur insoweit abgedeckt, als durch diesen Fehler Folgeschäden am Kfz entstehen.

---

[2] BGH v. 16.11.2005 – IV ZR 120/04, VersR 2006, 215; OLG Saarbrücken v. 12.07.2006 – 5 U 610/05, VersR 2007, 238 = zfs 2006, 693.

5.2 Schäden am bearbeiteten Teil

gemäß Ziff. 7.8 AHB Ansprüche wegen Schäden, die an den vom Versicherungsnehmer (oder in seinem Auftrag oder für seine Rechnung von Dritten) hergestellten oder gelieferten Arbeiten oder Sachen infolge einer in der Herstellung oder Lieferung liegenden Ursache entstehen.

Gem. 5.2 sind auch die Folgeschäden ausgeschlossen, die aus einer mangelhaften Leistung, die der Versicherungsnehmer nicht zu vertreten hat, herrühren. Dabei ist es unerheblich, ob ein mangelhaftes Teil eingebaut wurde, welches dann zu einer Schadenausweitung führt, oder ob ein vom Versicherungsnehmer beauftragte Werkstätte schlechte Leistungen erbracht hat. 53

Soweit also Ansprüche aus Schäden wegen Schlechterfüllung des vereinbarten Vertrages geltend gemacht werden, ist zu prüfen, ob hier ein sog. Subunternehmer (z. B. die Lackiererei) für den Versicherungsnehmer tätig wurde bzw. ob ein Mangel des eingebauten Ersatzteils den Folgeschaden verursacht hat (z. B. defekte Dichtung verursacht Motorschaden). 54

Da es sich dem Grunde nach um eine Betriebshaftpflicht handelt und nicht um eine Versicherung nach dem PflVG, besteht auch keine Vorleistungspflicht des Kfz-Handel- und Handwerk-Versicherers auf diese Schäden. Es gelten die allgemeinen Beweisregeln. 55

Inhalt

Vorbemerkungen 1414

Sonderbedingungen zur Kfz-Haftpflicht- und Kaskoversicherung für Kfz-Handel und -Handwerk (KfzSBHH) 1414
    Präambel 1414
    A. Allgemeines 1415
    B. Versicherte Personen 1416
    A Welche Risiken und Leistungen umfasst Ihre Kfz-Versicherung für Kraftfahrzeug-Handel und -Handwerk? 1416
    A.1 Welche Betriebsarten sind versichert? 1417
    A.1.1 Kfz-Handwerksbetriebe 1417
    A.1.1.1 (Arbeiten an fremden Fahrzeugen) 1417
    A.1.1.2 (Eigene Fahrzeuge) 1418
    A. Allgemeines 1418
    B. Versicherungsumfang 1418
        I. Werkstattwagen 1418
        II. Unfallersatzwagen 1418
    A.1.1.3 Versicherungsschutz für fremde Fahrzeuge 1419
    A. Allgemeines 1419
    B. Fremde Fahrzeuge 1419
    C. Zwecke des Handwerksbetriebs 1420
    D. Werkstatt-Obhut 1420
        I. Beginn der Obhut 1421
        II. Ende der Obhut 1422
            1. Fahrzeuge von Werkstattkunden anlässlich Wartung oder Reparatur 1422
            2. Verkaufte Kfz 1422
        III. Pflichten während der Obhut 1422
    E. Versicherte Personen 1422
    A.1.2 Kfz-Handelsbetriebe 1423
    A.1.2.2 (eigene Fahrzeuge) 1423
    A. Händlereigene Fahrzeuge 1423
        I. nicht zugelassene Fahrzeuge 1424
        II. händlereigene, noch auf einen anderen zugelassene, Fahrzeuge 1424
    B. Versicherte Personen 1424
    A.1.2.3 (fremde Fahrzeuge) 1424
    A. Allgemeines 1424
    B. Fremde Fahrzeuge 1425
    C. Handelsbetrieb 1425
    D. Zweck des Handelsbetriebes 1425
    E. Begriff der Obhut für Handelsbetrieb 1425

A.1.3	Kfz-Handels- und Handwerksbetrieb (gemischter Betrieb)	1425
A.1.4	[Variante: Weitere Betriebsarten vom jeweiligen Versicherer zu ergänzen]	1426
A.2 Wo besteht Versicherungsschutz?		1426
A.	Allgemeines	1426
B.	Räumliche Einschränkung des Versicherungsschutzes	1426
A.3 Welche Fahrzeuge sind versichert?		1426
A.3.1	(Rote Kennzeichen, Kurzzeitkennzeichen)	1427
A.	Allgemeines	1427
B.	Kennzeichenarten	1428
C.	versicherungspflichtige Fahrzeuge	1429
D.	Versicherte Fahrzeuge	1429
I.	Händlereigene, nicht zugelassene Fahrzeuge	1429
II.	mit amtlich abgestempelten Roten Kennzeichen	1429
III.	mit rotem Versicherungskennzeichen	1431
IV.	Kurzzeitkennzeichen	1431
V.	deutlich sichtbar angebracht	1431
E.	Umfang des Versicherungsschutzes	1431
A.3.2	Eigene und fremde zulassungspflichtige und zugelassene Fahrzeuge	1432
A.	Eigene Fahrzeuge	1432
B.	Fremde Fahrzeuge	1432
C.	zulassungspflichtig und zugelassen	1432
A.3.2.1	Eigene Fahrzeuge, Anhänger und selbstfahrende Arbeitsmaschinen	1433
A.3.2.2	(Tageszulassung)	1433
A.3.2.3	(eigene, auf andere zugelassene Fahrzeuge)	1434
A.3.2.4	(eigene, auf Käufer zugelassene Fahrzeuge)	1434
A.3.3	(eigene und fremde zulassungspflichtige Kfz)	1434
A.3.4	(eigene und fremde nicht zulassungspflichtige Kfz)	1434
A.3.5	(Arbeits- und Anbaugeräte, selbstfahrende Arbeitsmaschinen)	1435
A.3.6	(abgeschleppte und überführte Kfz)	1435
A.3.7	Nicht zulassungspflichtige aber versicherungspflichtige Fahrzeuge	1435
A.4 Welchen Leistungsumfang enthält Ihr Versicherungsschutz?		1435
A.4.1	In der Kfz-Haftpflichtversicherung	1436
A.	Allgemeines	1436
B.	das selbst versicherte Kundenfahrzeug	1436
C.	Kraftfahrzeug-Haftpflicht-Versicherung für fremde Fahrzeuge	1436
I.	Direktanspruch	1437
II.	Doppelversicherung	1437
III.	Verweisungsmöglichkeiten	1438
IV.	Sonderfälle	1438
C.	das eigene Fahrzeug des Betriebes	1438

E. Nicht zugelassene Fahrzeuge im öffentlichen Verkehrsraum	1438
F. Umfang der KH-Versicherung bei Verwendung amtlich zugeteilter roter Kennzeichen	1439
A.4.1.2 Ansprüche gegen den Fahrer	1439
A.4.2 In der Kaskoversicherung	1440
A. Umfang der Fahrzeugversicherung	1440
I. eigene Fahrzeuge des Versicherungsnehmers auf dem Betriebsgelände	1441
II. eigene Fahrzeuge des Versicherungsnehmers im öffentlichen Verkehrsraum	1441
III. fremde Fahrzeuge im öffentlichen Verkehrsraum	1441
A.4.2.1 (Selbstbeteiligung)	1442
A.4.2.2 (Ausweitung auf Sachfolgeschäden)	1442
A.4.2.3 (Grenzen der Entschädigung je Kfz)	1442
A.4.2.4 (Grenzen der Entschädigung je Schadenereignis)	1442
A. Versicherungssumme	1443
I. Kraftfahrzeug-Haftpflicht-Versicherung	1443
1. Eigene nicht zugelassene Fahrzeuge	1443
2. Versicherte Fahrzeuge (Unfallersatzfahrzeug, Rotes Kennzeichen, etc.)	1443
3. Zugelassene Kundenfahrzeuge in Werkstattobhut	1443
II. Fahrzeugversicherung	1443
A.5 Was ist nicht versichert?	1444
A.5.1 Bei allen Versicherungsarten	1444
A.5.1.1 (Ausschluss garagenmäßiger Unterstellung)	1444
A. Allgemeines	1444
B. Definition	1444
C. Beweislast	1445
A.5.1.2 Fahrten mit Fahrzeugen ohne amtliches Kennzeichen.	1445
A. Allgemeines	1445
B. Nicht zugelassene Fahrzeuge	1446
I. eigene nicht zugelassene Fahrzeuge in der Kraftfahrzeug-Haftpflicht-Versicherung	1446
II. fremde nicht zugelassene Fahrzeuge	1446
III. Versicherungsschutz	1446
C. Ausweitung der Ausschlüsse auf Rote Kennzeichen	1446
D. Betriebsfremde Personen	1446
E. Rote Kennzeichen	1447
A.5.1.3 (Finanzierte und geleaste Kfz)	1447
A.5.2 Zusätzlich in der Kaskoversicherung	1447
B Ihre Pflichten	1448
A. Allgemeines	1448
B. Obliegenheitsverletzungen vor dem Schadenfall	1449
C. Obliegenheitsverletzungen im Schadenfall	1449
D. Folgen der Obliegenheitsverletzung	1449

I.	Eigenes nicht zugelassenes Kfz	1450
II.	Kfz mit roten Kennzeichen	1450
	1. Öffentlicher Verkehrsraum	1450
	2. Nichtöffentlicher Verkehrsraum/Betriebsgelände	1450
III.	Unfallersatzwagen (zugelassenes Fahrzeug)	1450
IV.	Fremdes zugelassenes Fahrzeug in Werkstatt-Obhut	1450
V.	Verwendung eines garagenmäßig untergestellten Kfz mit Roten Kennzeichen	1451
VI.	Fremdes nicht zugelassenes Fahrzeug in Werkstatt-Obhut	1451
VII.	Eigene zugelassene Kfz	1451

B.1 Bei allen Versicherungsarten ... 1451
B.1.1 (Hinweis auf Obliegen vor dem Schadenfall) ... 1451
A. Berechtigter Fahrer D.1.1.2 AKB ... 1452
B. Führerscheinklausel D.1.1.3 ... 1452
C. Gesetzliche Obliegenheit, Gefahrerhöhung ... 1452
B.1.2 (Besonderheiten Verwendungszweck) ... 1453
B.1.2.1 (Nicht versicherte Fahrzeuge) ... 1453
B.1.2.2 (Fahrzeuge mit Tageszulassung) ... 1454
B.1.2.3 (Rotes Kennzeichen, Versicherungskennzeichen, Kurzzeitkennzeichen) ... 1454
A. Allgemeines ... 1454
B. besondere Pflichten bei der Verwendung eines roten Kennzeichens ... 1455
C. Versicherte Personen ... 1455
D. Folgen der Pflichtverletzung ... 1455
B.2 In der Kfz-Haftpflichtversicherung ... 1455
B.2.1 (Ausschluss Rennen und Alkohol) ... 1455
A. Allgemeines ... 1456
B. Behördlich nicht genehmigte Rennen ... 1456
C. Fahren unter Alkoholeinfluss oder sonstiger berauschender Mittel ... 1456
B.2.2 (Ausschluss entgeltliche Personenbeförderung, gewerbsmäßige Vermietung) ... 1456
C Wann beginnt der Versicherungsschutz, wann endet er? ... 1456
C.1 Beginn bei eigenen, nicht zulassungspflichtigen Fahrzeugen ... 1456
C.2 Ende des Versicherungsschutzes ... 1457
A. Allgemeines ... 1457
B. Endgültige Abmeldung des zugelassenen Kfz ... 1458
C. Veräußerung des zugelassenen Kfz ... 1458
  I. Veräußerung des nicht zugelassenen Kfz ... 1458
  II. Nachhaftung bei nicht zugelassenen Kfz ... 1458
D. Ende des versicherten Risikos bei Fahrzeugen in Werkstattobhut ... 1459
D Was Sie uns zur Beitragsberechnung während der Vertragslaufzeit melden müssen ... 1459
D.1 Beitrags-Abrechnungsverfahren ... 1459
D.1.1 (Stichtagsverfahren) ... 1459

Vorbemerkungen SB Handel/Handwerk

D.1.2	(Meldebogen)	1459
D.1.3	(Erweiterung Nachweispflichten)	1460
A.	Allgemeines	1460
B.	Meldebogen	1460
D.2	Welche Folgen hat eine Verletzung der Anzeigepflicht	1461
D.2.1	(Folgen verzögerter Stichtagsmeldungen)	1461
D.2.2	In der Kfz-Haftpflichtversicherung	1461
D.2.3	In der Kasko-Versicherung	1461
A.	Allgemeines	1461
B.	Exculpationsmöglichkeiten	1462
D.3	Sonstige Mitteilungspflichten	1462

Vorbemerkungen

Die Handel-Handwerkversicherung ist ihrem Wesen nach eine Mischform zwischen Kraftfahrzeugversicherung und Betriebshaftpflichtversicherung (BHV) und wird dementsprechend bedingungsgemäß nicht nur in den AKB, sondern auch in den AHB angesiedelt. Dabei ist der Geltungsbereich der beiden Bedingungen durchaus unterschiedlich: so gilt sie als BHV dem Grunde nach nur für die Fahrzeuge, die nicht im Eigentum des Versicherungsnehmers stehen. Die vormals geltende Kfz-Handel- und Handwerk-Versicherung war klar in 4 Teile gegliedert: die Kraftfahrzeug-Haftpflicht-Versicherung für die händlereigenen Fahrzeuge und die roten Kennzeichen für Kfz-Handel- und Handwerk, die Kasko-Versicherung für die Fahrzeuge, die sich in Händlerobhut befanden, die BHV für die Fahrzeuge, die sich in Reparatur befanden und durch die Reparatur an sonstigen Teilen beschädigt wurden sowie die neuen Fahrzeuge, die zum Verkauf standen.

Die Assekuranz ist in der Gestaltung ihrer Bedingungen völlig frei. Die Bedingungswerke der einzelnen Versicherer sind durchaus unterschiedlich. So werden tw. in einem Bedingungswerk alle möglichen Sparten für Firmenkunden bekannt gegeben, der dann die einzelnen »Module« auswählen kann, aber auch tw. nur auf Anfrage speziell für den Einzelfall angeboten. Da die unterschiedlichsten Bedingungen auf dem Markt angeboten werden, werden hier die Musterbedingungen des GdV kommentiert und soweit in den Musterbedingungen kein Vorschlag für die anderen möglichen Einschlüsse gemacht wurde, auf die alten Bedingungen für Kfz-Handel und -Handwerk zurückgegriffen.

Da die Sonderbedingungen sowohl im Rahmen der Versicherung für Kraftfahrtrisiken wie auch als Betriebshaftpflicht nur einen Teil der AHB und AKB beinhalten, gelten die AHB und AKB neben diesen Sonderbedingungen, soweit keine gesonderte Regelung dort getroffen wurde.

Sonderbedingungen zur Kfz-Haftpflicht- und Kaskoversicherung für Kfz-Handel und -Handwerk (KfzSBHH)

Unverbindliche Musterbedingungen des Gesamtverbandes der Deutschen Versicherungswirtschaft e. V. – GDV Wilhelmstr. 43/43 G, 10117 Berlin in der Fassung der Bekanntgabe vom 30.03.2010

Präambel

Soweit diese Sonderbedingungen keine abweichenden Regelungen enthalten, gelten die Allgemeinen Bedingungen für die Kfz-Versicherung [AKB 2008]. Die Sonderbedingungen zur Kfz-Versicherung für Kraftfahrzeug-Handel und -Handwerk umfassen je nach Inhalt des Versicherungsvertrags die folgenden Versicherungsarten:
– Kfz-Haftpflichtversicherung (A.4.1),
– Kaskoversicherung als Teil- oder Vollkaskoversicherung (A.4.2)

Diese Versicherungsarten werden jeweils als rechtlich selbstständige Verträge abgeschlossen. Der von Ihnen gewählte Leistungsumfang gilt – soweit nicht anders vereinbart – einheitlich für alle nach A.3 versicherten Risiken. Dabei sind jeweils alle Fahrzeuge der versicherten Risikoarten A.3.1 bis A.3.7 Gegenstand des Versicherungsvertrags.

Übersicht

		Rdn.
A.	Allgemeines	1
B.	Versicherte Personen	6

A. Allgemeines

1 Die Handel-Handwerkversicherung ist ihrem Wesen nach eine Mischform zwischen Kraftfahrzeugversicherung und Betriebshaftpflichtversicherung (BHV) und wird dementsprechend bedingungsgemäß nicht nur in den AKB, sondern auch in den AHB angesiedelt. Dabei ist der Geltungsbereich der beiden Bedingungen durchaus unterschiedlich: so gilt sie als BHV dem Grunde nach nur für die Fahrzeuge, die nicht im Eigentum des Versicherungsnehmer stehen. Die vormals geltende Kfz-Handel- und Handwerk-Versicherung war klar in 4 Teile gegliedert:
– die Kraftfahrzeug-Haftpflicht-Versicherung für die händlereigenen Fahrzeuge und die roten Kennzeichen für Kfz-Handel- und Handwerk,
– die Kasko-Versicherung für die Fahrzeuge, die sich in Händler-Obhut befanden,
– die BHV für die Fahrzeuge, die sich in Reparatur befanden und durch die Reparatur an sonstigen Teilen beschädigt wurden sowie
– die neuen Fahrzeuge, die zum Verkauf standen.

2 Inzwischen liegen die neuen – überarbeiteten – Sonderbedingungen auch für die Fahrzeugversicherung für Handel- und Handwerk vor, die sich in ihrer Gliederung an den

neuen AKB orientieren und unter A mit dem Versicherungsumfang, unter B mit den Pflichten, unter C mit Beginn und Ende des Versicherungsschutzes sowie unter D mit der Beitragsberechnung und den daraus resultierenden Mitteilungspflichten befassen. Leider wurde aber versäumt, die Änderungen an PflVG und VVG in die Bedingungen einzuarbeiten. So fehlen die Hinweise auf die Exculpationsmöglichkeiten bei Obliegenheitsverletzungen und der Hinweis auf § 28 Abs. 2 und Abs. 3 VVG.

Die Assekuranz ist in der Gestaltung ihrer Bedingungen völlig frei. Die Bedingungswerke der einzelnen Versicherer sind durchaus unterschiedlich. So werden tw. in einem Bedingungswerk alle möglichen Sparten für Firmenkunden bekannt gegeben, der dann die einzelnen »Module« auswählen kann, aber auch tw. nur auf Anfrage speziell für den Einzelfall angeboten. Da die unterschiedlichsten Bedingungen auf dem Markt angeboten werden, werden hier die Musterbedingungen des GdV kommentiert und soweit in den Musterbedingungen kein Vorschlag für die anderen möglichen Einschlüsse gemacht wurde, auf die alten Bedingungen für Kfz-Handel- und Handwerk zurückgegriffen. 3

Da die Sonderbedingungen sowohl im Rahmen der Versicherung für Kraftfahrtrisiken wie auch als Betriebshaftpflicht nur einen Teil der AHB und AKB beinhalten, gelten die AHB und AKB[1] neben diesen Sonderbedingungen, soweit keine gesonderte Regelung dort getroffen wurde. Diese müssen allerdings wirksam in den Vertrag mit einbezogen worden sein[2]. 4

Die Kfz-Handel- und Handwerk-Versicherung richtet sich neben den in den Sonderbedingungen aufgenommenen Regeln auch nach den für die allgemeine Kfz-Versicherung geltenden AKB[3]. Da die dortigen Regeln den Anforderungen des VVG n. F. angepasst wurden, bedurfte auch die Kfz-Handel- und Handwerk-Versicherung einer Reform der Bedingungen. Versicherbar sind Kraftfahrzeug-Haftpflicht- und Fahrzeug-Versicherung. Die versicherbaren Risiken sind unter Abschnitt A genannt, so dass der Versicherungsumfang nicht auf einen Blick erkennbar ist.

Eine Verpflichtung zum Abschluss einer allumfassenden Versicherung besteht nicht. Der Versicherungsnehmer kann sich auch entschließen im Rahmen der Kfz-Handel- und Handwerk-Versicherung lediglich Kraftfahrzeug-Haftpflicht-Versicherungsschutz für die ihm amtlich zugeteilten roten Kennzeichen zu vereinbaren. Dies macht insbesondere dann Sinn, wenn er keine Verwendung fremder Fahrzeuge im öffentlichen Verkehrsraum beabsichtigt, oder das Risiko eines Schadens, der unter die Fahrzeugversicherung fiele, als gering einschätzt[4]. 5

---

1 BGH v. 08.05.1961 – II ZR 7/60 in NJW 1961, 1399 = VersR 1961, 555.
2 LG Saarbrücken v. 30.03.2012 – 13 S 49/11, zu Vertragsschluss in 2005 und Regress nach AKB 2008.
3 So schon BGH v. 08.05.1961 – II ZR 7/60, NJW 1961, 1399 = VersR 1961, 555, der ausdrücklich auf die AKB Bezug nimmt.
4 OLG Frankfurt v. 22.09.1994 – 1 U 103/93, VersR 1995, 449 zur Inhaltskontrolle nach AGBG.

B. Versicherte Personen

6 In der Kfz-Handel- und Handwerk-Versicherung ist zunächst nur der Versicherungsnehmer bzw. die Werkstätte und dessen Inhaber versichert. Leider sind auch in der Neufassung der Bedingungen die versicherten Personen nicht gesondert erwähnt, sie finden sich lediglich als Hinweis in A.1.1.2 der Sonderbedingungen, da dort auch auf beauftragte oder angestellte **Personen** erwähnt werden. Juristische Personen und deren Mitarbeiter – auch wenn sie für den Versicherungsnehmer tätig werden, sind nicht mit versichert.

7 Soweit es sich um die Verwendung eines Fahrzeuges mit roten Kennzeichen handelt, ergeben sich die mitversicherten Personen aus den insoweit einschlägigen A.1.2 und A.2.4 AKB. Damit ist der berechtigte Fahrer in jedem Fall mitversicherte Person im Sinne des Vertrages. Über die Formulierung in Ziffer 4 werden auch die von dem Versicherungsnehmer beauftragten oder bei ihm angestellten Personen mit einbezogen in den Versicherungsschutz. Der Versicherungsschutz besteht in jedem Fall, solange sich die Tätigkeit aus dem Wesen des Kfz-Handel- und Handwerk-Betriebes ergibt. Die mitversicherten Personen sind im Falle eines Schadens auch berechtigt, selbständig ihren Anspruch auf Versicherungsschutz geltend zu machen[5].

A　　　Welche Risiken und Leistungen umfasst Ihre Kfz-Versicherung für Kraftfahrzeug-Handel und -Handwerk?

Wir gewähren Kfz-Haftpflicht- und Kaskoversicherungsschutz für die unter A.3 beschriebenen Fahrzeuge eines nach A.1 und A.2 näher bestimmten Betriebes, soweit dies vertraglich vereinbart ist.

1 Die Kfz-Handel- und Handwerk-Versicherung bezieht sich dem Grunde nach auf alle Kfz, die sich im Betrieb des Versicherungsnehmers, einem Betrieb für Kfz-Handwerk oder Kfz-Handel (ggf. in Mischform) befinden. Da sich aber Besonderheiten hinsichtlich Haftungsumfang und Leistungsumfang ergeben, sind sie nach den nachfolgenden Kriterien unterschiedlich zu behandeln. Zu beachten ist, dass es sich zwar bei der Kfz-Handel- und Handwerk-Versicherung um eine Haftpflicht- und eine Fahrzeugversicherung handeln kann. Es kann nur eine Kfz-Haftpflichtversicherung vereinbart, aber auch nur eine Kasko-Versicherung eingeschlossen werden. Dies ist frei vereinbar. Der Versicherungsnehmer kann sich auch entschließen im Rahmen der Kfz-Handel- und Handwerk-Versicherung lediglich Kraftfahrzeug-Haftpflicht-Versicherungsschutz für die ihm amtlich zugeteilten roten Kennzeichen zu vereinbaren. Dies macht insbesondere dann Sinn, wenn er keine Verwendung fremder Fahrzeuge im öffentlichen Verkehrsraum beabsichtigt, oder das Risiko eines Schadens, der unter die Fahrzeugversicherung fiele, als gering einschätzt[1].

---

5 So für die BHV BGH v. 04.05.1964 – II ZR 153/61, NJW 1964, 1899 f.
1 OLG Frankfurt v. 22.09.1994 – 1 U 103/93, VersR 1995, 449 zur Inhaltskontrolle nach AGBG.

(Arbeiten an fremden Fahrzeugen) **A.1.1.1 SB Handel/Handwerk**

Allerdings gelten die Regeln des PflVG und der §§ 115 ff. VVG (n. F.) nur eingeschränkt, es besteht keine Verpflichtung zum Abschluss einer Kfz-Haftpflicht- oder Kasko-Versicherung für einen Kfz-Betrieb. Eine Verpflichtung zum Abschluss der Kfz-Haftpflichtversicherung besteht nur, wenn der Betrieb sog. »rote Kennzeichen« verwenden will. 2

Neben den in den Sonderbedingungen aufgeführten Anforderungen muss der Versicherungsnehmer auch die Obliegenheiten aus den AKB beachten[2]. Je nachdem, ob es sich um händlereigene oder fremde Fahrzeuge, ob zugelassen oder nicht, handelt, ist der Versicherungsschutz durchaus unterschiedlich. Auf die Besonderheiten wird an passender Stelle eingegangen. 3

A.1 Welche Betriebsarten sind versichert?

Sie können Ihrem Versicherungsschein entnehmen, für welche Betriebsarten Versicherungsschutz besteht.

Neu in den Bedingungen ist die ausdrückliche Differenzierung zwischen den verschiedenen Betriebsarten, die zu unterschiedlichem Versicherungsbedarf des Kunden und zu unterschiedlichem Leistungsumfang führt. Es wird unterschieden zwischen dem reinen Handwerksbetrieb, der Versicherungsschutz nur nach A.1.1 der KfzSBHH benötigt, und dem Betrieb, der nur Kfz-Handel betreibt und demgemäß nur Versicherungsschutz nach A.1.2 KfzSBHH benötigt. Mischformen, d. h. Betriebe, die sowohl Kfz-Handel wie auch Kfz-Handwerk betreiben, müssen sowohl Versicherungsschutz nach A.1.1. wie auch nach A.1.2 der KfzSBHH vereinbaren. 1

A.1.1 Kfz-Handwerksbetriebe

A.1.1.1 (Arbeiten an fremden Fahrzeugen)

A.1.1.1 Kfz-Handwerksbetriebe sind Unternehmen, in denen Reparatur-, Instandsetzungs- und Wartungsarbeiten an fremden Fahrzeugen und deren Teilen gegen Entgelt ausgeführt werden.

[Variante: Als Kfz-Handwerksbetriebe gelten auch ... (vom Versicherer ggf. zu ergänzen)]

Waren in der alten Fassung der KfzSBHH die Betriebe in einem genannt und behandelt, wird jetzt eine Trennung nach den einzelnen Bereichen vorgenommen. Nach A.1.1 können sich nur die Betriebe versichern, die ausschließlich Reparaturarbeiten und Wartungsarbeiten durchführen. Auch Instandsetzungsarbeiten sind Reparaturarbeiten, da schon begriffsnotwendig eine Instandsetzung eine Beschädigung voraussetzt. 1

---

2 BGH v. 08.05.1961 – II ZR 7/60, NJW 1961, 1399 = VersR 1961, 555.

A.1.1.2 SB Handel/Handwerk (Eigene Fahrzeuge)

2 Fremde Fahrzeuge sind alle diejenigen Fahrzeuge, die nicht im Eigentum des Versicherungsnehmers sondern eines Dritten stehen. Sie sind unabhängig von ihrer Zulassung Gegenstand der Versicherung, solange sie sich wegen eines mit dem Werkstattbetrieb einhergehenden Zweckes dort befinden. Zu den versicherten Fahrzeugen gehört u. U. auch der an diesem (fremden) Kfz befindliche Hänger, der beim Abschleppen geschädigt wird. Erforderlich ist nur, dass das Zugfahrzeug wegen eines mit dem Zweck des Kfz-Handel- und Handwerks-Betriebes zusammenhängenden Auftrags abgeschleppt wurde[1].

3 Eine Kraftfahrzeug-Haftpflicht-Versicherung für die fremden Fahrzeuge, an denen irgendwelche Arbeiten ausgeführt werden, muss nicht abgeschlossen werden. Schäden durch mangelhafte Arbeiten an den Kundenfahrzeugen sind über die Zusatzhaftpflicht für Kfz-Handel und -Handwerk abgesichert. Schäden, die durch den Gebrauch der Kundenfahrzeuge Dritten zugefügt werden, sind durch die Kraftfahrzeug-Haftpflicht-Versicherung des Kundenfahrzeugs abgesichert. Der Kunde hat dann einen Anspruch auf Erstattung des Höherstufungsschadens gegen die Werkstatt aus dem Reparaturvertrag. Wird bei einer Probefahrt lediglich das Kundenfahrzeug beschädigt, ist dieser Schaden über die ggf. vorhandene Fahrzeugversicherung der KfzSBHH abgesichert.

A.1.1.2 (Eigene Fahrzeuge)

A.1.1.2 Versicherungsschutz für eigene Fahrzeuge besteht nur für Werkstatt- und Unfallersatzfahrzeuge, soweit diese nach A.3.2.1 in den Versicherungsschutz einbezogen sind.

Übersicht Rdn.
A. Allgemeines 1
B. Versicherungsumfang 2
I. Werkstattwagen 3
II. Unfallersatzwagen 4

A. Allgemeines

1 Durch die Umstellung der Bedingungen wird jetzt die Differenzierung deutlicher. Der Kfz-Handwerksbetrieb befasst sich dem Wesen nach ausschließlich mit Reparatur-, Instandsetzungs- und Wartungsarbeiten gegen Entgelt. Diese werden in aller Regel an Kundenfahrzeugen, also fremden Fahrzeugen durchgeführt. Folgerichtig wird Versicherungsschutz nur für Kundenfahrzeuge benötigt und nur ausnahmsweise für eigene Fahrzeuge. Die Möglichkeit, eigene Fahrzeuge im Rahmen der Kfz-Handel- und Handwerkversicherung zu versichern ist damit für Handwerksbetriebe beschränkt auf die Werkstatt- und Unfallersatzfahrzeuge, soweit diese nach A.3.2.1 der KfzSBHH in den Versicherungsumfang einbezogen wurden. Erfolgte dieser Einschluss nicht, be-

---

1 BGH IV ZR 524/68 in VersR 1969, 271.

schränkt sich der Versicherungsschutz auf die Kundenfahrzeuge, die sich in Werkstattobhut befinden.

B. Versicherungsumfang

Versichert sind nur eigene Fahrzeuge des Versicherungsnehmers, wenn sie in den Versicherungsvertrag ausdrücklich eingeschlossen wurden. Sie können in der Form des Werkstattwagens oder als Unfallersatzwagen versichert werden, wenn sie in den Vertrag gem. A.3.1 der KfzSBHH eingeschlossen wurden. Hier ist zu differenzieren: 2

I. Werkstattwagen

Werkstattwagen sind per Definitionem Fahrzeuge, die im Rahmen des Werkstattbetriebes ihren Einsatz finden und ausschließlich von Mitarbeitern für Zwecke des Werkstattbetriebes verwendet werden. Diese Zwecke können die Materialbeschaffung, aber auch die Abholung und Auslieferung von Kundenfahrzeugen sein (Rücktransport des eigenen Mitarbeiters durch Werkstattwagen). Allerdings dürfte dies die Ausnahme sein, da solche Fahrzeuge in aller Regel individualisiert im Rahmen eines Einzelvertrages auf den Betrieb zugelassen sind. 3

II. Unfallersatzwagen

Neu aufgenommen wurden in die Musterbedingungen die Unfallersatzwagen[1], die Aufnahme eines solchen PKW dürfte aber die Ausnahme bleiben. Dies sind Fahrzeuge, die dem Kunden während der Reparatur zu günstigen Konditionen überlassen werden, um die Werkstattbindung zu erhöhen. Es handelt sich hierbei nicht um den klassischen »Mietwagenbetrieb«, sondern ausschließlich um Fahrzeuge, die »Reparaturkunden« zur Verfügung gestellt werden.[2] Zu klären wird in Zukunft sein, ob es sich dabei ausschließlich um Fahrzeuge handeln kann, die als Ersatz für die Dauer der Reparatur eines Unfallschadens zur Verfügung gestellt werden, oder auch für sonstige Reparaturen, die z. B. auf Verschleiß oder Einhaltung von Wartungsintervallen durchgeführt werden, ausgedehnt werden kann. Ob diese Fahrzeuge in der Zukunft tatsächlich über die KfzSBHH versichert werden, oder einen fahrzeugindividuellen Vertrag erhalten, der dann mit eigenen Bedingungen entsprechend der AKB 2008/2015 versehen ist, erscheint fraglich. 4

Nach Auffassung des Autors ist diese Differenzierung nach »Unfallersatzwagen« oder Ersatzwagen für Inspektionszeiträume und Wartungsarbeiten eher theoretischer Natur und dürfte keine Auswirkungen auf den Versicherungsschutz haben, solange sich das Kundenfahrzeug zu einem mit dem Zweck des Betriebs des VN in Einklang zu bringenden Tätigkeit dort befindet. Vermieden werden soll nur, dass dort unter dem Deckman- 5

---

[1] Einzelne Automarken hatten eigene Autovermietungen gegründet, um dieses Problem im Kundeninteresse zu lösen.
[2] Stiefel/Maier/Schurer KfzSBHH Rn. 88 thematisiert dieses Problem nicht und weist lediglich auf den Ausschluss von Selbstfahrervermietfahrzeugen in der Fahrzeugversicherung hin.

A.1.1.3 SB Handel/Handwerk Versicherungsschutz für fremde Fahrzeuge

tel des Unfallersatzwagens die günstigen Tarife für das reine Vermietgeschäft genutzt werden. Für diese gilt der Ausschluss nach B.2.2 der KfzSBHH.

A.1.1.3 Versicherungsschutz für fremde Fahrzeuge

A.1.1.3 Versicherungsschutz für fremde Fahrzeuge nach A.3 besteht, solange sich diese Risiken aufgrund des Zwecks Ihres Kfz-Handwerksbetriebes in Ihrer Obhut oder in der Obhut einer von Ihnen beauftragten oder bei Ihnen angestellten Person befinden. Nicht versichert ist die Haftpflicht des beauftragten Unternehmers bzw. dessen Personal.

Die Obhut beginnt mit Übernahme des Fahrzeugs und endet mit der Rückgabe an den Kunden.

Obhut besteht auch außerhalb der Betriebsstätte im Zusammenhang mit einem
Reparatur-, Instandsetzungs- oder Wartungsauftrag
– bei Arbeiten auf fremden Grundstücken, sofern diese nicht ausschließlich auf fremden Grundstücken erfolgen,
– im Rahmen des Hol- und Bringservice durch eigene Mitarbeiter.

Übersicht	Rdn.
A. Allgemeines	1
B. Fremde Fahrzeuge	2
C. Zwecke des Handwerksbetriebs	3
D. Werkstatt-Obhut	6
I. Beginn der Obhut	7
II. Ende der Obhut	11
1. Fahrzeuge von Werkstattkunden anlässlich Wartung oder Reparatur	11
2. Verkaufte Kfz	12
III. Pflichten während der Obhut	14
E. Versicherte Personen	15

A. Allgemeines

1 Die Regelungen des A.1.1.3 der KfzSBHH beziehen sich ausschließlich auf gemischte Betriebe, die Kfz-Handel und Kfz-Handwerk betreiben sowie die Betriebe, die ausschließlich das Kfz-Handwerk zum Betriebszweck haben. Für reine Kfz-Handelsbetriebe ist dieser Schutz nicht erforderlich und damit folgerichtig abgetrennt.

B. Fremde Fahrzeuge

2 Bei den Fahrzeugen, die sich in dem Kfz-Handwerksbetrieb befinden, muss es sich um fremde Fahrzeuge, die nach A.3 der Sonderbedingungen in den Vertrag ausdrücklich eingeschlossen sind, handeln. Fremde Fahrzeuge sind alle diejenigen Fahrzeuge, die nicht im Eigentum des Versicherungsnehmers sondern eines Dritten stehen. Sie sind unabhängig von ihrer Zulassung Gegenstand der Versicherung, solange sie sich wegen

eines mit dem Werkstattbetrieb einhergehenden Zweckes dort befinden. Zu den versicherten Fahrzeugen gehört u. U. auch der an diesem (fremden) Kfz befindliche Hänger, der beim Abschleppen geschädigt wird. Erforderlich ist nur, dass das Zugfahrzeug wegen eines mit dem Zweck des Kfz-Handel- und Handwerks-Betriebes zusammenhängenden Auftrags abgeschleppt wurde[1].

Fremde zugelassene Fahrzeuge müssen nicht zwingend über die KfzSBHH Kraftfahrzeug-Haftpflicht versichert werden. Diese Fahrzeuge sind über den Eigentümer ohnehin in der Kraftfahrzeug-Haftpflicht versichert. Eine Kraftfahrzeug-Haftpflicht-Versicherung über den Kfz-Handel- und Handwerksbetrieb ist nicht erforderlich. Die Kfz-Handel- und Handwerk-Versicherung bei fremden zugelassenen Fahrzeugen haftet zwar neben der für das Kfz bestehenden Kraftfahrzeug-Haftpflicht-Versicherung, da aber eine Versicherungspflicht im Sinne von § 1 PflVG für diese Fahrzeuge nicht gegeben ist, kommt der Kfz-Handel- und Handwerk-Kraftfahrzeug-Haftpflicht-Versicherung hier kein Pflichtversicherungscharakter zu[2]. Wenn keine Deckung besteht, kann der Geschädigten mit seinen Ansprüchen an den Kraftfahrzeug-Haftpflicht-Versicherer des Kfz verwiesen werden, § 117 Abs. 3 VVG. Die Verweisung ist auch nicht nach § 3 PflVG ausgeschlossen. Schäden an dem Kundenfahrzeug aufgrund eines Unfalles sind durch eine KfzSBHH-Fahrzeugversicherung abzudecken[3].

C. Zwecke des Handwerksbetriebs

Wesentlicher Bestandteil ist, dass sich diese fremden Fahrzeuge zu mit dem Handwerksbetrieb in einem Zusammenhang stehenden Zweck auf dem Gelände des VN befinden. Dies können nach der obigen Aufzählung nur Reparatur-, Wartungs- und Instandsetzungsarbeiten sein. Dadurch wird der Versicherungsschutz für das fremde Fahrzeug in sachlicher und in zeitlicher Hinsicht eingeschränkt. Es muss ein entsprechender Arbeits-Auftrag des Kunden vorliegen. Sonstige Zwecke wie z. B. die garagenmäßige Unterstellung während eines Urlaubes etc. sind nicht versichert.[4] Zu beachten ist insbesondere, dass für Fahrzeuge, die sich auf dem Betriebsgelände des Handwerksbetriebes befinden, nur ein Kasko-Versicherungsschutz in Frage kommt! 3

Da Kundenfahrzeuge, die zu einem Handwerksbetrieb verbracht werden, in aller Regel zugelassen sind, ist ein Kraftfahrzeug-Haftpflicht-Versicherungsschutz für den Handwerksbetrieb nicht zwingend erforderlich. Auch im Rahmen von Prüffahrten nach der Reparatur wird Kraftfahrzeug-Haftpflicht-Versicherungsschutz nicht benötigt, da das zugelassene Kfz ohnehin im Rahmen der Pflichtversicherung mit Kraftfahrzeug-Haftpflicht-Versicherungsschutz versehen ist. Ein möglicher Schadenfall wäre durch die fahrzeugeigene Kraftfahrzeug-Haftpflicht-Versicherung abgedeckt. Der Kunde 4

---

1 BGH v. 22.01.1969 – IV ZR 524/68, VersR 1969, 271.
2 Stiefel/Hofmann a. a. O. Sonderbed. Kfz-Handel- und Handwerk Rn. 79, da der Werkstattinhaber durch die Annahme des Kfz nicht zum Halter wird!.
3 OLG Koblenz v. 02.03.2012 – 10 U 699/11, VersR 2013, 1392.
4 OLG Celle v. 19.03.2009 – 8 U 228/08, r+s 2009. 270 ff. = VersR 2009, 1354f (»garagenmäßiges Unterstellen«).

A.1.1.3 SB Handel/Handwerk   Versicherungsschutz für fremde Fahrzeuge

könnte den Höherstufungsschaden auch im Rahmen der pVV vom Handwerksbetrieb ersetzt verlangen.

5   Der Versicherungsschutz nach A.3 der Sonderbedingungen bezieht sich sowohl auf die Kraftfahrzeug-Haftpflicht-Versicherung wie auch auf die möglicherweise auf die Kasko-Versicherung.

D. Werkstatt-Obhut

6   Der Begriff Obhut ist eine alte Formulierung, die im BGB schon in die Begriffe Miete, Leihe und Pacht umgesetzt wurde. Es geht bei Obhut um die tatsächliche Herrschaft über Gegenstände, die dem Besitzer nur vorübergehend anvertraut wurden. Als Fahrzeuge in Werkstatt-Obhut werden alle diejenigen Fahrzeuge angesehen, die sich in der Werkstatt oder auf dem Werkstattgelände des Versicherungsnehmers befinden. Zweck der Verbringung auf das Werkstattgelände muss zwingend ein mit dem Werkstattbetrieb zusammenhängender Grund sein. Allein der Zusammenbau eines Kfz aus Schrottteilen auf dem Betriebsgelände des Versicherungsnehmers durch Dritte begründet keine Werkstattobhut[5].

I. Beginn der Obhut

7   Die Obhut beginnt regelmäßig mit der Übergabe des Kfz an den Werkstattinhaber. Dieser wird durch die bloße Überlassung des Fahrzeuges nicht mitversicherte Person in dem Kfz-Vertrag des Kunden und schon gar nicht Repräsentant des Kunden[6]. Wird das Fahrzeug unmittelbar auf dem Betriebsgelände abgestellt und der Schlüssel für das Fahrzeug dem Werkstattinhaber oder einem seiner Angestellten übergeben, beginnt die Obhut unmittelbar mit der Übergabe. Problematisch sind die Fälle, in denen eine solche persönliche Übergabe gerade nicht erfolgte, sondern das Fahrzeug vor dem Betriebsgelände abgestellt wurde und der Schlüssel in den Firmenbriefkasten geworfen wurde[7]. In diesen Fällen stellt sich durchaus die Frage, ob die Obhut schon begründet wird, wenn der Versicherungsnehmer von dem Abstellen des Kfz überhaupt keine Kenntnis hatte. Wird das Kfz dann entwendet, indem der Schlüssel aus dem Briefkasten der Werkstatt gestohlen wird, kann u. U. der Einwand der grob fahrlässigen Herbeiführung des Versicherungsfalls erhoben werden[8]. Auch muss der Versicherungsnehmer die Schlüssel der in Obhut befindlichen Kfz sicher verwahren und vor dem Zugriff unberechtigter Dritter schützen[9]. Nicht erforderlich ist allerdings, dass das Kfz während der gesamten Obhutszeit in einem Gebäude des Versicherungsnehmers abgestellt ist[10].

---

5   OLG Köln v. 24.04.2007 – 9 U 181/05, r+s 2007, 237.
6   OLG Koblenz v. 17.09.1982 – 10 U 1250/80, VersR 1983, 870.
7   Vgl. Wussow WI vom 12.04.1993, S. 57 ff. (41, Nr. 15); LG Bonn v. 09.09.2008 – 13 O 196/07, SP 2009, 124.
8   Vgl. Wussow WI vom 12.04.1993, S. 57 ff. (41, Nr. 15).
9   OLG Saarbrücken v. 12.07.2006 – 5 U 610/05, VersR 2007, 238 = zfs 2006, 693 = SP 2007, 296 ff.
10   LG Waldshut-Tiengen v. 13.05.2005 – 2 O 32/04, SP 2007, 32 ff. m. w. H. zu den Pflichten.

Ein Fahrzeug befindet sich solange in Obhut, solange der Zweck der Übergabe noch 8
nicht erfüllt ist (Reparatur oder Wartung). Eine Werkstattobhut scheidet aus, wenn
schon der Zweck der Verbringung des Kfz in eine Werkstatt nicht geklärt werden kann,
auf die Frage der garagenmäßigen Unterstellung muss dann nicht mehr eingegangen
werden[11].

Bleibt das Kfz länger in der Werkstatt, so ist zur garagenmäßigen Unterstellung zu dif- 9
ferenzieren[12]. Übt der Versicherungsnehmer allerdings sein vertragliches Unternehmerpfandrecht nach § 647 BGB aus, liegt ein garagenmäßiges Unterstellen gerade nicht
vor, da schon der Wille des Versicherungsnehmers hier entgegensteht[13]. Die Werkstattobhut ist zeitmäßig beschränkt auf die Dauer der Reparatur bzw. das Ende des Unternehmerpfandrechts. Eine Ausweitung der Obhut auf einen Zeitraum von über 2 Jahren
erscheint dem nicht angemessen[14]. In dem zitierten Fall ereignete sich der Schadenfall,
als das Fahrzeug wegen des Einbaus einer Anhängerkupplung von einem Mitarbeiter
des Versicherungsnehmers zu einem Subunternehmen verbracht wurde. Deshalb
wurde die Obhut angenommen. Der Ausschluss der garagenmäßigen Unterstellung bezieht sich nur auf die Fahrzeugversicherung, in diesem Verfahren waren aber Kraftfahrzeug-Haftpflicht-Schäden zu erstatten.

Zur Begründung des Versicherungsschutzes reicht aus, dass das Fahrzeug zu einem ver- 10
sicherten Zweck in Obhut genommen wird, eine Fahrt mit dem in Obhut befindlichen
Kfz muss nicht mit dem Zweck des Betriebes in Einklang zu bringen sein[15]. Auch wenn
bei der Überführung von einer Werkstatt zu einer anderen auch private Zwecke mit verfolgt werden, unterbricht dies die Obhut nicht[16].

II. Ende der Obhut

Es ist zu differenzieren: 11

1. Fahrzeuge von Werkstattkunden anlässlich Wartung oder Reparatur

– Die Obhut am Fahrzeug eines Werkstattkunden endet mit der Übergabe des Kfz an
den Kunden. Holt der Kunde das Kfz in der Werkstatt ab, endet die Obhut mit der
Übergabe des Schlüssels an den Kunden. Kann das Fahrzeug nicht unmittelbar nach

---

11 OLG Celle v. 19.03.2009 – 8 U 228/08, r+s 2009, 270.
12 Vgl. hierzu Ausführungen unter III »garagenmäßige Unterstellung«.
13 Vgl. auch Stiefel/Maier/Schurer aaO. Sonderbed. Kfz-Handel- und Handwerk Rn. 72.
14 LG Dortmund v. 10.07.2008 – 2 O 3/08, zfs 2009, 334 ff.; die Eintrittspflicht vom Versicherer wurde in diesem Verfahren abgelehnt, weil das Kunden-Kfz in der dem Schadenereignis vorausgehenden Stichtagsmeldung nicht enthalten war, allerdings konnte der Versicherungsnehmer offenbar die Inobhutnahme zu einem späteren Zeitpunkt nachweisen (sei es auch nur durch den Auftrag des Kunden zur Reparatur).
15 LG Frankfurt v. 24.09.1971 – 2/17 O 79/69, VersR 1972, 1162 zu der alten Rechtslage ohne Alkoholklausel mit Ausführungen zur Gefahrerhöhung durch Trunkenheitsfahrt.
16 LG Dortmund v. 10.07.2008 – 2 O 3/08 zfs 2009, 334 ff.

A.1.1.3 SB Handel/Handwerk   Versicherungsschutz für fremde Fahrzeuge

Abschluss der Arbeiten abgeholt werden, ist eine Obhut bei normaler Standzeit (z. B. bis zum nächsten Tag) auch über das Reparaturende hinaus anzunehmen[17].
- Ist die Reparatur noch nicht beendet und das Kfz wird zur Lackiererei verbracht, bedeutet dies noch kein Ende der Obhut, es besteht dann ggf. doppelte Obhut bei Werkstatt und Lackiererei.
- Wird dem Kunden das Fahrzeug nach Hause gebracht, endet die Obhut des Versicherungsnehmers erst mit der Übergabe des Kfz an den Kunden vor Ort. Alle Schäden, die auf dem Weg zum Kunden am in Obhut befindlichen Kfz entstehen, sind von der Kfz-Handel- und Handwerk-Versicherung mit abgedeckt.

2. Verkaufte Kfz

12   Die Werkstattobhut bei verkauften Kfz, die sich noch auf dem Grundstück des Versicherungsnehmers befinden, endet spätestens nach sieben Kalendertagen. Wird ein händlereigenes Kfz verkauft und dem Käufer mit den auf den Händler amtlich zugelassenen roten Kennzeichen versehen zur Überführung an den Wohnort des Käufers übergeben, so befindet es sich noch in Werkstattobhut, bis der Kunde seinen Wohnort erreicht hat[18].

13   Auswirkungen hat diese Differenzierung nur hinsichtlich der Schäden am Kundenfahrzeug. Für die Schäden am zugelassenen Kundenfahrzeug wie am verkauften und schon auf den Kunden zugelassenen Fahrzeug besteht Versicherungsschutz nur, solange sich das Fahrzeug in Werkstattobhut befindet, die durch die Kasko-Versicherung abzudecken wären.

III. Pflichten während der Obhut

14   Während der Obhut ist mit den überlassenen Fahrzeugen sorgsam umzugehen, damit diesen keine Schäden zugefügt werden[19]. Um das Risiko des Versicherers zu minimieren, werden auch Anforderungen an das Grundstück des Versicherungsnehmers gestellt. Es kann für die Fahrzeugversicherung eine Einfriedungsklausel vereinbart werden. Diese Klausel stellt eine primäre Risikobeschreibung dar, in der Fahrzeugversicherung der Kfz-Handel- und Handwerk auch zulässig[20]. Als Einfriedung reicht ein Bauzaun aus[21]. Nicht ausreichend gesichert ist das Gelände eines Autohauses, wenn es zwar

---

17 Auch hier ist zur garagenmäßigen Unterstellung (A.1.5.1 der SB) zu differenzieren.
18 Schon BGH v. 08.05.1961 – II ZR 7/60, NJW 1961, 1399 = VersR 1961, 555; BGH v. 11.03.1987 – IVa ZR 240/85, NJW-RR 1987, 865 = r+s 1987, 155 f.; OLG Düsseldorf v. 06.08.2004 – 22 U 20/04, NJOZ 2004, 3532.
19 AG Homburg (Saar) v. 03.04.1998 – 4 C 283/97 Adajur Dok.-Nr. 32 135.
20 OLG Saarbrücken v. 12.07.2006 – 5 U 610/05, VersR 2007, 238 = zfs 2006, 693 = SP 2007, 296 ff.
21 OLG Karlsruhe v. 03.03.1988 – 12 U 105/87, VersR 1990, 889, vgl. auch OLG Schleswig v. 05.07.2009 – 16 U 143/08 zur Ruheversicherung.

umzäunt ist, aber durch eine nicht versperrte Schranke das Gelände ständig betreten und befahren werden kann[22].

E. Versicherte Personen

Versichert sind neben dem Versicherungsnehmer (sowohl der Werkstattinhaber wie als juristische Person), auch die Angestellten und ggf. sonstige beauftragte Personen, die nicht zwingend in einem Angestelltenverhältnis stehen müssen. Soweit es sich um die Verwendung eines Fahrzeuges mit roten Kennzeichen handelt, ergeben sich die mitversicherten Personen aus den insoweit einschlägigen A.1.2 und A.2.4 AKB. Damit ist der berechtigte Fahrer in jedem Fall mitversicherte Person im Sinne des Vertrages. Über die Formulierung in Ziffer 4 werden auch die von dem Versicherungsnehmer beauftragten oder bei ihm angestellten Personen mit einbezogen in den Versicherungsschutz. Der Versicherungsschutz besteht in jedem Fall, solange sich die Tätigkeit aus dem Wesen des Kfz-Handel- und Handwerk-Betriebes ergibt. Die mitversicherten Personen sind im Falle eines Schadens auch berechtigt, selbständig ihren Anspruch auf Versicherungsschutz geltend zu machen[23]. Sie müssen auch die Obliegenheiten vor und im Schadenfall beachten und können bei Nichtbeachtung in die Pflicht genommen werden.[24]

A.1.2   Kfz-Handelsbetriebe

A.1.2.1 Kfz-Handelsbetriebe sind Betriebe, die für eigene oder fremde Rechnung neue oder gebrauchte Fahrzeuge gewerbsmäßig an- und verkaufen.

[Variante: Als Kfz-Handelsbetrieb gilt auch ... (vom jeweiligen Versicherer zu ergänzen)].

Kfz-Handelsbetriebe sind solche, die sich ausschließlich mit An- und Verkauf von Kraftfahrzeugen befassen. Tätigkeiten des Kfz-Handwerks sind nicht vorgesehen. Diese Differenzierung wird dann problematisch, wenn an den erworbenen Fahrzeugen Instandsetzungs- oder Inspektionsarbeiten vor dem Weiterverkauf durchgeführt werden, die einen Garantie-Anspruch auslösen können.

Schäden, die an den eigenen Fahrzeugen verursacht werden, können über eine Fahrzeugversicherung im Rahmen der KfzSBHH abgesichert werden. Ist aber das Fahrzeug bereits verkauft, d. h. ein Kaufvertrag geschlossen und auf Wunsch des Erwerbers werden noch Arbeiten an dem bereits veräußerten Kfz durchgeführt, ist dieses Risiko im Rahmen der Versicherung nach A.1.2 KfzSBHH nicht gedeckt[1]

---

22 LG Hamburg v. 18.06.2003 – 331 O 243/02, SP 2006, 197 f.
23 So für die BHV BGH II ZR 153/61 in NJW 1964, 1899 f.
24 Zur Haftung des Arbeitnehmers bei gefahrgeneigter Arbeit vgl. BGH VI ZR 102/70.
1 Vgl. hierzu auch KfzSBHH A.1.2.3.

A.1.2.2 SB Handel/Handwerk (eigene Fahrzeuge)

A.1.2.2 (eigene Fahrzeuge)[1]

A.1.2.2 Versicherungsschutz für eigene Fahrzeuge nach A.3 besteht für Versicherungsfälle, die sich aus einem Gebrauch des versicherten Risikos ergeben, der im Zusammenhang mit dem Zweck Ihres Kfz-Handelsbetriebes steht.

Übersicht Rdn.
A. Händlereigene Fahrzeuge 1
I. nicht zugelassene Fahrzeuge 2
II. händlereigene, noch auf einen anderen zugelassene, Fahrzeuge 3
B. Versicherte Personen 4

A. Händlereigene Fahrzeuge

1 Händlereigene Fahrzeuge sind solche, die im Eigentum des Versicherungsnehmers stehen. Auf die Wirksamkeit des dem Eigentumsübergang zugrunde liegenden Kausalgeschäfts soll es nicht ankommen[2]. Die Kfz-Handel- und Handwerk-Versicherung bezieht sich zunächst auf diejenigen Fahrzeuge, die im Eigentum des Händlers stehen und nicht zugelassen sind. Aber auch die schon im Eigentum des Händlers befindlichen Fahrzeuge, die noch auf den ursprünglichen Besitzer zugelassen sind, sind vom Versicherungsschutz mit umfasst.

I. nicht zugelassene Fahrzeuge

2 Die Versicherung bezieht sich auf alle händlereigenen Fahrzeuge, die nicht zugelassen sind. Sie sind in der frei vereinbaren Fahrzeugversicherung versicherbar.

II. händlereigene, noch auf einen anderen zugelassene, Fahrzeuge

3 Auch Kfz, die noch auf einen anderen zugelassen sind, aber im Eigentum des Versicherungsnehmers stehen, sind vom Versicherungsschutz für die Dauer von 7 Kalendertagen seit Eigentumsübergang auf den Versicherungsnehmer in der Kfz-Handel- und Handwerk-Versicherung mitversichert. Ebenso gilt dies für vom Versicherungsnehmer verkaufte und noch in seiner Obhut befindliche Fahrzeuge für 7 Tage ab Verkauf. Es handelt sich dann um eine Versicherung für fremde Rechnung i. S. v. § 102 VVG[3].

B. Versicherte Personen

4 Zwar sind hier die Personen, die Versicherungsschutz nach diesem Vertrag genießen, nicht gesondert erwähnt, es kann jedoch in Analogie zu A.1.1.2 der Sonderbedingun-

---

1 Überschrift des Verfassers.
2 Prölss/Martin Versicherungsvertragsgesetz VII Sonderbed. Kfz-Handel- und Handwerk Rn. 4.
3 So schon BGH v. 11.03.1987 – IVa ZR 240/85, NJW-RR 1987, 856 f. = r+s 1987, 155f, zu § 74 VVG a. F.

gen davon ausgegangen werden, dass zumindest die in dem Handelsbetrieb angestellten Personen neben dem Versicherungsnehmer (Werkstattinhaber/juristische Person) Versicherungsschutz genießen sollen.

Soweit es sich um die Verwendung eines Fahrzeuges mit roten Kennzeichen handelt, ergeben sich die mitversicherten Personen aus den insoweit einschlägigen A.1.2 und A.2.4 AKB. Damit ist der berechtigte Fahrer in jedem Fall mitversicherte Person im Sinne des Vertrages. Über die Formulierung in Ziffer 4 werden auch die von dem Versicherungsnehmer beauftragten oder bei ihm angestellten Personen mit einbezogen in den Versicherungsschutz. Der Versicherungsschutz besteht in jedem Fall, solange sich die Tätigkeit aus dem Wesen des Kfz-Handel- und Handwerk-Betriebes ergibt. Die mitversicherten Personen sind im Falle eines Schadens auch berechtigt, selbständig ihren Anspruch auf Versicherungsschutz geltend zu machen[4]. 5

A.1.2.3 (fremde Fahrzeuge)[1]

A.1.2.3 Versicherungsschutz für fremde Fahrzeuge nach A.3 besteht, solange sich diese Risiken im Zusammenhang mit dem Zweck Ihres Kfz-Handelsbetriebes in Ihrer Obhut oder in der Obhut eines von Ihnen beauftragten Betriebsangehörigen befinden. Die Obhut beginnt mit Übernahme des Fahrzeugs und endet mit der Übergabe an den Kunden.

Übersicht Rdn.
A. Allgemeines 1
B. Fremde Fahrzeuge 2
C. Handelsbetrieb 3
D. Zweck des Handelsbetriebes 4
E. Begriff der Obhut für Handelsbetrieb 5

A. Allgemeines

Versicherungsschutz nach A.1.2 der SB haben nur Betriebe, die sich ausschließlich mit dem Handel mit Kfz befassen, d. h. Ankauf und Verkauf von Kraftfahrzeugen. Dabei wird zunächst nicht differenziert, ob der Verkauf in eigenem Namen oder auf Provisionsbasis erfolgt. 1

B. Fremde Fahrzeuge

A.1.2.3 befasst sich mit dem Versicherungsschutz dieses Vertrages für fremde Fahrzeuge. Damit sind alle Fahrzeuge auf dem Grundstück des Versicherungsnehmers erfasst, die nicht in seinem Eigentum stehen. Es wird nicht differenziert, ob diese Fahrzeuge zugelassen und versichert sind oder nicht. Der Begriff Fahrzeuge ist nach diesseitiger Auffassung zu unbestimmt. Besser wäre die Formulierung »Kraftfahrzeuge«. Der Be- 2

---

4 So für die BHV BGH v. 04.05.1964 – II ZR 153/61, NJW 1964, 1899 f.
1 Überschrift des Verfassers.

A.1.2.3 SB Handel/Handwerk (fremde Fahrzeuge)

griff Fahrzeuge umfasst alle Arten von Fortbewegungsmitteln (mit oder ohne Motorkraft).

C. Handelsbetrieb

3 Der Handelsbetrieb kann wählen, ob er gem. A.1.2.1 Versicherungsschutz nur für eigene Fahrzeuge, die erworben und veräußert werden, benötigt, oder ob er auch fremde Fahrzeuge für fremde Rechnung auf Provisionsbasis veräußern will, dann wird Versicherungsschutz auch nach A.1.2.2 der SB benötigt.

D. Zweck des Handelsbetriebes

4 Vom Versicherungsschutz umfasst sind nur diejenigen Fahrzeuge, die sich zum Zwecke des Handels mit diesen auf dem Firmengelände befinden. Nicht dazu gehören Fahrzeuge, die aus sonstigen Gründen auf dem Gelände abgestellt werden (garagenmäßige Unterstellung o. ä.).

E. Begriff der Obhut für Handelsbetrieb

5 Die Obhut[2] umfasst die tatsächliche Sachherrschaft über das Fahrzeug. Als Fahrzeuge in Obhut des Handelsbetriebes werden alle diejenigen Fahrzeuge angesehen, die sich auf dem Gelände des Versicherungsnehmers befinden. Zweck der Verbringung auf das Firmengelände muss zwingend ein mit dem Handelsbetrieb zusammenhängender Grund sein. Dazu gehören sicher das Anbieten eines fremden Fahrzeuges für fremde Rechnung gegen Provision, möglicherweise wird man auch dem Zweck des Handelsbetriebs noch die Durchsicht des Kfz zur Bewertung des Zustandes zurechnen können. Bei einem reinen Handelsbetrieb wird aber die Durchführung einer Inspektion und die deswegen erfolgte Inobhutnahme nicht mehr dem Zweck zurechenbar sein. Für Schäden, die infolge nicht zurechenbarer Tätigkeiten entstehen, besteht kein Anspruch auf Gewährung von Versicherungsschutz.

6 Die Inobhutnahme verpflichtet auch zum sorgfältigen Umgang mit den überlassenen Sachen[3]. Es gelten hinsichtlich des Grundstücks die gleichen Anforderungen wie beim Werkstattbetrieb. Nicht ausreichend gesichert ist das Gelände eines Autohauses, wenn es zwar umzäunt ist, aber durch eine nicht versperrte Schranke das Gelände ständig betreten und befahren werden kann[4].

---

2 Wegen der Details zu Beginn und Ende der Obhut vgl. oben A.1.1 der KfzSBHH.
3 AG Homburg (Saar) v. 03.04.1998 – 4 C 283/97, Adajur Dok.-Nr. 32 135.
4 LG Hamburg v. 18.06.2003 – 331 O 243/02, SP 2006, 197 f.

A.1.3 Kfz-Handels- und Handwerksbetrieb (gemischter Betrieb)

Kfz-Handels- und Handwerksbetriebe sind Betriebe, die für eigene oder fremde Rechnung neue oder gebrauchte Fahrzeuge gewerbsmäßig an- und verkaufen (A.1.2) sowie Reparatur-, Instandsetzungs- und Wartungsarbeiten an fremden Fahrzeugen und deren Teilen gegen Entgelt ausführen (A.1.1).

Wird vom Versicherungsnehmer ein gemischter Betrieb gehalten, der sowohl Reparaturarbeiten wie auch An- und Verkauf von Fahrzeugen zum Betriebszweck hat, kann beides verbunden werden. Es gelten dann sowohl die Anforderungen für den Handwerksbetrieb wie für den Handelsbetrieb entsprechend, d. h. auch die Obhut erstreckt sich sowohl auf die Fahrzeuge, die zu Reparaturzwecken in den Betrieb verbracht wurden, als auch auf Fahrzeuge, die zum Verkauf angeboten werden. 1

A.1.4 [Variante: Weitere Betriebsarten vom jeweiligen Versicherer zu ergänzen]

Es steht dem Versicherer frei, weitere Betriebsarten zuzulassen und zu versichern.

Die Versicherer sind frei in der Entscheidung, weitere Betriebsarten in den Kreis der möglichen versicherbaren Tätigkeiten aufzunehmen. Beispiele sind hierfür nicht genannt, so dass alle Betriebsarten, die im Zusammenhang mit dem Wesen der Kraftfahrzeuge, wie z. B. Waschstraßen o. ä. im Rahmen dieser Versicherung mit eingeschlossen werden können. 1

A.2 Wo besteht Versicherungsschutz?

Für die versicherten Risiken besteht Versicherungsschutz im Rahmen der Kfz-Versicherung für Kraftfahrzeug- Handel und -Handwerk nur für die im Versicherungsschein bezeichnete Betriebsstätte, soweit sich aus der versicherten Betriebsart oder den versicherten Risiken keine abweichende Regelung ergibt.

Für weitere Betriebsstätten werden separate Verträge zur Kfz-Versicherung für Kraftfahrzeug-Handel und -Handwerk benötigt.

Übersicht   Rdn.
A. Allgemeines 1
B. Räumliche Einschränkung des Versicherungsschutzes 2

A. Allgemeines

Versicherungsschutz soll nur gewährt werden für die im Versicherungsschein bezeichnete Betriebsstätte. Grundsätzlich ist zu differenzieren zwischen dem Handwerks- 1

A.3 SB Handel/Handwerk — Welche Fahrzeuge sind versichert?

betrieb und dem Handelsbetrieb, um den Ort des Versicherungsschutzes zu definieren. Mehrere Betriebsstätten eines Unternehmens benötigen mehrere Verträge.

B. Räumliche Einschränkung des Versicherungsschutzes

2 Der Versicherungsschutz für den Handwerksbetrieb beschränkt sich zunächst auf das Firmengelände, wird allerdings von dem Betrieb ein Hol- und Bringservice angeboten, besteht auch insoweit Versicherungsschutz. Dabei ist zu beachten, dass es sich bei dem angesprochenen Schutz um Kasko-Versicherungsschutz handelt. Ist auch eine Kraftfahrzeug-Haftpflicht-Versicherung für die Kundenfahrzeuge, die ja schon über eine eigene Kraftfahrzeug-Haftpflicht-Versicherung verfügen, gewünscht, muss dies gesondert vereinbart werden. Dann sind auch die mit dem in Obhut befindlichen Fahrten im öffentlichen Verkehrsraum mit abgesichert, es liegt dann eine Doppelversicherung vor, die gem. § 78 VVG aufzulösen ist.

A.3 Welche Fahrzeuge sind versichert?

Sie können Ihrem Versicherungsschein entnehmen, für welche der folgenden eigenen oder fremden Fahrzeuge Versicherungsschutz besteht. Als eigene Fahrzeuge gelten auch Fahrzeuge, die einem anderen zur Sicherung übereignet, aber in Ihrem Besitz belassen sind. Fahrzeuge, die Sie unter Eigentumsvorbehalt verkauft und übergeben haben, gelten vom Zeitpunkt der Übergabe an nicht als eigene Fahrzeuge. Versichert sind ausschließlich Fahrzeuge, die in direktem Zusammenhang mit der von Ihnen versicherten Betriebsart stehen (A.1).

1 Die Kfz-Handel- und Handwerk-Versicherung bezieht sich dem Grunde nach auf alle Kfz, die sich im Betrieb des Versicherungsnehmers befinden. Da sich aber Besonderheiten hinsichtlich Haftungsumfang und Leistungsumfang ergeben, sind sie nach den nachfolgenden Kriterien unterschiedlich zu behandeln. Zu beachten ist, dass es sich zwar bei der Kfz-Handel- und Handwerk-Versicherung um eine Haftpflicht- und eine Fahrzeugversicherung handelt. Allerdings gelten die Regeln des PflVG und der §§ 115 ff. VVG (n. F.) nur eingeschränkt.

2 Neben den in den KfzSBHH aufgeführten Anforderungen muss der Versicherungsnehmer auch die Obliegenheiten aus den AKB beachten[1]. Je nachdem, ob es sich um händlereigene oder fremde Fahrzeuge, ob zugelassen oder nicht, handelt, ist der Versicherungsschutz durchaus unterschiedlich. Auf die Besonderheiten wird an passender Stelle eingegangen.

---

1 BGH v. 08.05.1961 – II ZR 7/60, NJW 1961, 1399 = VersR 1961, 555.

A.3.1 (Rote Kennzeichen, Kurzzeitkennzeichen)

Alle versicherungspflichtigen, nicht zugelassenen Fahrzeuge, wenn sie auf Ihre Veranlassung mit einem Ihnen von der Zulassungsbehörde zugeteilten

a amtlich abgestempelten roten Kennzeichen,

b roten Versicherungskennzeichen, oder

c Kurzzeitkennzeichen

deutlich sichtbar versehen sind

Diese Fahrzeuge dürfen nach §§ 16 und 28 Fahrzeug-Zulassungsverordnung (FZV) mit diesen Kennzeichen nur zu Probe-, Prüfungs- oder Überführungsfahrten im Rahmen Ihrer versicherten Betriebsart eingesetzt werden.

– Probefahrten sind Fahrten zur Feststellung und zum Nachweis der Gebrauchsfähigkeit des Fahrzeugs (§ 2 Nr. 23 FZV).

– Prüfungsfahrten sind Fahrten zur Durchführung der Prüfung des Fahrzeugs von einem amtlich anerkannten Sachverständigen oder Prüfer für den Kraftfahrzeugverkehr oder Prüfingenieur einer amtlich anerkannten Überwachungsorganisation einschließlich der Fahrt des Fahrzeugs zum Prüfungsort und zurück (§ 2 Nr. 24 FZV).

– Überführungsfahrten sind ausschließlich Fahrten zur Überführung des Fahrzeugs an einen anderen Ort (§ 2 Nr. 25 FZV).

Hinweis: Wenn Sie hiergegen verstoßen, gefährden Sie Ihren Versicherungsschutz (siehe dazu B.1.3).

Übersicht

		Rdn.
A.	Allgemeines	1
B.	Kennzeichenarten	3
C.	versicherungspflichtige Fahrzeuge	9
D.	Versicherte Fahrzeuge	11
I.	Händlereigene, nicht zugelassene Fahrzeuge	11
II.	mit amtlich abgestempelten Roten Kennzeichen	12
III.	mit rotem Versicherungskennzeichen	16
IV.	Kurzzeitkennzeichen	17
V.	deutlich sichtbar angebracht	18
E.	Umfang des Versicherungsschutzes	19

A. Allgemeines

A.3 bezieht sich ausdrücklich auf den versicherten Betrieb und die versicherte Betriebsart »Kfz-Handel« oder »Kfz-Handwerk«. Dabei ist zu beachten, dass im reinen Handwerksbetrieb angekaufte Fahrzeuge von Kunden nicht im Versicherungsschutz eingeschlossen sein dürften, wenn nur das Handwerk Gegenstand des Vertrages ist. 1

A.3.1 SB Handel/Handwerk (Rote Kennzeichen, Kurzzeitkennzeichen)

2   Gem. A.3.1 sind alle Fahrzeuge versichert, die zum einen versicherungspflichtig sind und zum anderen nicht zugelassen sind, wenn sie entweder mit einem amtlich abgestempelten roten Kennzeichen, einem roten Versicherungskennzeichen oder einem Kurzzeitkennzeichen versehen sind. Diese Kennzeichen müssen deutlich sichtbar angebracht sein. Eine Aufbewahrung des Kennzeichens im Fahrzeug reicht nicht aus.[1] Der Versicherungsnehmer ist verpflichtet, das mit der Ausgabe des roten Kennzeichens erhaltene Fahrzeugscheinheft sorgfältig zu führen und insbesondere die Fahrzeugdaten (FIN, Fahrzeugklasse, Hersteller, den Fahrzeugführer mit Anschrift, Beginn, Zweck und Ende der Fahrt) vor jeder Fahrt aufzunehmen. Dieses Heft ist auf den Fahrten mitzuführen und muss mindestens ein Jahr lang aufbewahrt werden, nach Ablauf des roten Kennzeichens ist dieses Fahrzeugscheinheft mit dem Kennzeichen an die Zulassungsstelle zurückzugeben, § 23 Abs. 3 FZV. Halter des Kurzzeitkennzeichens ist der Betrieb[2]. Eine missbräuchliche Verwendung von roten Kennzeichen ist strafbar[3].

Eine Prüfung dieses »Fahrtenbuches« dürfte nur in Ausnahmefällen möglich sein. Wird dieses Fahrzeugscheinheft nicht bei der Fahrt mitgeführt, hat diese Pflichtverletzung keine Auswirkungen auf die Regulierung eines Kraftfahrzeug-Haftpflicht-Schadens, der mit einem amtlich zugeteilten roten Kennzeichen verursacht wird, da sie nicht zu den in der KfzPflVV enumerativ aufgeführten Obliegenheiten gehört.

B. Kennzeichenarten

3   Es gibt verschiedene Arten von Kennzeichen, die unter A.3.1. versichert werden können:
4   – **amtlich abgestempelte rote Kennzeichen** gem. § 16 Abs. 3 FZV können »durch die zuständige Zulassungsbehörde zuverlässigen Kraftfahrzeugherstellern, Kraftfahrzeugteileherstellern, Kraftfahrzeugwerkstätten und Kraftfahrzeughändlern befristet oder widerruflich zur wiederkehrenden betrieblichen Verwendung, auch an unterschiedlichen Fahrzeugen zugeteilt werden.« Diese Kennzeichen beginnen nach dem Unterscheidungskennzeichen mit den Ziffern 06. ... Diese Kennzeichen werden üblicherweise mit einem Fahrtenbuch zusammen ausgegeben und dürfen nur verwendet werden, wenn in diesem Fahrtenbuch neben dem Typ des Kfz auch die Fahrgestell-Nummer, Eintragsdatum und auch der Fahrer des Kfz eingetragen sind.
5   Erforderlich ist neben der Zuverlässigkeit des Inhabers des roten Kennzeichens, dass die Eintragung durch dauerhafte Schrift (also nicht mit einem Bleistift, sondern dokumentenecht) erfolgt und detailgenau Einträge über Dauer und Fahrtstrecke beinhaltet. Außerdem ist das Fahrtenbuch mindestens ein Jahr aufzubewahren. Bei Nichteinhaltung dieser Vorschriften kann die Zuteilung des amtlich abgestempelten Kennzeichens widerrufen werden[4].

---

1   Vgl. hierzu auch unter D.1.1.1 AKB (Verwendungsklausel) m. w. H.
2   OLG Hamm, 07.12.2012 – I-9 U 117/12, SVR 2013, 431 m. Anm. Hering = r+s 2013, 325 f.
3   BayObLG, 07.11.2002 – 1 St RR 109/02, Jurion.
4   OVG Nordrhein-Westfalen v. 10.04.2012 – 8 B 209/12; VG Düsseldorf v. 14.03.2013 – 6 K 30/12; VG Osnabrück: Beschluss v. 17.09.2012 – 6 A 72/12; VG Mainz v. 16.05.2012 – 3 K

(Rote Kennzeichen, Kurzzeitkennzeichen) **A.3.1 SB Handel/Handwerk**

- **Rote Versicherungskennzeichen** im Sinne von A.3.1 sind gem. § 28 FZV für die versicherungskennzeichenpflichtigen Fahrzeuge zu verwenden, kommen aber in der Praxis nur selten vor. 6
- **Rote Oldtimerkennzeichen** nach § 17 FZV sind in den Musterbedingungen der KfzSBHH nicht aufgenommen worden, Sie werden nur an anerkannte Oldtimer nach Vorlage eines entsprechenden Gutachtens von der Kfz-Zulassungsstelle ausgegeben, die Regulierung von Schäden durch Oldtimer richtet sich nach den AKB 2008/2015. Durch die Einführung der Wechselkennzeichen ist davon auszugehen, dass vermehrt Wechselkennzeichen im Oldtimerbereich zur Anwendung kommen. 7
- **Kurzzeitkennzeichen** gem. § 16 Abs. 1 können an jedermann ausgegeben werden, also auch an Kfz-Händler oder Handwerksbetriebe. Sie sind von vorneherein für einen bestimmten Zeitraum ausgegeben und beginnen mit den Ziffern 03 oder 04. Wenn sie an einen Betrieb des Kfz-Handels oder Handwerks ausgegeben werden, sind diese ggf. im Rahmen der KfzSBHH versichert. Sie können aber auch nach den AKB 2008/2015 versichert sein und dürfen nur an einem, der Zulassungsstelle konkret benannten Fahrzeug angebracht sein. 8

C. versicherungspflichtige Fahrzeuge

Diese Regelung bezieht sich auf versicherungspflichtige, nicht zugelassene, Fahrzeuge. Die frühere Einschränkung dieser Regelung auf »händlereigene Fahrzeuge« wurde aufgegeben. Es kommt jetzt nicht mehr darauf an, ob sich die Kfz im Eigentum des Versicherungsnehmers befinden oder nicht. Maßgebend ist allein, ob es sich um zulassungs- und versicherungspflichtige **und** nicht zugelassene Fahrzeuge handelt. Die Kfz sind dann versichert, wenn sie auf Veranlassung des Versicherungsnehmer oder eines seiner Beauftragten mit einem dem Handel-Handwerksbetrieb amtlich zugeteilten roten Kennzeichen, Versicherungskennzeichen oder Kurzzeitkennzeichen versehen wurden. Die früher vielfach streitige Frage des Eigentumsübergangs[5] spielt jetzt keine Rolle mehr. Die Kfz-Handel- und Handwerk-Versicherung bezieht sich zunächst auf diejenigen Fahrzeuge, die im Eigentum des Händlers stehen und nicht zugelassen sind. Aber auch andere (fremde) Fahrzeuge, die mit den erwähnten Kennzeichen versehen werden, sind vom Versicherungsschutz mit umfasst. 9

Die Versicherung bezieht sich auf alle Fahrzeuge, die nicht zugelassen sind. Sie sind in der frei vereinbaren Fahrzeugversicherung versicherbar[6]. Das Kennzeichen muss mit Willen des Versicherungsnehmers an dem Fahrzeug angebracht werden[7]. 10

56/12, bei Anhaltspunkten für Unzuverlässigkeit kann die Genehmigung widerrufen werden; Rebler, »Fahrten mit rotem Kennzeichen«, DAR 2012, 285, 287.
5 Prölss/Martin Versicherungsvertragsgesetz VII Sonderbed. Kfz-Handel- und Handwerk Rn. 4.
6 Vgl. SBKfzHH A.4.2.
7 BGH v. 28.06.2006 – IV ZR 316/04, r+s 2006, 410 f. lehnt den Versicherungsschutz für andere Fahrzeuge, an denen das Kennzeichen ohne/gegen den Willen des Versicherungsnehmers angebracht wurde, ab, OLG München v. 28.12.2012 – 10 U 103/12, SP 2014, 198 f.

Kreuter-Lange

A.3.1 SB Handel/Handwerk (Rote Kennzeichen, Kurzzeitkennzeichen)

D. Versicherte Fahrzeuge

I. Händlereigene, nicht zugelassene Fahrzeuge

11 Versicherungsschutz kann für händlereigene, d. h. im Eigentum des Handelsbetriebes stehende Fahrzeuge, vereinbart werden, die nicht zugelassen sind. Versicherungsschutz besteht für diese Fahrzeuge dann, wenn sie mit einem sog. Roten Kennzeichen versehen wurden. Händlereigene Fahrzeuge sind solche, die im Eigentum des Versicherungsnehmers stehen. Auf die Wirksamkeit des dem Eigentumsübergang zugrunde liegenden Kausalgeschäfts soll es nicht ankommen[8]. Die Kfz-Handel- und Handwerk-Versicherung bezieht sich zunächst auf diejenigen Fahrzeuge, die im Eigentum des Händlers stehen und nicht zugelassen sind. Aber auch die schon im Eigentum des Händlers befindlichen Fahrzeuge, die noch auf den ursprünglichen Besitzer zugelassen sind, sind vom Versicherungsschutz mit umfasst.

II. mit amtlich abgestempelten Roten Kennzeichen

12 Der Kfz-Handel- und Handwerks-Betrieb kann bei der Zulassungsstelle die Zuteilung eines roten »Dauer-Kennzeichens« gem. § 16 Abs. 3 FZV beantragen[9]. Diese roten Kennzeichen ermöglichen dem Versicherungsnehmer, einem Interessenten ein nicht zugelassenes Kfz zur Probefahrt zu überlassen, um ggf. Kaufinteresse zu wecken[10]. Der Umfang der Probefahrt ist immer wieder Gegenstand gerichtlicher Prüfung[11]. Grundsätzlich können auch geschäftliche oder private Zwecke damit verfolgt werden, auch kann die Probefahrt im Einzelfall mehrere Tage andauern[12]. Eine Urlaubsreise (auch ein Kurzurlaub ist aber sicher nicht zulässig.

Die amtlich zugeteilten roten Kennzeichen müssen körperlich am Kfz, für das sie vorübergehend gelten sollen, angebracht sein[13]. Ein Abstellen des Kfz, in dem eine Pappe mit dem roten Kennzeichen ausgelegt wird, reicht jedenfalls nicht aus, um das Merkmal »versehen« zu erfüllen[14]. Das Kennzeichen muss mindestens mit sich geführt werden, damit es für jedermann klar erkennbar ist[15]. Eine Ablage hinter der Windschutz-

---

8 Prölls/Martin Versicherungsvertragsgesetz VII Sonderbed. Kfz-Handel- und Handwerk Rn. 4.
9 Vgl. auch Grabolle »Gebrauch roter Kennzeichen bei Probefahrten« DAR 2008, 173 ff.; Huppertz »Rechtsfolgen bei Probefahrten im Lichte der neuen FZV« in DAR 2008, 606 ff.; zum Verwaltungsverfahren der Zuteilung von Kurzzeitkennzeichen nach Bedarf vgl. auch VG Greifswald v. 22.04.2008 – 4 B 321/08, DAR 2008, 665 f.
10 OLG Köln v. 24.06.2003 – 9 U 21/0, SP 2003, 307. OLG Koblenz v. 13.01.2003 – 12 U 1360/01 zur Haftungsbeschränkung bei Probefahrten.
11 BGH v. 30.03.1967 – II ZR 134/64 hat sich bereits zu dieser Frage geäußert.
12 BGH v. 30.03.1967 – II ZR 134/64.
13 OLG Koblenz v. 04.04.2011 – 10 U 1258/12, VersR 2012, 97 f.
14 BGH v. 29.05.1974 – IV ZR 56/73, VersR 1974, 793 f.; mit Anm. Mittelmeier in VersR 1975, 33 f.; LG Koblenz v. 19.12.1973 – 5 O 81/73, VersR 1974, 847.
15 LG Koblenz, 5 O 81/73 in VersR 1974, 847 (... das leicht manipulierbare Fahrzeugscheinheft reiche nicht aus, um Versicherungsschutz zu begründen ...).

scheibe und der Heckscheibe im Fahrzeuginneren reicht aus[16], wenn die Erkennbarkeit gewährleistet ist. Gibt der Versicherungsnehmer dem Werkstattkunden aber falsche Auskünfte über den Umfang des Versicherungsschutzes, haftet er diesem persönlich, wenn ein Kaskoschaden eintritt, der aufgrund unvollständiger Versicherung nicht gedeckt ist[17].

In Rechtsprechung und Literatur umstritten sind die Auswirkungen der missbräuchlichen Verwendung des amtlich zugeteilten **roten Kennzeichens** im öffentlichen Verkehrsraum. So soll einerseits die fehlerhafte Verwendung des roten Kennzeichens dazu führen, dass ein nicht versichertes Fahrzeug im öffentlichen Verkehrsraum geführt wird (weil das Kennzeichen nicht am Fahrzeug ist oder nicht für den Händler zugeteilt wurde, der es verwendet)[18]. Andererseits soll aber der Verstoß gegen die Verwendungsklausel nach D.1.1 AKB durch die Grenzen von V 1, 2 der Sonderbedingungen a. F. ausgeschlossen sein[19]. Diese Diskussion dürfte durch die Einführung der KfzPflVV für zulassungspflichtige Fahrzeuge zumindest für die Kraftfahrzeug-Haftpflicht-Versicherung obsolet geworden sein, auch wenn diese teilweise zur Unterstützung der einen oder anderen Auffassung herangezogen wird. Wenn ein Fahrzeug mit einem roten Kennzeichen im öffentlichen Verkehrsraum verwendet wird, hat der Geschädigte jedenfalls dann keinen Anspruch auf den Schutz des PflVG, wenn ein Dritter eigenmächtig das dem Versicherungsnehmer zugeteilte rote Kennzeichen verwendet und das Fahrzeug des Dritten mit dem Handwerksbetrieb des Versicherungsnehmers nichts zu tun hat[20]. 13

Soweit es aber – wie so häufig – um den Fahrzeugschaden an dem Kfz geht, an dem das rote Kennzeichen unzulässigerweise angebracht wurde, besteht kein Anlass, den Versicherungsschutz auf die Fahrzeuge auszuweiten, die in keinerlei Beziehung zum Versicherungsnehmer oder zum Versicherer stehen, bloß weil ein rotes Kennzeichen angehängt wurde. Die Beteiligten wissen in diesen Fällen sehr genau um die missbräuchliche Verwendung des Kennzeichens. Warum sollten sie gesondert geschützt werden? 14

---

16 BayObLG v. 07.11.2002 – 1 ST RR 109/02, VersR 2003, 479 f. zur Frage der Strafbarkeit des Kennzeichenmissbrauchs allerdings insoweit falsch, als der Versicherungsschutz unabhängig vom Zusammenhang mit dem Gewerbebetrieb für »vermietetes rotes Kennzeichen« mit der Zuteilung des roten Kennzeichens für den Kfz-Handel- und Handwerks-Betrieb bejaht wird.
17 BGH v. 14.03.1973 – IV ZR 168/71, VersR 1973, 411.
18 BGH v. 29.05.1974 – IV ZR 56/73, VersR 1974, 793 f.; mit Anm. Mittelmeier in VersR 1975, 33 f.; LG Koblenz v. 19.12.1973 – 5 O 81/73 in VersR 1974, 847.
19 Stiefel/Hofmann Sonderbed. Kfz-Handel- und Handwerk Rn. 7 unter Hinweis auf die dezidierte Aufstellung in V 1 und 2, die bei anderer Auffassung überflüssig wäre (Vorauflage); OLG Köln 18.10.1989 – 11 U 327/88, VersR 1990, 847, wobei dort aber der eigentliche Zweck der Fahrt der Verwendung roter Kennzeichen entsprach; OLG Köln v. 19.03.1992 – 5 U 90/91, SP 1992, 381, weil Ziffer V. 1 und 2 abschließend seien.
20 BGH v. 28.06.2006 – IV ZR 316/04, r+s 2006, 410 = NJW-RR 2006, 1462 = DAR 2007, 26 f.

A.3.1 SB Handel/Handwerk (Rote Kennzeichen, Kurzzeitkennzeichen)

Mit der Auffassung, dass auch in der Fahrzeugversicherung dann Versicherungsschutz zu gewähren ist, wird Manipulationen und Betrügereien Tür und Tor geöffnet.

15 Einzelfälle zur Probefahrt:
– Der Versicherungsnehmer erlangt wieder Gewahrsam an seinem zu einer mehrtägigen Probefahrt ausgehändigten Kfz, wenn dieses nach Abschluss der Probefahrt auf dem Betriebsgelände abgestellt wird. Nicht erforderlich ist, dass der Versicherungsnehmer Kenntnis von der Rückgabe des Kfz hat[21].
– Die Weitergabe eines Kurzzeitkennzeichens an einen Dritten zur Verwendung an einem anderen Kfz ist unzulässig[22].

III. mit rotem Versicherungskennzeichen

16 Dem gegenüber stehen die »roten Versicherungskennzeichen«, die jeweils nur für einen Halter und ein Fahrzeug vorgesehen sind, gem. § 16 Abs. 4 FZV. Es müssen neben den Halter- und Fahrzeugdaten auch das Ende des Versicherungsschutzes angegeben werden. Diese Kennzeichen sind immer nur für ein bestimmtes Fahrzeug für Prüf-, Probe- oder Überführungsfahrten geteilt und können auch für einen Handels- und/oder Handwerksbetrieb ausgegeben werden. Die Nutzungsbedingungen unterscheiden sich nicht von den Anforderungen für ein »rotes Dauerkennzeichen«, welches dem Betrieb zur dauerhaften Verwendung auch an unterschiedlichen Kfz verbunden mit einem »Fahrtenbuch« ausgehändigt wird. Bei Vergabe eines roten Versicherungskennzeichens ist eine Versicherungsbestätigung vorzulegen, diese beinhaltet sowohl den Beginn wie auch das Ende des Versicherungsschutzes, eine weitere Anzeige des Endes des Vertrages an die Zulassungsstelle ist nicht mehr erforderlich, § 25 Abs. 1 S. 4 und 5 FZV. Die Nachhaftung beginnt unmittelbar nach Ende des vereinbarten Versicherungszeitraums, ohne dass es weiter Aktivitäten des Versicherers bedürfte und endet mit dem Ablauf der Monatsfrist des § 117 Abs. 2 VVG.

IV. Kurzzeitkennzeichen

17 Kurzzeitkennzeichen werden von vornherein nur für einen bestimmten Zeitraum ausgegeben. Die für die Zulassung vorzulegende Versicherungsbestätigung gilt dabei immer auch als Anzeige der Beendigung des Versicherungsvertrages, § 25 Abs. 1 Satz 4 FZV. Eine gesonderte Schlussmitteilung an die Zulassungsstelle ist nicht erforderlich. D. h. die Nachhaftung beginnt auch hier unmittelbar mit dem Ende des Versicherungsschutzes, ohne dass es weiterer Aktivitäten des Versicherers bedürfte. Auch diese Kennzeichen werden nur für ein konkret bezeichnetes Fahrzeug ausgegeben und dürfen nur an diesem angebracht werden.

---

21 OLG Naumburg v. 11.07.2013 – 4 U 5/13, die Frage der missbräuchlichen Verwendung war hier nicht Gegenstand der Entscheidung, da nach dem Vortrag der Beteiligten das Kfz wieder zurückgekommen war.
22 OLG Stuttgart v. 22.10.2014 – 3 U 36/14, NJW-Spezial 2014, 715, dazu Wenker, jurisPRVerkR 2/2015, Anm. 2.

V. deutlich sichtbar angebracht

Das rote Kennzeichen muss am Fahrzeug deutlich sichtbar angebracht werden. Nicht ausreichend ist in diesem Zusammenhang, das Kennzeichen hinter der Windschutzscheibe auf das Armaturenbrett zu legen, aus Angst, es könne gestohlen werden[23]. 18

E. Umfang des Versicherungsschutzes

Für den Umfang des Versicherungsschutzes ist zwischen der Kraftfahrzeug-Haftpflicht-Versicherung und der Fahrzeugversicherung zu unterscheiden. In der Kraftfahrzeug-Haftpflicht-Versicherung muss Versicherungsschutz mindestens zu den Mindestversicherungssummen gem. der Anlage zu § 4 PflVG gewährt werden. 19

In der Fahrzeugversicherung hingegen werden Summen vereinbart, die als Obergrenze gelten. Dabei gibt der Versicherungsnehmer den Wert der in seiner Obhut befindlichen Fahrzeuge in seiner Stichtagsmeldung an, danach wird die Versicherungssumme für die Fahrzeugversicherung ermittelt. Kommt es zu einem Schadenfall, in dem mehrere Fahrzeuge untergehen, wird maximal der vereinbarte Wert zur Verfügung gestellt.

A.3.2 Eigene und fremde zulassungspflichtige und zugelassene Fahrzeuge

A.3.2 Alle eigenen und fremden zulassungspflichtigen und zugelassenen Kraftfahrzeuge, Anhänger und selbstfahrenden Arbeitsmaschinen

Übersicht Rdn.
A. Eigene Fahrzeuge 1
B. Fremde Fahrzeuge 2
C. zulassungspflichtig und zugelassen 3

A. Eigene Fahrzeuge

Händlereigene Fahrzeuge sind solche, die im Eigentum des Versicherungsnehmers stehen. Auf die Wirksamkeit des dem Eigentumsübergang zugrunde liegenden Kausalgeschäfts soll es nicht ankommen[1]. Die Kfz-Handel- und Handwerk-Versicherung bezieht sich zunächst auf diejenigen Fahrzeuge, die im Eigentum des Händlers stehen und auf ihn zugelassen sind. Aber auch die schon im Eigentum des Händlers befindlichen Fahrzeuge, die noch auf den ursprünglichen Besitzer zugelassen sind, sind vom Versicherungsschutz mit umfasst. Eine Differenzierung, auf wen das Kfz zugelassen ist, wird gerade nicht vorgenommen. Der Versicherungsschutz gilt für Kfz, Anhänger und selbstfahrende Arbeitsmaschinen, die zulassungspflichtig und zugelassen sind. 1

---

23 OLG Koblenz v. 04.04.2011 – 10 U 1258/12, VersR 2012, 97 f.
1 Prölss/Martin Versicherungsvertragsgesetz VII Sonderbed. Kfz-Handel- und Handwerk Rn. 4.

A.3.2.1 SB Handel/Handwerk   Eig. Fahrzeuge, Anhänger u. selbstf. Arbeitsm.

B. Fremde Fahrzeuge

2   Ist eine vertragsmäßige Begrenzung der Kraftfahrzeug-Haftpflicht-Versicherung auf eigene Fahrzeuge nach A.1.1.2 bzw. A.1.2.2 der SBKfzHH nicht erfolgt, besteht auch Versicherungsschutz für fremde Fahrzeuge nach Maßgabe von Abschnitt I Ziffer 4. Fremde Fahrzeuge sind alle diejenigen Fahrzeuge, die nicht im Eigentum des Versicherungsnehmers sondern eines Dritten stehen. Sie sind unabhängig von ihrer Zulassung Gegenstand der Versicherung, solange sie sich wegen eines mit dem Betrieb einhergehenden Zweckes dort befinden. Zu den versicherten Fahrzeugen gehört u. U. auch der an diesem (fremden) Kfz befindliche Hänger, der beim Abschleppen geschädigt wird. Erforderlich ist nur, dass das Zugfahrzeug wegen eines mit dem Zweck des Kfz-Handel- und Handwerks-Betriebes zusammenhängenden Auftrags abgeschleppt wurde[2]. Es handelt sich um eine zweckgebundene Kraftfahrzeug-Haftpflicht-Versicherung. Der Zusammenhang mit dem Wesen eines Kfz-Handel- und Handwerksbetriebes ist Basis der Vereinbarung. Die Fahrzeuge müssen sich in der Obhut des Versicherungsnehmer oder einer von ihm beauftragten oder angestellten Person befinden. Versicherungsschutz in der Kraftfahrzeug-Haftpflicht-Versicherung der SBKfzHH besteht damit sowohl auf dem Betriebsgelände des Versicherungsnehmers wie auch bei der Verwendung des fremden, zugelassenen Fahrzeuges im öffentlichen Verkehrsraum. Versichert ist auch hier der Gebrauch des Kraftfahrzeuges[3]. Der Gebrauch des in Obhut befindlichen Fahrzeuges ist auch dann versichert, wenn ein Mitarbeiter eine Fahrt nicht ausschließlich zu betrieblichen Zwecken durchführt[4].

C. zulassungspflichtig und zugelassen

3   Versicherbar nach A.3.2 der Sonderbedingungen sind nur solche Fahrzeuge, die der Zulassungspflicht unterliegen und zugelassen sind. Die Zulassungspflicht richtet sich nach § 3 FZV. Nicht zulassungspflichtige, aber zugelassene Fahrzeuge sind von dem Versicherungsschutz nicht umfasst.

A.3.2.1   Eigene Fahrzeuge, Anhänger und selbstfahrende Arbeitsmaschinen
Eigene, soweit im Versicherungsschein aufgeführt
– Vorführfahrzeuge.
Dies sind auf Sie oder Ihren Betrieb zugelassene Fahrzeuge [Variante: der von Ihnen vertretenen Marken/Hersteller], die Sie Kaufinteressenten kurzfristig (maximal [...] Tage) zu Probefahrten oder im Rahmen des Werkstatt- bzw. Unfallersatzgeschäfts überlassen.
– Nur im Rahmen des Werkstatt- bzw. Unfallersatzgeschäfts sind versichert
  • Fahrzeuge zur entgeltlichen Personen- oder Güterbeförderung

---

2 BGH v. 22.01.1969 – IV ZR 524/68 in VersR 1969, 271.
3 Wegen der Details zum Gebrauch vgl. A.1.1 AKB.
4 LG Dortmund 2 O 3/08 Adajur Dok.-Nr. 80480.

(Tageszulassung) **A.3.2.2 SB Handel/Handwerk**

- Selbstfahrer-Mietfahrzeuge im Sinne von § 13 Abs. 2 Satz 2 FZV

Eigene Fahrzeuge des Handelsbetriebes sind im Rahmen der Sonderbedingungen 1
versicherbar, wenn sie als **Vorführfahrzeuge** dienen, die dem Kaufinteressenten für Probefahrten zur Förderung des Kaufentschlusses vorübergehend ohne Entgelt zur Verfügung gestellt werden. Außerdem können Vorführwagen im Rahmen des Unfallersatzgeschäftes oder im Rahmen des Werkstattbetriebes dem Kunden zur Verfügung gestellt werden, während das kundeneigene Fahrzeug repariert wird. Diese Regelung gilt sowohl für die Handels- wie auch die Handwerksbetriebe, wobei Vorführfahrzeuge im Zweifel nur bei reinen Handelsbetrieben oder Mischbetrieben des Kfz-Handels und Handwerks vorzufinden sein werden.

Für den reinen **Handwerksbetrieb** ist die zweite Alternative vorgesehen, dass im Rah- 2
men des Werkstattbetriebes Fahrzeuge als Ersatz während der Reparatur zur Verfügung gestellt werden können. Dabei kann es sich sowohl um Fahrzeuge zur entgeltlichen Personenbeförderung (Taxen etc.) wie auch um gewerbsmäßig vermietete Ersatzfahrzeuge (Mietwagen) handeln. Allerdings ist nach dem Wortlaut zwingend erforderlich, dass die Übergabe eines solchen Fahrzeuges nur im Rahmen des Werkstattersatzgeschäftes erfolgt. Der reine Betrieb einer Firma, die sich mit der Vermietung von Fahrzeugen befasst, ohne gleichzeitig sich mit der Reparatur von unfallbedingt beschädigten Fahrzeugen zu befassen, ist nicht im Rahmen einer Handel- und Handwerkversicherung versicherbar. Es können Fahrzeuge dann – auch gegen Entgelt – vermietet werden, wenn das Kundenfahrzeug in dem eigenen Betrieb instandgesetzt wird (Verschleiß- oder Unfallreparatur).

A.3.2.2 (Tageszulassung)

Bei Handelsbetrieben im Rahmen einer Tageszulassung bis zur Abmeldung, maximal für [...] Tage. Tageszulassungen erstrecken sich nur auf Neufahrzeuge, die auf Sie zugelassen sind, sich in Ihrem unmittelbaren Besitz befinden und nicht auf öffentlichen Wegen und Plätzen verwendet werden (siehe auch B.1.2).

Ausschließlich für Handelsbetriebe und gemischte Betriebe gilt diese Regelung: Fahrzeu- 1
ge, die als Tageszulassung (Rabattaktion) angeboten werden sollen, sind versicherbar, wenn sie als Neufahrzeuge auf den Handelsbetrieb zugelassen werden. Der Versicherungsschutz gilt aber nur, wenn diese Fahrzeuge nicht im öffentlichen Verkehrsraum verwendet werden. Sollen diese Fahrzeuge auch im öffentlichen Verkehrsraum verwendet werden, sind sie als Vorführfahrzeuge zuzulassen. Eine andere Verwendung des Fahrzeuges im Rahmen der Tageszulassung gefährdet den Versicherungsschutz.

A.3.2.3 SB Handel/Handwerk (eigene, auf andere zugelassene Fahrzeuge)

A.3.2.3 (eigene, auf andere zugelassene Fahrzeuge)

Eigene, die noch auf einen anderen zugelassen sind, die Sie aber in unmittelbarem Besitz haben, bis zum Zeitpunkt der Umschreibung, Abmeldung oder Vornahme des Händlereintrags, höchstens für die Dauer von [...] Tagen, seit das Fahrzeug in Ihren unmittelbaren Besitz gelangt ist.

1 Kfz, die noch auf einen anderen zugelassen sind, aber schon im Eigentum und Besitz des Versicherungsnehmers stehen, sind vom Versicherungsschutz für die Dauer von × (üblicherweise 7) Kalendertagen seit Eigentumsübergang auf den Versicherungsnehmer in der Kfz-Handel- und Handwerk-Versicherung mitversichert. Erforderlich ist neben der Eigentumsübertragung auch die tatsächliche Sachherrschaft über das Kfz auf den Kfz-Händler.

A.3.2.4 (eigene, auf Käufer zugelassene Fahrzeuge)

Eigene, die bereits auf einen Käufer zugelassen sind, die Sie aber noch in unmittelbarem Besitz haben, höchstens für die Dauer von [...] Tagen nach Zulassung auf den Käufer.

1 Ebenso gilt dies für vom Versicherungsnehmer verkaufte und noch in seiner Obhut befindliche Fahrzeuge für × (üblicherweise 7) Tage ab Verkauf. Es handelt sich dann um eine Versicherung für fremde Rechnung i. S. v. § 102 VVG[1]. A.3.2 der Sonderbedingungen bezieht sich daher nur auf den Handelsbetrieb.[2]

A.3.3 (eigene und fremde zulassungspflichtige Kfz)

Alle eigenen und fremden zulassungspflichtigen und nicht zugelassenen Kraftfahrzeuge, Anhänger und selbstfahrenden Arbeitsmaschinen

1 Wenn die o. g. Fahrzeuge in den Vertrag einbezogen wurden, besteht auch für eigene und fremde zulassungspflichtige aber nicht zugelassenen Fahrzeuge, Anhänger und selbstfahrende Arbeitsmaschinen Versicherungsschutz.

Sofern dieser Schutz nicht benötigt wird, kann er auch ausgeschlossen werden.

---

1 So schon BGH IVa ZR 240/85 in NJW-RR 1987, 856 f. = r+s 1987, 155f, zu § 74 VVG a. F.
2 OLG Düsseldorf v. 09.08.1995 – 4 U 212/94 zur Dauer des Händlerversicherungsschutzes und der Nachhaftung des KH-Versicherers des Kfz.

A.3.4 (eigene und fremde nicht zulassungspflichtige Kfz)

Alle eigenen und fremden nicht zulassungspflichtigen und nicht versicherungspflichtigen Kraftfahrzeuge, Anhänger und selbstfahrenden Arbeitsmaschinen

Soweit Versicherungsschutz über eine Betriebshaftpflichtversicherung besteht, geht diese vor. Sind die Versicherungssummen der Betriebshaftpflichtversicherung teilweise oder ganz verbraucht, so besteht im Anschluss Versicherungsschutz im Rahmen der Versicherungssummen dieser Kfz-Versicherung.

Auf Wunsch können eigene und fremde nicht zulassungspflichtige und nicht versicherungspflichtige Fahrzeuge ebenfalls eingeschlossen werden, wenn in dem Betrieb des Versicherungsnehmers Bedarf besteht.

A.3.5 (Arbeits- und Anbaugeräte, selbstfahrende Arbeitsmaschinen)

Alle eigenen und fremden nicht zulassungspflichtigen Arbeits- und Anbaugeräte und nicht selbstfahrenden Arbeitsmaschinen mit einem Neuwert über [...] EUR

Arbeits- und Anbaugeräte sowie nicht selbstfahrende Arbeitsmaschinen sind im Sinne dieser Versicherung Fahrzeugen gleichgestellt. Soweit Versicherungsschutz über eine Betriebshaftpflichtversicherung besteht, geht diese vor. Sind die Versicherungssummen der Betriebshaftpflichtversicherung teilweise oder ganz verbraucht, so besteht im Anschluss Versicherungsschutz im Rahmen der Versicherungssummen dieser Kfz-Versicherung.

A.3.6 (abgeschleppte und überführte Kfz)

Alle selbst abgeschleppten oder auf der Ladefläche von Güterfahrzeugen und Eisenbahnwagen überführten eigenen oder fremden Fahrzeuge

Hinweis: Die gewerbliche Beförderung von Fahrzeugen im Sinne des Güterkraftverkehrsgesetzes ist nicht versichert (B.1.1).

Der Versicherungsnehmer kann auch das Abschleppen von Fahrzeugen oder deren Überführung auf Eisenbahnwagen oder Güterfahrzeugen mit in den Versicherungsumfang aufnehmen. Auch dies ist frei vereinbar und nicht nur für den Kfz-Handelsbetrieb sinnvoll.

A.3.7 Nicht zulassungspflichtige aber versicherungspflichtige Fahrzeuge

Auch versicherungspflichtige Fahrzeuge, die einer Zulassung nicht bedürfen, können versichert werden.

A.4 Welchen Leistungsumfang enthält Ihr Versicherungsschutz?

Sie können Ihrem Versicherungsschein entnehmen, welche Versicherungsart (Kfz-Haftpflicht-, Kaskoversicherung), welche Versicherungssummen und ggf. welche Selbstbeteiligungen vereinbart sind. Es gelten die [AKB 2008]. Darüber hinaus gilt folgender Leistungsumfang:

1 Der Umfang des Versicherungsschutzes ist frei vereinbar, es kann nur Kraftfahrzeug-Haftpflicht-Versicherungsschutz vereinbart werden, es kann aber auch nur ein rotes Kennzeichen vom Handwerksbetrieb angemeldet werden. Es handelt sich bei dem Versicherungsvertrag nach den KfzSBHH nicht um eine Pflichtversicherung im Sinne des PflVG. Daher ist der vereinbarte Versicherungsumfang dem Versicherungsschein zu entnehmen.

2 Die Regeln der AKB sind vollumfänglich anwendbar, sie gelten sowohl hinsichtlich der Prämienzahlungspflicht und den Zeiträumen wie auch hinsichtlich der sonstigen Obliegenheiten nach D.x, E.x und F.x AKB. Bezogen auf die Prämienzahlung ist zu beachten, dass es sich bei dem Versicherungsvertrag nach den KfzSBHH um eine sog. Stichtagsversicherung handelt, der Versicherungsnehmer also zu bestimmten festgelegten Daten Auskunft zu dem im abgelaufenen Zeitraum angefallenen Leistungen geben muss. Aufgrund dieser Regelung kann es zu einem Prämienverzug im Schadenfall mit der Folge der Leistungsfreiheit in aller Regel nicht kommen, da der Versicherungsnehmer nachträglich die versicherten Fahrzeuge melden muss.

A.4.1 In der Kfz-Haftpflichtversicherung

A.4.1.1 In der Kfz-Haftpflichtversicherung kann der Dritte, soweit es sich aus den Vorschriften über die Pflichtversicherung nicht ohnehin ergibt, seinen Anspruch auf Ersatz des Schadens auch gegen uns geltend machen. § 3 Pflichtversicherungsgesetz (PflVersG) ist sinngemäß anzuwenden[1]. Voraussetzung ist, dass der Dritte seinen Ersatzanspruch in Höhe der zu leistenden Entschädigung an uns abtritt.

---

1 Obwohl die Fassung der KfzSBHH aus dem Jahr 2010 datiert, wurden die Änderungen in PflVG und VVG leide nicht berücksichtigt. Richtigerweise muss hier § 115 VVG – Direktanspruch – eingesetzt werden.

In der Kfz-Haftpflichtversicherung **A.4.1 SB Handel/Handwerk**

Übersicht

		Rdn.
A.	Allgemeines	1
B.	das selbst versicherte Kundenfahrzeug	2
C.	Kraftfahrzeug-Haftpflicht-Versicherung für fremde Fahrzeuge	3
I.	Direktanspruch	4
II.	Doppelversicherung	6
III.	Verweisungsmöglichkeiten	9
IV.	Sonderfälle	10
C.	das eigene Fahrzeug des Betriebes	11
E.	Nicht zugelassene Fahrzeuge im öffentlichen Verkehrsraum	13
F.	Umfang der KH-Versicherung bei Verwendung amtlich zugeteilter roter Kennzeichen	14

A. Allgemeines

A.4.1 differenziert nicht zwischen den verschiedenen möglichen Verursacherfahrzeugen, dort gibt es aber erhebliche Unterschiede, die auch zu unterschiedlichen Ansprüchen führen. So kommt es darauf an, ob das Verursacherfahrzeug ein Kundenfahrzeug war, welches ebenfalls über eine Kraftfahrzeughaftpflichtversicherung verfügt, oder ob es sich um ein händlereigenes Fahrzeug handelte, das nur im Rahmen der Handel- und Handwerk-Versicherung haftpflichtversichert war, oder um ein nicht zugelassenes Fahrzeug, welches mit amtlich zugeteilten roten Kennzeichen versehen war. 1

B. das selbst versicherte Kundenfahrzeug

Das eigene Fahrzeug des Versicherungsnehmers verfügt über keine andere Kraftfahrzeug-Haftpflicht-Versicherung, so dass der Handel-Handwerk-Versicherer die entstandenen Schäden wie ein normaler KH-Versicherer zu regulieren hat. Es besteht ein Direktanspruch gegen den Versicherer, der sich nach den Regeln der §§ 113 ff. AKB richtet, ein Leistungsverweigerungsrecht des Handel-Handwerk-Versicherers besteht[2] nicht. 2

C. Kraftfahrzeug-Haftpflicht-Versicherung für fremde Fahrzeuge

Fremde Fahrzeuge können in den Versicherungsschutz nach A.1.1.3 bzw. A.1.2.3 einbezogen werden. Es handelt sich um eine zweckgebundene Kraftfahrzeug-Haftpflicht-Versicherung. Der Zusammenhang mit dem Wesen eines Kfz-Handel- und Handwerksbetriebes. ist Basis der Vereinbarung. Die Fahrzeuge müssen sich in der Obhut des Versicherungsnehmer oder einer von ihm beauftragten oder angestellten Person befinden. Versicherungsschutz in der Kraftfahrzeug-Haftpflicht-Versicherung besteht damit sowohl auf dem Betriebsgelände des Versicherungsnehmers wie auch bei der Verwendung des fremden, zugelassenen Fahrzeuges im öffentlichen Verkehrsraum. Versichert ist auch hier der Gebrauch des Kraftfahrzeuges[3]. Der Gebrauch des in Obhut 3

---

2 Vgl. insoweit Ausführungen zu § 115 VVG.
3 Wegen der Details zum Gebrauch vgl. A.1.1 AKB.

A.4.1 SB Handel/Handwerk In der Kfz-Haftpflichtversicherung

befindlichen Fahrzeuges ist auch dann versichert, wenn ein Mitarbeiter eine Fahrt nicht ausschließlich zu betrieblichen Zwecken durchführt[4].

I. Direktanspruch

4   Ein Direktanspruch besteht gem. A.4.1 SBKfzHH nur, wenn der Geschädigte innerhalb von zwei Wochen nach Schadeneintritt schriftlich die Ansprüche anzeigt. Nach den derzeit geltenden Sonderbedingungen ist die schriftliche Anzeige der Ansprüche erforderlich. Ob dieses Erfordernis, welches schon in § 3 Nr. 3 PflVG a. F. nicht mehr enthalten war, weiter bestehen bleibt, ist fraglich. Zur Anspruchsanmeldung als solcher ist die Schriftform sicherlich entbehrlich. Üblicherweise wird sich der Versicherer, der von seinem Versicherungsnehmer die Information über den Schadenseintritt erhält, unverzüglich mit dem Geschädigten in Verbindung setzen und dessen Ansprüche regulieren. Eine Möglichkeit, den Kfz-Handel- und Handwerk-Versicherer herauszufinden gibt es bei fremden zugelassenen Fahrzeugen in Werkstatt-Obhut nur über den Werkstattinhaber. Nur bei den amtlich zugeteilten roten Kennzeichen der Werkstatt ist der Versicherer hinterlegt und kann bei der Zulassungsstelle erfragt werden.

5   Der geschädigte Dritte muss zusätzlich die Ansprüche auf Schadenersatz, die er gegen den Schädiger hätte, an den Versicherer abtreten. Diese Formulierung ist etwas unglücklich, da der Dritt-Geschädigte, der seinen Anspruch auf § 115 Abs. 1 VVG (§ 3 PflVG a. F.) stützen kann, den Versicherungsnehmer und den Versicherer gem. § 115 Abs. 1 S. 4 VVG (§ 3 Ziffer 2 PflVG a. F.) als Gesamtschuldner in Anspruch nimmt. Ein Ausgleich im Innenverhältnis würde nach den Regeln der Gesamtschuld (§§ 426 ff. BGB) erfolgen. Eine Abtretung des Ersatzanspruches kann daher nur insoweit erforderlich werden, als der Versicherer Leistungen nach § 86 VVG (§ 67 VVG a. F.) an den Dritten erbringt, also aus der Fahrzeugversicherung. Diese Konstellation ist aber nur gegeben, wenn der Versicherer den Schaden an einem Kfz, welches sich in Werkstattobhut befindet, reguliert, da dieser nach den Grundsätzen der erweiterten Fahrzeugversicherung reguliert wird.

II. Doppelversicherung

6   Grundsätzlich besteht bei den zugelassenen fremden Kfz auch eine eigene Kraftfahrzeug-Haftpflicht-Versicherung, die bei Unfällen im öffentlichen Verkehrsraum ebenfalls eintrittspflichtig ist. Es kommt also zur Doppelversicherung mit der Kfz-Handel- und Handwerk-Versicherung[5]. Als Doppelversicherung wird die gleichzeitige Versicherung des gleichen Risikos bei zwei verschiedenen Unternehmen bezeichnet[6]. Es kommt nicht auf die Identität der beiden Versicherungsnehmer an[7]. Der Geschädigte kann sich aussuchen, wen er in Anspruch nimmt. Wird die Kfz-Handel- und Handwerk-Versicherung in Anspruch genommen, so belastet die Schadenregulierung nicht den SFR des

---

4   LG Dortmund v. 10.07.2008 – 2 O 3/08, zfs 2009, 334 ff.
5   BGH v. 31.03.1976 – IV ZR 29/75, VersR 1976, 847.
6   OLG Nürnberg v. 26.05.1995 – 6 U 409/95, VersR 1997, 180.
7   BGH v. 31.03.1976 – IV ZR 29/75, VersR 1976, 847. zu § 59 VVG a. F.

Werkstattkunden. Die Regulierung der Ansprüche des Geschädigten ist aber insoweit u. U. nicht ungetrübt, als bei krankem Versicherungsverhältnis die Verweisung droht. Nimmt der Geschädigte aber – ausgehend von dem Kennzeichen und der dazu erfolgten Anfrage bei der Zulassungsstelle – die Kraftfahrzeug-Haftpflicht-Versicherung des Werkstattkunden in Anspruch, ist diese gehalten, den Schaden des Dritten zu regulieren. Es bleibt nur der Ausgleich mit dem Kfz-Handel- und Handwerk-Versicherer im Innenverhältnis, wenn dort der Versicherungsschutz für fremde Fahrzeuge in Werkstatt-Obhut vereinbart war. Der Ausgleich richtet sich nach § 78 VVG und wird bei gleicher Versicherungssumme nach Kopfteilen, bei unterschiedlicher Versicherungssumme nach dem Verhältnis der Versicherungssummen zueinander erfolgen, § 78 Abs. 2 S. 1 VVG. Besteht in der Kfz-Handel- und Handwerk-Versicherung kein Versicherungsschutz, bleibt der Kraftfahrzeug-Haftpflicht-Versicherer allein verpflichtet.

Bei Inanspruchnahme der Kraftfahrzeug-Haftpflicht-Versicherung des Obhut-Fahrzeuges wird dessen Vertrag belastet, der Regress des Kfz-Handel- und Handwerk-Versicherer hingegen belastet den Vertrag nicht, I.4.1.2a AKB. Hinsichtlich der Höherstufung hat der Kunde einen vertraglichen Erstattungsanspruch gegen den Werkstattinhaber. 7

Auch in der Fahrzeugversicherung kann es zu einer Doppelversicherung kommen, wenn das fremde zugelassene Fahrzeug über eine eigene Fahrzeugversicherung verfügt[8]. 8

III. Verweisungsmöglichkeiten

Hat der Versicherungsnehmer beispielsweise keinen Versicherungsschutz wegen Prämienverzugs oder wegen einer Obliegenheitsverletzung, so kann auch im Rahmen der Kfz-Handel- und Handwerk-Versicherung an einen anderen Schadens-Versicherer, hier den Kraftfahrzeug-Haftpflicht-Versicherer des in Obhut befindlichen Fahrzeugs, verwiesen werden, § 117 Abs. 4 VVG gilt auch im Rahmen der Handel-Handwerk-Versicherung. 9

IV. Sonderfälle

Ereignen sich Schadenfälle auf dem Betriebsgelände des Versicherungsnehmers, ist immer auch die Frage des Vorliegens eines Haftungsausschlusses nach §§ 104 ff. SGB VII zu prüfen, wenn ein Betriebsangehöriger mit dem Kundenfahrzeug eine andere Person schädigt. 10

C. das eigene Fahrzeug des Betriebes

In der Kfz-Handel- und Handwerk-Versicherung ist im Haftpflichtschadenfall der in A.1.5.6 AKB normierte Ausschluss der Ansprüche des Eigentümers oder Halter gegen den jeweiligen Fahrer wegen Sachschaden aufgehoben. Erforderlich ist aber, dass der Fahrer zum Betrieb des Versicherungsnehmers gehört, und sich das Fahrzeug in Werk- 11

---

8 BGH v. 20.03.1974 – IV ZR 94/73, VersR 1974, 535; OLG Hamm v. 24.07.2002 – 20 U 71/02 in VersR 2003, 190 = r+s 2002, 450.

A.4.1 SB Handel/Handwerk — In der Kfz-Haftpflichtversicherung

stattobhut befand, um den Ausschluss der AKB aufzuheben. Der Schaden, der von dem Versicherungsnehmer oder dessen Mitarbeiter am sonstigen Eigentum des Werkstattkunden verursacht wird, ist in der Kfz-Handel- und Handwerk-Kraftfahrzeug-Haftpflicht-Versicherung eingeschlossen.

▶ **Beispiel:**

Der Versicherungsnehmer bringt das Kundenfahrzeug nach Hause und beschädigt bei der Einfahrt auf das Grundstück die Einfriedung des Kundengrundstückes. Der Schaden am Kfz des Kunden ist über die Kfz-Handel- und Handwerk-Fahrzeugversicherung abgedeckt, der Schaden an der Einfriedung des Kundengrundstückes unterfällt der Kfz-Handel- und Handwerk-Kraftfahrzeug-Haftpflicht-Versicherung. Es handelt sich nicht um einen Eigenschaden.

12 Allerdings ist der Schaden, den der Versicherungsnehmer oder einer seiner Mitarbeiter dem Betrieb des Versicherungsnehmers zufügen, als Eigenschaden ausgeschlossen. Dieser Ausschluss gilt im Rahmen der Händlerversicherung auch, wenn ein KFZ des Händlers ein anderes, ebenfalls dem Händler gehörendes Fahrzeug schädigt. Auch diese Schäden können nur über eine ggf. vorhandene Fahrzeugversicherung abgewickelt werden.

▶ **Beispiel:**

Beschädigt der Versicherungsnehmer allerdings bei der Ausfahrt aus seinem Betriebshof seine Grundstückseinfriedung, handelt es sich sehr wohl um einen Eigenschaden, lediglich der Schaden am Kundenfahrzeug ist über die Fahrzeugversicherung abgesichert.

E. Nicht zugelassene Fahrzeuge im öffentlichen Verkehrsraum

13 Nicht versichert ist der Gebrauch des nicht zugelassenen Fahrzeuges ohne Verwendung amtlich zugeteilten roten Kennzeichen im öffentlichen Verkehrsraum. In diesem Fall besteht auch keine Vorleistungspflicht des Kfz-Handel- und Handwerk-Versicherers. Dem Geschädigten bleibt nur der Weg zur Verkehrsopferhilfe. Der Gebrauch des nicht zugelassenen Kfz im öffentlichen Verkehrsraum ist gem. § 6 PflVG strafbar[9].

F. Umfang der KH-Versicherung bei Verwendung amtlich zugeteilter roter Kennzeichen

14 Das Kraftfahrzeug-Haftpflicht-Risiko kann beschränkt werden auf diejenigen Fahrzeuge des Versicherungsnehmers, die mit einem amtlich dem Versicherungsnehmer zugeteilten roten Kennzeichen im öffentlichen Verkehrsraum verwendet werden. Es kommt für den Versicherungsschutz nicht darauf an, in wessen Eigentum diese nicht zugelassenen Fahrzeuge stehen. Versichert ist der Gebrauch des Kraftfahrzeuges[10] durch den Versicherungsnehmer. Auch die Verwendung des ihm amtlich zugeteilten

---

9 Vgl. auch Ferner in Ferner/Bachmeier/Müller, § 6 PflVG Rn. 9.
10 Wegen der Details zum Gebrauch vgl. A.1.1 AKB.

A.4.1.2 SB Handel/Handwerk

roten Kennzeichens durch einen Dritten ist versichert, wenn die Verwendung im Zusammenhang mit dem Betrieb des Versicherungsnehmer steht[11]. Wird aber das dem Versicherungsnehmer amtlich zugeteilte rote Kennzeichen an einem Fahrzeug angebracht, welches weder im Eigentum des Versicherungsnehmer noch in seiner Obhut stand, sondern einem anderen Kfz-Betrieb gehörte und die Verwendung auch in dessen Interesse erfolgte, so soll nach der Rechtsprechung kein Versicherungsschutz bestehen[12]. Eine Regulierung eines Kraftfahrzeug-Haftpflicht-Schadens war vom OLG Stuttgart nicht zu bewerten. Es ist aber davon auszugehen, dass das verwendete Fahrzeug auch nicht in dem vom Händler zu führenden Fahrzeugscheinheft aufgenommen war. Es bestünde daher auch in der Kraftfahrzeug-Haftpflicht-Versicherung kein Versicherungsschutz. Zuständig für die Schadenregulierung eines möglichen Kraftfahrzeug-Haftpflicht-Schadens wäre damit die VOH[13].

Der Versicherer für Kfz-Handel- und Handwerk reguliert entstehende Schäden wie ein 15 »normaler« Kraftfahrzeug-Haftpflicht-Versicherer. Es gelten die üblichen Regeln (Direktanspruch, Obliegenheiten vor und im Schadenfall etc.).

Bei der Verwendung von roten Kennzeichen treffen den Versicherungsnehmer daher 16 die gleichen Obliegenheiten wie in den AKB[14].

A.4.1.2 Ansprüche gegen den Fahrer[1]

In Abänderung von [A.1.5.6 AKB 2008] (Ausschluss in der Kfz-Haftpflichtversicherung bei Schäden durch eine mitversicherte Person) bezieht sich die Haftpflichtversicherung für fremde Fahrzeuge auch auf Ansprüche des Eigentümers oder Halters gegen den jeweiligen Fahrer.

Auch wenn es sich bei der Versicherung nach den KfzSBHH nicht um eine Pflichtversicherung im Sinne des PflVG handelt, erhält der geschädigte Dritte einen Direktanspruch gegen den Kraftfahrzeug-Haftpflicht-Versicherer, um seine Ansprüche unmittelbar beim Versicherer geltend zu machen. 1

Außerdem wird der in den AKB unter A.1.5.6 AKB normierte Ausschluss der Geltendmachung von Ansprüchen des Eigentümers oder Halters gegen den Fahrer für die KfzSBHH aufgehoben. Eine andere Regelung würde dem Charakter der KfzSBHH entgegenstehen, da Versicherungsnehmer regelmäßig die Werkstatt und Fahrer einer 2

---

11 BGH v. 28.06.2006 – IV ZR 316/04, r+s 2006, 410 = NJW-RR 2006, 1452 = DAR 2007, 26 f.
12 OLG Stuttgart v. 31.08.2000 – 7 U 123/00, VersR 2001, 1375 für die Fahrzeugversicherung.
13 So auch LG Koblenz v. 19.12.1973 – 5 O 81/73, VersR 1974, 847 (.. das leicht manipulierbare Fahrzeugscheinheft reiche nicht aus, um Versicherungsschutz zu begründen..) bestätigt wird diese Auffassung durch BGH v. 28.06.2006 – IV ZR 316/04, r+s 2006, 410 = NJW-RR 2006, 1452= DAR 2007, 26 f. Zum Leistungsumfang vgl. § 12 PflVG.
14 Vgl. hierzu unter B.1.2.3 der KfzSBHH.
1 Überschrift des Verfassers.

A.4.2 SB Handel/Handwerk — In der Kaskoversicherung

der Mitarbeiter der Werkstatt ist, der nicht dem Lager des Werkstattkunden zugerechnet werden kann.

3 Erforderlich ist, dass der Fahrer zum Betrieb des Versicherungsnehmers gehört, und sich das Fahrzeug in Werkstattobhut befand, um den Ausschluss der AKB aufzuheben. Der Schaden, der von dem Versicherungsnehmer oder dessen Mitarbeiter am sonstigen Eigentum des Werkstattkunden verursacht wird, ist in der Kfz-Handel- und Handwerk-Kraftfahrzeug-Haftpflicht-Versicherung eingeschlossen.

▶ **Beispiel:**
Der Versicherungsnehmer bringt das Kundenfahrzeug nach Hause und beschädigt bei der Einfahrt auf das Grundstück die Einfriedung des Kundengrundstückes. Der Schaden am Kfz des Kunden ist über die Kfz-Handel- und Handwerk-Fahrzeugversicherung abgedeckt, der Schaden an der Einfriedung des Kundengrundstückes unterfällt der Kfz-Handel- und Handwerk-Kraftfahrzeug-Haftpflicht-Versicherung. Es handelt sich nicht um einen Eigenschaden.

4 Allerdings ist der Schaden, den der Versicherungsnehmer oder einer seiner Mitarbeiter dem Betrieb des Versicherungsnehmers zufügen, als Eigenschaden ausgeschlossen. Dieser Ausschluss gilt im Rahmen der Händlerversicherung auch, wenn ein Kfz des Händlers ein anderes, ebenfalls dem Händler gehörendes Fahrzeug schädigt. Auch diese Schäden können über eine ggf. vorhandene Fahrzeugversicherung abgewickelt werden.

▶ **Beispiel:**
Beschädigt der Versicherungsnehmer allerdings bei der Ausfahrt aus seinem Betriebshof seine Grundstückseinfriedung, handelt es sich sehr wohl um einen Eigenschaden, lediglich der Schaden am Kundenfahrzeug ist über die Fahrzeugversicherung abgesichert.

A.4.2 In der Kaskoversicherung

Übersicht Rdn.
A. Umfang der Fahrzeugversicherung 1
  I. eigene Fahrzeuge des Versicherungsnehmers auf dem Betriebsgelände 2
  II. eigene Fahrzeuge des Versicherungsnehmers im öffentlichen Verkehrsraum 4
  III. fremde Fahrzeuge im öffentlichen Verkehrsraum 5

A. Umfang der Fahrzeugversicherung

1 Die Fahrzeugversicherung im Rahmen der Kfz-Handel- und Handwerk-Versicherung hat verschiedene Facetten. So ist sie zum einen normale Fahrzeugversicherung in der Form der Vollkasko oder Teilkasko. Sie kann aber auch, wenn es sich um fremde Fahrzeuge handelt, Kraftfahrzeug-Haftpflicht-Versicherungsschutz hinsichtlich weiterer Schadenpositionen bieten. Die Fahrzeugversicherung bei Versicherung fremder Fahr-

zeuge ist eine Versicherung für fremde Rechnung i. S. d. § 102 VVG[1]. Sie kann immer nur für den Betrieb des Versicherungsnehmers vereinbart werden. Gibt der Versicherungsnehmer beispielsweise ein ihm amtlich zugeteiltes rotes Kennzeichen an einen anderen Kfz-Handel- und Handwerks-Betrieb weiter, so besteht für dieses Fahrzeug jedenfalls kein Kasko-Versicherungsschutz[2].

I. eigene Fahrzeuge des Versicherungsnehmers auf dem Betriebsgelände

Werden Fahrzeuge, die im Eigentum des Versicherungsnehmers stehen, geschädigt, sind diese Schäden entsprechend den Regeln der Fahrzeugversicherung zu ersetzen. Hat der Versicherungsnehmer Fahrzeuge angekauft, sind diese nach den Voraussetzungen des Abschnittes A.1 SBKfzHH für die Dauer von 7 Tagen auch in der Fahrzeugversicherung des Versicherungsnehmers mitversichert, wenn sie noch auf den Verkäufer zugelassen sind. Besteht in der ursprünglichen Versicherung des Kfz ebenfalls eine Fahrzeugversicherung, liegt auch hier eine Doppelversicherung vor. Der Versicherungsnehmer ist gehalten, die Abmeldung innerhalb dieser Frist zu erreichen, um diese Fahrzeuge zeitlich unbegrenzt in seiner Fahrzeugversicherung aufzunehmen. 2

Ebenso sind für 7 Kalendertage die Fahrzeuge noch in der Kfz-Handel- und Handwerk-Fahrzeugversicherung mitversichert, die bereits verkauft und auf den Käufer zugelassen wurden. Werden diese Zeiträume überschritten, ohne dass die Abmeldung des erworbenen Kfz bzw. die Übergabe an den Käufer erfolgte, ist von einem garagenmäßigen Unterstellen fremder Fahrzeuge auszugehen, welches nicht in von der Kfz-Handel- und Handwerk-Versicherung umfasst ist. Es besteht dann für diese Fahrzeuge kein Versicherungsschutz in der Kfz-Handel- und Handwerk-Fahrzeugversicherung mehr. In der Kfz-Handel- und Handwerk-Kraftfahrzeug-Haftpflicht-Versicherung besteht ohnehin kein Versicherungsschutz, wenn nicht ein rotes Kennzeichen an dem Fahrzeug angebracht wird. 3

II. eigene Fahrzeuge des Versicherungsnehmers im öffentlichen Verkehrsraum

Schäden an Fahrzeugen des Versicherungsnehmers, die im öffentlichen Verkehrsraum gebraucht wurden, sind dann versichert, wenn das Kfz mit einem dem Versicherungsnehmer amtlich zugeteilten roten Kennzeichen gebraucht wurde. Es gelten die einschlägigen Regeln. Werden die Kfz des Versicherungsnehmers ohne rotes Kennzeichen im öffentlichen Verkehrsraum verwendet, besteht kein Versicherungsschutz. 4

III. fremde Fahrzeuge im öffentlichen Verkehrsraum

Soweit das in Werkstattobhut befindliche Kundenfahrzeug im öffentlichen Verkehrsraum gebraucht wird, ist der Fahrzeugversicherungsschutz weiter gefasst und der Haftpflichtversicherungsschutz für Folgeschäden eingeschlossen. Es werden daher neben dem Fahrzeugschaden auch die üblichen Nebenkosten erstattet. Diese sind der Mietwa- 5

---

1 OLG Köln v. 18.10.1989 – 11 U 327/88, VersR 1990, 847 f.
2 OLG Stuttgart v. 31.08.2000 – 7 U 123/00, VersR 2001, 1375.

A.4.2.1 SB Handel/Handwerk (Selbstbeteiligung)

genersatz bzw. Nutzungsausfall oder Verdienstausfall wegen der Entziehung der Fahrzeugnutzung sowie weitere ggf. erforderlich werdende Sachfolgeschäden. Diese Schäden sind auch dann zu erstatten, wenn wegen des eigentlichen Fahrzeugschadens aufgrund grober Fahrlässigkeit[3] nach § 81 VVG kein Versicherungsschutz besteht.

6 Werden fremde Fahrzeuge unter Verwendung eines händlereigenen roten Kennzeichens im öffentlichen Verkehrsraum verwendet und kommt dabei das Kfz zu Schaden, besteht ebenfalls Kasko-Versicherungsschutz, selbst wenn der Eigentümer dieses Kfz den Schaden selbst verursacht[4].

A.4.2.1 (Selbstbeteiligung)[1]

Die von Ihnen gewählte Selbstbeteiligung gilt je Schadenereignis und je Fahrzeug.

[Variante: Werden durch ein Schadenereignis mehrere Fahrzeuge beschädigt (Kumulschaden), ist die Selbstbeteiligung auf.... begrenzt.]

1 Wie auch in der normalen Fahrzeugversicherung kann eine Selbstbeteiligung je versichertem Fahrzeug vereinbart werden. Diese wird dann je Fahrzeug in jedem Schadenfall vom Entschädigungsbetrag in Abzug gebracht. Um den Versicherungsnehmer beispielsweise bei einem Hagelschaden oder einer Überschwemmung nicht über die Maßen zu belasten, kann bei sog. Kumulschäden eine Obergrenze durch den Versicherer vereinbart werden, die maximal als Selbstbehalt in Abzug gebracht wird.

A.4.2.2 (Ausweitung auf Sachfolgeschäden)[1]

Bei fremden Fahrzeugen besteht zusätzlich Versicherungsschutz für Sie und Ihre Betriebsangehörigen für Ansprüche wegen Kosten eines Ersatzbzw. Mietfahrzeugs, wegen Nutzungs-oder Verdienstausfalls sowie weiterer Sach- und Sachfolgeschäden (Hotelübernachtung u. ä.). Das gilt auch dann, wenn für den Schaden am Fahrzeug selbst wegen grober Fahrlässigkeit gemäß § 81 Gesetz über den Versicherungsvertrag (VVG) nur eingeschränkter oder kein Versicherungsschutz besteht.

1 Das Kundenfahrzeug, das während der Werkstattobhut einen Schaden erleidet, ist im Rahmen der Fahrzeugversicherung analog den Kasko-Regeln versichert. Da der Versicherungsnehmer naturgemäß ein erhebliches Interesse daran hat, auch von den Sachfolgeschäden, für die er gem. §§ 823, 249 BGB einstandspflichtig ist, freigestellt zu

---

3 Vgl. hierzu unter A.2.16 AKB.
4 OLG Köln v. 18.10.1989 – 11 U 327/88 = es besteht Versicherung für Rechnung »wen es angeht«, BGH v. 11.03.1987 – IVa ZR 240/85, NJW-RR 1987, 856.
1 Überschrift des Verfassers.
1 Überschrift des Verfassers.

werden, sind diese ebenfalls aus der Fahrzeugversicherung zu erstatten. Die hier vorgenommene Aufzählung ist lediglich beispielhaft und stellt die Hauptansprüche des Kunden dar.

A.4.2.3 (Grenzen der Entschädigung je Kfz)[1]

Die Entschädigungsleistung bemisst sich nach dem Händlereinkaufspreis (ohne Mehrwertsteuer) und wird für das einzelne Risiko nach A.3 auf [...] EUR begrenzt.

Obergrenze der Entschädigungsleistung für den Fahrzeugschaden ist in jedem Fall der Wert des Kfz, gemessen an dem Händlereinkaufspreis[2]. 1

A.4.2.4 (Grenzen der Entschädigung je Schadenereignis)[1]

Für alle Risiken nach A.3 beschränkt sich die Leistung für das einzelne Schadenereignis auf den Betrag von [...] EUR.

Übersicht	Rdn.
A. Versicherungssumme	1
I. Kraftfahrzeug-Haftpflicht-Versicherung	2
1. Eigene nicht zugelassene Fahrzeuge	3
2. Versicherte Fahrzeuge (Unfallersatzfahrzeug, Rotes Kennzeichen, etc.)	4
3. Zugelassene Kundenfahrzeuge in Werkstattobhut	5
II. Fahrzeugversicherung	6

A. Versicherungssumme

Die Versicherungssumme ist für Kraftfahrzeug-Haftpflicht- und Fahrzeugversicherung gesondert zu betrachten. Eine pauschalierte Begrenzung der Versicherungssummen, wie sie nach A.3. auf einzelne Schadenereignisse vorgesehen ist, begegnet diesseits erheblichen Bedenken. Grundsätzlich muss zwischen den eigenen nicht versicherten Fahrzeugen, die lediglich der Fahrzeugversicherung unterfallen, den Fahrzeugen, die mit einem roten Kennzeichen im öffentlichen Straßenverkehr verwendet werden und den Fahrzeugen, die als Unfallersatzwagen zugelassen sind und den fremden zugelassenen Kundenfahrzeugen differenziert werden. 1

I. Kraftfahrzeug-Haftpflicht-Versicherung

In der Kraftfahrzeug-Haftpflicht-Versicherung orientiert sich die Versicherungssumme mindestens an den Vorgaben der Anlage 1 zu § 4 Abs. 2 PflVG, wenn es 2

---

1 Überschrift des Verfassers.
2 Stiefel/Maier/Schurer, KfzSBHH Rn. 58.
1 Überschrift des Verfassers.

A.4.2.4 SB Handel/Handwerk (Grenzen der Entschädigung je Schadenereignis)

sich um Fahrzeuge mit roten Kennzeichen oder Kurzzeitkennzeichen handelt. Eine Begrenzung auf einen niedrigeren Betrag je Schadenereignis als in der Anlage zu § 4 PflVG normiert, ist daher nicht zulässig.

1. Eigene nicht zugelassene Fahrzeuge

3   Sie dürfen im öffentlichen Verkehrsraum nicht verwendet werden und sind daher in der KH-Versicherung nicht versichert, es muss eine Pflichtversicherung für diese Fahrzeuge nicht abgeschlossen werden. Damit können hier für den Fall, dass die Haftpflichtversicherung eingeschlossen sein soll, um ggf. auf dem Betriebsgelände geschehene Unfälle abzusichern, andere Summen vereinbart werden.

2. Versicherte Fahrzeuge (Unfallersatzfahrzeug, Rotes Kennzeichen, etc.)

4   Bei diesen Fahrzeugen, die im öffentlichen Verkehrsraum genutzt werden, muss sich die Versicherungssumme je Schadenfall an den gesetzlichen Mindestversicherungssummen orientieren, § 4 PflVG sowie die Anlage zu § 4 PflVG. Vereinbarungen können nur insoweit abweichen, als die vereinbarten Summen über den Grenzen der Anlage zu §§ 4 PflVG liegen.

3. Zugelassene Kundenfahrzeuge in Werkstattobhut

5   Hier können die Versicherungssummen grundsätzlich frei vereinbart werden, da für diese ohnehin eine Haftpflichtversicherung entsprechend der Anlage zu § 4 PflVG besteht.

II. Fahrzeugversicherung

6   In der Fahrzeugversicherung sind die Versicherungssummen gesondert und pauschaliert vereinbart. Dabei werden alle Kfz, die sich in Werkstatt-Obhut des Versicherungsnehmers befinden in einer Pauschale je Schadenereignis zusammengefasst. Über die Stichtagsmeldungen kann diese Summe entsprechend den Bedürfnissen des Versicherungsnehmers angepasst werden. Dieser – entweder in den Bedingungen (wie hier) oder in einer separaten Vereinbarung – aufgenommene Betrag wird in der Fahrzeugversicherung nicht überschritten. Es liegt also auch im Interesse des Versicherungsnehmers, diese Meldung regelmäßig zu prüfen.

7   Einzig über die zusätzlich vereinbarte Vorsorgepauschale können weitere Fahrzeuge, die der Versicherungsnehmer seit der letzten Risiko-Meldung zusätzlich erworben hat, eingeschlossen sein. Dabei muss aber hinsichtlich der Erhöhung des Leistungsrahmens zwischen Versicherungsnehmer und Versicherer innerhalb eines Monats ab Aufforderung durch den Versicherer eine Einigung erzielt werden. Gelingt dies nicht, entfällt die Vorsorgeversicherung nach Ablauf dieser Frist! Wird die Versicherungssumme überschritten, ist ein Kürzungs- und Verteilungsverfahren durchzuführen.

(Ausschluss garagenmäßiger Unterstellung)   **A.5.1.1 SB Handel/Handwerk**

A.5 Was ist nicht versichert?

Auch wenn der Versicherungsnehmer sich zu einem allumfassenden Versicherungs-   1
schutz im Rahmen der KfzSBHH entschlossen hat, sind gleichwohl einzelne Tatbestände von der Versicherung ausgeschlossen.

A.5.1 Bei allen Versicherungsarten

A.5.1.1 (Ausschluss garagenmäßiger Unterstellung)[1]

Alle fremden Fahrzeuge, die bei Ihnen garagenmäßig untergestellt werden. Garagenmäßige Unterstellung liegt vor, wenn die Obhut im Sinne von A.1.1.2 oder A.1.2.3 zur Erreichung des Zweckes Ihres Kfz-Handel- und Handwerksbetriebes nicht mehr oder noch nicht erforderlich ist. Das ist insbesondere der Fall, wenn der Kunde sein Fahrzeug aus eigenem Interesse früher zu Ihnen bringt oder länger bei Ihnen belässt. Die Unterstellung eines Fahrzeugs unmittelbar vor oder nach zügig durchzuführenden Reparatur oder Wartungsarbeiten bis zu einer Dauer von [Anzahl vom Versicherer zu ergänzen] Tagen beeinträchtigt den Versicherungsschutz nicht.

Übersicht   Rdn.
A. Allgemeines 1
B. Definition 2
C. Beweislast 3

A. Allgemeines

Grundsätzlich sind in der Kfz-Handel- und Handwerk-Versicherung nur die Risiken zu   1
versichern, die dem Wesen eines Handwerksbetriebes bzw. dem des Handelsbetriebs entsprechen. Die garagenmäßige Unterstellung eines Kfz gehört gerade nicht dazu[2]. Es ist zwischen der Werkstattobhut und dem garagenmäßigen Unterstellen zu differenzieren. Die Abgrenzung ist manchmal fließend und bereitet in der Rechtsprechung Schwierigkeiten. So soll nach Auffassung des OLG Hamm[3] dieser Ausschluss eng auszulegen sein. Es sollen nur diejenigen Schäden, die im Zusammenhang mit der Unterstellung entstehen, ausgeschlossen sein[4].

---

1 Überschrift des Verfassers.
2 LG Berlin v. 10.02.1972 – 7 O 294/71, VersR 1973, 339, wobei der beabsichtigte Zweck durchaus geändert werden kann; a. A. LG Frankfurt v. 24.09.1971 – 2/17 O 79/69, VersR 1972, 1162, OLG Hamm v. 24.07.2002 – 20 U 71/02, VersR 2003, 190= r+s 2002, 450.
3 OLG Hamm v. 24.07.2002 – 20 U 71/02, VersR 2003, 190 = r+s 2002, 450.
4 Gegenstand dieses Verfahrens war jedoch ein zu Reparaturzwecken in Obhut befindliches Krad.

A.5.1.1 SB Handel/Handwerk (Ausschluss garagenmäßiger Unterstellung)

B. Definition

2 Eine garagenmäßige Unterstellung wird immer dann gegeben sein, wenn das Fahrzeug nicht zu einem mit dem Handwerks- oder Handelsbetrieb in Einklang zu bringenden Zweck[5] auf dem Firmengelände abgestellt wird. Ist der Zweck der Verbringung des Kfz auf das Werkstattgelände gerade nicht eine Reparatur, sondern das Unterstellen während des Urlaubes, liegt keine Werkstattobhut im Sinne der Bedingungen vor, sondern eine garagenmäßige Unterstellung des Kfz. Auch wenn eigentlich ein Reparaturauftrag bestand und dann das Kfz aber über einen längeren Zeitraum nur verwahrt wurde, liegt garagenmäßiges Unterstellen vor[6]. Für die Bewertung der Frage, ob es sich um Obhut oder um garagenmäßiges Unterstellen handelt, kann auf den Zweck der Unterstellung abgestellt werden[7]. Der Versicherer ist dabei beweisbelastet[8] für das Vorliegen eines Ausschlusstatbestandes, wenn er sich auf das garagenmäßige Unterstellen beruft[9]. Übt der Versicherungsnehmer hingegen sein vertragliches Unternehmerpfandrecht nach § 647 BGB aus, liegt ein garagenmäßiges Unterstellen gerade nicht vor, da schon der Wille des Versicherungsnehmers hier entgegensteht[10]. Die Werkstattobhut ist zeitmäßig beschränkt auf die Dauer der Reparatur bzw. das Ende des Unternehmerpfandrechts. Eine Ausweitung der Obhut auf einen Zeitraum von über 2 Jahren erscheint dem nicht angemessen[11].

C. Beweislast

3 Der Versicherer ist beweisbelastet[12] für das Vorliegen eines Ausschlusstatbestandes[13], wenn er sich auf das garagenmäßige Unterstellen beruft[14].

---

5   OLG Düsseldorf v. 03.12.1957 – 4 U 72/57, VersR 1958, 313; BGH v. 10.07.1996 – IV ZR 287/95, VersR 1996, 1229; BGH v. 28.03.1990 – IV ZR 70/89, VersR 1990, 620.
6   OLG Celle v. 19.03.2009 – 8 U 228/08, r+s 2009, 270, a. A. OLG Hamm v. 24.07.2002 – 20 U 71/02, VersR 2003, 190 = r+s 2002, 450 dort war auch ein Reparaturauftrag gegeben worden und das Vorliegen des Ausschlusstatbestandes nicht ausreichend nachgewiesen.
7   OLG Düsseldorf VersR 1958, 314; BGH IV ZR 287/95 in VersR 1996, 1229; IV ZR 70/89 in VersR 1990, 620.
8   Zur Beweislast (bei Vermietung statt Probefahrt) vgl. auch BGH IVa ZR 120/81 in VersR 1983, 560; IV ZR 3335/95 in VersR 1997, 443.
9   So schon LG Berlin 7 O 294/71 in VersR 1973, 339 m. H. a. OLG Düsseldorf VersR 1958, 314.
10 Vgl. auch Stiefel/Maier/Schurer Sonderbed. Kfz-Handel- und Handwerk Rn. 72.
11 LG Dortmund 2 O 3/08 in zfs 2009, 334 ff.
12 Zur Beweislast (bei Vermietung statt Probefahrt) vgl. auch BGH v. 23.03.1983 – IVa ZR 120/81, VersR 1983, 560; BGH v. 15.01.1997 – IV ZR 335/95, VersR 1997, 443.
13 OLG Hamm v. 24.07.2002 – 20 U 71/02, VersR 2003, 190 = r+s 2002, 450.
14 So schon LG Berlin v. 10.02.1972 – 7 O 294/71, VersR 1973, 339 m. H. a. OLG Düsseldorf v. 03.12.1957 – 4 U 72/57 VersR 1958, 313; a. A. LG Frankfurt v. 24.09.1971 – 2/17 O 79/69, VersR 1972, 1162.

A.5.1.2 Fahrten mit Fahrzeugen ohne amtliches Kennzeichen.

Kein Versicherungsschutz besteht, wenn eigene und fremde Fahrzeuge, die nach § 3 FZV zulassungs- oder versicherungspflichtig aber nicht zum Verkehr zugelassen sind, auf öffentlichen Wegen oder Plätzen verwendet werden, ohne dass sie mit einem von der Zulassungsbehörde an Sie aus gegebenen roten Kennzeichen, roten Versicherungskennzeichen oder Kurzzeitkennzeichen versehen sind. Dieser Ausschluss gilt nicht gegenüber Ihnen, dem Halter oder dem Eigentümer, wenn ein unberechtigter Fahrer das Fahrzeug gebraucht.

Übersicht
		Rdn.
A.	Allgemeines	1
B.	Nicht zugelassene Fahrzeuge	2
I.	eigene nicht zugelassene Fahrzeuge in der Kraftfahrzeug-Haftpflicht-Versicherung	3
II.	fremde nicht zugelassene Fahrzeuge	4
III.	Versicherungsschutz	5
C.	Ausweitung der Ausschlüsse auf Rote Kennzeichen	6
D.	Betriebsfremde Personen	7
E.	Rote Kennzeichen	8

A. Allgemeines

Ausgeschlossen vom Versicherungsschutz sind auch Fahrten mit Fahrzeugen im öffentlichen Straßenverkehr, die nicht mit einem amtlichen Kennzeichen (sei es ein rotes Kennzeichen, ein Versicherungskennzeichen oder ein Kurzzeitkennzeichen) versehen sind. Grundsätzlich ist der Versicherungsnehmer verpflichtet, rote Kennzeichen zu verwenden, wenn er ein nicht für den öffentlichen Verkehr zugelassenes Fahrzeug im öffentlichen Verkehrsraum nutzen will. 1

B. Nicht zugelassene Fahrzeuge

Es sind nicht versichert: 2
– eigene Fahrzeuge des Versicherungsnehmer, die zulassungspflichtig sind, aber nicht zugelassen wurden;
– eigene Fahrzeuge des Versicherungsnehmer, die ein Versicherungskennzeichen führen müssten, dieses aber nicht führen;
– eigene Leichtkrafträder des VN, die ein Versicherungskennzeichen oder eine amtliche Zulassung benötigen, aber nicht zugelassen wurden;
– fremde nicht zugelassene Fahrzeuge, die zulassungspflichtig wären;
– fremde versicherungspflichtige Fahrzeuge, die über kein Versicherungskennzeichen führen;
– fremde Leichtkrafträder ohne entsprechende Zulassung,

A.5.1.2 SB Handel/Handwerk Fahrten m. Fahrzeugen ohne amtl. Kennzeichen

wenn diese Fahrzeuge **im öffentlichen Verkehrsraum** geführt werden, ohne dass ein auf den Versicherungsnehmer zugelassenes rotes Kennzeichen oder Versicherungskennzeichen an dem Fahrzeug befestigt ist[1].

I. eigene nicht zugelassene Fahrzeuge in der Kraftfahrzeug-Haftpflicht-Versicherung

3 Eigene, d. h. im Eigentum des Betriebs bzw. des Betriebsinhabers stehende, Fahrzeuge sind grundsätzlich versichert, solange sie sich auf dem Betriebsgelände befinden. Werden diese Fahrzeuge außerhalb des Firmengeländes im öffentlichen Verkehrsraum genutzt, müssen sie mit den dem Kfz-Betrieb amtlich zugeteilten roten Kennzeichen versehen sein.

II. fremde nicht zugelassene Fahrzeuge

4 Auch fremde, nicht zugelassene Fahrzeuge sind versichert, wenn sie sich auf dem Betriebsgelände befinden. Werden sie ohne ein entsprechendes amtlich zugeteiltes rotes Kennzeichen im öffentlichen Verkehrsraum genutzt, entfällt der Versicherungsschutz in der Fahrzeugversicherung. Eine Vorleistungspflicht gegenüber dem Werkstattkunden besteht nicht.

III. Versicherungsschutz

5 Versicherungsschutz besteht dann, wenn ein unbefugter Fahrer das Fahrzeug gebraucht.

Hat aber der Versicherungsnehmer oder gar Halter oder Eigentümer die unbefugte Nutzung des nicht zugelassenen Fahrzeuges im öffentlichen Verkehrsraum ermöglicht, entfällt der Versicherungsschutz in der Fahrzeugversicherung[2].

C. Ausweitung der Ausschlüsse auf Rote Kennzeichen

6 Die Ausschlüsse nach den Ziffern 2–4 gelten in der Fahrzeugversicherung auch dann, wenn diese Kfz mit einem amtlich zugeteilten roten Kennzeichen versehen waren. D. h. der Versicherungsschutz in der Fahrzeugversicherung kann nicht über den Umweg des grundsätzlich versicherten roten Kennzeichens erlangt werden.

D. Betriebsfremde Personen

7 Wird der bedingungswidrige Gebrauch durch betriebsfremde Personen begangen, bleibt der Versicherungsschutz für den Versicherungsnehmer bestehen.

---

1 BGH IV ZR 56/73 in VersR 1974, 793 f.; mit Anm. Mittelmeier in VersR 1975, 33 f.; LG Koblenz 5 O 81/73 in VersR 1974, 847.
2 Vgl. insoweit AKB D.1.1.2.

E. Rote Kennzeichen

Wird von dem Versicherungsnehmer ein nicht zugelassenes Kfz vermietet, ohne dass es 8
mit den amtlich zugeteilten roten Kennzeichen versehen ist, besteht kein Versicherungsschutz. Befestigt er an diesem Fahrzeug die ihm amtlich zugeteilten roten Kennzeichen, ist von einem Verstoß gegen die Verwendungsklausel nach D.1.1.1 AKB auszugehen. Grundsätzlich schadet der Verstoß gegen die Verwendungsklausel nur, wenn sich der Schaden auch während der nicht versicherten Benutzung ereignet hat. Wird das Kfz entsprechend der vertraglich vereinbarten Nutzung verwendet, ist dies unschädlich[3]. Ist der Vertrag unter Einbeziehung eines Versicherungsmaklers, dem die geplante Verwendung des Kfz auch als Vermietfahrzeug für Kunden bekannt war, geschlossen worden, führt dies zur Leistungspflicht des Versicherers, der sich das Verhalten und die Kenntnis seines Mitarbeiters anrechnen lassen muss[4].

A.5.1.3   (Finanzierte und geleaste Kfz)[1]

Ihre finanzierten und geleasten Fahrzeuge, die im Eigentum eines Dritten stehen und von diesem versichert sind, es sei denn Versicherungsschutz ist im Versicherungsschein ausdrücklich vereinbart.

Der Ausschluss nach A.5.1.3 der Sonderbedingungen bezieht sich nur auf die Fahrzeuge, die im Eigentum eines Dritten stehen, sei es der Hersteller der Fahrzeuge oder aber Leasingfahrzeuge, die im Eigentum des Leasinggebers stehen und über den Hersteller nachweislich versichert sind sowie auf sonstige zugelassene fremde Fahrzeuge in Werkstattobhut. Für diese Fahrzeuge kann die Haftpflichtversicherung wirksam ausgeschlossen werden. Außerdem darf für diese Fahrzeuge eine Nutzung nicht nach A.3.1 SB KfzHH (Verwendung mit roten Kennzeichen) beabsichtigt sein. Da zum Abschluss einer Fahrzeugversicherung ohnehin keine Verpflichtung besteht, kann diese sowohl für die Fahrzeuge, die in fremdem Eigentum stehen und zugelassen sind oder von dem Hersteller versichert sind, wie auch die Eintrittspflicht der Versicherung für die eigenen Fahrzeuge des Versicherungsnehmers (unter Punkt 2) ausgeschlossen werden. Die Eintrittspflicht für Fahrzeuge, die auf der Ladefläche von Güterfahrzeugen oder Eisenbahnwagen transportiert werden, ist ohnehin über eine Transportversicherung des Transporteurs[2] abgesichert, so dass es auch insoweit einer kostenintensiven Doppelversicherung nicht bedarf.

---

[3] A. A. Stiefel/Maier/Schurer a. a. O. Sonderbed Kfz-Handel- und Handwerk, Rn. 70, der bei grundsätzlich falscher Verwendung den Versicherungsschutz auch für den Schaden ausgeschlossen sehen will, der sich bei vertragsgemäßer Verwendung ereignete.
[4] OLG Köln v. 14.01.1969 – 9 U 12/67, VersR 70, 513.
[1] Überschrift des Verfassers.
[2] OLG Karlsruhe v. 28.08.2014 – VIII ZR 94/13, NZV 2015, 76f (Kfz als Ladung auf dem Abschleppwagen); LG Bremen v. 18.06.2013 – 6 S 48/13, NZV 2014, 130 f.

A.5.2 SB Handel/Handwerk — Zusätzlich in der Kaskoversicherung

Hat der Versicherungsnehmer diese Fahrzeuge von dem Versicherungsvertrag wirksam ausgeschlossen, kann er auch nicht über den Umweg des roten Kennzeichens Versicherungsschutz aus der Kfz-Handel- und Handwerk-Versicherung erlangen.

A.5.2 Zusätzlich in der Kaskoversicherung

Nicht versichert ist die entgeltliche Personen- oder Güterbeförderung und die gewerbsmäßige Fahrzeugvermietung, die Sie vornehmen, soweit es sich nicht um Werkstatt- oder Unfallersatzgeschäft handelt (A.3.2.1).

1 Hat der Versicherungsnehmer sich zum Abschluss einer Fahrzeugversicherung entschlossen, kann er gleichwohl dann keinen Versicherungsschutz in der Fahrzeugversicherung verlangen, wenn er das Fahrzeug zur entgeltlichen Personenbeförderung verwendet bzw. gewerbsmäßig vermietet und es sich bei dieser Vermietung nicht um das eingeschlossene Unfall- oder Werkstattersatzgeschäft handelt. Diese Ausschlüsse sind ein Sonderfall der Verwendungsklausel nach D.1.1.1 AKB. Zusätzlich zu diesen Ausschlüssen kommen auch die Ausschlüsse aus der Fahrzeugversicherung[1].

2 Der Versicherungsnehmer ist berechtigt, Personen und Güter zu befördern, soweit dies mit seinem Gewerbebetrieb in Einklang zu bringen ist. Beim Abschleppen kann im Einzelfall auch die Mitnahme des Fahrers (der Insassen) erforderlich werden. Werden im Zuge des Abschleppens Personen oder Güter, die mit befördert wurden, geschädigt, ist dies für in Obhut befindliche Kfz ohnehin durch die Kfz-Handel- und Handwerk-Kraftfahrzeug-Haftpflicht-Versicherung versichert. Wird die Personenbeförderung oder die Beförderung von Gütern allerdings entgeltlich, d. h. mit Gewinnerzielungsabsicht[2] durchgeführt, sind Schäden an dem Kfz, mit dem die Fahrt durchgeführt wird, die anlässlich dieser Fahrt entstehen, nicht von der Fahrzeugversicherung abgedeckt, wenn die Fahrt als solche nicht mit den Zwecken des Gewerbebetriebes in Einklang zu bringen ist. Dabei muss sich die Gewinnerzielungsabsicht auf die Beförderung der Personen/Waren beziehen.

3 Eine Anwendung von § 28 VVG entfällt bei Ausschlüssen in der Fahrzeugversicherung! Ob dieser Ausschluss zulässig ist, scheint fraglich. Es ist kein objektives Risiko ausgeschlossen, vielmehr wird vom Versicherungsnehmer erwartet, eine bestimmte Verwendung zu unterlassen. Nach den Regeln über die verhüllten Obliegenheiten wäre auch hier eine Quotierung der Leistungsfreiheit entsprechend dem Verschulden des Versicherungsnehmers vorzunehmen[3].

---

1 Vgl. insoweit A.2.16 AKB.
2 Prölss/Martin Sonderbed. Kfz-Handel- und Handwerk Rn. 15.
3 OLG Naumburg v. 28.03.2014 – 10 U 5/13, VersR 2015, 102 ff., Vgl. insoweit u. a. Wandt, »Zur dogmatisch gebotenen Enthüllung von »verhüllten Obliegenheiten – zugleich Anmerkung zum Urteil des OLG Naumburg vom 28.03.2014 – 10 U 5/13, VersR 2015, 102«, VersR 2015, 265 ff.; Felsch: Verhüllte Obliegenheiten – ein Nachruf, r+s 2015, 53, Koch, Abschied von der Rechtsfigur der verhüllten Obliegenheit, VersR 2014, 283 ff., für den die Unterscheidungen in der Rechtsprechung tw. willkürlich anmuten.

B   Ihre Pflichten

Übersicht   Rdn.
A. Allgemeines 1
B. Obliegenheitsverletzungen vor dem Schadenfall 2
C. Obliegenheitsverletzungen im Schadenfall 3
D. Folgen der Obliegenheitsverletzung 4
I. Eigenes nicht zugelassenes Kfz 8
II. Kfz mit roten Kennzeichen 9
   1. Öffentlicher Verkehrsraum 10
   2. Nichtöffentlicher Verkehrsraum/Betriebsgelände 11
III. Unfallersatzwagen (zugelassenes Fahrzeug) 12
IV. Fremdes zugelassenes Fahrzeug in Werkstatt-Obhut 13
V. Verwendung eines garagenmäßig untergestellten Kfz mit Roten Kennzeichen ... 15
VI. Fremdes nicht zugelassenes Fahrzeug in Werkstatt-Obhut 16
VII. Eigene zugelassene Kfz 17

A. Allgemeines

Auch in den KfzSBHH, die einen eigenen Versicherungsschutz anbieten, werden besondere Verhaltensweisen von den Versicherungsnehmern erwartet. Diese sind – wie in den AKB 2008 umformuliert worden. In der vorherigen Ausgabe der KfzSBHH vom 13.11.1980 wurde unter Ziffer V die vollständige Leistungsfreiheit bei Verletzungen von Obliegenheiten vor Eintritt des Versicherungsfalls formuliert. Eine solche Klarstellung fehlt in den nunmehr vorliegenden Bedingungen, Stand 2010. Hier wird z. T. Bezug auf D. AKB genommen, tw. aber auch von Leistungsfreiheit in vollem Umfang gesprochen.   1

B. Obliegenheitsverletzungen vor dem Schadenfall

Nachfolgend werden diverse Obliegenheitsverletzungen formuliert, die sich tw. an »ABK 2008/2015 D. Obliegenheiten vor dem Schadenfall« orientieren. Teilweise gehen sie auch über die dortigen Regeln hinaus, wegen der Details vgl. dort. B.1. befasst sich nur mit den Obliegenheitsverletzungen vor dem Schadensfall.   2

C. Obliegenheitsverletzungen im Schadenfall

Da der Versicherer für Kfz-Handel- und Handwerk wie ein Kraftfahrzeug-Haftpflicht-Versicherer in Anspruch genommen wird, gelten auch die Aufklärungsobliegenheiten nach E.x AKB. So ist der Versicherungsnehmer verpflichtet, den Schaden unverzüglich zu melden, über die Details des Hergangs Auskunft zu geben und ggf. die Prozessführung dem Versicherer zu überlassen[1].   3

---

[1] Wegen der Details vgl. unter E. AKB.

D. Folgen der Obliegenheitsverletzung

4 Im Zuge der Anpassung der KfzSBHH auf das VVG n. F. sind einige Details, die in den Vorbedingungen klar formuliert wurden, leider nicht mehr so deutlich ausgedrückt. Es bleibt festzuhalten, dass die Handel-Handwerk-Versicherung keine Pflichtversicherung im Sinne der §§ 115 ff. VVG ist, sondern eine freiwillige Versicherung, die der Gewerbebetrieb abschließen kann, aber nicht muss. Der Gewerbebetrieb muss sich nur dann um eine eigene Versicherung kümmern, wenn er ein rotes Dauerkennzeichen zugeteilt erhalten will. Für dieses muss er eine Versicherung nachweisen.

5 Die Folgen der Obliegenheitsverletzungen sind nur eingeschränkt denen in D.1.1 bzw. D.1.2 AKB angepasst. Es kommt entscheidend darauf an, ob es sich bei der vereinbarten Versicherung um eine Pflichtversicherung handelt (weil ein Kfz im öffentlichen Verkehrsraum verwendet wird, das nicht anderweitig versichert ist, oder ob es sich um ein zugelassenes und versichertes Fahrzeug in Werkstatt-Obhut handelt. Die Rechtsfolgen einer Obliegenheitsverletzung ergeben sich in den AKB 2015 aus D.2.1 für alle Sparten, und für die KH-Versicherung nach D.2.2 AKB. Da die AKB 2008/2015 ergänzend zu den KfzSBHH gelten, treffen die gleichen Pflichten wie den Versicherungsnehmer auch den mitversicherten Fahrer (Werkstattmitarbeiter), bei Verstößen können diese ebenfalls in Regress genommen werden.

6 Für die Leistungsfreiheit in der Kraftfahrzeug-Haftpflicht-Versicherung ist zu differenzieren: Handelt es sich um ein nicht zugelassenes Fahrzeug, welches im öffentlichen Verkehrsraum mit den roten Kennzeichen des Handwerksbetriebs geführt wurde, kommt die Regeln über die Pflichtversicherung zur Anwendung. Folglich orientiert sich die Leistungsfreiheit in der Kraftfahrzeug-Haftpflicht-Versicherung an der KfzPflVV. Es führen die Obliegenheitsverletzungen nicht zur vollständigen Leistungsfreiheit des Versicherers, sondern nur zu einer Regressmöglichkeit des Versicherers gegen den Versicherungsnehmer. Der durch den Unfall geschädigte Dritte (nicht der Werkstattkunde, dessen Ansprüche werden aus der Kfz-Handel- und Handwerk-Fahrzeugversicherung reguliert!) hat Anspruch auf vollständigen Ersatz seines Schadens entsprechend der Haftungsquote. Der Versicherer ist nicht berechtigt, die Leistung unter Hinweis auf die Obliegenheitsverletzung zu verweigern. Die §§ 115 ff. VVG gelten entsprechend.

7 Wurde der Schaden aber durch ein fremdes, zugelassenes und in Werkstattobhut befindliches Fahrzeug verursacht, handelt es sich bei der Kfz-Handel- und Handwerk-Kraftfahrzeug-Haftpflicht-Versicherung nicht um eine Pflichtversicherung im Sinne von § 113 VVG, eine solche ist nicht erforderlich, da das Kfz durch seine Zulassung schon über eine solche Versicherung verfügt. Damit kann der Versicherer auch in vollem Umfang leistungsfrei sein.

I. Eigenes nicht zugelassenes Kfz

8 Ein eigenes nicht zugelassenes Fahrzeug ohne rotes Kennzeichen des Betriebes darf nicht im öffentlichen Verkehrsraum geführt werden. Werden durch dieses Fahrzeug Schäden im nicht öffentlichen Verkehrsraum (Betriebsgelände) verursacht, ist zu prüfen, wer Geschädigter ist. Werden Schäden an Betriebseigentum verursacht, handelt es

Ihre Pflichten B SB Handel/Handwerk

sich um einen nicht versicherten Eigenschaden mit der Folge, dass Schadenersatz aus dem Vertrag nach den KfzSBHH nicht gefordert werden kann. Werden Dritte geschädigt, die sich auf dem Firmengelände befinden, besteht bei Vorliegen einer Obliegenheitsverletzung vollständige Leistungsfreiheit gegenüber dem Versicherungsnehmer bzw. der mitversicherten Person mit der Folge der alleinigen Schadenersatzpflicht des Firmeninhabers bzw. des Verursachers nach § 823 BGB. In der Praxis kommt dieser Fall allerdings nur in Ausnahmefällen vor.

Anders als in der Kraftfahrzeughaftpflichtversicherung besteht kein Direktanspruch gegen den Versicherer, da eine Versicherungspflicht für diese Fahrzeuge nicht besteht.

II. Kfz mit roten Kennzeichen

Wird die Obliegenheitsverletzung mit einem Fahrzeug, das mit roten Kennzeichen, Kurzzeit- oder Versicherungskennzeichen versehen ist, kommt es darauf an, ob sich der Schaden auf dem Firmengelände, d. h. im Nichtöffentlichen Verkehrsraum oder im öffentlichen Verkehrsraum ereignet hat. 9

1. Öffentlicher Verkehrsraum

Wird das Fahrzeug während der Obliegenheitsverletzung im öffentlichen Verkehrsraum geführt, kommt der Kraftfahrzeug-Haftpflichtversicherung der Charakter einer Pflichtversicherung zu. Es besteht ein Direktanspruch des Geschädigten gegen den Versicherer und der Versicherer ist – unabhängig von der Frage der Obliegenheitsverletzung zur Vorleistung verpflichtet. Der Regress gegen den Versicherungsnehmer bzw. Fahrer ist nach D.2 bzw. E.2 AKB, §§ 5, 6 KfzPflVV auf maximal 5.000 € begrenzt[2]. 10

2. Nichtöffentlicher Verkehrsraum/Betriebsgelände

Ereignet sich der Schadenfall auf dem Betriebsgelände, ist eine Versicherungspflicht nicht gegeben, d. h. es kommt im Falle der Obliegenheitsverletzung zu einer Leistungsfreiheit des Versicherers gegenüber dem Versicherungsnehmer[3]. 11

III. Unfallersatzwagen (zugelassenes Fahrzeug)

Die Fahrzeuge, die der Handwerksbetrieb als Unfallersatzwagen versichert hat, um sie dem Kunden für die Zeitdauer der Instandsetzung zur Verfügung zu stellen, sind entsprechend den Regeln des PflVG versichert, so dass für den Gebrauch im öffentlichen Verkehrsraum analog den Regeln im KH-Schaden zu regulieren ist. Eine Obliegenheitsverletzung unterliegt in ihren Rechtsfolgen den Vorschriften D.2 AKB, § 5 KfzPflVV. Für den Gebrauch des Kfz im nicht öffentlichen Verkehrsraum besteht völlige Leistungsfreiheit, da hier eine Vorleistungspflicht gerade nicht vorgesehen ist. 12

---

[2] Wegen der Details zum Regress vgl. Kreuter-Lange D.2.3 AKB; Prölls/Martin aaO. VII Sonderbed. Kfz-Handel- und Handwerk, Rn 17.
[3] Vgl. insoweit oben Rn. 6; ebenso Schwab in diesem Buch, § 114 VVG Rdn. 5; § 1 PflVG Rdn. 4.

IV. Fremdes zugelassenes Fahrzeug in Werkstatt-Obhut

13 Diese Fahrzeuge sind über den Eigentümer ohnehin in der Kraftfahrzeug-Haftpflicht versichert. Eine Kraftfahrzeug-Haftpflicht-Versicherung über den Kfz-Handel- und Handwerksbetrieb ist nicht erforderlich. Die Kfz-Handel- und Handwerk-Versicherung bei fremden zugelassenen Fahrzeugen haftet zwar neben der für das Kfz bestehenden Kraftfahrzeug-Haftpflicht-Versicherung, da aber eine Versicherungspflicht im Sinne von § 1 PflVG für diese Fahrzeuge nicht gegeben ist, kommt der Kfz-Handel- und Handwerk-Kraftfahrzeug-Haftpflicht-Versicherung hier kein Pflichtversicherungscharakter zu[4]. Wenn keine Deckung besteht, kann der Geschädigten mit seinen Ansprüchen an den Kraftfahrzeug-Haftpflicht-Versicherer des Kfz verwiesen werden, § 117 Abs. 3 VVG. Die Verweisung ist auch nicht nach § 3 PflVG ausgeschlossen.

14 Sofern also ein Kundenfahrzeug in Werkstatt-Obhut einen Dritten schädigt und eine Obliegenheitsverletzung vorgelegen hat, bleibt es bei der Leistungsfreiheit des Handel-Handwerk-Versicherers. Es kommt dabei nicht darauf an, ob sich das Fahrzeug im öffentlichen oder nichtöffentlichen Verkehrsraum befunden hat, da für dieses Fahrzeug eine Pflicht-Haftpflichtversicherung besteht, die neben der Handel-Handwerk-Kraftfahrzeughaftpflichtversicherung eintrittspflichtig ist. Dort besteht aber – im Innenverhältnis zu dem Fahrer – ebenfalls die Möglichkeit der Regressnahme nach D.2 AKB.

V. Verwendung eines garagenmäßig untergestellten Kfz mit Roten Kennzeichen

15 Wird vom Versicherungsnehmer ein garagenmäßig untergestelltes Fahrzeug mit den ihm amtlich zugeteilten roten Kennzeichen verwendet, stellt dies ebenfalls einen Verstoß gegen die Verwendungsklausel dar. Werden dabei Dritte (nicht der Werkstattkunde) geschädigt, liegt ebenfalls nur eine Obliegenheitsverletzung nach D.1.1.1 AKB vor.

VI. Fremdes nicht zugelassenes Fahrzeug in Werkstatt-Obhut

16 Bei nicht zugelassenen Fahrzeugen und einer Obliegenheitsverletzung des Fahrers bzw. Werkstatt-Inhabers besteht kein Versicherungsschutz, es bleibt bei der vollständigen Leistungsfreiheit des Versicherers[5].

VII. Eigene zugelassene Kfz

17 Wenn der Versicherungsnehmer eigene zugelassene Fahrzeuge besitzt, unterfallen diese Fahrzeuge ohnehin nicht der Kfz-Handel- und Handwerk-Versicherung, da für diese eigene Kraftfahrzeug-Haftpflichtversicherungen abgeschlossen werden müssen, um die Zulassung zu erhalten, sie unterfallen damit den AKB[6].

---

4 Stiefel/Maier/Schurer aaO. Sonderbed. Kfz-Handel- und Handwerk Rn. 46, da der Werkstattinhaber durch die Annahme des Kfz nicht zum Halter wird!.
5 Vgl. oben Rn. 4.
6 Vgl. auch Stiefel/Maier/Schurer aaO. Sonderbed. Kfz-Handel- und Handwerk Rn. 92.

B.1 Bei allen Versicherungsarten

Unabhängig von den vereinbarten Sparten Kraftfahrzeughaftpflicht- oder Fahrzeug-Versicherung, ob es sich um einen Kfz-Handwerks-Betrieb, einen Kfz-Handelsbetrieb oder einen Mischbetrieb handelt, treffen den Versicherungsnehmer und den Fahrer die Obliegenheiten nach D.1 AKB (AKB 2015 = D.1.1 AKB)

B.1.1 (Hinweis auf Obliegen vor dem Schadenfall)[1]

Es gelten die Pflichten nach D.1 der [AKB 2008] zum vereinbarten Verwendungszweck einzelner Fahrzeuge, zur Nutzung nur durch berechtigte Fahrer und zur Fahrerlaubnis.

Übersicht	Rdn.
A. Berechtigter Fahrer D.1.1.2 AKB	1
B. Führerscheinklausel D.1.1.3	3
C. Gesetzliche Obliegenheit, Gefahrerhöhung	4

A. Berechtigter Fahrer D.1.1.2 AKB

Der Versicherungsnehmer muss sicherstellen, dass die roten Kennzeichen nicht missbräuchlich genutzt werden. Wenn er die roten Kennzeichen an einem Fahrzeug befestigt hat, muss sichergestellt sein, dass das Fahrzeug nicht von einem unberechtigten Fahrer benutzt wird. Es gelten dabei die gleichen Regeln wie bei der Schwarzfahrt[2]. 1

Es wird auch ein Fahrer, der das Kfz zu einer Probefahrt ausgehändigt erhält, dann zum Schwarzfahrer, wenn er das Fahrzeug (unter Verstoß auch gegen die Verwendungsklausel) zu einer ausgedehnten Urlaubsfahrt nutzt. 2

B. Führerscheinklausel D.1.1.3

Der Versicherungsnehmer muss über die erforderliche Fahrerlaubnis verfügen. Gleiches gilt auch für seine Mitarbeiter, wenn diese ein Kfz des Betriebes außerhalb des Betriebsgeländes führen. Außerdem muss er natürlich die Eignung desjenigen prüfen, dem er das nicht zugelassene Fahrzeug mit den roten Kennzeichen überlässt. Er hat also auch den Zweck der Fahrt zu hinterfragen (Verwendungsklausel[3]) und die Fahrerlaubnis[4] des Fahrers zu kontrollieren 3

---

1 Überschrift des Verfassers.
2 Vgl. hierzu D.1.1.2 AKB.
3 Vgl. hierzu D.1.1.1 AKB.
4 Vgl. hierzu D.1.1.3 AKB.

B.1.2 SB Handel/Handwerk (Besonderheiten Verwendungszweck)

C. Gesetzliche Obliegenheit, Gefahrerhöhung

4 Neben den vertraglichen Obliegenheiten, die unter B.1 ausdrücklich formuliert sind, muss der Versicherungsnehmer sich auch an die gesetzlichen Obliegenheiten, insbesondere die der § 23 ff. VVG (Gefahrerhöhung) halten.

5 Da der Versicherungsnehmer selbstständig entscheidet, an welches Fahrzeug er das ihm zugeteilte Kennzeichen hängt, ist er Zulassungsstelle und Fahrzeugführer in einem und muss seiner Pflicht zur Überprüfung insbesondere der Verkehrssicherheit des so »zugelassenen Fahrzeugs« besonders sorgfältig nachkommen[5]. Das Kfz muss frei von groben, ohne weiteres erkennbaren Mängeln sein, die die Verkehrssicherheit wesentlich beeinträchtigen[6]. Verletzt er diese Pflicht, verstößt er gegen die §§ 23 ff. VVG und begeht eine Obliegenheitsverletzung (Gefahrerhöhung), wenn er ein nicht verkehrssicheres Fahrzeug, welches nicht den Bau- und Betriebsvorschriften der StVZO entspricht im öffentlichen Straßenverkehr gebraucht. Auch das Anhängen eines verkehrsunsicheren Anhängers an eine verkehrssichere Zugmaschine stellt eine Gefahrerhöhung dar[7]. Das Führen eines Kfz mit unbrauchbaren Reifen stellt eine Gefahrerhöhung dar[8].

6 Überlässt der Versicherungsnehmer die Überführung eines Kfz mit roten Kennzeichen einem Mitarbeiter, so ist dieser anstelle des Versicherungsnehmers verpflichtet, die Verkehrssicherheit zu prüfen. Der Mitarbeiter wird damit zum Repräsentanten des Versicherungsnehmers, da er für diesen Entscheidungen trifft[9].

B.1.2 (Besonderheiten Verwendungszweck)[1]

Im Rahmen des vereinbarten Verwendungszwecks gelten für alle Versicherungsarten insbesondere nachfolgend aufgeführte Pflichten:

1 Das amtlich zugeteilte rote Kennzeichen[2] darf gem. § 23 Abs. 1 FZV nur für Prüf-, Probe- oder Überführungsfahrten genutzt werden. Als Prüffahrten werden die Kontrollfahrten nach durchgeführter Reparatur bezeichnet. Probefahrten dienen dazu, einem Kunden die Erprobung des Kfz zu ermöglichen, um sich vor dem Kauf über das Kfz zu informieren. Überführungsfahrten dienen ausschließlich der Verbringung eines Kfz von Ort A nach Ort B, die Entfernung zwischen den beiden Orten spielt dabei keine Rolle.

---

5 So schon BGH IV ZR 123/73 in VersR 1975, 229; KG v. 20.05.2014 – 162 SS 74/14-3 WS B 271/14, ZFS 2015, 50 f. m. Anm. Krenberger; OLG Köln v. 02.09.2008 9 U 3/08 zur Prüfung der Verkehrssicherheit.
6 BGH IV ZR 123/73 in VersR 1975, 229.
7 BGH IV ZR 99/75 in VersR 1977, 341.
8 BGH v. 21.09.1967 – II ZR 1/65.
9 BGH IV ZR 123/73 in VersR 1975, 229.
1 Überschrift des Verfassers.
2 VG Berlin VG 11 A 877.07 in NZV 2008, 421 f.

(Nicht versicherte Fahrzeuge) **B.1.2.1 SB Handel/Handwerk**

Eine andere Verwendung stellt einen Verstoß gegen die vertragliche vereinbarte Verwendungsklausel nach D.1.1.1 AKB dar[3]. Sie führt zum Verlust des Versicherungsschutzes nach D.2 AKB, die Eintrittspflicht des Kfz-Handel- und Handwerk-Versicherers bleibt jedoch in vollem Umfang gegenüber dem Geschädigten bestehen. Er kann sich lediglich im Innenverhältnis zum Versicherungsnehmer auf die Leistungsfreiheit in Höhe von € 5.000 in der Kfz-Haftpflicht-Versicherung berufen, auch wenn im Vertrag die volle Leistungsfreiheit vorgesehen ist. Die KfzPflVV mit der dort vorgenommenen Regressbeschränkung wirkt sich auch auf die Haftpflichtversicherung für die roten Kennzeichen aus. 2

B.1.2.1 (Nicht versicherte Fahrzeuge)[1]

Die unter A.3 aufgeführten Fahrzeuge sind nicht versichert, wenn sie in einer Weise verwendet werden, die nicht dem Zweck der im Versicherungsschein genannten Betriebsart entspricht. Dies gilt auch dann, wenn die Fahrzeuge mit einem von der Zulassungsbehörde an Sie ausgegebenen roten Kennzeichen, Versicherungskennzeichen oder Kurzzeitkennzeichen versehen sind.

Nach der Regelung des B.1.2.1 sollen alle Fahrzeuge, die unter A.3. der KfzSBHH aufgeführt sind, nicht versichert sein, wenn sie vertragswidrig verwendet werden. Hier ist zu differenzieren: 1

Werden nicht zugelassene Kfz ohne rote Kennzeichen im öffentlichen Verkehrsraum benutzt, besteht Leistungsfreiheit des Versicherers in vollem Umfang, da eine Zulassung des Kfz gerade nicht erfolgte. Es handelt sich hierbei um einen Risikoausschluss[2]. Der Versicherungsnehmer haftet – so er daran beteiligt war – alleine. U. U. ist eine Vorversicherung noch in der Nachhaftung[3]. Dann könnte die Vorversicherung in Anspruch genommen werden. 2

Ist das Kfz, das den Schaden verursacht, nicht über eine andere Kraftfahrzeug-Haftpflicht-Versicherung versichert und wird im öffentlichen Verkehrsraum unter Einsatz von roten Kennzeichen verwendet, hat die KfzSBHH den Charakter einer Pflichtversicherung! Die Regelung des B.1.2.1 betrifft dann nur das Innenverhältnis, da die Erteilung von roten Dauerkennzeichen gerade die Absicherung von Unfallopfern im Blick hat. Im Außenverhältnis haftet der Versicherer nach den allgemeinen Regeln. Die Neuformulierung der AKB hätte hier Anlass zur Korrektur geboten, insbesondere mit Blick auf die Regressbeschränkungen des D. AKB, der sich an der KfzPflVV orientiert. 3

---

3 BGH v. 25.11.1998 – IV ZR 257/97; OLG Köln Beschl. v, 02.02.2010 – 9 U 133/09; OLG Hamm 20 U 327/77 in VersR 1978, 1110; LG Kassel 2 S 423/90 in VersR 1990, 656: bei der Entscheidung OLG Naumburg v 11.07.2013 – 4 U 5/13 war der Verwendungszweck nicht Gegenstand der Prüfung.
1 Überschrift des Verfassers.
2 Stiefel/Maier/Schurer a. a. O. Sonderbed. Kfz-Handel- und Handwerk, Rn. 69 ff.
3 Zur Nachhaftung vgl. § 117 Abs. 2 S. 1 VVG Rdn. 14 ff.

B.1.2.2 SB Handel/Handwerk (Fahrzeuge mit Tageszulassung)

B.1.2.2 (Fahrzeuge mit Tageszulassung)[1]

Fahrzeuge, die mit einer Tageszulassung zugelassen sind, dürfen Sie nicht auf öffentlichen Wegen oder Plätzen verwenden.

1 Neu in den KfzSBHH sind die Kfz mit Tageszulassung. Dies war in der vorherigen Version, die aus dem Jahr 1980 stammte, noch nicht erforderlich. Heute ist die Tageszulassung im Kfz-Handel ein gängiges Vorgehen, um Rabatte zu gewähren. Fahrzeuge mit Tageszulassung dürfen im öffentlichen Verkehrsraum nicht verwendet werden.

2 Da diese Fahrzeuge im Rahmen der Zulassung auch Versicherungsschutz nachweisen müssen, stellt auch diese Regelung nur eine Leistungsbegrenzung im Innenverhältnis dar. Wird ein solches Kfz vertragswidrig im öffentlichen Verkehrsraum verwendet und kommt dabei ein Dritter zu Schaden, handelt es sich in Ansehung des Dritten um eine Pflichtversicherung mit der Folge, dass die Ansprüche des Dritten unter Kraftfahrzeug-Haftpflicht-Gesichtspunkten zu regulieren sind. Eine Leistungsfreiheit besteht nur im Innenverhältnis. Die Regeln sind insoweit zumindest missverständlich, der Hinweis auf D.1 impliziert nicht, dass bei Schadenfällen im öffentlichen Verkehrsraum wenn der Versicherung der Charakter einer Pflichtversicherung zukommt, auch die Regeln der §§ 5, 6 KfzPflVV mit den Regressbeschränkungen in der Kfz-Haftpflichtversicherung anzuwenden sind. Außerdem ist § 28 VVG zu beachten und auf das Verschulden abzustellen.

In der Vorversion war nur auf »eigene zugelassene Fahrzeuge« abgestellt, die wegen der eigenen Zulassung ohnehin nicht der Kfz-Handel- und Handwerk-Versicherung unterfielen, sie unterfielen damit den AKB[2].

B.1.2.3 (Rotes Kennzeichen, Versicherungskennzeichen, Kurzzeitkennzeichen)[1]

Für Fahrzeuge, die Sie mit einem Ihnen zugeteilten roten Kennzeichen, roten Versicherungskennzeichen oder Kurzzeitkennzeichen versehen und zu einem Zweck verwenden, der keiner Prüfungs-, Probe- oder Überführungsfahrt (vgl. A.3.1) entspricht, haben Sie keinen Versicherungsschutz. Außerdem dürfen Sie es nicht wissentlich ermöglichen, dass das Kennzeichen zweckwidrig verwendet wird.

Übersicht	Rdn.
A. Allgemeines	1
B. besondere Pflichten bei der Verwendung eines roten Kennzeichens	2
C. Versicherte Personen	4
D. Folgen der Pflichtverletzung	5

---

1 Überschrift des Verfassers.
2 Vgl. auch Stiefel/Hofmann a. a. O. Sonderbed. Kfz-Handel- und Handwerk Rn. 13, a. F.
1 Überschrift des Verfassers.

(Rotes Kennz., Versicherungs-, Kurzzeitkennz.) **B.1.2.3 SB Handel/Handwerk**

A. Allgemeines

Die Pflichten des Versicherungsnehmers bei Verwendung der ihm zugeteilten amtlichen roten Kennzeichen, Versicherungskennzeichen oder Kurzzeitkennzeichen orientieren sich an den Pflichten nach B.1.2 KfzSBHH/D.1.1 AKB (Verwendungszweck), der klar umrissen ist. Bei den sog. Dauer-Kurzzeitkennzeichen, die an Kfz-Handwerks- oder Kfz-Handelsbetriebe ausgegeben werden können, werden besondere Pflichten geknüpft. Während der Private bei der Zulassungsstelle verschiedene Informationen hinterlassen muss[2], um ein Rotes Kennzeichen zu erhalten, hat der Kfz-Handels- oder -Handwerksbetrieb dieses Kennzeichen dauerhaft in Besitz und kann es – ohne vorherige Information der Zulassungsstelle nach Gutdünken und Bedarf einsetzen. 1

B. besondere Pflichten bei der Verwendung eines roten Kennzeichens

Soweit der Versicherungsnehmer ein Fahrzeug mit roten Kennzeichen versieht und es im öffentlichen Verkehrsraum abredewidrig verwendet, ist von einem Verstoß gegen die Verwendungsklausel auszugehen, da er das Fahrzeug nicht zu dem Zweck der Prüf-, Probe- oder Überführungsfahrt verwendet. Diese Bedingungen beinhalten noch keine Exkulpationsmöglichkeit des Versicherungsnehmers, wie sie in § 28 VVG gefordert wird. Der Versicherungsnehmer weiß sicher, welche Vereinbarungen er getroffen hat, es ist daher vorsätzlicher Begehung der Obliegenheitsverletzung auszugehen. 2

C. Versicherte Personen

Die Obliegenheiten gelten nicht nur gegenüber dem Versicherungsnehmer, sondern auch gegenüber dem Fahrer des Fahrzeuges, das mit roten Kennzeichen versehen wurde. Der Versicherungsnehmer darf das rote Kennzeichen nur für Prüf-, Probe- oder Überführungsfahrten verwenden und er muss dafür Sorge tragen, dass es auch von anderen nur zu diesem Zweck verwendet wird. 4

D. Folgen der Pflichtverletzung

Soweit der Versicherungsnehmer ein Fahrzeug mit roten Kennzeichen versieht und es im **öffentlichen Verkehrsraum** abredewidrig verwendet, ist von einem Verstoß gegen die Verwendungsklausel auszugehen, da er das Fahrzeug nicht zu dem Zweck der Prüf-, Probe- oder Überführungsfahrt verwendet. Diese Bedingungen beinhalten (noch) keine Exkulpationsmöglichkeit des Versicherungsnehmers, wie sie in § 28 VVG gefordert wird. Der Versicherungsnehmer weiß sicher, welche Vereinbarungen er getroffen hat, es ist daher vorsätzlicher Begehung der Obliegenheitsverletzung auszugehen. Eine Exkulpation des Versicherungsnehmers, wie sie jetzt in § 28 Abs. 3 VVG vorgesehen ist, dürfte nur im Ausnahmefall möglich sein, da schon das Unterlassen der abredewidrigen Verwendung den Schadenfall entfallen ließe. Eine Leistungsfreiheit des Versicherers in der Kraftfahrzeug-Haftpflicht-Versicherung besteht in Höhe der Grenzen des 5

---

2 Vgl. hierzu auch Kreuter-Lange AKB. D1.1.1 Rdn. 5 ff.; 10 ff.

B.2 SB Handel/Handwerk — In der Kfz-Haftpflichtversicherung

§ 5 KfzPflVV[3]. Lediglich die missbräuchliche Verwendung der amtlich zugeteilten roten Kennzeichen durch einen unbefugten Dritten führt zur vollständigen Leistungsfreiheit gegenüber dem Dritten[4]. Der Versicherungsnehmer hat Anspruch auf Gewährung von Versicherungsschutz, soweit er diese Fahrt nicht ermöglicht hat. Die Fahrt unter abredewidriger Verwendung des Roten Kennzeichens als Einkaufsfahrt führt nicht zur Strafbarkeit i. S. d. §§ 1, 6 PflVG[5].

B.2 In der Kfz-Haftpflichtversicherung

B.2.1 (Ausschluss Rennen und Alkohol)[1]

Es gelten die Pflichten des Abschnitts D.2.1 und D.2.2 [AKB 2008] über das Fahren unter dem Einfluss von Alkohol oder anderer berauschender Mittel sowie über die Verwendung auf nicht genehmigten Rennen.

Übersicht	Rdn.
A. Allgemeines	1
B. Behördlich nicht genehmigte Rennen	2
C. Fahren unter Alkoholeinfluss oder sonstiger berauschender Mittel	3

A. Allgemeines

1 Zum Zeitpunkt der Skriptabgabe lag eine aktualisierte Form der KfzSBHH nicht vor. Die Rennklausel findet sich jetzt (AKB 20108/2015) unter D.1.1.4 AKB, die Alkoholklausel findet sich unter D.1.2. AKB.

B. Behördlich nicht genehmigte Rennen

2 Die behördlich nicht genehmigten Rennen unterfallen den Obliegenheiten vor dem Schadenfall. Es handelt sich hierbei um alle Fahrten, bei denen die Erzielung einer Höchstgeschwindigkeit Hauptzweck der Fahrt ist.

C. Fahren unter Alkoholeinfluss oder sonstiger berauschender Mittel

3 Auch in den KfzSBHH ist das Fahren unter Alkoholeinfluss oder unter Einfluss sonstiger berauschender Mittel nicht vom Versicherungsschutz umfasst.

---

3 Prölss/Martin aaO. VII Sonderbed. Kfz-Handel- und Handwerk, Rn. 17.
4 BGH v. 28.06.2006 – IV ZR 316/04, r+s 2006, 410f = NJW-RR 2006, 1452 = DAR 2007, 26 f; der Kunde hatte die ihm zur Überführung eines gekauften Kfz übergebenen roten Kennzeichen an ein anderes Fahrzeug angebracht und mit diesem einen Schaden verursacht. Nach Auffassung des BGH ist ein Zusammenhang mit dem Gewerbebetrieb des VN auch dann erforderlich, wenn das Kennzeichen außerhalb des Betriebes verwendet wird und verneint damit einen Anspruch gegen den Handel-Handwerk-Versicherer des roten Kennzeichens.
5 OLG Hamm v. 18.12.2006 – 2 Ss 533/06, zfs 2007, 352f = NZV 2007, 375.
1 Überschrift des Verfassers.

B.2.2 (Ausschluss entgeltliche Personenbeförderung, gewerbsmäßige Vermietung)[1]

Zusätzlich gilt:
Werden Fahrzeuge zur entgeltlichen Personen- oder Güterbeförderung verwendet oder gewerbsmäßig vermietet, besteht kein Versicherungsschutz.

Für alle Fahrzeuge, die nach der KfzSBHH versichert werden können gilt der o. g. Ausschluss. Diese Fahrzeuge dürfen nicht zur Personen- oder Güterbeförderung in Gewinnerzielungsabsicht verwendet werden. Auch ein gewerbsmäßiges Vermieten ist ausgeschlossen. Diese Formulierung steht in Widerspruch zu dem Angebot, auch die Unfallersatzwagen in der KfzSBHH-Versicherung mit zu decken. Auch für den Unfallersatzwagen ist ein Entgelt vorgesehen, ein Ausschluss nach B.2.2 der KfzSBHH kann daher nur für die gewerbsmäßige Vermietung von Kfz außerhalb des Unfallersatzwagen-Geschäfts angenommen werden. Hier wäre eine Klarstellung in den Bedingungen erforderlich.

Kommen bei der ausgeschlossenen entgeltlichen Beförderung von Personen oder Sachen diese zu Schaden und besteht eine zivilrechtliche Einstandspflicht des Versicherungsnehmers für diesen Schaden, ist er unter Kraftfahrzeug-Haftpflicht-Gesichtspunkten zu regulieren, wenn bei der Fahrt ein nicht zugelassenes Kfz mit roten Kennzeichen verwendet wird. Ein Leistungsverweigerungsrecht besteht nur dann, wenn ein Haftungsausschluss i. S. d. §§ 104 ff. SGB VII vorliegt. Wird ein ohnehin zugelassenes Kfz verwendet, ist ggf. an dieses zu verweisen, die Leistungsfreiheit besteht in vollem Umfang.

C Wann beginnt der Versicherungsschutz, wann endet er?

C.1 Beginn bei eigenen, nicht zulassungspflichtigen Fahrzeugen

Abweichend von den Regelungen der [AKB 2008] über den Beginn des Versicherungsschutzes beginnt für die in A.3.4. und A.3.5 genannten Fahrzeuge dieser mit deren Anmeldung zu diesem Versicherungsvertrag, jedoch nicht vor dem beantragten Zeitpunkt.

Der Vertrag kann unterjährig mit dem Vertragsschluss beginnen. Der Vertrag kommt – wie jeder andere Vertrag – durch Angebot und Annahme zustande. Entgegen den sonstigen Gepflogenheiten in der Kraftfahrzeug-Haftpflicht-Versicherung ist der Kfz-Handel- und Handwerk-Vertrag nicht dem PflVG unterworfen. Einzig bei Verwendung von roten Kennzeichen gilt die Kfz-Handel- und Handwerk-Versicherung als Pflichtversicherung. Dies bedeutet, dass ein Handwerksbetrieb eine Kfz-Handel- und Handwerk-Haftpflicht-Versicherung nicht vorhalten muss. Als Vertragsdauer ist ein Jahr festgelegt. Eine Beschränkung auf das Kalenderjahr erfolgt hier nicht, lediglich der Hin-   1

---

1 Überschrift des Verfassers.

weis, dass die Vertragsdauer auch bei Ratenzahlung in der Form der vierteljährlichen Zahlung nicht verkürzt wird. Der Vertrag endet durch Kündigung. Da besondere Kündigungsfristen nicht vorgesehen sind, ist von den allgemeinen Regeln des VVG und der AKB auszugehen. Es kommen die §§ 10 und 11 VVG sowie die Vorschriften nach G.x AKB zur Anwendung.

2 Der Versicherungsschutz für eigene, nicht zulassungspflichtige Fahrzeuge eines Betriebes für Kfz-Handel oder für Kfz-Handwerk beginnt erst mit der Anmeldung bei der Versicherung. Dabei kann der Termin der Anmeldung von dem Termin des Einschlusses auf Antrag abweichen. Diese Regelung ist zulässig, da es sich um grundsätzlich nicht zulassungspflichtige Fahrzeuge handelt und eine Verpflichtung zur Versicherung nicht besteht. Wird die Meldung eines solchen Fahrzeuges versäumt, werden Schäden, die durch dieses Fahrzeug verursacht wurden, nicht erstattet.

Dabei ist zu beachten, dass grundsätzlich nur solche Fahrzeuge zulassungspflichtig sind, die im öffentlichen Verkehrsraum genutzt werden sollen, da nur insoweit das PflVG, StVG und die FZV zur Anwendung kommen, §§ 1 PflVG, 1 StVG und 3 FZV.

C.2 Ende des Versicherungsschutzes

Der Versicherungsschutz aus diesem Vertrag endet bei den in A.3.2.1 genannten eigenen zugelassenen Fahrzeugen mit deren endgültiger Abmeldung bei der Zulassungsbehörde oder – abweichend von [G.7 der AKB 2008] – bei Veräußerung (auch ohne vorherige Abmeldung bei der Zulassungsbehörde) mit dem Eigentumsübergang auf den Erwerber. A.3.2.4 bleibt unberührt.

Sie müssen uns jede Veräußerung unverzüglich unter Angabe des amtlichen Kennzeichens des veräußerten Fahrzeugs melden.

Hinweis: Wir unterrichten daraufhin die Zulassungsbehörde vom Ausscheiden des Fahrzeugs aus diesem Vertrag (= Erlöschen des Versicherungsschutzes). Auf diesen Sachverhalt sollten Sie den Erwerber hinweisen.

Bei nicht zugelassenen Fahrzeugen endet – abweichend von [G.7 der AKB 2008] – der Versicherungsschutz bei Veräußerung mit dem Eigentumsübergang auf den Erwerber.

Übersicht	Rdn.
A. Allgemeines	1
B. Endgültige Abmeldung des zugelassenen Kfz	2
C. Veräußerung des zugelassenen Kfz	3
I. Veräußerung des nicht zugelassenen Kfz	4
II. Nachhaftung bei nicht zugelassenen Kfz	5
D. Ende des versicherten Risikos bei Fahrzeugen in Werkstattobhut	7

A. Allgemeines

Anders als in der normalen Kraftfahrzeug-Haftpflicht-Versicherung endet der Vertrag 1
über händlereigene, zugelassene Fahrzeuge neben dem »normalen« Ende durch endgültige Abmeldung des Kfz bei der Zulassungsstelle auch bei Veräußerung des Kfz bei Übergang des Eigentums auf den Erwerber.

B. Endgültige Abmeldung des zugelassenen Kfz

Mit der endgültigen Abmeldung eines zugelassenen Fahrzeuges endet der Versicherungsvertrag 2
automatisch, ohne dass es einer gesonderten Kündigung bedarf. Hiervon zu trennen ist die vorübergehende Stilllegung. Als vorübergehende Stilllegung wird die Abmeldung des Kfz angesehen, bei der aber jederzeitige Wiederanmeldung des Kfz unter Vorlage einer Versicherungsbestätigung möglich ist. Davon zu unterscheiden ist die endgültige Außerbetriebsetzung eines Kfz, bei der eine Weiternutzung und Wiederanmeldung gerade nicht beabsichtigt ist. Bei solcherart abgemeldeten Kfz erlischt die Betriebserlaubnis gem. § 19 Abs. 2 S. 1 StVZO.

C. Veräußerung des zugelassenen Kfz

Die Veräußerung des zugelassenen Fahrzeuges soll ebenfalls den Vertrag mit dem Kfz- 3
Händler mit der Übergabe des Kfz an den Käufer beenden.

Diese Regelung bedarf der Korrektur! Wird das Fahrzeug im zugelassenen Zustand verkauft und übergeben, geht nach § 95 Abs. 1 VVG der Versicherungsvertrag auf den Erwerber über. Diese Regelung ist auch auf die Kraftfahrzeug-Haftpflicht-Versicherung anzuwenden. Ein Ausschluss dieser gesetzlichen Regelung ist vertraglich nicht möglich. Der Versicherer haftet also bei dem übergebenen und veräußerten zugelassenen Kfz bis zum Ende der Nachhaftungsfrist in jedem Fall im Rahmen der Mindestversicherungssummen![1] Im Innenverhältnis mag eine Beendigung des Vertrages insoweit vereinbar sein, als es sich nicht um eine Pflichtversicherung handelt (also für die Fahrzeugversicherung etc.).

I. Veräußerung des nicht zugelassenen Kfz

Die Veräußerung eines nicht zugelassenen Kfz und Übergabe an den Verkäufer ist unproblematisch. 4
Dieser muss für die Nutzung des Kfz im öffentlichen Verkehrsraum eine Versicherungsbestätigung und Rote Kennzeichen oder Kurzzeitkennzeichen zur Abholung des Kfz verwenden, wenn er es noch nicht auf sich angemeldet hat. Die Beendigung des Versicherungsvertrages mit der Übergabe ist insoweit frei vereinbar, da ohnehin nur eine Fahrzeugversicherung für das Kfz bestand.

---

1 OLG Düsseldorf v. 09.08.1995 – 4 U 212/94 zur Dauer des Händlerversicherungsschutzes und der Nachhaftung des KH-Versicherers des Kfz.

II. Nachhaftung bei nicht zugelassenen Kfz

5 Eine Nachhaftung für nicht zugelassene Kfz entfällt, wenn das Kfz bei dem Händler nicht versichert war und auch keine Versicherungspflicht bestand, weil das Kfz nur auf dem Betriebsgelände bewegt wurde. Das nicht zugelassene Kfz scheidet mit Übergabe an den Erwerber aus dem Haftungsverband der Kfz-Handel- und Handwerk-Versicherung aus[2].

6 Außerdem fällt die Eintrittspflicht für händlereigene Fahrzeuge des Versicherungsnehmers durch deren Verkauf weg. Die Eintrittspflicht in der Kfz-Handel- und Handwerk-Versicherung endet auch, wenn die roten Kennzeichen von dem nicht zugelassenen Kfz wieder entfernt werden[3]. Weiterhin entfällt die Eintrittspflicht, wenn ein unberechtigter Dritter das dem Versicherungsnehmer amtlich zugeteilte rote Kennzeichen ohne Wissen und Wollen des Versicherungsnehmers verwendet[4]. Kein Wegfall des versicherten Risikos ist allerdings gegeben, wenn ein Kfz mit angebrachten roten Kennzeichen entwendet wird und weder Kfz noch Kennzeichen wieder auffindbar sind[5].

D. Ende des versicherten Risikos bei Fahrzeugen in Werkstattobhut

7 Die Eintrittspflicht der Kfz-Handel- und Handwerk-Versicherung endet mit dem Wegfall der Werkstattobhut und Rückgabe des Kfz an den Werkstattkunden.

D Was Sie uns zur Beitragsberechnung während der Vertragslaufzeit melden müssen

D.1 Beitrags-Abrechnungsverfahren

Das Beitragsverfahren in der Handel- und Handwerkversicherung unterliegt anderen Regeln als in der Kraftfahrzeugversicherung nach den AKB. Es werden zu bestimmten Stichtagen Meldungen des Versicherungsnehmer erwartet, die die Grundlage für die Beitragsberechnung darstellen. Da alle Meldungen einen zurückliegenden Zeitraum erfassen, werden Versicherungsschutzversagungen und Leistungsverweigerungen wegen Verzugs mit den fälligen Prämien kaum erforderlich werden. Die Regeln hinsichtlich Zahlung der Beiträge ergeben sich – mangels anderer Hinweise – nach C. AKB.

---

2 OLG Hamm v. 11.11.1998 – 32 U 175/98, NJW-RR 2002, 1367 (Rev. mit Beschluss IV ZR 279/98 nicht angenommen) abgedr. in NJW-RR 1999, 538.
3 BGH v. 29.05.1974 – IV ZR 56/73 in VersR 1974, 793 f.; mit Anm. Mittelmeier in VersR 1975, 33 f.; LG Koblenz v. 19.12.1973 – 5 O 81/73 in VersR 1974, 847.
4 BGH v. 28.06.2006 – IV ZR 316/04, r+s 2006, 410 = NJW-RR 2006, 1462 = DAR 2007, 26 f.
5 BGH v. 15.01.1997 – IV ZR 335/95, r+s 1997, 99f = NZV 1997, 226.

D.1.2 SB Handel/Handwerk (Meldebogen)

D.1.1 (Stichtagsverfahren)[1]

Wir berechnen den Beitrag nach dem Stichtagsverfahren; die zur Beitragsberechnung erforderlichen Angaben machen Sie im Antrag und in der Folgezeit in einem Meldebogen.

Das sog. Meldeverfahren betrifft den regelmäßigen Kontakt des Versicherungsnehmers mit dem Versicherer. Die Kfz-Handel- und Handwerk-Versicherung ist eine sog. Stichtagsversicherung, d. h. die fälligen Versicherungsbeiträge werden nach den Stichtagsmeldungen des Versicherungsnehmers über Art und Umfang der Verwendung des roten Kennzeichens, Anzahl der in seiner Obhut befindlichen Fahrzeuge die Beiträge berechnet. Der Versicherer ist dabei auf die termingerechte Meldung des Versicherungsnehmers angewiesen.

D.1.2 (Meldebogen)[1]

Den Meldebogen reichen Sie uns innerhalb von [....] Tagen nach dem vereinbarten Meldetermin ein. Wir können bei der Ausfüllung des Meldebogens durch einen Beauftragten mitwirken.

Der Meldebogen enthält Fragen zu folgenden Kategorien:
– Art des Betriebes:
– Handel mit Gebrauchtwagen oder,
– Wohnmobilen, Campingfahrzeugen etc. oder,
– Lackiererei oder
– Hersteller von Fahrzeugaufbauten oder
– Handel und Reparatur von Sonderfahrzeugen oder Fahrzeugen mit einem Wert von über ...... €
– Überführungsfahrten ins Ausland
– Lage des Betriebsgrundstückes, insbesondere Fragen nach den Abstellmöglichkeiten der in Obhut befindlichen Fahrzeuge
– Frage nach dem Versicherungsumfang, für den Fall, dass dieser erhöht werden soll
– Frage nach den roten Kennzeichen
– zur wiederkehrenden Verwendung, Anzahl
– zur einmaligen Verwendung, Anzahl
– Frage nach der Anzahl der handwerklich tätigen Personen (Büroangestellte entfallen damit)
– Frage nach versicherungspflichtigen, nicht versicherten Fahrzeugen
– Eigene Kfz des Versicherungsnehmers
– Fremde Kfz
– Frage nach der Veränderung der Höchstentschädigung je Kfz (Summenbegrenzung)
– Frage nach der Leistungsgrenze in Kasko

---

1 Überschrift des Verfassers.
1 Überschrift des Verfassers.

D.1.3 SB Handel/Handwerk (Erweiterung Nachweispflichten)

2 Mit der Beantwortung dieser Fragen kann der Versicherungsnehmer auch seine ggf. schwankenden Bedürfnisse nach Erhöhung oder Senkung der Versicherungssumme befriedigen. Allerdings bieten diese Fragen auch eine Vielzahl von Gestaltungsmöglichkeiten im positiven wie im negativen Sinn. Dabei ist aber zu beachten, dass aufgrund dieser Stichtagsmeldung in aller Regel eine Leistungsverweigerung im Schadenfall wegen Prämienverzugs nicht gegeben ist. Im Falle eines Schadens befindet sich der Versicherungsnehmer immer zwischen zwei Stichtagen, so dass die Prämienzahlung noch fristgerecht möglich ist.

3 Der Versicherungsnehmer ist gehalten, die im Meldebogen (der inhaltlich von den hier aufgezeigten Fragen abweichen kann) geforderten Angaben wahrheitsgemäß und vollständig zu beantworten. Falsche oder unvollständige Angaben können zu Lücken im Versicherungsschutz führen, wenn z. B. Verkaufsfahrzeuge nicht angegeben werden.

4 Von erheblicher Bedeutung ist die Frage nach dem Betriebsgelände, da wegen der Frage der Umzäunung falsche Angaben nicht nur Folgen für den Beitrag gem. VI Ziffer 2 und 3a, sondern in der Fahrzeugversicherung auch die Folge der Leistungsfreiheit haben. Die Einfriedung eines Grundstücks durch einen Bauzaun ist ausreichend.

D.1.3 (Erweiterung Nachweispflichten)[1]

Auf Verlangen weisen Sie, insbesondere im Schadenfall, die Angaben im Meldebogen durch Vorlage der Geschäftsbücher oder sonstiger Belege nach.

Übersicht   Rdn.
A. Allgemeines 1
B. Meldebogen 2

A. Allgemeines

1 Der Abschnitt D.1 der Sonderbedingungen befasst sich mit den vertraglichen Besonderheiten der Kfz-Handel- und Handwerk-Versicherung. Das sog. Meldeverfahren betrifft den regelmäßigen Kontakt des Versicherungsnehmers mit dem Versicherer. Die Kfz-Handel- und Handwerk-Versicherung ist eine sog. Stichtagsversicherung, d. h. die fälligen Versicherungsbeiträge werden nach den Stichtagsmeldungen des Versicherungsnehmers über Art und Umfang der Verwendung des roten Kennzeichens, Anzahl der in seiner Obhut befindlichen Fahrzeuge die Beiträge berechnet. Der Versicherer ist dabei auf die termingerechte Meldung des Versicherungsnehmers angewiesen.

B. Meldebogen

2 Im Schadenfall kann vom Versicherer die Vorlage auch der Geschäftsbücher zum Nachweis, dass die Stichtagsmeldungen korrekt erfolgt sind, verlangen. Im Hinblick darauf,

---

1 Überschrift des Verfassers.

dass sämtliche Meldungen des Kfz-Betriebes nachträglich erfolgen, ist nicht davon auszugehen, dass hier erhebliche Diskrepanzen vorliegen werden. Ereignet sich der der Schaden zwischen zwei Meldeterminen, kann der Versicherungsnehmer immer noch eine neue Meldung mit ggf. korrigierten Zahlen liefern, ohne dass sein Versicherungsschutz gefährdet wäre.

D.2 Welche Folgen hat eine Verletzung der Anzeigepflicht

D.2.1 (Folgen verzögerter Stichtagsmeldungen)[1]

Unterlassen Sie schuldhaft die Anzeige nach D.1 oder übermitteln Sie uns die Angaben nach D.1 nicht fristgerecht, berechnen wir Ihnen das [...]- fache des zuletzt berechneten Beitrags.

[Variante: Werden die Angaben nachträglich, aber innerhalb zweier Monate nach Empfang der Zahlungsaufforderung gemacht, so ist der Beitrag nach dem Meldebogen abzurechnen.]

Hat der Versicherungsnehmer es versäumt, den Meldebogen trotz Erinnerung des Versicherers innerhalb der vorgegebenen Frist abzugeben, wird die Prämie pauschal zum Nachteil des Versicherungsnehmers berechnet und der eineinhalbfache Beitrag in Rechnung gestellt. Der Versicherungsnehmer hat die Möglichkeit, diesen Beitrag nachträglich zu korrigieren, wenn er innerhalb von 2 Monaten nach Rechnungsstellung die erforderlichen Angaben macht, die zu einer Korrektur der Beitragsrechnung führen (nach oben oder nach unten).

D.2.2 In der Kfz-Haftpflichtversicherung

Haben Sie vorsätzlich unzutreffende Angaben gemacht oder Änderungen vorsätzlich nicht angezeigt und ist deshalb ein zu niedriger Beitrag berechnet worden, berechnen wir Ihnen eine Vertragsstrafe in Höhe des [...]- fachen der Beitragsdifferenz zwischen dem gezahltem Beitrag und dem Beitrag bei ordnungsgemäßer Anzeige.

Vorsätzlich falsche Angaben des Versicherungsnehmers zum Nachteil des Versicherers haben erhebliche Konsequenzen, abhängig von dem Bereich, für den der Vertrag geschlossen wurde. Versäumt der Versicherungsnehmer die Meldung bzw. macht falsche Angaben, die zu seinen Lasten gehen, bleibt dies in versicherungsrechtlicher Hinsicht folgenlos.

In der Kraftfahrzeug-Haftpflicht-Versicherung führt eine falsche Angabe zur Nachberechnung und zur Erhebung einer Vertragsstrafe maximal in Höhe des dreifachen Beitragsunterschieds.

---

1 Überschrift des Verfassers.

D.2.3 SB Handel/Handwerk In der Kasko-Versicherung

Eine Exculpation ist hier nicht vorgesehen. Den Beweis für den Vorsatz muss im Streitfall der Versicherer erbringen.

D.2.3 In der Kasko-Versicherung

Haben Sie schuldhaft unzutreffende Angaben gemacht oder Anzeigen unterlassen, sind wir berechtigt, nur den Teil der Leistung zu erbringen, der dem Verhältnis zwischen dem gezahlten Beitrag und dem Beitrag entspricht der bei ordnungsgemäßer Anzeige hätte gezahlt werden müssen.

Übersicht Rdn.
A. Allgemeines 1
B. Exculpationsmöglichkeiten 4

A. Allgemeines

1 In der Fahrzeugversicherung hat die falsche Angabe allerdings erhebliche Auswirkungen, da die Leistungen für einen evtl. über die Fahrzeugversicherung zu erstattender Schaden nur gekürzt ausgezahlt wird, auch können zum Stichtag nicht angemeldete Fahrzeuge auch aus der Regulierung ganz herausfallen. Als Bezugsgröße wird das Verhältnis zwischen gezahltem und korrektem Beitrag genommen. Damit haben falsche Angaben im Meldebogen zunächst nur Auswirkungen auf die Prämie, nicht aber auf die Frage des Versicherungsschutzes[1].

2 Außerdem besteht Leistungsfreiheit (nur in der Kasko-Versicherung) für Schäden, die an einem nicht angezeigten Fahrzeug entstehen. Ebenfalls besteht Leistungsfreiheit für Schäden an einem Fahrzeug, dem ein amtlich abgestempeltes rotes Kennzeichen von der Zulassungsstelle zugeteilt wurde, das aber nicht angemeldet wurde.

3 Von erheblicher Bedeutung ist die Frage nach dem Betriebsgelände, da wegen der Frage der Umzäunung falsche Angaben nicht nur Folgen für den Beitrag, sondern in der Fahrzeugversicherung auch die Folge der Leistungsfreiheit haben[2]. Die Einfriedung eines Grundstückes durch einen Bauzaun ist ausreichend[3].

B. Exculpationsmöglichkeiten

4 Grundsätzlich sind in den KfzSBHH die Exculpationsmöglichkeiten nicht in den Bedingungstext aufgenommen. Soweit aber von der »schuldhaften« Verletzung einer Aufklärungspflicht, wie oben, ausgegangen wird, muss dem Versicherungsnehmer auch die Möglichkeit offen bleiben, das fehlende Verschulden nachzuweisen.

---

1 OLG Karlsruhe 12 U 105/87 in VersR 1990, 889, allerdings insoweit unzutreffend, als pauschal die Meldepflichtverstöße nur auf die Beitragsrechnung bezogen werden. Auswirkungen auf den Versicherungsschutz ergeben sich durchaus.
2 AG Homburg (Saar) 4 C 283/97, Adajur Dok.-Nr. 32135.
3 OLG Saarbrücken 5 U 610/05-93 in VersR 2007, 238 = zfs 2006, 693.

Der Versicherungsnehmer kann sich entlasten, wenn er nachweist, dass ihn an den fal- 5
schen Angaben kein Verschulden trifft oder er das Unterbleiben der fristgerechten Meldung nicht zu vertreten hat. Der Versicherer hat die Möglichkeit, einen Beauftragten an der Erstellung des Meldebogens mitwirken zu lassen. Erfolgt die Erstellung der Meldung korrekt, wird aber vom Beauftragten des Versicherers nicht weiter gegeben, trifft den Versicherungsnehmer hieran kein Verschulden[4].

D.3   Sonstige Mitteilungspflichten

Das Hinzukommen neuer Betriebe/Betriebsteile, müssen Sie uns unverzüglich, spätestens aber binnen eines Monats, anzeigen.

Der Versicherungsnehmer ist außerdem verpflichtet, neue Betriebe oder Betriebsteile 1
unverzüglich zu melden. Beabsichtigt der Versicherungsnehmer, neben seinem Handelsbetrieb künftig auch Handwerksleistungen anzubieten, muss er dies unverzüglich melden, um weiter Versicherungsschutz zu erhalten. Gleiches gilt, wenn er einen neuen Betrieb/Zweigstelle eröffnen will. Dies ist insbesondere für die Fahrzeugversicherung von erheblicher Bedeutung, da die Angaben zum Betriebsgelände und dessen Umfriedung wesentlich für den Versicherungsschutz sind.

Übersicht über die möglichen Versicherungen der Handel-Handwerkversicherung

Versicherungsumfang Kfz-Handel- und Handwerk	Eigene, nicht zugelassene Kfz	Eigene zugelassene Kfz	Fremde Kfz	Rote Kennzeichen für	
				Fremdes Kfz	Eigenes Kfz
Reparaturschaden	nein	nein	Nein	Nein	Nein
Obhut	Fahrzeugversicherung	Fahrzeugversicherung	Fahrzeugversicherung	Fahrzeugversicherung	Fahrzeugversicherung
Garagenmäßige Unterstellung	Entfällt	entfällt	nein	Nein	Nein
Probefahrten	Ja	nein	Ja	Ja	Ja
Umfang Versicherungsschutz	Gem. Vereinbarung Fahrzeugversicherung Versicherungssumme (nur Kasko-V.)	Eigene KH-Vers.! ggf. auch eigene Fahrzeug-Versicherung	Gem. Vereinbarung (soweit vereinbart) + ggf. Kraftfahrzeug-Haftpflicht-Versicherungsschutz.	Mindestens Mindestversicherungssumme Ggf. Kasko-Versicherungsschutz	

---

4 OLG Karlsruhe v. 03.03.1988 – 12 U 105/87 in VersR 1990, 889.

D.3 SB Handel/Handwerk — Sonstige Mitteilungspflichten

Versicherungsumfang Kfz-Handel- und Handwerk	Eigene, nicht zugelassene Kfz	Eigene zugelassene Kfz	Fremde Kfz	Rote Kennzeichen für	
				Fremdes Kfz	Eigenes Kfz
Unfallersatzfahrzeug		Eigene Kraftfahrzeug-Haftpflicht-Versicherung Ggf. Fahrzeug-Versicherung über KfzSBHH			

Anhang:

Auf dem Markt wird verwendet:

1. Versichert ist auf der Grundlage des Allgemeinen Teils zur Police, der Versicherungsbedingungen für die Haftpflichtversicherung (AHB) und der folgenden Vereinbarungen die gesetzliche Haftpflicht privatrechtlichen Inhalts des Versicherungsnehmers aus seinen sich aus der Betriebsbeschreibung ergebenden Eigenschaften, Rechtsverhältnissen und Tätigkeiten, mit allen Betriebsstätten innerhalb der Bundesrepublik Deutschland.

Der Versicherungsschutz wegen Schäden
– aus dem Betriebs- und Produkthaftpflichtrisiko richtet sich nach den Teilen 1 bis 4;
– aus Umwelteinwirkung und alle sich daraus ergebenden weiteren Schäden (Umweltrisiko)

richtet sich nach den Bestimmungen von 1 bis 5, es sei denn einzelne Vereinbarungen dieser Bedingungen sehen ausdrücklich eine andere Regelung vor.

Schäden durch Brand, Explosion und Sprengungen gelten als Schäden durch Umwelteinwirkung im Sinne des vorgenannten Absatzes. Unberührt bleibt insoweit das Produkthaftpflichtrisiko im Sinne von 7.10b) AHB.

Der Versicherungsschutz für die gesetzliche Pflicht öffentlich-rechtlichen Inhalts des Versicherungsnehmers gemäß Umweltschadensgesetz zur Sanierung von Umweltschäden richtet sich ausschließlich nach dem AT und 6, soweit dort nicht ausdrücklich etwas anderes bestimmt ist.

Mitversichert ist die gesetzliche Haftpflicht des Versicherungsnehmers aus betriebs- und branchenüblichen Risiken, insbesondere aus nicht zulassungs- und nicht versicherungspflichtigen eigenen, gemieteten und geliehenen

2.2.1 Kraftfahrzeugen und Anhängern, die nur auf nicht öffentlichen Wegen und Plätzen verkehren, ohne Rücksicht auf eine Höchstgeschwindigkeit.

2.2.2 Kraftfahrzeugen mit nicht mehr als 6 km/h.

Für nicht zugelassene Gabelstapler mit mehr als 6 km/h bis 20 km/h besteht Versicherungsschutz nur nach besonderer Vereinbarung;

2.2.3 Selbst fahrenden Arbeitsmaschinen bis 20 km/h.

2.2.4 Für diese Kraftfahrzeuge gelten nicht die Ausschlüsse gemäß 4.3a) AHB.

Das Fahrzeug darf nur von einem berechtigten Fahrer gebraucht werden. Berechtigter Fahrer ist, wer das Fahrzeug mit Wissen und Willen des Verfügungsberechtigten gebrauchen darf. Der Versicherungsnehmer ist verpflichtet, dafür zu sorgen, dass das Fahrzeug nicht von einem unberechtigten Fahrer gebraucht wird.

Der Fahrer des Fahrzeugs darf das Fahrzeug auf öffentlichen Wegen oder Plätzen nur mit der erforderlichen Fahrerlaubnis benutzen. Der Versicherungsnehmer ist verpflichtet, dafür zu sorgen, dass das Fahrzeug nicht von einem Fahrer benutzt wird, der nicht die erforderliche Fahrerlaubnis hat.

Alternativ:

… Kraftfahrzeuge einschließlich selbstfahrende Arbeitsmaschinen und Anhänger

Versichert ist die gesetzliche Haftpflicht des Versicherungsnehmers aus Schäden aus dem Besitz, Halten und Gebrauch von Kraftfahrzeugen und Anhängern – abweichend von Teil C Ziffer 10 – gemäß den nachstehenden Bestimmungen.

a) Nicht zulassungs- und/oder nicht versicherungspflichtige Kraftfahrzeuge einschließlich selbstfahrende Arbeitsmaschinen und Anhänger

Mitversichert sind Ansprüche wegen Schäden aus Besitz, Halten und Gebrauch von Kraftfahrzeugen aller Art und Anhängern, die nach den Bestimmungen der Straßenverkehrszulassungsordnung (StVZO) und des Pflichtversicherungsgesetzes (PflVG) nicht der Zulassungs- und/oder Versicherungspflicht unterliegen, soweit es sich handelt um:
– Kraftfahrzeuge (auch Hub- und Gabelstapler), deren bauartbedingte Höchstgeschwindigkeit 6 km/h nicht übersteigt;
– selbstfahrende Arbeitsmaschinen, deren Höchstgeschwindigkeit 20 km/h nicht übersteigt;
– Anhänger, soweit diese nicht in Verbindung mit einem zulassungs- oder versicherungspflichtigen Zugfahrzeug gebraucht werden;
– Kraftfahrzeuge (auch Hub- und Gabelstapler) mit mehr als 6 km/h Höchstgeschwindigkeit, sowie selbstfahrende Arbeitsmaschinen mit mehr als 20 km/h, die nur innerhalb eigener oder fremder Betriebsgrundstücke verkehren, die weder öffentliche noch beschränkt öffentliche Verkehrsflächen darstellen

oder

die öffentliche und/oder beschränkt öffentliche Verkehrsflächen befahren, wenn dieses behördlich erlaubt oder genehmigt ist und dadurch gleichzeitig die Zulassungs- und/oder Versicherungspflicht entfällt.

b) Zulassungs- und/oder versicherungspflichtige Kraftfahrzeuge und Anhänger

Mitversichert sind Ansprüche wegen Schäden aus Besitz, Halten und Gebrauch von versicherungspflichtigen, aber nicht zulassungspflichtigen oder von der Zulassungspflicht befreiten Kraftfahrzeugen aller Art und Anhängern, soweit sie auf beschränkt öffentlichen Verkehrsflächen innerhalb eigener oder fremder Betriebsgrundstücke oder mit einer behördlichen Ausnahmegenehmigung auf öffentlichen Wegen und Plätzen eingesetzt werden.

Für diese Fahrzeuge gelten nicht die Ausschlüsse in Ziffern 3.1 (2) und 4.3 (1) AHB.

Versicherungsschutz besteht dabei nach Maßgabe des Pflichtversicherungsgesetzes und der Kraftfahrzeug-Pflichtversicherungsordnung, soweit diese speziellere oder abweichende Regelungen enthalten. Der Versicherungsschutz wird im Rahmen und in der Höhe der Deckungssummen dieses Vertrages zur Verfügung gestellt, stets werden jedoch Deckungssummen nach Maßgabe der Mindestversicherungssummen des Pflichtversicherungsgesetzes geboten. Kein Versicherungsschutz besteht für Kraftfahrzeuge und Anhänger, die auf eigenen oder fremden Betriebsgrundstücken im Ausland eingesetzt werden, auch dann nicht, wenn Unternehmen im Ausland mitversichert sind.

Das Fahrzeug darf nur von einem berechtigten Fahrer gebraucht werden. Berechtigter Fahrer ist, wer das Fahrzeug mit Wissen und Willen des Verfügungsberechtigten gebrauchen darf. Der Versicherungsnehmer ist verpflichtet, dafür zu sorgen, dass das Fahrzeug nicht von einem unberechtigten Fahrer gebraucht wird. Der Fahrer des Fahrzeugs darf das Fahrzeug auf öffentlichen Wegen oder Plätzen nur mit der erforderlichen Fahrerlaubnis benutzen. Der Versicherungsnehmer ist verpflichtet, dafür zu sorgen, dass das Fahrzeug nicht von einem Fahrer benutzt wird, der nicht die erforderliche Fahrerlaubnis hat.

zu a) und b):

Mitversichert ist die gesetzliche Haftpflicht des Versicherungsnehmers aus der gelegentlichen Überlassung der versicherten Fahrzeuge an betriebsfremde Personen. Nicht versichert ist die persönliche Haftpflicht derjenigen, denen die Fahrzeuge etc. überlassen worden sind. Kein Versicherungsschutz besteht – insoweit auch abweichend von Teil B Ziffer 15.1 und 15.3 – für Schäden an den Kraftfahrzeugen und Anhängern selbst und alle sich daraus ergebenden Vermögensschäden. Soweit Versicherungsschutz durch andere Versicherungen des Versicherungsnehmers oder des Geschädigten besteht, gehen diese Versicherungen vor.

# Versicherung von sonstigen Gegenständen, die keine Fahrzeug- oder Zubehörteile sind (ausgenommen reine Transportversicherung)

Übersicht	Rdn.
A. Allgemeines	1
I. Vorbemerkung	1
II. Abgrenzung	10
B. Reisegepäckversicherung	14
C. Hausratversicherung – Außenversicherung von Hausrat nach VHB 2010	124
D. Gegenstände gewerblicher Nutzung/Handelsware	144
I. Allgemeines	144
II. Verkehrshaftungsversicherung	145
III. Güterversicherung	146
IV. Werkverkehrsversicherung	147
V. Autoinhaltsversicherung	148
VI. Sach-Gewerbeversicherung	150

A. Allgemeines

I. Vorbemerkung

Bei Fahrzeugdiebstählen, Raubüberfällen auf Kraftfahrer und Verkehrsunfällen sind nicht nur der Schaden wegen des Fahrzeugverlustes, sondern häufig auch der Schaden an weiteren Gegenständen oder deren Verlust zu beklagen. Der Kaskoversicherungsschutz des Fahrzeugs deckt nur den reinen Fahrzeugschaden, nicht jedoch das Reisegepäck oder Gegenstände, die mit dem Fahrzeug befördert wurden, A.2.1.2.3 AKB 2015.[1] 1

Wird das Gepäck des Mitreisenden beschädigt, hat dieser nicht in allen Fällen einen Schadensersatzanspruch gegen den Fahrzeughalter des Fahrzeugs, in dem er mitgenommen wurde. § 8 Nr. 3 StVG schränkt den Haftungsumfang auch hinsichtlich des Gepäcks[2] ein. Bei Gefälligkeitsfahrten kann ein (konkludenter) Haftungsausschluss greifen. Zu prüfen ist, ob der Fahrer aus Verschulden haftet. 2

Der **Direktanspruch** gegen den Kfz-Haftpflichtversicherer des Fahrzeugs bezieht sich nicht auf alle Gegenstände[3], die befördert[4] werden. Durch § 4 Nr. 3 KfzPflVV werden 3

---

1 *Stomper* A.2.1.2.3 AKB Rdn. 55–57.
2 *OLG Saarbrücken* Urt. v. 13.3.2013 – 5 U 342/12, JurionRS 2013, 51993 = DAR 2014, 328 = VersR 2014, 73 mit Anm. *Baumann* VersR 2014, 808 = zfs 2014, 146.
3 *LG Coburg* Beschl. v. 24.07.2008 – 32 S 39/08; Vorinstanz *AG Coburg* Urt. v. 28.03.2008 – 12 C 1005/07, JurionRS 2008, 38162 = zfs 2009, 91 m. Anm. *Rixecker* (Cello); *LG Erfurt* Urt. v. 29.11.2012 – 1 S 102/12, JurionRS 2012, 37576 = VRR 2013, 345 bespr. v. *Nugel* (Laptop).
4 Zur Abgrenzung *BGH* Urt. v. 29.06.1994 – IV ZR 229/93, JurionRS 1994, 15698 = MDR 1995, 44 = NJW-RR 1994, 1302 = NZV 1994, 355 = VersR 1994, 1058 = zfs 1994, 368; *Richter*, Risikoausschlüsse in der Kfz-Versicherung, DAR 2012, 243 ff.

Versicherung von sonstigen Gegenständen

Ausschlüsse[5] zugelassen, die in A.1.5.5 AKB 2015[6] in die Musterbedingungen des GDV übernommen[7] wurden. Somit bleibt es nicht nur für den Fahrer, sondern auch für Insassen von Interesse, sich nach Ersatzmöglichkeiten um zu sehen.

4   Da es regelmäßig um Schadensversicherungen geht, ist bei fehlendem Versicherungsschutz in der Kfz-Haftpflichtversicherung eine **Verweisung**[8] nach § 117 Abs. 3 Satz 2 VVG möglich.

5   Gerade für die Besonderheiten bei **Arbeitsverhältnissen** gewinnt die Versicherung von Gegenständen im Fahrzeug eine zusätzliche Bedeutung. Verschuldet oder erleidet ein Arbeitnehmer als Fahrer auf einer Dienstreise einen Unfall, hat er weder über § 7 Abs. 1 StVG gegen seinen Arbeitgeber als Halter des Fahrzeugs noch über § 831 BGB gegen den Dienstherrn einen Schadensersatzanspruch. Für den Arbeitgeber als Halter sind Schäden des Mitarbeiters Fremdschäden.

6   Ansprüche nach § 7 StVG sind ausgeschlossen, da er selbst beim Betrieb des Fahrzeugs tätig[9] war, § 8 Nr. 2 StVG. Die Dienstherrenhaftung scheidet aus, da der Fahrer schon gegen sich selbst keine Ansprüche haben kann, für die ihn sein Dienstherr freistellen müsste. Entsprechend sind schon mangels Haftpflichtsituation, Haftpflichtansprüche und die Eintrittspflicht des Kfz-Haftpflichtversicherers nicht gegeben.

7   Der Arbeitgeber kann jedoch vielfach vom Fahrer mit einem **arbeitsrechtlichen Aufwendungsersatzanspruch**[10] wegen erlittener Schäden auf der Dienstreise konfrontiert werden. Der Anspruch ist kein Haftpflichtanspruch und daher nicht über die Kfz-Haftpflichtversicherung gedeckt. Mitunter ist der Arbeitgeber dann gehalten, nach arbeitsrechtlichen Maßstäben unter Berücksichtigung der beschränkten Arbeitnehmerhaftung für den Sachschaden Ersatz zu leisten. Der Haftungsausschluss nach den §§ 104 ff. SGB VII betrifft nur den Personenschaden.

8   Die Versicherungswirtschaft bietet – zwar nicht ausschließlich für Kraftfahrzeuge – aber unter besonderer Berücksichtigung von Kraftfahrzeugen weitergehenden Versicherungsschutz aus dem Bereich der Sachversicherung[11] an. Das ist den Verkehrsrechtlern häufig unbekannt.[12] Zudem gibt es immer mehr Versicherer, die in ihre individuellen AKB den Versicherungsschutz für mitgeführte Gegenstände von Fahrern und

---

5   *Kreuter-Lange* § 4 KfzPflVV Rdn. 14..
6   *Kreuter-Lange* A.1.5.5 AKB Rdn. 1 ff.
7   *Richter*, Risikoausschlüsse in der Kfz-Versicherung, DAR 2012, 243 ff.
8   *Kreuter-Lange* § 117 VVG Rdn. 36..
9   *LG Paderborn* Urt. v. 04.02.1988 – 1 S 349/87, NZV 1988, 108 m. Anm. *Greger; Kunschert*, Halterhaftung bei Beschädigung eigner Sachen des Kraftfahrzeugführers, NZV 1989, 61; *LG München I* Urt. v. 19.08.1999 – 19 S 6799/99, DAR 1999, 552 = VersR 2000, 882 = ADAJUR Dok.Nr. 36763 = NZV 1999, 516 m. Anm. *Kunschert*.
10 Himmelreich/*Halm/Steinmeister*, Handbuch des Fachanwalts Verkehrsrecht, Kap. 36, Rn. 41.
11 Halm/Engelbrecht/Krahe/*Fajen*, Handbuch des Fachanwalts Versicherungsrecht, Kap. 17. Rn. 4.
12 *Knappmann*, Versicherungsschutz für Sachen im Kfz, VRR 2010, 49 ff.

sonstigen Insassen aufnehmen. Die Musterbedingungen des GDV enthalten hierzu (noch) keine Empfehlungen.

Insbesondere in Fällen der Allein- oder Mithaftung bei Verkehrsunfällen, aber auch in Diebstahls- und Brandschadensfällen ist es für die umfassende anwaltliche Beratung wichtig, Fragen nach ergänzendem Versicherungsschutz auch außerhalb der AKB zu stellen. Die individuellen[13] AKB sollten zudem darauf geprüft werden, ob bereits dort eine Versicherung von Gegenständen der Insassen mitvereinbart wurde. 9

II. Abgrenzung

Versicherungsschutz für Fahrzeugteile und Fahrzeugzubehör[14] besteht bereits nach den A.2.1.2 bis A.2.1.2.2 AKB 2015 in der Kaskoversicherung. 10

Für andere als diese Gegenstände gibt es spezielle Versicherungslösungen, die gerade beim Fahrzeugdiebstahl, beim Diebstahl aus Fahrzeugen, beim Fahrzeugbrand, aber auch beim Verkehrsunfall weiteren Schutz bieten. Insbesondere für den privaten Bereich spielt die Reisegepäckversicherung eine bedeutende Rolle. Für den gewerblichen Bereich ist zudem die Autoinhaltsversicherung von Interesse. 11

Abzugrenzen sind die Reisegepäck- und die Autoinhaltsversicherung von der Transportversicherung nach den §§ 130 ff. VVG. Bei der Transportversicherung liegt das Schwergewicht auf der Güterbeförderung. 12

Des Weiteren ist die Reisegepäckversicherung von der Hausratversicherung abzugrenzen. Die wirtschaftliche Bedeutung der Reisegepäckversicherung hat wohl mit Blick auf die Hausratversicherung[15] abgenommen, da das Reisegepäck Bestandteil des Hausrats sein kann. Die Reisegepäckversicherung lässt sich jedoch nicht[16] durch die Hausratversicherung ersetzen. Zudem integrieren Kfz-Versicherer vermehrt Elemente der Gepäckversicherung in ihre erweiterten AKB. 13

B. Reisegepäckversicherung

Die Reisegepäckversicherung ist ein Baustein der Reiseversicherung. Den Reiseversicherungen wird nach Verbandsempfehlung ein allgemeiner Teil vorangestellt und gilt somit nicht nur für die Reisegepäck-, sondern z. B. auch für die Reisekranken-, Reiserücktritt- und Reiseabbruchversicherung. 14

Nachstehend ist daher auf den AT-Reise 2008 und die VB-Reisegepäck 2008 einzugehen.

---

13 *Heinrichs*, Synopse der für das Versicherungsrecht im Verkehrsrechtbedeutsamsten Auswirkungen der VVG Reform, zfs 2009,187.
14 *Stomper* A.2.1.2 AKB Rdn. 1–54.
15 *Staudinger*/Halm/Wendt, FAK-VersR, Vorbem. VB-Reisegepäck 2008, Rn. 1.
16 Halm/Engelbrecht/Krahe/*Fajen*, Handbuch des Fachanwalts Versicherungsrecht, Kap. 17. Rn. 3.

Versicherung von sonstigen Gegenständen

(AT-Reise 2008)
Allgemeiner Teil der Versicherungsbedingungen für die Reiseversicherung 2008[17]
Unverbindliche Bekanntgabe des Gesamtverbandes der Deutschen Versicherungswirtschaft e. V. (GDV) zur fakultativen Verwendung. Abweichende Vereinbarungen sind möglich.

Stand: Januar 2008

Anmerkung: Baukastensystem: Formulierung beispielhaft und nicht abschließend. Mit * gekennzeichnete Punkte zur individuellen Regelung des verwendenden VU.

1. Versicherte Personen/Versicherungsnehmer

1.1 Versicherte Personen sind die im Versicherungsschein namentlich genannten Personen oder der im Versicherungsschein beschriebene Personenkreis.

1.2 Versicherungsnehmer ist der Vertragspartner des Versicherers.

2. Versicherte Reise/Geltungsbereich

2.1 bei der Versicherung für eine Reise

Versicherungsschutz besteht für die jeweils versicherte Reise/das versicherte Arrangement im vereinbarten Geltungsbereich.

2.2 bei der Jahresversicherung

2.2.1 Versicherungsschutz gilt für beliebig viele Reisen, die innerhalb eines Versicherungsjahres angetreten werden.

2.2.2 ...

2.2.3 Versicherungsschutz besteht je versicherter Reise für ...... * Tage. Bei einer längeren Reisedauer besteht der Versicherungsschutz nur für die ersten ...... Tage.

2.2.4 Versicherungsschutz besteht für alle Reisen weltweit, sofern die Entfernung zwischen dem Wohnsitz des Versicherungsnehmers/der versicherten Person und dem Zielort mehr als ...... km beträgt. Wege von und zur Arbeitsstätte der versicherten Person gelten nicht als Reise.

2.2.5 Als eine Reise gelten alle Reisebausteine und Einzelreiseleistungen, die zeitlich und örtlich aufeinander abgestimmt genutzt werden. Die Reise wird mit Inanspruchnahme der ersten Teil-/Leistung insgesamt angetreten und endet mit der Nutzung der letzten Teil-/Leistung.

15 Was eine Reise ist, wird in den Bedingungen nicht definiert.[18] Der **Begriff der Reise** ist daher weit auszulegen, zumal eine begriffliche Einschränkung nur über 2.2.4 Satz 2

---

17 Wiedergabe in Auszügen, soweit sie für die Reisegepäckversicherung relevant sind..
18 Prölss/Martin/*Knappmann* Nr. 2 AT-Reise 2008, Rn. 5.

erfolgt. Auf den Zweck der Reise, ob Urlaubs-, Geschäfts- oder sonstige Reise, kommt es nicht an. Als Reise gilt auch eine Fahrt vom Hauptwohnsitz zur Ferienwohnung als Zweitwohnsitz. Die beabsichtigte Dauer der Reise ist gleichgültig, sodass selbst Kurz- und Tagesreisen hierunter fallen.

Bei einer aus mehreren Bestandteilen[19] gebuchten Reise gilt diese als eine Reise. Bei se- 16 parater Buchung jeder einzelnen Reiseleistung, ist diese jeweils als eine Reise[20] anzusehen. Bei Einzelreisen mit Kraftfahrzeugen kann es sich insbesondere um Urlaubsreisen handeln, bei denen der Versicherte selbst mit dem Fahrzeug zum Urlaubsort anreist oder am Urlaubsort einen Mietwagen nutzt.

Bei der Jahresversicherung sind beliebig viele Geschäfts- und Urlaubsreisen versichert. 17 Problematisch ist, dass nach der Klausel der Weg von und zur Arbeitsstätte nicht als Reise gilt. Gemeint ist der beruflich bedingte Weg vom Wohnsitz zum Arbeitsplatz.[21] Nach der Zweckbestimmung soll damit aber wohl nur der tägliche[22] Weg zum Arbeitsplatz nicht als Reise aufgefasst werden. Zu Recht wird daher der Ausschluss als nicht hinreichend deutlich[23] erachtet, wenn die Fahrt in unmittelbaren Anschluss zu einer Urlaubs- oder Geschäftsreise steht. Nicht nur für Außendienstler[24] droht eine Abgrenzungsproblematik. Für **Wochenendpendlern**, die zum Wochenbeginn vom Hauptwohnsitz unmittelbar zur Arbeitsstelle fahren, ohne zuvor noch die Zweitwohnung aufzusuchen, muss dies umso mehr gelten. Sie wären trotz der längeren Anfahrt benachteiligt. Es kommt bei den Berufspendlern hinzu, dass gerade zu Anfang und Ende der Arbeitswoche mehr Gepäck mitgenommen wird.

Eine Mindestentfernung wird nur für die Jahresversicherung verlangt. Üblicherweise 18 werden 50 km[25] veranschlagt. Im Gegensatz zur Autoschutzbriefversicherung in A.3.6 AKB 2015 orientiert sich die Entfernung weder am ständigen Wohnsitz noch an der Luftlinie zum Wohnsitz. Die Reiseentfernung ist daher nach hiesigem Verständnis so zu bemessen, wie sie auf zumutbar **kürzestem Weg mit dem gewählten Verkehrsmittel** zu erreichen ist. Bei Kraftfahrzeugen sind die für den Fahrzeugverkehr vorgesehenen Straßen maßgebend. Sind einzelne Straßen z. B. für Wohnmobile/Wohngespanne wegen ihrer Fahrzeugabmessungen oder wegen ihres Fahrzeuggewichtes nicht befahrbar, ist der erforderliche »Umweg« in die Entfernungsberechnung einzubeziehen. Jahreszeitlichen Besonderheiten (Wintersperre) ist ebenfalls Rechnung zu tragen. **Abzulehnen** ist

---

19 *OLG Saarbrücken* Urt. v. 14.04.1999 – 5 U 855/98-76, JurionRS 1999, 32179 = NVersZ 2000, 381 = VersR 1999,1367 = NJW-RR 1999, 1404; *AG Bonn* Urt. v. 30.06.1998 – 16 C 72/98, JurionRS 1998, 32593 = VersR 1999, 1491.
20 *LG Hagen* Urt. v. 25.01.2012 – 10 O 195/11, JurionRS 2012, 22999 = NJW-RR 2012, 936.
21 *Staudinger*/Halm/Wendt, FAK-VersR, Nr. 2 AT-Reise 2008, Rn. 5.
22 Unklar: van Bühren/*Nies*, Reiseversicherung, Nr. 2 AT-Reise, Rn. 49.
23 Prölss/Martin/*Knappmann* Nr. 2 AT-Reise 2008, Rn. 8.
24 *Staudinger*/Halm/Wendt, FAK-VersR, Nr. 2 AT-Reise 2008, Rn. 5.
25 Prölss/Martin/*Knappmann* Nr. 2 AT-Reise 2008, Rn. 5.

daher die Auffassung,[26] wonach zur Vermeidung von Unklarheiten die **Luftlinie** zwischen Wohnsitz und Ziel der Reise zu messen sei. Dem Verwender ist es unbenommen, die Luftlinie als Kriterium in den Bedingungstext aufzunehmen, sollte ihm an Klarheit gelegen sein.

19 Erstreckt sich die Reise bei einer Jahresversicherung über den Jahreswechsel, ist eine Anschlussversicherung[27] erforderlich. Ansonsten verlängert sich der Versicherungsschutz nach 4.2.3.

3. Prämie: Zahlung und Folgen verspäteter Zahlung

3.1 bei der Versicherung für eine Reise

3.1.1 Die Prämie ist sofort nach Abschluss des Versicherungsvertrages fällig und bei Aushändigung des Versicherungsscheines zu bezahlen.

3.1.2 Ist die Prämie zur Zeit des Eintritts des Versicherungsfalles noch nicht bezahlt, so ist der Versicherer von der Verpflichtung zur Leistung frei, es sei denn, der Versicherungsnehmer hat die Nichtzahlung nicht zu vertreten. Der Versicherer ist nur leistungsfrei, wenn er den Versicherungsnehmer durch gesonderte Mitteilung in Textform oder durch einen auffälligen Hinweis im Versicherungsschein auf diese Rechtsfolge der Nichtzahlung der Prämie aufmerksam gemacht hat.

3.2 bei der Jahresversicherung

3.2.1 Erste Prämie

3.2.1.1 Die erste Prämie ist gegen Aushändigung des Versicherungsscheines zu bezahlen. Ist die Zahlung der Jahresprämie in Raten vereinbart, gilt als erste Prämie nur die erste Rate der ersten Jahresprämie.

3.2.1.2 Ist die die erste Prämie bei Eintritt des Versicherungsfalles nicht gezahlt, ist der Versicherer nicht zur Leistung verpflichtet es sei denn, der Versicherungsnehmer hat die Nichtzahlung nicht zu vertreten. Der Versicherer ist nur leistungsfrei, wenn er den Versicherungsnehmer durch gesonderte Mitteilung in Textform oder durch einen auffälligen Hinweis im Versicherungsschein auf diese Rechtsfolge der Nichtzahlung der Prämie aufmerksam gemacht hat.

3.2.1.3 Zahlt der Versicherungsnehmer die erste Prämie nicht rechtzeitig, kann der Versicherer vom Vertrag zurücktreten, solange die Prämie nicht gezahlt ist. Der Versicherer kann nicht zurücktreten, wenn der Versicherungsnehmer nachweist, dass er die Nichtzahlung nicht zu vertreten hat.

3.2.2 Folgeprämie

---

26 Van Bühren/*Nies*, Reiseversicherung, Nr. 2 AT-Reise, Rn. 48; Looschelders/Pohlmann/Benzenberg, VVG-Kommentar, Anh. N, Rn. 8.
27 Van Bühren/*Nies*, Reiseversicherung, Nr. 2 AT-Reise, Rn. 53.

3.2.2.1 Die Folgeprämien werden zu dem jeweils vereinbarten Zeitpunkt fällig. Die Zahlung gilt als rechtzeitig, wenn sie zu dem im Versicherungsschein oder in der Prämienrechnung angegebenen Zeitpunkt erfolgt.

3.2.2.2 Wird eine Folgeprämie nicht rechtzeitig gezahlt, kann der Versicherer dem Versicherungsnehmer auf dessen Kosten in Textform eine Zahlungsfrist bestimmen, die mindestens zwei Wochen betragen muss. Die Bestimmung ist nur wirksam, wenn sie die rückständigen Beträge der Prämie, Zinsen und Kosten im Einzelnen beziffert und die Rechtsfolgen angibt, die mit dem Fristablauf verbunden sind.

3.2.2.3 Ist der Versicherungsnehmer nach Ablauf dieser Zahlungsfrist noch mit der Zahlung in Verzug, besteht ab diesem Zeitpunkt bis zur Zahlung kein Versicherungsschutz, wenn er mit der Zahlungsaufforderung nach Ziffer 3.2.2 darauf hingewiesen worden ist.

3.2.2.4 Ist der Versicherungsnehmer nach Ablauf dieser Zahlungsfrist noch mit der Zahlung in Verzug, kann der Versicherer den Vertrag ohne Einhaltung einer Frist kündigen, wenn der Versicherungsnehmer mit der Zahlungsaufforderung nach Ziffer 3.2.2.2 darauf hingewiesen worden ist.

Hat der Versicherer gekündigt und zahlt der Versicherungsnehmer danach innerhalb eines Monats den angemahnten Betrag, besteht der Vertrag fort. Für Versicherungsfälle, die zwischen dem Zugang der Kündigung und der Zahlung eingetreten sind, besteht jedoch kein Versicherungsschutz.

4. Beginn und Ende des Versicherungsschutzes

4.1 ...

4.2 In den übrigen Versicherungssparten

4.2.1 beginnt der Versicherungsschutz mit dem vereinbarten Zeitpunkt, frühestens mit dem Antritt der versicherten Reise und

4.2.2 endet mit dem vereinbarten Zeitpunkt, spätestens jedoch mit Beendigung der versicherten Reise;

4.2.3 verlängert sich über den vereinbarten Zeitpunkt hinaus, wenn sich die planmäßige Beendigung der Reise aus Gründen verzögert, die die versicherte Person nicht zu vertreten hat.

Grundsätzlich beginnt der Versicherungsschutz mit dem Verlassen der Wohnung[28] zum sofortigen[29] Aufbruch. Abgrenzungsschwierigkeiten ergeben sich bei der Reisegepäckversicherung, wenn dann **nicht sofort** mit dem Fahrzeug **weggefahren**[30] wird.

20

---

28 Terbille/Höra/*Gebert*/Steinbeck Münchner Anwaltshandbuch, Kap. 30, Rn. 142.
29 Van Bühren/*Nies*, Nr. 4 AT-Reise 2008, Rn. 63.
30 *LG Potsdam* Urt. v. 30.10.2001 – 3 S 161/01, ADAJUR Dok.Nr. 51585 = r + s 2002, 430 =

Versicherung von sonstigen Gegenständen

21 Hat der Versicherungsnehmer mehrere Gepäckstücke einzuladen, gelingt dies nicht immer mit einem Gang zum Fahrzeug. Muss er mehrere einzelne Beladevorgänge vornehmen, beginnt der Versicherungsschutz bereits bei der ersten Teilbeladung des Fahrzeugs. Gleiches gilt beim Entladen am Ankunftsort.[31]

22 Wird das Fahrzeug nur vorbeladen, um in der Nacht oder am nächsten Tag die Reise anzutreten, soll dies noch keinen Reiseantritt darstellen. Davon ist grundsätzlich auszugehen, wenn es im Belieben des Versicherungsnehmers steht, wann er das Fahrzeug belädt.

23 M. E. ist jedoch beim Vorliegen besonderer Umstände, auf die der Versicherungsnehmer keinen Einfluss mehr hat, anders zu entscheiden. So hat der Versicherungsnehmer teilweise rechtlich keine andere Wahl, das Fahrzeug zu bestimmten Uhrzeiten in einer Ladezone[32] zu Be- oder Entladen. Fehlt es an Parkplätzen in unmittelbarer Nähe zur Wohnung, stellen sich tatsächliche Probleme. Das Tragen von Handgepäck[33] über größere Strecken wird man bei gesunden Menschen noch als zumutbar ansehen müssen. Handelt es sich um schwere Koffer ohne Rollen oder ist das Beladen witterungsbedingt erschwert (angekündigter Regen, vereiste oder schneebedeckte Wege), schützt das vorzeitige Verladen das Gepäck vor Schäden.

24 In allen Fällen beruht der nicht sofortige Antritt der Fahrt auf einer Risikoabwägung. Der Versicherungsnehmer der bei Blitzeis oder Nebel[34] die Fahrt verschiebt, geht zwar die entfernt liegende Gefahr ein, dass das Fahrzeug von Dieben entladen wird, schützt aber zugleich sein Gepäck und sich selbst vor erhöhter Unfallgefahr. M. E. hat der Versicherungsnehmer keinesfalls das Risiko einzugehen, außerhalb der zulässigen Ladezeiten wegen einer Ordnungswidrigkeit belangt zu werden, um seinen Versicherungsschutz in der Reisegepäckversicherung zu erhalten. Zu Recht weist *Staudinger*[35] darauf hin, dass dem Versicherer erlaubt sein müsse, vor der unmittelbaren Abfahrt noch einmal die Toilette aufzusuchen. Es handele sich ansonsten um einen Wertungswiderspruch, indem er erst dann Versicherungsschutz erlangen könne, wenn er zunächst losfahren müsse um sofort umzukehren. Neben dem persönlichen Wohl der Reisenden, dürfte auch hier das geringere Unfallrisiko – sogar für das Reisegepäck – bei entspannt begonnener Fahrt für einen Einbezug des Versicherungsschutzes sprechen. Schließlich dürfte dies risikoärmer sein, als wenn der Versicherungsnehmer losfährt, um kurz danach an einem – eher unsicheren – Platz einen Pausenstopp einzulegen.

25 Liegt der unmittelbare Reiseantritt jedoch im Einflussbereich des Versicherungsnehmers bzw. tritt er wegen fehlerhafter Planung die Reise erst später an, besteht kein Ver-

---

VersR 2002, 1554 (Ls.); Terbille/Höra/*Gebert/Steinbeck* Münchner Anwaltshandbuch, Kap. 30, Rn. 144.
31 Prölss/Martin/*Knappmann* Nr. 4 AT-Reise 2008, Rn. 9.
32 Zusatzzeichen zu Zeichen 286; Lfd. Nr. 63 zu Anl. 2 StVO.
33 *OLG Hamm* Urt. v. 24.02.1953 – (1) 2 Ss 883/52, DAR 1953, 138.
34 Ablehnend *AG Hannover* Urt. v. 09.11.1989 – Az.: 509 C 6571/89, VersR 1990, 1236.
35 *Staudinger*/Halm/Wendt, FAK-VersR, Nr. 4 AT-Reise 2008, Rn. 6.

sicherungsschutz.[36] Dies gilt auch dann, wenn er das beladene Fahrzeug länger als notwendig[37] zurücklässt, um noch ein Portemonnaie zu holen, sich dann aber aufhalten lässt. Wurde dagegen die eigentliche Reise angetreten, aber nur durch einen Zwischenstopp an der Arbeitsstelle[38] unterbrochen, um sofort weiterfahren zu können, hat der Stopp untergeordnete Bedeutung. Die Reise beginnt somit nicht erst nach Ende der Unterbrechung.

5. Ausschlüsse

Nicht versichert sind die Gefahren*

5.1 des Krieges, Bürgerkrieges oder kriegsähnlicher Ereignisse und solche, die sich unabhängig vom Kriegszustand aus der feindlichen Verwendung von Kriegswerkzeugen sowie aus dem Vorhandensein von Kriegswerkzeugen als Folge einer dieser Gefahren ergeben;

5.2 von Streik, Aussperrung, Arbeitsunruhen, terroristischen oder politischen Gewalthandlungen, unabhängig von der Anzahl der daran beteiligten Personen, Aufruhr und sonstigen bürgerlichen Unruhen;

5.3 der Beschlagnahme, Entziehung oder sonstiger Eingriffe von hoher Hand;

5.4 aus der Verwendung von chemischen, biologischen, biochemischen Substanzen oder elektromagnetischen Wellen als Waffen mit gemeingefährlicher Wirkung, und zwar ohne Rücksicht auf sonstige mitwirkende Ursachen;

5.5 der Kernenergie oder sonstiger ionisierender Strahlung;

5.6 von Pandemien.

6. Obliegenheiten nach Eintritt des Versicherungsfalles

6.1 Der Versicherungsnehmer/die versicherte Person ist verpflichtet*,

6.1.1 den Schaden möglichst gering zu halten und unnötige Kosten zu vermeiden;

6.1.2 den Schaden dem Versicherer unverzüglich anzuzeigen, insbesondere
 – das Schadenereignis und den Schadenumfang darzulegen,
 – dem Versicherer jede zumutbare Untersuchung über Ursache und Höhe ihrer Leistungspflicht zu gestatten,
 – jede sachdienliche Auskunft wahrheitsgemäß zu erteilen,
 – Originalbelege einzureichen und
 – …

---

36 *LG Potsdam* Urt. v. 30.10.2001 – Az.: 3 S 161/01, ADAJUR Dok.Nr. 51585 = r+s 2002, 430 = VersR 2002, 1554 (Ls.); Vorinstanz *AG Potsdam* Urt. v. 11.04.2001 – 36 C 292/00, ADAJUR Dok.Nr. 52158 = NVersZ 2002, 515 (Füttern und Windelwechseln vor Antritt des Skiurlaubs).
37 *AG Cottbus* Urt. v. 10.01.2005 – 40 C 44/04, JurionRS 2005, 32411 = VersR 2005, 1388.
38 *Knappmann* Versicherungsschutz für Sachen im Kfz, VRR 2010, 49 ff.

6.2 Rechtsfolgen bei Obliegenheitsverletzungen

6.2.1 Verletzt der Versicherungsnehmer/die versicherte Person vorsätzlich eine Obliegenheit, die er nach Eintritt des Versicherungsfalls gegenüber dem Versicherer zu erfüllen hat, so ist der Versicherer von der Verpflichtung zur Leistung frei.

6.2.2 Bei grob fahrlässiger Verletzung der Obliegenheit ist der Versicherer berechtigt, seine Leistung in dem Verhältnis zu kürzen, das der Schwere des Verschuldens des Versicherungsnehmers/der versicherten Person entspricht. Das Nichtvorliegen einer groben Fahrlässigkeit hat der Versicherungsnehmer/die versicherte Person zu beweisen.

6.2.3 Außer im Falle der Arglist ist der Versicherer jedoch zur Leistung verpflichtet, soweit der Versicherungsnehmer/die versicherte Person nachweist, dass die Verletzung der Obliegenheit weder für den Eintritt oder die Feststellung des Versicherungsfalles noch für die Feststellung oder den Umfang der Leistungspflicht des Versicherers ursächlich ist.

6.2.4 Verletzt der Versicherungsnehmer/die versicherte Person eine nach Eintritt des Versicherungsfalles bestehende Auskunfts- oder Aufklärungsobliegenheit, so ist der Versicherer nur dann vollständig oder teilweise leistungsfrei, wenn er den Versicherungsnehmer/die versicherte Person durch gesonderte Mitteilung in Textform auf diese Rechtsfolge hingewiesen hat.

7. Ansprüche gegen Dritte

7.1 Ersatzansprüche gegen Dritte gehen im gesetzlichen Umfang bis zur Höhe der geleisteten Zahlung auf den Versicherer über.

7.2 Sofern erforderlich, ist der Versicherungsnehmer/die versicherte Person verpflichtet, in diesem Umfang eine Abtretungserklärung gegenüber dem Versicherer abzugeben.

7.3 Der Versicherungsnehmer/die versicherte Person hat seinen/ihren Ersatzanspruch oder ein zur Sicherung dieses Anspruchs dienendes Recht unter Beachtung der geltenden Form- und Fristvorschriften zu wahren und bei dessen Durchsetzung durch den Versicherer soweit erforderlich mitzuwirken.

7.4 Richtet sich der Ersatzanspruch des Versicherungsnehmers/der versicherten Person gegen eine Person, mit der er bei Eintritt des Schadens in häuslicher Gemeinschaft lebt, kann der Übergang nach Absatz 1 nicht geltend gemacht werden, es sei denn, diese Person hat den Schaden vorsätzlich verursacht.

26 Die Klausel wiederholt in Nr. 7.1 den gesetzlichen Forderungsübergang nach § 86 Abs. 1 Satz 1 VVG. Die Nr. 7.2 hat in Ansehung eines gesetzlichen Forderungsübergangs grundsätzlich keine eigenständige Bedeutung, dient aber der besseren Durchsetzung[39] von Regressansprüchen.

---

39 Van Bühren/*Nies*, Nr. 7 AT-Reise 2008, Rn. 128.

Möglicherweise[40] übersehen wurde offenbar, dass dem Versicherungsnehmer nach 27
§ 86 Abs. 1 Satz 2 VVG ein **Quotenvorrecht** zusteht. Haftet der Versicherte bei Beschädigung seines Reisegepäcks insbesondere bei Straßenverkehrsunfällen mit, geht auf den Versicherer wie bei der Fahrzeugversicherung nur ein Teil über. Das Quotenvorrecht kommt in der Praxis häufig zum Tragen, da ähnlich A. 2.5.8 AKB 2015 bei der Fahrzeugversicherung[41] auch nach Nr. 7 VB-Reisegepäck 2008 häufig ein Selbstbehalt vorgesehen ist.

8. Zahlung der Entschädigung
Ist die Leistungspflicht des Versicherers dem Grunde und der Höhe nach festgestellt, wird die Entschädigung innerhalb von zwei Wochen ausgezahlt. Einen Monat nach Anzeige des Schadens kann als Abschlagszahlung der Betrag verlangt werden, der nach Lage der Sache mindestens zu zahlen ist.

9. Verjährung

9.1 Die Ansprüche aus dem Versicherungsvertrag verjähren in drei Jahren gerechnet ab dem Ende des Jahres, in welchem der Anspruch entstanden ist und der Versicherungsnehmer/die versicherte Person von den Umständen zur Geltendmachung des Anspruch Kenntnis erlangt hat oder ohne grobe Fahrlässigkeit hätte Kenntnis erlangen können.

9.2 Ist ein Anspruch aus dem Versicherungsvertrag bei dem Versicherer angemeldet worden, zählt der Zeitraum von der Anmeldung bis zum Zugang der in Textform mitgeteilten Entscheidung des Versicherers beim Anspruchsteller bei der Fristberechnung nicht mit.

10. Inländische Gerichtsstände/Anwendbares Recht

10.1 Gerichtsstand für Klagen gegen den Versicherer ist der Sitz des Versicherungsunternehmens oder der Wohnsitz des Versicherungsnehmers in Deutschland.

10.2 Soweit gesetzlich zulässig, gilt deutsches Recht.

11. Anzeigen und Willenserklärungen

11.1 Anzeigen und Willenserklärungen des Versicherungsnehmers/der versicherten Person und des Versicherers bedürfen der Textform (z. B. Brief, Fax, E-Mail), soweit nicht ausdrücklich etwas anderes bestimmt ist.

11.2 Versicherungsvermittler sind zur Entgegennahme von Anzeigen und Willenserklärungen nicht bevollmächtigt.

---

40 *Staudinger*/Halm/Wendt, FAK-VersR, Nr. 7 AT-Reise 2008, Rn. 1.
41 Zum Quotenvorrecht in der Fahrzeugversicherung siehe *Stomper* A.2.5.8 AKB Rdn. 13–44.

Versicherung von sonstigen Gegenständen

(VB-Reisegepäck 2008)
Besondere Versicherungsbedingungen für die Reisegepäckversicherung 2008
Musterbedingungen des GDV
(Stand: Januar 2008)
*Baukastensystem: Formulierung beispielhaft und nicht abschließend. Mit * gekennzeichnete Punkte zur individuellen Regelung des verwendenden VU.

1 Versicherte Sachen

Zum Reisegepäck zählen alle Sachen des persönlichen Reisebedarfs des Versicherungsnehmers/der versicherten Person, einschließlich Sportgeräte, Geschenke und Reiseandenken.

28   Die Klausel definiert den Begriff Reisegepäck, um eine Eingrenzung zu sonstigen Sachen des Versicherungsnehmers vorzunehmen. Dabei bleibt das Reisegepäck weit gefasst und beschränkt sich nicht nur auf Taschen und Koffer als Behältnisse[42] für Gegenstände. Genauso gut fallen z. B. Rucksäcke, Körbe und Kartons darunter. Weitere Klarstellungen erhält der Begriff durch die Ausschlüsse und Einschränkungen zum Versicherungsschutz in Nr. 3.1 und 3.2.

29   Der versicherungsrechtliche Begriff des Reisebedarfs ist in den Bedingungen nicht definiert. Ein Rückgriff auf § 2 Abs. 2 LadSchlG ist dagegen zu eng, da im Vordergrund der gesetzlichen Regelung nur Sachen stehen, die überwiegend unmittelbar während der Fahrt genutzt oder verbraucht[43] werden. Zum persönlichen Reisebedarf gehören alle Sachen, die während der Reise **verbraucht oder benutzt** werden könnten. Auf die tatsächliche Benutzung kommt es nicht[44] an. Nimmt der Reisende in den Sommerurlaub seine Skiausrüstung mit, um sich die Option offen zu halten, ein Sommerskigebiet zu besuchen, ist diese mitversichert.

30   Erwirbt der Versicherte dagegen **auf der Reise Kleidung**, um sie nach dem Urlaub zu Hause zu tragen, handelt es sich nicht[45] mehr um persönlichen Bedarf für die Reise. Anders ist es, wenn sie noch auf der Reise verwendet werden soll.

31   Die persönlichen Gegenstände müssen nicht[46] zwangsläufig im **Eigentum** des Versicherten stehen.

---

42   So schon *RG* Urt. v. 13.01.1923 – I 76/22, RGZ 104, 194 = JurionRS 1923, 10015.
43   *BVerwG* Urt. v. 23.02.2011 – 8 C 50.09, JurionRS 2011, 15889 = BayVBl 2012, 281 = NVwZ 2011, 1142 = NZV 2011, 565; *BGH* Urt. v. 23.03.1995 – I ZR 92/93, MDR 1995, 1230 = NJW 95, 2168.
44   *van Bühren*/Nies, Nr. 1 VB-Reisegepäck 2008, Rn. 25; Terbille/Höra/*Gebert*/*Steinbeck* Münchner Anwaltshandbuch, Kap. 30, Rn. 150.
45   *LG Düsseldorf* Urt. v. 26.02.1988 – 20a S 214/87, JurionRS 1988, 13737 = MDR 1989, 360 = VersR 1989, 42 = ADAJUR Dok.Nr. 41062.
46   Halm/Engelbrecht/Krahe/*Fajen*, Handbuch des Fachanwalts Versicherungsrecht, Kap. 17. Rn. 8; Terbille/Höra/*Gebert*/*Steinbeck* Münchner Anwaltshandbuch, Kap. 30, Rn. 150.

Nicht zum persönlichen Reisebedarf zählen **Umzugsgut**[47], sowie Gepäckstücke oder 32
Sachen, die der Versicherte für eine andere Person[48] mitnimmt. Hierbei handelt es
sich um einen Transport zum Nutzen eines Dritten.

Nach früheren Bedingungsmustern[49] gehörten nicht zum persönlichen Reisebedarf Ge- 33
genstände, die ausschließlich[50] beruflichen Zwecken dienten. Wurden sie privat mitbenutzt,[51] schadete die mehrfache Verwendungsmöglichkeit nicht. Diese Einschränkungen des Versicherungsschutzes sind in den neuen Musterbedingungen nicht
mehr enthalten, werden teilweise jedoch weiter verwendet. **Heute**[52] hingegen ist die
Mitnahme persönlicher Gegenstände zur **beruflichen Nutzung** vom Versicherungsschutz nach den VB-Reise 2008 umfasst.

Kleidung, Medikamente und Toilettenartikel gehören regelmäßig zum persönlichen 34
Reisebedarf. Dagegen seien Sachen aus der Zweitwohnung, die in die Hauptwohnung
transportiert werden, um dort genutzt zu werden, kein[53] Reisebedarf. Zumindest bei
der Kleidung des Wochenendpendlers, die lediglich von der Zweitwohnung in die
Hauptwohnung transportiert wird, um dort gewaschen zu werden, muss das anders[54]
gesehen werden. Die Kleidung wurde bereits beim Reiseaufenthalt genutzt und befindet sich nur auf der Rückreise.

Der Auffassung ist zuzustimmen,[55] dass allgemein verwendbares Werkzeug zum Reise- 35
gepäck zu zählen ist, wenn beabsichtigt ist, am Reiseziel im Ferienhaus[56] oder bei Verwandten Arbeiten durchzuführen.

Übliches **Pannenwerkzeug** und **Fahrzeugzubehör**, wie Verbandskasten, Abschleppseil, 36
Ersatzlampen, Warndreieck, Warnleuchte und Schneeketten sind kein[57] persönlicher

---

47 *RG* Urt. v. 13.01.1923 – I 76/22, RGZ 104, 194 = JurionRS 1923, 10015; *van Bühren*/*Nies*, Nr. 1 VB-Reisegepäck 2008, Rn. 37.
48 *AG München* Urt. v. 11.04.1997 – 173 C 23610/95, NVersZ 1999, 41 = ADAJUR Dok.Nr. 33406 (Klägerin legt Belege für Herrenbekleidung vor).
49 § 1 Nr. 2 Satz 3 AVBR 1992; darauf wohl noch abzielend Terbille/Höra/*Gebert*/*Steinbeck* Münchner Anwaltshandbuch, Kap. 30, Rn. 151.
50 *AG München* Urt. v. 23.11.1995 – 252 C 23469/95, VersR 1996, 708 = ADAJUR Dok.Nr. 8149 (Berufsfotograf).
51 *OLG Hamm* Urt. v. 15.05.1996 – Az.: 20 U 11/96, NJW-RR 1996, 1374 = zfs 1997, 29 = VersR, 965 = ZAP EN-Nr. 905/1996 = ADAJUR Dok.Nr. 11891 (Fotoausrüstung).
52 Prölss/Martin/*Knappmann* Nr. 1 VB-Reisegepäck 2008, Rn. 5; Looschelders/Pohlmann/ *Benzenberg*, VVG-Kommentar, Anh. N, Rn. 11.
53 *LG München I* Urt. v. 26.06.1990 – 28 O 720/90, VersR 1991, 690 (Ls.) = zfs 1991, 283 (Ls.) = ADAJUR Dok.Nr. 1648.
54 So aber *van Bühren*/*Nies*, Nr. 1 VB-Reisegepäck 2008, Rn. 36.
55 Staudinger/Halm/Wendt, FAK-VersR, Nr. 1 VB-Reisegepäck 2008, Rn. 5; Prölss/Martin/ *Knappmann* Nr. 1 VB-Reisegepäck 2008, Rn. 3, 5; Halm/Engelbrecht/Krahe/*Fajen*, Handbuch des Fachanwalts Versicherungsrecht, Kap. 17. Rn. 10.
56 *AG Dortmund* Beschl. v. 15.09.1987 – 128 C 425/87, r+s 1989, 129.
57 *OLG Karlsruhe* Urt. v. 02.04.1987 – 12 U 191/86, JurionRS 1987, 14050 = NJW-RR 1997,

Versicherung von sonstigen Gegenständen

Reisebedarf. Dieses ist in der Fahrzeugversicherung[58] versicherbar, A.2.1.2.1b AKB 2015.

37 Führt der Versicherte **weiteres Werkzeug**[59] mit, um eine etwaige Panne des Fahrzeugs auf der Reise selbst beheben zu können, kann es sich ausnahmsweise um persönlichen Reisebedarf handeln.

38 Zum Fahrzeugzubehör gehören **fest eingebaute Navigationsgeräte** nach A.2.1.2.2a AKB 2015. Folglich sind sie kein Reisegepäck.

39 **Mobile Navigationsgeräte** sind dagegen vom Versicherungsschutz nach A.2.1.2.3 AKB 2015[60] in der Fahrzeugversicherung ausgeschlossen.[61] Dies bedeutet allerdings nicht, dass sie deswegen in der Reisegepäckversicherung versichert sein müssten. Sie sind jedoch prädestiniert für die Nutzung auf der Reise. Dem entsprechend gehören sie wie der Autoatlas[62] zum Reisebedarf.

40 Tragbare **Kühlboxen** – auch mit 12 Volt-Zigarettenanzünderanschluss – sind kein mitversichertes Fahrzeugzubehör[63] nach A.2.1.2.3 AKB 2015, da sie auch außerhalb des Fahrzeugs verwendet werden können. Sie kommen allerdings als Reisegepäck in Betracht.

41 **Kindersitze** sind bereits nach A.2.1.1 i. V. m. A.2.1.2.1f AKB 2015[64] mitversichert. Sie sollen zudem in den Versicherungsschutz der Reisegepäckversicherung mit einbezogen sein, wenn sie nicht[65] ausschließlich als Kfz-Zubehör Verwendung finden. Denkbar wäre eine Unterscheidung von Sitzerhöhungen, die nur für das Fahrzeug angepasst sind zu Babyschalen und Kindersitzsystemen, in denen das Kind ohne Fahrzeug sitzen oder liegen kann.

42 **Sportgeräte** gehören zum persönlichen Reisebedarf. Sie sind allerdings nur so lange versichert, als nicht gebraucht werden, 3.1.6 VB-Reisegepäck. Wird beispielsweise ein Fahrrad, Schlauchboot oder Surfbrett auf dem Dach des PKW mit in den Urlaub genommen, ist es als Reisegepäck versichert. Auf der Radtour oder bei der Nutzung[66] auf dem Wasser sind die Sportgeräte vom Versicherungsschutz ausgeschlossen.

1382 = r+s 1987, 291 = VersR 1987, 400; *AG Lemgo*, Urt. v. 18.11.1988 – 19 C 326/88, VersR 1989, 743.
58 *Stomper* A.2.1.2 AKB Rdn. 19.
59 *AG Freiburg* Urt. v. 18.10.1979 – 2 C 356/79, VersR 1980, 964.
60 *Stomper* A.2.1.2 AKB Rdn. 56.
61 *LG Hannover* Urt. v. 30.06.2006 – 8 S 17/06, JurionRS 2006, 43301 = VersR 2007, 100 = DAR 2008, 215; *Ullmann*, Navigationssysteme in der Teilkaskoversicherung, DAR 2008, 235 ff.
62 *van Bühren*/Nies, Nr. 1 VB-Reisegepäck 2008, Rn. 18.
63 *Stomper* A.2.1.2 AKB Rdn. 33.
64 *Stomper* A.2.1.2 AKB Rdn. 37.
65 *van Bühren*/Nies, Nr. 1 VB-Reisegepäck 2008, Rn. 18; Halm/Engelbrecht/Krahe/*Fajen*, Handbuch des Fachanwalts Versicherungsrecht, Kap. 17. Rn. 10.
66 *Terbille/Höra/Gebert/Steinbeck* Münchner Anwaltshandbuch, Kap. 30, Rn. 156.

Versicherung von sonstigen Gegenständen

Der Versicherungsschutz erstreckt sich auf **Geschenke**. Damit sind einerseits solche ge- 43
meint, die am Reiseziel verschenkt[67] werden sollen; andererseits zudem solche, mit denen der Versicherte am Reiseziel beschenkt wurde. Eine Familie, die gemeinsam über Weihnachten in den Winterurlaub fährt und sich dort gegenseitig beschenkt, nimmt sogar dieselben Gegenstände auf den Hin- und Rückweg mit.

Nicht zu den Geschenken zählen Gegenstände, die der Versicherte als Andenken an 44
eine frühere Schenkung mitnimmt, denn entscheidend ist der Zusammenhang mit der Reise. Der Schenkungsvertrag muss daher in unmittelbarem zeitlichem Zusammenhang mit der Reise stehen.

Auf den materiellen Wert des Geschenks kommt es nicht an. Allerdings soll[68] der Sache 45
noch der Charakter eines Geschenks zukommen müssen. Ob eine derartige Einschränkung hineininterpretiert werden kann, muss bezweifelt werden, da das Wort Geschenk in den Bedingungen nicht definiert ist. Eine Ausgrenzung von Gegenständen, die wegen ihrer Eigenart für berufliche oder gewerbliche Zwecke[69] erworben wurden, erschließt sich nur über den »persönlichen« Reisebedarf. Mithin kann es sich auch nur um persönliche Geschenke handeln. Tatsächlich besteht die Gefahr, dass über »Geschenke« und »Reiseandenken« Einfallstore für eine Ausweitung des Versicherungsschutzes auf sonstige Sachen geschaffen wird. Andererseits lassen sich fast alle Sachen – mit Ausnahme von nicht versichertem Umzugsgut[70] und Handelsware[71] – privat und beruflich mitbenutzen.[72]

Mit Anlehnung an den Schenkungsvertrag nach den §§ 516 ff. BGB kann Gegenstand 46
der Schenkung[73] vieles sein. Neben der Rechtsschenkung unterscheidet der *BGH*[74] die Sachschenkung von der Geldschenkung. Geldscheine und Geldmünzen zählen zu den vertretbaren Sachen, § 91 BGB. Zwar ist Geld nach 3.1.1 vom Versicherungsschutz ausgenommen, könnte jedoch als Briefumschlag mit Karte und innenliegendem Geldschein oder als Spardose mit Münzgeld zum Geldgeschenk werden. Will der Versicherer den weiten Anwendungsbereich »Geschenke« einschränken, sollte er durch die Aufzählung von Beispielen, wie etwa »Blumenstrauß, Fresskorb, Hochzeitsgeschenk, Theaterkarten, aber keine Geldgeschenke« die Erwartungshaltung des Versicherungsnehmers dämpfen.

---

67 Prölss/Martin/*Knappmann* Nr. 1 VB-Reisegepäck 2008, Rn. 3; *van Bühren*/Nies, Nr. 1 VB-Reisegepäck 2008, Rn. 49 »Gastgeschenke«.
68 *van Bühren*/Nies, Nr. 1 VB-Reisegepäck 2008, Rn. 18; Terbille/Höra/*Gebert/Steinbeck* Münchner Anwaltshandbuch, Kap. 30, Rn. 155.
69 *van Bühren*/Nies, Nr. 3 VB-Reisegepäck 2008, Rn. 292.
70 Terbille/Höra/*Gebert/Steinbeck* Münchner Anwaltshandbuch, Kap. 30, Rn. 155.
71 Halm/Engelbrecht/Krahe/*Fajen*, Handbuch des Fachanwalts Versicherungsrecht, Kap. 17. Rn. 71.
72 *OLG Hamm* Urt. v. 15.05.1996 – Az.: 20 U 11/96, NJW-RR 1996, 1374 = zfs 1997, 29 = VersR, 965 = ZAP EN-Nr. 905/1996 = ADAJUR Dok.Nr. 11891 (Fotoausrüstung).
73 PWW/*Hoppenz*, § 516 BGB, Rn. 5.
74 *BGH* Urt. v. 03.12.1971 – V ZR 134/69, JurionRS 1971, 11839 = MDR 1972, 221 = NJW 1972, 247.

47 **Reiseandenken** werden nicht tatsächlich auf der Reise gebraucht, dienen aber der persönlichen Erinnerung an die Reise.

48 Normale **Einkäufe**[75] zur Deckung des allgemeinen Lebensbedarfs sind weder persönlicher Reisebedarf noch Reiseandenken.

49 **Musikinstrumente** sind mitversichert, aber nicht nur soweit sie privat[76] auf der Reise benutzt werden. Die bestehenden Abgrenzungsschwierigkeiten, falls ein Berufsmusiker auf Reisen ist, treten nur in alten Ausschlussklauseln auf. Sollte man auf sie treffen gilt, dass auch wenn jemand beruflich unterwegs ist, immer noch Freizeit bleibt, die zum privaten musizieren genutzt werden kann. Es kommt dann auf die vorrangige[77] Nutzung an.

50 **Tiere** sind seit Einführung des § 90a Satz 1 BGB im Jahre 1990 keine Sachen mehr. Überwiegend werden Tiere nicht[78] als Sachen des persönlichen Reisebedarfs angesehen. Dennoch ergeben sich bei der Vertragsauslegung Schwierigkeiten, da auf das Verständnis des Versicherungsnehmers abzustellen ist. Zu Recht weist *Staudinger*[79] darauf hin, dass es an dem Verwender der Vertragsklausel läge, Tiere klar vom Versicherungsschutz auszunehmen. Hierzu besteht Veranlassung, da die Änderung des Sachenrechts erst eine Generation zurückliegt.

51 **Motorradkoffer** und **Topcase** sind einerseits als Zubehör des Fahrzeugs nach A.2.1.1 i. V. m. A.2.1.2f AKB mitversichert, solange sie mit dem Motorrad/Roller fest verbunden sind oder außerhalb des Fahrzeugs unter Verschluss gehalten werden. Andererseits sind es aber zugleich Gepäckstücke. Sie nehmen somit eine Zwischenstellung ein.

52 Soweit ihre Zubehörfunktion für das Kraftfahrzeug im Vordergrund steht, greift der Ausschluss nach 3.1.2. Werden Motorradkoffer oder Topcase vom Zweirad getrennt und sind noch nicht unter Verschluss gelangt im Sinne von A.2.1.2f AKB[80], unterscheiden sie sich funktional nicht von anderen Gepäckstücken, wie Koffer oder Taschen. Sie sind daher für diesen Fall in den Versicherungsschutz einzubeziehen.

53 Versicherungsschutz besteht z. B. daher – im Gegensatz zu A.2.1.2f AKB – bei einfachem Diebstahl. Denkbar sind zudem Verkehrsunfälle nach einer Motorradpanne, wenn die z. B. Motorradkoffer abgenommen werden müssen, um das Hinterrad ausbauen zu können.

---

75 *LG München I* Urt. v. 20.01.1998 – 32 S 11240/97, r+s 1998, 295 = ADAJUR Dok.Nr. 31707; *LG Wiesbaden*, Urt. v. 18.12.1998 – 9 S 50/98, NVersZ 2000, 432 = ADAJUR Dok.Nr. 41696.
76 A. A. *van Bühren*/Nies, Nr. 1 VB-Reisegepäck 2008, Rn. 39 u. 45.
77 *LG Düsseldorf* Urt. v. 16.09.1982 – 11 O 205/82, NJW 1985, 2427 = VersR 1983, 683.
78 *van Bühren*/Nies, Nr. 1 VB-Reisegepäck 2008, Rn. 13; Looschelders/Pohlmann/*Benzenberg*,VVG-Kommentar, Anh. N, Rn. 7; Terbille/Höra/*Gebert/Steinbeck* Münchner Anwaltshandbuch, Kap. 30, Rn. 150.
79 *Staudinger*/Halm/Wendt, FAK-VersR, Nr. 1 VB-Reisegepäck 2008, Rn. 4; Prölss/Martin/*Knappmann*, Nr. 1 VB-Reisegepäck 2008, Rn. 1.
80 *Stomper* A.2.1.2 AKB, Rdn. 41–43.

Versicherung von sonstigen Gegenständen

2 Gegenstand der Versicherung

2.1 Mitgeführtes Reisegepäck

Der Versicherer leistet Entschädigung, wenn mitgeführtes Reisegepäck während der Reise abhanden kommt oder beschädigt wird durch

2.1.1* Diebstahl, Einbruchdiebstahl, Raub, räuberische Erpressung, vorsätzliche Sachbeschädigung;

2.1.2* Unfall eines Transportmittels;

2.1.3* Feuer, Explosion, und Elementarereignisse.

2.2 Aufgegebenes Reisegepäck

Der Versicherer leistet Entschädigung,

2.2.1 wenn aufgegebenes Reisegepäck abhanden kommt oder beschädigt wird, während es sich im Gewahrsam eines Beförderungsunternehmens, eine Beherbergungsbetriebes oder einer Gepäckaufbewahrung befindet;

2.2.2 wenn aufgegebenes Reisegepäck den Bestimmungsort nicht am selben Tag wie der Versicherungsnehmer/die versicherte Person erreicht. Ersetzt werden die nachgewiesenen[81] Aufwendungen zur Wiedererlangung des Gepäcks oder für notwendige Ersatzbeschaffungen zur Fortsetzung der Reise bis höchstens … Euro je Versicherungsnehmer/versicherte Person.

Mitgeführtes Reisegepäck ist Gepäck, dass der Versicherte unmittelbar bei sich führt (Alleingewahrsam) oder zumindest noch im Zugriff hat (Mitgewahrsam). Mitgeführt sind daher Gepäckstücke im Kofferraum eines PKW, aber auch auf der Ladefläche eines Reisebusses. Sind mehrere Reisebusse unterwegs und befindet sich ein Koffer in einem anderen Bus als der Versicherte, ist das Gepäckstück aufgegeben im Sinne des 2.2. 54

Einfacher Diebstahl reicht aus. 55

Transportmittel ist jedes Kraftfahrzeug, Fahrzeug und Tier. Nach dem Unfallbegriff hat ein plötzlich von außen auf das Transportmittel einwirkendes Ereignis vorzuliegen. Dies wird teilweise[82] selbst dann schon bejaht, wenn ein Fahrzeugführer wegen eines Hindernisses auf der Fahrbahn zum Bremsen gezwungen wird. Dem ist nicht zuzustimmen. Die Teilnahme am Straßenverkehr erfordert ständige Wachsamkeit und Reaktionsbereitschaft. Die Reaktion auf ein Verkehrsgeschehen ist ein normales Betriebs- 56

---

81 Schreibfehler im Bedingungstext korrigiert.
82 Looschelders/Pohlmann/*Benzenberg*, VVG-Kommentar, Anh. N, Rn. 28; *van Bühren*/Nies, Nr. 2 VB-Reisegepäck 2008, Rn. 96.

Versicherung von sonstigen Gegenständen

ereignis, das vom Fahrer des Transportmittels ausgeführt wird. Es handelt sich dabei aber noch nicht um eine **mechanische Einwirkung**[83] von außen.

57 Eine Beschädigung des Transportmittels wird nicht[84] vorausgesetzt. Anders als in der Kaskoversicherung geht es nicht um ein versichertes Fahrzeug, sondern um versichertes Gepäck. Ausreichend ist es daher, wenn durch einen Betriebsunfall[85] des Transportmittels das Gepäck beschädigt wird. Das ist z. B. der Fall, wenn mit Fahrrädern oder einer Dachbox auf dem PKW-Dach in eine Tiefgarage mit niedriger Höhe[86] eingefahren wird.

58 Die Beweislast obliegt dem Versicherten.[87]

3 Ausschlüsse und Einschränkungen

3.1* Nicht versichert sind

3.1.1 Geld, Wertpapiere, Fahrkarten, Urkunden und Dokumente aller Art mit Ausnahme von amtlichen Ausweisen und Visa;

3.1.2 motorgetriebene Land- Luft- und Wasserfahrzeuge samt Zubehör;

3.1.3 Brillen, Kontaktlinsen, Hörgeräte und Prothesen;

3.1.4 Vermögensfolgeschäden;

3.1.5 Video- und Fotoapparate als aufgegebenes Reisegepäck einschließlich Zubehör sowie Schmucksachen und Kostbarkeiten;

3.1.6 Sportgeräte, soweit sie sich im bestimmungsgemäßen Gebrauch befinden.

3.1.7.1 für Schäden durch Vergessen, Liegen-, Hängen-, Stehenlassen oder Verlieren;

3.1.7.2 wenn die versicherte Person den Versicherungsfall vorsätzlich herbeigeführt hat. Führt der Versicherungsnehmer den Versicherungsfall grob fahrlässig herbei, ist der Versicherer berechtigt, seine Leistung in einem der Schwere der des Verschuldens des Versicherungsnehmers entsprechenden Verhältnis zu kürzen.

---

83 Prölss/Martin/*Knappmann*, Nr. 2 VB-Reisegepäck 2008, Rn. 11; *Staudinger*/Halm/Wendt, FAK-VersR, Nr. 2 VB-Reisegepäck 2008, Rn. 4.
84 *LG Bremen* Urt. v. 16.02.1995 – 6 S 559/94, JurionRS 1995, 15849 = NJW-RR 1995, 1058 = VersR 1996, 230 = zfs 1995, 348 = ADAJUR Dok.Nr. 27697; *Staudinger*/Halm/Wendt, FAK-VersR, Nr. 2 VB-Reisegepäck 2008, Rn. 4; Halm/Engelbrecht/Krahe/*Fajen*, Handbuch des Fachanwalts Versicherungsrecht, Kap. 17. Rn. 16; Terbille/Höra/*Gebert*/Steinbeck Münchner Anwaltshandbuch, Kap. 30, Rn. 168.
85 *OLG Stuttgart* Urt. v. 20.12.1979 – 10 U 136/79, VersR 1979, 918 (mechanische Gewalt auf Bagger auf Tieflader).
86 *AG München* Urt. v. 20.01.1993 – 221 C 24406/92, ADAJUR Dok.Nr. 22305 = VersR 1994, 594 (Anstoß an Tankstellendach, Berufung durch LG München I, Urt. v. 21.07.1993 – 31 S 4531/93 zurückgewiesen; Terbille/Höra/*Gebert*/Steinbeck Münchner Anwaltshandbuch, Kap. 30, Rn. 168.
87 *Staudinger*/Halm/Wendt, FAK-VersR, Nr. 2 VB-Reisegepäck 2008, Rn. 10.

3.2. Einschränkungen des Versicherungsschutzes

3.2.1 Als mitgeführtes Reisegepäck sind Video- und Fotoapparate einschließlich Zubehör sowie Schmucksachen und Kostbarkeiten bis insgesamt ... % der Versicherungssumme versichert.

Schmucksachen und Kostbarkeiten sind nur dann versichert, wenn sie in einem ortsfesten, verschlossenen Behältnis (z. B. Safe) eingeschlossen oder in persönlichem Gewahrsam sicher verwahrt mitgeführt werden;

3.2.2 EDV-Geräte und Software einschließlich des jeweiligen Zubehörs sind bis zu ...%, höchstens bis zu ... EUR versichert;

3.2.3 Sportgeräte einschließlich Zubehör sind jeweils bis zu ...%, höchstens bis zu ... EUR versichert, soweit sie sich nicht in bestimmungsgemäßen Gebrauch befinden;

3.2.4 Geschenke und Reiseandenkensind bis zu ...% der Versicherungssumme versichert, höchstens bis zu ... EUR;

3.2.5 Versicherungsschutz für Schäden am Reisegepäck während des Zeltens und Campings besteht nur auf offiziell eingerichteten Campingplätzen.

3.3 Reisegepäck im abgestellten Kraftfahrzeug

Versicherungsschutz bei Diebstahl von Reisegepäck während der versicherten Reise aus einem abgestellten Kraftfahrzeug und aus daran angebrachten, mit Verschluss gesicherten Behältnissen oder Dach- oder Heckträgern besteht nur, wenn das Kraftfahrzeug bzw. die Behältnisse oder die Dach- oder Heckträger durch Verschluss gesichert sind und der Schaden zwischen 6.00 Uhr und 22.00 Uhr eintritt. Bei Fahrtunterbrechungen, die nicht länger als jeweils zwei Stunden dauern, besteht auch nachts Versicherungsschutz.

Unter **Geld** sind gültige[88] Zahlungsmittel aller Währungen zu verstehen. Sie sind neben Wertpapieren und Urkunden die wichtigsten Ausnahmen. Ausweispapiere, wozu auch Führerschein und Fahrzeugpapiere[89] gehören, werden nach 4.4 nur mit den amtlichen Gebühren ersetzt. Die sonstigen Wiederbeschaffungskosten, um Ersatzausweise erstellen zu können, fallen unter den ebenfalls ausgeschlossenen Vermögensschaden. 59

Motorgetriebene Fahrzeuge sind vom Versicherungsschutz ausgeschlossen. Auf eine Zulassung zum Straßen-, Luft- oder Schiffsverkehr kommt es nicht an. Mithin sind z. B. nicht nur am Wohnmobil oder auf dem Anhänger mitgenommene Kleinwagen und Mofas ausgenommen, sondern auch Motorsportgeräte, wie Trial-Kräder und Jetski. 60

---

[88] *van Bühren*/Nies, Nr. 3 VB-Reisegepäck 2008, Rn. 135.
[89] *Staudinger*/Halm/Wendt, FAK-VersR, Nr. 3 VB-Reisegepäck 2008, Rn. 3.

Versicherung von sonstigen Gegenständen

61 Ausgenommen sind wegen der besonderen Schadensanfälligkeit und der Unkalkulierbarkeit des Risikos[90] in der Reisegepäckversicherung auch das **Fahrzeugzubehör**. Ein Cabrio-Verdeck[91] ist Bestandteil oder zumindest Zubehör eines Kraftfahrzeugs im Sinne der Reisegepäckversicherung.

62 **Motorunterstützte Fahrzeuge** werden von der Ausnahme offenbar nicht erfasst. Wird ein Schlauchboot, das mit Paddeln gefahren werden kann auf dem PKW-Dach transportiert und der Motor im Kofferraum, wird eher die Absicht bestehen, das Boot hauptsächlich mit Motorantrieb zu nutzen. Dagegen spricht bei einem Paddelboot mit zusätzlich anzubauendem Elektromotor mehr dafür, hauptsächlich mit Muskelkraft betätigt zu werden.

63 Die gleiche Problematik zeigt sich beim **Elektrofahrrad**. Oftmals wird als Oberbegriff[92] »E-Bike« verwendet. Darunter können Fahrzeuge mit und ohne Tretunterstützung, sowie mit und ohne Anfahrhilfe, als auch schnellere Fahrzeuge (S-Pedelecs) verstanden werden. E-Bikes sind jedoch Kraftfahrzeuge, da sie ohne Muskelkraft fahren können. Die rechtliche Einordnung durch den Gesetzgeber ist bislang zur straßenverkehrsrechtlich, aber noch nicht pflichtversicherungsrechtlich[93] geregelt worden, § 1 Abs. 3 StVG. Richtig war daher schon die Einschätzung des *OLG Hamm*[94], dass ein E-Bike nicht zwangsläufig als Kraftfahrzeug zu gelten habe.

64 Die Unsicherheiten, ob ein Elektrofahrrad noch als Fahrrad oder Kraftfahrzeug zu gelten habe, dürfen nicht zu Lasten des Versicherten in der Reisegepäckversicherung gehen. Zu Recht betont Staudinger,[95] dass die Ausschlussklausel restriktiv auszulegen sei. Letztlich ist in allen Fällen, ob Boot oder Fahrrad, der Motor nur Zubehör eines ansonsten auch ohne Motor fahrfähigen Fahrzeugs.

65 Ähnliche Schwierigkeiten zeigen sich bei **Rollstühlen**. Elektrorollstühle sind als motorgetriebene Kraftfahrzeuge[96] nicht[97] versichert. Daneben gibt es handbetriebene Rollstühle, die elektrisch unterstützt werden können, wie bei einem Pedelec. Handbetriebene Rollstühle und Krücken sind dagegen nach allgemeiner Auffassung mitversichert. Sozialversicherungsrechtlich handelt es sich bei Rollstühlen jedweder Art[98] um Hilfs-

---

90 *AG München* Urt. v. 14.10.1994 – 262 C 29673/93, JurionRS 1994, 23216 = VersR 1995, 1185 (Silent-Propeller für Gleitschirm).
91 *AG München* Urt. v. 02.08.2001 – 261 C 11464/01, ADAJUR Dok.Nr. 47977.
92 *Zunner*, Praxiswissen Fahrzeug-Zulassung, Kap. 5 Ratgeber A-Z.
93 *Schwab* § 2 PflVG Rdn. 24–31.
94 *OLG Hamm* Urt. v. 28.02.2013 – 4 RBs 47/13, JurionRS 2013, 46453 = DAR 2013, 712 = NZV 2014, 482 = VRR 2014, 78 bespr. v. *Gregor*.
95 *Staudinger*/Halm/Wendt, FAK-VersR, Nr. 3 VB-Reisegepäck 2008, Rn. 4.
96 *AG Löbau* Urt. v. 07.06.2007 – Az.: 5 Ds 430 Js 17736/06, JurionRS 2007, 62751 = DAR 2008, 405 m. Anm. *Hufnagel* = NJW 2008, 530 = NZV 2008, 370.
97 *van Bühren*/Nies, Nr. 3 VB-Reisegepäck 2008, Rn. 153; *Staudinger*/Halm/Wendt, FAK-VersR, Nr. 3 VB-Reisegepäck 2008, Rn. 4.
98 *BSG*, Urt. v. 14.09.1994 – 3/1 RK 56/93, JurionRS 1994, 25671 = NJW 1995, 2435 (Elektrorollstuhl als Hilfsmittel).

mittel, §§ 33 SGB V; 31 SGB VII. Die unter 3.1.3 aufgeführten ausgeschlossenen Gegenstände (Brillen, Kontaktlinsen, Hörgeräte und Prothesen) sind ebenfalls Hilfsmittel. Ein Elektrorollstuhl ist mitunter die letzte Möglichkeit, sich einigermaßen frei zu bewegen.[99] Beim Elektrorollstuhl steht der Wortlaut des 3.1.2 entgegen; das Nichterwähnen des Hilfsmittels Rollstuhl in 3.1.3 spricht allerdings für eine Mitversicherung. Zumindest beim **motorunterstützenden** Antrieb eines Rollstuhls wird der Versicherungsnehmer von seinem Verständnis her erwarten können, dass dieser mitversichertes Reisegepäck ist. Dem Verwender steht es frei, den motorgetriebenen Hilfsantrieb zur Klarstellung auszunehmen.

Ausgeschlossen sind sämtliche Brillen, somit auch Fern-, Ersatz- und Sonnenbrillen, die im Fahrzeug mitgeführt werden. Da sich der Ausschluss nur auf bestimmte, enumerativ aufgezählte Hilfsmittel im sozialversicherungsrechtlichen Sinne bezieht, sind **weitere Hilfsmitteln** nicht ausgeschlossen. Nicht ausgeschlossen sind daher zumindest handbetriebene Rollstühle, Bandagen, Orthesen, Gehstützen, CPM-Bewegungsschiene[100], selbst ein Blindenführhund.[101] 66

Vermögensfolgeschäden sind Schäden, die unmittelbar mit der Wiederbeschaffung von Gegenständen oder dem Verpassen von Anschlussreiseverbindungen etc. zu tun haben. Wird beispielsweise ein Gepäckstück am Autobahnrastplatz aus dem Fahrzeug gestohlen und entsteht wegen der polizeilichen Aufnahme ein Zeitverlust, so dass die Autofähre verpasst wird, sind diese Schäden nicht zu ersetzen. 67

Sportgeräte sind nur versichert, solange sie sich nicht im Gebrauch befinden. Das allgemeine Gebrauchsrisiko – das Benutzungsrisiko – ist ausgeschlossen. Bei Gebrauchspausen besteht dagegen unstreitig[102] Versicherungsschutz. Sportkleidung wird nicht vom Ausschluss erfasst. Der Begriff »Gerät« ist nicht definiert. In Anlehnung an das Gerät in § 98 Nr. 2 BGB können darunter Maschinen und Mobiliar[103] verstanden werden. 68

Kein Versicherungsschutz besteht für Schäden durch selbst zu verantwortende Verluste, wie Vergessen, Liegen-, Hängen, Stehenlassen oder Verlieren. 69

3.1.7.2 wiederholt –sprachlich nicht ideal[104] – den für die Schadenversicherung maßgebenden § 81 VVG für Vorsatz und grobe Fahrlässigkeit. Vorsätzliche Beschädigungen von Reisegepäck sind uninteressant, da nur der Zeitwert ersetzt wird.[105] 70

---

99   *BVerfG* Beschl. v. 11.03.2009 – 1 BvR 120/09, NZS 2009, 674 = DVBl 2009, 533.
100 Eichenhofer/Wenner/*Ulmer*, Kommentar zum SGB V, § 139 SGB V, Rn. 18.
101 *BSG* Urt. v. 25.06.2009 – B 3 KR 4/08 R, JurionRS 2009, 23310.
102 *van Bühren*/Nies, Nr. 3 VB-Reisegepäck 2008, Rn. 183; *Staudinger*/Halm/Wendt, FAK-VersR, Nr. 3 VB-Reisegepäck 2008, Rn. 8; Looschelders/Pohlmann/*Benzenberg*, VVG-Kommentar, Anh. N, Rn. 11; Halm/Engelbrecht/Krahe/*Fajen*, Handbuch des Fachanwalts Versicherungsrecht, Kap. 17. Rn. 11; Prölss/Martin/*Knappmann*, Nr. 3 VB-Reisegepäck 2008, Rn. 9.
103 PWW/ *Völzmann-Stickelbrock* § 98 BGB, Rn. 3.
104 *Staudinger*/Halm/Wendt, FAK-VersR, Nr. 3 VB-Reisegepäck 2008, Rn. 10.
105 Prölss/Martin/*Knappmann*, Nr. 3 VB-Reisegepäck 2008, Rn. 12.

71 Der Begriff der **groben Fahrlässigkeit** ist mit Blick auf die besondere Situation bei der Reise zu betrachten, indem das Gepäck vom sicheren häuslichen Bereich in eine unsichere oder gar gefährliche Umgebung verbracht wird. Das allgemeine Reiserisiko[106] ist dabei vertragstypisch von der Reisegepäckversicherung gedeckt. Die äußeren Bedingungen müssen hingegen zu einer gesteigerten Obhutspflicht führen, deren Vernachlässigung vorhersehbar für einen möglichen Schadenseintritt ist. Maßgebend sind der Wert des Gepäckstücks, die Intensität der Gefahr[107] und die Dauer der Gefahrensituation. Zu fragen ist, was der Versicherungsnehmer in zumutbarer Weise hätte tun können, um den Schadenseintritt zu verhindern. Selbst beim Vorliegen eines objektiv schweren Pflichtverstoßes muss dies nicht in jedem Fall unentschuldbar sein. So kann ein schlichtes Versehen, das jedermann unterlaufen kann oder ein Augenblicksversagen während einer andauernden Konzentrationsphase die Annahme grober Fahrlässigkeit ausschließen.[108]

72 Führt das Fahrverhalten des versicherten Fahrers zu einem **Unfall**, bei dem auch das Reisegepäck beschädigt wird, sind die gleichen Anforderungen an die grobe Fahrlässigkeit zu stellen, wie auch bei der Beschädigung des Fahrzeugs in der Fahrzeugversicherung[109] nach A.2.9.1 AKB 2015, da die Gesamtsituation keine Unterschiede erkennen lässt.

73 Bezogen auf die **Ladungssicherung** sieht dies grundsätzlich nicht anders aus, da Fahrzeugschäden durch die Ladung in der Fahrzeugversicherung ausgeschlossen sind. Es handelt sich nicht um einen Unfall, sondern um Betriebsschäden durch rutschende Ladung[110], A.2.2.2.2 Abs. 2 AKB 2015. Folgt man jedoch der abzulehnenden[111] Auffassung[112], dass Betriebsschäden als Transportmittelunfall im Sinne der VB-Reisegepäck zu werten sind, ist die mangelhafte Ladungssicherung auch unter dem Blickwinkel grober Fahrlässigkeit zu betrachten.

74 Die Pflicht zur Ladungssicherung nach § 22 StVO gilt für sämtliche Fahrzeuge und alle zu transportierenden Gegenstände, wie auch für das Reisegepäck.[113] Zu beachten ist, dass beladene Fahrzeuge und Dachlasten das Fahrverhalten von PKW wesentlich verändern[114] können. Für ein strafrechtlich relevantes Verhalten ist ebenfalls Fahrlässig-

---

106 *OLG Karlsruhe* Urt. v. 01.12.1977 – 12 U 62/77, JurionRS 1977, 11710 = VersR 1978, 417; *OLG Düsseldorf* Urt. v. 28.05.1974 – 4 U 21/73, VersR 1974, 901 (normales Reisegepäck im verschlossenen Fahrzeuginnenraum).
107 Halm/Engelbrecht/Krahe/*Fajen*, Handbuch des Fachanwalts Versicherungsrecht, Kap. 17. Rn. 58.
108 *BGH* Urt. v. 05.04.1989 – IVa ZR 39/88, JurionRS 1989, 15115 = MDR 1989, 801 = NJW-RR 1989, 1187 = VersR 1989, 840.
109 Siehe daher *Stomper* A.2.9.1 AKB Rdn. 1 ff.
110 *Stomper* A.2.2.2 AKB Rdn. 52–55.
111 Siehe oben Versicherung von sonstigen Gegenständen 2.1.2 Rdn. 56.
112 Looschelders/Pohlmann/*Benzenberg*, VVG-Kommentar, Anh. N, Rn. 28; *van Bühren/Nies*, Nr. 2 VB-Reisegepäck 2008, Rn. 96.
113 Hentschel/*König*/Dauer, StrVR, § 22 StVO, Rn. 12.
114 Hentschel/*König*/Dauer, StrVR, § 22 StVO, Rn. 18.

keit, aber noch kein grob fahrlässiges Verhalten erforderlich. Insofern wird sich keine grobe Fahrlässigkeit nachweisen lassen, wenn ein Dachgepäckträger für Fahrräder nach Bedienungsanleitung montiert[115] wird. Als grob fahrlässig wird man ansehen müssen, wenn schweres Gepäck ungesichert auf der Hutablage liegt und beim Bremsen (Betriebsschaden im Sinne des A.2.2.2.2 AKB 2015) durch die Windschutzscheibe fliegt.

Liegt nicht nur ein Betriebsschaden, sondern ein Unfall mit dem Fahrzeug vor, kann sich der Schaden am Gepäck dadurch ergeben oder deutlich vergrößern, dass es ungesichert im Fahrzeug transportiert wurde. Die mangelnde Ladungssicherung[116] kann den Vorwurf grober Fahrlässigkeit begründen. 75

Besondere Bedeutung gewinnt die Frage der Fahrlässigkeit bei Reisegepäck, das im Fahrzeug belassen wurde. Es ist grundsätzlich nicht grob fahrlässig, **Gepäck im Wageninneren**[117] zu belassen, sofern das Fahrzeug[118] und der Kofferraum abgeschlossen[119] an einem sicheren Platz steht. 76

Es gibt neuerdings Schießvorrichtungen, die die Belüftung des Kofferraums über die Heckklappe ermöglichen. Diese Produkte, sog. »**Luftys**«, ermöglichen das sichere Abschließen des Fahrzeugs bei teilgeöffneter Klappe. In der Reisegepäckversicherung reicht es nicht aus, dass ein Kofferraum nur abgeschlossen, aber nicht verschlossen ist, da z. B. mit einem Draht sehr kleine Gegenstände herausgeangelt werden können, auch wenn sich das Fahrzeug insgesamt dadurch nicht öffnen lässt. 77

Ob ein Platz sicher ist, richtet sich nach der Beleuchtung, der Bewachung,[120] der Tageszeit,[121] der Auffälligkeit von Fahrzeug[122] und sichtbarem Inhalt[123] sowie dem Umfeld[124] und Blickfeld.[125] Objektive Anzeichen für gefährdete Gegenden erkennt man an den Glassplittern von früheren Autoaufbrüchen auf dem Parkplatzgelände, insbesondere an Aussichtspunkten und Wanderparkplätzen. Sogar ein schlechter Mobilfunkempfang bietet Dieben größeren Schutz. Fahrzeuge mit auswärtigem Kennzeichen und sichtbarer Beladung lassen Diebe schließlich eher vermuten, dass sich Wert- 78

---

115 *OLG Braunschweig* Urt. v. 05.01.1995 – Ss (BZ) 176/94, NZV 1995, 406.
116 *OLG Saarbrücken* Urt. v. 01.12.2010 – 5 U 395/09, NJW-Spezial 2011, 362 = VRR 2011, 186, bespr. v. *Nugel* = ADAJUR Dok.Nr. 92390 = zfs 2011, 151 (hier PKW auf Anhänger).
117 *BGH*, Urt. v. 12.10.1988 – IVa ZR 46/87, JurionRS 1988, 13294 = MDR 1989, 337 = NJW-RR 1989, 213 = VersR 1989, 141.
118 *LG Köln* Urt. v. 05.11.1979 – 74 O 99/78, VersR 1980, 252 (teilgeöffnetes Seitenfenster).
119 *LG Berlin* Urt. v. 22.11.1988 – 7 O 156/88, VersR 1989, 741.
120 *OLG München* Urt. v. 13.06.1989 – 18 U 1702/89, VersR 1989, 1258 (Ls.).
121 *OLG Hamm* Urt. v. 26.03.1982 – 20 U 277/81, JurionRS 1982, 17764 =ADAJUR Dok.Nr. 62030 = VersR 1982, 1071; *OLG Karlsruhe*, Urt. v. 02.04.1987 – 12 U 191/86, JurionRS 1987, 14050 = NJW-RR 1997, 1382 = r+s 1987, 291 = VersR 1987, 400.
122 *AG Göttingen* Urt. v. 05.07.1989 – 22 C 150/89, VersR 1989, 1258.
123 *LG Hamburg* Urt. v. 08.06.1989 – 71 O 616/88, VersR 1989, 1192 (abgedeckter Fernseher).
124 *AG Wiesbaden* Urt. v. 25.08.1988 – 99 C 621/88, r+s 1990, 247.
125 Bedenklich *OLG Schleswig* Urt. v. 19.09.1985 – 5 U 259/84, VersR 1996, 806 m. Anm. Diels = zfs 1986, 315 (Ls.).

Versicherung von sonstigen Gegenständen

gegenstände im Fahrzeug befinden. Alarmanlagen in Fahrzeugen und videoüberwachte P+R-Parkplätze erschweren es heute den Dieben, unerkannt Beute zu machen. Eine Einzelfallbetrachtung ist notwendig.

79 Werden einzelne Gepäckstücke aus dem Fahrzeug gestohlen, ist die **Gesamtbeladung** des Fahrzeugs mit in die Betrachtung einzubeziehen. Ist der Kofferraum eines Fahrzeugs nicht ausreichend, können dort nicht alle Gepäckstücke Platz finden. Der Versicherungsnehmer ist dann oft gezwungen, einen Teil des Gepäcks auf die Rücksitze zu nehmen. Dies gilt auch für die Skiausrüstung, die wegen der Länge der Ski durchgeladen wird. Zu Recht hält daher *Knappmann*[126] die Anforderungen für überzogen, dass Gepäck gar nicht sichtbar sein dürfe; allerdings sollte dies dann nicht gelten, wenn es sich dabei um einem Laptop auf dem Beifahrersitz[127] handelt. Schließlich hat der Versicherte die Möglichkeit, weniger wertvolle Gegenstände sichtbar im Fahrzeuginnenraum zu belassen, um wertvolles Gepäck im Kofferraum verstauen zu können. Ein **Umladen im Fahrzeug** ist dann zumutbar.

80 Zumutbar ist auch ein **Umladen** von wertvollem[128] Gepäck **in das Hotelzimmer**. Ob allerdings verlangt werden kann, dass die komplette Skiausrüstung bei der Durchreise mitgenommen werden muss, ist zu bezweifeln. Dies wird weder körperlich zumutbar sein, noch wird es überall die Möglichkeit[129] zur Aufbewahrung geben.

81 Auch für **Mitfahrten** im Taxi oder beim Trampen bestehen Besonderheiten. Keine grobe Fahrlässigkeit besteht, wenn nach dem Aussteigen der PKW-Fahrer mit einem auf dem Rücksitz liegenden Rucksack plötzlich[130] davonfährt; anders beim Taxi in Nordafrika.[131]

82 Für die Reisegepäckversicherung gelten keine besonderen **Kürzungsquoten**, so dass mit Abstufungen nach 10%-Schritten[132] durchaus angemessene Ergebnisse zu erzielen sind.

83 Der Versicherer hat das Vorliegen eines Ausschlusstatbestandes zu **beweisen**. Der Versicherte hat im Falle des Gebrauchs von Sportgepäck, seinerseits die Möglichkeit zu beweisen, dass der Schaden nicht im Rahmen der »tatsächlichen Benutzung« erfolgte.[133]

---

126 Prölss/Martin/*Knappmann*, Nr. 3 VB-Reisegepäck 2008, Rn. 16.
127 *LG Köln*, Urt. v. 24.05.2004 – 24 S 13/04, VersR 2004, 1413 = ADAJUR Dok.Nr. 60500.
128 *LG München I*, Urt. v. 26.05.1992 – 23 O 3266/92, VersR 1993, 1145 =ADAJUR Dok.Nr. 20064.
129 *LG Aachen*, Urt. v. 01.12.1989 – 3 S 203/89, JurionRS 1989, 20788 = r+s 1990, 248.
130 *AG Bremen*, Urt. v. 19.03.1986 – 4 C 228/85, JurionRS 1986, 12911 = VersR 1986, 760 = zfs 1986, 315.
131 *AG Siegen*, Urt. v. 10.08.1990 – 7 C 566/90, r+s 1990, 427.
132 *LG Hannover*, Urt. v. 17.09.2010 – 13 O 153/08, JurionRS 2010, 35393 = VersR 2011, 112 = r+s 2013, 143; Halm/Engelbrecht/Krahe/*Fajen*, Handbuch des Fachanwalts Versicherungsrecht, Kap. 17. Rn. 58.
133 *Staudinger*/Halm/Wendt, FAK-VersR, Nr. 3 VB-Reisegepäck 2008, Rn. 11.

Versicherung von sonstigen Gegenständen

Unter 3.2 werden verschiedene **Einschränkungen des Versicherungsschutzes** aufgezählt. Ob es sich dabei im Einzelnen um eine verhüllte Obliegenheit handelt, oder um einen Risikoausschluss, ist streitig.[134] Wertmäßige, zeitliche und örtliche Beschränkungen sprechen eher für eine Risikobegrenzung. Sie lassen sich an exakten Merkmalen feststellen. »Persönlicher Gewahrsam« und »unter Verschluss« sprechen dagegen mehr für Obliegenheiten.[135]   84

Unklar ist, was unter einem ortsfesten und verschlossenen **Behältnis** zu verstehen ist. Gemeint ist wohl, dass das Behältnis nicht gleichsam einem Gepäckstück fortgeschafft werden kann, wie etwa bei einem – entsprechend großen – Schrank.[136] Das abschließbare Handschuhfach im PKW ist kein sicheres Behältnis, das dem Beispiel der Klausel »Safe« auch nur annähernd gleichzusetzen ist. Allerdings verfügen heute viele Fahrzeuge über fest montierte oder im Wagenboden eingelassene Kassetten, die sich nicht so leicht öffnen lassen. Zudem werden in Wohnwagen und Wohnmobile Kleintresore eingebaut. Die Behältnisse selbst sind ortsfest im Fahrzeug, auch wenn das Fahrzeug selbst eine Ortsveränderung vornehmen kann.   85

Die **Campingklausel** in 3.2.5 enthält eine Risikobegrenzung. Versichert ist Reisegepäck während der Fahrt zu oder von Campingplätzen und sonstigen Stellplätzen aller Art; ansonsten nur auf offiziellen eingerichteten Campingplätzen. Durch die Formulierung soll jedenfalls »wildes Zelten«, das dauerhafte Abstellen von Wohnwagen und Reisemobilen, sowie der Stopp an Übernachtungsplätzen an Autobahnen und öffentlichen Parkplätzen,[137] aber auch das bloße Parken auf kommunalen Übernachtungsplätzen für Wohnmobile[138] ausgeschlossen werden.   86

Die Klausel enthält keine Definition, was unter offiziell eingerichteten **Campingplatz** zu verstehen ist. Ein Rückgriff auf das Bauordnungsrecht erscheint zielführend, da nur unter bestimmten Voraussetzungen ein Campingplatz überhaupt betrieben werden darf. Hierfür werden nur bestimmte Sondergebiete ausgewiesen, § 10 Abs. 5 BauNVO. Die Einrichtung der Campingplätze ist in den jeweiligen Landes-Campingplatzverordnungen geregelt. Danach sind Campingplätze regelmäßig[139] Plätze als dauerhafte Einrichtungen, die zum Aufstellen von mehr als drei Wohnwagen, Zelten oder ähnlichen Anlagen zum vorübergehenden Aufenthalt bestimmt sind. Dazu gehören neben den Brand- und sonstigen Schutzvorschriften Betriebsvorschriften, wie z. B. in § 15 CPlVO BW. Danach hat eine Aufsichtsperson ständig erreichbar zu sein.   87

An Campingplätze im Ausland sind entsprechende Anforderungen zu stellen, um ein Mindestmaß an Schutzeinrichtungen sicherzustellen.   88

---

134 *Staudinger*/Halm/Wendt, FAK-VersR, Nr. 3 VB-Reisegepäck 2008, Rn. 12.
135 *Staudinger*/Halm/Wendt, FAK-VersR, Nr. 3 VB-Reisegepäck 2008, Rn. 12.
136 *van Bühren*/Nies, Nr. 3 VB-Reisegepäck 2008, Rn. 283.
137 *van Bühren*/Nies, Nr. 3 VB-Reisegepäck 2008, Rn. 294.
138 § 2 Abs. 1 CW VO NRW (Verordnung über Camping- und Wochenendplätze).
139 *OVG Niedersachsen* Urt. v. 24.07.2013 – 1 LB 245/10, JurionRS 2013, 43897; *OVG Nordrhein-Westfalen* Urt. v. 19.02.2001 – 10A D 3/01.NE, JurionRS 2001, 31731 = NWVBl. 2003, 152.

Versicherung von sonstigen Gegenständen

89 Jahreszeitlich geschlossene Campingplätze erfüllen die Mindestvoraussetzungen nicht, da die wesentlichen Einrichtungen, die Infrastruktur[140] ebenfalls geschlossen sind. Selbst wenn der Platz nicht verschlossen ist und Übernachtungen geduldet werden, so geschieht dies auf eigene Gefahr. Die Anforderungen sind daher auch entsprechend der Campingklausel eher eng als weit auszulegen.[141]

90 Entgegen *LG Bielefeld*[142] kommt es nicht darauf an, ob es sich um einen Campingplatz für Dauercamper, Freizeit- und Urlaubscamper oder durchreisende Übernachtungsgäste handelt. Für letztere werden zudem häufig Flächen für Kurzzeitaufenthalte auch an anderen Campingplätzen angeboten. Die Klausel lässt keine Einschränkungen[143] zu.

91 In der Tagzeit von 6.00 Uhr bis 22.00 Uhr besteht Diebstahlschutz für das Reisegepäck in **abgestellten Kraftfahrzeugen**, die durch Verschluss gesichert sind. Die frühere Kofferraumklausel[144] war im Zuge der Veränderung der Fahrzeuge anzupassen. Abgestellt ist nicht im verkehrsrechtlichen Sinne[145] zu verstehen, sondern bedeutet Betriebsruhe ohne Anwesenheit[146] von Fahrer bzw. Insassen. Eine kurze Fahrtunterbrechung zum Tanken nebst Bezahlvorgang ist noch keine Betriebsruhe.

92 Der Wortlaut bezieht sich nur auf Kraftfahrzeuge. Darunter können sicherlich Kraftfahrzeuge im Sinne des § 1 Abs. 2 StVG[147] verstanden werden. Allein zwingend ist dies allerdings nicht, da Kraftfahrzeuge auch als Oberbegriff für die motorgetriebenen Land-, Luft- und Wasserfahrzeuge nach 3.1.2 verstanden werden kann.

93 Anhänger und Wohnanhänger sind rechtlich keine Kraftfahrzeuge, da sie nicht durch eigene Maschinenkraft bewegt werden, § 1 Abs. 2 StVG. Dennoch wird zumeist[148] be-

---

140 *van Bühren*/Nies, Nr. 3 VB-Reisegepäck 2008, Rn. 295.; *Staudinger*/Halm/Wendt, FAK-VersR, Nr. 3 VB-Reisegepäck 2008, Rn. 15.
141 a. A. Prölss/Martin/*Knappmann*, Nr. 3 VB-Reisegepäck 2008, Rn. 41; Looschelders/Pohlmann/*Benzenberg*, VVG-Kommentar, Anh. N, Rn. 40.
142 *LG Bielefeld* Urt. v. 07.09.1999 – 23 S 117/99, NJW-RR 2000, 622 = NVersZ 2000,93 = VersR 2000, 724.
143 Prölss/Martin/*Knappmann*, Nr. 3 VB-Reisegepäck 2008, Rn. 40; *Staudinger*/Halm/Wendt, FAK-VersR, Nr. 3 VB-Reisegepäck 2008, Rn. 15.
144 *BGH* Urt. v. 13.12.1978 – IV ZR 177/77, JurionRS 1978, 11480 = DB 1979, 1937 = MDR 1979, 385 = NJW 1979, 981 = VersR 1979, 343.
145 *BVerwG* Urt. v. 16.11.1973 – VII C 58.72, BVerwGE 44, 193 = JurionRS 1973, 13959 = DAR 1974, 55 = DVBl 1974, 290 = NJW 1974, 761 (Parken können nur betriebsbereite Fahrzeuge).
146 *van Bühren*/Nies, Nr. 3 VB-Reisegepäck 2008, Rn. 301; Prölss/Martin/*Knappmann*, Nr. 3 VB-Reisegepäck 2008, Rn. 45.
147 *van Bühren*/Nies, Nr. 3 VB-Reisegepäck 2008, Rn. 300; *Staudinger*/Halm/Wendt, FAK-VersR, Nr. 3 VB-Reisegepäck 2008, Rn. 16; Halm/Engelbrecht/Krahe/*Fajen*, Handbuch des Fachanwalts Versicherungsrecht, Kap. 17. Rn. 25.
148 *Staudinger*/Halm/Wendt, FAK-VersR, Nr. 3 VB-Reisegepäck 2008, Rn. 16; Prölss/Martin/*Knappmann*, Nr. 3 VB-Reisegepäck 2008, Rn. 50; a. A. *van Bühren*/Nies, Nr. 3 VB-Reisegepäck 2008, Rn. 299.

Versicherung von sonstigen Gegenständen

fürwortet, die Klausel auch auf Anhänger anzuwenden. Abgestellte Anhänger können hingegen ohne Überwindung großer technischer Hindernisse insgesamt – nebst Gepäck – gestohlen werden.

Abgestellte **Gespanne**, bestehend aus Zugfahrzeug und Anhänger oder Zugfahrzeug 94
und Wohnanhänger werfen dagegen weitere Fragen auf, falls man Anhänger nicht einbezieht. Es wäre kaum erklärlich, dass Versicherungsschutz für das Gepäck im Kofferraum des Zugfahrzeugs besteht, aber im damit verbundenen Gepäckanhänger nicht.

Mit Verschluss **gesicherte Behältnisse** können Behältnisse verschiedener Art sein. 95
Dach- und Heckträger werden nur exemplarisch erwähnt. Hierzu gehören insbesondere abschließbare Dachboxen, Gepäckboxen auf Kupplungsträgern, aber auch Motorradkoffer und Topcases. Dabei reicht es nicht aus, dass die Motorradkoffer nur mit besonderen Schrauben[149] befestigt sind. Abschließbare Anhänger und Wohnwagen, die ihrerseits mit dem Zugfahrzeug verbunden und gesichert sind, können im Zweifel ebenso als Behältnisse gewertet werden.

»Mit **Verschluss** gesichert« erweckt den Eindruck eines Ausschlusstatbestandes, zumal 96
die Nr. 3 die Überschrift »Ausschlüsse und Einschränkungen« trägt. Objektiv wird jedoch vom Versicherungsnehmer ein bestimmtes Verhalten verlangt. Die Formulierung enthält somit eine verhüllte Obliegenheit,[150] die den Versicherungsschutz nicht entfallen lässt. Der Versicherer kann jedoch seine Leistung entsprechend dem Verschuldensgrad kürzen, § 81 Abs. 2 VVG.

Die sogenannte **Nachtzeitklausel** in 3.3 enthält nach zutreffender Ansicht[151] eine Risi- 97
kobegrenzung, da der Versicherungsschutz zeitlich eingeschränkt ist. Bei abgestelltem Kraftfahrzeug besteht in der Zeit von 22.00 Uhr bis 6.00 Uhr grundsätzlich kein Versicherungsschutz.

Als Ausnahme von der Nachtzeitklausel werden zweistündige Fahrtunterbrechungen 98
eingeräumt. Dabei kann es sich um mehrere[152] Fahrtunterbrechungen in einer Nacht handeln. Jede Unterbrechung für sich darf nicht länger als zwei Stunden andauern. In der Summe können sie die Grenze von zwei Stunden übersteigen. Die Beweislast liegt beim Versicherungsnehmer.

Durch die umstrittene[153] Einführung von **Telematiksystemen** im Kraftfahrzeug wird es 99
zumindest dem Reisegepäckversicherten erleichtert, die genauen Zeiten der Fahrtunterbrechungen zu beweisen.

---

149 *LG Hamburg* Urt. v. 15.05.1985 – 18 S 207/84, VersR 1986, 695.
150 Looschelders/Pohlmann/*Benzenberg*, VVG-Kommentar, Anh. N, Rn. 39; *Staudinger/*Halm/Wendt, FAK-VersR, Nr. 3 VB-Reisegepäck 2008, Rn. 16; Terbille/Höra/*Gebert/Steinbeck* Münchner Anwaltshandbuch, Kap. 30, Rn. 210.
151 *Staudinger/*Halm/Wendt, FAK-VersR, Nr. 3 VB-Reisegepäck 2008, Rn. 16.
152 *Staudinger/*Halm/Wendt, FAK-VersR, Nr. 3 VB-Reisegepäck 2008, Rn. 16.
153 ADAC Motorwelt 8/2013, 39.

4 Höhe der Entschädigung

Im Versicherungsfall erstattet der Versicherer bis zur Höhe der vereinbarten Versicherungssumme für

4.1 abhanden gekommene oder zerstörte Sachen den Zeitwert. Der Zeitwert ist jener Betrag, der allgemein erforderlich ist, um neue Sachen gleicher Art und Güte anzuschaffen, abzüglich eines dem Zustand der versicherten Sache (Alter, Abnutzung, Gebrauch etc.) entsprechenden Betrages;

4.2 beschädigte Sachen die notwendigen Reparaturkosten und ggf. eine verbleibende Wertminderung, höchstens jedoch den Zeitwert;

4.3 Filme, Bild-, Ton – und Datenträger den Materialwert;

4.4 amtliche Ausweise und Visa die amtlichen Gebühren der Wiederbeschaffung

100 Absolute Grenze der Versicherungsleistung ist die vereinbarte Versicherungssumme.

101 Für zerstörte und abhanden gekommene Sachen wird der **Zeitwert** ersetzt. Bei auf der Reise neu angeschafften[154] Gegenständen ist das relativ leicht durch den Kaufpreis zu bestimmen, sollte dieser angemessen sein. Ansonsten wird der Zeitwert durch die Klausel definiert. Abzustellen ist auf Werte zum Zeitpunkt des Versicherungsfalls, § 88 VVG.[155] Dies betrifft sowohl den aktuellen Neupreis als auch die wertbildenden Faktoren. Die Aufzählung der Faktoren ist nicht abschließend.

102 Schmerzhaft sind die Abzüge in der Praxis bei technischen Geräten, wie Fotoapparaten, Mobiltelefonen, Smartphones und Laptops, da sie der Schnelllebigkeit durch den technischen Fortschritt und einem besonderen Preisverfall unterworfen sind. Geräte der Spitzenklasse können in wenigen Monaten bereits zum Durchschnitt gehören, wobei Neugeräte mit vergleichbarer Leistung deutlich billiger angeboten werden.

103 Schwierig erweist sich die Bemessung bei der Bekleidung, da neben objektiven Kriterien subjektive Einflüsse, wie die Mode, den Wert[156] mitbestimmen können.

104 Der Zustand der Sache ist nicht durch Anschauung der Sache allein zu beurteilen. Die Sache muss immer als Teil der Umwelt betrachtet werden. Gegenstände die zu ihrer Umwelt eher kompatibel sind, sei es durch leistungsfähige Technik oder dass sie der Mode entsprechen, sind mit einen höheren Zeitwert anzusetzen.[157]

---

154 Halm/Engelbrecht/Krahe/*Fajen*, Handbuch des Fachanwalts Versicherungsrecht, Kap. 17. Rn. 37.
155 *BGH* Urt. v. 04.06.1997 – IV ZR 163/96, JurionRS 1997, 19494 = MDR 1997, 836 = NJW-RR 1997, 1243 = r+s 1997, 378 m. Anm. *Wälder* = VersR 1997, 1231 = zfs 1997, 387; *van Bühren*/Nies, Nr. 4 VB-Reisegepäck 2008, Rn. 347.
156 Beliebigkeit befürchtend *Staudinger*/Halm/Wendt, FAK-VersR, Nr. 4 VB-Reisegepäck 2008, Rn. 1.
157 Looschelders/Pohlmann/*Benzenberg*, VVG-Kommentar, Anh. N, Rn. 48; *van Bühren*/ Nies, Nr. 4 VB-Reisegepäck 2008, Rn. 350; a. A. *Staudinger*/Halm/Wendt, FAK-VersR,

Versicherung von sonstigen Gegenständen

Nach der Definition des Zeitwertes kommt es nur darauf an, welcher Betrag **allgemein** 105
erforderlich ist. Nicht abzustellen ist somit darauf, zu welchem Betrag der Versicherungsnehmer hierzu selbst in der Lage wäre. Durch die Regelung werden zu teure, aber auch preisgünstige Beschaffungsalternativen ausgeschlossen.

Die Klausel enthält keine Regelung zur **Mehrwertsteuer**. Sie fällt bei der Neuanschaf- 106
fung immer an, es sei denn, man erwirbt von einem Privatmann. Der vorsteuerabzugsberechtigte Unternehmer erhält die Mehrwertsteuer jedoch wieder, § 15 Abs. 1 UStG.
Ist einem Unternehmer auf der Geschäftsreise der neue Koffer abhandengekommen, ist der Brutto-Neupreis der Zeitwert. Davon kann er sich einen neuen Koffer kaufen und erhält die MWSt. vom Finanzamt erstattet.

Im Gegensatz dazu enthält die Fahrzeugversicherung in A.2.5.4 AKB 2015 eine Klausel 107
zur Mehrwertsteuer. Sie wird nur erstattet, soweit sie angefallen ist. Bei Vorsteuerabzugsberechtigung wird Mehrwertsteuer nie erstattet, A.2.5.4 Satz 2 AKB 2015.
Die dortige Regelung gilt für alle Varianten von Schäden, nicht nur für den Reparaturfall.[158]

Auch wenn in der Reisegepäckversicherung eine ausdrückliche **Mehrwehrsteuerklau-** 108
sel – wie z. B. Abschnitt A § 12 Nr. 3 VHB 2010 – offensichtlich fehlen mag, kann eine solche nicht hineininterpretiert[159] werden. Das gilt sowohl für den Privatmann, der z. B. nicht reparieren lässt[160] als auch den vorsteuerabzugsberechtigten Unternehmer. Im Versicherungsrecht, das mitunter sogar eine Neupreisentschädigung bereithält, gibt es anders als im Schadensersatzrecht[161] – mit Ausnahme des § 200 VVG in der Krankenversicherung – kein ausdrückliches Bereicherungsverbot.[162]

Leistet der Reisegepäckversicherer – z. B. mangels Mehrwertsteuerklausel -bedingungs- 109
gemäß mehr, als schadensersatzrechtlich geschuldet ist, geht der Schadensersatzanspruch nicht in Höhe der Versicherungsleistung, sondern nur nach den Maßstäben des Schadensersatzanspruchs nach § 86 Abs. 1 Satz 1 VVG über.

Nr. 4 VB-Reisegepäck 2008, Rn. 1; Prölss/Martin/*Knappmann*, Nr. 4 VB-Reisegepäck 2008, Rn. 3.
158 *Stomper* A.2.5.4 AKB Rdn. 24–29.
159 *Staudinger*/Halm/Wendt, FAK-VersR, Nr. 4 VB-Reisegepäck 2008, Rn. 2.
160 *BGH* Urt. v. 30.01.1985 – IVa ZR 109/83, JurionRS 1985, 13605 = DAR 1985, 153 = BB 1985, 1093 = MDR 1985, 558 = NJW 1985, 1222 = VersR 1985, 354 = zfs 1985, 116.
161 *Woitkewitsch* Verkehrsunfall – Das Verbot der Bereicherung im Rahmen der Schadensregulierung, MDR 2015, 61 ff.; nur wenn sich der Staat bereichert, scheint der *BGH* »ein Auge zuzudrücken«, *BGH* Urt. v. 18.03.2014 – VI ZR 10/13, JurionRS 2014, 14631 = BauR 2014, 1984 = DAR 2014, 308 = ADAJUR Dok.Nr. 104929 = MDR 2014, 773 = NJW 2014, 2874 = NJW-Spezial 2014, 525 = NZV 2014, 510 = VersR 204, 848 m. Anm. Schwab VersR 2014,.
162 *BGH* Urt. v. 04.04.2001 – IV ZR 138/00, BGHZ 147, 212 = JurionRS 2001, 19990 = MDR 2001, 989 = NJW 2001, 3389 = NVersZ 2001, 304 = VersR 2001, 749 = zfs 2001, 410.

Versicherung von sonstigen Gegenständen

110 Die Wiederbeschaffung durch eine vergleichbare Sache mit entsprechendem Alter und Abnutzung durch den Versicherer ist ausgeschlossen. Es erfolgt eine **Entschädigungsleistung in Geld**.

111 Notwendige **Reparaturkosten** sind entsprechend mit Mehrwertsteuer zu erstatten. Über den Wortlaut hinaus werden **Reparaturnebenkosten** für Versand und Transport[163] für versichert gehalten. Solange sie nebst Wertminderung den Zeitwert nicht übersteigen, kann dem zugestimmt werden.

112 Mangels Ausschluss sind **Schadensermittlungskosten** nach allgemeinen Regeln zu ersetzen, §§ 85 Abs. 1; 87 VVG.

113 Um in den Genuss der Versicherungsleistung zu kommen ist es nach zutreffender Ansicht[164] nicht erforderlich, dass das beschädigte Reisegepäck tatsächlich repariert wird. In Nr. 4.2 ist **keine Wiederherstellungsklausel** nach § 93 Satz 1 VVG enthalten.

114 Aufwendungen für gescheiterte **Reparaturversuche** sind nach § 83 Abs. 1 Satz 1 VVG zu ersetzen. Zu beachten ist, dass der Reparaturbetrieb einen Erfolg schuldet, § 631 BGB.

115 Für Filme, Bild-, Ton- und Datenträger ist nur der **Materialwert** zu erstatten. Damit wird ausgeschlossen, dass der Verlust ideeller Werte, z. B. wegen Reiseerinnerungen auszugleichen oder die Reparaturkosten für beschädigte Datenträger zu erstatten sind. Nach allgemeinem Verständnis[165] gehören erworbene, reproduzierte Aufnahmen auf Datenträgern (z. B. Spielfilme, Dias, Musik-CDs) zu den Sachen nach Nr. 4.1 bzw. 4.2., die sich zudem leicht wiederbeschaffen lassen.

116 Die Klausel spricht unklar von »amtlichen Gebühren der Wiederbeschaffung« amtlicher **Ausweise und Visa**. Gemeint sind die Gebühren der Ersatzbeschaffung. Damit sind weitere im Zusammenhang mit der Ausweiserstellung stehenden Kosten, wie z. B. für das Fertigen neuer Lichtbilder, ausgeschlossen.

117 Keine Ersatzleistung erhält der Versicherungsnehmer für **sonstige Schäden**,[166] wie z. B. Nutzungsausfall, Unkostenpauschale, entgangene Urlaubsfreuden, etc.; siehe auch Nr. 3.1.4.

---

163 Prölss/Martin/*Knappmann*, Nr. 4 VB-Reisegepäck 2008, Rn. 7; *Staudinger*/Halm/Wendt, FAK-VersR, Nr. 4 VB-Reisegepäck 2008, Rn. 2; Looschelders/Pohlmann/*Benzenberg*, VVG-Kommentar, Anh. N, Rn. 50.
164 *Staudinger*/Halm/Wendt, FAK-VersR, Nr. 4 VB-Reisegepäck 2008, Rn. 2; a. A. *van Bühren*/Nies, Nr. 4 VB-Reisegepäck 2008, Rn. 356.
165 *van Bühren*/Nies, Nr. 4 VB-Reisegepäck 2008, Rn. 371; *Staudinger*/Halm/Wendt, FAK-VersR, Nr. 4 VB-Reisegepäck 2008, Rn. 3.
166 Looschelders/Pohlmann/*Benzenberg*, VVG-Kommentar, Anh. N, Rn. 54; *van Bühren*/Nies, Nr. 4 VB-Reisegepäck 2008, Rn. 159.

Den Versicherungsnehmer trifft für den Eintritt und den Umfang des Schadens die Be- 118
weislast. Seine Redlichkeit wird vermutet.[167] Beweiserleichterungen[168] werden zugestanden.

5 Obliegenheiten nach Eintritt des Versicherungsfalles

5.1 Der Versicherungsnehmer/die versicherte Person ist verpflichtet, Schäden durch strafbare Handlungen unverzüglich der nächstzuständigen oder nächsterreichbaren Polizeidienststelle unter Einreichung einer Liste aller in Verlust geratenen Sachen anzuzeigen und sich dies bestätigen zu lassen. Dem Versicherer ist hierüber eine Bescheinigung einzureichen.

5.2 Schäden an aufgegebenem Reisegepäck sind dem Beförderungsunternehmen, dem Beherbergungsbetrieb bzw. der Gepäckaufbewahrung unverzüglich zu melden. Äußerlich nicht erkennbare Schäden sind nach der Entdeckung unverzüglich und unter Einhaltung der jeweiligen Reklamationsfrist, spätestens innerhalb von ... Tagen nach Aushändigung des Reisegepäcks schriftlich anzuzeigen. Dem Versicherer sind entsprechende Bescheinigungen vorzulegen.

Den Versicherungsnehmer treffen besondere Obliegenheit, die er im Versicherungsfall 119
zu erfüllen hat. Dem Inhalt nach sind sie geprägt von dem Gedanken der Rettungspflicht nach einem Diebstahl als **strafbarer Handlung**. Im Vordergrund steht das Vermögensdelikt.

Kommt es zu einem **Verkehrsunfall** mit Sachschaden nebst Schaden am Reisegepäck, 120
ist nach deutschem Strafrecht mangels Vorsatz keine strafbare Handlung gegeben, §§ 303, 15 StGB. Die Situation ändert sich schnell, wenn ein Personenschaden hinzutritt (§ 229 StGB), oder eine Fahrlässigkeitstat nach den §§ 315b, 315c, 316 Satz 2 oder eine Vorsatztat nach 142 StGB vorliegt. Bei einem Verkehrsunfall sind Schäden am Reisegepäck zunächst erst einmal Nebensache und können keine sofortige Meldepflicht auslösen.

Die Klausel ist daher so zu lesen, als stünde dort »Schäden durch strafbare Handlungen 121
gegen das Vermögen«.

Der Versicherte hat seine Anzeigeobliegenheit gegenüber der Polizei unverzüglich nach- 122
zukommen. Wird das Fahrzeug auf dem Rastplatz[169] aufgebrochen, reicht es nicht aus,

---

167 Halm/Engelbrecht/Krahe/*Fajen*, Handbuch des Fachanwalts Versicherungsrecht, Kap. 17. Rn. 39.
168 *AG St. Wendel* Urt. v. 05.12.2006 – 14 C 506/06; JurionRS 2006, 45205 = r+s 2007, 331 = ADAJUR Dok.Nr. 75295; Prölss/Martin/*Knappmann*, Nr. 4 VB-Reisegepäck 2008, Rn. 10.
169 *LG München I* Urt. v. 23.12.1998 – 23 O 13989/98; NVersZ 1999, 577 = RRa 1999, 128 = r+s 1999, 252 = VersR 1999, 1148 = ADAJUR Dok.Nr. 34708; Halm/Engelbrecht/Krahe/ *Fajen*, Handbuch des Fachanwalts Versicherungsrecht, Kap. 17. Rn. 48.

erst am Heimatort Anzeige zu erstatten. Eine Diebstahlsanzeige, die erst 24 Stunden später getätigt wird, ist nicht[170] mehr unverzüglich.

123 Mit der Anzeige ist eine **Stehlgutliste** vorzulegen, die alle gestohlenen Gegenstände betrifft. Folglich sind neben versichertem Reisegepäck z. B. auch entwendetes Fahrzeugzubehör, wie Schneeketten, Warndreieck, Abschleppseil, etc. anzugeben. Der Versicherte ist nicht verpflichtet, gegenüber der Polizei Angaben zu machen, welche Gegenstände zwar mitgeführt, aber nicht[171] gestohlen wurden.

6 Rechtsfolgen bei Verletzung von Obliegenheiten

Die Rechtsfolgen ergeben sich aus dem allgemeinen Teil der Versicherungsbedingungen für die Reiseversicherung (AT-Reise) Nr. 6.2.

7 Selbstbehalt

Der Selbstbehalt beträgt je Versicherungsfall … % des erstattungsfähigen Schadens, mindestens jedoch EUR … je Person.

8 Versicherungswert und Unterversicherung

8.1 Die Versicherungssumme muss dem vollen Zeitwert des versicherten Reisegepäcks entsprechen (Versicherungswert).

8.2 Ist die Versicherungssumme bei Eintritt des Versicherungsfalles niedriger als der Versicherungswert (Unterversicherung), erstattet der Versicherer den Schaden nur nach dem Verhältnis der Versicherungssumme zum Versicherungswert.

C. Hausratversicherung – Außenversicherung von Hausrat nach VHB 2010[172]

124 Hausrat ist unter bestimmten Voraussetzungen auch dann versichert, wenn er sich nicht in der Wohnung oder Haus befindet. Man spricht dann von einer Außenversicherung. Die räumliche Reichweite der Außenversicherung kann nach alten Bedingungen allerdings enger[173] sein, als der nach A.2.4. AKB 2015. Die Außenversicherung ist in § 6 Nr. 3 VHB 1974; § 12 VHB 1984; § 12 VHB 1992; § 11 VHB 2000; § 11 VHB 2004; § 7 VHB 2008 und § 7 VHB 2010 geregelt.

125 Die Hausratversicherung ist keine[174] Allgefahrendeckung. Sie bietet insbesondere keinen Versicherungsschutz bei Unfällen; jedoch z. B. bei Brand, Einbruchdiebstahl, Raub und Naturgefahren. Die Hausratversicherung orientiert sich grds. am **Neuwert** nach Abschnitt A § 9 Nr. 1. A) VHB 2010; statt dem Zeitwert nach Nr. 4.1 VB-Reisegepäck. Folglich findet kein Abzug »neu für alt«[175] statt.

---

170 *AG Hamburg-Altona* Urt. v. 31.08.2001 – 315B C 44/01, NVersZ 2002, 514 = VersR 2003, 105 = ADAJUR Dok.Nr. 52109.
171 *OLG Köln* Urt. v. 12.05.1995 – 9 U 230/94, JurionRS 1995, 16370 = VersR 1996, 847.
172 VHB 2010 = Allgemeine Hausrat Versicherungsbedingungen 2010, Stand 01.01.2013.
173 *LG Berlin* Urteil v. 14.07.1977 – 7 S 13/77, ADAJUR Dok.Nr. 37064 = VersR 1977, 853 (VHB 1974, Teneriffa trotz Europäischer Union ausgeschlossen).
174 Staudinger/Halm/Wendt/*Hormuth*, FAK-VersR, § 1 VHB 2010, Rn. 1.
175 Looschelders/Pohlmann/*Looschelders/Weiß*, VVG-Kommentar, Anh. L, Rn. 145.

Versicherung von sonstigen Gegenständen

Absch. A § 7 VHB 2010 – Außenversicherung

1. Begriff und Geltungsdauer der Außenversicherung

Versicherte Sachen, die Eigentum des Versicherungsnehmers oder einer mit ihm in häuslicher Gemeinschaft lebenden Person sind oder die deren Gebrauch dienen, sind weltweit auch versichert, solange sie sich vorübergehend außerhalb des Versicherungsortes befinden. Zeiträume von mehr als drei Monaten gelten nicht als vorübergehend.

2. Unselbständiger Hausstand während Wehr- und Zivildienst oder Ausbildung

Hält sich der Versicherungsnehmer oder eine mit ihm in häuslicher Gemeinschaft lebende Person zur Ausbildung, zur Ableistung eines freiwilligen Wehrdienstes, eines internationalen oder nationalen Jugendfreiwilligendienstes (Freiwilliges Soziales oder Ökologisches Jahr) oder des Bundesfreiwilligendienstes außerhalb der Wohnung auf, so gilt dies so lange als vorübergehend im Sinne der Nr. 1, bis ein eigener Hausstand begründet wird.

3. Einbruchdiebstahl

Für Schäden durch Einbruchdiebstahl müssen die in Abschnitt A § 3 Nr. 2 genannten Voraussetzungen erfüllt sein.

4. Raub

Bei Androhung einer Gewalttat mit Gefahr für Leib oder Leben besteht Außenversicherungsschutz nur in den Fällen, in denen der Versicherungsnehmer versicherte Sachen herausgibt oder sich wegnehmen lässt, weil eine Gewalttat an Ort und Stelle verübt werden soll. Dies gilt auch, wenn der Raub an Personen begangen wird, die mit dem Versicherungsnehmer in häuslicher Gemeinschaft leben. Der Außenversicherungsschutz erstreckt sich ohne Rücksicht auf mitwirkende Ursachen nicht auf Sachen, die erst auf Verlangen des Täters an den Ort der Wegnahme oder Herausgabe gebracht werden.

5. Naturgefahren

Für Naturgefahren besteht Außenversicherungsschutz nur innerhalb von Gebäuden.

6. Entschädigungsgrenzen

a) Die Entschädigung im Rahmen der Außenversicherung ist insgesamt auf __Prozent der Versicherungssumme, höchstens auf den vereinbarten Betrag, begrenzt.

b) Für Wertsachen (auch Bargeld) gelten zusätzlich Entschädigungsgrenzen (siehe Abschnitt A § 13 Nr. 2).

Versicherte Sachen werden in Abschnitt A § 6 Nr. 2 VHB 2010 definiert. Mitversichert sind alle Sachen, die dem Haushalt zur privaten[176] Nutzung, sei es zum Gebrauch oder Verbrauch dienen. Hierzu gehören insbesondere auch Wertsachen, Bar-

---

176 Erweiterbar durch Klausel PK 7211 (10) Arbeitsgeräte.

Versicherung von sonstigen Gegenständen

geld und Haustiere, aber keine Stalltiere.[177] Bereits angeschaffte Gegenstände (**Einkäufe**) zählen bereits zum Haushalt, ohne dass sie zunächst die Wohnung erreicht haben oder sich darin befinden[178] müssen.

127 Zu den **nicht** versicherten Sachen zählen insbesondere nach Abschnitt § 6 Nr. 4c) VHB 2010 **Kraftfahrzeuge aller Art und Anhänger**, unabhängig von deren Versicherungspflicht, sowie – seit den VHB 2000 – Teile und Zubehör von Kraftfahrzeugen und Anhängern. Mangels Definition im Bedingungswerk ist auf § 1 Abs. 2 StVG[179] zurückzugreifen. Damit ist in der Hausratversicherung das ausgenommen, was über A.2.1 AKB 2015 in der Fahrzeugversicherung samt Zubehör versicherbar ist.

128 In § 2 Nr. 1 VHB 1974 ist **Kfz-Zubehör** noch ausdrücklich[180] mitversichert. In § 1 Nr. 4b) VHB 1984 wird Kfz-Zubehör bei den Ausschlüssen nicht erwähnt und ist daher ebenfalls noch mitversichert.[181] Letzteres gilt auch für die VHB 1992. Insoweit kann sich bei entsprechenden Verträgen eine Mehrfachversicherung nach § 77 VVG zur Fahrzeugversicherung[182] nach A.2.1.2.1 und A.2.1.2.2 AKB 2015 ergeben.

129 Besonderheiten können sich zudem für die neuen Bundesländer ergeben, wenn Versicherungsverträge nach der erweiterten Haushaltversicherung abgeschlossen wurden. Diese stark verbreiteten,[183] häufig noch 1988[184] geschlossenen Verträge, enthalten einen weitergehenden Versicherungsschutz für Ersatz- und Zubehörteile nach § 1 Nr. 1d) HaushaltV,[185] da nur die Kraftfahrzeuge als solche ausgeschlossen sind, § 4a) HaushaltV.

130 Zu keiner Zeit mitversichert sind ausgebaute **Fahrzeugteile**, bei denen es sich nicht um Zubehör handelt, wie z. B. Vergaser, Stoßdämpfer, Tank, etc.[186] Dies gilt auch dann, wenn ein Fahrzeug völlig in seine Einzelteile[187] zerlegt ist.

---

177 Z. B. kein Reitpferd, Looschelders/Pohlmann/*Looschelders/Weiß*, VVG-Kommentar, Anh. L, Rn. 69.
178 Looschelders/Pohlmann/*Looschelders/Weiß*, VVG-Kommentar, Anh. L, Rn. 55; Problem beim Bargeld, *LG Köln*, Urt. v. 23.10.2008 – 24 S 19/08, JurionRS 2008, 36506 = r+s 2012, 343.
179 Looschelders/Pohlmann/*Looschelders/Weiß*, VVG-Kommentar, Anh. L, Rn. 77 (dort irrtümlich StVO statt StVG).
180 *AG Köln*, Urt. v. 20.05.1980 – 135 C 158/80, r+s 1984, 106 (nur Kfz-Zubehör, VHB 1966/74).
181 Prölss/Martin/*Knappmann*, § 2 VHB 2000, Rn. 21.
182 *Stomper* A.2.1.2 AKB Rdn. 1 ff.
183 Prölss/Martin/*Knappmann*, Hausratversicherung, Vorbem., Rn. 10; Halm/Engelbrecht/Krahe/*Engler*, Handbuch des Fachanwalts VersR, Kap. 11, Rn. 70 ff.
184 BGH Urt. v. 16.06.2004 – IV ZR 201/03, JurionRS 2004, 18371 = MDR 2004, 1294 = NJW-RR 2004, 1259 = VersR 2004, 1132 (Allgemeinen Bedingungen für die Erweiterte Haushaltsversicherung – ABEH).
185 Abgedruckt und kommentiert Prölss/Martin/*Knappmann*, 27. Auflage 2004, Haushaltversicherung.
186 BGH Urt. v. 17.04.1996 – IV ZR 229/95, JurionRS 1996, 14431 = DAR 1996, 317 = MDR 1996, 687 = NJW-RR 1996, 858 = NZV 1996, 276 = VersR 1996, 747 = zfs 1996, 269 (ausgebaute Motorradteile, VHB 1984).
187 *OLG Brandenburg*, Urt. v.14.03.2007 – 13 U 75/06.

Versicherung von sonstigen Gegenständen

Versicherungsort ist grundsätzlich die Wohnung. Streitig[188] ist, ob z. B. **Wohnwagen** 131 oder **Wohnmobile**[189] als Wohnung versichert sein können, da Menschen ihren Lebensmittelpunkt[190] dort wählen können. Andererseits bezieht sich § 6 Nr. 3a VHB 2010 auf die Flächen eines Gebäudes, setzt damit folglich voraus, dass sich die Wohnung in einem Gebäude befindet. Für Wohnwagen oder Wohnmobile ist dies daher abzulehnen.[191] Nach dem Sinn und Zweck der Hausratversicherung muss es daher auch bei Wohnwagen dabei bleiben, dass nur vorübergehend[192] außerhalb der Wohnung verwahrte Hausratsgegenstände mitversichert sind.

Ein Wohnwagen/Wohnmobil kann nur individualvertraglich[193] als Wohnung bezeichnet oder einbezogen werden. Sinnvoll ist dies, soweit der Wohnwagen oder das Reisemobil dauerhaft Wohnzwecken dient. Für nicht ständige Wohnzwecke kann dagegen eine spezielle **Camping-Versicherung**[194] abgeschlossen werden kann, für die der GDV Musterbedingungen entwickelt hat. Das Versicherungspotential ist gewaltig, da nach Angaben des ADAC rund 1,8 Millionen[195] Mitglieder mit Wohnwagen oder Wohnmobil verreisen. Das sind etwa 10% aller ADAC-Mitglieder. 132

Nach Abschnitt A § 6 Nr. 3d) VHB 2010 gehören auch privat genutzte **Garagen** zur Wohnung, soweit sich diese in der Nähe des Versicherungsortes befinden. Was unter »Nähe« zu verstehen ist, ist nicht definiert und bietet Anlass zum Streit. Selbst der Sprachgebrauch[196] »geringe Entfernung« hilft aber nicht wirklich weiter. Oftmals ist situativ zu entscheiden, abhängig vom Angebot[197] an Garagen. Sinnvoll ist eine konkrete Angabe in Metern Luftlinie bzw. die Aufnahme der Adresse bzw. der korrekten Entfernung[198] im Versicherungsschein. 133

---

188 Looschelders/Pohlmann/*Looschelders/Weiß*, VVG-Kommentar, Anh. L, Rn. 108.
189 *LG Köln* Urt. v. 27.02.1991 – 24 O 231/90, r+s 1991, 426 = zfs 1991, 282 (wurde aufgehoben); *LG Hamburg* Urt. v. 07.06.1994 – 309 S 315/93, ADAJUR Dok.Nr. 5352 = NJW-RR 1995, 923 = zfs 1997, 110 (VHB 1984).
190 Looschelders/Pohlmann/*Looschelders/Weiß*, VVG-Kommentar, Anh. L, Rn. 108 m. w. N.
191 Staudinger/Halm/Wendt/*Hormuth*, FAK-VersR, § 3 VHB 2010, Rn. 2; *van Bühren*/Nies, § 7 VHB 2008, Rn. 13.
192 Halm/Engelbrecht/Krahe/*Engler*, Handbuch des Fachanwalts Versicherungsrecht, Kap. 11. Rn. 53.
193 Looschelders/Pohlmann/*Looschelders/Weiß*, VVG-Kommentar, Anh. L, Rn. 108.
194 Siehe *Schwab* AVB-Camping 1985/2008.
195 ADAC-Motorwelt 7/2012 S. 72.
196 *BGH* Urt. v. 26.03.2003 – IV ZR 270/02, JurionRS 2003, 23862 = DAR 2003, 316 = MDR 2003, 930 = NJW-RR 2003, 805 = NZV 2003, 470 = r+s 2003, 240 = VersR 2003, 641 = VRS 105, 199 = zfs 2003, 358 (keine Nähe = 1,45 km, VHB 1992); *LG Dortmund* Urt. v. 17.06.2009 – 2 O 424/08, r+s 2009, 416 = zfs 2010, 278 (keine Nähe = 1,2 km, VHB 1992); *AG Senftenberg* Urt. v. 11.10.2007 – 21 C 400/07, JurionRS 2007, 62871 = r+s 2008, 156 (keine Nähe = 1,1 km bzw. 0,7 km Luftlinie); Looschelders/Pohlmann/*Looschelders/Weiß*, VVG-Kommentar, Anh. L, Rn. 112.
197 *Knappmann*, Versicherungsschutz für Sachen im Kfz, VRR 2010, 49.
198 *LG Coburg* Urt. v. 30.06.2009 – 23 O 369/08, ADAJUR Dok.Nr. 88383 (Angabe 3,5 statt 4,78 km; VHB 1992).

Versicherung von sonstigen Gegenständen

134 Umso mehr kommt der Außenversicherung Bedeutung zu. In den Bedingungswerken VHB 1984 und älter war der Versicherungsschutz auf **Europa** begrenzt. Wie in der Kfz-Haftpflicht- und Kaskoversicherung[199] stellt sich dann die Frage, ob sich der Schadensfall noch in Europa oder in Afrika[200] oder Asien[201] ereignete. Zwar haben die älteren VHB heute kaum noch Bedeutung, dafür aber auch noch die VHB 1984.[202]

135 Seit den VHB 1992[203] gilt der Versicherungsschutz **weltweit**, so dann auch in den VHB 2000, VHB 2008 und VHB 2010. Individuelle Bedingungswerke können von den Muster-VHB[204] abweichen.

136 Der **Einbruchdiebstahl** in einen PKW oder ein Wohnmobil kann über die Außenversicherung gedeckt sein. Steht das Fahrzeug im Freien auf einem Rastplatz[205] oder einem nicht umschlossenen **Carport**[206], ist dies allerdings abzulehnen sein, da die Außenversicherung gebäudegebunden[207] ist. Auch ein Con-

---

199 *BGH* Urt. v. 20.06.1963 – II ZR 199/61, BGHZ 40, 22 = JurionRS 1963, 11884 = DB 1963, 1319 = JZ 1963, 678 = MDR 1963, 742 = NJW 1963, 1978 = VersR 1963, 768.
200 *OLG Hamburg* Urt. v. 21.01.1987 – 4 U 232/86, NJW-RR 1987, 860 = r+s 1990, 311 (Gran Canaria, VHB 74); *OLG Köln* Urt. v. 31.10.1991 – 5 U 74/91, JurionRS 1991, 15153 = ADAJUR Dok.Nr. 2422 = r+s 1991, 425 (Teneriffa, VHB 1984); *LG Wuppertal* Urt. v. 27.07.1990 – 10 S 179/90, r+s 1990, 426 (Kanarische Inseln, VHB 1974); *LG Berlin* Urt. V. 09.01.2007 – 7 S 31/06, JurionRS 2007, 60064 = VersR 2007, 941 = zfs 2007, 694 = r+s 2008, 476; zust. *Weydt*, VersR 2007, 943 (Gran Canaria, VHB 1974); *AG Köln* Urt. v. 31.05.1992 – 130 C 83/89, ADAJUR Dok.Nr. 12781 = r+s 1993, 424 (Gran Canaria, VHB 1974).
201 *LG Dortmund* Urt. v. 15.04.2009 – 2 O 192/08, JurionRS 2009, 24881 (Türkei, VHB 1984).
202 Looschelders/Pohlmann/*Looschelders/Weiß*, VVG-Kommentar, Anh. L, Rn. 4; Halm/Engelbrecht/Krahe/*Engler*, Handbuch des Fachanwalts Versicherungsrecht, Kap. 11. Rn. 3.
203 *van Bühren*/Nies, § 7 VHB 2008, Rn. 5.
204 Looschelders/Pohlmann/*Looschelders/Weiß*, VVG-Kommentar, Anh. L, Rn. 7.
205 *OLG Stuttgart* Beschl. v. 16.05.2013 – 7 U 83/13, JurionRS 2013, 54663 = r+s 2013, 389 = VuR 2014, 197 (VHB 1984); *OLG Köln* Beschl. v. 17.05.2010 – 9 U 42/10, JurionRS 2010, 36028 = r+s 2011, 212 = VersR 2011, 390; *OLG Hamm* Urt. v. 01.03.2006 – 20 U 177/05, JurionRS 2006, 15347 = NJW-RR 2006, 680 = NZV 2006, 378 = OLGR 2006, 419 = VersR 2006, 833 = VRR 2006, 346 bespr. v. *Knappmann* = zfs 2006, 516.
206 *OLG Köln* Urt. v. 13.01.2005 – 9 U 200/04, JurionRS 2005, 39845 = r+s 2006, 245 (Rasentraktor, VHB 1984).
207 *OLG Köln* Urt. v. 28.11.1991 – 5 U 64/91, JurionRS 1991, 15139 = NJW-RR 1992, 1312 = r+s 1991, 426 = VersR 1992, 490 (Wohnmobil, VHB 1984); *LG Arnsberg* Urt. v. 14.11.1995 – 5 S 171/95, r+s 1996, 68 =ADAJUR Dok.Nr. 374 (Wohnmobil, VHB 1984); *LG Hamburg* Urt. v. 14.06.2001 – 332 – S 13/01, JurionRS 2001, 30099 = NJW-RR 2001, 1471 = NVersZ 2001, 470 = VersR 2002, 354 (Wohnmobil, VHB 1984); *LG Coburg* Urt. v. 06.11.2001 – 33 S 146/01 (Wohnmobil auf öffentlichem Parkplatz); *LG Berlin* Urt. v. 02.02.1999 – 7 O 526/98, VersR 1999, 1143 = zfs 1999, 438 = NVersZ 2000, 39 = ADAJUR Dok.Nr. 36435; *LG Landau* Urt. v. 02.05.1989 – 1 S 42/89, VersR 1989, 1045 (VHB 1984); *LG Konstanz* Urt. v. 28.09.1990 – 1 S 132/90, zfs 1991, 283 = ADAJUR Dok.Nr. 1650; *AG München*, Urt. v. 02.07.1997 – 172 C 7867/97, JurionRS 1997, 24007

tainer[208] kann ein Gebäude sein; nicht aber ein Fährschiff.[209] Steht das Fahrzeug dagegen in einem **Parkhaus**[210] oder einer **Garage**, so besteht Versicherungsschutz über die Hausratversicherung. Nach § 7 Nr. 3 i. V. m. Abschnitt A § 3 Nr. 2 VHB liegt tatbestandlich ein Einbruchdiebstahl in das Fahrzeug als verschlossenes Behältnis in einem Gebäude vor. Ein Anhänger, z. B. mit abgeschlossenem Kofferbau statt offener Pritsche, ist ebenfalls ein Behältnis.

Für PKW und kleinere Wohnmobile, die noch in Parkhäuser passen ist daher ratsam, diese in Parkhäusern[211] statt auf Freiflächen zu parken. Ob ein dem entsprechender Aufbruch eines Motorradkoffers oder eines Motorradtopcases ebenfalls unter den Versicherungsschutz der Hausratversicherung fällt, ist umstritten.[212] 137

Anders als beim Einbruchdiebstahl kommt es bei einem **Raub** nicht[213] darauf an, dass sich der Versicherungsfall in einem Gebäude oder der Wohnung ereignet. Wird beispielsweise der Versicherungsnehmer mit seinem PKW oder Wohnmobil vom Täter auf der Straße angehalten und wird ihm das Fahrzeug nebst versichertem Hausrat mit Gewalt abgenommen, besteht Versicherungsschutz nach den VHB. Kein Versicherungsschutz besteht bei räuberischem Diebstahl,[214] oder wenn sich die Gewalt nur gegen eine Sache[215] richtet. 138

= NVersZ 2000, 40 = VersR 1999, 1144 (PKW Kofferraum, VHB 1984); Prölss/Martin/ *Knappmann*, § 11 VHB 2000, Rn. 1; *Knappmann*, Versicherungsschutz für Sachen im Kfz, VRR 2010, 49.
208 Prölss/Martin/*Knappmann*, § 5 VHB 2000, Rn. 7.
209 *LG München I* Urt. v. 26.05.1977- 20 O 4773/77, VersR 1977, 853.
210 *OLG Saarbrücken* Urt. v. 25.05.1994 – 5 U 1053/93-70, JurionRS 1994, 16561 = ADAJUR Dok.Nr. 3123 = r+s 1995, 108 = VersR 1996, 580 (PKW, VHB 1984); *OLG Düsseldorf* Urt. v. 28.10.1997 – 4 U 141/96, ADAJUR Dok.Nr. 16021 = r+s 1998, 160 = zfs 1998, 187 (VHB 1984); *OLG Hamm* Urt. v. 12.07.1991 – 20 U 109/91, ADAJUR Dok.Nr. 689 = NJW-RR 1991, 1438 = r+s 1991, 314 = SP 1993, 162 = VersR 1992, 353 = zfs 1991, 354 (VHB 1984); *Knappmann*, Versicherungsschutz für Sachen im Kfz, VRR 2010, 49; offen gelassen *OLG Köln* Urt. v. 01.06.1999 –9 U 141/98, JurionRS 1999, 32540 = NVersZ 2000, 286 = ADAJUR Dok.Nr. 40830.
211 *van Bühren/*Nies, § 7 VHB 2008, Rn. 14.
212 Verneinend: *AG Köln* Urt. v. 08.06.1979 – 111 C 1080/79, VersR 1981, 26 (Topcase; VHB 1974); *AG Frankfurt* Urt. v. 19.03.1982 – 30 C 12024/82, VersR 1983, 478 (Motorradkoffer, VHB 1974); Bejahend: *AG Bochum* Urt. v. 17.01.1984 – 63 C 534/83, VersR 1985, 53 (Motorradkoffer, VHB 1974).
213 Staudinger/Halm/Wendt/*Hormuth*, FAK-VersR, § 7 VHB 2010, Rn. 4.
214 *OLG Köln* Urt. V. 17.05.2010 – 9 U 42/10, JurionRS 2010, 36028 = r+s 2011, 212 = VersR 2011, 390 (Anfahren mit PKW nach der Wegnahme, VHB 1992); *OLG Hamm* Urt. v. 01.03.2006 – 20 U 177/05, JurionRS 2006, 15347 = NJW-RR 2006, 378 = NZV 2006, 378 = VersR 2006, 833 = VRR 2006, 346 = zfs 2006, 516 (VHB 1992).
215 *LG Düsseldorf* Urt. V. 12.10.2009 – 11 O 166/09, JurionRS 2009, 38163 = VersR 2011, 259 (PKW-Scheibe bei Ampelhalt eingeschlagen).

139 Ebenfalls Versicherungsschutz besteht, wenn z. B. aufgrund eines **Verkehrsunfalles** der Versicherte ohnmächtig ist und ihm aufgrund völlig[216] ausgeschalteter Widerstandskraft im Fahrzeug transportierter Hausrat weggenommen wird, Abschnitt A § 3 Nr. 4a) cc) VHB 2010. Kein Versicherungsschutz besteht, wenn die versicherte Person freiwillig, z. B. durch Alkohol oder Drogen[217] die Widerstandskraft eingebüßt hat.

140 Bis zu den VHB 2008 gibt es nur Versicherungsschutz für Schäden durch **Sturm** und **Hagel**, falls keine Klauselerweiterung vorgenommen wurde. Seit den VHB 2010 heißt der Oberbegriff[218] Naturgefahren. Der Versicherungsschutz für **Naturgefahren** beschränkt sich wiederum auf Versicherungsfälle in Gebäuden.[219] Steht z. B. ein PKW-Kombi auf einem Parkdeck mit offenem Seitenteil und Hagel zerstört die Heckscheibe, sodass Wasser den mitgeführten Hausrat schädigt, besteht Versicherungsschutz.

141 Der Versicherungsschutz ist bei der Außenversicherung auf einen Prozentsatz der Versicherungssumme begrenzt. Für Wertsachen außerhalb von Wertschutzschränken gelten zudem Grenzen nach Abschnitt A § 13 Nr. 2b) VHB 2010.

142 Anders als in der Reisegepäckversicherung[220] enthalten seit den VHB 2000 die Bedingungen in § 12 Nr. 3 VHB 2010 eine Mehrwertsteuerklausel.[221]

143 Einschränkungen des Versicherungsschutzes bestehen bei grober Fahrlässigkeit. Grob fahrlässig ist es z. B. teuren Schmuck mit ins Krankenhaus[222] zu nehmen. Dies ist anders zu beurteilen, wenn infolge eines Verkehrsunfalles die Schmuck tragende Versicherte in stationäre Krankenhausbehandlung gebracht wurde und dort der Schmuck abhandenkommt. Grob fahrlässig kann es sein im Parkhaus wertvolle Gegenstände mit Mänteln und Jacken[223] abzudecken.

D. Gegenstände gewerblicher Nutzung/Handelsware

I. Allgemeines

144 Im gewerblichen Bereich finden sich ebenfalls mehrere Möglichkeiten der Versicherung von Sachen, die mit einem Kraftfahrzeug befördert oder zur Arbeitsleistung vor

---

216 *OLG Hamm* Urt. v. 21.01.2000 – 20 U 175/99, JurionRS 2000, 20553 = r+s 200, 292 (VHB 1984); *LG Kleve* Urt. v. 03.12.1985 – 3 S 58/85, r+s 1986, 103 (VHB 1966/74).
217 Prölss/Martin/*Knappmann*, § 5 VHB 2000, Rn. 17; Staudinger/Halm/Wendt/*Hormuth*, FAK-VersR, § 3 VHB 2010, Rn. 14; Looschelders/Pohlmann/*Looschelders/Weiß*, VVG-Kommentar, Anh. L, Rn. 33.
218 Looschelders/Pohlmann/*Looschelders/Weiß*, VVG-Kommentar, Anh. L, Rn. 54.
219 *van Bühren*/Nies, § 7 VHB 2008, Rn. 17; Staudinger/Halm/Wendt/*Hormuth*, FAK-VersR, § 7 VHB 2010, Rn. 5.
220 Siehe oben Versicherung von sonstigen Gegenständen Rdn. 106–111.
221 Looschelders/Pohlmann/*Looschelders/Weiß*, VVG-Kommentar, Anh. L, Rn. 152.
222 *OLG Karlsruhe* Urt. v. 15.03.2001 – 12 U 297/00, JurionRS 2001, 30158 = NVersZ 2002, 78 = VersR 2001, 1376 (VHB 1974).
223 *OLG Köln* Urt. v. 01.06.1999 –9 U 141/98, JurionRS 1999, 32540 = NVersZ 2000, 286 = ADAJUR Dok.Nr. 40830.

Versicherung von sonstigen Gegenständen

Ort beim Kunden ständig mitgeführt werden. Bei der Transportversicherung nach den §§ 130 ff. VVG steht der Beförderungsvorgang im Vordergrund. Daneben spielt jedoch auch die vorübergehende Lagerung eine Rolle.

II. Verkehrshaftungsversicherung

Bei der **Verkehrshaftungsversicherung** handelt es sich um eine Pflicht-Haftpflichtversicherung nach den §§ 113 ff. VVG für Frachtführer, die fremde Güter transportieren, aber nicht um eine Güter-Transportversicherung.[224] Der GDV hat hierzu die Musterbedingungen DTV-VHV 2003/2011[225] entwickelt. Der Auftraggeber und Eigentümer solcher Güter kann sich beim Frachtführer nach den §§ 425 ff. HGB bzw. dessen Verkehrshaftungsversicherer schadlos halten.   145

III. Güterversicherung

In der **Güterversicherung** wird unabhängig davon, ob fremde Sachen zu transportieren sind, ein im Versicherungsvertrag näher zu bezeichnendes Gut gegen Verlust und Beschädigung versichert. Der GDV hat für diesen Bereich die Musterbedingungen DTV-Güter 2000/2011[226] geschaffen. Es handelt sich grundsätzlich um eine Allgefahrendeckung; selbst bei vereinbarter eingeschränkter Deckung bleiben Transportmittelunfall und Brand als wichtige Gefahren versichert. Für den Straßenverkehr kommen die §§ 130 ff. VVG zur Anwendung. Die Höhe der Ersatzleistung bestimmt sich nach Nr. 17 DTV-Güter 2000/2011. Bei der Beschädigung von Gütern ist nicht der reine Sachschaden maßgebend, sondern der »Gesundwert« der Handelsware am Ablieferungsort, abzüglich des Wertes im beschädigten Zustand, 17.3.1 DTV-Güter 2000/2011.   146

IV. Werkverkehrsversicherung

Die **Werkverkehrsversicherung** als AVB Werkverkehr ist/war ebenfalls eine Form der Transportversicherung.[227] Sie beschränkt sich allerdings auf den reinen Transportvorgang nebst Pausen, umfasst daher nicht als Abstellen eines LKW samt Ladung über das Wochenende.[228]   147

---

224 *Thume*, Versicherungen des Transportrechts, TranspR 2006, 1 (4).
225 DTV-Verkehrshaftungsversicherungs-Bedingungen für die laufende Versicherung für Frachtführer, Spediteure und Lagerhalter 2003/2011, Musterbedingungen des GDV, Stand Januar 2015.
226 DTV-Güterversicherungsbedingungen 2000/2011, Musterbedingungen des GDV, Stand August 2011.
227 *LG Stuttgart* Urt. v. 21.04.1978 – 19 O 98/78, VersR 1978, 835; *LG Stuttgart*, Urt. v. 24.01.1989 – 25 O 622/88, VersR 1989, 1191; *LG Köln* Urt. v. 29.01.1979 – 74 O 16/78, VersR 1979, 618; *LG Hamburg*, Urt. v. 04.11.1981 – 21 O 152/81, VersR 1983, 236.
228 *OLG Düsseldorf* Urt. v. 06.05.1997 – 4 U 12/96, ADAJUR Dok.Nr. 30509 = SP 1998, 172 = VersR 1998, 579 = zfs 1998, 67.

V. Autoinhaltsversicherung

148   Als besondere Ausgestaltungen der Transportversicherung finden sich dann noch Autoinhaltsversicherungen. Die **Autoinhaltsversicherung** ist regelmäßig[229] eine spezielle Form der Transportversicherung. Sie deckt Schäden am Gut durch einen Unfall des Transportmittels (z. B. Kraftfahrzeug), durch einen Brandschaden am Fahrzeug, Raub und Diebstahl sowie durch höhere Gewalt. Die Versicherung wird insbesondere für Geschäfts- und Gewerbekunden von vielen Versicherern angeboten. Musterbedingungen des GDV bestehen nicht.

149   Gerade für **Handwerksbetriebe** ist sie von Bedeutung, da teures, aber schweres Werkzeug und Ersatzteile ständig mitgeführt werden müssen. Hier ist es dem Versicherten kaum zumutbar, das Fahrzeug beim Montagetermin beim Kunden oder beim Parken über Nacht vollständig zu entladen. Der Versicherungsschutz besteht nicht nur im Rahmen der Beförderung und Beförderungspausen, sondern auch im Ruhevorgang.[230] Eine Nachtzeitklausel[231] in den Bedingungen wird als verhüllte Obliegenheit angesehen.

VI. Sach-Gewerbeversicherung

150   Als Pendant zur Hausratversicherung bei Privatpersonen kann man für den betrieblichen Bereich die **Sach-Gewerbeversicherung** nennen. Auch dort besteht die Möglichkeit einer Außenversicherung, so dass Sachen in Fahrzeugen mitversichert sein können. Geregelt ist dies unter nach Teil B: Inhaltsversicherung § 14 VSG 2010[232] für Transportgefahren mit eigenen oder gemieteten Kraftfahrzeugen einschließlich Anhängern und Aufliegern als Transportmittel.

---

229 *OLG Koblenz* Urt. v. 14.12.1987 – 12 U 656/87, VersR 1988, 1061 (Schaden beim Verladen in Pferdeanhänger).

230 *OLG Koblenz* Urt. v. 28.10.2005 – 10 U 1272/04, JurionRS 2005, 24227 = NJW-RR 2006, 247 = SVR 2006, 153 bespr. v. *Benz* = VersR 2006, 1358 = VRR 2006, 67, bespr. v. *Knappmann*.

231 *LG Berlin* Urt. v. 02.08.2001 – 7 O 46/01, ADAJUR Dok.Nr. 47571 = NVersZ 2002, 84 = VersR 2002, 975.

232 Allgemeine Bedingungen für die Verbundene Sach-Gewerbeversicherung (VSG 2010), Musterbedingungen des GDV, Stand 01.04.2014.

Kfz-Güterfolgeschadenversicherung

Übersicht

		Rdn.
A.	Allgemeines	1
B.	Rechtliche Ausgangssituation	2
C.	Lösungswege	30
I.	Entscheidung gegen wirtschaftliche Interessen des Versicherungsnehmers	31
II.	Hilfe für den Frachtführer über Kulanzentscheidungen	32
III.	Kfz-Güterfolgeschadenversicherung	37
D.	Aufbau von Kfz-Güterfolgeschadenversicherungen	38
I.	Bindung an den Kfz-Haftpflichtvertrag	39
II.	Eigenständige Zusatzdeckung	40
III.	Schaden während des Obhutszeitraumes des Frachtführers	41
IV.	Ausschließlich Folgeschäden aufgrund von Vermischungen oder Kontaminationen der transportierten Ladung	46
V.	Bestehen einer Verkehrshaftungsversicherung	48
VI.	Selbstbeteiligungen	51
VII.	Limits	53
VIII.	Zusatzprämien auf die Haftpflichtprämie	54
IX.	Subsidiäre Deckung	55
X.	Keine Abtretung oder Verpfändung	58
XI.	Berücksichtigung von Mitverschulden des Vertragspartners	59
XII.	Kein Direktanspruch des Geschädigten	63
XIII.	Keine Regulierung an den Geschädigten	64
XIV.	Regulierung nur auf ausdrücklichen Wunsch des Versicherungsnehmers	65
E.	Weitere Güterfolgeschadenversicherungen	66

A. Allgemeines

Die Kfz-Güterfolgeschadenversicherung ist eine seit 2007 auf dem Markt erhältliche 1
Zusatzversicherung zur Kfz-Haftpflichtversicherung. Für Frachtführer ist sie zum
Teil von existentiellem Interesse, um Forderungsausfällen wegen Folgeschäden speziell
aus Vermischungen in Tank- und Silofahrzeugen zu begegnen.

B. Rechtliche Ausgangssituation

Werden eigene Waren transportiert, geschieht dies im **Werkverkehr**, § 1 Abs. 2 GüKG. 2
Der Transport fremder Güter ist dagegen **Güterverkehr**, § 1 Abs. 1 GüKG. Bei Letzterem kommt z. B. Frachtrecht nach den §§ 407 ff. HGB oder das CMR zur Anwendung. Diese Regelungen enthalten auch besondere gesetzliche Haftpflichtansprüche
im Verhältnis des Frachtführers zum Verlader und Empfänger.

Vermischungsschäden nehmen im Warenverkehr mit **Tank- und Silofahrzeugen** eine 3
bedeutende Rolle ein. Dabei ist die Art und Weise, wie es zu einer Vermischung kommen kann, sehr vielfältig.

Denkbar ist eine Vermischung schon durch ein Handeln des Frachtführers oder einen 4
sonstigen Umstand

Kfz-Güterfolgeschadenversicherung

- vor oder nach vertraglichem Beginn der Obhutshaftung[1] beim Befüllen des Fahrzeugs
- nach Übernahme des Gutes auf dem Fahrzeug
- und bei der Abgabe an den Empfänger im oder nach dem vertraglichen Obhutszeitraum.

5 Relevant für die Kfz-Güterfolgeschadenversicherung ist die **Vermischung auf dem Fahrzeug**, im Transporttank oder im Silobehälter des Fahrzeugaufbaus mit einem Vorprodukt. Die Kfz-Güterfolgeschadenversicherung findet dagegen keine Anwendung, wenn eine Vermischung mit Fremdstoffen, beispielsweise durch einen technischen Defekt wie bei einem geplatzten Schlauch im Kühlsystem für die Ladung, auftritt.

6 Befindet sich eine Restladung in der Kammer, gibt es Produktanhaftungen am Domdeckel, wurde nicht oder nur unzureichend gereinigt, kann es zu einer Vermischung von Resten des Vorproduktes mit dem neu geladenen Produkt kommen. Die zu transportierende neue Ladung nimmt dabei einen Schaden.

7 Wird die (jetzt) verunreinigte Ladung beim Empfänger entladen und weiterverarbeitet, kommt es dort zu Folgeschäden[2] an Sachen/Gütern des Empfängers. Durch vorherige Probennahme kann der Eintritt einer Kontamination beim Empfänger oft verhindert werden. Folgeschäden durch Zeitverzug und entgangenen Gewinn lassen sich nicht aus den §§ 425, 429 HGB[3] herleiten.

8 Im **Werkverkehr** (eigene Waren) führt die Vermischung zu einem Eigenschaden[4]. Wird die verunreinigte eigene Ware einem Kunden geliefert, ereilt diesen ein Schaden als Folge des zuvor eingetretenen Eigenschadens. Für diesen Bereich findet die Kfz-Güterfolgeschadenversicherung keine Anwendung.

9 Transportiert der Frachtführer im **Güterverkehr** mit seinem Fahrzeug fremde Waren, entsteht unmittelbar ein Fremdschaden beim Eigentümer des transportierten Gutes.

10 Der Frachtführer haftet für den Schaden an der Ladung grundsätzlich auch ohne Verschulden, § 425 HGB.

11 Der Schaden am transportierten Gut ist nach A.1.5.5 AKB 2015 bzw. § 4 Nr. 3 KfzPflVV von der Deckung der Kfz-Haftpflichtversicherung ausgeschlossen.

12 Gedeckt ist dafür der Güterschaden in der Verkehrshaftungsversicherung, einer Pflicht-Haftpflichtversicherung nach den §§ 7a GüKG; 113 ff. VVG.

---

1 *BGH* Urt. v. 28.11.2013 – I ZR 144/12, JurionRS 2013, 50864 = MDR 2014, 355 = NJW 2014, 997 = TranspR 2014, 23 (Abgrenzung der anzuwendenden Haftungsregime).
2 Zu Güterfolgeschäden im Umweltbereich siehe Himmelreich/Halm/Staab/*Schwab* Handbuch der Kfz-Schadensregulierung Kap. 21, Rn. 67 ff.
3 *OLG Köln* Urt. v. 30.03.2004 – 9 U 93/03, JurionRS 2004, 36688 = ADAJUR Dok.Nr. 64404 = VersR 2005, 857 (Hefebakterien im Tankbier).
4 *LG Köln* Urt. v. 19.03.1969 – 4 O 473/68, VersR 1970, 269 m. abl. Anm. *Eberhardt* VersR 1970, 415.

Daraus erschließt sich, warum die transportierte Ladung nicht unter den Schutz der Kfz-Haftpflichtdeckung fällt. Eine Mehrfachversicherung soll verhindert werden, § 77 ff. VVG. 13

Wird das fremde verunreinigte Gut beim Empfänger abgeliefert, kommt es dort zu einem Folgeschaden, einem **Güterfolgeschaden**.[5] 14

Der Güterfolgeschaden besteht zunächst in der Kontamination der eigenen Lagerbestände mit dem verunreinigten Gut. Darüber hinaus in den Reinigungskosten, dem Produktionsausfall etc. Die Folgeschäden sind mitunter erheblich teurer als der Warenwert. 15

Der **Verkehrshaftungsversicherer** hat im üblichen Rahmen der Pflicht-Haftpflichtversicherung nach § 7a GüKG nur den Schaden am Gut, nicht aber den Güterfolgeschaden zu decken. Eine über die Gesetzesanforderungen hinausgehende[6] vertragliche Vereinbarung ist allerdings möglich. 16

Umgekehrt deckt der **Kfz-Haftpflichtversicherer** nicht den Güterschaden, A.1.5.5 AKB 2015. 17

Da die Ursache für den Güterfolgeschaden in der Entstehung eines Fremdschadens durch Vermischung auf dem Fahrzeug zu sehen ist, ist dieser Güterfolgeschaden in der Kfz-Haftpflichtversicherung zu decken. Der Vermischungsschaden tritt beim bestimmungsgemäßen Gebrauch[7] des Fahrzeugs ein. 18

Nach bis zum 30.06.1998 geltenden **alten Frachtrecht** hatte der Frachtführer für den Güterfolgeschaden zu haften. Diese Schäden waren daher vom Kfz-Haftpflichtversicherer zu entschädigen. 19

Zum **01.07.1998** wurde jedoch das HGB geändert und das **Frachtrecht modifiziert**. 20

Seitdem war über viele Jahre hinweg im Handelsrecht streitig[8], ob der Frachtführer für den Güterfolgeschaden haftet. Der für das Transportrecht zuständige erste Senat des *BGH*[9] hat in seiner »Apfelsaftkonzentrat-Entscheidung« den seit der Transportrechts- 21

---

5 *Schwab* A.1.1.1 AKB Rdn. 54–58.
6 Siehe hierzu Rdn. 66–69.
7 *BGH* Urt. v. 28.05. 1969 – IV ZR 615/68, JurionRS 1969, 11810 = DB 1969, 1191 = VersR 1969, 726 = MDR 1969, 646 = DAR 1969, 243 (Silofahrzeug); *OLG Frankfurt* Urt. v. 07.01.1982 – 16 U 96/81, VersR 1982, 967 (Tankfahrzeug); a. A. *LG Köln* Urt. v. 19.03.1969 – 4 O 473/68, VersR 1970, 415, m. abl. Anm. *Eberhardt*.
8 Insbesondere *Thume* Die Rechte des Empfängers bei Vermischungsschäden in Tanks oder Silos als Folge verunreinigt angelieferter Güter, VersR 2002, 267 ff. gegen *Heuer*, Zur außervertraglichen Haftung des Frachtführers (und seines Kfz-Haftpflichtversicherers) für Güterfolgeschäden, TranspR 2002, 334 ff.
9 *BGH* Urt. v. 05.10. 2006 – I ZR 240/03, BGHZ 169, 187 = JurionRS 2006, 24617 = TranspR 2006, 454 m. Anm. *Heuer* = SVR 2006, 466, bespr. von *Schwab* = LMK 2006, 204 386 m. Anm. *Koller* = VersR 2007, 86 m. Anm. *Boettge* = NJW 2007, 58 = WI 2007, 40 = DB 2006, 2570 = NZV 2007, 135 = MDR 2007, 413 = JA 2007, 304 m. Anm. *Oechsler* = VRS 112, 31.

reform geltenden verstärkten Schutz des Frachtführers deutlich herausgestellt. Danach haftet der Frachtführer für den Güterfolgeschaden grundsätzlich nicht.

22 Der Frachtführer haftet ausnahmsweise nur dann, wenn ihm ein qualifiziertes Verschulden nach § 435 HGB nachzuweisen ist. D. h., der Geschädigte hat darzulegen und zu beweisen, dass der Schaden auf eine Handlung oder Unterlassung zurückzuführen ist, die der Frachtführer oder eine in § 428 HGB genannte Person vorsätzlich oder leichtfertig und in dem Bewusstsein, dass ein Schaden mit Wahrscheinlichkeit eintreten werde, begangen hat.

23 Diese Rechtslage bei Anwendung von deutschem Frachtrecht im innerstaatlichen Verkehr entspricht der rechtlichen Situation[10] im grenzüberschreitenden Verkehr nach Art. 17 CMR.

24 Die deckungsrechtliche Seite in der Kfz-Haftpflichtversicherung ist nach wie vor seit Jahrzehnten unverändert. Die Folgen aus dem Urteil des *BGH* stellen sich rechtlich wie folgt dar:
– Deckungsschutz besteht grundsätzlich weiterhin über die Kfz-Haftpflichtversicherung
– Die gesetzliche Haftung des Frachtführers ist bis auf wenige Ausnahmefälle (qualifiziertes Verschulden) weggefallen

25 Der Kfz-Haftpflichtversicherer reguliert nach neuer Rechtslage den AKB entsprechend bedingungsgemäß, wenn er weiterhin bei qualifiziertem Verschulden – mit Ausnahme von Vorsatz nach § 103 VVG – nach A.1.1.2 AKB[11] entschädigt, aber in allen anderen Fällen Haftpflichtansprüche auf seine Kosten nach A.1.1.3 AKB[12] abwehrt.

26 Mit der rechtlichen Situation sind viele Geschädigte als Verlader und/oder Empfänger unzufrieden. Manche nutzen ihre wirtschaftliche und **marktbeherrschende Stärke**, indem sie die Frachtführer zwingen, auch ohne gesetzlichen Haftpflichtanspruch den Schaden auszugleichen. Trotz Aufrechnungsverbot werden Frachtentgelte nicht gezahlt oder die Übernahme einer vertraglichen Haftungserweiterung wird diktiert.

27 Der Frachtführer kann zwar die Übernahme einer vertraglichen Haftung erklären; Versicherungsschutz hat der Kfz-Haftpflichtversicherer dafür jedoch nicht zu geben. § 2 Abs. 1 KfzPflVV schreibt nur vor, dass gesetzliche Haftpflichtansprüche privatrechtlichen Inhalts zu decken sind. Entsprechend sind vertragliche Haftungserweiterungen nach A.1.5.8 AKB 2015 von der Deckung ausgeschlossen.

28 Damit ergibt sich ein **Dilemma** für den Frachtführer: Entweder er ersetzt auch ohne gesetzliche Haftung den nicht versicherten Schaden des Dritten aus eigener Tasche oder er verliert durch die wirtschaftliche Abhängigkeit zu seinen Auftraggebern die Basis für seine unternehmerische Existenz.

---

10 *OLG Köln* Urt. v. 26.09.1985 – 7 U 8/85, JurionRS 1985, 31183 = VersR 1987, 178 Ls. = TranspR 1986, 285.
11 *Schwab* A.1.1.2 AKB Rdn. 1 ff.
12 *Schwab* A.1.1.3 AKB Rdn. 1 ff.

In diesem Zusammenhang ist darauf hinzuweisen, dass nicht nur Verlader, sondern   29
auch Spediteure Druck auf die Frachtführer ausüben. Teilweise ersetzen Sie Ihrem Auftraggeber (Verlader) den Güterfolgeschaden, obwohl sie selbst nicht für den Güterfolgeschaden einzustehen haben. Nach § 461 Abs. 1 Satz 2 HGB, der auf die Grundsätze der Haftung des Frachtführers verweist, könnten sie entsprechende Forderungen des Verladers zurückweisen. Möglicherweise haben sie sich aber durch Sondervereinbarungen diesen gegenüber gebunden oder wollen selbst ihren Großauftraggeber nicht verlieren.

C. Lösungswege

Die Versicherer gehen beim Güterfolgeschaden unterschiedliche Wege: 30

I. Entscheidung gegen wirtschaftliche Interessen des Versicherungsnehmers

Der Versicherer kann sich – juristisch ordnungsgemäß, aber wirtschaftlich sehr bedenk-   31
lich – auf den Standpunkt stellen, dass er nur nach der Rechtslage reguliert. Das bedeutet, dass er im Falle von:
- Vorsatz (§ 435 HGB) keinen Versicherungsschutz gewährt, § 103 VVG; A.1.5.1 AKB 2015
- Leichtfertigkeit (§ 435 HGB) reguliert, indem er berechtigte Schadensersatzansprüche befriedigt, A.1.1.1 b AKB 2015
- bei fehlendem Verschulden[13] sowie einfacher bis grober Fahrlässigkeit reguliert, indem er aufgrund des Rechtsschutzanspruchs des Versicherungsnehmers Schadensersatzansprüche abwehrt, A.1.1.3 AKB 2015

II. Hilfe für den Frachtführer über Kulanzentscheidungen

Der Versicherer kann auch ohne Freistellungsanspruch des Versicherungsnehmers   32
trotzdem in die Schadenregulierung eintreten. Hierzu muss er das aktuelle Haftungsrecht ignorieren und (zum Wohle des einzelnen Versicherungsnehmers) aus Kulanz den unberechtigten Schadensersatzanspruch des Dritten regulieren. Der Versicherungsnehmer wird damit im Einzelfall faktisch so gestellt, als habe es die Transportrechtsreform nicht gegeben.

Das Ergebnis ist für den Versicherungsnehmer eine gute Lösung, sofern er tatsächlich –   33
kulanter Weise – freigestellt wird.

Die Nachteile dieses Weges liegen auf der Hand. Der Versicherungsnehmer hat **keinen**   34
klagbaren Anspruch auf Freistellung gegen seinen Kfz-Haftpflichtversicherer, da er nur auf Kulanz hoffen kann. Bei einer Entscheidung nach dem »Für und Wider« für eine Kulanz wird es auf die gesamtwirtschaftlichen Umstände, die Höhe des Schadens und die Rentabilität des Kunden für den Versicherer ankommen.

---

13 Z. B. Vermischung aufgrund von Rissen in der Trennwand zwischen Tankkammer 1 zu Tankkammer 2.

Kfz-Güterfolgeschadenversicherung

35 Wesentlich ist darüber hinaus, dass bei einer Regulierung aus Kulanz zugunsten eines Versicherungsnehmers dies zwangsläufig zu Lasten aller Beitragszahler des Kfz-Haftpflichtversicherers geht. Die Privatperson mit dem versicherten PKW zahlt faktisch über ihre Prämie den ungedeckten Schaden des Kunden eines Kfz-haftpflichtversicherten Gewerbetreibenden mit.

36 Kfz-Haftpflichtversicherer die an der Rechtslage vorbei eine Kulanzlösung wählen und aus der Kfz-Haftpflichtversicherung leisten, haben keinen Ausgleichsanspruch aus Mehrfachversicherung nach den §§ 77 ff. VVG wegen Gespannschäden.

III. Kfz-Güterfolgeschadenversicherung

37 Die Kfz-Güterfolgeschadenversicherung bietet für die wirtschaftlichen Erfordernisse des Versicherungsnehmers als Frachtführer in Form einer Zusatzdeckung oder Sonderbedingung in der Kfz-Haftpflichtversicherung eine rechtlich saubere Lösung.

D. Aufbau von Kfz-Güterfolgeschadenversicherungen

38 Die derzeit am Markt erhältlichen Versicherungen haben wesentliche Gemeinsamkeiten:

I. Bindung an den Kfz-Haftpflichtvertrag

39 Die Kfz-Güterfolgeschadenversicherung wird immer an den Kfz-Haftpflichtvertrag gekoppelt. Die Regulierung soll in (fast) gewohnter Weise durchgeführt werden, wie dies schon vor der Transportrechtsreform ständige Praxis war.

II. Eigenständige Zusatzdeckung

40 Die Versicherung ist (ohne den Haftpflichtvertrag auflösen zu müssen) eigenständig kündbar. Sie ist aber umgekehrt nicht ohne einen Haftpflichtvertrag abzuschließen.

III. Schaden während des Obhutszeitraumes des Frachtführers

41 Gedeckt sind Schäden während des Obhutszeitraumes des Frachtführers. Damit wird der vertraglich vereinbarte Tätigkeitsbereich zur Grundlage gemacht, in den ein versichertes Schadenereignis hineinfallen kann.

42 Nach dem Gesetz ist es grundsätzlich Pflicht des Verladers, das Fahrzeug zu beladen und zu entladen, § 412 Abs. 1 Satz 1 HGB. Damit liegt der Obhutszeitraum grundsätzlich zwischen diesen beiden Handlungsabschnitten.

43 Ist nur die reine Beförderung nach dem Frachtvertrag geschuldet, beschränkt sich der Zeitraum, in dem ein gedeckter Schaden eintreten darf, auf den reinen Beförderungsvorgang. Damit sind die Folgeschäden gedeckt, die durch eine Vermischung mit Vorprodukten in den Tankkammern des Fahrzeugs die Schadenursache setzen.

44 Nicht versichert sind dann Schäden, die sich durch das Be- oder Entladen ergeben. Es sei denn, die Obhutspflicht wurde vertraglich erweitert.

Kfz-Güterfolgeschadenversicherung

Häufig hat der Frachtführer (nach Vereinbarung) mit fahrzeugeigenem Zubehör 45 (Schläuche und Pumpen) selbst zu be- oder entladen. Rückstände in Schläuchen und Pumpen können ebenfalls zum Verderb der Ware und später zu Folgeschäden führen. Wurde die Obhutspflicht erweitert, besteht für die Folgeschäden Deckung.

IV. Ausschließlich Folgeschäden aufgrund von Vermischungen oder Kontaminationen der transportierten Ladung

Die Versicherung ist danach ausgelegt, dass hierunter Tank- und Silotransporte fallen. 46 Selten bei Gasen, aber regelmäßig bei Flüssig-, Schütt- und Staubgütern, kommt es zu Vermischungen im Transportbehältnis des Fahrzeugs.

Gleichzeitig soll mit der Eingrenzung ausgeschlossen werden, dass Schadensersatz für 47 bereits vermischt übernommene Ware geleistet wird.

V. Bestehen einer Verkehrshaftungsversicherung

Das Bestehen einer Verkehrshaftungsversicherung als Pflicht-Haftpflichtversicherung 48 nach § 7a GüKG wird entweder als Voraussetzung unterstellt oder wird ausdrücklich in den Klauseln als Bedingung für den Abschluss einer Kfz-Güterfolgeschadenversicherung festgeschrieben.

Da die Verkehrshaftungsversicherung als Zweig der Transportversicherung nicht an 49 eine Kfz-Haftpflichtversicherung gekoppelt ist (schließlich ist der LKW ja nur eines von mehreren Transportmitteln), ist es möglich, dass der Verkehrshaftungsversicherer und Kfz-Haftpflichtversicherer nicht bei einem Risikoträger beheimatet ist.

Dies hat zur Folge, dass der Güterschaden mitunter beim Unternehmen A und der Güt- 50 erfolgeschaden beim Unternehmen B zu regulieren ist.

VI. Selbstbeteiligungen

Die Bedingungen enthalten regelmäßig Selbstbeteiligungen. Sie können einen prozen- 51 tualen Wert vom Schaden oder einen festen Sockelbetrag ausmachen. Möglich sind auch Kombinationen.

Die Aufnahme einer Selbstbeteiligung ist notwendig, um das erforderliche Maß an ei- 52 gener Sorgfalt und Kontrolle im Unternehmen zu erhalten.

VII. Limits

Die Klauseln enthalten Limits, bis zu denen Schadensersatzleistungen erbracht werden 53 können. Darüber hinaus muss der Versicherungsnehmer aus eigenen Mitteln versuchen, das Vertragsverhältnis zu seinem Kunden zu erhalten.

VIII. Zusatzprämien auf die Haftpflichtprämie

Für die Zusatzdeckung wird eine Zusatzprämie auf die Haftpflichtprämie erhoben. Da- 54 mit werden die Eigenständigkeit und der Unterschied zwischen Schaden- und Haft-

Kfz-Güterfolgeschadenversicherung

pflichtversicherung unterstrichen. Der Schadensfall in der Kfz-Güterfolgeschadenversicherung belastet den Kfz-Haftpflichtvertrag nicht.

IX. Subsidiäre Deckung

55 Der Deckungsschutz ist subsidiär ausgestaltet. Kann der Geschädigte von einem anderen Versicherer seinen Schaden ersetzt bekommen, besteht für die Inanspruchnahme der Kfz-Güterfolgeschadenversicherung kein Raum.

56 Denkbare Schadensversicherer im Güterfolgeschadensfall sind z. B. der Waren- und Betriebsunterbrechungsversicherer. Mögliche Haftpflichtversicherer sind die Betriebs- und Produkthaftungsversicherer wegen der Lieferung schadhaft produzierter Ware.

57 Mangels gesetzlicher Haftung geht kein Anspruch auf die Versicherer über, der nach § 86 VVG beim Frachtführer zu regressieren wäre.

X. Keine Abtretung oder Verpfändung

58 Die Ansprüche des Versicherungsnehmers sind nach den Klauseln weder abtretbar noch verpfändbar.

XI. Berücksichtigung von Mitverschulden des Vertragspartners

59 Der Kfz-Güterfolgeschadenversicherer unterstellt gedanklich einen Haftungsgrund gegen den Versicherungsnehmer, obwohl dieser nach der aktuellen Rechtslage ja gerade nicht besteht.

60 Nach den Klauseln reguliert er im Ergebnis wie unter Haftpflichtgesichtspunkten. Er bewertet bei der Regulierung ein (Mit-) verschulden des Geschädigten.

61 Dies kommt der früheren Sach- und Rechtslage wirtschaftlich sehr nahe. Dem Schädiger ist es nicht verwehrt, unterlassene Prüf- und Rügepflichten einzuwenden, die mitursächlich für den Folgeschaden beim Empfänger geworden sind.

62 Das eigene Verschulden des Empfängers wird denn auch in der Praxis eher akzeptiert als der Haftungsausschluss für den Güterfolgeschaden nach »neuem« Recht.

XII. Kein Direktanspruch des Geschädigten

63 Der Geschädigte erlangt keinen Direktanspruch im Sinne des § 115 Abs. 1 Satz 1 Nr. 1 VVG.

XIII. Keine Regulierung an den Geschädigten

64 Die Regulierung erfolgt nicht an den Geschädigten. Die Kfz-Güterfolgeschadenversicherung ist keine Fremdversicherung zugunsten des geschädigten Dritten, sondern eine Versicherung, die den Forderungsausfall des Versicherungsnehmers verhindern soll. Da in der Praxis vertragswidrig mit vermeintlichen Schadensersatzansprüchen aufgerechnet wird, muss die Zahlung regelmäßig an den Versicherungsnehmer erfolgen.

Kfz-Güterfolgeschadenversicherung

XIV. Regulierung nur auf ausdrücklichen Wunsch des Versicherungsnehmers

In diesem Zusammenhang versteht es sich von selbst, dass der Versicherer nicht auf An- 65
forderung des Geschädigten (wie beim Direktanspruch im Haftpflichtrecht) reguliert.
Der Versicherungsnehmer ist und bleibt in seiner Entscheidung frei, ob er seine Versicherung in Anspruch nehmen will. Maßgebend für seine Entscheidung ist immer
seine wirtschaftliche Beziehung zu seinem Kunden und zum Geschädigten.

E. Weitere Güterfolgeschadenversicherungen

Abzugrenzen ist die Kfz-Güterfolgeschadenversicherung noch von zwei anderen Ver- 66
sicherungen, die aus dem Transportbereich seit Langem bekannt sind und ein ähnliches
Ziel verfolgen.

Es handelt sich zunächst um die Versicherung des Transportgutes mit der Deckungs- 67
erweiterung für den Folgeschaden nach den Musterbedingungen des GDV, DTV-Güter 2000/2011.

Des Weiteren bieten Verkehrshaftungsversicherer eigene Deckungserweiterungen für 68
Güterfolgeschäden im Rahmen der DTV-VHV 2003/2011[14] an.

Güterfolgeschadenversicherungen

Transport
- Transportversicherung
  - Schadensversicherung
    - Transportmittel (Kasko)
    - Transportgut
      - DTV-Güter 2000/2011
      - Musterbed. GDV
      - Deckungserweiterung nach GDV-Modell Güterfolgeschadenklausel
- Verkehrshaftungsversicherung
  - Pflicht-Haftpflicht-Versicherung
    Umfang der Haftung
    bestimmen §§ 407 ff.;
    HGB; CMR; AGB's
  - DTV-VHV 2003/2011
    Musterbed. GDV
  - (Deckungserweiterungen je nach Police des Versicherers)

Kraftfahrt
- KH-Deckung
  - Pflicht-Haftpflicht-Versicherung
    Umfang der Haftung
    bestimmen §§ 407 ff.;
    HGB; CMR; AGB's
  - Leistung nur bei Leichtfertigkeit
  - Rechtschutz selbst bei grober Fahrlässigkeit
- KH-Zusatzdeckung
  - Schadensversicherung
  - Kfz-Güterfolgeschadenversicherung

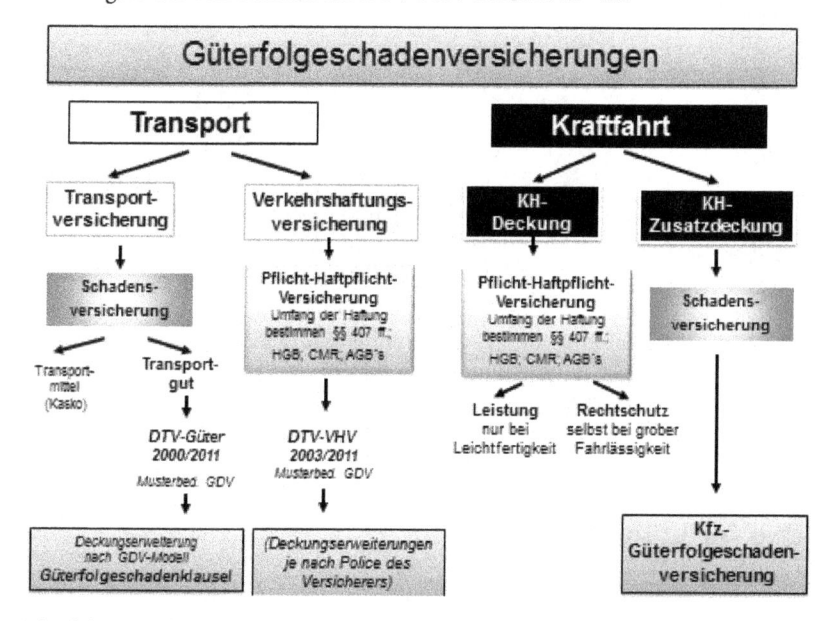

Schaubild: Güterfolgeschadenversicherungen

---

14 Unverbindliche Musterbedingungen des GDV, DTV-Verkehrshaftungsversicherungs-Bedingungen für die laufende Versicherung für Frachtführer, Spediteure und Lagerhalter 2003/2011, Stand Januar 2015.

Kfz-Güterfolgeschadenversicherung

69 In der Folge kann es zu Mehrfachversicherungen bezüglich des Folgeschadens kommen:
- Wareneigentümer versichert den Folgeschaden über DTV-Güter 2000/2011 mit Folgeschadenklausel (Stand August 2011)
- Frachtführer hat eine Verkehrshaftungsversicherung mit Deckungserweiterung über die DTV-VHV 2003/2011 hinaus
- Frachtführer hat eine Kfz-Güterfolgeschadenversicherung

Kfz-Ausland-Schadenschutz

Besonderer Schutz bei unverschuldeten Unfällen im Ausland

Übersicht

		Rdn.
A.	Überblick	1
I.	Verbreitungsgrad	1
II.	Zielrichtung	2
III.	Praxisrelevanz und Haftungsrisiken	3
B.	Deckungskonzept	5
I.	Einordnung in das System der Kfz-Versicherung	5
II.	Aufbau	6
III.	Ausgestaltung der einzelnen Regelungen	7
	1. Was ist versichert?	7
	2. Wer ist versichert?	9
	3. Versicherte Fahrzeuge	12
	4. In welchen Ländern besteht Versicherungsschutz?	14
	5. Bis zu welcher Höhe leisten wir?	16
	6. Was ist nicht versichert?	18
	7. Verpflichtung Dritter/Anrechnung der Leistung Dritter	21
	8. Fälligkeit/Abtretung/Leistung für mitversicherte Personen	22
C.	Zu erwartende Problemfelder	23
I.	Erstattungsfähigkeit von Anwaltskosten?	23
II.	Wirksamkeit von Risikoauschlüssen/Leistungsbeschränkungen	24

A. Überblick

I. Verbreitungsgrad

Immer weitere Verbreitung findet dieser neue Baustein der Kfz-Versicherung zur Deckung von Lücken im Versicherungsschutz bei Unfällen im Ausland. Er wird inzwischen von **zahlreichen namhaften Versicherern** angeboten[1] und stellt eine sinnvolle Zusatzabsicherung dar. Gleichwohl hat dieser Baustein mangels hinreichend umfassender Bekanntheit und Verbreitung noch keinen Eingang in das Musterbedingungswerk des GdV gefunden, so dass hier auf eine Wiedergabe einzelner Bedingungswerke verzichtet wird. Allerdings ist durchaus davon auszugehen, dass der GdV – wie inzwischen zur Fahrerschutzversicherung geschehen – bei künftigen Musterbedingungen auf die zunehmende Verbreitung reagieren und den Baustein aufnehmen wird. Die nachfolgenden Ausführungen stellen daher zunächst nur einen groben Überblick über den grundsätzlichen Aufbau und Umfang dieses Versicherungsbausteins dar.

1

---

[1] Vgl. hierzu schon Feyock/Jacobsen/Lemor, Kraftfahrtversicherung, 3. Aufl. 2009, Präambel zu AKB 2008 Rdn. 3.

II. Zielrichtung

2 Die Zielrichtung des Ausland-Schadenschutzes ist die **Absicherung vor Deckungslücken** bei einem unverschuldeten Unfall im Ausland, bei dem der VN als Geschädigter häufig nur unzureichenden oder zumindest unvollständigen Ersatz seiner Schäden von einem ausländischen Unfallverursacher oder dessen Haftpflichtversicherer erhält. Die Ursachen hierfür können in einer nach den Bestimmungen des jeweiligen Landes zu geringen Mindestversicherungssumme und damit bspw. bei mehreren Geschädigten nicht mehr für alle Ansprüche ausreichenden Deckungssumme liegen.[2] Eine weitere Lücke besteht häufig in den nach ausländischem Schadenersatzrecht **nicht oder nicht vollständig gedeckten Schadenpositionen**, wie z. B. Wertminderung, Kostenpauschale, Nutzungsausfall, erheblichen Abzügen für ersparte Eigenaufwendungen bei Mietwagen (tw. zwischen 15 % und 25 % pauschal) Sachverständigenkosten oder außergerichtlichen Anwaltskosten. Derartige Positionen sind in einigen Ländern gar nicht ersatzfähig oder nur in sehr geringem Umfang. So ersetzen z. B. niederländische Versicherer Mietwagenkosten nur mit pauschalem Abzug von 25 % und zahlen für Sachverständigenkosten teils pauschal nur 100,- bis 150,- € freiwillig. Auch Anwaltskosten werden häufig nur in Höhe von ca. einem Viertel bis einem Drittel der tatsächlich angefallen Honorarsumme ersetzt. So kann bspw. der Geschädigte eines Unfalls in den Niederlanden über den Auslandschadenschutz auch Nutzungsausfall oder die vollständigen Mietwagenkosten erhalten sowie vollständigen Ersatz seiner Sachverständigen- und Anwaltskosten.

III. Praxisrelevanz und Haftungsrisiken

3 Der Baustein hat eine durchaus **hohe Praxisrelevanz**, und zwar gerade auch **für die anwaltliche Beratungspraxis**. Nach den gefestigten Grundsätzen der Rechtsprechung zu Umfang und Reichweite eines unbeschränkt erteilten anwaltlichen Mandates wird der beauftragte Rechtsanwalt bei der Bearbeitung eines Auslandsunfalls auch die Frage im Blick haben müssen, ob ein entsprechender Auslandsschadenschutz als Versicherungsbaustein besteht. Übersieht er dies und fragt nicht etwa nach dem Umfang des abgeschlossenen Versicherungsschutzes und werden infolge dessen ungedeckte Schadenpositionen nicht beim eigenen Versicherer abgerechnet, so kann ein Haftungsfall für den beauftragten Rechtsanwalt daraus resultieren. Nach der mitunter strengen Rechtsprechung zur Reichweite erteilter Mandate wird der Rechtsanwalt wie nach einer evtl. Unfall-, Lebens-, Berufsunfähigkeitsversicherung oder etwa auch dem Bestehen einer Fahrerschutzversicherung auch nach dem Bestehen eines entsprechenden Auslands-Schadenschutzes zu fragen haben und dies im Rahmen seines umfassenden Auftrages zur Geltendmachung aller möglichen Ansprüche des Mandanten abklären und beachten müssen.[3] Der Ausland-Schadenschutz stellt somit eine **versteckte Haftungsfalle** für

---

2 So z. B. ein Warnhinweis in FINANZtest 2007, S. 18 zu Spanien. In Griechenland bspw. häufig nur 500.000,- € für Personen- u. 100.000,- € für Sachschäden.
3 Vgl. *OLG Celle* Urt. v. 24.03.2010 – 3 U 222/09, JurionRS 2010, 15464 = SVR 2010, 339 =

den Rechtsanwalt dar, die daher jeder Bearbeiter verkehrsrechtlicher Mandate mit Auslandsbezug kennen sollte.

In gleicher Weise bestehen **Haftungsrisiken** und eine entsprechende Beratungspflicht 4 für **Versicherungsvermittler und –makler** und denkbare Ansprüche des VN aus einer fehlerhaften Beratung beim Abschluss des Versicherungsschutzes, wenn für den Versicherungsvermittler erkennbar war, das der VN mit dem Fahrzeug häufig ins Ausland fahren wird. Wenn es sich also z. B. um ein Wohnmobil handelt, bei dem sich Fahrten ins Ausland gerade als typische Verwendung aufdrängen oder häufige berufliche Fahrten mit dem Pkw ins Ausland dem Vermittler bekannt sind, weil etwa der VN nach dem räumlichen Geltungsbereich fragt oder angibt seine Arbeitsstelle im benachbarten Ausland zu haben. Hier muss der Versicherungsvermittler, soweit ein entsprechender Baustein von dem von ihm repräsentierten Versicherer angeboten wird, zum Abschluss des Ausland-Schadenschutzes raten bzw. aber zumindest darüber beraten. Den Makler trifft diese Pflicht in jedem Fall, da er den passenden Versicherungsschutz am Markt zu ermitteln hat und daher entsprechende Deckungskonzepte kennen und bei seiner Beratung mit berücksichtigen muss. Die Beratung über diese Ausweitung des Versicherungsschutzes ist daher entsprechend sorgfältig zu dokumentieren.

B. Deckungskonzept

I. Einordnung in das System der Kfz-Versicherung

Der Ausland-Schadenschutz ist nicht im Haftpflichtversicherungsschutz enthalten, 5 sondern immer in Form eines **Zusatzbausteins** gesondert als Versicherungsart zu vereinbaren. In manchen Bedingungswerken ist er im Leistungsteil in Kapitel A der AKB unter A.X geregelt.[4] Andere Versicherer bieten ihn als einen außerhalb des eigentlichen Bedingungswerks in reinen Zusatzversicherungsbedingungen geregelten Baustein an.

II. Aufbau

Der typische Aufbau gliedert sich mit im Einzelfall bestehenden Abweichungen zu- 6 meist so oder ähnlich:

A.X.1 Was ist versichert? (Leistungsumfang)

A.X.2 Wer ist versichert?

A.X.3 Versicherte Fahrzeuge

A.X.4 In welchen Ländern besteht Versicherungsschutz?

A.X.5 Bis zu welcher Höhe leisten wir?

NJW-RR 2011, 68 = VRR 2010, 302 bespr. v. *Knappmann*; *OLG Köln* Urt. v. 04.08.1999 – 5 U 74/99.
4 So z. B. in A.5 AKB Huk-Coburg Stand 1.3.2015 oder A.1.7 in der ADAC-Autoversicherung KomfortVario.

A. X.6 Was ist nicht versichert? (Risikoausschlüsse)

A. X.7 Verpflichtung Dritter/Anrechnung der Leistung Dritter

A. X.8 Fälligkeit/Abtretung/Leistung für mitversicherte Personen

Teilweise enthalten die Bedingungen zusätzlich noch zeitliche Beschränkungen der Dauer des Versicherungsschutzes für einen jeweiligen Auslandsaufenthalt.[5] Regelmäßig findet sich eine **Subsidiaritäts- bzw. Nachrangigkeitsklausel**, nach der Leistungen Dritter, insbesondere diejenigen eines ausländischen Kfz-Haftpflichtversicherers auf die eigene Versicherungsleistung angerechnet werden.

III. Ausgestaltung der einzelnen Regelungen

1. Was ist versichert?

7 Versichert sind Unfälle im Ausland, bei denen der Unfallgegner haftet, die also vom VN unverschuldet sind. In diesem Fall ersetzt der eigene Versicherer den Personen- und Sachschaden des VN, für den der Unfallgegner einzutreten hat, so, als ob dieser beim eigenen Versicherer kfz-haftpflichtversichert wäre.[6] Dabei enthalten die Bedingungen regelmäßig die für den VN bedeutsame, da regulierungserweiternde Bestimmung, dass die Entschädigung nach Maßgabe des deutschen Rechts erfolgt. So heißt es in den Bedingungen typischer Weise: »*Sie werden nach deutschem Recht entschädigt.*« oder »*Wir leisten nach deutschem Recht.*« Zu beachten ist dabei jedoch, dass sich dies stets nur auf den Umfang des Schadenersatzes bezieht, nicht jedoch auf Fragen zum Haftungsgrund, die sich nach straßenverkehrsrechtlichen Bestimmungen oder Fragen richten. Dies ist in den Bedingungswerken – soweit ersichtlich ausnahmslos – unmittelbar nachfolgend durch den eindeutigen Zusatz klargestellt: »*Bei straßenverkehrsrechtlichen Fragen wenden wir das Recht des Unfalllandes an.*«

8 Als weitere Voraussetzung für die Leistung ist geregelt, dass es sich bei dem gegnerischen Fahrzeug um ein in Gebrauch befindliches und versicherungspflichtiges Fahrzeug handeln muss, das im Ausland zugelassen ist. Dabei kann für die Frage, ob Gebrauch vorliegt mangels anderweitiger Anhaltspunkte ohne Weiteres auf die Regelung zu A.1.1.1 in den AKB abgestellt werden.[7] Die Frage, ob es sich um ein versicherungspflichtiges Fahrzeug handelt, ist nach der Gesamtsystematik nach dem jeweiligen Auslandsrecht zu beurteilen.

---

5 So z. B. A.1.7.5 ADAC-Autoversicherung KomfortVario für die ersten 92 Tage oder Allianz Versicherung Baustein Ausland Schadenschutz-Versicherung Ziff. 1.5, dort bis zu zwölf Wochen fortlaufende Dauer.
6 So eine typische Formulierung.
7 Siehe hierzu oben unter A.1.1.1 Rn. 90 ff.

2. Wer ist versichert?

Der versicherte Personenkreis birgt in den meisten Bedingungswerken keine Besonderheiten. Versichert ist der VN selbst, sowie alle berechtigten Fahrer und Insassen des Fahrzeugs sowie der Halter und Eigentümer des Fahrzeugs.

Unterschiedliche Regelungen finden sich hingegen zur Frage, wer die Ansprüche aus dem Versicherungsvertrag gegenüber dem VR geltend machen kann. Hier gilt teilweise die gesetzliche Regelung, wie sich aus dem insoweit lediglich klarstellenden Zusatz ergibt, dass nur der VN Ansprüche aus dem Vertrag geltend machen kann. Der Zusatz ist dabei rein deklaratorisch und entspricht der Regelung des § 44 Abs. 2 VVG. In anderen Bedingungswerken findet sich hingegen im Gleichlauf mit der Kfz-Haftpflichtversicherung[8] die Regelung, dass die mitversicherten Personen ihre Ansprüche selbstständig beim Versicherer geltend machen können.

Allerdings gibt es auch Sonderregelungen, wie bspw. die nachstehende Formulierung im Hinblick auf im Ausland ansässige Fahrer des Fahrzeugs oder Mitfahrer:[9]

> *»Sofern allerdings einer im Land des Schadeneintritts wohnhaften Person das Führen des Fahrzeugs eingeräumt oder anderen dort wohnhaften Personen die Mitnahme im Fahrzeug ermöglicht worden ist, gilt gegenüber diesen Personen in Abweichung von A.1.7.1 das Recht des Schadenorts.«*

Damit wird sichergestellt, dass nur der aufgrund der Auslandssituation von der abzusichernden Deckungslücke betroffene Personenkreis geschützt wird und in den Genuss der Versicherungsleistung gelangt, nicht jedoch ein im Ausland ansässiger Geschädigter eine Besserstellung seiner Absicherung erfährt, die gerade über dasjenige hinausgeht, was für ihn als Versicherungsschutz üblich und ihm bekannt ist. Inhaltlich gleichlautende Regelungen finden sich in anderen Bedingungswerken etwas versteckt als Rückausnahme in der Regelung zum räumlichen Geltungsbereich, in dem es dann dort etwa heißt:

> *»Kein Versicherungsschutz besteht in Deutschland oder in einem der vorstehend genannten Länder, wenn Sie, der Halter oder ein Fahrer, dem das Fahrzeug zum ständigen Gebrauch überlassen wurde, in diesem Land einen Wohnsitz (Haupt- oder Zweitwohnsitz) haben.«*

3. Versicherte Fahrzeuge

Versichert ist jeweils das im Versicherungsschein bezeichnete Fahrzeug sowie ein mitgeführter Wohnwagen, Gepäck- oder Bootsanhänger und mitgeführtes Gepäck und die Ladung.

Einschränkungen für die versicherbaren Fahrzeuge ergeben sich häufig daraus, dass der Versicherer den Baustein nur für Pkw und Reisemobile anbietet oder durch entspre-

---

8 Vgl. dort A.1.2 und dazu oben A.1.2 Rdn. 103.
9 So in ADAC-Autoversicherung KomfortVario.

chende beschränkende Zusätze im Bedingungswerk, wie bspw. die nachstehende Formulierung:

»*Nicht versicherbar ist ein Fahrzeug, das zur gewerbsmäßigen Personenbeförderung oder gewerbsmäßigen Vermietung eingesetzt wird.*«

In die gleiche Zielrichtung geht ein in einem anderen Bedingungswerk formulierter Risikoausschluss unter der Überschrift »Was ist nicht versichert?«, in dem es heißt, dass kein Versicherungsschutz besteht, wenn das versicherte Fahrzeug bei Schadeneintritt zur gewerbsmäßigen Personenbeförderung oder gewerbsmäßigen Vermietung verwendet wurde. Diese Formulierung eines Risikoausschlusses begegnet jedoch **Wirksamkeitsbedenken**, da es sich nicht um einen objektiven Risikoausschluss, sondern um eine verhüllte Obliegenheit handelt. Die Regelung entspricht von ihrem Inhalt her der Obliegenheit das Fahrzeug nicht zu einem anderen, als im Vertrag angegebenen Verwendungszweck zu benutzen und unterfällt somit den Regelungen einer vertraglichen Obliegenheit und ist nicht als objektiver Risikoausschluss zu werten.[10] Es kommt also im Weiteren darauf an, ob das Bedingungswerk für den Fall der Obliegenheitsverletzung eine der gesetzlichen Regelung des § 28 VVG entsprechende Rechtsfolgenregelung enthält.

4. In welchen Ländern besteht Versicherungsschutz?

14 In den meisten Bedingungswerken ist der räumliche Geltungsbereich für die Mitgliedsstaaten der EU oder »*im Geltungsbereich der Europäischen Union*« definiert sowie durch eine enumerative Aufzählung weiterer Länder ergänzt. Da es sich um einen reinen Ausland-Schadenschutz handelt ist der Bereich der Bundesrepublik Deutschland selbst aus dem räumlichen Geltungsbereich ausgenommen.

Die Ausweitung auf andere Länder ist durchaus unterschiedlich in den einzelnen Bedingungswerken. Nur der Blick in die konkreten Bedingungen hilft hier weiter. Soweit ersichtlich erfasst die Ausweitung typischer Weise die Schweiz, Liechtenstein und Norwegen. Dann hören die Übereinstimmungen in den Bedingungswerken bereits auf. Gängig ist weiter der Einschluss von Monaco, Island, Andorra, Montenegro, Serbien.

In manchen Bedingungswerken findet sich jedoch eine selektive Auswahl ausschließlich enumerativ aufgeführter Länder ohne die Generalklausel, die auf die Mitgliedsländer der EU abstellt.[11] Wirksamkeitsbedenken gegen diese selektive Auswahl von Ländern zur Definition des räumlichen Geltungsbereichs bestehen nicht. Zum einen ist der VN aus den gängigen Versicherungsbausteinen zur Kfz-Haftpflicht-, Kasko- und eventuellen Kfz-Unfallversicherung gewohnt, dass der räumliche Geltungsbereich einer Versicherung Einschränkungen unterliegt. Zum anderen kann vom verständigen, durchschnittlichen Versicherungsnehmer, der extra eine Zusatzversicherung für Unfälle im Ausland abschließt erwartet werden, dass er sich über den Geltungsbereich entsprechend informiert, da er sich maßgeblich selbst um einen für ihn passenden Ver-

---

10 Vgl. hierzu auch Heinrichs in DAR 2011, 565 (569).
11 So z. B. Allianz Baustein Ausland Schadenschutz-Versicherung unter 1.4.

sicherungsschutz zu bemühen hat.[12] Insoweit stellen mögliche Einschränkungen des räumlichen Geltungsbereichs auch im Hinblick auf mögliche EU-Länder keine unangemessene Benachteiligung und keine überraschende Klausel dar, mit der der VN nicht hätte rechnen können. Die Reichweite ist also jeweils individuell anhand der Versicherungsbedingungen zu ermitteln.

Allerdings sind an die Beratung durch den Versicherungsvermittler gerade in diesem Punkt erhöhte Anforderungen zu stellen. So hat dieser, insbesondere ein Versicherungsmakler, ggf. bei der Beratung zu erfragen, welche Länder der VN bspw. beim Abschluss einer entsprechenden Versicherung für ein Reisemobil als Zielländer ins Auge gefasst hat und muss auf eventuell unerwartete Einschränkungen des räumlichen Geltungsbereichs, die vom Standard abweichen, hinweisen, wenn er als Makler bspw. Produkte verschiedener Anbieter gegenüberstellt. 15

5. Bis zu welcher Höhe leisten wir?

Die Höhe ist regelmäßig auf die vertragliche Versicherungssumme in der Kfz-Haftpflichtversicherung beschränkt oder gesondert auf einen Betrag von X Mio. Euro begrenzt. 16

Teilweise finden sich auch im Rahmen der Regelung zur Höhe der Versicherungsleistung die sonst gesondert aufgenommenen Subsidiaritätsklauseln, aus denen sich die Nachrangigkeit der Versicherungsleistung gegenüber den Ersatzleistungen Dritter, insbesondere des eintrittspflichtigen ausländischen Kfz-Haftpflichtversicherers ergibt. 17

6. Was ist nicht versichert?

Hierunter finden sich die gebräuchlichen **objektiven Risikoausschlüsse**, wie bspw. für behördlich genehmigte Fahrveranstaltungen (auch hier mit der neuerlichen Abgrenzung zu der Teilnahme an behördlich nicht genehmigten Rennen als Obliegenheitsverletzung), Schäden durch Kriegsereignisse und innere Unruhen, Schäden durch Kernenergie sowie zumeist für Vorsatz oder die grob fahrlässige Herbeiführung der Schäden. Es sei hierzu auf die einschlägigen Kommentierungen zum Bedingungswerk der AKB in den übrigen Kapiteln verwiesen. 18

In einzelnen Bedingungswerken ist hier **jedoch besondere Obacht** geboten, da sich unwirksame Regelungen als Risikoausschluss finden, die sich als objektiver Risikoausschluss lesen, wie das Fahren ohne Fahrerlaubnis oder die gewerbsmäßige Nutzung[13] oder eine Regelung zu Rennen im Sinne der Rennklausel zu den vertraglichen Obliegenheiten. Hier ist abzugrenzen was tatsächlich ein wirksamer objektiver Risikoausschluss ist und was sich ggf. als Regelung einer vertraglichen Obliegenheit darstellt und mangels hierzu erfolgter Rechtsfolgenregelung im Bedingungswerk ggf. unwirksam sein kann. 19

---

12 Vgl. LG Düsseldorf Urt. v. 7.5.2010 – 22 S 281/09 in VersR 2010, 1205.
13 Vgl. hierzu oben Rdn. 13.

20 Manche Bedingungswerke enthalten zudem einen umfassenden Verweis auf die Geltung der im Vertrag insgesamt vereinbarten Pflichten beim Gebrauch des Fahrzeugs und im Schadenfall sowie auf die hierzu einschlägigen Regelungen in den Abschnitten D und E. Dieser Verweis ist dann zusätzlich durch den Hinweis auf die Folgen einer jeweiligen Pflichtverletzung in den Regelungen zu D.3 und E.7 der AKB ergänzt.[14]

7. Verpflichtung Dritter/Anrechnung der Leistung Dritter

21 Die **Versicherungsleistung ist subsidiär** gegenüber eventuell anderen Verpflichtungen Dritter aus möglichen vertraglichen Ansprüchen, wie bspw. der Mitgliedschaft in einem Automobilclub oder Verband. Allerdings ist der Versicherer zur Vorleistung verpflichtet, wenn sich der VN zuerst an ihn wendet. Die Ansprüche des VN gegen den Dritten gehen dann nach § 86 VVG auf den Versicherer über.

Zudem erbringt der Versicherer seine Leistung nur nachrangig gegenüber dem eigentlich verpflichteten ausländischen Kfz-Haftpflichtversicherer, dessen Leistungen auf die Versicherungsleistung angerechnet werden.

8. Fälligkeit/Abtretung/Leistung für mitversicherte Personen

22 Hier finden sich die typischen Regelungsinhalte, wie in den anderen Versicherungsarten, z. B. in der Kaskoversicherung (Fälligkeit innerhalb von 2 Wochen nach Feststellung der Zahlungspflicht und Höhe der Entschädigung oder Vorschussanspruch wenn diese nach 1 Monat noch nicht feststeht) sowie die üblichen Abtretungs- und Verpfändungsverbote.

Im Hinblick auf mitversicherte Personen gilt die gleiche Regelung wie in der Kfz-Unfallversicherung, danach zahlt der Versicherer eine Leistung, die einer mitversicherten Person zusteht nur mit deren Zustimmung an den VN selbst. Es kann daher für weitere Einzelheiten auf die entsprechenden Darstellungen zu diesen Versicherungsarten verwiesen werden.[15]

C. Zu erwartende Problemfelder

I. Erstattungsfähigkeit von Anwaltskosten?

23 Als möglicher Streitpunkt stellt sich hier die bereits im Zusammenhang mit der Fahrerschutzversicherung aufgekommene Problematik der Frage dar, ob der Versicherer auch **Anwaltskosten** für die Abwicklung entsprechender Leistungen zu tragen hat.[16] Der VN hat grundsätzlich keinen Anspruch auf Erstattung der Anwaltskosten gegen den VR, die anfallen, wenn er einen Rechtsanwalt mit der Geltendmachung der Ansprüche aus der eigenen Kfz-Versicherung im Rahmen der Schadenabwicklung beauftragt.

---

14 So bspw. bei den AKB der Huk-Coburg unter A.5.10.
15 So z. B. zur Fälligkeit unter A.2.7 Rdn. 1 ff. und zur Leistung für Mitversicherte unter A.4.11.2 Rdn. 2 ff.
16 Vgl. hierzu Heinrichs in DAR 2011, 565 (568) und DAR 2015, 195 (200).

Ein Erstattungsanspruch gegenüber dem eigenen Kasko- oder Unfallversicherer besteht nur, wenn dieser durch nicht rechtzeitige Abgabe seiner Erklärung zur Leistungspflicht oder durch eine zu Unrecht erfolgte Ablehnung der Leistungspflicht in Verzug geraten ist.[17] Soweit allerdings die Bedingungen herausstellen, dass der VN nach deutschem Recht entschädigt wird und es gerade um die Schließung von Deckungslücken geht, die der VN vom ausländischen Versicherer des Schadenverursachers nicht als Schadenersatz erhält, so wird der VN annehmen dürfen, dass insgesamt die angefallenen Anwaltskosten für die Schadenabwicklung einschließlich derer zur Abwicklung mit dem eigenen Versicherer, von der Reichweite des Kfz-Ausland-Schadenschutzes erfasst werden. Zumindest ist dies unklar, so dass sich eine solche **Unklarheit zu Lasten des Versicherers** als Verwender der AGB auswirkt. Es ist daher unverständlich, dass die Versicherer dieses Problem überwiegend nicht erkannt haben, obgleich es in der einschlägigen Literatur zur Fahrerschutzversicherung bereits erörtert worden ist.[18] Allerdings finden sich auch hier, wie inzwischen teilweise bei manchen VR zur Fahrerschutzversicherung, klarstellende Regelungen wie etwa die Formulierung »*Die Kosten eines Rechtsanwalts ersetzen wir nur, wenn wir mit der Zahlung der Entschädigung in Verzug sind.*«

II. Wirksamkeit von Risikoauschlüssen/Leistungsbeschränkungen

Wie oben bereits ausgeführt bergen einige Bedingungswerke zur Ausland-Schadenschutzversicherung Probleme im Rahmen der aufgeführten Risikobeschränkungen. Diese sind teilweise als klare objektive Risikoausschlüsse normiert, teilweise aber auch als Regelungen formuliert, die sich als verhüllte Obliegenheiten darstellen und als Risikoausschluss unwirksam sein werden.

Ganz unterschiedlich sind die Bedingungen gerade im Hinblick auf mögliche Verletzungen vertraglicher Obliegenheiten ausgestaltet. Teilweise finden sich umfassende Verweise auf die jeweiligen Regelungen in den einschlägigen Kapiteln des Gesamtbedingungswerkes der jeweiligen AKB, die keinen Wirksamkeitsbedenken begegnen. Teilweise finden sich jedoch solche Regelungen nicht. Bedingungen, die eigenständig zum Baustein des Ausland-Schadenschutzes bei manchen Versicherern existieren, sind hier ebenfalls unterschiedlich aufgebaut, so dass an dieser Stelle nur der generelle Hinweis auf die mögliche Problematik erfolgen kann. Der Anwender wird im Einzelfall sorgfältig prüfen müssen, ob sich eine Regelung letztlich als wirksam herausstellt oder eine Leistungsverpflichtung des Versicherers entgegen dem Anschein dem Wortlaut nach doch besteht.

---

17 Vgl. hierzu *Heinrichs* A.4.10.4 AKB Rdn. 3.
18 Wie Fn. 16.

# Anhang

Anhang I

Allgemeine Bedingungen für die Kfz-Versicherung
AKB 2015 – Stand: 19.05.2015

Allgemeine Bedingungen für die Kfz-Versicherung

AKB 2015 – Stand: 19.05.2015

Verfasser:

Arbeitsgruppe Bedingungen und betriebliche Grundsatzfragen der Kommission Kraftfahrt Betrieb (KKB)

Unverbindliche Bekanntgabe des Gesamtverbandes der Deutschen Versicherungswirtschaft e.V. (GDV) zur fakultativen Verwendung. Abweichende Vereinbarungen sind möglich.

Inhaltsverzeichnis

A	**Welche Leistungen umfasst Ihre Kfz-Versicherung?**	**6**
A.1	Kfz-Haftpflichtversicherung – für Schäden, die Sie mit Ihrem Fahrzeug Anderen zufügen	6
A.1.1	Was ist versichert?	6
A.1.2	Wer ist versichert?	6
A.1.3	Bis zu welcher Höhe leisten wir (Versicherungssummen)?	7
A.1.4	In welchen Ländern besteht Versicherungsschutz?	7
A.1.5	Was ist nicht versichert?	7
A.2	Kaskoversicherung – für Schäden an Ihrem Fahrzeug	8
A.2.1	Was ist versichert?	8
A.2.2	Welche Ereignisse sind versichert?	9
A.2.3	Wer ist versichert?	11
A.2.4	In welchen Ländern besteht Versicherungsschutz?	11
A.2.5	Was zahlen wir im Schadenfall?	11
A.2.6	Sachverständigenverfahren bei Meinungsverschiedenheit über die Schadenhöhe	13
A.2.7	Fälligkeit unserer Zahlung, Abtretung	13
A.2.8	Können wir unsere Leistung vom Fahrer zurückfordern, wenn Sie nicht selbst gefahren sind?	14
A.2.9	Was ist nicht versichert?	14
A.3	Autoschutzbrief – Hilfe für unterwegs als Service oder Kostenerstattung	14
A.3.1	Was ist versichert?	14
A.3.2	Wer ist versichert?	14
A.3.3	Versicherte Fahrzeuge	14
A.3.4	In welchen Ländern besteht Versicherungsschutz?	15
A.3.5	Hilfe bei Panne oder Unfall	15
A.3.6	Zusätzliche Hilfe bei Panne, Unfall oder Diebstahl ab 50 km Entfernung	15
A.3.7	Hilfe bei Krankheit, Verletzung oder Tod auf einer Reise	16
A.3.8	Zusätzliche Leistungen bei einer Auslandsreise	17
A.3.9	Was ist nicht versichert?	18
A.3.10	Anrechnung ersparter Aufwendungen, Abtretung	18
A.3.11	Verpflichtung Dritter	18
A.4	Kfz-Unfallversicherung – wenn Insassen verletzt oder getötet werden	18
A.4.1	Was ist versichert?	18
A.4.2	Wer ist versichert?	19
A.4.3	In welchen Ländern besteht Versicherungsschutz?	19
A.4.4	Welche Leistungen umfasst die Kfz-Unfallversicherung?	19
A.4.5	Leistung bei Invalidität	19
A.4.6	Tagegeld	21
A.4.7	Krankenhaustagegeld	22
A.4.8	Todesfallleistung	22
A.4.9	Was passiert, wenn Unfallfolgen mit Krankheiten oder Gebrechen zusammentreffen?	22
A.4.10	Fälligkeit unserer Zahlung, Abtretung	22
A.4.11	Abtretung und Zahlung für eine mitversicherte Person	23
A.4.12	Was ist nicht versichert?	23
A.5	Fahrerschutzversicherung – wenn der Fahrer verletzt oder getötet wird	24
A.5.1	Was ist versichert?	24
A.5.2	Wer ist versichert?	24
A.5.3	In welchen Ländern besteht Versicherungsschutz?	24
A.5.4	Was leisten wir in der Fahrerschutzversicherung?	25
A.5.5	Fälligkeit, Abtretung, Zahlung für eine mitversicherte Person	25
A.5.6	Was ist nicht versichert?	26
B	**Beginn des Vertrags und vorläufiger Versicherungsschutz**	**26**
B.1	Wann beginnt der Versicherungsschutz?	26
B.2	Vorläufiger Versicherungsschutz	26
C	**Beitragszahlung**	**27**
C.1	Zahlung des ersten oder einmaligen Beitrags	27
C.2	Zahlung des Folgebeitrags	27
C.3	Nicht rechtzeitige Zahlung bei Fahrzeugwechsel	28
C.4	Zahlungsperiode	28
C.5	Beitragspflicht bei Nachhaftung in der Kfz-Haftpflichtversicherung	28
D	**Ihre Pflichten bei Gebrauch des Fahrzeugs und Folgen einer Pflichtverletzung**	**28**
D.1	Welche Pflichten haben Sie bei Gebrauch des Fahrzeugs	28
D.1.1	Bei allen Versicherungsarten	28
D.1.2	Zusätzlich in der Kfz-Haftpflichtversicherung	29
D.1.3	Zusätzlich in der Fahrerschutzversicherung	29
D.2	Welche Folgen hat eine Verletzung dieser Pflichten?	29

1989

Anhang I AKB 2015

E	Ihre Pflichten im Schadenfall und Folgen einer Pflichtverletzung	30
E.1	Welche Pflichten haben Sie im Schadenfall?	30
E.1.1	Bei allen Versicherungsarten	30
E.1.2	Zusätzlich in der Kfz-Haftpflichtversicherung	30
E.1.3	Zusätzlich in der Kaskoversicherung	31
E.1.4	Zusätzlich beim Autoschutzbrief	31
E.1.5	Zusätzlich in der Kfz-Unfallversicherung	31
E.1.6	Zusätzlich in der Fahrerschutzversicherung	32
E.2	Welche Folgen hat eine Verletzung dieser Pflichten?	32

F	Rechte und Pflichten der mitversicherten Personen	33

G	Laufzeit und Kündigung des Vertrags, Veräußerung des Fahrzeugs, Wagniswegfall	34
G.1	Wie lange läuft der Versicherungsvertrag?	34
G.2	Wann und aus welchem Anlass können Sie den Versicherungsvertrag kündigen?	34
G.3	Wann und aus welchem Anlass können wir den Versicherungsvertrag kündigen?	35
G.4	Kündigung einzelner Versicherungsarten	36
G.5	Zugang der Kündigung	36
G.6	Beitragsabrechnung nach Kündigung	36
G.7	Was ist bei Veräußerung des Fahrzeugs zu beachten?	36
G.8	Wagniswegfall (z. B. durch Fahrzeugverschrottung)	37

H	Außerbetriebsetzung, Saisonkennzeichen, Fahrten mit ungestempelten Kennzeichen	37
H.1	Was ist bei Außerbetriebsetzung zu beachten?	37
H.2	Welche Besonderheiten gelten bei Saisonkennzeichen?	37
H.3	Fahrten mit ungestempelten Kennzeichen	38

I	Schadenfreiheitsrabatt-System	38
I.1	Einstufung in Schadenfreiheitsklassen (SF-Klassen)	38
I.2	Ersteinstufung	38
I.2.1	Ersteinstufung in SF-Klasse 0	38
I.2.2	Sonderersteinstufung eines Pkw in SF-Klasse ½ oder SF-Klasse 2	38
I.2.3	Anrechnung des Schadenverlaufs der Kfz-Haftpflichtversicherung in der Vollkaskoversicherung	39
I.2.4	Führerscheinsonderregelung	39
I.2.5	Gleichgestellte Fahrerlaubnisse	39
I.3	Jährliche Neueinstufung	39
I.3.1	Wirksamwerden der Neueinstufung	39
I.3.2	Besserstufung bei schadenfreiem Verlauf	39
I.3.3	Besserstufung bei Saisonkennzeichen	39
I.3.4	Besserstufung bei Verträgen mit SF-Klassen [2], ½, S, 0 oder M	40
I.3.5	Rückstufung bei schadenbelastetem Verlauf	40
I.4	Was bedeutet schadenfreier oder schadenbelasteter Verlauf?	40
I.4.1	Schadenfreier Verlauf	40
I.4.2	Schadenbelasteter Verlauf	40
I.5	Wie Sie eine Rückstufung in der Kfz-Haftpflichtversicherung vermeiden können	40
I.6	Übernahme eines Schadenverlaufs	41
I.6.1	In welchen Fällen wird ein Schadenverlauf übernommen?	41
I.6.2	Welche Voraussetzungen gelten für die Übernahme?	41
I.6.3	Wie wirkt sich eine Unterbrechung des Versicherungsschutzes auf den Schadenverlauf aus?	42
I.6.4	Übernahme des Schadenverlaufs nach Betriebsübergang	42
I.7	Einstufung nach Abgabe des Schadenverlaufs	43
I.8	Auskünfte über den Schadenverlauf	43

J	Beitragsänderung aufgrund tariflicher Maßnahmen	43
J.1	Typklasse	43
J.2	Regionalklasse	43
J.3	Tarifänderung	44
J.4	Kündigungsrecht	44
J.5	Gesetzliche Änderung des Leistungsumfangs in der Kfz-Haftpflichtversicherung	44
J.6	Änderung des SF-Klassen-Systems	44
[J.6	xx Änderung der Tarifstruktur]	44

1990

K	Beitragsänderung aufgrund eines bei Ihnen eingetretenen Umstands	44
K.1	Änderung des Schadenfreiheitsrabatts	44
K.2	Änderung von Merkmalen zur Beitragsberechnung	44
K.3	Änderung der Regionalklasse wegen Wohnsitzwechsels	45
K.4	Ihre Mitteilungspflichten zu den Merkmalen zur Beitragsberechnung	45
K.5	Änderung der Art und Verwendung des Fahrzeugs	45
L	**Meinungsverschiedenheiten und Gerichtsstände**	**46**
L.1	Wenn Sie mit uns einmal nicht zufrieden sind	46
L.2	Gerichtsstände	46
M	Abschnitt gestrichen	**47**
N	**Bedingungsänderung**	**47**

Anhang 1: Tabellen zum Schadenfreiheitsrabatt-System 47

1	Pkw	47
1.1	Einstufung von Pkw in Schadenfreiheitsklassen (SF-Klassen) und Beitragssätze	47
1.2	Rückstufung im Schadenfall bei Pkw	47
2	Krafträder	47
2.1	Einstufung von Krafträdern in Schadenfreiheitsklassen (SF-Klassen) und Beitragssätze	47
2.2	Rückstufung im Schadenfall bei Krafträdern	47
3	Leichtkrafträder	47
3.1	Einstufung von Leichtkrafträdern in Schadenfreiheitsklassen (SF-Klassen) und Beitragssätze	47
3.2	Rückstufung im Schadenfall bei Leichtkrafträdern	47
4	Taxen und Mietwagen	48
4.1	Einstufung von Taxen und Mietwagen in Schadenfreiheitsklassen (SF-Klassen) und Beitragssätze	48
4.2	Rückstufung im Schadenfall bei Taxen und Mietwagen	48
5	Campingfahrzeuge (Wohnmobile)	48
5.1	Einstufung von Campingfahrzeugen (Wohnmobilen) in Schadenfreiheitsklassen (SF-Klassen) und Beitragssätze	48
5.2	Rückstufung im Schadenfall bei Campingfahrzeugen (Wohnmobilen)	48
6	Lieferwagen, Lkw, Zugmaschinen, Krankenwagen, Leichenwagen, Busse (nur Kfz-Haftpflicht), Abschleppwagen (nur Kfz-Haftpflicht) und Stapler (nur Kfz-Haftpflicht)	48
6.1	Einstufung von Lieferwagen, Lkw, Zugmaschinen, Krankenwagen, Leichenwagen, Busse (nur Kfz-Haftpflicht), Abschleppwagen und Stapler (nur Kfz-Haftpflicht) in Schadenfreiheitsklassen (SF-Klassen) und Beitragssätze	48
6.2	Rückstufung im Schadenfall bei Lieferwagen, Lkw, Zugmaschinen, Krankenwagen, Leichenwagen, Busse, Abschleppwagen und Stapler	48

[Anhang 2: Merkmale zur Beitragsberechnung] 48

1	Individuelle Merkmale zur Beitragsberechnung bei Pkw	48
1.1	Abstellort	48
1.2	Jährliche Fahrleistung	49
1.3	Weitere Merkmale zur Beitragsberechnung	49
2	Merkmale zur Beitragsberechnung bei Krafträdern	49
3	Merkmale zur Beitragsberechnung bei Lkw, Zugmaschinen, Bussen, Anhängern	49

[Anhang 3: Tabellen zu den Typklassen] 49

1	Kfz-Haftpflichtversicherung:	49
2	Vollkaskoversicherung:	49
3	Teilkaskoversicherung:	50

[Anhang 4: Tabellen zu den Regionalklassen] 50

1	Für Pkw	50
1.1	In der Kfz-Haftpflichtversicherung:	50
1.2	In der Vollkaskoversicherung:	50
1.3	In der Teilkaskoversicherung:	50
2	Für Krafträder	50
2.1	In der Kfz-Haftpflichtversicherung:	50
2.2	In der Teilkaskoversicherung:	50
3	Für Lieferwagen	50
3.1	In der Kfz-Haftpflichtversicherung:	50
3.2	In der Vollkaskoversicherung:	50
3.3	In der Teilkaskoversicherung:	50
4	Für landwirtschaftliche Zugmaschinen	50
4.1	In der Kfz-Haftpflichtversicherung:	50

Anhang I AKB 2015

4.2	In der Teilkaskoversicherung:	51
[Anhang 5: Berufsgruppen (Tarifgruppen)]		**51**
1	Berufsgruppe A	51
2	Berufsgruppe B	51
3	Berufsgruppe D	52
[Anhang 6: Art und Verwendung von Fahrzeugen]		**52**
1	Fahrzeuge mit Versicherungskennzeichen	52
2	Leichtkrafträder	52
3	< - entfällt - >	52
4	Krafträder	52
5	Pkw	52
6	Mietwagen	53
7	Taxen	53
8	Selbstfahrvermietfahrzeuge	53
9	Leasingfahrzeuge	53
10	Kraftomnibusse	53
11	Campingfahrzeuge	53
12	Werkverkehr	53
13	Gewerblicher Güterverkehr	53
14	Umzugsverkehr	53
15	Wechselaufbauten	53
16	Landwirtschaftliche Zugmaschinen	53
17	Melkwagen und Milchsammel-Tankwagen	54
18	Sonstige landwirtschaftliche Sonderfahrzeuge	54
19	Milchtankwagen	54
20	Selbstfahrende Arbeitsmaschinen	54
21	Lieferwagen	54
22	Lkw	54
23	Zugmaschinen	54

Allgemeine Bedingungen für die Kfz-Versicherung (AKB 2015)

Die Kfz-Versicherung umfasst je nach dem Inhalt des Versicherungsvertrags folgende Versicherungsarten:

- Kfz-Haftpflichtversicherung (A.1)
- Kaskoversicherung (A.2)
- Autoschutzbrief (A.3)
- Kfz-Unfallversicherung (A.4)
- Fahrerschutzversicherung (A.5)

Diese Versicherungen werden als jeweils rechtlich selbstständige Verträge abgeschlossen. Ihrem Versicherungsschein können Sie entnehmen, welche Versicherungen Sie für Ihr Fahrzeug abgeschlossen haben.

Es gilt deutsches Recht. Die Vertragssprache ist deutsch.

A Welche Leistungen umfasst Ihre Kfz-Versicherung?

A.1 Kfz-Haftpflichtversicherung – für Schäden, die Sie mit Ihrem Fahrzeug Anderen zufügen

A.1.1 Was ist versichert?

Sie haben mit Ihrem Fahrzeug einen Anderen geschädigt

A.1.1.1 Wir stellen Sie von Schadenersatzansprüchen frei, wenn durch den Gebrauch des Fahrzeugs

a Personen verletzt oder getötet werden,

b Sachen beschädigt oder zerstört werden oder abhanden kommen,

c Vermögensschäden verursacht werden, die weder mit einem Personen- noch mit einem Sachschaden mittelbar oder unmittelbar zusammenhängen (reine Vermögensschäden),

und deswegen gegen Sie oder uns Schadenersatzansprüche aufgrund von Haftpflichtbestimmungen des Bürgerlichen Gesetzbuchs oder des Straßenverkehrsgesetzes oder aufgrund anderer gesetzlicher Haftpflichtbestimmungen des Privatrechts geltend gemacht werden. Zum Gebrauch des Fahrzeugs gehört neben dem Fahren z. B. das Ein- und Aussteigen sowie das Be- und Entladen.

Begründete und unbegründete Schadenersatzansprüche

A.1.1.2 Sind Schadenersatzansprüche begründet, leisten wir Schadenersatz in Geld.

A.1.1.3 Sind Schadenersatzansprüche unbegründet, wehren wir diese auf unsere Kosten ab. Dies gilt auch, soweit Schadenersatzansprüche der Höhe nach unbegründet sind.

Regulierungsvollmacht

A.1.1.4 Wir sind bevollmächtigt, gegen Sie geltend gemachte Schadenersatzansprüche in Ihrem Namen zu erfüllen oder abzuwehren und alle dafür zweckmäßig erscheinenden Erklärungen im Rahmen pflichtgemäßen Ermessens abzugeben.

Mitversicherung von Anhängern, Aufliegern und abgeschleppten Fahrzeugen

A.1.1.5 Ist mit dem versicherten Kraftfahrzeug ein Anhänger oder Auflieger verbunden, erstreckt sich der Versicherungsschutz auch hierauf. Der Versicherungsschutz umfasst auch Fahrzeuge, die mit dem versicherten Kraftfahrzeug abgeschleppt werden oder geschleppt werden, wenn für diese kein eigener Haftpflichtversicherungsschutz besteht.

Dies gilt auch, wenn sich der Anhänger oder Auflieger oder das abgeschleppte oder geschleppte Fahrzeug während des Gebrauchs von dem versicherten Kraftfahrzeug löst und sich noch in Bewegung befindet.

A.1.2 Wer ist versichert?

Der Schutz der Kfz-Haftpflichtversicherung gilt für Sie und für folgende Personen (mitversicherte Personen):

a den Halter des Fahrzeugs,

Anhang I AKB 2015

    b den Eigentümer des Fahrzeugs,

    c den Fahrer des Fahrzeugs,

    d den Beifahrer, der im Rahmen seines Arbeitsverhältnisses mit Ihnen oder mit dem Halter den berechtigten Fahrer zu seiner Ablösung oder zur Vornahme von Lade- und Hilfsarbeiten nicht nur gelegentlich begleitet,

    e Ihren Arbeitgeber oder öffentlichen Dienstherrn, wenn das Fahrzeug mit Ihrer Zustimmung für dienstliche Zwecke gebraucht wird,

    f den Omnibusschaffner, der im Rahmen seines Arbeitsverhältnisses mit Ihnen oder mit dem Halter des versicherten Fahrzeugs tätig ist,

    g den Halter, Eigentümer, Fahrer, Beifahrer und Omnibusschaffner eines nach A.1.1.5 mitversicherten Fahrzeugs.

Diese Personen können Ansprüche aus dem Versicherungsvertrag selbstständig gegen uns erheben.

A.1.3 Bis zu welcher Höhe leisten wir (Versicherungssummen)?

Höchstzahlung

A.1.3.1 Unsere Zahlungen für ein Schadenereignis sind jeweils beschränkt auf die Höhe der für Personen-, Sach- und Vermögensschäden vereinbarten Versicherungssummen. Mehrere zeitlich zusammenhängende Schäden, die dieselbe Ursache haben, gelten als ein einziges Schadenereignis. Die Höhe Ihrer Versicherungssummen können Sie dem Versicherungsschein entnehmen.

A.1.3.2 Bei Schäden durch einen mitversicherten Anhänger gelten xx < *die gesetzlichen Mindestversicherungssummen oder höhere individuell vereinbarte Versicherungssummen; ist keine Begrenzung gewünscht, entfällt Klausel A.1.3.2 >.*

Übersteigen der Versicherungssummen

A.1.3.3 Übersteigen die Ansprüche die Versicherungssummen, richten sich unsere Zahlungen nach den Bestimmungen des Versicherungsvertragsgesetzes und der Kfz-Pflichtversicherungsverordnung. In diesem Fall müssen Sie für einen nicht oder nicht vollständig befriedigten Schadenersatzanspruch selbst einstehen.

A.1.4 In welchen Ländern besteht Versicherungsschutz?

Versicherungsschutz in Europa und in der EU

A.1.4.1 Sie haben in der Kfz-Haftpflichtversicherung Versicherungsschutz in den geographischen Grenzen Europas sowie den außereuropäischen Gebieten, die zum Geltungsbereich der Europäischen Union gehören. Ihr Versicherungsschutz richtet sich nach dem im Besuchsland gesetzlich vorgeschriebenen Versicherungsumfang, mindestens jedoch nach dem Umfang Ihres Versicherungsvertrags.

Internationale Versicherungskarte (Grüne Karte)

A.1.4.2 Haben wir Ihnen die Grüne Karte ausgehändigt, gilt: Ihr Versicherungsschutz in der Kfz-Haftpflichtversicherung erstreckt sich auch auf die dort genannten nichteuropäischen Länder, soweit Länderbezeichnungen nicht durchgestrichen sind. Hinsichtlich des Versicherungsumfangs gilt A.1.4.1 Satz 2.

A.1.5 Was ist nicht versichert?

Vorsatz

A.1.5.1 Kein Versicherungsschutz besteht für Schäden, die Sie vorsätzlich und widerrechtlich herbeiführen.

Genehmigte Rennen

A.1.5.2 Kein Versicherungsschutz besteht für Schäden, die bei Beteiligung an behördlich genehmigten kraftfahrt-sportlichen Veranstaltungen, bei denen es auf die Erzielung einer Höchstgeschwindigkeit ankommt, entstehen. Dies gilt auch für dazugehörige Übungsfahrten.

Hinweis: Die Teilnahme an nicht genehmigten Rennen stellt eine Verletzung Ihrer Pflichten nach D.1.1.4 dar.

Beschädigung des versicherten Fahrzeugs

A.1.5.3 Kein Versicherungsschutz besteht für die Beschädigung, die Zerstörung oder das Abhandenkommen des versicherten Fahrzeugs.

Beschädigung von Anhängern oder abgeschleppten Fahrzeugen

A.1.5.4 Kein Versicherungsschutz besteht für die Beschädigung, die Zerstörung oder das Abhandenkommen

- eines mit dem versicherten Fahrzeug verbundenen Anhängers oder Aufliegers
- eines mit dem versicherten Fahrzeug geschleppten oder abgeschleppten Fahrzeugs.

Versicherungsschutz besteht jedoch, wenn mit dem versicherten Kraftfahrzeug ein betriebsunfähiges Fahrzeug im Rahmen üblicher Hilfeleistung ohne gewerbliche Absicht abgeschleppt wird und dabei am abgeschleppten Fahrzeug Schäden verursacht werden.

Beschädigung von beförderten Sachen

A.1.5.5 Kein Versicherungsschutz besteht bei Schadenersatzansprüchen wegen Beschädigung, Zerstörung oder Abhandenkommens von Sachen, die mit dem versicherten Fahrzeug befördert werden.

Versicherungsschutz besteht jedoch für Sachen, die Insassen eines Kraftfahrzeugs üblicherweise mit sich führen (z. B. Kleidung, Brille, Brieftasche). Bei Fahrten, die überwiegend der Personenbeförderung dienen, besteht außerdem Versicherungsschutz für Sachen, die Insassen zum persönlichen Gebrauch üblicherweise mit sich führen (z. B. Reisegepäck, Reiseproviant). Kein Versicherungsschutz besteht für Sachen unberechtigter Insassen.

Ihr Schadenersatzanspruch gegen eine mitversicherte Person

A.1.5.6 Kein Versicherungsschutz besteht für Sach- oder Vermögensschäden, die eine mitversicherte Person Ihnen, dem Halter oder dem Eigentümer durch den Gebrauch des Fahrzeugs zufügt. Versicherungsschutz besteht jedoch für Personenschäden, wenn Sie z. B. als Beifahrer Ihres Fahrzeugs verletzt werden.

Nichteinhaltung von Liefer- und Beförderungsfristen

A.1.5.7 Kein Versicherungsschutz besteht für reine Vermögensschäden, die durch die Nichteinhaltung von Liefer- und Beförderungsfristen entstehen.

Vertragliche Ansprüche

A.1.5.8 Kein Versicherungsschutz besteht für Haftpflichtansprüche, soweit sie aufgrund Vertrags oder besonderer Zusage über den Umfang der gesetzlichen Haftpflicht hinausgehen.

Schäden durch Kernenergie

A.1.5.9 Kein Versicherungsschutz besteht für Schäden durch Kernenergie.

A.2 Kaskoversicherung – für Schäden an Ihrem Fahrzeug

A.2.1 Was ist versichert?

A.2.1.1 Ihr Fahrzeug

Versichert ist Ihr Fahrzeug gegen Beschädigung, Zerstörung, Totalschaden oder Verlust infolge eines Ereignisses nach A.2.2.1 (Teilkasko) oder A.2.2.2 (Vollkasko).

A.2.1.2 Mitversicherte Teile und nicht versicherbare Gegenstände

Versichert sind auch die unter A.2.1.2.1 und A.2.1.2.2 als mitversichert aufgeführten Fahrzeugteile und als mitversichert aufgeführtes Fahrzeugzubehör, sofern sie straßenverkehrsrechtlich zulässig sind (mitversicherte Teile). Bei Beschädigung, Zerstörung, Totalschaden oder Verlust von mitversicherten Teilen gelten die nachfolgenden Regelungen in A.2 entsprechend, soweit nichts anderes geregelt ist.

<Redaktioneller Hinweis: Falls eine Kaskoklausel nicht für mitversicherte Teile gelten soll, müsste dies in der jeweiligen Klausel ausdrücklich ausgeschlossen werden.>

Beitragsfrei mitversicherte Teile

A.2.1.2.1 Soweit in A.2.1.2.2 nicht anders geregelt, sind folgende Fahrzeugteile und folgendes Fahrzeugzubehör des versicherten Fahrzeugs ohne Mehrbeitrag mitversichert:

a Fest im Fahrzeug eingebaute oder fest am Fahrzeug angebaute Fahrzeugteile.

b Fest im Fahrzeug eingebautes oder am Fahrzeug angebautes oder unter Verschluss verwahrtes Fahrzeugzubehör. Voraussetzung ist, dass es ausschließlich dem Gebrauch des Fahrzeugs dient (z. B. Schonbezüge, Pannenwerkzeug) und nach allgemeiner Verkehrsanschauung nicht als Luxus angesehen wird.

Anhang I AKB 2015

c	Im Fahrzeug unter Verschluss verwahrte Fahrzeugteile, die zur Behebung von Betriebsstörungen des Fahrzeugs üblicherweise mitgeführt werden (z. B. Sicherungen und Leuchtmittel)
d	Schutzhelme (auch mit Wechselsprechanlage), solange sie bestimmungsgemäß gebraucht werden oder mit dem abgestellten Fahrzeug so fest verbunden sind, dass ein unbefugtes Entfernen ohne Beschädigung nicht möglich ist
e	Planen, Gestelle für Planen (Spriegel)
f	Folgende außerhalb des Fahrzeugs unter Verschluss gehaltene Teile: • ein zusätzlicher Satz Räder mit Winter- oder Sommerbereifung, • Dach-/Heckständer, Hardtop, Schneeketten und Kindersitze, • nach a bis f mitversicherte Fahrzeugteile und Fahrzeugzubehör während einer Reparatur.

Abhängig vom Gesamtneuwert mitversicherte Teile

A.2.1.2.2 Die nachfolgend unter a bis e aufgeführten Teile sind ohne Beitragszuschlag mitversichert, wenn sie im Fahrzeug fest eingebaut oder am Fahrzeug fest angebaut sind:

- bei Pkw, Krafträdern, xx < Alle gewünschten WKZ aufführen > bis zu einem Gesamtneuwert der Teile von xx EUR (brutto) und
- bei sonstigen Fahrzeugarten (z. B. Lkw, xx < Als Beispiele gewünschte WKZ aufführen >) bis zu einem Gesamtneuwert der Teile von xx EUR (brutto)

a	Radio- und sonstige Audiosysteme, Video-, technische Kommunikations- und Leitsysteme (z. B. fest eingebaute Navigationssysteme),
b	zugelassene Veränderungen an Fahrwerk, Triebwerk, Auspuff, Innenraum oder Karosserie (Tuning), die der Steigerung der Motorleistung, des Motordrehmoments, der Veränderung des Fahrverhaltens dienen oder zu einer Wertsteigerung des Fahrzeugs führen,
c	individuell für das Fahrzeug angefertigte Sonderlackierungen und -beschriftungen sowie besondere Oberflächenbehandlungen,
d	Beiwagen und Verkleidungen bei Krafträdern, Leichtkrafträdern, Kleinkrafträdern, Trikes, Quads und Fahrzeugen mit Versicherungskennzeichen,
e	Spezialaufbauten (z. B. Kran-, Tank-, Silo-, Kühl- und Thermoaufbauten) und Spezialeinrichtungen (z. B. für Werkstattwagen, Messfahrzeuge, Krankenwagen).

Ist der Gesamtneuwert der unter a bis e aufgeführten Teile höher als die genannte Wertgrenze, ist der übersteigende Wert nur mitversichert, wenn dies ausdrücklich vereinbart ist.

Bis zur genannten Wertgrenze verzichten wir auf eine Kürzung der Entschädigung wegen Unterversicherung.

Nicht versicherbare Gegenstände

A.2.1.2.3 Nicht versicherbar sind alle sonstigen Gegenstände, z. B. Mobiltelefone und mobile Navigationsgeräte, auch bei Verbindung mit dem Fahrzeug durch eine Halterung, Reisegepäck, persönliche Gegenstände der Insassen.

A.2.2 Welche Ereignisse sind versichert?

A.2.2.1 Welche Ereignisse sind in der Teilkasko versichert?

Versicherungsschutz besteht bei Beschädigung, Zerstörung, Totalschaden oder Verlust des Fahrzeugs einschließlich seiner mitversicherten Teile durch die nachfolgenden Ereignisse:

Brand und Explosion

A.2.2.1.1 Versichert sind Brand und Explosion. Als Brand gilt ein Feuer mit Flammenbildung, das ohne einen bestimmungsgemäßen Herd entstanden ist oder ihn verlassen hat und sich aus eigener Kraft auszubreiten vermag. Nicht als Brand gelten Schmor- und Sengschäden. Explosion ist eine auf dem Ausdehnungsbestreben von Gasen oder Dämpfen beruhende, plötzlich verlaufende Kraftäußerung.

Entwendung

A.2.2.1.2 Versichert ist die Entwendung in nachfolgenden Fällen:

a Versichert sind Diebstahl und Raub sowie die Herausgabe des Fahrzeugs aufgrund räuberischer Erpressung.

b Unterschlagung ist nur versichert, wenn dem Täter das Fahrzeug weder zum Gebrauch in seinem eigenen Interesse, noch zur Veräußerung noch unter Eigentumsvorbehalt überlassen wird.

c Unbefugter Gebrauch ist nur versichert, wenn der Täter in keiner Weise berechtigt ist, das Fahrzeug zu gebrauchen. Nicht als unbefugter Gebrauch gilt insbesondere, wenn der Täter vom Verfügungsberechtigten mit der Betreuung des Fahrzeugs beauftragt wird (z. B. Werkstatt- oder Hotelmitarbeiter). Außerdem besteht kein Versicherungsschutz, wenn der Täter in einem Näheverhältnis zu dem Verfügungsberechtigten steht, z. B. dessen Arbeitnehmer, Familien- oder Haushaltsangehöriger ist.

Sturm, Hagel, Blitzschlag, Überschwemmung

A.2.2.1.3 Versichert ist die unmittelbare Einwirkung von Sturm, Hagel, Blitzschlag oder Überschwemmung auf das Fahrzeug. Als Sturm gilt eine wetterbedingte Luftbewegung von mindestens Windstärke 8. Eingeschlossen sind Schäden, die dadurch verursacht werden, dass durch diese Naturgewalten Gegenstände auf oder gegen das Fahrzeug geworfen werden. Ausgeschlossen sind Schäden, die auf ein durch diese Naturgewalten veranlasstes Verhalten des Fahrers zurückzuführen sind.

Zusammenstoß mit Haarwild

A.2.2.1.4 Versichert ist der Zusammenstoß des in Fahrt befindlichen Fahrzeugs mit Haarwild im Sinne von § 2 Abs. 1 Nr. 1 des Bundesjagdgesetzes (z. B. Reh, Wildschwein).

Glasbruch

A.2.2.1.5 Versichert sind Bruchschäden an der Verglasung des Fahrzeugs. Als Verglasung gelten Glas- und Kunststoffscheiben (z. B. Front-, Heck-, Dach-, Seiten- und Trennscheiben), Spiegelglas und Abdeckungen von Leuchten. Nicht zur Verglasung gehören Glas- und Kunststoffteile von Mess-, Assistenz-, Kamera- und Informationssystemen, Solarmodulen, Displays, Monitoren sowie Leuchtmittel. Nicht versichert sind Folgeschäden.

Kurzschlussschäden an der Verkabelung

A.2.2.1.6 Versichert sind Schäden an der Verkabelung des Fahrzeugs durch Kurzschluss. Folgeschäden sind nicht versichert.

A.2.2.2 **Welche Ereignisse sind in der Vollkasko versichert?**

Versicherungsschutz besteht bei Beschädigung, Zerstörung, Totalschaden oder Verlust des Fahrzeugs, einschließlich seiner sämtlichen mitversicherten Teile durch die nachfolgenden Ereignisse:

Ereignisse der Teilkasko

A.2.2.2.1 Versichert sind die Schadenereignisse der Teilkasko nach A.2.2.1.

Unfall

A.2.2.2.2 Versichert sind Schäden am Fahrzeug durch Unfall. Ein Unfall ist ein unmittelbar von außen plötzlich mit mechanischer Gewalt auf das Fahrzeug einwirkendes Ereignis.

Keine Unfallschäden sind deshalb insbesondere:

- Schäden am Fahrzeug, die ihre alleinige Ursache in einem Bremsvorgang haben, z. B. Schäden an der Bremsanlage oder an den Reifen.
- Schäden am Fahrzeug, die ausschließlich aufgrund eines Betriebsvorgangs eintreten, z. B. durch falsches Bedienen, falsches Betanken oder verrutschende Ladung.
- Schäden am Fahrzeug, die ihre alleinige Ursache in einer Materialermüdung, Überbeanspruchung oder Abnutzung haben.
- Schäden zwischen ziehendem und gezogenem Fahrzeug oder Anhänger ohne Einwirkung von außen, z. B. Rangierschäden am Zugfahrzeug durch den Anhänger.
- Verwindungsschäden.

Vorhersehbare Beschädigungen des Fahrzeugs, die üblicherweise im Rahmen der bestimmungsgemäßen Verwendung des Fahrzeugs entstehen, gelten nicht als Unfallschaden. Beispiel: Schäden an der Ladeoberfläche eines Lkw durch Beladen mit Kies.

Mut- oder böswillige Handlungen

A.2.2.2.3 Versichert sind mut- oder böswillige Handlungen von Personen, die in keiner Weise berechtigt sind, das Fahrzeug zu gebrauchen. Als berechtigt sind insbesondere Personen anzuse-

Anhang I AKB 2015

hen, die vom Verfügungsberechtigten mit der Betreuung des Fahrzeugs beauftragt wurden (z. B. Werkstatt- oder Hotelmitarbeiter) oder in einem Näheverhältnis zu dem Verfügungsberechtigten stehen (z. B. dessen Arbeitnehmer, Familien- oder Haushaltsangehörige).

A.2.3 Wer ist versichert?

Der Schutz der Kaskoversicherung gilt für Sie und, wenn der Vertrag auch im Interesse einer weiteren Person abgeschlossen ist, z. B. des Leasinggebers als Eigentümer des Fahrzeugs, auch für diese Person.

A.2.4 In welchen Ländern besteht Versicherungsschutz?

Sie haben in Kasko Versicherungsschutz in den geographischen Grenzen Europas sowie den außereuropäischen Gebieten, die zum Geltungsbereich der Europäischen Union gehören.

A.2.5 Was zahlen wir im Schadenfall?

Nachfolgende Entschädigungsregeln gelten bei Beschädigung, Zerstörung, Totalschaden oder Verlust des Fahrzeugs. Sie gelten entsprechend auch für mitversicherte Teile, soweit nichts anderes geregelt ist.

<Redaktioneller Hinweis: Falls etwas anderes gewollt ist, z. B. bei Werkstattsteuerung, bitte in der entsprechenden Entschädigungsregelung ergänzen: „Dies gilt nicht für... ">

A.2.5.1 Was zahlen wir bei Totalschaden, Zerstörung oder Verlust?

Wiederbeschaffungswert abzüglich Restwert

A.2.5.1.1 Bei Totalschaden, Zerstörung oder Verlust des Fahrzeugs zahlen wir den Wiederbeschaffungswert unter Abzug eines vorhandenen Restwerts des Fahrzeugs. Lassen Sie Ihr Fahrzeug trotz Totalschadens oder Zerstörung reparieren, gilt A.2.5.2.1.

< Achtung! Es folgen zwei Varianten der Neupreisentschädigung >

Neupreisentschädigung bei Totalschaden, Zerstörung oder Verlust

A.2.5.1.2 Wir zahlen bei Pkw (ausgenommen Mietwagen, Taxen und Selbstfahrervermiet-Pkw) den Neupreis nach A.2.11 unter folgenden Voraussetzungen:

- Innerhalb von xx Monaten nach Erstzulassung tritt ein Totalschaden, eine Zerstörung oder ein Verlust des Pkw ein und
- der Pkw befindet sich bei Eintritt des Schadenereignisses im Eigentum dessen, der ihn als Neufahrzeug vom Kfz-Händler oder Kfz-Hersteller erworben hat.

Ein vorhandener Restwert des Pkw wird abgezogen.

[xx Neupreisentschädigung

A.2.5.1.2 Wir zahlen bei Pkw (ausgenommen Mietwagen, Taxen und Selbstfahrervermiet-Pkw) den Neupreis nach A.2.11 unter folgenden Voraussetzungen:

- Innerhalb von xx Monaten nach Erstzulassung tritt eine Zerstörung oder ein Verlust des Pkw ein oder die erforderlichen Reparaturkosten betragen mindestens xx % des Neupreises und
- der Pkw befindet sich bei Eintritt des Schadenereignisses im Eigentum dessen, der ihn als Neufahrzeug vom Kfz-Händler oder Kfz-Hersteller erworben hat.

Ein vorhandener Restwert des Pkw wird abgezogen.]

A.2.5.1.3 Wir zahlen die über den Wiederbeschaffungswert hinausgehende Neupreisentschädigung nur in der Höhe, in der gesichert ist, dass die Entschädigung innerhalb von zwei Jahren nach ihrer Feststellung für die Reparatur des Fahrzeugs oder den Erwerb eines anderen Fahrzeugs verwendet wird.

Abzug bei fehlender Wegfahrsperre im Falle eines Diebstahls

A.2.5.1.4 Bei Totalschaden, Zerstörung oder Verlust eines Pkw, xx < *gewünschte WKZ aufführen* > infolge Diebstahls vermindert sich die Entschädigung um xx %. Dies gilt nicht, wenn das Fahrzeug zum Zeitpunkt des Diebstahls durch eine selbstschärfende elektronische Wegfahrsperre gesichert war.

Die Regelung über die Selbstbeteiligung nach A.2.5.8 bleibt hiervon unberührt.

Was versteht man unter Totalschaden, Wiederbeschaffungswert, Restwert und Neupreis?

A.2.5.1.5 Ein Totalschaden liegt vor, wenn die erforderlichen Kosten der Reparatur des Fahrzeugs dessen Wiederbeschaffungswert übersteigen.

A.2.5.1.6 Wiederbeschaffungswert ist der Preis, den Sie für den Kauf eines gleichwertigen gebrauchten Fahrzeugs am Tag des Schadenereignisses bezahlen müssen.

A.2.5.1.7 Restwert ist der Veräußerungswert des Fahrzeugs im beschädigten oder zerstörten Zustand.

A.2.5.1.8 Neupreis ist der Betrag, der für den Kauf eines neuen Fahrzeugs in der Ausstattung des versicherten Fahrzeugs aufgewendet werden muss. Wird der Typ des versicherten Fahrzeugs nicht mehr hergestellt, gilt der Preis für ein vergleichbares Nachfolgemodell. Maßgeblich ist jeweils die unverbindliche Preisempfehlung des Herstellers am Tag des Schadenereignisses abzüglich orts- und marktüblicher Nachlässe.

A.2.5.2 Was zahlen wir bei Beschädigung?

Reparatur

A.2.5.2.1 Wird das Fahrzeug beschädigt, zahlen wir die für die Reparatur erforderlichen Kosten bis zu folgenden Obergrenzen:

a Wenn das Fahrzeug vollständig und fachgerecht repariert wird, gilt:

Wir zahlen die hierfür erforderlichen Kosten bis zur Höhe des Wiederbeschaffungswerts nach A.2.5.1.6, wenn Sie uns dies durch eine Rechnung nachweisen. Fehlt dieser Nachweis, zahlen wir entsprechend A.2.5.2.1.b.

b Wenn das Fahrzeug nicht, nicht vollständig oder nicht fachgerecht repariert wird, gilt:

Wir zahlen die erforderlichen Kosten einer vollständigen Reparatur bis zur Höhe des um den Restwert verminderten Wiederbeschaffungswerts (siehe A.2.5.1.6 und A.2.5.1.7).

< xx Den folgenden Hinweis sollten Verwender der zweiten Variante von A.2.5.1.2 einfügen:>

[Hinweis: Beachten Sie auch die Regelung zur Neupreisentschädigung in A.2.5.1.2]

Abschleppen

A.2.5.2.2 Bei Beschädigung des Fahrzeugs ersetzen wir die Kosten für das Abschleppen vom Schadenort bis zur nächstgelegenen für die Reparatur geeigneten Werkstatt. Dabei darf einschließlich unserer Leistungen wegen der Beschädigung des Fahrzeugs nach A.2.5.2.1 die Obergrenze nach A.2.5.2.1.a oder A.2.5.2.1.b nicht überschritten werden.

Wir zahlen nicht, wenn ein Dritter Ihnen gegenüber verpflichtet ist, diese Kosten zu übernehmen.

Abzug neu für alt

A.2.5.2.3 Wir ziehen von den Kosten der Ersatzteile und der Lackierung einen dem Alter und der Abnutzung der alten Teile entsprechenden Betrag ab (neu für alt), wenn

- bei der Reparatur alte Teile gegen Neuteile ausgetauscht werden oder
- das Fahrzeug ganz oder teilweise neu lackiert wird.

Der Abzug neu für alt ist auf die Bereifung, Batterie und Lackierung beschränkt, wenn das Schadenereignis

- bei Pkw, Krafträdern und Omnibussen in den ersten xx Jahren
- bei den übrigen Fahrzeugarten in den ersten xx Jahren

nach der Erstzulassung eintritt.

A.2.5.3 Sachverständigenkosten

Die Kosten eines Sachverständigen erstatten wir nur, wenn wir dessen Beauftragung veranlasst oder ihr zugestimmt haben.

A.2.5.4 Mehrwertsteuer

Mehrwertsteuer erstatten wir nur, wenn und soweit diese für Sie bei der von Ihnen gewählten Schadenbeseitigung tatsächlich angefallen ist. Die Mehrwertsteuer erstatten wir nicht, soweit Vorsteuerabzugsberechtigung besteht.

A.2.5.5 Zusätzliche Regelungen bei Entwendung

Wiederauffinden des Fahrzeugs

A.2.5.5.1 Wird das entwendete Fahrzeug innerhalb eines Monats nach Eingang der schriftlichen Schadenanzeige wieder aufgefunden, sind Sie zur Rücknahme des Fahrzeugs verpflichtet.

Anhang I AKB 2015

Voraussetzung ist, dass Sie das Fahrzeug innerhalb dieses Zeitraums mit objektiv zumutbaren Anstrengungen wieder in Besitz nehmen können.

A.2.5.5.2 Wir zahlen die Kosten für die Abholung des Fahrzeugs, wenn es in einer Entfernung von mehr als 50 km (Luftlinie) aufgefunden wird. Ersetzt werden die Kosten in Höhe einer Bahnfahrkarte 2. Klasse für Hin- und Rückfahrt bis zu einer Höchstentfernung von 1.500 km (Bahnkilometer). Maßgeblich ist jeweils die Entfernung vom regelmäßigen Standort des Fahrzeugs zum Fundort.

Eigentumsübergang nach Entwendung

A.2.5.5.3 Sind Sie nicht nach A.2.5.5.1 zur Rücknahme des Fahrzeugs verpflichtet, werden wir dessen Eigentümer.

A.2.5.5.4 Haben wir die Versicherungsleistung wegen einer Pflichtverletzung (z. B. nach D.1.1, E.1.1 oder E.1.3 oder wegen grober Fahrlässigkeit nach A.2.9.1 Satz 2) gekürzt und wird das Fahrzeug wieder aufgefunden, gilt: Ihnen steht ein Anteil am erzielbaren Veräußerungserlös nach Abzug der erforderlichen Kosten zu, die im Zusammenhang mit der Rückholung und Verwertung entstanden sind. Der Anteil entspricht der Quote, um die wir Ihre Entschädigung gekürzt haben.

A.2.5.6 Bis zu welcher Höhe leisten wir (Höchstentschädigung)?

Unsere Höchstentschädigung ist beschränkt auf den Neupreis des Fahrzeugs nach A.2.5.1.8.

A.2.5.7 Was wir nicht ersetzen und Rest- und Altteile

Was wir nicht ersetzen

A.2.5.7.1 Wir zahlen nicht für Veränderungen, Verbesserungen, Alterungs- und Verschleißschäden. Ebenfalls nicht ersetzt werden Folgeschäden wie Verlust von Treibstoff und Betriebsmittel (z. B. Öl, Kühlflüssigkeit), Wertminderung, Zulassungskosten, Überführungskosten, Verwaltungskosten, Nutzungsausfall oder Kosten eines Mietfahrzeuges.

Rest- und Altteile

A.2.5.7.2 Rest- und Altteile sowie das unreparierte Fahrzeug verbleiben bei Ihnen und werden zum Veräußerungswert auf die Entschädigung angerechnet.

A.2.5.8 Selbstbeteiligung

Ist eine Selbstbeteiligung vereinbart, wird diese bei jedem Schadenereignis von der Entschädigung abgezogen. Ihrem Versicherungsschein können Sie entnehmen, ob und in welcher Höhe Sie eine Selbstbeteiligung vereinbart haben.

A.2.6 Sachverständigenverfahren bei Meinungsverschiedenheit über die Schadenhöhe

A.2.6.1 Bei Meinungsverschiedenheiten zur Schadenhöhe einschließlich der Feststellung des Wiederbeschaffungswerts oder über den Umfang der erforderlichen Reparaturarbeiten muss vor Klageerhebung ein Sachverständigenausschuss entscheiden.

A.2.6.2 Für den Ausschuss benennen Sie und wir je einen Kraftfahrzeugsachverständigen. Wenn Sie oder wir innerhalb von zwei Wochen nach Aufforderung keinen Sachverständigen benennen, wird dieser von dem jeweils anderen bestimmt.

A.2.6.3 Soweit sich der Ausschuss nicht einigt, entscheidet ein weiterer Kraftfahrzeugsachverständiger als Obmann. Er soll vor Beginn des Verfahrens von dem Ausschuss gewählt werden. Einigt sich der Ausschuss nicht über die Person des Obmanns, wird er über das zuständige Amtsgericht benannt. Die Entscheidung des Obmanns muss zwischen den jeweils von den beiden Sachverständigen geschätzten Beträgen liegen.

A.2.6.4 Die Kosten des Sachverständigenverfahrens sind im Verhältnis des Obsiegens zum Unterliegen von uns bzw. von Ihnen zu tragen.

Hinweis: Bitte beachten Sie zum Rechtsweg L.1.3.

A.2.7 Fälligkeit unserer Zahlung, Abtretung

A.2.7.1 Sobald wir unsere Zahlungspflicht und die Höhe der Entschädigung festgestellt haben, zahlen wir diese spätestens innerhalb von zwei Wochen.

A.2.7.2 Sie können einen angemessenen Vorschuss auf die Entschädigung verlangen, wenn
- wir unsere Zahlungspflicht festgestellt haben und
- sich die Höhe der Entschädigung nicht innerhalb eines Monats nach Schadenanzeige feststellen lässt.

2000

A.2.7.3 Ist das Fahrzeug entwendet worden, ist zunächst abzuwarten, ob es wieder aufgefunden wird. Aus diesem Grunde zahlen wir die Entschädigung frühestens nach Ablauf eines Monats nach Eingang der schriftlichen Schadenanzeige.

A.2.7.4 Ihren Anspruch auf die Entschädigung können Sie vor der endgültigen Feststellung ohne unsere ausdrückliche Genehmigung weder abtreten noch verpfänden.

A.2.8 Können wir unsere Leistung vom Fahrer zurückfordern, wenn Sie nicht selbst gefahren sind?

Fährt eine andere Person berechtigterweise das Fahrzeug und kommt es zu einem Schadenereignis, fordern wir von dieser Person unsere Leistungen bei schuldloser oder einfach fahrlässiger Herbeiführung des Schadens nicht zurück.

Jedoch sind wir bei grob fahrlässiger Herbeiführung des Schadens berechtigt, unsere Leistung soweit zurückzufordern, wie dies der Schwere des Verschuldens entspricht. Lebt der Fahrer bei Eintritt des Schadens mit Ihnen in häuslicher Gemeinschaft, fordern wir unsere Ersatzleistung selbst bei grob fahrlässiger Herbeiführung des Schadens nicht zurück.

Bei vorsätzlicher Herbeiführung des Schadens sind wir berechtigt, unsere Leistungen in voller Höhe zurückzufordern.

Die Absätze 1 bis 3 gelten entsprechend, wenn eine in der Kfz-Haftpflichtversicherung gemäß A.1.2 mitversicherte Person sowie der Mieter oder der Entleiher einen Schaden herbeiführt.

A.2.9 Was ist nicht versichert?

Vorsatz und grobe Fahrlässigkeit

A.2.9.1 Kein Versicherungsschutz besteht für Schäden, die Sie vorsätzlich herbeiführen. Bei grob fahrlässiger Herbeiführung des Schadens, sind wir berechtigt, unsere Leistung in einem der Schwere Ihres Verschuldens entsprechenden Verhältnis zu kürzen.

Genehmigte Rennen

A.2.9.2 Kein Versicherungsschutz besteht für Schäden, die bei Beteiligung an behördlich genehmigten kraftfahrt-sportlichen Veranstaltungen, bei denen es auf Erzielung einer Höchstgeschwindigkeit ankommt, entstehen. Dies gilt auch für dazugehörige Übungsfahrten.

Hinweis: Die Teilnahme an nicht genehmigten Rennen stellt eine Verletzung Ihrer Pflichten nach D.1.1.4 dar.

Reifenschäden

A.2.9.3 Kein Versicherungsschutz besteht für beschädigte oder zerstörte Reifen. Versicherungsschutz für Reifenschäden besteht jedoch, wenn durch dasselbe Ereignis gleichzeitig andere unter den Schutz der Kaskoversicherung fallende Schäden am Fahrzeug verursacht wurden.

Erdbeben, Kriegsereignisse, innere Unruhen, Maßnahmen der Staatsgewalt

A.2.9.4 Kein Versicherungsschutz besteht für Schäden, die durch Erdbeben, Kriegsereignisse, innere Unruhen oder Maßnahmen der Staatsgewalt unmittelbar oder mittelbar verursacht werden.

Schäden durch Kernenergie

A.2.9.5 Kein Versicherungsschutz besteht für Schäden durch Kernenergie.

A.3 Autoschutzbrief –
Hilfe für unterwegs als Service oder Kostenerstattung

A.3.1 Was ist versichert?

Wir erbringen nach Eintritt der in A.3.5 bis A.3.8 genannten Schadenereignisse die dazu im Einzelnen aufgeführten Leistungen als Service oder erstatten die von Ihnen aufgewendeten Kosten im Rahmen dieser Bedingungen.

A.3.2 Wer ist versichert?

Versicherungsschutz besteht für Sie, den berechtigten Fahrer und die berechtigten Insassen, soweit nachfolgend nichts anderes geregelt ist.

A.3.3 Versicherte Fahrzeuge

Versichert ist das im Versicherungsschein bezeichnete Fahrzeug sowie ein mitgeführter Wohnwagen-, Gepäck- oder Bootsanhänger.

Anhang I AKB 2015

A.3.4 In welchen Ländern besteht Versicherungsschutz?

Sie haben mit dem Schutzbrief Versicherungsschutz in den geographischen Grenzen Europas sowie den außereuropäischen Gebieten, die zum Geltungsbereich der Europäischen Union gehören, soweit nachfolgend nicht etwas anderes geregelt ist.

A.3.5 Hilfe bei Panne oder Unfall

Kann das Fahrzeug nach einer Panne oder einem Unfall die Fahrt aus eigener Kraft nicht fortsetzen, erbringen wir folgende Leistungen:

Wiederherstellung der Fahrbereitschaft

A.3.5.1 Wir sorgen für die Wiederherstellung der Fahrbereitschaft an der Schadenstelle durch ein Pannenhilfsfahrzeug und übernehmen die hierdurch entstehenden Kosten. Der Höchstbetrag für diese Leistung beläuft sich einschließlich der vom Pannenhilfsfahrzeug mitgeführten und verwendeten Kleinteile auf xx Euro.

Abschleppen des Fahrzeugs

A.3.5.2 Kann das Fahrzeug an der Schadenstelle nicht wieder fahrbereit gemacht werden, sorgen wir für das Abschleppen des Fahrzeugs. Dies schließt das Gepäck und die nicht gewerblich beförderte Ladung mit ein.

Wir übernehmen die hierdurch entstehenden Kosten. Der Höchstbetrag für diese Leistung beläuft sich auf xx Euro; hierauf werden durch den Einsatz eines Pannenhilfsfahrzeugs entstandene Kosten angerechnet.

Bergen des Fahrzeugs

A.3.5.3 Ist das Fahrzeug von der Straße abgekommen, sorgen wir für die Bergung des Fahrzeugs. Dies schließt das Gepäck und nicht gewerblich beförderte Ladung mit ein.

Wir übernehmen die hierdurch entstehenden Kosten.

Was versteht man unter Panne oder Unfall?

A.3.5.4 Unter Panne ist jeder Betriebs-, Bruch- oder Bremsschaden zu verstehen. Unfall ist ein unmittelbar von außen plötzlich mit mechanischer Gewalt auf das Fahrzeug einwirkendes Ereignis.

A.3.6 Zusätzliche Hilfe bei Panne, Unfall oder Diebstahl ab 50 km Entfernung

Bei Panne, Unfall oder Diebstahl des Fahrzeugs erbringen wir nachfolgende Leistungen unter den Voraussetzungen, dass

- die Hilfeleistung an einem Ort erfolgt, der mindestens 50 km Luftlinie von Ihrem ständigen Wohnsitz in Deutschland entfernt ist und
- das Fahrzeug weder am Schadentag noch am darauf folgenden Tag wieder fahrbereit gemacht werden kann oder es gestohlen worden ist.

Weiter- oder Rückfahrt

A.3.6.1 Folgende Fahrtkosten werden erstattet:

a Eine Rückfahrt vom Schadenort zu Ihrem ständigen Wohnsitz in Deutschland oder

b eine Weiterfahrt vom Schadenort zum Zielort, jedoch höchstens innerhalb des Geltungsbereichs nach A.3.4 oder

c eine Rückfahrt vom Zielort zu Ihrem ständigen Wohnsitz in Deutschland,

d eine Fahrt einer Person von Ihrem ständigen Wohnsitz oder vom Zielort zum Schadenort, wenn das Fahrzeug dort fahrbereit gemacht worden ist.

Die Kostenerstattung erfolgt bei einer einfachen Entfernung unter 1.200 Bahnkilometern bis zur Höhe der Bahnkosten 2. Klasse. Bei größerer Entfernung werden diese bis zur Höhe der Bahnkosten 1. Klasse oder der Liegewagenkosten jeweils einschließlich Zuschlägen übernommen. Zusätzlich erstatten wir die Kosten für nachgewiesene Taxifahrten bis zu xx Euro.

Übernachtung

A.3.6.2 Wir helfen Ihnen auf Wunsch bei der Beschaffung einer Übernachtungsmöglichkeit und übernehmen die Kosten für höchstens drei Übernachtungen. Wenn Sie die Leistung Weiter- oder Rückfahrt nach A.3.6.1 in Anspruch nehmen, zahlen wir nur eine Übernachtung. Sobald das Fahrzeug Ihnen wieder fahrbereit zur Verfügung steht, besteht kein Anspruch auf weitere Übernachtungskosten. Wir übernehmen die Kosten bis höchstens xx Euro je Übernachtung und Person.

Mietwagen

A.3.6.3 Wir helfen Ihnen, ein gleichwertiges Fahrzeug anzumieten. Wir übernehmen die Kosten des Mietwagens, bis Ihnen das Fahrzeug wieder fahrbereit zur Verfügung steht. Voraussetzung ist, dass Sie weder die Leistung Weiter- oder Rückfahrt nach A.3.6.1 noch Übernachtung nach A.3.6.2 in Anspruch genommen haben.

Wir zahlen höchstens für sieben Tage und maximal xx Euro je Tag.

Fahrzeugunterstellung

A.3.6.4 Muss das Fahrzeug nach einer Panne oder einem Unfall bis zur Wiederherstellung der Fahrbereitschaft oder bis zur Durchführung des Transports in einer Werkstatt untergestellt werden, sind wir Ihnen hierbei behilflich. Wir übernehmen die hierdurch entstehenden Kosten, jedoch höchstens für zwei Wochen.

A.3.7 **Hilfe bei Krankheit, Verletzung oder Tod auf einer Reise**

Wir erbringen die nachfolgenden Leistungen unter den Voraussetzungen, dass auf einer Reise mit dem versicherten Fahrzeug

- Sie oder eine mitversicherte Person unvorhersehbar erkranken oder der Fahrer stirbt und

- dies an einem Ort geschieht, der mindestens 50 km Luftlinie von Ihrem ständigen Wohnsitz in Deutschland entfernt ist.

Als unvorhersehbar gilt eine Erkrankung, wenn diese nicht bereits innerhalb der letzten sechs Wochen vor Beginn der Reise (erstmalig oder zum wiederholten Male) aufgetreten ist.

Krankenrücktransport

A.3.7.1 Müssen Sie oder eine mitversicherte Person infolge Erkrankung an Ihren ständigen Wohnsitz zurücktransportiert werden, sorgen wir für die Durchführung des Rücktransports. Wir übernehmen dessen Kosten. Art und Zeitpunkt des Rücktransports müssen medizinisch notwendig sein. Unsere Leistung erstreckt sich auch auf die Begleitung des Erkrankten durch einen Arzt oder Sanitäter, wenn diese behördlich vorgeschrieben ist. Außerdem übernehmen wir die bis zum Rücktransport entstehenden Übernachtungskosten. Diese müssen jedoch durch die Erkrankung bedingt sein und sind begrenzt auf höchstens drei Übernachtungen bis zu je xx Euro pro Person.

Rückholung von Kindern

A.3.7.2 Wir sorgen bei mitreisenden Kindern unter 16 Jahren für die Abholung und Rückfahrt mit einer Begleitperson zu ihrem Wohnsitz, wenn

- der Fahrer erkrankt ist oder stirbt und

- die Kinder weder von Ihnen noch von einem anderen Insassen betreut werden können.

Wir übernehmen die hierdurch entstehenden Kosten. Wir erstatten dabei die Bahnkosten 2. Klasse einschließlich Zuschlägen sowie die Kosten für nachgewiesene Taxifahrten bis zu xx Euro.

Fahrzeugabholung

A.3.7.3 Wir sorgen für die Verbringung des Fahrzeugs zu Ihrem ständigen Wohnsitz, wenn

- der Fahrer länger als drei Tage erkrankt oder stirbt und

- das Fahrzeug weder von ihm noch von einem Insassen zurückgefahren werden kann.

Wir übernehmen die hierdurch entstehenden Kosten.

Veranlassen Sie die Verbringung selbst, erhalten Sie als Kostenersatz bis xx Euro je Kilometer zwischen Ihrem Wohnsitz und dem Schadenort. Außerdem erstatten wir in jedem Fall die zur Abholung der berechtigten Insassen entstehenden und durch den Fahrerausfall bedingten Übernachtungskosten. Die Leistung ist begrenzt auf drei Übernachtungen bis zu je xx Euro pro Person.

Was versteht man unter einer Reise?

A.3.7.4 Reise ist jede Abwesenheit von Ihrem ständigen Wohnsitz bis zu einer Höchstdauer von fortlaufend sechs Wochen. Als Ihr ständiger Wohnsitz gilt der Ort in Deutschland, an dem Sie behördlich gemeldet sind und sich überwiegend aufhalten.

Anhang I AKB 2015

A.3.8 Zusätzliche Leistungen bei einer Auslandsreise

Ereignet sich der Schaden an einem Ort im Ausland (Geltungsbereich nach A.3.4 ohne Deutschland), der mindestens 50 km Luftlinie von Ihrem ständigen Wohnsitz in Deutschland entfernt ist, erbringen wir zusätzlich folgende Leistungen:

A.3.8.1 Bei Panne und Unfall:

Ersatzteilversand

a Können Ersatzteile zur Wiederherstellung der Fahrbereitschaft des Fahrzeugs an einem ausländischen Schadenort oder in dessen Nähe nicht beschafft werden, sorgen wir dafür, dass Sie diese auf schnellstmöglichem Wege erhalten. Wir übernehmen alle entstehenden Versandkosten.

Fahrzeugtransport

b Wir sorgen für den Transport des Fahrzeugs zu einer Werkstatt und übernehmen die hierdurch entstehenden Kosten bis zur Höhe der Rücktransportkosten an Ihren Wohnsitz, wenn

- das Fahrzeug an einem ausländischen Schadenort oder in dessen Nähe nicht innerhalb von drei Werktagen fahrbereit gemacht werden kann und
- die voraussichtlichen Reparaturkosten nicht höher sind als der Kaufpreis für ein gleichwertiges gebrauchtes Fahrzeug.

Mietwagen

c Wir helfen Ihnen, ein gleichwertiges Fahrzeug anzumieten. Mieten Sie ein Fahrzeug nach A.3.6.3 an, übernehmen wir die Kosten hierfür bis Ihr Fahrzeug wieder fahrbereit zur Verfügung steht. Wir leisten bis zu einem Betrag von xx Euro.

Fahrzeugverzollung und -verschrottung

d Muss das Fahrzeug nach einem Unfall im Ausland verzollt werden, helfen wir bei der Verzollung. Wir übernehmen die hierbei anfallenden Verfahrensgebühren mit Ausnahme des Zollbetrags und sonstiger Steuern. Lassen Sie Ihr Fahrzeug verschrotten, um die Verzollung zu vermeiden, übernehmen wir die Verschrottungskosten.

A.3.8.2 Bei Fahrzeugdiebstahl:

Fahrzeugunterstellung

a Wir übernehmen die Kosten für eine Fahrzeugunterstellung, wenn das gestohlene Fahrzeug

- nach dem Diebstahl im Ausland wieder aufgefunden wird und
- bis zur Durchführung des Rücktransports oder der Verzollung bzw. Verschrottung untergestellt werden muss.

Wir übernehmen die Kosten höchstens für zwei Wochen.

Mietwagen

b Wir helfen Ihnen, ein gleichwertiges Fahrzeug anzumieten. Mieten Sie ein Fahrzeug nach A.3.6.3 an, übernehmen wir die Kosten hierfür, bis Ihr Fahrzeug wieder fahrbereit zur Verfügung steht. Wir zahlen höchstens xx Euro.

Fahrzeugverzollung und -verschrottung

c Muss das Fahrzeug nach dem Diebstahl im Ausland verzollt werden, helfen wir bei der Verzollung. Wir übernehmen die hierbei anfallenden Verfahrensgebühren mit Ausnahme des Zollbetrags und sonstiger Steuern. Lassen Sie Ihr Fahrzeug verschrotten, um die Verzollung zu vermeiden, übernehmen wir die Verschrottungskosten.

A.3.8.3 Im Todesfall

Im Fall Ihres Todes auf einer Reise mit dem versicherten Fahrzeug im Ausland sorgen wir nach Abstimmung mit den Angehörigen

- für die Bestattung im Ausland oder
- für die Überführung nach Deutschland.

Wir übernehmen hierfür die Kosten.

Diese Leistung gilt nicht bei Tod einer mitversicherten Person.

A.3.9 Was ist nicht versichert?

Vorsatz und grobe Fahrlässigkeit

A.3.9.1 Kein Versicherungsschutz besteht für Schäden, die Sie vorsätzlich herbeiführen. Bei grob fahrlässiger Herbeiführung des Schadens sind wir berechtigt, unsere Leistung in einem der Schwere Ihres Verschuldens entsprechenden Verhältnis zu kürzen.

Genehmigte Rennen

A.3.9.2 Kein Versicherungsschutz besteht für Schäden, die bei Beteiligung an behördlich genehmigten kraftfahrt-sportlichen Veranstaltungen, bei denen es auf Erzielung einer Höchstgeschwindigkeit ankommt, entstehen. Dies gilt auch für dazugehörige Übungsfahrten.

Hinweis: Die Teilnahme an nicht genehmigten Rennen stellt eine Verletzung Ihrer Pflichten nach D.1.1.4 dar.

Erdbeben, Kriegsereignisse, innere Unruhen und Staatsgewalt

A.3.9.3 Kein Versicherungsschutz besteht für Schäden, die durch Erdbeben, Kriegsereignisse, innere Unruhen oder Maßnahmen der Staatsgewalt unmittelbar oder mittelbar verursacht werden.

Schäden durch Kernenergie

A.3.9.4 Kein Versicherungsschutz besteht für Schäden durch Kernenergie.

A.3.10 Anrechnung ersparter Aufwendungen, Abtretung

A.3.10.1 Haben Sie aufgrund unserer Leistungen Kosten erspart, die Sie ohne das Schadenereignis hätten aufwenden müssen, können wir diese von unserer Zahlung abziehen.

A.3.10.2 Ihren Anspruch auf Leistung können Sie vor der endgültigen Feststellung ohne unsere ausdrückliche Genehmigung weder abtreten noch verpfänden.

A.3.11 Verpflichtung Dritter

A.3.11.1 Soweit im Schadenfall ein Dritter Ihnen gegenüber aufgrund eines Vertrags oder einer Mitgliedschaft in einem Verband oder Verein zur Leistung oder zur Hilfe verpflichtet ist, gehen diese Ansprüche unseren Leistungsverpflichtungen vor.

A.3.11.2 Wenden Sie sich nach einem Schadenereignis allerdings zuerst an uns, sind wir Ihnen gegenüber abweichend von A.3.11.1 zur Leistung verpflichtet.

A.4 Kfz-Unfallversicherung – wenn Insassen verletzt oder getötet werden

A.4.1 Was ist versichert?

Unfälle bei Gebrauch des Fahrzeugs

A.4.1.1 Wir bieten den vereinbarten Versicherungsschutz bei Unfällen der versicherten Person, die in unmittelbarem Zusammenhang mit dem Gebrauch Ihres Fahrzeugs oder eines damit verbundenen Anhängers stehen (z. B. Fahren, Ein- und Aussteigen, Be- und Entladen).

Unfallbegriff

A.4.1.2 Ein Unfall liegt vor, wenn die versicherte Person durch

- ein plötzlich von außen auf ihren Körper wirkendes Ereignis (Unfallereignis)
- unfreiwillig eine Gesundheitsschädigung

erleidet.

Erweiterter Unfallbegriff

A.4.1.3 Als Unfall gilt auch, wenn sich die versicherte Person durch eine erhöhte Kraftanstrengung

- ein Gelenk an Gliedmaßen oder der Wirbelsäule verrenkt,
- Muskeln, Sehnen, Bänder oder Kapseln an Gliedmaßen oder der Wirbelsäule zerrt oder zerreißt.

Meniskus und Bandscheiben sind weder Muskeln, Sehnen, Bänder noch Kapseln. Deshalb werden sie von dieser Regelung nicht erfasst.

Anhang I AKB 2015

Eine erhöhte Kraftanstrengung ist eine Bewegung, deren Muskeleinsatz über die normalen Handlungen des täglichen Lebens hinausgeht. Maßgeblich für die Beurteilung des Muskeleinsatzes sind die individuellen körperlichen Verhältnisse der versicherten Person.

A.4.2 Wer ist versichert?

A.4.2.1 Pauschalsystem

Mit der Kfz-Unfallversicherung nach dem Pauschalsystem sind die jeweiligen berechtigten Insassen des Fahrzeugs versichert. Ausgenommen sind bei Ihnen angestellte Berufsfahrer und Beifahrer, wenn sie als solche das Fahrzeug gebrauchen.

Bei zwei und mehr berechtigten Insassen erhöht sich die Versicherungssumme um xx Prozent und teilt sich durch die Gesamtzahl der Insassen, unabhängig davon, ob diese zu Schaden kommen.

A.4.2.2 Kfz-Unfall-Plus-Versicherung

Mit der Kfz-Unfall-Plus-Versicherung sind die jeweiligen berechtigten Insassen des Fahrzeugs mit der für Invalidität und Tod vereinbarten Versicherungssumme versichert. Wird der jeweilige Fahrer verletzt und verbleibt eine unfallbedingte Invalidität von xx Prozent, erhöht sich die für Invalidität vereinbarte Versicherungssumme für ihn um xx Prozent.

A.4.2.3 Platzsystem

Mit der Kfz-Unfallversicherung nach dem Platzsystem sind die im Versicherungsschein bezeichneten Plätze oder eine bestimmte Anzahl von berechtigten Insassen des Fahrzeugs versichert. Ausgenommen sind bei Ihnen angestellte Berufsfahrer und Beifahrer, wenn sie als solche das Fahrzeug gebrauchen. Befinden sich in dem Fahrzeug mehr berechtigte Insassen als Plätze oder Personen im Versicherungsschein angegeben, verringert sich die Versicherungssumme für den einzelnen Insassen entsprechend.

A.4.2.4 Was versteht man unter berechtigten Insassen?

Berechtigte Insassen sind Personen (Fahrer und alle weiteren Insassen), die sich mit Wissen und Willen des Verfügungsberechtigten in oder auf dem versicherten Fahrzeug befinden oder in unmittelbarem Zusammenhang mit ihrer Beförderung beim Gebrauch des Fahrzeugs tätig werden.

A.4.2.5 Berufsfahrerversicherung

Mit der Berufsfahrerversicherung sind versichert

a die Berufsfahrer und Beifahrer des im Versicherungsschein bezeichneten Fahrzeugs,

b die im Versicherungsschein namentlich bezeichneten Berufsfahrer und Beifahrer unabhängig von einem bestimmten Fahrzeug oder

c alle bei Ihnen angestellten Berufsfahrer und Beifahrer unabhängig von einem bestimmten Fahrzeug.

A.4.2.6 Namentliche Versicherung

Mit der namentlichen Versicherung ist die im Versicherungsschein bezeichnete Person unabhängig von einem bestimmten Fahrzeug versichert. Diese Person kann ihre Ansprüche selbstständig gegen uns geltend machen.

A.4.3 In welchen Ländern besteht Versicherungsschutz?

Sie haben in der Kfz-Unfallversicherung Versicherungsschutz in den geographischen Grenzen Europas sowie den außereuropäischen Gebieten, die zum Geltungsbereich der Europäischen Union gehören.

A.4.4 Welche Leistungen umfasst die Kfz-Unfallversicherung?

Ihrem Versicherungsschein können Sie entnehmen, welche der nachstehenden Leistungen mit welchen Versicherungssummen vereinbart sind.

A.4.5 Leistung bei Invalidität

A.4.5.1 Voraussetzungen für die Leistung

Invalidität

A.4.5.1.1 Die versicherte Person hat eine Invalidität erlitten.

Eine Invalidität liegt vor, wenn unfallbedingt

- die körperliche oder geistige Leistungsfähigkeit
- dauerhaft
- beeinträchtigt ist.

Dauerhaft ist eine Beeinträchtigung, wenn
- sie voraussichtlich länger als drei Jahre bestehen wird und
- eine Änderung dieses Zustands nicht zu erwarten ist.

Eintritt und ärztliche Feststellung der Invalidität

A.4.5.1.2 Die Invalidität ist innerhalb von 15 Monaten nach dem Unfall
- eingetreten und
- von einem Arzt schriftlich festgestellt worden.

Ist eine dieser Voraussetzungen nicht erfüllt, besteht kein Anspruch auf Invaliditätsleistung.

Geltendmachung der Invalidität

A.4.5.1.3 Sie müssen die Invalidität innerhalb von 15 Monaten nach dem Unfall bei uns geltend machen. Geltend machen heißt: Sie teilen uns mit, dass Sie von einer Invalidität ausgehen.

Versäumen Sie diese Frist, ist der Anspruch auf Invaliditätsleistung ausgeschlossen.

Nur in besonderen Ausnahmefällen lässt es sich entschuldigen, wenn Sie die Frist versäumt haben.

Keine Invaliditätsleistung bei Unfalltod im ersten Jahr

A.4.5.1.4 Stirbt die versicherte Person unfallbedingt innerhalb eines Jahres nach dem Unfall, besteht kein Anspruch auf Invaliditätsleistung.

In diesem Fall zahlen wir eine Todesfallleistung (A.4.8), sofern diese vereinbart ist.

A.4.5.2 Art und Höhe der Leistung

Berechnung der Invaliditätsleistung

A.4.5.2.1 Die Invaliditätsleistung erhalten Sie als Einmalzahlung.

Grundlagen für die Berechnung der Leistung sind
- die vereinbarte Versicherungssumme und
- der unfallbedingte Invaliditätsgrad.

Bemessung des Invaliditätsgrads, Zeitraum für die Bemessung

A.4.5.2.2 Der Invaliditätsgrad richtet sich
- nach der Gliedertaxe (A.4.5.2.3), sofern die betroffenen Körperteile oder Sinnesorgane dort genannt sind,
- ansonsten danach, in welchem Umfang die normale körperliche oder geistige Leistungsfähigkeit dauerhaft beeinträchtigt ist (A.4.5.2.4).

Maßgeblich ist der unfallbedingte Gesundheitszustand, der spätestens am Ende des dritten Jahres nach dem Unfall erkennbar ist. Dies gilt sowohl für die erste als auch für spätere Bemessungen der Invalidität (A.4.10.4).

Gliedertaxe

A.4.5.2.3 Bei Verlust oder vollständiger Funktionsunfähigkeit eines der folgenden Körperteile oder Sinnesorgane gelten ausschließlich die hier genannten Invaliditätsgrade:

Arm	70 %
Arm bis oberhalb des Ellenbogengelenks	65 %
Arm unterhalb des Ellenbogengelenks	60 %
Hand	55 %
Daumen	20 %
Zeigefinger	10 %
anderer Finger	5 %
Bein über der Mitte des Oberschenkels	70 %
Bein bis zur Mitte des Oberschenkels	60 %
Bein bis unterhalb des Knies	50 %
Bein bis zur Mitte des Unterschenkels	45 %
Fuß	40 %

Anhang I AKB 2015

große Zehe	5 %
andere Zehe	2 %
Auge	50 %
Gehör auf einem Ohr	30 %
Geruchssinn	10 %
Geschmackssinn	5 %

Bei Teilverlust oder teilweiser Funktionsbeeinträchtigung gilt der entsprechende Teil der genannten Invaliditätsgrade.

Bemessung außerhalb der Gliedertaxe

A.4.5.2.4 Für andere Körperteile oder Sinnesorgane richtet sich der Invaliditätsgrad danach, in welchem Umfang die normale körperliche oder geistige Leistungsfähigkeit insgesamt dauerhaft beeinträchtigt ist. Maßstab ist eine durchschnittliche Person gleichen Alters und Geschlechts.

Die Bemessung erfolgt ausschließlich nach medizinischen Gesichtspunkten.

Minderung bei Vorinvalidität

A.4.5.2.5 Eine Vorinvalidität besteht, wenn betroffene Körperteile oder Sinnesorgane schon vor dem Unfall dauerhaft beeinträchtigt waren. Sie wird nach A.4.5.2.3 und A.4.5.2.4 bemessen.

Der Invaliditätsgrad mindert sich um diese Vorinvalidität.

Invaliditätsgrad bei Beeinträchtigung mehrerer Körperteile oder Sinnesorgane

A.4.5.2.6 Durch einen Unfall können mehrere Körperteile oder Sinnesorgane beeinträchtigt sein. Dann werden die Invaliditätsgrade, die nach den vorstehenden Bestimmungen ermittelt wurden, zusammengerechnet.

Mehr als 100% werden jedoch nicht berücksichtigt.

Invaliditätsleistung bei Tod der versicherten Person

A.4.5.2.7 Stirbt die versicherte Person vor der Bemessung der Invalidität, zahlen wir eine Invaliditätsleistung unter folgenden Voraussetzungen:

- Die versicherte Person ist nicht unfallbedingt innerhalb des ersten Jahres nach dem Unfall verstorben und
- die sonstigen Voraussetzungen für die Invaliditätsleistung nach A.4.5.1 sind erfüllt.

Wir leisten nach dem Invaliditätsgrad, mit dem aufgrund der ärztlichen Befunde zu rechnen gewesen wäre.

A.4.6 Tagegeld

Voraussetzungen für die Leistung

A.4.6.1 Die versicherte Person ist unfallbedingt

- in ihrer Arbeitsfähigkeit beeinträchtigt und
- in ärztlicher Behandlung.

Höhe und Dauer der Leistung

A.4.6.2 Grundlagen für die Berechnung der Leistung sind

- die vereinbarte Versicherungssumme und
- der unfallbedingte Grad der Beeinträchtigung der Arbeitsfähigkeit.

Der Grad der Beeinträchtigung bemisst sich

- nach der Fähigkeit der versicherten Person, ihrem bis zu dem Unfall ausgeübten Beruf weiter nachzugehen.
- nach der allgemeinen Fähigkeit der versicherten Person, Arbeit zu leisten, wenn sie zum Zeitpunkt des Unfalls nicht berufstätig war.

Das Tagegeld wird nach dem Grad der Beeinträchtigung abgestuft.

Wir zahlen das Tagegeld für die Dauer der ärztlichen Behandlung, längstens für ein Jahr ab dem Tag des Unfalls.

A.4.7 Krankenhaustagegeld

Voraussetzungen für die Leistung

A.4.7.1 Die versicherte Person

- ist unfallbedingt in medizinisch notwendiger vollstationärer Heilbehandlung oder
- unterzieht sich unfallbedingt einer ambulanten chirurgischen Operation und ist deswegen für mindestens xx Tage ununterbrochen und vollständig in der Ausübung ihres Berufs beeinträchtigt. War die versicherte Person zum Zeitpunkt des Unfalls nicht berufstätig, kommt es auf die allgemeine Fähigkeit an, Arbeit zu leisten.

Kuren oder Aufenthalte in Sanatorien und Erholungsheimen gelten nicht als medizinisch notwendige Heilbehandlung.

Höhe und Dauer der Leistung

A.4.7.2 Wir zahlen das vereinbarte Krankenhaustagegeld

- für jeden Kalendertag der vollstationären Behandlung, längstens für xx Jahre ab dem Tag des Unfalls.
- für xx Tage bei ambulanten chirurgischen Operationen.

<Redaktioneller Hinweis: In den bisherigen AKB war eine Regelung zur Leistung Genesungsgeld enthalten. Entsprechend der Regelungen in den AUB 2014 wurde dieses auch nicht in die Kfz-Unfallversicherung aufgenommen. Versicherer, die diese Leistungsart anbieten wollen, müssen eine entsprechende Regelung aufnehmen.>

A.4.8 Todesfallleistung

Voraussetzungen für die Leistung

A.4.8.1 Die versicherte Person stirbt unfallbedingt innerhalb eines Jahres nach dem Unfall.

Beachten Sie dann die Verhaltensregeln nach E.1.5.1.

Art und Höhe der Leistung

A.4.8.2 Wir zahlen die Todesfallleistung in Höhe der vereinbarten Versicherungssumme.

A.4.9 Was passiert, wenn Unfallfolgen mit Krankheiten oder Gebrechen zusammentreffen?

Krankheiten und Gebrechen

A.4.9.1 Wir leisten ausschließlich für Unfallfolgen. Dies sind Gesundheitsschädigungen und ihre Folgen, die durch das Unfallereignis verursacht wurden.

Wir leisten nicht für Krankheiten oder Gebrechen.

Mitwirkung

A.4.9.2 Treffen Unfallfolgen mit Krankheiten oder Gebrechen zusammen, gilt Folgendes:

A.4.9.2.1 Entsprechend dem Umfang, in dem Krankheiten oder Gebrechen an der Gesundheitsschädigung oder ihren Folgen mitgewirkt haben (Mitwirkungsanteil), mindert sich

- bei der Invaliditätsleistung der Prozentsatz des Invaliditätsgrads.
- bei der Todesfallleistung und, soweit nicht etwas anderes bestimmt ist, bei den anderen Leistungsarten die Leistung selbst.

A.4.9.2.2 Beträgt der Mitwirkungsanteil weniger als 25 %, nehmen wir keine Minderung vor.

A.4.10 Fälligkeit

Wir erbringen unsere Leistungen, nachdem wir die Erhebungen abgeschlossen haben, die zur Feststellung des Versicherungsfalls und des Umfangs unserer Leistungspflicht notwendig sind. Dazu gilt Folgendes:

Erklärung über die Leistungspflicht

A.4.10.1 Wir sind verpflichtet, innerhalb eines Monats in Textform zu erklären, ob und in welchem Umfang wir unsere Leistungspflicht anerkennen. Bei Invaliditätsleistung beträgt die Frist drei Monate.

Die Fristen beginnen, sobald uns folgende Unterlagen zugehen:

- Nachweis des Unfallhergangs und der Unfallfolgen.

Anhang I AKB 2015

- Bei Invaliditätsleistung zusätzlich der Nachweis über den Abschluss des Heilverfahrens, soweit dies für die Bemessung des Invaliditätsgrads notwendig ist.

Beachten Sie dabei auch die Verhaltensregeln nach E.1.5.

Die ärztlichen Gebühren, die Ihnen zur Begründung des Leistungsanspruchs entstehen, übernehmen wir

- bei Invaliditätsleistung bis zu xx % der versicherten Summe.
- bei Tagegeld und Krankenhaustagegeld jeweils bis zu xx Tagessätze.

Sonstige Kosten übernehmen wir nicht.

Leistung innerhalb von zwei Wochen

A.4.10.2 Erkennen wir den Anspruch an oder haben wir uns mit Ihnen über Grund und Höhe geeinigt, leisten wir innerhalb von zwei Wochen.

Vorschüsse

A.4.10.3 Steht die Leistungspflicht zunächst nur dem Grunde nach fest, zahlen wir – auf Ihren Wunsch – angemessene Vorschüsse.

Vor Abschluss des Heilverfahrens kann eine Invaliditätsleistung innerhalb eines Jahres nach dem Unfall nur bis zur Höhe einer vereinbarten Todesfallsumme beansprucht werden.

Neubemessung des Invaliditätsgrads

A.4.10.4 Nach der Bemessung des Invaliditätsgrads können sich Veränderungen des Gesundheitszustands ergeben.

Sie und wir sind berechtigt, den Grad der Invalidität jährlich erneut ärztlich bemessen zu lassen.

Dieses Recht steht Ihnen und uns längstens bis zu drei Jahren nach dem Unfall zu. Bei Kindern bis zur Vollendung des xx. Lebensjahres verlängert sich diese Frist von drei auf xx Jahre.

- Wenn wir eine Neubemessung wünschen, teilen wir Ihnen dies zusammen mit der Erklärung über unsere Leistungspflicht mit.
- Wenn Sie eine Neubemessung wünschen, müssen Sie uns dies vor Ablauf der Frist mitteilen.

Ergibt die endgültige Bemessung eine höhere Invaliditätsleistung, als wir bereits gezahlt haben, ist der Mehrbetrag mit xx% jährlich zu verzinsen.

A.4.11 **Abtretung und Zahlung für eine mitversicherte Person**

Abtretung

A.4.11.1 Ihren Anspruch auf die Leistung können Sie vor der endgültigen Feststellung ohne unsere ausdrückliche Genehmigung weder abtreten noch verpfänden.

Zahlung für eine mitversicherte Person

A.4.11.2 Sie können die Auszahlung der auf eine mitversicherte Person entfallenden Versicherungsleistung an Sie selbst nur mit der Zustimmung der versicherten Person verlangen.

A.4.12 **Was ist nicht versichert?**

Straftat

A.4.12.1 Kein Versicherungsschutz besteht bei Unfällen, die der versicherten Person dadurch zustoßen, dass sie vorsätzlich eine Straftat begeht oder versucht.

Geistes- oder Bewusstseinsstörungen / Trunkenheit

A.4.12.2 Kein Versicherungsschutz besteht bei Unfällen des Fahrers durch Geistes- oder Bewusstseinsstörungen, auch soweit diese auf Trunkenheit beruhen, sowie durch Schlaganfälle, epileptische Anfälle oder andere Krampfanfälle, die den ganzen Körper des Fahrers ergreifen.

Versicherungsschutz besteht jedoch, wenn diese Störungen oder Anfälle durch ein Unfallereignis verursacht sind, das unter diesen Vertrag oder unter eine für das Vorfahrzeug bei uns abgeschlossene Kfz-Unfallversicherung fällt.

Genehmigte Rennen

2010

A.4.12.3 Kein Versicherungsschutz besteht bei Unfällen, die bei Beteiligung an behördlich genehmigten kraftfahrt-sportlichen Veranstaltungen, bei denen es auf die Erzielung einer Höchstgeschwindigkeit ankommt, entstehen. Dies gilt auch für dazugehörige Übungsfahrten.

Hinweis: Die Teilnahme an nicht genehmigten Rennen stellt eine Verletzung Ihrer Pflichten nach D.1.1.4 dar.

Erdbeben, Kriegsereignisse, innere Unruhen, Maßnahmen der Staatsgewalt

A.4.12.4 Kein Versicherungsschutz besteht bei Unfällen, die durch Erdbeben, Kriegsereignisse, innere Unruhen oder Maßnahmen der Staatsgewalt unmittelbar oder mittelbar verursacht werden.

Kernenergie

A.4.12.5 Kein Versicherungsschutz besteht bei Schäden durch Kernenergie.

Bandscheiben, innere Blutungen

A.4.12.6 Kein Versicherungsschutz besteht bei Schäden an Bandscheiben sowie bei Blutungen aus inneren Organen und Gehirnblutungen. Versicherungsschutz besteht jedoch, wenn überwiegende Ursache ein unter diesen Vertrag fallendes Unfallereignis nach A.4.1.2 ist.

Infektionen

A.4.12.7 Kein Versicherungsschutz besteht bei Infektionen. Bei Wundstarrkrampf und Tollwut besteht jedoch Versicherungsschutz, wenn die Krankheitserreger durch ein versichertes Unfallereignis sofort oder später in den Körper gelangen. Bei anderen Infektionen besteht Versicherungsschutz, wenn die Krankheitserreger durch ein versichertes Unfallereignis, das nicht nur geringfügige Haut- oder Schleimhautverletzungen verursacht, sofort oder später in den Körper gelangen. Bei Infektionen, die durch Heilmaßnahmen verursacht sind, besteht Versicherungsschutz, wenn die Heilmaßnahmen durch ein unter diesen Vertrag fallendes Unfallereignis veranlasst waren.

Psychische Reaktionen

A.4.12.8 Kein Versicherungsschutz besteht bei krankhaften Störungen infolge psychischer Reaktionen, auch wenn diese durch einen Unfall verursacht wurden.

Bauch- und Unterleibsbrüche

A.4.12.9 Kein Versicherungsschutz besteht bei Bauch- oder Unterleibsbrüchen. Versicherungsschutz besteht jedoch, wenn sie durch eine unter diesen Vertrag fallende gewaltsame, von außen kommende Einwirkung entstanden sind.

A.5 Fahrerschutzversicherung – wenn der Fahrer verletzt oder getötet wird

Die Fahrerschutzversicherung ist eine Kfz-Unfallversicherung, deren Leistungen sich nach dem tatsächlich entstandenen Personenschaden richten.

A.5.1 Was ist versichert?

Versichert sind Personenschäden des berechtigten Fahrers, die dadurch entstehen, dass er durch einen Unfall beim Lenken des versicherten Fahrzeugs verletzt oder getötet wird.

Ein Unfall liegt vor, wenn der Fahrer durch ein plötzlich von außen auf seinen Körper wirkendes Ereignis (Unfallereignis) unfreiwillig eine Gesundheitsschädigung erleidet.

Zum Lenken des Fahrzeugs gehört z. B. nicht das Ein- und Aussteigen oder das Be- und Entladen.

A.5.2 Wer ist versichert?

Versichert ist der berechtigte Fahrer des Fahrzeugs. Berechtigter Fahrer ist eine Person, die mit Wissen und Willen des Verfügungsberechtigten das Fahrzeug lenkt.

Im Todesfall des Fahrers sind seine Hinterbliebenen bezüglich ihrer gesetzlichen Unterhaltsansprüche mitversichert.

A.5.3 In welchen Ländern besteht Versicherungsschutz?

In der Fahrerschutzversicherung besteht Versicherungsschutz in den geographischen Grenzen Europas sowie den außereuropäischen Gebieten, die zum Geltungsbereich der Europäischen Union gehören.

<Redaktioneller Hinweis: Alternativ könnte z. B. der Geltungsbereich KH inklusive Grüne Karte Geltungsbereich vereinbart werden.>

Anhang I AKB 2015

A.5.4 Was leisten wir in der Fahrerschutzversicherung?
<Achtung! Es folgen zwei Varianten von A.5.4.1>

Was wir ersetzen

A.5.4.1 Wir ersetzen den unfallbedingten Personenschaden (z. B. Verdienstausfall, Hinterbliebenenrente, [Schmerzensgeld]) so, als ob ein Dritter schadenersatzpflichtig wäre .Dabei leisten wir nach den deutschen gesetzlichen Schadenersatzbestimmungen des Privatrechts.

<Redaktioneller Hinweis: Sollen bestimmte Leistungspositionen (z. B. Schmerzensgeld, Rechtsanwaltsgebühren) nicht ersetzt werden, sind diese hier aufzuführen.>

[Wir zahlen nicht für ....]

<Redaktioneller Hinweis: Versicherer, die nicht den vollständigen Leistungsumfang analog Schadenersatzrecht nach KH abdecken wollen, können alternativ die versicherten Leistungspositionen abschließend aufzählen und ggf. limitieren.>

[Was wir ersetzen]

A.5.4.1 Wir ersetzen den unfallbedingten Personenschaden so, als ob ein Dritter schadenersatzpflichtig wäre. Dabei leisten wir nach den deutschen gesetzlichen Schadenersatzbestimmungen des Privatrechts in folgendem Umfang:

- Verdienstausfall [bis xx Euro]
- [..........]]

Vorrangige Leistungspflicht Dritter

A.5.4.2 Wir erbringen keine Leistungen, soweit Sie gegenüber Dritten (z. B. Schädiger, Haftpflichtversicherer, Krankenkasse, Rentenversicherungsträger, Berufsgenossenschaft, Arbeitgeber) Anspruch auf Ersatz Ihres Schadens oder Anspruch auf deckungsgleiche (kongruente) Leistungen haben.

Ausnahme: Soweit Sie einen solchen Anspruch nicht erfolgversprechend durchsetzen können, leisten wir dennoch, wenn nachfolgende Voraussetzungen vorliegen:

- Sie haben den Anspruch schriftlich geltend gemacht.
- Sie haben weitere zur Durchsetzung Ihres Anspruchs erforderliche Anstrengungen unternommen, die Ihnen billigerweise zumutbar waren.
- Sie haben Ihren Anspruch wirksam an uns abgetreten.

Hinweis: Ansprüche gegen Dritte sind nicht immer wirksam abtretbar. Unter anderem können Ansprüche gegen Sozialversicherungsträger (z. B. Krankenkasse, Rentenversicherungsträger) häufig nicht oder nur mit deren Zustimmung abgetreten werden. In diesen Fällen können wir nicht im Voraus Leistungen erbringen, sondern erst dann, wenn abschließend geklärt ist, dass keine Ansprüche gegenüber Dritten bestehen.

Vereinbarungen, die Sie mit Dritten über diese Ansprüche treffen (z. B. ein Abfindungsvergleich), binden uns nur, wenn wir vorher zugestimmt haben.

Bis zu welcher Höhe leisten wir (Versicherungssumme)?

A.5.4.3 Unsere Leistung für ein Schadenereignis ist beschränkt auf die Höhe der vereinbarten Versicherungssumme. Mehrere zeitlich zusammenhängende Schäden, die dieselbe Ursache haben, gelten als ein einziges Schadenereignis. Die Höhe Ihrer Versicherungssumme können Sie dem Versicherungsschein entnehmen.

<Redaktioneller Hinweis: Wenn unter A.5.4.1 die Leistungspositionen der Höhe nach limitiert sind, kann die Aufführung der Versicherungssumme entbehrlich sein. Sind nur einzelne Leistungspositionen limitiert, sollte nachfolgender Hinweis erfolgen:>

[Hinweis: Beachten Sie zu den Summenbegrenzungen für einzelne Leistungen A.5.4.1.]

A.5.5 Fälligkeit, Abtretung, Zahlung für eine mitversicherte Person
Fälligkeit der Leistung und Vorschusszahlung

A.5.5.1 Wir sind verpflichtet, innerhalb eines Monats in Textform zu erklären, ob und in welchem Umfang wir unsere Leistungspflicht anerkennen. Die Frist beginnt, wenn uns Ihr Leistungsantrag und die zu dessen Beurteilung erforderlichen Unterlagen vorliegen.

Erkennen wir den Anspruch an oder haben wir uns mit Ihnen über Grund und Höhe geeinigt, leisten wir innerhalb von zwei Wochen.

Steht die Leistungspflicht zunächst nur dem Grunde nach fest, zahlen wir – auf Ihren Wunsch – angemessene Vorschüsse.

Abtretung Ihrer Ansprüche an Dritte

A.5.5.2 Ihren Anspruch auf die Leistung können Sie vor der endgültigen Feststellung ohne unsere ausdrückliche Zustimmung weder abtreten noch verpfänden.

Zahlung für eine mitversicherte Person

A.5.5.3 Sie als Versicherungsnehmer können unsere Zahlung für eine mitversicherte Person an Sie selbst nur mit Zustimmung der mitversicherten Person verlangen.

A.5.6 Was ist nicht versichert?

Straftat

A.5.6.1 Kein Versicherungsschutz besteht bei Unfällen, die dem Fahrer dadurch zustoßen, dass er vorsätzlich eine Straftat begeht oder versucht.

Psychische Reaktionen

A.5.6.2 Kein Versicherungsschutz besteht bei krankhaften Störungen infolge psychischer Reaktionen, auch wenn diese durch einen Unfall verursacht wurden.

Schäden an der Bandscheibe

A.5.6.3 Kein Versicherungsschutz besteht bei Schäden an Bandscheiben. Versicherungsschutz besteht jedoch, wenn ein unter diesen Vertrag fallendes Unfallereignis diese Gesundheitsschäden überwiegend (das heißt: zu mehr als 50 %) verursacht.

Ansprüche Dritter

A.5.6.4 Ansprüche, die von anderen Versicherern, Arbeitgebern, Dienstherrn und Sozialversicherungsträgern gegen uns geltend gemacht werden, sind ausgeschlossen.

Genehmigte Rennen

A.5.6.5 Kein Versicherungsschutz besteht für Schäden, die bei Beteiligung an behördlich genehmigten kraftfahrt-sportlichen Veranstaltungen, bei denen es auf die Erzielung einer Höchstgeschwindigkeit ankommt, entstehen. Dies gilt auch für dazugehörige Übungsfahrten.

Hinweis: Die Teilnahme an nicht genehmigten Rennen stellt eine Verletzung Ihrer Pflichten nach D.1.1.4 dar.

Erdbeben, Kriegsereignisse, innere Unruhen, Maßnahmen der Staatsgewalt

A.5.6.6 Kein Versicherungsschutz besteht für Schäden, die durch Erdbeben, Kriegsereignisse, innere Unruhen oder Maßnahmen der Staatsgewalt unmittelbar oder mittelbar verursacht werden.

Schäden durch Kernenergie

A.5.6.7 Kein Versicherungsschutz besteht für Schäden durch Kernenergie.

B Beginn des Vertrags und vorläufiger Versicherungsschutz

Der Versicherungsvertrag kommt dadurch zustande, dass wir Ihren Antrag annehmen. Regelmäßig geschieht dies durch Zugang des Versicherungsscheins bei Ihnen.

B.1 Wann beginnt der Versicherungsschutz?

Der Versicherungsschutz beginnt erst, wenn Sie den in Ihrem Versicherungsschein genannten fälligen Beitrag gezahlt haben, jedoch nicht vor dem vereinbarten Zeitpunkt. Zahlen Sie den ersten oder einmaligen Beitrag nicht rechtzeitig, richten sich die Folgen nach C.1.2 und C.1.3.

B.2 Vorläufiger Versicherungsschutz

Bevor der Beitrag gezahlt ist, haben Sie nach folgenden Bestimmungen vorläufigen Versicherungsschutz:

Kfz-Haftpflichtversicherung und Autoschutzbrief

B.2.1 Händigen wir Ihnen die Versicherungsbestätigung aus oder nennen wir Ihnen bei elektronischer Versicherungsbestätigung die Versicherungsbestätigungs-Nummer, haben Sie in der Kfz-Haftpflichtversicherung und beim Autoschutzbrief vorläufigen Versicherungsschutz zu

Anhang I AKB 2015

dem vereinbarten Zeitpunkt, spätestens ab dem Tag, an dem das Fahrzeug unter Verwendung der Versicherungsbestätigung zugelassen wird. Ist das Fahrzeug bereits auf Sie zugelassen, beginnt der vorläufige Versicherungsschutz ab dem vereinbarten Zeitpunkt.

Kasko-, Kfz-Unfall- und Fahrerschutzversicherung

B.2.2 In der Kasko-, Kfz-Unfall- und Fahrerschutzversicherung haben Sie vorläufigen Versicherungsschutz nur, wenn wir dies ausdrücklich zugesagt haben. Der Versicherungsschutz beginnt zum vereinbarten Zeitpunkt.

Übergang des vorläufigen in den endgültigen Versicherungsschutz

B.2.3 Sobald Sie den ersten oder einmaligen Beitrag nach C.1.1 gezahlt haben, geht der vorläufige in den endgültigen Versicherungsschutz über.

Rückwirkender Wegfall des vorläufigen Versicherungsschutzes

B.2.4 Der vorläufige Versicherungsschutz entfällt rückwirkend, wenn
- wir Ihren Antrag unverändert angenommen haben und
- Sie den ersten oder einmaligen Beitrag nicht unverzüglich (d. h. spätestens innerhalb von 14 Tagen) nach Ablauf von zwei Wochen nach Zugang des Versicherungsscheins bezahlt haben.

Sie haben dann von Anfang an keinen Versicherungsschutz. Dies gilt nur, wenn Sie die nicht rechtzeitige Zahlung zu vertreten haben.

Kündigung des vorläufigen Versicherungsschutzes

B.2.5 Sie und wir sind berechtigt, den vorläufigen Versicherungsschutz jederzeit zu kündigen. Unsere Kündigung wird erst nach Ablauf von zwei Wochen ab Zugang der Kündigung bei Ihnen wirksam.

Beendigung des vorläufigen Versicherungsschutzes durch Widerruf

B.2.6 Widerrufen Sie den Versicherungsvertrag nach § 8 Versicherungsvertragsgesetz, endet der vorläufige Versicherungsschutz mit dem Zugang Ihrer Widerrufserklärung bei uns.

Beitrag für vorläufigen Versicherungsschutz

B.2.7 Für den Zeitraum des vorläufigen Versicherungsschutzes haben wir Anspruch auf einen der Laufzeit entsprechenden Teil des Beitrags.

C Beitragszahlung

C.1 Zahlung des ersten oder einmaligen Beitrags

Rechtzeitige Zahlung

C.1.1 Der im Versicherungsschein genannte erste oder einmalige Beitrag wird zwei Wochen nach Zugang des Versicherungsscheins fällig. Sie haben diesen Beitrag dann unverzüglich (d. h. spätestens innerhalb von 14 Tagen) zu zahlen.

Nicht rechtzeitige Zahlung

C.1.2 Zahlen Sie den ersten oder einmaligen Beitrag nicht rechtzeitig, haben Sie von Anfang an keinen Versicherungsschutz, es sei denn, Sie haben die Nichtzahlung oder verspätete Zahlung nicht zu vertreten. Haben Sie die nicht rechtzeitige Zahlung jedoch zu vertreten, beginnt der Versicherungsschutz erst ab der Zahlung des Beitrags.

C.1.3 Außerdem können wir vom Vertrag zurücktreten, solange der Beitrag nicht gezahlt ist. Der Rücktritt ist ausgeschlossen, wenn Sie die Nichtzahlung nicht zu vertreten haben. Nach dem Rücktritt können wir von Ihnen eine Geschäftsgebühr verlangen. Diese beträgt xx % des Jahresbeitrags für jeden angefangenen Monat ab dem beantragten Beginn des Versicherungsschutzes bis zu unserem Rücktritt, jedoch höchstens xx % des Jahresbeitrags.

C.2 Zahlung des Folgebeitrags

Rechtzeitige Zahlung

C.2.1 Ein Folgebeitrag ist zu dem im Versicherungsschein oder in der Beitragsrechnung angegebenen Zeitpunkt fällig und zu zahlen.

Nicht rechtzeitige Zahlung

C.2.2 Zahlen Sie einen Folgebeitrag nicht rechtzeitig, fordern wir Sie auf, den rückständigen Beitrag zuzüglich des Verzugsschadens (Kosten und Zinsen) innerhalb von zwei Wochen ab Zugang unserer Aufforderung zu zahlen.

C.2.3 Tritt ein Schadenereignis nach Ablauf der zweiwöchigen Zahlungsfrist ein und sind zu diesem Zeitpunkt diese Beträge noch nicht bezahlt, haben Sie keinen Versicherungsschutz. Wir bleiben jedoch zur Leistung verpflichtet, wenn Sie die verspätete Zahlung nicht zu vertreten haben.

C.2.4 Sind Sie mit der Zahlung dieser Beträge nach Ablauf der zweiwöchigen Zahlungsfrist noch in Verzug, können wir den Vertrag mit sofortiger Wirkung kündigen. Unsere Kündigung wird unwirksam, wenn Sie diese Beträge innerhalb eines Monats ab Zugang der Kündigung zahlen. Haben wir die Kündigung zusammen mit der Mahnung ausgesprochen, wird die Kündigung unwirksam, wenn Sie innerhalb eines Monas nach Ablauf der in der Mahnung genannten Zahlungsfrist zahlen.

Für Schadenereignisse, die in der Zeit nach Ablauf der zweiwöchigen Zahlungsfrist bis zu Ihrer Zahlung eintreten, haben Sie keinen Versicherungsschutz. Versicherungsschutz besteht erst wieder für Schadenereignisse nach Ihrer Zahlung.

C.3 Nicht rechtzeitige Zahlung bei Fahrzeugwechsel

Versichern Sie anstelle Ihres bisher bei uns versicherten Fahrzeugs ein anderes Fahrzeug bei uns (Fahrzeugwechsel), wenden wir für den neuen Vertrag bei nicht rechtzeitiger Zahlung des ersten oder einmaligen Beitrags die für Sie günstigeren Regelungen zum Folgebeitrag nach C.2.2 bis C.2.4 an. Außerdem berufen wir uns nicht auf den rückwirkenden Wegfall des vorläufigen Versicherungsschutzes nach B.2.4. Dafür müssen folgende Voraussetzungen gegeben sein:

- Zwischen dem Ende der Versicherung des bisherigen Fahrzeugs und dem Beginn der Versicherung des anderen Fahrzeugs sind nicht mehr als sechs Monate vergangen,
- Fahrzeugart und Verwendungszweck der Fahrzeuge sind gleich.

Kündigen wir das Versicherungsverhältnis wegen Nichtzahlung, können wir von Ihnen eine Geschäftsgebühr entsprechend C.1.3 verlangen.

C.4 Zahlungsperiode

Beiträge für Ihre Versicherung müssen Sie entsprechend der vereinbarten Zahlungsperiode bezahlen. Die Zahlungsperiode ist die vereinbarte Zahlungsperiode nach § 12 Versicherungsvertragsgesetz. Welche Zahlungsperiode Sie mit uns vereinbart haben, können Sie Ihrem Versicherungsschein entnehmen.

Die Laufzeit des Vertrags, die sich von der Zahlungsperiode unterscheiden kann, ist in Abschnitt G geregelt.

C.5 Beitragspflicht bei Nachhaftung in der Kfz-Haftpflichtversicherung

Bleiben wir in der Kfz-Haftpflichtversicherung aufgrund § 117 Abs. 2 Versicherungsvertragsgesetz gegenüber einem Dritten trotz Beendigung des Versicherungsvertrages zur Leistung verpflichtet, haben wir Anspruch auf den Beitrag für die Zeit dieser Verpflichtung. Unsere Rechte nach § 116 Abs. 1 Versicherungsvertragsgesetz bleiben unberührt.

D Ihre Pflichten bei Gebrauch des Fahrzeugs und Folgen einer Pflichtverletzung

D.1 Welche Pflichten haben Sie bei Gebrauch des Fahrzeugs?

D.1.1 Bei allen Versicherungsarten

Nutzung nur zum vereinbarten Verwendungszweck

D.1.1.1 Das Fahrzeug darf nur zu dem im Versicherungsvertrag angegebenen Zweck verwendet werden.

< xx Alternativformulierung für die Versicherer, die den Anhang verwenden: >

[xx siehe Tabelle zur Begriffsbestimmung für Art und Verwendung des Fahrzeugs]

Anhang I AKB 2015

Nutzung nur durch den berechtigten Fahrer

D.1.1.2 Das Fahrzeug darf nur von einem berechtigten Fahrer gebraucht werden. Berechtigter Fahrer ist, wer das Fahrzeug mit Wissen und Willen des Verfügungsberechtigten gebraucht. Außerdem dürfen Sie, der Halter oder der Eigentümer des Fahrzeugs es nicht wissentlich ermöglichen, dass das Fahrzeug von einem unberechtigten Fahrer gebraucht wird.

Fahren nur mit Fahrerlaubnis

D.1.1.3 Der Fahrer des Fahrzeugs darf das Fahrzeug auf öffentlichen Wegen oder Plätzen nur mit der erforderlichen Fahrerlaubnis benutzen. Außerdem dürfen Sie, der Halter oder der Eigentümer das Fahrzeug nicht von einem Fahrer benutzen lassen, der nicht die erforderliche Fahrerlaubnis hat.

Nicht genehmigte Rennen

D.1.1.4 Das Fahrzeug darf nicht zu Fahrveranstaltungen verwendet werden, bei denen es auf Erzielung einer Höchstgeschwindigkeit ankommt (Rennen). Dies gilt auch für die dazugehörigen Übungsfahrten.

Hinweis: Behördlich genehmigte Rennen sind in der Kfz-Haftpflicht-, Kasko-, Autoschutzbrief Kfz-Unfall- und Fahrerschutzversicherung gemäß A.1.5.2, A.2.9.2, A.3.9.2, A.4.12.3, A.5.6.6 vom Versicherungsschutz ausgeschlossen.

Fahrzeuge mit Wechselkennzeichen

D.1.1.5 Der Fahrer darf ein mit einem Wechselkennzeichen zugelassenes Fahrzeug auf öffentlichen Wegen oder Plätzen nur benutzen, wenn das Wechselkennzeichen vollständig angebracht ist. Außerdem dürfen Sie, der Halter oder der Eigentümer das Fahrzeug nur von einem Fahrer benutzen lassen, wenn das Wechselkennzeichen vollständig angebracht ist.

D.1.2 **Zusätzlich in der Kfz-Haftpflichtversicherung**

Alkohol und andere berauschende Mittel

Das Fahrzeug darf nicht gefahren werden, wenn der Fahrer durch alkoholische Getränke oder andere berauschende Mittel nicht in der Lage ist, das Fahrzeug sicher zu führen.

Außerdem dürfen Sie, der Halter oder der Eigentümer des Fahrzeugs dieses nicht von einem Fahrer fahren lassen, der durch alkoholische Getränke oder andere berauschende Mittel nicht in der Lage ist, das Fahrzeug sicher zu führen.

Hinweis: Auch in der Kasko-, Autoschutzbrief-, Kfz-Unfall- und Fahrerschutzversicherung besteht für solche Fahrten nach A.2.9.1, A.3.9.1, A.4.12.2; D.1.3.1 kein oder eingeschränkter Versicherungsschutz.

D.1.3 **Zusätzlich in der Fahrerschutzversicherung**

Alkohol und andere berauschende Mittel

D.1.3.1 Das Fahrzeug darf nicht gefahren werden, wenn der Fahrer durch alkoholische Getränke oder andere berauschende Mittel nicht in der Lage ist, das Fahrzeug sicher zu führen.

Hinweis: Auch in der Kfz-Haftpflicht-, Kasko-, Autoschutzbrief- und Kfz-Unfallversicherung besteht für solche Fahrten nach D.1.2, A.2.9.1, A.3.9.1, A.4.12.2 kein oder eingeschränkter Versicherungsschutz.

Gurtpflicht

D.1.3.2 Der Fahrer muss während der Fahrt einen vorgeschriebenen Sicherheitsgurt angelegt haben, es sei denn, das Nichtanlegen ist gesetzlich erlaubt.

D.2 **Welche Folgen hat eine Verletzung dieser Pflichten?**

Leistungsfreiheit bzw. Leistungskürzung

D.2.1 Verletzen Sie vorsätzlich eine Ihrer in D.1 geregelten Pflichten, haben Sie keinen Versicherungsschutz. Verletzen Sie Ihre Pflichten grob fahrlässig, sind wir berechtigt, unsere Leistung in einem der Schwere Ihres Verschuldens entsprechenden Verhältnis zu kürzen. Weisen Sie nach, dass Sie die Pflicht nicht grob fahrlässig verletzt haben, bleibt der Versicherungsschutz bestehen.

Bei einer Verletzung der Pflicht in der Kfz-Haftpflichtversicherung aus D.1.2 Satz 2 sind wir Ihnen, dem Halter oder Eigentümer gegenüber nicht von der Leistungspflicht befreit, soweit Sie, der Halter oder Eigentümer als Fahrzeuginsasse, der das Fahrzeug nicht geführt hat, einen Personenschaden erlitten haben.

D.2.2　Abweichend von D.2.1 sind wir zur Leistung verpflichtet, soweit die Pflichtverletzung weder für den Eintritt des Versicherungsfalls noch für den Umfang unserer Leistungspflicht ursächlich ist. Dies gilt nicht, wenn Sie die Pflicht arglistig verletzen.

Beschränkung der Leistungsfreiheit in der Kfz-Haftpflichtversicherung

D.2.3　In der Kfz-Haftpflichtversicherung ist die sich aus D.2.1 ergebende Leistungsfreiheit bzw. Leistungskürzung Ihnen und den mitversicherten Personen gegenüber auf den Betrag von höchstens je xx Euro beschränkt.[1] Außerdem gelten anstelle der vereinbarten Versicherungssummen die in Deutschland geltenden Mindestversicherungssummen.

Satz 1 und 2 gelten entsprechend, wenn wir wegen einer von Ihnen vorgenommenen Gefahrerhöhung (§§ 23, 26 Versicherungsvertragsgesetz) vollständig oder teilweise von der Leistungspflicht befreit sind.

D.2.4　Gegenüber einem Fahrer, der das Fahrzeug durch eine vorsätzlich begangene Straftat erlangt (z. B. durch Diebstahl), sind wir vollständig von der Verpflichtung zur Leistung frei.

E　Ihre Pflichten im Schadenfall und Folgen einer Pflichtverletzung

E.1　Welche Pflichten haben Sie im Schadenfall?

E.1.1　Bei allen Versicherungsarten

Anzeigepflicht

E.1.1.1　Sie sind verpflichtet, uns jedes Schadenereignis, das zu einer Leistung durch uns führen kann, innerhalb einer Woche anzuzeigen.

E.1.1.2　Ermittelt die Polizei, die Staatsanwaltschaft oder eine andere Behörde im Zusammenhang mit dem Schadenereignis, sind Sie verpflichtet, uns dies unverzüglich mitzuteilen. Dies gilt auch, wenn Sie uns das Schadenereignis bereits gemeldet haben.

Aufklärungspflicht

E.1.1.3　Sie müssen alles tun, was zur Aufklärung des Versicherungsfalls und des Umfangs unserer Leistungspflicht erforderlich ist. Sie müssen dabei insbesondere folgende Pflichten beachten:

- Sie dürfen den Unfallort nicht verlassen, ohne die gesetzlich erforderlichen Feststellungen zu ermöglichen und die dabei gesetzlich erforderliche Wartezeit zu beachten (Unfallflucht).

- Sie müssen unsere Fragen zu den Umständen des Schadenereignisses, zum Umfang des Schadens und zu unserer Leistungspflicht wahrheitsgemäß und vollständig beantworten. Wir können verlangen, dass Sie uns in Schriftform antworten.

- Sie müssen uns angeforderte Nachweise vorlegen, soweit es Ihnen billigerweise zugemutet werden kann, diese zu beschaffen.

- Sie müssen unsere für die Aufklärung des Schadens erforderlichen Weisungen befolgen, soweit dies für Sie zumutbar ist.

- Sie müssen uns Untersuchungen zu den Umständen des Schadenereignisses und zu unserer Leistungspflicht ermöglichen, soweit es Ihnen zumutbar ist.

Schadenminderungspflicht

E.1.1.4　Sie sind verpflichtet, bei Eintritt des Schadenereignisses nach Möglichkeit für die Abwendung und Minderung des Schadens zu sorgen.

Sie haben hierbei unsere Weisungen, soweit für Sie zumutbar, zu befolgen.

E.1.2　Zusätzlich in der Kfz-Haftpflichtversicherung

Bei außergerichtlich geltend gemachten Ansprüchen

E.1.2.1　Werden gegen Sie Ansprüche geltend gemacht, sind Sie verpflichtet, uns dies innerhalb einer Woche nach der Erhebung des Anspruchs mitzuteilen.

Anzeige von Kleinschäden

---

[1] Gem. § 5 Abs. 3 KfzPflVV darf die Leistungsfreiheit höchstens auf 5.000 Euro beschränkt werden.

E.1.2.2 Wenn Sie einen Sachschaden, der voraussichtlich nicht mehr als xx Euro beträgt, selbst regulieren oder regulieren wollen, müssen Sie uns den Schadenfall erst anzeigen, wenn Ihnen die Selbstregulierung nicht gelingt.

Bei gerichtlich geltend gemachten Ansprüchen

E.1.2.3 Wird ein Anspruch gegen Sie gerichtlich geltend gemacht (z. B. Klage, Mahnbescheid), haben Sie uns dies unverzüglich anzuzeigen.

E.1.2.4 Sie müssen uns die Führung des Rechtsstreits überlassen. Wir sind berechtigt, auch in Ihrem Namen einen Rechtsanwalt zu beauftragen. Diesem müssen Sie Vollmacht sowie alle erforderlichen Auskünfte erteilen und angeforderte Unterlagen zur Verfügung stellen.

Bei drohendem Fristablauf

E.1.2.5 Wenn Ihnen bis spätestens zwei Tage vor Fristablauf keine Weisung von uns vorliegt, müssen Sie gegen einen Mahnbescheid oder einen Bescheid einer Behörde fristgerecht den erforderlichen Rechtsbehelf (z. B. Widerspruch) einlegen.

E.1.3 Zusätzlich in der Kaskoversicherung

Anzeige des Versicherungsfalls bei Entwendung des Fahrzeugs

E.1.3.1 Bei Entwendung des Fahrzeugs oder mitversicherter Teile sind Sie abweichend von E.1.1.1 verpflichtet, uns dies unverzüglich in Schriftform anzuzeigen. Ihre Schadenanzeige muss von Ihnen unterschrieben sein.

Einholen unserer Weisung

E.1.3.2 Vor Beginn der Verwertung oder der Reparatur des Fahrzeugs bzw. mitversicherter Teile müssen Sie unsere Weisungen einholen, soweit die Umstände dies gestatten. Sie müssen unsere Weisungen befolgen, soweit Ihnen dies zumutbar ist.

Anzeige bei der Polizei

E.1.3.3 Übersteigt ein Entwendungs-, Brand- oder Wildschaden den Betrag von xx Euro, sind Sie verpflichtet, das Schadenereignis der Polizei unverzüglich anzuzeigen.

E.1.4 Zusätzlich beim Autoschutzbrief

Einholen unserer Weisung

E.1.4.1 Vor Inanspruchnahme einer unserer Leistungen müssen Sie unsere Weisungen einholen, soweit die Umstände dies gestatten und befolgen, soweit Ihnen dies zumutbar ist.

Untersuchung, Belege, ärztliche Schweigepflicht

E.1.4.2 Sie müssen uns jede zumutbare Untersuchung über die Ursache und Höhe des Schadens und über den Umfang unserer Leistungspflicht gestatten. Außerdem müssen Sie Originalbelege zum Nachweis der Schadenhöhe vorlegen und die behandelnden Ärzte im Rahmen von § 213 Versicherungsvertragsgesetz von der Schweigepflicht entbinden.

E.1.5 Zusätzlich in der Kfz-Unfallversicherung

Anzeige des Todesfalls innerhalb 48 Stunden

E.1.5.1 Hat der Unfall den Tod einer versicherten Person zur Folge, müssen die aus dem Versicherungsvertrag Begünstigten uns dies innerhalb von 48 Stunden melden. Dies gilt auch, wenn der Unfall schon angezeigt ist. Uns ist das Recht zu verschaffen, eine Obduktion durch einen von uns beauftragten Arzt vornehmen zu lassen.

Medizinische Versorgung

E.1.5.2 Nach einem Unfall, der zu einer Leistung durch uns führen kann, müssen Sie unverzüglich einen Arzt hinzuziehen, seine Anordnungen befolgen und uns unterrichten.

Medizinische Aufklärung

E.1.5.3 Für die Prüfung unserer Leistungspflicht benötigen wir möglicherweise Auskünfte von

- Ärzten, die Sie vor oder nach dem Unfall behandelt oder untersucht haben.
- anderen Versicherern, Versicherungsträgern und Behörden.

Sie müssen es uns ermöglichen, die erforderlichen Auskünfte zu erhalten. Dazu können Sie den Ärzten und den genannten Stellen erlauben, uns die Auskünfte direkt zu erteilen. Ansonsten müssen Sie die Auskünfte selbst einholen und uns zur Verfügung stellen.

Wir beauftragen Ärzte, falls dies für die Prüfung unserer Leistungspflicht erforderlich ist. Von diesen Ärzten müssen Sie sich untersuchen lassen. Wir tragen die notwendigen Kosten und den Verdienstausfall, der durch die Untersuchung entsteht.

Sie haben erforderlichenfalls darauf hinzuwirken, dass angeforderte Berichte alsbald erstellt werden.

Frist zur Feststellung und Geltendmachung der Invalidität

E.1.5.4 Beachten Sie auch die 15-Monatsfrist für die Feststellung und Geltendmachung der Invalidität nach A.4.5.1.3.

E.1.6 Zusätzlich in der Fahrerschutzversicherung

Medizinische Versorgung

E.1.6.1 Nach einem Unfall, der zu einer Leistung durch uns führen kann, müssen Sie unverzüglich einen Arzt hinzuziehen, seine Anordnungen befolgen und uns unterrichten.

Medizinische Aufklärung

E.1.6.2 Für die Prüfung unserer Leistungspflicht benötigen wir möglicherweise Auskünfte von

- Ärzten, die Sie vor oder nach dem Unfall behandelt oder untersucht haben.
- anderen Versicherern, Versicherungsträgern und Behörden.

Sie müssen es uns ermöglichen, die erforderlichen Auskünfte zu erhalten. Dazu können Sie den Ärzten und den genannten Stellen erlauben, uns die Auskünfte direkt zu erteilen. Ansonsten müssen Sie die Auskünfte selbst einholen und uns zur Verfügung stellen.

Wir beauftragen Ärzte, falls dies für die Prüfung unserer Leistungspflicht erforderlich ist. Von diesen Ärzten müssen Sie sich untersuchen lassen. Wir tragen die notwendigen Kosten und den Verdienstausfall, der durch die Untersuchung entsteht.

Sie haben erforderlichenfalls darauf hinzuwirken, dass angeforderte Berichte alsbald erstellt werden.

Aufklärung Ihrer Ansprüche gegen Dritte

E.1.6.3 Sie müssen alles tun, was der Aufklärung möglicher Ansprüche gegen Dritte dienen kann. Insbesondere müssen Sie unsere Fragen zu möglichen Ansprüchen gegen Dritte, die sich auf den Umfang unserer Leistungspflicht auswirken können, wahrheitsgemäß und vollständig beantworten. Entsprechende Nachweise müssen uns vorlegen.

Wahrung Ihrer Ansprüche gegen Dritte

E.1.6.4 Sie haben Ihren Anspruch gegen den Dritten unter Beachtung der Form- und Fristvorschriften zu wahren, soweit Ihnen dies zumutbar ist.

E.2 Welche Folgen hat eine Verletzung dieser Pflichten?

Leistungsfreiheit bzw. Leistungskürzung

E.2.1 Verletzen Sie vorsätzlich eine Ihrer in E.1.1 bis E.1.6 geregelten Pflichten, haben Sie keinen Versicherungsschutz. Verletzen Sie Ihre Pflichten grob fahrlässig, sind wir berechtigt, unsere Leistung in einem der Schwere Ihres Verschuldens entsprechenden Verhältnis zu kürzen. Weisen Sie nach, dass Sie die Pflicht nicht grob fahrlässig verletzt haben, bleibt der Versicherungsschutz bestehen.

E.2.2 Abweichend von E.2.1 sind wir zur Leistung verpflichtet, soweit Sie nachweisen, dass die Pflichtverletzung weder für die Feststellung des Versicherungsfalls noch für die Feststellung oder den Umfang unserer Leistungspflicht ursächlich war. Dies gilt nicht, wenn Sie die Pflicht arglistig verletzen.

Beschränkung der Leistungsfreiheit in der Kfz-Haftpflichtversicherung

E.2.3 In der Kfz-Haftpflichtversicherung ist die sich aus E.2.1 ergebende Leistungsfreiheit bzw. Leistungskürzung Ihnen und den mitversicherten Personen gegenüber auf den Betrag von höchstens je xx Euro[2] beschränkt.

E.2.4 Die Leistungsfreiheit erweitert sich auf einen Betrag von höchstens je .xx Euro[3], wenn Sie die Aufklärungs- oder Schadenminderungspflicht nach E.1.1.3 und E.1.1.4

- vorsätzlich und

---

[2] Gem. § 6 Abs. 1 KfzPflVV darf die Leistungsfreiheit höchstens auf 2.500 Euro beschränkt werden.
[3] Gem. § 6 Abs. 3 KfzPflVV darf die Leistungsfreiheit höchstens auf 5.000 Euro beschränkt werden.

- in besonders schwerwiegender Weise

verletzt haben. Dies ist z. B. bei unerlaubtem Entfernen vom Unfallort trotz eines Personen- oder schweren Sachschadens der Fall.

Vollständige Leistungsfreiheit in der Kfz-Haftpflichtversicherung

E.2.5 Verletzen Sie Ihre Pflichten in der Absicht, sich oder einem Anderen einen rechtswidrigen Vermögensvorteil zu verschaffen, sind wir von unserer Leistungspflicht hinsichtlich des erlangten Vermögensvorteils vollständig frei.

Besonderheiten in der Kfz-Haftpflichtversicherung bei Rechtsstreitigkeiten

E.2.6 Verletzen Sie Ihre Pflichten nach

- E.1.2.1 (Anzeige außergerichtlich geltend gemachter Ansprüche),
- E.1.2.3 (Anzeige gerichtlich geltend gemachter Ansprüche) oder
- E.1.2.4 (Prozessführung durch uns)

und führt dies zu einer rechtskräftigen Entscheidung, die über den Umfang der nach Sach- und Rechtslage geschuldeten Entschädigung erheblich hinausgeht, gilt:

- Bei vorsätzlicher Verletzung sind wir hinsichtlich des von uns zu zahlenden Mehrbetrags vollständig von unserer Leistungspflicht frei.
- Bei grob fahrlässiger Verletzung sind wir berechtigt, unsere Leistung hinsichtlich dieses Mehrbetrags in einem der Schwere Ihres Verschuldens entsprechenden Verhältnis zu kürzen.

Mindestversicherungssummen

E.2.7 Verletzen Sie in der Kfz-Haftpflichtversicherung Ihre Pflichten nach E.1.1 und E.1.2 gelten anstelle der vereinbarten Versicherungssummen die in Deutschland geltenden Mindestversicherungssummen.

F Rechte und Pflichten der mitversicherten Personen

Pflichten mitversicherter Personen

F.1 Für mitversicherte Personen finden die Regelungen zu Ihren Pflichten sinngemäße Anwendung.

Ausübung der Rechte

F.2 Die Ausübung der Rechte der mitversicherten Personen aus dem Versicherungsvertrag steht nur Ihnen als Versicherungsnehmer zu, soweit nichts anderes geregelt ist. Andere Regelungen sind:

- Geltendmachen von Ansprüchen in der Kfz-Haftpflichtversicherung nach A.1.2,
- Geltendmachen von Ansprüchen durch namentlich Versicherte in der Kfz-Unfallversicherung nach A.4.2.6.

Auswirkungen einer Pflichtverletzung auf mitversicherte Personen

F.3 Sind wir Ihnen gegenüber von der Verpflichtung zur Leistung frei, so gilt dies auch gegenüber allen mitversicherten Personen.

Eine Ausnahme hiervon gilt in der Kfz-Haftpflichtversicherung:

Gegenüber mitversicherten Personen können wir uns auf die Leistungsfreiheit nur berufen, wenn

- die der Leistungsfreiheit zugrunde liegenden Umstände in der Person des Mitversicherten vorliegen oder
- diese Umstände der mitversicherten Person bekannt oder infolge grober Fahrlässigkeit nicht bekannt waren.

Sind wir zur Leistung verpflichtet, gelten anstelle der vereinbarten Versicherungssummen die in Deutschland geltenden gesetzlichen Mindestversicherungssummen. Entsprechendes gilt, wenn wir trotz Beendigung des Versicherungsverhältnisses noch gegenüber dem geschädigten Dritten Leistungen erbringen. Der Rückgriff gegen Sie bleibt auch in diesen Ausnahmefällen bestehen.

G Laufzeit und Kündigung des Vertrags, Veräußerung des Fahrzeugs, Wagniswegfall

G.1 Wie lange läuft der Versicherungsvertrag?

Vertragsdauer

G.1.1 Die Laufzeit Ihres Vertrags ergibt sich aus Ihrem Versicherungsschein.

Automatische Verlängerung

G.1.2 Ist der Vertrag mit einer Laufzeit von einem Jahr abgeschlossen, verlängert er sich zum Ablauf um jeweils ein weiteres Jahr, wenn nicht Sie oder wir den Vertrag kündigen.

Dies gilt auch, wenn für die erste Laufzeit nach Abschluss des Vertrags deshalb weniger als ein Jahr vereinbart ist, um die folgenden Versicherungsjahre zu einem bestimmten Kalendertag beginnen zu lassen.

Versicherungskennzeichen

G.1.3 Der Versicherungsvertrag für ein Fahrzeug mit Versicherungskennzeichen (z. B. Mofa), endet mit dem Ablauf des Verkehrsjahres. Einer Kündigung bedarf es hierfür nicht. Das Verkehrsjahr läuft vom 1. März bis Ende Februar des Folgejahres.

Verträge mit einer Laufzeit unter einem Jahr

G.1.4 Ist die Laufzeit ausdrücklich mit weniger als einem Jahr vereinbart, endet der Vertrag zu dem vereinbarten Zeitpunkt, ohne dass es einer Kündigung bedarf.

G.2 Wann und aus welchem Anlass können Sie den Versicherungsvertrag kündigen?

Kündigung zum Ablauf des Versicherungsjahres

G.2.1 Sie können den Vertrag zum Ablauf des Versicherungsjahres kündigen. Die Kündigung ist nur wirksam, wenn sie uns spätestens einen Monat vor Ablauf zugeht.

Kündigung des vorläufigen Versicherungsschutzes

G.2.2 Sie sind berechtigt, einen vorläufigen Versicherungsschutz zu kündigen. Die Kündigung wird sofort mit Zugang bei uns wirksam.

Kündigung nach einem Schadenereignis

G.2.3 Nach dem Eintritt eines Schadenereignisses können Sie den Vertrag kündigen. Die Kündigung muss uns innerhalb eines Monats nach Beendigung der Verhandlungen über die Entschädigung zugehen oder innerhalb eines Monats, nachdem wir in der Kfz-Haftpflichtversicherung unsere Leistungspflicht anerkannt oder zu Unrecht abgelehnt haben. Das gleiche gilt, wenn wir Ihnen in der Kfz-Haftpflichtversicherung die Weisung erteilen, es über den Anspruch des Dritten zu einem Rechtsstreit kommen zu lassen. Außerdem können Sie in der Kfz-Haftpflichtversicherung den Vertrag bis zum Ablauf eines Monats seit der Rechtskraft des im Rechtsstreit mit dem Dritten ergangenen Urteils kündigen.

G.2.4 Sie können bestimmen, ob die Kündigung sofort oder zu einem späteren Zeitpunkt, spätestens jedoch zum Ablauf des Vertrags, wirksam werden soll.

Kündigung bei Veräußerung oder Zwangsversteigerung des Fahrzeugs

G.2.5 Veräußern Sie das Fahrzeug oder wird es zwangsversteigert, geht der Vertrag nach G.7.1 oder G.7.6 auf den Erwerber über. Der Erwerber ist berechtigt, den Vertrag innerhalb eines Monats nach dem Erwerb zu kündigen. Bei fehlender Kenntnis vom Bestehen der Versicherung beginnt die Kündigungsfrist des Erwerbers erst ab Kenntnis.

Der Erwerber kann bestimmen, ob der Vertrag mit sofortiger Wirkung oder spätestens zum Ablauf des Vertrags endet.

G.2.6 Schließt der Erwerber für das Fahrzeug eine neue Versicherung ab und legt er bei der Zulassungsbehörde eine Versicherungsbestätigung vor, gilt dies automatisch als Kündigung des übergegangenen Vertrages. Die Kündigung wird zum Beginn der neuen Versicherung wirksam.

Kündigung bei Beitragserhöhung

G.2.7 Erhöhen wir aufgrund unseres Beitragsanpassungsrechts nach J.1 bis J.3 den Beitrag, können Sie den Vertrag innerhalb eines Monats nach Zugang unserer Mitteilung über die Beitragserhöhung kündigen. Die Kündigung ist sofort wirksam, frühestens jedoch zu dem Zeitpunkt, zu dem die Beitragserhöhung wirksam geworden wäre. Wir teilen Ihnen die Beitragserhöhung spätestens einen Monat vor dem Wirksamwerden mit und weisen Sie auf Ihr Kündigungsrecht hin.

Kündigung bei geänderter Verwendung des Fahrzeugs

G.2.8 Ändert sich die Art und Verwendung des Fahrzeugs nach K.5 und erhöht sich der Beitrag dadurch um mehr als 10%, können Sie den Vertrag innerhalb eines Monats nach Zugang unserer Mitteilung ohne Einhaltung einer Frist kündigen.

<Achtung! Es folgen zwei Varianten. Variante 1 für Versicherer, die nur das SF-System nach J.6 ändern wollen. Variante 2 für Versicherer, die auch die Tarifstruktur nach J.6 ändern wollen.

Kündigung bei Veränderung des Schadenfreiheitsrabatt-Systems

G.2.9 Ändern wir das Schadenfreiheitsrabatt-System nach J.6, können Sie den Vertrag innerhalb eines Monats nach Zugang unserer Mitteilung über die Änderung kündigen. Die Kündigung ist sofort wirksam, frühestens jedoch zum Zeitpunkt des Wirksamwerdens der Änderung. Wir teilen Ihnen die Änderung spätestens einen Monat vor Wirksamwerden mit und weisen Sie auf Ihr Kündigungsrecht hin.

[xx Kündigung bei Veränderung der Tarifstruktur

G.2.9 Ändern wir unsere Tarifstruktur nach J.6, können Sie den Vertrag innerhalb eines Monats nach Zugang unserer Mitteilung über die Änderung kündigen. Die Kündigung ist sofort wirksam, frühestens jedoch zum Zeitpunkt des Wirksamwerdens der Änderung. Wir teilen Ihnen die Änderung spätestens einen Monat vor dem Wirksamwerden mit und weisen Sie auf Ihr Kündigungsrecht hin.]

[xx Kündigung bei Bedingungsänderung

<Achtung! Nur, wenn Bedingungsänderung gem. N vereinbart>

G.2.10 Machen wir von unserem Recht zur Bedingungsanpassung nach N Gebrauch, können Sie den Vertrag innerhalb von sechs Wochen nach Zugang unserer Mitteilung über die Bedingungsanpassung kündigen. Die Kündigung ist sofort wirksam, frühestens jedoch zum Zeitpunkt des Wirksamwerdens der Bedingungsänderung. Wir teilen Ihnen die Änderung spätestens sechs Wochen vor dem Wirksamwerden mit und weisen Sie auf Ihr Kündigungsrecht hin.]

G.3 Wann und aus welchem Anlass können wir den Versicherungsvertrag kündigen?

Kündigung zum Ablauf

G.3.1 Wir können den Vertrag zum Ablauf des Versicherungsjahres kündigen. Die Kündigung ist nur wirksam, wenn sie Ihnen spätestens einen Monat vor Ablauf zugeht.

Kündigung des vorläufigen Versicherungsschutzes

G.3.2 Wir sind berechtigt, einen vorläufigen Versicherungsschutz zu kündigen. Die Kündigung wird nach Ablauf von zwei Wochen nach ihrem Zugang bei Ihnen wirksam.

Kündigung nach einem Schadenereignis

G.3.3 Nach dem Eintritt eines Schadenereignisses können wir den Vertrag kündigen. Die Kündigung muss Ihnen innerhalb eines Monats nach Beendigung der Verhandlungen über die Entschädigung oder innerhalb eines Monats zugehen, nachdem wir in der Kfz-Haftpflichtversicherung unsere Leistungspflicht anerkannt oder zu Unrecht abgelehnt haben. Das gleiche gilt, wenn wir Ihnen in der Kfz-Haftpflichtversicherung die Weisung erteilen, es über den Anspruch des Dritten zu einem Rechtsstreit kommen zu lassen. Außerdem können wir in der Kfz-Haftpflichtversicherung den Vertrag bis zum Ablauf eines Monats seit der Rechtskraft des im Rechtsstreit mit dem Dritten ergangenen Urteils kündigen.

Unsere Kündigung wird einen Monat nach ihrem Zugang bei Ihnen wirksam.

Kündigung bei Nichtzahlung des Folgebeitrags

G.3.4 Haben Sie einen ausstehenden Folgebeitrag zuzüglich Kosten und Zinsen trotz unserer Zahlungsaufforderung nach C.2.2 nicht innerhalb der zweiwöchigen Frist gezahlt, können wir den Vertrag mit sofortiger Wirkung kündigen. Unsere Kündigung wird unwirksam, wenn Sie diese Beträge innerhalb eines Monats ab Zugang der Kündigung zahlen (siehe auch C.2.4).

Kündigung bei Verletzung Ihrer Pflichten bei Gebrauch des Fahrzeugs

G.3.5 Haben Sie eine Ihrer Pflichten bei Gebrauch des Fahrzeugs nach D verletzt, können wir innerhalb eines Monats, nachdem wir von der Pflichtverletzung Kenntnis erlangt haben, den

Vertrag mit sofortiger Wirkung kündigen. Dies gilt nicht, wenn Sie nachweisen, dass Sie die Pflicht weder vorsätzlich noch grob fahrlässig verletzt haben.

Kündigung bei geänderter Verwendung des Fahrzeugs

G.3.6 Ändert sich die Art und Verwendung des Fahrzeugs nach K.5, können wir den Vertrag mit sofortiger Wirkung kündigen. Können Sie nachweisen, dass die Änderung weder auf Vorsatz noch auf grober Fahrlässigkeit beruht, wird die Kündigung nach Ablauf von einem Monat nach ihrem Zugang bei Ihnen wirksam.

Kündigung bei Veräußerung oder Zwangsversteigerung des Fahrzeugs

G.3.7 Bei Veräußerung oder Zwangsversteigerung des Fahrzeugs nach G.7 können wir dem Erwerber gegenüber kündigen. Wir haben die Kündigung innerhalb eines Monats ab dem Zeitpunkt auszusprechen, zu dem wir von der Veräußerung oder Zwangsversteigerung Kenntnis erlangt haben. Unsere Kündigung wird einen Monat nach ihrem Zugang beim Erwerber wirksam.

G.4 Kündigung einzelner Versicherungsarten

G.4.1 Die Kfz-Haftpflicht-, Kasko-, Autoschutzbrief-, Kfz-Unfall- und Fahrerschutzversicherung sind jeweils rechtlich selbstständige Verträge. Die Kündigung eines dieser Verträge berührt das Fortbestehen anderer nicht.

G.4.2 Sie und wir sind berechtigt, bei Vorliegen eines Kündigungsanlasses zu einem dieser Verträge die gesamte Kfz-Versicherung für das Fahrzeug zu kündigen.

G.4.3 Kündigen wir von mehreren für das Fahrzeug abgeschlossenen Verträgen nur einen, können Sie die Kündigung auf die gesamte Kfz-Versicherung ausdehnen. Hierzu müssen Sie uns innerhalb von zwei Wochen nach Zugang unserer Kündigung mitteilen, dass Sie mit einer Fortsetzung der anderen Verträge nicht einverstanden sind. Entsprechend haben wir das Recht, die gesamte Kfz-Versicherung zu kündigen, wenn Sie von mehreren nur einen Vertrag kündigen.

G.4.4 Kündigen Sie oder wir nur den Autoschutzbrief, gelten G.4.2 und G.4.3 nicht.

G.4.5 G.4.1 und G.4.2 finden entsprechende Anwendung, wenn in einem Vertrag mehrere Fahrzeuge versichert sind.

G.5 Zugang der Kündigung

Eine Kündigung ist nur wirksam, wenn sie innerhalb der jeweiligen Frist zugeht.

G.6 Beitragsabrechnung nach Kündigung

Bei einer Kündigung vor Ablauf des Versicherungsjahres steht uns der auf die Zeit des Versicherungsschutzes entfallende Beitrag anteilig zu.

G.7 Was ist bei Veräußerung des Fahrzeugs zu beachten?

Übergang der Versicherung auf den Erwerber

G.7.1 Veräußern Sie Ihr Fahrzeug, geht die Versicherung auf den Erwerber über. Dies gilt nicht für die Kfz-Unfall- und die Fahrerschutzversicherung.

G.7.2 Wir sind berechtigt und verpflichtet, den Beitrag entsprechend den Angaben des Erwerbers, wie wir sie bei einem Neuabschluss des Vertrags verlangen würden, anzupassen. Dies gilt auch für die SF-Klasse des Erwerbers, die entsprechend seines bisherigen Schadenverlaufs ermittelt wird. Der neue Beitrag gilt ab dem Tag, der auf den Übergang der Versicherung folgt.

G.7.3. Den Beitrag für die laufende Zahlungsperiode können wir entweder von Ihnen oder vom Erwerber verlangen.

Anzeige der Veräußerung

G.7.4 Sie und der Erwerber sind verpflichtet, uns die Veräußerung des Fahrzeugs unverzüglich anzuzeigen. Unterbleibt die Mitteilung, droht unter den Voraussetzungen des § 97 Versicherungsvertragsgesetz der Verlust des Versicherungsschutzes.

Kündigung des Vertrags

G.7.5 Im Falle der Veräußerung können der Erwerber nach G.2.5 und G.2.6 oder wir nach G.3.7 den Vertrag kündigen. Dann können wir den Beitrag nur von Ihnen verlangen.

Anhang I AKB 2015

Zwangsversteigerung

G.7.6 Die Regelungen G.7.1 bis G.7.5 sind entsprechend anzuwenden, wenn Ihr Fahrzeug zwangsversteigert wird.

G.8 Wagniswegfall (z. B. durch Fahrzeugverschrottung)

Fällt das versicherte Wagnis endgültig weg, steht uns der Beitrag bis zu dem Zeitpunkt zu, zu dem wir vom Wagniswegfall Kenntnis erlangen.

H Außerbetriebsetzung, Saisonkennzeichen, Fahrten mit ungestempelten Kennzeichen

H.1 Was ist bei Außerbetriebsetzung zu beachten?

Ruheversicherung

H.1.1 Wird das versicherte Fahrzeug außer Betrieb gesetzt und soll es zu einem späteren Zeitpunkt wieder zugelassen werden, wird dadurch der Vertrag nicht beendet.

H.1.2 Der Vertrag geht in eine beitragsfreie Ruheversicherung über, wenn die Zulassungsbehörde uns die Außerbetriebsetzung mitteilt. Dies gilt nicht, wenn die Außerbetriebsetzung weniger als zwei Wochen beträgt oder Sie die uneingeschränkte Fortführung des bisherigen Versicherungsschutzes verlangen.

H.1.3 Die Regelungen nach H.1.1 und H.1.2 gelten nicht für Fahrzeuge mit Versicherungskennzeichen (z. B. Mofas), Wohnwagenanhänger sowie bei Verträgen mit ausdrücklich kürzerer Vertragsdauer als ein Jahr.

Umfang der Ruheversicherung

H.1.4 Mit der beitragsfreien Ruheversicherung gewähren wir Ihnen während der Dauer der Außerbetriebsetzung eingeschränkten Versicherungsschutz.

Der Ruheversicherungsschutz umfasst

- die Kfz-Haftpflichtversicherung,
- die Teilkaskoversicherung, wenn für das Fahrzeug im Zeitpunkt der Außerbetriebsetzung eine Voll- oder eine Teilkaskoversicherung bestand.

Ihre Pflichten bei der Ruheversicherung

H.1.5 Während der Dauer der Ruheversicherung sind Sie verpflichtet, das Fahrzeug

- in einem Einstellraum (z. B. einer Einzel- oder Sammelgarage) oder
- auf einem umfriedeten Abstellplatz (z. B. durch Zaun, Hecke, Mauer umschlossen)

nicht nur vorübergehend abzustellen. Sie dürfen das Fahrzeug außerhalb dieser Räumlichkeiten auch nicht gebrauchen. Verletzen Sie Ihre Pflichten, sind wir unter den Voraussetzungen nach D.2 leistungsfrei.

Wiederanmeldung

H.1.6 Wird das Fahrzeug wieder zum Verkehr zugelassen (Ende der Außerbetriebsetzung), lebt der ursprüngliche Versicherungsschutz wieder auf. Das Ende der Außerbetriebsetzung haben Sie uns unverzüglich mitzuteilen.

Ende des Vertrags und der Ruheversicherung

H.1.7 Der Vertrag und damit auch die Ruheversicherung enden xx Monate nach der Außerbetriebsetzung des Fahrzeugs, ohne dass es einer Kündigung bedarf.

H.1.8 Melden Sie das Fahrzeug während des Bestehens der Ruheversicherung mit einer Versicherungsbestätigung eines anderen Versicherers wieder an, haben wir das Recht, den Vertrag fortzusetzen und den anderen Versicherer zur Aufhebung des Vertrags aufzufordern.

H.2 Welche Besonderheiten gelten bei Saisonkennzeichen?

H.2.1 Für Fahrzeuge, die mit einem Saisonkennzeichen zugelassen sind, gewähren wir den vereinbarten Versicherungsschutz während des auf dem amtlichen Kennzeichen dokumentierten Zeitraums (Saison).

H.2.2 Außerhalb der Saison haben Sie Ruheversicherungsschutz nach H.1.4 und H.1.5.

H.2.3 Für Fahrten außerhalb der Saison haben Sie innerhalb des für den Halter zuständigen Zulassungsbezirks und eines angrenzenden Bezirks in der Kfz-Haftpflichtversicherung Versicherungsschutz, wenn diese Fahrten

- im Zusammenhang mit dem Zulassungsverfahren oder
- wegen der Hauptuntersuchung, Sicherheitsprüfung oder Abgasuntersuchung

durchgeführt werden.

H.3 Fahrten mit ungestempelten Kennzeichen

Versicherungsschutz in der Kfz-Haftpflichtversicherung und beim Autoschutzbrief

H.3.1 In der Kfz-Haftpflichtversicherung und beim Autoschutzbrief besteht Versicherungsschutz auch für Zulassungsfahrten mit ungestempelten Kennzeichen. Dies gilt nicht für Fahrten, für die ein rotes Kennzeichen oder ein Kurzzeitkennzeichen geführt werden muss.

Was sind Zulassungsfahrten?

H.3.2 Zulassungsfahrten sind Fahrten, die im Zusammenhang mit dem Zulassungsverfahren stehen. Dies sind:

- Fahrten zur Zulassungsstelle zur Anbringung der Stempelplakette sowie Fahrten zur Durchführung einer Hauptuntersuchung oder einer Sicherheitsprüfung innerhalb des zuständigen Zulassungsbezirks und eines angrenzenden Bezirks mit ungestempelten Kennzeichen, wenn die Zulassungsbehörde vorab ein solches erteilt hat.
- Fahrten nach Entfernung der Stempelplakette mit dem bisher zugeteilten Kennzeichen bis zum Ablauf des Tages der Außerbetriebsetzung des Fahrzeugs.

I Schadenfreiheitsrabatt-System

I.1 Einstufung in Schadenfreiheitsklassen (SF-Klassen)

In der Kfz-Haftpflicht- und der Vollkaskoversicherung richtet sich die Einstufung Ihres Vertrags in eine SF-Klasse und der sich daraus ergebende Beitragssatz nach Ihrem Schadenverlauf. Siehe dazu die Tabellen in Anhang 1.

Dies gilt nicht für Fahrzeuge mit Versicherungskennzeichen, ... < xx *alle gewünschten WKZ und Kennzeichenarten aufführen* >

I.2 Ersteinstufung

I.2.1 Ersteinstufung in SF-Klasse 0

Beginnt Ihr Vertrag ohne Übernahme eines Schadenverlaufs nach I.6, wird er in die SF-Klasse 0 eingestuft.

I.2.2 Sondersersteinstufung eines Pkw in SF-Klasse ½ oder SF-Klasse 2

I.2.2.1 Sondersersteinstufung in SF-Klasse ½

Beginnt Ihr Vertrag für einen Pkw ohne Übernahme eines Schadenverlaufs nach I.6, wird er in die SF-Klasse ½ eingestuft, wenn

a auf Sie bereits ein Pkw zugelassen ist, der zu diesem Zeitpunkt in der Kfz-Haftpflichtversicherung mindestens in die SF-Klasse ½ eingestuft ist, oder

b auf Ihren Ehepartner, Ihren eingetragenen Lebenspartner oder Ihren mit Ihnen in häuslicher Gemeinschaft lebenden Lebenspartner bereits ein Pkw zugelassen ist,

- der zu diesem Zeitpunkt in der Kfz-Haftpflichtversicherung mindestens in die SF-Klasse ½ eingestuft ist, und
- Sie seit mindestens einem Jahr eine Fahrerlaubnis für Pkw oder Krafträder besitzen, oder

c Sie seit mindestens drei Jahren eine Fahrerlaubnis für Pkw oder Krafträder, die ein amtliches Kennzeichen führen, besitzen.

Die Fahrerlaubnis muss von einem Mitgliedstaat des Europäischen Wirtschaftsraums (EWR) erteilt oder nach I.2.5 gleichgestellt sein.

Die Sondereinstufung gilt nicht für Pkw, die ein Ausfuhrkennzeichen, ein Kurzzeitkennzeichen oder ein rotes Kennzeichen führen.

I.2.2.2 Sondererststeinstufung in SF-Klasse 2

Beginnt Ihr Vertrag für einen Pkw ohne Übernahme eines Schadenverlaufs nach I.6, wird er in die SF-Klasse 2 eingestuft, wenn

- auf Sie, Ihren Ehepartner, Ihren eingetragenen Lebenspartner oder Ihren mit Ihnen in häuslicher Gemeinschaft lebenden Lebenspartner bereits ein Pkw zugelassen und bei uns versichert ist, der zu diesem Zeitpunkt in der Kfz-Haftpflichtversicherung mindestens in die SF-Klasse 2 eingestuft ist, und
- Sie seit mindestens einem Jahr eine gültige Fahrerlaubnis zum Führen von Pkw oder von Krafträdern besitzen, die von einem Mitgliedstaat des Europäischen Wirtschaftsraums (EWR) erteilt wurde, und
- Sie und der jeweilige Fahrer mindestens das xx. Lebensjahr vollendet haben.

Die Sondereinstufung gilt nicht für Pkw, die ein Ausfuhrkennzeichen, ein Kurzzeitkennzeichen oder ein rotes Kennzeichen führen.

I.2.3 Anrechnung des Schadenverlaufs der Kfz-Haftpflichtversicherung in der Vollkaskoversicherung

Ist das versicherte Fahrzeug ein Pkw, ein Kraftrad oder ein Campingfahrzeug und schließen Sie neben der Kfz-Haftpflichtversicherung eine Vollkaskoversicherung mit einer Laufzeit von einem Jahr ab (siehe G.1.2), können Sie verlangen, dass die Einstufung nach dem Schadenverlauf der Kfz-Haftpflichtversicherung erfolgt. Dies gilt nicht, wenn für das versicherte Fahrzeug oder für ein Vorfahrzeug im Sinne von I.6.1.1 innerhalb der letzten 12 Monate vor Abschluss der Vollkaskoversicherung bereits eine Vollkaskoversicherung bestanden hat; in diesem Fall übernehmen wir den Schadenverlauf der Vollkaskoversicherung nach I.6.

I.2.4 Führerscheinsonderregelung

Hat Ihr Vertrag für einen Pkw oder ein Kraftrad in der Klasse SF 0 begonnen, stufen wir ihn auf Ihren Antrag besser ein, sobald Sie drei Jahre im Besitz einer Fahrerlaubnis für Pkw oder Krafträder sind und folgende Voraussetzungen gegeben sind:

- Der Vertrag ist schadenfrei verlaufen und
- Ihre Fahrerlaubnis ist von einem Mitgliedstaat des Europäischen Wirtschaftsraums (EWR) ausgestellt worden oder dieser nach I.2.5. gleichgestellt.

I.2.5 Gleichgestellte Fahrerlaubnisse

Fahrerlaubnisse aus Staaten außerhalb des Europäischen Wirtschaftsraums (EWR) sind Fahrerlaubnissen aus einem Mitgliedsstaat des EWR gleichgestellt, wenn diese nach der Fahrerlaubnisverordnung

- ohne weitere theoretische oder praktische Fahrprüfung umgeschrieben werden können oder
- nach Erfüllung der Auflagen umgeschrieben sind.

I.3 Jährliche Neueinstufung

Wir stufen Ihren Vertrag zum 1. Januar eines jeden Jahres nach seinem Schadenverlauf im vergangenen Kalenderjahr neu ein.

Bei einem Schadenereignis ist der Tag der Schadenmeldung maßgeblich dafür, welchem Kalenderjahr der Schaden zugeordnet wird.

I.3.1 Wirksamwerden der Neueinstufung

Die Neueinstufung gilt ab der ersten Beitragsfälligkeit im neuen Kalenderjahr.

I.3.2 Besserstufung bei schadenfreiem Verlauf

Ist Ihr Vertrag während eines Kalenderjahres schadenfrei verlaufen und hat der Versicherungsschutz während dieser Zeit ununterbrochen bestanden, wird Ihr Vertrag in die nächst bessere SF-Klasse nach der jeweiligen Tabelle im Anhang 1 eingestuft.

I.3.3 Besserstufung bei Saisonkennzeichen

Ist das versicherte Fahrzeug mit einem Saisonkennzeichen zugelassen (siehe H.2), nehmen wir bei schadenfreiem Verlauf des Vertrags eine Besserstufung nach I.3.2 nur vor, wenn die Saison mindestens sechs Monate beträgt.

I.3.4 Besserstufung bei Verträgen mit SF-Klassen [2], ½, S, 0 oder M

Hat der Versicherungsschutz während des gesamten Kalenderjahres ununterbrochen bestanden, stufen wir Ihren Vertrag aus der SF-Klasse, ½, S, 0 oder M bei schadenfreiem Verlauf in die SF-Klasse 1 ein.

Hat Ihr Vertrag in der Zeit vom 2. Januar bis 1. Juli eines Kalenderjahres mit einer Einstufung in SF-Klasse [2], ½ oder 0 begonnen und bestand bis zum 31. Dezember mindestens sechs Monate Versicherungsschutz, wird er bei schadenfreiem Verlauf zum 1. Januar des folgenden Kalenderjahres wie folgt eingestuft:

[xx von SF-Klasse 2	nach	SF-Klasse xx]
von SF-Klasse ½	nach	SF-Klasse xx,
von SF-Klasse 0	nach	SF-Klasse xx.

I.3.5 Rückstufung bei schadenbelastetem Verlauf

Ist Ihr Vertrag während eines Kalenderjahres schadenbelastet verlaufen, wird er nach der jeweiligen Tabelle in Anhang 1 zurückgestuft.

I.4 Was bedeutet schadenfreier oder schadenbelasteter Verlauf?

I.4.1 Schadenfreier Verlauf

I.4.1.1 Ein schadenfreier Verlauf des Vertrags liegt unter folgenden Voraussetzungen vor:

- Der Versicherungsschutz hat von Anfang bis Ende eines Kalenderjahres ununterbrochen bestanden und
- uns wurde in dieser Zeit kein Schadenereignis gemeldet, für das wir Entschädigungen leisten oder Rückstellungen bilden mussten. Dazu zählen nicht Kosten für Gutachter, Rechtsberatung und Prozesse.

I.4.1.2 Trotz Meldung eines Schadenereignisses gilt der Vertrag jeweils als schadenfrei, wenn eine der folgenden Voraussetzungen vorliegt:

a Wir leisten Entschädigungen oder bilden Rückstellungen:

- nur aufgrund von Abkommen der Versicherungsunternehmen untereinander oder mit Sozialversicherungsträgern oder
- wegen der Ausgleichspflicht aufgrund einer Mehrfachversicherung. Dies gilt nicht bei Gespannen.

b Wir lösen Rückstellungen für das Schadenereignis in den drei auf die Schadenmeldung folgenden Kalenderjahren auf, ohne eine Entschädigung geleistet zu haben.

c Der Schädiger oder dessen Haftpflichtversicherung erstatten uns unsere Entschädigung in vollem Umfang.

d Wir leisten Entschädigungen in der Vollkaskoversicherung oder bilden Rückstellungen für ein Schadenereignis, das unter die Teilkaskoversicherung fällt.

e Sie nehmen Ihre Vollkaskoversicherung nur deswegen in Anspruch, weil:

- eine mit einer gesetzlich vorgeschriebenen Haftpflichtversicherung für das Schadenereignis zwar in vollem Umfang haftet,
- Sie aber gegenüber dem Haftpflichtversicherer keinen Anspruch haben, weil dieser den Versicherungsschutz ganz oder teilweise versagt hat.

I.4.2 Schadenbelasteter Verlauf

I.4.2.1 Ein schadenbelasteter Verlauf des Vertrags liegt vor, wenn Sie uns während eines Kalenderjahres ein oder mehrere Schadenereignisse melden, für die wir Entschädigungen leisten oder Rückstellungen bilden müssen. Hiervon ausgenommen sind die Fälle nach I.4.1.2.

I.4.2.2 Gilt der Vertrag trotz einer Schadenmeldung zunächst als schadenfrei, leisten wir jedoch in einem folgenden Kalenderjahr Entschädigungen oder bilden Rückstellungen für diesen Schaden, stufen wir Ihren Vertrag zum 1. Januar des dann folgenden Kalenderjahres zurück.

I.5 Wie Sie eine Rückstufung in der Kfz-Haftpflichtversicherung vermeiden können

Sie können eine Rückstufung in der Kfz-Haftpflichtversicherung vermeiden, wenn Sie uns unsere Entschädigung freiwillig, also ohne vertragliche oder gesetzliche Verpflichtung erstatten.

Anhang I AKB 2015

Um Ihnen hierzu Gelegenheit zu geben, unterrichten wir Sie nach Abschluss der Schadenregulierung über die Höhe unserer Entschädigung. Voraussetzung ist, dass unsere Entschädigung nicht mehr als 500 Euro beträgt.

Erstatten Sie uns die Entschädigung innerhalb von sechs Monaten nach unserer Mitteilung, wird Ihr Kfz-Haftpflichtversicherungsvertrag als schadenfrei behandelt.

Haben wir Sie über den Abschluss der Schadenregulierung und über die Höhe des Erstattungsbetrags unterrichtet und müssen wir eine weitere Entschädigung leisten, führt dies nicht zu einer Erhöhung des Erstattungsbetrags.

I.6 Übernahme eines Schadenverlaufs

I.6.1 In welchen Fällen wird ein Schadenverlauf übernommen?

Der Schadenverlauf eines anderen Vertrags - auch wenn dieser bei einem anderen Versicherer bestanden hat - wird auf den Vertrag des versicherten Fahrzeugs unter den Voraussetzungen nach I.6.2 und I.6.3 in folgenden Fällen übernommen:

Fahrzeugwechsel

I.6.1.1 Sie haben das versicherte Fahrzeug anstelle eines anderen Fahrzeugs angeschafft.

Rabatt-Tausch

I.6.1.2 a Sie besitzen neben dem versicherten Fahrzeug noch ein anderes Fahrzeug. Sie veräußern dieses oder setzen es ohne Ruheversicherung außer Betrieb und beantragen die Übernahme des Schadenverlaufs.

I.6.1.2 b Sie versichern ein weiteres Fahrzeug. Dieses soll überwiegend von demselben Personenkreis benutzt werden, wie das bereits versicherte Fahrzeug. Sie beantragen, dass der Schadenverlauf von dem bisherigen auf das weitere Fahrzeug übertragen wird.

Schadenverlauf einer anderen Person

I.6.1.3 Das Fahrzeug einer anderen Person wurde überwiegend von Ihnen gefahren und Sie beantragen die Übernahme des Schadenverlaufs.

Versichererwechsel

I.6.1.4 Sie sind mit Ihrem Fahrzeug von einem anderen Versicherer zu uns gewechselt.

I.6.2 Welche Voraussetzungen gelten für die Übernahme?

Für die Übernahme eines Schadenverlaufs gelten folgende Voraussetzungen:

Fahrzeuggruppe

I.6.2.1 Die Fahrzeuge, zwischen denen der Schadenverlauf übertragen wird, gehören derselben Fahrzeuggruppe an, oder das Fahrzeug, von dem der Schadenverlauf übernommen wird, gehört einer höheren Fahrzeuggruppe als das Fahrzeug, auf das übertragen wird.

    a   Untere Fahrzeuggruppe:

       Pkw, Leichtkrafträder, Krafträder, Campingfahrzeuge, Lieferwagen, Gabelstapler, Kranken- und Leichenwagen.

    b   Mittlere Fahrzeuggruppe:

       Taxen, Mietwagen, Lkw und Zugmaschinen im Werkverkehr.

    c   Obere Fahrzeuggruppe:

       Lkw und Zugmaschinen im gewerblichen Güterverkehr, Kraftomnibusse sowie Abschleppwagen.

    Eine Übertragung ist zudem möglich

- von einem Lieferwagen auf einen Lkw oder eine Zugmaschine im Werkverkehr bis xx kW,
- von einem Pkw mit 7 bis 9 Plätzen einschließlich Mietwagen und Taxen auf einen Kraftomnibus mit nicht mehr als xx Plätzen (ohne Fahrersitz).

Gemeinsame Übernahme des Schadenverlaufs in der Kfz-Haftpflicht- und der Vollkaskoversicherung

I.6.2.2 Wir übernehmen die Schadenverläufe in der Kfz-Haftpflicht- und in der Vollkaskoversicherung nur zusammen.

Dies gilt nicht, wenn der Versicherungsnehmer die Vollkaskoversicherung aus einem anderen für ihn bestehenden Vertrag aufgibt, um den Schadenverlauf für das versicherte Fahrzeug zu nutzen.

Zusätzliche Regelung für die Übernahme des Schadenverlaufs von einer anderen Person nach I.6.1.3

I.6.2.3 Wir übernehmen den Schadenverlauf von einer anderen Person nur für den Zeitraum, in dem das Fahrzeug der anderen Person überwiegend von Ihnen gefahren wurde. Zusätzlich müssen folgende Voraussetzungen erfüllt sein:

a Es handelt sich bei der anderen Person um Ihren Ehepartner, Ihren eingetragenen Lebenspartner, Ihren mit Ihnen in häuslicher Gemeinschaft lebenden Lebenspartner, ein Elternteil, Ihr Kind oder Ihren Arbeitgeber;

b Sie machen den Zeitraum, in dem das Fahrzeug der anderen Person überwiegend von Ihnen gefahren wurde glaubhaft; hierzu gehört insbesondere

- eine Erklärung in Textform von Ihnen und der anderen Person; ist die andere Person verstorben, ist die Erklärung durch Sie ausreichend;

- die Vorlage einer Kopie Ihres Führerscheins zum Nachweis dafür, dass Sie für den entsprechenden Zeitraum im Besitz einer gültigen Fahrerlaubnis waren;

c die andere Person ist mit der Übertragung ihres Schadenverlaufs an Sie einverstanden und gibt damit ihren Schadenfreiheitsrabatt in vollem Umfang auf;

d die Nutzung des Fahrzeugs der anderen Person durch Sie liegt bei der Übernahme nicht mehr als xx Monate zurück.

I.6.3 Wie wirkt sich eine Unterbrechung des Versicherungsschutzes auf den Schadenverlauf aus?

Im Jahr der Übernahme

I.6.3.1 Nach einer Unterbrechung des Versicherungsschutzes (Außerbetriebsetzung, Saisonkennzeichen außerhalb der Saison, Vertragsbeendigung, Veräußerung, Wagniswegfall) gilt:

a Beträgt die Unterbrechung höchstens sechs Monate, übernehmen wir den Schadenverlauf, als wäre der Versicherungsschutz nicht unterbrochen worden.

b Beträgt die Unterbrechung mehr als sechs und höchstens zwölf Monate, übernehmen wir den Schadenverlauf, wie er vor der Unterbrechung bestand.

c Beträgt die Unterbrechung mehr als zwölf Monate, ziehen wir beim Schadenverlauf für jedes weitere angefangene Kalenderjahr seit der Unterbrechung ein schadenfreies Jahr ab.

d Beträgt die Unterbrechung mehr als sieben Jahre, übernehmen wir den schadenfreien Verlauf nicht.

Sofern neben einer Rückstufung aufgrund einer Unterbrechung von mehr als einem Jahr gleichzeitig eine Rückstufung aufgrund einer Schadenmeldung zu erfolgen hat, gilt Folgendes: Zunächst ist die Rückstufung aufgrund des Schadens, danach die Rückstufung aufgrund der Unterbrechung vorzunehmen.

Im Folgejahr nach der Übernahme

I.6.3.2 In dem auf die Übernahme folgenden Kalenderjahr richtet sich die Einstufung des Vertrags nach dessen Schadenverlauf und danach, wie lange der Versicherungsschutz im Kalenderjahr der Übernahme bestand:

a Bestand der Versicherungsschutz im Kalenderjahr der Übernahme mindestens sechs Monate, wird der Vertrag entsprechend seines Verlaufs so eingestuft, als hätte er ein volles Kalenderjahr bestanden.

b Bestand der Versicherungsschutz im Kalenderjahr der Übernahme weniger als sechs Monate, unterbleibt eine Besserstufung trotz schadenfreien Verlaufs.

I.6.4 Übernahme des Schadenverlaufs nach Betriebsübergang

Haben Sie einen Betrieb und dessen zugehörige Fahrzeuge übernommen, übernehmen wir den Schadenverlauf dieser Fahrzeuge unter folgenden Voraussetzungen:

- Der bisherige Betriebsinhaber ist mit der Übernahme des Schadenverlaufs durch Sie einverstanden und gibt damit den Schadenfreiheitsrabatt in vollem Umfang auf,

- Sie machen glaubhaft, dass sich durch die Übernahme des Betriebs die bisherige Risikosituation nicht verändert hat.

Anhang I AKB 2015

I.7 Einstufung nach Abgabe des Schadenverlaufs

I.7.1 Die Schadenverläufe in der Kfz-Haftpflicht- und der Vollkaskoversicherung können nur zusammen abgegeben werden.

I.7.2 Nach einer Abgabe des Schadenverlaufs Ihres Vertrags stufen wir diesen in die SF-Klasse ein, die Sie bei Ersteinstufung Ihres Vertrages nach I.2 bekommen hätten. Befand sich Ihr Vertrag in der SF-Klasse M oder S, bleibt diese Einstufung bestehen.

I.7.3 Wir sind berechtigt, den Mehrbeitrag aufgrund der Umstellung Ihres Vertrags nachzuerheben.

I.8 Auskünfte über den Schadenverlauf

I.8.1 Wir sind berechtigt, uns bei Übernahme eines Schadenverlaufs folgende Auskünfte vom Vorversicherer geben zu lassen:

- Art und Verwendung des Fahrzeugs,
- Beginn und Ende des Vertrags für das Fahrzeug,
- Schadenverlauf des Fahrzeugs in der Kfz-Haftpflicht- und der Vollkaskoversicherung,
- Unterbrechungen des Versicherungsschutzes des Fahrzeugs, die sich noch nicht auf dessen letzte Neueinstufung ausgewirkt haben,
- ob für ein Schadenereignis Rückstellungen innerhalb von drei Jahren nach deren Bildung aufgelöst worden sind, ohne dass Zahlungen geleistet worden sind und
- ob Ihnen oder einem anderen Versicherer bereits entsprechende Auskünfte erteilt worden sind.

I.8.2 Versichern Sie nach Beendigung Ihres Vertrags in der Kfz-Haftpflicht- und der Vollkaskoversicherung Ihr Fahrzeug bei einem anderen Versicherer, sind wir berechtigt und verpflichtet, diesem auf Anfrage Auskünfte zu Ihrem Vertrag und dem versicherten Fahrzeug nach I.8.1 zu geben.

Unsere Auskunft bezieht sich nur auf den tatsächlichen Schadenverlauf. Sondereinstufungen – mit Ausnahme der Regelung nach I.2.2.1 – werden nicht berücksichtigt.

I.8.3 Ist Ihr Vertrag bei Beendigung nach der maßgeblichen Tabelle zum Schadenfreiheitsrabatt-System in Anhang 1 in die SF-Klasse M, 0 oder S eingestuft worden oder wäre er bei Fortbestehen dort einzustufen, sind wir berechtigt, dies der zuständigen Gemeinschaftseinrichtung der Versicherer mitzuteilen. Dies ist derzeit die GDV Dienstleistungs-GmbH & Co. KG, Glockengießerwall 1, 20095 Hamburg. Ihre SF-Klasse wird dort für andere Versicherer nach I.8.4 abrufbar sein.

I.8.4 Geben Sie in Ihrem Antrag keine Vorversicherung an, sind wir berechtigt, bei der zuständigen Gemeinschaftseinrichtung der Versicherer nachzufragen, ob Ihr Vertrag bei einem Vorversicherer in die SF-Klassen M, 0 oder S einzustufen war.

J Beitragsänderung aufgrund tariflicher Maßnahmen

J.1 Typklasse

Richtet sich der Versicherungsbeitrag nach dem Typ Ihres Fahrzeugs, können Sie Ihrem Versicherungsschein entnehmen, welcher Typklasse Ihr Fahrzeug zu Beginn des Vertrags zugeordnet worden ist.

Ein unabhängiger Treuhänder ermittelt jährlich, ob und in welchem Umfang sich der Schadenbedarf Ihres Fahrzeugtyps im Verhältnis zu dem aller Fahrzeugtypen erhöht oder verringert hat. Ändert sich der Schadenbedarf Ihres Fahrzeugtyps im Verhältnis zu dem aller Fahrzeugtypen, kann dies zu einer Zuordnung in eine andere Typklasse führen. Die damit verbundene Beitragsänderung wird mit Beginn des nächsten Versicherungsjahres wirksam.

[xx Die Klassengrenzen können Sie der Tabelle im Anhang 3 entnehmen.]

J.2 Regionalklasse

Richtet sich der Versicherungsbeitrag nach dem Wohnsitz des Halters, wird Ihr Fahrzeug einer Regionalklasse zugeordnet. Maßgeblich ist der Wohnsitz, den uns die Zulassungsbehörde zu Ihrem Fahrzeug mitteilt. Ihrem Versicherungsschein können Sie entnehmen, welcher Regionalklasse Ihr Fahrzeug zu Beginn des Vertrags zugeordnet worden ist.

2030

Ein unabhängiger Treuhänder ermittelt jährlich, ob und in welchem Umfang sich der Schadenbedarf der Region, in welcher der Wohnsitz des Halters liegt, im Verhältnis zu allen Regionen erhöht oder verringert hat. Ändert sich der Schadenbedarf Ihrer Region im Verhältnis zu dem aller Regionen, kann dies zu einer Zuordnung in eine andere Regionalklasse führen. Die damit verbundene Beitragsänderung wird mit Beginn des nächsten Versicherungsjahres wirksam.

[xx Die Klassengrenzen können Sie der Tabelle im Anhang 4 entnehmen.]

J.3 Tarifänderung

< xx Redaktioneller Hinweis: Ein Mustertext wie zu § 9a AKB a. F. wird nicht bekannt gemacht. >

J.4 Kündigungsrecht

Führt eine Änderung nach J.1 bis J.3 in der Kfz-Haftpflichtversicherung zu einer Beitragserhöhung, so haben Sie nach G.2.7 ein Kündigungsrecht. Werden mehrere Änderungen gleichzeitig wirksam, so besteht Ihr Kündigungsrecht nur, wenn die Änderungen in Summe zu einer Beitragserhöhung führen.

Dies gilt für die Kaskoversicherung [und xxx] entsprechend.

<Redaktioneller Hinweis: Ist auch in weiteren Sparten ein Tarifänderungsrecht nach J.3 vorgesehen, ist dies hier aufzunehmen.>

J.5 Gesetzliche Änderung des Leistungsumfangs in der Kfz-Haftpflichtversicherung

In der Kfz-Haftpflichtversicherung sind wir berechtigt, den Beitrag zu erhöhen, sobald wir aufgrund eines Gesetzes, einer Verordnung oder einer EU-Richtlinie dazu verpflichtet werden, den Leistungsumfang oder die Versicherungssummen zu erhöhen.

< xx Achtung! Es folgen zwei Varianten. Variante 1 für Versicherer, die nur das SF-System nach Anlage 1 verwenden wollen. Variante 2 für Versicherer, die auch die Tarifmerkmale nach Anhang 2 verwenden wollen. >

J.6 Änderung des SF-Klassen-Systems

Wir sind berechtigt, die Bestimmungen für die SF-Klassen nach Abschnitt I und Anhang 1 zu ändern. Dies setzt voraus, dass ein unabhängiger Treuhänder bestätigt, dass die geänderten Bestimmungen den anerkannten Grundsätzen der Versicherungsmathematik und Versicherungstechnik entsprechen. Die geänderten Bestimmungen werden mit Beginn des nächsten Versicherungsjahres wirksam.

In diesem Fall haben Sie nach G.2.9 ein Kündigungsrecht.

[J.6 xx Änderung der Tarifstruktur]

Wir sind berechtigt, die Bestimmungen für SF-Klassen, Regionalklassen, Typklassen, Abstellort, jährliche Fahrleistung, xx < ggf. zu ergänzen > zu ändern. Dies setzt voraus, dass ein unabhängiger Treuhänder bestätigt, dass die geänderten Bestimmungen den anerkannten Grundsätzen der Versicherungsmathematik und Versicherungstechnik entsprechen. Die geänderten Bestimmungen werden mit Beginn des nächsten Versicherungsjahres wirksam.

In diesem Fall haben Sie nach G.2.9 ein Kündigungsrecht.

K Beitragsänderung aufgrund eines bei Ihnen eingetretenen Umstands

K.1 Änderung des Schadenfreiheitsrabatts

Ihr Beitrag kann sich aufgrund der Regelungen zum Schadenfreiheitsrabatt-System nach Abschnitt I ändern.

K.2 Änderung von Merkmalen zur Beitragsberechnung

Welche Änderungen werden berücksichtigt?

K.2.1 Ändert sich während der Laufzeit des Vertrags ein im Versicherungsschein unter der Überschrift xx aufgeführtes Merkmal zur Beitragsberechnung, berechnen wir den Beitrag neu. Dies kann zu einer Beitragssenkung oder zu einer Beitragserhöhung führen.

< xx Alternativformulierung für Versicherer, die die Anhänge 2 und 5 verwenden:

Anhang I AKB 2015

K.2.1 Ändert sich während der Laufzeit des Vertrags ein Merkmal zur Beitragsberechnung gemäß Anhang 2 "Merkmale zur Beitragsberechnung" und Anhang 5 „Berufsgruppen (Tarifgruppen)" berechnen wir den Beitrag neu. Dies kann zu einer Beitragssenkung oder zu einer Beitragserhöhung führen. >

Auswirkung auf den Beitrag

K.2.2 Der neue Beitrag gilt ab dem Tag der Änderung.

K.2.3 Ändert sich die im Versicherungsschein aufgeführte Jahresfahrleistung, gilt abweichend von K.2.2 der neue Beitrag rückwirkend ab Beginn des laufenden Versicherungsjahres.

K.3 Änderung der Regionalklasse wegen Wohnsitzwechsels

Wechselt der Halter seinen Wohnsitz und wird dadurch Ihr Fahrzeug einer anderen Regionalklasse zugeordnet, richtet sich der Beitrag ab der Ummeldung bei der Zulassungsbehörde nach der neuen Regionalklasse.

K.4 Ihre Mitteilungspflichten zu den Merkmalen zur Beitragsberechnung

Anzeige von Änderungen

K.4.1 Die Änderung eines im Versicherungsschein unter der Überschrift < xx konkrete Bezeichnung eintragen > aufgeführten Merkmals zur Beitragsberechnung müssen Sie uns unverzüglich anzeigen.

Überprüfung der Merkmale zur Beitragsberechnung

K.4.2 Wir sind berechtigt zu überprüfen, ob die bei Ihrem Vertrag berücksichtigten Merkmale zur Beitragsberechnung zutreffen. Auf Anforderung haben Sie uns entsprechende Bestätigungen oder Nachweise vorzulegen.

Folgen von unzutreffenden Angaben

K.4.3 Haben Sie unzutreffende Angaben zu Merkmalen zur Beitragsberechnung gemacht oder Änderungen nicht angezeigt und ist deshalb ein zu niedriger Beitrag berechnet worden, gilt rückwirkend ab Beginn des laufenden Versicherungsjahres der Beitrag, der den tatsächlichen Merkmalen zur Beitragsberechnung entspricht.

K.4.4 Haben Sie die vorsätzlich unzutreffende Angaben gemacht oder Änderungen vorsätzlich nicht angezeigt und ist deshalb ein zu niedriger Beitrag berechnet worden, ist zusätzlich zur Beitragserhöhung eine Vertragsstrafe in Höhe von xx zu zahlen.

Folgen von Nichtangaben

K.4.5 Kommen Sie unserer Aufforderung schuldhaft nicht nach, Bestätigungen oder Nachweise vorzulegen, sind wir berechtigt, den Beitrag rückwirkend ab Beginn des laufenden Versicherungsjahres nach den für Sie ungünstigsten Annahmen zu berechnen, wenn

- wir Sie in Textform auf den dann zu zahlenden Beitrag und die dabei zugrunde gelegten Annahmen hingewiesen haben
- und Sie auch innerhalb einer von uns gesetzten Antwortfrist von mindestens X [nicht weniger als 4] Wochen die zur Überprüfung der Beitragsberechnung angeforderten Bestätigungen oder Nachweise nicht nachreichen.

K.5 Änderung der Art und Verwendung des Fahrzeugs

Ändert sich die im Versicherungsschein ausgewiesene Art und Verwendung des Fahrzeugs < xx bei Verwendung des Anhangs: „gemäß der Tabelle in Anhang 6" >, müssen Sie uns dies anzeigen. Bei der Zuordnung nach der Verwendung des Fahrzeugs gelten ziehendes Fahrzeug und Anhänger als Einheit, wobei das höhere Wagnis maßgeblich ist.

Wir können in diesem Fall den Versicherungsvertrag nach G.3.6 kündigen oder den Beitrag ab der Änderung anpassen.

Erhöhen wir den Beitrag um mehr als 10 %, haben Sie ein Kündigungsrecht nach G.2.8.

L Meinungsverschiedenheiten und Gerichtsstände

L.1 Wenn Sie mit uns einmal nicht zufrieden sind

Versicherungsombudsmann

L.1.1 Wenn Sie als Verbraucher mit unserer Entscheidung nicht zufrieden sind oder eine Verhandlung mit uns einmal nicht zu dem von Ihnen gewünschten Ergebnis geführt hat, können Sie sich an den Ombudsmann für Versicherungen wenden.

Versicherungsombudsmann e.V.
Postfach 080632
10006 Berlin
E-Mail: beschwerde@versicherungsombudsmann.de
Telefon 0800 3696000, Fax 0800 3699000 (kostenfrei aus dem deutschen Telefonnetz)

Der Ombudsmann für Versicherungen ist eine unabhängige und für Verbraucher kostenfrei arbeitende Schlichtungsstelle. Voraussetzung für das Schlichtungsverfahren vor dem Ombudsmann ist aber, dass Sie uns zunächst die Möglichkeit gegeben haben, unsere Entscheidung zu überprüfen.

Versicherungsaufsicht

L.1.2 Sind Sie mit unserer Betreuung nicht zufrieden oder treten Meinungsverschiedenheiten bei der Vertragsabwicklung auf, können Sie sich auch an die für uns zuständige Aufsicht wenden. Als Versicherungsunternehmen unterliegen wir der Aufsicht der Bundesanstalt für Finanzdienstleistungsaufsicht.

Bundesanstalt für Finanzdienstleistungsaufsicht (BAFin)
Sektor Versicherungsaufsicht
Graurheindorfer Straße 108
53117 Bonn
E-Mail: poststelle@bafin.de
Telefon 0228 4108-0, Fax 0228 4108 – 1550

Bitte beachten Sie, dass die BAFin keine Schiedsstelle ist und einzelne Streitfälle nicht verbindlich entscheiden kann.

Rechtsweg

L.1.3 Außerdem haben Sie die Möglichkeit, den Rechtsweg zu beschreiten.

Bei Meinungsverschiedenheiten über die Höhe des Schadens in der Kaskoversicherung ist erst das Sachverständigenverfahren nach A.2.6 durchzuführen.

L.2 Gerichtsstände

Wenn Sie uns verklagen

L.2.1 Ansprüche aus Ihrem Versicherungsvertrag können Sie insbesondere bei folgenden Gerichten geltend machen:

- dem Gericht, das für Ihren Wohnsitz örtlich zuständig ist,
- dem Gericht, das für unseren Geschäftssitz oder für die Sie betreuende Niederlassung örtlich zuständig ist.

Wenn wir Sie verklagen

L.2.2 Wir können Ansprüche aus dem Versicherungsvertrag insbesondere bei folgenden Gerichten geltend machen:

- dem Gericht, das für Ihren Wohnsitz örtlich zuständig ist,
- dem Gericht des Ortes, an dem sich der Sitz oder die Niederlassung Ihres Betriebs befindet, wenn Sie den Versicherungsvertrag für Ihren Geschäfts- oder Gewerbebetrieb abgeschlossen haben.

Sie haben Ihren Wohnsitz oder Geschäftssitz ins Ausland verlegt

L.2.3 Für den Fall, dass Sie Ihren Wohnsitz, Geschäftssitz oder gewöhnlichen Aufenthalt außerhalb Deutschlands verlegt haben oder Ihr Wohnsitz, Geschäftssitz oder gewöhnlicher Aufenthalt im Zeitpunkt der Klageerhebung nicht bekannt ist, gilt abweichend der Regelungen nach L.2.2 das Gericht als vereinbart, das für unseren Geschäftssitz zuständig ist.

Anhang I AKB 2015

M

- Abschnitt gestrichen -

N Bedingungsänderung

< xx Redaktioneller Hinweis: Ein Mustertext wird nicht bekannt gemacht. >

Anhang 1: Tabellen zum Schadenfreiheitsrabatt-System

1 Pkw

1.1 Einstufung von Pkw in Schadenfreiheitsklassen (SF-Klassen) und Beitragssätze

[Anpassung der SF-Klassen in allen nachfolgenden Tabellen]-...

... < xx Tabelle >

1.2 Rückstufung im Schadenfall bei Pkw

1.2.1 Kfz-Haftpflichtversicherung

Aus SF Klasse Nach Klasse	1 Schaden	2 Schäden	3 Schäden	4 und mehr Schäden
xx	xx	xx	xx	xx
...				

1.2.2 Vollkaskoversicherung

Aus SF Klasse Nach Klasse	1 Schaden	2 Schäden	3 Schäden	4 und mehr Schäden
xx	xx	xx	xx	xx
...				

2 Krafträder

2.1 Einstufung von Krafträdern in Schadenfreiheitsklassen (SF-Klassen) und Beitragssätze

... < xx Tabelle >

2.2 Rückstufung im Schadenfall bei Krafträdern

2.2.1 Kfz-Haftpflichtversicherung

... < xx Tabelle >

2.2.2 Vollkaskoversicherung

... < xx Tabelle >

3 Leichtkrafträder

3.1 Einstufung von Leichtkrafträdern in Schadenfreiheitsklassen (SF-Klassen) und Beitragssätze

... < xx Tabelle >

3.2 Rückstufung im Schadenfall bei Leichtkrafträdern

3.2.1 Kfz-Haftpflichtversicherung

... < xx Tabelle >

3.2.2 Vollkaskoversicherung
... < xx Tabelle >

4 Taxen und Mietwagen

4.1 Einstufung von Taxen und Mietwagen in Schadenfreiheitsklassen (SF-Klassen) und Beitragssätze
... < xx Tabelle >

4.2 Rückstufung im Schadenfall bei Taxen und Mietwagen

    4.2.1 Kfz-Haftpflichtversicherung
    ... < xx Tabelle >

    4.2.2 Vollkaskoversicherung
    ... < xx Tabelle >

5 Campingfahrzeuge (Wohnmobile)

5.1 Einstufung von Campingfahrzeugen (Wohnmobilen) in Schadenfreiheitsklassen (SF-Klassen) und Beitragssätze
... < xx Tabelle >

5.2 Rückstufung im Schadenfall bei Campingfahrzeugen (Wohnmobilen)

    5.2.1 Kfz-Haftpflichtversicherung
    ... < xx Tabelle >

    5.2.2 Vollkaskoversicherung
    ... < xx Tabelle >

6 Lieferwagen, Lkw, Zugmaschinen, Krankenwagen, Leichenwagen, Busse (nur Kfz-Haftpflicht), Abschleppwagen (nur Kfz-Haftpflicht) und Stapler (nur Kfz-Haftpflicht)

6.1 Einstufung von Lieferwagen, Lkw, Zugmaschinen, Krankenwagen, Leichenwagen, Busse (nur Kfz-Haftpflicht), Abschleppwagen und Stapler (nur Kfz-Haftpflicht) in Schadenfreiheitsklassen (SF-Klassen) und Beitragssätze
... < xx Tabelle >

6.2 Rückstufung im Schadenfall bei Lieferwagen, Lkw, Zugmaschinen, Krankenwagen, Leichenwagen, Busse, Abschleppwagen und Stapler

    6.2.1 Kfz-Haftpflichtversicherung
    ... < xx Tabelle >

    6.2.2 Vollkaskoversicherung (nur Lieferwagen, Lkw, Zugmaschinen, Krankenwagen, Leichenwagen)
    ... < xx Tabelle >

[Anhang 2: Merkmale zur Beitragsberechnung]

1 Individuelle Merkmale zur Beitragsberechnung bei Pkw

1.1 Abstellort

Regelmäßiger nächtlicher Abstellort:
- abschließbare Einzelgarage
- abschließbare Doppelgarage
- Mehrfachtiefgarage

Anhang I AKB 2015

- gesichertes Grundstück
- Carport

1.2 Jährliche Fahrleistung
Fahrleistungsklassen:

    1.2.1   Kfz-Haftpflichtversicherung:
          Fahrleistungsklasse
          von XX km bis XX km

    1.2.2   Vollkaskoversicherung:
          Fahrleistungsklasse
          von XX km bis XX km

    1.2.3   Teilkaskoversicherung:
          Fahrleistungsklasse
          von XX km bis XX km

Unabhängig von der Fahrleistung gilt bei Verträgen für Pkw, die mit einem Saison-, Oldtimer-, Ausfuhr-, Kurzzeit- oder roten Kennzeichen zugelassen sind, die Fahrleistungsklasse xx als vereinbart.

1.3 Weitere Merkmale zur Beitragsberechnung
- Selbstgenutztes Wohneigentum
- Nutzerkreis
- Nutzeralter
- Fahrzeugalter beim Erwerb durch Sie
- ... xx

2 Merkmale zur Beitragsberechnung bei Krafträdern und Leichtkrafträdern
- Nutzeralter
- Motorleistung
- ... xx

3 Merkmale zur Beitragsberechnung bei Lkw, Zugmaschinen, Bussen, Anhängern
Bei der Beitragsberechnung werden die nachfolgenden Merkmale berücksichtigt:
- Aufbau
- Motorleistung
- Anzahl der Plätze
- zulässiges Gesamtgewicht

[Anhang 3: Tabellen zu den Typklassen]

Für Pkw, Taxen, Mietwagen und Selbstfahrervermiet-Pkw gelten folgende Typklassen:

1 Kfz-Haftpflichtversicherung:

Typklasse	Schadenbedarfs-Indexwerte
	von bis unter

2 Vollkaskoversicherung:

Typklasse	Schadenbedarfs-Indexwerte
	von bis unter

2036

AKB 2015 Anhang I

3 Teilkaskoversicherung:
   Typklasse   Schadenbedarfs-Indexwerte
                 von bis unter

[Anhang 4:Tabellen zu den Regionalklassen]

Es gelten folgende Regionalklassen:

1 Für Pkw

1.1 In der Kfz-Haftpflichtversicherung:
     Regionalklasse Schadenbedarfs-Indexwerte
                     von bis unter

1.2 In der Vollkaskoversicherung:
     Regionalklasse Schadenbedarfs-Indexwerte
                     von bis unter

1.3 In der Teilkaskoversicherung:
     Regionalklasse Schadenbedarfs-Indexwerte
                     von bis unter

2 Für Krafträder

2.1 In der Kfz-Haftpflichtversicherung:
     Regionalklasse Schadenbedarfs-Indexwerte
                     von bis unter

2.2 In der Teilkaskoversicherung:
     Regionalklasse Schadenbedarfs-Indexwerte
                     von bis unter

3 Für Lieferwagen

3.1 In der Kfz-Haftpflichtversicherung:
     Regionalklasse Schadenbedarfs-Indexwerte
                     von bis unter

3.2 In der Vollkaskoversicherung:
     Regionalklasse Schadenbedarfs-Indexwerte Regionen
                     von bis unter

3.3 In der Teilkaskoversicherung:
     Regionalklasse Schadenbedarfs-Indexwerte Regionen
                     von bis unter

4 Für landwirtschaftliche Zugmaschinen

4.1 In der Kfz-Haftpflichtversichrung:
     Regionalklasse Schadenbedarfs-Indexwerte Regionen
                     von bis unter

Anhang I AKB 2015

4.2 **In der Teilkaskoversicherung:**

Regionalklasse Schadenbedarfs-Indexwerte Regionen

von bis unter

[Anhang 5: Berufsgruppen (Tarifgruppen)]

1 **Berufsgruppe A**

Die Beiträge der Berufsgruppe A gelten in der Kfz-Haftpflichtversicherung bei Pkw für

a Landwirte und Gartenbaubetriebe

landwirtschaftliche Unternehmer im Sinne des § 123 Abs. 1 Nr. 1 Sozialgesetzbuch VII, die Mitglieder einer landwirtschaftlichen Berufsgenossenschaft oder der Gartenbauberufsgenossenschaft sind, deren Betrieb eine Mindestgröße von 1/2 ha - bei einem Gartenbaubetrieb jedoch eine Mindestgröße von 2 ha - hat, und die diesen Betrieb selbst bewirtschaften;

b Ehemalige Landwirte

ehemalige landwirtschaftliche Unternehmer, wenn sie die Voraussetzungen nach 1.a unmittelbar vor Übergabe des Betriebes erfüllt haben und nicht anderweitig berufstätig sind;

c Witwen und Witwer

nicht berufstätige Witwen/Witwer von Personen, die bei ihrem Tod die Voraussetzungen nach 1.a oder 1.b erfüllt haben.

2 **Berufsgruppe B**

Die Beiträge der Berufsgruppe B gelten in der Kfz-Haftpflicht-, Vollkasko- und in der Teilkaskoversicherung beschränkt auf Pkw, Campingfahrzeuge, Krafträder und Leichtkrafträder – für Versicherungsverträge von Kraftfahrzeugen, die zugelassen sind auf

a Gebietskörperschaften, Körperschaften, Anstalten und Stiftungen des öffentlichen Rechts;

b juristische Personen des Privatrechts, wenn sie im Hauptzweck Aufgaben wahrnehmen, die sonst der öffentlichen Hand obliegen würden, oder wenn

- an ihrem Grundkapital juristische Personen des öffentlichen Rechts mit mindestens 50 % beteiligt sind oder

- sie Zuwendungen aus öffentlichen Haushalten zu mehr als der Hälfte ihrer Haushaltsmittel erhalten (§ 23 Bundeshaushaltsordnung oder die entsprechenden haushaltsrechtlichen Vorschriften der Länder);

c mildtätige und kirchliche Einrichtungen (§§ 53, 54 Abgabenordnung);

d als gemeinnützig anerkannte Einrichtungen (§ 52 Abgabenordnung), die im Hauptzweck der Gesundheitspflege und Fürsorge oder der Jugend- und Altenpflege dienen oder die im Hauptzweck durch Förderung der Wissenschaft, Kunst, Religion, der Erziehung oder der Volks- und Berufsbildung dem Allgemeinwohl auf materiellem, geistigem oder sittlichem Gebiet nutzen;

e Selbsthilfeeinrichtungen der Angehörigen des öffentlichen Dienstes;

f Beamte, Richter, Angestellte und Arbeiter der unter 2.a bis 2.e genannten juristischen Personen und Einrichtungen, sofern ihre nicht selbstständige und der Lohnsteuer unterliegende Tätigkeit für diese mindestens 50 % der normalen Arbeitszeit beansprucht und sofern sie von ihnen besoldet oder entlohnt werden, sowie die bei diesen juristischen Personen und Einrichtungen in einem anerkannten Ausbildungsverhältnis stehenden Personen, ferner Berufssoldaten und Soldaten auf Zeit der Bundeswehr (nicht Wehrbzw. Zivildienstpflichtige und freiwillige Helfer);

g Beamte, Angestellte und Arbeiter überstaatlicher oder zwischenstaatlicher Einrichtungen; für sie gilt das gleiche wie für nach 2.f genannten Beamten, Angestellten und Arbeiter;

h Pensionäre, Rentner und beurlaubte Angehörige des öffentlichen Dienstes, wenn sie die Voraussetzungen von 2.f oder 2.g unmittelbar vor ihrem Eintritt in den Ruhestand bzw. vor ihrer Beurlaubung erfüllt haben und nicht anderweitig berufstätig sind, sowie nicht berufstätige versorgungsberechtigte Witwen / Witwer von Beamten, Richtern, Angestellten, Arbeitern, Berufssoldaten und Soldaten auf Zeit der Bundeswehr, Pensionären und Rentnern, die jeweils bei ihrem Tode die Voraussetzungen von 2.f, 2.g oder 2.h erfüllt haben;

i Familienangehörige von Beamten, Richtern, Angestellten, Arbeitern, Berufssoldaten und Soldaten auf Zeit der Bundeswehr, Pensionären und Rentnern, die die Voraussetzungen von 2.f, 2.g oder 2.h erfüllen. Voraussetzung ist, dass die Familienangehörigen nicht erwerbstätig sind und mit den vorher genannten Personen in häuslicher Gemeinschaft leben und von ihnen unterhalten werden.

3 **Berufsgruppe D**

Die Beiträge der Berufsgruppe D gelten in der Kfz-Haftpflicht- und der Kaskoversicherung – in der Teilkaskoversicherung beschränkt auf Pkw, Campingfahrzeuge, Krafträder und Leichtkrafträder – für Verträge von Kraftfahrzeugen, die zugelassen sind auf privatisierte, ehemals öffentlich-rechtliche Banken und Sparkassen, andere privatisierte, ehemals öffentlich-rechtliche Einrichtungen (z. B. Telekom, Deutsche Bahn, Deutsche Post, Postbank, Lufthansa) und deren Tochterunternehmen, sonstige Finanzdienstleistungs-, Wohnungsbau- oder Energieversorgungsunternehmen, Krankenhäuser, Kliniken, Sanatorien, Pflegeheime, kirchliche Einrichtungen, sonstige mildtätige oder gemeinnützige Einrichtungen und deren Beschäftigte, wenn sie nicht bereits die Voraussetzungen der Berufsgruppe B erfüllen.

[Anhang 6: Art und Verwendung von Fahrzeugen]

1 **Fahrzeuge mit Versicherungskennzeichen**

Fahrzeuge, die ein Versicherungskennzeichen führen müssen, sind:

1.1 Fahrräder mit Hilfsmotor mit einem Hubraum von nicht mehr als 50 ccm und einer Höchstgeschwindigkeit

- bis 45 km/h
- bis 50 km/h, sofern sie zum 31. Dezember 2001 erstmals in Verkehr gekommen sind
- bis 60 km/h, sofern sie bis zum 29. Februar 1992 erstmals in Verkehr gekommen sind

1.2 Kleinkrafträder (zwei-, dreirädrig) mit einem Hubraum von nicht mehr als 50 ccm und einer Höchstgeschwindigkeit

- bis 45 km/h
- bis 50 km/h, sofern sie zum 31. Dezember 2001 erstmals in Verkehr gekommen sind
- bis 60 km/h, sofern sie bis zum 29. Februar 1992 erstmals in Verkehr gekommen sind

1.3 vierrädrige Leichtkraftfahrzeuge mit einem Hubraum von nicht mehr als 50 ccm und einer Höchstgeschwindigkeit bis 45 km/h

1.4 motorisierte Krankenfahrstühle

2 **Leichtkrafträder**

Leichtkrafträder sind Krafträder und Kraftroller mit einem Hubraum von mehr als 50 ccm und nicht mehr als 125 ccm und einer Nennleistung von nicht mehr als 11 kW.

3 < - entfällt - >

4 **Krafträder**

Krafträder sind alle Krafträder und Kraftroller, die ein amtliches Kennzeichen führen müssen, mit Ausnahme von Leichtkrafträdern.

5 **Pkw**

Pkw sind als Personenkraftwagen zugelassene Kraftfahrzeuge, mit Ausnahme von Mietwagen, Taxen und Selbstfahrervermietfahrzeugen.

Anhang I AKB 2015

6 Mietwagen

Mietwagen sind Pkw, mit denen ein genehmigungspflichtiger Gelegenheitsverkehr gewerbsmäßig betrieben wird (unter Ausschluss der Taxen, Kraftomnibusse, Güterfahrzeuge und Selbstfahrervermietfahrzeuge).

7 Taxen

Taxen sind Pkw, die der Unternehmer an behördlich zugelassenen Stellen bereithält und mit denen er - auch am Betriebssitz oder während der Fahrt entgegengenommene - Beförderungsaufträge zu einem vom Fahrgast bestimmten Ziel ausführt.

8 Selbstfahrvermietfahrzeuge

Selbstfahrvermietfahrzeuge sind Kraftfahrzeuge und Anhänger, die gewerbsmäßig ohne Gestellung eines Fahrers vermietet werden.

9 Leasingfahrzeuge

Leasingfahrzeuge sind Kraftfahrzeuge und Anhänger, die gewerbsmäßig ohne Gestellung eines Fahrers vermietet werden und auf den Mieter zugelassen sind oder bei Zulassung auf den Vermieter dem Mieter durch Vertrag mindestens sechs Monate überlassen werden.

10 Kraftomnibusse

Kraftomnibusse sind Kraftfahrzeuge und Anhänger, die nach ihrer Bauart und Ausstattung zur Beförderung von mehr als neun Personen (einschließlich Führer) geeignet und bestimmt sind.

10.1 Linienverkehr ist eine zwischen bestimmten Ausgangs- und Endpunkten eingerichtete regelmäßige Verkehrsverbindung, auf der Fahrgäste an bestimmten Haltestellen ein- und aussteigen können, sowie Verkehr, der unter Ausschluss anderer Fahrgäste der regelmäßigen Beförderung von Personen zum Besuch von Märkten und Theatern dient.

10.2 Gelegenheitsverkehr sind Ausflugsfahrten und Ferienziel-Reisen sowie Verkehr mit Mietomnibussen.

10.3 Nicht unter 10.1 oder 10.2 fallen sonstige Busse, insbesondere Hotelomnibusse, Werkomnibusse, Schul-, Lehr- und Krankenomnibusse.

11 Campingfahrzeuge

Campingfahrzeuge sind Wohnmobile, die als sonstige Kraftfahrzeuge zugelassen sind.

12 Werkverkehr

Werkverkehr ist die Güterbeförderung mit Kraftfahrzeugen, Anhängern und Aufliegern nur für eigene Zwecke durch eigenes – im Krankheitsfall bis zu vier Wochen auch durch fremdes – Personal eines Unternehmens.

13 Gewerblicher Güterverkehr

Gewerblicher Güterverkehr ist die geschäftsmäßige, entgeltliche Beförderung von Gütern mit Kraftfahrzeugen, Anhängern und Aufliegern für andere.

14 Umzugsverkehr

Umzugsverkehr ist die ausschließliche Beförderung von Umzugsgut.

15 Wechselaufbauten

Wechselaufbauten sind Aufbauten von Kraftfahrzeugen, Anhängern und Aufliegern, die zur Güterbeförderung bestimmt sind und mittels mechanischer Vorrichtungen an diesen Fahrzeugen ausgewechselt werden können.

16 Landwirtschaftliche Zugmaschinen

Landwirtschaftliche Zugmaschinen oder Anhänger sind Zugmaschinen und Raupenschlepper oder Anhänger, die wegen ihrer Verwendung in der Land- und Forstwirtschaft von der Kraftfahrzeugsteuer freigestellt sind und ein amtliches grünes Kennzeichen führen.

17 Melkwagen und Milchsammel-Tankwagen

Melkwagen und Milchsammel-Tankwagen sind Fahrzeuge mit Vorrichtungen zur mechanischen Milchentnahme, die dem Transport der Milch von Weiden und Gehöften zu den Molkereien der Einzugsgebiete dienen.

18 Sonstige landwirtschaftliche Sonderfahrzeuge

Sonstige landwirtschaftliche Sonderfahrzeuge sind Fahrzeuge, die als Sonderfahrzeuge für die Land- und Forstwirtschaft zugelassen werden und ein amtliches grünes Kennzeichen führen.

19 Milchtankwagen

Milchtankwagen sind Fahrzeuge, die dem Transport der Milch zwischen Molkereien oder von Molkereien zum Verteiler oder Verbraucher dienen. Sie gelten nicht als landwirtschaftliche Sonderfahrzeuge, sondern als Güterfahrzeuge.

20 Selbstfahrende Arbeitsmaschinen

Selbstfahrende Arbeitsmaschinen sind Fahrzeuge, die nach ihrer Bauart und ihren besonderen mit dem Fahrzeug fest verbundenen Einrichtungen zur Leistung von Arbeit - nicht zur Beförderung von Personen oder Gütern - bestimmt und geeignet sind und die zu einer vom Bundesminister für Verkehr bestimmten Art solcher Fahrzeuge gehören (z. B. Selbstlader, Bagger, Greifer, Kran-Lkw sowie Räum- und Bergungsfahrzeuge, auch wenn sie zu Abschleppzwecken mitverwendet werden).

21 Lieferwagen

Lieferwagen sind als Lastkraftwagen zugelassene Kraftfahrzeuge mit einer zulässigen Gesamtmasse (bzw. Gesamtgewicht) bis zu 3,5 t.

22 Lkw

Lkw sind Lastkraftwagen mit einer zulässigen Gesamtmasse (bzw. Gesamtgewicht) von mehr als 3,5 t.

23 Zugmaschinen

Zugmaschinen sind Kraftfahrzeuge, die ausschließlich oder überwiegend zum Ziehen von Anhängern oder Aufliegern gebaut sind, mit Ausnahme von landwirtschaftlichen Zugmaschinen.

Anhang II

Kfz-Umweltschadenversicherung (Kfz-USV)

Ergänzende Bedingungen für die Kfz-Versicherung von Umweltschäden
Unverbindliche Musterbedingungen des Gesamtverbandes der Deutschen Versicherungswirtschaft e. V. – GDV – Wilhelmstr. 43 G, 10117 in der Fassung vom 19.05.2015.

Die Verwendung ist rein fakultativ. Sie haben die Möglichkeit, abweichende Klauseln zu verwenden.

A.1 Kfz-Umweltschadensversicherung –
für öffentlich-rechtliche Ansprüche nach dem Umweltschadensgesetz

A.1.1 Was ist versichert?

Sie haben mit Ihrem Fahrzeug die Umwelt geschädigt

A.1.1.1 Wir stellen Sie von öffentlich-rechtlichen Ansprüchen zur Sanierung von Umweltschäden nach dem Umweltschadensgesetz (USchadG) frei. Voraussetzung ist, dass diese durch einen Unfall, eine Panne oder eine plötzliche und unfallartige Störung des bestimmungsgemäßen Gebrauchs des Fahrzeugs (Betriebsstörung) verursacht worden sind.

Ausgenommen vom Versicherungsschutz sind Ansprüche, die auch ohne Bestehen des Umweltschadensgesetzes bereits aufgrund gesetzlicher Haftpflichtbestimmungen des Privatrechts gegen Sie geltend gemacht werden können. Hinweis: Diese Ansprüche sind im Allgemeinen über die Kfz-Haftpflichtversicherung gedeckt.

Begründete und unbegründete Ansprüche

A.1.1.2 Sind die Ansprüche nach dem Umweltschadensgesetz begründet, leisten wir Ersatz in Geld.

A.1.1.3 Sind die Ansprüche nach dem Umweltschadensgesetz unbegründet, wehren wir diese auf unsere Kosten ab. Dies gilt auch, soweit die Ansprüche der Höhe nach unbegründet sind.

Regulierungsvollmacht

A.1.1.4 Wir sind bevollmächtigt, alle uns zur Abwicklung des Schadens zweckmäßig erscheinenden Erklärungen im Rahmen pflichtgemäßen Ermessens abzugeben. Dies schließt Erklärungen zur Abwehr unberechtigter Inanspruchnahme durch die Behörde oder einen sonstigen Dritten ein.

Kommt es in einem Versicherungsfall zu einem Verwaltungsverfahren oder Rechtsstreit gegen Sie, so sind wir zur Verfahrens- und Prozessführung bevollmächtigt. Wir führen das Verwaltungsverfahren oder den Rechtsstreit in Ihrem Namen auf unsere Kosten.

A.1.2 **Wer ist versichert?**

A.1.2 der AKB 2015 gilt entsprechend.

A.1.3 **Versicherungssumme, Höchstzahlung und Selbstbeteiligung**

Versicherungssumme, Höchstzahlung

A.1.3.1 Die Höhe der für Umweltschäden vereinbarten Versicherungssumme können Sie dem Versicherungsschein entnehmen. Diese Versicherungssumme ist unsere Höchstleistung für die in einem Versicherungsjahr angefallenen Schadenereignisse unabhängig von deren Anzahl.

< *Selbstbeteiligung*

A.1.3.2 Ist eine Selbstbeteiligung vereinbart, wird diese bei jedem Schadenereignis von der Entschädigung abgezogen. Ihrem Versicherungsschein können Sie entnehmen, ob und in welcher Höhe Sie eine Selbstbeteiligung vereinbart haben. >

A.1.4 **In welchen Ländern besteht Versicherungsschutz?**

Geltungsbereich

Versicherungsschutz gemäß A.1.1 besteht im Anwendungsbereich des USchadG in Deutschland. Versicherungsschutz besteht zudem in den Ländern des Europäischen Wirtschaftsraums (EWR), soweit die EU-Umwelthaftungsrichtlinie (2004/35/EG) gilt oder sinngemäße Anwendung findet. Versicherungsschutz nach den jeweiligen nationalen Gesetzen besteht jedoch nur, soweit diese Ansprüche den Umfang der EU-Richtlinie nicht überschreiten.

A.1.5 **Was ist nicht versichert?**

Vorsatz, Schäden durch Kernenergie

A.1.5.1 Die Regelungen A.1.5.1 (Vorsatz) und A.1.5.9 (Kernenergie) der AKB 2015 gelten entsprechend.

Unvermeidbare, notwendige oder in Kauf genommene Umweltschäden

Anhang II Kfz-Umweltschadenversicherung (Kfz-USV)

A.1.5.2 Nicht versichert sind Schäden, die durch betriebsbedingt unvermeidbare, notwendige oder in

Kauf genommene Einwirkungen auf die Umwelt entstehen.

Ausbringungsschäden

A.1.5.3 Nicht versichert sind Schäden, die durch Lieferung, Verwendung oder Freisetzung von Klärschlamm, Jauche, Gülle, festem Stalldung, Pflanzenschutz-, Dünge- oder Schädlingsbekämpfungsmitteln resultieren. Versicherungsschutz besteht jedoch, wenn diese Stoffe durch plötzliche und unfallartige Ereignisse bestimmungswidrig und unbeabsichtigt in die Umwelt gelangen, diese Stoffe durch Niederschläge plötzlich abgeschwemmt werden oder in andere Grundstücke abdriften.

Bewusste Verstöße gegen Regelungen, die dem Umweltschutz dienen

A.1.5.4 Nicht versichert sind Schäden, die durch bewusste Verstöße gegen dem Umweltschutz dienende Gesetze, Verordnungen, behördliche Anordnungen oder Verfügungen entstehen.

Vertragliche Ansprüche

A.1.5.5 Nicht versichert sind Ansprüche, die auf Grund vertraglicher Vereinbarung oder Zusage über Ihre gesetzliche Verpflichtung hinausgehen.

B Beginn des Vertrags und vorläufiger Versicherungsschutz

Es gelten die Regelungen B.1, B.2.2 bis B.2.7 der AKB 2015 entsprechend.

C Beitragszahlung

Es gelten die Regelungen C.1 bis C.3 der AKB 2015 entsprechend.

D Welche Pflichten haben Sie beim Gebrauch des Fahrzeugs?

Es gelten die Regelungen D.1.1, D.1.2, D.2.1 und D.2.2 der AKB 2015 entsprechend.

E Welche Pflichten haben Sie im Schadenfall?

E.1 Anzeige-, Aufklärungs- und Schadenminderungspflichten

Besondere Anzeigepflicht

E.1.1 Sie müssen uns jedes Schadenereignis, das zu einer Leistung nach dem USchadG führen könnte, – soweit zumutbar – sofort anzeigen. Dies gilt auch, wenn noch keine Sanierungs- oder Kostentragungsansprüche erhoben worden sind.

E.1.2 Ferner sind Sie verpflichtet, uns jeweils unverzüglich und umfassend zu informieren über:

- die Ihnen gemäß § 4 USchadG obliegende Information an die zuständige Behörde,

- behördliches Tätigwerden wegen der Vermeidung oder Sanierung eines Umweltschadens Ihnen gegenüber,

- die Erhebung von Ansprüchen auf Ersatz der einem Dritten entstandenen Aufwendungen zur Vermeidung, Begrenzung oder Sanierung eines Umweltschadens,

- den Erlass eines Mahnbescheids,

- eine gerichtliche Streitverkündung,

- die Einleitung eines staatsanwaltlichen, behördlichen oder gerichtlichen Verfahrens.

E.1.3 Sie müssen nach Möglichkeit für die Abwendung und Minderung des Schadens sorgen. Unsere Weisungen sind zu befolgen, soweit es für Sie zumutbar ist. Sie haben uns ausführliche und wahrheitsgemäße Schadenberichte zu erstatten und uns bei der Schadenermittlung und -regulierung zu unterstützen. Alle Umstände, die für die Bearbeitung des Schadens wichtig sind, müssen Sie uns mitteilen. Außerdem müssen Sie uns alle dafür angeforderten Schriftstücke übersenden.

E.1.4 Maßnahmen und Pflichten im Zusammenhang mit Umweltschäden sind unverzüglich mit uns abzustimmen.

E.1.5 Gegen einen Mahnbescheid oder einen Verwaltungsakt im Zusammenhang mit Umweltschäden müssen Sie fristgemäß Widerspruch oder die sonst erforderlichen Rechtsbehelfe einlegen. Einer Weisung durch uns bedarf es nicht.

E.1.6 Im Widerspruchsverfahren oder einem gerichtlichen Verfahren wegen eines Umweltschadens haben Sie uns die Führung des Verfahrens zu überlassen. Im Falle des gerichtlichen Verfahrens beauftragen wir einen Rechtsanwalt in Ihrem Namen. Sie müssen dem Rechtsanwalt Vollmacht sowie alle erforderlichen Auskünfte erteilen und die angeforderten Unterlagen zur Verfügung stellen.

E.2 **Welche Folgen hat eine Verletzung dieser Pflichten?**

Es gelten E.2.1, E.2.2, E.2.6 der AKB 2015 entsprechend.

F **Rechte und Pflichten der mitversicherten Personen**

Es gelten F.1, F.2 und F.3 erster Satz der AKB 2015 entsprechend.

G **Laufzeit und Kündigung des Vertrags, Veräußerung des Fahrzeugs**

Anhang II   Kfz-Umweltschadenversicherung (Kfz-USV)

Es gelten G.1, G.2 mit Ausnahme von G.2.9, G.3, G.5 bis G.8 der AKB 2015 entsprechend.

Die Kfz-Umweltschadensversicherung ist ein rechtlich selbständiger Vertrag. Die Kündigung dieses Vertrages berührt die anderen Kfz-Versicherungen des versicherten Fahrzeugs nicht. Bei Beendigung des Kfz-Haftpflichtvertrages endet auch diese Kfz-Umweltschadensversicherung.

H **Außerbetriebsetzung, Saisonkennzeichen, Fahrten mit ungestempelten Kennzeichen**

Die Regelungen des Abschnitts H der AKB 2015 gelten für die Kfz-Umweltschadensversicherung entsprechend. Der Ruheversicherungsschutz nach H.1.4 umfasst auch die Kfz- Umweltschadensversicherung.

I **Schadenfreiheitsrabatt-System**

Ein nach diesen Sonderbedingungen versicherter Schaden, der ausschließlich öffentlich-rechtliche Ansprüche auslöst, führt zu keiner Rückstufung Ihres Kfz-Haftpflichtversicherungsvertrags.

J **Beitragsänderung aufgrund tariflicher Maßnahmen**
J.3 bis J.5 der AKB 2015 gelten entsprechend.

K **Beitragsänderung aufgrund eines bei Ihnen eingetretenen Umstands**

K.2 bis K.5 der AKB 2015 gelten entsprechend.

L **Meinungsverschiedenheiten und Gerichtsstände**

L der AKB 2015 gilt entsprechend.

M **Zahlungsweise**

M der AKB 2015 gilt entsprechend.

N **Bedingungsänderung**

N der AKB 2015 gilt entsprechend.

Anhang III

Europäisches Übereinkommen über die obligatorische Haftpflichtversicherung für Kraftfahrzeuge

Straßburg/Strasbourg, 20.IV.1959

Anhang I | Anhang II

Unterzeichnungsprotokoll

English

Amtliche Übersetzung Deutschlands *(angepasst an neue Rechtschreibung)*

Die Unterzeichnerregierungen, Mitglieder des Europarats, haben,

in der Erwägung, dass es das Ziel des Europarats ist, eine engere Verbindung zwischen seinen Mitgliedern herbeizuführen, insbesondere um ihren wirtschaftlichen und sozialen Fortschritt durch den Abschluss von Übereinkommen und durch gemeinschaftliches Vorgehen auf wirtschaftlichem, sozialem, kulturellem, wissenschaftlichem, rechtlichem und verwaltungsmäßigem Gebiet zu fördern;

in der Erwägung, dass es notwendig ist, durch die Einführung einer Pflichtversicherung die Rechte der Opfer von Kraftfahrzeugunfällen in ihren Hoheitsgebieten zu wahren;

in der Erwägung, dass die vollständige Vereinheitlichung dieses Rechtsgebiets schwierig sein dürfte und dass es genügt, wenn die für unerlässlich erachteten wesentlichen Regelungen in den Mitgliedstaaten des Europarats übereinstimmen, während es jedem von ihnen unbenommen bleibt, für sein Hoheitsgebiet Vorschriften zu erlassen, die einen noch stärkeren Schutz der geschädigten Personen vorsehen; sowie schließlich;

in der Erwägung, dass es notwendig ist, die Gründung und die Tätigkeit von internationalen Versicherungseinrichtungen und von Entschädigungsfonds zu fördern oder gleichwertige Maßnahmen zu treffen,

folgendes vereinbart:

Artikel 1

1. Jede Vertragspartei verpflichtet sich, vor Ablauf von sechs Monaten, nachdem dieses Übereinkommen für sie in Kraft getreten ist, die Rechte von Personen, die in ihrem Hoheitsgebiet einen durch ein Kraftfahrzeug verursachten Schaden erleiden, durch die Einführung einer Pflichtversicherung zu schützen, die den Bestimmungen entspricht, welche diesem Übereinkommen beigefügt sind (Anhang I).

2. Jede Vertragspartei behält das Recht, Bestimmungen zu erlassen, die einen noch stärkeren Schutz der geschädigten Personen vorsehen.

Anhang III Europ. Übereink. über die obligatorische Haftpfl.-Versicherung für Kfz

3. Jede Vertragspartei teilt dem Generalsekretär des Europarats den amtlichen Wortlaut ihrer Gesetze und ihrer wesentlichen Verwaltungsvorschriften über die Einführung einer Pflichtversicherung für Kraftfahrzeuge mit. Der Generalsekretär übermittelt diesen Wortlaut den anderen Parteien sowie den übrigen Mitgliedern des Europarats.

Artikel 2

Jede Vertragspartei behält das Recht,
1. bestimmte Kraftfahrzeuge, die nach ihrer Auffassung, kaum eine Gefahr darstellen, von der Versicherungspflicht auszunehmen;
2. Kraftfahrzeuge, die inländischen oder ausländischen Behörden oder zwischenstaatlichen Organisationen gehören, von der Versicherungspflicht auszunehmen;
3. die Mindestbeträge festzusetzen, die durch die Versicherung gedeckt sein müssen; in diesem Falle kann die Anwendung der beigefügten Bestimmungen auf die festgesetzten Beträge beschränkt werden.

Artikel 3

1. Jede Vertragspartei kann bei der Unterzeichnung dieses Übereinkommens oder bei der Hinterlegung ihrer Ratifikations-oder Beitrittsurkunde erklären, dass sie von einem oder mehreren der Vorbehalte in Anhang II zu diesem übereinkommen Gebrauch macht.

2. Jede Vertragspartei kann einen Vorbehalt, den sie nach Absatz 1 gemacht hat, durch eine an den Generalsekretär des Europarats gerichtete Notifizierung ganz oder teilweise zurückziehen; die Notifizierung wird am Tag ihres Eingangs wirksam. Der Generalsekretär übermittelt ihren Wortlaut den anderen Parteien sowie den übrigen Mitgliedern des Europarats.

Artikel 4

1. Die Rechte und Vorbehalte, von denen eine Vertragspartei nach den Artikeln 2 und 3 Gebrauch macht, gelten nur für das Hoheitsgebiet dieser Partei und beeinträchtigen nicht die volle Anwendung des Pflichtversicherungsrechts der anderen Parteien, deren Hoheitsgebiet durchfahren wird.

2. Jede Vertragspartei gibt dem Generalsekretär des Europarats den Inhalt ihrer innerstaatlichen Bestimmungen bekannt, welche die Rechte und Vorbehalte nach den Artikeln 2 und 3 betreffen. Sie unterrichtet den Generalsekretär laufend über jede spätere Änderung dieser Bestimmungen. Der Generalsekretär gibt alle diese Mitteilungen an die anderen Parteien sowie an die übrigen Mitglieder des Europarats weiter.

Artikel 5

Berührt der Ersatz eines durch ein Kraftfahrzeug verursachten Schadens sowohl die Pflichtversicherung für Kraftfahrzeuge als auch die Regelung der sozialen Sicherheit, so bestimmen sich die Rechte der geschädigten Person und die Rechtsbeziehungen zwischen Pflichtversicherung und sozialer Sicherheit nach dem innerstaatlichen Recht.

Artikel 6

1. Ist die in Artikel 4 Abs. 2 der beigefügten Bestimmungen angeführte Möglichkeit eines Ausschlusses von der gewöhnlichen Versicherung im innerstaatlichen Recht einer Vertragspartei vorgesehen, so wird diese die Veranstaltung von Rennen und Geschwindigkeits-, Zuverlässigkeits-oder Geschicklichkeitswettbewerben mit Kraftfahrzeugen in ihrem Hoheitsgebiet von der Genehmigung durch eine Verwaltungsbehörde abhängig machen. Die Genehmigung darf nur erteilt werden, wenn eine besondere, den beigefügten Bestimmungen entsprechende Versicherung die zivilrechtliche Haftpflicht der Veranstalter und der in Artikel 3 jener Bestimmungen bezeichneten Personen deckt.

2. Von dieser Versicherung kann jedoch der Ersatz von Schäden ausgeschlossen werden, welche die Insassen der Fahrzeuge erleiden, die an den in Absatz 1 bezeichneten Rennen oder Wettbewerben teilnehmen.

Artikel 7

1. Im Hoheitsgebiet eines Vertragsstaats sind Kraftfahrzeuge, die ihren gewöhnlichen Standort außerhalb dieses Hoheitsgebiets haben, von der Anwendung des Artikels 2 der beigefügten Bestimmungen befreit, wenn sie mit einer Bescheinigung der Regierung eines anderen Vertragsstaats versehen sind, in der festgestellt wird, dass das Fahrzeug diesem Staat oder, falls es sich um einen Bundesstaat handelt, diesem oder einem seiner Länder gehört; im letzteren Falle wird die Bescheinigung von der Bundesregierung ausgestellt.

2. In dieser Bescheinigung ist die Behörde oder Stelle anzugeben, der es obliegt, nach dem Recht des durchfahrenen Landes Schadenersatz zu leisten, und gegen welche vor den nach diesem Recht zuständigen Gerichten Klage erhoben werden kann. Der Staat oder das Land, dem das Fahrzeug gehört, bürgt für diese Leistung.

Artikel 8

Die Vertragsparteien werden die Gründung und die Tätigkeit von Einrichtungen fördern, deren Zweck es ist, internationale Versicherungsbescheinigungen auszustellen und in den Fällen des Artikels 2 Abs. 2 der beigefügten Bestimmungen Schadenersatz zu leisten.

Artikel 9

1. Jede Vertragspartei wird entweder die Gründung eines Entschädigungsfonds veranlassen oder sonstige gleichwertige Maßnahmen treffen, damit in Schadensfällen, in denen die Haftung eines anderen gegeben ist, die geschädigten Personen auch dann Schadenersatz erhalten, wenn die Versicherungspflicht nicht erfüllt oder die zivilrechtlich haftpflichtige Person nicht ermittelt wurde oder wenn ein nach Artikel 3 Abs. 1 Satz 1 der beigefügten Bestimmungen zugelassener Versicherungsausschluss vorliegt. Jede Vertragspartei regelt die Voraussetzungen für die Gewährung des Entschädigungsanspruchs sowie dessen Umfang.

2. Die Staatsangehörigen jeder Vertragspartei können den in Absatz 1 vorgesehenen Anspruch in einem anderen Vertragsstaat in demselben Umfang geltend machen wie die Angehörigen dieses anderen Staates.

Artikel 10

1. Die Vertragsparteien werden in ihrem innerstaatlichen Recht die Personen bestimmen, denen es obliegt, das Kraftfahrzeug zu versichern, und werden geeignete, nötigenfalls mit strafrechtlichen oder verwaltungsrechtlichen Folgen verbundene Maßnahmen treffen, damit die Verpflichtungen eingehalten werden, die sich aus den beigefügten Bestimmungen ergeben.

2. Die Vertragsparteien werden zum Zwecke der Anwendung der beigefügten Bestimmungen geeignete innerstaatliche Rechtsvorschriften über die Erteilung, das Erlöschen und die Entziehung der Zulassung der Versicherer und gegebenenfalls, des Entschädigungsfonds und der Versicherungseinrichtung sowie über die Beaufsichtigung ihrer Tätigkeit erlassen.

Artikel 11

1. Jede Vertragspartei bestimmt gegebenenfalls die Behörde oder die Person, an welche die Benachrichtigung nach Artikel 9 der beigefügten Bestimmungen zu erfolgen hat.

2. Jede Vertragspartei bestimmt, welche Wirkungen der Versicherungsvertrag hat, wenn das Eigentum an dem versicherten Kraftfahrzeug übertragen wird.

Artikel 12

Außer bei Notstand kann eine Vertragspartei dieses Übereinkommen nicht vor Ablauf von zwei Jahren nach dem Zeitpunkt kündigen, an dem es für sie in Kraft getreten ist. Die Kündigung erfolgt durch eine schriftliche, an den Generalsekretär des Europarats zu richtende Notifizierung, die dieser den anderen Vertragsparteiern bekannt gibt; die Kündigung wird wirksam mit Ablauf von drei Monaten nach dem Eingang der Notifizierung bei dem Generalsekretär.

Artikel 13

1. Erachtet es eine Vertragspartei, nachdem dieses Übereinkommen für sie in Kraft getreten ist, für erforderlich, von einem in Anhang II dieses Übereinkommens nicht vorgesehenen Vorbehalt oder von einem in diesem Anhang vorgesehenen Vorbehalt Gebrauch zu machen, von dem sie vorher nicht Gebrauch gemacht oder den sie zurückgezogen hatte, so übermittelt sie einen bestimmten Antrag dem Generalsekretär des Europarats, der ihn den anderen Vertragsparteien bekannt gibt.

2. Stimmen die Vertragsparteien vor Ablauf von sechs Monaten nach der Mitteilung des Generalsekretärs dem Antrag schriftlich zu, so kann die Vertragspartei, die den Antrag gestellt hat, ihre Rechtsvorschriften in dem in Aussicht genommenen Sinn ändern.

Der Generalsekretär gibt die Mitteilungen, die ihm nach diesem Absatz zugehen, den Vertragsparteien bekannt.

Artikel 14

Dieses Übereinkommen ist auf die überseeischen Hoheitsgebiete der Vertragsparteien nicht anzuwenden.

Artikel 15

1. Dieses übereinkommen steht den Mitgliedern des Europarats zur Unterzeichnung offen. Es bedarf der Ratifikation. Die Ratifikationsurkunden werden bei dem Generalsekretär des Europarats hinterlegt.

2. Dieses übereinkommen tritt 90 Tage nach Hinterlegung der vierten Ratifikationsurkunde in Kraft.

3. Für jeden Unterzeichner, der das übereinkommen später ratifiziert, tritt es 90 Tage nach Hinterlegung seiner Ratifikationsurkunde in Kraft.

4. Der Generalsekretär notifiziert allen Mitgliedern des Europarats sowie den beitretenden Staaten die Namen der Unterzeichner, das Inkrafttreten des Übereinkommens, die Namen der Vertragsparteien, die es ratifiziert haben, sowie jede spätere Hinterlegung einer Ratifikations-oder Beitrittsurkunde.

Artikel 16

Nach dem Inkrafttreten dieses Übereinkommens kann der Ministerausschuss des Europarats jeden Staat, der nicht Mitglied des Rates ist, zum Beitritt einladen. Jeder Staat, der diese Einladung erhalten hat, kann diesem übereinkommen durch Hinterlegung seiner Beitrittsurkunde bei dem Generalsekretär des Europarats beitreten; dieser notifiziert die Hinterlegung allen Vertragsparteien sowie den übrigen Mitgliedern des Europarats. Für jeden beitretenden Staat tritt das übereinkommen 90 Tage nach Hinterlegung seiner Beitrittsurkunde in Kraft.

Zu Urkund dessen haben die dazu gehörig Bevollmächtigten dieses übereinkommen unterzeichnet.

Geschehen zu Straßburg, am 20. April 1959 in englischer und französischer Sprache, wobei jeder Wortlaut gleichermaßen verbindlich ist, in einer Urschrift, die im Archiv des Europarats hinterlegt wird. Der Generalsekretär übermittelt allen Unterzeichnerregierungen beglaubigte Abschriften.

Anhang I Dem Übereinkommen beigefügte Bestimmungen

Artikel 1

In diesem Gesetz bedeutet:

Anhang III Europ. Übereink. über die obligatorische Haftpfl.-Versicherung für Kfz

»Kraftfahrzeuge«: Fahrzeuge, die mechanisch angetrieben werden können und die, ohne an Schienen gebunden zu sein, für den Verkehr zu Lande bestimmt sind, sowie angekuppelte und, soweit die Regierung dies bestimmt, nicht angekuppelte Anhänger, wenn diese zu dem Zwecke gebaut sind, an ein Kraftfahrzeug angekuppelt zu werden, und wenn sie zur Beförderung von Personen oder Sachen bestimmt sind;

»Versicherte«: Personen, deren Haftpflicht nach diesem Gesetz gedeckt ist;

»geschädigte Personen«: Personen, die Anspruch auf Ersatz eines durch ein Kraftfahrzeug verursachten Schadens haben;

»Versicherer«: ein von der Regierung zugelassenes Versicherungsunternehmen (Artikel 2 Abs. 1) und, im Falle des Artikels 2 Abs. 2, die Einrichtung, die mit der Regelung der Schäden beauftragt ist, welche im Inland von Fahrzeugen mit gewöhnlichem Standort außerhalb des Staatsgebiets verursacht werden.

Artikel 2

1. Kraftfahrzeuge dürfen auf öffentlichen Straßen, auf öffentlich zugänglichem Gelände und auf nichtöffentlichem, aber einer gewissen Zahl befugter Personen zugänglichem Gelände nur verkehren, wenn die zivilrechtliche Haftpflicht, zu der sie Anlass geben können, durch eine diesem Gesetz entsprechende Versicherung gedeckt ist. Die Versicherung muss mit einem zu diesem Zwecke von der Regierung zugelassenen Versicherer abgeschlossen werden.

2. Kraftfahrzeuge mit gewöhnlichem Standort außerhalb des Staatsgebiets dürfen jedoch in diesem Gebiet verkehren, sofern eine zu diesem Zwecke von der Regierung anerkannte Versicherungseinrichtung selbst die Verpflichtung übernimmt, den geschädigten Personen die von diesen Fahrzeugen verursachten Schäden nach innerstaatlichem Recht zu ersetzen.

Artikel 3

1. Die Versicherung muss die zivilrechtliche Haftpflicht des Eigentümers, jedes Halters und jedes Führers des versicherten Fahrzeugs decken, mit Ausnahme der zivilrechtlichen Haftpflicht derjenigen, die sich des Fahrzeugs, sei es durch Diebstahl oder mit Gewalt, sei es auch nur ohne Genehmigung des Eigentümers oder des Halters bemächtigt haben. Jedoch muss im letzteren Falle die Versicherung die zivilrechtliche Haftpflicht des Führers decken, der sich des Fahrzeugs infolge eines Verschuldens des Eigentümers oder des Halters bemächtigen konnte oder der eine zur Führung des Fahrzeugs angestellte Person ist.

2. Die Versicherung muss die Schäden umfassen, die im Inland an Personen und Sachen verursacht worden sind, mit Ausnahme der Schäden, die dem versicherten Fahrzeug und den mit diesem beförderten Sachen zugefügt worden sind.

Artikel 4

1. Von dem Genuss der Versicherungsleistungen können ausgeschlossen werden:

a. der Führer des Fahrzeugs, das den Schaden verursacht hat, sowie der Versicherungsnehmer und alle diejenigen, deren zivilrechtliche Haftpflicht durch die Versicherung gedeckt ist;
b. die Ehegatten der oben bezeichneten Personen;
c. die Familienangehörigen derselben Personen, wenn sie bei diesen wohnen oder wenn ihr Unterhalt aus deren Mitteln bestritten wird oder wenn sie in dem Fahrzeug, das den Schaden verursacht hat, befördert worden sind.

2. Von der gewöhnlichen Versicherung können die Schäden ausgeschlossen werden, die sich aus der Teilnahme des Fahrzeugs an genehmigten Rennen und Geschwindigkeits-, Zuverlässigkeits-oder Geschicklichkeitswettbewerben ergeben.

Artikel 5

Sieht der Vertrag vor, dass der Versicherte in einem bestimmten Ausmaß selbst zum Ersatz des Schadens beizutragen hat, so bleibt der Versicherer trotzdem gegenüber der geschädigten Person zur Zahlung des Teilbetrags verpflichtet, der nach dem Vertrag dem Versicherten zur Last fällt.

Artikel 6

1. Die geschädigte Person hat einen eigenen Anspruch gegen den Versicherer.

2. Sind mehrere Personen geschädigt und übersteigt der Gesamtbetrag des zu leistenden Schadenersatzes die Versicherungssumme, so werden die Ansprüche der geschädigten Personen gegen den Versicherer anteilsmäßig auf die Höhe dieser Summe herabgesetzt. Hat jedoch ein Versicherer einer geschädigten Person in gutem Glauben eine den ihr zukommenden Anteil übersteigende Summe gezahlt, weil ihm das Bestehen weiterer Ansprüche unbekannt war, so ist er gegenüber den anderen geschädigten Personen nur bis zur Höhe des Restes der Versicherungssumme verpflichtet.

Artikel 7

1. Die Versicherten haben dem Versicherer alle Schadensfälle zu melden, von denen sie Kenntnis haben. Der Versicherungsnehmer hat dem Versicherer alle in dem Versicherungsvertrag vorgeschriebenen Auskünfte und Belege zu verschaffen. Die Versicherten, die nicht Versicherungsnehmer sind, haben dem Versicherer auf Verlangen alle erforderlichen Auskünfte und Belege zu verschaffen.

2. Der Versicherer kann in dem Gerichtsverfahren, das die geschädigte Person gegen ihn eingeleitet hat, dem Versicherten den Streit verkünden.

Artikel 8

1. Alle Ansprüche, die auf das eigene Recht der geschädigten Person gegen den Versicherer gegründet sind, verjähren zwei Jahre nach dem Ereignis, das den Schaden verursacht hat.

2. Die außergerichtliche schriftliche Geltendmachung eines Anspruchs hemmt die Verjährung gegenüber dem Versicherer bis zu dem Tage, an dem dieser schriftlich erklärt, die Verhandlungen abzubrechen. Wird ein Anspruch, der sich auf denselben Gegenstand bezieht, später erneut geltend gemacht, so hemmt dies die Verjährung nicht.

Artikel 9

1. Steht dem Versicherer nach dem Versicherungsvertrag oder nach den Rechtsvorschriften, denen dieser unterliegt, gegenüber dem Versicherten ein Recht zur Verweigerung oder zur Herabsetzung seiner Leistungen zu, so kann er der geschädigten Person dieses Recht nicht entgegenhalten.

2. Der Versicherer kann der geschädigten Person die Nichtigkeit oder die Beendigung des Versicherungsvertrags, dessen Ruhen oder das Ruhen des Versicherungsschutzes nur hinsichtlich der Schadensfälle entgegenhalten, die nach Ablauf von 16 Tagen seit dem Zeitpunkt eingetreten sind, an dem der Versicherer die Nichtigkeit, die Beendigung oder das Ruhen bekannt gegeben hat. Bei aufeinander folgenden Versicherungen ist diese Bestimmung nur auf den letzten Versicherer anzuwenden.

3. Die vorhergehenden Absätze sind jedoch insoweit nicht anzuwenden, als der Schaden durch eine andere Versicherung tatsächlich gedeckt ist.

4. Die Absätze 1 und 2 lassen das Rückgriffsrecht des Versicherers gegen den Versicherungsnehmer und den Versicherten, der nicht Versicherungsnehmer ist, unberührt.

Artikel 10

Von den Bestimmungen dieses Gesetzes, die zugunsten der geschädigten Personen erlassen worden sind, kann durch Vereinbarung nicht abgewichen werden, es sei denn, dass sich eine solche Möglichkeit aus diesen Bestimmungen ergibt.

Anhang II Vorbehalte zu dem Übereinkommen

Jede Vertragspartei kann erklären, dass sie beabsichtigt,
1. Kraftfahrzeuge von der Versicherungspflicht auszunehmen, welche juristischen Personen des öffentlichen oder des privaten Rechts gehören, wenn diese Personen die finanziellen Garantien nachweisen, die für eine Eigenversicherung ausreichen;
2. für von ihr zu bestimmende Personen die Versicherung durch Hinterlegung einer Sicherheit zu ersetzen, sofern diese Sicherheitsleistung geschädigten Personen einen Schutz bietet, der dem von der Versicherung gebotenen gleichwertig ist;
3. die von einem Versicherten vorsätzlich verursachten Schäden von der Versicherung auszuschließen;
4. die in Artikel 3 Abs. 1 Satz 2 der beigefügten Bestimmungen bezeichneten Fälle von der Versicherung auszuschließen;
5. den Fall, dass ein Fahrzeug ohne Genehmigung des Eigentümers oder des Halters oder entgegen ihrem Verbot benutzt wird, von der Versicherung auszuschließen,

sofern der geschädigten Person zumindest der Ersatz des Personenschadens gewährleistet ist;
6. ideelle Schäden von der Versicherung auszuschließen;
7. wenn der Versicherte eine juristische Person oder eine Handelsgesellschaft ohne eigene Rechtspersönlichkeit ist, die gesetzlichen Vertreter des Versicherten und ihre Ehegatten sowie, unter den in Artikel 4 Abs. 1 Buchstabe c der beigefügten Bestimmungen vorgesehenen Voraussetzungen, die Familienangehörigen dieser Vertreter von dem Genus der Versicherungsleistungen auszuschließen;
8. von dem Genus der Versicherungsleistungen jede Person auszuschließen, die mit ihrem Einverständnis in dem versicherten Kraftfahrzeug befördert wird, obwohl sie weiß oder wissen muss, dass dieses seinem rechtmäßigen Besitzer mit unerlaubten Mitteln entzogen wurde oder zur Begehung eines Verbrechens benutzt wird;
9. von der Versicherung die Schäden auszuschließen, welche den Personen entstehen, die in dem Kraftfahrzeug, das den Schaden verursacht hat, unentgeltlich oder aus Gefälligkeit befördert werden;
10. von der Versicherungspflicht die Fahrzeuge auszunehmen, die auf nichtöffentlichem, aber einer gewissen Zahl befugter Personen zugänglichem Gelände verkehren, oder die an anderen Orten als auf öffentlichen Straßen an Rennen und Geschwindigkeits-, Zuverlässigkeits- oder Geschicklichkeitswettbewerben teilnehmen;
11. soweit es sich ausschließlich um Rechtsbeziehungen zwischen ihren eigenen Staatsangehörigen handelt, bei Sachschäden von geringer Höhe von Artikel 5 der beigefügten Bestimmungen abzuweichen;
12. es dem Ermessen ihrer Gerichte zu überlassen, ob im Fall eines Schadens, der in ihrem Hoheitsgebiet verursacht wird, Artikel 6 der beigefügten Bestimmungen anzuwenden ist, wobei den Gerichten nötigenfalls die zu beachtenden Grundsätze mitgeteilt werden;
13. von Artikel 6 Abs. 2 der beigefügten Bestimmungen abzuweichen, um eine andere Regelung für die Verteilung der Versicherungssumme vorzusehen;
14. von Artikel 8 Abs. 2 der beigefügten Bestimmungen abzuweichen;
15. von Artikel 9 der beigefügten Bestimmungen abzuweichen, wenn in den dort genannten Fällen die geschädigte Person die Gewähr hat, für Personen-und Sachschäden Ersatz zu erhalten; der Schadenersatz, auf den die geschädigte Person Anspruch hat, ist bei Personenschäden in dem gleichen Ausmaß wie bei Bestehen einer Versicherung zu gewähren und kann für Sachschäden in anderem Ausmaß festgesetzt werden;
16. von Artikel 9 Abs. 2 der beigefügten Bestimmungen hinsichtlich der Kraftfahrzeuge abzuweichen, die ihren gewöhnlichen Standort außerhalb ihres Hoheitsgebiets haben.

Unterzeichnungsprotokoll

Mit der Unterzeichnung des Europäischen Übereinkommens über die obligatorische Haftpflichtversicherung für Kraftfahrzeuge erkennen die Unterzeichnerregierungen an, dass der Begriff »Kraftfahrzeuge« in Artikel 1 der diesem Übereinkommen beigefügten Bestimmungen alle Fahrzeuge umfasst, die mechanisch angetrieben werden kön-

Anhang III Europ. Übereink. über die obligatorische Haftpfl.-Versicherung für Kfz

nen und die, ohne an Schienen gebunden zu sein, für den Verkehr zu Lande bestimmt sind, auch wenn sie mit einer elektrischen Leitung in Verbindung stehen, sowie Fahrräder mit Hilfsmotor.

Anhang IV

Richtlinie 72/166/EWG des Rates vom 24. April 1972

betreffend die Angleichung der Rechtsvorschriften der Mitgliedstaaten bezüglich der Kraftfahrzeug-Haftpflichtversicherung und der Kontrolle der entsprechenden Versicherungspflicht

ABl. L 103 vom 02.05.1972, S. 1–4 (DE, FR, IT, NL)

Finnische Sonderausgabe: Kapitel 6 Band 1 S. 0111

Dänische Sonderausgabe: Reihe I Kapitel 1972(II) S. 0345

Schwedische Sonderausgabe: Kapitel 6 Band 1 S. 0111

Englische Sonderausgabe: Reihe I Kapitel 1972(II) S. 0360

Griechische Sonderausgabe: Kapitel 06 Band 1 S. 0136

Spanische Sonderausgabe: Kapitel 13 Band 2 S. 0113

Portugiesische Sonderausgabe: Kapitel 13 Band 2 S. 0113

Sonderausgabe in tschechischer Sprache: Kapitel 06 Band 01 S. 10–12

Sonderausgabe in estnischer Sprache: Kapitel 06 Band 01 S. 10–12

Sonderausgabe in ungarischer Sprache Kapitel 06 Band 01 S. 10–12

Sonderausgabe in litauischer Sprache: Kapitel 06 Band 01 S. 10–12

Sonderausgabe in lettischer Sprache: Kapitel 06 Band 01 S. 10–12

Sonderausgabe in maltesischer Sprache: Kapitel 06 Band 01 S. 10–12

Sonderausgabe in polnischer Sprache: Kapitel 06 Band 01 S. 10–12

Sonderausgabe in slowakischer Sprache: Kapitel 06 Band 01 S. 10–12

Sonderausgabe in slowenischer Sprache: Kapitel 06 Band 01 S. 10–12

Sonderausgabe in bulgarischer Sprache: Kapitel 06 Band 01 S. 10–12

Sonderausgabe in rumänischer Sprache: Kapitel 06 Band 01 S. 10–12

RICHTLINIE DES RATES vom 24. April 1972 betreffend die Angleichung der Rechtsvorschriften der Mitgliedstaaten bezueglich der Kraftfahrzeug-Haftpflichtversicherung und der Kontrolle der entsprechenden Versicherungspflicht (72/166/EWG)

DER RAT DER EUROPÄISCHEN GEMEINSCHAFTEN –

gestützt auf den Vertrag zur Gründung der Europäischen Wirtschaftsgemeinschaft, insbesondere auf Artikel 100,

Anhang IV   Richtlinie 72/166/EWG des Rates vom 24. April 1972

auf Vorschlag der Kommission,

nach Stellungnahme des Europäischen Parlaments,

nach Stellungnahme des Wirtschafts- und Sozialausschusses,

in Erwägung nachstehender Gründe:

Ziel des Vertrages ist es, einen Gemeinsamen Markt zu errichten, der im wesentlichen einem Binnenmarkt entspricht; eine der Grundvoraussetzungen hierfür ist die Verwirklichung des freien Waren- und Personenverkehrs.

Jede Grenzkontrolle der Pflicht zur Kraftfahrzeug-Haftpflichtversicherung bezweckt die Wahrung der Interessen von Personen, die möglicherweise bei einem Unfall, der von diesen Fahrzeugen verursacht wird, geschädigt werden; sie ist eine Folge der Unterschiede in den einzelstaatlichen Vorschriften auf diesem Gebiet.

Diese Unterschiede sind geeignet, den freien Verkehr von Kraftfahrzeugen und Personen innerhalb der Gemeinschaft zu behindern, und wirken sich daher unmittelbar auf die Errichtung und das Funktionieren des Gemeinsamen Marktes aus.

In der Empfehlung der Kommission vom 21. Juni 1968 über die zollamtliche Überwachung des Reiseverkehrs an den Binnengrenzen der Gemeinschaft werden die Mitgliedstaaten aufgefordert, Kontrollen von Reisenden und ihren Fahrzeugen nur in Ausnahmefällen vorzunehmen und die vor den Zollstellen befindlichen Schlagbäume zu beseitigen.

Es ist wünschenswert, daß sich die Bevölkerung der Mitgliedstaaten der Wirklichkeit des Gemeinsamen Marktes stärker bewusst wird, und daß zu diesem Zweck Maßnahmen zur weiteren Liberalisierung der Regeln für den Personen- und Kraftfahrzeugverkehr im Reiseverkehr zwischen den Mitgliedstaaten ergriffen werden; die Notwendigkeit solcher Maßnahmen ist wiederholt von Mitgliedern des Europäischen Parlaments unterstrichen worden.

Solche Erleichterungen im Reiseverkehr stellen einen neuen Schritt zur wechselseitigen Öffnung der Märkte der Mitgliedstaaten und zur Schaffung von binnenmarktähnlichen Bedingungen dar.

Die Kontrolle der grünen Karte kann bei Fahrzeugen, die ihren gewöhnlichen Standort in einem Mitgliedstaat haben und die in das Gebiet eines anderen Mitgliedstaats einreisen, auf der Grundlage eines Übereinkommens zwischen den sechs nationalen Versicherungsbüros aufgehoben werden, kraft deren jedes nationale Büro nach den innerstaatlichen Rechtsvorschriften die Deckung der zu Ersatzansprüchen führenden Schäden garantiert, die in seinem Gebiet von einem solchen versicherten oder nichtversicherten Fahrzeug verursacht worden sind.

solchen versicherten oder nichtversicherten Fahrzeug verursacht worden sind.

Dieses Übereinkommen über eine Garantie geht davon aus, daß jedes im Gebiet der Gemeinschaft verkehrende gemeinschaftsangehörige Kraftfahrzeug durch eine Versicherung gedeckt ist; es ist daher geboten, in den nationalen Rechtsvorschriften aller

Richtlinie 72/166/EWG des Rates vom 24. April 1972 **Anhang IV**

Mitgliedstaaten die Pflicht zur Haftpflichtversicherung dieser Fahrzeuge mit einer im gesamten Gebiet der Gemeinschaft gültigen Deckung vorzusehen; die einzelstaatlichen Rechtsvorschriften können jedoch Abweichungen für bestimmte Personen und Fahrzeugarten vorsehen.

Das in der Richtlinie vorgesehene System könnte auch auf Fahrzeuge angewandt werden, die ihren gewöhnlichen Standort im Gebiet eines Drittlandes haben, für das die nationalen Versicherungsbüros der sechs Mitgliedstaaten ein ähnliches Übereinkommen geschlossen haben –

HAT FOLGENDE RICHTLINIE ERLASSEN:

Artikel 1

Im Sinne dieser Richtlinie ist zu verstehen unter:
1. Fahrzeug: jedes maschinell angetriebene Kraftfahrzeug, welches zum Verkehr zu Lande bestimmt und nicht an Gleise gebunden ist, sowie die Anhänger, auch wenn sie nicht angekoppelt sind;
2. Geschädigter: jede Person, die ein Recht auf Ersatz eines von einem Fahrzeug verursachten Schadens hat;
3. Nationales Versicherungsbüro: Berufsverband, der gemäß der am 25. Januar 1949 vom Unterausschuß für Strassenverkehr des Binnenverkehrsausschusses der Wirtschaftskommission der Vereinten Nationen für Europa ausgesprochenen Empfehlung Nr. 5 gegründet wurde und der Versicherungsunternehmen umfasst, die in einem Staat zur Ausübung der Kraftfahrzeug-Haftpflichtversicherung zugelassen sind;
4. Gebiet, in dem das Fahrzeug seinen gewöhnlichen Standort hat: – das Gebiet des Staates, in dem das Fahrzeug zugelassen ist, oder,
   – soweit es für eine Fahrzeugart keine Zulassung gibt, das betreffende Fahrzeug jedoch eine Versicherungsplakette oder ein dem amtlichen Kennzeichen ähnliches Unterscheidungszeichen trägt, das Gebiet des Staates, in dem diese Plakette oder dieses Unterscheidungszeichen verliehen wurde, oder,
   – soweit es für bestimmte Fahrzeugarten weder eine Zulassung noch eine Versicherungsplakette noch ein unterscheidendes Kennzeichen gibt, das Gebiet des Staates, in dem der Fahrzeughalter seinen Wohnsitz hat;
5. Grüne Karte: internationale Versicherungsbescheinigung, die im Namen eines nationalen Versicherungsbüros auf Grund der Empfehlung Nr. 5 des Unterausschusses für Strassenverkehr des Binnenverkehrsausschusses der Wirtschaftskommission der Vereinten Nationen für Europa vom 25. Januar 1949 ausgestellt wurde.

Artikel 2

(1) Die Mitgliedstaaten verzichten auf eine Kontrolle der Haftpflichtversicherung bei Fahrzeugen, die ihren gewöhnlichen Standort im Gebiet eines anderen Mitgliedstaats haben.

Anhang IV Richtlinie 72/166/EWG des Rates vom 24. April 1972

Die Mitgliedstaaten verzichten ferner auf eine Kontrolle dieser Versicherung bei Fahrzeugen, die aus dem Gebiet eines anderen Mitgliedstaats in ihr Gebiet einreisen und ihren gewöhnlichen Standort im Gebiet eines dritten Landes haben. Sie können jedoch eine Stichprobenkontrolle durchführen.

(2) Bei Fahrzeugen, die ihren gewöhnlichen Standort im Gebiet eines der Mitgliedstaaten haben, werden die Vorschriften dieser Richtlinie, mit Ausnahme der Artikel 3 und 4, wirksam: – sobald zwischen den sechs nationalen Versicherungsbüros ein Übereinkommen geschlossen worden ist, wonach sich jedes nationale Büro nach Maßgabe der eigenen einzelstaatlichen Rechtsvorschriften betreffend die Pflichtversicherung zur Regelung von Schadensfällen verpflichtet, die sich in seinem Gebiet ereignen und durch den Verkehr von versicherten oder nicht versicherten Fahrzeugen verursacht werden, die ihren gewöhnlichen Standort im Gebiet eines anderen Mitgliedstaats haben;

– von dem Zeitpunkt an, den die Kommission bestimmen wird, nachdem sie in enger Zusammenarbeit mit den Mitgliedstaaten das Bestehen eines solchen Übereinkommens festgestellt hat;
– für die Geltungsdauer dieses Übereinkommens.

Artikel 3

(1) Jeder Mitgliedstaat trifft vorbehaltlich der Anwendung des Artikels 4 alle zweckdienlichen Maßnahmen, um sicherzustellen, daß die Haftpflicht bei Fahrzeugen mit gewöhnlichem Standort im Inland durch eine Versicherung gedeckt ist. Die Schadensdeckung sowie die Modalitäten dieser Versicherung werden im Rahmen dieser Maßnahmen bestimmt.

(2) Jeder Mitgliedstaat trifft alle zweckdienlichen Maßnahmen, um sicherzustellen, daß der Versicherungsvertrag überdies folgende Schäden deckt:
– die im Gebiet der anderen Mitgliedstaaten gemäß den Rechtsvorschriften dieser Staaten verursachten Schäden,
– die Schäden, die Angehörigen der Mitgliedstaaten auf den direkten Strecken zwischen einem Gebiet, in dem der Vertrag zur Gründung der Europäischen Wirtschaftsgemeinschaft gilt, und einem anderen solchen Gebiet zugefügt werden, wenn für das durchfahrene Gebiet ein nationales Versicherungsbüro nicht besteht; in diesem Fall ist der Schaden gemäß den die Versicherungspflicht betreffenden Rechtsvorschriften des Mitgliedstaats zu decken, in dessen Gebiet das Fahrzeug seinen gewöhnlichen Standort hat.

Artikel 4

Jeder Mitgliedstaat kann von Artikel 3 abweichen:

a) bei bestimmten natürlichen und juristischen Personen des öffentlichen oder des privaten Rechts, die der betreffende Staat bestimmt und deren Name oder Kennzeichnung er den anderen Mitgliedstaaten sowie der Kommission meldet.

Richtlinie 72/166/EWG des Rates vom 24. April 1972 **Anhang IV**

In diesem Fall trifft der von Artikel 3 abweichende Mitgliedstaat alle zweckdienlichen Maßnahmen, um sicherzustellen, daß die Schäden, die diesen Personen gehörende Fahrzeuge in anderen Mitgliedstaaten verursachen, ersetzt werden. Er bestimmt insbesondere die Stelle oder Einrichtung in dem Land, in dem sich der Schadensfall ereignet hat, die nach Maßgabe der Rechtsvorschriften dieses Staates den Geschädigten den Schaden zu ersetzen hat, falls das in Artikel 2 Absatz 2 erster Gedankenstrich vorgesehene Verfahren nicht durchführbar ist. Er teilt die getroffenen Maßnahmen den anderen Mitgliedstaaten und der Kommission mit;

b) bei gewissen Arten von Fahrzeugen oder Fahrzeugen mit besonderem Kennzeichen, die dieser Staat bestimmt und deren Kennzeichnung er den anderen Mitgliedstaaten sowie der Kommission meldet.

In diesem Fall behalten die anderen Mitgliedstaaten das Recht, bei der Einreise eines dieser Fahrzeuge in ihr Gebiet vom Fahrzeughalter den Besitz einer gültigen grünen Karte oder den Abschluß einer Grenzversicherung nach den von den einzelnen Mitgliedstaaten erlassenen Bestimmungen zu fordern.

Artikel 5

Jeder Mitgliedstaat achtet darauf, daß sich das nationale Versicherungsbüro unbeschadet der in Artikel 2 Absatz 2 erster Gedankenstrich vorgesehenen Verpflichtung bei einem Unfall, der in seinem Gebiet von einem Fahrzeug mit gewöhnlichem Standort im Gebiet eines anderen Mitgliedstaats verursacht worden ist, über folgendes informiert:
— über das Gebiet, in dem dieses Fahrzeug seinen gewöhnlichen Standort hat, sowie gegebenenfalls über sein amtliches Kennzeichen,
— soweit möglich über die normalerweise in der grünen Karte enthaltenen, im Besitz des Fahrzeughalters befindlichen Angaben über die Versicherung des betreffenden Fahrzeugs, soweit diese von dem Mitgliedstaat, in dessen Gebiet das Fahrzeug seinen gewöhnlichen Standort hat, verlangt werden;

jeder Mitgliedstaat achtet ebenfalls darauf, daß das genannte Büro diese Auskünfte dem nationalen Versicherungsbüro des Staates mitteilt, in dessen Gebiet das betreffende Fahrzeug seinen gewöhnlichen Standort hat.

Artikel 6

Die Mitgliedstaaten treffen alle zweckdienlichen Maßnahmen, um sicherzustellen, daß Fahrzeuge, die ihren gewöhnlichen Standort im Gebiet eines Drittlandes oder in einem aussereuropäischen Gebiet eines Mitgliedstaats haben und in das Gebiet einreisen, in dem der Vertrag zur Gründung der Europäischen Wirtschaftsgemeinschaft gilt, nur dann zum Verkehr in ihrem Gebiet zugelassen werden können, wenn die möglicherweise durch die Teilnahme dieser Fahrzeuge am Verkehr verursachten Schäden im gesamten Gebiet, in dem der Vertrag zur Gründung der Europäischen Wirtschaftsgemeinschaft gilt, nach Maßgabe der einzelnen nationalen Rechtsvorschriften für die Fahrzeug-Haftpflichtversicherung gedeckt sind.

Anhang IV Richtlinie 72/166/EWG des Rates vom 24. April 1972

Artikel 7

(1) Jedes Fahrzeug mit gewöhnlichem Standort im Gebiet eines Drittlandes oder in einem aussereuropäischen Gebiet eines Mitgliedstaats muß vor der Einreise in das Gebiet, in dem der Vertrag zur Gründung der Europäischen Wirtschaftsgemeinschaft gilt, mit einer gültigen grünen Karte oder mit einer Bescheinigung über den Abschluß einer Grenzversicherung gemäß Artikel 6 versehen sein.

(2) Fahrzeuge, die ihren gewöhnlichen Standort in einem Drittland haben, gelten jedoch als Fahrzeuge mit gewöhnlichem Standort in der Gemeinschaft, wenn sich die nationalen Versicherungsbüros aller Mitgliedstaaten, jedes für sich, nach Maßgabe der eigenen nationalen Rechtsvorschriften betreffend die Pflichtversicherung zur Regelung von Schadensfällen verpflichten, die sich in ihrem Gebiet ereignen und durch die Teilnahme dieser Fahrzeuge am Verkehr verursacht werden.

(3) Sobald die Kommission in enger Zusammenarbeit mit den Mitgliedstaaten festgestellt hat, daß die in Absatz 2 vorgesehenen Verpflichtungen erfüllt sind, bestimmt sie, von welchem Zeitpunkt an und für welche Fahrzeugarten die Mitgliedstaaten nicht mehr die Vorlage der in Absatz 1 genannten Urkunden verlangen.

Artikel 8

Die Mitgliedstaaten setzen die erforderlichen Maßnahmen in Kraft, um dieser Richtlinie spätestens bis zum 31. Dezember 1973 nachzukommen, und setzen die Kommission hiervon unverzueglich in Kenntnis.

Artikel 9

Diese Richtlinie ist an die Mitgliedstaaten gerichtet.

Geschehen zu Luxemburg am 24. April 1972.

Im Namen des Rates

Der Präsident

G. THORN

Anhang V

Zweite Richtlinie 84/5/EWG des Rates vom 30. Dezember 1983

betreffend die Angleichung der Rechtsvorschriften der Mitgliedstaaten bezüglich der Kraftfahrzeug- Haftpflichtversicherung

ABl. L 8 vom 11.01.1984, S. 17–20 (DA, DE, EL, EN, FR, IT, NL)
Finnische Sonderausgabe: Kapitel 6 Band 2 S. 0090
Spanische Sonderausgabe: Kapitel 13 Band 15 S. 0244
Schwedische Sonderausgabe: Kapitel 6 Band 2 S. 0090
Portugiesische Sonderausgabe: Kapitel 13 Band 15 S. 0244
Sonderausgabe in tschechischer Sprache: Kapitel 06 Band 07 S. 3–6
Sonderausgabe in estnischer Sprache: Kapitel 06 Band 07 S. 3–6
Sonderausgabe in ungarischer Sprache Kapitel 06 Band 07 S. 3–6
Sonderausgabe in litauischer Sprache: Kapitel 06 Band 07 S. 3–6
Sonderausgabe in lettischer Sprache: Kapitel 06 Band 07 S. 3–6
Sonderausgabe in maltesischer Sprache: Kapitel 06 Band 07 S. 3–6
Sonderausgabe in polnischer Sprache: Kapitel 06 Band 07 S. 3–6
Sonderausgabe in slowakischer Sprache: Kapitel 06 Band 07 S. 3–6
Sonderausgabe in slowenischer Sprache: Kapitel 06 Band 07 S. 3–6
Sonderausgabe in bulgarischer Sprache: Kapitel 06 Band 01 S. 104–107
Sonderausgabe in rumänischer Sprache: Kapitel 06 Band 01 S. 104–107

ZWEITE RICHTLINIE DES. RATES

vom 30. Dezember 1983

betreffend die Angleichung der Rechtsvorschriften der Mitgliedstaaten bezueglich der Kraftfahrzeug-Haftpflichtversicherung

(84/5/EWG)

DER RAT DER EUROPÄISCHEN

GEMEINSCHAFTEN –

gestützt auf den Vertrag zur Gründung der Europäischen Wirtschaftsgemeinschaft, insbesondere auf Artikel 100,

Anhang V Zweite Richtlinie 84/5/EWG des Rates vom 30. Dezember 1983

auf Vorschlag der Kommission (1),

nach Stellungnahme des Europäischen Parlaments (2),

nach Stellungnahme des Wirtschafts- und Sozialausschusses (3),

in Erwägung nachstehender Gründe:

Mit der Richtlinie 72/166/EWG (4), in der Fassung der Richtlinie 72/430/EWG (5), hat der Rat eine Angleichung der Rechtsvorschriften der Mitgliedstaaten über die Kraftfahrzeug-Haftpflichtversicherung und die Kontrolle der entsprechenden Versicherungspflicht vorgenommen.

Durch Artikel 3 der Richtlinie 72/166/EWG wird jeder Mitgliedstaat verpflichtet, alle zweckdienlichen Maßnahmen zu treffen, um sicherzustellen, daß die Haftpflicht bei Fahrzeugen mit gewöhnlichem Standort im Inland durch eine Versicherung gedeckt ist. Die Schadensdeckung sowie die Modalitäten dieser Versicherung werden im Rahmen dieser Maßnahmen bestimmt.

Allerdings bestehen nach wie vor bezueglich des Umfangs dieser Versicherungspflicht grosse Unterschiede zwischen den Rechtsvorschriften der einzelnen Mitgliedstaaten. Diese Unterschiede wirken sich unmittelbar auf Errichtung und Funktionieren des Gemeinsamen Marktes aus.

Es ist insbesondere gerechtfertigt, die Versicherungspflicht auch auf Sachschäden zu erstrecken.

Die Summen, bis zu denen die Versicherungspflicht besteht, müssen in jedem Fall gestatten, den Unfallopfern eine ausreichende Entschädigung zu sichern, gleichgültig, in welchem Mitgliedstaat sich der Unfall ereignet hat.

Es ist notwendig, eine Stelle einzurichten, die dem Geschädigten auch dann eine Entschädigung sicherstellt, wenn das verursachende Fahrzeug nicht versichert war oder nicht ermittelt wurde. Die betreffenden Unfallopfer müssen sich unmittelbar an diese Stelle als erste Kontaktstelle wenden können; diese Möglichkeit berührt nicht die von den Mitgliedstaaten hinsichtlich der Frage der Subsidiarität des Eintretens dieser Stelle angewandten Vorschriften sowie die für den Rückgriff geltenden Regeln. Den Mitgliedstaaten sollte jedoch die Möglichkeit gegeben werden, in bestimmten begrenzten Fällen die Einschaltung der betreffenden Stelle auszuschließen und bei von einem nicht ermittelten Fahrzeug verursachten Sachschäden wegen der Betrugsgefahr vorzusehen, daß die Entschädigung bei derartigen Schäden begrenzt oder ausgeschlossen werden kann.

Es liegt im Interesse der Unfallopfer, daß die Wirkungen bestimmter Ausschlußklauseln auf die Beziehungen zwischen dem Versicherer und dem für den Unfall Verantwortlichen beschränkt bleiben. Bei

gestohlenen oder unter Anwendung von Gewalt erlangten Fahrzeugen können die Mitgliedstaaten jedoch vorsehen, daß zur Entschädigung des Opfers die genannte Stelle eintritt.

Die Mitgliedstaaten können, um die finanzielle Belastung dieser Stelle zu verringern, die Anwendung einer gewissen Selbstbeteiligung in den Fällen vorsehen, in denen die Stelle bei der Entschädigung für Sachschäden eingeschaltet wird, die durch nichtversicherte oder gegebenenfalls gestohlene oder unter Anwendung von Gewalt erlangte Fahrzeuge verursacht worden sind.

Die Familienangehörigen des Versicherungsnehmers, Fahrers oder eines sonstigen Verursachers sollten, jedenfalls bei Personenschäden, einen mit dem anderer Geschädigter vergleichbaren Schutz erhalten.

Voraussetzung für die Abschaffung der Kontrolle der Versicherung ist, daß das nationale Versicherungsbüro des besuchten Landes eine Garantie übernimmt, die von Fahrzeugen mit gewöhnlichem Standort in einem anderen Mitgliedstaat verursachten Schäden zu vergüten. Zur Feststellung, ob ein Fahrzeug seinen gewöhnlichen Standort in einem bestimmten Mitgliedstaat hat, bleibt das amtliche Kennzeichen des betreffenden Staates nach wie vor das einfachste Kriterium. Daher muß Artikel 1 Absatz 4 erster Gedankenstrich der Richtlinie 72/166/EWG entsprechend geändert werden.

In Anbetracht der in bestimmten Mitgliedstaaten gegebenen Ausgangslage sowohl bei den Mindestbeträgen als auch bei der Deckung und den Selbstbeteiligungen, die die genannte Stelle bei Sachschäden anwenden kann, sollten für diese Mitgliedstaaten Übergangsmaßnahmen für die schrittweise Anwendung der Vorschriften der Richtlinie über die Mindestbeträge und die Vergütung von Sachschäden durch diese Stelle vorgesehen werden –

HAT FOLGENDE RICHTLINIE ERLASSEN:

Artikel 1

(1) Die in Artikel 3 Absatz 1 der Richtlinie 72/166/EWG bezeichnete Versicherung hat sowohl Sachschäden als auch Personenschäden zu umfassen.

(2) Unbeschadet höherer Deckungssummen, die von den Mitgliedstaaten gegebenenfalls vorgeschrieben sind, fordert jeder Mitgliedstaat für die Pflichtversicherung folgende Mindestbeträge:
- für Personenschäden 350 000 ECU bei nur einem Unfallopfer; bei mehreren Opfern ein und desselben Unfalls wird dieser Betrag mit der Anzahl der Opfer multipliziert;
- für Sachschäden ungeachtet der Anzahl der Geschädigten 100 000 ECU.

Die Mitgliedstaaten können statt der vorgenannten Mindestbeträge für Personenschäden – bei mehreren Opfern ein und desselben Unfalls – einen Mindestbetrag von 500 000 ECU oder für Personen- und Sachschäden – ungeachtet der Anzahl der Geschädigten und der Art der Schäden – einen globalen Mindestbetrag von 600 000 ECU je Schadensfall vorsehen.

(3) Für die Zwecke dieser Richtlinie ist unter ECU die durch Artikel 1 der Verordnung (EWG) Nr. 3180/78 (1) definierte Rechnungseinheit zu verstehen. Als Gegenwert in Landeswährung gilt für aufeinander folgende Zeiträume von vier Jahren, gerechnet ab 1. Januar des ersten Jahres jedes Zeitraums, der Wert des letzten Tages des vorangegan-

Anhang V Zweite Richtlinie 84/5/EWG des Rates vom 30. Dezember 1983

genen Monats September, für den die Gegenwerte der ECU in sämtlichen Währungen der Gemeinschaft vorliegen. Der erste Zeitraum beginnt am 1. Januar 1984.

(4) Jeder Mitgliedstaat schafft eine Stelle oder erkennt eine Stelle an, die für Sach- oder Personenschäden, welche durch ein nicht ermitteltes oder nicht im Sinne des Absatzes 1 versichertes Fahrzeug verursacht worden sind, zumindest in den Grenzen der Versicherungspflicht Ersatz zu leisten hat. Das Recht der Mitgliedstaaten, Bestimmungen zu erlassen, durch die der Einschaltung dieser Stelle subsidiärer Charakter verliehen wird oder durch die der Rückgriff dieser Stelle auf den oder die für den Unfall Verantwortlichen sowie auf andere Versicherer oder Einrichtungen der sozialen Sicherheit, die gegenüber dem Geschädigten zur Regulierung desselben Schadens verpflichtet sind, geregelt wird, bleibt unberührt.

Der Geschädigte kann sich jedoch in jedem Fall unmittelbar an diese Stelle wenden, welche ihm – auf der Grundlage der auf ihr Verlangen hin vom Geschädigten mitgeteilten Informationen – eine begründete Auskunft über ihr Tätigwerden erteilen muß.

Die Mitgliedstaaten können jedoch von der Einschaltung dieser Stelle Personen ausschließen, die das Fahrzeug, das den Schaden verursacht hat, freiwillig bestiegen haben, sofern durch die Stelle nachgewiesen werden kann, daß sie wussten, daß das Fahrzeug nicht versichert war.

Die Mitgliedstaaten können die Einschaltung dieser Stelle bei Sachschäden, die durch ein nicht ermitteltes Fahrzeug verursacht wurden, beschränken oder ausschließen.

Sie können ferner für durch ein nicht versichertes Fahrzeug verursachte Sachschäden eine gegenüber dem Geschädigten wirksame Selbstbeteiligung bis zu einem Betrag von 500 ECU zulassen.

Im übrigen wendet jeder Mitgliedstaat bei der Einschaltung dieser Stelle unbeschadet jeder anderen für die Unfallopfer günstigeren Praxis seine Rechts- und Verwaltungsvorschriften an.

Artikel 2

(1) Jeder Mitgliedstaat trifft zweckdienliche Maßnahmen, damit jede Rechtsvorschrift oder Vertragsklausel in einer nach Artikel 3 Absatz 1 der Richtlinie 72/166/EWG ausgestellten Versicherungspolice, mit der die Nutzung oder Führung von Fahrzeugen durch
– hierzu weder ausdrücklich noch stillschweigend ermächtigte Personen oder
– Personen, die keinen Führerschein für das betreffende Fahrzeug besitzen, oder
– Personen, die den gesetzlichen Verpflichtungen in bezug auf Zustand und Sicherheit des betreffenden Fahrzeugs nicht nachgekommen sind,

von der Versicherung ausgeschlossen werden, bei der Anwendung von Artikel 3 Absatz 1 der Richtlinie 72/166/EWG bezueglich der Ansprüche von bei Unfällen geschädigten Dritten als wirkungslos gilt.

Die im ersten Gedankenstrich genannte Vorschrift oder Klausel kann jedoch gegenüber den Personen geltend gemacht werden, die das Fahrzeug, das den Schaden verursacht hat, freiwillig bestiegen haben, sofern der Versicherer nachweisen kann, daß sie wussten, daß das Fahrzeug gestohlen war.

Den Mitgliedstaaten steht es frei, bei Unfällen auf ihrem Gebiet Unterabsatz 1 nicht anzuwenden, wenn und soweit das Unfallopfer Schadenersatz von einem Sozialversicherungsträger erlangen kann.

(2) In den Fällen gestohlener oder unter Anwendung von Gewalt erlangter Fahrzeuge können die Mitgliedstaaten vorsehen, daß die in Artikel 1 Absatz 4 bezeichnete Stelle nach Maßgabe von Absatz 1 des vorliegenden Artikels anstelle des Versicherers eintritt; hat das Fahrzeug seinen gewöhnlichen Standort in einem anderen Mitgliedstaat, so hat diese Stelle keine Regressansprüche gegenüber irgendeiner Stelle in diesem Mitgliedstaat.

Die Mitgliedstaaten, die im Falle gestohlener oder unter Anwendung von Gewalt erlangter Fahrzeuge das Eintreten der in Artikel 1 Absatz 4 bezeichneten Stelle vorsehen, können für Sachschäden eine Selbstbeteiligung des Geschädigten bis zu 250 ECU festsetzen.

Artikel 3

Familienmitglieder des Versicherungsnehmers, des Fahrers oder jeder anderen Person, die bei einem Unfall haftbar gemacht werden kann und durch die in Artikel 1 Absatz 1 bezeichnete Versicherung geschützt ist, dürfen nicht aufgrund dieser familiären Beziehungen von der Personenschadenversicherung ausgeschlossen werden.

Artikel 4

Artikel 1 Absatz 4 erster Gedankenstrich der Richtlinie 72/166/EWG erhält folgende Fassung:

»– das Gebiet des Staates, dessen amtliches Kennzeichen das Fahrzeug trägt, oder,«.

Artikel 5

(1) Die Mitgliedstaaten ändern ihre einzelstaatlichen Rechtvorschriften gemäß dieser Richtlinie bis zum 31. Dezember 1987. Sie setzen die Kommission unverzueglich davon in Kenntnis.

(2) Die geänderten Bestimmungen gelangen bis zum 31. Dezember 1988 zur Anwendung.

(3) Abweichend von Absatz 2

a) steht der Republik Griechenland eine Frist bis zum 31. Dezember 1995 zur Verfügung, um die Deckungssummen auf die in Artikel 1 Absatz 2 vorgesehenen Beträge anzuheben. Falls sie von dieser Möglichkeit Gebrauch macht, müssen die De-

Anhang V Zweite Richtlinie 84/5/EWG des Rates vom 30. Dezember 1983

ckungssummen im Verhältnis zu den in dem genannten Artikel vorgesehenen Beträgen folgende Prozentsätze erreichen:
- einen Prozentsatz von mehr als 16 % am 31. Dezember 1988,
- einen Prozentsatz von 31 % spätestens am 31. Dezember 1992;
b) verfügen die übrigen Mitgliedstaaten über eine Frist bis zum 31. Dezember 1990, um die Deckungssummen auf die in Artikel 1 Absatz 2 vorgesehenen Beträge anzuheben. Die Mitgliedstaaten, die von dieser Möglichkeit Gebrauch machen, müssen innerhalb der in Absatz 1 genannten Frist die Deckungssummen um mindestens die Hälfte des Unterschieds zwischen der am 1. Januar 1984 geltenden Deckung und den in Artikel 1 Absatz 2 vorgeschriebenen Beträgen anheben.

(4) Abweichend von Absatz 2

a) kann die Italienische Republik vorsehen, daß die Selbstbeteiligung nach Artikel 1 Absatz 4 Unterabsatz 5 bis zum 31. Dezember 1990 1 000 ECU beträgt;
b) können die Republik Griechenland und Irland vorsehen, daß
- die Einschaltung der in Artikel 1 Absatz 4 genannten Stelle, die für Sachschäden Ersatz leistet, bis zum 31. Dezember 1992 ausgeschlossen wird;
- die Selbstbeteiligung nach Artikel 1 Absatz 4 Unterabsatz 5 und die Selbstbeteiligung nach Artikel 2 Absatz 2 bis zum 31. Dezember 1995 1 500 ECU betragen.

Artikel 6

(1) Die Kommission legt dem Rat bis zum 31. Dezember 1989 einen Bericht über die Lage in den Mitgliedstaaten vor, denen die Übergangsmaßnahmen nach Artikel 5 Absatz 3 Buchstabe a) und Absatz 4 Buchstabe b) gewährt werden, und unterbreitet ihm gegebenenfalls Vorschläge zur Revision dieser Maßnahmen unter Berücksichtigung der Entwicklung der Lage.

(2) Die Kommission legt dem Rat bis zum 31. Dezember 1993 einen Bericht über den Stand der Anwendung dieser Richtlinie vor und unterbreitet ihm gegebenenfalls Vorschläge, insbesondere hinsichtlich der Anpassung der Beträge nach Artikel 1 Absätze 2 und 4.

Artikel 7

Diese Richtlinie ist an die Mitgliedstaaten gerichtet.

Geschehen zu Brüssel am 30. Dezember 1983.

Im Namen des Rates

Der Präsident

G. VARFIS

(1) ABl. Nr. C 214 vom 21.08.1980, S. 9, und ABl. Nr. C 78 vom 30.03.1982, S. 17.

(2) ABl. Nr. C 287 vom 09.11.1981, S. 44.

(3) ABl. Nr. C 138 vom 09.06.1981, S. 15.

(4) ABl. Nr. L 103 vom 02.05.1972, S. 2.
(5) ABl. Nr. L 291 vom 28.12.1972, S. 162.
(1) ABl. Nr. L 379 vom 30.12.1978, S. 1.

Anhang VI

Dritte Richtlinie 90/232/EWG des Rates vom 14. Mai 1990

zur Angleichung der Rechtsvorschriften der Mitgliedstaaten über die Kraftfahrzeug-Haftpflichtversicherung

ABl. L 129 vom 19.05.1990, S. 33–35 (ES, DA, DE, EL, EN, FR, IT, NL, PT)
Finnische Sonderausgabe: Kapitel 13 Band 19 S. 0189
Schwedische Sonderausgabe: Kapitel 13 Band 19 S. 0189
Sonderausgabe in tschechischer Sprache: Kapitel 06 Band 01 S. 249–251
Sonderausgabe in estnischer Sprache: Kapitel 06 Band 01 S. 249–251
Sonderausgabe in ungarischer Sprache Kapitel 06 Band 01 S. 249–251
Sonderausgabe in litauischer Sprache: Kapitel 06 Band 01 S. 249–251
Sonderausgabe in lettischer Sprache: Kapitel 06 Band 01 S. 249–251
Sonderausgabe in maltesischer Sprache: Kapitel 06 Band 01 S. 249–251
Sonderausgabe in polnischer Sprache: Kapitel 06 Band 01 S. 249–251
Sonderausgabe in slowakischer Sprache: Kapitel 06 Band 01 S. 249–251
Sonderausgabe in slowenischer Sprache: Kapitel 06 Band 01 S. 249–251
Sonderausgabe in bulgarischer Sprache: Kapitel 06 Band 01 S. 240–242
Sonderausgabe in rumänischer Sprache: Kapitel 06 Band 01 S. 240–242

DRITTE RICHTLINIE DES RATES

vom 14. Mai 1990

zur Angleichung der Rechtsvorschriften der Mitgliedstaaten über die Kraftfahrzeug-Haftpflichtversicherung

(90/232/EWG)

DER RAT DER EUROPÄISCHEN GEMEINSCHAFTEN –

gestützt auf den Vertrag zur Gründung der Europäischen Wirtschaftsgemeinschaft, insbesondere auf Artikel 100a,

auf Vorschlag der Kommission (1),

in Zusammenarbeit mit dem Europäischen Parlament (2),

nach Stellungnahme des Wirtschafts- und Sozialausschusses (3),

Dritte Richtlinie 90/232/EWG des Rates vom 14. Mai 1990 **Anhang VI**

in Erwägung nachstehender Gründe:

Mit der Richtlinie 72/166/EWG (4), zuletzt geändert durch die Richtlinie 84/5/EWG (5), hat der Rat Vorschriften zur Angleichung der Rechtsvorschriften der Mitgliedstaaten über die Kraftfahrzeug-Haftpflichtversicherung und die Kontrolle der entsprechenden Versicherungspflicht erlassen.

Nach Artikel 3 der Richtlinie 72/166/EWG hat jeder Mitgliedstaat alle zweckdienlichen Maßnahmen zu treffen, um sicherzustellen, daß die Haftpflicht bei Fahrzeugen mit gewöhnlichem Standort im Inland durch eine Versicherung gedeckt ist. Der Umfang der Schadensdeckung sowie die Modalitäten des Versicherungsschutzes sollten im Rahmen dieser Maßnahmen bestimmt werden.

Mit der Richtlinie 84/5/EWG, geändert durch die Akte über den Beitritt Spaniens und Portugals, wurden die Unterschiede bezueglich Höhe und Inhalt der Pflichtversicherungsverträge zur Deckung der Haftpflicht in den einzelnen Mitgliedstaaten beträchtlich vermindert; erhebliche Unterschiede bestehen jedoch weiterhin hinsichtlich der Schadensdeckung durch eine solche Versicherung.

Den bei Kraftfahrzeug-Verkehrsunfällen Geschädigten sollte unabhängig davon, in welchem Land der Gemeinschaft sich der Unfall ereignet, eine vergleichbare Behandlung garantiert werden.

Lücken bestehen insbesondere in einigen Mitgliedstaaten hinsichtlich der Versicherungspflicht für die Fahrzeuginsassen; sie sollten geschlossen werden, um diese besonders stark gefährdete Kategorie potentieller Geschädigter zu schützen.

Bei der Anwendung von Artikel 3 Absatz 2 erster Gedankenstrich der Richtlinie 72/166/EWG sollten Zweifel darüber beseitigt werden, daß sich alle Kraftfahrzeug-Haftpflichtversicherungspolicen auf das gesamte Gebiet der Gemeinschaft erstrecken.

Im Interesse des Versicherten sollte ferner jede Haftpflichtversicherungspolice im Rahmen einer einzigen Prämie die in jedem Mitgliedstaat gesetzlich vorgeschriebene Deckung bzw., wenn diese höher ist, die gesetzliche Deckung des Mitgliedstaats, in dem das Fahrzeug seinen gewöhnlichen Standort hat, gewährleisten.

Nach Artikel 1 Absatz 4 der Richtlinie 84/5/EWG hat jeder Mitgliedstaat eine Stelle zu schaffen oder anzuerkennen, die für Sach- oder Personenschäden Ersatz zu leisten hat, welche durch ein nicht ermitteltes oder nicht versichertes Fahrzeug verursacht worden sind. Diese Bestimmung berührt jedoch nicht das Recht der Mitgliedstaaten, der Einschaltung dieser Stelle subsidiären Charakter zu verleihen.

Bei einem durch ein nicht versichertes Fahrzeug verursachten Unfall muß der Geschädigte jedoch in einigen Mitgliedstaaten vor Befassung dieser Stelle den Nachweis erbringen, daß der Haftpflichtige nicht in der Lage ist oder sich weigert, Schadenersatz zu leisten. Für die genannte Stelle ist es jedoch leichter als für den Geschädigten, gegen den Haftpflichtigen Rückgriff zu nehmen; diese Stelle sollte daher nicht die Möglichkeit haben, die Zahlung von Schadenersatz davon abhängig zu machen, daß der Ge-

Anhang VI Dritte Richtlinie 90/232/EWG des Rates vom 14. Mai 1990

schädigte den Nachweis erbringt, daß der Unfallverursacher nicht in der Lage ist oder sich weigert, Schadenersatz zu leisten.

Können die genannte Stelle und ein Haftpflichtversicherer keine Einigung darüber erzielen, wer dem Unfallgeschädigten Schadenersatz zu leisten hat, so sollten die Mitgliedstaaten, um Verzögerungen bei der Auszahlung des Schadenersatzes an den Geschädigten zu vermeiden, die Partei bestimmen, die bis zur Entscheidung über den Streitfall den Schadenersatz vorläufig zu zahlen hat.

Da es für Unfallgeschädigte zuweilen mit Schwierigkeiten verbunden ist, den Namen des Versicherungsunternehmens zu erfahren, das die Haftpflicht aufgrund der Nutzung eines an einem Unfall beteiligten Fahrzeugs deckt, sollten die Mitgliedstaaten im Interesse dieser Geschädigten die erforderlichen Maßnahmen ergreifen, um sicherzustellen, daß diese Information unverzueglich zur Verfügung steht.

Die beiden bisherigen Richtlinien im Bereich der Kraftfahrzeug-Haftpflichtversicherung sollten unter Berücksichtigung der vorstehenden Erwägungen einheitlich ergänzt werden.

Eine solche Ergänzung, durch die der Schutz der Versicherten und der Unfallgeschädigten verbessert wird, wird das Überschreiten der Binnengrenzen der Gemeinschaft und damit die Errichtung und das Funktionieren des Binnenmarktes weiter erleichtern. Daher ist ein weitgehender Verbraucherschutz zugrunde zu legen.

Nach Artikel 8c des Vertrages ist dem Umfang der Anstrengungen, die einigen Volkswirtschaften mit unterschiedlichem Entwicklungsstand abverlangt werden, Rechnung zu tragen. Daher sollte einigen Mitgliedstaaten eine Übergangsregelung eingeräumt werden, die eine schrittweise Anwendung bestimmter Vorschriften dieser Richtlinie ermöglicht –

HAT FOLGENDE RICHTLINIE ERLASSEN:

Artikel 1

Unbeschadet des Artikels 2 Absatz 1 Unterabsatz 2 der Richtlinie 84/5/EWG deckt die in Artikel 3 Absatz 1 der Richtlinie 72/166/EWG genannte Versicherung die Haftpflicht für aus der Nutzung eines Fahrzeugs resultierende Personenschäden bei allen Fahrzeuginsassen mit Ausnahme des Fahrers.

Im Sinne der vorliegenden Richtlinie entspricht der Begriff »Fahrzeug« dem in Artikel 1 der Richtlinie 72/166/EWG festgelegten Begriff.

Artikel 2

Die Mitgliedstaaten treffen die erforderlichen Maßnahmen, damit alle Pflichtversicherungsverträge zur Deckung der Haftpflicht für die Nutzung von Fahrzeugen
– auf der Basis einer einzigen Prämie das gesamte Gebiet der Gemeinschaft abdecken und

– auf der Grundlage dieser einzigen Prämie den in jedem Mitgliedstaat gesetzlich vorgeschriebenen Versicherungsschutz bzw. den in dem Mitgliedstaat, in dem das Fahrzeug seinen gewöhnlichen Standort hat, gesetzlich vorgeschriebenen Versicherungsschutz gewährleisten, wenn letzterer höher ist.

Artikel 3

Artikel 1 Absatz 4 Unterabsatz 1 der Richtlinie 84/5/EWG wird durch folgenden Satz ergänzt:

»Die Mitgliedstaaten dürfen es der Stelle jedoch nicht gestatten, die Zahlung von Schadenersatz davon abhängig zu machen, daß der Geschädigte in irgendeiner Form nachweist, daß der Haftpflichtige zur Schadenersatzleistung nicht in der Lage ist oder die Zahlung verweigert.«

Artikel 4

Besteht zwischen der in Artikel 1 Absatz 4 der Richtlinie 84/5/EWG genannten Stelle und dem Haftpflichtversicherer Streit darüber, wer dem Geschädigten Schadenersatz zu leisten hat, so ergreifen die Mitgliedstaaten entsprechende Maßnahmen, damit unter den Parteien diejenige bestimmt wird, die dem Geschädigten unverzueglich vorläufigen Schadenersatz zu leisten hat.

Wird zu einem späteren Zeitpunkt entschieden, daß die andere Partei ganz oder teilweise hätte Schadenersatz leisten müssen, so erstattet diese der Partei, die die Zahlung geleistet hat, die entsprechenden Beträge.

Artikel 5

(1) Die Mitgliedstaaten treffen die erforderlichen Maßnahmen, um sicherzustellen, daß die an einem Verkehrsunfall Beteiligten unverzueglich die Identität des Versicherungsunternehmens feststellen können, das die sich aus der Nutzung des jeweiligen an dem Unfall beteiligten Kraftfahrzeugs ergebende Haftpflicht deckt.

(2) Die Kommission legt dem Europäischen Parlament und dem Rat bis zum 31. Dezember 1995 einen Bericht über die Anwendung des Absatzes 1 vor.

Die Kommission unterbreitet dem Rat gegebenenfalls entsprechende Vorschläge.

Artikel 6

(1) Die Mitgliedstaaten treffen die erforderlichen Maßnahmen, um dieser Richtlinie bis zum 31. Dezember 1992 nachzukommen. Sie setzen die Kommission unverzueglich davon in Kenntnis.

(2) In Abweichung von Absatz 1

– verfügen die Griechische Republik, das Königreich Spanien und die Portugiesische Republik über eine am 31. Dezember 1995 endende Frist, um den Artikeln 1 und 2 nachzukommen;

Anhang VI Dritte Richtlinie 90/232/EWG des Rates vom 14. Mai 1990

– verfügt Irland über eine am 31. Dezember 1998 endende Frist, um Artikel 1 in bezug auf Motorrad-Soziusfahrer nachzukommen, und über eine am 31. Dezember 1995 endende Frist, um Artikel 1 in bezug auf die übrigen Fahrzeuge sowie den Bestimmungen des Artikels 2 nachzukommen.

Artikel 7

Diese Richtlinie ist an die Mitgliedstaaten gerichtet.

Geschehen zu Brüssel am 14. Mai 1990.

Im Namen des Rates

Der Präsident

D. J. O'MALLEY

(1) ABl. Nr. C 16 vom 20.01.1989, S. 12.

(2) ABl. Nr. C 304 vom 04.12.1989, S. 41, und ABl. Nr. C 113 vom 07.05.1990.

(3) ABl. Nr. C 159 vom 26.06.1989, S. 7.

(4) ABl. Nr. L 103 vom 02.05.1972, S. 1.

(5) ABl. Nr. L 8 vom 11.01.1984, S. 17.

Anhang VII

Richtlinie 2000/26/EG des Europäischen Parlaments und des Rates vom 16. Mai 2000

zur Angleichung der Rechtsvorschriften der Mitgliedstaaten über die Kraftfahrzeug-Haftpflichtversicherung, und zur Änderung der Richtlinien 73/239/EWG und 88/357/EWG des Rates (Vierte Kraftfahrzeughaftpflicht-Richtlinie)

Amtsblatt Nr. L 181 vom 20/07/2000 S. 0065–0074

Richtlinie 2000/26/EG des Europäischen Parlaments und des Rates

vom 16. Mai 2000

zur Angleichung der Rechtsvorschriften der Mitgliedstaaten über die Kraftfahrzeug-Haftpflichtversicherung, und zur Änderung der Richtlinien 73/239/EWG und 88/357/EWG des Rates

(Vierte Kraftfahrzeughaftpflicht-Richtlinie)

DAS EUROPÄISCHE PARLAMENT UND DER RAT DER EUROPÄISCHEN UNION –

gestützt auf den Vertrag zur Gründung der Europäischen Gemeinschaft, insbesondere auf Artikel 47 Absatz 2 und Artikel 95,

auf Vorschlag der Kommission(1),

nach Stellungnahme des Wirtschafts- und Sozialausschusses(2),

gemäß dem Verfahren des Artikels 251 des Vertrags(3), aufgrund des vom Vermittlungsausschuß am 7. April 2000 gebilligten gemeinsamen Entwurfs,

in Erwägung nachstehender Gründe:

(1) Zwischen den Rechts- und Verwaltungsvorschriften der Mitgliedstaaten über die Kraftfahrzeug-Haftpflichtversicherung bestehen gegenwärtig Unterschiede, die die Freizügigkeit und den freien Verkehr von Versicherungsdienstleistungen beeinträchtigen.

(2) Die genannten Rechtsvorschriften müssen deshalb im Hinblick auf ein ordnungsgemäßes Funktionieren des Binnenmarktes angeglichen werden.

(3) Mit der Richtlinie 72/166/EWG(4) hat der Rat Vorschriften zur Angleichung der Rechtsvorschriften der Mitgliedstaaten über die Kraftfahrzeug-Haftpflichtversicherung und die Kontrolle der entsprechenden Versicherungspflicht erlassen.

(4) Mit der Richtlinie 88/357/EWG(5) hat der Rat Vorschriften zur Koordinierung der Rechts- und Verwaltungsvorschriften für die Direktversicherung (mit Ausnahme

Anhang VII Richtl. 2000/26/EG des Europ. Parlaments u. des Rates vom 16. Mai 2000

der Lebensversicherung) und zur Erleichterung der tatsächlichen Ausübung des freien Dienstleistungsverkehrs erlassen.

(5) Durch das System der Grüne-Karte-Büros ist eine problemlose Regulierung eines Unfallschadens im eigenen Land des Geschädigten auch dann gewährleistet, wenn der andere Unfallbeteiligte aus einem anderen europäischen Land kommt.

(6) Das System der Grüne-Karte-Büros löst nicht alle Schwierigkeiten eines Geschädigten, der seine Ansprüche in einem anderen Land gegenüber einem dort ansässigen Unfallgegner und einem dort zugelassenen Versicherungsunternehmen geltend machen muß (fremdes Recht, fremde Sprache, ungewohnte Regulierungspraxis, häufig unvertretbar lange Dauer der Regulierung).

(7) Mit seiner Entschließung vom 26. Oktober 1995 zur Regulierung von Verkehrsunfällen, die außerhalb des Herkunftslandes des Geschädigten erlitten werden(6), ist das Europäische Parlament nach Artikel 192 Absatz 2 des Vertrags tätig geworden und hat die Kommission aufgefordert, einen Vorschlag für eine Richtlinie des Europäischen Parlaments und des Rates zur Lösung dieser Probleme vorzulegen.

(8) Es ist in der Tat angezeigt, die mit den Richtlinien 72/166/EWG, 84/5/EWG(7) und 90/232/EWG(8) eingeführte Regelung zu vervollständigen, um denjenigen, die bei einem Kraftfahrzeug-Verkehrsunfall einen Sach- oder Personenschaden erleiden, unabhängig davon, in welchem Land der Gemeinschaft sich der Unfall ereignet, eine vergleichbare Behandlung zu garantieren. Es bestehen Lücken hinsichtlich der Schadenregulierung bei Unfällen im Sinne dieser Richtlinie, die sich in einem anderen Staat als dem Wohnsitzstaat des Geschädigten ereignen.

(9) Die Anwendung dieser Richtlinie auf Unfälle, die sich in Drittländern ereignen, die vom System der Grünen Karte für Unfälle abgedeckt sind, und in die Geschädigte mit Wohnsitz in der Gemeinschaft und Fahrzeuge verwickelt sind, die in einem Mitgliedstaat versichert sind und dort ihren gewöhnlichen Standort haben, bedeutet keine Ausdehnung der obligatorischen Gebietsdeckung der Kraftfahrzeugversicherung gemäß Artikel 3 Absatz 2 der Richtlinie 72/166/EWG.

(10) Dies macht es erforderlich, daß die Geschädigten einen Direktanspruch gegen das Versicherungsunternehmen der haftpflichtigen Partei erhalten sollten.

(11) Eine zufriedenstellende Lösung könnte darin bestehen, daß derjenige, der in einem anderen Staat als seinem Wohnsitzstaat bei einem Kraftfahrzeug-Verkehrsunfall im Sinne dieser Richtlinie einen Sach- oder Personenschaden erleidet, seinen Schadenersatzanspruch in seinem Wohnsitzmitgliedstaat gegenüber einem dort bestellten Schadenregulierungsbeauftragten des Versicherungsunternehmens der haftpflichtigen Partei geltend machen kann.

(12) Diese Lösung würde es ermöglichen, daß ein Schaden, der außerhalb des Wohnsitzmitgliedstaats des Geschädigten eintritt, in einer Weise abgewickelt wird, die dem Geschädigten vertraut ist.

(13) Durch dieses System eines Schadenregulierungsbeauftragten im Wohnsitzmitgliedstaat des Geschädigten wird weder das im konkreten Fall anzuwendende materielle Recht geändert noch die gerichtliche Zuständigkeit berührt.

(14) Die Begründung eines Direktanspruchs desjenigen, der einen Sach- oder Personenschaden erlitten hat, gegen das Versicherungsunternehmen ist eine logische Ergänzung der Benennung von Schadenregulierungsbeauftragten und verbessert zudem die Rechtsstellung von Personen, die bei Kraftfahrzeug-Verkehrsunfällen außerhalb ihres Wohnsitzmitgliedstaats geschädigt werden.

(15) Um die betreffenden Lücken zu schließen, sollte vorgesehen werden, daß der Mitgliedstaat, in dem das Versicherungsunternehmen zugelassen ist, von diesem verlangt, in den anderen Mitgliedstaaten ansässige oder niedergelassene Schadenregulierungsbeauftragte zu benennen, die alle erforderlichen Informationen über Schadensfälle zusammentragen, die auf solche Unfälle zurückgehen, und geeignete Maßnahmen zur Schadenregulierung im Namen und für Rechnung des Versicherungsunternehmens, einschließlich einer entsprechenden Entschädigungszahlung, ergreifen. Schadenregulierungsbeauftragte sollten über ausreichende Befugnisse verfügen, um das Versicherungsunternehmen gegenüber den Geschädigten zu vertreten und es auch gegenüber den einzelstaatlichen Behörden und gegebenenfalls, soweit dies mit den Regelungen des internationalen Privat- und Zivilprozeßrechts über die Festlegung der gerichtlichen Zuständigkeiten vereinbar ist, gegenüber den Gerichten zu vertreten.

(16) Die Tätigkeiten der Schadenregulierungsbeauftragten reichen nicht aus, um einen Gerichtsstand im Wohnsitzmitgliedstaat des Geschädigten zu begründen, wenn dies nach den Regelungen des internationalen Privat- und Zivilprozeßrechts über die Festlegung der gerichtlichen Zuständigkeiten nicht vorgesehen ist.

(17) Die Benennung der Schadenregulierungsbeauftragten sollte eine der Bedingungen für den Zugang zur Versicherungstätigkeit gemäß Buchstabe A Nummer 10 des Anhangs der Richtlinie 73/239/EWG(9) – mit Ausnahme der Haftpflicht des Frachtführers – und die Ausübung dieser Tätigkeit sein. Diese Bedingung sollte deshalb durch die einheitliche behördliche Zulassung nach Titel II der Richtlinie 92/49/EWG(10) erfaßt werden, die die Behörden des Mitgliedstaats des Geschäftssitzes des Versicherungsunternehmens erteilen. Diese Bedingung sollte auch für Versicherungsunternehmen mit Geschäftssitz außerhalb der Gemeinschaft gelten, denen die Zulassung zur Versicherungstätigkeit im Gebiet eines Mitgliedstaats der Gemeinschaft erteilt wurde. Die Richtlinie 73/239/EWG sollte diesbezüglich geändert und ergänzt werden.

(18) Außer der Sicherstellung der Präsenz eines Beauftragten des Versicherungsunternehmens im Wohnsitzstaat des Geschädigten sollte das spezifische Recht des Geschädigten auf zügige Bearbeitung des Anspruchs gewährleistet werden. Die nationalen Rechtsvorschriften müssen deshalb angemessene wirksame und systematische finanzielle oder gleichwertige administrative Sanktionen – wie Anordnungen in Verbindung mit Bußgeldern, regelmäßige Berichterstattung an Aufsichtsbehörden, Kontrollen vor Ort, Veröffentlichungen im nationalen Gesetzblatt sowie in der Presse, Suspendierung der Tätigkeiten eines Unternehmens (Verbot des Abschlusses neuer Verträge während

Anhang VII
Richtl. 2000/26/EG des Europ. Parlaments u. des Rates vom 16. Mai 2000

eines bestimmten Zeitraums), Bestellung eines Sonderbeauftragten der Aufsichtsbehörden, der zu überprüfen hat, ob der Geschäftsbetrieb unter Einhaltung der versicherungsrechtlichen Vorschriften erfolgt, Widerruf der Zulassung zur Ausübung von derartigen Versicherungsgeschäften und Sanktionen für Direktoren und Mitglieder der Geschäftsleitung – vorsehen, die dann gegen das Versicherungsunternehmen des Schädigers festgesetzt werden können, wenn dieses oder sein Beauftragter seiner Verpflichtung zur Vorlage eines Schadenersatzangebots innerhalb einer angemessenen Frist nicht nachkommt. Die Anwendung sonstiger, für angemessen erachteter Maßnahmen – insbesondere nach den für die Beaufsichtigung der Versicherungsunternehmen geltenden Rechtsvorschriften – wird dadurch nicht berührt. Voraussetzung ist jedoch, daß die Haftung sowie der erlittene Sach- oder Personenschaden nicht streitig ist, so daß das Versicherungsunternehmen innerhalb der vorgeschriebenen Frist ein mit Gründen versehenes Angebot unterbreiten kann. Ein solches Schadenersatzangebot muß schriftlich und unter Angabe der Gründe erfolgen, auf denen die Beurteilung der Haftung und des Schadens beruht.

(19) Zusätzlich zu diesen Sanktionen sollte vorgesehen werden, daß für die dem Geschädigten vom Versicherungsunternehmen angebotene bzw. ihm gerichtlich zugesprochene Schadenersatzsumme Zinsen gezahlt werden, wenn das Angebot nicht innerhalb dieser vorgeschriebenen Frist vorgelegt wird. Gibt es in den Mitgliedstaaten nationale Regelungen, die dem Erfordernis der Zahlung von Verzugszinsen entsprechen, so könnte diese Bestimmung durch eine Bezugnahme auf jene Regelungen umgesetzt werden.

(20) Für Geschädigte, die Sach- oder Personenschäden aufgrund eines Kraftfahrzeug-Verkehrsunfalls erlitten haben, ist es zuweilen mit Schwierigkeiten verbunden, den Namen des Versicherungsunternehmens zu erfahren, das die Haftpflicht für ein an einem Unfall beteiligtes Fahrzeug deckt.

(21) Im Interesse dieser Geschädigten sollten die Mitgliedstaaten Auskunftsstellen einrichten, um zu gewährleisten, daß diese Information unverzüglich zur Verfügung steht. Die genannten Auskunftsstellen sollten den Geschädigten auch Informationen über die Schadenregulierungsbeauftragten zur Verfügung stellen. Die Auskunftsstellen müssen untereinander zusammenarbeiten und schnell auf Auskunftsersuchen über Schadenregulierungsbeauftragte reagieren, die Auskunftsstellen anderer Mitgliedstaaten an sie richten. Es erscheint angemessen, daß diese Auskunftsstellen die Informationen über den Zeitpunkt der tatsächlichen Beendigung der Versicherungsdeckung erfassen; nicht angemessen ist hingegen die Erfassung von Informationen über den Ablauf der ursprünglichen Gültigkeitsdauer der Versicherungspolice, sofern sich die Vertragsdauer stillschweigend verlängert hat.

(22) Für Fahrzeuge, für die keine Haftpflichtversicherungspflicht besteht (z. B. Behörden- oder Militärfahrzeuge), sollten besondere Bestimmungen vorgesehen werden.

(23) Der Geschädigte kann ein berechtigtes Interesse daran haben, über die Identität des Eigentümers oder des gewöhnlichen Fahrers oder des eingetragenen Halters des Fahrzeugs Aufschluß zu erhalten, beispielsweise in Fällen, in denen der Geschädigte

Richtl. 2000/26/EG des Europ. Parlaments u. des Rates vom 16. Mai 2000 **Anhang VII**

Schadenersatz nur von diesen Personen erhalten kann, weil das Fahrzeug nicht ordnungsgemäß versichert ist oder der Schaden die Versicherungssumme übersteigt; demnach ist auch diese Auskunft zu erteilen.

(24) Bei einigen der übermittelten Informationen handelt es sich um personenbezogene Daten im Sinne der Richtlinie 95/46/EG des Europäischen Parlaments und des Rates vom 24. Oktober 1995 zum Schutz natürlicher Personen bei der Verarbeitung personenbezogener Daten und zum freien Datenverkehr(11); dies gilt beispielsweise für den Namen und die Adresse des Fahrzeugeigentümers und des gewöhnlichen Fahrers sowie die Nummer der Versicherungspolice und das Kennzeichen des Fahrzeugs. Die aufgrund der vorliegenden Richtlinie erforderliche Verarbeitung dieser Daten muß daher im Einklang mit den einzelstaatlichen Maßnahmen erfolgen, die gemäß der Richtlinie 95/46/EG ergriffen wurden. Name und Anschrift des gewöhnlichen Fahrers sollten nur mitgeteilt werden, wenn dies nach einzelstaatlichem Recht zulässig ist.

(25) Um dem Geschädigten die ihm zustehende Entschädigung sicherzustellen, ist es notwendig, eine Entschädigungsstelle einzurichten, an die sich der Geschädigte wenden kann, wenn das Versicherungsunternehmen keinen Beauftragten benannt hat oder die Regulierung offensichtlich verzögert oder wenn das Versicherungsunternehmen nicht ermittelt werden kann. Das Eintreten der Entschädigungsstelle sollte auf seltene Einzelfälle beschränkt werden, in denen das Versicherungsunternehmen seinen Verpflichtungen trotz der abschreckenden Wirkung der etwaigen Verhängung von Sanktionen nicht nachgekommen ist.

(26) Da die Entschädigungsstelle die Aufgabe hat, die Entschädigungsansprüche für von dem Geschädigten erlittene Sach- oder Personenschäden nur in objektiv feststellbaren Fällen zu regulieren, hat sie sich auf die Nachprüfung zu beschränken, ob innerhalb der festgesetzten Fristen und nach den festgelegten Verfahren ein Schadenersatzangebot unterbreitet wurde, ohne jedoch den Fall inhaltlich zu würdigen.

(27) Die juristischen Personen, auf die die Ansprüche des Geschädigten gegen den Unfallverursacher oder dessen Versicherungsunternehmen gesetzlich übergegangen sind (z. B. andere Versicherungsunternehmen oder Einrichtungen der sozialen Sicherheit), sollten nicht berechtigt sein, den betreffenden Anspruch gegenüber der Entschädigungsstelle geltend zu machen.

(28) Die Entschädigungsstelle sollte einen Anspruch auf Forderungsübergang haben, soweit sie den Geschädigten entschädigt hat. Um die Durchsetzung des Anspruchs der Entschädigungsstelle gegen das Versicherungsunternehmen zu erleichtern, wenn dieses keinen Schadenregulierungsbeauftragten benannt hat oder die Regulierung offensichtlich verzögert, sollte die Entschädigungsstelle im Staat des Geschädigten automatisch einen – mit dem Eintritt in die Rechte des Geschädigten verbundenen – Anspruch auf Erstattung durch die entsprechende Stelle in dem Staat erhalten, in dem das Versicherungsunternehmen niedergelassen ist. Die letztgenannte Stelle befindet sich in einer günstigeren Lage, einen Regreßanspruch gegen das Versicherungsunternehmen geltend zu machen.

2079

Anhang VII   Richtl. 2000/26/EG des Europ. Parlaments u. des Rates vom 16. Mai 2000

(29) Zwar können die Mitgliedstaaten vorsehen, daß der Anspruch gegen die Entschädigungsstelle subsidiären Charakter hat, doch darf der Geschädigte nicht gezwungen sein, seinen Anspruch gegenüber dem Unfallverursacher geltend zu machen, bevor er sich hiermit an die Entschädigungsstelle wendet. Die Stellung des Geschädigten sollte in diesem Fall zumindest dieselbe sein wie im Fall eines Anspruchs gegen den Garantiefonds gemäß Artikel 1 Absatz 4 der Richtlinie 84/5/EWG.

(30) Das Funktionieren dieses Systems kann dadurch bewirkt werden, daß die von den Mitgliedstaaten geschaffenen oder anerkannten Entschädigungsstellen eine Vereinbarung über ihre Aufgaben und Pflichten sowie über das Verfahren der Erstattung treffen.

(31) Für den Fall, daß das Versicherungsunternehmen des Fahrzeugs nicht ermittelt werden kann, ist vorzusehen, daß der Endschuldner der Schadenersatzzahlung an den Geschädigten der Garantiefonds gemäß Artikel 1 Absatz 4 der Richtlinie 84/5/EWG in dem Mitgliedstaat ist, in dem das nicht versicherte Fahrzeug, durch dessen Nutzung der Unfall verursacht wurde, seinen gewöhnlichen Standort hat. Für den Fall, daß das Fahrzeug nicht ermittelt werden kann, ist vorzusehen, daß der Endschuldner der Garantiefonds gemäß Artikel 1 Absatz 4 der Richtlinie 84/5/EWG in dem Mitgliedstaat des Unfalls ist –

HABEN FOLGENDE RICHTLINIE ERLASSEN:

Artikel 1 Anwendungsbereich

(1) Mit dieser Richtlinie werden besondere Vorschriften für Geschädigte festgelegt, die ein Recht auf Entschädigung für einen Sach- oder Personenschaden haben, der bei einem Unfall entstanden ist, welcher sich in einem anderen Mitgliedstaat als dem Wohnsitzmitgliedstaat des Geschädigten ereignet hat und der durch die Nutzung eines Fahrzeugs verursacht wurde, das in einem Mitgliedstaat versichert ist und dort seinen gewöhnlichen Standort hat.

Unbeschadet der Rechtsvorschriften von Drittländern über die Haftpflicht und unbeschadet des internationalen Privatrechts gelten die Bestimmungen dieser Richtlinie auch für Geschädigte, die ihren Wohnsitz in einem Mitgliedstaat haben und ein Recht auf Entschädigung für einen Sach- oder Personenschaden haben, der bei einem Unfall entstanden ist, welcher sich in einem Drittland ereignet hat, dessen nationales Versicherungsbüro im Sinne von Artikel 1 Absatz 3 der Richtlinie 72/166/EWG dem System der Grünen Karte beigetreten ist, und der durch die Nutzung eines Fahrzeugs verursacht wurde, das in einem Mitgliedstaat versichert ist und dort seinen gewöhnlichen Standort hat.

(2) Die Artikel 4 und 6 finden nur Anwendung bei Unfällen, die von einem Fahrzeug verursacht wurden, das
a) bei einer Niederlassung in einem anderen Mitgliedstaat als dem Wohnsitzstaat des Geschädigten versichert ist und
b) seinen gewöhnlichen Standort in einem anderen Mitgliedstaat als dem Wohnsitzstaat des Geschädigten hat.

(3) Artikel 7 findet auch Anwendung bei Unfällen, die von unter die Artikel 6 und 7 der Richtlinie 72/166/EWG fallenden Fahrzeugen aus Drittländern verursacht wurden.

Artikel 2 Begriffsbestimmungen

Im Sinne dieser Richtlinie bezeichnet der Ausdruck
a) »Versicherungsunternehmen« jedes Unternehmen, das gemäß Artikel 6 oder gemäß Artikel 23 Absatz 2 der Richtlinie 73/239/EWG die behördliche Zulassung erhalten hat;
b) »Niederlassung« den Sitz, eine Agentur oder eine Zweigniederlassung eines Versicherungsunternehmens im Sinne von Artikel 2 Buchstabe c) der Richtlinie 88/357/EWG;
c) »Fahrzeug« ein Fahrzeug im Sinne von Artikel 1 Nummer 1 der Richtlinie 72/166/EWG;
d) »Geschädigter« einen Geschädigten im Sinne von Artikel 1 Nummer 2 der Richtlinie 72/166/EWG;
e) »Mitgliedstaat, in dem das Fahrzeug seinen gewöhnlichen Standort hat« das Gebiet, in dem das Fahrzeug im Sinne von Artikel 1 Nummer 4 der Richtlinie 72/166/EWG seinen gewöhnlichen Standort hat.

Artikel 3 Direktanspruch

Die Mitgliedstaaten stellen sicher, daß die in Artikel 1 genannten Geschädigten, deren Sach- oder Personenschaden bei einem Unfall im Sinne des genannten Artikels entstanden ist, einen Direktanspruch gegen das Versicherungsunternehmen haben, das die Haftpflicht des Unfallverursachers deckt.

Artikel 4 Schadenregulierungsbeauftragte

(1) Die Mitgliedstaaten treffen die erforderlichen Maßnahmen, um sicherzustellen, daß jedes Versicherungsunternehmen, das Risiken aus Buchstabe A Nummer 10 des Anhangs der Richtlinie 73/239/EWG – mit Ausnahme der Haftpflicht des Frachtführers – deckt, in allen anderen Mitgliedstaaten als dem, in dem es seine behördliche Zulassung erhalten hat, einen Schadenregulierungsbeauftragten benennt. Die Aufgabe des Schadenregulierungsbeauftragten besteht in der Bearbeitung und Regulierung von Ansprüchen, die aus Unfällen im Sinne von Artikel 1 herrühren. Der Schadenregulierungsbeauftragte muß in dem Mitgliedstaat ansässig oder niedergelassen sein, für den er benannt wird.

(2) Die Auswahl des Schadenregulierungsbeauftragten liegt im Ermessen des Versicherungsunternehmens. Die Mitgliedstaaten können diese Auswahlmöglichkeit nicht einschränken.

(3) Der Schadenregulierungsbeauftragte kann auf Rechnung eines oder mehrerer Versicherungsunternehmen handeln.

Anhang VII Richtl. 2000/26/EG des Europ. Parlaments u. des Rates vom 16. Mai 2000

(4) Der Schadenregulierungsbeauftragte trägt im Zusammenhang mit derartigen Ansprüchen alle zu deren Regulierung erforderlichen Informationen zusammen und ergreift die notwendigen Maßnahmen, um eine Schadenregulierung auszuhandeln. Der Umstand, daß ein Schadenregulierungsbeauftragter zu benennen ist, schließt das Recht des Geschädigten oder seines Versicherungsunternehmens auf ein gerichtliches Vorgehen unmittelbar gegen den Unfallverursacher bzw. dessen Versicherungsunternehmen nicht aus.

(5) Schadenregulierungsbeauftragte müssen über ausreichende Befugnisse verfügen, um das Versicherungsunternehmen gegenüber Geschädigten in den in Artikel 1 genannten Fällen zu vertreten und um deren Schadenersatzansprüche in vollem Umfang zu befriedigen. Sie müssen in der Lage sein, den Fall in der Amtssprache bzw. den Amtssprachen des Wohnsitzmitgliedstaats des Geschädigten zu bearbeiten.

(6) Die Mitgliedstaaten sehen die durch angemessene, wirksame und systematische finanzielle oder gleichwertige administrative Sanktionen bewehrte Verpflichtung vor, daß innerhalb von drei Monaten nach dem Tag, an dem der Geschädigte seinen Schadenersatzanspruch entweder unmittelbar beim Versicherungsunternehmen des Unfallverursachers oder bei dessen Schadenregulierungsbeauftragten angemeldet hat,

a) vom Versicherungsunternehmen des Unfallverursachers oder von dessen Schadenregulierungsbeauftragten ein mit Gründen versehenes Schadenersatzangebot vorgelegt wird, sofern die Eintrittspflicht unstreitig ist und der Schaden beziffert wurde, oder

b) vom Versicherungsunternehmen, an das ein Antrag auf Schadenersatz gerichtet wurde, oder von dessen Schadenregulierungsbeauftragten eine mit Gründen versehene Antwort auf die in dem Antrag enthaltenen Darlegungen erteilt wird, sofern die Eintrittspflicht bestritten wird oder nicht eindeutig feststeht oder der Schaden nicht vollständig beziffert worden ist.

Die Mitgliedstaaten erlassen Bestimmungen, um sicherzustellen, daß für die dem Geschädigten vom Versicherungsunternehmen angebotene bzw. ihm gerichtlich zugesprochene Schadenersatzsumme Zinsen gezahlt werden, wenn das Angebot nicht binnen drei Monaten vorgelegt wird.

(7) Die Kommission erstattet dem Europäischen Parlament und dem Rat vor dem 20. Januar 2006 einen Bericht über die Durchführung von Absatz 4 Unterabsatz 1 und über die Wirksamkeit dieser Bestimmung sowie über die Gleichwertigkeit der nationalen Sanktionsbestimmungen und unterbreitet erforderlichenfalls Vorschläge.

(8) Die Benennung eines Schadenregulierungsbeauftragten stellt für sich allein keine Errichtung einer Zweigniederlassung im Sinne von Artikel 1 Buchstabe b) der Richtlinie 92/49/EWG dar, und der Schadenregulierungsbeauftragte gilt nicht als Niederlassung im Sinne von Artikel 2 Buchstabe c) der Richtlinie 88/357/EWG oder als Niederlassung im Sinne des Brüsseler Übereinkommens vom 27. September 1968 über die gerichtliche Zuständigkeit und die Vollstreckung gerichtlicher Entscheidungen in Zivil- und Handelssachen(12).

Artikel 5 Auskunftsstellen

(1) Von jedem Mitgliedstaat wird eine Auskunftsstelle geschaffen oder anerkannt, die mit dem Ziel, Geschädigten die Geltendmachung von Schadenersatzansprüchen zu ermöglichen,
a) ein Register mit den nachstehend aufgeführten Informationen führt:
1. die Kennzeichen der Kraftfahrzeuge, die im Gebiet des jeweiligen Staates ihren gewöhnlichen Standort haben;
   i) die Nummern der Versicherungspolicen, die die Nutzung dieser Fahrzeuge in bezug auf die unter Buchstabe A Nummer 10 des Anhangs der Richtlinie 73/239/EWG fallenden Risiken – mit Ausnahme der Haftpflicht des Frachtführers – abdecken, und, wenn die Geltungsdauer der Police abgelaufen ist, auch den Zeitpunkt der Beendigung des Versicherungsschutzes;
   ii) die Nummer der grünen Karte oder der Grenzversicherungspolice, wenn das Fahrzeug durch eines dieser Dokumente gedeckt ist, sofern für das Fahrzeug die Ausnahmeregelung nach Artikel 4 Buchstabe b) der Richtlinie 72/166/EWG gilt;
3. die Versicherungsunternehmen, die die Nutzung von Fahrzeugen in bezug auf die unter Buchstabe A Nummer 10 des Anhangs der Richtlinie 73/239/EWG fallenden Risiken – mit Ausnahme der Haftpflicht des Frachtführers – abdecken, sowie die von diesen Versicherungsunternehmen nach Artikel 4 benannten Schadenregulierungsbeauftragten, deren Namen der Auskunftsstelle gemäß Absatz 2 des vorliegenden Artikels zu melden sind;
4. die Liste der Fahrzeuge, die im jeweiligen Mitgliedstaat von der Haftpflichtversicherung gemäß Artikel 4 Buchstaben a) und b) der Richtlinie 72/166/EWG befreit sind;
5. bei Fahrzeugen gemäß Nummer 4:
   i) den Namen der Stelle oder Einrichtung, die gemäß Artikel 4 Buchstabe a) Unterabsatz 2 der Richtlinie 72/166/EWG bestimmt wird und dem Geschädigten den Schaden zu ersetzen hat, in den Fällen, in denen das Verfahren des Artikels 2 Absatz 2 erster Gedankenstrich der Richtlinie 72/166/EWG nicht anwendbar ist, und wenn für das Fahrzeug die Ausnahmeregelung nach Artikel 4 Buchstabe a) der Richtlinie 72/166/EWG gilt;
   ii) den Namen der Stelle, die für die durch das Fahrzeug verursachten Schäden in dem Mitgliedstaat aufkommt, in dem es seinen gewöhnlichen Standort hat, wenn für das Fahrzeug die Ausnahmeregelung nach Artikel 4 Buchstabe b) der Richtlinie 72/166/EWG gilt.
b) oder die Erhebung und Weitergabe dieser Daten koordiniert
c) und die berechtigten Personen bei der Erlangung der unter Buchstabe a) Nummern 1, 2, 3, 4 und 5 genannten Informationen unterstützt.

Die unter Buchstabe a) Nummern 1, 2 und 3 genannten Informationen sind während eines Zeitraums von sieben Jahren nach Ablauf der Zulassung des Fahrzeugs oder der Beendigung des Versicherungsvertrags aufzubewahren.

(2) Die in Absatz 1 Buchstabe a) Nummer 3 genannten Versicherungsunternehmen melden den Auskunftsstellen aller Mitgliedstaaten Namen und Anschrift des Schaden-

Anhang VII   Richtl. 2000/26/EG des Europ. Parlaments u. des Rates vom 16. Mai 2000

regulierungsbeauftragten, den sie in jedem der Mitgliedstaaten gemäß Artikel 4 benannt haben.

(3) Die Mitgliedstaaten stellen sicher, daß die Geschädigten berechtigt sind, binnen eines Zeitraums von sieben Jahren nach dem Unfall von der Auskunftsstelle ihres Wohnsitzmitgliedstaats, des Mitgliedstaats, in dem das Fahrzeug seinen gewöhnlichen Standort hat, oder des Mitgliedstaats, in dem sich der Unfall ereignet hat, unverzüglich die folgenden Informationen zu erhalten:
a) Namen und Anschrift des Versicherungsunternehmens;
b) die Nummer der Versicherungspolice und
c) Namen und Anschrift des Schadenregulierungsbeauftragten des Versicherungsunternehmens im Wohnsitzstaat des Geschädigten.

Die Auskunftsstellen kooperieren miteinander.

(4) Die Auskunftsstelle teilt dem Geschädigten Namen und Anschrift des Fahrzeugeigentümers, des gewöhnlichen Fahrers oder des eingetragenen Fahrzeughalters mit, wenn der Geschädigte ein berechtigtes Interesse an dieser Auskunft hat. Zur Anwendung dieser Bestimmung wendet sich die Auskunftsstelle insbesondere an
a) das Versicherungsunternehmen oder
b) die Zulassungsstelle.

Gilt für das Fahrzeug die Ausnahmeregelung nach Artikel 4 Buchstabe a) der Richtlinie 72/166/EWG, so teilt die Auskunftsstelle dem Geschädigten den Namen der Stelle oder Einrichtung mit, die gemäß Artikel 4 Buchstabe a) Unterabsatz 2 jener Richtlinie bestimmt wird und dem Geschädigten den Schaden zu ersetzen hat, falls das Verfahren des Artikels 2 Absatz 2 erster Gedankenstrich jener Richtlinie nicht anwendbar ist.

Gilt für das Fahrzeug die Ausnahmeregelung nach Artikel 4 Buchstabe b) der Richtlinie 72/166/EWG, so teilt die Auskunftsstelle dem Geschädigten den Namen der Stelle mit, die für die durch das Fahrzeug verursachten Schäden im Land des gewöhnlichen Standorts aufkommt.

(5) Die Verarbeitung personenbezogener Daten aufgrund der vorhergehenden Absätze muß im Einklang mit den einzelstaatlichen Maßnahmen gemäß der Richtlinie 95/46/EG erfolgen.

Artikel 6 Entschädigungsstellen

(1) Von jedem Mitgliedstaat wird eine Entschädigungsstelle geschaffen oder anerkannt, die den Geschädigten in den Fällen nach Artikel 1 eine Entschädigung gewährt.

Die Geschädigten können einen Schadenersatzantrag an die Entschädigungsstelle im Wohnsitzmitgliedstaat richten,
a) wenn das Versicherungsunternehmen oder sein Schadenregulierungsbeauftragter binnen drei Monaten nach der Geltendmachung des Entschädigungsanspruchs beim Versicherungsunternehmen des Fahrzeugs, durch dessen Nutzung der Unfall verursacht wurde, oder beim Schadenregulierungsbeauftragten keine mit Gründen

versehene Antwort auf die im Schadenersatzantrag enthaltenen Darlegungen erteilt hat oder
b) wenn das Versicherungsunternehmen im Wohnsitzstaat des Geschädigten keinen Schadenregulierungsbeauftragten gemäß Artikel 4 Absatz 1 benannt hat. In diesem Fall sind Geschädigte nicht berechtigt, einen Schadenersatzantrag an die Entschädigungsstelle zu richten, wenn sie einen solchen Antrag direkt beim Versicherungsunternehmen des Fahrzeugs, durch dessen Nutzung der Unfall verursacht wurde, eingereicht und innerhalb von drei Monaten nach Einreichung dieses Antrags eine mit Gründen versehene Antwort erhalten haben.

Geschädigte dürfen jedoch keinen Schadenersatzantrag an die Entschädigungsstelle stellen, wenn sie unmittelbar gegen das Versicherungsunternehmen gerichtliche Schritte eingeleitet haben.

Die Entschädigungsstelle wird binnen zwei Monaten nach Stellung eines Schadenersatzantrags des Geschädigten tätig, schließt den Vorgang jedoch ab, wenn das Versicherungsunternehmen oder dessen Schadenregulierungsbeauftragter in der Folge eine mit Gründen versehene Antwort auf den Schadenersatzantrag erteilt.

Die Entschädigungsstelle unterrichtet unverzüglich
a) das Versicherungsunternehmen des Fahrzeugs, dessen Nutzung den Unfall verursacht hat, oder den Schadenregulierungsbeauftragten;
b) die Entschädigungsstelle im Mitgliedstaat der Niederlassung des Versicherungsunternehmens, die die Vertragspolice ausgestellt hat;
c) die Person, die den Unfall verursacht hat, sofern sie bekannt ist,

daß ein Antrag des Geschädigten bei ihr eingegangen ist und daß sie binnen zwei Monaten nach Stellung des Antrags auf diesen eingehen wird.

Es bleibt das Recht der Mitgliedstaaten unberührt, Bestimmungen zu erlassen, durch die der Einschaltung dieser Stelle subsidiärer Charakter verliehen wird oder durch die der Rückgriff dieser Stelle auf den oder die Unfallverursacher sowie auf andere Versicherungsunternehmen oder Einrichtungen der sozialen Sicherheit, die gegenüber dem Geschädigten zur Regulierung desselben Schadens verpflichtet sind, geregelt wird. Die Mitgliedstaaten dürfen es der Stelle jedoch nicht gestatten, die Zahlung von Schadenersatz von anderen als den in dieser Richtlinie festgelegten Bedingungen, insbesondere davon abhängig zu machen, daß der Geschädigte in irgendeiner Form nachweist, daß der Haftpflichtige zahlungsunfähig ist oder die Zahlung verweigert.

(2) Die Entschädigungsstelle, welche den Geschädigten im Wohnsitzstaat entschädigt hat, hat gegenüber der Entschädigungsstelle im Mitgliedstaat der Niederlassung des Versicherungsunternehmens, die die Versicherungspolice ausgestellt hat, Anspruch auf Erstattung des als Entschädigung gezahlten Betrags.

Die Ansprüche des Geschädigten gegen den Unfallverursacher oder dessen Versicherungsunternehmen gehen dann insoweit auf die letztgenannte Entschädigungsstelle über, als die Entschädigungsstelle im Wohnsitzstaat des Geschädigten eine Entschädigung für den erlittenen Sach- oder Personenschaden gewährt hat. Jeder Mitgliedstaat ist

Anhang VII Richtl. 2000/26/EG des Europ. Parlaments u. des Rates vom 16. Mai 2000

verpflichtet, einen von einem anderen Mitgliedstaat vorgesehenen Forderungsübergang anzuerkennen.

(3) Dieser Artikel wird wirksam,
a) nachdem die von den Mitgliedstaaten geschaffenen oder anerkannten Entschädigungsstellen eine Vereinbarung über ihre Aufgaben und Pflichten sowie über das Verfahren der Erstattung getroffen haben,
b) und ab dem Zeitpunkt, den die Kommission festlegt, nachdem sie sich in enger Zusammenarbeit mit den Mitgliedstaaten vergewissert hat, daß eine solche Vereinbarung getroffen wurde.

Die Kommission erstattet dem Europäischen Parlament und dem Rat vor dem 20. Juli 2005 einen Bericht über die Durchführung des vorliegenden Artikels und dessen Wirksamkeit und unterbreitet erforderlichenfalls Vorschläge.

Artikel 7

Kann das Fahrzeug nicht ermittelt werden oder kann das Versicherungsunternehmen nicht binnen zwei Monaten nach dem Unfall ermittelt werden, so kann der Geschädigte eine Entschädigung bei der Entschädigungsstelle im Wohnsitzmitgliedstaat beantragen. Diese Entschädigung erfolgt gemäß Artikel 1 der Richtlinie 84/5/EWG. Die Entschädigungsstelle hat dann unter den in Artikel 6 Absatz 2 der vorliegenden Richtlinie festgelegten Voraussetzungen folgenden Erstattungsanspruch:
a) für den Fall, daß das Versicherungsunternehmen nicht ermittelt werden kann: gegen den Garantiefonds nach Artikel 1 Absatz 4 der Richtlinie 84/5/EWG in dem Mitgliedstaat, in dem das Fahrzeug seinen gewöhnlichen Standort hat;
b) für den Fall eines nicht ermittelten Fahrzeugs: gegen den Garantiefonds im Mitgliedstaat des Unfalls;
c) bei Fahrzeugen aus Drittländern: gegen den Garantiefonds im Mitgliedstaat des Unfalls.

Artikel 8

Die Richtlinie 73/239/EWG wird wie folgt geändert:
a) An Artikel 8 Absatz 1 wird folgender Buchstabe angefügt:

»f) Name und Anschrift des Schadenregulierungsbeauftragten mitteilen, der in jedem Mitgliedstaat mit Ausnahme des Mitgliedstaats, in dem die Zulassung beantragt wird, benannt wird, wenn die zu deckenden Risiken unter Buchstabe A Nummer 10 des Anhangs – mit Ausnahme der Haftpflicht des Frachtführers – fallen.«

b) An Artikel 23 Absatz 2 wird folgender Buchstabe angefügt:

»h) es teilt Name und Anschrift des Schadenregulierungsbeauftragten mit, der in jedem Mitgliedstaat mit Ausnahme des Mitgliedstaats, in dem die Zulassung beantragt wird, benannt wird, wenn die zu deckenden Risiken unter Buchstabe A Nummer 10 des Anhangs – mit Ausnahme der Haftpflicht des Frachtführers – fallen.«

Richtl. 2000/26/EG des Europ. Parlaments u. des Rates vom 16. Mai 2000 **Anhang VII**

Artikel 9

Die Richtlinie 88/357/EWG wird wie folgt geändert:

An Artikel 12a. A.bsatz 4 wird der folgende Unterabsatz angefügt: »Hat das Versicherungsunternehmen keinen Vertreter ernannt, so können die Mitgliedstaaten ihre Zustimmung dazu erteilen, daß der gemäß Artikel 4 der Richtlinie 2000/26/EG(13) benannte Schadenregulierungsbeauftragte die Aufgabe des Vertreters im Sinne dieses Absatzes übernimmt.«

Artikel 10 Umsetzung

(1) Die Mitgliedstaaten erlassen und veröffentlichen vor dem 20. Juli 2002 die Rechts- und Verwaltungsvorschriften, die erforderlich sind, um dieser Richtlinie nachzukommen. Sie setzen die Kommission unverzüglich davon in Kenntnis.

Sie wenden diese Vorschriften vor dem 20. Januar 2003 an.

(2) Wenn die Mitgliedstaaten diese Vorschriften erlassen, nehmen sie in den Vorschriften selbst oder durch einen Hinweis bei der amtlichen Veröffentlichung auf diese Richtlinie Bezug. Die Mitgliedstaaten regeln die Einzelheiten der Bezugnahme.

(3) Unbeschadet von Absatz 1 werden die Entschädigungsstellen vor dem 20. Januar 2002 gemäß Artikel 6 Absatz 1 von den Mitgliedstaaten geschaffen oder anerkannt. Haben die Entschädigungsstellen nicht vor dem 20. Juli 2002 eine Vereinbarung gemäß Artikel 6 Absatz 3 getroffen, so schlägt die Kommission geeignete Maßnahmen vor, um zu gewährleisten, daß die Bestimmungen der Artikel 6 und 7 vor dem 20. Januar 2003 zur Anwendung gelangen.

(4) Die Mitgliedstaaten können im Einklang mit dem Vertrag Bestimmungen beibehalten oder einführen, die für den Geschädigten günstiger sind als die Bestimmungen, die zur Umsetzung dieser Richtlinie erforderlich sind.

(5) Die Mitgliedstaaten teilen der Kommission den Wortlaut der wichtigsten innerstaatlichen Rechtsvorschriften mit, die sie auf dem unter diese Richtlinie fallenden Gebiet erlassen.

Artikel 11 Inkrafttreten

Diese Richtlinie tritt am Tag ihrer Veröffentlichung im Amtsblatt der Europäischen Gemeinschaften in Kraft.

Artikel 12 Sanktionen

Die Mitgliedstaaten legen Sanktionen für Verstöße gegen die aufgrund dieser Richtlinie erlassenen innerstaatlichen Rechtsvorschriften fest und treffen die für ihre Anwendung erforderlichen Vorkehrungen. Die Sanktionen müssen wirksam, verhältnismäßig und abschreckend sein. Die Mitgliedstaaten teilen der Kommission die betreffenden Bestimmungen bis zum 20. Juli 2002 sowie jegliche späteren Änderungen so bald wie möglich mit.

Anhang VII   Richtl. 2000/26/EG des Europ. Parlaments u. des Rates vom 16. Mai 2000

Artikel 13 Empfänger

Diese Richtlinie ist an die Mitgliedstaaten gerichtet.

Geschehen zu Brüssel am 16. Mai 2000.

Im Namen des Europäischen Parlaments

Die Präsidentin

Nicole Fontaine

Im Namen des Rates

Der Präsident

Manuel Carrilho

(1) ABl. C 343 vom 13.11.1997, S. 11 und ABl. C 171 vom 18.06.1999, S. 4.

(2) ABl. C 157 vom 25.05.1998, S. 6.

(3) Stellungnahme des Europäischen Parlaments vom 16. Juli 1998 (ABl. C 292 vom 21.09.1998, S. 123), bestätigt am 27. Oktober 1999; Gemeinsamer Standpunkt des Rates vom 21. Mai 1999 (ABl. C 232 vom 13.08.1999, S. 8) und Beschluß des Europäischen Parlaments vom 15. Dezember 1999 (noch nicht im Amtsblatt veröffentlicht). Beschluß des Rates vom 2. Mai 2000 und Beschluß des Europäischen Parlaments vom 16. Mai 2000.

(4) ABl. L 103 vom 02.05.1972, S. 1. Richtlinie zuletzt geändert durch die Richtlinie 84/5/EWG (ABl. L 8 vom 11.01.1984, S. 17).

(5) ABl. L 172 vom 04.07.1988, S. 1. Richtlinie zuletzt geändert durch die Richtlinie 92/49/EWG (ABl. L 228 vom 11.08.1992, S. 1).

(6) ABl. C 308 vom 20.11.1995, S. 108.

(7) Zweite Richtlinie (84/5/EWG) des Rates vom 30. Dezember 1983 betreffend die Angleichung der Rechtsvorschriften der Mitgliedstaaten bezüglich der Kraftfahrzeug-Haftpflichtversicherung (ABl. L 8 vom 11.01.1984, S. 17). Richtlinie zuletzt geändert durch die Richtlinie 90/232/EG (ABl. L 129 vom 19.05.1990, S. 33).

(8) Dritte Richtlinie (90/232/EWG) des Rates vom 14. Mai 1990 zur Angleichung der Rechtsvorschriften der Mitgliedstaaten über die Kraftfahrzeug-Haftpflichtversicherung (ABl. L 129 vom 19.05.1990, S. 33).

(9) Erste Richtlinie (73/239/EWG) des Rates vom 24. Juli 1973 zur Koordinierung der Rechts- und Verwaltungsvorschriften betreffend die Aufnahme und Ausübung der Tätigkeit der Direktversicherung (mit Ausnahme der Lebensversicherung) (ABl. L 228 vom 16.08.1973, S. 3). Richtlinie zuletzt geändert durch die Richtlinie 95/26/EG (ABl. L 168 vom 18.07.1995, S. 7).

(10) Richtlinie 92/49/EWG des Rates vom 18. Juni 1992 zur Koordinierung der Rechts- und Verwaltungsvorschriften für die Direktversicherung (mit Ausnahme der

Lebensversicherung) sowie zur Änderung der Richtlinien 73/239/EWG und 88/357/EWG (Dritte Richtlinie Schadenversicherung) (ABl. L 228 vom 11.08.1992, S. 1). Richtlinie geändert durch die Richtlinie 95/26/EG (ABl. L 168 vom 18.07.1995, S. 7).

(11) ABl. L 281 vom 23.11.1995, S. 31.

(12) ABl. C 27 vom 26.01.1998, S. 1 (konsolidierte Fassung).

(13) Richtlinie 2000/26/EG des Europäischen Parlaments und des Rates vom 16. Mai 2000 zur Angleichung der Rechtsvorschriften der Mitgliedstaaten über die Kraftfahrzeug-Haftpflichtversicherung und zur Änderung der Richtlinien 73/239/EWG und 88/357/EWG des Rates (ABl. L 181 vom 20.07.2000, S. 65).

Anhang VIII

Richtlinie 2005 114/EG des Europäischen Parlaments und des Rates vom 11. Mai 2005

zur Änderung der Richtlinien 721 166/EWG, 8415/EWG, 881 357/EWG und 901 232/EWG des Rates sowie der Richtlinie 2 000 126/EG des Europäischen Parlaments und des Rates über die Kraftfahrzeug-Haftpflichtversicherung
(Text von Bedeutung für den EWR)

DAS EUROPÄISCHE PARLAMENT UND DER RAT DER EUROPÄISCHEN UNION –

gestützt auf den Vertrag zur Gründung der Europäischen Gemeinschaft, insbesondere auf Artikel 47 Absatz 2 Sätze 1 und 3, Artikel 55 und Artikel 95 Absatz 1,

auf Vorschlag der Kommission[1],

nach Stellungnahme des Europäischen Wirtschafts- und Sozialausschusses[2],

gemäß dem Verfahren des Artikels 251 des Vertrags[3],

in Erwägung nachstehender Gründe:

(1) Die Kraftfahrzeug-Haftpflichtversicherung (Kfz-Haftpflichtversicherung) ist für die europäischen Bürger – sowohl für die Versicherungsnehmer als auch für die Opfer von Verkehrsunfällen – von besonderer Bedeutung. Sie ist auch für die Versicherungsunternehmen von erheblichem Interesse, weil ein wesentlicher Teil des Schadenversicherungsgeschäfts in der Gemeinschaft auf die Kfz-Versicherung entfällt. Die Kfz-Versicherung wirkt sich auch auf den freien Personen- und Kraftfahrzeugverkehr aus. Die Stärkung und Konsolidierung des Binnenmarktes für Kfz-Versicherungen sollte daher ein Hauptziel der gemeinschaftlichen Maßnahmen im Finanzdienstleistungsbereich sein.

(2) Mit der Richtlinie 72/166/EWG des Rates vom 24. April 1972 betreffend die Angleichung der Rechtsvorschriften der Mitgliedstaaten bezüglich der Kraftfahrzeug-Haftpflichtversicherung und der Kontrolle der entsprechenden Versicherungspflicht[4], der Zweiten Richtlinie 84/5/EWG des Rates vom 30. Dezember 1983 betreffend die Angleichung der Rechtsvorschriften der Mitgliedstaaten bezüglich der Kraftfahrzeug-

---

1 ABl. C 227 E vom 24.09.2002, S. 387.
2 ABl. C 95 vom 23.04.2003, S. 45.
3 Stellungnahme des Europäischen Parlaments vom 22. Oktober 2003 (ABl. C 82 E vom 01.04.2004, S. 297), Gemeinsamer Standpunkt des Rates vom 26. April 2004 (noch nicht im Amtsblatt veröffentlicht) und Standpunkt des Europäischen Parlaments vom 12. Januar 2005 (noch nicht im Amtsblatt veröffentlicht). Beschluss des Rates vom 18. April 2005.
4 ABl. L 103 vom 02.05.1972, S. 1. Richtlinie zuletzt geändert durch die Richtlinie 84/5/EWG (ABl. L 8 vom 11.01.1984, S. 17).

Haftpflichtversicherung[5], der Dritten Richtlinie 90/232/EWG des Rates vom 14. Mai 1990 zur Angleichung der Rechtsvorschriften der Mitgliedstaaten über die Kraftfahrzeug-Haftpflichtversicherung[6] und der Richtlinie 2000/26/EG des Europäischen Parlaments und des Rates vom 16. Mai 2000 zur Angleichung der Rechtsvorschriften der Mitgliedstaaten über die Kraftfahrzeug-Haftpflichtversicherung (Vierte Kraftfahrzeughaftpflicht-Richtlinie)[7] wurden in dieser Richtung bereits erhebliche Fortschritte erzielt.

(3) Das Kfz-Haftpflichtversicherungssystem der Gemeinschaft muss aktualisiert und verbessert werden. Diese Notwendigkeit wurde im Rahmen der Anhörung der Versicherungswirtschaft, der Verbraucher und der Unfallopferorganisationen bestätigt.

(4) Um mögliche Fehlinterpretationen der Bestimmungen der Richtlinie 72/166/EWG auszuschließen und den Abschluss einer Versicherung für Fahrzeuge mit vorläufigen amtlichen Kennzeichen zu erleichtern, sollte sich die Definition des Gebiets, in dem das Fahrzeug seinen gewöhnlichen Standort hat, auf das Gebiet des Staates beziehen, dessen amtliches Kennzeichen das Fahrzeug trägt, und zwar unabhängig davon, ob es sich um ein endgültiges oder vorläufiges Kennzeichen handelt.

(5) Nach der Richtlinie 72/166/EWG gilt bei Fahrzeugen mit falschen oder rechtswidrigen Kennzeichen als Gebiet, in dem das Fahrzeug seinen gewöhnlichen Standort hat, der Mitgliedstaat, der die ursprünglichen Kennzeichen zugeteilt hatte. Diese Regel führt oft dazu, dass die nationalen Versicherungsbüros verpflichtet sind, sich mit den wirtschaftlichen Folgen von Unfällen auseinander zu setzen, die in keinem Zusammenhang mit dem Mitgliedstaat stehen, in dem sie niedergelassen sind. Ohne das allgemeine Kriterium zu ändern, wonach das amtliche Kennzeichen das Gebiet bestimmt, in dem das Fahrzeug seinen gewöhnlichen Standort hat, sollte für den Fall, dass ein Fahrzeug ohne amtliches Kennzeichen oder mit einem amtlichen Kennzeichen, das dem Fahrzeug nicht oder nicht mehr zugeordnet ist, einen Unfall verursacht, eine besondere Regelung vorgesehen werden. In diesem Fall und ausschließlich für die Zwecke der Schadenregulierung sollte als Gebiet, in dem das Fahrzeug seinen gewöhnlichen Standort hat, das Gebiet gelten, in dem sich der Unfall ereignet hat.

(6) Um die Auslegung und Anwendung des in der Richtlinie 72/166/EWG verwendeten Begriffs »Stichprobenkontrolle« zu erleichtern, sollte die einschlägige Bestimmung präzisiert werden. Das Verbot der systematischen Kontrolle der Kfz-Haftpflichtversicherung sollte für Fahrzeuge gelten, die ihren gewöhnlichen Standort im Gebiet eines anderen Mitgliedstaates haben, sowie für Fahrzeuge, die ihren gewöhnlichen Standort im Gebiet eines Drittlandes haben, jedoch aus dem Gebiet eines anderen Mitgliedstaates in ihr Gebiet einreisen. Nur nichtsystematische Kontrollen, die nicht diskriminie-

---

5 ABl. L 8 vom 11.01.1984, S. 17. Richtlinie zuletzt geändert durch die Richtlinie 90/232/EWG (ABl. L 129 vom 19.05.1990, S. 33).
6 ABl. L 129 vom 19.05.1990, S. 33.
7 ABl. L 181 vom 20.07.2000, S. 65.

Anhang VIII Richtl. 2005 114/EG d. Europ. Parlaments u. d. Rates v. 11. Mai 2005

rend sind, und im Rahmen einer nicht ausschließlich der Überprüfung des Versicherungsschutzes dienenden Kontrolle stattfinden, sollten zulässig sein.

(7) Nach Artikel 4 Buchstabe a der Richtlinie 72/166/EWG kann ein Mitgliedstaat bei Fahrzeugen, die bestimmten natürlichen oder juristischen Personen des öffentlichen oder des privaten Rechts gehören, von der allgemeinen Versicherungspflicht abweichen. Bei Unfällen, die durch diese Fahrzeuge verursacht werden, muss der die Ausnahmeregelung anwendende Mitgliedstaat eine Stelle oder Einrichtung für die Entschädigung der Opfer von Unfällen, die in einem anderen Mitgliedstaat verursacht werden, bestimmen. Damit nicht nur Opfer von Unfällen, die durch diese Fahrzeuge im Ausland verursacht werden, sondern auch Opfer von Unfällen, die sich in dem Mitgliedstaat ereignen, in dem das Fahrzeug seinen gewöhnlichen Standort hat, angemessenen Schadenersatz erhalten, unabhängig davon, ob sie ihren Wohnsitz in seinem Hoheitsgebiet haben oder nicht, sollte der genannte Artikel geändert werden. Zudem sollten die Mitgliedstaaten dafür sorgen, dass die Liste der von der Versicherungspflicht befreiten Personen und der Stellen oder Einrichtungen, die den Opfern von durch solche Fahrzeuge verursachten Unfällen den Schaden zu ersetzen haben, der Kommission zur Veröffentlichung übermittelt wird.

(8) Nach Artikel 4 Buchstabe b der Richtlinie 72/166/EWG kann ein Mitgliedstaat bei gewissen Arten von Fahrzeugen oder Fahrzeugen mit besonderem Kennzeichen von der allgemeinen Versicherungspflicht abweichen. In diesem Fall können die anderen Mitgliedstaaten bei der Einreise in ihr Gebiet die Vorlage einer gültigen grünen Karte oder einer Grenzversicherung verlangen, um sicherzustellen, dass die Opfer von Unfällen, die möglicherweise durch diese Fahrzeuge in ihrem Gebiet verursacht werden, Schadenersatz erhalten. Da aufgrund der Abschaffung der Kontrollen an den Binnengrenzen der Gemeinschaft nicht mehr gewährleistet werden kann, dass die die Grenze überschreitenden Fahrzeuge versichert sind, ist die Entschädigung der Opfer von Unfällen, die im Ausland verursacht werden, nicht mehr sichergestellt. Ferner sollte dafür gesorgt werden, dass nicht nur Opfer von Unfällen, die durch diese Fahrzeuge im Ausland verursacht werden, sondern auch Opfer von Unfällen, die in dem Mitgliedstaat verursacht werden, in dem das Fahrzeug seinen gewöhnlichen Standort hat, angemessenen Schadenersatz erhalten. Zu diesem Zweck sollten die Mitgliedstaaten die Opfer von durch diese Fahrzeuge verursachten Unfällen ebenso behandeln wie Opfer von durch nicht versicherte Fahrzeuge verursachten Unfällen. Gemäß der Richtlinie 84/5/EWG sollte nämlich den Opfern von Unfällen, die durch nicht versicherte Fahrzeuge verursacht wurden, Schadenersatz durch die Entschädigungsstelle des Mitgliedstaates geleistet werden, in dem sich der Unfall ereignet hat. Im Fall von Zahlungen an Opfer von Unfällen, die durch Fahrzeuge verursacht wurden, für welche die Befreiung gilt, sollte die Entschädigungsstelle einen Erstattungsanspruch gegen die Stelle des Mitgliedstaates haben, in dem das Fahrzeug seinen gewöhnlichen Standort hat. Nach Ablauf eines Zeitraums von fünf Jahren ab dem Inkrafttreten der vorliegenden Richtlinie sollte die Kommission anhand der Erfahrungen bei der Umsetzung und Anwendung dieser Ausnahmeregelung gegebenenfalls Vorschläge zu deren Ersetzung oder Aufhebung unterbreiten. Ferner sollte die entsprechende Bestimmung der Richtlinie 2000/26/EG gestrichen werden.

(9) Zur Präzisierung des Geltungsbereichs der Richtlinien über die Kfz-Haftpflichtversicherung gemäß Artikel 299 des Vertrags sollte die Bezugnahme auf die außereuropäischen Gebiete der Mitgliedstaaten in Artikel 6 und in Artikel 7 Absatz 1 der Richtlinie 72/166/EWG gestrichen werden.

(10) Die Verpflichtung der Mitgliedstaaten, den Versicherungsschutz zumindest für bestimmte Mindestdeckungssummen zu gewährleisten, ist ein wichtiger Aspekt für den Schutz der Unfallopfer. Die Mindestdeckungssummen gemäß der Richtlinie 84/5/EWG sollten nicht nur zur Berücksichtigung der Inflation aktualisiert, sondern zur Verbesserung des Versicherungsschutzes der Unfallopfer auch real erhöht werden. Die Höhe der Mindestdeckungssumme bei Personenschäden sollte so bemessen sein, dass alle Unfallopfer mit schwersten Verletzungen voll und angemessen entschädigt werden, wobei die geringe Häufigkeit von Unfällen mit mehreren Geschädigten und die geringe Zahl von Unfällen, bei denen mehrere Opfer bei demselben Unfallereignis schwerste Verletzungen erleiden, zu berücksichtigen sind. Eine Mindestdeckungssumme von 1 000 000 EUR je Unfallopfer und 5 000 000 EUR je Schadensfall ungeachtet der Anzahl der Geschädigten erscheint angemessen und ausreichend. Um die Einführung dieser Mindestdeckungssummen zu erleichtern, sollte eine Übergangszeit von fünf Jahren nach Ablauf der Frist für die Umsetzung der vorliegenden Richtlinie vorgesehen werden. Die Mitgliedstaaten sollten die Deckungssummen binnen dreißig Monaten nach Ablauf der Frist für die Umsetzung auf mindestens die Hälfte der Beträge anheben.

(11) Um sicherzustellen, dass die Mindestdeckungssummen nicht mit der Zeit an Wert verlieren, sollte eine Bestimmung zur regelmäßigen Überprüfung eingeführt werden, für die der von Eurostat veröffentlichte Europäische Verbraucherpreisindex (EVPI) nach der Verordnung (EG) Nr. 2494/95 des Rates vom 23. Oktober 1995 über harmonisierte Verbraucherpreisindizes[8] als Richtwert gilt. Für diese Überprüfung sind Verfahrensregeln festzulegen.

(12) Die Richtlinie 84/5/EWG, nach der die Mitgliedstaaten zur Betrugsverhinderung die Zahlung von Schadenersatz durch die Entschädigungsstelle im Fall von durch ein nicht ermitteltes Fahrzeug verursachten Sachschäden beschränken oder ausschließen können, kann die legitime Entschädigung der Unfallopfer in einigen Fällen behindern. Die Möglichkeit, die Entschädigung aufgrund der Tatsache, dass ein Fahrzeug nicht ermittelt wurde, zu beschränken oder auszuschließen, sollte keine Anwendung finden, wenn die Stelle einem Opfer eines Unfalls, bei dem auch Sachschäden verursacht wurden, für beträchtliche Personenschäden Schadenersatz geleistet hat. Die Mitgliedstaaten können bei Sachschäden eine gegenüber dem Geschädigten wirksame Selbstbeteiligung bis zu der in der genannten Richtlinie festgelegten Höhe einführen. Die Bedingungen, unter denen Personenschäden als beträchtlich gelten, sollten in den nationalen Rechts- oder Verwaltungsvorschriften des Mitgliedstaates, in dem sich der Un-

---

8 ABl. L 257 vom 27.10.1995, S. 1. Verordnung geändert durch die Verordnung (EG) Nr. 1882/2003 des Europäischen Parlaments und des Rates (ABl. L 284 vom 31.10.2003, S. 1).

Anhang VIII Richtl. 2005 114/EG d. Europ. Parlaments u. d. Rates v. 11. Mai 2005

fall ereignet, festgelegt werden. Bei der Festlegung dieser Bedingungen kann der Mitgliedstaat unter anderem berücksichtigen, ob die Verletzungen eine Krankenhausbehandlung notwendig gemacht haben.

(13) Die Richtlinie 84/5/EWG räumt gegenwärtig den Mitgliedstaaten die Möglichkeit ein, bei Sachschäden, die durch nicht versicherte Fahrzeuge verursacht wurden, bis zu einem bestimmten Betrag eine gegenüber dem Geschädigten wirksame Selbstbeteiligung zuzulassen. Diese Möglichkeit verringert ungerechtfertigterweise den Versicherungsschutz der Unfallopfer und wirkt diskriminierend gegenüber den Opfern anderer Unfälle. Sie sollte deshalb nicht beibehalten werden.

(14) Die Zweite Richtlinie 88/357/EWG des Rates vom 22. Juni 1988 zur Koordinierung der Rechts- und Verwaltungsvorschriften für die Direktversicherung (mit Ausnahme der Lebensversicherung) und zur Erleichterung der tatsächlichen Ausübung des freien Dienstleistungsverkehrs[9] sollte geändert werden, damit Zweigniederlassungen von Versicherungsunternehmen Beauftragte für das Kraftfahrzeug-Haftpflichtgeschäft werden können, wie es bereits bei anderen Versicherungsdienstleistungen als der Kfz-Haftpflichtversicherung der Fall ist.

(15) Die Einbeziehung aller Fahrzeuginsassen in den Versicherungsschutz ist ein wesentlicher Fortschritt des geltenden Rechts. Dieses Ziel würde in Frage gestellt, wenn nationale Rechtsvorschriften oder Vertragsklauseln in Versicherungspolicen die Fahrzeuginsassen vom Versicherungsschutz ausschließen, weil sie wussten oder hätten wissen müssen, dass der Fahrer des Fahrzeugs zum Zeitpunkt des Unfalls unter dem Einfluss von Alkohol oder einem anderen Rauschmittel stand. Die Fahrzeuginsassen sind gewöhnlich nicht in der Lage, den Grad der Intoxikation des Fahrers einwandfrei zu beurteilen. Das Ziel, Kraftfahrer vom Fahren unter Einfluss von Rauschmitteln abzuhalten, wird nicht dadurch erreicht, dass der Versicherungsschutz für Fahrzeuginsassen, die Opfer von Kraftfahrzeugunfällen werden, verringert wird. Der Schutz dieser Fahrzeuginsassen durch die Haftpflichtversicherung des Fahrzeugs lässt ihre etwaige Haftung nach den anwendbaren einzelstaatlichen Rechtsvorschriften sowie die Höhe eines etwaigen Schadenersatzes bei einem bestimmten Unfall unberührt.

(16) Personen- und Sachschäden von Fußgängern, Radfahrern und anderen nicht motorisierten Verkehrsteilnehmern, die gewöhnlich die schwächsten Unfallbeteiligten sind, sollten durch die Haftpflichtversicherung des an dem Unfall beteiligten Fahrzeugs gedeckt werden, sofern diese Personen nach einzelstaatlichem Zivilrecht Anspruch auf Schadenersatz haben. Diese Bestimmung lässt die zivilrechtliche Haftung und die Höhe des Schadenersatzes bei einem bestimmten Unfall nach einzelstaatlichem Recht unberührt.

(17) Einige Versicherungsunternehmen nehmen in ihre Versicherungspolicen Klauseln auf, wonach der Vertrag gekündigt wird, wenn sich das Fahrzeug länger als eine bestimmte Zeit außerhalb des Zulassungsmitgliedstaates befindet. Dieses Vorgehen wi-

---

9 ABl. L 172 vom 04.07.1988, S. 1. Richtlinie zuletzt geändert durch die Richtlinie 2000/26/EG.

derspricht dem in der Richtlinie 90/232/EWG niedergelegten Grundsatz, nach dem die Kfz-Haftpflichtversicherung auf der Basis einer einzigen Prämie das gesamte Gebiet der Gemeinschaft abdeckt. Es sollte deshalb festgelegt werden, dass der Versicherungsschutz während der gesamten Laufzeit des Vertrags unabhängig davon gilt, ob sich das Fahrzeug für einen bestimmten Zeitraum in einem anderen Mitgliedstaat befindet, wobei die Verpflichtungen im Zusammenhang mit der Zulassung von Kraftfahrzeugen gemäß den nationalen Rechtsvorschriften der Mitgliedstaaten nicht berührt werden.

(18) Es sollten Schritte unternommen werden, um die Erlangung von Versicherungsschutz für Fahrzeuge, die von einem Mitgliedstaat in einen anderen eingeführt werden, zu erleichtern, selbst wenn das Fahrzeug im Bestimmungsmitgliedstaat noch nicht zugelassen ist. Es sollte eine zeitlich begrenzte Ausnahme von der allgemeinen Regelung zur Bestimmung des Mitgliedstaates, in dem das Risiko belegen ist, vorgesehen werden. Während eines Zeitraums von dreißig Tagen nach dem Zeitpunkt der Lieferung, der Bereitstellung oder der Versendung des Fahrzeugs an den Käufer sollte der Bestimmungsmitgliedstaat als der Mitgliedstaat angesehen werden, in dem das Risiko belegen ist.

(19) Der Versicherungsnehmer, der mit einem anderen Versicherungsunternehmen eine neue Kfz-Haftpflichtversicherung abschließen möchte, sollte seine Schadensfreiheit oder seinen Schadensverlauf während der Dauer des alten Vertrags nachweisen können. Der Versicherungsnehmer sollte berechtigt sein, jederzeit eine Bescheinigung über die Ansprüche betreffend Fahrzeuge, die durch den Versicherungsvertrag zumindest während der fünf letzten Jahre der vertraglichen Beziehung gedeckt waren, bzw. eine Schadensfreiheitsbescheinigung zu beantragen. Das Versicherungsunternehmen oder eine Stelle, die ein Mitgliedstaat gegebenenfalls zur Erbringung der Pflichtversicherung oder zur Abgabe derartiger Bescheinigungen benannt hat, sollte dem Versicherungsnehmer diese Bescheinigung innerhalb von fünfzehn Tagen nach Antragstellung übermitteln.

(20) Um einen angemessenen Versicherungsschutz der Opfer von Kraftfahrzeugunfällen zu gewährleisten, sollten die Mitgliedstaaten nicht zulassen, dass sich Versicherungsunternehmen gegenüber Geschädigten auf Selbstbeteiligungen berufen.

(21) Das Recht, sich auf den Versicherungsvertrag berufen und seinen Anspruch gegenüber dem Versicherungsunternehmen direkt geltend machen zu können, ist für den Schutz des Opfers eines Kraftfahrzeugunfalls von großer Bedeutung. Nach der Richtlinie 2000/26/EG haben Opfer von Unfällen, die sich in einem anderen Mitgliedstaat als dem Wohnsitzmitgliedstaat des Geschädigten ereignet haben und die durch die Nutzung von Fahrzeugen verursacht wurden, die in einem Mitgliedstaat versichert sind und dort ihren gewöhnlichen Standort haben, bereits einen Direktanspruch gegenüber dem Versicherungsunternehmen, das die Haftpflicht des Unfallverursachers deckt. Zur Erleichterung einer effizienten und raschen Regulierung von Schadensfällen und zur weitestmöglichen Vermeidung kostenaufwändiger Rechtsverfahren sollte dieser Anspruch auf die Opfer aller Kraftfahrzeugunfälle ausgedehnt werden.

Anhang VIII   Richtl. 2005 114/EG d. Europ. Parlaments u. d. Rates v. 11. Mai 2005

(22) Um den Schutz der Opfer von Kraftfahrzeugunfällen zu erhöhen, sollte das in der Richtlinie 2000/26/EG vorgesehene Verfahren des mit Gründen versehenen Schadenersatzangebots auf Kraftfahrzeugunfälle aller Art ausgedehnt werden. Dasselbe Verfahren sollte entsprechend auch bei Unfällen angewendet werden, bei denen die Schadenregulierung über das System der nationalen Versicherungsbüros gemäß der Richtlinie 72/166/EWG erfolgt.

(23) Um den Geschädigten die Geltendmachung ihrer Schadenersatzansprüche zu erleichtern, sollten die gemäß der Richtlinie 2000/26/EG geschaffenen Auskunftsstellen nicht nur Informationen über die unter die genannte Richtlinie fallenden Unfälle bereitstellen, sondern die gleiche Art von Informationen bei allen Kraftfahrzeugunfällen erteilen können.

(24) Nach Artikel 11 Absatz 2 in Verbindung mit Artikel 9 Absatz 1 Buchstabe b der Verordnung (EG) Nr. 44/2001 des Rates vom 22. Dezember 2000 über die gerichtliche Zuständigkeit und die Anerkennung und Vollstreckung von Entscheidungen in Zivil- und Handelssachen[10] kann der Geschädigte in dem Mitgliedstaat, in dem er seinen Wohnsitz hat, den Haftpflichtversicherer verklagen.

(25) Da die Richtlinie 2000/26/EG vor der Annahme der Verordnung (EG) Nr. 44/2001 die für einige Mitgliedstaaten das Brüsseler Übereinkommen vom 27. September 1968 zum gleichen Thema ersetzt, erlassen wurde, sollte die in der genannten Richtlinie enthaltene Bezugnahme auf dieses Übereinkommen entsprechend angepasst werden.

(26) Die Richtlinien 72/166/EWG, 84/5/EWG, 88/357/EWG und 90/232/EWG des Rates sowie die Richtlinie 2000/26/EG des Europäischen Parlaments und des Rates sollten daher entsprechend geändert werden –

HABEN FOLGENDE RICHTLINIE ERLASSEN:

Artikel 1   Änderungen der Richtlinie 72/166/EWG

Die Richtlinie 72/166/EWG wird wie folgt geändert:
1. Artikel 1 Nummer 4 wird wie folgt geändert:
a) Der erste Gedankenstrich erhält folgende Fassung:

»– das Gebiet des Staates, dessen amtliches Kennzeichen das Fahrzeug trägt, unabhängig davon, ob es sich um ein endgültiges oder vorläufiges Kennzeichen handelt, oder«.

b) Folgender Gedankenstrich wird angefügt:

»– bei Fahrzeugen, die kein amtliches Kennzeichen oder ein amtliches Kennzeichen tragen, das dem Fahrzeug nicht oder nicht mehr zugeordnet ist, und die in einen Unfall verwickelt wurden, das Gebiet des Staates, in dem sich der Unfall ereignet hat, für die Zwecke der Schadenregulierung gemäß Artikel 2 Absatz 2 erster Gedankenstrich der

---

10 ABl. L 12 vom 16.01.2001, S. 1. Verordnung zuletzt geändert durch die Verordnung (EG) Nr. 2245/2004 (ABl. L 381 vom 28.12.2004, S. 10).

vorliegenden Richtlinie oder gemäß Artikel 1 Absatz 4 der Zweiten Richtlinie 84/5/EWG des Rates vom 30. Dezember 1983 betreffend die Angleichung der Rechtsvorschriften der Mitgliedstaaten bezüglich der Kraftfahrzeug-Haftpflichtversicherung[11].«

2. Artikel 2 Absatz 1 erhält folgende Fassung:

»(1) Die Mitgliedstaaten verzichten auf eine Kontrolle der Haftpflichtversicherung bei Fahrzeugen, die ihren gewöhnlichen Standort im Gebiet eines anderen Mitgliedstaats haben, und bei Fahrzeugen, die aus dem Gebiet eines anderen Mitgliedstaats in ihr Gebiet einreisen und ihren gewöhnlichen Standort im Gebiet eines Drittlandes haben. Die Mitgliedstaaten können jedoch nichtsystematische Kontrollen der Versicherung unter der Voraussetzung vornehmen, dass diese nicht diskriminierend sind und im Rahmen einer nicht ausschließlich der Überprüfung des Versicherungsschutzes dienenden Kontrolle stattfinden.«

3. Artikel 4 wird wie folgt geändert:
a) In Buchstabe a Unterabsatz 2
i) erhält Satz 1 folgende Fassung:

»In diesem Fall trifft der von Artikel 3 abweichende Mitgliedstaat die zweckdienlichen Maßnahmen, um sicherzustellen, dass die Schäden, die diesen Personen gehörende Fahrzeuge in diesem und in anderen Mitgliedstaaten verursachen, ersetzt werden.«,
ii) erhält der letzte Satz folgende Fassung:

»Er übermittelt der Kommission die Liste der von der Versicherungspflicht befreiten Personen und der Stellen oder Einrichtungen, die den Schaden zu ersetzen haben. Die Kommission veröffentlicht diese Liste.«

b) Buchstabe b Unterabsatz 2 erhält folgende Fassung:

»In diesem Fall gewährleisten die Mitgliedstaaten, dass die in Unterabsatz 1 dieses Buchstabens genannten Fahrzeuge ebenso behandelt werden wie Fahrzeuge, bei denen der Versicherungspflicht nach Artikel 3 Absatz 1 nicht entsprochen worden ist. Die Entschädigungsstelle des Mitgliedstaats, in dem sich der Unfall ereignet hat, hat dann einen Erstattungsanspruch gegen den Garantiefonds nach Artikel 1 Absatz 4 der Richtlinie 84/5/EWG in dem Mitgliedstaat, in dem das Fahrzeug seinen gewöhnlichen Standort hat.

Nach Ablauf eines Zeitraums von fünf Jahren ab dem Inkrafttreten der Richtlinie 2005/14/EG des Europäischen Parlaments und des Rates vom 11. Mai 2005 zur Änderung der Richtlinien 72/166/EWG, 84/5/EWG, 88/357/EWG und 90/232/EWG des Rates sowie der Richtlinie 2000/26/EG des Europäischen Parlaments und des Rates über die Kraftfahrzeug-Haftpflichtversicherung[12] berichten die Mitgliedstaaten der Kommission über die Umsetzung dieses Buchstabens und seine Anwendung in der Pra-

---

11 ABl. L 8 vom 11.01.1984, S. 17.
12 ABl. L 149 vom 11.06.2005, S. 14.

Anhang VIII Richtl. 2005 114/EG d. Europ. Parlaments u. d. Rates v. 11. Mai 2005

xis. Die Kommission unterbreitet nach Prüfung dieser Berichte gegebenenfalls Vorschläge zur Ersetzung oder Aufhebung dieser Ausnahmeregelung.«

4. In Artikel 6 und Artikel 7 Absatz 1 werden die Worte »oder in einem außereuropäischen Gebiet eines Mitgliedstaats« gestrichen.

Artikel 2 Änderungen der Richtlinie 84/5/EWG

Artikel 1 der Richtlinie 84/5/EWG erhält folgende Fassung:

»Artikel 1

(1) Die in Artikel 3 Absatz 1 der Richtlinie 72/166/EWG bezeichnete Versicherung hat sowohl Sachschäden als auch Personenschäden zu umfassen.

(2) Unbeschadet höherer Deckungssummen, die von den Mitgliedstaaten gegebenenfalls vorgeschrieben werden, schreibt jeder Mitgliedstaat die Pflichtversicherung mindestens für folgende Beträge vor:
a) für Personenschäden einen Mindestdeckungsbetrag von 1 000 000 EUR je Unfallopfer und von 5 000 000 EUR je Schadensfall, ungeachtet der Anzahl der Geschädigten;
b) für Sachschäden ungeachtet der Anzahl der Geschädigten 1 000 000 EUR je Schadensfall.

Falls erforderlich, können die Mitgliedstaaten eine Übergangszeit von bis zu fünf Jahren nach Ablauf der Frist für die Umsetzung der Richtlinie 2005/14/EG des Europäischen Parlaments und des Rates vom 11. Mai 2005 zur Änderung der Richtlinien 72/166/EWG, 84/5/EWG, 88/357/EWG und 90/232/EWG des Rates sowie der Richtlinie 2000/26/EG des Europäischen Parlaments und des Rates über die Kraftfahrzeug-Haftpflichtversicherung[13] festlegen, um ihre Mindestdeckungssummen an das in diesem Absatz geforderte Niveau anzupassen.

Die Mitgliedstaaten, die eine solche Übergangszeit festlegen, unterrichten die Kommission davon und geben die Dauer der Übergangszeit an.

Binnen 30 Monaten nach Ablauf der Frist für die Umsetzung der Richtlinie 2005/14/EG heben die Mitgliedstaaten die Deckungssummen auf mindestens die Hälfte der in diesem Absatz vorgesehenen Beträge an.

(3) Alle fünf Jahre nach Inkrafttreten der Richtlinie 2005/14/EG oder nach Ablauf einer etwaigen Übergangszeit nach Maßgabe von Absatz 2 werden die in jenem Absatz genannten Beträge anhand des in der Verordnung (EG) Nr. 249 495 des Rates vom 23. Oktober 1995 über harmonisierte Verbraucherpreisindizes[14] genannten Europäischen Verbraucherpreisindexes (EVPI) überprüft.

---

13 ABl. L 149 vom 11.06.2005, S. 14.
14 ABl. L 257 vom 27.10.1995, S.1. Verordnung geändert durch die Verordnung (EG) Nr. 1882/2003 des Europäischen Parlaments und des Rates (ABl. L 284 vom 31.10.2003, S. 1).

Die Beträge werden automatisch angepasst. Sie werden um die im EVPI für den betreffenden Zeitraum – d. h. für die fünf Jahre unmittelbar vor der Überprüfung – angegebene prozentuale Änderung erhöht und auf ein Vielfaches von 10 000 EUR aufgerundet.

Die Kommission unterrichtet das Europäische Parlament und den Rat über die angepassten Beträge und sorgt für deren Veröffentlichung im **Amtsblatt der Europäischen Union**.

(4) Jeder Mitgliedstaat schafft eine Stelle oder erkennt eine Stelle an, die für Sach- oder Personenschäden, welche durch ein nicht ermitteltes oder nicht im Sinne von Absatz 1 versichertes Fahrzeug verursacht worden sind, zumindest in den Grenzen der Versicherungspflicht Ersatz zu leisten hat.

Unterabsatz 1 lässt das Recht der Mitgliedstaaten unberührt, der Einschaltung dieser Stelle subsidiären Charakter zu verleihen oder Bestimmungen zu erlassen, durch die der Rückgriff der Stelle auf den oder die für den Unfall Verantwortlichen sowie auf andere Versicherer oder Einrichtungen der sozialen Sicherheit, die gegenüber dem Geschädigten zur Regulierung desselben Schadens verpflichtet sind, geregelt wird. Die Mitgliedstaaten dürfen es der Stelle jedoch nicht gestatten, die Zahlung von Schadenersatz davon abhängig zu machen, dass der Geschädigte in irgendeiner Form nachweist, dass der Haftpflichtige zur Schadenersatzleistung nicht in der Lage ist oder die Zahlung verweigert.

(5) Der Geschädigte kann sich in jedem Fall unmittelbar an die Stelle wenden, welche ihm – auf der Grundlage der auf ihr Verlangen hin vom Geschädigten mitgeteilten Informationen – eine mit Gründen versehene Auskunft über jegliche Schadenersatzleistung erteilen muss.

Die Mitgliedstaaten können jedoch von der Einschaltung der Stelle Personen ausschließen, die das Fahrzeug, das den Schaden verursacht hat, freiwillig bestiegen haben, sofern durch die Stelle nachgewiesen werden kann, dass sie wussten, dass das Fahrzeug nicht versichert war.

(6) Die Mitgliedstaaten können die Einschaltung der Stelle bei Sachschäden, die durch ein nicht ermitteltes Fahrzeug verursacht wurden, beschränken oder ausschließen.

Hat die Stelle einem Opfer eines Unfalls, bei dem durch ein nicht ermitteltes Fahrzeug auch Sachschäden verursacht wurden, für beträchtliche Personenschäden Schadenersatz geleistet, so können die Mitgliedstaaten Schadenersatz für Sachschäden jedoch nicht aus dem Grund ausschließen, dass das Fahrzeug nicht ermittelt war. Dessen ungeachtet können die Mitgliedstaaten bei Sachschäden eine gegenüber dem Geschädigten wirksame Selbstbeteiligung von nicht mehr als 500 EUR vorsehen.

Die Bedingungen, unter denen Personenschäden als beträchtlich gelten, werden gemäß den Rechts- oder Verwaltungsvorschriften des Mitgliedstaates, in dem sich der Unfall ereignet, festgelegt. In diesem Zusammenhang können die Mitgliedstaaten unter anderem berücksichtigen, ob die Verletzungen eine Krankenhausbehandlung notwendig gemacht haben.

(7) Jeder Mitgliedstaat wendet bei der Einschaltung der Stelle unbeschadet jeder anderen für die Geschädigten günstigeren Praxis seine Rechts- und Verwaltungsvorschriften an.«

Artikel 3 Änderung der Richtlinie 88/357/EWG

Artikel 12a. A.bsatz 4 Unterabsatz 4 Satz 2 der Richtlinie 88/357/EWG wird gestrichen.

Artikel 4 Änderungen der Richtlinie 901 232/EWG

Die Richtlinie 90/232/EWG wird wie folgt geändert:
1. In Artikel 1 wird zwischen Absatz 1 und Absatz 2 folgender Absatz eingefügt:

»Die Mitgliedstaaten treffen die erforderlichen Maßnahmen, damit jede gesetzliche Bestimmung oder Vertragsklausel in einer Versicherungspolice, mit der ein Fahrzeuginsasse vom Versicherungsschutz ausgeschlossen wird, weil er wusste oder hätte wissen müssen, dass der Fahrer des Fahrzeugs zum Zeitpunkt des Unfalls unter dem Einfluss von Alkohol oder einem anderen Rauschmittel stand, bezüglich der Ansprüche eines solchen Fahrzeuginsassen als wirkungslos gilt.«

2. Folgender Artikel wird eingefügt:

»Artikel 1a

Die in Artikel 3 Absatz 1 der Richtlinie 72/166/EWG genannte Versicherung deckt Personen- und Sachschäden von Fußgängern, Radfahrern und anderen nicht motorisierten Verkehrsteilnehmern, die nach einzelstaatlichem Zivilrecht einen Anspruch auf Schadenersatz aus einem Unfall haben, an dem ein Kraftfahrzeug beteiligt ist. Der vorliegende Artikel lässt die zivilrechtliche Haftung und die Höhe des Schadenersatzes unberührt.«

3. In Artikel 2 erhält der erste Gedankenstrich folgende Fassung:

»— auf der Basis einer einzigen Prämie und während der gesamten Laufzeit des Vertrags das gesamte Gebiet der Gemeinschaft abdecken, einschließlich aller Aufenthalte des Fahrzeugs in anderen Mitgliedstaaten während der Laufzeit des Vertrags, und«.

4. Die nachfolgenden Artikel werden eingefügt:

»Artikel 4a

(1) Abweichend von Artikel 2 Buchstabe d zweiter Gedankenstrich der Richtlinie 88/357/EWG[15] ist bei einem Fahrzeug, das von einem Mitgliedstaat in einen anderen

---

15 Zweite Richtlinie 88/357/EWG des Rates vom 22. Juni 1988 zur Koordinierung der Rechts- und Verwaltungsvorschriften für die Direktversicherung (mit Ausnahme der Lebensversicherung) und zur Erleichterung der tatsächlichen Ausübung des freien Dienstleistungsverkehrs (ABl. L 172 vom 04.07.1988, S. 1). Zuletzt geändert durch die Richtlinie 2000/26/EG des Europäischen Parlaments und des Rates (ABl. L 181 vom 20.07.2000, S. 65).

versandt wird, während eines Zeitraums von dreißig Tagen unmittelbar nach der Annahme der Lieferung durch den Käufer der Bestimmungsmitgliedstaat als der Mitgliedstaat anzusehen, in dem das Risiko belegen ist, selbst wenn das Fahrzeug im Bestimmungsmitgliedstaat nicht offiziell zugelassen wurde.

(2) Wird das Fahrzeug innerhalb des in Absatz 1 des vorliegenden Artikels genannten Zeitraums in einen Unfall verwickelt, während es nicht versichert ist, so ist die in Artikel 1 Absatz 4 der Richtlinie 84/5/EWG genannte Stelle des Bestimmungsmitgliedstaats nach Maßgabe des Artikels 1 der genannten Richtlinie schadenersatzpflichtig.

Artikel 4b

Die Mitgliedstaaten stellen sicher, dass der Versicherungsnehmer berechtigt ist, jederzeit eine Bescheinigung über die Haftungsansprüche Dritter betreffend Fahrzeuge, die durch den Versicherungsvertrag zumindest während der fünf letzten Jahre der vertraglichen Beziehung gedeckt waren, bzw. eine Schadensfreiheitsbescheinigung zu beantragen. Das Versicherungsunternehmen oder eine Stelle, die ein Mitgliedstaat gegebenenfalls zur Erbringung der Pflichtversicherung oder zur Abgabe derartiger Bescheinigungen benannt hat, übermittelt dem Versicherungsnehmer diese Bescheinigung innerhalb von fünfzehn Tagen nach Antragstellung.

Artikel 4c

Versicherungsunternehmen können sich gegenüber Unfallgeschädigten nicht auf Selbstbeteiligungen berufen, soweit die in Artikel 3 Absatz 1 der Richtlinie 72/166/EWG genannte Versicherung betroffen ist.

Artikel 4d

Die Mitgliedstaaten stellen sicher, dass Geschädigte eines Unfalls, der durch ein durch die Versicherung nach Artikel 3 Absatz 1 der Richtlinie 72/166/EWG gedecktes Fahrzeug verursacht wurde, einen Direktanspruch gegen das Versicherungsunternehmen haben, das die Haftpflicht des Unfallverursachers deckt.

Artikel 4e

Die Mitgliedstaaten führen für die Regulierung von Ansprüchen aus allen Unfällen, die durch ein durch die Versicherung nach Artikel 3 Absatz 1 der Richtlinie 72/166/EWG gedecktes Fahrzeug verursacht wurde, das in Artikel 4 Absatz 6 der Richtlinie 2000/26/EG[16] vorgesehene Verfahren ein.

Für Unfälle, bei denen die Schadenregulierung über das System der nationalen Versicherungsbüros gemäß Artikel 2 Absatz 2 der Richtlinie 72/166/EWG erfolgen kann, führen die Mitgliedstaaten dasselbe Verfahren wie in Artikel 4 Absatz 6 der Richtlinie

---

16 Richtlinie 2000/26/EG des Europäischen Parlaments und des Rates vom 16. Mai 2000 zur Angleichung der Rechtsvorschriften der Mitgliedstaaten über die Kraftfahrzeug-Haftpflichtversicherung (Vierte Kfz-Haftpflicht-Richtlinie) (ABl. L 181 vom 20.07.2000, S. 65).

Anhang VIII Richtl. 2005 114/EG d. Europ. Parlaments u. d. Rates v. 11. Mai 2005

2000/26/EG ein. Für die Zwecke der Anwendung dieses Verfahrens ist jede Bezugnahme auf Versicherungsunternehmen als Bezugnahme auf nationale Versicherungsbüros im Sinne von Artikel 1 Nummer 3 der Richtlinie 72/166/EWG zu verstehen.«

5. Artikel 5 Absatz 1 erhält folgende Fassung:

»(1) Die Mitgliedstaaten stellen sicher, dass die gemäß Artikel 5 der Richtlinie 2000/26/EG geschaffenen oder anerkannten Auskunftsstellen unbeschadet ihrer Verpflichtungen aus der genannten Richtlinie die in dem genannten Artikel bezeichneten Informationen allen Personen zur Verfügung stellen, die an einem Verkehrsunfall beteiligt sind, der durch ein durch die Versicherung nach Artikel 3 Absatz 1 der Richtlinie 72/166/EWG gedecktes Fahrzeug verursacht wurde.«

Artikel 5 Änderungen der Richtlinie 2000/26/EG

Die Richtlinie 2000/26/EG wird wie folgt geändert:
1. Folgende Erwägung 16a wird eingefügt:

»(16a) Nach Artikel 11 Absatz 2 in Verbindung mit Artikel 9 Absatz 1 Buchstabe b der Verordnung (EG) Nr. 442 001 des Rates vom 22. Dezember 2000 über die gerichtliche Zuständigkeit und die Anerkennung und Vollstreckung von Entscheidungen in Zivil- und Handelssachen[17] kann der Geschädigte den Haftpflichtversicherer in dem Mitgliedstaat, in dem er seinen Wohnsitz hat, verklagen.«

2. Artikel 4 Absatz 8 erhält folgende Fassung:

»(8) Die Benennung eines Schadenreguherungsbeauftragten stellt für sich allein keine Errichtung einer Zweigniederlassung im Sinne von Artikel 1 Buchstabe b der Richtlinie 92/49/EWG dar, und der Schadenregulierungsbeauftragte gilt nicht als Niederlassung im Sinne von Artikel 2 Buchstabe c der Richtlinie 88/357/EWG oder
– im Fall Dänemarks als Niederlassung im Sinne des Brüsseler Übereinkommens vom 27. September 1968 über die gerichtliche Zuständigkeit und die Vollstreckung gerichtlicher Entscheidungen in Zivil- und Handelssachen[18];
– im Fall der übrigen Mitgliedstaaten als Niederlassung im Sinne der Verordnung (EG) Nr. 44/2001.«
3. Artikel 5 Absatz 1 Buchstabe a Nummer 2 Ziffer ii wird gestrichen.
4. Nach Artikel 6 wird folgender Artikel eingefügt:

»Artikel 6a

Zentralstelle

Die Mitgliedstaaten ergreifen alle erforderlichen Maßnahmen, um die rechtzeitige Bereitstellung der für die Schadensregulierung notwendigen grundlegenden Daten an die Opfer, ihre Versicherer oder ihre gesetzlichen Vertreter zu erleichtern.

---

17 ABl. L 12 vom 16.01.2001, S. 1. Verordnung zuletzt geändert durch die Verordnung (EG) Nr. 2245/2004 (ABl. L 381 vom 28.12.2004, S. 10).
18 ABl. C 27 vom 26.01.1998, S. 1 (konsolidierte Fassung).

Diese grundlegenden Daten werden gegebenenfalls jedem Mitgliedstaat in elektronischer Form in einem Zentralregister bereitgestellt und sind für die an dem Schadensfall Beteiligten auf ihren ausdrücklichen Antrag hin zugänglich.«

Artikel 6 Umsetzung

(1) Die Mitgliedstaaten setzen die Rechts- und Verwaltungsvorschriften in Kraft, die erforderlich sind, um dieser Richtlinie spätestens bis zum 11 Juni 2007 nachzukommen. Sie setzen die Kommission unverzüglich davon in Kenntnis.

Wenn die Mitgliedstaaten diese Vorschriften erlassen, nehmen sie in den Vorschriften selbst oder durch einen Hinweis bei der amtlichen Veröffentlichung auf diese Richtlinie Bezug.

Die Mitgliedstaaten regeln die Einzelheiten der Bezugnahme.

(2) Die Mitgliedstaaten können im Einklang mit dem Vertrag Bestimmungen beibehalten oder einführen, die für den Geschädigten günstiger sind als die Bestimmungen, die erforderlich sind, um dieser Richtlinie nachzukommen.

(3) Die Mitgliedstaaten teilen der Kommission den Wortlaut der wichtigsten innerstaatlichen Rechtsvorschriften mit, die sie auf dem unter diese Richtlinie fallenden Gebiet erlassen.

Artikel 7 Inkrafttreten

Diese Richtlinie tritt am Tag ihrer Veröffentlichung im Amtsblatt der Europäischen Union in Kraft.

Artikel 8 Adressaten

Diese Richtlinie ist an die Mitgliedstaaten gerichtet.

Geschehen zu Straßburg am 11. Mai 2005.

Im Namen des Europäischen Parlaments Im Namen des Rates
Der Präsident   Der Präsident
J. P. BORRELL FONTELLES   N. SCHMIT

Anhang IX

Richtlinie 2009/103/EG des Europäischen Parlaments und des Rates vom 16. September 2009

über die Kraftfahrzeug-Haftpflichtversicherung und die Kontrolle der entsprechenden Versicherungspflicht
(kodifizierte Fassung)
(Text von Bedeutung für den EWR)

DAS EUROPÄISCHE PARLAMENT UND DER RAT DER EUROPÄISCHEN UNION –

gestützt auf den Vertrag zur Gründung der Europäischen Gemeinschaft, insbesondere auf Artikel 95 Absatz 1,

auf Vorschlag der Kommission,

nach Stellungnahme des Europäischen Wirtschafts- und Sozialausschusses[1],

gemäß dem Verfahren des Artikels 251 des Vertrags[2],

in Erwägung nachstehender Gründe:

(1) Die Richtlinie 72/166/EWG des Rates vom 24. April 1972 betreffend die Angleichung der Rechtsvorschriften der Mitgliedstaaten bezüglich der Kraftfahrzeug-Haftpflichtversicherung und der Kontrolle der entsprechenden Versicherungspflicht[3], die Zweite Richtlinie 84/5/EWG des Rates vom 30. Dezember 1983 betreffend die Angleichung der Rechtsvorschriften der Mitgliedstaaten bezüglich der Kraftfahrzeug-Haftpflichtversicherung[4], die Dritte Richtlinie 90/232/EWG des Rates vom 14. Mai 1990 zur Angleichung der Rechtsvorschriften der Mitgliedstaaten über die Kraftfahrzeug- Haftpflichtversicherung[5] und die Richtlinie 2000/26/EG des Europäischen Parlaments und des Rates vom 16. Mai 2000 zur Angleichung der Rechtsvorschriften der Mitgliedstaaten über die Kraftfahrzeug-Haftpflichtversicherung (Vierte Kraftfahrzeughaftpflicht-Richtlinie)[6] wurden mehrfach und erheblich geändert[7]. Aus Gründen der Klarheit und der Übersichtlichkeit empfiehlt es sich, die vier genannten Richtlinien wie auch die Richtlinie 2005/14/EG des Europäischen Parlaments und des Rates vom 11. Mai 2005 zur Änderung der Richtlinien 72/166/EWG, 84/5/EWG,

---

1 ABl. C 224 vom 30.08.2008, S. 39.
2 Stellungnahme des Europäischen Parlaments vom 21. Oktober 2008 (noch nicht im Amtsblatt veröffentlicht) und Beschluss des Rates vom 13. Juli 2009.
3 ABl. L 103 vom 02.05.1972, S. 1.
4 ABl. L 8 vom 11.01.1984, S. 17.
5 ABl. L 129 vom 19.05.1990, S. 33.
6 ABl. L 181 vom 20.07.2000, S. 65.
7 Siehe Anhang I Teil A.

88/357/EWG und 90/232/EWG des Rates sowie der Richtlinie 2000/26/EG des Europäischen Parlaments und des Rates über die Kraftfahrzeug-Haftpflichtversicherung[8] zu kodifizieren.

(2) Die Kraftfahrzeug-Haftpflichtversicherung (Kfz-Haftpflichtversicherung) ist für die europäischen Bürger – sowohl für die Versicherungsnehmer als auch für die Opfer von Verkehrsunfällen – von besonderer Bedeutung. Sie ist auch für die Versicherungsunternehmen von erheblichem Interesse, weil ein wesentlicher Teil des Schadenversicherungsgeschäfts in der Gemeinschaft auf die Kfz-Haftpflichtversicherung entfällt. Die Kfz-Haftpflichtversicherung wirkt sich auch auf den freien Personen- und Kraftfahrzeugverkehr aus. Die Stärkung und Konsolidierung des Binnenmarktes für Kfz-Haftpflichtversicherungen sollte daher ein Hauptziel der gemeinschaftlichen Maßnahmen im Finanzdienstleistungsbereich sein.

(3) Jeder Mitgliedstaat sollte alle zweckdienlichen Maßnahmen treffen, um sicherzustellen, dass die Haftpflicht bei Fahrzeugen mit gewöhnlichem Standort im Inland durch eine Versicherung gedeckt ist. Die Schadensdeckung sowie die Modalitäten dieser Versicherung werden im Rahmen dieser Maßnahmen bestimmt.

(4) Um mögliche Fehlinterpretationen der vorliegenden Richtlinie auszuschließen und den Abschluss einer Versicherung für Fahrzeuge mit vorläufigen amtlichen Kennzeichen zu erleichtern, sollte sich die Definition des Gebiets, in dem das Fahrzeug seinen gewöhnlichen Standort hat, auf das Gebiet des Staates beziehen, dessen amtliches Kennzeichen das Fahrzeug trägt, und zwar unabhängig davon, ob es sich um ein endgültiges oder vorläufiges Kennzeichen handelt.

(5) Unter vollständiger Beachtung des allgemeinen Kriteriums, wonach das amtliche Kennzeichen das Gebiet bestimmt, in dem das Fahrzeug seinen gewöhnlichen Standort hat, sollte für den Fall, dass ein Fahrzeug ohne amtliches Kennzeichen oder mit einem amtlichen Kennzeichen, das dem Fahrzeug nicht oder nicht mehr zugeordnet ist, einen Unfall verursacht, eine besondere Regelung vorgesehen werden. In diesem Fall und ausschließlich für die Zwecke der Schadenregulierung sollte als Gebiet, in dem das Fahrzeug seinen gewöhnlichen Standort hat, das Gebiet gelten, in dem sich der Unfall ereignet hat.

(6) Ein Verbot der systematischen Kontrolle der Kfz-Haftpflichtversicherung sollte für Fahrzeuge gelten, die ihren gewöhnlichen Standort im Gebiet eines anderen Mitgliedstaats haben, sowie für Fahrzeuge, die ihren gewöhnlichen Standort im Gebiet eines Drittlandes haben, jedoch aus dem Gebiet eines anderen Mitgliedstaats in ihr Gebiet einreisen. Nur nichtsystematische Kontrollen, die nicht diskriminierend sind und im Rahmen einer nicht ausschließlich der Überprüfung des Versicherungsschutzes dienenden Kontrolle stattfinden, sollten zulässig sein.

(7) Die Kontrolle der Grünen Karte kann bei Fahrzeugen, die ihren gewöhnlichen Standort in einem Mitgliedstaat haben und die in das Gebiet eines anderen Mitglied-

---

8 ABl. L 149 vom 11.06.2005, S. 14.

Anhang IX Richtlinie 2009/103/EG des Europäischen Parlaments und des Rates

staats einreisen, auf der Grundlage eines Übereinkommens zwischen den nationalen Versicherungsbüros aufgehoben werden, kraft deren jedes nationale Büro nach den innerstaatlichen Rechtsvorschriften die Deckung der zu Ersatzansprüchen führenden Schäden garantiert, die in seinem Gebiet von einem solchen versicherten oder nicht versicherten Fahrzeug verursacht worden sind.

(8) Dieses Übereinkommen über eine Garantie geht davon aus, dass jedes im Gebiet der Gemeinschaft verkehrende gemeinschaftsangehörige Kraftfahrzeug durch eine Versicherung gedeckt ist. Es ist daher geboten, in den nationalen Rechtsvorschriften aller Mitgliedstaaten die Pflicht zur Haftpflichtversicherung dieser Fahrzeuge mit einer im gesamten Gebiet der Gemeinschaft gültigen Deckung vorzusehen.

(9) Das in der vorliegenden Richtlinie vorgesehene System könnte auch auf Fahrzeuge angewandt werden, die ihren gewöhnlichen Standort im Gebiet eines Drittlandes haben, für das die nationalen Versicherungsbüros der Mitgliedstaaten ein ähnliches Übereinkommen geschlossen haben.

(10) Jeder Mitgliedstaat sollte bei Fahrzeugen, die bestimmten natürlichen oder juristischen Personen des öffentlichen oder des privaten Rechts gehören, von der allgemeinen Versicherungspflicht abweichen können. Bei Unfällen, die durch diese Fahrzeuge verursacht werden, sollte der die Ausnahmeregelung anwendende Mitgliedstaat eine Stelle oder Einrichtung für die Entschädigung der Opfer von Unfällen, die in einem anderen Mitgliedstaat verursacht werden, bestimmen. Nicht nur Opfer von Unfällen, die durch diese Fahrzeuge im Ausland verursacht werden, sondern auch Opfer von Unfällen, die sich in dem Mitgliedstaat ereignen, in dem das Fahrzeug seinen gewöhnlichen Standort hat, sollten angemessenen Schadenersatz erhalten, unabhängig davon, ob sie ihren Wohnsitz in seinem Hoheitsgebiet haben oder nicht. Zudem sollten die Mitgliedstaaten dafür sorgen, dass die Liste der von der Versicherungspflicht befreiten Personen und der Stellen oder Einrichtungen, die den Opfern von durch solche Fahrzeuge verursachten Unfällen den Schaden zu ersetzen haben, der Kommission zur Veröffentlichung übermittelt wird.

(11) Jeder Mitgliedstaat sollte bei gewissen Arten von Fahrzeugen oder Fahrzeugen mit besonderem Kennzeichen von der allgemeinen Versicherungspflicht abweichen können. In diesem Fall können die anderen Mitgliedstaaten bei der Einreise in ihr Gebiet die Vorlage einer gültigen Grünen Karte oder einer Grenzversicherung verlangen, um sicherzustellen, dass die Opfer von Unfällen, die möglicherweise durch diese Fahrzeuge in ihrem Gebiet verursacht werden, Schadenersatz erhalten. Da aufgrund der Abschaffung der Kontrollen an den Binnengrenzen der Gemeinschaft nicht mehr überprüft werden kann, dass die die Grenze überschreitenden Fahrzeuge versichert sind, kann die Entschädigung der Opfer von Unfällen, die im Ausland verursacht werden, nicht gewährleistet werden. Es sollte ferner dafür gesorgt werden, dass nicht nur Opfer von Unfällen, die durch diese Fahrzeuge im Ausland verursacht werden, sondern auch Opfer von Unfällen, die in dem Mitgliedstaat verursacht werden, in dem das Fahrzeug seinen gewöhnlichen Standort hat, angemessenen Schadenersatz erhalten. Zu diesem Zweck sollten die Mitgliedstaaten die Opfer von durch diese Fahrzeuge verursachten Unfällen ebenso behandeln wie Opfer von durch nicht versicherte Fahrzeuge ver-

ursachten Unfällen. Den Opfern von Unfällen, die durch nicht versicherte Fahrzeuge verursacht wurden, sollte Schadenersatz durch die Entschädigungsstelle des Mitgliedstaats geleistet werden, in dem sich der Unfall ereignet hat. Im Fall von Zahlungen an Opfer von Unfällen, die durch Fahrzeuge verursacht wurden, für welche die Befreiung gilt, sollte die Entschädigungsstelle einen Erstattungsanspruch gegen die Stelle des Mitgliedstaats haben, in dem das Fahrzeug seinen gewöhnlichen Standort hat. Nach Ablauf eines bestimmten Zeitraums der Umsetzung und Anwendung dieser Möglichkeit einer Ausnahmeregelung sollte die Kommission anhand der gesammelten Erfahrungen gegebenenfalls Vorschläge zu deren Ersetzung oder Aufhebung unterbreiten.

(12) Die Verpflichtung der Mitgliedstaaten, den Versicherungsschutz zumindest für bestimmte Mindestdeckungssummen zu gewährleisten, ist ein wichtiger Aspekt für den Schutz der Unfallopfer. Die Höhe der Mindestdeckungssumme bei Personenschäden sollte so bemessen sein, dass alle Unfallopfer mit schwersten Verletzungen voll und angemessen entschädigt werden, wobei die geringe Häufigkeit von Unfällen mit mehreren Geschädigten und die geringe Zahl von Unfällen, bei denen mehrere Opfer bei demselben Unfallereignis schwerste Verletzungen erleiden, zu berücksichtigen sind. Je Unfallopfer und je Schadensfall sollten Mindestdeckungssummen vorgesehen werden. Um die Einführung dieser Mindestdeckungssummen zu erleichtern, sollte eine Übergangszeit vorgesehen werden. Jedoch sollte eine kürzere Frist als dieser Übergangszeitraum vorgesehen werden, innerhalb der die Mitgliedstaaten die Mindestdeckungssummen auf mindestens die Hälfte der vorgesehenen Beträge anzuheben haben.

(13) Um sicherzustellen, dass die Mindestdeckungssummen nicht mit der Zeit an Wert verlieren, sollte eine Bestimmung zur regelmäßigen Überprüfung vorgesehen werden, für die der von Eurostat veröffentlichte Europäische Verbraucherpreisindex (EVPI) nach der Verordnung (EG) Nr. 2494/95 des Rates vom 23. Oktober 1995 über harmonisierte Verbraucherpreisindizes[9] als Richtwert gilt. Für diese Überprüfung sollten außerdem Verfahrensregeln festgelegt werden.

(14) Es ist notwendig, eine Stelle einzurichten, die dem Geschädigten auch dann eine Entschädigung sicherstellt, wenn das verursachende Fahrzeug nicht versichert war oder nicht ermittelt wurde. Die betreffenden Unfallopfer müssen sich unmittelbar an diese Stelle als erste Kontaktstelle wenden können. Den Mitgliedstaaten sollte jedoch die Möglichkeit gegeben werden, in bestimmten begrenzten Fällen die Einschaltung der betreffenden Stelle auszuschließen und bei von einem nicht ermittelten Fahrzeug verursachten Sachschäden wegen der Betrugsgefahr vorzusehen, dass die Entschädigung bei derartigen Schäden begrenzt oder ausgeschlossen werden kann.

(15) Es liegt im Interesse der Unfallopfer, dass die Wirkungen bestimmter Ausschlussklauseln auf die Beziehungen zwischen dem Versicherer und dem für den Unfall Verantwortlichen beschränkt bleiben. Bei gestohlenen oder unter Anwendung von Gewalt erlangten Fahrzeugen können die Mitgliedstaaten jedoch vorsehen, dass zur Entschädigung des Opfers die genannte Stelle eintritt.

---

9 ABl. L 257 vom 27.10.1995, S. 1.

Anhang IX Richtlinie 2009/103/EG des Europäischen Parlaments und des Rates

(16) Die Mitgliedstaaten können, um die finanzielle Belastung dieser Stelle zu verringern, die Anwendung einer gewissen Selbstbeteiligung in den Fällen vorsehen, in denen die Stelle bei der Entschädigung für Sachschäden eingeschaltet wird, die durch nicht versicherte oder gegebenenfalls gestohlene oder unter Anwendung von Gewalt erlangte Fahrzeuge verursacht worden sind.

(17) Die Möglichkeit, die rechtmäßige Entschädigung der Unfallopfer aufgrund der Tatsache, dass ein Fahrzeug nicht ermittelt wurde, zu beschränken oder auszuschließen, sollte keine Anwendung finden, wenn die Stelle einem Opfer eines Unfalls, bei dem auch Sachschäden verursacht wurden, für beträchtliche Personenschäden Schadenersatz geleistet hat. Die Mitgliedstaaten können bei Sachschäden eine gegenüber dem Geschädigten wirksame Selbstbeteiligung bis zu der in der vorliegenden Richtlinie festgelegten Höhe einführen. Die Bedingungen, unter denen Personenschäden als beträchtlich gelten, sollten in den nationalen Rechts- oder Verwaltungsvorschriften des Mitgliedstaats, in dem sich der Unfall ereignet, festgelegt werden. Bei der Festlegung dieser Bedingungen kann der Mitgliedstaat unter anderem berücksichtigen, ob die Verletzungen eine Krankenhausbehandlung notwendig gemacht haben.

(18) Bei einem durch ein nicht versichertes Fahrzeug verursachten Unfall ist es für die Stelle, welche die Opfer von durch nicht versicherte oder nicht ermittelte Fahrzeuge verursachten Unfallschäden entschädigt, leichter als für den Geschädigten, gegen den Haftpflichtigen Rückgriff zu nehmen. Daher sollte vorgesehen werden, dass diese Stelle nicht die Möglichkeit hat, die Zahlung von Schadenersatz davon abhängig zu machen, dass der Geschädigte den Nachweis erbringt, dass der Unfallverursacher nicht in der Lage ist oder sich weigert, Schadenersatz zu leisten.

(19) Können die genannte Stelle und ein Haftpflichtversicherer keine Einigung darüber erzielen, wer dem Unfallgeschädigten Schadenersatz zu leisten hat, so sollten die Mitgliedstaaten, um Verzögerungen bei der Auszahlung des Schadenersatzes an den Geschädigten zu vermeiden, die Partei bestimmen, die bis zur Entscheidung über den Streitfall den Schadenersatz vorläufig zu zahlen hat.

(20) Den bei Kraftfahrzeug-Verkehrsunfällen Geschädigten sollte unabhängig davon, in welchem Land der Gemeinschaft sich der Unfall ereignet, eine vergleichbare Behandlung garantiert werden.

(21) Die Familienangehörigen des Versicherungsnehmers, Fahrers oder eines sonstigen Verursachers sollten, jedenfalls bei Personenschäden, einen mit dem anderer Geschädigter vergleichbaren Schutz erhalten.

(22) Personen- und Sachschäden von Fußgängern, Radfahrern und anderen nicht motorisierten Verkehrsteilnehmern, die gewöhnlich die schwächsten Unfallbeteiligten sind, sollten durch die Haftpflichtversicherung des an dem Unfall beteiligten Fahrzeugs gedeckt werden, sofern diese Personen nach einzelstaatlichem Zivilrecht Anspruch auf Schadenersatz haben. Diese Bestimmung lässt die zivilrechtliche Haftung und die Höhe des Schadenersatzes bei einem bestimmten Unfall nach einzelstaatlichem Recht unberührt.

(23) Die Einbeziehung aller Fahrzeuginsassen in den Versicherungsschutz ist ein wesentlicher Fortschritt des geltenden Rechts. Dieses Ziel würde in Frage gestellt, wenn nationale Rechtsvorschriften oder Vertragsklauseln in Versicherungspolicen die Fahrzeuginsassen vom Versicherungsschutz ausschließen, weil sie wussten oder hätten wissen müssen, dass der Fahrer des Fahrzeugs zum Zeitpunkt des Unfalls unter dem Einfluss von Alkohol oder einem anderen Rauschmittel stand. Die Fahrzeuginsassen sind gewöhnlich nicht in der Lage, den Grad der Intoxikation des Fahrers einwandfrei zu beurteilen. Das Ziel, Kraftfahrer vom Fahren unter Einfluss von Rauschmitteln abzuhalten, wird nicht dadurch erreicht, dass der Versicherungsschutz für Fahrzeuginsassen, die Opfer von Kraftfahrzeugunfällen werden, verringert wird. Der Schutz dieser Fahrzeuginsassen durch die Haftpflichtversicherung des Fahrzeugs lässt ihre etwaige Haftung nach den anwendbaren einzelstaatlichen Rechtsvorschriften sowie die Höhe eines etwaigen Schadenersatzes bei einem bestimmten Unfall unberührt.

(24) Alle Kraftfahrzeug-Haftpflichtversicherungspolicen sollten sich auf das gesamte Gebiet der Gemeinschaft erstrecken.

(25) Einige Versicherungsunternehmen nehmen in ihre Versicherungspolicen Klauseln auf, wonach der Vertrag gekündigt wird, wenn sich das Fahrzeug länger als eine bestimmte Zeit außerhalb des Zulassungsmitgliedstaates befindet. Dieses Vorgehen widerspricht dem in der vorliegenden Richtlinie niedergelegten Grundsatz, nach dem die Kfz-Haftpflichtversicherung auf der Basis einer einzigen Prämie das gesamte Gebiet der Gemeinschaft abdeckt. Es sollte deshalb festgelegt werden, dass der Versicherungsschutz während der gesamten Laufzeit des Vertrags unabhängig davon gilt, ob sich das Fahrzeug für einen bestimmten Zeitraum in einem anderen Mitgliedstaat befindet, wobei die Verpflichtungen im Zusammenhang mit der Zulassung von Kraftfahrzeugen gemäß den nationalen Rechtsvorschriften der Mitgliedstaaten nicht berührt werden.

(26) Im Interesse des Versicherten sollte jede Haftpflichtversicherungspolice im Rahmen einer einzigen Prämie die in jedem Mitgliedstaat gesetzlich vorgeschriebene Deckung bzw., wenn diese höher ist, die gesetzliche Deckung des Mitgliedstaats, in dem das Fahrzeug seinen gewöhnlichen Standort hat, gewährleisten.

(27) Es sollten Schritte unternommen werden, um die Erlangung von Versicherungsschutz für Fahrzeuge, die von einem Mitgliedstaat in einen anderen eingeführt werden, zu erleichtern, selbst wenn das Fahrzeug im Bestimmungsmitgliedstaat noch nicht zugelassen ist. Es sollte eine zeitlich begrenzte Ausnahme von der allgemeinen Regelung zur Bestimmung des Mitgliedstaats, in dem das Risiko belegen ist, vorgesehen werden. Während eines Zeitraums von dreißig Tagen nach dem Zeitpunkt der Lieferung, der Bereitstellung oder der Versendung des Fahrzeugs an den Käufer sollte der Bestimmungsmitgliedstaat als der Mitgliedstaat angesehen werden, in dem das Risiko belegen ist.

(28) Der Versicherungsnehmer, der mit einem anderen Versicherungsunternehmen eine neue Kfz-Haftpflichtversicherung abschließen möchte, sollte seine Schadensfreiheit oder seinen Schadensverlauf während der Dauer des alten Vertrags nachweisen können. Der Versicherungsnehmer sollte berechtigt sein, jederzeit eine Bescheinigung

über die Ansprüche betreffend Fahrzeuge, die durch den Versicherungsvertrag zumindest während der fünf letzten Jahre der vertraglichen Beziehung gedeckt waren, bzw. eine Schadensfreiheitsbescheinigung zu beantragen. Das Versicherungsunternehmen oder eine Stelle, die ein Mitgliedstaat gegebenenfalls zur Erbringung der Pflichtversicherung oder zur Abgabe derartiger Bescheinigungen benannt hat, sollte dem Versicherungsnehmer diese Bescheinigung innerhalb von fünfzehn Tagen nach Antragstellung übermitteln.

(29) Um einen angemessenen Versicherungsschutz der Opfer von Kraftfahrzeugunfällen zu gewährleisten, sollten die Mitgliedstaaten nicht zulassen, dass sich Versicherungsunternehmen gegenüber Geschädigten auf Selbstbeteiligungen berufen.

(30) Das Recht, sich auf den Versicherungsvertrag berufen und seinen Anspruch gegenüber dem Versicherungsunternehmen direkt geltend machen zu können, ist für den Schutz des Opfers eines Kraftfahrzeugunfalls von großer Bedeutung. Zur Erleichterung einer effizienten und raschen Regulierung von Schadensfällen und zur weitestmöglichen Vermeidung kostenaufwändiger Rechtsverfahren sollte ein Direktanspruch gegenüber dem Versicherungsunternehmen, das die Haftpflicht des Unfallverursachers deckt, für alle Opfer von Kraftfahrzeugunfällen vorgesehen werden.

(31) Um den Opfern von Kraftfahrzeugunfällen hinreichenden Schutz zu gewähren, sollte ein »Verfahren des mit Gründen versehenen Schadenersatzangebots« auf Kraftfahrzeugunfälle aller Art Anwendung finden. Dasselbe Verfahren sollte entsprechend auch bei Unfällen angewendet werden, bei denen die Schadenregulierung über das System der nationalen Versicherungsbüros erfolgt.

(32) Nach Artikel 11 Absatz 2 in Verbindung mit Artikel 9 Absatz 1 Buchstabe b der Verordnung (EG) Nr. 44/2001 des Rates vom 22. Dezember 2000 über die gerichtliche Zuständigkeit und die Anerkennung und Vollstreckung von Entscheidungen in Zivil- und Handelssachen[10] kann der Geschädigte in dem Mitgliedstaat, in dem er seinen Wohnsitz hat, den Haftpflichtversicherer verklagen.

(33) Durch das System der Grüne-Karte-Büros ist eine problemlose Regulierung eines Unfallschadens im eigenen Land des Geschädigten auch dann gewährleistet, wenn der andere Unfallbeteiligte aus einem anderen europäischen Land kommt.

(34) Derjenige, der in einem anderen Staat als seinem Wohnsitzstaat bei einem Kraftfahrzeug-Verkehrsunfall im Sinne dieser Richtlinie einen Sach- oder Personenschaden erleidet, sollte seinen Schadenersatzanspruch in seinem Wohnsitzmitgliedstaat gegenüber einem dort bestellten Schadenregulierungsbeauftragten des Versicherungsunternehmens der haftpflichtigen Partei geltend machen können. Diese Lösung würde es ermöglichen, dass ein Schaden, der außerhalb des Wohnsitzmitgliedstaats des Geschädigten eintritt, in einer Weise abgewickelt wird, die dem Geschädigten vertraut ist.

---

10 ABl. L 12 vom 16.01.2001, S. 1.

(35) Durch dieses System eines Schadenregulierungsbeauftragten im Wohnsitzmitgliedstaat des Geschädigten wird weder das im konkreten Fall anzuwendende materielle Recht geändert noch die gerichtliche Zuständigkeit berührt.

(36) Die Begründung eines Direktanspruchs desjenigen, der einen Sach- oder Personenschaden erlitten hat, gegen das Versicherungsunternehmen ist eine logische Ergänzung der Benennung von Schadenregulierungsbeauftragten und verbessert zudem die Rechtsstellung von Personen, die bei Kraftfahrzeug-Verkehrsunfällen außerhalb ihres Wohnsitzmitgliedstaats geschädigt werden.

(37) Es sollte vorgesehen werden, dass der Mitgliedstaat, in dem das Versicherungsunternehmen zugelassen ist, von diesem verlangt, in den anderen Mitgliedstaaten ansässige oder niedergelassene Schadenregulierungsbeauftragte zu benennen, die alle erforderlichen Informationen über Schadensfälle zusammentragen, die auf solche Unfälle zurückgehen, und geeignete Maßnahmen zur Schadenregulierung im Namen und für Rechnung des Versicherungsunternehmens, einschließlich einer entsprechenden Entschädigungszahlung, ergreifen. Schadenregulierungsbeauftragte sollten über ausreichende Befugnisse verfügen, um das Versicherungsunternehmen gegenüber den Geschädigten zu vertreten und es auch gegenüber den einzelstaatlichen Behörden und gegebenenfalls, soweit dies mit den Regelungen des internationalen Privat- und Zivilprozessrechts über die Festlegung der gerichtlichen Zuständigkeiten vereinbar ist, gegenüber den Gerichten zu vertreten.

(38) Die Tätigkeiten der Schadenregulierungsbeauftragten reichen nicht aus, um einen Gerichtsstand im Wohnsitzmitgliedstaat des Geschädigten zu begründen, wenn dies nach den Regelungen des internationalen Privat- und Zivilprozessrechts über die Festlegung der gerichtlichen Zuständigkeiten nicht vorgesehen ist.

(39) Die Benennung der Schadenregulierungsbeauftragten sollte eine der Bedingungen für den Zugang zur Versicherungstätigkeit gemäß Buchstabe A Nummer 10 des Anhangs der Ersten Richtlinie 73/239/EWG des Rates vom 24. Juli 1973 zur Koordinierung der Rechts- und Verwaltungsvorschriften betreffend die Aufnahme und Ausübung der Tätigkeit der Direktversicherung (mit Ausnahme der Lebensversicherung)[11] – mit Ausnahme der Haftpflicht des Frachtführers – und die Ausübung dieser Tätigkeit sein. Diese Bedingung sollte deshalb durch die einheitliche behördliche Zulassung nach Titel II der Richtlinie 92/49/EWG des Rates vom 18. Juni 1992 zur Koordinierung der Rechts- und Verwaltungsvorschriften für die Direktversicherung (mit Ausnahme der Lebensversicherung) sowie zur Änderung der Richtlinien 73/239/EWG und 88/357/EWG (Dritte Richtlinie Schadenversicherung)[12] erfasst werden, die die Behörden des Mitgliedstaats des Geschäftssitzes des Versicherungsunternehmens erteilen. Diese Bedingung sollte auch für Versicherungsunternehmen mit Geschäftssitz außerhalb der Gemeinschaft gelten, denen die Zulassung zur Versicherungstätigkeit im Gebiet eines Mitgliedstaats der Gemeinschaft erteilt wurde.

---

11 ABl. L 228 vom 16.08.1973, S. 3.
12 ABl. L 228 vom 11.08.1992, S. 1.

Anhang IX Richtlinie 2009/103/EG des Europäischen Parlaments und des Rates

(40) Außer der Sicherstellung der Präsenz eines Beauftragten des Versicherungsunternehmens im Wohnsitzstaat des Geschädigten sollte das spezifische Recht des Geschädigten auf zügige Bearbeitung des Anspruchs gewährleistet werden. Die nationalen Rechtsvorschriften sollten deshalb angemessene wirksame und systematische finanzielle oder gleichwertige administrative Sanktionen – wie Anordnungen in Verbindung mit Bußgeldern, regelmäßige Berichterstattung an Aufsichtsbehörden, Kontrollen vor Ort, Veröffentlichungen im nationalen Gesetzblatt sowie in der Presse, Suspendierung der Tätigkeiten eines Unternehmens (Verbot des Abschlusses neuer Verträge während eines bestimmten Zeitraums), Bestellung eines Sonderbeauftragten der Aufsichtsbehörden, der zu überprüfen hat, ob der Geschäftsbetrieb unter Einhaltung der versicherungsrechtlichen Vorschriften erfolgt, Widerruf der Zulassung zur Ausübung von derartigen Versicherungsgeschäften und Sanktionen für Direktoren und Mitglieder der Geschäftsleitung – vorsehen, die dann gegen das Versicherungsunternehmen des Schädigers festgesetzt werden können, wenn dieses oder sein Beauftragter seiner Verpflichtung zur Vorlage eines Schadenersatzangebots innerhalb einer angemessenen Frist nicht nachkommt. Die Anwendung sonstiger, für angemessen erachteter Maßnahmen – insbesondere nach den für die Beaufsichtigung der Versicherungsunternehmen geltenden Rechtsvorschriften – wird dadurch nicht berührt. Voraussetzung ist jedoch, dass die Haftung sowie der erlittene Sach- oder Personenschaden nicht streitig ist, so dass das Versicherungsunternehmen innerhalb der vorgeschriebenen Frist ein mit Gründen versehenes Angebot unterbreiten kann. Ein solches Schadenersatzangebot muss schriftlich und unter Angabe der Gründe erfolgen, auf denen die Beurteilung der Haftung und des Schadens beruht.

(41) Zusätzlich zu diesen Sanktionen sollte vorgesehen werden, dass für die dem Geschädigten vom Versicherungsunternehmen angebotene bzw. ihm gerichtlich zugesprochene Schadenersatzsumme Zinsen gezahlt werden, wenn das Angebot nicht innerhalb dieser vorgeschriebenen Frist vorgelegt wird. Gibt es in den Mitgliedstaaten nationale Regelungen, die dem Erfordernis der Zahlung von Verzugszinsen entsprechen, so könnte diese Bestimmung durch eine Bezugnahme auf jene Regelungen umgesetzt werden.

(42) Für Geschädigte, die Sach- oder Personenschäden aufgrund eines Kraftfahrzeug-Verkehrsunfalls erlitten haben, ist es zuweilen mit Schwierigkeiten verbunden, den Namen des Versicherungsunternehmens zu erfahren, das die Haftpflicht für ein an einem Unfall beteiligtes Fahrzeug deckt.

(43) Im Interesse dieser Geschädigten sollten die Mitgliedstaaten Auskunftsstellen einrichten, um zu gewährleisten, dass diese Information zu allen Kraftfahrzeugunfällen unverzüglich zur Verfügung steht. Die genannten Auskunftsstellen sollten den Geschädigten auch Informationen über die Schadenregulierungsbeauftragten zur Verfügung stellen. Die Auskunftsstellen müssen untereinander zusammenarbeiten und schnell auf Auskunftsersuchen über Schadenregulierungsbeauftragte reagieren, die Auskunftsstellen anderer Mitgliedstaaten an sie richten. Es erscheint angemessen, dass diese Auskunftsstellen die Informationen über den Zeitpunkt der tatsächlichen Beendigung der Versicherungsdeckung erfassen; nicht angemessen ist hingegen die Erfassung von Infor-

mationen über den Ablauf der ursprünglichen Gültigkeitsdauer der Versicherungspolice, sofern sich die Vertragsdauer stillschweigend verlängert hat.

(44) Für Fahrzeuge, für die keine Haftpflichtversicherungspflicht besteht (z. B. Behörden- oder Militärfahrzeuge), sollten besondere Bestimmungen vorgesehen werden.

(45) Der Geschädigte kann ein berechtigtes Interesse daran haben, über die Identität des Eigentümers oder des gewöhnlichen Fahrers oder des eingetragenen Halters des Fahrzeugs Aufschluss zu erhalten, beispielsweise in Fällen, in denen der Geschädigte Schadenersatz nur von diesen Personen erhalten kann, weil das Fahrzeug nicht ordnungsgemäß versichert ist oder der Schaden die Versicherungssumme übersteigt; demnach ist auch diese Auskunft zu erteilen.

(46) Bei einigen der übermittelten Informationen handelt es sich um personenbezogene Daten im Sinne der Richtlinie 95/46/EG des Europäischen Parlaments und des Rates vom 24. Oktober 1995 zum Schutz natürlicher Personen bei der Verarbeitung personenbezogener Daten und zum freien Datenverkehr[13]; dies gilt beispielsweise für den Namen und die Adresse des Fahrzeugeigentümers und des gewöhnlichen Fahrers sowie die Nummer der Versicherungspolice und das Kennzeichen des Fahrzeugs. Die aufgrund der vorliegenden Richtlinie erforderliche Verarbeitung dieser Daten sollte daher im Einklang mit den einzelstaatlichen Maßnahmen erfolgen, die gemäß der Richtlinie 95/46/EG ergriffen wurden. Name und Anschrift des gewöhnlichen Fahrers sollten nur mitgeteilt werden, wenn dies nach einzelstaatlichem Recht zulässig ist.

(47) Um dem Geschädigten die ihm zustehende Entschädigung sicherzustellen, ist es notwendig, eine Entschädigungsstelle einzurichten, an die sich der Geschädigte wenden kann, wenn das Versicherungsunternehmen keinen Beauftragten benannt hat oder die Regulierung offensichtlich verzögert oder wenn das Versicherungsunternehmen nicht ermittelt werden kann. Das Eintreten der Entschädigungsstelle sollte auf seltene Einzelfälle beschränkt werden, in denen das Versicherungsunternehmen seinen Verpflichtungen trotz der abschreckenden Wirkung der etwaigen Verhängung von Sanktionen nicht nachgekommen ist.

(48) Da die Entschädigungsstelle die Aufgabe hat, die Entschädigungsansprüche für von dem Geschädigten erlittene Sach- oder Personenschäden nur in objektiv feststellbaren Fällen zu regulieren, sollte sie sich auf die Nachprüfung beschränken, ob innerhalb der festgesetzten Fristen und nach den festgelegten Verfahren ein Schadenersatzangebot unterbreitet wurde, ohne jedoch den Fall inhaltlich zu würdigen.

(49) Die juristischen Personen, auf die die Ansprüche des Geschädigten gegen den Unfallverursacher oder dessen Versicherungsunternehmen gesetzlich übergegangen sind (z. B. andere Versicherungsunternehmen oder Einrichtungen der sozialen Sicherheit), sollten nicht berechtigt sein, den betreffenden Anspruch gegenüber der Entschädigungsstelle geltend zu machen.

---

13 ABl. L 281 vom 23.11.1995, S. 31.

(50) Die Entschädigungsstelle sollte einen Anspruch auf Forderungsübergang haben, soweit sie den Geschädigten entschädigt hat. Um die Durchsetzung des Anspruchs der Entschädigungsstelle gegen das Versicherungsunternehmen zu erleichtern, wenn dieses keinen Schadenregulierungsbeauftragten benannt hat oder die Regulierung offensichtlich verzögert, sollte die Entschädigungsstelle im Staat des Geschädigten automatisch auch einen – mit dem Eintritt in die Rechte des Geschädigten verbundenen – Anspruch auf Erstattung durch die entsprechende Stelle in dem Staat erhalten, in dem das Versicherungsunternehmen niedergelassen ist. Diese Stelle befindet sich in einer günstigeren Lage, einen Regressanspruch gegen das Versicherungsunternehmen geltend zu machen.

(51) Zwar können die Mitgliedstaaten vorsehen, dass der Anspruch gegen die Entschädigungsstelle subsidiären Charakter hat, doch darf der Geschädigte nicht gezwungen sein, seinen Anspruch gegenüber dem Unfallverursacher geltend zu machen, bevor er sich hiermit an die Entschädigungsstelle wendet. Die Stellung des Geschädigten sollte in diesem Fall zumindest dieselbe sein wie im Fall eines Anspruchs gegen den Garantiefonds.

(52) Das Funktionieren dieses Systems kann dadurch bewirkt werden, dass die von den Mitgliedstaaten geschaffenen oder anerkannten Entschädigungsstellen eine Vereinbarung über ihre Aufgaben und Pflichten sowie über das Verfahren der Erstattung treffen.

(53) Für den Fall, dass das Versicherungsunternehmen des Fahrzeugs nicht ermittelt werden kann, sollte vorgesehen werden, dass der Endschuldner der Schadenersatzzahlung an den Geschädigten der für diesen Zweck vorgesehene Garantiefonds in dem Mitgliedstaat ist, in dem das nicht versicherte Fahrzeug, durch dessen Nutzung der Unfall verursacht wurde, seinen gewöhnlichen Standort hat. Für den Fall, dass das Fahrzeug nicht ermittelt werden kann, sollte vorgesehen werden, dass der Endschuldner der für diesen Zweck vorgesehene Garantiefonds in dem Mitgliedstaat des Unfalls ist.

(54) Diese Richtlinie sollte die Verpflichtungen der Mitgliedstaaten hinsichtlich der in Anhang I Teil B genannten Fristen für die Umsetzung der dort genannten Richtlinien in innerstaatliches Recht und für die Anwendung dieser Richtlinien unberührt lassen –

HABEN FOLGENDE RICHTLINIE ERLASSEN:

KAPITEL 1 ALLGEMEINE VORSCHRIFTEN

Artikel 1 Begriffsbestimmungen

Im Sinne dieser Richtlinie bezeichnet der Ausdruck
1. »Fahrzeug« jedes maschinell angetriebene Kraftfahrzeug, welches zum Verkehr zu Lande bestimmt und nicht an Gleise gebunden ist, sowie die Anhänger, auch wenn sie nicht angekoppelt sind;
2. »Geschädigter« jede Person, die ein Recht auf Ersatz eines von einem Fahrzeug verursachten Schadens hat;

3. »Nationales Versicherungsbüro« einen Berufsverband, der gemäß der am 25. Januar 1949 vom Unterausschuss für Straßenverkehr des Binnenverkehrsausschusses der Wirtschaftskommission der Vereinten Nationen für Europa ausgesprochenen Empfehlung Nr. 5 gegründet wurde und der Versicherungsunternehmen umfasst, die in einem Staat zur Ausübung der Kraftfahrzeug-Haftpflichtversicherung zugelassen sind;
4. »Gebiet, in dem das Fahrzeug seinen gewöhnlichen Standort hat«
   a) das Gebiet des Staates, dessen amtliches Kennzeichen das Fahrzeug trägt, unabhängig davon, ob es sich um ein endgültiges oder vorläufiges Kennzeichen handelt, oder,
   b) soweit es für eine Fahrzeugart keine Zulassung gibt, das betreffende Fahrzeug jedoch eine Versicherungsplakette oder ein dem amtlichen Kennzeichen ähnliches Unterscheidungszeichen trägt, das Gebiet des Staates, in dem diese Plakette oder dieses Unterscheidungszeichen verliehen wurde, oder,
   c) soweit es für bestimmte Fahrzeugarten weder eine Zulassung noch eine Versicherungsplakette noch ein unterscheidendes Kennzeichen gibt, das Gebiet des Staates, in dem der Fahrzeughalter seinen Wohnsitz hat, oder,
   d) bei Fahrzeugen, die kein amtliches Kennzeichen oder ein amtliches Kennzeichen tragen, das dem Fahrzeug nicht oder nicht mehr zugeordnet ist, und die in einen Unfall verwickelt wurden, das Gebiet des Staates, in dem sich der Unfall ereignet hat, für die Zwecke der Schadenregulierung gemäß Artikel 2 Buchstabe a oder gemäß Artikel 10;
5. »Grüne Karte« eine internationale Versicherungsbescheinigung, die im Namen eines nationalen Versicherungsbüros aufgrund der Empfehlung Nr. 5 des Unterausschusses für Straßenverkehr des Binnenverkehrsausschusses der Wirtschaftskommission der Vereinten Nationen für Europa vom 25. Januar 1949 ausgestellt wurde;
6. »Versicherungsunternehmen« jedes Unternehmen, das gemäß Artikel 6 oder gemäß Artikel 23 Absatz 2 der Richtlinie 73/239/EWG die behördliche Zulassung erhalten hat;
7. »Niederlassung« den Sitz, eine Agentur oder eine Zweigniederlassung eines Versicherungsunternehmens im Sinne von Artikel 2 Buchstabe c der Zweiten Richtlinie 88/357/EWG des Rates vom 22. Juni 1988 zur Koordinierung der Rechts- und Verwaltungsvorschriften für die Direktversicherung (mit Ausnahme der Lebensversicherung) und zur Erleichterung der tatsächlichen Ausübung des freien Dienstleistungsverkehrs[1].

Artikel 2 Anwendungsbereich

Die Artikel 4, 6, 7 und 8 gelten für Fahrzeuge, die ihren gewöhnlichen Standort im Gebiet eines der Mitgliedstaaten haben,
a) sobald zwischen den nationalen Versicherungsbüros ein Übereinkommen geschlossen worden ist, wonach sich jedes nationale Büro nach Maßgabe der eigenen einzelstaatlichen Rechtsvorschriften betreffend die Pflichtversicherung zur Regelung von

---

1 ABl. L 172 vom 04.07.1988, S. 1.

Schadensfällen verpflichtet, die sich in seinem Gebiet ereignen und durch den Verkehr von versicherten oder nicht versicherten Fahrzeugen verursacht werden, die ihren gewöhnlichen Standort im Gebiet eines anderen Mitgliedstaats haben;
b) von dem Zeitpunkt an, den die Kommission bestimmen wird, nachdem sie in enger Zusammenarbeit mit den Mitgliedstaaten das Bestehen eines solchen Übereinkommens festgestellt hat;
c) für die Geltungsdauer dieses Übereinkommens.

Artikel 3 Kfz-Haftpflichtversicherungspflicht

Jeder Mitgliedstaat trifft vorbehaltlich der Anwendung des Artikels 5 alle geeigneten Maßnahmen, um sicherzustellen, dass die Haftpflicht bei Fahrzeugen mit gewöhnlichem Standort im Inland durch eine Versicherung gedeckt ist.

Die Schadensdeckung sowie die Modalitäten dieser Versicherung werden im Rahmen der in Absatz 1 genannten Maßnahmen bestimmt.

Jeder Mitgliedstaat trifft alle geeigneten Maßnahmen, um sicherzustellen, dass der Versicherungsvertrag überdies folgende Schäden deckt:
a) die im Gebiet der anderen Mitgliedstaaten gemäß den Rechtsvorschriften dieser Staaten verursachten Schäden;
b) die Schäden, die Angehörigen der Mitgliedstaaten auf den direkten Strecken zwischen einem Gebiet, in dem der EG-Vertrag gilt, und einem anderen solchen Gebiet zugefügt werden, wenn für das durchfahrene Gebiet ein nationales Versicherungsbüro nicht besteht; in diesem Fall ist der Schaden gemäß den die Versicherungspflicht betreffenden Rechtsvorschriften des Mitgliedstaats zu decken, in dessen Gebiet das Fahrzeug seinen gewöhnlichen Standort hat.

Die in Absatz 1 bezeichnete Versicherung hat sowohl Sachschäden als auch Personenschäden zu umfassen.

Artikel 4 Kontrolle der Haftpflichtversicherung

Die Mitgliedstaaten verzichten auf eine Kontrolle der Haftpflichtversicherung bei Fahrzeugen, die ihren gewöhnlichen Standort im Gebiet eines anderen Mitgliedstaats haben, und bei Fahrzeugen, die aus dem Gebiet eines anderen Mitgliedstaats in ihr Gebiet einreisen und ihren gewöhnlichen Standort im Gebiet eines Drittlandes haben. Die Mitgliedstaaten können jedoch nichtsystematische Kontrollen der Versicherung unter der Voraussetzung vornehmen, dass diese nicht diskriminierend sind und im Rahmen einer nicht ausschließlich der Überprüfung des Versicherungsschutzes dienenden Kontrolle stattfinden.

Artikel 5 Ausnahmen von der Kfz-Haftpflichtversicherungspflicht

(1) Jeder Mitgliedstaat kann bei bestimmten natürlichen und juristischen Personen des öffentlichen oder des privaten Rechts, die der betreffende Staat bestimmt und deren Name oder Kennzeichnung er den anderen Mitgliedstaaten sowie der Kommission meldet, von Artikel 3 abweichen.

In diesem Fall trifft der von Artikel 3 abweichende Mitgliedstaat die zweckdienlichen Maßnahmen, um sicherzustellen, dass die Schäden, die diesen Personen gehörende Fahrzeuge in diesem und in anderen Mitgliedstaaten verursachen, ersetzt werden.

Er bestimmt insbesondere die Stelle oder Einrichtung in dem Land, in dem sich der Schadensfall ereignet hat, die nach Maßgabe der Rechtsvorschriften dieses Staates den Geschädigten den Schaden zu ersetzen hat, falls Artikel 2 Buchstabe a nicht anwendbar ist.

Er übermittelt der Kommission die Liste der von der Versicherungspflicht befreiten Personen und der Stellen oder Einrichtungen, die den Schaden zu ersetzen haben.

Die Kommission veröffentlicht diese Liste.

(2) Jeder Mitgliedstaat kann bei gewissen Arten von Fahrzeugen oder Fahrzeugen mit besonderem Kennzeichen, die dieser Staat bestimmt und deren Kennzeichnung er den anderen Mitgliedstaaten sowie der Kommission meldet, von Artikel 3 abweichen.

In diesem Fall gewährleisten die Mitgliedstaaten, dass die in Unterabsatz 1 genannten Fahrzeuge ebenso behandelt werden wie Fahrzeuge, bei denen der Versicherungspflicht nach Artikel 3 nicht entsprochen worden ist.

Der Garantiefonds in dem Mitgliedstaat, in dem sich der Unfall ereignet hat, hat dann einen Erstattungsanspruch gegen den Garantiefonds in dem Mitgliedstaat, in dem das Fahrzeug seinen gewöhnlichen Standort hat.

Vom 11. Juni 2010 an berichten die Mitgliedstaaten der Kommission über die Umsetzung dieses Absatzes und seine Anwendung in der Praxis.

Die Kommission unterbreitet nach Prüfung dieser Berichte gegebenenfalls Vorschläge zur Ersetzung oder Aufhebung dieser Ausnahmeregelung.

Artikel 6 Nationale Versicherungsbüros

Jeder Mitgliedstaat achtet darauf, dass sich das nationale Versicherungsbüro unbeschadet der in Artikel 2 Buchstabe a vorgesehenen Verpflichtung bei einem Unfall, der in seinem Gebiet von einem Fahrzeug mit gewöhnlichem Standort im Gebiet eines anderen Mitgliedstaats verursacht worden ist, über Folgendes informiert:
a) über das Gebiet, in dem dieses Fahrzeug seinen gewöhnlichen Standort hat, sowie gegebenenfalls über sein amtliches Kennzeichen;
b) soweit möglich über die normalerweise in der Grünen Karte enthaltenen, im Besitz des Fahrzeughalters befindlichen Angaben über die Versicherung des betreffenden Fahrzeugs, soweit diese von dem Mitgliedstaat, in dessen Gebiet das Fahrzeug seinen gewöhnlichen Standort hat, verlangt werden.

Jeder Mitgliedstaat achtet ebenfalls darauf, dass das genannte Büro die Auskünfte nach Absatz 1 Buchstaben a und b dem nationalen Versicherungsbüro des Staates mitteilt, in dessen Gebiet das in Absatz 1 genannte Fahrzeug seinen gewöhnlichen Standort hat.

Anhang IX Richtlinie 2009/103/EG des Europäischen Parlaments und des Rates

KAPITEL 2 VORSCHRIFTEN BETREFFEND FAHRZEUGE, DIE IHREN GEWÖHNLICHEN STANDORT IM GEBIET EINES DRITTLANDES HABEN

Artikel 7 Einzelstaatliche Maßnahmen betreffend Fahrzeuge, die ihren gewöhnlichen Standort im Gebiet eines Drittlandes haben

Die Mitgliedstaaten treffen alle geeigneten Maßnahmen, um sicherzustellen, dass Fahrzeuge, die ihren gewöhnlichen Standort im Gebiet eines Drittlandes haben und in das Gebiet einreisen, in dem der EG-Vertrag gilt, nur dann zum Verkehr in ihrem Gebiet zugelassen werden können, wenn die möglicherweise durch die Teilnahme dieser Fahrzeuge am Verkehr verursachten Schäden im gesamten Gebiet, in dem der EG-Vertrag gilt, nach Maßgabe der einzelnen nationalen Rechtsvorschriften für die Fahrzeug-Haftpflichtversicherung gedeckt sind.

Artikel 8 Dokumente betreffend Fahrzeuge, die ihren gewöhnlichen Standort im Gebiet eines Drittlandes haben

Jedes Fahrzeug mit gewöhnlichem Standort im Gebiet eines Drittlandes muss vor der Einreise in das Gebiet, in dem der EG-Vertrag gilt, mit einer gültigen Grünen Karte oder mit einer Bescheinigung über den Abschluss einer Grenzversicherung gemäß Artikel 7 versehen sein.

Fahrzeuge, die ihren gewöhnlichen Standort in einem Drittland haben, gelten jedoch als Fahrzeuge mit gewöhnlichem Standort in der Gemeinschaft, wenn sich die nationalen Versicherungsbüros aller Mitgliedstaaten, jedes für sich, nach Maßgabe der eigenen nationalen Rechtsvorschriften betreffend die Pflichtversicherung zur Regelung von Schadensfällen verpflichten, die sich in ihrem Gebiet ereignen und durch die Teilnahme dieser Fahrzeuge am Verkehr verursacht werden.

Sobald die Kommission in enger Zusammenarbeit mit den Mitgliedstaaten festgestellt hat, dass die in Absatz 1 Unterabsatz 2 vorgesehenen Verpflichtungen erfüllt sind, bestimmt sie, von welchem Zeitpunkt an und für welche Fahrzeugarten die Mitgliedstaaten nicht mehr die Vorlage der in Absatz 1 Unterabsatz 1 genannten Urkunden verlangen.

KAPITEL 3 MINDESTDECKUNGSSUMMEN FÜR DIE KFZ-HAFTPFLICHT-PFLICHTVERSICHERUNG

Artikel 9 Mindestdeckungssummen

(1) Unbeschadet höherer Deckungssummen, die von den Mitgliedstaaten gegebenenfalls vorgeschrieben werden, schreibt jeder Mitgliedstaat die in Artikel 3 genannte Pflichtversicherung mindestens für folgende Beträge vor:

a) für Personenschäden einen Mindestdeckungsbetrag von 1 000 000 EUR je Unfallopfer oder von 5 000 000 EUR je Schadensfall, ungeachtet der Anzahl der Geschädigten;
b) für Sachschäden ungeachtet der Anzahl der Geschädigten 1 000 000 EUR je Schadensfall.

Falls erforderlich, können die Mitgliedstaaten eine höchstens bis zum 11. Juni 2012 dauernde Übergangszeit festlegen, um ihre Mindestdeckungssummen an das in Unterabsatz 1 geforderte Niveau anzupassen.

Die Mitgliedstaaten, die eine solche Übergangszeit festlegen, unterrichten die Kommission davon und geben die Dauer der Übergangszeit an.

Jedoch heben die Mitgliedstaaten spätestens am 11. Dezember 2009 die Deckungssummen auf mindestens die Hälfte der in Unterabsatz 1 vorgesehenen Beträge an.

(2) Alle fünf Jahre ab dem 11. Juni 2005 oder nach Ablauf einer etwaigen Übergangszeit nach Maßgabe von Absatz 1 Unterabsatz 2 werden die in jenem Absatz genannten Beträge anhand des in der Verordnung (EG) Nr. 2494/95 genannten Europäischen Verbraucherpreisindexes (EVPI) überprüft.

Die Beträge werden automatisch angepasst. Sie werden um die im EVPI für den betreffenden Zeitraum – d. h. für die fünf Jahre unmittelbar vor der Überprüfung gemäß Unterabsatz 1 – angegebene prozentuale Änderung erhöht und auf ein Vielfaches von 10 000 EUR aufgerundet.

Die Kommission unterrichtet das Europäische Parlament und den Rat über die angepassten Beträge und sorgt für deren Veröffentlichung im Amtsblatt der Europäischen Union.

KAPITEL 4 ENTSCHÄDIGUNG FÜR DURCH EIN NICHT ERMITTELTES ODER NICHT IM SINNE VON ARTIKEL 3 VERSICHERTES FAHRZEUG VERURSACHTE SCHÄDEN

Artikel 10 Zuständige Stelle für die Entschädigungen

(1) Jeder Mitgliedstaat schafft eine Stelle oder erkennt eine Stelle an, die für Sach- oder Personenschäden, welche durch ein nicht ermitteltes oder nicht im Sinne von Artikel 3 versichertes Fahrzeug verursacht worden sind, zumindest in den Grenzen der Versicherungspflicht Ersatz zu leisten hat.

Unterabsatz 1 lässt das Recht der Mitgliedstaaten unberührt, der Einschaltung dieser Stelle subsidiären Charakter zu verleihen oder Bestimmungen zu erlassen, durch die der Rückgriff der Stelle auf den oder die für den Unfall Verantwortlichen sowie auf andere Versicherer oder Einrichtungen der sozialen Sicherheit, die gegenüber dem Geschädigten zur Regulierung desselben Schadens verpflichtet sind, geregelt wird. Die Mitgliedstaaten dürfen es der Stelle jedoch nicht gestatten, die Zahlung von Schadenersatz davon abhängig zu machen, dass der Geschädigte in irgendeiner Form nachweist, dass der

Haftpflichtige zur Schadenersatzleistung nicht in der Lage ist oder die Zahlung verweigert.

(2) Der Geschädigte kann sich in jedem Fall unmittelbar an die Stelle wenden, welche ihm – auf der Grundlage der auf ihr Verlangen hin vom Geschädigten mitgeteilten Informationen – eine mit Gründen versehene Auskunft über jegliche Schadenersatzleistung erteilen muss.

Die Mitgliedstaaten können jedoch von der Einschaltung der Stelle Personen ausschließen, die das Fahrzeug, das den Schaden verursacht hat, freiwillig bestiegen haben, sofern durch die Stelle nachgewiesen werden kann, dass sie wussten, dass das Fahrzeug nicht versichert war.

(3) Die Mitgliedstaaten können die Einschaltung der Stelle bei Sachschäden, die durch ein nicht ermitteltes Fahrzeug verursacht wurden, beschränken oder ausschließen.

Hat die Stelle einem Opfer eines Unfalls, bei dem durch ein nicht ermitteltes Fahrzeug auch Sachschäden verursacht wurden, für beträchtliche Personenschäden Schadenersatz geleistet, so können die Mitgliedstaaten Schadenersatz für Sachschäden jedoch nicht aus dem Grund ausschließen, dass das Fahrzeug nicht ermittelt war. Dessen ungeachtet können die Mitgliedstaaten bei Sachschäden eine gegenüber dem Geschädigten wirksame Selbstbeteiligung von nicht mehr als 500 EUR vorsehen.

Die Bedingungen, unter denen Personenschäden als beträchtlich gelten, werden gemäß den Rechts- oder Verwaltungsvorschriften des Mitgliedstaats, in dem sich der Unfall ereignet, festgelegt. In diesem Zusammenhang können die Mitgliedstaaten unter anderem berücksichtigen, ob die Verletzungen eine Krankenhausbehandlung notwendig gemacht haben.

(4) Jeder Mitgliedstaat wendet bei der Einschaltung der Stelle unbeschadet jeder anderen für die Geschädigten günstigeren Praxis seine Rechts- und Verwaltungsvorschriften an.

Artikel 11 Streitfälle

Besteht zwischen der in Artikel 10 Absatz 1 genannten Stelle und dem Haftpflichtversicherer Streit darüber, wer dem Geschädigten Schadenersatz zu leisten hat, so ergreifen die Mitgliedstaaten entsprechende Maßnahmen, damit unter den Parteien diejenige bestimmt wird, die dem Geschädigten unverzüglich vorläufigen Schadenersatz zu leisten hat.

Wird zu einem späteren Zeitpunkt entschieden, dass die andere Partei ganz oder teilweise hätte Schadenersatz leisten müssen, so erstattet diese der Partei, die die Zahlung geleistet hat, die entsprechenden Beträge.

KAPITEL 5 SPEZIFISCHE KATEGORIEN VON UNFALLOPFERN, AUSSCHLUSSKLAUSELN, EINPRÄMIENPRINZIP UND FAHRZEUGE, DIE VON EINEM MITGLIEDSTAAT IN EINEN ANDEREN VERSANDT WERDEN

Artikel 12 Spezifische Kategorien von Unfallopfern

(1) Unbeschadet des Artikels 13 Absatz 1 Unterabsatz 2 deckt die in Artikel 3 genannte Versicherung die Haftpflicht für aus der Nutzung eines Fahrzeugs resultierende Personenschäden bei allen Fahrzeuginsassen mit Ausnahme des Fahrers.

(2) Familienmitglieder des Versicherungsnehmers, des Fahrers oder jeder anderen Person, die bei einem Unfall haftbar gemacht werden kann und durch die in Artikel 3 bezeichnete Versicherung geschützt ist, dürfen nicht aufgrund dieser familiären Beziehungen von der Personenschadenversicherung ausgeschlossen werden.

(3) Die in Artikel 3 genannte Versicherung deckt Personen- und Sachschäden von Fußgängern, Radfahrern und anderen nicht motorisierten Verkehrsteilnehmern, die nach einzelstaatlichem Zivilrecht einen Anspruch auf Schadenersatz aus einem Unfall haben, an dem ein Kraftfahrzeug beteiligt ist.

Der vorliegende Artikel lässt die zivilrechtliche Haftung und die Höhe des Schadenersatzes unberührt.

Artikel 13 Ausschlussklauseln

(1) Jeder Mitgliedstaat trifft alle geeigneten Maßnahmen, damit für die Zwecke der Anwendung von Artikel 3 bezüglich der Ansprüche von bei Unfällen geschädigten Dritten jede Rechtsvorschrift oder Vertragsklausel in einer nach Artikel 3 ausgestellten Versicherungspolice als wirkungslos gilt, mit der die Nutzung oder das Führen von Fahrzeugen durch folgende Personen von der Versicherung ausgeschlossen werden:
a) hierzu weder ausdrücklich noch stillschweigend ermächtigte Personen;
b) Personen, die keinen Führerschein für das betreffende Fahrzeug besitzen;
c) Personen, die den gesetzlichen Verpflichtungen in Bezug auf Zustand und Sicherheit des betreffenden Fahrzeugs nicht nachgekommen sind.

Die in Unterabsatz 1 Buchstabe a genannte Vorschrift oder Klausel kann jedoch gegenüber den Personen geltend gemacht werden, die das Fahrzeug, das den Schaden verursacht hat, freiwillig bestiegen haben, sofern der Versicherer nachweisen kann, dass sie wussten, dass das Fahrzeug gestohlen war.

Den Mitgliedstaaten steht es frei, bei Unfällen in ihrem Gebiet Unterabsatz 1 nicht anzuwenden, wenn und soweit das Unfallopfer Schadenersatz von einem Sozialversicherungsträger erlangen kann.

(2) In den Fällen gestohlener oder unter Anwendung von Gewalt erlangter Fahrzeuge können die Mitgliedstaaten vorsehen, dass die in Artikel 10 Absatz 1 bezeichnete Stelle nach Maßgabe von Absatz 1 des vorliegenden Artikels anstelle des Versicherers eintritt.

Anhang IX Richtlinie 2009/103/EG des Europäischen Parlaments und des Rates

Hat das Fahrzeug seinen gewöhnlichen Standort in einem anderen Mitgliedstaat, so hat diese Stelle keine Regressansprüche gegenüber irgendeiner Stelle in diesem Mitgliedstaat.

Die Mitgliedstaaten, die im Falle gestohlener oder unter Anwendung von Gewalt erlangter Fahrzeuge das Eintreten der in Artikel 10 Absatz 1 genannten Stelle vorsehen, können für Sachschäden eine Selbstbeteiligung des Geschädigten bis zu 250 EUR festsetzen.

(3) Die Mitgliedstaaten treffen die erforderlichen Maßnahmen, damit jede gesetzliche Bestimmung oder Vertragsklausel in einer Versicherungspolice, mit der ein Fahrzeuginsasse vom Versicherungsschutz ausgeschlossen wird, weil er wusste oder hätte wissen müssen, dass der Fahrer des Fahrzeugs zum Zeitpunkt des Unfalls unter dem Einfluss von Alkohol oder einem anderen Rauschmittel stand, bezüglich der Ansprüche eines solchen Fahrzeuginsassen als wirkungslos gilt.

Artikel 14 Einprämienprinzip

Die Mitgliedstaaten treffen die erforderlichen Maßnahmen, damit alle Pflichtversicherungsverträge zur Deckung der Haftpflicht für die Nutzung von Fahrzeugen
a) auf der Basis einer einzigen Prämie und während der gesamten Laufzeit des Vertrags das gesamte Gebiet der Gemeinschaft abdecken, einschließlich aller Aufenthalte des Fahrzeugs in anderen Mitgliedstaaten während der Laufzeit des Vertrags, und
b) auf der Grundlage dieser einzigen Prämie den in jedem Mitgliedstaat gesetzlich vorgeschriebenen Versicherungsschutz bzw. den in dem Mitgliedstaat, in dem das Fahrzeug seinen gewöhnlichen Standort hat, gesetzlich vorgeschriebenen Versicherungsschutz gewährleisten, wenn letzterer höher ist.

Artikel 15 Fahrzeuge, die von einem Mitgliedstaat in einen anderen versandt werden

(1) Abweichend von Artikel 2 Buchstabe d zweiter Gedankenstrich der Richtlinie 88/357/EWG ist bei einem Fahrzeug, das von einem Mitgliedstaat in einen anderen versandt wird, während eines Zeitraums von dreißig Tagen unmittelbar nach der Annahme der Lieferung durch den Käufer der Bestimmungsmitgliedstaat als der Mitgliedstaat anzusehen, in dem das Risiko belegen ist, selbst wenn das Fahrzeug im Bestimmungsmitgliedstaat nicht offiziell zugelassen wurde.

(2) Wird das Fahrzeug innerhalb des in Absatz 1 des vorliegenden Artikels genannten Zeitraums in einen Unfall verwickelt, während es nicht versichert ist, so ist die in Artikel 10 Absatz 1 genannte Stelle des Bestimmungsmitgliedstaats nach Maßgabe des Artikels 9 schadenersatzpflichtig.

Richtlinie 2009/103/EG des Europäischen Parlaments und des Rates **Anhang IX**

KAPITEL 6 BESCHEINIGUNG, SELBSTBETEILIGUNG UND DIREKTANSPRUCH

Artikel 16 Bescheinigung über die Haftungsansprüche Dritter

Die Mitgliedstaaten stellen sicher, dass der Versicherungsnehmer berechtigt ist, jederzeit eine Bescheinigung über die Haftungsansprüche Dritter betreffend Fahrzeuge, die durch den Versicherungsvertrag zumindest während der fünf letzten Jahre der vertraglichen Beziehung gedeckt waren, bzw. eine Schadensfreiheitsbescheinigung zu beantragen.

Das Versicherungsunternehmen oder eine Stelle, die ein Mitgliedstaat gegebenenfalls zur Erbringung der Pflichtversicherung oder zur Abgabe derartiger Bescheinigungen benannt hat, übermittelt dem Versicherungsnehmer diese Bescheinigung innerhalb von fünfzehn Tagen nach Antragstellung.

Artikel 17 Selbstbeteiligung

Versicherungsunternehmen können sich gegenüber Unfallgeschädigten nicht auf Selbstbeteiligungen berufen, soweit die in Artikel 3 genannte Versicherung betroffen ist.

Artikel 18 Direktanspruch

Die Mitgliedstaaten stellen sicher, dass Geschädigte eines Unfalls, der durch ein durch die Versicherung nach Artikel 3 gedecktes Fahrzeug verursacht wurde, einen Direktanspruch gegen das Versicherungsunternehmen haben, das die Haftpflicht des Unfallverursachers deckt.

KAPITEL 7 VERFAHREN ZUR REGULIERUNG VON UNFALLSCHÄDEN, DIE DURCH EIN VON DER VERSICHERUNG NACH ARTIKEL 3 GEDECKTES FAHRZEUG VERURSACHT WERDEN

Artikel 19 Verfahren zur Regulierung von Unfallschäden

Die Mitgliedstaaten führen für die Regulierung von Ansprüchen aus allen Unfällen, die durch ein durch die Versicherung nach Artikel 3 gedecktes Fahrzeug verursacht wurde, das in Artikel 22 genannte Verfahren ein.

Für Unfälle, bei denen die Schadenregulierung über das System der nationalen Versicherungsbüros gemäß Artikel 2 erfolgen kann, führen die Mitgliedstaaten dasselbe Verfahren wie in Artikel 22 ein.

Für die Zwecke der Anwendung dieses Verfahrens ist jede Bezugnahme auf Versicherungsunternehmen als Bezugnahme auf nationale Versicherungsbüros zu verstehen.

Anhang IX   Richtlinie 2009/103/EG des Europäischen Parlaments und des Rates

Artikel 20 Besondere Bestimmungen über die Entschädigung von Geschädigtenbei einem Unfall, der sich in einem anderen Mitgliedstaatals dem Wohnsitzmitgliedstaat des Geschädigten ereignet hat

(1) In den Artikeln 20 bis 26 werden besondere Bestimmungen für Geschädigte festgelegt, die ein Recht auf Entschädigung für einen Sach- oder Personenschaden haben, der bei einem Unfall entstanden ist, welcher sich in einem anderen Mitgliedstaat als dem Wohnsitzmitgliedstaat des Geschädigten ereignet hat und der durch die Nutzung eines Fahrzeugs verursacht wurde, das in einem Mitgliedstaat versichert ist und dort seinen gewöhnlichen Standort hat.

Unbeschadet der Rechtsvorschriften von Drittländern über die Haftpflicht und unbeschadet des internationalen Privatrechts gelten diese Bestimmungen auch für Geschädigte, die ihren Wohnsitz in einem Mitgliedstaat haben und ein Recht auf Entschädigung für einen Sach- oder Personenschaden haben, der bei einem Unfall entstanden ist, welcher sich in einem Drittland ereignet hat, dessen nationales Versicherungsbüro dem System der Grünen Karte beigetreten ist, und der durch die Nutzung eines Fahrzeugs verursacht wurde, das in einem Mitgliedstaat versichert ist und dort seinen gewöhnlichen Standort hat.

(2) Die Artikel 21 und 24 finden nur Anwendung bei Unfällen, die von einem Fahrzeug verursacht wurden, das
a) bei einer Niederlassung in einem anderen Mitgliedstaat als dem Wohnsitzstaat des Geschädigten versichert ist und
b) seinen gewöhnlichen Standort in einem anderen Mitgliedstaat als dem Wohnsitzstaat des Geschädigten hat.

Artikel 21 Schadenregulierungsbeauftragte

(1) Die Mitgliedstaaten treffen die erforderlichen Maßnahmen, um sicherzustellen, dass jedes Versicherungsunternehmen, das Risiken aus Buchstabe A Nummer 10 des Anhangs der Richtlinie 73/239/EWG – mit Ausnahme der Haftpflicht des Frachtführers – deckt, in allen anderen Mitgliedstaaten als dem, in dem es seine behördliche Zulassung erhalten hat, einen Schadenregulierungsbeauftragten benennt.

Die Aufgabe des Schadenregulierungsbeauftragten besteht in der Bearbeitung und Regulierung von Ansprüchen, die aus Unfällen im Sinne von Artikel 20 Absatz 1 herrühren.

Der Schadenregulierungsbeauftragte muss in dem Mitgliedstaat ansässig oder niedergelassen sein, für den er benannt wird.

(2) Die Auswahl des Schadenregulierungsbeauftragten liegt im Ermessen des Versicherungsunternehmens.

Die Mitgliedstaaten können diese Auswahlmöglichkeit nicht einschränken.

(3) Der Schadenregulierungsbeauftragte kann auf Rechnung eines oder mehrerer Versicherungsunternehmen handeln.

(4) Der Schadenregulierungsbeauftragte trägt im Zusammenhang mit derartigen Ansprüchen alle zu deren Regulierung erforderlichen Informationen zusammen und ergreift die notwendigen Maßnahmen, um eine Schadenregulierung auszuhandeln.

Der Umstand, dass ein Schadenregulierungsbeauftragter zu benennen ist, schließt das Recht des Geschädigten oder seines Versicherungsunternehmens auf ein gerichtliches Vorgehen unmittelbar gegen den Unfallverursacher bzw. dessen Versicherungsunternehmen nicht aus.

(5) Schadenregulierungsbeauftragte müssen über ausreichende Befugnisse verfügen, um das Versicherungsunternehmen gegenüber Geschädigten in den in Artikel 20 Absatz 1 genannten Fällen zu vertreten und um deren Schadenersatzansprüche in vollem Umfang zu befriedigen.

Sie müssen in der Lage sein, den Fall in der Amtssprache bzw. den Amtssprachen des Wohnsitzmitgliedstaats des Geschädigten zu bearbeiten.

(6) Die Benennung eines Schadenregulierungsbeauftragten stellt für sich allein keine Errichtung einer Zweigniederlassung im Sinne von Artikel 1 Buchstabe b der Richtlinie 92/49/EWG dar, und der Schadenregulierungsbeauftragte gilt nicht als Niederlassung im Sinne von Artikel 2 Buchstabe c der Richtlinie 88/357/EWG oder als Niederlassung im Sinne der Verordnung (EG) Nr. 44/2001.

Artikel 22 Entschädigungsverfahren

Die Mitgliedstaaten sehen die durch angemessene, wirksame und systematische finanzielle oder gleichwertige administrative Sanktionen bewehrte Verpflichtung vor, dass innerhalb von drei Monaten nach dem Tag, an dem der Geschädigte seinen Schadenersatzanspruch entweder unmittelbar beim Versicherungsunternehmen des Unfallverursachers oder bei dessen Schadenregulierungsbeauftragten angemeldet hat,
a) vom Versicherungsunternehmen des Unfallverursachers oder von dessen Schadenregulierungsbeauftragten ein mit Gründen versehenes Schadenersatzangebot vorgelegt wird, sofern die Eintrittspflicht unstreitig ist und der Schaden beziffert wurde, oder
b) vom Versicherungsunternehmen, an das ein Antrag auf Schadenersatz gerichtet wurde, oder von dessen Schadenregulierungsbeauftragten eine mit Gründen versehene Antwort auf die in dem Antrag enthaltenen Darlegungen erteilt wird, sofern die Eintrittspflicht bestritten wird oder nicht eindeutig feststeht oder der Schaden nicht vollständig beziffert worden ist.

Die Mitgliedstaaten erlassen Bestimmungen, um sicherzustellen, dass für die dem Geschädigten vom Versicherungsunternehmen angebotene bzw. ihm gerichtlich zugesprochene Schadenersatzsumme Zinsen gezahlt werden, wenn das Angebot nicht binnen drei Monaten vorgelegt wird.

Artikel 23 Auskunftsstellen

(1) Von jedem Mitgliedstaat wird eine Auskunftsstelle geschaffen oder anerkannt, die mit dem Ziel, Geschädigten die Geltendmachung von Schadenersatzansprüchen zu ermöglichen,
a) ein Register mit den nachstehend aufgeführten Informationen führt:
   i) die Kennzeichen der Kraftfahrzeuge, die im Gebiet des jeweiligen Staates ihren gewöhnlichen Standort haben;
   ii) die Nummern der Versicherungspolicen, die die Nutzung dieser Fahrzeuge in Bezug auf die unter Buchstabe A Nummer 10 des Anhangs der Richtlinie 73/239/EWG fallenden Risiken – mit Ausnahme der Haftpflicht des Frachtführers – abdecken, und, wenn die Geltungsdauer der Police abgelaufen ist, auch den Zeitpunkt der Beendigung des Versicherungsschutzes;
   iii) die Versicherungsunternehmen, die die Nutzung von Fahrzeugen in Bezug auf die unter Buchstabe A Nummer 10 des Anhangs der Richtlinie 73/239/EWG fallenden Risiken – mit Ausnahme der Haftpflicht des Frachtführers – abdecken, sowie die von diesen Versicherungsunternehmen nach Artikel 21 der vorliegenden Richtlinie benannten Schadenregulierungsbeauftragten, deren Namen der Auskunftsstelle gemäß Absatz 2 des vorliegenden Artikels zu melden sind;
   iv) die Liste der Fahrzeuge, die im jeweiligen Mitgliedstaat von der Haftpflichtversicherung gemäß Artikel 5 Absätze 1 und 2 befreit sind;
   v) bei Fahrzeugen gemäß Ziffer iv:
      – den Namen der Stelle oder Einrichtung, die gemäß Artikel 5 Absatz 1 Unterabsatz 3 bestimmt wird und dem Geschädigten den Schaden zu ersetzen hat, in den Fällen, in denen das Verfahren des Artikels 2 Absatz 2 Buchstabe a nicht anwendbar ist, und wenn für das Fahrzeug die Ausnahmeregelung nach Artikel 5 Absatz 1 Unterabsatz 1 gilt;
      – den Namen der Stelle, die für die durch das Fahrzeug verursachten Schäden in dem Mitgliedstaat aufkommt, in dem es seinen gewöhnlichen Standort hat, wenn für das Fahrzeug die Ausnahmeregelung nach Artikel 5 Absatz 2 gilt;
b) oder die Erhebung und Weitergabe dieser Daten koordiniert und
c) die berechtigten Personen bei der Erlangung der unter Buchstabe a Ziffern i bis v. genannten Informationen unterstützt.

Die unter Buchstabe a Ziffern i, ii und iii genannten Informationen sind während eines Zeitraums von sieben Jahren nach Ablauf der Zulassung des Fahrzeugs oder der Beendigung des Versicherungsvertrags aufzubewahren.

(2) Die in Absatz 1 Buchstabe a Ziffer iii genannten Versicherungsunternehmen melden den Auskunftsstellen aller Mitgliedstaaten Namen und Anschrift des Schadenregulierungsbeauftragten, den sie in jedem der Mitgliedstaaten gemäß Artikel 21 benannt haben.

(3) Die Mitgliedstaaten stellen sicher, dass die Geschädigten berechtigt sind, binnen eines Zeitraums von sieben Jahren nach dem Unfall von der Auskunftsstelle ihres

Wohnsitzmitgliedstaats, des Mitgliedstaats, in dem das Fahrzeug seinen gewöhnlichen Standort hat, oder des Mitgliedstaats, in dem sich der Unfall ereignet hat, unverzüglich die folgenden Informationen zu erhalten:
a) Namen und Anschrift des Versicherungsunternehmens;
b) die Nummer der Versicherungspolice und
c) Namen und Anschrift des Schadenregulierungsbeauftragten des Versicherungsunternehmens im Wohnsitzstaat des Geschädigten.

Die Auskunftsstellen kooperieren miteinander.

(4) Die Auskunftsstelle teilt dem Geschädigten Namen und Anschrift des Fahrzeugeigentümers, des gewöhnlichen Fahrers oder des eingetragenen Fahrzeughalters mit, wenn der Geschädigte ein berechtigtes Interesse an dieser Auskunft hat. Zur Anwendung dieser Bestimmung wendet sich die Auskunftsstelle insbesondere an
a) das Versicherungsunternehmen oder
b) die Zulassungsstelle.

Gilt für das Fahrzeug die Ausnahmeregelung nach Artikel 5 Absatz 1 Unterabsatz 1, so teilt die Auskunftsstelle dem Geschädigten den Namen der Stelle oder Einrichtung mit, die gemäß Artikel 5 Absatz 1 Unterabsatz 3 bestimmt wird und dem Geschädigten den Schaden zu ersetzen hat, falls das Verfahren des Artikels 2 Buchstabe a nicht anwendbar ist.

Gilt für das Fahrzeug die Ausnahmeregelung nach Artikel 5 Absatz 2, so teilt die Auskunftsstelle dem Geschädigten den Namen der Stelle mit, die für die durch das Fahrzeug verursachten Schäden im Land des gewöhnlichen Standorts aufkommt.

(5) Die Mitgliedstaaten stellen sicher, dass die Auskunftsstellen unbeschadet ihrer Verpflichtungen aus den Absätzen 1 und 4 die in jenen Absätzen bezeichneten Informationen allen Personen zur Verfügung stellen, die an einem Verkehrsunfall beteiligt sind, der durch ein durch die Versicherung nach Artikel 3 gedecktes Fahrzeug verursacht wurde.

(6) Die Verarbeitung personenbezogener Daten aufgrund der Absätze 1 bis 5 muss im Einklang mit den einzelstaatlichen Maßnahmen gemäß der Richtlinie 95/46/EG erfolgen.

Artikel 24 Entschädigungsstellen

(1) Von jedem Mitgliedstaat wird eine Entschädigungsstelle geschaffen oder anerkannt, die den Geschädigten in den Fällen nach Artikel 20 Absatz 1 eine Entschädigung gewährt.

Die Geschädigten können einen Schadenersatzantrag an die Entschädigungsstelle im Wohnsitzmitgliedstaat richten,
a) wenn das Versicherungsunternehmen oder sein Schadenregulierungsbeauftragter binnen drei Monaten nach der Geltendmachung des Entschädigungsanspruchs beim Versicherungsunternehmen des Fahrzeugs, durch dessen Nutzung der Unfall verursacht wurde, oder beim Schadenregulierungsbeauftragten keine mit Gründen

versehene Antwort auf die im Schadenersatzantrag enthaltenen Darlegungen erteilt hat oder

b) wenn das Versicherungsunternehmen im Wohnsitzmitgliedstaat des Geschädigten keinen Schadenregulierungsbeauftragten gemäß Artikel 20 Absatz 1 benannt hat; in diesem Fall sind Geschädigte nicht berechtigt, einen Schadenersatzantrag an die Entschädigungsstelle zu richten, wenn sie einen solchen Antrag direkt beim Versicherungsunternehmen des Fahrzeugs, durch dessen Nutzung der Unfall verursacht wurde, eingereicht und innerhalb von drei Monaten nach Einreichung dieses Antrags eine mit Gründen versehene Antwort erhalten haben.

Geschädigte dürfen jedoch keinen Schadenersatzantrag an die Entschädigungsstelle stellen, wenn sie unmittelbar gegen das Versicherungsunternehmen gerichtliche Schritte eingeleitet haben.

Die Entschädigungsstelle wird binnen zwei Monaten nach Stellung eines Schadenersatzantrags des Geschädigten tätig, schließt den Vorgang jedoch ab, wenn das Versicherungsunternehmen oder dessen Schadenregulierungsbeauftragter in der Folge eine mit Gründen versehene Antwort auf den Schadenersatzantrag erteilt.

Die Entschädigungsstelle unterrichtet unverzüglich
a) das Versicherungsunternehmen des Fahrzeugs, dessen Nutzung den Unfall verursacht hat, oder den Schadenregulierungsbeauftragten,
b) die Entschädigungsstelle im Mitgliedstaat der Niederlassung des Versicherungsunternehmens, die die Vertragspolice ausgestellt hat,
c) die Person, die den Unfall verursacht hat, sofern sie bekannt ist,

darüber, dass ein Antrag des Geschädigten bei ihr eingegangen ist und dass sie binnen zwei Monaten nach Stellung des Antrags auf diesen eingehen wird.

Es bleibt das Recht der Mitgliedstaaten unberührt, Bestimmungen zu erlassen, durch die der Einschaltung dieser Stelle subsidiärer Charakter verliehen wird oder durch die der Rückgriff dieser Stelle auf den oder die Unfallverursacher sowie auf andere Versicherungsunternehmen oder Einrichtungen der sozialen Sicherheit, die gegenüber dem Geschädigten zur Regulierung desselben Schadens verpflichtet sind, geregelt wird. Die Mitgliedstaaten dürfen es der Stelle jedoch nicht gestatten, die Zahlung von Schadenersatz von anderen als den in dieser Richtlinie festgelegten Bedingungen, insbesondere davon abhängig zu machen, dass der Geschädigte in irgendeiner Form nachweist, dass der Haftpflichtige zahlungsunfähig ist oder die Zahlung verweigert.

(2) Die Entschädigungsstelle, welche den Geschädigten im Wohnsitzstaat entschädigt hat, hat gegenüber der Entschädigungsstelle im Mitgliedstaat der Niederlassung des Versicherungsunternehmens, die die Versicherungspolice ausgestellt hat, Anspruch auf Erstattung des als Entschädigung gezahlten Betrags.

Die Ansprüche des Geschädigten gegen den Unfallverursacher oder dessen Versicherungsunternehmen gehen insoweit auf die letztgenannte Entschädigungsstelle über, als die Entschädigungsstelle im Wohnsitzstaat des Geschädigten eine Entschädigung für den erlittenen Sach- oder Personenschaden gewährt hat.

Jeder Mitgliedstaat ist verpflichtet, einen von einem anderen Mitgliedstaat vorgesehenen Forderungsübergang anzuerkennen.

(3) Dieser Artikel wird wirksam,
a) nachdem die von den Mitgliedstaaten geschaffenen oder anerkannten Entschädigungsstellen eine Vereinbarung über ihre Aufgaben und Pflichten sowie über das Verfahren der Erstattung getroffen haben und
b) ab dem Zeitpunkt, den die Kommission festlegt, nachdem sie sich in enger Zusammenarbeit mit den Mitgliedstaaten vergewissert hat, dass eine solche Vereinbarung getroffen wurde.

Artikel 25 Entschädigung

(1) Kann das Fahrzeug nicht ermittelt werden oder kann das Versicherungsunternehmen nicht binnen zwei Monaten nach dem Unfall ermittelt werden, so kann der Geschädigte eine Entschädigung bei der Entschädigungsstelle im Wohnsitzmitgliedstaat beantragen. Diese Entschädigung erfolgt gemäß den Artikeln 9 und 10. Die Entschädigungsstelle hat dann unter den in Artikel 24 Absatz 2 festgelegten Voraussetzungen folgenden Erstattungsanspruch:
a) für den Fall, dass das Versicherungsunternehmen nicht ermittelt werden kann: gegen den Garantiefonds in dem Mitgliedstaat, in dem das Fahrzeug seinen gewöhnlichen Standort hat;
b) für den Fall eines nicht ermittelten Fahrzeugs: gegen den Garantiefonds in dem Mitgliedstaat des Unfalls;
c) bei Fahrzeugen aus Drittländern: gegen den Garantiefonds in dem Mitgliedstaat des Unfalls.

(2) Der vorliegende Artikel findet Anwendung bei Unfällen, die von unter die Artikel 7 und 8 fallenden Fahrzeugen aus Drittländern verursacht wurden.

Artikel 26 Zentralstelle

Die Mitgliedstaaten ergreifen alle erforderlichen Maßnahmen, um die rechtzeitige Bereitstellung der für die Schadenregulierung notwendigen grundlegenden Daten an die Opfer, ihre Versicherer oder ihre gesetzlichen Vertreter zu erleichtern.

Diese grundlegenden Daten werden gegebenenfalls jedem Mitgliedstaat in elektronischer Form in einem Zentralregister bereitgestellt und sind für die an dem Schadensfall Beteiligten auf ihren ausdrücklichen Antrag hin zugänglich.

Artikel 27 Sanktionen

Die Mitgliedstaaten legen Sanktionen für Verstöße gegen die aufgrund dieser Richtlinie erlassenen innerstaatlichen Rechtsvorschriften fest und treffen die für ihre Anwendung erforderlichen Vorkehrungen. Die festgelegten Sanktionen müssen wirksam, verhältnismäßig und abschreckend sein. Die Mitgliedstaaten teilen der Kommission jegliche Änderungen von Bestimmungen, die in Anwendung des vorliegenden Artikels erlassen werden, so bald wie möglich mit.

KAPITEL 8 SCHLUSSBESTIMMUNGEN

Artikel 28 Innerstaatliche Rechtsvorschriften

(1) Die Mitgliedstaaten können im Einklang mit dem Vertrag Bestimmungen beibehalten oder einführen, die für den Geschädigten günstiger sind als die Bestimmungen, die zur Umsetzung dieser Richtlinie erforderlich sind.

(2) Die Mitgliedstaaten teilen der Kommission den Wortlaut der wichtigsten innerstaatlichen Rechtsvorschriften mit, die sie auf dem unter diese Richtlinie fallenden Gebiet erlassen.

Artikel 29 Aufhebung

Die Richtlinien 72/166/EWG, 84/5/EWG, 90/232/EWG, 2000/26/EG und 2005/14/EG, in der Fassung der in Anhang I Teil A aufgeführten Richtlinien, werden unbeschadet der Verpflichtungen der Mitgliedstaaten hinsichtlich der in Anhang I Teil B genannten Fristen für die Umsetzung der dort genannten Richtlinien in innerstaatliches Recht und für die Anwendung dieser Richtlinien aufgehoben.

Verweisungen auf die aufgehobenen Richtlinien gelten als Verweisungen auf die vorliegende Richtlinie und sind nach Maßgabe der Entsprechungstabelle in Anhang II zu lesen.

Artikel 30 Inkrafttreten

Diese Richtlinie tritt am zwanzigsten Tag nach ihrer Veröffentlichung im Amtsblatt der Europäischen Union in Kraft.

Artikel 31 Adressaten

Diese Richtlinie ist an die Mitgliedstaaten gerichtet.

Geschehen zu Straßburg am 16. September 2009.

Im Namen des Europäischen Der Präsident J. BUZEK	Im Namen des Rates Parlaments Die Präsidentin C. MALMSTRÖM

Richtlinie 2009/103/EG des Europäischen Parlaments und des Rates **Anhang IX**

Anhang I

TEIL A Aufgehobene Richtlinien mit ihren nachfolgenden Änderungen
(gemäß Artikel 29)

Richtlinie 72/166/EWG des Rates (ABl. L 103 vom 02.05.1972, S. 1)	
Richtlinie 72/430/EWG des Rates (ABl. L 291 vom 28.12.1972, S. 162)	
Richtlinie 84/5/EWG des Rates (ABl. L 8 vom 11.01.1984, S. 17)	Nur Artikel 4
Richtlinie 2005/14/EG des Europäischen Parlaments und des Rates (ABl. L 149 vom 11.06.2005, S. 14)	Nur Artikel 1
Richtlinie 84/5/EWG des Rates (ABl. L 8 vom 11.01.1984, S. 17)	
Anhang I Nummer IX.F der Beitrittsakte von 1985 (ABl. L 302 vom 15.11.1985, S. 218)	
Richtlinie 90/232/EWG des Rates (ABl. L 129 vom 19.05.1990, S. 33)	Nur Artikel 4
Richtlinie 2005/14/EG des Europäischen Parlaments und des Rates (ABl. L 149 vom 11.06.2005, S. 14)	Nur Artikel 2
Richtlinie 90/232/EWG des Rates (ABl. L 129 vom 19.05.1990, S. 33)	
Richtlinie 2005/14/EG des Europäischen Parlaments und des Rates (ABl. L 149 vom 11.06.2005, S. 14)	Nur Artikel 4
Richtlinie 2000/26/EG des Europäischen Parlaments und des Rates (ABl. L 181 vom 20.07.2000, S. 65)	
Richtlinie 2005/14/EG des Europäischen Parlaments und des Rates (ABl. L 149 vom 11.06.2005, S. 14)	Nur Artikel 5
Richtlinie 2005/14/EG des Europäischen Parlaments und des Rates (ABl. L 149 vom 11.06.2005, S. 14)	

Anhang IX Richtlinie 2009/103/EG des Europäischen Parlaments und des Rates

TEIL B Fristen für die Umsetzung in innerstaatliches Recht und für die Anwendung

(gemäß Artikel 29)

Richtlinie	Frist für die Umsetzung	Datum der Anwendung
72/166/EWG	31. Dezember 1973	–
72/430/EWG	–	1. Januar 1973
84/5/EWG	31. Dezember 1987	31. Dezember 1988
90/232/EWG	31. Dezember 1992	–
2000/26/EG	19. Juli 2002	19. Januar 2003
2005/14/EG	11. Juni 2007	–

Anhang II Entsprechungstabelle

Artikel 1 Nummern 1 bis 3				Artikel 1 Nummern 1 bis 3
Artikel 1 Nummer 4 erster Gedankenstrich				Artikel 1 Nummer 4 Buchstabe a
Artikel 1 Nummer 4 zweiter Gedankenstrich				Artikel 1 Nummer 4 Buchstabe b
Artikel 1 Nummer 4 dritter Gedankenstrich				Artikel 1 Nummer 4 Buchstabe c
Artikel 1 Nummer 4 vierter Gedankenstrich				Artikel 1 Nummer 4 Buchstabe d
Artikel 1 Nummer 5				Artikel 1 Nummer 5
Artikel 2 Absatz 1				Artikel 4
Artikel 2 Absatz 2 Eingangsteil				Artikel 2 Eingangsteil
Artikel 2 Absatz 2 erster Gedankenstrich				Artikel 2 Buchstabe a
Artikel 2 Absatz 2 zweiter Gedankenstrich				Artikel 2 Buchstabe b

Artikel 2 Absatz 2 dritter Gedankenstrich				Artikel 2 Buchstabe c
Artikel 3 Absatz 1 Satz 1				Artikel 3 Absatz 1
Artikel 3 Absatz 1 Satz 2				Artikel 3 Absatz 2
Artikel 3 Absatz 2 Eingangsteil				Artikel 3 Absatz 3 Eingangsteil
Artikel 3 Absatz 2 erster Gedankenstrich				Artikel 3 Absatz 3 Buchstabe a
Artikel 3 Absatz 2 zweiter Gedankenstrich				Artikel 3 Absatz 3 Buchstabe b
Artikel 4 Eingangsteil				Artikel 5 Absatz 1 Unterabsatz 1
Artikel 4 Buchstabe a. A.bsatz 1				Artikel 5 Absatz 1 Unterabsatz 1
Artikel 4 Buchstabe a. A.bsatz 2 Satz 1				Artikel 5 Absatz 1 Unterabsatz 2
Artikel 4 Buchstabe a. A.bsatz 2 Satz 2				Artikel 5 Absatz 1 Unterabsatz 3
Artikel 4 Buchstabe a. A.bsatz 2 Satz 3				Artikel 5 Absatz 1 Unterabsatz 4
Artikel 4 Buchstabe a. A.bsatz 2 Satz 4				Artikel 5 Absatz 1 Unterabsatz 5
Artikel 4 Buchstabe b Absatz 1				Artikel 5 Absatz 2 Unterabsatz 1
Artikel 4 Buchstabe b Absatz 2 Satz 1				Artikel 5 Absatz 2 Unterabsatz 2
Artikel 4 Buchstabe b Absatz 2 Satz 2				Artikel 5 Absatz 2 Unterabsatz 3
Artikel 4 Buchstabe b Absatz 3 Satz 1				Artikel 5 Absatz 2 Unterabsatz 4

Anhang IX Richtlinie 2009/103/EG des Europäischen Parlaments und des Rates

Artikel 4 Buchstabe b Absatz 3 Satz 2				Artikel 5 Absatz 2 Unterabsatz 5
Artikel 5 Eingangsteil				Artikel 6 Absatz 1 Eingangsteil
Artikel 5 erster Gedankenstrich				Artikel 6 Absatz 1 Buchstabe a
Artikel 5 zweiter Gedankenstrich				Artikel 6 Absatz 1 Buchstabe b
Artikel 5 Schlussteil				Artikel 6 Absatz 2
Artikel 6				Artikel 7
Artikel 7 Absatz 1				Artikel 8 Absatz 1 Unterabsatz 1
Artikel 7 Absatz 2				Artikel 8 Absatz 1 Unterabsatz 2
Artikel 7 Absatz 3				Artikel 8 Absatz 2
Artikel 8				–
	Artikel 1 Absatz 1			Artikel 3 Absatz 4
	Artikel 1 Absatz 2			Artikel 9 Absatz 1
	Artikel 1 Absatz 3			Artikel 9 Absatz 2
	Artikel 1 Absatz 4			Artikel 10 Absatz 1
	Artikel 1 Absatz 5			Artikel 10 Absatz 2
	Artikel 1 Absatz 6			Artikel 10 Absatz 3
	Artikel 1 Absatz 7			Artikel 10 Absatz 4
	Artikel 2 Absatz 1 Unterabsatz 1 Eingangsteil			Artikel 13 Absatz 1 Unterabsatz 1 Eingangsteil
	Artikel 2 Absatz 1 erster Gedankenstrich			Artikel 13 Absatz 1 Unterabsatz 1 Buchstabe a
	Artikel 2 Absatz 1 zweiter Gedankenstrich			Artikel 13 Absatz 1 Unterabsatz 1 Buchstabe b

		Artikel 2 Absatz 1 dritter Gedankenstrich			Artikel 13 Absatz 1 Unterabsatz 1 Buchstabe c
		Artikel 2 Absatz 1 Unterabsatz 1 Schlussteil			Artikel 13 Absatz 1 Unterabsatz 1 Eingangsteil
		Artikel 2 Absatz 1 Unterabsätze 2 und 3			Artikel 13 Absatz 1 Unterabsätze 2 und 3
		Artikel 2 Absatz 2			Artikel 13 Absatz 2
		Artikel 3			Artikel 12 Absatz 2
		Artikel 4			–
		Artikel 5			–
		Artikel 6			–
			Artikel 1 Absatz 1		Artikel 12 Absatz 1
			Artikel 1 Absatz 2		Artikel 13 Absatz 3
			Artikel 1 Absatz 3		–
			Artikel 1a Satz 1		Artikel 12 Absatz 3 Unterabsatz 1
			Artikel 1a Satz 2		Artikel 12 Absatz 3 Unterabsatz 2
			Artikel 2 Eingangsteil		Artikel 14 Eingangsteil
			Artikel 2 erster Gedankenstrich		Artikel 14 Buchstabe a
			Artikel 2 zweiter Gedankenstrich		Artikel 14 Buchstabe b
			Artikel 3		–
			Artikel 4		Artikel 11
			Artikel 4a		Artikel 15
			Artikel 4b Satz 1		Artikel 16 Absatz 1
			Artikel 4b Satz 2		Artikel 16 Absatz 2

Anhang IX Richtlinie 2009/103/EG des Europäischen Parlaments und des Rates

			Artikel 4c		Artikel 17
			Artikel 4d	Artikel 3	Artikel 18
			Artikel 4e Absatz 1		Artikel 19 Absatz 1
			Artikel 4e Absatz 2 Satz 1		Artikel 19 Absatz 2
			Artikel 4e Absatz 2 Satz 2		Artikel 19 Absatz 3
			Artikel 5 Absatz 1		Artikel 23 Absatz 5
			Artikel 5 Absatz 2		–
			Artikel 6		–
				Artikel 1 Absatz 1	Artikel 20 Absatz 1
				Artikel 1 Absatz 2	Artikel 20 Absatz 2
				Artikel 1 Absatz 3	Artikel 25 Absatz 2
				Artikel 2 Eingangsteil	–
				Artikel 2 Buchstabe a	Artikel 1 Nummer 6
				Artikel 2 Buchstabe b	Artikel 1 Nummer 7
				Artikel 2 Buchstaben c, d und e	–
				Artikel 4 Absatz 1 Satz 1	Artikel 21 Absatz 1 Unterabsatz 1
				Artikel 4 Absatz 1 Satz 2	Artikel 21 Absatz 1 Unterabsatz 2
				Artikel 4 Absatz 1 Satz 3	Artikel 21 Absatz 1 Unterabsatz 3
				Artikel 4 Absatz 2 Satz 1	Artikel 21 Absatz 2 Unterabsatz 1
				Artikel 4 Absatz 2 Satz 2	Artikel 21 Absatz 2 Unterabsatz 2
				Artikel 4 Absatz 3	Artikel 21 Absatz 3

				Artikel 4 Absatz 4 Satz 1	Artikel 21 Absatz 4 Unterabsatz 1
				Artikel 4 Absatz 4 Satz 2	Artikel 21 Absatz 4 Unterabsatz 2
				Artikel 4 Absatz 5 Satz 1	Artikel 21 Absatz 5 Unterabsatz 1
				Artikel 4 Absatz 5 Satz 2	Artikel 21 Absatz 5 Unterabsatz 2
				Artikel 4 Absatz 6	Artikel 22
				Artikel 4 Absatz 7	–
				Artikel 4 Absatz 8	Artikel 21 Absatz 6
				Artikel 5 Absatz 1 Unterabsatz 1 Eingangsteil	Artikel 23 Absatz 1 Unterabsatz 1 Eingangsteil
				Artikel 5 Absatz 1 Unterabsatz 1 Buchstabe a Eingangsteil	Artikel 23 Absatz 1 Unterabsatz 1 Buchstabe a Eingangsteil
				Artikel 5 Absatz 1 Unterabsatz 1 Buchstabe a Nummer 1	Artikel 23 Absatz 1 Unterabsatz 1 Buchstabe a Ziffer i
				Artikel 5 Absatz 1 Unterabsatz 1 Buchstabe a Nummer 2	Artikel 23 Absatz 1 Unterabsatz 1 Buchstabe a Ziffer ii
				Artikel 5 Absatz 1 Unterabsatz 1 Buchstabe a Nummer 3	Artikel 23 Absatz 1 Unterabsatz 1 Buchstabe a Ziffer iii
				Artikel 5 Absatz 1 Unterabsatz 1 Buchstabe a Nummer 4	Artikel 23 Absatz 1 Unterabsatz 1 Buchstabe a Ziffer iv
				Artikel 5 Absatz 1 Unterabsatz 1 Buchstabe a Nummer 5 Eingangsteil	Artikel 23 Absatz 1 Unterabsatz 1 Buchstabe a Ziffer v. Eingangsteil

				Artikel 5 Absatz 1 Unterabsatz 1 Buchstabe a Nummer 5 Ziffer i	Artikel 23 Absatz 1 Unterabsatz 1 Buchstabe a Ziffer v. erster Gedankenstrich
				Artikel 5 Absatz 1 Unterabsatz 1 Buchstabe a Nummer 5 Ziffer ii	Artikel 23 Absatz 1 Unterabsatz 1 Buchstabe a Ziffer v. zweiter Gedankenstrich
				Artikel 5 Absatz 1 Unterabsatz 2	Artikel 23 Absatz 1 Unterabsatz 2
				Artikel 5 Absätze 2, 3 und 4	Artikel 23 Absätze 2, 3 und 4
				Artikel 5 Absatz 5	Artikel 23 Absatz 6
				Artikel 6 Absatz 1	Artikel 24 Absatz 1
				Artikel 6 Absatz 2 Unterabsatz 1	Artikel 24 Absatz 2 Unterabsatz 1
				Artikel 6 Absatz 2 Unterabsatz 2 Satz 1	Artikel 24 Absatz 2 Unterabsatz 2
				Artikel 6 Absatz 2 Unterabsatz 2 Satz 2	Artikel 24 Absatz 2 Unterabsatz 3
				Artikel 6 Absatz 3 Unterabsatz 1	Artikel 24 Absatz 3
				Artikel 6 Absatz 3 Unterabsatz 2	–
				Artikel 6a	Artikel 26
				Artikel 7 Sätze 1, 2 und 3 sowie Eingangsteil	Artikel 25 Absatz 1 Eingangsteil
				Artikel 7 Buchstabe a	Artikel 25 Absatz 1 Buchstabe a
				Artikel 7 Buchstabe b	Artikel 25 Absatz 1 Buchstabe b
				Artikel 7 Buchstabe c	Artikel 25 Absatz 1 Buchstabe c

				Artikel 8	–
				Artikel 9	–
				Artikel 10 Absätze 1bis 3	–
				Artikel 10 Absatz 4	Artikel 28 Absatz 1
				Artikel 10 Absatz 5	Artikel 28 Absatz 2
					Artikel 29
				Artikel 11	Artikel 30
				Artikel 12	Artikel 27
Artikel 9	Artikel 7	Artikel 7		Artikel 13	Artikel 31
					Anhang I
					Anhang II

Stichwortverzeichnis

A
Abfindung AKB A.5.2 54 ff.; A.5.4.1 5; A.5.4.2 74
Abfindungsvergleich
– Innenverhältnis AKB A.1.1.4 75 ff.
Abgasuntersuchung BB Handel/Handwerk 2.2 33
Abhanden gekommene Gegenstände
– Schadensersatzansprüche AKB A.1.1.1 51
Abhandenkommen BB Handel/Handwerk 1.1 6
Abhandenkommen von Teilen BB Handel/Handwerk 2.5 38
Abkommen von der Fahrbahn
– Grundloses ~ AKB A.2.9.1 300 ff.
Abkömmlinge
– Fahrerschutzversicherung AKB A.5.2 23
Ablaufskündigung
– Kontrahierungszwang gem. § 5 PflVG AKB G.3.1 3 ff.
– Kündigung des Vertrages insgesamt AKB G.3.1 7
– Kündigungsfristen AKB G.3.1 9
– Wirkung der Kündigung AKB G.3.1 8
– Zulässigkeit der Kündigung AKB G.3.1 2
Ablehnungsschreiben
– Mit Gründen versehenes ~ PflVG § 3a 22 ff.
Ablenkung
– Autoradio AKB A.2.9.1 342
– Greifen oder Bücken nach Gegenständen AKB A.2.9.1 337 ff.
– Handy AKB A.2.9.1 343 ff.
– Navigationsgerät AKB A.2.9.1 342
– Rauchen AKB A.2.9.1 341
Abmeldung
– Endgültige ~ des zugelassenen Kfz SB Handel/Handwerk C.2 2
Abnutzungsschäden
– Unfall AKB A.2.2.2.3 61
Abschlag AKB A.5.4.3 2; A.5.5.1 22, 23, 25 ff.
Abschleppen
– Anhänger AKB A.3.5.2 10
– Anhänger gelöst von abgeschleppter betriebsunfähiger Zugmaschine AKB A.1.1.5 50 ff.

– Anrechnung erfolgloser Pannenhilfe AKB A.3.5.2 12
– Begriff AKB A.1.1.5 19 ff.
– Beschädigung, Zerstörung, Abhandenkommen AKB A.1.5.4 1 f.
– Betriebsunfähig KfzPflVV § 4 7
– Betriebsunfähiger Fahrzeuge aus Gefälligkeit AKB A.1.5.4 3 f.
– Dauer AKB A.1.5.4 6 f.
– Dauer des Abschleppvorgangs KfzPflVV § 4 10 f.
– Falschparken AKB A.3.5.2 13
– Gefälligkeit AKB A.1.5.4 3 f. KfzPflVV § 4 8
– Gepäck AKB A.3.5.2 10
– Kfz-Handel- und Handwerk-Versicherung SB Handel/Handwerk A.3.6 1 KfzPflVV § 3 15 ff.
– Mitversicherte Personen AKB A.1.1.5 55 ff.; A.1.2 79 ff.
– Nächstgelegene Werkstatt KfzPflVV § 4 9
– Nothilfe AKB A.1.5.4 5 PflVG § 6 6
– Schäden durch das ~ AKB A.3.5.2 6
– Straßenreinigung AKB A.3.5.2 11
– Subsidiäre Mitversicherung AKB A.1.1.5 16 ff.
– Unmittelbar verbunden AKB A.1.1.5 28
– Verbunden AKB A.1.1.5 28
– Versichertes Kfz AKB A.1.5.4 8
Abschleppkosten
– Kaskoversicherung AKB A.2.5.1.8 126
– Reparatur AKB A.2.5.2.3 57 ff.
Absolute Fahruntüchtigkeit AKB A.4.12.9 51; D.1.2 3
Abstimmung mit Versicherer Kfz-USV E.1.4 236 f.
Abtretung Kfz-Güterfolgeschadenversicherung 58
Abtretungsverbot AKB A.2.7.4 37 ff.
– Ausdrückliche Genehmigung AKB A.2.7.4 44 ff.
– Autoschutzbrief AKB A.3.10.2 1 ff.
– Endgültige Feststellung AKB A.2.7.4 51
– Fahrerschutzversicherung AKB A.5.4.2 47 f.; A.5.6.4 4
– Unfallversicherung AKB A.4.11.2 1

2141

Stichwortverzeichnis

Abwehr unberechtigter Schadensersatzansprüche
- Bedeutung KfzPflVV § 2 15
- Begrenzter Sozialrechtsschutz KfzPflVV § 2 24 ff.
- Begrenzter Verwaltungsrechtsschutz KfzPflVV § 2 23
- Ermächtigungsnorm KfzPflVV § 2 16 ff.
- Interessenlage KfzPflVV § 2 21
- Kein Rechtschutz in USchadGVerfahren KfzPflVV § 2 32
- Kein Strafrechtsschutz KfzPflVV § 2 29
- Voller Zivilrechtsschutz KfzPflVV § 2 22

Abwehrkosten
- Unbegründete Ansprüche nach dem USchadG Kfz-USV A.1.1.3 102 ff.

AGB
- AKB als ~ AKB A.2.1.1 9 ff.
- Anpassung AKB a. F. an VVG n. F. AKB A.2.1.1 27 ff.
- Kontrolle und Prüfung AKB A.2.1.1 15 ff.
- Umstellung AKB a. F. auf VVG n. F. AKB A.2.1.1 27 ff.
- Wirksamkeitsprüfung AKB Klausel AKB A.2.1.1 19

Agent
- Beratungspflicht VVG § 6 11 ff.

AKB
- Allgemeine Geschäftsbedingungen AKB A.2.1.1 9 ff.
- Altverträge vor 2008 AKB A.2.1.1 27 ff.
- Belehrungspflichten AKB A.2.1.1 13
- Gewerblicher Kfz-Mietvertrag AKB A.2.1.1 22 ff.
- Inhaltskontrolle AKB A.2.1.1 15 ff.
- Transparenzgebot AKB A.2.1.1 15
- Verbot der geltungserhaltenden Reduktion AKB A.2.1.1 20 f.
- Zeitpunkt des Versicherungsfalles AKB A.2.1.1 11

Alkohol
- Absolute Fahruntüchtigkeit AKB A.2.9.1 91 ff. AKB A.2.9.1 87
- BAK Bestimmung zum Unfallzeitpunkt AKB A.2.9.1 116 ff.
- Fahruntüchtigkeit, *s. dort*
- Kfz-Handel- und Handwerk-Versicherung SB Handel/Handwerk B.2.1 3

- Kürzungsquoten bei Kombination von Alkohol und Medikamenten AKB A.2.9.1 145
- Kürzungsquoten für BAK ab 1,1 Promille AKB A.2.9.1 133 ff.
- Kürzungsquoten für BAK von 0,5 bis 1,09 Promille AKB A.2.9.1 139 ff.
- Kürzungsquoten für BAK von weniger als 0,5 Promille AKB A.2.9.1 144
- Nachtrunk AKB A.2.9.1 126
- Rechtsprechungsübersicht zu Prozentualen Kürzungsquoten AKB A.2.9.1 146
- Relative Fahruntüchtigkeit AKB A.2.9.1 96 ff.
- Restalkohol AKB A.2.9.1 114
- Rückrechnung bei Feststellung der Fahruntüchtigkeit AKB A.2.9.1 119 ff.
- Rückrechnung bei Feststellung der Unzurechnungsfähigkeit AKB A.2.9.1 125
- Überlassen des Kfz an alkoholisierten Fahrer AKB A.2.9.1 127
- Unzurechnungsfähigkeit AKB A.2.9.1 115
- Zusammenwirken von Alkohol und anderen Ursachen AKB A.2.9.1 130 ff.

Alkohol- und Drogenkonsum AKB A.2.9.1 160

Alkoholbedingte Bewusstseinsstörungen
- Absolute Fahruntüchtigkeit AKB A.4.12.9 51
- Beweislast AKB A.4.12.9 59 ff.
- Fallbeispiele aus der Rechtsprechung AKB A.4.12.9 53
- Fußgänger AKB A.4.12.9 57
- Mitfahrt bei einem fahruntüchtigen Fahrer AKB A.4.12.9 55
- Nachtrunk AKB A.4.12.9 61
- Radfahrer AKB A.4.12.9 56
- Relative Fahruntüchtigkeit AKB A.4.12.9 52

Alkoholbedingte Fahrfehler AKB D.1.2 5

Alkoholklausel
- Absolute Fahruntüchtigkeit AKB D.1.2 3
- Alkoholbedingter Fahrfehler AKB D.1.2 5
- Alkoholgenuss AKB D.1.2 3 ff.
- Andere berauschende Mittel AKB D.1.2 6
- Beweislastverteilung AKB D.2.1 38
- Definition AKB D.1.2 2
- E-Bikes AKB D.1.2 1
- Elektro- und Hybridfahrzeuge AKB D.1.2 1

2142

Stichwortverzeichnis

- Fahrerschutzversicherung **AKB** D.1.3.1 1 ff.
- Gefahrguttransporter **AKB** D.1.2 4
- Kenntnis des VN von Trunkenheitsfahrt des Fahrers **AKB** D.2.1 37 **KfzPflVV** § 5 17
- Mögliche Quotierung **AKB** D.2.1 39
- Obliegenheiten **AKB** D.1 2
- Rechtsprechung, Übersicht **AKB** D.2.1 41
- Relative Fahruntüchtigkeit **AKB** D.1.2 4
- Trunkenheits- oder Drogenfahrt durch den VN **AKB** D.2.1 34 ff.

Allmählichkeitsschaden AKB A.2.2.2.3 18
Altersgrenze AKB A.5.2 4 f.
Altersteilzeit AKB A.5.4.1 43
Altersvorsorgevertrag AKB A.5.4.2 50
Altverträge
- Umstellung **AKB** A.2.1.1 27 ff.

Amtliche Ermittlungen
- Schadenmeldepflicht **AKB** E.1.1.2 1

Amtspflichtverletzung
- Zusammentreffen von Leistungsfreiheit und ~ **VVG** § 117 45

Änderungsklauseln
- §§ 305 ff. BGB **AKB Vor J** 1

Andreaskreuz
- Missachtung des ~ **AKB** A.2.9.1 278

Anfechtung
- Drohung oder arglistiger Täuschung **PflVG** § 5 6
- Versicherungsvertrag **AKB B** 12 **PflVG** § 6 11 f.

Anhänger
- Abschleppen des Fahrzeuges **AKB** A.3.5.2 10 **AKB** I.4.1.2 23 ff.
- Anhänger gelöst von abgeschleppter betriebsunfähiger Zugmaschine **AKB** A.1.1.5 50 ff.
- Auflieger **AKB** A.1.1.5 15
- Autoschutzbrief **AKB** A.3.3 2 ff.
- Begriff **AKB** A.1.1.5 12 ff. **KfzPflVV** § 3 4 ff.
- Beschädigung, Zerstörung, Abhandenkommen **AKB** A.1.5.4 1
- Gebrauch des Fahrzeugs **AKB** A.1.1.1 103 ff.
- Gefahrgutfahrzeuge **AKB** A.1.1.5 66 ff.
- gelöst und noch in Bewegung **AKB** A.1.1.5 42 ff.
- Insassen des gezogenen Anhängers **AKB** A.1.1.5 63 ff.
- Keine Mitversicherung des Zugfahrzeugs durch Anhängerversicherung **AKB** A.1.1.5 77 ff.
- Kupplungsträger **AKB** A.1.1.5 70 ff.
- Lang-LKW **AKB** A.1.1.5 34
- LKW mit Überlängen **AKB** A.1.1.5 34
- Mitsichführen eines nichtversicherten ~ **PflVG** § 6 18
- Mittelbar verbunden **AKB** A.1.1.5 33 ff.
- Mitversicherte Personen **AKB** A.1.1.5 55 ff.; A.1.2 79 ff.
- Mitversicherung von ~ **KfzPflVV** § 3 10 ff. **PflVG** § 1 34 ff.
- Regress **AKB** I.4.2 40 ff.
- Schäden an der Ladung **AKB** A.1.1.5 76
- Schäden innerhalb des Gespanns **AKB** A.1.1.5 73
- Schwertransport **KfzPflVV** § 3 27
- Unmittelbar verbunden **AKB** A.1.1.5 27 ff.
- Verbunden **AKB** A.1.1.5 27 ff.
- Versicherung **KfzPflVV** § 3 6 ff.
- Versicherungssummen für Insassen **AKB** A.1.3.2 1
- Zug mit drei Fahrzeugkomponenten **AKB** A.1.1.5 34
- Zusatzhaftpflichtversicherung für Kfz-Handel- und Handwerk **BB Handel/Handwerk** 1.1 7
- Zwei Anhänger **AKB** A.1.1.5 33
- Zweiter Anhänger gelöst vom ersten Anhänger **AKB** A.1.1.5 47 ff.
- Zweiter ~ **KfzPflVV** § 3 26

Anmeldung des Anspruchs beim Versicherer
- Beim falschen Versicherer **VVG** § 115 150 ff.
- Bei Schädiger **VVG** § 115 170 ff.
- Durch den Schädiger **VVG** § 115 173 f.
- Für Dritte **VVG** § 115 167 ff.
- In Textform **VVG** § 115 157 ff.
- Umfang **VVG** § 115 162 ff.
- Versicherer **VVG** § 115 148 f.

Annahmefiktion
- Versicherungsvertrag **AKB B** 8

Anrechnung ersparter Aufwendungen
- Mietwagen **AKB** A.3.10.1 4
- Übernachtungskosten **AKB** A.3.10.1 3
- Weiter- und Rückfahrt **AKB** A.3.10.1 2

2143

Stichwortverzeichnis

Ansprüche nach dem USchadG
- Freistellungsanspruch Kfz-USV A.1.1.1 62 ff.
- Geldersatz Kfz-USV A.1.1.2 94 ff.
- Rechtsschutzanspruch Kfz-USV A.1.1.3 99 ff.

Anspruchsübergang
- Befriedigung des Dritten VVG § 117 46 ff.
- Entschädigungsstelle PflVG § 12b 1 ff.

Anzeige der Veräußerung
- Höhe der Leistungsfreiheit AKB G.7.4 5
- Kündigung AKB G.7.4 3
- Leistungspflicht des Versicherers AKB G.7.4 6
- Mitversicherte Personen AKB G.7.4 9
- Schadenersatzpflicht des Veräußerers AKB G.7.4 7
- Verkaufsmitteilung AKB G.7.4 2
- Verlust des Versicherungsschutzes nach § 97 VVG AKB G.7.4 4
- Verschulden AKB G.7.4 8

Anzeigepflicht
- Diebstahl des KFZ oder Teile des KFZ AKB E.1.3.1 1 ff.
- Gefahrerhöhung VVG § 23 1, 12
- Kaskoversicherung AKB A.2.2.1.6 318 ff. Kfz-USV E.1.1 226 ff.
- Meldebogen SB Handel/Handwerk D.2.1 1

Anzeigepflichtverletzung
- Kasko-Versicherung AKB E.2.1 8 ff.
- Kfz-Haftpflichtversicherung AKB E.2.1 5 f.
- Sonstige Sparten AKB E.2.1 7

Aquaplaning AKB A.2.2.1.6 73

Arbeitgeber AKB A.5.4.2 44; A.5.5.1 5, 8; A.5.6.4 4
- Anspruchsübergang PflVG § 3a 69
- Mitversicherte Personen AKB A.1.2 53 ff.

Arbeits- und Anbaugeräte
- Kfz-Handel- und Handwerk-Versicherung SB Handel/Handwerk A.3.5 1

Arbeits-/Wegeunfall
- Fahrerschutzversicherung AKB A.5.4.1 44

Arbeitslosengeld VVG § 117 41

Arbeitsmaschinen AKB A.1.1.5 8 ff.
- Gebrauch des Fahrzeugs AKB A.1.1.1 115 ff.

Arbeitsrisiko VVG § 113 50

Arglist
- Obliegenheitsverletzung VVG § 28 11
- Obliegenheitsverletzungen AKB A.2.2.1.6 229 ff.

Arglistige Täuschung
- Kontrahierungszwang AKB G.3.1 4

Armenien
- Autoschutzbrief AKB A.3.4 9

Arthrose AKB A.5.1 25

Ärztliche Schweigepflicht
- Autoschutzbrief AKB E.1.4.2 2
- Fahrerschutzversicherung AKB A.5.4.2 39
- Unfallversicherung AKB E.1.5.3 4; E.2.1 24

Aserbaidschan
- Autoschutzbrief AKB A.3.4 9

AUB AKB A.5 6; A.5.1 3; A.5.4.2 28, 36, 47

Aufbewahrungsfristen
- Auskunftsstelle PflVG § 8a 7

Auffahrunfall
- Infolge grober Unaufmerksamkeit AKB A.2.9.1 299

Aufklärungsobliegenheiten VVG § 28 1

Aufklärungspflicht
- Beantwortung von Fragen des Versicherers AKB E.1.1.3 6 ff.
- Einzelfallbeispiele AKB E.1.1.3 10
- Ermöglichen von Untersuchungen AKB E.1.1.3 16
- Leistungsfreiheit bzw. Leistungskürzung AKB E.2.1 12
- Unfallflucht AKB E.1.1.3 2
- Verhalten an der Unfallstelle AKB E.1.1.3 2
- Verletzung VVG § 28 10
- Vorlage von Nachweisen AKB E.1.1.3 11
- Wahrheitsgemäße Schadenschilderung AKB E.1.1.3 5
- Wartezeiten AKB E.1.1.3 2

Auflieger AKB A.1.1.5 15
- Begriff KfzPflVV § 3 4 ff.

Aufrechnung
- gegenüber Dritten VVG § 121 1 f.
- Innenverhältnis AKB A.1.1.4 74

Aufsichtsbehörde
- Versicherungsunternehmen VVG § 113 19 ff.

Aufspaltung
- Zwei getrennte Verträge VVG § 113 59 ff.

Auftragsbrandstiftung AKB A.2.2.1.6 117 ff.

Stichwortverzeichnis

Aufwendungsersatzanspruch
- VN VVG § 116 56 ff.

Aufwendungsersatzanspruch des Versicherers
- Anzusetzende Kostenpositionen VVG § 116 40 ff.
- Auskunftsanspruch VVG § 116 53 ff.
- Nicht anzusetzende Kosten VVG § 116 45 ff.
- Umsatzsteuer VVG § 116 52

Augenblicksversagen AKB A.2.9.1 18 ff.
- Darlegungs- und Beweislast AKB A.2.9.1 370 ff.
- Grobe Fahrlässigkeit AKB A.2.9.1 70 f.
- Leichte Fahrlässigkeit VVG § 28 13

Ausbringungsschäden Kfz-USV A.1.5.3 208 ff.

Außenverhältnis
- Begriff VVG § 117 4
- Leistungspflicht VVG § 117 13

Außerbetriebsetzung
- Aufleben des Versicherungsschutzes AKB H.1.6 1
- Ende des Vertrags und der Ruheversicherung AKB H.1.7 1 f. Kfz-USV H 258 f.
- Wiederanmeldung AKB H.1.6 1

Außerbetriebsetzung, vorübergehende AKB H.1 1
- Beitragsfreie Ruheversicherung AKB H.1.2 1 ff.

Außereuropäisches Ausland
- Beratungspflichten bei möglicher Nutzung des Kfz im ~ AKB A.2.4 3 ff.
- Beratungspflichten des Versicherungsvermittlers bei möglicher Nutzung des Kfz im ~ AKB A.2.4 7 ff.
- Mitverschulden des VN AKB A.2.4 8

Ausfallentschädigung
- Zusatzhaftpflichtversicherung für Kfz-Handel- und Handwerk BB Handel/Handwerk 3.1.3 43

Auskunfts- und Mitwirkungspflichten
- Beitragsberechnung AKB K.4.5 1

Auskunftsanspruch
- Aufwendungsersatzanspruch des Versicherers VVG § 116 52

Auskunftspflicht
- Schadenregulierungsvertreter PflVG § 8 6

Auskunftsstelle
- Aufbewahrungsfristen PflVG § 8a 7
- Aufgabenwahrnehmung PflVG § 8a 4

- Berechtigter Personenkreis PflVG § 8a 8
- Datenbeschaffung PflVG § 8a 9
- Datenschutz PflVG § 8a 10
- Einschaltung der Entschädigungsstelle PflVG § 8a 11
- Umfang der Informationspflichten PflVG § 8a 5 f.

Ausland AKB A.5.2 30 f.; A.5.3 3, 10 ff., 41; A.5.4.1 9; A.5.4.2 71

Ausländischer Führerschein
- Angehörige anderer Staaten AKB D.1.1.3 17
- Ausländischer Führerschein nach Entzug des Inlandsführerscheins AKB D.1.1.3 18
- EU-Mitglieder AKB D.1.1.3 14 ff.

Auslandsbeteiligung
- Entschädigungsverfahren PflVG § 3a 44

Auslandsreise AKB A.3.8 1
- Angemessener Zeitraum für den Rücktransport AKB A.3.8.1 10
- Beratungsbedarf AKB A.1.4.2 2
- Ersatzteilversand, s. dort
- Fahrzeugdiebstahl, s. Fahrzeugdiebstahl (Ausland)
- Fahrzeugtransport AKB A.3.8.1 5 ff.
- Fahrzeugverschrottung AKB A.3.8.1 17
- Fahrzeugverzollung AKB A.3.8.1 16
- Kosten des Ersatzteiles AKB A.3.8.1 2 f.
- Mietwagen AKB A.3.8.1 11 ff.
- Qualität der Reparatur AKB A.3.8.1 7
- Todesfall AKB A.3.8.3 1 ff.
- Umfang der Reparaturkosten AKB A.3.8.1 4
- Verkauf/Schenkung AKB A.3.8.1 18 ff.
- Wirtschaftlichkeit der Reparatur AKB A.3.8.1 8

Auslandsreisekrankenversicherung AKB A.5.5.1 14, 16

Auslandsschäden
- Entschädigungsstelle PflVG § 12a 1 ff. Kfz-Ausland-Schadenschutz 1 ff. Kfz-USV A.1.4 179 ff.
- Reparatur AKB A.2.5.2.3 30
- Sachverständigenverfahren AKB A.2.6.4 58

Auslegung von AKB AKB A.2.1.1 9 ff.

Ausschluss AKB A.5.6.3 1, 3, 7 f.; A.5.6.4 11; A.5.6.5 2; A.5.6.6 1 f., 4; A.5.6.7 1

Ausschlussklausel AKB A.5.1 10; A.5.6.1 1; A.5.6.4 12; A.5.6.5 1; A.5.6.7 1

2145

Stichwortverzeichnis

Ausschlusstatbestand AKB A.5.2 50; A.5.5.1 4
Ausschussbesetzung
- Abberufung eines Sachverständigen AKB A.2.6.4 29
- Befangenheit eines Sachverständigen AKB A.2.6.4 23 ff.
- Benennung von Sachverständigen AKB A.2.6.4 15 ff.
- Qualifikation der Sachverständigen AKB A.2.6.4 30
- Rechtliche Stellung zu den Parteien AKB A.2.6.4 20 ff.

Ausweichmanöver
- Grobe Fahrlässigkeit AKB A.2.9.1 16
- Haarwildschäden AKB A.2.2.1.6 75
- Vor einem Tier AKB A.2.9.1 304 ff.

Auto- und Reise-Schutzbrief
- Parallelen zum Auto-Schutzbrief AVAR 4 ff.
- Unterschiede im Leistungskatalog zum Auto-Schutzbrief AVAR 16 ff.
- Unterschiede zum Auto-Schutzbrief AVAR 11 ff.

Autoinhaltsversicherung Versicherung von sonstigen Gegenständen 148 f.

Autoradio
- Ablenkung durch ~ AKB A.2.9.1 342
- Neuwertentschädigung AKB A.2.1.2.3 2

Autoschutzbrief
- Abschleppen des Fahrzeuges AKB A.3.5.2 1 ff.
- Abtretung AKB A.3.10.2 1 ff.
- Anhänger AKB A.3.3 2 ff.
- Anrechnung ersparter Aufwendungen, s. dort
- Armenien AKB A.3.4 9
- Ärztliche Schweigepflicht AKB E.1.4.2 2
- Aserbaidschan AKB A.3.4 9
- Auslandsreise AKB A.3.8 1
- Ausschlussklauseln AKB A.3.9 1
- Befolgen von Weisungen AKB E.1.1.4 4
- Beginn des Versicherungsschutzes AKB Vor A.3 12
- Berechtigte Insassen AKB A.3.2 3
- Berechtigter Fahrer AKB A.3.2 2
- Direkthilfe im Schadenfall AKB A.3.1 2
- Erdbeben AKB A.3.9.3 1
- Erkrankung AKB E.1.4.2 1
- Europa AKB A.3.4 2 ff.
- Fahrzeug AKB A.3.3 1
- Fahrzeugabholung, s. dort
- Fahrzeugunterstellung, s. dort
- Falschparken AKB A.3.9.3 5
- Genehmigte Rennen AKB A.3.9.2 1 ff.
- Georgien AKB A.3.4 9
- Grobe Fahrlässigkeit AKB A.3.9.1 4 ff.
- Grönland AKB A.3.4 12
- Informationspflichten AKB E.1.4.2 1
- Innere Unruhen AKB A.3.9.3 3
- Israel AKB A.3.4 11
- Kanarische Inseln AKB A.3.4 13
- Kasachstan AKB A.3.4 10
- Kein Sonderkündigungsrecht nach G.4.2 bzw. G.4.3 AKB G.4.4 1
- Kernenergie AKB A.3.9.4 1
- Krankenrücktransport, s. dort
- Krieg AKB A.3.9.3 2
- Kündigungsrecht für alle Sparten AKB G.4.2 1
- LKW-Schutzbriefe AKB Vor A.3 8
- Maßnahmen der Staatsgewalt AKB A.3.9.3 4
- Mietwagen, s. dort
- Nicht genehmigte Rennen AKB D.1.1.4 7
- Originalbelege AKB E.1.4.2 1
- Pannenhilfe, s. dort
- Räumlicher Geltungsbereich AKB A.3.4 1 ff.
- Regress des Autoschutzbriefversicherers AKB A.3.11.2 4 ff.
- Reise, s. dort
- Rückholung von Kindern, s. dort
- Russland AKB A.3.4 7
- Schadenmeldepflicht AKB E.1.1.1 6
- Schadenminderungspflicht AKB E.1.1.4 3
- Schadenversicherung AKB Vor A.3 4
- Selbständigkeit AKB G.4.1 1
- Serviceleistung AKB A.3.1 4
- Subsidiarität AKB A.3.11.2 1 ff.
- Telefonische Meldung AKB A.3.9.1 8
- Türkei AKB A.3.4 8
- Unterlagen, Belege, Schweigepflicht AKB E.2.1 22
- Untersuchung AKB E.1.4.2 1
- Verkehrs-Service-Versicherungen AKB Vor A.3 11
- Verpfändung AKB A.3.10.2 1 ff.
- Verpflichtung Dritter AKB A.3.11.1 1 ff.
- Versicherter Personenkreis AKB A.3.2 1

Stichwortverzeichnis

- Verweisung des Haftpflichtversicherers wegen Mietwagenkosten AKB A.3.11.2 7 ff.
- Vollständige Weisungsbefugnis AKB E.1.4.1 1
- Vorsatz AKB A.3.9.1 1
- Weisungen des Versicherers AKB E.1.1.3 14
- Weisungseinholung AKB E.2.1 21
- Zulassungsfahrt AKB H.3.1 1
- Zumutbarkeit AKB E.1.1.4 5
- Zypern AKB A.3.4 8

Autoschutzbriefversicherung
- Mitversicherte Personen VVG § 28 7

AVAR AKB A.5 6; A.5.4.2 9

B

BaFin VVG § 113 19

Bagatellschäden
- Sonderbedingungen zur Selbstregulierung von AKB A.1.1.4 59

Bahnfahrten
- Pannenhilfe AKB A.3.6.1 8
- Rückholung von Kindern AKB A.3.7.2 3

Bandscheiben AKB A.4.12.9 79; A.5.6.3 1 ff.
- Beweislast AKB A.4.12.9 81

Basisvertrag VVG § 113 59

Bau- und Betriebsvorschriften der StVZO
- Beschränkung der Verweisung PflVG § 3 7

Bauch- und Unterleibsbrüche AKB A.4.12.9 93 ff.
- Beweislast AKB A.4.12.9 95

Bedienungsfehler
- Unfall AKB A.2.2.2.3 40 ff.

Bedingungsänderung AKB N 1 ff. Kfz-USV K 265 ff.

Beerdigungskosten AKB A.5.2 62 ff.; A.5.4.1 5, 40 f., 44

Befreite Halter
- Direktanspruch PflVG § 2 15 ff.
- Grenzen der Leistungspflicht des ~ PflVG § 2 10 ff.
- Regress gegen Bedienstete PflVG § 2 21 f.
- Regulierung des ~ PflVG § 2 8 f.
- Verweisung PflVG § 3 5
- Wegen der Fahrzeugart ~ PflVG § 2 26 ff.
- Zusatzdeckung durch Fahrer PflVG § 2 23 ff.

Begleitetes Fahren
- Fahrer PflVG § 1 76 f.

- Führerscheinklausel AKB D.1.1.3 9
- Mitversicherte Personen AKB A.1.2 94 ff.

Begleitfahrzeug
- Fahrer PflVG § 1 71 f.

Begleitperson
- Rückholung von Kindern AKB A.3.7.2 4

Beifahrer
- Mitversicherte Personen AKB A.1.2 48 ff.

Beiträge
- Zahlungsweise AKB M 1 ff.

Beitragsänderung
- Änderung der Berufsgruppe AKB K.2.1 5
- Änderung der variablen Merkmale AKB K.2.1 1 ff.
- Änderung des Verwendungszwecks AKB K.5 1 ff.
- Bestimmtheit AKB Vor J 1
- Erhöhung des Beitrages AKB K.2.1 3
- Jahresfahrleistung AKB K.2.2 1 Kfz-USV J 262 ff.; K 265 ff.
- Senkung des Beitrages AKB K.2.1 3
- Tarifliche Maßnahmen AKB Vor J 1
- Unterlassene Mitteilung bei Überschreitung der angegebenen Jahreslaufleistung AKB K.2.3 1
- Vereinbarkeit mit dem AGG AKB K.2.1 6
- Vereinbarkeit mit §§ 305 ff. BGB AKB K.2.1 2
- Verhalten des VN AKB K 1
- Verletzung der vereinbarten Vertragspflichten AKB K.2.1 4
- Weiche Tarifmerkmale AKB K.2.1 1
- Zeitpunkt AKB K.2.2 1

Beitragsberechnung
- Anzeigepflicht von Änderungen AKB K.4.1 1
- Auskunfts- und Mitwirkungspflichten AKB K.4.5 1
- Falsche Angaben AKB K.4.3 2 ff.
- Folgen von Nichtangaben AKB K.4.5 1
- Prüfungsrecht der vereinbarten Merkmale AKB K.4.2 1
- Vertragsstrafe bei vorsätzlicher Falschangabe AKB K.4.4 1

Beitragserhöhung
- Hinweispflicht des Versicherers auf Sonderkündigungsrecht AKB G.2.7 2
- Sonderkündigungsrecht AKB G.2.7 1 ff.

Beitragspflicht
- Kfz- Haftpflichtversicherer PflVG § 8 2

2147

Stichwortverzeichnis

Beitragszahlung
- Einmalprämie AKB B.1 3; C 1
- Erstprämie AKB B.1 3; C 1
- Erstprämienzahlung, s. *dort*
- Fälligkeit AKB B.1 4
- Folgeprämien AKB B.1 3; C 1
- Hauptpflicht des VN AKB B.1 2 Kfz-USV C 218 f.
- Prämienanforderung AKB B.1 4
- Rückwärtsversicherung AKB B.1 1
- Versicherungsschutz AKB B.1 1; B.2.3 1
- Vertragszeitraum AKB C 1
- Zahlungspflicht AKB B.1 3
- Zahlungsverzüge des Maklers AKB C 1

Beladen
- Gebrauch des Fahrzeugs AKB A.1.1.1 144 ff.

Belehrung
- Zahlungsanforderung AKB C.1.1 12
- Zahlungsverzug bei Folgeprämie VVG § 38 3

Belehrungs- und Hinweispflichten AKB E.2.1 5
- Vorläufiger Versicherungsschutz, rückwirkender Wegfall AKB B.2.4 7

Belehrungspflicht
- Bestandsübernahme PflVG § 15 6 f.
- Prämienverzug KfzPflVV § 9 5

Belehrungspflichten AKB A.2.1.1 13
- Invalidität, Neubemessung AKB A.4.10.4 21 f.

Benzinklauseln AKB A.1.1.1 222 ff.

Benzinmangel AKB A.2.9.1 350
- Pannenhilfe AKB A.3.5.4 9

Beratungs-, Informations- und Dokumentationspflichten AKB B 3 f.

Beratungspflicht
- Ausnahme VVG § 6 14
- Dokumentation VVG § 6 15 f.
- Fernabsatzgeschäft VVG § 6 14
- Inhalt VVG § 6 3 f.
- Kraftfahrtversicherung VVG § 6 2 ff.
- Schadenersatzpflicht des Versicherers VVG § 6 17 f.
- Schadenfall VVG § 6 10
- Sonstige Folgen VVG § 6 19
- Unterjährige Vertragsänderung VVG § 6 8
- Vermittler/Agent VVG § 6 11 ff.
- Vor Vertragsschluss VVG § 6 4

- Wechselwirkung mit vorvertraglicher Anzeigepflicht VVG § 6 9
- Widerspruchsrecht VVG § 6 5

Beratungspflichten
- Außereuropäisches Ausland AKB A.2.4 3 ff., 7 ff.

Beratungsverschulden
- Darlegungs- und Beweislast AKB A.2.1.1 71 ff.
- Erfüllungshaftung des VR AKB A.2.1.1 54 ff.
- Konkurrenzen AKB A.2.1.1 79 ff.
- Nach alten AKB (vor 2008) AKB A.2.1.1 48 ff.
- Nach neuen AKB (ab 2008) AKB A.2.1.1 53 ff.
- Schadenersatzhaftung des Versicherungsvermittlers AKB A.2.1.1 66 ff.
- Schadenersatzhaftung des VR AKB A.2.1.1 58 ff. VVG § 6 18

Berechtigter Fahrer
- Autoschutzbrief AKB A.3.2 2
- Begriff AKB D.1.1.2 1 ff.
- Diebstahl AKB D.1.1.2 4
- Ermöglichen der Schwarzfahrt AKB D.1.1.2 8
- Fahrerschutzversicherung AKB A.5.2 1, 2
- Fahrzeugschlüssel-Aufbewahrung AKB D.1.1.2 9 ff.
- Gebrauchsüberschreitung AKB D.1.1.2 3, 5
- Haftungsrechtliche Folgen der Schwarzfahrt AKB D.1.1.2 13
- Kenntnis des entgegenstehenden Willens des Berechtigten AKB D.1.1.2 3
- Minderjährige Familienangehörige des Versicherungsnehmers AKB D.1.1.2 6 f.
- Mutmaßlicher Wille des Berechtigten AKB D.1.1.2 2
- Nachträgliche Genehmigung der Schwarzfahrt AKB D.1.1.2 12 SB Handel/Handwerk B.1.1 1 f.
- Unfall des Diebes AKB D.1.1.2 4

Bereifung
- Mangelhafte - AKB A.2.9.1 326 ff.

Bergen des Fahrzeuges
- Besitzstörung AKB A.3.5.3 11
- Definition AKB A.3.5.3 2 ff.
- Eigenschäden AKB A.3.5.3 8 ff.

2148

Stichwortverzeichnis

- Gewerblich beförderte Ladung AKB A.3.5.3 13
- Höchstgrenzen AKB A.3.5.3 10
- Straßenreinigung AKB A.3.5.3 14
- Unterschied zum Abschleppen AKB A.3.5.3 12
- Verhältnismäßigkeit AKB A.3.5.3 6
- Wirtschaftlicher Totalschaden AKB A.3.5.3 6

Bergungskosten
- Kaskoversicherung AKB A.2.5.1.8 127

Berufsfahrerversicherung
- Eigenschaft als Kraftfahrer AKB A.4.2.6 17
- Versicherte AKB A.4.2.6 15 ff.

Berufung AKB L.2.3 41

Beschädigung
- Kaskoversicherung AKB A.2.1.1 6
- Zusatzhaftpflichtversicherung für Kfz-Handel- und Handwerk BB Handel/Handwerk 1.1 6

Beschädigung einer Sache
- Schadensersatzansprüche AKB A.1.1.1 46 ff.

Beschädigung von Ladung
- Ausschluss von Schäden an der Ladung KfzPflVV § 4 13
- Einschluss persönlicher Gegenstände KfzPflVV § 4 14

Beschädigung, Zerstörung, Abhandenkommen
- Abgeschlepptes Fahrzeug AKB A.1.5.4 1
- Anhänger AKB A.1.5.4 1
- Beförderter Sachen AKB A.1.5.5 1 ff.
- Versichertes Fahrzeug AKB A.1.5.3 1

Beschränkung der Verweisung
- Bau- und Betriebsvorschriften der StVZO PflVG § 3 7
- Fahrer ohne Fahrerlaubnis PflVG § 3 9
- Unberechtigter Fahrer PflVG § 3 8

Besitzstörung
- durch Falschparken AKB A.1.1.1 16 ff.

Bestandsübernahme
- Anwendungsbereich PflVG § 15 2 f.
- AVB-Anpassung PflVG § 15 4 f.
- Belehrungspflicht PflVG § 15 6 f.
- Sonderkündigungsrecht PflVG § 15 6 f.
- Tarifangleichung PflVG § 15 4 f.

Bestattungspflicht AKB A.5.2 63

Besuchskosten AKB A.5.4.1 4

Betreuungsunterhalt AKB A.5.2 44, 67

Betriebsarten
- Kfz-Handel- und Handwerk-Versicherung SB Handel/Handwerk A.1 1

Betriebsfremde Personen
- Mitversicherte Personen AKB A.1.2 99 f.
  SB Handel/Handwerk A.5.1.2 7
- Zusatzhaftpflichtversicherung für Kfz-Handel- und Handwerk BB Handel/Handwerk 1.1 4

Betriebsstätten
- Mehrere SB Handel/Handwerk A.2 1

Betriebsstörung Kfz-USV A.1.1.1 84 ff.

Betriebsvorgänge
- Reifenplatzer AKB A.2.2.2.3 21
- Unfall AKB A.2.2.2.3 39 ff.
- Unwirksamkeit der Klausel AKB A.2.2.2.3 35

Beweislast
- Alkoholklausel AKB D.2.1 38
- Brand AKB A.2.2.1.6 107 ff.
- Diebstahl AKB A.2.2.1.6 125 ff., 138
- Entschädigungsverfahren PflVG § 3a 53 f.
- Erstprämienverzug AKB C.1.2 20
- Explosion AKB A.2.2.1.6 20
- Führerscheinklausel AKB D.2.1 32
- Gefahrerhöhung, Kündigung VVG § 24 8 ff.
- Gefahrerhöhung, Leistungsfreiheit VVG § 26 3 ff.
- Grobe Fahrlässigkeit AKB A.2.9.1 36, 363 ff.
- Haarwildschäden AKB A.2.2.1.6 263 ff.
- Höhere Gewalt AKB A.2.9.4 12
- Invalidität AKB A.4.5.2.7 24 f.
- Kaskoversicherung AKB A.2.1.1 36 ff.
- Kenntnis des Versicherungsnehmers VVG § 5 10
- Krankenhaustagegeld AKB A.4.7.2 10, 13
- Kündigung wegen Gefahrerhöhung VVG § 24 8 ff.
- Naturgewalten AKB A.2.2.1.6 256
- Obliegenheitsverletzung AKB D.2.1 6 f. E.2.2 5 VVG § 28 21
- Raub, Räuberische Erpressung AKB A.2.2.1.6 30
- Regress (Kaskoversicherung) AKB A.2.8 74 ff.
- Regressanspruch VVG § 116 67
- Restwert AKB A.2.5.1.8 89

2149

Stichwortverzeichnis

- Schuldunfähigkeit **AKB A.2.9.1** 375 ff.
- Unbefugter Gebrauch **AKB A.2.2.1.6** 254 f.
- Unfall **AKB A.2.2.2.3** 107 ff., 138 ff.
- Unfallversicherung **AKB A.4.3** 9
- Unterschlagung **AKB A.2.2.1.6** 247 ff.
- Versicherungsvertrag **AKB B** 24
- Versuchte Entwendung **AKB A.2.2.1.6** 210 ff.
- Verwendungsklausel **AKB D.1.1.1** 7
- Vorläufige Deckung **AKB A.2.1.1** 71 ff.
- Vorsatz **AKB A.2.9.1** 359 ff.

Billigreparatur AKB A.2.5.7.2 8

Blindgänger
- Fahrerschutzversicherung **AKB A.5.6.6** 2 f.

Blitzschlag AKB A.2.2.1.6 66

Brand
- Bestimmungsgemäßer Brandherd **AKB A.2.2.1.6** 11
- Beweislastverteilung **AKB A.2.2.1.6** 107 ff.
- Definition **AKB A.2.2.1.6** 6
- Eigenbrandstiftung **AKB A.2.2.1.6** 107
- Gebrauch des Fahrzeugs **AKB A.1.1.1** 151 ff.
- Gefahrerhöhung **AKB A.2.2.1.6** 124
- Grobe Fahrlässigkeit **AKB A.2.2.1.6** 122
- Indizien für eine vorsätzliche Brandstiftung **AKB A.2.2.1.6** 115 ff.
- Kausalität **AKB A.2.2.1.6** 7 ff.
- Leasingfahrzeuge **AKB A.2.2.1.6** 108
- Mittelbare Brandschäden **AKB A.2.2.1.6** 8 f.
- Nachfolgender Unfall **AKB A.2.2.1.6** 109 ff.
- Risikoausschlüsse **AKB A.2.2.1.6** 13 ff.
- Schadenanzeige **AKB A.2.2.1.6** 108
- Schmorschäden **AKB A.2.2.1.6** 13 f.
- Selbsttötung **AKB A.2.2.1.6** 123
- Sengschäden **AKB A.2.2.1.6** 15
- Unmittelbare Brandschäden **AKB A.2.2.1.6** 7
- Unzurechnungsfähigkeit **AKB A.2.2.1.6** 123
- Vorausgegangene Entwendung **AKB A.2.2.1.6** 113 f.
- Vorausgegangener Unfall **AKB A.2.2.1.6** 109 ff.

Brand, Explosion, Unwetter
- Pannenhilfe **AKB A.3.5.4** 20

Bremsvorgänge
- Unfall **AKB A.2.2.2.3** 37 f.

Brillenträger AKB A.4.5.2.7 32 ff.

Bundesagentur für Arbeit VVG § 117 41 f.

Bundesanstalt für Finanzdienstleistungen VVG § 113 19

Bundeswehr
- Krankenhaustagegeld **AKB A.4.7.2** 8

C

Camping-Versicherung AKB A.1.5.5 1

Campingplatz
- Offizieller – **AVB Camping** 19 Versicherung von sonstigen Gegenständen 87

Campingversicherung
- Ausschlüsse **AVB Camping** 19 ff.
- Ermittlung der Geldleistung des Versicherers **AVB Camping** 39 ff.
- Selbstbeteiligung **AVB Camping** 45 f.
- Umfang **AVB Camping** 12 ff.
- Versicherte Sachen **AVB Camping** 1 ff.

Carsharing
- Verwendungsklausel **AKB D.1.1.1** 4
- CD-Wechsler **AKB A.2.1.2.3** 2

Chauffeur-Dienste
- Verwendungsklausel **AKB D.1.1.1** 4

D

Datenbeschaffung
- Auskunftsstelle **PflVG § 8a** 9

Datenschutz
- Auskunftsstelle **PflVG § 8a** 10
- Schadenfreiheitsrabatt **AKB I.8.4** 48 ff.

Deckungserweiterungen
- Folgen für Geschädigten **VVG § 113** 52
- Folgen für Schädiger außerhalb von § 1 PflVG **VVG § 113** 51
- Höhere Summen **VVG § 113** 47
- Inhaltliche Erweiterung **VVG § 113** 49 f.
- Räumliche Erweiterung **VVG § 113** 48
- Rechtsfolgen **VVG § 113** 46 ff.

Deckungssumme
- Fahrerschutzversicherung **AKB A.5** 8

Deckungsvorsorge
- Umwelthaftungsrichtlinie **Kfz-USV Vorb.** 9 ff. **VVG § 113** 7 ff.

Diebstahl
- Abgrenzung zwischen nicht gedeckter Unterschlagung und – **AKB A.2.2.1.6** 38 **AKB A.2.2.1.6** 25

2150

Stichwortverzeichnis

- Anhörung des glaubwürdigen VN nach § 141 ZPO **AKB A.2.2.1.6** 140 ff.
- Ausland, *s. Fahrzeugdiebstahl (Ausland)*
- Beschädigung des Kfz durch (versuchte) Entwendung **AKB A.2.2.1.6** 193 ff.
- Beschädigung des Kfz durch (versuchte) Entwendung (nicht) mitversicherter Teile **AKB A.2.2.1.6** 204 ff.
- Beweiserleichterungen des VN **AKB A.2.2.1.6** 138
- Beweiserleichterungen des VR **AKB A.2.2.1.6** 165 ff.
- Beweislast bei versuchter Entwendung **AKB A.2.2.1.6** 210 ff.
- Beweislastverteilung **AKB A.2.2.1.6** 125 ff., 138
- Drei-Stufen-Modell des BGH **AKB A.2.2.1.6** 125 ff.
- Einzelfälle aus der Rechtsprechung **AKB A.2.2.1.6** 163 f., 179 f.
- Entwendung und nachfolgender Unfall/Brand **AKB A.2.2.1.6** 239 ff.
- Kfz-Schlüssel **AKB A.2.2.1.6** 150 ff., 169 ff., 214 ff.
- Mitversicherte Teile **AKB A.2.2.1.6** 192
- Nachweis der Schadenhöhe **AKB A.2.2.1.6** 238
- Obliegenheitsverletzungen des VN, *s. dort*
- Probefahrten **AKB A.2.2.1.6** 186 ff.
- Rückforderungsrechtsstreit des VR gegen VN **AKB A.2.2.1.6** 244 ff.
- Schäden vor, beim und nach Gebrauch des entwendeten Fahrzeuges **AKB A.2.2.1.6** 202 f.
- Trickdiebstahl **AKB A.2.2.1.6** 182 ff.
- Unglaubwürdiger VN **AKB A.2.2.1.6** 160 ff.
- Verlust von Fahrzeugschlüsseln **AKB A.2.2.1.6** 232 ff.
- Vollbeweis des VN **AKB A.2.2.1.6** 181
- Wahrscheinlichkeitsstufen **AKB A.2.2.1.6** 136 f.
- Wiederauffinden des Fahrzeuges und Höhe der Entschädigung **AKB A.2.2.1.6** 243
- Zeugenbeweis **AKB A.2.2.1.6** 154 ff.

Dienstführerschein
- Führerscheinklausel **AKB D.1.1.3** 12

Dienstherr AKB A.5.5.1 5; **A.5.6.4** 5

Dienstreisen
- Mit Privatwagen **Kfz-USV A.1.1.4** 145 ff.

Differenz-Kasko AKB A.2.7.3 105

Direktanspruch AKB A.5.2 68; **A.5.4.2** 16, 35; **A.5.5.1** 11
- Auskunft über den Versicherungsvertrag **VVG § 115** 212 ff.
- Befreite Halter **PflVG § 2** 15 ff.
- Definition des Verkehrsopfers als Dritten **VVG § 115** 67 ff.
- Dritter **VVG § 115** 60 ff.
- Drohender Fristablauf **VVG § 115** 208 f.
- Geltendmachung **PflVG § 3a** 3 ff.
- Gesamtschuldverhältnis **VVG § 115** 124 ff.
- Haftpflicht-Zusatzdeckungen **VVG § 115** 53 ff.
- Haftpflichtversicherung zur Erfüllung einer nach dem PflVG bestehenden Versicherungspflicht **VVG § 115** 37 ff.
- Historie **VVG § 115** 1 ff.
- Kein Dritter **VVG § 115** 105
- Kein ~ des Geschädigten **Kfz-Güterfolgeschadenversicherung** 63
- Klage nur gegen den Schädiger **VVG § 115** 210 f.
- Krankes Versicherungsverhältnis **VVG § 115** 96 f.
- Normzweck **VVG § 115** 14 ff.
- Primär schutzwürdige Personen **VVG § 115** 68 ff.
- Rechtliche Einordnung **VVG § 115** 9 ff.
- Rechtskrafterstreckung **VVG § 124** 6 **SB Handel/Handwerk A.4.1** 4 f.
- Schadenregulierungsvertreter **PflVG § 8** 5
- Schadensersatzanspruch **VVG § 115** 26 ff.
- Sekundär schutzwürdige Personen **VVG § 115** 75 ff.
- Teleologische Reduktion des Begriffs Dritter **VVG § 115** 98 ff.
- Tertiär schutzwürdige Personen **VVG § 115** 88 ff.
- Umfang der Leistungspflicht **VVG § 115** 119 ff.
- Unabdingbarkeit **VVG § 115** 207
- Verjährung, *s. Direktanspruch, Verjährung*
- Vertragliche Übernahme weiterer Gefahren über die gesetzlichen Mindestanforderungen hinaus **VVG § 115** 43 ff.
- VN und mitversicherte Personen als Dritte **VVG § 115** 114 ff.

2151

Stichwortverzeichnis

Direktanspruch, verjährter
- Anspruchsübergang VVG § 124 9
- Kenntnis VVG § 124 10 f.
- Klage Sozialversicherungsträger gegen VN/Fahrer VVG § 124 12

Direktanspruch, Verjährung
- Anmeldung beim falschen Versicherer VVG § 115 150 ff.
- Anmeldung beim Schädiger VVG § 115 170 ff.
- Anmeldung beim Versicherer VVG § 115 148 f.
- Anmeldung durch den Schädiger VVG § 115 173 f.
- Anmeldung für Dritte VVG § 115 167 ff.
- Anmeldung in Textform VVG § 115 157 ff.
- Aufhebung der Hemmung VVG § 115 179 ff.
- Befreite Halter VVG § 115 225
- Drittwirkung VVG § 115 204 ff.
- Drohender Fristablauf VVG § 115 208 f.
- Gleichlauf der Verjährungsfrist VVG § 115 130 f.
- Gleichzeitiger Verjährungsbeginn VVG § 115 132
- Grenzen des Gleichlaufs der Verjährung VVG § 115 215 ff.
- Klage nur gegen den Schädiger VVG § 115 210 f.
- Neuverhandlungen VVG § 115 220 ff.
- Umfang der Anmeldung VVG § 115 162 ff.
- Unterschiedliches Verjährungsende VVG § 115 133 ff.
- Verzicht auf die Erhebung der Einrede VVG § 115 223 f.
- Wirkung der Hemmung VVG § 115 175 ff.

Dokumentation
- Beratungspflicht VVG § 6 15 f.

Doppelversicherung AKB A.5.2 21, 23, 29; A.5.4.2 45 SB Handel/Handwerk A.4.1 6 ff.

Dritter
- Aufrechnung gegenüber ~ VVG § 121 1 f.
- Begriff VVG § 115 60 ff.
- Definition des Verkehrsopfers als Dritten VVG § 115 67 ff.
- Kein Dritter VVG § 115 105

- Krankes Versicherungsverhältnis VVG § 115 96 f.
- Primär schutzwürdige Personen VVG § 115 68 ff.
- Sekundär schutzwürdige Personen VVG § 115 75 ff.
- Teleologische Reduktion des Begriffs Dritter VVG § 115 98 ff.
- Tertiär schutzwürdige Personen VVG § 115 88 ff.
- VN und mitversicherte Personen als Dritte VVG § 115 114 ff.

Dritter, Obliegenheiten
- Anzeige in Textform VVG § 119 3
- Anzeigeobliegenheit VVG § 119 1
- Begriff des Dritten VVG § 119 1
- Geltendmachung des Anspruchs gegen VN VVG § 119 5
- Information über gerichtliche Geltendmachung VVG § 119 6
- Obliegenheitsverletzung VVG § 119 4
- Vorlage von Belegen VVG § 119 6
- Zweiwochenfrist VVG § 119 2

Dritter, Obliegenheitsverletzung VVG § 120 1

Drogen AKB A.2.9.1 88, 156 ff.; D.1.2 7 f.
- Fahruntüchtigkeit AKB D.1.2 7 f.
- Quotierung AKB D.2.1 40

Drogen- oder medikamentenbedingte Bewusstseinsstörung AKB A.4.12.9 63 ff.

Drohung
- Kontrahierungszwang AKB G.3.1 4
- Versicherungsvertrag AKB B 12

DTV-Güter 2000/2011
Kfz-Güterfolgeschadenversicherung 67

DTV-VHV 2003/2011
Kfz-Güterfolgeschadenversicherung 68

Durchstoßungsschäden AKB A.2.2.2.3 145

E

E-Bikes
- Alkoholklausel AKB D.1.2 1
- Fahruntüchtigkeit AKB D.1.3.1 2

EG-KH-Richtlinien PflVG § 8a 1

EG-Umwelthaftungsrichtlinie VVG § 113 15

Ehegatte
- Fahrerschutzversicherung AKB A.5.2 21, 23, 29
- Repräsentant AKB A.2.3 33 ff.

Stichwortverzeichnis

Ehrverletzungen
- Schadensersatzansprüche AKB A.1.1.1 36 ff.

Eigenbrandstiftung AKB A.2.2.1.6 115 ff.

Eigene Fahrzeuge (Kfz- Handwerksbetriebe)
- Des Betriebes SB Handel/Handwerk A.4.1 11 f. SB Handel/Handwerk A.3.2.1 2
- Unfallersatzwagen SB Handel/Handwerk A.1.1.2 4
- Versicherungsumfang SB Handel/Handwerk A.1.1.2 2
- Werkstattwagen SB Handel/Handwerk A.1.1.2 3

Eigenreparatur AKB A.2.7.3 22, 31

Eigenschaden
- Fahrer AKB A.1.5.6 5
- Risikoausschlüsse KfzPflVV § 4 3
- Umfang des Ausschlusses AKB A.1.5.6 6
- VN AKB A.1.5.6 3 f.

Eigentümer
- Mitversicherte Personen AKB A.1.2 36 ff.
- Versicherte Person PflVG § 1 59 ff.

Eindringen von Fremdkörpern
- Reifenschäden AKB A.2.9.3 2

Einfriedungsklausel
- Werkstatt-Obhut SB Handel/Handwerk A.1.1.3 14

Eingetragener Fahrer AKB A.2.8 10

Einheitliches Schadensereignis AKB A.2.5.8 10

Einkaufswagen
- Gebrauch des Fahrzeugs AKB A.1.1.1 157 ff.

Einlöseklausel AKB B 1 f.

Einschlafen AKB A.4.12.9 62

Einschränkung der Leistungspflicht
- Entschädigungsfonds PflVG § 12 31 ff.

Einschränkungen der Bewegungsfreiheit
- Schadensersatzansprüche AKB A.1.1.1 32 ff.

Einstiegsquoten AKB A.2.9.1 29

Einweiser
- Mitversicherte Personen AKB A.1.2 87 ff.

Einziehung des Fahrzeugs
- Verstoß gegen die Kraftfahrzeugversicherungspflicht PflVG § 6 37

Elektro- und Hybridfahrzeuge
- Alkoholklausel AKB D.1.2 1
- Fahruntüchtigkeit AKB D.1.3.1 2

Elektrofahrrad Versicherung von sonstigen Gegenständen 63 f.

Elektroräder PflVG § 6 5

Elternzeit AKB A.5.4.1 43

Enkel AKB A.5.2 21

Entgangene Dienste AKB A.5.2 61

Entgangener Verdienst
- Zusatzhaftpflichtversicherung für Kfz-Handel- und Handwerk BB Handel/Handwerk 3.1.3 44

Entgeltliche Personen- oder Güterbeförderung
- Ausschluss Versicherungsschutz SB Handel/Handwerk B.2.1 1
- Kaskoversicherung (Kfz-Handel und -Handwerk) SB Handel/Handwerk A.5.1.3 1 ff.

Entladen
- Gebrauch des Fahrzeugs AKB A.1.1.1 163 ff.

Entschädigungsfonds
- Anspruchsvoraussetzungen PflVG § 12 2
- Deckungsumfang PflVG § 12 6
- Einschränkung der Leistungspflicht PflVG § 12 31 ff.
- Einschränkung der Leistungspflicht bei nicht ermittelbarem Schädigerfahrzeug PflVG § 12 38 ff.
- Ersatzansprüche PflVG § 12 43 ff.
- Ersatzberechtigter PflVG § 12 7 f.
- Finanzierung PflVG § 13 1 ff.
- Gebrauch des Fahrzeugs PflVG § 12 2
- Gegenseitigkeitsklausel PflVG § 14 1 ff.
- Geltungsbereich PflVG § 12 3 ff.
- Insolvenz des Versicherers PflVG § 12 29
- Nicht ermittelbares Schädigerfahrzeug PflVG § 12 9 ff.
- Nicht versicherte Fahrzeuge PflVG § 12 15 ff.
- Regulierungsverfahren PflVG § 12 47 ff.
- Streitfälle über die Eintrittspflicht PflVG § 12 30
- Träger PflVG § 13 1 ff.
- Verjährung PflVG § 12 42
- Von der Versicherungspflicht befreite Fahrzeuge PflVG § 12 20 f.
- Vorrangige Eintrittspflichtige PflVG § 12 31 ff.
- Vorsätzliche Schädigung PflVG § 12 22 ff.

2153

Stichwortverzeichnis

Entschädigungsstelle
- Anspruchsübergang PflVG § 12b 1 ff.
- Anspruchsvoraussetzung PflVG § 12a 3 ff.
- Auslandsunfälle PflVG § 12a 1 ff.
- Entschädigungsverfahren PflVG § 12a 7 ff.
- Internationaler Ausgleich PflVG § 12c 1
- Passivlegitimation PflVG § 12a 10
- Träger PflVG § 13a 1 f.
- Zweimonats-Frist PflVG § 12a 8 f.

Entschädigungsverfahren
- Arbeitgeber und Dienstherren PflVG § 3a 69
- Auslandsbeteiligung PflVG § 3a 44
- Beweislast PflVG § 3a 53 f.
- Erneute Anspruchserhebung PflVG § 3a 61 f.
- Fristen PflVG § 3a 10 ff.
- Gesamtschuldner, *s. dort*
- Kein klagbarer Anspruch auf mit Gründen versehene Antwort PflVG § 3a 60
- Keine Analogie bei Anspruchserhebung gegenüber Schädiger PflVG § 3a 56
- Keine Analogie für andere Pflicht-Haftpflichtversicherungen PflVG § 3a 57 ff.
- Mit Gründen versehenes Ablehnungsschreiben PflVG § 3a 22 ff.
- Mit Gründen versehenes Schadenersatzangebot PflVG § 3a 18 ff.
- Private Krankenversicherer PflVG § 3a 67
- Sozialversicherungsträger PflVG § 3a 65 f.
- Teilregulierung PflVG § 3a 25
- Verzinsung PflVG § 3a 28 ff.
- Vorschussleistungen PflVG § 3a 26
- Weitergehende Ansprüche PflVG § 3a 36 ff.

Entwendung
- Abgrenzung zwischen nicht gedeckter Unterschlagung und Diebstahl AKB A.2.2.1.6 38
- Aufteilung des Veräußerungserlöses bei gekürzter Leistung AKB A.2.5.5.4 27
- Begriff AKB A.2.2.1.6 21 ff.
- Beweislastverteilung AKB A.2.2.1.6 30
- Diebstahl AKB A.2.2.1.6 25
- Eigentumserwerb des VR AKB A.2.5.5.4 23 ff.
- Ermöglichen der Entwendung, *s. dort*
- Finderlohn AKB A.2.5.5.4 31
- Gewahrsamsbruch AKB A.2.2.1.6 26 f.
- Raub AKB A.2.2.1.6 28
- Räuberische Erpressung AKB A.2.2.1.6 29
- Trickdiebstahl AKB A.2.2.1.6 26
- Wiederauffinden des Fahrzeuges, *s. dort*

Entwendung, Raub, Unterschlagung
- Pannenhilfe AKB A.3.5.4 18 f.

Epileptische Anfälle AKB A.4.12.9 67

Erdbeben AKB A.2.9.4 3
- Autoschutzbrief AKB A.3.9.3 1

Erdbeben, Kriegsereignisse, innere Unruhen, Maßnahmen der Staatsgewalt AKB A.4.12.9 76

Erfüllungshaftung des VR
- Beratungsfehler AKB A.2.1.1 54 ff.

Erhebliche Vortäuschungswahrscheinlichkeit
- Entwendung von Fahrzeug- und Zubehörteilen AKB A.2.2.1.6 178
- Vandalismusschaden AKB A.2.2.2.3 140 ff.

Erkrankung
- Autoschutzbrief AKB E.1.4.2 1

Ermessensfehler
- Beispiele AKB A.1.1.4 95
- Beispiele für verneinte ~ AKB A.1.1.4 96
- Darlegungs- und Beweislast AKB A.1.1.4 97 f.
- Rechtsfolgen AKB A.1.1.4 99

Ermöglichen der Entwendung
- Abstellort AKB A.2.9.1 186 ff.
- Grobe Fahrlässigkeit AKB A.2.9.1 183 ff.
- Kfz-Schlüssel, *s. dort*
- Kürzungsquoten AKB A.2.9.1 208 ff., 233 ff.
- Mangelnde Sicherung des Fahrzeuges und seiner Zubehörteile gegen Diebstahl AKB A.2.9.1 184 ff.
- Rechtsprechungsübersicht AKB A.2.9.1 235, 250
- Zurücklassen von Kfz-Papieren im Fahrzeug AKB A.2.9.1 251 ff.

Ermöglichen von Untersuchungen AKB E.1.1.3 16

Ersatzteilversand
- Kosten des Ersatzteiles AKB A.3.8.1 2 f.
- Umfang der Reparaturkosten AKB A.3.8.1 4

Erstprämie
- Nichtzahlung PflVG § 6 11 f.
- Zahlungsverzug, *s. Erstprämienverzug*

2154

Stichwortverzeichnis

Erstprämienverzug
- Außenverhältnis AKB C.1.2 17
- Beweislast AKB C.1.2 20
- Folgen für mitversicherte Personen AKB C.1.2 19
- Innenverhältnis AKB C.1.2 15 f.
- Leistungsfreiheit VVG § 37 3
- Rechtsfolgen der verspäteten Zahlung AKB C.1.2 13
- Rechtzeitige Zahlung AKB C.1.2 2 ff.
- Rücktritt VVG § 37 3
- Rückwirkender Wegfall der vorläufigen Deckung AKB C.1.2 18
- Schadenfall am Tag der Überweisung AKB C.1.2 7
- Schadenfall vor Beitragszahlung AKB C.1.2 8
- Verrechnung Schadenersatzleistung/Prämienanforderung AKB C.1.2 11 f.
- Vertretenmüssen der verspäteten Zahlung AKB C.1.2 9 f.
- Vollständige Leistungsfreiheit des Versicherers AKB C.1.2 14
- Voraussetzungen VVG § 37 2
- Zahlungsverzug VVG § 37 2 f.

Erstprämienzahlung
- Barzahlung AKB C.1.2 3
- Lastschrift AKB C.1.2 5
- Teilzahlung AKB C.1.2 6
- Überweisung AKB C.1.2 4

Erstunfall AKB A.5.1 24 ff.
Erwerbsschaden AKB A.5.4.1 6 f.
Europa
- Autoschutzbrief AKB A.3.4 2 ff.

EWR VVG § 113 23
Explosion
- Behälter AKB A.2.2.1.6 18
- Beweislastverteilung AKB A.2.2.1.6 20
- Definition AKB A.2.2.1.6 17
- Implosionen AKB A.2.2.1.6 18
- Kausalität AKB A.2.2.1.6 20
- Motorexplosion AKB A.2.2.1.6 19
- Schwungradexplosionen AKB A.2.2.1.6 18

F
Factoringunternehmen AKB A.2.7.4 40
Fahrbahnverhältnisse
- Grobe Fahrlässigkeit AKB A.2.9.1 51

Fahrbahnverlauf
- Grobe Fahrlässigkeit AKB A.2.9.1 51

Fahreignungsregister
- Verstoß gegen die Kraftfahrzeugversicherungspflicht PflVG § 6 41

Fahren ohne Fahrerlaubnis
- Ausländische Fahrerlaubnis AKB A.4.12.9 25
- Beschränkung der Verweisung PflVG § 3 9
- Beweislast AKB A.4.12.9 28
- Fahrenlassen AKB A.4.12.9 26
- Fahrverbot AKB A.4.12.9 27
- Inländische Fahrerlaubnis AKB A.4.12.9 23 f.

Fahrer AKB A.5.1 2, 6 ff., 38; A.5.2 1, 4 ff., 8, 18 f., 25, 28, 31 ff., 40, 43 ff., 49, 52 ff.; A.5.4.1 9 ff., 19, 26 ff., 40 f.; A.5.4.2 1 f., 8, 10, 19, 21 f., 25, 32, 35, 37, 39, 42 f., 66 f., 70, 73 f.; A.5.4.3 1 ff.; A.5.5.1 8, 17; A.5.5.2 1, 3; A.5.6.1 2; A.5.6.4 4, 7, 9, 10, 12; A.5.6.6 2; A.5.6.7 2
- Begleitetes Fahren PflVG § 1 76 f.
- Begleitfahrzeug PflVG § 1 71 f.
- Fahrerschutzversicherung AKB A.5 12
- Fahrertrainer PflVG § 1 78 ff.
- Fahrlehrer PflVG § 1 65 ff.
- Fahrschüler PflVG § 1 65 ff.
- Fahrzeugführer PflVG § 1 63 f.
- Insasse PflVG § 1 81
- Mitversicherte Personen AKB A.1.2 39 ff.
- Personenschaden AKB A.5 10
- Tötung AKB A.5 7
- Verletzung AKB A.5 7
- Zug- und Schubkombinationen PflVG § 1 73 ff.

Fahrer, berechtigter, s. *Berechtigter Fahrer*
Fahrerlaubnis KfzPflVG § 5 16
Fahrerschutzversicherung
- Abtretung AKB A.5.5.2 1 ff. AKB A.5 1 ff.
- Alkoholklausel AKB D.1.3 1; D.1.3.1 1 ff.
- Ansprüche Dritter AKB A.5.6.4 1 ff.
- Ansprüche gegen den Sozialversicherungsträger AKB E.1.6.3 4
- Ansprüche gegen Dritte AKB E.1.6.3 1 ff.
- Ansprüche gegen sonstige Schadensversicherer AKB E.1.6.3 5
- Arztbehandlung AKB E.1.6.1 1 ff.
- Ärztliche Anordnungen AKB E.1.6.1 4

2155

Stichwortverzeichnis

- Ausnahmen von der Gurtanlegepflicht AKB D.1.3.2 3
- Ausschlüsse AKB A.5.6 1 ff.
- Befolgen von Weisungen AKB E.1.1.4 4
- Berechtigter Fahrer AKB A.5.2 1 ff.
- E-Bikes AKB D.1.3.1 2
- Elektro- und Hybridfahrzeuge AKB D.1.3.1 2
- Erdbeben, Kriegsereignisse, innere Unruhen, Maßnahmen der Staatsgewalt AKB A.5.6.6 1 ff.
- Fahruntüchtigkeit AKB D.1.3.1 3
- Fälligkeit der Leistung AKB A.5.5.1 1 ff.
- Führen eines Kfz AKB D.1.3.1 2
- Genehmigte Rennen AKB A.5.6.5 1 ff.
- Gurtpflicht AKB D.1.3.2 1 ff.
- Gutachtenerstellung AKB E.1.6.2 1
- Kein Übergang auf den Erwerber AKB G.7.1 4
- Kernenergie AKB A.5.6.7 1 f.
- Kündigungserweiterung durch VN AKB G.4.3 1
- Kündigungsrecht für alle Sparten AKB G.4.2 1
- Leistungsfreiheit bei Vorsatz AKB D.2.1 10
- Lenken, s. dort
- Medizinische Aufklärung AKB E.1.6.2 1 ff.
- Minderung der Unfallfolgen AKB E.1.6.1 5
- Mitwirkungspflicht AKB E.1.6.1 2; E.1.6.2 1
- Nachweispflicht AKB E.1.6.2 1
- Nicht genehmigte Rennen AKB D.1.1.4 9
- Obliegenheiten AKB D.1 2
- Personenschaden AKB A.5.1 1 ff.; A.5.4.2 1 ff.
- Psychische Reaktionen AKB A.5.6.2 1 ff.
- Schäden an der Bandscheibe AKB A.5.6.3 1 ff.
- Schadenminderungspflicht AKB E.1.1.4 3
- Schweigepflichtentbindung AKB E.1.6.2 1
- Selbständigkeit AKB G.4.1 1
- Straftat AKB A.5.6.1 1 ff.
- Unfallbeteiligte Dritte als Mitschädiger AKB E.1.6.3 3
- Unfallbeteiligte Dritte als Schädiger AKB E.1.6.3 2
- Unterhaltsberechtigte Angehörige AKB F.2 5
- Unverzüglicher Arztbesuch AKB E.1.6.1 3
- Versicherungsschutz, vorläufiger AKB B.2.1 1
- Vorläufiger Versicherungsschutz, Kündigung AKB B.2.5 3
- Vorrangige Leistungspflicht Dritter AKB A.5.4.2 1 ff.
- Vorschusszahlung AKB A.5.5.1 20 ff.
- Wahrung von Ansprüchen gegen Dritte und SVT AKB E.1.6.4 1
- Weisungen des Versicherers AKB E.1.1.3 15
- Zumutbarkeit AKB E.1.1.4 5

Fahrersitz AKB A.5.1 14, 27

Fahrertrainer
- Fahrer PflVG § 1 78 ff.

Fahrlässigkeit
- Verstoß gegen die Kraftfahrzeugversicherungspflicht PflVG § 6 28 f.

Fahrlehrer
- Fahrer PflVG § 1 65 ff.

Fahrprüfer
- Mitversicherte Personen AKB A.1.2 101

Fahrschüler
- Fahrer PflVG § 1 65 ff.
- Führerscheinklausel AKB D.1.1.3 10

Fahrsicherheitstraining AKB A.2.9.2 9 f.

Fährunfälle AKB A.2.2.1.6 69

Fahruntüchtigkeit
- Absolute AKB A.2.9.1 91 ff.
- Absolute Fahruntüchtigkeit AKB D.1.2 3
- Alkoholbedingter Fahrfehler AKB D.1.2 5
- Alkoholgenuss AKB D.1.2 3 ff.
- Andere berauschende Mittel AKB D.1.2 6
- Definition AKB D.1.2 2
- Drogen AKB D.1.2 7 f.
- E-Bikes AKB D.1.2 1
- Elektro- und Hybridfahrzeuge AKB D.1.2 1
- Gefahrguttransporter AKB D.1.2 4
- Relative Fahruntüchtigkeit AKB D.1.2 4
- Relative - AKB A.2.9.1 96 ff.

Fahrverbot
- Verstoß gegen die Kraftfahrzeugversicherungspflicht PflVG § 6 36

Fahrzeug
- Abschleppen und Anschleppen PflVG § 6 6

Stichwortverzeichnis

- Definition **PflVG § 6** 3
- Geschobene - **KfzPflVV § 3** 19 ff.
- Taugliches Tatwerkzeug **PflVG § 6** 4
- Wiederauffinden, s. *Wiederauffinden des Fahrzeuges*

Fahrzeug-Identifikationsnummer AKB A.1.1.1 79 ff.

Fahrzeugabholung
- Begriff **AKB A.3.7.3** 3 ff.
- Fahrzeugbezogene Leistungen bei Erkrankung **AKB A.3.7.3** 9
- Fortsetzung der Reise **AKB A.3.7.3** 7
- Gültige Fahrerlaubnis **AKB A.3.7.3** 8
- Kilometerpauschale **AKB A.3.7.3** 10
- Selbstorganisation **AKB A.3.7.3** 10

Fahrzeugbezogene Klauseln
- Fahrerschutzversicherung **AKB A.5** 6

Fahrzeugdiebstahl (Ausland)
- Fahrzeugunterstellung **AKB A.3.8.2** 1 ff.
- Mietwagen **AKB A.3.8.2** 6 ff.

Fahrzeugführer
- Fahrer **PflVG § 1** 63 f.

Fahrzeugschlüssel, s. *Kfz-Schlüssel*

Fahrzeugteile
- Abhängig vom Gesamtneuwert mitversicherter Teile **AKB A.2.1.2.3** 44 ff.
- Außerhalb des Fahrzeuges unter Verschluss gehaltene Teile **AKB A.2.1.2.3** 41
- Begriff **AKB A.2.1.2.3** 11
- Behebung von Betriebsstörungen **AKB A.2.1.2.3** 38
- Beitragsfrei mitversichert **AKB A.2.1.2.3** 14 ff.
- Entschädigung auf Basis des Neupreises **AKB A.2.1.2.3** 60
- Erstattungsumfang **AKB A.2.1.2.3** 97 ff.
- Nicht versicherbare Gegenstände **AKB A.2.1.2.3** 55
- Planen und Gestelle für Planen **AKB A.2.1.2.3** 40
- Prüfungsreihenfolge **AKB A.2.1.2.3** 58
- Regulierungsverweigerung **AKB A.2.1.2.3** 98
- Spiegel **AKB A.2.1.2.3** 40
- Straßenverkehrsrechtliche Zulässigkeit **AKB A.2.1.2.3** 6 ff.
- Umfang des Versicherungsschutzes **AKB A.2.1.2.3** 3 f.

Fahrzeugunterstellung
- Gründe **AKB A.3.6.4** 1 ff.
- Krankheit, Verletzung oder Tod auf einer Reise, *s. dort*
- Unterstellgelände **AKB A.3.6.4** 4
- Unterstellkosten nach Diebstahl **AKB A.3.6.4** 5 f.

Fahrzeugverschrottung AKB G.8 1
- Auslandsreise **AKB A.3.8.1** 17

Fahrzeugverzollung
- Auslandsreise **AKB A.3.8.1** 16

Fahrzeugwechsel
- Erstprämienanforderung **AKB C.3** 2
- Folgeprämie **AKB C.3** 1
- Gleicher Fahrzeugtyp und Verwendungszweck **AKB C.3** 2
- Rückwirkender Wegfall des Versicherungsschutzes **AKB C.3** 3
- Vorvertrag zugrunde liegende AKB **AKB C.3** 4

Fahrzeugwrack
- Kaskoversicherung **AKB A.2.5.7.2** 20

Fahrzeugzubehör
- Ausschließlich dem Gebrauch des Fahrzeuges dienend **AKB A.2.1.2.3** 30 ff.
- Begriff **AKB A.2.1.2.3** 12
- Beitragsfrei mitversichert **AKB A.2.1.2.3** 17 ff.
- Entschädigung auf Basis des Neupreises **AKB A.2.1.2.3** 60
- Erstattungsumfang **AKB A.2.1.2.3** 97 ff.
- Fest eingebaut oder angebaut **AKB A.2.1.2.3** 20
- Kein Luxus **AKB A.2.1.2.3** 35
- Prüfungsreihenfolge **AKB A.2.1.2.3** 58
- Regulierungsverweigerung **AKB A.2.1.2.3** 98
- Schutzhelme **AKB A.2.1.2.3** 39
- Spezialregelungen **AKB A.2.1.2.3** 36
- Straßenverkehrsrechtliche Zulässigkeit **AKB A.2.1.2.3** 6 ff.
- Umfang des Versicherungsschutzes **AKB A.2.1.2.3** 4
- Verwahrung unter Verschluss **AKB A.2.1.2.3** 24 ff.

Fälligkeit der Versicherungsleistung
- Entschädigung bei Entwendung **AKB A.2.7.4** 30 ff.
- Feststellung der Entschädigungshöhe **AKB A.2.7.4** 16 ff.
- Feststellung der Zahlungspflicht **AKB A.2.7.4** 9 ff.

Stichwortverzeichnis

- Sonstige Gründe AKB A.2.7.4 20
- **Falschbetankung**
- Unfall AKB A.2.2.2.3 51
- **Falsche Angaben**
- Beitragsberechnung AKB K.4.3 2 ff.
- Vertragsstrafe bei vorsätzlicher Falschangabe AKB K.4.4 1
- **Falsches Überholen** AKB A.2.9.1 285 ff.
- **Falschparken**
- Abschleppen des Fahrzeuges AKB A.3.5.2 13
- Autoschutzbrief AKB A.3.9.3 5
- Besitzstörung durch - AKB A.1.1.1 16 ff.
- **Familienprivileg**
- Bei Eintritt des Schadens AKB A.2.8 41 ff.
- Beweislast AKB A.2.8 75
- Fahrerschutzversicherung AKB A.5.2 26 ff.
- Grundsätzliches AKB A.2.8 29 ff.
- Häusliche Gemeinschaft mit dem VN AKB A.2.8 33 ff. VVG § 116 95 ff.
- **Fehlverhalten eines Dritten**
- Grobe Fahrlässigkeit AKB A.2.9.1 52
- **Fernabsatzgeschäft**
- Beratungspflicht VVG § 6 14
- **Fiktive Abrechnung**
- Erforderliche Kosten bei - AKB A.2.5.2.3 37 ff.
- Mehrwertsteuer AKB A.2.5.4 13 ff.
- Reparatur AKB A.2.5.2.3 31 ff.
- **Finanzierte und geleaste Kfz** SB Handel/Handwerk A.5.1.3 1
- **Finanzkrise** VVG § 113 60
- **Finderlohn**
- Wiederauffinden des Fahrzeuges AKB A.2.5.5.4 31
- **Firmenaufspaltung**
- Kfz-Haftpflichtversicherung AKB A.1.1 22 ff.
- **Flexsysteme** AKB A.1.1.5 72
- **Flottenversicherung**
- Verwendungsklausel AKB D.1.1.1 4
- **Flugreisen**
- Pannenhilfe AKB A.3.6.1 9
- Rückholung von Kindern AKB A.3.7.2 5
- **Folgebeitrag**
- Begriff AKB C.2.1 2
- Beitragsrechnung AKB C.2.1 3
- Beitragszahlung AKB B.1 3; C 1
- Fälligkeit AKB C.2.1 4

- Halb- und vierteljährlich AKB C.2 1
- Jahresprämie AKB C.2 1
- Monatliche Zahlungsweise AKB C.2 1
- Teilzahlungszuschläge AKB C.2 1
- Verbraucherkreditgesetz AKB C.2 1
- **Folgebeitrag, Verzug**
- Belehrung AKB C.2.2 6 VVG § 38 3
- Folge VVG § 38 4
- Kündigung VVG § 38 5
- Kündigungsmöglichkeit AKB C.2.4 1
- Leistungsfreiheit des Versicherers AKB C.2.4 2
- Nachberechnung der Prämie VVG § 38 6
- Nicht rechtzeitige Zahlung AKB C.2.2 2
- Qualifizierte Mahnung AKB C.2.4 1
- Schaden nach Fristablauf, *s. dort*
- Verzugsschaden AKB C.2.2 4
- Voraussetzungen VVG § 38 2
- Zahlungsaufforderung mit Fristsetzung AKB C.2.2 3
- Zugang der Zahlungsaufforderung AKB C.2.2 5
- **Folgeprämie**
- Nichtzahlung PflVG § 6 11 f.
- **Folgeunfall** AKB A.5.1 24
- **Folgeverletzung** AKB A.5.1 18
- **Freistellungsanspruch**
- Aufwendungen zur Verhinderung des Schadenseintritts Kfz-USV A.1.1.1 66 ff.
- Betriebsstörung Kfz-USV A.1.1.1 84 ff.
- Öffentlich-rechtliche Ansprüche Kfz-USV A.1.1.1 62 f.
- Panne Kfz-USV A.1.1.1 83
- Sabotageakte Kfz-USV A.1.1.1 87 ff.
- Sanierung von Umweltschäden nach dem USchadG Kfz-USV A.1.1.1 64 ff.
- Unfall Kfz-USV A.1.1.1 83
- **Freistellungsanspruch des VN**
- Schadensersatzansprüche AKB A.1.1.1 70 ff.
- **Fremde Fahrzeuge**
- Ansprüche gegen den Fahrer SB Handel/Handwerk A.4.1.2 1 ff.
- Begriff SB Handel/Handwerk A.1.1.1 2 f.
- Kaskoversicherung (Kfz-Handel und -Handwerk) SB Handel/Handwerk A.4.2 5 SB Handel/Handwerk A.1.2.3 2
- Versicherte Personen SB Handel/Handwerk A.1.1.3 15

2158

Stichwortverzeichnis

- Versicherungsschutz SB Handel/Handwerk A.1.1.3 2; A.3.2 2; A.4.1 3
- Werkstatt-Obhut, *s. dort*
- Zugelassene - in Werkstatt-Obhut SB Handel/Handwerk B 13 f.
- Zwecke des Handwerksbetriebs SB Handel/Handwerk A.1.1.3 3 ff.

Fremdes Kfz
- Zusatzhaftpflichtversicherung für Kfz-Handel- und Handwerk BB Handel/Handwerk 1.1 7

Fremdgeschäftsführungswille
- Fahrerschutzversicherung AKB A.5.4.2 56, 59

Fremdversicherung
- Insolvenz des VN AKB A.4.11.2 3
- Juristische Personen AKB A.2.3 21
- Leasingfahrzeug AKB A.2.5.8 24
- Zustimmungserfordernis zur Auszahlung AKB A.4.11.2 2

Fristen
- Entschädigungsverfahren PflVG § 3a 10 ff.

Führerscheinentzug
- Verstoß gegen die Kraftfahrzeugversicherungspflicht PflVG § 6 36

Führerscheinklausel
- Ausländischer Führerschein, *s. dort*
- Begleitetes Fahren ab 17 AKB D.1.1.3 9
- Beweislastverteilung AKB D.2.1 32
- Dienstführerschein AKB D.1.1.3 12
- Erforderliche Fahrerlaubnis AKB D.1.1.3 4
- Exkulpationsmöglichkeit AKB D.1.1.3 8; D.2.2 6 f.
- Fahrerschutzversicherung AKB A.5.1 29
- Fahrschüler AKB D.1.1.3 10
- Gebrauch des Kraftfahrzeugs AKB D.1.1.3 2
- Kenntnis des VN AKB D.1.1.3 7
- Mögliche Verstöße AKB D.1.1.3 5
- Öffentliche Plätze und Wege AKB D.1.1.3 3
- Personenbeförderung AKB D.1.1.3 11
- Prüfpflicht des VN, Halters, Eigentümers AKB D.1.1.3 6
- Quotierung gegenüber VN bei personenverschiedenem Fahrer AKB D.2.1 28 f. SB Handel/Handwerk B.1.1 3
- Verstoß durch den Fahrer AKB D.2.1 30 f.
- Verstoß durch den Mieter AKB D.2.1 31
- Verstoß durch VN AKB D.2.1 27

Fußgänger
- Alkoholbedingte Bewusstseinsstörungen AKB A.4.12.9 57

G

GAP-Versicherung AKB A.2.5.1.8 10
- Leasingfahrzeug AKB A.2.5.2.3 104 ff.
- Vorläufiger Versicherungsschutz, Kündigung AKB B.2.5 3

Garagenstellplätze
- Kfz-Haftpflichtversicherung AKB A.1.1 16

Garagentor
- Gebrauch des Fahrzeugs AKB A.1.1.1 168 ff.

Gebrauch des Fahrzeugs
- Abweichungen vom Mindeststandard AKB A.1.1.1 234 ff. AKB A.5.1 9, 34; A.5.2 2; A.5.6 2
- Anhänger AKB A.1.1.1 103 ff.
- Arbeitsmaschinen AKB A.1.1.1 115 ff.
- Baustellensystem AKB A.1.1.1 237 ff.
- Beladen AKB A.1.1.1 144 ff.
- Brände AKB A.1.1.1 151 ff.
- Durch den Gebrauch AKB A.1.1.1 90 ff.
- Einkaufswagen AKB A.1.1.1 157 ff.
- Einzelfälle PflVG § 1 103 ff.
- Entladen AKB A.1.1.1 163 ff.
- Entschädigungsfonds PflVG § 12 2
- Fahrzeug-Identifikationsnummer AKB A.1.1.1 79 ff.
- Garagentor AKB A.1.1.1 168 ff.
- Gebrauchsbegriff AKB A.1.1.1 85 ff.
- Gebrauchsbegriff AKB PflVG § 1 85 ff.
- Gebrauchsbegriff des PflVG PflVG § 1 82 ff.
- Kausalität PflVG § 1 109 ff. KfzPflVV § 2 45 ff.
- Mehr als nur Betrieb PflVG § 1 99 f.
- Pflichten Kfz-USV D 220 ff.
- Pflichten beim -, *s. Obliegenheiten*
- Rechtsprechung zu einzelnen Fallgruppen AKB A.1.1.1 98 ff.
- Reparaturarbeiten am Fahrzeug AKB A.1.1.1 181 ff.
- Schutzzweck des PflVG PflVG § 1 91 ff.
- Sonderbedingungen AKB A.1.1.1 93 ff.
- Sonderfälle AKB A.1.1.1 214

2159

Stichwortverzeichnis

- Straftaten AKB A.1.1.1 191 ff.
- Tiere AKB A.1.1.1 198 ff.
- Unmittelbarer Zusammenhang AKB A.4.1.1 3
- Unzweifelhafter Gebrauch PflVG § 1 101 f.
- Verstoß gegen die Kraftfahrzeugversicherungspflicht PflVG § 6 21 f.
- Wegräumen von Hindernissen AKB A.1.1.1 206 ff.

Gebrauchtgerätemarkt
- Multimedia- und Navigationssysteme AKB A.2.1.2.3 68 ff.

Gebrechen, s. *Krankheiten und Gebrechen*

Gefahrerhöhung
- Aufbewahrung des Zweitschlüssels im Fahrzeug AKB A.2.9.1 225
- Aufbewahrung von Kfz-Papieren im Fahrzeug AKB A.2.9.1 251
- Ausschluss der ~ VVG § 25 4
- Beispiele für eine objektive ~ VVG § 23 5
- Beispiele für eine subjektive Gefahrerhöhung VVG § 23 7
- Definition VVG § 23 2 ff.
- Einzelfälle VVG § 23 13
- Erkennen und Anzeigen VVG § 23 12
- Fahren mit abgefahrenen Reifen AKB A.2.9.1 334
- Gewollte ~ VVG § 23 8
- Keine subjektive ~ VVG § 23 7
- Keine ~ VVG § 23 5
- Mangelhafte Einbauten und dadurch ausgelösten Brand AKB A.2.2.1.6 124
- Mangelnde Sicherung von Kfz oder Zubehörteilen AKB A.2.9.1 184 ff.
- Objektive ~ VVG § 23 5
- Obliegenheitsverletzung vor dem Schadenfall KfzPflVV § 5 19
- Ohne Willen des VN VVG § 23 11
- Pflichten bei ~ VVG § 26 2 SB Handel/Handwerk B.1.1 4
- Subjektive ~ VVG § 23 6 f.
- Ungewollte ~ VVG § 23 8
- Untätigkeit des VN nach Schlüsselverlust AKB A.2.2.1.6 236
- Vornehmen der ~ durch Unterlassen VVG § 23 10
- Vornehmen oder Gestatten der ~ VVG § 23 9
- Weiterbenutzung des Kfz nach Schlüsselverlust AKB A.2.2.1.6 234, 237

Gefahrerhöhung, Kündigung
- Beweislast VVG § 24 8 ff.
- Erlöschen des Kündigungsrechts VVG § 24 12
- Fristlose Kündigung VVG § 24 5
- Kündigung binnen Monatsfrist VVG § 24 6
- Kündigungsmöglichkeit VVG § 24 2 ff.
- Nichtausübung des Kündigungsrechts VVG § 24 11
- Wegfall des Kündigungsrechts VVG § 24 7

Gefahrerhöhung, Leistungsfreiheit
- Beweislast VVG § 26 3 ff.
- Exkulpationsmöglichkeiten VVG § 26 11 ff.
- Fehlende Ursächlichkeit VVG § 26 12
- Grob fahrlässige Obliegenheitsverletzung VVG § 26 10
- Keine Auswirkungen auf die Schadenhöhe VVG § 26 13 ff.
- Kündigung VVG § 26 6 f.
- Mangelndes Verschulden VVG § 26 15
- Nichtausübung des Kündigungsrechts VVG § 26 16 ff.
- Pflichten bei Gefahrerhöhung VVG § 26 2
- Rechtsfolgen VVG § 26 8 ff.
- Vorsätzliche Obliegenheitsverletzung VVG § 26 9

Gefahrerhöhung, Prämienerhöhung
- Ausschluss der Gefahrerhöhung VVG § 25 4
- Hinweispflichten des Versicherers VVG § 25 6
- Prämienerhöhung VVG § 25 3
- Sonderkündigungsrecht des VN VVG § 25 5
- Wahlrecht des Versicherers VVG § 25 2

Gefahrguttransporte AKB A.1.1.5 66 ff.
- Alkoholklausel AKB D.1.2 4
- Vorsatz AKB D.2.1 4

Gefährliche Güter VVG § 113 39

Gefahrtransporte
- Versicherungssummen PflVG § 4 8

Gefälligkeit
- Abschleppen AKB A.1.5.4 3 ff.

Gegenseitigkeitsklausel
- Entschädigungsfonds PflVG § 14 1 ff.

Stichwortverzeichnis

Gehirnblutung AKB A.4.12.9 80 f.
- Beweislast AKB A.4.12.9 81

Geistes- oder Bewusstseinsstörung AKB A.4.12.9 44 ff.
- Alkoholbedingte –, s. dort
- Beweislast AKB A.4.12.9 59 ff.
- Bewusstseinsstörung AKB A.4.12.9 47
- Drogenbedingte oder medikamentenbedingte – AKB A.4.12.9 63 ff.
- Einschlafen AKB A.4.12.9 62
- Einzelfallbetrachtung AKB A.4.12.9 49
- Fallgruppen AKB A.4.12.9 50 ff.
- Fußgänger AKB A.4.12.9 57
- Geistesstörung AKB A.4.12.9 46
- Grad der Beeinträchtigung AKB A.4.12.9 48
- Krankheitsbedingte – AKB A.4.12.9 62
- Ohnmachten AKB A.4.12.9 62
- Radfahrer AKB A.4.12.9 56
- Reichweite AKB A.4.12.9 47
- Schwindelanfälle AKB A.4.12.9 62
- Synkopen AKB A.4.12.9 62
- Wiedereinschluss AKB A.4.12.9 69 ff.

Geldersatz
- Ansprüche nach dem USchadG Kfz-USV A.1.1.2 94 ff.

Geldrente
- Fahrerschutzversicherung AKB A.5.2 68

Gemeinschaftseigentum
- Kfz-Haftpflichtversicherung AKB A.1.1 18 ff.

Gemeinschaftsstatistik
- Auskunft über Auslandsgeschäft PflVG § 10 4
- Gewährleistung PflVG § 9 4
- Inhalt PflVG § 9 3
- Jahresgemeinschaftsstatistik 2013 PflVG § 10 5
- Meldepflicht (Inlandsgeschäft) PflVG § 10 3
- Rechtsweg PflVG § 10 6
- Sanktionen PflVG § 10 6
- Veröffentlichung PflVG § 9 5
- Verordnung über Statistik PflVG § 11 1 ff.
- Zweck PflVG § 9 2

Gemischter Betrieb SB Handel/Handwerk A.1.3 1

Genehmigte Rennen
- Abgrenzung Zuverlässigkeitsfahrt AKB A.1.5.2 3 AKB A.4.12.9 72 ff.
- Autoschutzbrief AKB A.3.9.2 1 ff.
- Begriff AKB A.1.5.2 2
- Eintritt für Schäden AKB A.1.5.2 4

Genesungsgeld
- A.4.7.3 AKB 2008 AKB A.4.7.2 16 ff.

Georgien
- Autoschutzbrief AKB A.3.4 9

Gepäck
- Abschleppen des Fahrzeuges AKB A.3.5.2 10
- Im Wageninneren Versicherung von sonstigen Gegenständen 76

Gerichtsstände Kfz-USV K 265 ff.

Gerichtsstandregelungen
- Europäische Rechtsentwicklungen AKB L.2.3 8 f.
- Klage des Versicherers AKB L.2.3 26 ff.
- Klage des VN AKB L.2.3 18
- Klagen juristischer Personen AKB L.2.3 21
- Nach deutschem Recht AKB L.2.3 4 ff.
- Örtliche Zuständigkeit AKB L.2.3 33 ff.
- Persönlicher Anwendungsbereich AKB L.2.3 19 ff.
- Sachlicher Anwendungsbereich AKB L.2.3 18
- Verlegung des Wohn-/Geschäftssitzes ins Ausland AKB L.2.3 30
- Wegfall der Klagefrist AKB L.2.3 23
- Widerklagen AKB L.2.3 24 f.
- Zeitlicher Anwendungsbereich AKB L.2.3 16 f.

Gesamtgläubiger AKB A.5.2 12

Gesamtrechtsnachfolge AKB A.5.2 34

Gesamtschuldner
- Mehrere Schädiger PflVG § 3a 72
- Versicherer und Mitversicherte PflVG § 3a 70 f.

Gesamtschuldnerausgleich
- Aufwendungsersatzanspruch des Versicherers, s. dort
- Aufwendungsersatzanspruch des VN VVG § 116 56 ff.
- Beweislast bei Geltendmachung des Regressanspruch VVG § 116 67
- Gesamtschuldverhältnis VVG § 116 4 ff.
- Gesetzliche Obliegenheitsverletzungen VVG § 116 25
- Gestörtes Innenverhältnis VVG § 116 14 ff.
- Häusliche Gemeinschaft, s. dort

2161

Stichwortverzeichnis

- Leistung ohne Rechtsgrund, Fallbeispiele VVG § 116 35 f.
- Leistungsfreiheit bei Obliegenheitsverletzungen VVG § 116 21
- Leistungsfreiheit bei Verstoß gegen Hauptpflichten VVG § 116 19 f.
- Mehrere Regressschuldner VVG § 116 93 f.
- Mehrere Versicherer bezüglich eines Risikos VVG § 116 106 ff.
- Mehrere Versicherer verschiedener Risiken VVG § 116 102 ff.
- Mehrfachversicherung VVG § 116 102 ff.
- Regressabwicklung bei Kapitalabfindung des Geschädigten, s. *Kapitalabfindung*
- Rückforderungsanspruch VVG § 116 38
- Selbstbehalt VVG § 116 13
- Teilweise Leistungsfreiheit VVG § 116 22 ff.
- Verjährungsregelung VVG § 116 61 ff.
- Vertragliche Obliegenheitsverletzungen in der Kfz-Haftpflichtversicherung VVG § 116 26 f.
- Vorsatztat VVG § 116 28

Geschenke Versicherung von sonstigen Gegenständen 43 ff.

Geschiedene AKB A.5.2 23, 25, 27, 29

Geschleppte Fahrzeuge
- Anhänger gelöst von abgeschleppter betriebsunfähiger Zugmaschine AKB A.1.1.5 50 ff.
- Begriff AKB A.1.1.5 24 ff.
- Gefahrgutfahrzeuge AKB A.1.1.5 66 ff.
- Mitversicherte Personen AKB A.1.1.5 55 ff.
- Subsidiäre Mitversicherung AKB A.1.1.5 16 ff.
- Unmittelbar verbunden AKB A.1.1.5 28
- Verbunden AKB A.1.1.5 28

Gesetzliche Obliegenheit SB Handel/Handwerk B.1.1 4

Gespannschäden
- Reichweite des Ausschlusses AKB A.2.2.2.3 67 f.
- Schaden ohne Einwirkung von außen AKB A.2.2.2.3 69 ff.
- Überblick AKB A.2.2.2.3 63 ff.

Gesundheitsverletzung
- Fahrerschutzversicherung AKB A.5.1 4

Gewerbliche Personenbeförderung
- Ladungsschäden AKB A.1.5.5 7
- Mitversicherte Gegenstände AKB A.1.5.5 7

Glasbruchschäden
- Abzug neu für alt AKB A.2.5.2.3 71 AKB A.2.1.2.3 96
- Bruchschäden an der Verglasung AKB A.2.2.1.6 91 ff.
- Entschädigungsumfang AKB A.2.2.1.6 96 ff.
- Preisnachlässe des Autoglasers AKB A.2.2.1.6 101 f.
- Rechnungskürzungen und Einwendungen AKB A.2.5.2.3 92
- Selbstbeteiligung AKB A.2.5.8 7
- Teilkaskoversichertes Fahrzeug AKB A.2.5.2.3 113
- Umfang des Entschädigungsanspruches AKB A.2.5.2.3 88 ff.
- Unabhängig von Ursache AKB A.2.2.1.6 90
- Vollkaskoversichertes Fahrzeug AKB A.2.5.2.3 112

Gleichmäßigkeitswettbewerbe oder -prüfungen AKB A.2.9.2 11 ff.

Gliedertaxe
- Invalidität AKB A.4.5.2.7 27 ff.

Globalabtretung
- Fahrerschutzversicherung AKB A.5.4.2 44

Goslarer Orientierungsrahmen
- Kürzungsquote AKB A.2.9.1 355

GPS-Geräte AVB Camping 36

Grabpflege
- Fahrerschutzversicherung AKB A.5.2 66

Grenzwert
- Alkohol AKB A.2.9.1 91 ff.
- Drogen AKB A.2.9.1 157 ff.

Grenzwertkommission AKB A.2.9.1 166

Grobe Fahrlässigkeit
- Ablenkung AKB A.2.9.1 66
- Ablenkung durch Autoradio AKB A.2.9.1 342
- Ablenkung durch Greifen oder Bücken nach Gegenständen AKB A.2.9.1 337 ff.
- Ablenkung durch Handy AKB A.2.9.1 343 ff.
- Ablenkung durch Navigationsgerät AKB A.2.9.1 342

Stichwortverzeichnis

- Ablenkung durch Rauchen **AKB** A.2.9.1 341
- Alkohol, *s. dort*
- Alkohol- und Drogenkonsum **AKB** A.2.9.1 160
- Anscheinsbeweis **AKB** A.2.9.1 24
- Anteilige Kürzung der Versicherungsleistung **AKB** A.2.9.1 2 ff.
- Anwendbarkeit von § 254 BGB **AKB** A.2.9.1 37
- Auffahrunfall infolge grober Unaufmerksamkeit **AKB** A.2.9.1 299
- Augenblicksversagen **AKB** A.2.9.1 18 ff., 70 f.
- Ausweichen vor einem Tier **AKB** A.2.9.1 304 ff.
- Autoschutzbrief **AKB** A.3.9.1 4 ff.
- Begriff **AKB** A.2.9.1 10; D.2.1 5
- Beweislast des VR **AKB** A.2.9.1 24
- Billiges Ermessen bei Kürzung **AKB** A.2.9.1 27
- Brand **AKB** A.2.2.1.6 122
- Darlegungs- und Beweislast **AKB** A.2.9.1 36, 363 ff.
- Dauer der Pflichtverletzung **AKB** A.2.9.1 53
- Drogen **AKB** A.2.9.1 156 ff.
- Einstiegsquoten **AKB** A.2.9.1 29 ff.
- Einzelkriterien für die Kürzungsquote **AKB** A.2.9.1 45 ff.
- Ermöglichen der Entwendung, *s. dort*
- Fahrbahnverhältnisse **AKB** A.2.9.1 51
- Fahrbahnverlauf **AKB** A.2.9.1 51
- Fallgruppen **AKB** A.2.9.1 90 ff.
- Falsches Überholen **AKB** A.2.9.1 285 ff.
- Fehlverhalten eines Dritten **AKB** A.2.9.1 52
- Gefährdung und Schädigung anderer Rechtsgüter **AKB** A.2.9.1 60
- Grundloses Abkommen von der Fahrbahn **AKB** A.2.9.1 300 ff.
- Haftung eines Kfz-Mieters **AKB** A.2.9.1 353
- Herbeiführung des Schadens **AKB** A.2.9.1 81
- Inbrandsetzung des Fahrzeuges **AKB** A.2.9.1 347 ff.
- Kausalität **AKB** A.2.9.1 387 ff.
- Kfz-Haftpflichtversicherung **AKB** D.2.1 14
- Kfz-Schlüssel, *s. dort*
- Konzentrationsschwächen **AKB** A.2.9.1 21
- Leichteste – **AKB** A.2.9.1 34
- Leistungskürzung **AKB** D.2.1 12 ff.
- Leistungskürzung auf Null **AKB** A.2.9.1 39 ff.
- Mangelhafte Bereifung **AKB** A.2.9.1 326 ff.
- Medikamente **AKB** A.2.9.1 148 ff.
- Missachtung des Andreaskreuzes **AKB** A.2.9.1 278
- Mögliche Quoten **AKB** D.2.1 13
- Musterquoten für die wichtigsten Pflichtverletzungen **AKB** A.2.9.1 354 f.
- Nichtbeachten der Durchfahrtshöhe **AKB** A.2.9.1 312 ff.
- Nichtbeachten eines Stoppschildes **AKB** A.2.9.1 279 ff.
- Objektive Schwere des Pflichtverstoßes **AKB** A.2.9.1 47 ff.
- Objektive Voraussetzungen **AKB** A.2.9.1 9 ff.
- Obliegenheitsverletzung **VVG** § 28 12
- Obliegenheitsverletzungen **AKB** A.2.2.1.6 221 ff.; D.2.1 5
- Offenkundigkeit des Pflichtverstoß **AKB** A.2.9.1 75
- Ordnungswidrigkeit **AKB** A.2.9.1 57
- Pauschalierte Musterquoten **AKB** A.2.9.1 395 ff.
- Prüfungsschema **AKB** A.2.9.1 83 ff.
- Psychische Ausnahmesituation **AKB** A.2.9.1 68
- Quotales Leistungskürzungsrecht des VR **AKB** A.2.9.1 25 ff.
- Quotelung bei gleichzeitiger Verletzung mehrerer Pflichten **AKB** A.2.9.1 403 ff.
- Quotelungsstufen **AKB** A.2.9.1 36, 77
- Quoten-Gesamtbetrachtungs-Modell **AKB** A.2.9.1 404, 408
- Quotenadditions-Modell **AKB** A.2.9.1 403
- Quotenkonsumtions- oder –kompensations-Modell **AKB** A.2.9.1 405
- Quotenraster **AKB** A.2.9.1 32
- Reflexartiges, abruptes und unkontrolliertes Ausweichmanöver **AKB** A.2.9.1 16
- Reisegepäckversicherung **Versicherung von sonstigen Gegenständen** 71

2163

Stichwortverzeichnis

- Repräsentant **AKB A.2.9.1** 409
- Risikoreiches Fahrverhalten **AKB A.2.9.1** 60 ff.
- Rotlichtverstoß **AKB A.2.9.1** 263 ff.
- Routinemäßige Handlungsabläufe **AKB A.2.9.1** 19 f.
- Schadenverhütungspflicht **AKB A.2.9.1** 13
- Schwere des Verschuldens beim VN **AKB A.2.9.1** 28
- Sekundenschlaf **AKB A.2.9.1** 171 ff.
- Sicherungsmaßnahmen **AKB A.2.9.1** 17
- Sichtbehinderungen **AKB A.2.9.1** 51
- Sichtverhältnisse **AKB A.2.9.1** 51
- Situationsbedingte Aufmerksamkeitsdefizite **AKB A.2.9.1** 56
- Sonstige Verkehrs- oder Pflichtenverstöße **AKB A.2.9.1** 350 ff.
- Stufen- oder Quotenmultiplikations-Modell **AKB A.2.9.1** 406
- Subjektive Leistungsfähigkeit des VN **AKB A.2.9.1** 65
- Subjektive Schwere des Pflichtverstoßes **AKB A.2.9.1** 64 ff.
- Subjektive Voraussetzungen **AKB A.2.9.1** 16 ff.
- Tageszeit **AKB A.2.9.1** 51
- Tatrichterliche Würdigung **AKB A.2.9.1** 24
- Trunkenheitsdelikte **AKB A.2.9.1** 58
- Überhöhte Geschwindigkeit **AKB A.2.9.1** 291 ff.
- Übermüdung **AKB A.2.9.1** 171 ff.
- Umfang der Kürzung **AKB A.2.9.1** 394
- Umfang der Leistungskürzung **AKB A.2.9.1** 29 ff.
- Unbeleuchteter und einsamer Parkplatz **AKB A.2.9.1** 15
- Unfallversicherung **AKB A.4.12.9** 4 ff.
- Unterlassen **AKB A.2.9.1** 12 f.
- Unterlassene Sicherung bei Gefälle **AKB A.2.9.1** 321 ff.
- Verkehrsaufkommen **AKB A.2.9.1** 51
- Verkehrswidriges Verhalten **AKB A.2.9.1** 263 ff.
- Verschuldensbelastende Merkmale **AKB A.2.9.1** 72
- Verwirklichung eines Straftatbestandes **AKB A.2.9.1** 57
- Verzicht auf das Leistungskürzungsrecht **AKB A.2.9.1** 83

- Voraussetzungen **AKB A.2.9.1** 85
- Vorwerfbarkeit **AKB A.2.9.1** 64
- Wert des versicherten Fahrzeuges **AKB A.2.9.1** 63
- Wiederholte Pflichtverstöße **AKB A.2.9.1** 54
- Wirtschaftliche Notlage **AKB A.2.9.1** 67
- Witterungsbedingte Umstände **AKB A.2.9.1** 50
- Zeitdruck **AKB A.2.9.1** 23
- Zeitliche und örtliche Verhältnisse **AKB A.2.9.1** 50

Grönland
- Autoschutzbrief **AKB A.3.4** 12

Grundrechte
- Pflichtversicherung **VVG Vor §§ 113–124** 3 ff.

Grüne Karte AKB A.1.4.2 1 f.

Gurtpflicht
- Ausnahmen **AKB D.1.3.2** 3
- Fahrerschutzversicherung **AKB D.1.3.2** 1 ff.

Gutachten
- Anfechtung **AKB A.2.6.4** 59 ff.
- Erhebliche Abweichung von der wirklichen Sachlage **AKB A.2.6.4** 69 ff.
- Hinderungsgründe für die Erstellung **AKB A.2.6.4** 72 f.
- Offenbare Abweichung von der wirklichen Sachlage **AKB A.2.6.4** 62 ff.

Gutachterkosten
- Schadenfreiheitsrabatt **AKB I.4** 13

Güterfolgeschäden
- Schadensersatzansprüche **AKB A.1.1.1** 54 ff.

Gütergemeinschaft
- Kfz-Haftpflichtversicherung **AKB A.1.1** 25

Güterverkehr
Kfz-Güterfolgeschadenversicherung 2 ff.

Güterversicherung Versicherung von sonstigen Gegenständen 146

H

Haarwildschäden
- Aufwendungen bei unmittelbar bevorstehendem Versicherungsfall **AKB A.2.2.1.6** 285 f.
- Aufwendungsersatz beim berührungslosen Wildschaden **AKB A.2.2.1.6** 273 ff.

Stichwortverzeichnis

- Ausweichmanöver AKB A.2.2.1.6 75
- Begriff AKB A.2.2.1.6 78
- Beweisführung AKB A.2.2.1.6 276 ff.
- Beweislastverteilung AKB A.2.2.1.6 263 ff.
- Erweiterung des Versicherungsschutzes AKB A.2.2.1.6 76
- Kausalität AKB A.2.2.1.6 83
- Leistungskürzung in der Vollkaskoversicherung AKB A.2.2.1.6 309
- Rentier AKB A.2.2.1.6 80
- Rettungshandlungen, s. dort
- Transparenzgebot AKB A.2.2.1.6 79
- Vermeidung eines Zusammenstoßes AKB A.2.2.1.6 287
- Zusammenstoß AKB A.2.2.1.6 81 f.

Haftpflicht-Zusatzdeckungen VVG § 115 53 ff.

Haftpflichtversicherung
- Abgrenzung VVG § 113 4
- Aufsichtsbehörde VVG § 113 19
- Deckungsvorsorge VVG § 113 7 ff.
- Deckungsvorsorgepflicht im USchadG VVG § 113 13
- Freiwillige Haftpflichtversicherungen VVG § 113 6
- Im Inland zum Geschäftsbetrieb befugtes Unternehmen VVG § 113 19 ff.
- Pflicht zur Vorlage der AKB VVG § 113 20 f.
- Pflicht-Haftpflichtversicherungen VVG § 113 5
- Sitz des Versicherungsunternehmens VVG § 113 22 f.

Haftungshöchstgrenzen
- Gegenüberstellung Mindestversicherungssumme und ~ PflVG § 4 10
- § 12 StVG VVG § 118 26

Hagel AKB A.2.2.1.6 65

Halter
- Begriff AKB A.1.2 9 ff. PflVG § 1 49
- Unberechtigter ~ AKB A.1.2 12 ff.
- Versicherte Person PflVG § 1 48 f.
- Vom VN abweichender ~ AKB A.1.2 33 ff.

Händlereigene Fahrzeuge
- Ansprüche gegen den Fahrer SB Handel/Handwerk A.4.1.2 4
- Auf andere zugelassene Fahrzeuge SB Handel/Handwerk A.3.2.3 1
- Auf Käufer zugelassene Fahrzeuge SB Handel/Handwerk A.3.2.4 1

- Begriff SB Handel/Handwerk A.1.2.3 1
- Kfz mit amtlich abgestempelten Roten Kennzeichen, s. Rotes Kennzeichen
- Kfz mit rotem Versicherungskennzeichen SB Handel/Handwerk A.3.1 6, 16
- Kurzzeitkennzeichen SB Handel/Handwerk A.3.1 8, 17
- Nicht zugelassene Fahrzeuge SB Handel/Handwerk A.1.2.3 2; A.3.1 11
- Noch auf einen anderen zugelassene Fahrzeuge SB Handel/Handwerk A.1.2.3 3
- Probefahrt SB Handel/Handwerk A.3.1 15 SB Handel/Handwerk A.3.2 1
- Tageszulassung SB Handel/Handwerk A.3.2.2 1
- Vorführfahrzeuge SB Handel/Handwerk A.3.2.1 1
- Zulassung auf ursprünglichen Besitzer SB Handel/Handwerk A.3.2 1

Handy
- Ablenkung durch ~ AKB A.2.9.1 343 ff. AKB A.2.1.2.3 56

Haushalt AKB A.5.2 8

Haushaltsführungsschaden AKB A.5.2 33, 44

Häusliche Gemeinschaft
- Analoge Anwendung in der Sachversicherung VVG § 116 96
- Erleichterung gegenüber altem Recht VVG § 116 95
- Familienprivileg AKB A.2.8 33 ff.
- Identische Interessenlage des VN VVG § 116 97
- Kasko-Versicherung AKB D.2.1 18
- Keine direkte Anwendung von § 86 Abs. 1 aus der Sachversicherung VVG § 116 94
- Rechtsunsicherheit für Analogie im Haftpflichtrecht VVG § 116 99 ff.

Hausratversicherung AKB A.1.5.5 1
Versicherung von sonstigen Gegenständen 124 ff.

Heilbehandlungskosten AKB A.5.1 3; A.5.4.1 4, 6

Hinterbliebene AKB A.5.2 9 ff., 48, 52, 60, 65; A.5.4.1 23, 40, 44; A.5.4.2 20, 25 f.; A.5.5.3 1; A.5.6.4 10

Hinterbliebenenrente AKB A.5.2 23; A.5.4.1 23

2165

Stichwortverzeichnis

Hinweispflichten
- Prämienerhöhung wegen Gefahrerhöhung VVG § 25 6
- Versicherungsvertrag AKB B 5 f.
- Zahlungsanforderung AKB C.1.1 11

Hirntod AKB A.5.2 14

Höchsthaftungssummen
- StVG VVG § 113 39 f.
- §§ 12, 12a und 12b StVG VVG § 114 82 f.

Höhere Gewalt
- Beweislast AKB A.2.9.4 12
- Erdbeben AKB A.2.9.4 3
- Innere Unruhen AKB A.2.9.4 7 ff.
- Kriegsereignisse AKB A.2.9.4 4 f.
- Maßnahmen der Staatsgewalt AKB A.2.9.4 10 f.
- Risikoausschlüsse AKB A.2.9.4 1 ff.
- Terroranschläge AKB A.2.9.4 6

I

Implosionen AKB A.2.2.1.6 18

Inbrandsetzung des Fahrzeuges AKB A.2.9.1 347 ff.

Infektionen AKB A.4.12.9 82 ff.
- Beweislast AKB A.4.12.9 87

Informationspflichten
- Auskunftsstelle PflVG § 8a 5 f. Kfz-USV E.1.2 229 ff.

Inhaltskontrolle
- Vertragsklauseln AKB A.2.1.1 15 ff.

Innenverhältnis
- Abfindungsvergleich AKB A.1.1.4 75 ff.
- Aufrechnung AKB A.1.1.4 74
- Begriff VVG § 117 3
- Ermessen AKB A.1.1.4 81 ff.
- Ermessensfehler, s. dort
- Pflichtgemäßes Ermessen AKB A.1.1.4 86 ff.
- Zweckmäßigkeit AKB A.1.1.4 72 ff.

Innere Blutungen AKB A.4.12.9 80 f.
- Beweislast AKB A.4.12.9 81

Innere Unruhen AKB A.2.9.4 7 ff.; A.3.9.3 3

Insasse
- Fahrer PflVG § 1 81

Insassen
- Mitversicherte Personen AKB A.1.2 84 ff.
- Obliegenheitsverletzung AKB D.2.1 44

Insolvenz
- Stichtagsregelung PflVG § 16 1
- Versicherer PflVG § 12 29 VVG § 117 52

Insolvenzvermeidung PflVG § 15 1 ff.

Internet-Markt
- Multimedia- und Navigationssysteme AKB A.2.1.2.3 77 ff.

Internetauktionen
- Multimedia- und Navigationssysteme AKB A.2.1.2.3 81 ff.

Invalidität
- Art und Höhe der Leistung AKB A.4.5.2.7 26 ff.
- Ärztliche Feststellung AKB A.4.5.2.7 13 ff.
- Ausschlussfrist AKB A.4.5.2.7 19 f.
- Beeinträchtigung der körperlichen oder geistigen Leistungsfähigkeit AKB A.4.5.2.7 4
- Begriff AKB A.4.5.2.7 3
- Bemessung außerhalb der Gliedertaxe AKB A.4.5.2.7 30
- Bemessung des Invaliditätsgrads AKB A.4.5.2.7 27 ff.
- Berechnung der Invaliditätsleistung AKB A.4.5.2.7 26 ff.
- Beweislast AKB A.4.5.2.7 24 f.
- Brillenträger AKB A.4.5.2.7 32 ff.
- Dauerhafte Beeinträchtigung AKB A.4.5.2.7 5
- Eintritt AKB A.4.5.2.7 10 ff.
- Frist zur Geltendmachung AKB E.2.1 25
- Fristen AKB A.4.5.2.7 7 ff.
- Fristversäumnis AKB A.4.5.2.7 18
- Geltendmachung AKB A.4.5.2.7 17
- Gliedertaxe AKB A.4.5.2.7 27 ff.
- Hinweispflicht gem. § 186 VVG auf Frist AKB A.4.5.2.7 21
- Minderung bei Vorinvalidität AKB A.4.5.2.7 31 ff.
- Teilverlust/teilweise Funktionsunfähigkeit AKB A.4.5.2.7 28
- Tod der Versicherten Person AKB A.4.5.2.7 35
- Voraussetzungen für die Leistung AKB A.4.5.2.7 2
- Vorschädigungen AKB A.4.5.2.7 31 ff.
- Wirksamkeit der Fristenregelung AKB A.4.5.2.7 8 f.
- Zeitraum für die Bemessung AKB A.4.5.2.7 27 ff.

Invalidität, Neubemessung
- Abtretung AKB A.4.11.2 1
- Ausübung AKB A.4.10.4 16 ff.

Stichwortverzeichnis

- Belehrungspflicht AKB A.4.10.4 21 f.
- Fremdversicherung, *s. dort*
- Rechtzeitigkeit AKB A.4.10.4 18
- Rückforderungsrecht des Versicherers AKB A.4.10.4 24
- Verzinsung AKB A.4.10.4 23
- Vorprozess AKB A.4.10.4 19 f.
- Zweck der Klausel AKB A.4.10.4 13 ff.

Irrtum
- Versicherungsvertrag AKB B 12

Irrtümer
- Verstoß gegen die Kraftfahrzeugversicherungspflicht PflVG § 6 26 f.

Israel
- Autoschutzbrief AKB A.3.4 11

J

Jahresgemeinschaftsstatistik 2013 PflVG § 10 5

Jugendliche und Heranwachsende
- Verstoß gegen die Kraftfahrzeugversicherungspflicht PflVG § 6 40

Juristische Personen
- Fremdversicherung AKB A.2.3 21 ff.
- Klagen - AKB L.2.3 21
- Versicherung für fremde Rechnung AKB A.2.3 61

K

Kanarische Inseln
- Autoschutzbrief AKB A.3.4 13

Kapitalabfindung
- Fiktive Abrechnung VVG § 116 89 f.
- Keine Sicherheitsleistung durch Regressschuldner VVG § 116 91 f.
- Praxisproblem VVG § 116 79 ff.
- Rate plus Verzinsung des Restkapitals VVG § 116 87 f.
- Regressschuldner VVG § 116 84 ff.

Kasachstan
- Autoschutzbrief AKB A.3.4 10

Kasko
- Mitversicherte Personen VVG § 28 7

Kaskoversicherung
- Abrechnungsgrundsätze AKB A.2.5.1.8 111
- Abschleppkosten AKB A.2.5.1.8 126
- Anspruchsberechtigte AKB A.2.3 4 ff.
- Anzeige des Diebstahls des KFZ AKB E.2.1 18

- Anzeigepflichten AKB A.2.2.1.6 318 ff.; E.1.3.1 1 ff.
- Anzeigepflichtverletzung AKB E.2.1 8 ff.
- Ausschlüsse AKB A.2.5.7.2 1 ff.
- Befolgen von Weisungen AKB E.1.1.4 4
- Bergungskosten AKB A.2.5.1.8 127
- Beschädigung AKB A.2.1.1 6
- Beschränkung der Entschädigung AKB A.2.5.6 2 ff.
- Beweiserleichterungen AKB A.2.1.1 40
- Beweislastverteilung AKB A.2.1.1 36 ff.
- Fahrzeugwrack AKB A.2.5.7.2 20
- Falschangaben des VN zum Wert des Kfz AKB A.2.5.1.8 131
- Folgeschäden AKB A.2.5.7.2 11 ff
- Fremdversicherungen AKB A.2.3 5 ff., 18 ff.
- Gedeckte Schäden AKB A.2.1.1 4
- Gerichtliche Zuständigkeit bei im Ausland zugelassenen Kfz AKB A.2.2.1.6 323
- Geschützter Personenkreis AKB A.2.3 4 ff.
- Häusliche Gemeinschaft AKB D.2.1 18
- Höchstentschädigung AKB A.2.5.6 4
- Juristische Personen AKB A.2.3 21 ff.
- Kündigungserweiterung durch VN AKB G.4.3 1
- Kündigungsrecht für alle Sparten AKB G.4.2 1
- Leasing und Finanzierung AKB A.2.3 68 ff.
- Leasinggeber AKB A.2.3 8 ff.
- Leistungsfreiheit bei Vorsatz AKB D.2.1 10
- Mehrfachversicherung AKB A.2.3 18 ff.
- Nicht genehmigte Rennen AKB D.1.1.4 6
- Obliegenheiten AKB D.1 2
- Personengesellschaften als VN AKB A.2.3 21 ff.
- Polizeianzeige AKB E.1.3.3 2; E.2.1 20
- Primäre Risikobegrenzung AKB A.2.1.1 37
- Quote AKB D.2.1 15
- Quotenvorrecht AKB D.2.1 16
- Räumlicher Geltungsbereich AKB A.2.4 1 ff.
- Rechtsanwaltskosten AKB A.2.5.2.3 98 ff.
- Rechtsnatur AKB A.2.1.1 1
- Repräsentant, *s. dort*
- Rest- und Altteile AKB A.2.5.7.2 20
- Risikoausschlüsse AKB A.2.1.1 38

2167

Stichwortverzeichnis

- Rote Kennzeichen AKB A.2.1.1 5
- Ruheversicherung AKB H.1.4 2
- Sachverständigenkosten, *s. dort*
- Schadenmeldepflicht AKB E.1.1.1 4
- Schadenminderungspflicht AKB E.1.1.4 3
- Schutz trotz Risikoausschluss AKB A.2.2.1.6 322
- Sekundäre Darlegungslast AKB A.2.1.1 41 f.
- Sekundäre Risikobegrenzung AKB A.2.1.1 38
- Selbständigkeit AKB G.4.1 1
- Sicherungsschein AKB A.2.3 17
- Standkosten AKB A.2.5.1.8 128
- Substanziierungslast AKB A.2.1.1 41 f.
- Teilkasko AKB A.2.1.1 1
- Teilkaskoschutz trotz Risikoausschluss in der Vollkasko AKB A.2.2.2.3 6
- Tertiäre Risikobegrenzung AKB A.2.1.1 39
- Totalschaden AKB A.2.1.1 7
- Umfang der Leistungsfreiheit bei Vorsatz AKB D.2.1 11
- Umfang des Versicherungsschutzes AKB A.2.1.1 4 ff.
- Veränderungen am Fahrzeug AKB A.2.5.7.2 4
- Verbesserungen am Fahrzeug AKB A.2.5.7.2 5
- Verlust AKB A.2.1.1 8
- Verlust von Treibstoff und Betriebsmitteln AKB A.2.5.7.2 7
- Vermögensschäden AKB A.2.5.7.2 11
- Verschleißreparaturen AKB A.2.5.7.2 6
- Versicherte Gefahren AKB A.2.1.1 6 ff.
- Versicherung für fremde Rechnung AKB A.2.3 59 ff.
- Versicherungsschein AKB A.2.3 13 ff.
- Versicherungsschutz, vorläufiger AKB B.2.1 1
- Vollbeweis des § 286 Abs. 1 ZPO AKB A.2.1.1 43
- Vollkasko AKB A.2.1.1 1
- Vollkaskoschutz trotz Risikoausschluss in der Teilkasko AKB A.2.2.2.3 3
- Vorläufige Deckung, *s. dort*
- Vorläufiger Versicherungsschutz, Kündigung AKB B.2.5 3
- Vorschäden AKB A.2.5.1.8 119
- Weisungen des Versicherers AKB E.1.1.3 13
- Weisungseinholung AKB E.2.1 19
- Wertminderung AKB A.2.5.7.2 8 ff.
- Wissenserklärungsvertreter, *s. dort*
- Wissensvertreter AKB A.2.3 58
- Zerstörung AKB A.2.1.1 7
- Zumutbarkeit AKB E.1.1.4 5
- Zurechnung der Kenntnis und des Verhaltens Dritter AKB A.2.3 25 ff.

Kaskoversicherung (Kfz-Handel und -Handwerk)
- Eigene Fahrzeuge des VN auf dem Betriebsgelände SB Handel/Handwerk A.4.2 2 f.
- Eigene Fahrzeuge des VN im öffentlichen Verkehrsraum SB Handel/Handwerk A.4.2 4
- Entgeltliche Personen- oder Güterbeförderung SB Handel/Handwerk A.5.1.3 1 ff.
- Fremde Fahrzeuge im öffentlichen Verkehrsraum SB Handel/Handwerk A.4.2 5
- Gewerbsmäßige Fahrzeugvermietung SB Handel/Handwerk A.5.1.3 1 ff.
- Grenzen der Entschädigung je Kfz SB Handel/Handwerk A.4.2.3 1
- Grenzen der Entschädigung je Schadenereignis SB Handel/Handwerk A.4.2.4 1 ff.
- Kumulschäden SB Handel/Handwerk A.4.2.1 1
- Sachfolgeschäden SB Handel/Handwerk A.4.2.2 1
- Schuldhaft unzutreffende Angaben SB Handel/Handwerk D.2.3 1 ff.
- Selbstbeteiligung SB Handel/Handwerk A.4.2.1 1
- Umfang SB Handel/Handwerk A.4.2 1

Kenntnis
- VN VVG § 28 9

Kennzeichenarten SB Handel/Handwerk A.3.1 3 ff.

Kernenergie
- Autoschutzbrief AKB A.3.9.4 1
- Kaskoversicherung AKB A.2.9.5 1 f.
- Kfz-Haftpflichtversicherung AKB A.1.5.9 1 Kfz-USV A.1.5.1 199 ff.
  KfzPflVV § 4 17
- Unfallversicherung AKB A.4.12.9 77

Kfz-Brief AKB A.2.9.1 251 ff.

Stichwortverzeichnis

Kfz-Güterfolgeschaden
- Rechtliche Ausgangssituation
  Kfz-Güterfolgeschadenversicherung 2 ff.

Kfz-Haftpflichtversicherer, Pflichten
- Beitragspflicht **PflVG § 8** 2
- Mitteilungspflicht **PflVG § 8** 3
- Schadenregulierungsvertreter, *s. dort*

Kfz-Haftpflichtversicherung
- Abgeschleppte Fahrzeuge, *s. dort*
- Abgrenzung zur Kfz-USV **Kfz-USV A.1.1.1** 91
- Anhänger, *s. dort*
- Arbeitgeber/Dienstherr **AKB A.1.2** 53 ff.
- Arbeitsmaschine **AKB A.1.1.5** 8 ff.
- Ausweitung auch auf die Gefahrerhöhung **AKB D.2.3** 3
- Begleiter außerhalb des Fahrzeugs **AKB A.1.2** 97 f.
- Begleitetes Fahren **AKB A.1.2** 94 ff.
- Begriff Sache **AKB A.1.5.5** 2
- Beratungsbedarf bei Auslandsreisen **AKB A.1.4.2** 2
- Beschädigung, Zerstörung, Abhandenkommen beförderter Sachen **AKB A.1.5.5** 1 ff.
- Beschädigung, Zerstörung, Abhandenkommen des abgeschleppten Fahrzeugs **AKB A.1.5.4** 1 f.
- Beschädigung, Zerstörung, Abhandenkommen des Anhängers **AKB A.1.5.4** 1
- Beschädigung, Zerstörung, Abhandenkommen des versicherten Fahrzeugs **AKB A.1.5.3** 1
- Beschränkung der Leistungsfreiheit **AKB D.2.3** 1 ff.; **E.2.3** 1
- Beschränkung der vereinbarten Versicherungssumme **AKB D.2.3** 4
- Betriebsfremde Personen **AKB A.1.2** 99 f.
- Bindung an ~
  Kfz-Güterfolgeschadenversicherung 39
- Echter Beifahrer **AKB A.1.2** 48 ff.
- Eigenschaden des VN **AKB A.1.5.6** 3 ff.
- Eigentümer **AKB A.1.2** 36 ff.
- Eigentumsverhältnisse **AKB A.1.1** 16
- Einweiser **AKB A.1.2** 87 ff.
- Europa **AKB A.1.4.1** 2 f.
- Fahrer **AKB A.1.2** 39 ff.
- Fahrprüfer **AKB A.1.2** 101
- Firmenaufspaltung **AKB A.1.1** 22 ff.
- Garagenstellplätze **AKB A.1.1** 16

- Geltendmachung von Ansprüchen mitversicherter Personen **AKB F.2** 3
- Gemeinschaftseigentum **AKB A.1.1** 18 ff.
- Gerichtlich geltend gemachte Ansprüche **AKB E.1.2.3** 1
- Geschleppte Fahrzeuge, *s. dort*
- Gesetzliche Änderung des Leistungsumfangs **AKB J.5** 1 ff.
- Grobe Fahrlässigkeit **AKB D.2.1** 14
- Grüne Karte **AKB A.1.4.2** 1 f.
- Gütergemeinschaft **AKB A.1.1** 25
- Haftungsbeschränkungen **AKB A.1.1.1** 260
- Halter **AKB A.1.2** 9 ff.
- Im Versicherungsschein bezeichnetes Risiko **AKB A.1.1** 4 ff.
- Insasse **AKB A.1.2** 84 ff.
- Kein Ersatz von Schäden am Fahrzeug **AKB A.1.1** 14
- Kein Ersatz von Schäden an anderen eigenen Sachen **AKB A.1.1** 15
- Kernenergie **AKB A.1.5.9** 1
- Klage **AKB E.1.2.3** 1
- Kleinschäden **AKB E.1.2.2** 1
- Kontrahierungszwang **PflVG § 5** 9 **VVG § 113** 24 ff.
- Kündigungserweiterung durch VN **AKB G.4.3** 1
- Kündigungsrecht für alle Sparten **AKB G.4.2** 1
- Ladungsschäden, *s. dort*
- Leistungsfreiheit hinsichtlich der Mehrkosten bei Rechtsstreitigkeiten **AKB E.2.6** 1 f.
- Leistungskürzung bei grober Fahrlässigkeit **AKB D.2.1** 14
- Mahnbescheid **AKB E.1.2.3** 1
- Mallorca-Police **AKB A.1.1** 9 f.
- Meldepflicht **AKB E.1.2.1** 1
- Mindestversicherungssummen **AKB A.1.3** 2 ff. **KfzPflVV § 1** 11 ff. **VVG § 113** 36 ff.
- Mitversicherte iSv § 2 Abs. 2 KfzPflVV **AKB A.1.2** 41 ff.
- Mitversicherte Personen von angehängten/gezogenen Fahrzeugen **AKB A.1.2** 79 ff.
- Mitversicherung von Fahrzeugen **AKB A.1.1.5** 1 ff.
- Monteur/Reparaturhelfer **AKB A.1.2** 102
- Nicht genehmigte Rennen **AKB D.1.1.4** 1 ff.

2169

Stichwortverzeichnis

- Nicht-öffentlicher Verkehrsraum **AKB A.1.1.1** 3
- Nichtbestehen, s. *Kfz-Haftpflichtversicherungsvertrag, Nichtbestehen* **PflVG § 6** 9 ff.
- Nichteinhaltung von Liefer- und Beförderungsfristen **AKB A.1.5.7** 1 f.
- Obliegenheiten **AKB D.1** 1
- Omnibusschaffner **AKB A.1.2** 74 ff.
- Örtlicher Geltungsbereich **KfzPflVV § 1** 3 ff.
- Passivenversicherung **AKB A.1.1** 1
- Pflicht-Mitversicherte **AKB A.1.2** 8 ff.
- Pflichtversicherung **AKB A.1.1** 2
- Räumlicher Geltungsbereich **AKB A.1.4.1** 1 ff.
- Rechtsstreitigkeiten **AKB E.2.6** 1 f.
- Regelungsgehalt **AKB A.1.1** 3 ff.
- Reisegepäck **AKB A.1.5.5** 1 ff.
- Risikoausschlüsse **AKB A.1.5** 1
- Ruheversicherung **AKB H.1.4** 2
- Schadenfreiheitsrabatt-System **AKB I** 1 ff.
- Schadenminderungspflicht **AKB E.1.1.4** 2
- Schadenrückkauf **AKB I.4.2** 39
- Schadensersatzansprüche, *s. dort*
- Schwertransporte **AKB A.1.2** 97 f.
- Selbständigkeit **AKB G.4.1** 1
- Selbstregulierung **AKB E.1.2.2** 1
- Selbstständige Geltendmachung vertraglicher Ansprüche **AKB A.1.2** 103
- Tarifänderung **AKB J.5** 1 ff.
- Türkei **AKB A.1.4.1** 3
- Typklassenänderung **AKB J.1** 3
- Umfang der Leistungsfreiheit bei Vorsatz **AKB D.2.1** 9
- Vereinbarte Versicherungssummen **AKB A.1.3.1** 1 ff.
- Versicherte Personenkreise **AKB A.1.2** 3 ff.
- Versicherungsbestätigung **VVG § 113** 31 ff.
- Versicherungsnehmer **AKB A.1.2** 5 ff.
- Versicherungsschutz, vorläufiger **AKB B.2** 1
- Versicherungssummen **AKB A.1.3** 1 ff.
- Vertraglicher Schadenersatz **AKB A.1.5.8** 1 f.
- Vertragsstrafen **AKB A.1.5.7** 1 f.
- Vorläufiger Versicherungsschutz, Kündigung **AKB B.2.5** 2
- Vorsatz, *s. dort*

- Weisungen des Versicherers **AKB E.1.1.3** 12
- Zeitlicher Geltungsbereich **KfzPflVV § 1** 8 ff.
- Zulassungsfahrt **AKB H.3.1** 1
- Zusatzdeckungen zur Kfz-USV **AKB A.1.1** 11

Kfz-Haftpflichtversicherung (Kfz-Handel und -Handwerk)
- Ansprüche gegen den Fahrer **SB Handel/Handwerk A.4.1.2** 1 ff.
- Behördlich nicht genehmigte Rennen **SB Handel/Handwerk B.2.1** 2
- Direktanspruch **SB Handel/Handwerk A.4.1** 4 f.
- Doppelversicherung **SB Handel/Handwerk A.4.1** 6 ff.
- Eigenes Fahrzeug des Betriebes **SB Handel/Handwerk A.4.1** 11 f.
- Fahren unter Alkoholeinfluss oder sonstiger berauschender Mittel **SB Handel/Handwerk B.2.1** 3
- Fremde Fahrzeuge **SB Handel/Handwerk A.4.1** 3
- Nicht zugelassene Fahrzeuge im öffentlichen Verkehrsraum **SB Handel/Handwerk A.4.1** 13
- Selbst versichertes Kundenfahrzeug **SB Handel/Handwerk A.4.1** 2
- Sonderfälle **SB Handel/Handwerk A.4.1** 10
- Umfang bei Verwendung amtlich zugeteilter roter Kennzeichen **SB Handel/Handwerk A.4.1** 14
- Verweisungsmöglichkeiten **SB Handel/Handwerk A.4.1** 9
- Vorsätzlich falsche Angaben **SB Handel/Handwerk D.2.2** 1

Kfz-Haftpflichtversicherungsvertrag, Nichtbestehen
- Beendigungsgründe für den Versicherungsvertrag **PflVG § 6** 11 f.
- Definition **PflVG § 6** 9
- Frisieren von Zweirädern **PflVG § 6** 14
- Grundsatzentscheidungen des BGH **PflVG § 6** 10
- Kündigung, Rücktritt, Anfechtung des Versicherungsvertrags **PflVG § 6** 11 f.
- Mitsichführen eines nichtversicherten Anhängers **PflVG § 6** 18

Stichwortverzeichnis

- Nichtzahlung der Erst- bzw. Folgeprämie PflVG § 6 11 f.
- Rote Kennzeichen PflVG § 6 16
- Unberechtigte Weitergabe des Kurzkennzeichens PflVG § 6 17
- Vorläufige Deckungszusage PflVG § 6 15
- Zugang der Kündigungserklärung PflVG § 6 12 f.

Kfz-Halter
- von der Versicherungspflicht befreiter - VVG § 113 72 ff.

Kfz-Handel- und Handwerk, Zusatzhaftpflichtversicherung
- Abgasuntersuchung BB Handel/Handwerk 2.2 33
- Abhandenkommen BB Handel/Handwerk 1.1 6
- Abhandenkommen von Teilen BB Handel/Handwerk 2.5 38
- Anhänger oder fest damit verbundene Fahrzeugteile BB Handel/Handwerk 1.1 7
- Anspruchsberechtigter BB Handel/Handwerk 3.2 49
- Ausfallentschädigung BB Handel/Handwerk 3.1.3 43
- Ausschlüsse BB Handel/Handwerk 5 52
- Beschädigung BB Handel/Handwerk 1.1 6
- Betriebsfremde Personen BB Handel/Handwerk 1.1 4
- Betriebszugehörige Personen BB Handel/Handwerk 1.1 3
- Entgangener Verdienst BB Handel/Handwerk 3.1.3 44
- Ersatzleistung bei sonstiger Beschädigung BB Handel/Handwerk 3.1.3 41
- Ersatzleistung bei Zerstörung oder Abhandenkommen BB Handel/Handwerk 3.1.3 40
- Erweiterung des Versicherungsschutzes BB Handel/Handwerk 2.1 32
- Fremdes Kfz BB Handel/Handwerk 1.1 7
- Gewerbliche oder berufliche Tätigkeit des VN BB Handel/Handwerk 1.1 8
- Nicht versicherte Risiken BB Handel/Handwerk 1.2 16 ff.
- Obliegenheiten BB Handel/Handwerk 4 50 f.
- Risikoausschlüsse BB Handel/Handwerk 1.2 9
- Sachfolgeschäden BB Handel/Handwerk 3.1.3 45 ff.
- Schäden am bearbeiteten Teil BB Handel/Handwerk 5.2 53 ff.
- Schäden an Neufahrzeugen BB Handel/Handwerk 2.4 37
- Selbstbehalt BB Handel/Handwerk 3.2 48
- Vernichtung BB Handel/Handwerk 1.1 6
- Versicherte Personen BB Handel/Handwerk 1.1 2 ff.
- Versicherungsnehmer BB Handel/Handwerk 1.1 2
- Versicherungssumme BB Handel/Handwerk 3.1.3 39
- Versicherungsumfang gesetzliche Haftpflicht BB Handel/Handwerk 1.1 1
- Vorhaltekosten BB Handel/Handwerk 3.1.3 44
- Wageninhalt BB Handel/Handwerk 2.3 34
- Werkstatt-Obhut, s. dort

Kfz-Handel- und Handwerk-Versicherung
- Abgeschleppte Kfz SB Handel/Handwerk A.3.6 1
- Arbeits- und Anbaugeräte SB Handel/Handwerk A.3.5 1
- Ausschluss entgeltliche Personenbeförderung SB Handel/Handwerk B.2.1 1
- Ausschluss garagenmäßiger Unterstellung SB Handel/Handwerk A.5.1.1 1 f.
- Ausschluss gewerbsmäßige Vermietung SB Handel/Handwerk B.2.1 1
- Behördlich nicht genehmigte Rennen SB Handel/Handwerk B.2.1 2
- Betriebsarten SB Handel/Handwerk A.1 1
- Beweislast für das Vorliegen eines Ausschlussstatbestandes SB Handel/Handwerk A.5.1.1 3
- Eigene und fremde nicht zulassungspflichtige Kfz SB Handel/Handwerk A.3.4 1
- Eigene und fremde zulassungspflichtige Kfz SB Handel/Handwerk A.3.3 1
- Fahren unter Alkoholeinfluss oder sonstiger berauschender Mittel SB Handel/Handwerk B.2.1 3
- Folgen der Obliegenheitsverletzung, s. Obliegenheitsverletzung (Kfz-Handel- und Handwerkversicherung)
- Fremde Fahrzeuge SB Handel/Handwerk A.3.2 2

2171

Stichwortverzeichnis

- Händlereigene Fahrzeuge **SB Handel/ Handwerk A.3.2** 1
- Händlereigene, nicht zugelassene Fahrzeuge **SB Handel/Handwerk A.3.1** 11
- Kennzeichenarten **SB Handel/Handwerk A.3.1** 3 ff.
- Kfz mit amtlich abgestempelten Roten Kennzeichen, *s. Rotes Kennzeichen*
- Kfz mit rotem Versicherungskennzeichen **SB Handel/Handwerk A.3.1** 6, 16
- Kurzzeitkennzeichen **SB Handel/Handwerk A.3.1** 8, 17
- Leistungsumfang **SB Handel/Handwerk A.4** 1 f.
- Mehrere Betriebsstätten **SB Handel/ Handwerk A.2** 1
- Mitteilungspflichten **SB Handel/Handwerk D.3** 1
- Nicht versicherte Fahrzeuge **SB Handel/ Handwerk B.1.2.1** 1 ff.
- Nicht zugelassene Kfz ohne rote Kennzeichen **SB Handel/Handwerk B.1.2.1** 2
- Nicht zulassungspflichtige aber versicherungspflichtige Fahrzeuge **SB Handel/ Handwerk A.3.6** 1
- Obliegenheitsverletzungen im Schadenfall **SB Handel/Handwerk B** 3
- Obliegenheitsverletzungen vor dem Schadenfall **SB Handel/Handwerk B** 2
- Probefahrt **SB Handel/Handwerk A.3.1** 15
- Räumliche Einschränkung des Versicherungsschutzes **SB Handel/Handwerk A.2** 2
- Risiken und Leistungen **SB Handel/ Handwerk A** 1
- Rote Kennzeichen **SB Handel/Handwerk B.1.2.1** 3
- Selbstfahrende Arbeitsmaschinen **SB Handel/Handwerk A.3.5** 1
- Tageszulassung **SB Handel/Handwerk A.3.2.2** 1
- Überführte Kfz **SB Handel/Handwerk A.3.6** 1
- Übersicht **SB Handel/Handwerk D.3** 1
- Versicherte Fahrzeuge **SB Handel/Handwerk A.3.1** 11 ff.
- Versicherte Personen **SB Handel/Handwerk A** 6 f.
- Versicherungspflichtige Fahrzeuge **SB Handel/Handwerk A.3.1** 9 f.
- Versicherungsschutz **SB Handel/Handwerk A.3** 1; **A.4** 1 f.
- Zulassungspflichtige und zugelassene Kfz **SB Handel/Handwerk A.3.2** 3

Kfz-Handelsbetriebe
- Begriff **SB Handel/Handwerk A.1.2** 1
- Begriff der Obhut **SB Handel/Handwerk A.1.2.3** 5 f.
- Fremde Fahrzeuge **SB Handel/Handwerk A.1.2.3** 2
- Handelsbetrieb **SB Handel/Handwerk A.1.2.3** 3
- Händlereigene Fahrzeuge, *s. dort*
- Versicherte Personen **SB Handel/Handwerk A.1.2.2** 4
- Zweck des Handelsbetriebes **SB Handel/ Handwerk A.1.2.3** 4

Kfz-Handwerksbetriebe
- Arbeiten an fremden Fahrzeugen **SB Handel/Handwerk A.1.1.1** 1
- Begriff fremde Fahrzeuge **SB Handel/ Handwerk A.1.1.1** 2
- Eigene Fahrzeuge, *s. dort*
- Kfz-Haftpflicht-Versicherung für fremde Fahrzeuge **SB Handel/Handwerk A.1.1.1** 3
- Schäden durch mangelhafte Arbeiten **SB Handel/Handwerk A.1.1.1** 3
- Zwecke der ~ **SB Handel/Handwerk A.1.1.3** 3 ff.

Kfz-Mieter
- Haftung **AKB A.2.9.1** 353
- Haftung und Regress gegen ~ **AKB A.2.3** 36 ff.
- Regressverzicht trotz grober Fahrlässigkeit **AKB A.2.8** 94
- Repräsentant **AKB A.2.3** 36 ff.

Kfz-Papiere
- Zurücklassen von ~ im Fahrzeug **AKB A.2.9.1** 251 ff.

Kfz-Schein AKB A.2.9.1 258 ff.

Kfz-Schlüssel
- Aufbewahrung **AKB D.1.1.2** 9 ff.; **D.2.1** 25
- Außerhalb des Fahrzeuges **AKB A.2.9.1** 226 ff.
- Diebstahl **AKB A.2.2.1.6** 150 ff., 169 ff., 214 ff.

2172

Stichwortverzeichnis

- Grobe Fahrlässigkeit **AKB A.2.9.1** 14
- Pflichtwidrige Beaufsichtigung oder Verwahrung **AKB A.2.9.1** 213 ff.
- Steckenlassen **AKB A.2.9.1** 197 ff.
- Unterlassen eines Schlossaustausches am Fahrzeug **AKB A.2.9.1** 236 ff.
- Verlust **AKB A.2.2.1.6** 232 ff.
- Zurücklassen im Fahrzeug **AKB A.2.9.1** 214 ff.

Kfz-Unfallversicherung
- Mitversicherte Personen **VVG § 28** 7

Kfz-Vermietung
- Ausschluss Versicherungsschutz **SB Handel/Handwerk B.2.1** 1
- Kaskoversicherung (Kfz-Handel und -Handwerk) **SB Handel/Handwerk A.5.1.3** 1 ff.
- Kfz-Mietvertrag **AKB A.2.1.1** 22 ff.
- Schadenmeldepflicht **AKB E.1.1.1** 1

KH-Richtlinie PflVG § 3a; **§ 7** 1
KH-Richtlinien VVG § 117 27
Kindersitze Versicherung von sonstigen Gegenständen 41
Klauselkontrolle AKB A.2.1.1 15 ff.

Kleinschäden
- Meldepflicht **AKB E.1.2.2** 1

Kommunaler Schadenausgleich PflVG § 2 5
Kongruente Schäden AKB A.2.5.8 18 ff.

Konkurrenzen
- Verstoß gegen die Kraftfahrzeugversicherungspflicht **PflVG § 6** 32

Kontrahierungszwang AKB G.3.1 3 ff.
- Anfechtung des Vertrages wegen Drohung oder arglistiger Täuschung **PflVG § 5** 6
- Annahmefiktion **PflVG § 5** 4
- Annahmefristen **PflVG § 5** 3
- Beschränkungen im Geschäftsplan **PflVG § 5** 5
- BGH-Rechtsprechung **AKB G.3.1** 5
- Drohung oder arglistige Täuschung des VN **AKB G.3.1** 4
- Kfz-Haftpflichtversicherung **VVG § 113** 24 ff.
- Kraftfahrzeug-Haftpflicht-Versicherung **PflVG § 5** 9
- Kündigung wegen Prämienverzugs oder Schadens **PflVG § 5** 8
- LKW oder Busse **AKB G.3.1** 6

- Nichtzahlung der ersten Prämie **PflVG § 5** 7
- Rücktritt wegen Verletzung der vorvertraglichen Anzeigepflicht **PflVG § 5** 7
- Versicherungsvertrag **AKB B** 7
- Zugelassener Versicherer **PflVG § 5** 2

Körper- und Gesundheitsverletzungen
- Schadensersatzansprüche **AKB A.1.1.1** 27

Körperschaden AKB A.5.1 3; **A.5.4.1** 32; **A.5.4.3** 5
Körperverletzung AKB A.5.1 18; **A.5.4.1** 21 f., 39; **A.5.6.3** 2
Kostenerstattungsanspruch AKB A.1.1.3 26
- Feuerwehr **AKB A.1.1.1** 249 ff.
- Feuerwehreinsatz an der Unfallstelle **AKB E.1.2.5** 2 f.
- Öffentlich-rechtliche Verfahren **AKB E.1.2.5** 2 f.

Kraftfahrtunfall-Plus-Versicherung AKB A.4.2.6 6 f.

Kraftfahrzeug
- Antriebsarten **PflVG § 1** 15
- Beispiele **PflVG § 1** 16 f.
- Grenzfälle **PflVG § 1** 20 ff.
- Negativbeispiele **PflVG § 1** 18 f.
- Ungebunden an Gleise **PflVG § 1** 12 f.

Kraftfahrzeughilfe AKB A.5.4.2 63

Kraftfahrzeugversicherungspflicht, Zuwiderhandlung
- Einstellung aus Opportunitätsgründen **PflVG § 6** 35
- Einziehung des Fahrzeugs **PflVG § 6** 37
- Fahreignungsregister **PflVG § 6** 41
- Fahrlässigkeit **PflVG § 6** 28 f.
- Fahrverbot **PflVG § 6** 36
- Fahrzeug, *s. dort*
- Führerscheinentzug **PflVG § 6** 36
- Gebrauchen **PflVG § 6** 21 f.
- Gestatten des Gebrauchs **PflVG § 6** 23 f.
- Haftpflichtversicherungsvertrag besteht nicht **PflVG § 6** 9 ff.
- Irrtümer **PflVG § 6** 26 f.
- Jugendliche und Heranwachsende **PflVG § 6** 40
- Konkurrenzen **PflVG § 6** 32
- Öffentliche Wege und Plätze **PflVG § 6** 7 f.
- Schwerwiegende Zuwiderhandlung **PflVG § 6** 38
- Straferwartung **PflVG § 6** 38
- Täterschaft und Teilnahme **PflVG § 6** 31

2173

Stichwortverzeichnis

- Tathandlungen PflVG § 6 19 ff.
- Versuch PflVG § 6 30
- Vorsatz PflVG § 6 25
- § 6 PflVG eigenhändiges Delikt PflVG § 6 2

Krampfanfälle AKB A.4.12.9 68

Krankenhaustagegeld
- Ambulante Operationen AKB A.4.7.2 11
- Beweislast AKB A.4.7.2 10, 13
- Bundeswehrlazarett AKB A.4.7.2 8
- Dauer AKB A.4.7.2 14 f.
- Gemischte Anstalt AKB A.4.7.2 8
- Höhe AKB A.4.7.2 14 f.
- Medizinisch notwendige Heilbehandlung AKB A.4.7.2 5
- Rehabilitationsmaßnahmen AKB A.4.7.2 9
- Sanitätsbereich der Bundeswehr AKB A.4.7.2 8
- Stationärer Krankenhausaufenthalt AKB A.4.7.2 4 ff.
- Voraussetzung AKB A.4.7.2 4 ff.

Krankenkasse VVG § 117 38

Krankenrücktransport
- Arzt zu Arzt Gespräch AKB A.3.7.1 12
- Begleitpersonen AKB A.3.7.1 25
- Datenschutz AKB A.3.7.1 13 ff.
- Einwilligung und Schweigepflichtentbindung AKB A.3.7.1 13 ff.
- Funktionsübertragung Versicherer AKB A.3.7.1 24
- Kinder AKB A.3.7.1 11
- Medizinische Notwendigkeit AKB A.3.7.1 4 ff.
- Schutz lebenswichtiger Interessen des Betroffenen AKB A.3.7.1 21 ff.
- Übernachtungskosten AKB A.3.7.1 26

Krankentagegeld AKB A.5.4.2 28, 53; A.5.5.1 16

Krankes Versicherungsverhältnis
- Direktanspruch VVG § 115 96 f.
- Dritter VVG § 115 96 f.
- Verweisung nach § 117 Abs. 2 VVG VVG § 118 20

Krankheit, Verletzung oder Tod auf einer Reise
- Inlandsschäden AKB A.3.7 10
- Krankheit AKB A.3.7 4
- Reise AKB A.3.7 3
- Tod AKB A.3.7 6

- Verletzung AKB A.3.7 5
- Vorerkrankung AKB A.3.7 7

Krankheiten und Gebrechen
- Begriff Gebrechen AKB A.4.9.2.2 3
- Beweislast AKB A.4.9.2.2 11
- Krankheitsbegriff AKB A.4.9.2.2 2
- Minderung AKB A.4.9.2.2 9 f.
- Mindestanteil der Mitwirkung AKB A.4.9.2.2 12
- Mitwirkung im Hinblick auf die Beeinträchtigung AKB A.4.9.2.2 7
- Vorvertragliche Anzeigepflichtverletzung AKB A.4.9.2.2 6

Krieg
- Autoschutzbrief AKB A.3.9.3 2
- Kaskoversicherung AKB A.2.9.4 4 f.

Kühlboxen Versicherung von sonstigen Gegenständen 40

Kumulschäden AKB A.2.5.8 5 SB Handel/Handwerk A.4.2.1 1

Kündigung
- Ablauf des Versicherungsjahres AKB G.2.1 1
- Änderung der Verwendung AKB G.2.8 3
- Bedingungsänderung AKB G.2.9 1
- Beitragsabrechnung AKB G.6 1
- Beitragserhöhung AKB G.2.7 1 ff.
- Einzelner Versicherungsarten AKB G.4 1
- Geänderte Verwendung des Fahrzeugs AKB G.2.8 1 ff.; G.3.6 1 ff.
- Kein Kündigungsrecht des Veräußerers AKB G.2.6 7 Kfz-USV G 243 ff.
- Kündigungserweiterung durch VN AKB G.4.3 1
- Kündigungsfrist AKB G.2.1 1; G.2.6 3 f.
- Kündigungsrecht für alle Sparten AKB G.4.2 1
- Leistungsverweigerung AKB G.2.6 2
- Nichtausübung des Kündigungsrechts VVG § 26 16 ff.
- Obliegenheitsverletzung VVG § 28 15 ff.
- Prämienverzug oder Schaden PflVG § 5 8
- Schadenfall AKB G.2.6 1 ff.
- Sofortige Kündigung AKB G.2.6 4
- Sonderkündigungsrecht AKB G.2.1 2; G.2.6 1; G.2.8 4
- Sonderkündigungsrecht des Erwerbers AKB G.2.6 6
- Veränderung der Tarifstruktur AKB G.2.9 1

2174

- Veränderung des Schadenfreiheitsrabatt-Systems **AKB G.2.9** 1
- Veräußerung des Kfz **AKB G.2.6** 5
- Versicherungsvertrag **AKB G.1.2** 2 **PflVG § 6** 11 f.
- Vorläufiger Versicherungsschutz **AKB G.2.2** 1; **G.3.2** 1 f.
- Wirksamwerden **AKB G.2.6** 8
- Zahlungsverzug bei Folgeprämie **VVG § 38** 5
- Zugang **AKB G.5** 1
- Zwangsversteigerung des Kfz **AKB G.2.6** 5

Kündigung wegen Gefahrerhöhung
- Beweislast **VVG § 24** 8 ff.
- Erlöschen des Kündigungsrechts **VVG § 24** 12
- Fristlose Kündigung **VVG § 24** 5
- Kündigung binnen Monatsfrist **VVG § 24** 6
- Nichtausübung des Kündigungsrechts **VVG § 24** 11
- Wegfall des Kündigungsrechts **VVG § 24** 7

Kündigung zum Ablauf
- Kontrahierungszwang gem. **§ 5 PflVG AKB G.3.1** 3 ff.
- Kündigung des Vertrages insgesamt **AKB G.3.1** 7
- Kündigungsfristen **AKB G.3.1** 9
- Wirkung der Kündigung **AKB G.3.1** 8
- Zulässigkeit der Kündigung **AKB G.3.1** 2

Kündigung, Obliegenheitsverletzung
- Kündigungsfrist **AKB G.3.5** 4
- Pflichtverletzung nach D **AKB G.3.5** 3
- Voraussetzungen **AKB G.3.5** 2

Kündigung, Prämienverzug
- Voraussetzungen **AKB G.3.4** 2 f.
- Zahlung der Beiträge nach Kündigung **AKB G.3.4** 4

Kündigung, Schadenfall
- Ende der Verhandlung über Entschädigungsleistung **AKB G.3.3** 2
- Kündigung nach Rechtskraft des Urteils **AKB G.3.3** 4
- Weisung, einen Rechtsstreit zu führen **AKB G.3.3** 3
- Wirksamwerden der Kündigung **AKB G.3.3** 5

Kündigungserklärung
- Zugang **PflVG § 6** 12 f.

Kündigungserweiterung
- Durch VN **AKB G.4.3** 1

Kündigungsrecht
- Für alle Sparten **AKB G.4.2** 1

Kupplungsträger AKB A.1.1.5 70

Kurzkennzeichen
- Unberechtigte Weitergabe **PflVG § 6** 17

Kurzschlussschäden
- Verkabelung **AKB A.2.2.1.6** 104 ff., 314 ff.

Kürzung auf Null AKB A.2.9.1 39

Kürzungsquoten
- Abkommen von der Fahrbahn **AKB A.2.9.1** 354
- Ablenkung **AKB A.2.9.1** 354
- Alkohol 0,3 bis 0,5 Promille **AKB A.2.9.1** 354
- Alkohol 0,5 bis 1,09 Promille **AKB A.2.9.1** 354
- Alkohol ab 1,1 Promille **AKB A.2.9.1** 354
- Alkohol und Medikamente **AKB A.2.9.1** 354
- Auffahrunfall **AKB A.2.9.1** 354
- Ausweichen vor einem Tier **AKB A.2.9.1** 354
- Drogen **AKB A.2.9.1** 354
- Falsches Überholen **AKB A.2.9.1** 354
- Inbrandsetzung des Fahrzeuges **AKB A.2.9.1** 354
- Mangelhafte Bereifung **AKB A.2.9.1** 354
- Mangelnde Sicherung des Fahrzeuges **AKB A.2.9.1** 354
- Medikamente **AKB A.2.9.1** 354
- Missachtung des Andreaskreuzes **AKB A.2.9.1** 354
- Missachtung Durchfahrtshöhe **AKB A.2.9.1** 354
- Musterquoten (Tabelle) **AKB A.2.9.1** 354
- Nichtbeachten des Stoppschildes **AKB A.2.9.1** 354
- Pflichtwidrige Verwahrung von Kfz-Schlüsseln **AKB A.2.9.1** 354
- Rotlichtverstoß **AKB A.2.9.1** 354
- Sonstige Pflichtenverstöße **AKB A.2.9.1** 354
- Überhöhte Geschwindigkeit **AKB A.2.9.1** 354
- Übermüdung **AKB A.2.9.1** 354
- Untätigkeit nach Verlust oder Diebstahl von Kfz-Schlüsseln **AKB A.2.9.1** 354

Stichwortverzeichnis

- Unterlassene Sicherung bei Gefälle AKB A.2.9.1 354
- Zurücklassen von Kfz-Papieren im Fahrzeug AKB A.2.9.1 354

Kurzzeitkennzeichen
- Laufzeit AKB G.1.4 1 SB Handel/Handwerk A.3.1 8, 17

L

Ladung
- Vermischungen oder Kontaminationen der transportierten - Kfz-Güterfolgeschadenversicherung 46 f.

Ladung, Beschädigung
- Ausschluss von Schäden an der Ladung KfzPflVV § 4 13
- Einschluss persönlicher Gegenstände KfzPflVV § 4 14

Ladungsschäden
- Beförderung der Gegenstände AKB A.1.5.5 3
- Begriff Sache AKB A.1.5.5 2
- Folgeschäden AKB A.1.5.5 5
- Gewerbliche Personenbeförderung AKB A.1.5.5 7
- Mitversicherte Gegenstände AKB A.1.5.5 6

Ladungssicherung, mangelhafte AKB A.2.2.2.3 52 f.; A.2.9.1 352

Lang-LKW AKB A.1.1.5 34

Laufzeit
- Versicherungsvertrag AKB G.1.1 1 f.

Lawinen AKB A.2.2.1.6 74

Leasing und Finanzierung
- Kaskoversicherung AKB A.2.3 68 ff.

Leasingfahrzeug
- Ablösewert des Leasinggebers AKB A.2.5.2.3 104 ff.
- Brand AKB A.2.2.1.6 108
- Entschädigungsumfang AKB A.2.5.8 24
- Erstattungsfähigkeit der Mehrwertsteuer AKB A.2.5.2.3 111 f.
- Fremdversicherung AKB A.2.5.8 24
- GAP-Versicherung AKB A.2.5.2.3 104 ff.
- Insolvenz des VN AKB A.2.5.2.3 113
- Mehrwertsteuer bei Reparaturkosten AKB A.2.5.2.3 102 ff.
- Neupreis AKB A.2.5.1.8 104 ff.
- Umsatzsteuer als kongruente Schadensposition AKB A.2.5.8 24

- Werkstattbindungsklausel AKB A.2.5.2.3 84

Leasinggeber
- Kaskoversicherung AKB A.2.3 8 ff.

Leasingraten
- Verzug AKB A.2.7.4 64

Lebensarbeitszeit AKB A.5.4.1 43

Lebensgefährte
- Repräsentant AKB A.2.3 33 ff.

Lebenspartner AKB A.5.2 21 f., 25 f., 29

Leistungsfreiheit
- Begriff AKB E.2.1 1
- Bei bestehendem Vertrag VVG § 123 2
- Beschränkung AKB E.2.3 1
- Bestehen- oder Nichtbestehen des Vertrages VVG § 117 12
- Betrugsabsicht AKB E.2.5 1 ff.
- Dieb AKB D.2.4 1 ff.
- Gesetzliche Obliegenheiten VVG § 117 9
- Gesetzliche Obliegenheitsverletzungen VVG § 116 25
- Hinsichtlich Mehrbetrags KfzPflVV § 7 3
- Mehrkosten bei Rechtsstreitigkeiten AKB E.2.6 1 f.
- Nach Vertragsbeendigung VVG § 123 3 f.
- Obliegenheitsverletzungen VVG § 116 21
- Prämienverzug VVG § 117 8
- Schadenmeldepflicht AKB E.1.1.1 3
- Strafbare Handlung AKB D.2.4 1 ff.
- Teilweise - VVG § 116 22 ff.
- Verstoß gegen Hauptpflichten VVG § 116 19 f.
- Vertragliche Obliegenheitsverletzung im Schadenfall VVG § 117 11
- Vertragliche Obliegenheitsverletzung in der Kfz-Haftpflichtversicherung VVG § 116 26 f.
- Vertragliche Obliegenheitsverletzung vor Schadenfall VVG § 117 10
- Vorsätzliche Obliegenheitsverletzung KfzPflVV § 7 2
- Zahlungsverzug bei Erstprämie VVG § 37 3
- Zusammentreffen von - und Amtspflichtverletzung VVG § 117 45

Leistungsfreiheit bzw. Leistungskürzung
- Anzeige außergerichtlicher Geltendmachung von Ansprüchen AKB E.2.1 14
- Anzeige gerichtlicher Geltendmachung von Ansprüchen AKB E.2.1 16

2176

Stichwortverzeichnis

- Anzeige von Kleinschäden AKB E.2.1 15
- Anzeigepflichtverletzung in der Kasko-Versicherung AKB E.2.1 8 ff.
- Anzeigepflichtverletzung in der Kfz-Haftpflichtversicherung AKB E.2.1 5 f.
- Anzeigepflichtverletzung in sonstigen Sparten AKB E.2.1 7
- Aufklärungspflicht AKB E.2.1 12
- Belehrungs- und Hinweispflichten des Versicherers AKB E.2.1 5
- Entlastungsmöglichkeit des VN AKB E.2.1 4
- Fristablauf AKB E.2.1 17
- Grob fahrlässige Obliegenheitsverletzung AKB E.2.1 3
- Quotierung AKB E.2.1 3
- Schadenminderungspflicht AKB E.2.1 13
- Vorsätzliche Obliegenheitsverletzung AKB E.2.1 2

Leistungsfreiheit wegen Gefahrerhöhung
- Beweislast VVG § 26 3 ff.
- Exkulpationsmöglichkeiten VVG § 26 11 ff.
- Fehlende Ursächlichkeit VVG § 26 12
- Grob fahrlässige Obliegenheitsverletzung VVG § 26 10
- Keine Auswirkungen auf die Schadenhöhe VVG § 26 13 f.
- Kündigung VVG § 26 6 f.
- Mangelndes Verschulden VVG § 26 15
- Nichtausübung des Kündigungsrechts VVG § 26 16 ff.
- Pflichten bei Gefahrerhöhung VVG § 26 2
- Rechtsfolgen VVG § 26 8 ff.
- Vorsätzliche Obliegenheitsverletzung VVG § 26 9

Leistungspflicht gegenüber Dritten
- Außenverhältnis VVG § 117 4
- Innenverhältnis VVG § 117 3
- Nachhaftung, s. dort
- Öffentlicher Verkehrsraum VVG § 117 5
- Verweisung, s. dort
- Vorleistungspflicht VVG § 117 6

Leistungsverweigerung
- Kündigung AKB G.2.6 2

Lenken AKB A.5.1 8 ff.; A.5.2 2, 13
- Beispiele AKB A.5.1 38
- Einzelfälle AKB A.5.1 15 ff.
- Folgeverletzung AKB A.5.1 18 ff.
- Nachlenken AKB A.5.1 29
- Position des Fahrers beim ~ AKB A.5.1 27 f.
- Primärverletzung AKB A.5.1 18 ff.
- Schieben des Fahrzeugs AKB A.5.1 28
- Schleppen von Fahrzeugen AKB A.5.1 29 ff.
- Unfallaufnahme AKB A.5.1 15

Lenker AKB A.5.1 10, 14, 22; A.5.2 1 f.
Lenkerschutzversicherung AKB A.5.1 10; A.5.2 3
Liebhaberfahrzeuge
- Wiederbeschaffungswert AKB A.2.5.1.8 69

Liefer- und Beförderungsfristen
- Nichteinhaltung AKB A.1.5.7 1 f.

Liegenbleiben des Kfz AKB A.2.9.1 350
Limits
Kfz-Güterfolgeschadenversicherung 53
LKW mit Überlängen AKB A.1.1.5 34
LKW-Schutzbriefe AKB Vor A.3 8
LKW-Versicherungen
- Kontrahierungszwang AKB G.3.1 6
- Verwendungsklausel AKB D.1.1.1 4

Luftys Versicherung von sonstigen Gegenständen 77

M
Mahnbescheid
- Widerspruch AKB E.1.2.5 1

Mallorca-Police AKB A.1.1 9 f.
Mangelfall
- Mindestversicherungssummen VVG § 113 56 ff.

Manipulierter Unfall AKB A.1.5.1 6; A.2.9.1 7
Marderschäden AKB A.2.2.1.6 314 ff.
Maschinen oder Arbeitsgeräte AKB A.2.1.2.3 13
Maßnahmen der Staatsgewalt AKB A.2.9.4 10 f.
- Autoschutzbrief AKB A.3.9.3 4

Massenunfälle AKB I.4.1.2 35
Materialermüdung
- Unfall AKB A.2.2.2.3 56 ff.

Medikamente AKB A.2.9.1 89, 148 ff.
Mehrere Ansprüche, Rangfolge
- Änderung der berechneten Ansprüche VVG § 118 28
- Ansprüche aufgrund privatrechtlichen Übergangs VVG § 118 17

2177

Stichwortverzeichnis

- Ansprüche der Sozialversicherungsträger VVG § 118 18
- Ansprüche wegen sonstiger Schäden VVG § 118 16
- Berechnungsbeispiele VVG § 118 22 f.
- Entschädigungsanspruch VVG § 118 8
- Erschöpfen der Versicherungssumme und Mithaftung des Verletzten VVG § 118 25
- Nicht ausreichende Versicherungssumme VVG § 118 9
- Personenschäden VVG § 118 11 ff.
- Sonstige Ansprüche VVG § 118 19
- Verfahren bei erschöpfter Versicherungssumme VVG § 118 24
- Verfahren bei mehreren Ersatzberechtigten im gleichen Rang VVG § 118 21
- Verspätete Anspruchsanmeldung VVG § 118 27
- Verweisung wegen krankem Versicherungsverhältnis nach § 117 Abs. 2 VVG VVG § 118 20

Mehrfachversicherung
- Bezüglich eines Risikos VVG § 116 106 ff.
- Fahrerschutzversicherung AKB A.5.4.2 8
- Kaskoversicherung AKB A.2.3 18 ff.
- Mehrere Versicherer verschiedener Risiken VVG § 116 102 ff.
- Vollkaskoversicherung AKB I.4.1.2 21 ff.

Mehrwertsteuer AKB A.1.1.3 31 ff.
- Alte AKB ohne Mehrwertsteuerklausel AKB A.2.5.4 31
- Differenzbesteuerung AKB A.2.5.4 15
- Ermittlung des Netto-Wiederbeschaffungswertes AKB A.2.5.4 13
- Ersatzfahrzeug trotz Reparaturschaden AKB A.2.5.4 9
- Erstattung nur bei tatsächlichem Anfall AKB A.2.5.4 2 ff.
- Fiktive Abrechnung AKB A.2.5.4 13 ff.
- Höhe der zu erstattenden ~ AKB A.2.5.4 6
- Kaufpreis von Ersatz-Kfz gleich oder höher als Brutto-Wiederbeschaffungswert AKB A.2.5.4 17 f.
- Kaufpreis von Ersatz-Kfz niedriger als Brutto-Wiederbeschaffungswert AKB A.2.5.4 19 ff.
- Keine Besteuerung AKB A.2.5.4 16
- Konkrete Ersatzbeschaffung AKB A.2.5.4 17 f.
- Leasingfahrzeug AKB A.2.5.2.3 111 ff.
- Regelbesteuerung AKB A.2.5.4 14
- Reparaturkosten höher als Wiederbeschaffungsaufwand AKB A.2.5.4 8
- Reparaturkosten niedriger als Wiederbeschaffungsaufwand AKB A.2.5.4 7
- Totalschaden, Zerstörung oder Verlust AKB A.2.5.4 12 ff.
- Vorsteuerabzugsberechtigung AKB A.2.5.4 23 ff.
- Wirksamkeit der Klausel AKB A.2.5.4 32 ff.

Meinungsverschiedenheiten Kfz-USV K 265 ff.
- Rechtsweg AKB L.2.3 14
- Schlichtungsstelle bei allen Versicherungsverträgen AKB L.2.3 1 ff.
- Versicherungsaufsicht AKB L.2.3 13
- Versicherungsombudsmann AKB L.2.3 10 ff.

Meldebogen
- Folgen verzögerter Stichtagsmeldungen SB Handel/Handwerk D.2.1 1
- Nachweispflichten SB Handel/Handwerk D.1.3 1 f. SB Handel/Handwerk D.1.2 1 ff.
- Verletzung der Anzeigepflicht SB Handel/Handwerk D.2.1 1

Meldepflicht
- Außergerichtlich geltend gemachte Ansprüche AKB E.1.2.1 1
- Gemeinschaftsstatistik PflVG § 10 3
- Gerichtlich geltend gemachte Ansprüche AKB E.1.2.3 1
- Kfz-Haftpflichtversicherung AKB E.1.2.1 1
- Klage AKB E.1.2.3 1
- Kleinschäden AKB E.1.2.2 1
- Mahnbescheid AKB E.1.2.3 1
- Selbstregulierung AKB E.1.2.2 1

Mieter von Kfz, s. *Kfz-Mieter*
Mietfahrzeuge Kfz-USV A.1.1.4 140 ff.
Mietwagen
- Anrechnung ersparter Aufwendungen AKB A.3.10.1 4
- Beschränkungen AKB A.3.6.3 15 f.
- Ersparte Eigenaufwendungen AKB A.3.6.3 7
- Gleichwertiges Fahrzeug AKB A.3.6.3 5 ff.
- Kaution AKB A.3.6.3 13
- Mietdauer AKB A.3.6.3 3

2178

Stichwortverzeichnis

- Zusatzkosten AKB A.3.6.3 9
Mietwagenkosten
- Verzug AKB A.2.7.4 63
Mindestversicherungssummen AKB A.1.3.1 1 ff.; **A.1.3.3** 4
- Allgemein VVG § 114 2 ff.
- Beschränkung der Leistungsfreiheit AKB E.2.7 3
- Gegenüberstellung - und Haftungshöchstgrenzen PflVG § 4 10
- Grenzen der Vertragsfreiheit VVG § 114 10
- Grenzübertritt AKB E.2.7 2
- Höchsthaftungssummen nach StVG VVG § 113 39 f.
- Höhe VVG § 113 36 ff.
- Kfz-Haftpflichtversicherung VVG § 114 7 ff. KfzPflVV § 1 11 ff.
- Mangelfall VVG § 113 56 ff.
- Nachhaftung, Kfz-Haftpflichtversicherung AKB C.5 2, 5
- Obliegenheitenverletzung im Schadenfall AKB E.2.7 2 f.
- Personenbeförderung VVG § 113 38 PflVG § 4 3 ff.
- PflVG als Spezialgesetz VVG § 114 7 ff.
- Selbstbehalt, s. dort
- Übersicht AKB E.2.7 3
- Wirksamwerden von Änderungen KfzPflVV § 10 1
Mitteilungspflicht
- Kfz- Haftpflichtversicherer PflVG § 8 3
Mitverschulden
Kfz-Güterfolgeschadenversicherung 59 ff.
Mitversicherte Personen
- Abgeschleppte Fahrzeuge AKB A.1.1.5 55 ff.
- Angehängte/gezogene Fahrzeuge AKB A.1.2 79 ff.
- Ansprüche AKB F.2 1 ff.
- Auswirkungen einer Pflichtverletzung AKB F.3 1 ff.
- Erstprämienverzug AKB C.1.2 19
- Fahrerschutzversicherung AKB A.5.2 9 ff.; A.5.5.3 1; A.5.6.4 10; F.2 5
- Gefahrerhöhung VVG § 23 9
- Geltendmachung der Rechte nur durch den VN AKB F.2 1

- Geltendmachung von Ansprüchen in der Kfz-Haftpflichtversicherung AKB F.2 3; F.3 2
- Geschleppte Fahrzeuge AKB A.1.1.5 55 ff.
- Gutgläubige - VVG § 123 5
- Kaskoversicherung AKB F.3 6 Kfz-USV A.1.2 138 ff.; F 240 ff.
- Namentlich Versicherte in der Kfz-Unfallversicherung AKB F.2 4
- Obliegenheitsverletzung VVG § 28 7
- Pflichten AKB F.1 1 PflVG § 1 7 f.
- Rechtskrafterstreckung VVG § 124 2
- Regulierungsvollmacht AKB A.1.1.4 22 ff.
Mitwirkungspflichten, s. a. *Aufklärungspflicht*
- Fahrerschutzversicherung AKB A.5.4.2 41; E.1.6.1 2; E.1.6.2 1
- Unfallversicherung AKB E.1.5.2 2 ff.; E.1.5.3 2 ff.
Mobiltelefone AVB Camping 36
Monteur/Reparaturhelfer
- Mitversicherte Personen AKB A.1.2 102
Motorradkoffer Versicherung von sonstigen **Gegenständen** 51
Multimedia- und Navigationssysteme
- Abzug neu für alt AKB A.2.1.2.3 86 ff.
- Einbaukosten AKB A.2.1.2.3 95
- Fest eingebaute AKB A.2.1.2.3 68 ff.
- Gebrauchtgerätemarkt AKB A.2.1.2.3 68 ff.
- Internet-Markt AKB A.2.1.2.3 77 ff.
- Internetauktionen AKB A.2.1.2.3 81 ff.
- Multimedia-Software AKB A.2.1.2.3 94
- Neuwert AKB A.2.1.2.3 68 ff.
- Online-Handel AKB A.2.1.2.3 77 ff.
- Restpostenmärkte AKB A.2.1.2.3 77 ff.
- Wiederbeschaffungswert AKB A.2.1.2.3 68 ff.
- Zusätzliche Reparaturkosten AKB A.2.1.2.3 95
Muren AKB A.2.2.1.6 74
Musikinstrumente Versicherung von sonstigen **Gegenständen** 49
Mut- oder böswillige Beschädigung
- Reifenschäden AKB A.2.9.3 4

N
Nachhaftung
- Anderer Versicherer VVG § 117 24 f.
- Anspruch auf Prämie AKB C.5 2

2179

Stichwortverzeichnis

- Begrenzung der Eintrittspflicht VVG § 117 27
- Bestehen/Nichtbestehen des Vertrages VVG § 117 15 ff.
- Ende des Vertrages durch Zeitablauf VVG § 117 18
- Ersatz der Aufwendungen AKB C.5 5
- Gesamtschuldnerischer Ausgleichsanspruch AKB C.5 2
- Haftung im Außenverhältnis AKB C.5 2
- Kfz-Haftpflichtversicherung VVG § 117 14 ff.
- Leistungspflicht Mindestversicherungssumme VVG § 117 26
- Mindestversicherungssummen AKB C.5 2, 5
- Mitteilung an die zuständige Stelle VVG § 117 19
- Mitversicherte Personen VVG § 117 22
- Nachhaftungsfrist VVG § 117 23
- Schadenfall nach Vertragsbeendigung AKB C.5 2 f.
- Schutz der Verkehrsteilnehmer AKB C.5 1
- Veräußerung des versicherten Kfz PflVG § 3b 4

Nachlässee, s. Rabatt
Nachlenker AKB A.5.1 29 ff.
Nachtrunk AKB A.2.9.1 126; A.4.12.9 35, 61
Nachweispflichten
- Meldebogen SB Handel/Handwerk D.1.3 1 f.

Naturgewalten
- Begriff AKB A.2.2.1.6 55
- Beweislastverteilung AKB A.2.2.1.6 256
- Keine Unmittelbarkeit AKB A.2.2.1.6 61 ff.
- Unmittelbarkeit der Einwirkung AKB A.2.2.1.6 56 ff.

Navigationsgeräte, s. a. Multimedia- und Navigationssystem
- Ablenkung durch ~ AKB A.2.9.1 342 AKB A.2.1.2.3 2, 56

Navigationsgeräte Versicherung von sonstigen Gegenständen 38 f.

Neupreis
- Leasingfahrzeuge AKB A.2.5.1.8 104 ff.
- Nachfolgemodell AKB A.2.5.1.8 94 ff.
- Nachlässe AKB A.2.5.1.8 97 ff.
- Nachlässe entsprechend der Marktlage AKB A.2.5.1.8 102
- Preis am Tag des Schadenereignisses AKB A.2.5.1.8 103
- Rabatte AKB A.2.5.1.8 98 ff.
- Rechtsanspruch auf Nachlässe AKB A.2.5.1.8 101
- Reimportfahrzeuge AKB A.2.5.1.8 109 f.
- Unverbindliche Preisempfehlung des Herstellers AKB A.2.5.1.8 91 ff.

Neupreisentschädigung
- AGB-rechtliche Prüfung AKB A.2.5.1.8 52
- Anteilige Neuwertentschädigung AKB A.2.5.1.8 49
- Bezugsgröße für die erforderlichen Reparaturkosten AKB A.2.5.1.8 30 ff.
- Eigentum des Ersterwerbers bei Eintritt des Schadenereignisses AKB A.2.5.1.8 20 ff.
- Entschädigung nach der prozentualen Neuwertklausel AKB A.2.5.1.8 29 ff.
- Erwerb als Neufahrzeug vom Kfz-Händler AKB A.2.5.1.8 24 ff.
- Erwerb eines anderen Fahrzeugs AKB A.2.5.1.8 38 ff.
- Folgen fehlender Sicherung der Verwendung der Neupreisentschädigung AKB A.2.5.1.8 46
- Grundsätzliches AKB A.2.5.1.8 34 ff.
- Pkw zur Eigenverwendung AKB A.2.5.1.8 23
- Reparatur des Fahrzeugs AKB A.2.5.1.8 45
- Rückzahlungspflicht des VN AKB A.2.5.1.8 50 f.
- Sicherung der zweckgebundenen Verwendung der Neupreisspitze AKB A.2.5.1.8 36 f.
- Überblick AKB A.2.5.1.8 17 ff.
- Verlust AKB A.2.5.1.8 17 ff.
- Verwendung innerhalb von zwei Jahren nach Feststellung der Entschädigung AKB A.2.5.1.8 47 f.

Nicht ermittelbares Schädigerfahrzeug
- Einschränkung der Leistungspflicht PflVG § 12 38 ff.
- Entschädigungsfonds PflVG § 12 9 ff.

Nicht genehmigte Rennen
- Exkulpationsmöglichkeit AKB D.2.2 10
- Fahrerschutzversicherung AKB D.1.1.4 9
- Fahrzeugversicherung AKB D.1.1.4 6
- Folge bei Obliegenheitsverletzung AKB D.2.1 42

Stichwortverzeichnis

- Kfz-Handel- und Handwerk-Versicherung **SB Handel/Handwerk** B.2.1 2
  KfzPflVV § 5 13 ff.
- Kraftfahrzeug-Haftpflicht-Versicherung **AKB** D.1.1.4 1 ff.
- Rechtsprechung, Überblick **AKB** D.1.1.4 3
- Schadenersatzansprüche **AKB** D.1.1.4 4
- Schutzbriefversicherung **AKB** D.1.1.4 7
- Teilnahme an ~ **AKB** A.2.9.2 20 ff.
- Unfallversicherung **AKB** D.1.1.4 8

Nicht versicherte Fahrzeuge
- Entschädigungsfonds **PflVG** § 12 15 ff.

Nicht zugelassene Fahrzeuge
- Betriebsfremde Personen **SB Handel/Handwerk** A.5.1.2 7
- Eigene ~ in der Kfz-Haftpflicht-Versicherung **SB Handel/Handwerk** A.5.1.2 3
- Fremde ~ **SB Handel/Handwerk** A.5.1.2 4
- Im öffentlichen Verkehrsraum **SB Handel/Handwerk** A.4.1 13
- Nachhaftung **SB Handel/Handwerk** C.2 5 f.
- Veräußerung **SB Handel/Handwerk** C.2 4
- Versicherungsschutz **SB Handel/Handwerk** A.5.1.2 5

Nichtbeachten
- Durchfahrtshöhe **AKB** A.2.9.1 312 ff.
- Stoppschild **AKB** A.2.9.1 279 ff.

Nichtbestehen des Kfz-Haftpflichtversicherungsvertrag
- Beendigungsgründe für den Versicherungsvertrag **PflVG** § 6 11 f.
- Definition **PflVG** § 6 9
- Frisieren von Zweirädern **PflVG** § 6 14
- Grundsatzentscheidungen des BGH **PflVG** § 6 10
- Kündigung, Rücktritt, Anfechtung des Versicherungsvertrags **PflVG** § 6 11 f.
- Mitsichführen eines nichtversicherten Anhängers **PflVG** § 6 18
- Nichtzahlung der Erst- bzw. Folgeprämie **PflVG** § 6 11 f.
- Rote Kennzeichen **PflVG** § 6 16
- Unberechtigte Weitergabe des Kurzkennzeichens **PflVG** § 6 17
- Vorläufige Deckungszusage **PflVG** § 6 15
- Zugang der Kündigungserklärung **PflVG** § 6 12 f.

Nichteinhaltung von Lieferungs- und Beförderungsfristen **KfzPflVV** § 4 16

Nothilfe
- Abschleppen **AKB** A.1.5.4 5

Nullquote **AKB** A.2.9.1 39 ff.
Nutzungsausfall **AKB** A.2.7.4 62 ff.

O

Obduktion
- Todesfallleistung **AKB** A.4.8.2 4

Obhutszeitraum
- Schaden während des ~ des Frachtführers Kfz-Güterfolgeschadenversicherung 41 ff.

Obliegenheiten
- Alkoholklausel **AKB** D.1 2 **KfzPflVV** § 5 17
- Behördlich nicht genehmigte Fahrtveranstaltungen **KfzPflVV** § 5 13 ff.
- Eintrittspflicht für den verletzten VN, Halter oder Eigentümer **KfzPflVV** § 5 20
- Fahren nur mit Fahrerlaubnis, *s. Führerscheinklausel*
- Fahrerlaubnis **KfzPflVV** § 5 16
- Fahrerschutzversicherung **AKB** A.5.4.2 10; A.5.5.1 4; A.5.6. 2; A.5.6.5 1; D.1 2
- Fahruntüchtigkeit, *s. dort*
- Fahrzeuge mit Wechselkennzeichen, *s. Wechselkennzeichen*
- Gefahrerhöhung **KfzPflVV** § 5 19
- Gesetzliche ~ **SB Handel/Handwerk** B.1.1 4
- Im Schadenfall **AKB** D.1 1
- Kaskoversicherung **AKB** D.1 2
- Kraftfahrzeug-Haftpflicht-Versicherung **AKB** D.1 1
- Mitversicherter Fahrer **KfzPflVV** § 5 5
- Nicht genehmigter Rennen, *s. dort*
- Obliegenheitsverletzung, *s. dort*
- Regressbeschränkung **KfzPflVV** § 5 21
- Reisegepäckversicherung **Versicherung von sonstigen Gegenständen** 119 ff.
- Rennklausel **AKB** D.1 2
- Ruheversicherung **AKB** H.1.5 1 ff.
- Schuldhaftes Ermöglichen der Fahrt durch VN **KfzPflVV** § 5 6 f.
- Unberechtigter Gebrauch des Kfz **KfzPflVV** § 5 15
- Unfallversicherung **AKB** D.1 2
- Verhüllte ~ **AKB** D.1 1

2181

Stichwortverzeichnis

- Vertragliche Nebenpflichten des VN **AKB D.1 1**
- Vertragliche - **VVG § 28** 3 ff.
- Verwendungsklausel **KfzPflVV § 5** 9 ff.
- VN als Fahrer **KfzPflVV § 5** 4
- Vor dem Schadenfall **AKB D.1 1**
- Vorvertragliche - **VVG § 28** 1
- Wechselkennzeichen **KfzPflVV § 5** 18
- Zusatzhaftpflichtversicherung für Kfz-Handel- und Handwerk **BB Handel/Handwerk 4** 50 f.

Obliegenheiten des Dritten
- Anzeige in Textform **VVG § 119** 3
- Anzeigeobliegenheit **VVG § 119** 1
- Begriff des Dritten **VVG § 119** 1
- Geltendmachung des Anspruchs gegen VN **VVG § 119** 5
- Information über gerichtliche Geltendmachung **VVG § 119** 6
- Obliegenheitsverletzung **VVG § 119** 4
- Vorlage von Belegen **VVG § 119** 6
- Zweiwochenfrist **VVG § 119** 2

Obliegenheitsverletzung
- Alkoholklausel, *s. dort*
- Arglist **AKB A.2.2.1.6** 229 ff.; **E.2.2** 6
- Arglistige - **AKB D.2.2** 3 **VVG § 28** 11
- Auswirkungen auf den Umfang der Leistungspflicht **AKB E.2.2** 3
- behördlich nicht genehmigte Rennveranstaltung **AKB D.2.1** 42
- Besonders schwerwiegende - **KfzPflVV § 6** 4
- Beweislast **AKB E.2.2** 6
- Beweislastverteilung **AKB D.2.1** 6 f. **VVG § 28** 21
- Bindungswirkung für mitversicherte Personen **AKB D.2.1** 20
- Des Dritten **VVG § 120** 1
- Einfache Fahrlässigkeit **AKB A.2.2.1.6** 220
- Entlastungsmöglichkeit **VVG § 28** 19
- Exkulpationsmöglichkeit **AKB D.2.2** 1 ff.
- Exkulpationsmöglichkeiten **AKB E.2.2** 4 f.
- Fahrzeugschlüsselverwahrung **AKB D.2.1** 25
- Feststellung der Leistungspflicht **AKB E.2.2** 2
- Führerscheinklausel, *s. dort*
- Gefahrerhöhung **AKB D.2.1** 43
- Gesetzliche - **VVG § 116** 25
- Grenzen der Leistungsfreiheit **KfzPflVV § 6** 3
- Grob fahrlässige - **VVG § 26** 10; **§ 28** 12
- Grobe Fahrlässigkeit **AKB A.2.2.1.6** 221 ff.; **D.2.1** 5
- Häusliche Gemeinschaft in der Fahrzeugversicherung **AKB D.2.1** 18
- Insassen **AKB D.2.1** 44
- Kausalitätsgegenbeweis **AKB D.2.2** 2 **VVG § 28** 19
- Kausalzusammenhang **AKB D.2.2** 1
- Kein Rücktritt vom Vertrag wegen - **VVG § 28** 22
- Kündigung **VVG § 28** 15 ff.
- Kündigungsmöglichkeit **AKB D.2.1** 19
- Leistungskürzung bei grober Fahrlässigkeit, *s. Grobe Fahrlässigkeit*
- Mehrere - **VVG § 28** 23 f.
- Mitversicherte Personen **VVG § 28** 7
- Mögliche Quoten **AKB D.2.1** 13
- Nach Eintritt des Versicherungsfalls **KfzPflVV § 6** 1 f.
- Objektiver Tatbestand **AKB D.2.1** 1
- Quotierung **VVG § 28** 12 ff.
- Repräsentanten **VVG § 28** 8
- Schadenfreiheitsrabatt **AKB I.4.2** 38
- Schwarzfahrt, *s. dort*
- Sonderregelung Auskunfts- und Aufklärungsobliegenheiten **VVG § 28** 20
- Umfang der Leistungsfreiheit bei Vorsatz **AKB D.2.1** 8
- Unwirksamkeit bei fehlender Vertragsumstellung nach EGVVG **AKB A.2.1.1** 30
- Versicherungsnehmer **VVG § 28** 6
- Verstoß gegen die Verwendungsklausel **AKB D.2.1** 21
- Vertragliche Obliegenheiten **VVG § 28** 3 ff.
- Vertragliche - im Schadenfall **VVG § 117** 11
- Vertragliche - in der Kfz-Haftpflichtversicherung **VVG § 116** 26 f.
- Vertragliche - vor dem Schadenfall **VVG § 117** 10
- Vorsatz **AKB A.2.2.1.6** 226 ff.; **D.2.1** 4
- Vorsätzliche - **VVG § 26** 9; **§ 28** 9 f.
- Zusammentreffen von mehreren - **PflVG § 3** 10
- Zusammentreffen von - vor und im Schadenfall **KfzPflVV § 6** 5

Stichwortverzeichnis

Obliegenheitsverletzung (Kfz-Handel- und Handwerk-Versicherung)
- Eigene zugelassene Kfz SB Handel/Handwerk B 17
- Eigenes nicht zugelassenes Kfz SB Handel/Handwerk B 8
- Folgen SB Handel/Handwerk B 4 ff.
- Fremdes nicht zugelassenes Fahrzeug in Werkstatt-Obhut SB Handel/Handwerk B 16
- Fremdes zugelassenes Fahrzeug in Werkstatt-Obhut SB Handel/Handwerk B 13 f.
- Im Schadenfall SB Handel/Handwerk B 3
- Kfz mit roten Kennzeichen im nichtöffentlichen Verkehrsraum SB Handel/Handwerk B 11
- Kfz mit roten Kennzeichen im öffentlichen Verkehrsraum SB Handel/Handwerk B 10
- Unfallersatzwagen SB Handel/Handwerk B 12
- Verwendung eines garagenmäßig untergestellten Kfz mit Roten Kennzeichen SB Handel/Handwerk B 15
- Vor dem Schadenfall SB Handel/Handwerk B 2

Obmann
- Rechtliche Stellung zu den Parteien AKB A.2.6.4 41
- Wahl AKB A.2.6.4 36 ff.
- Zuständigkeit AKB A.2.6.4 40 ff.

Öffentlich-rechtlicher Krankenversicherer VVG § 117 39

Öffentliche Wege und Plätze KfzPflVG § 2 49 ff. PflVG § 1 9 ff.
- Verstoß gegen die Kraftfahrzeugversicherungspflicht PflVG § 6 7 f.

Öffentlicher Verkehrsraum VVG § 117 5

Ohnmachten AKB A.4.12.9 62

Ökoschaden KfzPflVV § 2 44 PflVG § 1 132 ff.

Oldtimer
- Wechselkennzeichen AKB D.1.1.5 1 ff.
- Wiederbeschaffungswert AKB A.2.5.1.8 69

Oldtimer-Kennzeichen
- Verwendungsklausel AKB D.1.1.1 6, 12

Ölspurbeseitigung AKB A.1.1.1 249 ff.

Omnibusschaffner
- Mitversicherte Personen AKB A.1.2 74 ff.

Online-Handel
- Multimedia- und Navigationssysteme AKB A.2.1.2.3 77 ff.

Organtransplantation AKB A.5.2 14

Örtliche Zuständigkeit AKB L.2.3 33 ff.

P

Panne Kfz-USV A.1.1.1 83

Pannenfahrzeug
- Schadensersatzansprüche AKB A.1.1.1 8 ff.

Pannenhilfe
- 50 km Grenze AKB A.3.6 5
- Begriff der Panne AKB A.3.5.4 3 f.
- Brand, Explosion, Unwetter AKB A.3.5.4 20
- Definition Fahrt AKB A.3.5.4 13
- Diebstahl AKB A.3.6 9
- Entwendung, Raub, Unterschlagung AKB A.3.5.4 18 f.
- Ersatzteilversand bei Auslandsreise, s. Ersatzteilversand
- Erweiterte ~ AKB A.3.5.1 7
- Fahrbereites Fahrzeug trotz Panne AKB A.3.5.4 5 ff.
- Mobile Reparaturangebote AKB A.3.5.4 11
- Mut- und böswillige Beschädigung AKB A.3.5.4 16
- Pannenhilfsfahrzeuge AKB A.3.5.1 2 ff.
- Treibstoffmangel AKB A.3.5.4 9
- Übernachtung, s. dort
- Unfallbegriff AKB A.3.5.4 15
- Weiter- oder Rückfahrt, s. dort
- Wiederherstellungsklausel AKB A.3.6 6
- Wohnsitz AKB A.3.6 3
- Zusammenstoß mit Tieren AKB A.3.5.4 17

Paritätische Kommission AKB A.1.1.1 222 ff.
- Auswirkungen auf den Geschädigten AKB A.1.1.1 246
- Auswirkungen von Entscheidungen auf den VN AKB A.1.1.1 241 ff.

Partnerwerkstattklausel AKB A.2.5.2.3 78 ff.

Passivversicherung AKB A.1.1 1

Pauschalsystem
- Unfallversicherung AKB A.4.2.6 2 f.

Pedelecs PflVG § 2 33; § 6 5

2183

Stichwortverzeichnis

Personenbeförderung
- Führerscheinklausel AKB D.1.1.3 11
- Mindestversicherungssummen VVG § 113 38

Personenfolgeschaden AKB A.5.2 9; A.5.4.1 22, 30, 34

Personengesellschaften
- Als VN AKB A.2.3 21 ff.

Personenschaden
- Begriff AKB A.5.1 2 ff.
- Fahrerschutzversicherung AKB A.5 10; A.5.1 2 ff., 21 f., 25; A.5.4.1 4, 14, 16, 20, 22 ff., 26, 32 f., 39 ff.; A.5.4.2 10, 12, 19, 44; A.5.5.1 5; A.5.6.6 2
- Inanspruchnahme des Schädigers VVG § 118 12
- Inanspruchnahme des Sozialversicherungsträgers VVG § 118 14
- Inanspruchnahme eines sonstigen Dritten VVG § 118 15
- Inanspruchnahme eines sonstigen Versicherers VVG § 118 13 KfzPflVV § 2 34 PflVG § 1 116 ff.
- Schadensersatzansprüche AKB A.1.1.1 24 ff.

Pflicht-Haftpflichtversicherung
- Anhänger und Auflieger PflVG § 1 34 ff.
- Anwendungsbereich PflVG § 1 9 ff.
- Befreite Halter, s. dort
- Gebrauch des Fahrzeugs, s. dort
- Kraftfahrzeug, s. dort
- Mitversicherte Personen PflVG § 1 7 f.
- Öffentliche Wege und Plätze PflVG § 1 9 ff.
- Ökoschaden PflVG § 1 132 ff.
- Personenschaden PflVG § 1 116 ff.
- Regelmäßiger Standort im Inland PflVG § 1 40 ff.
- Sachschaden PflVG § 1 122 ff.
- Schadenarten PflVG § 1 114 ff.
- Schutzzweck PflVG § 1 3 ff.
- Verkehrsopfer PflVG § 1 3 ff.
- Vermögensschaden PflVG § 1 128 ff.
- Versicherte Personen PflVG § 1 46 ff.

Pflichten der Kfz-Haftpflichtversicherer
- Beitragspflicht PflVG § 8 2
- Mitteilungspflicht PflVG § 8 3
- Schadenregulierungsvertreter, s. dort

Pflichtversicherung
- Abgrenzung VVG § 113 4

- Aufsichtsbehörde VVG § 113 19
- Deckungsvorsorge VVG § 113 7 ff.
- Deckungsvorsorgepflicht im USchadG VVG § 113 13
- Definition VVG § 113 3
- Eingriff in Grundrechte VVG Vor §§ 113–124 3 ff.
- Freiwillige Haftpflichtversicherungen VVG § 113 6
- Pflicht zur Vorlage der AKB VVG § 113 20 f.
- Pflicht-Haftpflichtversicherungen VVG § 113 5
- Sitz des Versicherungsunternehmens VVG § 113 22 f.

Planen und Gestelle für Planen AKB A.2.1.2.3 40

Platzen eines Reifens, s. Reifenplatzer

Platzsystem
- Unfallversicherung AKB A.4.2.6 8 f.

Pocket-PC
- Neuwertentschädigung AKB A.2.1.2.3 56

Police VVG § 113 27

Polizeimeldung
- Kaskoversicherung AKB E.1.3.3 2; E.2.1 20

Prämie AKB A.5 8; A.5.2 4 f., 7, 60; A.5.5.1 4

Prämienerhöhung wegen Gefahrerhöhung
- Ausschluss der Gefahrerhöhung VVG § 25 4
- Hinweispflichten des Versicherers VVG § 25 6
- Prämienerhöhung VVG § 25 3
- Sonderkündigungsrecht des VN VVG § 25 5
- Wahlrecht des Versicherers VVG § 25 2

Prämienverzug
- Folgebeitrag, s. Folgebeitrag, Verzug
- Kündigung AKB G.3.4 2 f.
- Leistungsfreiheit VVG § 117 8
- Sonderkündigung AKB G.3.4 1 ff.
- Unfallversicherung AKB A.4 7
- Zahlung der Beiträge nach Kündigung AKB G.3.4 4

Primärverletzung
- Fahrerschutzversicherung AKB A.5.1 18, 21

Private Krankenversicherer
- Anspruchsübergang PflVG § 3a 67

Stichwortverzeichnis

Privatgutachten
- Kostenerstattung bei Verdacht der Unfallmanipulation AKB A.2.2.2.3 133 ff.

Probefahrt AKB A.2.2.1.6 186 ff.
- Begriff SB Handel/Handwerk B.1.2 1
- Einzelfälle SB Handel/Handwerk A.3.1 15

SB Handel/Handwerk B.1.1 2

Probentransport AKB A.5.6.7 2

Provozierter Unfall AKB A.1.5.1 7; A.2.9.1 7

Prozessführungsbefugnis
- Beauftragung zweier Rechtsanwälte AKB E.1.2.4 4
- Eigener Rechtsanwalt AKB E.1.2.4 3 Kfz-USV E.1.6 238
- Strafverfahren AKB E.1.2.4 6
- Versicherer AKB E.1.2.4 1 ff.
- Verwaltungsverfahren AKB E.1.2.4 7
- Zivilverfahren AKB E.1.2.4 5

Prozesszinsen AKB A.1.1.3 40

Prüffahrten
- Begriff SB Handel/Handwerk B.1.2 1

Psychische Reaktionen AKB A.4.12.9 88 ff.
- Beweislast AKB A.4.12.9 92

Psychische Verletzungen
- Schadensersatzansprüche AKB A.1.1.1 29

Q

Quasideckung AKB A.2.1.1 60

Quick-Out Radio
- Zurücklassen im Fahrzeug AKB A.2.9.1 262

Quick-out-Radio AKB A.2.1.2.3 22

Quotales Leistungskürzungsrecht
- Grobe Fahrlässigkeit AKB A.2.9.1 25 ff.

Quotelungsstufen AKB A.2.9.1 36, 77

Quoten-Gesamtbetrachtungs-Modell
- Grobe Fahrlässigkeit AKB A.2.9.1 404, 408

Quotenadditions-Modell
- Grobe Fahrlässigkeit AKB A.2.9.1 403

Quotenkonsumtions- oder -kompensations-Modell
- Grobe Fahrlässigkeit AKB A.2.9.1 405

Quotenvorrecht
- Berechnungsbeispiele AKB A.2.5.8 37
- Grundsätzliches AKB A.2.5.8 13 ff.
- Kappungsgrenze AKB A.2.5.8 35
- Kombinierte Abrechnung bei grob fahrlässiger Herbeiführung des Versicherungsfalles AKB A.2.5.8 42 f.

- Kongruente Sachschäden AKB A.2.5.8 22 ff.
- Nicht kongruente Sachschäden AKB A.2.5.8 32 ff.
- Prozessuales AKB A.2.5.8 44
- Sachfolgeschäden AKB A.2.5.8 18 ff.
- Unfall in Italien AKB A.2.5.8 15
- Vorrangige Inanspruchnahme des eigenen Kasko-VR AKB A.2.5.8 38 f.
- Vorrangige Inanspruchnahme des gegnerischen Haftpflicht-VR AKB A.2.5.8 40 VVG § 113 56

Quotierung
- Alkoholklausel AKB D.2.1 39
- Drogen AKB D.2.1 40
- Gegenüber VN bei personenverschiedenem Fahrer AKB D.2.1 28 f.
- Grobe Fahrlässigkeit AKB D.2.1 13
- Kasko-Versicherung AKB D.2.1 15 f.
- Obliegenheitsverletzung AKB D.2.1 13 VVG § 28 12 ff.
- Schwarzfahrt AKB D.2.1 26
- Unfallversicherung AKB A.4.2.6 4

R

Rabatte
- Entsprechend der Marktlage AKB A.2.5.1.8 102
- Glasreparaturen AKB A.2.2.1.6 101 f.
- Neupreis AKB A.2.5.1.8 97 ff.
- Rechtsanspruch auf - AKB A.2.5.1.8 101
- Wettbewerbsverstoß AKB A.2.2.1.6 101
- Zulasten des VR AKB A.2.2.1.6 101 f.

Rabattretter
- Schadenfreiheitsrabatt AKB I.7 46

Rabattschutz
- Schadenfreiheitsrabatt AKB I.7 46

Radfahrer
- Alkoholbedingte Bewusstseinsstörungen AKB A.4.12.9 56

Rangfolge mehrerer Ansprüche
- Änderung der berechneten Ansprüche VVG § 118 28
- Ansprüche aufgrund privatrechtlichen Übergangs VVG § 118 17
- Ansprüche der Sozialversicherungsträger VVG § 118 18
- Ansprüche wegen sonstiger Schäden VVG § 118 16
- Berechnungsbeispiele VVG § 118 22 f.

2185

Stichwortverzeichnis

- Entschädigungsanspruch **VVG § 118** 8
- Erschöpfen der Versicherungssumme und Mithaftung des Verletzten **VVG § 118** 25
- Nicht ausreichende Versicherungssumme **VVG § 118** 9
- Personenschäden **VVG § 118** 11 ff.
- Sonstige Ansprüche **VVG § 118** 19
- Verfahren bei erschöpfter Versicherungssumme **VVG § 118** 24
- Verfahren bei mehreren Ersatzberechtigten im gleichen Rang **VVG § 118** 21
- Verspätete Anspruchsanmeldung **VVG § 118** 27
- Verweisung wegen krankem Versicherungsverhältnis nach § 117 Abs. 2 VVG **VVG § 118** 20

Rangordnung
- Anspruchsberechtigten nach § 118 VVG **AKB A.1.3.3** 6

Rangverhältnis VVG § 113 56
Raub AKB A.2.2.1.6 28
Räuberische Erpressung AKB A.2.2.1.6 29
Rauchen
- Ablenkung durch ~ **AKB A.2.9.1** 341

Rechtsberatungskosten AKB L.2.3 40
- Kaskoversicherung **AKB A.2.5.2.3** 98 ff.
- Schadenfreiheitsrabatt **AKB I.4** 13

Rechtskrafterstreckung
- Direktanspruch **VVG § 124** 6
- Klage nur gegen den VN **VVG § 124** 7
- Klageabweisendes Urteil **VVG § 124** 4
- Mitversicherte Personen **VVG § 124** 2
- Regulierungsermessen des Versicherers **VVG § 124** 3
- Verjährter Direktanspruch **VVG § 124** 8 ff.

Rechtsschutzanspruch
- Abwehr zum Grunde **AKB A.1.1.3** 14 f.
- Abwehr zur Höhe **AKB A.1.1.3** 16 f.
- Abwehrkosten **AKB A.1.1.3** 23
- Antrags- und Widerspruchsverfahren **AKB A.1.1.3** 30
- Keine Begrenzung auf Zivilrechtsweg **AKB A.1.1.3** 28 ff.
- Kombination von Grund und Höhe **AKB A.1.1.3** 18
- Kostenerstattungsansprüche **AKB A.1.1.3** 26
- Nicht zu tragende Kosten **AKB A.1.1.3** 24
- Öffentlich-rechtliche Verantwortlichkeiten **AKB A.1.1.3** 11

- Prozesszinsen **AKB A.1.1.3** 40
- Schadensersatzpflicht bei Verletzung durch Versicherer **AKB A.1.1.3** 41
- Selbstbehalt **AKB A.1.1.3** 39
- Treibstoffdiebstahl **AKB A.1.1.3** 8 f.
- Umfang der versicherten Kosten beim Rechtsschutz **AKB A.1.1.3** 22 ff.
- Umsatzsteuer **AKB A.1.1.3** 31 ff.
- Unbegründete Ansprüche nach dem USchadG **Kfz-USV A.1.1.3** 99 ff.
- Unbegründete Schadensersatzansprüche **AKB A.1.1.3** 6 ff.
- Zusammenhang mit Ausschlusstatbeständen **AKB A.1.1.3** 13

Refraktur
- Fahrerschutzversicherung **AKB A.5.1** 25

Regionalklasse
- Einstufung des Fahrzeuges **AKB J.2** 4
- Gerichtliche Überprüfung **AKB J.2** 4
- Risiko des jeweiligen Gebietes **AKB J.2** 2 ff.
- Sonderkündigungsrecht des VN **AKB J.2** 5
- Wohnsitzwechsel **AKB K.3** 1

Regress (Kaskoversicherung)
- Beweislastfragen **AKB A.2.8** 74 ff.
- Dritter i. S. d. § 86 Abs. 1 S. 1 VVG als Regressschuldner **AKB A.2.8** 18 ff.
- Einwendungen gegen die Forderung **AKB A.2.8** 80 ff.
- Fallbeispiel **AKB A.2.8** 99
- Familienprivileg, *s. dort*
- Genereller Regressverzicht trotz grober Fahrlässigkeit **AKB A.2.8** 93
- Grob fahrlässige Schadenherbeiführung **AKB A.2.8** 14 ff.
- Regressverzicht gegenüber dem Entleiher **AKB A.2.8** 73
- Regressverzicht gegenüber dem Mieter, *s. dort*
- Regressverzicht gegenüber den nach A.1.2 AKB mitversicherten Personen **AKB A.2.8** 44 ff.
- Übergehende Forderungen **AKB A.2.8** 77 ff.
- Übergehende kongruente Ersatzansprüche **AKB A.2.8** 26
- Vorsätzliche Schadenherbeiführung **AKB A.2.8** 43 ff.
- Wahrungs- und Mitwirkungsgebot des VN nach § 86 Abs. 2 VVG **AKB A.2.8** 91 f.

Stichwortverzeichnis

Regress des gesetzlichen Versicherungsträgers
- Selbstbehalt **VVG § 114** 61 ff.

Regressbeschränkung
- Obliegenheitsverletzung vor dem Schadenfall **KfzPflVV § 5** 21

Regressverzicht gegenüber dem Mieter
- Haftungsfreistellung des gegenüber dem Vermieter berechtigten Fahrers **AKB A.2.8** 62 f.
- Haftungsfreistellung des gegenüber dem Vermieter unberechtigten, aber im Verhältnis zum Mieter berechtigten Fahrers **AKB A.2.8** 64 ff.
- Haftungsfreistellung nach dem Leitbild einer Vollkaskoversicherung **AKB A.2.8** 56 ff.
- Haftungsprivilegierung **AKB A.2.8** 52 ff.
- Rechtslage nach AKB 2008 und AKB 2015 in der gewerblichen Kfz-Vermietung **AKB A.2.8** 54 f.
- Verjährungsfragen **AKB A.2.8** 72

Regulierungsverbot Kfz-USV A.1.1.4 122

Regulierungsvollmacht
- Anerkenntnisverbot **AKB A.1.1.4** 52
- Ausdrückliche Vollmachterweiterung **AKB A.1.1.4** 120
- Durch Mitversicherte **Kfz-USV A.1.1.4** 110
- Durch VN **Kfz-USV A.1.1.4** 108 f.
- Gesetzliche Ermächtigung zur Vertretung von Halter, Eigentümer und Fahrer **AKB A.1.1.4** 8 ff.
- Innenverhältnis, *s. dort*
- Keine Vorgabe durch Gesetz oder Verordnung **AKB A.1.1.4** 5 ff.
- Konkludente Vollmachterteilung **AKB A.1.1.4** 118 f.
- Mitversicherte Personen **AKB A.1.1.4** 22 ff., 49
- Öffentlich-rechtliche Verantwortlichkeit **AKB A.1.1.4** 114 ff.
- Prozess um Höherstufung – neue Prämienanforderung **AKB A.1.1.4** 108 ff.
- Prozessbevollmächtigung **AKB A.1.1.4** 53 ff.
- Prozessrisiko **AKB A.1.1.4** 100 ff.
- Rechtsgeschäftlich erteilte Vollmacht durch den Versicherungsnehmer **AKB A.1.1.4** 16 ff.
- Regulierungsverbot **AKB A.1.1.4** 50 f. **Kfz-USV A.1.1.4** 122
- Schaden nach Vertragsende **AKB A.1.1.4** 45 ff.
- Sonderbedingungen zur Selbstregulierung von Bagatellschäden **AKB A.1.1.4** 59
- Teilweise Leistungsfreiheit **AKB A.1.1.4** 48
- Umfassende Vollmacht **AKB A.1.1.4** 32 ff.
- Umfassende – **Kfz-USV A.1.1.4** 119 ff.
- Unwiderruflichkeit **AKB A.1.1.4** 30
- Verfahrensführungsvollmacht **Kfz-USV A.1.1.4** 123
- Versicherungsmakler und -Vermittler **AKB A.1.1.4** 57
- Vertretung des VN **AKB A.1.1.4** 61 ff.
- Vertretung mitversicherter Personen **AKB A.1.1.4** 66
- Vertretungsmacht **AKB A.1.1.4** 61 ff.
- Verwaltungsverfahren **Kfz-USV A.1.1.4** 128 ff.
- Vollständige Leistungsfreiheit **AKB A.1.1.4** 42 ff.
- Widerruflichkeit **Kfz-USV A.1.1.4** 116 ff.

Rehabilitation
- Fahrerschutzversicherung **AKB A.5.4.2** 19

Rehabilitationsmaßnahmen
- Krankenhaustagegeld **AKB A.4.7.2** 9

Reifenabrieb AKB A.2.9.3 5

Reifenplatzer
- Reifenschäden **AKB A.2.9.3** 5 f.
- Unfall **AKB A.2.2.2.3** 62

Reifenschäden
- Ausnahmsweise Versicherungsschutz **AKB A.2.9.3** 7
- Beweislast **AKB A.2.9.3** 8
- Eindringen von Fremdkörpern **AKB A.2.9.3** 2
- Mut- oder böswillige Beschädigung **AKB A.2.9.3** 4
- Platzen eines Reifens **AKB A.2.9.3** 5 f.
- Reifenabrieb **AKB A.2.9.3** 5
- Schlaglochschäden **AKB A.2.9.3** 5
- Selbstentzündung **AKB A.2.9.3** 2
- Witterungseinflüsse **AKB A.2.9.3** 2
- Zersetzungsprozesse **AKB A.2.9.3** 2

Reimportfahrzeuge
- Neupreis **AKB A.2.5.1.8** 109 f.
- Wiederbeschaffungswert **AKB A.2.5.1.8** 70

2187

Stichwortverzeichnis

Reise
- Begriff Versicherung von sonstigen Gegenständen 15 f.
- Definition AKB A.3.7.4 1 ff.
- Wohnsitz AKB A.3.7.4 4 f.
- Wohnsitz im Ausland AKB A.3.7.4 6

Reiseandenken Versicherung von sonstigen Gegenständen 47

Reisebedarf
- Persönlicher – Versicherung von sonstigen Gegenständen 29 ff.

Reisegepäck AKB A.1.5.5 1
- Begriff Versicherung von sonstigen Gegenständen 28 ff.
- Im abgestellten Kraftfahrzeug Versicherung von sonstigen Gegenständen 59
- Mitgeführtes – Versicherung von sonstigen Gegenständen 54
- Neuwertentschädigung AKB A.2.1.2.3 57

Reisegepäckversicherung
- AT-Reise 2008 Versicherung von sonstigen Gegenständen 15 ff.
- Beginn und Ende des Versicherungsschutzes Versicherung von sonstigen Gegenständen 20
- Besondere Versicherungsbedingungen Versicherung von sonstigen Gegenständen 28 ff.
- Einschränkungen des Versicherungsschutzes Versicherung von sonstigen Gegenständen 84
- Forderungsübergang Versicherung von sonstigen Gegenständen 26
- Höhe der Entschädigung Versicherung von sonstigen Gegenständen 100 ff.
- Obliegenheiten Versicherung von sonstigen Gegenständen 119 ff.
- Prämienzahlung Versicherung von sonstigen Gegenständen 19
- Quotenvorrecht Versicherung von sonstigen Gegenständen 27 Versicherung von sonstigen Gegenständen 14 ff.

Reisemobile AVB Camping 25

Relative Fahruntüchtigkeit AKB A.4.12.9 52; D.1.2 4

Rennen
- Behördlich genehmigt, *s. Genehmigte Rennen*
- Beratungsverschulden AKB A.2.9.2 25 f.
- Beweislast AKB A.2.9.2 24

- Definition AKB A.2.9.2 3
- Fahrerschutzversicherung AKB A.5.6.5 1 f.
- Fahrsicherheitstrainings AKB A.2.9.2 9 f.
- Gleichmäßigkeitswettbewerbe oder –prüfungen AKB A.2.9.2 11 ff. KfzPflVV § 4 15
- Risikoausschluss AKB A.2.9.2 2 ff.
- Teilnahme an nicht genehmigten Rennen, *s. Nicht genehmigte Rennen*
- Touristenfahrten AKB A.2.9.2 8
- Übungsfahrten AKB A.2.9.2 19

Rennklausel
- Beratungspflicht VVG § 6 13
- Obliegenheiten AKB D.1 2

Rentenversicherung VVG § 117 40

Rentenzahlung
- Berechnung KfzPflVV § 8 2 ff.
- Berechnungsgrundlage KfzPflVV § 8 5 f.

Reparatur
- 130 %-Grenze AKB A.2.5.2.3 15
- Abschleppkosten AKB A.2.5.2.3 57 ff.
- Abweichende Zusatzvereinbarungen AKB A.2.5.2.3 86
- Abzug neu für alt AKB A.2.5.2.3 65 ff.
- Auslandsschäden AKB A.2.5.2.3 30
- Ausweitung des Schadens AKB A.2.5.2.3 27
- Beilackierung AKB A.2.5.2.3 13
- Entschädigungsberechnung AKB A.2.5.2.3 75 ff.
- Erforderliche Kosten bei fiktiver Abrechnung AKB A.2.5.2.3 37 ff.
- Erforderliche Kosten bei konkreter Abrechnung AKB A.2.5.2.3 6 ff.
- Fiktive Abrechnung AKB A.2.5.2.3 31 ff.
- Gebrauch des Fahrzeugs AKB A.1.1.1 181 ff.
- Geringer als kalkuliert AKB A.2.5.2.3 25
- Höher als kalkuliert AKB A.2.5.2.3 26
- Kalkulationsgrundlage AKB A.2.5.2.3 16 ff.
- Mehrkosten durch eine Nachreparatur AKB A.2.5.2.3 29
- Obergrenze der Entschädigung AKB A.2.5.2.3 54
- Ohne Rechnungsnachweis AKB A.2.5.2.3 31 ff.
- Partnerwerkstätten AKB A.2.5.2.3 78 ff.
- Reparaturklauseln mit Werkstattbindung AKB A.2.5.2.3 10

2188

Stichwortverzeichnis

- Reparaturnachweis **AKB A.2.5.2.3** 22 ff.
- Reparaturumfang **AKB A.2.5.2.3** 8
- Risiko einer fehlerhaften Bewertung **AKB A.2.5.2.3** 28
- Sachverständigenverfahren **AKB A.2.5.2.3** 87
- UPE-Aufschläge **AKB A.2.5.2.3** 48
- Verbringungskosten **AKB A.2.5.2.3** 49
- vollständige und fachgerechte Instandsetzung **AKB A.2.5.2.3** 19
- Werkstattbindungsklausel **AKB A.2.5.2.3** 78 ff.
- Wiederbeschaffungswert als Obergrenze **AKB A.2.5.2.3** 15

Reparaturkostenübernahmeerklärung AKB A.2.7.4 36

Repräsentant
- Ehegatte **AKB A.2.3** 33 ff.
- Grobe Fahrlässigkeit **AKB A.2.9.1** 409
- Kaskoversicherung **AKB A.2.3** 31 f.
- Kraftfahrzeugmieter **AKB A.2.3** 36 ff.
- Lebensgefährte **AKB A.2.3** 33 ff.
- Rechtsprechung, Einzelfälle **AKB A.2.3** 41 f.
- Voraussetzungen **AKB A.2.3** 25 ff.
- Vorsatz **AKB A.2.9.1** 409

Repräsentanten
- Obliegenheitsverletzung **VVG § 28** 8

Repräsentantenhaftung AKB A.2.3 25 ff.

Rest- und Altteile
- Kaskoversicherung **AKB A.2.5.7.2** 20

Restalkohol AKB A.2.9.1 114

Restschaden AKB A.5.2 8; **A.5.4.1** 17; **A.5.4.2** 1; **A.5.5.1** 7

Restschadensversicherung AKB A.5 13; **A.5.4.2** 7, 27; **A.5.6.4** 1

Restwert
- Annahmefähigkeit des Restwertangebotes **AKB A.2.5.1.8** 86 ff.
- Beweislastverteilung **AKB A.2.5.1.8** 89
- Bruttorestwert **AKB A.2.5.1.8** 73 ff.
- Maßgeblicher Restwertmarkt **AKB A.2.5.1.8** 77 ff.
- Nettorestwert **AKB A.2.5.1.8** 73 ff.
- Weisungsbefugnisse des VR **AKB A.2.5.1.8** 80 ff.
- Zumutbarkeit der Weisungen für den VN **AKB A.2.5.1.8** 83 ff.

Rettungshandlungen
- Durch vom VN personenverschiedene Fahrer **AKB A.2.2.1.6** 310 ff.
- Grob fahrlässige Fehleinschätzung **AKB A.2.2.1.6** 302 ff.
- Haarwildschäden **AKB A.2.2.1.6** 288 ff.

Risikoausschlüsse AKB A.2.9.1 1 ff.
- Beschädigung von Ladung **KfzPflVV § 4** 12 ff.
- Eigenschaden **KfzPflVV § 4** 3
- Erdbeben, *s. dort*
- Grobe Fahrlässigkeit, *s. dort*
- Innere Unruhen **AKB A.2.9.4** 7 ff.
- Kernenergie **KfzPflVV § 4** 17
- Kernernergie, *s. dort*
- Kriegsereignisse **AKB A.2.9.4** 4 f.
- Maßnahmen der Staatsgewalt **AKB A.2.9.4** 10 f.
- Nichteinhaltung von Lieferungs- und Beförderungsfristen **KfzPflVV § 4** 16
- Reifenschäden, *s. dort*
- Rennen, *s. dort* **KfzPflVV § 4** 15
- Schäden am versicherten Kfz **KfzPflVV § 4** 5
- Vorsatz, *s. dort*

Risikoreiches Fahrverhalten
- Grobe Fahrlässigkeit **AKB A.2.9.1** 60 ff.

Risikoverwalter AKB A.2.3 28

Rollstühle Versicherung von sonstigen Gegenständen 65

Rotes Kennzeichen
- Ausweitung der Ausschlüsse auf ~ **SB Handel/Handwerk A.5.1.2** 6
- Berechtigter Fahrer **SB Handel/Handwerk B.1.1** 1 f.
- Besondere Pflichten bei der Verwendung **SB Handel/Handwerk B.1.2.3** 2 ff.
- Deutlich sichtbar angebracht **SB Handel/Handwerk A.3.1** 18
- Folgen der Pflichtverletzung **SB Handel/Handwerk B.1.2.3** 6
- Führerscheinklausel **SB Handel/Handwerk B.1.1** 3
- Kaskoversicherung **AKB A.2.1.1** 5
- Laufzeit **AKB G.1.4** 1
- Leistungsbegrenzung im Innenverhältnis **SB Handel/Handwerk B.1.2.1** 3
- Missbrauch **PflVG § 6** 16

Stichwortverzeichnis

- Obliegenheitsverletzung bei Benutzung auf Betriebsgelände SB Handel/Handwerk B 11
- Obliegenheitsverletzung bei Benutzung im nichtöffentlichen Verkehrsraum SB Handel/Handwerk B 11
- Obliegenheitsverletzung bei Benutzung im öffentlichen Verkehrsraum SB Handel/Handwerk B 10
- Obliegenheitsverletzung bei Verwendung eines garagenmäßig untergestellten Kfz mit Roten Kennzeichen SB Handel/Handwerk B 15
- Probefahrt SB Handel/Handwerk B.1.2 1
- Prüffahrten SB Handel/Handwerk B.1.2 1 SB Handel/Handwerk A.3.1 4, 12 ff.
- Überführung eines Kfz durch Mitarbeiter SB Handel/Handwerk B.1.1 6
- Überführungsfahrten SB Handel/Handwerk B.1.2 1
- Umfang bei Verwendung amtlich zugeteilter - SB Handel/Handwerk A.4.1 14 ff.
- Umfang des Versicherungsschutzes SB Handel/Handwerk A.3.1 19
- Versicherte Personen SB Handel/Handwerk B.1.2.3 5
- Versicherungssumme SB Handel/Handwerk A.4.2.4 4
- Verstoß gegen die Verwendungsklausel AKB D.2.1 21
- Verstoß gegen Verwendungsklausel SB Handel/Handwerk A.5.1.2 8
- Verwendungsklausel AKB D.1.1.1 10 f. SB Handel/Handwerk B.1.2 2

Rotes Kennzeichen/Kurzzeitkennzeichen
- Betriebliche Nutzung AKB D.1.1.1 5
- Feste Verbindung mit Kfz AKB D.1.1.1 5
- Kfz-Betriebe AKB D.1.1.1 5
- Kurzzeitkennzeichenvergabe-Neuregelung AKB D.1.1.1 5
- Missbräuchliche Verwendung AKB D.1.1.1 5, 10
- Prüf-, Probe- oder Überführungsfahrten AKB D.1.1.1 5
- Versicherungsschutz für anderes Fahrzeug AKB D.1.1.1 5
- Verwendungsklausel AKB D.1.1.1 5

Rotes Oldtimerkennzeichen SB Handel/Handwerk A.3.1 7

Rotes Versicherungskennzeichen SB Handel/Handwerk A.3.1 6, 16
Rotlichtverstoß AKB A.2.9.1 263 ff.
Rückgriff bei mehreren Versicherten
- Gutgläubige mitversicherte Person VVG § 123 5
- Leistungsfreiheit des Versicherers bei bestehendem Vertrag VVG § 123 2
- Leistungsfreiheit des Versicherers nach Vertragsbeendigung VVG § 123 3 f.
- Versicherung für fremde Rechnung VVG § 123 1

Rückholung von Kindern
- Bahnfahrt AKB A.3.7.2 3
- Begleitperson AKB A.3.7.2 4
- Flugreisen AKB A.3.7.2 5
- Schwere der Krankheit AKB A.3.7.2 6
- Selbstorganisation durch VN AKB A.3.7.2 7

Rückholungskosten
- Wiederauffinden des Fahrzeuges AKB A.2.5.5.4 19

Rücktritt
- Verletzung der vorvertraglichen Anzeigepflicht PflVG § 5 7
- Versicherungsvertrag PflVG § 6 11 f.
- Zahlungsverzug bei Erstprämie VVG § 37 3

Rücktritt des Versicherers
- Außenverhältnis AKB C.1.3 4
- Folgen AKB C.1.3 2
- Innenverhältnis AKB C.1.3 3
- Voraussetzungen AKB C.1.3 1

Ruheversicherung AKB H.1 1
- Aufleben des Versicherungsschutzes AKB H.1.6 1
- Außerbetriebsetzung des KFZ AKB H.1.7 1 f.
- Beitragsfreie - AKB H.1.2 1 ff.
- Einschränkung AKB H.1.3 1
- Einzelfälle der Umfriedung AKB H.1.5 2 f.
- Ende AKB H.1.2 4; H.1.7 1 f.
- Kaskoversicherung AKB H.1.4 2
- Kfz-Haftpflichtversicherung AKB H.1.4 2
- Leistungsumfang AKB H.1.4 1 ff.
- Obliegenheiten AKB H.1.5 1 ff.
- Pflichten des VN AKB H.1.5 1 ff.
- Saisonkennzeichen AKB H.2.2 1
- Umfang der Leistungsfreiheit AKB H.1.5 6

Stichwortverzeichnis

- Versicherte Ereignisse **AKB H.1.4** 2 f.
- Versicherte Personen **AKB H.1.4** 4
- Versicherungsbestätigung eines anderen Versicherers **AKB H.1.8** 1
- Versicherungsschutz Saisonkennzeichen **AKB H.2.3** 1
- Verstoß **AKB H.1.5** 4 f.
- Vorbereitungsfahrten zur Zulassung **AKB H.1.4** 3

Russland
- Autoschutzbrief **AKB A.3.4** 7 VVG § 113 48

S
Sabotageakte Kfz-USV **A.1.1.1** 87 ff.
Sach- und Sachfolgeschäden AKB A.2.5.8 18 ff.
Sach-Gewerbeversicherung Versicherung von sonstigen Gegenständen 150
Sachfolgeschäden
- Kaskoversicherung (Kfz-Handel und -Handwerk)) **SB Handel/Handwerk A.4.2.2** 1
- Quotenvorrecht **AKB A.2.5.8** 18 ff.
- Schadensersatzansprüche **AKB A.1.1.1** 52 f.
- Zusatzhaftpflichtversicherung für Kfz-Handel- und Handwerk **BB Handel/Handwerk 3.1.3** 45 ff.

Sachschaden KfzPflVV § 2 35 ff. PflVG § 1 122 ff.
- Schadensersatzansprüche **AKB A.1.1.1** 39 ff.

Sachverständigenausschuss
- Benennung von Sachverständigen **AKB A.2.6.4** 15 ff.
- Einleitung des Verfahrens **AKB A.2.6.4** 15 ff.
- Entscheidung durch ~ **AKB A.2.6.4** 6 ff.
- Rechtliche Stellung zu den Parteien **AKB A.2.6.4** 20
- Verfahren vor dem Ausschuss **AKB A.2.6.4** 32 ff.

Sachverständigengutachten, *s. a. Gutachten*
- Kostenerstattung bei Verdacht der Unfallmanipulation **AKB A.2.2.2.3** 133 ff.

Sachverständigenkosten
- Anspruch auf Einsichtnahme in Sachverständigengutachten **AKB A.2.5.3** 13 ff.

- Ersatzpflicht nach §§ 286, 280 Abs. 2 BGB und § 85 Abs. 1 VVG **AKB A.2.5.3** 8
- Gegengutachten **AKB A.2.5.3** 6
- Kostenerstattung nach §§ 241 Abs. 2, 280 Abs. 1 BGB **AKB A.2.5.3** 9
- Veranlassung durch VN **AKB A.2.5.3** 10
- Veranlassung durch VR **AKB A.2.5.3** 4 f.
- § 85 Abs. 2 VVG **AKB A.2.5.3** 7

Sachverständigenverfahren
- Anfechtung des Gutachtens, *s. a. Gutachten*
- Auslandsschäden **AKB A.2.6.4** 58
- Bedeutung **AKB A.2.6.4** 4 f.
- Einleitung des Verfahrens **AKB A.2.6.4** 15 ff.
- Entscheidung durch Sachverständigenausschuss, *s. Sachverständigenausschuss*
- Fehlende Fälligkeit des Anspruches ohne vorheriges ~ **AKB A.2.6.4** 46 ff.
- Klage des VN ohne vorheriges ~ **AKB A.2.6.4** 46 ff.
- Klage gemäß § 84 VVG nach bereits eingeleitetem oder abgeschlossenem ~ **AKB A.2.6.4** 56 ff.
- Kostenverteilung **AKB A.2.6.4** 42 ff.
- Rechtsnatur **AKB A.2.6.4** 1 ff
- Reparatur **AKB A.2.5.2.3** 87
- Unbeachtlichkeit der Einrede des VR **AKB A.2.6.4** 50 ff.
- Verfahren bei Nichteinigung **AKB A.2.6.4** 36 ff.
- Verfahren vor dem Ausschuss **AKB A.2.6.4** 32 ff.
- Verfahrenskosten **AKB A.2.6.4** 42 ff.

Saisonkennzeichen Kfz-USV H 258 f.
- Ruheversicherung **AKB H.1.2** 3
- Ruheversicherung nach der Saison **AKB H.2.2** 1
- Versicherungsschutz **AKB H.2.1** 1
- Versicherungsschutz innerhalb Ruheversicherung **AKB H.2.3** 1

Schäden an Neufahrzeugen
- Zusatzhaftpflichtversicherung für Kfz-Handel- und Handwerk **BB Handel/Handwerk 2.4** 37

Schaden nach Fristablauf
- Fristablauf **AKB C.2.3** 3
- Keine Zahlung **AKB C.2.3** 4
- Schaden **AKB C.2.3** 2
- Vertretenmüssen **AKB C.2.3** 5

2191

Stichwortverzeichnis

- Voraussetzungen der Leistungsfreiheit AKB C.2.3 1

Schadenersatzhaftung des Versicherungsvermittlers
- Beratungsfehler AKB A.2.1.1 66 ff.

Schadenersatzhaftung des VR
- Beratungsfehler AKB A.2.1.1 58 ff.

Schadenersatzpflicht des Versicherers
- Verstoß gegen die Beratungspflicht VVG § 6 17 f.

Schadenfall
- Kündigung AKB G.2.6 1 ff.

Schadenfreiheitsrabatt AKB I 1 ff.
- Änderung AKB K.1 1
- Anhänger AKB I.4.1.2 23 ff.
- Auskünfte über den Schadenverlauf AKB I.8.4 48 ff.
- Datenschutz AKB I.8.4 48 ff.
- Freiwillige Rückzahlung AKB I.4.2 40
- Gutachterkosten AKB I.4 13
- Höchstpersönliches Recht AKB I.3.5 6
- Kalenderjahr AKB I.4 12
- Kfz-Haftpflichtversicherung AKB I 1 ff.
- Kündigung im Schadensfall AKB I.3.5 10
- Massenunfälle AKB I.4.1.2 35
- Obliegenheitsverletzung AKB I.4.2 38
- Prozesskosten AKB I.4 13
- Rabattretter AKB I.7 46
- Rabattschutz AKB I.7 46
- Rechtsberatungskosten AKB I.4 13
- Rückgängigmachung der Höherstufung AKB I.3.5 11
- Schadenbelasteter Verlauf AKB I.4.2 36 f.
- Schadenfall AKB K.1 1
- Schadenfreier Verlauf AKB I.4 12 ff.
- Schadenklassedatei AKB I.8.4 50 ff.
- Schadenrückkauf AKB I.4.2 39
- Teilungsabkommen AKB I.4.1.2 15 ff.
- Übertragung auf getrennt lebenden Ehegatten AKB I.3.5 7
- Verlust AKB I.3.5 8
- Vermögenswert AKB I.3.5 6
- Vollkaskoversicherung AKB I 1 ff.
- Wechsel des Versicherers AKB I.7 45
- Wirtschaftlicher Nachteil AKB I.3.5 8

Schadenfreiheitsrabattklassen
- Änderungen AKB J.6 2
- Sonderkündigungsrecht AKB J.6 4

Schadenklassedatei AKB I.8.4 48 ff.

Schadenmeldepflicht
- Andere Sparten AKB E.1.1.1 3
- Kaskoversicherung AKB E.1.1.1 4
- Kfz-Haftpflichtversicherung AKB E.1.1.1 2
- Kfz-Unfallversicherung AKB E.1.1.1 5
- Kfz-Vermietung AKB E.1.1.1 1
- Leistungsfreiheit AKB E.1.1.1 3
- Schutzbrief AKB E.1.1.1 6
- Unverzüglich AKB E.1.1.1 1

Schadenminderungspflicht
- Andere Sparten AKB E.1.1.4 3
- Autoschutzbrief AKB E.1.1.4 3
- Befolgen von Weisungen AKB E.1.1.4 4
- Fahrerschutzversicherung AKB E.1.1.4 3
- Geltungsbereich AKB E.1.1.4 6
- Kaskoversicherung AKB E.1.1.4 3
- Kfz-Haftpflichtversicherung AKB E.1.1.4 2
- Leistungsfreiheit bzw. Leistungskürzung AKB E.2.1 13
- Unfallversicherung AKB E.1.1.4 3
- Zumutbarkeit AKB E.1.1.4 5

Schadenregulierungsbeauftragter PflVG § 3a 8 f.; § 8a 12 ff.

Schadenregulierungsvertreter
- Auskunftspflicht PflVG § 8 6
- Befugnisse PflVG § 8 4
- Bestellung PflVG § 8 4
- Direktanspruch PflVG § 8 5

Schadenrückkauf
- Kfz-Haftpflichtversicherung AKB I.4.2 39

Schadensereignis, einheitliches AKB A.2.5.8 10

Schadensersatzansprüche
- Abhanden gekommene Gegenstände AKB A.1.1.1 51
- Abweichung zu Gunsten des VN KfzPflVV § 2 74
- Abweichung zum Nachteil des VN KfzPflVV § 2 75 ff.
- Anspruchsabwehr, s. *Abwehr unberechtigter Schadensersatzansprüche*
- Anspruchsbefriedigung KfzPflVV § 2 12 ff.
- Anspruchsnormen AKB A.1.1.1 5 ff.
- Begriff KfzPflVV § 2 4 ff.
- Beschädigung einer Sache AKB A.1.1.1 46 ff.

2192

Stichwortverzeichnis

- Besitzstörung durch Falschparken AKB A.1.1.1 16 ff.
- Ehrverletzungen AKB A.1.1.1 36 ff.
- Einschränkungen der Bewegungsfreiheit AKB A.1.1.1 32 ff.
- Erweiterter Personenkreis KfzPflVV § 2 60 ff.
- Freistellungsanspruch des VN AKB A.1.1.1 70 ff.
- Gebrauch des Fahrzeugs, s. dort KfzPflVV § 2 45 ff.
- Geldleistung AKB A.1.1.2 3 ff.
- Geltendmachung von Rechten durch Mitversicherte KfzPflVV § 2 81 f.
- Güterfolgeschäden AKB A.1.1.1 54 ff.
- Haftpflichtbestimmungen KfzPflVV § 2 7
- Körper- und Gesundheitsverletzungen AKB A.1.1.1 27
- Nicht erfasste Schadenarten AKB A.1.1.1 65 ff.
- Nicht versicherter Personenkreis KfzPflVV § 2 71 ff.
- Öffentliche Wege und Plätze KfzPflVV § 2 49 ff.
- Ökoschaden KfzPflVV § 2 44
- Pannenfahrzeug AKB A.1.1.1 8 ff.
- Personenschaden AKB A.1.1.1 24 ff. KfzPflVV § 2 34
- Privatrechtlicher Haftpflichtanspruch KfzPflVV § 2 8 ff.
- Psychische Verletzungen AKB A.1.1.1 29
- Sachfolgeschäden AKB A.1.1.1 52 f.
- Sachschaden AKB A.1.1.1 39 ff. KfzPflVV § 2 35 ff.
- Schadenarten KfzPflVV § 2 33 ff.
- Schadenmanagement AKB A.1.1.2 8
- Schockschäden AKB A.1.1.1 30 f.
- Tod einer Person AKB A.1.1.1 24 ff.
- Vermögensschäden AKB A.1.1.1 59 ff. KfzPflVV § 2 40 ff.
- Versicherter Personenkreis KfzPflVV § 2 57 ff.
- Versicherung für fremde Rechnung KfzPflVV § 2 72 f.
- Zerstörung einer Sache AKB A.1.1.1 49 f.

Schadensersatzbestimmung AKB A.5.1 25; A.5.4.1 3, 7 ff.; A.5.5.1 18
Schadensfreiheitsrabatt Kfz-USV I 260 f.
Schadensminderungspflicht Kfz-USV E.1.3 235

Schadensversicherung AKB A.5 12; A.5.1 32; A.5.2 26; A.5.4.1 31; A.5.4.2 11; A.5.5.1 2, 14, 16; A.5.6.4 2
Schlaganfälle AKB A.4.12.9 65 f.
Schlaglochschäden
- Reifenschäden AKB A.2.9.3 5
Schleppen AKB A.5.1 31
Schmerzensgeld AKB A.5.4.1 4, 6, 10, 13, 21, 42; A.5.4.2 28; A.5.4.3 2 f.
Schmorschäden AKB A.2.2.1.6 13 f.
- Als Folge eines Brandes AKB A.2.2.1.6 16
Schockschäden
- Fahrerschutzversicherung AKB A.5.4.1 42
- Schadensersatzansprüche AKB A.1.1.1 30 f.
Schreibhilfe AKB A.2.3 53 ff.
Schriftform AKB A.5.4.2 34 ff.
Schuldunfähigkeit
- Anwendbarkeit von § 827 BGB AKB A.2.9.1 377
- Bewusstseinsstörung AKB A.2.9.1 385
- Darlegungs- und Beweislast AKB A.2.9.1 375 ff.
- Unzurechnungsfähigkeit AKB A.2.9.1 384 ff.
- Vorverlagerung des Schuldvorwurfs AKB A.2.9.1 378
Schutzhelme AKB A.2.1.2.3 39
Schwarzfahrt AKB A.2.2.1.6 45 ff.
- Einzelfälle AKB D.2.1 25
- Ermöglichen AKB D.1.1.2 8 ff.
- Ermöglichen durch VN AKB D.2.1 22 ff.
- Exkulpationsmöglichkeit AKB D.2.2 5
- Fahrzeugschlüssel-Aufbewahrung AKB D.1.1.2 9 ff.
- Haftungsrechtliche Folgen AKB D.1.1.2 13
- Mögliche Quotierung AKB D.2.1 26
- Nachträgliche Genehmigung AKB D.1.1.2 12
- Vorsätzliches Ermöglichen AKB D.2.1 23
- Wissentliches Ermöglichen AKB D.2.1 24
Schweigepflichtentbindung, s. Ärztliche Schweigepflicht
Schweiz VVG § 113 23
Schwertransport KfzPflVV § 3 26
Schwertransporte
- Mitversicherte Personen AKB A.1.2 97 f.
Schwindelanfälle AKB A.4.12.9 62
Sedgeway-Zweirad PflVG § 5 4

2193

Stichwortverzeichnis

Sekundäre Darlegungslast
- Kaskoversicherung AKB A.2.1.1 41 f.

Sekundenschlaf AKB A.2.9.1 171 ff.; A.4.12.9 62

Selbstbehalt AKB A.1.1.3 39
- Aufrechnung gegen Anspruch aus der Kaskoversicherung VVG § 114 55
- Aufrechnung gegen Anspruch aus der Kfz-Unfallversicherung VVG § 114 56
- Auswirkung auf Mitversicherte VVG § 114 42 ff.
- Auswirkung auf mitversicherte Arbeitnehmer VVG § 114 43 ff.
- Auswirkung auf VN VVG § 114 54 ff.
- Auswirkung bei anteiliger Haftung des VN VVG § 114 80 ff.
- Auswirkung für Geschädigte VVG § 114 35 ff.
- Berechnung der Forderung aus einer Selbstbehaltsvereinbarung VVG § 114 76 ff.
- Gesamtschuldverhältnis VVG § 116 13
- Höhe VVG § 114 22 ff.
- Regress des gesetzlichen Versicherungsträgers VVG § 114 61 ff.
- Regress des privaten Schadensversicherers VVG § 114 71 ff.
- Treu und Glauben VVG § 114 51 ff.
- Übertragung arbeitsrechtlicher Prinzipien auf andere Mitversicherte VVG § 114 49 f.
- VN als Fahrer mit Fahrerschutzversicherung VVG § 114 60
- VN als haftpflichtberechtigter Insasse VVG § 114 57 ff.
- Vor- und Nachteile VVG § 114 74 ff.
- Zulässigkeit VVG § 114 13 ff.
- Zusatzhaftpflichtversicherung für Kfz-Handel- und Handwerk BB Handel/Handwerk 3.2 48

Selbstbeteiligung
- Campingversicherung AVB Camping 45 f.
- Glasbruchschäden AKB A.2.5.8 7
- Kaskoversicherung (Kfz-Handel und -Handwerk) SB Handel/Handwerk A.4.2.1 1
- Kfz-Güterfolgeschadenversicherung 51 f.
- Kfz-USV A.1.3.2 175 f.
- Leistungskürzung AKB A.2.5.8 6
- Mehrfacher Abzug AKB A.2.5.8 9 ff.
- Quotenvorrecht des VN, *s. dort*

- Teilkasko AKB A.2.5.8 2 ff.
- Verzicht auf - AKB A.2.5.8 7
- Vollkasko AKB A.2.5.8 2 ff.

Selbstentzündung
- Reifenschäden AKB A.2.9.3 2

Sengschäden AKB A.2.2.1.6 13 f.
- Als Folge eines Brandes AKB A.2.2.1.6 16

Sichtbehinderungen
- Grobe Fahrlässigkeit AKB A.2.9.1 51

Sichtverhältnisse
- Grobe Fahrlässigkeit AKB A.2.9.1 51

Sonderkündigungsrecht AKB G.2.1 2; G.2.6 1
- Änderung der Regionalklasse AKB J.2 2 ff.
- Bedingungsänderung AKB G.2.9 1
- Bei Veräußerung gegenüber Erwerber AKB G.3.7 1
- Beitragserhöhung AKB G.2.7 1 ff.
- Bestandsübernahme PflVG § 15 6 f.
- Erwerber AKB G.2.6 6
- Geänderte Verwendung des Fahrzeugs AKB G.2.8 1 ff.; G.3.6 1 ff.
- Nichtzahlung des Folgebeitrags AKB G.3.4 1 ff.
- Prämienerhöhung wegen Gefahrerhöhung VVG § 25 5
- Prämienverzug AKB G.3.4 1 ff.
- Schadenfall AKB G.3.3 1 ff.
- Schadenfreiheitsrabattklassen AKB J.6 4
- Tarifstruktur AKB J.6 4
- Veränderung der Tarifstruktur AKB G.2.9 1
- Veränderung des Schadenfreiheitsrabatt-Systems AKB G.2.9 1
- Zwangsversteigerung AKB G.3.7 1

Sozialhilfe AKB A.5.2 63; A.5.4.2 4, 19, 21, 64; A.5.6.4 9 f.

Sozialhilfeträger VVG § 117 42

Sozialversicherungsbeiträge AKB A.5.2 38

Sozialversicherungsträger AKB A.5.4.2 37, 54, 60, 62; A.5.5.1 5; A.5.6.4 2, 6 f.; E.1.6.3 4
- Anspruchsübergang PflVG § 3a 65 f.
- Begriff VVG § 117 36
- Bundesagentur für Arbeit VVG § 117 41 f.
- Klage - gegen VN/Fahrer VVG § 124 12
- Krankenkasse VVG § 117 38
- Öffentlich-rechtlicher Krankenversicherer VVG § 117 39

2194

Stichwortverzeichnis

- Rangfolge mehrerer Ansprüche VVG § 118 18
- Rentenversicherung VVG § 117 40
- Verweisung PflVG § 3 4
- Wahrung von Ansprüchen gegen- AKB E.1.6.4 1

Sparten
- Kündigungsrecht für alle - AKB G.4.2 1
- Selbständigkeit AKB G.4.1 1

Speerwurfschäden AKB A.2.2.2.3 144

Spezialfahrzeuge
- Wiederbeschaffungswert AKB A.2.5.1.8 71

Sportgeräte Versicherung von sonstigen Gegenständen 42, 68

Spriegel AKB A.2.1.2.3 40

Standkosten
- Kaskoversicherung AKB A.2.5.1.8 128

Standort im Inland PflVG § 1 40 ff.

Steuer AKB A.5.2 39, 54

Stichtagsregelung
- Regressbeschränkungen bei Insolvenz des Versicherers PflVG § 16 1

Stichtagsverfahren
- Folgen verzögerter Stichtagsmeldungen SB Handel/Handwerk D.2.1 1
- Meldebogen SB Handel/Handwerk D.1.2 1 ff.
- Nachweispflichten SB Handel/Handwerk D.1.3 1 f. SB Handel/Handwerk D.1.1 1
- Verletzung der Anzeigepflicht SB Handel/Handwerk D.2.1 1

Straftat
- Auswirkungen eines Strafverfahrens AKB A.4.12.9 11
- Beweislast AKB A.4.12.9 42
- Erforderliche subjektive Kenntnis des VN AKB A.4.12.9 14
- Fahren mit einem nicht versicherten Fahrzeug AKB A.4.12.9 29
- Fahren ohne Fahrerlaubnis, s. dort
- Form der Täterschaft AKB A.4.12.9 19
- Gebrauch des Fahrzeugs AKB A.1.1.1 191 ff.
- Irrtum AKB A.4.12.9 14
- Jugendlicher als Täter AKB A.4.12.9 13
- Kausalzusammenhang AKB A.4.12.9 20
- Rechtswidrigkeit und Schuld AKB A.4.12.9 12
- Rücktritt AKB A.4.12.9 18

- Straftat im Rechtssinn AKB A.4.12.9 10
- Straßenverkehrsgefährdung AKB A.4.12.9 38 f.
- Trunkenheitsfahrt, s. dort
- Unbefugter Gebrauch eines Kraftfahrzeugs AKB A.4.12.9 30 ff.
- Unerlaubtes Entfernen vom Unfallort AKB A.4.12.9 40
- Versuch AKB A.4.12.9 16
- Vollendung AKB A.4.12.9 17
- Zielrichtung des Ausschlusses AKB A.4.12.9 9

Straßenreinigung
- Abschleppen des Fahrzeuges AKB A.3.5.2 11
- Bergen des Fahrzeuges AKB A.3.5.3 14

Straßenverkehrsgefährdung AKB A.4.12.9 38 f.

Stufen- oder Quotenmultiplikations-Modell
- Grobe Fahrlässigkeit AKB A.2.9.1 406

Sturm AKB A.2.2.1.6 64

Sublimit AKB A.5.4.3 8

Subsidiäre Deckung
Kfz-Güterfolgeschadenversicherung 55 ff.

Subsidiaritätsklausel AKB A.5.2 48; A.5.4.1 17; A.5.4.2 1 ff.; A.5.6.4 11; A.5.6.7 1

Suizid
- Absicht AKB A.2.9.1 8 AKB A.1.5.1 8
- Brand AKB A.2.2.1.6 123

Summenversicherung AKB A.5.1 3; A.5.4.2 27 f.; A.5.5.1 2, 14

Synkopen AKB A.4.12.9 62

T

Tagegeld
- Beweislast AKB A.4.6.2 7
- Bezugsdauer AKB A.4.6.2 8
- Höhe AKB A.4.6.2 5 f.
- Voraussetzungen AKB A.4.6.2 2 ff.

Tageszeit
- Grobe Fahrlässigkeit AKB A.2.9.1 51

Tageszulassung
- Leistungsbegrenzung im Innenverhältnis SB Handel/Handwerk B.1.2.2 2 SB Handel/Handwerk A.3.2.2 1

Tankwagen AKB A.1.1.5 30

Tarifänderung
- Kfz-Haftpflichtversicherung AKB J.5 1 ff.
- Sonderkündigungsrecht AKB J.4 1 f.

2195

Stichwortverzeichnis

- §§ 305 ff. BGB **AKB J.3** 1
Tarifangleichung
- Bestandsübernahme **PflVG § 15** 4 f.
Tarifmerkmal
- Weiches - **AKB A.2.8** 10
Tarifstruktur
- Änderungen **AKB J.6** 3
- Sonderkündigungsrecht **AKB J.6** 4
Täterschaft
- Verstoß gegen die Kraftfahrzeugversicherungspflicht **PflVG § 6** 31
Taxifahrer
- Vorsatz **AKB D.2.1** 4
Taxifahrten
- Pannenhilfe **AKB A.3.6.1** 10
Teilklage
- Unfallversicherung **AKB A.4.10.4** 9
Teilnahme
- Verstoß gegen die Kraftfahrzeugversicherungspflicht **PflVG § 6** 31
Teilregulierung
- Entschädigungsverfahren **PflVG § 3a** 25
Teilungsabkommen AKB I.4.1.2 15 ff.
- Sozialversicherungsträger **AKB A.1.1.1** 254
Teilzahlung
- Erstprämienzahlung **AKB C.1.2** 6
Teilzahlungszuschläge AKB C.2 1; **C.4** 1
Terroranschläge AKB A.2.9.4 6
Textform AKB A.5.4.2 35, 37; **A.5.5.1** 12
Thrombose AKB A.5.1 25
Tiere AKB A.1.1.1 198 ff. **Versicherung von sonstigen Gegenständen** 50
Tinnitus AKB A.4.12.9 89 f.
Tod
- Auf einer Reise **AKB A.3.7** 6
- Fahrerschutzversicherung **AKB A.5.2** 9 ff., 32 ff., 45, 52 ff., 62
- Schadensersatzansprüche **AKB A.1.1.1** 24 ff.
- Unfallversicherung **AKB A.4.5.2.7** 35
Todesfall AKB A.5.2 13 ff.; **A.5.4.2** 27, 53; **A.5.5.1** 6, 14, 16, 21
Todesfall (Auslandsreise)
- Bestattung vor Ort **AKB A.3.8.3** 4 ff.
- Leichenrücktransport **AKB A.3.8.3** 7
Todesfallleistung
- Fristberechnung **AKB A.4.8.2** 3
- Obduktion **AKB A.4.8.2** 4
- Versicherungssumme **AKB A.4.8.2** 5

- Voraussetzungen **AKB A.4.8.2** 1 ff.
Todesfallrisiko AKB A.5.2 15; **A.5.5.1** 16
Topcase Versicherung von sonstigen Gegenständen 51
Totalschaden
- Begriff **AKB A.2.5.1.8** 57 ff.
- Kaskoversicherung **AKB A.2.1.1** 7
- Mehrwertsteuer **AKB A.2.5.4** 12 ff.
- Neupreisentschädigung **AKB A.2.5.1.8** 17 ff.
- Wirtschaftlicher - **AKB A.2.5.1.8** 57
Touristenfahrten AKB A.2.9.2 8
Transparenzgebot
- AKB **AKB A.2.1.1** 15
Transportversicherung AKB A.1.5.5 1
Treibstoffdiebstahl AKB A.1.1.3 8 f.
Treibstoffmangel AKB A.2.9.1 350
- Pannenhilfe **AKB A.3.5.4** 9
Trickdiebstahl AKB A.2.2.1.6 26, 182 ff.
Trunkenheitsfahrt
- Beweislast **AKB A.4.12.9** 34
- Nachtrunk **AKB A.4.12.9** 35
- Teilnahme an - **AKB A.4.12.9** 36
Trunkenheitsklausel
- Exkulpationsmöglichkeit **AKB D.2.2** 9
Türkei
- Autoschutzbrief **AKB A.3.4** 8 **VVG § 113** 48
Typklasse
- Jährliche Änderung **AKB J.1** 1
Typklassenänderung
- Folgen der Veränderung **AKB J.1** 6
- Kraftfahrzeug-Haftpflicht-Versicherung **AKB J.1** 3
- Kündigungsrecht des Versicherungsnehmers **AKB J.1** 7
- Teilkasko-Versicherung **AKB J.1** 5
- Vollkasko-Versicherung **AKB J.1** 4
- Voraussetzung **AKB J.1** 2

U
Überführungsfahrten AVB Camping 24
- Begriff **SB Handel/Handwerk B.1.2** 1 **SB Handel/Handwerk A.3.6** 1
Überhöhte Geschwindigkeit AKB A.2.9.1 291 ff.
Überkompensation AKB A.5.4.1 10 f., 13
Übermüdung AKB A.2.9.1 171 ff.
Übernachtung
- Frühstückskosten **AKB A.3.6.2** 2

Stichwortverzeichnis

- Kostenerstattung **AKB A.3.6.2** 1
- Minibar **AKB A.3.6.2** 5
- Pay-TV **AKB A.3.6.2** 5
- Telefon **AKB A.3.6.2** 5

Übernachtungskosten
- Anrechnung ersparter Aufwendungen **AKB A.3.10.1** 3
- Krankenrücktransport **AKB A.3.7.1** 26

Überschwemmung AKB A.2.2.1.6 67

Übungsfahrten AKB A.2.9.2 19

Umfriedung
- Einzelfälle **AKB H.1.5** 2 f.

Umsatzsteuer
- Aufwendungsersatzanspruch des Versicherers **VVG § 116** 53 ff.

Umstellung
- Des Vertrages nach EGVVG **AKB A.2.1.1** 27 ff.

Umweltschäden
- Auslandsschäden **Kfz-USV A.1.4** 179 ff.
- Bewusste Verstöße gegen Regelungen **Kfz-USV A.1.5.4** 212
- Freistellungsanspruch **Kfz-USV A.1.1.1** 47 ff.
- Geldersatz **Kfz-USV A.1.1.2** 94 ff.
- Mitversicherte Personen **Kfz-USV A.1.2** 138 ff.
- Rechtsschutzanspruch **Kfz-USV A.1.1.3** 99 ff.
- Regulierungsvollmacht **Kfz-USV A.1.1.4** 108 f.
- Unvermeidbare, notwendige oder in Kauf genommene - **Kfz-USV A.1.5.2** 204 ff.
- Versicherungsfall **Kfz-USV A.1.1.1** 47 ff.
- Versicherungssummen **Kfz-USV A.1.3.2** 156 ff.
- Vertragliche Ansprüche **Kfz-USV A.1.5.5** 213 f.

Umweltschadensgesetz VVG § 113 13

Unbefugter Gebrauch AKB A.4.12.9 30 ff.
- Beweislastverteilung **AKB A.2.2.1.6** 254 f.
- Definition **AKB A.2.2.1.6** 45 ff.
- Folgeschäden am Kfz **AKB A.2.2.1.6** 52
- Keine Nutzungsberechtigung des Täters **AKB A.2.2.1.6** 48 **KfzPflVV § 5** 15

Unberechtigter Fahrer
- Beschränkung der Verweisung **PflVG § 3** 8

Unfall
- Abnutzungsschäden **AKB A.2.2.2.3** 61
- Anspruch des VR aus **§ 812 BGB AKB A.2.2.2.3** 137
- Ansprüche des VR gegen den VN **AKB A.2.2.2.3** 133 ff.
- Aufprallschäden nach Umkippen oder Absturz **AKB A.2.2.2.3** 89 ff.
- Ausschlüsse **AKB A.2.2.2.3** 33 ff.
- Bedienungsfehler **AKB A.2.2.2.3** 40 ff.
- Begriff **AKB A.2.2.2.3** 8 ff.
- Betriebsvorgänge **AKB A.2.2.2.3** 39 ff.
- Beweislastverteilung **AKB A.2.2.2.3** 107 ff.
- Bremsvorgänge **AKB A.2.2.2.3** 37 f.
- Einwirkung von außen **AKB A.2.2.2.3** 19 ff.
- Einzelfälle aus der Rechtsprechung **AKB A.2.2.2.3** 97 f.
- Falschbetankung **AKB A.2.2.2.3** 51
- Folgeschäden durch Umkippen oder Absturz **AKB A.2.2.2.3** 92 ff.
- Gespannschäden **AKB A.2.2.2.3** 63
- Gewaltbrüche **AKB A.2.2.2.3** 60
- Kausalzusammenhang zwischen Unfall und Schaden **AKB A.2.2.2.3** 99 ff.
- Kostenerstattung von Privatgutachten **AKB A.2.2.2.3** 133 ff.
- Materialermüdung **AKB A.2.2.2.3** 56 ff.
- Mechanische Gewalt **AKB A.2.2.2.3** 25 ff.
- Mut- oder böswillige Handlungen **AKB A.2.2.2.3** 101 ff.
- Mut- oder böswillige Handlungen, Beweislastverteilung **AKB A.2.2.2.3** 138 ff.
- Mut- und böswillige Beschädigung **AKB A.3.5.4** 16
- Plötzliches Ereignis **AKB A.2.2.2.3** 23 f.
- Reifenplatzer **AKB A.2.2.2.3** 62
- Überbeanspruchung des Kfz **AKB A.2.2.2.3** 59
- Unfallmanipulation **AKB A.2.2.2.3** 125 ff.
- Unfreiwilligkeit **AKB A.2.2.2.3** 123 f.
- Unmittelbar einwirkendes Ereignis **AKB A.2.2.2.3** 12 ff.
- Verbiegungen **AKB A.2.2.2.3** 60
- Verrutschende Ladung **AKB A.2.2.2.3** 52 ff.
- Verwindungsschäden **AKB A.2.2.2.3** 74 ff.
- Voraussehbarkeit des Schadeneintritts **AKB A.2.2.2.3** 80 ff.
- Vorhersehbare Beschädigung bei bestimmungsgemäßer Verwendung des Kfz **AKB A.2.2.2.3** 77 ff.

2197

Stichwortverzeichnis

- Vorschäden **AKB** A.2.2.2.3 117 ff.
- Zusammenstoß mit Tieren **AKB** A.3.5.4 17
- Zweckbestimmung des versicherten Kfz **AKB** A.2.2.2.3 83 ff.

Unfall-Schmerzensgeld AKB A.5.4.2 28

Unfallbegriff
- Beweislast **AKB** A.4.1.2 12
- Erhöhte Kraftanstrengung **AKB** A.4.1.3 2
- Erweiterter ~ **AKB** A.4.1.2 1 ff.
- Fahrerschutzversicherung **AKB** A.5.1 32 f.
- Gesundheitsschädigung **AKB** A.4.1.2 10 ff.
- Kausalität **AKB** A.4.1.2 11
- Pannenhilfe **AKB** A.3.5.4 15
- Plötzlich von außen wirkendes Ereignis **AKB** A.4.1.2 2 ff.
- Unfreiwillige Gesundheitsschädigung **AKB** A.4.1.2 7 ff.

Unfallereignis AKB A.5.1 32 f.; A.5.4.3 4 ff.; A.5.5.1 4; A.5.6.5 3 f.

Unfallersatzwagen
- Begriff **SB Handel/Handwerk** A.1.1.2 4
- Ersatzwagen für Inspektionszeiträume und Wartungsarbeiten **SB Handel/Handwerk** A.1.1.2 4 f.
- Obliegenheitsverletzung **SB Handel/Handwerk** B 12
- Obliegenheitsverletzung (Kfz-Handel- und Handwerk-Versicherung) **SB Handel/Handwerk** B 12
- Reparatur eines Unfallschadens **SB Handel/Handwerk** A.1.1.2 4 f. **SB Handel/Handwerk** A.3.2.1 2
- Versicherungssumme **SB Handel/Handwerk** A.4.2.4 4

Unfallflucht AKB A.4.12.9 40; E.1.1.3 2 ff.
- Aufklärungspflicht **AKB** E.1.1.3 2
- Kriterien **AKB** E.1.1.3 4

Unfallhäufigkeit
- Fahrerschutzversicherung **AKB A.5.2** 8

Unfallmanipulation AKB A.2.2.2.3 125 ff.

Unfallversicherung
- 15-Monatsfrist für die Feststellung und Geltendmachung der Invalidität **AKB** E.1.5.3 1 ff.
- Abweichende Formulierung einzelner **AKB** **AKB** A.4.3 2 **AKB** A.5 6 ff., 9, 11 ff.; A.5.1 3, 5, 24, 28, 32; A.5.4.2 5, 8, 19, 35, 40, 57 f.
- Anzeige des Todesfalls **AKB** E.1.5.1 1; E.2.1 23
- Ärztliche Anordnungen **AKB** E.1.5.2 4
- Ärztliche Untersuchung **AKB** E.2.1 24
- Ausgestaltung **AKB** A.4 6
- Befolgen von Weisungen **AKB** E.1.1.4 4
- Berechtigte Insassen **AKB** A.4.2.6 10 ff.
- Berufsfahrerversicherung **AKB** A.4.2.6 15
- Beweislast **AKB** A.4.3 9
- Beweislast für die Anzahl berechtigter Insassen **AKB** A.4.2.6 5
- Einschränkung des räumlichen Geltungsbereiches **AKB** A.4.3 3 ff.
- Erklärung über die Leistungspflicht **AKB** A.4.10.4 1 ff.
- Erstattungsfähigkeit von Anwaltskosten **AKB** A.4 8
- Fahrerschutzversicherung **AKB** A.4 2; A.5.2 14, 16, 19, 48, 58; A.5.4.1 11, 19, 31, 39; A.5.4.3 5; A.5.5.1 1 f., 4 ff., 8, 14 ff., 19, 21 f., 24; A.5.5.2 1; A.5.5.3 1; A.5.6.1 1; A.5.6.3 4 f.
- Fälligkeit der Leistung **AKB** A.4.10.4 6
- Fehlende Angabe einer Schutzbriefversicherung **AKB** E.2.4 2
- Frist zur Geltendmachung der Invalidität **AKB** E.2.1 25
- Gebrauch des Fahrzeugs **AKB** A.4.1.1 3
- Geltendmachung des Anspruchs **AKB** A.4.2.6 20 f.
- Geltendmachung von Ansprüchen Namentlich Versicherter **AKB** F.2 4
- Grobe Fahrlässigkeit/Vorsatz **AKB** A.4.12.9 4 ff.
- Gutachtenerstellung **AKB** E.1.5.3 3
- Invalidität, *s. dort*
- Kein Übergang auf den Erwerber **AKB** G.7.1 4
- Kosten der Leistungsprüfung **AKB** A.4.10.4 4 f.
- Kraftfahrtunfall-Plus-Versicherung **AKB** A.4.2.6 6
- Krankenhaustagegeld, *s. dort*
- Kündigungserweiterung durch VN **AKB** G.4.3 1
- Kündigungsrecht für alle Sparten **AKB** G.4.2 1
- Leistungen **AKB** A.4.4 1
- Medizinische Aufklärung **AKB** E.1.5.3 1 ff.

2198

Stichwortverzeichnis

- Minderung der Unfallfolgen AKB E.1.5.2 5
- Mitwirkungshandlungen AKB A.4.10.4 7 f.
- Mitwirkungspflichten AKB E.1.5.2 2 ff.; E.1.5.3 2 ff.
- Namentliche Versicherung AKB A.4.2.6 18 f.
- Neubemessung der Invalidität, s. *Invalidität, Neubemessung*
- Nicht genehmigte Rennen AKB D.1.1.4 8
- Obduktion AKB E.1.5.1 2 f.
- Obliegenheiten AKB D.1 2
- Pauschalsystem AKB A.4.2.6 2 f.
- Platzsystem AKB A.4.2.6 8 f.
- Prämienverzug AKB A.4 7
- Prüfung des Anspruchs AKB A.4.10.4 1
- Quotierung AKB A.4.2.6 4
- Räumlicher Geltungsbereich AKB A.4.3 1
- Rechtliche Grundlagen AKB A.4 3 ff.
- Risikoausschlüsse, s. *Unfallversicherung, Risikoausschlüsse*
- Schadenmeldepflicht AKB E.1.1.1 5
- Schadenminderungspflicht AKB E.1.1.4 3
- Schweigepflichtentbindung AKB E.1.5.3 4; E.2.1 24
- Selbständigkeit AKB G.4.1 1
- Tagegeld, s. *dort*
- Teilklage AKB A.4.10.4 9
- Umfang der Leistungsfreiheit bei Vorsatz AKB D.2.1 10
- Unmittelbarer Zusammenhang zum Fahrzeuggebrauch AKB A.4.1.1 4
- Untersuchungspflicht AKB E.1.5.3 5
- Unverzüglicher Arztbesuch AKB E.1.5.2 3
- Verjährungsbeginn AKB A.4.10.4 7
- Versicherungsschutz, vorläufiger AKB B.2.1 1
- Verstreichenlassen der Frist AKB A.4.10.4 3
- Vorläufiger Versicherungsschutz, Kündigung AKB B.2.5 3
- Vorschüsse AKB A.4.10.4 10
- Weisungen des Versicherers AKB E.1.1.3 15
- Zumutbarkeit AKB E.1.1.4 5
- Zusammentreffen Unfallfolgen mit Krankheiten und Gebrechen, s. *Krankheiten und Gebrechen*

Unfallversicherung, Risikoausschlüsse
- Alkoholbedingte Bewusstseinsstörungen, s. *dort*
- Bandscheiben AKB A.4.12.9 79
- Bauch- und Unterleibsbrüche AKB A.4.12.9 93 ff.
- Beweislast, objektiver Risikoausschluss AKB A.4.12.9 3
- Beweislast, subjektiver Risikoausschluss AKB A.4.12.9 7
- Epileptische Anfälle AKB A.4.12.9 67
- Erdbeben, Kriegsereignisse, innere Unruhen, Maßnahmen der Staatsgewalt AKB A.4.12.9 76
- Geistes- oder Bewusstseinsstörung, s. *dort*
- Genehmigte Rennen AKB A.4.12.9 72 ff.
- Infektionen AKB A.4.12.9 82 ff.
- Innere Blutungen AKB A.4.12.9 80
- Kernenergie AKB A.4.12.9 77
- Krampfanfälle AKB A.4.12.9 68
- Objektive Risikoausschlüsse AKB A.4.12.9 8 ff.
- Psychische Reaktionen AKB A.4.12.9 88 ff.
- Schlaganfälle AKB A.4.12.9 65 f.
- Straftat, s. *dort*
- Subjektive Risikoausschlüsse AKB A.4.12.9 4 f.
- Systematik der objektiven Risikoausschlüsse AKB A.4.12.9 1 ff.
- Wiedereinschluss AKB A.4.12.9 69 ff.

Unterhaltsanspruch AKB A.5.2 9 ff., 38, 45, 52, 61, 65, 67 f.; A.5.4.1 5 f., 40; A.5.4.2 20 ff.

Unterhaltsberechtigte AKB A.5.2 9 ff., 29 ff., 48, 53 ff., 62 f., 68; A.5.4.2 22, 24 f.

Unterjährige Vertragsänderung
- Beratungspflicht VVG § 6 8

Unterlassene Sicherung bei Gefälle AKB A.2.9.1 321 ff.

Unterschlagung
- Abgrenzung zwischen nicht gedeckter Unterschlagung und Diebstahl AKB A.2.2.1.6 38
- Auffangtatbestand AKB A.2.2.1.6 32
- Beweislastverteilung AKB A.2.2.1.6 247 ff.
- Definition AKB A.2.2.1.6 31
- Einzelfälle AKB A.2.2.1.6 252
- Gebrauchsüberlassung durch Dritte an weitere Personen AKB A.2.2.1.6 41 ff.

2199

Stichwortverzeichnis

- Nicht gedeckte - AKB A.2.2.1.6 34 ff.
- Überlassung des Kfz unter Eigentumsvorbehalt AKB A.2.2.1.6 44
- Überlassung des Kfz zur Veräußerung AKB A.2.2.1.6 43
- Überlassung zum Gebrauch im eigenen Interesse AKB A.2.2.1.6 35 ff.

UPE-Aufschläge AKB A.2.5.2.3 48
Urkunde VVG § 113 28
USchadG
- Ausblick **Kfz-USV Vorb.** 30
- Ausgleichsansprüche **Kfz-USV Vorb.** 27 f.
- Berufliche Tätigkeit **Kfz-USV Vorb.** 18 ff.
- Geschützte Rechtsgüter **Kfz-USV Vorb.** 15
- Grenzen der Inanspruchnahme **Kfz-USV Vorb.** 26
- Kfz-Bezug **Kfz-USV Vorb.** 21 ff.
- Naturschützer **Kfz-USV Vorb.** 29
- Pflichten **Kfz-USV Vorb.** 24 f.
- Schaden oder Schädigung **Kfz-USV Vorb.** 16 f. VVG § 113 13

USV VVG § 113 14

V

Vandalismusschäden AKB A.2.2.1.6 198 ff.
Verabredeter Unfall AKB A.2.9.1 7
Veränderungen am Fahrzeug
- Kaskoversicherung AKB A.2.5.7.2 4

Veräußerung
- Versicherte Sache VVG § 122 1 ff.

Veräußerung des Kfz
- Anzeige, *s. Anzeige der Veräußerung* Kfz-USV G 243 ff.
- Kündigung AKB G.2.6 5
- Kündigungsfiktion PflVG § 3b 2
- Nachhaftung PflVG § 3b 4
- Übergang der Versicherung AKB G.7.1 1 ff.
- Versicherungskennzeichen PflVG § 3b 5
- Zeitpunkt der Beendigung des Vertrages PflVG § 3b 3

Verbesserungen am Fahrzeug
- Kaskoversicherung AKB A.2.5.7.2 5

Verbraucherkreditgesetz
- Folgebeitrag AKB C.2 1
- Zahlungsperiode AKB C.4 1

Verdienstausfall AKB A.5.1 3; A.5.2 53, 57; A.5.4.1 22, 43, 61; A.5.4.3 1; A.5.5.1 8

Verfahrensführungsvollmacht Kfz-USV A.1.1.4 123

Verjährter Direktanspruch
- Anspruchsübergang VVG § 124 9
- Kenntnis VVG § 124 10 f.
- Klage Sozialversicherungsträger gegen VN/Fahrer VVG § 124 12

Verjährung
- Beginn AKB L.2.3 38
- Beginn Unfallversicherung AKB A.4.10.4 7
- Entschädigungsfonds PflVG § 12 42
- Gesamtschuldnerausgleich VVG § 116 61 ff.
- Hemmung AKB L.2.3 39
- Regressverzicht gegenüber dem Mieter AKB A.2.8 72
- Verjährungsfrist AKB L.2.3 37
- Versicherungsvertrag AKB B 25

Verjährung, Direktanspruch
- Anmeldung beim falschen Versicherer VVG § 115 150 ff.
- Anmeldung beim Schädiger VVG § 115 170 ff.
- Anmeldung beim Versicherer VVG § 115 148 f.
- Anmeldung durch den Schädiger VVG § 115 173 f.
- Anmeldung für Dritte VVG § 115 167 ff.
- Anmeldung in Textform VVG § 115 157 ff.
- Aufhebung der Hemmung VVG § 115 179 ff.
- Befreite Halter VVG § 115 225
- Drittwirkung VVG § 115 204 ff.
- Drohender Fristablauf VVG § 115 208 f.
- Gleichlauf der Verjährungsfrist VVG § 115 130 f.
- Gleichzeitiger Verjährungsbeginn VVG § 115 132
- Grenzen des Gleichlaufs der Verjährung VVG § 115 215 ff.
- Klage nur gegen den Schädiger VVG § 115 210 f.
- Neuverhandlungen VVG § 115 220 ff.
- Umfang der Anmeldung VVG § 115 162 ff.
- Unterschiedliches Verjährungsende VVG § 115 133 ff.
- Verzicht auf die Erhebung der Einrede VVG § 115 223 f.

2200

Stichwortverzeichnis

- Wirkung der Hemmung VVG § 115 175 ff.
Verkaufsmitteilung
- Höhe der Leistungsfreiheit AKB G.7.4 5
- Kündigung AKB G.7.4 3
- Leistungspflicht des Versicherers AKB G.7.4 6
- Mitversicherte Personen AKB G.7.4 9
- Schadenersatzpflicht des Veräußerers AKB G.7.4 7
- Verlust des Versicherungsschutzes nach § 97 VVG AKB G.7.4 4
- Verschulden AKB G.7.4 8
- VN und Erwerber AKB G.7.4 2

Verkehrsaufkommen
- Grobe Fahrlässigkeit AKB A.2.9.1 51

Verkehrshaftungsversicherung
Kfz-Güterfolgeschadenversicherung 48 ff.

Versicherung von sonstigen Gegenständen 145

Verkehrsopfer PflVG § 1 3 ff.

Verkehrsopferhilfe AKB A.5.4.2 2; A.5.6.4 11
- § 12 PflVG 1 ff., s. a. *Entschädigungsfond*

Verletztengeld AKB A.5.4.2 44

Verlobte AKB A.5.2 25

Verlust
- Begriff AKB A.2.5.1.8 11
- Kaskoversicherung AKB A.2.1.1 8
- Neupreisentschädigung AKB A.2.5.1.8 17 ff.

Vermittler
- Beratungspflicht VVG § 6 11 ff.

Vermögen im Ganzen AKB A.5.4.2 45

Vermögensfolgeschäden Versicherung von sonstigen Gegenständen 67

Vermögensschaden
- Fahrerschutzversicherung AKB A.5.2 9, 64 KfzPflVV § 2 40 ff. PflVG § 1 128 ff.
- Schadensersatzansprüche AKB A.1.1.1 59 ff.

Vernichtung
- Zusatzhaftpflichtversicherung für Kfz-Handel- und Handwerk BB Handel/Handwerk 1.1 6

Verordnung über Statistik PflVG § 11 1 ff.

Verordnungsermächtigung PflVG § 7 1 ff.

Verpfändung
- Autoschutzbrief AKB A.3.10.2 1 ff.
Kfz-Güterfolgeschadenversicherung 58

Verpfändungsverbot AKB A.2.7.4 43

Verrutschende Ladung
- Unfall AKB A.2.2.2.3 52 ff.

Verschleißreparaturen AKB A.2.5.7.2 6

Versicherte Personen
- Fremde Fahrzeuge SB Handel/Handwerk A.1.1.3 15
- Kfz-Handel- und Handwerk-Versicherung SB Handel/Handwerk A 6 f.

Versicherung für fremde Rechnung
- Fahrerschutzversicherung AKB A.5.2 36
- Juristische Personen AKB A.2.3 61
- Leasingfahrzeug AKB A.2.3 66 VVG § 123 1

Versicherungsaufsicht AKB L.2.3 13

Versicherungsbestätigung AKB B.2.1 2
- Elektronische ~ AKB B.2.1 3 ff.
- Kfz-Haftpflichtversicherung VVG § 113 31 ff. KfzPflVV § 9 2
- Mehrere ~ AKB B.2.1 6

Versicherungsfall AKB A.5.4.2 36; A.5.4.3 4 ff. Kfz-USV A.1.1.1 47 ff.

Versicherungskennzeichen
- Laufzeit AKB G.1.3 1

Versicherungsombudsmann
- Meinungsverschiedenheiten AKB L.2.3 10 ff.

Versicherungsschein
- Auswirkungen von Widerruf und Widerspruch auf die Prämienanforderung AKB C.1.1 8
- Beitrag AKB C.1.1 1
- Einlösung des ~ AKB C.1.1 2
- Erstbeitrag AKB C.1.1 2
- Kaskoversicherung AKB A.2.3 13 ff.
- Laufzeit AKB G.1.1 1 f.
- Ordnungsgemäße Zahlungsanforderung, s. *Zahlungsanforderung*
- Versicherungsschutz AKB C.1.1 1 VVG § 113 27
- Widerspruchsrecht AKB C.1.1 5
- Zahlungsfrist AKB C.1.1 4
- Zugang AKB C.1.1 3

Versicherungsschutz
- Beginn mit Beitragszahlung AKB B.1 2 ff.
- Begriff AKB B.1 1
- Beitragszahlung AKB B.1 4; B.2.3 1
- Hauptpflicht des Versicherers AKB B.1 2
- Hauptpflicht des VN AKB B.1 2
- Versicherungsschein AKB C.1.1 1

2201

Stichwortverzeichnis

- Vorläufiger ~, s. *Vorläufige Deckung*
Versicherungssummen
- Anspruch gegen Schädiger bei nicht ausreichender Versicherungssumme AKB A.1.3.3 8
- Begriff Kfz-USV A.1.3.2 159 ff.
- Berechnung AKB A.1.3.1 4 ff.
- Beschränkung der Höhe nach VVG § 118 2
- Eigene nicht zugelassene Fahrzeuge SB Handel/Handwerk A.4.2.4 3
- Erschöpfen der ~ Kfz-USV A.1.3.2 163 ff.
- Erschöpfte ~ KfzPflVV § 8 7
- Fahrzeugversicherung SB Handel/Handwerk A.4.2.4 6 f.
- Gefahrtransporte PflVG § 4 8
- Gegenüberstellung Mindestversicherungssumme/Haftungshöchstgrenzen PflVG § 4 10
- Gerichtsverfahren AKB A.1.3.1 3
- Höchstgrenze AKB A.1.3.1 1 ff.
- Höchstleistung im Versicherungsjahr Kfz-USV A.1.3.2 156 ff.
- Höhere Versicherungssummen AKB A.1.3.1 2
- Kfz-Haftpflicht- und Fahrzeugversicherung SB Handel/Handwerk A.4.2.4 1
- Kfz-Haftpflicht-Versicherung SB Handel/Handwerk A.4.2.4 2
- Kfz-Haftpflichtversicherung VVG § 118 5 f.
- Krankes Versicherungsverhältnis AKB A.1.3.1 2
- Mindestversicherungssummen AKB A.1.3.1 1 ff.; A.1.3.3 4
- Pauschale AKB A.1.3.3 3 PflVG § 4 3 ff.
- Rangordnung der Anspruchsberechtigten nach § 118 VVG AKB A.1.3.3 6
- Rotes Kennzeichen SB Handel/Handwerk A.4.2.4 4
- Schadenfall AKB A.1.3.1 4 ff.
- Selbstbeteiligung Kfz-USV A.1.3.2 175 f.
- Todesfallleistung AKB A.4.8.2 5
- Übersicht PflVG § 4 9
- Übersteigen der ~ KfzPflVV § 8 7
- Unfallersatzfahrzeug SB Handel/Handwerk A.4.2.4 4
- Verfahren bei unzureichender Versicherungssumme AKB A.1.3.3 5 ff.
- Versicherte Fahrzeuge SB Handel/Handwerk A.4.2.4 4
- Verteilungsverfahren AKB A.1.3.3 7
- Vertragliche VVG § 113 28 f., 41 ff.
- Zugelassene Kundenfahrzeuge in Werkstattobhut SB Handel/Handwerk A.4.2.4 5
- Zusatzhaftpflichtversicherung für Kfz-Handel- und Handwerk BB Handel/Handwerk 3.1.3 39

Versicherungsvermittler
- Regulierungsvollmacht AKB A.1.1.4 57
- Schadenersatzhaftung AKB A.2.1.1 66 ff.

Versicherungsvertrag
- Ablehnung des Antrages AKB B 10
- Anfechtung AKB B 12 PflVG § 6 11 f.
- Annahme des Antrages AKB B 9
- Annahmefiktion AKB B 8
- Anzeige der Veräußerung AKB G.7.4 1 ff.
- Aufspaltung in zwei getrennte Verträge VVG § 113 59 ff.
- Aushändigung der Versicherungsbestätigung PflVG § 5 11
- Automatische Verlängerung AKB G.1.2 1
- Beginn AKB B 23 G.1.1 2 Kfz-USV B 215 ff.
- Beginn bei eigenen, nicht zulassungspflichtigen Fahrzeugen SB Handel/Handwerk C.1 1 f.
- Beitragsfreie Ruheversicherung AKB H.1.2 1 ff.
- Beratungs-, Informations- und Dokumentationspflichten AKB B 3 f.
- Bescheinigung über die Vertragsdauer bei Beendigung PflVG § 5 12
- Beschränkter Übergang AKB G.7.1 4
- Beweislast AKB B 24
- Drohung AKB B 12
- Einlöseklausel AKB B 1 f.
- Ende SB Handel/Handwerk C.2 1 ff.
- Ende des Vertrages PflVG § 5 10
- Endgültige Abmeldung des zugelassenen Kfz SB Handel/Handwerk C.2 2
- Fahrzeugflotten, Kündigung AKB G.4.5 1
- Folgen der Kündigung durch Versicherer und Erwerber AKB G.7.5 1
- Formeller Versicherungsbeginn AKB B 1 f.
- Gesamtschuld für Prämien AKB G.7.3 1
- Hinweispflichten AKB B 5 f.
- Irrtum AKB B 12

Stichwortverzeichnis

- Kein Vertragsende durch neue Versicherungsbestätigung **AKB H.1.8** 1
- Keine Veräußerung **AKB G.7.1** 2
- Kontrahierungszwang **AKB B** 7
- Kündigung **AKB G.1.2** 2 **PflVG § 6** 11 f.
- Kurzfristige befristete Verträge **AKB G.1.4** 1
- Kurzzeitiger **AKB G.1.1** 3
- Kurzzeitkennzeichen **AKB G.1.4** 1
- Laufzeit **AKB G.1.1** 1 f. **Kfz-USV G** 243 ff.
- Materieller Versicherungsbeginn **AKB B** 1 f.
- Mehrere Kfz, Kündigung **AKB G.4.5** 1
- Nachhaftung bei nicht zugelassenen Kfz **SB Handel/Handwerk C.2** 5 f.
- Neue Beitragsberechnung für Erwerber **AKB G.7.2** 1
- Rechtsfolge der Ablehnung **AKB B** 11
- Rotes Kennzeichen **AKB G.1.4** 1
- Rücktritt **PflVG § 6** 11 f.
- Technischer Versicherungsbeginn **AKB B** 1
- Übergang auf den Erwerber **AKB G.7.1** 1 ff.
- Übergang der Versicherung **AKB G.7.1** 3
- Unterjähriger Vertragsschluss **AKB G.1.2** 1
- Veräußerung des Kfz **AKB G.7.1** 1
- Veräußerung des nicht zugelassenen Kfz **SB Handel/Handwerk C.2** 4
- Veräußerung des zugelassenen Kfz **SB Handel/Handwerk C.2** 3
- Verjährung **AKB B** 25
- Verkaufsmitteilung, *s. dort*
- Versicherungskennzeichen **AKB G.1.3** 1
- Versicherungsschein **AKB G.1.1** 1 f.
- Versicherungsschutz, *s. dort*
- Vorübergehende Außerbetriebsetzung **AKB H.1** 1
- Wagniswegfall **AKB G.1.2** 1
- Wegfall der Werkstattobhut **SB Handel/Handwerk C.2** 7
- Widerrufsrecht des VN, *s. dort*
- Zustandekommen **AKB B** 2 ff.

Verstoß gegen die Kraftfahrzeugversicherungspflicht
- Einstellung aus Opportunitätsgründen **PflVG § 6** 35
- Einziehung des Fahrzeugs **PflVG § 6** 37
- Fahreignungsregister **PflVG § 6** 41
- Fahrlässigkeit **PflVG § 6** 28 f.
- Fahrverbot **PflVG § 6** 36
- Fahrzeug, *s. dort*
- Führerscheinentzug **PflVG § 6** 36
- Gebrauchen **PflVG § 6** 21 f.
- Gestatten des Gebrauchs **PflVG § 6** 23 f.
- Haftpflichtversicherungsvertrag besteht nicht, *s. Kfz-Haftpflichtversicherungsvertrag, Nichtbestehen*
- Irrtümer **PflVG § 6** 26 f.
- Jugendliche und Heranwachsende **PflVG § 6** 40
- Konkurrenzen **PflVG § 6** 32
- Öffentliche Wege und Plätze **PflVG § 6** 7 f.
- Schwerwiegende Zuwiderhandlung **PflVG § 6** 38
- Strafverwartung **PflVG § 6** 38
- Täterschaft und Teilnahme **PflVG § 6** 31
- Tathandlungen **PflVG § 6** 19 ff.
- Versuch **PflVG § 6** 30
- Vorsatz **PflVG § 6** 25
- § 6 PflVG eigenhändiges Delikt **PflVG § 6** 2

Versuch
- Verstoß gegen die Kraftfahrzeugversicherungspflicht **PflVG § 6** 30

Verteilungsverfahren AKB A.1.3.3 7

Vertragsänderung, unterjährige
- Beratungspflicht **VVG § 6** 8

Vertragsstrafe AKB A.1.5.7 1 f.; **A.2.8** 10

Vertragsverwalter AKB A.2.3 29

Vertretungsmacht
- Repräsentanteneigenschaft **VVG § 28** 8

Verwaltungsverfahren
- Regulierungsvollmacht **Kfz-USV A.1.1.4** 128 ff.

Verweisung
- Andere Schadenversicherer **VVG § 117** 36
- Anderer Schadenversicherer **VVG § 3** 3
- Befreite Halter **PflVG § 3** 5
- Beschränkung der – dem Grunde nach **VVG § 117** 31
- Beschränkung der – der Höhe nach **VVG § 117** 32
- Folgen **VVG § 117** 43
- Sozialversicherungsträger **PflVG § 3** 4 **VVG § 117** 36
- Umfang **VVG § 117** 37
- Wegfall des Verweisungsprivilegs **VVG § 117** 33

2203

Stichwortverzeichnis

- Zulässigkeit VVG § 117 30
Verweisung, Beschränkung
- Bau- und Betriebsvorschriften der StVZO PflVG § 3 7
- Fahrer ohne Fahrerlaubnis PflVG § 3 9
- Unberechtigter Fahrer PflVG § 3 8
Verwendungsklausel
- Arten der Verwendung AKB D.1.1.1 3
- Beweislast AKB D.1.1.1 7
- Carsharing-Projekte AKB D.1.1.1 4
- Chauffeur-Dienste AKB D.1.1.1 4
- Einzelfälle AKB D.1.1.1 8
- Exkulpationsmöglichkeit AKB D.2.2 4
- Flottenversicherung AKB D.1.1.1 4 KfzPflVV § 5 9 ff.
- LKW-Versicherungen AKB D.1.1.1 4
- Obliegenheitsverletzung AKB D.1.1.1 4; D.2.1 21
- Oldtimer-Kennzeichen AKB D.1.1.1 6, 12
- Rotes Kennzeichen AKB D.2.1 21
- Rotes Kennzeichen/Kurzzeitkennzeichen, s. dort
- Spezialvorschrift gegenüber § 23 ff. VVG AKB D.1.1.1 1 f.
- Subjektiver Tatbestand AKB D.1.1.1 13 f.
- Unterfall der Gefahrerhöhung VVG § 23 8
Verwindungsschäden AKB A.2.2.2.3 74 ff.
Verzinsung AKB A.2.7.4 54 ff.
- Begründete Ansprüche PflVG § 3a 29
- Fällige Ansprüche PflVG § 3a 30
- Invalidität, Neubemessung AKB A.4.10.4 23
- Zinszeitraum PflVG § 3a 31 f.
- Zusammentreffen mit Prozesszinsen PflVG § 3a 33 ff.
Verzug
- Erstprämienverzug, s. dort
- Folgebeitrag, s. Folgebeitrag, Verzug
- Kündigung, Prämienverzug, s. dort
- Leasingraten AKB A.2.7.4 64
- Mietwagenkosten AKB A.2.7.4 63
- Nutzungsausfall AKB A.2.7.4 62 ff.
- Prämienverzug, s. dort
- Verzugszinsen AKB A.2.7.4 61
- Voraussetzungen AKB A.2.7.4 58 ff.
Vollkaskoversicherung AKB A.2.1.1 1
- Keine Schlechterstellung aufgrund der AKB I.4.1.2 27 ff.
- Mehrfachversicherung AKB I.4.1.2 21 ff.
- Schadenfreiheitsrabatt-System AKB I 1 ff.

- Typklassenänderung AKB J.1 4
Vorführfahrzeuge SB Handel/Handwerk A.3.2.1 1
Vorgetäuschter Unfall AKB A.2.9.1 7
Vorhaltekosten
- Zusatzhaftpflichtversicherung für Kfz-Handel- und Handwerk BB Handel/Handwerk 3.1.3 44
Vorläufige Deckung
- Aushändigung der Versicherungsbestätigung KfzPflVV § 9 2
- Automatische Beendigung AKB B.2.5 5
- Beendigung AKB A.2.1.1 46
- Beitrag AKB B.2.7 1
- Belehrung KfzPflVV § 9 5
- Beratungsverschulden nach alten AKB AKB A.2.1.1 48 ff.
- Beratungsverschulden nach neuen AKB (ab 2008) AKB A.2.1.1 53 ff.
- Darlegungs- und Beweislast AKB A.2.1.1 71 ff.
- Dauer KfzPflVV § 9 3
- Elektronische Versicherungsbestätigung AKB B.2.1 3 ff.
- Ende KfzPflVV § 9 7
- Erfüllungshaftung des VR AKB A.2.1.1 54 ff.
- Fahrerschutzversicherung AKB B.2.1 1
- Kaskoversicherung AKB B.2.1 1
- Konkurrenzen AKB A.2.1.1 79 ff.
- Kraftfahrzeug-Haftpflicht AKB B.2 1
- Kündigung, s. Vorläufige Deckung, Kündigung
- Mehrere Versicherungsbestätigungen AKB B.2.1 6
- Neues Angebot AKB B.2.4 8
- Rechtliche Bedeutung AKB A.2.1.1 44 f.
- Rückwirkender Wegfall, s. Vorläufige Deckung, rückwirkender Wegfall
- Rückwirkendes Außerkrafttreten KfzPflVV § 9 6
- Schadenersatzhaftung des Versicherungsvermittlers AKB A.2.1.1 66 ff.
- Schadenersatzhaftung des VR AKB A.2.1.1 58 ff.
- Tag der Zulassung AKB B.2.1 4
- Umfang AKB B.2.1 7 KfzPflVV § 9 4
- Unfallversicherung AKB B.2.1 1
- Vereinbarter Zeitpunkt AKB B.2.1 5
- Versicherungsbestätigung AKB B.2.1 2

Stichwortverzeichnis

- Versicherungsschutz nach alten AKB **AKB A.2.1.1** 48 ff.
- Versicherungsschutz nach neuen AKB (ab 2008) **AKB A.2.1.1** 53 ff.
- Widerruf **AKB B.2.6** 1

Vorläufige Deckung, Kündigung AKB G.2.2 1; **G.3.2** 1 f.
- Fahrerschutzversicherung **AKB B.2.5** 3
- GAP-Zusatzversicherung **AKB B.2.5** 3
- Insassenunfallversicherung **AKB B.2.5** 3
- Kaskoversicherung **AKB B.2.5** 3
- Kraftfahrzeug-Haftpflicht **AKB B.2.5** 2
- Schadenfall während der vorläufigen Deckung **AKB B.2.5** 4

Vorläufige Deckung, rückwirkender Wegfall AKB C.1.2 18
- Annahme des Angebots **AKB B.2.4** 2
- Beitrag im Versicherungsschein **AKB B.2.4** 4
- Belehrungs- und Hinweispflicht **AKB B.2.4** 7
- Unverzügliche Zahlung **AKB B.2.4** 5
- Versicherungsschein **AKB B.2.4** 3
- Vertretenmüssen der verspäteten Zahlung **AKB B.2.4** 6

Vorläufiger Versicherungsschutz Kfz-USV B 215 ff.

Vorleistungspflicht
- § 117 Abs. 1 VVG **VVG § 117** 6 ff.

Vorsatz
- Alkoholeinfluss **AKB A.2.9.1** 87
- Autoschutzbrief **AKB A.3.9.1** 1
- Besondere Vorwerfbarkeit **AKB E.2.4** 1
- Beweislast **AKB A.1.5.1** 12
- Beweislast des VR **AKB A.2.9.1** 8
- Darlegungs- und Beweislast **AKB A.2.9.1** 359 ff.
- Definition **AKB A.1.5.1** 2
- Drogen **AKB A.2.9.1** 88
- Erheblicher Personenschaden **AKB E.2.4** 1
- Fahrerschutzversicherung **AKB D.2.1** 10
- Fahrzeug als Waffe **AKB A.2.9.1** 8
- Fallgruppen **AKB A.2.9.1** 86 ff.
- Gefahrguttransporte **AKB D.2.1** 4
- Genehmigte Rennen, *s. dort*
- Gestellter Unfall **AKB A.1.5.1** 5
- Herausforderer-Fälle **AKB A.1.5.1** 00
- Kasko-Versicherung **AKB D.2.1** 10 f.
- Kausalität **AKB A.2.9.1** 387 **Kfz-USV A.1.5.1** 199 ff.

- Leistungsfreiheit **VVG § 116** 28
- Leistungsfreiheit des Versicherers bei Verurteilung **AKB A.1.5.1** 4
- Manipulierter Schaden **AKB A.2.9.1** 7
- Manipulierter Unfall **AKB A.1.5.1** 6
- Medikamente **AKB A.2.9.1** 89
- Obliegenheitsverletzung **VVG § 28** 9 f.
- Obliegenheitsverletzungen **AKB A.2.2.1.6** 226 ff.; **D.2.1** 4
- Provozierter Unfall **AKB A.1.5.1** 7; **A.2.9.1** 7
- Repräsentant **AKB A.2.9.1** 409
- Schwerer Sachschaden **AKB E.2.4** 1
- Suizid **AKB A.1.5.1** 8
- Suizidabsicht **AKB A.2.9.1** 8
- Taxifahrer **AKB D.2.1** 4
- Umfang **AKB A.1.5.1** 3
- Umfang der Leistungsfreiheit **AKB D.2.1** 8 f.
- Unfallversicherung **AKB A.4.12.9** 4 ff.; **D.2.1** 10
- Verabredeter Unfall **AKB A.2.9.1** 7
- Verstoß gegen die Kraftfahrzeugversicherungspflicht **PflVG § 6** 25
- Vollständige Leistungsfreiheit des VR **AKB A.2.9.1** 7
- Vorgetäuschter Versicherungsfall **AKB A.2.9.1** 7
- Vorsatztat von mitversicherten Personen **AKB A.1.5.1** 9 ff.

Vorschäden
- Unfall **AKB A.2.2.2.3** 117 ff.

Vorschädigungen
- Invalidität **AKB A.4.5.2.7** 31 ff.

Vorschuss
- Fahrerschutzversicherung **AKB A.5.2** 58; **A.5.4.2** 73; **A.5.5.1** 20 ff.
- Pflicht zur Vorschusszahlung **AKB A.2.7.4** 21 ff.
- Unfallversicherung **AKB A.4.10.4** 10

Vorschussleistungen
- Entschädigungsverfahren **PflVG § 3a** 26

Vorübergehende Außerbetriebsetzung AKB H.1 1
- Beitragsfreie Ruheversicherung **AKB H.1.2** 1 ff.

Vorvertragliche Anzeigepflichtverletzung
- Krankheiten und Gebrechen **AKB A.4.9.2.2** 6

2205

Stichwortverzeichnis

W
Wageninhalt
- Zusatzhaftpflichtversicherung für Kfz-Handel- und Handwerk **BB Handel/Handwerk 2.3** 34

Wagniswegfall AKB G.1.2 1; **G.8** 1
Wahrung von Rechten Kfz-USV E.1.5 236 f.
Waise AKB A.5.2 21
Wasserschlag AKB A.2.2.1.6 71
Wechselkennzeichen
- Exkulpationsmöglichkeit **AKB D.1.1.5** 7
- Gebrauch des Kraftfahrzeugs **AKB D.1.1.5** 2
- Obliegenheitsverletzung vor dem Schadenfall **KfzPflVV § 5** 18
- Öffentliche Plätze und Wege **AKB D.1.1.5** 3
- Oldtimer **AKB D.1.1.5** 7
- Pflichten des Versicherungsnehmers, Halters, Eigentümers **AKB D.1.1.5** 5
- Unberechtigte Ingebrauchnahme **AKB D.1.1.5** 6
- Vollständiges ~ **AKB D.1.1.5** 4

Wegfahrsperre
- Abzug bei fehlender ~ **AKB A.2.5.1.8** 53 ff.

Wegräumen von Hindernissen AKB A.1.1.1 206 ff.
Weisungen des Versicherers AKB E.1.1.4 4
- Fahrerschutzversicherung **AKB E.1.1.3** 15
- Kaskoversicherung **AKB E.1.1.3** 13
- Kfz-Haftpflichtversicherung **AKB E.1.1.3** 12
- Kfz-Unfallversicherung **AKB E.1.1.3** 15
- Schutzbriefversicherung **AKB E.1.1.3** 14
- Zumutbarkeit **AKB E.1.1.4** 5

Weisungsbefugnis bei Reparatur AKB E.1.3.2 1
Weiter- oder Rückfahrt
- Bahnfahrten **AKB A.3.6.1** 8
- Flugreisen **AKB A.3.6.1** 9
- Taxifahrten **AKB A.3.6.1** 10
- Versicherte Fahrten **AKB A.3.6.1** 2 ff.
- Wieder aufgefundenes Fahrzeug **AKB A.3.6.1** 7

Weiter- und Rückfahrt
- Anrechnung ersparter Aufwendungen **AKB A.3.10.1** 2

Werkstatt-Obhut
- Beginn **BB Handel/Handwerk 1.2** 13
- Beginn der Obhut **SB Handel/Handwerk A.1.1.3** 7 ff.
- Definition **BB Handel/Handwerk 1.2** 11
- Einfriedungsklausel **SB Handel/Handwerk A.1.1.3** 14
- Ende **BB Handel/Handwerk 1.2** 14
- Ende der Obhut **SB Handel/Handwerk A.1.1.3** 11
- Fahrzeuge von Werkstattkunden anlässlich Wartung oder Reparatur **SB Handel/Handwerk A.1.1.3** 11
- Fremdes zugelassenes Fahrzeug in ~ **SB Handel/Handwerk B** 13 f.
- Obliegenheitsverletzung bei fremdem nicht zugelassenen Fahrzeug **SB Handel/Handwerk B** 16
- Obliegenheitsverletzung bei fremdem zugelassenen Fahrzeug **SB Handel/Handwerk B** 13 f.
- Pflichten während der Obhut **SB Handel/Handwerk A.1.1.3** 14
- Umfang **BB Handel/Handwerk 1.2** 12
- Verkaufte Kfz **SB Handel/Handwerk A.1.1.3** 12 f.
- Wegfall **SB Handel/Handwerk C.2** 7
- Zugelassene Kundenfahrzeuge in ~ **SB Handel/Handwerk A.4.2.4** 5

Werkstattbindung
- Leasingfahrzeug **AKB A.2.5.2.3** 84
- Reparatur **AKB A.2.5.2.3** 78 ff.

Werkstattwagen
- Begriff **SB Handel/Handwerk A.1.1.2** 3

Werkverkehr
Kfz-Güterfolgeschadenversicherung 2 ff.
Werkverkehrsversicherung Versicherung von sonstigen Gegenständen 147
Wertermittlung
- Wiederbeschaffungswert **AKB A.2.5.1.8** 60 ff.

Wettbewerbsverstoß
- Rabatte/Nachlässe **AKB A.2.2.1.6** 101

Widerruf
- Versicherungsschutz, vorläufiger **AKB B.2.6** 1

Widerruflichkeit
- Regulierungsvollmacht **Kfz-USV A.1.1.4** 116 ff.

Widerrufsbelehrung
- AGB-Prüfung **AKB C.1.1** 6

Widerrufsrecht AKB C.1.1 6 f.
– Auswirkungen Prämienanforderung **AKB C.1.1** 8
– Verstoß gegen die Beratungspflicht **VVG § 66**
Widerrufsrecht des VN
– Ausschluss **AKB B** 15
– Fehlende Belehrung **AKB B** 16
– Folgen **AKB B** 20 ff.
– Form **AKB B** 14
– Frist **AKB B** 14
– Rechtsfolgen **AKB B** 17 ff.
Widerspruch
– Mahnbescheid **AKB E.1.2.5** 1
Widerspruchsrecht
– Versicherungsschein **AKB C.1.1** 5
– Verstoß gegen die Beratungspflicht **VVG § 65**
Wiederauffinden des Fahrzeuges
– Aufteilung des Veräußerungserlöses bei gekürzter Leistung **AKB A.2.5.5.4** 27
– Eigentumserwerb des VR **AKB A.2.5.5.4** 23 ff.
– Finderlohn **AKB A.2.5.5.4** 31
– Höhe der Entschädigung **AKB A.2.2.1.6** 243
– Innerhalb eines Monats **AKB A.2.5.5.4** 4 ff.
– Pflicht des VN zur Rücknahme des Fahrzeuges **AKB A.2.5.5.4** 16 ff.
– Rückholungskosten **AKB A.2.5.5.4** 19
– Rücknahme des Fahrzeuges durch VN nach Ablauf der Monatsfrist **AKB A.2.5.5.4** 32 f.
– Wiederinbesitznahme **AKB A.2.5.5.4** 8 ff.
Wiederbeschaffungswert
– Abzüglich Restwert **AKB A.2.5.1.8** 9 ff., 13
– Individuelle Verhältnisse des VN als wertbildende Faktoren **AKB A.2.5.1.8** 67 f.
– Liebhaberfahrzeuge **AKB A.2.5.1.8** 69
– Oldtimer **AKB A.2.5.1.8** 69
– Preis am Tag des Schadenereignisses **AKB A.2.5.1.8** 72
– Reimportfahrzeuge **AKB A.2.5.1.8** 70
– Spezialfahrzeuge **AKB A.2.5.1.8** 71
– Totalschadenfall **AKB A.2.5.1.8** 9 ff.
– Verlust **AKB A.2.5.1.8** 11
– Wertermittlung **AKB A.2.5.1.8** 60 ff.
– Zerstörung **AKB A.2.5.1.8** 10
Wiedereinschluss AKB A.4.12.9 69 ff.

Winterlager AVB Camping 20 f.
Wissenserklärungsvertreter
– Dritter als Schreibhilfe **AKB A.2.3** 53 ff.
– Erklärung des Vertreters **AKB A.2.3** 43 ff.
– Erklärung des VN **AKB A.2.3** 49 ff.
– Zurechnung über § 166 Abs. 1 BGB **AKB A.2.3** 49 ff.
Wissensvertreter AKB A.2.3 58
Witterungseinflüsse
– Grobe Fahrlässigkeit **AKB A.2.9.1** 50
– Reifenschäden **AKB A.2.9.3** 2
Witwe/Witwer AKB A.5.2 21
Wochenendpendler Versicherung von sonstigen Gegenständen 17
Wohnsitzwechsel
– Regionalklasse **AKB K.3** 1
Wohnwagen AVB Camping 24

Z
Zahlungsanforderung
– Belehrung über Rechtsfolgen **AKB C.1.1** 12
– Hinweispflicht des Versicherers **AKB C.1.1** 11
– Richtiger Beitrag **AKB C.1.1** 10
Zahlungsperiode
– Halb- und vierteljährliche **AKB C.4** 1
– Jährliche Zahlungsweise **AKB C.4** 1
– Monatliche Zahlungsweise **AKB C.4** 1
– Teilzahlungszuschläge **AKB C.4** 1
– Unterjährige Zahlungsvereinbarungen **AKB C.4** 1
– Verbraucherkreditgesetz **AKB C.4** 1
– Vereinbarte ~ **AKB C.4** 1
– Vertragslaufzeit **AKB C.4** 1
Zahlungspflicht
– Beitragszahlung **AKB B.1** 3
Zahlungsverzug bei Erstprämie
– Leistungsfreiheit **VVG § 37** 3
– Rücktritt **VVG § 37** 3
– Voraussetzungen **VVG § 37** 2
Zahlungsverzug bei Folgeprämie
– Belehrung **VVG § 38** 3
– Folge **VVG § 38** 4
– Kündigung **VVG § 38** 5
– Nachberechnung der Prämie **VVG § 38** 6
– Voraussetzungen **VVG § 38** 2
Zahlungsweise Kfz-USV K 265 ff.
Zersetzungsprozesse
– Reifenschäden **AKB A.2.9.3** 2

Stichwortverzeichnis

Zerstörung
- Begriff AKB A.2.5.1.8 10
- Kaskoversicherung AKB A.2.1.1 7
- Mehrwertsteuer AKB A.2.5.4 12 ff.
- Neupreisentschädigung AKB A.2.5.1.8 17 ff.
- Schadensersatzansprüche AKB A.1.1.1 49 f.

Zug- und Schubkombinationen
- Fahrer PflVG § 1 73 ff.

Zugang
- Kündigungserklärung PflVG § 6 12 f.

Zulassungsbescheinigung Teil I AKB A.2.9.1 258 ff.

Zulassungsbescheinigung Teil II AKB A.2.9.1 251 ff.

Zulassungsfahrt
- Definition AKB H.3.2 1 ff.
- Erweiterter Versicherungsschutz AKB H.3.2 4
- Fahrten nach Entfernung der Stempelplakette AKB H.3.2 5
- Sonderfahrten AKB H.3.2 2
- Versicherungsschutz AKB H.3.1 1
- Zuteilung eines ungestempelten Kennzeichens AKB H.3.2 3

Zusatzdeckung
- Eigenständige – Kfz-Güterfolgeschadenversicherung 40

Zusatzhaftpflichtversicherung Kfz-Handel- und Handwerk
- Abgasuntersuchung BB Handel/Handwerk 2.2 33
- Abhandenkommen BB Handel/Handwerk 1.1 6
- Abhandenkommen von Teilen BB Handel/Handwerk 2.5 38
- Anhänger oder fest damit verbundene Fahrzeugteile BB Handel/Handwerk 1.1 7
- Anspruchsberechtigter BB Handel/Handwerk 3.2 49
- Ausfallentschädigung BB Handel/Handwerk 3.1.3 43
- Ausschlüsse BB Handel/Handwerk 5 52
- Beschädigung BB Handel/Handwerk 1.1 6
- Betriebsfremde Personen BB Handel/Handwerk 1.1 4
- Betriebszugehörige Personen BB Handel/Handwerk 1.1 3
- Entgangener Verdienst BB Handel/Handwerk 3.1.3 44
- Ersatzleistung bei sonstiger Beschädigung BB Handel/Handwerk 3.1.3 41
- Ersatzleistung bei Zerstörung oder Abhandenkommen BB Handel/Handwerk 3.1.3 40
- Erweiterung des Versicherungsschutzes BB Handel/Handwerk 2.1 32
- Fremdes Kfz BB Handel/Handwerk 1.1 7
- Gewerbliche oder berufliche Tätigkeit des VN BB Handel/Handwerk 1.1 8
- Nicht versicherte Risiken BB Handel/Handwerk 1.2 16 ff.
- Obliegenheiten BB Handel/Handwerk 4 50 f.
- Risikoausschlüsse BB Handel/Handwerk 1.2 9
- Sachfolgeschäden BB Handel/Handwerk 3.1.3 45 ff.
- Schäden am bearbeiteten Teil BB Handel/Handwerk 5.2 53 ff.
- Schäden an Neufahrzeugen BB Handel/Handwerk 2.4 37
- Selbstbehalt BB Handel/Handwerk 3.2 48
- Vernichtung BB Handel/Handwerk 1.1 6
- Versicherte Personen BB Handel/Handwerk 1.1 2 ff.
- Versicherungsnehmer BB Handel/Handwerk 1.1 2
- Versicherungssumme BB Handel/Handwerk 3.1.3 39
- Versicherungsumfang gesetzliche Haftpflicht BB Handel/Handwerk 1.1 1
- Vorhaltekosten BB Handel/Handwerk 3.1.3 44
- Wageninhalt BB Handel/Handwerk 2.3 34
- Werkstatt-Obhut, s. dort

Zusatzprämien
- Auf die Haftpflichtprämie Kfz-Güterfolgeschadenversicherung 54

Zwangsversteigerung AKB G.7.6 1 f.
- Kündigung AKB G.2.6 5
- Sonderkündigungsrecht AKB G.3.7 1

Zypern
- Autoschutzbrief AKB A.3.4 8

Im Lesesaal vom 25. AUG. 2015
bis